刑　　法	• 형법 • 형사보상	△형 법 △교통사고처리 특례법 △성폭력범죄의 처벌 등에 관한 특례법 아동학대범죄의 처벌 등에 관한 특례법 형사보상 및 명예회복에 관한 법률 범죄피해자 보호법
刑　　訴	•	△형사소송법 △형사소송규칙 △사법경찰관리의 직무를 수행할 자와 그 직무범위에 관한 법률 △아동・청소년의 성보호에 관한 법률
保健・環境／ 福祉・勞動／ 國土・建築	① 보건・환경 ② 복지・노동 ③ 국토・건축	△의료법 △식품위생법 △사회보장기본법 △근로기준법 △주택법 △건축법 △자동차손해배상 보장법
經　　濟	① 재경일반	△국가재정법 △독점규제 및 공정거래에 관한 법률
	② 금융 ③ 회계 ④ 산업재산권 ⑤ 정보・통신	△여신전문금융업법 △자본시장과 금융투자업에 관한 법률 △대부업 등의 등록 및 금융이용자 보호에 관한 법률 △공인회계사법 △특허법　△실용신안법 △디자인보호법　△상표법 △정보통신망 이용촉진 및 정보보호 등에 관한 법률
稅　　法	• 통칙・단속 • 직접세 • 간접세	△국세기본법 △조세범 처벌법 △법인세법 △부가가치세법 △소득세법
國　　際	• 인권선언 등 기본관계 • 제조약	△국제연합(UN)헌장 △韓・美行政協定
附　　錄	• 라이프니쯔式數値表 • 호프만式數値表 • 형법 죄명별 공소시효표	

顯正

素荃 孫在馨 題

2025年版

小法典

◎특별증정

1. 쉽게 읽는 헌법·민법·형법 한글 기본 법전
2. 대한민국 현행 법령 현암사 홈페이지 서비스
3. 온·오프라인 법률정보 무료 서비스

創始

玄岩 趙相元

創始者略歷

1946年 · 韓國公論社 社長
1959年 · 『法典』 創始
1971年 · 讀書新聞 社長
1972年 · 國務總理表彰(文化有功)
1979年 · 서울市 文化賞受賞(法典 등 出版에 先導的 역할 有功)
1984年 · 大統領表彰(法典 등 出版有功) · 出版學會賞
1985年 · 文化勳章寶冠章敍勳
1995年 · 中央大學校 言論文化賞(出版部門) 受賞
1999年 · 韓國法學敎授會 名譽會員 추대
著書에 〈外國法典〉〈商工法典〉〈基本法典〉〈警察法〉〈實務刑罰法大典〉〈책과 30年〉
〈韓國判例와 外國判例〉〈內外判例事典 全5卷〉〈圖解法律用語辭典〉
〈憲法S-E〉〈刑法S-E〉〈刑訴法S-E〉〈삶에 이르는 삶〉〈법이 뭐길래〉〈그래도 길이 있었다〉 등
2001年 · 「정보산업법전」 발행
2003年 · 「考試法典」 행정고시 · 외무고시 · 법원행정고시 · 법무사 2차 시험장 비치용 법전으로 채택
「試驗用法典」 사법시험 2차 시험장 대비용 법전 발행
2004年 · 「辨理士試驗用法典」 변리사 2차 시험장 비치용 법전으로 채택
대표이사 사장 조근태 제18회 '책의 날' 기념 정부 표창 대통령상 수상(출판공로)
2005年 · 대표이사 사장 조근태 간행물윤리상 출판인쇄상 수상
2009年 · 국회도서관에서 「法典」 50주년 기념 전시회
2010年 · 한국산업인력공단 주관 공인노무사 2차시험용 법전 출간업체로 선정
2011年 · 대표이사 사장 조미현 제25회 '책의 날' 기념 정부 표창 문화체육관광부장관상 수상(출판공로)
2012年 · 「변호사시험법전」 발행
2015年 · 현암사 창립 70주년 기념 전시회(파주 아시아출판문화정보센터 2015. 11. 12~2015. 11. 30)
2017年 · 대표이사 사장 조미현 출판문화산업진흥원 이사 역임
2018年 · 대표이사 사장 조미현 국가지식재산위원회 민간위원 역임
2025年 · 현암사 창립 80주년

등록 : 1951. 12. 24. 제10-126호
발행인 : 조미현 ㈜현암사
편집 : 윤지현 김희윤 이수호 류근순
인쇄 : 2025. 2. 12
발행 : 2025. 2. 26 *개정 : 2025년판
주소 : 서울특별시 마포구 동교로12안길 35(우 04029)
전화 : 365-5051(법전팀 내선번호 4번) · 팩스 : 313-2729
전자우편 : law@hyeonamsa.com
홈페이지 : www.hyeonamsa.com

정가 : 50,000원
*파본은 바꿔 드립니다.
ISBN 978-89-323-2410-4 11360

가나다순법령찾기

※표는 조문참조 또는 판례를 붙인 것이고,
•표는 새로 제정 · 개정된 법령임

가부

나부

다부～라부

마부

바부

사부

아부

자부

차부

타부

파부

하부

編 目 次

※표는 조문참조 또는 판례를 붙인 것이고,
●표는 새로 제정·개정된 법령임

憲 法

國會·司法

行 政

❶ 行政一般

❷ 警 察

❸ 地 方

❹ 教育 · 科學 · 文化

❺ 國 防

民 法

商 法

民 事 訴 訟

刑 法

刑事訴訟

保健·環境/福祉·勞動/國土·建築

❶ 保健·環境

❷ 福祉·勞動

❸ 國土·建築

經 濟

❶ 財經一般

❷ 金 融

일 러 두 기

1. 【수록범위】

『소법전』에는 2025년 2월까지 공포된 현행 법률·조약·대통령령 중에서 변호사시험·5급 공개경쟁 채용시험·법원행정고시·입법고시·외무고시·법무사·변리사·공인회계사·세무사 등 각종시험에 출제되거나 일반인이 많이 보는 중요법령을 수록하였다.

2. 【찾아보기】

◇ 법령명을 모를 때 : 「편목차」를 본다.

◇ 법령명을 알 때 : 「가나다순법령찾기」를 본다.

3. 【장·절의 세목차】

법령 조문이 많은 것은 각 법령 제목 아래에 장·절별로 세목차를 두었다.

4. 【조문 제목 및 항표시】

법령 고유의 조문 제목이 없는 경우에는 편자가 제목을 붙였고, 항(項)의 표시도 본래에 없는 것은 편집자가 붙였다(뒷면지 중 「기호·약어표」 참조).

5. 【조항별 조문 개정 연월일 표시】

개정된 조·항·호·목에는 그 개정 연월일을 표시하되 2회 이상의 개정 조항에는 최종 개정 연월일만 표시하였다.

6. 【개전(改前) 표시】

민법, 상법, 형법, 형사소송법 등 중요 법률 중 지난 10여 년 동안 개정된 조문은 개정 전의 조문을 신조문 아래 수록하여 개정 후의 조문과 비교할 수 있게 하였다.

7. 【다른 법령에 의한 개정표시】

다른 법령의 "부칙"에 의해서 개정된 경우에는 그 개정된 해당 법령 제목 아래에 일반개정의 경우와 같이 그 연월일과 공포번호 및 근거법령을 표시하였다〔다만, 관련 직제(職制)에 의한 경우는 "직제"라고만 표시〕.

8. 【부칙처리】

- 제·개정 당시의 부칙 : 공포일과 시행일이 같은 경우와 시행일이 문제가 될 염려가 없다고 인정되는 경우에는 원칙적으로 생략하였다.
- 시한부 경과규정 : 시한이 경과한 규정은 생략하되, 권리·의무에 관한 규정 중 공법인 경우에는 5년, 사법인 경우에는 10년이 경과한 것은 원칙적으로 생략하였다.

9. 【참조조문표시】

법령상호간의 관련성과 해석 · 적용에 참고하기 위하여 헌법을 비롯한 기본법과 기타 중요 법률 각 조문 아래에 관련법조문(『소법전』에 수록 안 된 법령도 포함)을 상세히 표시하였다.

10. 【법률 제명 약칭】 제명이 10음절 이상인 법률에 대하여서는 법제처에서 정한 '법률 제명 약칭'에 따른 약칭을 함께 표기하였다.

11. 【별책부록 『쉽게 읽는 헌법 · 민법 · 형법 한글 기본법전』】

헌법, 민법, 형법을 한글로 풀어 새롭게 편집하고 어려운 법률용어를 알기 쉽게 설명한 『쉽게 읽는 헌법 · 민법 · 형법 한글 기본법전』을 별책부록으로 증정하였다.

12. 【기타 부록】

- 라이프니쯔식수치표
- 연금적 이익의 현재 가격을 호프만(Hoffmann)법에 의하여 구하기 위한 수치표
- 형법 죄명별 공소시효표

13. 【대법원 판례 및 헌법재판소 결정례】

기본법을 비롯하여 중요 특별법의 각 조문 아래에 국내외 판례 중 법률학습에 도움이 되는 이른바 '대표 판례(Leading Case)'의 요지를 수록하였다.

14. 【2025년 이후 시행하거나 시행일이 지연(遲延)되는 조항】

추후 수록 하거나, 해당 조항 아래 점선으로 박스를 만들어 현재 시행되는 조항과 함께 수록하였다.

제 · 개정된 화제의 법률

공직선거법, 정치자금법, 헌법재판소법, 국가인권위원회법, 국회법, 법원조직법, 고위공직자범죄수사처 설치 및 운영에 관한 법률, 출입국관리법, 정부조직법, 국가공무원법, 공무원임용령, 여권법, 경찰관 직무집행법, 경찰공무원법, 도로교통법, 마약류 관리에 관한 법률, 지방공무원법, 지방재정법, 교육기본법, 사립학교법, 방송법, 저작권법, 병역법, 군사법원법, **민 법**, 부동산등기법, 부동산등기규칙, 주택임대차보호법 시행령, 상가건물 임대차보호법 시행령, 가족관계의 등록 등에 관한 규칙, 국가배상법, 공탁법, 공탁규칙, **상 법**, 상업등기법, 상업등기규칙, 민사소송규칙, 민사집행법, 채무자 회생 및 파산에 관한 법률, 행정소송규칙, 교통사고처리 특례법, 성폭력방지 및 피해자보호 등에 관한 법률, 성폭력범죄의 처벌 등에 관한 특례법, 아동학대범죄의 처벌 등에 관한 특례법, 범죄피해자 보호법, 형사소송법, 형사소송규칙, 아동 · 청소년의 성보호에 관한 법률, 의료법, 식품위생법, 공중위생관리법, 약사법, 환경정책기본법, 사회보장기본법, 국민기초생활 보장법, 국민연금법, 국민건강보험법, 근로기준법, 고용보험법, 산업안전보건법, 산업재해보상보험법, 남녀고용평등과 일 · 가정 양립 지원에 관한 법률, 공익사업을 위한 토지 등의 취득 및 보상에 관한 법률, 도시 및 주거환경정비법, 주택법, 건축법, 공간정보의 구축 및 관리 등에 관한 법률, 자동차손해배상 보장법, 국가재정법, 독점규제 및 공정거래에 관한 법률, 소비자기본법, 국가를 당사자로 하는 계약에 관한 법률, 여신전문금융업법, 주식 · 사채 등의 전자등록에 관한 법률, 자본시장과 금융투자업에 관한 법률, 신용정보의 이용 및 보호에 관한 법률, 대부업 등의 등록 및 금융이용자 보호에 관한 법률, 특허법, 실용신안법, 디자인보호법, 상표법, 부정경쟁방지 및 영업비밀보호에 관한 법률, 정보통신망 이용촉진 및 정보보호 등에 관한 법률, 전자상거래 등에서의 소비자보호에 관한 법률, 통신비밀보호법, 국세기본법, 법인세법, 부가가치세법, 소득세법 등

〈法典〉 年誌 – 沿革과 解題

① 1959年 4月
- 우리나라에서 처음으로 <法典>이란 題號를 사용하고 「條文參照式」의 大韓民國 法令集을 創刊
- <法典>의 "典"은 우리가 가장 기본적으로 지켜야 할 道德 · 儀式 또는 책이란 뜻을 포함하고 있으며, 예로부터 우리나라에서도 典大舍典 · 律令典 · 朝鮮經國典 · 經濟六典 · 經國大典 · 大典會通 · 大典通編 등의 이름으로 국민생활을 규율하여 왔다. 따라서 우리가 獨步的으로 이 題名을 씀으로써 과거 日人이 지어낸 <六法全書>란 잔재적 용어가 우리 사회에서 이제 자취를 감추고 널리 <法典>으로 불리게 되었다.
- 創刊 當時 定價가 5,000圜이었는데 出刊되자 마자 市中에서는 一時 品貴 상태를 빚어 卷當 6,000圜으로 판매되는 出版物史上 異變的인 사례를 남김
- 이 初版本은 가로 13㎝, 세로 15㎝, 總 1,220面

② 1960年版
- 우리나라에서 처음으로 憲法 · 民法 · 商法 · 手形法(지금의 어음法) · 小切手法(지금의 手票法) · 刑法 · 刑事訴訟法 등 7個法의 「事項索引」을 特輯收錄하고, 이후 계속 그 범위를 확대하여 10여 개 法의 綜合事項索引을 수록
- 日政法 依用에서 파생된 日本式 法律用語를 일소할 목적으로 「新舊法律用語對照表」를 우리나라에서 처음으로 정리하여 <法典>에 수록, 입법에서의 條文用語醇化에 기여함(1984年 '순화용어편람'으로 代置)
- 우리나라에서 처음으로 編者가 법령의 各條文에 「條文題目」을 붙이는 創始的 編輯을 하였는데, 그후 모든 法令의 公布에도 이같이 條文題目을 붙이게 됨

③ 1962年版
- 우리나라에서 처음으로 모든 法令의 立法過程을 鳥瞰할 수 있는 「立法總覽」을 收錄

④ 1963年版
- 우리나라에서 처음으로 法令의 條 · 項 · 號別의 改正 年月日을 표시하자, 이후 政府刊行物 또는 市中의 모든 法令集도 이에 따름

⑤ 1964年版
- 모든 公文書가 橫書로 되리라는 예견하에 우리나라에서 처음으로 全面 橫組를 하자, 이후 官署와 市中의 모든 法令集도 이에 따름
- 이때 條文의 "第○○條"를 本文의 行보다 한 字 안쪽으로 들어가게 편집함으로써 기존의 관례를 깨뜨림

⑥ 1964年
- 法律硏究資料誌 <月刊法典>을 創刊 (이후 10여 년간 계속 발간)

⑦ 1967年版
- 우리나라에서 처음으로 법령의 關聯條文아래에 「判例要旨」를 附記

⑧ 1967年版
- 「綜合事項索引」을 增補收錄

⑨ 1970年版
- 本文의 활자를 크게 하고 같은 페이지 안에서 많은 條文을 볼 수 있도록 하기 위해 判型을 크라운判으로 大型化

⑩ 1970年
- 1月 7日 연합상표등록 第18627號

⑪ 1974年版
- 條文參照附 법률을 11個法에서 50個法으로 확대

⑫ 1975年版
- 條文參照附 법률을 50個法에서 120個法으로 極大化(編輯著作權登錄 第471號)
- 稅法編을 別冊으로 하는 한편, 稅法의 法律 · 施行令 · 施行規則 · 通則을 對照式으로 편집하고, 重要書式을 동시에 수록(이후 書式省略)
- 法制處 發行 法令集의 分類 改編에 따라 <法典>도 全面 改編

⑬ 1976年版
- 우리나라에서 처음으로 복잡다기한 稅法을 손쉽게 찾아볼 수 있도록 稅法 「事項索引」을 새롭게 수록(編輯著作權登錄 第471號)
- 가장 많이 활용되는 稅法 「書式編」을 獨立編으로 新設

⑭ 1977年版
- 빈번한 法令改廢에 대비하여 「法令調査部」를 두고 每月 그 改廢目錄을 發行配付함으로써 매년 <法典>을 구입하는 부담을 덜게 함(1989년 創刊 「內外法律뉴스」로 代替)

⑮ 1979年版
- 勤勞基準法 관련 全判例 중에서 같은 趣旨의 判例를 제외한 重要判例를 條文아래에 함께 收錄
- 不動産登記法의 改正을 계기로 同法의 全判例를 위 勤勞基準法과 같은 방법으로 完全 收錄
- 基本六個法 全條文과 重要特別法에 기왕의 重要判例를 附記하여 實務에 最大便益을 도모
- 11月 28日 서울市文化賞 受賞

⑯ 1981年
- 7月 28日 文化公報部에 編輯著作權登錄(第471號)

⑰ 1982年版
- 基本法을 비롯하여 重要法律 各條文 아래에 外國判例를 追加收錄

⑱ 1984年版
- 우리나라에서 처음으로 考案한 「企業人과 一般人을 위한 事例別條文索引」을 特輯收錄(編輯著作權所有)
- 1960年版부터 꾸준히 加除收錄해 오던 「新舊法律用語對照表」를 <法典> 본 책에서 분리하고 最近까지 行政各部處 기타 團體등에서 조사 정리한 資料를 묶어서 <法典>特別附錄으로 「순화용어편람」 책자를 펴내 法案 審理에 참고하도록 法制處에 50餘 部를 보내는 한편 <法典> 全讀者에 無償으로 配付(法制處에서는 '85年 「용어순화편람」 제1집 발행)
- 憲法 · 民法 · 民事訴訟法 · 刑法 · 刑事訴訟法 · 기타 重要 15個法律에 대한 새 判例를 加除增補

⑲ 1984年 • 5月 10日 大統領表彰

• 10月 13日 韓國出版學會賞 受賞

⑳ 1985年 • 10月 19日 文化勳章 寶冠章 受勳

㉑ 1987年 • 8月 11日 한글世代를 위한 새 憲法의 用語에 관한 건의문을 國會議長 및 各黨總裁등에게 보냄

㉒ 1988年版 • <法典> 本文 組版電算化

㉓ 1989年版 • 附錄에 公認仲介士·勞務士 實務事項索引·契約用語풀이·判例에서 본 職業別稼動年限 一覽을 收錄

㉔ 1989年 • 月刊「內外法律뉴스」創刊

㉕ 1989年 • 月刊「內外法律뉴스」10月號부터「이 用語를 씁시다」라는 欄을 마련

㉖ 1990年 • 版型이 4·6版이던「小法典」을 菊版으로 大型化

㉗ 1992年版 • 法令의 收錄件數가 약 1,500件에 이르자 보다 많은 법을 受容하면서도 閱覽頻度가 높은 法令의 活字크기를 줄이지 않기 위해 大·中·小 세 가지로 구분 편집

㉘ 1992年 • 刑法改正案에 대하여 法務部長官에게 刑法各則에 個人法益을 앞으로 하는 編制와 용어순화등에 대한 건의문 제출

• 國會의 刑法審議小委員會에 條文을 더욱 한글화하도록 건의문 제출

㉙ 1994年 • 玄岩法學著作賞制定(韓國法學敎授會 주관 – 賞金 일천만원)

㉚ 1995年版 • 公職者選擧法 및 環境關係法條를 單語만으로도 쉽게 찾아 볼 수 있는 事項索引을 종래의 綜合事項索引에 이어 收錄

• 中央大學校言論文化賞(出版部門) 受賞

㉛ 1998年版 • 獨·佛·英·美·日 등의 외국판례 增補

• 勞動法에 改正前 條文 附記

• 공포후 施行日 未到來 法律을 현행법과 함께 수록

㉜ 1999年版 • 韓國法學敎授會 推奬

㉝ 1999年版 • 「金·張법률사무소」 소속 전문변호사 편집 참여

㉞ 1999年 5月 • 韓國法學敎授會로부터 공로패 受賞

• 韓國法學敎授會 名譽會員 추대

㉟ 1999年 7月 • 「법률의 한글화를 위한 청원서」를 한글학회 등과 함께 국회에 제출

㊱ 1999年 9月 • 인권정보센터 指導委員 선임

㊲ 2000年版 • 法典 판형을 4·6배판으로 확대하고 활자체를 보다 크고 선명하게 하였을 뿐 아니라, 별표를 대폭 수록하는 등 대혁신 단행

㊳ 2000年 1月 • 국회의원을 비롯한 행정각부 법무담당관에게 법률개혁을 위한 호소문(「법률의 대중화를 위한 제언」) 전달

㊴ 2000年11月 • 사이버법정 홈페이지 개설(www.i-solomon.co.kr)

㊵ 2001年 3月 • 「정보산업법전」 발행

2001年 5月 • 「玄岩 趙相元」 발행

㊶ 2002年 1月 • 법인등기, 주식회사로 발족

㊷ 2002年 6月 • 『考試法典』 출간

㊸ 2003年 2月 • 『考試法典』 행시·외시·법원행시·법무사 2차 시험장 비치용 법전으로 채택

• 『試驗用法典』(사시·군법무관임용시험 2차 시험장 대비용 법전) 출간

㊹ 2004年 1月 • 『考試法典』 입법고시 2차 시험장 비치용 법전으로 채택

• 특허청 주관 변리사 2차 시험용 법전 출간 업체로 선정

㊺ 2004年10月 • 제18회 '책의 날' 기념 정부 표창 대표이사 사장 조근태 「대통령상 수상(출판 공로)」

㊻ 2005年10月 • 2005년 대표이사 사장 조근태 「간행물윤리상 출판인쇄상 수상」

㊼ 2006年 4月 • 2006년 4월 자회사 「은나팔」 설립

㊽ 2009年 1月 • 대표이사 사장 조미현 취임

㊾ 2009年11月 • 「법전 50주년 기념 전시회」 개최(국회도서관, 2009.11.19~2009.11.26)

㊿ 2010年 • 한국산업인력공단 주관 공인노무사 2차시험용 법전 출간업체로 선정

51 2011年 • 대표이사 사장 조미현 제25회 '책의 날' 기념 정부 표창 문화체육관광부장관상 수상

52 2012年 3月 • 『변호사시험법전』 발간

2012年10月 • 제26회 '책의 날' 기념 「한국출판공로상」 김정숙 이사 표창

53 2013年12月 • 한국출판인회의 '2013 올해의 출판인' 마케팅부문상 민경옥 이사 수상

54 2014年10月 • 제28회 '책의 날' 기념 「한국출판공로상」 기획·편집 부문 윤지현 팀장 표창

55 2015年 • 「현암사 창립 70주년 기념 전시회」 개최

(파주 아시아출판문화정보센터 2015.11.12~2015.11.30)

56 2017年 • 대표이사 사장 조미현 출판문화산업진흥원 이사 역임

57 2018年 • 대표이사 사장 조미현 국가지식재산위원회 민간위원 역임

58 2025年 • 현암사 창립 80주년

대한민국의 미래와 희망은 국민 속에 있습니다!

을사년(乙巳年) '푸른 뱀의 해'가 시작되었습니다.

뱀은 새로운 시작, 지혜와 변화, 성장과 발전을 상징하는 동물로 여겨집니다. 또한 뱀은 그리스 · 로마 신화에서도 논리의 신, 치유의 신으로 의미를 가집니다. 푸른 뱀의 기운을 받아 2025년은 어려움을 이겨내고 기대와 꿈을 이룰 수 있도록 합심하는 해로 만들어야겠습니다.

지난 2024년 12.3 비상계엄 선포 후 국회는 비상계엄 해제 요구 결의안을 통과시켰고, 이후 현직 대통령의 탄핵 소추안을 가결시켰습니다. 이 모든 것은 헌법 준수의 굳은 의지에 따른 결정이었습니다. 비상계엄이 선포된 그 순간부터 오늘 이 순간까지 우리 국민이 보여준 민주주의에 대한 용기와 헌신, 간절함은 두려움을 모르는 국민의 헌법 정신에서 나왔습니다. 이로써 국민은 헌법 수호자라는 사실을 다시 한 번 확인하는 계기가 되었습니다.

현재는 탄핵 정국이 장기화되면서 금융 외환 시장의 변동성이 확대되고 있습니다. 원 · 달러 환율이 치솟으며 IMF · OECD 등 해외 기관들도 한국 경제성장률을 일제히 하향 조정했습니다. 이와 더불어 제주항공 참사를 비롯한 사회적 참사, 미국 트럼프 2기 행정부 출범 등은 미래에 대한 불안감과 이에 따른 가계 소비 위축을 부추기고 있습니다. 지금은 정 · 재계와 온 국민이 힘을 합쳐 위기를 극복할 대응 마련에 최선을 다 할 때입니다.

민주주의는 국민의 삶으로 증명됩니다. 이제 함께, 한 걸음 더, 다음 단계로 나아갑시다. 국민의 생업과 일상이 안정되고 경제, 외교, 국방 등 모든 면에서 대내외적 불안과 우려를 해소시킬 수 있도록 협력합시다.

어려움을 헤쳐 나가는 길에 조그마한 희망이 되기를 바라는 마음으로 『법전』에 수록되어 있는 「대한민국헌법」을 꼭 읽어보시길 권해드립니다.

"대한민국의 주권은 국민에게 있고, 모든 권력은 국민으로부터 나온다."

2025년 2월

(주) 현암사 대표이사 사장 조 미 현

憲法編

朝鮮朝青華白磁花蝶文甁(紋樣)

大韓民國憲法

(1948年 7月 12日 制定
1948年 7月 17日 公布)

改正
1952. 7. 7憲 2號　1954.11.29憲 3號
1960. 6.15憲 4號　1960.11.29憲 5號
1962.12.26憲 6號(전문개정)
1969.10.21憲 7號
1972.12.27憲 8號(전문개정)
1980.10.27憲 9號(전문개정)
1987.10.29憲10號(전문개정)

前 文

悠久한 歷史와 傳統에 빛나는 우리 大韓國民은 3·1運動으로 建立된 大韓民國臨時政府의 法統과 不義에 抗拒한 4·19民主理念을 계승하고, 祖國의 民主改革과 平和的 統一의 使命에 입각하여 正義·人道와 同胞愛로써 民族의 團結을 공고히 하고, 모든 社會的 弊習과 不義를 타파하며, 自律과 調和를 바탕으로 自由民主的 基本秩序를 더욱 확고히 하여 政治·經濟·社會·文化의 모든 領域에 있어서 各人의 機會를 균등히 하고, 能力을 最高度로 발휘하게 하며, 自由와 權利에 따르는 責任과 義務를 완수하게 하여, 안으로는 國民生活의 균등한 향상을 기하고 밖으로는 항구적인 世界平和와 人類共榮에 이바지함으로써 우리들과 우리들의 子孫의 安全과 自由와 幸福을 영원히 확보할 것을 다짐하면서 1948年 7月 12日에 制定되고 8次에 걸쳐 改正된 憲法을 이제 國會의 議決을 거쳐 國民投票에 의하여 改正한다.

1987年 10月 29日

판례 우리 헌법의 최고 이념이 가지는 규범적 효력 : 우리 헌법의 전문과 본문의 전체에 담겨있는 최고 이념은 국민주권주의와 자유민주주의에 입각한 입헌민주헌법의 본질적 기본원리에 기초하고 있다. 기타 헌법상의 제원칙도 여기에서 연유되는 것이므로 이는 헌법전을 비롯한 모든 법령해석의 기준이 되고, 입법형성권 행사의 한계와 정책결정의 방향을 제시하며, 나아가 모든 국가기관과 국민이 존중하고 지켜가야 하는 최고의 가치규범이다.(헌재결 1989.9.8, 88헌가6)

판례 헌법전문의 '3·1운동'의 의미 : 헌법전문에 기재된 3·1운동의 정신은 우리나라 헌법의 연혁적·이념적 기초로서 헌법이나 법률해석의 해석기준이라 할 수 있지만, 그에 기하여 곧바로 개별적 기본권성을 도출해낼 수는 없는바, 헌법소원의 대상인 '헌법상 보장된 기본권'에 해당하지 않는다.
(헌재결 2001.3.21, 99헌마139·142·156·160(병합))

판례 국가존립과 자유민주적 기본질서와의 관계 : 국가보안법 7조 1항 및 5항의 규정은 각 그 소정의 행위가 국가의 존립·안전을 위태롭게 하거나 자유민주적 기본질서에 위해를 줄 명백한 위험이 있을 경우에만 축소적용되는 것으로 해석한다면 헌법에 위반되지 아니한다. 여기에서 국가의 존립·안전을 위태롭게 한다 함은 대한민국의 독립을 위협 침해하고 영토를 침략하여 헌법과 법률의 기능 및 헌법기관을 파괴 마비시키는 것으로 외형적인 적화공작 등일 것이며, 자유민주적 기본질서에 위해를 준다 함은 모든 폭력적 지배와 자의적 지배 즉 반국가단체의 일인독재 내지 일당독재를 배제하고 다수의 의사에 의한 국민의 자치, 자유·평등의 기본 원칙에 의한 법치주의적 통치질서의 유지를 어렵게 만드는 것이고, 이를 보다 구체적으로 말하면 기본적 인권의 존중, 권력분립, 의회제도, 복수정당제도, 선거제도, 사유재산과 시장경제를 골간으로 한 경제질서 및 사법권의 독립 등 우리의 내부 체제를 파괴·변혁시키려는 것으로 풀이할 수 있을 것이다.(헌재결 1990.4.2, 89헌가113)

판례 저항권 : 저항권은 국가권력에 의하여 헌법의 기본원리에 대한 중대한 침해가 행하여지고 그 침해가 헌법의 존재 자체를 부인하는 것으로서 다른 합법적인 구제수단으로는 목적을 달성할 수 없을 때에 국민이 자기의 권리·자유를 지키기 위하여 실력으로 저항하는 권리이다.(헌재결 1997.9.25, 97헌가4)

프판 헌법전문은 헌법본문과 마찬가지로 법규범으로서의 가치를 갖는다. 이에 따라 1789년 인간과 시민의 권리선언도 헌법규범으로서의 가치를 갖는다.
(프랑스 헌법위원회 1970.6.19 : 1971.7.16 : 1973.12.27 결정)

第1章 總 綱

第1條 [國號·政體·國體·主權] ① 大韓民國은 民主共和國이다.

② 大韓民國의 主權은 國民에게 있고, 모든 權力은 國民으로부터 나온다.

참조 구1, '헌법의 기본원리'조항, ①[민주공화국]→'국가형태', [민주] 4·8②④·32②·119②, 국회1, 공선47②, 헌재55, 지방자치1, 지방공무원1, 국가자치경찰1, 노노11, 교육기본2, ②[국민주권]→'국가질서 정당성의 근거', [국민의 권리와 의무]제2장, [국민의 요건]2

판례 [1] 관습헌법 인정의 헌법적 근거 : 국민은 대한민국의 주권자이고, 최고의 헌법제정권력이므로 성문헌법의 제·개정에 참여할 뿐만 아니라 헌법전에 포함되지 아니한 헌법사항을 필요에 따라 '관습의 형태'로 직접 형성할 수 있다. 그렇다면 관습헌법도 성문헌법과 마찬가지로 주권자인 국민의 헌법적 결단의 의사의 표현이며 성문헌법과 동등한 효력을 가진다고 보아야 한다. 국민주권주의는 성문이든 관습이든 실정법 전체의 정립에의 국민의 참여를 요구한다고 할 것이며, 국민에 의하여 정립된 관습헌법은 입법권자를 구속하며 헌법으로서의 효력을 가진다.
[2] 관습헌법의 일반적 성립요건 : 첫째, 기본적 헌법사항에 관하여 어떠한 관행 내지 관례가 존재하고, 둘째, 그 관행은 국민이 그 존재를 인식하고 사라지지 않을 관행이라고 인정할 만큼 충분한 기간 동안 반복 내지 계속되어야 하며(반복·계속성), 셋째, 관행은 지속성을 가져야 하는 것으로서 그 중간에 반대되는 관행이 이루어져서는 아니 되고(항상성), 넷째, 관행은 여러 가지 해석이 가능할 정도로 모호한 것이 아닌 명확한 내용을 가진 것이어야 한다(명료성). 또한 다섯째, 이러한 관행이 헌법관습으로서 국민들의 승인 내지 확신 또는 폭넓은 컨센서스를 얻어 국민이 강제력을 가진다고 믿고 있어야 한다.(국민적 합의)
(헌재결 2004.10.21, 2004헌마554·566(병합))

第2條 [國民의 要件·在外國民 保護義務] ① 大韓民國의 國民이 되는 요건은 法律로 정한다.

② 國家는 法律이 정하는 바에 의하여 在外國民을 보호할 義務를 진다.

참조 구2, '국적법정주의'선언조항, [법률]국적법, 가족관계등록93-98, 재외국민등록법, [혈통주의(속인주의)]국적법2, [혼인·인지·귀화]국적법3-7, [재외국민]재외국민등록법, [국적의 상실]국적법15·16·18, [외국인의 법적 지위]6②, [국적에 관한 국제조약]인권15, [무국적자에 관한 국제조약]무국적자의지위에관한협약

판례 일본군 위안부 피해자로서 청구인들이 일본국에 대하여 가지고 있는 배상청구권에 대하여 「대한민국과 일본국 간의 재산 및 청구권에 관한 문제의 해결과 경제협력에 관한 협정」에 의하여 한·일 양국간 해석상 분쟁이 존재하고 있는 바, 국가는 그 분쟁을 해결하기 위한 국가적 조치를 취하여야 할 의무가 규정되어 있음에도 불구하고 이를 이행하지 않는 것은 헌법에 위반해 청구인들의 기본권을 침해한다.
(헌재결 2011.8.30, 2006헌마788)

판례 국적의 개념과 성격 : 국민은 영토, 주권과 더불어 국가의 3대 구성요소 중의 하나다. 국적은 국민이 되는 자격·신분을 의미하므로 국민이 아닌 자는 외국인(외국국적자, 이중국적자, 무국적자 포함)이라고 한다. 국민은 항구적 소속원이므로 어느 곳에 있던지 그가 속하는 국가의 통치권에 복종할 의무를 부담하고, 국외에 있을 때에는 예외적으로 거주국의 통치권에 복종하여야 한다. … 국적의 취득은 대체로 출생에 의한 경우와 귀화에 의한 경우로 나눌 수 있고, 출생에 의한 것은 다시 혈통주의(속인주의)와 출생지주의(속지주의)로 나누어진다. … 국적은 국가와 그의 구성원 간의 법적 유대이고 보호와 복종관계를 뜻하므로 이를 분리하여 생각할 수 없다. 즉 국적은 국가의 생성과 더불어 발생하고 국가의 소멸은 바로 국적의 상실 사유인 것이다. 국적은 성문의 법령을 통해서가 아니라 국가의 생성과 더불어 존재하는 것이므로, 헌법의 위임에 따라 국적법이 제정되나 그 내용은 국가의 구성요소인 국민의 범위를 구체화, 현실화하는 헌법사항을 규율하고 있는 것이다.(헌재결 2000.8.31, 97헌가12)

판례 북한주민의 국적 : 조선인을 부친으로 하여 출생한 자는 남조선과도정부법률 11호 국적에관한임시조례의 규정에 따라 조선국적을 취득하였다가 제헌헌법의 공포와 동시에 대한민국 국적을 취득하였다 할 것이고, 설사 그가 북한법의 규정에 따라 북한국적을 취득하여 중국 주재 북한대사관으로부터 북한의 해외공민증을 발급받은 자라 하더라도 북한지역 역시 대한민국의 영토에 속하는 한반도의 일부를 이루는 것이어서 대한민국의 주권이 미칠 뿐이고, 대한민국의 주권과 부딪치는 어떠한 국가단체나 주권을 법리상 인정할 수 없는 점에 비추어 볼 때, 그러한 사정은 그가 대한민국 국적을 취득하고 이를 유지함에 있어 아무런 영향을 끼칠 수 없다.(대판 1996.11.12, 96누1221)

第3條 [領土] 大韓民國의 領土는 韓半島와 그 附屬島嶼로 한다.

참조 구3, [영토]66, [영해]영해1, [인접해양의 주권]인접해양의주권에 대한대통령의선언

판례 대한민국과일본국간의어업에관한협정비준등 위헌확인 : 이 사건 협정의 동의 의결절차는 헌법 49조, 국회법 112조 3항 위반으로 인정할 수 있는 증거가 없다. 이 사건 협정은 배타적경제수역을 직접 규정한 것이 아닐 뿐만 아니라 배타적경제수역이 설정된다 하더라도 영해를 제외한 수역을 의미하며, 이러한 점들은 이 사건 협정에서의 이른바 중간수역에 대해서도 동일하다고 할 것이므로 독도가 중간수역에 속해 있다 할지라도 독도의 영유권문제나 영해문제와는 직접적인 관련을 가지지 아니한 것임은 명백하다. 조업수역의 축소와 어획량의 감축에 따른 어민들의 손실은 이 사건 협정에 의하여 초래되었다기보다는 UN해양법협약의 성립·발효에 의한 세계해양법질서의 변화에 기인한 것으로서 65년협정이 일본의 일방적인 종료선언으로 인해 1999.1.22 종료되게 됨으로써 더 이상 상호간의 배타적경제수역내에서는 어업이 불가능한 상황이 예상되었다. 또한 한일 양국의 마주보는 수역이 400해리에 미치지 못하여 서로 중첩되는 부분이 생겨나게 되었고, 이로 인해 양국간의 어로활동에 있어서의 충돌은 명약관화한 것이었으므로 이러한 사태는 피하여야 한다는 양국의 공통된 인식에 입각하여 협상이 이루어진 결과 성립된 것이 이 사건 협정이라 할 것이며, 이 사건 협정은 어업에 관한 한일 양국의 이해를 타협·절충함에 있어서 현저히 균형을 잃은 것으로는 보이지 않는다고 일응 평가할 수 있으므로, 청구인들의 헌법상 보장된 행복추구권, 직업선택의 자유, 재산권, 평등권, 보건권은 침해되었다고 볼 수 없다.
(헌재결 2001.3.21, 99헌마139 등)

第4條 [平和統一政策] 大韓民國은 統一을 指向하며, 自由民主的 基本秩序에 입각한 平和的 統一政策을 수립하고 이를 추진한다.

참조 [자유민주적 기본질서]전문, 국가보안5②·6-8, 민주화운동관련자명예회복및보상등에관한법2, [평화통일]전문·66③·69·92①, [남북교류]남북교류협력에관한법, 남북협력기금법

판례 평화통일의 의미 : 헌법상 통일관련 규정들은 통일의 달성이 우리의 국민적·국가적 과제요 사명임을 밝힘과 동시에 자유민주적 기본질서에 입각한 평화적 통일 원칙을 천명하고 있는 것이다. 따라서 우리 헌법에서 지향하는 통일은 대한민국의 존립과 안전을 부정하는 것이 아니고, 또 자유민주적 기본질서에 위해를 주는 것이 아니라 그것에 바탕을 둔 통일인 것이다. 그러나 평화적 통일을 위하여서는 북한과 적대관계를 지속하면서 접촉·대화를 무조건 피하는 것으로 일관할 수는 없고, 자유민주적 기본질서에 입각하여 상호 접촉하고 대화하면서 협력과 교류의 길로 나아가는 것이 평화적 통일을 위한 초석이 되는 것이며, 순수한 동포애의 발휘로서 서로 도와주고 일정한 범위 내에서 경제적, 기술적 지원과 협조를 도모하여 단일민족으로서의 공감대를 형성하는 것이야말로 헌법 전문의 평화적 통일의 사명에 입각하여 민족의 단결을 공고히 하는 방편으로서 헌법정신에 합치되는 것이다.(헌재결 2000.7.20, 98헌바63)

판례 국가보안법과 남북교류협력에 관한 법률 : 현 단계에 있어서의 북한은 조국의 평화적 통일을 위한 대화와 협력의 동반자임과 동시에 대남적화노선을 고수하면서 우리 자유민주체제의 전복을 획책하고 있는 반국가단체라는 성격도 함께 갖고 있음이 엄연한 현실인 점에 비추어, 헌법 4조가 천명하는 자유민주적 기본질서에 입각한 평화적 통일정책을 수립하고 이를 추진하는 한편 국가의 안전을 위태롭게 하는 반국가활동을 규제하기 위한 법적 장치로서, 전자를 위하여는 남북교류협력에관한법률 등의 시행으로써 이에 대처하고 후자를 위하여는 국가보안법의 시행으로써 이에 대처하고 있는 것이다. 이와 같이 국가보안법과 남북교류협력에관한법률은 상호 그 입법목적과 규제대상을 달리한다.(헌재결 1993.7.29, 92헌바48)

第5條 [侵略的 戰爭의 否認·國軍의 使命, 政治的 中立性] ① 大韓民國은 國際平和의 유지에 노력하고 侵略的 戰爭을 否認한다.

② 國軍은 國家의 安全保障과 國土防衛의 神聖한 義務를 수행함을 使命으로 하며, 그 政治的 中立性은 준수된다.

참조 구4, [침략적 전쟁 부인]'국제평화주의'선언조항, [국제평화]전문, 대외무역5, 외국환거래8⑤, [국제법 존중]6, [국토방위의 신성한 의무]자위(自衛)전쟁 인정, [선전·강화]60·73·89, 군형법6, [국가안전보장]37②·50①·60①·91·109·126, 통신비밀7, 자동차관리법70, 전파법9, 통합방위법9·23, [군의 정치적 중립성]군형법94

판례 이라크 일반사병 파견의 위헌성 여부 : 파견결정이 헌법에 위반되는지의 여부 즉 국가안보에 보탬이 됨으로써 궁극적으로는 국민과 국익에 이로운 것이 될 것인지 여부 및 이른바 이라크전쟁이 국제규범에 어긋나는 침략전쟁인지 여부 등에 대한 판단은 대의기관인 대통령과 국회의 몫이고, 성질상 한정된 자료만을 가지고 있는 우리 재판소가 판단하는 것은 바람직하지 않다고 할 것이며, 우리 재판소의 판단이 대통령과 국회의 그것보다 더 옳다거나 정확하다고 단정짓기 어려움은 물론 재판결과에 대하여 국민들의 신뢰를 확보하기도 어렵다고 하지 않을 수 없다.(헌재결 2004.4.29, 2003헌마814)

第6條 [條約·國際法規의 效力·外國人의 法的 地位] ① 憲法에 의하여 체결·公布된 條約과 一般的으로 승인된 國際法規는 國內法과 같은 效力을 가진다.

② 外國人은 國際法과 條約이 정하는 바에 의하여 그 地位가 보장된다.

참조 구5, ①'국제법존중주의'선언조항, [조약의 체결·비준·공포]60·73·82·89, 법령등공포6, ②[외국인의 개념]국적법3, 대외무역3, 외국인투자2, 출입국2, [외국인의 지위]민3, 광업10의2, 수산5, 항공안전법10, 국가배상7, 민소57, 배타적경제수역및대륙붕에관한법4, 범죄피해자보호법23, 비송251, 사회보장8, 선박및해상구조물에대한위해행위의처벌등에관한법3, 주민투표법5, 자본시장금융투자업168, 특허25, 형2, 외국인근로자의고용등에관한법

판례 일제강점기에 강제동원되어 기간 군수사업체인 일본제철 주식회사에서 강제노동에 종사한 갑 등이 위 회사가 해산된 후 새로이 설립된 신일철주금 주식회사(이하 '신일철주금'이라 한다)를 상대로 위자료 지급을 구한 사안에서, 갑 등의 손해배상

헌법

청구권은, 일본 정부의 한반도에 대한 불법적인 식민지배 및 침략전쟁의 수행과 직결된 일본 기업의 반인도적인 불법행위를 전제로 하는 강제동원 피해자의 일본 기업에 대한 위자료청구권(이하 '강제동원 위자료청구권'이라 한다)인 점, '대한민국과 일본국 간의 재산 및 청구권에 관한 문제의 해결과 경제협력에 관한 협정'(조약 제172호, 이하 '청구권협정'이라 한다)의 체결 경과와 전후 사정들에 의하면, 청구권협정은 일본의 불법적 식민지배에 대한 배상을 청구하기 위한 협상이 아니라 기본적으로 샌프란시스코 조약 제4조에 근거하여 한일 양국 간의 재정적·민사적 채권·채무관계를 정치적 합의에 의하여 해결하기 위한 것이었다고 보이는 점, 청구권협정 제1조에 따라 일본 정부가 대한민국 정부에 지급한 경제협력자금이 제2조에 의한 권리문제의 해결과 법적인 대가관계가 있다고 볼 수 있는지도 분명하지 아니한 점, 청구권협정의 협상 과정에서 일본 정부는 식민지배의 불법성을 인정하지 않은 채 강제동원 피해의 법적 배상을 원천적으로 부인하였고, 이에 따라 한일 양국의 정부는 일제의 한반도 지배의 성격에 관하여 합의에 이르지 못하였는데, 이러한 상황에서 강제동원 위자료청구권이 청구권협정의 적용대상에 포함되었다고 보기는 어려운 점 등에 비추어, 갑 등이 주장하는 신일철주금에 대한 손해배상청구권은 청구권협정의 적용대상에 포함되지 않는다.(대판 2018.10.30, 2013다61381)

판례 국제통화기금협정 : 이 사건 조항은 각 국회의 동의를 얻어 체결된 것으로서, 헌법 6조 1항에 따라 국내법적, 법률적 효력을 가지는 바, 가입국의 재판권 면제에 관한 것이므로 성질상 국내에 바로 적용될 수 있는 법규범으로서 위헌법률심판의 대상이 된다.(헌재결 2001.9.27, 2000헌바20)

판례 국제법 존중주의의 의미 : 헌법 6조 1항의 국제법 존중주의는 우리나라가 가입한 조약과 일반적으로 승인된 국제법규가 국내법과 같은 효력을 가진다는 것으로서 조약이나 국제법규가 국내법에 우선한다는 것은 아니다.(헌재결 2001.4.26, 99헌가13)

판례 남북합의서의 성격 : 남북 사이의 화해와 불가침 및 교류협력에 관한 합의서는 남북관계가 '나라와 나라 사이의 관계가 아닌 통일을 지향하는 과정에서 잠정적으로 형성되는 특수관계'임을 전제로, 조국의 평화적 통일을 이룩해야 할 공동의 정치적 책무를 지는 남북한 당국이 특수관계인 남북관계에 관하여 채택한 합의문서로서, 남북한 당국이 각기 정치적인 책임을 지고 상호간에 그 성의 있는 이행을 약속한 것이기는 하나 법적 구속력이 있는 것은 아니어서 이를 국가 간의 조약 또는 이에 준하는 것으로 볼 수 없고, 따라서 국내법과 동일한 효력이 인정되는 것도 아니다.(대판 1999.7.23, 98두14525)

판례 마라케쉬협정 : 세계무역기구(WTO)설립을 위한 마라케쉬협정도 적법하게 체결되어 공포된 조약이므로 국내법과 같은 효력을 갖는 것이어서 그로 인하여 새로운 범죄를 구성하거나 범죄자에 대한 처벌이 가중된다고 하더라도 이것은 국내법에 의하여 형사처벌을 가중한 것과 같은 효력을 갖게 되는 것이다. 따라서 마라케쉬협정에 의하여 관세법위반자의 처벌이 가중된다고 하더라도 이를 들어 법률에 의하지 아니한 형사처벌이라거나 행위시의 법률에 의하지 아니한 형사처벌이라고 할 수 없다. (헌재결 1998.11.26, 97헌바65)

第7條 [公務員의 地位·責任·身分, 政治的 中立性] ① 公務員은 國民全體에 대한 奉仕者이며, 國民에 대하여 責任을 진다.

② 公務員의 身分과 政治的 中立性은 法律이 정하는 바에 의하여 보장된다.

참조 구6, ①[국민전체의 봉사자]1, [공무담임권]25, [공무원의 임면]78, [공무원의 선거]24, [공무원의 책임]국가공무원1·55－67, 지방공무원47－59, [직무상 불법행위로 인한 손해배상책임]29, 국가배상2, ②[공무원의 신분·권익보장]국가공무원68－77, 지방공무원60－68, [정치적 중립성]112·114, 국가공무원65, 지방공무원57, 법원조직49, 검찰43, 공수처법3 [공무원의 징계]64·106, 국가공무원78－83의3, 지방공무원69－73의3, 법관징계법1, 검사징계법1, 국회155이하

판례 대통령(박근혜) 탄핵 : 헌법 제7조 제1항은 국민주권주의와 대의민주주의를 바탕으로 공무원을 '국민 전체에 대한 봉사자'로 규정하고 공무원의 공익실현의무를 천명하고 있고, 헌법재판소법 제53조 제1항은 '탄핵심판 청구가 이유 있는 경우' 피청구인을 파면하는 결정을 선고하도록 규정하고 있다. 대통령을 탄핵하기 위해서는 대통령의 법 위배 행위가 헌법질서에 미치는 부정적 영향과 해악이 중대하여 대통령을 파면함으로써 얻는 헌법 수호의 이익이 대통령 파면에 따르는 국가적 손실을 압도할 정도로 커야 한다. 헌법 제65조는 대통령이 '그 직무집행에 있어서 헌법이나 법률을 위배한 때'를 탄핵사유로 규정하고 있다. 여기에서 '직무'란 법제상 소관 직무에 속하는 고유 업무와 사회통념상 이와 관련된 업무를 말하고, 법령에 근거한 행위뿐만 아니라 대통령의 지위에서 국정수행과 관련하여 행하는 모든 행위를 포괄하는 개념이다. 헌법 제69조는 대통령의 공익실현의무를 다시 한 번 강조하고 있다. 대통령은 '국민 전체'에 대한 봉사자이므로 특정 정당, 자신이 속한 계급·종교·지역·사회단체, 자신과 친분 있는 세력의 특수한 이익 등으로부터 독립하여 국민 전체를 위하여 공정하고 균형 있게 업무를 수행할 의무가 있다. 헌법재판소의 심판대에 올라온 대통령 파면의 쟁점은 총 7개로 나눌 수 있다. 최순실 국정개입이 △공익 실현 의무에 위배되는가 △기업의 자유와 재산권을 침해하는가 △비밀엄수 의무에 위배되는가 등이다. 헌법재판소는 이러한 쟁점에서 박근혜 전 대통령이 헌법을 어겼다는 점을 인정했다. 하지만 △공무원 임면권 남용 여부 △언론 자유 침해 여부 △생명권 보호 의무 위반 여부 △불성실한 직책 수행이 탄핵심판 절차의 판단 대상이 되는가 등 나머지 4개 쟁점에 대해선 '탄핵 사유가 될 수 없다'고 판단했다. 가장 논란이 된 것은 세월호 참사와 관련한 생명권 보호 의무 위반과 '대통령의 7시간'으로 상징되는 불성실한 직책 수행과 관련한 판단이었다. 이에 대해 "세월호 침몰 사건에 대해 어떠한 말로도 희생자들을 위로하기에는 부족할 것"이라면서도 "세월호 참사 당일 피청구인의 직책을 성실히 수행하였는지 여부는 탄핵심판 절차의 판단 대상이 되지 아니한다"고 밝혔다.(헌재결 2017.3.10, 2016헌나1)

판례 선거에서의 공무원의 정치적 중립의무 : 선거에서 공무원의 정치적 중립의무는 '국민 전체에 대한 봉사자'로서의 공무원의 지위를 규정하는 헌법 제7조 제1항, 자유선거원칙을 규정하는 헌법 제41조 제1항 및 제67조 제1항 및 정당의 기회균등을 보장하는 헌법 제116조 제1항으로부터 나오는 헌법적 요청이다. 공직선거법 제9조는 이러한 헌법적 요청을 구체화하고 실현하는 법규정이며, 제9조의 '공무원'이란, 위 헌법적 요청을 실현하기 위하여 선거에서의 중립의무가 부과되어야 하는 모든 공무원 즉, 구체적으로 '자유선거원칙'과 '선거에서의 정당의 기회균등'을 위협할 수 있는 모든 공무원을 의미한다. 그런데 사실상 모든 공무원이 그 직무의 행사를 통하여 선거에 부당한 영향력을 행사할 수 있는 지위에 있으므로, 여기서의 공무원이란 원칙적으로 국가와 지방자치단체의 모든 공무원 즉, 좁은 의미의 직업공무원은 물론이고, 적극적인 정치활동을 통하여 국가에 봉사하는 정치적 공무원을 포함한다. 다만, 국회의원과 지방의회의원은 정당의 대표자이자 선거운동의 주체로서의 지위로 말미암아 선거에서의 정치적 중립성이 요구될 수 없으므로, 공직선거법 제9조의 '공무원'에 해당하지 않는다. 따라서 선거에 있어서의 정치적 중립성은 행정부와 사법부의 모든 공직자에게 해당하는 공무원의 기본적 의무이다. 더욱이, 대통령은 행정부의 수반으로서 공정한 선거가 실시될 수 있도록 총괄·감독해야 할 의무가 있으므로, 당연히 선거에서의 중립의무를 지는 공직자에 해당하는 것이고, 이로써 공직선거법 제9조의 '공무원'에 포함된다. 따라서 선거에 임박한 시기에 공정한 선거관리의 궁극적 책임을 지는 대통령이 기자회견에서 전 국민을 상대로, 대통령직의 정치적 비중과 영향력을 이용하여 특정 정당을 지지하는 발언을 한 것은, 대통령의 지위를 이용하여 선거에 대한 부당한 영향력을 행사하고 이로써 선거의 결과에 영향을 미치는 행위를 한 것이므로, 선거에서의 중립의무를 위반하였다고 할 것이다. (헌재결 2004.5.14, 2004헌나1)

프판 동일집단에 속하는 공무원 사이에 평등한 대우를 보장하는 한, 입법자는 각 집단에 가장 적합하다고 판단되는 승진규정을 정립할 수 있다.(프랑스 헌법위원회 1984.9.12 결정)

第8條 [政黨] ① 政黨의 設立은 自由이며, 複數政黨制는 보장된다.

② 政黨은 그 目的·組織과 活動이 民主的이어야 하며, 國民의 政治的 意思形成에 참여하는데 필요한 組織을 가져야 한다.

③ 政黨은 法律이 정하는 바에 의하여 國家의 보호를 받으며, 國家는 法律이 정하는 바에 의하여 政黨運營에 필요한 資金을 補助할 수 있다.

④ 政黨의 目的이나 活動이 民主的 基本秩序에 違背될 때에는 政府는 憲法裁判所에 그 解散을 提訴할 수 있고, 政黨은 憲法裁判所의 審判에 의하여 解散된다.

참조 구7, ①[정당의 성립]정당법4-18, ②[조직과 활동]정당법, ③[국고보조]정치자금25-30, ④[민주적 기본질서]전문, [정당해산의 제소]89, [정당해산의 결정]111·113, 헌재55-60, [정당해산의 효과]헌재59·60

판례 일정한 선거운동방법을 비례대표국회의원후보자나 정당에게 허용하지 않는 것이 정당의 정당활동의 자유를 침해하는지 여부 : 공직선거법은 선거기간 전에는 정당의 통상적인 활동을 통해, 선거기간 중에는 통상적인 정당활동과 정당의 비례대표국회의원선거에 허용되는 선거운동방법을 통해 그 정강이나 정책을 유권자에게 알릴 수 있도록 제도적 장치를 마련하고 있으므로 지역구국회의원후보자에게 허용하는 일정한 선거운동방법을 정당에게 허용하지 않는다 하여 이것이 정당활동의 자유를 침해하는 것이라고 볼 수는 없다.(헌재결 2006.7.27, 2004헌마217)

판례 [1] 정당설립의 자유의 내용 : 헌법 제8조 제1항 전단의 정당설립의 자유는 정당설립의 자유만이 아니라 누구나 국가의 간섭을 받지 아니하고 자유롭게 정당에 가입하고 정당으로부터 탈퇴할 수 있는 자유를 함께 보장한다. 구체적으로 정당의 자유는 개개인의 자유로운 정당설립 및 정당가입의 자유, 조직형식 내지 법형식 선택의 자유를 포함한다. 또한 정당설립의 자유는 설립에 대응하는 정당해산의 자유, 합당의 자유, 분당의 자유도 포함한다. 뿐만 아니라 정당설립의 자유는 개인이 정당 일반 또는 특정 정당에 가입하지 아니할 자유, 가입했던 정당으로부터 탈퇴할 자유 등 소극적 자유도 포함한다.

[2] 정당등록을 제한하는 것이 정당설립의 자유에 위반되는지의 여부 : 정당으로 등록되기에 필요한 요건으로서 5개 이상의 시·도당 및 각 시·도당마다 1,000명 이상의 당원을 갖출 것을 요구하는 것이 국민의 정당설립의 자유에 어느 정도 제한을 가하는 점이 있는 것은 사실이나, 이러한 제한은 "상당한 기간 또는 계속해서", "상당한 지역에서" 국민의 정치적 의사형성 과정에 참여해야 한다는 헌법상 정당의 개념표지를 구현하기 위한 합리적인 제한이라고 할 것이므로, 그러한 제한은 헌법적으로 정당화된다고 할 것이다.
(헌재결 2006.3.30, 2004헌마246)

판례 비례대표후보자 선정과 순위 확정의 민주성 : 헌법 8조 2항은, 정당은 그 목적·조직과 활동이 민주적이어야 한다고 규정함으로써 민주주의원리를 정당제도에서도 관철하려 하고 있다. 정당은 선거에 있어 후보자를 추천·지지하는 것이 주요 목적이자 활동의 하나인바, 그렇다면 비례대표국회의원선거에 있어서는 비례대표후보자의 선정과 그 순위의 확정이 민주적 절차에 따라 이루어져야 한다. 헌법이 요구하는 정당민주주의의 요청을 충족시키려면, 비례대표후보자의 선정과 순위확정이 당원총회나 대의원대회 등을 통하여 민주적 절차를 거쳐 이루어져야 한다. 그런데 정당법 제31조는 "정당의 공직선거후보자는 후보자를 추천할 공직선거의 선거구를 관할하는 해당 당부 대의기관의 의사가 반영되도록 하여야 하며, 그 구체적 절차는 당헌으로 정한다"고 규정하고 있을 뿐이다. 이와 같이 '대의기관의 의사를 반영'할 구체적 절차를 당헌에 일임해서는 민주적 절차에 의한 비례대표후보자의 결정이라는 헌법적 요청이 충족되리라고 기대하기 어려운 점이 있다. 비례대표후보자가 민주적 절차에 따라 결정되지 않고 당지도부의 영향력에 따라 일방적으로 결정된다면 그러한 비례대표국회의원의 민주적 정당성은 대단히 취약할 수밖에 없다.(헌재결 2001.7.19, 2000헌마91·112·134(병합))

프판 정당에 대하여 일반적인 선거운동 이외에 TV를 통하여 정치적 성격의 광고 방송을 허용하는 것은 평등원리에 반하지 아니한다.(프랑스 헌법위원회 1986.9.18 결정)

第9條 [傳統文化의 계승·발전, 民族文化의 暢達] 國家는 傳統文化의 계승·발전과 民族文化의 暢達에 노력하여야 한다.

참조 구8, 전문·69, 문화산업진흥기본법, 문화예술진흥, 문화유산, 지방문화원진흥법, 무형문화재보전및진흥에관한법

판례 오늘날 종교적인 의식 또는 행사가 하나의 사회공동체의 문화적인 현상으로 자리잡고 있으므로, 어떤 의식, 행사, 유형물 등이 비록 종교적인 의식, 행사 또는 상징에서 유래되었다고 하더라도 그것이 이미 우리 사회공동체 구성원들 사이에서 관습화된 문화요소로 인식되고 받아들여질 정도에 이르렀다면, 이는 정교분리원칙이 적용되는 종교의 영역이 아니라 헌법적 보호가치를 지닌 문화의 의미를 갖게 된다. 그러므로 이와 같이 이미 문화적 가치로 성숙한 종교적인 의식, 행사, 유형물에 대한 국가 등의 지원은 일정 범위 내에서 전통문화의 계승·발전이라는 문화국가원리에 부합하며 정교분리원칙에 위배되지 않는다.
(대판 2009.5.28, 2008두16933)

판례 전통문화의 의미 : 헌법 전문과 헌법 제9조에서 말하는 '전통', '전통문화'란 역사성과 시대성을 띤 개념으로 이해하여야 한다. 전통이란 과거와 현재를 다 포함하고 있는 문화적 개념이다. 헌법재판소는 이미 "헌법 제9조의 정신에 따라 우리가 진정으로 계승·발전시켜야 할 전통문화는 이 시대의 제반 사회·경제적 환경에 맞고 또 오늘날에 있어서도 보편타당한 전통윤리 내지 도덕관념이라 할 것이다."고 하여 전통의 이러한 역사성과 시대성을 확인한바 있다. 따라서 우리 헌법에서 말하는 '전통', '전통문화'란 오늘날의 의미로 재해석된 것이 되지 않으면 안 된다. 그리고 오늘날의 의미를 포착함에 있어서는 헌법이념과 헌법의 가치질서가 가장 중요한 척도의 하나가 되어야 할 것임은 두 말할 나위가 없고 여기에 인류의 보편가치, 정의와 인도의 정신 같은 것이 아울러 고려되어야 할 것이다. 따라서 가족제도에 관한 전통·전통문화란 적어도 그것이 가족제도에 관한 헌법이념인 개인의 존엄과 양성의 평등에 반하는 것이어서는 안 된다는 자명한 한계가 도출된다. 결론적으로 전래의 어떤 가족제도가 헌법 제36조 제1항이 요구하는 개인의 존엄과 양성평등에 반한다면 헌법 제9조를 근거로 그 헌법적 정당성을 주장할 수는 없다.(헌재결 2005.2.3, 2001헌가9-15,2004헌가5(병합))

第2章 國民의 權利와 義務

第10條 [人間의 尊嚴性과 基本人權保障] 모든 國民은 人間으로서의 尊嚴과 價値를 가지며, 幸福을 追求할 權利를 가진다. 國家는 개인이 가지는 不可侵의 基本的 人權을 확인하고 이를 보장할 義務를 진다.

참조 구9, [기본적 인권]10-37·39②, 국가인권위원회법1, [인간다운 생활을 할 권리]34①, [헌법에 열거되지 아니한 권리의 보장]37①, [행복추구권]제8차 개헌에서 신설, [법 앞의 평등]11, [양성의 평등]36, [공공복리와 기본적 인권의 제약]12·21·23·33·37, [인격의 존엄]가소1, [사생활의 자유와 비밀]14-18, [환경권]35, 환경정책1, [기본적 인권의 옹호]변호사1, [인권보장의 국제화]국제연합(UN)헌장

➡ 기본권

판례 공교육체계의 헌법적 도입과 우리의 고등학교 교육 현실 및 평준화정책이 고등학교 입시의 과열과 그로 인한 부작용을 막기 위하여 도입된 사정, 그로 인한 기본권의 제한 정도 등을 모두 고려한다면, 고등학교 평준화정책에 따른 학교 강제배정제도에 의하여 학생이나 학교법인의 기본권에 일부 제한이 가하여진다고 하더라도 그것만으로는 위 제도가 학생이나 학교법인의 기본권을 본질적으로 침해하는 위헌적인 것이라고까지 할 수는 없다.(대판 2010.4.22, 2008다38288 전원합의체)

판례 외국인의 기본권 주체성 인정 : 우리 재판소는 '국민' 또는 국민과 유사한 지위에 있는 '외국인'은 기본권의 주체가 될 수 있다 판시하여 원칙적으로 외국인의 기본권 주체성을 인정하였다. 청구인들이 침해되었다고 주장하는 인간의 존엄과 가치, 행복추구권은 대체로 '인간의 권리'로서 외국인도 주체가 될 수 있다고 보아야 하고, 평등권도 인간의 권리로서 참정권 등에 대한 성질상의 제한 및 상호주의에 따른 제한이 있을 수 있을 뿐이다. 이 사건에서 청구인들이 주장하는 바는 대한민국 국민과의 관계가 아닌, 외국국적의 동포들 사이에 재외동포법의 수혜대상에서 차별하는 것이 평등권 침해라는 것으로서 성질상 위와 같은 제한을 받는 것이 아니고 상호주의가 문제되는 것도 아니므로, 청구인들에게 기본권주체성을 인정함에 아무런 문제가 없다.
(헌재결 2001.11.29, 99헌마494)

판례 법인의 기본권주체성과 비법인 사단·재단의 기본권주체성 : 우리 헌법은 법인의 기본권향유능력을 인정하는 명문의 규정을 두고 있지 않지만, 본래 자연인에게 적용되는 기본권규정이라도 언론·출판의 자유, 재산권의 보장 등과 같이 성질상 법인이 누릴 수 있는 기본권을 당연히 법인에게도 적용하여야 한 것으로 본다. 따라서 법인도 사단법인·재단법인 또는 영리법인·비영리법인을 가리지 아니하고 위 한계내에서는 헌법상 보장된 기본권이 침해되었음을 이유로 헌법소원심판을 청구할 수 있다. 또한, 법인아닌 사단·재단이라고 하더라도 대표자의 정함이 있고 독립된 사회적 조직체로서 활동하는 때에는 성질상 법인이 누릴 수 있는 기본권을 침해당하게 되면 그의 이름으로 헌법소원심판을 청구할 수 있다.(헌재결 1991.6.3, 90헌마56)

■ 인간의 존엄성
판례 국가가 한센병 환자의 치료 및 격리수용을 위하여 운영·통제해 온 국립 소록도병원 등에 소속된 의사나 간호사 또는 의료보조원 등이 한센인들에게 시행한 정관절제수술과 임신중절수술은 신체에 대한 직접적인 침해행위로서 그에 관한 동의 내지 승낙을 받지 아니하였다면 헌법상 신체를 훼손당하지 아니할 권리와 태아의 생명권 등을 침해하는 행위이다. 또한 한센인들의 임신과 출산을 사실상 금지함으로써 자손을 낳고 단란한 가정을 이루어 행복을 추구할 권리는 물론이거니와 인간으로서의 존엄과 가치, 인격권 및 자기결정권, 내밀한 사생활의 비밀 등을 침해하거나 제한하는 행위임이 분명하다. 더욱이 위와 같은 침해행위가 정부의 정책에 따른 정당한 공권력의 행사라고 인정받으려면 법률에 그에 관한 명시적인 근거가 있어야 하고, 과잉금지의 원칙에 위배되지 아니하여야 하며, 침해행위의 상대방인 한센인들로부터 '사전에 이루어진 설명에 기한 동의(prior informed consent)'가 있어야 한다. 만일 국가가 위와 같은 요건을 갖추지 아니한 채 한센인들을 상대로 정관절제수술이나 임신중절수술을 시행하였다면 설령 이러한 조치가 정부의 보건정책이나 산아제한정책을 수행하기 위한 것이었다고 하더라도 이는 위법한 공권력의 행사로서 민사상 불법행위가 성립한다.
(대판 2017.2.15, 2014다230535)

판례 평화적 생존권 : 오늘날 전쟁과 테러 혹은 무력행위로부터 자유로워야 하는 것은 인간의 존엄과 가치를 실현하고 행복을 추구하기 위한 기본 전제가 되는 것이므로, 달리 이를 보호하는 명시적 기본권이 없다면 헌법 10조와 37조 1항으로부터 평화적 생존권이라는 이름으로 이를 보호하는 것이 필요하다. 그 기본 내용은 침략전쟁에 강제되지 않고 평화적 생존을 할 수 있도록 국가에 요청할 수 있는 권리라고 볼 수 있을 것이다.
(헌재결 2006.2.23, 2005헌마268)

판례 금치 처분을 받은 수형자에 대하여 금치 기간 중 운동을 금지하는 부분이 수형자의 인간의 존엄과 가치, 신체의 자유 등을 침해하는지 여부 : 실외운동은 구금되어 있는 수형자의 신체적·정신적 건강 유지를 위한 최소한의 기본적 요청이라고 할 수 있는데, 금치 수형자에 대하여 일체의 운동을 금지하는 것은 수형자의 신체적 건강뿐만 아니라 정신적 건강을 해칠 위험성이 현저히 높다. 따라서 금치 처분을 받은 수형자에 대한 절대적인 운동의 금지는 징벌의 목적을 고려하더라도 그 수단과 방법에 있어서 필요한 최소한도의 범위를 벗어난 것으로서, 수형자의 헌법 제10조의 인간의 존엄과 가치 및 신체의 안전성이 훼손당하지 아니할 자유를 포함하는 제12조의 신체의 자유를 침해하는 정도에 이르렀다고 판단된다.(헌재결 2004.12.16, 2002헌마478)

판례 헌법 10조의 인간상 : 우리 헌법질서가 예정하는 인간상은 "자신이 스스로 선택한 인생관·사회관을 바탕으로 사회공동체 안에서 각자의 생활을 자신의 책임 아래 스스로 결정하고 형성하는 성숙한 민주시민"인바, 이는 사회와 고립된 주관적 개인이나 공동체의 단순한 구성분자가 아니라, 공동체에 관련되고 공동체에 구속되어 있기는 하지만 그로 인하여 자신의 고유가치를 훼손당하지 아니하고 개인과 공동체의 상호연관 속에서 균형을 잡고 있는 인격체라 할 것이다.(헌재결 2003.10.30, 2002헌마518)

독판 모든 인간의 생명은 존엄하다. 존엄의 주체가 이를 의식하고 있는지의 여부는 결정적인 것이 아니다.
(BVerfGE 39, 1(41) - 1975.2.25)

■ 일반적인격권
판례 신체과잉수색행위 위헌확인 : 청구인들은 공직선거및선거부정방지법위반의 현행범으로 체포된 여자들로서 체포될 당시 흉기 등 위험물을 소지·은닉하고 있었을 가능성이 거의 없었고, 처음 유치장에 수용될 당시 신체검사를 통하여 위험물 및 반입금지물품의 소지·은닉 여부를 조사하여 그러한 물품이 없다는 사실을 이미 확인하였던 점 등에 비추어 청구인들이 유치장에 재수용되는 과정에서 흉기 등 위험물이나 반입금지물품을 소지·은닉할 가능성이 극히 낮았던 한편, 당해 경찰서의 경우 변호인 접견 후 신체검사를 실시하여 흉기 등 위험물이나 반입금지물품의 소지·은닉을 적발한 사례가 없었던 사실을 피청구인이 자인하였으며, 특히 청구인들의 옷을 전부 벗긴 상태에서 청구인들에 대하여 실시한 이 사건 신체수색은 그 수단과 방법에 있어서 필요 최소한의 범위를 명백하게 벗어난 조치로서 이로 말미암아 청구인들에게 심한 모욕감과 수치심만을 안겨주었다고 인정하기에 충분하다. 따라서 피청구인의 청구인들에 대한 이러한 과도한 이 사건 신체수색은 그 수단과 방법에 있어서 필요한 최소한도의 범위를 벗어났을 뿐만 아니라, 이로 인하여 청구인들로 하여금 인간으로서의 기본적 품위를 유지할 수 없도록 하는 것으로서 수인하기 어려운 정도라고 보여지므로 헌법 10조의 인간의 존엄과 가치로부터 유래하는 인격권 및 12조의 신체의 자유를 침해하는 정도에 이르렀다고 판단된다.
(헌재결 2002.7.18, 2000헌마327)

■ 행복추구권
판례 미성년 자녀가 있는 성전환자의 성별정정 : 성전환자가 성별을 정정하더라도 그와 그의 미성년 자녀가 개인적·사회적·법률적으로 친자관계에 있다는 점은 달라지지 않는다. 따라서 성별 정정은 성전환자인 부 또는 모와 그 미성년 자녀 사이의 신분관계에 중대한 변동을 새롭게 초래하거나 권리의무의 내용에 영향을 미치는 것이 아니다. 성별 정정 자체가 가족제도 내에서 성전환자의 부 또는 모로서의 지위와 역할이나 미성년 자녀가 갖는 권리의 본질적이고 핵심적인 내용을 훼손한다고 볼 수도 없다. 미성년 자녀의 복리를 위해서라도 성전환된 부 또는 모와 미성년 자녀 사이에 존재하거나 발생할 수 있는 다양한 상황을 살펴 성별정정을 허가해야 한다.
(대결 2022.11.24, 2020스616 전원합의체)

판례 직장존속보장청구권의 인정여부 : 이 기본권(직업의 자유)은 원하는 직장을 제공하여 줄 것을 청구하거나 한번 선택한 직장의 존속보호를 청구할 권리를 보장하지 않으며, 또한 사용자의 처분에 따른 직장 상실로부터 직접 보호하여줄 것을 청구할 수도 없다. 다만 국가는 이 기본권에서 나오는 객관적 보호의무, 즉 사용자에 의한 해고로부터 근로자를 보호할 의무를 질뿐이다. 근로의 권리로부터 국가에 대한 직접적인 직장존속청구권을 도출할 수도 없다. 단지 위에서 본 직업의 자유에서 도출되는 보호의무와 마찬가지로 사용자의 처분에 따른 직장 상실에 대하여 최소한의 보호를 제공하여야 할 의무를 국가에 지우는 것으로 볼 수는 있을 것이다.(헌재결 2002.11.28, 2001헌바50)

판례 행복추구권의 법적 성격 : 헌법 10조의 행복추구권은 국민이 행복을 추구하기 위하여 필요한 급부를 국가에게 적극적으로 요구할 수 있는 것을 내용으로 하는 것이 아니라, 국민이 행복을 추구하기 위한 활동을 국가권력의 간섭 없이 자유롭게 할 수 있다는 포괄적인 의미의 자유권으로서의 성격을 가진다. 그런데 이 사건 규정(국가유공자등예우및지원에관한법률 20조 2항 등)은 보상금수급권에 대한 일정 요건하의 지급정지를 규정하고 있는 것으로 자유권이나 자유권의 제한영역에 관한 규정이 아니므로, 이 사건 규정이 행복추구권을 침해한다고 할 수는 없다.(헌재결 2000.6.1, 98헌마216)

■ 생존권, 생명권
판례 사형제도가 헌법에 위반되는지 여부 : 모든 인간의 생명은 자연적 존재로서 동등한 가치를 갖는다고 할 것이나 그 동등한 가치가 서로 충돌하게 되거나 생명의 침해에 못지 아니한 중대한 공익을 침해하는 등의 경우에는 국민의 생명·재산 등을 보호할 책임이 있는 국가는 어떠한 생명 또는 법익이 보호되어야 할 것인지 그 규준을 제시할 수 있는 것이다. 인간의 생명을 부정하는 등의 범죄행위에 대한 불법적 효과로서 지극히 한정적인 경우에만 부과되는 사형은 죽음에 대한 인간의 본능적 공포심과 범죄에 대한 응보욕구가 서로 맞물려 고안된 "필요악"으로서 불가피하게 선택된 것이며 지금도 여전히 제 기능을 하고 있다는 점에서 정당화될 수 있다. 따라서 사형은 이러한 측면에서 헌법상의 비례의 원칙에 반하지 아니한다 할 것이고, 적어도 우리의 현행 헌법이 스스로 예상하고 있는 형벌의 한 종류이기도 하므로 아직은 우리의 헌법질서에 반하는 것으로 판단되지 아니한다.(헌재결 1996.11.28, 95헌바1)

프판 태아의 생명권은 존중되어야 하며, 임신중절은 긴급한 경우에 일정한 조건과 한계 내에서만 인정된다.
(프랑스 헌법위원회 1975.1.15 결정)

第11條 [平等權, 特殊階級制度의 否認, 榮典의 效力] ① 모든 國民은 法 앞에 平等하다. 누구든지 性別·宗教 또는 社會的 身分에 의하여 政治的·經濟的·社會的·文化的 生活의 모든 領域에 있어서 차별을 받지 아니한다.
② 社會的 特殊階級의 制度는 인정되지 아니하며, 어떠한 形態로도 이를 創設할 수 없다.
③ 勳章등의 榮典은 이를 받은 者에게만 效力이 있고, 어떠한 特權도 이에 따르지 아니한다.

참조 구10, ①[남녀평등]36①, 가소1, [종교]20, [평등선거]41①·67①, [선거운동의 기회균등]116①, [공무원 채용 조건의 균등한 보장]국가공무원35, 지방공무원33, [교육의 기회균등]31, 교육기본4, [평등한 근로관계 보장]근기6, 노노9, 남녀고용평등과일·가정양립지원에관한법 7-11, ③[영전]80·89, 상훈

◘ 평등의 의미

판례 법 제정의 평등 : 헌법 11조 1항의 규범적 의미는 이와 같은 '법 적용의 평등'에서 끝나지 않고, 더 나아가 입법자에 대해서도 그가 입법을 통해서 권리와 의무를 분배함에 있어서 적용할 가치평가의 기준을 정당화할 것을 요구하는 '법 제정의 평등'을 포함한다. 따라서 평등원칙은 입법자가 법률을 제정함에 있어서 법적 효과를 달리 부여하기 위하여 선택한 차별의 기준이 객관적으로 정당화될 수 없을 때에는 그 기준을 법적 차별의 근거로 삼는 것을 금지한다. 이때 입법자가 헌법 11조 1항의 평등원칙에 어느 정도로 구속되는가는 그 규율대상과 차별기준의 특성을 고려하여 구체적으로 결정된다.(헌재결 2000.8.31, 97헌가12)

◘ 평등권 침해의 심사기준

판례 성별에 의한 차별의 금지 : 서울기독교청년회(서울YMCA)가 남성 회원에게는 별다른 심사 없이 총회원 자격을 부여하면서도 여성 회원의 경우에는 지속적인 요구에도 불구하고 원천적으로 총회원 자격심사에서 배제하여 온 것은 우리 사회의 건전한 상식과 법감정에 비추어 용인될 수 있는 한계를 벗어나 사회질서에 위반되는 것으로서 여성 회원들의 인격적 법익을 침해하여 불법행위를 구성한다고 보아야 한다.
(대판 2011.1.27, 2009다19864)

판례 평등권에 있어서 차별취급의 판단기준 : 평등권은 당해 공권력의 행사가 본질적으로 같은 것을 다르게, 다른 것을 같게 취급하고 있는 경우에 침해가 발생하는 것이지, 본질적으로 같지 않은 것을 다르게 취급하는 경우에는 차별자체가 존재한다고 할 수 없다.(헌재결 2006.1.17, 2005헌마1214)

판례 자의심사와 비례심사 : 평등권의 침해 여부에 대한 심사는 그 심사기준에 따라 자의금지원칙에 의한 심사와 비례의 원칙에 의한 심사로 크게 나누어 볼 수 있다. 자의심사의 경우에는 차별을 정당화하는 합리적인 이유가 있는지만을 심사하기 때문에 그에 해당하는 비교대상간의 사실상의 차이나 입법목적(차별목적)의 발견·확인에 그치는 반면에, 비례심사의 경우에는 단순히 합리적인 이유의 존부문제가 아니라 차별을 정당화하는 이유와 차별간의 상관관계에 대한 심사, 즉 비교대상간의 사실상의 차이의 성질과 비중 또는 입법목적(차별목적)의 비중과 차별의 정도에 적정한 균형관계가 이루어져 있는가를 심사한다. 그동안 헌법재판소는 평등심사에 있어 원칙적으로 자의금지원칙을 기준으로 하여 심사하여 왔고, 이따금 비례의 원칙을 기준으로 심사한 것으로 보이는 경우에도 비례심사의 본질에 해당하는 '법익의 균형성(협의의 비례성)'에 대한 본격적인 심사를 하는 경우는 찾아보기 힘들었다고 할 수 있다. 그런데 헌법재판소는 1999.12.23. 선고한 98헌마363 사건에서 평등위반심사를 함에 있어 '법익의 균형성' 심사에까지 이르는 본격적인 비례심사를 하고 있다.(헌재결 2001.2.22, 2000헌마25)

독판 규율의 대상과 차별화의 징표에 따라 입법자에 대하여 단순한 자의의 금기에서 엄격한 비례성 원칙에의 구속에 이르기까지의 상이한 한계가 일반적 평등원칙으로부터 도출된다.
(BVerfGE 88, 87(96)−1993.1.26)

◘ 조세평등주의

판례 최대주주 또는 최대출자자 등에 대하여 주식의 가액에 10%를 가산하여 평가하는 것 : 이 사건 법률조항이 그 적용범위에서 대통령령이 정하는 최대주주 또는 최대출자자 및 그와 특수 관계에 있는 주주 또는 출자자의 주식 및 출자지분에 대하여 일률적으로 가산하여 평가하고 그 상대방 및 거래량을 한정하지 않고 있는 것이 과연 합리적인 입법으로서 조세평등주의의 원칙에 합치하는 것인지의 문제가 있다. 그런데 만일 최대주주 등의 보유주식 등에 대한 특수한 규율을 위하여 상속 또는 증여되는 주식의 수량에 관한 엄격한 요건을 요구하는 경우에는 최대주주 등 및 그 보유주식 등의 증여자, 피상속인 등은 그 규율을 피하기 위하여 사전에 수회에 걸쳐 소량씩 분리하여 증여하는 등 그 규율을 손쉽게 회피할 가능성이 있다. 또한 비록 증여하는 주식이 발행주식총수에 대한 비율로 보면 소량이라고 하여도 그 이전의 효과는 다른 특수관계인 주식과 결합하여 전체 지배권의 중요한 일부가 이전되는 효과가 발생하는 경우 그 규율의 공백이 생길 수 있다. 한편 최대주주 등이 주식을 자신의 특수관계인 등에게 증여하는 경우로 적용범위를 한정하지 아니한 것은 지배주주 범위의 광범위성, 특수한 관계의 범위의 다양성 및 우리 사회 증여의 관행 등에 비추어 보면 불합리한 것이라고 하기 어렵다. 결국 이 사건 법률조항은 주식 등의 가치 및 회사 지배권의 특성을 감안한 바탕 위에 공평한 조세부담을 통한 조세정의의 실현 요구, 징세의 효율성이라는 조세 정책적, 기술적 요구를 종합적으로 고려하여 결정한 것이라고 할 수 있을 뿐, 그 입법목적에 비추어 자의적이거나 임의적인 것으로서 입법형성권의 한계를 벗어났다고 볼 수 없으므로 조세평등주의에 위반되지 아니한다.(헌재결 2003.1.30, 2002헌바65)

◘ 위헌·헌법불합치결정

판례 사립학교 재심위원회의 결정에 대하여 학교법인이 불복할 수 없도록 한 것 : 학교법인은 그 소속 교원과 사법상의 고용계약관계에 있고 재심절차에서 그 결정의 효력을 받는 일방 당사자의 지위에 있음에도 불구하고 이 사건 법률조항은 합리적인 이유 없이 학교법인의 제소권한을 부인함으로써 헌법 11조의 평등원칙에 위배된다.(헌재결 2006.2.23, 2005헌가7,2005헌마1163(병합))

판례 제대군인가산점제도로 평등권이 침해되는지 여부 : 제대군인에 대하여 여러 가지 사회정책적 지원을 강구하는 것이 필요하다 할지라도, 그것이 사회공동체의 다른 집단에게 동등하게 보장되어야 할 균등한 기회 자체를 박탈하는 것이어서는 아니되는데, 가산점제도는 아무런 재정적 뒷받침 없이 제대군인을 지원하려 한 나머지 결과적으로 여성과 장애인 등 이른바 사회적 약자들의 희생을 초래하고 있으며, 각종 국제협약, 실질적 평등 및 사회적 법치국가를 표방하고 있는 우리 헌법과 이를 구체화하고 있는 전체 법체계 등에 비추어 우리 법체계내에 확고히 정립된 기본질서라고 할 '여성과 장애인에 대한 차별금지와 보호'에도 저촉되므로 정책수단으로서의 적합성과 합리성을 상실한 것이다.(헌재결 1999.12.23, 98헌마363)

일판 사망한 남자의 유산에 대하여 법률혼의 처와 사실혼 출생자의 상속분에 대한 다툼에 대한 소송에서 재판부는 "민법에서 사실혼의 출생자의 상속분을 법률혼 출생자의 절반으로 규정한 것은(일본민법 제900조 제4호) 국민 평등의 원칙을 규정한 헌법에 위반된다"며 이 일본민법 규정은 무효라 했다.
(日·東京地判 1994.11.30)

◘ 합헌결정

판례 노동조합의 조직강제 : 노동조합의 조직강제는 조직의 유지·강화를 통하여 단일하고 결집된 교섭능력을 증진시킴으로써 궁극적으로는 근로자 전체의 지위향상에 기여하고, 특히 이 사건 법률조항은 일정한 지배적 노동조합에게만 단체협약을 매개로 한 조직강제를 제한적으로 허용하고 있는데다가 소수노조에게까지 이를 허용할 경우 자칫 반조합의사를 가진 사용자에 의하여 다수 근로자의 단결권을 탄압하는 도구로 악용될 우려가 있는 점 등을 고려할 때, 이 사건 법률조항이 지배적 노동조합 및 그 조합원에 비하여 소수노조 및 그에 가입하였거나 가입하려고 하는 근로자에 대하여 한 차별적 취급은 합리적인 이유가 있으므로 평등권을 침해하지 않는다.
(헌재결 2005.11.24, 2002헌바95·96,2003헌바9(병합))

판례 국가유공자의 상이등급에 따라서 기본연금지급에 차등을 두는 것 : 국가유공자의 상이등급에 따라서 기본연금지급에 차등을 두는 것은 국가유공자 등 예우 및 지원에 관한 법률의 보상원칙에 부합하고, 실질적 평등을 구현하는 것이며, 차등의 정도와 방법도 입법재량의 범위 내에 있으므로, 그 차등지급에는 합리적인 이유가 있어서 평등원칙에 위배되지 않는다.
(헌재결 2003.5.15, 2002헌마90)

第12條 [身體의 자유, 自白의 證據能力] ① 모든 國民은 身體의 自由를 가진다. 누구든지 法律에 의하지 아니하고는 逮捕·拘束·押收·搜索 또는 審問을 받지 아니하며, 法律과 適法한 節次에 의하지 아니하고는 處罰·保安處分 또는 强制勞役을 받지 아니한다.

② 모든 國民은 拷問을 받지 아니하며, 刑事上 자기에게 不利한 陳述을 强要당하지 아니한다.

③ 逮捕·拘束·押收 또는 搜索을 할 때에는 適法한 節次에 따라 檢事의 申請에 의하여 法官이 발부한 令狀을 제시하여야 한다. 다만, 現行犯人인 경우와 長期 3年 이상의 刑에 해당하는 罪를 범하고 逃避 또는 證據湮滅의 염려가 있을 때에는 事後에 令狀을 請求할 수 있다.

④ 누구든지 逮捕 또는 拘束을 당한 때에는 즉시 辯護人의 助力을 받을 權利를 가진다. 다만, 刑事被告人이 스스로 辯護人을 구할 수 없을 때에는 法律이 정하는 바에 의하여 國家가 辯護人을 붙인다.

⑤ 누구든지 逮捕 또는 拘束의 이유와 辯護人의 助力을 받을 權利가 있음을 告知받지 아니하고는 逮捕 또는 拘束을 당하지 아니한다. 逮捕 또는 拘束을 당한 者의 家族등 法律이 정하는 者에게는 그 이유와 日時·場所가 지체없이 통지되어야 한다.
⑥ 누구든지 逮捕 또는 拘束을 당한 때에는 適否의 審査를 法院에 請求할 權利를 가진다.
⑦ 被告人의 自白이 拷問·暴行·脅迫·拘束의 부당한 長期化 또는 欺罔 기타의 방법에 의하여 自意로 陳述된 것이 아니라고 인정될 때 또는 正式裁判에 있어서 被告人의 自白이 그에게 不利한 유일한 증거일 때에는 이를 有罪의 증거로 삼거나 이를 이유로 處罰할 수 없다.

참조 구11, ①[체포·구속]형124, 형소69·70·73·200의2－200의4·201·201의2·212·214, 인권9, [압수·수색]형소 제1편제10장·215, [신문]형소 제1편제12장, [처벌]형41, [형벌불소급, 일사부재리의 원칙]13, [보안처분]보안관찰1, 소년1, [강제노역]형67·69·70, ②[고문]형125, 형소309, [불리한 진술]형소310, ③[법관의 영장]16·77, 형소73·113·201·215·216, [비상사태하의 특별조치]계엄9, [현행범인]44, 형소211·212, ⑤[변호인의 조력]형소30·72·87①·88·90, [국선변호인]형소33·283·438④, [구속장소등 통지의무]형소87, ⑥[구속적부심사청구권]형소214의2, ⑦[자백의 증거능력 제한]형소309·310

➡ 죄형법정주의 및 명확성의 원칙

판례 형벌법규는 문언에 따라 엄격하게 해석·적용하여야 하고 피고인에게 불리한 방향으로 지나치게 확장해석하거나 유추해석하여서는 아니 되나, 형벌법규의 해석에 있어서도 가능한 문언의 의미 내에서 당해 규정의 입법 취지와 목적 등을 고려한 법률체계적 연관성에 따라 그 문언의 논리적 의미를 분명히 밝히는 체계적·논리적 해석방법은 그 규정의 본질적 내용에 가장 접근한 해석을 위한 것으로서 죄형법정주의의 원칙에 부합한다.(대판 2007.6.14, 2007도2162)

판례 형벌법규의 해석원칙 : 형벌법규의 해석은 엄격하여야 하고 명문규정의 의미를 피고인에게 불리한 방향으로 지나치게 확장해석하거나 유추해석하는 것은 죄형법정주의의 원칙에 어긋나는 것으로서 허용되지 않는다.(대판 2006.6.2, 2006도265)

판례 명확성 판단의 기준 : 법규범이 명확한지 여부는 그 법규범이 수범자에게 법규의 의미내용을 알 수 있도록 공정한 고지를 하여 예측가능성을 주고 있는지 여부 및 그 법규범이 법을 해석·집행하는 기관에게 충분한 의미내용을 규율하여 자의적인 법해석이나 법집행이 배제되는지 여부, 다시 말하면 예측가능성 및 자의적 법집행 배제가 확보되는지 여부에 따라 이를 판단할 수 있는데, 법규범의 의미내용은 그 문언뿐만 아니라 입법목적이나 입법취지, 입법연혁, 그리고 법규범의 체계적 구조 등을 종합적으로 고려하는 해석방법에 의하여 구체화하게 되므로, 결국 법규범이 명확성원칙에 위반되는지 여부는 위와 같은 해석방법에 의하여 그 의미내용을 합리적으로 파악할 수 있는 해석기준을 얻을 수 있는지 여부에 달려 있다.
(헌재결 2005.6.30, 2002헌바83)

판례 동조 제1항이 규정하는 '죄형법정주의 원칙'은, 범죄와 형벌을 입법부가 제정한 형식적 의미의 법률로 규정하는 것을 그 핵심적 내용으로 하고, 나아가 형식적 의미의 법률로 규정하더라도 그 법률조항이 처벌하고자 하는 행위가 무엇이며 그에 대한 형벌이 어떠한 것인지를 누구나 예견할 수 있고 그에 따라 자신의 행위를 결정할 수 있도록 구성요건을 명확하게 규정할 것을 요구하므로, 처벌법규의 입법목적이나 그 전체적 내용, 구조 등을 살펴보아 사물의 변별능력을 제대로 갖춘 일반인의 이해와 판단으로서 그의 구성요건 요소에 해당하는 행위유형을 정형화하거나 한정할 합리적 해석기준을 찾을 수 있어야 죄형법정주의가 요구하는 형벌법규의 명확성의 원칙에 반하지 않는다.
(대판 2003.11.14, 2003도3600)

프판 입법자는 자의를 배제하기 위하여 충분히 명백하고 정확한 문구로 범죄행위를 확정할 의무를 진다.
(프랑스 헌법위원회 1981.1.20 결정)

➡ 적법절차의 원리

판례 수사기관의 압수·수색절차 과정에서 처분을 받는 자가 미성년자인 경우, 의사능력이 있는 한 미성년자에게 영장이 반드시 제시되어야 하고, 그 친권자에 대한 영장제시로 이를 갈음할 수 없다. 또한 의사능력이 있는 미성년자나 그 변호인에게 압수·수색영장 집행 절차에 참여할 기회가 보장되어야 하고, 그 친권자에게 참여의 기회가 보장되었다는 이유만으로 압수·수색이 적법하게 되는 것은 아니다.(대판 2024.12.24, 2022도2071)

판례 출입국관리법 제63조제1항에서는 강제퇴거대상자를 대한민국 밖으로 송환할 수 있을 때까지 보호시설에 인치·수용하도록 하고 있다. 이는 강제퇴거명령을 효율적으로 집행할 수 있도록 함으로써 외국인의 출입국과 체류를 적절하게 통제하고 조정하여 국가의 안전과 질서를 도모하고자 하는 것으로, 그 입법목적의 정당성과 수단의 적합성이 인정된다. 그러나 보호기간의 상한을 두지 아니하여 강제퇴거대상자를 무기한 보호할 수 있도록 하는 것은 보호의 일시적·잠정적 강제조치로서의 한계를 벗어나 피보호자의 신체의 자유를 침해한다고 보아야 한다.
(헌재결 2023.3.23, 2020헌가1,2021헌가10(병합))

판례 배우자의 선거범죄로 인한 당선무효 : 이 사건 법률조항에 의한 후보자책임의 성격은 일종의 법정무과실책임이다. 타인인 배우자의 행위에 대하여 본인이 책임을 진다는 법적 구조를 지니므로, 행위에 관한 판단은 행위자를 중심으로 이루어지고 또 이로써 충분하다. 행위자인 배우자가 해당 선거범죄를 저질렀고 이에 대한 책임이 있는 것으로 재판절차를 통하여 확정된다면 그로써 곧 후보자에게 법률상 당연히 당선무효라는 책임을 귀속시킨다는 구조이므로, 이러한 법적 구조의 성격상 행위자에 대한 평가를 적법절차가 보장된 가운데 정당하게 하였다면 그와 별도로 후보자에 대하여 따로 적법절차의 보장이 필요한 것이 아니다. 후보자의 감독상의 과실을 사유로 책임을 묻는 것이 아니라 행위자인 배우자의 행위에 대한 연대책임을 묻는 제도이기 때문에, 행위자에 대한 적법절차의 보장이 곧 후보자에 대한 보장이라 할 수 있다. 이 사건 법률조항에 의한 후보자책임의 법적 구조의 특징, 배우자에게 재판절차라는 완비된 절차적 보장이 주어진다는 점, 별도 절차의 채부에 따른 장·단점이 나뉜다는 점 등을 종합하면 후보자에 대하여 변명·방어의 기회를 따로 부여하는 절차를 마련하지 않았다는 점만으로 적법절차원칙에 어긋난다고 볼 수 없다.(헌재결 2005.12.22, 2005헌마19)

판례 전반적인 사항을 규율하는 헌법적 일반규정과 구체적인 사항을 규율하는 헌법적 특별규정과의 관계 : 헌법 제12조 제1항은 '신체의 자유'에 관한 일반규정이고, 같은 조 제3항은 수사기관의 피의자에 대한 강제처분절차 등에 관한 특별규정이기 때문에, 수사기관의 피의자에 대한 구속영장청구에 관련된 이 사건 법률조항의 위헌성 여부는 원칙적으로 헌법적 특별규정인 헌법 제12조 제3항의 '영장주의'에 합치되는지 여부에 달려있고, 유죄판결이 확정되기 전에 당해 피의자의 '신체의 자유'가 제한되는 결과가 발생한다는 측면에 대해서는 헌법 제12조 제3항에 위배되는지 여부를 판단하는 것으로 족하며 이에 관하여 일반규정인 헌법 제12조 제1항 및 제27조 제4항의 위반 여부 등을 별도로 판단할 필요는 없다.(헌재결 2003.12.18, 2002헌마593)

판례 공무원연금법 제64조 제3항의 급여제한이 적법절차원칙에 위배되는지 여부 : 이 사건 법률조항은 그에 해당하는 사유가 있으면 반드시 급여를 지급하지 않게 되어 있어 청문절차를 거치더라도 그 결과에 따라 급여제한의 내용이 달라질 가능성이 있는 것도 아니고, 급여제한에 관한 결정은 행정처분으로서 그 결정에 이의가 있는 수급자는 공무원연금급여재심위원회에 심사를 청구하고 행정소송을 제기하여 구제를 받을 수 있는 길이 열려 있으므로 급여의 제한조치에 앞서 청문절차를 거치도록 직접 규정하지 아니하였다고 하여 이 사건 법률조항이 적법절차의 원칙에 어긋난다고 할 수는 없다.(헌재결 2002.7.18, 2000헌바57)

➡ 진술거부권

판례 교도소에 수용 중이던 수형자 A가 소란을 일으켰다는 이유로 징벌대상에 올랐는데, 이에 교도관이 징벌대상 행위가 적발된 사실을 기재한 '적발 보고서'에 A의 무인을 요구했으나, A는 이를 거부하였다. 교도소 측은 이를 징벌 사유로 보아 20일간 금치 처분을 내렸다. 그러나 수용자가 적발 보고서에 서명 또는 무인하는 의미는 거기에 기재된 규율위반 행위가 사실임을 스스로 인정한다는 것이다. 이러한 서명 또는 무인은 적발 보고서의 기재 내용과 일체가 되어 언어적 표출인 '진술'을 구성하므로 헌법상 진술거부권의 보호대상에 포함된다. 따라서 교도관의 보고서 무인 요구를 거부한 것은 정당한 사유 없이 교도관의 직무상 지시나 명령을 따르지 않고 교도관 직무를 방해한 행위로 보기 어렵다.(대판 2024.10.25, 2024두45832)

판례 피의자의 진술을 녹취 내지 기재한 서류 또는 문서가 수사기관에서의 조사 과정에서 작성된 것이라면, 그것이 '진술조서, 진술서, 자술서'라는 형식을 취하였다고 하더라도 피의자신문조서와 달리 볼 수 없다. 형사소송법이 보장하는 피의자의 진술거부권은 헌법이 보장하는 형사상 자기에게 불리한 진술을 강요당하지 않는 자기부죄거부의 권리에 터 잡은 것이므로, 수사기관이 피의자를 신문함에 있어서 피의자에게 미리 진술거부권을 고지하지 않은 때에는 그 피의자의 진술은 위법하게 수집된 증거로서 진술의 임의성이 인정되는 경우라도 증거능력이 부인되어야 한다.(대판 2009.8.20, 2008도8213)

판례 **'당해 거주자와 비거주자간 채권의 발생 등에 관한 거래와 관련이 없는 지급'을 한국은행 총재의 허가사항으로 규정한 것이 헌법상 보장된 진술거부권의 본질적 내용을 침해하는 것인지 여부** : 거래를 수반하지 않는 외국환 지급 허가의 신청은 구 외국환관리법이나 그 밖의 법령에 범죄로 규정되어 있지 아니할 뿐 아니라, 위와 같은 지급의 경우에도 지급의 수액 및 그 용도 등에 따라 지급이 허가될 가능성이 전혀 없다고 할 수는 없으므로, 위와 같은 지급을 하려는 거주자에 대하여 한국은행 총재의 허가를 미리 받도록 규정한 것이 헌법상 보장된 진술거부권의 본질적 내용을 침해하는 것이라고 할 수는 없다.
(대판 2006.5.11, 2006도920)

판례 **정치자금의 수입·지출에 관한 명세서, 영수증 및 회계장부를 보존하지 않은 정당의 회계책임자를 형사처벌하는 것이 진술거부권을 침해하는지 여부** : 정치자금법 제31조 제6호에 의하면, 정당의 회계책임자는 정치자금의 수입·지출에 관한 명세서 및 영수증을 정치자금법이 정하는 회계보고를 마친 후 3년간 보존하여야 하는데, 이 조항이 규정하고 있는 회계장부·명세서·영수증을 보존하는 행위는 진술거부권의 보호대상이 되는 "진술" 즉 언어적 표출의 등가물로 볼 수 없으므로, 위 조항은 헌법 제12조 제2항의 진술거부권을 침해하지 않는다.
(헌재결 2005.12.22, 2004헌바25)

판례 **진술거부권의 입법 취지** : 헌법 제12조 제2항은 형사책임에 관하여 자신에게 불이익한 진술을 강요당하지 아니할 것을 국민의 기본권으로 보장하고 있고, 헌법이 진술거부권을 기본적 권리로 보장하는 것은 형사 피의자나 피고인의 인권을 형사소송의 목적인 실체적 진실발견이나 구체적 사회정의의 실현이라는 국가이익보다 우선적으로 보호함으로써 인간의 존엄성과 가치를 보장하고, 나아가 비인간적인 자백의 강요와 고문을 근절하려는데 있다.(대판 2004.12.24, 2004도5494)

➡ 영장주의

판례 영장 대상 범위가 '회계자료 및 입출금 거래 내역 및 통장(상기 범행에 사용된 회사, 사장, 직원 및 가족 명의 포함)'인 압수수색 영장을 근거로 해당 회사 직원이자 피의자 동생의 가족(장모와 부인) 명의의 계좌거래 내역과 통장 등을 압수한 사건에서, 영장에 기재된 '가족'은 '피의자의 가족'만을 의미하고, '회사 직원의 가족'은 포함되지 않는다. 따라서 위법한 영장 집행이기 때문에 관련 압수물을 증거로 사용할 수 없다.
(서울고법 2019.1.31, 2018노885)

판례 헌법과 형사소송법이 정한 절차에 따르지 아니하고 수집한 증거는 물론 이를 기초로 하여 획득한 2차적 증거 역시 기본적 인권 보장을 위해 마련된 적법한 절차에 따르지 않은 것으로서 원칙적으로 유죄 인정의 증거로 삼을 수 없다. 전자정보에 대한 압수·수색영장의 집행에 있어서는 원칙적으로 영장 발부의 사유로 된 혐의사실과 관련된 부분만을 문서 출력물로 수집하거나 수사기관이 휴대한 저장매체에 해당 파일을 복사하는 방식으로 이루어져야 하고, 집행현장의 사정상 위와 같은 방식에 의한 집행이 불가능하거나 현저히 곤란한 부득이한 사정이 있는 경우 그 저장매체 자체를 직접 또는 하드카피나 이미징 등 형태로 수사기관 사무실 등 외부로 반출하여 해당 파일을 압수·수색할 수 있도록 예외적으로 허용될 수 있을 뿐이다. 저장매체 자체를 수사기관 사무실 등으로 옮긴 후 범죄혐의와 관련성에 대한 구분 없이 저장된 전자정보 중 임의로 문서출력 또는 파일복사를 하는 행위는 특별한 사정이 없는 한 영장주의 등 원칙에 반하는 위법한 집행이 된다.(대판 2012.3.29, 2011도10508)

판례 **입법자가 수사기관의 피의자에 대한 강제처분에 관한 헌법적 특별규정인 헌법 제12조 제3항을 준수하는 경우 그 입법형성권의 범위와 이에 관한 위헌성심사기준** : 수사기관의 피의자에 대한 강제처분에 관한 법률을 제정함에 있어서 입법자는 헌법적 특별규정인 헌법 제12조 제3항을 준수하는 범위 내에서 우리 사회의 법현실, 수사관행, 수사기관과 국민의 법의식수준 등을 종합적으로 검토한 다음 구체적 사정에 따라서 다양한 정책적인 선택을 할 수 있고, 다만 이러한 입법형성권을 남용하거나 그 범위를 현저하게 일탈하여 당사자들의 기본권을 침해하게 된 경우에는 관련 법률들이 '자의금지원칙'에 위배되어 헌법에 위반된다고 보아야 한다.(헌재결 2003.12.18, 2002헌마593)

판례 **형사절차에 있어서의 영장주의의 본질** : 형사절차에 있어서의 영장주의란 체포·구속·압수 등의 강제처분을 함에 있어서는 사법권 독립에 의하여 그 신분이 보장되는 법관이 발부한 영장에 의하지 않으면 아니된다는 원칙이고, 따라서 영장주의의 본질은 신체의 자유를 침해하는 강제처분을 함에 있어서는 중립적인 법관이 구체적 판단을 거쳐 발부한 영장에 의하여야만 한다는 데에 있다.(헌재결 1997.3.27, 96헌바28·31·32(병합))

미판 중요한 마약수사에 있어서 원칙적으로 예외를 허용하지 않지만, 영장을 집행하는 경관이 피고인의 호텔 방에 예고없이 들어간 것은 상황에 따라서 허용되는 경우도 있다.
(미연방대법 137 L Ed 2d 615)

➡ 변호인의 조력을 받을 권리

판례 피의자 신문을 할 때에는 피의자가 신체적으로나 심리적으로 위축되지 않은 상태에서 자기의 방어권을 충분히 행사할 수 있도록 보호장비를 사용하지 않는 것이 원칙이다. 따라서 피의자 신문을 할 때 피의자의 수갑을 풀어달라는 변호인의 요청을 거부하고 변호인을 강제로 퇴거시킨 검사의 처분은 위법하다.
(대판 2020.3.17, 2015모2357)

판례 **변호인이 되려는 자의 접견교통권** : 변호인이 되려고 하는 자가 사건을 수사 중인 검사에게 변호인 접견신청을 하였고, 검사가 담당 교도관에게 접견신청이 있었음을 알렸으나, 교도관이 「형의 집행 및 수용자의 처우에 관한 법률 시행령」 제58조제1항에 따라 「국가공무원 복무규정」상 근무시간이 경과하여 변호인 접견을 허용할 수 없다고 통보한 사건에서, 담당 교도관의 접견 불허 통보 이후 피청구인 검사가 별다른 조치를 취하지 아니하고 피의자 심문을 계속한 것은 실질적으로 변호인의 접견신청을 불허한 것과 같다.(헌재결 2019.2.28, 2015헌마1204)

판례 **불구속피의자의 '변호인의 조력을 받을 권리'의 헌법적 근거** : 우리 헌법은 변호인의 조력을 받을 권리가 불구속 피의자·피고인 모두에게 포괄적으로 인정되는지 여부에 관하여 명시적으로 규율하고 있지는 않지만, 불구속 피의자의 경우에도 변호인의 조력을 받을 권리는 우리 헌법에 나타난 법치국가원리, 적법절차원칙에서 인정되는 당연한 내용이고, 헌법 제12조 제4항도 이를 전제로 특히 신체구속을 당한 사람에 대하여 변호인의 조력을 받을 권리의 중요성을 강조하기 위하여 별도로 명시하고 있다.(헌재결 2004.9.23, 2000헌마138)

판례 **구금된 피의자에 대한 피의자신문시 변호인의 참여를 요구할 권리가 있는지 여부** : 형사소송법이 아직은 구금된 피의자의 피의자신문에 변호인이 참여할 수 있다는 명문규정을 두고 있지는 아니하지만, 신체를 구속당한 사람의 변호인과의 접견교통권이 헌법과 법률에 의하여 보장되고 있을 뿐 아니라 누구든지 체포 또는 구속을 당한 때에는 즉시 변호인의 조력을 받을 권리를 가진다고 선언한 헌법규정에 비추어, 구금된 피의자는 형사소송법의 위 규정을 유추·적용하여 피의자신문을 받음에 있어 변호인의 참여를 요구할 수 있고 그러한 경우 수사기관은 이를 거절할 수 없는 것으로 해석하여야 한다.
(대결 2003.11.11, 2003모402)

판례 **헌법상 변호인의 조력을 받을 권리의 의미와 내용**
[1] ① **의미** : 신체구속을 당한 사람의 변호인의 조력을 받을 권리는 무죄추정을 받고 있는 피의자·피고인에 대하여 신체구속의 상황에서 생기는 여러가지 폐해를 제거하고 구속이 그 목적의 한도를 초과하여 이용되거나 작용하지 않게끔 보장하기 위한 것으로 여기의 "변호인의 조력"은 "변호인의 충분한 조력"을 의미한다.
② **내용** : 변호인의 조력을 받을 권리의 필수적 내용은 신체구속을 당한 사람과 변호인과의 접견교통권이며 이러한 접견교통권의 충분한 보장은 구속된 자와 변호인의 대화내용에 대하여 비밀이 완전히 보장되고 어떠한 제한·영향·압력 또는 부당한 간섭없이 자유롭게 대화할 수 있는 접견을 통하여서만 가능하고 이러한 자유로운 접견은 구속된 자와 변호인의 접견에 교도관이나 수사관 등 관계공무원의 참여가 없어야 가능하다.
[2] 구속된 사람을 변호인이 접견할 때 소속직원(수사관)이 참여하여 대화내용을 듣거나 기록하는 것은 헌법 제12조 제4항이 규정한 변호인의 조력을 받을 권리를 침해한 것으로 위헌이다.
(헌재결 1992.1.28, 91헌마111)

➡ 체포·구속적부심사제도

판례 사법경찰관리가 현행범인으로 체포하는 경우에는 반드시 범죄사실의 요지, 구속의 이유와 변호인을 선임할 수 있음을 말하고 변명할 기회를 주어야 하며, 이러한 법리는 비단 현행범인을 체포하는 경우 뿐만 아니라 긴급체포의 경우에도 마찬가지로 적용되는 것이고, 이와 같은 고지는 체포를 위한 실력행사에

헌법

들어가기 전에 미리 하여야 하는 것이 원칙이나, 달아나는 피의자를 쫓아가 붙들거나 폭력으로 대항하는 피의자를 실력으로 제압하는 경우에는 붙들거나 제압하는 과정에서 하거나, 그것이 여의치 않은 경우에는 일단 붙들거나 제압한 후에 지체없이 하여야 한다.(대판 2010.6.24, 2008도11226)

판례 제12조 제6항이 '체포·구속'의 방법으로 '신체의 자유'가 부당하게 침해되는 것을 사후적으로 구제하는 구체적인 절차적 기본권에 관한 입법형성의무를 부과하고 있는지 여부 : 우리 헌법은 '체포·구속을 당한 때'라고 하는 매우 구체적인 상황에 관련하여 헌법적 차원에서 '적부의 심사를 법원에 청구할 권리'라는 구체적인 절차적 권리를 보장하고 있지만, 입법자의 형성적 법률이 존재하지 아니하는 경우 현실적으로 법원에서 당사자의 '체포·구속적부심사청구권'에 대하여 심리할 방법이 없기 때문에, 입법자가 법률로써 구체적인 내용을 형성하여야만 권리주체가 실질적으로 이를 행사할 수 있는 경우에 해당하는 것으로서 헌법의 개별규정에 의한 헌법위임(Verfassungsauftrag)이 존재한다고 볼 수 있다. 나아가 이러한 체포·구속적부심사청구권의 경우 헌법적 차원에서 독자적인 지위를 가지고 있기 때문에 입법자가 전반적인 법체계를 통하여 관련자에게 그 구체적인 절차적 권리를 제대로 행사할 수 있는 기회를 최소한 1회 이상 제공하여야 할 의무가 있다고 보아야 한다.(헌재결 2004.3.25, 2002헌바104)

第13條 [刑罰不遡及, 一事不再理, 遡及立法 制限, 連坐制禁止] ① 모든 國民은 行爲時의 法律에 의하여 犯罪를 구성하지 아니하는 행위로 訴追되지 아니하며, 동일한 犯罪에 대하여 거듭 處罰받지 아니한다.

② 모든 國民은 遡及立法에 의하여 參政權의 제한을 받거나 財産權을 剝奪당하지 아니한다.

③ 모든 國民은 자기의 행위가 아닌 親族의 행위로 인하여 불이익한 處遇를 받지 아니한다.

참조 구12, ①[죄형법정주의]12, 형1, [형벌불소급]형1, [일사부재리]형소326·327·329, ②[참정권]24·25, [재산권]23, ③[친족]민767

▶ 일사부재리의 원칙

판례 '처벌'의 개념 및 범위 : 일사부재리 또는 이중처벌금지의 원칙에 있어서 처벌이라고 함은 원칙적으로 범죄에 대한 국가의 형벌권 실행으로서의 과벌을 의미하는 것이고 국가가 행하는 일체의 제재나 불이익처분이 모두 그에 포함된다고는 할 수 없다.(헌재결 2002.7.18, 2000헌바57)

판례 누범가중과 일사부재리의 원칙 : 형법 제35조 제1항이 누범을 가중처벌하는 것은 전범에 대하여 형벌을 받았음에도 다시 범행을 하였다는 데 있는 것이지, 전범에 대하여 처벌을 받았음에도 다시 범행을 하는 경우에는 전범도 후범과 일괄하여 다시 처벌한다는 것은 아님이 명백하므로, 누범에 대하여 형을 가중하는 것이 헌법상의 일사부재리의 원칙에 위배하여 피고인의 기본권을 침해하는 것이라고는 볼 수 없다.
(헌재결 1995.2.23, 93헌바43)

▶ 소급입법의 금지

판례 친일재산은 취득·증여 등 원인행위 시에 국가의 소유로 한다고 정한 舊「친일반민족행위자 재산의 국가귀속에 관한 특별법」 제3조제1항 본문이 소급입법금지 원칙에 반하여 위헌인지 여부 : 친일재산의 소급적 박탈은 일반적으로 소급입법을 예상할 수 있었던 예외적인 사안이고, 진정소급입법을 통해 침해되는 법적 신뢰는 심각하다고 볼 수 없는 데 반해 이를 통해 달성되는 공익적 중대성은 압도적이라고 할 수 있으므로 진정소급입법이 허용되는 경우에 해당한다. 따라서 귀속조항이 진정소급입법이라는 이유만으로 헌법 제13조제2항에 위배된다고 할 수 없다.(대판 2012.2.23, 2010두17557)

판례 소급입법에 의한 재산권 박탈의 금지 : 헌법 13조 2항은 "모든 국민은 소급입법에 의하여 재산권을 박탈당하지 아니한다"고 규정하여 소급입법에 의한 재산권의 박탈을 금지하고 있는데, 이러한 재산권의 보장은 국민 개개인이 재산권을 향유할 수 있는 법제도로서의 사유재산제도를 보장한다는 의미와 함께 그 기초 위에서 그들이 현재 누리고 있는 구체적 재산권을 개인의 기본권으로 보장한다는 이중적 의미를 지니고 있는바, 만일 소급입법에 의하여 사유재산권이 부인된다거나 이미 형성된 재산권이 상실된다면 헌법상의 자유민주주의적 경제질서에 반하게 되고 사소유권을 근간으로 한 재산권의 본질이 근본적으로 훼손될 소지가 있으므로, 우리 헌법은 소급입법에 의한 재산권 박탈을 명시적으로 금지하고 있는 것이다.
(헌재결 2001.5.31, 99헌가18,99헌바71·111,2000헌바51·64·65·85,2001헌바2(병합))

▶ 이중처벌금지의 원칙

판례 추징금을 납부하지 아니한 자에게 출국을 금지하는 것이 이중처벌금지원칙에 위배되는지 여부 : 일정액수의 추징금을 납부하지 않은 자에게 내리는 출국금지의 행정처분은 형법 제41조상의 형벌이 아니라 형벌의 이행확보를 위하여 출국의 자유를 제한하는 행정조치의 성격을 지니고 있다. 그렇다면 심판대상 법조항에 의한 출국금지처분은 헌법 제13조 제1항의 이중처벌금지원칙에 위배된다고 할 수 없다.
(헌재결 2004.10.28, 2003헌가18)

판례 청소년 성매수자에 대한 신상공개제도가 이중처벌금지원칙에 위반되는지 여부 : 신상공개제도에 의해 공개되는 신상과 범죄사실은 이미 공개재판에서 확정된 유죄판결의 일부로서, 개인의 신상 내지 사생활에 관한 새로운 내용이 아니고, 공익목적을 위하여 이를 공개하는 과정에서 부수적으로 수치심 등이 발생된다고 하여 이것을 기존의 형벌 외에 또 다른 형벌로서 수치형이나 명예형에 해당한다고 볼 수는 없다. 그렇다면, 신상공개제도는 헌법 제13조의 이중처벌금지 원칙에 위배되지 않는다.
(헌재결 2003.6.26, 2002헌가14)

▶ 형벌불소급의 원칙

판례 행정법규의 소급적용이 허용되는 경우 : 법령의 소급적용, 특히 행정법규의 소급적용은 일반적으로는 법치주의의 원리에 반하고, 개인의 권리·자유에 부당한 침해를 가하며, 법률생활의 안정을 위협하는 것이어서, 이를 인정하지 않는 것이 원칙이지만, 법령을 소급적용하더라도 일반 국민의 이해에 직접 관계가 없는 경우, 오히려 그 이익을 증진하는 경우, 불이익이나 고통을 제거하는 경우 등의 특별한 사정이 있는 경우에 한하여 예외적으로 법령의 소급적용이 허용된다.(대판 2005.5.13, 2004다8630)

판례 '가입자자격을 상실한 후 1년이 경과한 국민연금가입자'는 반환일시금을 받을 수 없도록 개정된 국민연금법(1998.12.31 법률 제5623호로 개정된 것) 부칙 제16조 제1항은 1999.1.1부터 시행되어 그 이후에 이루어진 반환일시금의 청구에 대하여 적용될 뿐, 그 시행 이전에 구법상의 요건을 충족한 자는 종전의 규정에 따라 급여를 지급받게 되므로 이미 종결된 과거의 사실 또는 법률관계에 사후적으로 적용함으로써 과거를 법적으로 새로이 평가하여 재산권을 박탈하는 소급입법이라고 할 수 없다.
(헌재결 2004.6.24, 2002헌바15)

프판 형벌불소급의 원칙은 형사법원에서 적용하는 형벌에만 국한되는 것이 아니라 종국적으로 형벌적 성격을 가지는 모든 제재에 확대하여 적용된다.(프랑스 헌법위원회 1982.12.30 결정)

▶ 연좌제 금지의 원칙

판례 배우자의 중대 선거범죄를 이유로 후보자의 당선을 무효로 하는 경우 연좌제에 해당하는지 여부 : 헌법 제13조 제3항은 '친족의 행위와 본인 간에 실질적으로 의미 있는 아무런 관련성을 인정할 수 없음에도 불구하고 오로지 친족이라는 사유 그 자체만으로' 불이익한 처우를 가하는 경우에만 적용된다. 따라서 후보자와 일상을 공유하는 자로서 후보자와 불가분의 선거운명공동체를 형성하여 활동하게 마련인 배우자의 실질적 지위와 역할을 근거로 후보자에게 연대책임을 부여한 것은 헌법 제13조 제3항에서 금지하고 있는 연좌제에 해당하지 아니한다.
(헌재결 2005.12.22, 2005헌마19)

第14條 [居住·移轉의 자유] 모든 國民은 居住·移轉의 自由를 가진다.

참조 구13, [거주·이전의 제한]37, 감염병42, 계엄9, 검역법15-17, 결핵예방법15, 치료감호등에관한법2, 소년32, 경찰직무4, 형소101①, 소방기본법26, 보안관찰법4, [거주지이동의 신고]주민등록14-17, [해외이주의 제한]해외이주3, [미성년자에 대한 거소지정]민914·945

▶ 거주·이전의 자유의 내용

판례 거주·이전의 자유의 내용 : 거주·이전의 자유란 국민이 원하는 곳에 주소나 거소를 설정하고 이전할 자유를 말하며 그 자유에는 국내에서의 거주·이전의 자유 이외에 해외여행 및 해외이주의 자유가 포함되고, 해외여행 및 해외이주의 자유는 대한민국의 통치권이 미치지 않는 곳으로 여행하거나 이주할 수 있는 자유로서 출국의 자유와 외국 체류를 중단하고 다시 우리나라로 돌아올 수 있는 입국의 자유를 포함한다.
(대판 2008.1.24, 2007두10846)

■ 국내에서의 거주·이전의 자유

판례 인천국제공항고속도로 사용계약체결을 강요함으로써 거주이전의 자유를 제한하는지 여부 : 공항고속도로를 이용하지 않고도 이 도로개설 이전의 영종도 주민들과 마찬가지로 뱃길을 이용하여 자유로이 다른 곳으로 이동할 수도 있고, 다른 곳으로 거주를 옮길 수도 있으며, 또 이 도로를 이용하는 경우에도 비록 통행료의 부담이 있기는 하지만 그 부담의 정도가 이전의 자유를 실제로 제약할 정도로 이용의 편익에 비하여 현저히 크다고는 볼 수 없으므로 거주이전의 자유가 제한된 것으로 볼 수 없다.(헌재결 2005.12.22, 2004헌바64)

■ 국외 이주·해외 여행의 자유

판례 거주이전의 자유의 보호범위를 '거주이전을 이유로 국방의 의무를 면할 수 있는 혜택의 시기가 다른 사람보다도 늦어지지 않을 것'까지 포함하는 것으로 볼 수 없으므로, 해외에 체재한 사실 때문에 병역법 제71조에 의해 입영의무 등 감면연령이 31세부터가 아닌 36세부터 적용된다고 해서 이를 거주이전의 자유의 제한이라고 할 수 없다.(헌재결 2004.11.25, 2004헌바15)

독판 거주·이전의 자유는 국가권력에 의해 방해받음이 없이 국경내의 모든 지역에서 거주하거나 주소를 정할 수 있는 권리를 말한다.(BVerfGE 2, 266(273)－1953.5.7)

第15條 [職業選擇의 자유] 모든 國民은 職業選擇의 自由를 가진다.

참조 구14, [직업선택·영업자유의 제한]37②·119－123·125·126, 의료법33, 공증13, [강제노역의 금지]12①, 근기7, [적성에 맞는 취업기회 보장]직업안정1

■ 직업선택의 자유

판례 직업수행의 자유의 제한에 대한 심사기준 : 헌법 제15조에 의한 직업의 자유는 자신이 원하는 직업을 자유롭게 선택하는 좁은 의미의 직업선택의 자유와 선택한 직업을 자기가 원하는 방식으로 자유롭게 수행할 수 있는 직업수행의 자유를 포함하는 직업의 자유를 뜻한다. 헌법재판소는 직업수행의 자유 제한의 경우에는 입법자의 재량의 여지가 많으므로, 그 제한을 규정하는 법령에 대한 위헌 여부를 심사하는데 있어서 좁은 의미의 직업선택의 자유에 비하여 상대적으로 폭넓은 법률상의 규제가 가능한 것으로 보아 다소 완화된 심사기준을 적용하여 왔다.(헌재결 2007.5.31, 2003헌마579)

판례 기업의 경영권을 헌법상의 권리로 볼 수 있는지 여부 : 헌법 제23조 제1항, 제119조 제1항, 제15조 규정의 취지를 기업활동의 측면에서 보면, 모든 기업은 그가 선택한 사업 또는 영업을 자유롭게 경영하고 이를 위한 의사결정의 자유를 가지며, 사업 또는 영업을 변경(확장 축소 전환)하거나 처분(폐지 양도)할 수 있는 자유를 가지고 있고, 이는 헌법에 의하여 보장되고 있는 것이다.(대판 2003.11.13, 2003도687)

판례 직업의 자유 보장 및 그 제한의 한계 : 헌법 제15조가 말하는 직업선택의 자유는 직업결정의 자유와 직업행사의 자유를 포괄하며, 직업의 자유는 헌법 제37조 제2항에 따라 국가안전보장·질서유지 또는 공공복리를 위하여 불가피한 경우에는 이를 제한할 수 있는데, 특히 직업행사의 자유는 직업결정의 자유에 비하여 상대적으로 그 침해의 정도가 작다고 할 것이어서, 이에 대하여는 공공복리 등 공익상의 이유로 비교적 넓은 법률상의 규제가 가능하지만, 직업수행의 자유를 제한할 때에도 헌법 제37조 제2항에 의거한 비례의 원칙에 위배되어서는 안 된다.(헌재결 2003.10.30, 2001헌마700,2003헌바11(병합))

판례 유죄판결을 자격취득의 결격사유로 하거나 필요적 취소사유로 하는 규정이 직업선택의 자유를 침해하는지 여부 : 입법자가 일정한 자격제도를 마련하면서 그 자격제도를 둔 취지와 양립할 수 없는 결격사유를 규정하고 있는 이상, 일단 자격을 취득하여 그 자격제도에 포섭된 자일지라도 결격사유에 해당하게 됨으로써 당해 자격제도의 범주에서 벗어난 경우, 필요적으로 그 자격을 취소, 박탈하는 것은 자격취득에 관한 요건으로 결격사유를 설정한 자격제도 자체에서 유래하는 본질적인 한계에 속하고, 단지 그 결과만을 두고 최소침해성의 원칙에 위반된다고 볼 수도 없다.(헌재결 2001.5.31, 99헌바94)

판례 직업의 자유에 대한 제한이 위헌인지 여부의 판단기준 : [1] 직업의 자유에 대한 제한도 구체적인 경우에 따라 다양한 형태를 취하게 되기 때문에 그것이 위헌인지의 여부도 일률적으로 논할 수는 없고 구체적인 제한조치에 관하여 제한의 목적 필요성 내용과 그것에 의하여 제한되는 직업의 자유의 성질 내용 및 제한의 정도 방법 등을 검토하고 이들을 비교교량하여 신중하게 결정하여야 할 것이다. [2] 직업의 자유에 대한 제한이 직업의 선택 자체는 제한하지 않으면서 직업활동의 내용이나 태양만을 제한하는 것일 때에는 직업선택의 자유를 제한하는 것보다는 제한의 정도가 가볍다고 할 것이고 따라서 자유를 제한할 수 있는 범위도 커서 비교적 용이하게 제한의 필요성과 합리성을 긍정할 수 있겠지만, 형식적으로는 직업활동의 자유를 제한하는 것처럼 보이더라도 실질에 있어서는 직업선택의 자유를 제한하는 것과 다를 바가 없을 정도로 직업활동의 자유를 크게 제한할 경우에는 그 제한의 합리성을 쉽게 긍정하여서는 안되고, 개인의 자유보다 우월한 매우 중요한 공공의 이익을 보호하기 위하여 그와 같은 제한이 필요하다고 인정되는 경우에만 그 제한을 합헌적인 것으로 보아야 한다.(대판 1994.3.8, 92누1728)

독판 직업의 자유에 대한 제한, 즉 직업에 대한 자유로운 접근의 (법률에 의한) 제한에 있어서는 ① 직업의 행사에 대한 제한, ② 주관적 사유에 의한 직업선택의 제한, ③ 객관적 사유에 의한 직업선택의 제한으로 그 제한의 강도가 강력해질수록 제한을 근거 지우는 공익상의 요청도 엄격하게 요구되어야 한다.(BVerfGE 7, 377(405ff.)－1958.6.11)

■ 직업선택의 자유의 침해의 예

판례 시각장애인에 한하여 안마사 자격인정을 받을 수 있도록 하는 것 : 이 사건 규칙조항은 안마사의 자격인정을 받을 수 있는 자를 일정한 범위의 "앞을 보지 못하는" 사람으로 한정하는, 이른바 비맹제외기준(非盲除外基準)을 설정함으로써 시각장애인이 아닌 일반인으로 하여금 안마사 자격을 받을 수 없도록 규정하고 있다. 이는 시각장애인이 아닌 일반인이 안마사 직업을 선택할 수 있는 자유를 원천적으로 제한하는 것으로서, 아래에서 보는 바와 같이 기본권 제한에 관한 법률유보원칙이나 과잉금지원칙에 위배하여 일반인의 직업선택의 자유를 침해하고 있으므로 헌법에 위반된다.(헌재결 2006.5.25, 2003헌마715)

판례 국세체납처분의 예에 따라 징수할 수 있는 청구권으로서 파산선고 전의 원인에 의하여 생긴 채권에 기하여 파산선고 후에 발생한 연체료 청구권이 '국세징수의 예에 의하여 징수할 수 있는 청구권'을 일률적으로 재단채권으로 규정함으로써 파산선고 후 연체료 청구권이 파산법상 재단채권으로서 우선적 지위를 갖도록 한 것은 그 입법목적의 정당성은 인정되지만 입법목적을 달성하는데 적합한 수단을 채택한 것이라고 보기 어려우며 피해의 최소성 및 법익의 균형성 요청에도 저촉되므로 과잉금지의 원칙에 위배된다고 할 것이다.(헌재결 2005.12.22, 2003헌가8)

판례 사고비율에 따라 운전면허 학원의 등록을 취소하거나 운영정지를 하는 것이 직업의 자유를 침해하는지 여부 : 운전교육과 기능검정이 철저하더라도 교통사고는 우연적 사정과 운전자 개인의 부주의로 발생할 수 있다는 것을 감안하면, 교통사고를 예방하고 운전교육과 기능검정을 철저히 하도록 한다는 입법목적은 이 사건 조항으로 인하여 효과적으로 달성된다고 할 수 없으므로 이 사건 조항은 입법목적을 달성하기 위한 수단으로서 부적절하며, 운전전문학원의 영업 내지 직업의 자유를 필요 이상으로 제약하는 것이다.(헌재결 2005.7.21, 2004헌가30)

■ 직업선택의 자유의 제한의 예

판례 「공직자윤리법」 제17조제1항의 직업선택 자유 침해 여부 : 금융감독원의 4급 이상 직원은 「공직자윤리법」에 의하여 퇴직일부터 3년 간은 퇴직 전 5년 동안 소속되어 있던 부서 또는 기관의 업무와 밀접한 관련성이 있는 심사대상기관에의 취업이 제한되어 있다. 이는 금융감독원 직원이 피감독기관인 사기업체 등과 유착하거나 영향력을 행사할 가능성을 사전에 방지함으로써 금융감독원 업무의 공정성을 확보하고, 금융감독원에 대한 국민의 신뢰를 제공하기 위해서이다. 이로 인하여 달성하려는 공익보다 해당 직원들이 취업을 제한받아 발생하는 불이익이 더 크다고는 할 수 없다.(헌재결 2021.11.25, 2019헌마555)

판례 변호사법 제5조제1호의 직업선택 자유 침해 여부

① 입법목적의 정당성 : 입법자는 변호사제도를 도입하여 그 직무수행을 엄격히 통제하고 있으며, 일반적으로 법률사건은 그 사무처리에 있어서 고도의 법률지식을 요하고 공정성과 신뢰성이 요구된다는 점을 생각할 때, 이 사건 법률조항은 그 입법목적의 정당성이 인정된다. ② 수단의 적절성 : 금고 이상의 형을 선고받고 그 집행이 종료된 후 5년을 경과하지 아니한 자가 변호사가 될 수 없도록 제한한 것은 변호사의 공공성과 변호사에 대한 국민의 신뢰를 보호하고자 하는 입법목적의 달성에 적절한 수단이며, ③ 이 사건 법률조항은 변호사 활동을 영원히 박탈하는 조항이 아니라 직업선택의 자유를 일정 기간 제한하는 것이

헌법

므로, 이로써 보호하고자 하는 공익이 결격사유에 해당하는 자가 직업을 선택할 수 없는 불이익보다 크다. ④ 또한 금고 이상의 형의 판결을 하였다면 그와 같은 사실만으로는 사회적 비난가능성이 높다고 할 것이며, 변호사의 사명을 고려할 때 변호사의 결격사유인 금고 이상의 형의 원인이 된 범죄행위가 그 직무관련범죄로 한정되는 것은 아니다. 그렇다면 이 사건 법률조항이 청구인의 직업선택의 자유를 침해할 정도로 입법형성의 재량을 일탈한 것이라고 볼 수는 없다.(헌재결 2006.4.27, 2005헌마997)

판례 재해발생이 우려되는 등의 경우에 산림 안에서 채석허가를 불허하는 것이 채석업을 자유롭게 영위할 수 있는 직업수행의 자유를 제한하는 것은 산림 안에서 채석을 함으로써 발생하게 될 재해를 막고 산림훼손을 방지하는 공공이익의 달성을 통해서 정당화된다고 할 것이므로 직업수행의 자유를 침해하지 않는다.(헌재결 2006.3.30, 2005헌바78)

판례 **제1종 운전면허의 취득요건으로 양쪽 눈의 시력이 각각 0.5 이상일 것을 요구하는 것이 좁은 의미의 직업선택의 자유를 침해하는지 여부** : 도로교통법시행령 제45조 제1항 제1호 가목에 의한 제한은 질서유지 및 공공복리의 증진이라는 공익은 이로써 제한되는 좁은 의미의 직업선택의 자유라는 사익보다 훨씬 더 크다고 할 것이어서 기본권 제한의 입법한계인 비례의 원칙을 준수하였으므로 이 사건 조문은 좁은 의미의 직업선택의 자유를 침해하지 아니한다.(헌재결 2003.6.26, 2002헌마677)

판례 **백화점이나 대형 할인매장 등의 셔틀버스 운행을 금지하는 내용의 여객자동차운수사업법 규정에 대한 헌법소원** : 백화점 등의 셔틀버스운행을 원칙적으로 금지하고 이에 위반하는 자를 형사처벌하도록 하는 여객자동차운수사업법(제73조의2, 제81조제7호의2) 규정은, 백화점이나 할인점이 기본적인 업태가 고객운송이 아니라 상품 판매이고 이들의 무분별한 셔틀버스 운행은 공공성을 띤 여객운송사업체의 경영에 타격을 줌으로써 여객운송질서 확립에 장애를 가져왔고, 유통업체들이 운행 횟수와 노선 수, 운행거리 등을 제한하는 자율감축노력도 대도시와 중소도시의 차이, 업체 상호간 무한 경쟁으로 성공하지 못했고, 백화점 등의 셔틀버스 운행은 운송비가 상품가격에 전이(轉移)하여 결국 유상운송으로 보아야 하며, 셔틀버스 운행을 금지한 법률조항은 대통령령이 정하는 사유에 한해 시·도지사의 허가를 받아 운행이 가능하도록 한만큼 소비자의 불편을 최소화하는 장치를 마련하고 있으므로, 동 법조가 헌법 제10조 행복추구권(소비자의 권리), 제15조 영업의 자유, 제11조 평등권을 침해하지 않는다.(소수의견으로 재판관 4인은 "모든 업종의 셔틀버스 운행은 허용하면서 유통업체의 운행만 금지한 것은 입법 수단의 적정성에 맞지 않는다"는 의견을 피력하였다)
(헌재결 2001.6.28, 2001헌마132)

판례 **밀수품의 감정행위를 형사처벌하는 것이 직업선택의 자유를 침해하는지 여부** : 관세법 제186조 제1항 중 감정 부분이 보석감정업자로서 감정할 수 있는 직업수행의 자유를 일부제한하고 있다고 할 것이나, 밀수품의 유통방지를 통한 밀수억제라는 입법목적의 정당성이 인정되고, 밀수품에 대한 감정행위를 금지하고 형사처벌하는 입법수단이 위 입법목적의 달성에 적절하며, 별다른 대체수단이 존재하지 않아서 최소침해성원칙이 지켜지고, 입법수단과 입법목적 사이에도 균형적인 관계가 존재하여 결국 비례의 원칙에 위배되지 아니하므로, 위 법조항 부분은 헌법 제15조에 의거한 청구인의 직업선택의 자유를 침해하지 아니한다.(헌재결 1998.3.26, 97헌마194)

第16條 [住居의 자유] 모든 國民은 住居의 自由를 침해받지 아니한다. 住居에 대한 押收나 搜索을 할 때에는 檢事의 申請에 의하여 法官이 발부한 令狀을 제시하여야 한다.

참조 구15, [거주의 자유]14, [사생활의 자유]17, [주거의 불가침]형319-322, [압수·수색영장]형소113·116, 계엄9, [주거의 자유의 제한]37②, 경찰직무7, 국세징수35, 형소101·109, 감염병42, 우편법5①

프판 헌법상 주거의 불가침의 원리에 비추어 보건대, 행정기관의 세금징수를 위한 납세자의 주거수색도 사법관의 개입과 책임하에서만 가능하다.(프랑스 헌법위원회 1983.12.29 결정)

第17條 [私生活의 秘密과 자유] 모든 國民은 私生活의 秘密과 自由를 침해받지 아니한다.

참조 구16, 개인정보보호법, [주거에 대한 수색]16, [언론·출판물에 의한 침해]21④, [비밀침해]형316·317, [사생활의 비밀과 자유의 제한]37②·76, 국감8

판례 인간의 존엄과 가치, 행복추구권을 규정한 헌법 제10조에서 도출되는 일반적 인격권 및 헌법 제17조의 사생활의 비밀과 자유에 의하여 보장되는 개인정보자기결정권은 자신에 관한 정보가 언제 누구에게 어느 범위까지 알려지고 또 이용되도록 할 것인지를 정보주체가 스스로 결정할 수 있는 권리이다. 개인정보자기결정권의 보호대상이 되는 개인정보는 개인의 신체, 신념, 사회적 지위, 신분 등과 같이 개인의 인격주체성을 특징짓는 사항으로서 개인의 동일성을 식별할 수 있게 하는 일체의 정보이고, 반드시 개인의 내밀한 영역에 속하는 정보에 국한되지 아니하며 공적 생활에서 형성되었거나 이미 공개된 개인정보까지 포함한다. 또한 개인정보를 대상으로 한 조사·수집·보관·처리·이용 등의 행위는 모두 원칙적으로 개인정보자기결정권에 대한 제한에 해당한다.(대판 2016.8.17, 2014다235080)

판례 **사생활의 비밀과 자유의 의미** : 사생활의 비밀은 국가가 사생활영역을 들여다보는 것에 대한 보호를 제공하는 기본권이며, 사생활의 자유는 국가가 사생활의 자유로운 형성을 방해하거나 금지하는 것에 대한 보호를 의미한다. 구체적으로 사생활의 비밀과 자유가 보호하는 것은 개인의 내밀한 내용의 비밀을 유지할 권리, 개인이 자신의 사생활의 불가침을 보장받을 수 있는 권리, 개인의 양심영역이나 성적 영역과 같은 내밀한 영역에 대한 보호, 인격적인 감정세계의 존중의 권리와 정신적인 내면생활이 침해받지 아니할 권리 등이다. 우리 재판소는 '사생활의 자유'란 사회공동체의 일반적인 생활규범의 범위 내에서 사생활을 자유롭게 형성해 나가고 그 설계 및 내용에 대해서 외부로부터의 간섭을 받지 아니할 권리이며, 사생활과 관련된 사사로운 자신만의 영역이 본인의 의사에 반해서 타인에게 알려지지 않도록 할 수 있는 권리인 '사생활의 비밀'과 함께 헌법상 보장되고 있는 것이라고 판시한 바 있다. 즉, 헌법 17조가 보호하고자 하는 기본권은 '사생활영역'의 자유로운 형성과 비밀유지라고 할 것이며, 공적인 영역의 활동은 다른 기본권에 의한 보호는 별론으로 하고 사생활의 비밀과 자유가 보호하는 것은 아니라고 할 것이다.(헌재결 2003.10.30, 2002헌마518)

第18條 [通信의 秘密] 모든 國民은 通信의 秘密을 침해받지 아니한다.

참조 구17, [통신의 자유]인권12, [비밀침해]형316·317, 우편법51, [우편물 내용의 신고 및 개봉]우편법27·28·35, [불법검열, 불법감청에 의한 내용의 증거사용 금지]통신비밀4, [통신의 자유의 제한]37②, 통신비밀5-8, 전파법80①, 국가보안8, 채무자회생파산484②, 형의집행수용자41·43·44, 형소107

판례 **수용자의 국가기관에 대한 서신의 검열** : 교도소 수용자로 하여금 제한 없이 서신을 발송할 수 있게 한다면, 서신교환의 방법으로 마약이나 범죄에 이용될 물건을 반입할 수 있고, 외부 범죄세력과 연결하여 탈주를 기도하거나 수용자끼리 연락하여 범죄행위를 준비하는 등 수용질서를 어지럽힐 우려가 많으므로 이들의 도주를 예방하고 교도소내의 규율과 질서를 유지하여 구금의 목적을 달성하기 위해서는 서신에 대한 검열이 불가피하며, 만약 국가기관과 사인에 대한 서신을 따로 분리하여 사인에 대한 서신의 경우에만 검열을 실시하고, 국가기관에 대한 서신의 경우에는 검열을 하지 않는다면 사인에게 보낼 서신을 국가기관의 명의를 빌려 검열 없이 보낼 수 있게 됨으로써 검열을 거치지 않고 사인에게 서신을 발송하는 탈법수단으로 이용될 수 있게 되므로 수용자의 서신에 대한 검열은 국가안전보장·질서유지 또는 공공복리라는 정당한 목적을 위하여 부득이 할 뿐만 아니라 유효 적절한 방법에 의한 최소한의 제한이며, 통신비밀의 자유의 본질적 내용을 침해하는 것이 아니어서 헌법에 위반된다고 할 수 없다.(헌재결 2001.11.29, 99헌마713)

第19條 [良心의 자유] 모든 國民은 良心의 自由를 가진다.

참조 구18, [종교의 자유]20, [표현의 자유]21, [학문과 예술의 자유]22, [직업적 양심]46②·103, [양심의 자유의 제한]37②, [양심에 반하는 행위의 강제금지]형소147-149, 국회에서의증언3, 민764참조판례(사죄광고에 관한 헌재 판례)

판례 사회주의 신념을 이유로 군 복무를 거부하며 대체역 편입을 신청한 사건에서, 신청인 A는 '사회주의자로서 자본가의 이익에 봉사하는 국가 기구인 군대에 복무할 수 없다'는 신념을 주장하며 군 복무 대신 교정시설에서 복무하는 대체역 편입을 신청하였다. 그러나 군대와 교정시설은 동일하게 국가 권력 기구로 작용한다. 그럼에도 불구하고 A는 유독 군대에 대해서만 엄격한 잣대를 들이대면서 교정시설에 대해 상대적으로 긍정적 평가를 내리고 있다. 양심의 자유에 따른 군복무 거부가 인정되기 위해서는 해당 신념이 쉽게 바뀔 수 없는 견고한 믿음이 있어야 하며 군 복무와의 배치가 명확해야 한다. 그러나 A의 사회

주의 신념은 특정 조건과 상황에 따라 선택적으로 적용되는 면이 있어 깊이 있는 양심으로 보기 어렵다.
(대판 2024.10.25, 2023두42997)

판례 헌법상 보호되는 양심의 의미 : 헌법상 보호되는 양심은 어떤 일의 옳고 그름을 판단함에 있어서 그렇게 행동하지 아니하고는 자신의 인격적인 존재가치가 허물어지고 말 것이라는 강력하고 진지한 마음의 소리로서 절박하고 구체적인 양심을 말한다.(헌재결 2002.4.25, 98헌마425 등) 즉, '양심상의 결정'이란 선과 악의 기준에 따른 모든 진지한 윤리적 결정으로서 구체적인 상황에서 개인이 이러한 결정을 자신을 구속하고 무조건적으로 따라야 하는 것으로 받아들이기 때문에 양심상의 심각한 갈등이 없이는 그에 반하여 행동할 수 없는 것을 말한다. 인간의 존엄성 유지와 개인의 자유로운 인격발현을 최고의 가치로 삼는 우리 헌법상의 기본권체계 내에서 양심의 자유의 기능은 개인적 인격의 정체성과 동질성을 유지하는 데 있다.
(헌재결 2004.8.26, 2002헌가1)

판례 국방의 의무와 양심실현의 자유의 경우 법익교량의 특수성 : 양심실현의 자유의 경우 법익교량과정은 특수한 형태를 띠게 된다. 수단의 적합성, 최소침해성의 여부 등의 심사를 통하여 어느 정도까지 기본권이 공익상의 이유로 양보해야 하는가를 밝히는 비례원칙의 일반적 심사과정은 양심의 자유에 있어서는 그대로 적용되지 않는다. 양심의 자유의 경우 비례의 원칙을 통하여 양심의 자유를 공익과 교량하고 공익을 실현하기 위하여 양심을 상대화하는 것은 양심의 자유의 본질과 부합될 수 없다. 양심상의 결정이 법익교량과정에서 공익에 부합하는 상태로 축소되거나 그 내용에 있어서 왜곡·굴절된다면, 이는 이미 '양심'이 아니다. 이 사건의 경우 종교적 양심상의 이유로 병역의무를 거부하는 자에게 병역의무의 절반을 면제해 주거나 아니면 유사시에만 병역의무를 부과한다는 조건 하에서 병역의무를 면제해 주는 것은 병역거부자의 양심을 존중하는 해결책이 될 수 없다. 따라서 양심의 자유의 경우에는 법익교량을 통하여 양심의 자유와 공익을 조화와 균형의 상태로 이루어 양 법익을 함께 실현하는 것이 아니라, 단지 '양심의 자유'와 '공익' 중 양자택일 즉, 양심에 반하는 작위나 부작위를 법질서에 의하여 '강요받는가 아니면 강요받지 않는가'의 문제가 있을 뿐이다.
(헌재결 2004.8.26, 2002헌가1)

판례 양심의 보호범위 : 헌법 19조는 "모든 국민은 양심의 자유를 가진다."라고 하여 양심의 자유를 기본권의 하나로 보장하고 있다. 여기에서의 양심은 옳고 그른 것에 대한 판단을 추구하는 가치적·도덕적 마음가짐으로, 개인의 소신에 따른 다양성이 보장되어야 하고 그 형성과 변경에 외부적 개입과 억압에 의한 강요가 있어서는 아니되는 인간의 윤리적 내심영역이다. 보호되어야 할 양심에는 세계관·인생관·주의·신조 등은 물론, 이에 이르지 아니하여도 보다 널리 개인의 인격형성에 관계되는 내심에 있어서의 가치적·윤리적 판단도 포함될 수 있다. 그러나 단순한 사실관계의 확인과 같이 가치적·윤리적 판단이 개입될 여지가 없는 경우는 물론, 법률해석에 관하여 여러 견해가 갈리는 경우처럼 다소의 가치관련성을 가진다고 하더라도 개인의 인격형성과는 관계가 없는 사사로운 사유나 의견 등은 그 보호대상이 아니라고 할 것이다.(헌재결 2002.1.31, 2001헌바43)

독판 양심의 자유는 개인의 권리일 뿐 아니라 동시에 헌법의 가장 중요한 가치결단적 원칙규범이기도 하다. 따라서 양심의 자유는-형사절차를 통한 형벌의 부과를 포함한-모든 국가활동의 가치기준을 설정하며, 모든 국가활동에 있어서 존중되어야 한다.(BVerfGE 23, 127(134)-1968.3.5)

第20條 [宗敎의 자유] ① 모든 國民은 宗敎의 自由를 가진다.
② 國敎는 인정되지 아니하며, 宗敎와 政治는 分離된다.

참조 구19, [종교에 의한 차별대우의 금지]11, [종교적 집회의 자유의 보장]집시법15, [국·공립학교 종교교육 금지]교육기본6②, [신앙에 관한 죄]형158이하, [종교의 자유의 제한]37②

판례 서울특별시 학생인권조례(2012.1.26, 서울특별시조례 제5247호로 제정된 것) 제5조제1항에서는 성별, 종교, 나이, 사회적 신분 등을 이유로 차별받지 않을 권리를 가지며, 같은 조 제3항에서는 학교의 장과 교직원, 그리고 학생들이 이와 같은 이유로 차별적 언사나 혐오 표현을 하지 못하도록 규정하고 있다. 학교 구성원인 청구인들은 이 중 '성적 지향'과 '성별 정체성'에 관한 규정으로 인하여 종교적 교리에 따라 동성애 등을 인정하지 않는 교육을 할 수 없게 되고, 이것이 곧 표현의 자유와 종교의 자유를 침해한다고 하였다. 그러나 해당 조항은 학교 구성원의 존엄성을 보호하고, 학생이 민주시민으로서의 올바른 가치관을 형성하도록 하며 인권의식을 함양하게 하기 위한 것으로 그 정당성이 인정되고, 수단의 적합성 역시 인정된다. 이렇게 볼 때, 이 규정으로 보호되는 공익은 매우 중대한 반면, 제한되는 표현은 타인의 인권을 침해하는 정도에 이르는 표현으로 그 보호가치가 매우 낮다. 따라서 이 사건 조례 제5조제3항이 과잉금지원칙에 위배되어 청구인들의 종교의 자유와 표현의 자유를 침해한다고 볼 수 없다.(헌재결 2019.11.28, 2017헌마1356)

판례 [1] 헌법상의 기본권은 제1차적으로 개인의 자유로운 영역을 공권력의 침해로부터 보호하기 위한 방어적 권리이지만 다른 한편으로 헌법의 기본적인 결단인 객관적인 가치질서를 구체화한 것으로서, 사법(私法)을 포함한 모든 법 영역에 그 영향을 미치는 것이므로 사인간의 사적인 법률관계도 헌법상의 기본권 규정에 적합하게 규율되어야 한다. 다만 기본권 규정은 그 성질상 사법관계에 직접 적용될 수 있는 예외적인 것을 제외하고는 사법상의 일반원칙을 규정한 민법 제2조, 제103조, 제750조, 제751조 등의 내용을 형성하고 그 해석 기준이 되어 간접적으로 사법관계에 효력을 미치게 된다. 종교의 자유라는 기본권의 침해와 관련한 불법행위의 성립 여부도 위와 같은 일반규정을 통하여 사법상으로 보호되는 종교에 관한 인격적 법익침해 등의 형태로 구체화되어 논하여져야 한다.
[2] 공교육체계에 편입된 종립학교의 학교법인이 가지는 '종교교육의 자유 및 운영의 자유'의 한계 : 고등학교 평준화정책 및 교육 내지 사립학교의 공공성, 학교법인의 종교의 자유 및 운영의 자유가 학생들의 기본권이나 다른 헌법적 가치 앞에서 가지는 한계를 고려하고, 종립학교에서의 종교교육은 필요하고 또한 순기능을 가진다는 것을 간과하여서는 아니 되나 한편으로 종교교육으로 인하여 학생들이 입을 수 있는 피해는 그 정도가 가볍지 아니하며 그 구제수단이 별달리 없음에 반하여 학교법인은 제한된 범위 내에서 종교의 자유 및 운영의 자유를 실현할 가능성이 있다는 점을 감안하면, 비록 종립학교의 학교법인이 국·공립학교의 경우와는 달리 종교교육을 할 자유와 운영의 자유를 가진다고 하더라도, 그 종립학교가 공교육체계에 편입되어 있는 이상 원칙적으로 학생의 종교의 자유, 교육을 받을 권리를 고려한 대책을 마련하는 등의 조치를 취하는 속에서 그러한 자유를 누린다고 해석하여야 한다.
[3] 종립학교가 고등학교 평준화정책에 따라 강제배정된 학생들을 상대로 특정 종교의 교리를 전파하는 종파적인 종교행사와 종교과목 수업을 실시하면서 참가 거부가 사실상 불가능한 분위기를 조성하고 대체과목을 개설하지 않는 등 신앙을 갖지 않거나 학교와 다른 신앙을 가진 학생의 기본권을 고려하지 않은 것은, 우리 사회의 건전한 상식과 법감정에 비추어 용인될 수 있는 한계를 벗어나 학생의 종교에 관한 인격적 법익을 침해하는 위법한 행위이고, 그로 인하여 인격적 법익을 침해받는 학생이 있을 것임이 충분히 예견가능하고 그 침해가 회피가능하므로 과실 역시 인정된다.
(대판 2010.4.22, 2008다38288 전원합의체)

판례 우리 헌법 제20조 제1항은 "모든 국민은 종교의 자유를 가진다."고 규정하고 있는데, 종교의 자유에는 자기가 신봉하는 종교를 선전하고 새로운 신자를 규합하기 위한 선교의 자유가 포함되고, 선교의 자유에는 다른 종교를 비판하거나 다른 종교의 신자에 대하여 개종을 권고하는 자유도 포함되는바, 종교적 선전과 타 종교에 대한 비판 등은 동시에 표현의 자유의 보호대상이 되는 것이나, 그 경우 종교의 자유에 관한 헌법 제20조 제1항은 표현의 자유에 관한 헌법 제21조 제1항에 대하여 특별규정의 성격을 갖는다 할 것이므로 종교적 목적을 위한 언론·출판의 경우에는 그 밖의 일반적인 언론·출판에 비하여 고도의 보장을 받게 되고, 특히 그 언론·출판의 목적이 다른 종교나 종교집단에 대한 신앙교리 논쟁으로서 같은 종파에 속하는 신자들에게 비판하고자 하는 내용을 알리고 아울러 다른 종파에 속하는 사람들에게도 자신의 신앙교리 내용과 반대종파에 대한 비판의 내용을 알리기 위한 것이라면 그와 같은 비판할 권리는 최대한 보장받아야 할 것인바, 그로 인하여 타인의 명예 등 인격권을 침해하는 경우에 종교의 자유 보장과 개인의 명예 보호라는 두 법익을 어떻게 조정할 것인지는 그 비판행위로 얻어지는 이익, 가치와 공표가 이루어진 범위의 광협, 그 표현방법 등 그 비판행위 자체에 관한 제반 사정을 감안함과 동시에 그 비판에 의하여 훼손되거나 훼손될 수 있는 타인의 명예 침해의 정도를 비교 고려하여 결정하여야 한다.(대판 2007.4.26, 2006다87903)

헌법

일판 종교행사에 참가하는 아동에 대하여 학교 출석을 면제한다면 공교육의 종교적 중립성을 유지하는 데에 바람직하지 않으므로 출석을 아니한 아동을 결석으로 처리하는 것은 위법이라 할 수 없다.(日·東京地判 1986.3.20)

第21條 [言論·出版·集會·結社의 자유등, 言論·出版에 의한 被害賠償] ① 모든 國民은 言論·出版의 自由와 集會·結社의 自由를 가진다.

② 言論·出版에 대한 許可나 檢閱과 集會·結社에 대한 許可는 인정되지 아니한다.

③ 通信·放送의 施設基準과 新聞의 機能을 보장하기 위하여 필요한 사항은 法律로 정한다.

④ 言論·出版은 他人의 名譽나 權利 또는 公衆道德이나 社會倫理를 침해하여서는 아니된다. 言論·出版이 他人의 名譽나 權利를 침해한 때에는 被害者는 이에 대한 被害의 賠償을 請求할 수 있다.

참조 구20, ①[언론·출판]인권19(알권리), 저작1, 출판문화산업진흥법, 방송법, 신문등의진흥에관한법, [집회·결사]인권20, 집시법1, 정당1, 노노5, ②[언론·출판·집회·결사의 허가제 금지]신문등의진흥에관한법4, 방송법4, ③[언론 보장을 위한 법률]방송법, 신문등의진흥에관한법, 출판문화산업진흥법, 저작, ④[언론·출판으로 인한 명예훼손]민764·형307이하, [언론·출판·집회·결사의 자유의 제한]37②·76·77, 국가보안7·8, 집시법5, 감염병49①, 형243·309, [공무원 집단행위등의 금지]33, 국가공무원65·66, 지방공무원57·58

■ 언론·출판의 자유

판례 **사실 적시 명예훼손과 표현의 자유 :**「형법」제307조제1항이 공연한 사실 적시를 통해 타인의 명예를 훼손하는 행위를 금지함으로써 표현의 자유를 제한하고 있는 것은 사실이다. 그러나 개인의 외적 명예는 일단 훼손되면 완전한 회복이 어렵다는 특징이 있으며, 우리 법률이 징벌적 손해배상을 인정하고 있지 않으므로 민사상 손해배상을 통해 형벌을 대체하는 예방 효과를 기대하기도 어렵다. 따라서 형사처벌이라는 수단을 통하여 사실 적시에 따른 명예훼손을 처벌하는 것은 적합하다.
(헌재결 2021.2.25, 2017헌마1113)

판례 언론보도로 인한 명예훼손이 문제되는 경우에는 그 보도로 인한 피해자가 공적인 존재인지 사적인 존재인지, 그 보도가 공적인 관심사안에 관한 것인지 순수한 사적인 영역에 속하는 사안에 관한 것인지, 그 보도가 객관적으로 국민이 알아야 할 공공성, 사회성을 갖춘 사안에 관한 것으로 여론형성이나 공개토론에 기여하는 것인지 아닌지 등을 따져보아 공적 존재에 대한 공적 관심사안과 사적인 영역에 속하는 사안 간 심사기준에 차이를 두어야 하는데, 당해 표현이 사적인 영역에 속하는 사안에 관한 것인 경우에는 언론의 자유보다 명예의 보호라는 인격권이 우선할 수 있으나, 공공적·사회적인 의미를 가진 사안에 관한 것인 경우에는 그 평가를 달리하여야 하고 언론의 자유에 대한 제한이 완화되어야 한다. 특히 정부 또는 국가기관의 정책결정이나 업무수행과 관련된 사항은 항상 국민의 감시와 비판의 대상이 되어야 하고, 이러한 감시와 비판은 이를 주요 임무로 하는 언론보도의 자유가 충분히 보장될 때 비로소 정상적으로 수행될 수 있으며, 정부 또는 국가기관은 형법상 명예훼손죄의 피해자가 될 수 없으므로, 정부 또는 국가기관의 정책결정 또는 업무수행과 관련된 사항을 주된 내용으로 하는 언론보도로 인하여 그 정책결정이나 업무수행에 관여한 공직자에 대한 사회적 평가가 다소 저하될 수 있더라도, 그 보도의 내용이 공직자 개인에 대한 악의적이거나 심히 경솔한 공격으로서 현저히 상당성을 잃은 것으로 평가되지 않는 한, 그 보도로 인하여 곧바로 공직자 개인에 대한 명예훼손이 된다고 할 수 없다.
(대판 2011.9.2, 2010도17237)

판례 언론기관이 범죄사실을 보도하면서 피의자를 가명이나 두문자 내지 이니셜 등으로 특정하는 경우에는 그 보도 대상자의 주변 사람들만이 제한적 범위에서 피의자의 범죄사실을 알게 될 것이지만, 피의자의 실명을 공개하여 범죄사실을 보도하는 경우에는 피의자의 범죄사실을 알게 되는 사람들의 범위가 훨씬 확대되고 피의자를 더 쉽게 기억하게 되어 그에 따라 피의자에 대한 법익침해의 정도 역시 훨씬 커질 것이므로, 범죄사실의 보도와 함께 피의자의 실명을 공개하기 위해서는 피의자의 실명을 보도함으로써 얻어지는 공공의 정보에 관한 이익과 피의자의 명예나 사생활의 비밀이 유지됨으로써 얻어지는 이익을 비교형량한 후 전자의 이익이 후자의 이익보다 더 우월하다고 인정되어야 한다. 또한, 전자의 이익이 더 우월하다고 판단되더라도 그 보도의 내용이 진실과 다를 경우 실명이 보도된 피의자에 대한 법익침해의 정도는 그렇지 아니한 경우보다 더욱 커지므로, 언론기관이 피의자의 실명을 공개하여 범죄사실을 보도할 경우에는 그 보도내용이 진실인지 여부를 확인할 주의의무는 더 높아진다.(대판 2009.9.10, 2007다71)

판례 **언론·출판·집회·결사의 자유의 보장과 그 한계의 규정 취지 및 헌법 제37조 제2항에 근거한 법률적 제한을 받을 수 있는지 여부 :** 헌법 제21조 제1항 및 제4항의 취지는 일반 국민들이 행사할 수 있는 언론·출판·집회·결사의 자유를 보장하되, 이러한 유형의 자유가 절대적인 자유가 아니고 타인의 명예나 권리 또는 공중도덕이나 사회윤리를 침해할 수 없는 자체적인 한계가 있다는 점을 헌법적 차원에서 분명히 한 것으로서, 언론·출판·집회·결사의 자유가 절대적인 기본권이 아닌 이상 개인이 하고자 하는 표현행위가 아무런 제한 없이 허용되는 것이 아니고, 헌법 제37조 제2항에 근거한 법률적 제한을 받을 수도 있다.(대판 2006.5.26, 2004다62597)

판례 **언론·출판 등의 표현행위에 대한 사전금지가 허용되는 경우 :** 표현내용이 진실이 아니거나 그것이 공공의 이해에 관한 사항으로서 그 목적이 오로지 공공의 이익을 위한 것이 아니며, 또한 피해자에게 중대하고 현저하게 회복하기 어려운 손해를 입힐 우려가 있는 경우에는 그와 같은 표현행위는 그 가치가 피해자의 명예에 우월하지 아니하는 것이 명백하고, 또 그에 대한 유효적절한 구제수단으로서 금지의 필요성도 인정되므로 이러한 실체적인 요건을 갖춘 때에 한하여 예외적으로 사전금지가 허용된다.(대결 2005.1.17, 2003마1477)

판례 **비디오물이 언론·출판의 자유의 보호대상이 되는지 여부 :** 의사표현의 자유는 바로 언론·출판의 자유에 속하고, 이러한 의사표현의 자유에 있어서 의사표현의 수단은 어떠한 형태이건 그 제한이 없다고 할 것이어서 비디오물은 의사표현의 수단이 되기도 하므로 그 제작·수입 및 유통 등은 동조 제1항에 의하여 보장을 받는다.(대결 2004.4.13, 2001초472)

판례 **언론·출판의 자유와 명예보호 사이의 한계를 설정함에 있어서 고려하여야 할 사항 :** 언론·출판의 자유와 명예보호 사이의 한계를 설정함에 있어서는, 당해 표현으로 인하여 명예를 훼손당하게 되는 피해자가 공적인 존재인지 사적인 존재인지, 그 표현이 공적인 관심 사안에 관한 것인지 순수한 사적인 영역에 속하는 사안에 관한 것인지 등에 따라 그 심사기준에 차이를 두어, 공공적·사회적인 의미를 가진 사안에 관한 표현의 경우에는 언론의 자유에 대한 제한이 완화되어야 하고, 특히 공직자의 도덕성·청렴성이나 그 업무처리가 정당하게 이루어지고 있는지 여부는 항상 국민의 감시와 비판의 대상이 되어야 한다는 점을 감안하면, 이러한 감시와 비판기능은 그것이 악의적이거나 현저히 상당성을 잃은 공격이 아닌 한 쉽게 제한되어서는 아니된다.(대판 2004.2.27, 2001다53387)

판례 **게임물의 제작 및 판매·배포가 표현의 자유를 보장하는 헌법 제21조 제1항에 의하여 보장을 받는지 여부 :** 의사표현의 자유는 언론·출판의 자유에 속하고, 여기서 의사표현의 매개체는 어떠한 형태이건 그 제한이 없는바, 게임물은 예술표현의 수단이 될 수도 있으므로 그 제작 및 판매·배포는 표현의 자유를 보장하는 헌법 제21조 제1항에 의하여 보장을 받는다.
(헌재결 2002.2.28, 99헌바117)

판례 **영상물등급위원회가 일정한 사유가 있는 경우 3월 이내의 기간을 정하여 그 상영등급의 분류를 보류할 수 있도록 한 영화진흥법 제21조제4항은 위헌 :** 헌법 제21조제2항에서 말하는 검열은 실질적으로 행정권이 주체가 되어 사상이나 의견 등이 발표되기 이전에 예방적 조치로서 그 내용을 심사, 선별하여 발표를 사전에 억제하는 것을 뜻하는 바, 영상물등급위원회는 실질적으로 행정기관인 검열기관에 해당하고, 이에 의한 등급분류보류는 영화 상영 이전에 그 내용을 심사하여 허가받지 아니한 것의 발표를 금지하는 제도, 즉 검열에 해당되므로 헌법에 위반된다.
(헌재결 2001.8.30, 2000헌가9)

판례 **언론·출판의 자유의 보호대상이 되는 의사표현 또는 전파의 매개체의 범위 :** 언론·출판의 자유의 보호대상이 되는 의사표현 또는 전파의 매개체는 어떠한 형태이건 가능하므로, 담화·연설·토론·연극·방송·음악·영화·가요 등과 문서·소설·시가·도화·사진·조각·서화 등 모든 형상의 의사표현 또는 의사전파의 매개체를 포함한다.
(헌재결 2001.8.30, 2000헌가9)

판례 **헌법상 보호되지 않는 언론·출판과 그 판단기준 :** 언론·출판의 영역에서 국가는 단순히 어떤 표현이 가치없거나 유해하다는 주장만으로 그 표현에 대한 규제를 정당화시킬 수는 없다. 그 표현의 해악을 시정하는 1차적 기능은 시민사회 내부에 존재하는 사상의 경쟁메커니즘에 맡겨져 있기 때문이다. 그러나 대립되는 다양한 의견과 사상의 경쟁메커니즘에 의하더라도 그 표현의 해악이 처음부터 해소될 수 없는 성질의 것이거나 또는 다른 사상이나 표현을 기다려 해소되기에는 너무나 심대한 해악을 지닌 표현은 언론·출판의 자유에 의한 보장을 받을 수 없고 국가에 의한 내용규제가 광범위하게 허용된다.
(헌재결 1998.4.30, 95헌가16)
판례 음란표현과 저속표현의 헌법적 평가의 상이 : "음란"이란 인간존엄 내지 인간성을 왜곡하는 노골적이고 적나라한 성표현으로서 오로지 성적 흥미에만 호소할 뿐 전체적으로 보아 하등의 문학적, 예술적, 과학적 또는 정치적 가치를 지니지 않은 것으로서, 사회의 건전한 성도덕을 크게 해칠 뿐만 아니라 사상의 경쟁메커니즘에 의해서도 그 해악이 해소되기 어려워 언론·출판의 자유에 의한 보장을 받지 않는 반면, "저속"은 이러한 정도에 이르지 않는 성표현 등을 의미하는 것으로서 헌법적인 보호영역안에 있다.(헌재결 1998.4.30, 95헌가16)
미판 미성년자에게 '점잖치 못하거나', '명백히 공격적인' 통신의 의도적인 전달을 금지하는 통신예절법의 규정은 언론자유를 박탈하는 것이다.(미연방대법 138 L Ed 2d 874)
미판 연방 '알콜관리법'에서 맥주병 라벨에 알콜도수를 표시하는 것을 금지하고 있는데, 이는 언론(상업적 언론 포함) 자유를 침해하는 것이다.(미연방대법, 131 L Ed 2d 532)
프판 법률에서 신문사의 재정적 투명성에 관한 규정을 두고 있는 것은 신문의 자유를 제한하는 것이 아니다. 일간신문의 다원화는 헌법적 가치를 갖는 원리이다.
(프랑스 헌법위원회 1984.10.10-11 결정)
프판 의사와 사상의 자유로운 유통이란 관점에서 보건대 시청각통신에 대한 허가권을 부여한 법률은 헌법에 반하지 아니한다.(프랑스 헌법위원회 1984.7.26 결정)
독판 대중매체에 의해 보도된 사람은 이들 매체의 보도에 대항할 수 있도록 법적으로 보장된 수단을 가져야 한다. 그렇지 않으면 그는 대중적 논의의 단순한 객체로 전락하기 때문이다.
(BVerfGE 63, 131(142f.)−1983.2.8)

➡ 집회·결사의 자유

판례 집회·시위의 자유에 장소선택의 자유가 포함되는지 여부 : 집회·시위장소는 집회·시위의 목적을 달성하는데 있어서 매우 중요한 역할을 수행하는 경우가 많기 때문에 집회·시위장소를 자유롭게 선택할 수 있어야만 집회·시위의 자유가 비로소 효과적으로 보장되므로 장소선택의 자유는 집회·시위의 자유의 한 실질을 형성한다.(헌재결 2005.11.24, 2004헌가17)
판례 집회의 자유의 이중적 헌법적 기능 : 집회의 자유는 개인의 인격발현의 요소이자 민주주의를 구성하는 요소라는 이중적 헌법적 기능을 가지고 있다. 인간의 존엄성과 자유로운 인격발현을 최고의 가치로 삼는 우리 헌법질서 내에서 집회의 자유는 일차적으로는 개인의 자기결정과 인격발현에 기여하는 기본권이며, 집회를 통하여 국민들이 자신의 의견과 주장을 집단적으로 표명함으로써 여론의 형성에 영향을 미친다는 점에서 표현의 자유와 더불어 민주적 공동체가 기능하기 위하여 불가결한 근본요소에 속한다.(헌재결 2003.10.30, 2000헌바67·83(병합))
판례 입법과정의 하자를 규탄하는 집회가 저항권의 행사에 해당하는지 여부 : 저항권이란 초실정법적 자연법질서내의 권리주장으로서 실정법을 근거로 국가사회의 법질서위반여부를 판단하는 재판권 행사에 있어 이를 주장하는 것은 허용되지 아니한다는 것이 당원의 견해이고, 저항권은 국가권력에 의하여 헌법의 기본원리에 대한 중대한 침해가 행하여지고 그 침해가 헌법의 존재 자체를 부인하는 것으로서 다른 합법적인 구제수단으로서는 목적을 달성할 수 없는 때에 국민이 자기의 권리, 자유를 지키기 위하여 실력으로 저항하는 권리이므로, 국회가 법률을 제정 개폐함에 있어 입법절차를 무시한 하자가 있다고 하더라도 이는 저항권 행사의 대상이 되지 않는 것이며, 이러한 입법과정의 하자를 규탄하고 시정하려는 집회 및 시위라고 하더라도 집회및시위에관한법률에 정한 절차에 따르지 아니한 이상 그 죄책을 면할 수는 없다.(헌재결 1997.9.25, 97헌가4)
판례 헌법 제21조 제1항이 보장하고 있는 결사의 자유에 의하여 보호되는 "결사"의 개념에는 법률이 특별한 공공목적에 의하여 구성원의 자격을 정하고 있는 특수단체의 조직활동까지 포함되는 것으로 볼 수는 없다. 주택건설촉진법의 주택조합(지역조합 및 직장조합)은 무주택자의 주거생활의 안정을 도모하고 모든 국민의 주거수준의 향상을 기한다는 공공목적(이 법 제1조)을 위하여 법률이 구성원의 자격을 제한적으로 정하여 놓은 특수조합으로서 헌법상의 결사의 자유가 뜻하는 헌법상 보호법익의 대상이 되는 단체가 아니므로 이 사건 법률조항이 유주택자의 결사의 자유를 침해하는 것이라고는 볼 수 없다.
(헌재결 1997.5.29, 94헌바5)
프판 결사의 자유는 헌법적 가치를 갖는 원리이므로 단체결성의 유효성에 관하여서는 어떠한 형태의 사전적 통제도 인정될 수 없다.(프랑스 헌법위원회 1971.7.16 : 1986.7.29 결정)
독판 우발적 집회, 즉 그 순간의 동기로 인하여 사전 계획없이, 그리고 집회의 주최자가 없이 생겨난 집회는 신고의 의무를 지지 않는다.(BVerfGE 85, 69(75)−1991.10.23)
독판 결사의 자유는 자유로이 단체를 결성할 수 있는 개인의 권리 뿐만 아니라 형성된 결사의 존속과 활동에 관한 단체 자체의 권리도 보장한다.(BVerfGE 84, 372(378)−1991.10.9)

➡ 알권리(정보공개청구권)

판례 고소장과 피의자신문조서의 내용에 대한 변호인의 알 권리 : 고소로 시작된 형사피의사건의 구속적부심절차에서 피구속자의 변호를 맡은 변호인으로서는 피구속자가 무슨 혐의로 고소인의 공격을 받고 있는 것인지 그리고 이와 관련하여 피구속자가 수사기관에서 무엇이라고 진술하였는지 그리고 어느 점에서 수사기관 등이 구속사유가 있다고 보았는지 등을 제대로 파악하지 않고서는 피구속자의 방어를 충분히 조력할 수 없다는 것은 사리상 너무도 명백하므로 이 사건에서 변호인은 고소장과 피의자신문조서의 내용을 알 권리가 있다.
(헌재결 2003.3.27, 2000헌마474)
판례 국정감사에 대한 시민단체의 방청을 불허한 것이 알 권리를 침해한 것인지 여부 : 의원들의 국정감사활동에 대한 시민단체의 방청을 허용할 경우 원활한 국정감사의 실현이 불가능하다고 보아 전면적으로 또는 조건부로 방청을 불허하였는바, 원만한 회의진행 등 회의의 질서유지를 위하여 방청을 금지할 필요성이 있었는지에 관하여는 국회의 자율적 판단을 존중하여야 하는 것인즉, 피청구인들이 위와 같은 사유를 들어 방청을 불허한 것이 헌법재판소가 관여하여야 할 정도로 명백히 이유없는 자의적인 것이라 보기 어렵다.
(헌재결 2000.6.29, 98헌마443,99헌마583(병합))
판례 정보공개청구권의 인정 근거 : 국민의 알 권리, 특히 국가정보에의 접근의 권리는 우리 헌법상 기본적으로 표현의 자유와 관련하여 인정되는 것으로 그 권리의 내용에는 일반 국민 누구나 국가에 대하여 보유·관리하고 있는 정보의 공개를 청구할 수 있는 이른바 일반적인 정보공개청구권이 포함된다.
(대판 1999.9.21, 97누5114)
판례 수용소에서의 신문구독이 알 권리의 보호영역에 포함되는지 여부 : 국민의 알 권리는 정보에의 접근·수집·처리의 자유를 뜻하며 그 자유권적 성질의 측면에서는 일반적으로 정보에 접근하고 수집·처리함에 있어서 국가권력의 방해를 받지 아니한다고 할 것이므로, 개인은 일반적으로 접근가능한 정보원, 특히 신문, 방송 등 매스미디어로부터 방해받음이 없이 알 권리를 보장받아야 할 것이다. 미결수용자에게 자비(自費)로 신문을 구독할 수 있도록 한 것은 일반적으로 접근할 수 있는 정보에 대한 능동적 접근에 관한 개인의 행동으로서 이는 알 권리의 행사이다.(헌재결 1998.10.29, 98헌마4)
판례 이해관계인의 문서열람청구에 대하여 당해 행정기관이 그가 보관하고 있는 현황대로 문서를 열람하게 하고 당해 문서를 보관하지 않을 경우 그 문서를 보관하고 있지 않음에 대하여 일반인이 납득할 수 있을 정도로 확인의 기회를 부여하였다면, 비록 청구인이 문서열람의 목적을 달성하지 못하게 되었다고 하더라도 이를 가지고 알 권리를 침해한 것이라고 할 수 없다.
(헌재결 1994.8.31, 93헌마174)
판례 정정보도청구권의 법적 성질 및 헌법상의 의의 : 정정보도청구권은 정기간행물의 보도에 의하여 인격권 등의 침해를 받은 피해자가 반론의 게재를 요구할 수 있는 권리, 즉 이른바 "반론권"을 뜻하는 것으로서 헌법상 보장된 인격권, 사생활의 비밀과 자유에 그 바탕을 둔 것이며 나아가 피해자에게 반박의 기회를 허용함으로써 언론보도의 공정성과 객관성을 향상시켜 제도로서의 언론보장을 더욱 충실하게 할 수도 있다는 뜻도 함께 지닌다.(헌재결 1991.9.16, 89헌마165)
독판 정보의 자유(알권리)는 국가에 대한 권리이며, 따라서 대사인적(對私人的) 효력이 인정되지 않는다.
(BVerfGE 70, 310(316)−1985.10.8)

헌법

■ 검열금지의 원칙

판례 이른바 문화예술계 블랙리스트 사건과 관련하여, 정부에 대한 비판적 견해를 가졌다는 이유로 문화예술 지원 공모사업에서 공정한 심사 기회를 박탈하여 지원사업에서 배제되도록 지시한 것은 정치적 표현의 자유에 대한 제한조치로 보아야 하며, 이를 위해 개인의 정치적 견해에 관한 정보를 수집·보유·이용한 행위 역시 개인정보자기결정권을 침해하는 것으로 헌법에 위배된다.(헌재결 2020.12.23, 2017헌마416)

판례 사전검열이 절대적으로 금지되는 이유 : 언론·출판에 대하여 사전검열이 허용될 경우에는 국민의 예술활동의 독창성과 창의성을 침해하여 정신생활에 미치는 위험이 크고 행정기관이 집권자에게 불리한 내용의 표현을 사전에 억제함으로써 이른바 관제의견이나 지배자에게 무해한 여론만이 허용되는 결과를 초래할 염려가 있기 때문에 헌법이 절대적으로 금지하는 것이다. (헌재결 2001.8.30, 2000헌가9)

판례 검열금지원칙의 의미 : 헌법 제21조 제2항의 검열은 그 명칭이나 형식과 관계없이 실질적으로 행정권이 주체가 되어 사상이나 의견 등이 발표되기 이전에 예방적 조치로서 그 내용을 심사, 선별하여 발표를 사전에 억제하는, 즉 허가받지 아니한 것의 발표를 금지하는 제도를 뜻하고, 이러한 사전검열은 법률로써도 불가능한 것으로서 절대적으로 금지된다.(헌재결 1997.3.27, 97헌가1)

■ 검열로 인정한 사례

판례 외국음반 국내제작 추천제도 : 이 사건 법률조항들이 규정하고 있는 외국음반 국내제작 추천제도는 외국음반의 국내제작이라는 의사표현행위 이전에 그 표현물을 행정기관의 성격을 가진 영상물등급위원회에 제출토록 하여 당해 표현행위의 허용여부가 행정기관의 결정에 좌우되도록 하고 있으며, 더 나아가 이를 준수하지 않는 자들에 대하여 형사처벌 등 강제수단까지 규정하고 있는바, 허가를 받기 위한 표현물의 제출의무, 행정권이 주체가 된 사전심사절차, 허가를 받지 아니한 의사표현의 금지, 심사절차를 관철할 수 있는 강제수단의 존재라는 제 요소를 모두 갖추고 있으므로, 우리 헌법 21조 2항이 절대적으로 금지하고 있는 사전검열에 해당하는 것으로서 위헌을 면할 수 없다 할 것이다.(헌재결 2006.10.26, 2005헌가14)

第22條 [學問·藝術의 자유와 著作權등 保護] ① 모든 國民은 學問과 藝術의 自由를 가진다.

② 著作者·發明家·科學技術者와 藝術家의 權利는 法律로써 보호한다.

참조 구21, ①[학문과 예술의 자유]인권27①, 문화예술진흥1·3, 공연법1, ②[저작자·발명가와 예술가의 보호]인권27②, 저작, 특허, 실용신안, 디자인보호, 발명1, 반도체, [학문·예술의 자유의 제한]37②, 형243·244

판례 실용신안제도의 헌법적 근거 : 헌법 제22조 제2항은 저작자·발명가·과학기술자와 예술가의 권리는 법률로써 보호한다고 하여 학문과 예술의 자유를 제도적으로 뒷받침해 주고 학문과 예술의 자유에 내포된 문화국가실현의 실효성을 높이기 위하여 저작자 등의 권리보호를 국가의 과제로 규정하고 있다. 저작자 등의 권리를 보호하는 것은 학문과 예술을 발전·진흥시키고 문화국가를 실현하기 위하여 불가결할 뿐 아니라, 이들 저작자 등의 산업재산권을 보호한다는 의미도 함께 가지고 있다. (헌재결 2002.4.25, 2001헌마200)

판례 학문의 자유의 내용 : 학문의 자유라 함은 진리를 탐구하는 자유를 의미하는데, 그것은 단순히 진리탐구의 자유에 그치지 않고 탐구한 결과에 대한 발표의 자유 내지 가르치는 자유[편의상 대학의 교수의 자유와 구분하여 수업(授業)의 자유로 한다] 등을 포함하는 것이라 할 수 있다. 다만, 진리탐구의 자유와 결과발표 내지 수업의 자유는 같은 차원에서 거론하기가 어려우며, 전자는 신앙의 자유·양심의 자유처럼 절대적인 자유라고 할 수 있으나, 후자는 표현의 자유와도 밀접한 관련이 있는 것으로서 경우에 따라 헌법 제21조 제4항은 물론 제37조 제2항에 따른 제약이 있을 수 있는 것이다. 물론 수업의 자유는 두텁게 보호되어야 합당하겠지만 그것은 대학에서의 교수의 자유와 완전히 동일할 수는 없을 것이며 대학에서는 교수의 자유가 더욱 보장되어야하는 반면, 초·중·고교에서의 수업의 자유는 후술하는 바와 같이 제약이 있을 수 있다고 봐야 할 것이다. (헌재결 1992.11.12, 89헌마88)

독판 저명한 정치인을 교미중(交尾中)인 돼지로 묘사한 풍자는 인간의 존엄에 의해 보장되는 명예의 핵심적 부분에 대한 침해이며, 일반적 인격권에 대한 중대한 침해이기 때문에 예술활동의 자유에 의해 더 이상 보호될 수 없다. (BVerfGE 75, 369(380)－1987.6.3)

第23條 [財産權 保障과 制限] ① 모든 國民의 財産權은 보장된다. 그 내용과 限界는 法律로 정한다.

② 財産權의 행사는 公共福利에 적합하도록 하여야 한다.

③ 公共必要에 의한 財産權의 收用·사용 또는 제한 및 그에 대한 補償은 法律로써 하되, 정당한 補償을 支給하여야 한다.

참조 구22, [재산권의 보장]13②·22②·28·121·122·126, 인권17, 민211, ①[내용과 한계]37②, 민2·211, 광업1, 수산1, 사도법9, ②[재산권의 행사]37②, 민2②, 건축1, ③[사용·수용의 제한]119·122·126, 공토법1, 징발법1, 광업1, 수산1, 도로법47·49, 도시및주거환경정비법65, 민방위32, 소방기본법25, [보상]공토법61이하, 징발법19, [무상수거]마약41

판례 과징금을 부과하는 날 현재의 부동산가액을 기준으로 과징금을 산정하도록 규정한 부동산실권리자명의등기에관한법률 제5조 제2항 본문이 부동산실명법위반자의 재산권을 침해하는지 여부(헌법불합치) : 행정청이 과징금을 부과할 당시에 법위반자의 명의신탁 관계가 존재한 경우에는, 이 사건 법률조항이 과징금 부과시점의 부동산가액을 과징금 산정기준으로 삼는다고 하더라도 비례원칙에 위배되지 아니하므로, 헌법 제23조 제1항에서 보장된 재산권을 침해하지 않는다. 행정청이 과징금을 부과할 당시에 법위반자의 명의신탁 관계가 이미 종료된 경우에도, 이 사건 법률조항이 과징금 부과시점의 부동산가액을 과징금 산정기준으로 한 것은, 부동산실명법이 추구하는 입법목적을 달성함으로써 얻게 되는 공익이 공공복리에 해당되어 헌법상 목적정당성이 인정되지만, 위 입법목적을 달성하는 데 적절하지 않아서 적합성원칙에 위배되고, 법위반자의 재산권을 덜 제한하면서도 입법목적을 동일하게 달성할 수 있는 명의신탁관계 종료시점의 부동산가액을 과징금 산정기준으로 하는 대체수단이 존재하므로 최소침해성원칙에도 위배되며, 명의신탁 종료시점부터 과징금 부과시점까지 발생하게 되는 과징금 증가액을 법위반자가 부담하는 재산상 불이익이 매우 큰 반면에 명의신탁관계가 종료된 시점 이후의 기간 동안에 발생할 수 있는 법위반자의 불법적인 이익을 회수하고, 실명등기의무의 이행을 강제하여 얻게 되는 공적인 이익은 그리 크지 않다고 할 것이므로 법익균형성원칙에 위배되기 때문에 결국 비례원칙에 어긋나므로, 헌법 제23조 제1항에서 보장된 재산권을 침해한다. (헌재결 2006.5.25, 2005헌가17,2006헌바17(병합))

판례 재산권 보장의 의미 : 헌법은 "모든 국민의 재산권은 보장된다. 그 내용과 한계는 법률로 정한다", "재산권의 행사는 공공복리에 적합하도록 하여야 한다"(23조 1항 및 2항)고 규정함으로써 재산권은 법률로써 규제될 수 있고, 그 행사 또한 일정한 제약을 받을 수 있다는 것을 밝히고 있다. 재산권이 법질서 내에서 인정되고 보호받기 위하여는 입법자에 의한 형성을 필요로 한다. 즉, 재산권은 이를 구체적으로 형성하는 법이 없을 경우에는 재산에 대한 사실상의 지배만 있을 뿐이므로 다른 기본권과는 달리 그 내용이 입법자에 의하여 법률로 구체화됨으로써 비로소 권리다운 모습을 갖추게 된다. 입법자는 재산권의 내용을 구체적으로 형성함에 있어서 사적 재산권의 보장이라는 요청(헌법 23조 1항 1문)과 재산권의 사회적 기속성에서 오는 요청(헌법 23조 2항)을 함께 고려하고 조정하여 양 법익이 조화와 균형을 이루도록 하여야 한다.(헌재결 2006.1.26, 2005헌바18)

판례 가산세제도에 대한 헌법적 요청 : 의무위반에 대한 책임의 추궁에 있어서는 의무위반의 정도와 부과되는 제재 사이에 적정한 비례관계가 유지되어야 하므로, 조세의 형식으로 부과되는 금전적 제재인 가산세 역시 의무위반의 정도에 비례하는 결과를 이끌어내는 그러한 비율에 의하여 산출되어야 하고, 그렇지 못한 경우에는 비례의 원칙에 어긋나서 재산권에 대한 침해가 된다.(헌재결 2005.2.24, 2004헌바26)

판례 정리회사의 주식 : 회사정리절차가 진행중인 회사가 반드시 채무초과상태에 있는 것은 아니고, 정리회사의 주식도 회사의 신용도 등 무형자산과 향후수익력 등의 평가를 토대로 주식거래시장에서 관리종목으로 거래되고 있을 뿐만 아니라, 궁극적으로는 모든 이해관계인들의 이해를 조정하여 회사를 유지·재건시키는 것이 회사정리제도의 목적인 이상 원활한 사업수행을 통하여 수익력이 제고되면 정리회사의 재무구조가 개선될 여지도 없지 않다. 이러한 의미에서 정리회사의 주식이라 해도 헌법이 보장하는 재산권의 객체가 된다. (헌재결 2003.12.18, 2001헌바91-94(병합))

판례 시혜적 입법의 시혜대상이 될 경우 얻을 수 있는 재산상 이익의 기대 청구인들은 이 사건 법률조항들에 의한 자의적 차별에 의하여 헌법 23조에 의하여 보장된 재산권도 침해받게 되었다고 주장하나, 재산권에 관계되는 시혜적 입법의 시혜대상에서 제외되었다는 이유만으로 재산권침해가 생기는 것은 아니고, 시혜적 입법의 시혜대상이 될 경우 얻을 수 있는 재산상 이익의 기대가 성취되지 않았다고 하여도 그러한 단순한 재산상 이익의 기대는 헌법이 보호하는 재산권의 영역에 포함되지 않으므로, 이 사건에서 재산권침해가 문제되지는 않는다고 볼 것이다.
(헌재결 2002.12.18, 2001헌바55)

판례 명의신탁자, 장기 미등기자 등에 대하여 일률적으로 부동산 가액의 100분의 30에 해당하는 금액을 과징금으로 부과하는 부동산실권리자명의등기에관한법률의 규정은 헌법이 보장하는 계약자유의 원칙과 재산권 보장의 원칙에 반한다(헌법불합치).
(헌재결 2001.5.31, 99헌가18 등)

판례 헌법 제23조 제1항 및 헌법 제13조 제2항에 의하여 보호되는 재산권은 사적 유용성 및 그에 대한 원칙적 처분권을 내포하는 재산가치 있는 구체적 권리이고, 단순한 이익이나 재화의 획득에 관한 기회 또는 기업활동의 사실적·법적 여건 등은 재산권보장의 대상이 아니다.(헌재결 2000.7.20, 99헌마452)

일판 보상을 돈으로 할 경우에는 피수용자가 수용토지근방에서 대토할 수 있는 금액이라야 한다.(日·最高 1973.10.18)

프판 법률로 소유권의 행사를 제한하는 경우에 그 제한은 소유권의 의미와 내용을 변경시킬 수 없다.
(프랑스 헌법위원회 1982.1.16 결정)

독판 지방자치단체 등 공법인은 일반적으로 재산권의 주체가 되지 못한다. 왜냐하면 그들은 사인(私人)의 경우처럼 국가에 의하여 기본권을 침해받은 상태에 있지 않기 때문이다.
(BVerfGE 61, 82(105ff.) ; 75, 192(197)－1987.4.14)

第24條 [選擧權] 모든 國民은 法律이 정하는 바에 의하여 選擧權을 가진다.

참조 구23, [국민주권]전문·1, [공무담임권]25, [공무원선거권]41·67·118②, 공선15, [선거관리]114－116, 공선12, [공민권행사의 보장]공무원복무19, 근기10, [선거권의 제한]37②·공선18

판례 **선거권의 법적 의의(선거권의 우월적 지위)** : 대의민주주의를 원칙으로 하는 오늘날의 민주정치 아래에서 국민의 참여는 기본적으로 선거를 통하여 이루어진다. 따라서, 선거는 주권자인 국민이 그 주권을 행사하는 통로인 것이다. 그러한 국민주권의 원리와 선거를 통한 국민의 참여를 위하여 헌법 24조는 모든 국민에게 법률이 정하는 바에 의하여 선거권을 보장하고 있고, 헌법 제11조는 정치적 생활영역에서의 평등권을 규정하고 있으며, 또한 헌법 제41조 제1항 및 제67조 제1항은 국회의원선거와 대통령선거에 있어서 보통·평등·직접·비밀선거의 원칙을 보장하고 있다. 헌법이 선거권과 선거원칙을 이같이 명문으로 보장하고 있는 것은 국민주권주의와 대의민주주의 하에서는 국민의 선거권 행사를 통해서만 국가와 국가권력의 구성과 창설이 비로소 가능해지고 국가와 국가권력의 민주적 정당성이 마련되기 때문이다. 이러한 국민의 선거권 행사는 국민주권의 현실적 행사수단으로서 한편으로는 국민의 의사를 국정에 반영할 수 있는 중요한 통로로서 기능하며, 다른 한편으로는 주기적 선거를 통하여 국가권력을 통제하는 수단으로서의 기능도 수행한다. 국회의원과 대통령에 대한 선거권(이하 이를 편의상 '국정선거권'이라 한다)을 비롯한 국민의 참정권이 국민주권의 원칙을 실현하기 위한 가장 기본적이고 필수적인 권리로서 다른 기본권에 대하여 우월한 지위를 갖는 것으로 평가되는 것도 바로 그러한 이유 때문이다.(헌재결 2007.6.28, 2004헌마644,2005헌마360(병합))

판례 **헌법상 정치적 자유권의 의의** : 오늘날 정치적 기본권은 국민이 정치적 의사를 자유롭게 표현하고, 국가의 정치적 의사형성에 참여하는 정치적 활동을 총칭하는 것으로 넓게 인식되고 있다. 정치적 기본권은 기본권의 주체인 개별 국민의 입장에서 보면 주관적 공권으로서의 성질을 가지지만, 민주정치를 표방한 민주국가에 있어서는 국민의 정치적 의사를 국정에 반영하기 위한 객관적 질서로서의 의미를 아울러 가진다. 그중 정치적 자유권이라 함은 국가권력의 간섭이나 통제를 받지 아니하고 자유롭게 정치적 의사를 형성·발표할 수 있는 자유라고 할 수 있다. 이러한 정치적 자유권에는 정치적 의사를 자유롭게 표현하고, 자발적으로 정당에 가입하고 활동하며, 자유롭게 선거운동을 할 수 있는 것을 주된 내용으로 한다.
(헌재결 2004.3.25, 2001헌마710)

판례 **신분증명서로 선거인의 신분확인을 하도록 한 것이 선거권을 침해하는지 여부** : 투표과정에 있어서 선거인 본인 확인은 위장투표, 대리투표 등의 투표부정행위를 방지하여 정확한 민의의 반영과 선거의 공정한 집행을 위한 필수적 절차라 할 것이고, 다만 그 신분확인을 어떠한 방법으로 할 것인지, 즉 그 방법을 다양하게 인정할 것인지 아니면 일정한 방법으로 한정할 것인지의 문제는 입법자가 그 나라의 역사, 전통과 문화, 국민의 의식수준, 정치적 사회적 영향 등 여러 가지 사항을 종합하여 결정하는 것이어서 이에 의한 제한은 선거권 자체의 제한이 아니고 선거권 행사에 있어 필수적인 절차인 신분확인의 제도상 요구되는 내재적 제한이라 할 것이다. 따라서 그 제한의 폭을 어느 범위로 정할 것인지는 입법정책에 속하는 문제이다. 그런데, 주민등록증은 만 17세에 달한 국민은 신청만 하면 발급받을 수 있고, 주민등록증 외에도 여권, 운전면허증, 자격증, 학생증 등 신분증명서로 인정될 수 있는 것들이 다수 있어 선거인으로서는 그 중 어느 하나의 신분증명서라도 제시하면 투표를 할 수 있으므로 이 사건 각 조항이 정하는 신분증명방법이 입법부에 주어진 합리적인 재량의 한계를 벗어난 것이라 할 수는 없다.
(헌재결 2003.7.24, 2002헌마508)

판례 **선거운동에서의 기회균등 보장의 의미** : 선거운동에서의 기회균등보장도 일반적 평등원칙과 마찬가지로 절대적이고도 획일적인 평등 내지 기회균등을 요구하는 것이 아니라 합리적인 근거가 없는 자의적인 차별 내지 차등만을 금지하는 것으로 이해하여야 한다.(헌재결 1999.1.28, 98헌마172)

第25條 [公務擔任權] 모든 國民은 法律이 정하는 바에 의하여 公務擔任權을 가진다.

참조 구24, [피선거권]67④, 공선16, [공직취임권]국가공무원, 지방공무원, 교육공무원, 외무공무원, 국회, 법원조직, 헌재, [공무담임권의 제한]37②, 공선19, 국가공무원73의3·74·74의2·78, 지방공무원66·66의2·69이하, 외무공무원26이하, 국회136·155이하, 법원조직43·45·48

판례 **공무담임권의 보호영역** : 공무담임권의 보호영역에는 일반적으로 공직취임의 기회보장, 신분박탈, 직무의 정지가 포함될 뿐이고 청구인이 주장하는 '승진시험의 응시제한'이나 이를 통한 승진기회의 보장 문제는 공직신분의 유지나 업무수행에는 영향을 주지 않는 단순한 내부 승진인사에 관한 문제에 불과하여 공무담임권의 보호영역에 포함된다고 보기는 어려우므로 결국 이 사건 심판대상 규정은 청구인의 공무담임권을 침해한다고 볼 수 없다.(헌재결 2007.6.28, 2005헌마1179)

판례 **공무담임권의 내용을 구체화하는 입법형성권의 범위와 한계** : 공무담임권은 원하는 경우에 언제나 공직을 담당할 수 있는 현실적인 권리가 아니라 공무담임의 기회를 보장하는 성격을 갖는 것으로서 선거에 당선되거나 또는 공직채용시험에 합격하는 등 일정한 공무담임에 필요한 요건을 충족하는 때에만 그 권리가 구체화되고 현실화되기 때문에 입법자는 이러한 공무담임의 전제조건으로서 각종 공직선거의 내용과 절차, 선거권·피선거권 등 공직선거에 참여할 수 있는 권리 또는 자격을 구체적으로 정하는 권한과 책임을 진다. 따라서 국회의원으로 당선될 권리로서 피선거권을 누구에게, 어떤 조건으로 부여할 것인지는 입법자가 그의 입법형성권의 범위 내에서 스스로 정할 사항이지만, 이 때에도 헌법이 피선거권을 비롯한 공무담임권을 기본권으로 보장하는 취지와 대의민주주의 통치질서에서 선거가 가지는 의미와 기능이 충분히 고려되어야 한다는 헌법적인 한계가 있다.(헌재결 2005.4.28, 2004헌마219)

미판 일정한 공직 입후보자에게 소변을 통한 마약검사를 요구하는 것은 헌법위반이다.(미연방대법 137 L Ed 2d 513)

프판 공무원 채용에 있어서 적성과 재능의 판단방식은 다양할 수 있으므로, 공개경쟁방식이 아닌 특별채용제도를 도입하고 있는 것은 평등의 원리에 반하지 아니한다.
(프랑스 헌법위원회 1984.8.30 결정)

第26條 [請願權] ① 모든 國民은 法律이 정하는 바에 의하여 國家機關에 文書로 請願할 權利를 가진다.

② 國家는 請願에 대하여 審査할 義務를 진다.

참조 구25, ①[청원사항]청원법5, [청원금지사항]청원법6·16, [청원방법]청원법9, [청원서의 제출 및 보완요구·이송]청원법11·15, [이의신청]청원법22, [국회청원]국회123－126, [수형자의 청원]형의집행수용자1117, ②[청원의 심사]89, 국회125, [청원의 처리 등]청원법21, [청원권의 제한]37②·국가공무원66①

판례 국회의원소개요건에 대한 합헌결정 : 청원권의 구체적 내용은 입법활동에 의하여 형성되며, 입법형성에는 폭넓은 재량권이 있으므로 입법자는 청원의 내용과 절차는 물론 청원의 심사·처리를 공정하고 효율적으로 행할 수 있게 하는 합리적인 수단을 선택할 수 있는 바, 의회에 대한 청원에 국회의원의 소개를 얻도록 한 것은 청원 심사의 효율성을 확보하기 위한 적절한 수단이다. 또한 청원은 일반의안과 같이 처리되므로 청원서 제출단계부터 의원의 관여가 필요하고, 의원의 소개가 없는 민원의 경우에는 진정으로 접수하여 처리하고 있으며, 청원의 소개의원은 1인으로 족한 점 등을 감안할 때 이 사건 법률조항이 국회에 청원을 하려는 자의 청원권을 침해한다고 볼 수 없다.
(헌재결 2006.6.29, 2005헌마604)

판례 동일내용의 청원에 대한 수리, 심사의무 : 청원법 제8조(현행 제16조)는 동일내용의 청원서를 동일기관에 2개 이상 또는 2개 기관 이상에 제출할 수 없도록 하고, 이에 위배된 청원서를 접수한 관서는 이를 취급하지 아니하도록 하고 있으므로, 동일내용의 청원에 대하여는 국가기관이 이를 수리, 심사 및 통지를 하여야 할 아무런 의무가 없다.(헌재결 2004.5.27, 2003헌마851)

第27條 [裁判을 받을 權利, 刑事被告人의 無罪推定, 陳述權] ① 모든 國民은 憲法과 法律이 정한 法官에 의하여 法律에 의한 裁判을 받을 權利를 가진다.

② 軍人 또는 軍務員이 아닌 國民은 大韓民國의 領域 안에서는 중대한 軍事上 機密·哨兵·哨所·有毒飮食物供給·捕虜·軍用物에 관한 罪중 法律이 정한 경우와 非常戒嚴이 宣布된 경우를 제외하고는 軍事法院의 裁判을 받지 아니한다.

③ 모든 國民은 신속한 裁判을 받을 權利를 가진다. 刑事被告人은 상당한 이유가 없는 한 지체없이 公開裁判을 받을 權利를 가진다.

④ 刑事被告人은 有罪의 判決이 확정될 때까지는 無罪로 推定된다.

⑤ 刑事被害者는 法律이 정하는 바에 의하여 당해 事件의 裁判節次에서 陳述할 수 있다.

참조 구26, ①[재판을 받을 수 있는 권리]민소47이하·226이하, 형소266이하, 행소1, [죄형법정주의]12, [법관]101·104, 법원조직41−52, [소권]민소, 행소, [제소의 배제]64②③, ②[군인·군무]국군조직4①·16①, 군무원1, [군사재판]군형1, [초병·초소에 관한 죄]군형28·54−56·58−59·78, [유해음식물 공급죄]군형42, [포로에 관한 죄]군형86−91, [비상계엄]77, [군사법원]110, 군사법원, 계엄16−18, [비상사태하의 비상조치]76·77, ③[공개재판]109, 법원조직57, 군사법원67, [예외]법원조직57①단서, 군사법원67①단서, [구속기간]형소92·202·203, 국가보안19, [구속적부심사]12⑥

재판을 받을 권리

판례 헌법상 보장되는 재판을 받을 권리에 상고심 재판을 받을 권리까지 포함되는지 여부 : 헌법이 대법원을 최고법원으로 규정하고 있다고 하여 대법원이 곧바로 모든 사건을 상고심으로서 관할하여야 한다는 결론이 당연히 도출되는 것은 아니며, 헌법 제27조 제1항이 보장하는 재판청구권이 사건의 경중을 가리지 아니하고 모든 사건에 대하여 대법원을 구성하는 법관에 의한 균등한 재판을 받을 권리를 의미한다거나 또는 상고심재판을 받을 권리를 의미하는 것이라고 할 수는 없다.
(헌재결 2005.9.29, 2005헌마567)

판례 재판청구권과 재심청구권과의 관계 : 헌법 제27조 제1항이 보장하고 있는 재판청구권은 헌법이 특별히 달리 규정하고 있지 않는 한 법관에 의하여 사실적 측면과 법률적 측면에서 한 차례의 심리검토의 기회는 적어도 보장되어야 함을 그 핵심적 내용으로 한다. 상소심에서 심판을 받을 권리를 헌법상 명문화한 규정이 없고 상소문제가 일반 법률에 맡겨진 우리 법제 하에서 재판청구권에 모든 사건에 대해 상소심 절차에 의한 재판을 받을 권리까지도 당연히 포함된다고 할 수는 없고, 마찬가지로 재심청구권 역시 헌법 제27조에서 규정한 재판을 받을 권리에 당연히 포함된다고 할 수 없으며, 어떤 사유를 재심사유로 정하여 재심을 허용할 것인가는 입법자가 결정하여야 할 입법정책의 문제이다.(헌재결 2004.12.16, 2003헌바105)

판례 보안관찰처분대상자에게 신고의무를 부과하고 그 의무를 이행하지 않는 경우를 처벌하는 이 사건 조항이 기본권을 직접 침해한다고 보거나 이 사건 조항에 의하여 기소될 경우에는 헌법소원이나 형사재판절차를 통하여 법관에 의한 재판을 받을 수 있는 등 이 사건 조항자체에 대하여는 얼마든지 권리구제를 받을 수 있는 수단이 마련되어 있으므로 법관에 의한 재판을 받을 권리를 침해하는 것이 아니다.
(헌재결 2003.6.26, 2001헌가17,2002헌바98(병합))

판례 '법률에 의한 재판을 받을 권리'의 법적 의미 : 헌법 제27조 제1항은 법원이 법률에 기속된다는 당연한 법치국가적 원칙을 확인하고, '법률에 의한 재판, 즉 절차법이 정한 절차에 따라 실체법이 정한 내용대로 재판을 받을 권리'를 보장하고 있다. 이로써 위 헌법조항은 '원칙적으로 입법자에 의하여 형성된 현행 소송법의 범주 내에서 권리구제절차를 보장한다'는 것을 밝히고 있다.(헌재결 2002.10.31, 2001헌바40)

판례 재판청구권의 제한 : 헌법 27조 1항이 규정하는 "법률에 의한" 재판청구권을 보장하기 위해서는 입법자에 의한 재판청구권의 구체적 형성이 불가피하므로 입법자의 광범위한 입법재량이 인정되기는 하나, 그러한 입법을 함에 있어서는 비록 완화된 의미에서일지언정 헌법 37조 2항의 비례의 원칙은 준수되어야 한다. 특히, 당해 입법이 단지 법원에 제소할 수 있는 형식적인 권리나 이론적인 가능성만을 허용하는 것이어서는 아니되고, 상당한 정도로 권리구제의 실효성이 보장되도록 하는 것이어야 할 것이다.(헌재결 2001.2.22, 2000헌가1)

신속한 재판을 받을 권리

판례 상고심절차에관한특례법 제4조 제1항에서 규정하고 있는 심리불속행제도의 위헌 여부 : 심급제도는 사법에 의한 권리보호에 관한 한정된 법 발견 자원의 합리적인 분배의 문제인 동시에 재판의 적정과 신속이라는 서로 상반되는 두 가지의 요청을 어떻게 조화시키느냐의 문제로 돌아가므로 원칙적으로 입법자의 형성의 자유에 속하는 사항이다. 그러므로 이 사건 법률조항은 비록 국민의 재판청구권을 제약하고 있기는 하지만 위 심급제도와 대법원의 최고법원성을 존중하면서 민사, 가사, 행정, 특허 등 소송사건에 있어서 상고심 재판을 받을 수 있는 객관적인 기준을 정함에 있어 개별적 사건에서의 권리구제보다 법령해석의 통일을 더 우위에 둔 규정으로서 그 합리성이 있다고 할 것이므로 헌법에 위반되지 아니한다.(헌재결 2002.6.27, 2002헌마18)

판례 신속한 재판을 받을 권리의 헌법상 의의 : 신속한 재판을 받을 권리는 주로 피고인의 이익을 보호하기 위하여 인정된 기본권이지만 동시에 실체적 진실발견, 소송경제, 재판에 대한 국민의 신뢰와 형벌목적의 달성과 같은 공공의 이익에도 근거가 있기 때문에 어느 면에서는 이중적인 성격을 갖고 있다고 할 수 있어, 형사사법체제자체를 위하여서도 아주 중요한 의미를 갖는 기본권이다.(헌재결 1995.11.30, 92헌마44)

무죄추정의 원칙

판례 형사소송법 제314조가 무죄추정원칙에 위배되는지 여부 : 이 사건 법률조항은 피고인을 유죄라는 전제에서 예외적으로 전문증거의 증거능력을 인정하는 것이 아니라 외국거주의 사유로 원진술자가 법정에서 진술할 수 없어 부득이 피고인이 반대신문을 할 수 없는 경우에 관한 규정이므로 무죄추정의 원칙에 반하는 것이라고 할 수 없다.(헌재결 2005.12.22, 2004헌바45)

판례 사업자단체의 독점규제및공정거래법 위반행위가 있을 때 "법위반사실의 공표"를 명할 수 있도록 한 부분이 무죄추정의 원칙에 반하는지 여부 : 법위반사실의 공표명령은 공소제기조차 되지 아니하고 단지 고발만 이루어진 수사의 초기단계에서 아직 법원의 유무죄에 대한 판단이 가려지지 아니하였는데도 관련 행위자를 유죄로 추정하는 불이익한 처분이 된다.
(헌재결 2002.1.31, 2001헌바43)

판례 무죄추정의 원칙의 내용과 적용범위 : 공소제기가 된 피고인이라도 유죄의 확정판결이 있기까지는 원칙적으로 죄가 없는 자에 준하여 취급하여야 하고 불이익을 입혀서는 안 된다고 할 것으로 가사 그 불이익을 입힌다 하여도 필요한 최소제한에 그치도록 비례의 원칙이 존중되어야 한다는 것이 헌법 제27조 제4항의 무죄추정의 원칙이며, 여기의 불이익에는 형사절차상의 처분에 의한 불이익뿐만 아니라 그 밖의 기본권제한과 같은 처분에 의한 불이익도 입어서는 아니된다는 의미도 포함된다고 할 것이다.(헌재결 1990.11.19, 90헌가48)

第28條 [刑事補償] 刑事被疑者 또는 刑事被告人으로서 拘禁되었던 者가 法律이 정하는 不起訴處分을 받거나 無罪判決을 받은 때에는 法律이 정하는 바에 의하여 國家에 정당한 補償을 請求할 수 있다.

참조 구27, [불기소처분]형사보상및명예회복에관한법27, 검찰사건사무규칙69, [무죄판결]형소325, 형사보상및명예회복에관한법26, [형사보상요건]형사보상및명예회복에관한법2, [형사보상내용]형사보상및명예회복에관한법5, [형사보상관할법원]형사보상및명예회복에관한법7, [형사보상청구방식과 기간]형사보상및명예회복에관한법8·9, [형사보상청구권과 타배상 청구권과의 관계]형사보상및명예회복에관한법6, [손해배상청구권]29, 민750, [형사보상청구권의 제한]37②, 형사보상및명예회복에관한법4·19

판례 비상상고의 절차에서 보호감호를 기각하는 재판을 받은 자가 원판결에 의하여 보호감호의 집행을 받았을 때에도 형사보상법 제1조 제2항을 유추적용하여 보호감호의 집행에 대한 보상을 청구할 수 있다고 해석함이 상당하고, 이렇게 해석하는 것이 형사보상청구의 권리를 선언하고 있는 헌법정신에도 부합한다.(대결 2004.10.18, 2004코1,2004오1)

第29條 [國家·公共團體의 賠償責任] ① 公務員의 職務上 不法行爲로 損害를 받은 國民은 法律이 정하는 바에 의하여 國家 또는 公共團體에 정당한 賠償을 請求할 수 있다. 이 경우 公務員 자신의 責任은 免除되지 아니한다.

② 軍人·軍務員·警察公務員 기타 法律이 정하는 者가 戰鬪·訓練등 職務執行과 관련하여 받은 損害에 대하여는 法律이 정하는 報償외에 國家 또는 公共團體에 公務員의 職務上 不法行爲로 인한 賠償은 請求할 수 없다.

참조 구28, [불법행위]민750이하, [손해배상]국가배상2, [법인의 불법행위책임]민35, [피용자의 가해와 사용자의 책임]민756, [자신의 책임]국가배상2, 민750·756③, [군인·군무원]국군조직4①·16①, 군무원1, [경찰공무원]경찰공무원, [국가배상청구권의 제한]37②

판례 **긴급조치 제9호 위반 혐의로 체포·구금된 피해자들에 대한 국가의 배상책임** : 대통령의 위헌적인 긴급조치 제9호 발령행위와 그에 따른 수사기관의 수사 및 기소, 법관의 재판 등은 긴급조치 제9호의 발령·적용·집행이라는 일련의 연결된 국가작용이고 이에 관여한 공무원들의 직무수행은 법치국가 원리에 반해 국가의 기본권 보장의무를 다하지 못한 것으로서 전체적으로 보아 객관적 주의의무를 소홀히 해 정당성을 결여한 것으로 평가되므로, 긴급조치 제9호의 적용·집행으로 강제수사를 받거나 유죄 판결을 선고받고 복역함으로써 개별 국민이 입은 손해에 대해서는 국가배상책임이 인정된다.
(대판 2022.8.30, 2018다212610 전원합의체)

판례 **군인의 국가 등에 대한 손해배상청구권을 제한하는 국가배상법 제2조 제1항 단서가 헌법에 위반되는지 여부** : 국가배상법 제2조 제1항 단서는 헌법 제29조 제1항에 의하여 보장되는 국가배상청구권을 헌법 내재적으로 제한하는 헌법 제29조 제2항에 직접 근거하고, 실질적으로 그 내용을 같이하는 것이므로 헌법에 위반되지 아니한다.(헌재결 2001.2.22, 2000헌바38)

판례 **헌법 제29조 제1항 단서의 취지** : 헌법 제29조 제1항 단서는 공무원이 한 직무상 불법행위로 인하여 국가 등이 배상책임을 진다고 할지라도 그 때문에 공무원 자신의 민·형사책임이나 징계책임이 면제되지 아니한다는 원칙을 규정한 것이나, 그 조항 자체로 공무원 개인의 구체적인 손해배상책임의 범위까지 규정한 것으로 보기는 어렵다.(대판 1996.2.15, 95다38677 전원합의체)

판례 **공무원이 직무수행 중 불법행위로 타인에게 손해를 입힌 경우 공무원 개인의 손해배상책임 유무(=제한적긍정설)** : 공무원이 직무수행 중 불법행위로 타인에게 손해를 입힌 경우에 국가 등이 국가배상책임을 부담하는 외에 공무원 개인도 고의 또는 중과실이 있는 경우에는 불법행위로 인한 손해배상책임을 진다고 할 것이지만, 공무원에게 경과실뿐인 경우에는 공무원 개인은 손해배상책임을 부담하지 아니한다고 해석하는 것이 헌법 제29조 제1항 본문과 단서 및 국가배상법 제2조의 입법취지에 조화되는 올바른 해석이다.(대판 1996.2.15, 95다38677 전원합의체)

판례 **국가배상법 제2조 제1항 단서 중 군인에 관련되는 부분의 위헌 여부** : 국가배상법 제2조 제1항 단서 중 군인에 관련되는 부분을 일반국민이 직무집행 중인 군인과의 공동불법행위로 직무집행 중인 다른 군인에게 공상을 입혀 그 피해자에게 공동의 불법행위로 인한 손해를 배상한 다음 공동불법행위자인 군인의 부담부분에 관하여 국가에 대하여 구상권을 행사하는 것을 허용하지 않는다고 해석한다면, 이는 위 단서 규정의 헌법상 근거규정인 헌법 제29조가 구상권의 행사를 배제하지 아니하는데도 이를 배제하는 것으로 해석하는 것으로서 합리적인 이유 없이 일반국민을 국가에 대하여 지나치게 차별하는 경우에 해당하므로 헌법 제11조, 제29조에 위반된다.
(헌재결 1994.12.29, 93헌바21)

第30條 [犯罪行爲로 인한 被害救助] 他人의 犯罪行爲로 인하여 生命·身體에 대한 被害를 받은 國民은 法律이 정하는 바에 의하여 國家로부터 救助를 받을 수 있다.

참조 [범죄피해기본]범죄피해자보호법2·3, [범죄피해자 보호·지원의 기본 정책 및 기본계획]범죄피해자보호법7-14, [범죄피해자보호위원회]범죄피해자보호법15, [구조대상 범죄피해에 대한 구조]범죄피해자보호법16-32, [범죄피해구조심의회]범죄피해자보호법24, [범죄피해자 지원법인]범죄피해자보호법33-40, [형사조정]범죄피해자보호법41-46, [경찰관서의 협조]범죄피해자보호법46의2, [형사조정위원회]범죄피해자보호법42, [벌칙·과태료]범죄피해자보호법47-50

판례 **범죄피해자구조청구권의 법적 성격** : 국가는 이미 범죄가 발생한 경우에는 범인을 수사하여 형벌권을 행사함으로써 국민을 보호하여야 할 것이고, 형벌권을 행사하지 아니하는 경우에도 최소한 형벌권을 행사하지 아니하는 것이 오히려 보다 더 나은 결과를 초래할 수 있다고 기대되는 경우에 한정되어야 할 것이다. 그런데, 헌법은 위에서 본 바와 같이 범죄로부터 국민을 보호하여야 할 국가의 의무를 이와 같은 소극적 차원에서만 규정하지 아니하고 이에 더 나아가 범죄행위로 인하여 피해를 받은 국민에 대하여 국가가 적극적인 구조행위까지 하도록 규정하여 피해자의 기본권을 생존권적 기본권의 차원으로 인정하였다. 국가기관이 공소권을 독점하고 피해자에 의한 복수를 허용하지 아니하면서 자력구제를 아주 제한적으로만 인정하고 있는 법제도는 국가에 의한 피해자 보호가 충분히 이루어질 때 비로소 그 존재의의가 있는 것이다. 따라서 범죄로부터 국민을 보호하여야 할 국가의 의무가 이루어지지 아니할 때 국가의 의무위반을 국민에 대한 기본권 침해로 규정할 수 있다. 이 경우 개인의 법익을 직접 침해하는 것은 국가가 아닌 제3자의 범죄행위이므로 위와같은 원초적인 행위 자체를 기본권침해 행위라고 규정할 수는 없으나, 이와같은 침해가 있음에도 불구하고 이것을 배제하여야 할 국가의 의무가 이행되지 아니한다면 이 경우 국민은 국가를 상대로 헌법 10조, 11조 1항 및 30조(이 사건과 같이 생명·신체에 대한 피해를 받은 경우)에 규정된 보호의무 위반 또는 법 앞에서의 평등권 위반이라는 기본권 침해를 주장할 수 있는 것이다.(헌재결 1989.4.17, 88헌마3)

第31條 [敎育을 받을 權利·義務, 平生敎育振興]
① 모든 國民은 能力에 따라 균등하게 敎育을 받을 權利를 가진다.
② 모든 國民은 그 보호하는 子女에게 적어도 初等敎育과 法律이 정하는 敎育을 받게 할 義務를 진다.
③ 義務敎育은 無償으로 한다.
④ 敎育의 自主性·專門性·政治的 中立性 및 大學의 自律性은 法律이 정하는 바에 의하여 보장된다.
⑤ 國家는 平生敎育을 振興하여야 한다.
⑥ 學校敎育 및 平生敎育을 포함한 敎育制度와 그 운영, 敎育財政 및 敎員의 地位에 관한 基本的인 사항은 法律로 정한다.

참조 구29, ①[교육을 받을 권리]교육기본3, [교육의 기회균등]11, 교육기본4, ②[의무교육]교육기본8, 초중교육12-16, ④[교육의 자주성과 정치적 중립성]교육기본6, ⑤[평생교육]평생교육1, 교육기본3, ⑥[평가·인증제도]교육기본26, [장학제도]교육기본28, [교육을 받을 권리의 제한]37②

판례 학교교육에 있어서 교원의 가르치는 권리를 수업권이라고 한다면, 이것은 교원의 지위에서 생기는 학생에 대한 일차적인 교육상의 직무권한이지만 어디까지나 학생의 학습권 실현을 위하여 인정되는 것이므로, 학생의 학습권은 교원의 수업권에 대하여 우월한 지위에 있다. 따라서 학생의 학습권이 왜곡되지 않고 올바로 행사될 수 있도록 하기 위해서라면 교원의 수업권은 일정한 범위 내에서 제약을 받을 수밖에 없고, 학생의 학습권은 개개 교원들의 정상을 벗어난 행동으로부터 보호되어야 한다. 특히, 교원의 수업거부행위는 학생의 학습권과 정면으로 상충하는 것인바, 교육의 계속성 유지의 중요성과 교육의 공공성에 비추어 보거나 학생·학부모 등 다른 교육당사자들의 이익과 교량해 볼 때 교원이 고의로 수업을 거부할 자유는 어떠한 경우에도 인정되지 아니하며, 교원은 계획된 수업을 지속적으로 성실히 이행할 의무가 있다.(대판 2007.9.20, 2005다25298)

판례 헌법 제31조 제6항과 헌법 제33조 제1항과의 관계 : 교원의 지위에 관련된 사항에 관한 한 헌법 제31조 제6항이 근로기본권에 관한 헌법 제33조 제1항에 우선하여 적용되기 때문에, 입법자가 교원에 대하여 일반노동조합과 유사한 형태의 조합을 결성할 수 있음을 규정하되 그 규율방식을 달리하여 근로조건의 향상 등을 목적으로 하는 단결권 및 단체교섭권은 허용하면서도 단체행동권의 행사는 전면적으로 금지하거나, 혹은 개별직장이 아닌 광역단위에 한하여 노동조합을 설립할 수 있도록 하는 등 이에 대하여 특별한 규율을 하는 것도 허용된다.
(대판 2006.5.26, 2004다62597)

판례 교육재정제도에 관한 헌법의 위임과 입법형성권 : 헌법 제31조 제4항·제6항은 교육제도와 교육재정제도의 형성에 관하여 헌법이 직접 규정한 사항 외에는 입법자에게 위임하고 있으므로, 입법자는 중앙정부와 지방정부의 재정상황, 의무교육의 수준 등의 여러 가지 요소와 사정을 감안하여 교육 및 교육재정의 충실을 위한 여러 정책적 방안들을 구상하고 그 중의 하나를 선택할 수 있으며, 이에 관한 입법자의 정책적 판단·선택권은 넓게 인정된다.(헌재결 2005.12.22, 2004헌라3)

판례 의무교육 무상원칙 : 의무교육제도는 국민에 대하여 보호하는 자녀들을 취학시키도록 한다는 의무부과의 면보다는 국가에 대하여 인적·물적 교육시설을 정비하고 교육환경을 개선하여야 한다는 의무부과의 측면이 보다 더 중요한 의미를 갖는다. 의무교육에 필요한 학교시설은 국가의 일반적 과제이고, 학교용지는 의무교육을 시행하기 위한 물적 기반으로서 필수조건임은 말할 필요도 없으므로 이를 달성하기 위한 비용은 국가의 일반재정으로 충당하여야 한다.(헌재결 2005.3.31, 2003헌가20)

판례 헌법 제31조 제6항 교원지위법정주의의 의미 : 교육이 수행하는 중요한 기능에 비추어 우리 헌법은 제31조에서 학교교육 및 평생교육을 포함한 교육제도와 그 운영, 교육재정 및 교원의 지위에 관한 기본적 사항을 법률로 정하도록 한 것이다. 따라서, 입법자가 법률로 정하여야 할 교원지위의 기본적 사항에는 교원의 신분이 부당하게 박탈되지 않도록 하는 최소한의 보호의무에 관한 사항이 포함된다.(헌재결 2003.2.27, 2000헌바26)

일판 학생의 면학을 특히 중시하거나 혹은 비교적 보수적인 교풍을 지닌 대학이 학생의 정치활동에 대하여 상당히 광범하게 규율을 했다 하여도 불합리한 제한이라 할 수 없다.
(日·最高 1974.7.19)

프판 고등교육기관의 교수의 자주성 보장은 공화국 법률에 의하여 인정된 기본권리이다.(프랑스 헌법위원회 1984.1.20 결정)

第32條 [勤勞할 權利·義務, 最低賃金制, 女子·年少者保護, 國家有功者의 機會優先] ① 모든 國民은 勤勞의 權利를 가진다. 國家는 社會的·經濟的 방법으로 勤勞者의 雇傭의 增進과 適正賃金의 보장에 노력하여야 하며, 法律이 정하는 바에 의하여 最低賃金制를 施行하여야 한다.

② 모든 國民은 勤勞의 義務를 진다. 國家는 勤勞의 義務의 내용과 조건을 民主主義原則에 따라 法律로 정한다.

③ 勤勞條件의 基準은 人間의 尊嚴性을 보장하도록 法律로 정한다.

④ 女子의 勤勞는 특별한 보호를 받으며, 雇傭·賃金 및 勤勞條件에 있어서 부당한 차별을 받지 아니한다.

⑤ 年少者의 勤勞는 특별한 보호를 받는다.

⑥ 國家有功者·傷痍軍警 및 戰歿軍警의 遺家族은 法律이 정하는 바에 의하여 優先的으로 勤勞의 機會를 부여받는다.

참조 구30, ①[근로자]근기2, 노노2, [고용증진]고용정책기본법, 직업안정, 국민평생직업능력개발법, [적정임금 보장·최저임금제 실시]임금채권1, 최저임금법1, ②[근로의무의 제한(강제노역금지)]12①, 근기7, ③[근로조건의 기준]근기2·3·4, ④[여성·소년근로자의 보호]근기6·64-75, 선원90-93, [근로청소년을 위한 교육]교육기본21, 초중교육52, 고등교육55이하, ⑤[국가유공자]국가유공자등예우28이하, [근로의 권리의 제한]37②

■ 근로의 권리

판례 산업재해보상보험법 제5조 단서는 산업재해를 입은 근로자에 대한 보상을 어떻게 할 것인가의 문제로 이 사건 법률조항에 의하여 일정 범위의 사업을 적용대상에서 제외한 것은 산업재해보상보험의 특성상 사업규모와 산재발생률 등을 참작하여 현 단계에서 강제적 보험관계를 통한 재해보상 등의 필요성이 크지 않다는 합리적 판단에 기인한 것이라고 볼 수 있으므로, 이 사건 법률조항은 헌법 제32조 제3항의 규정에 위반된다고 볼 수 없다.(헌재결 2003.7.24, 2002헌바51)

판례 헌법 제15조 '직업의 자유'나 헌법 제32조 '근로의 권리', '사회국가원리' 등에 근거하여 실업방지 및 부당한 해고로부터 근로자를 보호하여야 할 국가의 의무를 도출할 수는 있으나, 국가에 대한 직접적인 '직장존속보장청구권'을 근로자에게 인정할 헌법상의 근거는 없다.(헌재결 2002.11.28, 2001헌바50)

■ 여성 및 장애인의 보호

판례 능력주의 원칙에 대한 예외조항 : 헌법의 기본원리나 특정조항에 비추어 능력주의원칙에 대한 예외를 인정할 수 있는 경우가 있다. 그러한 헌법원리로는 우리 헌법의 기본원리인 사회국가원리를 들 수 있고, 헌법조항으로는 여자·연소자근로의 보호를 규정하고 있는 헌법 제32조 제4항 등을 들 수 있다.
(헌재결 2006.5.25, 2005헌마362)

판례 장애인 보호의 판단기준 : 장애인에 대한 생활보호를 위하여 일정한 혜택을 부여하는 법률조항이 헌법에 위배되는지 여부는 입법부가 장애인으로 하여금 인간다운 생활을 영위하도록 하기 위하여 객관적으로 필요한 최소한의 조치를 취할 의무를 다하였는가를 기준으로 판단하여야 할 것이다.
(헌재결 1999.12.23, 98헌바33)

■ 국가유공자 우대

판례 국·공립학교 채용시험의 동점자처리에서 국가유공자 및 그 유족·가족이 가지는 우선권의 위헌 여부 : 국가유공자와 그 유·가족을 동점자처리에서 우대함으로써 우선적 근로기회를 제공하여 생활안정을 도모하고, 이를 통해 국민의 애국정신함양과 민주사회 발전에 이바지하는 데 있다. 이러한 입법목적은 헌법 제32조 제6항의 취지를 반영한 것이거나, 헌법 제37조 제2항의 공공복리 달성을 위한 것으로서 정당하다. 또한 동점자처리조항은 국가유공자와 그 유·가족이 공직에 채용될 수 있도록 지원하는 역할을 함으로써 입법목적의 달성을 촉진하고 있다고 할 것이므로 정책수단으로서의 적합성도 가지고 있다.
(헌재결 2006.6.29, 2005헌마44)

판례 국가유공자에 대한 가산점이 공무담임권을 침해하는지의 여부 : 오늘날 가산점의 대상이 되는 국가유공자와 그 가족의 수가 과거에 비하여 비약적으로 증가하고 있는 현실과, 취업보호대상자에서 가족이 차지하는 비율, 그리고 공무원시험의 경쟁이 갈수록 치열해지는 상황을 고려할 때 법 조항의 폭넓은 해석은 필연적으로 일반 응시자의 공무담임의 기회를 제약하게 되는 결과가 될 수 있으므로 엄격하게 해석할 필요가 있다. 이러한 관점에서 헌법 제32조 제6항의 대상자는 조문의 문리해석대로 "국가유공자", "상이군경", 그리고 "전몰군경의 유가족"이라고 봄이 상당하다.(헌재결 2006.2.23, 2004헌마675·981·1022(병합))

第33條 [勤勞者의 團結權등] ① 勤勞者는 勤勞條件의 향상을 위하여 自主的인 團結權·團體交涉權 및 團體行動權을 가진다.

② 公務員인 勤勞者는 法律이 정하는 者에 한하여 團結權·團體交涉權 및 團體行動權을 가진다.

③ 法律이 정하는 主要防衛産業體에 종사하는 勤勞者의 團體行動權은 法律이 정하는 바에 의하여 이를 제한하거나 인정하지 아니할 수 있다.

참조 구31, ①[결사의 자유]21, [근로자]근기2, [근로조건]근기3-5, [단결권]노노1·2, [단체교섭권·단체행동권]노노1·4·29이하, [부당노동행위]노노81-86, [쟁의행위]노노37이하, ②[공무원인 근로자의 경우]국가공무원66, 지방공무원58, 교원의노동조합설립및운영등에관한법, [노동3권의 제한]37②

판례 방산업체 근로자의 연장·휴일근로 거부 : 방위사업법에 의해 지정된 주요방위산업체로서 단체행동권에 제한을 받는 사업장에서 근로자들이 노조 지침에 따라 연장근로나 휴일근로를 거부했다고 하더라도, 해당 사업장이 이제까지 일정한 날을 연장근로일 또는 휴일근로일로 미리 지정하는 것이 아니라 필요할 때마다 신청자를 모집하여 연장근로나 휴일근로를 실시해 왔다면 단체협상 기간에 연장근로·휴일근로가 이뤄지지 않았다고 해서 통상적인 연장근로·휴일근로를 집단적으로 거부함으로써 쟁의행위를 했다고 볼 수 없다.(대판 2022.6.9, 2016도11744)

판례 **원청 사업장에서 일하는 하청업체 근로자들이 원청에서 소속 하청업체를 상대로 쟁의행위를 한 경우 업무방해의 성립 여부** : 헌법상 단체행동권을 실효적으로 보장하기 위해서는 근로제공이 현실적으로 이루어지는 장소에서 쟁의행위가 이루어져야 할 필요성이 있으며, 원청 사업장에서 일하는 하청업체의 조합원들이 수급업체들의 사업장에서 단체행동권을 실효적으로 행사하는 것은 사실상 불가능하다. 또한 도급인은 비록 수급인 소속 근로자와 직접적인 근로계약관계를 맺고 있지는 않지만 수급인 소속 근로자가 제공하는 근로에 의하여 일정한 이익을 누리고, 그러한 이익을 향수하기 위하여 수급인 소속 근로자에게 사업장을 근로의 장소로 제공하였으므로 그 사업장에서 발생하는 쟁의행위로 인하여 일정 부분 법익이 침해되더라도 사회통념상 이를 용인하여야 하는 경우가 있을 수 있다. 따라서 원청 사업장에서 일하는 하청업체 근로자들이 원청에서 소속 하청업체를 상대로 한 쟁의행위는 정당행위에 해당하며, 이와 같은 쟁의행위를 이유로 업무방해나 퇴거불응죄로 처벌할 수 없다.(대판 2020.9.3, 2015도1927)

판례 **공무원의 '노동운동'의 개념과 '공무 이외의 일을 위한 집단행위'의 개념** : '노동운동'의 개념은 근로자의 근로조건의 향상을 위한 근로3권을 기초로 하여 이에 직접 관련된 행위를 의미하는 것으로 좁게 해석하여야 하고, '공무 이외의 일을 위한 집단행위'의 개념은 공무 이외의 일을 위한 집단행위 중 공익에 반하는 행위로 축소하여 해석하여야 하며, 법원도 위 개념들을 해석·적용함에 있어서 위와 유사한 뜻으로 명백히 한정해석하고 있다. 아울러 '사실상 노무에 종사하는 공무원'의 개념은 공무원의 주된 직무를 정신활동으로 보고 이에 대비되는 신체활동에 종사하는 공무원으로 명확하게 해석가능하므로 집행당국에 의한 자의적 해석의 여지를 주거나 수범자의 예견가능성을 해할 정도로 불명확하다고 볼 여지가 없다.
(헌재결 2005.10.27, 2003헌바50·62,2004헌바96,2005헌바49(병합))

판례 **헌법상 보장된 단체교섭권을 제한하기 위한 요건** : 헌법 제33조 제1항이 보장하는 단체교섭권은 어떠한 제약도 허용되지 아니하는 절대적인 권리가 아니라 헌법 제37조 제2항에 의하여 국가안전보장·질서유지 또는 공공복리 등의 공익상의 이유로 제한이 가능하며, 그 제한은 노동기본권의 보장과 공익상의 필요를 구체적인 경우마다 비교형량하여 양자가 서로 적절한 균형을 유지하는 선에서 결정된다.(헌재결 2004.8.26, 2003헌바28)

판례 **노동3권 보장의 헌법적 의의** : 헌법이 근로자의 근로3권을 보장하는 취지는 원칙적으로 개인과 기업의 경제상의 자유와 창의를 존중함을 기본으로 하는 시장경제의 원리를 경제의 기본질서로 채택하면서 노동관계당사자가 상반된 이해관계로 말미암아 계급적 대립·적대의 관계로 나아가지 않고 활동과정에서 서로 기능을 나누어 가진 대등한 교섭주체의 관계로 발전하게 하여 그들로 하여금 때로는 대립·항쟁하고 때로는 교섭·타협의 조정과정을 거쳐 분쟁을 평화적으로 해결하게 함으로써, 근로자의 이익과 지위의 향상을 도모하는 사회복지국가 건설의 과제를 달성하고자 함에 있다.(헌재결 1993.3.11, 92헌바33)

일판 공무원의 근무조건은 국회에서 법률과 예산으로 결정되고, 단체교섭에 의한 합의로 결정되는 것이 아니기 때문에 단체교섭권이나 쟁의권의 보장은 없다.(日·最高 1977.5.4)

프판 입법자는 파업에 의한 직업적 이익의 보호와 파업으로 인하여 침해할 수 있는 보편적 이익의 보호와의 사이에 필요한 조화를 고려하여 파업권행사의 요건과 한계를 규정하여야 한다.(프랑스 헌법위원회 1979.7.25 결정)

독판 노조의 정치적 활동 등과 같이 근로조건 및 경제적 조건의 유지와 향상이라는 헌법적으로 실정화된 단결의 목적을 결여한 활동은 단결권에 의해 보호받지 못한다.
(BVerfGE 57, 29(37f.)−1981.4.7)

第34條 [社會保障등] ① 모든 國民은 人間다운 生活을 할 權利를 가진다.

② 國家는 社會保障·社會福祉의 增進에 노력할 義務를 진다.

③ 國家는 女子의 福祉와 權益의 향상을 위하여 노력하여야 한다.

④ 國家는 老人과 靑少年의 福祉向上을 위한 政策을 실시할 義務를 진다.

⑤ 身體障碍者 및 疾病·老齡 기타의 사유로 生活能力이 없는 國民은 法律이 정하는 바에 의하여 國家의 보호를 받는다.

⑥ 國家는 災害를 豫防하고 그 위험으로부터 國民을 보호하기 위하여 노력하여야 한다.

참조 구32, 3·4·6, [국민생활의 균등한 향상]전문, [인간다운 생활을 할 권리]10·32①·35, 사회보장2, [최저임금제]최저임금법, [사회보장]사회보장1, 직업안정 사회복지사업법1, 아동, 노인복지, 장애인, [생활무능력자의 보호]국민기초생활1

판례 **성전환자의 호적정정** : 진정한 신분관계가 호적에 기재되어야 한다는 호적의 기본원칙과 아울러, 첫째 성전환자도 인간으로서의 존엄과 가치를 향유하며 행복을 추구할 권리와 인간다운 생활을 할 권리가 있고 이러한 권리들은 마땅히 보호받아야 한다는 점, 둘째 호적법이 성전환자의 호적상 성별란 기재를 수정하는 절차규정을 두지 않은 이유는 입법 당시에는 미처 그 가능성과 필요성을 상정하지 못하였기 때문이라는 점, 셋째 호적법 제120조에 의한 호적정정 절차를 둔 근본적인 취지가 간이한 절차에 의하여 사실에 부합하도록 수정할 수 있도록 함에 있다는 점을 함께 참작하여 볼 때, 성전환자에 해당함이 명백한 사람에 대하여는 호적의 성별란 기재의 성을 전환된 성에 부합하도록 수정할 수 있도록 허용함이 상당하다.
(대결 2006.6.22, 2004스42 전원합의체)

판례 **산재보험수급권의 법적 성격** : 산재법의 기본이념은 산업재해를 당한 근로자와 그 가족의 생존권을 보장하는 데 있고, 산재보험수급권은 이러한 헌법상의 생존권적 기본권에 근거하여 산재법에 의하여 구체화된 것이다.(헌재결 2005.11.24, 2004헌바97)

판례 국가 등의 양로시설 등에 입소하는 국가유공자에게 부가연금, 생활조정수당 등의 지급을 정지하도록 한 규정에 의하여 일부 연금이나 수당이 지급정지된다고 하여도 청구인들에게 기본연금이 계속 지급되며, 더구나 양로시설에서 무상으로 생활할 수 있게 된다는 점, 그리고 인간다운 생활이라고 하는 개념이 사회의 경제적 수준 등에 따라 달라질 수 있는 상대적 개념이라는 점을 고려하면, 이 사건 규정으로 인하여 헌법 제34조 제1항의 인간의 존엄에 상응하는 최소한의 물질생활의 보장을 내용으로 하는 인간다운 생활을 할 권리를 침해하였다고 볼 수는 없다.
(헌재결 2000.6.1, 98헌마216)

第35條 [環境權등] ① 모든 國民은 건강하고 快適한 環境에서 生活할 權利를 가지며, 國家와 國民은 環境保全을 위하여 노력하여야 한다.

② 環境權의 내용과 행사에 관하여는 法律로 정한다.

③ 國家는 住宅開發政策등을 통하여 모든 國民이 快適한 住居生活을 할 수 있도록 노력하여야 한다.

참조 구33, ①[환경권·환경보존의무]환경정책, 대기환경, 물환경보전법, 소음·진동관리법, 자연환경보전법, 토양환경보전법, 폐기물관리법, 해양환경관리법, 백두대간보호에관한법, 야생생물보호및관리에관한법, [일조권]건축61, ③[주택의 건설]주택법4−53, [환경권의 제한]37②

판례 어느 토지나 건물의 소유자가 종전부터 향유하고 있던 경관이나 조망이 그에게 하나의 생활이익으로서의 가치를 가지고 있다고 객관적으로 인정된다면 법적인 보호의 대상이 될 수 있는 것인바, 이와 같은 조망이익은 원칙적으로 특정의 장소가 그 장소로부터 외부를 조망함에 있어 특별한 가치를 가지고 있고, 그와 같은 조망이익의 향유를 하나의 중요한 목적으로 하여 그 장소에 건물이 건축된 경우와 같이 당해 건물의 소유자나 점유자가 그 건물로부터 향유하는 조망이익이 사회통념상 독자의 이익으로 승인되어야 할 정도로 중요성을 갖는다고 인정되는 경우에 비로소 법적인 보호의 대상이 되는 것이고, 그와 같은 정도에 이르지 못하는 조망이익의 경우에는 특별한 사정이 없는 한 법적인 보호의 대상이 될 수 없다.
(대판 2007.6.28, 2004다54282)

판례 **환경권에 관한 헌법 제35조 제1항의 취지 및 위 규정에 따른 국가의 책무(도롱뇽사건 판례)** : 헌법 제35조 제1항은 환경권을 헌법상의 기본권으로 명시함과 동시에 국가와 국민에게 환경보전을 위하여 노력할 의무를 부과하므로, 국가는 각종 개발·건설계획을 수립하고 시행함에 있어 소중한 자연환경을 보호하여 그 자연환경 속에서 살아가는 국민들이 건강하고 쾌적한 삶을 영위할 수 있도록 보장하고 나아가 우리의 후손에게 이를 물려줄 수 있도록 적극적인 조치를 취하여야 할 책무를 부담한다.
(대결 2006.6.2, 2004마1148·1149(병합))

판례 '조망이익'이 법적인 보호의 대상이 … : 어느 토지나 건물의 소유자가 종전부터 향유하 … 있 … 이나 조망이 그에게 하나의 생활이익으로서의 … 를 가지고 있다고 객관적으로 인정된다면 법적인 보호의 대 … 이 될 수 있는 것인바, 이와 같은 조망이익은 원칙적으로 특정 … 의 장소가 그 장소로부터 외부를 조망함에 있어 특별한 가치를 가지고 있고, 그와 같은 조망이익의 향유를 하나의 중요한 목 … 적으로 하여 그 장소에 건물이 건축된 경우와 같이 당해 건물의 … 소유자나 점유자가 그 건물로부터 향유하는 조망이익이 사회 … 통념상 독자의 이익으로 승인되어야 할 정도로 중요성을 갖는 … 다고 인정되는 경우에 비로소 법적인 보호의 대상이 되는 것 … 이라고 할 것이다. (대판 2004.9.13, 2003다64602)

판례 사법상의 권리로서의 환경권이 … 인정되려면 그에 관한 명문의 법률규정이 있거나 관계 법령 … 의 규정취지나 조리에 비추어 권리의 주체, 대상, 내용, 행사방 … 법 등이 구체적으로 정립될 수 있어야 한다.(대결 1995.5.23, … 94마2218)

판례 헌법 제35조 제1항과 음료수 … 에 관한 국가의 책무 : 헌법 제35조 제1항은 모든 국민은 건강하 … 고 쾌적한 환경에서 생활할 권리를 가진다고 규정하고 있으므 … 국민이 수돗물의 질을 의심하여 수돗물을 마시기를 꺼린다면 … 국가로서는 수돗물의 질을 개선하는 등의 필요한 조치를 취함 … 으로써 그와 같은 의심이 제거되도록 노력하여야 하고, 만일 수 … 돗물에 대한 국민의 불안감이나 의심이 단시일 내에 해소되기 … 어렵다면 국민으로 하여금 다른 음료수를 선택하여 마실 수 있 … 게 하는 것이 국가의 당연한 책무이다.(대판 1994.3.8, 92누1728)

第36條 [婚姻과 家族生活 … 保障, 母性保護, 國民保健保護] ① 婚姻과 家族 … 生活은 개인의 尊嚴과 兩性의 平等을 기초로 成立 … 되고 유지되어야 하며, 國家는 이를 보장한다.

② 國家는 母性의 … 보호를 위하여 노력하여야 한다.

③ 모든 國民은 保健에 관하여 國家의 보호를 받는다.

참조 구34, [혼인]민800이하, [남녀평등]11, [혼인의 효력발생]민812, [중혼의 금지]민810, 형241①, [부부재산제]민829이하, [이혼]민834이하, [국민보건의 보호]34·35, 의료법, 국민체육진흥법, 학교보건, 모자, 식품위생, 해양환경관리법, 약사, 감염병, 국민보험, 근기76, 국가유공자등예우41

판례 호주제의 위헌여부 : 헌법 제36조 제1항은 혼인과 가족생활은 개인의 존엄을 존중하는 가운데 성립되고 유지되어야 함을 분명히 하고 있다. 국가는 개인의 생활양식, 가족형태의 선택의 자유를 널리 존중하고, 인격적·애정적 인간관계에 터잡은 현대 가족관계에 개입하지 않는 것이 바람직하다. 따라서 혼인·가족제도가 지닌 사회성·공공성을 이유로 한 부득이한 사유가 없는 한, 혼인·가족생활의 형성에 관하여 당사자의 의사를 무시하고 법률의 힘만으로 일방적으로 강제하는 것은 개인의 존엄에 반하는 것이다. 그런데 호주제는 당사자의 의사와 자결권을 무시한 채 남계중심의 가제도의 구성을 강제하고 이를 유지하기 위하여 신분당사자의 법률관계를 일방적으로 형성한다. 첫째, 대한민국 국민은 예외 없이 호주이든, 가족이든 법률상의 가족단체인 가에 소속되어야 한다. 둘째, 개인의 의사에 반하여 호주의 지위를 강제로 부여한다. 셋째, 모든 개인은 가족 내에서 평등하고 존엄한 개체로서가 아니라 호주와의 관계를 통하여 가족 내의 신분적 지위가 자리매김 된다. 물론 여기에서 호주는 중심적 존재로서, 나머지 가족원은 주변적 존재로서 위계화된 가족질서 내에 배치된다. 이와 같이 호주제는 개인을 독립적 인격체로서 존중하는 것이 아니라 오로지 남계혈통 중심의 가의 유지와 계승이라는 목적을 위한 대상적·도구적 존재로 파악하고 있다. 호주제는 혼인과 가족생활 당사자의 복리나 선택권을 무시한 채 가의 유지와 계승이라는 관념에 뿌리박은 특정한 가족관계의 형태를 법으로써 일방적으로 규정하고 강요하는 것인데, 이는 혼인과 가족생활에서 개인의 존엄을 존중하라는 헌법 제36조 제1항의 요구에 부합하지 않는다.(헌재결 2005.2.3, 2001헌가9 등)

판례 간통죄의 위헌여부 : 간통죄의 규정은 선량한 성도덕과 일부일처주의 혼인제도의 유지, 가족생활의 보장 및 부부쌍방의 성적 성실의무의 확보를 위하여, 그리고 간통으로 인하여 생길 수 있는 사회적 해악의 사전예방을 위하여 필요한 법률이어서 헌법 제36조 제1항의 규정에 반하는 법률이 아니다. (헌재결 2001.10.25, 2000헌바60)

판례 부모의 자녀교육권 : 자녀의 양육과 교육은 일차적으로 부모의 천부적인 권리인 동시에 부모에게 부과된 의무이기도 하다. '부모의 자녀에 대한 교육권'은 비록 헌법에 명문으로 규정되어 있지는 아니하지만, 이는 모든 인간이 누리는 불가침의 인권으로서 혼인과 가족생활을 보장하는 헌법 제36조 제1항, 행복추구권을 보장하는 헌법 제10조 및 헌법 제37조 제1항에서 나오는 중요한 기본권이다. 부모는 자녀의 교육에 관하여 전반적인 계획을 세우고 자신의 인생관·사회관·교육관에 따라 자녀의 교육을 자유롭게 형성할 권리를 가지며, 부모의 교육권은 다른 교육의 주체와의 관계에서 원칙적인 우위를 가진다. (헌재결 2000.4.27, 98헌가16,98헌마429(병합))

독판 입법자는 모성보호규정에 따라 임대인이 출산이 임박한 산모에 대하여 주택임대차계약을 해지하지 못하도록 할 수 있다. (BVerfGE 88, 203(259f.)－1993.5.28)

第37條 [國民의 자유와 權利 尊重·制限] ① 國民의 自由와 權利는 憲法에 열거되지 아니한 이유로 輕視되지 아니한다.

② 國民의 모든 自由와 權利는 國家安全保障·秩序維持 또는 公共福利를 위하여 필요한 경우에 한하여 法律로써 제한할 수 있으며, 제한하는 경우에도 自由와 權利의 本質的인 내용을 침해할 수 없다.

참조 구35, ①[기본적 인권의 보장]10, [자유와 권리]10－37, [국민의 평등]11, ②[국가안전보장을 위한 제한]50·60·76·91·109, 형, 국가보안, [질서유지를 위한 제한]형, 도로교통, 경범, 집시법, [공공복리를 위한 제한]76·77·109, 도로교통, 하천법, 산림자원조성관리, [상대적 자유권]12·14－22·33

판례 특정 성폭력범죄자에 대한 위치추적 전자장치 부착에 관한 법률에 의한 전자감시제도는, 성폭력범죄자의 재범방지와 성행교정을 통한 재사회화를 위하여 그의 행적을 추적하여 위치를 확인할 수 있는 전자장치를 신체에 부착하게 하는 부가적인 조치를 취함으로써 성폭력범죄로부터 국민을 보호함을 목적으로 하는 일종의 보안처분이다. 이러한 전자감시제도의 목적과 성격, 그 운영에 관한 위 법률의 규정 내용 및 취지 등을 종합해 보면, 전자감시제도는 범죄행위를 한 자에 대한 응보를 주된 목적으로 그 책임을 추궁하는 사후적 처분인 형벌과 구별되어 그 본질을 달리하는 것으로서 형벌에 관한 일사부재리의 원칙이 그대로 적용되지 않으므로, 위 법률이 형 집행의 종료 후에 부착명령을 집행하도록 규정하고 있다 하더라도 그것이 일사부재리의 원칙에 반한다고 볼 수 없다. 또 위 법률이 그 목적 달성을 위한 합리적 범위 내에서 전자감시제도를 탄력적으로 운영하도록 하면서 그에 따른 피부착자의 기본권 침해를 최소화하기 위한 방안을 마련하고 있는 이상, 오로지 형기를 마친 성폭력범죄자의 감시를 위한 방편으로만 이용함으로써 피부착자의 기본권을 과도하게 제한하는 과잉입법에 해당한다고 볼 수도 없다. 그리고 위 법률은 피부착자의 전자장치로부터 발신되는 전자파의 수신자료에 대한 사용을 피부착자의 재범방지와 성행교정 등을 위하여 필요한 경우로 엄격히 제한하고 있을 뿐 아니라, 부착명령의 선고와 함께 '야간 등 특정 시간대의 외출제한'을 준수사항으로 부과할 수 있도록 한 것도 범죄에 취약한 시간대의 외출을 제한함으로써 가능한 한 재범의 발생을 방지하려는 데 있으므로, 헌법이 보장한 거주이전의 자유를 본질적으로 침해하는 측면도 없다.(대판 2009.9.10, 2009도6061,2009전도13)

판례 법정형의 종류와 범위를 정할 때에는 형벌 위협으로부터 인간의 존엄과 가치를 존중하고 보호하여야 한다는 헌법 제10조의 요구에 따라야 하고, 헌법 제37조 제2항이 규정하고 있는 과잉입법금지의 정신에 따라 형벌개별화의 원칙에 적용될 수 있는 범위의 법정형을 설정하여 실질적 법치국가의 원리를 구현하도록 하여야 하며, 형벌이 죄질과 책임에 상응하도록 적절한 비례성을 지켜야 한다.(헌재결 2006.4.27, 2006헌가5)

판례 국적선택권에 대한 입법부작위의 존재 여부 : '재외국민 보호의무' 규정이 중국동포와 같이 특수한 국적상황에 처해 있는 자들의 이중국적 해소 또는 국적선택을 위한 특별법 제정의무를 명시적으로 위임한 것이라고 볼 수 없고, 뿐만 아니라 동 규정 및 그 밖의 헌법규정으로부터 그와 같은 해석을 도출해낼 수도 없다.(헌재결 2006.3.30, 2003헌마806)

판례 헌법 제37조 제2항은 기본권제한에 관한 일반적 법률유보조항이라고 할 수 있는데, 법률유보의 원칙은 '법률에 의한 규율'만을 요청하는 것이 아니라 '법률에 근거한 규율'을 요청하는 것이기 때문에 기본권의 제한에는 법률의 근거가 필요할 뿐이고 기본권제한의 형식이 반드시 법률의 형식일 필요는 없다. (헌재결 2005.3.31, 2003헌마87)

판례 수형자에 대한 기본권 제한의 한계 : 수형자의 기본권 제한에 대한 구체적인 한계는 헌법 제37조 제2항에 따라 법률에 의하여, 구체적인 자유·권리의 내용과 성질, 그 제한의 태양과 정도 등을 교량하여 설정하게 되며, 수용 시설 내의 안전과 질서를 유지하기 위하여 이들 기본권의 일부 제한이 불가피하다 하더라도 그 본질적인 내용을 침해하거나, 목적의 정당성, 방법의 적정성, 피해의 최소성 및 법익의 균형성 등을 의미하는 과잉금지의 원칙에 위배되어서는 안 된다.(헌재결 2004.12.16, 2002헌마478)

판례 미결수용자의 접견교통권이 헌법상의 기본권인지 여부 : 구속된 피의자 또는 피고인이 갖는 변호인 아닌 자와의 접견교통권은 가족 등 타인과 교류하는 인간으로서의 기본적인 생활관계가 인신의 구속으로 인하여 완전히 단절되어 파멸에 이르는 것을 방지하고, 또한 피의자 또는 피고인의 방어를 준비하기 위해서도 반드시 보장되지 않으면 안되는 인간으로서의 기본적인 권리에 해당하므로 이는 성질상 헌법상의 기본권에 속한다고 보아야 할 것이다. 이는 헌법재판소가 헌법 제10조의 행복추구권에 포함되는 기본권의 하나로 인정하고 있는 일반적 행동자유권으로부터 나온다고 보아야 할 것이고, 무죄추정의 원칙을 규정한 헌법 제27조 제4항도 그 보장의 한 근거가 될 것이다.(헌재결 2003.11.27, 2002헌마193)

판례 기본권에 관련된 차별에 대한 헌법재판소의 심사기준 : 입법자가 설정한 차별이 기본권에 관련된 차별을 가져온다면 헌법재판소는 그러한 차별에 대해서는 자의금지 내지 합리성 심사를 넘어서 목적과 수단 간의 엄격한 비례성이 준수되었는지를 심사하여야 한다. 이 경우 사람이나 사항에 대한 불평등대우가 기본권으로 보호된 자유의 행사에 불리한 영향을 미칠 수 있는 정도가 크면 클수록, 입법자의 형성의 여지에 대해서는 그만큼 더 좁은 한계가 설정되므로, 헌법재판소는 보다 엄격한 심사척도를 적용한다.(헌재결 2003.9.25, 2003헌마30)

프판 행정상 필요에 의하여 기본권을 제한하는 경찰조치의 적법성은 그 조치가 시간적·장소적 특수상황에 의하여 정당화될 수 있고, 나아가서 공공 질서 유지상의 필요성에 비례할 때에만 인정된다.(프랑스 헌법위원회 1977.1.12 결정)

第38條 [納稅의 義務] 모든 國民은 法律이 정하는 바에 의하여 納稅의 義務를 진다.

참조 구36, [조세법률주의]59, [국민의 의무]31·32②·39·123, [납세의무]국세, [국세]국세와지방세의조정2, [지방세]국세와지방세의조정3, [국세의 징수]국세징수, [국세의 심사]국세, [조세범의 처벌]조세범처벌

판례 조세법률주의 원칙은 과세요건 등은 국민의 대표기관인 국회가 제정한 법률로써 규정하여야 하고, 그 법률의 집행에 있어서도 이를 엄격하게 해석·적용하여야 하며, 행정편의적인 확장해석이나 유추적용은 허용되지 않음을 의미하므로, 법률의 위임이 없이 명령 또는 규칙 등의 행정입법으로 과세요건 등에 관한 사항을 규정하거나 법률에 규정된 내용을 함부로 유추, 확장하는 내용의 해석규정을 마련하는 것은 조세법률주의 원칙에 위배된다.(대판 2000.3.16, 98두11731 전원합의체)

第39條 [國防의 義務] ① 모든 國民은 法律이 정하는 바에 의하여 國防의 義務를 진다.

② 누구든지 兵役義務의 이행으로 인하여 불이익한 處遇를 받지 아니한다.

참조 구37, [침략적 전쟁의 부인]5, [국민의 의무]31②·32②·38·122, [국방의 의무]병역1, 예비군법1, 민방위1, 징발법1, 군사기밀1, [군인의 의무]병역3, [국군의 조직]국군조직

판례 병역법 75조 1항 위헌소원 : 헌법 39조 2항은 병역의무를 이행한 사람에게 보상조치를 취하거나 특혜를 부여할 의무를 국가에게 지우는 것이 아니라 병역의무의 이행을 이유로 불이익한 처우를 하는 것을 금지하고 있을 뿐이므로, 개별입영중인 자를 보상의 대상에서 제외한 위 병역법 조항이 위 헌법조항에 위배된다고 할 수 없다.(헌재결 2005.10.27, 2004헌바37)

판례 징집대상자의 범위를 결정하는 문제는 그 목적이 국가안보와 직결되어 있고, 그 성질상 급변하는 국내외 정세 등에 탄력적으로 대응하면서 '최적의 전투력'을 유지할 수 있도록 합목적적으로 정해야 하는 사항이기 때문에, 본질적으로 입법자 등의 입법형성권이 매우 광범위하게 인정되어야 하는 영역이다.(헌재결 2002.11.28, 2002헌바45)

판례 소집되어 실역에 복무중인 예비역 등에게 현역군인에 준하여 군형법을 적용하는 것이 헌법에 위반되는지 여부 : 병역의무 그 자체를 이행하느라 받는 불이익은 병역의무의 이행으로 인한 불이익한 처우의 금지와는 무관한 바, 예비역이 병역법에 의하여 병력동원훈련 등을 위하여 소집을 받는 것은 헌법과 법률에 따른 국방의 의무를 이행하는 것이고, 그 동안 군형법의 적용을 받는 것 또한 국방의 의무를 이행하는 중에 범한 군사상의 범죄에 대하여 형벌이라는 제재를 받는 것이므로, 어느 것이나 헌법 제39조 제1항에 규정된 국방의 의무를 이행하느라 입는 불이익이라고 할 수는 있을지언정, 병역의무의 이행으로 불이익한 처우를 받는 것이라고는 할 수 없다.(헌재결 1999.2.25, 97헌바3)

第3章 國 會

第40條 [立法權] 立法權은 國會에 속한다.

참조 구76, [권력분립]66④·101①, [국회의 구성·조직등]41이하, 공선15·21, 국회, 국회사무처법, 국회도서관법, [국회의 입법권]52·53·128·130, [조약에 관한 국회의 동의]60, [국회의 재정에 관한 권한]54·58·99, [공무원의 임명 동의 및 선출에 관한 국회의 권한]86·98·104·111·114, [국무총리·국무위원해임건의]63, [긴급처분등의 승인 및 계엄해제요구]76·77, [일반사면동의]79②, [선전포고·해외파병등 동의]60②, [국정처리상황보고요구]62, [국정감사조사권]61, [국회의 자율권]64, [국회의 탄핵소추권]65, [국회 이외의 입법]52·75·89·95·108·114⑥, [자치에 관한 규정]117, [관습법]민1, 상1

판례 법률이 입법사항을 대통령령이나 부령이 아닌 고시와 같은 행정규칙의 형식으로 위임하는 것이 헌법 제40조, 제75조와 제95조 등과의 관계에서 허용되는지 여부 : 국회입법에 의한 수권이 입법기관이 아닌 행정기관에게 법률 등으로 구체적인 범위를 정하여 위임한 사항에 관하여는 당해 행정기관에게 법정립의 권한을 갖게 되고, 입법자가 규율의 형식도 선택할 수도 있다 할 것이므로, 헌법이 인정하고 있는 위임입법의 형식은 예시적인 것으로 보아야 할 것이고, 그것은 법률이 행정규칙에 위임하더라도 그 행정규칙은 위임된 사항만을 규율할 수 있으므로, 국회입법의 원칙과 상치되지도 않는다. 다만, 형식의 선택에 있어서 규율의 밀도와 규율영역의 특성이 개별적으로 고찰되어야 할 것이고, 그에 따라 입법자에게 상세한 규율이 불가능한 것으로 보이는 영역이라면 행정부에게 필요한 보충을 할 책임이 인정되고 극히 전문적인 식견에 좌우되는 영역에서는 행정기관에 의한 구체화의 우위가 불가피하게 있을 수 있다. 그러한 영역에서 행정규칙에 대한 위임입법이 제한적으로 인정될 수 있다.(헌재결 2004.10.28, 99헌바91)

第41條 [國會의 構成] ① 國會는 國民의 普通·平等·直接·秘密選擧에 의하여 選出된 國會議員으로 구성한다.

② 國會議員의 數는 法律로 정하되, 200人 이상으로 한다.

③ 國會議員의 選擧區와 比例代表制 기타 選擧에 관한 사항은 法律로 정한다.

참조 구77, [국회의원의 품위]국회25, ①[선거권]24, 공선15, ②[국회의원의 수]공선21, ③[선거관리]114－116, 선거관리위

판례 선거구획정에 관한 입법재량의 한계 : 선거구획정에 관하여 국회의 광범한 재량이 인정되지만 그 재량에는 평등선거의 실현이라는 헌법적 요청에 의하여 일정한 한계가 있을 수밖에 없는바, 첫째로, 선거구획정에 있어서 인구비례원칙에 의한 투표가치의 평등은 헌법적 요청으로서 다른 요소에 비하여 기본적이고 일차적인 기준이기 때문에, 합리적 이유 없이 투표가치의 평등을 침해하는 선거구획정은 자의적인 것으로서 헌법에 위반된다는 것이고, 둘째로, 특정 지역의 선거인들이 자의적인 선거구획정으로 인하여 정치과정에 참여할 기회를 잃게 되었거나, 그들이 지지하는 후보가 당선될 가능성을 의도적으로 박탈당하고 있음이 입증되어 특정 지역의 선거인들에 대하여 차별하고자 하는 국가권력의 의도와 그 집단에 대한 실질적인 차별효과가 명백히 드러난 경우, 즉 게리맨더링에 해당하는 경우에는 그 선거구획정은 입법재량의 한계를 벗어난 것으로서 헌법에 위반된다는 것이다.(헌재결 2001.10.25, 2000헌마92·240(병합))

판례 국민주권의 원리와 보통선거원칙 : 민주주의는 참정권의 주체와 국가권력의 지배를 받는 국민이 되도록 일치할 것을 요청한다. 국민의 참정권에 대한 이러한 민주주의적 요청의 결과가 바로 보통선거의 원칙이다. 즉, 원칙적으로 모든 국민이 균등하게 선거에 참여할 것을 요청하는 보통·평등선거원칙은 국민의 자기지배를 의미하는 국민주권의 원리에 입각한 민주국가를 실현하기 위한 필수적 요건이다. 원칙적으로 모든 국민이 선거

권과 피선거권을 가진다는 것은 바로 국민의 자기지배를 의미하는 민주국가에의 최대한의 접근을 의미하기 때문이다.(헌재결 1999.5.27, 98헌마214)

第42條 [議員의 任期] 國會議員의 任期는 4年으로 한다.

참조 구78, [임기의 개시]공선14②, [임기만료의 경우의 총선거일]공선34, [의원의 제명]64③, 국회163, [의원의 사직·퇴직]국회135·136, [보궐의원의 임기]공선14②

第43條 [議員의 兼職制限] 國會議員은 法律이 정하는 職을 겸할 수 없다.

참조 구79, [의원의 지위와 책무]40·46·52, 국회25, [겸직 제한의 범위]국회29, [이권운동의 금지]46, [퇴직사유]국회136, [공무원의 겸직 제한의 범위]국가공무원64, 지방공무원56①, 법원조직43, 검찰44·44의2

판례 권력분립의 원칙과 겸직금지의 필요성 : 권력분립의 원리는 인적 측면에서도 입법과 행정의 분리를 요청하고, 만일 행정공무원이 지방입법기관에서라도 입법에 참여하면 권력분립의 원칙에 배치되게 되는 것으로, 공무원의 경우는 지방의회의원의 입후보제한이나 겸직금지가 필요하다.(헌재결 1991.3.11, 90헌마28)

第44條 [議員의 不逮捕特權] ① 國會議員은 現行犯人인 경우를 제외하고는 會期중 國會의 同意없이 逮捕 또는 拘禁되지 아니한다.

② 國會議員이 會期전에 逮捕 또는 拘禁된 때에는 現行犯人이 아닌 한 國會의 요구가 있으면 會期중 釋放된다.

참조 구80, [현행범인]형소211·212, [회기]47, 국회7, [체포동의요청절차]국회26, [의원체포통지]국회27, [석방요구절차]국회28, 형소101②③, 군사법원141⑤⑥, [국회내 현행범 체포]국회150, [계엄하에서의 불체포특권]계엄13

第45條 [發言·表決의 免責特權] 國會議員은 國會에서 職務上 행한 發言과 表決에 관하여 國會외에서 責任을 지지 아니한다.

참조 구81, [발언]국회99－108, [표결]국회109－114의2, [회의록]국회115－118

판례 국회의원인 피고인이, 구 국가안전기획부 내 정보수집팀이 대기업 고위관계자와 중앙일간지 사주 간의 사적 대화를 불법 녹음한 자료를 입수한 후 그 대화 내용과, 전직 검찰간부인 피해자가 위 대기업으로부터 이른바 떡값 명목의 금품을 수수하였다는 내용이 게재된 보도자료를 작성하여 국회 법제사법위원회 개의 당일 국회 의원회관에서 기자들에게 배포한 사안에서, 피고인이 국회 법제사법위원회에서 발언할 내용이 담긴 위 보도자료를 사전에 배포한 행위는 국회의원 면책특권의 대상이 되는 직무부수행위에 해당한다.(대판 2011.5.13, 2009도14442)

판례 헌법 제45조는 "국회의원은 국회에서 직무상 행한 발언과 표결에 관하여 국회 외에서 책임을 지지 아니한다"고 규정하여 국회의원의 면책특권을 인정하고 있다. 그 취지는 국회의원이 국민의 대표자로서 국회 내에서 자유롭게 발언하고 표결할 수 있도록 보장함으로써 국회가 입법 및 국정통제 등 헌법에 의하여 부여된 권한을 적정하게 행사하고 그 기능을 원활하게 수행할 수 있도록 보장하는 데에 있다. 따라서 면책특권의 대상이 되는 행위는 국회의 직무수행에 필수적인 국회의원의 국회 내에서의 직무상 발언과 표결이라는 의사표현행위 자체에만 국한되지 아니하고 이에 통상적으로 부수하여 행하여지는 행위까지 포함하며, 그와 같은 부수행위인지 여부는 구체적인 행위의 목적·장소·태양 등을 종합하여 개별적으로 판단하여야 한다.(대판 2011.5.13, 2009도14442)

판례 국회의원이 국회 내에서 하는 질문·질의 및 자료제출요구가 면책특권의 대상이 되는 행위인지 여부 : 면책특권의 대상이 되는 행위는 국회의 직무수행에 필수적인 국회의원의 국회 내에서의 직무상 발언과 표결이라는 의사표현행위 자체에만 국한되지 않고 이에 통상적으로 부수하여 행하여지는 행위까지 포함되므로, 국회의원이 국회의 위원회나 국정감사장에서 국무위원·정부위원 등에 대하여 하는 질문이나 질의는 국회의 입법활동에 필요한 정보를 수집하고 국정통제기능을 수행하기 위한 것이므로 면책특권의 대상이 되는 발언에 해당함은 당연하고, 또한 국회의원이 국회 내에서 하는 정부·행정기관에 대한 자료제출의 요구는 국회의원이 입법 및 국정통제 활동을 수행하기 위하여 필요로 하는 것이므로 그것이 직무상 질문이나 질의를 준비하기 위한 것인 경우에는 직무상 발언에 부수하여 행하여진 것으로서 면책특권이 인정되어야 한다.(대판 1996.11.8, 96도1742)

第46條 [議員의 義務, 地位의 남용금지] ① 國會議員은 清廉의 義務가 있다.

② 國會議員은 國家利益을 우선하여 良心에 따라 職務를 행한다.

③ 國會議員은 그 地位를 濫用하여 國家·公共團體 또는 企業體와의 契約이나 그 處分에 의하여 財産上의 權利·이익 또는 職位를 취득하거나 他人을 위하여 그 취득을 알선할 수 없다.

참조 구82, [국민전체에 대한 봉사의무]7①, [겸직금지의무]43, [품위유지의 의무]국회25, [다른 의원 모욕·발언방해 금지의무]국회146·147, [국정감사·조사 주의의무]국회131②, [회의의 질서유지]국회145

판례 국회의장의 국회의원에 대한 상임위원회 위원의 사·보임행위 : 자유위임은 의회내에서의 정치의사형성에 정당의 협력을 배척하는 것이 아니며, 의원이 정당과 교섭단체의 지시에 기속되는 것을 배제하는 근거가 되는 것도 아니다. 또한 국회의원의 국민대표성을 중시하는 입장에서도 특정 정당에 소속된 국회의원이 정당기속 내지는 교섭단체의 결정(소위 '당론')에 위반하는 정치활동을 한 이유로 제재를 받는 경우, 국회의원 신분을 상실하게 할 수는 없으나 "정당내부의 사실상의 강제" 또는 소속 "정당으로부터의 제명"은 가능하다고 보고 있다. 그렇다면, 당론과 다른 견해를 가진 소속 국회의원을 당해 교섭단체의 필요에 따라 다른 상임위원회로 전임(사·보임)하는 조치는 특별한 사정이 없는 한 헌법상 용인될 수 있는 "정당내부의 사실상 강제"의 범위내에 해당한다고 할 것이다. 또한 오늘날 교섭단체가 정당국가에서 의원의 정당기속을 강화하는 하나의 수단으로 기능할 뿐만 아니라 정당소속 의원들의 원내 행동통일을 기함으로써 정당의 정책을 의안심의에서 최대한으로 반영하기 위한 기능도 갖는다는 점에 비추어 볼 때, 국회의장이 국회의 의사를 원활히 운영하기 위하여 상임위원회의 구성원인 위원의 선임 및 개선에 있어 교섭단체대표의원과 협의하고 그의 "요청"에 응하는 것은 국회운영에 있어 본질적인 요소라고 아니할 수 없다. 피청구인은 국회법 48조 1항에 규정된 바에 따라 청구인이 소속된 한나라당 "교섭단체대표의원의 요청"을 서면으로 받고 이 사건 사·보임행위를 한 것으로서 하등 헌법이나 법률에 위반되는 행위를 한 바가 없다.(헌재결 2003.10.30, 2002헌라1)

第47條 [定期會·臨時會] ① 國會의 定期會는 法律이 정하는 바에 의하여 매년 1回 集會되며, 國會의 臨時會는 大統領 또는 國會在籍議員 4分의 1이상의 요구에 의하여 集會된다.

② 定期會의 會期는 100日을, 臨時會의 會期는 30日을 초과할 수 없다.

③ 大統領이 臨時會의 集會를 요구할 때에는 期間과 集會要求의 이유를 명시하여야 한다.

참조 구83, [국회의 회기]국회7, [정기회]국회4, [임시회]국회5, [대통령의 임시회 집회 요구]89, [의안의 차회기 계속]51, [휴회]국회8

第48條 [議長·副議長] 國會는 議長 1人과 副議長 2人을 選出한다.

참조 구84, [의장의 직무(권한)]국회10, [의장등의 선거]국회15－17, [의장의 임기]국회9, [의장유고시 부의장의 직무대리]국회12, [의장등의 선거시 의장직무대행]국회18, [임시의장]국회13, [의장의 위원회 출석과 발언 등]국회11, [의장의 표결권]국회11, [의장·부의장의 사임]국회19, [의장·부의장의 겸직제한]국회20, [의장의 당적보유금지]국회20의2

판례 국회의원과 국회의장이 권한쟁의심판의 당사자가 될 수 있는지 여부 : 국회의장과 국회의원 간에 그들의 권한의 존부 또는 범위에 관하여 분쟁이 생길 수 있고, 이와 같은 분쟁은 단순히 국회의 구성원인 국회의원과 국회의장 간의 국가기관 내부문제가 아니라 헌법상 별개의 국가기관이 각자 그들의 권한의 존부 또는 범위를 둘러싼 분쟁이다. 이 분쟁은 권한쟁의심판 이외에 이를 해결할 수 있는 다른 수단이 없으므로 국회의원과 국회의장은 헌법 제111조 제1항 제4호 소정의 권한쟁의심판의 당사자가 될 수 있다.(헌재결 2000.2.24, 99헌라1)

第49條 [.議決定足數와 議決方法] 國會는 憲法 또는 法律에 특별한 規定이 없는 한 在籍議員 過半數의 출석과 出席議員 過半數의 贊成으로 議決한다. 可否同數인 때에는 否決된 것으로 본다.

참조 구85, [의사정족수]국회73, [의결정족수]국회109, [특별정족수] 47①·53④·63②·64③·65②·77⑤·128①·130①, 국회15, 국감3, [표결절차·방법등]국회71·109-114의2

판례 합의의사록을 국회에 상정하지 아니한 것이 국회의 의결권과 국민의 정치적 평등권을 침해하였는지 여부 : 이 사건 협정의 합의의사록은 한일 양국 정부의 어업질서에 관한 양국의 협력과 협의 의향을 선언한 것으로서, 이러한 것들이 곧바로 구체적인 법률관계의 발생을 목적으로 한 것으로는 보기 어렵다 할 것이므로, 합의의사록은 조약에 해당하지 아니하고, 이를 국회에 상정하지 아니한 것이 국회의 의결권과 국민의 정치적 평등권을 침해하였다고 볼 수 없다.
(헌재결 2001.3.21, 99헌마139·142·156·160(병합))

판례 국회의장이 야당의원들에게 본회의 개의일시를 국회법에 규정된 대로 적법하게 통지하지 않음으로써 그들이 본회의에 출석할 기회를 잃게 되었고, 그 결과 법률안의 심의 표결과정에 참여하지 못하게 되었다면 이로써 야당의원들의 헌법에 의하여 부여된 법률안 심의 표결의 권한이 침해된 것이다.
(헌재결 1997.7.16, 96헌라2)

第50條 [議事公開의 原則] ① 國會의 會議는 公開한다. 다만, 出席議員 過半數의 贊成이 있거나 議長이 國家의 安全保障을 위하여 필요하다고 인정할 때에는 公開하지 아니할 수 있다.

② 公開하지 아니한 會議內容의 公表에 관하여는 法律이 정하는 바에 의한다.

참조 구86, [회의의 공개]국회75, [국가안전보장]37②, [비공개회의]국회75①, [공청회·청문회]국회64·65, [방청]국회55·152·153, [중계방송]국회149·149의2

판례 의사공개의 원칙과 국회방청의 자유 : 헌법 제50조 제1항은 단순한 행정적 회의를 제외하고 국회의 헌법적 기능과 관련된 모든 회의는 원칙적으로 국민에게 공개되어야 함을 천명한 것으로서, 의사공개원칙의 헌법적 의미, 오늘날 국회기능의 중점이 본회의에서 위원회로 옮겨져 위원회중심주의로 운영되고 있는 점, 국회법 제75조 제1항 및 제71조의 규정내용에 비추어 본회의든 위원회의 회의든 국회의 회의는 원칙적으로 공개되어야 하고, 원하는 모든 국민은 원칙적으로 그 회의를 방청할 수 있다.(헌재결 2000.6.29, 98헌마443,99헌마583(병합))

第51條 [議案의 次期繼續] 國會에 제출된 法律案 기타의 議案은 會期중에 議決되지 못한 이유로 폐기되지 아니한다. 다만, 國會議員의 任期가 만료된 때에는 그러하지 아니하다.

참조 구87, '회기계속의 원칙' 조항, [법률안 제출]52, [회기]47, 국회7, [의원의 임기]42, 공선14②, [법률안 기타 의안의 의결절차]49, 국회79 이하, [일사부재의]국회92

第52條 [法律案提出權] 國會議員과 政府는 法律案을 제출할 수 있다.

참조 구88, [법률제정절차]49·53, 법령등공포, [의안의 발의 및 제출] 국회51·79이하, [의안의 차회기계속]51

판례 시혜적 소급입법과 입법형성의 자유 및 이에 대한 위헌심사의 한계 : 개정된 신법이 피적용자에게 유리한 경우에 이른바 시혜적 소급입법을 할 것인지의 여부는 입법재량의 문제로서 그 판단은 일차적으로 입법기관에 맡겨져 있으며, 이와 같은 시혜적 조치를 할 것인가 하는 문제는 국민의 권리를 제한하거나 새로운 의무를 부과하는 경우와는 달리 입법자에게 보다 광범위한 입법형성의 자유가 인정된다. 따라서, 입법자의 판단은 존중되어야 하며 그 결정이 합리적 재량의 범위를 벗어나 현저하게 불합리하고 불공정한 것이 아닌 한 헌법에 위반된다고 할 수는 없다.(헌재결 2006.5.25, 2005헌바15)

第53條 [法律 公布, 大統領의 拒否權, 法律案 確定·發效] ① 國會에서 議決된 法律案은 政府에 移送되어 15日 이내에 大統領이 公布한다.

② 法律案에 異議가 있을 때에는 大統領은 第1項의 期間내에 異議書를 붙여 國會로 還付하고, 그 再議를 요구할 수 있다. 國會의 閉會중에도 또한 같다.

③ 大統領은 法律案의 일부에 대하여 또는 法律案을 修正하여 再議를 요구할 수 없다.

④ 再議의 요구가 있을 때에는 國會는 再議에 붙이고, 在籍議員 過半數의 출석과 出席議員 3分의 2이상의 贊成으로 前과 같은 議決을 하면 그 法律案은 法律로서 확정된다.

⑤ 大統領이 第1項의 期間내에 公布나 再議의 요구를 하지 아니한 때에도 그 法律案은 法律로서 확정된다.

⑥ 大統領은 第4項과 第5項의 規定에 의하여 확정된 法律을 지체없이 公布하여야 한다. 第5項에 의하여 法律이 확정된 후 또는 第4項에 의한 確定法律이 政府에 移送된 후 5日 이내에 大統領이 公布하지 아니할 때에는 國會議長이 이를 公布한다.

⑦ 法律은 특별한 規定이 없는 한 公布한 날로부터 20日을 경과함으로써 效力을 발생한다.

참조 구89, ①[법률안의 의결]49·51, [법률안의 이송]국회98, [법률의 공포]89, 법령등공포5①·10·11①·12, ④[의결정족수의 원칙]49, ⑥[의장에 의한 공포]국회98, 법령등공포5②·11②, ⑦[대통령령·총리령·부령의 효력발생]법령등공포13·13의2, [법률의 합헌성 심사]107

第54條 [豫算案 審議·確定, 議決期間 徒過時의 措置] ① 國會는 國家의 豫算案을 審議·확정한다.

② 政府는 會計年度마다 豫算案을 編成하여 會計年度 開始 90日전까지 國會에 제출하고, 國會는 會計年度 開始 30日전까지 이를 議決하여야 한다.

③ 새로운 會計年度가 開始될 때까지 豫算案이 議決되지 못한 때에는 政府는 國會에서 豫算案이 議決될 때까지 다음의 目的을 위한 經費는 前年度 豫算에 準하여 執行할 수 있다.

1. 憲法이나 法律에 의하여 設置된 機關 또는 施設의 유지·운영
2. 法律上 支出義務의 이행
3. 이미 豫算으로 승인된 事業의 계속

참조 구90, [예산의 구성]국가재정법19, [예산안의 편성]국가재정법 28-32, [예산안의 국회제출]국가재정법33·34, [국회제출 중인 예산안의 수정]국가재정법35, 국회90①, [총액계상]국가재정법37, [회계연도]국가재정법2·3, [예산의 공포]법령등공포8·11①, [예비비]55, 국가재정법22, [계속비]55, 국가재정법23, [추가경정예산]56·국가재정법36·89, [예산의 집행]국가재정법42-55, [결산]국가재정법56-61, [결산심사권]90, [국채모집 등에 대한 의결권]58, 국가재정법25, [예산안·결산의 회부 및 심사]국회84

第55條 [繼續費·豫備費] ① 한 會計年度를 넘어 계속하여 支出할 필요가 있을 때에는 政府는 年限을 정하여 繼續費로서 國會의 議決을 얻어야 한다.

② 豫備費는 總額으로 國會의 議決을 얻어야 한다. 豫備費의 支出은 次期國會의 승인을 얻어야 한다.

참조 구91, [계속비]국가재정법23, [예비비]국가재정법22, [회계연도] 국가재정법2·3

第56條 [追加更正豫算] 政府는 豫算에 變更을 加할 필요가 있을 때에는 追加更正豫算案을 編成하여 國會에 제출할 수 있다.

참조 구92, [추가경정예산안]국가재정법36·89, [국회제출 중인 예산안의 수정]국가재정법35

第57條 [支出豫算各項 增額과 새 費目의 設置禁止] 國會는 政府의 同意없이 政府가 제출한 支出豫算 各項의 金額을 增加하거나 새 費目을 設置할 수 없다.

참조 구93, [예산안의 국회제출]54①, 국가재정법33·34, [세입세출예산의 구분]국가재정법21, [예산안·결산의 회부 및 심사]국회84, [정부의 동의]89, [정부로부터의 수정제안]국가재정법35

第58條 [國債募集등에 대한 議決權] 國債를 모집하거나 豫算외에 國家의 부담이 될 契約을 체결하려 할 때에는 政府는 미리 國會의 議決을 얻어야 한다.

참조 구94, [국채]국채법, 국가재정법20, [국고채무부담행위]89, [국회의 의결]49·51, [예산외국고부담계약의 공포]법령등공포8·11①, [국가나 국민에게 재정적 부담을 지우는 조약]60①

第59條 [租稅의 種目과 稅率] 租稅의 種目과 稅率은 法律로 정한다.

참조 구95, '조세법률주의'조항, [납세의 의무]38, 국세, 지방세1, [법률]소득, 법인세법, 상속세, 부가세, 개별소비세법, 주세법, 인지세법, 관세, 지방세, 조세, [조세법률주의의 예외－긴급재정·경제처분 및 명령]76, [조례에 따른 세율조정]지방세14

판례 소급입법 과세금지원칙의 법적 근거 및 내용 : 우리 헌법 제38조는 모든 국민은 법률이 정하는 바에 의하여 납세의무를 진다고 규정하는 한편, 헌법 제59조는 조세의 종목과 세율은 법률로 정한다고 규정하여, 조세법률주의를 선언하고 있는데, 이는 납세의무가 존재하지 않았던 과거에 소급하여 과세하는 입법을 금지하는 원칙을 포함하며, 이러한 소급입법 과세금지원칙은 조세법률관계에 있어서 법적 안정성을 보장하고 납세자의 신뢰이익의 보호에 기여한다.(헌재결 2004.7.15, 2002헌바63)

판례 부담금의 정당화 요건 : 부담금은 조세에 대한 관계에서 어디까지나 예외적으로만 인정되어야 하며, 어떤 공적 과제에 관한 재정조달을 조세로 할 것인지 아니면 부담금으로 할 것인지에 관하여 입법자의 자유로운 선택권을 허용하여서는 안 된다. 부담금 납부의무자는 재정조달 대상인 공적 과제에 대하여 일반국민에 비해 '특별히 밀접한 관련성'을 가져야 하며, 부담금이 장기적으로 유지되는 경우에 있어서는 그 징수의 타당성이나 적정성이 입법자에 의해 지속적으로 심사될 것이 요구된다.
(헌재결 2004.7.15, 2002헌바42)

판례 양도소득세 면제대상을 정함에 있어서 자연인과 법인이 그 법적 지위나 성격, 설립 및 활동상 차이가 있음에 기초하여 위와 같은 입법목적에 충실하게 자연인과 법인에 각각 걸맞는 다른 요건을 둘 수 있는 것인데, 8년 이상 자경농지 양도에 대하여 특별부가세를 면제하고 있는 법인에 대한 구 조세특례제한법 제69조 제1항 제2호 및 이에 따른 법시행령의 규정내용과 농업·농촌기본법의 관련규정을 볼 때, 법인의 경우에도 농지의 자경을 보다 확실하게 담보하고 농지투기를 방지하기 위한 규율을 하고 있음을 알 수 있는바, 법인에 대하여 거주나 소재지 요건을 두지 않았다고 하여 자연인을 차별하는 것이라 보기는 어렵다.(헌재결 2003.11.27, 2003헌바2)

판례 조세평등주의와 조세감면규정의 허용 한계 : 조세감면의 우대조치는 조세평등주의에 반하고 국가나 지방자치단체의 재원의 포기이기도 하여 가급적 억제되어야 하고 그 범위를 확대하는 것은 결코 바람직하지 못하므로 특히 정책목표달성에 필요한 경우에 그 면제혜택을 받는 자의 요건을 엄격히 하여 극히 한정된 범위 내에서 예외적으로 허용되어야 한다.
(헌재결 1996.6.26, 93헌바2)

판례 헌법상의 조세법률주의 원칙의 의미 : 헌법 제38조, 제59조에서 채택하고 있는 조세법률주의의 원칙은 과세요건과 징수절차 등 조세권행사의 요건과 절차는 국민의 대표기관인 국회가 제정한 법률로써 규정하여야 한다는 것이나, 과세요건과 징수절차에 관한 사항을 명령·규칙 등 하위법령에 위임하여 규정하게 할 수 없는 것은 아니고, 이러한 사항을 하위법령에 위임하여 규정하게 하는 경우 구체적·개별적 위임만이 허용되며 포괄적·백지적 위임은 허용되지 아니하고(과세요건법정주의), 이러한 법률 또는 그 위임에 따른 명령·규칙의 규정은 일의적이고 명확하여야 한다(과세요건명확주의)는 것이다.
(대결 1994.9.30, 94부18)

第60條 [條約·宣戰布告등에 관한 同意權] ① 國會는 相互援助 또는 安全保障에 관한 條約, 중요한 國際組織에 관한 條約, 友好通商航海條約, 主權의 制約에 관한 條約, 講和條約, 國家나 國民에게 중대한 財政的 부담을 지우는 條約 또는 立法事項에 관한 條約의 체결·批准에 대한 同意權을 가진다.

② 國會는 宣戰布告, 國軍의 外國에의 派遣 또는 外國軍隊의 大韓民國 領域 안에서의 駐留에 대한 同意權을 가진다.

참조 구96, [조약의 체결·비준]73·89, [조약의 국내법적 효력]6①, [조약의 공포]법령등공포6·11①, [선전포고·강화]73·89

판례 성격상 외교 및 국방에 관련된 고도의 정치적 결단이 요구되는 사안에 대한 국민의 대의기관의 결정이 사법심사의 대상이 되는지 여부 : 외국에의 국군의 파견결정은 궁극적으로 국민 내지 국익에 영향을 미치는 복잡하고도 중요한 문제로서 고도의 정치적 결단이 요구되는 사안이다. 따라서 그와 같은 결정은 국민의 대의기관이 관계분야의 전문가들과 광범위하고 심도 있는 논의를 거쳐 신중히 결정하는 것이 바람직하며 우리 헌법도 그 권한을 대통령에게 부여하고 그 권한행사에 신중을 기하도록 하기 위해 국회로 하여금 파병에 대한 동의여부를 결정할 수 있도록 하고 있는바, 현행 헌법이 채택하고 있는 대의민주제 통치구조 하에서 대의기관인 대통령과 국회의 그와 같은 고도의 정치적 결단은 가급적 존중되어야 한다.
(헌재결 2004.4.29, 2003헌마814)

第61條 [國政에 관한 監査·調査權] ① 國會는 國政을 監査하거나 특정한 國政事案에 대하여 調査할 수 있으며, 이에 필요한 書類의 提出 또는 證人의 출석과 證言이나 의견의 陳述을 요구할 수 있다.

② 國政監査 및 調査에 관한 節次 기타 필요한 사항은 法律로 정한다.

참조 구97, [감사·조사]국감2·3, [증인등]국회에서의증언2, [법률]국감

第62條 [國務總理등의 國會出席] ① 國務總理·國務委員 또는 政府委員은 國會나 그 委員會에 출석하여 國政處理狀況을 보고하거나 의견을 陳述하고 質問에 응답할 수 있다.

② 國會나 그 委員會의 요구가 있을 때에는 國務總理·國務委員 또는 政府委員은 출석·답변하여야 하며, 國務總理 또는 國務委員이 出席要求를 받은 때에는 國務委員 또는 政府委員으로 하여금 출석·답변하게 할 수 있다.

참조 구98, [국무총리]86, [국무위원]87, [정부위원]정부조직10, [위원회]국회35이하, [국무위원등의 출석요구]국회121, [국무위원등의 발언]국회120, [정부에 대한 질문]국회122·122의2, [증인·감정인등의 출석요구]61, 국회에서의증언2

판례 위원회제도 의의 및 기능 : 상임위원회를 포함한 위원회는 의원 가운데서 소수의 위원을 선임하여 구성되는 국회의 내부기관인 동시에 본회의의 심의 전에 회부된 안건을 심사하거나 그 소관에 속하는 의안을 입안하는 국회의 합의제기관이다. 위원회의 역할은 국회의 예비적 심사기관으로서 회부된 안건을 심사하고 그 결과를 본회의에 보고하여 본회의의 판단자료를 제공하는 데 있다. 우리나라 국회의 법률안 심의는 본회의 중심주의가 아닌 소관 상임위원회 중심으로 이루어진다. 소관 상임위원회에서 심사·의결된 내용을 본회의에서는 거의 그대로 통과시키는 이른바 "위원회 중심주의"를 채택하고 있는 것이다. 오늘날 의회의 기능에는 국민대표기능, 입법기능, 정부감독기능, 재정에 관한 기능 등이 포함된다. 의회가 이러한 본연의 기능을 수행함에 있어서는 국민대표로 구성된 의원 전원에 의하여 운영되는 것이 이상적일 것이나, 의원 전원이 장기간의 회기동안 고도의 기술적이고 복잡다양한 내용의 방대한 안건을 다루기에는 능력과 시간상의 제약이 따른다. 이러한 한계를 극복하기 위한 방안으로 위원회제도가 창설된 것이다. 그리하여 상임위원회의 구성과 활동은 의회의 업적과 성패를 실질적으로 결정짓는 변수가 되고 있다고 평가되고 있다.
(헌재결 2003.10.30, 2002헌라1)

第63條 [國務總理·國務委員 解任建議權] ① 國會는 國務總理 또는 國務委員의 解任을 大統領에게 建議할 수 있다.

② 第1項의 解任建議는 國會在籍議員 3分의 1 이상의 發議에 의하여 國會在籍議員 過半數의 贊成이 있어야 한다.

참조 구99, [국무총리]86, [국무위원]87, [국무총리에 의한 국무위원의 해임건의]87③, [의결정족수의 제한]49, [해임의결방법]국회112⑦

판례 국무위원 해임건의의 법적 효력 : 2003.9.3. 국회가 행정자치부장관 해임결의안을 의결하였음에도 이를 즉시 수용하지 아니한 사실이 인정된다. 국회는 국무총리나 국무위원의 해임을 건의할 수 있으나(헌법 63조), 국회의 해임건의는 대통령을 기속하는 해임결의권이 아니라, 아무런 법적 구속력이 없는 단순한 해임건의에 불과하다. 우리 헌법 내에서 '해임건의권'의 의미는, 임기 중 아무런 정치적 책임을 물을 수 없는 대통령 대신에 그를 보좌하는 국무총리·국무위원에 대하여 정치적 책임을 추궁함으로써 대통령을 간접적이나마 견제하고자 하는 것에 지나지 않는다. 헌법 63조의 해임건의권을 법적 구속력 있는 해임결의권으로 해석하는 것은 법문과 부합할 수 없을 뿐만 아니라, 대통령에게 국회해산권을 부여하고 있지 않는 현행 헌법상의 권력분립질서와도 조화될 수 없다. 결국, 대통령이 국회의 해임건의를 수용할 것인지의 문제는 대의기관인 국회의 결정을 정치적으로 존중할 것인지의 문제이지 법적인 문제가 아니다. 따라서 대통령의 이러한 행위는 헌법이 규정하는 권력분립구조 내에서의 대통령의 정당한 권한행사에 해당하거나 또는 헌법규범에 부합하는 것으로서 헌법이나 법률에 위반되지 아니한다.
(헌재결 2004.5.14, 2004헌나1)

第64條 [國會의 自律權] ① 國會는 法律에 저촉되지 아니하는 범위안에서 議事와 內部規律에 관한 規則을 制定할 수 있다.
② 國會는 議員의 資格을 審査하며, 議員을 懲戒할 수 있다.
③ 議員을 除名하려면 國會在籍議員 3分의 2 이상의 贊成이 있어야 한다.
④ 第2項과 第3項의 處分에 대하여는 法院에 提訴할 수 없다.

참조 구100, [국회규칙]국회32③·34·37·38·46⑥·46의2⑥·54의2④·57②·63의2⑥·64⑤·65⑧·79의2④·82의2③·83의2⑤·85의2④·118⑥·125⑨·145①·149④·149의2①·169, 국감18, 국회사무처법14, 국가공무원2④·23·32④·54②, [의원자격의 심사]국회138-142, [의원의 징계]국회155-164, [제명]국회163·164, [의결정족수의 원칙]49

판례 국회의장은 이미 행해진 투표의 효력 여하, 투표의 종결 여부, 개표절차의 진행 여부 등 의사절차를 어떻게 진행할 것인지에 관한 선택권을 가진다고 할 것인데, 국회의장이 이와 같이 논란의 여지가 많은 사실관계 하에서 개표절차를 진행하여 표결결과를 선포하지 아니하였다 하여 그것이 헌법이나 법률에 명백히 위배되는 행위라고는 인정되지 않으므로 다른 국가기관은 이를 존중하여야 한다. 따라서 투표가 정상적으로 종결되었는지에 관하여 헌법재판소가 독자적으로 판단하는 것은 바람직하지 않으며, 그 결과 국회의장에게 개표절차를 진행하여 표결결과를 선포할 의무가 있음을 인정할 수 없고, 그러한 작위의무가 인정되지 않는 이상 피청구인의 부작위에 의한 권한침해를 다투는 권한쟁의심판은 허용되지 않는다.(헌재결 1998.7.14, 98헌라3)

第65條 [彈劾訴追權, 彈劾決定의 效力] ① 大統領·國務總理·國務委員·行政各部의 長·憲法裁判所 裁判官·法官·中央選擧管理委員會 委員·監査院長·監査委員 기타 法律이 정한 公務員이 그 職務執行에 있어서 憲法이나 法律을 違背한 때에는 國會는 彈劾의 訴追를 議決할 수 있다.
② 第1項의 彈劾訴追는 國會在籍議員 3分의 1이상의 發議가 있어야 하며, 그 議決은 國會在籍議員 過半數의 贊成이 있어야 한다. 다만, 大統領에 대한 彈劾訴追는 國會在籍議員 過半數의 發議와 國會在籍議員 3分의 2이상의 贊成이 있어야 한다.
③ 彈劾訴追의 議決을 받은 者는 彈劾審判이 있을 때까지 그 權限行使가 정지된다.
④ 彈劾決定은 公職으로부터 罷免함에 그친다. 그러나, 이에 의하여 民事上이나 刑事上의 責任이 免除되지는 아니한다.

참조 구101, [탄핵소추의 의결]국회133, [탄핵소추의 발의]국회130, [의결정족수의 원칙]49, [소추사건의 조사]국회131·132, [탄핵결정(심판)]111①·113①, [권한행사의 정지]국회134②, [민사상의 책임]29, 국가배상2, 민750이하, [형사상의 책임]형122이하

판례 [1] 탄핵심판절차의 본질 : 헌법 제65조는 행정부와 사법부의 고위공직자에 의한 헌법위반이나 법률위반에 대하여 탄핵소추의 가능성을 규정함으로써, 그들에 의한 헌법위반을 경고하고 사전에 방지하는 기능을 하며, 국민에 의하여 국가권력을 위임받은 국가기관이 그 권한을 남용하여 헌법이나 법률에 위반하는 경우에는 다시 그 권한을 박탈하는 기능을 한다. 즉, 공직자가 직무수행에 있어서 헌법에 위반한 경우 그에 대한 법적 책임을 추궁함으로써, 헌법의 규범력을 확보하고자 하는 것이 바로 탄핵심판절차의 목적과 기능인 것이다.
[2] 대통령의 직책수행 성실성 여부가 탄핵심판의 대상이 되는지 여부 : 헌법 제65조 제1항은 탄핵사유를 '헌법이나 법률에 위배한 때'로 제한하고 있고, 헌법재판소의 탄핵심판절차는 법적인 관점에서 단지 탄핵사유의 존부만을 판단하는 것이므로, 정치적 무능력이나 정책결정상의 잘못 등 직책수행의 성실성 여부는 그 자체로서 소추사유가 될 수 없어, 탄핵심판절차의 판단대상이 되지 아니한다.
(헌재결 2004.5.14, 2004헌나1)

판례 국회의 탄핵소추의결 부작위에 대한 위헌확인소원이 적법한 것인지 여부 : 헌법 제65조 제1항은 국회의 탄핵소추의결이 국회의 재량행위임을 명문으로 밝히고 있고 헌법해석상으로도 국정통제를 위하여 헌법상 국회에게 인정된 다양한 권한 중 어떠한 것을 행사하는 것이 적절한 것인가에 대한 판단권은 오로지 국회에 있다고 보아야 할 것이며, 나아가 청구인에게 국회의 탄핵소추의결을 청구할 권리에 관하여도 아무런 규정이 없고 헌법해석상으로도 그와 같은 권리를 인정할 수 없으므로, 국회에게 대통령의 헌법 등 위배행위가 있을 경우에 탄핵소추의결을 하여야 할 헌법상 작위의무가 있다 할 수 없어 국회의 탄핵소추의결 부작위에 대한 위헌확인소원은 부적법하다.
(헌재결 1996.2.29, 93헌마186)

第4章 政 府

第1節 大統領

第66條 [大統領의 地位·責務·行政權] ① 大統領은 國家의 元首이며, 外國에 대하여 國家를 代表한다.
② 大統領은 國家의 獨立·領土의 保全·國家의 繼續性과 憲法을 守護할 責務를 진다.
③ 大統領은 祖國의 平和的 統一을 위한 성실한 義務를 진다.
④ 行政權은 大統領을 首班으로 하는 政府에 속한다.

참조 구38, [대통령의 행정부 수반으로서의 지위]53②·75·78·86①·87①·88·94, [대통령의 국가와 헌법 수호자로서의 지위]69·76·77·91, [국회에 대한 권한]47③·81, [입법에 관한 권한]53②·75·128, [사법에 관한 권한]104, [외교에 관한 권한]73, [국군통수권]74, [겸직제한]83, [형사상 특권]84

판례 헌법을 준수하고 수호해야 할 대통령의 의무 : 헌법 제66조 제2항 및 제69조에 규정된 대통령의 '헌법을 준수하고 수호해야 할 의무'는 헌법상 법치국가원리가 대통령의 직무집행과 관련하여 구체화된 헌법적 표현이다. '헌법을 준수하고 수호해야 할 의무'가 이미 법치국가원리에서 파생되는 지극히 당연한 것임에도, 헌법은 국가의 원수이자 행정부의 수반이라는 대통령의 막중한 지위를 감안하여 제66조 제2항 및 제69조에서 이를 다시 한번 강조하고 있다. 이러한 헌법의 정신에 의한다면, 대통령은 국민 모두에 대한 '법치와 준법의 상징적 존재'인 것이다.
(헌재결 2004.5.14, 2004헌나1)

第67條 [大統領의 選擧·被選擧權] ① 大統領은 國民의 普通·平等·直接·秘密選擧에 의하여 選出한다.
② 第1項의 選擧에 있어서 最高得票者가 2人 이상

인 때에는 國會의 在籍議員 過半數가 출석한 公開會議에서 多數票를 얻은 者를 當選者로 한다.
③ 大統領候補者가 1人일 때에는 그 得票數가 選擧權者 總數의 3分의 1 이상이 아니면 大統領으로 當選될 수 없다.
④ 大統領으로 選擧될 수 있는 者는 國會議員의 被選擧權이 있고 選擧日 현재 40歲에 達하여야 한다.
⑤ 大統領의 選擧에 관한 사항은 法律로 정한다.

참조 구39·40, [보통·평등·직접(직선제)·비밀선거]24, 공선16①·48②·56·57, [후보자등록]공선49, [선거운동]공선58－118, [당선인]공선187, [선거소송]공선222, [당선소송]공선223

第68條 [大統領選擧의 時期·補闕選擧] ① 大統領의 任期가 만료되는 때에는 任期滿了 70日 내지 40日전에 後任者를 選擧한다.
② 大統領이 闕位된 때 또는 大統領 當選者가 死亡하거나 判決 기타의 사유로 그 資格을 喪失한 때에는 60日 이내에 後任者를 選擧한다.

참조 구43, [선거기간]공선33, [선거일]공선34－36, [보궐선거]공선200③

第69條 [大統領의 就任宣誓] 大統領은 就任에 즈음하여 다음의 宣誓를 한다.
"나는 憲法을 준수하고 國家를 保衛하며 祖國의 平和的 統一과 國民의 自由와 福利의 增進 및 民族文化의 暢達에 노력하여 大統領으로서의 職責을 성실히 수행할 것을 國民 앞에 엄숙히 宣誓합니다."

참조 구44, [헌법준수]66②, [국가보위]66②·91②, [평화통일]전문·66③, [대통령의 직책]66, [국회의원 선서]국회24, [공무원 선서]국가공무원55·지방공무원47

판례 정국의 혼란 및 경제파탄이 탄핵심판절차의 판단대상이 되는지 여부 : 헌법 제69조가 규정한 대통령의 '성실한 직책수행의무'는 헌법적 의무에 해당하나, '헌법을 수호해야 할 의무'와는 달리 규범적으로 그 이행이 관철될 수 있는 성격의 의무가 아니므로 원칙적으로 사법적 판단의 대상이 될 수 없다고 할 것이다.(헌재결 2004.5.14, 2004헌나1)

第70條 [大統領의 任期] 大統領의 任期는 5年으로 하며, 重任할 수 없다.

참조 구45, [대통령의 중임변경을 위한 헌법개정의 효력]128②

第71條 [大統領 權限代行] 大統領이 闕位되거나 事故로 인하여 職務를 수행할 수 없을 때에는 國務總理, 法律이 정한 國務委員의 順序로 그 權限을 代行한다.

참조 구46, [국무총리]86, [법률에 정한 순위]정부조직12②·22, [보궐선거]68

第72條 [重要政策의 國民投票] 大統領은 필요하다고 인정할 때에는 外交·國防·統一 기타 國家安危에 관한 重要政策을 國民投票에 붙일 수 있다.

참조 구47, [국민투표]전문·1②·89, 국민투표법, [헌법개정안에 대한 국민투표]130

판례 국민투표권의 의의와 유형 : 헌법 제130조 제2항에 의한 헌법개정에 관한 국민투표는 대통령 또는 국회가 제안하고 국회의 의결을 거쳐 확정된 헌법개정안에 대하여 주권자인 국민이 최종적으로 그 승인 여부를 결정하는 절차이다. 국민투표는 국가의 중요정책이나 헌법개정안에 대해 주권자로서의 국민이 그 승인 여부를 결정하는 절차인데, 주권자인 국민의 지위에 아무런 영향을 미칠 수 없는 주민등록 여부만을 기준으로 하여, 주민등록을 할 수 없는 재외국민의 국민투표권 행사를 전면적으로 배제하고 있는 국민투표법 제14조 제1항은 앞서 본 국정선거권의 제한에 대한 판단에서와 동일한 이유에서 청구인들의 국민투표권을 침해한다.(헌재결 2007.6.28, 2004헌마644,2005헌마360(병합))

판례 특정 국가정책에 관한 국민투표회부 요구권이 인정되는지 여부 : 헌법 제72조는 국민투표에 부쳐질 중요정책인지 여부를 대통령이 재량에 의하여 결정하도록 명문으로 규정하고 있고 헌법재판소 역시 위 규정은 대통령에게 국민투표의 실시 여부, 시기, 구체적 부의사항, 설문내용 등을 결정할 수 있는 임의적인 국민투표발의권을 독점적으로 부여하였다고 하여 이를 확인하고 있다. 따라서 특정의 국가정책에 대하여 다수의 국민들이 국민투표를 원하고 있음에도 불구하고 대통령이 이러한 희망과는 달리 국민투표에 회부하지 아니한다고 하여도 이를 헌법에 위반된다고 할 수 없고 국민에게 특정의 국가정책에 관하여 국민투표에 회부할 것을 요구할 권리가 인정된다고 할 수도 없다.(헌재결 2005.11.24, 2005헌마579·763(병합))

第73條 [外交·宣戰講和權] 大統領은 條約을 체결·批准하고, 外交使節을 信任·접수 또는 派遣하며, 宣戰布告와 講和를 한다.

참조 구48, [대외적 국가대표]66, [조약의 체결·비준]6·60①·89, [선전포고와 강화]60①·89, [조약의 공포]법령등공포6·11, [조약의 효력]6

第74條 [國軍統帥權, 國軍의 組織·編成] ① 大統領은 憲法과 法律이 정하는 바에 의하여 國軍을 統帥한다.
② 國軍의 組織과 編成은 法律로 정한다.

참조 구49, [국방의 의무]39, 국군조직1, 병역1·2, [국군통수권-'군정통합주의'의 표현]국군조직6, [대통령의 군사에 관한 행위]82, [군사에 관한 중요사항]89, [선전포고]5·60②·73·89, [국군의 조직·편성]국군조직, [각군의 임무]국군조직3

第75條 [大統領令] 大統領은 法律에서 구체적으로 범위를 정하여 委任받은 사항과 法律을 執行하기 위하여 필요한 사항에 관하여 大統領令을 발할 수 있다.

참조 구50, 대통령의 '행정입법권'에 관한 조항, [입법권]40, [국회입법의 예외]95·108·114⑥·117, [국무회의의 심의]89, [대통령령의 공포]법령등공포2·7·10·11, [효력발생]법령등공포13

판례 하위법령은 그 규정이 상위법령의 규정에 명백히 저촉되어 무효인 경우를 제외하고는 관련 법령의 내용과 입법 취지 및 연혁 등을 종합적으로 살펴서 의미를 상위법령에 합치되는 것으로 해석하여야 한다.(대판 2016.6.10, 2016두33186)

판례 특정 사안과 관련하여 법률에서 하위 법령에 위임을 한 경우에 모법의 위임범위를 확정하거나 하위 법령이 위임의 한계를 준수하고 있는지 여부를 판단할 때에는, 하위 법령이 규정한 내용이 입법자가 형식적 법률로 스스로 규율하여야 하는 본질적 사항으로서 의회유보의 원칙이 지켜져야 할 영역인지, 당해 법률 규정의 입법 목적과 규정 내용, 규정의 체계, 다른 규정과의 관계 등을 종합적으로 고려하여야 하고, 위임 규정 자체에서 의미 내용을 정확하게 알 수 있는 용어를 사용하여 위임의 한계를 분명히 하고 있는데도 문언적 의미의 한계를 벗어났는지, 하위 법령의 내용이 모법 자체로부터 위임된 내용의 대강을 예측할 수 있는 범위 내에 속한 것인지, 수권 규정에서 사용하고 있는 용어의 의미를 넘어 범위를 확장하거나 축소하여서 위임 내용을 구체화하는 단계를 벗어나 새로운 입법을 한 것으로 평가할 수 있는지 등을 구체적으로 따져 보아야 한다. 여기서 어떠한 사안이 국회가 형식적 법률로 스스로 규정하여야 하는 본질적 사항에 해당되는지는, 구체적 사례에서 관련된 이익 내지 가치의 중요성, 규제 또는 침해의 정도와 방법 등을 고려하여 개별적으로 결정하여야 하지만, 규율대상이 국민의 기본권 및 기본적 의무와 관련한 중요성을 가질수록 그리고 그에 관한 공개적 토론의 필요성 또는 상충하는 이익 사이의 조정 필요성이 클수록, 그것이 국회의 법률에 의해 직접 규율될 필요성은 더 증대된다.(대판 2015.8.20, 2012두23808 전원합의체)

판례 법률이 자치적인 사항을 공법적 단체의 정관으로 정하도록 위임한 경우 '포괄위임입법금지원칙'의 적용 여부 : 법률이 행정부가 아니거나 행정부에 속하지 않는 공법적 기관의 정관에 특정 사항을 정할 수 있다고 위임하는 경우에는 권력분립의 원칙을 훼손할 여지가 없다. 이는 자치입법에 해당되는 영역이므로 자치적으로 정하는 것이 바람직하다. 따라서 법률이 정관에 자치법적 사항을 위임한 경우에는 헌법 제75조, 제95조가 정하는 포괄적인 위임입법의 금지는 원칙적으로 적용되지 않는다고 봄이 상당하다.(헌재결 2006.3.30, 2005헌바31)

판례 조세법률주의와 포괄위임입법금지원칙에서 위임의 구체성 요구 정도와 한계 : 위임의 구체성·명확성의 요구 정도는 그 규율대상의 종류와 성격에 따라 달라질 것이지만, 처벌법규나 조세를 부과하는 조세법규와 같이 국민의 기본권을 직접적으로 제한하거나 침해할 소지가 있는 법규에서는 구체성·명확성의 요구가 강화되어 그 위임의 요건과 범위가 더 엄격하게 규정되어야 하는 반면에, 일반적인 급부행정이나 조세감면혜택을 부여하는 조세법규의 경우에는 위임의 구체성 내지 명확성의 요구가 완화되어 그 위임의 요건과 범위가 덜 엄격하게 규정될 수 있으며, 그리고 규율대상이 지극히 다양하거나 수시로 변화하는 성질의 것일 때에는 위임의 구체성·명확성의 요건이 완화되어야 할 것이다. 또한 위임조항 자체에서 위임의 구체적 범위를 명백히 규정하고 있지 않다고 하더라도 당해 법률의 전반적 체계와 관련규정에 비추어 위임조항의 내재적인 위임의 범위나 한계를 객관적으로 분명히 확정할 수 있다면 이를 포괄적인 백지위임에 해당하는 것으로는 볼 수 없다.(헌재결 2005.4.28, 2003헌가23)

第76條 [緊急處分·命令權] ① 大統領은 內憂·外患·天災·地變 또는 중대한 財政·經濟上의 危機에 있어서 國家의 安全保障 또는 公共의 安寧秩序를 유지하기 위하여 긴급한 措置가 필요하고 國會의 集會를 기다릴 여유가 없을 때에 한하여 최소한으로 필요한 財政·經濟上의 處分을 하거나 이에 관하여 法律의 效力을 가지는 命令을 발할 수 있다.

② 大統領은 國家의 安危에 관계되는 중대한 交戰狀態에 있어서 國家를 保衛하기 위하여 긴급한 措置가 필요하고 國會의 集會가 불가능한 때에 한하여 法律의 效力을 가지는 命令을 발할 수 있다.

③ 大統領은 第1項과 第2項의 處分 또는 命令을 한 때에는 지체없이 國會에 보고하여 그 승인을 얻어야 한다.

④ 第3項의 승인을 얻지 못한 때에는 그 處分 또는 命令은 그때부터 效力을 喪失한다. 이 경우 그 命令에 의하여 改正 또는 廢止되었던 法律은 그 命令이 승인을 얻지 못한 때부터 당연히 效力을 회복한다.

⑤ 大統領은 第3項과 第4項의 사유를 지체없이 公布하여야 한다.

참조 구51, [국가안전보장]37·60①·91, [공공의 안녕질서]37·77, [국회의 승인]49, [국회의 집회를 기다릴 여유가 없을 때=국회가 폐회중이어서 임시회의 집회에 필요한 1일을 기다릴 여유조차 없는 경우]국회5②

판례 행정수도 이전사건 : 신행정수도건설이나 수도이전의 문제가 정치적 성격을 가지고 있는 것은 인정할 수 있지만, 그 자체로 고도의 정치적 결단을 요하여 사법심사의 대상으로 하기에는 부적절한 문제라고까지는 할 수 없다. 더구나 이 사건 심판의 대상은 이 사건 법률의 위헌여부이고 대통령의 행위의 위헌여부가 아닌바, 법률의 위헌여부가 헌법재판의 대상으로 된 경우 당해 법률이 정치적인 문제를 포함한다는 이유만으로 사법심사의 대상에서 제외된다고 할 수는 없다. 다만, 이 사건 법률의 위헌여부를 판단하기 위한 선결문제로서 신행정수도건설이나 수도이전의 문제를 국민투표에 붙일지 여부에 관한 대통령의 의사결정이 사법심사의 대상이 될 경우 위 의사결정은 고도의 정치적 결단을 요하는 문제여서 사법심사를 자제함이 바람직하다고는 할 수 있고, 이에 따라 그 의사결정에 관련된 흠을 들어 위헌성이 주장되는 법률에 대한 사법심사 또한 자제함이 바람직하다고 할 수 있다. 그러나 대통령의 위 의사결정이 국민의 기본권침해와 직접 관련되는 경우에는 헌법재판소의 심판대상이 될 수 있고, 이에 따라 위 의사결정과 관련된 법률도 헌법재판소의 심판대상이 될 수 있다. 따라서 이 사건 법률의 위헌성이 대통령의 의사결정과 관련하여 문제되는 경우라도 헌법소원의 대상이 될 수 있다.
(헌재결 2004.10.21, 2004헌마554·566(병합))

판례 금융실명거래및비밀보장에관한긴급재정경제명령은 그 발동 당시 헌법 제76조 제1항에서 정한 긴급재정·경제명령의 발동요건이 갖추어져 있었다고 보이고 국회의 승인을 얻었으므로 헌법상의 긴급재정·경제명령으로서 유효하게 성립하였다고 할 것이고, 위와 같이 긴급명령이 유효하게 성립한 이상 가사 그 발동의 원인이 된 '내우·외환·천재·지변 또는 중대한 재정·경제상의 위기'가 사라졌다고 하여 곧바로 그 효력이 상실되는 것이라고는 할 수 없다.(대판 1997.6.27, 95도1964)

第77條 [戒嚴] ① 大統領은 戰時·事變 또는 이에 準하는 國家非常事態에 있어서 兵力으로써 軍事上의 필요에 응하거나 公共의 安寧秩序를 유지할 필요가 있을 때에는 法律이 정하는 바에 의하여 戒嚴을 宣布할 수 있다.

② 戒嚴은 非常戒嚴과 警備戒嚴으로 한다.

③ 非常戒嚴이 宣布된 때에는 法律이 정하는 바에 의하여 令狀制度, 言論·出版·集會·結社의 自由, 政府나 法院의 權限에 관하여 특별한 措置를 할 수 있다.

④ 戒嚴을 宣布한 때에는 大統領은 지체없이 國會에 통고하여야 한다.

⑤ 國會가 在籍議員 過半數의 贊成으로 戒嚴의 解除를 요구한 때에는 大統領은 이를 解除하여야 한다.

참조 구52, [계엄선포의 요건과 목적]89, 계엄1, [계엄의 종류]계엄2①, [공공의 안녕질서]37②·76①, [계엄의 효력]계엄7－10, [비상계엄]계엄2②, [경비계엄]계엄2③, [영장제도]12·16, [언론·출판·집회·결사의 자유]21, [비상계엄하의 특별조치]계엄9·10, [국회에의 통고]계엄4, [계엄의 해제]계엄11

판례 비상계엄의 선포나 확대행위가 사법심사의 대상이 되는지 여부 : 대통령의 비상계엄의 선포나 확대 행위는 고도의 정치적·군사적 성격을 지니고 있는 행위라 할 것이므로, 그것이 누구에게도 일견하여 헌법이나 법률에 위반되는 것으로서 명백하게 인정될 수 있는 등 특별한 사정이 있는 경우라면 몰라도, 그러하지 아니한 이상 그 계엄선포의 요건 구비 여부나 선포의 당·부당을 판단할 권한이 사법부에는 없다고 할 것이나, 비상계엄의 선포나 확대가 국헌문란의 목적을 달성하기 위하여 행하여진 경우에는 법원은 그 자체가 범죄행위에 해당하는지의 여부에 관하여 심사할 수 있다.
(대판 1997.4.17, 96도3376 전원합의체)

판례 계엄해제 후 계엄실시중의 포고령위반행위를 처벌할 수 있는지 여부 : 계엄은 국가비상사태에 당하여 병력으로써 국가의 안전과 공공의 안녕질서를 유지할 필요가 있을 때에 선포되고 평상상태로 회복되었을 때에 해제하는 것으로서 계엄령의 해제는 사태의 호전에 따른 조치이고 계엄령은 부당하다는 반성적 고찰에서 나온 조치는 아니므로 계엄이 해제되었다고 하여 계엄하에서 행해진 위반행위의 가벌성이 소멸된다고는 볼 수 없는 것으로서 계엄기간중의 계엄포고위반의 죄는 계엄해제 후에도 행위당시의 법령에 따라 처벌되어야 하고 계엄의 해제를 범죄후 법령의 개폐로 형이 폐지된 경우와 같이 볼 수 없다.
(대판 1985.5.28, 81도1045 전원합의체)

第78條 [公務員任免權] 大統領은 憲法과 法律이 정하는 바에 의하여 公務員을 任免한다.

참조 구53, [공무원의 지위와 책임]7, [국무총리·국무위원의 임명]86·87, [행정각부의 장의 임명]94, [감사원장·감사위원의 임명]98, [대법원장·법관의 임명]104, [헌법재판소의 장·재판관 임명]111, [중앙선거관리위원회위원의 임명]114, [법률]국가공무원, 검찰, 경찰공무원, 교육공무원

第79條 [赦免權] ① 大統領은 法律이 정하는 바에 의하여 赦免·減刑 또는 復權을 命할 수 있다.

② 一般赦免을 命하려면 國會의 同意를 얻어야 한다.

③ 赦免·減刑 및 復權에 관한 사항은 法律로 정한다.

참조 구54, [국무회의의 심의]89, [사면·감형·복권]사면1·3·5, 형39③·82, 형소326·372·383, [일반사면]사면2·3·5·8

판례 사면에 관한 사항을 법률에 위임하고 있는 헌법 제79조 제3항의 의미 : 우리 헌법 제79조 제1항은 대통령의 사면권을 규정하고 있고, 제3항은 사면의 구체적 내용과 방법 등을 법률에 위임하고 있다. 그러므로 사면의 종류, 대상, 범위, 절차, 효과 등은 범죄의 죄질과 보호법익, 일반국민의 가치관 내지 법감정, 국가이익과 국민화합의 필요성, 권력분립의 원칙과의 관계 등 제반사항을 종합하여 입법자가 결정할 사항으로서 광범위한 입법재량 내지 형성의 자유가 부여되어 있다.(헌재결 2000.6.1, 97헌바74)

第80條 [榮典授與權] 大統領은 法律이 정하는 바에 의하여 勳章 기타의 榮典을 수여한다.

참조 구55, [영전일대의 원칙, 특권불인정원칙]11③, [국무회의의 심의]89, [서훈의 원칙]상훈2, [훈장의 등급과 종류]상훈9-18, [훈장의 수여]상훈29, [부상]상훈32, [포장(襃章)]상훈19-26의5

第81條 [國會에 대한 意思表示] 大統領은 國會에 출석하여 發言하거나 書翰으로 의견을 표시할 수 있다.

참조 구56, [대통령의 행위]82, [국회의 국무총리·국무위원에 대한 국회출석요구권 및 질문권]62②

第82條 [國法上 行爲 및 副署] 大統領의 國法上 행위는 文書로써 하며, 이 文書에는 國務總理와 관계 國務委員이 副署한다. 軍事에 관한 것도 또한 같다.

참조 구58, [대통령의 지위]66, [국무회의의 심의]88·89, [법령등의 부서]법령등공포3-8, [국무총리·국무위원]86·87

第83條 [兼職禁止] 大統領은 國務總理·國務委員·行政各部의 長 기타 法律이 정하는 公私의 職을 겸할 수 없다.

참조 구59, [대통령의 지위]66, [국회의원의 겸직제한]43, 국회20·29, [공무원의 겸직제한]국가공무원64, 지방공무원56①, 법원조직49, 교육공무원19·19의2

第84條 [刑事上 特權] 大統領은 內亂 또는 外患의 罪를 범한 경우를 제외하고는 在職중 刑事上의 訴追를 받지 아니한다.

참조 구60, [대통령의 지위]66, [내란·외환의 죄]형87-104, [형사상의 소추]형소246, [탄핵소추]65

판례 [1] '불소추특권'의 규정 취지 : 대통령의 불소추특권에 관한 헌법의 규정이 대통령이라는 특수한 신분에 따라 일반국민과는 달리 대통령 개인에게 특권을 부여한 것으로 볼 것이 아니라 단지 국가의 원수로서 외국에 대하여 국가를 대표하는 지위에 있는 대통령이라는 특수한 직책의 원활한 수행을 보장하고, 그 권위를 확보하여 국가의 체면과 권위를 유지하여야 할 실제상의 필요 때문에 대통령으로 재직중인 동안만 형사상 특권을 부여하고 있음에 지나지 않는 것으로 보아야 할 것이다.
[2] 헌법 제84조에 의하여 대통령 재직 중에는 공소시효의 진행이 당연히 정지되는지 여부 : 헌법 제84조의 규정취지와 함께 공소시효제도나 공소시효정지제도의 본질에 비추어 보면, 대통령의 재직중 공소시효의 진행이 정지된다고 명백히 규정되어 있지는 않다고 하더라도, 위 헌법규정은 바로 공소시효진행의 소극적 사유가 되는 국가의 소추권행사의 법률상 장애사유에 해당하므로, 대통령의 재직중에는 공소시효의 진행이 당연히 정지되는 것으로 보아야 한다.
(헌재결 1995.1.20, 94헌마246)

第85條 [前職大統領의 身分과 禮遇] 前職大統領의 身分과 禮遇에 관하여는 法律로 정한다.

참조 구61, [직전대통령과 국가원로자문회의]90, [예우]전직대통령예우에관한법1

第2節 行政府

第1款 國務總理와 國務委員

第86條 [國務總理] ① 國務總理는 國會의 同意를 얻어 大統領이 任命한다.
② 國務總理는 大統領을 補佐하며, 行政에 관하여 大統領의 命을 받아 行政各部를 統轄한다.
③ 軍人은 現役을 免한 후가 아니면 國務總理로 任命될 수 없다.

참조 구62, ①[대통령의 공무원임명권]78, [국회의 동의]49, [국무총리의 해임결의]63, ②[국무총리의 권한]71·87·88·95, 정부조직18, [국무총리직무대행]정부조직22, [국무총리의 행정감독권]정부조직18, [행정각부의 통할]정부조직26, ③[군인]국군조직4, [현역]병역5①, [전역 및 제적]군인사법35-43, [국무위원의 경우]87④

第87條 [國務委員] ① 國務委員은 國務總理의 提請으로 大統領이 任命한다.
② 國務委員은 國政에 관하여 大統領을 補佐하며, 國務會議의 構成員으로서 國政을 審議한다.
③ 國務總理는 國務委員의 解任을 大統領에게 建議할 수 있다.
④ 軍人은 現役을 免한 후가 아니면 國務委員으로 任命될 수 없다.

참조 구63, ①[대통령의 공무원임명권]78, [국무총리의 제청권]94, ②[국무회의]88·89, [행정각부의 장]94, ④[현역]병역5①, [전역 및 제적]군인사법35-43

第2款 國務會議

第88條 [權限, 構成] ① 國務會議는 政府의 權限에 속하는 중요한 政策을 審議한다.
② 國務會議는 大統領·國務總理와 15人이상 30人이하의 國務委員으로 구성한다.
③ 大統領은 國務會議의 議長이 되고, 國務總理는 副議長이 된다.

참조 구64, ①[심의사항]89, [국무회의의 운영]정부조직12, 국무회의규정, [국가안전보장에 관한 자문]91, ②[구성]87·88, ③[의장·부의장]정부조직12

第89條 [審議事項] 다음 사항은 國務會議의 審議를 거쳐야 한다.

1. 國政의 基本計劃과 政府의 一般政策
2. 宣戰·講和 기타 중요한 對外政策
3. 憲法改正案·國民投票案·條約案·法律案 및 大統領令案
4. 豫算案·決算·國有財産處分의 基本計劃·國家의 부담이 될 契約 기타 財政에 관한 중요사항
5. 大統領의 緊急命令·緊急財政經濟處分 및 命令 또는 戒嚴과 그 解除
6. 軍事에 관한 중요사항
7. 國會의 臨時會 集會의 요구
8. 榮典授與
9. 赦免·減刑과 復權
10. 行政各部間의 權限의 劃定
11. 政府안의 權限의 委任 또는 配定에 관한 基本計劃
12. 國政處理狀況의 評價·分析
13. 行政各部의 중요한 政策의 수립과 調整
14. 政黨解散의 提訴
15. 政府에 제출 또는 회부된 政府의 政策에 관계되는 請願의 審査
16. 檢察總長·合同參謀議長·各軍參謀總長·國立大學校總長·大使 기타 法律이 정한 公務員과 國營企業體管理者의 任命
17. 기타 大統領·國務總理 또는 國務委員이 제출한 사항

참조 구65, [국무회의의 권한·구성]88, [국무회의의 소집]정부조직12①, [의사 및 의결정족수]국무회의규정6, (2)[선전·강화]60·73, (3)[헌법개정안]128-130, [국민투표안]72, [조약안]60, [법률안]52·53, [대통령령]75, [법령등의 공포]법령등공포, (4)[예산안]54-58, [결산]97·99, [국유재산의 처분]국유재산3, [국가의 부담이 될 계약]58, (5)[긴급명령·처분]76, [계엄과 그 해제]77, (6)[군사]74, 국군조직, (7)[국회의 소집]47, (8)[영전]11③·80, (9)[사면·감형·복권]79, (10)[행정각부의 권한]정부조직26-44, (11)[권한의 위임 및 위탁]정부조직6, (12)[국정처리상황의 보고]62, (14)[정당의 해산]8④·111·113, (15)[청원의 제출]26, 청원법11, [청원의 회부]국회120, [청원의 심

사]청원법21③, (16)[공무원의 임명]78, 국가공무원32①, [공공기관임원의 임명]공공기관의운영에관한법25-27, (17)[의안의 제출]정부조직13②

第90條 [國家元老諮問會議] ① 國政의 중요한 사항에 관한 大統領의 諮問에 응하기 위하여 國家元老로 구성되는 國家元老諮問會議를 둘 수 있다.

② 國家元老諮問會議의 議長은 直前大統領이 된다. 다만, 直前大統領이 없을 때에는 大統領이 指名한다.

③ 國家元老諮問會議의 組織·職務範圍 기타 필요한 사항은 法律로 정한다.

참조 구66, [대통령의 자문기관]91-93·127

第91條 [國家安全保障會議] ① 國家安全保障에 관련되는 對外政策·軍事政策과 國內政策의 수립에 관하여 國務會議의 審議에 앞서 大統領의 諮問에 응하기 위하여 國家安全保障會議를 둔다.

② 國家安全保障會議는 大統領이 主宰한다.

③ 國家安全保障會議의 組織·職務範圍 기타 필요한 사항은 法律로 정한다.

참조 구67, [대통령의 자문기관]92·93·127

第92條 [民主平和統一諮問會議] ① 平和統一政策의 수립에 관한 大統領의 諮問에 응하기 위하여 民主平和統一諮問會議를 둘 수 있다.

② 民主平和統一諮問會議의 組織·職務範圍 기타 필요한 사항은 法律로 정한다.

참조 구68, [대통령의 자문기관]91·93·127

第93條 [國民經濟對策會議] ① 國民經濟의 발전을 위한 重要政策의 수립에 관하여 大統領의 諮問에 응하기 위하여 國民經濟諮問會議를 둘 수 있다.

② 國民經濟諮問會議의 組織·職務範圍 기타 필요한 사항은 法律로 정한다.

참조 [대통령의 자문기관]91·92·127

第3款 行政各部

第94條 [各部의 長] 行政各部의 長은 國務委員 중에서 國務總理의 提請으로 大統領이 任命한다.

참조 구69, [행정각부]정부조직26-43, [행정각부의 장]정부조직7, [국무위원]87·88, [국무총리의 제청권]87, [행정각부의 통할]86

第95條 [總理令, 部令] 國務總理 또는 行政各部의 長은 所管事務에 관하여 法律이나 大統領令의 委任 또는 職權으로 總理令 또는 部令을 발할 수 있다.

참조 구70, [입법권]40, [국회입법의 예외]75·108·114·117, [소관사무]96, 정부조직16이하, [대통령령]75, [대통령·국무총리의 행정감독권]정부조직11·18, [총리령의 공포]법령등공포9①, [부령의 공포]법령등공포9②

판례 각 국가유공자 단체의 대의원의 선출에 관한 사항은 각 단체의 구성과 운영에 관한 것으로서, 국민의 권리와 의무의 형성에 관한 사항이나 국가의 통치조직과 작용에 관한 기본적이고 본질적인 사항이라고 볼 수 없으므로, 법률유보 내지 의회유보의 원칙이 지켜져야 할 영역이라고 할 수 없다. 따라서 국가유공자등단체설립에관한법률 제11조가 법률유보 혹은 의회유보의 원칙에 위배되어 청구인의 기본권을 침해한다고 할 수 없다. (헌재결 2006.3.30, 2005헌바31)

판례 법률이 국민의 권리의무와 관련된 사항을 고시와 같은 행정규칙에 위임하는 경우 그 위헌성 판단방법 : 행정규칙은 법규명령과 같은 엄격한 제정 및 개정절차를 요하지 아니하므로, 재산권 등과 같은 기본권을 제한하는 작용을 하는 법률이 입법위임을 할 때에는 '대통령령', '총리령', '부령' 등 법규명령에 위임함이 바람직하고, 금융감독위원회의 고시와 같은 형식으로 입법위임을 할 때에는 적어도 행정규제기본법 제4조 제2항 단서에서 정한 바와 같이 법령이 전문적·기술적 사항이나 경미한 사항으로서 업무의 성질상 위임이 불가피한 사항에 한정된다 할 것이고, 그러한 사항이라 하더라도 포괄위임금지의 원칙상 법률의 위임은 반드시 구체적·개별적으로 한정된 사항에 대하여 행하여져야 한다.(헌재결 2004.10.28, 99헌바91)

第96條 [各部의 組織·職務] 行政各部의 設置·組織과 職務範圍는 法律로 정한다.

참조 구71, [행정각부의 설치·종류·명칭과 조직]정부조직2·26-44, [특별지방행정기관의 설치]정부조직3, [부속기관의 설치]정부조직4

판례 행정 각부는 입법권자가 헌법 제96조의 위임을 받은 정부조직법 제29조에 의하여 설치하는 행정부만을 의미한다. 따라서 행정 각부로 규정되지 아니한 안기부는 행정 각부가 아니다. (헌재결 1994.4.28, 89헌마221)

第4款 監査院

第97條 [職務와 所屬] 國家의 歲入·歲出의 決算, 國家 및 法律이 정한 團體의 會計檢査와 行政機關 및 公務員의 職務에 관한 監察을 하기 위하여 大統領 所屬下에 監査院을 둔다.

참조 구72, [감사원의 지위]감사2, [감사원의 임무]감사20, [감사원의 구성]감사3, [세입·세출]54·89, 국가재정법21, [결산]99, 국가재정법56-61, 감사21, [회계검사]감사22·23, [직무감찰]감사24

第98條 [構成] ① 監査院은 院長을 포함한 5人 이상 11人 이하의 監査委員으로 구성한다.

② 院長은 國會의 同意를 얻어 大統領이 任命하고, 그 任期는 4年으로 하며, 1次에 한하여 重任할 수 있다.

③ 監査委員은 院長의 提請으로 大統領이 任命하고, 그 任期는 4年으로 하며, 1次에 한하여 重任할 수 있다.

참조 구73, [감사원의 지위·구성·직무]97·100, 감사2·3·20이하, [감사원장]감사4, [감사위원]감사5-10, [감사위원의 임명]감사5①, [감사위원의 임기와 정년]감사6, [감사위원의 임용자격]100, 감사7, [감사위원회의]감사11-15

第99條 [檢査와 報告] 監査院은 歲入·歲出의 決算을 매년 檢査하여 大統領과 次年度 國會에 그 결과를 보고하여야 한다.

참조 구74, [세입·세출]54·89, [결산의 확인]감사21, [결산서의 제출]국가재정법58, [대통령에의 보고]감사41·42, [국회에의 보고]감사41, 국회127-128

第100條 [組織·職務範圍등] 監査院의 組織·職務範圍·監査委員의 資格·監査對象公務員의 범위 기타 필요한 사항은 法律로 정한다.

참조 구75, [감사원의 구성]감사3, [직무범위]감사20-24, [감사위원의 자격]감사7

第5章 法 院

第101條 [司法權·法院 組織·法官의 資格] ① 司法權은 法官으로 구성된 法院에 속한다.

② 法院은 最高法院인 大法院과 各級法院으로 組織된다.

③ 法官의 資格은 法律로 정한다.

참조 구102, ①[권력분립]40·66④, [사법권]법원조직1, [법원의 권한]107·108, 법원조직2·7·14·28·28의4·32·34·40·40의4·40의7, [제소의 배제]64④, ②[법원의 조직]법원조직3, [최고법원]법원조직11·14, [각급법원]법원조직3①, ③[법관의 자격]법원조직42·43

판례 구체적 분쟁사건의 재판에 즈음하여 법률 또는 법률조항의 의미·내용과 적용 범위 : 법령의 해석·적용 권한은 사법권의 본질적 내용을 이루는 것이고, 법률이 헌법규범과 조화되도록 해석하는 것은 법령의 해석·적용상 대원칙이다. 따라서 합헌적 법률해석을 포함하는 법령의 해석·적용 권한은 대법원을 최고법원으로 하는 법원에 전속하는 것이며, 헌법재판소가 법률의 위헌 여부를 판단하기 위하여 불가피하게 법원의 최종적인 법률해석에 앞서 법령을 해석하거나 그 적용 범위를 판단하더라도 헌법재판소의 법률해석에 대법원이나 각급 법원이 구속되는 것은 아니다.(대판 2009.2.12, 2004두10289)

판례 고도의 정치성을 띤 국가행위인 이른바 '통치행위'가 사법심사의 대상이 되는지 여부 : 입헌적 법치주의 국가의 기본원칙은 어떠한 국가행위나 국가작용도 헌법과 법률에 근거하여 그 테두리 안에서 합헌적·합법적으로 행하여질 것을 요구하며, 이러한 합헌성과 합법성의 판단은 본질적으로 사법의 권능에 속하는 것이고, 다만 국가행위 중에는 고도의 정치성을 띤 것이 있고, 그러한 고도의 정치행위에 대하여 정치적 책임을 지지 않는 법원이 정치의 합목적성이나 정당성을 도외시한 채 합법성의 심사를 감행함으로써 정책결정이 좌우되는 일은 결코 바람직한 일이 아니며, 법원이 정치문제에 개입되어 그 중립성과 독립성을 침해당할 위험성도 부인할 수 없으므로, 고도의 정치성을 띤 국가행위에 대하여는 이른바 '통치행위'라 하여 법원 스스로 사법심사권의 행사를 억제하여 그 심사대상에서 제외하는 영역이 있으나, 이와 같이 통치행위의 개념을 인정한다고 하더라도 과도한 사법심사의 자제가 기본권을 보장하고 법치주의 이념을 구현하여야 할 법원의 책무를 태만히 하거나 포기하는 것이 되지 않도록 그 인정을 지극히 신중하게 하여야 하며, 그 판단은 오로지 사법부만에 의하여 이루어져야 한다.
(대판 2004.3.26, 2003도7878)

판례 변호사법 제81조 제4항 내지 제6항이 전심절차로서 기능하여야 할 법무부변호사징계위원회를 최종적인 사실심으로 기능하게 함으로써 헌법 제101조 제1항 및 제107조 제3항에 위반되는지 여부 : 위 법률조항들은 행정심판에 불과한 법무부변호사징계위원회의 결정에 대하여 법원의 사실적 측면과 법률적 측면에 대한 심사를 배제하고 대법원으로 하여금 변호사징계사건의 최종심 및 법률심으로서 단지 법률적 측면의 심사만을 할 수 있도록 하고 재판의 전심절차로서만 기능해야 할 법무부변호사징계위원회를 사실확정에 관한 한 사실상 최종심으로 기능하게 하고 있으므로, 일체의 법률적 쟁송에 대한 재판기능을 대법원을 최고법원으로 하는 법원에 속하도록 규정하고 있는 헌법 제101조 제1항 및 재판의 전심절차로서 행정심판을 두도록 하는 헌법 제107조 제3항에 위반된다.(헌재결 2000.6.29, 99헌가9)

판례 양형부당을 사유로 한 상고이유를 제한한 형사소송법 제383조 제4호의 위헌 여부 : 대법원의 재판권에 관하여 헌법은 제107조 제2항의 규정 외에는 아무런 규정을 두고 있지 아니하고 있어, 위 규정 외의 대법원의 재판권에 관한 사항은 적의 규정할 수 있는 것이므로 형사사건에서 어떤 사유를 이유로 하여 상고할 수 있도록 하느냐의 문제는 입법정책의 문제일 뿐만 아니라, 형사소송법 제383조 제4호의 규정은 입법권자에게 허용된 형성의 자유의 영역에 속하는 것이라고 할 것이므로, 위 법률의 규정이 헌법 제101조 제2항이나, 대법원의 재판을 받을 국민의 권리를 규정하고 있는 헌법규정에 위반되는 것이라고 할 수 없다.
(대판 1997.7.11, 97도1355)

第102條 [大法院] ① 大法院에 部를 둘 수 있다.
② 大法院에 大法官을 둔다. 다만, 法律이 정하는 바에 의하여 大法官이 아닌 法官을 둘 수 있다.
③ 大法院과 各級法院의 組織은 法律로 정한다.

참조 구103, ②[대법관 임명·임기]104·105, 법원조직41－42·45, ③[대법원과 각급법원의 조직]법원조직3

第103條 [法官의 獨立] 法官은 憲法과 法律에 의하여 그 良心에 따라 獨立하여 審判한다.

참조 구104, [법관의 신분보장]106, 법원조직46, [법관의 탄핵]65, [정치운동의 금지]법원조직49, [자유심증주의]민소202, 형소308, [법관의 심판참여금지]법원조직52②, [양심의 자유]19, [법관의 보수]법원조직46②, 법관의보수에관한법

판례 형사재판에서 법관의 양형결정이 법률에 기속되는 것은 법률에 따라 심판한다는 헌법 제103조에 의한 것으로 법치국가 원리의 당연한 귀결이다.
(헌재결 2005.3.31, 2004헌가27,2005헌바8(병합))

판례 한정위헌(限定違憲) 결정에 표현되어 있는 헌법재판소의 법률해석에 관한 견해는 법률의 의미·내용과 그 적용범위에 관한 헌법재판소의 견해를 일응 표명한데 불과하여 이와 같이 법원에 전속되어 있는 법령의 해석·적용 권한에 대하여 어떠한 영향을 미치거나 기속력도 가질 수 없다.
(대판 1996.4.9, 95누11405)

프판 입법자나 정부가 침해할 수 없는 기능의 특수성에 비추어 사법재판권과 마찬가지로 행정재판권도 독립성을 갖는다.
(프랑스 헌법위원회 1980.7.22 결정)

第104條 [大法院長·大法官 任命] ① 大法院長은 國會의 同意를 얻어 大統領이 任命한다.
② 大法官은 大法院長의 提請으로 國會의 同意를 얻어 大統領이 任命한다.
③ 大法院長과 大法官이 아닌 法官은 大法官會議의 同意를 얻어 大法院長이 任命한다.

참조 구105, ①[대법원장의 권한]법원조직13·15, [대통령의 공무원임명권]78, [대법원장의 임명]법원조직41·42·43, [국회의 임명동의권]86·98, 국회46의3, [대법원장의 임기]105, ②[대법관의 자격]법원조직42, [대법관의 임기]105, ③[법관의 자격]101③, 법원조직42·43, [법관의 임기]105, 법원조직45

第105條 [法官의 任期·連任·停年] ① 大法院長의 任期는 6年으로 하며, 重任할 수 없다.
② 大法官의 任期는 6年으로 하며, 法律이 정하는 바에 의하여 連任할 수 있다.
③ 大法院長과 大法官이 아닌 法官의 任期는 10年으로 하며, 法律이 정하는 바에 의하여 連任할 수 있다.
④ 法官의 停年은 法律로 정한다.

참조 구106, [대법원장등 임기에 대한 경과규정]부칙4

第106條 [法官의 身分保障] ① 法官은 彈劾 또는 禁錮 이상의 刑의 宣告에 의하지 아니하고는 罷免되지 아니하며, 懲戒處分에 의하지 아니하고는 停職·減俸 기타 不利한 處分을 받지 아니한다.
② 法官이 중대한 心身上의 障害로 職務를 수행할 수 없을 때에는 法律이 정하는 바에 의하여 退職하게 할 수 있다.

참조 구107, [법관의 독립]103, [임기]105, [휴직]법원조직51, [임명]104, ①[신분보장]법원조직46, [탄핵]65, [징계처분]법원조직48, 법관징계법3, ②[심신상의 장해로 인한 퇴직]법원조직47, [정년퇴직]법원조직45, [법관의 타기관 파견근무]법원조직50

第107條 [違憲提請, 命令등의 審査權·行政審判] ① 法律이 憲法에 위반되는 여부가 裁判의 前提가 된 경우에는 法院은 憲法裁判所에 提請하여 그 審判에 의하여 裁判한다.
② 命令·規則 또는 處分이 憲法이나 法律에 위반되는 여부가 裁判의 前提가 된 경우에는 大法院은 이를 最終的으로 審査할 權限을 가진다.
③ 裁判의 前審節次로서 行政審判을 할 수 있다. 行政審判의 節次는 法律로 정하되, 司法節次가 準用되어야 한다.

참조 구108, [헌법재판소의 위헌여부 심사]111·113, ②[대법원해석의 기속력]법원조직8, [법률]40·52·53, [명령]75·95, [규칙]64·108·114⑥·117, ③[행정심판]행정심판·행소, [조세심판]국세55

판례 위헌법률심판제청의 요건 : 법원이 어느 법률의 위헌 여부의 심판을 제청하기 위하여는, 당해 법률이 헌법에 위반되는지 여부가 재판을 하기 위한 전제가 되어야 하는 바, 여기에서 재판의 전제가 된다고 함은, 구체적 사건이 법원에 계속중이어야 하고, 위헌 여부가 문제되는 법률이 당해 소송사건의 재판에 적용되는 것이어야 하며, 그 법률이 헌법에 위반되는지의 여부에 따라 당해 사건을 담당하는 법원이 다른 판단을 하게 되는 경우를 말하는 것이다.(대결 2004.10.14, 2004주8)

판례 행정심판의 기능 및 존재이유 : 헌법 제107조 제3항은 "재판의 전심절차로서 행정심판을 할 수 있다."고 하여 행정심판의 헌법적 근거를 제공하고 있다. 행정심판이라 함은 행정청의 위법·부당한 처분 또는 부작위에 대한 불복에 대하여 행정기관이 심판하는 행정쟁송절차를 말한다. 행정심판의 기능 및 존재이유로서는 첫째, 행정청에게 먼저 재고와 반성의 기회를 주어 행정처분의 하자를 자율적으로 시정하도록 하는 '자율적 행정통제'의 기능, 둘째, 행정의 전문·기술성이 날로 증대됨에 따라

행정기관의 전문지식을 활용할 수 있도록 함으로써 법원의 전문성 부족을 보완하는 기능, 셋째, 분쟁을 행정심판단계에서 해결하도록 함으로써 분쟁해결의 시간과 비용을 절약하고 법원의 부담을 경감할 수 있다는 기능 등을 들 수 있다. '행정심판을 행정소송의 전심절차로 할 것인가 아니면 임의절차로 할 것인가'의 문제를 비롯하여 행정심판절차의 구체적 형성을 입법자에게 맡기면서, 다만 '행정심판은 재판의 전심절차로서만 기능하여야 한다'는 것과 '행정심판절차에 사법절차가 준용되어야 한다'는 것을 규정함으로써, 입법적 형성의 한계를 제시하고 있다.(헌재결 2002.10.31, 2001헌바40)

第108條 [大法院의 規則制定權] 大法院은 法律에 저촉되지 아니하는 범위안에서 訴訟에 관한 節次, 法院의 內部規律과 事務處理에 관한 規則을 制定할 수 있다.

참조 구109, [법원의 자율권]법원조직17, [대법원규칙]법원조직18, [규칙제정권]64·114⑥·117, 감사52

第109條 [裁判公開의 原則] 裁判의 審理와 判決은 公開한다. 다만, 審理는 國家의 安全保障 또는 安寧秩序를 방해하거나 善良한 風俗을 해할 염려가 있을 때에는 法院의 決定으로 公開하지 아니할 수 있다.

참조 구110, [공판의 공개]27③, 법원조직57, 형소51②·361의5, [법정질서유지]법원조직58−61, [국가안전보장]37·76, [안녕질서]37·76·77, [선량한 풍속]민103·105·106, [심문의 비공개]비송13, 가소10

판례 법원이 형사재판에 관하여 방청권을 발행하여 방청인의 수를 제한함이 공개재판주의에 반하는지 여부 : 법원이 법정의 규모·질서의 유지·심리의 원활한 진행 등을 고려하여 방청을 희망하는 피고인들의 가족·친지 기타 일반 국민에게 미리 방청권을 발행하게 하고 그 소지자에 한하여 방청을 허용하는 등의 방법으로 방청인의 수를 제한하는 조치를 취하는 것이 공개재판주의의 취지에 반하는 것은 아니다.(대판 1990.6.8, 90도646)

第110條 [軍事裁判] ① 軍事裁判을 관할하기 위하여 特別法院으로서 軍事法院을 둘 수 있다.
② 軍事法院의 上告審은 大法院에서 관할한다.
③ 軍事法院의 組織·權限 및 裁判官의 資格은 法律로 정한다.
④ 非常戒嚴下의 軍事裁判은 軍人·軍務員의 犯罪나 軍事에 관한 間諜罪의 경우와 哨兵·哨所·有毒飮食物供給·捕虜에 관한 罪중 法律이 정한 경우에 한하여 單審으로 할 수 있다. 다만, 死刑을 宣告한 경우에는 그러하지 아니하다.

참조 구111, [정당한 재판을 받을 권리]27, ①[군사재판의 관할]군사법원7, 계엄10·12, ②[상고심]군사법원442·443, ③[군사법원의 설치]군사법원6, [군사법원의 재판관]군사법원21−30, 군법무관임용등에관한법, ④[비상계엄]77, 군사법원534, 계엄10, [군인·군무]국군조직4①·16①, 군무원, [간첩죄]군형13, [초병·초소에 관한 죄]군형54−59·78, [유해 음식물 공급죄]군형42, [포로에 관한 죄]군형86−91

第6章 憲法裁判所

第111條 [權限과 構成등] ① 憲法裁判所는 다음 사항을 管掌한다.
1. 法院의 提請에 의한 法律의 違憲與否 審判
2. 彈劾의 審判
3. 政黨의 解散 審判
4. 國家機關 相互間, 國家機關과 地方自治團體間 및 地方自治團體 相互間의 權限爭議에 관한 審判
5. 法律이 정하는 憲法訴願에 관한 審判

② 憲法裁判所는 法官의 資格을 가진 9人의 裁判官으로 구성하며, 裁判官은 大統領이 任命한다.
③ 第2項의 裁判官중 3人은 國會에서 選出하는 者를, 3人은 大法院長이 指名하는 者를 任命한다.
④ 憲法裁判所의 長은 國會의 同意를 얻어 裁判官중에서 大統領이 任命한다.

참조 구112, ①(1)[위헌여부의 심판]107, [결정정족수]113, [법률]40·52, (2)[탄핵소추]65, (3)[정당해산]8④·89, [자진해산]정당법45, [정당해산으로 인한 등록말소]정당법47, [대체정당의 금지]정당법40, ②[대통령의 공무원임명권]78, [재판관의 임기·정치적 중립·신분보장·자격]112, ③[국회에서의 선출]국회46의3, [대법원장의 권한]104, 법원조직13, ④[국회의 동의]49·104

판례 분묘기지권에 대한 관습법이 헌법소원심판의 대상에 해당하는지 여부 : 우리 헌법은 위헌심판의 대상을 '법률'이라고 규정하고 있는데, 여기서 '법률'이라고 함은 국회의 의결을 거친 형식적 의미의 법률뿐만 아니라 법률과 같은 효력을 갖는 조약 등도 포함된다. 따라서 타인 소유의 토지에 소유자의 승낙 없이 분묘를 설치한 경우 20년간 평온·공연하게 그 분묘의 기지를 점유하면 분묘기지권을 취득하도록 하는 내용의 이 사건 관습법 역시 헌법소원심판의 대상이 되는 법률이라고 할 수 있다.(헌재결 2020.10.29, 2017헌바208)

판례 진정입법부작위에 관한 헌법재판소의 재판관할권 : 헌법에서 기본권보장을 위해 법령에 명시적인 입법위임을 하였음에도 불구하고 입법자가 이를 이행하지 않고 있는 경우 또는 헌법해석상 특정인에게 구체적인 기본권이 생겨 이를 보장하기 위한 국가의 행위의무 내지 보호의무가 발생하였음이 명백함에도 불구하고 입법자가 전혀 아무런 입법조치를 취하지 않고 있는 경우에 한하여 진정입법부작위에 관한 헌법재판소의 재판관할권은 제한적으로 인정된다.(헌재결 2006.1.17, 2005헌마1214)

판례 헌법소원에 대한 적법요건 규정이 입법자의 입법형성의 영역에 속하는 것인지 여부 : 재판청구권의 실현은 법원의 조직과 절차에 관한 입법에 의존하고 있기 때문에 입법자에 의한 재판청구권의 구체적 형성은 불가피하므로 원칙적으로 소송법상의 재판청구권과 관계되는 모든 제도는 입법자의 광범위한 입법형성권하에 놓여 있는 것인바, 헌법 제111조 제1항 제5호도 헌법재판소의 다른 관장사항과 달리 '법률이 정하는' 헌법소원에 관한 심판이라고 규정하여 헌법소원제도의 구체적 형성을 입법자에게 위임하고 있다. 그러므로 헌법소원의 적법요건을 어떻게 규정할 것인가는 원칙적으로 입법자의 입법형성의 자유에 속하는 것이다.(헌재결 2005.5.26, 2004헌마671)

판례 행정권력의 부작위가 헌법소원의 대상이 되기 위한 요건 : 행정권력의 부작위에 대한 헌법소원은 공권력의 주체에게 헌법에서 유래하는 작위의무가 특별히 구체적으로 규정되어 이에 의거하여 기본권의 주체가 행정행위 내지 공권력의 행사를 청구할 수 있음에도 공권력의 주체가 그 의무를 해태하는 경우에 한하여 허용된다.(헌재결 2004.10.28, 2003헌마898)

독판 정당은 그의 헌법상의 지위에 따라 헌법기관으로서 권한쟁의를 제기할 수 있는 당사자 적격을 갖는다. 그러나 정당이 헌법기관을 상대로 권한쟁의를 제기하는 것은 가능하지만 거꾸로 다른 헌법기관이 정당을 상대로 권한쟁의를 제기하는 것은 가능하지 않다.(BVerfGE 73, 40(66)−1986.7.14)

第112條 [裁判官의 任期와 政治關與禁止·身分保障] ① 憲法裁判所 裁判官의 任期는 6年으로 하며, 法律이 정하는 바에 의하여 連任할 수 있다.
② 憲法裁判所 裁判官은 政黨에 加入하거나 政治에 관여할 수 없다.
③ 憲法裁判所 裁判官은 彈劾 또는 禁錮 이상의 刑의 宣告에 의하지 아니하고는 罷免되지 아니한다.

참조 구113, ①[재판소의 구성]111②, ②[공무원의 정치적 중립성]7, ③[탄핵]65

第113條 [決定定足數·組織과 運營] ① 憲法裁判所에서 法律의 違憲決定, 彈劾의 決定, 政黨解散의 決定 또는 憲法訴願에 관한 認容決定을 할 때에는 裁判官 6人 이상의 贊成이 있어야 한다.
② 憲法裁判所는 法律에 저촉되지 아니하는 범위안에서 審判에 관한 節次, 內部規律과 事務處理에 관한 規則을 制定할 수 있다.
③ 憲法裁判所의 組織과 운영 기타 필요한 사항은 法律로 정한다.

참조 구114, [재판관의 정수]111, [규칙제정권]108·114⑥·117, [조직]헌재1201하

第7章 選擧管理

第114條 [選擧管理委員會] ① 選擧와 國民投票의 공정한 管理 및 政黨에 관한 事務를 처리하기 위하여 選擧管理委員會를 둔다.
② 中央選擧管理委員會는 大統領이 任命하는 3人, 國會에서 選出하는 3人과 大法院長이 指名하는 3人의 委員으로 구성한다. 委員長은 委員중에서 互選한다.
③ 委員의 任期는 6年으로 한다.
④ 委員은 政黨에 加入하거나 政治에 관여할 수 없다.
⑤ 委員은 彈劾 또는 禁錮 이상의 刑의 宣告에 의하지 아니하고는 罷免되지 아니한다.
⑥ 中央選擧管理委員會는 法令의 범위안에서 選擧管理·國民投票管理 또는 政黨事務에 관한 規則을 制定할 수 있으며, 法律에 저촉되지 아니하는 범위안에서 內部規律에 관한 規則을 制定할 수 있다.
⑦ 各級 選擧管理委員會의 組織·職務範圍 기타 필요한 사항은 法律로 정한다.

참조 구115, [선거]41·67·68, 공선1·2, [국민투표]1②·72·130, 투표, [정당]8, 정당법, [선거관리위원회]선거관리위1-3, [중앙선거관리위원회의 구성]선거관리위2·4·5·6, ②[대통령의 공무원임명권]78, [국회에서의 선출]49, 국회46의3, [위원의 임명]선거관리위4, ③[위원의 임기]선거관리위8, ④[공무원의 정치적 중립성]7, [정치관여의 금지]선거관리위9, ⑤[위원의 신분보장]선거관리위13, [탄핵]65, [해임사유]선거관리위9, ⑥[규칙제정권]108·117

판례 각급 선거관리위원회에 배포한 '개표관리요령'은 개표관리 및 투표용지의 유·무효를 가리는 업무에 종사하는 각급 선거관리위원회 직원등에 대한 업무처리지침 내지 사무처리준칙에 불과할 뿐 국민이나 법원을 구속하는 효력은 없다.
(대판 1996.7.12, 96우16)

第115條 [選擧管理委員會의 對行政機關指示權] ① 各級 選擧管理委員會는 選擧人名簿의 작성 등 選擧事務와 國民投票事務에 관하여 관계 行政機關에 필요한 指示를 할 수 있다.
② 第1項의 指示를 받은 당해 行政機關은 이에 응하여야 한다.

참조 구116, [행정기관]96, 정부조직

第116條 [選擧運動·選擧經費] ① 選擧運動은 各級 選擧管理委員會의 管理下에 法律이 정하는 범위안에서 하되, 균등한 機會가 보장되어야 한다.
② 選擧에 관한 經費는 法律이 정하는 경우를 제외하고는 政黨 또는 候補者에게 부담시킬 수 없다.

참조 구117, ①[선거운동]공선58-74·79-89·90-117·118, [각급 선거관리위원회]선거관리위2, [법률]공선, [기회균등]11, [후보자]공선47-57, [선거비용의 부담등]공선119-135의2

第8章 地方自治

第117條 [自治權, 地方自治團體의 種類] ① 地方自治團體는 住民의 福利에 관한 事務를 처리하고 財産을 관리하며, 法令의 범위안에서 自治에 관한 規定을 制定할 수 있다.
② 地方自治團體의 종류는 法律로 정한다.

참조 구118, ①[지방자치단체의 법인격]지방자치3①, [지방자치단체의 사무]지방자치13, [주민]지방자치16이하, [공공복리]36, [명칭과 구역]지방자치5, [의회]118, 지방자치37이하, [자치입법]지방자치28-30·32, ②[지방자치단체의 종류]지방자치2

판례 지방자치단체의 장이 처리하고 있는 사무가 기관위임사무에 해당하는지 여부의 판단 방법 : 지방자치단체의 장이 처리하고 있는 사무가 기관위임사무에 해당하는지 여부를 판단함에 있어서는 그에 관한 법규의 규정 형식과 취지를 우선 고려하여야 할 것이지만 그 외에도 그 사무의 성질이 전국적으로 통일적인 처리가 요구되는 사무인지 여부나 그에 관한 경비부담과 최종적인 책임귀속의 주체 등도 아울러 고려하여 판단하여야 한다.
(대판 2006.7.28, 2004다759)

판례 지방자치단체의 통합·분할·폐치가 입법자의 재량행위인지의 여부 : 헌법 제117조 제2항은 지방자치단체의 종류를 법률로 정하도록 규정하고 있을 뿐 지방자치단체의 종류 및 구조를 명시하고 있지 않으므로 이에 관한 사항은 기본적으로 입법자에게 위임된 것으로 볼 수 있으므로 지방자치단체의 중층구조 또는 지방자치단체로서 특별시·광역시 및 도와 함께 시·군 및 구를 계속하여 존속하도록 할지 여부는 결국 입법자의 입법형성권의 범위에 들어가는 것으로 보아야 하며, 이에 대한 위헌성 판단은 입법자의 판단이 현저히 자의적이고 불합리한 기본권 제한인지의 여부로 결정된다.(헌재결 2006.4.27, 2005헌마1190)

판례 헌법 또는 법률상 지방자치단체에 영토고권이라는 자치권이 부여되어 있는지 여부 : 헌법 제117조, 제118조가 제도적으로 보장하고 있는 지방자치의 본질적 내용은 '자치단체의 보장, 자치기능의 보장 및 자치사무의 보장'이라고 할 것이나, 지방자치제도의 보장은 지방자치단체에 의한 자치행정을 일반적으로 보장한다는 것뿐이고 특정자치단체의 존속을 보장한다는 것은 아니므로, 마치 국가가 영토고권을 가지는 것과 마찬가지로, 지방자치단체에게 자신의 관할구역 내에 속하는 영토, 영해, 영공을 자유로이 관리하고 관할구역 내의 사람과 물건을 독점적, 배타적으로 지배할 수 있는 권리가 부여되어 있다고 할 수는 없다.
(헌재결 2006.3.30, 2003헌라2)

第118條 [地方自治團體의 組織·運營] ① 地方自治團體에 議會를 둔다.
② 地方議會의 組織·權限·議員選擧와 地方自治團體의 長의 選任方法 기타 地方自治團體의 組織과 운영에 관한 사항은 法律로 정한다.

참조 구119, ①[지방의회]지방자치37이하, ②[권한]지방자치47-52, [자치입법]지방자치28-30·32, [의원선거]공선20·22·23·24의3·26, [지방자치단체의 장의 선임방법]공선20, [법률]지방자치, 공선

판례 헌법은 지방자치와 관련하여 지방자치단체는 법령의 범위안에서 자치에 관한 규정을 제정할 수 있다고 규정하고, 이에 따른 지방자치법 제15조의 규정에 의해 명시적으로 법령의 범위 내에서의 조례제정권만을 인정하고 있으므로 대통령령으로 지방자치단체의 공무원, 특히 지방의회 사무직원의 정원 등에 관하여 규정하는 것이 지방의회에 의한 지방자치단체의 정원조정에 관한 조례제정권의 자율성을 침해한다거나 지방의회제도의 본질에 반하여 헌법에 위배된다고 할 수 없다.(대판 1997.9.9, 96추169)

第9章 經 濟

第119條 [經濟秩序의 基本·經濟의 規制·調整] ① 大韓民國의 經濟秩序는 개인과 企業의 經濟上의 自由와 創意를 존중함을 基本으로 한다.
② 國家는 균형있는 國民經濟의 成長 및 安定과 적정한 所得의 分配를 유지하고, 市場의 支配와 經濟力의 濫用을 방지하며, 經濟主體間의 調和를 통한 經濟의 民主化를 위하여 經濟에 관한 規制와 調整을 할 수 있다.

참조 구120, [경제상의 자유보장]전문·22, [사유재산제의 보장]13·23, ②[경제에 관한 규제와 조정]120-123·125·126, 독점, 공토법, 물가안정2-9, 농수산물유통4-16, 국토이용76-84, 초지법21의2-24의3, 대외무역5, 광업10, 수산8이하, [비상사태하의 경제에 관한 긴급조치]76, 비상자원13-13의4

판례 개성공업지구 현지기업 사이의 민사분쟁은 우리 헌법이 규정하고 있는 자유시장경제질서에 기초한 경제활동을 영위하다가 발생하는 것이라는 점 등까지 고려하면, 대한민국 법원은 개성공업지구 현지기업 사이의 민사분쟁에 대하여 당연히 재판관할권을 가지고, 이는 소송의 목적물이 개성공업지구 내에 있는 건물 등이라고 하여 달리 볼 것이 아니다.
(대판 2016.8.30, 2015다255265)

판례 경제민주화의 헌법적 정당성 : 「유통산업발전법」 제12조의2에 따라 대형마트 등에 영업시간과 의무 휴업일을 강제하는 것에 대하여, 이와 같은 규제를 통해 중소상인의 생존권과 유통산업 노동자의 건강권 보장 등 달성하려는 공익은 중대할 뿐 아니라 이를 보호하여야 할 필요성도 큰 반면, 이로 인해 대형마트의 영업의 자유나 소비자의 선택권 등의 본질적 내용이 침해되었다고 보기는 어렵다. 헌법 제119조제2항에 따라 이루어진 경제규제에 관한 입법의 해석과 적용에 관하여도, 이와 같은 기본원칙이 훼손되지 않고 그 실천원리가 그 한계를 벗어나지 않으면서도 기능을 발휘할 수 있도록 하여야 한다. 경제활동의 규제는 필연적으로 그 규제를 당하는 경제주체나 그와 같은 방향의 이해관계를 가지고 있는 이해관계인에게 불이익과 불편함을 수반하게 된다. 따라서 헌법이 지향하는 것처럼 여러 경제주체가 조화롭게 공존하고 상생하는 경제질서를 구축하고 공공복리를 실현하기 위하여 법률로써 어느 경제주체의 경제활동의 자유 등을 제한하게 되더라도 그 제한이 정당한 목적과 합리적인 수단에 의하고 있고, 개인의 자유와 권리의 본질적인 내용을 침해하는 것이 아니라면 해당 경제주체는 이를 수인하여야 한다. 따라서 대형마트에 심야영업을 제한하고 휴일에 2번 의무 휴업하도록 한 처분은 적법하다.(대판 2015.11.19, 2015두295 전원합의체)

판례 헌법 제119조 제2항의 '경제의 민주화'의 헌법적 의미 : 헌법 제119조 제2항에 규정된 '경제주체간의 조화를 통한 경제민주화'의 이념은 경제영역에서 정의로운 사회질서를 형성하기 위하여 추구할 수 있는 국가목표로서 개인의 기본권을 제한하는 국가행위를 정당화하는 헌법규범이다.(헌재결 2004.10.28, 99헌바91)

판례 어떠 분야의 경제활동을 사인간의 사적 자치에 완전히 맡길 경우 심각한 사회적 폐해가 예상되는데도 국가가 아무런 관여를 하지 않는다면 공정한 경쟁질서가 깨어지고 경제주체간의 부조화가 일어나게 되어 오히려 헌법상의 경제질서에 반하는 결과가 초래될 것이므로, 경제주체간의 부조화를 방지하고 금융시장의 공정성을 확보하기 위하여 마련된 유사수신행위의규제에관한법률 제3조는 우리 헌법의 경제질서에 위배되는 것이라 할 수 없다.(헌재결 2003.2.27, 2002헌바4)

판례 헌법상 경제조항의 성격 : 우리 헌법은 전문 및 제119조 이하의 경제에 관한 장에서 균형있는 국민경제의 성장과 안정, 적정한 소득의 분배, 시장의 지배와 경제력남용의 방지, 경제주체간의 조화를 통한 경제의 민주화, 균형있는 지역경제의 육성, 중소기업의 보호육성, 소비자보호 등 경제영역에서의 국가목표를 명시적으로 규정함으로써, 우리 헌법의 경제질서는 사유재산제를 바탕으로 하고 자유경쟁을 존중하는 자유시장 경제질서를 기본으로 하면서도 이에 수반되는 갖가지 모순을 제거하고 사회복지·사회정의를 실현하기 위하여 국가적 규제와 조정을 용인하는 사회적 시장경제질서로서의 성격을 띠고 있다.
(헌재결 2001.6.28, 2001헌마132)

판례 국민연금법 규정이 헌법상의 시장경제질서에 위반되는지 여부 : 우리 헌법의 경제질서 원칙에 비추어 보면, 사회보험방식에 의하여 재원을 조성하여 반대급부로 노후생활을 보장하는 강제저축 프로그램으로서의 국민연금제도는 상호부조의 원리에 입각한 사회연대성에 기초하여 고소득계층에서 저소득층으로, 근로세대에서 노년세대로, 현재세대에서 다음세대로 국민간에 소득재분배의 기능을 함으로써 오히려 위 사회적 시장경제질서에 부합하는 제도라 할 것이므로, 국민연금제도는 헌법상의 시장경제질서에 위배되지 않는다.(헌재결 2001.2.22, 99헌마365)

第120條 [天然資源 採取·開發 特許·保護] ① 鑛物 기타 중요한 地下資源·水産資源·水力과 經濟上 이용할 수 있는 自然力은 法律이 정하는 바에 의하여 일정한 期間 그 採取·開發 또는 이용을 特許할 수 있다.

② 國土와 資源은 國家의 보호를 받으며, 國家는 그 균형있는 開發과 이용을 위하여 필요한 計劃을 수립한다.

참조 구121, ①[광물과 광업권·조광권]광업3·5·12, 해저광물자원개발법4·5, [어업의 면허·허가·신고]수산8–49, [법률]광업, 해저광물자원개발법, 수산, 하천법, 원자력진흥법, ②[국토의 이용관리]국토기본법, 국토이용

第121條 [農地의 小作制度禁止, 農地의 賃貸借·委託經營] ① 國家는 農地에 관하여 耕者有田의 원칙이 達成될 수 있도록 노력하여야 하며, 農地의 小作制度는 금지된다.

② 農業生産性의 提高와 農地의 合理的인 이용을 위하거나 불가피한 事情으로 발생하는 農地의 賃貸借와 委託經營은 法律이 정하는 바에 의하여 인정된다.

참조 구122, [법률]농지, [임대·위탁경영]농지9·23–27

第122條 [國土의 利用·開發制限과 義務賦課] 國家는 國民 모두의 生産 및 生活의 基盤이 되는 國土의 효율적이고 균형있는 이용·開發과 보전을 위하여 法律이 정하는 바에 의하여 그에 관한 필요한 제한과 義務를 課할 수 있다.

참조 구123, [농지]농지, [산지]산림기본법2, [효율적인 이용·개발·보전]국토이용3, 국토기본법1, 산림기본법5, 내수면1, [제한과 의무]국토이용8·9

第123條 [農·漁村綜合開發과 中小企業保護·育成] ① 國家는 農業 및 漁業을 보호·육성하기 위하여 農·漁村綜合開發과 그 지원등 필요한 計劃을 수립·施行하여야 한다.

② 國家는 地域間의 균형있는 발전을 위하여 地域經濟를 육성할 義務를 진다.

③ 國家는 中小企業을 보호·육성하여야 한다.

④ 國家는 農水産物의 需給均衡과 流通構造의 개선에 노력하여 價格安定을 도모함으로써 農·漁民의 이익을 보호한다.

⑤ 國家는 農·漁民과 中小企業의 自助組織을 육성하여야 하며, 그 自律的 活動과 발전을 보장한다.

참조 구124, ①④[농·어업의 보호·육성]농업·농촌및식품산업기본법, 한국농어촌공사및농지관리기금법, 농지, 농수산물유통4–16, 농협, 수협, 축협, ②[균형있는 발전]119②, ③[중소기업의 보호]중소기업기본법, 중소기업협동, 중소기업창업, 중소기업진흥

판례 주세법의 자도소주(自道燒酒) 구입명령제도가 헌법에 위반되는지 여부 : 전국 각도에 균등하게 하나씩의 소주제조기업을 존속케 하려는 주세법에서는 수정되어야 할 구체적인 지역간의 차이를 확인할 수 없고, 따라서 1도1소주제조업체의 존속유지와 지역경제의 육성간에 상관관계를 찾아볼 수 없으므로 "지역경제의 육성"은 기본권의 침해를 정당화할 수 있는 공익으로 고려하기 어려우며, 중소기업의 보호가 공익이 자유경쟁질서안에서 발생하는 불리함을 국가의 지원으로 보완하여 경쟁을 유지하고 촉진시키려는데 그 목적이 있으므로, 구입명령제도는 이러한 공익을 실현하기에 적합한 수단으로 보기 어렵다.
(헌재결 1996.12.26, 96헌가18)

第124條 [消費者保護] 國家는 건전한 消費行爲를 啓導하고 生産品의 品質向上을 촉구하기 위한 消費者保護運動을 法律이 정하는 바에 의하여 보장한다.

참조 구125, [소비자의 권리]소비자4, 물가안정, 독점3의2

第125條 [對外貿易의 育成과 規制·調整] 國家는 對外貿易을 육성하며, 이를 規制·調整할 수 있다.

참조 구126, [경제에 관한 규제와 조정]119, [무역의 육성·규제·조정]대외무역1, 대한무역투자진흥공사법, 한국수출입은행법

第126條 [私企業 國·公有化와 統制등 禁止] 國防上 또는 國民經濟上 緊切한 필요로 인하여 法律이 정하는 경우를 제외하고는, 私營企業을 國有 또는 公有로 移轉하거나 그 경영을 統制 또는 관리할 수 없다.

참조 구127, [경제 관련 규제와 조정]119, [대통령의 긴급조치권]76, [계엄하의 징발과 보상]계엄9–9의6, 징발법19, [재산권 제한에 대한 보상]23

판례 사납금제를 금지하기 위하여 택시운송사업자의 운송수입금 전액 수납의무와 운수종사자의 운송수입금 전액 납부의무를 규정한 자동차운수사업법 제24조 제3항 및 제33조의5 제2항의 운송수입금 전액관리제로 인하여 청구인들이 기업경영에 있어

서 영리추구라고 하는 사기업 본연의 목적을 포기할 것을 강요받거나 전적으로 사회·경제정책적 목표를 달성하는 방향으로 기업활동의 목표를 전환해야 하는 것도 아니고, 그 기업경영과 관련하여 국가의 광범위한 감독과 통제 또는 관리를 받게 되는 것도 아니며, 더구나 청구인들 소유의 기업에 대한 재산권이 박탈되거나 통제를 받게 되어 그 기업이 사회의 공동재산의 형태로 변형된 것도 아니므로, 이 사건 법률조항들이 헌법 제126조에 위반된다고 볼 수 없다.(헌재결 1998.10.29, 97헌마345)

第127條 [科學技術의 혁신·개발과 國家標準制度 확립] ① 國家는 科學技術의 革新과 情報 및 人力의 開發을 통하여 國民經濟의 발전에 노력하여야 한다.

② 國家는 國家標準制度를 확립한다.

③ 大統領은 第1項의 目的을 達成하기 위하여 필요한 諮問機構를 둘 수 있다.

참조 구128, ①[과학기술의 창달·진흥]과학·수학·정보교육진흥법1, 과학기술기본법1, 국가기술자격법1, 산업기술혁신촉진법1, 특정연구기관육성법1, 한국과학기술원법1, 한국연구재단법, ②[표준제도]산업표준화법, ③[대통령의 자문기관]90−93

第10章 憲法改正

第128條 [改正提案과 效力] ① 憲法改正은 國會在籍議員 過半數 또는 大統領의 發議로 提案된다.

② 大統領의 任期延長 또는 重任變更을 위한 憲法改正은 그 憲法改正 提案 당시의 大統領에 대하여는 效力이 없다.

참조 구129, [국민투표]1②·130②, [개정안 의결]130①, 국회109−114의2, 법령등공포2−4, [헌법개정의 공포]130③, 법령등공포11①, 투표91

第129條 [改正案公告期間] 提案된 憲法改正案은 大統領이 20日 이상의 期間 이를 公告하여야 한다.

참조 구130, [개정안의 공고]법령등공포2·3·11①

第130條 [改正案 議決과 確定·公布] ① 國會는 憲法改正案이 公告된 날로부터 60日 이내에 議決하여야 하며, 國會의 議決은 在籍議員 3分의 2 이상의 贊成을 얻어야 한다.

② 憲法改正案은 國會가 議決한 후 30日 이내에 國民投票에 붙여 國會議員選擧權者 過半數의 投票와 投票者 過半數의 贊成을 얻어야 한다.

③ 憲法改正案이 第2項의 贊成을 얻은 때에는 憲法改正은 확정되며, 大統領은 즉시 이를 公布하여야 한다.

참조 구131, [개정안의 공고]법령등공포2·3·11①, ②[국민투표]1, 투표1, [국회의원선거권자]24, 공선15, ③[확정의 공포]투표91

판례 '우리나라의 수도가 서울인 점'에 대한 관습헌법을 폐지하기 위해서는 헌법개정이 필요한지 여부 : 우리나라의 수도가 서울이라는 점에 대한 관습헌법을 폐지하기 위해서는 헌법이 정한 절차에 따른 헌법개정이 이루어져야 한다. 이 경우 성문의 조항과 다른 것은 성문의 수도조항이 존재한다면 이를 삭제하는 내용의 개정이 필요하겠지만 관습헌법은 이에 반하는 내용의 새로운 수도설정조항을 헌법에 넣는 것만으로 그 폐지가 이루어지는 점에 있다.
(헌재결 2004.10.21, 2004헌마554·566(병합))

附 則

第1條 [施行日] 이 憲法은 1988年 2月 25日부터 施行한다. 다만, 이 憲法을 施行하기 위하여 필요한 法律의 制定·改正과 이 憲法에 의한 大統領 및 國會議員의 選擧 기타 이 憲法施行에 관한 準備는 이 憲法施行전에 할 수 있다.

第2條 [最初의 大統領選擧日·任期] ① 이 憲法에 의한 최초의 大統領選擧는 이 憲法施行日 40日 전까지 실시한다.

② 이 憲法에 의한 최초의 大統領의 任期는 이 憲法施行日로부터 開始한다.

第3條 [最初의 國會議員選擧·이 憲法施行 당시의 國會議員 任期] ① 이 憲法에 의한 최초의 國會議員選擧는 이 憲法公布日로부터 6月 이내에 실시하며, 이 憲法에 의하여 選出된 최초의 國會議員의 任期는 國會議員選擧후 이 憲法에 의한 國會의 최초의 集會日로부터 開始한다.

② 이 憲法公布 당시의 國會議員의 任期는 第1項에 의한 國會의 최초의 集會日 前日까지로 한다.

第4條 [이 憲法施行 당시의 公務員등의 地位] ① 이 憲法施行 당시의 公務員과 政府가 任命한 企業體의 任員은 이 憲法에 의하여 任命된 것으로 본다. 다만, 이 憲法에 의하여 選任方法이나 任命權者가 변경된 公務員과 大法院長 및 監査院長은 이 憲法에 의하여 後任者가 選任될 때까지 그 職務를 행하며, 이 경우 前任者인 公務員의 任期는 後任者가 選任되는 前日까지로 한다.

② 이 憲法施行 당시의 大法院長과 大法院判事가 아닌 法官은 第1項 但書의 規定에 불구하고 이 憲法에 의하여 任命된 것으로 본다.

③ 이 憲法중 公務員의 任期 또는 重任制限에 관한 規定은 이 憲法에 의하여 그 公務員이 최초로 選出 또는 任命된 때로부터 適用한다.

第5條 [이 憲法施行 당시의 法令과 條約의 效力] 이 憲法施行 당시의 法令과 條約은 이 憲法에 違背되지 아니하는 한 그 效力을 지속한다.

판례 국가보위입법회의에서 제정된 법률의 위헌여부 : 1980.10.27. 공포된 구 헌법 부칙 제6조 제1항, 제3항과 1987.10.29. 개정·공포된 현행 헌법 부칙 제5조의 규정에 비추어 볼 때, 국가보위입법회의에서 제정된 법률에 대하여는 그 내용이 현행 헌법에 저촉된다고 하여 다투는 것은 별론으로 하고, 그 제정절차에 위헌적 하자가 있음을 다툴 수는 없다.
(헌재결 1996.11.28, 95헌바20)

第6條 [이 憲法施行 前에 設置된 機關에 관한 經過措置] 이 憲法施行 당시에 이 憲法에 의하여 새로 設置될 機關의 權限에 속하는 職務를 행하고 있는 機關은 이 憲法에 의하여 새로운 機關이 設置될 때까지 存續하며 그 職務를 행한다.

《대한민국헌법 제정 · 개정 변천사》

제정 · 개정 일자	주요 제정 · 개정 내용	
헌법제정 (1948.7.17.)	▸ 국회에서 대통령 선출(대통령 간선제) ▸ 대통령 임기 4년(재임만 가능) ▸ 대통령의 법률안거부권 인정 ▸ 부통령제 시행 ▸ 단원제 국회	▸ 위헌법률심사권 헌법위원회에 부여 ▸ 탄핵재판소에서 탄핵심판 담당 ▸ 부서제도 ▸ 사기업근로자의 이익균점권 ▸ 기본권의 법률유보에 의한 제한
제1차 개헌 (1952.7.7.)	▸ 대통령, 부통령 직선제 ▸ 국회 양원제(민의원, 참의원)	▸ 국회의 국무원 불신임 제도 ▸ 국무위원임명에 있어서 국무총리제청권
제2차 개헌 (1954.11.29.)	▸ 영토변경 · 주권제약 등 중요 사항에 관한 국민투표제 ▸ 국무총리제 폐지 ▸ 국무위원에 대한 개별적 불신임제	▸ 초대 대통령에 대한 중임제한 철폐 ▸ 대통령 궐위시 부통령이 지위 승계 ▸ 경제정책에 대한 국가의 통제 완화 ▸ 군법회의에 대한 헌법적 근거 마련
제3차 개헌 (1960.6.15.)	▸ 자유권에 대한 유보 조항 삭제 ▸ 언론 · 출판 · 집회 · 결사의 사전허가 또는 검열 금지 ▸ 선거연령 20세로 내림 ▸ 공무원의 정치적 중립 보장	▸ 헌법재판소 신설(정당해산 관할) ▸ 중앙선거위원회 헌법기관화 ▸ 법관의 자격 있는 자로서 구성된 선거인단에서 대법원장, 대법관 선거 ▸ 의원내각제 정부형태 구현
제4차 개헌 (1960.11.29.)	▸ 부정선거 관련자 처벌 및 부정축재자 처리 등을 위한 소급입법의 헌법적 근거 마련	▸ 특별재판소, 특별검찰부 설치
제5차 개헌 (1962.12.26.)	▸ 대통령제 정부형태로 환원 ▸ 국회 단원제로 환원 ▸ 인간의 존엄성 조항 신설 ▸ 대통령 · 국회의원 입후보 정당추천제 ▸ 헌법 전문(前文) 개정	▸ 헌법재판소 폐지(위헌법률심사권 등 법원에서 행사) ▸ 헌법개정 국회의결 거쳐 국민투표 ▸ 경제과학심의회의, 국가안전보장회의 설치
제6차 개헌 (1969.10.21.)	▸ 대통령 3선 허용 ▸ 국회의원 수 증원	▸ 대통령에 대한 탄핵소추요건 강화
제7차 개헌 (1972.12.27.)	▸ 헌법개정절차 이원화 ▸ 대통령, 국회의원 임기 6년 연장 ▸ 국회의 국정감사권 폐지 ▸ 통일주체국민회의에서 대통령 선출	▸ 대통령의 사전 · 사후적 긴급조치권 ▸ 대통령의 국회해산권 ▸ 헌법위원회 설치(헌법재판권 부여) ▸ 평화적 통일 지향 조항 마련
제8차 개헌 (1980.10.27.)	▸ 기본권의 개별적 법률유보 삭제 ▸ 구속적부심사제, 형사피고인 무죄추정 ▸ 재외국민 보호, 연좌제 폐지 ▸ 행복추구권, 사생활보호, 환경권 ▸ 정당운영자금의 국고보조	▸ 대통령 선거인단 통한 간선(7년 단임) ▸ 대통령 임기조항 개정효력 제한 ▸ 국정조사권 신설 ▸ 독과점 폐해 규제, 소비자 보호 ▸ 중소기업 보호 육성, 전통문화 창달
제9차 개헌 (1987.10.29.)	▸ 대통령 직선제(5년 단임) ▸ 4.19민주이념 계승(헌법 전문) ▸ 헌법재판소 부활	▸ 국회의 국정감사권 부활 ▸ 대통령의 국회해산권 폐지 ▸ 최저임금제 보장

국적법

(1997년 12월 13일 전개법률 제5431호)

개정
2001.12.19법 6523호 2004. 1.20법 7075호
2005. 5.24법 7499호
2007. 5.17법 8435호(가족관계등록)
2008. 3.14법 8892호 2010. 5. 4법10275호
2014. 3.18법12421호(출입국)
2016. 5.29법14183호(병역)
2016.12.20법14407호 2017.12.19법15249호
2018. 9.18법15752호
2019.12.31법16851호(대체역의편입및복무등에관한법)
2022. 9.15법18978호

제1조【목적】 이 법은 대한민국의 국민이 되는 요건을 정함을 목적으로 한다.(2008.3.14 본조개정)

제2조【출생에 의한 국적 취득】 ① 다음 각 호의 어느 하나에 해당하는 자는 출생과 동시에 대한민국 국적(國籍)을 취득한다.
1. 출생 당시에 부(父) 또는 모(母)가 대한민국의 국민인 자
2. 출생하기 전에 부가 사망한 경우에는 그 사망 당시에 부가 대한민국의 국민이었던 자
3. 부모가 모두 분명하지 아니한 경우나 국적이 없는 경우에는 대한민국에서 출생한 자

② 대한민국에서 발견된 기아(棄兒)는 대한민국에서 출생한 것으로 추정한다.
(2008.3.14 본조개정)

제3조【인지에 의한 국적 취득】 ① 대한민국의 국민이 아닌 자(이하 "외국인"이라 한다)로서 대한민국의 국민인 부 또는 모에 의하여 인지(認知)된 자가 다음 각 호의 요건을 모두 갖추면 법무부장관에게 신고함으로써 대한민국 국적을 취득할 수 있다.
1. 대한민국의 「민법」상 미성년일 것
2. 출생 당시에 부 또는 모가 대한민국의 국민이었을 것

② 제1항에 따라 신고한 자는 그 신고를 한 때에 대한민국 국적을 취득한다.
③ 제1항에 따른 신고 절차와 그 밖에 필요한 사항은 대통령령으로 정한다.
(2008.3.14 본조개정)

제4조【귀화에 의한 국적 취득】 ① 대한민국 국적을 취득한 사실이 없는 외국인은 법무부장관의 귀화허가(歸化許可)를 받아 대한민국 국적을 취득할 수 있다.
② 법무부장관은 귀화허가 신청을 받으면 제5조부터 제7조까지의 귀화 요건을 갖추었는지를 심사한 후 그 요건을 갖춘 사람에게만 귀화를 허가한다.(2017.12.19 본항개정)
③ 제1항에 따라 귀화허가를 받은 사람은 법무부장관 앞에서 국민선서를 하고 귀화증서를 수여받은 때에 대한민국 국적을 취득한다. 다만, 법무부장관은 연령, 신체적·정신적 장애 등으로 국민선서의 의미를 이해할 수 없거나 이해한 것을 표현할 수 없다고 인정되는 사람에게는 국민선서를 면제할 수 있다.(2017.12.19 본항개정)
④ 법무부장관은 제3항 본문에 따른 국민선서를 받고 귀화증서를 수여하는 업무와 같은 항 단서에 따른 국민선서의 면제 업무를 대통령령으로 정하는 바에 따라 지방출입국·외국인관서의 장에게 대행하게 할 수 있다.(2017.12.19 본항신설)
⑤ 제1항부터 제4항까지에 따른 신청절차, 심사, 국민선서 및 귀화증서 수여와 그 대행 등에 관하여 필요한 사항은 대통령령으로 정한다.(2017.12.19 본항개정)
(2008.3.14 본조개정)

판례 국적은 국민의 자격을 결정짓는 것이고, 이를 취득한 사람은 국가의 주권자가 되는 동시에 국가의 속인적 통치권의 대상이 되므로, 귀화허가는 외국인에게 대한민국 국적을 부여함으로써 국민으로서의 법적 지위를 포괄적으로 설정하는 행위에 해당한다. 한편 국적법 등 관계 법령 어디에도 외국인에게 대한민국의 국적을 취득할 권리를 부여하였다고 볼 만한 규정이 없다. 이와 같은 귀화허가의 근거 규정의 형식과 문언, 귀화허가의 내용과 특성 등을 고려하여 보면, 법무부장관은 귀화신청인이 법률이 정하는 귀화요건을 갖추었다고 하더라도 귀화를 허가할 것인지 여부에 관하여 재량권을 가진다.
(대판 2010.7.15, 2009두19069)

제5조【일반귀화 요건】 외국인이 귀화허가를 받기 위해서는 제6조나 제7조에 해당하는 경우 외에는 다음 각 호의 요건을 갖추어야 한다.(2017.12.19 본문개정)
1. 5년 이상 계속하여 대한민국에 주소가 있을 것
1의2. 대한민국에서 영주할 수 있는 체류자격을 가지고 있을 것(2017.12.19 본호신설)
2. 대한민국의 「민법」상 성년일 것
3. 법령을 준수하는 등 법무부령으로 정하는 품행 단정의 요건을 갖출 것(2017.12.19 본호개정)
4. 자신의 자산(資産)이나 기능(技能)에 의하거나 생계를 같이하는 가족에 의존하여 생계를 유지할 능력이 있을 것
5. 국어능력과 대한민국의 풍습에 대한 이해 등 대한민국 국민으로서의 기본 소양(素養)을 갖추고 있을 것
6. 귀화를 허가하는 것이 국가안전보장·질서유지 또는 공공복리를 해치지 아니한다고 법무부장관이 인정할 것 (2017.12.19 본호신설)

(2008.3.14 본조개정)

판례 자동차번호판을 부정사용하다 적발되어 기소유예처분을 받고, 불법 체류를 하다가 불법 체류자를 합법화하는 과정에서 제재를 면제받은 등의 전력이 있는 외국인은 국적법 제5조에서 규정한 귀화 요건 중 '품행 단정'을 갖추지 못한 것으로 보아야 한다.
(대판 2018.12.13, 2016두31616)

제6조【간이귀화 요건】 ① 다음 각 호의 어느 하나에 해당하는 외국인으로서 대한민국에 3년 이상 계속하여 주소가 있는 사람은 제5조제1호 및 제1호의2의 요건을 갖추지 아니하여도 귀화허가를 받을 수 있다.
1. 부 또는 모가 대한민국의 국민이었던 사람
2. 대한민국에서 출생한 사람으로서 부 또는 모가 대한민국에서 출생한 사람
3. 대한민국 국민의 양자(養子)로서 입양 당시 대한민국의 「민법」상 성년이었던 사람

② 배우자가 대한민국의 국민인 외국인으로서 다음 각 호의 어느 하나에 해당하는 사람은 제5조제1호 및 제1호의2의 요건을 갖추지 아니하여도 귀화허가를 받을 수 있다.
1. 그 배우자와 혼인한 상태로 대한민국에 2년 이상 계속하여 주소가 있는 사람
2. 그 배우자와 혼인한 후 3년이 지나고 혼인한 상태로 대한민국에 1년 이상 계속하여 주소가 있는 사람
3. 제1호나 제2호의 기간을 채우지 못하였으나, 그 배우자와 혼인한 상태로 대한민국에 주소를 두고 있던 중 그 배우자의 사망이나 실종 또는 그 밖에 자신에게 책임이 없는 사유로 정상적인 혼인 생활을 할 수 없었던 사람으로서 제1호나 제2호의 잔여기간을 채웠고 법무부장관이 상당(相當)하다고 인정하는 사람
4. 제1호나 제2호의 요건을 충족하지 못하였으나, 그 배우자와의 혼인에 따라 출생한 미성년의 자(子)를 양육하고 있거나 양육하여야 할 사람으로서 제1호나 제2호의 기간을 채웠고 법무부장관이 상당하다고 인정하는 사람

(2017.12.19 본조개정)

제7조【특별귀화 요건】 ① 다음 각 호의 어느 하나에 해당하는 외국인으로서 대한민국에 주소가 있는 사람은 제5조제1호·제1호의2·제2호 또는 제4호의 요건을 갖추지 아니하여도 귀화허가를 받을 수 있다.
1. 부 또는 모가 대한민국의 국민인 사람. 다만, 양자로서 대한민국의 「민법」상 성년이 된 후에 입양된 사람은 제외한다.
2. 대한민국에 특별한 공로가 있는 사람
3. 과학·경제·문화·체육 등 특정 분야에서 매우 우수한 능력을 보유한 사람으로서 대한민국의 국익에 기여할 것으로 인정되는 사람

② 제1항제2호 및 제3호에 해당하는 사람을 정하는 기준 및 절차는 대통령령으로 정한다.
(2017.12.19 본조개정)

제8조【수반 취득】 ① 외국인의 자(子)로서 대한민국의 「민법」상 미성년인 사람은 부 또는 모가 귀화허가를 신청할 때 함께 국적 취득을 신청할 수 있다.
② 제1항에 따라 국적 취득을 신청한 사람은 부 또는 모가 대한민국 국적을 취득한 때에 함께 대한민국 국적을 취득한다.
③ 제1항에 따른 신청절차와 그 밖에 필요한 사항은 대통령령으로 정한다.
(2017.12.19 본조개정)

제9조【국적회복에 의한 국적 취득】 ① 대한민국의 국민이었던 외국인은 법무부장관의 국적회복허가(國籍回復許可)를 받아 대한민국 국적을 취득할 수 있다.
② 법무부장관은 국적회복허가 신청을 받으면 심사한 후 다음 각 호의 어느 하나에 해당하는 사람에게는 국적회복을 허가하지 아니한다.
1. 국가나 사회에 위해(危害)를 끼친 사실이 있는 사람
2. 품행이 단정하지 못한 사람
3. 병역을 기피할 목적으로 대한민국 국적을 상실하였거나 이탈하였던 사람
4. 국가안전보장 · 질서유지 또는 공공복리를 위하여 법무부장관이 국적회복을 허가하는 것이 적당하지 아니하다고 인정하는 사람
(2017.12.19 본항개정)
③ 제1항에 따라 국적회복허가를 받은 사람은 법무부장관 앞에서 국민선서를 하고 국적회복증서를 수여받은 때에 대한민국 국적을 취득한다. 다만, 법무부장관은 연령, 신체적 · 정신적 장애 등으로 국민선서의 의미를 이해할 수 없거나 이해한 것을 표현할 수 없다고 인정되는 사람에게는 국민선서를 면제할 수 있다.(2017.12.19 본항개정)
④ 법무부장관은 제3항 본문에 따른 국민선서를 받고 국적회복증서를 수여하는 업무와 같은 항 단서에 따른 국민선서의 면제 업무를 대통령령으로 정하는 바에 따라 재외공관의 장 또는 지방출입국 · 외국인관서의 장에게 대행하게 할 수 있다.(2017.12.19 본항신설)
⑤ 제1항부터 제4항까지에 따른 신청절차, 심사, 국민선서 및 국적회복증서 수여와 그 대행 등에 관하여 필요한 사항은 대통령령으로 정한다.(2017.12.19 본항개정)
⑥ 국적회복허가에 따른 수반(隨伴) 취득에 관하여는 제8조를 준용(準用)한다.
(2008.3.14 본조개정)

제10조【국적 취득자의 외국 국적 포기 의무】 ① 대한민국 국적을 취득한 외국인으로서 외국 국적을 가지고 있는 자는 대한민국 국적을 취득한 날부터 1년 내에 그 외국 국적을 포기하여야 한다.(2010.5.4 본항개정)
② 제1항에도 불구하고 다음 각 호의 어느 하나에 해당하는 자는 대한민국 국적을 취득한 날부터 1년 내에 외국 국적을 포기하거나 법무부장관이 정하는 바에 따라 대한민국에서 외국 국적을 행사하지 아니하겠다는 뜻을 법무부장관에게 서약하여야 한다.
1. 귀화허가를 받은 때에 제6조제2항제1호 · 제2호 또는 제7조제1항제2호 · 제3호의 어느 하나에 해당하는 사유가 있는 자
2. 제9조에 따라 국적회복허가를 받은 자로서 제7조제1항제2호 또는 제3호에 해당한다고 법무부장관이 인정하는 자
3. 대한민국의 「민법」상 성년이 되기 전에 외국인에게 입양된 후 외국 국적을 취득하고 외국에서 계속 거주하다가 제9조에 따라 국적회복허가를 받은 자
4. 외국에서 거주하다가 영주할 목적으로 만 65세 이후에 입국하여 제9조에 따라 국적회복허가를 받은 자
5. 본인의 뜻에도 불구하고 외국의 법률 및 제도로 인하여 제1항을 이행하기 어려운 자로서 대통령령으로 정하는 자
(2010.5.4 본항신설)
③ 제1항 또는 제2항을 이행하지 아니한 자는 그 기간이 지난 때에 대한민국 국적을 상실(喪失)한다.(2010.5.4 본항개정)

제11조【국적의 재취득】 ① 제10조제3항에 따라 대한민국 국적을 상실한 자가 그 후 1년 내에 그 외국 국적을 포기하면 법무부장관에게 신고함으로써 대한민국 국적을 재취득할 수 있다.(2010.5.4 본항개정)
② 제1항에 따라 신고한 자는 그 신고를 한 때에 대한민국 국적을 취득한다.
③ 제1항에 따른 신고 절차와 그 밖에 필요한 사항은 대통령령으로 정한다.
(2008.3.14 본조개정)

제11조의2【복수국적자의 법적 지위 등】 ① 출생이나 그 밖에 이 법에 따라 대한민국 국적과 외국 국적을 함께 가지게 된 사람으로서 대통령령으로 정하는 사람〔이하 "복수국적자"(複數國籍者)라 한다〕는 대한민국의 법령 적용에서 대한민국 국민으로만 처우한다.(2016.12.20 본항개정)
② 복수국적자가 관계 법령에 따라 외국 국적을 보유한 상태에서 직무를 수행할 수 없는 분야에 종사하려는 경우에는 외국 국적을 포기하여야 한다.
③ 중앙행정기관의 장이 복수국적자를 외국인과 동일하게 처우하는 내용으로 법령을 제정 또는 개정하려는 경우에는 미리 법무부장관과 협의하여야 한다.
(2010.5.4 본조신설)

제12조【복수국적자의 국적선택의무】 ① 만 20세가 되기 전에 복수국적자가 된 자는 만 22세가 되기 전까지, 만 20세가 된 후에 복수국적자가 된 자는 그 때부터 2년 내에 제13조와 제14조에 따라 하나의 국적을 선택하여야 한다. 다만, 제10조제2항에 따라 법무부장관에게 대한민국에서 외국 국적을 행사하지 아니하겠다는 뜻을 서약한 복수국적자는 제외한다.(2010.5.4 본항개정)
② 제1항 본문에도 불구하고 「병역법」 제8조에 따라 병역준비역에 편입된 자는 편입된 때부터 3개월 이내에 하나의 국적을 선택하거나 제3항 각 호의 어느 하나에 해당하는 때부터 2년 이내에 하나의 국적을 선택하여야 한다. 다만, 제13조에 따라 대한민국 국적을 선택하려는 경우에는 제3항 각 호의 어느 하나에 해당하기 전에도 할 수 있다.(2016.5.29 본문개정)
③ 직계존속(直系尊屬)이 외국에서 영주(永住)할 목적 없이 체류한 상태에서 출생한 자는 병역의무의 이행과 관련하여 다음 각 호의 어느 하나에 해당하는 경우에만 제14조에 따른 국적이탈신고를 할 수 있다.(2010.5.4 본문개정)
1. 현역 · 상근예비역 · 보충역 또는 대체역으로 복무를 마치거나 마친 것으로 보게 되는 경우(2019.12.31 본호개정)
2. 전시근로역에 편입된 경우(2016.5.29 본호개정)
3. 병역면제처분을 받은 경우
(2010.5.4 본조제목개정)
(2008.3.14 본조개정)

판례 국적법은 모든 복수국적자에게 국적이탈시 일률적으로 병역의무 해소를 요구하지 않고 '직계존속의 영주목적 없는 국외출생자'에게만 병역의무 해소를 요구하고 있다. 이는 장차 대한민국과의 유대관계가 형성되기 어렵다고 예상되는 사람에 대해서는 병역의무 해소 없는 국적이탈을 허용해 국적이탈의 자유에 대한 제한을 최소화하기 위함이다. 그러나 직계존속의 영주목적 없는 국외출생자에 대해서도 동일하게 병역의무 해소 없는 국적이탈을 허용한다면 그가 계속 가족과 함께 국내에서 생활하면서 국적이탈을 통해 병역의무를 회피하는 행동을 보이더라도 이를 방지할 방법을 찾기 어렵다. 병역의무는 모든 대한민국 남성에게 두루 부여되어 있는 의무이다. 해당 조항은 주로 국내에서만 생활하며 대한민국과 유대관계를 형성하였으나, 법률상 외국 국적을 가진 자에게 병역의무를 해소할 것을 요구하고 있다. 그에 비하여 이로 인하여 지켜지는 공익은 대한민국이 국가 공동체로서 존립하기 위해 공평한 병역분담에 대한 국민적 신뢰를 보호하여 국방역량이 훼손되지 않도록 하려는 매우 중요한 국익이다. 따라서 부모의 외국 유학 중 출생한 경우 등 외국에 영주할 목적 없이 체류한 직계존속으로부터 태어나 복수국적을 갖게 된 남성이 우리 국적을 이탈하려면 병역의무를 먼저 해소하도록 한 국적법 조항은 헌법에 어긋나지 않는다.(헌재결 2023.2.23, 2019헌바462)

제13조【대한민국 국적의 선택 절차】 ① 복수국적자로서 제12조제1항 본문에 규정된 기간 내에 대한민국 국적을 선택하려는 자는 외국 국적을 포기하거나 법무부장관이 정하는 바에 따라 대한민국에서 외국 국적을 행사하지 아니하겠다는 뜻을 서약하고 법무부장관에게 대한민국 국적을 선택한다는 뜻을 신고할 수 있다.
② 복수국적자로서 제12조제1항 본문에 규정된 기간 후에 대한민국 국적을 선택하려는 자는 외국 국적을 포기한 경우에만 법무부장관에게 대한민국 국적을 선택한다는 뜻을 신고할 수 있다. 다만, 제12조제3항제1호의 경우에 해당하는 자는 그 경우에 해당하는 때부터 2년 이내에는 제1항에서 정한 방식으로 대한민국 국적을 선택한다는 뜻을 신고할 수 있다.(2010.5.4 본항신설)
③ 제1항 및 제2항 단서에도 불구하고 출생 당시에 모가 자녀에게 외국 국적을 취득하게 할 목적으로 외국에서 체류 중이었던 사실이 인정되는 자는 외국 국적을 포기한 경우에만 대한민국 국적을 선택한다는 뜻을 신고할 수 있다.
(2010.5.4 본항신설)
④ 제1항부터 제3항까지의 규정에 따른 신고의 수리(受理) 요건, 신고 절차, 그 밖에 필요한 사항은 대통령령으로 정한다.
(2010.5.4 본조개정)

제14조【대한민국 국적의 이탈 요건 및 절차】 ① 복수국적자로서 외국 국적을 선택하려는 자는 외국에 주소가 있는 경우에만 주소지 관할 재외공관의 장을 거쳐 법무부장관에게 대한민국 국적을 이탈한다는 뜻을 신고할 수 있다. 다만, 제12조제2항 본문 또는 같은 조 제3항에 해당하는 자는 그 기간 이내에 또는 해당 사유가 발생한 때부터만 신고할 수 있다.
② 제1항에 따라 국적 이탈의 신고를 한 자는 법무부장관이 신고를 수리한 때에 대한민국 국적을 상실한다.
③ 제1항에 따른 신고 및 수리의 요건, 절차와 그 밖에 필요한 사항은 대통령령으로 정한다.
(2010.5.4 본조개정)

제14조의2【대한민국 국적의 이탈에 관한 특례】 ① 제12조제2항 본문 및 제14조제1항 단서에도 불구하고 다음 각 호의 요건을 모두 충족하는 복수국적자는 「병역법」 제8조에 따라 병역준비역에 편입된 때부터 3개월 이내에 대한민국 국적을 이탈한다는 뜻을 신고하지 못한 경우 법무부장관에게 대한민국 국적의 이탈 허가를 신청할 수 있다.
1. 다음 각 목의 어느 하나에 해당하는 사람일 것
  가. 외국에서 출생한 사람(직계존속이 외국에서 영주할 목적 없이 체류한 상태에서 출생한 사람은 제외한다)으로서 출생 이후 계속하여 외국에 주된 생활의 근거를 두고 있는 사람
  나. 6세 미만의 아동일 때 외국으로 이주한 이후 계속하여 외국에 주된 생활의 근거를 두고 있는 사람
2. 제12조제2항 본문 및 제14조제1항 단서에 따라 병역준비역에 편입된 때부터 3개월 이내에 국적 이탈을 신고하지 못한 정당한 사유가 있을 것
② 법무부장관은 제1항에 따른 허가를 할 때 다음 각 호의 사항을 고려하여야 한다.
1. 복수국적자의 출생지 및 복수국적 취득경위
2. 복수국적자의 주소지 및 주된 거주지가 외국인지 여부
3. 대한민국 입국 횟수 및 체류 목적·기간
4. 대한민국 국민만이 누릴 수 있는 권리를 행사하였는지 여부
5. 복수국적으로 인하여 외국에서의 직업 선택에 상당한 제한이 있거나 이에 준하는 불이익이 있는지 여부
6. 병역의무 이행의 공평성과 조화되는지 여부
③ 제1항에 따른 허가 신청은 외국에 주소가 있는 복수국적자가 해당 주소지 관할 재외공관의 장을 거쳐 법무부장관에게 하여야 한다.
④ 제1항 및 제3항에 따라 국적의 이탈 허가를 신청한 사람은 법무부장관이 허가한 때에 대한민국 국적을 상실한다.
⑤ 제1항부터 제4항까지의 규정에 따른 신청자의 세부적인 자격기준, 허가 시의 구체적인 고려사항, 신청 및 허가 절차 등 필요한 사항은 대통령령으로 정한다.
(2022.9.15 본조신설)

제14조의3【복수국적자에 대한 국적선택명령】 ① 법무부장관은 복수국적자로서 제12조제1항 또는 제2항에서 정한 기간 내에 국적을 선택하지 아니한 자에게 1년 내에 하나의 국적을 선택할 것을 명하여야 한다.
② 법무부장관은 복수국적자로서 제10조제2항, 제13조제1항 또는 같은 조 제2항 단서에 따라 대한민국에서 외국 국적을 행사하지 아니하겠다는 뜻을 서약한 자가 그 뜻에 현저히 반하는 행위를 한 경우에는 6개월 내에 하나의 국적을 선택할 것을 명할 수 있다.
③ 제1항 또는 제2항에 따라 국적선택의 명령을 받은 자가 대한민국 국적을 선택하려면 외국 국적을 포기하여야 한다.
④ 제1항 또는 제2항에 따라 국적선택의 명령을 받고도 이를 따르지 아니한 자는 그 기간이 지난 때에 대한민국 국적을 상실한다.
⑤ 제1항 및 제2항에 따른 국적선택의 절차와 제2항에 따른 서약에 현저히 반하는 행위 유형은 대통령령으로 정한다.
(2010.5.4 본조신설)

제14조의4【대한민국 국적의 상실결정】 ① 법무부장관은 복수국적자가 다음 각 호의 어느 하나의 사유에 해당하여 대한민국의 국적을 보유함이 현저히 부적합하다고 인정하는 경우에는 청문을 거쳐 대한민국 국적의 상실을 결정할 수 있다. 다만, 출생에 의하여 대한민국 국적을 취득한 자는 제외한다.
1. 국가안보, 외교관계 및 국민경제 등에 있어서 대한민국의 국익에 반하는 행위를 하는 경우
2. 대한민국의 사회질서 유지에 상당한 지장을 초래하는 행위로서 대통령령으로 정하는 경우
② 제1항에 따른 결정을 받은 자는 그 결정을 받은 때에 대한민국 국적을 상실한다.
(2010.5.4 본조신설)

제14조의5【복수국적자에 관한 통보의무 등】 ① 공무원이 그 직무상 복수국적자를 발견하면 지체 없이 법무부장관에게 그 사실을 통보하여야 한다.
② 공무원이 그 직무상 복수국적자 여부를 확인할 필요가 있는 경우에는 당사자에게 질문을 하거나 필요한 자료의 제출을 요청할 수 있다.
③ 제1항에 따른 통보 절차는 대통령령으로 정한다.
(2010.5.4 본조신설)

제15조【외국 국적 취득에 따른 국적 상실】 ① 대한민국의 국민으로서 자진하여 외국 국적을 취득한 자는 그 외국 국적을 취득한 때에 대한민국 국적을 상실한다.
② 대한민국의 국민으로서 다음 각 호의 어느 하나에 해당하는 자는 그 외국 국적을 취득한 때부터 6개월 내에 법무부장관에게 대한민국 국적을 보유할 의사가 있다는 뜻을 신고하지 아니하면 그 외국 국적을 취득한 때로 소급(遡及)하여 대한민국 국적을 상실한 것으로 본다.
1. 외국인과의 혼인으로 그 배우자의 국적을 취득하게 된 자
2. 외국인에게 입양되어 그 양부 또는 양모의 국적을 취득하게 된 자
3. 외국인인 부 또는 모에게 인지되어 그 부 또는 모의 국적을 취득하게 된 자
4. 외국 국적을 취득하여 대한민국 국적을 상실하게 된 자의 배우자나 미성년의 자(子)로서 그 외국의 법률에 따라 함께 그 외국 국적을 취득하게 된 자
③ 외국 국적을 취득함으로써 대한민국 국적을 상실하게 된 자에 대하여 그 외국 국적의 취득일을 알 수 없으면 그가 사용하는 외국 여권의 최초 발급일에 그 외국 국적을 취득한 것으로 추정한다.

④ 제2항에 따른 신고 절차와 그 밖에 필요한 사항은 대통령령으로 정한다.
(2008.3.14 본조개정)

판례 국적법 제15조제1항은 국가와 그 구성원 간의 보호와 복종관계를 복수의 국가가 함께 가질 경우 출입국·체류관리의 문제, 국민으로서의 의무 면탈, 외교적 보호권의 중첩 등이 발생하는 것을 방지하기 위하여, 자진하여 외국 국적을 취득한 자로 하여금 대한민국 국적을 상실하도록 하는 것으로, 그 입법목적의 정당성과 수단의 적합성이 인정된다. 또한 국적법은 예외적으로 복수국적을 허용함과 동시에, 대한민국 국민이었던 외국인에 대해서는 국적회복허가라는 별도의 용이한 절차를 통해 국적을 회복시켜주는 조항들을 두고 있다. 이러한 점들을 종합해 볼 때, 국적법 제15조제1항이 침해의 최소성 원칙을 위반하였다고 볼 수 없다. 후천적 복수국적을 제한 없이 허용할 경우 발생할 수 있는 의무 면탈 등의 여러 가지 문제점을 방지하기 위한 공익이 침해되는 사익보다 훨씬 크므로, 국적법 제15조제1항이 법익의 균형성을 위반하였다고도 볼 수 없다.
(헌재결 2014.6.26, 2011헌마502)

제16조【국적상실자의 처리】 ① 대한민국 국적을 상실한 자(제14조에 따른 국적이탈의 신고를 한 자는 제외한다)는 법무부장관에게 국적상실신고를 하여야 한다.
② 공무원이 그 직무상 대한민국 국적을 상실한 자를 발견하면 지체 없이 법무부장관에게 그 사실을 통보하여야 한다.
③ 법무부장관은 그 직무상 대한민국 국적을 상실한 자를 발견하거나 제1항이나 제2항에 따라 국적상실의 신고나 통보를 받으면 가족관계등록 관서와 주민등록 관서에 통보하여야 한다.
④ 제1항부터 제3항까지의 규정에 따른 신고 및 통보의 절차와 그 밖에 필요한 사항은 대통령령으로 정한다.
(2008.3.14 본조개정)

제17조【관보 고시】 ① 법무부장관은 대한민국 국적의 취득과 상실에 관한 사항이 발생하면 그 뜻을 관보에 고시(告示)하여야 한다.
② 제1항에 따라 관보에 고시할 사항은 대통령령으로 정한다.
(2008.3.14 본조개정)

제18조【국적상실자의 권리 변동】 ① 대한민국 국적을 상실한 자는 국적을 상실한 때부터 대한민국의 국민만이 누릴 수 있는 권리를 누릴 수 없다.
② 제1항에 해당하는 권리 중 대한민국의 국민이었을 때 취득한 것으로서 양도(讓渡)할 수 있는 것은 그 권리와 관련된 법령에서 따로 정한 바가 없으면 3년 내에 대한민국의 국민에게 양도하여야 한다.
(2008.3.14 본조개정)

제19조【법정대리인이 하는 신고 등】 이 법에 규정된 신청이나 신고와 관련하여 그 신청이나 신고를 하려는 자가 15세 미만이면 법정대리인이 대신하여 이를 행한다.
(2008.3.14 본조개정)

제20조【국적 판정】 ① 법무부장관은 대한민국 국적의 취득이나 보유 여부가 분명하지 아니한 자에 대하여 이를 심사한 후 판정할 수 있다.
② 제1항에 따른 심사 및 판정의 절차와 그 밖에 필요한 사항은 대통령령으로 정한다.
(2008.3.14 본조개정)

제21조【허가 등의 취소】 ① 법무부장관은 거짓이나 그 밖의 부정한 방법으로 귀화허가, 국적회복허가, 국적의 이탈 허가 또는 국적보유판정을 받은 자에 대하여 그 허가 또는 판정을 취소할 수 있다.(2022.9.15 본항개정)
② 제1항에 따른 취소의 기준·절차와 그 밖에 필요한 사항은 대통령령으로 정한다.
(2008.3.14 본조신설)

제22조【국적심의위원회】 ① 국적에 관한 다음 각 호의 사항을 심의하기 위하여 법무부장관 소속으로 국적심의위원회(이하 "위원회"라 한다)를 둔다.
1. 제7조제1항제3호에 해당하는 특별귀화 허가에 관한 사항
2. 제14조의2에 따른 대한민국 국적의 이탈 허가에 관한 사항
3. 제14조의4에 따른 대한민국 국적의 상실 결정에 관한 사항
4. 그 밖에 국적업무와 관련하여 법무부장관이 심의를 요청하는 사항
② 법무부장관은 제1항제1호부터 제3호까지의 허가 또는 결정 전에 위원회의 심의를 거쳐야 한다. 다만, 요건을 충족하지 못하는 것이 명백한 경우 등 대통령령으로 정하는 사항은 그러하지 아니하다.
③ 위원회는 제1항 각 호의 사항을 효과적으로 심의하기 위하여 필요하다고 인정하는 경우 관계 행정기관의 장에게 자료의 제출 또는 의견의 제시를 요청하거나 관계인을 출석시켜 의견을 들을 수 있다.
(2022.9.15 본조신설)

제23조【위원회의 구성 및 운영】 ① 위원회는 위원장 1명을 포함하여 30명 이내의 위원으로 구성한다.
② 위원장은 법무부차관으로 하고, 위원은 다음 각 호의 사람으로 한다.
1. 법무부 소속 고위공무원단에 속하는 공무원으로서 법무부장관이 지명하는 사람 1명
2. 대통령령으로 정하는 관계 행정기관의 국장급 또는 이에 상당하는 공무원 중에서 법무부장관이 지명하는 사람
3. 국적 업무와 관련하여 학식과 경험이 풍부한 사람으로서 법무부장관이 위촉하는 사람
③ 제2항제3호에 따른 위촉위원의 임기는 2년으로 하며, 한 번만 연임할 수 있다. 다만, 위원의 임기 중 결원이 생겨 새로 위촉하는 위원의 임기는 전임위원 임기의 남은 기간으로 한다.
④ 위원회의 회의는 제22조제1항의 안건별로 위원장이 지명하는 10명 이상 15명 이내의 위원이 참석하되, 제2항제3호에 따른 위촉위원이 과반수가 되도록 하여야 한다.
⑤ 위원회의 회의는 위원장 및 제4항에 따라 지명된 위원의 과반수의 출석으로 개의하고 출석위원 과반수의 찬성으로 의결한다.
⑥ 위원회의 사무를 처리하기 위하여 간사 1명을 두되, 간사는 위원장이 지명하는 일반직공무원으로 한다.
⑦ 위원회의 업무를 효율적으로 수행하기 위하여 위원회에 분야별로 분과위원회를 둘 수 있다.
⑧ 제1항부터 제7항까지의 규정에서 정하는 사항 외에 위원회의 구성 및 운영에 필요한 사항은 대통령령으로 정한다.
(2022.9.15 본조신설)

제24조【수수료】 ① 이 법에 따른 허가신청, 신고 및 증명서 등의 발급을 받으려는 사람은 법무부령으로 정하는 바에 따라 수수료를 납부하여야 한다.
② 제1항에 따른 수수료는 정당한 사유가 있는 경우 이를 감액하거나 면제할 수 있다.
③ 제1항에 따른 수수료의 금액 및 제2항에 따른 수수료의 감액·면제 기준 등에 필요한 사항은 법무부령으로 정한다.
(2018.9.18 본조신설)

제25조【관계 기관 등의 협조】 ① 법무부장관은 국적업무 수행에 필요하면 관계 기관의 장이나 관련 단체의 장에게 자료 제출, 사실 조사, 신원 조회, 의견 제출 등의 협조를 요청할 수 있다.
② 법무부장관은 국적업무를 수행하기 위하여 관계 기관의 장에게 다음 각 호의 정보 제공을 요청할 수 있다.
1. 범죄경력정보
2. 수사경력정보
3. 외국인의 범죄처분결과정보
4. 여권발급정보
5. 주민등록정보
6. 가족관계등록정보
7. 병적기록 등 병역관계정보
8. 납세증명서
③ 제1항 및 제2항에 따른 협조 요청 또는 정보 제공 요청을 받은 관계 기관의 장이나 관련 단체의 장은 정당한 사유가 없으면 요청에 따라야 한다.
(2017.12.19 본조신설)

제26조【권한의 위임】 이 법에 따른 법무부장관의 권한은 대통령령으로 정하는 바에 따라 그 일부를 지방출입국·외국인관서의 장에게 위임할 수 있다.(2014.3.18 본조개정)

제27조【벌칙 적용에서의 공무원 의제】 위원회의 위원 중 공무원이 아닌 사람은 「형법」 제127조 및 제129조부터 제132조까지의 규정을 적용할 때에는 공무원으로 본다.
(2022.9.15 본조신설)

부 칙

제1조【시행일】 이 법은 공포후 6월이 경과한 날부터 시행한다.

제2조【귀화허가신청등에 관한 경과조치】 이 법 시행전에 종전의 규정에 의하여 귀화허가·국적회복허가 및 국적이탈허가를 신청한 자에 대하여서는 종전의 규정을 적용한다.

제3조【국적의 회복 및 재취득에 관한 경과조치】 ① 제9조의 개정규정은 이 법 시행전에 대한민국의 국적을 상실하였거나 이탈하였던 자가 대한민국의 국적을 회복하는 절차에 관하여서도 이를 적용한다.

② 제11조의 개정규정은 제1항에 규정된 자중 대한민국의 국적을 취득한 후 6월내에 외국 국적을 포기하지 아니하여 대한민국의 국적을 상실하게 된 자에 대하여서도 이를 적용한다.

제4조【국적취득자의 외국 국적 포기의무에 관한 경과조치】 제10조의 개정규정은 이 법 시행전에 대한민국의 국적을 취득하고 그 때부터 이 법의 시행일까지 6월이 경과하지 아니한 자에 대하여서도 이를 적용한다.

제5조【이중국적자의 국적선택의무 및 절차에 관한 경과조치】 제12조 내지 제14조의 개정규정은 이 법 시행전에 대한민국의 국적과 외국 국적을 함께 가지게 된 자(이미 국적이탈허가를 받은 자를 제외한다)에 대하여서도 이를 적용한다. 다만, 이 법의 시행일 현재 만 20세 이상인 자는 이 법의 시행일을 제12조제1항에 규정된 국적선택기간의 기산일로 본다.

제6조【국적상실자의 처리 및 권리변동에 관한 경과조치】 제16조 및 제18조의 개정규정은 이 법 시행전에 대한민국의 국적을 상실한 자에 대하여서도 이를 적용한다.

제7조【부모양계혈통주의 채택에 따른 모계출생자에 대한 국적취득의 특례】 ① 1978년 6월 14일부터 1998년 6월 13일까지의 사이에 대한민국의 국민을 모로 하여 출생한 자로서 다음 각호의 1에 해당하는 자는 2004년 12월 31일까지 대통령령이 정하는 바에 의하여 법무부장관에게 신고함으로써 대한민국의 국적을 취득할 수 있다.(2001.12.19 본문개정)

1. 모가 현재 대한민국의 국민인 자
2. 모가 사망한 때에는 그 사망 당시에 모가 대한민국의 국민이었던 자

② 제1항의 규정에 의한 신고는 국적을 취득하고자 하는 자가 15세 미만인 때에는 법정대리인이 대신하여 이를 행한다.
(2001.12.19 본항개정)

③ 천재지변 기타 불가항력적 사유로 인하여 제1항에 규정된 기간내에 신고를 하지 못한 자는 그 사유가 소멸된 때부터 3월내에 법무부장관에게 신고함으로써 대한민국의 국적을 취득할 수 있다.

④ 제1항 또는 제3항의 규정에 의하여 신고한 자는 그 신고를 한 때에 대한민국의 국적을 취득한다.

제8조【다른 법률의 개정】 ※(해당 법령에 가제정리 하였음)

부 칙 (2010.5.4)

제1조【시행일】 이 법은 2011년 1월 1일부터 시행한다. 다만, 제12조제1항 본문, 같은 조 제2항 및 제13조의 개정규정과 부칙 제2조(제3항 중 제14조의2제2항부터 제5항까지에 관한 사항은 제외한다) 및 부칙 제4조제1항은 공포한 날부터 시행한다.

제2조【국적선택 불이행으로 대한민국 국적을 상실한 자등에 대한 특례】 ① 종전의 제12조제2항에 따라 대한민국 국적을 상실하였던 자는 대한민국에 주소를 두고 있는 상태에서 이 법 공포일부터 2년 이내에 외국 국적을 포기하거나, 대한민국에서 외국 국적을 행사하지 아니하겠다는 뜻을 서약하고 법무부장관에게 신고를 함으로써 대한민국 국적을 재취득할 수 있다. 다만, 남자는 제12조제3항제1호에 해당하는 자에 한한다.

② 종전의 제13조에 따라 외국 국적을 포기하고 대한민국 국적을 선택하였던 자가 이 법 공포일부터 5년 이내에 그 외국 국적을 재취득한 때에는 제15조제1항에도 불구하고 그 외국 국적 취득일부터 6개월 이내에 대한민국에서 외국 국적을 행사하지 아니하겠다는 뜻을 법무부장관에게 서약하면 대한민국 국적을 상실하지 아니한다.

③ 제1항 및 제2항에 따른 복수국적자에 대하여는 제13조제3항 및 제14조의2제2항부터 제5항까지의 개정규정을 준용한다.

제3조【외국 국적의 포기에 관한 적용례】 제10조의 개정규정은 이 법 시행 전에 종전의 제10조제2항 단서에 해당하여 외국 국적을 포기하지 아니한 자에 대하여도 적용한다.

제4조【다른 법률의 개정】 ①~② ※(해당 법령에 가제정리 하였음)

부 칙 (2022.9.15)

제1조【시행일】 이 법은 2022년 10월 1일부터 시행한다.

제2조【대한민국 국적의 이탈 특례에 관한 적용례】 ① 제14조의2의 개정규정은 이 법 시행 이후 대한민국 국적의 이탈 허가를 신청한 경우부터 적용한다.

② 제14조의2의 개정규정은 이 법 시행 당시 병역준비역에 편입된 때부터 3개월이 지난 복수국적자에 대하여도 적용한다.

제3조【국적심의위원회 설치에 따른 적용례 및 경과조치】 ① 제22조의 개정규정에 따른 국적심의위원회의 심의사항은 이 법 시행 이후 법무부장관이 신청을 접수하거나 국적상실의 결정이 필요하다고 인정하려는 경우부터 적용한다.

② 제1항에도 불구하고 이 법 시행 당시 종전의 대통령령에 따른 국적심의위원회가 심의 중인 사항에 대하여 제22조의 개정규정에 따른 국적심의위원회가 계속하여 심의할 수 있다.

③ 종전의 대통령령에 따른 국적심의위원회의 민간 위원으로 위촉된 사람은 제23조제2항제3호의 개정규정에 따른 위촉위원으로 본다. 이 경우 위촉위원의 임기는 종전의 대통령령에 따라 위촉된 때부터 계산한다.

영해 및 접속수역법(약칭 : 영해법)

(1977년 12월 31일 법 률 제3037호)

개정
1995.12. 6법 4986호　　2011. 4. 4법10524호
2017. 3.21법14607호　　2018. 3.13법15429호

제1조 【영해의 범위】 대한민국의 영해는 기선(基線)으로부터 측정하여 그 바깥쪽 12해리의 선까지에 이르는 수역(水域)으로 한다. 다만, 대통령령으로 정하는 바에 따라 일정수역의 경우에는 12해리 이내에서 영해의 범위를 따로 정할 수 있다.(2011.4.4 본조개정)

제2조 【기선】 ① 영해의 폭을 측정하기 위한 통상의 기선은 대한민국이 공식적으로 인정한 대축척해도(大縮尺海圖)에 표시된 해안의 저조선(低潮線)으로 한다.

② 지리적 특수사정이 있는 수역의 경우에는 대통령령으로 정하는 기점을 연결하는 직선을 기선으로 할 수 있다.
(2011.4.4 본조개정)

제3조 【내수】 영해의 폭을 측정하기 위한 기선으로부터 육지 쪽에 있는 수역은 내수(內水)로 한다.(2011.4.4 본조개정)

제3조의2 【접속수역의 범위】 대한민국의 접속수역은 기선으로부터 측정하여 그 바깥쪽 24해리의 선까지에 이르는 수역에서 대한민국의 영해를 제외한 수역으로 한다. 다만, 대통령령으로 정하는 바에 따라 일정수역의 경우에는 기선으로부터 24해리 이내에서 접속수역의 범위를 따로 정할 수 있다.(2011.4.4 본조개정)

제4조 【인접국 또는 대향국과의 경계선】 대한민국과 인접하거나 마주 보고 있는 국가와의 영해 및 접속수역의 경계선은 관계국과 별도의 합의가 없으면 두 나라가 각자 영해의 폭을 측정하는 기선상의 가장 가까운 지점으로부터 같은 거리에 있는 모든 점을 연결하는 중간선으로 한다.(2011.4.4 본조개정)

제5조 【외국선박의 통항】 ① 외국선박은 대한민국의 평화·공공질서 또는 안전보장을 해치지 아니하는 범위에서 대한민국의 영해를 무해통항(無害通航)할 수 있다. 외국의 군함 또는 비상업용 정부선박이 영해를 통항하려는 경우에는 대통령령으로 정하는 바에 따라 관계 당국에 미리 알려야 한다.

② 외국선박이 통항할 때 다음 각 호의 행위를 하는 경우에는 대한민국의 평화·공공질서 또는 안전보장을 해치는 것으로 본다. 다만, 제2호부터 제5호까지, 제11호 및 제13호의 행위로서 관계 당국의 허가·승인 또는 동의를 받은 경우에는 그러하지 아니하다.

1. 대한민국의 주권·영토보전 또는 독립에 대한 어떠한 힘의 위협이나 행사(行使), 그 밖에 국제연합헌장에 구현된 국제법원칙을 위반한 방법으로 하는 어떠한 힘의 위협이나 행사
2. 무기를 사용하여 하는 훈련 또는 연습
3. 항공기의 이함(離艦)·착함(着艦) 또는 탑재
4. 군사기기의 발진(發進)·착함 또는 탑재
5. 잠수항행
6. 대한민국의 안전보장에 유해한 정보의 수집
7. 대한민국의 안전보장에 유해한 선전·선동
8. 대한민국의 관세·재정·출입국관리 또는 보건·위생에 관한 법규에 위반되는 물품이나 통화(通貨)의 양하(揚荷)·적하(積荷) 또는 사람의 승선·하선
9. 대통령령으로 정하는 기준을 초과하는 오염물질의 배출
10. 어로(漁撈)
11. 조사 또는 측량
12. 대한민국 통신체제의 방해 또는 설비 및 시설물의 훼손
13. 통항과 직접 관련 없는 행위로서 대통령령으로 정하는 것

③ 대한민국의 안전보장을 위하여 필요하다고 인정되는 경우에는 대통령령으로 정하는 바에 따라 일정수역을 정하여 외국선박의 무해통항을 일시적으로 정지시킬 수 있다.
(2011.4.4 본조개정)

제6조 【정선 등】 외국선박(외국의 군함 및 비상업용 정부선박은 제외한다. 이하 같다)이 제5조를 위반한 혐의가 있다고 인정될 때에는 관계 당국은 정선(停船)·검색·나포(拿捕), 그 밖에 필요한 명령이나 조치를 할 수 있다.
(2011.4.4 본조개정)

제6조의2 【접속수역에서의 관계 당국의 권한】 대한민국의 접속수역에서 관계 당국은 다음 각 호의 목적에 필요한 범위에서 법령에서 정하는 바에 따라 그 직무권한을 행사할 수 있다.

1. 대한민국의 영토 또는 영해에서 관세·재정·출입국관리 또는 보건·위생에 관한 대한민국의 법규를 위반하는 행위의 방지
2. 대한민국의 영토 또는 영해에서 관세·재정·출입국관리 또는 보건·위생에 관한 대한민국의 법규를 위반한 행위의 제재

(2011.4.4 본조개정)

제7조 【조약 등과의 관계】 대한민국의 영해 및 접속수역과 관련하여 이 법에서 규정하지 아니한 사항에 관하여는 헌법에 의하여 체결·공포된 조약이나 일반적으로 승인된 국제법규에 따른다.(2017.3.21 본조신설)

제8조 【벌칙】 ① 제5조제2항 또는 제3항을 위반한 외국선박의 승무원이나 그 밖의 승선자는 5년 이하의 징역 또는 3억원 이하의 벌금에 처하고, 정상을 고려하여 필요할 때에는 해당 선박, 기재(器材), 채포물(採捕物) 또는 그 밖의 위반물품을 몰수할 수 있다.(2018.3.13 본항개정)

② 제6조에 따른 명령이나 조치를 거부·방해 또는 기피한 외국선박의 승무원이나 그 밖의 승선자는 2년 이하의 징역 또는 1억원 이하의 벌금에 처한다.(2018.3.13 본항개정)

③ 제1항 및 제2항의 경우 징역형과 벌금형은 병과(倂科)할 수 있다.

④ 이 조를 적용할 때 그 행위가 이 법 외의 다른 법률에 규정된 죄에 해당하는 경우에는 그 중 가장 무거운 형으로 처벌한다.
(2011.4.4 본조개정)

제9조 【군함 등에 대한 특례】 외국의 군함이나 비상업용 정부선박 또는 그 승무원이나 그 밖의 승선자가 이 법이나 그 밖의 다른 법령을 위반하였을 때에는 이의 시정이나 영해로부터의 퇴거를 요구할 수 있다.(2011.4.4 본조개정)

부 칙 (2011.4.4)
(2017.3.21)

이 법은 공포한 날부터 시행한다.

부 칙 (2018.3.13)

이 법은 공포 후 3개월이 경과한 날부터 시행한다.

(舊 : 배타적 경제수역법)

배타적 경제수역 및 대륙붕에 관한 법률(약칭 : 배타적경제수역법)

(1996년 8월 8일 법 률 제5151호)

개정
2011. 4. 4법10523호 2017. 3.21법14605호

제1조【목적】 이 법은 「해양법에 관한 국제연합 협약」(이하 "협약"이라 한다)에 따라 배타적 경제수역과 대륙붕에 관하여 대한민국이 행사하는 주권적 권리와 관할권 등을 규정하여 대한민국의 해양권익을 보호하고 국제해양질서 확립에 기여함을 목적으로 한다.(2017.3.21 본조개정)

제2조【배타적 경제수역과 대륙붕의 범위】 ① 대한민국의 배타적 경제수역은 협약에 따라 「영해 및 접속수역법」 제2조에 따른 기선(基線)(이하 "기선"이라 한다)으로부터 그 바깥쪽 200해리의 선까지에 이르는 수역 중 대한민국의 영해를 제외한 수역으로 한다.

② 대한민국의 대륙붕은 협약에 따라 영해 밖으로 영토의 자연적 연장에 따른 대륙변계(大陸邊界)의 바깥 끝까지 또는 대륙변계의 바깥 끝이 200해리에 미치지 아니하는 경우에는 기선으로부터 200해리까지의 해저지역의 해저와 그 하층토로 이루어진다. 다만, 대륙변계가 기선으로부터 200해리 밖까지 확장되는 곳에서는 협약에 따라 정한다.
(2017.3.21 본항신설)

③ 대한민국과 마주 보고 있거나 인접하고 있는 국가(이하 "관계국"이라 한다) 간의 배타적 경제수역과 대륙붕의 경계는 제1항 및 제2항에도 불구하고 국제법을 기초로 관계국과의 합의에 따라 획정한다.
(2017.3.21 본조개정)

제3조【배타적 경제수역과 대륙붕에서의 권리】 ① 대한민국은 협약에 따라 배타적 경제수역에서 다음 각 호의 권리를 가진다.(2017.3.21 본문개정)

1. 해저의 상부 수역, 해저 및 그 하층토(下層土)에 있는 생물이나 무생물 등 천연자원의 탐사·개발·보존 및 관리를 목적으로 하는 주권적 권리와 해수(海水), 해류 및 해풍(海風)을 이용한 에너지 생산 등 경제적 개발 및 탐사를 위한 그 밖의 활동에 관한 주권적 권리
2. 다음 각 목의 사항에 관하여 협약에 규정된 관할권
   가. 인공섬·시설 및 구조물의 설치·사용
   나. 해양과학 조사
   다. 해양환경의 보호 및 보전
3. 협약에 규정된 그 밖의 권리

② 대한민국은 협약에 따라 대륙붕에서 다음 각 호의 권리를 가진다.

1. 대륙붕의 탐사를 위한 주권적 권리
2. 해저와 하층토의 광물, 그 밖의 무생물자원 및 정착성 어종에 속하는 생물체(협약 제77조제4항에 규정된 정착성 어종에 속하는 생물체를 말한다)의 개발을 위한 주권적 권리
3. 협약에 규정된 그 밖의 권리

(2017.3.21 본항신설)
(2017.3.21 본조제목개정)

제4조【외국 또는 외국인의 권리 및 의무】 ① 외국 또는 외국인은 협약의 관련 규정에 따를 것을 조건으로 대한민국의 배타적 경제수역과 대륙붕에서 항행(航行) 또는 상공 비행의 자유, 해저 전선(電線) 또는 관선(管線) 부설의 자유 및 그 자유와 관련되는 것으로서 국제적으로 적법한 그 밖의 해양 이용에 관한 자유를 누린다.

② 외국 또는 외국인은 대한민국의 배타적 경제수역과 대륙붕에서 권리를 행사하고 의무를 이행할 때에는 대한민국의 권리와 의무를 적절히 고려하고 대한민국의 법령을 준수하여야 한다.
(2017.3.21 본조개정)

제5조【대한민국의 권리 행사 등】 ① 외국과의 협정으로 달리 정하는 경우를 제외하고 대한민국의 배타적 경제수역과 대륙붕에서는 제3조에 따른 권리를 행사하거나 보호하기 위하여 대한민국의 법령을 적용한다. 배타적 경제수역과 대륙붕의 인공섬·시설 및 구조물에서의 법률관계에 대하여도 또한 같다.(2017.3.21 본항개정)

② 제3조에 따른 대한민국의 배타적 경제수역에서의 권리는 대한민국과 관계국 간에 별도의 합의가 없는 경우 대한민국과 관계국의 중간선 바깥쪽 수역에서는 행사하지 아니한다. 이 경우 "중간선"이란 그 선상(線上)의 각 점으로부터 대한민국의 기선상의 가장 가까운 점까지의 직선거리와 관계국의 기선상의 가장 가까운 점까지의 직선거리가 같게 되는 선을 말한다.

③ 대한민국의 배타적 경제수역과 대륙붕에서 제3조에 따른 권리를 침해하거나 그 배타적 경제수역과 대륙붕에 적용되는 대한민국의 법령을 위반한 혐의가 있다고 인정되는 자에 대하여 관계 기관은 협약 제111조에 따른 추적권(追跡權)의 행사, 정선(停船)·승선·검색·나포 및 사법절차를 포함하여 필요한 조치를 할 수 있다.(2017.3.21 본항개정)
(2011.4.4 본조개정)

부 칙 (2017.3.21)

제1조【시행일】 이 법은 공포한 날부터 시행한다. 다만, 부칙 제2조제12항은 2017년 6월 28일부터 시행한다.

제2조【다른 법률의 개정】 ①~⑬ ※(해당 법령에 가제정리 하였음)

청원법

(2020년 12월 22일 전부개정법률 제17701호)

제1조 【목적】 이 법은 「대한민국헌법」 제26조에 따른 청원권 행사의 절차와 청원의 처리에 관한 사항을 규정하여 국민이 편리하게 청원권을 행사하고 국민이 제출한 청원이 객관적이고 공정하게 처리되도록 함을 목적으로 한다.

제2조 【다른 법률과의 관계】 청원에 관하여 다른 법률에 특별한 규정이 있는 경우를 제외하고는 이 법에 따른다.

제3조 【적용범위】 국회와 지방의회에 대해서는 제8조부터 제10조까지, 제11조제2항, 제13조부터 제15조까지 및 제21조부터 제23조까지를 적용하지 아니한다.

제4조 【청원기관】 이 법에 따라 국민이 청원을 제출할 수 있는 기관(이하 "청원기관"이라 한다)은 다음 각 호와 같다.

1. 국회·법원·헌법재판소·중앙선거관리위원회, 중앙행정기관(대통령 소속 기관과 국무총리 소속 기관을 포함한다)과 그 소속 기관
2. 지방자치단체와 그 소속 기관
3. 법령에 따라 행정권한을 가지고 있거나 행정권한을 위임 또는 위탁받은 법인·단체 또는 그 기관이나 개인

제5조 【청원사항】 국민은 다음 각 호의 어느 하나에 해당하는 사항에 대하여 청원기관에 청원할 수 있다.

1. 피해의 구제
2. 공무원의 위법·부당한 행위에 대한 시정이나 징계의 요구
3. 법률·명령·조례·규칙 등의 제정·개정 또는 폐지
4. 공공의 제도 또는 시설의 운영
5. 그 밖에 청원기관의 권한에 속하는 사항

제6조 【청원 처리의 예외】 청원기관의 장은 청원이 다음 각 호의 어느 하나에 해당하는 경우에는 처리를 하지 아니할 수 있다. 이 경우 사유를 청원인(제11조제3항에 따른 공동청원의 경우에는 대표자를 말한다)에게 알려야 한다.

1. 국가기밀 또는 공무상 비밀에 관한 사항
2. 감사·수사·재판·행정심판·조정·중재 등 다른 법령에 의한 조사·불복 또는 구제절차가 진행 중인 사항
3. 허위의 사실로 타인으로 하여금 형사처분 또는 징계처분을 받게 하는 사항
4. 허위의 사실로 국가기관 등의 명예를 실추시키는 사항
5. 사인간의 권리관계 또는 개인의 사생활에 관한 사항
6. 청원인의 성명, 주소 등이 불분명하거나 청원내용이 불명확한 사항

제7조 【청원기관의 장의 의무】 ① 청원기관의 장은 국민의 청원권이 존중될 수 있도록 이 법을 운영하고 소관 관계 법령을 정비하여야 한다.

② 청원기관의 장은 청원사항에 관한 업무를 주관하는 부서 및 담당하는 인력을 적정하게 두어야 한다.

제8조 【청원심의회】 ① 청원기관의 장은 다음 각 호의 사항을 심의하기 위하여 청원심의회(이하 "청원심의회"라 한다)를 설치·운영하여야 한다.

1. 제11조제2항에 따른 공개청원의 공개 여부에 관한 사항
2. 청원의 조사결과 등 청원처리에 관한 사항
3. 그 밖에 청원에 관한 사항

② 청원심의회의 구성 및 운영에 필요한 사항은 대법원규칙, 헌법재판소규칙, 중앙선거관리위원회규칙 및 대통령령으로 정한다.

제9조 【청원방법】 ① 청원은 청원서에 청원인의 성명(법인인 경우에는 명칭 및 대표자의 성명을 말한다)과 주소 또는 거소를 적고 서명한 문서(「전자문서 및 전자거래 기본법」에 따른 전자문서를 포함한다)로 하여야 한다.

② 제1항에 따라 전자문서로 제출하는 청원(이하 "온라인청원"이라 한다)은 본인임을 확인할 수 있는 전자적 방법을 통해 제출하여야 한다. 이 경우 서명이 대체된 것으로 본다.

③ 제2항에 따른 본인임을 확인할 수 있는 전자적 방법은 대법원규칙, 헌법재판소규칙, 중앙선거관리위원회규칙 및 대통령령으로 정한다.

제10조 【온라인청원시스템】 ① 행정안전부장관은 서면으로 제출된 청원을 전자적으로 관리하고, 전자문서로 제출된 청원을 효율적으로 접수·처리하기 위하여 정보처리시스템(이하 "온라인청원시스템"이라 한다)을 구축·운영하여야 한다.

② 대법원, 헌법재판소 및 중앙선거관리위원회는 별도의 온라인청원시스템을 구축·운영할 수 있다.

③ 온라인청원시스템의 구축·운영 등에 필요한 사항은 대법원규칙, 헌법재판소규칙, 중앙선거관리위원회규칙 및 대통령령으로 정한다.

제11조 【청원서의 제출】 ① 청원인은 청원서를 해당 청원사항을 담당하는 청원기관에 제출하여야 한다.

② 청원인은 청원사항이 제5조제3호 또는 제4호에 해당하는 경우 청원의 내용, 접수 및 처리 상황과 결과를 온라인청원시스템에 공개하도록 청원(이하 "공개청원"이라 한다)할 수 있다. 이 경우 청원서에 공개청원으로 표시하여야 한다.

③ 다수 청원인이 공동으로 청원(이하 "공동청원"이라 한다)을 하는 경우에는 그 처리결과를 통지받을 3명 이하의 대표자를 선정하여 이를 청원서에 표시하여야 한다.

④ 청원인은 청원서에 이유와 취지를 밝히고, 필요한 때에는 참고자료를 붙일 수 있다.

제12조 【청원의 접수】 ① 청원기관의 장은 제11조에 따라 제출된 청원서를 지체 없이 접수하여야 한다.

② 제1항에 따른 청원의 접수에 필요한 사항은 대법원규칙, 헌법재판소규칙, 중앙선거관리위원회규칙 및 대통령령으로 정한다.

제13조 【공개청원의 공개 여부 결정 통지 등】 ① 공개청원을 접수한 청원기관의 장은 접수일부터 15일 이내에 청원심의회의 심의를 거쳐 공개 여부를 결정하고 결과를 청원인(공동청원의 경우 대표자를 말한다)에게 알려야 한다.

② 청원기관의 장은 공개청원의 공개결정일부터 30일간 청원사항에 관하여 국민의 의견을 들어야 한다.

③ 제2항에 따른 국민의 의견을 듣는 방식, 그 밖에 공개청원의 공개 여부 결정기준 등 공개청원의 운영에 필요한 사항은 대법원규칙, 헌법재판소규칙, 중앙선거관리위원회규칙 및 대통령령으로 정한다.

제14조 【접수·처리 상황의 통지 및 공개】 ① 청원기관의 장은 청원의 접수 및 처리 상황을 청원인(공동청원의 경우 대표자를 말한다)에게 알려야 한다. 공개청원의 경우에는 온라인청원시스템에 접수 및 처리 상황을 공개하여야 한다.

② 제1항에 따른 통지 및 공개에 필요한 사항은 대법원규칙, 헌법재판소규칙, 중앙선거관리위원회규칙 및 대통령령으로 정한다.

제15조 【청원서의 보완 요구 및 이송】 ① 청원기관의 장은 청원서에 부족한 사항이 있다고 판단되는 경우에는 보완사항 및 보완기간을 표시하여 청원인(공동청원의 경우 대표자를 말한다)에게 보완을 요구할 수 있다.

② 청원기관의 장은 청원사항이 다른 기관 소관인 경우에는 지체 없이 소관 기관에 청원서를 이송하고 이를 청원인(공동청원의 경우 대표자를 말한다)에게 알려야 한다.

③ 그 밖에 청원서의 보완 요구 및 이송 등에 필요한 사항은 대법원규칙, 헌법재판소규칙, 중앙선거관리위원회규칙 및 대통령령으로 정한다.

제16조 【반복청원 및 이중청원】 ① 청원기관의 장은 동일인이 같은 내용의 청원서를 같은 청원기관에 2건 이상 제출한 반복청원의 경우에는 나중에 제출된 청원서를 반려하거나 종결처리할 수 있고, 종결처리하는 경우 이를 청원인에게 알려야 한다.

② 동일인이 같은 내용의 청원서를 2개 이상의 청원기관에 제출한 경우 소관이 아닌 청원기관의 장은 청원서를 소관 청원기관의 장에게 이송하여야 한다. 이 경우 반복청원의 처리에 관하여는 제1항을 준용한다.
③ 청원기관의 장은 제1항 및 제2항의 청원(반복청원을 포함한다)이 같은 내용의 청원인지 여부에 대해서는 해당 청원의 성격, 종전 청원과의 내용적 유사성·관련성 및 종전 청원과 같은 답변을 할 수밖에 없는 사정 등을 종합적으로 고려하여 결정하여야 한다.
제17조【청원의 취하】 청원인은 해당 청원의 처리가 종결되기 전에 청원을 취하할 수 있다.
제18조【청원의 조사】 청원기관의 장은 청원을 접수한 경우에는 지체 없이 청원사항을 성실하고 공정하게 조사하여야 한다. 다만, 청원사항이 별도의 조사를 필요로 하지 아니하는 경우에는 조사 없이 신속하게 처리할 수 있다.
제19조【조사의 방법】 ① 청원기관의 장은 제18조에 따른 조사를 할 때 다음 각 호의 조치를 할 수 있다. 이 경우 출석하거나 의견진술 등을 한 사람(청원인은 제외한다)에게는 예산의 범위에서 여비와 수당을 지급할 수 있다.
1. 관계 기관 등에 대한 설명 요구 또는 관련 자료 등의 제출 요구
2. 관계 기관 등의 직원, 청원인, 이해관계인이나 참고인의 출석 및 의견진술 등의 요구
3. 조사사항과 관계있다고 인정되는 장소·시설 등에 대한 실지조사
4. 조사사항과 관계있다고 인정되는 문서·자료 등에 대한 감정의 의뢰
② 관계 기관 등의 장은 제1항에 따른 청원기관의 장의 요구나 조사에 성실하게 응하고 이에 협조하여야 한다.
제20조【관계 기관·부서 간의 협조】 ① 청원기관의 장은 청원을 처리할 때 관계 기관·부서의 협조가 필요한 경우에는 청원을 접수한 후 청원 처리기간의 범위에서 회신기간을 정하여 협조를 요청하여야 하며, 요청받은 관계 기관·부서는 회신기간 내에 이를 회신하여야 한다.
② 협조를 요청받은 관계 기관·부서는 제1항에 따른 회신기간에 협조 요청 사항을 처리할 수 없는 특별한 사정이 있는 경우에는 제21조에 따른 처리기간의 범위에서 청원기관의 장과 협의하여 한 차례만 회신기간을 연장할 수 있다.
③ 협조를 요청받은 관계 기관·부서가 제2항에 따라 회신기간을 연장하는 경우에는 제1항에 따른 회신기간이 끝나기 전에 연장 사유, 진행 상황 및 회신예정일 등을 협조 요청한 청원기관의 장에게 알려야 한다.
제21조【청원의 처리 등】 ① 청원기관의 장은 청원심의회의 심의를 거쳐 청원을 처리하여야 한다. 다만, 청원심의회의 심의를 거칠 필요가 없는 사항에 대해서는 심의를 생략할 수 있다.
② 청원기관의 장은 청원을 접수한 때에는 특별한 사유가 없으면 90일 이내(제13조제1항에 따른 공개청원의 공개 여부 결정기간 및 같은 조 제2항에 따른 국민의 의견을 듣는 기간을 제외한다)에 처리결과를 청원인(공동청원의 경우 대표자를 말한다)에게 알려야 한다. 이 경우 공개청원의 처리결과는 온라인청원시스템에 공개하여야 한다.
③ 청원기관의 장은 부득이한 사유로 제2항에 따른 처리기간에 청원을 처리하기 곤란한 경우에는 60일의 범위에서 한 차례만 처리기간을 연장할 수 있다. 이 경우 그 사유와 처리 예정기한을 지체 없이 청원인(공동청원의 경우 대표자를 말한다)에게 알려야 한다.
④ 제1항 단서의 청원심의회의 심의를 거칠 필요가 없는 사항 및 제2항에 따른 처리결과를 알리는 방식 등에 필요한 사항은 대법원규칙, 헌법재판소규칙, 중앙선거관리위원회규칙 및 대통령령으로 정한다.
제22조【이의신청】 ① 청원인은 다음 각 호의 어느 하나에 해당하는 경우로서 공개 부적합 결정 통지를 받은 날 또는 제21조에 따른 처리기간이 경과한 날부터 30일 이내에 청원기관의 장에게 문서로 이의신청을 할 수 있다.
1. 청원기관의 장의 공개 부적합 결정에 대하여 불복하는 경우
2. 청원기관의 장이 제21조에 따른 처리기간 내에 청원을 처리하지 못한 경우
② 청원기관의 장은 이의신청을 받은 날부터 15일 이내에 이의신청에 대하여 인용 여부를 결정하고, 그 결과를 청원인(공동청원의 경우 대표자를 말한다)에게 지체 없이 알려야 한다.
③ 제1항에 따른 이의신청의 절차 및 방법 등 필요한 사항은 대법원규칙, 헌법재판소규칙, 중앙선거관리위원회규칙 및 대통령령으로 정한다.
제23조【청원제도의 총괄 등】 ① 행정안전부장관은 청원의 활성화를 위하여 노력하여야 한다.
② 행정안전부장관은 청원제도의 효율적 운영을 위하여 청원제도의 운영 전반에 관한 사항을 확인·점검·지도하고 그 결과를 공개할 수 있다.
③ 법원·헌법재판소 및 중앙선거관리위원회는 청원제도 운영에 관한 사항을 자체적으로 확인·점검·지도할 수 있다.
제24조【청원의 사후관리】 청원기관의 장은 청원인의 만족 여부 및 개선사항 등을 조사하여 업무에 반영할 수 있다.
제25조【모해의 금지】 누구든지 타인을 모해(謀害)할 목적으로 허위의 사실을 적시한 청원을 하여서는 아니 된다.
제26조【차별대우의 금지】 누구든지 청원을 하였다는 이유로 청원인을 차별대우하거나 불이익을 강요해서는 아니 된다.
제27조【벌칙】 제25조를 위반한 자는 5년 이하의 징역 또는 5천만원 이하의 벌금에 처한다.

부 칙

제1조【시행일】 이 법은 공포 후 1년이 경과한 날부터 시행한다. 다만, 제8조제1항제1호, 제9조제2항 및 제3항, 제10조, 제11조제2항, 제13조, 제14조(공개청원에 관한 부분에 한정한다), 제21조제2항 후단의 개정규정은 공포 후 2년이 경과한 날부터 시행한다.
제2조【적용례】 이 법은 이 법 시행 이후 제출된 청원부터 적용한다.

공직선거법

(1994년 3월 16일
법 률 제4739호)

개정
1994.12.22법 4796호(도농복합) <중략>
2015. 6.19법13334호 2015. 8.13법13497호
2015.12.24법13617호
2016. 1. 6법13722호(군사법원)
2016. 1.15법13755호 2016. 3. 3법14073호
2016. 5.29법14184호(예비군법)
2017. 2. 8법14556호 2017. 3. 9법14571호
2017. 7.26법14839호(정부조직)
2018. 3. 9법15424호 2018. 4. 6법15551호
2019.12. 3법16671호(공직자윤리)
2020. 1.14법16864호
2020. 2. 4법16957호(신용정보의이용및보호에관한법)
2020. 3.11법17070호
2020. 3.24법17125호(법원조직)
2020. 3.25법17127호
2020.12.22법17689호(국가자치경찰)
2020.12.29법17758호(국세징수)
2020.12.29법17813호
2021. 1.12법17893호(지방자치)
2021. 3.23법17980호 2021. 3.26법17981호
2021. 9.24법18465호(군사법원)
2022. 1.18법18790호 2022. 1.21법18791호
2022. 2.16법18837호 2022. 4.20법18841호
2023. 3. 4법19228호(정부조직)
2023. 3.14법19234호(개인정보보호법)
2023. 3.29법19325호 2023. 8.30법19696호
2023.12.26법19839호(전북특별자치도설치및글로벌생명경제도시조성을위한특별법)
2023.12.28법19855호 2024. 3. 8법20370호
2025. 1. 7법20660호

제1장 총 칙

제1조【목적】 이 법은 「대한민국헌법」과 「지방자치법」에 의한 선거가 국민의 자유로운 의사와 민주적인 절차에 의하여 공정히 행하여지도록 하고, 선거와 관련한 부정을 방지함으로써 민주정치의 발전에 기여함을 목적으로 한다.
(2005.8.4 본조개정)

제2조【적용범위】 이 법은 대통령선거·국회의원선거·지방의회의원 및 지방자치단체의 장의 선거에 적용한다.

제3조【선거인의 정의】 이 법에서 "선거인"이란 선거권이 있는 사람으로서 선거인명부 또는 재외선거인명부에 올라 있는 사람을 말한다.(2009.2.12 본조개정)

제4조【인구의 기준】 이 법에서 선거사무관리의 기준이 되는 인구는 「주민등록법」에 따른 주민등록표에 따라 조사한 국민의 최근 인구통계에 의한다. 이 경우 지방자치단체의 의회의원 및 장의 선거에서는 제15조제2항제3호에 따라 선거권이 있는 외국인의 수를 포함한다.(2015.8.13 전단개정)

제5조【선거사무협조】 관공서 기타 공공기관은 선거사무에 관하여 선거관리위원회의 협조요구를 받은 때에는 우선적으로 이에 따라야 한다.(2000.2.16 본조개정)

제6조【선거권행사의 보장】 ① 국가는 선거권자가 선거권을 행사할 수 있도록 필요한 조치를 취하여야 한다.
② 각급선거관리위원회(읍·면·동선거관리위원회는 제외한다)는 선거인의 투표참여를 촉진하기 위하여 교통이 불편한 지역에 거주하는 선거인 또는 노약자·장애인 등 거동이 불편한 선거인에 대한 교통편의 제공에 필요한 대책을 수립·시행하여야 하고, 투표를 마친 선거인에게 국공립 유료시설의 이용요금을 면제·할인하는 등의 필요한 대책을 수립·시행할 수 있다. 이 경우 공정한 실시방법 등을 정당·후보자와 미리 협의하여야 한다.(2020.12.29 전단개정)
③ 공무원·학생 또는 다른 사람에게 고용된 자가 선거인명부를 열람하거나 투표하기 위하여 필요한 시간은 보장되어야 하며, 이를 휴무 또는 휴업으로 보지 아니한다.
④ 선거권자는 성실하게 선거에 참여하여 선거권을 행사하여야 한다.
⑤ 선거의 중요성과 의미를 되새기고 주권의식을 높이기 위하여 매년 5월 10일을 유권자의 날로, 유권자의 날부터 1주간을 유권자 주간으로 하고, 각급선거관리위원회(읍·면·동선거관리위원회는 제외한다)는 공명선거 추진활동을 하는 기관 또는 단체 등과 함께 유권자의 날 의식과 그에 부수되는 행사를 개최할 수 있다.(2012.1.17 본항신설)

제6조의2【다른 자에게 고용된 사람의 투표시간 보장】 ① 다른 자에게 고용된 사람이 사전투표기간 및 선거일에 모두 근무를 하는 경우에는 투표하기 위하여 필요한 시간을 고용주에게 청구할 수 있다.
② 고용주는 제1항에 따른 청구가 있으면 고용된 사람이 투표하기 위하여 필요한 시간을 보장하여 주어야 한다.
③ 고용주는 고용된 사람이 투표하기 위하여 필요한 시간을 청구할 수 있다는 사실을 선거일 전 7일부터 선거일 전 3일까지 인터넷 홈페이지, 사보, 사내게시판 등을 통하여 알려야 한다.
(2014.2.13 본조신설)

제6조의3【감염병환자 등의 선거권 보장】 ① 「감염병의 예방 및 관리에 관한 법률」 제41조제1항 또는 제2항에 따라 입원치료, 자가(自家)치료 또는 시설치료 중이거나 같은 법 제42조제2항제1호에 따라 자가 또는 시설에 격리 중인 사람(이하 "격리자등"이라 한다)은 선거권 행사를 위하여 활동할 수 있다.
② 국가와 지방자치단체는 격리자등의 선거권 행사가 원활하게 이루어질 수 있도록 교통편의 제공 및 그 밖에 필요한 방안을 마련하여야 한다.
(2022.2.16 본조신설)

제7조【정당·후보자 등의 공정경쟁의무】 ① 선거에 참여하는 정당·후보자(후보자가 되고자 하는 자를 포함한다. 이하 이 조에서 같다) 및 후보자를 위하여 선거운동을 하는 자는 선거운동을 함에 있어 이 법을 준수하고 공정하게 경쟁하여야 하며, 정당의 정강·정책이나 후보자의 정견을 지지·선전하거나 이를 비판·반대함에 있어 선량한 풍속 기타 사회질서를 해하는 행위를 하여서는 아니된다.
② 각급선거관리위원회(읍·면·동선거관리위원회는 제외한다)는 정책선거의 촉진을 위하여 필요한 사항을 적극적으로 홍보하여야 하며, 중립적으로 정책선거 촉진활동을 추진

하는 단체에 그 활동에 필요한 경비를 지원할 수 있다.
(2010.1.25 본항개정)
(2004.3.12 본조개정)

제8조【언론기관의 공정보도의무】 방송·신문·통신·잡지 기타의 간행물을 경영·관리하거나 편집·취재·집필·보도하는 자와 제8조의5(인터넷선거보도심의위원회)제1항의 규정에 따른 인터넷언론사가 정당의 정강·정책이나 후보자(후보자가 되고자 하는 자를 포함한다. 이하 이 조에서 같다)의 정견 기타사항에 관하여 보도·논평을 하는 경우와 정당의 대표자나 후보자 또는 그의 대리인을 참여하게 하여 대담을 하거나 토론을 행하고 이를 방송·보도하는 경우에는 공정하게 하여야 한다.(2005.8.4 본조개정)

제8조의2【선거방송심의위원회】 ①「방송통신위원회의 설치 및 운영에 관한 법률」제18조제1항에 따른 방송통신심의위원회(이하 "방송통신심의위원회"라 한다)는 선거방송의 공정성을 유지하기 위하여 다음 각 호의 구분에 따른 기간 동안 선거방송심의위원회를 설치·운영하여야 한다.
1. 임기만료에 의한 선거
제60조의2제1항에 따른 예비후보자등록신청개시일 전일부터 선거일 후 30일까지
2. 보궐선거등
선거일 전 60일(선거일 전 60일 후에 실시사유가 확정된 보궐선거등의 경우에는 그 선거의 실시사유가 확정된 후 10일)부터 선거일 후 30일까지
(2012.1.17 본호개정)
(2010.1.25 본항개정)
② 선거방송심의위원회는 국회에 교섭단체를 구성한 정당과 중앙선거관리위원회가 추천하는 각 1명, 방송사(제70조제1항에 따른 방송시설을 경영 또는 관리하는 자를 말한다. 이하 이 조 및 제8조의4에서 같다)·방송학계·대한변호사협회·언론인단체 및 시민단체 등이 추천하는 사람을 포함하여 9명 이내의 위원으로 구성한다. 이 경우 선거방송심의위원회를 구성한 후에 국회에 교섭단체를 구성한 정당의 수가 증가하여 위원정수를 초과하게 되는 경우에는 현원을 위원정수로 본다.(2010.1.25 본항개정)
③ 선거방송심의위원회의 위원은 정당에 가입할 수 없다.
④ 선거방송심의위원회는 선거방송의 정치적 중립성·형평성·객관성 및 제작기술상의 균형유지와 권리구제 기타 선거방송의 공정을 보장하기 위하여 필요한 사항을 정하여 이를 공표하여야 한다.
⑤ 선거방송심의위원회는 선거방송의 공정여부를 조사하여야 하고, 조사결과 선거방송의 내용이 공정하지 아니하다고 인정되는 경우에는「방송법」제100조제1항 각 호에 따른 제재조치 등을 정하여 이를「방송통신위원회의 설치 및 운영에 관한 법률」제3조제1항에 따른 방송통신위원회에 통보하여야 하며, 방송통신위원회는 불공정한 선거방송을 한 방송사에 대하여 통보받은 제재조치 등을 지체없이 명하여야 한다.
(2010.1.25 본항개정)
⑥ 후보자 및 후보자가 되려는 사람은 제1항에 따라 선거방송심의위원회가 설치된 때부터 선거방송의 내용이 불공정하다고 인정되는 경우에는 선거방송심의위원회에 그 시정을 요구할 수 있고, 선거방송심의위원회는 지체없이 이를 심의·의결하여야 한다.(2010.1.25 본항개정)
⑦ 선거방송심의위원회의 구성과 운영 그 밖에 필요한 사항은 방송통신심의위원회규칙으로 정한다.(2010.1.25 본항개정)
(1997.11.14 본조신설)

제8조의3【선거기사심의위원회】 ①「언론중재 및 피해구제 등에 관한 법률」제7조에 따른 언론중재위원회(이하 "언론중재위원회"라 한다)는 선거기사(사설·논평·광고 그 밖에 선거에 관한 내용을 포함한다. 이하 이 조에서 같다)의 공정성을 유지하기 위하여 제8조의2제1항 각 호의 구분에 따른 기간 동안 선거기사심의위원회를 설치·운영하여야 한다.(2010.1.25 본항개정)
② 선거기사심의위원회는 국회에 교섭단체를 구성한 정당과 중앙선거관리위원회가 추천하는 각 1명, 언론학계·대한변호사협회·언론인단체 및 시민단체 등이 추천하는 사람을 포함하여 9명 이내의 위원으로 구성한다. 이 경우 위원정수에 관하여는 제8조의2제2항 후단을 준용한다.(2010.1.25 본항개정)
③ 선거기사심의위원회는「신문 등의 진흥에 관한 법률」제2조제1호에 따른 신문,「잡지 등 정기간행물의 진흥에 관한 법률」제2조제1호에 따른 잡지·정보간행물·전자간행물·기타간행물 및「뉴스통신진흥에 관한 법률」제2조제1호에 따른 뉴스통신(이하 이 조 및 제8조의4에서 "정기간행물등"이라 한다)에 게재된 선거기사의 공정 여부를 조사하여야 하고, 조사결과 선거기사의 내용이 공정하지 아니하다고 인정되는 경우에는 해당 기사의 내용에 대하여 다음 각 호의 어느 하나에 해당하는 제재조치를 결정하여 이를 언론중재위원회에 통보하여야 하며, 언론중재위원회는 불공정한 선거기사를 게재한 정기간행물등을 발행한 자(이하 이 조 및 제8조의4에서 "언론사"라 한다)에 대하여 통보받은 제재조치를 지체 없이 명하여야 한다.(2017.2.8 본문개정)
1. 정정보도문 또는 반론보도문 게재
2. 경고결정문 게재
3. 주의사실 게재
4. 경고, 주의 또는 권고
(2017.2.8 1호~4호신설)
④ 정기간행물등을 발행하는 자가 제1항에 규정된 선거기사심의위원회의 운영기간중에「신문 등의 진흥에 관한 법률」제2조제1호가목 또는 다목의 규정에 따른 일반일간신문 또는 일반주간신문을 발행하는 때에는 그 정기간행물등 1부를, 그 외의 정기간행물등을 발행하는 때에는 선거기사심의위원회의 요청이 있는 경우 1부를 지체없이 선거기사심의위원회에 제출하여야 한다.(2009.7.31 본항개정)
⑤ 제4항의 규정에 의하여 정기간행물등을 제출한 자의 요구가 있는 때에는 선거기사심의위원회는 정당한 보상을 하여야 한다.(2008.2.29 본항개정)
⑥ 제8조의2(선거방송심의위원회)제3항·제4항 및 제6항의 규정은 선거기사심의위원회에 관하여 이를 준용한다.
⑦ 선거기사심의위원회의 구성과 운영에 관하여 필요한 사항은 언론중재위원회가 정한다.
(2000.2.16 본조개정)

제8조의4【선거보도에 대한 반론보도청구】 ① 선거방송심의위원회 또는 선거기사심의위원회가 설치된 때부터 선거일까지 방송 또는 정기간행물등에 공표된 인신공격, 정책의 왜곡선전 등으로 피해를 받은 정당(중앙당에 한한다. 이하 이 조에서 같다) 또는 후보자(후보자가 되고자 하는 자를 포함한다. 이하 이 조에서 같다)는 그 방송 또는 기사게재가 있음을 안 날부터 10일 이내에 서면으로 당해 방송을 한 방송사에 반론보도의 방송을, 당해 기사를 게재한 언론사에 반론보도문의 게재를 각각 청구할 수 있다. 다만, 그 방송 또는 기사게재가 있은 날부터 30일이 경과한 때에는 그러하지 아니하다.(2010.1.25 본문개정)
② 방송사 또는 언론사는 제1항의 청구를 받은 때에는 지체없이 당해 정당, 후보자 또는 그 대리인과 반론보도의 내용·크기·횟수 등에 관하여 협의한 후, 방송에 있어서는 이를 청구받은 때부터 48시간 이내에 무료로 반론보도의 방송을 하여야 하며, 정기간행물등에 있어서는 편집이 완료되지 아니한 같은 정기간행물등의 다음 발행호에 무료로 반론보도문의 게재를 하여야 한다. 이 경우 정기간행물등에 있어서 다음 발행호가 선거일후에 발행·배부되는 경우에는 반론보도의 청구를 받은 때부터 48시간 이내에 당해 정기간행물등이 배부된 지역에 배부되는「신문 등의 진흥에 관한 법률」제2조(정의)제1호가목에 따른 일반일간신문에 이를 게재하여야 하며, 그 비용은 당해 언론사의 부담으로 한다.
(2009.7.31 본항개정)

③ 제2항의 규정에 의한 협의가 이루어지지 아니한 때에는 당해 정당, 후보자, 방송사 또는 언론사는 선거방송심의위원회 또는 선거기사심의위원회에 지체없이 이를 회부하고, 선거방송심의위원회 또는 선거기사심의위원회는 회부받은 때부터 48시간 이내에 심의하여 각하·기각 또는 인용결정을 한 후 지체없이 이를 당해 정당 또는 후보자와 방송사 또는 언론사에 통지하여야 한다. 이 경우 반론보도의 인용결정을 하는 때에는 반론방송 또는 반론보도문의 내용·크기·횟수 기타 반론보도에 필요한 사항을 함께 결정하여야 한다.(2002.3.7 전단개정)
④「언론중재 및 피해구제 등에 관한 법률」 제15조(정정보도청구권의 행사)제1항·제4항 내지 제7항의 규정은 반론보도청구에 이를 준용한다. 이 경우 "정정보도청구"는 "반론보도청구"로, "정정"은 "반론"으로, "정정보도청구권"은 "반론보도청구권"으로, "정정보도"는 "반론보도"로, "정정보도문"은 "반론보도문"으로 본다.(2005.8.4 본항개정)

제8조의5【인터넷선거보도심의위원회】 ① 중앙선거관리위원회는 인터넷언론사〔「신문 등의 진흥에 관한 법률」 제2조(정의)제4호에 따른 인터넷신문사업자 그 밖에 정치·경제·사회·문화·시사 등에 관한 보도·논평·여론 및 정보 등을 전파할 목적으로 취재·편집·집필한 기사를 인터넷을 통하여 보도·제공하거나 매개하는 인터넷홈페이지를 경영·관리하는 자와 이와 유사한 언론의 기능을 행하는 인터넷홈페이지를 경영·관리하는 자를 말한다. 이하 같다〕의 인터넷홈페이지에 게재된 선거보도〔사설·논평·사진·방송·동영상 기타 선거에 관한 내용을 포함한다. 이하 이 조 및 제8조의6(인터넷언론사의 정정보도 등)에서 같다〕의 공정성을 유지하기 위하여 인터넷선거보도심의위원회를 설치·운영하여야 한다.(2009.7.31 본항개정)
② 인터넷선거보도심의위원회는 국회에 교섭단체를 구성한 정당이 추천하는 각 1인과 방송통신심의위원회, 언론중재위원회, 학계, 법조계, 인터넷 언론단체 및 시민단체 등이 추천하는 자를 포함하여 중앙선거관리위원회가 위촉하는 11인 이내의 위원으로 구성하며, 위원의 임기는 3년으로 한다. 이 경우 위원정수에 관하여는 제8조의2제2항 후단을 준용한다.(2010.1.25 본항개정)
③ 인터넷선거보도심의위원회에 위원장 1인을 두되, 위원장은 위원중에서 호선한다.
④ 인터넷선거보도심의위원회에 상임위원 1인을 두되, 중앙선거관리위원회가 인터넷선거보도심의위원회의 위원 중에서 지명한다.
⑤ 정당의 당원은 인터넷선거보도심의위원회의 위원이 될 수 없다.
⑥ 인터넷선거보도심의위원회는 인터넷 선거보도의 정치적 중립성·형평성·객관성 및 권리구제 기타 선거보도의 공정을 보장하기 위하여 필요한 사항을 정하여 이를 공표하여야 한다.
⑦ 인터넷선거보도심의위원회는 업무수행을 위하여 필요하다고 인정하는 때에는 관계 공무원 또는 전문가를 초청하여 의견을 듣거나 관련 기관·단체 등에 자료 및 의견제출 등 협조를 요청할 수 있다.
⑧ 인터넷선거보도심의위원회의 사무를 처리하기 위하여 선거관리위원회 소속 공무원으로 구성하는 사무국을 둔다.
⑨ 인터넷선거보도심의위원회의 구성·운영, 위원 및 상임위원의 대우, 사무국의 조직·직무범위 기타 필요한 사항은 중앙선거관리위원회규칙으로 정한다.
(2004.3.12 본조신설)

제8조의6【인터넷언론사의 정정보도 등】 ① 인터넷선거보도심의위원회는 인터넷언론사의 인터넷홈페이지에 게재된 선거보도의 공정 여부를 조사하여야 하며, 조사결과 선거보도의 내용이 공정하지 아니하다고 인정되는 때에는 당해 인터넷언론사에 대하여 해당 선거보도의 내용에 관한 정정보도문의 게재 등 필요한 조치를 명하여야 한다.(2005.8.4 본항신설)
② 정당 또는 후보자(후보자가 되고자 하는 자를 포함한다. 이하 이 조에서 같다)는 인터넷언론사의 선거보도가 불공정하다고 인정되는 때에는 그 보도가 있음을 안 날부터 10일 이내에 인터넷선거보도심의위원회에 서면으로 이의신청을 할 수 있다.
③ 인터넷선거보도심의위원회는 제2항의 규정에 의한 이의신청을 받은 때에는 지체없이 이의신청 대상이 된 선거보도의 공정여부를 심의하여야 하며, 심의결과 선거보도가 공정하지 아니하다고 인정되는 때에는 당해 인터넷언론사에 대하여 해당 선거보도의 내용에 관한 정정보도문의 게재 등 필요한 조치를 명하여야 한다.(2005.8.4 본항개정)
④ 인터넷언론사의 왜곡된 선거보도로 인하여 피해를 받은 정당 또는 후보자는 그 보도의 공표가 있음을 안 날부터 10일 이내에 서면으로 당해 인터넷언론사에 반론보도의 방송 또는 반론보도문의 게재(이하 이 조에서 "반론보도"라 한다)를 청구할 수 있다. 이 경우 그 보도의 공표가 있은 날부터 30일이 경과한 때에는 반론보도를 청구할 수 없다.
⑤ 인터넷언론사는 제4항의 청구를 받은 때에는 지체없이 당해 정당이나 후보자 또는 그 대리인과 반론보도의 형식·내용·크기 및 횟수 등에 관하여 협의한 후, 이를 청구받은 때부터 12시간 이내에 당해 인터넷언론사의 부담으로 반론보도를 하여야 한다.(2005.8.4 본항개정)
⑥ 제5항의 규정에 의한 반론보도 협의가 이루어지지 아니하는 경우에 당해 정당 또는 후보자는 인터넷선거보도심의위원회에 즉시 반론보도청구를 할 수 있으며, 인터넷선거보도심의위원회는 이를 심의하여 각하·기각 또는 인용결정을 한 후 당해 정당·후보자 및 인터넷언론사에 그 결정내용을 통지하여야 한다. 이 경우 반론보도의 인용결정을 하는 때에는 그 형식·내용·크기·횟수 기타 필요한 사항을 함께 결정하여 통지하여야 하며, 통지를 받은 인터넷언론사는 지체없이 이를 이행하여야 한다.(2005.8.4 본항개정)
⑦「언론중재 및 피해구제 등에 관한 법률」 제15조(정정보도청구권의 행사)제1항·제4항부터 제6항까지 및 제8항은 그 성질에 반하지 아니하는 한 인터넷언론사의 선거보도에 관한 반론보도청구에 이를 준용한다. 이 경우 "정정보도청구"는 "반론보도청구"로, "정정"은 "반론"으로, "정정보도청구권"은 "반론보도청구권"으로, "정정보도"는 "반론보도"로, "정정보도문"은 "반론보도문"으로 본다.(2012.1.17 본항개정)
(2004.3.12 본조신설)

제8조의7【선거방송토론위원회】 ① 각급선거관리위원회(읍·면·동선거관리위원회를 제외한다. 이하 이 조에서 같다)는 제82조의2(선거방송토론위원회 주관 대담·토론회)의 규정에 의한 대담·토론회와 제82조의3(선거방송토론위원회 주관 정책토론회)의 규정에 의한 정책토론회(이하 이 조에서 "대담·토론회등"이라 한다)를 공정하게 주관·진행하기 위하여 각각 선거방송토론위원회(이하 이 조에서 "각급선거방송토론위원회"라 한다)를 설치·운영하여야 한다. 다만, 구·시·군선거관리위원회에 설치하는 구·시·군선거방송토론위원회(이하 "구·시·군선거방송토론위원회"라 한다)는 지역구국회의원선거구단위 또는 「방송법」에 의한 종합유선방송사업자의 방송권역단위로 설치·운영할 수 있다.(2005.8.4 본항개정)
② 각급선거방송토론위원회는 다음 각 호에 따라 구성하며, 위원의 임기는 제2호 후단의 경우를 제외하고는 3년으로 한다. 이 경우 위원정수에 관하여는 제8조의2제2항 후단을 준용한다.
1. 중앙선거관리위원회에 설치하는 중앙선거방송토론위원회(이하 "중앙선거방송토론위원회"라 한다)
국회에 교섭단체를 구성한 정당, 공영방송사(한국방송공사와 「방송문화진흥회법」에 따른 방송문화진흥회가 최다출자자인 방송사업자를 말한다. 이하 같다), 지상파방송사(공영방송사가 아닌 지상파방송사업자로서 중앙선거관리위원회규칙으로 정하는 방송사업자를 말한다. 이하 같다)가 포합된 단체로서 중앙선거관리위원회규칙으로 정하는 단체가 추천하는 각 1명, 방송통신심의위원회 · 학계 · 법조계 · 시민단체가 추천하는 사람 등 학식과 덕망이 있는 사람 중에서 중앙선거관리위원회가 위촉하는 사람을 포함하여 11명 이내의 위원
(2022.1.21 본호개정)
1의2. 특별시 · 광역시 · 특별자치시 · 도 · 특별자치도(이하 "시 · 도"라 한다)선거관리위원회에 설치하는 시 · 도선거방송토론위원회(이하 "시 · 도선거방송토론위원회"라 한다) 국회에 교섭단체를 구성한 정당, 공영방송사, 지상파방송사가 추천하는 각 1명, 방송통신심의위원회 · 학계 · 법조계 · 시민단체가 추천하는 사람 등 학식과 덕망이 있는 사람 중에서 시 · 도선거관리위원회가 위촉하는 사람을 포함하여 9명 이내의 위원
(2022.1.21 본호신설)
2. 구 · 시 · 군선거방송토론위원회
해당 구 · 시 · 군선거관리위원회의 위원장 및 정당추천위원을 포함한 위원 3명(정당추천위원의 수가 3명 이상인 경우에는 그 위원을 모두 포함한 수를 말한다), 학계 · 법조계 · 시민단체 · 전문언론인 중에서 해당 구 · 시 · 군선거관리위원회가 위촉하는 사람을 포함하여 9명 이내의 위원. 이 경우 구 · 시 · 군선거관리위원회 위원을 겸하는 위원의 임기는 「선거관리위원회법」 제8조에 따른 재임기간으로 한다.
(2010.1.25 본항개정)
③ 각급선거방송토론위원회에 위원장 1인을 두되, 위원장은 위원 중에서 호선한다. 다만, 구 · 시 · 군선거방송토론위원회 위원장은 해당 구 · 시 · 군선거관리위원회 위원장이 겸한다.(2010.1.25 단서신설)
④ 중앙선거방송토론위원회에 상임위원 1인을 두되, 중앙선거관리위원회가 중앙선거방송토론위원회의 위원 중에서 지명한다.
⑤ 정당의 당원은 선거방송토론위원회의 위원이 될 수 없다.
⑥ 중앙선거방송토론위원회는 대담 · 토론회등의 주관 · 진행 기타 공정성을 보장하기 위하여 필요한 사항을 정하여 공표하여야 한다.
⑦ 각급선거방송토론위원회는 대담 · 토론회등의 업무수행을 위하여 필요한 때에는 공영방송사 또는 관련 기관 · 단체등에 대하여 협조요구를 할 수 있으며, 그 협조요구를 받은 공영방송사는 우선적으로 이에 응하여야 한다.
⑧ 중앙선거방송토론위원회 또는 시 · 도선거방송토론위원회에 그 사무를 처리하게 하기 위하여 선거관리위원회 소속 공무원으로 구성하는 사무국을 둔다.(2010.1.25 본항개정)
⑨ 선거방송토론위원회는 업무수행을 위하여 필요하다고 인정하는 때에는 관계 행정기관 또는 관련 기관 · 단체 등의 장과 협의하여 그 소속 공무원 또는 임 · 직원을 파견받거나 관계 행정기관 소속 공무원으로 하여금 제8항의 규정에 의한 사무국의 소속 공무원의 직을 겸임하게 할 수 있다.
⑩ 각급선거방송토론위원회의 구성 · 운영, 위원 및 상임위원의 대우, 사무국의 조직 · 직무범위 기타 필요한 사항은 중앙선거관리위원회규칙으로 정한다.
(2004.3.12 본조신설)

제8조의8 【선거여론조사심의위원회】 ① 중앙선거관리위원회와 시 · 도선거관리위원회는 선거에 관한 여론조사의 객관성 · 신뢰성을 확보하기 위하여 선거여론조사심의위원회를 각각 설치 · 운영하여야 한다.(2017.2.8 본항개정)
② 중앙선거관리위원회에 설치하는 선거여론조사심의위원회(이하 "중앙선거여론조사심의위원회"라 한다) 및 시 · 도선거관리위원회에 설치하는 선거여론조사심의위원회(이하 "시 · 도선거여론조사심의위원회"라 한다)는 국회에 교섭단체를 구성한 정당이 추천하는 각 1명과 학계, 법조계, 여론조사 관련 기관 · 단체의 전문가 등을 포함하여 중립적이고 공정한 사람 중에서 중앙선거관리위원회 또는 시 · 도선거관리위원회가 위촉하는 사람으로 총 9명 이내의 위원으로 각각 구성하며, 위원의 임기는 3년으로 한다. 이 경우 위원 정수에 관하여는 제8조의2제2항 후단을 준용한다.(2017.2.8 전단개정)
③ 선거여론조사심의위원회에 위원장 1명을 두되, 위원장은 위원 중에서 호선한다.(2017.2.8 본항개정)
④ 중앙선거여론조사심의위원회에 상임위원 1명을 두되, 중앙선거관리위원회가 중앙선거여론조사심의위원회의 위원 중에서 지명한다.(2017.2.8 본항개정)
⑤ 정당의 당원은 선거여론조사심의위원회의 위원이 될 수 없다.(2017.2.8 본항개정)
⑥ 중앙선거여론조사심의위원회는 공표 또는 보도를 목적으로 하는 선거에 관한 여론조사의 객관성 · 신뢰성을 확보하기 위하여 필요한 사항(이하 "선거여론조사기준"이라 한다)을 정하여 공표하여야 한다.(2017.2.8 본항개정)
⑦ 선거여론조사심의위원회의 직무는 다음 각 호와 같다.
(2017.2.8 본문개정)
1. 제108조제4항에 따른 이의신청에 대한 심의 및 같은 조 제7항에 따른 등록 처리
2. 선거에 관한 여론조사가 이 법 또는 선거여론조사기준을 위반하였는지 여부에 대한 심의 및 조치(2017.2.8 본호개정)
3. 제8조의9에 따른 선거여론조사기관 등록 등 처리
(2017.2.8 본호신설)
⑧ 다음 각 호의 어느 하나에 해당하는 여론조사는 이 법에 따른 선거에 관한 여론조사로 보지 아니한다.
1. 정당이 그 대표자 등 당직자를 선출하기 위하여 실시하는 여론조사
2. 후보자(후보자가 되려는 사람을 포함한다)의 성명이나 정당(창당준비위원회를 포함한다)의 명칭을 나타내지 아니하고 정책 · 공약 개발을 위하여 실시하는 여론조사
3. 국회의원 및 지방의회의원이 의정활동과 관련하여 실시하는 여론조사. 다만, 제60조의2제1항에 따른 해당 선거의 예비후보자등록신청개시일부터 선거일까지 실시하는 여론조사는 제외한다.
4. 정치, 선거 등 분야에서 순수한 학술 · 연구 목적으로 실시하는 여론조사
5. 단체 등이 의사결정을 위하여 그 구성원만을 대상으로 실시하는 여론조사
(2017.2.8 본항신설)
⑨ 선거여론조사심의위원회가 심의하는 관할 여론조사는 다음 각 호와 같다.
1. 중앙선거여론조사심의위원회 : 전국 또는 2 이상 시 · 도의 선거구민을 대상으로 하는 여론조사
2. 시 · 도선거여론조사심의위원회 : 해당 시 · 도의 선거구민을 대상으로 하는 여론조사
(2017.2.8 본항개정)
⑩ 선거여론조사심의위원회는 선거에 관한 여론조사가 이 법 또는 선거여론조사기준을 위반하였다고 인정되는 때에는 그 위반행위를 한 자에게 시정명령 · 경고 · 정정보도문의 게재명령 등 필요한 조치를 하되, 그 위반행위가 선거의 공정성을 현저하게 해치는 것으로 인정되거나 시정명령 · 정정보도문의 게재명령을 불이행한 때에는 고발 등 필요한 조치를 하여야 하고 이를 관할 선거구선거관리위원회에 통보하여야 한다.(2017.2.8 본항개정)
⑪ 선거여론조사심의위원회가 이 법 또는 선거여론조사기준을 위반한 여론조사에 대하여 조사 등을 하는 경우에는 제272조의2를 준용한다. 이 경우 "각급선거관리위원회" 또는 "선거관리위원회"는 "선거여론조사심의위원회"로, "각급선거관리위원회 위원 · 직원" 또는 "선거관리위원회 위원 · 직원"은 "선거여론조사심의위원회 위원 · 직원"으로, "선거범죄" 또는 "범죄"는 "선거에 관한 여론조사에 있어서 이 법 또는 선거여론조사기준 위반행위"로 본다.(2017.2.8 본항신설)
⑫ 선거여론조사심의위원회는 업무수행을 위하여 필요하다

고 인정하는 때에는 관계 공무원 또는 전문가를 초청하여 의견을 듣거나 관련 기관·단체 등에 자료 및 의견 제출 등 협조를 요청할 수 있다.(2017.2.8 본항개정)
⑬ 선거여론조사심의위원회에 그 사무를 처리하기 위하여 선거관리위원회 소속 공무원으로 구성하는 사무국을 둘 수 있다.(2017.2.8 본항개정)
⑭ 선거여론조사심의위원회의 구성·운영, 위원 및 상임위원의 대우, 사무국의 조직·직무범위, 선거여론조사기준의 공표방법, 그 밖에 필요한 사항은 중앙선거관리위원회규칙으로 정한다.(2017.2.8 본항개정)
(2017.2.8 본조제목개정)
(2014.2.13 본조신설)

제8조의9【여론조사 기관·단체의 등록 등】 ① 여론조사기관·단체가 공표 또는 보도를 목적으로 선거에 관한 여론조사를 실시하려는 때에는 조사시스템, 분석전문인력, 그 밖에 중앙선거관리위원회규칙으로 정하는 요건을 갖추어 관할 선거여론조사심의위원회에 서면으로 그 등록을 신청하여야 한다.
② 제1항에 따른 등록신청을 받은 관할 선거여론조사심의위원회는 그 신청을 접수한 날부터 7일 이내에 등록을 수리하고 등록증을 교부하여야 한다.
③ 선거여론조사심의위원회는 제2항에 따라 등록증을 교부한 여론조사 기관·단체(이하 "선거여론조사기관"이라 한다)에 관한 정보로서 중앙선거관리위원회규칙으로 정하는 정보를 지체 없이 중앙선거여론조사심의위원회 홈페이지에 공개하여야 한다.
④ 제1항에 따른 등록신청 사항 중 변경이 생긴 때에는 선거여론조사기관은 14일 이내에 관할 선거여론조사심의위원회에 변경등록을 신청하여야 한다.
⑤ 선거여론조사기관(그 대표자 및 구성원을 포함한다)이 다음 각 호의 어느 하나에 해당하는 경우 관할 선거여론조사심의위원회는 해당 선거여론조사기관의 등록을 취소한다. 이 경우 제3호에 해당하여 등록이 취소된 선거여론조사기관은 그 등록이 취소된 날부터 1년 이내에는 등록을 신청할 수 없다.
1. 거짓이나 그 밖의 부정한 방법으로 등록한 경우
2. 제1항에 따른 등록 요건을 갖추지 못하게 된 경우
3. 선거에 관한 여론조사와 관련된 죄를 범하여 징역형 또는 100만원 이상의 벌금형의 선고를 받은 경우

⑥ 등록신청서 및 등록증의 서식, 제3항에 따른 정보공개의 절차, 등록변경·등록취소 절차, 그 밖에 필요한 사항은 중앙선거관리위원회규칙으로 정한다.
(2017.2.8 본조신설)

제9조【공무원의 중립의무 등】 ① 공무원 기타 정치적 중립을 지켜야 하는 자(기관·단체를 포함한다)는 선거에 대한 부당한 영향력의 행사 기타 선거결과에 영향을 미치는 행위를 하여서는 아니된다.
② 검사(군검사를 포함한다) 또는 경찰공무원(검찰수사관 및 군사법경찰관리를 포함한다)은 이 법의 규정에 위반한 행위가 있다고 인정되는 때에는 신속·공정하게 단속·수사를 하여야 한다.(2020.12.22 본항개정)
판례 공무원의 의미 : 제9조의 '공무원'이란 원칙적으로 국가와 지방자치단체의 모든 공무원 즉, 좁은 의미의 직업공무원은 물론이고, 적극적인 정치활동을 통하여 국가에 봉사하는 정치적 공무원을 포함한다. 다만, 국회의원과 지방의회의원은 정당의 대표자이자 선거운동의 주체로서의 지위로 말미암아 선거에서의 정치적 중립성이 요구될 수 없으므로 제외된다.(헌재결 2004.5.14, 2004헌나1)

제10조【사회단체 등의 공명선거추진활동】 ① 사회단체 등은 선거부정을 감시하는 등 공명선거추진활동을 할 수 있다. 다만, 다음 각 호의 어느 하나에 해당하는 단체는 그 명의 또는 그 대표의 명의로 공명선거추진활동을 할 수 없다.
(2005.8.4 단서개정)
1. 특별법에 의하여 설립된 국민운동단체로서 국가 또는 지방자치단체의 출연 또는 보조를 받는 단체(바르게살기운동협의회·새마을운동협의회·한국자유총연맹을 말한다)
(2004.3.12 본호개정)
2. 법령에 의하여 정치활동이나 공직선거에의 관여가 금지된 단체(2004.3.12 본호개정)
3. 후보자(후보자가 되고자 하는 자를 포함한다. 이하 이 조에서 같다), 후보자의 배우자와 후보자 또는 그 배우자의 직계존·비속과 형제자매나 후보자의 직계비속 및 형제자매의 배우자(이하 "후보자의 가족"이라 한다)가 설립하거나 운영하고 있는 단체(2004.3.12 본호개정)
4. 특정 정당(창당준비위원회를 포함한다. 이하 이 조에서 같다) 또는 후보자를 지원하기 위하여 설립된 단체
(2004.3.12 본호개정)
5. (2005.8.4 삭제)
6. 선거운동을 하거나 할 것을 표방한 노동조합 또는 단체
(2004.3.12 본호개정)

② 사회단체 등이 공명선거추진활동을 함에 있어서는 항상 공정한 자세를 견지하여야 하며, 특정 정당이나 후보자의 선거운동에 이르지 아니하도록 유의하여야 한다.
③ 각급선거관리위원회(읍·면·동선거관리위원회를 제외한다)는 사회단체 등이 불공정한 활동을 하는 때에는 경고·중지 또는 시정명령을 하여야 하며, 그 행위가 선거운동에 이르거나 선거관리위원회의 중지 또는 시정명령을 이행하지 아니하는 때에는 고발 등 필요한 조치를 하여야 한다.
(2005.8.4 본항개정)

제10조의2【공정선거지원단】 ① 각급선거관리위원회(읍·면·동선거관리위원회는 제외한다)는 선거부정을 감시하고 공정선거를 지원하기 위하여 공정선거지원단을 둔다.
(2018.4.6 본항개정)
② 공정선거지원단은 선거운동을 할 수 있는 자로서 정당의 당원이 아닌 중립적이고 공정한 자 중에서 중앙선거관리위원회규칙으로 정하는 바에 따라 10명 이내로 구성한다. 다만, 선거일 전 60일(선거일 전 60일 후에 실시사유가 확정된 보궐선거등의 경우 그 선거의 실시사유가 확정된 때)부터 선거일 후 10일까지는 중앙선거관리위원회 및 시·도선거관리위원회는 10인 이내의, 구·시·군선거관리위원회는 20인 이내의 인원을 추가하여 구성할 수 있다.(2018.4.6 본문개정)
③~⑤ (2008.2.29 삭제)
⑥ 공정선거지원단은 관할 선거관리위원회의 지휘를 받아 이 법에 위반되는 행위에 대하여 증거자료를 수집하거나 조사활동을 할 수 있다.(2018.4.6 본항개정)
⑦ 공정선거지원단의 소속원에 대하여는 예산의 범위안에서 수당 또는 실비를 지급할 수 있다.(2018.4.6 본항개정)
⑧ 공정선거지원단의 구성·활동방법 및 수당·실비의 지급 기타 필요한 사항은 중앙선거관리위원회규칙으로 정한다.
(2018.4.6 본항개정)
(2018.4.6 본조제목개정)

제10조의3【사이버공정선거지원단】 ① 중앙선거관리위원회는 인터넷을 이용한 선거부정을 감시하고 공정선거를 지원하기 위하여 중앙선거관리위원회규칙으로 정하는 바에 따라 5인 이상 10인 이하로 구성된 사이버공정선거지원단을 설치·운영하여야 한다. 다만, 선거일 전 60일(선거일 전 60일 후에 실시사유가 확정된 보궐선거등의 경우 그 선거의 실시사유가 확정된 때)부터 선거일 후 10일까지는 10인 이내의 인원을 추가하여 구성할 수 있다.
② 시·도선거관리위원회는 인터넷을 이용한 선거부정을 감시하고 공정선거를 지원하기 위하여 선거일전 120일(선거일전 120일후에 실시사유가 확정된 보궐선거등에 있어서는 그 선거의 실시사유가 확정된 후 5일)부터 선거일까지 30인 이내로 구성된 사이버공정선거지원단을 설치·운영하여야 한다.
③ 사이버공정선거지원단은 정당의 당원이 아닌 중립적이고 공정한 자로 구성한다.

④ 제10조의2제6항부터 제8항까지의 규정은 사이버공정선거지원단에 준용한다. 이 경우 "공정선거지원단"은 "사이버공정선거지원단"으로 본다.
(2018.4.6 본조개정)

제11조 【후보자 등의 신분보장】 ① 대통령선거의 후보자는 후보자의 등록이 끝난 때부터 개표종료시까지 사형·무기 또는 장기 7년 이상의 징역이나 금고에 해당하는 죄를 범한 경우를 제외하고는 현행범인이 아니면 체포 또는 구속되지 아니하며, 병역소집의 유예를 받는다.(1995.5.10 본항개정)
② 국회의원선거, 지방의회의원 및 지방자치단체의 장의 선거의 후보자는 후보자의 등록이 끝난 때부터 개표종료시까지 사형·무기 또는 장기 5년 이상의 징역이나 금고에 해당하는 죄를 범하였거나 제16장 벌칙에 규정된 죄를 범한 경우를 제외하고는 현행범인이 아니면 체포 또는 구속되지 아니하며, 병역소집의 유예를 받는다.(1995.5.10 본항신설)
③ 선거사무장·선거연락소장·선거사무원·회계책임자·투표참관인·사전투표참관인과 개표참관인(예비후보자가 선임한 선거사무장·선거사무원 및 회계책임자는 제외한다)은 해당 신분을 취득한 때부터 개표종료시까지 사형·무기 또는 장기 3년 이상의 징역이나 금고에 해당하는 죄를 범하였거나 제230조부터 제235조까지 및 제237조부터 제259조까지의 죄를 범한 경우를 제외하고는 현행범인이 아니면 체포 또는 구속되지 아니하며, 병역소집의 유예를 받는다.
(2014.1.17 본항개정)
(2011.7.28 본조제목개정)

제12조 【선거관리】 ① 중앙선거관리위원회는 이 법에 특별한 규정이 있는 경우를 제외하고는 선거사무를 통할·관리하며, 하급선거관리위원회(투표관리관 및 사전투표관리관을 포함한다. 이하 이 조에서 같다) 및 제218조에 따른 재외선거관리위원회와 제218조의2에 따른 재외투표관리관의 위법·부당한 처분에 대하여 이를 취소하거나 변경할 수 있다.
(2014.1.17 본항개정)
② 시·도선거관리위원회는 지방의회의원 및 지방자치단체의 장의 선거에 관한 하급선거관리위원회의 위법·부당한 처분에 대하여 이를 취소하거나 변경할 수 있다.(2005.8.4 본항개정)
③ 구·시·군선거관리위원회는 당해 선거에 관한 하급선거관리위원회의 위법·부당한 처분에 대하여 이를 취소하거나 변경할 수 있다.
④ 이 법에 규정된 구·시·군선거관리위원회에는 그 성질에 반하지 아니하는 범위에서 세종특별자치시선거관리위원회가 포함된 것으로 본다.(2015.8.13 본항신설)
(2015.8.13 본조제목개정)

제13조 【선거구선거관리】 ① 선거구선거사무를 행할 선거관리위원회(이하 "선거구선거관리위원회"라 한다)는 다음 각호와 같다.
1. 대통령선거 및 비례대표전국선거구국회의원(이하 "비례대표국회의원"이라 한다)선거의 선거구선거사무는 중앙선거관리위원회
2. 특별시장·광역시장·특별자치시장·도지사(이하 "시·도지사"라 한다)선거와 비례대표선거구시·도의회의원(이하 "비례대표시·도의원"이라 한다)선거의 선거구선거사무는 시·도선거관리위원회(2015.8.13 본호개정)
3. 지역선거구국회의원(이하 "지역구국회의원"이라 한다)선거, 지역선거구시·도의회의원(이하 "지역구시·도의원"이라 한다)선거, 지역선거구자치구·시·군의회의원(이하 "지역구자치구·시·군의원"이라 한다)선거, 비례대표선거구자치구·시·군의회의원(이하 "비례대표자치구·시·군의원"이라 한다)선거 및 자치구의 구청장·시장·군수(이하 "자치구·시·군의 장"이라 한다)선거의 선거구선거사무는 그 선거구역을 관할하는 구·시·군선거관리위원회〔제29조(지방의회의원의 증원선거)제3항 또는 「선거관리위원회법」 제2조(설치)제6항의 규정에 의하여 선거구선거사무를 행할 구·시·군선거관리위원회가 지정된 경우에는 그 지정을 받은 구·시·군선거관리위원회를 말한다〕
(2005.8.4 본호개정)
(2000.2.16 본항개정)
② 제1항에서 "선거구선거사무"라 함은 선거에 관한 사무중 후보자등록 및 당선인결정 등과 같이 당해 선거구를 단위로 행하여야 하는 선거사무를 말한다.
③ 선거구선거관리위원회 또는 직근 상급선거관리위원회는 선거관리를 위하여 특히 필요하다고 인정하는 때에는 중앙선거관리위원회가 정하는 바에 따라 당해 선거에 관하여 관할선거구안의 선거관리위원회가 행할 선거사무의 범위를 조정하거나 하급선거관리위원회 또는 그 위원으로 하여금 선거구선거관리위원회의 직무를 행하게 할 수 있다.
④ 제3항의 규정에 의하여 선거구선거사무를 행하는 하급선거관리위원회의 위원은 선거구선거관리위원회위원의 정수에 산입하지 아니하며, 선거구선거관리위원회의 의결에 참가할 수 없다.
⑤ 구·시·군선거관리위원회 또는 읍·면·동선거관리위원회가 천재·지변 기타 부득이한 사유로 그 기능을 수행할 수 없는 때에는 직근 상급선거관리위원회는 직접 또는 다른 선거관리위원회로 하여금 당해 선거관리위원회의 기능이 회복될 때까지 그 선거사무를 대행하거나 대행하게 할 수 있다. 다른 선거관리위원회로 하여금 대행하게 하는 경우에는 대행할 업무의 범위도 함께 정하여야 한다.(2005.8.4 본항개정)
⑥ 제5항의 규정에 의하여 선거사무를 대행하거나 대행하게 한 때에는 대행할 선거관리위원회와 그 업무의 범위를 지체없이 공고하고, 상급선거관리위원회에 보고하여야 한다.
(2015.8.13 본조제목개정)

제14조 【임기개시】 ① 대통령의 임기는 전임대통령의 임기만료일의 다음날 0시부터 개시된다. 다만, 전임자의 임기가 만료된 후에 실시하는 선거와 궐위로 인한 선거에 의한 대통령의 임기는 당선이 결정된 때부터 개시된다.(2003.2.4 본문개정)
② 국회의원과 지방의회의원(이하 이 항에서 "의원"이라 한다)의 임기는 총선거에 의한 전임의원의 임기만료일의 다음날부터 개시된다. 다만, 의원의 임기가 개시된 후에 실시하는 선거와 지방의회의원의 증원선거에 의한 의원의 임기는 당선이 결정된 때부터 개시되며 전임자 또는 같은 종류의 의원의 잔임기간으로 한다.
③ 지방자치단체의 장의 임기는 전임지방자치단체의 장의 임기만료일의 다음날부터 개시된다. 다만, 전임지방자치단체의 장의 임기가 만료된 후에 실시하는 선거와 제30조(지방자치단체의 폐치·분합시의 선거 등)제1항제1호 내지 제3호에 의하여 새로 선거를 실시하는 지방자치단체의 장의 임기는 당선이 결정된 때부터 개시되며 전임자 또는 같은 종류의 지방자치단체의 장의 잔임기간으로 한다.

제2장 선거권과 피선거권

제15조 【선거권】 ① 18세 이상의 국민은 대통령 및 국회의원의 선거권이 있다. 다만, 지역구국회의원의 선거권은 18세 이상의 국민으로서 제37조제1항에 따른 선거인명부작성기준일 현재 다음 각 호의 어느 하나에 해당하는 사람에 한하여 인정된다.(2020.1.14 본문개정)
1. 「주민등록법」 제6조제1항제1호 또는 제2호에 해당하는 사람으로서 해당 국회의원지역선거구 안에 주민등록이 되어 있는 사람
2. 「주민등록법」 제6조제1항제3호에 해당하는 사람으로서 주민등록표에 3개월 이상 계속하여 올라 있고 해당 국회의원지역선거구 안에 주민등록이 되어 있는 사람
(2015.8.13 1호~2호개정)

② 18세 이상으로서 제37조제1항에 따른 선거인명부작성기준일 현재 다음 각 호의 어느 하나에 해당하는 사람은 그 구역에서 선거하는 지방자치단체의 의회의원 및 장의 선거권이 있다.(2020.1.14 본문개정)

1. 「주민등록법」 제6조제1항제1호 또는 제2호에 해당하는 사람으로서 해당 지방자치단체의 관할 구역에 주민등록이 되어 있는 사람(2015.8.13 본호개정)
2. 「주민등록법」 제6조제1항제3호에 해당하는 사람으로서 주민등록표에 3개월 이상 계속하여 올라 있고 해당 지방자치단체의 관할구역에 주민등록이 되어 있는 사람(2015.8.13 본호개정)
3. 「출입국관리법」 제10조에 따른 영주의 체류자격 취득일 후 3년이 경과한 외국인으로서 같은 법 제34조에 따라 해당 지방자치단체의 외국인등록대장에 올라 있는 사람

(2009.2.12 본항개정)

(2011.11.7 본조제목개정)

판례 선거권 행사는 일정한 수준의 정치적 판단능력이 전제되어야 하는데, 입법자는 우리의 현실상 19세 미만의 미성년자의 경우, 아직 정치적·사회적 시각을 형성하는 과정에 있거나, 독자적인 정치적 판단을 할 수 있을 정도로 정신적·신체적 자율성을 충분히 갖추었다고 보기 어렵다고 보고, 선거권 연령을 19세 이상으로 정한 것이다. 또한 많은 국가에서 선거권 연령을 18세 이상으로 정하고 있으나, 선거권 연령은 국가마다 특수한 상황 등을 고려하여 결정할 사항이고, 다른 법령에서 18세 이상의 사람에게 근로능력이나 군복무능력 등을 인정한다고 하여 선거권 행사능력을 반드시 동일한 기준에 따라 정하여야 하는 것은 아니므로 선거권 연령을 19세 이상으로 정한 것이 불합리하다고 볼 수 없다. 따라서 선거권 연령을 19세 이상으로 정한 것이 입법자의 합리적인 입법재량의 범위를 벗어난 것으로 볼 수 없으므로, 19세 미만인 사람의 선거권 등을 침해하였다고 볼 수 없다. (헌재결 2013.7.25, 2012헌마174)

제16조【피선거권】 ① 선거일 현재 5년 이상 국내에 거주하고 있는 40세 이상의 국민은 대통령의 피선거권이 있다. 이 경우 공무로 외국에 파견된 기간과 국내에 주소를 두고 일정기간 외국에 체류한 기간은 국내거주기간으로 본다.

(1997.1.13 본항개정)

② 18세 이상의 국민은 국회의원의 피선거권이 있다.

(2022.1.18 본항개정)

③ 선거일 현재 계속하여 60일 이상(공무로 외국에 파견되어 선거일전 60일후에 귀국한 자는 선거인명부작성기준일부터 계속하여 선거일까지) 해당 지방자치단체의 관할구역에 주민등록이 되어 있는 주민으로서 18세 이상의 국민은 그 지방의회의원 및 지방자치단체의 장의 피선거권이 있다. 이 경우 60일의 기간은 그 지방자치단체의 설치·폐지·분할·합병 또는 구역변경(제28조 각 호의 어느 하나에 따른 구역변경을 포함한다)에 의하여 중단되지 아니한다.

(2022.1.18 전단개정)

④ 제3항 전단의 경우에 지방자치단체의 사무소 소재지가 다른 지방자치단체의 관할 구역에 있어 해당 지방자치단체의 장의 주민등록이 다른 지방자치단체의 관할 구역에 있게 된 때에는 해당 지방자치단체의 관할 구역에 주민등록이 되어 있는 것으로 본다.(2009.2.12 본항개정)

제17조【연령산정기준】 선거권자와 피선거권자의 연령은 선거일 현재로 산정한다.

제18조【선거권이 없는 자】 ① 선거일 현재 다음 각 호의 어느 하나에 해당하는 사람은 선거권이 없다.(2015.8.13 본문개정)

1. 금치산선고를 받은 자
2. 1년 이상의 징역 또는 금고의 형의 선고를 받고 그 집행이 종료되지 아니하거나 그 집행을 받지 아니하기로 확정되지 아니한 사람. 다만, 그 형의 집행유예를 선고받고 유예기간 중에 있는 사람은 제외한다.(2015.8.13 본호개정)
3. 선거범, 「정치자금법」 제45조(정치자금부정수수죄) 및 제49조(선거비용관련 위반행위에 관한 벌칙)에 규정된 죄를 범한 자 또는 대통령·국회의원·지방의회의원·지방자치단체의 장으로서 그 재임 중의 직무와 관련하여 「형법」(「특정범죄가중처벌 등에 관한 법률」 제2조에 의하여 가중처벌되는 경우를 포함한다) 제129조(수뢰, 사전수뢰) 내지 제132조(알선수뢰)·「특정범죄가중처벌 등에 관한 법률」 제3조(알선수재)에 규정된 죄를 범한 자로서, 100만원 이상의 벌금형의 선고를 받고 그 형이 확정된 후 5년 또는 형의 집행유예의 선고를 받고 그 형이 확정된 후 10년을 경과하지 아니하거나 징역형의 선고를 받고 그 집행을 받지 아니하기로 확정된 후 또는 그 형의 집행이 종료되거나 면제된 후 10년을 경과하지 아니한 자(형이 실효된 자도 포함한다)(2005.8.4 본호개정)
4. 법원의 판결 또는 다른 법률에 의하여 선거권이 정지 또는 상실된 자(2004.3.12 본호개정)

② 제1항제3호에서 "선거범"이라 함은 제16장 벌칙에 규정된 죄와 「국민투표법」 위반의 죄를 범한 자를 말한다.

(2005.8.4 본항개정)

③ 「형법」 제38조에도 불구하고 제1항제3호에 규정된 죄와 다른 죄의 경합범에 대하여는 이를 분리 선고하고, 선거사무장·선거사무소의 회계책임자(선거사무소의 회계책임자로 선임·신고되지 아니한 사람으로서 후보자와 통모(通謀)하여 해당 후보자의 선거비용으로 지출한 금액이 선거비용제한액의 3분의 1 이상에 해당하는 사람을 포함한다) 또는 후보자(후보자가 되려는 사람을 포함한다)의 직계존비속 및 배우자에게 제263조 및 제265조에 규정된 죄와 이 조 제1항제3호에 규정된 죄의 경합범으로 징역형 또는 300만원 이상의 벌금형을 선고하는 때(선거사무장, 선거사무소의 회계책임자에 대하여는 선임·신고되기 전의 행위로 인한 경우를 포함한다)에는 이를 분리 선고하여야 한다.(2010.1.25 본항개정)

(2015.8.13 본조제목개정)

판례 1년 이상의 징역형을 선고받은 사람의 선거권을 제한함으로써 형사적·사회적 제재를 부과하고 준법의식을 강화한다는 공익이, 형 집행기간 동안 선거권을 행사하지 못하는 수형자 개인의 불이익보다 작다고 할 수 없다. 따라서 심판대상조항은 과잉금지원칙을 위반하여 청구인의 선거권을 침해하지 아니한다.

(헌재결 2017.5.25, 2016헌마292)

판례 범죄자의 선거권을 제한할 필요가 있다 하더라도 그가 저지른 범죄의 경중을 전혀 고려하지 않고 수형자와 집행유예자 모두의 선거권을 제한하는 것은 침해의 최소성 원칙에 어긋난다. 특히 집행유예자는 집행유예 선고가 실효되거나 취소되지 않는 한 교정시설에 구금되지 않고 일반인과 동일한 사회생활을 하고 있으므로, 그들의 선거권을 제한해야 할 필요성이 크지 않다. 그러므로 심판대상조항은 헌법 제37조제2항에 위반하여 청구인들의 선거권을 침해하고, 헌법 제41조제1항 및 제67조제1항이 규정한 보통선거원칙에 위반하여 집행유예자와 수형자를 차별취급하는 것이므로 평등의 원칙에도 어긋난다.(헌재결 2014.1.28, 2012헌마409·510,2013헌마167(병합))

판례 동조 제3항의 규정 취지는 선거범이 아닌 다른 죄가 선거범의 양형에 영향을 미치는 것을 최소화하기 위하여 형법상 경합범 처벌례에 관한 조항의 적용을 배제하고 분리 심리하여 형을 따로 선고하여야 한다는 것이다.(대판 2004.4.27, 2002도315)

제19조【피선거권이 없는 자】 선거일 현재 다음 각 호의 어느 하나에 해당하는 자는 피선거권이 없다.(2013.12.30 본문개정)

1. 제18조(선거권이 없는 자)제1항제1호·제3호 또는 제4호에 해당하는 자
2. 금고 이상의 형의 선고를 받고 그 형이 실효되지 아니한 자
3. 법원의 판결 또는 다른 법률에 의하여 피선거권이 정지되거나 상실된 자
4. 「국회법」 제166조(국회 회의 방해죄)의 죄를 범한 자로서 다음 각 목의 어느 하나에 해당하는 자(형이 실효된 자를 포함한다)
   가. 500만원 이상의 벌금형의 선고를 받고 그 형이 확정된 후 5년이 경과되지 아니한 자
   나. 형의 집행유예의 선고를 받고 그 형이 확정된 후 10년이 경과되지 아니한 자
   다. 징역형의 선고를 받고 그 집행을 받지 아니하기로 확정된 후 또는 그 형의 집행이 종료되거나 면제된 후 10년이 경과되지 아니한 자

(2013.12.30 본호신설)

5. 제230조제6항의 죄를 범한 자로서 벌금형의 선고를 받고 그 형이 확정된 후 10년을 경과하지 아니한 자(형이 실효된 자도 포함한다)(2014.2.13 본호신설)

제3장 선거구역과 의원정수

제20조【선거구】 ① 대통령 및 비례대표국회의원은 전국을 단위로 하여 선거한다.(2005.8.4 본항개정)
② 비례대표시 · 도의원은 당해 시 · 도를 단위로 선거하며, 비례대표자치구 · 시 · 군의원은 당해 자치구 · 시 · 군을 단위로 선거한다.(2005.8.4 본항신설)
③ 지역구국회의원, 지역구지방의회의원(지역구시 · 도의원 및 지역구자치구 · 시 · 군의원을 말한다. 이하 같다)은 당해 의원의 선거구를 단위로 하여 선거한다.(2005.8.4 본항개정)
④ 지방자치단체의 장은 당해 지방자치단체의 관할구역을 단위로 하여 선거한다.

제21조【국회의 의원정수】 ① 국회의 의원정수는 지역구국회의원 254명과 비례대표국회의원 46명을 합하여 300명으로 한다.(2024.3.8 본항개정)
② 하나의 국회의원지역선거구(이하 "국회의원지역구"라 한다)에서 선출할 국회의원의 정수는 1인으로 한다.
(2016.3.3 본조개정)

제22조【시 · 도의회의 의원정수】 ① 시 · 도별 지역구시 · 도의원의 총 정수는 그 관할구역 안의 자치구 · 시 · 군(하나의 자치구 · 시 · 군이 2 이상의 국회의원지역구로 된 경우에는 국회의원지역구를 말하며, 행정구역의 변경으로 국회의원지역구와 행정구역이 합치되지 아니하게 된 때에는 행정구역을 말한다)수의 2배수로 하되, 인구 · 행정구역 · 지세 · 교통, 그 밖의 조건을 고려하여 100분의 20의 범위에서 조정할 수 있다. 다만, 인구가 5만명 미만인 자치구 · 시 · 군의 지역구시 · 도의원정수는 최소 1명으로 하고, 인구가 5만명 이상인 자치구 · 시 · 군의 지역구시 · 도의원정수는 최소 2명으로 한다.(2022.4.20 본항개정)
② 제1항에도 불구하고 「지방자치법」 제10조제2항에 따라 시와 군을 통합하여 도농복합형태의 시로 한 경우에는 시 · 군통합후 최초로 실시하는 임기만료에 의한 시 · 도의회의원선거에 한하여 해당 시를 관할하는 도의회의원의 정수 및 해당 시의 도의회의원의 정수는 통합 전의 수를 고려하여 이를 정한다.(2021.1.12 본항개정)
③ 제1항 및 제2항의 기준에 의하여 산정된 의원정수가 19명 미만이 되는 광역시 및 도는 그 정수를 19명으로 한다.
(2010.1.25 본항개정)
④ 비례대표시 · 도의원정수는 제1항 내지 제3항의 규정에 의하여 산정된 지역구시 · 도의원정수의 100분의 10으로 한다. 이 경우 단수는 1로 본다. 다만, 산정된 비례대표시 · 도의원정수가 3인 미만인 때에는 3인으로 한다.(1995.4.1 본항신설)
(2014.2.13 본조제목개정)

제23조【자치구 · 시 · 군의회의 의원정수】 ① 시 · 도별 자치구 · 시 · 군의회 의원의 총정수는 별표3과 같이 하며, 자치구 · 시 · 군의회의 의원정수는 당해 시 · 도의 총정수 범위 내에서 제24조의3의 규정에 따른 당해 시 · 도의 자치구 · 시 · 군의원선거구획정위원회가 자치구 · 시 · 군의 인구와 지역대표성을 고려하여 중앙선거관리위원회규칙이 정하는 기준에 따라 정한다.(2015.6.19 본항개정)
② 자치구 · 시 · 군의회의 최소정수는 7인으로 한다.
③ 비례대표자치구 · 시 · 군의원정수는 자치구 · 시 · 군의원 정수의 100분의 10으로 한다. 이 경우 단수는 1로 본다.
(2005.8.4 본조개정)

제24조【국회의원선거구획정위원회】 ① 국회의원지역구의 공정한 획정을 위하여 임기만료에 따른 국회의원선거의 선거일 전 18개월부터 해당 국회의원선거에 적용되는 국회의원지역구의 명칭과 그 구역이 확정되어 효력을 발생하는 날까지 국회의원선거구획정위원회를 설치 · 운영한다.
(2016.3.3 본항개정)
② 국회의원선거구획정위원회는 중앙선거관리위원회에 두되, 직무에 관하여 독립의 지위를 가진다.
③ 국회의원선거구획정위원회는 중앙선거관리위원회위원장이 위촉하는 9명의 위원으로 구성하되, 위원장은 위원 중에서 호선한다.
④ 국회의 소관 상임위원회 또는 선거구획정에 관한 사항을 심사하는 특별위원회(이하 이 조 및 제24조의2에서 "위원회"라 한다)는 중앙선거관리위원회위원장이 지명하는 1명과 학계 · 법조계 · 언론계 · 시민단체 · 정당 등으로부터 추천받은 사람 중 8명을 의결로 선정하여 국회의원선거구획정위원회 설치일 전 10일까지 중앙선거관리위원회위원장에게 통보하여야 한다.
⑤ 중앙선거관리위원회위원장은 국회의원선거구획정위원회 위원의 결원이 발생하는 때에는 위원회에 위원을 선정하여 통보하여 줄 것을 요청하여야 한다. 이 경우 위원의 선정 등에 관하여는 제4항을 준용한다.
⑥ 국회의원선거구획정위원회 위원의 임기는 국회의원선거구획정위원회의 존속기간으로 한다.
⑦ 국회의원 및 정당의 당원(제1항에 따른 국회의원선거구획정위원회의 설치일부터 과거 1년 동안 정당의 당원이었던 사람을 포함한다)은 위원이 될 수 없다.
⑧ 위원은 명예직으로 하되, 위원에게 일비 · 여비 그 밖의 실비를 지급할 수 있다.
⑨ 국회의원선거구획정위원회로부터 선거구획정업무에 필요한 자료의 요청을 받은 국가기관 및 지방자치단체는 지체 없이 이에 따라야 한다.
⑩ 국회의원선거구획정위원회는 국회의원지역구를 획정함에 있어서 국회에 의석을 가진 정당에게 선거구획정에 대한 의견진술의 기회를 부여하여야 한다.(2016.3.3 본항개정)
⑪ 국회의원선거구획정위원회는 제25조제1항에 규정된 기준에 따라 작성되고 재적위원 3분의 2 이상의 찬성으로 의결한 선거구획정안과 그 이유 및 그 밖에 필요한 사항을 기재한 보고서를 임기만료에 따른 국회의원선거의 선거일 전 13개월까지 국회의장에게 제출하여야 한다.
⑫ 국회의원선거구획정위원회에 그 사무를 지원하기 위한 조직(이하 "지원 조직"이라 한다)을 국회의원선거구획정위원회 설치일 전 30일부터 둘 수 있다. 이 경우 지원 조직은 중앙선거관리위원회 소속 공무원으로 구성하되, 국회의원선거구획정위원회가 설치된 후 필요하다고 판단되면 국회의원선거구획정위원회위원장은 관계 국가기관에 그 소속 공무원의 파견을 요청할 수 있다.
⑬ 국회의원선거구획정위원회 위원 또는 위원이었던 사람은 그 직무상 알게 된 비밀을 누설하여서는 아니 된다. 국회의원선거구획정위원회 지원 조직의 직원 또한 같다.
⑭ 그 밖에 국회의원선거구획정위원회 및 지원 조직의 운영 등에 필요한 사항은 중앙선거관리위원회규칙으로 정한다.
(2015.6.19 본조개정)

제24조의2【국회의원지역구 확정】 ① 국회는 국회의원지역구를 선거일 전 1년까지 확정하여야 한다.(2016.3.3 본항개정)
② 국회의장은 제24조제11항에 따라 제출된 선거구획정안을 위원회에 회부하여야 한다.
③ 제2항에 따라 선거구획정안을 회부받은 위원회는 이를 지체 없이 심사하여 국회의원지역구의 명칭과 그 구역에 관한 규정을 개정하는 법률안(이하 "선거구법률안"이라 한다)을 제안하여야 한다. 이 경우 위원회는 국회의원선거구획정위원회가 제출한 선거구획정안을 그대로 반영하되, 선거구획정안이 제25조제1항의 기준에 명백하게 위반된다고 판단하는 경우에는 그 이유를 붙여 재적위원 3분의 2 이상의 찬성으로 국회의원선거구획정위원회에 선거구획정안을 다시 제출하여 줄 것을 한 차례만 요구할 수 있다.(2016.3.3 전단개정)

④ 제3항에 따른 요구를 받은 국회의원선거구획정위원회는 그 요구를 받은 날부터 10일 이내에 새로이 선거구획정안을 마련하여 국회의장에게 제출하여야 한다. 이 경우 선거구획정안의 위원회 회부에 관하여는 제2항을 준용한다.
⑤ 선거구법률안 중 국회의원지역구의 명칭과 그 구역에 한해서는 「국회법」 제86조에 따른 법제사법위원회의 체계와 자구에 대한 심사 대상에서 제외한다.(2016.3.3 본항개정)
⑥ 국회의장은 선거구법률안 또는 선거구법률안이 포함된 법률안이 제안된 후 처음 개의하는 본회의에 이를 부의하여야 한다. 이 경우 본회의는 「국회법」 제95조제1항 및 제96조에도 불구하고 선거구법률안 또는 선거구법률안이 포함된 법률안을 수정 없이 바로 표결한다.
(2016.3.3 본조제목개정)
(2015.6.19 본조신설)

제24조의3【자치구·시·군의원선거구획정위원회】 ① 자치구·시·군의원지역선거구(이하 "자치구·시·군의원지역구"라 한다)의 공정한 획정을 위하여 시·도에 자치구·시·군의원선거구획정위원회를 둔다.
② 자치구·시·군의원선거구획정위원회는 11명 이내의 위원으로 구성하되, 학계·법조계·언론계·시민단체와 시·도의회 및 시·도선거관리위원회가 추천하는 사람 중에서 시·도지사가 위촉하여야 한다.
③ 지방의회의원 및 정당의 당원은 자치구·시·군의원선거구획정위원회의 위원이 될 수 없다.
④ 자치구·시·군의원선거구획정위원회는 선거구획정안을 마련함에 있어서 국회에 의석을 가진 정당과 해당 자치구·시·군의 의회 및 장에 대하여 의견진술의 기회를 부여하여야 한다.
⑤ 자치구·시·군의원선거구획정위원회는 제26조제2항에 규정된 기준에 따라 선거구획정안을 마련하고, 그 이유나 그 밖의 필요한 사항을 기재한 보고서를 첨부하여 임기만료에 따른 자치구·시·군의원선거의 선거일 전 6개월까지 시·도지사에게 제출하여야 한다.
⑥ 시·도의회가 자치구·시·군의원지역구에 관한 조례를 개정하는 때에는 자치구·시·군의원선거구획정위원회의 선거구획정안을 존중하여야 한다.
⑦ 제24조제8항 및 제9항은 자치구·시·군의원선거구획정위원회에 관하여 이를 준용한다.
⑧ 자치구·시·군의원선거구획정위원회의 구성 및 운영, 그 밖에 필요한 사항은 중앙선거관리위원회규칙으로 정한다.
(2015.12.24 본항개정)
(2015.6.19 본조신설)

제25조【국회의원지역구의 획정】 ① 국회의원지역구는 시·도의 관할구역 안에서 인구·행정구역·지리적 여건·교통·생활문화권 등을 고려하여 다음 각 호의 기준에 따라 획정한다.
1. 국회의원지역구 획정의 기준이 되는 인구는 선거일 전 15개월이 속하는 달의 말일 현재 「주민등록법」 제7조제1항에 따른 주민등록표에 따라 조사한 인구로 한다.
2. 하나의 자치구·시·군의 일부를 분할하여 다른 국회의원지역구에 속하게 할 수 없다. 다만, 인구범위(인구비례 2 : 1의 범위를 말한다. 이하 이 조에서 같다)에 미달하는 자치구·시·군으로서 인접한 하나 이상의 자치구·시·군의 관할구역 전부를 합하는 방법으로는 그 인구범위를 충족하는 하나의 국회의원지역구를 구성할 수 없는 경우에는 그 인접한 자치구·시·군의 일부를 분할하여 구성할 수 있다.
(2016.3.3 본항개정)
② 국회의원지역구의 획정에 있어서는 제1항제2호의 인구범위를 벗어나지 아니하는 범위에서 농산어촌의 지역대표성이 반영될 수 있도록 노력하여야 한다.(2016.3.3 본항신설)
③ 국회의원지역구의 명칭과 그 구역은 별표1과 같이 한다.
(2016.3.3 본조제목개정)

제26조【지방의회의원선거구의 획정】 ① 시·도의회의원지역선거구(이하 "시·도의원지역구"라 한다)는 인구·행정구역·지세·교통 그 밖의 조건을 고려하여 자치구·시·군(하나의 자치구·시·군이 2 이상의 국회의원지역구로 된 경우에는 국회의원지역구를 말하며, 행정구역의 변경으로 국회의원지역구와 행정구역이 합치되지 아니하게 된 때에는 행정구역을 말한다)을 구역으로 하거나 분할하여 이를 획정하되, 하나의 시·도의원지역구에서 선출할 지역구 시·도의원정수는 1명으로 하며, 그 시·도의원지역구의 명칭과 관할구역은 별표2와 같이 한다.(2010.1.25 본항개정)
② 자치구·시·군의원지역구는 인구·행정구역·지세·교통 그 밖의 조건을 고려하여 획정하되, 하나의 자치구·시·군의원지역구에서 선출할 지역구자치구·시·군의원정수는 2인 이상 4인 이하로 하며, 그 자치구·시·군의원지역구의 명칭·구역 및 의원정수는 시·도조례로 정한다.
(2005.8.4 본항개정)
③ 제1항 또는 제2항의 규정에 따라 시·도의원지역구 또는 자치구·시·군의원지역구를 획정하는 경우 하나의 읍·면(「지방자치법」 제7조제3항에 따라 행정면을 둔 경우에는 행정면을 말한다. 이하 같다)·동(「지방자치법」 제7조제4항에 따라 행정동을 둔 경우에는 행정동을 말한다. 이하 같다)의 일부를 분할하여 다른 시·도의원지역구 또는 자치구·시·군의원지역구에 속하게 하지 못한다.(2021.1.12 본항개정)
④ 자치구·시·군의원지역구는 하나의 시·도의원지역구 내에서 획정하여야 한다.(2022.4.20 본항개정)

제27조【임기중 국회의원지역구를 변경한 때의 선거유예】 인구의 증감 또는 행정구역의 변경에 따라 별표1의 개정에 의한 국회의원지역구의 변경이 있더라도 임기만료에 의한 총선거를 실시할 때까지는 그 증감된 국회의원지역구의 선거는 이를 실시하지 아니한다.

제28조【임기중 지방의회의 의원정수의 조정 등】 인구의 증감 또는 행정구역의 변경에 따라 지방의회의 의원정수·선거구 또는 그 구역의 변경이 있더라도 임기만료에 의한 총선거를 실시할 때까지는 그 증감된 선거구의 선거는 이를 실시하지 아니한다. 다만, 지방자치단체의 구역변경이나 설치·폐지·분할 또는 합병이 있는 때에는 다음 각호에 의하여 당해 지방의회의 의원정수를 조정하고, 제3호 단서·제5호 또는 제6호의 경우에는 증원선거를 실시한다.
1. 지방자치단체의 구역변경으로 선거구에 해당하는 구역의 전부가 다른 지방자치단체에 편입된 때에는 그 편입된 선거구에서 선출된 지방의회의원은 종전의 지방의회의원의 자격을 상실하고 새로운 지방의회의원의 자격을, 선거구에 해당하는 구역의 일부가 다른 지방자치단체에 편입된 때에는 그 편입된 구역이 속하게 된 선거구에서 선출된 지방의회의원은 그 구역이 변경된 날부터 14일 이내에 자신이 속할 지방의회를 선택하여 당해 지방의회에 서면으로 신고하여야 하며 그 선택한 지방의회가 종전의 지방의회가 아닌 때에는 종전의 지방의회의원의 자격을 상실하고 새로운 지방의회의원의 자격을 취득하되, 그 임기는 종전의 지방의회의원의 잔임기간으로 하며, 그 재임기간에는 제22조(시·도의회의 의원정수) 또는 제23조(자치구·시·군의회의 의원정수)의 규정에 불구하고 그 재직의원수를 각각 의원정수로 한다. 이 경우 새로운 지방의회의원의 자격을 취득한 지방의회의원의 주민등록이 종전의 지방자치단체의 관할구역안에 되어 있는 때에는 그 구역이 변경된 날부터 14일 이내에 새로운 지방자치단체의 관할구역으로 주민등록을 이전하여야 하며, 그 구역이 변경된 날부터 14일 이내에 자신이 속할 지방의회를 신고하지 아니한 때에는 그 구역이 변경된 날부터 14일이 되는 날 현재 당해 지방의회의원의 주민등록지를 관할하는 지방자치단체의 지방의회에 신고한 것으로 본다.
2. 2이상의 지방자치단체가 합하여 새로운 지방자치단체가 설치된 때에는 종전의 지방의회의원은 같은 종류의 새로

운 지방자치단체의 지방의회의원으로 되어 잔임기간 재임하며, 그 잔임기간에는 제22조 또는 제23조의 규정에 불구하고 그 재직의원수를 각각 의원정수로 한다.
3. 하나의 지방자치단체가 분할되어 2이상의 지방자치단체가 설치된 때에는 종전의 지방의회의원은 후보자등록 당시의 선거구를 관할하게 되는 지방자치단체의 지방의회의원으로 되어 잔임기간 재임하며, 그 잔임기간에는 제22조 또는 제23조의 규정에 불구하고 그 재직의원수를 각각 의원정수로 한다. 이 경우 비례대표시·도의원은 당해 시·도가 분할·설치된 날부터 14일 이내에 자신이 속할 시·도의회를 선택하여 당해 시·도의회에 서면으로 신고하여야 하고, 비례대표자치구·시·군의원은 당해 자치구·시·군이 분할·설치된 날부터 14일 이내에 자신이 속할 자치구·시·군의회를 선택하여 당해 자치구·시·군의회에 서면으로 신고하여야 한다. 다만, 재직의원수가 제22조 또는 제23조의 규정에 의한 새로운 의원정수의 3분의 2에 미달하는 때에는 의원정수에 미달하는 수만큼의 증원선거를 실시한다.(2005.8.4 후단개정)
4. 시가 광역시로 된 때에는 종전의 시의회의원과 당해 지역에서 선출된 도의회의원은 종전의 지방의회의원의 자격을 각각 상실하고 광역시의회의원의 자격을 취득하되, 그 임기는 종전의 도의회의원의 잔임기간으로 하며, 그 잔임기간에는 제22조의 규정에 불구하고 그 재직의원수를 의원정수로 한다.(1995.4.1 본호개정)
5. 읍 또는 면이 시로 된 때에는 시의회를 새로 구성하되, 최초로 선거하는 의원의 수는 당해 시·도의 자치구·시·군의원선거구획정위원회가 새로 정한 의원정수로부터 당해 지역에서 이미 선출된 군의회의원정수를 뺀 수로 하고, 종전의 당해 지역에서 선출된 군의회의원은 시의회의원이 된다. 이 경우 새로 선출된 의원정수를 합한 수를 제23조의 규정에 따른 시·도별 자치구·시·군의회의원의 총정수로 한다.(2005.8.4 본호개정)
6. 제4호의 경우 자치구가 아닌 구가 자치구로 된 때에는 자치구의회를 새로 구성하며, 그 의원정수는 당해 시·도의 자치구·시·군의원선거구획정위원회가 새로 정한다. 이 경우 새로 정한 의원 정수를 합한 수를 제23조의 규정에 따른 시·도별 자치구·시·군의회의원의 총정수로 한다.(2005.8.4 본호개정)

제29조【지방의회의원의 증원선거】 ① 제28조(임기중 지방의회의 의원정수의 조정 등)제3호 단서·제5호 또는 제6호의 규정에 의한 증원선거는 제22조(시·도의회의 의원정수)·제23조(자치구·시·군의회의 의원정수) 또는 제26조(지방의회의원선거구의 획정)의 규정에 의하여 새로 획정한 선거구에 의하되, 종전 지방의회의원이 없거나 종전 지방의회의원의 수가 그 선거구의 의원정수에 미달되는 선거구에 대하여 실시한다.
② 제1항의 선거구획정에 있어서 종전 지방의회의원의 선거구는 그 의원의 후보자등록 당시의 주소지를 관할하는 선거구로 하며, 새로 획정한 하나의 선거구안에 종전 지방의회의원의 수가 그 선거구의 새로 정한 의원정수를 넘는 때에는 임기만료에 의한 총선거를 실시할 때까지 제22조 또는 제23조의 규정에 불구하고 그 넘는 의원수를 합한 수를 당해 선거구의 의원정수로 한다.
③ 제1항의 증원선거에 관한 사무는 당해 구·시·군선거관리위원회가 설치되지 아니한 경우에는 시·도선거관리위원회가 지정하거나 그 구역을 관할하던 종전의 구·시·군선거관리위원회로 하여금 그 선거사무를 행하게 할 수 있다.

제30조【지방자치단체의 폐치·분합시의 선거 등】 ① 지방자치단체의 설치·폐지·분할 또는 합병이 있는 때에는 다음 각호에 의하여 당해 지방자치단체의 장을 선거한다.
1. 시·자치구 또는 광역시가 새로 설치된 때에는 당해 지방자치단체의 장은 새로 선거를 실시한다.(1995.4.1 본호개정)
2. 하나의 지방자치단체가 분할되어 2이상의 같은 종류의 지방자치단체로 된 때에는 종전의 지방자치단체의 장은 새로 설치된 지방자치단체중 종전의 지방자치단체의 사무소가 위치한 지역을 관할하는 지방자치단체의 장으로 되며, 그 다른 지방자치단체의 장은 새로 선거를 실시한다. 이 경우 종전의 지방자치단체의 사무소가 다른 지방자치단체의 관할구역안에 있는 때에는 지방자치단체의 분할에 관한 법률제정시 새로 선거를 실시할 지방자치단체를 정하여야 한다.
3. 2 이상의 같은 종류의 지방자치단체가 합하여 새로운 지방자치단체가 설치된 때에는 종전의 지방자치단체의 장은 그 직을 상실하고, 새로운 지방자치단체의 장에 대해서는 새로 선거를 실시한다.
4. 지방자치단체가 다른 지방자치단체에 편입됨으로 인하여 폐지된 때에는 그 폐지된 지방자치단체의 장은 그 직을 상실한다.
② 지방자치단체의 명칭만 변경된 경우에는 종전의 지방자치단체의 장은 변경된 지방자치단체의 장이 되며, 변경 당시의 잔임기간 재임한다.
③ 이 법에서 "같은 종류의 지방자치단체"라 함은 「지방자치법」 제2조(지방자치단체의 종류)제1항에 의한 같은 종류의 지방자치단체를 말한다.(2005.8.4 본항개정)

제31조【투표구】 ① 읍·면·동에 투표구를 둔다.
② 구·시·군선거관리위원회는 하나의 읍·면·동에 2이상의 투표구를 둘 수 있다. 이 경우 읍·면의 리(「지방자치법」 제7조제4항에 따라 행정리를 둔 경우에는 행정리를 말한다. 이하 같다)의 일부를 분할하여 다른 투표구에 속하게 할 수 없다.(2021.1.12 후단개정)
③ 투표구를 설치 또는 변경하거나 선거를 실시하는 때에는 구·시·군선거관리위원회는 중앙선거관리위원회규칙이 정하는 바에 따라 투표구의 명칭과 그 구역을 공고하여야 한다.

제32조【구역의 변경 등】 ① 제37조(명부작성)제1항의 선거인명부작성기준일부터 선거일까지의 사이에 선거구의 구역·행정구역 또는 투표구의 구역이 변경된 경우에도 당해 선거에 관한 한 그 구역은 변경되지 아니한 것으로 본다.
② 지방자치단체나 그 행정구역의 관할구역의 변경없이 그 명칭만 변경된 경우에는 별표1·별표2·별표3 및 제26조(지방의회의원선거구의 획정)제2항의 규정에 의한 시·도조례중 국회의원지역구명·선거구명 및 그 구역의 행정구역명은 변경된 지방자치단체명이나 행정구역명으로 변경된 것으로 본다.
(2005.8.4 본조개정)

제4장 선거기간과 선거일

제33조【선거기간】 ① 선거별 선거기간은 다음 각호와 같다.
1. 대통령선거는 23일
2. 국회의원선거와 지방자치단체의 의회의원 및 장의 선거는 14일(2004.3.12 본호개정)
3. (2002.3.7 삭제)
② (2004.3.12 삭제)
③ "선거기간"이란 다음 각 호의 기간을 말한다.
1. 대통령선거 : 후보자등록마감일의 다음 날부터 선거일까지
2. 국회의원선거와 지방자치단체의 의회의원 및 장의 선거 : 후보자등록마감일 후 6일부터 선거일까지
(2011.7.28 본항개정)
(2011.7.28 본조제목개정)

판례 국회의원선거의 선거기간을 14일로 정한 것이 청구인의 정치적 기본권을 침해하거나 평등의 원칙에 위배되는지 여부 : 공직선거법 제33조 제1항 제2호에서 정하는 선거운동 기간은 제한의 입법목적, 제한의 내용, 우리나라에서의 선거의 태양, 현실적 필요성 등을 고려할 때 필요하고도 합리적인 제한이며, 선거운동의 자유를 형해화할 정도로 과도하게 제한하는 것으로 볼 수 없다 할 것이므로 헌법에 위반되지 않는다.(헌재결 2005.2.3, 2004헌마216)

제34조【선거일】 ① 임기만료에 의한 선거의 선거일은 다음 각호와 같다.
1. 대통령선거는 그 임기만료일전 70일 이후 첫번째 수요일 (2004.3.12 본호개정)
2. 국회의원선거는 그 임기만료일전 50일 이후 첫번째 수요일 (2004.3.12 본호개정)
3. 지방의회의원 및 지방자치단체의 장의 선거는 그 임기만료일전 30일 이후 첫번째 수요일(2004.3.12 본호개정)

② 제1항의 규정에 의한 선거일이 국민생활과 밀접한 관련이 있는 민속절 또는 공휴일인 때와 선거일전일이나 그 다음날이 공휴일인 때에는 그 다음주의 수요일로 한다.
(2004.3.12 본항개정)

제35조【보궐선거 등의 선거일】 ① 대통령의 궐위로 인한 선거 또는 재선거(제3항의 규정에 의한 재선거를 제외한다. 이하 제2항에서 같다)는 그 선거의 실시사유가 확정된 때부터 60일 이내에 실시하되, 선거일은 늦어도 선거일 전 50일까지 대통령 또는 대통령권한대행자가 공고하여야 한다.
(2009.2.12 본항개정)

② 보궐선거·재선거·증원선거와 지방자치단체의 설치·폐지·분할 또는 합병에 의한 지방자치단체의 장 선거의 선거일은 다음 각 호와 같다.
1. 국회의원·지방의회의원의 보궐선거·재선거 및 지방의회의원의 증원선거는 매년 1회 실시하고, 지방자치단체의 장의 보궐선거·재선거는 매년 2회 실시하되, 다음 각 목에 따라 실시한다. 이 경우 각 목에 따른 선거일에 관하여는 제34조제2항을 준용한다.
   가. 국회의원·지방의회의원의 보궐선거·재선거 및 지방의회의원의 증원선거는 4월 첫 번째 수요일에 실시한다. 다만, 3월 1일 이후 실시사유가 확정된 선거는 그 다음 연도의 4월 첫 번째 수요일에 실시한다.
   나. 지방자치단체의 장의 보궐선거·재선거 중 전년도 9월 1일부터 2월 말일까지 실시사유가 확정된 선거는 4월 첫 번째 수요일에 실시한다.
   다. 지방자치단체의 장의 보궐선거·재선거 중 3월 1일부터 8월 31일까지 실시사유가 확정된 선거는 10월 첫 번째 수요일에 실시한다.
   (2020.12.29 본호개정)
2. 지방자치단체의 설치·폐지·분할 또는 합병에 따른 지방자치단체의 장 선거는 그 선거의 실시사유가 확정된 때부터 60일 이내의 기간 중 관할선거구선거관리위원회 위원장이 해당 지방자치단체의 장(직무대행자를 포함한다)과 협의하여 정하는 날. 이 경우 관할선거구선거관리위원회 위원장은 선거일 전 30일까지 그 선거일을 공고하여야 한다.

(2015.8.13 본항개정)

③ 제197조(선거의 일부무효로 인한 재선거)의 규정에 의한 재선거는 확정판결 또는 결정의 통지를 받은 날부터 30일 이내에 실시하되, 관할선거구선거관리위원회가 그 재선거일을 정하여 공고하여야 한다.

④ 이 법에서 "보궐선거등"이라 함은 제1항 내지 제3항 및 제36조(연기된 선거등의 선거일)의 규정에 의한 선거를 말한다.

⑤ 이 법에서 "선거의 실시사유가 확정된 때"라 함은 다음 각호에 해당하는 날을 말한다.
1. 대통령의 궐위로 인한 선거는 그 사유가 발생한 날
2. 지역구국회의원의 보궐선거는 중앙선거관리위원회가, 지방의회의원 및 지방자치단체의 장의 보궐선거는 관할선거구선거관리위원회가 그 사유의 통지를 받은 날(2004.3.12 본호개정)
3. 재선거는 그 사유가 확정된 날(법원의 판결 또는 결정에 의하여 확정된 경우에는 관할선거구선거관리위원회가 그 판결이나 결정의 통지를 받은 날). 이 경우 제195조(재선거)제2항의 규정에 의한 재선거에 있어서는 보궐선거의 실시사유가 확정된 때를 재선거의 실시사유가 확정된 때로 본다.(2004.3.12 본호개정)
4. 지방의회의원의 증원선거는 새로 정한 선거구에 관한 별표2 또는 시·도조례의 효력이 발생한 날
5. 지방자치단체의 설치·폐지·분할 또는 합병에 의한 지방자치단체의 장선거는 당해 지방자치단체의 설치·폐지·분할 또는 합병에 관한 법률의 효력이 발생한 날
6. 연기된 선거는 제196조(선거의 연기)제3항의 규정에 의하여 그 선거의 연기를 공고한 날
7. 재투표는 제36조의 규정에 의하여 그 재투표일을 공고한 날

(2011.7.28 본조제목개정)

제36조【연기된 선거 등의 선거일】 제196조(선거의 연기)의 규정에 의한 연기된 선거를 실시하는 때에는 대통령선거 및 국회의원선거에 있어서는 대통령이, 지방의회의원 및 지방자치단체의 장의 선거에 있어서는 관할선거구선거관리위원회위원장이 각각 그 선거일을 정하여 공고하여야 하며, 제198조(천재·지변 등으로 인한 재투표)의 규정에 의한 재투표를 실시하는 때에는 관할선거구선거관리위원회위원장이 재투표일을 정하여 공고하여야 한다.(2000.2.16 본조개정)

제5장 선거인명부

제37조【명부작성】 ① 선거를 실시하는 때마다 구(자치구가 아닌 구를 포함한다)·시(구가 설치되지 아니한 시를 말한다)·군(이하 "구·시·군"이라 한다)의 장은 대통령선거에서는 선거일 전 28일, 국회의원선거와 지방자치단체의 의회의원 및 장의 선거에서는 선거일 전 22일(이하 "선거인명부작성기준일"이라 한다) 현재 제15조에 따라 그 관할 구역에 주민등록이 되어 있는 선거권자(지방자치단체의 의회의원 및 장의 선거의 경우 제15조제2항제3호에 따른 외국인을 포함하고, 제218조의13에 따라 확정된 재외선거인명부 또는 다른 구·시·군의 국외부재자신고인명부에 올라 있는 사람은 제외한다)를 투표구별로 조사하여 선거인명부작성기준일부터 5일 이내(이하 "선거인명부작성기간"이라 한다)에 선거인명부를 작성하여야 한다. 이 경우 제218조의13에 따라 확정된 국외부재자신고인명부에 올라 있는 사람은 선거인명부의 비고란에 그 사실을 표시하여야 한다.(2015.8.13 전단개정)

② 선거인명부에는 선거권자의 성명·주소·성별 및 생년월일 기타 필요한 사항을 기재하여야 한다.

③ 누구든지 같은 선거에 있어 2 이상의 선거인명부에 오를 수 없다.

④ 구·시·군의 장은 선거인명부를 작성한 때에는 즉시 그 전산자료 복사본을 관할 구·시·군선거관리위원회에 송부하여야 한다.(2018.4.6 본항개정)

⑤ 하나의 투표구의 선거권자의 수가 1천인을 넘는 때에는 그 선거인명부를 선거인수가 서로 엇비슷하게 분철할 수 있다.

⑥ 제1항의 규정에 의한 선거인명부의 작성은 전산조직에 의할 수 있다.(2005.8.4 후단삭제)

⑦ 행정안전부장관은 제1항에 따른 선거인명부의 작성을 지원하기 위하여 「주민등록법」 제7조의2제1항에 따른 주민등록번호, 「출입국관리법」 제31조제5항에 따른 외국인등록번호 및 「재외동포의 출입국과 법적 지위에 관한 법률」 제7조제1항에 따른 국내거소신고번호를 처리할 수 있고, 처리한 사항을 구·시·군의 장 등에게 제공할 수 있다. 이 경우 행정안전부장관은 관계 행정기관의 장 또는 그 밖의 공공기관의 장에게 필요한 자료를 요청할 수 있고, 요청을 받은 자는 특별한 사유가 없으면 이에 따라야 한다.(2022.1.21 본항신설)

⑧ 선거인명부의 서식 기타 필요한 사항은 중앙선거관리위원회규칙으로 정한다.

(2011.7.28 본조제목개정)

판례 [1] 주민등록을 요건으로 재외국민의 국정선거권을 제한하는 것이 재외국민의 선거권, 평등권을 침해하고 보통선거원칙을 위반하는지 여부(적극) : 선거권의 제한은 불가피하게 요청되는 개별적·구

체적 사유가 존재함이 명백할 경우에만 정당화될 수 있고, 막연하고 추상적인 위험이나 국가의 노력에 의해 극복될 수 있는 기술상의 어려움이나 장애 등을 사유로 그 제한이 정당화될 수 없다. 북한주민이나 조총련계 재일동포가 선거에 영향을 미칠 가능성, 선거의 공정성, 선거기술적 이유 등은 재외국민등록제도나 재외국민 거소신고제도, 해외에서의 선거운동방법에 대한 제한이나 투표자 신분확인제도, 정보기술의 활용 등을 통해 극복할 수 있으며, 나아가 납세나 국방의무와 선거권 간의 필연적 견련관계도 인정되지 않는다는 점 등에 비추어 볼 때, 단지 주민등록이 되어 있는지 여부에 따라 선거인명부에 오를 자격을 결정하여 그에 따라 선거권 행사 여부가 결정되도록 함으로써 엄연히 대한민국의 국민임에도 불구하고 주민등록법상 주민등록을 할 수 없는 재외국민의 선거권 행사를 전면적으로 부정하고 있는 공직선거법 37조 1항은 어떠한 정당한 목적도 찾기 어려우므로 헌법 37조 2항에 위반하여 재외국민의 선거권과 평등권을 침해하고 보통선거원칙에도 위반된다.

[2] 주민등록을 요건으로 국내거주 재외국민의 지방선거 선거권을 제한하는 것이 국내거주 재외국민의 평등권과 지방의회의원선거권을 침해하는지 여부(적극) : 국내거주 재외국민은 주민등록을 할 수 없을 뿐이지 '국민인 주민'이라는 점에서는 '주민등록이 되어 있는 국민인 주민'과 실질적으로 동일하므로 지방선거 선거권 부여에 있어 양자에 대한 차별을 정당화할 어떠한 사유도 존재하지 않으며, 또한 헌법상의 권리인 국내거주 재외국민의 선거권이 법률상의 권리에 불과한 '영주의 체류자격 취득일로부터 3년이 경과한 19세 이상의 외국인'의 지방선거 선거권에 못 미치는 부당한 결과가 초래되고 있다는 점에서, 국내거주 재외국민에 대해 그 체류기간을 불문하고 지방선거 선거권을 전면적·획일적으로 박탈하는 공직선거법 15조 2항 1호, 37조 1항은 국내거주 재외국민의 평등권과 지방의회 의원선거권을 침해한다. (헌재결 2007.6.28, 2004헌마644,2005헌마360(병합))

제38조【거소·선상투표신고】 ① 선거인명부에 오를 자격이 있는 국내에 거주하는 사람으로서 제4항제1호부터 제5호까지 또는 제5호의2에 해당하는 사람(제15조제2항제3호에 따른 외국인은 제외한다)은 선거인명부작성기간 중 구·시·군의 장에게 서면이나 해당 구·시·군이 개설·운영하는 인터넷 홈페이지를 통하여 신고(이하 "거소투표신고"라 한다)를 할 수 있다. 이 경우 우편에 의한 거소투표신고는 등기우편으로 처리하되, 그 우편요금은 국가 또는 해당 지방자치단체가 부담한다.(2022.2.16 전단개정)

② 대통령선거와 임기만료에 따른 국회의원선거에서 선거인명부에 오를 자격이 있는 사람으로서 다음 각 호의 어느 하나에 해당하는 선박에 승선할 예정이거나 승선하고 있는 선원이 사전투표소 및 투표소에서 투표할 수 없는 경우 선거인명부작성기간 중 구·시·군의 장에게 서면〔승선하고 있는 선원이 해당 선박에 설치된 팩시밀리(전자적 방식을 포함한다. 이하 같다)로 신고하는 경우를 포함한다〕이나 제1항에 따른 인터넷 홈페이지를 통하여 신고(이하 "선상투표신고"라 한다)를 할 수 있다. 이 경우 우편에 의한 방법으로 선상투표신고를 하는 경우에는 제1항 후단을 준용한다.
(2022.2.16 전단개정)

1. 다음 각 목의 어느 하나에 해당하는 선박으로서 대한민국 국민이 선장을 맡고 있는 「선박법」 제2조에 따른 대한민국 선박〔대한민국국적취득조건부 나용선(裸傭船)을 포함한다〕
   가. 「원양산업발전법」 제6조제1항에 따라 해양수산부장관의 허가를 받아 원양어업에 사용되는 선박
   나. 「해운법」 제4조제1항에 따라 해양수산부장관의 면허를 받아 외항 여객운송사업에 사용되는 선박
   다. 「해운법」 제24조제2항에 따라 해양수산부장관에게 등록하여 외항 화물운송사업에 사용되는 선박
   (2013.3.23 가목~다목개정)
2. 「해운법」 제33조제1항에 따라 해양수산부장관에게 등록하여 선박관리업을 경영하는 자가 관리하는 외국국적 선박 중 대한민국 국민이 선장을 맡고 있는 선박(2013.3.23 본호개정)

(2012.2.29 본항신설)

③ 거소투표신고 또는 선상투표신고를 하려는 사람은 해당 신고서에 다음 각 호의 사항을 적어야 하고, 제4항제1호 및 제2호에 해당하는 사람은 소속기관이나 시설의 장의, 제4항제3호에 해당하는 사람(「장애인복지법」 제32조에 따라 등록된 장애인은 제외한다)은 통·리 또는 반의 장의, 제4항제5호의2에 해당하는 사람으로서 입원치료, 시설치료 또는 시설격리 중인 사람은 해당 시설의 장의, 제4항제6호에 해당하는 선원은 해당 선박 소유자(제2항제2호에 따른 선박의 경우에는 선박관리업을 경영하는 자를 말한다) 또는 해당 선박 선장의 확인을 받아야 한다. 이 경우 구·시·군의 장은 선거인명부작성기준일 전 10일까지 제4항제3호에 해당하는 사람 중에서 「장애인복지법」 제32조에 따라 등록된 장애인에게 거소투표신고에 관한 안내문과 거소투표신고서를 발송하여야 한다.(2022.2.16 전단개정)

1. 거소투표 또는 선상투표 사유(2014.1.17 본호개정)
2. 성명, 성별, 생년월일
3. 주소, 거소(제4항제6호에 해당하는 선원의 경우 해당 선박의 명칭과 팩시밀리 번호를 말한다)(2012.2.29 본호개정)

(2004.3.12 본항개정)

④ 다음 각 호의 어느 하나에 해당하는 사람은 거소(제6호에 해당하는 선원의 경우 선상을 말한다)에서 투표할 수 있다.
(2012.2.29 본문개정)

1. 법령에 따라 영내 또는 함정에 장기기거하는 군인이나 경찰공무원 중 사전투표소 및 투표소에 가서 투표할 수 없을 정도로 멀리 떨어진 영내(營內) 또는 함정에 근무하는 자 (2014.1.17 본호개정)
2. 병원·요양소·수용소·교도소 또는 구치소에 기거하는 사람(2014.1.17 본호개정)
3. 신체에 중대한 장애가 있어 거동할 수 없는 자 (2005.8.4 본호개정)
4. 사전투표소 및 투표소에 가기 어려운 멀리 떨어진 외딴 섬 중 중앙선거관리위원회규칙으로 정하는 섬에 거주하는 자 (2014.1.17 본호개정)
5. 사전투표소 및 투표소를 설치할 수 없는 지역에 장기기거하는 자로서 중앙선거관리위원회규칙으로 정하는 자 (2014.1.17 본호개정)

5의2. 격리자등(2022.2.16 본호신설)

6. 제2항에 해당하는 선원(2012.2.29 본호신설)

⑤ 거소투표신고 또는 선상투표신고가 있는 때에는 구·시·군의 장은 해당 신고서의 신고사항을 확인한 후 정당한 거소투표신고 또는 선상투표신고인 때에는 선거인명부에 이를 표시하고 거소투표신고인명부와 선상투표신고인명부(이하 "거소·선상투표신고인명부"라 한다)를 각각 따로 작성하여야 한다.(2014.1.17 본항개정)

⑥ 구·시·군의 장은 거소·선상투표신고인명부를 작성한 때에는 즉시 그 등본(전산자료 복사본을 포함한다) 각 1통을 관할 구·시·군선거관리위원회에 송부하여야 한다.
(2014.1.17 본항개정)

⑦ 제37조(명부작성)제6항의 규정은 거소·선상투표신고인명부의 작성에 이를 준용한다.(2014.1.17 본항개정)

⑧ 거소투표신고서·선상투표신고서의 서식, 거소·선상투표신고인명부의 서식, 거소투표·선상투표 사유의 확인절차, 그 밖에 필요한 사항은 중앙선거관리위원회규칙으로 정한다.(2014.1.17 본항개정)

(2014.1.17 본조제목개정)

판례 국내거주자에게만 부재자신고를 허용하는 것이 국외거주자의 선거권·평등권을 침해하고 보통선거원칙을 위반하는지 여부(적극) : 직업이나 학문 등의 사유로 자진 출국한 자들이 선거권을 행사하려고 하면 반드시 귀국해야 하고 귀국하지 않으면 선거권 행사를 못하도록 하는 것은 헌법이 보장하는 해외체류자의 국외 거주·이전의 자유, 직업의 자유, 공무담임권, 학문의 자유 등의 기본권을 희생하도록 강요한다는 점에서 부적절하며, 가속화되고 있는 국제화시대에 해외로 이주하여 살 가능성이 높아지고 있는 상황에서, 그것이 자발적 계기에 의해 이루어졌다는 이유만으로 국민이면 누구나 향유해야 할 가장 기본적인 권리인 선거권의 행사가 부인되는 것은 타당성을 갖기 어렵다는 점에 비추어 볼 때, 선거인명부에 오를 자격이 있는 국내거주자에 대해서만 부재자신고를 허용함으로써 재외국민과 단기해외체류자 등 국외거주자 전부의 국정선거권을 부인하고 있는 공직선거법 38조 1항은 정당한 입법목적을 갖추지 못한 것으로 헌법 37조 2항에 위반하여 국외거주자의 선거권과 평등권을 침해하고 보통선거원칙에도 위반된다.(헌재결 2007.6.28, 2004헌마644 등)

제39조【명부작성의 감독 등】 ① 선거인명부(거소·선상투표신고인명부를 포함한다. 이하 이 조에서 같다)의 작성에 관하여는 관할 구·시·군선거관리위원회 및 읍·면·동선거관리위원회가 이를 감독한다.(2014.1.17 본항개정)
② 선거인명부작성에 종사하는 공무원이 임면된 때에는 당해 구·시·군의 장은 지체없이 관할 구·시·군선거관리위원회에 그 사실을 통보하여야 한다.(2009.2.12 본항개정)
③ 선거인명부작성기간 중에 선거인명부작성에 종사하는 공무원을 해임하고자 하는 때에는 그 임면권자는 관할구·시·군선거관리위원회 또는 직근 상급선거관리위원회와 협의하여야 한다.
④ 선거인명부작성에 종사하는 공무원이 정당한 사유없이 선거인명부작성에 관하여 관할구·시·군선거관리위원회 또는 읍·면·동선거관리위원회의 지시·명령 또는 시정요구에 불응하거나 그 직무를 태만히 한 때 또는 위법·부당한 행위를 한 때에는 관할구·시·군선거관리위원회 또는 직근 상급선거관리위원회는 임면권자에게 그 교체를 요구할 수 있다.(2005.8.4 본항개정)
⑤ 제4항의 교체요구가 있는 때에는 임면권자는 정당한 사유가 없는 한 이에 따라야 한다.
⑥~⑦ (1998.4.30 삭제)
⑧ 누구든지 선거인명부작성사무를 방해하거나 기타 어떠한 방법으로든지 선거인명부작성에 영향을 주는 행위를 하여서는 아니된다.(1998.4.30 본항개정)
⑨ 선거인명부작성에 종사하는 공무원의 임면사항 통보등 기타 필요한 사항은 중앙선거관리위원회규칙으로 정한다.
(1998.4.30 본항개정)

제40조【명부열람】 ① 구·시·군의 장은 선거인명부작성기간 만료일의 다음 날부터 3일간 장소를 정하여 선거인명부를 열람할 수 있도록 하여야 한다. 이 경우 구·시·군의 장은 해당 구·시·군이 개설·운영하는 인터넷 홈페이지에서 선거권자가 선거인명부를 열람할 수 있도록 기술적 조치를 하여야 한다.(2009.2.12 본항개정)
② 선거권자는 누구든지 선거인명부를 자유로이 열람할 수 있다. 다만, 제1항의 규정에 따른 인터넷홈페이지에서의 열람은 선거권자 자신의 정보에 한한다.(2005.8.4 본항개정)
③ 구·시·군의 장은 열람개시일전 3일까지 제1항의 장소, 기간, 인터넷홈페이지 주소 및 열람방법을 공고하여야 한다.
(2009.2.12 본항개정)

제41조【이의신청과 결정】 ① 선거권자는 누구든지 선거인명부에 누락 또는 오기가 있거나 자격이 없는 선거인이 올라 있다고 인정되는 때에는 열람기간내에 구술 또는 서면으로 당해 구·시·군의 장에게 이의를 신청할 수 있다.
② 제1항의 신청이 있는 때에는 구·시·군의 장은 그 신청이 있는 날의 다음날까지 심사·결정하되, 그 신청이 이유있다고 결정한 때에는 즉시 선거인명부를 정정하고 신청인·관계인과 관할구·시·군선거관리위원회에 통지하여야 하며, 이유없다고 결정한 때에는 그 뜻을 신청인과 관할구·시·군선거관리위원회에 통지하여야 한다.
(2009.2.12 본조개정)

제42조【불복신청과 결정】 ① 제41조(이의신청과 결정)제2항의 결정에 대하여 불복이 있는 이의신청인이나 관계인은 그 통지를 받은 날의 다음날까지 관할구·시·군선거관리위원회에 서면으로 불복을 신청할 수 있다.
② 제1항의 신청이 있는 때에는 관할구·시·군선거관리위원회는 그 신청이 있는 날의 다음날까지 심사·결정하되, 그 신청이 이유있다고 결정한 때에는 즉시 관계 구·시·군의 장에게 통지하여 선거인명부를 정정하게 하고 신청인과 관계인에게 통지하여야 하며, 이유없다고 결정한 때에는 그 뜻을 신청인과 관계 구·시·군의 장에게 통지하여야 한다.
(2009.2.12 본항개정)

제43조【명부누락자의 구제】 ① 제41조제1항의 이의신청기간만료일의 다음날부터 제44조제1항의 선거인명부확정일전일까지 구·시·군의 장의 착오 등의 사유로 인하여 정당한 선거권자가 선거인명부에 누락된 것이 발견된 때에는 해당 선거권자 또는 구·시·군의 장은 주민등록표등본등 소명자료를 첨부하여 관할구·시·군선거관리위원회에 서면으로 선거인명부 등재신청을 할 수 있다.(2011.7.28 본항개정)
② 제1항의 신청이 있는 때에는 관할구·시·군선거관리위원회는 그 신청이 있는 날의 다음날까지 심사·결정하되, 그 신청이 이유있다고 결정한 때에는 즉시 관계 구·시·군의 장에게 통지하여 선거인명부를 정정하게 하고 신청인에게 통지하여야 하며, 이유없다고 결정한 때에는 그 뜻을 신청인과 관계 구·시·군의 장에게 통지하여야 한다.
(2009.2.12 본항개정)
(2011.7.28 본조제목개정)

제44조【명부의 확정과 효력】 ① 선거인명부는 선거일 전 12일에, 거소·선상투표신고인명부는 선거인명부작성기간 만료일의 다음 날에 각각 확정되며 해당 선거에 한하여 효력을 가진다.(2014.1.17 본항개정)
② 구·시·군의 장은 선거권자가 선거인명부확정일의 다음 날부터 선거일의 투표마감시각까지 해당 구·시·군이 개설·운영하는 인터넷 홈페이지에서 자신이 선거인명부에 올라 있는지 여부, 선거인명부 등재번호 및 투표소의 위치를 확인할 수 있도록 기술적 조치를 하여야 한다.
③ 구·시·군의 장은 제40조제3항에 따른 공고를 할 때 제2항에 따른 확인에 필요한 인터넷 홈페이지 주소, 확인기간 및 확인방법을 함께 공고하여야 한다.
(2011.7.28 본조개정)

제44조의2【통합선거인명부의 작성】 ① 중앙선거관리위원회는 사전투표소에서 사용하기 위하여 확정된 선거인명부의 전산자료 복사본을 이용하여 하나의 선거인명부(이하 "통합선거인명부"라 한다)를 작성한다.
② 중앙선거관리위원회는 통합선거인명부를 작성하는 경우 같은 사람이 2회 이상 투표할 수 없도록 필요한 기술적 조치를 하여야 한다.
③ 통합선거인명부는 전산조직을 이용하여 작성한다.
④ 읍·면·동선거관리위원회는 선거일에 투표소에서 사용하기 위하여 제148조제1항에 따른 사전투표기간 종료 후 중앙선거관리위원회가 제2항에 따라 기술적 조치를 한 선거인명부를 출력한 다음 해당 읍·면·동선거관리위원회위원장이 이를 봉함·봉인하여 보관하여야 하며, 그 보관과정에 정당추천위원이 참여하여 지켜볼 수 있도록 하여야 한다. 이 경우 정당추천위원이 그 시각까지 참여하지 아니한 때에는 참여를 포기한 것으로 본다.
⑤ 누구든지 제4항에 따라 출력한 선거인명부를 이 법에서 정하지 아니한 방법으로 열람·사용 또는 유출하여서는 아니 된다.
⑥ 통합선거인명부의 작성, 선거일 투표소에서 사용하기 위하여 출력한 선거인명부의 보관방법, 그 밖에 필요한 사항은 중앙선거관리위원회규칙으로 정한다.
(2014.1.17 본조신설)

제45조【명부의 재작성】 ① 천재지변, 그 밖의 사고로 인하여 선거인명부(거소·선상투표신고인명부를 포함한다. 이하 이 조에서 같다)가 멸실·훼손된 경우 선거의 실시를 위하여 필요한 때에는 구·시·군의 장은 다시 선거인명부를 작성하여야 한다. 다만, 제38조제6항에 따라 송부한 거소·선상투표신고인명부의 등본이 있는 때에는 거소·선상투표신고인명부를 다시 작성하지 아니할 수 있다.(2018.4.6 단서개정)
② 제1항 본문의 규정에 의한 선거인명부의 재작성·열람·확정 및 유효기간 기타 필요한 사항은 중앙선거관리위원회규칙으로 정한다.

제46조【명부사본의 교부】 ① 구·시·군의 장은 후보자〔비례대표국회의원후보자 및 비례대표지방의회의원(비례대표시·도의원 및 비례대표자치구·시·군의원을 말한다.

이하 같다)후보자를 제외한다〕·선거사무장(비례대표국회의원선거 및 비례대표지방의회의원선거의 선거사무장을 제외한다) 또는 선거연락소장의 신청이 있는 때에는 작성된 선거인명부 또는 거소·선상투표신고인명부의 사본이나 전산자료복사본을 후보자별로 1통씩 24시간 이내에 신청인에게 교부하여야 한다.
② 제1항에 따른 명부의 사본이나 전산자료복사본의 교부신청은 선거기간개시일까지 해당 구·시·군의 장에게 서면으로 하여야 한다.
③ 제2항에 따라 명부의 사본이나 전산자료복사본의 교부신청을 하는 자는 그 사본작성비용을 교부신청과 함께 납부하여야 한다.
④ 누구든지 제1항에 따라 교부된 명부의 사본 또는 전산자료복사본을 다른 사람에게 양도 또는 대여할 수 없으며 재산상의 이익 기타 영리를 목적으로 사용할 수 없다.
⑤ 제2항 및 제3항에 따른 교부신청과 비용납부 기타 필요한 사항은 중앙선거관리위원회규칙으로 정한다.
(2014.1.17 본조개정)

제6장 후보자

제47조【정당의 후보자추천】 ① 정당은 선거에 있어 선거구별로 선거할 정수 범위안에서 그 소속당원을 후보자(이하 "정당추천후보자"라 한다)로 추천할 수 있다. 다만, 비례대표자치구·시·군의원의 경우에는 그 정수 범위를 초과하여 추천할 수 있다.(2020.1.14 본문개정)
② 정당이 제1항에 따라 후보자를 추천하는 때에는 민주적인 절차에 따라야 한다.(2020.12.29 본항개정)
③ 정당이 비례대표국회의원선거 및 비례대표지방의회의원선거에 후보자를 추천하는 때에는 그 후보자 중 100분의 50 이상을 여성으로 추천하되, 그 후보자명부의 순위의 매 홀수에는 여성을 추천하여야 한다.(2005.8.4 본항개정)
④ 정당이 임기만료에 따른 지역구국회의원선거 및 지역구지방의회의원선거에 후보자를 추천하는 때에는 각각 전국지역구총수의 100분의 30 이상을 여성으로 추천하도록 노력하여야 한다.(2005.8.4 본항신설)
⑤ 정당이 임기만료에 따른 지역구지방의회의원선거에 후보자를 추천하는 때에는 지역구시·도의원선거 또는 지역구자치구·시·군의원선거 중 어느 하나의 선거에 국회의원지역구(군지역을 제외하며, 자치구의 일부지역이 다른 자치구 또는 군지역과 합하여 하나의 국회의원지역구로 된 경우에는 그 자치구의 일부지역도 제외한다)마다 1명 이상을 여성으로 추천하여야 한다.(2010.3.12 본항개정)
제47조의2【정당의 후보자추천 관련 금품수수금지】 ① 누구든지 정당이 특정인을 후보자로 추천하는 일과 관련하여 금품이나 그 밖의 재산상의 이익 또는 공사의 직을 제공하거나 그 제공의 의사를 표시하거나 그 제공을 약속하는 행위를 하거나, 그 제공을 받거나 그 제공의 의사표시를 승낙할 수 없다. 이 경우 후보자(후보자가 되려는 사람을 포함한다)와 그 배우자(이하 이 항에서 "후보자등"이라 한다), 후보자등의 직계존비속과 형제자매가 선거일 전 150일부터 선거일 후 60일까지 「정치자금법」에 따라 후원금을 기부하거나 당비를 납부하는 외에 정당 또는 국회의원〔「정당법」 제37조(활동의 자유)제3항에 따른 국회의원지역구 또는 자치구·시·군의 당원협의회 대표자를 포함하며, 이하 이 항에서 "국회의원등"이라 한다〕, 국회의원등의 배우자, 국회의원등 또는 그 배우자의 직계존비속과 형제자매에게 채무의 변제, 대여 등 명목여하를 불문하고 금품이나 그 밖의 재산상의 이익을 제공한 때에는 정당이 특정인을 후보자로 추천하는 일과 관련하여 제공한 것으로 본다.(2014.2.13 후단신설)
② 누구든지 제1항에 규정된 행위에 관하여 지시·권유 또는 요구하거나 알선하여서는 아니 된다.
(2008.2.29 본조신설)

제48조【선거권자의 후보자추천】 ① 관할선거구 안에 주민등록이 된 선거권자는 각 선거(비례대표국회의원선거 및 비례대표지방의회의원선거를 제외한다)별로 정당의 당원이 아닌 자를 당해 선거구의 후보자(이하 "무소속후보자"라 한다)로 추천할 수 있다.(2005.8.4 본항개정)
② 무소속후보자가 되고자 하는 자는 관할선거구선거관리위원회가 후보자등록신청개시일전 5일(대통령의 임기만료에 의한 선거에 있어서는 후보자등록신청개시일전 30일, 대통령의 궐위로 인한 선거 등에 있어서는 그 사유가 확정된 후 3일)부터 검인하여 교부하는 추천장을 사용하여 다음 각 호에 의하여 선거권자의 추천을 받아야 한다.(2005.8.4 본문개정)
1. 대통령선거
5 이상의 시·도에 나누어 하나의 시·도에 주민등록이 되어 있는 선거권자의 수를 700인 이상으로 한 3천500인 이상 6천인 이하
(2012.1.17 본호개정)
2. 지역구국회의원선거 및 자치구·시·군의 장선거
300인 이상 500인 이하
3. 지역구시·도의원선거
100인 이상 200인 이하
(2000.2.16 본호개정)
4. 시·도지사선거
당해 시·도안의 3분의 1 이상의 자치구·시·군에 나누어 하나의 자치구·시·군에 주민등록이 되어 있는 선거권자의 수를 50인 이상으로 한 1천인 이상 2천인 이하
5. 지역구자치구·시·군의원선거
50인 이상 100인 이하. 다만, 인구 1천인 미만의 선거구에 있어서는 30인 이상 50인 이하
(2005.8.4 본호개정)
③ 제2항의 경우 다음 각 호의 어느 하나에 해당하는 행위를 하여서는 아니 된다.
1. 검인되지 아니한 추천장에 의하여 추천을 받는 행위
2. 추천선거권자수의 상한수를 넘어 추천을 받는 행위
3. 추천선거권자의 서명이나 인영을 위조·변조하는 등의 방법으로 허위의 추천을 받는 행위
(2018.4.6 본항개정)
④ 제2항에 따른 추천장 검인·교부신청은 공휴일에도 불구하고 매일 오전 9시부터 오후 6시까지 할 수 있다.(2011.7.28 본항신설)
⑤ 선거권자의 추천장의 서식·교부신청 및 교부 기타 필요한 사항은 중앙선거관리위원회규칙으로 정한다.
(2011.7.28 본조제목개정)
제49조【후보자등록 등】 ① 후보자의 등록은 대통령선거에서는 선거일 전 24일, 국회의원선거와 지방자치단체의 의회의원 및 장의 선거에서는 선거일 전 20일(이하 "후보자등록신청개시일"이라 한다)부터 2일간(이하 "후보자등록기간"이라 한다) 관할선거구선거관리위원회에 서면으로 신청하여야 한다.(2011.7.28 본항개정)
② 정당추천후보자의 등록은 대통령선거와 비례대표국회의원선거 및 비례대표지방의회의원선거에 있어서는 그 추천정당이, 지역구국회의원선거와 지역구지방의회의원 및 지방자치단체의 장의 선거에 있어서는 정당추천후보자가 되고자 하는 자가 신청하되, 추천정당의 당인(黨印) 및 그 대표자의 직인이 날인된 추천서와 본인승낙서(대통령선거와 비례대표국회의원선거 및 비례대표지방의회의원선거에 한한다)를 등록신청서에 첨부하여야 한다. 이 경우 비례대표국회의원후보자와 비례대표지방의회의원후보자의 등록은 추천정당이 그 순위를 정한 후보자명부를 함께 첨부하여야 한다.(2011.7.28 본항개정)
③ 무소속후보자가 되고자 하는 자는 제48조에 따라 선거권자가 기명하고 날인(무인을 허용하지 아니한다)하거나 서명한 추천장〔단기(單記) 또는 연기(連記)로 하며 간인(間印)을

요하지 아니한다)을 등록신청서에 첨부하여야 한다.
(2015.12.24 본항개정)
④ 제1항부터 제3항까지의 규정에 따라 후보자등록을 신청하는 자는 다음 각 호의 서류를 제출하여야 하며, 제56조제1항에 따른 기탁금을 납부하여야 한다.(2010.1.25 본문개정)
1. 중앙선거관리위원회규칙이 정하는 피선거권에 관한 증명서류
2. 「공직자윤리법」 제10조의2(공직선거후보자 등의 재산공개)제1항의 규정에 의한 등록대상재산에 관한 신고서
(2005.8.4 본호개정)
3. 「공직자 등의 병역사항신고 및 공개에 관한 법률」 제9조(공직선거후보자의 병역사항신고 및 공개)제1항의 규정에 의한 병역사항에 관한 신고서(2005.8.4 본호개정)
4. 최근 5년간의 후보자, 그의 배우자와 직계존비속(혼인한 딸과 외조부모 및 외손자녀를 제외한다)의 소득세(「소득세법」 제127조제1항에 따라 원천징수하는 소득세는 제출하려는 경우에 한정한다)·재산세·종합부동산세의 납부 및 체납(10만원 이하 또는 3월 이내의 체납은 제외한다)에 관한 신고서. 이 경우 후보자의 직계존속은 자신의 세금납부 및 체납에 관한 신고를 거부할 수 있다.(2011.7.28 전단개정)
5. 벌금 100만원 이상의 형의 범죄경력(실효된 형을 포함하며, 이하 "전과기록"이라 한다)에 관한 증명서류(2014.2.13 본호개정)
6. 「초·중등교육법」 및 「고등교육법」에서 인정하는 정규학력(이하 "정규학력"이라 한다)에 관한 최종학력증명서와 국내 정규학력에 준하는 외국의 교육기관에서 이수한 학력에 관한 각 증명서(한글번역문을 첨부한다). 이 경우 증명서의 제출이 요구되는 학력은 제60조의3제1항제4호의 예비후보자홍보물, 제60조의4의 예비후보자공약집, 제64조의 선거벽보, 제65조의 선거공보(같은 조 제9항의 후보자정보공개자료를 포함한다), 제66조의 선거공약서 및 후보자가 운영하는 인터넷 홈페이지에 게재하였거나 게재하고자 하는 학력에 한한다.(2014.1.17 후단개정)
7. 대통령선거·국회의원선거·지방의회의원 및 지방자치단체의 장의 선거와 교육의원선거 및 교육감선거에 후보자로 등록한 경력[선거가 실시된 연도, 선거명, 선거구명, 소속 정당명(정당의 후보자추천이 허용된 선거에 한정한다), 당선 또는 낙선 여부를 말한다]에 관한 신고서(2014.2.13 본호신설)
(2000.2.16 본항개정)
⑤ 후보자등록을 신청하는 자는 제60조의2제2항에 따라 예비후보자등록을 신청하는 때에 제출한 서류는 제4항에도 불구하고 제출하지 아니할 수 있다. 다만, 그 서류 중 변경사항이 있는 경우에는 후보자등록을 신청하는 때까지 추가하거나 보완하여야 한다.(2010.1.25 본항개정)
⑥ 정당의 당원인 자는 무소속후보자로 등록할 수 없으며, 후보자등록기간중(후보자등록신청시를 포함한다) 당적을 이탈·변경하거나 2 이상의 당적을 가지고 있는 때에는 당해 선거에 후보자로 등록될 수 없다. 소속정당의 해산이나 그 등록의 취소 또는 중앙당의 시·도당창당승인취소로 인하여 당원자격이 상실된 경우에도 또한 같다.(2004.3.12 본항개정)
⑦ 후보자등록신청서의 접수는 공휴일에 불구하고 매일 오전 9시부터 오후 6시까지로 한다.(2011.7.28 본항개정)
⑧ 관할선거구선거관리위원회는 후보자등록신청이 있는 때에는 즉시 이를 수리하여야 하되, 등록신청서·정당의 추천서와 본인승낙서·선거권자의 추천장·기탁금 및 제4항제2호 내지 제5호의 규정에 의한 서류를 갖추지 아니하거나 제47조제3항에 따른 여성후보자 추천의 비율과 순위를 위반한 등록신청은 이를 수리할 수 없다. 다만, 후보자의 피선거권에 관한 증명서류가 첨부되지 아니한 경우에는 이를 수리하되, 당해 선거구선거관리위원회가 그 사항을 조사하여야 하며, 그 조사를 의뢰받은 기관 또는 단체는 지체없이 그 사실을 확인하여 당해 선거구선거관리위원회에 회보하여야 한다.
(2020.12.29 본문개정)
⑨ 관할선거구선거관리위원회는 「공직자윤리법」 제9조에 따른 해당 공직자윤리위원회의 요청이 있는 경우 당선인결정 후 15일 이내에 해당 당선인이 제4항제2호에 따라 제출한 등록대상재산에 관한 신고서의 사본을 송부하여야 한다.
(2015.12.24 본항개정)
⑩ 후보자가 되고자 하는 자 또는 정당은 선거기간개시일전 150일부터 본인 또는 후보자가 되고자 하는 소속 당원의 전과기록을 국가경찰관서의 장에게 조회할 수 있으며, 그 요청을 받은 국가경찰관서의 장은 지체없이 그 전과기록을 회보(回報)하여야 한다. 이 경우 회보받은 전과기록은 후보자등록시 함께 제출하여야 하며 관할선거구선거관리위원회는 그 확인이 필요하다고 인정되는 후보자에 대하여는 후보자등록마감 후 지체없이 해당 선거구를 관할하는 검찰청의 장에게 그 후보자의 전과기록을 조회할 수 있고, 당해 검찰청의 장은 그 전과기록의 진위여부를 지체없이 회보하여야 한다.(2011.7.28 본항개정)
⑪ 누구든지 선거기간중 관할선거구선거관리위원회가 제10항의 규정에 의하여 회보받은 전과기록을 열람할 수 있다.
(2000.2.16 본항신설)
⑫ 관할선거구선거관리위원회는 제4항제2호부터 제7호까지와 제10항의 규정에 의하여 제출받거나 회보받은 서류를 선거구민이 알 수 있도록 공개하여야 한다. 다만, 선거일 후에는 이를 공개하여서는 아니된다.(2014.2.13 본문개정)
⑬~⑭ (2005.8.4 삭제)
⑮ 후보자의 등록신청서와 추천서의 서식, 세금납부 및 체납에 관한 선고서의 서식, 제출·회보받은 서류의 공개방법 그 밖에 필요한 사항은 중앙선거관리위원회규칙으로 정한다.
(2010.1.25 본항개정)
(2011.7.28 본조제목개정)

제50조【후보자추천의 취소와 변경의 금지】 ① 정당은 후보자등록후에는 등록된 후보자에 대한 추천을 취소 또는 변경할 수 없으며, 비례대표국회의원후보자명부(비례대표지방의회의원후보자명부를 포함한다. 이하 이 항에서 같다)에 후보자를 추가하거나 그 순위를 변경할 수 없다. 다만, 후보자등록기간중 정당추천후보자가 사퇴·사망하거나, 소속정당의 제명이나 중앙당의 시·도당창당승인취소외의 사유로 인하여 등록이 무효로 된 때에는 예외로 하되, 비례대표국회의원후보자명부에 후보자를 추가할 경우에는 그 순위는 이미 등록된 자의 다음으로 한다.
② 선거권자는 후보자에 대한 추천을 취소 또는 변경할 수 없다.
(2005.8.4 본조개정)

제51조【추가등록】 대통령선거에 있어서 정당추천후보자가 후보자등록기간중 또는 후보자등록기간이 지난 후에 사망한 때에는 후보자등록마감일후 5일까지 제47조(정당의 후보자추천) 및 제49조(후보자등록 등)의 규정에 의하여 후보자등록을 신청할 수 있다.(2000.2.16 본조개정)

제52조【등록무효】 ① 후보자등록후에 다음 각 호의 어느 하나에 해당하는 사유가 있는 때에는 그 후보자의 등록은 무효로 한다.(2005.8.4 본문개정)
1. 후보자의 피선거권이 없는 것이 발견된 때
2. 제47조(정당의 후보자추천)제1항 본문의 규정에 위반하여 선거구별로 선거할 정수범위를 넘어 추천하거나, 같은 조 제3항에 따른 여성후보자 추천의 비율과 순위를 위반하거나, 제48조(선거권자의 후보자추천)제2항의 규정에 의한 추천인수에 미달한 것이 발견된 때(2018.4.6 본호개정)
3. 제49조제4항제2호부터 제5호까지의 규정에 따른 서류를 제출하지 아니한 것이 발견된 때(2010.1.25 본호개정)
4. 제49조제6항의 규정에 위반하여 등록된 것이 발견된 때
(2000.2.16 본호개정)
5. 제53조제1항부터 제3항까지 또는 제5항을 위반하여 등록된 것이 발견된 때(2010.1.25 본호개정)

6. 정당추천후보자가 당적을 이탈·변경하거나 2 이상의 당적을 가지고 있는 때(후보자등록신청시에 2 이상의 당적을 가진 경우를 포함한다), 소속정당의 해산이나 그 등록의 취소 또는 중앙당의 시·도당창당승인취소가 있는 때(2004.3.12 본호개정)
7. 무소속후보자가 정당의 당원이 된 때
8. 제57조의2제2항 또는 제266조제2항·제3항을 위반하여 등록된 것이 발견된 때(2010.1.25 본호개정)
9. 정당이 그 소속 당원이 아닌 사람이나 「정당법」 제22조에 따라 당원이 될 수 없는 사람을 추천한 것이 발견된 때(2010.1.25 본호신설)
10. 다른 법률에 따라 공무담임이 제한되는 사람이나 후보자가 될 수 없는 사람에 해당하는 것이 발견된 때(2010.1.25 본호신설)
11. 정당 또는 후보자가 정당한 사유 없이 제65조제9항을 위반하여 후보자정보공개자료를 제출하지 아니한 것이 발견된 때(2015.8.13 본호개정)

② 제47조제5항을 위반하여 등록된 것이 발견된 때에는 그 정당이 추천한 해당 국회의원지역구의 지역구시·도의원후보자 및 지역구자치구·시·군의원후보자의 등록은 모두 무효로 한다. 다만, 제47조제5항에 따라 여성후보자를 추천하여야 하는 지역에서 해당 정당이 추천한 지역구시·도의원후보자의 수와 지역구자치구·시·군의원후보자의 수를 합한 수가 그 지역구시·도의원 정수와 지역구자치구·시·군의원 정수를 합한 수의 100분의 50에 해당하는 수(1 미만의 단수는 1로 본다)에 미달하는 경우와 그 여성후보자의 등록이 무효로 된 경우에는 그러하지 아니하다.
(2010.3.12 본항신설)

③ 후보자가 같은 선거의 다른 선거구나 다른 선거의 후보자로 등록된 때에는 그 등록은 모두 무효로 한다.
(2000.2.16 본항개정)

④ 후보자의 등록이 무효로 된 때에는 관할선거구선거관리위원회는 지체없이 그 후보자와 그를 추천한 정당에 등록무효의 사유를 명시하여 이를 통지하여야 한다.
(2015.8.13 본조제목개정)

제53조【공무원 등의 입후보】 ① 다음 각 호의 어느 하나에 해당하는 사람으로서 후보자가 되려는 사람은 선거일 전 90일까지 그 직을 그만두어야 한다. 다만, 대통령선거와 국회의원선거에 있어서 국회의원이 그 직을 가지고 입후보하는 경우와 지방의회의원선거와 지방자치단체의 장의 선거에 있어서 당해 지방자치단체의 의회의원이나 장이 그 직을 가지고 입후보하는 경우에는 그러하지 아니하다.(2010.1.25 본문개정)

1. 「국가공무원법」 제2조(공무원의 구분)에 규정된 국가공무원과 「지방공무원법」 제2조(공무원의 구분)에 규정된 지방공무원. 다만, 「정당법」 제22조(발기인 및 당원의 자격)제1항제1호 단서의 규정에 의하여 정당의 당원이 될 수 있는 공무원(정무직공무원을 제외한다)은 그러하지 아니하다.(2005.8.4 본호개정)
2. 각급선거관리위원회위원 또는 교육위원회의 교육위원
3. 다른 법령의 규정에 의하여 공무원의 신분을 가진 자
4. 「공공기관의 운영에 관한 법률」 제4조제1항제3호에 해당하는 기관 중 정부가 100분의 50 이상의 지분을 가지고 있는 기관(한국은행을 포함한다)의 상근 임원(2010.1.25 본호개정)
5. 「농업협동조합법」·「수산업협동조합법」·「산림조합법」·「엽연초생산협동조합법」에 의하여 설립된 조합의 상근임원과 이들 조합의 중앙회장(2005.8.4 본호개정)
6. 「지방공기업법」 제2조(적용범위)에 규정된 지방공사와 지방공단의 상근임원(2005.8.4 본호개정)
7. 「정당법」 제22조제1항제2호의 규정에 의하여 정당의 당원이 될 수 없는 사립학교교원(2005.8.4 본호개정)
8. 「신문 등의 진흥에 관한 법률」 제2조에 따른 신문 및 인터넷신문, 「잡지 등 정기간행물의 진흥에 관한 법률」 제2조에 따른 정기간행물, 「방송법」 제2조에 따른 방송사업을 발행·경영하는 자와 이에 상시 고용되어 편집·제작·취재·집필·보도의 업무에 종사하는 자로서 중앙선거관리위원회규칙으로 정하는 언론인(2020.12.29 본호개정)
9. 특별법에 의하여 설립된 국민운동단체로서 국가 또는 지방자치단체의 출연 또는 보조를 받는 단체(바르게살기운동협의회·새마을운동협의회·한국자유총연맹을 말하며, 시·도조직 및 구·시·군조직을 포함한다)의 대표자(2010.1.25 본호신설)

② 제1항 본문에도 불구하고 다음 각 호의 어느 하나에 해당하는 경우에는 선거일 전 30일까지 그 직을 그만두어야 한다.
(2015.8.13 본문개정)

1. 비례대표국회의원선거나 비례대표지방의회의원선거에 입후보하는 경우
2. 보궐선거등에 입후보하는 경우
3. 국회의원이 지방자치단체의 장의 선거에 입후보하는 경우
4. 지방의회의원이 다른 지방자치단체의 의회의원이나 장의 선거에 입후보하는 경우

(2010.1.25 본항신설)

③ 제1항 단서에도 불구하고 비례대표국회의원이 지역구국회의원 보궐선거등에 입후보하는 경우 및 비례대표지방의회의원이 해당 지방자치단체의 지역구지방의회의원 보궐선거등에 입후보하는 경우에는 후보자등록신청 전까지 그 직을 그만두어야 한다.(2010.1.25 본항신설)

④ 제1항부터 제3항까지의 규정을 적용하는 경우 그 소속기관의 장 또는 소속위원회에 사직원이 접수된 때에 그 직을 그만둔 것으로 본다.(2010.1.25 본항개정)

⑤ 제1항 및 제2항에도 불구하고, 지방자치단체의 장은 선거구역이 당해 지방자치단체의 관할구역과 같거나 겹치는 지역구국회의원선거에 입후보하고자 하는 때에는 당해 선거의 선거일전 120일까지 그 직을 그만두어야 한다. 다만, 그 지방자치단체의 장이 임기가 만료된 후에 그 임기만료일부터 90일 후에 실시되는 지역구국회의원선거에 입후보하려는 경우에는 그러하지 아니하다.(2010.1.25 본항개정)
(2015.8.13 본조제목개정)

판례 공무원이 공직선거의 후보자가 되고자 하는 경우에, 그 직을 그만두게 한 것은 공무원 담임권의 본질적 내용을 침해했거나 과잉금지 원칙에 위배된다고 할 수 없다.(헌재결 1995.3.23, 95헌마53)

제54조【후보자사퇴의 신고】 후보자가 사퇴하고자 하는 때에는 자신이 직접 당해 선거구선거관리위원회에 가서 서면으로 신고하되, 정당추천후보자가 사퇴하고자 하는 때에는 추천정당의 사퇴승인서를 첨부하여야 한다.

제55조【후보자등록 등에 관한 공고】 후보자가 등록·사퇴·사망하거나 등록이 무효로 된 때에는 당해 선거구선거관리위원회는 지체없이 이를 공고하고, 상급선거관리위원회에 보고하여야 하며, 하급선거관리위원회에 통지하여야 한다.

제56조【기탁금】 ① 후보자등록을 신청하는 자는 등록신청 시에 후보자 1명마다 다음 각 호의 기탁금(후보자등록을 신청하는 사람이 「장애인복지법」 제32조에 따라 등록한 장애인이거나 선거일 현재 29세 이하인 경우에는 다음 각 호에 따른 기탁금의 100분의 50에 해당하는 금액을 말하고, 30세 이상 39세 이하인 경우에는 다음 각 호에 따른 기탁금의 100분의 70에 해당하는 금액을 말한다)을 중앙선거관리위원회규칙으로 정하는 바에 따라 관할선거구선거관리위원회에 납부하여야 한다. 이 경우 예비후보자가 해당 선거의 같은 선거구에 후보자등록을 신청하는 때에는 제60조의2제2항에 따라 납부한 기탁금을 제외한 나머지 금액을 납부하여야 한다.
(2022.4.20 전단개정)

1. 대통령선거는 3억원(2012.1.17 본호개정)
2. 지역구국회의원선거는 1천500만원(2020.3.25 본호개정)

2의2. 비례대표국회의원선거는 500만원(2020.3.25 본호신설)
3. 시·도의회의원선거는 300만원(2002.3.7 본호개정)
4. 시·도지사선거는 5천만원
5. 자치구·시·군의 장선거는 1천만원(2002.3.7 본호개정)
6. 자치구·시·군의원선거는 200만원(2000.2.16 본호신설)
② 제1항의 기탁금은 체납처분이나 강제집행의 대상이 되지 아니한다.
③ 제261조에 따른 과태료 및 제271조에 따른 불법시설물 등에 대한 대집행비용은 제1항의 기탁금(제60조의2제2항의 기탁금을 포함한다)에서 부담한다.(2010.1.25 본항개정)
④ 제1항에 따라 장애인 또는 39세 이하의 사람이 납부하는 기탁금의 감액비율은 중복하여 적용하지 아니한다.
(2022.4.20 본항신설)

판례 국회의원 입후보시 2,000만원의 기탁금 납부 및 일정한 득표수에 미달하는 경우 이를 국가에 귀속시키는 것과 현행 1인 1표제에 따른 비례대표의원배분방식 및 정당명부식 비례대표제를 실시하면서도 별도의 정당투표를 허용하지 않은 범위에서 1인 1표제를 규정한 부분은 위헌이다.(헌재결 2001.7.19, 2000헌마91·112·134(병합))

제57조【기탁금의 반환 등】 ① 관할선거구선거관리위원회는 다음 각 호의 구분에 따른 금액을 선거일 후 30일 이내에 기탁자에게 반환한다. 이 경우 반환하지 아니하는 기탁금은 국가 또는 지방자치단체에 귀속한다.(2010.1.25 본문개정)
1. 대통령선거, 지역구국회의원선거, 지역구지방의회의원선거 및 지방자치단체의 장선거(2005.8.4 본문개정)
 가. 후보자가 당선되거나 사망한 경우와 유효투표총수의 100분의 15 이상(후보자가 「장애인복지법」 제32조에 따라 등록한 장애인이거나 선거일 현재 39세 이하인 경우에는 유효투표총수의 100분의 10 이상을 말한다)을 득표한 경우에는 기탁금 전액(2022.4.20 본목개정)
 나. 후보자가 유효투표총수의 100분의 10 이상 100분의 15 미만(후보자가 「장애인복지법」 제32조에 따라 등록한 장애인이거나 선거일 현재 39세 이하인 경우에는 유효투표총수의 100분의 5 이상 100분의 10 미만을 말한다)을 득표한 경우에는 기탁금의 100분의 50에 해당하는 금액(2022.4.20 본목개정)
 다. 예비후보자가 사망하거나, 당헌·당규에 따라 소속 정당에 후보자로 추천하여 줄 것을 신청하였으나 해당 정당의 추천을 받지 못하여 후보자로 등록하지 않은 경우에는 제60조의2제2항에 따라 납부한 기탁금 전액(2020.3.25 본목개정)
2. 비례대표국회의원선거 및 비례대표지방의회의원선거
 당해 후보자명부에 올라 있는 후보자중 당선인이 있는 때에는 기탁금 전액. 다만, 제189조 및 제190조의2에 따른 당선인의 결정 전에 사퇴하거나 등록이 무효로 된 후보자의 기탁금은 제외한다.(2010.1.25 단서신설)
(2004.3.12 본항개정)
② 제56조제3항에 따라 기탁금에서 부담하여야 할 비용은 제1항에 따라 기탁금을 반환하는 때에 공제하되, 그 부담비용이 반환할 기탁금을 넘는 사람은 그 차액을, 기탁금 전액이 국가 또는 지방자치단체에 귀속되는 사람은 그 부담비용 전액을 해당 선거구선거관리위원회의 고지에 따라 그 고지를 받은 날부터 10일 이내에 납부하여야 한다.(2010.1.25 본항개정)
③ 관할선거구선거관리위원회는 제2항의 납부기한까지 해당자가 그 금액을 납부하지 아니한 때에는 관할세무서장에게 징수를 위탁하고, 관할세무서장은 국세 체납처분의 예에 따라 이를 징수하여 국가 또는 해당 지방자치단체에 납입하여야 한다. 이 경우 제271조에 따른 불법시설물 등에 대한 대집행비용은 우선 해당 선거관리위원회가 지출한 후 관할세무서장에게 그 징수를 위탁할 수 있다.(2010.1.25 본항신설)
④ (2000.2.16 삭제)
⑤ 기탁금의 반환 및 귀속 기타 필요한 사항은 중앙선거관리위원회규칙으로 정한다.(2000.2.16 본항개정)

제6장의2 정당의 후보자 추천을 위한 당내경선
(2005.8.4 본장신설)

제57조의2【당내경선의 실시】 ① 정당은 공직선거후보자를 추천하기 위하여 경선(이하 "당내경선"이라 한다)을 실시할 수 있다.
② 정당이 당내경선〔당내경선(여성이나 장애인 등에 대하여 당헌·당규에 따라 가산점 등을 부여하여 실시하는 경우를 포함한다)의 후보자로 등재된 자(이하 "경선후보자"라 한다)를 대상으로 정당의 당헌·당규 또는 경선후보자간의 서면합의에 따라 실시한 당내경선을 대체하는 여론조사를 포함한다〕을 실시하는 경우 경선후보자로서 당해 정당의 후보자로 선출되지 아니한 자는 당해 선거의 같은 선거구에서는 후보자로 등록될 수 없다. 다만, 후보자로 선출된 자가 사퇴·사망·피선거권 상실 또는 당적의 이탈·변경 등으로 그 자격을 상실한 때에는 그러하지 아니하다.(2018.4.6 본항개정)
③ 「정당법」 제22조(발기인 및 당원의 자격)의 규정에 따라 당원이 될 수 없는 자는 당내경선의 선거인이 될 수 없다.

제57조의3【당내경선운동】 ① 정당이 당원과 당원이 아닌 자에게 투표권을 부여하여 실시하는 당내경선에서는 다음 각 호의 어느 하나에 해당하는 방법 외의 방법으로 경선운동을 할 수 없다.
1. 제60조의3제1항제1호·제2호에 따른 방법(2012.2.29 본호개정)
2. 정당이 경선후보자가 작성한 1종의 홍보물(이하 이 조에서 "경선홍보물"이라 한다)을 1회에 한하여 발송하는 방법
3. 정당이 합동연설회 또는 합동토론회를 옥내에서 개최하는 방법(경선후보자가 중앙선거관리위원회규칙으로 정하는 바에 따라 그 개최장소에 경선후보자의 홍보에 필요한 현수막 등 시설물을 설치·게시하는 방법을 포함한다)
(2008.2.29 본호개정)
② 정당이 제1항제2호 또는 제3호의 규정에 따른 방법으로 경선홍보물을 발송하거나 합동연설회 또는 합동토론회를 개최하는 때에는 당해 선거의 관할선거구선거관리위원회에 신고하여야 한다.
③ 제1항의 규정에 위반되는 경선운동에 소요되는 비용은 제119조(선거비용등의 정의)의 규정에 따른 선거비용으로 본다.
④ 제1항제2호의 경선홍보물의 작성 및 제2항의 신고 그 밖에 필요한 사항은 중앙선거관리위원회규칙으로 정한다.

판례 당내경선운동방법 제한의 취지 및 당내경선기간 이전에 한 경선운동이 공직선거법의 허용 범위를 넘은 경우에도 당내경선운동 위반행위에 해당하는지 여부(적극) : 당내경선에 나서는 후보자에게 위 조항 각 호에서 규정하는 이외의 방법으로 경선운동을 할 수 없도록 당내경선운동방법을 제한하는 취지는, 질서 있는 경선을 도모하고, 당내경선운동이 선거운동으로 변질되어 탈법적 수단으로 악용되는 것을 막기 위한 것이다. 따라서 당내경선기간 이전이라 할지라도 공직선거법이 허용하는 범위를 넘어선 경우에는 당내경선운동 위반행위에 해당한다.(대판 2008.9.25, 2008도6232)

제57조의4【당내경선사무의 위탁】 ① 「정치자금법」 제27조(보조금의 배분)의 규정에 따라 보조금의 배분대상이 되는 정당은 당내경선사무 중 경선운동, 투표 및 개표에 관한 사무의 관리를 당해 선거의 관할선거구선거관리위원회에 위탁할 수 있다.
② 관할선거구선거관리위원회가 제1항에 따라 당내경선의 투표 및 개표에 관한 사무를 수탁관리하는 경우에는 그 비용은 국가가 부담한다. 다만, 투표 및 개표참관인의 수당은 당해 정당이 부담한다.(2008.2.29 본문개정)
③ 제1항의 규정에 따라 정당이 당내경선사무를 위탁하는 경우 그 구체적인 절차 및 필요한 사항은 중앙선거관리위원회규칙으로 정한다.

제57조의5【당원 등 매수금지】 ① 누구든지 당내경선에 있어 후보자로 선출되거나 되게 하거나 되지 못하게 할 목적으로 경선선거인(당내경선의 선거인명부에 등재된 자를 말한다) 또는 그의 배우자나 직계존·비속에게 명목여하를 불문하고 금품 그 밖의 재산상의 이익 또는 공사의 직을 제공하거나 그 제공의 의사를 표시하거나 그 제공을 약속하는 행위를 할 수 없다. 다만, 중앙선거관리위원회규칙이 정하는 의례적인 행위는 그러하지 아니하다.
② 누구든지 당내경선에 있어 후보자가 되지 아니하게 하거나 후보자가 된 것을 사퇴하게 할 목적으로 후보자(후보자가 되고자 하는 자를 포함한다. 이하 이 항에서 같다)에게 제1항의 규정에 따른 이익제공행위 등을 하여서는 아니되며, 후보자는 그 이익이나 직의 제공을 받거나 제공의 의사표시를 승낙하여서는 아니된다.
③ 누구든지 제1항 및 제2항에 규정된 행위에 관하여 지시·권유 또는 요구를 하여서는 아니된다.

제57조의6【공무원 등의 당내경선운동 금지】 ① 제60조제1항에 따라 선거운동을 할 수 없는 사람은 당내경선에서 경선운동을 할 수 없다. 다만, 소속 당원만을 대상으로 하는 당내경선에서 당원이 될 수 있는 사람이 경선운동을 하는 경우에는 그러하지 아니하다.(2025.1.7 본문개정)
② 공무원은 그 지위를 이용하여 당내경선에서 경선운동을 할 수 없다.
(2010.1.25 본조신설)

판례 경선운동이 금지된 '공무원 등'에 포함된 지방공사의 상근직원이 당원이 아닌 자에게도 투표권을 부여해 실시하는 당내경선에서 경선운동을 한 사건에서, 지방공사의 상근직원이 특정 경선후보자의 당선 또는 낙선을 위한 경선운동을 한다고 하여 그로 인한 부작용과 폐해가 일반 사기업 직원의 경우보다 크다고 보기는 어렵다. 또한 공직선거법 제53조제1항제6호는 지방공사의 상근임원과 달리 상근직원은 그 직을 유지한 채 공직선거에 입후보할 수 있도록 규정하고 있는데, 이 역시 상근직원의 영향력이 상근임원보다 적다는 점을 고려한 것이다. 그럼에도 상근임원이 아닌 상근직원에게까지 경선운동을 금지하는 것은 당내경선의 형평성과 공정성을 확보한다는 입법목적에 비추어 보았을 때 과도한 제한이다.(헌재결 2022.6.30, 2021헌가24)

제57조의7【위탁하는 당내경선에 있어서의 이의제기】 정당이 제57조의4에 따라 당내경선을 위탁하여 실시하는 경우에는 그 경선 및 선출의 효력에 대한 이의제기는 당해 정당에 하여야 한다.(2010.1.25 본조개정)

제57조의8【당내경선 등을 위한 휴대전화 가상번호의 제공】 ① 국회에 의석을 가진 정당은 다음 각 호의 어느 하나에 해당하는 경우에는 관할 선거관리위원회를 경유하여 이동통신사업자에게 이용자의 이동전화번호가 노출되지 아니하도록 생성한 번호(이하 "휴대전화 가상번호"라 한다)를 제공하여 줄 것을 서면(이하 "휴대전화 가상번호 제공 요청서"라 한다)으로 요청할 수 있다.(2017.2.8 본문개정)
1. 제57조의2제1항에 따른 당내경선의 경선선거인이 되려는 사람을 모집하거나 당내경선을 위한 여론조사를 실시하는 경우
2. 그 밖에 정당활동을 위하여 여론수렴이 필요한 경우
② 정당은 다음 각 호의 기간까지 관할 선거관리위원회에 휴대전화 가상번호 제공 요청서를 제출하여야 하고, 관할 선거관리위원회는 해당 요청서의 기재사항을 심사한 후 제출받은 날부터 3일 이내에 해당 요청서를 이동통신사업자에게 송부하여야 한다.(2017.2.8 본문개정)
1. 제1항제1호에 따른 당내경선 : 해당 당내경선 선거일 전 23일까지
2. 제1항제2호에 따른 여론수렴 : 해당 여론수렴 기간 개시일 전 10일까지
③ 정당이 제1항에 따른 요청을 하는 경우에는 휴대전화 가상번호 제공 요청서에 다음 각 호에 따른 사항을 적어야 한다.
(2017.2.8 본문개정)
1. 제1항제1호에 따른 당내경선
 가. 당내경선의 선거명·선거구명
 나. 당내경선의 선거일
 다. 당내경선 실시 지역 및 경선선거인(당내경선을 위한 여론조사를 실시하는 경우에는 표본을 말한다. 이하 이 항에서 같다) 수
 라. 이동통신사업자별로 제공하여야 하는 성별·연령별·지역별 휴대전화 가상번호 수. 이 경우 제공을 요청할 수 있는 휴대전화 가상번호의 총수는 다목에 따른 경선선거인 수의 30배수를 초과할 수 없다.(2017.2.8 본목개정)
 마. 그 밖에 중앙선거관리위원회규칙으로 정하는 사항
2. 제1항제2호에 따른 여론수렴
 가. 여론수렴의 목적·내용 및 기간
 나. 여론수렴 대상 지역 및 대상자 수
 다. 이동통신사업자별로 제공하여야 하는 성별·연령별·지역별 휴대전화 가상번호 수. 이 경우 제공을 요청할 수 있는 휴대전화 가상번호의 총수는 나목에 따른 대상자 수의 30배수를 초과할 수 없다.(2017.2.8 본목개정)
 라. 그 밖에 중앙선거관리위원회규칙으로 정하는 사항
④ 관할 선거관리위원회는 제출된 휴대전화 가상번호 제공요청서에 제3항에 따른 기재사항이 누락되었거나 심사를 위하여 추가로 자료가 필요하다고 판단되는 때에는 해당 정당에 휴대전화 가상번호 제공 요청서의 보완 또는 자료의 제출을 요구할 수 있으며, 그 요구를 받은 정당은 지체 없이 이에 따라야 한다.(2017.2.8 본항개정)
⑤ 이동통신사업자가 제1항에 따른 요청을 받은 때에는 그 요청을 받은 날부터 7일 이내에 휴대전화 가상번호 제공 요청서에 따라 휴대전화 가상번호를 생성하여 유효기간을 설정한 다음 관할 선거관리위원회를 경유하여 해당 정당에 제공하여야 한다. 다만, 이동통신사업자는 이용자 수의 부족 등으로 제공할 수 있는 휴대전화 가상번호 수가 제공하여야 하는 휴대전화 가상번호 수 보다 적은 때에는 지체 없이 관할 선거관리위원회에 통보하여야 하고, 관할 선거관리위원회는 중앙선거관리위원회규칙으로 정하는 바에 따라 해당 정당과 협의하여 제공하여야 하는 휴대전화 가상번호 수를 조정할 수 있다.(2017.2.8 본항개정)
⑥ 이동통신사업자는 중앙선거관리위원회규칙으로 정하는 바에 따라 이용자에게 정당의 당내경선이나 여론수렴 등을 위하여 본인의 이동전화번호가 정당에 휴대전화 가상번호로 제공된다는 사실과 그 제공을 거부할 수 있다는 사실을 알려야 한다.(2017.2.8 본항개정)
⑦ 이동통신사업자(그 대표자 및 구성원을 포함한다)가 제5항에 따라 휴대전화 가상번호를 제공할 때에는 다음 각 호의 어느 하나에 해당하는 행위를 하여서는 아니 된다.
1. 휴대전화 가상번호에 유효기간을 설정하지 아니하고 제공하거나 휴대전화 가상번호를 제공하는 날부터 당내경선의 선거일까지의 기간(당내경선을 위한 여론조사를 실시하는 경우에는 그 여론조사기간을 말한다)이나 여론수렴 기간을 초과하는 유효기간을 설정하여 제공하는 행위
2. 요청받은 휴대전화 가상번호 수를 초과하여 휴대전화 가상번호를 제공하는 행위
3. 휴대전화 가상번호, 이용자의 성(性)·연령·거주지역 정보 외의 정보를 제공하는 행위. 이 경우 연령과 거주지역 정보의 범위에 대하여는 중앙선거관리위원회규칙으로 정한다.
4. 휴대전화 가상번호의 제공을 요청한 정당 외의 자에게 휴대전화 가상번호를 제공하는 행위
5. 제6항에 따른 고지를 받고 명시적으로 거부의사를 밝힌 이용자의 휴대전화 가상번호를 제공하는 행위
6. 여론조사의 결과에 영향을 미치게 하기 위하여 특정 정당 또는 후보자가 되려는 사람에게 유리 또는 불리하도록 휴대전화 가상번호를 생성하여 제공하는 행위
(2017.2.8 본항개정)
⑧ 정당은 제5항에 따라 제공받은 휴대전화 가상번호를 제1항에 따른 여론조사를 실시하거나 여론수렴을 하기 위하여 여론조사 기관·단체에 제공할 수 있다.(2017.2.8 본항개정)

⑨ 제5항 본문 또는 제8항에 따라 휴대전화 가상번호를 제공받은 정당(그 대표자 및 구성원을 포함한다) 또는 여론조사 기관·단체(그 대표자 및 구성원을 포함한다)는 다음 각 호의 어느 하나에 해당하는 행위를 하여서는 아니 된다.
1. 제공받은 휴대전화 가상번호를 제1항에 따른 여론조사를 실시하거나 여론수렴을 하기 위한 목적 외의 다른 목적으로 사용하는 행위
2. 제공받은 휴대전화 가상번호를 다른 자에게 제공하는 행위
(2017.2.8 본항개정)
⑩ 휴대전화 가상번호를 제공받은 자(그 대표자 및 구성원을 포함한다)는 유효기간이 지난 휴대전화 가상번호를 즉시 폐기하여야 한다.(2017.2.8 본항개정)
⑪ 이동통신사업자가 제5항에 따라 휴대전화 가상번호를 생성하여 제공하는데 소요되는 비용은 휴대전화 가상번호의 제공을 요청한 해당 정당이 부담한다. 이 경우 이동통신사업자는 휴대전화 가상번호 생성·제공에 소요되는 최소한의 비용을 청구하여야 한다.(2017.2.8 본항개정)
⑫ 누구든지 휴대전화 가상번호를 제공한 이동통신사업자에게 당내경선의 결과·효력이나 여론수렴의 결과에 대하여 이의를 제기할 수 없다.(2017.2.8 본항개정)
⑬ 휴대전화 가상번호 제공 요청 방법과 절차, 휴대전화 가상번호의 유효기간 설정, 휴대전화 가상번호 제공 요청서 서식, 관할 선거관리위원회, 그 밖에 필요한 사항은 중앙선거관리위원회규칙으로 정한다.(2017.2.8 본항개정)
(2017.2.8 본조제목개정)
(2016.1.15 본조신설)

제7장 선거운동

제58조【정의 등】 ① 이 법에서 "선거운동"이라 함은 당선되거나 되게 하거나 되지 못하게 하기 위한 행위를 말한다. 다만, 다음 각호의 어느 하나에 해당하는 행위는 선거운동으로 보지 아니한다.(2013.8.13 본문개정)
1. 선거에 관한 단순한 의견개진 및 의사표시
2. 입후보와 선거운동을 위한 준비행위
3. 정당의 후보자 추천에 관한 단순한 지지·반대의 의견개진 및 의사표시
4. 통상적인 정당활동
5. (2014.5.14 삭제)
6. 설날·추석 등 명절 및 석가탄신일·기독탄신일 등에 하는 의례적인 인사말을 문자메시지(그림말·음성·화상·동영상 등을 포함한다. 이하 같다)로 전송하는 행위(2020.3.25 본호개정)
(2000.2.16 본항개정)
② 누구든지 자유롭게 선거운동을 할 수 있다. 그러나 이 법 또는 다른 법률의 규정에 의하여 금지 또는 제한되는 경우에는 그러하지 아니하다.

판례 단체가 선거 이전부터 지지·반대하여 온 특정 정책이, 각 정당 및 선거에 출마하고자 하는 입후보예정자들이 공약으로 채택하거나 정당·후보자 간 쟁점으로 부각된 정치적·사회적 현안을 말하는 이른바 '선거쟁점'에 해당하게 되었더라도, 그러한 사정만으로 특정 정책에 대한 단체의 지지·반대활동이 전부 공직선거법에 의한 규제대상이 된다고 할 수 없다. 특정 정당이나 후보자 또는 입후보예정자와 특정 정책의 관련성을 나타내지 않고 정책 자체에 대한 지지·반대 의사를 표현하는 단체의 활동이 '선거에 영향을 미치게 할 목적의 탈법행위' 또는 '선거운동'에 해당하는지는 그 정책이 '선거쟁점'이 되었는지에 따라 일률적으로 결정될 수 없고, 일정한 판단 기준에 따라 개별적으로 판단되어야 한다. 또한 이러한 법리는, 선거쟁점이 된 특정 정책에 대한 단체의 지지·반대활동이 결과적으로 그 정책에 찬성하거나 반대하는 정당, 후보자, 입후보예정자에게 유·불리한 영향을 미치게 되는 경우에도 마찬가지이다.(대판 2011.6.24, 2011도3447)

판례 공직선거법 58조 1항에 정한 선거운동의 의미 : 공직선거법 58조 1항 소정의 선거운동은 특정 후보자의 당선 내지 득표나 낙선을 위하여 필요하고도 유리한 모든 행위로서 당선 또는 낙선을 도모한다는 목적이 객관적으로 인정될 수 있는 능동적·계획적인 행위를 말하는 것으로서, 단순히 장래의 선거운동의 준비행위나 통상적인 정당활동과는 구별되나, 구체적으로 어떠한 행위가 선거운동에 해당하는지 여부를 판단함에 있어서는 단순히 그 행위의 명목뿐만 아니라 그 행위의 태양, 즉 그 행위가 행하여지는 시기·장소·방법 등을 종합적으로 관찰하여 그것이 특정후보자의 당선 또는 낙선을 도모하는 목적의지를 수반하는 행위인지 여부를 판단하여야 하며, 공직선거법상, '기부행위'의 경우와는 달리 '선거운동'에 있어서는 그 상대방이 제한되어 있지 않으므로, 그 선거운동의 상대방이 당선 또는 낙선을 도모하는 특정 후보자의 선거구 안에 있거나 선거구민과 연고가 있는 사람이나 기관·단체·시설 등에 해당하여야만 선거운동에 해당한다고 볼 것은 아니다.(대판 2007.3.30, 2006도9043)

판례 제3자의 낙선운동이 제58조의 '선거운동'에 포함되는지 여부 : (편집자 주 : 시민단체 등의) 제3자가 당선의 목적 없이 오로지 특정 후보자의 낙선만을 목적으로 하여 벌이는 낙선운동은 특정인의 당선을 목적으로 함이 없이 부적격 후보자의 낙선만을 목적으로 하고 있다는 점에서 특정인의 당선을 목적으로 경쟁후보가 당선되지 못하게 하는 선거운동과 의미상으로는 일응 구별되기는 하지만, 그 주관적인 목적과는 관계없이 실제의 행동방식과 효과에 있어서는 다른 후보자의 당선을 위하여 하는 선거운동과 다를 것이 없다.
(대판 2004.4.27, 2002도315)

제58조의2【투표참여 권유활동】 누구든지 투표참여를 권유하는 행위를 할 수 있다. 다만, 다음 각 호의 어느 하나에 해당하는 행위의 경우에는 그러하지 아니하다.
1. 호별로 방문하여 하는 경우
2. 사전투표소 또는 투표소로부터 100미터 안에서 하는 경우
3. 특정 정당 또는 후보자(후보자가 되려는 사람을 포함한다. 이하 이 조에서 같다)를 지지·추천하거나 반대하는 내용을 포함하여 하는 경우
4. 현수막 등 시설물, 인쇄물, 확성장치·녹음기·녹화기(비디오 및 오디오 기기를 포함한다), 어깨띠, 표찰, 그 밖의 표시물을 사용하여 하는 경우(정당의 명칭이나 후보자의 성명·사진 또는 그 명칭·성명을 유추할 수 있는 내용을 나타내어 하는 경우에 한정한다)
(2014.5.14 본조신설)

제59조【선거운동기간】 선거운동은 선거기간개시일부터 선거일 전일까지에 한하여 할 수 있다. 다만, 다음 각 호의 어느 하나에 해당하는 경우에는 그러하지 아니하다.(2011.7.28 본문개정)
1. 제60조의3(예비후보자 등의 선거운동)제1항 및 제2항의 규정에 따라 예비후보자 등이 선거운동을 하는 경우
(2005.8.4 본호개정)
2. 문자메시지를 전송하는 방법으로 선거운동을 하는 경우. 이 경우 자동 동보통신의 방법(동시 수신대상자가 20명을 초과하거나 그 대상자가 20명 이하인 경우에도 프로그램을 이용하여 수신자를 자동으로 선택하여 전송하는 방식을 말한다. 이하 같다)으로 전송할 수 있는 자는 후보자와 예비후보자에 한하되, 그 횟수는 8회(후보자의 경우 예비후보자로서 전송한 횟수를 포함한다)를 넘을 수 없으며, 중앙선거관리위원회규칙에 따라 신고한 1개의 전화번호만을 사용하여야 한다.(2017.2.8 본호개정)
3. 인터넷 홈페이지 또는 그 게시판·대화방 등에 글이나 동영상 등을 게시하거나 전자우편(컴퓨터 이용자끼리 네트워크를 통하여 문자·음성·화상 또는 동영상 등의 정보를 주고받는 통신시스템을 말한다. 이하 같다)을 전송하는 방법으로 선거운동을 하는 경우. 이 경우 전자우편 전송대행업체에 위탁하여 전자우편을 전송할 수 있는 사람은 후보자와 예비후보자에 한한다.(2017.2.8 전단개정)
4. 선거일이 아닌 때에 전화(송·수화자 간 직접 통화하는 방식에 한정하며, 컴퓨터를 이용한 자동 송신장치를 설치한 전화는 제외한다)를 이용하거나 말(확성장치를 사용하거나 옥외집회에서 다중을 대상으로 하는 경우를 제외한다)로 선거운동을 하는 경우(2020.12.29 본호신설)
5. 후보자가 되려는 사람이 선거일 전 180일(대통령선거의 경우 선거일 전 240일을 말한다)부터 해당 선거의 예비후보자 등록신청 전까지 제60조의3제1항제2호의 방법(같은 호 단서를 포함한다)으로 자신의 명함을 직접 주는 경우
(2020.12.29 본호신설)
(2011.7.28 본조제목개정)

제60조【선거운동을 할 수 없는 자】 ① 다음 각 호의 어느 하나에 해당하는 사람은 선거운동을 할 수 없다. 다만, 제1호에 해당하는 사람이 예비후보자·후보자의 배우자인 경우와 제4호부터 제8호까지의 규정에 해당하는 사람이 예비후보자·후보자의 배우자이거나 후보자의 직계존비속인 경우에는 그러하지 아니하다.(2010.1.25 본문개정)

1. 대한민국 국민이 아닌 자. 다만, 제15조제2항제3호에 따른 외국인이 해당 선거에서 선거운동을 하는 경우에는 그러하지 아니하다.(2012.1.17 단서신설)
2. 미성년자(18세 미만의 자를 말한다. 이하 같다)(2020.1.14 본호개정)
3. 제18조(선거권이 없는 자)제1항의 규정에 의하여 선거권이 없는 자
4. 「국가공무원법」 제2조(공무원의 구분)에 규정된 국가공무원과 「지방공무원법」 제2조(공무원의 구분)에 규정된 지방공무원. 다만, 「정당법」 제22조(발기인 및 당원의 자격)제1항제1호 단서의 규정에 의하여 정당의 당원이 될 수 있는 공무원(국회의원과 지방의회의원외의 정무직공무원을 제외한다)은 그러하지 아니하다.(2005.8.4 본호개정)
5. 제53조(공무원 등의 입후보)제1항제2호 내지 제7호에 해당하는 자(제5호의 경우에는 그 상근직원을 포함한다) (2025.1.7 본호개정)
6. 예비군 중대장급 이상의 간부(2016.5.29 본호개정)
7. 통·리·반의 장 및 읍·면·동주민자치센터(그 명칭에 관계없이 읍·면·동사무소 기능전환의 일환으로 조례에 의하여 설치된 각종 문화·복지·편익시설을 총칭한다. 이하 같다)에 설치된 주민자치위원회(주민자치센터의 운영을 위하여 조례에 의하여 읍·면·동사무소의 관할 구역별로 두는 위원회를 말한다. 이하 같다)위원(2002.3.7 본호개정)
8. 특별법에 의하여 설립된 국민운동단체로서 국가 또는 지방자치단체의 출연 또는 보조를 받는 단체(바르게살기운동협의회·새마을운동협의회·한국자유총연맹을 말한다)의 상근 임·직원 및 이들 단체 등(시·도조직 및 구·시·군조직을 포함한다)의 대표자(2004.3.12 본호개정)
9. 선상투표신고를 한 선원이 승선하고 있는 선박의 선장 (2014.1.17 본호개정)

② 각급선거관리위원회위원·예비군 중대장급 이상의 간부·주민자치위원회위원 또는 통·리·반의 장이 선거사무장, 선거연락소장, 선거사무원, 제62조제4항에 따른 활동보조인, 회계책임자, 연설원, 대담·토론자 또는 투표참관인이나 사전투표참관인이 되고자 하는 때에는 선거일 전 90일(선거일 전 90일 후에 실시사유가 확정된 보궐선거등에서는 그 선거의 실시사유가 확정된 때부터 5일 이내)까지 그 직을 그만두어야 하며, 선거일 후 6월 이내(주민자치위원회위원은 선거일까지)에는 종전의 직에 복직될 수 없다. 이 경우 그만둔 것으로 보는 시기에 관하여는 제53조제4항을 준용한다. (2016.5.29 전단개정)

(2011.7.28 본조제목개정)

판례 새마을운동중앙회는 공직선거법 제60조 제1항 제8호의 '특별법에 의하여 설립된 국민운동단체로서 국가 또는 지방자치단체의 출연 또는 보조를 받는 단체(바르게살기운동협의회·새마을운동협의회·한국자유총연맹을 말한다)'에 해당한다고 해석함이 상당하고, 새마을운동중앙회 및 포천시 새마을회가 비록 민법에 의하여 설립된 사단법인의 형태를 지니고 있다고 하더라도 이와 같은 해석에 방해가 되거나 위 해석이 유추해석으로서 죄형법정주의에 위배되는 것은 아니다. (대판 2010.5.13, 2009도327)

제60조의2【예비후보자등록】 ① 예비후보자가 되려는 사람(비례대표국회의원선거 및 비례대표지방의회의원선거는 제외한다)은 다음 각 호에서 정하는 날(그 날후에 실시사유가 확정된 보궐선거등에 있어서는 그 선거의 실시사유가 확정된 때)부터 관할선거구선거관리위원회에 예비후보자등록을 서면으로 신청하여야 한다.(2010.1.25 본문개정)

1. 대통령선거
 선거일전 240일
2. 지역구국회의원선거 및 시·도지사선거
 선거일전 120일
3. 지역구시·도의회의원선거, 자치구·시의 지역구의회의원 및 장의 선거
 선거기간개시일 전 90일
 (2010.1.25 본호개정)
4. 군의 지역구의회의원 및 장의 선거
 선거기간개시일 전 60일
 (2010.1.25 본호신설)

(2005.8.4 본항개정)

② 제1항에 따라 예비후보자등록을 신청하는 사람은 다음 각 호의 서류를 제출하여야 하며, 제56조제1항에 따른 해당 선거 기탁금의 100분의 20에 해당하는 금액을 중앙선거관리위원회규칙으로 정하는 바에 따라 관할선거구선거관리위원회에 기탁금으로 납부하여야 한다.(2022.4.20 본문개정)

1. 중앙선거관리위원회규칙으로 정하는 피선거권에 관한 증명서류
2. 전과기록에 관한 증명서류
3. 제49조제4항제6호에 따른 학력에 관한 증명서(한글번역문을 첨부한다)

(2010.1.25 본항신설)

③ 제1항의 등록신청을 받은 선거관리위원회는 지체없이 이를 수리하되, 제2항에 따른 기탁금과 전과기록에 관한 증명서류를 갖추지 아니한 등록신청은 수리할 수 없다. 이 경우 피선거권에 관한 증명서류가 첨부되지 아니한 경우에는 이를 수리하되, 피선거권에 관하여 확인이 필요하다고 인정되는 예비후보자에 대하여는 관계기관의 장에게 필요한 사항을 조회할 수 있으며, 그 조회를 받은 관계기관의 장은 지체없이 해당 사항을 조사하여 회보하여야 한다.(2010.1.25 본항개정)

④ 예비후보자등록후에 다음 각 호의 어느 하나에 해당하는 사유가 있는 때에는 그 예비후보자의 등록은 무효로 한다. (2005.8.4 본문개정)

1. 피선거권이 없는 것이 발견된 때

1의2. 제2항제2호에 따른 전과기록에 관한 증명서류를 제출하지 아니한 것이 발견된 때(2010.1.25 본호신설)

2. 제53조제1항부터 제3항까지 또는 제5항에 따라 그 직을 가지고 입후보할 수 없는 자에 해당하는 것이 발견된 때 (2010.1.25 본호개정)
3. 제57조의2제2항 본문 또는 제266조제2항·제3항에 따라 후보자가 될 수 없는 자에 해당하는 것이 발견된 때 (2010.1.25 본호개정)
4. 다른 법률에 따라 공무담임이 제한되는 사람이나 후보자가 될 수 없는 사람에 해당하는 것이 발견된 때(2010.1.25 본호신설)

⑤ 제52조제3항의 규정은 예비후보자등록에 준용한다. 이 경우 "후보자"는 "예비후보자"로 본다.(2010.3.12 본항개정)

⑥ 예비후보자가 사퇴하고자 하는 때에는 직접 당해 선거구선거관리위원회에 서면으로 신고하여야 한다.

⑦ 제49조에 따라 후보자로 등록한 자는 선거기간개시일 전일까지 예비후보자를 겸하는 것으로 본다. 이 경우 선거운동은 예비후보자의 예에 따른다.(2011.7.28 본항개정)

⑧ 예비후보자의 전과기록조회 및 회보에 관하여는 제49조제10항을 준용한다. 이 경우 "선거기간개시일 전 150일"은 "선거기간개시일 전 150일(대통령선거의 경우 예비후보자등록신청개시일 전 60일을 말한다)"로 본다.(2010.1.25 본항신설)

⑨ 제1항의 등록신청을 받은 선거관리위원회는 중앙선거관리위원회규칙으로 정하는 바에 따라 해당 예비후보자의 당적보유 여부를 정당에 요청하여 조회할 수 있으며, 그 요청을 받은 정당은 이를 확인하여 지체 없이 해당 선거관리위원회에 회보하여야 한다.(2015.8.13 본항신설)

⑩ 관할선거구선거관리위원회는 제2항제2호 및 제3호와 제8항에 따라 제출받거나 회보받은 서류를 선거구민이 알 수 있도록 공개하여야 한다. 다만, 후보자등록신청 개시일 이후에는 이를 공개하지 아니한다(제49조제12항에 따라 공개하는 경우는 제외한다).(2015.8.13 본항신설)
⑪ 예비후보자가 제49조에 따라 후보자로 등록하지 않은 때에는 후보자등록마감일의 등록마감시각 후부터 예비후보자의 지위를 상실한다.(2017.3.9 본항신설)
⑫ 예비후보자등록신청서의 서식, 피선거권에 관한 증명서류, 제출·회보받은 서류의 공개방법, 그 밖에 필요한 사항은 중앙선거관리위원회규칙으로 정한다.(2015.8.13 본항개정)
(2004.3.12 본조신설)

제60조의3【예비후보자 등의 선거운동】 ① 예비후보자는 다음 각 호의 어느 하나에 해당하는 방법으로 선거운동을 할 수 있다.(2005.8.4 본문개정)
1. 제61조(선거운동기구의 설치)제1항 및 제6항 단서의 규정에 의하여 선거사무소를 설치하거나 그 선거사무소에 간판·현판 또는 현수막을 설치·게시하는 행위
2. 자신의 성명·사진·전화번호·학력(정규학력과 이에 준하는 외국의 교육과정을 이수한 학력을 말한다. 이하 제4호에서 같다)·경력, 그 밖에 홍보에 필요한 사항을 게재한 길이 9센티미터 너비 5센티미터 이내의 명함을 직접 주거나 지지를 호소하는 행위. 다만, 선박·정기여객자동차·열차·전동차·항공기의 안과 그 터미널·역·공항의 개찰구 안, 병원·종교시설·극장의 옥내(대관 등으로 해당 시설이 본래의 용도 외의 용도로 이용되는 경우는 제외한다)에서 주거나 지지를 호소하는 행위는 그러하지 아니하다.(2020.12.29 단서개정)
3. (2012.2.29 삭제)
4. 선거구안에 있는 세대수의 100분의 10에 해당하는 수 이내에서 자신의 사진·성명·전화번호·학력·경력, 그 밖에 홍보에 필요한 사항을 게재한 인쇄물(이하 "예비후보자홍보물"이라 한다)을 작성하여 관할선거관리위원회로부터 발송대상·매수 등을 확인받은 후 선거기간개시일 전 3일까지 중앙선거관리위원회규칙이 정하는 바에 따라 우편발송하는 행위. 이 경우 대통령선거 및 지방자치단체의 장선거의 예비후보자는 표지를 포함한 전체면수의 100분의 50 이상의 면수에 선거공약 및 이에 대한 추진계획으로 각 사업의 목표·우선순위·이행절차·이행기한·재원조달방안을 게재하여야 하며, 이를 게재한 면에는 다른 정당이나 후보자가 되려는 자에 관한 사항을 게재할 수 없다.(2011.7.28 전단개정)
5. 선거운동을 위하여 어깨띠 또는 예비후보자임을 나타내는 표지물을 착용하거나 소지하여 내보이는 행위(2023.12.28 본호개정)
6. (2020.12.29 삭제)
7. (2012.2.29 삭제)

② 다음 각 호의 어느 하나에 해당하는 사람은 예비후보자의 선거운동을 위하여 제1항제2호에 따른 예비후보자의 명함을 직접 주거나 예비후보자에 대한 지지를 호소할 수 있다.
1. 예비후보자의 배우자(배우자가 없는 경우 예비후보자가 지정한 1명)와 직계존비속(2018.4.6 본호개정)
2. 예비후보자와 함께 다니는 선거사무장·선거사무원 및 제62조제4항에 따른 활동보조인
3. 예비후보자가 그와 함께 다니는 사람 중에서 지정한 1명(2017.2.8 본호개정)
(2010.1.25 본항개정)

③ 제1항제4호에 따라 예비후보자홍보물을 우편발송하고자 하는 예비후보자는 그 발송통수 이내의 범위 안에서 선거권자인 세대주의 성명·주소(이하 이 조에서 "세대주명단"이라 한다)의 교부를 구·시·군의 장에게 신청할 수 있으며, 신청을 받은 구·시·군의 장은 다른 법률의 규정에 불구하고 지체 없이 그 세대주명단을 작성·교부하여야 한다.(2008.2.29 본항개정)
④ 제3항의 규정에 따른 세대주명단의 교부신청은 후보자등록기간개시일 전 5일까지 서면으로 신청하여야 하며, 그 작성비용을 함께 납부하여야 한다.(2005.8.4 본항신설)
⑤ 제3항의 규정에 따라 교부된 세대주명단의 양도·대여 및 사용의 금지에 관하여는 제46조(명부사본의 교부)제4항의 규정을 준용한다. 이 경우 "명부"는 "세대주명단"으로 본다.(2014.1.17 후단개정)
⑥ 예비후보자홍보물의 규격·면수와 작성근거 등의 표시, 어깨띠·표지물의 규격, 세대주명단의 교부신청과 비용납부 그 밖에 필요한 사항은 중앙선거관리위원회규칙으로 정한다.(2010.1.25 본항개정)
(2005.8.4 본조제목개정)
(2004.3.12 본조신설)

제60조의4【예비후보자공약집】 ① 대통령선거 및 지방자치단체의 장선거의 예비후보자는 선거공약 및 이에 대한 추진계획으로 각 사업의 목표·우선순위·이행절차·이행기한·재원조달방안을 게재한 공약집(도서의 형태로 발간된 것을 말하며, 이하 "예비후보자공약집"이라 한다) 1종을 발간·배부할 수 있으며, 이를 배부하려는 때에는 통상적인 방법으로 판매하여야 한다. 다만, 방문판매의 방법으로 판매할 수 없다.
② 제1항의 예비후보자가 선거공약 및 그 추진계획에 관한 사항 외에 자신의 사진·성명·학력(정규학력과 이에 준하는 외국의 교육과정을 이수한 학력을 말한다)·경력, 그 밖에 홍보에 필요한 사항을 예비후보자공약집에 게재하는 경우 그 게재면수는 표지를 포함한 전체면수의 100분의 10을 넘을 수 없으며, 다른 정당이나 후보자가 되려는 자에 관한 사항은 예비후보자공약집에 게재할 수 없다.
③ 예비후보자가 제1항에 따라 예비후보자공약집을 발간하여 판매하려는 때에는 발간 즉시 관할 선거구선거관리위원회에 2권을 제출하여야 한다.
④ 예비후보자공약집의 작성근거 등의 표시와 제출, 그 밖에 필요한 사항은 중앙선거관리위원회규칙으로 정한다.
(2008.2.29 본조신설)

제61조【선거운동기구의 설치】 ① 선거운동 및 그 밖의 선거에 관한 사무를 처리하기 위하여 정당 또는 후보자는 다음 각호에 따라 선거사무소와 선거연락소를, 예비후보자는 선거사무소를, 정당은 중앙당 및 시·도당의 사무소에 선거대책기구 각 1개씩을 설치할 수 있다.(2014.1.17 본문개정)
1. 대통령선거
정당 또는 후보자가 설치하되, 선거사무소 1개소와 시·도 및 구·시·군(하나의 구·시·군이 2 이상의 국회의원지역구로 된 경우에는 국회의원지역구를 말한다. 이하 이 조에서 같다)마다 선거연락소 1개소
2. 지역구국회의원선거
후보자가 설치하되, 당해 국회의원지역구안에 선거사무소 1개소. 다만, 하나의 국회의원지역구가 2 이상의 구·시·군으로 된 경우에는 선거사무소를 두지 아니하는 구·시·군마다 선거연락소 1개소
3. 비례대표국회의원선거 및 비례대표지방의회의원선거
정당이 설치하되, 선거사무소 1개소(비례대표시·도의원선거의 경우에는 비례대표시·도의원후보자명부를 제출한 시·도마다, 비례대표자치구·시·군의원선거의 경우에는 비례대표자치구·시·군의원후보자명부를 제출한 자치구·시·군마다 선거사무소 1개소)
4. 지역구지방의회의원선거
후보자가 설치하되, 당해 선거구안에 선거사무소 1개소
(2005.8.4 3호~4호개정)
5. 시·도지사선거
후보자가 설치하되, 당해 시·도안에 선거사무소 1개소와 당해 시·도안의 구·시·군마다 선거연락소 1개소

6. 자치구·시·군의 장선거
후보자가 설치하되, 당해 자치구·시·군안에 선거사무소 1개소. 다만, 자치구가 아닌 구가 설치된 시에 있어서는 선거사무소를 두지 아니하는 구마다 선거연락소 1개소를 둘 수 있으며, 하나의 구·시·군이 2 이상의 국회의원지역구로 된 경우에는 선거사무소를 두지 아니하는 국회의원지역구마다 선거연락소 1개소를 둘 수 있다.

② 선거사무소 또는 선거연락소는 시·도 또는 구·시·군의 사무소 소재지가 다른 시·도 또는 구·시·군의 구역안에 있는 때에는 제1항의 규정에 불구하고 그 시·도 또는 구·시·군의 사무소 소재지를 관할하는 시·도 또는 구·시·군의 구역안에 설치할 수 있다.

③ 정당·정당추천후보자 또는 정당소속 예비후보자의 선거사무소와 선거연락소는 그에 대응하는 정당〔제61조의2(정당선거사무소의 설치)의 규정에 의한 정당선거사무소를 포함한다〕의 사무소가 있는 때에는 그 사무소에 둘 수 있다.(2004.3.12 본항개정)

④ 예비후보자가 제49조(후보자등록 등)의 규정에 의하여 후보자등록을 마친 때에는 당해 예비후보자의 선거사무소는 후보자의 선거사무소로 본다.(2004.3.12 본항신설)

⑤ 선거사무소와 선거연락소는 고정된 장소 또는 시설에 두어야 하며, 「식품위생법」에 의한 식품접객영업소 또는 「공중위생관리법」에 의한 공중위생영업소안에 둘 수 없다.(2005.8.4 본항개정)

⑥ 선거사무소, 선거연락소 및 선거대책기구에는 중앙선거관리위원회규칙으로 정하는 바에 따라 선거운동을 위한 간판·현판 및 현수막, 제64조의 선거벽보, 제65조의 선거공보, 제66조의 선거공약서 및 후보자의 사진을 첩부할 수 있다. 다만, 예비후보자의 선거사무소에는 간판·현판 및 현수막에 한하여 설치·게시할 수 있다.(2014.1.17 본문개정)

⑦ 예비후보자가 그 신분을 상실한 때에는 제1항의 규정에 의하여 설치한 선거사무소를 폐쇄하여야 하며, 이를 폐쇄하지 아니한 경우 선거구선거관리위원회는 당해 예비후보자에게 즉시 선거사무소의 폐쇄를 명하여야 한다.(2004.3.12 본항신설)

제61조의2 【정당선거사무소의 설치】 ① 정당은 선거에 있어서 당해 선거에 관한 정당의 사무를 처리하기 위하여 다음 각 호에서 정하는 날(그 날후에 실시사유가 확정된 보궐선거등에 있어서는 그 선거의 실시사유가 확정된 때)부터 선거일후 30일까지 선거구안에 있는 구·시·군(하나의 구·시·군이 2 이상의 국회의원 지역구로 된 경우에는 국회의원지역구)마다 1개소의 정당선거사무소를 설치할 수 있다.
1. 대통령선거
선거일 전 240일
2. 국회의원선거 및 시·도지사선거
선거일 전 120일
3. 지방의회의원선거 및 자치구·시·군의 장선거
선거기간개시일 전 60일
(2005.8.4 본항개정)

② 정당선거사무소에는 당원 중에서 소장 1인을 두어야 하며, 2인 이내의 유급사무직원을 둘 수 있다.

③ 중앙당 또는 시·도당의 대표자는 정당선거사무소를 설치하는 때에는 지체없이 관할선거관리위원회에 다음 각호의 사항을 서면으로 신고하여야 한다. 이 경우 신고사항의 변경이 있는 때에는 지체없이 그 변경사항을 신고하여야 한다.
1. 설치연월일
2. 사무소의 소재지와 명칭
3. 소장의 성명·주소·주민등록번호(2005.8.4 본호개정)
4. 사무소인(인)

④ 정당선거사무소에는 중앙선거관리위원회규칙으로 정하는 바에 따라 정당의 홍보에 필요한 사항을 게재한 간판·현판·현수막을 설치·게시할 수 있다.(2010.1.25 후단삭제)

⑤ 정당선거사무소의 소장은 이 법 또는 다른 법률의 규정에 의한 신고·신청·제출·보고·추천 등에 관하여 당해 정당을 대표한다.

⑥ 정당은 선거일후 30일이 지난 때에는 제1항의 규정에 의한 정당선거사무소를 즉시 폐쇄하여야 한다.

⑦ 제61조(선거운동기구의 설치)제2항 및 제5항의 규정은 정당선거사무소에 이를 준용한다. 이 경우 "선거사무소 또는 선거연락소"와 "선거사무소와 선거연락소"는 "정당선거사무소"로 본다.
(2004.3.12 본조신설)

제62조 【선거사무관계자의 선임】 ① 제61조(선거운동기구의 설치)의 선거사무소와 선거연락소를 설치한 자는 선거운동을 할 수 있는 자중에서 선거사무소에 선거사무장 1인을, 선거연락소에 선거연락소장 1인을 두어야 한다.

② 선거사무장 또는 선거연락소장은 선거에 관한 사무를 처리하기 위하여 선거운동을 할 수 있는 자중에서 다음 각호에 의하여 선거사무원(제135조제1항 본문에 따른 수당과 실비를 지급받는 선거사무원을 말한다. 이하 같다)을 둘 수 있다.(2010.1.25 본문개정)
1. 대통령선거
선거사무소에서 시·도수의 6배수 이내와 시·도선거연락소에 당해 시·도안의 구·시·군(하나의 구·시·군이 2 이상의 국회의원지역구로 된 경우에는 국회의원지역구를 말한다. 이하 이 항에서 같다)수(그 구·시·군수가 10 미만인 때에는 10인)이내 및 구·시·군선거연락소에 당해 구·시·군안의 읍·면·동(제148조제1항제2호에 해당하는 경우에는 설치·폐지·분할·합병 직전의 읍·면·동을 말한다. 이하 이 조, 제67조제1항, 제118조제5호 및 제121조제1항에서 같다)수 이내
(2022.1.21 본호개정)
2. 지역구국회의원선거 및 자치구·시·군의 장선거
선거사무소와 선거연락소를 두는 구·시·군 안의 읍·면·동수의 3배수에 5를 더한 수 이내(선거연락소를 두지 아니하는 경우에는 선거연락소에 둘 수 있는 선거사무원의 수만큼 선거사무소에 더 둘 수 있다)
(2010.1.25 본호개정)
3. 비례대표국회의원선거
선거사무소에 시·도수의 2배수 이내
(2000.2.16 본호개정)
4. 지역구시·도의원선거
선거사무소에 10인 이내
(1998.4.30 본호개정)
5. 비례대표시·도의원선거
선거사무소에 당해 시·도안의 구·시·군의 수(산정한 수가 20 미만인 때에는 20인) 이내
(1997.1.13 본호개정)
6. 시·도지사선거
선거사무소에 당해 시·도안의 구·시·군의 수(그 구·시·군수가 10 미만인 때에는 10인) 이내와 선거연락소에 당해 구·시·군안의 읍·면·동수 이내
(1998.4.30 본호개정)
7. 지역구자치구·시·군의원선거
선거사무소에 8명 이내
(2010.1.25 본호개정)
8. 비례대표자치구·시·군의원선거
선거사무소에 당해 자치구·시·군 안의 읍·면·동수 이내
(2005.8.4 본호신설)

③ 예비후보자는 선거운동을 할 수 있는 자 중에서 제1항에 따른 선거사무장을 포함하여 다음 각 호에 따른 수의 선거사무원을 둘 수 있다.(2010.1.25 본문개정)
1. 대통령선거
10인 이내

2. 시·도지사선거
5인 이내
3. 지역구국회의원선거 및 자치구·시·군의 장선거
3인 이내
4. 지역구지방의회의원선거
2인 이내
(2005.8.4 본항개정)
④ 중앙선거관리위원회규칙으로 정하는 장애인 예비후보자·후보자는 그의 활동을 보조하기 위하여 선거운동을 할 수 있는 사람 중에서 1명의 활동보조인(이하 "활동보조인"이라 한다)을 둘 수 있다. 이 경우 활동보조인은 제2항 및 제3항에 따른 선거사무원수에 산입하지 아니한다.(2010.1.25 본항신설)
⑤ 제135조제1항 단서의 규정에 의하여 수당을 지급받을 수 없는 정당의 유급사무직원, 국회의원과 그 보좌관·선임비서관·비서관 또는 지방의회의원은 선거사무원이 된 경우에도 제2항의 선거사무원수에는 산입하지 아니한다.
(2022.4.20 본항개정)
⑥ 선거사무장을 두지 아니한 경우에는 후보자(제2항제1호·제3호·제5호 및 제8호의 경우에는 정당의 회계책임자) 또는 예비후보자가 선거사무장을 겸한 것으로 본다.
(2005.8.4 본항개정)
⑦ 같은 선거에 있어서는 2 이상의 정당·예비후보자 또는 후보자가 동일인을 함께 선거사무장·선거연락소장 또는 선거사무원으로 선임할 수 없다.(2004.3.12 본항개정)
⑧ 누구든지 이 법에 규정되지 아니한 방법으로 인쇄물·시설물, 그 밖의 광고물을 이용하여 선거운동을 하는 사람을 모집할 수 없다.(2010.1.25 본항개정)

제63조【선거운동기구 및 선거사무관계자의 신고】 ① 정당·후보자 또는 예비후보자가 선거사무소와 선거연락소를 설치·변경한 때와 정당·후보자·예비후보자·선거사무장 또는 선거연락소장이 선거사무장·선거연락소장·선거사무원 또는 활동보조인(이하 이 조에서 "선거사무장등"이라 한다)을 선임하거나 해임한 때에는 지체없이 관할선거관리위원회에 서면으로 신고하여야 한다. 이 경우 교체선임할 수 있는 선거사무원수는 최초의 선임을 포함하여 제62조제2항 또는 제3항에 따른 선거사무원수의 2배수를 넘을 수 없다.
② 선거사무장등(회계책임자를 포함한다)은 해당 선거관리위원회가 교부하는 표지를 패용하고 선거운동을 하여야 한다.
③ 선거관리위원회는 제2항에 따른 표지의 교부신청을 받은 때에는 즉시 이를 교부하여야 한다.
④ 선거사무소와 선거연락소의 설치신고서, 선거사무장등의 선임신고서, 선거사무장등(회계책임자를 포함한다)의 표지 및 그 표지 분실 시 처리절차, 그 밖에 필요한 사항은 중앙선거관리위원회규칙으로 정한다.
(2010.1.25 본조개정)

제64조【선거벽보】 ① 선거운동에 사용하는 선거벽보에는 후보자의 사진(후보자만의 사진을 말한다)·성명·기호(제150조에 따라 투표용지에 인쇄할 정당 또는 후보자의 게재순위를 말한다. 이하 같다)·정당추천후보자의 소속정당명(무소속후보자는 "무소속"이라 표시한다)·경력〔학력을 게재하는 경우에는 정규학력과 이에 준하는 외국의 교육과정을 이수한 학력 외에는 게재할 수 없다. 이 경우 정규학력을 게재하는 경우에는 졸업 또는 수료 당시의 학교명(중퇴한 경우에는 수학기간을 함께 기재하여야 한다)을 기재하고, 정규학력에 준하는 외국의 교육과정을 이수한 학력을 게재하는 때에는 그 교육과정명과 수학기간 및 학위를 취득한 때의 취득학위명을 기재하여야 하며, 정규학력의 최종학력과 외국의 교육과정을 이수한 학력은 제49조제4항제6호에 따라 학력증명서를 제출한 학력에 한하여 게재할 수 있다. 이하 같다〕·정견 및 소속정당의 정강·정책 그 밖의 홍보에 필요한 사항(지역구국회의원선거에 있어서는 비례대표국회의원후보자명단을, 지역구시·도의원선거에 있어서는 비례대표시·도의원후보자 명단을, 지역구자치구·시·군의원선거에 있어서는 비례대표자치구·시·군의원후보자명단을 포함하며, 후보자외의 자의 인물사진을 제외한다)을 게재하여 동에 있어서는 인구 500명에 1매, 읍에 있어서는 인구 250명에 1매, 면에 있어서는 인구 100명에 1매의 비율을 한도로 작성·첩부한다. 다만, 인구밀집상태 및 첩부장소등을 감안하여 중앙선거관리위원회규칙으로 정하는 바에 따라 인구 1천명에 1매의 비율까지 조정할 수 있다.
② 제1항에 따른 선거벽보는 후보자(비례대표국회의원후보자와 비례대표지방의회의원후보자를 제외하며, 대통령선거에 있어서 정당추천후보자의 경우에는 그 추천정당을 말한다. 이하 이 조에서 같다)가 작성하여 대통령선거는 후보자등록마감일 후 3일(제51조에 따른 추가등록의 경우에는 추가등록마감일 후 2일 이내를 말한다)까지, 국회의원선거와 지방자치단체의 의회의원 및 장의 선거는 후보자등록마감일 후 5일까지 첩부할 지역을 관할하는 구·시·군선거관리위원회에 제출하고, 해당 구·시·군선거관리위원회가 이를 확인하여 선거벽보 제출마감일후 2일(대통령선거와 섬 및 산간오지지역의 경우는 3일)까지 첩부한다. 이 경우 선거벽보의 일부를 제출하지 아니할 때에는 선거벽보를 첩부하지 아니할 지역(투표구를 단위로 한다)을 지정하여 선거벽보의 제출시에 서면으로 신고하여야 하고, 선거벽보를 첩부하지 아니할 지역을 신고하지 아니한 때에는 해당 구·시·군선거관리위원회가 그 지역을 지정한다.(2012.1.17 전단개정)
③ 관할선거구선거관리위원회는 제2항에 따라 후보자가 작성하여 보관 또는 제출할 선거벽보의 수량을 선거기간개시일전 10일까지 공고하여야 한다. 이 경우 중앙선거관리위원회규칙으로 정하는 바에 따라 일정한 수량을 가산할 수 있다.
④ 후보자가 제2항에 따른 제출마감일까지 선거벽보를 제출하지 아니한 때와 규격을 넘거나 미달하는 선거벽보를 제출한 때에는 그 선거벽보는 첩부하지 아니한다.
⑤ 제2항에 따라 제출된 선거벽보는 정정 또는 철회할 수 없다. 다만, 후보자는 선거벽보에 게재된 후보자의 성명·기호·소속 정당명과 경력·학력·학위·상벌(이하 "경력등"이라 한다)이 거짓으로 게재되어 있거나 이 법에 위반되는 내용이 게재되어 있음을 이유로 해당 선거구선거관리위원회에 서면으로 정정 또는 삭제를 요청할 수 있으며, 그 요청을 받은 선거구선거관리위원회는 제2항에 따른 선거벽보 제출마감일까지 그 내용을 정정 또는 삭제하게 할 수 있다. 이 경우 해당 내용을 정정 또는 삭제하는 외에 새로운 내용을 추가하거나 종전의 배열방법·색상·규격 등을 변경할 수 없다.
⑥ 누구든지 선거벽보의 내용 중 경력등에 관한 거짓 사실의 게재를 이유로 이의제기를 하는 때에는 해당 선거구선거관리위원회를 거쳐 직근 상급선거관리위원회에 서면으로 하여야 하고, 이의제기를 받은 상급선거관리위원회는 후보자와 이의제기자에게 그 증명서류의 제출을 요구할 수 있으며, 그 증명서류의 제출이 없거나 거짓 사실임이 판명된 때에는 그 사실을 공고하여야 한다.(2010.1.25 본항신설)
⑦ 관할선거구선거관리위원회는 제1항의 선거벽보에 다른 후보자, 그의 배우자 또는 직계 존·비속이나 형제자매의 사생활에 대한 사실을 적시하여 비방하는 내용이 이 법에 위반된다고 인정하는 때에는 이를 고발하고 공고하여야 한다.
⑧ 선거벽보를 인쇄하는 인쇄업자는 제3항의 선거벽보의 수량외에는 이를 인쇄하여 누구에게도 제공할 수 없다.
⑨ 후보자는 관할구·시·군선거관리위원회가 첩부한 선거벽보가 오손되거나 훼손되어 보완첩부하고자 하는 때에는 제3항에 따라 공고된 수량의 범위에서 그 선거벽보 위에 덧붙여야 한다.
⑩ 선거벽보는 다수의 통행인이 보기 쉬운 건물 또는 게시판 등에 첩부하여야 한다. 이 경우 해당 건물 또는 게시판등의 소유자 또는 관리자와 미리 협의하여야 한다.
(2020.12.29 본항신설)

⑪ 제1항에 따라 선거벽보를 첩부하는 경우에 첩부장소가 있는 토지·건물 그 밖의 시설물의 소유자 또는 관리자는 선거벽보의 첩부가 해당 시설물을 심각하게 훼손하거나 자신의 사생활을 침해하는 등 특별한 사유가 없는 한 선거벽보의 첩부에 협조하여야 한다.(2020.12.29 본항개정)
⑫ 선거벽보 내용의 정정·삭제 신청, 수량공고·규격·작성·제출·확인·첩부·경력 등에 관한 허위사실이나 사생활비방으로 인한 고발사실의 공고, 선거벽보 첩부를 위한 협의절차, 그 밖에 필요한 사항은 중앙선거관리위원회규칙으로 정한다.(2020.12.29 본항개정)
(2010.1.25 본조개정)

제65조【선거공보】 ① 후보자(대통령선거에 있어서 정당추천후보자와 비례대표국회의원선거 및 비례대표지방의회의원선거의 경우에는 그 추천정당을 말한다. 이하 이 조에서 같다)는 선거운동을 위하여 책자형 선거공보 1종(대통령선거에서는 전단형 선거공보 1종을 포함한다)을 작성할 수 있다. 이 경우 비례대표국회의원선거 및 비례대표지방의회의원선거에서는 중앙선거관리위원회규칙으로 정하는 바에 따라 해당 정당이 추천한 후보자 모두의 사진·성명·학력·경력을 게재하여야 한다.(2012.1.17 후단신설)
② 제1항의 규정에 따른 책자형 선거공보는 대통령선거에 있어서는 16면 이내로, 국회의원선거 및 지방자치단체의 장선거에 있어서는 12면 이내로, 지방의회의원선거에 있어서는 8면 이내로 작성하고, 전단형 선거공보는 1매(양면에 게재할 수 있다)로 작성한다.
③ 제1항의 규정에 따른 책자형 선거공보의 수량은 당해 선거구 안의 세대수와 예상 거소투표신고인수 및 제5항에 따른 예상 신청자수를 합한 수에 상당하는 수 이내로, 전단형 선거공보의 수량은 당해 선거구 안의 세대수에 상당하는 수 이내로 한다.(2014.1.17 본항개정)
④ 후보자는 제1항의 규정에 따른 선거공보 외에 시각장애선거인(선거인으로서 「장애인복지법」 제32조에 따라 등록된 시각장애인을 말한다. 이하 이 조에서 같다)을 위한 선거공보(이하 "점자형 선거공보"라 한다) 1종을 제2항에 따른 책자형 선거공보의 면수의 두 배 이내에서 작성할 수 있다. 다만, 대통령선거·지역구국회의원선거 및 지방자치단체의 장선거의 후보자는 점자형 선거공보를 작성·제출하여야 하되, 책자형 선거공보에 그 내용이 음성·점자 등으로 출력되는 인쇄물 접근성 바코드를 표시하는 것으로 대신할 수 있다.(2020.12.29 본문개정)
⑤ 사전투표소에서 투표할 수 있는 선거인 중 법령에 따라 영내 또는 함정에 장기 기거하는 군인이나 경찰공무원은 선거인명부작성기간 중 관할 구·시·군선거관리위원회에 자신의 거주지로 책자형 선거공보를 발송해 줄 것을 서면이나 중앙선거관리위원회 홈페이지를 통하여 신청할 수 있다. 이 경우 부대장·경찰관서의 장은 선거인명부작성기간 개시일 전일까지 소속 군인·경찰공무원에게 선거공보의 발송 신청을 할 수 있다는 사실을 알려야 한다.(2015.8.13 후단신설)
⑥ 선거공보의 제출과 발송은 다음 각 호에 따른다.
1. 대통령선거
  가. 책자형 선거공보(점자형 선거공보를 포함한다)
    후보자가 후보자등록마감일 후 6일(제51조에 따른 추가등록의 경우에는 추가등록마감일 후 2일)까지 배부할 지역을 관할하는 구·시·군선거관리위원회에 제출하고 당해 선거관리위원회가 이를 확인하여 관할구역 안의 매세대에는 제출마감일 후 3일까지, 제5항에 따른 발송신청자에게는 선거일 전 10일까지 각각 우편으로 발송하고, 거소투표신고인명부에 올라 있는 선거인에게는 제154조에 따라 거소투표용지를 발송하는 때에 동봉하여 발송한다.
    (2014.1.17 본목개정)
  나. 전단형 선거공보
    후보자가 후보자등록마감일 후 10일까지 배부할 지역을 관할하는 구·시·군선거관리위원회에 제출하고 당해 선거관리위원회가 이를 확인하여 제153조(투표안내문의 발송)의 규정에 따른 투표안내문을 발송하는 때에 이를 동봉하여 발송한다. 이 경우 선거인명부 확정결과 책자형 선거공보를 발송하지 아니한 세대가 있는 때에는 그 세대에 이를 전단형 선거공보와 함께 추가로 발송하여야 한다.
    (2012.1.17 전단개정)
2. 국회의원선거, 지방자치단체의 의회의원 및 장의 선거
  후보자가 후보자등록마감일 후 7일까지 배부할 지역을 관할하는 구·시·군선거관리위원회에 제출하고 해당 선거관리위원회가 이를 확인하여 제5항에 따른 발송신청자에게는 선거일 전 10일까지 우편으로 발송하고, 매세대에는 제153조에 따라 투표안내문을 발송하는 때에, 거소투표신고인명부에 올라 있는 선거인에게는 제154조에 따라 거소투표용지를 발송하는 때에 각각 동봉하여 발송한다.
  (2014.1.17 본호개정)
⑦ 구·시·군의 장은 제4항의 규정에 따른 시각장애선거인과 그 세대주의 성명·주소를 조사하여 선거기간개시일 전 20일까지 관할구·시·군선거관리위원회에 통보하여야 한다.
⑧ 대통령선거, 지역구국회의원선거, 지역구지방의회의원선거 및 지방자치단체의 장선거에서 책자형 선거공보(점자형 선거공보를 포함한다)를 제출하는 경우에는 중앙선거관리위원회규칙으로 정하는 바에 따라 다음 각 호에 따른 내용(이하 이 조에서 "후보자정보공개자료"라 한다)을 그 둘째 면에 게재하여야 하며, 후보자정보공개자료에 대하여 소명이 필요한 사항은 그 소명자료를 함께 게재할 수 있다. 이 경우 그 둘째 면에는 후보자정보공개자료와 그 소명자료만을 게재하여야 하며, 점자형 선거공보에 게재하는 후보자정보공개자료의 내용은 책자형 선거공보에 게재하는 내용과 똑같아야 한다.(2010.1.25 본문개정)
1. 재산상황
  후보자, 후보자의 배우자 및 직계존·비속(혼인한 딸과 외조부모 및 외손자녀를 제외한다. 이하 제3호에서 같다)의 각 재산총액
  (2011.7.28 본호개정)
2. 병역사항
  후보자 및 후보자의 직계비속의 군별·계급·복무기간·복무분야·병역처분사항 및 병역처분사유〔「공직자 등의 병역사항신고 및 공개에 관한 법률」 제8조(신고사항의 공개)제3항의 규정에 따라 질병명 또는 심신장애내용의 비공개를 요구하는 경우에는 이를 제외한다〕
3. 최근 5년간 소득세·재산세·종합부동산세 납부 및 체납실적
  후보자, 후보자의 배우자 및 직계존·비속의 연도별 납부액, 연도별 체납액(10만원 이하 또는 3월 이내의 체납은 제외한다) 및 완납시기〔제49조(후보자등록 등)제4항제4호의 규정에 따라 제출한 원천징수 소득세를 포함하되, 증명서의 제출을 거부한 후보자의 직계존속의 납부 및 체납실적은 제외한다〕
  (2006.3.2 본호개정)
4. 전과기록
  죄명과 그 형 및 확정일자
5. 직업·학력·경력 등 인적사항
  후보자등록신청서에 기재된 사항
⑨ 후보자가 제13항에 따라 공고한 책자형 선거공보 제출수량의 전부 또는 일부를 제출하지 아니하는 때에는 후보자정보공개자료를 별도로 작성하여 제6항에 따라 책자형 선거공보의 제출마감일까지 제출하여야 하며, 제출받은 후보자정보공개자료는 제6항에 따라 책자형 선거공보를 발송하는 때에 함께 발송한다. 이 경우 별도로 작성한 후보자정보공개자료를 그 제출마감일까지 제출하지 못한 정당한 사유가 있는 때에는 책자형 선거공보의 발송 전까지 이를 제출할 수 있다.(2020.12.29 전단개정)

⑩ 제1항의 규정에 불구하고 관할선거구선거관리위원회는 후보자로 하여금 책자형 선거공보 원고를 제49조의 규정에 따라 후보자등록을 신청하는 때에 당해 선거관리위원회가 제공하는 서식에 따라 컴퓨터의 자기디스크 그 밖에 이와 유사한 매체에 기록하여 제출하게 하거나 당해 선거관리위원회가 지정하는 인터넷홈페이지에 입력하는 방법으로 제출하게 한 후 제150조(투표용지의 정당·후보자의 게재순위등)의 규정에 따라 투표용지에 게재할 후보자의 기호순에 따라 선거공보를 1책으로 작성하여 발송할 수 있다. 이 경우 선거공보의 인쇄비용은 후보자가 부담하여야 한다.
⑪ 후보자가 시각장애선거인에게 제공하기 위하여 책자형 선거공보의 내용을 음성·점자 등으로 출력되는 디지털 파일로 전환하여 저장한 저장매체를 책자형 선거공보(점자형 선거공보를 포함한다)와 같이 제출하는 경우 배부할 지역을 관할하는 구·시·군선거관리위원회는 이를 함께 발송하여야 한다.(2020.12.29 본항신설)
⑫ 구·시·군선거관리위원회는 제8항을 위반하여 책자형 선거공보(점자형 선거공보는 제외한다. 이하 이 항에서 같다)에 후보자정보공개자료를 게재하지 아니하거나, 책자형 선거공보의 둘째 면이 아닌 다른 면(둘째 면이 부족하여 셋째 면에 연이어 게재한 경우는 제외한다)에 후보자정보공개자료를 게재하거나, 그 둘째 면에 후보자정보공개자료와 그 소명자료 외의 다른 내용을 게재하거나, 선거공보의 규격·제출기한을 위반한 때에는 이를 접수하지 아니한다.
(2014.1.17 본항개정)
⑬ 제64조제2항 후단부터 제8항까지의 규정은 선거공보에 이를 준용한다. 이 경우 "선거벽보"는 "선거공보"로, "첩부하지 아니할 지역"은 "발송하지 아니할 대상 및 지역"으로, "첩부"는 "발송"으로, "규격을 넘거나 미달하는"은 "규격을 넘는"으로, "경력·학력·학위·상벌(이하 "경력등"이라 한다)"은 "경력등이나 후보자정보공개자료"로 본다.(2010.1.25 본항개정)
⑭ 선거공보의 규격·작성·제출·확인·발송 및 공고, 책자형 선거공보의 발송신청 양식, 후보자정보공개자료의 게재방법과 선거공보의 원고 및 인쇄비용의 산정·납부 그 밖에 필요한 사항은 중앙선거관리위원회규칙으로 정한다.
(2014.1.17 본항개정)
(2005.8.4 본조개정)

제66조【선거공약서】 ① 대통령선거 및 지방자치단체의 장선거의 후보자(대통령선거에 있어서 정당추천후보자의 경우에는 그 추천정당을 말한다. 이하 제2항 및 제5항을 제외하고 이 조에서 같다)는 선거운동을 위하여 선거공약 및 그 추진계획을 게재한 인쇄물(이하 "선거공약서"라 한다) 1종을 작성할 수 있다.(2008.2.29 본항개정)
② 선거공약서에는 선거공약 및 이에 대한 추진계획으로 각 사업의 목표·우선순위·이행절차·이행기한·재원조달방안을 게재하여야 하며, 다른 정당이나 후보자에 관한 사항을 게재할 수 없다. 이 경우 후보자의 성명·기호와 선거공약 및 그 추진계획에 관한 사항 외의 후보자의 사진·학력·경력, 그 밖에 홍보에 필요한 사항은 제3항에 따른 면수 중 1면 이내에서 게재할 수 있다.(2012.1.17 후단개정)
③ 선거공약서는 대통령선거에 있어서는 32면 이내로, 시·도지사선거에 있어서는 16면 이내로, 자치구·시·군의 장선거에 있어서는 12면 이내로 작성한다.(2008.2.29 본항개정)
④ 선거공약서의 수량은 해당 선거구 안에 있는 세대수의 100분의 10에 해당하는 수 이내로 한다.(2008.2.29 본항개정)
⑤ 후보자와 그 가족, 선거사무장, 선거연락소장, 선거사무원, 회계책임자 및 후보자와 함께 다니는 활동보조인은 선거공약서를 배부할 수 있다. 다만, 우편발송(점자형 선거공약서는 제외한다)·호별방문이나 살포(특정 장소에 비치하는 방법을 포함한다)의 방법으로 선거공약서를 배부할 수 없다.(2010.1.25 본항개정)
⑥ 후보자가 선거공약서를 배부하고자 하는 때에는 배부일 전일까지 2부를 첨부하여 작성수량·작성비용 및 배부방법 등을 관할선거구선거관리위원회에 서면으로 신고하여야 하며, 배부 전까지 배부할 지역을 관할하는 구·시·군선거관리위원회에 각 2부를 제출하여야 한다.(2008.2.29 본항개정)
⑦ 관할선거구선거관리위원회는 선거공약서를 선거관리위원회의 인터넷홈페이지에 게시하는 등 선거구민이 알 수 있도록 이를 공개할 수 있으며, 당선인 결정 후에는 당선인의 선거공약서를 그 임기만료일까지 선거관리위원회의 인터넷홈페이지 또는 중앙선거관리위원회가 지정하는 인터넷홈페이지에 게시할 수 있다. 이 경우 후보자로 하여금 그 전산자료 복사본을 제출하게 하거나 그 내용을 요약하여 제출하게 할 수 있다.(2008.2.29 본항개정)
⑧ 제64조제3항·제8항 및 제65조제4항(단서는 제외한다)은 선거공약서에 관하여 각각 이를 준용한다. 이 경우 "선거벽보" 또는 "책자형 선거공보"는 "선거공약서"로, "작성하여 보관 또는 제출할"은 "작성할"로, "점자형 선거공보"는 "점자형 선거공약서"로 보며, 점자형 선거공약서는 선거공약서와 같은 종류로 본다.(2015.8.13 전단개정)
⑨ 선거공약서의 규격, 작성근거 등의 표시, 신고 및 제출 그 밖의 필요한 사항은 중앙선거관리위원회규칙으로 정한다.
(2007.1.3 본조신설)

제67조【현수막】 ① 후보자(비례대표국회의원후보자 및 비례대표지방의회의원후보자를 제외하며, 대통령선거에 있어서 정당추천후보자의 경우에는 그 추천정당을 말한다)는 선거운동을 위하여 해당 선거구안의 읍·면·동 수의 2배 이내의 현수막을 게시할 수 있다.(2018.4.6 본항개정)
② (2005.8.4 삭제)
③ 제1항의 현수막의 규격 및 게시방법 등에 관하여 필요한 사항은 중앙선거관리위원회규칙으로 정한다.
(2002.3.7 본조신설)

제68조【어깨띠 등 소품】 ① 후보자와 그 배우자(배우자 대신 후보자가 그의 직계존비속 중에서 신고한 1인을 포함한다), 선거사무장, 선거연락소장, 선거사무원, 후보자와 함께 다니는 활동보조인 및 회계책임자는 선거운동기간 중 후보자의 사진·성명·기호 및 소속 정당명, 그 밖의 홍보에 필요한 사항을 게재한 어깨띠나 중앙선거관리위원회규칙으로 정하는 규격 또는 금액 범위의 윗옷(上衣)·표찰(標札)·수기(手旗)·마스코트, 그 밖의 소품(이하 "소품등"이라 한다)을 붙이거나 입거나 지니고 선거운동을 할 수 있다.
② 선거운동을 할 수 있는 사람은 선거운동기간 중 중앙선거관리위원회규칙으로 정하는 규격 범위의 소형의 소품등을 본인의 부담으로 제작 또는 구입하여 몸에 붙이거나 지니고 선거운동을 할 수 있다.
③ 제1항 및 제2항에 따른 소품등의 규격과 그 밖에 필요한 사항은 중앙선거관리위원회규칙으로 정한다.
(2023.8.30 본조개정)

제69조【신문광고】 ① 선거운동을 위한 신문광고는 후보자(대통령선거에 있어서 정당추천후보자와 비례대표국회의원선거의 경우에는 후보자를 추천한 정당을 말한다. 이하 이 조에서 같다)가 다음 각호에 의하여 선거기간개시일부터 선거일전 2일까지 소속정당의 정강·정책이나 후보자의 정견, 정치자금모금(대통령선거에 한한다) 기타 홍보에 필요한 사항을 「신문 등의 진흥에 관한 법률」 제2조(정의)제1호 가목 및 나목에 따른 일간신문에 게재할 수 있다. 이 경우 일간신문에의 광고회수의 계산에 있어서는 하나의 일간신문에 1회 광고하는 것을 1회로 본다.(2009.7.31 본문개정)
1. 대통령선거
 총 70회 이내
 (1997.11.14 본호개정)
2. 비례대표국회의원선거
 총 20회 이내
 (2004.3.12 본호신설)

3. 시·도지사선거
총 5회 이내. 다만, 인구 300만을 넘는 시·도에 있어서는 300만을 넘는 매 100만까지마다 1회를 더한다.
② 제1항의 광고에는 광고근거와 광고주명을 표시하여야 한다.(2010.1.25 본항개정)
③ 시·도지사선거에 있어서 같은 정당의 추천을 받은 2인 이상의 후보자는 합동으로 광고를 할 수 있다. 이 경우 광고회수는 해당 후보자가 각각 1회의 광고를 한 것으로 보며, 그 비용은 해당 후보자 간의 약정에 의하여 분담하되, 그 분담내역을 광고계약서에 명시하여야 한다.(2010.1.25 본항개정)
④ (2010.1.25 삭제)
⑤ 후보자가 광고를 하고자 하는 때에는 광고전에 이 법에 의한 광고임을 인정하는 관할선거구선거관리위원회의 인증서를 교부받아 광고를 하여야 하며, 일간신문을 경영·관리하는 자 또는 광고업무를 담당하는 자는 인증서가 첨부되지 아니한 후보자의 광고를 게재하여서는 아니된다.
⑥ (2010.1.25 삭제)
⑦ (2000.2.16 삭제)
⑧ 제1항의 규정에 의한 신문광고를 게재하는 일간신문을 경영·관리하는 자는 그 광고비용을 산정함에 있어 선거기간 중에 같은 지면에 같은 규격으로 게재하는 상업·문화 기타 각종 광고의 요금중 최저요금을 초과하여 후보자에게 청구하거나 받을 수 없다.(1998.4.30 본항신설)
⑨ 인증서의 서식, 광고근거의 표시, 그 밖에 필요한 사항은 중앙선거관리위원회규칙으로 정한다.(2010.1.25 본항개정)

제70조【방송광고】 ① 선거운동을 위한 방송광고는 후보자(대통령선거에 있어서 정당추천후보자와 비례대표국회의원선거의 경우에는 후보자를 추천한 정당을 말한다. 이하 이 조에서 같다)가 다음 각 호에 따라 선거운동기간중 소속정당의 정강·정책이나 후보자의 정견 그 밖의 홍보에 필요한 사항을 텔레비전 및 라디오 방송시설〔「방송법」에 의한 방송사업자가 관리·운영하는 무선국 및 종합유선방송국(종합편성 또는 보도전문편성의 방송채널사용사업자의 채널을 포함한다)을 말한다. 이하 이 조에서 같다〕을 이용하여 실시할 수 있되, 광고시간은 1회 1분을 초과할 수 없다. 이 경우 광고회수의 계산에 있어서는 재방송을 포함하되, 하나의 텔레비전 또는 라디오 방송시설을 선정하여 당해 방송망을 동시에 이용하는 것은 1회로 본다.(2022.1.21 전단개정)
1. 대통령선거
텔레비전 및 라디오 방송별로 각 30회 이내
(1997.11.14 본호개정)
2. 비례대표국회의원선거
텔레비전 및 라디오 방송별로 각 15회 이내
(2004.3.12 본호신설)
3. 시·도지사선거
지역방송시설을 이용하여 텔레비전 및 라디오 방송별로 각 5회 이내
(2010.1.25 본호신설)
② (2000.2.16 삭제)
③ 제1항의 규정에 의한 광고를 실시하는 방송시설의 경영자는 방송광고의 일시와 광고내용 등을 중앙선거관리위원회규칙이 정하는 바에 따라 관할선거구선거관리위원회에 통보하여야 한다.
④ 제1항의 방송광고는 「방송법」 제73조(방송광고 등)제2항 및 「방송광고판매대행 등에 관한 법률」 제5조의 규정을 적용하지 아니한다.(2012.2.22 본항개정)
⑤ 방송시설을 경영 또는 관리하는 자는 제1항의 방송광고를 함에 있어서 방송시간대와 방송권역 등을 고려하여 모든 후보자에게 공평하게 하여야 하며, 후보자가 신청한 방송시설의 이용일시가 서로 중첩되는 경우에 방송일시의 조정은 중앙선거관리위원회규칙이 정하는 바에 의한다.
(1997.11.14 본항개정)
⑥ 후보자는 제1항의 규정에 의한 방송광고에 있어서 청각장애선거인을 위한 한국수화언어(이하 "한국수어"라 한다) 또는 자막을 방영할 수 있다.(2020.12.29 본항개정)
⑦ (2000.2.16 삭제)
⑧ 제1항의 규정에 의한 방송광고를 행하는 방송시설을 경영·관리하는 자는 그 광고비용을 산정함에 있어 선거기간중 같은 방송시간대에 광고하는 상업·문화 기타 각종 광고의 요금중 최저요금을 초과하여 후보자에게 청구하거나 받을 수 없다.(1998.4.30 본항신설)

제71조【후보자 등의 방송연설】 ① 후보자와 후보자가 지명하는 연설원은 소속정당의 정강·정책이나 후보자의 정견 기타 홍보에 필요한 사항을 발표하기 위하여 다음 각호에 의하여 선거운동기간중 텔레비전 및 라디오 방송시설〔제70조(방송광고)제1항의 규정에 의한 방송시설을 말한다. 이하 이 조에서 같다〕을 이용한 연설을 할 수 있다.(2000.2.16 본문개정)
1. 대통령선거
후보자와 후보자가 지명한 연설원이 각각 1회 20분 이내에서 텔레비전 및 라디오 방송별 각 11회 이내
(1997.11.14 본호개정)
2. 비례대표국회의원선거
정당별로 비례대표국회의원후보자중에서 선임된 대표 2인이 각각 1회 10분 이내에서 텔레비전 및 라디오 방송별 각 1회
(2000.2.16 본호개정)
3. 지역구국회의원선거 및 자치구·시·군의 장선거
후보자가 1회 10분 이내에서 지역방송시설을 이용하여 텔레비전 및 라디오 방송별 각 2회 이내
(2004.3.12 단서삭제)
4. 비례대표시·도의원선거
정당별로 비례대표시·도의원선거구마다 당해 선거의 후보자 중에서 선임된 대표 1인이 1회 10분 이내에서 지역방송시설을 이용하여 텔레비전 및 라디오 방송별 각 1회
(2000.2.16 본호개정)
5. 시·도지사선거
후보자가 1회 10분 이내에서 지역방송시설을 이용하여 텔레비전 및 라디오 방송별 각 5회 이내
(1998.4.30 본호개정)
② 이 법에서 "지역방송시설"이란 해당 시·도의 관할구역 안에 있는 방송시설(도의 경우 해당 도의 구역을 방송권역으로 하는 인접한 특별시 또는 광역시 안에 있는 방송시설을 포함한다)을 말하며, 해당 시·도의 관할 구역 안에 지역방송시설이 없는 시·도로서 서울특별시에 인접한 시·도의 경우 서울특별시 안에 있는 방송시설을 말한다.
(2011.7.28 본항개정)
③ 제70조(방송광고)제1항 후단·제6항 및 제8항의 규정은 후보자 등의 방송연설에 이를 준용한다.(2000.2.16 본항개정)
④ 제1항에 따라 텔레비전 방송시설을 이용한 방송연설을 하는 경우에는 후보자 또는 연설원이 연설하는 모습, 후보자의 성명·기호·소속 정당명(해당 정당을 상징하는 마크나 심벌의 표시를 포함한다)·경력, 연설요지 및 통계자료 외의 다른 내용이 방영되게 하여서는 아니되며, 후보자 또는 연설원이 방송연설을 녹화하여 방송하고자 하는 때에는 당해 방송시설을 이용하여야 한다.(2010.1.25 본항개정)
⑤ 방송시설을 경영 또는 관리하는 자는 제1항의 규정에 의한 후보자 또는 연설원의 연설을 위한 방송시설명·이용일시·시간대등을 선거일전 30일(보궐선거등에 있어서는 후보자등록신청개시일 전 3일)까지 관할선거구선거관리위원회에 통보하여야 한다.(2012.1.17 본항개정)
⑥ 선거구선거관리위원회는 후보자등록신청개시일전 3일(보궐선거등에 있어서는 후보자등록신청개시일 전일)까지 제1항의 규정에 의한 연설에 이용할 수 있는 방송시설과 일정을 선거구단위로 미리 지정·공고하고 후보자등록신청시 후보자에게 통지하여야 한다.(2012.1.17 본항개정)

⑦ 대통령선거에 있어서 후보자가 제1항의 규정에 의하여 방송시설을 이용한 연설을 하고자 하는 때에는 이용할 방송시설명·이용일시·연설을 할 사람의 성명·소요시간·이용방법 등을 기재한 신청서를 후보자등록마감일후 3일(추가등록의 경우에는 추가등록마감일)까지 중앙선거관리위원회에 서면으로 제출하여야 한다.
⑧ 제7항의 규정에 의하여 후보자(정당추천후보자는 그 추천정당을 말한다)가 신청한 방송시설의 이용일시가 서로 중첩되는 경우에는 중앙선거관리위원회가 그 일시를 정하되, 그 일시는 모든 후보자에게 공평하여야 한다. 이 경우 후보자가 그 지정된 일시의 24시간전까지 방송시설이용계약을 하지 아니한 때에는 당해 방송시설을 경영·관리하는 자는 그 시간대에 다른 방송을 할 수 있다.(2000.2.16 본항개정)
⑨ 중앙선거관리위원회가 제8항의 규정에 의하여 방송일시를 결정한 때에는 이를 공고하고, 정당 또는 후보자에게 통지하여야 한다.(2000.2.16 본항개정)
⑩ 국회의원선거, 비례대표시·도의원선거, 지방자치단체의 장선거에 있어서 후보자가 제1항제2호 내지 제5호의 규정에 의하여 방송시설을 이용한 연설을 하고자 하는 때에는 당해 방송시설을 경영 또는 관리하는 자와 체결한 방송시설이용계약서 사본을 첨부하여 이용할 방송시설명·이용일시·소요시간·이용방법 등을 방송일전 3일까지 당해 선거구선거관리위원회에 서면으로 신고하여야 한다.(1998.4.30 본항개정)
⑪ 방송시설을 경영 또는 관리하는 자는 제1항의 방송시설을 이용한 연설에 협조하여야 하며, 방송시간대와 방송권역 등을 고려하여 모든 후보자에게 공평하게 하여야 한다.
(1997.11.14 본항개정)
⑫ 「방송법」에 따른 종합유선방송사업자(종합편성 또는 보도전문편성의 방송채널사용사업자를 포함한다)·중계유선방송사업자 및 인터넷언론사는 후보자 등의 방송연설을 중계방송할 수 있다. 이 경우 방송연설을 행한 모든 후보자에게 공평하게 하여야 한다.(2022.1.21 전단개정)
⑬ 방송시설을 이용한 연설신청서의 서식·중첩된 방송일시의 조정방법 기타 필요한 사항은 중앙선거관리위원회규칙으로 정한다.(2000.2.16 본항개정)
(2011.7.28 본조제목개정)

제72조【방송시설 주관 후보자연설의 방송】 ① 텔레비전 및 라디오 방송시설〔제70조(방송광고)제1항의 규정에 의한 방송시설을 말한다. 이하 이 조에서 같다〕이 그의 부담으로 제71조(후보자 등의 방송연설)의 규정에 의한 후보자 등의 방송연설외에 선거운동기간중 정당 또는 후보자를 선거인에게 알리기 위하여 후보자(비례대표국회의원선거 및 비례대표지방의회의원선거에 있어서는 그 추천정당이 당해 선거의 후보자 중에서 선임한 자를 말한다. 이하 제3항에서 같다)의 연설을 방송하고자 하는 때에는 내용을 편집하지 아니한 상태에서 방송하여야 하며, 선거구단위로 모든 정당 또는 후보자에게 공평하게 하여야 한다. 다만, 정당 또는 후보자가 그 연설을 포기한 때에는 그러하지 아니하다.
(2005.8.4 본문개정)
② 제1항의 규정에 의한 후보자연설의 방송에 있어서는 청각장애선거인을 위하여 한국수어 또는 자막을 방영할 수 있다.
(2020.12.29 본항개정)
③ 방송시설을 경영 또는 관리하는 자가 제1항의 규정에 의하여 후보자의 연설을 방송하고자 하는 때에는 그 방송일전 2일까지 방송시설명·방송일시·소요시간 등을 중앙선거관리위원회규칙이 정하는 바에 따라 관할선거구선거관리위원회에 통보하여야 한다.
④ 제71조제12항의 규정은 방송시설 주관 후보자연설의 방송에 이를 준용한다.(1998.4.30 본항개정)

제73조【경력방송】 ① 한국방송공사는 대통령선거·국회의원선거 및 지방자치단체의 장선거에 있어서 선거운동기간중 텔레비전과 라디오 방송시설을 이용하여 후보자마다 매회 2분 이내의 범위안에서 관할선거구선거관리위원회가 제공하는 후보자의 사진·성명·기호·연령·소속정당명(무소속후보자는 "무소속"이라 한다) 및 직업 기타 주요한 경력을 선거인에게 알리기 위하여 방송하여야 한다. 이 경우 대통령선거가 아닌 선거에 있어서는 그 지역방송시설을 이용하여 실시할 수 있다.(2000.2.16 본항개정)
② 제1항의 경력방송 횟수는 텔레비전 및 라디오 방송별로 다음 각호의 1에 의한다.
1. 대통령선거
 각 8회 이상
2. 국회의원선거 및 자치구·시·군의 장선거
 각 2회 이상
3. 시·도지사선거
 각 3회 이상
(2000.2.16 본항개정)
③ 경력방송을 하는 때에는 그 횟수와 내용이 선거구단위로 모든 후보자에게 공평하게 하여야 하며, 그 비용은 한국방송공사가 부담한다.
④ 제71조(후보자 등의 방송연설)제12항 및 제72조(방송시설주관 후보자연설의 방송)제2항의 규정은 경력방송에 이를 준용한다.(2000.2.16 본항개정)
⑤ 경력방송 원고의 관할선거구선거관리위원회에의 제출 및 경력방송실시의 통보 기타 필요한 사항은 중앙선거관리위원회규칙으로 정한다.

제74조【방송시설주관 경력방송】 ① 한국방송공사외의 텔레비전 및 라디오 방송시설〔제70조(방송광고)제1항의 규정에 의한 방송시설을 말한다. 이하 이 조에서 같다〕이 그의 부담으로 후보자의 경력을 방송하고자 하는 때에는 관할선거구선거관리위원회가 제공하는 내용에 의하되, 선거구단위로 모든 후보자에게 공평하게 하여야 한다.
② 제71조(후보자 등의 방송연설)제12항 및 제72조(방송시설주관 후보자연설의 방송)제2항 및 제3항의 규정은 방송시설주관 경력방송에 이를 준용한다.
(2000.2.16 본조개정)

제75조~제78조 (2004.3.12 삭제)

제79조【공개장소에서의 연설·대담】 ① 후보자(비례대표국회의원후보자 및 비례대표지방의회의원후보자는 제외한다. 이하 이 조에서 같다)는 선거운동기간 중에 소속 정당의 정강·정책이나 후보자의 정견, 그 밖에 필요한 사항을 홍보하기 위하여 공개장소에서의 연설·대담을 할 수 있다.
(2010.1.25 본항개정)
② 제1항에서 "공개장소에서의 연설·대담"이라 함은 후보자·선거사무장·선거연락소장·선거사무원(이하 이 조에서 "후보자등"이라 한다)과 후보자등이 선거운동을 할 수 있는 사람 중에서 지정한 사람이 도로변·광장·공터·주민회관·시장 또는 점포, 그 밖에 중앙선거관리위원회규칙으로 정하는 다수인이 왕래하는 공개장소를 방문하여 정당이나 후보자에 대한 지지를 호소하는 연설을 하거나 청중의 질문에 대답하는 방식으로 대담하는 것을 말한다.(2010.1.25 본항개정)
③ 공개장소에서의 연설·대담을 위하여 다음 각 호의 구분에 따라 자동차와 이에 부착된 확성장치 및 휴대용 확성장치를 각각 사용할 수 있다.(2010.1.25 본문개정)
1. 대통령선거
 후보자와 시·도 및 구·시·군선거연락소마다 각 1대·각 1조
 (1998.4.30 본호개정)
2. 지역구국회의원선거 및 시·도지사선거
 후보자와 구·시·군선거연락소마다 각 1대·각 1조
 (2010.1.25 본호개정)
3. 지역구지방의회의원선거 및 자치구·시·군의 장선거
 후보자마다 1대·1조
 (2010.1.25 본호개정)

④ 제3항의 확성장치는 연설·대담을 하는 경우에만 사용할 수 있으며, 휴대용 확성장치는 연설·대담용 차량이 정차한 외의 다른 지역에서 사용할 수 없다. 이 경우 차량 부착용 확성장치와 동시에 사용할 수 없다.(2010.1.25 전단개정)
⑤ 자동차에 부착된 확성장치를 사용함에 있어 확성나발의 수는 1개를 넘을 수 없다.(2004.3.12 본항개정)
⑥ 자동차와 확성장치에는 중앙선거관리위원회규칙으로 정하는 바에 따라 표지를 부착하여야 하고, 제64조의 선거벽보, 제65조의 선거공보, 제66조의 선거공약서 및 후보자 사진을 붙일 수 있다.(2010.1.25 본항개정)
⑦ 후보자등은 다른 사람이 개최한 옥내모임에 일시적으로 참석하여 연설·대담을 할 수 있으며, 이 경우 그 장소에 설치된 확성장치를 사용하거나 휴대용 확성장치를 사용할 수 있다.(2010.1.25 본항개정)
⑧ 제3항에 따른 확성장치는 다음 각 호의 구분에 따른 소음기준을 초과할 수 없다.
1. 자동차에 부착된 확성장치
정격출력 3킬로와트 및 음압수준 127데시벨. 다만, 제3항제1호에 따른 대통령선거 후보자용 또는 같은 항 제2호에 따른 시·도지사선거 후보자용의 경우에는 정격출력 40킬로와트 및 음압수준 150데시벨
2. 휴대용 확성장치
정격출력 30와트. 다만, 제3항제1호에 따른 대통령선거 후보자용 또는 같은 항 제2호에 따른 시·도지사선거 후보자용의 경우에는 정격출력 3킬로와트
(2022.1.18 본항신설)
⑨ (2010.1.25 삭제)
⑩ 후보자등이 공개장소에서의 연설·대담을 하는 때(후보자등이 연설·대담을 하기 위하여 제3항에 따른 자동차를 타고 이동하거나 해당 자동차 주위에서 준비 또는 대기하고 있는 경우를 포함한다)에는 후보자와 선거연락소(대통령선거, 지역구국회의원선거, 시·도지사선거의 선거연락소에 한정한다)마다 각 1대의 녹음기 또는 녹화기(비디오 및 오디오 기기를 포함한다. 이하 이 조에서 같다)를 사용하여 선거운동을 위한 음악 또는 선거운동에 관한 내용을 방송할 수 있다. 이 경우 녹음기 및 녹화기에는 중앙선거관리위원회규칙으로 정하는 바에 따라 표지를 부착하여야 한다.
(2015.8.13 본항개정)
⑪ (2010.1.25 삭제)
⑫ 녹화기의 규격 기타 필요한 사항은 중앙선거관리위원회규칙으로 정한다.(2004.3.12 본항개정)
(2015.8.13 본조제목개정)

판례 공개장소에서 비례대표국회의원후보자의 연설·대담을 허용하지 아니한 공직선거법 제79조 제1항은 비례대표국회의원선거가 기본적으로 전국을 하나의 선거구로 하는 정당에 대한 선거라는 점을 고려한 것으로서, 비례대표국회의원 후보자인 청구인의 선거운동의 자유, 정당활동의 자유, 평등권을 침해하지 아니한다.
(헌재결 2013.10.24, 2012헌마311)

제80조【연설금지장소】 다음 각호의 1에 해당하는 시설이나 장소에서는 제79조(공개장소에서의 연설·대담)의 연설·대담을 할 수 없다.
1. 국가 또는 지방자치단체가 소유하거나 관리하는 건물·시설. 다만, 공원·문화원·시장·운동장·주민회관·체육관·도로변·광장 또는 학교 기타 다수인이 왕래하는 공개된 장소는 그러하지 아니하다.
2. 선박·정기여객자동차·열차·전동차·항공기의 안과 그 터미널구내 및 지하철역구내(2012.1.17 본호개정)
3. 병원·진료소·도서관·연구소 또는 시험소 기타 의료·연구시설
(2004.3.12 본조개정)

제81조【단체의 후보자 등 초청 대담·토론회】 ① 제87조(단체의 선거운동금지)제1항제1호 내지 제6호의 규정에 해당하지 아니하는 단체는 후보자 또는 대담·토론자(대통령선거 및 시·도지사선거의 경우에 한하며, 정당 또는 후보자가 선거운동을 할 수 있는 자 중에서 선거사무소 또는 선거연락소마다 지명한 1인을 말한다. 이하 이 조에서 같다) 1인 또는 수인을 초청하여 소속정당의 정강·정책이나 후보자의 정견 기타사항을 알아보기 위한 대담·토론회를 이 법이 정하는 바에 따라 옥내에서 개최할 수 있다. 다만, 제10조제1항제6호의 노동조합과 단체는 그러하지 아니하다.
(2005.8.4 본문개정)
1.~3. (2004.3.12 삭제)
② 제1항에서 "대담"이라 함은 1인의 후보자 또는 대담자가 소속정당의 정강·정책이나 후보자의 정견 기타사항에 관하여 사회자 또는 질문자의 질문에 대하여 답변하는 것을 말하고, "토론"이라 함은 2인 이상의 후보자 또는 토론자가 사회자의 주관하에 소속정당의 정강·정책이나 후보자의 정견 기타사항에 관한 주제에 대하여 사회자를 통하여 질문·답변하는 것을 말한다.(1997.11.14 본항개정)
③ 제1항의 규정에 의하여 대담·토론회를 개최하고자 하는 단체는 중앙선거관리위원회규칙이 정하는 바에 따라 주최단체명·대표자성명·사무소 소재지·회원수·설립근거등 단체에 관한 사항과 초청할 후보자 또는 대담·토론자의 성명, 대담 또는 토론의 주제, 사회자의 성명, 진행방법, 개최일시와 장소 및 참석예정자수 등을 개최일전 2일까지 관할선거구선거관리위원회 또는 그 개최장소의 소재지를 관할하는 구·시·군선거관리위원회에 서면으로 신고하여야 한다. 이 경우 초청할 후보자 또는 대담·토론자의 참석승낙서를 첨부하여야 한다.
④ 제1항의 규정에 의한 대담·토론회를 개최하는 때에는 중앙선거관리위원회규칙이 정하는 바에 따라 제1항에 의한 대담·토론회임을 표시하는 표지를 게시 또는 첨부하여야 한다.
⑤ 제1항의 대담·토론은 모든 후보자에게 공평하게 실시하여야 하되, 후보자가 초청을 수락하지 아니한 경우에는 그러하지 아니하며, 대담·토론회를 개최하는 단체는 대담·토론이 공정하게 진행되도록 하여야 한다.
⑥ 정당, 후보자, 대담·토론자, 선거사무장, 선거연락소장, 선거사무원, 회계책임자 또는 제114조(정당 및 후보자의 가족 등의 기부행위제한)제2항의 후보자 또는 그 가족과 관계있는 회사 등은 제1항의 규정에 의한 대담·토론회와 관련하여 대담·토론회를 주최하는 단체 또는 사회자에게 금품·향응 기타의 이익을 제공하거나 제공할 의사의 표시 또는 그 제공의 약속을 할 수 없다.
⑦ 제1항의 대담·토론회를 개최하는 단체는 그 비용을 후보자에게 부담시킬 수 없다.
⑧ 제71조(후보자 등의 방송연설)제12항의 규정은 후보자 등 초청 대담·토론회에 이를 준용한다.(1998.4.30 본항신설)
⑨ 대담·토론회의 개최신고서와 표지의 서식 기타 필요한 사항은 중앙선거관리위원회규칙으로 정한다.(1997.11.14 본항개정)
(2000.2.16 본조제목개정)

제82조【언론기관의 후보자 등 초청 대담·토론회】 ① 텔레비전 및 라디오 방송시설(제70조제1항에 따른 방송시설을 말한다. 이하 이 조에서 같다)·「신문 등의 진흥에 관한 법률」 제2조제3호에 따른 신문사업자·「잡지 등 정기간행물의 진흥에 관한 법률」 제2조제2호에 따른 정기간행물사업자(정보간행물·전자간행물·기타간행물을 발행하는 자를 제외한다)·「뉴스통신진흥에 관한 법률」 제2조제3호에 따른 뉴스통신사업자 및 인터넷언론사(이하 이 조에서 "언론기관"이라 한다)는 선거운동기간중 후보자 또는 대담·토론자(후보자가 선거운동을 할 수 있는 자 중에서 지정하는 자를 말한다)에 대하여 후보자의 승낙을 받아 1명 또는 여러 명을 초청하여 소속정당의 정강·정책이나 후보자의 정견, 그 밖의 사항을 알아보기 위한 대담·토론회를 개최하고 이를 보도할 수 있다. 다만, 제59조에도 불구하고 대통령선거에서는 선거일 전 1년부터, 국회의원선거 또는 지방자치단

체의 장선거에 있어서는 선거일전 60일부터 선거기간개시일전일까지 후보자가 되고자 하는 자를 초청하여 대담·토론회를 개최하고 이를 보도할 수 있다. 이 경우 방송시설이 대담·토론회를 개최하고 이를 방송하고자 하는 때에는 내용을 편집하지 않은 상태에서 방송하여야 하며, 대담·토론회의 방송일시와 진행방법 등을 중앙선거관리위원회규칙이 정하는 바에 따라 관할선거구선거관리위원회에 통보하여야 한다.(2010.1.25 본항개정)

② 제1항의 대담·토론회는 언론기관이 방송시간·신문의 지면 등을 고려하여 자율적으로 개최한다.

③ 제1항의 대담·토론의 진행은 공정하여야 하며, 이에 관하여 필요한 사항은 중앙선거관리위원회규칙으로 정한다.

④ 제71조(후보자 등의 방송연설)제12항, 제72조(방송시설주관 후보자연설의 방송)제2항 및 제81조(단체의 후보자 등 초청 대담·토론회)제2항·제6항·제7항의 규정은 언론기관의 후보자 등 초청 대담·토론회에 이를 준용한다.
(2000.2.16 본항개정)
(2000.2.16 본조제목개정)

제82조의2【선거방송토론위원회 주관 대담·토론회】 ① 중앙선거방송토론위원회는 대통령선거 및 비례대표국회의원선거에 있어서 선거운동기간중 다음 각호에서 정하는 바에 따라 대담·토론회를 개최하여야 한다.

1. 대통령선거
 후보자 중에서 1인 또는 수인을 초청하여 3회 이상
2. 비례대표국회의원선거
 해당 정당의 대표자가 비례대표국회의원후보자 또는 선거운동을 할 수 있는 사람(지역구국회의원 후보자는 제외한다) 중에서 지정하는 1명 또는 여러 명을 초청하여 2회 이상
 (2010.1.25 본호개정)

② 시·도선거방송토론위원회는 시·도지사선거 및 비례대표시·도의원선거에 있어서 선거운동기간 중 다음 각 호에서 정하는 바에 따라 대담·토론회를 개최하여야 한다.

1. 시·도지사선거
 후보자 중에서 1인 또는 수인을 초청하여 1회 이상
2. 비례대표시·도의원선거
 해당 정당의 대표자가 비례대표시·도의원후보자 또는 선거운동을 할 수 있는 사람(지역구시·도의원후보자는 제외한다) 중에서 지정하는 1명 또는 여러 명을 초청하여 1회 이상
 (2010.1.25 본호개정)
(2005.8.4 본항개정)

③ 구·시·군선거방송토론위원회는 선거운동기간 중 지역구국회의원선거 및 자치구·시·군의 장선거의 후보자를 초청하여 1회 이상의 대담·토론회 또는 합동방송연설회를 개최하여야 한다. 이 경우 합동방송연설회의 연설시간은 후보자마다 10분 이내의 범위에서 균등하게 배정하여야 한다.
(2005.8.4 전단개정)

④ 각급선거방송토론위원회는 제1항 내지 제3항의 대담·토론회를 개최하는 때에는 다음 각 호의 어느 하나에 해당하는 후보자를 대상으로 개최한다. 이 경우 각급선거방송토론위원회로부터 초청받은 후보자는 정당한 사유가 없는 한 그 대담·토론회에 참석하여야 한다.(2005.8.4 본문개정)

1. 대통령선거
 가. 국회에 5인 이상의 소속의원을 가진 정당이 추천한 후보자
 나. 직전 대통령선거, 비례대표국회의원선거, 비례대표시·도의원선거 또는 비례대표자치구·시·군의원선거에서 전국 유효투표총수의 100분의 3 이상을 득표한 정당이 추천한 후보자(2005.8.4 본목개정)
 다. 중앙선거관리위원회규칙이 정하는 바에 따라 언론기관이 선거기간개시일전 30일부터 선거기간개시일전일까지의 사이에 실시하여 공표한 여론조사결과를 평균한 지지율이 100분의 5 이상인 후보자
2. 비례대표국회의원선거 및 비례대표시·도의원선거
 (2005.8.4 본문개정)
 가. 제1호가목 또는 나목에 해당하는 정당의 대표자가 지정한 후보자
 나. 제1호다목에 의한 여론조사결과를 평균하여 100분의 5 이상의 지지를 얻은 정당의 대표자가 지정한 후보자
3. 지역구국회의원선거 및 지방자치단체의 장선거
 (2005.8.4 본문개정)
 가. 제1호가목 또는 나목에 해당하는 정당이 추천한 후보자
 나. 최근 4년 이내에 해당 선거구(선거구의 구역이 변경되어 변경된 구역이 직전 선거의 구역과 겹치는 경우를 포함한다)에서 실시된 대통령선거, 지역구국회의원선거 또는 지방자치단체의 장선거(그 보궐선거등을 포함한다)에 입후보하여 유효투표총수의 100분의 10 이상을 득표한 후보자(2010.1.25 본목개정)
 다. 제1호 다목에 의한 여론조사결과를 평균한 지지율이 100분의 5 이상인 후보자

⑤ 각급선거방송토론위원회는 제4항의 초청대상에 포함되지 아니하는 후보자를 대상으로 대담·토론회를 개최할 수 있다. 이 경우 대담·토론회의 시간이나 횟수는 중앙선거관리위원회규칙이 정하는 바에 따라 제4항의 초청대상 후보자의 대담·토론회와 다르게 정할 수 있다.(2005.8.4 본항신설)

⑥ 각급선거방송토론위원회는 제4항 후단의 규정을 위반하여 정당한 사유 없이 대담·토론회에 참석하지 아니한 초청후보자가 있는 때에는 그 사실을 선거인이 알 수 있도록 당해 후보자의 소속 정당명(무소속후보자는 "무소속"이라 한다)·기호·성명과 불참사실을 제10항 또는 제11항의 중계방송을 시작하는 때에 방송하게 하고, 중앙선거관리위원회규칙으로 정하는 인터넷 홈페이지에 게시하여야 한다.
(2018.4.6 본항개정)

⑦ 각급선거방송토론위원회는 제1항 내지 제3항 및 제5항의 대담·토론회(합동방송연설회를 포함하며, 이하 이 조에서 "대담·토론회"라 한다)를 개최하는 때에는 공정하게 하여야 한다.(2005.8.4 본항개정)

⑧ 각급선거방송토론위원회위원장 또는 그가 미리 지명한 위원은 대담·토론회에서 후보자가 이 법에 위반되는 내용을 발표하거나 배정된 시간을 초과하여 발언하는 때에는 이를 제지하거나 자막안내하는 등 필요한 조치를 할 수 있다.

⑨ 각급선거방송토론위원회위원장 또는 그가 미리 지명한 위원은 대담·토론회장에서 진행을 방해하거나 질서를 문란하게 하는 자가 있는 때에는 그 중지를 명하고, 그 명령에 불응하는 때에는 대담·토론회장 밖으로 퇴장시킬 수 있다.

⑩ 공영방송사와 지상파방송사는 그의 부담으로 대담·토론회를 텔레비전방송을 통하여 중계방송하여야 하되, 대통령선거에 있어서 중앙선거방송토론위원회가 주관하는 대담·토론회는 오후 8시부터 당일 오후 11시까지의 사이에 중계방송하여야 한다. 다만, 지역구국회의원선거 및 자치구·시·군의 장선거에 있어서 전국을 방송권역으로 하는 등 정당한 사유가 있는 경우에는 그러하지 아니하다.
(2022.1.21 본문개정)

⑪ 구·시·군선거방송토론위원회는 지역구국회의원선거 및 자치구·시·군의 장선거에 있어서 제10항 단서의 규정에 의하여 공영방송사 또는 지상파방송사가 중계방송을 할 수 없는 때에는 다른 종합유선방송사업자의 방송시설을 이용하여 대담·토론회를 텔레비전방송을 통하여 중계방송하게 할 수 있다. 이 경우 그 방송시설이용료는 국가 또는 당해 지방자치단체가 부담한다.(2022.1.21. 전단개정)

⑫ 각급선거방송토론위원회는 대담·토론회를 개최하는 때에는 청각장애선거인을 위하여 자막방송 또는 한국수어통역을 하여야 한다.(2020.12.29 본항개정)

⑬ 「방송법」 제2조(용어의 정의)의 규정에 의한 방송사업자·중계유선방송사업자 및 인터넷언론사는 그의 부담으로 대담·토론회를 중계방송할 수 있다. 이 경우 편집없이 중계방송하여야 한다.(2008.2.29 본항개정)

⑭ 대담・토론회의 진행절차, 개최홍보, 방송시설이용료의 산정・지급 기타 필요한 사항은 중앙선거관리위원회규칙으로 정한다.
(2004.3.12 본조개정)

제82조의3【선거방송토론위원회 주관 정책토론회】 ① 중앙선거방송토론위원회는 정당이 방송을 통하여 정강・정책을 알릴 수 있도록 하기 위하여 임기만료에 의한 선거(대통령의 궐위로 인한 선거 및 재선거를 포함한다)의 선거일전 90일(대통령의 궐위로 인한 선거 및 재선거에 있어서는 그 선거의 실시사유가 확정된 날의 다음날)부터 후보자등록신청개시일전일까지 다음 각호에 해당하는 정당(선거에 참여하지 아니할 것을 공표한 정당을 제외한다)의 대표자 또는 그가 지정하는 자를 초청하여 정책토론회(이하 이 조에서 "정책토론회"라 한다)를 월 1회 이상 개최하여야 한다.
1. 국회에 5인 이상의 소속의원을 가진 정당
2. 직전 대통령선거, 비례대표국회의원선거 또는 비례대표 시・도의원선거에서 전국 유효투표총수의 100분의 3 이상을 득표한 정당
② 제82조의2(선거방송토론위원회 주관 대담・토론회)제7항 내지 제9항・제10항 본문・제12항 및 제13항의 규정은 정책토론회에 이를 준용한다. 이 경우 "대담・토론회"는 "정책토론회"로, "각급선거방송토론위원회"는 "중앙선거방송토론위원회"로 본다.(2005.8.4 전단개정)
③ 정책토론회의 운영・진행절차・개최홍보 기타 필요한 사항은 중앙선거관리위원회규칙으로 정한다.
(2004.3.12 본조신설)

제82조의4【정보통신망을 이용한 선거운동】 ① (2020.12.29 삭제)
1.～3. (2012.2.29 삭제)
② 누구든지 「정보통신망 이용촉진 및 정보보호 등에 관한 법률」 제2조제1항제1호에 따른 정보통신망(이하 "정보통신망"이라 한다)을 이용하여 후보자(후보자가 되려는 사람을 포함한다. 이하 이 조에서 같다), 그의 배우자 또는 직계존・비속이나 형제자매에 관하여 허위의 사실을 유포하여서는 아니되며, 공연히 사실을 적시하여 이들을 비방하여서는 아니된다. 다만, 진실한 사실로서 공공의 이익에 관한 때에는 그러하지 아니하다.(2012.2.29 본문개정)
③ 각급선거관리위원회(읍・면・동선거관리위원회를 제외한다) 또는 후보자는 이 법의 규정에 위반되는 정보가 인터넷 홈페이지 또는 그 게시판・대화방 등에 게시되거나, 정보통신망을 통하여 전송되는 사실을 발견한 때에는 해당 정보를 게시한 자 또는 해당 정보가 게시된 인터넷 홈페이지를 관리・운영하는 자에게 해당 정보의 삭제를 요청하거나, 전송되는 정보를 취급하는 인터넷 홈페이지의 관리・운영자 또는 「정보통신망 이용촉진 및 정보보호 등에 관한 법률」 제2조제1항제3호의 규정에 의한 정보통신서비스제공자(이하 "정보통신서비스제공자"라 한다)에게 그 취급의 거부・정지・제한을 요청할 수 있다. 이 경우 인터넷 홈페이지 관리・운영자 또는 정보통신서비스 제공자가 후보자의 요청에 따르지 아니하는 때에는 해당 후보자는 관할 선거구선거관리위원회에 서면으로 그 사실을 통보할 수 있으며, 관할 선거구선거관리위원회는 후보자가 삭제요청 또는 취급의 거부・정지・제한을 요청한 정보가 이 법의 규정에 위반된다고 인정되는 때에는 해당 인터넷 홈페이지 관리・운영자 또는 정보통신서비스 제공자에게 삭제요청 또는 취급의 거부・정지・제한을 요청할 수 있다.(2023.12.28 전단개정)
④ 제3항에 따라 선거관리위원회로부터 요청을 받은 해당 정보의 게시자, 인터넷 홈페이지 관리・운영자 또는 정보통신서비스제공자는 지체없이 이에 따라야 한다.(2023.12.28 본항개정)
⑤ 제3항에 따라 선거관리위원회로부터 요청을 받은 인터넷 홈페이지 관리・운영자 또는 정보통신서비스제공자는 그 요청을 받은 날부터, 해당 정보를 게시하거나 전송한 자는 당해 정보가 삭제되거나 그 취급이 거부・정지 또는 제한된 날부터 3일 이내에 그 요청을 한 선거관리위원회에 이의신청을 할 수 있다.(2012.2.29 본항개정)
⑥ 제3항에 따라 선거관리위원회로부터 요청을 받아 해당 정보의 삭제 또는 그 취급의 거부・제한・정지를 한 인터넷 홈페이지 관리・운영자 또는 정보통신서비스제공자는 다음 각 호에 따른 내용을 해당 인터넷 홈페이지 또는 그 게시판・대화방 등에 게시하는 방법 등으로 그 정보를 게시하거나 전송한 사람에게 알려야 한다.
1. 선거관리위원회로부터 제3항에 따른 요청이 있었다는 사실
2. 제5항에 따라 이의신청을 할 수 있다는 사실
(2020.3.25 본항신설)
⑦ 위법한 정보의 게시에 대한 삭제 등의 요청, 이의신청 기타 필요한 사항은 중앙선거관리위원회규칙으로 정한다.
(2004.3.12 본조개정)

제82조의5【선거운동정보의 전송제한】 ① 누구든지 정보수신자의 명시적인 수신거부의사에 반하여 선거운동 목적의 정보를 전송하여서는 아니된다.
② 예비후보자 또는 후보자가 제59조제2호・제3호에 따라 선거운동 목적의 정보(이하 "선거운동정보"라 한다)를 자동 동보통신의 방법으로 문자메시지로 전송하거나 전송대행업체에 위탁하여 전자우편으로 전송하는 때에는 다음 각 호의 사항을 선거운동정보에 명시하여야 한다.(2012.2.29 본문개정)
1. 선거운동정보에 해당하는 사실(2005.8.4 본호개정)
2. 문자메시지를 전송하는 경우 그의 전화번호(2012.2.29 본호개정)
3. 불법수집정보 신고 전화번호(2017.2.8 본호신설)
4. 수신거부의 의사표시를 쉽게 할 수 있는 조치 및 방법에 관한 사항
③ (2012.1.17 삭제)
④ 선거운동정보를 전송하는 자는 수신자의 수신거부를 회피하거나 방해할 목적으로 기술적 조치를 하여서는 아니된다.
⑤ 선거운동정보를 전송하는 자는 수신자가 수신거부를 할 때 발생하는 전화요금 기타 금전적 비용을 수신자가 부담하지 아니하도록 필요한 조치를 하여야 한다.
⑥ 누구든지 숫자・부호 또는 문자를 조합하여 전화번호・전자우편주소 등 수신자의 연락처를 자동으로 생성하는 프로그램 그 밖의 기술적 장치를 이용하여 선거운동정보를 전송하여서는 아니된다.
(2004.3.12 본조신설)

제82조의6 (2023.8.30 삭제)

제82조의7【인터넷광고】 ① 후보자(대통령선거의 정당추천후보자와 비례대표국회의원선거 및 비례대표지방의회의원선거에 있어서는 후보자를 추천한 정당을 말한다. 이하 이 조에서 같다)는 인터넷언론사의 인터넷홈페이지에 선거운동을 위한 광고(이하 "인터넷광고"라 한다)를 할 수 있다.
② 제1항의 인터넷광고에는 광고근거와 광고주명을 표시하여야 한다.
③ 같은 정당의 추천을 받은 2인 이상의 후보자는 합동으로 제1항의 규정에 따른 인터넷광고를 할 수 있다. 이 경우 그 비용은 당해 후보자간의 약정에 따라 분담하되, 그 분담내역을 광고계약서에 명시하여야 한다.
④ (2010.1.25 삭제)
⑤ 누구든지 제1항의 경우를 제외하고는 선거운동을 위하여 인터넷광고를 할 수 없다.
⑥ 광고근거의 표시방법 그 밖에 필요한 사항은 중앙선거관리위원회규칙으로 정한다.(2010.1.25 본항개정)
(2005.8.4 본조신설)

제82조의8【딥페이크영상등을 이용한 선거운동】 ① 누구든지 선거일 전 90일부터 선거일까지 선거운동을 위하여 인공지능 기술 등을 이용하여 만든 실제와 구분하기 어려운 가상의 음향, 이미지 또는 영상 등(이하 "딥페이크영상등"이라 한다)을 제작・편집・유포・상영 또는 게시하는 행위를 하여서는 아니 된다.

② 누구든지 제1항의 기간이 아닌 때에 선거운동을 위하여 딥페이크영상등을 제작·편집·유포·상영 또는 게시하는 경우에는 해당 정보가 인공지능 기술 등을 이용하여 만든 가상의 정보라는 사실을 명확하게 인식할 수 있도록 중앙선거관리위원회규칙으로 정하는 바에 따라 해당 사항을 딥페이크영상등에 표시하여야 한다.
(2023.12.28 본조신설)

제83조【교통편의의 제공】 ① 대통령선거에 있어서 한국철도공사사장은 중앙선거관리위원회규칙이 정하는 바에 따라 선거운동기간 중에 선거운동용으로 계속하여 사용할 수 있는 전국용 무료승차권 50매를 각 후보자에게 발급하여야 한다.
② 제1항의 규정에 의하여 전국용 무료승차권을 발급받은 후보자가 사퇴·사망하거나 등록이 무효로 된 때에는 그 후 이를 사용할 수 없으며, 한국철도공사사장에게 지체없이 반환하여야 한다.
(2012.1.17 본조개정)

제84조【무소속후보자의 정당표방제한】 무소속후보자는 특정 정당으로부터의 지지 또는 추천받음을 표방할 수 없다. 다만, 다음 각 호의 어느 하나에 해당하는 행위는 그러하지 아니하다.
1. 정당의 당원경력을 표시하는 행위
2. 해당 선거구에 후보자를 추천하지 아니한 정당이 무소속후보자를 지지하거나 지원하는 경우 그 사실을 표방하는 행위
(2010.1.25 본조개정)

제85조【공무원 등의 선거관여 등 금지】 ① 공무원 등 법령에 따라 정치적 중립을 지켜야 하는 자는 직무와 관련하여 또는 지위를 이용하여 선거에 부당한 영향력을 행사하는 등 선거에 영향을 미치는 행위를 할 수 없다.(2014.2.13 본항신설)
② 공무원은 그 지위를 이용하여 선거운동을 할 수 없다. 이 경우 공무원이 그 소속직원이나 제53조제1항제4호부터 제6호까지에 규정된 기관 등의 임직원 또는 「공직자윤리법」 제17조에 따른 취업심사대상기관의 임·직원을 대상으로 한 선거운동은 그 지위를 이용하여 하는 선거운동으로 본다.
(2019.12.3 후단개정)
③ 누구든지 교육적·종교적 또는 직업적인 기관·단체 등의 조직내에서의 직무상 행위를 이용하여 그 구성원에 대하여 선거운동을 하거나 하게 하거나, 계열화나 하도급 등 거래상 특수한 지위를 이용하여 기업조직·기업체 또는 그 구성원에 대하여 선거운동을 하거나 하게 할 수 없다.
④ 누구든지 교육적인 특수관계에 있는 선거권이 없는 자에 대하여 교육상의 행위를 이용하여 선거운동을 할 수 없다.
(2014.2.13 본조제목개정)

판례 교회의 담임목사가 설교 중에 선거를 앞두고 특정 정당을 지지하거나 특정 후보자에 대한 반대의사를 표하는 발언을 하여 벌금을 선고받은 사건에서, 성직자는 종교 지도자이자 사회 지도자로 대우받으며 신도들에게 상당한 영향력을 행사할 수 있다. 그러므로 신도에게 공직선거에서 특정인이나 특정 정당에 대한 지지 또는 반대를 끌어내려 하면 신도 등은 왜곡된 정치적 의사를 갖게 될 가능성이 커진다. 따라서 종교 행사에서 성직자가 선거 운동을 할 수 없도록 한 공직선거법 조항은 종교의 자유 및 표현의 자유를 침해한다고 볼 수 없다.(헌재결 2024.1.25, 2021헌바233,2023헌바239(병합) 전원재판부)

판례 교회의 담임목사 지위를 이용하여 그 구성원인 신도들에 대하여 선거운동 기간 전에 공직선거법에 의하지 아니하고 임박한 국회의원 선거에 출마할 후보자나 후보자를 낸 특정 정당에 대한 노골적 지지의사를 표현함과 아울러 투표 기호 및 정당 명칭을 반복적으로 강조하고 투표할 것을 직접 권유했다면 이는 개신교라는 동일한 종교적 경향성을 지닌 특정 후보자 및 정당에 대한 단순한 정치적 동질감·호감을 표현하는 데 그친 것이라고 볼 수 없다.
(대판 2021.9.30, 2021도9669)

제86조【공무원 등의 선거에 영향을 미치는 행위금지】 ① 공무원(국회의원과 그 보좌관·선임비서관·비서관 및 지방의회의원을 제외한다), 선상투표신고를 한 선원이 승선하고 있는 선박의 선장, 제53조제1항제4호 및 제6호에 규정된 기관 등의 상근 임원, 통·리·반의 장, 주민자치위원회위원과 예비군 중대장급 이상의 간부, 특별법에 의하여 설립된 국민운동단체로서 국가나 지방자치단체의 출연 또는 보조를 받는 단체(바르게살기운동협의회·새마을운동협의회·한국자유총연맹을 말한다)의 상근 임·직원 및 이들 단체등(시·도조직 및 구·시·군조직을 포함한다)의 대표자는 다음 각 호의 어느 하나에 해당하는 행위를 하여서는 아니된다.(2025.1.7 본문개정)
1. 소속직원 또는 선거구민에게 교육 기타 명목여하를 불문하고 특정 정당이나 후보자(후보자가 되고자 하는 자를 포함한다. 이하 이 항에서 같다)의 업적을 홍보하는 행위
(1997.11.14 본호개정)
2. 지위를 이용하여 선거운동의 기획에 참여하거나 그 기획의 실시에 관여하는 행위(2010.1.25 본호개정)
3. 정당 또는 후보자에 대한 선거권자의 지지도를 조사하거나 이를 발표하는 행위(2000.2.16 본호개정)
4. (2010.1.25 삭제)
5. 선거기간중 국가 또는 지방자치단체의 예산으로 시행하는 사업중 즉시 공사를 진행하지 아니할 사업의 기공식을 거행하는 행위
6. 선거기간중 정상적 업무외의 출장을 하는 행위
7. 선거기간중 휴가기간에 그 업무와 관련된 기관이나 시설을 방문하는 행위

② 지방자치단체의 장(제4호의 경우 소속 공무원을 포함한다)은 선거일전 60일(선거일전 60일후에 실시사유가 확정된 보궐선거등에 있어서는 선거의 실시사유가 확정된 때)부터 선거일까지 다음 각 호의 어느 하나에 해당하는 행위를 하여서는 아니된다.(2011.7.28 본문개정)
1. (2004.3.12 삭제)
2. 정당의 정강·정책과 주의·주장을 선거구민을 대상으로 홍보·선전하는 행위. 다만, 당해 지방자치단체의 장의 선거에 예비후보자 또는 후보자가 되는 경우에는 그러하지 아니하다.(2004.3.12 단서개정)
3. 창당대회·합당대회·개편대회 및 후보자선출대회를 제외하고는 정당이 개최하는 시국강연회, 정견·정책발표회, 당원연수·단합대회 등 일체의 정치행사에 참석하거나 선거대책기구, 선거사무소, 선거연락소를 방문하는 행위. 다만, 해당 지방자치단체의 장선거에 예비후보자 또는 후보자가 된 경우와 당원으로서 소속 정당이 당원만을 대상으로 개최하는 정당의 공개행사에 의례적으로 방문하는 경우에는 그러하지 아니하다.(2010.1.25 단서개정)
4. 다음 각 목의 1을 제외하고는 교양강좌, 사업설명회, 공청회, 직능단체모임, 체육대회, 경로행사, 민원상담 기타 각종 행사를 개최하거나 후원하는 행위(2011.7.28 본문개정)
   가. 법령에 의하여 개최하거나 후원하도록 규정된 행사를 개최·후원하는 행위(2000.2.16 본목개정)
   나. 특정일·특정시기에 개최하지 아니하면 그 목적을 달성할 수 없는 행사
   다. 천재·지변 기타 재해의 구호·복구를 위한 행위
   라. 직업지원교육 또는 유상(有償)으로 실시하는 교양강좌를 개최·후원하는 행위 또는 주민자치센터가 개최하는 교양강좌를 후원하는 행위. 다만, 종전의 범위를 넘는 새로운 강좌를 개설하거나 수강생을 증원하거나 장소를 이전하여 실시하는 주민자치센터의 교양강좌를 후원하는 행위를 제외한다.(2011.7.28 본문개정)
   마. 집단민원 또는 긴급한 민원이 발생하였을 때 이를 해결하기 위한 행위
   바. 가목 내지 마목에 준하는 행위로서 중앙선거관리위원회규칙으로 정하는 행위
5. 통·리·반장의 회의에 참석하는 행위. 다만, 천재·지변 기타 재해가 있거나 집단민원 또는 긴급한 민원이 발생하였을 때에는 그러하지 아니하다.
(1997.11.14 본항개정)
③~④ (2010.1.25 삭제)

⑤ 지방자치단체의 장(소속 공무원을 포함한다)은 다음 각 호의 어느 하나에 해당하는 경우를 제외하고는 지방자치단체의 사업계획·추진실적 그 밖에 지방자치단체의 활동상황을 알리기 위한 홍보물(홍보지·소식지·간행물·시설물·녹음물·녹화물 그 밖의 홍보물 및 신문·방송을 이용하여 행하는 경우를 포함한다)을 분기별로 1종 1회를 초과하여 발행·배부 또는 방송하여서는 아니되며 당해 지방자치단체의 장의 선거의 선거일전 180일(보궐선거등에 있어서는 그 선거의 실시사유가 확정된 때, 이하 제6항에서 같다)부터 선거일까지는 홍보물을 발행·배부 또는 방송할 수 없다.(2010.1.25 본문개정)

1. 법령에 의하여 발행·배부 또는 방송하도록 규정된 홍보물을 발행·배부 또는 방송하는 행위(2000.2.16 본호개정)
2. 특정사업을 추진하기 위하여 그 사업과 이해관계가 있는 자나 관계주민의 동의를 얻기 위한 행위
3. 집단민원 또는 긴급한 민원이 발생하였을 때 이를 해결하기 위한 행위
4. 기타 위 각호의 1에 준하는 행위로서 중앙선거관리위원회규칙이 정하는 행위(1998.4.30 본호신설)

⑥ 지방자치단체의 장은 당해 지방자치단체의 장의 선거의 선거일전 180일부터 선거일까지 주민자치센터가 개최하는 교양강좌에 참석할 수 없으며, 근무시간중에 공공기관이 아닌 단체 등이 주최하는 행사(해당 지방자치단체의 청사에서 개최하는 행사를 포함한다)에는 참석할 수 없다. 다만, 제2항제3호에 따라 참석 또는 방문할 수 있는 행사의 경우에는 그러하지 아니하다.(2010.1.25 본항개정)

⑦ 지방자치단체의 장은 소관 사무나 그 밖의 명목 여하를 불문하고 방송·신문·잡지나 그 밖의 광고에 출연할 수 없다.(2010.1.25 본항신설)

(2011.7.28 본조제목개정)

판례 공직선거법 제86조에서는 공무원 등 공적 지위에 있는 자들에 대해서 선거운동에 이르지 아니하여도 선거에 영향을 미칠 우려가 있는 행위를 금지하면서, '선거운동' 보다 개념이 넓은 '선거에 영향을 미치는 행위' 유형을 예시하여 규정하고 있으므로, 선거운동의 목적을 요하지 아니하며 공무원 등에 의하여 위와 같은 행위가 있을 때 바로 본조에 해당된다 할 것이고, 같은 법 제86조 제1항 제2호의 '선거운동의 기획에 참여하는 행위'라 함은 선거운동의 효율적 수행을 위한 일체의 계획 수립에 참여하는 것이라고 해석함이 상당하다 할 것이다.(대판 2007.3.29, 2006도9392)

제87조【단체의 선거운동금지】 ① 다음 각 호의 어느 하나에 해당하는 기관·단체(그 대표자와 임직원 또는 구성원을 포함한다)는 그 기관·단체의 명의 또는 그 대표의 명의로 선거운동을 할 수 없다.(2010.1.25 본문개정)

1. 국가·지방자치단체
2. 제53조(공무원 등의 입후보)제1항제4호 내지 제6호에 규정된 기관·단체
3. 향우회·종친회·동창회, 산악회 등 동호인회, 계모임 등 개인간의 사적모임
4. 특별법에 의하여 설립된 국민운동단체로서 국가 또는 지방자치단체의 출연 또는 보조를 받는 단체(바르게살기운동협의회·새마을운동협의회·한국자유총연맹을 말한다)
5. 법령에 의하여 정치활동이나 공직선거에의 관여가 금지된 단체
6. 후보자 또는 후보자의 가족(이하 이 항에서 "후보자등"이라 한다)이 임원으로 있거나, 후보자등의 재산을 출연하여 설립하거나, 후보자등이 운영경비를 부담하거나 관계법규나 규약에 의하여 의사결정에 실질적으로 영향력을 행사하는 기관·단체
7. (2005.8.4 삭제)
8. 구성원의 과반수가 선거운동을 할 수 없는 자로 이루어진 기관·단체

② 누구든지 선거에 있어서 후보자(후보자가 되고자 하는 자를 포함한다)의 선거운동을 위하여 연구소·동우회·향우회·산악회·조기축구회, 정당의 외곽단체 등 그 명칭이나 표방하는 목적여하를 불문하고 사조직 기타 단체를 설립하거나 설치할 수 없다.

(2004.3.12 본조개정)

판례 특정 후보의 지지 등이 허용되는 단체의 선거운동 방법 : 특정 후보의 지지 등이 허용되는 단체의 대표자가 단체의사를 결정하는 절차를 거치지 아니하고 소속회원 등에게 특정 후보를 반대한다는 내용으로 자신의 의견만이 담긴 유인물을 배포한 행위는 허용되지 않는다.(대판 2003.4.25, 2003도782)

제88조【타후보자를 위한 선거운동금지】 후보자, 선거사무장, 선거연락소장, 선거사무원, 회계책임자, 연설원, 대담·토론자는 다른 정당이나 선거구가 같거나 일부 겹치는 다른 후보자를 위한 선거운동을 할 수 없다. 다만, 정당이나 후보자를 위한 선거운동을 함에 있어서 그 일부가 다른 정당이나 후보자의 선거운동에 이른 경우와 같은 정당이나 같은 정당의 추천후보자를 지원하는 경우 및 이 법의 규정에 의하여 공동선임된 선거사무장 등이 선거운동을 하는 경우에는 그러하지 아니하다.(2012.1.17 본문개정)

제89조【유사기관의 설치금지】 ① 누구든지 제61조제1항·제2항에 따른 선거사무소, 선거연락소 및 선거대책기구 외에는 후보자 또는 후보자가 되려는 사람을 위하여 선거추진위원회·후원회·연구소·상담소 또는 휴게소 기타 명칭의 여하를 불문하고 이와 유사한 기관·단체·조직 또는 시설을 새로이 설립 또는 설치하거나 기존의 기관·단체·조직 또는 시설을 이용할 수 없다. 다만, 후보자 또는 예비후보자의 선거사무소에 설치되는 1개의 선거대책기구 및 「정치자금법」에 의한 후원회는 그러하지 아니하다.(2014.1.17 본항개정)

② 정당이나 후보자(후보자가 되려는 사람을 포함한다. 이하 이 항에서 같다)가 설립·운영하는 기관·단체·조직 또는 시설은 선거일전 180일(보궐선거등에 있어서는 그 선거의 실시사유가 확정된 때)부터 선거일까지 당해 선거구민을 대상으로 선거에 영향을 미치는 행위를 하거나, 그 기관·단체 또는 시설의 설립이나 활동내용을 선거구민에게 알리기 위하여 정당 또는 후보자의 명의나 그 명의를 유추할 수 있는 방법으로 벽보·현수막·방송·신문·통신·잡지 또는 인쇄물을 이용하거나 그 밖의 방법으로 선전할 수 없다. 다만, 「정치자금법」 제15조(후원금 모금 등의 고지·광고)의 규정에 따른 모금을 위한 고지·광고는 그러하지 아니하다.

(2012.10.2 본문개정)

판례 정당이나 후보자가 설립·운영하는 기관·단체·조직 또는 시설(이하 '단체 등'이라고 한다)은 선거일 전 180일(보궐선거 등에 있어서는 그 선거의 실시사유가 확정된 때)부터 선거일까지 그 단체 등의 설립이나 활동내용을 선거구민에게 알리기 위하여 정당 또는 후보자의 명의나 그 명의를 유추할 수 있는 방법으로 벽보·현수막·방송·신문·통신·잡지 또는 인쇄물을 이용하거나 그 밖의 방법으로 선전하는 행위를 하여서는 아니 된다. 여기에서 '그 명의를 유추할 수 있는 방법으로' 선전하는 행위라 함은, 단체 등이 그 설립이나 활동내용을 벽보 등의 매체를 이용하여 선전하면서 정당이나 후보자의 명의를 직접 명시하지 않아도 그 선전에 사용된 특정 문구나 기호, 이미지, 영상 등에 의하여 또는 그러한 정보들을 종합함으로써 일반 선거인들이 그 정당이나 후보자의 명의를 쉽게 유추할 수 있다고 인정되는 경우를 의미하고, 위와 같이 벽보 등을 이용한 단체 등의 선전행위가 정당이나 후보자의 명의를 쉽게 유추할 수 있는 방법에 해당하는지 여부는 그 단체 등의 회원이 아닌 일반 선거구민을 기준으로 판단하여야 한다.(대판 2011.3.10, 2010도16996)

제89조의2 (2004.3.12 삭제)

제90조【시설물설치 등의 금지】 ① 누구든지 선거일 전 120일(보궐선거등에서는 그 선거의 실시사유가 확정된 때)부터 선거일까지 선거에 영향을 미치게 하기 위하여 이 법의 규정에 의한 것을 제외하고는 다음 각 호의 어느 하나에 해당하는 행위를 할 수 없다. 이 경우 정당(창당준비위원회를 포함한다)의 명칭이나 후보자(후보자가 되려는 사람을 포함한다. 이하 이 조에서 같다)의 성명·사진 또는 그 명칭·성명을 유추할 수 있는 내용을 명시한 것은 선거에 영향을 미치게 하기 위한 것으로 본다.(2023.8.30 전단개정)

1. 화환·풍선·간판·현수막·애드벌룬·기구류 또는 선전탑, 그 밖의 광고물이나 광고시설을 설치·진열·게시·배부하는 행위

2. 표찰이나 그 밖의 표시물을 착용 또는 배부하는 행위
3. 후보자를 상징하는 인형 · 마스코트 등 상징물을 제작 · 판매하는 행위

② 제1항에도 불구하고 다음 각 호의 어느 하나에 해당하는 행위는 선거에 영향을 미치게 하기 위한 행위로 보지 아니한다.

1. 선거기간이 아닌 때에 행하는 「정당법」 제37조제2항에 따른 통상적인 정당활동
2. 의례적이거나 직무상 · 업무상의 행위 또는 통상적인 정당활동으로서 중앙선거관리위원회규칙으로 정하는 행위

(2010.1.25 본조개정)

판례 시설물설치 등 금지조항은 후보자의 정치적 표현의 자유를 상당부분 제한할 뿐 아니라, 일반 유권자에 대하여는 현수막, 그 밖의 광고물을 이용하여 정치적 표현을 할 기회를 사실상 박탈하고 있다. 또한 선거의 공정성을 해치는 것이 명백하다고 볼 수 없는 정치적 표현까지 금지 · 처벌함으로 인하여 일반 유권자나 후보자가 받게 되는 정치적 표현의 자유에 대한 제약이 매우 크다. 그렇다고 해서 이로 인하여 달성하고자 하는 공익이 그보다 중대하다고 볼 수도 없다. 그렇다면 시설물설치 등 금지조항은 과잉금지원칙에 반하여 정치적 표현의 자유를 침해한다.(헌재결 2022.7.21, 2018헌바357,2021헌가7(병합))

제91조 【확성장치와 자동차 등의 사용제한】 ① 누구든지 이 법의 규정에 의한 공개장소에서의 연설 · 대담장소 또는 대담 · 토론회장에서 연설 · 대담 · 토론용으로 사용하는 경우를 제외하고는 선거운동을 위하여 확성장치를 사용할 수 없다.(2004.3.12 본항개정)

② (2004.3.12 삭제)

③ 누구든지 자동차를 사용하여 선거운동을 할 수 없다. 다만, 제79조에 따른 연설 · 대담장소에서 자동차에 승차하여 선거운동을 하는 경우와 같은 조 제6항에 따른 선거벽보 등을 자동차에 부착하여 사용하는 경우에는 그러하지 아니하다.(2010.1.25 단서개정)

④ 정당 · 후보자 · 선거사무장 또는 선거연락소장은 제3항 단서에 따른 경우 외에 다음 각 호에 따른 수 이내에서 관할 선거관리위원회가 교부한 표지를 부착한 자동차와 선박에 제64조의 선거벽보, 제65조의 선거공보 및 제66조의 선거공약서를 부착하여 운행하거나 운행하게 할 수 있다.

(2010.1.25 본문개정)

1. 대통령선거와 시 · 도지사선거
 선거사무소와 선거연락소마다 각 5대 · 5척 이내
2. 지역구국회의원선거와 자치구 · 시 · 군의 장선거
 후보자마다 각 5대 · 5척 이내
3. 지역구시 · 도의원선거
 후보자마다 각 2대 · 2척 이내
 (1995.4.1 본호개정)
4. 지역구자치구 · 시 · 군의원선거
 후보자마다 각 1대 · 1척
 (2005.8.4 본호개정)

제92조 【영화 등을 이용한 선거운동금지】 누구든지 선거기간 중에는 선거운동을 위하여 저술 · 연예 · 연극 · 영화 또는 사진을 이 법에 규정되지 아니한 방법으로 배부 · 공연 · 상연 · 상영 또는 게시할 수 없다.

제93조 【탈법방법에 의한 문서 · 도화의 배부 · 게시 등 금지】 ① 누구든지 선거일 전 120일(보궐선거등에 있어서는 그 선거의 실시사유가 확정된 때)부터 선거일까지 선거에 영향을 미치게 하기 위하여 이 법의 규정에 의하지 아니하고는 정당(창당준비위원회와 정당의 정강 · 정책을 포함한다. 이하 이 조에서 같다) 또는 후보자(후보자가 되고자 하는 자를 포함한다. 이하 이 조에서 같다)를 지지 · 추천하거나 반대하는 내용이 포함되어 있거나 정당의 명칭 또는 후보자의 성명을 나타내는 광고, 인사장, 벽보, 사진, 문서 · 도화, 인쇄물이나 녹음 · 녹화테이프 그 밖에 이와 유사한 것을 배부 · 첩부 · 살포 · 상영 또는 게시할 수 없다. 다만, 다음 각 호의 어느 하나에 해당하는 행위는 그러하지 아니하다.

(2023.8.30 본문개정)

1. 선거운동기간 중 후보자, 제60조의3제2항 각 호의 어느 하나에 해당하는 사람(같은 항 제2호의 경우 선거연락소장을 포함하며, 이 경우 "예비후보자"는 "후보자"로 본다)이 제60조의3제1항제2호에 따른 후보자의 명함을 직접 주는 행위 (2010.1.25 본호신설)
2. 선거기간이 아닌 때에 행하는 「정당법」 제37조제2항에 따른 통상적인 정당활동(2010.1.25 본호신설)

② 누구든지 선거일전 90일부터 선거일까지는 정당 또는 후보자의 명의를 나타내는 저술 · 연예 · 연극 · 영화 · 사진 그 밖의 물품을 이 법에 규정되지 아니한 방법으로 광고할 수 없으며, 후보자는 방송 · 신문 · 잡지 기타의 광고에 출연할 수 없다. 다만, 선거기간이 아닌 때에 「신문 등의 진흥에 관한 법률」 제2조제1호에 따른 신문 또는 「잡지 등 정기간행물의 진흥에 관한 법률」 제2조에 따른 정기간행물의 판매를 위하여 통상적인 방법으로 광고하는 경우에는 그러하지 아니하다.(2010.1.25 본항개정)

③ 누구든지 선거운동을 하도록 권유 · 약속하기 위하여 선거구민에 대하여 신분증명서 · 문서 기타 인쇄물을 발급 · 배부 또는 징구하거나 하게 할 수 없다.(1995.12.30 본항신설)

판례 선거일 180일 전부터 선거에 영향을 미치기 위한 인쇄물의 살포를 금지한 조항은 선거의 공정성을 해치는 것이 명백하다고 볼 수 없는 정치적 표현까지 금지 · 처벌하고 있다. 이로 인하여 유권자나 후보자가 받게 되는 정치적 표현의 자유에 대한 제약은 매우 크며, 후보자에 비해 선거운동의 허용영역이 상대적으로 좁은 일반 유권자에 대해서는 더욱 그렇다. 이는 당초의 입법취지에서 벗어나 선거와 관련한 국민의 자유로운 목소리를 상시적으로 억압하는 결과를 초래할 수 있다. 인쇄물은 시설물 등과 비교하더라도 투입되는 비용이 상대적으로 적어 경제력 차이로 인한 선거 기회 불균형의 문제가 크지 않고, 공직선거법상 후보자 비방 금지나 허위사실공표 금지 규정 등이 이미 존재하므로 인쇄물 살포를 금지하는 것이 선거의 과열로 인한 무분별한 흑색선전, 허위사실유포나 비방 등을 방지하기 위한 불가피한 수단에 해당하지도 않는다. 따라서 이와 같은 인쇄물 살포 금지 조항은 정치적 표현의 자유를 침해하므로 헌법에 어긋난다.
(헌재결 2023.3.23, 2023헌가4)

판례 인터넷 상의 선거운동은 누구나 손쉽게 접근이 가능하고 비용이 매우 저렴해 비용을 획기적으로 낮출 수 있는 정치공간이므로 '기회의 균형성, 투명성, 저비용성의 제고'라는 공직선거법 목적에 부합한다. 선거일 전 180일부터 선거일까지 인터넷상 정치적 표현 내지 선거운동을 제한하는 것은 후보자 간의 경제력 차이에 따른 불균형이라는 폐해를 방지한다는 입법목적의 달성을 위한 적절한 수단이라 할 수 없다. 따라서 트위터를 비롯한 소셜네트워크서비스(SNS)를 이용한 사전선거운동을 금지한 공직선거법 조항은 헌법에 위반된다.
(헌재결 2011.12.29, 2007헌마1001,2010헌바88,2010헌마173 · 191(병합))

판례 국회의원 예비후보자의 선거사무실 개소식을 알리는 내용의 문자메시지를 위 후보자나 개소식과 직접 관련없는 사람들을 포함한 수천 명의 선거구민들에게 대량으로 발송한 행위가, 문자메시지 발송 시기, 동기, 방법, 내용과 태양 등 제반 사정을 종합하여 볼 때 사회생활상의 일상적 · 의례적 · 사교적인 행위에 불과하다고 보기는 어렵고, 오히려 위 후보자의 인지도를 높이고 지지를 이끌어 냄으로써 그 당선이나 선거에서 유리한 입지를 확보하게 하는, 선거에 영향을 미치기 위한 행위에 해당한다.(대판 2009.5.28, 2009도1937)

판례 탈법방법에 의한 문서 · 도화의 배부 · 게시 등 금지규정인 공직선거법 제93조 제1항의 입법 취지와 '배부행위'란 문언의 의미에 비추어 보면, 직접 배부행위의 상대방에게 문서 · 도화 등이 도달되지 않는 이상 배부행위자의 사자 또는 그 내용을 모르는 운송기관 등에게 교부된 것만으로는 배부행위가 기수에 이르렀다고 할 수 없다.
(대판 2009.5.14, 2009도1938)

판례 공직선거법 제93조 제1항은 탈법행위의 수단을 '광고, 인사장, 벽보, 사진, 문서 · 도화, 인쇄물이나 녹음 · 녹화테이프 기타 이와 유사한 것'이라고 표현함으로써 적용대상에 관하여 기본적으로 의사전달의 성질이나 기능을 가진 매체나 수단을 포괄적으로 규정하고 있는 점, 무선정보통신으로 전달되는 것이 유형물이 아니라 전자정보에 해당하더라도 문자와 기호를 사용하여 관념이나 의사를 다른 사람에게 전달하는 문서가 가지는 고유의 기능을 그대로 보유하고 있는 점, 휴대전화가 보편적으로 보급되어 일상생활화 된 이른바 정보통신시대에 있어 휴대전화 문자메시지는 유체물인 종이문서 등을 대신하는 기능과 역할을 담당하고 있어 문자메시지로 전송한 글도 선거에 미치는 영향이 문서 못지않으므로 이를 규제할 필요성이 클 뿐만 아니라 선거의 공정성을 보장하려는 공직선거법 규정의 입법취지에도 부합한다고 보이는 점 등 여러 사정을 종합적으로 고려하면, 휴대전화로 문자메시지를 대량으로 전송한 행위는 공직선거법 제255조 제2항 제5호, 제93조 제1항의 구성요건에 해당한다고 보아야 한다.
(대판 2007.2.22, 2006도7847)

판례 후보자가 되고자 하는 자가 그 성명 등을 나타내고 지지를 호소하는 내용의 인사장 등을 배부하는 행위는 공직선거법 제93조 제1항의 탈법방법에 의한 문서의 배부에 해당한다.
(대판 2007.2.9, 2006도7417)

판례 선거일 전 180일부터 선거일까지 선거에 영향을 미치게 하기 위하여 정당 또는 후보자를 지지·추천하거나 반대하는 내용이 포함되어 있는 광고, 벽보 등의 배부·살포 등의 행위를 금지한 공직선거및선거부정방지법 제93조제1항은 합헌이다.
(헌재결 2001.8.30, 99헌바92 등)

제94조【방송·신문 등에 의한 광고의 금지】 누구든지 선거기간중 선거운동을 위하여 이 법에 규정되지 아니한 방법으로 방송·신문·통신 또는 잡지 기타의 간행물 등 언론매체를 통하여 광고할 수 없다.(2000.2.16 본조개정)

제95조【신문·잡지 등의 통상방법 외의 배부 등 금지】 ① 누구든지 이 법의 규정에 의한 경우를 제외하고는 선거에 관한 기사를 게재한 신문·통신·잡지 또는 기관·단체·시설의 기관지 기타 간행물을 통상방법외의 방법으로 배부·살포·게시·첩부하거나 그 기사를 복사하여 배부·살포·게시·첩부할 수 없다.(2012.1.17 본항개정)
② 제1항에서 "선거에 관한 기사"라 함은 후보자(후보자가 되려는 사람을 포함한다. 이하 제96조 및 제97조에서 같다)의 당락이나 특정 정당(창당준비위원회를 포함한다)에 유리 또는 불리한 기사를 말하며, "통상방법에 의한 배부"라 함은 종전의 방법과 범위안에서 발행·배부하는 것을 말한다.
(2012.2.29 본항개정)
(2012.1.17 본조제목개정)

판례 동조 제1항에 의하여 배부가 허용되는 '신문·통신·잡지 또는 기관·단체·시설의 기관지 기타 간행물'의 의미 : 여기서 '신문 등'이라 함은 단순한 문서·도화의 수준을 넘어서서 상당한 기간 반복적으로 제호, 발행인, 발행일 등을 표기하면서 일정한 격식을 갖추어 발행되는 것에 한정되고, 비록 신문·잡지의 형식을 취하였다고 하더라도 통상방법에 의한 배부인지 여부를 판단할 수 있을 정도로 상당한 기간 반복적으로 발행·배부되어 오던 것이 아니라면 제93조 제1항에 규정된 '문서·도화·인쇄물 등'에 해당할 뿐 이에는 해당하지 않는다.(대판 2005.5.13, 2005도836)

제96조【허위논평·보도 등 금지】 ① 누구든지 선거에 관한 여론조사결과를 왜곡하여 공표 또는 보도할 수 없다.
② 방송·신문·통신·잡지, 그 밖의 간행물을 경영·관리하는 자 또는 편집·취재·집필·보도하는 자는 다음 각 호의 어느 하나에 해당하는 행위를 할 수 없다.
1. 특정 후보자를 당선되게 하거나 되지 못하게 할 목적으로 선거에 관하여 허위의 사실을 보도하거나 사실을 왜곡하여 보도 또는 논평을 하는 행위
2. 여론조사결과 등과 같은 객관적 자료를 제시하지 아니하고 선거결과를 예측하는 보도를 하는 행위
(2012.2.29 본항신설)
(2012.2.29 본조개정)

제97조【방송·신문의 불법이용을 위한 행위 등의 제한】 ① 누구든지 선거운동을 위하여 방송·신문·통신·잡지 기타의 간행물을 경영·관리하는 자 또는 편집·취재·집필·보도하는 자에게 금품·향응 기타의 이익을 제공하거나 제공할 의사의 표시 또는 그 제공을 약속할 수 없다.
② 정당, 후보자, 선거사무장, 선거연락소장, 선거사무원, 회계책임자, 연설원, 대담·토론자 또는 제114조(정당 및 후보자의 가족등의 기부행위제한)제2항의 후보자 또는 그 가족과 관계있는 회사등은 선거에 관한 보도·논평이나 대담·토론과 관련하여 당해 방송·신문·통신·잡지 기타 간행물을 경영·관리하거나 편집·취재·집필·보도하는 자 또는 그 보조자에게 금품·향응 기타 이익을 제공하거나 제공할 의사의 표시 또는 그 제공을 약속할 수 없다.
③ 방송·신문·통신·잡지 기타 간행물을 경영·관리하거나 편집·취재·집필·보도하는 자는 제1항 또는 제2항의 규정에 의한 금품·향응 기타의 이익을 받거나 권유·요구 또는 약속할 수 없다.

제98조【선거운동을 위한 방송이용의 제한】 누구든지 이 법의 규정에 의하지 아니하고는 그 방법의 여하를 불문하고 방송시설을 이용하여 선거운동을 위한 방송을 하거나 하게 할 수 없다.(2000.2.16 본조개정)

제99조【구내방송 등에 의한 선거운동금지】 누구든지 이 법의 규정에 의하지 아니하고는 선거기간중 교통수단·건물 또는 시설안의 방송시설을 이용하여 선거운동을 할 수 없다.

제100조【녹음기 등의 사용금지】 누구든지 선거기간중 이 법의 규정에 의하지 아니하고는 녹음기나 녹화기(비디오 및 오디오기기를 포함한다)를 사용하여 선거운동을 할 수 없다.(2005.8.4 본조개정)

제101조【타연설회 등의 금지】 누구든지 선거기간중 선거에 영향을 미치게 하기 위하여 이 법의 규정에 의한 연설·대담 또는 대담·토론회를 제외하고는 다수인을 모이게 하여 개인정견발표회·시국강연회·좌담회 또는 토론회 기타의 연설회나 대담·토론회를 개최할 수 없다.(2004.3.12 본조개정)

제102조【야간연설 등의 제한】 ① 이 법의 규정에 의한 연설·대담과 대담·토론회(방송시설을 이용하는 경우를 제외한다)는 오후 11시부터 다음날 오전 6시까지는 개최할 수 없으며, 공개장소에서의 연설·대담은 오후 11시부터 다음날 오전 7시까지는 이를 할 수 없다. 다만, 공개장소에서의 연설·대담을 하는 경우 자동차에 부착된 확성장치 또는 휴대용 확성장치는 오전 7시부터 오후 9시까지 사용할 수 있다.
② 제79조에 따른 공개장소에서의 연설·대담을 하는 경우 오후 9시부터 다음 날 오전 7시까지 같은 조 제10항에 따른 녹음기와 녹화기(비디오 및 오디오 기기를 포함한다. 이하 이 항에서 같다)를 사용할 수 없다. 다만, 녹화기는 소리의 출력 없이 화면만을 표출하는 경우에 한정하여 오후 11시까지 사용할 수 있다.
(2022.1.18 본조개정)

제103조【각종집회 등의 제한】 ① 누구든지 선거기간 중 선거운동을 위하여 이 법에 규정된 것을 제외하고는 명칭 여하를 불문하고 집회나 모임을 개최할 수 없다.
(2023.8.30 본항신설)
② 특별법에 따라 설립된 국민운동단체로서 국가나 지방자치단체의 출연 또는 보조를 받는 단체(바르게살기운동협의회·새마을운동협의회·한국자유총연맹을 말한다) 및 주민자치위원회는 선거기간 중 회의 그 밖에 어떠한 명칭의 모임도 개최할 수 없다.(2005.8.4 본항신설)
③ 누구든지 선거기간 중 선거에 영향을 미치게 하기 위하여 향우회·종친회·동창회·단합대회·야유회 또는 참가인원이 25명을 초과하는 그 밖의 집회나 모임을 개최할 수 없다.(2023.8.30 본항개정)
④ 선거기간중에는 특별한 사유가 없는 한 반상회를 개최할 수 없다.
⑤ 누구든지 선거일전 90일(선거일전 90일후에 실시사유가 확정된 보궐선거등에 있어서는 그 선거의 실시사유가 확정된 때)부터 선거일까지 후보자(후보자가 되고자 하는 자를 포함한다)와 관련있는 저서의 출판기념회를 개최할 수 없다.
(2004.3.12 본항신설)

판례 집회개최 금지조항이 금지하고 처벌하는 행위의 주체는 선거의 후보자, 예비후보자 등록을 한 자, 선거사무원 등에 한정되지 않고, 일반 유권자의 경우도 집회개최 금지조항의 대상이 된다. 개최를 금지하는 모임 역시 '모든 집회나 모임'이며, 합법 집회인지, 그렇지 않은 불법 집회인지, 옥내 집회인지 옥외 집회인지를 묻지 않는다. 이처럼 집회개최 금지조항은 선거의 공정과 평온에 대한 위험 상황이 구체적으로 존재하지 않는 경우까지도 예외 없이 선거기간 중의 집회나 모임을 금지하고 있는바, 이는 입법목적의 달성에 필요한 범위를 넘는 과도한 제한이다.(헌재결 2022.7.21, 2018헌바357,2021헌가7(병합))

제104조【연설회장에서의 소란행위 등의 금지】 누구든지 이 법의 규정에 의한 공개장소에서의 연설·대담장소, 대담·토론회장 또는 정당의 집회장소에서 폭행·협박 기타 어떠한 방법으로도 연설·대담장소 등의 질서를 문란하게 하거나 그 진행을 방해할 수 없으며, 연설·대담 등의 주관

자가 연단과 그 주변의 조명을 위하여 사용하는 경우를 제외하고는 횃불을 사용할 수 없다.(2004.3.12 본조개정)

제105조【행렬 등의 금지】 ① 누구든지 선거운동을 위하여 5명(후보자와 함께 있는 경우에는 후보자를 포함하여 10명)을 초과하여 무리를 지어 다음 각 호의 어느 하나에 해당하는 행위를 할 수 없다. 다만, 제2호의 행위를 하는 경우에는 후보자와 그 배우자(배우자 대신 후보자가 그의 직계존비속 중에서 신고한 1인을 포함한다), 선거사무장, 선거연락소장, 선거사무원, 후보자와 함께 있는 활동보조인 및 회계책임자는 그 수에 산입하지 아니한다.(2010.1.25 본문개정)

1. 거리를 행진하는 행위
2. 다수의 선거구민에게 인사하는 행위
3. 연달아 소리지르는 행위. 다만, 제79조(공개장소에서의 연설·대담)의 규정에 의한 공개장소에서의 연설·대담에서 당해 정당 또는 후보자에 대한 지지를 나타내기 위하여 연달아 소리지르는 경우에는 그러하지 아니하다.

② (2010.1.25 삭제)

(2004.3.12 본조개정)

제106조【호별방문의 제한】 ① 누구든지 선거운동을 위하여 또는 선거기간중 입당의 권유를 위하여 호별로 방문할 수 없다.

② 선거운동을 할 수 있는 자는 제1항의 규정에 불구하고 관혼상제의 의식이 거행되는 장소와 도로·시장·점포·다방·대합실 기타 다수인이 왕래하는 공개된 장소에서 정당 또는 후보자에 대한 지지를 호소할 수 있다.

③ 누구든지 선거기간중 공개장소에서의 연설·대담의 통지를 위하여 호별로 방문할 수 없다.(2004.3.12 본항개정)

판례 호별방문죄의 성립요건 : ① 공직선거법 106조 1항 소정의 호별방문죄는 연속적으로 두 집 이상을 방문함으로써 성립하고, 또 타인과 면담하기 위하여 그 거택 등에 들어간 경우는 물론 타인을 면담하기 위하여 방문하였으나 피방문자가 부재중이어서 들어가지 못한 경우에도 성립한다. ② 공직선거법 106조 1항 소정의 호별방문죄에 있어서 각 집의 방문이 '연속적'인 것으로 인정되기 위해서는 반드시 집집을 중단 없이 방문하여야 하거나 동일한 일시 및 기회에 각 집을 방문하여야 하는 것은 아니지만, 각 방문행위 사이에는 어느 정도의 시간적 근접성이 있어야 할 것이고, 이러한 시간적 근접성이 없다면 '연속적'인 것으로 인정될 수는 없다.(대판 2007.3.15, 2006도9042)

제107조【서명·날인운동의 금지】 누구든지 선거운동을 위하여 선거구민에 대하여 서명이나 날인을 받을 수 없다.

제108조【여론조사의 결과공표금지 등】 ① 누구든지 선거일 전 6일부터 선거일의 투표마감시각까지 선거에 관하여 정당에 대한 지지도나 당선인을 예상하게 하는 여론조사(모의투표나 인기투표에 의한 경우를 포함한다. 이하 이 조에서 같다)의 경위와 그 결과를 공표하거나 인용하여 보도할 수 없다.(2017.3.9 본항개정)

② 누구든지 선거일전 60일(선거일전 60일 후에 실시사유가 확정된 보궐선거등에서는 그 선거의 실시사유가 확정된 때)부터 선거일까지 선거에 관한 여론조사를 투표용지와 유사한 모형에 의한 방법을 사용하거나 후보자(후보자가 되고자 하는 자를 포함한다. 이하 이 조에서 같다) 또는 정당(창당준비위원회를 포함한다. 이하 이 조에서 같다)의 명의로 선거에 관한 여론조사를 할 수 없다. 다만, 제57조의2제2항에 따른 여론조사는 그러하지 아니하다.(2010.1.25 단서신설)

③ 다음 각 호의 어느 하나에 해당하는 자를 제외하고는 누구든지 선거에 관한 여론조사를 실시하려면 여론조사의 목적, 표본의 크기, 조사지역·일시·방법, 전체 설문내용 등 중앙선거관리위원회규칙으로 정하는 사항을 여론조사 개시일 전 2일까지 관할 선거여론조사심의위원회에 서면으로 신고하여야 한다.(2017.2.8 본문개정)

1. 제3자로부터 여론조사를 의뢰받은 여론조사 기관·단체(제3자의 의뢰 없이 직접 하는 경우는 제외한다)
2. 정당〔창당준비위원회와 「정당법」 제38조(정책연구소의 설치·운영)에 따른 정책연구소를 포함한다〕
3. 「방송법」 제2조(용어의 정의)에 따른 방송사업자
4. 전국 또는 시·도를 보급지역으로 하는 「신문 등의 진흥에 관한 법률」 제2조(정의)에 따른 신문사업자 및 「잡지 등 정기간행물의 진흥에 관한 법률」 제2조(정의)에 따른 정기간행물사업자
5. 「뉴스통신 진흥에 관한 법률」 제2조(정의)에 따른 뉴스통신사업자
6. 제3호부터 제5호까지의 사업자가 관리·운영하는 인터넷 언론사
7. 전년도 말 기준 직전 3개월 간의 일일 평균 이용자 수 10만명 이상인 인터넷언론사(2014.2.13 본호신설)

(2014.2.13 본항개정)

④ 관할 선거여론조사심의위원회는 제3항에 따른 신고 내용이 이 법 또는 선거여론조사기준을 충족하지 못한다고 판단되는 때에는 여론조사실시 전까지 보완할 것을 요구할 수 있다. 이 경우 보완요구에 이의가 있는 때에는 관할 선거여론조사심의위원회에 서면으로 이의신청을 할 수 있다.

(2017.2.8 본항개정)

⑤ 누구든지 선거에 관한 여론조사를 하는 경우에는 피조사자에게 질문을 하기 전에 여론조사 기관·단체의 명칭과 전화번호를 밝혀야 하고, 해당 조사대상의 전계층을 대표할 수 있도록 피조사자를 선정하여야 하며, 다음 각 호의 어느 하나에 해당하는 행위를 하여서는 아니된다.(2017.2.8 본문개정)

1. 특정 정당 또는 후보자에게 편향되도록 하는 어휘나 문장을 사용하여 질문하는 행위
2. 피조사자에게 응답을 강요하거나 조사자의 의도에 따라 응답을 유도하는 방법으로 질문하거나, 피조사자의 의사를 왜곡하는 행위
3. 오락 기타 사행성을 조장할 수 있는 방법으로 조사하거나 제13항에 따라 제공할 수 있는 전화요금 할인 혜택을 초과하여 제공하는 행위(2017.2.8 본호개정)
4. 피조사자의 성명이나 성명을 유추할 수 있는 내용을 공개하는 행위

(1997.11.14 본항신설)

⑥ 누구든지 선거에 관한 여론조사의 결과를 공표 또는 보도하는 때에는 선거여론조사기준으로 정한 사항을 함께 공표 또는 보도하여야 하며, 선거에 관한 여론조사를 실시한 기관·단체는 조사설계서·피조사자선정·표본추출·질문지작성·결과분석 등 조사의 신뢰성과 객관성의 입증에 필요한 자료와 수집된 설문지 및 결과분석자료 등 해당 여론조사와 관련있는 자료일체를 해당 선거의 선거일 후 6개월까지 보관하여야 한다.(2015.12.24 본항개정)

⑦ 선거에 관한 여론조사 결과를 공표·보도하려는 때에는 그 결과의 공표·보도 전에 해당 여론조사를 실시한 선거여론조사기관이 선거여론조사기준으로 정한 사항을 중앙선거여론조사심의위원회 홈페이지에 등록하여야 한다. 이 경우 선거여론조사기관이 제3자로부터 의뢰를 받아 여론조사를 실시한 때에는 해당 여론조사를 의뢰한 자는 선거여론조사기관에 해당 여론조사 결과의 공표·보도 예정일시를 통보하여야 하며, 선거여론조사기관은 통보받은 공표·보도 예정일시 전에 해당 사항을 등록하여야 한다.

(2017.2.8 본항개정)

⑧ 누구든지 다음 각 호의 어느 하나에 해당하는 행위를 하여서는 아니 된다.

1. 제7항에 따라 중앙선거여론조사심의위원회 홈페이지에 등록되지 아니한 선거에 관한 여론조사 결과를 공표 또는 보도하는 행위(2017.2.8 본호개정)
2. 선거여론조사기준을 따르지 아니하고 공표 또는 보도를 목적으로 선거에 관한 여론조사를 하거나 그 결과를 공표 또는 보도하는 행위(2015.12.24 본호개정)

(2014.2.13 본항신설)

⑨ 다음 각 호의 어느 하나에 해당하는 때에는 해당 여론조사를 실시한 기관·단체에 제6항에 따라 보관 중인 여론조

사와 관련된 자료의 제출을 요구할 수 있으며, 그 요구를 받은 기관·단체는 지체 없이 이에 따라야 한다.(2015.12.24 본문개정)
1. 관할 선거구선거관리위원회가 공표 또는 보도된 여론조사와 관련하여 이 법을 위반하였다고 인정할 만한 상당한 이유가 있다고 판단되는 때
2. 선거여론조사심의위원회가 공표 또는 보도된 여론조사결과의 객관성·신뢰성에 대하여 정당 또는 후보자로부터 서면으로 이의신청을 받거나 제8조의8제7항제2호에 따른 심의를 위하여 필요하다고 판단되는 때(2017.2.8 본호개정)
(2014.2.13 본항개정)
⑩ 누구든지 야간(오후 10시부터 다음 날 오전 7시까지를 말한다)에는 전화를 이용하여 선거에 관한 여론조사를 실시할 수 없다.(2010.1.25 본항신설)
⑪ 누구든지 다음 각 호의 어느 하나에 해당하는 행위를 하여서는 아니 된다.
1. 제57조의2제1항에 따른 당내경선을 위한 여론조사의 결과에 영향을 미치게 하기 위하여 다수의 선거구민을 대상으로 성별·연령 등을 거짓으로 응답하도록 지시·권유·유도하는 행위
2. 선거에 관한 여론조사의 결과에 영향을 미치게 하기 위하여 둘 이상의 전화번호를 착신 전환 등의 조치를 하여 같은 사람이 두 차례 이상 응답하거나 이를 지시·권유·유도하는 행위
(2016.1.15 본항신설)
⑫ 누구든지 다음 각 호의 어느 하나에 해당하는 선거에 관한 여론조사의 결과를 해당 선거일의 투표마감시각까지 공표 또는 보도할 수 없다. 다만, 제2호의 경우 해당 선거여론조사기관에 대하여 불송치결정 또는 불기소처분이 있거나 무죄의 판결이 확정된 때에는 그러하지 아니하다.(2021.3.23 단서개정)
1. 정당 또는 후보자가 실시한 해당 선거에 관한 여론조사
2. 제8조의8제10항에 따라 고발되거나 이 법에 따른 여론조사에 관한 범죄로 기소된 선거여론조사기관이 실시한 선거에 관한 여론조사
3. 선거여론조사기관이 아닌 여론조사기관·단체가 실시한 선거에 관한 여론조사
(2017.2.8 본항신설)
⑬ 선거에 관한 여론조사에 성실하게 응답한 사람에게는 중앙선거관리위원회규칙으로 정하는 바에 따라 전화요금 할인 혜택을 제공할 수 있다. 이 경우 전화요금 할인에 소요되는 비용은 해당 여론조사를 실시하는 자가 부담한다.
(2017.2.8 본항신설)
⑭ 여론조사의 신고, 이의신청, 자료제출 요구 절차, 그 밖에 필요한 사항은 중앙선거관리위원회규칙으로 정한다.
(2014.2.13 본항개정)
(2015.12.24 본조제목개정)
판례 여론조사의 공표 방법에 관한 공직선거법 제108조 제4항은 선거와 관련된 여론조사의 결과를 공표함에 있어서 그 객관성과 신뢰성을 유지할 수 있도록 하기 위한 것으로서, '누구든지 선거에 관한 여론조사의 결과를 공표 또는 보도하는 때에는'이라고 규정하여 그 행위 주체에 아무런 제한을 두고 있지 아니하므로, 위 규정이 여론조사의 결과를 최초로 공표 또는 보도하는 자에 한하여 적용된다고는 할 수 없다.(대판 2007.6.14, 2007도2741)

제108조의2【선거여론조사를 위한 휴대전화 가상번호의 제공】 ① 선거여론조사기관이 공표 또는 보도를 목적으로 전화를 이용하여 선거에 관한 여론조사를 실시하는 경우 휴대전화 가상번호를 사용할 수 있다.
② 선거여론조사기관이 제1항에 따른 여론조사를 실시하는 경우에는 관할 선거여론조사심의위원회를 경유하여 이동통신사업자에게 휴대전화 가상번호를 제공하여 줄 것을 요청할 수 있다.
③ 제2항에 따라 휴대전화 가상번호를 사용하고자 하는 선거여론조사기관은 해당 여론조사 개시일 전 10일까지 관할 선거여론조사심의위원회에 휴대전화 가상번호 제공 요청서를 제출하여야 하고, 관할 선거여론조사심의위원회는 해당 요청서의 기재사항을 심사한 후 제출받은 날부터 3일 이내에 해당 요청서를 이동통신사업자에게 송부하여야 한다.
④ 선거여론조사기관이 제2항에 따른 요청을 하는 경우에는 휴대전화 가상번호 제공 요청서에 다음 각 호에 따른 사항을 적어야 한다.
1. 여론조사의 목적·내용 및 기간
2. 여론조사 대상 지역 및 대상자 수
3. 이동통신사업자별로 제공하여야 하는 성별·연령별·지역별 휴대전화 가상번호 수. 이 경우 제공을 요청할 수 있는 휴대전화 가상번호의 총수는 제2호에 따른 대상자 수의 30배수를 초과할 수 없다.
4. 그 밖에 중앙선거관리위원회규칙으로 정하는 사항
⑤ 선거에 관한 여론조사를 위한 휴대전화 가상번호 제공에 관하여 제57조의8제4항부터 제7항까지 및 제9항부터 제11항까지의 규정을 준용한다.
⑥ 휴대전화 가상번호 제공 요청 방법과 절차, 휴대전화 가상번호의 유효기간 설정, 휴대전화 가상번호 제공 요청서 서식, 그 밖에 필요한 사항은 중앙선거관리위원회규칙으로 정한다.
(2017.2.8 본조신설)

제108조의3【정책·공약에 관한 비교평가결과의 공표제한 등】 ① 언론기관(제82조의 언론기관을 말한다) 및 제87조제1항 각 호의 어느 하나에 해당하지 아니하는 단체(이하 이 조에서 "언론기관등"이라 한다)는 정당·후보자(후보자가 되려는 자를 포함한다. 이하 이 조에서 "후보자등"이라 한다)의 정책이나 공약에 관하여 비교평가하고 그 결과를 공표할 수 있다.
② 언론기관등이 후보자등의 정책이나 공약에 관한 비교평가를 하거나 그 결과를 공표하는 때에는 다음 각 호의 어느 하나에 해당하는 행위를 하여서는 아니 된다.
1. 특정 후보자등에게 유리 또는 불리하게 평가단을 구성·운영하는 행위
2. 후보자등별로 점수부여 또는 순위나 등급을 정하는 등의 방법으로 서열화하는 행위
③ 언론기관등이 후보자등의 정책이나 공약에 관한 비교평가의 결과를 공표하는 때에는 평가주체, 평가단 구성·운영, 평가지표·기준·방법 등 평가의 신뢰성·객관성을 입증할 수 있는 내용을 공표하여야 하며, 비교평가와 관련있는 자료 일체를 해당 선거의 선거일 후 6개월까지 보관하여야 한다. 이 경우 선거운동을 하거나 할 것을 표방한 단체는 지지하는 후보자등을 함께 공표하여야 한다.
(2008.2.29 본조신설)

제109조【서신·전보 등에 의한 선거운동의 금지】 ① 누구든지 선거기간 중 이 법에 규정되지 아니한 방법으로 선거권자에게 서신·전보·모사전송 그 밖에 전기통신의 방법을 이용하여 선거운동을 할 수 없다.(2010.1.25 본항개정)
② 제59조제4호에 따른 전화를 이용한 선거운동은 야간(오후 11시부터 다음날 오전 6시까지를 말한다)에는 이를 할 수 없다.(2020.12.29 본항개정)
③ 누구든지 선거운동을 위하여 후보자, 선거사무장, 선거연락소장, 선거사무원, 회계책임자, 연설원, 대담·토론자 또는 선거권자등을 전화 기타의 방법으로 협박할 수 없다.
(1997.11.14 본조제목개정)

제110조【후보자 등의 비방금지】 ① 누구든지 선거운동을 위하여 후보자(후보자가 되고자 하는 자를 포함한다. 이하 이 조에서 같다), 후보자의 배우자 또는 직계존비속이나 형제자매의 출생지·가족관계·신분·직업·경력등·재산·행위·소속단체, 특정인 또는 특정단체로부터의 지지여부등에 관하여 허위의 사실을 공표할 수 없으며, 공연히 사실을 적시하여 사생활을 비방할 수 없다. 다만, 진실한 사실로서 공공의 이익에 관한 때에는 그러하지 아니하다.

② 누구든지 선거운동을 위하여 정당, 후보자, 후보자의 배우자 또는 직계존비속이나 형제자매와 관련하여 특정 지역·지역인 또는 성별을 공연히 비하·모욕하여서는 아니 된다.(2015.12.24 본조개정)

제110조의2 【허위사실 등에 대한 이의제기】 ① 누구든지 후보자 또는 예비후보자의 출생지·가족관계·신분·직업·경력등·재산·행위·소속단체, 특정인 또는 특정단체로부터의 지지여부 등에 관하여 공표된 사실이 거짓임을 이유로 해당 선거구선거관리위원회를 거쳐 직근 상급선거관리위원회에 서면으로 이의제기를 할 수 있다.

② 제1항에 따른 이의제기를 받은 직근 상급선거관리위원회는 후보자 또는 예비후보자, 소속정당, 이의제기자, 관련 국가기관·지방자치단체, 그 밖의 기관·단체에 대하여 증명서류 및 관련자료의 제출을 요구할 수 있다. 이 경우 제출요구를 받은 자는 정당한 사유가 없으면 지체 없이 이에 따라야 한다.

③ 직근 상급선거관리위원회는 증명서류 및 관련자료의 제출이 없거나 제출한 증명서류 및 관련자료를 통하여 확인한 결과 공표된 사실이 거짓으로 판명된 때에는 이를 지체 없이 공고하여야 한다. 이 경우 이의제기서와 제출받은 서류·자료를 「개인정보 보호법」을 위반하지 아니하는 범위에서 편집·수정 없이 선거관리위원회 홈페이지에 공개하여야 한다.

④ 이의제기서의 양식, 제출 서류·자료의 공개, 그 밖에 필요한 사항은 중앙선거관리위원회규칙으로 정한다.

(2015.12.24 본조신설)

제111조 【의정활동 보고】 ① 국회의원 또는 지방의회의원은 보고회 등 집회, 보고서(인쇄물, 녹음·녹화물 및 전산자료 복사본을 포함한다), 인터넷, 문자메시지, 송·수화자 간 직접 통화방식의 전화 또는 축사·인사말(게재하는 경우를 포함한다)을 통하여 의정활동(선거구활동·일정고지, 그 밖에 업적의 홍보에 필요한 사항을 포함한다)을 선거구민(행정구역 또는 선거구역의 변경으로 새로 편입된 구역의 선거구민을 포함한다. 이하 이 조에서 같다)에게 보고할 수 있다. 다만, 대통령선거·국회의원선거·지방의회의원선거 및 지방자치단체의 장선거의 선거일전 90일부터 선거일까지 직무상의 행위 그 밖에 명목여하를 불문하고 의정활동을 인터넷 홈페이지 또는 그 게시판·대화방 등에 게시하거나 전자우편·문자메시지로 전송하는 외의 방법으로 의정활동을 보고할 수 없다.(2012.2.29 단서개정)

② 국회의원 또는 지방의회의원이 의정보고회를 개최하는 때에는 고지벽보와 의정보고회 장소표지를 첩부·게시할 수 있으며, 고지벽보와 표지에는 보고회명과 개최일시·장소 및 보고사항(후보자가 되고자 하는 자를 선전하는 내용을 제외한다)을 게재할 수 있다. 이 경우 의정보고회를 개최한 국회의원 또는 지방의회의원은 고지벽보와 표지를 의정보고회가 끝난 후 지체없이 철거하여야 한다.

③ 제1항의 규정에 따라 보고서를 우편으로 발송하고자 하는 국회의원 또는 지방의회의원은 그 발송수량의 범위 안에서 선거구민인 세대주의 성명·주소(이하 이 조에서 "세대주명단"이라 한다)의 교부를 연 1회에 한하여 구·시·군의 장에게 서면으로 신청할 수 있으며, 신청을 받은 구·시·군의 장은 다른 법률의 규정에도 불구하고 지체 없이 그 세대주명단을 작성·교부하여야 한다.(2005.8.4 본항신설)

④ 제3항의 규정에 따른 세대주명단의 작성비용의 납부, 교부된 세대주명단의 양도·대여 및 사용의 금지에 관하여는 제46조(명부사본의 교부)제3항 및 제4항의 규정을 준용한다. 이 경우 "명부"는 "세대주명단"으로 본다.(2014.1.17 후단개정)

⑤ 의정보고회의 고지벽보와 표지의 규격·수량, 세대주의 명단의 교부신청 그 밖의 의정활동보고에 관하여 필요한 사항은 중앙선거관리위원회규칙으로 정한다.(2005.8.4 본항개정)

(2000.2.16 본조개정)

제112조 【기부행위의 정의 등】 ① 이 법에서 "기부행위"라 함은 당해 선거구안에 있는 자나 기관·단체·시설 및 선거구민의 모임이나 행사 또는 당해 선거구의 밖에 있더라도 그 선거구민과 연고가 있는 자나 기관·단체·시설에 대하여 금전·물품 기타 재산상 이익의 제공, 이익제공의 의사표시 또는 그 제공을 약속하는 행위를 말한다.(2004.3.12 본문개정)

1.~11. (2004.3.12 삭제)

② 제1항의 규정에 불구하고 다음 각 호의 어느 하나에 해당하는 행위는 기부행위로 보지 아니한다.(2005.8.4 본문개정)

1. 통상적인 정당활동과 관련한 행위
 가. 정당이 각급당부에 당해 당부의 운영경비를 지원하거나 유급사무직원에게 보수를 지급하는 행위
 나. 정당의 당헌·당규 기타 정당의 내부규약에 의하여 정당의 당원이 당비 기타 부담금을 납부하는 행위
 다. 정당이 소속 국회의원, 이 법에 따른 공직선거의 후보자·예비후보자에게 정치자금을 지원하는 행위 (2010.1.25 본목개정)
 라. 제140조제1항에 따른 창당대회 등과 제141조제2항에 따른 당원집회 및 당원교육, 그 밖에 소속 당원만을 대상으로 하는 당원집회에서 참석당원 등에게 정당의 경비로 교재, 그 밖에 정당의 홍보인쇄물, 싼 값의 정당의 배지 또는 상징마스코트나 통상적인 범위에서 차·커피 등 음료(주류는 제외한다)를 제공하는 행위(2010.1.25 본목개정)
 마. 통상적인 범위안에서 선거사무소·선거연락소 또는 정당의 사무소를 방문하는 자에게 다과·떡·김밥·음료(주류는 제외한다) 등 다과류의 음식물을 제공하는 행위
 바. 중앙당의 대표자가 참석하는 당직자회의(구·시·군단위 이상의 지역책임자급 간부와 시·도수의 10배수에 상당하는 상위직의 간부가 참석하는 회의를 말한다) 또는 시·도당의 대표자가 참석하는 당직자회의(읍·면·동단위 이상의 지역책임자급 간부와 관할 구·시·군의 수에 상당하는 상위직의 간부가 참석하는 회의를 말한다)에 참석한 당직자에게 통상적인 범위에서 식사류의 음식물을 제공하는 행위(2010.1.25 본목개정)
 사. 정당이 소속 유급사무직원을 대상으로 실시하는 교육·연수에 참석한 유급사무직원에게 정당의 경비로 숙식·교통편의 또는 실비의 여비를 제공하는 행위
 아. 정당의 대표자가 소속 당원만을 대상으로 개최하는 신년회·송년회에 참석한 사람에게 정당의 경비로 통상적인 범위에서 다과류의 음식물을 제공하는 행위
 자. 정당이 그 명의로 재해구호·장애인돕기·농촌일손돕기 등 대민 자원봉사활동을 하거나 그 자원봉사활동에 참석한 당원에게 정당의 경비로 교통편의(여비는 제외한다)와 통상적인 범위에서 식사류의 음식물을 제공하는 행위
 차. 정당의 대표자가 개최하는 정당의 정책개발을 위한 간담회·토론회에 참석한 직능·사회단체의 대표자, 주제발표자, 토론자 등에게 정당의 경비로 식사류의 음식물을 제공하는 행위
 카. 정당의 대표자가 개최하는 정당의 각종 행사에서 모범·우수당원에게 정당의 경비로 상장과 통상적인 부상을 수여하는 행위
 타. 제57조의5제1항 단서에 따른 의례적인 행위
 파. 정당의 대표자가 주관하는 당무에 관한 회의에서 참석한 각급 당부의 대표자·책임자 또는 유급당직자에게 정당의 경비로 식사류의 음식물을 제공하는 행위
 하. 정당의 중앙당의 대표자가 당무파악 및 지역여론을 수렴하기 위하여 시·도당을 방문하는 때에 정당의 경비로 방문지역의 기관·단체의 장 또는 사회단체의 간부나 언론인 등 제한된 범위의 인사를 초청하여 간담회를 개최하고 식사류의 음식물을 제공하는 행위
 (2010.1.25 사목~하목신설)

거. 정당의 중앙당이 당헌에 따라 개최하는 전국 단위의 최고 대의기관 회의에 참석하는 당원에게 정당의 경비로 교통편의를 제공하는 행위(2013.8.13 본목신설)

2. 의례적 행위

가. 민법 제777조(친족의 범위)의 규정에 의한 친족의 관혼상제의식 기타 경조사에 축의·부의금품을 제공하는 행위

나. 정당의 대표자가 중앙당 또는 시·도당에서 근무하는 해당 유급사무직원(중앙당 대표자의 경우 시·도당의 대표자와 상근 간부를 포함한다)·그 배우자 또는 그 직계존비속이 결혼하거나 사망한 때에 통상적인 범위에서 축의·부의금품(화환 또는 화분을 포함한다)을 제공하거나 해당 유급사무직원(중앙당 대표자의 경우 시·도당 대표자를 포함한다)에게 연말·설·추석·창당기념일 또는 그의 생일에 정당의 경비로 의례적인 선물을 정당의 명의로 제공하는 행위(2010.1.25 본목개정)

다. 국가유공자의 위령제, 국경일의 기념식, 「각종 기념일 등에 관한 규정」 제2조에 규정된 정부가 주관하는 기념일의 기념식, 공공기관·시설의 개소·이전식, 합동결혼식, 합동분향식, 산하 기관·단체의 준공식, 정당의 창당대회·합당대회·후보자선출대회, 그 밖에 이에 준하는 행사에 의례적인 화환·화분·기념품을 제공하는 행위 (2010.1.25 본목개정)

라. 공익을 목적으로 설립된 재단 또는 기금이 선거일 전 4년 이전부터 그 설립목적에 따라 정기적으로 지급하여 온 금품을 지급하는 행위. 다만, 선거일 전 120일(선거일 전 120일 후에 실시사유가 확정된 보궐선거등에 있어서는 그 선거의 실시사유가 확정된 때)부터 선거일까지 그 금품의 금액과 지급 대상·방법 등을 확대·변경하거나 후보자(후보자가 되려는 사람을 포함한다. 이하 이 조에서 같다)가 직접 주거나 후보자 또는 그 소속 정당의 명의를 추정할 수 있는 방법으로 지급하는 행위는 제외한다. (2010.1.25 본목개정)

마. 친목회·향우회·종친회·동창회 등 각종 사교·친목단체 및 사회단체의 구성원으로서 당해 단체의 정관·규약 또는 운영관례상의 의무에 기하여 종전의 범위안에서 회비를 납부하는 행위

바. 종교인이 평소 자신이 다니는 교회·성당·사찰 등에 통상의 예에 따라 헌금(물품의 제공을 포함한다)하는 행위

사. 선거운동을 위하여 후보자와 함께 다니는 자나 국회의원·후보자·예비후보자가 관할구역안의 지역을 방문하는 때에 함께 다니는 자에게 통상적인 범위에서 식사류의 음식물을 제공하는 행위. 이 경우 함께 다니는 자의 범위에 관하여는 중앙선거관리위원회규칙으로 정한다. (2010.1.25 전단개정)

아. 기관·단체·시설의 대표자가 소속 상근직원(「지방자치법」 제6장제3절과 제4절에서 규정하고 있는 소속 행정기관 및 하부행정기관과 그 밖에 명칭여하를 불문하고 이에 준하는 기관·단체·시설의 직원은 제외한다. 이하 이 목에서 같다)이나 소속 또는 차하급기관·단체·시설의 대표자·그 배우자 또는 그 직계존비속이 결혼하거나 사망한 때에 통상적인 범위에서 축의·부의금품(화환 또는 화분을 포함한다)을 제공하는 행위와 소속 상근직원이나 소속 또는 차하급기관·단체·시설의 대표자에게 연말·설·추석·창립기념일 또는 그의 생일에 자체사업계획과 예산에 따라 의례적인 선물을 해당 기관·단체·시설의 명의로 제공하는 행위(2010.1.25 본목개정)

자. 읍·면·동 이상의 행정구역단위의 정기적인 문화·예술·체육행사, 각급학교의 졸업식 또는 공공의 이익을 위한 행사에 의례적인 범위에서 상장(부상은 제외한다. 이하 이 목에서 같다)을 수여하는 행위와 구·시·군단위 이상의 조직 또는 단체(향우회·종친회·동창회, 동호인회, 계모임 등 개인 간의 사적모임은 제외한다)의 정기총회에 의례적인 범위에서 연 1회에 한하여 상장을 수여하는 행위. 다만, 제60조의2(예비후보자등록)제1항의 규정에 따른 예비후보자등록신청개시일부터 선거일까지 후보자(후보자가 되고자 하는 자를 포함한다)가 직접 수여하는 행위를 제외한다.(2010.1.25 본문개정)

차. 의정활동보고회, 정책토론회, 출판기념회, 그 밖의 각종 행사에 참석한 사람에게 통상적인 범위에서 차·커피 등 음료(주류는 제외한다)를 제공하는 행위

카. 선거사무소·선거연락소 또는 정당선거사무소의 개소식·간판게시식 또는 현판식에 참석한 정당의 간부·당원들이나 선거사무관계자들에게 해당 사무소 안에서 통상적인 범위의 다과류의 음식물(주류를 제외한다)을 제공하는 행위

타. 제114조제2항에 따른 후보자 또는 그 가족과 관계있는 회사등이 개최하는 정기적인 창립기념식·사원체육대회 또는 사옥준공식 등에 참석한 소속 임직원이나 그 가족, 거래선, 한정된 범위의 내빈 등에게 회사등의 경비로 통상적인 범위에서 유공자를 표창(지방자치단체의 경우 소속 직원이 아닌 자에 대한 부상의 수여는 제외한다)하거나 식사류의 음식물 또는 싼 값의 기념품을 제공하는 행위

파. 제113조 및 제114조에 따른 기부행위를 할 수 없는 자의 관혼상제에 참석한 하객이나 조객 등에게 통상적인 범위에서 음식물 또는 답례품을 제공하는 행위

(2010.1.25 차목~파목신설)

3. 구호적·자선적 행위

가. 법령에 의하여 설치된 사회보호시설중 수용보호시설에 의연금품을 제공하는 행위

나. 「재해구호법」의 규정에 의한 구호기관(전국재해구호협회를 포함한다) 및 「대한적십자사 조직법」에 의한 대한적십자사에 천재·지변으로 인한 재해의 구호를 위하여 금품을 제공하는 행위(2005.8.4 본목개정)

다. 「장애인복지법」 제58조에 따른 장애인복지시설(유료복지시설을 제외한다)에 의연금품·구호금품을 제공하는 행위(2008.2.29 본목개정)

라. 「국민기초생활 보장법」에 의한 수급권자인 중증장애인에게 자선·구호금품을 제공하는 행위(2005.8.4 본목개정)

마. 자선사업을 주관·시행하는 국가·지방자치단체·언론기관·사회단체 또는 종교단체 그 밖에 국가기관이나 지방자치단체의 허가를 받아 설립된 법인 또는 단체에 의연금품·구호금품을 제공하는 행위. 다만, 광범위한 선거구민을 대상으로 하는 경우 제공하는 개별 물품 또는 그 포장지에 직명·성명 또는 그 소속 정당의 명칭을 표시하여 제공하는 행위는 제외한다.(2010.1.25 본목개정)

바. 자선·구호사업을 주관·시행하는 국가·지방자치단체, 그 밖의 공공기관·법인을 통하여 소년·소녀가장과 후원인으로 결연을 맺고 정기적으로 제공하여 온 자선·구호금품을 제공하는 행위(2010.1.25 본목신설)

사. 국가기관·지방자치단체 또는 구호·자선단체가 개최하는 소년·소녀가장, 장애인, 국가유공자, 무의탁노인, 결식자, 이재민, 「국민기초생활 보장법」에 따른 수급자 등을 돕기 위한 후원회 등의 행사에 금품을 제공하는 행위. 다만, 개별 물품 또는 그 포장지에 직명·성명 또는 그 소속 정당의 명칭을 표시하여 제공하는 행위는 제외한다. (2010.1.25 본목신설)

아. 근로청소년을 대상으로 무료학교(야학을 포함한다)를 운영하거나 그 학교에서 학생들을 가르치는 행위 (2010.1.25 본목신설)

4. 직무상의 행위

가. 국가기관 또는 지방자치단체가 자체사업계획과 예산으로 행하는 법령에 의한 금품제공행위(지방자치단체가 표창·포상을 하는 경우 부상의 수여를 제외한다. 이하 나목에서 같다)(2005.8.4 본목개정)

나. 지방자치단체가 자체사업계획과 예산으로 대상·방법·범위 등을 구체적으로 정한 당해 지방자치단체의 조례에 의한 금품제공행위(2005.8.4 본목개정)

다. 구호사업 또는 자선사업을 행하는 국가기관 또는 지방자치단체가 자체사업계획과 예산으로 당해 국가기관 또는 지방자치단체의 명의를 나타내어 행하는 구호행위·자선행위(2005.8.4 본목개정)

라. 선거일전 60일까지 국가·지방자치단체 또는 공공기관(「공공기관의 운영에 관한 법률」 제4조에 따라 지정된 기관이나 그 밖에 중앙선거관리위원회규칙으로 정하는 기관을 말한다)의 장이 업무파악을 위한 초도순시 또는 연두순시차 하급기관을 방문하여 업무보고를 받거나 주민여론 등을 청취하면서 자체사업계획과 예산에 따라 참석한 소속공무원이나 임·직원, 유관기관·단체의 장과 의례적인 범위안의 주민대표에게 통상적인 범위안에서 식사류(지방자치단체의 장의 경우에는 다과류를 말한다)의 음식물을 제공하는 행위(2010.1.25 본목개정)

마. 국가기관 또는 지방자치단체가 긴급한 현안을 해결하기 위하여 자체사업계획과 예산으로 해당 국가기관 또는 지방자치단체의 명의로 금품이나 그 밖에 재산상의 이익을 제공하는 행위(2010.1.25 본목신설)

바. 선거기간이 아닌 때에 국가기관이 효자·효부·모범시민·유공자등에게 포상을 하거나, 국가기관·지방자치단체가 관할구역 안의 환경미화원·구두미화원·가두신문판매원·우편집배원 등에게 위문품을 제공하는 행위(2010.1.25 본목신설)

사. 국회의원 및 지방의회의원이 자신의 직무 또는 업무를 수행하는 상설사무소 또는 상설사무소를 두지 아니하는 구·시·군의 경우 임시사무소 등 중앙선거관리위원회규칙으로 정하는 장소에서 행하거나, 정당이 해당 당사에서 행하는 무료의 민원상담행위(2017.3.9 본목개정)

아. 변호사·의사 등 법률에서 정하는 일정한 자격을 가진 전문직업인이 업무활동을 촉진하기 위하여 자신이 개설한 인터넷 홈페이지를 통하여 법률·의료 등 자신의 전문분야에 대한 무료상담을 하는 행위(2010.1.25 본목신설)

자. 제114조제2항에 따른 후보자 또는 그 가족과 관계있는 회사가 영업활동을 위하여 달력·수첩·탁상일기·메모판 등 홍보물(후보자의 성명이나 직명 또는 사진이 표시된 것은 제외한다)을 그 명의로 종업원이나 제한된 범위의 거래처, 영업활동에 필요한 유관기관·단체·시설에 배부하거나 영업활동에 부가하여 해당 기업의 영업범위에서 무료강좌를 실시하는 행위(2010.1.25 본목신설)

차. 물품구매·공사·역무의 제공 등에 대한 대가의 제공 또는 부담금의 납부 등 채무를 이행하는 행위

5. 제1호부터 제4호까지의 행위 외에 법령의 규정에 근거하여 금품 등을 찬조·출연 또는 제공하는 행위(2010.1.25 본호신설)

6. 그 밖에 위 각 호의 어느 하나에 준하는 행위로서 중앙선거관리위원회규칙으로 정하는 행위(2005.8.4 본호개정)

(2004.3.12 본항개정)

③ 제2항에서 "통상적인 범위에서 제공하는 음식물 또는 음료"라 함은 중앙선거관리위원회규칙으로 정하는 금액범위 안에서 일상적인 예를 갖추는데 필요한 정도로 현장에서 소비될 것으로 제공하는 것을 말하며, 기념품 또는 선물로 제공하는 것은 제외한다.(2010.1.25 본항개정)

④ 제2항제4호 각 목 중 지방자치단체의 직무상 행위는 법령·조례에 따라 표창·포상하는 경우를 제외하고는 해당 지방자치단체의 명의로 하여야 하며, 해당 지방자치단체의 장의 직명 또는 성명을 밝히거나 그가 하는 것으로 추정할 수 있는 방법으로 하는 행위는 기부행위로 본다. 이 경우 다음 각 호의 어느 하나에 해당하는 경우에는 "그가 하는 것으로 추정할 수 있는 방법"에 해당하는 것으로 본다.

1. 종전의 대상·방법·범위·시기 등을 법령 또는 조례의 제정 또는 개정 없이 확대 변경하는 경우
2. 해당 지방자치단체의 장의 업적을 홍보하는 등 그를 선전하는 행위가 부가되는 경우

(2010.1.25 본항신설)

⑤ 각급선거관리위원회(읍·면·동선거관리위원회를 제외한다)는 기부행위제한의 주체·내용 및 기간 그 밖에 필요한 사항을 광고 등의 방법으로 홍보하여야 한다.(2005.8.4 본항개정)

(2004.3.12 본조제목개정)

판례 '제공'은 반드시 금품을 '상대방에게 귀속'시키는 것만을 뜻하는 것으로 한정 해석할 것은 아니고, 중간자에게 금품을 주는 경우라 하더라도 그 중간자가 단순한 보관자이거나 특정인에게 특정금품을 전달하기 위하여 심부름을 하는 사자(사자)에 불과한 자가 아니고 그에게 금품배분의 대상이나 방법, 배분액수 등에 대한 어느 정도의 판단과 재량의 여지가 있는 한 비록 그에게 귀속될 부분이 지정되어 있지 않은 경우라 하더라도 위 규정에서 말하는 '제공'에 포함된다고 해석함이 상당하다.(대판 2009.4.23, 2009도834)

판례 기부행위는 그에 의한 기부의 효과를 후보자 또는 후보자가 되려는 자에게 돌리려는 의사를 가지고 공직선거법 제112조 제1항에 규정된 사람에게 금품 등을 제공하는 것으로서, 그 출연자가 기부행위자가 되는 것이 통례이지만 그 기부행위를 한 것으로 평가되는 주체인 기부행위자는 항상 그 물품 등의 사실상 출연자에 한정되는 것은 아니고, 또 출연자와 기부행위자가 일치하지 않거나 외형상 기부행위에 함께 관여하는 듯이 보여서 어느 쪽이 기부행위자인지 분명하지 않은 경우에는 그 물품 등이 출연된 동기 또는 목적, 출연행위와 기부행위의 실행경위, 기부자와 출연자 그리고 기부받는 자와의 관계 등 모든 사정을 종합하여 기부행위자를 특정하여야 한다.
(대판 2007.3.30, 2006도9043)

판례 공직선거법 112조 1항의 기부행위 중 금품이나 이익제공의 의사표시의 정도 : 공직선거법 112조 1항의 기부행위 중 금품이나 이익제공의 의사표시는 사회통념상 쉽게 철회하기 어려울 정도로 진정한 의지가 담긴 것으로 외부적·객관적으로 나타나는 정도에 이르러야 하고, 금품이나 이익제공과 관련하여 어떤 대화가 있었다고 하더라도 그것이 단지 의례적이나 사교적인 인사치레 표현에 불과하다면 금품이나 이익제공의 의사표시라고 볼 수 없다.
(대판 2007.3.15, 2006도8869)

판례 '기부행위'의 의미 및 기부행위의 상대방의 범위 : 동조제1항 소정의 '기부행위'라 함은 원칙적으로 당사자의 일방이 상대방에게 무상으로 금품이나 재산상 이익 등을 제공하는 것을 말하고, 기부행위의 상대방은 '당해 선거구 안에 있는 자나 기관·단체·시설 및 선거구민의 모임이나 행사 또는 당해 선거구의 밖에 있더라도 그 선거구민과 연고가 있는 자'이면 족하며, 그 상대방이 선거운동원이든, 정당원이든 묻지 않는다.(대판 2002.2.21, 2001도2819 전원합의체)

판례 후보자의 배우자가 선거사무원에게 유권자 제공용으로 금전을 교부한 행위가 동조제1항의 '기부행위'에 해당하는지 여부 : 후보자의 배우자와 선거사무원 사이의 현금 수수는 후보자의 배우자가 특정의 선거인에게 전달하기 위하여 선거사무원에게 단순히 보관시키거나 돈 심부름을 시킨 것이 아니라 그로 하여금 불특정 다수의 선거인들을 매수하여 지지표를 확보하는 등의 부정한 선거운동에 사용하도록 제공한 것으로서 동조제1항의 '기부행위'에 해당한다 할 것이고, 이를 들어 기부행위를 실행하기 위한 준비 내지 예비 행위에 불과하다고 할 수 없다.(대판 2002.2.21, 2001도2819 전원합의체)

제113조【후보자 등의 기부행위제한】 ① 국회의원·지방의회의원·지방자치단체의 장·정당의 대표자·후보자(후보자가 되고자 하는 자를 포함한다)와 그 배우자는 당해 선거구안에 있는 자나 기관·단체·시설 또는 당해 선거구의 밖에 있더라도 그 선거구민과 연고가 있는 자나 기관·단체·시설에 기부행위(결혼식에서의 주례행위를 포함한다)를 할 수 없다.

② 누구든지 제1항의 행위를 약속·지시·권유·알선 또는 요구할 수 없다.

(2004.3.12 본조개정)

제114조【정당 및 후보자의 가족 등의 기부행위제한】 ① 정당[「정당법」 제37조제3항에 따른 당원협의회(이하 "당원협의회"라 한다)와 창당준비위원회를 포함한다. 이하 이 조에서 같다], 정당선거사무소의 소장, 후보자(후보자가 되고자 하는 자를 포함한다. 이하 이 조에서 같다)나 그 배우자의 직계존·비속과 형제자매, 후보자의 직계비속 및 형제자매의 배우자, 선거사무장, 선거연락소장, 선거사무원, 회계책임자, 연설원, 대담·토론자나 후보자 또는 그 가족(가족의 범위는 제10조제1항제3호에 규정된 "후보자의 가족"을 준용한다)과 관계있는 회사 그 밖의 법인·단체(이하 "회사등"이라 한다) 또는 그 임·직원은 선거기간전에는 당해 선거에 관하여, 선거기간에는 당해 선거에 관한 여부를 불문하고 후보자 또는 그 소속정당을 위하여 일체의 기부행위를

할 수 없다. 이 경우 후보자 또는 그 소속정당의 명의를 밝혀 기부행위를 하거나 후보자 또는 그 소속정당이 기부하는 것으로 추정할 수 있는 방법으로 기부행위를 하는 것은 당해 선거에 관하여 후보자 또는 정당을 위한 기부행위로 본다.(2010.1.25 전단개정)

② 제1항에서 "후보자 또는 그 가족과 관계있는 회사등"이라 함은 다음 각 호의 어느 하나에 해당하는 회사등을 말한다.(2005.8.4 본문개정)

1. 후보자가 임·직원 또는 구성원으로 있거나 기금을 출연하여 설립하고 운영에 참여하고 있거나 관계법규나 규약에 의하여 의사결정에 실질적으로 영향력을 행사할 수 있는 회사 기타 법인·단체
2. 후보자의 가족이 임원 또는 구성원으로 있거나 기금을 출연하여 설립하고 운영에 참여하고 있거나 관계법규 또는 규약에 의하여 의사결정에 실질적으로 영향력을 행사할 수 있는 회사 기타 법인·단체
3. 후보자가 소속한 정당이나 후보자를 위하여 설립한 「정치자금법」에 의한 후원회(2005.8.4 본호개정)

제115조【제삼자의 기부행위제한】 제113조(후보자 등의 기부행위제한) 또는 제114조(정당 및 후보자의 가족 등의 기부행위제한)에 규정되지 아니한 자라도 누구든지 선거에 관하여 후보자(후보자가 되고자 하는 자를 포함한다. 이하 이 조에서 같다) 또는 그 소속정당(창당준비위원회를 포함한다. 이하 이 조에서 같다)을 위하여 기부행위를 하거나 하게 할 수 없다. 이 경우 후보자 또는 그 소속정당의 명의를 밝혀 기부행위를 하거나 후보자 또는 그 소속정당이 기부하는 것으로 추정할 수 있는 방법으로 기부행위를 하는 것은 당해 선거에 관하여 후보자 또는 정당을 위한 기부행위로 본다.(2004.3.12 본조개정)

판례 "당해 선거에 관하여"라 함은 "당해 선거"를 위한 선거운동이 되지 아니하더라도 "당해 선거"를 동기로 하거나 빌미로 하는 등 당해 선거와 관련이 있으면 족하다.(대판 1996.6.14, 96도405)

제116조【기부의 권유·요구 등의 금지】 누구든지 선거에 관하여 제113조부터 제115조까지에 규정된 기부행위가 제한되는 자로부터 기부를 받거나 기부를 권유 또는 요구할 수 없다.(2010.1.25 본조개정)

제117조【기부받는 행위 등의 금지】 누구든지 선거에 관하여 「정치자금법」 제31조(기부의 제한)의 규정에 따라 정치자금을 기부할 수 없는 자에게 기부를 요구하거나 그로부터 기부를 받을 수 없다.(2005.8.4 본조개정)

제117조의2 (2004.3.12 삭제)

제118조【선거일후 답례금지】 후보자와 후보자의 가족 또는 정당의 당직자는 선거일후에 당선되거나 되지 아니한데 대하여 선거구민에게 축하 또는 위로 그 밖의 답례를 하기 위하여 다음 각 호의 어느 하나에 해당하는 행위를 할 수 없다.(2010.1.25 본문개정)

1. 금품 또는 향응을 제공하는 행위
2. 방송·신문 또는 잡지 기타 간행물에 광고하는 행위
3. 자동차에 의한 행렬을 하거나 다수인이 무리를 지어 거리를 행진하거나 거리에서 연달아 소리지르는 행위. 다만, 제79조(공개장소에서의 연설·대담)제3항의 규정에 의한 자동차를 이용하여 당선 또는 낙선에 대한 거리인사를 하는 경우에는 그러하지 아니하다.
4. 일반 선거구민을 모이게 하여 당선축하회 또는 낙선에 대한 위로회를 개최하는 행위
5. 현수막을 게시하는 행위. 다만, 선거일의 다음 날부터 13일 동안 해당 선거구 안의 읍·면·동마다 1매의 현수막을 게시하는 행위는 그러하지 아니하다.(2010.1.25 본호신설)

제8장 선거비용

제119조【선거비용 등의 정의】 ① 이 법에서 "선거비용"이라 함은 당해 선거에서 선거운동을 위하여 소요되는 금전·물품 및 채무 그 밖에 모든 재산상의 가치가 있는 것으로서 당해 후보자(후보자가 되려는 사람을 포함하며, 대통령선거에 있어서 정당추천후보자와 비례대표국회의원선거 및 비례대표지방의회의원선거에 있어서는 그 추천정당을 포함한다. 이하 이 항에서 같다)가 부담하는 비용과 다음 각 호의 어느 하나에 해당되는 비용을 말한다.(2010.1.25 본문개정)

1. 후보자가 이 법에 위반되는 선거운동을 위하여 지출한 비용과 기부행위제한규정을 위반하여 지출한 비용
2. 정당, 정당선거사무소의 소장, 후보자의 배우자 및 직계존비속, 선거사무장·선거연락소장·회계책임자가 해당 후보자의 선거운동(위법선거운동을 포함한다. 이하 이 항에서 같다)을 위하여 지출한 비용과 기부행위제한규정을 위반하여 지출한 비용
3. 선거사무장·선거연락소장·회계책임자로 선임된 사람이 선임·신고되기 전까지 해당 후보자의 선거운동을 위하여 지출한 비용과 기부행위제한규정을 위반하여 지출한 비용
4. 제2호 및 제3호에 규정되지 아니한 사람이라도 누구든지 후보자, 제2호 또는 제3호에 규정된 자와 통모하여 해당 후보자의 선거운동을 위하여 지출한 비용과 기부행위제한규정을 위반하여 지출한 비용

(2010.1.25 1호~4호신설)

② 이 법에서 "수입"이라 함은 선거비용의 충당을 위한 금전 및 금전으로 환가할 수 있는 물품 기타 재산상의 이익을 받거나 받기로 한 약속을 말한다.

③ 이 법에서 "지출"이라 함은 선거비용의 제공·교부 또는 그 약속을 말한다.

④ 이 법에서 "회계책임자"라 함은 「정치자금법」 제34조(회계책임자의 선임신고 등)제1항제5호·제6호 또는 제3항의 규정에 의하여 선임신고된 각각의 회계책임자를 말한다.(2005.8.4 본항신설)

제120조【선거비용으로 인정되지 아니하는 비용】 다음 각 호의 어느 하나에 해당하는 비용은 이 법에 따른 선거비용으로 보지 아니한다.(2010.1.25 본문개정)

1. 선거권자의 추천을 받는데 소요된 비용 등 선거운동을 위한 준비행위에 소요되는 비용(2004.3.12 본호개정)
2. 정당의 후보자선출대회비용 기타 선거와 관련한 정당활동에 소요되는 정당비용
3. 선거에 관하여 국가·지방자치단체 또는 선거관리위원회에 납부하거나 지급하는 기탁금과 모든 납부금 및 수수료
4. 선거사무소와 선거연락소의 전화료·전기료 및 수도료 기타의 유지비로서 선거기간전부터 정당 또는 후보자가 지출하여 온 경비
5. 선거사무소와 선거연락소의 설치 및 유지비용
6. 정당, 후보자, 선거사무장, 선거연락소장, 선거사무원, 회계책임자, 연설원 및 대담·토론자가 승용하는 자동차[제91조(확성장치와 자동차 등의 사용제한)제4항의 규정에 의한 자동차와 선박을 포함한다]의 운영비용
7. 제삼자가 정당·후보자·선거사무장·선거연락소장 또는 회계책임자와 통모함이 없이 특정 후보자의 선거운동을 위하여 지출한 전신료 등의 비용(1997.11.14 본호개정)
8. 제112조제2항에 따라 기부행위로 보지 아니하는 행위에 소요되는 비용. 다만, 같은 항 제1호마목(정당의 사무소를 방문하는 사람에게 제공하는 경우는 제외한다) 및 제2호사목(후보자·예비후보자가 아닌 국회의원이 제공하는 경우는 제외한다)의 행위에 소요되는 비용은 선거비용으로 본다.(2010.1.25 본호개정)
9. 선거일후에 지출원인이 발생한 잔무정리비용
10. 후보자(후보자가 되려는 사람을 포함한다)가 선거에 관한 여론조사의 실시를 위하여 지출한 비용. 다만, 제60조의2제1항에 따른 예비후보자등록신청개시일부터 선거일까지의 기간 동안 4회를 초과하여 실시하는 선거에 관한 여론조사비용은 선거비용으로 본다.(2017.2.8 본호신설)

제121조【선거비용제한액의 산정】 ① 선거비용제한액은 선거별로 다음 각호에 의하여 산정되는 금액으로 한다. 이 경우 100만원 미만의 단수는 100만원으로 한다.
1. 대통령선거
 인구수×950원
2. 지역구국회의원선거
 1억원+(인구수×200원)+(읍・면・동수×200만원). 이 경우 하나의 국회의원지역구가 둘 이상의 자치구・시・군으로 된 경우에는 하나를 초과하는 자치구・시・군마다 1천5백만원을 가산한다.
 (2018.4.6 본호개정)
3. 비례대표국회의원선거
 인구수×90원
 (2008.2.29 본호개정)
4. 지역구시・도의원선거
 4천만원+(인구수×100원)
5. 비례대표시・도의원선거
 4천만원+(인구수×50원)
6. 시・도지사선거
 가. 특별시장・광역시장・특별자치시장 선거
  4억원(인구수 200만 미만인 때에는 2억원)+(인구수×300원)
  (2015.8.13 본목개정)
 나. 도지사 선거
  8억원(인구수 100만 미만인 때에는 3억원)+(인구수×250원)
7. 지역구자치구・시・군의원선거
 3천500만원+(인구수×100원)
 (2005.8.4 본호개정)
8. 비례대표자치구・시・군의원선거
 3천5백만원+(인구수×50원)
 (2005.8.4 본호신설)
9. 자치구・시・군의 장 선거
 9천만원+(인구수×200원)+(읍・면・동수×100만원)

② 제1항의 규정에 의한 선거비용제한액을 산정하는 때에는 당해 선거의 직전 임기만료에 의한 선거의 선거일이 속하는 달의 말일부터 제122조(선거비용제한액의 공고)의 규정에 의한 공고일이 속하는 달의 전전달 말일까지의 전국소비자물가변동률(「통계법」 제3조의 규정에 의하여 통계청장이 매년 고시하는 전국소비자물가변동률을 말한다)을 감안하여 정한 비율(이하 "제한액산정비율"이라 한다)을 적용하여 증감할 수 있다. 이 경우 그 제한액산정비율은 관할선거구선거관리위원회가 해당 선거 때마다 정한다.(2005.8.4 전단개정)
③ 제135조제2항에 따른 선거사무장등(활동보조인은 제외한다. 이하 이 항에서 같다)에게 지급할 수 있는 수당의 금액이 인상된 경우 총 수당 인상액과 선거사무장등의 「산업재해보상보험법」에 따른 산재보험 가입에 소요되는 총 산재보험료를 다음 각 호에 따라 산정하여 제1항 및 제2항에 따라 산정한 선거비용제한액에 각각 가산하여야 한다.
1. 총 수당 인상액
 선거사무장등에게 지급할 수 있는 수당의 인상차액×선거사무장등의 수(선거사무원의 경우에는 제62조제2항에 따라 선거별로 선거사무장 또는 선거연락소장이 둘 수 있는 선거사무원의 최대수를 말한다. 이하 이 항에서 같다)×해당 선거의 선거운동기간
2. 총 산재보험료
 선거사무장등의 수×제135조제2항에 따라 선거사무장등에게 지급할 수 있는 수당의 금액×해당 선거의 선거운동기간×산재보험료율
(2022.4.20 본항신설)
④ 선거비용제한액 산정을 위한 인구수의 기준일, 제한액산정비율의 결정 기타 필요한 사항은 중앙선거관리위원회규칙으로 정한다.
(2004.3.12 본조신설)

제122조【선거비용제한액의 공고】 선거구선거관리위원회는 선거별로 제121조(선거비용제한액의 산정)의 규정에 의하여 산정한 선거비용제한액을 중앙선거관리위원회규칙이 정하는 바에 따라 공고하여야 한다.(2004.3.12 본조개정)

제122조의2【선거비용의 보전 등】 ① 선거구선거관리위원회는 다음 각호의 규정에 따라 후보자(대통령선거의 정당추천후보자와 비례대표국회의원선거 및 비례대표지방의회의원선거에 있어서는 후보자를 추천한 정당을 말한다. 이하 이 조에서 같다)가 이 법의 규정에 의한 선거운동을 위하여 지출한 선거비용[「정치자금법」 제40조(회계보고)의 규정에 따라 제출한 회계보고서에 보고된 선거비용으로서 정당하게 지출한 것으로 인정되는 선거비용을 말한다]을 제122조(선거비용제한액의 공고)의 규정에 의하여 공고한 비용의 범위안에서 대통령선거 및 국회의원선거에 있어서는 국가의 부담으로, 지방자치단체의 의회의원 및 장의 선거에 있어서는 당해 지방자치단체의 부담으로 선거일후 보전한다.
(2005.8.4 본문개정)
1. 대통령선거, 지역구국회의원선거, 지역구지방의회의원선거 및 지방자치단체의 장선거(2005.8.4 본문개정)
 가. 후보자가 당선되거나 사망한 경우 또는 후보자의 득표수가 유효투표총수의 100분의 15 이상인 경우
  후보자가 지출한 선거비용의 전액
 나. 후보자의 득표수가 유효투표총수의 100분의 10 이상 100분의 15 미만인 경우
  후보자가 지출한 선거비용의 100분의 50에 해당하는 금액
2. 비례대표국회의원선거 및 비례대표지방의회의원선거
 후보자명부에 올라 있는 후보자중 당선인이 있는 경우에 당해 정당이 지출한 선거비용의 전액(2005.8.4 본호개정)
(2004.3.12 본항개정)
② 제1항에 따른 선거비용의 보전에 있어서 다음 각 호의 어느 하나에 해당하는 비용은 이를 보전하지 아니한다.
(2010.1.25 본문개정)
1. 예비후보자의 선거비용
2. 「정치자금법」 제40조(회계보고)의 규정에 따라 제출한 회계보고서에 보고되지 아니하거나 허위로 보고된 비용
3. 이 법에 위반되는 선거운동을 위하여 또는 기부행위제한규정을 위반하여 지출된 비용
4. 제64조 또는 제65조에 따라 선거벽보와 선거공보를 관할구・시・군선거관리위원회에 제출한 후 그 내용을 정정하거나 삭제하는데 소요되는 비용(2010.1.25 본호신설)
5. 이 법에 따라 제공하는 경우 외에 선거운동과 관련하여 지출된 수당・실비 그 밖의 비용(2011.7.28 본호개정)
6. 정당한 사유 없이 지출을 증빙하는 적법한 영수증 그 밖의 증빙서류가 첨부되지 아니한 비용
7. 후보자가 자신의 차량・장비・물품 등을 사용하거나 후보자의 가족・소속 정당 또는 제3자의 차량・장비・물품 등을 무상으로 제공 또는 대여받는 등 정당 또는 후보자가 실제로 지출하지 아니한 비용
8. 청구금액이 중앙선거관리위원회규칙으로 정하는 기준에 따라 산정한 통상적인 거래가격 또는 임차가격과 비교하여 정당한 사유 없이 현저하게 비싸다고 인정되는 경우 그 초과하는 가액의 비용
9. 선거운동에 사용하지 아니한 차량・장비・물품 등의 임차・구입・제작비용
10. 휴대전화 통화료와 정보이용요금. 다만, 후보자와 그 배우자, 선거사무장, 선거연락소장 및 회계책임자가 선거운동기간 중 선거운동을 위하여 사용한 휴대전화 통화료 중 후보자가 부담하는 통화료는 보전한다.(2010.1.25 본호개정)
11. 그 밖에 위 각 호의 어느 하나에 준하는 비용으로서 중앙선거관리위원회규칙으로 정하는 비용
(2005.8.4 본항신설)
③ 다음 각 호의 어느 하나에 해당하는 비용은 국가 또는 지방자치단체가 후보자를 위하여 부담한다. 이 경우 제3호의2

및 제5호의 비용은 국가가 부담한다.(2010.1.25 본문개정)
1. 제64조에 따른 선거벽보의 첩부 및 철거의 비용(첩부 및 철거로 인한 원상복구 비용을 포함한다)(2020.12.29 본호개정)
2. 제65조에 따른 점자형 선거공보(같은 조 제11항에 따라 후보자가 제출하는 저장매체를 포함한다. 이하 이 항에서 같다)의 작성비용과 책자형 선거공보(점자형 선거공보 및 같은 조 제9항의 후보자정보공개자료를 포함한다) 및 전단형 선거공보의 발송비용과 우편요금(2020.12.29 본호개정)
3. 제66조(선거공약서)제8항의 규정에 따른 점자형 선거공약서의 작성비용(2007.1.3 본호신설)
3의2. 활동보조인(예비후보자로서 선임하였던 활동보조인을 포함한다)의 수당, 실비 및 산재보험료(2022.4.20 본호개정)
4. 제82조의2(선거방송토론위원회 주관 대담·토론회)의 규정에 의한 대담·토론회(합동방송연설회를 포함한다)의 개최비용(2004.3.12 본호개정)
5. 제82조의3(선거방송토론위원회 주관 정책토론회)의 규정에 의한 정책토론회의 개최비용(2004.3.12 본호신설)
6. 제161조(투표참관)의 규정에 의한 투표참관인 및 제162조에 따른 사전투표참관인의 수당과 식비(2014.1.17 본호개정)
7. 제181조(개표참관)의 규정에 의한 개표참관인의 수당과 식비

④ 제3항제6호에 따른 투표참관인 및 사전투표참관인 수당은 10만원으로 하고, 같은 항 제7호에 따른 개표참관인 수당은 10만원으로 한다. 이 경우 투표참관인 및 사전투표참관인의 수당과 개표참관 도중 개표참관인을 교체하는 경우의 수당은 6시간 이상 출석한 사람에게만 지급한다.(2022.4.20 본항신설)

⑤ 제1항 내지 제3항의 규정에 따른 비용의 산정 및 보전청구 그 밖에 필요한 사항은 중앙선거관리위원회규칙으로 정한다.(2005.8.4 본항개정)

(2011.7.28 본조제목개정)

(2000.2.16 본조신설)

제123조~제134조 (2005.8.4 삭제)

제135조【선거사무관계자에 대한 수당과 실비보상】 ① 선거사무장·선거연락소장·선거사무원·활동보조인 및 회계책임자(이하 이 조에서 "선거사무장등"이라 한다)에 대하여는 수당과 실비를 지급할 수 있다. 다만, 정당의 유급사무직원, 국회의원과 그 보좌관·선임비서관·비서관 또는 지방의회의원이 선거사무장등을 겸한 때에는 실비만을 보상할 수 있으며, 후보자등록신청개시일부터 선거기간개시일 전일까지는 후보자로서 신고한 선거사무장등에게 수당과 실비를 지급할 수 없다.(2022.4.20 단서개정)

② 제1항에 따라 선거사무장등에게 지급할 수 있는 수당의 금액은 다음 각 호와 같다. 다만, 같은 사람이 회계책임자·선거사무장·선거연락소장 또는 선거사무원·활동보조인을 함께 맡은 때에는 다음 각 호의 금액 중 많은 금액으로 한다.
1. 대통령선거 및 비례대표국회의원선거의 선거사무장 : 14만원 이내
2. 비례대표시·도의원선거와 시·도지사선거의 선거사무장, 대통령선거의 시·도선거연락소장 : 14만원 이내
3. 지역구국회의원선거 및 자치구·시·군의 장선거의 선거사무장, 대통령선거 및 시·도지사선거의 구·시·군선거연락소장 : 10만원 이내
4. 지역구시·도의원선거 및 자치구·시·군의원선거의 선거사무장, 지역구국회의원선거 및 자치구·시·군의 장선거의 선거연락소장 : 10만원 이내
5. 선거사무원·활동보조인 : 6만원 이내
6. 회계책임자 : 해당 회계책임자가 소속된 선거사무소 또는 선거연락소의 선거사무장 또는 선거연락소장의 수당과 같은 금액

(2022.4.20 본항개정)

③ 이 법의 규정에 의하여 수당·실비 기타 이익을 제공하는 경우를 제외하고는 수당·실비 기타 자원봉사에 대한 보상 등 명목여하를 불문하고 누구든지 선거운동과 관련하여 금품 기타 이익의 제공 또는 그 제공의 의사를 표시하거나 그 제공의 약속·지시·권유·알선·요구 또는 수령할 수 없다.(2000.2.16 본항개정)

④ 제1항에 따른 수당의 지급에 있어서 같은 정당의 추천을 받은 둘 이상의 후보자가 선거사무장등(회계책임자는 제외한다. 이하 이 항에서 같다)을 공동으로 선임한 경우 후보자별로 선거사무장등에게 지급하여야 하는 수당의 금액은 해당 후보자 사이의 약정에 따라 한 후보자의 선거사무장등에 대한 수당만을 지급하여야 한다.(2022.4.20 본항신설)

⑤ 제1항에 따라 선거사무장등에게 지급할 수 있는 실비의 종류와 금액은 중앙선거관리위원회규칙으로 정한다.

(2022.4.20 본항신설)

(2011.7.28 본조제목개정)

제135조의2【선거비용보전의 제한】 ① 선거구선거관리위원회는 이 법의 규정에 의하여 선거비용을 보전함에 있어서 선거사무소의 회계책임자가 정당한 사유없이 「정치자금법」 제40조(회계보고)의 규정에 따른 회계보고서를 그 제출마감일까지 제출하지 아니한 때에는 그 비용을 보전하지 아니한다.(2005.8.4 본항개정)

② 선거구선거관리위원회는 후보자·예비후보자·선거사무장 또는 선거사무소의 회계책임자가 당해 선거와 관련하여 이 법 또는 「정치자금법」 제49조(선거비용관련 위반행위에 관한 벌칙)에 규정된 죄를 범함으로 인하여 유죄의 판결이 확정되거나 선거비용제한액을 초과하여 지출한 경우에는 이 법의 규정에 의하여 보전할 비용중 그 위법행위에 소요된 비용 또는 선거비용제한액을 초과하여 지출한 비용의 2배에 해당하는 금액은 이를 보전하지 아니한다.(2005.8.4 본항개정)

③ 선거구선거관리위원회는 제2항에도 불구하고 정당, 후보자(예비후보자를 포함한다) 및 그 가족, 선거사무장, 선거연락소장, 선거사무원, 회계책임자 또는 연설원으로부터 기부를 받은 자가 제261조제9항에 따른 과태료를 부과받은 경우 이 법에 따라 보전할 비용 중 그 기부행위에 사용된 비용의 5배에 해당하는 금액을 보전하지 아니한다.(2014.2.13 본항개정)

④ 제2항에 규정된 자가 당해 선거와 관련하여 이 법 또는 「정치자금법」 제49조에 규정된 죄를 범함으로 인하여 기소되거나 선거관리위원회에 의하여 고발된 때에는 판결이 확정될 때까지 그 위법행위에 소요된 비용의 2배에 해당하는 금액의 보전을 유예한다.(2005.8.4 본항개정)

⑤ 선거구선거관리위원회는 정당 또는 후보자에게 선거비용을 보전한 후에 제1항부터 제3항까지의 규정에 따라 보전하지 아니할 사유가 발견된 때에는 당해 정당 또는 후보자에게 그 사실을 통지하고, 보전비용액중 제1항부터 제3항까지의 규정에 해당하는 금액의 반환을 명하여야 한다. 이 경우 정당 또는 후보자는 그 반환명령을 받은 날부터 30일이내에 당해 선거구선거관리위원회에 이를 반환하여야 한다.

(2008.2.29 본항개정)

⑥ 선거구선거관리위원회는 정당 또는 후보자가 제5항 후단의 기한안에 해당 금액을 반환하지 아니한 때에는 대통령선거와 국회의원선거에 있어서는 관할세무서장에게 징수를 위탁하고 관할세무서장이 국세체납처분의 예에 따라 이를 징수하여 국가에 납입하여야 하며, 지방자치단체의 의회의원 및 장의 선거에 있어서는 당해 지방자치단체의 장에게 징수를 위탁하고 지방자치단체의 장이 지방세체납처분의 예에 따라 이를 징수하여 지방자치단체에 납입하여야 한다.

(2008.2.29 본항개정)

⑦ 보전하지 아니할 비용의 산정 기타 필요한 사항은 중앙선거관리위원회규칙으로 정한다.

(2000.2.16 본조신설)

제136조 (2005.8.4 삭제)

제9장 선거와관련있는정당활동의규제

제137조【정강·정책의 신문광고 등의 제한】 ① 선거가 임박한 시기에 있어서 정당이 행하는 「신문 등의 진흥에 관한 법률」 제2조제1호에 따른 신문과 「잡지 등 정기간행물의 진흥에 관한 법률」 제2조제1호에 따른 정기간행물(이하 이 조에서 "일간신문등"이라 한다)에 의한 정강·정책의 홍보, 당원·후보지망자의 모집, 당비모금, 정치자금모금(대통령선거에 한한다) 또는 선거에 있어 당해 정당이나 추천후보자가 사용할 구호·도안·정책 그 밖에 선거에 관한 의견수집을 위한 광고는 다음 각호의 범위안에서 하여야 하며, 그 선거기간 중에는 이를 할 수 없다.(2010.1.25 본문개정)

1. 임기만료에 의한 선거
   정당의 중앙당이 행하되, 선거일전 90일부터 선거기간개시일전일까지 일간신문등에 총 70회 이내
   (2004.3.12 본호개정)
2. 대통령의 궐위로 인한 선거·재선거〔제197조(선거의 일부무효로 인한 재선거)의 규정에 의한 재선거를 제외한다. 이하 이 항에서 같다〕 및 연기된 선거
   정당의 중앙당이 행하되, 그 선거의 실시사유가 확정된 때부터 선거기간개시일전일까지 일간신문등에 총 20회 이내
   (1997.11.14 본호개정)
3. 제2호외의 보궐선거·재선거 및 연기된 선거
   정당의 중앙당이 행하되, 그 선거의 실시사유가 확정된 때부터 선거기간개시일전일까지 일간신문등에 총 10회 이내

② 제1항의 규정에 의한 일간신문등의 광고 1회의 규격은 가로 37센티미터 세로 17센티미터 이내로 하여야 하며, 후보자가 되고자 하는 자의 사진·성명(성명을 유추할 수 있는 내용을 포함한다) 기타 선거운동에 이르는 내용을 게재할 수 없다.
③ 제69조제1항 후단(광고횟수를 말한다)·제2항·제5항·제8항 및 제9항은 제1항의 규정에 의한 일간신문등의 광고에 이를 준용한다. 이 경우 "후보자"는 "정당"으로 본다.
(2010.1.25 본항개정)

제137조의2【정강·정책의 방송연설의 제한】 ① 정당이 방송시설〔제70조(방송광고)제1항의 규정에 의한 방송시설을 말한다. 이하 이 조에서 같다〕을 이용하여 정강·정책을 알리기 위한 방송연설을 하는 때에는 다음 각호의 범위안에서 하여야 한다.

1. 임기만료에 의한 선거
   정당의 중앙당 대표자 또는 그가 선거운동을 할 수 있는 자 중에서 지명한 자가 행하되, 선거일전 90일이 속하는 달의 초일부터 선거기간개시일전일까지 1회 20분 이내에서 텔레비전 및 라디오방송별로 월 2회(선거기간개시일전일이 해당달의 10일 이내에 해당하는 경우에는 1회) 이내
   (2004.3.12 본호개정)
2. 대통령의 궐위로 인한 선거, 재선거〔제197조(선거의 일부무효로 인한 재선거)의 규정에 의한 재선거를 제외한다〕 및 연기된 선거
   정당의 중앙당 대표자 또는 그가 선거운동을 할 수 있는 자 중에서 지명한 자가 행하되, 그 선거의 실시사유가 확정된 때부터 선거기간개시일전일까지 1회 10분 이내에서 텔레비전 및 라디오 방송별 각 5회 이내
   (2004.3.12 본호개정)

② 제1항에 따라 텔레비전 방송시설을 이용한 방송연설을 하는 때에는 연설하는 모습, 정당명(해당 정당을 상징하는 마크나 심벌의 표시를 포함한다), 연설의 요지 및 통계자료 외의 다른 내용이 방영되게 하여서는 아니되며, 방송연설을 녹화하여 방송하고자 하는 때에는 당해 방송시설을 이용하여야 한다.(2010.1.25 본항개정)
③ 제1항의 규정에 의한 방송연설을 함에 있어서는 선거운동에 이르는 내용의 연설을 하여서는 아니된다.
④ 제1항의 규정에 의한 방송연설의 비용은 당해 정당이 부담하되, 국회에 교섭단체를 구성한 정당이 공영방송사를 이용하여 방송연설을 하는 때에는 각 공영방송사마다 텔레비전 및 라디오 방송별로 행하는 월 1회의 방송연설비용(제작비용을 제외한다)은 당해 공영방송사가 이를 부담하여야 한다.(2004.3.12 본항개정)
⑤ 제4항의 규정에 의하여 공영방송사가 비용을 부담하는 방송연설을 하고자 하는 경우 그 방송연설의 일시·시간대 기타 필요한 사항은 당해 공영방송사와 당해 정당이 협의하여 정한다.
⑥ 제70조(방송광고)제1항 후단·제6항 및 제8항과 제71조제10항 및 제12항의 규정은 제1항의 규정에 의한 방송연설에 이를 준용한다.
⑦ 제6항의 규정에 의한 방송연설신고서의 서식 기타 필요한 사항은 중앙선거관리위원회규칙으로 정한다.
(2000.2.16 본조신설)

제138조【정강·정책홍보물의 배부제한 등】 ① 정당이 선거기간 중에 후보자를 추천한 선거구의 소속당원에게 배부할 수 있는 정강·정책홍보물은 정당의 중앙당이 제작한 책자형 정강·정책홍보물 1종으로 한다.(1997.11.14 본항개정)
② 제1항의 규정에 의한 정강·정책홍보물을 배부할 수 있는 수량은 후보자를 추천한 선거구의 소속당원에 상당하는 수를 넘지 못한다.(1997.11.14 본항개정)
③ 제1항의 규정에 의한 정강·정책홍보물을 제작·배부하는 때에는 그 표지에 "당원용"이라 표시하여야 한다.
④ 정당이 제1항의 정강·정책홍보물을 배부하고자 하는 때에는 배부전까지 중앙선거관리위원회에 2부를 제출하여야 하되, 전자적 파일로 대신 제출할 수 있다.(2010.1.25 본항개정)
⑤ 제1항에 따른 정강·정책홍보물에는 해당 정당이 추천한 후보자의 기호·성명·사진·경력등을 제외하고는 후보자와 관련된 사항을 게재할 수 없다.(2010.1.25 본항개정)
⑥ 제1항의 규정에 따른 정강·정책홍보물은 길이 27센티미터 너비 19센티미터 이내에서 대통령선거의 경우에는 16면 이내로, 지역구국회의원선거, 지역구지방의회의원선거 및 지방자치단체의 장선거의 경우에는 8면 이내로 작성한다.
(2005.8.4 본항개정)

제138조의2【정책공약집의 배부제한 등】 ① 정당이 자당의 정책과 선거에 있어서 공약을 게재한 정책공약집(도서의 형태로 발간된 것을 말하며, 이하 "정책공약집"이라 한다)을 배부하고자 하는 때에는 통상적인 방법으로 판매하여야 한다. 다만, 방문판매의 방법으로 정책공약집을 판매할 수 없다.
② 정당은 제1항의 규정에 따른 통상적인 방법에 의한 판매외에 해당 정당의 당사와 제79조에 따라 소속 정당추천후보자가 개최한 공개장소에서의 연설·대담 장소에서 정책공약집을 판매할 수 있다. 이 경우 정당의 당사에서 판매할 때에는 공개된 장소에 별도의 판매대를 설치하는 등 정책공약집의 판매사실을 공개적으로 확인할 수 있는 방법으로 판매하여야 한다.(2010.1.25 전단개정)
③ 정당이 제1항 및 제2항의 규정에 따라 정책공약집을 판매하고자 하는 때에는 발간 즉시 「정당법」의 규정에 따라 해당 정당의 등록사무를 처리하는 관할선거관리위원회에 2권을 제출하여야 하되, 전자적 파일로 대신 제출할 수 있다.
(2010.1.25 본항개정)
④ 정책공약집에는 후보자의 기호·성명·사진·학력·경력 등 후보자와 관련된 사항 및 다른 정당에 관한 사항을 게재할 수 없다.
⑤ 정책공약집의 작성근거 등의 표시, 제출 그 밖의 필요한 사항은 중앙선거관리위원회규칙으로 정한다.
(2007.1.3 본조신설)

제139조【정당기관지의 발행·배부제한】 ① 정당의 중앙당은 선거기간중 기관지를 통상적인 방법외의 방법으로 발행·배부할 수 없다. 다만, 선거기간중 통상적인 주기에 의한 발행회수가 2회 미만인 때에는 2회(증보·호외·임시판

을 포함하며, 배부되는 지역에 따라 게재내용중 일부를 달리하더라도 동일한 것으로 본다) 이내로 한다. 이 경우 정당의 중앙당외의 당부가 발행하거나 공개장소에서의 연설·대담장소 또는 대담·토론회장에서의 배부, 거리에서의 판매·배부, 첩부, 게시, 살포는 통상적인 방법에 의한 배부로 보지 아니한다.(2004.3.12 후단개정)
② 제1항의 기관지에는 당해 정당이 추천한 후보자의 기호·성명·사진·학력·경력 등외에 후보자의 홍보에 관한 사항을 게재할 수 없다.(2000.2.16 본항신설)
③ 제1항의 기관지를 발행·배부하고자 하는 때에는 발행 즉시 2부를 중앙선거관리위원회에 제출하여야 하되, 전자적 파일로 대신 제출할 수 있다.(2010.1.25 본항개정)

제140조【창당대회등의 개최와 고지의 제한】 ① 정당이 선거일전 120일(선거일전 120일후에 실시사유가 확정된 보궐선거등에 있어서는 그 선거의 실시사유가 확정된 때)부터 선거일까지 창당대회·합당대회·개편대회 및 후보자선출대회(이하 이 조에서 "창당대회등"이라 한다)를 개최하는 때에는 다수인이 왕래하는 공개된 장소가 아닌 장소에서 소속당원(후보자선출대회의 경우에는 당해 정당의 공직선거후보자를 선출하기 위한 투표권이 있는 당원이 아닌 자를 포함한다)만을 대상으로 개최하여야 하되, 사회통념상 인정되는 범위안에서 당원이 아닌 자를 초청할 수 있다.(2005.8.4 본항개정)
② 제1항의 창당대회등을 주관하는 정당은 「정당법」 제10조(창당집회의 공개)제2항의 신문공고를 하는 외에 창당대회등의 장소에 5매 이내의 표지를 게시할 수 있다. 이 경우 신문공고·표지에는 후보자(후보자가 되고자 하는 자를 포함한다. 이하 이 항에서 같다)의 사진·성명(성명을 유추할 수 있는 내용을 포함한다) 또는 선전구호 등 후보자를 선전하는 내용을 게재할 수 없다.(2005.8.4 본항개정)
③ 제1항에서 "개편대회"라 함은 정당의 대표자의 변경 등 당헌·당규상의 조직개편에 관한 안건을 처리하기 위하여 개최하는 당원총회 또는 그 대의기관의 회의 등 집회를 말하고, "후보자선출대회"라 함은 정당의 각급 당부가 이 법에 의한 선거의 당해 정당추천후보자를 선출하기 위하여 제57조의2(당내경선의 실시)의 규정에 의하여 개최하는 집회를 말한다.(2005.8.4 본항개정)
④ 제2항의 규정에 의한 표지는 당해 집회종료후 지체없이 주최자가 철거하여야 한다.(2004.3.12 본항개정)

판례 공직선거법 제256조 제3항 제5호, 제140조 제1항에서 정하는 창당대회 등 개최제한 위반 행위의 요건 : 공직선거법 제256조 제3항 제5호는 같은 법 제140조 제1항의 규정에 위반하여 창당대회 등을 개최한 자를 처벌하도록 규정하고 있는데, 위 각 규정은 당원이 아닌 자를 사회통념상 인정되는 범위를 넘어서서 초대한 상태에서 창당대회 등을 개최하는 것을 금지하고 그 위반행위를 처벌대상으로 삼고 있는 것으로, 그와 같이 초대받은 사람이 창당대회 등에 참석할 것까지를 요건으로 하는 것은 아니다.(대판 2007.2.9, 2006도7417)

제141조【당원집회의 제한】 ① 정당(당원협의회를 포함한다)은 선거일전 30일부터 선거일까지 소속당원의 단합·수련·연수·교육 그 밖에 명목여하를 불문하고 선거가 실시중인 선거구안이나 선거구민인 당원을 대상으로 당원수련회등(이하 이 조에서 "당원집회"라 한다)을 개최할 수 없다. 다만, 당무에 관한 연락·지시 등을 위하여 일시적으로 이루어지는 당원간의 면접은 당원집회로 보지 아니한다.
(2010.1.25 본문개정)
② 정당이 선거일 전 90일(선거일 전 90일 후에 실시사유가 확정된 보궐선거등에서는 그 선거의 실시사유가 확정된 때)부터 당원집회를 개최하는 때(중앙당이 그 연수시설에서 개최하는 경우를 제외한다)에는 개최지역을 관할하는 구·시·군선거관리위원회에 신고한 후 당해 정당의 사무소, 주민회관, 공공기관·단체의 사무소 그 밖의 공공시설 또는 다수인이 왕래하는 장소가 아닌 공개된 장소에서 개최하여야 한다.(2010.1.25 본항개정)
③ 「정치자금법」 제27조(보조금의 배분)의 규정에 의하여 보조금의 배분대상이 되는 정당은 중앙선거관리위원회규칙이 정하는 바에 따라 국가 또는 지방자치단체[제53조(공무원 등의 입후보)제1항제4호 또는 제6호에 규정된 기관을 포함한다]가 소유하거나 관리하는 주민회관·체육관 또는 문화원 기타 다수인이 모일 수 있는 시설이나 장소를 당원집회의 장소로써 무료로 사용할 수 있다. 이 경우 시설의 손괴 또는 전력의 사용 등 재산상의 손실을 끼친 때에는 당해 정당이 보상하여야 한다.(2005.8.4 본항개정)
④ 제2항의 당원집회 장소의 외부에는 이 법에 의한 당원집회임을 표시하는 표지를 첩부 또는 게시하여야 하되, 그 개최자는 당해 집회종료후에는 지체없이 철거하여야 한다. 이 경우 그 표지에는 후보자가 되고자 하는 자의 사진·성명 또는 선전구호 기타 후보자가 되고자 하는 자를 선전하는 내용을 게재하여서는 아니된다.(2004.3.12 본항개정)
⑤ 제3항의 규정에 의한 사용신청을 받은 공공시설의 관리자는 정당한 사유가 있는 경우를 제외하고는 그 사용을 거부할 수 없다.(2004.3.12 본항신설)
⑥ 당원집회의 신고, 표지의 매수, 그 밖에 필요한 사항은 중앙선거관리위원회규칙으로 정한다.(2010.1.25 본항개정)
(2000.2.16 본조제목개정)

제142조~제143조 (2004.3.12 삭제)

제144조【정당의 당원모집 등의 제한】 ① 정당은 선거기간중 당원을 모집하거나 입당원서를 배부할 수 없다. 다만, 시·도당의 창당 또는 개편을 위하여 창당대회·개편대회를 개최하는 경우에는 그 집회일까지는 그러하지 아니하다.
(2004.3.12 본항개정)
② (2006.3.2 삭제)

제145조【당사게시 선전물 등의 제한】 ① 정당(제61조제1항에 따라 해당 정당의 사무소에 선거대책기구를 설치한 정당은 제외한다)은 선거기간 중 구호, 그 밖에 정당의 홍보에 필요한 사항과 당해 당부명 및 그 대표자 성명, 해당 정당이 추천한 후보자의 기호·성명·사진·경력등에 관한 사항을 게재한 간판·현판 또는 현수막을 중앙선거관리위원회규칙으로 정하는 바에 따라 당해 당사의 외벽면 또는 옥상에 설치·게시할 수 있다.
② 「정치자금법」에 따른 후원회의 사무소에는 중앙선거관리위원회규칙으로 정하는 바에 따라 간판을 달 수 있다.
(2014.1.17 본조개정)

제10장 투 표

제146조【선거방법】 ① 선거는 기표방법에 의한 투표로 한다.
② 투표는 직접 또는 우편으로 하되, 1인 1표로 한다. 다만, 국회의원선거, 시·도의원선거 및 자치구·시·군의원선거에 있어서는 지역구의원선거 및 비례대표의원선거마다 1인 1표로 한다.(2005.8.4 단서개정)
③ 투표를 함에 있어서는 선거인의 성명 기타 선거인을 추정할 수 있는 표시를 하여서는 아니된다.

제146조의2【투표관리관 및 사전투표관리관】 ① 구·시·군선거관리위원회는 투표에 관한 사무를 관리하게 하기 위하여 투표구마다 투표관리관 1명을, 사전투표소마다 사전투표관리관 1명을 각각 둔다.
② 투표관리관 및 사전투표관리관은 국가 또는 지방자치단체의 소속 공무원 또는 각급학교의 교직원 중에서 위촉하며, 사전투표관리관은 위촉된 투표관리관 중에서 지정할 수 있다.
③ 국가기관·지방자치단체 및 각급 학교의 장이 선거관리위원회로부터 투표관리관 및 사전투표관리관의 추천 협조요구를 받은 때에는 우선적으로 이에 따라야 한다.
(2014.2.13 본항신설)
④ 투표관리관 및 사전투표관리관의 위촉 및 해촉, 수당 그 밖에 필요한 사항은 중앙선거관리위원회규칙으로 정한다.
(2014.1.17 본조개정)

제147조【투표소의 설치】 ① 읍·면·동선거관리위원회는 선거일 전일까지 관할 구역 안의 투표구마다 투표소를 설치하여야 한다.(2005.8.4 본항개정)
② 투표소는 투표구안의 학교, 읍·면·동사무소 등 관공서, 공공기관·단체의 사무소, 주민회관 기타 선거인이 투표하기 편리한 곳에 설치한다. 다만, 당해 투표구안에 투표소를 설치할 적당한 장소가 없는 경우에는 인접한 다른 투표구안에 설치할 수 있다.(2005.8.4 단서개정)
③ 학교·관공서 및 공공기관·단체의 장은 선거관리위원회로부터 투표소 설치를 위한 장소사용 협조요구를 받은 때에는 우선적으로 이에 응하여야 한다.(2004.3.12 본항신설)
④ 병영 안과 종교시설 안에는 투표소를 설치하지 못한다. 다만, 종교시설의 경우 투표소를 설치할 적합한 장소가 없는 부득이한 경우에는 그러하지 아니하다.(2010.1.25 본항개정)
⑤ 투표소에는 기표소·투표함·참관인의 좌석 그 밖의 투표관리에 필요한 시설을 설비하여야 한다.(2005.8.4 본항개정)
⑥ 기표소는 그 안을 다른 사람이 엿볼 수 없도록 설비하여야 하며 어떠한 표지도 하여서는 아니된다.
⑦ 정당·후보자·선거사무장 또는 선거연락소장은 투표소의 설비에 대하여 그 시정을 요구할 수 있다.
⑧ 제1항의 규정에 의하여 투표소를 설치하는 때에는 읍·면·동선거관리위원회는 선거일전 10일까지 그 명칭과 소재지를 공고하여야 한다. 다만, 천재·지변 기타 부득이한 사유가 있는 때에는 이를 변경할 수 있으며, 이 경우에는 즉시 공고하여 선거인에게 알려야 한다.(2005.8.4 본문개정)
⑨ 읍·면·동선거관리위원회는 투표사무를 보조하게 하기 위하여 다음 각 호의 어느 하나에 해당하는 자 중에서 투표사무원을 위촉하여야 한다.(2018.4.6 본문개정)
1. 「국가공무원법」 제2조에 규정된 국가공무원과 「지방공무원법」 제2조에 규정된 지방공무원. 다만, 일반직공무원의 행정직군 중 교정·보호·검찰사무·마약수사·출입국관리·철도공안 직렬의 공무원과 교육공무원 외의 특정직공무원 및 정무직공무원을 제외한다.(2010.1.25 단서개정)
2. 각급학교의 교직원
3. 「은행법」 제2조의 규정에 의한 은행의 직원(2010.5.17 본호개정)
4. 제53조제1항제4호 내지 제6호에 규정된 기관 등의 직원
5. 투표사무를 보조할 능력이 있는 공정하고 중립적인 자(2004.3.12 본호신설)

(2002.3.7 본항개정)
⑩ 제9항제1호부터 제4호까지의 기관·단체의 장이 선거관리위원회로부터 투표사무원의 추천 협조요구를 받은 때에는 우선적으로 이에 따라야 한다.(2014.2.13 본항신설)
⑪ 투표소의 설비, 고령자·장애인·임산부 등 교통약자와 격리자등의 투표소 접근 편의를 보장하기 위한 제반 시설의 설치, 적절한 투표소 위치 확보 등의 조치, 그 밖에 필요한 사항은 중앙선거관리위원회규칙으로 정한다.(2022.2.16 본항개정)

제148조【사전투표소의 설치】 ① 구·시·군선거관리위원회는 선거일 전 5일부터 2일 동안(이하 "사전투표기간"이라 한다) 관할구역(선거구가 해당 구·시·군의 관할구역보다 작은 경우에는 해당 선거구를 말한다)의 읍·면·동마다 1개소씩 사전투표소를 설치·운영하여야 한다. 다만, 다음 각 호의 어느 하나에 해당하는 경우에는 해당 지역에 사전투표소를 추가로 설치·운영할 수 있다.(2022.1.21 단서개정)
1. 읍·면·동 관할구역에 군부대 밀집지역 등이 있는 경우(2022.1.21 본호신설)
2. 읍·면·동이 설치·폐지·분할·합병되어 관할구역의 총 읍·면·동의 수가 줄어든 경우(2022.1.21 본호신설)
3. 읍·면·동 관할구역에 「감염병의 예방 및 관리에 관한 법률」 제36조제3항에 따른 감염병관리시설 또는 같은 법 제39조의3제1항에 따른 감염병의심자 격리시설이 있는 경우(2022.2.16 본호신설)
4. 천재지변 또는 전쟁·폭동, 그 밖에 부득이한 사유로 인하여 사전투표소를 추가로 설치·운영할 필요가 있다고 관할 구·시·군선거관리위원회가 인정하는 경우(2022.2.16 본호신설)

② 구·시·군선거관리위원회는 제1항에 따라 사전투표소를 설치할 때에는 선거일 전 9일까지 그 명칭·소재지 및 설치·운영기간을 공고하고, 선거사무장 또는 선거연락소장에게 이를 통지하여야 하며, 관할구역 안의 투표구마다 5개소에 공고문을 첩부하여야 한다. 사전투표소의 설치장소를 변경한 때에도 또한 같다.
③ 구·시·군선거관리위원회는 제1항에 따라 설치된 사전투표소의 투표사무를 보조하게 하기 위하여 제147조제9항 각 호의 어느 하나에 해당하는 사람 중에서 사전투표사무원을 두어야 한다.
④ 사전투표소 설치 장소의 제한·사용협조, 설비, 사전투표사무원의 추천 협조 등에 관하여는 제147조제3항부터 제7항까지, 제10항 및 제11항을 준용한다.(2018.4.6 본항개정)
⑤ 중앙선거관리위원회는 사전투표소에서 통합선거인명부를 사용하기 위한 선거전용통신망을 구축하여야 하며, 정보의 불법 유출·위조·변조·삭제 등을 방지하기 위한 기술적 보호조치를 하여야 한다.(2021.3.26 본항개정)
⑥ 사전투표소의 설치·공고·통보 및 사전투표사무원의 위촉, 그 밖에 필요한 사항은 중앙선거관리위원회규칙으로 정한다.

(2014.1.17 본조개정)

제149조【기관·시설 안의 기표소】 ① 다음 각 호의 어느 하나에 해당하는 기관·시설(이하 이 조에서 "기관·시설"이라 한다)로서 제38조제1항의 거소투표신고인을 수용하고 있는 기관·시설의 장은 그 명칭과 소재지 및 거소투표신고인수 등을 선거인명부작성기간만료일 후 3일까지 관할 구·시·군선거관리위원회에 신고하여야 한다.
1. 병원·요양소·수용소·교도소 및 구치소
2. 「장애인복지법」 제58조(장애인복지시설)제1항제1호에 따른 장애인 거주시설
3. 「감염병의 예방 및 관리에 관한 법률」 제36조제3항에 따른 감염병관리시설 또는 같은 법 제39조의3제1항에 따른 감염병의심자 격리시설(2022.2.16 본호신설)

② 제1항의 신고를 받은 관할 구·시·군선거관리위원회는 거소투표신고인을 수용하고 있는 기관·시설의 명칭과 소재지 및 거소투표신고인수 등을 공고하여야 한다.
③ 10명 이상의 거소투표신고인을 수용하고 있는 기관·시설의 장은 일시·장소를 정하여 해당 신고인의 거소투표를 위한 기표소를 설치하여야 한다.
④ 후보자(대통령선거에서 정당추천후보자의 경우에는 그 추천 정당을 말한다. 이하 이 조에서 같다)·선거사무장 또는 선거연락소장은 10명 미만의 거소투표신고인을 수용하고 있는 기관·시설의 장에게 제2항에 따른 공고일 후 2일 이내에 거소투표를 위한 기표소 설치를 요청할 수 있다. 이 경우 기관·시설의 장은 정당한 사유가 없는 한 이에 따라야 한다.
⑤ 제3항 및 제4항에 따라 기표소를 설치하는 기관·시설의 장은 기표소 설치·운영 일시 및 장소를 정하여 그 기표소 설치일 전 2일까지 관할 구·시·군선거관리위원회에 신고하여야 하며, 신고를 받은 관할 구·시·군선거관리위원회는 이를 공고하여야 한다.
⑥ 후보자·선거사무장·선거연락소장은 선거권자 중에서 1명을 선정하여 기관·시설의 장이 설치·운영하는 기표소의 투표상황을 참관하게 할 수 있다.
⑦ 기관·시설의 장은 기표소를 설치하는 장소에 기표소·참관좌석, 그 밖에 필요한 시설을 설비하여야 한다.
⑧ 기관·시설의 거소투표신고인수 공고 서식, 그 밖에 필요한 사항은 중앙선거관리위원회규칙으로 정한다.

(2014.1.17 본조개정)

제149조의2 (2014.1.17 삭제)

제150조【투표용지의 정당·후보자의 게재순위 등】 ① 투표용지에는 후보자의 기호·정당추천후보자의 소속정당명 및 성명을 표시하여야 한다. 다만, 무소속후보자는 후보자의 정당추천후보자의 소속정당명의 란에 "무소속"으로 표시하고, 비례대표지방의회의원선거에 있어서는 후보자를 추천한 정당의 기호와 정당명을 표시하여야 한다.(2005.8.4 단서개정)

② 기호는 투표용지에 게재할 정당 또는 후보자의 순위에 의하여 "1, 2, 3"등으로 표시하여야 하며, 정당명과 후보자의 성명은 한글로 기재한다. 다만, 한글로 표시된 성명이 같은 후보자가 있는 경우에는 괄호속에 한자를 함께 기재한다.(2002.3.7 본문개정)

③ 후보자의 게재순위를 정함에 있어서는 후보자등록마감일 현재 국회에서 의석을 갖고 있는 정당의 추천을 받은 후보자, 국회에서 의석을 갖고 있지 아니한 정당의 추천을 받은 후보자, 무소속후보자의 순으로 하고, 정당의 게재순위를 정함에 있어서는 후보자등록마감일 현재 국회에서 의석을 가지고 있는 정당, 국회에서 의석을 가지고 있지 아니한 정당의 순으로 한다.(2005.8.4 단서삭제)

④ 제3항의 경우 국회에서 의석을 가지고 있는 정당의 게재순위를 정함에 있어 다음 각 호의 어느 하나에 해당하는 정당은 전국적으로 통일된 기호를 우선하여 부여한다.

1. 국회에 5명 이상의 소속 지역구국회의원을 가진 정당
2. 직전 대통령선거, 비례대표국회의원선거 또는 비례대표지방의회의원선거에서 전국 유효투표총수의 100분의 3 이상을 득표한 정당

(2010.1.25 본항개정)

⑤ 제3항 및 제4항에 따라 관할선거구선거관리위원회가 정당 또는 후보자의 게재순위를 정함에 있어서는 다음 각 호에 따른다.

1. 후보자등록마감일 현재 국회에 의석을 가지고 있는 정당이나 그 정당의 추천을 받은 후보자 사이의 게재순위는 국회에서의 다수의석순. 다만, 같은 의석을 가진 정당이 둘 이상인 때에는 최근에 실시된 비례대표국회의원선거에서의 득표수 순
2. 후보자등록마감일 현재 국회에서 의석을 가지고 있지 아니한 정당이나 그 정당의 추천을 받은 후보자 사이의 게재순위는 그 정당의 명칭의 가나다순
3. 무소속후보자 사이의 게재순위는 관할선거구선거관리위원회에서 추첨하여 결정하는 순

(2010.1.25 본항개정)

⑥ 제5항의 경우에 같은 게재순위에 해당하는 정당 또는 후보자가 2 이상이 있을 때에는 소속정당의 대표자나 후보자 또는 그 대리인의 참여하에 관할선거구선거관리위원회에서 후보자등록마감후에 추첨하여 결정한다. 다만, 추첨개시시각에 소속정당의 대표자나 후보자 또는 그 대리인이 참여하지 아니하는 경우에는 관할선거구선거관리위원회위원장 또는 그가 지명한 자가 그 정당 또는 후보자를 대리하여 추첨할 수 있다.(2010.1.25 본항개정)

⑦ 지역구자치구·시·군의원선거에서 정당이 같은 선거구에 2명 이상의 후보자를 추천한 경우 그 정당이 추천한 후보자 사이의 투표용지 게재순위는 해당 정당이 정한 순위에 따르되, 정당이 정하지 아니한 경우에는 관할선거구선거관리위원회에서 추첨하여 결정한다. 이 경우 그 게재순위는 "1-가, 1-나, 1-다" 등으로 표시한다.(2010.1.25 본항신설)

⑧ 후보자등록기간이 지난 후에 후보자가 사퇴·사망하거나 등록이 무효로 된 때라도 투표용지에서 그 기호·정당명 및 성명을 말소하지 아니한다.(2002.3.7 본항개정)

⑨ 대통령선거에 있어서 제51조(추가등록)의 규정에 의한 추가등록이 있는 경우에 그 정당의 후보자의 게재순위는 이미 결정된 종전의 당해 정당추천후보자의 게재순위로 한다.

⑩ 투표용지에는 일련번호를 인쇄하여야 한다.

(2002.3.7 본조제목개정)

제151조【투표용지와 투표함의 작성】 ① 투표용지와 투표함은 구·시·군선거관리위원회가 작성하여 선거일 전일까지 읍·면·동선거관리위원회에 송부하며, 이를 송부받은 읍·면·동선거관리위원회위원장은 투표용지를 봉함하여 보관하였다가 투표함과 함께 투표관리관에게 인계하여야 한다.(2005.8.4 본항개정)

② 하나의 선거에 관한 투표에 있어서 투표구마다 선거구별로 동시에 2개의 투표함을 사용할 수 없다.(2004.3.12 본항개정)

③ 사전투표소의 투표함(이하 "사전투표함"이라 한다)과 우편으로 접수한 투표를 보관하는 투표함(이하 "우편투표함"이라 한다)은 따로 작성하되, 그 수는 예상 사전투표자수 및 거소투표신고인수·선상투표신고인수를 감안하여 당해 구·시·군선거관리위원회가 정한다.(2014.1.17 본항개정)

④ 투표용지에는 중앙선거관리위원회규칙이 정하는 바에 따라 관할구·시·군선거관리위원회의 청인을 날인하여야 한다. 이 경우 그 청인의 날인은 인쇄날인으로 갈음할 수 있다.

⑤ 구·시·군선거관리위원회는 투표용지의 인쇄·납품 및 읍·면·동선거관리위원회에 송부하는 과정에, 읍·면·동선거관리위원회는 투표용지의 수령·보관 및 투표관리관에게 인계하는 과정에 당해 선거관리위원회의 정당추천위원이 각각 참여하여 입회할 수 있도록 하여야 한다. 이 경우 정당추천위원이 참여하지 아니한 때에는 입회를 포기한 것으로 본다.(2005.8.4 본항개정)

⑥ 구·시·군선거관리위원회는 제1항 및 제5항에도 불구하고 사전투표소에서 교부할 투표용지는 사전투표관리관이 사전투표소에서 투표용지 발급기를 이용하여 작성하게 하여야 한다. 이 경우 투표용지에 인쇄하는 일련번호는 바코드(컴퓨터가 인식할 수 있도록 표시한 막대 모양의 기호를 말한다)의 형태로 표시하여야 하며, 바코드에는 선거명, 선거구명, 관할 선거관리위원회명 및 일련번호를 제외한 그 밖의 정보를 담아서는 아니 된다.(2021.3.26 후단개정)

⑦ 제1항 또는 제6항에 따라 투표용지를 작성하는 때에는 각 정당칸 또는 후보자칸 사이에 여백을 두어야 하며, 그 구체적인 작성방법은 중앙선거관리위원회규칙으로 정한다.(2015.8.13 본항신설)

⑧ 구·시·군선거관리위원회는 시각장애로 인하여 자신이 기표를 할 수 없는 선거인을 위하여 필요한 경우에는 중앙선거관리위원회규칙이 정하는 바에 따라 특수투표용지 또는 투표보조용구를 제작·사용할 수 있다.

⑨ 투표용지와 투표함의 규격 및 투표용지의 봉함·보관·인계 그 밖에 필요한 사항은 중앙선거관리위원회규칙으로 정한다.(2005.8.4 본항신설)

(2015.8.13 본조제목개정)

제152조【투표용지모형 등의 공고】 ① 구·시·군선거관리위원회는 투표용지의 모형을 선거일전 7일까지 공고하여야 한다.(2004.3.12 본항개정)

② 구·시·군선거관리위원회는 투표용지를 인쇄할 인쇄소를 결정한 때에는 지체없이 그 인쇄소의 명칭과 소재지를 공고하여야 한다.

제153조【투표안내문의 발송】 ① 구·시·군선거관리위원회는 세대별로 선거인의 성명·선거인명부등재번호·투표소의 위치·투표할 수 있는 시간·투표할 때 가지고 가야할 지참물 그 밖에 투표참여를 권유하는 내용 등이 기재된 투표안내문을 작성하여 선거인명부확정일 후 2일까지 관할구역안의 매세대에 발송하여야 한다. 이 경우 제65조제7항에 따라 통보받은 세대에는 점자형 투표안내문을 동봉하여 발송하여야 한다.(2014.1.17 후단개정)

② 제1항의 투표안내문의 발송을 위한 우편요금은 국가 또는 당해 지방자치단체가 부담한다.(2005.8.4 본항개정)

③ 투표안내문의 작성은 전산조직에 의할 수 있다.

④ 투표안내문의 서식·규격·게재사항 및 우편발송절차 기타 필요한 사항은 중앙선거관리위원회규칙으로 정한다.

(2011.7.28 본조제목개정)

제154조【거소투표자에 대한 투표용지의 발송】 ① 거소투표신고인명부에 올라 있는 선거인(이하 "거소투표자"라 한다)에게 발송할 투표용지(이하 "거소투표용지"라 한다)는 구·시·군선거관리위원회에서 당해 구·시·군선거관리위원회 정당추천위원의 참여하에 투표용지의 일련번호를 절취한 후 바코드(거소투표의 접수에 필요한 거소투표자의 거소·성명·선거인명부등재번호 등이 기록되어 컴퓨터가 인식할 수 있도록 표시한 막대 모양의 기호를 말한다)가 표시된 회송용 봉투에 넣고 다시 발송용 봉투에 넣어 봉함한 후 선거일 전 10일까지 거소투표자에게 발송하여야 한다. 이 경우 정당추천위원이 그 시각까지 참석하지 아니한 때에는 참여를 포기한 것으로 본다.
② 제1항의 규정에 불구하고 거소투표자가 다음 각 호의 어느 하나에 해당하는 경우 해당 거소투표자에게는 당해 구·시·군선거관리위원회의 의결로 거소투표용지를 발송하지 아니할 수 있다. 이 경우 거소투표발송록에 그 사실을 기재하여야 한다.(2022.2.16 전단개정)
1. 허위로 신고한 경우(2022.2.16 본호신설)
2. 자신의 의사에 의하여 신고된 것으로 인정되지 아니한 경우(2022.2.16 본호신설)
3. 격리자등이 제38조제1항 전단에 따라 신고한 후 거소투표용지 발송 전에 치료가 완료되거나 격리가 해제된 경우(2022.2.16 본호신설)
③ 구·시·군선거관리위원회는 제2항의 규정에 의하여 거소투표용지를 발송하지 아니한 거소투표자와 선거일전 2일까지 거소투표용지가 반송된 거소투표자의 명단을 작성하여 선거일전일까지 읍·면·동선거관리위원회에 통지하여야 하며, 읍·면·동선거관리위원회는 지체 없이 이를 투표관리관에게 통지하여야 한다.
④ 거소투표용지의 발송과 회송은 등기우편으로 하되, 그 우편요금은 국가 또는 당해 지방자치단체가 부담한다.
⑤ 구·시·군선거관리위원회는 투표방법 기타 선거에 관한 안내문을 거소투표용지와 동봉하여 발송하여야 한다.
⑥ 거소투표용지의 발송용 봉투 및 회송용 봉투의 규격·게재사항 그 밖에 필요한 사항은 중앙선거관리위원회규칙으로 정한다.
(2014.1.17 본조개정)

제154조의2【선상투표자에 대한 투표용지의 전송 등】 ① 구·시·군선거관리위원회는 선상투표신고인명부에 올라 있는 선거인(이하 "선상투표자"라 한다)에게 보낼 투표용지(이하 "선상투표용지"라 한다)를 작성하여 해당 선상투표자가 승선하고 있는 선박의 선장(이하 "선장"이라 한다)에게 선거일 전 9일까지 팩시밀리를 이용하여 전송하여야 한다. 이 경우 허위로 신고하거나 자신의 의사에 따라 신고된 것으로 인정되지 아니한 선상투표자에 대하여는 제154조제2항을 준용한다.(2014.1.17 전단개정)
② 구·시·군선거관리위원회는 선상투표용지를 작성할 때 표지부분과 투표부분을 구분하고, 표지부분에는 선거인 확인란과 해당 선거구의 정당·후보자에 관한 정보를 열람할 수 있는 중앙선거관리위원회 인터넷 홈페이지 주소, 선상투표방법에 관한 사항 등을 게재하여야 한다.
③ 선장이 제1항에 따라 선상투표용지를 받은 때에는 즉시 해당 선상투표자에게 인계하여야 한다.
④ 선상투표용지의 규격과 게재사항, 선상투표용지 송부과정에 정당추천위원의 참여, 그 밖에 필요한 사항은 중앙선거관리위원회규칙으로 정한다.
(2012.2.29 본조신설)

제155조【투표시간】 ① 투표소는 선거일 오전 6시에 열고 오후 6시(보궐선거 등에 있어서는 오후 8시)에 닫는다. 다만, 마감할 때에 투표소에서 투표하기 위하여 대기하고 있는 선거인에게는 번호표를 부여하여 투표하게 한 후에 닫아야 한다.(2004.3.12 본문개정)
② 사전투표소는 사전투표기간 중 매일 오전 6시에 열고 오후 6시에 닫되, 제148조제1항제3호에 따라 설치하는 사전투표소는 관할 구·시·군선거관리위원회가 예상 투표자수 등을 고려하여 투표시간을 조정할 수 있다. 이 경우 제1항 단서의 규정은 사전투표소에 이를 준용한다.(2022.4.20 전단개정)
③ 투표를 개시하는 때에는 투표관리관은 투표함 및 기표소 내외의 이상유무에 관하여 검사하여야 하며, 이에는 투표참관인이 참관하여야 한다. 다만, 투표개시시각까지 투표참관인이 참석하지 아니한 때에는 최초로 투표하러 온 선거인으로 하여금 참관하게 하여야 한다.(2005.8.4 본문개정)
④ 사전투표소에서 투표를 개시하는 때에는 사전투표관리관은 사전투표함 및 기표소내외의 이상유무에 관하여 검사하여야 하며, 이에는 사전투표참관인이 참관하여야 한다. 다만, 사전투표개시시각까지 사전투표참관인이 참석하지 아니한 때에는 최초로 투표하러 온 선거인으로 하여금 참관하게 하여야 한다.(2014.1.17 본항개정)
⑤ 사전투표·거소투표 및 선상투표는 선거일 오후 6시(보궐선거등에 있어서는 오후 8시)까지 관할 구·시·군선거관리위원회에 도착되어야 한다.(2014.1.17 본항개정)
⑥ 제1항 본문 및 제2항 전단에도 불구하고 격리자등이 선거권을 행사할 수 있도록 격리자등에 한정하여서는 투표소를 오후 6시 30분(보궐선거등에 있어서는 오후 8시 30분)에 열고 오후 7시 30분(보궐선거등에 있어서는 오후 9시 30분)에 닫으며, 사전투표소(제148조제1항제3호에 따라 설치하는 사전투표소를 제외하고 사전투표기간 중 둘째 날의 사전투표소에 한정한다. 이하 이 항에서 같다)는 오후 6시 30분에 열고 오후 8시에 닫는다. 다만, 중앙선거관리위원회는 질병관리청장과 미리 협의하여 감염병의 전국적 대유행 여부, 격리자등의 수, 공중보건에 미치는 영향 등을 고려하여 달리 정할 수 있다.(2024.3.8 단서개정)
⑦ 제6항 단서에 따른 절차 그 밖에 필요한 사항은 중앙선거관리위원회규칙으로 정한다.(2024.3.8 본항신설)
⑧ 제6항 본문에 따라 투표하는 경우 제5항, 제176조제4항, 제218조의16제2항 및 제218조의24제2항부터 제4항까지의 규정 중 "선거일 오후 6시"는 각각 "선거일 오후 7시 30분"으로, "오후 8시"는 각각 "오후 9시 30분"으로 보되, 제6항 단서에 따라 투표하는 경우 "오후 6시" 및 "오후 8시"는 각각 "격리자등의 투표시간을 포함한 투표 마감시각"으로 본다.(2024.3.8 본항개정)

제156조【투표의 제한】 ① 선거인명부에 올라 있지 아니한 자는 투표할 수 없다. 다만, 제41조(이의신청과 결정)제2항·제42조(불복신청과 결정)제2항 또는 제43조(명부누락자의 구제)제2항의 이유있다는 결정통지서를 가지고 온 자는 투표할 수 있다.
② 선거인명부에 올라 있더라도 선거일에 선거권이 없는 자는 투표할 수 없다.
③ 거소투표자는 제158조의2에 따라 거소투표를 하여야 한다. 다만, 다음 각 호의 어느 하나에 해당하는 사람은 선거일에 해당 투표소에서 투표할 수 있다.
1. 제154조제2항에 해당하여 거소투표용지를 송부받지 못한 사람
2. 거소투표용지가 반송되어 거소투표용지를 송부받지 못한 사람
3. 거소투표용지를 송부받았으나 거소투표를 하지 못한 사람으로서 선거일에 해당 투표소에서 투표관리관에게 거소투표용지와 회송용 봉투를 반납한 사람
(2014.1.17 본항개정)
④ 제3항 단서에 따라 거소투표자가 선거일에 해당 투표소에서 투표하는 경우 투표관리관은 선거인명부 또는 제154조제3항에 따라 통지받은 거소투표자의 명단과 대조·확인하고 선거인명부 비고란에 그 사실을 적어야 한다.(2014.1.17 본항개정)

제157조【투표용지수령 및 기표절차】 ① 선거인은 자신이 투표소에 가서 투표참관인의 참관하에 주민등록증(주민등록증이 없는 경우에는 관공서 또는 공공기관이 발행한 증명서로서 사진이 첩부되어 본인임을 확인할 수 있는 여권·운전면허증·공무원증 또는 중앙선거관리위원회규칙으로 정하는 신분증명서를 말한다. 이하 "신분증명서"라 한다)을 제시하고 본인임을 확인받은 후 선거인명부에 서명이나 날인 또는 무인하고 투표용지를 받아야 한다.(2011.7.28 본항개정)
② 투표관리관은 선거일에 선거인에게 투표용지를 교부하는 때에는 사인날인란에 사인을 날인한 후 선거인이 보는 앞에서 일련번호지를 떼어서 교부하되, 필요하다고 인정되는 때에는 100매 이내의 범위안에서 그 사인을 미리 날인해 놓은 후 이를 교부할 수 있다.(2005.8.4 본항개정)
③ 투표관리관은 신분증명서를 제시하지 아니한 선거인에게 투표용지를 교부하여서는 아니된다.(2005.8.4 본항개정)
④ 선거인은 투표용지를 받은 후 기표소에 들어가 투표용지에 1인의 후보자(비례대표국회의원선거와 비례대표지방의회의원선거에 있어서는 하나의 정당을 말한다)를 선택하여 투표용지의 해당란에 기표한 후 그 자리에서 기표내용이 다른 사람에게 보이지 아니하게 접어 투표참관인의 앞에서 투표함에 넣어야 한다.(2005.8.4 본항개정)
⑤ 투표용지를 교부받은 후 그 선거인에게 책임이 있는 사유로 훼손 또는 오손된 때에는 다시 이를 교부하지 아니한다.
⑥ 선거인은 투표소의 질서를 해하지 아니하는 범위안에서 초등학생 이하의 어린이와 함께 투표소(초등학생인 어린이의 경우에는 기표소를 제외한다)안에 출입할 수 있으며, 시각 또는 신체의 장애로 인하여 자신이 기표할 수 없는 선거인은 그 가족 또는 본인이 지명한 2인을 동반하여 투표를 보조하게 할 수 있다.(2004.3.12 본항개정)
⑦ 제6항의 경우를 제외하고는 같은 기표소안에 2인 이상이 동시에 들어갈 수 없다.
⑧ 투표용지의 날인·교부방법 및 기표절차 그 밖에 필요한 사항은 중앙선거관리위원회규칙으로 정한다.(2005.8.4 본항개정)
(2011.7.28 본조제목개정)

제158조【사전투표】 ① 선거인(거소투표자와 선상투표자는 제외한다)은 누구든지 사전투표기간 중에 사전투표소에 가서 투표할 수 있다.
② 사전투표를 하려는 선거인은 사전투표소에서 신분증명서를 제시하여 본인임을 확인받은 다음 전자적 방식으로 손도장을 찍거나 서명한 후 투표용지를 받아야 한다. 이 경우 중앙선거관리위원회는 해당 선거인에게 투표용지가 교부된 사실을 확인할 수 있도록 신분증명서의 일부를 전자적 이미지 형태로 저장하여 선거일의 투표마감시각까지 보관하여야 한다.(2015.8.13 후단신설)
③ 사전투표관리관은 투표용지 발급기로 선거권이 있는 해당 선거의 투표용지를 인쇄하여 "사전투표관리관"칸에 자신의 도장을 찍은 후 일련번호를 떼지 아니하고 회송용 봉투와 함께 선거인에게 교부한다.
④ 투표용지와 회송용 봉투를 받은 선거인은 기표소에 들어가 투표용지에 1명의 후보자(비례대표국회의원선거 및 비례대표지방의회의원선거에서는 하나의 정당을 말한다)를 선택하여 투표용지의 해당 칸에 기표한 다음 그 자리에서 기표내용이 다른 사람에게 보이지 아니하게 접어 이를 회송용 봉투에 넣어 봉함한 후 사전투표함에 넣어야 한다.
⑤ 제3항 및 제4항에도 불구하고 사전투표관리관은 중앙선거관리위원회규칙으로 정하는 구역의 선거인에게는 회송용 봉투를 교부하지 아니할 수 있다.
⑥ 사전투표관리관은 사전투표기간 중 매일의 사전투표마감 후 또는 사전투표기간 종료 후 투표지를 인계하는 경우에는 사전투표참관인의 참관 하에 다음 각 호에 따라 처리한다.(2014.2.13 본문개정)

1. 제3항 및 제4항에 따라 투표용지와 회송용 봉투를 함께 교부하여 투표하게 한 경우에는 사전투표함을 개함하고 사전투표자수를 계산한 후 관할 우체국장에게 인계하여 등기우편으로 발송한다. 이 경우 사전투표관리관은 후보자별로 사전투표참관인 1명씩을 지정하여 해당 우체국까지 동행하여야 하며, 사전투표관리관이 지정한 사전투표참관인이 정당한 사유 없이 동행을 거부한 때에는 그 권한을 포기한 것으로 보고 투표록에 그 사유를 기재한다.(2021.3.26 후단신설)
2. 제5항에 따라 회송용 봉투를 교부하지 아니하고 투표하게 한 경우에는 해당 사전투표함을 직접 관할 구·시·군선거관리위원회에 인계한다. 이 경우 사전투표함 등의 송부에 관하여는 제170조를 준용한다.

⑦ 투표용지를 교부하지 아니하는 경우와 투표소 출입 등에 관하여는 제157조제3항 및 제5항부터 제7항까지의 규정을 준용한다.
⑧ 전기통신 장애 등이 발생하는 경우 사전투표절차, 그 밖에 필요한 사항은 중앙선거관리위원회규칙으로 정한다.
(2014.1.17 본조개정)

제158조의2【거소투표】 거소투표자는 관할 구·시·군선거관리위원회로부터 송부 받은 투표용지에 1명의 후보자(비례대표국회의원선거 및 비례대표지방의회의원선거에서는 하나의 정당을 말한다)를 선택하여 투표용지의 해당 칸에 기표한 다음 회송용 봉투에 넣어 봉함한 후 등기우편으로 발송하여야 한다.(2014.1.17 본조신설)

제158조의3【선상투표】 ① 선장은 선거일 전 8일부터 선거일 전 5일까지의 기간(이하 "선상투표기간"이라 한다) 중 해당 선박의 선상투표자의 수와 운항사정 등을 고려하여 선상투표를 할 수 있는 일시를 정하고, 해당 선박에 선상투표소를 설치하여야 한다. 이 경우 선장은 지체 없이 선상투표자에게 선상투표를 할 수 있는 일시와 선상투표소가 설치된 장소를 알려야 한다.(2015.8.13 전단개정)
② 선장은 선상투표소를 설치할 때 선상투표자가 투표의 비밀이 보장된 상태에서 투표한 후 팩시밀리로 선상투표용지를 전송할 수 있도록 설비하여야 한다.
③ 선장은 선상투표가 진행되는 동안에는 해당 선박에 승선하고 있는 선원 중 대한민국 국민으로서 공정하고 중립적인 사람 1명 이상을 입회시켜야 한다. 다만, 해당 선박에 승선하고 있는 대한민국 국민이 1명뿐인 경우에는 그러하지 아니하다.
④ 선장은 제1항에 따른 선상투표소에서 선상투표자가 가져온 선상투표용지의 해당 서명란에 제3항 본문에 따른 입회인(이하 "입회인"이라 한다)과 함께 서명한 다음 해당 선상투표자에게 교부하여야 한다. 이 경우 선상투표소에서 투표하기 전에 미리 기표하여 온 선상투표용지는 회수하여 별도의 봉투에 넣어 봉함한다.
⑤ 제4항에 따라 선상투표용지를 교부받은 선상투표자는 선거인 확인란에 서명한 후 1명의 후보자(비례대표국회의원선거에서는 하나의 정당을 말한다)를 선택하여 선상투표용지의 해당란에 기표한 다음 선상투표소에 설치된 팩시밀리로 직접 해당 시·도선거관리위원회에 전송하여야 한다.
⑥ 제5항에 따라 전송을 마친 선상투표자는 선상투표지를 직접 봉투에 넣어 봉함한 후 선장에게 제출하여야 한다.
⑦ 선장은 해당 선박의 선상투표를 마친 후 입회인의 입회 아래 제6항에 따라 제출된 선상투표지 봉투와 제4항 후단에 따른 선상투표용지 봉투를 구분하여 함께 포장한 다음 자신과 입회인이 각각 봉인한 후 보관하여야 한다.
⑧ 선장은 해당 선박이 선상투표를 마친 때에는 선상투표관리기록부를 작성하여 선거일 전일까지 해당 선박의 선박원부를 관리하는 지방해양항만청의 소재지(대한민국국적취득조건부 나용선의 경우 해당 선박회사의 등록지, 외국국적 선박은 선박관리업 등록을 한 지방해양항만청의 소재지를 말한다)를 관할하는 시·도선거관리위원회에 팩시밀리로 전송하고, 국내에 도착하는 즉시 선상투표관리기록부와 제7

항에 따라 보관 중인 봉투를 해당 시·도선거관리위원회에 제출하여야 한다. 이 경우 국내에 도착하기 전이라도 외국에서 국제우편을 이용하여 제출할 수 있다.
⑨ 시·도선거관리위원회는 제5항에 따른 선상투표지를 수신할 팩시밀리에 투표의 비밀이 보장될 수 있도록 기술적 장치를 하여야 한다.
⑩ 시·도선거관리위원회는 제5항에 따라 수신된 선상투표지의 투표부분은 절취하여 봉투에 넣고, 표지부분은 그 봉투에 붙여서 봉함한 후 선상투표자의 주소지 관할 구·시·군선거관리위원회에 보내야 한다. 이 경우 투표한 선거인을 알 수 없는 선상투표지는 봉투에 넣어 봉함한 후 그 사유를 적은 표지를 부착하여 보관한다.
⑪ 시·도선거관리위원회는 선상투표지 관리록에 선상투표지 수신상황과 발송상황을 적어야 한다.
⑫ 구·시·군선거관리위원회는 선거일 투표마감시각까지 시·도선거관리위원회로부터 송부된 선상투표지를 접수하여 우편투표함에 투입하여야 한다.
⑬ 선상투표기간 개시일 전에 국내에 도착한 선상투표자는 중앙선거관리위원회규칙으로 정하는 서류를 첨부하여 관할 구·시·군선거관리위원회에 신고한 후 선거일에 주소지를 관할하는 투표구에 설치된 투표소에서 투표할 수 있다. 이 경우 해당 선박에서 선상투표용지를 미리 교부받은 사람은 관할 구·시·군선거관리위원회에 신고할 때에 그 투표용지를 반납하여야 한다.(2015.8.13 본항신설)
⑭ 선상투표의 투표절차, 투표의 비밀을 보장하기 위한 팩시밀리의 기술적 요건, 선상투표관리기록부 및 선상투표지 관리록의 작성·제출, 선상투표기간 개시일 전에 국내에 도착한 선상투표자의 투표절차, 그 밖에 필요한 사항은 중앙선거관리위원회규칙으로 정한다.(2015.8.13 본항개정)
(2012.2.29 본조신설)
제159조【기표방법】 선거인이 투표용지에 기표를 하는 때에는 "㉥"표가 각인된 기표용구를 사용하여야 한다. 다만, 거소투표자가 거소투표(선상투표를 포함한다)를 하는 경우에는 "○"표를 할 수 있다.(2012.2.29 단서개정)
제160조 (2005.8.4 삭제)
제161조【투표참관】 ① 투표관리관은 투표참관인으로 하여금 투표용지의 교부상황과 투표상황을 참관하게 하여야 한다.(2005.8.4 본항개정)
② 투표참관인은 정당·후보자·선거사무장 또는 선거연락소장이 후보자마다 투표소별로 2인을 선정하여 선거일 전 2일까지 읍·면·동선거관리위원회에 서면으로 신고하여야 한다.(2005.8.4 본항개정)
③ 투표참관인은 투표소마다 8명으로 하되, 제2항의 규정에 의하여 선정·신고한 인원수가 8명을 넘는 때에는 읍·면·동선거관리위원회가 추첨에 의하여 지정한 자를 투표참관인으로 한다. 다만, 투표참관인의 선정이 없거나 선정·신고한 인원수가 4명에 미달하는 때에는 읍·면·동선거관리위원회가 그 투표구를 관할하는 구·시·군의 구역안에 거주하는 선거권자 중에서 본인의 승낙을 얻어 4명에 달할 때까지 선정한 자를 투표참관인으로 한다.(2010.1.25 본항개정)
④ 읍·면·동선거관리위원회가 제3항의 규정에 의하여 투표참관인을 지정하는 경우에 후보자수가 8명을 넘는 때에는 후보자별로 1명씩 우선 선정한 후 추첨에 의하여 8명을 지정하고, 후보자수가 8명에 미달하되 후보자가 선정·신고한 인원수가 8명을 넘는 때에는 후보자별로 1명씩 선정한 자를 우선 지정한 후 나머지 인원은 추첨에 의하여 지정한다.
(2010.1.25 본항개정)
⑤ 정당·후보자·선거사무장 또는 선거연락소장은 그가 선정한 투표참관인에 대하여는 필요한 경우에는 언제든지 읍·면·동선거관리위원회에 신고하고 교체할 수 있으며, 선거일에는 투표소에서 교체신고할 수 있다.(2005.8.4 본항개정)
⑥ 제3항 단서의 규정에 의하여 읍·면·동선거관리위원회가 선정한 투표참관인은 정당한 사유없이 참관을 거부하거나 그 직을 사임할 수 없다.(2005.8.4 본항개정)
⑦ 대한민국 국민이 아닌 자·미성년자·제18조(선거권이 없는 자)제1항 각호의 1에 해당하는 자·제53조(공무원 등의 입후보)제1항 각호의 1에 해당하는 자·후보자 또는 후보자의 배우자는 투표참관인이 될 수 없다.(2004.3.12 본항개정)
⑧ 투표관리관은 원활한 투표관리를 위하여 필요하다고 인정하는 경우에는 투표참관인을 교대로 참관하게 할 수 있다. 이 경우 정당·후보자별로 참관인수의 2분의 1씩 교대하여 참관하게 하여야 한다.(2005.8.4 전단개정)
⑨ 투표관리관은 투표용지의 교부상황과 투표상황을 쉽게 볼 수 있는 장소에 투표참관인석을 마련하여야 한다.
(2005.8.4 본항개정)
⑩ 투표참관인은 투표에 간섭하거나 투표를 권유하거나 기타 어떠한 방법으로든지 선거에 영향을 미치는 행위를 하여서는 아니된다.
⑪ 투표관리관은 투표참관인이 투표간섭 또는 부정투표 그 밖에 이 법의 규정에 위반되는 사실을 발견하고 그 시정을 요구한 경우에 그 요구가 정당하다고 인정하는 때에는 이를 시정하여야 한다.(2005.8.4 본항개정)
⑫ 투표참관인은 투표소안에서 사고가 발생한 때에는 투표상황을 촬영할 수 있다.
⑬ (2000.2.16 삭제)
⑭ 투표참관인신고서의 서식 기타 필요한 사항은 중앙선거관리위원회규칙으로 정한다.
제162조【사전투표참관】 ① 사전투표관리관은 사전투표참관인으로 하여금 사전투표 상황을 참관하게 하고, 제158조제6항제1호에 따라 관할 우체국장에게 투표지를 인계하기까지 일련의 과정에 동행하게 하여야 한다.(2021.3.26 본항개정)
② 정당·후보자·선거사무장 또는 선거연락소장은 후보자마다 사전투표소별로 2명의 사전투표참관인을 선정하여 선거일 전 7일까지 구·시·군선거관리위원회에 서면으로 신고하여야 하고, 필요한 경우 언제든지 신고한 후 교체할 수 있으며 사전투표기간 중에는 사전투표소에서 교체신고를 할 수 있다.
③ 사전투표참관인은 사전투표소마다 8명으로 하되, 제2항에 따라 선정·신고한 인원수가 8명을 넘는 때에는 관할 구·시·군선거관리위원회가 추첨에 의하여 지정한 사람을 사전투표참관인으로 한다. 이 경우 후보자수가 8명을 넘는 때에는 후보자별로 1명씩 우선 선정한 후 추첨에 의하여 8명을 지정하고, 후보자수가 8명에 미달하되 후보자가 선정·신고한 인원수가 8명을 넘는 때에는 후보자별로 1명씩 선정한 사람을 우선 지정한 후 나머지 인원은 추첨에 의하여 지정한다.(2025.1.7 본항신설)
④ 제2항에 따른 사전투표참관인의 선정이 없거나 한 후보자가 선정한 사전투표참관인밖에 없는 때에는 관할구·시·군선거관리위원회가 선거권자중에서 본인의 승낙을 얻어 4인에 달할 때까지 선정한 자를 사전투표참관인으로 한다.
⑤ 사전투표참관에 관하여는 제161조제6항부터 제12항까지의 규정을 준용한다. 이 경우 "읍·면·동선거관리위원회"는 "관할구·시·군선거관리위원회"로, "투표관리관"은 "사전투표관리관"으로, "투표참관인"은 "사전투표참관인"으로 본다.(2015.8.13 전단개정)
⑥ 사전투표참관인신고서의 서식, 그 밖에 필요한 사항은 중앙선거관리위원회규칙으로 정한다.
(2014.1.17 본조개정)
제163조【투표소 등의 출입제한】 ① 투표하려는 선거인·투표참관인·투표관리관, 읍·면·동선거관리위원회 및 그 상급선거관리위원회의 위원과 직원 및 투표사무원을 제외하고는 누구든지 투표소에 들어갈 수 없다.(2005.8.4 본항개정)

② 선거관리위원회의 위원·직원·투표관리관·투표사무원 및 투표참관인이 투표소에 출입하는 때에는 중앙선거관리위원회규칙이 정하는 바에 따라 표지를 달거나 붙여야 하며, 이 규정에 의한 표지외에는 선거와 관련한 어떠한 표시물도 달거나 붙일 수 없다.(2005.8.4 본항개정)
③ 제2항의 표지는 다른 사람에게 양도·양여할 수 없다.
④ 사전투표소(제149조에 따라 기표소가 설치된 장소를 포함한다)의 출입제한에 관하여는 제1항부터 제3항까지의 규정을 준용한다.(2014.1.17 본항개정)

제164조【투표소 등의 질서유지】 ① 투표관리관 또는 투표사무원은 투표소의 질서가 심히 문란하여 공정한 투표가 실시될 수 없다고 인정하는 때에는 투표소의 질서를 유지하기 위하여 정복을 한 경찰공무원 또는 경찰관서장에게 원조를 요구할 수 있다.(2005.8.4 본항개정)
② 제1항의 규정에 의하여 원조요구를 받은 경찰공무원 또는 경찰관서장은 즉시 이에 따라야 한다.
③ 제1항의 요구에 의하여 투표소안에 들어간 경찰공무원 또는 경찰관서장은 투표관리관의 지시를 받아야 하며, 질서가 회복되거나 투표관리관의 요구가 있는 때에는 즉시 투표소안에서 퇴거하여야 한다.(2005.8.4 본항개정)
④ 사전투표소의 질서유지에 관하여는 제1항부터 제3항까지의 규정을 준용한다. 이 경우 "투표관리관"은 "사전투표관리관"으로, "투표사무원"은 "사전투표사무원"으로 본다.
(2014.1.17 본항개정)

제165조【무기나 흉기 등의 휴대금지】 ① 제164조(투표소 등의 질서유지)제1항의 경우를 제외하고는 누구든지 투표소안에서 무기나 흉기 또는 폭발물을 지닐 수 없다.
② 사전투표소(제149조에 따라 기표소가 설치된 장소를 포함한다)에서의 무기나 흉기 등의 휴대금지에 관하여는 제1항을 준용한다.(2014.1.17 본항개정)

제166조【투표소내외에서의 소란언동금지 등】 ① 투표소안에서 또는 투표소로부터 100미터안에서 소란한 언동을 하거나 특정 정당이나 후보자를 지지 또는 반대하는 언동을 하는 자가 있는 때에는 투표관리관 또는 투표사무원은 이를 제지하고, 그 명령에 불응하는 때에는 투표소 또는 그 제한거리 밖으로 퇴거하게 할 수 있다. 이 경우 투표관리관 또는 투표사무원은 필요하다고 인정하는 때에는 정복을 한 경찰공무원 또는 경찰관서장에게 원조를 요구할 수 있다.
(2005.8.4 본항개정)
② 제1항의 규정에 의하여 퇴거당한 선거인은 최후에 투표하게 한다. 다만, 투표관리관은 투표소의 질서를 문란하게 할 우려가 없다고 인정하는 때에는 그 전에라도 투표하게 할 수 있다.(2005.8.4 단서개정)
③ 누구든지 제163조(투표소 등의 출입제한)제2항의 규정에 의하여 표지를 달거나 붙이는 경우를 제외하고는 선거일에 완장·흉장 등의 착용 기타의 방법으로 선거에 영향을 미칠 우려가 있는 표지를 할 수 없다.
④ 제164조(투표소 등의 질서유지)제2항 및 제3항의 규정은 투표소내외에서의 소란언동금지등에 이를 준용한다.
⑤ 사전투표소 내외에서의 소란언동금지 등에 관하여는 제1항부터 제4항까지의 규정을 준용한다. 이 경우 "투표관리관"은 "사전투표관리관"으로, "투표사무원"은 "사전투표사무원"으로, "선거일에"는 "사전투표소 안에서"로 본다.
(2014.1.17 본항개정)

제166조의2【투표지 등의 촬영행위 금지】 ① 누구든지 기표소 안에서 투표지를 촬영하여서는 아니 된다.
② 투표관리관 또는 사전투표관리관은 선거인이 기표소 안에서 투표지를 촬영한 경우 해당 선거인으로부터 그 촬영물을 회수하고 투표록에 그 사유를 기록한다.(2014.1.17 본항개정)
(2010.1.25 본조신설)

제167조【투표의 비밀보장】 ① 투표의 비밀은 보장되어야 한다.
② 선거인은 투표한 후보자의 성명이나 정당명을 누구에게도 또한 어떠한 경우에도 진술할 의무가 없으며, 누구든지 선거일의 투표마감시각까지 이를 질문하거나 그 진술을 요구할 수 없다. 다만, 텔레비전방송국·라디오방송국·「신문 등의 진흥에 관한 법률」 제2조제1호가목 및 나목에 따른 일간신문사가 선거의 결과를 예상하기 위하여 선거일에 투표소로부터 50미터 밖에서 투표의 비밀이 침해되지 않는 방법으로 질문하는 경우에는 그러하지 아니하며 이 경우 투표마감시각까지 그 경위와 결과를 공표할 수 없다.(2012.2.29 단서개정)
③ 선거인은 자신이 기표한 투표지를 공개할 수 없으며, 공개된 투표지는 무효로 한다.

제168조【투표함 등의 봉쇄·봉인】 ① 투표관리관은 투표소를 닫는 시각이 된 때에는 투표소의 입구를 닫아야 하며, 투표소안에 있는 선거인의 투표가 끝나면 투표참관인의 참관하에 투표함의 투입구와 그 자물쇠를 봉쇄·봉인하여야 한다. 다만, 정당한 사유없이 참관을 거부하는 투표참관인이 있는 때에는 그 권한을 포기한 것으로 보고, 투표록에 그 사유를 기재한다.(2005.8.4 본항개정)
② 투표함의 열쇠와 잔여투표용지 및 번호지는 제1항의 규정에 의하여 각각 봉인하여야 한다.

제169조【투표록의 작성】 투표관리관은 투표록을 작성하여 기명하고 서명 또는 날인하여야 한다.(2011.7.28 본조개정)

제170조【투표함 등의 송부】 ① 투표관리관은 투표가 끝난 후 지체없이 투표함 및 그 열쇠와 투표록 및 잔여투표용지를 관할구·시·군선거관리위원회에 송부하여야 한다.
(2005.8.4 본항개정)
② 제1항의 규정에 의하여 투표함을 송부하는 때에는 후보자별로 투표참관인 1인과 호송에 필요한 정복을 한 경찰공무원을 2인에 한하여 동반할 수 있다.(2010.3.12 후단삭제)

제171조【투표관계서류의 인계】 투표관리관은 투표가 끝난 후 선거인명부 기타 선거에 관한 모든 서류를 관할구·시·군선거관리위원회위원장에게 인계하여야 한다.
(2005.8.4 본조개정)

제11장 개 표

제172조【개표관리】 ① 개표사무는 구·시·군선거관리위원회가 이를 행한다.
② 제173조(개표소)제2항의 규정에 의하여 2개 이상의 개표소를 설치하는 때에는 당해 구·시·군선거관리위원회위원을 각 개표소에 비등하게 지정·배치하되, 이 법에 의한 개표관리에 관하여 당해 구·시·군선거관리위원회의 의결을 요하는 사항은 당해 개표소에 배치된 위원[「선거관리위원회법」 제4조(위원의 임명 및 위촉)제13항의 규정에 의한 보조위원을 포함한다. 이하 이 장에서 같다]수의 과반수의 의결로 결정하고, 구·시·군선거관리위원회위원장의 직무는 각각 당해 위원장과 부위원장 또는 위원장이 지명한 위원이 행한다.(2005.8.4 본항개정)
③ 개표를 개시한 이후에는 개표소에 구·시·군선거관리위원회재적위원(제173조제2항의 규정에 의하여 2개 이상의 개표소를 설치한 때에는 당해 개표소에 배치된 위원을 말한다)의 과반수가 참석하여야 한다.(2000.2.16 본항개정)
④ 「선거관리위원회법」 제4조제13항 및 동법 제5조(위원장)제4항의 규정은 2개 이상의 개표소를 설치하는 선거의 경우에 관하여 이를 준용한다.(2005.8.4 본항개정)

제173조【개표소】 ① 구·시·군선거관리위원회는 선거일전 5일까지 그 구·시·군의 사무소 소재지 또는 당해 관할구역(당해 구역안에 적정한 장소가 없는 때에는 인접한 다른 구역을 포함한다)안에 설치할 개표소를 공고하여야 한다. 다만, 천재·지변 기타 부득이한 사유가 있는 때에는 이를 변경할 수 있으며, 이 경우에는 즉시 공고하여야 한다.
(1998.4.30 본항개정)

② 구·시·군선거관리위원회는 2개 이상의 개표소를 설치할 수 있다.(2000.2.16 본항신설)
③ 제147조(투표소의 설치)제3항의 규정은 개표소에 준용한다.(2004.3.12 본항신설)
④ 2개 이상의 개표소를 설치하는 때의 개표의 절차 및 방법 기타 필요한 사항은 중앙선거관리위원회규칙으로 정한다.(2000.2.16 본항신설)

제174조【개표사무원】 ① 구·시·군선거관리위원회는 개표사무를 보조하게 하기 위하여 개표사무원을 두어야 한다.(2018.4.6 본항개정)
② 개표사무원은 제147조제9항제1호 내지 제4호에 해당하는 자 또는 공정하고 중립적인 자 중에서 위촉한다.(2004.3.12 본항개정)
③ 제147조제9항제1호부터 제4호까지의 기관·단체의 장이 선거관리위원회로부터 개표사무원의 추천 협조요구를 받은 때에는 우선적으로 이에 따라야 한다.(2014.2.13 본항신설)
④ (2004.3.12 삭제)

제175조【개표개시】 ① (2004.3.12 삭제)
② 구·시·군선거관리위원회는 관할구역안에 2 이상의 선거구가 있는 경우에는 선거구 단위로 개표한다.(2004.3.12 본항개정)

제176조【사전투표·거소투표 및 선상투표의 접수·개표】
① 구·시·군선거관리위원회는 우편으로 송부된 사전투표·거소투표 및 선상투표를 접수한 때에는 당해 구·시·군선거관리위원회의 정당추천위원의 참여하에 이를 즉시 우편투표함에 투입·보관하여야 한다.
② 구·시·군선거관리위원회는 제158조제6항제2호에 따라 사전투표함을 인계받은 때에는 해당 구·시·군선거관리위원회의 정당추천위원의 참여 하에 투표함의 봉함·봉인상태를 확인하고 보관하여야 한다.(2014.1.17 본항신설)
③ 구·시·군선거관리위원회는 제1항에 따른 우편투표함과 제2항에 따른 사전투표함을 「개인정보 보호법」 제2조제7호에 따른 고정형 영상정보처리기기가 설치된 장소에 보관하여야 하고, 해당 영상정보는 해당 선거의 선거일 후 6개월까지 보관하여야 한다.(2023.3.14 본항개정)
④ 제1항에 따른 우편투표함과 제2항에 따른 사전투표함은 개표참관인이 참관하에 선거일 오후 6시(보궐선거등에 있어서는 오후 8시)후에 개표소로 옮겨서 일반투표함의 투표지와 별도로 먼저 개표할 수 있다.
⑤ 제3항에 따른 영상정보처리기기의 설치, 투표함 보관, 그 밖에 필요한 사항은 중앙선거관리위원회규칙으로 정한다.(2021.3.26 본항신설)
(2014.1.17 본조개정)

제177조【투표함의 개함】 ① 투표함을 개함하는 때에는 구·시·군선거관리위원회위원장은 개표참관인의 참관하에 투표함의 봉쇄와 봉인을 검사한 후 이를 열어야 한다. 다만, 정당한 사유 없이 참관을 거부하는 개표참관인이 있는 때에는 그 권한을 포기한 것으로 보고, 개표록에 그 사유를 기재한다.(2005.8.4 본항개정)
② 구·시·군선거관리위원회위원장은 투표함을 개함한 후 투표수를 계산하여 투표록에 기재된 투표용지 교부수와 대조하여야 한다. 이 경우 정당한 사유없이 개표사무를 지연시키는 위원이 있는 때에는 그 권한을 포기한 것으로 보고, 개표록에 그 사유를 기재한다.

제178조【개표의 진행】 ① 개표는 투표구별로 구분하여 투표수를 계산한다.(2002.3.7 본항개정)
② 구·시·군선거관리위원회는 개표사무를 보조하기 위하여 투표지를 유·무효별 또는 후보자(비례대표국회의원선거 및 비례대표지방의회의원선거에서는 정당을 말한다)별로 구분하거나 계산에 필요한 기계장치 또는 전산조직을 이용할 수 있다.(2014.1.17 본항신설)
③ 후보자별 득표수(비례대표국회의원선거 및 비례대표지방의회의원선거에 있어서는 정당별 득표수를 말한다. 이하 이 조에서 같다)의 공표는 구·시·군선거관리위원회위원장이 투표구별로 집계·작성된 개표상황표에 의하여 투표구 단위로 하되, 출석한 구·시·군선거관리위원회위원 전원은 공표 전에 득표수를 검열하고 개표상황표에 서명하거나 날인하여야 한다. 다만, 정당한 사유없이 개표사무를 지연시키는 위원이 있는 때에는 그 권한을 포기한 것으로 보고, 개표록에 그 사유를 기재한다.(2011.7.28 본항개정)
④ 누구든지 제3항에 따른 후보자별 득표수의 공표전에는 이를 보도할 수 없다. 다만, 선거관리위원회가 제공하는 개표상황 자료를 보도하는 경우에는 그러하지 아니하다.(2014.1.17 본항개정)
⑤ 개표절차 및 개표상황표의 서식 기타 필요한 사항은 중앙선거관리위원회규칙으로 정한다.
(2011.7.28 본조제목개정)

제179조【무효투표】 ① 다음 각 호의 어느 하나에 해당하는 투표는 무효로 한다.(2005.8.4 본문개정)
1. 정규의 투표용지를 사용하지 아니한 것
2. 어느 란에도 표를 하지 아니한 것
3. 2란에 걸쳐서 표를 하거나 2 이상의 란에 표를 한 것(2015.8.13 본호개정)
4. 어느 란에 표를 한 것인지 식별할 수 없는 것
5. ㊉표를 하지 아니하고 문자 또는 물형을 기입한 것
6. ㊉표 외에 다른 사항을 기입한 것(2005.8.4 본호개정)
7. 선거관리위원회의 기표용구가 아닌 용구로 표를 한 것

② 사전투표 및 거소투표의 경우에는 제1항의 규정에 의하는 외에 다음 각 호의 어느 하나에 해당하는 투표도 이를 무효로 한다.(2014.1.17 본문개정)
1. 정규의 회송용 봉투를 사용하지 아니한 것(2005.8.4 본호개정)
2. 회송용 봉투가 봉함되지 아니한 것(2005.8.4 본호개정)
3. (2005.8.4 삭제)
4. (2014.1.17 삭제)

③ 선상투표의 경우에는 제1항에 따라 무효로 하는 경우 외에 다음 각 호의 어느 하나에 해당하는 경우에도 무효로 한다.
1. 선상투표신고서에 기재된 팩시밀리 번호가 아닌 번호를 이용하여 전송되거나 전송한 팩시밀리 번호를 알 수 없는 것(2014.1.17 본호개정)
2. 같은 선거인의 투표지가 2회 이상 수신된 경우 정상적으로 수신된 최초의 투표지 외의 것
3. 선거인이나 선장 또는 입회인의 서명이 누락된 것(제158조의3제3항 단서에 따라 입회인을 두지 아니한 경우 입회인의 서명이 누락된 것은 제외한다)(2014.1.17 본호개정)
4. 표지부분에 후보자의 성명이나 정당의 명칭 또는 그 성명이나 명칭을 유추할 수 있는 내용이 표시된 것
(2012.2.29 본항신설)

④ 다음 각 호의 어느 하나에 해당하는 투표는 무효로 하지 아니한다.(2005.8.4 본문개정)
1. ㊉표가 일부분 표시되거나 ㊉표안이 메워진 것으로서 선거관리위원회의 기표용구를 사용하여 기표를 한 것이 명확한 것
2. 한 후보자(비례대표국회의원선거 및 비례대표지방의회의원선거에 있어서는 정당을 말한다. 이하 이 항에서 같다)란에만 2 이상 기표된 것(2005.8.4 본호개정)
3. 후보자란 외에 추가 기표되었으나 추가 기표된 것이 어느 후보자에게도 기표한 것으로 볼 수 없는 것(2005.8.4 본호개정)
4. (2015.8.13 삭제)
5. 기표한 것이 전사된 것으로서 어느 후보자에게 기표한 것인지가 명확한 것
6. 인육으로 오손되거나 훼손되었으나 정규의 투표용지임이 명백하고 어느 후보자에게 기표한 것인지가 명확한 것
7. 거소투표(선상투표를 포함한다)의 경우 이 법에 규정된 방법외의 다른 방법〔인장(무인을 제외한다)의 날인·성명

기재 등 누가 투표한 것인지 알 수 있는 것을 제외한다]으로 표를 하였으나 어느 후보자에게 기표한 것인지가 명확한 것(2012.2.29 본호개정)
8. 회송용 봉투에 성명 또는 거소가 기재되거나 사인이 날인된 것(2005.8.4 본호신설)
9. 거소투표자 또는 선상투표자가 투표 후 선거일의 투표개시 전에 사망한 경우 그 거소투표 또는 선상투표(2014.1.17 본호개정)
10. 사전투표소에서 투표한 선거인이 선거일의 투표개시 전에 사망한 경우 해당 선거인의 투표(2014.1.17 본호개정)
(2015.8.13 본조제목개정)

제180조【투표의 효력에 관한 이의에 대한 결정】 ① 투표의 효력에 관하여 이의가 있는 때에는 구·시·군선거관리위원회는 재적위원 과반수의 출석과 출석위원 과반수의 의결로 결정한다.(1995.12.30 본항개정)
② 투표의 효력을 결정함에 있어서는 선거인의 의사가 존중되어야 한다.

제181조【개표참관】 ① 구·시·군선거관리위원회는 개표참관인으로 하여금 개표소안에서 개표상황을 참관하게 하여야 한다.
② 제1항의 개표참관인은 구·시·군선거관리위원회의 관할구역안에서 실시되는 선거에 후보자를 추천하는 정당은 6인을, 무소속후보자는 3인을 선정하여 선거일 전 2일까지 당해 구·시·군선거관리위원회에 서면으로 신고하여 참관하게 하되, 신고후 언제든지 교체할 수 있으며 개표일에는 개표소에서 교체신고를 할 수 있다.(2018.4.6 본항개정)
③ 제2항의 규정에 의한 개표참관인의 신고가 없거나 한 정당 또는 한 후보자가 선정한 개표참관인밖에 없는 때에는 구·시·군선거관리위원회가 선거권자 중에서 본인의 승낙을 얻어 12인[지역구자치구·시·군의원선거에 있어서는 6인(한 정당이 선정한 개표참관인밖에 없는 때에는 9인)]에 달할 때까지 선정한 자를 개표참관인으로 한다.(2012.1.17 본항개정)
④ 제3항의 규정에 의하여 구·시·군선거관리위원회가 선정한 개표참관인은 정당한 사유없이 참관을 거부하거나 그 직을 사임할 수 없다.
⑤ 구·시·군선거관리위원회는 제2항 및 제3항에도 불구하고 개표장소, 선거인수 등을 고려하여 선거권자의 신청을 받아 제2항에 따라 정당 또는 후보자가 신고할 수 있는 개표참관인 수의 100분의 20 이내에서 개표참관인을 추가로 선정하여 참관하게 할 수 있다.(2015.8.13 본항신설)
⑥ 개표참관인은 투표구에서 송부된 투표함의 인계·인수절차를 참관하고 투표함의 봉쇄·봉인을 검사하며 그 관리상황을 참관할 수 있다.
⑦ 구·시·군선거관리위원회는 개표참관인이 개표내용을 식별할 수 있는 가까운 거리(1미터 이상 2미터 이내)에서 참관할 수 있도록 개표참관인석을 마련하여야 한다.
⑧ 구·시·군선거관리위원회는 개표참관인이 개표에 관한 위법사항을 발견하여 그 시정을 요구한 경우에 그 요구가 정당하다고 인정되는 때에는 이를 시정하여야 한다.
⑨ 개표참관인은 개표소안에서 개표상황을 언제든지 순회·감시 또는 촬영할 수 있으며, 당해 구·시·군선거관리위원회위원장이 개표소안 또는 일반관람인석에 지정한 장소에 전화·컴퓨터 기타의 통신설비를 설치하고, 이를 이용하여 개표상황을 후보자 또는 정당에 통보할 수 있다.
⑩ 구·시·군선거관리위원회는 원활한 개표관리를 위하여 필요한 경우에는 개표참관인을 교대하여 참관하게 할 수 있다. 이 경우 정당·후보자별로 참관인수의 2분의 1씩 교대하여 참관하게 하여야 한다.(2004.3.12 본항개정)
⑪ 다음 각 호의 어느 하나에 해당하는 사람은 개표참관인이 될 수 없다.
1. 대한민국 국민이 아닌 사람
2. 미성년자
3. 제18조제1항 각 호의 어느 하나에 해당하는 사람
4. 제53조제1항 각 호의 어느 하나에 해당하는 사람
(2015.8.13 본항개정)
⑫ 개표참관인신고서의 서식 기타 필요한 사항은 중앙선거관리위원회규칙으로 정한다.
(2015.8.13 본조제목개정)

제182조【개표관람】 ① 누구든지 구·시·군선거관리위원회가 발행하는 관람증을 받아 구획된 장소에서 개표상황을 관람할 수 있다.
② 제1항의 관람증의 매수는 개표장소를 참작하여 적당한 수로 하되, 후보자별로 균등하게 배부되도록 하여야 한다.
③ 구·시·군선거관리위원회는 일반관람인석에 대하여 질서유지에 필요한 설비를 하여야 한다.

제183조【개표소의 출입제한과 질서유지】 ① 구·시·군선거관리위원회와 그 상급선거관리위원회의 위원·직원, 개표사무원·개표사무협조요원 및 개표참관인을 제외하고는 누구든지 개표소에 들어갈 수 없다. 다만, 관람증을 배부받은 자와 방송·신문·통신의 취재·보도요원이 일반관람인석에 들어가는 경우는 그러하지 아니하다.(2002.3.7 본문개정)
② 선거관리위원회의 위원·직원, 개표사무원·개표사무협조요원 및 개표참관인이 개표소에 출입하는 때에는 중앙선거관리위원회규칙이 정하는 바에 따라 표지를 달거나 붙여야 하며, 이를 다른 사람에게 양도·양여할 수 없다.
(2002.3.7 본항개정)
③ 구·시·군선거관리위원회위원장이나 위원은 개표소의 질서가 심히 문란하여 공정한 개표가 진행될 수 없다고 인정하는 때에는 개표소의 질서유지를 위하여 정복을 한 경찰공무원 또는 경찰관서장에게 원조를 요구할 수 있다.
④ 제3항의 규정에 의하여 원조요구를 받은 경찰공무원 또는 경찰관서장은 즉시 이에 따라야 한다.
⑤ 제3항의 요구에 의하여 개표소안에 들어간 경찰공무원 또는 경찰관서장은 구·시·군선거관리위원회위원장의 지시를 받아야 하며, 질서가 회복되거나 위원장의 요구가 있는 때에는 즉시 개표소에서 퇴거하여야 한다.
⑥ 제3항의 경우를 제외하고는 누구든지 개표소안에서 무기나 흉기 또는 폭발물을 지닐 수 없다.

제184조【투표지의 구분】 개표가 끝난 때에는 투표구별로 개표한 투표지를 유효·무효로 구분하고, 유효투표지는 다시 후보자(비례대표국회의원선거 및 비례대표지방의회의원선거에 있어서는 후보자를 추천한 정당을 말한다)별로 구분하여 각각 포장하여 구·시·군선거관리위원회위원장이 봉인하여야 한다.(2010.1.25 본조개정)

제185조【개표록·집계록 및 선거록의 작성 등】 ① 구·시·군선거관리위원회는 개표결과를 즉시 공표하고 개표록을 작성하여 관할선거구선거관리위원회(대통령선거 및 비례대표국회의원선거에 있어서는 시·도선거관리위원회)에 송부하여야 한다.(2004.3.12 본항개정)
② 제1항의 개표록을 송부받은 관할선거구선거관리위원회는 지체없이 후보자(비례대표지방의회의원선거에 있어서는 정당을 말한다)별 득표수를 계산·공표하고 선거록을 작성하여야 한다.(2005.8.4 본항개정)
③ 시·도선거관리위원회가 제1항의 개표록을 송부받은 때에는 대통령선거에 있어서는 후보자별 득표수를, 비례대표국회의원선거에 있어서는 정당별 득표수를 계산·공표하고 집계록을 작성하여 중앙선거관리위원회에 송부하여야 한다.
(2004.3.12 본항개정)
④ 중앙선거관리위원회가 제3항의 집계록을 송부받은 때에는 대통령선거에 있어서는 후보자별 득표수를, 비례대표국회의원선거에 있어서는 정당별 득표수를 계산·공표하고, 선거록을 작성하여야 한다.(2004.3.12 본항개정)
⑤ 개표록·집계록 및 선거록에는 위원장과 출석한 위원 전원이 기명하고 서명 또는 날인하여야 한다. 다만, 정당한 사유없이 서명 또는 날인을 거부하는 위원이 있는 때에는 그

권한을 포기한 것으로 보고, 개표록·집계록 및 선거록에 그 사유를 기재한다.(2011.7.28 본항개정)
⑥ 개표록·집계록 및 선거록의 서식 기타 필요한 사항은 중앙선거관리위원회규칙으로 정한다.
(2011.7.28 본조제목개정)

제186조【투표지·개표록 및 선거록 등의 보관】 구·시·군선거관리위원회는 투표지·투표함·투표록·개표록·선거록 기타 선거에 관한 모든 서류를, 시·도선거관리위원회는 집계록 및 선거록 기타 선거에 관한 모든 서류를, 중앙선거관리위원회는 선거록 기타 선거에 관한 모든 서류를 그 당선인의 임기중 각각 보관하여야 한다. 다만, 제219조(선거소청)·제222조(선거소송) 및 제223조(당선소송)의 규정에 의한 선거에 관한 쟁송이 제기되지 아니하거나 계속되지 아니하게 된 때에는 중앙선거관리위원회규칙이 정하는 바에 따라 그 보존기간을 단축할 수 있다.(2002.3.7 본문개정)

제12장 당선인

제187조【대통령당선인의 결정·공고·통지】 ① 대통령선거에 있어서는 중앙선거관리위원회가 유효투표의 다수를 얻은 자를 당선인으로 결정하고, 이를 국회의장에게 통지하여야 한다. 다만, 후보자가 1인인 때에는 그 득표수가 선거권자총수의 3분의 1 이상에 달하여야 당선인으로 결정한다.
② 최고득표자가 2인 이상인 때에는 중앙선거관리위원회의 통지에 의하여 국회는 재적의원 과반수가 출석한 공개회의에서 다수표를 얻은 자를 당선인으로 결정한다.
③ 제1항의 규정에 의하여 당선인이 결정된 때에는 중앙선거관리위원회위원장이, 제2항의 규정에 의하여 당선인이 결정된 때에는 국회의장이 이를 공고하고, 지체없이 당선인에게 당선증을 교부하여야 한다.
④ 천재·지변 기타 부득이한 사유로 인하여 개표를 모두 마치지 못하였다 하더라도 개표를 마치지 못한 지역의 투표가 선거의 결과에 영향을 미칠 염려가 없다고 인정되는 때에는 중앙선거관리위원회는 우선 당선인을 결정할 수 있다.

제188조【지역구국회의원당선인의 결정·공고·통지】 ① 지역구국회의원선거에 있어서는 선거구선거관리위원회가 당해 국회의원지역구에서 유효투표의 다수를 얻은 자를 당선인으로 결정한다. 다만, 최고득표자가 2인 이상인 때에는 연장자를 당선인으로 결정한다.
② 후보자등록마감시각에 지역구국회의원후보자가 1인이거나 후보자등록마감후 선거일 투표개시시각전까지 지역구국회의원후보자가 사퇴·사망하거나 등록이 무효로 되어 지역구국회의원후보자수가 1인이 된 때에는 지역구국회의원후보자에 대한 투표를 실시하지 아니하고, 선거일에 그 후보자를 당선인으로 결정한다.
③ 선거일의 투표개시시각부터 투표마감시각까지 지역구국회의원후보자가 사퇴·사망하거나 등록이 무효로 되어 지역구국회의원후보자수가 1인이 된 때에는 나머지 투표는 실시하지 아니하고 그 후보자를 당선인으로 결정한다.
④ 선거일의 투표마감시각후 당선인결정전까지 지역구국회의원후보자가 사퇴·사망하거나 등록이 무효로 된 경우에는 개표결과 유효투표의 다수를 얻은 자를 당선인으로 결정하되, 사퇴·사망하거나 등록이 무효로 된 자가 유효투표의 다수를 얻은 때에는 그 국회의원지역구는 당선인이 없는 것으로 한다.
⑤ 제2항 및 제3항의 규정에 의하여 투표를 실시하지 아니하는 때에는 당해 선거구선거관리위원회는 지체없이 이를 공고하고 상급선거관리위원회에 보고하여야 하며, 하급선거관리위원회에 통지하여야 한다.
⑥ 제1항 내지 제4항의 규정에 의하여 국회의원지역구의 당선인이 결정된 때에는 당해 선거구선거관리위원회위원장은 이를 공고하고 지체없이 당선인에게 당선증을 교부하여야 하며, 상급선거관리위원회에 보고하여야 한다.
⑦ 제187조(대통령당선인의 결정·공고·통지)제4항의 규정은 지역구국회의원당선인의 결정에 이를 준용한다.

제189조【비례대표국회의원의석의 배분과 당선인의 결정·공고·통지】 ① 중앙선거관리위원회는 다음 각 호의 어느 하나에 해당하는 정당(이하 이 조에서 "의석할당정당"이라 한다)에 대하여 비례대표국회의원의석을 배분한다.
1. 임기만료에 따른 비례대표국회의원선거에서 전국 유효투표총수의 100분의 3 이상을 득표한 정당
2. 임기만료에 따른 지역구국회의원선거에서 5 이상의 의석을 차지한 정당
(2020.1.14 본항개정)
② 비례대표국회의원의석은 다음 각 호에 따라 각 의석할당정당에 배분한다.
1. 각 의석할당정당에 배분할 의석수(이하 이 조에서 "연동배분의석수"라 한다)는 다음 계산식에 따른 값을 소수점 첫째 자리에서 반올림하여 산정한다. 이 경우 연동배분의석수가 1보다 작은 경우 연동배분의석수는 0으로 한다.

연동배분 의석수	= 〔(국회의원정수 − 의석할당정당이 추천하지 않은 지역구국회의원 당선인수) × 해당 정당의 비례대표국회의원선거 득표비율 − 해당 정당의 지역구국회의원당선인수〕 ÷ 2

2. 제1호에 따른 각 정당별 연동배분의석수의 합계가 비례대표국회의원 의석정수에 미달할 경우 각 의석할당정당에 배분할 잔여의석수(이하 이 조에서 "잔여배분의석수"라 한다)는 다음 계산식에 따라 산정한다. 이 경우 정수(정수)의 의석을 먼저 배정하고 잔여의석은 소수점 이하 수가 큰 순으로 각 의석할당정당에 1석씩 배분하되, 그 수가 같은 때에는 해당 정당 사이의 추첨에 따른다.

잔여배분 의석수	= (비례대표국회의원 의석정수 − 각 연동배분의석수의 합계) × 비례대표국회의원선거 득표비율

3. 제1호에 따른 각 정당별 연동배분의석수의 합계가 비례대표국회의원 의석정수를 초과할 경우에는 제1호 및 제2호에도 불구하고 다음 계산식에 따라 산출된 수(이하 이 조에서 "조정의석수"라 한다)를 각 연동배분의석 할당정당의 의석으로 산정한다. 이 경우 산출방식에 관하여는 제2호 후단을 준용한다.

조정 의석수	= 비례대표국회의원 의석정수 × 연동배분의석수 ÷ 각 연동배분의석수의 합계

(2020.1.14 본항개정)
③ 제2항의 비례대표국회의원선거 득표비율은 각 의석할당정당의 득표수를 모든 의석할당정당의 득표수의 합계로 나누어 산출한다.(2020.1.14 본항개정)
④ 중앙선거관리위원회는 제출된 정당별 비례대표국회의원후보자명부에 기재된 당선인으로 될 순위에 따라 정당에 배분된 비례대표국회의원의 당선인을 결정한다.
⑤ 정당에 배분된 비례대표국회의원의석수가 그 정당이 추천한 비례대표국회의원후보자수를 넘는 때에는 그 넘는 의석은 공석으로 한다.
⑥ 중앙선거관리위원회는 비례대표국회의원선거에 있어서 제198조(천재·지변 등으로 인한 재투표)의 규정에 의한 재투표 사유가 발생한 경우에는 그 투표구의 선거인수를 전국선거인수로 나눈 수에 비례대표국회의원 의석정수를 곱하여 얻은 수의 정수(1 미만의 단수는 1로 본다)를 비례대표국회의원 의석정수에서 뺀 다음 제1항부터 제4항까지의 규정에 따라 비례대표국회의원의석을 배분하고 당선인을 결정한다. 다만, 재투표결과에 따라 의석할당정당이 추가될 것으로 예상되는 경우에는 추가가 예상되는 정당마다 비례대표국회의원 의석정수의 100분의 3에 해당하는 정수(1미만의 단수는 1로 본다)의 의석을 별도로 빼야 한다.(2020.1.14 본항개정)

⑦ 비례대표국회의원의 당선인이 결정된 때에는 중앙선거관리위원회위원장은 그 명단을 공고하고 지체없이 각 정당에 통지하며, 당선인에게 당선증을 교부하여야 한다.
⑧ 제187조(대통령당선인의 결정·공고·통지)제4항의 규정은 비례대표국회의원당선인의 결정에 이를 준용한다.
(2004.3.12 본조개정)

제190조【지역구지방의회의원당선인의 결정·공고·통지】 ① 지역구시·도의원 및 지역구자치구·시·군의원의 선거에 있어서는 선거구선거관리위원회가 당해 선거구에서 유효투표의 다수를 얻은 자(지역구자치구·시·군의원선거에 있어서는 유효투표의 다수를 얻은 자 순으로 의원정수에 이르는 자를 말한다. 이하 이 조에서 같다)를 당선인으로 결정한다. 다만, 최고득표자가 2인 이상인 때에는 연장자 순에 의하여 당선인을 결정한다.(2005.8.4 본문개정)
② 후보자등록마감시각에 후보자가 당해 선거구에서 선거할 의원정수를 넘지 아니하거나 후보자등록마감후 선거일 투표개시시각까지 후보자가 사퇴·사망하거나 등록이 무효로 되어 후보자수가 당해 선거구에서 선거할 의원정수를 넘지 아니하게 된 때에는 투표를 실시하지 아니하고, 선거일에 그 후보자를 당선인으로 결정한다.
③ 제187조(대통령당선인의 결정·공고·통지)제4항 및 제188조(지역구국회의원당선인의 결정·공고·통지)제3항 내지 제6항의 규정은 지역구지방의회의원의 당선인의 결정·공고·통지에 이를 준용한다. 이 경우 "지역구국회의원후보자"는 "지역구지방의회의원후보자"로, "1인이 된 때"는 "의원정수를 넘지 아니하게 된 때"로, "그 국회의원지역구"는 "그 선거구"로 본다.(2005.8.4 본항개정)
④~⑨ (2005.8.4 삭제)
(2005.8.4 본조제목개정)

제190조의2【비례대표지방의회의원당선인의 결정·공고·통지】 ① 비례대표지방의회의원선거에 있어서는 당해 선거구선거관리위원회가 유효투표총수의 100분의 5 이상을 득표한 각 정당(이하 이 조에서 "의석할당정당"이라 한다)에 대하여 당해 선거에서 얻은 득표비율에 비례대표지방의회의원정수를 곱하여 산출된 수의 정수의 의석을 그 정당에 먼저 배분하고 잔여의석은 단수가 큰 순으로 각 의석할당정당에 1석씩 배분하되, 같은 단수가 있는 때에는 그 득표수가 많은 정당에 배분하고 그 득표수가 같은 때에는 당해 정당 사이의 추첨에 의한다. 이 경우 득표비율은 각 의석할당정당의 득표수를 모든 의석할당정당의 득표수의 합계로 나누고 소수점 이하 제5위를 반올림하여 산출한다.
② 비례대표시·도의원선거에 있어서 하나의 정당에 의석정수의 3분의 2 이상의 의석이 배분될 때에는 그 정당에 3분의 2에 해당하는 수의 정수(整數)의 의석을 먼저 배분하고, 잔여의석은 나머지 의석할당정당간의 득표비율에 잔여의석을 곱하여 산출된 수의 정수(整數)의 의석을 각 나머지 의석할당정당에 배분한 다음 잔여의석이 있는 때에는 그 단수가 큰 순위에 따라 각 나머지 의석할당정당에 1석씩 배분한다. 다만, 의석정수의 3분의 2에 해당하는 수의 정수(整數)에 해당하는 의석을 배분받는 정당 외에 의석할당정당이 없는 경우에는 의석할당정당이 아닌 정당간의 득표비율에 잔여의석을 곱하여 산출된 수의 정수(整數)의 의석을 먼저 그 정당에 배분하고 잔여의석이 있을 경우 단수가 큰 순으로 각 정당에 1석씩 배분한다. 이 경우 득표비율의 산출 및 같은 단수가 있는 경우의 의석배분은 제1항의 규정을 준용한다.
③ 관할선거구선거관리위원회는 비례대표지방의회의원선거에 있어서 제198조(천재·지변 등으로 인한 재투표)의 규정에 의한 재투표 사유가 발생한 때에는 그 투표구의 선거인수를 당해 선거구의 선거인수로 나눈 수에 비례대표지방의회의원의석정수를 곱하여 얻은 수의 정수(1 미만의 단수는 1로 본다)를 비례대표지방의회의원의석정수에서 뺀 다음 제1항 및 제2항의 규정에 따라 비례대표지방의회의원의 의석을 배분하고 당선인을 결정한다. 다만, 비례대표지방의회의원의석배분이 배제된 정당 중 재투표결과에 따라 의석할당정당이 추가될 것으로 예상되는 때에는 추가가 예상되는 정당마다 비례대표지방의회의원정수의 100분의 5에 해당하는 정수(1 미만의 단수는 1로 본다)의 의석을 별도로 빼야 한다.
④ 제187조(대통령당선인의 결정·공고·통지)제4항, 제189조제4항·제5항 및 제7항은 비례대표지방의회의원 당선인의 결정에 이를 준용한다. 이 경우 "중앙선거관리위원회"는 "관할선거구선거관리위원회"로, "비례대표국회의원"은 "비례대표지방의회의원"으로 본다.(2020.1.14 전단개정)
(2005.8.4 본조신설)

제191조【지방자치단체의 장의 당선인의 결정·공고·통지】 ① 지방자치단체의 장선거에 있어서는 선거구선거관리위원회가 유효투표의 다수를 얻은 자를 당선인으로 결정하고, 이를 당해 지방의회의장에게 통지하여야 한다. 다만, 최고득표자가 2인 이상인 때에는 연장자를 당선인으로 결정한다.
② (2010.1.25 삭제)
③ 제187조제4항 및 제188조제2항부터 제6항까지의 규정은 지방자치단체의 장의 당선인의 결정에 이를 준용한다.
(2010.1.25 본항개정)

제191조의2【당선인 사퇴의 신고】 당선인이 임기개시 전에 사퇴하려는 때에는 직접 해당 선거구선거관리위원회에 서면으로 신고하여야 하고, 비례대표국회의원선거 또는 비례대표지방의회의원선거의 당선인이 사퇴하려는 때에는 소속정당의 사퇴승인서를 첨부하여야 한다.(2011.7.28 본조신설)

제192조【피선거권상실로 인한 당선무효 등】 ① 선거일에 피선거권이 없는 자는 당선인이 될 수 없다.
② 당선인이 임기개시전에 피선거권이 없게 된 때에는 당선의 효력이 상실된다.
③ 당선인이 임기개시전에 다음 각 호의 어느 하나에 해당되는 때에는 그 당선을 무효로 한다.(2005.8.4 본문개정)
1. 당선인이 제1항의 규정에 위반하여 당선된 것이 발견된 때
2. 당선인이 제52조제1항 각 호의 어느 하나 또는 같은 조 제2항 및 제3항의 등록무효사유에 해당하는 사실이 발견된 때(2020.12.29 본호개정)
3. 비례대표국회의원 또는 비례대표지방의회의원의 당선인이 소속정당의 합당·해산 또는 제명외의 사유로 당적을 이탈·변경하거나 2 이상의 당적을 가지고 있는 때(당선인결정시 2 이상의 당적을 가진 자를 포함한다)
(2005.8.4 본호개정)

④ 비례대표국회의원 또는 비례대표지방의회의원이 소속정당의 합당·해산 또는 제명외의 사유로 당적을 이탈·변경하거나 2 이상의 당적을 가지고 있는 때에는 「국회법」 제136조(퇴직) 또는 「지방자치법」 제90조(의원의 퇴직)의 규정에 불구하고 퇴직된다. 다만, 비례대표국회의원이 국회의장으로 당선되어 「국회법」 규정에 의하여 당적을 이탈한 경우에는 그러하지 아니하다.(2021.1.12 본문개정)
⑤ 제2항 및 제3항의 경우 관할선거구선거관리위원회[제187조(대통령당선인의 결정·공고·통지)제2항의 규정에 의하여 국회에서 대통령당선인을 결정한 경우에는 국회]는 그 사실을 공고하고 당해 당선인 및 당선인의 추천정당에 통지하여야 하며, 당선의 효력이 상실되거나 무효로 된 자가 대통령당선인 및 국회의원당선인인 때에는 국회의장에게, 지방자치단체의 의회의원 및 장의 당선인인 때에는 당해 지방의회의장에게 통지하여야 한다.

제193조【당선인결정의 착오시정】 ① 선거구선거관리위원회[제187조(대통령당선인의 결정·공고·통지)제2항의 규정에 의하여 국회에서 대통령당선인을 결정하는 경우에는 국회]는 당선인결정에 명백한 착오가 있는 것을 발견한 때에는 선거일후 10일 이내에 당선인의 결정을 시정하여야 한다.
② 선거구선거관리위원회(중앙선거관리위원회를 제외한다)가 제1항의 규정에 의한 시정을 하는 때에는 지역구국회의원선거, 비례대표시·도의원선거, 지역구세종특별자치시의

회의원선거 및 시·도지사선거에 있어서는 중앙선거관리위원회의, 지역구시·도의원선거(지역구세종특별자치시의회의원선거는 제외한다) 및 자치구·시·군의 의회의원과 장의 선거에 있어서는 시·도선거관리위원회의 심사를 받아야 한다.(2015.8.13 본항개정)
(2015.8.13 본조제목개정)

제194조【당선인의 재결정과 비례대표국회의원의석 및 비례대표지방의회의원의석의 재배분】 ① 제187조(대통령당선인의 결정·공고·통지)·제188조(지역구국회의원당선인의 결정·공고·통지)·제190조제1항 내지 제3항 또는 제191조(지방자치단체의 장의 당선인의 결정·공고·통지)의 규정에 의한 당선인결정의 위법을 이유로 당선무효의 판결이나 결정이 확정된 때에는 당해 선거구선거관리위원회(제187조제2항의 규정에 의하여 국회에서 대통령당선인을 결정한 경우에는 국회)는 지체없이 당선인을 다시 결정하여야 한다.
(2002.3.7 본항개정)
② 제189조 및 제190조의2(비례대표지방의회의원당선인의 결정·공고·통지)의 규정에 따른 비례대표국회의원의석 또는 비례대표지방의회의원의석의 배분 및 그 당선인결정의 위법을 이유로 당선무효의 판결이나 결정이 있는 때 또는 제197조의 사유로 인한 재선거를 실시한 때에는 관할선거구선거관리위원회는 지체없이 의석을 재배분하고 다시 당선인을 결정하여야 한다.(2005.8.4 본항개정)
③ 선거구선거관리위원회는 비례대표국회의원선거 또는 비례대표지방의회의원선거의 당선인이 그 임기개시전에 사퇴·사망하거나 제192조(피선거권상실로 인한 당선무효 등) 제2항의 규정에 의하여 당선의 효력이 상실되거나 같은 조 제3항의 규정에 의하여 당선이 무효로 된 때에는 그 선거 당시의 소속정당이 추천한 후보자를 비례대표국회의원후보자명부 또는 비례대표지방의회의원후보자명부에 기재된 순위에 따라 당선인으로 결정한다.(2005.8.4 본항개정)
④ 선거구선거관리위원회는 비례대표국회의원선거 또는 비례대표지방의회의원선거에 있어서 제198조의 사유로 인한 재투표를 실시한 때에는 당초 선거에서의 득표수와 재투표에서의 득표수를 합하여 득표비율을 산출하고 그 득표비율에 당해 선거구의 의석정수를 곱하여 얻은 수에서 각 정당이 이미 배분받은 의석수를 뺀 수가 큰 순위에 따라 잔여의석을 배분하고 당선인을 결정한다. 이 경우 비례대표국회의원선거에 있어서는 제189조제1항부터 제5항까지의 규정을, 비례대표지방의회의원선거에 있어서는 제190조의2의 규정을 준용한다.(2020.1.14 후단개정)
(2005.8.4 본조제목개정)

제13장 재선거와 보궐선거

제195조【재선거】 ① 다음 각호의 1에 해당하는 사유가 있는 때에는 재선거를 실시한다.(2004.3.12 본문개정)
1. 당해 선거구의 후보자가 없는 때(2004.3.12 본호개정)
2. 당선인이 없거나 지역구자치구·시·군의원선거에 있어 당선인이 당해 선거구에서 선거할 지방의회의원정수에 달하지 아니한 때(2005.8.4 본호개정)
3. 선거의 전부무효의 판결 또는 결정이 있는 때
4. 당선인이 임기개시전에 사퇴하거나 사망한 때
5. 당선인이 임기개시전에 제192조(피선거권상실로 인한 당선무효 등)제2항의 규정에 의하여 당선의 효력이 상실되거나 같은 조 제3항의 규정에 의하여 당선이 무효로 된 때
6. 제263조(선거비용의 초과지출로 인한 당선무효) 내지 제265조(선거사무장 등의 선거범죄로 인한 당선무효)의 규정에 의하여 당선이 무효로 된 때

② 하나의 선거의 같은 선거구에 제200조(보궐선거)의 규정에 의한 보궐선거의 실시사유가 확정된 후 재선거 실시사유가 확정된 경우로서 그 선거일이 같은 때에는 재선거로 본다.
(2004.3.12 본항신설)

제196조【선거의 연기】 ① 천재·지변 기타 부득이한 사유로 인하여 선거를 실시할 수 없거나 실시하지 못한 때에는 대통령선거와 국회의원선거에 있어서는 대통령이, 지방의회의원 및 지방자치단체의 장의 선거에 있어서는 관할선거구선거관리위원회위원장이 당해 지방자치단체의 장(직무대행자를 포함한다)과 협의하여 선거를 연기하여야 한다.
(2000.2.16 본항개정)
② 제1항의 경우 선거를 연기한 때에는 처음부터 선거절차를 다시 진행하여야 하고, 선거일만을 다시 정한 때에는 이미 진행된 선거절차에 이어 계속하여야 한다.
③ 제1항의 규정에 의하여 선거를 연기하는 때에는 대통령 또는 관할선거구선거관리위원회위원장은 연기할 선거명과 연기사유등을 공고하고, 지체없이 대통령은 관할선거구선거관리위원회위원장에게, 관할선거구선거관리위원회위원장은 당해 지방자치단체의 장에게 각각 통보하여야 한다.
(2000.2.16 본항개정)

제197조【선거의 일부무효로 인한 재선거】 ① 선거의 일부무효의 판결 또는 결정이 확정된 때에는 관할선거구선거관리위원회는 선거가 무효로 된 당해 투표구의 재선거를 실시한 후 다시 당선인을 결정하여야 한다.
② 제1항의 재선거를 실시함에 있어서 판결 또는 결정에 특별한 명시가 없는 한 제44조제1항에도 불구하고 당초 선거에 사용된 선거인명부를 사용한다.(2011.7.28 본항개정)
③ 제1항의 재선거를 실시함에 있어서 정당이 합당한 경우 합당된 정당은 그 재선거의 선거기간개시일부터 그 다음날까지 당해 선거구선거관리위원회에 합당전 후보자중 1인을 후보자로 추천하고, 비례대표국회의원선거 및 비례대표지방의회의원선거에 있어서는 하나의 후보자명부를 제출하되 합당전 각 정당이 제출한 후보자명부에 등재되지 아니한 자를 추가할 수 없다.(2005.8.4 본항개정)
④ 제3항의 기간내에 추천이 없는 때에는 합당전 정당의 당해 선거구의 후보자의 등록은 모두 무효로 한다.
⑤ 합당된 정당의 후보자(비례대표국회의원선거 및 비례대표지방의회의원선거에 있어서는 후보자를 추천한 정당을 말한다)의 기호는 당초 선거 당시의 그 후보자의 기호로 한다.
(2005.8.4 본항개정)
⑥ 제3항의 규정에 의하여 추천된 후보자의 득표계산에 있어서는 합당으로 인하여 추천을 받지 못한 후보자의 득표는 이를 계산하지 아니한다.
⑦ 비례대표국회의원선거 및 비례대표지방의회의원선거에 있어서 제1항의 규정에 의한 재선거 사유가 확정된 경우에는 그 투표구의 선거인수를 당해 선거구의 선거인수로 나눈 수에 당해 선거구의 의석정수를 곱하여 얻은 수의 정수(1 미만의 단수는 1로 본다)를 의석정수에서 뺀 다음 제189조제1항부터 제4항까지 또는 제190조의2의 규정에 따라 의석을 재배분하고, 그 재배분에서 제외된 비례대표국회의원 및 비례대표지방의회의원의 당선은 무효로 한다.(2020.1.14 본항개정)
⑧ 비례대표국회의원선거 및 비례대표지방의회의원선거에 있어서 제1항의 규정에 의한 재선거를 실시한 때의 의석 재배분 및 당선인결정에 있어서는 제194조제4항의 규정을 준용한다.(2005.8.4 본항개정)
⑨ 제1항의 규정에 의한 재선거에 있어서의 선거운동 및 선거비용 기타 필요한 사항은 이 법의 범위안에서 중앙선거관리위원회규칙으로 정한다.
(2011.7.28 본조제목개정)

제198조【천재·지변 등으로 인한 재투표】 ① 천재·지변 기타 부득이한 사유로 인하여 어느 투표구의 투표를 실시하지 못한 때와 투표함의 분실·멸실 등의 사유가 발생한 때에는 관할선거구선거관리위원회는 당해 투표구의 재투표를 실시한 후 당해 선거구의 당선인을 결정한다.(2004.3.12 본항개정)

② 제1항의 규정에 의한 재투표가 당해 선거구의 선거결과에 영향을 미칠 염려가 없다고 인정되는 때에는 재투표를 실시하지 아니하고 당선인을 결정한다.(2004.3.12 단서삭제)
③ 제1항의 재투표를 실시함에 있어서 합당된 정당이 있는 경우 제194조의 비례대표국회의원 및 비례대표지방의회의원의 의석 재배분을 위한 득표수의 계산은 그 후보자의 합당전 정당의 득표수에 합산한다.(2005.8.4 본항개정)
④ 제197조(선거의 일부무효로 인한 재선거)제3항 내지 제6항의 규정은 천재·지변 등으로 인한 재투표에 이를 준용한다.
⑤ 제1항의 규정에 의한 재투표에 있어서의 선거운동 및 선거비용 기타 필요한 사항은 이 법의 범위안에서 중앙선거관리위원회규칙으로 정한다.

제199조【연기된 선거 등의 실시】 제196조(선거의 연기)제1항의 연기된 선거 또는 제198조(천재·지변 등으로 인한 재투표)제1항의 재투표는 가능한 한 제35조(보궐선거 등의 선거일)의 규정에 의한 선거와 함께 실시하여야 한다.
(2004.3.12 본조개정)

제200조【보궐선거】 ① 지역구국회의원·지역구지방의회의원 및 지방자치단체의 장에 궐원 또는 궐위가 생긴 때에는 보궐선거를 실시한다.(2005.8.4 본항개정)
② 비례대표국회의원 및 비례대표지방의회의원에 궐원이 생긴 때에는 선거구선거관리위원회는 궐원통지를 받은 후 10일 이내에 그 궐원된 의원이 그 선거 당시에 소속한 정당의 비례대표국회의원후보자명부 및 비례대표지방의회의원후보자명부에 기재된 순위에 따라 궐원된 국회의원 및 지방의회의원의 의석을 승계할 자를 결정하여야 한다.(2020.1.14 단서삭제)
③ 제2항에도 불구하고 의석을 승계할 후보자를 추천한 정당이 해산되거나 임기만료일 전 120일 이내에 궐원이 생긴 때에는 의석을 승계할 사람을 결정하지 아니한다.(2020.1.14 본항개정)
④ 대통령권한대행자는 대통령이 궐위된 때에는 중앙선거관리위원회에, 국회의장은 국회의원이 궐원된 때에는 대통령과 중앙선거관리위원회에 그 사실을 지체 없이 통보하여야 한다.(2020.1.14 본항개정)
⑤ 지방의회의장은 당해 지방의회의원에 궐원이 생긴 때에는 당해 지방자치단체의 장과 관할선거구선거관리위원회에 이를 통보하여야 하며, 지방자치단체의 장이 궐위된 때에는 궐위된 지방자치단체의 장의 직무를 대행하는 자가 당해 지방의회의장과 관할선거구선거관리위원회에 이를 통보하여야 한다.
⑥ 국회의원 또는 지방의회의원이 제53조(공무원 등의 입후보)의 규정에 의하여 그 직을 그만두었으나 후보자등록신청시까지 제4항 또는 제5항의 규정에 의한 궐원통보가 없는 경우에는 후보자로 등록된 때에 그 통보를 받은 것으로 본다.
(2004.3.12 본항신설)

제201조【보궐선거 등에 관한 특례】 ① 보궐선거등(대통령선거·비례대표국회의원선거 및 비례대표지방의회의원선거를 제외한다. 이하 이 항에서 같다)은 그 선거일부터 임기만료일까지의 기간이 1년 미만이거나, 지방의회의 의원정수의 4분의 1 이상이 궐원(임기만료일까지의 기간이 1년 이상인 때에 재선거·연기된 선거 또는 재투표사유로 인한 경우를 제외한다)되지 아니한 경우에는 실시하지 아니할 수 있다. 이 경우 지방의회의 의원정수의 4분의 1 이상이 궐원되어 보궐선거등을 실시하는 때에는 그 궐원된 의원 전원에 대하여 실시하여야 한다.(2005.8.4 전단개정)
② 제219조(선거소청)제2항 또는 제223조(당선소송)의 규정에 의하여 당선의 효력에 관한 쟁송이 계속 중인 때에는 보궐선거를 실시하지 아니한다.
③ 지방의회의원의 보궐선거·재선거·연기된 선거 또는 재투표를 실시하는 경우에 지방자치단체의 관할구역의 변경에 따라 그 선거구의 구역이 그 지방의회의원이 속하는 지방자치단체에 상응하는 다른 지방자치단체의 관할구역에 걸치게 된 때에는 당해 지방자치단체에 속한 구역만을 그 선거구의 구역으로 한다.
④ 보궐선거등의 사유가 발생하였으나 제1항 전단의 규정에 해당되어 보궐선거등을 실시하지 아니하고자 하는 때에는 보궐선거등의 실시사유가 확정된 날부터 10일 이내에 그 뜻을 공고하고, 국회의원보궐선거등에 있어서는 대통령이 관할선거구선거관리위원회에, 지방자치단체의 의회의원 및 장의 보궐선거등에 있어서는 관할선거구선거관리위원회위원장이 당해 지방의회의장 및 지방자치단체의 장에게 통보하여야 한다. 이 경우에는 제35조제5항의 규정에 불구하고 선거의 실시사유가 확정되지 아니한 것으로 본다.(2000.2.16 본항개정)
⑤ 제1항 후단에 따라 보궐선거등을 실시하게 된 때에는 제35조제2항제1호에도 불구하고 그 실시사유가 확정된 때부터 60일 이내에 실시하여야 하며, 관할선거구선거관리위원회 위원장은 선거일 전 30일까지 선거일을 정하여 공고하여야 한다. 다만, 그 보궐선거등의 선거일이 제35조제2항제1호에 따른 4월 중 첫 번째 수요일에 실시되는 보궐선거등의 선거기간개시일 전 40일부터 선거일 후 30일까지의 사이에 있는 경우에는 그 보궐선거등과 함께 선거를 실시한다.
(2015.8.13 단서개정)
⑥ 제1항 후단 및 제5항에 따라 실시하는 보궐선거등의 "선거의 실시사유가 확정된 때"란 제35조제5항에도 불구하고 관할선거구선거관리위원회가 해당 지방의회의장으로부터 그 지방의회 의원정수의 4분의 1 이상의 궐원에 해당하는 의원의 궐원을 통보받은 날을 말한다.(2010.1.25 본항신설)
⑦ 보궐선거등(대통령의 궐위로 인한 선거·재선거 및 연기된 선거, 임기만료에 따른 선거와 동시에 실시하는 보궐선거등은 제외한다)에서 제38조제4항제1호부터 제5호까지에 해당하는 사람 외에 보궐선거등이 실시되는 선거구(선거구가 해당 구·시·군의 관할구역보다 작은 경우에는 해당 구·시·군의 관할구역을 말한다) 밖에 거소를 둔 사람도 거소투표신고를 하고 제158조의2에 따른 거소투표자의 예에 따라 투표할 수 있다.(2014.1.17 본항개정)
(2015.8.13 본조제목개정)

제14장 동시선거에 관한 특례

제202조【동시선거의 정의와 선거기간】 ① 이 법에서 "동시선거"라 함은 선거구의 일부 또는 전부가 서로 겹치는 구역에서 2 이상의 다른 종류의 선거를 같은 선거일에 실시하는 것을 말한다.
② 동시선거에 있어 선거기간 및 선거사무일정이 서로 다른 때에는 이 법의 다른 규정에 불구하고 선거기간이 긴 선거의 예에 의한다.

제203조【동시선거의 범위와 선거일】 ① 임기만료일이 같은 지방의회의원 및 지방자치단체의 장의 선거는 그 임기만료에 의한 선거의 선거일에 동시실시한다.
② 제35조제2항제2호에 따른 지방자치단체의 장 선거가 다음 각호에 해당되는 때에는 임기만료에 의한 선거의 선거일에 동시실시한다.(2015.8.13 본문개정)
1. 임기만료에 의한 선거의 선거기간 중에 그 선거를 실시할 수 있는 기간의 만료일이 있는 보궐선거등
2. 선거를 실시할 수 있는 기간의 만료일이 임기만료에 의한 선거의 선거일후에 해당되나 그 선거의 실시사유가 임기만료에 의한 선거의 선거일 30일전까지 확정된 보궐선거등(2000.2.16 본호개정)

③ 임기만료에 따른 국회의원선거 또는 지방의회의원 및 지방자치단체의 장의 선거가 실시되는 연도에는 제35조제2항제1호에 따라 4월 첫 번째 수요일에 실시하는 보궐선거등은 임기만료에 따른 선거의 선거일에 동시 실시한다. 이 경우

4월 30일까지 실시사유가 확정된 보궐선거등은 임기만료에 따른 지방의회의원 및 지방자치단체의 장의 선거의 선거일에 동시 실시한다.(2020.12.29 본항개정)
④ 임기만료에 따른 대통령선거가 실시되는 연도에는 1월 31일까지 실시사유가 확정된 제35조제2항제1호가목 본문 및 나목에 따른 보궐선거등은 해당 임기만료에 따른 대통령선거의 선거일에 동시 실시한다.(2020.12.29 본항개정)
⑤ 제35조제2항제1호 각 목(가 목 단서에 따른 보궐선거등은 제외한다)에 따른 보궐선거등의 후보자등록신청개시일 전일까지 대통령의 궐위로 인한 선거 또는 재선거의 실시사유가 확정된 경우 그 보궐선거등은 대통령의 궐위로 인한 선거 또는 재선거의 선거일에 동시 실시한다.(2020.12.29 본항개정)
(2015.8.13 본조제목개정)

제204조【선거인명부에 관한 특례】 ① 동시선거에 있어서 선거인명부와 거소·선상투표신고인명부는 제44조제1항에도 불구하고 각각 하나의 선거인명부와 거소·선상투표신고인명부로 한다.
② (1998.4.30 삭제)
③ 동시선거에 사용할 선거인명부 및 거소·선상투표신고인명부의 표지서식 기타 필요한 사항은 중앙선거관리위원회규칙으로 정한다.
(2014.1.17 본조개정)

제205조【선거운동기구의 설치 및 선거사무관계자의 선임에 관한 특례】 ① 동시선거에 있어서 같은 정당의 추천을 받은 2인 이상의 후보자(비례대표지방의회의원선거에 있어서는 후보자를 추천한 정당을 포함한다. 이하 이 조에서 같다)는 선거사무소와 선거연락소를 공동으로 설치할 수 있다.
(2005.8.4 본항개정)
② 동시선거에 있어서 같은 정당의 추천을 받은 2인 이상의 후보자는 선거사무장·선거연락소장 또는 선거사무원을 공동으로 선임할 수 있다.
③ 제1항 및 제2항의 경우 그 설치 또는 선임은 후보자가 각각 설치·선임한 것으로 보며, 그 설치·선임신고서에 그 사실을 명시하여야 하고 공동설치·선임에 따른 비용은 당해 후보자간의 약정에 의하여 분담할 수 있되, 그 분담내역을 설치·선임신고서에 명시하여야 한다.
④ 후보자는 다른 선거의 후보자의 선거사무장·선거연락소장·선거사무원 또는 회계책임자가 될 수 없다.
⑤ 선거사무소·선거연락소의 공동설치와 선거사무관계자의 공동선임에 따른 설치·선임신고 및 신분증명서의 서식 기타 필요한 사항은 중앙선거관리위원회규칙으로 정한다.

제206조【선거벽보에 관한 특례】 제203조제1항에 따라 동시선거를 실시하는 때의 선거벽보의 매수는 2개의 선거를 동시에 실시하는 때에는 제64조제1항에 따른 기준매수의 3분의 2, 3개 이상의 선거를 동시에 실시하는 때에는 기준매수의 2분의 1에 각 상당하는 수로 한다.(2010.1.25 본조개정)

제207조【책자형 선거공보에 관한 특례】 ① 동시선거에 있어서 같은 정당의 추천을 받은 2인 이상의 후보자(대통령선거의 정당추천후보자와 비례대표국회의원선거 및 비례대표지방의회의원선거에 있어서는 후보자를 추천한 정당을 말한다. 이하 이 조에서 같다)는 제65조(선거공보)의 규정에 따른 책자형 선거공보를 공동으로 작성할 수 있으며, 책자형 선거공보는 공동으로 작성한 때에는 후보자마다 각각 1종을 작성한 것으로 본다.
② 관할구역이 큰 선거구의 후보자가 책자형 선거공보의 일부 지면에 작은 선거구의 후보자에 관한 내용을 선거구에 따라 달리 게재하는 방법으로 공동작성하였을 경우 큰 선거구의 후보자에 관한 내용이 동일한 책자형 선거공보는 1종으로 본다.
③ 제1항의 규정에 의하여 책자형 선거공보를 공동으로 작성하는 경우에는 후보자간의 약정에 의하여 그 비용을 분담할 수 있다. 이 경우 그 분담내역을 관할구·시·군선거관리위원회에 책자형 선거공보를 제출하는 때에 각각 서면으로 신고하여야 한다.
(2005.8.4 본조개정)

제208조 (2004.3.12 삭제)

제209조【공개장소에서의 연설·대담에 관한 특례】 동시선거에 있어서 같은 정당의 추천을 받은 2인 이상의 후보자는 한 장소에서 제79조에 따른 공개장소에서의 연설·대담을 공동으로 할 수 있다.(2010.1.25 본조개정)

제210조【선거와 관련있는 정당활동의 규제에 관한 특례】 동시선거에 있어서 제9장 선거와 관련있는 정당활동의 규제의 적용에 있어서 기준이 되는 선거는 동시에 실시하는 선거의 수에 불구하고 하나의 선거를 기준으로 하되, 임기만료에 의한 선거와 제35조(보궐선거등의 선거일)제2항 및 제3항의 보궐선거 등이나 제36조(연기된 선거 등의 선거일)의 연기된 선거를 동시에 실시하는 경우에는 임기만료에 의한 선거를 기준으로 하고, 제35조제2항 및 제3항의 규정에 의한 보궐선거등을 동시에 실시하는 때의 "그 선거의 실시사유가 확정된 때"는 "동시에 실시하는 보궐선거등 가운데 최초로 그 선거의 실시사유가 확정된 보궐선거등의 실시사유가 확정된 때"로 본다.

제211조【투표용지·투표안내문 등에 관한 특례】 ① 동시선거에 있어서 투표용지는 색도 또는 지질 등을 달리하는 등 중앙선거관리위원회규칙이 정하는 바에 따라 선거별로 구분이 되도록 작성·교부할 수 있다.
② (2005.8.4 삭제)
③ 동시선거에 있어서 시·도지사선거 및 비례대표시·도의원선거의 투표용지는 제151조(투표용지와 투표함의 작성) 제1항의 규정에 불구하고 중앙선거관리위원회규칙이 정하는 바에 따라 당해 시·도선거관리위원회가 작성한다. 이 경우 투표용지에는 당해 시·도선거관리위원회의 청인을 날인하되, 인쇄날인으로 갈음할 수 있다.(2005.8.4 본항개정)
④ 동시선거에 있어서 투표안내문(점자형 투표안내문을 포함한다. 이하 이 항에서 같다)은 제153조에도 불구하고 중앙선거관리위원회규칙으로 정하는 바에 따라 하나의 투표안내문으로 할 수 있다.(2011.7.28 본항개정)
⑤ 동시선거에 있어서 투표소의 수·설치·설비와 투표용지의 작성·교부자와 교부방법 및 투표절차 기타 필요한 사항은 중앙선거관리위원회규칙으로 정한다.
(2011.7.28 본조제목개정)

제212조【거소투표·사전투표의 투표용지 발송과 회송 등에 관한 특례】 동시선거에서 다음 각 호의 어느 하나에 해당하는 경우에는 해당 선거인마다 하나의 회송용 봉투 또는 발송용 봉투를 사용하여 행할 수 있다.
1. 거소투표자에 대한 투표용지의 발송 및 투표지 회송
2. 사전투표소에서 투표한 선거인의 투표지 회송
(2014.1.17 본조개정)

제213조【투표참관인선정 및 지정 등에 관한 특례】 ① 동시선거에 있어 투표참관인은 제161조(투표참관)제2항의 규정에 의한 선정·신고인원수에 불구하고 후보자를 추천한 정당과 무소속후보자마다 2인을 선정·신고하여야 한다.
(2005.8.4 본항개정)
② 동시선거의 투표참관인의 지정에 있어 제161조제4항의 "후보자"는 "정당 또는 후보자"로, "후보자별"은 "정당·후보자별"로 본다.(2005.8.4 본항개정)
③ 동시선거에서 사전투표참관인은 제162조제2항에 따른 선정·신고인원수에 불구하고 당해 선거에 참여한 정당마다 2인을, 무소속후보자는 1인을 선정·신고하여야 한다.
(2014.1.17 본항개정)
④ 동시선거에 있어서 사전투표참관인은 8명 이내로 하되, 제3항의 규정에 의하여 선정·신고한 인원수가 8명을 넘는 때에는 관할선거관리위원회는 정당이 선정·신고한 자를 우선 지정하고 나머지 인원은 무소속후보자가 선정·신고

한 자 중에서 8명에 달할 때까지 추첨에 의하여 지정한다. 이 경우 정당이 선정·신고한 인원수가 8명을 넘는 때에는 제150조제3항부터 제5항까지의 규정에 따른 정당순위의 앞 순위의 정당이 선정·신고한 자부터 8명에 달할 때까지 지정한다.(2014.1.17 전단개정)

제214조【투표함의 개함 등에 관한 특례】 동시선거에 있어서 제175조(개표개시)제2항의 규정에 의한 개표순서는 선거별 또는 그 선거구의 관할구역이 작은 선거구별로 구분하여 행한다.(2006.3.2 본조개정)

제215조【개표참관인 등에 관한 특례】 ① 동시선거에 있어서 개표참관인은 제181조(개표참관)제2항의 규정에 의한 선정·신고인원수에 불구하고 후보자를 추천한 정당마다 8인을, 무소속후보자는 2인을 선정·신고하여야 한다. 다만, 구·시·군선거관리위원회는 거소투표·선상투표 및 사전투표의 개표를 하는 때에는 정당 또는 후보자가 선정·신고한 자 중에서 정당은 4인씩을, 무소속후보자는 1인씩을 참관하게 한다.(2014.1.17 단서개정)

② 동시선거에 있어서 관람증의 매수는 제182조(개표관람)제2항의 규정에 불구하고 정당별로 균등하게 우선 배부한 후 무소속후보자로 균등하게 배부하되, 후보자마다 1매 이상 배부하여야 한다.

(2005.8.4 본조개정)

제216조【4개 이상 선거의 동시실시에 관한 특례】 ① 4개 이상 동시선거에 있어 지역구자치구·시·군의원선거의 후보자는 제79조(공개장소에서의 연설·대담)의 연설·대담을 위하여 자동차 1대와 휴대용 확성장치 1조를 사용할 수 있다. 이 경우 휴대용 확성장치는 제79조제8항제2호 본문에 따른 소음기준을 초과할 수 없다.(2022.1.18 후단신설)

② 임기만료에 의한 지방자치단체의 의회의원 및 장의 선거를 동시에 실시하는 경우 개표진행 및 결과공표는 제178조제1항·제3항에도 불구하고 읍·면·동을 단위로 할 수 있다.

(2014.1.17 본문개정)

1.~9. (2011.7.28 삭제)

③ (2010.1.25 삭제)

④ (2000.2.16 삭제)

⑤ 4개 이상 선거를 동시에 실시하는 경우 제1항 및 제2항 외에 투표소에 설치하는 투표함의 수, 투표와 개표의 절차·방법, 제2항의 개표절차 그 밖에 필요한 사항은 중앙선거관리위원회규칙으로 정한다.(2011.7.28 본항개정)

(2011.7.28 본조제목개정)

제217조【투표록·개표록 등 작성에 관한 특례】 동시선거에 있어 투표록 및 개표록은 선거의 구분없이 하나의 투표록 및 개표록으로 각각 작성할 수 있다.(2005.8.4 본조개정)

제14장의2 재외선거에 관한 특례

(2009.2.12 본장신설)

제218조【재외선거관리위원회 설치·운영】 ① 중앙선거관리위원회는 대통령선거와 임기만료에 따른 국회의원선거를 실시하는 때마다 선거일 전 180일부터 선거일 후 30일까지 「대한민국재외공관 설치법」 제2조에 따른 공관(공관이 설치되지 아니한 지역에서 영사사무를 수행하는 사무소와 같은 법 제3조에 따른 분관 또는 출장소를 포함하고, 영사사무를 수행하지 아니하거나 영사관할구역이 없는 공관 및 영사관할구역 안에 공관사무소가 설치되지 아니한 공관은 제외한다. 이하 이 장에서 "공관"이라 한다)마다 재외선거의 공정한 관리를 위하여 재외선거관리위원회를 설치·운영하여야 한다. 다만, 대통령의 궐위(闕位)로 인한 선거 또는 재선거는 그 선거의 실시사유가 확정된 날부터 10일 이내에 재외선거관리위원회를 설치하여야 한다.(2017.3.9 본문개정)

② 재외선거관리위원회는 중앙선거관리위원회가 지명하는 2명 이내의 위원과 국회에 교섭단체를 구성한 정당이 추천하는 각 1명, 공관의 장 또는 공관의 장이 공관원 중에서 추천하는 1명을 중앙선거관리위원회가 위원으로 위촉하여 구성하되, 그 위원 정수는 홀수로 한다. 다만, 재외선거관리위원회를 구성한 후에 국회에 교섭단체를 구성한 정당의 수에 변경이 있는 때에는 현원을 위원 정수로 본다.(2012.1.17 단서신설)

③ 다음 각 호의 어느 하나에 해당하는 사람은 재외선거관리위원회의 위원이 될 수 없다.(2011.7.28 본문개정)

1. 국회의원의 선거권이 없는 사람
2. 정당의 당원인 사람
3. 재외투표관리관

(2011.7.28 1호~3호신설)

④ 재외선거관리위원회에 위원장과 부위원장 각 1명을 두되, 위원 중에서 호선한다. 다만, 공관의 장과 그가 추천하는 공관원은 위원장이 될 수 없다.

⑤ 재외선거관리위원회는 재외선거의 관리를 위하여 필요한 때에는 해당 공관의 장에게 협조를 요구할 수 있으며, 그 협조를 요구받은 공관의 장은 우선적으로 이에 따라야 한다.

⑥ 재외선거관리위원회위원장은 해당 공관의 장과 협의하여 해당 공관의 소속 직원 중에서 간사·서기 및 선거사무종사원을 위촉할 수 있다.

⑦ 새로이 구성된 재외선거관리위원회의 최초의 회의소집에 관하여는 공관의 장이 해당 재외선거관리위원회위원장의 직무를 대행한다.

⑧ 재외선거관리위원회의 관할 구역은 해당 공관의 영사관할구역(공관의 장이 다른 대사관의 장을 겸하는 경우에는 그 다른 대사관의 영사관할구역을 포함한다)으로 하고 그 명칭은 해당 공관명을 붙여 표시하되 약칭을 사용할 수 있다.

(2011.7.28 본항개정)

⑨ 중앙선거관리위원회는 재외선거관리위원회의 운영기간 중 또는 운영기간 만료 후 6개월 이내에 다른 선거의 재외선거관리위원회 설치·운영기간이 시작되는 경우에는 제1항에도 불구하고 다른 선거의 재외선거관리위원회를 설치하지 아니하고, 운영 중인 재외선거관리위원회를 다른 선거의 재외선거관리위원회로 본다.(2011.7.28 본항신설)

⑩ 「선거관리위원회법」 제4조제3항 단서, 제4조제7항부터 제11항까지, 제4조제12항 본문, 제5조제3항·제5항, 제7조, 제9조제1호부터 제4호까지, 제10조, 제11조제1항·제3항, 제12조제1항·제3항, 제13조 및 제14조의2는 재외선거관리위원회의 설치·운영에 준용한다. 이 경우 "관계선거관리위원회"·"하급선거관리위원회"·"각급선거관리위원회" 및 "구·시·군선거관리위원회"는 각각 "재외선거관리위원회"로, "선거기간개시일(위탁선거는 제외한다. 이하 같다) 또는 국민투표안공고일"·"선거기간개시일 또는 국민투표안공고일" 및 "선거인명부작성기준일 또는 국민투표안공고일"은 각각 "재외투표소 설치일"로, "당해 또는 읍·면·동선거관리위원회"는 "해당 재외선거관리위원회"로, "구·시·군선거관리위원회위원장"은 "재외선거관리위원회위원장"으로, "각 상급선거관리위원회"는 "중앙선거관리위원회"로, "상임위원 또는 부위원장"은 "부위원장"으로, "위원장·상임위원·부위원장"은 "위원장·부위원장"으로, "개표종료시"는 "재외투표 마감일"로 본다.

제218조의2【재외투표관리관의 임명】 ① 재외선거에 관한 사무를 처리하기 위하여 공관마다 재외투표관리관을 둔다.

(2011.7.28 본항개정)

② 재외투표관리관은 공관의 장으로 한다. 다만, 공관의 장과 총영사를 함께 두고 있는 공관의 경우 그 공관의 장이 총영사를 재외투표관리관으로 지정할 수 있다.(2011.7.28 본항신설)

제218조의3【재외선거관리위원회와 재외투표관리관의 직무】 ① 재외선거관리위원회는 재외선거에 관한 다음 각 호의 사무를 처리한다.

1. 재외투표소 설치장소와 운영기간 등의 결정·공고
2. 재외투표소의 투표관리

3. 재외투표소 투표사무원 위촉 및 투표참관인 선정
4. 재외투표관리관이 행하는 선거관리사무 감독
5. 선거범죄 예방 및 단속에 관한 사무
6. 그 밖에 재외투표관리관이 필요하다고 인정하여 재외선거관리위원회에 부의하는 사항
② 재외투표관리관은 다음 각 호의 사무를 처리한다.
1. 재외선거인 등록신청·변경등록신청과 국외부재자 신고의 접수 및 처리(2015.12.24 본호개정)
2. 재외국민의 선거권 행사에 필요한 사항의 홍보·지원
3. 재외투표소 설비
4. 재외투표 국내 회송 등 재외선거사무(국외부재자투표사무를 포함한다. 이하 같다) 총괄 관리
5. 재외선거관리위원회 운영 지원

제218조의4 【국외부재자 신고】 ① 주민등록이 되어 있는 사람으로서 다음 각 호의 어느 하나에 해당하여 외국에서 투표하려는 선거권자(지역구국회의원선거에서는 「주민등록법」 제6조제1항제3호에 해당하는 사람과 같은 법 제19조제4항에 따라 재외국민으로 등록·관리되는 사람은 제외한다)는 대통령선거와 임기만료에 따른 국회의원선거를 실시하는 때마다 선거일 전 150일부터 선거일 전 60일까지(이하 이 장에서 "국외부재자 신고기간"이라 한다) 서면·전자우편 또는 중앙선거관리위원회 홈페이지를 통하여 관할 구·시·군의 장에게 국외부재자 신고를 하여야 한다. 이 경우 외국에 머물거나 거주하는 사람은 공관을 경유하여 신고하여야 한다.(2015.8.13 전단개정)
1. 사전투표기간 개시일 전 출국하여 선거일 후에 귀국이 예정된 사람(2014.1.17 본호개정)
2. 외국에 머물거나 거주하여 선거일까지 귀국하지 아니할 사람
② 제1항에 따라 국외부재자 신고를 하려는 사람은 그 신고서에 다음 각 호의 사항을 적어야 한다.(2015.12.24 본문개정)
1. 성명
2. 주민등록번호(2015.8.13 본호개정)
3. 주소
4. 거소(로마자 대문자로 적되, 구체적인 방법은 중앙선거관리위원회규칙으로 정한다. 이하 제218조의5제2항제4호에서 같다)
5. 여권번호(2015.12.24 본호신설)
③ 제1항에 따른 전자우편을 이용하여 국외부재자 신고를 하려는 때에는 재외투표관리관 또는 구·시·군의 장이 공고하는 전자우편 주소로 국외부재자신고서를 전송하는 방법으로 하여야 한다. 이 경우 본인 명의의 전자우편 주소로 자신의 국외부재자 신고에 한하여 할 수 있다.(2012.10.2 본항신설)
④ 재외투표관리관 또는 구·시·군의 장은 전자우편을 이용한 국외부재자 신고를 접수하기 위하여 전자우편 계정을 별도로 개설하는 등 필요한 조치를 하여야 한다.(2012.10.2 본항신설)
⑤ 재외투표관리관 또는 구·시·군의 장은 국외부재자신고서에 제2항 각 호에 따른 기재사항 중 여권번호의 누락이 있는 때에는 해당 선거권자에게 국외부재자 신고기간 만료일까지 보완할 것을 통보하여야 하며, 이를 통보받은 선거권자가 국외부재자 신고기간 만료일까지 보완하지 아니한 때에는 그 신고를 접수하지 아니한다.(2015.12.24 본항신설)

제218조의5 【재외선거인 등록신청】 ① 주민등록이 되어 있지 아니하고 재외선거인명부에 올라 있지 아니한 사람으로서 외국에서 투표하려는 선거권자는 대통령선거와 임기만료에 따른 비례대표국회의원선거를 실시하는 때마다 해당 선거의 선거일 전 60일까지(이하 이 장에서 "재외선거인 등록신청기한"이라 한다) 다음 각 호의 어느 하나에 해당하는 방법으로 중앙선거관리위원회에 재외선거인 등록신청을 하여야 한다.(2015.12.24 본문개정)
1. 공관을 직접 방문하여 서면으로 신청하는 방법. 이 경우 대한민국 국민은 가족(본인의 배우자와 본인·배우자의 직계존비속을 말한다)의 재외선거인 등록신청서를 대리하여 제출할 수 있다.(2015.12.24 본호개정)
2. 관할구역을 순회하는 공관에 근무하는 직원에게 직접 서면으로 신청하는 방법. 이 경우 제1호 후단을 준용한다.(2012.10.2 본호신설)
3. 우편 또는 전자우편을 이용하거나 중앙선거관리위원회 홈페이지를 통하여 신청하는 방법. 이 경우 외국에 머물거나 거주하는 사람은 공관을 경유하여 신고하여야 한다.(2015.8.13 본호개정)
② 재외선거인 등록신청(제3항에 따른 변경등록신청을 포함한다. 이하 이 장에서 같다)을 하려는 사람은 그 신청서에 다음 각 호의 사항을 적어야 한다.(2015.12.24 본문개정)
1. 성명
2. 여권번호·생년월일 및 성별
3. 국내의 최종주소지(국내의 최종주소지가 없는 사람은 「가족관계의 등록 등에 관한 법률」에 따른 등록기준지)
4. 거소
5. 「가족관계의 등록 등에 관한 법률」 제15조제1항제1호에 따른 가족관계증명서에 기재된 부 또는 모의 성명 등 중앙선거관리위원회규칙으로 정하는 사항(2015.12.24 본호신설)
③ 재외선거인명부에 올라 있는 선거인은 그 기재사항의 변경이 있는 경우에는 제1항 각 호의 어느 하나에 해당하는 방법으로 해당 선거의 선거일 전 60일까지 재외선거인 변경등록신청을 하여야 한다.(2015.12.24 본항신설)
④ 재외투표관리관은 매년 1월 31일까지 비자·영주권증명서·장기체류증 또는 거류국의 외국인등록증 등 재외선거인의 국적확인에 필요한 서류의 종류를 공고하여야 한다. 이 경우 둘 이상의 공관을 둔 국가에서는 대사관의 재외투표관리관이 일괄하여 공고한다.(2015.12.24 본항개정)
⑤ 재외선거인 등록신청에 관하여는 제218조의4제3항부터 제5항까지의 규정을 준용한다. 이 경우 "국외부재자 신고"는 "재외선거인 등록신청"으로, "재외투표관리관 또는 구·시·군의 장"은 "재외투표관리관"으로, "국외부재자신고서"는 "재외선거인 등록신청서 또는 변경등록신청서"로, "국외부재자 신고기간 만료일"은 "재외선거인 등록신청기한"으로, "여권번호"는 "여권번호 및 「가족관계의 등록 등에 관한 법률」 제15조제1항제1호에 따른 가족관계증명서에 기재된 부 또는 모의 성명"으로 본다.(2015.12.24 본항개정)

제218조의6 【공관부재자신고인명부 등 작성】 ① 재외투표관리관이 국외부재자신고서 또는 재외선거인 등록신청서(변경등록신청서를 포함한다. 이하 이 장에서 같다)를 접수하면 기재사항의 적정 여부, 정당한 신고·신청 여부를 확인한 다음 제218조의4제1항 각 호의 어느 하나에 해당하는 사람을 대상으로는 공관부재자신고인명부를, 제218조의5제1항 및 제3항에 해당하는 사람을 대상으로는 재외선거인 등록신청자명부를 각각 작성(전산정보자료를 포함한다. 이하 이 장에서 같다)하여야 한다.(2015.12.24 본항개정)
② 재외투표관리관은 제1항에 따른 확인을 위하여 필요한 경우에는 「주민등록법」 제30조에 따른 주민등록전산정보자료 또는 「가족관계의 등록 등에 관한 법률」 제11조에 따른 등록전산정보자료, 그 밖에 국가가 관리하는 전산정보자료를 이용할 수 있다.
③ 재외투표관리관이 공관부재자신고인명부와 재외선거인 등록신청자명부를 작성하는 때에는 신고서 또는 신청서의 내용에 따라 정확하게 작성하여야 한다.

제218조의7 【공관부재자신고인명부 등의 송부】 ① 재외투표관리관이 공관부재자신고인명부와 재외선거인 등록신청자명부를 작성하면 이를 즉시 구·시·군별로 분류하여 국외부재자신고서 및 재외선거인 등록신청서와 함께 외교부장관을 경유하여 중앙선거관리위원회에 보낸다.(2013.3.23 본항개정)

② 중앙선거관리위원회가 제1항에 따라 공관부재자신고인명부와 국외부재자신고서를 접수하면 이를 해당 구·시·군의 장에게 보낸다.
③ 제1항 및 제2항에 따른 공관부재자신고인명부, 재외선거인 등록신청자명부, 국외부재자신고서 및 재외선거인 등록신청서의 송부는 전산조직을 이용한 전산정보자료의 전송으로 갈음할 수 있다. 이 경우 해당 서류 원본의 보관, 그 밖에 필요한 사항은 중앙선거관리위원회규칙으로 정한다.
(2011.7.28 본항신설)

제218조의8【재외선거인명부의 작성】 ① 중앙선거관리위원회는 해당 선거의 선거일 전 60일 현재의 최종주소지 또는 등록기준지를 기준으로 선거일 전 49일부터 선거일 전 40일까지 10일간 해당 선거 직전에 실시한 대통령선거 또는 임기만료에 따른 비례대표국회의원선거에서 확정된 재외선거인명부와 재외투표관리관이 송부한 재외선거인 등록신청서에 따라 재외선거인명부를 작성한다. 이 경우 같은 사람이 2 이상의 재외선거인 등록신청을 한 사실이 발견된 때에는 그 중 가장 나중에 접수된 재외선거인 등록신청서에 따라 재외선거인명부를 작성한다.(2015.12.24 전단개정)
② 중앙선거관리위원회는 해당 선거의 선거일 전 60일까지 해당 선거 직전에 실시한 대통령선거 또는 임기만료에 따른 비례대표국회의원선거에서 확정된 재외선거인명부에 올라 있는 선거인의 선거권 유무 등을 확인하여 그 재외선거인명부를 정비하여야 한다.(2022.1.21 후단삭제)
③ 거짓으로 재외선거인 등록신청을 한 사람이나 자신의 의사에 따라 신청한 것으로 인정되지 아니하는 사람은 재외선거인명부에 올릴 수 없다.(2015.12.24 본항개정)
④ 다음 각 호의 어느 하나에 해당하는 정보를 관리하는 기관의 장은 선거일 전 150일부터 중앙선거관리위원회가 재외선거인명부의 작성 및 해당 선거 직전에 실시한 대통령선거 또는 임기만료에 따른 비례대표국회의원선거에서 확정된 재외선거인명부의 정비를 위하여 필요한 범위에서 해당 정보를 전산조직으로 조회할 수 있도록 필요한 조치를 하여야 한다.(2015.12.24 본문개정)
1. 「주민등록법」 제30조에 따른 주민등록에 관한 정보
2. 「가족관계의 등록 등에 관한 법률」 제11조에 따른 가족관계 등록에 관한 정보
3. 제18조제1항제1호에 해당하는 금치산자에 관한 정보. 이 경우 행정안전부장관은 해당 정보를 관리하는 구·시·읍·면의 장으로부터 통보받은 자료를 데이터베이스로 구축하여 손쉽게 활용할 수 있도록 하여야 한다.(2017.7.26 후단개정)
4. 제18조제1항제2호부터 제4호까지의 규정에 해당하는 사람에 관한 정보
⑤ 중앙선거관리위원회는 재외선거인 등록을 신청한 사람이 정당한 신청인인지를 확인하기 위하여 관계 행정기관에 필요한 지시를 할 수 있다.
⑥ 국가는 재외선거인명부의 정확한 작성을 위하여 필요한 제도적·재정적 조치를 하여야 한다.(2011.7.28 본항신설)

제218조의9【국외부재자신고인명부의 작성】 ① 구·시·군의 장은 국외부재자 신고기간만료일 현재의 주소지를 기준으로 선거일 전 49일부터 선거일 전 40일까지 10일간(이하 이 장에서 "국외부재자신고인명부 작성기간"이라 한다) 중앙선거관리위원회가 송부한 국외부재자신고서와 해당 구·시·군의 장이 직접 접수한 국외부재자신고서에 따라 국외부재자신고인명부를 작성한다. 이 경우 같은 사람이 2 이상의 국외부재자신고를 한 사실이 발견된 때에는 그 중 가장 나중에 접수된 국외부재자신고서에 따라 국외부재자신고인명부를 작성한다.(2015.8.13 전단개정)
② 거짓으로 국외부재자 신고를 한 사람이나 자신의 의사에 따라 신고한 것으로 인정되지 아니하는 사람은 국외부재자신고인명부에 올릴 수 없다.
③ 국외부재자신고인명부 작성의 감독 등에 관하여는 제39조를 준용한다. 이 경우 "선거인명부"는 "국외부재자신고인명부"로, "선거인명부작성기간"은 "국외부재자신고인명부 작성기간"으로 본다.

제218조의10【재외선거인명부등의 열람】 ① 중앙선거관리위원회와 구·시·군의 장(이하 이 장에서 "명부작성권자"라 한다)은 재외선거인명부 및 국외부재자신고인명부(이하 "재외선거인명부등"이라 한다)의 작성기간 만료일의 다음 날부터 5일간(이하 이 장에서 "재외선거인명부등의 열람기간"이라 한다) 장소를 정하여 재외선거인명부등을 열람할 수 있도록 하여야 한다. 다만, 재외선거인명부는 인터넷 홈페이지에서의 열람에 한한다.
② 선거권자는 누구든지 재외선거인명부등의 열람기간 중 자유로이 재외선거인명부등을 열람할 수 있다.
③ 명부작성권자는 재외선거인명부등의 열람기간 동안 자신이 개설·운영하는 인터넷 홈페이지에서 국외부재자 신고를 한 사람이나 재외선거인등록을 신청한 사람이 자신의 정보에 한하여 재외선거인명부등을 열람할 수 있도록 하는 기술적 조치를 하여야 한다.
④ 행정안전부장관은 명부작성권자의 협조를 받아 재외선거인 및 국외부재자신고인(이하 "재외선거인등"이라 한다)이 재외선거인명부등의 열람기간 동안 행정안전부가 개설·운영하는 인터넷 홈페이지에서 자신이 재외선거인명부등에 올라 있는지 여부를 확인할 수 있도록 기술적 조치를 하여야 한다.(2017.7.26 본항개정)
⑤ 재외투표관리관은 재외선거인명부등의 열람기간 동안 중앙선거관리위원회가 전송하는 재외선거인명부등을 이용하여 재외선거인등이 재외선거인명부등에 올라 있는지 여부를 확인할 수 있도록 하여야 한다.(2011.7.28 본항신설)
⑥ 재외선거인명부등의 사본은 교부하지 아니한다.
(2011.7.28 본항신설)

제218조의11【재외선거인명부등에 대한 이의 및 불복신청 등】 ① 선거권자는 재외선거인명부등의 열람기간 중 재외선거인명부등에 정당한 선거권자가 빠져 있거나 잘못 써진 내용이 있거나 자격이 없는 사람이 올라 있으면 말 또는 서면으로 명부작성권자에게 이의를 신청할 수 있고, 해당 명부작성권자는 그 신청이 있는 날의 다음 날까지 심사·결정하여야 한다.
② 제1항의 이의신청에 따른 구·시·군의 장의 결정에 대하여 불복이 있는 이의신청인이나 관계인은 그 통지를 받은 날의 다음 날까지 관할 구·시·군선거관리위원회에 서면으로 불복을 신청할 수 있다.
③ 제1항에 따른 이의신청기간 만료일의 다음 날부터 재외선거인명부등의 확정일 전일까지 명부작성권자의 착오나 그 밖의 사유로 재외선거인 등록신청 또는 국외부재자 신고를 한 사람 중 정당한 선거권자가 재외선거인명부등에 빠진 것이 발견된 경우 해당 선거권자는 명부작성권자에게 소명자료를 붙여 서면으로 등재신청을 할 수 있다.
④ 선거권자는 재외선거인 등록신청서를 대리하여 제출한 사람과 재외선거인 등록신청을 한 사람의 관계가 제218조의5 제1항제1호 후단에 따른 가족이 아닌 경우 제1항에 따라 이의신청을 할 수 있다. 이 경우 중앙선거관리위원회는 「가족관계의 등록 등에 관한 법률」 제15조(증명서의 종류 및 기록사항)제1항 각 호에 따른 증명서를 관계 기관으로부터 교부받아 가족관계를 확인하여야 하며, 제218조의5제1항제1호 후단에 따른 가족이 아닌 것으로 확인되면 그 등록신청을 한 사람을 재외선거인명부에서 삭제하여야 한다.
(2012.10.2 본항신설)
⑤ 이의신청·불복신청 또는 재외선거인명부등 등재신청에 대한 결정 내용의 통지는 명부작성권자가 개설·운영하는 인터넷 홈페이지에 게시하거나 전자우편을 전송하는 방법으로 갈음할 수 있다.

⑥ 명부작성권자가 재외선거인명부등의 확정일 전일까지 같은 사람이 재외선거인명부와 국외부재자신고인명부에 각각 올라 있는 사실을 발견한 때에는 그 중 나중에 접수된 재외선거인 등록신청서 또는 국외부재자신고서에 따라 재외선거인명부 또는 국외부재자신고인명부 중 어느 하나에 올려야 한다.(2011.7.28 본항신설)

제218조의12【대통령의 궐위선거 및 재선거에서 기한 등의 단축】 제218조의4부터 제218조의11까지의 규정에도 불구하고 대통령의 궐위로 인한 선거 또는 재선거를 실시하는 경우에 재외선거인 등록신청기한과 국외부재자 신고기간 등은 다음 각 호에 따른다. 이 경우 재외선거인명부등에 대한 열람과 이의신청을 위한 기간은 따로 두지 아니한다.(2015.12.24 전단개정)

1. 재외선거인 등록신청기한 및 국외부재자 신고기간
   선거의 실시사유가 확정된 때부터 선거일 전 40일까지
   (2015.12.24 본호개정)
2. 재외선거인명부등의 작성기간
   선거일 전 34일부터 선거일 전 30일까지

(2015.12.24 본조제목개정)

제218조의13【재외선거인명부등의 확정과 송부】 ① 재외선거인명부등은 선거일 전 30일에 확정되며, 국외부재자신고인명부는 해당 선거에 한정하여 효력을 가진다.(2015.12.24 본항개정)

② 명부작성권자는 재외선거인명부등이 확정되면 즉시 그 전산자료 복사본을 관할 구·시·군선거관리위원회에 보내야 한다. 이 경우 구·시·군의 장은 국외부재자신고서(제218조의7제3항에 따라 전산정보자료로 전송받은 경우에는 그 전산정보자료 복사본을 포함한다)를 함께 보내야 한다.(2018.4.6 전단개정)

③ 중앙선거관리위원회는 제1항에 따라 확정된 재외선거인명부등을 하나로 합하여 재외선거관리위원회에 송부하여야 하며, 그 절차와 방법, 그 밖에 필요한 사항은 중앙선거관리위원회규칙으로 정한다.(2015.8.13 본항개정)

④ 누구든지 재외선거인등이 투표한 후에는 그 재외선거인등의 해당 선거의 선거권 유무에 대하여 대한민국 국민이 아니라는 이유로 법적·행정적 이의를 제기할 수 없다.(2011.7.28 본항신설)

제218조의14【국외선거운동 방법에 관한 특례】 ① 재외선거권자(재외선거인명부등에 올라 있거나 오를 자격이 있는 사람을 말한다. 이하 같다)를 대상으로 하는 선거운동은 다음 각 호에서 정한 방법으로만 할 수 있다.(2010.1.25 후단삭제)

1. 제59조제2호부터 제5호까지의 규정에 따른 선거운동
   (2020.12.29 본호개정)
2. 위성방송시설(「방송법」에 따른 방송사업자가 관리·운영하는 국외송출이 가능한 국내의 방송시설을 말한다. 이하 이 장에서 같다)을 이용한 제70조에 따른 방송광고
   (2011.7.28 본호개정)
3. 위성방송시설을 이용한 제71조에 따른 방송연설
4. (2012.2.29 삭제)
5. 제82조의7에 따른 인터넷광고
6. (2020.12.29 삭제)

② 제1항제2호에 따른 방송광고의 횟수는 다음 각 호에 따른다.

1. 대통령선거
   텔레비전 및 라디오 방송시설별로 각 10회 이내
2. 비례대표국회의원선거
   텔레비전 및 라디오 방송시설별로 각 5회 이내

③ 제1항제3호에 따른 방송연설의 횟수는 다음 각 호에 따른다.

1. 대통령선거
   후보자와 그가 지명한 연설원이 각각 텔레비전 및 라디오 방송시설별로 각 5회 이내
2. 비례대표국회의원선거
   정당별로 정당의 대표자가 선임한 2명이 각각 텔레비전 및 라디오 방송시설별로 각 1회

④ 중앙선거관리위원회는 대통령선거 및 임기만료에 따른 비례대표국회의원선거에서 정당·후보자에 대한 정보를 재외선거인등에게 알리기 위하여 중앙선거관리위원회규칙으로 정하는 바에 따라 정당·후보자 정보자료를 작성하여 다음 각 호에 따른 방법으로 재외선거인등에게 제공하여야 한다.(2011.7.28 본문개정)

1. 공관 게시판 게시
2. 중앙선거관리위원회, 외교부, 재외동포청 및 공관의 인터넷 홈페이지 게시(2023.3.4 본호개정)
3. 전자우편 전송(수신을 원하는 재외선거인등에 한한다)

⑤ 방송시설을 관리 또는 운영하는 자는 자신의 부담으로 제82조의2제1항에 따른 대담·토론회와 제82조의3에 따른 정책토론회를 중계방송할 수 있다.

⑥ 다음 각 호의 어느 하나에 해당하는 단체의 상근 임직원 및 이들 단체의 대표자는 재외선거권자를 대상으로 선거운동을 할 수 없다.

1. 「한국국제협력단법」에 따라 설립된 한국국제협력단
2. 「한국국제교류재단법」에 따라 설립된 한국국제교류재단
3. (2023.3.4 삭제)

(2010.1.25 본항신설)

⑦ 제87조제1항에도 불구하고 단체(그 대표자와 임직원 또는 구성원을 포함한다)는 그 단체의 명의 또는 그 대표의 명의로 재외선거권자를 대상으로 선거운동을 할 수 없다.(2010.1.25 본항신설)

제218조의15【선거비용에 대한 특례】 제119조제1항에도 불구하고 재외선거권자를 대상으로 하는 선거운동을 위하여 국외에서 지출한 비용은 선거비용으로 보지 아니한다.

제218조의16【재외선거의 투표방법】 ① 재외선거의 투표는 제159조 본문에 따른 기표에 의한 방법으로 한다.(2015.8.13 본항개정)

② 재외투표는 선거일 오후 6시(대통령의 궐위로 인한 선거 또는 재선거는 오후 8시를 말한다)까지 관할 구·시·군선거관리위원회에 도착되어야 한다.(2011.7.28 본항개정)

③ 제218조의13제1항에 따라 재외선거인명부등에 등재된 사람이 재외투표소에서 투표를 하지 아니하고 귀국한 때에는 선거일 전 8일부터 선거일까지 주소지 또는 최종 주소지(최종 주소지가 없는 사람은 등록기준지를 말한다)를 관할하는 구·시·군선거관리위원회에 신고한 후 선거일에 해당 선거관리위원회가 지정하는 투표소에서 투표할 수 있다.(2023.3.29 본항개정)

④ 제3항의 신고에 관한 구체적인 절차 및 그 밖에 필요한 사항은 중앙선거관리위원회규칙으로 정한다.(2015.8.13 본항신설)

제218조의17【재외투표소의 설치·운영】 ① 재외선거관리위원회는 선거일 전 14일부터 선거일 전 9일까지의 기간 중 6일 이내의 기간(이하 이 장에서 "재외투표기간"이라 한다)을 정하여 공관에 재외투표소를 설치·운영하여야 한다. 이 경우 공관의 협소 등의 사유로 부득이 공관에 재외투표소를 설치할 수 없는 경우에는 공관의 대체시설에 재외투표소를 설치할 수 있다.(2015.12.24 후단신설)

② 재외선거관리위원회는 제1항에도 불구하고 다음 각 호의 어느 하나에 해당하는 사유가 있는 경우에는 재외투표기간 중 기간을 정하여 제1항에 따른 공관 또는 공관의 대체시설 외의 시설·병영 등에 추가로 재외투표소를 설치·운영할 수 있다. 다만, 제1호에 따른 사유로 추가하여 설치하는 재외투표소의 경우에는 재외국민수가 3만명을 넘으면 이후 매 3만명까지마다 1개소씩 추가로 설치·운영하되, 추가되는 재외투표소의 총 수는 3개소를 초과할 수 없다.(2022.1.21 단서개정)

1. 관할구역의 재외국민수가 3만명 이상인 것으로 추정되는 경우(2022.1.21 본호개정)
2. 공관의 관할구역 또는 관할구역의 인접한 지역에 재외선거인등이 소속된 국군부대가 있는 경우
(2016.1.15 본항개정)
③ 재외선거관리위원회는 선거일 전 20일까지 재외투표소의 명칭·소재지와 운영기간 등을 인터넷 홈페이지 등에 공고하여야 한다.(2015.12.24 본항개정)
④ 재외선거관리위원회는 공정하고 중립적인 사람 중에서 재외투표소에 투표사무원을 두어야 한다.(2018.4.6 본항개정)
⑤ 재외선거관리위원회는 정당추천위원이 아닌 1명의 위원을 책임위원으로 지정하여 재외투표소의 투표관리를 행하게 한다. 다만, 책임위원으로 지정되지 아니한 위원도 본인의 의사에 따라 투표관리에 참여할 수 있으며, 재외투표소의 책임위원에게 투표관리에 관하여 의견을 개진할 수 있다.
(2012.1.17 본항개정)
⑥ 재외선거관리위원회는 제5항에도 불구하고 제2항에 따라 설치하는 재외투표소에는 재외선거관리위원회가 지정하는 재외투표소관리자로 하여금 투표관리를 행하게 할 수 있다.(2015.12.24 본항신설)
⑦ 재외투표소는 재외투표기간 중 공휴일에도 불구하고 매일 오전 8시에 열고 오후 5시에 닫는다. 다만, 다음 각 호의 어느 하나에 해당하는 경우 재외선거관리위원회는 예상 투표자 수 등을 고려하여 투표시간을 조정할 수 있되, 중앙선거관리위원회와 협의하여야 한다.(2022.1.21 단서개정)
1. 천재지변 또는 전쟁·폭동, 그 밖에 부득이한 사유가 있는 경우(2022.1.21 본호신설)
2. 제2항제2호에 따라 추가로 설치·운영하는 재외투표소의 경우(2022.1.21 본호신설)
⑧ 제2항에 따른 재외투표소의 설치·운영, 국군부대에 재외투표소를 설치·운영할 재외선거관리위원회 지정 및 그 밖에 필요한 사항은 중앙선거관리위원회규칙으로 정한다.
(2016.1.15 본항개정)
⑨ 제163조·제166조·제166조의2 및 제167조(제2항 단서는 제외한다)는 재외투표소에 준용한다. 이 경우 "읍·면·동선거관리위원회 및 그 상급선거관리위원회"는 "중앙선거관리위원회 및 재외선거관리위원회"로, "투표소"는 "재외투표소"로, "투표관리관"은 "재외투표소의 책임위원 또는 재외투표소관리자"로, "선거일에"는 "재외투표소 안에서"로 본다.
(2015.12.24 후단개정)

제218조의18 【투표용지 작성 등】 ① 중앙선거관리위원회는 재외투표소의 책임위원 또는 재외투표소관리자(이하 "책임위원등"이라 한다)로 하여금 재외투표소에서 투표용지 발급기를 이용하여 투표용지를 작성·교부하게 한다. 이 경우 투표용지에 인쇄하는 일련번호에 관하여는 제151조제6항 후단을 준용한다.(2015.12.24 전단개정)
② 중앙선거관리위원회는 투표용지의 작성을 위하여 제151조제1항에 따라 작성한 투표용지원고를 재외투표기간 개시일 전 2일까지 전산조직을 이용하여 재외투표관리관에게 보내야 한다.
③ 중앙선거관리위원회는 투표용지의 작성 및 투표용지원고의 송부에 필요한 기술적 조치를 하여야 한다.
④ 재외투표소의 책임위원등은 투표용지 발급기의 장애 등으로 인하여 투표용지를 작성·교부할 수 없는 때에는 중앙선거관리위원회가 전산조직으로 송부한 투표용지원고를 이용하여 투표용지를 작성·교부한다. 이 경우 제218조의16제1항에도 불구하고 국회의원선거의 투표는 후보자의 성명이나 정당의 명칭 또는 기호를 한글 또는 아라비아숫자로 투표용지에 직접 적는 방법으로 한다.(2015.12.24 전단개정)
⑤ 투표용지 작성방법, 재외선거인등에 대한 투표안내, 그 밖에 필요한 사항은 중앙선거관리위원회규칙으로 정한다.
(2015.8.13 본조개정)

제218조의19 【재외선거의 투표 절차】 ① 재외선거인등은 신분증명서(여권·주민등록증·공무원증·운전면허증 등 사진이 첩부되어 본인임을 확인할 수 있는 대한민국의 관공서나 공공기관이 발행한 증명서 또는 사진이 첩부되고 성명과 생년월일이 기재되어 본인임을 확인할 수 있는 거류국의 정부가 발행한 증명서를 말한다. 이하 이 조에서 같다)를 제시하여 본인임을 확인받은 다음 전자적 방식으로 손도장을 찍거나 서명한 후 투표용지를 받아야 한다. 다만, 재외선거인은 제218조의5제4항에 따라 재외투표관리관이 공고한 서류의 원본을 제시하여 국적 및 본인 여부를 확인받은 다음 투표용지를 받아야 하며, 제시한 서류에 본인임을 확인할 수 있는 사진이 첩부되지 아니한 경우에는 신분증명서를 함께 제시하여야 한다.(2015.12.24 단서개정)
② 재외투표소의 책임위원등은 투표용지 발급기로 투표용지를 인쇄하여 "책임위원"칸에 자신의 도장을 찍거나 서명(한글성명이 모두 나타나야 한다)한 후 일련번호를 떼지 아니하고 회송용 봉투와 함께 교부한다.(2015.12.24 본항개정)
③ 투표용지와 회송용 봉투를 받은 재외선거인등은 기표소에 들어가 투표용지에 1명의 후보자(비례대표국회의원선거에서는 하나의 정당을 말한다)를 선택하여 투표용지의 해당 칸에 기표한 다음 그 자리에서 기표내용이 다른 사람에게 보이지 아니하게 접어 이를 회송용 봉투에 넣어 봉함한 후 투표함에 넣어야 한다.
④ 투표용지 발급기의 봉함·봉인, 그 밖에 필요한 사항은 중앙선거관리위원회규칙으로 정한다.
(2015.8.13 본조개정)

제218조의20 【재외투표소의 투표참관】 ① 재외투표소의 책임위원등은 투표참관인이 투표상황을 참관할 수 있도록 하여야 한다.(2015.12.24 본항개정)
② 대통령선거의 경우 후보자(정당추천후보자의 경우에는 후보자를 추천한 정당을 말한다)가, 국회의원선거의 경우 「정치자금법」 제27조에 따라 보조금의 배분 대상이 되는 정당이 선거일 전 17일까지 재외선거관리위원회에 재외투표소별로 재외선거인등 중 2명을 투표참관인으로 신고할 수 있다.
③ 제2항에 따라 신고한 투표참관인은 언제든지 교체할 수 있으며, 재외투표기간에는 그 재외투표소에서 교체신고를 할 수 있다.
④ 제2항에 따른 투표참관인의 선정이 없거나 한 후보자 또는 한 정당이 선정한 투표참관인밖에 없는 경우에는 재외선거관리위원회가 재외선거인등 중 2명을 본인의 승낙을 얻어 투표참관인으로 선정한다. 이 경우 재외선거관리위원회가 제218조의17제2항제2호에 따른 재외투표소의 투표참관인을 선정할 때에는 군인이 아닌 사람을 우선하여 선정하여야 한다.(2016.1.15 후단신설)
⑤ 제4항에 따라 선정된 투표참관인은 정당한 사유 없이 참관을 거부하거나 그 직을 사임할 수 없다.
⑥ 재외투표소의 책임위원등은 원활한 투표관리를 위하여 필요한 때에는 투표참관인을 교대로 참관하게 할 수 있다. 이 경우 정당·후보자별로 투표참관인 수의 2분의 1씩 교대하여 참관하게 하여야 한다.(2015.12.24 전단개정)

제218조의21 【재외투표의 회송】 ① 재외투표소의 책임위원등은 매일의 재외투표 마감 후 투표참관인의 참관 아래 투표함을 열고 투표자수를 계산한 다음 재외투표를 포장·봉인(封印)하여 재외투표관리관에게 인계하여야 한다. 다만, 제218조의17제2항에 따라 설치하는 재외투표소는 공관과의 거리 등의 사유로 매일의 재외투표를 인계할 수 없는 부득이한 경우에는 해당 재외투표소 운영기간 종료 후 그 기간 중의 재외투표를 일괄하여 인계할 수 있다.(2015.12.24 본항개정)
② 재외투표관리관은 제1항에 따른 재외투표를 재외투표기간 만료일 후 지체 없이 국내로 회송하고, 외교부장관은 외교행낭의 봉함·봉인 상태를 확인한 후 중앙선거관리위원

회에 보내야 한다. 이 경우 재외투표의 수가 많은 때에는 재외투표기간 중 그 일부를 먼저 보낼 수 있다.(2013.3.23 전단개정)
③ 중앙선거관리위원회는 제2항에 따라 인수한 재외투표를 관할 구·시·군선거관리위원회에 등기우편으로 보내야 한다.
④ 제1항 단서에 따른 재외투표의 인계, 제2항에 따른 재외투표의 국내 회송방법, 그 밖에 필요한 사항은 중앙선거관리위원회규칙으로 정한다.(2015.12.24 본항개정)

제218조의22 【재외투표소투표록 등의 작성·송부】 ① 재외투표소의 책임위원등은 재외투표소에 재외투표소투표록을 비치하고 매일의 투표자 수, 재외투표관리관에 대한 재외투표의 인계, 그 밖에 재외투표소의 투표관리에 관한 사항을 기록하여야 한다.(2015.12.24 본항개정)
② 재외투표소의 책임위원등은 재외투표소의 투표가 모두 끝난 때에는 투표함과 그 열쇠, 재외투표소투표록, 그 밖에 재외투표소의 투표에 관한 모든 서류를 재외투표관리관에게 인계하여야 한다.(2015.12.24 본항개정)
③ 재외투표관리관은 재외선거관리록을 비치하고 재외선거인 등록신청과 국외부재자 신고의 접수 및 처리, 재외투표소 설치·운영, 그 밖에 재외선거 및 국외부재자투표의 관리에 관한 사항을 적어야 한다.
④ 재외투표관리관이 제218조의21제2항 전단에 따라 재외투표를 중앙선거관리위원회에 보내는 때에는 재외투표소투표록을 함께 보내야 한다.

제218조의23 【재외투표의 접수】 ① 구·시·군선거관리위원회는 선거일 전 10일부터 재외투표의 투입과 보관을 위하여 국외부재자 투표함과 재외선거인 투표함(이하 이 조와 제218조의24에서 "재외투표함"이라 한다)을 각각 갖추어 놓아야 한다.
② 구·시·군선거관리위원회가 접수한 재외투표는 정당추천위원의 참여하에 재외투표함에 넣어야 한다. 이 경우 재외투표함의 보관에 관하여는 제176조제3항을 준용한다.
(2021.3.26 후단신설)

제218조의24 【재외투표의 개표】 ① 재외투표는 구·시·군선거관리위원회가 개표한다.
② 재외투표함은 개표참관인의 참관 아래 선거일 오후 6시(대통령의 궐위로 인한 선거 또는 재선거는 오후 8시를 말한다. 이하 이 조에서 같다) 후에 개표소로 옮겨서 다른 투표함의 투표지와 별도로 먼저 개표할 수 있다.(2011.7.28 본항개정)
③ 제1항에도 불구하고 중앙선거관리위원회는 천재지변 또는 전쟁·폭동, 그 밖에 부득이한 사유로 재외투표가 선거일 오후 6시까지 관할 구·시·군선거관리위원회에 도착할 수 없다고 인정하는 때에는 해당 재외선거관리위원회로 하여금 재외투표를 보관하였다가 개표하게 할 수 있다.
(2011.7.28 본항신설)
④ 재외선거관리위원회가 제3항에 따라 개표하는 때에는 선거일 오후 6시 이후에 개표참관인의 참관 아래 공관에서 개표하고, 그 결과를 중앙선거관리위원회에 보고하며, 중앙선거관리위원회는 관할 선거구선거관리위원회에 그 결과를 통지한다.(2011.7.28 본항신설)
⑤ 제3항에 따라 개표하는 경우 개표참관인 선정·신고 등에 관하여는 제218조의20제2항부터 제5항까지를 준용한다. 이 경우 "재외투표소별로"는 "개표소별로"로, "투표참관인"은 "개표참관인"으로, "선거일 전 17일"은 "선거일 전 3일"로, "재외투표기간에는 그 재외투표소에서"는 "개표일에는 개표소에서"로 본다.(2015.12.24 후단개정)
⑥ 재외선거관리위원회가 재외투표를 개표하는 경우 재외투표의 보관, 개표의 진행 및 절차, 개표결과의 보고·통지, 그 밖에 필요한 사항은 중앙선거관리위원회규칙으로 정한다.
(2011.7.28 본항신설)

제218조의25 【재외투표의 효력】 ① 재외투표의 효력에 관하여는 제179조(같은 조 제3항 및 제4항제7호·제10호는 제외한다)를 준용한다. 이 경우 "사전투표 및 거소투표"는 "재외투표"로, "비례대표국회의원선거 및 비례대표지방의회의원선거"는 "비례대표국회의원선거"로, "거소투표자 또는 선상투표자가"는 "재외선거인등이"로, "거소투표 또는 선상투표"는 "재외투표"로 본다.(2015.8.13 본항개정)
② 제218조의18제4항 후단의 방법으로 투표를 한 경우 후보자의 성명이나 정당의 명칭 또는 기호를 모두 한글 또는 아라비아숫자가 아닌 그 밖의 문자(한글 또는 아라비아숫자와 그 밖의 문자를 병기한 것은 한글 또는 아라비아숫자로 적은 것으로 본다)로 적거나 비례대표국회의원선거에서 후보자의 성명을 적은 재외투표(정당의 명칭 또는 기호를 함께 적은 것을 포함한다)는 무효로 한다. 다만, 다음 각 호의 어느 하나에 해당하는 재외투표는 무효로 하지 아니한다.
1. 같은 후보자의 성명이나 정당의 명칭 또는 기호를 2회 이상 적은 것
2. 후보자의 성명이나 정당의 명칭 또는 기호가 일부 틀리게 적혀 있으나 어느 후보자 또는 정당에게 투표하였는지 명확한 것

(2015.8.13 본항개정)
③ 같은 선거에서 한 사람이 2회 이상 투표를 한 경우 해당 선거에서 본인이 한 재외투표는 모두 무효로 한다.
(2011.7.28 본항신설)
④~⑤ (2015.8.13 삭제)
(2015.8.13 본조제목개정)

제218조의26 【국외선거범에 대한 공소시효 등】 ① 제268조제1항 본문에도 불구하고 국외에서 범한 이 법에 규정된 죄의 공소시효는 해당 선거일 후 5년을 경과함으로써 완성한다.
② 국외에서 이 법에 규정된 죄를 범한 자로서 「형사소송법」에 따라 법원의 관할을 특정할 수 없는 자의 제1심 재판관할은 서울중앙지방법원으로 한다.(2011.7.28 본항신설)
(2011.7.28 본조제목개정)

제218조의27 【재외선거의 공정성 확보 의무】 ① 중앙선거관리위원회와 재외투표관리관은 재외선거인 등록신청, 재외투표의 방법, 그 밖에 재외선거인의 선거권 행사를 위한 사항을 홍보하는 등 재외선거인의 투표참여와 재외선거의 공정성을 확보하기 위하여 노력하여야 한다.
② 중앙선거관리위원회는 재외선거인이 전화 또는 인터넷을 통하여 후보자를 추천한 정당의 명칭, 후보자의 성명, 기호 및 선거공약 등을 알 수 있도록 필요한 조치를 하여야 한다.
③ 중앙선거관리위원회는 외국의 선거·정당·정치자금제도와 그 운영현황, 정당 발전방안 등에 관한 조사·연구를 추진하여 재외선거제도의 개선과 정치발전을 위하여 필요한 노력을 하여야 한다.

제218조의28 【재외선거사무의 지원 등】 ① 중앙선거관리위원회, 법무부, 경찰청 등은 재외선거관리위원회 또는 재외투표관리관이 행하는 재외선거사무를 지원하고 위법행위 예방 및 자료수집 등을 위하여 필요한 경우에는 공관에 소속 직원을 파견할 수 있다.
② 제1항에 따라 공관에 파견된 중앙선거관리위원회 소속 직원이 제272조의2 또는 「정치자금법」 제52조에 따라 조사를 하는 경우에는 다른 법령에도 불구하고 중앙선거관리위원회의 지휘·감독을 받는다. 다만, 조사에 착수하는 때에는 조사와 관련하여 공관의 장과 협의하여야 한다.
(2011.9.30 본조개정)

제218조의29 【천재지변 등의 발생 시 재외선거사무의 처리】 ① 중앙선거관리위원회는 천재지변 또는 전쟁·폭동, 그 밖에 부득이한 사유로 해당 공관 관할구역에서 재외선거를 실시할 수 없다고 인정하는 때에는 해당 공관에 재외선거관리위원회를 설치하지 아니하거나 설치·운영 중인 재외선거관리위원회 및 재외투표관리관의 재외선거사무를 중지할 것을 결정할 수 있다.

② 제1항에 따른 재외선거사무 중지결정에 따라 재외투표기간 중에 투표를 마치지 못한 경우에도 재외투표기간이 지난 후에는 다시 투표를 실시하지 아니한다. 이 경우 재외투표관리관은 이미 실시된 재외투표를 제218조의21제2항에 따라 국내로 회송하여야 한다.
③ 중앙선거관리위원회는 제1항에 따른 결정 후 재외투표기간 전에 사정 변경으로 재외선거를 실시할 수 있다고 인정하는 때에는 지체 없이 재외선거관리위원회를 설치하거나 재외선거사무가 중지된 해당 재외선거관리위원회 및 재외투표관리관으로 하여금 재외선거사무를 재개하도록 하여야 하고, 이 경우 처리기한이 경과된 재외선거사무는 이 법에 따라 처리한 것으로 본다. 다만, 재외선거관리위원회는 제218조의17에 따른 기한이 경과된 경우라도 지체 없이 재외투표소의 명칭·소재지와 운영기간 등을 공고하여야 한다.
(2011.7.28 본조신설)

제218조의30【국외선거범에 대한 여권발급 제한 등】 ① 외교부장관은 다음 각 호의 어느 하나에 해당하는 사람에 대하여 중앙선거관리위원회나 검사 또는 사법경찰관의 요청이 있는 때에는 「여권법」에 따른 여권의 발급·재발급(이하 "여권발급등"이라 한다)을 제한하거나 반납(이하 "제한등"이라 한다)을 명하여야 한다.(2021.3.23 본문개정)
1. 국외에서 이 법에 따른 장기 3년 이상의 형에 해당하는 죄를 범한 혐의를 인정할 만한 상당한 이유가 있으나 중앙선거관리위원회의 조사에 불응하거나 소재가 불명하여 조사를 종결할 수 없는 사람
2. 국외에서 이 법에 따른 장기 3년 이상의 형에 해당하는 죄를 범하여 기소중지 또는 수사중지(피의자중지로 한정한다)된 사람(2021.3.23 본호개정)

② 중앙선거관리위원회 또는 검사가 제1항에 따라 여권발급등의 제한등을 요청할 때에는 그 요청사유, 제한기간 또는 반납 후의 보관기간(이하 "보관기간"이라 한다) 등을 적은 서면으로 하여야 한다.
③ 중앙선거관리위원회 또는 검사는 제2항에 따른 제한기간 또는 보관기간을 연장할 필요가 있다고 인정되는 때에는 그 제한기간 또는 보관기간 만료일 전 30일까지 서면으로 연장을 요청할 수 있다.
④ 제2항 및 제3항에 따른 제한기간 또는 보관기간은 해당 선거의 선거일 후 5년 이내로 하되, 중앙선거관리위원회 또는 검사는 제한기간 또는 보관기간 중이라도 요청사유가 소멸되었다고 인정될 때에는 여권발급등의 제한등을 해제하여 줄 것을 외교부장관에게 요청할 수 있다.(2013.3.23 본항개정)
⑤ 제3항과 제4항에 따른 요청이 있는 경우 외교부장관은 특별한 사정이 없는 한 그 요청에 따라야 한다.(2013.3.23 본항개정)
⑥ 제1항에 따른 여권발급등의 제한등과 관련하여 이 조에서 정한 것을 제외하고는 여권발급등의 제한등의 절차, 반납명령을 이행하지 않는 경우 여권의 효력상실과 회수, 그 밖의 사항에 관하여는 「여권법」을 준용한다.
(2012.2.29 본조신설)

제218조의31【외국인의 입국금지】 ① 법무부장관은 국외에서 이 법에서 금지하는 행위를 하였다고 인정할 만한 상당한 이유가 있는 외국인에 대하여 입국을 금지할 수 있다. 다만, 수사에 응하기 위하여 입국하려는 때에는 그러하지 아니하다.
② 중앙선거관리위원회는 제1항에 따른 입국금지대상에 해당하는 외국인을 법무부장관에게 통보할 수 있다.
③ 제1항에 따른 입국 금지기간은 해당 선거 당선인의 임기만료일까지로 한다.
④ 제1항에 따른 입국금지 절차 등에 관하여는 「출입국관리법」을 준용한다.
(2012.2.29 본조신설)

제218조의32【국외선거범에 대한 영사조사】 ① 영사는 법원 또는 검사의 의뢰를 받아 대한민국 재외공관 등에서 「형사소송법」 제200조, 제221조에 따라 이 법의 위반행위와 관련된 피의자 또는 피의자 아닌 자의 출석을 요구하여 진술을 들을 수 있다.
② 법원 또는 검사가 영사에게 진술 청취를 의뢰할 때에는 법무부 및 외교부를 경유하여야 한다. 사법경찰관은 검사에게 영사에 대한 진술 청취의 의뢰를 신청할 수 있다.
(2013.3.23 본항개정)
③ 영사는 제1항에 따라 진술을 들을 경우 그 진술 내용을 기재한 조서를 작성하거나 진술서를 제출받을 수 있고, 그 과정을 영상녹화할 수 있다. 다만, 피의자 아닌 자의 경우에는 동의를 받아야 영상녹화할 수 있다.
④ 영사가 법원의 의뢰를 받아 진술을 들을 경우 그 절차 및 방식에 관하여는 「형사소송법」 제48조, 제50조 및 제161조의2부터 제164조까지를 준용한다.
⑤ 영사가 검사의 의뢰를 받아 진술을 들을 경우 그 절차 및 방식에 관하여는 「형사소송법」 제241조, 제242조, 제243조의2부터 제245조까지를 준용한다.
⑥ 영사는 제3항에 따라 작성한 조서, 진술인으로부터 제출받은 진술서 또는 영상녹화물을 즉시 외교부 및 법무부를 경유하여 법원 또는 검사에게 송부하여야 한다.(2013.3.23 본항개정)
(2012.2.29 본조신설)

제218조의33【국외선거범에 대한 인터넷 화상조사】 ① 검사 또는 사법경찰관은 「형사소송법」 제200조, 제221조에 따라 재외공관에 출석한 이 법의 위반행위와 관련된 피의자 또는 피의자 아닌 자를 상대로 인터넷 화상장치를 이용하여 진술을 들을 수 있다.
② 제1항에 따라 진술을 들을 경우 검사 또는 사법경찰관은 법무부 및 외교부를 경유하여 해당 재외공관의 장에게 조사할 사건에 관하여 통보하여야 하고, 진술을 들을 때에는 영사가 참여하여야 한다.(2013.3.23 본항개정)
③ 검사 또는 사법경찰관은 제1항에 따라 진술을 들을 경우 그 진술 내용을 기재한 조서를 작성할 수 있고, 그 과정을 영상 녹화하여야 한다. 다만, 피의자가 아닌 자의 경우에는 동의를 받아야 영상녹화할 수 있다.
④ 검사 또는 사법경찰관은 작성한 조서를 재외공관에 전송하고, 영사는 이를 출력하여 진술자에게 열람케 하여야 한다.
⑤ 제1항에 따른 진술 청취의 절차 및 방식에 관하여는 「형사소송법」 제241조, 제242조, 제243조의2부터 제245조까지를 준용한다.
⑥ 영사는 완성된 조서를 외교부 및 법무부를 경유하여 검사 또는 사법경찰관에게 송부하여야 한다.(2013.3.23 본항개정)
⑦ 제1항부터 제6항까지에 따라 작성된 조서는 국내에서 검사 또는 사법경찰관이 작성한 조서와 동일한 것으로 본다.
(2012.2.29 본조신설)

제218조의34【준용규정 등】 ① 재외선거에 관하여 이 장에 정한 것을 제외하고는 그 성질에 반하지 아니하는 범위에서 이 법의 다른 규정을 준용한다.
② 이 장에서 날짜로 정한 기간을 계산하는 때에는 대한민국 표준시를 기준으로 한다.
③ 재외선거와 관련한 공관의 선거관리경비의 사용 잔액에 대하여는 「재외공관 수입금 등 직접사용에 관한 법률」 제2조·제3조를 준용한다. 이 경우 "외교부장관"은 "중앙선거관리위원회사무총장"으로, "대한민국 재외공관의 장" 또는 "재외공관의 장"은 "재외투표관리관"으로, "수입금 및 관서운영경비"는 "선거관리경비"로 본다.(2013.3.23 본항개정)

제218조의35【시행규칙】 국외부재자투표와 재외선거의 실시를 위하여 필요한 사항은 중앙선거관리위원회규칙으로 정한다.

제15장 선거에 관한 쟁송

제219조 【선거소청】 ① 지방의회의원 및 지방자치단체의 장의 선거에 있어서 선거의 효력에 관하여 이의가 있는 선거인·정당(후보자를 추천한 정당에 한한다. 이하 이 조에서 같다) 또는 후보자는 선거일부터 14일 이내에 당해 선거구선거관리위원회위원장을 피소청인으로 하여 지역구시·도의원선거(지역구세종특별자치시의회의원선거는 제외한다), 자치구·시·군의원선거 및 자치구·시·군의 장선거에 있어서는 시·도선거관리위원회에, 비례대표시·도의원선거, 지역구세종특별자치시의회의원선거 및 시·도지사선거에 있어서는 중앙선거관리위원회에 소청할 수 있다.
(2015.8.13 본항개정)
② 지방의회의원 및 지방자치단체의 장의 선거에 있어서 당선의 효력에 관하여 이의가 있는 정당 또는 후보자는 당선인결정일부터 14일 이내에 제52조제1항부터 제3항까지 또는 제192조제1항부터 제3항까지의 사유에 해당함을 이유로 하는 때에는 당선인을, 제190조(지역구지방의회의원당선인의 결정·공고·통지) 내지 제191조(지방자치단체의 장의 당선인의 결정·공고·통지)의 규정에 의한 결정의 위법을 이유로 하는 때에는 당해 선거구선거관리위원회위원장을 각각 피소청인으로 하여 지역구시·도의원선거(지역구세종특별자치시의회의원선거는 제외한다), 자치구·시·군의원선거 및 자치구·시·군의 장선거에 있어서는 시·도선거관리위원회에, 비례대표시·도의원선거, 지역구세종특별자치시의회의원선거 및 시·도지사선거에 있어서는 중앙선거관리위원회에 소청할 수 있다.(2015.8.13 본항개정)
③ 제1항 및 제2항의 규정에 의하여 피소청인으로 될 당해 선거구선거관리위원회위원장이 궐위된 때에는 당해 선거구선거관리위원회위원 전원을 피소청인으로 한다.
④ 제2항의 규정에 의하여 피소청인으로 될 당선인이 사퇴 또는 사망하거나 제192조제2항의 규정에 의하여 당선의 효력이 상실되거나 같은 조 제3항의 규정에 의하여 당선이 무효로 된 때에는 당해 선거구선거관리위원회위원장을, 당해 선거구선거관리위원회위원장이 궐위된 때에는 당해 선거구선거관리위원회위원 전원을 피소청인으로 한다.
⑤ 제1항 및 제2항에 따른 소청은 서면으로 하여야 하되, 다음 각 호의 사항을 기재한 후 기명하고 날인하여야 한다. 이 경우 소청장에는 당사자수에 해당하는 부본을 첨부하여야 한다.(2011.7.28 본문개정)
1. 소청인의 성명과 주소
2. 피소청인의 성명과 주소
3. 소청의 취지 및 이유
4. 소청의 대상이 되는 처분의 내용
5. 대리인 또는 선정대표자가 있는 경우에는 그 성명과 주소
⑥ 제5항의 규정에 의한 소청장을 접수한 중앙선거관리위원회 또는 시·도선거관리위원회는 지체없이 소청장 부본을 당사자에게 송달하여야 한다.
⑦ 제6항의 규정에 의하여 소청장 부본을 송달받은 피소청인은 중앙선거관리위원회 또는 시·도선거관리위원회가 지정한 기일까지 답변서를 제출하여야 한다. 이 경우 당사자수에 상응하는 부본을 첨부하여야 하며, 답변서를 접수한 중앙선거관리위원회 또는 시·도선거관리위원회는 그 부본을 당사자에게 송달하여야 한다.
(2011.7.28 본조제목개정)

제220조 【소청에 대한 결정】 ① 제219조(선거소청)제1항 또는 같은 조 제2항의 소청을 접수한 중앙선거관리위원회 또는 시·도선거관리위원회는 소청을 접수한 날부터 60일 이내에 그 소청에 대한 결정을 하여야 한다.
② 제1항의 결정은 다음 각 호의 사항을 기재한 서면으로 하여야 하며, 결정에 참여한 위원이 기명하고 서명 또는 날인하여야 한다.(2011.7.28 본문개정)
1. 사건번호와 사건명
2. 당사자·참가인 및 대리인의 성명과 주소
3. 주문
4. 소청의 취지
5. 이유
6. 결정한 날짜
③ 중앙선거관리위원회 또는 시·도선거관리위원회는 지체없이 제2항의 결정서의 정본을 소청인·피소청인 및 참가인에게 송달하여야 하며, 그 결정요지를 공고하여야 한다.
④ 소청의 결정은 소청인에게 제3항의 규정에 의한 송달이 있는 때에 그 효력이 생긴다.
(2011.7.28 본조제목개정)

제221조 【「행정심판법」의 준용】 ① 선거소청에 관하여는 이 법에 규정된 것을 제외하고는 「행정심판법」 제10조(위원의 제척·기피·회피)(이 경우 "위원장"은 "중앙선거관리위원회 또는 시·도선거관리위원회"로 본다), 제15조(선정대표자), 제16조(청구인의 지위 승계)제2항부터 제4항까지(이 경우 "법인"은 "정당"으로 본다), 제17조(피청구인의 적격 및 경정)제2항부터 제6항까지, 제18조(대리인의 선임), 제19조(대표자 등의 자격), 제20조(심판참가), 제21조(심판참가의 요구), 제22조(참가인의 지위), 제29조(청구의 변경), 제30조(집행정지)제1항, 제32조(보정), 제33조(주장의 보충), 제34조(증거서류 등의 제출), 제35조(자료의 제출 요구 등) 제1항부터 제3항까지, 제36조(증거조사), 제37조(절차의 병합 또는 분리), 제38조(심리기일의 지정과 변경), 제39조(직권심리), 제40조(심리의 방식), 제41조(발언 내용 등의 비공개), 제42조(심판청구 등의 취하), 제43조(재결의 구분)제1항·제2항, 제51조(행정심판 재청구의 금지), 제55조(증거서류 등의 반환), 제56조(주소 등 송달장소 변경의 신고의무), 제57조(서류의 송달) 및 제61조(권한의 위임)의 규정을 준용하고, 선거소청비용에 관하여는 「민사소송법」을 준용하되, 「행정심판법」을 준용하는 경우 "행정심판"은 "선거소청"으로, "청구인"은 "소청인"으로, "피청구인"은 "피소청인"으로, "심판청구 또는 심판"은 "소청"으로, "심판청구서"는 "소청장"으로, "재결"은 "결정"으로, "재결기간"은 "결정기간"으로, "위원회"는 "중앙선거관리위원회 또는 시·도선거관리위원회"로, "재결서"는 "결정서"로 본다.(2010.1.25 본항개정)
② 소청에 관하여 기타 필요한 사항은 중앙선거관리위원회규칙으로 정한다.
(2005.8.4 본조제목개정)

제222조 【선거소송】 ① 대통령선거 및 국회의원선거에 있어서 선거의 효력에 관하여 이의가 있는 선거인·정당(후보자를 추천한 정당에 한한다) 또는 후보자는 선거일부터 30일 이내에 당해 선거구선거관리위원회위원장을 피고로 하여 대법원에 소를 제기할 수 있다.
② 지방의회의원 및 지방자치단체의 장의 선거에 있어서 선거의 효력에 관한 제220조의 결정에 불복이 있는 소청인(당선인을 포함한다)은 해당 소청에 대하여 기각 또는 각하 결정이 있는 경우(제220조제1항의 기간 내에 결정하지 아니한 때를 포함한다)에는 해당 선거구선거관리위원회 위원장을, 인용결정이 있는 경우에는 그 인용결정을 한 선거관리위원회 위원장을 피고로 하여 그 결정서를 받은 날(제220조제1항의 기간 내에 결정하지 아니한 때에는 그 기간이 종료된 날)부터 10일 이내에 비례대표시·도의원선거 및 시·도지사선거에 있어서는 대법원에, 지역구시·도의원선거, 자치구·시·군의원선거 및 자치구·시·군의 장선거에 있어서는 그 선거구를 관할하는 고등법원에 소를 제기할 수 있다.
(2010.1.25 본항개정)
③ 제1항 또는 제2항에 따라 피고로 될 위원장이 궐위된 때에는 해당 선거관리위원회 위원 전원을 피고로 한다.
(2010.1.25 본항개정)
판례 국회의원선거 유효득표수의 검증을 소송으로 청구할 수 있는지 여부 : 유효득표수의 검증은 당선무효소송에 있어서 선거관리위원회

의 개개인에 대한 당선인 결정 자체에 위법이 있는지 여부를 판단하기 위한 증거조사절차로서 투표용지의 유·무효를 가리기 위하여 하는 것이므로 이를 독립된 청구로 구할 수는 없는 것이고, 공직선거및선거부정방지법에서도 이와 같은 소송형태를 인정하고 있지 아니하므로 이를 구하는 소는 부적법하다.(대판 1996.11.22, 96수73)

제223조【당선소송】 ① 대통령선거 및 국회의원선거에 있어서 당선의 효력에 이의가 있는 정당(후보자를 추천한 정당에 한한다) 또는 후보자는 당선인결정일부터 30일 이내에 제52조제1항·제3항 또는 제192조제1항부터 제3항까지의 사유에 해당함을 이유로 하는 때에는 당선인을, 제187조(대통령당선인의 결정·공고·통지)제1항·제2항, 제188조(지역구국회의원당선인의 결정·공고·통지)제1항 내지 제4항, 제189조(비례대표국회의원의석의 배분과 당선인의 결정·공고·통지) 또는 제194조(당선인의 재결정과 비례대표국회의원의석 및 비례대표지방의회의원의석의 재배분)제4항의 규정에 의한 결정의 위법을 이유로 하는 때에는 대통령선거에 있어서는 그 당선인을 결정한 중앙선거관리위원회위원장 또는 국회의장을, 국회의원선거에 있어서는 당해 선거구선거관리위원회위원장을 각각 피고로 하여 대법원에 소를 제기할 수 있다.(2020.12.29 본항개정)

② 지방의회의원 및 지방자치단체의 장의 선거에 있어서 당선의 효력에 관한 제220조의 결정에 불복이 있는 소청인 또는 당선인인 피소청인(제219조제2항 후단에 따라 선거구선거관리위원회 위원장이 피소청인인 경우에는 당선인을 포함한다)은 해당 소청에 대하여 기각 또는 각하 결정이 있는 경우(제220조제1항의 기간 내에 결정하지 아니한 때를 포함한다)에는 당선인(제219조제2항 후단을 이유로 하는 때에는 관할선거구선거관리위원회 위원장을 말한다)을, 인용결정이 있는 경우에는 그 인용결정을 한 선거관리위원회 위원장을 피고로 하여 그 결정서를 받은 날(제220조제1항의 기간 내에 결정하지 아니한 때에는 그 기간이 종료된 날)부터 10일 이내에 비례대표시·도의원선거 및 시·도지사선거에 있어서는 대법원에, 지역구시·도의원선거, 자치구·시·군의원선거 및 자치구·시·군의 장선거에 있어서는 그 선거구를 관할하는 고등법원에 소를 제기할 수 있다.(2010.1.25 본항개정)

③ 제1항 또는 제2항에 따라 피고로 될 위원장이 궐위된 때에는 해당 선거관리위원회 위원 전원을, 국회의장이 궐위된 때에는 부의장중 1인을 피고로 한다.(2010.1.25 본항개정)

④ 제1항 및 제2항의 규정에 의하여 피고로 될 당선인이 사퇴·사망하거나 제192조제2항의 규정에 의하여 당선의 효력이 상실되거나 같은 조 제3항의 규정에 의하여 당선이 무효로 된 때에는 대통령선거에 있어서는 법무부장관을, 국회의원선거·지방의회의원 및 지방자치단체의 장의 선거에 있어서는 관할고등검찰청검사장을 피고로 한다.

제224조【선거무효의 판결 등】 소청이나 소장을 접수한 선거관리위원회 또는 대법원이나 고등법원은 선거쟁송에 있어 선거에 관한 규정에 위반된 사실이 있는 때라도 선거의 결과에 영향을 미쳤다고 인정하는 때에 한하여 선거의 전부나 일부의 무효 또는 당선의 무효를 결정하거나 판결한다.

제225조【소송 등의 처리】 선거에 관한 소청이나 소송은 다른 쟁송에 우선하여 신속히 결정 또는 재판하여야 하며, 소송에 있어서는 수소법원은 소가 제기된 날부터 180일 이내에 처리하여야 한다.

제226조【소송 등에 관한 통지】 ① 이 장의 규정에 의하여 소청이 제기된 때 또는 소청이 계속되지 아니하게 되거나 결정된 때에는 중앙선거관리위원회 또는 시·도선거관리위원회는 당해 지방자치단체와 지방의회 및 관할선거구선거관리위원회에 통지하여야 한다.

② 이 장의 규정에 의하여 소가 제기된 때 또는 소송이 계속되지 아니하게 되거나 판결이 확정된 때에는 대법원장 또는 고등법원장은 대통령선거 및 국회의원선거에 있어서는 국회와 중앙선거관리위원회 및 관할선거구선거관리위원회에, 지방의회의원 및 지방자치단체의 장의 선거에 있어서는 당해 지방자치단체와 지방의회 및 관할선거구선거관리위원회에 통지하여야 한다.

제227조【「행정소송법」의 준용 등】 선거에 관한 소송에 관하여는 이 법에 규정된 것을 제외하고는 「행정소송법」 제8조(법적용례)제2항 및 제26조(직권심리)의 규정을 준용한다. 다만, 같은 법 제8조제2항에서 준용되는 「민사소송법」 제145조(화해의 권고), 제147조(제출기간의 제한)제2항, 제149조(실기한 공격·방어방법의 각하), 제150조(자백간주)제1항, 제220조(화해, 청구의 포기·인낙조서의 효력), 제225조(결정에 의한 화해권고), 제226조(결정에 대한 이의신청), 제227조(이의신청의 방식), 제228조(이의신청의 취하), 제229조(이의신청권의 포기), 제230조(이의신청의 각하), 제231조(화해권고결정의 효력), 제232조(이의신청에 의한 소송복귀 등), 제284조(변론준비절차의 종결)제1항, 제285조(변론준비기일을 종결한 효과) 및 제288조(불요증사실)의 규정을 제외한다.(2005.8.4 본조개정)

제228조【증거조사】 ① 정당(후보자를 추천한 정당에 한한다) 또는 후보자는 개표완료후에 선거쟁송을 제기하는 때의 증거를 보전하기 위하여 그 구역을 관할하는 지방법원 또는 그 지원에 투표함·투표지 및 투표록 등의 보전신청을 할 수 있다.

② 법관은 제1항의 신청이 있는 때에는 현장에 출장하여 조서를 작성하고 적절한 보관방법을 취하여야 한다. 다만, 소청심사에 필요한 경우 중앙선거관리위원회 또는 시·도선거관리위원회는 증거보전신청자의 신청에 의하여 관여법관의 입회하에 증거보전물품에 대한 검증을 할 수 있다.

③ 제2항의 처분은 제219조(선거소청)의 규정에 의한 소청의 제기가 없거나 제222조(선거소송) 및 제223조(당선소송)의 규정에 의한 소의 제기가 없는 때에는 그 효력을 상실한다.

④ 선거에 관한 소송에 있어서는 대법원 및 고등법원은 고등법원·지방법원 또는 그 지원에 증거조사를 촉탁할 수 있다.

제229조【인지 첩부 및 첨부에 관한 특례】 선거에 관한 소송에 있어서는 「민사소송 등 인지법」의 규정에 불구하고 소송서류에 붙여야 할 인지는 「민사소송 등 인지법」에 규정된 금액의 10배로 한다.(2012.12.18 본조개정)

제16장 벌 칙

제230조【매수 및 이해유도죄】 ① 다음 각 호의 어느 하나에 해당하는 자는 5년 이하의 징역 또는 3천만원 이하의 벌금에 처한다.(2014.2.13 본문개정)

1. 투표를 하게 하거나 하지 아니하게 하거나 당선되거나 되게 하거나 되지 못하게 할 목적으로 선거인(선거인명부 또는 재외선거인명부등을 작성하기 전에는 그 선거인명부 또는 재외선거인명부등에 오를 자격이 있는 사람을 포함한다. 이하 이 장에서 같다) 또는 다른 정당이나 후보자(예비후보자를 포함한다)의 선거사무장·선거연락소장·선거사무원·회계책임자·연설원(제79조제1항·제2항에 따라 연설·대담을 하는 사람과 제81조제1항·제82조제1항 또는 제82조의2제1항·제2항에 따라 대담·토론을 하는 사람을 포함한다. 이하 이 장에서 같다) 또는 참관인(투표참관인·사전투표참관인과 개표참관인을 말한다. 이하 이 장에서 같다)·선장·입회인에게 금전·물품·차마·향응 그 밖에 재산상의 이익이나 공사의 직을 제공하거나 그 제공의 의사를 표시하거나 그 제공을 약속한 자(2014.1.17 본호개정)
2. 선거운동에 이용할 목적으로 학교, 그 밖에 공공기관·사회단체·종교단체·노동단체·청년단체·여성단체·노인단체·재향군인단체·씨족단체 등의 기관·단체·시설에 금전·물품 등 재산상의 이익을 제공하거나 그 제공의 의사를 표시하거나 그 제공을 약속한 자(2011.7.28 본호개정)

3. 선거운동에 이용할 목적으로 야유회·동창회·친목회·향우회·계모임 기타의 선거구민의 모임이나 행사에 금전·물품·음식물 기타 재산상의 이익을 제공하거나 그 제공의 의사를 표시하거나 그 제공을 약속한 자
4. 제135조(선거사무관계자에 대한 수당과 실비보상)제3항의 규정에 위반하여 수당·실비 기타 자원봉사에 대한 보상 등 명목여하를 불문하고 선거운동과 관련하여 금품 기타 이익의 제공 또는 그 제공의 의사를 표시하거나 그 제공을 약속한 자(2000.2.16 본호개정)
5. 선거에 영향을 미치게 하기 위하여 이 법에 따른 경우를 제외하고 문자·음성·화상·동영상 등을 인터넷 홈페이지의 게시판·대화방 등에 게시하거나 전자우편·문자메시지로 전송하게 하고 그 대가로 금품, 그 밖에 이익의 제공 또는 그 제공의 의사표시를 하거나 그 제공을 약속한 자(2012.2.29 본호개정)
6. 정당의 명칭 또는 후보자(후보자가 되려는 사람을 포함한다)의 성명을 나타내거나 그 명칭·성명을 유추할 수 있는 내용으로 제58조의2에 따른 투표참여를 권유하는 행위를 하게 하고 그 대가로 금품, 그 밖에 이익의 제공 또는 그 제공의 의사표시를 하거나 그 제공을 약속한 자(2014.5.14 본호신설)
7. 제1호부터 제6호까지에 규정된 이익이나 직의 제공을 받거나 그 제공의 의사표시를 승낙한 자(제261조제9항제2호에 해당하는 자는 제외한다)(2014.5.14 본호개정)

② 정당·후보자(후보자가 되고자 하는 자를 포함한다) 및 그 가족·선거사무장·선거연락소장·선거사무원·회계책임자·연설원 또는 제114조(정당 및 후보자의 가족 등의 기부행위제한)제2항의 규정에 의한 후보자 또는 그 가족과 관계 있는 회사 등이 제1항 각호의 1에 규정된 행위를 한 때에는 7년 이하의 징역 또는 5천만원 이하의 벌금에 처한다. (2014.2.13 본항개정)

③ 제1항 각호의 1 또는 제2항에 규정된 행위에 관하여 지시·권유·요구하거나 알선한 자는 7년 이하의 징역 또는 5천만원 이하의 벌금에 처한다.(2014.2.13 본항개정)

④ 당선되거나 되게 하거나 되지 못하게 할 목적으로 선거기간중 포장된 선물 또는 돈봉투 등 다수의 선거인에게 배부하도록 구분된 형태로 되어 있는 금품을 운반하는 자는 5년 이하의 징역 또는 3천만원 이하의 벌금에 처한다. (2014.2.13 본항개정)

⑤ 선거관리위원회의 위원·직원(투표관리관 및 사전투표관리관을 포함한다. 이하 이 장에서 같다) 또는 선거사무에 관계있는 공무원(선장을 포함한다)이나 경찰공무원(사법경찰관리 및 군사법경찰관리를 포함한다)이 제1항 각호의 1 또는 제2항에 규정된 행위를 하거나 하게 한 때에는 7년 이하의 징역에 처한다.(2014.1.17 본항개정)

⑥ 제47조의2제1항 또는 제2항을 위반한 자는 5년 이하의 징역 또는 500만원 이상 3천만원 이하의 벌금에 처한다. (2014.2.13 본항개정)

⑦ 당내경선과 관련하여 다음 각 호의 어느 하나에 해당하는 자는 3년 이하의 징역 또는 1천만원 이하의 벌금에 처한다. (2014.2.13 본문개정)
1. 제57조의5(당원 등 매수금지)제1항 또는 제2항의 규정을 위반한 자
2. 후보자로 선출되거나 되게 하거나 되지 못하게 하거나, 경선선거인(당내경선의 선거인명부에 등재된 자를 말한다. 이하 이 조에서 같다)으로 하여금 투표를 하게 하거나 하지 아니하게 할 목적으로 경선후보자·경선운동관계자·경선선거인 또는 참관인에게 금품·향응 그 밖의 재산상의 이익이나 공사의 직을 제공하거나 그 제공의 의사를 표시하거나 그 제공을 약속한 자
3. 제57조의5제1항 또는 제2항에 규정된 이익이나 직의 제공을 받거나 그 제공의 의사표시를 승낙한 자
(2005.8.4 본항신설)

⑧ 제7항제2호·제3호에 규정된 행위에 관하여 지시·권유·요구하거나 알선한 자 또는 제57조의5제3항의 규정을 위반한 자는 5년 이하의 징역 또는 3천만원 이하의 벌금에 처한다.(2014.2.13 본항개정)
(2011.7.28 본조제목개정)

판례 [1] 매수죄는 금품 등을 제공받은 선거인의 투표행위에 직접 영향을 미칠 목적으로 금품 등을 제공하는 경우에만 성립하는 것이 아니라, 선거인으로 하여금 타인의 투표의사나 특정 후보자의 당락에 영향을 미치는 행위를 하게 할 목적으로 금품 등을 제공하는 경우에도 성립한다. 또한, 이러한 상대방에게 금품 등의 제공을 요구하는 경우에는 매수요구죄가 성립한다.
[2] 피고인들이 대통령 선거를 앞두고 특정 대통령 후보자의 지지에 타격을 줄 수 있는 내용이 담겨 있는 CD를 폭로하거나 폭로하지 않는 대가로 위 후보자측 또는 상대방 후보자측에게 금원의 제공을 요구한 사안에서 매수요구죄가 성립한다.
(대판 2008.10.9, 2008도6233)

판례 '경선운동관계자'는, 널리 당내경선운동에 관여하거나 기타 당내경선에 관한 사무를 담당하고 처리하는 자를 포괄적으로 지칭하는 것으로 해석하여야 할 것이어서, 직접적으로 당내경선사무에 종사하거나 그 절차에 관여하는 자 및 다른 경선후보자의 경선운동관계자는 물론, 행위자가 어떤 특정 경선후보자의 선출을 돕기 위하여 금품 제공 등의 행위에 나아간 경우 해당 경선후보자의 경선운동관계자 역시 이에 포함되는 것으로 해석된다.(대판 2007.6.1, 2006도8134)

판례 동조 제1항 제4호, 제5호의 '제공' : 공직선거및선거부정방지법 제230조 제1항 제4호, 제5호의 금품 기타 이익의 '제공'이라 함은 반드시 금품 등을 상대방에게 귀속시키는 것만을 뜻하는 것은 아니고, 그 금품 등을 지급 받는 상대방이 금품 등의 귀속주체가 아닌 이른바 '중간자'라 하더라도…(중략)…그 중간자가 단순한 보관자이거나 특정인에게 특정 금품 등을 전달하기 위하여 심부름을 하는 사자(사자)에 불과한 경우에는 그에게 금품 등을 주는 것은 이 규정의 '제공'에 해당하지 않는다.(대판 2004.11.12, 2004도5600)

판례 동조 제1항 제5호·제4호, 제135조 제3항 소정의 '선거운동'은 동법 제2조 소정의 '공직선거에서의 당선 또는 낙선을 위한 행위'를 말한다고 할 것이고, 따라서 공직선거에 출마할 정당 추천 후보자를 선출하기 위한 당내 경선에서의 당선 또는 낙선을 위한 행위는 여기에 해당하지 아니하여 그와 관련하여 금품 기타 이익의 제공을 받은 경우에는 동조 제1항 제5호·제4호 위반죄에 해당하지 않고, 다만 당내 경선에서 당선 또는 낙선을 위한 행위라는 구실로 실질적으로는 동법 제2조 소정의 공직선거에서의 당선 또는 낙선을 위한 행위를 하는 것으로 평가할 수 있는 예외적인 경우에 한하여 위반죄가 성립할 수 있다.(대판 2003.7.8, 2003도305)

제231조【재산상의 이익목적의 매수 및 이해유도죄】 ① 다음 각 호의 어느 하나에 해당하는 사람은 7년 이하의 징역 또는 300만원 이상 5천만원 이하의 벌금에 처한다. (2014.2.13 본문개정)
1. 재산상의 이익을 얻거나 얻을 목적으로 정당 또는 후보자(후보자가 되려는 사람을 포함한다)를 위하여 선거인·선거사무장·선거연락소장·선거사무원·회계책임자·연설원 또는 참관인에게 제230조제1항 각 호의 어느 하나에 해당하는 행위를 한 사람
2. 제1호에 규정된 행위의 대가로 또는 그 행위를 하게 할 목적으로 금전·물품, 그 밖에 재산상의 이익 또는 공사의 직을 제공하거나 그 제공의 의사를 표시하거나 그 제공을 약속한 사람
3. 제1호에 규정된 행위의 대가로 또는 그 행위를 약속하고 제2호에 규정된 이익 또는 직의 제공을 받거나 그 제공의 의사표시를 승낙한 사람
(2010.1.25 본항개정)

② 제1항에 규정된 행위에 관하여 지시·권유·요구하거나 알선한 자(제261조제1항에 해당하는 자는 제외한다)는 10년 이하의 징역 또는 500만원 이상 7천만원 이하의 벌금에 처한다.(2014.2.13 본항개정)

제232조【후보자에 대한 매수 및 이해유도죄】 ① 다음 각 호의 1에 해당하는 자는 7년 이하의 징역 또는 500만원 이상 5천만원 이하의 벌금에 처한다.(2014.2.13 본문개정)
1. 후보자가 되지 아니하게 하거나 후보자가 된 것을 사퇴하게 할 목적으로 후보자가 되고자 하는 자나 후보자에게 제230조(매수 및 이해유도죄)제1항제1호에 규정된 행위를 한 자 또는 그 이익이나 직의 제공을 받거나 제공의 의사표시를 승낙한 자

2. 후보자가 되고자 하는 것을 중지하거나 후보자를 사퇴한 데 대한 대가를 목적으로 후보자가 되고자 하였던 자나 후보자이었던 자에게 제230조제1항제1호에 규정된 행위를 한 자 또는 그 이익이나 직의 제공을 받거나 제공의 의사표시를 승낙한 자

② 제1항 각호의 1에 규정된 행위에 관하여 지시·권유·요구하거나 알선한 자는 10년 이하의 징역 또는 500만원 이상 7천만원 이하의 벌금에 처한다.(2014.2.13 본항개정)

③ 선거관리위원회의 위원·직원 또는 선거사무에 관계있는 공무원이나 경찰공무원(사법경찰관리 및 군사법경찰관리를 포함한다)이 당해 선거에 관하여 제1항 각호의 1 또는 제2항에 규정된 행위를 한 때에는 10년이하의 징역에 처한다.

제233조【당선인에 대한 매수 및 이해유도죄】 ① 다음 각호의 1에 해당하는 자는 1년이상 10년이하의 징역에 처한다.

1. 당선을 사퇴하게 할 목적으로 당선인에 대하여 금전·물품·차마·향응 기타 재산상의 이익 또는 공사의 직을 제공하거나 그 제공의 의사를 표시하거나 그 제공을 약속한 자(2000.2.16 본호개정)
2. 제1호에 규정된 이익 또는 직의 제공을 받거나 그 제공의 의사표시를 승낙한 자

② 제1항 각호의 1에 규정된 행위에 관하여 지시·권유·요구하거나 알선한 자는 1년이상 10년이하의 징역에 처한다.

제234조【당선무효유도죄】 제263조(선거비용의 초과지출로 인한 당선무효) 또는 제265조(선거사무장 등의 선거범죄로 인한 당선무효)에 해당되어 후보자의 당선을 무효로 되게 할 목적으로 제263조 또는 제265조에 규정된 자를 유도 또는 도발하여 그 자로 하여금 제230조(매수 및 이해유도죄)제1항 내지 제5항·제231조(재산상의 이익목적의 매수 및 이해유도죄) 내지 제233조(당선인에 대한 매수 및 이해유도죄)·제257조(기부행위의 금지제한등 위반죄)제1항 또는 제258조(선거비용부정지출등 죄)제1항에 규정된 행위를 하게 한 자는 1년이상 10년이하의 징역에 처한다.(2005.8.4 본조개정)

제235조【방송·신문등의 불법이용을 위한 매수죄】 ① 제97조(방송·신문의 불법이용을 위한 행위등의 제한)제1항·제3항의 규정에 위반한 자는 5년이하의 징역 또는 1천만원이하의 벌금에 처한다.

② 제97조제2항의 규정에 위반한 자는 7년이하의 징역 또는 2천만원이하의 벌금에 처한다.

제236조【매수와 이해유도죄로 인한 이익의 몰수】 제230조(매수 및 이해유도죄) 내지 제235조(방송·신문등의 불법이용을 위한 매수죄)의 죄를 범한 자가 받은 이익은 이를 몰수한다. 다만, 그 전부 또는 일부를 몰수할 수 없는 때에는 그 가액을 추징한다.

제237조【선거의 자유방해죄】 ① 선거에 관하여 다음 각호의 어느 하나에 해당하는 자는 10년이하의 징역 또는 500만원이상 3천만원이하의 벌금에 처한다.(2010.1.25 본문개정)

1. 선거인·후보자·후보자가 되고자 하는 자·선거사무장·선거연락소장·선거사무원·활동보조인·회계책임자·연설원 또는 당선인을 폭행·협박 또는 유인하거나 불법으로 체포·감금하거나 이 법에 의한 선거운동용 물품을 탈취한 자(2010.1.25 본호개정)
2. 집회·연설 또는 교통을 방해하거나 위계·사술 기타 부정한 방법으로 선거의 자유를 방해한 자
3. 업무·고용 기타의 관계로 인하여 자기의 보호·지휘·감독하에 있는 자에게 특정 정당이나 후보자를 지지·추천하거나 반대하도록 강요한 자

② 검사 또는 경찰공무원(사법경찰관리를 포함한다)이 제1항 각호의 1에 규정된 행위를 하거나 하게 한 때에는 1년 이상 10년 이하의 징역과 5년 이하의 자격정지에 처한다.

③ 이 법에 규정된 연설·대담장소 또는 대담·토론회장에서 위험한 물건을 던지거나 후보자 또는 연설원을 폭행한 자는 다음 각호의 구분에 따라 처벌한다.(2004.3.12 본문개정)

1. 주모자는 5년 이상의 유기징역
2. 다른 사람을 지휘하거나 다른 사람에 앞장서서 행동한 자는 3년 이상의 유기징역
3. 부화하여 행동한 자는 7년 이하의 징역

④ 제1항 내지 제3항의 죄를 범한 경우에 그 범행에 사용하기 위하여 지닌 물건은 이를 몰수한다.

⑤ 당내경선과 관련하여 다음 각 호의 어느 하나에 해당하는 자는 5년 이하의 징역 또는 1천만원 이하의 벌금에 처한다.

1. 경선후보자(경선후보자가 되고자 하는 자를 포함한다) 또는 후보자로 선출된 자를 폭행·협박 또는 유인하거나 체포·감금한 자
2. 경선운동 또는 교통을 방해하거나 위계·사술 그 밖의 부정한 방법으로 당내경선의 자유를 방해한 자
3. 업무·고용 그 밖의 관계로 인하여 자기의 보호·지휘·감독을 받는 자에게 특정 경선후보자를 지지·추천하거나 반대하도록 강요한 자

(2005.8.4 본항신설)

⑥ 당내경선과 관련하여 다수인이 경선운동을 위한 시설·장소 등에서 위험한 물건을 던지거나 경선후보자를 폭행한 자는 다음 각 호의 구분에 따라 처벌한다.

1. 주모자는 3년 이상의 유기징역
2. 다른 사람을 지휘하거나 다른 사람에 앞장서서 행동한 자는 7년 이하의 징역
3. 다른 사람의 의견에 동조하여 행동한 자는 2년 이하의 징역

(2005.8.4 본항신설)

제238조【군인에 의한 선거자유방해죄】 군인(군수사기관 소속 군무원을 포함한다)이 제237조(선거의 자유방해죄)제1항 각호의 1에 규정된 행위를 하거나, 특정한 후보자를 당선되게 하거나 되지 못하게 하기 위하여 그 영향하에 있는 군인 또는 군무원의 선거권행사를 폭행·협박 또는 그 밖의 방법으로 방해하거나 하게 한 때에는 1년 이상 10년 이하의 징역과 5년 이하의 자격정지에 처한다.

제239조【직권남용에 의한 선거의 자유방해죄】 선거에 관하여 선거관리위원회의 위원·직원, 선거사무에 종사하는 공무원 또는 선거인명부(재외선거인명부등을 포함한다. 이하 이 장에서 같다)작성에 관계있는 자나 경찰공무원(사법경찰관리 및 군사법경찰관리를 포함한다)이 직권을 남용하여 다음 각 호의 어느 하나에 해당하는 행위를 하거나 하게 한 때에는 7년 이하의 징역에 처한다.(2009.2.12 본문개정)

1. 선거인명부의 열람을 방해하거나 그 열람에 관한 직무를 유기한 때(2005.8.4 본호개정)
2. 정당한 사유없이 후보자를 미행하거나 그 주택·선거사무소 또는 선거연락소에 승낙없이 들어가거나 퇴거요구에 불응한 때

제239조의2【선장 등에 의한 선거자유방해죄 등】 ① 선장 또는 입회인이 다음 각 호의 어느 하나에 해당하는 행위를 하거나 하게 한 때에는 1년 이상 10년 이하의 징역에 처한다.

1. 선상투표신고 또는 선상투표를 하지 못하게 하거나 선상투표용지에의 서명을 거부하는 등 투표를 방해하는 행위(2014.1.17 본호개정)
2. 다른 사람의 선상투표용지를 이용하여 선상투표를 하는 행위
3. 선상투표자에게 특정 정당이나 후보자를 지지·추천하거나 반대하도록 강요하는 등 부정한 방법으로 선거의 자유를 방해하는 행위
4. 선상투표소에서 특정 정당이나 후보자에게 투표하도록 권유하는 등 투표에 영향을 미치는 행위

② 선장이 다음 각 호의 어느 하나에 해당하는 행위를 한 때에는 10년 이하의 징역 또는 500만원 이상 3천만원 이하의 벌금에 처한다.

1. 제158조의3제1항을 위반하여 선상투표의 일시와 장소를 선상투표자에게 알리지 아니하는 행위

2. 제158조의3제1항을 위반하여 선상투표소를 설치하지 아니하거나 같은 조 제2항을 위반하여 선상투표소를 설비하는 행위
3. 제158조의3제3항을 위반하여 입회인을 입회시키지 아니하는 행위
4. 제158조의3제7항에 따른 선상투표지 봉투와 선상투표용지 봉투를 보관하지 아니하는 행위
5. 제158조의3제8항을 위반하여 선상투표관리기록부를 작성·전송하지 아니하거나 선상투표관리기록부와 제158조의3제7항에 따른 선상투표지 봉투와 선상투표용지 봉투를 제출하지 아니하는 행위

(2014.1.17 1호~5호개정)
(2012.2.29 본조신설)

제240조【벽보, 그 밖의 선전시설 등에 대한 방해죄】 ① 정당한 사유없이 이 법에 의한 벽보·현수막 기타 선전시설의 작성·게시·첩부 또는 설치를 방해하거나 이를 훼손·철거한 자는 2년 이하의 징역 또는 400만원 이하의 벌금에 처한다.
② 선거관리위원회의 위원·직원 또는 선거사무에 관계있는 공무원이나 경찰공무원(사법경찰관리 및 군사법경찰관리를 포함한다)이 제1항에 규정된 행위를 하거나 하게 한 때에는 3년 이하의 징역 또는 600만원 이하의 벌금에 처한다.
③ 선거관리위원회의 위원·직원 또는 선거사무에 종사하는 자가 제64조의 선거벽보·제65조의 선거공보(같은 조 제9항의 후보자정보공개자료를 포함한다) 또는 제153조의 투표안내문(점자형 투표안내문을 포함한다)을 부정하게 작성·첩부·발송하거나 정당한 사유없이 이에 관한 직무를 행하지 아니한 때에는 3년 이하의 징역 또는 600만원 이하의 벌금에 처한다.(2014.1.17 본항개정)
(2011.7.28 본조제목개정)

제241조【투표의 비밀침해죄】 ① 제167조(제218조의17제9항에서 준용하는 경우를 포함한다)를 위반하여 투표의 비밀을 침해하거나 선거일의 투표마감시각 종료 이전에 선거인에 대하여 그 투표하고자 하는 정당이나 후보자 또는 투표한 정당이나 후보자의 표시를 요구한 자와 투표결과를 예상하기 위하여 투표소로부터 50미터 이내에서 질문하거나 투표마감시각 전에 그 경위와 결과를 공표한 자는 3년 이하의 징역 또는 600만원 이하의 벌금에 처한다.(2015.12.24 본항개정)
② 선거관리위원회의 위원·직원, 선거사무에 관계있는 공무원, 검사, 경찰공무원(사법경찰관리를 포함한다) 또는 군인(군수사기관소속 군무원을 포함한다)이 제1항에 규정된 행위를 하거나 하게 한 때에는 5년 이하의 징역에 처한다.
(2011.7.28 본조제목개정)

제242조【투표·개표의 간섭 및 방해죄】 ① 다음 각 호의 어느 하나에 해당하는 사람은 3년 이하의 징역에 처한다.
1. 투표를 방해하기 위하여 이 법에서 규정한 투표에 필요한 신분증명서를 맡기게 하거나 이를 인수한 사람 또는 투표소(재외투표소·사전투표소 및 선상투표소를 포함한다. 이하 이 장에서 같다)나 개표소에서 정당한 사유 없이 투표나 개표에 간섭한 사람 또는 투표소에서 특정 정당이나 후보자에게 투표를 권유하거나 투표를 공개하는 등 투표 또는 개표에 영향을 미치는 행위를 한 사람(2014.1.17 본호개정)
2. 정당한 사유 없이 거소투표자의 투표를 간섭하거나 방해한 사람, 거소투표자의 투표를 공개하거나 하게 하는 등 거소투표에 영향을 미치는 행위를 한 사람

(2010.1.25 본항개정)
② 개표소에서 제181조(개표참관)의 규정에 의하여 개표참관인이 설치한 통신설비를 파괴 또는 훼손한 자는 5년이하의 징역에 처한다.
③ 검사·경찰공무원(사법경찰관리를 포함한다) 또는 군인(군수사기관소속 군무원을 포함한다)이 제1항에 규정된 행위를 하거나 하게 한 때에는 1년 이상 10년 이하의 징역에 처한다.
(2011.7.28 본조제목개정)

제242조의2【공무원의 재외선거사무 간섭죄】 ① 공무원이 선거에 있어서 특정 정당이나 후보자(후보자가 되고자 하는 자를 포함한다)에게 유리 또는 불리하게 할 목적으로 재외선거관리위원회 위원이나 공무원에게 재외선거사무 처리와 관련하여 부당한 영향력을 행사한 때에는 3년 이하의 징역 또는 600만원 이하의 벌금에 처한다.
② 자신의 지휘·감독하에 있는 공무원에게 제1항에 따른 행위를 한 때에는 1년 이상 5년 이하의 징역에 처한다.
(2012.1.17 본조신설)

제243조【투표함 등에 관한 죄】 ① 법령에 의하지 아니하고 투표함을 열거나 투표함(빈 투표함을 포함한다)이나 투표함안의 투표지를 취거·파괴·훼손·은닉 또는 탈취한 자는 1년 이상 10년 이하의 징역에 처한다.
② 검사·경찰공무원(사법경찰관리를 포함한다) 또는 군인(군수사기관소속 군무원을 포함한다)이 제1항에 규정된 행위를 하거나 하게 한 때에는 2년 이상 10년 이하의 징역에 처한다.

제244조【선거사무관리관계자나 시설 등에 대한 폭행·교란죄】 ① 선거관리위원회의 위원·직원, 공정선거지원단원·사이버공정선거지원단원, 투표사무원·사전투표사무원·개표사무원, 참관인 기타 선거사무에 종사하는 자를 폭행·협박·유인 또는 불법으로 체포·감금하거나, 폭행이나 협박을 가하여 투표소·개표소 또는 선거관리위원회 사무소(재외선거사무를 수행하는 공관과 그 분관 및 출장소의 사무소를 포함한다. 이하 제245조제1항에서 같다)를 소요·교란하거나, 투표용지·투표지·투표보조용구·전산조직 등 선거관리 및 단속사무와 관련한 시설·설비·장비·서류·인장 또는 선거인명부(거소·선상투표신고인명부를 포함한다)를 은닉·손괴·훼손 또는 탈취한 자는 1년 이상 10년 이하의 징역 또는 500만원 이상 3천만원 이하의 벌금에 처한다.(2018.4.6 본항개정)
② 제57조의4(당내경선사무의 위탁)의 규정에 따라 위탁한 당내경선에 있어 제1항에 규정된 행위를 한 자는 10년 이하의 징역 또는 2천만원 이하의 벌금에 처한다.(2005.8.4 본항신설)

판례 공직선거법 제244조 제1항에 정한 '단속사무와 관련한 장비의 탈취'의 의미 : 공직선거법 제244조 제1항 소정의 '단속사무와 관련한 장비'라 함은 선거부정감시단원 등이 불법 선거운동의 단속사무에 사용하기 위하여 소지하고 있는 물건을 뜻하고, 그 장비를 '탈취'한다고 함은 유형력을 행사하여 그 소지자의 의사에 반하여 그 장비를 자신의 지배 아래로 옮기는 행위를 뜻하며, 단속사무와 관련한 장비임을 알면서 이를 탈취하면 위 조항 소정의 죄가 성립하는 것이고, 단속사무와 관련한 장비의 탈취 당시 그 소지자가 단속업무를 수행 중인 상태에 있거나 탈취자에게 단속사무를 방해할 의사가 있어야만 위 죄가 성립하는 것은 아니다.(대판 2007.1.25, 2006도8588)

제245조【투표소 등에서의 무기휴대죄】 ① 무기·흉기·폭발물, 그 밖에 사람을 살상할 수 있는 물건을 지니고 투표소(제149조제3항 및 제4항에 따른 기표소가 설치된 장소를 포함한다)·개표소 또는 선거관리위원회 사무소에 함부로 들어간 자는 7년 이하의 징역에 처한다.(2014.1.17 본항개정)
② 정당한 사유없이 제1항에 규정된 물건을 지니고 이 법에 규정된 연설·대담장소 또는 대담·토론회장에 들어간 자는 3년 이하의 징역 또는 600만원 이하의 벌금에 처한다.
(2004.3.12 본항개정)
③ 제1항 또는 제2항의 죄를 범한 경우에는 그 지닌 무기 등 사람을 살상할 수 있는 물건은 이를 몰수한다.

제246조【다수인의 선거방해죄】 ① 다수인이 집합하여 제243조(투표함 등에 관한 죄) 내지 제245조(투표소 등에서의 무기휴대죄)에 규정된 행위를 한 때에는 다음 각호의 구분에 따라 처벌한다.
1. 주모자는 3년 이상의 유기징역
2. 다른 사람을 지휘하거나 다른 사람에 앞장서서 행동한 자는 2년 이상 10년 이하의 징역

3. 부화하여 행동한 자는 5년 이하의 징역
② 제243조 내지 제245조에 규정된 행위를 할 목적으로 집합한 다수인이 관계공무원으로부터 3회 이상의 해산명령을 받았음에도 불구하고 해산하지 아니한 때에는 그 주도적 행위자는 5년 이하의 징역에 처하고, 기타의 자는 1년 이하의 징역 또는 200만원 이하의 벌금에 처한다.

제247조【사위등재 · 허위날인죄】 ① 사위(詐僞)의 방법으로 선거인명부(거소 · 선상투표신고인명부를 포함한다. 이하 이 조에서 같다)에 오르게 한 자, 거짓으로 거소투표신고 · 선상투표신고 또는 국외부재자신고를 하거나 재외선거인 등록신청 또는 변경등록신청을 한 자, 특정한 선거구에서 투표할 목적으로 선거인명부작성기준일 전 180일부터 선거인명부작성만료일까지 주민등록에 관한 허위의 신고를 한 자 또는 제157조제1항의 경우에 있어서 허위의 서명이나 날인 또는 무인을 한 자는 3년 이하의 징역 또는 500만원 이하의 벌금에 처한다.(2015.12.24 본항개정)
② 선거관리위원회의 위원 · 직원, 선거사무에 종사하는 공무원 또는 선거인명부작성에 관계있는 자가 선거인명부에 고의로 선거권자를 기재하지 아니하거나 허위의 사실을 기재하거나 하게 한 때에는 5년 이하의 징역 또는 1천만원 이하의 벌금에 처한다.
(2011.7.28 본조제목개정)

제248조【사위투표죄】 ① 성명을 사칭하거나 신분증명서를 위조 · 변조하여 사용하거나 기타 사위의 방법으로 투표하거나 하게 하거나 또는 투표를 하려고 한 자는 5년 이하의 징역 또는 1천만원 이하의 벌금에 처한다.
② 선거관리위원회의 위원 · 직원 또는 선거사무에 관계있는 공무원(투표사무원 · 사전투표사무원 및 개표사무원을 포함한다)이 제1항에 규정된 행위를 하거나 하게 한 때에는 7년 이하의 징역에 처한다.(2014.1.17 본항개정)

제249조【투표위조 또는 증감죄】 ① 투표를 위조하거나 그 수를 증감한 자는 1년 이상 7년 이하의 징역에 처한다.
② 선거관리위원회의 위원 · 직원 또는 선거사무에 관계있는 공무원(투표사무원 · 사전투표사무원 및 개표사무원을 포함한다)이나 종사원이 제1항에 규정된 행위를 한 때에는 3년 이상 10년 이하의 징역에 처한다.(2014.1.17 본항개정)

제250조【허위사실공표죄】 ① 당선되거나 되게 할 목적으로 연설 · 방송 · 신문 · 통신 · 잡지 · 벽보 · 선전문서 기타의 방법으로 후보자(후보자가 되고자 하는 자를 포함한다. 이하 이 조에서 같다)에게 유리하도록 후보자, 후보자의 배우자 또는 직계존비속이나 형제자매의 출생지 · 가족관계 · 신분 · 직업 · 경력등 · 재산 · 행위 · 소속단체, 특정인 또는 특정단체로부터의 지지여부 등에 관하여 허위의 사실〔학력을 게재하는 경우 제64조제1항의 규정에 의한 방법으로 게재하지 아니한 경우를 포함한다〕을 공표하거나 공표하게 한 자와 허위의 사실을 게재한 선전문서를 배포할 목적으로 소지한 자는 5년 이하의 징역 또는 3천만원 이하의 벌금에 처한다.(2015.12.24 본항개정)
② 당선되지 못하게 할 목적으로 연설 · 방송 · 신문 · 통신 · 잡지 · 벽보 · 선전문서 기타의 방법으로 후보자에게 불리하도록 후보자, 그의 배우자 또는 직계존 · 비속이나 형제자매에 관하여 허위의 사실을 공표하거나 공표하게 한 자와 허위의 사실을 게재한 선전문서를 배포할 목적으로 소지한 자는 7년 이하의 징역 또는 500만원 이상 3천만원 이하의 벌금에 처한다.
③ 당내경선과 관련하여 제1항(제64조제1항의 규정에 따른 방법으로 학력을 게재하지 아니한 경우를 제외한다)에 규정된 행위를 한 자는 3년 이하의 징역 또는 6백만원 이하의 벌금에, 제2항에 규정된 행위를 한 자는 5년 이하의 징역 또는 1천만원 이하의 벌금에 처한다. 이 경우 "후보자" 또는 "후보자(후보자가 되고자 하는 자를 포함한다)"는 "경선후보자"로 본다.(2005.8.4 본항신설)
④ 제82조의8제2항을 위반하여 중앙선거관리위원회규칙으로 정하는 사항을 딥페이크영상등에 표시하지 아니하고 제1항에 규정된 행위를 한 자는 5년 이하의 징역 또는 5천만원 이하의 벌금에, 제2항에 규정된 행위를 한 자는 7년 이하의 징역 또는 1천만원 이상 5천만원 이하의 벌금에 처한다.
(2023.12.28 본항신설)
(2015.12.24 본조제목개정)
(1997.1.13 본조개정)

판례 '허위의 사실'은 진실에 부합하지 않은 사항으로서, 선거인으로 하여금 후보자에 대한 정확한 판단을 그르치게 할 수 있을 정도로 구체성을 가진 것이면 충분하다. 하지만, 공표된 사실의 내용 전체의 취지를 살펴볼 때 중요한 부분이 객관적 사실과 합치되는 경우에는 세부에 있어서 진실과 약간 차이가 나거나 다소 과장된 표현이 있다 하더라도 이를 허위의 사실이라고 볼 수는 없다.
(대판 2009.3.12, 2009도26)

판례 공직선거법 제250조 제2항에서 말하는 '후보자에 관한 사실'중에는 직접 후보자 본인에 관한 사실뿐 아니라 후보자의 소속 정당이나 그 정당의 소속 인사에 관한 사항 등과 같은 간접사실이라도 후보자와 직접적으로 관련된 사실이고 그 공표가 후보자의 당선을 방해하는 성질을 가진 것인 경우에는 후보자에 관한 사실에 해당한다고 할 것이지만, 공표된 사실이 후보자와 직접적인 관련이 없어 후보자의 선거에 관한 신용을 실추시키거나 이에 영향을 미치는 것이 아닌 경우에는 후보자에 관한 사실에 포함되지 아니한다.
(대판 2007.3.15, 2006도8368)

판례 [1] 공직선거법 제250조 제1항에서 '허위의 사실'이라 함은 진실에 부합하지 않은 사항으로서 선거인으로 하여금 후보자에 대한 정확한 판단을 그르치게 할 수 있을 정도로 구체성을 가진 것이면 충분하다.
[2] 공직선거법 제250조 제1항의 규정 취지가 선거인의 공정한 판단에 영향을 미치는 허위사실을 공표하는 행위 등을 처벌함으로써 선거운동의 자유를 해치지 않으면서 선거의 공정을 보장하기 위함에 있는 점에 비추어 볼 때, 비정규학력의 게재 자체를 금지함으로써 후보자의 선거운동의 자유, 표현의 자유, 공무담임권 등이 제한받는 효과가 발생하기는 하나, 이러한 제한효과와 민주절차의 중심이 되는 선거과정의 공정성을 확보한다는 공익과의 사이에 법익의 균형성이 인정되므로 과잉금지원칙에 위반되지 아니하는 것이다.
(대판 2007.2.23, 2006도8098)

판례 '허위의 사실'의 의미 : 동조 제1항에서 '허위의 사실'이라 함은 진실에 부합하지 않은 사항으로 선거인이 후보자에 대한 정확한 판단을 그르치게 할 수 있을 정도로 구체성을 가진 것이면 충분하다. (피고인이 선거운동기간 중 개최된 후보자초청토론회에서 대학원이 비정규학력과정으로 개설한 교육과정을 이수하고서도 대학원을 수료하였다고 말한 경우 허위사실의 공표에 해당한다고 한 사례)
(대판 2003.2.20, 2001도6138 전원합의체)

제251조【후보자비방죄】 당선되거나 되게 하거나 되지 못하게 할 목적으로 연설 · 방송 · 신문 · 통신 · 잡지 · 벽보 · 선전문서 기타의 방법으로 공연히 사실을 적시하여 후보자(후보자가 되고자 하는 자를 포함한다), 그의 배우자 또는 직계존 · 비속이나 형제자매를 비방한 자는 3년 이하의 징역 또는 500만원 이하의 벌금에 처한다. 다만, 진실한 사실로서 공공의 이익에 관한 때에는 처벌하지 아니한다.
<2024.6.27 헌법재판소 단순위헌결정으로 이 조 중 '후보자가 되고자 하는 자' 부분은 헌법에 위반>

판례 공직선거법상 후보자가 되고자 하는 자에 대한 비방금지 조항이 추구하는 공익은 후보자가 되고자 하는 자의 명예를 보호하고, 선거인들에게 올바른 정보를 제공하여 선거의 공정을 기하는 것이다. 그러나 선거의 공정이란 선거의 혼탁을 방지하는 것만을 의미하는 것이 아니라 공직후보자의 능력, 자질 및 도덕성 등 공직 적합성에 관한 정보가 공개되고 이에 근거하여 최선의 사람을 선출할 수 있도록 하는 것을 포함하는 개념이다. 이러한 측면에서 볼 때, 후보자가 되고자 하는 자에 대한 사실과 관련하여 그것이 허위인지 진실인지를 불문하고 그것을 '비방'이라는 이유로 정치적 표현의 자유를 지나치게 제한하게 되면 오히려 비방금지 조항이 추구하는 공익인 선거의 공정을 해하는 결과가 초래될 수 있다. 비방금지 조항이 없더라도 사실을 적시한 명예훼손은 형법 제307조제1항에 따라 처벌할 수 있고, 나아가 후보자가 되고자 하는 자는 자발적으로 공론의 장에 뛰어든 사람이므로, 자신에 대한 부정적인 표현을 어느 정도 감수하여야 한다. 이를 종합하면, 비방금지 조항은 과잉금지원칙에 위배되어 정치적 표현의 자유를 침해한다.(헌재결 2024.6.27, 2023헌바78)

판례 후보자비방죄에서 정한 '비방'이란 정당한 이유 없이 상대방을 깎아내리거나 헐뜯는 것을 의미한다. 한편, 위 조항 단서의 규정에 의하여 위법성이 조각되기 위하여서는 적시된 사실이 전체적으로 보아 진실에 부합하고, 그 내용과 성질에 비추어 객관적으로 볼 때 공공의 이익에 관한 것으로서 행위자도 공공의 이익을 위하여 그 사실을 적시한다는 동기를 가지고 있어야 하되, 반드시 공공의 이익이 사적 이익보다 우월한 동기에서 된 것이 아니더라도 양자가 동시에 존재하고 거기에 상당성이 인정되어야 한다.(대판 2009.6.25, 2009도1936)

판례 동조 단서의 '진실한 사실로서 공공의 이익에 관한 때'의 의미 : 후보자를 비방하는 행위라 하더라도 적시된 사실이 진실에 부합하고 공공의 이익에 관한 때에는 위법성이 조각되는 바, 여기서 '적시된 사실이 진실에 부합한다 함'은 그 내용 전체의 취지를 살펴볼 때 중요한 부분이 객관적 사실과 합치되면 족한 것이고 세부에 있어 약간의 차이가 있거나 다소 과장된 표현이 있더라도 무방하고, '공공의 이익에 관한 때라 함'은 반드시 공공의 이익이 사적 이익보다 우월한 동기가 된 것이 아니더라도 양자가 동시에 존재하고 거기에 상당성이 인정된다면 이에 해당한다.(대판 2002.4.9, 2000도4469)

판례 '사실의 적시'란 가치판단이나 평가를 내용으로 하는 의견표현에 대치하는 개념으로서 시간과 공간적으로 구체적인 과거 또는 현재의 사실관계에 관한 보고 내지 진술을 의미하는 것이며 그 표현내용이 증거에 의한 입증이 가능한 것을 말하고, 판단할 진술이 사실인가 또는 의견인가를 구별함에 있어서는 언어의 통상적 의미와 용법, 입증가능성, 문제된 말이 사용된 문맥, 그 표현이 행하여진 사회적 정황 등 전체적 정황을 고려하여 판단하여야 한다.
(대판 1996.11.22, 96도1741)

제252조【방송·신문 등 부정이용죄】 ① 제96조제2항을 위반한 자는 7년 이하의 징역 또는 500만원 이상 3천만원 이하의 벌금에 처한다.(2015.12.24 본항신설)

② 제96조제1항을 위반한 자는 5년 이하의 징역 또는 300만원 이상 2천만원 이하의 벌금에 처한다.(2015.12.24 본항신설)

③ 제82조의7제5항·제94조·제95조제1항·제98조 또는 제99조의 규정에 위반한 자는 3년 이하의 징역 또는 600만원 이하의 벌금에 처한다.(2015.12.24 본항개정)

④ 제71조(후보자 등의 방송연설)제12항〔제72조(방송시설주관 후보자연설의 방송)제4항, 제73조(경력방송)제4항, 제74조(방송시설주관 경력방송)제2항, 제81조(단체의 후보자등 초청 대담·토론회)제8항, 제82조(언론기관의 후보자 등 초청 대담·토론회)제4항, 제137조의2(정강·정책의 방송연설의 제한)제6항에서 준용하는 경우를 포함한다〕 및 제82조의2(선거방송토론위원회 주관 대담·토론회)제13항 후단〔제82조의3(선거방송토론위원회주관 정책토론회)제2항에서 준용하는 경우를 포함한다〕의 규정에 위반한 자는 2년 이하의 징역 또는 400만원 이하의 벌금에 처한다.
(2015.12.24 본조제목개정)
(2005.8.4 본조개정)

제253조【성명 등의 허위표시죄】 당선되거나 되게 하거나 되지 못하게 할 목적으로 진실에 반하는 성명·명칭 또는 신분의 표시를 하여 우편이나 전보 또는 전화 기타 전기통신의 방법에 의한 통신을 한 자는 3년 이하의 징역 또는 600만원 이하의 벌금에 처한다.

제254조【선거운동기간위반죄】 ① 선거일에 투표마감시각 전까지 이 법에 규정된 방법을 제외하고 선거운동을 한 자는 3년 이하의 징역 또는 600만원 이하의 벌금에 처한다.
(2017.2.8 본항개정)

② 선거운동기간 전에 이 법에 규정된 방법을 제외하고 선전시설물·용구 또는 각종 인쇄물, 방송·신문·뉴스통신·잡지, 그 밖의 간행물, 정견발표회·좌담회·토론회·향우회·동창회·반상회, 그 밖의 집회, 정보통신, 선거운동기구나 사조직의 설치, 호별방문, 그 밖의 방법으로 선거운동을 한 자는 2년 이하의 징역 또는 400만원 이하의 벌금에 처한다.(2010.1.25 본항개정)

<2022.2.24 헌법재판소 단순위헌결정으로 이 항 중 '그 밖의 방법'에 관한 부분 가운데 개별적으로 대면하여 말로 하는 선거운동을 한 자에 관한 부분은 헌법에 위반>

③ (2010.1.25 삭제)

판례 선거운동은 특정후보자의 당선 내지 득표나 낙선을 위하여 필요하고도 유리한 모든 행위로서 당선 또는 낙선을 도모한다는 목적의사가 객관적으로 인정될 수 있는 능동적·계획적인 행위를 말하는 것으로, 단순히 장래의 선거운동을 위한 내부적·절차적인 준비행위에 해당하는 선거운동의 준비행위나 통상적인 정당활동과는 구별되나, 구체적으로 어떠한 행위가 선거운동에 해당하는지 여부를 판단함에 있어서는 단순히 그 행위의 명목뿐만 아니라 그 행위의 태양, 즉 그 행위가 행하여지는 시기·장소·방법 등을 종합적으로 관찰하여 그것이 특정후보자의 당선 또는 낙선을 도모하는 목적의지를 수반하는 행위인지 여부를 판단하여야 한다.(대판 2007.3.15, 2006도8869)

제255조【부정선거운동죄】 ① 다음 각 호의 어느 하나에 해당하는 자는 3년 이하의 징역 또는 600만원 이하의 벌금에 처한다.(2005.8.4 본문개정)

1. 제57조의6제1항을 위반하여 당내경선에서 경선운동을 한 사람(2010.1.25 본호신설)
2. 제60조(선거운동을 할 수 없는 자)제1항의 규정에 위반하여 선거운동을 하거나 하게 한 자 또는 같은 조 제2항이나 제205조(선거운동기구의 설치 및 선거사무관계자의 선임에 관한 특례)제4항의 규정에 위반하여 선거사무장 등으로 되거나 되게 한 자

<2024.1.25 헌법재판소 단순위헌결정으로 이 조 중 제60조제1항제5호의 '제53조제1항제6호 가운데 지방공사의 상근직원'에 관한 부분은 헌법에 위반>

3. 제61조(선거운동기구의 설치)제1항의 규정에 위반하여 선거운동기구를 설치하거나 이를 설치하여 선거운동을 한 자
4. 제62조제1항부터 제4항까지의 규정을 위반하여 선거사무장·선거연락소장·선거사무원 또는 활동보조인을 선임한 자(2010.1.25 본호개정)
5. 제68조제2항 또는 제3항(소품등의 규격을 말한다)을 위반하여 소품등을 사용한 선거운동을 한 사람(2023.8.30 본호개정)
6. 제80조(연설금지장소)의 규정에 위반하여 선거운동을 위한 연설·대담을 한 자(2004.3.12 본호개정)
7. 제81조(단체의 후보자 등 초청 대담·토론회)제1항의 규정에 위반하여 후보자 등 초청 대담·토론회를 개최한 자(2000.2.16 본호개정)
8. 제81조제7항〔제82조(언론기관의 후보자 등 초청 대담·토론회)제4항에서 준용하는 경우를 포함한다〕의 규정에 위반하여 대담·토론회를 개최한 자(2004.3.12 본호개정)
9. 제85조제3항 또는 제4항에 위반한 행위를 하거나 하게 한 자(2014.2.13 본호개정)
10. 제86조제1항제1호부터 제3호까지·제2항 또는 제5항을 위반한 사람 또는 같은 조 제6항을 위반한 행위를 한 사람(2010.1.25 본호개정)
11. 제87조(단체의 선거운동금지)제1항의 규정을 위반하여 선거운동을 하거나 하게 한 자 또는 동조제2항의 규정을 위반하여 사조직 기타 단체를 설립·설치하거나 하게 한 자(2004.3.12 본호개정)
12. 제88조(타후보자를 위한 선거운동금지) 본문의 규정에 위반하여 다른 정당이나 후보자를 위한 선거운동을 한 자
13. 제89조(유사기관의 설치금지)제1항 본문의 규정에 위반하여 유사기관을 설립·설치하거나 기존의 기관·단체·조직 또는 시설을 이용한 자(1997.11.14 본호개정)
14. (2004.3.12 삭제)
15. 제92조(영화 등을 이용한 선거운동금지)의 규정에 위반하여 저술·연예·연극·영화나 사진을 배부·공연·상연·상영 또는 게시하거나 하게 한 자
16. 제105조(행렬 등의 금지)제1항의 규정에 위반하여 무리를 지어 거리행진·인사 또는 연달아 소리 지르는 행위를 한 사람(2010.1.25 본호개정)
17. 제106조(호별방문의 제한)제1항 또는 제3항의 규정에 위반하여 호별로 방문하거나 하게 한 자(1995.12.30 본호개정)
18. 제107조(서명·날인운동의 금지)의 규정에 위반하여 서명이나 날인을 받거나 받게 한 자
19. 제109조제1항 또는 제2항을 위반하여 서신·전보·모사전송·전화 그 밖에 전기통신의 방법을 이용하여 선거운동을 하거나 하게 한 자나 같은 조 제3항을 위반하여 협박하거나 하게 한 자(2010.1.25 본호개정)
20. 제218조의14제1항·제6항 또는 제7항을 위반하여 재외선거권자를 대상으로 선거운동을 한 자(2010.1.25 본호개정)

② 다음 각 호의 어느 하나에 해당하는 자는 2년 이하의 징역 또는 400만원 이하의 벌금에 처한다.(2005.8.4 본문개정)
1. 제60조의3제1항제4호 후단을 위반하여 예비후보자홍보물을 작성한 자(2008.2.29 본호신설)
1의2. 대통령선거 및 지방자치단체의 장선거의 예비후보자가 아닌 자로서 제60조의4제1항의 예비후보자공약집을 발간·배부한 자, 같은 항을 위반하여 1종을 넘어 예비후보자공약집을 발간·배부한 자, 같은 항을 위반하여 예비후보자공약집을 통상적인 방법으로 판매하지 아니하거나 방문판매의 방법으로 판매한 자, 같은 조 제2항을 위반하여 예비후보자공약집을 발간·배부한 자(2008.2.29 본호신설)
1의3. 제64조제1항·제9항, 제65조제1항·제2항, 제66조제1항부터 제5항까지를 위반하여 선거벽보·선거공보 또는 선거공약서를 선거운동을 위하여 작성·사용하거나 하게 한 자(2010.1.25 본호개정)
2. (2010.1.25 삭제)
3. 제57조의3(당내경선운동)제1항의 규정을 위반하여 경선운동을 한 자(2005.8.4 본호신설)
4. 제91조(확성장치와 자동차 등의 사용제한)제1항·제3항 또는 제216조(4개 이상 선거의 동시실시에 관한 특례)제1항 전단의 규정에 위반하여 확성장치나 자동차를 사용하여 선거운동을 하거나 하게 한 자(2022.1.18 본호개정)
5. 제93조(탈법방법에 의한 문서·도화의 배부·게시등 금지)제1항의 규정에 위반하여 문서·도화 등을 배부·첩부·살포·게시·상영하거나 하게 한 자, 같은 조 제2항의 규정에 위반하여 광고 또는 출연을 하거나 하게 한 자 또는 제3항의 규정에 위반하여 신분증명서·문서 기타 인쇄물을 발급·배부 또는 징구하거나 하게 한 자(1998.4.30 본호개정)
6. 제100조(녹음기 등의 사용금지)의 규정에 위반하여 녹음기 또는 녹화기를 사용하여 선거운동을 하거나 하게 한 자
7. (1995.12.30 삭제)
8. 제271조의2(선거에 관한 광고의 제한)제1항의 규정에 의한 광고중지요청에 불응하여 광고를 하거나 광고게재를 의뢰한 자(1998.4.30 본호신설)
③ 다음 각 호의 어느 하나에 해당하는 사람은 5년 이하의 징역에 처한다.
1. 제57조의6제2항을 위반하여 경선운동을 한 사람
2. 제85조제2항을 위반하여 선거운동을 한 사람(2014.2.13 본호개정)
(2010.1.25 본항개정)
④ 제82조의5(선거운동정보의 전송제한)제1항의 규정을 위반하여 선거운동정보를 전송한 자, 동조제2항의 규정을 위반하여 선거운동정보에 해당하는 사실 등을 선거운동정보에 명시하지 아니하거나 허위로 명시한 자, 동조제4항의 규정을 위반하여 기술적 조치를 한 자, 동조제5항의 규정을 위반하여 비용을 수신자에게 부담하도록 한 자, 동조제6항의 규정을 위반하여 선거운동정보를 전송한 자는 1년 이하의 징역 또는 100만원 이하의 벌금에 처한다.(2012.1.17 본항개정)
⑤ 제82조의8제1항을 위반한 자는 7년 이하의 징역 또는 1천만원 이상 5천만원 이하의 벌금에 처한다.(2023.12.28 본항신설)
⑥ 제85조제1항을 위반한 자는 5년 이하의 징역 또는 2천만원 이하의 벌금에 처한다.(2017.2.8 본항개정)

제256조【각종제한규정위반죄】 ① 다음 각 호의 어느 하나에 해당하는 자는 3년 이하의 징역 또는 600만원 이하의 벌금에 처한다.
1. 제57조의8제7항제3호(제108조의2제5항에서 준용하는 경우를 포함한다)를 위반하여 이용자의 정보를 제공한 자, 같은 항 제4호(제108조의2제5항에서 준용하는 경우를 포함한다)를 위반하여 해당 정당 또는 선거여론조사기관 외의 자에게 휴대전화 가상번호를 제공한 자, 같은 항 제5호(제108조의2제5항에서 준용하는 경우를 포함한다)를 위반하여 명시적으로 거부의사를 밝힌 이용자의 휴대전화 가상번호를 제공한 자 또는 같은 항 제6호(제108조의2제5항에서 준용하는 경우를 포함한다)를 위반하여 휴대전화 가상번호를 생성하여 제공한 자(2017.2.8 본호개정)
2. 제57조의8제9항제1호(제108조의2제5항에서 준용하는 경우를 포함한다)를 위반하여 휴대전화 가상번호를 제57조의8제1항에 따른 여론조사·여론수렴 또는 제108조의2제1항에 따른 여론조사가 아닌 목적으로 사용하거나 제57조의8제9항제2호(제108조의2제5항에서 준용하는 경우를 포함한다)를 위반하여 다른 자에게 제공한 자(2017.2.8 본호개정)
3. 제57조의8제10항(제108조의2제5항에서 준용하는 경우를 포함한다)을 위반하여 유효기간이 지난 휴대전화 가상번호를 즉시 폐기하지 아니한 자(2017.2.8 본호개정)
4. 제103조제2항을 위반하여 모임을 개최한 자
5. 제108조제5항을 위반하여 여론조사를 한 자, 같은 조 제9항에 따른 요구를 받고 거짓의 자료를 제출한 자, 같은 조 제11항제1호를 위반하여 지시·권유·유도한 자, 같은 항 제2호를 위반하여 여론조사에 응답하거나 이를 지시·권유·유도한 자 또는 같은 조 제12항을 위반하여 선거에 관한 여론조사의 결과를 공표·보도한 자(2017.2.8 본호개정)
(2012.2.29 본항개정)
② 다음 각 호의 어느 하나에 해당하는 통보를 받고 지체 없이 이를 이행하지 아니한 자는 2년 이하의 징역 또는 1천500만원 이하의 벌금에 처한다.
1. 제8조의2제5항 및 제6항(제8조의3제6항에서 준용하는 경우를 포함한다)에 따른 제재조치 등
2. 제8조의3제3항제1호부터 제3호까지의 규정에 따른 제재조치(2017.2.8 본호개정)
3. 제8조의4제3항에 따른 반론보도의 결정
4. 제8조의6제1항 또는 제3항에 따른 조치 또는 같은 조 제6항에 따른 반론보도의 결정
(2014.2.13 본항신설)
③ 다음 각 호의 어느 하나에 해당하는 자는 2년 이하의 징역 또는 400만원 이하의 벌금에 처한다.(2005.8.4 본문개정)
1. 선거운동과 관련하여 다음 각 목의 어느 하나에 해당하는 자(2005.8.4 본문개정)
가. 제67조의 규정에 위반하여 현수막을 게시한 자 (2002.3.7 본목신설)
나. 제59조제2호 후단을 위반하여 후보자 또는 예비후보자가 아닌 자로서 자동 동보통신의 방법으로 문자메시지를 전송한 자, 같은 조 같은 호 후단을 위반하여 8회를 초과하여 자동 동보통신의 방법으로 문자메시지를 전송한 자, 같은 조 제3호 후단을 위반하여 후보자 또는 예비후보자가 아닌 자로서 전송대행업체에 위탁하여 전자우편을 전송한 자(2017.2.8 본목개정)
다. 제79조제10항에 따른 녹음기 또는 녹화기의 사용대수를 초과하여 사용한 사람(2015.8.13 본목개정)
라. 제84조를 위반하여 특정 정당으로부터의 지지 또는 추천받음을 표방한 자(2010.1.25 본목개정)
마. 제82조의4제4항에 따라 선거관리위원회로부터 2회 이상 요청을 받고 이행하지 아니한 자(2012.2.29 본목개정)
바. 제86조제1항제5호부터 제7호까지 또는 제7항을 위반한 행위를 한 사람(2010.1.25 본목개정)
사. 제89조(유사기관의 설치금지)제2항의 규정에 위반하여 선거에 영향을 미치는 행위 또는 선전행위를 하거나 하게 한 자
아. 제90조(시설물설치 등의 금지)의 규정에 위반하여 선전물을 설치·진열·게시·배부하거나 하게 한 자 또는 상징물을 제작·판매하거나 하게 한 자
자. 제101조(타연설회 등의 금지)의 규정에 위반하여 타연설회 등을 개최하거나 하게 한 자
차. 제102조제1항을 위반하여 연설·대담 또는 대담·토론회를 개최한 자(2012.1.17 본목개정)

카. 제103조(각종집회 등의 제한)제1항 및 제3항 내지 제5항의 규정에 위반하여 각종집회 등을 개최하거나 하게 한 자(2023.8.30 본목개정)
타. 제104조(연설회장에서의 소란행위 등의 금지)의 규정에 위반하여 연설·대담장소 등에서 질서를 문란하게 하거나 횃불을 사용하거나 하게 한 자(2004.3.12 본목개정)
파. 제108조제1항을 위반하여 여론조사의 경위와 그 결과를 공표 또는 인용하여 보도한 자, 같은 조 제2항을 위반하여 여론조사를 한 자, 같은 조 제6항을 위반하여 여론조사와 관련 있는 자료일체를 해당 선거의 선거일 후 6개월까지 보관하지 아니한 자, 같은 조 제9항을 위반하여 정당한 사유 없이 여론조사와 관련된 자료를 제출하지 아니한 자 또는 같은 조 제10항을 위반하여 여론조사를 한 자(2015.12.24 본목개정)
하. 제57조의8제7항제1호(제108조의2제5항에서 준용하는 경우를 포함한다)를 위반하여 휴대전화 가상번호에 유효기간을 설정하지 아니하고 제공하거나 휴대전화 가상번호를 제공하는 날부터 당내경선의 선거일까지의 기간, 여론수렴 기간 또는 여론조사 기간을 초과하는 유효기간을 설정하여 제공한 자 또는 같은 항 제2호(제108조의2제5항에서 준용하는 경우를 포함한다)를 위반하여 요청받은 휴대전화 가상번호 수를 초과하여 휴대전화 가상번호를 제공한 자(2017.2.8 본목개정)
거. 제108조의3을 위반하여 비교평가를 하거나 그 결과를 공표한 자 또는 비교평가와 관련있는 자료 일체를 해당 선거의 선거일 후 6개월까지 보관하지 아니한 자(2017.2.8 본목개정)
너. 제111조(의정활동 보고)제1항 단서의 규정에 위반하여 선거일전 90일부터 선거일까지 의정활동을 보고한 자(2004.3.12 본목개정)
2. 선거질서와 관련하여 다음 각 목의 어느 하나에 해당하는 자(2005.8.4 본문개정)
가. 제39조제8항(제218조의9제3항에서 준용하는 경우를 포함한다)의 규정에 위반하여 선거인명부작성사무를 방해하거나 영향을 주는 행위를 한 자(2009.2.12 본목개정)
나. 제44조의2제5항을 위반하여 선거인명부를 열람·사용 또는 유출한 자(2014.1.17 본목신설)
다. 제46조(명부사본의 교부)제4항[제60조의3(예비후보자 등의 선거운동)제5항 및 제111조(의정활동 보고)제4항에서 준용하는 경우를 포함한다]의 규정을 위반하여 선거인명부 및 거소·선상투표신고인명부(전산자료복사본을 포함한다)의 사본이나 세대주명단을 다른 사람에게 양도·대여 또는 재산상의 이익 기타 영리를 목적으로 사용하거나 하게 한 자(2014.1.17 본목개정)
라. 제161조제7항(제162조제5항에서 준용하는 경우를 포함한다) 또는 제181조제11항을 위반하여 참관인이 되거나 되게 한 자(2025.1.7 본목개정)
마. 제163조(제218조의17제9항에서 준용하는 경우를 포함한다)를 위반하여 투표소(제149조제3항 및 제4항에 따른 기표소가 설치된 장소를 포함한다)에 들어가거나, 표지를 하지 아니하거나, 표지 외의 표시물을 달거나 붙이거나, 표지를 양도·양여하거나 하게 한 자(2015.12.24 본목개정)
바. 제166조(제218조의17제9항에서 준용하는 경우를 포함한다)에 따른 명령에 불응한 자 또는 같은 규정을 위반한 표지를 하거나 하게 한 자(2015.12.24 본목개정)
사. 제166조의2제1항(제218조의17제9항에서 준용하는 경우를 포함한다)을 위반하여 투표지를 촬영한 사람(2015.12.24 본목개정)
아. 제183조(개표소의 출입제한과 질서유지)제1항의 규정에 위반하여 개표소에 들어간 자 또는 같은 조 제2항의 규정에 위반하여 표지를 하지 아니하거나 표지외의 표시물을 달거나 붙이거나 표지를 양도·양여하거나 하게 한 자
3. 이 법에 규정되지 아니한 방법으로 제58조의2 단서를 위반하여 투표참여를 권유하는 행위를 한 자(2014.5.14 본호신설)
4. 제262조의2(선거범죄신고자 등의 보호)제2항의 규정을 위반한 자(2004.3.12 본호신설)
④ 정당(당원협의회를 포함한다)이 다음 각 호의 어느 하나에 해당하는 행위를 한 때에는 해당 정당에 대하여는 1천만원 이하의 벌금에 처하고, 해당 정당의 대표자·간부 또는 소속 당원으로서 위반행위를 하거나 하게 한 자는 2년 이하의 징역 또는 400만원 이하의 벌금에 처한다.(2010.1.25 본문개정)
1. 제137조(정강·정책의 신문광고 등의 제한)의 규정에 위반하여 일간신문등에 광고를 한 자
2. 제137조의2(정강·정책의 방송연설의 제한)제1항 내지 제3항의 규정에 위반하여 정강·정책의 방송연설을 한 자
3. 제138조(정강·정책홍보물의 배부제한 등)의 규정(제4항을 제외한다)에 위반하여 정강·정책홍보물을 제작·배부한 자
3의2. 제138조의2(정책공약집의 배부제한 등)의 규정(제3항을 제외한다)을 위반하여 정책공약집을 발간·배부한 자(2007.1.3 본호신설)
4. 제139조(정당기관지의 발행·배부제한)의 규정(제3항을 제외한다)에 위반하여 정당기관지를 발행·배부한 자
5. 제140조(창당대회등의 개최와 고지의 제한)제1항 및 제2항의 규정에 위반하여 창당대회등을 개최한 자
6. 제141조(당원집회의 제한)제1항 및 제4항(철거하지 아니한 경우를 제외한다)의 규정에 위반하여 당원집회를 개최한 자(2004.3.12 본호개정)
7.~8. (2004.3.12 삭제)
9. 제144조(정당의 당원모집 등의 제한)제1항의 규정에 위반하여 당원을 모집하거나 입당원서를 배부한 자(2006.3.2 본호개정)
10. 제61조의2(정당선거사무소의 설치)제1항의 규정을 위반하여 정당선거사무소를 설치하거나, 동조제2항의 규정을 위반하여 소장 또는 유급사무직원을 둔 자(2004.3.12 본호신설)
(2000.2.16 본항개정)
⑤ 다음 각 호의 어느 하나에 해당하는 자는 1년 이하의 징역 또는 200만원 이하의 벌금에 처한다.(2005.8.4 본문개정)
1. 제48조제3항제1호를 위반하여 검인되지 아니한 추천장에 의하여 선거권자의 추천을 받거나 받게 한 사람, 같은 항 제2호를 위반하여 선거운동을 위하여 추천선거권자수의 상한수를 넘어 선거권자의 추천을 받거나 받게 한 사람, 같은 항 제3호를 위반하여 허위의 추천을 받거나 받게 한 사람(2018.4.6 본호개정)
2. 제61조(선거운동기구의 설치)제5항[제61조의2(정당선거사무소의 설치)제7항에서 준용하는 경우를 포함한다]의 규정에 위반하여 선거사무소나 선거연락소를 설치한 자(2004.3.12 본호개정)
2의2. 제61조(선거운동기구의 설치)제7항의 규정에 의하여 선거사무소의 폐쇄명령을 받고도 이를 이행하지 아니한 자(2004.3.12 본호신설)
3. 제62조제7항을 위반하여 선거사무장·선거연락소장 또는 선거사무원을 선임한 자 또는 같은 조 제8항을 위반하여 선거운동을 하는 자를 모집한 자(2010.1.25 본호개정)
4. 제63조(선거운동기구 및 선거사무관계자의 신고)제1항 후단의 규정에 위반하여 선거사무원수의 2배수를 넘어 두거나 두게 한 자(2000.2.16 본호개정)
5. 제64조제8항(제65조제13항 및 제66조제8항에서 준용하는 경우를 포함한다)을 위반하여 선거벽보·선거공보 또는 선거공약서의 수량을 넘게 인쇄하여 제공한 자(2020.12.29 본호개정)
6. 제69조제1항의 횟수에 관한 규정을 위반하지 아니하였으나 같은 조 제5항을 위반하여 광고한 사람(2010.1.25 본호개정)

7. (2010.1.25 삭제)
8. 제79조제1항 · 제3항부터 제5항까지 · 제6항(표지를 부착하지 아니한 경우는 제외한다) · 제7항을 위반하여 공개장소에서의 연설 · 대담을 한 자(2010.1.25 본호개정)
9. 제81조(단체의 후보자 등 초청 대담 · 토론회)제3항 또는 제4항의 규정에 위반하여 대담 · 토론회의 개최신고를 하지 아니하거나 표지를 게시 또는 첩부하지 아니한 자 (2000.2.16 본호개정)
10. 제102조제2항을 위반하여 녹음기 또는 녹화기를 사용한 자. 다만, 오후 9시부터 오후 11시까지의 사이에 소리를 출력하여 녹화기를 사용한 자는 제외한다.(2022.1.18 본호개정)
10의2. 제110조제2항을 위반하여 특정 지역 · 지역인 또는 성별을 공연히 비하 · 모욕한 자(2015.12.24 본호신설)
11. 제118조(선거일후 답례금지)의 규정에 위반한 자
12. 제272조의2제3항(제8조의8제11항에서 준용하는 경우를 포함한다)을 위반하여 출입을 방해하거나 자료제출요구에 응하지 아니한 자 또는 허위의 자료를 제출한 자(2017.2.8 본호개정)

(2015.8.13 본조제목개정)

판례 동조 제3항(구 제2항) 제1호 (아)목이 규정하는 '선전물'의 의미 : 동조항의 '선전물'이라 함은 동법 제90조에 규정된 광고물, 광고시설, 표찰 기타 표시물을 포함하는 개념으로서, 반드시 후보자의 성명이나 외모가 기재 · 묘사되거나 특징 등이 화체되어 있지 아니하더라도 선거운동에 있어 특정 후보자의 인지도를 상승시키거나 이미지를 고양시키기 위하여 사용되는 제반 시설물과 용구를 총칭하는 것으로 보아야 한다(대통령 선거에서 특정 후보자를 위하여 배부한 이른바 '희망돼지'라는 이름의 돼지저금통이 동조항의 '선전물' 또는 동법 제90조의 '광고물'에 해당한다고 한 사례).(대판 2004.4.23, 2004도1242)

제257조【기부행위의 금지제한 등 위반죄】 ① 다음 각호의 1에 해당하는 자는 5년이하의 징역 또는 1천만원이하의 벌금에 처한다.
1. 제113조(후보자 등의 기부행위제한) · 제114조(정당 및 후보자의 가족 등의 기부행위제한)제1항 또는 제115조(제삼자의 기부행위제한)의 규정에 위반한 자
2. 제81조(단체의 후보자 등 초청 대담 · 토론회)제6항[제82조(언론기관의 후보자 등 초청 대담 · 토론회)제4항에서 준용하는 경우를 포함한다]의 규정을 위반한 자(2004.3.12 본호개정)

② 제81조제6항 · 제82조제4항 · 제113조 · 제114조제1항 또는 제115조에서 규정하고 있는 정당(창당준비위원회를 포함한다) · 정당의 대표자 · 정당선거사무소의 소장, 국회의원 · 지방의회의원 · 지방자치단체의 장, 후보자(후보자가 되고자 하는 자를 포함한다. 이하 이 조에서 같다), 후보자의 배우자, 후보자나 그 배우자의 직계존비속과 형제자매, 후보자의 직계비속 및 형제자매의 배우자, 선거사무장, 선거연락소장, 선거사무원, 회계책임자, 연설원, 대담 · 토론자, 후보자 또는 그 가족과 관계있는 회사등이나 그 임 · 직원과 제삼자[제116조(기부의 권유 · 요구 등의 금지)에 규정된 행위의 상대방을 말한다]에게 기부를 지시 · 권유 · 알선 · 요구하거나 그로부터 기부를 받은 자(제261조제9항제1호 · 제6호에 해당하는 사람은 제외한다)는 3년 이하의 징역 또는 500만원 이하의 벌금에 처한다.(2014.2.13 본항개정)

③ 제117조(기부받는 행위 등의 금지)의 규정에 위반한 자는 3년 이하의 징역 또는 500만원 이하의 벌금에 처한다. (1995.5.10 본항신설)

④ 제1항 내지 제3항의 죄를 범한 자가 받은 이익은 이를 몰수한다. 다만, 그 전부 또는 일부를 몰수할 수 없는 때에는 그 가액을 추징한다.(1995.5.10 본항신설)

판례 기부행위의 제한은 부정한 경제적 이익을 제공함으로써 유권자의 자유의사를 왜곡시키는 선거운동을 범죄로 처벌하여 선거의 공정성을 보장하기 위한 규정으로 입법목적의 정당성 및 기본권 제한 수단의 적절성이 인정된다. 그리고 해당 금지조항은 모든 기부행위를 언제나 금지하고 있는 것이 아니고, 기부행위가 제112조제2항 각 호의 예외사유에 해당하거나 정당행위로서 사회상규에 위배되지 아니하면 위법성이 조각되어 허용될 수도 있는 점 등을 감안하면 최소침해성 요건을 갖추었다. 선거의 공정이 훼손되는 경우 후보자 선택에 관한 민의가 왜곡되고 대의민주주의 제도 자체가 위협을 받을 수 있는 점을 감안하면 법익 균형성 요건도 준수하였다. 따라서 과잉금지원칙을 위반하여 행복추구권, 일반적 행동자유권, 선거운동의 자유를 침해하지 아니한다.(헌재결 2014.2.27, 2013헌바106)

제258조【선거비용부정지출 등 죄】 ① 다음 각 호의 어느 하나에 해당하는 때에는 5년 이하의 징역 또는 2천만원 이하의 벌금에 처한다.(2005.8.4 본문개정)
1. 정당 · 후보자 · 선거사무장 · 선거연락소장 · 회계책임자 또는 회계사무보조자가 제122조(선거비용제한액의 공고)의 규정에 의하여 공고한 선거비용제한액의 200분의 1 이상을 초과하여 선거비용을 지출한 때(2004.3.12 본호개정)
2. (2005.8.4 삭제)

② (2005.8.4 삭제)

제259조【선거범죄선동죄】 연설 · 벽보 · 신문 기타 어떠한 방법으로든지 제230조(매수 및 이해유도죄) 내지 제235조(방송 · 신문 등의 불법이용을 위한 매수죄) · 제237조(선거의 자유방해죄)의 죄(당내경선과 관련한 죄를 제외한다)를 범할 것을 선동한 자는 3년 이하의 징역 또는 600만원 이하의 벌금에 처한다.(2005.8.4 본조개정)

제260조【양벌규정】 ① 정당 · 회사, 그 밖의 법인 · 단체(이하 이 조에서 "단체등"이라 한다)의 대표자, 그 대리인 · 사용인, 그 밖의 종업원과 정당의 간부인 당원이 그 단체등의 업무에 관하여 제230조제1항부터 제4항까지 · 제6항부터 제8항까지, 제231조, 제232조제1항 · 제2항, 제235조, 제237조제1항 · 제5항, 제240조제1항, 제241조제1항, 제244조, 제245조제2항, 제246조제2항, 제247조제1항, 제248조제1항, 제250조부터 제254조까지, 제255조제1항 · 제2항, 같은 조 제4항부터 제6항까지, 제256조, 제257조제1항부터 제3항까지, 제258조, 제259조의 어느 하나에 해당하는 위반행위를 하면 그 행위자를 벌하는 외에 그 단체등에도 해당 조문의 벌금형을 과(科)한다. 다만, 단체등이 그 위반행위를 방지하기 위하여 해당 업무에 관하여 상당한 주의와 감독을 게을리하지 아니한 경우에는 그러하지 아니하다.(2023.12.28 본문개정)

② 단체등의 대표자, 그 대리인 · 사용인, 그 밖의 종업원과 정당의 간부인 당원이 그 단체등의 업무에 관하여 제233조, 제234조, 제237조제3항 · 제6항, 제242조제1항 · 제2항, 제243조제1항, 제245조제1항, 제246조제1항, 제249조제1항, 제255조제3항의 어느 하나에 해당하는 위반행위를 하면 그 행위자를 벌하는 외에 그 단체등에도 3천만원 이하의 벌금에 처한다. 다만, 단체등이 그 위반행위를 방지하기 위하여 해당 업무에 관하여 상당한 주의와 감독을 게을리하지 아니한 경우에는 그러하지 아니하다.

(2010.1.25 본조개정)

제261조【과태료의 부과 · 징수 등】 ① 제231조제1항제1호에 규정된 행위를 하는 것을 조건으로 정당 또는 후보자(후보자가 되려는 사람을 포함한다)에게 금전 · 물품, 그 밖의 재산상의 이익 또는 공사의 직의 제공을 요구한 자에게는 5천만원 이하의 과태료를 부과한다.(2014.2.13 본항신설)

② 다음 각 호의 어느 하나에 해당하는 행위를 한 자에게는 3천만원 이하의 과태료를 부과한다.
1. 제8조의8제10항에 따른 시정명령 · 정정보도문의 게재명령을 통보받고 이를 이행하지 아니한 자(2017.2.8 본호개정)
2. 제108조제6항을 위반하여 선거여론조사기준으로 정한 사항을 함께 공표 또는 보도하지 아니한 자
3. 제108조제7항을 위반하여 선거여론조사기준으로 정한 사항을 등록하지 아니한 자. 이 경우 해당 여론조사를 의뢰한 자가 여론조사 결과의 공표 · 보도 예정일시를 통보하지 아니하여 등록하지 못한 때에는 그 여론조사 의뢰자를 말한다.
4. 제108조제8항을 위반하여 여론조사를 실시하거나 그 결과를 공표 또는 보도한 자

(2015.12.24 본항개정)

③ 다음 각 호의 어느 하나에 해당하는 행위를 한 자에게는 1천만원 이하의 과태료를 부과한다.

1. 제6조의2제2항을 위반하여 투표시간을 보장하여 주지 아니한 자(2014.2.13 본호신설)
2. 제59조제2호 후단을 위반하여 신고한 전화번호가 아닌 전화번호를 정당한 이유 없이 사용하여 자동 동보통신의 방법으로 문자메시지를 전송한 사람(2017.2.8 본호신설)
3. 제65조제4항 단서를 위반하여 점자형 선거공보의 전부 또는 일부를 제출하지 아니한 사람(2015.8.13 본호신설)
3의2. 제79조제8항 또는 제216조제1항 후단을 위반하여 소음기준을 초과한 확성장치를 사용하거나 사용하게 한 자(2022.1.18 본호신설)
3의3. 제82조의2제4항 각 호 외의 부분 후단을 위반하여 정당한 사유 없이 대담·토론회에 참석하지 아니한 사람(2018.4.6 본호신설)
4. 제82조의8제2항을 위반하여 중앙선거관리위원회규칙으로 정하는 사항을 딥페이크영상등에 표시하지 아니한 자(2023.12.28 본호신설)
4의2. 제102조제2항 단서를 위반하여 오후 9시부터 오후 11시까지의 사이에 소리를 출력하여 녹화기를 사용한 자(2022.1.18 본호신설)
5. 제108조제3항을 위반하여 관할 선거여론조사심의위원회에 신고하지 아니하거나 신고내용과 다르게 여론조사를 실시하거나 같은 조 제4항을 위반하여 보완사항을 보완하지 아니하고 여론조사를 실시한 자(2017.2.8 본호개정)

④ 제147조제3항(제148조제4항 및 제173조제3항에서 준용하는 경우를 포함한다)을 위반하여 정당한 사유 없이 협조요구에 따르지 아니한 자에게는 500만원 이하의 과태료를 부과한다.(2014.2.13 본항신설)

⑤ (2018.4.6 삭제)

⑥ 다음 각 호의 어느 하나에 해당하는 행위를 한 자는 300만원 이하의 과태료를 부과한다.(2010.1.25 본문개정)
1. 제70조제3항·제71조제10항·제72조제3항(제74조제2항에서 준용하는 경우를 포함한다)·제73조제1항(관할 선거구선거관리위원회가 제공하는 내용에 한한다) 및 제2항·제272조의3제4항 또는 제275조의 규정을 위반한 자(2012.2.29 본호개정)
2. 「형사소송법」 제211조(현행범인과 준현행범인)에 규정된 현행범인 또는 준현행범인으로서 제272조의2제4항(제8조의8제11항에서 준용하는 경우를 포함한다)에 따른 동행요구에 응하지 아니한 자(2017.2.8 본호개정)
3. (2023.8.30 삭제)
4. 제82조의4제4항을 위반하여 선거관리위원회의 요청을 이행하지 아니한 자. 다만, 2회 이상 요청을 받고 이행하지 아니한 자는 그러하지 아니하다.(2012.2.29 본호신설)

⑦ 다음 각 호의 어느 하나에 해당하는 행위를 한 자는 이 법에 다른 규정이 있는 경우를 제외하고는 200만원 이하의 과태료를 부과한다.(2010.1.25 본문개정)
1. 선거에 관하여 이 법이 규정하는 신고·제출의 의무를 해태한 자
2. 다음 각 목의 어느 하나에 해당하는 자(2005.8.4 본문개정)
가. 제205조(선거운동기구의 설치 및 선거사무관계자의 선임에 관한 특례)제3항의 규정에 위반하여 그 분담내역을 선거사무소·선거연락소의 설치신고서에 명시하지 아니한 자(1995.4.1 본목개정)
나. 제205조제3항의 규정에 위반하여 그 분담내역을 선거사무장·선거연락소장·선거사무원의 선임신고서에 명시하지 아니한 자(1995.4.1 본목개정)
다. 제207조(책자형 선거공보에 관한 특례)제3항 후단의 규정을 위반하여 그 분담내역을 선거공보를 제출하는 때에 서면으로 신고하지 아니한 자(2005.8.4 본목개정)
라. (2010.1.25 삭제)
마. 제69조(신문광고)제3항 후단 및 제82조의7(인터넷광고)제3항 후단의 규정에 위반하여 그 분담내역을 광고계약서에 명시하지 아니한 자(2005.8.4 본목개정)
바. (2010.1.25 삭제)
사. 제146조의2제3항이나 제147조제10항(제148조제4항에서 준용하는 경우를 포함한다) 또는 제174조제3항을 위반하여 정당한 사유 없이 협조요구에 따르지 아니한 자(2014.2.13 본목개정)
아. 제149조제3항·제4항을 위반한 사람(2014.1.17 본목개정)
3. (2005.8.4 삭제)
4. 제152조(투표용지모형 등의 공고)제1항의 규정에 의하여 첩부한 투표용지모형을 훼손·오손한 자
5. 제271조(불법시설물 등에 대한 조치 및 대집행)제1항의 규정에 의한 대집행을 한 것으로서 사안이 경미한 행위를 한 자. 이 경우 과태료를 부과하지 아니한 때에는 관할수사기관에 고발 또는 수사의뢰 등을 하여야 한다.
6. 제276조(선거일후 선전물 등의 철거)의 규정에 위반하여 선전물 등을 철거하지 아니한 자(2000.2.16 본호개정)

⑧ 다음 각 호의 어느 하나에 해당하는 행위를 한 자는 100만원 이하의 과태료를 부과한다.(2010.1.25 본문개정)
1. 제161조제3항 단서, 제162조제4항, 제181조제3항 또는 제218조의20제4항에 따라 선거관리위원회·재외선거관리위원회가 선정한 참관인이 정당한 사유 없이 참관을 거부하거나 게을리한 경우(2025.1.7 본호개정)
1의2. 제8조의9제4항을 위반하여 변경등록신청을 제때 하지 아니한 자(2017.2.8 본호신설)
2. 각 목의 어느 하나에 해당하는 자(2010.1.25 본문개정)
가. 제61조제6항을 위반하여 선거사무소, 선거연락소 또는 선거대책기구에 간판·현판·현수막을 설치·게시하거나 하게 한 자(2014.1.17 본목개정)
나. 제61조의2(정당선거사무소의 설치)제4항의 규정을 위반하여 정당선거사무소에 간판·현판·현수막을 설치 또는 게시하거나 하게 한 자(2004.3.12 본목신설)
다. 제63조제2항을 위반하여 표지를 패용하지 아니하고 선거운동을 하거나 하게 한 자(2010.1.25 본목개정)
라. 제79조제6항 또는 제10항 후단을 위반하여 자동차, 확성장치, 녹음기 또는 녹화기에 표지를 부착하지 아니하고 연설·대담을 한 사람(2015.8.13 본목개정)
마. 제91조(확성장치와 자동차 등의 사용제한)제4항의 규정에 위반하여 표지를 부착하지 아니하고 자동차 또는 선박을 운행한 자
바. 제147조제9항, 제148조제3항 또는 제174조(개표사무원)제2항의 규정에 의하여 투표사무원·사전투표사무원 또는 개표사무원으로 위촉된 자가 정당한 사유없이 그 직무수행을 거부·유기하거나 해태한 자(2014.1.17 본목개정)
2의2. 다음 각 목의 어느 하나에 해당하는 자
가. 제60조의4제3항을 위반하여 예비후보자공약집을 제출하지 아니한 자
나. 제66조제6항을 위반하여 선거공약서를 제출하지 아니한 자
(2008.2.29 본호신설)
3. 제111조(의정활동 보고)제2항의 규정에 위반하여 고지벽보와 표지를 게시하거나, 의정보고회가 끝난 후 지체없이 고지벽보와 표지를 철거하지 아니한 자
4. 다음 각 목의 어느 하나에 해당하는 자(2005.8.4 본문개정)
가. 제138조(정강·정책홍보물의 배부·제한 등)제4항의 규정에 위반하여 정강·정책홍보물을 제출하지 아니한 자
나. 제138조의2(정책공약집의 배부제한 등)제3항의 규정을 위반하여 정책공약집을 제출하지 아니한 자(2007.1.3 본목신설)
다. 제139조(정당기관지의 발행·배부제한)제3항의 규정에 위반하여 기관지를 제출하지 아니한 자
라. 제140조(창당대회등의 개최와 고지의 제한)제4항의 규정에 위반하여 창당대회등의 표지를 지체없이 철거하지 아니한 자(2004.3.12 본목개정)

마. 제141조(당원집회의 제한)제2항에 규정된 장소가 아닌 장소에서 당원집회를 개최하거나 동조제4항의 규정에 위반하여 당원집회의 표지를 지체없이 철거하지 아니한 자(2004.3.12 본목개정)
바. (2004.3.12 삭제)
사. 제145조(당사게시 선전물 등의 제한)의 규정에 위반하여 당사 또는 후원회의 사무소에 선전물 등을 설치·게시한 자(2014.1.17 본목개정)
5. 제8조의3제4항의 규정에 위반하여 정당한 사유없이 정기간행물등을 제출하지 아니한 자(2008.2.29 본호개정)
6. 제272조의2제4항(제8조의8제11항에서 준용하는 경우를 포함한다)에 따른 출석요구에 정당한 사유없이 응하지 아니한 자(2017.2.8 본호개정)
(2000.2.16 본항개정)
⑨ 다음 각 호의 어느 하나에 해당하는 자(그 제공받은 금액 또는 음식물·물품 등의 가액이 100만원을 초과하는 자는 제외한다)는 그 제공받은 금액 또는 음식물·물품 등의 가액의 10배 이상 50배 이하에 상당하는 금액(주례의 경우에는 200만원)의 과태료를 부과하되, 그 상한은 3천만원으로 한다. 다만, 제1호 또는 제2호에 해당하는 자가 그 제공받은 금액 또는 음식물·물품(제공받은 것을 반환할 수 없는 경우에는 그 가액에 상당하는 금액을 말한다) 등을 선거관리위원회에 반환하고 자수한 경우에는 중앙선거관리위원회규칙으로 정하는 바에 따라 그 과태료를 감경 또는 면제할 수 있다.(2012.2.29 본문개정)
1. 제116조를 위반하여 금전·물품·음식물·서적·관광 기타 교통편의를 제공받은 자(2012.2.29 본호개정)
2. 제230조제1항제7호에 규정된 자로서 같은 항 제5호의 자로부터 금품, 그 밖의 이익을 제공받은 자(2014.5.14 본호개정)
3.~5. (2008.2.29 삭제)
6. 제116조를 위반하여 제113조에 규정된 자로부터 주례행위를 제공받은 자(2012.2.29 본호개정)
⑩ 과태료는 중앙선거관리위원회규칙으로 정하는 바에 따라 당해 선거관리위원회(선거여론조사심의위원회를 포함한다. 이하 이 조에서 "부과권자"라 한다)가 부과한다. 이 경우 제1항부터 제8항까지에 따른 과태료는 당사자(「질서위반행위규제법」 제2조제3호에 따른 당사자를 말한다. 이하 이 조에서 같다)가 정당·후보자(예비후보자를 포함한다. 이하 이 조에서 같다) 및 그 가족·선거사무장·선거연락소장·선거사무원·회계책임자·연설원 또는 활동보조인인 때에는 제57조에 따라 해당 후보자의 기탁금 중에서 공제하여 국가 또는 지방자치단체에 납입하고, 그 밖의 자와 제9항에 따른 과태료의 과태료처분대상자에 대하여는 위반자가 납부하도록 하며, 납부기한까지 납부하지 아니한 때에는 관할세무서장에게 위탁하고 관할세무서장이 국세체납처분의 예에 따라 이를 징수하여 국가 또는 지방자치단체에 납입하여야 한다.(2017.2.8 전단개정)
⑪ 이 법에 따른 과태료의 부과·징수 등의 절차에 관하여는 「질서위반행위규제법」 제5조에도 불구하고 다음 각 호에서 정하는 바에 따른다.
1. 당사자는 「질서위반행위규제법」 제16조제1항 전단에도 불구하고 부과권자로부터 사전통지를 받은 날부터 3일까지 의견을 제출하여야 한다.
2. 「질서위반행위규제법」 제17조제3항에도 불구하고 이 조 제10항 후단에 따라 해당 후보자의 기탁금에서 공제하는 과태료에 대하여는 「국세징수법」 제13조부터 제16조까지의 규정을 준용하지 아니한다.(2020.12.29 본호개정)
3. 이 조 제10항 전단에 따른 과태료 처분에 불복이 있는 당사자는 「질서위반행위규제법」 제20조제1항 및 제2항에도 불구하고 그 처분의 고지를 받은 날부터 20일 이내에 부과권자에게 이의를 제기하여야 하며, 이 경우 그 이의제기는 과태료 처분의 효력이나 그 집행 또는 절차의 속행에 영향을 주지 아니한다.(2014.2.13 본호개정)
4. 「질서위반행위규제법」 제24조에도 불구하고 이 조 제10항 후단에 따라 해당 후보자의 기탁금에서 공제하지 아니하는 과태료를 당사자가 납부기한까지 납부하지 아니한 경우 부과권자는 체납된 과태료에 대하여 100분의 5에 상당하는 가산금을 더하여 관할세무서장에게 징수를 위탁하고, 관할세무서장은 국세 체납처분의 예에 따라 이를 징수하여 국가 또는 지방자치단체에 납입하여야 한다.(2014.2.13 본호개정)
5. 「질서위반행위규제법」 제21조제1항 본문에도 불구하고 이 조 제10항에 따라 과태료 처분을 받은 당사자가 제3호에 따라 이의를 제기한 경우 부과권자는 지체 없이 관할 법원에 그 사실을 통보하여야 한다.(2014.2.13 본호개정)
(2010.1.25 본항개정)
⑫ 「질서위반행위규제법」 제37조에 따라 과태료 재판의 결정을 고지 받은 검사는 과태료 처분을 한 관할 선거관리위원회에 그 결정을 지체 없이 통보하여야 한다.(2018.4.6 본항신설)

판례 공직선거법 제261조 제3항은 그 제1호에 규정된 "선거에 관하여 이 법이 규정하는 신고·제출의 의무를 해태한 자"에 대하여 200만 원 이하의 과태료에 처하는 것으로 규정되어 있는바, 이는 공직선거법에서 선거에 관하여 신고나 제출의 의무를 규정하고 있는 사항들의 준수를 담보하기 위한 규정이므로, 원칙적으로 그 신고나 제출의 의무의 구체적인 내용이 법률 자체에 명시적으로 규정되어 있어야 하고, 다만 예외적으로 위임입법의 필요성에 의하여 그 구체적인 내용을 하위법령으로 정하도록 위임할 수 있다고 할지라도 법률 자체에서 신고나 제출의 의무의 대강을 정한 다음 그 위임사항이 신고나 제출의 의무임을 분명히 하여 위임한 경우에 한하여 하위법령에서 정한 구체적 신고나 제출의 의무가 과태료의 근거규정인 위 법률조항에서 정한 '이 법이 규정하는 신고·제출의 의무'의 범위에 포섭될 수 있다고 할 것이다.(대결 2007.3.30, 2005마1063)

제262조【자수자에 대한 특례】 ① 다음 각 호의 어느 하나에 해당하는 사람이 자수한 때에는 그 형을 감경 또는 면제한다.
1. 제230조제1항·제2항, 제231조제1항 및 제257조제2항을 위반한 사람 중 금전·물품, 그 밖의 이익 등을 받거나 받기로 승낙한 사람(후보자와 그 가족 또는 사위의 방법으로 이익 등을 받거나 받기로 승낙한 사람을 제외한다)
2. 다른 사람의 지시에 따라 제230조제1항·제2항 또는 제257조제1항을 위반하여 금전·물품, 그 밖의 재산상의 이익이나 공사의 직을 제공하거나 그 제공을 약속한 사람
(2012.1.17 본항개정)
② 제1항에 규정된 자가 각급선거관리위원회(읍·면·동선거관리위원회를 제외한다)에 자신의 선거범죄사실을 신고하여 선거관리위원회가 관계수사기관에 이를 통보한 때에는 선거관리위원회에 신고한 때를 자수한 때로 본다.
(2005.8.4 본항개정)

제262조의2【선거범죄신고자 등의 보호】 ① 선거범죄[제16장 벌칙에 규정된 죄(제261조제9항의 과태료에 해당하는 위법행위를 포함한다)와 「국민투표법」 위반의 죄를 말한다. 이하 같다]에 관한 신고·진정·고소·고발 등 조사 또는 수사단서의 제공, 진술 또는 증언 그 밖의 자료제출행위 및 범인검거를 위한 제보 또는 검거활동을 한 자가 그와 관련하여 피해를 입거나 입을 우려가 있다고 인정할 만한 상당한 이유가 있는 경우 그 선거범죄에 관한 형사절차 및 선거관리위원회의 조사과정에서는 「특정범죄신고자 등 보호법」 제5조·제7조·제9조부터 제12조까지 및 제16조를 준용한다.
(2014.2.13 본항개정)
② 누구든지 제1항의 규정에 의하여 보호되고 있는 선거범죄신고자 등이라는 정을 알면서 그 인적사항 또는 선거범죄신고자 등임을 알 수 있는 사실을 다른 사람에게 알려주거나 공개 또는 보도하여서는 아니된다.
(2004.3.12 본조신설)

판례 '제1항의 규정에 의하여 보호되고 있는 선거범죄신고자 등'의 의미 : '제1항의 규정에 의하여 보호되고 있는 선거범죄신고자 등'이라 함은, 특정범죄신고자등보호법 제7조에 의하여 조서 기타 서류에 선거범죄신고자 등의 인적사항의 기재가 생략되고 신원관리카드에 그 인적사항이 등재된 선거범죄신고자 등을 뜻한다고 봄이 상당하다.(대판 2006.5.25, 2005도2049)

제262조의3【선거범죄신고자에 대한 포상금 지급】 ① 각급선거관리위원회(읍·면·동선거관리위원회를 제외한다. 이하 이 조에서 같다)는 선거범죄에 대하여 선거관리위원회가 인지하기 전에 그 범죄행위의 신고를 한 사람에게 포상금을 지급할 수 있다.(2013.8.13 본항개정)
② 중앙선거관리위원회 및 시·도선거관리위원회는 제1항에 따른 포상금 지급의 심사를 위하여 중앙선거관리위원회규칙으로 정하는 바에 따라 각각 포상금심사위원회를 설치·운영하여야 한다.(2013.8.13 본항신설)
③ 각급선거관리위원회는 제1항에 따라 포상금을 지급한 후 다음 각 호의 어느 하나에 해당하는 사유가 있는 경우에는 그 포상금의 지급결정을 취소한다. 다만, 제2호의 경우 법원의 판결에 따라 유죄로 확정된 경우는 제외한다.(2021.3.23 단서신설)
1. 담합 등 거짓의 방법으로 신고한 사실이 발견된 경우
2. 사법경찰관의 불송치결정이나 검사의 불기소처분이 있는 경우(2021.3.23 본호개정)
3. 무죄의 판결이 확정된 경우

(2013.8.13 본항개정)
④ 각급선거관리위원회는 제3항에 따라 포상금의 지급결정을 취소한 때에는 해당 신고자에게 그 취소 사실과 지급받은 포상금에 해당하는 금액을 반환할 것을 통지하여야 하며, 해당 신고자는 통지를 받은 날부터 30일 이내에 그 금액을 해당 선거관리위원회에 납부하여야 한다.(2013.8.13 본항신설)
⑤ 각급선거관리위원회는 제4항에 따라 포상금의 반환을 통지받은 해당 신고자가 납부기한까지 반환할 금액을 납부하지 아니한 때에는 해당 신고자의 주소지를 관할하는 세무서장에게 징수를 위탁하고 관할 세무서장이 국세 체납처분의 예에 따라 징수한다.(2013.8.13 본항개정)
⑥ 제4항 또는 제5항에 따라 납부 또는 징수된 금액은 국가에 귀속된다.(2013.8.13 본항개정)
⑦ 포상금의 지급 기준 및 절차, 포상금심사위원회의 구성 및 심의사항, 제3항제2호 및 제3호의 경우 포상금의 반환사유, 반환금액의 납부절차, 그 밖에 필요한 사항은 중앙선거관리위원회규칙으로 정한다.(2013.8.13 본항신설)

제17장 보 칙

제263조【선거비용의 초과지출로 인한 당선무효】 ① 제122조(선거비용제한액의 공고)의 규정에 의하여 공고된 선거비용제한액의 200분의 1 이상을 초과지출한 이유로 선거사무장, 선거사무소의 회계책임자가 징역형 또는 300만원 이상의 벌금형의 선고를 받은 때에는 그 후보자의 당선은 무효로 한다. 다만, 다른 사람의 유도 또는 도발에 의하여 당해 후보자의 당선을 무효로 되게 하기 위하여 지출한 때에는 그러하지 아니하다.
②「정치자금법」 제49조(선거비용관련 위반행위에 관한 벌칙)제1항 또는 제2항제6호의 죄를 범함으로 인하여 선거사무소의 회계책임자가 징역형 또는 300만원 이상의 벌금형의 선고를 받은 때에는 그 후보자(대통령후보자, 비례대표국회의원후보자 및 비례대표지방의회의원후보자를 제외한다)의 당선은 무효로 한다. 이 경우 제1항 단서의 규정을 준용한다.
(2005.8.4 본조개정)

제264조【당선인의 선거범죄로 인한 당선무효】 당선인이 당해 선거에 있어 이 법에 규정된 죄 또는「정치자금법」 제49조의 죄를 범함으로 인하여 징역 또는 100만원 이상의 벌금형의 선고를 받은 때에는 그 당선은 무효로 한다.
(2010.1.25 본조개정)

제265조【선거사무장 등의 선거범죄로 인한 당선무효】 선거사무장·선거사무소의 회계책임자(선거사무소의 회계책임자로 선임·신고되지 아니한 자로서 후보자와 통모하여 당해 후보자의 선거비용으로 지출한 금액이 선거비용제한액의 3분의 1 이상에 해당되는 자를 포함한다) 또는 후보자(후보자가 되려는 사람을 포함한다)의 직계존비속 및 배우자가 해당 선거에 있어서 제230조부터 제234조까지, 제257조제1항 중 기부행위를 한 죄 또는「정치자금법」 제45조제1항의 정치자금 부정수수죄를 범함으로 인하여 징역형 또는 300만원 이상의 벌금형의 선고를 받은 때(선거사무장, 선거사무소의 회계책임자에 대하여는 선임·신고되기 전의 행위로 인한 경우를 포함한다)에는 그 선거구 후보자(대통령후보자, 비례대표국회의원후보자 및 비례대표지방의회의원후보자를 제외한다)의 당선은 무효로 한다. 다만, 다른 사람의 유도 또는 도발에 의하여 당해 후보자의 당선을 무효로 되게 하기 위하여 죄를 범한 때에는 그러하지 아니하다.
(2010.1.25 본문개정)

제265조의2【당선무효된 자 등의 비용반환】 ① 제263조부터 제265조까지의 규정에 따라 당선이 무효로 된 사람(그 기소 후 확정판결 전에 사직한 사람을 포함한다)과 당선되지 아니한 사람으로서 제263조부터 제265조까지에 규정된 자신 또는 선거사무장 등의 죄로 당선무효에 해당하는 형이 확정된 사람은 제57조와 제122조의2에 따라 반환·보전받은 금액을 반환하여야 한다. 이 경우 대통령선거의 정당추천후보자는 그 추천 정당이 반환하며, 비례대표국회의원선거 및 비례대표지방의회의원선거의 경우 후보자의 당선이 모두 무효로 된 때에 그 추천 정당이 반환한다.(2010.1.25 본항개정)
② 관할선거구선거관리위원회는 제1항의 규정에 의한 반환사유가 발생한 때에는 지체없이 당해 정당·후보자에게 반환하여야 할 금액을 고지하여야 하고, 당해 정당·후보자는 그 고지를 받은 날부터 30일 이내에 선거구선거관리위원회에 이를 납부하여야 한다.
③ 관할선거구선거관리위원회는 제2항의 납부기한까지 당해 정당·후보자가 납부하지 아니한 때에는 당해 후보자의 주소지(정당에 있어서는 중앙당의 사무소 소재지를 말한다)를 관할하는 세무서장에게 징수를 위탁하고 관할세무서장이 국세체납처분의 예에 따라 이를 징수한다.
④ 제2항 또는 제3항의 규정에 의하여 납부 또는 징수된 금액은 국가 또는 지방자치단체에 귀속된다.
⑤ 제2항의 규정에 따른 고지방법·절차 기타 필요한 사항은 중앙선거관리위원회규칙으로 정한다.
(2004.3.12 본조신설)

제266조【선거범죄로 인한 공무담임 등의 제한】 ① 다른 법률의 규정에도 불구하고 제230조부터 제234조까지, 제237조부터 제255조까지, 제256조제1항부터 제3항까지, 제257조부터 제259조까지의 죄(당내경선과 관련한 죄는 제외한다) 또는「정치자금법」 제49조의 죄를 범함으로 인하여 징역형의 선고를 받은 자는 그 집행을 받지 아니하기로 확정된 후 또는 그 형의 집행이 종료되거나 면제된 후 10년간, 형의 집행유예의 선고를 받은 자는 그 형이 확정된 후 10년간, 100만원 이상의 벌금형의 선고를 받은 자는 그 형이 확정된 후 5년간 다음 각 호의 어느 하나에 해당하는 직에 취임하거나 임용될 수 없으며, 이미 취임 또는 임용된 자의 경우에는 그 직에서 퇴직된다.(2014.2.13 본문개정)
1. 제53조제1항 각 호의 어느 하나에 해당하는 직(제53조제1항제1호의 경우「고등교육법」 제14조제1항·제2항에 따른 교원을, 같은 항 제5호의 경우 각 조합의 조합장 및 상근직원을 포함한다)(2012.1.26 본호개정)
2. 제60조(선거운동을 할 수 없는 자)제1항제6호 내지 제8호에 해당하는 직(2005.8.4 본호개정)
3.「공직자윤리법」 제3조제1항제12호 또는 제13호에 해당하는 기관·단체의 임·직원(2009.2.3 본호개정)
4.「사립학교법」 제53조(학교의 장의 임면) 또는 같은 법 제53조의2(학교의 장이 아닌 교원의 임면)의 규정에 의한 교원
(2005.8.4 본호개정)

5. 방송통신심의위원회의 위원(2010.1.25 본호개정)
② 다음 각 호의 어느 하나에 해당하는 사람은 당선인의 당선무효로 실시사유가 확정된 재선거(당선인이 그 기소 후 확정판결 전에 사직함으로 인하여 실시사유가 확정된 보궐선거를 포함한다)의 후보자가 될 수 없다.
1. 제263조 또는 제265조에 따라 당선이 무효로 된 사람(그 기소 후 확정판결 전에 사직한 사람을 포함한다)
2. 당선되지 아니한 사람(후보자가 되려던 사람을 포함한다)으로서 제263조 또는 제265조에 규정된 선거사무장 등의 죄로 당선무효에 해당하는 형이 확정된 사람
(2010.1.25 본항개정)
③ 다른 공직선거(교육의원선거 및 교육감선거를 포함한다)에 입후보하기 위하여 임기 중 그 직을 그만 둔 국회의원·지방의회의원 및 지방자치단체의 장은 그 사직으로 인하여 실시사유가 확정된 보궐선거의 후보자가 될 수 없다.
(2010.1.25 본항신설)

제267조【기소·판결에 관한 통지】 ① 선거에 관한 범죄로 당선인, 후보자, 후보자의 직계존·비속 및 배우자, 선거사무장, 선거사무소의 회계책임자를 기소한 때에는 당해 선거구선거관리위원회에 이를 통지하여야 한다.
② 제230조(매수 및 이해유도죄) 내지 제235조(방송·신문 등의 불법이용을 위한 매수죄)·제237조(선거의 자유방해죄) 내지 제259조(선거범죄선동죄)의 범죄에 대한 확정판결을 행한 재판장은 그 판결서등본을 당해 선거구선거관리위원회에 송부하여야 한다.

제268조【공소시효】 ① 이 법에 규정한 죄의 공소시효는 당해 선거일후 6개월(선거일후에 행하여진 범죄는 그 행위가 있는 날부터 6개월)을 경과함으로써 완성한다. 다만, 범인이 도피한 때나 범인이 공범 또는 범죄의 증명에 필요한 참고인을 도피시킨 때에는 그 기간은 3년으로 한다.
(2012.2.29 본문개정)
② 제1항 본문에도 불구하고 선상투표와 관련하여 선박에서 범한 이 법에 규정된 죄의 공소시효는 범인이 국내에 들어온 날부터 6개월을 경과함으로써 완성된다.(2012.2.29 본항신설)
③ 제1항 및 제2항에도 불구하고 공무원(제60조제1항제4호 단서에 따라 선거운동을 할 수 있는 사람은 제외한다)이 직무와 관련하여 또는 지위를 이용하여 범한 이 법에 규정된 죄의 공소시효는 해당 선거일 후 10년(선거일 후에 행하여진 범죄는 그 행위가 있는 날부터 10년)을 경과함으로써 완성된다.(2014.2.13 본항신설)

제269조【재판의 관할】 선거범과 그 공범에 관한 제1심 재판은 「법원조직법」 제32조(합의부의 심판권)제1항의 규정에 의한 지방법원합의부 또는 그 지원의 합의부의 관할로 한다. 다만, 군사법원이 재판권을 갖는 선거범과 그 공범에 관한 제1심 재판은 「군사법원법」 제11조에 따른 군사법원의 관할로 한다.(2021.9.24 단서개정)

제270조【선거범의 재판기간에 관한 강행규정】 선거범과 그 공범에 관한 재판은 다른 재판에 우선하여 신속히 하여야 하며, 그 판결의 선고는 제1심에서는 공소가 제기된 날부터 6월 이내에, 제2심 및 제3심에서는 전심의 판결의 선고가 있은 날부터 각각 3월 이내에 반드시 하여야 한다.(2000.2.16 본조개정)

제270조의2【피고인의 출정】 ① 선거범에 관한 재판에서 피고인이 공시송달에 의하지 아니한 적법한 소환을 받고서도 공판기일에 출석하지 아니한 때에는 다시 기일을 정하여야 한다.
② 피고인이 정당한 사유없이 다시 정한 기일 또는 그 후에 열린 공판기일에 출석하지 아니한 때에는 피고인의 출석없이 공판절차를 진행할 수 있다.
③ 제2항의 규정에 의하여 공판절차를 진행할 경우에는 출석한 검사 및 변호인의 의견을 들어야 한다.
④ 법원은 제2항의 규정에 따라 판결을 선고한 때에는 피고인 또는 변호인(변호인이 있는 경우에 한한다)에게 전화 기타 신속한 방법으로 그 사실을 통지하여야 한다.
(2004.3.12 본조신설)

제271조【불법시설물 등에 대한 조치 및 대집행】 ① 각급선거관리위원회는 이 법의 규정에 위반되는 선거에 관한 벽보·인쇄물·현수막 기타 선전물(정당의 당사게시선전물을 포함한다)이나 유사기관·사조직 또는 시설 등을 발견한 때에는 지체없이 그 첩부 등의 중지 또는 철거·수거·폐쇄등을 명하고, 이에 불응하는 때에는 대집행을 할 수 있다. 이 경우 대집행은 「행정대집행법」에 의하되, 그 절차는 「행정대집행법」 제3조(대집행의 절차)의 규정에 불구하고 중앙선거관리위원회규칙이 정하는 바에 의할 수 있다.(2005.8.4 후단개정)
② 각급선거관리위원회는 제1항의 불법시설물 등에 중앙선거관리위원회규칙이 정하는 바에 따라 불법시설물임을 표시하는 표지를 하거나 공고할 수 있다.
③ 제56조제3항에 따라 기탁금에서 부담하는 대집행비용의 공제·납입·징수위탁 등에 관하여는 제261조제10항을 준용한다.(2014.2.13 본항개정)

제271조의2【선거에 관한 광고의 제한】 ① 선거관리위원회는 방송·신문·잡지 기타 간행물에 방영·게재하고자 하는 광고내용이 이 법에 위반된다고 인정되는 때에는 당해 방송사 또는 일간신문사 등을 경영·관리하는 자와 광고주에게 광고중지를 요청할 수 있다.
② 제1항의 규정에 의한 중지요청을 받은 자는 이에 따라야 하며, 당해 선거관리위원회는 중지요청에 불응하고 광고를 하는 때에는 지체없이 관할수사기관에 수사의뢰 또는 고발하여야 한다.
③ 제1항의 "광고"라 함은 후보자(후보자가 되고자 하는 자를 포함한다)의 당락이나 특정정당(창당준비위원회를 포함한다)에 유리 또는 불리한 광고(이 법의 규정에 의한 광고를 제외한다)를 말한다.
(1998.4.30 본조신설)

제272조【불법선전물의 우송중지】 ① 각급선거관리위원회(읍·면·동선거관리위원회를 제외한다. 이하 이 조에서 같다)는 직권 또는 정당·후보자의 요청에 의하여 이 법에 규정된 죄에 해당하는 범죄의 혐의가 있는 선전물을 우송하려 하거나 우송중임을 발견한 때에는 당해 우체국장에게 그 선전물에 대한 우송의 금지 또는 중지를 요청할 수 있다.
(2005.8.4 본항개정)
② 우체국장이 제1항의 우송금지 또는 중지를 요청받은 때에는 그 우편물의 우송을 즉시 중지하고, 발송인에 대하여 그 사실을 통보하여야 한다. 다만, 발송인의 주소가 기재되지 아니한 때에는 발송우체국 게시판에 우송중지의 사실을 공고하여야 한다.
③ 제1항의 규정에 의한 우송의 금지 또는 중지를 요청한 때에는 당해 선거관리위원회는 지체없이 수사기관에 조사를 의뢰하거나 고발하고, 해당 우편물의 압수를 요청하여야 한다.
④ 제3항의 경우 수사기관은 「형사소송법」 제200조의4(긴급체포와 영장청구기간)의 기간내에 해당우편물에 대한 압수영장의 발부여부를 당해 선거관리위원회 및 우체국장에게 통보하여야 하되, 이 기간내에 압수영장을 발부받지 못한 때에는 우체국장은 즉시 그 우편물의 우송중지를 해제하여야 한다.(2005.8.4 본항개정)
⑤ 각급선거관리위원회는 이 법에 규정된 죄에 해당하는 범죄의 혐의가 있는 선전물이 우송된 것을 발견한 때에는 그 선전물의 우송에 관련된 자의 성명·주소 등 인적사항과 발송통수·배달지역 기타 선거범죄의 조사에 필요한 자료의 제출을 관계우체국장에게 요구할 수 있다. 이 경우 자료제출의 요구를 받은 우체국장은 이에 응하여야 한다.(2002.3.7 본항개정)

⑥ 우체국장이 각급선거관리위원회의 요청에 의하여 우편물의 우송을 중지하거나 선전물의 우송에 관련된 자의 인적사항 등 자료를 제출한 때에는 「우편법」 제3조(우편물의 비밀보장)·제50조(우편취급 거부의 죄)·제51조(서신의 비밀침해의 죄)·제51조의2(비밀 누설의 죄), 「우편환법」 제19조(비밀의 보장) 및 「통신비밀보호법」 제3조(통신 및 대화비밀의 보호)의 규정을 적용하지 아니한다.(2011.12.2 본항개정)
⑦ 각급선거관리위원회는 우편관서에서 취급 중에 있는 우편물중 이 법에 규정된 죄에 해당하는 범죄의 혐의가 있는 불법선전물이 있다고 판단되는 때에는 당해 우체국장에게 제1항의 조치와 함께 「우편법」 제28조(법규 위반 우편물의 개봉)에 의한 조치를 하여 줄 것을 요청할 수 있다. 이 경우 「우편법」 제48조(우편물 개봉 훼손의 죄) 및 「통신비밀보호법」 제16조(벌칙)의 규정은 적용하지 아니한다.(2011.12.2 본항개정)

제272조의2 【선거범죄의 조사 등】 ① 각급선거관리위원회(읍·면·동선거관리위원회를 제외한다. 이하 이 조에서 같다)위원·직원은 선거범죄에 관하여 그 범죄의 혐의가 있다고 인정되거나, 후보자(경선후보자를 포함한다)·예비후보자·선거사무장·선거연락소장 또는 선거사무원이 제기한 그 범죄의 혐의가 있다는 소명이 이유있다고 인정되는 경우 또는 현행범의 신고를 받은 경우에는 그 장소에 출입하여 관계인에 대하여 질문·조사를 하거나 관련서류 기타 조사에 필요한 자료의 제출을 요구할 수 있다.(2005.8.4 본항개정)
② 각급선거관리위원회위원·직원은 선거범죄 현장에서 선거범죄에 사용된 증거물품으로서 증거인멸의 우려가 있다고 인정되는 때에는 조사에 필요한 범위안에서 현장에서 이를 수거할 수 있다. 이 경우 당해 선거관리위원회위원·직원은 수거한 증거물품을 그 관련된 선거범죄에 대하여 고발 또는 수사의뢰한 때에는 관계수사기관에 송부하고, 그러하지 아니한 때에는 그 소유·점유·관리하는 자에게 지체없이 반환하여야 한다.(2004.3.12 전단개정)
③ 누구든지 제1항의 규정에 의한 장소의 출입을 방해하여서는 아니되며 질문·조사를 받거나 자료의 제출을 요구받은 자는 이에 응하여야 한다.
④ 각급선거관리위원회위원·직원은 선거범죄 조사와 관련하여 관계자에게 질문·조사하기 위하여 필요하다고 인정되는 때에는 선거관리위원회에 동행 또는 출석할 것을 요구할 수 있다. 다만, 선거기간중 후보자에 대하여는 동행 또는 출석을 요구할 수 없다.(2004.3.12 본항개정)
⑤ 각급선거관리위원회위원·직원은 선거의 자유와 공정을 현저히 해할 우려가 있는 이 법에 위반되는 행위가 눈앞에 행하여지고 있거나, 행하여질 것이 명백하다고 인정되는 경우에는 그 현장에서 행위의 중단 또는 예방에 필요한 조치를 할 수 있다.(2002.3.7 본항신설)
⑥ 각급선거관리위원회위원·직원이 제1항의 규정에 의한 장소에 출입하거나 질문·조사·자료의 제출을 요구하는 경우에는 관계인에게 그 신분을 표시하는 증표를 제시하고 소속과 성명을 밝히고 그 목적과 이유를 설명하여야 한다.
⑦ 각급선거관리위원회 위원·직원이 제1항에 따라 피조사자에 대하여 질문·조사를 하는 경우 질문·조사를 하기 전에 피조사자에게 진술을 거부할 수 있는 권리 및 변호인의 조력을 받을 권리가 있음을 알리고, 문답서에 이에 대한 답변을 기재하여야 한다.(2013.8.13 본항신설)
⑧ 각급선거관리위원회 위원·직원은 피조사자가 변호인의 조력을 받으려는 의사를 밝힌 경우 지체 없이 변호인(변호인이 되려는 자를 포함한다)으로 하여금 조사에 참여하게 하거나 의견을 진술하게 하여야 한다.(2013.8.13 본항신설)
⑨ 제1항부터 제8항까지의 규정에 따른 소명절차·방법, 증거자료의 수거, 증표의 규격 기타 필요한 사항은 중앙선거관리위원회규칙으로 정한다.(2013.8.13 본항개정)
(1997.11.14 본조신설)

제272조의3 【통신관련 선거범죄의 조사】 ① 각급선거관리위원회(읍·면·동선거관리위원회를 제외한다. 이하 이 조에서 같다)직원은 정보통신망을 이용한 이 법 위반행위의 혐의가 있다고 인정되는 상당한 이유가 있는 때에는 당해 선거관리위원회의 소재지를 관할하는 고등법원(구·시·군선거관리위원회의 경우에는 지방법원을 말한다) 수석판사 또는 이에 상당하는 판사의 승인을 얻어 정보통신서비스제공자에게 당해 정보통신서비스이용자의 성명(이용자를 식별하기 위한 부호를 포함한다)·주민등록번호·주소(전자우편주소·인터넷 로그기록자료 및 정보통신망에 접속한 정보통신기기의 위치를 확인할 수 있는 자료를 포함한다)·이용기간·이용요금에 대한 자료의 열람이나 제출을 요청할 수 있다.(2020.3.24 본항개정)
② 각급선거관리위원회직원은 전화를 이용한 이 법 위반행위의 혐의가 있다고 인정되는 상당한 이유가 있는 때에는 당해 선거관리위원회의 소재지를 관할하는 고등법원(구·시·군선거관리위원회의 경우에는 지방법원을 말한다) 수석판사 또는 이에 상당하는 판사의 승인을 얻어 정보통신서비스제공자에게 이용자의 성명·주민등록번호·주소·이용기간·이용요금, 송화자 또는 수화자의 전화번호, 설치장소·설치대수에 대한 자료의 열람이나 제출을 요청할 수 있다.(2020.3.24 본항개정)
③ 제1항 및 제2항 또는 다른 법률에도 불구하고 다음 각 호의 어느 하나에 해당하는 자료의 열람이나 제출을 요청하는 때에는 제1항 또는 제2항에 따른 승인이 필요하지 아니하다.
1. 인터넷 홈페이지 게시판·대화방 등에 글이나 동영상 등을 게시하거나 전자우편을 전송한 사람의 성명·주민등록번호·주소 등 인적사항
2. 문자메시지를 전송한 사람의 성명·주민등록번호·주소 등 인적사항 및 전송통수

(2012.2.29 본항신설)
④ 제1항부터 제3항까지에 따른 요청을 받은 자는 지체없이 이에 응하여야 한다.(2012.2.29 본항개정)
⑤ 각급선거관리위원회 직원은 정보통신서비스제공자로부터 제1항부터 제3항까지의 규정에 따라 자료제공을 받은 때에는 30일 이내에 그 사실과 내용을 문서, 팩스, 전자우편, 휴대전화 문자메시지 등으로 해당 이용자에게 알려야 한다. 다만, 선거관리위원회에서 고발·수사의뢰한 경우에는 그 불송치결정, 기소 또는 불기소처분을 통지받은 날부터 10일 이내에 알릴 수 있다.(2021.3.23 단서개정)
⑥ 각급선거관리위원회 직원은 제1항부터 제3항까지의 규정에 따라 자료제공을 받은 경우에는 해당 자료의 제공요청 사실 등 필요한 사항을 기재한 대장과 자료제공요청서 등 관련 자료를 해당 선거관리위원회에 비치하여야 한다.
(2020.3.25 본항신설)
⑦ 각급선거관리위원회 직원은 정보통신서비스제공자로부터 제1항부터 제3항까지에 따라 제출받은 자료를 이 법 위반행위에 대한 조사목적외의 용도로 사용하여서는 아니되며, 관계 수사기관에 고발 또는 수사의뢰하는 경우를 제외하고는 이를 공개하여서는 아니된다.(2012.2.29 본항개정)
⑧ 제1항부터 제3항까지에 따른 요청 기타 필요한 사항은 중앙선거관리위원회규칙으로 정한다.(2012.2.29 본항개정)

제273조 【재정신청】 ① 제230조부터 제234조까지, 제237조부터 제239조까지, 제248조부터 제250조까지, 제255조제1항제1호·제2호·제10호·제11호 및 제3항·제5항·제6항, 제257조 또는 제258조의 죄에 대하여 고발을 한 후보자와 정당(중앙당에 한한다) 및 해당 선거관리위원회는 그 검사소속의 지방검찰청 소재지를 관할하는 고등법원에 그 당부에 관한 재정을 신청할 수 있다.(2023.12.28 본항개정)
② 제1항의 규정에 의한 재정신청에 관하여는 「형사소송법」 제260조제2항부터 제4항까지, 제261조, 제262조, 제262조의4 제2항, 제264조 및 제264조의2의 규정을 적용한다.
(2007.6.1 본항개정)

③ 제1항의 규정에 의한 재정신청서가 「형사소송법」 제260조제3항에 따른 지방검찰청검사장 또는 지청장에게 접수된 때에는 그 때부터 「형사소송법」 제262조제2항의 결정이 있을 때까지 공소시효의 진행이 정지된다.(2007.12.21 본항개정)
④ 제1항의 규정에 의한 재정신청에 관하여는 검사가 당해 선거범죄의 공소시효만료일전 10일까지 공소를 제기하지 아니한 때에는 그 때, 선거관리위원회가 고발한 선거범죄에 대하여 고발을 한 날부터 3월까지 검사가 공소를 제기하지 아니한 때에는 그 3월이 경과한 때 각각 검사로부터 공소를 제기하지 아니한다는 통지가 있는 것으로 본다.(2000.2.16 본항개정)

판례 재정신청 대상으로 포함되어 있지 않은 고발사실을 재정신청의 대상으로 추가한 경우, 그 재정신청보충서에서 추가한 부분에 관한 재정신청은 법률상 방식에 어긋난 것으로서 부적법하다.
(대결 1997.4.22, 97모30)

제274조【선거에 관한 신고 등】 ① 이 법 또는 이 법의 시행을 위한 중앙선거관리위원회규칙에 의하여 후보자등록마감일의 다음날부터 선거일까지 각급행정기관과 각급선거관리위원회에 대하여 행하는 신고·신청·제출·보고 등은 이 법에 특별한 규정이 있는 경우를 제외하고는 공휴일에도 불구하고 매일 오전 9시부터 오후 6시까지 하여야 한다.
(2015.8.13 본항개정)
② 각급선거관리위원회는 이 법 또는 이 법의 시행을 위한 중앙선거관리위원회규칙에 따른 신고·신청·제출·보고 등을 당해 선거관리위원회가 제공하는 서식에 따라 컴퓨터의 자기디스크 그 밖에 이와 유사한 매체에 기록하여 제출하게 하거나 당해 선거관리위원회가 지정하는 인터넷홈페이지에 입력하는 방법으로 제출하게 할 수 있다.
(2005.8.4 본항신설)
(2011.7.28 본조제목개정)

제275조【선거운동의 제한·중지】 지역구국회의원선거, 지방의회의원선거 및 지방자치단체의 장선거에서 후보자등록마감후 후보자가 사퇴·사망하거나 등록이 무효로 된 경우 해당 선거구의 후보자가 그 선거구에서 선거할 정수범위를 넘지 아니하게 되어 투표를 하지 아니하게 된 때에는 그 사유가 확정된 때부터 이 법에 의한 해당 지역구국회의원선거, 해당 지방의회의원선거 및 지방자치단체의 장선거의 선거운동은 이를 중지한다.(2010.1.25 본조개정)

제276조【선거일후 선전물 등의 철거】 선거운동을 위하여 선전물이나 시설물을 첩부·게시 또는 설치한 자는 선거일 후 지체없이 이를 철거하여야 한다.

제277조【선거관리경비】 ① 대통령선거 및 국회의원선거의 관리준비와 실시에 필요한 다음 각호에 해당하는 경비와 지방의회의원 및 지방자치단체의 장의 선거에 관한 사무중 통일적인 수행을 위하여 중앙선거관리위원회 및 시·도선거관리위원회가 집행하는 경비는 국가가 부담한다. 이 경우 임기만료에 의한 선거에 있어서는 해당 선거의 선거기간개시일이 속하는 연도(제1호 중 선거의 관리준비에 필요한 경비와 제2호에 해당하는 경비는 해당 선거의 선거일 전 180일이 속하는 연도를 포함한다)의 본예산에 편성하여야 하되 늦어도 선거일 전 60일(제1호 중 선거의 관리준비에 필요한 경비는 해당 선거의 선거일 전 120일, 제2호에 해당하는 경비는 해당 선거의 선거일 전 240일)까지 중앙선거관리위원회에 배정하여야 하며, 보궐선거등에 있어서는 그 사무의 수행에 지장이 없도록 그 선거의 실시사유가 확정된 때부터 15일〔제197조(선거의 일부무효로 인한 재선거)의 재선거에 있어서는 그 사유확정일부터 5일을, 연기된 선거와 재투표에 있어서는 늦어도 선거일공고일전일을 말한다. 이하 이 조에서 같다〕까지 중앙선거관리위원회에 배정하여야 한다.
(2025.1.7 후단개정)
1. 이 법의 규정에 의한 선거의 관리준비와 실시에 필요한 경비
2. 선거에 관한 계도·홍보 및 단속사무에 필요한 경비
3. 선거에 관한 소송에 필요한 경비
4. 선거에 관한 소송의 결과로 부담하여야 할 경비
5. 선거결과에 대한 자료의 정리에 필요한 경비
6. 선거관리를 위한 선거관리위원회의 운영 및 사무처리에 필요한 경비
7. 예측할 수 없는 경비 또는 예산초과지출에 충당하기 위한 경비로서 제1호 및 제2호의 규정에 의한 경비의 합계금액의 100분의 1에 상당하는 금액(2000.2.16 본호신설)
② 지방의회의원 및 지방자치단체의 장의 선거의 관리준비와 실시에 필요한 다음 각호에 해당하는 경비는 당해 지방자치단체가 부담한다. 이 경우 임기만료에 의한 선거에 있어서는 당해 선거의 선거기간개시일이 속하는 연도(제1항제2호에 해당하는 경비는 당해 선거의 선거일전 180일이 속하는 연도를 포함한다)의 본예산에 편성하여야 하되 늦어도 선거기간개시일전 60일(제1항제1호 중 선거의 관리준비에 필요한 경비는 해당 선거의 선거일 전 120일, 제1항제2호에 해당하는 경비는 해당 선거의 선거일 전 240일)까지 시·도의 의회의원 및 장의 선거에 있어서는 당해 시·도선거관리위원회에, 자치구·시·군의 의회의원 및 장의 선거에 있어서는 당해 선거구선거관리위원회에 납부하여야 하며, 보궐선거등에 있어서는 그 사무의 수행에 지장이 없도록 그 선거의 실시사유가 확정된 때부터 15일까지 시·도의 의회의원 및 장의 선거에 있어서는 해당 시·도선거관리위원회에, 자치구·시·군의회의원 및 장의 선거에 있어서는 당해 선거구선거관리위원회에 납부하여야 한다.(2018.4.6 후단개정)
1. 제1항 각호의 경비
2. 선거에 관한 소청에 필요한 경비
3. 선거에 관한 소청의 결과로 부담하여야 할 경비
③ 제1항 및 제2항의 규정에 의하여 국가나 지방자치단체가 선거관리경비를 배정 또는 납부한 후에 이미 그 경비를 배정 또는 납부한 선거와 동시에 선거를 실시하여야 할 새로운 사유가 발생하거나 배정 또는 납부한 경비에 부족액이 발생한 때에는 제4항의 구분에 따른 당해 선거관리위원회의 요구에 의하여 지체없이 추가로 배정 또는 납부하여야 한다.
④ 제1항 내지 제3항의 규정에 의한 경비외의 경비로서 이 법에 의하여 국가 또는 지방자치단체가 부담하는 경비중 국가가 부담하는 경비는 중앙선거관리위원회의, 시·도의 의회의원 및 장의 선거에 따른 경비는 시·도선거관리위원회의, 자치구·시·군의 의회의원 및 장의 선거에 따른 경비는 당해 선거구선거관리위원회의 요구에 의하여 당해 선거의 선거일부터 15일안에 당해 선거관리위원회에 배정 또는 납부하여야 한다.
⑤ 제2항 내지 제4항의 규정에 의한 경비의 산출기준·납부절차와 방법·집행·검사 및 반환 기타 필요한 사항은 중앙선거관리위원회규칙으로 정한다.

제277조의2【질병·부상 또는 사망에 대한 보상】 ① 중앙선거관리위원회는 각급선거관리위원회위원, 투표관리관, 사전투표관리관, 공정선거지원단원, 투표 및 개표사무원(공무원인 자를 제외한다)이 선거기간(공정선거지원단원의 경우 공정선거지원단을 두는 기간을 말한다) 중에 선거업무로 인하여 질병·부상 또는 사망한 때에는 중앙선거관리위원회규칙이 정하는 바에 의하여 보상금을 지급하여야 한다.
(2018.4.6 본항개정)
② 중앙선거관리위원회는 제1항의 규정에 의한 보상을 위하여 매년 예산에 재해보상준비금을 계상하여야 한다.
③ 제1항의 보상금 지급사유가 제3자의 행위로 인하여 발생한 경우에는 중앙선거관리위원회는 이미 지급한 보상금의 지급 범위안에서 수급권자가 제3자에 대하여 가지는 손해배상청구권을 취득한다. 다만, 제3자가 공무수행 중의 공무원인 경우에는 손해배상청구권의 전부 또는 일부를 행사하지 아니할 수 있다.(2004.3.12 본항신설)

④ 제3항의 경우 보상금의 수급권자가 그 제3자로부터 동일한 사유로 인하여 이미 손해배상을 받은 경우에는 그 배상액의 범위안에서 보상금을 지급하지 아니한다.(2004.3.12 본항신설)
⑤ 제1항의 보상금 지급사유가 그 수급권자의 고의 또는 중대한 과실로 인하여 발생한 경우에는 해당 보상금의 전부 또는 일부를 지급하지 아니할 수 있다.(2010.1.25 본항신설)
⑥ 제5항의 고의 또는 중대한 과실에 의한 보상금의 감액, 중대한 과실의 적용범위, 그 밖에 필요한 사항은 중앙선거관리위원회규칙으로 정한다.(2010.1.25 본항신설)
(2002.3.7 본조신설)

제278조【전산조직에 의한 투표·개표】 ① 중앙선거관리위원회는 투표 및 개표 기타 선거사무의 정확하고 신속한 관리를 위하여 사무전산화를 추진하여야 한다.
② 투표사무관리의 전산화에 있어서는 투표의 비밀이 보장되고 선거인의 투표가 용이하여야 하며, 정당 또는 후보자의 참관이 보장되어야 하고, 기표착오의 시정, 무효표의 방지 기타 투표의 정확을 기할 수 있도록 하여야 한다.
③ 개표사무관리의 전산화에 있어서는 정당 또는 후보자별 득표수의 계산이 정확하고, 투표결과를 검증할 수 있어야 하며, 정당 또는 후보자의 참관이 보장되어야 한다.
④ 중앙선거관리위원회는 투표 및 개표 사무관리를 전산화하여 실시하고자 하는 때에는 이를 선거인이 알 수 있도록 안내문 배부·언론매체를 이용한 광고 기타의 방법으로 홍보하여야 하며, 그 실시여부에 대하여는 국회에 교섭단체를 구성한 정당과 협의하여 결정하여야 한다. 다만, 제158조제2항·제3항 및 제218조의19제1항·제2항에 따른 본인여부 확인장치 및 투표용지 발급기와 제178조제2항에 따른 기계장치 또는 전산조직의 사용에 대하여는 그러하지 아니하다.
(2015.8.13 단서개정)
⑤ 중앙선거관리위원회는 제4항의 협의를 위하여 국회에 교섭단체를 구성한 정당이 참여하는 전자선거추진협의회를 설치·운영할 수 있다.(2005.8.4 본항신설)
⑥ 투표 및 개표 기타 선거사무관리의 전산화에 있어서 투표 및 개표절차와 방법, 전산전문가의 투표 및 개표사무원 위촉과 전산조직운영 프로그램의 작성·검증 및 보관, 전자선거추진협의회의 구성·기능 및 운영 그 밖에 필요한 사항은 중앙선거관리위원회규칙으로 정한다.(2005.8.4 본항개정)
(2000.2.16 본조신설)

제279조【정당·후보자의 선전물의 공익목적 활용 등】 ① 각급선거관리위원회(읍·면·동선거관리위원회는 제외한다. 이하 이 조에서 같다)는 이 법(대통령선거·국회의원선거·지방의회의원선거 및 지방자치단체의 장선거에 관한 각 폐지법률을 포함한다)에 따라 정당 또는 후보자(후보자가 되려는 자를 포함한다. 이하 이 조에서 같다)가 선거관리위원회에 제출한 벽보·공보·소형인쇄물 등 각종 인쇄물, 광고, 사진, 그 밖의 선전물을 공익을 목적으로 출판·전시하거나 인터넷홈페이지 게시, 그 밖의 방법으로 활용할 수 있다.
② 제1항에 따라 각급선거관리위원회가 공익을 목적으로 활용하는 정당 또는 후보자의 벽보·공보·소형인쇄물 등 각종 인쇄물, 광고, 사진, 그 밖의 선전물에 대하여는 누구든지 각급선거관리위원회에 대하여 「저작권법」상의 권리를 주장할 수 없다.
(2008.2.29 본조신설)

부 칙

제1조【시행일】 이 법은 공포한 날부터 시행한다.
제2조【폐지법률】 대통령선거법·국회의원선거법·지방의회의원선거법 및 지방자치단체의장선거법은 이를 폐지한다.
제3조~제11조 (생략)

부 칙 (2011.12.2)

제1조【시행일】 이 법은 「대한민국과 미합중국 간의 자유무역협정 및 대한민국과 미합중국 간의 자유무역협정에 관한 서한교환」이 발효되는 날부터 시행한다.(이하 생략)
<2012.3.15 발효>

부 칙 (2012.2.29)

제1조【시행일】 이 법은 공포한 날부터 시행한다. 다만, 제21조제1항 단서의 개정규정은 2012년 7월 1일부터, 제158조의3·제179조제4항제10호 및 제201조제7항의 개정규정은 2013년 1월 1일부터 시행한다.
제2조【선상부재자투표에 관한 적용례】 선상부재자신고 및 선상투표에 관한 개정규정은 이 법 시행 후 최초로 실시하는 임기만료에 따른 대통령선거부터 적용한다.
제3조【국회의 의원정수에 관한 특례】 2012년 4월 11일에 실시하는 국회의원선거에서는 제21조제1항에도 불구하고 2012년 7월 1일 세종특별자치시가 새로이 설치되는 것을 고려하여 국회의 의원정수는 300인으로 한다.
제4조【국회의원지역구획정에 관한 특례】 2012년 4월 11일에 실시하는 국회의원선거(보궐선거등을 포함한다)에서는 제25조제1항에도 불구하고 인구편차를 줄이기 위하여 부산광역시해운대구 일부를 분할하여 해운대구기장군을국회의원지역구에, 부산광역시북구 일부를 분할하여 북구강서구을국회의원지역구에, 인천광역시서구 일부를 분할하여 서구강화군을국회의원지역구에, 경상북도포항시 일부를 분할하여 포항시남구울릉군국회의원지역구에 속하게 할 수 있다.
제5조【세종특별자치시 설치에 따른 국회의원지역구획정에 관한 특례】 2012년 4월 11일에 실시하는 국회의원선거에서는 제25조제1항에도 불구하고 2012년 7월 1일 세종특별자치시가 새로이 설치되는 것을 고려하여 「세종특별자치시 설치 등에 관한 특별법」 제6조제2항에 따른 세종특별자치시의 관할구역을 하나의 국회의원지역구로 하여 세종특별자치시 국회의원지역구로 한다. 이 경우 세종특별자치시국회의원지역구의 선거관리는 연기군선거관리위원회가 행하고, 선거사무와 관련하여 연기군의 관할구역은 세종특별자치시의 관할구역으로 하며, 충청북도청원군 부용면 일부지역과 충청남도공주시 의당면·장기면·반포면 각 일부 지역은 각각 하나의 면으로 본다.
제6조【공무원 등의 입후보에 관한 경과조치】 2012년 4월 11일에 실시하는 국회의원선거에서는 제53조제1항 본문에도 불구하고 같은 항 각 호의 어느 하나에 해당하는 사람으로서 이 법 시행에 따라 선거구역이 변경된 국회의원지역구(세종특별자치시선거구, 경기도 파주시갑·을선거구, 경기도 이천시선거구, 경기도 여주군양평군가평군선거구, 강원도 원주시갑·을선거구, 충청남도 공주시선거구, 전라남도 순천시곡성군선거구, 전라남도 광양시구례군선거구, 전라남도 담양군함평군영광군장성군선거구, 경상남도 사천시남해군하동군선거구를 말한다. 이하 이 부칙 제8조 및 제9조에서 같다)에 국회의원후보자가 되고자 하는 사람은 이 법 시행일부터 10일 이내에 그 직을 그만두어야 한다.
제7조【예비후보자의 기탁금 반환에 관한 특례】 이 법의 시행에 따라 부칙 제8조 전단의 신고기간 내에 사퇴하거나 같은 조 후단에 따라 등록이 무효로 된 예비후보자는 관할 선거구선거관리위원회가 제57조제1항에도 불구하고 그 예비후보자가 납부한 기탁금 전액을 선거일 후 30일 이내에 반환하여야 한다.
제8조【예비후보자 등록에 관한 경과조치】 2012년 4월 11일에 실시하는 국회의원선거의 예비후보자로서 이 법 시행에 따라 선거구역이 변경된 국회의원지역구의 예비후보자는 이 법 시행일 후 10일까지 입후보하고자 하는 해당 선거

구를 선택하여 관할 선거구선거관리위원회에 신고하여야 한다. 이 경우 그 날까지 신고가 없는 때에는 해당 예비후보자의 등록은 무효로 된 것으로 본다.

제9조【예비후보자홍보물 발송에 관한 경과조치】 ① 2012년 4월 11일에 실시하는 국회의원선거에서 이 법 시행에 따라 선거구역이 변경된 국회의원지역구의 경우 예비후보자는 변경된 선거구 안에 있는 세대수의 100분의 10의 범위에서 예비후보자홍보물을 발송할 수 있다. 이 경우 부칙 제8조 전단에 따라 새로 선택한 선거구에는 이 법 시행 전에 그 선거구에 발송한 수량을 뺀 수량만을 발송할 수 있다.

② 제1항에 따라 예비후보자홍보물을 발송하는 경우 제60조의3제3항에도 불구하고 예비후보자는 발송할 수 있는 예비후보자홍보물의 수량 범위에서 발송할 지역의 세대주의 성명·주소의 교부를 구·시·군의 장에게 신청할 수 있다.

제10조【예비후보자의 선거사무소 등에 관한 경과조치】 2012년 4월 11일에 실시하는 국회의원선거에서 이 법 시행에 따라 예비후보자의 선거사무소가 다른 국회의원지역구에 있게 된 때에는 이 법 시행일 후 10일까지 예비후보자선거사무소를 해당 국회의원지역구로 이전하고 선거사무소의 소재지 변경신고를 하여야 한다.

제11조【정당선거사무소 설치에 관한 경과조치】 2012년 4월 11일에 실시하는 국회의원선거에서 이 법 시행에 따라 하나의 구·시·군이 2 이상의 국회의원지역구로 획정된 경우 종전에 설치하였던 정당선거사무소는 그 주소지를 관할하는 해당 선거구에 설치된 정당선거사무소로 본다.

제12조【자동 동보통신의 방법에 따른 문자메시지 전송에 관한 경과조치】 부칙 제8조 전단에 따라 새로 국회의원지역구를 선택한 예비후보자가 이 법 시행 전에 제60조의3제1항제7호에 따른 자동 동보통신의 방법으로 문자메시지를 전송한 경우에는 제59조제2호의 개정규정의 전송횟수에 포함된 것으로 본다.

제13조【예비후보자의 선거비용에 관한 적용례】 부칙 제8조 전단에 따라 예비후보자가 새로 선택한 국회의원지역구의 선거구역이 종전의 국회의원지역구의 선거구역과 일부 겹치는 경우 그 예비후보자가 지출한 선거비용은 해당 선거의 선거비용으로 본다.

제14조【벌칙 및 과태료에 관한 경과조치】 이 법 시행 전의 행위에 대한 벌칙 및 과태료의 적용에 있어서는 종전의 규정에 따른다.

부 칙 (2014.2.13)

제1조【시행일】 이 법은 공포한 날부터 시행한다.

제2조【선거여론조사공정심의위원회 설치 등에 관한 특례】 ① 제8조의8의 개정규정에 따른 선거여론조사공정심의위원회는 이 법 시행일 후 20일 이내에 설치·운영한다.

② 제8조의8제6항의 개정규정에도 불구하고 선거여론조사기준은 중앙선거여론조사공정심의위원회 설치 후 20일 이내에 공표하여야 한다.

제3조【지역구시·도의원정수에 관한 특례】 2014년 6월 4일 실시하는 임기만료에 따른 지방의회의원선거에서는 제22조제1항의 개정규정에도 불구하고 부산광역시 북구강서구을국회의원지역구에 속하는 북구지역, 해운대구기장군을국회의원지역구에 속하는 해운대구지역, 인천광역시 서구강화군을국회의원지역구에 속하는 서구지역 및 경상북도 포항시남구울릉군국회의원지역구에 속하는 포항시지역을 각각 1개의 국회의원지역선거구로 간주하여 지역구시·도의회의원정수를 산정한다.

제4조【지역구시·도의원 선거구획정에 관한 특례】 2014년 6월 4일 실시하는 임기만료에 따른 지역구지방의회의원선거(보궐선거등을 포함한다)에서는 제26조제3항에도 불구하고 선거구의 인구편차를 줄이기 위하여 부산광역시 강서구 명지동 일부를 분할하여 각각 강서구제1선거구와 강서구제2선거구에, 강원도 영월군 영월읍 일부를 분할하여 각각 영월군제1선거구와 영월군제2선거구에, 경상남도 거창군 거창읍 일부를 분할하여 각각 거창군제1선거구와 거창군제2선거구에 속하게 할 수 있다.

제5조【자치구·시·군의원 선거구획정에 관한 특례】 ① 2014년 6월 4일 실시하는 임기만료에 따른 지방의회의원선거에서 자치구·시·군의원선거구획정위원회는 제24조제7항에도 불구하고 선거구획정안을 이 법 시행일 후 5일까지 시·도지사에게 제출하여야 하며, 시·도의회는 이 법 시행일 후 12일까지 조례안을 의결하여야 한다.

② 시·도의회가 제1항에 따른 기한까지 조례안을 의결하지 아니한 경우에는 그 자치구·시·군의원지역구의 명칭·구역 및 의원정수는 중앙선거관리위원회규칙으로 정한다.

③ 제26조제3항에도 불구하고 지역선거구별 의원 1명당 인구수의 편차를 최소화하기 위하여 중앙선거관리위원회규칙으로 정하는 자치구·시·군은 읍·면·동의 일부를 분할하여 다른 자치구·시·군의원지역구에 속하도록 할 수 있다.

제6조【예비후보자 등록에 관한 특례】 2014년 6월 4일 실시하는 자치구·시의 지역구의회의원선거의 예비후보자가 되려는 사람은 제60조의2제1항제3호에도 불구하고 이 법 시행일 후 17일부터 예비후보자등록을 신청할 수 있다.

제7조【후보자등록 경력의 제출에 관한 적용례】 후보자등록 경력의 제출에 관한 제49조제4항제7호의 개정규정은 1991년 3월 26일 실시한 구·시·군의회의원선거의 후보자등록 경력 등부터 적용한다.

제8조【피선거권에 관한 경과조치】 이 법 시행 전에 제19조제5호의 개정규정에 해당하는 죄를 범한 사람의 피선거권은 종전의 예에 따른다.

제9조【전과기록에 관한 증명서류 제출에 관한 경과조치】 이 법 시행 전에 제60조의2에 따라 예비후보자등록을 한 사람은 이 법 시행일 후 10일까지 제60조의2제2항제2호에 따른 전과기록에 관한 증명서류를 다시 제출하여야 한다.

제10조【선거에 관한 여론조사 신고와 공표·보도 등에 관한 경과조치】 ① 이 법 시행 후 중앙선거여론조사공정심의위원회가 선거여론조사기준을 공표하기 전까지 실시하는 선거에 관한 여론조사의 신고는 제108조제3항의 개정규정에도 불구하고 종전의 규정에 따른다.

② 이 법 시행 후 중앙선거여론조사공정심의위원회가 선거여론조사기준을 공표하기 전까지 실시하는 선거에 관한 여론조사 결과의 공표·보도는 제108조제7항 및 제8항의 개정규정에도 불구하고 종전의 규정에 따른다.

제11조【벌칙·과태료 및 공소시효에 관한 경과조치】 이 법 시행 전의 행위와 중앙선거여론조사공정심의위원회가 선거여론조사기준을 공표하기 전까지 부칙 제10조제1항 및 제2항에 따른 행위에 대한 벌칙·과태료 및 공소시효의 적용은 종전의 규정에 따른다.

제12조【다른 법령과의 관계】 이 법 시행 당시 다른 법령에서 종전의 규정을 인용하고 있는 경우에 이 법 가운데 그에 해당하는 규정이 있는 때에는 종전의 규정을 갈음하여 이 법의 해당 규정을 인용한 것으로 본다.

부 칙 (2015.6.19)

제1조【시행일】 이 법은 공포한 날부터 시행한다.

제2조【국회의원선거구획정위원회 설치 등에 관한 특례】 ① 제24조제1항의 개정규정에도 불구하고 2016년 4월 13일 실시하는 국회의원선거와 관련한 국회의원선거구획정위원회는 이 법 시행일부터 30일 이내에 설치한다.

② 제24조제4항의 개정규정에도 불구하고 2016년 4월 13일 실시하는 국회의원선거와 관련하여 국회의 소관 상임위원회 또는 선거구획정에 관한 사항을 심사하는 특별위원회는 이 법 시행일부터 20일 이내에 중앙선거관리위원회위원장이 지명하는 1명과 학계·법조계·언론계·시민단체·정당

등으로부터 추천받은 사람 중 8명을 의결로 선정하여 중앙선거관리위원회위원장에게 통보하여야 한다.
③ 제24조제11항의 개정규정에도 불구하고 2016년 4월 13일 실시하는 국회의원선거와 관련한 국회의원선거구획정위원회는 선거구획정안을 선거일 전 6개월까지 국회의장에게 제출하여야 한다.
④ 제24조제12항 전단의 개정규정에도 불구하고 중앙선거관리위원회위원장은 2016년 4월 13일 실시하는 국회의원선거와 관련한 국회의원선거구획정위원회 지원 조직을 이 법 시행일부터 둘 수 있다.
⑤ 제24조의2제1항의 개정규정에도 불구하고 국회는 2016년 4월 13일 실시하는 국회의원선거의 국회의원지역선거구는 선거일 전 5개월까지 확정하여야 한다.
제3조【다른 법률의 개정】 ①~② ※(해당 법령에 가제정리 하였음)

부　칙 (2015.8.13)

제1조【시행일】 이 법은 공포한 날부터 시행한다. 다만, 제18조제1항제2호의 개정규정은 2016년 1월 1일부터 시행한다.
제2조【보궐선거등에 관한 경과조치】 이 법 시행 전에 실시사유가 확정된 보궐선거등은 제35조제2항, 제53조제2항, 제201조제5항, 제203조제2항부터 제4항까지의 개정규정에도 불구하고 종전의 규정에 따른다.
제3조【국내거소신고 재외국민에 대한 경과조치】 법률 제12593호 재외동포의 출입국과 법적 지위에 관한 법률 일부개정법률 시행 당시 종전의 재외동포의 출입국과 법적 지위에 관한 법률에 따라 국내거소신고를 한 재외국민에 대하여는 2016년 6월 30일까지는 제4조, 제15조제1항 · 제2항, 제16조제3항, 제37조제1항, 제218조의4제1항 · 제2항 및 제218조의9제1항의 개정규정을 적용하지 아니하고 종전의 규정에 따른다. 이 경우 제218조의4제1항 및 제2항의 개정규정은 「주민등록법」에 관한 사항에 한정한다.
제4조【벌칙 및 과태료에 관한 경과조치】 이 법 시행 전의 행위에 대한 벌칙 및 과태료의 적용에 있어서는 종전의 규정에 따른다.
제5조【다른 법률의 개정】 ※(해당 법령에 가제정리 하였음)

부　칙 (2015.12.24)

제1조【시행일】 이 법은 공포한 날부터 시행한다. 다만, 제8조의8제1항 · 제6항 · 제7항 · 제9항 및 제108조제3항 · 제5항 · 제6항 · 제7항 · 제8항 · 제9항의 개정규정은 이 법 공포 후 10일이 경과한 날부터 시행한다.
제2조【재외선거인명부에 관한 특례】 2016년 4월 13일에 실시하는 국회의원선거에서는 2012년 12월 19일 실시한 대통령선거에서 확정된 재외선거인명부를 제218조의8제2항의 개정규정에 따른 "해당 선거 직전에 실시한 대통령선거 또는 임기만료에 따른 비례대표국회의원선거에서 확정된 재외선거인명부"로 본다.
제3조【국외부재자 신고 및 재외선거인 등록신청에 관한 경과조치】 이 법 시행 당시 종전의 규정에 따른 국외부재자 신고 및 재외선거인 등록신청은 제218조의4 및 제218조의5의 개정규정에 따른 국외부재자 신고 및 재외선거인 등록신청으로 본다.
제4조【벌칙 및 과태료에 관한 경과조치】 이 법 시행 전의 행위에 대한 벌칙 및 과태료의 적용은 종전의 규정에 따른다.
제5조【다른 법령과의 관계】 이 법 시행 당시 다른 법령에서 종전의 「공직선거법」의 규정을 인용하고 있는 경우에 이 법 가운데 그에 해당하는 규정이 있는 때에는 종전의 규정을 갈음하여 이 법의 해당 규정을 인용한 것으로 본다.

부　칙 (2016.3.3)

제1조【시행일】 이 법은 공포한 날부터 시행한다.
제2조【국회의원지역구 획정에 관한 특례】 2016년 4월 13일 실시하는 국회의원선거에서는 제25조제1항제1호의 개정규정에도 불구하고 국회의원지역구 획정의 기준이 되는 인구는 2015년 10월 31일 현재를 기준으로 한다.
제3조【국회의원지역구 획정에 관한 일반적 경과조치】 2016년 4월 13일 실시하는 국회의원선거에서는 2015년 12월 31일 현재 국회의원지역구(이하 "종전 국회의원지역구"라 한다)가 2016년 1월 1일부터 이 법 시행 전까지 존재한 것으로 보고, 국회의원지역구 획정 지연에 따른 필요한 후속조치를 마련한다.
제4조【예비후보자의 기탁금 반환에 관한 특례】 이 법 시행에 따라 선거구역이 변경된 국회의원지역구의 예비후보자로서 이 법 시행일 후 10일까지 사퇴하거나 부칙 제6조제3항에 따라 등록이 무효로 된 예비후보자에게는 제57조제1항에도 불구하고 관할 선거구선거관리위원회가 그 예비후보자가 납부한 기탁금을 선거일 후 30일 이내에 반환하여야 한다.
제5조【당내경선을 위한 안심번호 제공요청 등에 관한 특례】 ① 2016년 4월 13일 실시하는 국회의원선거에서는 이 법 시행 전에 관할 선거관리위원회에 접수된 당내경선을 위한 안심번호 제공 요청서는 당내경선 선거일 전 23일에 제출한 것으로 본다.
② 제57조의8제5항 본문에도 불구하고 이동통신사업자가 제1항에 따른 안심번호 제공 요청을 받은 때에는 이 법 시행일부터 5일 이내에 안심번호를 생성하여 해당 정당에 제공하여야 한다.
③ 2016년 4월 13일 실시하는 국회의원선거에서는 제57조의8제2항제1호에도 불구하고 정당은 이 법 시행일 후 3일까지 관할 선거관리위원회에 당내경선을 위한 안심번호 제공 요청서를 제출할 수 있다.
④ 제57조의8제5항 본문에도 불구하고 이동통신사업자가 제3항에 따른 안심번호 제공 요청을 받은 때에는 그 요청을 받은 날부터 5일 이내에 안심번호를 생성하여 해당 정당에 제공하여야 한다.
제6조【예비후보자등록에 관한 경과조치】 ① 2016년 4월 13일 실시하는 국회의원선거에서는 제60조의2제1항에도 불구하고 종전 국회의원지역구의 예비후보자는 이 법 시행에 따른 국회의원지역구의 관할 선거구선거관리위원회에 예비후보자로 등록된 것으로 본다.
② 종전 국회의원지역구의 예비후보자로서 이 법 시행에 따라 선거구역이 변경된 국회의원지역구의 예비후보자는 이 법 시행일 후 10일까지 종전 국회의원지역구의 전부 또는 일부를 포함하는 국회의원지역구 중 입후보하고자 하는 국회의원지역구를 선택하여 관할 선거구선거관리위원회에 신고하여야 한다.
③ 제2항에 따른 신고를 하지 아니한 경우에는 해당 예비후보자의 등록은 무효로 한다.
제7조【예비후보자홍보물 발송에 관한 경과조치】 ① 2016년 4월 13일 실시하는 국회의원선거에서 종전 국회의원지역구의 예비후보자가 이 법 시행 전에 제60조의3제1항제4호에 따라 예비후보자홍보물을 발송한 경우 그 수량은 이 법 시행에 따른 예비후보자홍보물 발송 수량에 포함한다.
② 제1항에도 불구하고 부칙 제6조제2항에 따라 새로 국회의원지역구를 선택한 예비후보자는 새로 선택한 국회의원지역구 안에 있는 세대수의 100분의 10의 범위에서 예비후보자홍보물을 발송할 수 있다. 이 경우 이 법 시행 전에 그 국회의원지역구에 발송한 수량을 뺀 수량 범위에서만 발송할 수 있다.

③ 제2항에 따라 예비후보자홍보물을 발송하려는 예비후보자는 발송할 수 있는 예비후보자홍보물의 수량 범위에서 발송할 지역의 세대주의 성명·주소의 교부를 구·시·군의 장에게 신청할 수 있다.

제8조【예비후보자의 선거사무소 등에 관한 경과조치】 ① 2016년 4월 13일 실시하는 국회의원선거에서 종전 국회의원 지역구의 예비후보자가 이 법 시행 전에 관할 선거구선거관리위원회에 선거사무소 설치 신고를 하거나 선거사무장·선거사무원 또는 활동보조인 선임 신고를 한 경우 이 법 시행에 따라 신고한 것으로 본다.

② 2016년 4월 13일 실시하는 국회의원선거에서 이 법 시행에 따라 예비후보자의 선거사무소가 다른 국회의원지역구에 있게 된 때에는 이 법 시행일 후 10일까지 예비후보자선거사무소를 해당 국회의원지역구로 이전하고 관할 선거구선거관리위원회에 선거사무소의 소재지 변경신고를 하여야 한다.

제9조【정당선거사무소 설치에 관한 경과조치】 2016년 4월 13일 실시하는 국회의원선거에서 이 법 시행에 따라 하나의 구·시·군이 둘 이상의 국회의원지역구로 획정된 경우 종전에 설치하였던 정당선거사무소는 그 주소지를 관할하는 해당 국회의원지역구에 설치된 정당선거사무소로 본다.

제10조【자동 동보통신의 방법에 따른 문자메시지 전송에 관한 경과조치】 ① 2016년 4월 13일 실시하는 국회의원선거에서 부칙 제6조제1항에 따른 종전 국회의원지역구의 예비후보자가 이 법 시행 전에 제59조제2호의 자동 동보통신의 방법으로 문자메시지를 전송한 경우에는 이 법 시행에 따른 전송횟수에 포함한다.

② 부칙 제6조제2항에 따라 새로 국회의원지역구를 선택한 예비후보자가 이 법 시행 전에 제59조제2호의 자동 동보통신의 방법으로 문자메시지를 전송한 경우에는 이 법 시행에 따른 전송횟수에 포함한다.

제11조【예비후보자의 선거비용에 관한 경과조치】 ① 2016년 4월 13일 실시하는 국회의원선거에서 부칙 제6조제1항에 따른 종전 국회의원지역구의 예비후보자가 이 법 시행 전에 선거운동을 위하여 지출한 비용은 해당 선거의 선거비용으로 본다.

② 부칙 제6조제2항에 따라 새로 국회의원지역구를 선택한 예비후보자가 이 법 시행 전에 선거운동을 위하여 지출한 비용은 해당 선거의 선거비용으로 본다.

부 칙 (2017.2.8)

제1조【시행일】 이 법은 공포한 날부터 시행한다. 다만, 제8조의8제7항제3호, 제8조의9, 제108조제12항제3호의 개정규정은 공포 후 3개월이 경과한 날부터 시행한다.

제2조【휴대전화 가상번호 사용에 관한 특례】 이 법 시행일부터 3개월까지의 기간 중에는 공표 또는 보도를 목적으로 전화를 이용하여 선거에 관한 여론조사를 실시하려는 여론조사 기관·단체는 제108조의2의 개정규정에 따라 휴대전화 가상번호를 사용할 수 있는 선거여론조사기관으로 본다.

제3조【자동 동보통신의 방법에 따른 문자메시지 전송에 관한 경과조치】 예비후보자가 이 법 시행 전에 종전의 규정에 따른 자동 동보통신의 방법으로 문자메시지를 전송한 경우 그 횟수는 제59조제2호의 개정규정에 따른 전송횟수에 포함한다.

제4조【선거에 관한 여론조사 실시에 관한 경과조치】 후보자(후보자가 되려는 사람을 포함한다)가 제60조의2제1항에 따른 예비후보자등록신청개시일부터 이 법 시행 전까지 선거에 관한 여론조사를 실시한 경우 그 횟수는 제120조제10호 단서의 개정규정에 따른 여론조사의 실시 횟수에 포함하지 아니한다.

제5조【벌칙 및 과태료에 관한 경과조치】 이 법 시행 전의 행위에 대한 벌칙 및 과태료의 적용은 종전의 규정에 따른다.

부 칙 (2018.3.9)

제1조【시행일】 이 법은 공포한 날부터 시행한다.

제2조【지역구시·도의원정수에 관한 특례】 2018년 6월 13일 실시하는 임기만료에 따른 지방의회의원선거에서는 제22조제1항에도 불구하고 서울특별시 중구성동구을지역구에 속하는 성동구지역, 부산광역시 북구강서구을국회의원지역구에 속하는 북구지역, 광주광역시 동구남구을지역구에 속하는 남구지역, 경상북도 포항시남구울릉군국회의원지역구에 속하는 포항시지역을 각각 1개의 국회의원지역선거구로 간주하여 지역구시·도의회의원정수를 산정한다.

제3조【지역구시·도의원 선거구획정에 관한 특례】 2018년 6월 13일 실시하는 임기만료에 따른 지역구지방의회의원선거(보궐선거등을 포함한다)에서는 제26조제3항에도 불구하고 선거구의 인구편차를 줄이기 위하여 강원도 영월군 영월읍 일부를 분할하여 각각 영월군제1선거구와 영월군제2선거구에, 경상남도 거창군 거창읍 일부를 분할하여 각각 거창군제1선거구와 거창군제2선거구에 속하게 할 수 있다.

제4조【자치구·시·군의원 선거구획정에 관한 특례】 ① 2018년 6월 13일 실시하는 임기만료에 따른 지방의회의원선거에서 자치구·시·군의원선거구획정위원회는 제24조의3제5항에도 불구하고 선거구획정안을 이 법 시행일 후 5일까지 시·도지사에게 제출하여야 하며, 시·도의회는 이 법 시행일 후 12일까지 조례안을 의결하여야 한다.

② 시·도의회가 제1항에 따른 기한까지 조례안을 의결하지 아니한 경우에는 그 자치구·시·군의원지역구의 명칭·구역 및 의원정수는 중앙선거관리위원회규칙으로 정한다.

③ 제26조제3항에도 불구하고 지역선거구별 의원 1명당 인구수의 편차를 최소화하기 위하여 중앙선거관리위원회규칙으로 정하는 자치구·시·군은 읍·면·동의 일부를 분할하여 다른 자치구·시·군의원지역구에 속하도록 할 수 있다.

제5조【예비후보자의 기탁금 반환에 관한 특례】 이 법 및 부칙 제4조에 따른 해당 시·도의 조례 또는 중앙선거관리위원회규칙(이하 "선거구역 변경규정"이라 한다)의 시행에 따라 선거구역의 변경으로 부칙 제7조 전단의 신고기간 내에 사퇴하거나 같은 조 후단에 따라 등록이 무효로 된 예비후보자에게는 관할 선거구선거관리위원회가 제57조제1항에도 불구하고 그 예비후보자가 납부한 기탁금 전액을 선거일 후 30일 이내에 반환하여야 한다.

제6조【자동 동보통신의 방법에 따른 문자메시지 전송에 관한 경과조치】 ① 부칙 제7조 전단에 따라 새로 선거구를 선택한 예비후보자가 해당 선거구역 변경규정의 시행 전에 제59조제2호 후단에 따른 자동 동보통신의 방법으로 문자메시지를 전송한 경우에는 같은 호의 전송횟수에 포함된 것으로 본다. 다만, 새로 선택한 선거구와 종전 선거구의 구역 중 일부 겹치는 지역의 인구수가 새로 선택한 선거구의 인구수의 100분의 50에 미달하는 선거구(이하 "인구수미달 선거구"라 한다)의 경우에는 그러하지 아니하다.

② 제1항 단서의 인구수는 제4조에 따른 인구수로 한다.

제7조【예비후보자 등록에 관한 경과조치】 2018년 6월 13일 실시하는 임기만료에 따른 지역구지방의회의원선거의 예비후보자로서 선거구역 변경규정의 시행에 따라 선거구역이 변경된 지역의 예비후보자는 해당 선거구역 변경규정의 시행일 후 10일까지 입후보하려는 해당 선거구를 선택하여 관할 선거구선거관리위원회에 신고하여야 한다. 이 경우 그 날까지 신고가 없는 때에는 해당 예비후보자의 등록은 무효로 된 것으로 본다.

제8조【예비후보자홍보물 발송에 관한 경과조치】 ① 부칙 제7조 전단에 따라 새로 선거구를 선택한 예비후보자는 새로 선택한 선거구 안에 있는 세대수의 100분의 10의 범위에서 예비후보자홍보물을 발송할 수 있다. 이 경우 선거구역 변경규정의 시행 전에 그 선거구에 발송한 수량을 뺀 수량만을 발송하여야 한다.

② 제1항에 따라 예비후보자홍보물을 발송하려는 예비후보자는 발송할 수 있는 예비후보자홍보물의 수량 범위에서 발송할 지역의 세대주의 성명·주소의 교부를 구·시·군의 장에게 신청할 수 있다.

제9조【예비후보자의 선거사무소에 관한 경과조치】 부칙 제7조 전단에 따라 새로 선거구를 선택한 예비후보자의 선거사무소가 다른 선거구역에 있을 경우에는 해당 선거구역 변경규정의 시행일 후 20일까지 해당 선거구역으로 예비후보자의 선거사무소를 이전하고 선거사무소의 소재지 변경신고를 하여야 한다.

제10조【예비후보자의 선거사무원 선임에 관한 경과조치】 부칙 제7조 전단에 따라 새로 선거구를 선택한 예비후보자가 선거구역 변경규정의 시행일 후 10일까지 선거사무원을 교체하는 경우에는 제63조제1항 후단에 따른 교체선임 수에 포함하지 아니한다.

제11조【예비후보자의 선거비용에 관한 경과조치】 ① 부칙 제7조 전단에 따라 새로 선택한 선거구가 종전의 선거구와 일부 겹치는 경우 그 예비후보자가 지출한 선거비용은 해당 선거의 선거비용으로 본다. 다만, 인구수미달 선거구의 경우에는 그러하지 아니하다.

② 제1항 단서에도 불구하고 해당 선거구역 변경규정의 시행 전에 종전 선거구 구역 중 부칙 제7조 전단에 따라 새로 선택한 선거구의 구역에 포함된 지역에 발송한 예비후보자홍보물의 작성·발송비용은 해당 선거의 선거비용으로 본다.

제12조【선거에 관한 여론조사의 실시에 관한 경과조치】 2018년 6월 13일 실시하는 임기만료에 따른 지역구지방의회의원선거에서 선거구역 변경규정의 시행에 따라 선거구역이 변경된 지역의 예비후보자(후보자가 되려는 사람을 포함한다)가 선거구역 변경규정의 시행일까지 실시한 선거에 관한 여론조사는 제120조제10호 단서에도 불구하고 그 횟수에 포함하지 아니한다.

부 칙 (2018.4.6)

제1조【시행일】 이 법은 공포한 날부터 시행한다.

제2조【벌칙 및 과태료에 관한 경과조치】 이 법 시행 전의 행위에 대한 벌칙 및 과태료의 적용은 종전의 규정에 따른다.

제3조【다른 법률의 개정】 ※(해당 법령에 가제정리 하였음)

부 칙 (2020.1.14)

제1조【시행일】 이 법은 공포한 날부터 시행한다.

제2조【일반적 적용례】 이 법의 개정규정은 2020년 4월 15일 실시하는 임기만료에 따른 국회의원선거부터 적용한다.

제3조【비례대표국회의원선거의 후보자 추천절차 제출에 관한 특례】 2020년 4월 15일 실시하는 비례대표국회의원선거에서는 제47조제2항제2호의 개정규정에도 불구하고 후보자등록신청개시일 전 10일까지 후보자 추천절차의 구체적 사항을 정한 당헌·당규 및 그 밖의 내부 규약 등을 제출하여야 한다.

제4조【비례대표국회의원의석의 배분에 관한 특례】 ① 2020년 4월 15일 실시하는 비례대표국회의원선거에서는 제189조제2항의 개정규정에도 불구하고 비례대표국회의원 의석정수를 다음 각 호에 따라 의석할당정당에 배분한다.

1. 30석

가. 다음 계산식에 따른 값을 소수점 첫째자리에서 반올림하여 연동배분의석수를 산정하되, 연동배분의석수가 1보다 작은 경우 연동배분의석수는 0으로 한다.

연동배분의석수 = 〔(국회의원정수 − 의석할당정당이 추천하지 않은 지역구국회의원당선인수) × 해당 정당의 비례대표국회의원선거 득표비율 − 해당 정당의 지역구국회의원당선인수〕 ÷ 2

나. 가목에 따른 각 정당별 연동배분의석수의 합계가 30석에 미달할 경우 각 의석할당정당에 배분할 잔여의석수(이하 이 조에서 "잔여배분의석수"라 한다)는 다음 계산식에 따라 산정한다. 이 경우 정수(整數)의 의석을 먼저 배정하고 잔여의석은 소수점 이하 수가 큰 순으로 각 의석할당정당에 1석씩 배분하되, 그 수가 같은 때에는 해당 정당 사이의 추첨에 따른다.

잔여배분의석수 = (30 − 각 연동배분의석수의 합계) × 비례대표국회의원선거 득표비율

다. 가목에 따른 각 정당별 연동배분의석수의 합계가 30석을 초과할 경우에는 가목 및 나목에도 불구하고 다음 계산식에 따라 산출된 수(이하 이 조에서 "조정의석수"라 한다)를 각 연동배분의석 할당정당의 의석으로 산정한다. 이 경우 산출방식에 관하여는 나목 후단을 준용한다.

조정의석수 = 30 × 연동배분의석수 ÷ 각 연동배분의석수의 합계

2. 비례대표국회의원 의석정수에서 30석을 뺀 수 : 각 의석할당정당의 비례대표국회의원선거 득표비율에 비례대표국회의원 의석정수에서 30석을 뺀 수를 곱하여 산출된 수의 정수(整數)의 의석을 해당 정당에 먼저 배분하고 잔여의석은 소수점 이하 수가 큰 순으로 각 정당에 1석씩 배분하되, 그 수가 같은 때에는 해당 정당 사이의 추첨에 따른다.

② 2020년 4월 15일 실시하는 비례대표국회의원선거에서 제189조제6항, 제194조제4항, 제197조제7항의 개정규정에 따라 의석을 배분하는 경우에는 제189조제1항부터 제3항까지의 개정규정에도 불구하고 제1항에 따라 비례대표국회의원의석을 배분한다.

부 칙 (2020.3.11)

제1조【시행일】 이 법은 공포한 날부터 시행한다.

제2조【국회의원지역구획정에 관한 특례】 ① 2020년 4월 15일에 실시하는 국회의원선거에서는 제25조제1항에도 불구하고 농산어촌의 지역대표성 반영을 위하여 강원도 춘천시의 일부를 분할하여 강원도 춘천시철원군화천군양구군을 국회의원지역구에, 전라남도 순천시의 일부를 분할하여 전라남도 순천시광양시곡성군구례군을국회의원지역구에 속하게 할 수 있다.

② 2020년 4월 15일에 실시하는 국회의원선거에서는 제25조제1항에도 불구하고 인구편차를 줄이기 위하여 경기도 화성시 봉담읍을 분할하여 각각 경기도 화성시갑국회의원지역구와 화성시병국회의원지역구에 속하게 할 수 있다.

제3조【예비후보자의 기탁금 반환에 관한 특례】 이 법 시행에 따라 선거구역이 변경된 국회의원지역구의 예비후보자로서 이 법 시행일 후 10일까지 사퇴하거나 부칙 제6조제2항에 따라 등록이 무효로 된 예비후보자에게 관할 선거구선거관리위원회는 제57조제1항에도 불구하고 그 예비후보자가 납부한 기탁금을 선거일 후 30일 이내에 반환하여야 한다.

제4조【당내경선을 위한 휴대전화 가상번호 제공요청 등에 관한 특례】 ① 2020년 4월 15일 실시하는 국회의원선거에서는 제57조의8제2항제1호에도 불구하고 정당은 이 법 시행일 후 3일까지 관할 선거관리위원회에 당내경선을 위한 휴대전화 가상번호 제공 요청서를 제출할 수 있다.

② 제57조의8제5항 본문에도 불구하고 이동통신사업자가 제1항에 따른 휴대전화 가상번호 제공 요청을 받은 때에는 그 요청을 받은 날부터 5일 이내에 휴대전화 가상번호를 생성하여 해당 정당에 제공하여야 한다.

제5조【자동 동보통신의 방법에 따른 문자메시지 전송에 관한 경과조치】 부칙 제6조제1항에 따라 새로 국회의원지역구를 선택한 예비후보자가 이 법 시행 전에 제59조제2호 후단에 따른 자동 동보통신의 방법으로 문자메시지를 전송한 경우에는 같은 호의 전송횟수에 포함된 것으로 본다.

제6조【예비후보자 등록에 관한 경과조치】 ① 2020년 4월 15일 실시하는 국회의원선거의 예비후보자로서 이 법 시행에 따라 선거구역이 변경된 국회의원지역구의 예비후보자는 이 법 시행일 후 10일까지 종전 국회의원지역구의 전부 또는 일부를 포함하는 국회의원지역구 중 입후보하려는 국회의원지역구를 선택하여 관할 선거구선거관리위원회에 신고하여야 한다.
② 제1항에 따른 신고를 하지 아니한 경우에는 해당 예비후보자의 등록은 무효로 한다.
제7조【예비후보자홍보물 발송에 관한 경과조치】 ① 부칙 제6조제1항에 따라 새로 국회의원지역구를 선택한 예비후보자는 새로 선택한 국회의원지역구 안에 있는 세대수의 100분의 10의 범위에서 예비후보자홍보물을 발송할 수 있다. 이 경우 이 법 시행 전에 그 국회의원지역구에 발송한 수량을 뺀 수량의 범위에서만 발송할 수 있다.
② 제1항에 따라 예비후보자홍보물을 발송하려는 예비후보자는 발송할 수 있는 예비후보자홍보물의 수량 범위에서 발송할 지역의 세대주의 성명·주소의 교부를 구·시·군의 장에게 신청할 수 있다.
제8조【예비후보자의 선거사무소에 관한 경과조치】 2020년 4월 15일 실시하는 국회의원선거에서 이 법 시행에 따라 예비후보자의 선거사무소가 다른 국회의원지역구에 있게 된 때에는 이 법 시행일 후 10일까지 예비후보자선거사무소를 해당 국회의원지역구로 이전하고 관할 선거구선거관리위원회에 선거사무소의 소재지 변경신고를 하여야 한다.
제9조【정당선거사무소 설치에 관한 경과조치】 2020년 4월 15일 실시하는 국회의원선거에서 이 법 시행에 따라 하나의 구·시·군이 둘 이상의 국회의원지역구로 획정된 경우 종전에 설치하였던 정당선거사무소는 그 주소지를 관할하는 해당 국회의원지역구에 설치된 정당선거사무소로 본다.
제10조【예비후보자의 선거사무원 선임에 관한 경과조치】 부칙 제6조제1항에 따라 새로 국회의원지역구를 선택한 예비후보자는 제63조제1항 후단에도 불구하고 이 법 시행일부터 제62조제3항제3호에 따른 선거사무원수의 2배수 범위에서 선거사무원을 교체선임할 수 있다.
제11조【예비후보자의 선거비용에 관한 경과조치】 부칙 제6조제1항에 따라 새로 국회의원지역구를 선택한 예비후보자가 이 법 시행 전에 선거운동을 위하여 지출한 비용은 해당 선거의 선거비용으로 본다.
제12조【선거에 관한 여론조사의 실시에 관한 경과조치】 2020년 4월 15일 실시하는 국회의원선거에서 이 법 시행에 따라 선거구역이 변경된 국회의원지역구의 예비후보자(후보자가 되려는 사람을 포함한다)가 이 법 시행일까지 실시한 선거에 관한 여론조사는 제120조제10호 단서에도 불구하고 그 횟수에 포함하지 아니한다.

부　칙 (2020.3.25)

제1조【시행일】 이 법은 공포한 날부터 시행한다.
제2조【기탁금 납부에 관한 적용례】 제56조제1항제2호 및 제2호의2의 개정규정은 이 법 시행 후 최초로 실시하는 비례대표국회의원선거부터 적용한다.
제3조【기탁금 반환에 관한 적용례】 제57조제1항제1호다목의 개정규정은 이 법 시행 후 최초로 실시하는 선거부터 적용한다.

부　칙 (2020.12.29 법17813호)

제1조【시행일】 이 법은 공포한 날부터 시행한다.
제2조【보궐선거등의 선거일에 관한 적용례】 제35조제2항제1호의 개정규정은 2021년 3월 1일 이후부터 실시사유가 확정된 보궐선거등부터 적용한다.

부　칙 (2021.3.23)

제1조【시행일】 이 법은 공포한 날부터 시행한다.
제2조【선거여론조사기관의 여론조사 결과 공표·보도에 관한 적용례】 제108조제12항의 개정규정은 제8조의8제10항에 따라 고발된 선거여론조사기관에 대하여 2021년 1월 1일부터 이 법 시행일 전에 불송치결정이 있는 경우에도 적용한다.
제3조【자료제공 사실 고지에 관한 특례】 각급선거관리위원회 직원은 선거관리위원회에서 고발·수사의뢰한 사건에 대하여 2021년 1월 1일부터 이 법 시행일 전까지 불송치결정의 통지를 받은 경우 제272조의3제5항의 개정규정에도 불구하고 이 법 시행일부터 10일 이내에 자료제공을 받은 사실과 내용을 해당 이용자에게 알릴 수 있다.

부　칙 (2021.3.26)

이 법은 공포한 날부터 시행한다. 다만, 제176조제3항·제5항 및 제218조의23제2항 후단의 개정규정은 공포 후 6개월이 경과한 날부터 시행한다.

부　칙 (2022.1.18)

제1조【시행일】 이 법은 2022년 4월 1일부터 시행한다. 다만, 제16조제2항 및 제3항의 개정규정은 공포한 날부터 시행한다.
제2조【벌칙에 관한 경과조치】 이 법 시행 전의 행위에 대하여 벌칙을 적용할 때에는 종전의 규정에 따른다.

부　칙 (2022.1.21)

제1조【시행일】 이 법은 공포한 날부터 시행한다.
제2조【선거방송토론위원회 위원의 추천·위촉에 관한 특례】 ① 중앙선거관리위원회는 이 법 시행일부터 30일 이내에 지상파방송사가 포함된 단체로서 중앙선거관리위원회규칙으로 정하는 단체가 추천하는 사람을 중앙선거방송토론위원회의 위원으로 위촉하여야 한다.
② 시·도선거관리위원회는 이 법 시행일부터 30일 이내에 지상파방송사가 추천하는 사람을 시·도선거방송토론위원회의 위원으로 위촉하여야 한다.
③ 제1항 및 제2항에 따라 위촉된 위원으로 인하여 해당 선거방송토론위원회의 위원현원이 위원정수를 초과하게 되는 경우에도 현원을 위원정수로 본다.
④ 국회에 교섭단체를 구성한 정당과 공영방송사가 각각 추천하는 위원이 이 법 시행 후 임기가 만료되는 경우에는 국회에 교섭단체를 구성한 정당과 공영방송사가 각각 추천하는 사람을 우선하여 해당 선거방송토론위원회의 위원으로 위촉한다. 이 경우 위촉된 위원으로 인하여 해당 선거방송토론위원회의 위원현원이 위원정수를 초과하게 되는 경우에도 현원을 위원정수로 본다.
제3조【공정선거지원단 추가 구성에 관한 특례】 제10조의2제2항 단서에도 불구하고 2017년 1월 1일 이후 둘 이상의 구·시·군선거관리위원회가 하나의 구·시·군선거관리위원회로 통합된 경우 해당 구·시·군선거관리위원회가 추가하여 구성할 수 있는 공정선거지원단의 인원은 통합 전 구·시·군선거관리위원회의 수에 20을 곱하여 얻은 수 이내로 한다.
제4조【재외선거인 등록신청에 관한 특례】 2017년 5월 9일 실시한 대통령선거의 재외선거와 2020년 4월 15일 실시한 국회의원선거의 재외선거에 계속하여 투표하지 아니한 선

거인으로서 종전의 제218조의8제2항 후단에 따라 재외선거인명부에서 삭제된 사람은 2022년 3월 9일 실시하는 대통령선거의 재외선거에 있어 선거일 전 60일까지 제218조의5제1항에 따라 재외선거인 등록신청을 하지 아니한 경우 선거일 전 60일에 제218조의5제1항에 따라 재외선거인 등록신청을 한 것으로 본다.

제5조【읍·면·동의 설치·폐지·분할·합병에 관한 적용례】 ① 제148조제1항제2호의 개정규정은 2018년 6월 13일(이하 "기준시점"이라 한다) 이후 읍·면·동이 설치·폐지·분할·합병되어 기준시점 직전보다 관할구역의 총 읍·면·동의 수가 줄어든 경우부터 적용한다.

② 기준시점 이후 여러 번의 설치·폐지·분할·합병이 실시되어 관할구역의 총 읍·면·동의 수가 계속하여 줄어드는 경우에도 기준시점 직전의 읍·면·동을 기준으로 한다.

부 칙 (2022.2.16)

이 법은 공포한 날부터 시행한다. 다만, 제38조제1항의 개정규정 중 해당 구·시·군이 개설·운영하는 인터넷 홈페이지를 통하여 하는 거소투표신고 부분 및 같은 조 제2항의 개정규정은 공포 후 6개월이 경과한 날부터 시행한다.

부 칙 (2022.4.20)

제1조【시행일】 이 법은 공포한 날부터 시행한다.

제2조【지역구시·도의원정수에 관한 특례】 2022년 6월 1일 실시하는 임기만료에 따른 지방의회의원선거에서는 제22조제1항에도 불구하고 서울특별시 중구성동구을국회의원지역구에 속하는 성동구지역, 부산광역시 북구강서구을국회의원지역구에 속하는 북구지역, 인천광역시 동구미추홀구갑국회의원지역구에 속하는 미추홀구지역, 광주광역시 동구남구을국회의원지역구에 속하는 남구지역, 강원도 춘천시철원군화천군양구군을국회의원지역구에 속하는 춘천시지역, 전라남도 순천시광양시곡성군구례군을국회의원지역구에 속하는 순천시지역, 경상북도 포항시남구울릉군국회의원지역구에 속하는 포항시지역을 각각 1개의 국회의원지역선거구로 간주하여 지역구시·도의회의원정수를 산정한다.

제3조【지역구시·도의원 선거구획정에 관한 특례】 2022년 6월 1일 실시하는 임기만료에 따른 지역구지방의회의원선거(보궐선거등을 포함한다)에서는 제26조제3항에도 불구하고 선거구의 인구편차를 줄이기 위하여 경기도 화성시 봉담읍 일부를 분할하여 각각 화성시제1선거구와 화성시제6선거구에, 강원도 영월군 영월읍 일부를 분할하여 각각 영월군제1선거구와 영월군제2선거구에, 충청남도 아산시 배방읍 일부를 분할하여 각각 아산시제4선거구와 아산시제5선거구에, 전라남도 순천시 해룡면 일부를 분할하여 각각 순천시제7선거구와 순천시제8선거구에, 전라남도 광양시 중마동 일부를 분할하여 각각 광양시제3선거구와 광양시제4선거구에, 전라남도 장흥군 장흥읍 일부를 분할하여 각각 장흥군제1선거구와 장흥군제2선거구에, 경상북도 포항시북구 장량동 일부를 분할하여 각각 포항시제4선거구와 포항시제5선거구에, 경상남도 양산시 물금읍 일부를 분할하여 각각 양산시제1선거구와 양산시제2선거구에, 경상남도 거창군 거창읍 일부를 분할하여 각각 거창군제1선거구와 거창군제2선거구에 속하게 할 수 있다.

제4조【자치구·시·군의원 선거구획정에 관한 특례】 ① 2022년 6월 1일 실시하는 임기만료에 따른 지방의회의원선거에서 자치구·시·군의원선거구획정위원회는 제24조의3제5항에도 불구하고 선거구획정안을 이 법 시행일 후 2일까지 시·도지사에게 제출하여야 하며, 시·도의회는 이 법 시행일 후 9일까지 조례안을 의결하여야 한다.

② 시·도의회가 제1항에 따른 기한까지 조례안을 의결하지 아니한 경우에는 그 자치구·시·군의원지역구의 명칭·구역 및 의원정수는 중앙선거관리위원회규칙으로 정한다.

③ 제26조제3항에도 불구하고 지역선거구별 의원 1명당 인구수의 편차를 최소화하기 위하여 중앙선거관리위원회규칙으로 정하는 자치구·시·군은 읍·면·동의 일부를 분할하여 다른 자치구·시·군의원지역구에 속하도록 할 수 있다.

제5조【지역구지방의원 선거구획정에 관한 일반적 경과조치】 2022년 6월 1일 실시하는 임기만료에 따른 지방의회의원선거에서는 2021년 12월 31일 현재 〔별표2〕 시·도의회의원지역선거구구역표 중 '인천광역시의회의원지역선거구', '경상북도의회의원지역선거구'와 「서울특별시 자치구의회의원 선거구와 선거구별 의원정수에 관한 조례」 〔별표〕 서울특별시 자치구의회의원 선거구와 선거구별 의원정수 중 '마포구', '강서구', '강남구'는 부칙 제6조의 선거구역 변경규정의 시행 전까지 존재한 것으로 본다.

제6조【예비후보자의 기탁금 반환에 관한 특례】 이 법 및 부칙 제4조(법률 제18840호 제주특별자치도 설치 및 국제자유도시 조성을 위한 특별법 일부개정법률 부칙 제3조 및 법률 제18839호 세종특별자치시 설치 등에 관한 특별법 일부개정법률 부칙 제3조를 포함한다)에 따른 해당 시·도의 조례 또는 중앙선거관리위원회규칙(이하 "선거구역 변경규정"이라 한다)의 시행에 따라 선거구역의 변경으로 부칙 제9조 전단의 신고기간 내에 사퇴하거나 같은 조 후단에 따라 등록이 무효로 된 예비후보자에게는 관할 선거구선거관리위원회가 제57조제1항의 개정규정에도 불구하고 그 예비후보자가 납부한 기탁금 전액을 선거일 후 30일 이내에 반환하여야 한다.

제7조【당내경선을 위한 휴대전화 가상번호 제공요청 등에 관한 특례】 ① 2022년 6월 1일 실시하는 임기만료에 따른 지방의회의원선거에서는 제57조의8제2항제1호에도 불구하고 정당은 선거구역 변경규정의 시행일 후 3일까지 관할 선거관리위원회에 당내경선을 위한 휴대전화 가상번호 제공요청서를 제출할 수 있다.

② 제57조의8제5항 본문에도 불구하고 이동통신사업자가 제1항에 따른 휴대전화 가상번호 제공 요청을 받은 때에는 그 요청을 받은 날부터 5일 이내에 휴대전화 가상번호를 생성하여 해당 정당에 제공하여야 한다.

제8조【자동 동보통신의 방법에 따른 문자메시지 전송에 관한 경과조치】 ① 부칙 제9조 전단에 따라 새로 선거구를 선택한 예비후보자가 해당 선거구역 변경규정의 시행 전에 제59조제2호에 따른 자동 동보통신의 방법으로 문자메시지를 전송한 경우에는 같은 호의 전송횟수에 포함된 것으로 본다. 다만, 새로 선택한 선거구와 종전 선거구의 구역 중 일부 겹치는 지역의 인구수가 새로 선택한 선거구의 인구수의 100분의 50에 미달하는 선거구(이하 "인구수미달 선거구"라 한다)의 경우에는 그러하지 아니하다.

② 제1항 단서의 인구수는 제4조에 따른 인구수로 한다.

제9조【예비후보자 등록에 관한 경과조치】 2022년 6월 1일 실시하는 임기만료에 따른 지역구지방의회의원선거의 예비후보자로서 선거구역 변경규정의 시행에 따라 선거구역이 변경된 지역의 예비후보자는 해당 선거구역 변경규정의 시행일 후 10일(해당 선거구역 변경규정의 시행일 후 10일 이내에 후보자등록신청개시일이 도래하는 경우에는 후보자등록신청개시일 전일을 말한다)까지 입후보하려는 해당 선거구를 선택하여 관할 선거구선거관리위원회에 신고하여야 한다. 이 경우 그 날까지 신고가 없는 때에는 해당 예비후보자의 등록은 무효로 된 것으로 본다.

제10조【예비후보자홍보물 발송에 관한 경과조치】 ① 부칙 제9조 전단에 따라 새로 선거구를 선택한 예비후보자는

새로 선택한 선거구 안에 있는 세대수의 100분의 10의 범위에서 예비후보자홍보물을 발송할 수 있다. 이 경우 해당 선거구역 변경규정의 시행 전에 그 선거구에 발송한 수량을 뺀 수량의 범위에서만 발송할 수 있다.
② 제1항에 따라 예비후보자홍보물을 발송하려는 예비후보자는 발송할 수 있는 예비후보자홍보물의 수량 범위에서 발송할 지역의 세대주의 성명·주소의 교부를 구·시·군의 장에게 신청할 수 있다.
제11조【예비후보자의 선거사무소에 관한 경과조치】 부칙 제9조 전단에 따라 새로 선거구를 선택한 예비후보자의 선거사무소가 다른 선거구역에 있을 경우에도 그 선거사무소는 법 제60조의3제1항제1호 및 제61조제1항제4호에 따른 선거사무소로 본다.
제12조【예비후보자의 선거사무원 선임에 관한 경과조치】 부칙 제9조 전단에 따라 새로 선거구를 선택한 예비후보자가 해당 선거구역 변경규정의 시행일 후 10일(해당 선거구역 변경규정의 시행일 후 10일 이내에 후보자등록신청개시일이 도래하는 경우에는 후보자등록신청개시일 전일을 말한다)까지 선거사무원을 교체하는 경우에는 제63조제1항 후단에 따른 교체선임 수에 포함하지 아니한다.
제13조【예비후보자의 선거비용에 관한 경과조치】 ① 부칙 제9조 전단에 따라 새로 선택한 선거구가 종전의 선거구와 일부 겹치는 경우 그 예비후보자가 지출한 선거비용은 해당 선거의 선거비용으로 본다. 다만, 인구수미달 선거구의 경우에는 그러하지 아니하다.
② 제1항 단서에도 불구하고 해당 선거구역 변경규정의 시행 전에 종전 선거구 구역 중 부칙 제9조 전단에 따라 새로 선택한 선거구의 구역에 포함된 지역에 발송한 예비후보자홍보물의 작성·발송비용은 해당 선거의 선거비용으로 본다.
제14조【선거에 관한 여론조사의 실시에 관한 경과조치】 2022년 6월 1일 실시하는 임기만료에 따른 지역구지방의회의원선거에서 선거구역 변경규정의 시행에 따라 선거구역이 변경된 지역의 예비후보자(후보자가 되려는 사람을 포함한다)가 해당 선거구역 변경규정의 시행일까지 실시한 선거에 관한 여론조사는 제120조제10호 단서에도 불구하고 그 횟수에 포함하지 아니한다.
제15조【기탁금 반환에 관한 경과조치】 ① 2022년 6월 1일 실시하는 임기만료에 따른 지방자치단체의 장선거 및 지방의회의원선거에서 「장애인복지법」 제32조에 따른 장애인이거나 선거일 현재 29세 이하인 사람으로서 이 법 시행 전에 예비후보자로 등록된 사람이 사퇴하거나 등록이 무효로 된 경우(제57조의2제2항 본문에 따른 사유로 예비후보자의 등록이 무효로 된 경우는 제외한다. 이하 제2항에서 같다)에는 그 예비후보자가 납부한 기탁금의 100분의 50을 선거일 후 30일 이내에 반환하여야 한다.
② 2022년 6월 1일 실시하는 임기만료에 따른 지방자치단체의 장선거 및 지방의회의원선거에서 선거일 현재 30세 이상 39세 이하인 사람으로서 이 법 시행 전에 예비후보자로 등록된 사람이 사퇴하거나 등록이 무효로 된 경우에는 그 예비후보자가 납부한 기탁금의 100분의 30을 선거일 후 30일 이내에 반환하여야 한다.
제16조【선거사무장등의 수당 인상 차액의 산정 기준에 관한 특례】 제121조제3항의 개정규정 중 선거사무장등에게 지급할 수 있는 수당의 금액이 인상된 경우 그 차액의 산정은 2022년 1월 1일 현재 중앙선거관리위원회규칙으로 정한 선거사무장등의 수당을 기준으로 한다.
제17조【자치구·시·군의원선거 중대선거구제 확대 시범실시에 관한 특례】 ① 제26조제2항에도 불구하고 2022년 6월 1일 실시하는 임기만료에 따른 지역구지방의회의원선거에서 서울특별시서초구갑국회의원선거구, 서울특별시동대문구을국회의원선거구, 서울특별시성북구갑국회의원선거구, 서울특별시강서구을국회의원선거구, 경기도용인시정국회의원선거구, 경기도남양주시병국회의원선거구, 경기도구리시국회의원선거구, 인천광역시동구미추홀구갑국회의원선거구, 대구광역시수성구을국회의원선거구, 광주광역시광산구을국회의원선거구 및 충청남도논산시계룡시금산군국회의원선거구(이하 이 조에서 "시범실시지역"이라 한다)내의 하나의 자치구·시·군의원지역구에서 선출할 지역구자치구·시·군의원정수는 각각 3인 이상 5인 이하로 한다.
② 제23조 및 제26조제2항에도 불구하고 2022년 6월 1일 실시하는 임기만료에 따른 지역구지방의회의원선거에서 시범실시지역 내의 자치구·시·군의회에는 지역구자치구·시·군의회의원을 추가로 1인 증원할 수 있다. 이 경우 증원여부 및 증원이 이루어질 시범실시지역 내 지역구자치구·시·군의원선거구는 해당 시범실시지역의 지역구국회의원이 정한다.
③ 제2항에 따라 추가로 증원된 인원은 제23조에 따라 해당 시·도의 자치구·시·군의원선거구획정위원회가 정하는 의원정수와는 별개로 한다.
④ 제1항부터 제3항까지의 규정은 2022년 6월 1일 실시하는 임기만료에 따른 지역구지방의회의원선거에 한정하여 적용한다.
제18조【자치구·시·군의 지역구시·도의원정수에 관한 특례】 2018년 6월 13일 실시한 임기만료에 따른 지역구지방의회의원선거(보궐선거등을 포함한다)에서 자치구·시·군의 지역구시·도의원정수가 1인인 경우에는 제22조제1항 단서의 개정규정에도 불구하고 2022년 6월 1일 실시하는 임기만료에 따른 지역구지방의회의원선거(보궐선거등을 포함한다)에서 인구 5만명 이상인 자치구·시·군의 지역구시·도의원정수를 1인으로 한다.
제19조【자치구·시·군의원정수에 관한 특례】 신설된 시·도의원지역구에는 자치구·시·군의원 1인이 우선 배정되도록 반영한다.
제20조【다른 법률의 개정】 ※(해당 법령에 가제정리 하였음)

부　칙 (2023.3.4)

제1조【시행일】 이 법은 공포 후 3개월이 경과한 날부터 시행한다.(이하 생략)

부　칙 (2023.3.14)

제1조【시행일】 이 법은 공포 후 6개월이 경과한 날부터 시행한다.(이하 생략)

부　칙 (2023.3.29)

이 법은 공포한 날부터 시행한다. 다만, 제218조의16제3항의 개정규정은 공포 후 3개월이 경과한 날부터 시행한다.

부　칙 (2023.8.30)

이 법은 공포한 날부터 시행한다.

부　칙 (2023.12.26)

제1조【시행일】 이 법은 2024년 1월 18일부터 시행한다.(이하 생략)

부　칙 (2023.12.28)

이 법은 공포 후 1개월이 경과한 날부터 시행한다. 다만, 제60조의3제1항제5호 및 제82조의4의 개정규정은 공포한 날부터 시행한다.

부 칙 (2024.3.8)

제1조【시행일】 이 법은 공포한 날부터 시행한다.

제2조【국회의원지역구획정에 관한 특례】 ① 2024년 4월 10일에 실시하는 국회의원선거에서는 제25조제1항에도 불구하고 농산어촌의 지역대표성 반영을 위하여 강원특별자치도 춘천시의 일부를 분할하여 강원특별자치도 춘천시철원군화천군양구군을국회의원지역구에, 전라남도 순천시의 일부를 분할하여 전라남도 순천시광양시곡성군구례군을국회의원지역구에 속하게 할 수 있다.

② 2024년 4월 10일에 실시하는 국회의원선거에서는 제25조제1항에도 불구하고 행정구역・지리적 여건・교통・생활문화권의 고려를 위하여 서울특별시 성동구의 일부를 분할하여 서울특별시 중구성동구을국회의원지역구에, 경기도 양주시의 일부를 분할하여 경기도 동두천시양주시연천군을국회의원지역구에, 전북특별자치도 군산시의 일부를 분할하여 전북특별자치도 군산시김제시부안군을국회의원지역구에 속하게 할 수 있다.

제3조【예비후보자의 기탁금 반환에 관한 특례】 이 법 시행에 따라 선거구역이 변경된 국회의원지역구의 예비후보자로서 이 법 시행일 후 10일까지 사퇴하거나 부칙 제6조제2항에 따라 등록이 무효로 된 예비후보자에게 관할 선거구선거관리위원회는 제57조제1항에도 불구하고 그 예비후보자가 납부한 기탁금을 선거일 후 30일 이내에 반환하여야 한다.

제4조【당내경선을 위한 휴대전화 가상번호 제공요청 등에 관한 특례】 ① 2024년 4월 10일 실시하는 국회의원선거에서는 제57조의8제2항제1호에도 불구하고 정당은 이 법 시행일 후 3일까지 관할 선거관리위원회에 당내경선을 위한 휴대전화 가상번호 제공 요청서를 제출할 수 있다.

② 제57조의8제5항 본문에도 불구하고 이동통신사업자가 제1항에 따른 휴대전화 가상번호 제공 요청을 받은 때에는 그 요청을 받은 날부터 5일 이내에 휴대전화 가상번호를 생성하여 해당 정당에 제공하여야 한다.

제5조【자동 동보통신의 방법에 따른 문자메시지 전송에 관한 경과조치】 부칙 제6조제1항에 따라 새로 국회의원지역구를 선택한 예비후보자가 이 법 시행 전에 제59조제2호 후단에 따른 자동 동보통신의 방법으로 문자메시지를 전송한 경우에는 같은 호의 전송횟수에 포함된 것으로 본다.

제6조【예비후보자 등록에 관한 경과조치】 ① 2024년 4월 10일 실시하는 국회의원선거의 예비후보자로서 이 법 시행에 따라 선거구역이 변경된 국회의원지역구의 예비후보자는 이 법 시행일 후 10일까지 종전 국회의원지역구의 전부 또는 일부를 포함하는 국회의원지역구 중 입후보하려는 국회의원지역구를 선택하여 관할 선거구선거관리위원회에 신고하여야 한다.

② 제1항에 따른 신고를 하지 아니한 경우에는 해당 예비후보자의 등록은 무효로 한다.

제7조【예비후보자홍보물 발송에 관한 경과조치】 ① 부칙 제6조제1항에 따라 새로 국회의원지역구를 선택한 예비후보자는 새로 선택한 국회의원지역구 안에 있는 세대수의 100분의 10의 범위에서 예비후보자홍보물을 발송할 수 있다. 이 경우 이 법 시행 전에 그 국회의원지역구에 발송한 수량을 뺀 수량의 범위에서만 발송할 수 있다.

② 제1항에 따라 예비후보자홍보물을 발송하려는 예비후보자는 발송할 수 있는 예비후보자홍보물의 수량 범위에서 발송할 지역의 세대주의 성명・주소의 교부를 구・시・군의 장에게 신청할 수 있다.

제8조【예비후보자의 선거사무소에 관한 경과조치】 2024년 4월 10일 실시하는 국회의원선거에서 이 법 시행에 따라 예비후보자의 선거사무소가 다른 국회의원지역구에 있게 된 때에는 이 법 시행일 후 10일까지 예비후보자선거사무소를 해당 국회의원지역구로 이전하고 관할 선거구선거관리위원회에 선거사무소의 소재지 변경신고를 하여야 한다.

제9조【정당선거사무소 설치에 관한 경과조치】 2024년 4월 10일 실시하는 국회의원선거에서 이 법 시행에 따라 하나의 구・시・군이 둘 이상의 국회의원지역구로 획정된 경우 종전에 설치하였던 정당선거사무소는 그 주소지를 관할하는 해당 국회의원지역구에 설치된 정당선거사무소로 본다.

제10조【예비후보자의 선거사무원 선임에 관한 경과조치】 부칙 제6조제1항에 따라 새로 국회의원지역구를 선택한 예비후보자는 제63조제1항 후단에도 불구하고 이 법 시행일부터 제62조제3항제3호에 따른 선거사무원수의 2배수 범위에서 선거사무원을 교체선임할 수 있다.

제11조【예비후보자의 선거비용에 관한 경과조치】 부칙 제6조제1항에 따라 새로 국회의원지역구를 선택한 예비후보자가 이 법 시행 전에 선거운동을 위하여 지출한 비용은 해당 선거의 선거비용으로 본다.

제12조【선거에 관한 여론조사의 실시에 관한 경과조치】 2024년 4월 10일 실시하는 국회의원선거에서 이 법 시행에 따라 선거구역이 변경된 국회의원지역구의 예비후보자(후보자가 되려는 사람을 포함한다)가 이 법 시행일까지 실시한 선거에 관한 여론조사는 제120조제10호 단서에도 불구하고 그 횟수에 포함하지 아니한다.

부 칙 (2025.1.7)

이 법은 공포한 날부터 시행한다.

〔별표〕 ➡ 「www.hyeonamsa.com」 참조

정당법

(2005년 8월 4일
전부개정법률 제7683호)

개정
2008. 2.29법 8881호
2009. 7.31법 9785호(신문등의진흥에관한법)
2010. 1.25법 9973호 2010. 7.23법10396호
2011. 7.21법10866호(고등교육)
2012. 2.29법11375호 2013. 8.13법12112호
2013.12.30법12150호 2015. 8.11법13460호
2016. 1.15법13757호 2018. 8.14법15750호
2020. 3.11법17071호(정치자금법)
2020. 6. 9법17354호(전자서명법)
2022. 1.21법18792호 2024. 1. 2법19922호

제1장 총 칙

제1조 【목적】 이 법은 정당이 국민의 정치적 의사형성에 참여하는데 필요한 조직을 확보하고 정당의 민주적인 조직과 활동을 보장함으로써 민주정치의 건전한 발전에 기여함을 목적으로 한다.

제2조 【정의】 이 법에서 "정당"이라 함은 국민의 이익을 위하여 책임있는 정치적 주장이나 정책을 추진하고 공직선거의 후보자를 추천 또는 지지함으로써 국민의 정치적 의사형성에 참여함을 목적으로 하는 국민의 자발적 조직을 말한다.

제3조 【구성】 정당은 수도에 소재하는 중앙당과 특별시·광역시·도에 각각 소재하는 시·도당(이하 "시·도당"이라 한다)으로 구성한다.

제2장 정당의 성립

제4조 【성립】 ① 정당은 중앙당이 중앙선거관리위원회에 등록함으로써 성립한다.
② 제1항의 등록에는 제17조(법정시·도당수) 및 제18조(시·도당의 법정당원수)의 요건을 구비하여야 한다.

제5조 【창당준비위원회】 정당의 창당활동은 발기인으로 구성하는 창당준비위원회가 이를 한다.

제6조 【발기인】 창당준비위원회는 중앙당의 경우에는 200명 이상의, 시·도당의 경우에는 100명 이상의 발기인으로 구성한다.(2010.7.23 본조개정)

제7조 【신고】 ① 중앙당창당준비위원회를 결성한 때에는 그 대표자는 중앙선거관리위원회에 다음 각 호의 사항을 신고하여야 한다.
1. 발기의 취지
2. 정당의 명칭(가칭)
3. 사무소의 소재지
4. 발기인과 그 대표자의 성명·주소
5. 회인(會印) 및 그 대표자 직인의 인영
6. 중앙선거관리위원회규칙으로 정하는 사항
② 중앙당창당준비위원회는 제1항의 신고를 함으로써 그 활동을 개시할 수 있다.
③ 제1항의 신고를 하는 때에는 발기인이 서명·날인한 동의서를 첨부하여야 한다.(2010.7.23 본항신설)
④ 제1항의 신고사항 중 제1호 내지 제5호(제4호 중 발기인의 성명·주소를 제외한다)에 규정된 사항에 변경이 생긴 때에는 중앙당창당준비위원회의 대표자는 14일 이내에 중앙선거관리위원회에 변경신고를 하여야 한다.

제8조 【창당준비위원회의 활동범위】 ① 창당준비위원회는 창당의 목적범위 안에서만 활동을 할 수 있다.
② 중앙당창당준비위원회는 제7조(신고)제1항의 규정에 의한 결성신고일부터 6월 이내에 한하여 창당활동을 할 수 있다.
③ 중앙당창당준비위원회가 제2항의 기간 이내에 제11조(등록신청)의 규정에 의한 중앙당의 창당등록신청을 하지 아니한 때에는 그 기간만료일의 다음 날에 그 창당준비위원회는 소멸된 것으로 본다.
④ 중앙당창당준비위원회가 소멸된 때에는 중앙선거관리위원회는 지체 없이 그 뜻을 공고하여야 한다.

제9조 【시·도당의 창당승인】 시·도당의 창당에는 중앙당 또는 그 창당준비위원회의 승인이 있어야 한다.

제10조 【창당집회의 공개】 ① 정당의 창당집회는 공개하여야 한다.
② 중앙당창당준비위원회는 창당집회의 공개를 위하여 집회개최일 전 5일까지 「신문 등의 진흥에 관한 법률」 제2조(정의)에 따른 일간신문에 집회개최공고를 하여야 한다.(2009.7.31 본항개정)

제11조 【등록신청】 창당준비위원회가 창당준비를 완료한 때에는 그 대표자는 관할 선거관리위원회에 정당의 등록을 신청하여야 한다.

제12조 【중앙당의 등록신청사항】 ① 중앙당의 등록신청사항은 다음 각 호와 같다.
1. 정당의 명칭(약칭을 정한 때에는 약칭을 포함한다)
2. 사무소의 소재지
3. 강령(또는 기본정책)과 당헌
4. 대표자·간부의 성명·주소
5. 당원의 수
6. 당인(黨印) 및 그 대표자 직인의 인영
7. 시·도당의 소재지와 명칭
8. 시·도당의 대표자의 성명·주소
② 제1항의 등록신청에는 대표자 및 간부의 취임동의서와 제10조(창당집회의 공개)제2항의 규정에 의한 신문공고에 관한 증빙자료 및 창당대회 회의록 사본을 첨부하여야 한다.
③ 제1항제4호의 간부의 범위는 중앙선거관리위원회규칙으로 정한다.(2010.1.25 본항신설)

제13조 【시·도당의 등록신청사항】 ① 시·도당의 등록신청사항은 다음 각 호와 같다.
1. 정당의 명칭
2. 사무소의 소재지
3. 대표자·간부의 성명·주소
4. 당원의 수
5. 당인(黨印) 및 그 대표자 직인의 인영
② 제1항의 등록신청에는 대표자 및 간부의 취임동의서, 중앙당 또는 그 창당준비위원회의 창당승인서, 법정당원수에 해당하는 수의 당원의 입당원서 사본(18세 미만인 당원의 경우 법정대리인의 동의서 사본을 포함한다) 및 창당대회 회의록 사본을 첨부하여야 한다.(2022.1.21 본항개정)
③ 제1항제3호의 간부의 범위는 중앙선거관리위원회규칙으로 정한다.(2010.1.25 본항신설)

제14조 【변경등록】 제12조(중앙당의 등록신청사항) 및 제13조(시·도당의 등록신청사항)의 등록신청사항 중 다음 각 호의 어느 하나에 변경이 생긴 때에는 14일 이내에 관할 선거관리위원회에 변경등록을 신청하여야 한다.
1. 정당의 명칭(약칭을 포함한다)
2. 사무소(중앙당의 경우 당해 사무소에 한한다)의 소재지

3. 강령(또는 기본정책)과 당헌
4. 대표자 · 간부의 성명 · 주소(2010.1.25 본호개정)
5. 당인(黨印) 및 그 대표자 직인의 인영

제15조【등록신청의 심사】 등록신청을 받은 관할 선거관리위원회는 형식적 요건을 구비하는 한 이를 거부하지 못한다. 다만, 형식적 요건을 구비하지 못한 때에는 상당한 기간을 정하여 그 보완을 명하고, 2회 이상 보완을 명하여도 응하지 아니할 때에는 그 신청을 각하할 수 있다.

제16조【등록 · 등록증의 교부 및 공고】 ① 제12조(중앙당의 등록신청사항) 내지 제14조(변경등록)의 규정에 의한 등록신청을 받은 관할 선거관리위원회는 등록신청을 접수한 날부터 7일 이내에 등록을 수리하고 등록증을 교부하여야 한다.
② 제1항의 등록을 수리한 때에는 당해 선거관리위원회는 지체 없이 그 뜻을 공고하여야 한다.

제17조【법정시 · 도당수】 정당은 5 이상의 시 · 도당을 가져야 한다.

제18조【시 · 도당의 법정당원수】 ① 시 · 도당은 1천인 이상의 당원을 가져야 한다.
② 제1항의 규정에 의한 법정당원수에 해당하는 수의 당원은 당해 시 · 도당의 관할구역 안에 주소를 두어야 한다.

제3장 정당의 합당

제19조【합당】 ① 정당이 새로운 당명으로 합당(이하 "신설합당"이라 한다)하거나 다른 정당에 합당(이하 "흡수합당"이라 한다)될 때에는 합당을 하는 정당들의 대의기관이나 그 수임기관의 합동회의의 결의로써 합당할 수 있다.
② 정당의 합당은 제20조(합당된 경우의 등록신청)제1항 · 제2항 및 제4항의 규정에 의하여 중앙선거관리위원회에 등록 또는 신고함으로써 성립한다. 다만, 정당이 「공직선거법」 제2조(적용범위)의 규정에 의한 선거(이하 "공직선거"라 한다)의 후보자등록신청개시일부터 선거일까지의 사이에 합당된 때에는 선거일 후 20일에 그 효력이 발생한다.
③ 제1항 및 제2항의 규정에 의하여 정당의 합당이 성립한 경우에는 그 소속 시 · 도당도 합당한 것으로 본다. 다만, 신설합당인 경우에는 합당등록신청일부터 3월 이내에 시 · 도당 개편대회를 거쳐 변경등록신청을 하여야 한다.
④ 신설합당된 정당이 제3항 단서의 규정에 의한 기간 이내에 변경등록신청을 하지 아니한 경우에는 그 기간만료일의 다음 날에 당해 시 · 도당은 소멸된 것으로 본다.
⑤ 합당으로 신설 또는 존속하는 정당은 합당 전 정당의 권리 · 의무를 승계한다.

제20조【합당된 경우의 등록신청】 ① 신설합당의 경우 정당의 대표자는 제19조(합당)제1항의 규정에 의한 합동회의의 결의가 있은 날부터 14일 이내에 그 회의록 사본을 첨부하여 중앙선거관리위원회에 제12조(중앙당의 등록신청사항)의 규정에 의한 등록신청을 하여야 한다.
② 제1항의 경우에 제12조제1항제7호 및 제8호의 사항은 등록신청일부터 120일 이내에 보완할 수 있다.
③ 제2항의 경우에 있어 그 기간 이내에 보완이 없는 때에는 중앙선거관리위원회는 2회 이상 상당한 기간을 두어 보완을 명하고, 보완이 없는 때에는 제44조(등록의 취소)제1항의 규정에 의하여 그 등록을 취소할 수 있다.
④ 흡수합당으로 존속하는 정당의 대표자는 제19조제1항의 규정에 의한 합동회의의 결의가 있은 날부터 14일 이내에 그 회의록 사본을 첨부하여 합당된 사유를 중앙선거관리위원회에 신고하여야 한다.

제21조【합당된 경우의 당원】 제19조(합당)의 규정에 의한 합당의 경우 합당 전 정당의 당원은 합당된 정당의 당원이 된다. 이 경우 합당 전의 입당원서는 합당된 정당의 입당원서로 본다.

제4장 정당의 입당 · 탈당

제22조【발기인 및 당원의 자격】 ① 16세 이상의 국민은 공무원 그 밖에 그 신분을 이유로 정당가입이나 정치활동을 금지하는 다른 법령의 규정에 불구하고 누구든지 정당의 발기인 및 당원이 될 수 있다. 다만, 다음 각 호의 어느 하나에 해당하는 자는 그러하지 아니하다.(2022.1.21 본문개정)
1. 「국가공무원법」 제2조(공무원의 구분) 또는 「지방공무원법」 제2조(공무원의 구분)에 규정된 공무원. 다만, 대통령, 국무총리, 국무위원, 국회의원, 지방의회의원, 선거에 의하여 취임하는 지방자치단체의 장, 국회 부의장의 수석비서관 · 비서관 · 비서 · 행정보조요원, 국회 상임위원회 · 예산결산특별위원회 · 윤리특별위원회 위원장의 행정보조요원, 국회의원의 보좌관 · 비서관 · 비서, 국회 교섭단체대표의원의 행정비서관, 국회 교섭단체의 정책연구위원 · 행정보조요원과 「고등교육법」 제14조(교직원의 구분)제1항 · 제2항에 따른 교원은 제외한다.(2013.12.30 단서개정)
2. 「고등교육법」 제14조제1항 · 제2항에 따른 교원을 제외한 사립학교의 교원(2013.12.30 본호개정)
3. 법령의 규정에 의하여 공무원의 신분을 가진 자
4. 「공직선거법」 제18조제1항에 따른 선거권이 없는 사람(2022.1.21 본호신설)

② 대한민국 국민이 아닌 자는 당원이 될 수 없다.

제23조【입당】 ① 당원이 되고자 하는 자는 다음 각 호의 어느 하나에 해당하는 방법으로 시 · 도당 또는 그 창당준비위원회에 입당신청을 하여야 한다. 이 경우 18세 미만인 사람이 입당신청을 하는 때에는 법정대리인의 동의서를 함께 제출하여야 한다.(2022.1.21 후단신설)
1. 자신이 서명 또는 날인한 입당원서를 제출하는 방법
2. 「전자서명법」 제2조제2호에 따른 전자서명(서명자의 실지명의를 확인할 수 있는 것을 말한다. 이하 같다)이 있는 전자문서로 입당원서를 제출하는 방법(2020.6.9 본호개정)
3. 정당의 당헌 · 당규로 정하는 바에 따라 정보통신망을 이용하는 방법. 이 경우 「정보통신망 이용촉진 및 정보보호 등에 관한 법률」 등 관계 법령에 따라 본인확인을 거쳐야 한다.

(2015.8.11 본항개정)
② 시 · 도당 또는 그 창당준비위원회는 제1항의 규정에 의한 입당원서를 접수한 때에는 당원자격 심사기관의 심의를 거쳐 입당허가 여부를 결정하여 당원명부에 등재하고, 시 · 도당 또는 그 창당준비위원회의 대표자는 당원이 된 자의 요청이 있는 경우 당원증을 발급하여야 한다. 이 경우 입당의 효력은 입당신청인이 당원명부에 등재된 때에 발생한다.
(2015.8.11 전단개정)
③ 입당신청인은 시 · 도당 또는 그 창당준비위원회가 입당원서의 접수를 거부하거나 또는 정당한 사유 없이 입당심의를 지연하거나 입당을 허가하지 아니하는 경우에는 중앙당 또는 그 창당준비위원회에 입당원서를 제출할 수 있으며, 중앙당 또는 그 창당준비위원회는 입당허가 여부를 심사하여 입당을 허가함이 상당하다고 인정하는 때에는 해당 시 · 도당 또는 그 창당준비위원회에 입당신청인을 당원명부에 등재하도록 명하여야 한다. 이 경우 입당의 효력은 입당원서가 중앙당 또는 그 창당준비위원회에 접수한 때에 발생한다.
④ 당원명부에 등재되지 아니한 자는 당원으로 인정하지 아니한다.

제24조【당원명부】 ① 시 · 도당에는 당원명부를 비치하여야 한다.
② 중앙당은 시 · 도당의 당원명부에 근거하여 당원명부를 전산조직에 의하여 통합 관리할 수 있다. 이 경우 시 · 도당의 당원명부와 중앙당이 전산조직에 의하여 관리하는 당원명부가 일치하지 아니한 때에는 당원명부의 효력은 시 · 도당의 당원명부가 우선한다.(2012.2.29 본항신설)

③ 제1항 및 제2항의 명부는 법원이 재판상 요구하는 경우와 관계 선거관리위원회가 당원에 관한 사항을 확인하는 경우를 제외하고는 이의 열람을 강요당하지 아니한다.
(2012.2.29 본항개정)
④ 범죄수사를 위한 당원명부의 조사에는 법관이 발부하는 영장이 있어야 한다. 이 경우 조사에 관여한 관계 공무원은 당원명부에 관하여 지득한 사실을 누설하지 못한다.
제25조【탈당】 ① 당원이 탈당하고자 할 때에는 다음 각 호의 어느 하나에 해당하는 방법으로 소속 시·도당에 탈당신고를 하여야 하며, 소속 시·도당에 탈당신고를 할 수 없을 때에는 그 중앙당에 탈당신고를 할 수 있다.
1. 자신이 서명 또는 날인한 탈당신고서를 제출하는 방법
2. 「전자서명법」 제2조제2호에 따른 전자서명이 있는 전자문서로 탈당신고서를 제출하는 방법(2020.6.9 본호개정)
3. 정당의 당헌·당규로 정하는 바에 따라 정보통신망을 이용하는 방법. 이 경우 「정보통신망 이용촉진 및 정보보호 등에 관한 법률」 등 관계 법령에 따라 본인확인을 거쳐야 한다.
(2015.8.11 본항개정)
② 제1항의 규정에 의한 탈당의 효력은 탈당신고서가 소속 시·도당 또는 중앙당에 접수된 때에 발생한다.
③ 탈당신고서를 접수한 당해 시·도당은 접수한 날부터 2일 이내에 당원명부의 기재를 말소하고, 탈당증명서를 교부하여야 한다.
④ 제1항의 규정에 의하여 중앙당이 탈당신고서를 접수한 때에는 즉시 탈당증명서를 교부하고, 해당 시·도당에 통보하여 당원명부의 기재를 말소하게 하여야 한다.
제26조【탈당원명부】 시·도당에는 탈당원명부를 비치하여야 한다. 이 경우 탈당원명부는 당원명부에 탈당일자를 기재하는 것으로 갈음할 수 있다.
제27조【당원명부 등의 인계】 정당은 대표자 등의 변경이나 합당에 따른 조직개편시 당원명부 등 중앙선거관리위원회규칙으로 정하는 관련 서류(이하 "관련 서류"라 한다)와 정당운영에 관련되는 인장 등의 인계의무자를 당헌에 정하여야 하며, 당해 인계의무자는 사유발생일부터 14일 이내에 관련 서류와 인장 등을 인계하여야 한다.
제27조의2【입당원서·탈당신고서의 보관 및 폐기】 ① 시·도당은 당원명부·탈당원명부 작성의 기초가 되는 입당원서 또는 탈당신고서가 접수된 지 5년이 지난 경우에는 중앙선거관리위원회규칙으로 정하는 바에 따라 이를 전자매체 등으로 보관할 수 있다.
② 제1항에 따라 입당원서 또는 탈당신고서를 전자매체 등으로 보관하는 경우에는 중앙선거관리위원회규칙으로 정하는 바에 따라 그 원본을 폐기할 수 있다.
(2018.8.14 본조신설)

제5장 정당의 운영

제28조【강령 등의 공개 및 당헌의 기재사항】 ① 정당은 그 강령(또는 기본정책)과 당헌을 공개하여야 한다.
② 제1항의 당헌에는 다음 각 호의 사항을 규정하여야 한다.
1. 정당의 명칭
2. 정당의 일반적인 조직·구성 및 권한에 관한 사항
3. 대표자·간부의 선임방법·임기·권리 및 의무에 관한 사항
4. 당원의 입당·탈당·제명과 권리 및 의무에 관한 사항
5. 대의기관의 설치 및 소집절차
6. 간부회의의 구성·권한 및 소집절차
7. 당의 재정에 관한 사항
8. 공직선거후보자 선출에 관한 사항
9. 당헌·당규의 제정 및 개정에 관한 사항
10. 정당의 해산 및 합당에 관한 사항
11. 등록취소 또는 자진해산시의 잔여재산 처분에 관한 사항
③ 중앙선거관리위원회는 제12조(중앙당의 등록신청사항) 제1항 및 제14조(변경등록)에 따라 등록신청받은 강령(또는 기본정책)과 당헌을 보존하고, 이를 인터넷 홈페이지에 공개하여야 한다. 이 경우 해당 정당이 합당 또는 소멸된 때에도 계속하여 공개하여야 한다.(2016.1.15 본항신설)
④ 제3항에 따른 강령·당헌의 보존 및 공개 방법, 그 밖에 필요한 사항은 중앙선거관리위원회규칙으로 정한다.
(2016.1.15 본항신설)
제29조【정당의 기구】 ① 정당은 민주적인 내부질서를 유지하기 위하여 당원의 총의를 반영할 수 있는 대의기관 및 집행기관과 소속 국회의원이 있는 경우에는 의원총회를 가져야 한다.
② 중앙당은 정당의 예산과 결산 및 그 내역에 관한 회계검사 등 정당의 재정에 관한 사항을 확인·검사하기 위하여 예산결산위원회를 두어야 한다.
③ 제1항 및 제2항의 기관의 조직·권한 그 밖의 사항에 관하여는 당헌으로 이를 정하여야 한다.
제30조【정당의 유급사무직원수 제한】 ① 정당에 둘 수 있는 유급사무직원은 중앙당에는 100명을 초과할 수 없으며, 시·도당에는 총 100인 이내에서 각 시·도당별로 중앙당이 정한다.(2010.1.25 본항개정)
② 중앙선거관리위원회는 정당이 제1항에 규정된 유급사무직원수를 초과한 경우에는 다음 연도에 「정치자금법」 제25조제4항에 따라 지급하는 경상보조금에서 당해 정당의 유급사무직원의 연간 평균인건비에 초과한 유급사무직원수를 곱한 금액을 감액한다.(2008.2.29 본항개정)
③ 제1항에서 "유급사무직원"이라 함은 상근·비상근을 불문하고 월 15일 이상 정당에 고용되어 근로를 제공하고 임금·봉급·수당·활동비 그 밖에 어떠한 명칭으로든지 그 대가를 제공받는 자를 말한다. 이 경우 월 15일 미만의 근로를 제공하고 그 대가를 받은 사람(청소, 이사 등 일시적으로 단순노무를 제공한 일용근로자나 용역업체 직원 등은 제외한다)이 2명 이상인 때에는 그들의 근로일수를 모두 합하여 월 15일 이상 매 30일까지마다 1명을 유급사무직원수에 산입한다.(2010.1.25 후단개정)
④ 제3항에도 불구하고 다음 각 호의 어느 하나에 해당하는 사람은 제1항의 유급사무직원수에 포함하지 아니한다.
1. 제38조에 따른 정책연구소의 연구원
2. 근로에 대한 대가를 제공받음이 없이 직책수행에 소요되는 활동비만을 지급받는 정당의 간부
(2010.1.25 본항개정)
제31조【당비】 ① 정당은 당원의 정예화와 정당의 재정자립을 도모하기 위하여 당비납부제도를 설정·운영하여야 한다.
② 정당의 당원은 같은 정당의 타인의 당비를 부담할 수 없으며, 타인의 당비를 부담한 자와 타인으로 하여금 자신의 당비를 부담하게 한 자는 당비를 낸 것이 확인된 날부터 1년간 당해 정당의 당원자격이 정지된다.
③ 당비납부의무를 이행하지 아니하는 당원에 대한 권리행사의 제한, 제명 및 제2항의 규정에 의한 당원자격의 정지 등에 관하여 필요한 사항은 당헌으로 정한다.
제32조【서면결의의 금지】 ① 대의기관의 결의와 소속 국회의원의 제명에 관한 결의는 서면이나 대리인에 의하여 의결할 수 없다.
② 대의기관의 결의는 「전자서명법」 제2조제2호에 따른 전자서명을 통하여도 의결할 수 있으며, 그 구체적인 방법은 당헌으로 정한다.(2020.6.9 본항개정)
제33조【정당소속 국회의원의 제명】 정당이 그 소속 국회의원을 제명하기 위해서는 당헌이 정하는 절차를 거치는 외에 그 소속 국회의원 전원의 2분의 1 이상의 찬성이 있어야 한다.
제34조【정당의 재정】 정당의 재산 및 수입·지출 등 재정에 관한 사항은 따로 법률로 정한다.

제35조【정기보고】 ① 중앙당과 시 · 도당은 매년 12월 31일 현재로 그 당원수 및 활동개황을 다음 연도 2월 15일(시 · 도당은 1월 31일)까지 관할 선거관리위원회에 보고하여야 한다. 이 경우 중앙당은 당해 연도의 정책추진내용과 그 추진결과 및 다음 연도의 주요정책추진계획을 중앙선거관리위원회에 보고하여야 한다.
② 중앙당과 시 · 도당은 제17조(법정시 · 도당수) 및 제18조(시 · 도당의 법정당원수)의 요건에 흠결이 생긴 때에는 흠결이 생긴 날부터 14일 이내에 관할 선거관리위원회에 이를 보고하여야 한다.
③ 제38조(정책연구소의 설치 · 운영)의 규정에 의한 정책연구소는 매년 12월 31일 현재로 연간 활동실적을 다음 연도 2월 15일까지 중앙선거관리위원회에 보고하고, 당해 정당의 인터넷 홈페이지에 게시하는 등의 방법으로 공개하여야 한다.
④ 중앙선거관리위원회는 제3항의 규정에 의하여 보고받은 연간 활동실적을 당해 인터넷 홈페이지 등을 이용하여 공개하여야 한다.
제36조【보고 또는 자료 등의 제출의 요구】 각급 선거관리위원회(읍 · 면 · 동선거관리위원회를 제외한다)는 감독상 필요한 때에는 정당에 대하여 보고 또는 장부 · 서류 그 밖의 자료제출을 요구할 수 있다. 다만, 당원명부는 그러하지 아니하다.
제36조의2【비례대표국회의원선거의 후보자추천】 정당이 「공직선거법」 제47조제1항 및 제2항에 따라 비례대표국회의원선거의 후보자를 추천하는 경우에는 당헌 · 당규 또는 그 밖의 내부규약 등으로 정하는 바에 따라 민주적 절차를 거쳐 추천할 후보자를 결정한다.(2024.1.2 본조신설)

제6장 정당활동의 보장

제37조【활동의 자유】 ① 정당은 헌법과 법률에 의하여 활동의 자유를 가진다.
② 정당이 특정 정당이나 공직선거의 후보자(후보자가 되고자 하는 자를 포함한다)를 지지 · 추천하거나 반대함이 없이 자당의 정책이나 정치적 현안에 대한 입장을 인쇄물 · 시설물 · 광고 등을 이용하여 홍보하는 행위와 당원을 모집하기 위한 활동(호별방문을 제외한다)은 통상적인 정당활동으로 보장되어야 한다.
③ 정당은 국회의원지역구 및 자치구 · 시 · 군, 읍 · 면 · 동별로 당원협의회를 둘 수 있다. 다만, 누구든지 시 · 도당 하부조직의 운영을 위하여 당원협의회 등의 사무소를 둘 수 없다.
판례 정당의 자율성은 최대한 보장되어야 하고, 정당의 당직자 선출방법 등은 기본적으로 정당의 자치규범인 당헌과 당규에 따라 정당이 자치적이고 자율적으로 결정하여야 할 사항이다. 그러나 정당의 자율성은 무제한 보장되는 것이 아니므로, 정당의 당직자 선출방법 등과 관련된 당헌을 개정하는 의결절차가 당헌의 규정에 따라 이루어지지 않았을 뿐 아니라 헌법이나 정당법, 정당의 민주주의 원칙 등에 위배되는 경우에는 법원의 사법심사 대상에 속한다고 보아야 한다.
(서울남부지법 결정 2011.6.28, 2011카합342)
제38조【정책연구소의 설치 · 운영】 ①「정치자금법」 제27조(보조금의 배분)의 규정에 의한 보조금 배분대상정당(이하 "보조금 배분대상정당"이라 한다)은 정책의 개발 · 연구활동을 촉진하기 위하여 중앙당에 별도 법인으로 정책연구소(이하 "정책연구소"라 한다)를 설치 · 운영하여야 한다.
② 국가는 정책연구소의 활동을 지원할 수 있다.
제39조【정책토론회】 ①「공직선거법」 제8조의7(선거방송토론위원회)의 규정에 의한 중앙선거방송토론위원회는 보조금 배분대상정당이 방송을 통하여 정강 · 정책을 알릴 수 있도록 하기 위하여 임기만료에 의한 공직선거(대통령의 궐위로 인한 선거 및 재선거를 포함한다)의 선거일 전 90일(대통령의 궐위로 인한 선거 및 재선거에 있어서는 그 선거의 실시사유가 확정된 날)부터 선거일까지를 제외한 기간 중 연 2회 이상 중앙당의 대표자 · 정책연구소의 소장 또는 중앙당의 대표자가 지정하는 자를 초청하여 정책토론회(이하 "정책토론회"라 한다)를 개최하여야 한다.
② 공영방송사(한국방송공사와 「방송문화진흥회법」에 의한 방송문화진흥회가 최다 출자자인 방송사업자를 말한다. 이하 이 조에서 같다)는 정책토론회를 당해 텔레비전방송을 통하여 중계방송하여야 하며, 그 비용은 공영방송사가 부담한다.
③ 「공직선거법」 제82조의2(선거방송토론위원회 주관 대담 · 토론회)제7항 내지 제9항 · 제12항 및 제13항의 규정은 정책토론회에 이를 준용한다. 이 경우 "대담 · 토론회"는 "정책토론회"로, "각급 선거방송토론위원회"는 "중앙선거방송토론위원회"로 본다.
④ 정책토론회의 개최 · 진행 및 고지 그 밖에 필요한 사항은 중앙선거관리위원회규칙으로 정한다.
제39조의2【정책선거 활성화를 위한 공익광고】 ①「방송법」에 따른 지상파방송사는 임기만료에 의한 공직선거가 실시되는 연도에 정책선거 활성화를 위한 공익광고를 5회 이상 중앙선거관리위원회규칙으로 정하는 시간대에 하여야 하며, 그 비용은 해당 방송사가 부담한다.
② 제1항의 공익광고를 위하여 「방송광고판매대행 등에 관한 법률」에 따른 한국방송광고진흥공사(이하 이 조에서 "한국방송광고진흥공사"라 한다)는 그 부담으로 방송광고물을 제작하여 1회 이상 지상파방송사에 제공하여야 한다.
(2020.3.11 본항개정)
③ 한국방송광고진흥공사는 제2항에 따른 방송광고물을 제작하고자 하는 때에는 그 방송광고의 주제에 관하여 중앙선거관리위원회와 협의하여야 한다.(2020.3.11 본항개정)
(2012.2.29 본조신설)
제40조【대체정당의 금지】 정당이 헌법재판소의 결정으로 해산된 때에는 해산된 정당의 강령(또는 기본정책)과 동일하거나 유사한 것으로 정당을 창당하지 못한다.
제41조【유사명칭 등의 사용금지】 ① 이 법에 의하여 등록된 정당이 아니면 그 명칭에 정당임을 표시하는 문자를 사용하지 못한다.
② 헌법재판소의 결정에 의하여 해산된 정당의 명칭과 같은 명칭은 정당의 명칭으로 다시 사용하지 못한다.
③ 창당준비위원회 및 정당의 명칭(약칭을 포함한다)은 이미 신고된 창당준비위원회 및 등록된 정당이 사용 중인 명칭과 뚜렷이 구별되어야 한다.
④ 제44조(등록의 취소)제1항의 규정에 의하여 등록취소된 정당의 명칭과 같은 명칭은 등록취소된 날부터 최초로 실시하는 임기만료에 의한 국회의원선거의 선거일까지 정당의 명칭으로 사용할 수 없다.
<2014.1.28 헌법재판소 단순위헌결정으로 이 항 중 "제44조제1항제3호"에 관한 부분은 헌법에 위반>
제42조【강제입당 등의 금지】 ① 누구든지 본인의 자유의사에 의하는 승낙 없이 정당가입 또는 탈당을 강요당하지 아니한다. 다만, 당원의 제명처분은 그러하지 아니하다.
② 누구든지 2 이상의 정당의 당원이 되지 못한다.
판례 복수당적 보유 금지 조항은 정당의 정체성을 보존하고 정당 간의 위법 · 부당한 간섭을 방지함으로써 정당정치를 보호 · 육성하기 위한 것이다. 정당법상 당원의 입당, 탈당 또는 재입당에 제한이 없고, 복수 당적 보유에 따른 부작용을 방지할 수 있는 실효성 있는 대안이 없으며, 어느 정당의 당원이라 하더라도 일반에 개방되는 다른 정당의 경선에 참여하는 등 다양한 방법으로 정치적 의사를 표현할 수 있다는 점 등을 고려하면 심판대상조항이 침해의 최소성에 반한다고 보기 어렵다. 나아가, 정당의 당원이 다른 정당의 당원이 될 수 없도록 하는 정당 가입 · 활동 자유 제한의 정도가 정당정치를 보호 · 육성하고자 하는 공익에 비하여 중하다고 볼 수도 없다.
(헌재결 2022.3.31, 2020헌마1729)
제43조【비밀엄수의 의무】 각급 선거관리위원회 위원과 직원은 재직 중은 물론 퇴직 후라도 직무상의 비밀을 엄수하여야 한다.

제7장 정당의 소멸

제44조【등록의 취소】 ① 정당이 다음 각 호의 어느 하나에 해당하는 때에는 당해 선거관리위원회는 그 등록을 취소한다.
1. 제17조(법정시·도당수) 및 제18조(시·도당의 법정당원수)의 요건을 구비하지 못하게 된 때. 다만, 요건의 흠결이 공직선거의 선거일 전 3월 이내에 생긴 때에는 선거일 후 3월까지, 그 외의 경우에는 요건흠결시부터 3월까지 그 취소를 유예한다.
2. 최근 4년간 임기만료에 의한 국회의원선거 또는 임기만료에 의한 지방자치단체의 장선거나 시·도의회의원선거에 참여하지 아니한 때
3. 임기만료에 의한 국회의원선거에 참여하여 의석을 얻지 못하고 유효투표총수의 100분의 2 이상을 득표하지 못한 때 <2014.1.28 헌법재판소 단순위헌결정으로 이 호는 헌법에 위반>

② 제1항의 규정에 의하여 등록을 취소한 때에는 당해 선거관리위원회는 지체 없이 그 뜻을 공고하여야 한다.

판례 일정기간 동안 공직선거에 참여할 기회를 수회 부여하고 그 결과에 따라 등록 취소 여부를 결정하는 등 기본권의 제한적인 방법을 덜 상정할 수 있고, 정당법에서 법정의 등록 요건을 갖추지 못하게 된 정당이나 일정 기간 국회의원선거 등에 참여하지 아니한 정당의 등록을 취소하도록 하는 등 입법목적을 실현할 수 있는 다른 법적 장치도 마련되어 있으므로, 정당등록취소조항은 침해의 최소성 요건을 갖추지 못하였다. 나아가, 위 조항은 어느 정당이 대통령선거나 지방자치선거에서 아무리 좋은 성과를 올리더라도 국회의원선거에서 일정 수준의 지지를 얻는 데 실패하면 등록이 취소될 수밖에 없어 불합리하고, 신생·군소정당으로 하여금 국회의원선거에의 참여 자체를 포기하게 할 우려도 있어 법익의 균형성 요건도 갖추지 못하였다. 따라서 정당등록취소조항은 과잉금지원칙에 위반되어 청구인들의 정당설립의 자유를 침해한다고 할 것이다.
(헌재결 2014.1.28, 2012헌마431,2012헌가19(병합))

제45조【자진해산】 ① 정당은 그 대의기관의 결의로써 해산할 수 있다.
② 제1항의 규정에 의하여 정당이 해산한 때에는 그 대표자는 지체 없이 그 뜻을 관할 선거관리위원회에 신고하여야 한다.

제46조【시·도당 창당승인의 취소】 중앙당 또는 그 창당준비위원회는 시·도당 창당승인에 대한 취소사유와 절차를 당헌 또는 창당준비위원회 규약에 정하여야 하며, 당헌 또는 규약에서 정한 외의 사유로 창당승인을 취소하는 때에는 중앙당 또는 그 창당준비위원회의 대의기관에서 투표로 결정하여야 한다.

제47조【해산공고 등】 제45조(자진해산)의 신고가 있거나 헌법재판소의 해산결정의 통지나 중앙당 또는 그 창당준비위원회의 시·도당 창당승인의 취소통지가 있는 때에는 당해 선거관리위원회는 그 정당의 등록을 말소하고 지체 없이 그 뜻을 공고하여야 한다.

제48조【해산된 경우 등의 잔여재산 처분】 ① 정당이 제44조(등록의 취소)제1항의 규정에 의하여 등록이 취소되거나 제45조(자진해산)의 규정에 의하여 자진해산한 때에는 그 잔여재산은 당헌이 정하는 바에 따라 처분한다.
② 제1항의 규정에 의하여 처분되지 아니한 정당의 잔여재산 및 헌법재판소의 해산결정에 의하여 해산된 정당의 잔여재산은 국고에 귀속한다.
③ 제2항에 관하여 필요한 사항은 중앙선거관리위원회규칙으로 정한다.

제7장의2 보칙

(2008.2.29 본장신설)

제48조의2【당대표경선사무의 위탁】 ①「정치자금법」 제27조에 따라 보조금의 배분대상이 되는 정당의 중앙당은 그 대표자의 선출을 위한 선거(이하 이 조에서 "당대표경선"이라 한다)사무 중 투표 및 개표에 관한 사무의 관리를 중앙선거관리위원회에 위탁할 수 있다.
② 중앙선거관리위원회가 제1항에 따라 당대표경선의 투표 및 개표에 관한 사무를 수탁관리하는 경우 그 비용은 해당 정당이 부담한다.
③ 제1항에 따라 정당의 중앙당이 당대표경선사무를 위탁하는 경우 그 구체적인 절차와 필요한 사항은 중앙선거관리위원회규칙으로 정한다.

제8장 벌칙

제49조【당대표경선등의 자유방해죄】 ① 정당의 대표자·투표로 선출하는 당직자(당직자의 선출을 위한 선거인단을 포함한다. 이하 같다)의 선출을 위한 선거(이하 "당대표경선등"이라 한다)와 관련하여 다음 각 호의 어느 하나에 해당하는 자는 5년 이하의 징역 또는 1천만원 이하의 벌금에 처한다.
1. 후보자·후보자가 되고자 하는 자 또는 당선인을 폭행·협박 또는 유인하거나 체포·감금한 자
2. 선거운동 또는 교통을 방해하거나 위계·사술 그 밖에 부정한 방법으로 당대표경선등의 자유를 방해한 자
3. 업무·고용 그 밖에 관계로 인하여 자기의 보호·지휘·감독을 받는 자에게 특정 후보자를 지지·추천하거나 반대하도록 강요한 자

② 당대표경선등과 관련하여 다수인이 선거운동을 위한 시설·장소 등에서 위험한 물건을 던지거나 후보자를 폭행한 때에는 다음 각 호의 구분에 따라 처벌한다.
1. 주모자는 3년 이상의 유기징역
2. 다른 사람을 지휘하거나 다른 사람에 앞장서서 행동한 자는 7년 이하의 징역
3. 다른 사람의 의견에 동조하여 행동한 자는 2년 이하의 징역

제50조【당대표경선등의 매수 및 이해유도죄】 ① 당대표경선등과 관련하여 다음 각 호의 어느 하나에 해당하는 자는 3년 이하의 징역 또는 600만원 이하의 벌금에 처한다.
1. 정당의 대표자 또는 당직자로 선출되거나 되게 하거나 되지 못하게 하거나 선거인(당대표경선등의 선거인명부에 등재된 자를 말한다. 이하 이 조에서 같다)으로 하여금 투표를 하게 하거나 하지 아니하게 할 목적으로 후보자(후보자가 되고자 하는 자를 포함한다)·선거운동관계자·선거인 또는 참관인에게 금품·향응 그 밖에 재산상의 이익이나 공사의 직을 제공하거나 그 제공의 의사를 표시하거나 그 제공을 약속한 자. 다만, 정당의 중앙당이 당헌에 따라 개최하는 전국 단위의 최고 대의기관 회의에 참석하는 당원에게 정당의 경비로 제공하는 교통편의 및 중앙선거관리위원회규칙으로 정하는 바에 따라 의례적으로 제공할 수 있는 음식물은 그러하지 아니하다.(2013.8.13 본호개정)
2. 제1호에 규정된 이익이나 직의 제공을 받거나 그 제공의 의사표시를 승낙한 자

② 제1항제1호·제2호에 규정된 행위에 관하여 지시·권유·요구하거나 알선한 자는 5년 이하의 징역 또는 1천만원 이하의 벌금에 처한다.

제51조【당대표경선등의 매수 및 이해유도죄로 인한 이익의 몰수】 제50조(당대표경선 등의 매수 및 이해유도죄)의 죄를 범한 자가 받은 이익은 이를 몰수한다. 다만, 그 전부 또는 일부를 몰수할 수 없을 때에는 그 가액을 추징한다.

제52조【당대표경선등의 허위사실공표죄】 ① 당대표경선등과 관련하여 당선되거나 되게 할 목적으로 연설·방송·신문·통신·잡지·벽보·선전문서 그 밖의 방법으로 후보자에게 유리하도록 후보자, 그의 배우자 또는 직계존·비속이나 형제자매의 소속·신분·직업·재산·경력·학력·학위 또는 상벌에 관한 허위의 사실을 공표한 자와 허위의 사실을 게재한 선전문서를 배포한 자(배포할 목적으로 소지한 자를 포함한다)는 3년 이하의 징역 또는 6백만원 이하의 벌금에 처한다.

② 당대표경선등과 관련하여 당선되지 못하게 할 목적으로 연설·방송·신문·통신·잡지·벽보·선전문서 그 밖의 방법으로 후보자에게 불리하도록 후보자, 그의 배우자 또는 직계 존·비속이나 형제자매에 관하여 허위의 사실을 공표한 자와 허위의 사실을 게재한 선전문서를 배포한 자(배포할 목적으로 소지한 자를 포함한다)는 5년 이하의 징역 또는 1천만원 이하의 벌금에 처한다.

제53조【위법으로 발기인이나 당원이 된 죄】 제22조(발기인 및 당원의 자격)제1항 단서의 규정을 위반하여 정당의 발기인이나 당원이 된 자는 1년 이하의 징역이나 100만원 이하의 벌금에 처한다.

제54조【입당강요죄 등】 제42조(강제입당 등의 금지)제1항의 규정을 위반하여 정당가입 또는 탈당을 강요한 자는 2년 이하의 징역 또는 200만원 이하의 벌금에 처한다.

제55조【위법으로 정당에 가입한 죄】 제42조(강제입당 등의 금지)제2항의 규정을 위반하여 2 이상의 정당의 당원이 된 자는 1년 이하의 징역 또는 100만원 이하의 벌금에 처한다.

제56조【당원명부 강제열람죄】 당원명부의 열람을 강요한 자는 5년 이하의 징역에 처한다.

제57조【보고불이행 등의 죄】 제36조(보고 또는 자료 등의 제출의 요구)의 규정에 의한 선거관리위원회의 보고 또는 자료제출의 요구에 정당한 사유 없이 응하지 아니하거나 이에 허위의 보고나 기재를 한 자 또는 제35조(정기보고)제1항 내지 제3항의 규정에 의한 보고를 하지 아니하거나 그 보고서에 허위의 기재를 한 자는 2년 이하의 징역이나 200만원 이하의 벌금에 처한다.

제58조【공무상 지득한 사실누설죄 등】 다음 각 호의 어느 하나에 해당하는 자는 3년 이하의 징역이나 금고에 처한다.

1. 제24조(당원명부)제4항 후단의 규정을 위반하여 당원명부에 관하여 지득한 사실을 누설한 자(2012.2.29 본호개정)
2. 제43조(비밀엄수의 의무)의 규정을 위반하여 직무상의 비밀을 엄수하지 아니한 자

제59조【허위등록신청죄 등】 ① 다음 각 호의 어느 하나에 해당하는 자는 2년 이하의 징역이나 200만원 이하의 벌금에 처한다.

1. 허위로 제12조(중앙당의 등록신청사항) 또는 제13조(시·도당의 등록신청사항)의 등록신청을 한 자
2. 허위로 제14조(변경등록)의 변경등록신청을 한 자
3. 제37조(활동의 자유)제3항 단서의 규정을 위반하여 시·도당 하부조직의 운영을 위하여 당원협의회 등의 사무소를 둔 자

② 제41조(유사명칭 등의 사용금지)제1항 또는 제2항의 규정을 위반한 자는 1년 이하의 징역이나 100만원 이하의 벌금에 처한다.

제60조【각종 의무해태죄】 ① 제24조(당원명부)제1항 또는 제26조(탈당원명부)의 규정을 위반하여 당원명부나 탈당원명부를 비치하지 아니한 자는 1년 이하의 징역 또는 50만원 이상 300만원 이하의 벌금에 처한다.

② 제25조(탈당)제3항의 규정을 위반한 자는 100만원 이하의 벌금에 처한다.

③ 제27조(당원명부 등의 인계)의 규정을 위반하여 관련 서류와 인장 등을 인계하지 아니한 자는 2년 이하의 징역 또는 200만원 이하의 벌금에 처한다.

제61조【창당방해 등의 죄】 ① 위계 또는 위력으로써 창당준비활동을 방해하여 창당준비위원회의 기능을 상실 또는 일시 정지하게 한 자는 7년 이하의 징역 또는 3천만원 이하의 벌금에 처한다.

② 위계 또는 위력으로써 정당활동을 방해하여 정당의 기능을 상실 또는 일시 정지하게 한 자도 제1항에 규정하는 형(刑)에 처한다.

제62조【과태료】 ① 다음 각 호의 어느 하나에 해당하는 행위를 한 자는 100만원 이하의 과태료에 처한다.

1. 제14조(변경등록)의 규정에 의한 변경등록신청을 해태한 자
2. 제20조(합당된 경우의 등록신청)제1항의 규정에 의한 등록신청 또는 같은 조 제4항의 규정에 의한 신고를 해태한 자
3. 제35조(정기보고)제1항 내지 제3항의 규정에 의한 보고를 해태한 자

② 제1항의 규정에 의한 과태료는 중앙선거관리위원회규칙이 정하는 바에 의하여 관할 선거관리위원회(읍·면·동선거관리위원회를 제외한다)가 위반자에게 부과하며, 납부기한까지 납부하지 아니한 때에는 관할 세무서장에게 위탁하고 관할 세무서장이 국세체납처분의 예에 따라 이를 징수한다.

③~⑤ (2012.2.29 삭제)

(2012.2.29 본조제목개정)

부 칙 (2010.1.25)

① **【시행일】** 이 법은 공포한 날부터 시행한다.

② **【중앙당 및 시·도당 간부의 변경등록에 관한 경과조치】** 제12조부터 제14조까지의 개정규정에 따른 중앙당 및 시·도당 간부의 변경등록은 이 법 시행 후 30일 이내에 하여야 한다.

③ **【다른 법령과의 관계】** 이 법 시행 당시 다른 법령에서 종전의 규정을 인용하고 있는 경우에 이 법 중 그에 해당하는 규정이 있는 때에는 종전의 규정을 갈음하여 이 법의 해당 규정을 인용한 것으로 본다.

부 칙 (2013.8.13)

제1조【시행일】 이 법은 공포한 날부터 시행한다.

제2조【벌칙에 관한 경과조치】 이 법 시행 전의 행위에 대하여 벌칙을 적용할 때에는 종전의 규정에 따른다.

부 칙 (2016.1.15)

제1조【시행일】 이 법은 공포 후 3개월이 경과한 날부터 시행한다.

제2조【강령·당헌의 공개에 관한 적용례】 제28조제3항의 개정규정은 이 법 시행 당시 등록된 정당과 이 법 시행 후 등록하는 정당의 강령·당헌에 적용한다.

부 칙 (2018.8.14)

제1조【시행일】 이 법은 공포 후 6개월이 경과한 날부터 시행한다.

제2조【입당원서·탈당신고서의 보관 및 폐기에 관한 적용례】 제27조의2의 개정규정은 이 법 시행 전 접수된 당원명부·탈당원명부 작성의 기초가 되는 입당원서 또는 탈당신고서에 대하여도 적용한다.

부 칙 (2020.3.11)

제1조【시행일】 이 법은 공포한 날부터 시행한다.(이하 생략)

부 칙 (2020.6.9)

제1조【시행일】 이 법은 공포 후 6개월이 경과한 날부터 시행한다.(이하 생략)

부 칙 (2022.1.21)
(2024.1.2)

이 법은 공포한 날부터 시행한다.

선거관리위원회법

(1987年 11月 7日
全改法律 第3938號)

改正
1989. 3.25法 4088號
2002. 1.19法 6622號(국가공무원)
2004. 3.12法 7190號(정당법)
2005. 5.31法 7574號
2005. 7.28法 7614號(국회)
2005. 8. 4法 7681號(공선)
2009. 4. 1法 9577號(지방자치)
2010. 1.25法 9972號
2010. 5.17法10303號(은행법)
2012.12.11法11530號(국가공무원)
2014. 6.11法12756號
2014.11.19法12844號(정부조직)
2016. 1.15法13756號
2021. 1.12法17893號(지방자치)
2024. 1.30法20180號

<중략>

第1條【目的】 이 法은 選擧와 國民投票의 공정한 管理 및 政黨에 관한 事務를 管掌하는 選擧管理委員會의 組織과 職務를 規定함을 目的으로 한다.

第2條【設置】 ① 選擧管理委員會의 종류와 委員會別 委員의 定數는 다음과 같다.
1. 中央選擧管理委員會 9人
2. 特別市·廣域市·道選擧管理委員會 9人(1997.12.13 본호개정)
3. 區·市·郡選擧管理委員會 9人
4. 읍·면·동선거관리위원회 7人(2005.8.4 본호개정)

② 特別市·廣域市·道(이하 "市·道"라 한다)와 區·市(區가 設置된 市는 제외한다)·郡 및 읍·면(「지방자치법」 제7조제3항에 따른 행정면을 말한다. 이하 같다)·동(「지방자치법」 제7조제4항에 따른 행정동을 말한다. 이하 같다)에 각각 이에 대응하여 特別市·廣域市·道選擧管理委員會(이하 "市·道選擧管理委員會"라 한다)와 區·市·郡選擧管理委員會 및 읍·면·동선거관리위원회를 둔다. 다만, 區·市·郡에는 人口數·投票區數·교통 기타 여건을 감안하여 中央選擧管理委員會規則이 정하는 바에 따라 그 區域안에 2個 이상의 區·市·郡選擧管理委員會를 둘 수 있다.(2021.1.12 본문개정)

③ 시·도선거관리위원회, 구·시·군선거관리위원회 및 읍·면·동선거관리위원회의 관할 구역은 각각 당해 행정구역으로 한다. 다만, 第2項 但書의 規定에 따라 1個의 區·市·郡안에 2個이상의 區·市·郡選擧管理委員會를 두는 경우의 각 管轄區域은 中央選擧管理委員會規則으로 정한다.(2005.8.4 본문개정)

④ 시·도선거관리위원회, 구·시·군선거관리위원회 및 읍·면·동선거관리위원회의 명칭은 당해 행정구역을 붙여 표시한다. 다만, 1個의 區·市·郡의 管轄區域안에 2個이상의 區·市·郡選擧管理委員會가 있을 때에는 區·市·郡의 行政區域名 다음에 甲·乙·丙 등을 붙여 표시한다.(2005.8.4 본문개정)

⑤ 시·도선거관리위원회와 구·시·군선거관리위원회의 사무소는 그 관할하는 행정구역의 안에 두고, 읍·면·동선거관리위원회의 사무소는 당해 읍·면·동의 사무소 소재지에 둔다. 이 경우 시·도선거관리위원회와 구·시·군선거관리위원회의 사무소는 다른 선거관리위원회와 청사의 공동사용 등 특별한 사유가 있는 때에는 그 관할하는 행정구역의 밖에 둘 수 있다.(2005.8.4 본항개정)

⑥ 中央選擧管理委員會는 각종 選擧(全國 또는 市·道를 選擧區로 하는 選擧는 제외한다. 이하 이 項에서는 같다)에 있어 1個의 選擧區의 區域안에 2個이상의 區·市·郡選擧管理委員會가 있거나, 1選擧區의 區域이 2個이상의 區·市·郡選擧管理委員會의 管轄區域에 걸치는 경우에는 당해 選擧區의 選擧事務를 행할 區·市·郡選擧管理委員會를 지정하여야 한다. 이 경우 選擧區選擧事務를 행하는 區·市·郡選擧管理委員會는 당해 選擧에 있어서 그 選擧區안의 다른 區·市·郡選擧管理委員會의 直近 上級選擧管理委員會가 된다.

第3條【委員會의 職務】 ① 選擧管理委員會는 法令이 정하는 바에 의하여 다음 各號의 事務를 행한다.
1. 國家 및 地方自治團體의 選擧에 관한 事務
2. 國民投票에 관한 事務
3. 政黨에 관한 事務
4. 「공공단체등 위탁선거에 관한 법률」에 따른 위탁선거(이하 "위탁선거"라 한다)에 관한 사무(2014.6.11 본호개정)
5. 기타 法令으로 정하는 事務

② 選擧管理委員會는 法令을 성실히 준수함으로써 選擧 및 國民投票의 管理와 政黨에 관한 事務의 처리에 공정을 기하여야 한다.

③ 中央選擧管理委員會는 第1項의 事務를 統轄·管理하며, 各級選擧管理委員會는 第1項의 事務를 수행함에 있어 下級選擧管理委員會를 指揮·監督한다.

④~⑤ (2014.6.11 삭제)

第4條【委員의 任命 및 위촉】 ① 中央選擧管理委員會는 大統領이 任命하는 3人, 國會에서 選出하는 3人과 大法院長이 指名하는 3人의 委員으로 구성한다. 이 경우 위원은 국회의 인사청문을 거쳐 임명·선출 또는 지명하여야 한다.(2005.7.28 후단신설)

② 市·道選擧管理委員會의 委員은 國會議員의 選擧權이 있고 政黨員이 아닌 者중에서 國會에 交涉團體를 구성한 政黨이 추천한 사람과 당해 地域을 관할하는 地方法院長이 추천하는 法官 2人을 포함한 3人과 敎育者 또는 學識과 德望이 있는 者중에서 3人을 中央選擧管理委員會가 위촉한다.(1989.3.25 본항개정)

③ 區·市·郡選擧管理委員會의 委員은 그 區域안에 居住하는 國會議員의 選擧權이 있고 政黨員이 아닌 者중에서 國會에 交涉團體를 구성한 政黨이 추천한 사람과 法官·敎育者 또는 學識과 德望이 있는 者중에서 6人을 市·道選擧管理委員會가 위촉한다. 다만, 政黨이 추천하는 委員은 選擧期間開始日(委託選擧는 제외한다. 이하 같다) 또는 國民投票案公告日후에는 당해 區·市·郡選擧管理委員會가 위촉할 수 있다.(1994.3.16 본항개정)

④ 읍·면·동선거관리위원회의 위원은 그 읍·면·동의 구역안에 居住하는 國會議員의 選擧權이 있고 政黨員이 아닌 者중에서 國會에 交涉團體를 구성한 政黨이 추천한 사람과 學識과 德望이 있는 者중에서 4人을 區·市·郡選擧管理委員會가 위촉한다. 다만, 邑·面의 區域안에 軍人을 제외한 選擧權者가 없는 경우에는 그 읍·면·동선거관리위원회의 위원은 그 읍·면·동을 관할하는 區·市·郡選擧管理委員會의 區域안에 居住하는 國會議員選擧權者중에서 이를 위촉할 수 있다.(2005.8.4 본항개정)

⑤ 區·市·郡選擧管理委員會와 읍·면·동선거관리위원회의 委員이 될 法官과 法院公務員 및 敎育公務員은 居住要件의 제한을 받지 아니하며 法官을 우선하여 위촉하여야 한다.(2005.8.4 본항개정)

⑥ 法官과 法院公務員 및 敎育公務員 이외의 公務員은 各級選擧管理委員會의 委員이 될 수 없다.

⑦ 第2項 내지 第4項의 規定에 따라 政黨에서 추천하는 委員(이하 "政黨推薦委員"이라 한다)은 國會에 交涉團體를 구성한 政黨(1政黨이 1交涉團體를 구성한 경우를 말한다. 이하 같다)이 각 1人씩 書面으로 추천한다. 이 경우 國會에 交涉團體를 구성한 政黨이 3을 초과하거나 그 미만이 되어 第2條第1項第2號 내지 第4號에 정한 委員의 定數를 초과하거나 부족하게 되는 경우에는 그 現員을 委員定數로 본다.(1989.3.25 본항개정)

⑧ 第7項의 規定에 의한 政黨推薦委員의 추천은 당해 黨部가 推薦政黨의 黨員이 아님을 증명하는 書類와 本人承諾書 및 住民登錄票 抄本을 첨부하여 書面으로 제출한다. 다만, 國會議員選擧權이 있는지의 여부에 대하여는 中央選擧管理委員會規則이 정하는 바에 따라 위촉후에 調査할 수 있다. 이 경우 "黨部"라 함은 政黨法 第3條의 規定에 의한 중앙당과 시·도당을 말하며 추천할 당해 黨部가 없을 때에는 그 上級 黨部가 추천한다.(2004.3.12 단서개정)
⑨ 政黨推薦委員에 缺員이 생긴 때에는 관계選擧管理委員會는 第8項의 規定에 의한 당해 黨部에 이를 통지하여야 한다.
⑩ 國會議長은 第7項의 規定에 의한 交涉團體를 구성한 政黨에 變動이 있을 때에는 이를 中央選擧管理委員會에 통보하여야 하며, 中央選擧管理委員會는 당해 政黨과 그 下級選擧管理委員會에 이를 즉시 통지하여야 한다.(1989.3.25 본항개정)
⑪ 第7項의 規定에 따라 委員을 추천한 政黨이 國會에 交涉團體를 구성할 수 없는 政黨이 되고 새로 交涉團體를 구성하게 된 政黨이 있는 경우에는 그 政黨에서 추천한 者가 委員으로 위촉될 때까지 在任한다.(1989.3.25 본항개정)
⑫ 區·市·郡選擧管理委員會는 選擧期間開始日 또는 國民投票案公告日후에 당해 또는 읍·면·동선거관리위원회의 政黨推薦委員의 推薦書를 접수한 때에는 第3項 但書의 規定에 따라 24時間이내에 위촉하여야 하며, 24時間이내에 위촉하지 아니할 때에는 區·市·郡選擧管理委員會委員長이 이를 위촉하고 각 上級選擧管理委員會에 보고하여야 한다. 다만, 投票日 또는 開票開始日직전에 交替하고자 할 때에는 늦어도 投票日 또는 開票開始日 2日전에 당해 政黨의 交替推薦이 있어야 하며 投票日 또는 開票期間중에는 이를 交替할 수 없다.(2005.8.4 본문개정)
⑬ 公職選擧및選擧不正防止法 第173條(開票所)第2項의 規定에 의하여 하나의 區·市·郡選擧管理委員會가 2개 이상의 開票所를 設置하는 경우 區·市·郡選擧管理委員會의 開票事務를 보조하기 위한 補助委員은 選擧期間開始日 현재 國會에 交涉團體를 둔 政黨이 開票所마다 각 3人이내에서 추천한 者를 區·市·郡選擧管理委員會가 위촉한다. 이 경우 政黨推薦補助委員의 身分保障에 관하여는 第13條(委員의 身分保障)의 規定을 準用하며, 그 근무기간·實費補償 및 위촉절차 기타 필요한 사항은 中央選擧管理委員會規則으로 정한다.(2000.2.16 본항개정)

第5條【委員長】 ① 各級選擧管理委員會에 委員長 1人을 둔다.
② 各級選擧管理委員會의 委員長은 당해 選擧管理委員會委員중에서 互選한다.
③ 委員長은 委員會를 代表하고 그 事務를 統轄한다.
④ 區·市·郡選擧管理委員會와 읍·면·동선거관리위원회에 副委員長 1人을 두며 당해 選擧管理委員會委員중에서 互選한다. 다만, 區·市·郡選擧管理委員會는 「공직선거법」 第173條(開票所)第2項의 規定에 의하여 하나의 區·市·郡選擧管理委員會가 2개 이상의 開票所를 설치하는 경우의 選擧管理를 위하여 第4條(委員의 任命 및 위촉)第3項의 委員定數에 불구하고 開票所마다 地方法院長 또는 支院長이 추천하는 法官 1人을 당해 區·市·郡選擧管理委員會 副委員長으로 위촉할 수 있다. 이 경우 勤務期間, 實費補償 및 委囑節次 기타 필요한 사항은 中央選擧管理委員會規則으로 정한다.(2005.8.4 본항개정)
⑤ 委員長이 事故가 있을 때에는 常任委員 또는 副委員長이 그 職務를 代行하며 委員長·常任委員·副委員長이 모두 事故가 있을 때에는 委員중에서 臨時委員長을 互選하여 委員長의 職務를 代行하게 한다.

第6條【常任委員】 ① 中央選擧管理委員會와 市·道選擧管理委員會에 委員長을 補佐하고 그 命을 받아 소속사무처의 事務를 監督하게 하기 위하여 각 1人의 常任委員을 둔다.(2010.1.25 본항개정)
② 中央選擧管理委員會의 常任委員은 委員중에서 互選한다.
③ 市·道選擧管理委員會의 常任委員은 당해 選擧管理委員會의 委員중 다음 各號의 1에 해당하고 選擧 및 政黨事務에 관한 識見이 풍부한 者중에서 中央選擧管理委員會가 指名하되 常任委員으로서의 勤務上限은 60歲로 한다.(1998.12.31 본문개정)
1. 法官·檢事 또는 辯護士의 職에 5年이상 근무한 者
2. 大學에서 行政學·政治學 또는 法律學을 담당한 副教授 이상의 職에 5年이상 근무한 者
3. 3級이상 公務員으로서 2年이상 근무한 者

第7條【政黨推薦委員의 常勤】 區·市·郡選擧管理委員會의 政黨推薦委員은 選擧期間開始日 또는 國民投票案公告日로부터 開票終了時까지 常勤할 수 있다.(1994.3.16 본조개정)

第8條【委員의 任期】 各級選擧管理委員會委員의 任期는 6年으로 한다. 다만, 구·시·군선거관리위원회 위원의 임기는 3년으로 하되, 한 차례만 연임할 수 있다.(2016.1.15 단서신설)

第9條【委員의 解任事由】 各級選擧管理委員會의 委員은 다음 各號의 1에 해당할 때가 아니면 解任·解囑 또는 罷免되지 아니한다.
1. 政黨에 加入하거나 政治에 관여한 때
2. 彈劾決定으로 罷免된 때
3. 禁錮이상의 刑의 宣告를 받은 때
4. 政黨推薦委員으로서 그 推薦政黨의 요구가 있거나 推薦政黨이 國會에 交涉團體를 구성할 수 없게 된 때와 國會議員選擧權이 없음이 발견된 때(1989.3.25 본호개정)
5. 市·道選擧管理委員會의 常任委員인 委員으로서 國家公務員法 第33條 各號의 1에 해당하거나 常任委員으로서의 勤務上限에 달하였을 때(1997.12.13 본호개정)

第10條【委員會의 議決定足數】 ① 各級選擧管理委員會는 委員 過半數의 출석으로 開議하고 出席委員 過半數의 贊成으로 議決한다.
② 委員長은 表決權을 가지며 可否同數인 때에는 決定權을 가진다.

第11條【會議召集】 ① 各級選擧管理委員會의 會議는 당해 委員長이 召集한다. 다만, 委員 3分의 1이상의 요구가 있을 때에는 委員長은 會議를 召集하여야 하며 委員長이 會議召集을 거부할 때에는 會議召集을 요구한 3分의 1이상의 委員이 직접 會議를 召集할 수 있다.
② 法令의 改正 또는 委員의 任期滿了등으로 새로이 구성된 委員會의 최초의 會議召集에 관하여는 事務總長, 사무처장, 사무국장, 事務課長, 委囑幹事가 각각 당해 委員長의 職務를 代行한다.(2010.1.25 본항개정)
③ 區·市·郡選擧管理委員會와 읍·면·동선거관리위원회의 委員長과 副委員長이 모두 闕位 또는 事故가 있을 경우 委員長·副委員長 또는 臨時委員長을 互選하기 위한 會議召集은 事務局長·事務課長 또는 委囑幹事가 이를 代行한다.(2005.8.4 본항개정)

第12條【委員의 待遇】 ① 各級選擧管理委員會委員중 常任이 아닌 委員은 名譽職으로 한다. 다만, 예산의 범위에서 다음 각 호의 비용을 지급할 수 있다.(2024.1.30 단서개정)
1. 공명선거 등을 위한 자료 수집·연구, 추진 활동에 사용되는 비용을 보전하기 위하여 매월 지급하는 활동비. 이 경우 그 대상은 중앙선거관리위원회위원 중 상임이 아닌 위원으로 한정한다.(2024.1.30 본호신설)
2. 직무활동에 대하여 지급하는 수당(2024.1.30 본호신설)
3. 여비 및 그 밖의 실비(2024.1.30 본호신설)
② 中央選擧管理委員會의 常任委員은 政務職으로 하고 그 보수는 國務委員의 보수와 동액으로 하며, 市·道選擧管理委員會의 常任委員은 1급인 일반직국가공무원으로서 「국가공무원법」 제26조의5에 따른 임기제공무원으로 한다.(2016.1.15 본항개정)

③ 各級選擧管理委員會의 委員 및 委囑職員에 대한 활동비·수당·여비 및 그 밖의 실비에 관하여 이 법에서 정한 사항 외에는 中央選擧管理委員會規則으로 정한다.
(2024.1.30 본항개정)

第13條【委員의 身分保障】 各級選擧管理委員會의 委員은 選擧人名簿作成基準日 또는 國民投票案公告日로부터 開票終了時까지 內亂·外患·國交·爆發物·放火·痲藥·通貨·有價證券·郵票·印章·殺人·暴行·逮捕·監禁·竊盜·强盜 및 國家保安法違反의 犯罪에 해당하는 경우를 제외하고는 現行犯人이 아니면 逮捕 또는 拘束되지 아니하며 兵役召集의 猶豫를 받는다.(1994.3.16 본조개정)

第14條【選擧啓導】 ① 각급선거관리위원회는 選擧權者의 主權意識의 앙양을 위하여 常時啓導를 실시하여야 한다.
(2005.8.4 본항개정)
② 選擧 또는 國民投票가 있을 때에는 각급선거관리위원회는 그 主管하에 文書·圖畵·施設物·新聞·放送등의 방법으로 投票方法·棄權防止 기타 選擧 또는 國民投票에 관하여 필요한 啓導를 실시하여야 한다.(2005.8.4 본항개정)
③ 中央選擧管理委員會는 第1項의 常時啓導를 위한 事業을 적당하다고 인정하는 團體에 委託하여 행하게 할 수 있다.

第14條의2【選擧法違反行爲에 대한 중지·警告등】 各級選擧管理委員會의 委員·職員은 職務遂行중에 選擧法違反行爲를 발견한 때에는 중지·警告 또는 是正命令을 하여야 하며, 그 위반행위가 選擧의 공정을 현저하게 해치는 것으로 인정되거나 중지·警告 또는 是正命令을 不履行하는 때에는 管轄搜査機關에 搜査依賴 또는 告發할 수 있다.
(1992.11.11 본조신설)

第15條【事務機構등】 ① 中央選擧管理委員會에 事務處를 둔다.
② 事務處에 事務總長 1人과 事務次長 1人을 둔다.
③ 事務總長은 委員長의 指揮를 받아 處務를 掌理하며 所屬公務員을 指揮·監督한다.
④ 事務總長은 政務職으로 하고 報酬는 國務委員의 報酬와 同額으로 한다.(1992.11.11 본항개정)
⑤ 事務次長은 事務總長을 補佐하며 事務總長이 事故가 있을 때에는 그 職務를 代行한다.
⑥ 事務次長은 政務職으로 하고 報酬는 次官의 報酬와 同額으로 한다.(1992.11.11 본항개정)
⑦ 사무처에 실·국 및 과를 두며, 실에는 실장, 국에는 국장, 과에는 과장을 둔다. 다만, 실장·국장의 명칭은 중앙선거관리위원회규칙이 정하는 바에 따라 본부장·단장·부장·팀장 등(이하 "본부장등"이라 한다)으로 달리 정할 수 있으며, 이 경우 명칭을 달리 정한 본부장등은 이 법을 적용함에 있어서 실장·국장으로 본다.(2005.5.31 본항개정)
⑧ 사무총장·사무차장·실장 또는 국장 밑에 정책의 기획, 계획의 입안, 연구·조사, 심사·평가 및 홍보업무 등을 보좌하는 보좌기관을 둘 수 있다.(2005.5.31 본항개정)
⑨ 실장은 1급, 국장은 2급 또는 3급, 보좌기관은 2급 내지 4급, 과장은 3급 또는 4급인 일반직국가공무원으로 보한다. 다만, 보좌기간 중 1인은 3급 상당 또는 4급 상당인 별정직국가공무원으로 보할 수 있다.(2005.5.31 본항신설)
⑩ 市·道選擧管理委員會에 사무처와 필요한 課를 두며 처장은 2級 또는 3級, 課長은 4級 또는 5級인 一般職國家公務員으로 補한다.(2010.1.25 본항개정)
⑪ 區·市·郡選擧管理委員會에 事務局 또는 事務課를 두며 局長은 4級, 課長은 4級 또는 5級인 一般職國家公務員으로 補한다.(1992.11.11 본항개정)
⑫ 5級이상 公務員의 任免은 中央選擧管理委員會의 議決을 거쳐 中央選擧管理委員會委員長이 행하고 6급 이하 공무원의 任免은 事務總長이 행한다.(2012.12.11 본항개정)
⑬ 各級選擧管理委員會에 두는 조직·직무범위 및 공무원의 정원 그 밖의 필요한 사항은 中央選擧管理委員會規則으로 정한다.(2005.5.31 본항개정)
⑭ 各級選擧管理委員會의 所屬公務員에 대하여 이 法에 특별한 規定이 없는 경우에는 「국가공무원법」중 行政府所屬公務員에 관한 規定을 適用한다.(2005.8.4 본항개정)
⑮ 各級選擧管理委員會는 選擧·國民投票事務를 수행하기 위하여 필요한 경우에 國家機關 또는 地方自治團體에 대하여 그 소속 公務員의 派遣勤務를 요청할 수 있다.(1990.4.7 본항신설)
⑯ 各級選擧管理委員會 委員長은 選擧事務를 담당하는 公務員중에서 그 所屬行政機關의 長과 協議하여 幹事·書記·選擧事務從事員 각 若干人을 위촉할 수 있다.
⑰ 제10항의 사무처장 및 제11항의 事務局長 또는 事務課長과 제16항의 委囑幹事는 당해 委員長의 命을 받아 所管事務를 掌理하고 所屬職員을 指揮·監督한다.(2010.1.25 본항개정)
(1990.4.7 본조제목개정)

第15條의2【選擧硏修院】 ① 選擧·政黨事務에 관한 公務員의 教育과 選擧·政黨關係者에 대한 硏修를 위하여 事務處에 選擧硏修院을 둘 수 있다.
② 選擧硏修院에 院長 1人을 두며, 2級 또는 3級인 一般職國家公務員으로 補한다.
③ 選擧硏修院의 組織과 운영에 관하여 필요한 사항은 中央選擧管理委員會規則으로 정한다.
(1992.11.11 본조신설)

第15條의3【公務員의 採用등】 ① 選擧管理委員會 소속 公務員의 任用을 위한 採用試驗·昇進試驗·기타 試驗은 「국가공무원법」을 적용하여 事務總長이 실시하되, 試驗의 일부 또는 전부를 인사혁신처장에게 委託하여 실시할 수 있다.
(2014.11.19 본항개정)
② 國會·法院 및 行政府 소속公務員을 轉入任用하고자 할 때에는 試驗을 거쳐 任用하여야 한다. 다만, 해당 職級에 대한 任用資格要件 또는 昇進所要最低年數·試驗科目이 동일할 때에는 그 試驗의 일부 또는 전부를 免除할 수 있다.
(1992.11.11 본조신설)

第16條【選擧事務등에 대한 指示·協助要求】 ① 各級選擧管理委員會는 選擧人名簿의 작성등 選擧事務와 國民投票事務에 관하여 관계行政機關에 필요한 指示를 할 수 있다.
② 各級選擧管理委員會는 選擧事務를 위하여 人員·裝備의 지원등이 필요한 경우에는 行政機關에 대하여는 指示 또는 協助要求를, 公共團體 및 「은행법」 제2조에 따른 은행(開票事務從事員을 委囑하는 경우에 한한다)에 대하여는 協助要求를 할 수 있다.(2010.5.17 본항개정)
③ 第1項 및 第2項의 規定에 의하여 指示를 받거나 協助要求를 받은 行政機關·公共團體등은 우선적으로 이에 응하여야 한다.
(1992.11.11 본조개정)

第17條【法令에 관한 의견표시등】 ① 行政機關이 選擧(委託選擧를 포함한다. 이하 이 條에서 같다)·國民投票 및 政黨關係法令을 制定·改正 또는 廢止하고자 할 때에는 미리 당해 法令案을 中央選擧管理委員會에 송부하여 그 의견을 구하여야 한다.(1992.11.11 본항개정)
② 中央選擧管理委員會는 다음 각 호의 어느 하나에 해당하는 법률의 制定·改正등이 필요하다고 인정하는 경우에는 國會에 그 의견을 書面으로 제출할 수 있다.(2016.1.15 본문개정)
1. 선거·국민투표·정당관계법률
2. 주민투표·주민소환관계법률. 이 경우 선거관리위원회의 관리 범위에 한정한다.
(2016.1.15 1호~2호신설)

第18條【中央選擧管理委員會의 經費】 ① 中央選擧管理委員會의 經費는 獨立하여 國家豫算에 이를 計上하여야 한다.
② 第1項의 經費중에는 豫備金을 둔다.
③ 中央選擧管理委員會의 豫備金은 中央選擧管理委員會의 議決을 거쳐 支出한다.
(1990.4.7 본조신설)

第19條【經費의 부담】 ① 選擧管理委員會의 職務에 요하는 다음 各號의 經費는 國家가 부담하고 그 事務의 수행에 지장이 없도록 中央選擧管理委員會에 支出하여야 한다.
1. 選擧管理委員會의 운영과 選擧·國民投票·政黨 및 政治資金制度의 연구에 필요한 經費
2. 國民投票의 준비·실시·결과자료정리·啓導·弘報 및 團束事務에 필요한 經費
3. 國民投票에 관한 訴訟에 필요한 경비 및 訴訟의 결과로 부담하여야 할 經費
4. 政黨에 관한 사무 및 政黨支援에 필요한 經費
5. 公明選擧에 관한 硏修·敎育·訓練에 필요한 經費
(1994.3.16 본항개정)
②~③ (2014.6.11 삭제)
第19條의2【特別精勵金 지급】 ① 각종 選擧 및 國民投票期間(準備期間을 포함한다)중 選擧管理委員會 소속公務員 및 派遣·委囑公務員에 대하여는 豫算의 범위안에서 特別精勵金을 지급할 수 있다.
② 第1項의 規定에 의하여 支給하는 特別精勵金은 國家가 실시하는 選擧 및 國民投票의 경우에는 國家가 地方自治團體의 選擧의 경우에는 당해 地方自治團體가 각각 이를 부담하되, 그 地方自治團體의 區域을 관할하는 選擧管理委員會의 上級選擧管理委員會 소속 公務員등에 지급하는 特別精勵金은 國家가 부담한다.
③ 第1項 및 第2項의 規定에 의한 特別精勵金은 選擧實施可能期間의 開始日전 3月부터 選擧日후 1月의 범위내에서 지급하되, 選擧類型別 지급대상·지급기간 및 支給額등에 관하여 필요한 사항은 中央選擧管理委員會規則으로 정한다.
(1992.11.11 본조신설)
第20條【施行規則】 이 法의 施行에 관하여 필요한 사항은 中央選擧管理委員會規則으로 정한다.

附 則 (2016.1.15)

第1條【시행일】 이 법은 공포한 날부터 시행한다.
第2條【구·시·군선거관리위원회 위원의 임기에 관한 경과조치】 이 법 시행 당시의 구·시·군선거관리위원회 위원의 임기는 제8조의 개정규정에도 불구하고 종전의 규정에 따른 임기만료일까지로 한다.
第3條【시·도선거관리위원회 상임위원의 임기제공무원 임용에 관한 경과조치】 이 법 시행 당시 종전의 규정에 따라 시·도선거관리위원회의 상임위원으로 재직 중인 별정직공무원은 이 법 시행일에 「국가공무원법」 제26조의5에 따른 임기제공무원으로 임용된 것으로 본다. 이 경우 그 임기는 상임위원 지명기간의 남은 기간으로 한다.

附 則 (2021.1.12)

第1條【시행일】 이 법은 공포 후 1년이 경과한 날부터 시행한다.(이하 생략)

附 則 (2024.1.30)

이 법은 공포한 날부터 시행한다.

정치자금법

(2005년 8월 4일 전부개정법률 제7682호)

개정
2006. 3. 2법 7851호
2006. 3.24법 7908호(기부금품의모집및사용에관한법)
2006. 4.28법 7938호 2008. 2.29법 8880호
2009. 7.31법 9785호(신문등의진흥에관한법)
2010. 1.25법 9975호 2010. 7.23법10395호
2012. 2.29법11376호 2016. 1.15법13758호
2016. 3. 3법14074호 2017. 6.30법14838호
2020. 3.11법17071호 2021. 1. 5법17885호
2022. 2.22법18838호 2022. 4.20법18842호
2023. 8. 8법19624호 2024. 1. 2법19923호
2024. 2.20법20348호 2024. 3. 8법20371호

제1장 총 칙

제1조【목적】 이 법은 정치자금의 적정한 제공을 보장하고 그 수입과 지출내역을 공개하여 투명성을 확보하며 정치자금과 관련한 부정을 방지함으로써 민주정치의 건전한 발전에 기여함을 목적으로 한다.
제2조【기본원칙】 ① 누구든지 이 법에 의하지 아니하고는 정치자금을 기부하거나 받을 수 없다.
② 정치자금은 국민의 의혹을 사는 일이 없도록 공명정대하게 운용되어야 하고, 그 회계는 공개되어야 한다.
③ 정치자금은 정치활동을 위하여 소요되는 경비로만 지출하여야 하며, 사적 경비로 지출하거나 부정한 용도로 지출하여서는 아니된다. 이 경우 "사적 경비"라 함은 다음 각 호의 어느 하나의 용도로 사용하는 경비를 말한다.
1. 가계의 지원·보조
2. 개인적인 채무의 변제 또는 대여
3. 향우회·동창회·종친회, 산악회 등 동호인회, 계모임 등 개인간의 사적 모임의 회비 그 밖의 지원경비
4. 개인적인 여가 또는 취미활동에 소요되는 비용
④ 이 법에 의하여 1회 120만원을 초과하여 정치자금을 기부하는 자와 다음 각 호에 해당하는 금액을 초과하여 정치자금을 지출하는 자는 수표나 신용카드·예금계좌입금 그 밖에 실명이 확인되는 방법으로 기부 또는 지출하여야 한다. 다만, 현금으로 연간 지출할 수 있는 정치자금은 연간 지출총액의 100분의 20(선거비용은 선거비용제한액의 100분의 10)을 초과할 수 없다.
1. 선거비용 외의 정치자금 : 50만원. 다만, 공직선거의 후보자·예비후보자의 정치자금은 20만원
2. 선거비용 : 20만원
⑤ 누구든지 타인의 명의나 가명으로 정치자금을 기부할 수 없다.
제3조【정의】 이 법에서 사용하는 용어의 정의는 다음과 같다.
1. 정치자금의 종류는 다음 각 목과 같다.
가. 당비
나. 후원금

다. 기탁금
라. 보조금
마. 정당의 당헌·당규 등에서 정한 부대수입
바. 정치활동을 위하여 정당(중앙당창당준비위원회를 포함한다), 「공직선거법」에 따른 후보자가 되려는 사람, 후보자 또는 당선된 사람, 후원회·정당의 간부 또는 유급사무직원, 그 밖에 정치활동을 하는 사람에게 제공되는 금전이나 유가증권 또는 그 밖의 물건
사. 바목에 열거된 사람(정당 및 중앙당창당준비위원회를 포함한다)의 정치활동에 소요되는 비용
(2016.3.3 본호개정)
2. "기부"라 함은 정치활동을 위하여 개인 또는 후원회 그 밖의 자가 정치자금을 제공하는 일체의 행위를 말한다. 이 경우 제3자가 정치활동을 하는 자의 정치활동에 소요되는 비용을 부담하거나 지출하는 경우와 금품이나 시설의 무상대여, 채무의 면제·경감 그 밖의 이익을 제공하는 행위 등은 이를 기부로 본다.
3. "당비"라 함은 명목여하에 불구하고 정당의 당헌·당규 등에 의하여 정당의 당원이 부담하는 금전이나 유가증권 그 밖의 물건을 말한다.
4. "후원금"이라 함은 이 법의 규정에 의하여 후원회에 기부하는 금전이나 유가증권 그 밖의 물건을 말한다.
5. "기탁금"이라 함은 정치자금을 정당에 기부하고자 하는 개인이 이 법의 규정에 의하여 선거관리위원회에 기탁하는 금전이나 유가증권 그 밖의 물건을 말한다.
6. "보조금"이라 함은 정당의 보호·육성을 위하여 국가가 정당에 지급하는 금전이나 유가증권을 말한다.
7. "후원회"라 함은 이 법의 규정에 의하여 정치자금의 기부를 목적으로 설립·운영되는 단체로서 관할 선거관리위원회에 등록된 단체를 말한다.
8. 공직선거와 관련한 용어의 정의는 다음과 같다.
가. "공직선거"라 함은 「공직선거법」 제2조(적용범위)의 규정에 의한 선거를 말한다.
나. "공직선거의 후보자"라 함은 「공직선거법」 제49조(후보자등록 등)의 규정에 의하여 관할 선거구선거관리위원회에 등록된 자를 말한다.
다. "공직선거의 예비후보자"라 함은 「공직선거법」 제60조의2(예비후보자등록)의 규정에 의하여 관할 선거구선거관리위원회에 등록된 자를 말한다.
라. "비례대표지방의회의원"이라 함은 비례대표시·도의회의원 및 비례대표자치구·시·군의회의원을 말한다.
마. "정당선거사무소"라 함은 「공직선거법」 제61조의2(정당선거사무소의 설치)의 규정에 의한 정당선거사무소를 말한다.
바. "선거사무소"·"선거연락소"라 함은 각각 「공직선거법」 제63조(선거운동기구 및 선거사무관계자의 신고)의 규정에 의한 선거사무소·선거연락소를 말한다.
사. "선거사무장"·"선거연락소장"이라 함은 각각 「공직선거법」 제63조의 규정에 의한 선거사무장·선거연락소장을 말한다.
아. "선거비용"이라 함은 「공직선거법」 제119조(선거비용 등의 정의)의 규정에 의한 선거비용을 말한다.
자. "선거비용제한액"이라 함은 「공직선거법」 제122조(선거비용제한액의 공고)의 규정에 의하여 관할 선거구선거관리위원회가 공고한 당해 선거(선거구가 있는 때에는 그 선거구)의 선거비용제한액을 말한다.

제2장 당 비

제4조 【당비】 ① 정당은 소속 당원으로부터 당비를 받을 수 있다.
② 정당의 회계책임자는 타인의 명의나 가명으로 납부된 당비는 국고에 귀속시켜야 한다.
③ 제2항의 규정에 의하여 국고에 귀속되는 당비는 관할 선거관리위원회가 이를 납부받아 국가에 납입하되, 납부기한까지 납부하지 아니한 때에는 관할 세무서장에게 위탁하여 관할 세무서장이 국세체납처분의 예에 따라 이를 징수한다.
④ 제3항의 규정에 의한 국고귀속절차 그 밖에 필요한 사항은 중앙선거관리위원회규칙으로 정한다.

제5조 【당비영수증】 ① 정당의 회계책임자는 당비를 납부받은 때에는 당비를 납부받은 날부터 30일까지 당비영수증을 당원에게 교부하고 그 원부를 보관하여야 한다. 다만, 당비를 납부한 당원이 그 당비영수증의 수령을 원하지 아니하는 경우에는 교부하지 아니하고 발행하여 원부와 함께 보관할 수 있다.(2012.2.29 본문개정)
② 1회 1만원 이하의 당비납부에 대한 당비영수증은 해당 연도말일(정당이 등록취소되거나 해산되는 경우에는 그 등록취소일 또는 해산일을 말한다) 현재로 연간 납부총액에 대하여 1매로 발행·교부할 수 있다.(2010.1.25 본항개정)
③ 제1항 및 제2항에 따른 당비영수증은 전자적 형태로 제작하여 인터넷을 통하여 발행·교부할 수 있되, 위조·변조를 방지할 수 있는 기술적 조치를 하여야 한다.(2008.2.29 본항신설)
④ 제1항부터 제3항까지의 규정에 따른 당비영수증의 서식 그 밖에 필요한 사항은 중앙선거관리위원회규칙으로 정한다.
(2008.2.29 본항개정)

제3장 후원회

제6조 【후원회지정권자】 다음 각 호에 해당하는 자(이하 "후원회지정권자"라 한다)는 각각 하나의 후원회를 지정하여 둘 수 있다.
1. 중앙당(중앙당창당준비위원회를 포함한다)(2017.6.30 본호신설)
2. 국회의원(국회의원선거의 당선인을 포함한다)
<2022.11.24 헌법재판소 헌법불합치결정으로 이 호는 2024.5.31을 시한으로 입법자가 개정할 때까지 계속 적용>
2의2. 지방의회의원(지방의회의원선거의 당선인을 포함한다)(2024.2.20 본호신설)
2의3. 대통령선거의 후보자 및 예비후보자(이하 "대통령후보자등"이라 한다)(2008.2.29 본호신설)
3. 정당의 대통령선거후보자 선출을 위한 당내경선후보자(이하 "대통령선거경선후보자"라 한다)
4. 지역선거구(이하 "지역구"라 한다)국회의원선거의 후보자 및 예비후보자(이하 "국회의원후보자등"이라 한다). 다만, 후원회를 둔 국회의원의 경우에는 그러하지 아니하다.
5. 중앙당 대표자 및 중앙당 최고 집행기관(그 조직형태와 관계없이 당헌으로 정하는 중앙당 최고 집행기관을 말한다)의 구성원을 선출하기 위한 당내경선후보자(이하 "당대표경선후보자등"이라 한다)(2016.1.15 본호개정)
6. 지역구지방의회의원선거의 후보자 및 예비후보자(이하 "지방의회의원후보자등"이라 한다). 다만, 후원회를 둔 지방의회의원의 경우에는 그러하지 아니하다.(2024.2.20 본호개정)
7. 지방자치단체의 장선거의 후보자 및 예비후보자(이하 "지방자치단체장후보자등"이라 한다)(2021.1.5 본호신설)

판례 지방의회의원의 전문성을 확보하고 원활한 의정활동을 지원하기 위해서는 지방의회의원들에게도 후원회를 허용해 정치자금을 합법적으로 확보할 방안을 마련해 줄 필요가 있다. 또한 지방의회의원에게 후원회를 지정할 수 있도록 하는 것은 경제력을 갖추지 못한 사람의 정치입문을 저해할 수 있다. 따라서 국회의원과 달리 지방의회의원을 후원회지정권자에서 제외하고 있는 것은 불합리한 차별로서 평등권을 침해한다.(헌재결 2022.11.24, 2019헌마528등(병합))

제7조 【후원회의 등록신청 등】 ① 후원회의 대표자는 당해 후원회지정권자의 지정을 받은 날부터 14일 이내에 그 지정서를 첨부하여 관할 선거관리위원회에 등록신청을 하여야 한다.
② 후원회의 등록신청사항은 다음 각 호와 같다.

1. 후원회의 명칭
2. 후원회의 소재지
3. 정관 또는 규약
4. 대표자의 성명·주민등록번호·주소
5. 회인(會印) 및 그 대표자 직인의 인영
6. 중앙선거관리위원회규칙으로 정하는 사항

③ 후원회를 둔 후원회지정권자는 다음 각 호의 어느 하나에 해당하는 경우 각 호에서 정하는 바에 따라 기존의 후원회를 다른 후원회로 지정할 수 있다. 이 경우 그 대통령후보자등·대통령선거경선후보자·당대표경선후보자등 또는 지방자치단체장후보자등의 후원회의 대표자는 후원회지정권자의 지정을 받은 날부터 14일 이내에 그 지정서와 회인(會印) 및 그 대표자 직인의 인영을 첨부하여 관할 선거관리위원회에 신고하여야 한다.

1. 후원회를 둔 국회의원이 대통령후보자등·대통령선거경선후보자 또는 당대표경선후보자등이 되는 경우 : 기존의 국회의원후원회를 대통령후보자등·대통령선거경선후보자 또는 당대표경선후보자등의 후원회로 지정
2. 후원회를 둔 대통령예비후보자가 대통령선거경선후보자가 되는 경우 : 기존의 대통령예비후보자후원회를 대통령선거경선후보자후원회로 지정
3. 후원회를 둔 지방의회의원이 대통령선거경선후보자·당대표경선후보자등 또는 해당 지방자치단체장후보자등이 되는 경우 : 기존의 지방의회의원후원회를 대통령선거경선후보자·당대표경선후보자등 또는 지방자치단체장후보자등의 후원회로 지정

(2024.2.20 본항개정)

④ 제2항의 규정에 의한 등록신청사항 중 제1호 내지 제5호에 규정된 사항 및 제3항의 규정에 의한 회인(會印) 및 그 대표자 직인의 인영에 변경이 생긴 때에는 후원회의 대표자는 14일 이내에 관할 선거관리위원회에 변경등록신청 또는 신고를 하여야 한다.

⑤ 관할 선거관리위원회는 제1항 또는 제4항의 규정에 의한 등록신청을 접수한 날부터 7일 이내에 등록을 수리하고 등록증을 교부하여야 한다.

제8조【후원회의 회원】 ① 누구든지 자유의사로 하나 또는 둘 이상의 후원회의 회원이 될 수 있다. 다만, 제31조(기부의 제한)제1항의 규정에 의하여 기부를 할 수 없는 자와 「정당법」 제22조(발기인 및 당원의 자격)의 규정에 의하여 정당의 당원이 될 수 없는 자는 그러하지 아니하다.

② 후원회는 회원명부를 비치하여야 한다.

③ 제2항의 회원명부는 법원이 재판상 요구하는 경우와 제52조(정치자금범죄 조사 등)의 규정에 의하여 관할 선거관리위원회가 회원의 자격과 후원금내역 등 필요한 사항을 확인하는 경우를 제외하고는 이의 열람을 강요당하지 아니한다.

④ 범죄수사를 위한 회원명부의 조사에는 법관이 발부한 영장이 있어야 한다.

⑤ 누구든지 회원명부에 관하여 직무상 알게 된 사실을 누설하여서는 아니된다.

제9조【후원회의 사무소 등】 ① 후원회는 그 사무를 처리하기 위하여 다음 각 호에서 정하는 바에 따라 사무소와 연락소를 설치할 수 있다.

1. 중앙당후원회
 사무소 1개소와 특별시·광역시·특별자치시·도·특별자치도마다 연락소 각 1개소
 (2017.6.30 본호신설)
2. 지역구국회의원후원회·지역구국회의원후보자후원회
 서울특별시와 그 지역구에 사무소 또는 연락소 각 1개소. 이 경우 사무소를 둔 지역구 안에는 연락소를 둘 수 없다.
3. 제1호·제2호 외의 후원회
 사무소 1개소
 (2017.6.30 본호개정)

② 후원회의 사무소와 연락소에 두는 유급사무직원의 수는 모두 합하여 2인을 초과할 수 없다. 다만, 중앙당후원회·대통령후보자등후원회·대통령선거경선후보자후원회는 그러하지 아니하다.(2017.6.30 단서개정)

③ 국회의원이 지역에 두는 사무소의 유급사무직원의 수는 5인을 초과할 수 없다. 다만, 하나의 국회의원지역구가 2 이상의 구(자치구가 아닌 구를 포함한다)·시(구가 설치되지 아니한 시를 말한다)·군으로 된 경우 2를 초과하는 구·시·군마다 2인을 추가할 수 있다.

제10조【후원금의 모금·기부】 ① 후원회는 제7조(후원회의 등록신청 등)의 규정에 의하여 등록을 한 후 후원인(회원과 회원이 아닌 자를 말한다. 이하 같다)으로부터 후원금을 모금하여 이를 당해 후원회지정권자에게 기부한다. 이 경우 후원회가 모금한 후원금 외의 차입금 등 금품은 기부할 수 없다.

② 후원회가 후원금을 모금한 때에는 모금에 직접 소요된 경비를 공제하고 지체 없이 이를 후원회지정권자에게 기부하여야 한다.

③ 후원인이 후원회지정권자에게 직접 후원금을 기부한 경우(후원회지정권자의 정치활동에 소요되는 비용을 부담·지출하거나 금품·시설의 무상대여 또는 채무의 면제·경감의 방법으로 기부하는 경우는 제외한다) 해당 후원회지정권자가 기부받은 날부터 30일(기부받은 날부터 30일이 경과하기 전에 후원회를 둘 수 있는 자격을 상실하는 경우에는 그 자격을 상실한 날) 이내에 기부받은 후원금과 기부자의 인적사항을 자신이 지정한 후원회의 회계책임자에게 전달한 경우에는 해당 후원회가 기부받은 것으로 본다.
(2010.7.23 본항신설)

제11조【후원인의 기부한도 등】 ① 후원인이 후원회에 기부할 수 있는 후원금은 연간 2천만원을 초과할 수 없다.

② 후원인이 하나의 후원회에 연간(대통령후보자등·대통령선거경선후보자·당대표경선후보자등·국회의원후보자등·지방의회의원후보자등 및 지방자치단체장후보자등의 후원회의 경우에는 당해 후원회를 둘 수 있는 기간을 말한다. 이하 같다) 기부할 수 있는 한도액은 다음 각 호와 같다.
(2021.1.5 본문개정)

1. 대통령후보자등·대통령선거경선후보자의 후원회에는 각각 1천만원(후원회지정권자가 동일인인 대통령후보자등후원회에는 합하여 1천만원)(2008.2.29 본호개정)
2. 다음 각 목의 후원회에는 각각 500만원
 가. 중앙당후원회(중앙당창당준비위원회후원회가 중앙당후원회로 존속하는 경우에는 합하여 500만원)
 나. 국회의원후원회(후원회지정권자가 동일인인 국회의원후보자등후원회와 국회의원후원회는 합하여 500만원)
 다. 국회의원후보자등후원회(후원회지정권자가 동일인인 경우 합하여 500만원)
 라. 당대표경선후보자등후원회
 마. (2024.2.20 삭제)
 바. 지방자치단체장후보자등후원회(후원회지정권자가 동일인인 경우 합하여 500만원)
 (2021.1.5 본호개정)
3. 다음 각 목의 후원회에는 각각 200만원
 가. 시·도의회의원후원회(후원회지정권자가 동일인인 지역구시·도의회의원선거 후보자·예비후보자의 후원회와 시·도의회의원후원회는 합하여 200만원)
 나. 지역구시·도의회의원선거 후보자·예비후보자의 후원회(후원회지정권자가 동일인인 경우 합하여 200만원)
4. 다음 각 목의 후원회에는 각각 100만원
 가. 자치구·시·군의회의원후원회(후원회지정권자가 동일인인 지역구자치구·시·군의회의원선거 후보자·예비후보자의 후원회와 자치구·시·군의회의원후원회는 합하여 100만원)

나. 지역구자치구·시·군의회의원선거 후보자·예비후보자의 후원회(후원회지정권자가 동일인인 경우 합하여 100만원)
(2024.2.20 3호~4호신설)
③ 후원인은 1회 10만원 이하, 연간 120만원 이하의 후원금은 이를 익명으로 기부할 수 있다.
④ 후원회의 회계책임자는 제3항의 규정에 의한 익명기부한도액을 초과하거나 타인의 명의 또는 가명으로 후원금을 기부받은 경우 그 초과분 또는 타인의 명의나 가명으로 기부받은 금액은 국고에 귀속시켜야 한다. 이 경우 국고귀속절차에 관하여는 제4조(당비)제3항 및 제4항의 규정을 준용한다.
⑤ 후원회의 회원은 연간 1만원 또는 그에 상당하는 가액 이상의 후원금을 기부하여야 한다.
⑥ 후원인의 기부방법 그 밖에 필요한 사항은 중앙선거관리위원회규칙으로 정한다.
제12조【후원회의 모금·기부한도】 ① 후원회가 연간 모금할 수 있는 한도액(이하 "연간 모금한도액"이라 하고, 전년도 연간 모금한도액을 초과하여 모금한 금액을 포함한다)은 다음 각 호와 같다. 다만, 신용카드·예금계좌·전화 또는 인터넷전자결제시스템 등에 의한 모금으로 부득이하게 연간 모금한도액을 초과하게 된 때에는 연간 모금한도액의 100분의 20의 범위에서 그러하지 아니하되, 그 이후에는 후원금을 모금할 수 없다.(2016.1.15 본문개정)
1. 중앙당후원회는 중앙당창당준비위원회후원회가 모금한 후원금을 합하여 50억원(2017.6.30 본호신설)
2. (2008.2.29 삭제)
3. 대통령후보자등후원회·대통령선거경선후보자후원회는 각각 선거비용제한액의 100분의 5에 해당하는 금액(후원회지정권자가 동일인인 대통령후보자등후원회는 합하여 선거비용제한액의 100분의 5에 해당하는 금액)(2008.2.29 본호개정)
4. 국회의원·국회의원후보자등 및 당대표경선후보자등의 후원회는 각각 1억5천만원(후원회지정권자가 동일인인 국회의원후보자등후원회는 합하여 1억5천만원)(2016.1.15 본호개정)
5. 지방의회의원후원회 및 지방의회의원후보자등후원회는 다음 각 목의 구분에 따른 금액(후원회지정권자가 동일인인 지방의회의원후보자등후원회는 합하여 다음 각 목의 구분에 따른 금액)
가. 시·도의회의원후원회 및 지역구시·도의회의원선거 후보자·예비후보자의 후원회는 각각 5천만원
나. 자치구·시·군의회의원후원회 및 지역구자치구·시·군의회의원선거 후보자·예비후보자의 후원회는 각각 3천만원
(2024.2.20 본호개정)
6. 지방자치단체장후보자등후원회는 선거비용제한액의 100분의 50에 해당하는 금액(후원회지정권자가 동일인인 지방자치단체장후보자등후원회는 합하여 선거비용제한액의 100분의 50에 해당하는 금액)(2021.1.5 본호신설)
② 후원회가 해당 후원회지정권자에게 연간 기부할 수 있는 한도액(이하 "연간 기부한도액"이라 한다)은 제1항의 규정에 의한 연간 모금한도액과 같은 금액으로 한다. 다만, 부득이하게 해당 연도(대통령후보자등·대통령선거경선후보자·당대표경선후보자등·국회의원후보자등·지방의회의원후보자등 및 지방자치단체장후보자등의 후원회는 해당 후원회를 둘 수 있는 기간을 말한다)에 후원회지정권자에게 기부하지 못한 때에는 제40조(회계보고)제1항에 따른 회계보고〔국회의원후원회 및 지방의회의원후원회는 12월 31일 현재의 회계보고를, 후원회가 해산한 때에는 제40조(회계보고)제2항에 따른 회계보고를 말한다〕를 하는 때까지 기부할 수 있다.(2024.2.20 단서개정)
③ 후원회가 모금한 후원금이 연간 기부한도액을 초과하는 때에는 다음 연도에 이월하여 기부할 수 있다.
④ 제19조(후원회의 해산 등)의 규정에 의하여 후원회가 해산된 후 후원회지정권자가 같은 종류의 새로운 후원회를 두는 경우 그 새로운 후원회가 모금·기부할 수 있는 후원금은 당해 후원회의 연간 모금·기부한도액에서 종전의 후원회가 모금·기부한 후원금을 공제한 금액으로 한다.
제13조【연간 모금·기부한도액에 관한 특례】 ① 다음 각 호에 해당하는 후원회는 공직선거가 있는 연도에는 연간 모금·기부한도액의 2배를 모금·기부할 수 있다. 같은 연도에 2 이상의 공직선거가 있는 경우에도 또한 같다.(2012.2.29 후단신설)
1. 대통령선거
후보자를 선출한 정당의 중앙당후원회 및 지역구국회의원후원회
2. 임기만료에 의한 국회의원선거
후보자를 추천한 정당의 중앙당후원회 및 지역구에 후보자로 등록한 국회의원후원회
(2017.6.30 1호~2호개정)
3. 임기만료에 의한 동시지방선거
후보자를 추천한 정당의 중앙당후원회, 해당 선거구에 후보자를 추천한 정당의 지역구국회의원후원회 및 지역구에 후보자로 등록한 지방의회의원후원회
(2024.2.20 본호개정)
② 제1항에서 "공직선거가 있는 연도"라 함은 당해 선거의 선거일이 속하는 연도를 말한다.
제14조【후원금 모금방법】 ① 후원회는 우편·통신(전화, 인터넷전자결제시스템 등을 말한다)에 의한 모금, 중앙선거관리위원회가 제작한 정치자금영수증(이하 "정치자금영수증"이라 한다)과의 교환에 의한 모금 또는 신용카드·예금계좌 등에 의한 모금 그 밖에 이 법과 「정당법」 및 「공직선거법」에 위반되지 아니하는 방법으로 후원금을 모금할 수 있다. 다만, 집회에 의한 방법으로는 후원금을 모금할 수 없다.
② (2010.1.25 삭제)
제15조【후원금 모금 등의 고지·광고】 ① 후원회는 회원모집 또는 후원금 모금을 위하여 인쇄물·시설물 등을 이용하여 후원회명, 후원금 모금의 목적, 기부처, 기부방법, 해당 후원회지정권자의 사진·학력(정규학력과 이에 준하는 외국의 교육과정을 이수한 학력에 한한다)·경력·업적·공약과 그 밖에 홍보에 필요한 사항을 알릴 수 있다. 다만, 다른 정당·후보자(공직선거의 후보자를 말하며, 후보자가 되려는 자를 포함한다)·대통령선거경선후보자 및 당대표경선후보자등에 관한 사항은 포함할 수 없다.(2016.1.15 단서개정)
② 후원회는 「신문 등의 진흥에 관한 법률」 제2조(정의)에 따른 신문 및 「잡지 등 정기간행물의 진흥에 관한 법률」 제2조(정의)에 따른 정기간행물을 이용하여 분기별 4회 이내에서 후원금의 모금과 회원의 모집 등을 위하여 제1항의 내용을 광고할 수 있다. 이 경우 후원회를 둘 수 있는 기간이 3월을 초과하지 아니하는 때에는 4회 이내로 한다.(2009.7.31 본항개정)
③ 제2항의 규정에 의한 1회 광고의 규격은 다음 각 호의 기준에 의한다.
1. 신문광고는 길이 17센티미터 너비 18.5센티미터 이내
2. 제1호 외의 광고는 당해 정기간행물의 2면 이내
④ 제2항의 광고횟수 산정에 있어서 같은 날에 발행되는 하나의 정기간행물을 이용하는 것은 1회로 본다. 이 경우 같은 날에 발행되는 정기간행물이 배달되는 지역에 따라 발행일자가 각각 다르게 기재된 경우에도 그 광고횟수는 1회로 본다.
⑤ 제1항의 규정에 의한 인쇄물·시설물 등에 의한 고지방법 그 밖에 필요한 사항은 중앙선거관리위원회규칙으로 정한다.
제16조【정치자금영수증과의 교환에 의한 모금】 ① 후원회 또는 후원회로부터 위임을 받은 자는 정치자금영수증을 후원금과 교환하는 방법으로 모금을 할 수 있다.

② 제1항의 규정에 의하여 후원회로부터 위임받은 자가 후원금을 모금한 때에는 30일 이내에 그 후원회의 회계책임자에게 정치자금영수증 원부와 후원인의 성명·생년월일·주소·전화번호 및 후원금을 인계하여야 한다.
③ 정치자금영수증과의 교환에 의한 모금의 위임절차와 방법 그 밖에 필요한 사항은 중앙선거관리위원회규칙으로 정한다.

제17조【정치자금영수증】 ① 후원회가 후원금을 기부받은 때에는 후원금을 기부받은 날부터 30일까지 정치자금영수증을 후원인에게 교부하여야 한다.(2012.2.29 본항개정)
② 제1항의 규정에 의한 정치자금영수증은 중앙선거관리위원회가 제작하는 정액영수증과 무정액영수증만을 말한다. 이 경우 무정액영수증은 인터넷을 통하여 발행·교부할 수 있도록 전자적 형태로 제작할 수 있되, 위조·변조를 방지할 수 있는 기술적 조치를 하여야 한다.(2008.2.29 후단신설)
③ 무정액영수증은 1회 10만원 미만의 후원금이나 10만원을 초과하여 기부한 후원금의 경우라도 10만원 미만에 해당하는 후원금에 한하여 교부할 수 있다. 다만, 제2항 후단에 따라 전자적 형태로 제작한 무정액영수증을 인터넷을 통하여 교부하는 경우에는 그러하지 아니하다.(2008.2.29 단서신설)
④ 1회 1만원 이하의 후원금 기부에 대한 정치자금영수증은 해당 연도말일(후원회가 해산되는 경우에는 그 해산일을 말한다) 현재로 일괄 발행·교부할 수 있다.(2010.1.25 본항개정)
⑤ 제1항에도 불구하고 다음 각 호의 어느 하나에 해당하는 경우에는 정치자금영수증을 후원인에게 교부하지 아니하고 후원회가 발행하여 원부와 함께 보관할 수 있다.
1. 후원인이 정치자금영수증 수령을 원하지 아니하는 경우
2. 익명기부, 신용카드·예금계좌·전화 또는 인터넷 전자결제 시스템 등에 의한 기부로 후원인의 주소 등 연락처를 알 수 없는 경우
3. 후원인이 연간 1만원 이하의 후원금을 기부한 경우
(2010.1.25 본항개정)
⑥ 후원회가 정치자금영수증을 발급받고자 하는 때에는 정치자금영수증의 종류와 발급수량 등을 기재한 신청서 및 정치자금영수증 제작비용을 관할 선거관리위원회에 제출·납부하여야 한다.
⑦ 하나의 후원회가 연간 발급받을 수 있는 정액영수증의 액면가액총액은 그 후원회의 연간 모금한도액을 초과할 수 없다. 이 경우 후원회는 연간 모금한도액의 범위안에서 정액영수증을 일시에 발급받을 수 있다.
⑧ 정치자금영수증에는 후원금의 금액, 그 금액에 대하여 세금혜택이 된다는 문언과 일련번호를 표시하되, 규격과 양식 그 밖에 필요한 사항은 중앙선거관리위원회규칙으로 정한다.
⑨ 정액영수증에 표시하는 금액은 1만원·5만원·10만원·50만원·100만원·500만원의 6종으로 하고 기부자에게 교부하는 정치자금영수증에는 후원회명을 기재할 수 없다.
⑩ 후원회는 관할 선거관리위원회로부터 발급받은 정치자금영수증의 매년 12월 31일 현재 매수 등 사용실태를 제40조(회계보고)제1항에 따른 12월 31일 현재의 회계보고를 하는 때에 관할 선거관리위원회에 보고하여야 하며, 후원회가 해산되는 경우에는 제40조(회계보고)에 따른 회계보고를 하는 때에 사용하지 아니한 정치자금영수증을 관할 선거관리위원회에 반납하여야 한다.(2010.1.25 본항개정)
⑪ 후원회는 무정액영수증의 기재금액 및 정액영수증의 액면금액과 상이한 금액을 기부받고 사용할 수 없으며, 사용하지 아니한 정치자금영수증에 대하여 제10항의 규정에 의한 기한 이내에 매수를 보고 또는 반납하지 아니한 경우에는 그 액면금액 총액을 기부받은 것으로 본다.
⑫ 선거관리위원회와 후원회 그 밖에 정치자금영수증의 발급·발행·교부 등에 관계하는 자는 법률에 의한 절차에 의하지 아니하고는 그 후원회에 발급한 정치자금영수증의 일련번호를 공개하거나 이를 다른 국가기관에 고지하여서는 아니된다.
⑬ 후원회는 제34조(회계책임자의 선임신고 등)제4항에 따라 신고된 정치자금의 수입을 위한 예금계좌에 입금된 후원금에 대한 정치자금영수증 발행을 위하여 해당 금융기관에 입금의뢰인(신용카드·전화 또는 인터넷 전자결제 시스템 등에 의한 입금을 포함한다)의 성명과 연락처를 알려줄 것을 서면으로 요청할 수 있으며, 그 요청을 받은 금융기관은 「금융실명거래 및 비밀보장에 관한 법률」에도 불구하고 지체 없이 그 내용을 알려주어야 한다.(2010.1.25 본항신설)
⑭ 제13항에 따른 입금의뢰인의 성명과 연락처를 알려 줄 것을 요청하는 서식과 그 밖에 필요한 사항은 중앙선거관리위원회규칙으로 정한다.(2010.1.25 본항신설)

제18조【불법후원금의 반환】 후원회의 회계책임자는 후원인으로부터 기부받은 후원금이 이 법 또는 다른 법률에 위반되는 청탁 또는 불법의 후원금이라는 사실을 안 날부터 30일 이내에 후원인에게 반환하고, 정치자금영수증을 교부하였을 때에는 이를 회수하여야 한다. 이 경우 후원인의 주소 등 연락처를 알지 못하여 반환할 수 없거나 후원인이 수령을 거절하는 때에는 선거관리위원회를 통하여 이를 국고에 귀속시켜야 한다.

제19조【후원회의 해산 등】 ① 후원회는 해당 후원회지정권자가 해산, 그 밖의 사유로 소멸하거나 후원회를 둘 수 있는 자격을 상실하거나 후원회의 지정을 철회한 때 또는 정관 등에 정한 해산사유가 발생한 때에는 해산한다. 다만, 후원회를 둔 중앙당창당준비위원회가 정당으로 등록하거나 후원회를 둔 국회의원후보자 또는 지방의회의원후보자가 각각 국회의원 또는 지방의회의원으로 당선된 경우에는 그 후원회는 대의기관이나 수임기관의 존속결의로써 등록된 중앙당, 당선된 국회의원 또는 당선된 지방의회의원의 후원회로 존속할 수 있으며, 국회의원당선인후원회·지방의회의원당선인후원회는 국회의원후원회·지방의회의원후원회로, 후원회를 둔 대통령예비후보자·국회의원예비후보자·지방의회의원예비후보자·지방자치단체장예비후보자가 대통령후보자·국회의원후보자·지방의회의원후보자·지방자치단체장후보자로 등록된 때에는 그 대통령예비후보자후원회·국회의원예비후보자후원회·지방의회의원예비후보자후원회·지방자치단체장예비후보자후원회는 대통령후보자후원회·국회의원후보자후원회·지방의회의원후보자후원회·지방자치단체장후보자후원회로 본다.(2024.2.20 단서개정)
② 제1항 단서의 경우에 중앙당후원회·국회의원후보자후원회 및 지방의회의원후보자후원회의 대표자는 그 존속결의가 있은 날부터 14일 이내에 제7조(후원회의 등록신청 등)제4항의 규정에 의한 변경등록을 신청하여야 하며, 그 후원회는 종전의 후원회의 권리·의무를 승계한다.(2024.2.20 본항개정)
③ 후원회가 해산한 때에는 그 대표자는 14일 이내에 그 사실을 관할 선거관리위원회에 신고하여야 한다. 다만, 다음 각 호의 어느 하나에 해당하는 경우에는 그러하지 아니하다.
(2012.2.29 단서개정)
1. 대통령선거경선후보자와 당대표경선후보자등이 경선의 종료로 그 신분이 상실되어 해산되는 경우(2016.1.15 본호개정)
2. 국회의원 또는 지방의회의원의 임기만료, 대통령후보자등·국회의원후보자등·지방의회의원후보자등 또는 지방자치단체장후보자등의 신분상실로 인하여 해산되는 경우
(2024.2.20 본호개정)
④ 후원회가 해산일부터 14일 이내에 제3항 본문의 규정에 의한 해산신고를 하지 아니한 경우에는 관할 선거관리위원회는 그 후원회의 등록을 말소할 수 있다.

제20조【후원회의 합병 등】 ①「정당법」제19조에 따라 정당이 신설합당하거나 흡수합당하는 경우에는 각 후원회의 대의기관이나 수임기관의 합동회의의 합병결의 또는 대의기관이나 수임기관의 존속결의로써 신설 또는 흡수하는 정당의 후원회로 존속할 수 있다. 이 경우 각 후원회는 제7조제4항에 따른 변경등록신청을 하여야 한다.
② 제1항에 따른 합병으로 신설 또는 존속하는 후원회는 합병 전 후원회의 권리·의무를 승계한다.
③ 제1항에 따라 존속하는 후원회의 모금·기부 한도액, 그 밖에 필요한 사항은 중앙선거관리위원회규칙으로 정한다.
(2017.6.30 본조신설)

제21조【후원회가 해산한 경우의 잔여재산 처분 등】 ① 제19조(후원회의 해산 등)제1항 본문의 규정에 의하여 후원회가 해산된 경우 잔여재산은 다음 각 호에서 정한 바에 따라 제40조(회계보고)의 규정에 의한 회계보고 전까지 처분하여야 한다.
1. 후원회지정권자가 중앙당(중앙당창당준비위원회를 포함한다) 또는 당원인 경우
해산 당시의 소속 정당에 인계한다. 다만, 후원회를 둔 국회의원이 대통령후보자등후원회·대통령선거경선후보자후원회나 당대표경선후보자등후원회를 둔 경우, 후원회를 둔 대통령예비후보자가 대통령선거경선후보자후원회를 둔 경우 또는 후원회를 둔 지방의회의원이 대통령선거경선후보자후원회·당대표경선후보자등후원회나 지방자치단체장후보자등후원회를 둔 경우로서 어느 하나의 후원회가 해산된 경우 그 잔여재산은 해산되지 아니한 후원회에 그 후원회의 연간 모금·기부한도액 범위 안에서 후원금으로 기부할 수 있다.
(2024.2.20 단서개정)
2. 후원회지정권자가 당원이 아닌 경우와 정당이 해산, 그 밖의 사유로 소멸한 경우
「공익법인의 설립·운영에 관한 법률」에 의하여 등록된 공익법인(학교법인을 포함하며, 이하 "공익법인"이라 한다) 또는 사회복지시설에 인계한다.
(2017.6.30 본호개정)
② 후원회지정권자(중앙당은 제외한다)가 후원회를 둘 수 있는 자격을 상실한 경우 후원회로부터 기부받아 사용하고 남은 잔여재산[제36조(회계책임자에 의한 수입·지출)제5항을 위반하여 지출한 비용을 포함한다]은 제40조의 규정에 의한 회계보고 전까지 제1항 각 호의 규정에 준하여 처분하여야 한다. 이 경우 후원회를 둔 중앙당창당준비위원회가 중앙당으로 존속하지 아니하고 해산된 경우에는 후원회로부터 기부받아 사용하고 남은 잔여재산은 제1항제2호에 준하여 처분하여야 한다.(2017.6.30 본항개정)
③ 제1항 및 제2항에도 불구하고 대통령선거경선후보자·당대표경선후보자등·대통령예비후보자·국회의원예비후보자·지방의회의원예비후보자 또는 지방자치단체장예비후보자가 후원회를 둘 수 있는 자격을 상실한 때(정당의 공직선거 후보자선출을 위한 당내경선 또는 당대표경선에 참여하여 당선 또는 낙선한 때를 제외한다)에는 그 후원회와 후원회지정권자는 잔여재산을 제40조에 따른 회계보고 전까지 국고에 귀속시켜야 한다.(2021.1.5 본항개정)
④ 제1항 및 제2항의 규정에 의하여 잔여재산 또는 후원회로부터 기부받은 후원금을 인계하지 아니한 때에는 이를 국고에 귀속시켜야 한다.
⑤ 후원회가 해산된 후에 기부된 후원금은 지체 없이 후원인에게 이를 반환하되, 제40조의 규정에 의한 회계보고 전까지 반환하지 아니하는 때에는 이를 국고에 귀속시켜야 한다.
⑥ 제3항 내지 제5항의 규정에 의한 국고귀속절차에 관하여는 제4조(당비)제3항 및 제4항의 규정을 준용한다.
⑦ 후원회가 해산된 경우의 잔여재산 처분절차 그 밖에 필요한 사항은 중앙선거관리위원회규칙으로 정한다.

제4장 기탁금

제22조【기탁금의 기탁】 ① 기탁금을 기탁하고자 하는 개인(당원이 될 수 없는 공무원과 사립학교 교원을 포함한다)은 각급 선거관리위원회(읍·면·동선거관리위원회를 제외한다)에 기탁하여야 한다.
② 1인이 기탁할 수 있는 기탁금은 1회 1만원 또는 그에 상당하는 가액 이상, 연간 1억원 또는 전년도 소득의 100분의 5 중 다액 이하로 한다.
③ 누구든지 타인의 명의나 가명 또는 그 성명 등 인적 사항을 밝히지 아니하고 기탁금을 기탁할 수 없다. 이 경우 기탁자의 성명 등 인적 사항을 공개하지 아니할 것을 조건으로 기탁할 수 있다.
④ 기탁절차 그 밖에 필요한 사항은 중앙선거관리위원회규칙으로 정한다.

제23조【기탁금의 배분과 지급】 ① 중앙선거관리위원회는 기탁금의 모금에 직접 소요된 경비를 공제하고 지급 당시 제27조(보조금의 배분)의 규정에 의한 국고보조금 배분율에 따라 기탁금을 배분·지급한다.
② 중앙선거관리위원회가 기탁금을 배분·지급하는 때에는 1회 300만원을 초과하여 기탁한 자의 성명 등 인적 사항을 공개하여야 한다. 다만, 제22조(기탁금의 기탁)제3항 후단의 규정에 의하여 이를 공개하지 아니할 것을 조건으로 기탁한 경우에는 그러하지 아니하다.(2008.2.29 본항개정)
③ 기탁금의 지급시기 및 절차 그 밖에 필요한 사항은 중앙선거관리위원회규칙으로 정한다.

제24조【기탁금의 국고귀속 등】 ① 제22조(기탁금의 기탁)제2항 및 제3항의 규정을 위반하여 기탁된 기탁금은 국고에 귀속한다.
② 중앙선거관리위원회는 기탁금을 지급받을 정당이 수령을 거절하는 경우에는 그 기탁금은 수령을 거절한 정당을 제외한 나머지 정당에 제23조(기탁금의 배분과 지급)제1항의 규정에 의하여 배분·지급한다.
③ 제1항의 규정에 의한 국고귀속절차에 관하여는 제4조(당비)제3항 및 제4항의 규정을 준용한다.

제5장 국고보조금

제25조【보조금의 계상】 ① 국가는 정당에 대한 보조금으로 최근 실시한 임기만료에 의한 국회의원선거의 선거권자 총수에 보조금 계상단가를 곱한 금액을 매년 예산에 계상하여야 한다. 이 경우 임기만료에 의한 국회의원선거의 실시로 선거권자 총수에 변경이 있는 때에는 당해 선거가 종료된 이후에 지급되는 보조금은 변경된 선거권자 총수를 기준으로 계상하여야 한다.(2008.2.29 본항개정)
② 대통령선거, 임기만료에 의한 국회의원선거 또는「공직선거법」제203조(동시선거의 범위와 선거일)제1항의 규정에 의한 동시지방선거가 있는 연도에는 각 선거(동시지방선거는 하나의 선거로 본다)마다 보조금 계상단가를 추가한 금액을 제1항의 기준에 의하여 예산에 계상하여야 한다.
(2008.2.29 본항개정)
③ 제1항 및 제2항에 따른 보조금 계상단가는 전년도 보조금 계상단가에「통계법」제3조에 따라 통계청장이 매년 고시하는 전전년도와 대비한 전년도 전국소비자물가변동률을 적용하여 산정한 금액을 증감한 금액으로 한다.(2008.2.29 본항신설)
④ 중앙선거관리위원회는 제1항의 규정에 의한 보조금(이하 "경상보조금"이라 한다)은 매년 분기별로 균등분할하여 정당에 지급하고, 제2항의 규정에 의한 보조금(이하 "선거보조금"이라 한다)은 당해 선거의 후보자등록마감일 후 2일 이내에 정당에 지급한다.

제26조【공직후보자 여성추천보조금】 ① 국가는 임기만료에 의한 지역구국회의원선거, 지역구시·도의회의원선거 및 지역구자치구·시·군의회의원선거에서 여성후보자를 추천하는 정당에 지급하기 위한 보조금(이하 "여성추천보조금"이라 한다)으로 최근 실시한 임기만료에 의한 국회의원선거의 선거권자 총수에 100원을 곱한 금액을 임기만료에 의한 국회의원선거, 시·도의회의원선거 또는 자치구·시·군의회의원선거가 있는 연도의 예산에 계상하여야 한다.
(2006.4.28 본항개정)

② 여성추천보조금은 제1항에 따른 선거에서 여성후보자를 추천한 정당에 대하여 다음 각 호에 따라 배분·지급한다. 이 경우 지역구시·도의회의원선거와 지역구자치구·시·군의회의원선거에서의 여성추천보조금은 제1항에 따라 해당 연도의 예산에 계상된 여성추천보조금의 100분의 50을 각 선거의 여성추천보조금 총액으로 한다.

1. 여성후보자를 전국지역구총수의 100분의 40 이상 추천한 정당에는 여성추천보조금 총액의 100분의 40을 다음 기준에 따라 배분·지급한다.(2024.1.2 본문개정)
  가. 배분대상 여성추천보조금 총액의 100분의 40 : 지급 당시 정당별 국회의석수의 비율
  나. 배분대상 여성추천보조금 총액의 100분의 40 : 최근 실시한 임기만료에 따른 국회의원선거에서의 득표수의 비율(비례대표전국선거구 및 지역구에서 해당 정당이 득표한 득표수 비율의 평균을 말한다. 이하 "국회의원선거의 득표수 비율"이라 한다)
  다. 배분대상 여성추천보조금 총액의 100분의 20 : 각 정당이 추천한 지역구 여성후보자수의 합에 대한 정당별 지역구 여성후보자수의 비율
2. 여성후보자를 전국지역구총수의 100분의 30 이상 100분의 40 미만을 추천한 정당에는 여성추천보조금 총액의 100분의 30을 제1호 각 목의 기준에 따라 배분·지급한다. 이 경우 하나의 정당에 배분되는 여성추천보조금은 제1호에 따라 각 정당에 배분되는 여성추천보조금 중 최소액을 초과할 수 없다.(2024.1.2 본호신설)
3. 여성후보자를 전국지역구총수의 100분의 20 이상 100분의 30 미만을 추천한 정당에는 여성추천보조금 총액의 100분의 20을 제1호 각 목의 기준에 따라 배분·지급한다. 이 경우 하나의 정당에 배분되는 여성추천보조금은 제2호에 따라 각 정당에 배분되는 여성추천보조금 중 최소액을 초과할 수 없다.(2024.1.2 본호개정)
4. 여성후보자를 전국지역구총수의 100분의 10 이상 100분의 20 미만을 추천한 정당에는 여성추천보조금 총액의 100분의 10을 제1호 각 목의 기준에 따라 배분·지급한다. 이 경우 하나의 정당에 배분되는 여성추천보조금은 제3호에 따라 각 정당에 배분되는 여성추천보조금 중 최소액을 초과할 수 없다.(2024.1.2 본호개정)

(2022.4.20 본항개정)

③ 여성추천보조금은 임기만료에 의한 지역구국회의원선거, 지역구시·도의회의원선거 또는 지역구자치구·시·군의회의원선거의 후보자등록마감일 후 2일 이내에 정당에 지급한다.(2006.4.28 본항개정)

제26조의2【공직후보자 장애인추천보조금】 ① 국가는 임기만료에 의한 지역구국회의원선거, 지역구시·도의회의원선거 및 지역구자치구·시·군의회의원선거에서 장애인후보자(후보자 중 「장애인복지법」 제32조에 따라 등록된 자를 말한다. 이하 같다)를 추천한 정당에 지급하기 위한 보조금(이하 "장애인추천보조금"이라 한다)으로 최근 실시한 임기만료에 의한 국회의원선거의 선거권자 총수에 20원을 곱한 금액을 임기만료에 의한 국회의원선거, 시·도의회의원선거 또는 자치구·시·군의회의원선거가 있는 연도의 예산에 계상하여야 한다.

② 장애인추천보조금은 제1항에 따른 선거에서 장애인후보자를 추천한 정당에 대하여 다음 각 호에 따라 배분·지급한다. 이 경우 지역구시·도의회의원선거와 지역구자치구·시·군의회의원선거에서의 장애인추천보조금은 제1항에 따라 해당 연도의 예산에 계상된 장애인추천보조금의 100분의 50을 각 선거의 장애인추천보조금 총액으로 한다.

1. 장애인후보자를 전국지역구총수의 100분의 5 이상 추천한 정당에는 장애인추천보조금 총액의 100분의 50을 다음 기준에 따라 배분·지급한다.
  가. 배분대상 장애인추천보조금 총액의 100분의 40 : 지급 당시 정당별 국회의석수의 비율
  나. 배분대상 장애인추천보조금 총액의 100분의 40 : 최근 실시한 국회의원선거의 득표수 비율
  다. 배분대상 장애인추천보조금 총액의 100분의 20 : 각 정당이 추천한 지역구 장애인후보자수의 합에 대한 정당별 지역구 장애인후보자수의 비율
2. 장애인후보자를 전국지역구총수의 100분의 3 이상 100분의 5 미만을 추천한 정당에는 장애인추천보조금 총액의 100분의 30을 제1호 각 목의 기준에 따라 배분·지급한다. 이 경우 하나의 정당에 배분되는 장애인추천보조금은 제1호에 따라 각 정당에 배분되는 장애인추천보조금 중 최소액을 초과할 수 없다.
3. 장애인후보자를 전국지역구총수의 100분의 1 이상 100분의 3 미만을 추천한 정당에는 장애인추천보조금 총액의 100분의 20을 제1호 각 목의 기준에 따라 배분·지급한다. 이 경우 하나의 정당에 배분되는 장애인추천보조금은 제2호에 따라 각 정당에 배분되는 장애인추천보조금 중 최소액을 초과할 수 없다.

(2022.4.20 본항개정)

③ 장애인추천보조금은 임기만료에 의한 지역구국회의원선거, 지역구시·도의회의원선거 또는 지역구자치구·시·군의회의원선거의 후보자등록마감일 후 2일 이내에 정당에 지급한다.

(2010.1.25 본조신설)

제26조의3【공직후보자 청년추천보조금】 ① 국가는 임기만료에 의한 지역구국회의원선거, 지역구시·도의회의원선거 및 지역구자치구·시·군의회의원선거에서 청년후보자(39세 이하 후보자를 말한다. 이하 같다)를 추천한 정당에 지급하기 위한 보조금(이하 "청년추천보조금"이라 한다)으로 최근 실시한 임기만료에 의한 국회의원선거의 선거권자 총수에 100원을 곱한 금액을 임기만료에 의한 국회의원선거, 시·도의회의원선거 또는 자치구·시·군의회의원선거가 있는 연도의 예산에 계상하여야 한다.

② 청년추천보조금은 제1항에 따른 선거에서 청년후보자를 추천한 정당에 대하여 다음 각 호에 따라 배분·지급한다. 이 경우 지역구시·도의회의원선거와 지역구자치구·시·군의회의원선거에서의 청년추천보조금은 제1항에 따라 해당 연도의 예산에 계상된 청년추천보조금의 100분의 50을 각 선거의 청년추천보조금 총액으로 한다.

1. 청년후보자를 전국지역구총수의 100분의 20 이상 추천한 정당에는 청년추천보조금 총액의 100분의 50을 다음 기준에 따라 배분·지급한다.
  가. 배분대상 청년추천보조금 총액의 100분의 40 : 지급 당시 정당별 국회의석수의 비율
  나. 배분대상 청년추천보조금 총액의 100분의 40 : 최근 실시한 국회의원선거의 득표수 비율
  다. 배분대상 청년추천보조금 총액의 100분의 20 : 각 정당이 추천한 지역구 청년후보자수의 합에 대한 정당별 지역구 청년후보자수의 비율
2. 청년후보자를 전국지역구총수의 100분의 15 이상 100분의 20 미만을 추천한 정당에는 청년추천보조금 총액의 100분의 30을 제1호 각 목의 기준에 따라 배분·지급한다. 이 경우 하나의 정당에 배분되는 청년추천보조금은 제1호에 따라 각 정당에 배분되는 청년추천보조금 중 최소액을 초과할 수 없다.

3. 청년후보자를 전국지역구총수의 100분의 10 이상 100분의 15 미만을 추천한 정당에는 청년추천보조금 총액의 100분의 20을 제1호 각 목의 기준에 따라 배분·지급한다. 이 경우 하나의 정당에 배분되는 청년추천보조금은 제2호에 따라 각 정당에 배분되는 청년추천보조금 중 최소액을 초과할 수 없다.

③ 청년추천보조금은 임기만료에 의한 지역구국회의원선거, 지역구시·도의회의원선거 또는 지역구자치구·시·군의회의원선거의 후보자등록마감일 후 2일 이내에 정당에 지급한다.
(2022.2.22 본조신설)

제27조【보조금의 배분】 ① 경상보조금과 선거보조금은 지급 당시 「국회법」 제33조(교섭단체)제1항 본문의 규정에 의하여 동일 정당의 소속의원으로 교섭단체를 구성한 정당에 대하여 그 100분의 50을 정당별로 균등하게 분할하여 배분·지급한다.

② 보조금 지급 당시 제1항의 규정에 의한 배분·지급대상이 아닌 정당으로서 5석 이상의 의석을 가진 정당에 대하여는 100분의 5씩을, 의석이 없거나 5석 미만의 의석을 가진 정당 중 다음 각 호의 어느 하나에 해당하는 정당에 대하여는 보조금의 100분의 2씩을 배분·지급한다.

1. 최근에 실시된 임기만료에 의한 국회의원선거에 참여한 정당의 경우에는 국회의원선거의 득표수 비율이 100분의 2 이상인 정당
2. 최근에 실시된 임기만료에 의한 국회의원선거에 참여한 정당 중 제1호에 해당하지 아니하는 정당으로서 의석을 가진 정당의 경우에는 최근에 전국적으로 실시된 후보추천이 허용되는 비례대표시·도의회의원선거, 지역구시·도의회의원선거, 시·도지사선거 또는 자치구·시·군의 장선거에서 당해 정당이 득표한 득표수 비율이 100분의 0.5 이상인 정당
3. 최근에 실시된 임기만료에 의한 국회의원선거에 참여하지 아니한 정당의 경우에는 최근에 전국적으로 실시된 후보추천이 허용되는 비례대표시·도의회의원선거, 지역구시·도의회의원선거, 시·도지사선거 또는 자치구·시·군의 장선거에서 당해 정당이 득표한 득표수 비율이 100분의 2 이상인 정당

③ 제1항 및 제2항의 규정에 의한 배분·지급액을 제외한 잔여분 중 100분의 50은 지급 당시 국회의석을 가진 정당에 그 의석수의 비율에 따라 배분·지급하고, 그 잔여분은 국회의원선거의 득표수 비율에 따라 배분·지급한다.

④ 선거보조금은 당해 선거의 후보자등록마감일 현재 후보자를 추천하지 아니한 정당에 대하여는 이를 배분·지급하지 아니한다.

⑤ 보조금의 지급시기 및 절차 그 밖에 필요한 사항은 중앙선거관리위원회규칙으로 정한다.

제27조의2【보조금을 지급받을 권리의 보호】 이 법에 따라 정당이 보조금을 지급받을 권리는 양도 또는 압류하거나 담보로 제공할 수 없다.(2010.1.25 본조신설)

제28조【보조금의 용도제한 등】 ① 보조금은 정당의 운영에 소요되는 경비로서 다음 각 호에 해당하는 경비 외에는 사용할 수 없다.

1. 인건비
2. 사무용 비품 및 소모품비
3. 사무소 설치·운영비
4. 공공요금
5. 정책개발비
6. 당원 교육훈련비
7. 조직활동비
8. 선전비
9. 선거관계비용

② 경상보조금을 지급받은 정당은 그 경상보조금 총액의 100분의 30 이상은 정책연구소[「정당법」 제38조(정책연구소의 설치·운영)에 의한 정책연구소를 말한다. 이하 같다]에, 100분의 10 이상은 시·도당에 배분·지급하여야 하며, 100분의 10 이상은 여성정치발전을 위하여, 100분의 5 이상은 청년정치발전을 위하여 사용하여야 한다. 이 경우 여성정치발전을 위한 경상보조금의 구체적인 사용 용도는 다음 각 호와 같다.(2024.1.2 후단신설)

1. 여성정책 관련 정책개발비
2. 여성 공직선거 후보자 지원 선거관계경비
3. 여성정치인 발굴 및 교육 관련 경비
4. 양성평등의식 제고 등을 위한 당원 교육 관련 경비
5. 여성 국회의원·지방의회의원 정치활동 지원 관련 경비
6. 그 밖에 여성정치발전에 필요한 활동비, 인건비 등의 경비로서 중앙선거관리위원회규칙으로 정하는 경비

(2024.1.2 1호~6호신설)

③ 정당은 소속 당원인 공직선거의 후보자·예비후보자에게 보조금을 지원할 수 있으며, 제1항에도 불구하고 여성추천보조금은 여성후보자의, 장애인추천보조금은 장애인후보자의, 청년추천보조금은 청년후보자의 선거경비로 사용하여야 한다.(2022.2.22 본항개정)

④ 각급 선거관리위원회(읍·면·동선거관리위원회를 제외한다) 위원·직원은 보조금을 지급받은 정당 및 이의 지출을 받은 자 그 밖에 관계인에 대하여 감독상 또는 이 법의 위반여부를 확인하기 위하여 필요하다고 인정하는 때에는 보조금 지출에 관하여 조사할 수 있다.

제29조【보조금의 감액】 중앙선거관리위원회는 다음 각 호의 규정에 따라 당해 금액을 회수하고, 회수가 어려운 때에는 그 이후 당해 정당에 지급할 보조금에서 감액하여 지급할 수 있다.

1. 보조금을 지급받은 정당(정책연구소 및 정당선거사무소를 포함한다)이 보조금에 관한 회계보고를 허위·누락한 경우에는 허위·누락에 해당하는 금액의 2배에 상당하는 금액
2. 제28조(보조금의 용도제한 등)제1항의 규정에 의한 용도 외의 용도로 사용한 경우에는 그 용도를 위반하여 사용한 보조금의 2배에 상당하는 금액
3. 제28조제2항의 규정에 의한 용도 외의 용도로 사용한 경우에는 용도를 위반한 보조금의 2배에 상당하는 금액
4. 제28조제3항의 규정에 의한 여성추천보조금, 장애인추천보조금 또는 청년추천보조금의 용도 외의 용도로 사용한 경우에는 용도를 위반한 보조금의 2배에 상당하는 금액
(2022.2.22 본호개정)
5. 제40조(회계보고)의 규정을 위반하여 회계보고를 하지 아니한 경우에는 중앙당의 경우 지급한 보조금의 100분의 25에 상당하는 금액, 시·도당의 경우 중앙당으로부터 지원받은 보조금의 2배에 상당하는 금액

제30조【보조금의 반환】 ① 보조금을 지급받은 정당이 해산되거나 등록이 취소된 경우 또는 정책연구소가 해산 또는 소멸하는 때에는 지급받은 보조금을 지체 없이 다음 각 호에서 정한 바에 따라 처리하여야 한다.

1. 정당
보조금의 지출내역을 중앙선거관리위원회에 보고하고 그 잔액이 있는 때에는 이를 반환한다.
2. 정책연구소
보조금의 사용잔액을 소속 정당에 인계한다. 이 경우 정당은 새로이 설립하는 정책연구소에 그 잔액을 인계하여야 하며, 정당이 해산 또는 등록이 취소된 경우에는 제1호에 준하여 이를 반환한다.

(2010.1.25 본항개정)

② 중앙선거관리위원회는 제1항의 규정에 의하여 정당이 반환하여야 할 보조금을 반환하지 아니한 때에는 국세체납처분의 예에 의하여 강제징수할 수 있다.

③ 제2항의 규정에 의한 보조금의 징수는 다른 공과금에 우선한다.

④ 보조금 잔액의 반환 그 밖에 필요한 사항은 중앙선거관리위원회규칙으로 정한다.

제6장 기부의 제한

제31조【기부의 제한】 ① 외국인, 국내·외의 법인 또는 단체는 정치자금을 기부할 수 없다.
② 누구든지 국내·외의 법인 또는 단체와 관련된 자금으로 정치자금을 기부할 수 없다.

제32조【특정행위와 관련한 기부의 제한】 누구든지 다음 각 호의 어느 하나에 해당하는 행위와 관련하여 정치자금을 기부하거나 받을 수 없다.
1. 공직선거에 있어서 특정인을 후보자로 추천하는 일
2. 지방의회 의장·부의장 선거와 교육위원회 의장·부의장, 교육감·교육위원을 선출하는 일
3. 공무원이 담당·처리하는 사무에 관하여 청탁 또는 알선하는 일
4. 다음 각 목의 어느 하나에 해당하는 법인과의 계약이나 그 처분에 의하여 재산상의 권리·이익 또는 직위를 취득하거나 이를 알선하는 일
가. 국가·공공단체 또는 특별법의 규정에 의하여 설립된 법인
나. 국가나 지방자치단체가 주식 또는 지분의 과반수를 소유하는 법인
다. 국가나 공공단체로부터 직접 또는 간접으로 보조금을 받는 법인
라. 정부가 지급보증 또는 투자한 법인

제33조【기부의 알선에 관한 제한】 누구든지 업무·고용 그 밖의 관계를 이용하여 부당하게 타인의 의사를 억압하는 방법으로 기부를 알선할 수 없다.

제7장 정치자금의 회계 및 보고·공개

제34조【회계책임자의 선임신고 등】 ① 다음 각 호에 해당하는 자(이하 "선임권자"라 한다)는 정치자금의 수입과 지출을 담당하는 회계책임자 1인을 공직선거의 선거운동을 할 수 있는 자 중에서 선임하여 지체 없이 관할 선거관리위원회에 서면으로 신고하여야 한다.
1. 정당(후원회를 둔 중앙당창당준비위원회, 정책연구소 및 정당선거사무소를 포함한다. 이하 이 장에서 같다)의 대표자(2017.6.30 본호개정)
2. 후원회의 대표자
3. 후원회를 둔 국회의원·지방의회의원(2024.2.20 본호개정)
4. 대통령선거경선후보자, 당대표경선후보자등(2016.1.15 본호개정)
5. 공직선거의 후보자·예비후보자(선거사무소 및 선거연락소의 회계책임자를 선임하는 경우를 말한다). 이 경우 대통령선거의 정당추천후보자, 비례대표국회의원선거 및 비례대표지방의회의원선거에 있어서는 그 추천정당이 선임권자가 되며, 그 선거사무소 및 선거연락소의 회계책임자는 각각 정당의 회계책임자가 겸한다.
6. 선거연락소장(선거연락소의 회계책임자에 한한다)
② 누구든지 2 이상의 회계책임자가 될 수 없다. 다만, 후원회를 둔 국회의원이 대통령후보자등후원회·대통령선거경선후보자후원회 또는 당대표경선후보자등후원회를 두거나 후원회를 둔 지방의회의원이 대통령선거경선후보자후원회·당대표경선후보자등후원회 또는 지방자치단체장후보자등후원회를 두는 등 중앙선거관리위원회규칙으로 정하는 경우에는 그러하지 아니하다.(2024.2.20 단서개정)
③ 지방의회의원, 공직선거의 후보자·예비후보자 또는 그 선거사무장이나 선거연락소장은 회계책임자를 겸할 수 있다. 이 경우 그 뜻을 지체 없이 관할 선거관리위원회에 서면으로 신고하여야 한다. 제1항제5호 후단 및 제2항 단서의 규정에 의하여 회계책임자를 겸하는 경우에도 또한 같다.
(2024.2.20 전단개정)
④ 제1항 및 제3항의 규정에 의하여 회계책임자를 신고하는 때에는 다음 각 호의 사항을 첨부하여야 한다.
1. 정치자금의 수입 및 지출을 위한 예금계좌
2. 선거비용제한액 한도 내에서 회계책임자가 지출할 수 있는 금액의 최고액을 정하고 회계책임자와 선임권자가 함께 서명·날인한 약정서(선거사무소의 회계책임자에 한한다)
⑤ 회계책임자의 선임신고 및 예금계좌의 개설 그 밖에 필요한 사항은 중앙선거관리위원회규칙으로 정한다.

제35조【회계책임자의 변경신고 등】 ① 선임권자는 회계책임자의 변경이 있는 때에는 14일 이내에〔제34조(회계책임자의 선임신고 등)제1항제5호 및 제6호의 규정에 의한 선임권자는 지체 없이〕 관할 선거관리위원회에 서면으로 변경신고를 하여야 한다.
② 회계책임자의 변경이 있는 때에는 인계자와 인수자는 지체 없이 인계·인수서를 작성하여 서명·날인한 후 재산, 정치자금의 잔액과 회계장부, 예금통장·신용카드 및 후원회인(後援會印)·그 대표자 직인 등 인장 그 밖의 관계 서류를 인계·인수하여야 한다.
③ 회계책임자의 변경신고를 하는 때에는 제2항의 규정에 의한 인계·인수서를 함께 제출하여야 한다.
④ 회계책임자의 변경신고 및 인계·인수 그 밖에 필요한 사항은 중앙선거관리위원회규칙으로 정한다.

제36조【회계책임자에 의한 수입·지출】 ① 정당, 후원회, 후원회를 둔 국회의원·지방의회의원, 대통령선거경선후보자, 당대표경선후보자등 또는 공직선거의 후보자·예비후보자의 정치자금 수입·지출은 그 회계책임자(공직선거의 후보자·예비후보자의 경우 그 선거사무소·선거연락소의 회계책임자를 말한다. 이하 같다)만이 이를 할 수 있다. 다만, 다음 각 호의 어느 하나에 해당하는 경우에는 그러하지 아니하다.(2024.2.20 본문개정)
1. 회계책임자로부터 지출의 대강의 내역을 알 수 있는 정도의 지출의 목적과 금액의 범위를 정하여 서면으로 위임받은 회계사무보조자(공직선거의 선거운동을 할 수 있는 자에 한한다)가 지출하는 경우
2. 회계책임자의 관리·통제 아래 제34조(회계책임자의 선임신고 등)에 따라 신고된 정치자금 지출을 위한 예금계좌를 결제계좌로 하는 신용카드·체크카드, 그 밖에 이에 준하는 것으로 지출하는 경우
(2010.1.25 1호~2호신설)
② 회계책임자가 정치자금을 수입·지출하는 경우에는 제34조(회계책임자의 선임신고 등)제4항의 규정에 의하여 관할 선거관리위원회에 신고된 예금계좌를 통해서 하여야 한다. 이 경우 정치자금의 지출을 위한 예금계좌는 1개만을 사용하여야 한다.
③ 대통령선거경선후보자, 당대표경선후보자등 또는 공직선거의 후보자·예비후보자가 자신의 재산으로 정치자금을 지출하는 경우에도 그 회계책임자를 통하여 지출하여야 한다. 후원회를 둔 국회의원·지방의회의원이 해당 국회의원선거·지방의회의원선거의 예비후보자로 신고하지 아니한 경우로서 해당 선거의 예비후보자등록신청개시일부터 자신의 재산으로 정치자금을 지출하는 경우에도 또한 같다.
(2024.2.20 후단개정)
④ 「공직선거법」 제135조(선거사무관계자에 대한 수당과 실비보상)의 규정에 의한 선거사무장 등의 수당·실비는 당해 선거사무장 등이 지정한 금융기관의 예금계좌에 입금하는 방법으로 지급하여야 한다.
⑤ 후원회를 둔 공직선거의 후보자·예비후보자의 회계책임자는 후원회로부터 기부받은 후원금을 후원회 등록 전에 지출의 원인이 발생한 용도로 지출할 수 없다. 다만, 「공직선거법」 제7장에서 허용하는 선거운동(같은 법 제59조제3호에 따른 인터넷 홈페이지를 이용한 선거운동과 같은 법 제60조의4에 따른 예비후보자공약집은 제외한다)을 위한 경우에는 그러하지 아니하다.(2010.1.25 단서신설)

⑥ 대통령선거에 있어 예비후보자가 정당추천후보자로 된 경우 그 예비후보자의 선거사무소 회계책임자는 예비후보자의 선거비용의 지출에 관한 내역을 지체 없이 후보자의 선거사무소 회계책임자에게 통지하여 선거비용의 지출에 지장이 없도록 하여야 한다.
⑦ 정치자금의 지출방법 그 밖에 필요한 사항은 중앙선거관리위원회규칙으로 정한다.
제37조【회계장부의 비치 및 기재】 ① 회계책임자는 회계장부를 비치하고 다음 각 호에서 정하는 바에 따라 모든 정치자금의 수입과 지출에 관한 사항을 기재하여야 한다. 이 경우 보조금과 보조금 외의 정치자금, 선거비용과 선거비용 외의 정치자금은 각각 별도의 계정을 설정하여 구분·경리하여야 한다.
1. 정당의 회계책임자(대통령선거의 정당추천후보자와 비례대표국회의원선거 및 비례대표지방의회의원선거의 선거사무소와 선거연락소의 회계책임자를 포함한다)
가. 수입
당비, 후원회로부터 기부받은 후원금, 기탁금, 보조금, 차입금, 지원금 및 기관지의 발행 그 밖에 부대수입 등 수입의 상세내역
(2017.6.30 본목개정)
나. 지출
지출(대통령선거와 비례대표국회의원선거 및 비례대표지방의회의원선거에 있어서 추천후보자의 정치자금의 지출을 포함한다)의 상세내역
2. 후원회의 회계책임자
가. 수입
후원금 등 수입의 상세내역. 다만, 제11조(후원인의 기부한도 등)제3항의 규정에 의한 익명기부의 경우에는 일자·금액 및 기부방법
나. 지출
후원회지정권자에 대한 기부일자·금액과 후원금 모금에 소요된 경비 등 지출의 상세내역
3. 후원회를 둔 국회의원·지방의회의원의 회계책임자
(2024.2.20 본문개정)
가. 수입
소속 정당의 지원금과 후원회로부터 기부받은 후원금의 기부일자·금액 및 후원금에서 공제하고자 하는 선임권자의 재산(차입금을 포함한다) 등 수입의 상세내역
나. 지출
지출의 상세내역
4. 대통령선거경선후보자, 당대표경선후보자등의 회계책임자, 공직선거의 후보자·예비후보자의 회계책임자(대통령선거의 정당추천후보자와 비례대표국회의원선거 및 비례대표지방의회의원선거의 선거사무소와 선거연락소의 회계책임자를 제외한다)(2016.1.15 본문개정)
가. 수입
소속 정당의 지원금과 후원회로부터 기부받은 후원금의 기부일자·금액, 선임권자의 재산(차입금을 포함한다) 및 선거사무소 회계책임자의 지원금(선거연락소의 회계책임자에 한한다) 등 수입의 상세내역
나. 지출
지출의 상세내역
② 제1항에 규정된 용어의 정의는 다음 각 호와 같다.
1. "수입의 상세내역"이라 함은 수입의 일자·금액과 제공한 자의 성명·생년월일·주소·직업 및 전화번호 그 밖의 명세를 말한다.
2. "지출의 상세내역"이라 함은 지출의 일자·금액·목적과 지출을 받은 자의 성명·생년월일·주소·직업 및 전화번호를 말한다. 이 경우 선거운동을 위한 인쇄물·시설물 그 밖에 물품·장비 등을 시중의 통상적인 거래가격보다 현저히 싼 값 또는 무상으로 사용한 경우에는 회계책임자가 중앙선거관리위원회규칙으로 정하는 시중의 통상적인 거래가격 또는 임차가격에 상당하는 가액을 계상한 금액을 지출금액으로 처리한다.
③ 제1항의 회계장부의 종류·서식 및 기재방법 그 밖에 필요한 사항은 중앙선거관리위원회규칙으로 정한다.
제38조【정당의 회계처리】 ① 중앙당은 정치자금의 지출을 공개적·민주적으로 처리하기 위하여 회계처리에 관한 절차 등을 당헌·당규로 정하여야 한다.
② 제1항의 당헌·당규에는 다음 각 호의 사항이 포함되어야 한다.
1. 예산결산위원회의 구성 및 운영에 관한 사항
2. 다음 각 목의 내용을 명시한 지출결의서에 관한 사항
가. 지출과목, 지출의 목적·일자 및 금액
나. 지급받거나 받을 권리가 있는 자의 성명·생년월일·주소·직업 및 전화번호
3. 중앙당(정책연구소를 포함한다) 및 시·도당이 물품·용역을 구입·계약하고자 하는 때의 구입·지급품의서에 관한 사항
③ 중앙당의 예산결산위원회(시·도당의 경우에는 그 대표자를 말한다. 이하 같다)는 매분기마다 다음 각 호의 사항을 확인·검사하여야 하며, 그 결과를 지체 없이 당원에게 공개하여야 한다.
1. 당헌·당규에 정한 회계처리절차 준수 여부
2. 예금계좌의 잔액
3. 정치자금의 수입금액 및 그 내역
4. 정치자금의 지출금액 및 그 내역
④ 정당의 회계처리 등에 관하여 필요한 사항은 중앙선거관리위원회규칙으로 정한다.
제39조【영수증 그 밖의 증빙서류】 회계책임자가 정치자금을 수입·지출하는 경우에는 영수증 그 밖의 증빙서류를 구비하여야 한다. 다만, 중앙선거관리위원회규칙으로 정하는 경우에는 그러하지 아니하다.
제40조【회계보고】 ① 회계책임자는 다음 각 호에서 정하는 기한까지 관할 선거관리위원회에 정치자금의 수입과 지출에 관한 회계보고(이하 "회계보고"라 한다)를 하여야 한다.
1. 정당의 회계책임자
가. 공직선거에 참여하지 아니한 연도
매년 1월 1일부터 12월 31일 현재로 다음 연도 2월 15일(시·도당의 경우에는 1월 31일)까지
나. 전국을 단위로 실시하는 공직선거에 참여한 연도
매년 1월 1일(정당선거사무소의 경우에는 그 설치일)부터 선거일 후 20일(20일 후에 정당선거사무소를 폐쇄하는 경우에는 그 폐쇄일을 말한다) 현재로 당해 선거일 후 30일(대통령선거 및 비례대표국회의원선거에 있어서는 40일)까지, 선거일 후 21일부터 12월 31일 현재로 다음 연도 2월 15일(시·도당은 1월 31일)까지
다. 전국의 일부지역에서 실시하는 공직선거의 보궐선거 등에 참여한 연도
중앙당과 정책연구소는 가목에 의하고, 당해 시·도당과 정당선거사무소는 나목에 의한다.
2. 후원회를 둔 국회의원·지방의회의원의 회계책임자
(2024.2.20 본문개정)
가. 공직선거에 참여하지 아니한 연도
매년 1월 1일부터 12월 31일 현재로 다음 연도 1월 31일까지
나. 공직선거에 참여한 연도
매년 1월 1일부터 선거일 후 20일 현재로 선거일 후 30일까지, 선거일 후 21일부터 12월 31일 현재로 다음 연도 1월 31일까지
3. 중앙당후원회(중앙당창당준비위원회후원회를 포함한다) 및 국회의원후원회·지방의회의원후원회의 회계책임자
(2024.2.20 본문개정)
가. 연간 모금한도액을 모금할 수 있는 연도
매년 1월 1일부터 6월 30일 현재로 7월 31일까지, 7월 1일부터 12월 31일 현재로 다음 연도 1월 31일까지

나. 연간 모금한도액의 2배를 모금할 수 있는 연도
매년 1월 1일부터 선거일 후 20일 현재로 선거일 후 30일까지, 선거일 후 21일부터 12월 31일 현재로 다음 연도 1월 31일까지. 다만 선거일이 12월 중에 있는 경우에는 가목에 의한다.
4. 대통령선거경선후보자·당대표경선후보자등 및 그 후원회의 회계책임자(2016.1.15 전단개정)
정당의 경선일 후 20일 현재로 경선일 후 30일까지. 이 경우 후원회를 둔 국회의원·지방의회의원의 회계책임자는 제2호의 규정에 불구하고 매년 1월 1일부터 경선일 후 20일 현재로 경선일 후 30일까지, 경선일 후 21일부터 12월 31일 현재로 다음 연도 1월 31일까지
(2024.2.20 후단개정)
5. 공직선거의 후보자·예비후보자 및 그 후원회의 회계책임자
선거일 후 20일(대통령선거의 정당추천후보자의 경우 그 예비후보자의 회계책임자는 후보자등록일 전일) 현재로 선거일 후 30일(대통령선거의 무소속후보자는 40일)까지. 이 경우 대통령선거의 정당추천 후보자와 비례대표국회의원선거 및 비례대표지방의회의원선거의 선거사무소·선거연락소의 회계책임자는 제1호나목 또는 다목에 의한다.
② 제1항의 규정에 불구하고 다음 각 호에 해당하는 사유가 있는 때에는 그 회계책임자는 그 날부터 14일 이내에 관할 선거관리위원회에 회계보고를 하여야 한다.
1. 정당이 등록취소되거나 해산한 때
2. 후원회를 둔 중앙당창당준비위원회가 소멸한 때
(2017.6.30 본호신설)
3. 후원회가 제19조(후원회의 해산 등)제1항의 규정에 의하여 해산한 때(선거 또는 경선의 종료로 후원회지정권자가 후원회를 둘 수 있는 자격을 상실하여 해산한 때는 제외한다)(2010.1.25 본호개정)
4. 후원회를 둔 국회의원·지방의회의원, 대통령선거경선후보자 또는 당대표경선후보자등이 후원회지정을 철회하거나 후원회를 둘 수 있는 자격을 상실한 때(경선의 종료로 인하여 자격을 상실한 때는 제외한다)(2024.2.20 본호개정)
5. 공직선거의 예비후보자 또는 그 후원회가 선거기간개시일 30일 전에 그 자격을 상실하거나 해산할 때
③ 제1항 및 제2항의 규정에 의하여 회계보고하는 사항은 다음 각 호와 같다.
1. 정당 및 후원회의 회계책임자
가. 재산상황
정당에 있어서는 12월 31일 현재의 회계보고에 한한다.
나. 정치자금의 수입내역
1회 30만원 초과 또는 연간 300만원(대통령후보자등후원회·대통령선거경선후보자후원회의 경우에는 500만원)을 초과하여 수입을 제공한 자의 경우에는 성명·생년월일·주소·직업·전화번호와 수입일자 및 그 금액을, 그 이하 금액의 수입을 제공한 자의 경우에는 일자별로 그 건수와 총금액. 다만, 당비의 경우에는 그러하지 아니하다.
(2008.2.29 본목개정)
다. 제37조(회계장부의 비치 및 기재)제1항의 규정에 의하여 회계장부에 기재하는 지출의 상세내역
2. 후원회지정권자(정당은 제외한다)·대통령선거경선후보자, 당대표경선후보자등, 공직선거의 후보자·예비후보자의 회계책임자(대통령선거의 정당추천 후보자, 비례대표국회의원선거 및 비례대표지방의회의원선거에 있어서는 제1호에 의한다)(2017.6.30 본문개정)
가. 후원금 및 소속 정당의 지원금으로 구입·취득한 재산상황
나. 제37조제1항의 규정에 의하여 회계장부에 기재하는 수입·지출의 상세내역
④ 제1항 내지 제3항의 규정에 의하여 회계보고를 하는 때에는 다음 각 호의 서류를 첨부하여야 한다.
1. 정치자금의 수입과 지출명세서
2. 제39조(영수증 그 밖의 증빙서류) 본문의 규정에 의한 영수증 그 밖의 증빙서류 사본
3. 정치자금을 수입·지출한 예금통장 사본
4. 제41조제1항 본문에 따른 자체 감사기관의 감사의견서와 대의기관(그 수임기관을 포함한다)·예산결산위원회의 심사의결서〔제38조(정당의 회계처리)제3항의 규정에 의한 공개자료를 포함한다〕 사본〔정당(정당선거사무소를 제외한다)과 후원회의 회계책임자에 한한다〕(2012.2.29 본호개정)
5. 제41조제1항 단서의 규정에 의한 공인회계사의 감사의견서(중앙당과 그 후원회에 한한다). 다만, 정치자금의 수입·지출이 없는 경우에는 그러하지 아니하다.(2017.6.30 본문개정)
6. 잔여재산의 인계·인수서(인계의무자에 한한다). 이 경우 제58조(후보자의 반환기탁금 및 보전비용의 처리)제1항의 규정에 의한 반환·보전비용의 인계·인수서는 반환·보전받은 날부터 30일까지 제출한다.
7. 제36조(회계책임자에 의한 수입·지출)제6항의 규정에 의한 예비후보자의 선거비용 지출내역서 사본(대통령선거의 정당추천후보자의 선거사무소의 회계책임자와 그 예비후보자의 회계책임자에 한한다)
⑤ 선거사무소·선거연락소의 회계책임자가 회계보고를 하는 때에는 정당의 대표자 또는 공직선거후보자와 선거사무장의 연대 서명·날인을 받아야 한다. 다만, 선거연락소의 경우에는 선거연락소장의 서명·날인을 받아야 한다.
⑥ 회계보고 그 밖에 필요한 사항은 중앙선거관리위원회규칙으로 정한다.

제41조【회계보고의 자체 감사 등】 ① 정당(정당선거사무소를 제외한다)과 후원회의 회계책임자가 회계보고를 하는 때에는 대의기관(그 수임기관을 포함한다) 또는 예산결산위원회의 심사·의결을 거쳐야 하며, 그 의결서 사본과 자체 감사기관의 감사의견서를 각각 첨부하여야 한다. 다만, 정당의 중앙당과 그 후원회는 해당 정당의 당원이 아닌 자 중에서 공인회계사의 감사의견서를 함께 첨부하여야 한다.
(2017.6.30 단서개정)
② 제1항의 규정에 의한 공인회계사는 성실하게 감사하여야 한다.

제42조【회계보고서 등의 열람 및 사본교부】 ① 제40조(회계보고)의 규정에 의하여 회계보고를 받은 관할 선거관리위원회는 회계보고 마감일부터 7일 이내에 그 사실과 열람·사본교부기간 및 사본교부에 필요한 비용 등을 공고하여야 한다.
② 관할 선거관리위원회는 제40조제3항 및 제4항의 규정에 의하여 보고된 재산상황, 정치자금의 수입·지출내역 및 첨부서류를 그 사무소에 비치하고 제1항의 규정에 의한 공고일부터 6개월간(이하 "열람기간"이라 한다) 누구든지 볼 수 있게 하여야 한다. 다만, 선거비용에 한하여 열람대상 서류 중 제40조(회계보고)제4항제1호의 수입과 지출명세서를 선거관리위원회의 인터넷 홈페이지를 통하여 공개할 수 있되, 열람기간이 아닌 때에는 이를 공개하여서는 아니된다.
(2024.2.20 본문개정)
③ 누구든지 회계보고서, 정치자금의 수입·지출내역과 제40조제4항의 규정에 의한 첨부서류(제2호 및 제3호의 서류를 제외한다)에 대한 사본교부를 관할 선거관리위원회에 서면으로 신청할 수 있다. 이 경우 사본교부에 필요한 비용은 그 사본교부를 신청한 자가 부담한다.
④ 제2항 및 제3항의 규정에 불구하고 후원회에 연간 300만원(대통령후보자등·대통령선거경선후보자의 후원회의 경우 500만원을 말한다) 이하를 기부한 자의 인적 사항과 금액은 이를 공개하지 아니한다.(2008.2.29 본항개정)
⑤ 누구든지 제2항 및 제3항의 규정에 의하여 공개된 정치자금 기부내역을 인터넷에 게시하여 정치적 목적에 이용하여서는 아니된다.

⑥ 제40조의 규정에 의하여 관할 선거관리위원회에 보고된 재산상황, 정치자금의 수입·지출내역 및 첨부서류에 관하여 이의가 있는 자는 그 이의에 대한 증빙서류를 첨부하여 열람기간 중에 관할 선거관리위원회에 서면으로 이의신청을 할 수 있다.
⑦ 제6항의 규정에 의한 이의신청을 받은 관할 선거관리위원회는 이의신청을 받은 날부터 60일 이내에 이의신청사항을 조사·확인〔제39조(영수증 그 밖의 증빙서류) 단서의 규정에 해당하는 사항을 제외한다〕하고 그 결과를 신청인에게 통보하여야 한다.
⑧ 선거비용에 관하여 제6항의 규정에 의한 이의신청을 받은 관할 선거관리위원회는 회계책임자 그 밖의 관계인에게 이의사실에 대한 소명자료를 제출하도록 통지하여야 하며, 회계책임자 그 밖의 관계인은 통지를 받은 날부터 7일 이내에 소명자료를 제출하여야 한다. 이 경우 관할 선거관리위원회는 그 소명자료를 제출받은 때에는 그 이의신청내용과 소명내용을, 그 소명자료의 제출이 없는 때에는 이의신청내용과 소명이 없음을 공고하고 지체 없이 그 사실을 당해 이의신청인에게 통지하여야 한다.
⑨ 제1항의 공고, 회계보고서 등의 열람, 이의신청 및 사본교부 그 밖에 필요한 사항은 중앙선거관리위원회규칙으로 정한다.

제43조【자료제출요구 등】 ① 각급 선거관리위원회(읍·면·동선거관리위원회를 제외한다. 이하 이 조에서 같다) 위원·직원은 선거비용의 수입과 지출에 관하여 확인할 필요가 있다고 인정되는 때에는 회계장부 그 밖의 출납서류를 보거나, 정당, 공직선거의 후보자·예비후보자·회계책임자 또는 선거비용에서 지출하는 비용을 지급받거나 받을 권리가 있는 자 그 밖의 관계인에 대하여 조사할 수 있으며, 보고 또는 자료의 제출을 요구할 수 있다.
② 선거관리위원회로부터 제1항의 규정에 의한 요구를 받은 자는 지체 없이 이에 따라야 한다.
③ 선거관리위원회는 제42조(회계보고서 등의 열람 및 사본교부)제6항의 이의신청과 이 조 제1항의 규정에 의한 열람·보고 또는 제출된 자료 등에 의하여 회계장부 그 밖의 출납서류 또는 회계보고서의 내용 중 허위사실의 기재·불법지출이나 초과지출 그 밖에 이 법에 위반되는 사실이 있다고 인정되는 때에는 관할 수사기관에 고발 또는 수사의뢰 그 밖에 필요한 조치를 하여야 한다.

제44조【회계장부 등의 인계·보존】 ① 회계책임자는 제40조(회계보고)의 규정에 의하여 회계보고를 마친 후 지체 없이 선임권자에게 이 법의 규정에 의한 당비영수증 원부, 정치자금영수증 원부, 회계장부, 정치자금의 수입·지출에 관한 명세서, 영수증 그 밖의 증빙서류, 예금통장, 지출결의서 및 구입·지급품의서("회계장부등"이라 한다. 이하 제2항에서 같다)를 인계하여야 하며, 선임권자는 회계책임자가 회계보고를 마친 날부터 3년간 보존하여야 한다.
② 제1항의 규정에 불구하고 회계책임자는 선임권자의 동의를 얻어 관할 선거관리위원회에 회계장부등의 보존을 위탁할 수 있다.

제8장 벌 칙

제45조【정치자금부정수수죄】 ① 이 법에 정하지 아니한 방법으로 정치자금을 기부하거나 기부받은 자(정당·후원회·법인 그 밖에 단체에 있어서는 그 구성원으로서 당해 위반행위를 한 자를 말한다. 이하 같다)는 5년 이하의 징역 또는 1천만원 이하의 벌금에 처한다. 다만, 정치자금을 기부하거나 기부받은 자의 관계가 「민법」 제777조(친족의 범위)의 규정에 의한 친족인 경우에는 그러하지 아니하다.
<2015.12.23 헌법재판소 헌법불합치결정으로 이 항 본문 의 '이 법에 정하지 아니한 방법' 중 제6조에 관한 부분은 2017.6.30을 시한으로 입법자가 개정할 때까지 계속 적용>
② 다음 각 호의 어느 하나에 해당하는 자는 5년 이하의 징역 또는 1천만원 이하의 벌금에 처한다.
1. 제6조(후원회지정권자)의 규정에 의한 후원회지정권자가 아닌 자로서 정치자금의 기부를 목적으로 후원회나 이와 유사한 기구를 설치·운영한 자
2. 제11조(후원인의 기부한도 등)제1항의 규정을 위반하여 기부한 자와 제11조제2항, 제12조(후원회의 모금·기부한도)제1항·제2항 또는 제13조(연간 모금·기부한도액에 관한 특례)제1항의 규정을 위반하여 후원금을 받거나 모금 또는 기부를 한 자
3. 제14조(후원금 모금방법) 내지 제16조(정치자금영수증과의 교환에 의한 모금)제1항의 규정에 위반하여 고지·광고하거나 후원금을 모금한 자
4. 제22조(기탁금의 기탁)제1항의 규정을 위반하여 선거관리위원회에 기탁하지 아니하고 정치자금을 기부하거나 받은 자
5. 제31조(기부의 제한) 또는 제32조(특정행위와 관련한 기부의 제한)의 규정을 위반하여 정치자금을 기부하거나 받은 자
6. 제33조(기부의 알선에 관한 제한)의 규정을 위반하여 정치자금의 기부를 받거나 이를 알선한 자
③ 제1항 및 제2항의 경우 그 제공된 금품 그 밖에 재산상의 이익은 몰수하며, 이를 몰수할 수 없을 때에는 그 가액을 추징한다.

판례 정치자금법 제45조제3항의 규정에 의한 필요적 몰수 또는 추징은 같은 법 제45조제1항 및 제2항을 위반한 자에게 제공된 금품 기타 재산상 이익을 박탈하여 그들로 하여금 부정한 이익을 보유하지 못하게 함에 그 목적이 있고, 금품의 무상대여를 통하여 위법한 정치자금을 기부받은 경우 범인이 받은 부정한 이익은 무상 대여금에 대한 금융이익 상당액이라 할 것이므로, 여기서 몰수 또는 추징의 대상이 되는 것은 무상으로 대여받은 금품 그 자체가 아니라 위 금융이익 상당액이다.(대판 2007.3.30, 2006도7241)

제46조【각종 제한규정위반죄】 다음 각 호의 어느 하나에 해당하는 자는 3년 이하의 징역 또는 600만원 이하의 벌금에 처한다.
1. 제5조(당비영수증)제1항·제2항 또는 제17조(정치자금영수증)제11항의 규정을 위반하여 당비영수증·정치자금영수증의 기재금액 또는 액면금액과 상이한 금액을 기부한 자와 이를 받은 자, 당비영수증·정치자금영수증을 허위로 작성하여 교부하거나 위조·변조하여 이를 사용한 자
2. 제8조(후원회의 회원)제3항의 규정을 위반하여 회원명부의 열람을 강요한 자 또는 같은 조 제5항의 규정을 위반하여 회원명부에 관하여 직무상 알게 된 사실을 누설한 자
3. 제10조(후원금의 모금·기부)제1항 후단의 규정을 위반하여 정치자금을 기부한 자
4. 제17조제12항의 규정을 위반하여 법률에 의한 절차에 의하지 아니하고 후원회에 발급한 정치자금영수증의 일련번호를 공개하거나 이를 다른 국가기관에 고지한 자
5. 제37조(회계장부의 비치 및 기재)제1항 또는 제40조(회계보고)제1항 내지 제4항의 규정을 위반하여 회계장부를 비치하지 아니하거나 허위로 기재한 자 또는 회계보고를 하지 아니하거나 재산상황, 정치자금의 수입·지출금액과 그 내역, 수입·지출에 관한 명세서, 영수증 그 밖의 증빙서류, 예금통장 사본을 제출하지 아니하거나 이를 허위로 제출한 자 또는 수입·지출에 관한 영수증 그 밖의 증빙서류를 허위기재·위조 또는 변조한 자
6. 제44조(회계장부 등의 인계·보존)제1항의 규정을 위반하여 당비영수증 원부, 정치자금영수증 원부, 회계장부, 정치자금의 수입·지출명세서와 증빙서류, 예금통장, 지출결의서 또는 구입·지급품의서를 인계·보존하지 아니한 자
7. 제63조(비밀엄수의 의무)의 규정을 위반하여 직무상 비밀을 누설한 자

제47조【각종 의무규정위반죄】 ① 다음 각 호의 어느 하나에 해당하는 자는 2년 이하의 징역 또는 400만원 이하의 벌금에 처한다.

1. 제2조(기본원칙)제3항의 규정을 위반하여 정치자금을 정치활동을 위하여 소요되는 경비 외의 용도로 지출한 자
2. 제5조(당비영수증)제1항 또는 제17조(정치자금영수증)제1항·제3항의 규정을 위반하여 당비·후원금을 납부 또는 기부받은 날부터 30일까지 당비영수증이나 정치자금영수증을 발행 또는 교부하지 아니한 자와 무정액영수증의 사용범위를 위반하여 교부한 자(2012.2.29 본호개정)
3. 제16조(정치자금영수증과의 교환에 의한 모금)제2항의 규정을 위반하여 정당한 사유 없이 정치자금영수증 원부, 기부자의 인적 사항 또는 후원금을 인계하지 아니한 자
4. 제28조(보조금의 용도제한 등)제1항 내지 제3항의 규정을 위반하여 보조금을 사용한 자(2006.4.28 본호개정)
5. 제30조(보조금의 반환)제1항의 규정을 위반하여 보조금의 잔액을 반환하지 아니한 자
6. 제34조(회계책임자의 선임신고 등)제4항제1호의 규정을 위반하여 정치자금의 수입·지출을 위한 예금계좌를 신고하지 아니한 자
7. 제35조(회계책임자의 변경신고 등)제2항의 규정을 위반하여 재산 및 정치자금의 잔액 또는 회계장부 등을 인계·인수하지 아니한 자
8. 제36조(회계책임자에 의한 수입·지출)제1항 또는 제3항의 규정을 위반하여 회계책임자에 의하지 아니하고 정치자금을 수입·지출한 자
9. 제36조제2항의 규정을 위반하여 신고된 예금계좌를 통하지 아니하고 정치자금을 수입·지출한 자
10. 제39조(영수증 그 밖의 증빙서류) 본문의 규정을 위반하여 영수증 그 밖의 증빙서류를 구비하지 아니하거나 허위기재·위조·변조한 자
11. 제41조(회계보고의 자체 감사 등)제2항의 규정을 위반하여 허위의 감사보고를 한 자
12. 제42조(회계보고서 등의 열람 및 사본교부)제5항의 규정을 위반하여 공개된 정치자금 기부내역을 인터넷에 게시하여 정치적 목적에 이용한 자
13. 제53조(정치자금범죄 신고자의 보호 등)제2항의 규정을 위반한 자

② 제28조제4항·제42조제7항 또는 제52조(정치자금범죄 조사 등)제1항·제4항의 규정을 위반하여 선거관리위원회의 조사·자료확인이나 제출요구에 정당한 사유 없이 응하지 아니하거나 허위자료의 제출 또는 장소의 출입을 방해한 자는 1년 이하의 징역 또는 200만원 이하의 벌금에 처한다.

제48조【감독의무해태죄 등】 다음 각 호의 어느 하나에 해당하는 자는 200만원 이하의 벌금형에 처한다.
1. 회계책임자가 제46조(각종 제한규정위반죄)제5호의 규정에 의한 죄를 범한 경우 당해 회계책임자의 선임 또는 감독에 상당한 주의를 태만히 한 회계책임자의 선임권자
2. 제2조(기본원칙)제4항의 규정을 위반하여 실명이 확인되지 아니한 방법으로 정치자금을 기부·지출한 자 또는 현금으로 지출할 수 있는 연간 한도액을 초과하여 지출한 자
3. 제2조제5항의 규정을 위반하여 타인의 명의나 가명으로 정치자금을 기부한 자
4. 제4조(당비)제2항·제11조(후원인의 기부한도 등)제4항·제21조(후원회가 해산한 경우의 잔여재산 처분 등)제3항 내지 제5항 또는 제58조(후보자의 반환기탁금 및 보전비용의 처리)제4항의 규정을 위반하여 당비 등을 정당한 사유 없이 국고에 귀속시키지 아니한 자
5. 제8조(후원회의 회원)제2항의 규정을 위반하여 회원명부를 비치하지 아니하거나 허위로 작성한 자
6. 제11조제3항의 규정에 의한 익명기부한도액을 위반하여 기부한 자

제49조【선거비용관련 위반행위에 관한 벌칙】 ① 회계책임자가 정당한 사유 없이 선거비용에 대하여 제40조(회계보고)제1항·제2항의 규정에 의한 회계보고를 하지 아니하거나 허위기재·위조·변조 또는 누락(선거비용의 수입·지출을 은닉하기 위하여 누락한 경우를 말한다)한 자는 5년 이하의 징역 또는 2천만원 이하의 벌금에 처한다.
② 선거비용과 관련하여 다음 각 호의 어느 하나에 해당하는 자는 2년 이하의 징역 또는 400만원 이하의 벌금에 처한다.
1. 제2조(기본원칙)제4항의 규정을 위반한 자
2. 제34조(회계책임자의 선임신고 등)제1항·제4항제1호 또는 제35조(회계책임자의 변경신고 등)제1항의 규정을 위반하여 회계책임자·예금계좌를 신고하지 아니한 자
3. 제36조(회계책임자에 의한 수입·지출)제1항·제3항·제5항의 규정을 위반한 자, 동조제2항의 규정을 위반하여 신고된 예금계좌를 통하지 아니하고 수입·지출한 자와 동조제4항의 규정을 위반하여 예금계좌에 입금하지 아니하는 방법으로 지급한 자
4. 제36조제6항의 규정을 위반하여 선거비용의 지출에 관한 내역을 통지하지 아니한 자
5. 제37조(회계장부의 비치 및 기재)제1항의 규정을 위반하여 회계장부를 비치·기재하지 아니하거나 허위기재·위조·변조한 자
6. 제39조(영수증 그 밖의 증빙서류) 본문의 규정에 의한 영수증 그 밖의 증빙서류를 허위기재·위조·변조한 자
7. 제40조제4항제3호의 규정을 위반하여 예금통장 사본을 제출하지 아니한 자
8. 제43조(자료제출요구 등)제2항을 위반하여 선거관리위원회의 보고 또는 자료의 제출 요구에 정당한 사유없이 응하지 아니하거나 보고 또는 자료의 제출을 허위로 한 자(2024.3.8 본호개정)
9. 제44조(회계장부 등의 인계·보존)제1항의 규정을 위반한 자

③ 선거비용과 관련하여 다음 각 호의 어느 하나에 해당하는 자는 200만원 이하의 과태료에 처한다.
1. 제34조제1항·제3항 또는 제35조제1항의 규정을 위반하여 회계책임자의 선임·변경·겸임신고를 해태한 자
2. 제34조제4항제2호의 규정에 의한 약정서를 제출하지 아니한 자
3. 제35조제2항의 규정을 위반하여 인계·인수서를 작성하지 아니한 자
4. 제40조제5항의 규정을 위반한 자

제50조【양벌규정】 정당·후원회의 회계책임자와 그 회계사무보조자 또는 법인·단체의 임원이나 구성원이 그 업무에 관하여 제45조(정치자금부정수수죄)부터 제48조(감독의무해태죄 등)까지의 어느 하나에 해당하는 위반행위를 한 때에는 행위자를 벌하는 외에 당해 정당이나 후원회 또는 법인·단체가 한 것으로 보아 그 정당이나 후원회 또는 법인·단체에 대하여도 각 해당 조의 벌금형을 과한다. 다만, 해당 정당이나 후원회 또는 법인·단체가 그 위반행위를 방지하기 위하여 해당 업무에 관하여 상당한 주의와 감독을 게을리하지 아니한 경우에는 그러하지 아니하다.(2010.1.25 본조개정)

제51조【과태료】 ① 다음 각 호의 어느 하나에 해당하는 행위를 한 자는 300만원 이하의 과태료에 처한다.
1. 제5조(당비영수증)제1항 또는 제17조(정치자금영수증)제1항의 규정을 위반하여 당비영수증 또는 정치자금영수증의 발행·교부를 해태한 자(2010.1.25 본호개정)
2. 제9조(후원회의 사무소 등)제2항·제3항의 규정을 위반하여 유급사무직원의 수를 초과하여 둔 자
3. 「형사소송법」 제211조(현행범인과 준현행범인)에 규정된 현행범인 또는 준현행범인으로서 제52조(정치자금범죄 조사 등)제5항의 규정에 의한 동행요구에 응하지 아니한 자

② 다음 각 호의 어느 하나에 해당하는 행위를 한 자는 200만원 이하의 과태료에 처한다.
1. 제35조(회계책임자의 변경신고 등)제2항의 규정을 위반하여 인계·인수를 지체한 자

2. 제38조(정당의 회계처리)제2항의 규정을 위반하여 지출결의서나 구입·지급품의서에 의하지 아니하고 정치자금을 지출한 자

③ 다음 각 호의 어느 하나에 해당하는 행위를 한 자는 100만원 이하의 과태료에 처한다.

1. 제7조제1항·제4항, 제19조제2항·제3항 본문, 제20조제1항 후단, 제34조제1항·제3항, 제35조제1항 또는 제40조제1항·제2항을 위반하여 신고·보고 또는 신청을 해태한 자(2017.6.30 본호개정)
2. 제7조의 규정을 위반하여 후원회의 등록신청 또는 변경등록신청을 허위로 한 자
3. 제8조(후원회의 회원)제1항의 규정을 위반하여 후원회의 회원이 될 수 없는 자를 회원으로 가입하게 하거나 가입한 자
4. 제17조제10항의 규정을 위반하여 정치자금영수증 사용실태를 보고하지 아니하거나 정치자금영수증을 관할 선거관리위원회에 반납하지 아니한 자
5. 제21조(후원회가 해산한 경우의 잔여재산 처분 등)제1항·제2항 또는 제58조(후보자의 반환기탁금 및 보전비용의 처리)제1항의 규정을 위반하여 잔여재산 또는 반환기탁금·보전비용의 인계의무를 해태한 자
6. 제34조제2항 본문의 규정을 위반하여 회계책임자가 된 자
7. 제37조(회계장부의 비치 및 기재)제1항 후단의 규정을 위반하여 보조금과 보조금 외의 정치자금, 선거비용과 선거비용 외의 정치자금을 각각 구분하여 경리하지 아니한 자
8. 제40조제4항제4호 내지 제6호의 규정을 위반하여 예산결산위원회가 확인·검사한 사실이 명시된 공개자료의 사본, 의결서 사본 또는 감사의견서와 인계·인수서를 첨부하지 아니한 자
9. 제52조(정치자금범죄 조사 등)제5항의 규정을 위반하여 출석요구에 응하지 아니한 자

④ 이 법의 규정에 의한 과태료는 중앙선거관리위원회규칙이 정하는 바에 의하여 관할 선거관리위원회(읍·면·동선거관리위원회를 제외한다. 이하 이 조에서 "부과권자"라 한다)가 그 위반자에게 부과하며, 납부기한까지 납부하지 아니한 때에는 관할 세무서장에게 위탁하고 관할 세무서장이 국세체납처분의 예에 따라 이를 징수한다. 다만, 과태료 처분대상자가 정당인 경우에는 당해 정당에 배분·지급될 보조금 중에서 공제하고, 후보자〔제49조(선거비용관련 위반행위에 대한 벌칙)제3항에 따라 과태료 처분을 받은 선거연락소장과 회계책임자를 포함한다〕인 경우에는 「공직선거법」 제57조(기탁금의 반환 등) 및 제122조의2(선거비용의 보전 등)의 규정에 의하여 당해 후보자(대통령선거의 정당추천후보자, 비례대표국회의원선거 및 비례대표지방의회의원선거에 있어서는 그 추천정당을 말한다)에게 반환·지급할 기탁금 또는 선거비용 보전금에서 공제할 수 있다.(2010.1.25 단서개정)

⑤~⑦ (2012.2.29 삭제)

(2012.2.29 본조제목개정)

제9장 보 칙

제52조【정치자금범죄 조사 등】 ① 각급 선거관리위원회(읍·면·동선거관리위원회를 제외한다. 이하 이 조에서 같다) 위원·직원은 이 법을 위반한 범죄의 혐의가 있다고 인정되거나 현행범의 신고를 받은 경우에는 그 장소에 출입하여 정당, 후원회, 후원회를 둔 국회의원·지방의회의원, 대통령선거경선후보자, 당대표경선후보자등, 공직선거의 후보자·예비후보자, 회계책임자, 정치자금을 기부하거나 받은 자 또는 정치자금에서 지출하는 비용을 지급받거나 받을 권리가 있는 자 그 밖에 관계인에 대하여 질문·조사하거나 관계 서류 그 밖에 조사에 필요한 자료의 제출을 요구할 수 있다.(2024.2.20 본항개정)

② 각급 선거관리위원회는 정치자금의 수입과 지출에 관한 조사를 위하여 불가피한 경우에는 다른 법률의 규정에 불구하고 금융기관의 장에게 이 법을 위반하여 정치자금을 주거나 받은 혐의가 있다고 인정되는 상당한 이유가 있는 자의 다음 각 호에 해당하는 금융거래자료의 제출을 요구할 수 있다. 다만, 당해 계좌에 입·출금된 타인의 계좌에 대하여는 그러하지 아니하다. 이 경우 당해 금융기관의 장은 이를 거부할 수 없다.

1. 계좌개설 내역
2. 통장원부 사본
3. 계좌이체의 경우 거래상대방의 인적 사항
4. 수표에 의한 거래의 경우 당해 수표의 최초 발행기관 및 발행의뢰인의 인적 사항

③ 각급 선거관리위원회 위원·직원은 이 법에 규정된 범죄에 사용된 증거물품으로서 증거인멸의 우려가 있다고 인정되는 경우에는 조사에 필요한 범위 안에서 현장에서 이를 수거할 수 있다. 이 경우 당해 선거관리위원회 위원·직원은 수거한 증거물품을 그 관련된 범죄에 대하여 고발 또는 수사의뢰한 때에는 관계 수사기관에 송부하고 그러하지 아니한 때에는 그 소유·점유·관리하는 자에게 지체 없이 반환하여야 한다.

④ 누구든지 제1항의 규정에 의한 장소의 출입을 방해하여서는 아니되며, 질문·조사를 받거나 자료의 제출을 요구받은 자는 즉시 이에 따라야 한다.

⑤ 각급 선거관리위원회 위원·직원은 정치자금범죄의 조사와 관련하여 관계자에게 질문·조사하기 위하여 필요하다고 인정되는 때에는 선거관리위원회에 출석할 것을 요구할 수 있고, 범죄혐의에 대하여 명백한 증거가 있는 때에는 동행을 요구할 수 있다. 다만, 공직선거(대통령선거경선후보자·당대표경선후보자등의 당내경선을 포함한다)의 선거기간 중 후보자(대통령선거경선후보자·당대표경선후보자등을 포함한다)에 대하여는 동행 또는 출석을 요구할 수 없다.(2016.1.15 단서개정)

⑥ 각급 선거관리위원회 위원·직원이 제1항의 규정에 의한 질문·조사·자료의 제출 요구 또는 장소에 출입하거나 제5항의 규정에 의한 동행 또는 출석을 요구하는 경우에는 관계인에게 그 신분을 표시하는 증표를 제시하고 소속과 성명을 밝히고 그 목적과 이유를 설명하여야 한다.

⑦ 제2항의 규정에 의하여 금융거래의 내용에 대한 정보 또는 자료(이하 "거래정보등"이라 한다)를 알게 된 자는 그 알게 된 거래정보등을 타인에게 제공 또는 누설하거나 그 목적 외의 용도로 이를 이용하여서는 아니된다.

⑧ 제1항 내지 제6항의 규정에 의한 자료제출요구서, 증거자료의 수거 및 증표의 규격 그 밖에 필요한 사항은 중앙선거관리위원회규칙으로 정한다.

제53조【정치자금범죄 신고자의 보호 등】 ① 정치자금범죄(제8장에 해당하는 죄를 말한다. 이 장에서 같다)에 관한 신고·진정·고소·고발 등 조사 또는 수사단서의 제공, 진술 또는 증언 그 밖에 자료제출행위 및 범인검거를 위한 제보 또는 검거활동을 한 자(이하 이 조에서 "정치자금범죄 신고자등"이라 한다)가 그와 관련하여 피해를 입거나 입을 우려가 있다고 인정할 만한 상당한 이유가 있는 경우 그 정치자금범죄에 관한 형사절차 및 선거관리위원회의 조사과정에 있어서는 「특정범죄신고자 등 보호법」 제5조(불이익처우의 금지)·제7조(인적 사항의 기재생략)·제9조(신원관리카드의 열람) 내지 제12조(소송진행의 협의 등) 및 제16조(범죄신고자 등에 대한 형의 감면)의 규정을 준용한다.

② 누구든지 제1항의 규정에 의하여 보호되고 있는 정치자금범죄 신고자등이라는 정을 알면서 그 인적 사항 또는 정치자금 범죄신고자등임을 미루어 알 수 있는 사실을 다른 사람에게 알려 주거나 공개 또는 보도하여서는 아니된다.

제54조【정치자금범죄 신고자에 대한 포상금 지급】 ① 각급 선거관리위원회(읍·면·동선거관리위원회를 제외한다.

이하 이 조에서 같다) 또는 수사기관은 정치자금범죄에 대하여 선거관리위원회 또는 수사기관이 인지하기 전에 그 범죄행위의 신고를 한 자에 대하여는 중앙선거관리위원회규칙이 정하는 바에 따라 포상금을 지급할 수 있다.
② 각급선거관리위원회 또는 수사기관은 제1항에 따라 포상금을 지급한 후 담합 등 거짓의 방법으로 신고한 사실이 발견된 경우 해당 신고자에게 반환할 금액을 고지하여야 하고, 해당 신고자는 그 고지를 받은 날부터 30일 이내에 해당 선거관리위원회 또는 수사기관에 이를 납부하여야 한다.(2008.2.29 본항신설)
③ 각급선거관리위원회 또는 수사기관은 해당 신고자가 제2항의 납부기한까지 반환할 금액을 납부하지 아니한 때에는 해당 신고자의 주소지를 관할하는 세무서장에게 징수를 위탁하고 관할 세무서장이 국세 체납처분의 예에 따라 징수한다.(2008.2.29 본항신설)
④ 제2항 또는 제3항에 따라 납부 또는 징수된 금액은 국가에 귀속된다.(2008.2.29 본항신설)
제55조【피고인의 출정】 ① 정치자금범죄에 관한 재판에서 피고인이 공시송달에 의하지 아니한 적법한 소환을 받고서도 공판기일에 출석하지 아니한 때에는 다시 기일을 정하여야 한다.
② 피고인이 정당한 사유 없이 다시 정한 기일 또는 그 후에 열린 공판기일에 출석하지 아니한 때에는 피고인의 출석 없이 공판절차를 진행할 수 있다.
③ 제2항의 규정에 의하여 공판절차를 진행할 경우에는 출석한 검사 및 변호인의 의견을 들어야 한다.
④ 법원은 제2항의 규정에 따라 판결을 선고한 때에는 피고인 또는 변호인(변호인이 있는 경우에 한한다)에게 전화 그 밖에 신속한 방법으로 그 사실을 통지하여야 한다.
제56조【기소·판결에 관한 통지】 ① 정치자금범죄로 정당의 대표자, 국회의원, 지방자치단체의 장, 지방의회의원, 공직선거 후보자·예비후보자, 대통령선거경선후보자·당대표경선후보자등, 후원회의 대표자 또는 그 회계책임자를 기소한 검사는 이를 관할 선거관리위원회에 통지하여야 한다.(2016.1.15 본항개정)
② 제45조부터 제48조까지 및 제49조제1항·제2항의 범죄에 대한 확정판결을 행한 재판장은 그 판결서 등본을 관할 선거관리위원회에 송부하여야 한다.(2012.2.29 본항개정)
제57조【정치자금범죄로 인한 공무담임 등의 제한】 제45조(정치자금부정수수죄)에 해당하는 범죄로 인하여 징역형의 선고를 받은 자는 그 집행을 받지 아니하기로 확정된 후 또는 그 형의 집행이 종료되거나 면제된 후 10년간, 금고 이상의 형의 집행유예의 선고를 받은 자는 그 형이 확정된 후 10년간, 100만원 이상의 벌금형(집행유예를 포함한다)의 선고를 받은 자는 그 형이 확정된 후 5년간 「공직선거법」 제266조(선거범죄로 인한 공무담임 등의 제한)제1항 각 호의 어느 하나에 해당하는 직에 취임하거나 임용될 수 없으며, 이미 취임 또는 임용된 자의 경우에는 그 직에서 퇴직된다.(2023.8.8 본조개정)
제58조【후보자의 반환기탁금 및 보전비용의 처리】 ① 공직선거의 후보자가 후원회의 후원금 또는 정당의 지원금으로 「공직선거법」 제56조(기탁금)의 규정에 의한 기탁금을 납부하거나 선거비용을 지출하여 같은 법 제57조(기탁금의 반환 등) 또는 제122조의2(선거비용의 보전 등)의 규정에 의하여 반환·보전받은 경우 그 반환·보전비용[자신의 재산(차입금을 포함한다)으로 지출한 비용을 모두 공제한 잔액을 말한다]은 선거비용을 보전받은 날부터 20일 이내(이하 이 조에서 "인계기한"이라 한다)에 정당추천후보자는 소속정당에, 무소속후보자는 공익법인 또는 사회복지시설에 인계하여야 한다.(2012.2.29 본항개정)
② 국회의원선거 또는 지방의회의원선거의 당선인은 제1항에도 불구하고 그 반환·보전비용을 자신의 정치자금으로 사용할 수 있으며, 이 경우 제34조(회계책임자의 선임신고등)제4항제1호의 규정에 의한 예금계좌(후원회를 두지 아니한 경우에는 자신의 명의로 개설한 예금계좌를 말한다)에 입금하여 정치자금으로 사용하여야 한다.(2024.2.20 본항개정)
③ 후원회를 두지 아니한 국회의원 또는 지방의회의원이 자신 명의로 개설한 예금계좌에 입금한 제2항의 자금을 모두 지출한 때에는 중앙선거관리위원회규칙이 정하는 바에 따라 관할 선거관리위원회에 보고하여야 한다.(2024.2.20 본항개정)
④ 공직선거의 후보자가 제1항에 따라 인계하여야 하는 반환·보전비용을 그 인계기한 이내에 소속 정당 등에 인계하지 아니한 경우에는 이를 국고에 귀속시켜야 한다. 이 경우 국고귀속절차에 관하여는 제4조(당비)제3항 및 제4항의 규정을 준용한다.(2012.2.29 본항개정)
제59조【조세의 감면】 ① 이 법에 의하여 정치자금을 기부한 자 또는 기부받은 자에 대하여는 「조세특례제한법」이 정하는 바에 따라 그 정치자금에 상당하는 금액에 대한 소득세 및 증여세를 면제하되, 개인이 기부한 정치자금은 해당 과세연도의 소득금액에서 10만원까지는 그 기부금액의 110분의 100을, 10만원을 초과한 금액에 대해서는 해당 금액의 100분의 15(해당 금액이 3천만원을 초과하는 경우 그 초과분에 대해서는 100분의 25)에 해당하는 금액을 종합소득산출세액에서 공제하고, 「지방세특례제한법」에 따라 그 공제금액의 100분의 10에 해당하는 금액을 해당 과세연도의 개인지방소득세 산출세액에서 추가로 공제한다. 다만, 제11조(후원인의 기부한도 등)제3항의 규정에 의한 익명기부, 후원회 또는 소속 정당 등으로부터 기부받거나 지원받은 정치자금을 당비로 납부하거나 후원회에 기부하는 경우에는 그러하지 아니하다.
② 후원회의 명의로 개설된 정치자금 예금계좌에 입금하는 방법으로 1회 10만원, 연간 120만원 이하의 정치자금을 기부한 자는 그 후원회의 명의와 기부자의 성명·생년월일 등 인적 사항, 거래일자·거래금액 등 기부내역이 기재된 금융거래 입금증이나 위조·복사·변조를 방지하기 위한 장치가 된 전자결제영수증 원본을 제1항의 규정에 따른 세액공제를 위한 영수증으로 사용할 수 있다.
(2016.1.15 본조개정)
제60조【정치자금의 기부 등 촉진】 각급 선거관리위원회(읍·면·동선거관리위원회를 제외한다)는 정치자금의 기부·기탁을 촉진하기 위하여 정치자금의 기부·기탁의 방법·절차 및 필요성 등을 인쇄물·시설물·광고물 등을 이용하여 홍보하여야 한다.
제61조【정치자금 모금을 위한 방송광고】 ① 「방송법」에 의한 지상파방송사는 깨끗한 정치자금의 기부문화 조성을 위하여 공익광고를 하여야 하며, 그 비용은 당해 방송사가 부담한다.
② 제1항의 공익광고를 위하여 「방송광고판매대행 등에 관한 법률」에 따른 한국방송광고진흥공사(이하 이 조에서 "한국방송광고진흥공사"라 한다)는 그 부담으로 방송광고물을 제작하여 연 1회 이상 지상파방송사에 제공하여야 한다.
(2020.3.11 본항개정)
③ 한국방송광고진흥공사는 제2항의 규정에 의한 방송광고물을 제작하고자 하는 때에는 그 방송광고의 주제에 관하여 중앙선거관리위원회와 협의하여야 한다.(2020.3.11 본항개정)
제62조【「기부금품의 모집 및 사용에 관한 법률」의 적용배제】 이 법에 의하여 정치자금을 기부하거나 받는 경우에는 「기부금품의 모집 및 사용에 관한 법률」의 적용을 받지 아니한다.(2006.3.24 본조개정)
제63조【비밀엄수의 의무】 각급 선거관리위원회 위원과 직원은 재직 중은 물론 퇴직 후라도 이 법의 시행과 관련하여 직무상 알게 된 비밀을 누설하여서는 아니된다.
제64조【공고】 관할 선거관리위원회는 제7조(후원회의 등록신청 등)·제19조(후원회의 해산 등)제3항 본문의 규정에

의한 신고나 등록신청을 받은 때, 제40조(회계보고)제1항·제2항의 규정에 의한 회계보고를 받은 때, 제19조제4항의 규정에 의하여 후원회의 등록을 말소한 때, 제23조(기탁금의 배분과 지급)·제27조(보조금의 배분)의 규정에 의한 정치자금을 정당에 지급한 때 또는 제30조(보조금의 반환)의 규정에 의하여 보고를 받거나 보조금을 반환받은 때에는 중앙선거관리위원회규칙이 정하는 바에 따라 그 뜻을 공고하여야 한다.

제65조【시행규칙】 이 법 시행에 관하여 필요한 사항은 중앙선거관리위원회규칙으로 정한다.

부 칙 (2016.1.15)

제1조【시행일】 이 법은 공포한 날부터 시행한다.

제2조【후원회의 연간 모금한도액에 관한 경과조치】 제12조제1항 각 호 외의 부분 본문의 개정규정에도 불구하고 2016년도의 연간 모금한도액에는 2015년에 연간 모금한도액을 초과하여 모금한 금액을 포함하지 아니한다.

제3조【벌칙에 관한 경과조치】 이 법 시행 전의 행위에 대한 벌칙을 적용할 때에는 종전의 규정에 따른다.

부 칙 (2016.3.3)

제1조【시행일】 이 법은 공포한 날부터 시행한다.

제2조【지역구국회의원예비후보자후원회에 관한 경과조치】 ① 2016년 4월 13일 실시하는 국회의원선거에서 2015년 12월 31일 현재 국회의원지역구(이하 "종전 국회의원지역구"라 한다)의 관할 선거관리위원회에 등록된 지역구국회의원예비후보자후원회는 제7조제1항에도 불구하고 이 법 시행 당시 관할 선거관리위원회에 등록된 것으로 본다.

② 법률 제14073호 공직선거법 일부개정법률 시행에 따라 선거구역이 변경된 국회의원지역구의 지역구국회의원예비후보자후원회 중 관할 선거관리위원회가 변경된 경우에는 이 법 시행일 후 10일까지 서면으로 변경신고를 하여야 하며, 종전에 교부받은 후원회등록증을 반납하고 새로운 등록증을 교부받아야 한다.

제3조【지역구국회의원예비후보자 및 그 후원회 회계책임자에 관한 경과조치】 ① 2016년 4월 13일 실시하는 국회의원선거에서 종전 국회의원지역구의 관할 선거관리위원회에 신고된 예비후보자 및 그 후원회의 회계책임자는 제34조제1항에도 불구하고 이 법 시행 당시 관할 선거관리위원회에 신고된 것으로 본다.

② 법률 제14073호 공직선거법 일부개정법률 시행에 따라 선거구역이 변경된 국회의원지역구의 예비후보자 및 그 후원회 중 관할 선거관리위원회가 변경된 경우에는 이 법 시행일 후 10일까지 서면으로 회계책임자 변경신고를 하여야 한다.

제4조【후원회의 후원금 모금 및 기부에 관한 경과조치】 2016년 4월 13일 실시하는 국회의원선거에서 2016년 1월 1일부터 이 법 시행 전까지 예비후보자의 후원회가 종전의 규정에 따라 후원금을 모금하거나 기부한 경우에는 이 법의 관련 규정에 따른 것으로 본다.

부 칙 (2020.3.11)

제1조【시행일】 이 법은 공포한 날부터 시행한다.

제2조【지역구국회의원예비후보자후원회에 관한 경과조치】 ① 2020년 4월 15일 실시하는 국회의원선거에서 법률 제17070호 공직선거법 일부개정법률 시행에 따라 선거구역이 변경된 국회의원지역구의 지역구국회의원예비후보자후원회 중 관할 선거관리위원회가 변경되지 않은 경우 그 지역구국회의원예비후보자후원회는 제7조에도 불구하고 이 법 시행 당시 관할 선거관리위원회에 등록된 것으로 본다.

② 2020년 4월 15일 실시하는 국회의원선거에서 법률 제17070호 공직선거법 일부개정법률 시행에 따라 선거구역이 변경된 국회의원지역구의 지역구국회의원예비후보자후원회 중 관할 선거관리위원회가 변경된 경우 그 지역구국회의원예비후보자후원회 대표자는 이 법 시행 후 10일까지 서면으로 변경신고를 하여야 하며, 종전에 교부받은 후원회등록증을 반납하고 새로운 등록증을 교부받아야 한다.

제3조【지역구국회의원예비후보자 및 그 후원회 회계책임자에 관한 경과조치】 ① 2020년 4월 15일 실시하는 국회의원선거에서 법률 제17070호 공직선거법 일부개정법률 시행에 따라 선거구역이 변경된 국회의원지역구의 예비후보자 및 그 후원회 중 관할 선거관리위원회가 변경되지 않은 경우 해당 예비후보자 및 그 후원회 회계책임자는 제34조에도 불구하고 이 법 시행 당시 관할 선거관리위원회에 신고된 것으로 본다.

② 2020년 4월 15일 실시하는 국회의원선거에서 법률 제17070호 공직선거법 일부개정법률 시행에 따라 선거구역이 변경된 국회의원지역구의 예비후보자 및 그 후원회 중 관할 선거관리위원회가 변경된 경우에는 이 법 시행 후 10일까지 서면으로 회계책임자 변경신고를 하여야 한다.

제4조【다른 법률의 개정】 ※(해당 법령에 가제정리 하였음)

부 칙 (2021.1.5)

이 법은 공포한 날부터 시행한다.

부 칙 (2022.2.22)

제1조【시행일】 이 법은 공포한 날부터 시행한다.

제2조【공직후보자 청년추천보조금 배분·지급에 관한 적용례】 제26조의3의 개정규정은 이 법 시행 이후 실시하는 선거부터 적용한다.

부 칙 (2022.4.20)

제1조【시행일】 이 법은 공포한 날부터 시행한다.

제2조【공직후보자 여성추천보조금 배분·지급에 관한 적용례】 제26조제2항의 개정규정은 이 법 시행 후 최초로 실시하는 선거부터 적용한다.

제3조【공직후보자 장애인추천보조금 배분·지급에 관한 적용례】 제26조의2제2항의 개정규정은 이 법 시행 후 최초로 실시하는 선거부터 적용한다.

제4조【지역구지방의회의원예비후보자후원회에 관한 경과조치】 ① 2022년 6월 1일 실시하는 지방의회의원선거에서는 2021년 12월 31일 현재 「공직선거법」〔별표2〕 시·도의회의원지역선거구구역표 중 인천광역시의회의원지역선거구들 부분 및 경상북도의회의원지역선거구들 부분, 「서울특별시 자치구의회의원 선거구와 선거구별 의원정수에 관한 조례」〔별표〕 서울특별시 자치구의회의원 선거구와 선거구별 의원정수 중 마포구 부분, 강서구 부분 및 강남구 부분에 포함된 지역선거구의 관할 선거관리위원회에 등록된 지역구지방의회의원예비후보자후원회는 제7조제1항에도 불구하고 법률 제18841호 공직선거법 일부개정법률 부칙 제6조에 따른 선거구역 변경규정(이하 "선거구역 변경규정"이라 한다)의 시행 당시 관할 선거관리위원회에 등록된 것으로 본다.

② 2022년 6월 1일 실시하는 지역구지방의회의원선거에서 선거구역 변경규정의 시행에 따라 선거구역이 변경된 지방의회의원지역구의 지역구지방의회의원예비후보자후원회 중 관할 선거관리위원회가 변경되지 아니한 지역구지방의회의원예비후보자후원회는 제7조에도 불구하고 선거구역 변경규정 시행 당시 관할 선거관리위원회에 등록된 것으로 본다.

③ 2022년 6월 1일 실시하는 지역구지방의회의원선거에서 선거구역 변경규정의 시행에 따라 선거구역이 변경된 지방의회의원지역구의 지방의회의원예비후보자후원회 중 관할 선거관리위원회가 변경된 지역구지방의회의원예비후보자후원회의 경우 해당 후원회의 대표자가 해당 선거구역 변경규정의 시행일 후 10일(해당 선거구역 변경규정의 시행일 후 10일 이내에 후보자등록신청개시일이 도래하는 경우에는 후보자등록신청개시일 전일을 말한다)까지 서면으로 변경신고를 하여야 하며, 종전에 교부받은 후원회등록증을 반납하고 새로운 등록증을 교부받아야 한다.

제5조【지역구지방의회의원예비후보자 및 그 후원회 회계책임자에 관한 경과조치】 ① 2022년 6월 1일 실시하는 지역구지방의회의원선거에서 선거구역 변경규정의 시행에 따라 선거구역이 변경된 지방의회의원지역구의 지방의회의원예비후보자 및 그 후원회 중 관할 선거관리위원회가 변경되지 아니한 지방의회의원예비후보자 및 그 후원회 회계책임자는 제34조에도 불구하고 선거구역 변경규정 시행 당시 관할 선거관리위원회에 신고된 것으로 본다.

② 2022년 6월 1일 실시하는 지역구지방의회의원선거에서 선거구역 변경규정의 시행에 따라 선거구역이 변경된 지방의회의원지역구의 예비후보자 및 그 후원회 중 관할 선거관리위원회가 변경된 지방의회의원지역구의 예비후보자 및 그 후원회는 해당 선거구역 변경규정의 시행일 후 10일(해당 선거구역 변경규정의 시행일 후 10일 이내에 후보자등록신청개시일이 도래하는 경우에는 후보자등록신청개시일 전일을 말한다)까지 서면으로 회계책임자 변경신고를 하여야 한다.

제6조【후원회의 후원금 모금 및 기부에 관한 경과조치】 ① 2022년 6월 1일 실시하는 지역구지방의회의원선거에서 부칙 제4조제1항에 따라 관할 선거관리위원회에 등록된 것으로 보는 지역구지방의회의원예비후보자후원회가 선거구역 변경규정의 시행 전까지 종전의 규정에 따라 후원금을 모금하거나 기부한 경우에는 이 법의 관련 규정에 따른 것으로 본다.

② 2022년 6월 1일 실시하는 지역구지방의회의원선거에서 선거구역 변경규정의 시행에 따라 지역구지방의회의원후보자등후원회의 연간모금한도액이 변경된 경우에는 변경된 연간 모금한도액을 해당 후원회의 연간 모금한도액으로 본다.

③ 제2항에도 불구하고 선거구역 변경규정의 시행에 따라 지역구지방의회의원후보자등후원회의 연간 모금한도액이 줄어든 경우에는 지역구지방의회의원선거예비후보자후원회가 선거구역 변경규정의 시행 전에 모금한 금액이 변경된 연간 모금한도액을 초과한 경우에도 연간 모금한도액을 초과하지 아니한 것으로 본다.

부　칙 (2023.8.8)

제1조【시행일】 이 법은 공포한 날부터 시행한다.

제2조【벌금형의 집행유예 선고를 받고 확정된 사람의 공무담임제한에 관한 적용례】 제57조의 개정규정은 이 법 시행 전에 종전의 규정에서 정한 범죄로 100만원 이상의 벌금형의 집행유예 선고를 받고 확정된 사람에 대하여도 적용한다.

부　칙 (2024.1.2)

제1조【시행일】 이 법은 공포한 날부터 시행한다. 다만, 제28조제2항의 개정규정은 공포 후 3개월이 경과한 날부터 시행한다.

제2조【여성추천보조금 배분·지급에 관한 적용례】 제26조제2항의 개정규정은 이 법 시행 이후 여성추천보조금을 배분·지급하는 경우부터 적용한다.

부　칙 (2024.2.20)

제1조【시행일】 이 법은 공포한 날부터 시행한다.

제2조【지방의회의원의 후원회 지정에 관한 특례】 제6조제2호의2의 개정규정에도 불구하고 지방의회의원은 2024년 7월 1일부터 후원회를 지정하여 둘 수 있다.

제3조【회계보고서 등의 열람에 관한 특례】 이 법 시행 당시 종전의 제42조제2항에 따라 열람 중인 재산상황, 정치자금의 수입·지출내역 및 첨부서류는 제42조제2항의 개정규정에도 불구하고 이 법 시행일부터 6개월간 열람할 수 있다.

부　칙 (2024.3.8)

제1조【시행일】 이 법은 공포한 날부터 시행한다.

제2조【지역구국회의원예비후보자후원회에 관한 경과조치】

① 2024년 4월 10일 실시하는 국회의원선거에서 법률 제20370호 공직선거법 일부개정법률 시행에 따라 선거구역이 변경된 국회의원지역구의 지역구국회의원예비후보자후원회 중 관할 선거관리위원회가 변경되지 아니한 경우 그 지역구국회의원예비후보자후원회는 제7조에도 불구하고 이 법 시행 당시 관할 선거관리위원회에 등록된 것으로 본다.

② 2024년 4월 10일 실시하는 국회의원선거에서 법률 제20370호 공직선거법 일부개정법률 시행에 따라 선거구역이 변경된 국회의원지역구의 지역구국회의원예비후보자후원회 중 관할 선거관리위원회가 변경된 경우 그 지역구국회의원예비후보자후원회 대표자는 이 법 시행 후 10일까지 서면으로 변경신고를 하여야 하며, 종전에 교부받은 후원회등록증을 반납하고 새로운 등록증을 교부받아야 한다.

제3조【지역구국회의원예비후보자 및 그 후원회 회계책임자에 관한 경과조치】 ① 2024년 4월 10일 실시하는 국회의원선거에서 법률 제20370호 공직선거법 일부개정법률 시행에 따라 선거구역이 변경된 국회의원지역구의 예비후보자 및 그 후원회 중 관할 선거관리위원회가 변경되지 아니한 경우 해당 예비후보자 및 그 후원회 회계책임자는 제34조에도 불구하고 이 법 시행 당시 관할 선거관리위원회에 신고된 것으로 본다.

② 2024년 4월 10일 실시하는 국회의원선거에서 법률 제20370호 공직선거법 일부개정법률 시행에 따라 선거구역이 변경된 국회의원지역구의 예비후보자 및 그 후원회 중 관할 선거관리위원회가 변경된 경우에는 이 법 시행 후 10일까지 서면으로 회계책임자 변경신고를 하여야 한다.

불법정치자금 등의 몰수에 관한 특례법(약칭 : 불법정치자금법)

(2005년 8월 4일 법 률 제7652호)

개정
2010. 3.31법10219호(지방세기본법)
2011. 5.23법10698호(형사보상및명예회복에관한법)
2016. 3.29법14116호(항공안전법)
2016.12.27법14476호(지방세징수법)
2017.10.31법14968호 2021. 1. 5법17830호
2021. 5.18법18191호(공직자의이해충돌방지법)

제1장 총 칙

제1조【목적】 이 법은 불법정치자금의 몰수 등에 관한 특례를 규정함으로써 불법정치자금등의 조성을 근원적으로 막고, 정치자금의 투명성을 제고함을 그 목적으로 한다.

제2조【정의】 이 법에서 사용하는 용어의 정의는 다음과 같다.

1. "불법정치자금등"이라 함은 다음 각 목의 어느 하나에 해당하는 죄(그 죄와 다른 죄가 「형법」 제40조의 관계에 있는 경우에는 그 다른 죄를 포함한다)의 범죄행위로 얻은 재산을 말한다.
   가. 「정치자금법」 제45조의 죄
   나. 「공직선거법」 제2조의 규정에 따른 선거에 의하여 취임한 공무원이 범한 「형법」 제129조부터 제132조까지, 「특정범죄가중처벌 등에 관한 법률」 제2조 또는 제3조, 「공직자의 이해충돌 방지법」 제27조제1항 및 같은 조 제2항제1호의 죄(2021.5.18 본목개정)
2. "불법정치자금등에서 유래한 재산"이라 함은 불법정치자금등의 과실로서 얻은 재산, 불법정치자금등의 대가로서 얻은 재산, 이들 재산의 대가로서 얻은 재산 등 불법정치자금등의 변형 또는 증식으로 형성된 재산(불법정치자금등이 불법정치자금 등과 관련 없는 재산과 합하여져 변형되거나 증식된 경우에는 불법정치자금등에서 비롯된 부분에 한한다)을 말한다.
3. "불법재산"이라 함은 불법정치자금등 및 불법정치자금등에서 유래한 재산을 말한다.

제2장 몰수의 범위 및 요건에 관한 특례

제3조【불법재산의 몰수】 ① 불법재산은 이를 몰수한다.
② 제1항의 규정에 의하여 몰수하여야 할 재산에 대하여 재산의 성질, 사용상황, 그 재산에 관한 범인 외의 자의 권리유무 그 밖의 사정으로 이를 몰수함이 상당하지 아니하다고 인정될 때에는 제1항의 규정에 불구하고 몰수하지 아니할 수 있다.

제4조【불법재산이 합하여진 재산의 몰수방법】 불법재산이 불법재산 외의 재산과 합하여진 경우에 제3조제1항의 규정에 의하여 그 불법재산을 몰수하여야 하는 때에는 불법재산과 그 외의 재산이 합하여진 재산(이하 "혼합재산"이라 한다)중 불법재산의 비율에 상당하는 부분을 몰수한다.

제5조【몰수의 요건 등】 ① 제3조의 규정에 의한 몰수는 불법재산 또는 혼합재산이 범인 외의 자에게 귀속되지 아니하는 경우에 한한다. 다만, 범인 외의 자가 범죄 후 그 정을 알면서 그 불법재산 또는 혼합재산을 취득한 경우에는 그 불법재산 또는 혼합재산이 범인 외의 자에게 귀속된 경우에도 몰수할 수 있다.
② 지상권·저당권 그 밖의 권리가 그 위에 존재하는 재산을 제3조의 규정에 의하여 몰수하는 경우에 범인 외의 자가 범죄 전에 그 권리를 취득한 때 또는 범인 외의 자가 범죄 후 그 정을 알지 못하고 그 권리를 취득한 때에는 이를 존속시킨다.
③ 제1항 단서에 있어서 범인 외의 자가 정당인 경우 정당대표자·회계책임자 또는 회계사무보조자가 그 정을 알았을 때에 정당이 안 것으로 본다.

제6조【추징】 불법재산을 몰수할 수 없거나 제3조제2항의 규정에 의하여 몰수하지 아니하는 때에는 그 가액을 범인으로부터 추징한다.

제7조【불법재산의 입증】 제2조제1호에 규정된 죄의 범행 후 범인이 취득한 재산으로서 그 가액이 취득 당시의 범인의 재산운용상황 또는 법령에 기한 급부의 수령상황 등에 비추어 현저하게 고액이고 그 취득한 재산이 불법정치자금등의 금액·재산취득시기 등 제반사정에 비추어 불법정치자금등으로 형성되었다고 볼만한 상당한 개연성이 있는 경우에는 불법정치자금등이 그 재산의 취득에 사용된 것으로 인정할 수 있다.

제3장 몰수에 관한 절차 등의 특례

제8조【제3자의 권리존속 등】 법원은 지상권·저당권 그 밖의 권리가 그 위에 존재하는 재산을 몰수하는 경우 제5조 제2항의 규정에 의하여 당해 권리를 존속시키는 때에는 몰수의 선고와 동시에 그 취지를 선고하여야 한다.

제9조【몰수된 재산의 처분 등】 ① 몰수된 재산은 검사가 이를 처분하여야 한다.
② 검사는 채권의 몰수재판이 확정된 때에는 그 채권의 채무자에게 몰수재판의 초본을 송부하여 그 요지를 통지하여야 한다.

제10조【몰수의 재판에 기한 등기등】 권리의 이전에 등기 또는 등록(이하 "등기등"이라 한다)을 요하는 재산을 몰수하는 재판에 기하여 권리의 이전등의 등기등을 관계기관에 촉탁하는 경우 몰수에 의하여 효력을 잃은 처분의 제한에 관련된 등기등이 있거나 몰수에 의하여 소멸된 권리의 취득에 관련된 등기등이 있는 때 또는 그 몰수에 관하여 제5장제1절의 규정에 의한 몰수보전명령 또는 부대보전명령에 관련된 등기등이 있는 때에는 위 각 등기등도 말소를 촉탁한 것으로 본다.

제11조【형사보상의 특례】 채권 등의 몰수집행에 대한 「형사보상 및 명예회복에 관한 법률」에 의한 보상의 내용에 관하여는 같은 법 제5조제6항을 준용한다.(2011.5.23 본조개정)

제4장 제3자 참가절차 등의 특례

제12조【고지】 ① 검사는 공소를 제기함에 있어서 이 법의 규정에 의하여 피고인 외의 자(「정치자금법」 제50조의 규정에 의하여 공동피고인이 된 정당·후원회 또는 법인·단체를 포함한다)의 재산 또는 지상권·저당권 그 밖의 권리가 그 위에 존재하는 재산의 몰수가 필요하다고 인정하는 때에는 즉시 위 재산을 가진 자 또는 그 재산 위에 지상권·저당권 그 밖의 권리를 가진 자로서 피고인 외의 자(이하 "제3자"라 한다)에게 서면으로 다음 사항을 고지하여야 한다. 다만, 「정치자금법」 제50조의 규정에 의하여 공동피고인이 된 정당·후원회 또는 법인·단체의 경우 제1호·제2호 또는 제7호의 사항에 대한 고지를 생략할 수 있다.

1. 피고인에 대한 형사사건이 계속 중인 법원
2. 피고인에 대한 형사사건명 및 피고인의 성명
3. 몰수하여야 할 재산의 품명·수량 그 밖에 그 재산을 특정할 만한 사항
4. 몰수의 이유가 될 사실의 요지
5. 피고인에 대한 형사사건절차에의 참가신청이 가능하다는 취지
6. 참가신청이 가능한 기간
7. 피고인에 대한 형사사건에 대하여 공판기일이 정하여진 경우에는 공판기일

② 검사는 제3자의 소재를 알 수 없거나 그 밖의 사유로 제1항의 고지를 할 수 없을 때에는 제1항 각 호의 사항을 관보나 일간신문에 게재하고 검찰청 또는 고위공직자범죄수사처 게시장에 14일간 게시하여 공고하여야 한다.(2021.1.5 본항개정)

③ 검사가 제1항 또는 제2항의 규정에 의한 고지 또는 공고를 한 때에는 이를 증명하는 서면을 법원에 제출하여야 한다.

제13조【참가절차】 ① 몰수될 염려가 있는 재산을 가진 제3자는 제1심 재판이 있기까지(약식절차에 의한 재판이 있는 경우에는 정식재판 청구가 가능한 기간이 경과하기까지를 말하며, 이 경우 정식재판 청구가 있는 때에는 통상의 공판절차에 의한 제1심 재판이 있기까지를 말한다. 이하 같다) 피고인에 대한 형사사건이 계속 중인 법원에 대하여 서면으로 그 형사사건절차에의 참가신청을 할 수 있다. 다만, 제12조제1항 또는 제2항의 규정에 의한 고지 또는 공고가 있은 때에는 고지 또는 공고가 있은 날부터 14일 이내에 한하여 참가신청을 할 수 있다.

② 검사가 제12조제1항 또는 제2항의 규정에 의하여 고지 또는 공고한 법원이 피고인에 대한 형사사건을 이송한 경우 그 법원에 참가신청이 있는 때에는 신청을 받은 법원은 피고인에 대한 형사사건을 이송받은 법원에 그 신청서면을 송부하여야 한다. 이 경우 그 서면이 송부된 때에는 처음부터 피고인에 대한 형사사건을 이송받은 법원에 대하여 참가신청을 한 것으로 본다.

③ 법원은 참가신청이 법률상의 방식에 위반되거나 제1항에 규정된 기간이 경과한 후에 이루어진 때와 몰수하여야 할 재산 또는 몰수하여야 할 재산 위에 존재하는 지상권·저당권 그 밖의 권리가 신청인에게 귀속하지 아니함이 명백한 때에는 참가신청을 기각하여야 한다. 다만, 제1항 단서에 규정된 기간 내에 참가신청을 하지 아니한 것이 신청인의 책임으로 돌릴 수 없는 사유에 의한 것으로 인정될 때에는 제1심 재판이 있기까지 참가를 허가할 수 있다.

④ 법원은 제3항의 경우를 제외하고는 참가신청을 허가하여야 한다. 다만, 몰수하는 것이 불가능하거나 몰수가 필요하지 아니하다는 취지의 검사의 의견이 상당하다고 인정될 때에는 참가신청을 기각할 수 있다.

⑤ 법원이 참가를 허가한 경우에 있어서 몰수하여야 할 재산 또는 몰수하여야 할 재산 위에 존재하는 지상권·저당권 그 밖의 권리가 참가가 허가된 자(이하 "참가인"이라 한다)에게 귀속하지 아니함이 명백하게 된 때에는 참가를 허가한 재판을 취소하여야 하며, 몰수하는 것이 불가능하거나 몰수가 불필요하다는 취지의 검사의 의견이 상당하다고 인정될 때에는 참가를 허가한 재판을 취소할 수 있다.

⑥ 참가에 관한 재판은 검사, 참가신청인 또는 참가인, 피고인 또는 변호인의 의견을 듣고 결정하여야 한다.

⑦ 검사, 참가신청인 또는 참가인은 참가신청을 기각한 결정 또는 참가를 허가한 재판을 취소한 결정에 대하여 즉시항고할 수 있다.

⑧ 참가의 취하는 서면으로 하여야 한다. 다만, 공판기일에는 구술로 할 수 있다.

제14조【참가인의 권리】 ① 참가인은 이 법에 특별한 규정이 있는 외에는 몰수에 관하여 피고인과 동일한 소송상의 권리를 가진다.

② 제1항의 규정은 참가인을 증인으로서 조사하는 것을 방해하지 아니한다.

제15조【참가인의 출석 등】 ① 참가인은 공판기일에 출석할 것을 요하지 아니한다.

② 법원은 참가인의 소재를 알 수 없는 때에는 공판기일의 통지 그 밖에 서류의 송달을 요하지 아니한다.

③ 법원은 공판기일에 출석한 참가인에 대하여 몰수의 이유가 될 사실의 요지, 참가 전의 공판기일에 있어서의 심리에 관한 중요한 사항 그 밖에 참가인의 권리를 보호하기 위하여 필요하다고 인정하는 사항을 고지하고 몰수에 관하여 진술할 기회를 주어야 한다.

제16조【증거】 ① 참가인의 참가는 「형사소송법」 제310조의2 내지 제318조의3의 규정을 적용하는데 영향을 미치지 아니한다.

② 법원은 「형사소송법」 제318조 및 제318조의3 본문의 규정에 의하여 증거로 하는 것이 가능한 서면 또는 진술을 조사한 경우에 참가인이 그 서면 또는 진술의 내용이 된 진술을 한 자를 증인으로 조사할 것을 청구한 때에는 그 권리의 보호에 필요하다고 인정되는 한 이를 조사하여야 한다. 참가인의 참가 전에 조사한 증인에 대하여 참가인이 다시 그 조사를 청구한 때에도 같다.

제17조【몰수재판의 제한】 제3자가 참가허가를 받지 못한 때에는 다음 각 호의 어느 하나에 해당하는 경우를 제외하고는 몰수재판을 할 수 없다.

1. 제12조제1항 또는 제2항의 규정에 의한 고지 또는 공고가 있은 날부터 14일이 경과된 때. 다만, 몰수하여야 할 재산 또는 몰수하여야 할 재산 위에 존재하는 지상권·저당권 그 밖의 권리가 참가신청인 또는 참가인에게 귀속하지 아니함이 명백하다는 이유로 또는 몰수하는 것이 불가능하거나 불필요하다는 취지의 검사의 의견에 기하여 참가신청이 기각되거나 참가를 허가한 재판이 취소된 경우를 제외한다.
2. 참가신청이 법률상의 방식에 위반되어 기각된 때
3. 참가가 취하된 때

제18조【상소】 ① 원심의 참가인은 상소심에서도 참가인으로서의 지위를 잃지 아니한다.

② 참가인이 상소한 때에는 검사 또는 피고인이 상소를 하지 아니하거나 상소의 포기 또는 취하를 한 경우에도 원심재판 중 몰수에 관한 부분은 확정되지 아니한다.

③ 제2항의 경우에 피고인은 상소심 및 그 후의 심급에 있어서 공판기일에 출석할 것을 요하지 아니한다. 이 경우 「형사소송법」 제33조·제282조 및 제283조의 규정은 이를 적용하지 아니한다.

④ 제2항 및 제3항의 규정은 약식절차에 의한 재판에 대하여 참가인이 정식재판의 청구를 한 경우 이를 준용한다.

제19조【대리인】 ① 이 법의 규정에 의하여 피고인에 대한 형사사건절차에 관여하는 제3자는 변호사 중에서 대리인을 선임하여 소송행위를 대리하게 할 수 있다. 이 경우 「형사소송법」 제32조제1항 및 제35조의 규정을 준용한다.

② 대리인은 참가인의 서면에 의한 동의가 없으면 참가의 취하, 정식재판 청구의 취하, 상소의 포기 또는 취하를 할 수 없다.

제20조【「형사소송법」의 준용】 ① 제3자의 소송능력에 관하여는 「형사소송법」 제26조 내지 제28조의 규정을, 제3자의 소송비용부담에 관하여는 동법 제186조 및 제191조의 규정을 각각 준용한다.

② 제12조제1항에 규정된 재산을 몰수하는 절차에 관하여는 이 법에 특별한 규정이 있는 경우를 제외하고는 「형사소송법」의 규정을 준용한다.

제21조【다른 절차와의 관계】 제12조제1항에 규정된 재산을 몰수하는 재판을 자기의 책임으로 돌릴 수 없는 사유로 피고인에 대한 형사사건절차에서 권리를 주장할 수 없었던 제3자의 권리에는 영향을 미치지 아니한다.

제5장 보전절차

제1절 몰수보전

제22조【몰수보전명령】 ① 법원은 제2조제1호에 규정된 죄에 관련된 피고인에 대한 형사사건에 관하여 이 법의 규

정에 의하여 몰수할 수 있는 재산(이하 "몰수대상재산"이라 한다)에 해당한다고 판단할만한 상당한 이유가 있고, 그 재산을 몰수하기 위하여 필요하다고 인정될 때에는 검사의 청구에 의하여 또는 직권으로 몰수보전명령을 발하여 그 재산에 관한 처분을 금지할 수 있다.
② 법원은 지상권·저당권 그 밖의 권리가 그 위에 존재하는 재산에 대하여 몰수보전명령을 발한 경우 또는 발하고자 하는 경우 그 권리가 몰수에 의하여 소멸된다고 볼만한 상당한 이유가 있고 그 재산을 몰수하기 위하여 필요하다고 인정될 때 또는 그 권리가 가장된 것이라고 볼만한 상당한 이유가 있다고 인정될 때에는 검사의 청구에 의하여 또는 직권으로 별도의 부대보전명령을 발하여 그 권리의 처분을 금지할 수 있다.
③ 몰수보전명령서 또는 부대보전명령서에는 피고인의 성명, 죄명, 공소사실의 요지, 몰수의 근거가 되는 법령의 조항, 처분을 금지하는 재산 또는 권리의 표시, 이들 재산이나 권리를 가진 자(명의인이 다른 경우 명의인을 포함한다)의 성명, 발부연월일 그 밖에 대법원규칙에서 정하는 사항을 기재하고 재판한 법관이 서명날인하여야 한다.
④ 재판장은 긴급을 요하는 경우에는 제1항 또는 제2항에 규정된 처분을 하거나 합의부의 구성원에게 그 처분을 하게 할 수 있다.
⑤ 부동산 또는 동산에 대한 몰수보전은 「형사소송법」의 규정에 의한 압수를 방해하지 아니한다.

제23조【기소 전 몰수보전명령】 ① 검사는 제22조제1항 또는 제2항의 이유와 필요가 있다고 인정되는 경우에는 공소가 제기되기 전이라도 지방법원판사에게 청구하여 동조제1항 또는 제2항의 규정에 의한 처분을 받을 수 있으며, 사법경찰관은 검사에게 신청하여 검사의 청구로 위 처분을 받을 수 있다.
② 사법경찰관은 몰수보전명령 또는 부대보전명령이 발하여진 경우에는 지체 없이 관계 서류를 검사에게 송부하여야 한다.
③ 제1항의 규정에 의한 청구는 청구하는 검사가 소속하는 지방검찰청 또는 지청 소재지를 관할하는 지방법원 또는 지원의 판사에게 하여야 하고, 고위공직자범죄수사처에 소속된 검사의 경우에는 그에 대응하는 법원의 판사에게 하여야 한다.(2021.1.5 본항개정)
④ 제1항의 규정에 의하여 청구를 받은 판사는 몰수보전에 관하여 법원 또는 재판장과 동일한 권한을 가진다.
⑤ 검사는 제1항의 규정에 의한 몰수보전 후 공소를 제기한 때에는 그 요지를 몰수보전명령을 받은 자(피고인을 제외한다)에게 통지하여야 한다. 다만, 그 사람의 소재가 불명하거나 그 밖의 이유로 통지할 수 없을 때에는 통지에 갈음하여 그 요지를 관할 지방검찰청 또는 그 지청, 고위공직자범죄수사처의 게시장에 7일간 게시하여 공고하여야 한다.
(2021.1.5 단서개정)

제24조【몰수보전에 관한 재판의 집행】 ① 몰수보전에 관한 재판은 검사의 지휘에 의하여 집행한다.
② 몰수보전명령의 집행은 그 명령에 의하여 처분이 금지되는 재산을 가진 자에게 몰수보전명령의 등본이 송달되기 전에도 할 수 있다.

제25조【몰수보전의 효력】 몰수보전된 재산(이하 "몰수보전재산"이라 한다)에 대하여 당해 보전 이후에 된 처분은 몰수에 관하여 그 효력을 발생하지 아니한다. 다만, 제36조제1항 본문에 규정된 경우(제39조제4항 및 제5항의 규정에 의하여 준용하는 경우를 포함한다)및 몰수보전명령에 대항할 수 있는 담보권의 실행으로서의 처분에 관하여는 그러하지 아니하다.

제26조【부동산의 몰수보전】 ① 부동산의 몰수보전은 그 처분을 금지하는 취지의 몰수보전명령에 의하여 한다.
② 제1항의 몰수보전명령의 등본은 부동산의 소유자(명의인이 다른 경우 명의인을 포함한다)에게 송달하여야 한다.
③ 부동산에 대한 몰수보전명령의 집행은 몰수보전등기를 하는 방법에 의하여 한다.
④ 제3항의 등기는 검사가 촉탁한다.
⑤ 부동산에 대한 몰수보전의 효력은 몰수보전등기가 된 때에 발생한다.
⑥ 부동산에 대하여 등기청구권을 보전하기 위한 처분금지가처분의 등기가 된 후 몰수보전등기가 된 경우에 그 가처분채권자가 보전하려는 등기청구권에 기한 등기를 할 때에는 몰수보전등기에 의한 처분의 제한은 그 가처분등기에 기한 권리의 취득 또는 소멸에 영향을 미치지 아니한다.
⑦ 「민사집행법」 제83조제2항·제94조제2항 및 제95조의 규정은 부동산의 몰수보전에 관하여 이를 준용한다. 이 경우 같은 법 제83조제2항 중 "채무자"는 "몰수보전재산을 가진 자"로, 제94조제2항 중 "제1항" 및 제95조 중 "제94조"는 "「불법정치자금 등의 몰수에 관한 특례법」 제26조제4항"으로, 제95조 중 "법원"은 "검사"로 본다.

제27조【선박 등의 몰수보전】 등기할 수 있는 선박, 「항공안전법」에 의하여 등록된 항공기, 「자동차관리법」에 의하여 등록된 자동차, 「건설기계관리법」에 의하여 등록된 건설기계의 몰수보전에 관하여는 부동산에 대한 몰수보전의 예에 의한다.(2016.3.29 본조개정)

제28조【동산의 몰수보전】 ① 동산(제27조에 규정된 것 외의 것을 말한다. 이하 이 조에서 같다)의 몰수보전은 그 처분을 금지하는 취지의 몰수보전명령에 의하여 한다.
② 제1항의 몰수보전명령의 등본은 동산의 소유자(명의인이 다른 경우 명의인을 포함한다. 이하 이 조에서 같다)에게 송달하여야 한다.
③ 「형사소송법」의 규정에 의하여 압수되지 아니한 동산 또는 같은 법 제130조제1항의 규정에 의하여 간수자를 두거나 소유자 또는 적당한 자에게 보관하게 할 수 있는 동산에 관하여 몰수보전명령이 있는 때에는 검사는 공시서를 첨부시키거나 그 밖의 상당한 방법으로 그 취지를 공시하는 조치를 하여야 한다.
④ 동산의 몰수보전의 효력은 몰수보전명령의 등본이 소유자에게 송달된 때에 발생한다.

제29조【채권의 몰수보전】 ① 채권의 몰수보전은 채권자(명의인이 다른 경우 명의인을 포함한다. 이하 이 조에서 같다)에게는 채권의 처분과 영수를 금하고, 채무자에게는 채권자에 대한 지급을 금하는 취지의 몰수보전명령에 의하여 한다.
② 제1항의 몰수보전명령의 등본은 채권자 및 채무자에게 송달하여야 한다.
③ 채권의 몰수보전의 효력은 몰수보전명령의 등본이 채무자에게 송달된 때에 발생한다.
④ 「민사집행법」 제228조, 제248조제1항 및 제4항 본문의 규정은 채권의 몰수보전에 관하여 이를 준용한다. 이 경우 같은 법 제228조제1항 중 "압류"는 "몰수보전"으로, "채권자"는 "검사"로, 제228조제1항 및 제2항 중 "압류명령" 및 제248조제1항 중 "압류"는 각각 "몰수보전명령"으로, 제248조제1항 및 제4항 본문 중 "제3채무자"는 각각 "채무자"로, 같은 조 제4항 중 "법원"은 "몰수보전명령을 발한 법원"으로 본다.

제30조【기타재산권의 몰수보전】 ① 제26조 내지 제29조에 규정된 재산외의 재산권(이하 이 조에서 "기타재산권"이라 한다)의 몰수보전에 관하여는 이 조에 특별히 정한 사항을 제외하고는 채권의 몰수보전의 예에 의한다.
② 기타재산권 중 채무자 또는 이에 준하는 자가 없는 경우(제3항의 경우를 제외한다) 몰수보전의 효력은 몰수보전명령이 그 권리자에게 송달된 때에 발생한다.

③ 제26조제3항 내지 제6항과 「민사집행법」 제94조제2항 및 제95조의 규정은 기타 재산권 중 권리의 이전에 등기 등을 요하는 경우에 이를 준용한다. 이 경우 같은 법 제94조제2항 중 "제1항" 및 제95조 중 "제94조"는 각각 "「불법정치자금 등의 몰수에 관한 특례법」 제30조제3항에서 준용하는 제26조제4항"으로, 제95조 중 "법원"은 "검사"로 본다.

제31조【몰수보전명령의 취소】 ① 법원은 몰수보전의 이유 또는 필요가 없어지거나 몰수보전의 기간이 부당하게 길어진 때에는 검사나 몰수보전재산을 가진 자(그 사람이 피고인 또는 피의자인 경우에는 그 변호인을 포함한다)의 청구 또는 직권에 의한 결정으로 몰수보전명령을 취소하여야 한다.

② 법원은 검사의 청구에 의한 경우를 제외하고는 제1항의 결정을 할 때 검사의 의견을 들어야 한다.

제32조【몰수보전명령의 실효】 ① 몰수보전명령은 몰수선고가 없는 재판(「형사소송법」 제327조제2호의 규정에 의한 경우를 제외한다)이 확정된 때에는 그 효력을 잃는다.

② 「형사소송법」 제327조제2호의 규정에 의한 공소기각의 재판이 있은 경우 공소기각의 재판이 확정된 날부터 30일 이내에 그 사건에 대하여 공소가 제기되지 아니할 때에는 몰수보전명령은 그 효력을 잃는다.

제33조【실효 등 경우의 조치】 검사는 몰수보전이 실효된 때에는 지체없이 몰수보전등기 등에 대한 말소촉탁을 하고, 공시서의 제거 그 밖의 필요한 조치를 하여야 한다.

제34조【몰수보전재산에 대한 강제집행절차의 제한】 ① 몰수보전이 된 후에 그 몰수보전의 대상이 된 부동산 또는 제27조에 규정된 선박·항공기·자동차 또는 건설기계에 대하여 강제경매개시결정이 된 경우 또는 그 몰수보전의 대상이 된 유체동산에 대하여 강제집행에 의한 압류가 된 경우에는 강제집행에 의한 환가절차는 몰수보전이 실효된 후가 아니면 이를 진행할 수 없다.

② 몰수보전된 채권에 대하여 강제집행에 의한 압류명령이 발하여진 경우 그 압류채권자는 압류된 채권 중 몰수보전된 부분에 대하여 몰수보전이 실효되지 아니하면 채권을 영수할 수 없다.

③ 제1항의 규정은 몰수보전이 된 후에 강제집행에 의하여 압류된 채권이 조건부 또는 기한부이거나 반대이행과 관련되어 있거나 그 밖의 사유로 추심하기 곤란한 경우에 이를 준용한다.

④ 몰수보전된 그 밖의 재산권(「민사집행법」 제251조제1항에 규정된 그 밖의 재산권을 말한다)에 대한 강제집행에 관하여는 몰수보전된 채권에 대한 강제집행의 예에 의한다.

제35조【제3채무자의 공탁】 ① 금전의 지급을 목적으로 하는 채권(이하 "금전채권"이라 한다)의 채무자(이하 "제3채무자"라 한다)는 당해 채권이 몰수보전된 후에 그 몰수보전의 대상이 된 채권에 대하여 강제집행에 의한 압류명령의 송달을 받은 때에는 그 채권의 전액을 채무이행지의 지방법원 또는 지원에 공탁할 수 있다.

② 제3채무자가 제1항의 규정에 의한 공탁을 한 때에는 그 사유를 몰수보전명령을 발한 법원 및 압류명령을 발한 법원에 신고하여야 한다.

③ 제1항의 규정에 의하여 공탁된 경우 집행법원은 공탁된 금원 중에서 몰수보전된 금전채권의 금액에 상당하는 부분에 관하여는 몰수보전이 실효된 때, 그 나머지 부분에 관하여는 공탁된 때 배당절차를 개시하거나 변제금의 교부를 실시한다.

④ 제1항 및 제2항의 규정은 강제집행에 의하여 압류된 금전채권에 관하여 몰수보전이 된 경우 제3채무자의 공탁에 관하여 이를 준용한다.

⑤ 제1항(제4항에서 준용하는 경우를 포함한다)의 규정에 의하여 공탁된 경우 「민사집행법」 제247조의 규정을 적용함에 있어서 동조제1항제1호중 "제248조제4항"은 "「불법정치자금 등의 몰수에 관한 특례법」 제35조제1항(동조제4항에서 준용하는 경우를 포함한다)"으로 본다.

제36조【강제집행의 대상이 된 재산의 몰수제한】 ① 몰수보전되기 전에 강제경매개시결정 또는 강제집행에 의하여 압류된 재산에 대하여는 몰수재판을 할 수 없다. 다만, 압류채권자의 채권이 가장된 것일 때, 압류채권자가 몰수대상재산이라는 사실을 알면서 강제집행을 신청한 때 또는 압류채권자가 범인일 때에는 그러하지 아니하다.

② 몰수대상재산 위에 존재하는 지상권 그 밖의 권리로서 부대보전명령에 의하여 처분이 금지된 것에 대하여 그 처분금지 전에 강제경매개시결정 또는 강제집행에 의하여 압류된 경우에 그 재산을 몰수할 때에는 그 권리를 존속시키고 몰수한다는 취지를 선고하여야 한다. 다만, 압류채권자의 채권이 가장된 것일 때, 압류채권자가 몰수에 의하여 그 권리가 소멸된다는 사실을 알면서 강제집행을 신청한 때 또는 압류채권자가 범인일 때에는 그러하지 아니하다.

제37조【강제집행의 정지】 ① 법원은 강제경매개시결정 또는 강제집행에 의하여 압류된 재산에 관하여 몰수보전명령을 발한 경우 또는 발하고자 하는 경우 제36조제1항 단서에 규정된 사유가 있다고 판단할만한 상당한 이유가 있다고 인정되는 때에는 검사의 청구 또는 직권에 의한 결정으로 강제집행의 정지를 명할 수 있다.

② 집행법원은 검사가 제1항의 결정등본을 집행법원에 제출한 때에는 강제집행을 정지하여야 한다. 이 경우 「민사집행법」의 규정을 적용함에 있어서 같은 법 제49조제2호의 서류가 제출된 것으로 본다.

③ 법원은 몰수보전이 실효된 때, 제1항의 이유가 없어진 때 또는 강제집행정지기간이 부당하게 길어진 때에는 검사나 압류채권자의 청구에 의하여 또는 직권으로 제1항의 결정을 취소하여야 한다. 이 경우 제31조제2항의 규정을 준용한다.

제38조【담보권의 실행을 위한 경매절차와의 조정】 ① 몰수보전재산 위에 존재하는 담보권이 몰수보전된 후에 성립되거나 부대보전명령에 의하여 처분이 금지된 경우 그 담보권의 실행(압류를 제외한다)은 몰수보전 또는 부대보전명령에 의한 처분금지가 실효되지 아니하면 이를 할 수 없다.

② 담보권의 실행을 위한 경매절차가 개시된 후 그 담보권에 관하여 부대보전명령이 발하여진 경우 검사가 그 명령의 등본을 제출한 때에는 집행법원은 그 절차를 정지하여야 한다. 이 경우 「민사집행법」의 규정을 적용함에 있어서는 같은 법 제266조제1항제5호(같은 법 제269조 및 제272조에서 준용하는 경우를 포함한다)의 문서가 제출된 것으로 본다.

제39조【그 밖의 절차와의 조정】 ① 제34조의 규정은 몰수보전된 재산이 체납처분(「국세징수법」 및 「지방세징수법」의 규정 또는 그 예에 의하는 각종 징수절차를 말한다. 이하 같다)에 의하여 압류된 경우, 몰수보전된 재산을 가진 자에 대하여 파산선고 또는 화의개시결정(이하 "파산선고등"이라 한다)이 있는 경우 또는 몰수보전된 재산을 가진 회사에 대하여 정리절차개시결정이 있는 경우 그 절차의 제한에 관하여 이를 준용한다.(2016.12.27 본항개정)

② 제35조의 규정은 몰수보전된 금전채권에 대하여 체납처분에 의한 압류가 있는 경우 또는 체납처분에 의하여 압류된 금전채권에 대하여 몰수보전이 있는 경우 제3채무자의 공탁에 관하여 이를 준용한다.

③ 제35조제1항 및 제2항의 규정은 몰수보전된 금전채권에 대하여 가압류가 있는 경우 또는 가압류된 금전채권에 대하여 몰수보전이 있는 경우에 제3채무자의 공탁에 관하여 이를 준용한다.

④ 제36조의 규정은 몰수보전이 되기 전 그 몰수보전의 대상이 된 재산에 대하여 가압류가 있는 경우 또는 몰수대상

재산 위에 존재하는 지상권 그 밖의 권리로서 부대보전명령에 의하여 처분이 금지된 것에 대하여 그 처분금지 전에 가압류가 있는 경우 그 재산의 몰수제한에 관하여 이를 준용한다.
⑤ 제36조제1항 본문의 규정은 몰수보전이 되기 전 그 몰수보전의 대상이 된 재산에 대하여 체납처분에 의한 압류가 있는 경우, 몰수보전이 되기 전 그 몰수보전의 대상이 된 재산을 가진 자에 대하여 파산선고등이 있는 경우 또는 몰수보전이 되기 전 그 몰수보전의 대상이 된 재산을 가진 회사에 대하여 정리절차개시결정이 있는 경우 그 재산의 몰수제한에 관하여 이를 준용한다.
⑥ 제36조제2항 본문의 규정은 몰수대상재산 위에 존재하는 지상권 그 밖의 권리로서 부대보전명령에 의하여 처분이 금지된 것에 관하여 그 처분금지 전에 체납처분에 의한 압류가 있는 경우, 몰수대상재산 위에 존재하는 지상권 그 밖의 권리로서 부대보전명령에 의하여 처분이 금지된 권리의 권리자에 대하여 그 처분금지 전에 파산선고등이 있는 경우 또는 몰수대상재산 위에 존재하는 지상권 그 밖의 권리로서 부대보전명령에 의하여 처분이 금지된 권리를 가진 회사에 대하여 그 처분금지 전에 정리절차개시결정이 있는 경우 그 재산의 몰수제한에 관하여 이를 준용한다.
⑦ 제37조의 규정은 가압류된 재산에 대하여 몰수보전명령을 발한 경우 또는 발하고자 하는 경우에 강제집행정지에 관하여 이를 준용한다.

제40조【부대보전명령의 효력 등】 ① 부대보전명령은 그 명령에 관계된 몰수보전의 효력이 존속하는 동안 그 효력이 있다.
② 부대보전명령에 의한 처분금지에 관하여는 이 법에 특별한 규정이 있는 경우를 제외하고는 몰수보전에 관한 규정을 준용한다.

제2절 추징보전

제41조【추징보전명령】 ① 법원은 제2조제1호에 규정된 죄에 관련된 피고인에 대한 형사사건에 관하여 제6조의 규정에 의하여 추징하여야 할 경우에 해당한다고 판단할 만한 상당한 이유가 있는 경우에 추징재판을 집행할 수 없게 될 염려가 있거나 집행이 현저히 곤란할 염려가 있다고 인정될 때에는 검사의 청구에 의하여 또는 직권으로 추징보전명령을 발하여 피고인에 대하여 재산의 처분을 금지할 수 있다.
② 추징보전명령은 추징재판의 집행을 위하여 보전하는 것이 상당하다고 인정되는 금액(이하 "추징보전액"이라 한다)을 정하여 특정재산에 대하여 발하여야 한다. 다만, 유체동산에 관하여는 그 목적물을 특정하지 아니할 수 있다.
③ 추징보전명령에는 추징보전명령의 집행정지나 집행처분의 취소를 위하여 피고인이 공탁하여야 할 금원(이하 "추징보전해방금"이라 한다)의 금액을 정하여야 한다.
④ 추징보전명령서에는 피고인의 성명, 죄명, 공소사실의 요지, 추징의 근거가 되는 법령의 조항, 추징보전액, 처분을 금지하는 재산의 표시, 추징보전해방금의 금액, 발부연월일 그 밖에 대법원규칙에서 정하는 사항을 기재하고 재판한 법관이 서명날인하여야 한다.
⑤ 제22조제4항의 규정은 추징보전에 관하여 이를 준용한다.

제42조【기소 전 추징보전명령】 ① 검사는 제41조제1항의 이유와 필요가 있다고 인정되는 경우에는 공소가 제기되기 전이라도 지방법원판사에게 청구하여 동조동항에 규정된 처분을 받을 수 있다.
② 제23조제3항 및 제4항의 규정은 제1항의 규정에 의한 추징보전에 관하여 이를 준용한다.

제43조【추징보전명령의 집행】 ① 추징보전명령은 검사의 명령에 의하여 집행한다. 이 경우 검사의 명령은 「민사집행법」의 규정에 의한 가압류명령과 동일한 효력을 가진다.
② 추징보전명령의 집행은 추징보전명령의 등본이 피고인 또는 피의자에게 송달되기 전에도 할 수 있다.
③ 추징보전명령의 집행에 관하여는 이 법에 특별한 규정이 있는 경우를 제외하고는 「민사집행법」 그 밖에 가압류집행의 절차에 관한 법령의 규정을 준용한다. 이 경우 법령의 규정에 의하여 가압류명령을 발한 법원이 가압류 집행법원으로서 관할하도록 되어 있는 가압류의 집행에 관하여는 제1항의 규정에 의한 명령을 발한 검사가 소속하는 검찰청 또는 고위공직자범죄수사처에 대응하는 법원이 관할한다. (2021.1.5 후단개정)

제44조【금전채권 채무자의 공탁】 추징보전명령에 기하여 추징보전집행된 금전채권의 채무자는 그 채권액에 상당한 금원을 공탁할 수 있다. 이 경우 채권자의 공탁금출급청구권에 대하여 추징보전집행이 된 것으로 본다.

제45조【추징보전해방금의 공탁과 추징 등의 재판의 집행】 ① 추징보전해방금이 공탁된 후에 추징재판이 확정된 때 또는 가납재판이 선고된 때에는 공탁된 금액의 범위안에서 추징 또는 가납재판의 집행이 있은 것으로 본다.
② 추징선고된 경우에 공탁된 추징보전해방금이 추징금액을 초과하는 때에는 그 초과액은 피고인에게 환부하여야 한다.

제46조【추징보전명령의 취소】 법원은 추징보전의 이유 또는 필요가 없게 되거나 추징보전기간이 부당하게 길어진 때에는 검사, 피고인·피의자나 그 변호인의 청구 또는 직권에 의한 결정으로 추징보전명령을 취소하여야 한다. 이 경우 제31조제2항의 규정을 준용한다.

제47조【추징보전명령의 실효】 ① 추징보전명령은 추징선고가 없는 재판(「형사소송법」 제327조제2호의 규정에 의한 경우를 제외한다)이 확정된 때에는 그 효력을 잃는다.
② 「형사소송법」 제327조제2호의 규정에 의한 공소기각의 재판이 있은 경우 추징보전명령의 효력에 관하여는 제32조제2항의 규정을 준용한다.

제48조【추징보전명령이 실효된 경우의 조치】 검사는 추징보전명령이 실효되거나 추징보전해방금이 공탁된 경우 신속하게 제43조제1항의 규정에 의한 명령을 취소함과 동시에 추징보전명령에 기한 추징보전집행의 정지 또는 취소를 위하여 필요한 조치를 하여야 한다.

제3절 보 칙

제49조【송달】 몰수보전 또는 추징보전(추징보전명령에 기한 추징보전집행을 제외한다. 이하 이 절에서 같다)에 관한 서류의 송달에 관하여는 대법원규칙에 특별히 정한 경우를 제외하고는 민사소송에 관한 법령의 규정을 준용한다. 이 경우 「민사소송법」 제194조제1항에 규정된 공시송달의 효력발생시기는 같은 법 제196조제1항 본문 및 제2항의 규정에 불구하고 7일로 한다.

제50조【상소제기기간 중의 처분 등】 상소제기기간 내의 사건으로 아직 상소가 제기되지 아니한 사건과 상소하였으나 소송기록이 상소법원에 도달하지 아니한 사건에 관하여 몰수보전 또는 추징보전에 관한 처분을 하여야 할 경우에는 원심법원이 그 처분을 하여야 한다.

제51조【불복신청】 ① 몰수보전 또는 추징보전에 관한 법원의 결정에 대하여는 항고할 수 있다.
② 몰수보전 또는 추징보전에 관한 법관의 재판에 불복이 있는 경우 그 법관이 소속한 법원에 그 재판의 취소 또는 변경을 청구할 수 있다.
③ 제2항의 규정에 의한 불복신청의 절차에 관하여는 「형사소송법」 제416조제1항에서 규정한 재판의 취소 또는 변경의 청구에 관련된 절차규정을 준용한다.

부 칙

① 【시행일】 이 법은 공포한 날부터 시행한다.
② 【몰수·추징보전에 관한 경과조치】 제5장의 규정은 이 법 시행 전에 행한 범죄로 취득한 불법정치자금등에 대하여도 적용한다. 이 경우 제22조제1항 중 "이 법"은 "「정치자금법」 제45조제3항 전단, 「형법」 제134조 전단, 「특정범죄가중처벌 등에 관한 법률」 제13조 전단, 「부패방지법」 제50조제3항 중 몰수부분"으로, 제41조제1항 중 "제6조"는 "「정치자금법」 제45조제3항 후단, 「형법」 제134조 후단, 「특정범죄가중처벌 등에 관한 법률」 제13조 후단, 「부패방지법」 제50조제3항 중 추징부분"으로 각각 본다.

부 칙 (2016.3.29)

제1조【시행일】 이 법은 공포 후 1년이 경과한 날부터 시행한다.(이하 생략)

부 칙 (2016.12.27)

제1조【시행일】 이 법은 공포 후 3개월이 경과한 날부터 시행한다.(이하 생략)

부 칙 (2017.10.31)
(2021.1.5)

이 법은 공포한 날부터 시행한다.

부 칙 (2021.5.18)

제1조【시행일】 이 법은 공포 후 1년이 경과한 날부터 시행한다.(이하 생략)

헌법재판소법

(1988년 8월 5일
법 률 제4017호)

개정
1991.11.30법 4408호 <중략>
2002. 1.19법 6622호(국가공무원)
2002. 1.26법 6626호(민사소송법)
2003. 3.12법 6861호
2005. 3.31법 7427호(민법)
2005. 7.29법 7622호 2007.12.21법 8729호
2008. 3.14법 8893호 2009.12.29법 9839호
2010. 5. 4법10278호 2011. 4. 5법10546호
2012.12.11법11530호(국가공무원)
2014. 5.20법12597호 2014.12.30법12897호
2018. 3.20법15495호 2020. 6. 9법17469호
2022. 2. 3법18836호 2025. 1.31법20769호

제1장 총 칙

(2011.4.5 본장개정)

제1조【목적】 이 법은 헌법재판소의 조직 및 운영과 그 심판절차에 관하여 필요한 사항을 정함을 목적으로 한다.
제2조【관장사항】 헌법재판소는 다음 각 호의 사항을 관장한다.
1. 법원의 제청(提請)에 의한 법률의 위헌(違憲) 여부 심판
2. 탄핵(彈劾)의 심판
3. 정당의 해산심판
4. 국가기관 상호간, 국가기관과 지방자치단체 간 및 지방자치단체 상호간의 권한쟁의(權限爭議)에 관한 심판
5. 헌법소원(憲法訴願)에 관한 심판

제3조【구성】 헌법재판소는 9명의 재판관으로 구성한다.
제4조【재판관의 독립】 재판관은 헌법과 법률에 의하여 양심에 따라 독립하여 심판한다.
제5조【재판관의 자격】 ① 재판관은 다음 각 호의 어느 하나에 해당하는 직(職)에 15년 이상 있던 40세 이상인 사람 중에서 임명한다. 다만, 다음 각 호 중 둘 이상의 직에 있던 사람의 재직기간은 합산한다.
1. 판사, 검사, 변호사
2. 변호사 자격이 있는 사람으로서 국가기관, 국영·공영 기업체, 「공공기관의 운영에 관한 법률」 제4조에 따른 공공기관 또는 그 밖의 법인에서 법률에 관한 사무에 종사한 사람
3. 변호사 자격이 있는 사람으로서 공인된 대학의 법률학 조교수 이상의 직에 있던 사람

② 다음 각 호의 어느 하나에 해당하는 사람은 재판관으로 임명할 수 없다.
1. 다른 법령에 따라 공무원으로 임용하지 못하는 사람
2. 금고 이상의 형을 선고받은 사람
3. 탄핵에 의하여 파면된 후 5년이 지나지 아니한 사람
4. 「정당법」 제22조에 따른 정당의 당원 또는 당원의 신분을 상실한 날부터 3년이 경과되지 아니한 사람

5. 「공직선거법」 제2조에 따른 선거에 후보자(예비후보자를 포함한다)로 등록한 날부터 5년이 경과되지 아니한 사람
6. 「공직선거법」 제2조에 따른 대통령선거에서 후보자의 당선을 위하여 자문이나 고문의 역할을 한 날부터 3년이 경과되지 아니한 사람
(2020.6.9 4호~6호신설)
③ 제2항제6호에 따른 자문이나 고문의 역할을 한 사람의 구체적인 범위는 헌법재판소규칙으로 정한다.(2020.6.9 본항신설)
제6조【재판관의 임명】 ① 재판관은 대통령이 임명한다. 이 경우 재판관 중 3명은 국회에서 선출하는 사람을, 3명은 대법원장이 지명하는 사람을 임명한다.
② 재판관은 국회의 인사청문을 거쳐 임명·선출 또는 지명하여야 한다. 이 경우 대통령은 재판관(국회에서 선출하거나 대법원장이 지명하는 사람은 제외한다)을 임명하기 전에, 대법원장은 재판관을 지명하기 전에 인사청문을 요청한다.
③ 재판관의 임기가 만료되거나 정년이 도래하는 경우에는 임기만료일 또는 정년도래일까지 후임자를 임명하여야 한다.
④ 임기 중 재판관이 결원된 경우에는 결원된 날부터 30일 이내에 후임자를 임명하여야 한다.
⑤ 제3항 및 제4항에도 불구하고 국회에서 선출한 재판관이 국회의 폐회 또는 휴회 중에 그 임기가 만료되거나 정년이 도래한 경우 또는 결원된 경우에는 국회는 다음 집회가 개시된 후 30일 이내에 후임자를 선출하여야 한다.
제7조【재판관의 임기】 ① 재판관의 임기는 6년으로 하며, 연임할 수 있다.
② 재판관의 정년은 70세로 한다.(2014.12.30 본항개정)
제8조【재판관의 신분 보장】 재판관은 다음 각 호의 어느 하나에 해당하는 경우가 아니면 그 의사에 반하여 해임되지 아니한다.
1. 탄핵결정이 된 경우
2. 금고 이상의 형을 선고받은 경우
제9조【재판관의 정치 관여 금지】 재판관은 정당에 가입하거나 정치에 관여할 수 없다.
제10조【규칙 제정권】 ① 헌법재판소는 이 법과 다른 법률에 저촉되지 아니하는 범위에서 심판에 관한 절차, 내부 규율과 사무처리에 관한 규칙을 제정할 수 있다.
② 헌법재판소규칙은 관보에 게재하여 공포한다.
제10조의2【입법 의견의 제출】 헌법재판소장은 헌법재판소의 조직, 인사, 운영, 심판절차와 그 밖에 헌법재판소의 업무와 관련된 법률의 제정 또는 개정이 필요하다고 인정하는 경우에는 국회에 서면으로 그 의견을 제출할 수 있다.
제11조【경비】 ① 헌법재판소의 경비는 독립하여 국가의 예산에 계상(計上)하여야 한다.
② 제1항의 경비 중에는 예비금을 둔다.

제2장 조 직
(2011.4.5 본장제목개정)

제12조【헌법재판소장】 ① 헌법재판소에 헌법재판소장을 둔다.
② 헌법재판소장은 국회의 동의를 받아 재판관 중에서 대통령이 임명한다.
③ 헌법재판소장은 헌법재판소를 대표하고, 헌법재판소의 사무를 총괄하며, 소속 공무원을 지휘·감독한다.
④ (2025.1.31 삭제)
(2011.4.5 본조개정)
제12조의2【헌법재판소장의 권한대행】 ① 헌법재판소장이 일시적인 사고로 인하여 직무를 수행할 수 없을 때에는 재판관 중 임명일자 순으로 그 권한을 대행한다. 다만, 임명일자가 같을 때에는 연장자 순으로 대행한다.
② 헌법재판소장이 궐위(闕位)되거나 1개월 이상 사고로 인하여 직무를 수행할 수 없을 때에는 재판관 중 재판관회의에서 선출된 사람이 그 권한을 대행한다. 다만, 그 권한대행자가 선출될 때까지는 제1항에 해당하는 사람이 권한을 대행한다.
③ 제2항 단서의 권한대행자는 제2항의 사유가 생긴 날부터 7일 이내에 제2항 본문의 권한대행자를 선출하기 위한 재판관회의를 소집하여야 한다.
④ 제2항 본문의 권한대행자는 재판관 전원의 3분의 2를 초과하는 인원의 출석과 출석인원 과반수의 찬성으로 선출한다. 다만, 1차 투표결과 피선자(被選者)가 없을 때에는 최고득표자와 차점자에 대하여 결선투표를 하여 그 중 다수득표자를 피선자로 하되, 다수득표자가 2명 이상일 때에는 연장자를 피선자로 한다.
(2025.1.31 본조신설)
제13조 (1991.11.30 삭제)
제14조【재판관의 겸직 금지】 재판관은 다음 각 호의 어느 하나에 해당하는 직을 겸하거나 영리를 목적으로 하는 사업을 할 수 없다.
1. 국회 또는 지방의회의 의원의 직
2. 국회·정부 또는 법원의 공무원의 직
3. 법인·단체 등의 고문·임원 또는 직원의 직
(2011.4.5 본조개정)
제15조【헌법재판소장 등의 대우】 헌법재판소장의 대우와 보수는 대법원장의 예에 따르며, 재판관은 정무직(政務職)으로 하고 그 대우와 보수는 대법관의 예에 따른다.(2011.4.5 본조개정)
제16조【재판관회의】 ① 재판관회의는 재판관 전원으로 구성하며, 헌법재판소장이 의장이 된다.
② 재판관회의는 재판관 전원의 3분의 2를 초과하는 인원의 출석과 출석인원 과반수의 찬성으로 의결한다.(2022.2.3 본항개정)
③ 의장은 의결에서 표결권을 가진다.
④ 다음 각 호의 사항은 재판관회의의 의결을 거쳐야 한다.
1. 헌법재판소규칙의 제정과 개정, 제10조의2에 따른 입법 의견의 제출에 관한 사항
2. 예산 요구, 예비금 지출과 결산에 관한 사항
3. 사무처장, 사무차장, 헌법재판연구원장, 헌법연구관 및 3급 이상 공무원의 임면(任免)에 관한 사항
4. 특히 중요하다고 인정되는 사항으로서 헌법재판소장이 재판관회의에 부치는 사항
⑤ 재판관회의의 운영에 필요한 사항은 헌법재판소규칙으로 정한다.
(2011.4.5 본조개정)
제17조【사무처】 ① 헌법재판소의 행정사무를 처리하기 위하여 헌법재판소에 사무처를 둔다.
② 사무처에 사무처장과 사무차장을 둔다.
③ 사무처장은 헌법재판소장의 지휘를 받아 사무처의 사무를 관장하며, 소속 공무원을 지휘·감독한다.
④ 사무처장은 국회 또는 국무회의에 출석하여 헌법재판소의 행정에 관하여 발언할 수 있다.
⑤ 헌법재판소장이 한 처분에 대한 행정소송의 피고는 헌법재판소 사무처장으로 한다.
⑥ 사무차장은 사무처장을 보좌하며, 사무처장이 부득이한 사유로 직무를 수행할 수 없을 때에는 그 직무를 대행한다.
⑦ 사무처에 실, 국, 과를 둔다.
⑧ 실에는 실장, 국에는 국장, 과에는 과장을 두며, 사무처장·사무차장·실장 또는 국장 밑에 정책의 기획, 계획의 입안, 연구·조사, 심사·평가 및 홍보업무를 보좌하는 심의관 또는 담당관을 둘 수 있다.
⑨ 이 법에 규정되지 아니한 사항으로서 사무처의 조직, 직무 범위, 사무처에 두는 공무원의 정원, 그 밖에 필요한 사항은 헌법재판소규칙으로 정한다.
(2011.4.5 본조개정)

제18조【사무처 공무원】 ① 사무처장은 정무직으로 하고, 보수는 국무위원의 보수와 같은 금액으로 한다.
② 사무차장은 정무직으로 하고, 보수는 차관의 보수와 같은 금액으로 한다.
③ 실장은 1급 또는 2급, 국장은 2급 또는 3급, 심의관 및 담당관은 2급부터 4급까지, 과장은 3급 또는 4급의 일반직국가공무원으로 임명한다. 다만, 담당관 중 1명은 3급 상당 또는 4급 상당의 별정직국가공무원으로 임명할 수 있다.
④ 사무처 공무원은 헌법재판소장이 임면한다. 다만, 3급 이상의 공무원의 경우에는 재판관회의의 의결을 거쳐야 한다.
⑤ 헌법재판소장은 다른 국가기관에 대하여 그 소속 공무원을 사무처 공무원으로 근무하게 하기 위하여 헌법재판소에의 파견근무를 요청할 수 있다.
(2011.4.5 본조개정)

제19조【헌법연구관】 ① 헌법재판소에 헌법재판소규칙으로 정하는 수의 헌법연구관을 둔다.
② 헌법연구관은 특정직국가공무원으로 한다.
③ 헌법연구관은 헌법재판소장의 명을 받아 사건의 심리(審理) 및 심판에 관한 조사·연구에 종사한다.
④ 헌법연구관은 다음 각 호의 어느 하나에 해당하는 사람 중에서 헌법재판소장이 재판관회의의 의결을 거쳐 임용한다.
1. 판사·검사 또는 변호사의 자격이 있는 사람
2. 공인된 대학의 법률학 조교수 이상의 직에 있던 사람
3. 국회, 정부 또는 법원 등 국가기관에서 4급 이상의 공무원으로서 5년 이상 법률에 관한 사무에 종사한 사람
4. 법률학에 관한 박사학위 소지자로서 국회, 정부, 법원 또는 헌법재판소 등 국가기관에서 5년 이상 법률에 관한 사무에 종사한 사람
5. 법률학에 관한 박사학위 소지자로서 헌법재판소규칙으로 정하는 대학 등 공인된 연구기관에서 5년 이상 법률에 관한 사무에 종사한 사람
⑤ (2003.3.12 삭제)
⑥ 다음 각 호의 어느 하나에 해당하는 사람은 헌법연구관으로 임용될 수 없다.
1. 「국가공무원법」 제33조 각 호의 어느 하나에 해당하는 사람
2. 금고 이상의 형을 선고받은 사람
3. 탄핵결정에 의하여 파면된 후 5년이 지나지 아니한 사람
⑦ 헌법연구관의 임기는 10년으로 하되, 연임할 수 있고, 정년은 60세로 한다.
⑧ 헌법연구관이 제6항 각 호의 어느 하나에 해당할 때에는 당연히 퇴직한다. 다만, 「국가공무원법」 제33조제5호에 해당할 때에는 그러하지 아니하다.
⑨ 헌법재판소장은 다른 국가기관에 대하여 그 소속 공무원을 헌법연구관으로 근무하게 하기 위하여 헌법재판소에의 파견근무를 요청할 수 있다.
⑩ 사무차장은 헌법연구관의 직을 겸할 수 있다.
⑪ 헌법재판소장은 헌법연구관을 사건의 심리 및 심판에 관한 조사·연구업무 외의 직에 임명하거나 그 직을 겸임하게 할 수 있다. 이 경우 헌법연구관의 수는 헌법재판소규칙으로 정하며, 보수는 그 중 고액의 것을 지급한다.(2014.12.30 전단개정)
(2011.4.5 본조개정)

제19조의2【헌법연구관보】 ① 헌법연구관을 신규임용하는 경우에는 3년간 헌법연구관보(憲法硏究官補)로 임용하여 근무하게 한 후 그 근무성적을 고려하여 헌법연구관으로 임용한다. 다만, 경력 및 업무능력 등을 고려하여 헌법재판소규칙으로 정하는 바에 따라 헌법연구관보 임용을 면제하거나 그 기간을 단축할 수 있다.
② 헌법연구관보는 헌법재판소장이 재판관회의의 의결을 거쳐 임용한다.
③ 헌법연구관보는 별정직국가공무원으로 하고, 그 보수와 승급기준은 헌법연구관의 예에 따른다.
④ 헌법연구관보가 근무성적이 불량한 경우에는 재판관회의의 의결을 거쳐 면직시킬 수 있다.
⑤ 헌법연구관보의 근무기간은 이 법 및 다른 법령에 규정된 헌법연구관의 재직기간에 산입한다.
(2011.4.5 본조개정)

제19조의3【헌법연구위원】 ① 헌법재판소에 헌법연구위원을 둘 수 있다. 헌법연구위원은 사건의 심리 및 심판에 관한 전문적인 조사·연구에 종사한다.
② 헌법연구위원은 3년 이내의 범위에서 기간을 정하여 임명한다.
③ 헌법연구위원은 2급 또는 3급 상당의 별정직공무원이나 「국가공무원법」 제26조의5에 따른 임기제공무원으로 하고, 그 직제 및 자격 등에 관하여는 헌법재판소규칙으로 정한다.
(2012.12.11 본항개정)
(2007.12.21 본조신설)

제19조의4【헌법재판연구원】 ① 헌법 및 헌법재판 연구와 헌법연구관, 사무처 공무원 등의 교육을 위하여 헌법재판소에 헌법재판연구원을 둔다.
② 헌법재판연구원의 정원은 원장 1명을 포함하여 40명 이내로 하고, 원장 밑에 부장, 팀장, 연구관 및 연구원을 둔다.
(2014.12.30 본항개정)
③ 원장은 헌법재판소장이 재판관회의의 의결을 거쳐 헌법연구관으로 보하거나 1급인 일반직국가공무원으로 임명한다.
(2014.12.30 본항신설)
④ 부장은 헌법연구관이나 2급 또는 3급 일반직공무원으로, 팀장은 헌법연구관이나 3급 또는 4급 일반직공무원으로 임명하고, 연구관 및 연구원은 헌법연구관 또는 일반직공무원으로 임명한다.(2014.12.30 본항개정)
⑤ 연구관 및 연구원은 다음 각 호의 어느 하나에 해당하는 사람 중에서 헌법재판소장이 보하거나 헌법재판연구원장의 제청을 받아 헌법재판소장이 임명한다.
1. 헌법연구관
2. 변호사의 자격이 있는 사람(외국의 변호사 자격을 포함한다)
3. 학사 또는 석사학위를 취득한 사람으로서 헌법재판소규칙으로 정하는 실적 또는 경력이 있는 사람
4. 박사학위를 취득한 사람
(2014.12.30 본항신설)
⑥ 그 밖에 헌법재판연구원의 조직과 운영에 필요한 사항은 헌법재판소규칙으로 정한다.(2014.12.30 본항신설)
(2011.4.5 본조개정)

제20조【헌법재판소장 비서실 등】 ① 헌법재판소에 헌법재판소장 비서실을 둔다.
② 헌법재판소장 비서실에 비서실장 1명을 두되, 비서실장은 1급 상당의 별정직국가공무원으로 임명하고, 헌법재판소장의 명을 받아 기밀에 관한 사무를 관장한다.
③ 제2항에 규정되지 아니한 사항으로서 헌법재판소장 비서실의 조직과 운영에 필요한 사항은 헌법재판소규칙으로 정한다.
④ 헌법재판소에 재판관 비서관을 둔다.
⑤ 재판관 비서관은 4급의 일반직국가공무원 또는 4급 상당의 별정직국가공무원으로 임명하며, 재판관의 명을 받아 기밀에 관한 사무를 관장한다.
(2011.4.5 본조개정)

제21조【서기 및 정리】 ① 헌법재판소에 서기(書記) 및 정리(廷吏)를 둔다.
② 헌법재판소장은 사무처 직원 중에서 서기 및 정리를 지명한다.

③ 서기는 재판장의 명을 받아 사건에 관한 서류의 작성·보관 또는 송달에 관한 사무를 담당한다.
④ 정리는 심판정(審判廷)의 질서유지와 그 밖에 재판장이 명하는 사무를 집행한다.
(2011.4.5 본조개정)

제3장 일반심판절차
(2011.4.5 본장개정)

제22조【재판부】 ① 이 법에 특별한 규정이 있는 경우를 제외하고는 헌법재판소의 심판은 재판관 전원으로 구성되는 재판부에서 관장한다.
② 재판부의 재판장은 헌법재판소장이 된다.
제23조【심판정족수】 ① 재판부는 재판관 7명 이상의 출석으로 사건을 심리한다.
② 재판부는 종국심리(終局審理)에 관여한 재판관 과반수의 찬성으로 사건에 관한 결정을 한다. 다만, 다음 각 호의 어느 하나에 해당하는 경우에는 재판관 6명 이상의 찬성이 있어야 한다.
1. 법률의 위헌결정, 탄핵의 결정, 정당해산의 결정 또는 헌법소원에 관한 인용결정(認容決定)을 하는 경우
2. 종전에 헌법재판소가 판시한 헌법 또는 법률의 해석 적용에 관한 의견을 변경하는 경우
제24조【제척·기피 및 회피】 ① 재판관이 다음 각 호의 어느 하나에 해당하는 경우에는 그 직무집행에서 제척(除斥)된다.
1. 재판관이 당사자이거나 당사자의 배우자 또는 배우자였던 경우
2. 재판관과 당사자가 친족관계이거나 친족관계였던 경우
3. 재판관이 사건에 관하여 증언이나 감정(鑑定)을 하는 경우
4. 재판관이 사건에 관하여 당사자의 대리인이 되거나 되었던 경우
5. 그 밖에 재판관이 헌법재판소 외에서 직무상 또는 직업상의 이유로 사건에 관여한 경우
② 재판부는 직권 또는 당사자의 신청에 의하여 제척의 결정을 한다.
③ 재판관에게 공정한 심판을 기대하기 어려운 사정이 있는 경우 당사자는 기피(忌避)신청을 할 수 있다. 다만, 변론기일(辯論期日)에 출석하여 본안(本案)에 관한 진술을 한 때에는 그러하지 아니하다.
④ 당사자는 동일한 사건에 대하여 2명 이상의 재판관을 기피할 수 없다.
⑤ 재판관은 제1항 또는 제3항의 사유가 있는 경우에는 재판장의 허가를 받아 회피(回避)할 수 있다.
⑥ 당사자의 제척 및 기피신청에 관한 심판에는 「민사소송법」 제44조, 제45조, 제46조제1항·제2항 및 제48조를 준용한다.
제25조【대표자·대리인】 ① 각종 심판절차에서 정부가 당사자(참가인을 포함한다. 이하 같다)인 경우에는 법무부장관이 이를 대표한다.
② 각종 심판절차에서 당사자인 국가기관 또는 지방자치단체는 변호사 또는 변호사의 자격이 있는 소속 직원을 대리인으로 선임하여 심판을 수행하게 할 수 있다.
③ 각종 심판절차에서 당사자인 사인(私人)은 변호사를 대리인으로 선임하지 아니하면 심판청구를 하거나 심판 수행을 하지 못한다. 다만, 그가 변호사의 자격이 있는 경우에는 그러하지 아니하다.
판례 변호사강제주의(제3항)를 채택하고 있는 것은 재판을 통한 기본권의 실질적 보장, 사법의 원활한 운영과 헌법재판의 질적 개선, 재판심리의 부담경감 및 효율화, 그리고 사법운영의 민주화를 도모하기 위한 것이다.(헌재결 1996.10.4, 95헌마70)
판례 변호사강제주의가 "무자력자의 헌법재판을 받을 권리"를 크게 제한하는 것이라 하여도 "국선대리인제도"라는 "대상조치"가 별도로 마련되어 있는 이상, 재판을 받을 권리의 "본질적 내용의 침해"라고는 볼 수 없다.(헌재결 1990.9.3, 89헌마120·212(병합))

제26조【심판청구의 방식】 ① 헌법재판소에의 심판청구는 심판절차별로 정하여진 청구서를 헌법재판소에 제출함으로써 한다. 다만, 위헌법률심판에서는 법원의 제청서, 탄핵심판에서는 국회의 소추의결서(訴追議決書)의 정본(正本)으로 청구서를 갈음한다.
② 청구서에는 필요한 증거서류 또는 참고자료를 첨부할 수 있다.
제27조【청구서의 송달】 ① 헌법재판소가 청구서를 접수한 때에는 지체 없이 그 등본을 피청구기관 또는 피청구인(이하 "피청구인"이라 한다)에게 송달하여야 한다.
② 위헌법률심판의 제청이 있으면 법무부장관 및 당해 소송사건의 당사자에게 그 제청서의 등본을 송달한다.
제28조【심판청구의 보정】 ① 재판장은 심판청구가 부적법하나 보정(補正)할 수 있다고 인정되는 경우에는 상당한 기간을 정하여 보정을 요구하여야 한다.
② 제1항에 따른 보정 서면에 관하여는 제27조제1항을 준용한다.
③ 제1항에 따른 보정이 있는 경우에는 처음부터 적법한 심판청구가 있은 것으로 본다.
④ 제1항에 따른 보정기간은 제38조의 심판기간에 산입하지 아니한다.
⑤ 재판장은 필요하다고 인정하는 경우에는 재판관 중 1명에게 제1항의 보정요구를 할 수 있는 권한을 부여할 수 있다.
제29조【답변서의 제출】 ① 청구서 또는 보정 서면을 송달받은 피청구인은 헌법재판소에 답변서를 제출할 수 있다.
② 답변서에는 심판청구의 취지와 이유에 대응하는 답변을 적는다.
제30조【심리의 방식】 ① 탄핵의 심판, 정당해산의 심판 및 권한쟁의의 심판은 구두변론에 의한다.
② 위헌법률의 심판과 헌법소원에 관한 심판은 서면심리에 의한다. 다만, 재판부는 필요하다고 인정하는 경우에는 변론을 열어 당사자, 이해관계인, 그 밖의 참고인의 진술을 들을 수 있다.
③ 재판부가 변론을 열 때에는 기일을 정하여 당사자와 관계인을 소환하여야 한다.
제31조【증거조사】 ① 재판부는 사건의 심리를 위하여 필요하다고 인정하는 경우에는 직권 또는 당사자의 신청에 의하여 다음 각 호의 증거조사를 할 수 있다.
1. 당사자 또는 증인을 신문(訊問)하는 일
2. 당사자 또는 관계인이 소지하는 문서·장부·물건 또는 그 밖의 증거자료의 제출을 요구하고 영치(領置)하는 일
3. 특별한 학식과 경험을 가진 자에게 감정을 명하는 일
4. 필요한 물건·사람·장소 또는 그 밖의 사물의 성상(性狀)이나 상황을 검증하는 일
② 재판장은 필요하다고 인정하는 경우에는 재판관 중 1명을 지정하여 제1항의 증거조사를 하게 할 수 있다.
제32조【자료제출 요구 등】 재판부는 결정으로 다른 국가기관 또는 공공단체의 기관에 심판에 필요한 사실을 조회하거나, 기록의 송부나 자료의 제출을 요구할 수 있다. 다만, 재판·소추 또는 범죄수사가 진행 중인 사건의 기록에 대하여는 송부를 요구할 수 없다.
제33조【심판의 장소】 심판의 변론과 종국결정의 선고는 심판정에서 한다. 다만, 헌법재판소장이 필요하다고 인정하는 경우에는 심판정 외의 장소에서 변론 또는 종국결정의 선고를 할 수 있다.
제34조【심판의 공개】 ① 심판의 변론과 결정의 선고는 공개한다. 다만, 서면심리와 평의(評議)는 공개하지 아니한다.
② 헌법재판소의 심판에 관하여는 「법원조직법」 제57조제1항 단서와 같은 조 제2항 및 제3항을 준용한다.
판례 탄핵심판절차에서 소수의견을 밝힐 수 있는지 여부 : 개별 재판관의 의견을 결정문에 표시하기 위해서는 평의의 비밀에 대해 예외

를 인정하는 특별규정이 있어야만 가능한데, 탄핵심판에 관해서는 평의의 비밀에 대한 예외를 인정하는 법률규정이 없으므로 탄핵심판사건에 관해서도 재판관의 개별적 의견 및 그 의견의 수 등을 결정문에 표시할 수는 없다.(헌재결 2004.5.14, 2004헌나1)

제35조【심판의 지휘와 법정경찰권】 ① 재판장은 심판정의 질서와 변론의 지휘 및 평의의 정리(整理)를 담당한다.
② 헌법재판소 심판정의 질서유지와 용어의 사용에 관하여는「법원조직법」제58조부터 제63조까지의 규정을 준용한다.

제36조【종국결정】 ① 재판부가 심리를 마쳤을 때에는 종국결정을 한다.
② 종국결정을 할 때에는 다음 각 호의 사항을 적은 결정서를 작성하고 심판에 관여한 재판관 전원이 이에 서명날인하여야 한다.
1. 사건번호와 사건명
2. 당사자와 심판수행자 또는 대리인의 표시
3. 주문(主文)
4. 이유
5. 결정일
③ 심판에 관여한 재판관은 결정서에 의견을 표시하여야 한다.
④ 종국결정이 선고되면 서기는 지체 없이 결정서 정본을 작성하여 당사자에게 송달하여야 한다.
⑤ 종국결정은 헌법재판소규칙으로 정하는 바에 따라 관보에 게재하거나 그 밖의 방법으로 공시한다.

제37조【심판비용 등】 ① 헌법재판소의 심판비용은 국가부담으로 한다. 다만, 당사자의 신청에 의한 증거조사의 비용은 헌법재판소규칙으로 정하는 바에 따라 그 신청인에게 부담시킬 수 있다.
② 헌법재판소는 헌법소원심판의 청구인에 대하여 헌법재판소규칙으로 정하는 공탁금의 납부를 명할 수 있다.
③ 헌법재판소는 다음 각 호의 어느 하나에 해당하는 경우에는 헌법재판소규칙으로 정하는 바에 따라 공탁금의 전부 또는 일부의 국고 귀속을 명할 수 있다.
1. 헌법소원의 심판청구를 각하하는 경우
2. 헌법소원의 심판청구를 기각하는 경우에 그 심판청구가 권리의 남용이라고 인정되는 경우

제38조【심판기간】 헌법재판소는 심판사건을 접수한 날부터 180일 이내에 종국결정의 선고를 하여야 한다. 다만, 재판관의 궐위로 7명의 출석이 불가능한 경우에는 그 궐위된 기간은 심판기간에 산입하지 아니한다.

제39조【일사부재리】 헌법재판소는 이미 심판을 거친 동일한 사건에 대하여는 다시 심판할 수 없다.

판례 이미 헌법재판소의 심판을 거친 종전 사건과 당사자와 심판대상은 동일하나 당해 사건이 다른 경우 일사부재리의 원칙이 적용되는지 여부 : 헌법재판소법 제68조 제2항에 의한 헌법소원에 있어서 당사자와 심판대상이 동일하더라도 당해 사건이 다른 경우에는 동일한 사건이 아니므로 일사부재리의 원칙이 적용되지 아니한다.
(헌재결 2006.5.25, 2003헌바115,2005헌바27(병합))

판례 헌법재판소의 결정에 대한 헌법소원의 적법여부 : 헌법재판소가 이미 행한 결정에 대해서는 이를 취소, 변경할 수 없으므로 이에 대한 헌법소원심판청구는 부적법하다.(헌재결 1989.7.24. 89헌마141)

제39조의2【심판확정기록의 열람·복사】 ① 누구든지 권리구제, 학술연구 또는 공익 목적으로 심판이 확정된 사건기록의 열람 또는 복사를 신청할 수 있다. 다만, 헌법재판소장은 다음 각 호의 어느 하나에 해당하는 경우에는 사건기록을 열람하거나 복사하는 것을 제한할 수 있다.
1. 변론이 비공개로 진행된 경우
2. 사건기록의 공개로 인하여 국가의 안전보장, 선량한 풍속, 공공의 질서유지나 공공복리를 현저히 침해할 우려가 있는 경우
3. 사건기록의 공개로 인하여 관계인의 명예, 사생활의 비밀, 영업비밀(「부정경쟁방지 및 영업비밀보호에 관한 법률」 제2조제2호에 규정된 영업비밀을 말한다) 또는 생명·신체의 안전이나 생활의 평온을 현저히 침해할 우려가 있는 경우
② 헌법재판소장은 제1항 단서에 따라 사건기록의 열람 또는 복사를 제한하는 경우에는 신청인에게 그 사유를 명시하여 통지하여야 한다.
③ 제1항에 따른 사건기록의 열람 또는 복사 등에 관하여 필요한 사항은 헌법재판소규칙으로 정한다.
④ 사건기록을 열람하거나 복사한 자는 열람 또는 복사를 통하여 알게 된 사항을 이용하여 공공의 질서 또는 선량한 풍속을 침해하거나 관계인의 명예 또는 생활의 평온을 훼손하는 행위를 하여서는 아니 된다.

제40조【준용규정】 ① 헌법재판소의 심판절차에 관하여는 이 법에 특별한 규정이 있는 경우를 제외하고는 헌법재판의 성질에 반하지 아니하는 한도에서 민사소송에 관한 법령을 준용한다. 이 경우 탄핵심판의 경우에는 형사소송에 관한 법령을 준용하고, 권한쟁의심판 및 헌법소원심판의 경우에는「행정소송법」을 함께 준용한다.
② 제1항 후단의 경우에 형사소송에 관한 법령 또는「행정소송법」이 민사소송에 관한 법령에 저촉될 때에는 민사소송에 관한 법령은 준용하지 아니한다.

판례 위헌법률심판의 제청은 법원이 헌법재판소에 대하여 하는 것이기 때문에 당해 사건에서 법원으로 하여금 위헌법률심판을 제청하도록 신청을 한 사람은 위헌법률심판사건의 당사자라고 할 수 없다. 원래 재심은 재판을 받은 당사자에게 이를 인정하는 특별한 불복절차이므로 청구인처럼 위헌법률심판이라는 재판의 당사자가 아닌 사람은 그 재판에 대하여 재심을 청구할 수 있는 지위 내지 적격을 갖지 못한다.(헌재결 2004.9.23, 2003헌아61)

제4장 특별심판절차
(2011.4.5 본장개정)

제1절 위헌법률심판

제41조【위헌 여부 심판의 제청】 ① 법률이 헌법에 위반되는지 여부가 재판의 전제가 된 경우에는 당해 사건을 담당하는 법원(군사법원을 포함한다. 이하 같다)은 직권 또는 당사자의 신청에 의한 결정으로 헌법재판소에 위헌 여부 심판을 제청한다.
② 제1항의 당사자의 신청은 제43조제2호부터 제4호까지의 사항을 적은 서면으로 한다.
③ 제2항의 신청서면의 심사에 관하여는「민사소송법」제254조를 준용한다.
④ 위헌 여부 심판의 제청에 관한 결정에 대하여는 항고할 수 없다.
⑤ 대법원 외의 법원이 제1항의 제청을 할 때에는 대법원을 거쳐야 한다.

판례 재판의 전제성에 관한 제청법원의 법률적 견해의 존중여부 : 법원의 위헌여부심판제청에 있어서 위헌여부가 문제되는 법률 또는 법률조항이 재판의 전제성 요건을 갖추고 있는지 여부는 되도록 제청법원의 이에 관한 법률적 견해를 존중해야 할 것이며, 다만 그 전제성에 관한 법률적 견해가 명백히 유지될 수 없을 때에만 헌법재판소가 그 제청을 부적법하다 하여 각하할 수 있다.(헌재결 1999.9.16, 98헌가6)

제42조【재판의 정지 등】 ① 법원이 법률의 위헌 여부 심판을 헌법재판소에 제청한 때에는 당해 소송사건의 재판은 헌법재판소의 위헌 여부의 결정이 있을 때까지 정지된다. 다만, 법원이 긴급하다고 인정하는 경우에는 종국재판 외의 소송절차를 진행할 수 있다.
② 제1항 본문에 따른 재판정지기간은「형사소송법」제92조제1항·제2항 및「군사법원법」제132조제1항·제2항의 구속기간과「민사소송법」제199조의 판결 선고기간에 산입하지 아니한다.

제43조【제청서의 기재사항】 법원이 법률의 위헌 여부 심판을 헌법재판소에 제청할 때에는 제청서에 다음 각 호의 사항을 적어야 한다.
1. 제청법원의 표시

2. 사건 및 당사자의 표시
3. 위헌이라고 해석되는 법률 또는 법률의 조항
4. 위헌이라고 해석되는 이유
5. 그 밖에 필요한 사항

제44조【소송사건 당사자 등의 의견】 당해 소송사건의 당사자 및 법무부장관은 헌법재판소에 법률의 위헌 여부에 대한 의견서를 제출할 수 있다.

제45조【위헌결정】 헌법재판소는 제청된 법률 또는 법률 조항의 위헌 여부만을 결정한다. 다만, 법률 조항의 위헌결정으로 인하여 해당 법률 전부를 시행할 수 없다고 인정될 때에는 그 전부에 대하여 위헌결정을 할 수 있다.

판례 헌법재판소의 위헌결정은 행정청이 개인에게 신뢰의 대상이 되는 공적인 견해를 표명한 것이라고 할 수 없으므로, 위헌결정에 관련한 개인의 행위에는 신뢰보호의 원칙을 적용하지 아니한다.
(대판 2003.6.27, 2002두6965)

제46조【결정서의 송달】 헌법재판소는 결정일부터 14일 이내에 결정서 정본을 제청한 법원에 송달한다. 이 경우 제청한 법원이 대법원이 아닌 경우에는 대법원을 거쳐야 한다.

제47조【위헌결정의 효력】 ① 법률의 위헌결정은 법원과 그 밖의 국가기관 및 지방자치단체를 기속(羈束)한다.
② 위헌으로 결정된 법률 또는 법률의 조항은 그 결정이 있는 날부터 효력을 상실한다.(2014.5.20 단서삭제)
③ 제2항에도 불구하고 형벌에 관한 법률 또는 법률의 조항은 소급하여 그 효력을 상실한다. 다만, 해당 법률 또는 법률의 조항에 대하여 종전에 합헌으로 결정한 사건이 있는 경우에는 그 결정이 있는 날의 다음 날로 소급하여 효력을 상실한다.(2014.5.20 본항신설)
④ 제3항의 경우에 위헌으로 결정된 법률 또는 법률의 조항에 근거한 유죄의 확정판결에 대하여는 재심을 청구할 수 있다.(2014.5.20 본항개정)
⑤ 제4항의 재심에 대하여는 「형사소송법」을 준용한다.
(2014.5.20 본항개정)

판례 헌법재판소의 위헌결정의 효력은 위헌제청을 한 당해 사건, 위헌결정이 있기 전에 이와 동종의 위헌 여부에 관하여 헌법재판소에 위헌제청을 하였거나 법원에 위헌제청신청을 한 사건, 따로 위헌제청신청은 하지 않았지만 당해 법률 또는 법률 조항이 재판의 전제가 되어 법원에 계속중인 사건뿐만 아니라, 위헌결정 이후에 위와 같은 이유로 제소된 일반사건에도 미친다. 그러나 위헌결정의 효력은 그 미치는 범위가 무한정일 수는 없고 다른 법리에 의하여 그 소급효를 제한하는 것까지 부정되는 것은 아니며, 법적 안정성의 유지나 당사자의 신뢰보호를 위하여 불가피한 경우에 위헌결정의 소급효를 제한하는 것은 오히려 법치주의의 원칙상 요청되는 것이다.
(대판 2009.6.11, 2008두21577)

판례 헌법재판소의 한정위헌결정이 법원의 법령 해석·적용 권한에 대하여 기속력을 가지는지 여부 : 헌법재판소의 결정이 특정의 해석기준을 제시하면서 그러한 해석에 한하여 위헌임을 선언하는 이른바 '한정위헌결정'의 경우에는 헌법재판소의 결정에도 불구하고 법률이나 법률조항은 그 문언이 전혀 달라지지 않은 채 효력을 상실하지 않고 존속하게 되므로, 이러한 한정위헌결정은 유효하게 존속하는 법률이나 법률조항의 의미·내용과 그 적용 범위에 관한 해석기준을 제시하는 법률해석이라 할 수 있다. 그런데 구체적 분쟁사건의 재판에 있어서 이에 관한 법령의 해석·적용 권한은 사법권의 본질적 내용을 이루는 것이고, 법률이 헌법규범과 조화되도록 해석하는 것은 법령의 해석·적용상 대원칙이므로, 합헌적 법률 해석을 포함하는 법령의 해석·적용 권한은 대법원을 최고법원으로 하는 법원에 전속하는 것이다. 이러한 법원의 권한에 대하여 다른 국가기관이 법률의 해석기준을 제시하여 법원으로 하여금 그에 따라 당해 법률을 구체적 분쟁사건에 적용하도록 하는 등의 간섭을 하는 것은 우리 헌법에 규정된 국가권력 분립구조의 기본원리와 사법권 독립의 원칙상 허용될 수 없다. 따라서 법률의 해석기준을 제시하는 헌법재판소의 한정위헌결정은 법원에 전속한 법령의 해석·적용 권한에 대하여 기속력을 가질 수 없으며, 헌법재판소법에서 헌법재판소로 하여금 제청된 법률 또는 법률조항의 위헌 여부만을 결정하도록 하고(제45조), 법률의 위헌결정에 기속력을 부여하면서(제47조 제1항) 위헌으로 결정된 법률 또는 법률조항은 효력을 상실하도록 규정하고 있으므로(제47조 제2항), 법률 또는 법률조항 자체의 효력을 상실시키는 위헌결정은 기속력이 있지만, 한정위헌결정과 같은 해석기준을 제시하는 형태의 헌법재판소 결정은 기속력을 인정할 근거가 없다.(대판 2001.4.27, 95재다14)

제2절 탄핵심판

제48조【탄핵소추】 다음 각 호의 어느 하나에 해당하는 공무원이 그 직무집행에서 헌법이나 법률을 위반한 경우에는 국회는 헌법 및 「국회법」에 따라 탄핵의 소추를 의결할 수 있다.
1. 대통령, 국무총리, 국무위원 및 행정각부(行政各部)의 장
2. 헌법재판소 재판관, 법관 및 중앙선거관리위원회 위원
3. 감사원장 및 감사위원
4. 그 밖에 법률에서 정한 공무원

제49조【소추위원】 ① 탄핵심판에서는 국회 법제사법위원회의 위원장이 소추위원이 된다.
② 소추위원은 헌법재판소에 소추의결서의 정본을 제출하여 탄핵심판을 청구하며, 심판의 변론에서 피청구인을 신문할 수 있다.

제50조【권한 행사의 정지】 탄핵소추의 의결을 받은 사람은 헌법재판소의 심판이 있을 때까지 그 권한 행사가 정지된다.

제51조【심판절차의 정지】 피청구인에 대한 탄핵심판 청구와 동일한 사유로 형사소송이 진행되고 있는 경우에는 재판부는 심판절차를 정지할 수 있다.

제52조【당사자의 불출석】 ① 당사자가 변론기일에 출석하지 아니하면 다시 기일을 정하여야 한다.
② 다시 정한 기일에도 당사자가 출석하지 아니하면 그의 출석 없이 심리할 수 있다.

제53조【결정의 내용】 ① 탄핵심판 청구가 이유 있는 경우에는 헌법재판소는 피청구인을 해당 공직에서 파면하는 결정을 선고한다.
② 피청구인이 결정 선고 전에 해당 공직에서 파면되었을 때에는 헌법재판소는 심판청구를 기각하여야 한다.

판례 '탄핵심판청구가 이유 있는 때'가 중대한 법위반의 경우에 한정되는지 여부와 '법위반의 중대성'에 관한 판단 기준 : 헌법재판소법 제53조 제1항의 '탄핵심판청구가 이유 있는 때'란 단지 공직자의 파면을 정당화할 정도로 '중대한' 법위반의 경우를 말하며, '법위반이 중대한지' 또는 '파면이 정당화되는지'의 여부는 '법위반이 어느 정도로 헌법질서에 부정적 영향이나 해악을 미치는지의 관점'과 '피청구인을 파면하는 경우 초래되는 효과'를 서로 형량하여 탄핵심판청구가 이유 있는지의 여부를 결정해야 한다.(헌재결 2004.5.14, 2004헌나1)

제54조【결정의 효력】 ① 탄핵결정은 피청구인의 민사상 또는 형사상의 책임을 면제하지 아니한다.
② 탄핵결정에 의하여 파면된 사람은 결정 선고가 있은 날부터 5년이 지나지 아니하면 공무원이 될 수 없다.

제3절 정당해산심판

제55조【정당해산심판의 청구】 정당의 목적이나 활동이 민주적 기본질서에 위배될 때에는 정부는 국무회의의 심의를 거쳐 헌법재판소에 정당해산심판을 청구할 수 있다.

제56조【청구서의 기재사항】 정당해산심판의 청구서에는 다음 각 호의 사항을 적어야 한다.
1. 해산을 요구하는 정당의 표시
2. 청구 이유

제57조【가처분】 헌법재판소는 정당해산심판의 청구를 받은 때에는 직권 또는 청구인의 신청에 의하여 종국결정의 선고 시까지 피청구인의 활동을 정지하는 결정을 할 수 있다.

제58조【청구 등의 통지】 ① 헌법재판소장은 정당해산심판의 청구가 있는 때, 가처분결정을 한 때 및 그 심판이 종료한 때에는 그 사실을 국회와 중앙선거관리위원회에 통지하여야 한다.
② 정당해산을 명하는 결정서는 피청구인 외에 국회, 정부 및 중앙선거관리위원회에도 송달하여야 한다.

제59조【결정의 효력】 정당의 해산을 명하는 결정이 선고된 때에는 그 정당은 해산된다.

제60조【결정의 집행】 정당의 해산을 명하는 헌법재판소의 결정은 중앙선거관리위원회가 「정당법」에 따라 집행한다.

제4절 권한쟁의심판

제61조【청구 사유】 ① 국가기관 상호간, 국가기관과 지방자치단체 간 및 지방자치단체 상호간에 권한의 유무 또는 범위에 관하여 다툼이 있을 때에는 해당 국가기관 또는 지방자치단체는 헌법재판소에 권한쟁의심판을 청구할 수 있다.

② 제1항의 심판청구는 피청구인의 처분 또는 부작위(不作爲)가 헌법 또는 법률에 의하여 부여받은 청구인의 권한을 침해하였거나 침해할 현저한 위험이 있는 경우에만 할 수 있다.

판례 권한쟁의 심판청구는 헌법과 법률에 의하여 권한을 부여받은 자가 그 권한의 침해를 다투는 헌법소송으로서 지방자치단체의 장은 원칙적으로 권한쟁의 심판청구의 당사자가 될 수 없다. 다만 지방자치단체의 장이 국가위임 사무에 대해 국가기관의 지위에서 처분을 행한 경우에는 권한쟁의 심판청구의 당사자가 될 수 있다.
(헌재결 2006.8.31, 2003헌라1)

판례 국회의 법률제정행위가 권한쟁의심판의 대상이 될 수 있는 '처분'에 해당하는지 여부 : 권한쟁의심판 청구를 위한 처분은 입법행위와 같은 법률의 제정과 관련된 권한의 존부 및 행사상의 다툼, 행정처분은 물론 행정입법과 같은 모든 행정작용 그리고 법원의 재판 및 사법행정작용 등을 포함하는 넓은 의미의 공권력 처분을 의미하는 것으로 보아야 할 것이므로, 법률에 대한 권한쟁의심판도 허용된다고 봄이 일반적이나 다만, '법률 그 자체'가 아니라 '법률제정행위'를 그 심판대상으로 하여야 할 것이다.(헌재결 2006.5.25, 2005헌라4)

판례 권한쟁의심판을 청구하려면 피청구인의 처분 또는 부작위가 존재하여야 하고, 여기서 "처분"이란 법적 중요성을 지닌 것에 한하므로, 청구인의 법적 지위에 구체적으로 영향을 미칠 가능성이 없는 행위는 "처분"이라 할 수 없어 이를 대상으로 하는 권한쟁의심판청구는 허용되지 않는다.(헌재결 2005.12.22, 2004헌라3)

판례 피청구인의 '장래처분'에 의해서 청구인의 권한이 침해될 위험성이 있어서 청구인의 권한을 사전에 보호해 주어야 할 필요성이 매우 큰 예외적인 경우에는 피청구인의 장래처분에 대해서도 권한쟁의심판을 청구할 수 있다.(헌재결 2004.9.23, 2000헌라2)

제62조【권한쟁의심판의 종류】 ① 권한쟁의심판의 종류는 다음 각 호와 같다.

1. 국가기관 상호간의 권한쟁의심판
   국회, 정부, 법원 및 중앙선거관리위원회 상호간의 권한쟁의심판
2. 국가기관과 지방자치단체 간의 권한쟁의심판
   가. 정부와 특별시·광역시·특별자치시·도 또는 특별자치도 간의 권한쟁의심판(2018.3.20 본목개정)
   나. 정부와 시·군 또는 지방자치단체인 구(이하 "자치구"라 한다) 간의 권한쟁의심판
3. 지방자치단체 상호간의 권한쟁의심판
   가. 특별시·광역시·특별자치시·도 또는 특별자치도 상호간의 권한쟁의심판(2018.3.20 본목개정)
   나. 시·군 또는 자치구 상호간의 권한쟁의심판
   다. 특별시·광역시·특별자치시·도 또는 특별자치도와 시·군 또는 자치구 간의 권한쟁의심판(2018.3.20 본목개정)

② 권한쟁의가 「지방교육자치에 관한 법률」 제2조에 따른 교육·학예에 관한 지방자치단체의 사무에 관한 것인 경우에는 교육감이 제1항제2호 및 제3호의 당사자가 된다.

제63조【청구기간】 ① 권한쟁의의 심판은 그 사유가 있음을 안 날부터 60일 이내에, 그 사유가 있은 날부터 180일 이내에 청구하여야 한다.

② 제1항의 기간은 불변기간으로 한다.

판례 국회의 법률제정행위에 대한 권한쟁의심판의 청구기간 기산점 : 법률의 제정에 대한 권한쟁의심판의 경우, 일정한 법률안이 법률로 성립하기 위해서는 국회의 의결을 거쳐 관보에 게재·공포되어야 하고, 이로써 이해당사자 및 국민에게 널리 알려지는 것이기 때문에 청구기간은 법률이 공포되거나 이와 유사한 방법으로 일반에게 알려진 것으로 간주된 때부터 기산되는 것이 일반적이다.
(헌재결 2006.5.25, 2005헌라4)

제64조【청구서의 기재사항】 권한쟁의심판의 청구서에는 다음 각 호의 사항을 적어야 한다.

1. 청구인 또는 청구인이 속한 기관 및 심판수행자 또는 대리인의 표시
2. 피청구인의 표시
3. 심판 대상이 되는 피청구인의 처분 또는 부작위
4. 청구 이유
5. 그 밖에 필요한 사항

제65조【가처분】 헌법재판소가 권한쟁의심판의 청구를 받았을 때에는 직권 또는 청구인의 신청에 의하여 종국결정의 선고 시까지 심판 대상이 된 피청구인의 처분의 효력을 정지하는 결정을 할 수 있다.

판례 권한쟁의심판의 가처분 요건 : 권한쟁의심판에서의 가처분결정은 피청구기관의 처분 등이나 그 집행 또는 절차의 속행으로 인하여 생길 회복하기 어려운 손해를 예방할 필요가 있거나 기타 공공복리상의 중대한 사유가 있어야 하고 그 처분의 효력을 정지시켜야 할 긴급한 필요가 있는 경우 등이 그 요건이 되고, 본안사건이 부적법하거나 이유없음이 명백하지 않는 한, 가처분을 인용한 뒤 종국결정에서 청구가 기각되었을 때 발생하게 될 불이익과 가처분을 기각한 뒤 청구가 인용되었을 때 발생하게 될 불이익에 대한 비교형량을 하여 행한다.(헌재결 1999.3.25, 98헌사98)

제66조【결정의 내용】 ① 헌법재판소는 심판의 대상이 된 국가기관 또는 지방자치단체의 권한의 유무 또는 범위에 관하여 판단한다.

② 제1항의 경우에 헌법재판소는 권한침해의 원인이 된 피청구인의 처분을 취소하거나 그 무효를 확인할 수 있고, 헌법재판소가 부작위에 대한 심판청구를 인용하는 결정을 한 때에는 피청구인은 결정 취지에 따른 처분을 하여야 한다.

제67조【결정의 효력】 ① 헌법재판소의 권한쟁의심판의 결정은 모든 국가기관과 지방자치단체를 기속한다.

② 국가기관 또는 지방자치단체의 처분을 취소하는 결정은 그 처분의 상대방에 대하여 이미 생긴 효력에 영향을 미치지 아니한다.

제5절 헌법소원심판

제68조【청구 사유】 ① 공권력의 행사 또는 불행사(不行使)로 인하여 헌법상 보장된 기본권을 침해받은 자는 법원의 재판을 제외하고는 헌법재판소에 헌법소원심판을 청구할 수 있다. 다만, 다른 법률에 구제절차가 있는 경우에는 그 절차를 모두 거친 후에 청구할 수 있다.
<2022.6.30 헌법재판소 단순위헌결정으로 이 항 본문 중 '법원의 재판' 가운데 '법률에 대한 위헌결정의 기속력에 반하는 재판' 부분은 헌법에 위반>
<2016.4.28 헌법재판소 한정위헌결정으로 이 항 본문 중 "법원의 재판을 제외하고는" 부분은 헌법재판소가 위헌으로 결정한 법령을 적용함으로써 국민의 기본권을 침해한 재판이 포함되는 것으로 해석하는 한 헌법에 위반>

② 제41조제1항에 따른 법률의 위헌 여부 심판의 제청신청이 기각된 때에는 그 신청을 한 당사자는 헌법재판소에 헌법소원심판을 청구할 수 있다. 이 경우 그 당사자는 당해 사건의 소송절차에서 동일한 사유를 이유로 다시 위헌 여부 심판의 제청을 신청할 수 없다.

■ 위헌법률심사형 헌법소원심판

① 공권력의 행사 또는 불행사

판례 행정권력의 부작위가 헌법소원의 대상이 되기 위한 요건 : 행정권력의 부작위에 대한 헌법소원은 공권력의 주체에게 헌법에서 유래하는 작위의무가 특별히 구체적으로 규정되어 이에 의거하여 기본권의 주체가 행정행위 내지 공권력의 행사를 청구할 수 있음에도 공권력의 주체가 그 의무를 해태하는 경우에 한하여 허용된다.
(헌재결 2004.10.28, 2003헌마898)

판례 청원 처리내용이 청원인의 기대에 미치지 않는 경우 헌법소원의 대상이 되는지 여부 : 청원서를 접수한 국가기관은 청원법이 정하는 절차와 범위 내에서 청원사항을 성실·공정·신속히 심사하고 청

원인에게 그 청원결과를 통지함으로써 충분하고, 비록 그 처리내용이 청원인이 기대한 바에 미치지 않는다고 하더라도 헌법소원의 대상이 되는 공권력의 불행사가 있다고 볼 수 없다.
(헌재결 2004.5.27, 2003헌마851)

판례 외국의 공권력 작용이 헌법소원의 대상이 되는지 여부 : 헌법소원심판의 대상이 되는 공권력의 행사 또는 불행사는 헌법소원의 본질상 대한민국 국가기관의 공권력 작용을 의미하고 외국이나 국제기관의 공권력 작용은 이에 포함되지 아니한다 할 것이다.
(헌재결 1997.9.25, 96헌마159)

② 청구인 적격

판례 헌법소원의 대상이 된 침해행위가 종료되었어도 심판청구의 이익이 존재하는 경우 : 침해행위는 이미 종료되어 위헌확인을 하더라도 청구인에 대한 권리구제는 불가능한 상태여서 주관적 권리보호의 이익은 이미 소멸되었다 할 것이나, 같은 방법의 침해행위가 현재 및 앞으로 계속하여 반복적으로 행하여질 것이므로 헌법적으로 그 해명이 중대한 의미를 가지고 있는 경우 심판청구의 이익을 인정할 수 있다.
(헌재결 2006.6.29, 2004헌마826)

판례 이라크 파병결정이 사법심사의 대상이 되는지 여부 : 파견결정은 그 성격상 국방 및 외교에 관련된 고도의 정치적 결단을 요하는 문제로서, 헌법과 법률이 정한 절차를 지켜 이루어진 것임이 명백하므로, 대통령과 국회의 판단은 존중되어야 하고 헌법재판소가 사법적 기준만으로 이를 심판하는 것은 자제되어야 한다. 이에 대하여는 설혹 사법적 심사의 회피로 자의적 결정이 방치될 수도 있다는 우려가 있을 수 있으나 그러한 대통령과 국회의 판단은 궁극적으로는 선거를 통해 국민에 의한 평가와 심판을 받게 될 것이다.
(헌재결 2004.4.29, 2003헌마814)

판례 헌법적 해명의 필요성이 인정되는 경우 심판청구의 이익이 인정될 수 있는지 여부 : 검사가 수사단계에서 발부받은 구속영장의 효력이 유지되는 기간은 비교적 단기간으로 이에 관한 헌법소원심판청구의 심리도중에 심판청구인의 권리보호이익이 사후적으로 소멸될 개연성이 높으므로, 이러한 유형의 사건에서 주관적 권리보호이익이 사후적으로 소멸하였다는 이유로 헌법소원심판청구의 이익이 없다고 보게 되면, 청구인의 경우 인신구속에 관한 중요한 사항에 대하여 적용되는 법률의 위헌여부를 헌법재판소로부터 판단받을 기회를 사실상 박탈당하는 결과를 초래하기 때문에, 이러한 경우 예외적 상황을 인정하여 그 권리보호이익을 인정함이 상당하다.
(헌재결 2004.3.25, 2002헌바104)

판례 법률에 대한 헌법소원에서 직접성과 그 예외 : 헌법소원심판의 대상이 될 수 있는 법률은 그 법률에 기한 다른 집행행위를 기다리지 않고 직접 국민의 기본권을 침해하는 법률이어야 한다. 그러나 구체적 집행행위가 존재한 경우라고 하여 언제나 반드시 법률자체에 대한 헌법소원심판청구의 적법성이 부정되는 것은 아니며, 예외적으로 집행행위가 존재하는 경우라도 그 집행행위를 대상으로 하는 구제절차가 없거나 구제절차가 있다고 하더라도 권리구제의 기대가능성이 없고 다만 기본권침해를 당한 청구인에게 불필요한 우회절차를 강요하는 것밖에 되지 않는 경우 등으로서 당해 법률에 대한 전제관련성이 확실하다고 인정되는 때에는 당해 법률을 헌법소원의 직접 대상으로 삼을 수 있다.(헌재결 1997.8.21, 96헌마48)

③ 보충성

판례 헌법소원은 구제절차가 있다고 하더라도 그로 인하여 권리가 구제될 가능성이 없어 청구인에게 그 절차의 선이행을 요구할 기대가능성이 없는 경우에 해당하는 경우 헌법재판소법 제68조 제1항 단서에 불구하고 구제절차를 거치지 아니하고 직접 헌법소원을 제기할 수 있다.(헌재결 2002.7.18, 99헌마592·689(병합))

판례 수용소에서의 신문기사 삭제행위에 대해 행정심판이나 행정소송의 대상이 될 수 있을 것이라고 일반국민이 쉽게 판단하기는 어렵고, 청구인이 구금자로서 활동의 제약을 받고 있었던 점을 아울러 고려할 때 이는 전심절차 이행의 기대가능성이 없어 보충성의 예외인 경우로 인정된다.(헌재결 1998.10.29, 98헌마4)

판례 법령에 대한 헌법소원과 보충성의 원칙 : 법령 자체에 대한 헌법소원심판청구의 경우에도 법령 자체에 의한 직접적인 기본권침해 여부가 문제되었을 경우 그 법령의 효력을 직접 다투는 것을 소송물로 하여 일반 법원에 구제를 구할 수 있는 절차는 존재하지 아니하므로 이 경우에는 다른 구제절차를 거칠 것 없이 바로 헌법소원심판을 청구할 수 있다.(헌재결 1993.5.13, 91헌마190)

■ 권리구제형 헌법소원심판에서 재판의 전제성

판례 행정처분취소 청구가 부적법하여 각하되는 경우에 재판의 전제성을 인정할 수 있는지 여부 : 법원에서 당해 소송사건에 적용되는 재판규범 중 위헌제청신청대상이 아닌 관련 법률에서 규정한 소송요건을 구비하지 못하였기 때문에 부적법하다는 이유로 소각하 판결을 선고하고 그 판결이 확정되거나, 소각하판결이 확정되지 않았더라도 당해 소송사건이 부적법하여 각하될 수밖에 없는 경우에는 당해 소송사건에 관한 재판의 전제성 요건이 흠결되어 부적법하다.
(헌재결 2005.3.31, 2003헌바113)

판례 제2항에 의한 위헌소원에서의 "재판의 전제성"의 의미 : 재판의 전제성이 있다고 하려면 우선 그 법률이 당해 사건에 적용될 법률이어야 하고 또 그 법률이 위헌일 때에는 합헌일 때와 다른 판단을 할 수밖에 없는 경우 즉 재판의 주문이 달라질 경우 및 문제된 법률의 위헌 여부가 재판의 주문에는 영향을 주지 않는다 하더라도 적어도 재판의 내용과 효력에 관한 법률적 의미를 달리 하는 경우라야 한다.
(헌재결 1993.5.13, 90헌바22,91헌바12·13,92헌바3·4(병합))

■ 권리구제형 헌법소원심판의 청구요건

① 최후수단성

판례 일반적으로 법률에서 예정한 구체적인 집행행위를 매개로 하여 그 법률이 비로소 국민 개개인의 기본권에 영향을 미칠 수 있게 되므로 개개의 국민은 먼저 일반쟁송의 방법으로 구체적인 집행행위를 대상으로 하여 그로 인한 기본권침해에 대한 구제절차를 밟는 것이 순서이고 이는 최후·보충적인 기본권 구제수단이라는 헌법소원심판의 본질로부터 당연히 요청되는 것이다.(헌재결 2006.4.27, 2004헌마562)

판례 헌법재판소법 제68조 제2항의 헌법소원은 청구인이 특정 법률조항에 대한 위헌여부심판의 제청신청을 하지 않았고 따라서 법원의 기각결정도 없었다면 비록 헌법소원심판청구에 이르러 위헌이라고 주장하는 법률조항에 대한 헌법소원은 원칙적으로 심판청구요건을 갖추지 못하여 부적법한 것이나, 예외적으로 위헌제청신청을 기각 또는 각하한 법원이 위 조항을 실질적으로 판단하였거나 위 조항이 명시적으로 위헌제청신청을 한 조항과 필연적 연관관계를 맺고 있어서 법원이 위 조항을 묵시적으로나마 위헌제청신청으로 판단을 하였을 경우에는 헌법재판소법 제68조 제2항의 헌법소원으로서 적법한 것이다.
(헌재결 2005.2.24, 2004헌바24)

② 자기관련성

판례 공권력 작용의 직접적인 상대방이 아닌 제3자의 자기관련성 : 공권력 작용의 직접적인 상대방이 아닌 제3자라고 하더라도 공권력작용이 그 제3자의 기본권을 직접적이고 법적으로 침해하고 있는 경우에는 그 제3자에게 자기관련성이 인정될 수 있다. 그렇지만 타인에 대한 공권력의 작용이 단지 간접적, 사실적 또는 경제적인 이해관계로만 관련되어 있는 제3자에게는 자기관련성이 인정되지 않는다.
(헌재결 2006.5.25, 2004헌마744)

③ 직접성

판례 헌법소원심판의 직접성 요건은 다른 권리구제수단에 의해서는 구제되지 않는 기본권 보장을 위한 특별하고도 보충적인 수단이라는 헌법소원의 본질로부터 비롯된 것이므로, 이 사건 조항이 헌법소원심판청구의 적법요건 중 하나로 기본권 침해의 직접성을 요구하는 것이 재판청구권을 침해하는 것은 아니다.(헌재결 2005.5.26, 2004헌마671)

판례 법령의 집행행위가 재량행위인 경우 직접성요건의 충족 여부 : 법령에 근거한 구체적인 집행행위가 재량행위인 경우에는 법령은 집행관청에게 기본권침해의 가능성만을 부여할 뿐 법령 스스로가 기본권의 침해행위를 규정하고 행정청이 이에 따르도록 구속하는 것이 아니고, 이때의 기본권의 침해는 집행기관의 의사에 따른 집행행위, 즉 재량권의 행사에 의하여 비로소 이루어지고 현실화되므로 이러한 경우에는 법령에 의한 기본권침해의 직접성이 인정될 여지가 없다.
(헌재결 1998.4.30, 97헌마141)

■ 권리구제형 헌법소원심판의 대상

판례 대법원 판결 취소 청구가 헌법소원의 대상이 되는지 여부 : 소멸시효를 이유로 긴급조치 관련 국가배상책임을 인정하지 않은 대법원 판결의 취소를 구하는 청구에 관하여, 대법원의 판결이 헌법소원심판의 대상이 되는 경우는 예외적으로 '헌법재판소가 위헌으로 결정한 법령을 적용함으로써 국민의 기본권을 침해한 재판'에 한정하며, 해당 판결은 이와 같은 경우에 해당되지 않는다. 따라서 그 취소를 구하는 심판청구는 허용될 수 없어 부적법하다.(헌재결 2020.11.26, 2014헌마1175)

판례 국회가 의결한 예산 또는 국회의 예산안 의결행위가 헌법소원의 대상이 되는지 여부 : 예산은 일종의 법규범이고 법률과 마찬가지로 국회의 의결을 거쳐 제정되지만 법률과 달리 국가기관만을 구속할 뿐 일반국민을 구속하지 않으므로 국회가 의결한 예산 또는 국회의 예산안 의결은 헌법재판소법 제68조 제1항 소정의 '공권력의 행사'에 해당하지 않고 따라서 헌법소원의 대상이 되지 아니한다.
(헌재결 2006.4.25, 2006헌마409)

판례 가처분에 대해 헌법소원심판이 허용되는지 여부 : 헌법소원심판에서 가처분결정은 다투어지는 '공권력 행사 또는 불행사'의 현상을 그대로 유지시킴으로 인하여 생길 회복하기 어려운 손해를 예방할 필요가 있어야 하고 그 효력을 정지시켜야 할 긴급한 필요가 있어야 한다는 것 등이 그 요건이 된다 할 것이므로, 본안심판이 부적법하거나 이유 없음이 명백하지 않는 한, 위와 같은 가처분의 요건을 갖춘 것으로 인정되고, 이에 덧붙여 가처분을 인용한 뒤 종국결정에서 청구가 기각되었을 때 발생하게 될 불이익과 가처분을 기각한 뒤 청구가 인용되었을 때 발생하게 될 불이익에 대한 비교형량을 하여 후자의 불이익이 전자의 불이익보다 크다면 가처분을 인용할 수 있다.
(헌재결 2006.2.23, 2005헌사754)

판례 헌법재판소법 제68조 제2항의 규정에 의한 헌법소원심판청구는 그 심판의 대상은 재판의 전제가 되는 법률인 것이지 대통령령은 그 대상이 될 수 없다고 할 것이다.(헌재결 2004.8.26, 2004헌바14)

제69조【청구기간】 ① 제68조제1항에 따른 헌법소원의 심판은 그 사유가 있음을 안 날부터 90일 이내에, 그 사유가 있는 날부터 1년 이내에 청구하여야 한다. 다만, 다른 법률에 따른 구제절차를 거친 헌법소원의 심판은 그 최종결정을 통지받은 날부터 30일 이내에 청구하여야 한다.
② 제68조제2항에 따른 헌법소원심판은 위헌 여부 심판의 제청신청을 기각하는 결정을 통지받은 날부터 30일 이내에 청구하여야 한다.

판례 청구기간산정의 기산점이 되는 '법령에 해당하는 사유가 발생한 날'이란 법령의 규율을 구체적이고 현실적으로 적용받게 된 최초의 날을 의미하는 것으로 보는 것이 상당하다. 즉, 일단 '법령에 해당하는 사유가 발생'하면 그때로부터 당해 법령에 대한 헌법소원의 청구기간의 진행이 개시되며, 그 이후에 새로이 '법령에 해당하는 사유가 발생'한다고 하여서 일단 개시된 청구기간의 진행이 정지되고 새로운 청구기간의 진행이 개시된다고 볼 수는 없다. 또한, '법령에 해당하는 사유가 발생'한 이후에 당해 법령의 규율을 적용받게 되는 사유가 발생하는 때마다 새로이 청구기간이 진행된다고 본다면 사실상 법령에 대한 헌법소원에 대하여는 청구기간의 제한이 적용되지 아니하는 것으로 보는 결과를 초래하게 될 것이고, 이는 법령소원의 경우에도 헌법재판소법 제69조 제1항의 청구기간요건이 적용되어야 함을 일관되게 판시하고 있는 우리 헌법재판소의 입장에 반한다.
(헌재결 2004.4.29, 2003헌마484)

판례 법령에 대한 헌법소원의 청구기간 기산점 : 법령에 대한 헌법소원의 청구기간도 기본권을 침해받은 때로부터 기산하여야 할 것이지 기본권을 침해받기도 전에 그 침해가 확실히 예상되는 등 실체적 제요건이 성숙하여 헌법판단에 적합하게 된 때로부터 기산할 것은 아니므로, 법령의 시행과 동시에 기본권침해를 받은 자는 그 법령이 시행된 사실을 안 날로부터 60일 이내에, 그 법령이 시행된 날로부터 180일 이내에 청구하여야 할 것이나, 법령이 시행된 후에 비로소 그 법령에 해당하는 사유가 발생하여 기본권의 침해를 받게 된 경우에는 그 사유가 발생하였음을 안 날로부터 60일 이내에, 그 사유가 발생한 날로부터 180일 이내에 청구하여야 할 것이다.
(헌재결 1996.3.28, 93헌마198)

제70조【국선대리인】 ① 헌법소원심판을 청구하려는 자가 변호사를 대리인으로 선임할 자력(資力)이 없는 경우에는 헌법재판소에 국선대리인을 선임하여 줄 것을 신청할 수 있다. 이 경우 제69조에 따른 청구기간은 국선대리인의 선임신청이 있는 날을 기준으로 정한다.
② 제1항에도 불구하고 헌법재판소가 공익상 필요하다고 인정할 때에는 국선대리인을 선임할 수 있다.
③ 헌법재판소는 제1항의 신청이 있는 경우 또는 제2항의 경우에는 헌법재판소규칙으로 정하는 바에 따라 변호사 중에서 국선대리인을 선정한다. 다만, 그 심판청구가 명백히 부적법하거나 이유 없는 경우 또는 권리의 남용이라고 인정되는 경우에는 국선대리인을 선정하지 아니할 수 있다.
④ 헌법재판소가 국선대리인을 선정하지 아니한다는 결정을 한 때에는 지체 없이 그 사실을 신청인에게 통지하여야 한다. 이 경우 신청인이 선임신청을 한 날부터 그 통지를 받은 날까지의 기간은 제69조의 청구기간에 산입하지 아니한다.
⑤ 제3항에 따라 선정된 국선대리인은 선정된 날부터 60일 이내에 제71조에 규정된 사항을 적은 심판청구서를 헌법재판소에 제출하여야 한다.
⑥ 제3항에 따라 선정한 국선대리인에게는 헌법재판소규칙으로 정하는 바에 따라 국고에서 그 보수를 지급한다.

제71조【청구서의 기재사항】 ① 제68조제1항에 따른 헌법소원의 심판청구서에는 다음 각 호의 사항을 적어야 한다.
1. 청구인 및 대리인의 표시
2. 침해된 권리
3. 침해의 원인이 되는 공권력의 행사 또는 불행사
4. 청구 이유
5. 그 밖에 필요한 사항

② 제68조제2항에 따른 헌법소원의 심판청구서의 기재사항에 관하여는 제43조를 준용한다. 이 경우 제43조제1호 중 "제청법원의 표시"는 "청구인 및 대리인의 표시"로 본다.
③ 헌법소원의 심판청구서에는 대리인의 선임을 증명하는 서류 또는 국선대리인 선임통지서를 첨부하여야 한다.

제72조【사전심사】 ① 헌법재판소장은 헌법재판소에 재판관 3명으로 구성되는 지정재판부를 두어 헌법소원심판의 사전심사를 담당하게 할 수 있다.
② (1991.11.30 삭제)
③ 지정재판부는 다음 각 호의 어느 하나에 해당되는 경우에는 지정재판부 재판관 전원의 일치된 의견에 의한 결정으로 헌법소원의 심판청구를 각하한다.
1. 다른 법률에 따른 구제절차가 있는 경우 그 절차를 모두 거치지 아니하거나 또는 법원의 재판에 대하여 헌법소원의 심판이 청구된 경우
2. 제69조의 청구기간이 지난 후 헌법소원심판이 청구된 경우
3. 제25조에 따른 대리인의 선임 없이 청구된 경우
4. 그 밖에 헌법소원심판의 청구가 부적법하고 그 흠결을 보정할 수 없는 경우

④ 지정재판부는 전원의 일치된 의견으로 제3항의 각하결정을 하지 아니하는 경우에는 결정으로 헌법소원을 재판부의 심판에 회부하여야 한다. 헌법소원심판의 청구 후 30일이 지날 때까지 각하결정이 없는 때에는 심판에 회부하는 결정(이하 "심판회부결정"이라 한다)이 있는 것으로 본다.
⑤ 지정재판부의 심리에 관하여는 제28조, 제31조, 제32조 및 제35조를 준용한다.
⑥ 지정재판부의 구성과 운영에 필요한 사항은 헌법재판소규칙으로 정한다.

제73조【각하 및 심판회부 결정의 통지】 ① 지정재판부는 헌법소원을 각하하거나 심판회부결정을 한 때에는 그 결정일부터 14일 이내에 청구인 또는 그 대리인 및 피청구인에게 그 사실을 통지하여야 한다. 제72조제4항 후단의 경우에도 또한 같다.
② 헌법재판소장은 헌법소원이 제72조제4항에 따라 재판부의 심판에 회부된 때에는 다음 각 호의 자에게 지체 없이 그 사실을 통지하여야 한다.
1. 법무부장관
2. 제68조제2항에 따른 헌법소원심판에서는 청구인이 아닌 당해 사건의 당사자

제74조【이해관계기관 등의 의견 제출】 ① 헌법소원의 심판에 이해관계가 있는 국가기관 또는 공공단체와 법무부장관은 헌법재판소에 그 심판에 관한 의견서를 제출할 수 있다.
② 제68조제2항에 따른 헌법소원이 재판부에 심판 회부된 경우에는 제27조제2항 및 제44조를 준용한다.

제75조【인용결정】 ① 헌법소원의 인용결정은 모든 국가기관과 지방자치단체를 기속한다.
② 제68조제1항에 따른 헌법소원을 인용할 때에는 인용결정서의 주문에 침해된 기본권과 침해의 원인이 된 공권력의 행사 또는 불행사를 특정하여야 한다.
③ 제2항의 경우에 헌법재판소는 기본권 침해의 원인이 된 공권력의 행사를 취소하거나 그 불행사가 위헌임을 확인할 수 있다.
④ 헌법재판소가 공권력의 불행사에 대한 헌법소원을 인용하는 결정을 한 때에는 피청구인은 결정 취지에 따라 새로운 처분을 하여야 한다.
⑤ 제2항의 경우에 헌법재판소는 공권력의 행사 또는 불행사가 위헌인 법률 또는 법률의 조항에 기인한 것이라고 인정될 때에는 인용결정에서 해당 법률 또는 법률의 조항이 위헌임을 선고할 수 있다.
⑥ 제5항의 경우 및 제68조제2항에 따른 헌법소원을 인용하는 경우에는 제45조 및 제47조를 준용한다.
⑦ 제68조제2항에 따른 헌법소원이 인용된 경우에 해당 헌법소원과 관련된 소송사건이 이미 확정된 때에는 당사자는 재심을 청구할 수 있다.
⑧ 제7항에 따른 재심에서 형사사건에 대하여는 「형사소송법」을 준용하고, 그 외의 사건에 대하여는 「민사소송법」을 준용한다.

판례 헌법재판소의 한정위헌결정이 동조 제7항에 규정된 재심사유에 해당하는지 여부 : 헌법재판소법 제75조제7항에서 재심을 청구할 수 있는 사유로서 규정하고 있는 '헌법소원이 인용된 경우'라 함은 법원에 대하여 기속력이 있는 위헌결정이 선고된 경우를 말하는 것인바, 그 주문에서 법률조항의 해석기준을 제시함에 그치는 한정위헌결정은 법원에 전속되어 있는 법령의 해석·적용 권한에 대하여 기속력을 가질 수 없고, 따라서 소송사건이 확정된 후 그와 관련된 헌법소원에서 한정위헌결정이 선고되었다고 하여 위 재심사유가 존재한다고 할 수 없다.(대판 2001.4.27, 95재다14)

판례 제7항중 "당해 헌법소원과 관련된 소송사건"이라 함은 헌법소원의 전제가 된 당해 소송사건만을 가리키는 것이다.
(대판 1993.7.27, 92누13400)

제5장 전자정보처리조직을 통한 심판절차의 수행

제76조【전자문서의 접수】 ① 각종 심판절차의 당사자나 관계인은 청구서 또는 이 법에 따라 제출할 그 밖의 서면을 전자문서(컴퓨터 등 정보처리능력을 갖춘 장치에 의하여 전자적인 형태로 작성되어 송수신되거나 저장된 정보를 말한다. 이하 같다)화하고 이를 정보통신망을 이용하여 헌법재판소에서 지정·운영하는 전자정보처리조직(심판절차에 필요한 전자문서를 작성·제출·송달하는 데에 필요한 정보처리능력을 갖춘 전자적 장치를 말한다. 이하 같다)을 통하여 제출할 수 있다.
② 제1항에 따라 제출된 전자문서는 이 법에 따라 제출된 서면과 같은 효력을 가진다.
③ 전자정보처리조직을 이용하여 제출된 전자문서는 전자정보처리조직에 전자적으로 기록된 때에 접수된 것으로 본다.
④ 제3항에 따라 전자문서가 접수된 경우에 헌법재판소는 헌법재판소규칙으로 정하는 바에 따라 당사자나 관계인에게 전자적 방식으로 그 접수 사실을 즉시 알려야 한다.
(2011.4.5 본조개정)

제77조【전자서명 등】 ① 당사자나 관계인은 헌법재판소에 제출하는 전자문서에 헌법재판소규칙으로 정하는 바에 따라 본인임을 확인할 수 있는 전자서명을 하여야 한다.
② 재판관이나 서기는 심판사건에 관한 서류를 전자문서로 작성하는 경우에 「전자정부법」 제2조제6호에 따른 행정전자서명(이하 "행정전자서명"이라 한다)을 하여야 한다.
③ 제1항의 전자서명과 제2항의 행정전자서명은 헌법재판소의 심판절차에 관한 법령에서 정하는 서명·서명날인 또는 기명날인으로 본다.
(2009.12.29 본조신설)

제78조【전자적 송달 등】 ① 헌법재판소는 당사자나 관계인에게 전자정보처리조직과 그와 연계된 정보통신망을 이용하여 결정서나 이 법에 따른 각종 서류를 송달할 수 있다. 다만, 당사자나 관계인이 동의하지 아니하는 경우에는 그러하지 아니하다.
② 헌법재판소는 당사자나 관계인에게 송달하여야 할 결정서 등의 서류를 전자정보처리조직에 입력하여 등재한 다음 그 등재 사실을 헌법재판소규칙으로 정하는 바에 따라 전자적 방식으로 알려야 한다.
③ 제1항에 따른 전자정보처리조직을 이용한 서류 송달은 서면으로 한 것과 같은 효력을 가진다.
④ 제2항의 경우 송달받을 자가 등재된 전자문서를 헌법재판소규칙으로 정하는 바에 따라 확인한 때에 송달된 것으로 본다. 다만, 그 등재 사실을 통지한 날부터 1주 이내에 확인하지 아니하였을 때에는 등재 사실을 통지한 날부터 1주가 지난 날에 송달된 것으로 본다.(2022.2.3 단서개정)
⑤ 제1항에도 불구하고 전자정보처리조직의 장애로 인하여 전자적 송달이 불가능하거나 그 밖에 헌법재판소규칙으로 정하는 사유가 있는 경우에는 「민사소송법」에 따라 송달할 수 있다.
(2011.4.5 본조개정)

제6장 벌 칙

(2011.4.5 본장개정)

제79조【벌칙】 다음 각 호의 어느 하나에 해당하는 자는 1년 이하의 징역 또는 100만원 이하의 벌금에 처한다.
1. 헌법재판소로부터 증인, 감정인, 통역인 또는 번역인으로서 소환 또는 위촉을 받고 정당한 사유 없이 출석하지 아니한 자
2. 헌법재판소로부터 증거물의 제출요구 또는 제출명령을 받고 정당한 사유 없이 이를 제출하지 아니한 자
3. 헌법재판소의 조사 또는 검사를 정당한 사유 없이 거부·방해 또는 기피한 자

부 칙 (2014.5.20)

이 법은 공포한 날부터 시행한다.

부 칙 (2014.12.30)

이 법은 공포 후 6개월이 경과한 날부터 시행한다. 다만, 제7조제2항의 개정규정은 공포한 날부터 시행한다.

부 칙 (2018.3.20)

이 법은 공포한 날부터 시행한다.

부 칙 (2020.6.9)

제1조【시행일】 이 법은 공포 후 6개월이 경과한 날부터 시행한다.
제2조【재판관 결격사유에 관한 적용례】 제5조제2항 및 제3항의 개정규정은 이 법 시행 이후 재판관으로 임명하는 경우부터 적용한다.

부 칙 (2022.2.3)

제1조【시행일】 이 법은 공포한 날부터 시행한다.
제2조【적용례】 제78조제4항의 개정규정은 이 법 시행 후 최초로 청구서가 접수된 사건부터 적용한다.

부 칙 (2025.1.31)

이 법은 공포한 날부터 시행한다.

헌법재판소 심판 규칙

(2007년 12월 7일
헌법재판소규칙 제201호)

개정
2008.12.22헌법재판소규칙233호
2010. 2.26헌법재판소규칙251호
2011. 7. 8헌법재판소규칙265호
2012.11.26헌법재판소규칙299호
2014. 6. 9헌법재판소규칙324호
2015. 7.22헌법재판소규칙369호
2017. 5.30헌법재판소규칙389호
2018. 6.15헌법재판소규칙399호
2021. 9.14헌법재판소규칙436호

제1장 총 칙

제1조【목적】 이 규칙은「대한민국헌법」제113조제2항과「헌법재판소법」제10조제1항에 따라 헌법재판소의 심판절차에 관하여 필요한 사항을 규정함을 목적으로 한다.

제2조【헌법재판소에 제출하는 서면 또는 전자문서의 기재사항】 ① 헌법재판소에 제출하는 서면 또는 전자문서에는 특별한 규정이 없으면 다음 각 호의 사항을 기재하고 기명날인하거나 서명하여야 한다.(2010.2.26 본문개정)
1. 사건의 표시
2. 서면을 제출하는 사람의 이름, 주소, 연락처(전화번호, 팩시밀리번호, 전자우편주소 등을 말한다. 다음부터 같다)
3. 덧붙인 서류의 표시
4. 작성한 날짜

② 제출한 서면에 기재한 주소 또는 연락처에 변동사항이 없으면 그 후에 제출하는 서면에는 이를 기재하지 아니하여도 된다.
③ 심판서류는「헌법재판소 심판절차에서의 전자문서 이용 등에 관한 규칙」에 따라 전자헌법재판시스템을 통하여 전자문서로 제출할 수 있다.(2010.2.26 본항신설)
(2010.2.26 본조제목개정)

제2조의2【민감정보 등의 처리】 ① 헌법재판소는 심판업무 수행을 위하여 필요한 범위 내에서「개인정보 보호법」제23조의 민감정보, 제24조의 고유식별정보 및 그 밖의 개인정보를 처리할 수 있다.
② 헌법재판소는「헌법재판소법」(다음부터 "법"이라 한다) 제32조에 따라 국가기관 또는 공공단체의 기관에 제1항의 민감정보, 고유식별정보 및 그 밖의 개인정보가 포함된 자료의 제출 요구 등을 할 수 있다.
(2012.11.26 본조신설)

제3조【심판서류의 작성방법】 ① 심판서류는 간결한 문장으로 분명하게 작성하여야 한다.
② 심판서류의 용지크기는 특별한 사유가 없으면 가로 210㎜·세로 297㎜(A4 용지)로 한다.

제4조【번역문의 첨부】 외국어나 부호로 작성된 문서에는 국어로 된 번역문을 붙인다.

제5조【심판서류의 접수와 보정권고 등】 ① 심판서류를 접수한 공무원은 심판서류를 제출한 사람이 요청하면 바로 접수증을 교부하여야 한다.
② 제1항의 공무원은 제출된 심판서류의 흠결을 보완하기 위하여 필요한 보정을 권고할 수 있다.
③ 헌법재판소는 필요하다고 인정하면 심판서류를 제출한 사람에게 그 문서의 전자파일을 전자우편이나 그 밖에 적당한 방법으로 헌법재판소에 보내도록 요청할 수 있다.

제2장 일반심판절차

제1절 당사자

제6조【법정대리권 등의 증명】 법정대리권이 있는 사실, 법인이나 법인이 아닌 사단 또는 재단의 대표자나 관리인이라는 사실, 소송행위를 위한 권한을 받은 사실은 서면으로 증명하여야 한다.

제7조【법인이 아닌 사단 또는 재단의 당사자능력을 판단하는 자료의 제출】 헌법재판소는 법인이 아닌 사단 또는 재단이 당사자일 때에는 정관이나 규약, 그 밖에 그 당사자의 당사자능력을 판단하기 위하여 필요한 자료를 제출하게 할 수 있다.

제8조【대표대리인】 ① 재판장은 복수의 대리인이 있을 때에는 당사자나 대리인의 신청 또는 재판장의 직권에 의하여 대표대리인을 지정하거나 그 지정을 철회 또는 변경할 수 있다.
② 대표대리인은 3명을 초과할 수 없다.
③ 대표대리인 1명에 대한 통지 또는 서류의 송달은 대리인 전원에 대하여 효력이 있다.

제2절 심판의 청구

제9조【심판용 부본의 제출】 법 제26조에 따라 헌법재판소에 청구서를 제출하는 사람은 9통의 심판용 부본을 함께 제출하여야 한다. 이 경우 제23조에 따른 송달용 부본은 따로 제출하여야 한다.(2012.11.26 본조개정)

제10조【이해관계기관 등의 의견서 제출 등】 ① 헌법재판소의 심판에 이해관계가 있는 국가기관 또는 공공단체와 법무부장관은 헌법재판소에 의견서를 제출할 수 있고, 헌법재판소는 이들에게 의견서를 제출할 것을 요청할 수 있다.
② 헌법재판소는 필요하다고 인정하면 당해심판에 이해관계가 있는 사람에게 의견서를 제출할 수 있음을 통지할 수 있다.
③ 헌법재판소는 제1항 후단 및 제2항의 경우에 당해심판의 제청서 또는 청구서의 등본을 송달한다.

제3절 변론 및 참고인 진술

제11조【심판준비절차의 실시】 ① 헌법재판소는 심판절차를 효율적이고 집중적으로 진행하기 위하여 당사자의 주장과 증거를 정리할 필요가 있을 때에는 심판준비절차를 실시할 수 있다.
② 헌법재판소는 재판부에 속한 재판관을 수명재판관으로 지정하여 심판준비절차를 담당하게 할 수 있다.(2017.5.30 본항개정)
③ 헌법재판소는 당사자가 심판정에 직접 출석하기 어려운 경우 당사자의 동의를 받아 인터넷 화상장치를 이용하여 심판준비절차를 실시할 수 있다.(2021.9.14 본항신설)

제11조의2【헌법연구관의 사건의 심리 및 심판에 관한 조사】 ① 헌법연구관은 주장의 정리나 자료의 제출을 요구하거나, 조사기일을 여는 방법 등으로 사건의 심리 및 심판에 관한 조사를 할 수 있다.
② 헌법연구관은 조사대상자가 조사기일에 직접 출석하기 어려운 경우 조사대상자의 동의를 받아 인터넷 화상장치를 이용하여 조사기일을 열 수 있다.(2021.9.14 본항신설)
(2018.6.15 본조신설)

제12조【구두변론의 방식 등】 ① 구두변론은 사전에 제출한 준비서면을 읽는 방식으로 하여서는 아니되고, 쟁점을 요약·정리하고 이를 명확히 하는 것이어야 한다.
② 재판관은 언제든지 당사자에게 질문할 수 있다.
③ 재판장은 필요에 따라 각 당사자의 구두변론시간을 제한할 수 있고, 이 경우에 각 당사자는 그 제한된 시간 내에 구두변론을 마쳐야 한다. 다만, 재판장은 필요하다고 인정하는 경우에 제한한 구두변론시간을 연장할 수 있다.

④ 각 당사자를 위하여 복수의 대리인이 있는 경우에 재판장은 그 중 구두변론을 할 수 있는 대리인의 수를 제한할 수 있다.
⑤ 재판장은 심판절차의 원활한 진행과 적정한 심리를 도모하기 위하여 필요한 한도에서 진행중인 구두변론을 제한할 수 있다.
⑥ 이해관계인이나 참가인이 구두변론을 하는 경우에는 제1항부터 제5항까지의 규정을 준용한다.
⑦ 조서에는 서면, 사진, 속기록, 녹음물, 영상녹화물, 녹취서 등 헌법재판소가 적당하다고 인정한 것을 인용하고 소송기록에 첨부하거나 전자적 형태로 보관하여 조서의 일부로 할 수 있다.(2017.5.30 본항신설)
⑧ 제7항에 따라 속기록, 녹음물, 영상녹화물, 녹취서를 조서의 일부로 한 경우라도 재판장은 서기로 지명된 서기관, 사무관(다음부터 "사무관등"이라 한다)으로 하여금 당사자, 증인, 그 밖의 심판관계인의 진술 중 중요한 사항을 요약하여 조서의 일부로 기재하게 할 수 있다.(2017.5.30 본항신설)

제13조【참고인의 지정 등】 ① 헌법재판소는 전문적인 지식을 가진 사람을 참고인으로 지정하여 그 진술을 듣거나 의견서를 제출하게 할 수 있다.
② 헌법재판소는 참고인을 지정하기에 앞서 그 지정에 관하여 당사자, 이해관계인 또는 관련 학회나 전문가 단체의 의견을 들을 수 있다.

제14조【지정결정 등본 등의 송달】 ① 사무관등은 참고인 지정결정 등본이나 참고인 지정결정이 기재된 변론조서 등본을 참고인과 당사자에게 송달하여야 한다. 다만, 변론기일에서 참고인 지정결정을 고지 받은 당사자에게는 이를 송달하지 아니한다.(2017.5.30 본문개정)
② 참고인에게는 다음 각 호의 서류가 첨부된 의견요청서를 송달하여야 한다.
1. 위헌법률심판제청서 또는 심판청구서 사본
2. 피청구인의 답변서 사본
3. 이해관계인의 의견서 사본
4. 의견서 작성에 관한 안내문

제15조【참고인 의견서】 ① 참고인은 의견요청을 받은 사항에 대하여 재판부가 정한 기한까지 의견서를 제출하여야 한다.
② 사무관등은 제1항의 의견서 사본을 당사자에게 바로 송달하여야 한다.

제16조【참고인 진술】 ① 참고인의 의견진술은 사전에 제출한 의견서의 내용을 요약·정리하고 이를 명확히 하는 것이어야 한다.
② 재판장은 참고인 진술시간을 합리적인 범위 내에서 제한할 수 있다.
③ 재판관은 언제든지 참고인에게 질문할 수 있다.
④ 당사자는 참고인의 진술이 끝난 후 그에 관한 의견을 진술할 수 있다.

제17조【헌법재판소의 석명처분】 ① 헌법재판소는 심판관계를 분명하게 하기 위하여 다음 각 호의 처분을 할 수 있다.
1. 당사자 본인이나 그 법정대리인에게 출석하도록 명하는 일
2. 심판서류 또는 심판에 인용한 문서, 그 밖의 물건으로서 당사자가 가지고 있는 것을 제출하게 하는 일
3. 당사자 또는 제3자가 제출한 문서, 그 밖의 물건을 헌법재판소에 유치하는 일
4. 검증을 하거나 감정을 명하는 일
5. 필요한 조사를 촉탁하는 일
② 제1항의 검증·감정과 조사의 촉탁에는 법 및 이 규칙, 민사소송법 및 민사소송규칙의 증거조사에 관한 규정을 준용한다.

제18조【통역】 ① 심판정에서는 우리말을 사용한다.
② 심판관계인이 우리말을 하지 못하거나 듣거나 말하는 데에 장애가 있으면 통역인으로 하여금 통역하게 하거나 그 밖에 의사소통을 도울 수 있는 방법을 사용하여야 한다.

제19조【녹화 등의 금지】 누구든지 심판정에서는 재판장의 허가 없이 녹화·촬영·중계방송 등의 행위를 하지 못한다.

제19조의2【변론영상 등의 공개】 헌법재판소는 변론 및 선고에 대한 녹음·녹화의 결과물을 홈페이지 등을 통해 공개할 수 있다.(2017.5.30 본조신설)

제19조의3【변론 또는 선고의 방송】 재판장은 필요하다고 인정하는 경우 변론 또는 선고를 인터넷, 텔레비전 등 방송통신매체를 통하여 방송하게 할 수 있다.(2021.9.14 본조신설)

제4절 기 일

제20조【기일의 지정과 변경】 ① 재판장은 재판부의 협의를 거쳐 기일을 지정한다. 다만, 수명재판관이 신문하거나 심문하는 기일은 그 수명재판관이 지정한다.
② 이미 지정된 기일을 변경하는 경우에도 제1항과 같다.
③ 기일을 변경하거나 변론을 연기 또는 속행하는 경우에는 심판절차의 중단 또는 중지, 그 밖에 다른 특별한 사정이 없으면 다음 기일을 바로 지정하여야 한다.

제21조【기일의 통지】 ① 기일은 기일통지서 또는 출석요구서를 송달하여 통지한다. 다만, 그 사건으로 출석한 사람에게는 기일을 직접 고지하면 된다.
② 기일의 간이통지는 전화·팩시밀리·보통우편 또는 전자우편으로 하거나 그 밖에 적절하다고 인정되는 방법으로 할 수 있다.
③ 제2항의 규정에 따라 기일을 통지한 때에는 사무관등은 그 방법과 날짜를 심판기록에 표시하여야 한다.

제5절 송 달

제22조【전자헌법재판시스템·전화 등을 이용한 송달】 ① 사무관등은「헌법재판소 심판절차에서의 전자문서 이용 등에 관한 규칙」에 따라 전자헌법재판시스템을 이용하여 송달하거나 전화·팩시밀리·전자우편 또는 휴대전화 문자전송을 이용하여 송달할 수 있다.(2010.2.26 본항개정)
② 양쪽 당사자가 변호사를 대리인으로 선임한 경우에 한쪽 당사자의 대리인인 변호사가 상대방 대리인인 변호사에게 송달될 심판서류의 부본을 교부하거나 팩시밀리 또는 전자우편으로 보내고 그 사실을 헌법재판소에 증명하면 송달의 효력이 있다. 다만, 그 심판서류가 당사자 본인에게 교부되어야 할 경우에는 그러하지 아니하다.
(2010.2.26 본조제목개정)

제22조의2【공시송달의 방법】「민사소송법」제194조제1항 및 제3항에 따라 공시송달을 실시하는 경우에는 사무관등은 송달할 서류를 보관하고 다음 각 호 가운데 어느 하나의 방법으로 그 사유를 공시하여야 한다.(2015.7.22 본문개정)
1. 헌법재판소게시판 게시
2. 헌법재판소홈페이지 전자헌법재판센터의 공시송달란 게시
(2010.2.26 본조신설)

제22조의3【송달기관】 헌법재판소는 우편이나 재판장이 지명하는 사무처 직원에 의하여 심판서류를 송달한다.
(2017.5.30 본조신설)

제23조【부본제출의무】 송달을 하여야 하는 심판서류를 제출할 때에는 특별한 규정이 없으면 송달에 필요한 수만큼 부본을 함께 제출하여야 한다.

제24조【공동대리인에게 할 송달】「민사소송법」 제180조에 따라 송달을 하는 경우에 그 공동대리인들이 송달을 받을 대리인 한 사람을 지정하여 신고한 때에는 지정된 대리인에게 송달하여야 한다.

제6절 증 거

제25조【증거의 신청】 증거를 신청할 때에는 증거와 증명할 사실의 관계를 구체적으로 밝혀야 한다.

제26조【증인신문과 당사자신문의 신청】 ① 증인신문은 부득이한 사정이 없으면 일괄하여 신청하여야 한다. 당사자신문을 신청하는 경우에도 마찬가지이다.

② 증인신문을 신청할 때에는 증인의 이름·주소·연락처·직업, 증인과 당사자의 관계, 증인이 사건에 관여하거나 내용을 알게 된 경위를 밝혀야 한다.

제27조【증인신문사항의 제출 등】 ① 증인신문을 신청한 당사자는 헌법재판소가 정한 기한까지 상대방의 수에 12를 더한 수의 증인신문사항을 기재한 서면을 함께 제출하여야 한다.

② 사무관등은 제1항의 서면 1통을 증인신문기일 전에 상대방에게 송달하여야 한다.

③ 증인신문사항은 개별적이고 구체적이어야 한다.

제28조【증인 출석요구서의 기재사항 등】 ① 증인의 출석요구서에는 다음 각 호의 사항을 기재하고 재판장이 서명 또는 기명날인하여야 한다.

1. 출석일시 및 장소
2. 당사자의 표시
3. 신문사항의 요지
4. 출석하지 아니하는 경우의 법률상 제재
5. 출석하지 아니하는 경우에는 그 사유를 밝혀 신고하여야 한다는 취지
6. 제5호의 신고를 하지 아니하는 경우에는 정당한 사유 없이 출석하지 아니한 것으로 인정되어 법률상 제재를 받을 수 있다는 취지

② 증인에 대한 출석요구서는 늦어도 출석할 날보다 7일 전에 송달되어야 한다. 다만, 부득이한 사정이 있으면 그러하지 아니하다.

제29조【불출석의 신고】 증인이 출석요구를 받고 기일에 출석할 수 없으면 바로 그 사유를 밝혀 신고하여야 한다.

제30조【증인이 출석하지 아니한 경우 등】 ① 정당한 사유 없이 출석하지 아니한 증인의 구인에 관하여는 「형사소송규칙」 중 구인에 관한 규정을 준용한다.

② 증언거부나 선서거부에 정당한 이유가 없다고 한 결정이 있은 뒤에 증언거부나 선서거부를 한 증인에 대한 과태료재판절차에 관하여는 「비송사건절차법」 제248조, 제250조의 규정(다만, 검사, 항고, 과태료재판절차의 비용에 관한 부분을 제외한다)을 준용한다.

제31조【증인신문의 방법】 ① 신문은 개별적이고 구체적으로 하여야 한다.

② 당사자의 신문이 다음 각 호의 어느 하나에 해당하는 때에는 재판장은 직권 또는 당사자의 신청에 따라 이를 제한할 수 있다. 다만, 제2호 내지 제6호에 규정된 신문에 관하여 정당한 사유가 있으면 그러하지 아니하다.

1. 증인을 모욕하거나 증인의 명예를 해치는 내용의 신문
2. 「민사소송규칙」 제91조 내지 제94조의 규정에 어긋나는 신문
3. 이미 한 신문과 중복되는 신문
4. 쟁점과 관계없는 신문
5. 의견의 진술을 구하는 신문
6. 증인이 직접 경험하지 아니한 사항에 관하여 진술을 구하는 신문

제32조【이의신청】 ① 증인신문에 관한 재판장의 명령 또는 조치에 대한 이의신청은 그 명령 또는 조치가 있은 후 바로 하여야 하며, 그 이유를 구체적으로 밝혀야 한다.

② 재판부는 제1항에 따른 이의신청에 대하여 바로 결정하여야 한다.

제33조【증인의 증인신문조서 열람 등】 증인은 자신에 대한 증인신문조서의 열람 또는 복사를 청구할 수 있다.

제34조【서증신청의 방식】 당사자가 서증을 신청하려는 경우에는 문서를 제출하는 방식 또는 문서를 가진 사람에게 그것을 제출하도록 명할 것을 신청하는 방식으로 한다.

제35조【문서를 제출하는 방식에 의한 서증신청】 ① 문서를 제출하면서 서증을 신청할 때에는 문서의 제목·작성자 및 작성일을 밝혀야 한다. 다만, 문서의 내용상 명백한 경우에는 그러하지 아니하다.

② 서증을 제출할 때에는 상대방의 수에 1을 더한 수의 사본을 함께 제출하여야 한다. 다만, 상당한 이유가 있으면 헌법재판소는 기간을 정하여 나중에 사본을 제출하게 할 수 있다.

③ 제2항의 사본은 명확한 것이어야 하며 재판장은 사본이 명확하지 아니한 경우에는 사본을 다시 제출하도록 명할 수 있다.

④ 문서의 일부를 증거로 할 때에도 문서의 전부를 제출하여야 한다. 다만, 그 사본은 재판장의 허가를 받아 증거로 원용할 부분의 초본만을 제출할 수 있다.

⑤ 헌법재판소는 서증에 대한 증거조사가 끝난 후에도 서증 원본을 다시 제출할 것을 명할 수 있다.

제36조【증거설명서의 제출 등】 ① 재판장은 서증의 내용을 이해하기 어렵거나 서증의 수가 너무 많은 경우 또는 서증의 입증취지가 명확하지 아니한 경우에는 당사자에게 서증과 증명할 사실의 관계를 구체적으로 밝힌 설명서를 제출하도록 명할 수 있다.

② 서증이 국어 아닌 문자 또는 부호로 되어 있으면 그 문서의 번역문을 붙여야 한다. 다만, 문서의 일부를 증거로 할 때에는 재판장의 허가를 받아 그 부분의 번역문만을 붙일 수 있다.

제37조【서증에 대한 증거결정】 당사자가 서증을 신청한 경우에 다음 각 호의 어느 하나에 해당하는 사유가 있으면 헌법재판소는 그 서증을 채택하지 아니하거나 채택결정을 취소할 수 있다.

1. 서증과 증명할 사실 사이에 관련성이 인정되지 아니하는 경우
2. 이미 제출된 증거와 같거나 비슷한 취지의 문서로서 별도의 증거가치가 있음을 당사자가 밝히지 못한 경우
3. 국어 아닌 문자 또는 부호로 되어 있는 문서로서 그 번역문을 붙이지 아니하거나 재판장의 번역문 제출명령에 따르지 아니한 경우
4. 제36조에 따른 재판장의 증거설명서 제출명령에 따르지 아니한 경우
5. 문서의 작성자나 그 작성일이 분명하지 아니하여 이를 명확히 하도록 한 재판장의 명령에 따르지 아니한 경우

제38조【문서제출신청의 방식 등】 ① 문서를 가진 사람에게 그것을 제출하도록 명하는 방법으로 서증을 신청하려는 경우에는 다음 각 호의 사항을 기재한 서면으로 하여야 한다.

1. 문서의 표시
2. 문서의 취지
3. 문서를 가진 사람
4. 증명할 사실
5. 문서를 제출하여야 하는 의무의 원인

② 상대방은 제1항의 신청에 관하여 의견이 있으면 의견을 기재한 서면을 헌법재판소에 제출할 수 있다.

제39조【문서송부의 촉탁】 ① 서증의 신청은 제34조의 규정에 불구하고 문서를 가지고 있는 사람에게 그 문서를 보내도록 촉탁할 것을 신청하는 방법으로 할 수도 있다. 다만, 당사자가 법령에 따라 문서의 정본이나 등본을 청구할 수 있는 경우에는 그러하지 아니하다.

② 헌법재판소는 법 제32조에 따라 기록의 송부나 자료의 제출을 요구하는 경우로서 국가기관 또는 공공단체의 기관이 원본을 제출하기 곤란한 사정이 있는 때에는 그 인증등본을 요구할 수 있다.(2017.5.30 본항신설)

제40조【기록 가운데 일부문서에 대한 송부촉탁】 ① 법원, 검찰청, 그 밖의 공공기관(다음부터 이 조문에서 이 모두를 "법원등"이라 한다)이 보관하고 있는 기록 가운데 불특정한 일부에 대하여도 문서송부의 촉탁을 신청할 수 있다.

② 헌법재판소가 제1항의 신청을 채택한 경우에는 기록을 보관하고 있는 법원등에 대하여 그 기록 가운데 신청인이 지정하는 부분의 인증등본을 보내 줄 것을 촉탁하여야 한다.

③ 제2항에 따른 촉탁을 받은 법원등은 그 문서를 보관하고 있지 아니하거나 그 밖에 송부촉탁에 따를 수 없는 특별한 사정이 없으면 문서송부촉탁 신청인에게 그 기록을 열람하게 하여 필요한 부분을 지정할 수 있도록 하여야 한다.

제41조【문서가 있는 장소에서의 서증조사 등】 ① 제3자가 가지고 있는 문서를 문서제출신청 또는 문서송부촉탁의 방법에 따라 서증으로 신청할 수 없거나 신청하기 어려운 사정이 있으면 헌법재판소는 당사자의 신청 또는 직권에 의하여 그 문서가 있는 장소에서 서증조사를 할 수 있다.

② 제1항의 경우 신청인은 서증으로 신청한 문서의 사본을 헌법재판소에 제출하여야 한다.

제42조【협력의무】 ① 헌법재판소로부터 문서의 전부 또는 일부의 송부를 촉탁 받은 사람 또는 문서가 있는 장소에서의 서증조사 대상인 문서를 가지고 있는 사람은 정당한 이유 없이 문서의 송부나 서증조사에 대한 협력을 거절하지 못한다.

② 문서의 송부촉탁을 받은 사람이 그 문서를 보관하고 있지 아니하거나 그 밖에 송부촉탁에 따를 수 없는 사정이 있으면 그 사유를 헌법재판소에 통지하여야 한다.

제43조【문서제출방법 등】 ① 헌법재판소에 문서를 제출하거나 보낼 때에는 원본, 정본 또는 인증이 있는 등본으로 하여야 한다.

② 헌법재판소는 필요하다고 인정하면 원본을 제출하도록 명하거나 원본을 보내도록 촉탁할 수 있다.

③ 헌법재판소는 당사자로 하여금 그 인용한 문서의 등본 또는 초본을 제출하게 할 수 있다.

④ 헌법재판소는 문서가 증거로 채택되지 아니한 경우에 당사자의 의견을 들어 제출된 문서의 원본·정본·등본·초본 등을 돌려주거나 폐기할 수 있다.

제44조【감정의 신청 등】 ① 감정을 신청할 때에는 감정을 구하는 사항을 적은 서면을 함께 제출하여야 한다.

② 제1항의 서면은 상대방에게 송달하여야 한다.

제45조【감정의 촉탁】 헌법재판소는 필요하다고 인정하면 공공기관, 학교, 그 밖에 상당한 설비가 있는 단체 또는 외국의 공공기관에 감정을 촉탁할 수 있다. 이 경우 선서에 관한 규정은 적용하지 아니한다.

제46조【검증의 신청】 당사자가 검증을 신청할 때에는 검증의 목적을 표시하여 신청하여야 한다.

제47조【검증할 때의 감정 등】 수명재판관은 검증에 필요하다고 인정하면 감정을 명하거나 증인을 신문할 수 있다.

제7절 그 밖의 절차

제48조【선고의 방식】 결정을 선고할 경우에는 재판장이 결정서 원본에 따라 주문을 읽고 이유의 요지를 설명하되, 필요한 때에는 다른 재판관으로 하여금 이유의 요지를 설명하게 할 수 있다. 다만, 법정의견과 다른 의견이 제출된 경우에는 재판장은 선고 시 이를 공개하고 그 의견을 제출한 재판관으로 하여금 이유의 요지를 설명하게 할 수 있다.

제49조【결정서 등본의 송달】 헌법재판소의 종국 결정이 법률의 제정 또는 개정과 관련이 있으면 그 결정서 등본을 국회 및 이해관계가 있는 국가기관에게 송부하여야 한다.

제49조의2【종국결정의 공시】 ① 다음 각 호의 종국결정은 관보에, 그 밖의 종국결정은 헌법재판소의 인터넷 홈페이지에 각 게재함으로써 공시한다.

1. 법률의 위헌결정
2. 탄핵심판에 관한 결정
3. 정당해산심판에 관한 결정
4. 권한쟁의심판에 관한 본안결정
5. 헌법소원의 인용결정
6. 기타 헌법재판소가 필요하다고 인정한 결정

② 관보에 게재함으로써 공시하는 종국결정은 헌법재판소의 인터넷 홈페이지에도 게재한다.

(2011.7.8 본조신설)

제50조【가처분의 신청과 취하】 ① 가처분의 신청 및 가처분신청의 취하는 서면으로 하여야 한다. 다만, 변론기일 또는 심문기일에서는 가처분신청의 취하를 말로 할 수 있다.

② 가처분신청서에는 신청의 취지와 이유를 기재하여야 하며, 주장을 소명하기 위한 증거나 자료를 첨부하여야 한다.

③ 가처분의 신청이 있는 때에는 신청서의 등본을 피신청인에게 바로 송달하여야 한다. 다만, 본안사건이 헌법소원심판 사건인 경우로서 그 심판청구가 명백히 부적법하거나 권리의 남용이라고 인정되는 경우에는 송달하지 아니할 수 있다.

(2014.6.9 단서신설)

제51조【신청에 대한 결정서 정본의 송달】 ① 가처분신청에 대한 결정을 한 때에는 결정서 정본을 신청인에게 바로 송달하여야 한다. 가처분신청에 대하여 답변서를 제출한 피신청인, 의견서를 제출한 이해관계기관이 있을 때에는 이들에게도 결정서 정본을 송달하여야 한다.

② 재판관에 대한 제척 또는 기피의 신청에 대한 결정, 국선대리인 선임신청에 대한 결정을 한 때에는 결정서 정본을 신청인에게 바로 송달하여야 한다. 국선대리인을 선정하는 결정을 한 때에는 국선대리인에게도 결정서 정본을 송달하여야 한다.

제52조【재심의 심판절차】 재심의 심판절차에는 그 성질에 어긋나지 아니하는 범위 내에서 재심 전 심판절차에 관한 규정을 준용한다.

제53조【재심청구서의 기재사항】 ① 재심청구서에는 다음 각 호의 사항을 기재하여야 한다.

1. 재심청구인 및 대리인의 표시
2. 재심할 결정의 표시와 그 결정에 대하여 재심을 청구하는 취지
3. 재심의 이유

② 재심청구서에는 재심의 대상이 되는 결정의 사본을 붙여야 한다.

제3장 특별심판절차

제1절 위헌법률심판

제54조【제청서의 기재사항】 제청서에는 법 제43조의 기재사항 외에 다음 각 호의 사항을 기재하여야 한다.

1. 당해사건이 형사사건인 경우 피고인의 구속여부 및 그 기간
2. 당해사건이 행정사건인 경우 행정처분의 집행정지 여부

제55조【제청법원의 의견서 등 제출】 제청법원은 위헌법률심판을 제청한 후에도 심판에 필요한 의견서나 자료 등을 헌법재판소에 제출할 수 있다.
제56조【당해사건 참가인의 의견서 제출】 당해사건의 참가인은 헌법재판소에 법률이나 법률조항의 위헌 여부에 관한 의견서를 제출할 수 있다.

제2절 탄핵심판

제57조【소추위원의 대리인 선임】 소추위원은 변호사를 대리인으로 선임하여 탄핵심판을 수행하게 할 수 있다.
제58조【소추위원의 자격상실과 심판절차의 중지】 ① 소추위원인 국회법제사법위원회의 위원장이 그 자격을 잃은 때에는 탄핵심판절차는 중단된다. 이 경우 새로 국회법제사법위원회의 위원장이 된 사람이 탄핵심판절차를 수계하여야 한다.
② 소추위원의 대리인이 있는 경우에는 탄핵심판절차는 중단되지 아니한다.
제59조【변론기일의 시작】 변론기일은 사건과 당사자의 이름을 부름으로써 시작한다.
제60조【소추의결서의 낭독】 ① 소추위원은 먼저 소추의결서를 낭독하여야 한다.
② 제1항의 경우에 재판장은 원활한 심리를 위하여 필요하다고 인정하면 소추사실의 요지만을 진술하게 할 수 있다.
제61조【피청구인의 의견진술】 재판장은 피청구인에게 소추에 대한 의견을 진술할 기회를 주어야 한다.
제62조【증거에 대한 의견진술】 소추위원 또는 피청구인은 증거로 제출된 서류나 물건 등을 증거로 하는 것에 동의하는지 여부에 관한 의견을 진술하여야 한다.(2017.5.30 본조개정)
제62조의2【피청구인에 대한 신문】 ① 재판장은 피청구인이 변론기일에 출석한 경우 피청구인을 신문하거나 소추위원과 그 대리인 또는 피청구인의 대리인으로 하여금 신문하게 할 수 있다.
② 피청구인은 진술하지 아니하거나 개개의 질문에 대하여 진술을 거부할 수 있다.
③ 재판장은 피청구인에 대한 신문 전에 피청구인에게 제2항과 같이 진술을 거부할 수 있음을 고지하여야 한다.
④ 제1항에 따른 피청구인에 대한 신문은 소추위원과 피청구인의 최종 의견진술 전에 한다. 다만, 재판장이 필요하다고 인정한 때에는 피청구인의 최종 의견진술 후에도 피청구인을 신문할 수 있다.
(2017.5.30 본조신설)
제63조【최종 의견진술】 ① 소추위원은 탄핵소추에 관하여 최종 의견을 진술할 수 있다. 다만, 소추위원이 출석하지 아니한 경우에는 소추의결서 정본의 기재사항에 의하여 의견을 진술한 것으로 본다.(2017.5.30 본문개정)
② 재판장은 피청구인에게 최종 의견을 진술할 기회를 주어야 한다.
③ 재판장은 심리의 적절한 진행을 위하여 필요한 경우 제1항과 제2항에 따른 의견진술 시간을 제한할 수 있다.
(2017.5.30 본조제목개정)
제64조【당사자의 불출석과 선고】 당사자가 출석하지 아니한 경우에도 종국결정을 선고할 수 있다.

제3절 정당해산심판

제65조【정당해산심판청구서의 첨부서류】 ① 정당해산심판의 청구서에는 정당해산의 제소에 관하여 국무회의의 심의를 거쳤음을 증명하는 서류를 붙여야 한다.
② 정당해산심판의 청구서에는 중앙당등록대장등본 등 피청구인이 정당해산심판의 대상이 되는 정당임을 증명할 수 있는 자료를 붙여야 한다.
제66조【청구 등의 통지방법】 ① 정당해산심판의 청구 또는 청구의 취하가 있는 때, 가처분결정을 한 때 및 그 심판을 종료한 때에는 헌법재판소장은 국회와 중앙선거관리위원회에 정당해산심판청구서 부본 또는 취하서 부본, 가처분결정서 등본, 종국결정 등본을 붙여 그 사실을 통지하여야 한다.
② 법 제58조제2항에 따라 정당해산을 명하는 결정서를 정부에 송달할 경우에는 법무부장관에게 송달하여야 한다.

제4절 권한쟁의심판

제67조【권한쟁의심판청구의 통지】 헌법재판소장은 권한쟁의심판이 청구된 경우에는 다음 각 호의 국가기관 또는 지방자치단체에게 그 사실을 바로 통지하여야 한다.
1. 법무부장관
2. 지방자치단체를 당사자로 하는 권한쟁의심판인 경우에는 행정안전부장관. 다만, 법 제62조제2항에 의한 교육·학예에 관한 지방자치단체의 사무에 관한 것일 때에는 행정안전부장관 및 교육부장관(2021.9.14 본호개정)
3. 시·군 또는 지방자치단체인 구를 당사자로 하는 권한쟁의심판인 경우에는 그 지방자치단체가 소속된 특별시·광역시 또는 도
4. 그 밖에 권한쟁의심판에 이해관계가 있다고 인정되는 국가기관 또는 지방자치단체

제5절 헌법소원심판

제68조【헌법소원심판청구서의 기재사항】 ① 법 제68조제1항에 따른 헌법소원심판의 청구서에는 다음 각 호의 사항을 기재하여야 한다.
1. 청구인 및 대리인의 표시
2. 피청구인(다만, 법령에 대한 헌법소원의 경우에는 그러하지 아니하다)
3. 침해된 권리
4. 침해의 원인이 되는 공권력의 행사 또는 불행사
5. 청구이유
6. 다른 법률에 따른 구제 절차의 경유에 관한 사항
7. 청구기간의 준수에 관한 사항
② 법 제68조제2항에 따른 헌법소원심판의 청구서에는 다음 각 호의 사항을 기재하여야 한다.
1. 청구인 및 대리인의 표시
2. 사건 및 당사자의 표시
3. 위헌이라고 해석되는 법률 또는 법률 조항
4. 위헌이라고 해석되는 이유
5. 법률이나 법률 조항의 위헌 여부가 재판의 전제가 되는 이유
6. 청구기간의 준수에 관한 사항
제69조【헌법소원심판청구서의 첨부서류】 ① 헌법소원심판의 청구서에는 대리인의 선임을 증명하는 서류를 붙여야 한다. 다만, 심판청구와 동시에 국선대리인선임신청을 하는 경우에는 그러하지 아니하다.
② 법 제68조제2항에 따른 헌법소원심판의 청구서를 제출할 때에는 다음 각 호의 서류도 함께 제출하여야 한다.
1. 위헌법률심판제청신청서 사본
2. 위헌법률심판제청신청 기각결정서 사본
3. 위헌법률심판제청신청 기각결정서 송달증명원
4. 당해사건의 재판서를 송달받은 경우에는 그 재판서 사본

제70조【보정명령】① 헌법재판소는 청구서의 필수 기재사항이 누락되거나 명확하지 아니한 경우에 적당한 기간을 정하여 이를 보정하도록 명할 수 있다.
② 제1항에 따른 보정기간까지 보정하지 아니한 경우에는 심판청구를 각하할 수 있다.

부 칙

제1조【시행일】이 규칙은 공포 후 30일이 경과한 날부터 시행한다.
제2조【계속사건에 관한 경과조치】이 규칙은 특별한 규정이 없으면 이 규칙 시행 당시 헌법재판소에 계속 중인 사건에도 적용한다. 다만, 이 규칙 시행 전에 생긴 효력에는 영향을 미치지 아니한다.

부 칙 (2015.7.22)

이 규칙은 공포한 날부터 시행하되, 2015년 7월 1일부터 적용한다.

부 칙 (2017.5.30)
(2018.6.15)

이 규칙은 공포한 날부터 시행한다.

부 칙 (2021.9.14)

제1조【시행일】이 규칙은 공포한 날부터 시행한다.
제2조【다른 규칙의 개정】①~③ ※(해당 규칙에 가제정리 하였음)

사면법

(1948년 8월 30일
법 률 제2호)

개정
2007.12.21법 8721호
2011. 7.18법10862호
2012. 2.10법11301호
2016. 1. 6법13722호(군사법원)
2021. 9.24법18465호(군사법원)

제1조【목적】이 법은 사면(赦免), 감형(減刑) 및 복권(復權)에 관한 사항을 규정한다.(2012.2.10 본조개정)
제2조【사면의 종류】사면은 일반사면과 특별사면으로 구분한다.(2012.2.10 본조개정)
제3조【사면 등의 대상】사면, 감형 및 복권의 대상은 다음 각 호와 같다.
1. 일반사면 : 죄를 범한 자
2. 특별사면 및 감형 : 형을 선고받은 자
3. 복권 : 형의 선고로 인하여 법령에 따른 자격이 상실되거나 정지된 자

(2012.2.10 본조개정)
제4조【사면규정의 준용】행정법규 위반에 대한 범칙(犯則) 또는 과벌(科罰)의 면제와 징계법규에 따른 징계 또는 징벌의 면제에 관하여는 이 법의 사면에 관한 규정을 준용한다.(2012.2.10 본조개정)
제5조【사면 등의 효과】① 사면, 감형 및 복권의 효과는 다음 각 호와 같다.
1. 일반사면 : 형 선고의 효력이 상실되며, 형을 선고받지 아니한 자에 대하여는 공소권(公訴權)이 상실된다. 다만, 특별한 규정이 있을 때에는 예외로 한다.
2. 특별사면 : 형의 집행이 면제된다. 다만, 특별한 사정이 있을 때에는 이후 형 선고의 효력을 상실하게 할 수 있다.
3. 일반(一般)에 대한 감형 : 특별한 규정이 없는 경우에는 형을 변경한다.
4. 특정한 자에 대한 감형 : 형의 집행을 경감한다. 다만, 특별한 사정이 있을 때에는 형을 변경할 수 있다.
5. 복권 : 형 선고의 효력으로 인하여 상실되거나 정지된 자격을 회복한다.

② 형의 선고에 따른 기성(旣成)의 효과는 사면, 감형 및 복권으로 인하여 변경되지 아니한다.
(2012.2.10 본조개정)
판례 제1항제1호 소정의 '일반사면은 형의 언도의 효력이 상실된다'는 의미는 형법 제65조 소정의 '형의 선고는 효력을 잃는다'는 의미와 마찬가지로 단지 형의 선고의 법률적 효과가 없어진다는 것일 뿐 형의 선고가 있었다는 기왕의 사실 자체의 모든 효과까지 소멸한다는 뜻은 아니다.(대판 1995.12.22, 95도2446)
제6조【복권의 제한】복권은 형의 집행이 끝나지 아니한 자 또는 집행이 면제되지 아니한 자에 대하여는 하지 아니한다.(2012.2.10 본조개정)
제7조【집행유예를 선고받은 자에 대한 사면 등】형의 집행유예를 선고받은 자에 대하여는 형 선고의 효력을 상실하게 하는 특별사면 또는 형을 변경하는 감형을 하거나 그 유예기간을 단축할 수 있다.(2012.2.10 본조개정)
제8조【일반사면 등의 실시】일반사면, 죄 또는 형의 종류를 정하여 하는 감형 및 일반에 대한 복권은 대통령령으로 한다. 이 경우 일반사면은 죄의 종류를 정하여 한다.
(2012.2.10 본조개정)
제9조【특별사면 등의 실시】특별사면, 특정한 자에 대한 감형 및 복권은 대통령이 한다.(2012.2.10 본조개정)
제10조【특별사면 등의 상신】① 법무부장관은 대통령에게 특별사면, 특정한 자에 대한 감형 및 복권을 상신(上申)한다.
② 법무부장관은 제1항에 따라 특별사면, 특정한 자에 대한 감형 및 복권을 상신할 때에는 제10조의2에 따른 사면심사위원회의 심사를 거쳐야 한다.
(2007.12.21 본조개정)

제10조의2【사면심사위원회】 ① 제10조제1항에 따른 특별사면, 특정한 자에 대한 감형 및 복권 상신의 적정성을 심사하기 위하여 법무부장관 소속으로 사면심사위원회를 둔다. (2012.2.10 본항개정)
② 사면심사위원회는 위원장 1명을 포함한 9명의 위원으로 구성한다.(2012.2.10 본항개정)
③ 위원장은 법무부장관이 되고, 위원은 법무부장관이 임명하거나 위촉하되, 공무원이 아닌 위원을 4명 이상 위촉하여야 한다.(2012.2.10 본항개정)
④ 공무원이 아닌 위원의 임기는 2년으로 하며, 한 차례만 연임할 수 있다.(2012.2.10 본항개정)
⑤ 사면심사위원회의 심사과정 및 심사내용의 공개범위와 공개시기는 다음 각 호와 같다. 다만, 제2호 및 제3호의 내용 중 개인의 신상을 특정할 수 있는 부분은 삭제하고 공개하되, 국민의 알권리를 충족할 필요가 있는 등의 사유가 있는 경우에는 사면심사위원회가 달리 의결할 수 있다.
1. 위원의 명단과 경력사항은 임명 또는 위촉한 즉시
2. 심의서는 해당 특별사면 등을 행한 후부터 즉시
3. 회의록은 해당 특별사면 등을 행한 후 5년이 경과한 때부터
(2011.7.18 본항개정)
⑥ 위원은 사면심사위원회의 업무를 처리하면서 알게 된 비밀을 누설하여서는 아니 된다.(2012.2.10 본항개정)
⑦ 위원은 「형법」이나 그 밖의 법률에 따른 벌칙을 적용할 때에는 공무원으로 본다.(2012.2.10 본항개정)
⑧ 제1항부터 제7항까지에서 규정한 사항 외에 사면심사위원회에 관하여 필요한 사항은 법무부령으로 정한다.
(2012.2.10 본항개정)

제11조【특별사면 등 상신의 신청】 검찰총장은 직권으로 또는 형의 집행을 지휘한 검찰청 검사의 보고 또는 수형자가 수감되어 있는 교정시설의 장의 보고에 의하여 법무부장관에게 특별사면 또는 특정한 자에 대한 감형을 상신할 것을 신청할 수 있다.(2012.2.10 본조개정)

제12조【특별사면 등의 제청】 ① 형의 집행을 지휘한 검찰청의 검사와 수형자가 수감되어 있는 교정시설의 장이 특별사면 또는 특정한 자에 대한 감형을 제청하려는 경우에는 제14조에 따른 서류를 첨부하고 제청 사유를 기재한 보고서를 검찰총장에게 제출하여야 한다.
② 교정시설의 장이 제1항의 보고서를 제출하는 경우에는 형의 집행을 지휘한 검찰청의 검사를 거쳐야 한다.
(2012.2.10 본조개정)

제13조【검사의 의견 첨부】 검사가 제12조제2항의 서류를 접수하였을 때에는 제14조제3호에 따른 사항을 조사하여 그에 대한 의견을 첨부하여 검찰총장에게 송부하여야 한다.
(2012.2.10 본조개정)

제14조【특별사면 등 상신 신청의 첨부서류】 특별사면 또는 특정한 자에 대한 감형의 상신을 신청하는 신청서에는 다음 각 호의 서류를 첨부하여야 한다.
1. 판결서의 등본 또는 초본
2. 형기(刑期) 계산서
3. 범죄의 정상(情狀), 사건 본인의 성행(性行), 수형 중의 태도, 장래의 생계, 그 밖에 참고가 될 사항에 관한 조사서류
(2012.2.10 본조개정)

제15조【복권 상신의 신청】 ① 검찰총장은 직권으로 또는 형의 집행을 지휘한 검찰청 검사의 보고 또는 사건 본인의 출원(出願)에 의하여 법무부장관에게 특정한 자에 대한 복권을 상신할 것을 신청할 수 있다.
② 제1항에 따른 상신의 신청은 형의 집행이 끝난 날 또는 집행이 면제된 날부터 3년이 지나지 아니하면 하지 못한다.
(2012.2.10 본조개정)

제16조【복권 상신 신청의 첨부서류】 복권의 상신을 신청하는 신청서에는 다음 각 호의 서류를 첨부하여야 한다.
1. 판결서의 등본 또는 초본
2. 형의 집행이 끝나거나 집행이 면제된 것을 증명하는 서류
3. 형의 집행이 끝난 후 또는 집행이 면제된 후의 사건 본인의 태도, 현재와 장래의 생계, 그 밖에 참고가 될 사항에 관한 조사서류
4. 사건 본인이 출원한 경우에는 그 출원서
(2012.2.10 본조개정)

제17조【특정한 자격에 대한 복권의 출원】 특정한 자격에 대한 복권을 출원하는 경우에는 회복하려는 자격의 종류를 분명히 밝혀야 한다.(2012.2.10 본조개정)

제18조【본인에 의한 복권의 출원】 복권을 사건 본인이 출원하는 경우에는 형의 집행을 지휘한 검찰청의 검사를 거쳐야 한다.(2012.2.10 본조개정)

제19조【검사의 의견 첨부】 검사가 제18조의 서류를 접수하였을 때에는 제16조제3호에 따른 사항을 조사하여 그에 대한 의견을 첨부하여 검찰총장에게 송부하여야 한다.
(2012.2.10 본조개정)

제20조【상신 신청의 기각】 ① 법무부장관은 특별사면, 특정한 자에 대한 감형 또는 복권 상신의 신청이 이유 없다고 인정할 때에는 그 사유를 검찰총장에게 통지한다.
② 검찰총장은 제1항에 따라 통지받은 사유를 관계 검찰청의 검사, 교정시설의 장 또는 사건 본인에게 통지하여야 한다.
(2012.2.10 본조개정)

제21조【사면장 등의 송부】 법무부장관은 대통령으로부터 특별사면, 특정한 자에 대한 감형 또는 복권의 명이 있을 때에는 검찰총장에게 사면장(赦免狀), 감형장 또는 복권장을 송부한다.(2012.2.10 본조개정)

제22조【사면장 등의 부여】 검찰총장은 사면장, 감형장 또는 복권장을 접수하였을 때에는 관계 검찰청의 검사를 거쳐 지체 없이 이를 사건 본인에게 내준다. 이 경우 사건 본인이 수감되어 있을 때에는 교정시설의 장을 거친다.
(2012.2.10 본조개정)

제23조【교정시설의 장 등에의 통지】 ① 검사는 집행정지 중 또는 가출소(假出所) 중에 있는 자에 대한 사면장, 감형장 또는 복권장을 접수하였을 때에는 그 사실을 사건 본인이 수감되어 있던 교정시설의 장과 감독 경찰관서에 통지하여야 한다.
② 검사는 집행유예 중에 있는 자가 특별사면 또는 감형되거나 복권된 경우에는 그 사실을 감독 경찰관서에 통지하여야 한다.
(2012.2.10 본조개정)

제24조【사면장 등 부여의 촉탁】 ① 사건 본인이 형의 집행을 지휘한 검찰청의 관할구역이 아닌 곳에 거주하는 경우에는 사면장, 감형장 또는 복권장의 부여를 그의 거주지를 관할하는 검찰청의 검사에게 촉탁(囑託)할 수 있다.
② 제1항의 경우에 제23조에 따른 통지는 촉탁받은 검찰청의 검사가 한다.
(2012.2.10 본조개정)

제25조【판결원본에의 부기 등】 ① 사면, 감형 또는 복권이 있을 때에는 형의 집행을 지휘한 검찰청의 검사는 판결원본에 그 사유를 덧붙여 적어야 한다.
② 특별사면, 특정한 자에 대한 감형 및 복권에 관한 서류는 소송기록에 철한다.
(2012.2.10 본조개정)

제26조【사면장 등 부여의 보고】 검사가 사면장, 감형장 또는 복권장을 사건 본인에게 내주었을 때에는 지체 없이 법무부장관에게 보고하여야 한다.(2012.2.10 본조개정)

제27조【군사법원에서 형을 선고받은 자의 사면 등】 군사법원(「군사법원법」 제11조에 따라 군사법원에 재판권이 있는 사건을 심판하는 고등법원을 포함한다. 이하 이 조에서 같다)에서 형을 선고받은 자에 대하여는 이 법에 따른 법무부장관의 직무는 국방부장관이 수행하고, 검찰총장과 검사의 직무는 형을 선고한 군사법원에서 군검사의 직무를 수행한 군법무관이 수행한다.(2021.9.24 본조개정)

부　칙 (2021.9.24)

제1조【시행일】 이 법은 2022년 7월 1일부터 시행한다.(이하 생략)

법령 등 공포에 관한 법률
(약칭 : 법령공포법)

(1963년 12월 16일
법 률 제1539호)

개정
1973. 3. 9법 2585호 1982.11.29법 3573호
1997.12.13법 5454호(정부부처명)
2008. 3.28법 8997호 2010. 3.12법10059호
2018.10.16법15798호

제1조【목적】 이 법은 법령 등의 공포(公布) 절차에 관하여 규정함을 목적으로 한다.(2010.3.12 본조개정)

제2조【전문】 헌법개정·법률·조약 및 대통령령의 공포문과 헌법개정안·예산 및 예산 외 국고부담계약의 공고문에는 전문(前文)을 붙여야 한다.(2010.3.12 본조개정)

제3조【헌법개정안】 헌법개정안 공고문의 전문에는 대통령 또는 국회 재적의원 과반수가 발의(發議)한 사실을 적고, 대통령이 서명한 후 대통령인(大統領印)을 찍고 그 공고일을 명기(明記)하여 국무총리와 각 국무위원이 부서(副署)한다.(2010.3.12 본조개정)

제4조【헌법개정】 헌법개정 공포문의 전문에는 헌법개정안이 대통령 또는 국회 재적의원 과반수의 발의로 제안되어 국회에서 재적의원 3분의 2 이상이 찬성하고 국민투표에서 국회의원 선거권자 과반수가 투표하여 투표자 과반수가 찬성한 사실을 적고, 대통령이 서명한 후 국새(國璽)와 대통령인을 찍고 그 공포일을 명기하여 국무총리와 각 국무위원이 부서한다.(2010.3.12 본조개정)

제5조【법률】 ① 법률 공포문의 전문에는 국회의 의결을 받은 사실을 적고, 대통령이 서명한 후 대통령인을 찍고 그 공포일을 명기하여 국무총리와 관계 국무위원이 부서한다.
② 「대한민국헌법」 제53조제6항에 따라 국회의장이 공포하는 법률의 공포문 전문에는 국회의 의결을 받은 사실과 「대한민국헌법」 제53조제6항에 따라 공포한다는 뜻을 적고, 국회의장이 서명한 후 국회의장인(國會議長印)을 찍고 그 공포일을 명기하여야 한다.
(2010.3.12 본조개정)

제6조【조약】 조약 공포문의 전문에는 국회의 동의 또는 국무회의의 심의를 거친 사실을 적고, 대통령이 서명한 후 대통령인을 찍고 그 공포일을 명기하여 국무총리와 관계 국무위원이 부서한다.(2010.3.12 본조개정)

제7조【대통령령】 대통령령 공포문의 전문에는 국무회의의 심의를 거친 사실을 적고, 대통령이 서명한 후 대통령인을 찍고 그 공포일을 명기하여 국무총리와 관계 국무위원이 부서한다.(2010.3.12 본조개정)

제8조【예산 등】 예산 및 예산 외 국고부담계약 공고문의 전문에는 국회의 의결을 받은 사실을 적고, 대통령이 서명한 후 대통령인을 찍고 그 공고일을 명기하여 국무총리와 관계 국무위원이 부서하여야 한다.(2010.3.12 본조개정)

제9조【총리령 등】 ① 총리령을 공포할 때에는 그 일자를 명기하고, 국무총리가 서명한 후 총리인(總理印)을 찍는다.
② 부령을 공포할 때에는 그 일자를 명기하고, 해당 부(部)의 장관이 서명한 후 그 장관인(長官印)을 찍는다.
(2010.3.12 본조개정)

제10조【법령 번호】 ① 법률, 대통령령, 총리령 및 부령은 각각 그 번호를 붙여서 공포한다.
② 제1항의 번호는 법률, 대통령령, 총리령 및 각 부령별로 표시한다. 다만, 국회의장이 공포하는 법률의 번호는 국회규칙으로 정하는 바에 따라 따로 표시하되, 대통령이 공포한 법률과 구별할 수 있는 표지(標識)를 하여야 한다.
(2010.3.12 본조개정)

제11조【공포 및 공고의 절차】 ① 헌법개정·법률·조약·대통령령·총리령 및 부령의 공포와 헌법개정안·예산 및 예산 외 국고부담계약의 공고는 관보(官報)에 게재함으로써 한다.
② 「국회법」 제98조제3항 전단에 따라 하는 국회의장의 법률 공포는 서울특별시에서 발행되는 둘 이상의 일간신문에 게재함으로써 한다.
③ 제1항에 따른 관보는 종이로 발행되는 관보(이하 "종이관보"라 한다)와 전자적인 형태로 발행되는 관보(이하 "전자관보"라 한다)로 운영한다.(2018.10.16 본항개정)
④ 관보의 내용 해석 및 적용 시기 등에 대하여 종이관보와 전자관보는 동일한 효력을 가진다.(2018.10.16 본항개정)
(2010.3.12 본조개정)

제12조【공포일·공고일】 제11조의 법령 등의 공포일 또는 공고일은 해당 법령 등을 게재한 관보 또는 신문이 발행된 날로 한다.(2010.3.12 본조개정)

제13조【시행일】 대통령령, 총리령 및 부령은 특별한 규정이 없으면 공포한 날부터 20일이 경과함으로써 효력을 발생한다.(2010.3.12 본조개정)

제13조의2【법령의 시행유예기간】 국민의 권리 제한 또는 의무 부과와 직접 관련되는 법률, 대통령령, 총리령 및 부령은 긴급히 시행하여야 할 특별한 사유가 있는 경우를 제외하고는 공포일부터 적어도 30일이 경과한 날부터 시행되도록 하여야 한다.(2010.3.12 본조개정)

제14조 (2010.3.12 삭제)

부 칙 (2010.3.12)
(2018.10.16)

이 법은 공포한 날부터 시행한다.

국가인권위원회법

(2001년 5월 24일
법 률 제6481호)

개정
2005. 3.31법 7427호(민법)
2005. 7.29법 7651호
2005. 8. 4법 7655호(치료감호법)
2005.12.29법 7796호(국가공무원)
2006.10. 4법 8050호(국가재정법)
2007. 5.17법 8435호(가족관계등록)
2009. 2. 3법 9402호(공직자윤리)
2011. 5.19법10679호 2012. 3.21법11413호
2013. 3.23법11690호(정부조직)
2014. 3.18법12500호 2016. 2. 3법14028호
2020. 2. 4법16928호(군인사법)
2020. 3.24법17126호
2021. 7.20법18298호(국가교육위원회설치및운영에관한법)
2022. 1. 4법18721호
2022. 4.26법18846호(비영리민간단체지원법)
2024.12. 3법20558호

제1장 총 칙
(2011.5.19 본장개정)

제1조【목적】 이 법은 국가인권위원회를 설립하여 모든 개인이 가지는 불가침의 기본적 인권을 보호하고 그 수준을 향상시킴으로써 인간으로서의 존엄과 가치를 실현하고 민주적 기본질서의 확립에 이바지함을 목적으로 한다.

제2조【정의】 이 법에서 사용하는 용어의 뜻은 다음과 같다.

1. "인권"이란 「대한민국헌법」 및 법률에서 보장하거나 대한민국이 가입·비준한 국제인권조약 및 국제관습법에서 인정하는 인간으로서의 존엄과 가치 및 자유와 권리를 말한다.
2. "구금·보호시설"이란 다음 각 목에 해당하는 시설을 말한다.
가. 교도소·소년교도소·구치소 및 그 지소, 보호감호소, 치료감호시설, 소년원 및 소년분류심사원
나. 경찰서 유치장 및 사법경찰관리가 직무 수행을 위하여 사람을 조사하고 유치(留置)하거나 수용하는 데에 사용하는 시설
다. 군 교도소(지소·미결수용실을 포함한다)(2020.2.4 본목개정)
라. 외국인 보호소
마. 다수인 보호시설(많은 사람을 보호하고 수용하는 시설로서 대통령령으로 정하는 시설을 말한다)
3. "평등권 침해의 차별행위"란 합리적인 이유 없이 성별, 종교, 장애, 나이, 사회적 신분, 출신 지역(출생지, 등록기준지, 성년이 되기 전의 주된 거주지 등을 말한다), 출신 국가, 출신 민족, 용모 등 신체 조건, 기혼·미혼·별거·이혼·사별·재혼·사실혼 등 혼인 여부, 임신 또는 출산, 가족 형태 또는 가족 상황, 인종, 피부색, 사상 또는 정치적 의견, 형의 효력이 실효된 전과(前科), 성적(性的) 지향, 학력, 병력(病歷) 등을 이유로 한 다음 각 목의 어느 하나에 해당하는 행위를 말한다. 다만, 현존하는 차별을 없애기 위하여 특정한 사람(특정한 사람들의 집단을 포함한다. 이하 이 조에서 같다)을 잠정적으로 우대하는 행위와 이를 내용으로 하는 법령의 제정·개정 및 정책의 수립·집행은 평등권 침해의 차별행위(이하 "차별행위"라 한다)로 보지 아니한다.
가. 고용(모집, 채용, 교육, 배치, 승진, 임금 및 임금 외의 금품 지급, 자금의 융자, 정년, 퇴직, 해고 등을 포함한다)과 관련하여 특정한 사람을 우대·배제·구별하거나 불리하게 대우하는 행위
나. 재화·용역·교통수단·상업시설·토지·주거시설의 공급이나 이용과 관련하여 특정한 사람을 우대·배제·구별하거나 불리하게 대우하는 행위
다. 교육시설이나 직업훈련기관에서의 교육·훈련이나 그 이용과 관련하여 특정한 사람을 우대·배제·구별하거나 불리하게 대우하는 행위
라. 성희롱〔업무, 고용, 그 밖의 관계에서 공공기관(국가기관, 지방자치단체, 「초·중등교육법」 제2조, 「고등교육법」 제2조와 그 밖의 다른 법률에 따라 설치된 각급 학교, 「공직자윤리법」 제3조의2제1항에 따른 공직유관단체를 말한다)의 종사자, 사용자 또는 근로자가 그 직위를 이용하여 또는 업무 등과 관련하여 성적 언동 등으로 성적 굴욕감 또는 혐오감을 느끼게 하거나 성적 언동 또는 그 밖의 요구 등에 따르지 아니한다는 이유로 고용상의 불이익을 주는 것을 말한다〕 행위
4. "장애"란 신체적·정신적·사회적 요인으로 장기간에 걸쳐 일상생활 또는 사회생활에 상당한 제약을 받는 상태를 말한다.
5. "시민사회단체"란 「비영리민간단체 지원법」 제4조에 따라 중앙행정기관의 장, 시·도지사나 특례시의 장에게 등록을 한 비영리민간단체, 「민법」 제32조에 따라 주무관청의 허가를 받은 비영리법인, 「공익법인의 설립·운영에 관한 법률」 제4조에 따라 주무관청의 설립허가를 받은 공익법인, 그 밖에 특별법에 따라 설립된 법인을 말한다.(2022.4.26 본호개정)
6. "군인등"이란 다음 각 목의 어느 하나에 해당하는 사람을 말한다.
가. 「군인의 지위 및 복무에 관한 기본법」 제2조제1호에 따른 현역에 복무하는 장교·준사관·부사관 및 병(兵)
나. 「군인의 지위 및 복무에 관한 기본법」 제3조에 따른 사관생도·사관후보생·준사관후보생·부사관후보생, 소집되어 군에 복무하는 예비역·보충역, 군무원
(2022.1.4 본호신설)
7. "군인권침해"란 제30조제1항에 따른 인권침해나 차별행위에 해당하는 경우로서 군인등의 복무 중 업무 수행 과정 또는 병영생활(「군인의 지위 및 복무에 관한 기본법」 제2조제5호에 따른 병영생활을 말한다)에서 발생하는 인권침해나 차별행위를 말한다.(2022.1.4 본호신설)
8. "군인권보호관"이란 「군인의 지위 및 복무에 관한 기본법」 제42조에 따른 군인권보호관을 말한다.(2022.1.4 본호신설)

제3조【국가인권위원회의 설립과 독립성】 ① 이 법에서 정하는 인권의 보호와 향상을 위한 업무를 수행하기 위하여 국가인권위원회(이하 "위원회"라 한다)를 둔다.
② 위원회는 그 권한에 속하는 업무를 독립하여 수행한다.

제4조【적용범위】 이 법은 대한민국 국민과 대한민국의 영역에 있는 외국인에 대하여 적용한다.

제2장 위원회의 구성과 운영
(2011.5.19 본장개정)

제5조【위원회의 구성】 ① 위원회는 위원장 1명과 상임위원 3명을 포함한 11명의 인권위원(이하 "위원"이라 한다)으로 구성한다.
② 위원은 다음 각 호의 사람을 대통령이 임명한다.
(2016.2.3 본문개정)
1. 국회가 선출하는 4명(상임위원 2명을 포함한다)
2. 대통령이 지명하는 4명(상임위원 1명을 포함한다)
(2016.2.3 본호개정)
3. 대법원장이 지명하는 3명
③ 위원은 인권문제에 관하여 전문적인 지식과 경험이 있고 인권의 보장과 향상을 위한 업무를 공정하고 독립적으로 수행할 수 있다고 인정되는 사람으로서 다음 각 호의 어느 하나에 해당하는 자격을 갖추어야 한다.
1. 대학이나 공인된 연구기관에서 부교수 이상의 직이나 이에 상당하는 직에 10년 이상 있거나 있었던 사람
2. 판사·검사 또는 변호사의 직에 10년 이상 있거나 있었던 사람

3. 인권 분야 비영리 민간단체·법인·국제기구에서 근무하는 등 인권 관련 활동에 10년 이상 종사한 경력이 있는 사람
4. 그 밖에 사회적 신망이 높은 사람으로서 시민사회단체로부터 추천을 받은 사람
(2016.2.3 본항신설)
④ 국회, 대통령 또는 대법원장은 다양한 사회계층으로부터 후보를 추천받거나 의견을 들은 후 인권의 보호와 향상에 관련된 다양한 사회계층의 대표성이 반영될 수 있도록 위원을 선출·지명하여야 한다.(2016.2.3 본항신설)
⑤ 위원장은 위원 중에서 대통령이 임명한다. 이 경우 위원장은 국회의 인사청문을 거쳐야 한다.(2012.3.21 후단신설)
⑥ 위원장과 상임위원은 정무직공무원으로 임명한다.
⑦ 위원은 특정 성(性)이 10분의 6을 초과하지 아니하도록 하여야 한다.(2016.2.3 본항개정)
⑧ 임기가 끝난 위원은 후임자가 임명될 때까지 그 직무를 수행한다.

제6조【위원장의 직무】 ① 위원장은 위원회를 대표하며 위원회의 업무를 총괄한다.
② 위원장이 부득이한 사유로 직무를 수행할 수 없을 때에는 위원장이 미리 지명한 상임위원이 그 직무를 대행한다.
③ 위원장은 국회에 출석하여 위원회의 소관 사무에 관하여 의견을 진술할 수 있으며, 국회에서 요구하면 출석하여 보고하거나 답변하여야 한다.
④ 위원장은 국무회의에 출석하여 발언할 수 있으며, 소관 사무에 관하여 국무총리에게 의안(이 법의 시행에 관한 대통령령안을 포함한다) 제출을 건의할 수 있다.
⑤ 위원장은 위원회의 예산 관련 업무를 수행할 때 「국가재정법」 제6조제3항에 따른 중앙관서의 장으로 본다.

제7조【위원장 및 위원의 임기】 ① 위원장과 위원의 임기는 3년으로 하고, 한 번만 연임할 수 있다.
② 위원 중 결원이 생기면 대통령은 결원된 날부터 30일 이내에 후임자를 임명하여야 한다.
③ 결원이 된 위원의 후임으로 임명된 위원의 임기는 새로 시작된다.

제8조【위원의 신분 보장】 위원은 금고 이상의 형의 선고에 의하지 아니하고는 본인의 의사에 반하여 면직되지 아니한다. 다만, 위원이 장기간의 심신쇠약으로 직무를 수행하기가 극히 곤란하게 되거나 불가능하게 된 경우에는 전체 위원 3분의 2 이상의 찬성에 의한 의결로 퇴직하게 할 수 있다.
(2016.2.3 단서개정)

제8조의2【위원의 책임 면제】 위원은 위원회나 제12조에 따른 상임위원회 또는 소위원회에서 직무상 행한 발언과 의결에 관하여 고의 또는 과실이 없으면 민사상 또는 형사상의 책임을 지지 아니한다.(2016.2.3 본조신설)

제9조【위원의 결격사유】 ① 다음 각 호의 어느 하나에 해당하는 사람은 위원이 될 수 없다.
1. 대한민국 국민이 아닌 사람
2. 「국가공무원법」 제33조 각 호의 어느 하나에 해당하는 사람
3. 정당의 당원
4. 「공직선거법」에 따라 실시하는 선거에 후보자로 등록한 사람
② 위원이 제1항 각 호의 어느 하나에 해당하게 되면 당연히 퇴직한다.

제10조【위원의 겸직금지】 ① 위원은 재직 중 다음 각 호의 직을 겸하거나 업무를 할 수 없다.
1. 국회 또는 지방의회의 의원의 직
2. 다른 국가기관 또는 지방자치단체의 공무원(교육공무원은 제외한다)의 직
3. 그 밖에 위원회 규칙으로 정하는 직 또는 업무
② 위원은 정당에 가입하거나 정치운동에 관여할 수 없다.

제11조 (2005.7.29 삭제)

제12조【상임위원회 및 소위원회】 ① 위원회는 그 업무 중 일부를 수행하게 하기 위하여 상임위원회와 침해구제위원회, 차별시정위원회 등의 소위원회(이하 "소위원회"라 한다)를 둘 수 있다.
② 상임위원회는 위원장과 상임위원으로 구성하고, 소위원회는 3명 이상 5명 이하의 위원으로 구성한다.
③ 상임위원회와 소위원회에는 심의 사항을 연구·검토하기 위하여 성·장애 등 분야별 전문위원회를 둘 수 있다.
④ 상임위원회, 소위원회 및 전문위원회의 구성·업무 및 운영과 전문위원의 자격·임기 및 위촉 등에 관하여 필요한 사항은 위원회 규칙으로 정한다.

제13조【회의 의사 및 의결정족수】 ① 위원회의 회의는 위원장이 주재하며, 이 법에 특별한 규정이 없으면 재적위원 과반수의 찬성으로 의결한다.
② 상임위원회 및 소위원회의 회의는 구성위원 3명 이상의 출석과 3명 이상의 찬성으로 의결한다.

제14조【의사의 공개】 위원회의 의사는 공개한다. 다만, 위원회, 상임위원회 또는 소위원회가 필요하다고 인정하면 공개하지 아니할 수 있다.

제15조【자문기구】 ① 위원회는 그 업무 수행에 필요한 사항을 자문하기 위하여 자문기구를 둘 수 있다.
② 자문기구의 조직과 운영에 필요한 사항은 위원회 규칙으로 정한다.

제16조【사무처】 ① 위원회에 위원회의 사무를 처리할 사무처를 두고, 사무처에는 군인권보호관의 업무를 지원하기 위하여 지원조직을 둔다.(2022.1.4 본항개정)
② 사무처에 사무총장 1명과 필요한 직원을 두되 사무총장은 위원회의 심의를 거쳐 위원장의 제청으로 대통령이 임명한다.
③ 소속 직원 중 5급 이상 공무원 또는 고위공무원단에 속하는 일반직공무원은 위원장의 제청으로 대통령이 임명하며, 6급 이하 공무원은 위원장이 임명한다.
④ 사무총장은 위원장의 지휘를 받아 사무처의 사무를 관장하고 소속 직원을 지휘·감독한다.

제17조【징계위원회의 설치】 ① 위원회에 위원회 직원의 징계처분을 의결할 징계위원회를 둔다.
② 징계위원회의 구성, 권한, 심의 절차, 징계의 종류 및 효력, 그 밖에 징계에 필요한 사항은 위원회 규칙으로 정한다.

제18조【위원회의 조직과 운영】 ① 이 법에 규정된 사항 외에 위원회의 조직에 관하여 필요한 사항은 위원회의 독립성을 보장하고 업무를 효과적으로 수행할 수 있도록 최대한 고려하여 대통령령으로 정한다.(2016.2.3 본항개정)
② 이 법에 규정된 사항 외에 위원회의 운영에 필요한 사항은 위원회 규칙으로 정한다.(2016.2.3 본항신설)

제3장 위원회의 업무와 권한
(2011.5.19 본장개정)

제19조【업무】 위원회는 다음 각 호의 업무를 수행한다.
1. 인권에 관한 법령(입법과정 중에 있는 법령안을 포함한다)·제도·정책·관행의 조사와 연구 및 그 개선이 필요한 사항에 관한 권고 또는 의견의 표명
2. 인권침해행위에 대한 조사와 구제
3. 차별행위에 대한 조사와 구제
4. 인권상황에 대한 실태 조사
5. 인권에 관한 교육 및 홍보
6. 인권침해의 유형, 판단 기준 및 그 예방 조치 등에 관한 지침의 제시 및 권고
7. 국제인권조약 가입 및 그 조약의 이행에 관한 연구와 권고 또는 의견의 표명
8. 인권의 옹호와 신장을 위하여 활동하는 단체 및 개인과의 협력 및 지원(2024.12.3 본호개정)

9. 인권과 관련된 국제기구 및 외국 인권기구와의 교류·협력
10. 그 밖에 인권의 보장과 향상을 위하여 필요하다고 인정하는 사항

제19조의2【보조금】 위원회는 인권 현안에 대한 시민사회단체와의 상호 협력 증진과 인권의 저변을 확대·강화할 목적으로 제19조제8호에 따른 인권의 옹호와 신장을 위하여 활동하는 단체 및 개인과의 협력 사업에 대하여 위원회 규칙으로 정하는 바에 따라 예산의 범위에서 필요한 경비의 전부 또는 일부를 보조할 수 있다.(2024.12.3 본조신설)

제20조【관계기관등과의 협의】 ① 관계 국가행정기관 또는 지방자치단체의 장은 인권의 보호와 향상에 영향을 미치는 내용을 포함하고 있는 법령을 제정하거나 개정하려는 경우 미리 위원회에 통지하여야 한다.

② 위원회는 그 업무를 수행하기 위하여 필요하다고 인정하면 국가기관, 지방자치단체, 그 밖의 공사(公私) 단체(이하 "관계기관등"이라 한다)에 협의를 요청할 수 있다.

③ 제2항에 따른 요청을 받은 관계기관등은 정당한 사유가 없으면 이에 성실히 협조하여야 한다.

제21조【정부보고서 작성 시 위원회 의견 청취】 국제인권규약에 따라 관계 국가행정기관이 정부보고서를 작성할 때에는 위원회의 의견을 들어야 한다.

제22조【자료제출 및 사실 조회】 ① 위원회는 그 업무를 수행하기 위하여 필요하다고 인정하면 관계기관등에 필요한 자료 등의 제출이나 사실 조회를 요구할 수 있다.

② 위원회는 그 업무를 수행하기 위하여 필요한 사실을 알고 있거나 전문적 지식 또는 경험을 가지고 있다고 인정되는 사람에게 출석을 요구하여 그 진술을 들을 수 있다.

③ 제1항에 따른 요구를 받은 기관은 지체 없이 협조하여야 한다.

제23조【청문회】 ① 위원회는 그 업무를 수행하기 위하여 필요하다고 인정하면 관계기관등의 대표자, 이해관계인 또는 학식과 경험이 있는 사람 등에게 출석을 요구하여 사실 또는 의견의 진술을 들을 수 있다.

② 제1항에 따라 위원회가 실시하는 청문회의 절차와 방법에 관하여는 위원회 규칙으로 정한다.

제24조【시설의 방문조사】 ① 위원회(상임위원회와 소위원회를 포함한다. 이하 이 조에서 같다)는 필요하다고 인정하면 그 의결로써 구금·보호시설을 방문하여 조사할 수 있다.

② 제1항에 따른 방문조사를 하는 위원은 필요하다고 인정하면 소속 직원 및 전문가를 동반할 수 있으며, 구체적인 사항을 지정하여 소속 직원 및 전문가에게 조사를 위임할 수 있다. 이 경우 조사를 위임받은 전문가가 그 사항에 대하여 조사를 할 때에는 소속 직원을 동반하여야 한다.

③ 제2항에 따라 방문조사를 하는 위원, 소속 직원 또는 전문가(이하 이 조에서 "위원등"이라 한다)는 그 권한을 표시하는 증표를 지니고 이를 관계인에게 내보여야 하며, 방문 및 조사를 받는 구금·보호시설의 장 또는 관리인은 즉시 방문과 조사에 편의를 제공하여야 한다.

④ 제2항에 따라 방문조사를 하는 위원등은 구금·보호시설의 직원 및 구금·보호시설에 수용되어 있는 사람(이하 "시설수용자"라 한다)과 면담할 수 있고 구술 또는 서면으로 사실이나 의견을 진술하게 할 수 있다.

⑤ 구금·보호시설의 직원은 위원등이 시설수용자를 면담하는 장소에 참석할 수 있다. 다만, 대화 내용을 녹음하거나 녹취하지 못한다.

⑥ 구금·보호시설에 대한 방문조사의 절차와 방법 등에 관하여 필요한 사항은 대통령령으로 정한다.

제25조【정책과 관행의 개선 또는 시정 권고】 ① 위원회는 인권의 보호와 향상을 위하여 필요하다고 인정하면 관계기관등에 정책과 관행의 개선 또는 시정을 권고하거나 의견을 표명할 수 있다.

② 제1항에 따라 권고를 받은 관계기관등의 장은 그 권고사항을 존중하고 이행하기 위하여 노력하여야 한다.

③ 제1항에 따라 권고를 받은 관계기관등의 장은 권고를 받은 날부터 90일 이내에 그 권고사항의 이행계획을 위원회에 통지하여야 한다.(2012.3.21 본항개정)

④ 제1항에 따라 권고를 받은 관계기관등의 장은 그 권고의 내용을 이행하지 아니할 경우에는 그 이유를 위원회에 통지하여야 한다.(2012.3.21 본항신설)

⑤ 위원회는 제1항에 따른 권고 또는 의견의 이행실태를 확인·점검할 수 있다.(2022.1.4 본항신설)

⑥ 위원회는 필요하다고 인정하면 제1항에 따른 위원회의 권고와 의견 표명, 제4항에 따라 권고를 받은 관계기관등의 장이 통지한 내용 및 제5항에 따른 이행실태의 확인·점검 결과를 공표할 수 있다.(2022.1.4 본항개정)

제26조【인권교육과 홍보】 ① 위원회는 모든 사람의 인권의식을 깨우치고 향상시키기 위하여 필요한 인권교육과 홍보를 하여야 한다.

② 위원회는 「초·중등교육법」 제23조에 따른 학교 교육과정에 인권에 관한 내용을 포함시키기 위하여 국가교육위원회와 협의할 수 있다.(2021.7.20 본항개정)

③ 위원회는 인권교육과 인권에 관한 연구의 발전을 위하여 필요한 사항을 「고등교육법」 제2조에 따라 설립된 학교의 장과 협의할 수 있다.

④ 위원회는 공무원의 채용시험, 승진시험, 연수 및 교육훈련 과정에 인권에 관한 내용을 포함시키기 위하여 국가기관 및 지방자치단체의 장과 협의할 수 있다.

⑤ 위원회는 군인권침해를 개선·예방하기 위한 인권교육을 위하여 국방부장관과 협의할 수 있다.(2022.1.4 본항신설)

⑥ 위원회는 「정부출연연구기관 등의 설립·운영 및 육성에 관한 법률」 제8조 및 제18조와 「과학기술분야 정부출연연구기관 등의 설립·운영 및 육성에 관한 법률」 제8조 및 제18조에 따라 설립된 연구기관 또는 연구회의 장과 협의하여 인권에 관한 연구를 요청하거나 공동으로 연구할 수 있다.

⑦ 위원회는 「평생교육법」 제2조제2호에 따른 평생교육기관의 장에 대하여 그 교육내용에 인권 관련 사항을 포함하도록 권고할 수 있다.

제26조의2【국가인권교육원】 ① 인권교육에 관한 업무를 체계적이고 통합적으로 지원하기 위하여 위원회에 국가인권교육원을 둔다.

② 국가인권교육원은 다음 각 호의 업무를 수행한다.

1. 인권교육 분야의 전문가 및 강사 양성
2. 국가·지방자치단체 또는 공공기관 등에서 인권업무를 담당하는 공무원 또는 직원 등 인권 관련 업무 종사자에 대한 교육훈련
3. 위원회가 실시하는 인권교육의 지원 및 관리
4. 인권교육 전문성 제고를 위한 연구
5. 그 밖에 인권교육과 관련하여 대통령령으로 정하는 업무

③ 국가인권교육원에 원장 1명을 두되, 원장은 고위공무원단에 속하는 일반직공무원으로 보한다.

④ 원장은 위원장의 명을 받아 소관 사무를 총괄하고, 소속 공무원을 지휘·감독한다.

⑤ 그 밖에 국가인권교육원의 조직과 운영에 필요한 사항은 대통령령으로 정한다.

(2024.12.3 본조신설)

제27조【인권도서관】 ① 위원회는 인권도서관을 둘 수 있다.

② 인권도서관은 인권에 관한 국내외의 정보와 자료 등을 수집·정리·보존하여 일반인이 이용하도록 제공할 수 있다.

③ (2012.3.21 삭제)

④ 인권도서관의 설치와 운영에 필요한 사항은 위원회 규칙으로 정한다.

(2012.3.21 본조개정)

제28조【법원 및 헌법재판소에 대한 의견 제출】 ① 위원회는 인권의 보호와 향상에 중대한 영향을 미치는 재판이 계속(係屬) 중인 경우 법원 또는 헌법재판소의 요청이 있거나

필요하다고 인정할 때에는 법원의 담당 재판부 또는 헌법재판소에 법률상의 사항에 관하여 의견을 제출할 수 있다.
② 제4장 및 제4장의2에 따라 위원회 또는 제50조의3제1항에 따른 군인권보호위원회가 조사하거나 처리한 내용에 관하여 재판이 계속 중인 경우 위원회는 법원 또는 헌법재판소의 요청이 있거나 필요하다고 인정할 때에는 법원의 담당 재판부 또는 헌법재판소에 사실상 및 법률상의 사항에 관하여 의견을 제출할 수 있다.(2022.1.4 본항개정)

제29조【보고서 작성 등】 ① 위원회는 해마다 전년도의 활동 내용과 인권 상황 및 개선 대책에 관한 보고서를 작성하여 대통령과 국회에 보고하여야 한다. 이 경우 보고서에는 군 인권 관련 사항을 포함하여야 한다.(2022.1.4 후단신설)
② 위원회는 제1항에 따른 보고 외에도 필요하다고 인정하면 대통령과 국회에 특별보고를 할 수 있다.
③ 관계기관등은 제1항 및 제2항에 따른 보고에 관한 의견, 조치 결과 또는 조치 계획을 위원회에 제출할 수 있다.
④ 위원회는 제1항 및 제2항에 따른 보고서를 공개하여야 한다. 다만, 국가의 안전보장, 개인의 명예 또는 사생활의 보호를 위하여 필요하거나 다른 법률에 따라 공개가 제한된 사항은 공개하지 아니할 수 있다.

제4장 인권침해 및 차별행위의 조사와 구제

(2005.7.29 본장제목개정)

제30조【위원회의 조사대상】 ① 다음 각 호의 어느 하나에 해당하는 경우에 인권침해나 차별행위를 당한 사람(이하 "피해자"라 한다) 또는 그 사실을 알고 있는 사람이나 단체는 위원회에 그 내용을 진정할 수 있다.
1. 국가기관, 지방자치단체, 「초·중등교육법」 제2조, 「고등교육법」 제2조와 그 밖의 다른 법률에 따라 설치된 각급 학교, 「공직자윤리법」 제3조의2제1항에 따른 공직유관단체 또는 구금·보호시설의 업무 수행(국회의 입법 및 법원·헌법재판소의 재판은 제외한다)과 관련하여 「대한민국헌법」 제10조부터 제22조까지의 규정에서 보장된 인권을 침해당하거나 차별행위를 당한 경우(2012.3.21 본호개정)
2. 법인, 단체 또는 사인(私人)으로부터 차별행위를 당한 경우
(2011.5.19 본항개정)
② (2005.7.29 삭제)
③ 위원회는 제1항의 진정이 없는 경우에도 인권침해나 차별행위가 있다고 믿을 만한 상당한 근거가 있고 그 내용이 중대하다고 인정할 때에는 직권으로 조사할 수 있다.
(2011.5.19 본항개정)
④ 제1항에 따른 진정의 절차와 방법에 관하여 필요한 사항은 위원회 규칙으로 정한다.(2011.5.19 본항개정)

제31조【시설수용자의 진정권 보장】 ① 시설수용자가 위원회에 진정하려고 하면 그 시설에 소속된 공무원 또는 직원(이하 "소속공무원등"이라 한다)은 그 사람에게 즉시 진정서 작성에 필요한 시간과 장소 및 편의를 제공하여야 한다.
② 시설수용자가 위원 또는 위원회 소속 직원 앞에서 진정하기를 원하는 경우 소속공무원등은 즉시 그 뜻을 위원회에 통지하여야 한다.
③ 소속공무원등은 제1항에 따라 시설수용자가 작성한 진정서를 즉시 위원회에 보내고 위원회로부터 접수증명원을 받아 이를 진정인에게 내주어야 한다. 제2항의 통지에 대한 위원회의 확인서 및 면담일정서는 발급받는 즉시 진정을 원하는 시설수용자에게 내주어야 한다.
④ 제2항에 따라 통지를 받은 경우 또는 시설수용자가 진정을 원한다고 믿을 만한 상당한 근거가 있는 경우 위원회는 위원 또는 소속 직원으로 하여금 구금·보호시설을 방문하게 하여 진정을 원하는 시설수용자로부터 구술 또는 서면으로 진정을 접수하게 하여야 한다. 이때 진정을 접수한 위원 또는 소속 직원은 즉시 접수증명원을 작성하여 진정인에게 내주어야 한다.
⑤ 제4항에 따른 위원 또는 소속 직원의 구금·보호시설의 방문 및 진정의 접수에 관하여는 제24조제3항 및 제4항을 준용한다.
⑥ 시설에 수용되어 있는 진정인(진정을 하려는 사람을 포함한다)과 위원 또는 위원회 소속 직원의 면담에는 구금·보호시설의 직원이 참여하거나 그 내용을 듣거나 녹취하지 못한다. 다만, 보이는 거리에서 시설수용자를 감시할 수 있다.
⑦ 소속공무원등은 시설수용자가 위원회에 제출할 목적으로 작성한 진정서 또는 서면을 열람할 수 없다.
⑧ 시설수용자의 자유로운 진정서 작성과 제출을 보장하기 위하여 구금·보호시설에서 이행하여야 할 조치와 그 밖에 필요한 절차와 방법은 대통령령으로 정한다.
(2011.5.19 본조개정)

제32조【진정의 각하 등】 ① 위원회는 접수한 진정이 다음 각 호의 어느 하나에 해당하는 경우에는 그 진정을 각하(却下)한다.
1. 진정의 내용이 위원회의 조사대상에 해당하지 아니하는 경우
2. 진정의 내용이 명백히 거짓이거나 이유 없다고 인정되는 경우
3. 피해자가 아닌 사람이 한 진정에서 피해자가 조사를 원하지 아니하는 것이 명백한 경우
4. 진정의 원인이 된 사실이 발생한 날부터 1년 이상 지나서 진정한 경우. 다만, 진정의 원인이 된 사실에 관하여 공소시효 또는 민사상 시효가 완성되지 아니한 사건으로서 위원회가 조사하기로 결정한 경우에는 그러하지 아니하다.
5. 진정이 제기될 당시 진정의 원인이 된 사실에 관하여 법원 또는 헌법재판소의 재판, 수사기관의 수사 또는 그 밖의 법률에 따른 권리구제 절차가 진행 중이거나 종결된 경우. 다만, 수사기관이 인지하여 수사 중인 「형법」 제123조부터 제125조까지의 죄에 해당하는 사건과 같은 사안에 대하여 위원회에 진정이 접수된 경우에는 그러하지 아니하다.
6. 진정이 익명이나 가명으로 제출된 경우
7. 진정이 위원회가 조사하는 것이 적절하지 아니하다고 인정되는 경우
8. 진정인이 진정을 취하한 경우
9. 위원회가 기각한 진정과 같은 사실에 대하여 다시 진정한 경우
10. 진정의 취지가 그 진정의 원인이 된 사실에 관한 법원의 확정판결이나 헌법재판소의 결정에 반하는 경우
② 위원회는 제1항에 따라 진정을 각하하는 경우 필요하다고 인정하면 그 진정을 관계 기관에 이송할 수 있다. 이 경우 진정을 이송받은 기관은 위원회의 요청이 있으면 지체 없이 그 처리 결과를 위원회에 통지하여야 한다.
③ 위원회가 진정에 대한 조사를 시작한 후에도 그 진정이 제1항 각 호의 어느 하나에 해당하게 된 경우에는 그 진정을 각하할 수 있다.
④ 위원회는 진정을 각하하거나 이송한 경우 지체 없이 그 사유를 구체적으로 밝혀 진정인에게 통지하여야 한다.
⑤ 위원회는 제4항에 따라 진정인에게 통지하는 경우 필요하다고 인정하면 피해자 또는 진정인에게 권리를 구제받는 데에 필요한 절차와 조치에 관하여 조언할 수 있다.
(2011.5.19 본조개정)

제33조【다른 구제 절차와 이송】 ① 진정의 내용이 다른 법률에서 정한 권리구제 절차에 따라 권한을 가진 국가기관에 제출하려는 것이 명백한 경우 위원회는 지체 없이 그 진정을 그 국가기관으로 이송하여야 한다.
② 위원회가 제30조제1항에 따라 진정에 대한 조사를 시작한 후에 진정의 원인이 된 사실과 같은 사안에 관한 수사가 피해자의 진정 또는 고소에 의하여 시작된 경우에는 그 진정을 관할 수사기관으로 이송하여야 한다.
③ 제1항과 제2항에 따라 위원회가 진정을 이송한 경우 지체 없이 그 내용을 진정인에게 통지하여야 하며, 이송받은

기관은 위원회가 요청하는 경우 그 진정에 대한 처리 결과를 위원회에 통지하여야 한다.
(2011.5.19 본조개정)

제34조【수사기관과 위원회의 협조】 ① 진정의 원인이 된 사실이 범죄행위에 해당한다고 믿을 만한 상당한 이유가 있고 그 혐의자의 도주 또는 증거 인멸 등을 방지하거나 증거 확보를 위하여 필요하다고 인정할 경우에 위원회는 검찰총장 또는 관할 수사기관의 장에게 수사의 개시와 필요한 조치를 의뢰할 수 있다.
② 제1항에 따른 의뢰를 받은 검찰총장 또는 관할 수사기관의 장은 지체 없이 그 조치 결과를 위원회에 통지하여야 한다.
(2011.5.19 본조개정)

제35조【조사 목적의 한계】 ① 위원회는 조사를 할 때에는 국가기관의 기능 수행에 지장을 주지 아니하도록 유의하여야 한다.
② 위원회는 개인의 사생활을 침해하거나 계속 중인 재판 또는 수사 중인 사건의 소추(訴追)에 부당하게 관여할 목적으로 조사를 하여서는 아니 된다.
(2011.5.19 본조개정)

제36조【조사의 방법】 ① 위원회는 다음 각 호에서 정한 방법으로 진정에 관하여 조사할 수 있다.
1. 진정인 · 피해자 · 피진정인(이하 "당사자"라 한다) 또는 관계인에 대한 출석 요구, 진술 청취 또는 진술서 제출 요구
2. 당사자, 관계인 또는 관계 기관 등에 대하여 조사 사항과 관련이 있다고 인정되는 자료 등의 제출 요구
3. 조사 사항과 관련이 있다고 인정되는 장소, 시설 또는 자료 등에 대한 현장조사 또는 감정(鑑定)
4. 당사자, 관계인 또는 관계 기관 등에 대하여 조사 사항과 관련이 있다고 인정되는 사실 또는 정보의 조회

② 위원회는 조사를 위하여 필요하다고 인정하면 위원 또는 소속 직원에게 일정한 장소 또는 시설을 방문하여 장소, 시설 또는 자료 등에 대하여 현장조사 또는 감정을 하게 할 수 있다. 이 경우 위원회는 그 장소 또는 시설에 당사자나 관계인의 출석을 요구하여 진술을 들을 수 있다.
③ 제1항제1호에 따라 진술서 제출을 요구받은 사람은 14일 이내에 진술서를 제출하여야 한다.
④ 제1항과 제2항에 따른 피진정인에 대한 출석 요구는 인권침해행위나 차별행위를 한 행위당사자의 진술서만으로는 사안을 판단하기 어렵고, 제30조제1항에 따른 인권침해행위나 차별행위가 있었다고 볼 만한 상당한 이유가 있는 경우에만 할 수 있다.
⑤ 제2항에 따라 조사를 하는 위원 또는 소속 직원은 그 장소 또는 시설을 관리하는 장 또는 직원에게 필요한 자료나 물건의 제출을 요구할 수 있다.
⑥ 제2항에 따라 조사를 하는 위원 또는 소속 직원은 그 권한을 표시하는 증표를 지니고 이를 그 장소 또는 시설을 관리하는 장 또는 직원에게 내보여야 한다.
⑦ 위원회가 자료나 물건의 제출을 요구하거나 그 자료, 물건 또는 시설에 대한 현장조사 또는 감정을 하려고 하는 경우 관계 국가기관의 장은 그 자료, 물건 또는 시설이 다음 각 호의 어느 하나에 해당한다는 사실을 위원회에 소명하고 그 자료나 물건의 제출 또는 그 자료, 물건, 시설에 대한 현장조사 또는 감정을 거부할 수 있다. 이 경우 위원회는 관계 국가기관의 장에게 필요한 사항의 확인을 요구할 수 있으며, 요구를 받은 관계 국가기관의 장은 이에 성실히 협조하여야 한다.
1. 국가의 안전보장 또는 외교관계에 중대한 영향을 미치는 국가기밀 사항인 경우
2. 범죄 수사나 계속 중인 재판에 중대한 지장을 줄 우려가 있는 경우

(2011.5.19 본조개정)

제37조【질문 · 검사권】 ① 위원회는 제36조의 조사에 필요한 자료 등이 있는 곳 또는 관계인에 관하여 파악하려면 그 내용을 알고 있다고 믿을 만한 상당한 이유가 있는 사람에게 질문하거나 그 내용을 포함하고 있다고 믿을 만한 상당한 이유가 있는 서류와 그 밖의 물건을 검사할 수 있다.
② 제1항의 경우에는 제36조제5항부터 제7항까지를 준용한다.
(2011.5.19 본조개정)

제38조【위원의 제척 등】 ① 위원(제41조에 따른 조정위원을 포함한다. 이하 이 조에서 같다)은 다음 각 호의 어느 하나에 해당하는 경우에는 진정의 심의 · 의결에서 제척된다.
1. 위원이나 그 배우자 또는 그 배우자이었던 사람이 해당 진정의 당사자이거나 그 진정에 관하여 당사자와 공동권리자 또는 공동의무자인 경우
2. 위원이 해당 진정의 당사자와 친족이거나 친족이었던 경우
3. 위원이 해당 진정에 관하여 증언이나 감정을 한 경우
4. 위원이 해당 진정에 관하여 당사자의 대리인으로 관여하거나 관여하였던 경우
5. 위원이 해당 진정에 관하여 수사, 재판 또는 다른 법률에 따른 구제 절차에 관여하였던 경우

② 당사자는 위원에게 심의 · 의결의 공정을 기대하기 어려운 사정이 있는 경우에는 위원장에게 기피신청을 할 수 있으며 위원장은 당사자의 기피신청에 대하여 위원회의 의결을 거치지 아니하고 결정한다. 다만, 위원장이 결정하기에 타당하지 아니하는 경우에는 위원회의 의결로 결정한다.
③ 위원이 제1항 각 호의 어느 하나의 사유 또는 제2항의 사유에 해당하는 경우에는 스스로 그 진정의 심의 · 의결을 회피할 수 있다.
(2011.5.19 본조개정)

제39조【진정의 기각】 ① 위원회는 진정을 조사한 결과 진정의 내용이 다음 각 호의 어느 하나에 해당하는 경우에는 그 진정을 기각한다.
1. 진정의 내용이 사실이 아님이 명백하거나 사실이라고 인정할 만한 객관적인 증거가 없는 경우
2. 조사 결과 제30조제1항에 따른 인권침해나 차별행위에 해당하지 아니하는 경우
3. 이미 피해 회복이 이루어지는 등 별도의 구제 조치가 필요하지 아니하다고 인정되는 경우

② 위원회는 진정을 기각하는 경우 진정의 당사자에게 그 결과와 이유를 통지하여야 한다.
(2011.5.19 본조개정)

제40조【합의의 권고】 위원회는 조사 중이거나 조사가 끝난 진정에 대하여 사건의 공정한 해결을 위하여 필요한 구제 조치를 당사자에게 제시하고 합의를 권고할 수 있다.
(2011.5.19 본조개정)

제41조【조정위원회의 설치와 구성】 ① 조정의 신속하고 공정한 처리를 위하여 위원회에 성 · 장애 등의 분야별로 조정위원회를 둘 수 있다.
② 조정위원회의 위원(이하 "조정위원"이라 한다)은 위원회의 위원과 다음 각 호의 어느 하나에 해당하는 사람 중에서 성 · 장애 등의 분야별로 위원장이 위촉하는 사람이 된다.
1. 인권문제에 관하여 전문적인 지식과 경험을 가진 사람으로서 국가기관 또는 민간단체에서 인권과 관련된 분야에 10년 이상 종사한 사람
2. 판사 · 검사 · 군법무관 · 변호사로 10년 이상 종사한 사람
3. 대학 또는 공인된 연구기관에서 조교수 이상으로 10년 이상 재직한 사람

③ 조정위원회의 회의는 다음 각 호의 사람으로 구성한다.
1. 위원회의 위원인 조정위원 중 회의마다 위원장이 지명하는 1명
2. 제2항에 따른 분야별 조정위원 중 회의마다 위원장이 지명하는 2명

④ 조정위원의 위촉 및 임기, 조정위원회의 구성 · 운영, 조정의 절차 등에 관하여 필요한 사항은 위원회 규칙으로 정한다.

⑤ 조정위원회의 조정 절차에 관하여 이 법 및 위원회 규칙에 규정되지 아니한 사항은 「민사조정법」을 준용한다.
(2011.5.19 본조개정)

제42조【조정위원회의 조정】 ① 조정위원회는 인권침해나 차별행위와 관련하여 당사자의 신청이나 위원회의 직권으로 조정위원회에 회부된 진정에 대하여 조정 절차를 시작할 수 있다.
② 조정은 조정 절차가 시작된 이후 당사자가 합의한 사항을 조정서에 적은 후 당사자가 기명날인하고 조정위원회가 이를 확인함으로써 성립한다.
③ 조정위원회는 조정 절차 중에 당사자 사이에 합의가 이루어지지 아니하는 경우 사건의 공정한 해결을 위하여 조정을 갈음하는 결정을 할 수 있다.
④ 조정을 갈음하는 결정에는 다음 각 호의 어느 하나의 사항을 포함시킬 수 있다.
1. 조사대상 인권침해나 차별행위의 중지
2. 원상회복, 손해배상, 그 밖에 필요한 구제조치
3. 동일하거나 유사한 인권침해 또는 차별행위의 재발을 방지하기 위하여 필요한 조치
⑤ 조정위원회는 조정을 갈음하는 결정을 한 경우에는 지체 없이 그 결정서를 당사자에게 송달하여야 한다.
⑥ 당사자가 제5항에 따라 결정서를 송달받은 날부터 14일 이내에 이의를 신청하지 아니하면 조정을 수락한 것으로 본다.
(2011.5.19 본조개정)

제43조【조정위원회의 조정의 효력】 제42조제2항에 따른 조정과 같은 조 제6항에 따라 이의를 신청하지 아니하는 경우의 조정을 갈음하는 결정은 재판상 화해와 같은 효력이 있다.(2011.5.19 본조개정)

제44조【구제조치 등의 권고】 ① 위원회가 진정을 조사한 결과 인권침해나 차별행위가 일어났다고 판단할 때에는 피진정인, 그 소속 기관·단체 또는 감독기관(이하 "소속기관등"이라 한다)의 장에게 다음 각 호의 사항을 권고할 수 있다.
1. 제42조제4항 각 호에서 정하는 구제조치의 이행
(2016.2.3 본호개정)
2. 법령·제도·정책·관행의 시정 또는 개선
② 제1항에 따라 권고를 받은 소속기관등의 장에 관하여는 제25조제2항부터 제6항까지를 준용한다.(2022.1.4 본항개정)
(2011.5.19 본조개정)

제45조【고발 및 징계권고】 ① 위원회는 진정을 조사한 결과 진정의 내용이 범죄행위에 해당하고 이에 대하여 형사 처벌이 필요하다고 인정하면 검찰총장에게 그 내용을 고발할 수 있다. 다만, 피고발인이 군인등인 경우에는 소속 군 참모총장 또는 국방부장관에게 고발할 수 있다.(2022.1.4 단서개정)
② 위원회가 진정을 조사한 결과 인권침해 및 차별행위가 있다고 인정하면 피진정인 또는 인권침해에 책임이 있는 사람을 징계할 것을 소속기관등의 장에게 권고할 수 있다.
③ 제1항에 따라 고발을 받은 검찰총장, 군 참모총장 또는 국방부장관은 고발을 받은 날부터 3개월 이내에 수사를 마치고 그 결과를 위원회에 통지하여야 한다. 다만, 3개월 이내에 수사를 마치지 못할 때에는 그 사유를 밝혀야 한다.
④ 제2항에 따라 위원회로부터 권고를 받은 소속기관등의 장은 권고를 존중하여야 하며 그 결과를 위원회에 통지하여야 한다.
(2011.5.19 본조개정)

제46조【의견진술의 기회 부여】 ① 위원회는 제44조 또는 제45조에 따른 권고 또는 조치를 하기 전에 피진정인에게 의견을 진술할 기회를 주어야 한다.
② 제1항의 경우 당사자 또는 이해관계인은 구두 또는 서면으로 위원회에 의견을 진술하거나 필요한 자료를 제출할 수 있다.
(2011.5.19 본조개정)

제47조【피해자를 위한 법률구조 요청】 ① 위원회는 진정에 관한 위원회의 조사, 증거의 확보 또는 피해자의 권리 구제를 위하여 필요하다고 인정하면 피해자를 위하여 대한법률구조공단 또는 그 밖의 기관에 법률구조를 요청할 수 있다.
② 제1항에 따른 법률구조 요청은 피해자의 명시한 의사에 반하여 할 수 없다.
③ 제1항에 따른 법률구조 요청의 절차·내용 및 방법에 관하여 필요한 사항은 위원회 규칙으로 정한다.
(2011.5.19 본조개정)

제48조【긴급구제 조치의 권고】 ① 위원회는 진정을 접수한 후 조사대상 인권침해나 차별행위가 계속되고 있다는 상당한 개연성이 있고, 이를 방치할 경우 회복하기 어려운 피해가 발생할 우려가 있다고 인정하면 그 진정에 대한 결정 이전에 진정인이나 피해자의 신청에 의하여 또는 직권으로 피진정인, 그 소속기관등의 장에게 다음 각 호의 어느 하나의 조치를 하도록 권고할 수 있다.
1. 의료, 급식, 의복 등의 제공
2. 장소, 시설, 자료 등에 대한 현장조사 및 감정 또는 다른 기관이 하는 검증 및 감정에 대한 참여
3. 시설수용자의 구금 또는 수용 장소의 변경
4. 인권침해나 차별행위의 중지
5. 인권침해나 차별행위를 하고 있다고 판단되는 공무원 등을 그 직무에서 배제하는 조치
6. 그 밖에 피해자의 생명, 신체의 안전을 위하여 필요한 사항
② 위원회는 필요하다고 인정하면 당사자 또는 관계인 등의 생명과 신체의 안전, 명예의 보호, 증거의 확보 또는 증거 인멸의 방지를 위하여 필요한 조치를 하거나 관계인 및 그 소속기관등의 장에게 그 조치를 권고할 수 있다.
(2011.5.19 본조개정)

제49조【조사와 조정 등의 비공개】 위원회의 진정에 대한 조사·조정 및 심의는 비공개로 한다. 다만, 위원회의 의결이 있을 때에는 공개할 수 있다.(2011.5.19 본조개정)

제49조의2【처리 결과 등의 공개】 위원회는 이 장에 따른 진정의 조사 및 조정의 내용과 처리 결과, 관계기관등에 대한 권고와 관계기관등이 한 조치 등을 공표할 수 있다. 다만, 다른 법률에 따라 공표가 제한되거나 사생활의 비밀이 침해될 우려가 있는 경우에는 그러하지 아니하다.(2011.5.19 본조개정)

제49조의3【전산정보처리시스템의 구축·운영】 ① 위원회는 제30조제1항에 따른 진정 관련 업무 등을 효율적으로 수행하기 위하여 전산정보처리시스템을 구축·운영한다.
② 제1항에 따른 전산정보처리시스템(이하 "전산정보처리시스템"이라 한다)의 운영에 필요한 사항은 위원회 규칙으로 정한다.
(2024.12.3 본조신설)

제49조의4【전자적 송달 등】 ① 위원회(제41조에 따른 조정위원회를 포함한다. 이하 이 조에서 같다)는 진정의 당사자, 관계인 또는 관계 기관에 대하여 전산정보처리시스템 및 그와 연계된 정보통신망을 이용하여 이 법 및 위원회 규칙에 따른 각종 문서의 송달 또는 통지(이하 "전자적 송달등"이라 한다)를 할 수 있다. 다만, 진정의 당사자, 관계인 또는 관계 기관이 이에 동의하지 아니하는 경우에는 그러하지 아니하다.
② 전자적 송달등은 송달 또는 통지할 문서를 전산정보처리시스템에 등재하고 그 사실을 송달 또는 통지받을 자에게 전자적 방식으로 알리는 방법으로 한다.
③ 전자적 송달등은 서면으로 한 것과 같은 효력을 가진다.
④ 전자적 송달등은 송달 또는 통지받을 자가 제2항에 따라 등재된 문서를 확인한 때에 송달 또는 통지된 것으로 본다. 다만, 제2항에 따라 그 등재 사실을 알린 날부터 14일 이내에 확인하지 아니하였을 때에는 등재 사실을 알린 날부터 14일이 지난 날에 송달 또는 통지된 것으로 본다.
⑤ 전자적 송달등의 구체적인 방법과 그 밖에 필요한 사항은 위원회 규칙으로 정한다.
(2024.12.3 본조신설)

제50조 → 제49조의2로 이동

제4장의2 군인권보호관 · 군인권보호위원회 및 군인권침해의 조사 · 구제
(2022.1.4 본장신설)

제50조의2【군인권보호관】 군인권보호관은 제5조제2항제2호에 따라 대통령이 지명하는 상임위원이 겸직한다.

제50조의3【군인권보호위원회】 ① 위원회는 군인권침해 예방 및 군인등의 인권 보호 관련 업무를 수행하게 하기 위하여 군인권보호위원회(이하 "군인권보호위원회"라 한다)를 둔다.

② 군인권보호위원회의 위원장은 군인권보호관으로 한다.

③ 군인권보호위원회는 제12조제1항에 따라 설치된 소위원회로 본다.

제50조의4【군부대 방문조사】 ① 위원회 또는 군인권보호위원회(이하 이 장에서 "위원회등"이라 한다)는 필요하다고 인정하면 그 의결로써 군인권보호관, 위원 또는 소속 직원에게 군부대(「국군조직법」 제15조에 따라 설치된 부대와 기관을 말한다. 이하 이 조에서 같다)를 방문하여 조사하게 할 수 있다.

② 군인권보호관은 제1항에 따른 군부대 방문조사를 하려는 경우에는 해당 군부대의 장에게 그 취지, 일시, 장소 등을 미리 통지하여야 한다. 다만, 긴급을 요하거나 미리 통지를 하면 목적 달성이 어렵다고 인정되어 국방부장관에게 사전에 통지하고 군인권보호관 또는 위원이 직접 방문조사하는 경우에는 그러하지 아니하다.

③ 국방부장관은 군사 · 외교 · 대북관계의 국가기밀에 관한 사항으로서 국가안위에 중대한 영향을 주거나 국가비상사태 또는 작전임무수행에 지장을 주는 등 제1항에 따른 방문조사를 받기 어려운 특별한 사정이 있는 경우 그 이유를 소명하여 방문조사의 중단을 요구할 수 있다. 이 경우 위원회등은 그 이유가 소명된 때에는 즉시 방문조사를 중단하되, 그 사유가 해소되는 즉시 방문조사를 다시 시작할 수 있다.

④ 제1항에 따른 군부대 방문조사를 하는 군인권보호관, 위원 또는 소속 직원은 그 권한을 표시하는 증표를 지니고 이를 관계인에게 내보여야 하며, 방문조사를 받는 군부대의 장은 즉시 방문조사에 편의를 제공하여야 한다.

⑤ 제1항에 따른 군부대 방문조사를 하는 군인권보호관, 위원 또는 소속 직원은 군부대 소속의 직원 및 군인등과 면담할 수 있고 구술 또는 서면으로 사실이나 의견을 진술하게 할 수 있다.

⑥ 그 밖에 군부대 방문조사의 방법, 절차, 통지 시기 등에 관하여 필요한 사항은 대통령령으로 정한다.

제50조의5【군인등의 진정권 보장을 위한 수단 제공】 국방부장관은 군인등의 진정권을 보장하기 위하여 우편 · 전화 · 인터넷 등 위원회에 진정할 수 있는 효율적인 수단을 제공하고, 이를 널리 알려야 한다.

제50조의6【사망사건의 통보와 조사 · 수사의 입회】 ① 국방부장관은 군인등이 복무 중 사망한 경우에는 즉시 위원회등에 사망 사실을 통보하여야 한다.

② 제1항에 따른 통보를 받은 위원회등은 필요하다고 인정하는 경우 해당 사건의 군 조사기관 또는 군 수사기관의 장(「군사법원법」 제2조제2항 각 호의 죄에 해당하는 사건을 수사하는 수사기관의 장은 제외한다)에게 진행 중인 해당 사건에 관한 조사 또는 수사에 군인권보호관 및 소속 직원의 입회를 요구할 수 있다. 이 경우 요구를 받은 군 조사기관 또는 군 수사기관의 장은 진행 중인 조사나 수사에 중대한 지장을 주지 아니하면 그 입회 요구에 따라야 한다.

제50조의7【진정의 각하에 대한 특례】 ① 위원회등은 진정의 원인이 된 사실이 발생한 날부터 1년 이상 지난 군인권침해 사건 관련 진정으로서 진정을 제기하기 어려운 사정이 있었다고 인정되는 진정의 경우에는 제32조제1항제4호 본문에도 불구하고 이를 각하하지 아니하고 조사할 수 있다. 다만, 진정을 제기하기 어려운 사정이 없어진 날부터 1년 이상 지나서 진정한 경우에는 그 진정을 각하한다.

② 위원회등은 군인권침해 사건과 관련된 진정(법원이나 헌법재판소의 재판절차가 진행 중이거나 종결된 경우는 제외한다. 이하 이 조에서 같다)의 경우에는 제32조제1항제5호 본문에도 불구하고 위원회등의 의결을 거쳐 이를 각하하지 아니하고 조사할 수 있다. 다만, 「군사법원법」 제2조제2항 각 호의 죄와 관련된 진정으로서 그에 관한 수사가 진행 중이거나 종결된 경우에는 군인권침해가 있다고 믿을 만한 상당한 근거가 있고 그 내용이 중대하다고 인정할 때 위원회등의 의결을 거치고, 관계 기관의 장과 협의를 거쳐 이를 각하하지 아니하고 조사할 수 있다.

③ 제2항에 따른 조사는 진행 중인 수사나 그 밖의 법률에 따른 권리구제 절차의 진행에 지장을 주어서는 아니 된다.

제50조의8【조사의 방법에 대한 특례】 ① 위원회등은 군인권침해가 있다고 믿을 만한 상당한 근거가 있고 그 내용이 중대하다고 인정할 때에는 제36조제7항제2호에도 불구하고 관계 국가기관(법원과 헌법재판소는 제외한다. 이하 이 조에서 같다)의 장과 협의를 거쳐 자료나 물건의 제출을 요구하거나 그 자료, 물건 또는 시설에 대한 현장조사 또는 감정을 할 수 있다. 이 경우 관계 국가기관의 장은 해당 사건 수사가 종결된 이후 자료제출 등을 할 수 있다.

② 관계 국가기관의 장은 제1항에 따른 위원회등의 자료 등의 제출 요구, 현장조사 또는 감정에 특별한 사정이 없는 성실히 협조하여야 한다.

제50조의9【피해자 보호조치】 ① 위원회등은 필요하다고 인정하는 경우 국방부장관에게 군인권침해 사건의 피해자 보호를 위하여 제48조에 따른 조치를 하도록 요구할 수 있다.

② 국방부장관은 제1항에 따른 피해자 보호조치의 요구를 받은 경우 이를 이행하기 어려운 특별한 사정이 없으면 즉시 피해자 보호를 위한 조치를 취하고 위원회등에 그 결과를 통보하여야 한다.

③ 국방부장관은 제1항에 따른 피해자 보호조치의 요구를 이행할 수 없는 경우에는 그 요구를 받은 날부터 3일 이내에 위원회등에 문서로 그 사유를 통보하여야 한다.

제5장 보 칙
(2011.5.19 본장개정)

제51조【자격 사칭의 금지】 누구든지 위원회의 위원 또는 직원의 자격을 사칭하여 위원회의 권한을 행사하여서는 아니 된다.

제52조【비밀누설의 금지】 위원, 조정위원, 자문위원 또는 직원이거나 그 직에 재직하였던 사람 및 위원회에 파견되거나 위원회의 위촉에 의하여 위원회의 업무를 수행하거나 수행하였던 사람은 업무상 알게 된 비밀을 누설하여서는 아니 된다.

제53조【유사명칭 사용의 금지】 위원회가 아닌 자는 국가인권위원회 또는 이와 유사한 명칭을 사용하지 못한다.

제54조【공무원 등의 파견】 ① 위원회는 그 업무 수행을 위하여 필요하다고 인정하면 관계기관등의 장에게 그 소속 공무원 또는 직원의 파견을 요청할 수 있다.

② 제1항에 따른 요청을 받은 관계기관등의 장은 위원회와 협의하여 소속 공무원 또는 직원을 위원회에 파견할 수 있다.

③ 제2항에 따라 위원회에 파견된 공무원 또는 직원은 그 소속 기관으로부터 독립하여 위원회의 업무를 수행한다.

④ 제2항에 따라 위원회에 공무원 또는 직원을 파견한 관계기관등의 장은 위원회에 파견된 공무원 또는 직원에 대하여 인사 및 처우 등에서 불리한 조치를 하여서는 아니 된다.

제55조【불이익 금지와 지원】 ① 누구든지 이 법에 따라 위원회에 진정, 진술, 증언, 자료 등의 제출 또는 답변을 하

였다는 이유만으로 해고, 전보, 징계, 부당한 대우, 그 밖에 신분이나 처우와 관련하여 불이익을 받지 아니한다.
② 위원회는 인권침해나 차별행위의 진상을 밝히거나 증거 또는 자료 등을 발견하거나 제출한 사람에게 필요한 지원 또는 보상을 할 수 있다.
③ 제2항에 따른 지원 또는 보상의 내용, 절차, 그 밖에 필요한 사항은 위원회 규칙으로 정한다.

제6장 벌 칙

(2011.5.19 본장제목개정)

제56조【인권옹호 업무방해】 ① 다음 각 호의 어느 하나에 해당하는 사람은 5년 이하의 징역 또는 3천만원 이하의 벌금에 처한다.
1. 위원회의 업무를 수행하는 위원 또는 직원을 폭행하거나 협박한 사람
2. 위원 또는 직원에게 그 업무상의 행위를 강요 또는 저지하거나 그 직을 사퇴하게 할 목적으로 폭행하거나 협박한 사람
3. 위계(僞計)로써 위원 또는 직원의 업무 수행을 방해한 사람
4. 이 법 제4장 및 제4장의2에 따라 위원회 또는 군인권보호위원회의 조사 대상이 되는 다른 사람의 인권침해나 차별행위 사건에 관한 증거를 인멸, 위조 또는 변조하거나 위조 또는 변조한 증거를 사용한 사람(2022.1.4 본호개정)

② 친족이 본인을 위하여 제1항제4호의 죄를 범한 때에는 처벌하지 아니한다.
(2011.5.19 본조개정)
제57조【진정서 작성 등의 방해】 제31조를 위반하여 진정을 허가하지 아니하거나 방해한 사람은 3년 이하의 징역 또는 3천만원 이하의 벌금에 처한다.(2014.3.18 본조개정)
제58조【자격 사칭】 제51조를 위반하여 위원회의 위원 또는 직원의 자격을 사칭하여 위원회의 권한을 행사한 사람은 2년 이하의 징역 또는 700만원 이하의 벌금에 처한다.
(2011.5.19 본조개정)
제59조【비밀누설】 제52조를 위반하여 업무상 알게 된 비밀을 누설한 사람은 2년 이하의 징역, 5년 이하의 자격정지 또는 2천만원 이하의 벌금에 처한다.(2014.3.18 본조개정)
제60조【긴급구제 조치 방해】 제48조제1항 또는 제2항에 따라 위원회가 하는 조치를 방해한 사람은 1년 이하의 징역 또는 500만원 이하의 벌금에 처한다.(2011.5.19 본조개정)
제61조【비밀침해】 제31조제6항 또는 제7항을 위반하여 비밀을 침해한 사람은 1년 이하의 징역 또는 3천만원 이하의 벌금에 처한다.(2014.3.18 본조개정)
제62조【벌칙 적용 시의 공무원 의제】 위원회의 위원 중 공무원이 아닌 사람은 「형법」과 그 밖의 법률에 따른 벌칙을 적용할 때에는 공무원으로 본다.(2011.5.19 본조개정)
제63조【과태료】 ① 다음 각호의 1에 해당하는 자는 1천만원 이하의 과태료에 처한다.
1. 정당한 이유없이 제24조제1항 또는 제50조의4제1항에 따른 방문조사 또는 제36조의 규정에 의한 실지조사를 거부, 방해 또는 기피한 자(2022.1.4 본호개정)
2. 정당한 이유없이 제36조제1항제1호 또는 제2항의 규정에 의한 위원회의 진술서 제출요구 또는 출석요구에 응하지 아니한 자
3. 정당한 이유없이 제36조제1항제2호 및 제4호 또는 제5항의 규정에 의한 자료 등의 제출요구 및 사실조회에 응하지 아니하거나 거짓의 자료 등을 제출한 자

② 제53조의 규정에 위반한 자는 300만원 이하의 과태료에 처한다.
③ 제1항 및 제2항의 규정에 의한 과태료는 대통령령으로 정하는 바에 따라 위원장이 부과·징수한다.(2020.3.24 본항개정)
④~⑥ (2020.3.24 삭제)

부 칙 (2016.2.3)

제1조【시행일】 이 법은 공포한 날부터 시행한다.
제2조【위원의 직무상 발언 등에 대한 책임의 면제에 관한 적용례】 제8조의2의 개정규정은 이 법 시행 후 위원이 직무상 행한 발언과 의결부터 적용한다.
제3조【위원의 선출·지명 및 임명에 관한 경과조치】 이 법 시행 당시 위원인 사람은 제5조제3항 및 제4항의 개정규정에 따라 선출·지명되거나 임명된 것으로 본다.
제4조【위원회의 위원 구성에 관한 경과조치 등】 ① 이 법 시행 후 위원을 선출·지명하거나 임명할 당시 제5조제7항의 개정규정을 충족하지 못하는 경우(연임하는 경우는 제외한다)에는 해당 개정규정의 요건이 충족될 때까지는 특정 성(性)의 위원을 선출·지명하거나 임명하여야 한다.
② 위원회의 위원 구성에 관하여는 제1항에 따라 제5조제7항의 개정규정을 충족할 때까지는 종전의 제5조제5항에 따른다.

부 칙 (2020.2.4)

제1조【시행일】 이 법은 공포 후 6개월이 경과한 날부터 시행한다.(이하 생략)

부 칙 (2020.3.24)

이 법은 공포한 날부터 시행한다.

부 칙 (2021.7.20)

제1조【시행일】 이 법은 공포 후 1년이 경과한 날부터 시행한다.(이하 생략)

부 칙 (2022.1.4)

제1조【시행일】 이 법은 2022년 7월 1일부터 시행한다.
제2조【일반적 적용례】 이 법은 이 법 시행 당시 위원회에 접수되어 있는 진정에 대하여도 적용한다.
제3조【진정의 각하에 대한 특례에 관한 적용례】 제50조의7 제1항의 개정규정은 이 법 시행 전에 발생한 군인권침해 사건으로서 이 법 시행 당시 진정의 원인이 된 사실이 발생한 날부터 1년이 지나지 아니한 경우에 대하여도 적용한다.
제4조【군인권보호관을 겸직하는 상임위원에 관한 경과조치】 이 법 시행 당시 대통령이 임명한 제5조제2항제2호에 따른 상임위원은 그 임기가 종료할 때(임기가 끝난 상임위원이 같은 조 제8항에 따라 후임자가 임명될 때까지 그 직무를 수행하는 경우에는 후임자가 임명될 때를 말한다)까지 제50조의2의 개정규정에 따른 군인권보호관을 겸직한다.

부 칙 (2022.4.26)

제1조【시행일】 이 법은 공포 후 1년이 경과한 날부터 시행한다.(이하 생략)

부 칙 (2024.12.3)

이 법은 공포한 날부터 시행한다. 다만, 제26조의2의 개정규정은 공포 후 6개월이 경과한 날부터 시행한다.

國會·司法編

高麗 靑磁雲鶴文梅甁(紋樣)

국회법

(1988년 6월 15일
전개법률 제4010호)

개정
1990. 6.29법 4237호 <중략>
2000. 2.16법 6266호
2001.12.31법 6590호(기금관리기본법)
2002. 3. 7법 6657호 2003. 2. 4법 6855호
2003. 7.18법 6930호
2004.12.31법 7311호(수협)
2005. 7.28법 7614호
2006. 2.21법 7849호(제주자치법)
2006.10. 4법 8050호(국가재정법)
2006.12.30법 8134호 2007. 1.24법 8261호
2007.12.14법 8685호
2008. 2.29법 8857호(국가공무원)
2008. 2.29법 8867호(방송통신위원회의설치및운영에관한법)
2008. 8.25법 9129호 2010. 3.12법10047호
2010. 5.28법10328호
2010. 6. 4법10339호(정부조직)
2011. 5.19법10652호 2012. 3.21법11416호
2012. 5.25법11453호 2013. 3.23법11717호
2013. 5.22법11820호 2013. 8.13법12108호
2014. 3.18법12422호(특별감찰관법)
2014. 3.18법12502호 2014. 5.14법12582호
2014. 5.28법12677호(방송법)
2014.11.19법12845호 2016.12.16법14376호
2017. 7.26법14840호 2018. 4.17법15620호
2018. 7.17법15713호 2019. 4.16법16325호
2020. 2.18법17066호 2020. 8.18법17487호
2020.12.15법17646호(국가정보원법)
2020.12.22법17689호(국가자치경찰)
2020.12.22법17756호 2021. 5.18법18192호
2021. 7.27법18367호 2021. 9.14법18453호
2021.10.14법18474호 2021.12.28법18666호
2022. 1. 4법18719호(국회의원의보좌직원과수당등에관한법)
2023. 6. 7법19429호 2023. 7.11법19538호
2023. 7.18법19563호(가상자산이용자보호등에관한법)
2024. 3.12법20372호

제1장 총 칙

(2018.4.17 본장개정)

제1조【목적】 이 법은 국회의 조직·의사(議事), 그 밖에 필요한 사항을 규정함으로써 국민의 대의기관인 국회의 민주적이고 효율적인 운영에 기여함을 목적으로 한다.

제2조【당선 통지 및 등록】 ① 중앙선거관리위원회 위원장은 국회의원 당선인이 결정된 때에는 그 명단을 즉시 국회에 통지하여야 한다.
② 국회의원 당선인은 당선인으로 결정된 후 당선증서를 국회사무처에 제시하고 등록하여야 한다.

제3조【의석 배정】 국회의원(이하 "의원"이라 한다)의 의석은 국회의장(이하 "의장"이라 한다)이 각 교섭단체 대표의원과 협의하여 정한다. 다만, 협의가 이루어지지 아니할 때에는 의장이 잠정적으로 이를 정한다.

제4조【정기회】 정기회는 매년 9월 1일에 집회한다. 다만, 그 날이 공휴일인 때에는 그 다음 날에 집회한다.

제5조【임시회】 ① 의장은 임시회의 집회 요구가 있을 때에는 집회기일 3일 전에 공고한다. 이 경우 둘 이상의 집회 요구가 있을 때에는 집회일이 빠른 것을 공고하되, 집회일이 같은 때에는 그 요구서가 먼저 제출된 것을 공고한다.
② 의장은 제1항에도 불구하고 다음 각 호의 어느 하나에 해당하는 경우에는 집회기일 1일 전에 공고할 수 있다.
1. 내우외환, 천재지변 또는 중대한 재정·경제상의 위기가 발생한 경우
2. 국가의 안위에 관계되는 중대한 교전 상태나 전시·사변 또는 이에 준하는 국가비상사태인 경우
③ 국회의원 총선거 후 첫 임시회는 의원의 임기 개시 후 7일에 집회하며, 처음 선출된 의장의 임기가 폐회 중에 만료되는 경우에는 늦어도 임기만료일 5일 전까지 집회한다. 다만, 그 날이 공휴일인 때에는 그 다음 날에 집회한다.

제5조의2【연간 국회 운영 기본일정 등】 ① 의장은 국회의 연중 상시 운영을 위하여 각 교섭단체 대표의원과의 협의를 거쳐 매년 12월 31일까지 다음 연도의 국회 운영 기본일정(국정감사를 포함한다)을 정하여야 한다. 다만, 국회의원 총선거 후 처음 구성되는 국회의 해당 연도 국회 운영 기본일정은 6월 30일까지 정하여야 한다.
② 제1항의 연간 국회 운영 기본일정은 다음 각 호의 기준에 따라 작성한다.
1. 2월·3월·4월·5월 및 6월 1일과 8월 16일에 임시회를 집회한다. 다만, 국회의원 총선거가 있는 경우 임시회를 집회하지 아니하며, 집회일이 공휴일인 경우에는 그 다음 날에 집회한다.
2. 정기회의 회기는 100일로, 제1호에 따른 임시회의 회기는 해당 월의 말일까지로 한다. 다만, 임시회의 회기가 30일을 초과하는 경우에는 30일로 한다.
3. 2월, 4월 및 6월에 집회하는 임시회의 회기 중 한 주(週)는 제122조의2에 따라 정부에 대한 질문을 한다.
(2020.12.22 1호~3호개정)

제5조의3【법률안 제출계획의 통지】 ① 정부는 부득이한 경우를 제외하고는 매년 1월 31일까지 해당 연도에 제출할 법률안에 관한 계획을 국회에 통지하여야 한다.
② 정부는 제1항에 따른 계획을 변경하였을 때에는 분기별로 주요 사항을 국회에 통지하여야 한다.

제6조【개회식】 국회는 집회일에 개회식을 실시한다. 다만, 임시회의 경우에는 개회식을 생략할 수 있다.

제2장 국회의 회기와 휴회

(2018.4.17 본장개정)

제7조【회기】 ① 국회의 회기는 의결로 정하되, 의결로 연장할 수 있다.
② 국회의 회기는 집회 후 즉시 정하여야 한다.

제8조【휴회】 ① 국회는 의결로 기간을 정하여 휴회할 수 있다.
② 국회는 휴회 중이라도 대통령의 요구가 있을 때, 의장이 긴급한 필요가 있다고 인정할 때 또는 재적의원 4분의 1 이상의 요구가 있을 때에는 국회의 회의(이하 "본회의"라 한다)를 재개한다.

제3장 국회의 기관과 경비
(2018.4.17 본장개정)

제9조【의장·부의장의 임기】 ① 의장과 부의장의 임기는 2년으로 한다. 다만, 국회의원 총선거 후 처음 선출된 의장과 부의장의 임기는 그 선출된 날부터 개시하여 의원의 임기 개시 후 2년이 되는 날까지로 한다.
② 보궐선거로 당선된 의장 또는 부의장의 임기는 전임자 임기의 남은 기간으로 한다.
제10조【의장의 직무】 의장은 국회를 대표하고 의사를 정리하며, 질서를 유지하고 사무를 감독한다.
제11조【의장의 위원회 출석과 발언】 의장은 위원회에 출석하여 발언할 수 있다. 다만, 표결에는 참가할 수 없다.
제12조【부의장의 의장 직무대리】 ① 의장이 사고(事故)가 있을 때에는 의장이 지정하는 부의장이 그 직무를 대리한다.
② 의장이 심신상실 등 부득이한 사유로 의사표시를 할 수 없게 되어 직무대리자를 지정할 수 없을 때에는 소속 의원 수가 많은 교섭단체 소속 부의장의 순으로 의장의 직무를 대행한다.
제13조【임시의장】 의장과 부의장이 모두 사고가 있을 때에는 임시의장을 선출하여 의장의 직무를 대행하게 한다.
제14조【사무총장의 의장 직무대행】 국회의원 총선거 후 의장이나 부의장이 선출될 때까지는 사무총장이 임시회 집회 공고에 관하여 의장의 직무를 대행한다. 처음 선출된 의장과 부의장의 임기만료일까지 부득이한 사유로 의장이나 부의장을 선출하지 못한 경우와 폐회 중에 의장·부의장이 모두 궐위(闕位)된 경우에도 또한 같다.
제15조【의장·부의장의 선거】 ① 의장과 부의장은 국회에서 무기명투표로 선거하고 재적의원 과반수의 득표로 당선된다.
② 제1항에 따른 선거는 국회의원 총선거 후 첫 집회일에 실시하며, 처음 선출된 의장 또는 부의장의 임기가 만료되는 경우에는 그 임기만료일 5일 전에 실시한다. 다만, 그 날이 공휴일인 경우에는 그 다음 날에 실시한다.
③ 제1항의 득표자가 없을 때에는 2차투표를 하고, 2차투표에도 제1항의 득표자가 없을 때에는 최고득표자가 1명이면 최고득표자와 차점자에 대하여, 최고득표자가 2명 이상이면 최고득표자에 대하여 결선투표를 하되, 재적의원 과반수의 출석과 출석의원 다수득표자를 당선자로 한다.
제16조【보궐선거】 의장 또는 부의장이 궐위된 때나 의장과 부의장이 모두 궐위된 때에는 지체 없이 보궐선거를 실시한다.
제17조【임시의장 선거】 임시의장은 무기명투표로 선거하고 재적의원 과반수의 출석과 출석의원 다수득표자를 당선자로 한다.
제18조【의장 등 선거 시의 의장 직무대행】 의장 등의 선거에서 다음 각 호의 어느 하나에 해당할 때에는 출석의원 중 최다선(最多選) 의원이, 최다선 의원이 2명 이상인 경우에는 그 중 연장자가 의장의 직무를 대행한다.
1. 국회의원 총선거 후 처음으로 의장과 부의장을 선거할 때
2. 제15조제2항에 따라 처음 선출된 의장 또는 부의장의 임기가 만료되는 경우 그 임기만료일 5일 전에 의장과 부의장의 선거가 실시되지 못하여 그 임기 만료 후 의장과 부의장을 선거할 때
3. 의장과 부의장이 모두 궐위되어 그 보궐선거를 할 때
4. 의장 또는 부의장의 보궐선거에서 의장과 부의장이 모두 사고가 있을 때
5. 의장과 부의장이 모두 사고가 있어 임시의장을 선거할 때
제19조【의장·부의장의 사임】 의장과 부의장은 국회의 동의를 받아 그 직을 사임할 수 있다.
제20조【의장·부의장의 겸직 제한】 ① 의장과 부의장은 특별히 법률로 정한 경우를 제외하고는 의원 외의 직을 겸할 수 없다.
② 다른 직을 겸한 의원이 의장이나 부의장으로 당선된 때에는 당선된 날에 그 직에서 해직된 것으로 본다.
제20조의2【의장의 당적 보유 금지】 ① 의원이 의장으로 당선된 때에는 당선된 다음 날부터 의장으로 재직하는 동안은 당적(黨籍)을 가질 수 없다. 다만, 국회의원 총선거에서 「공직선거법」 제47조에 따른 정당추천후보자로 추천을 받으려는 경우에는 의원 임기만료일 90일 전부터 당적을 가질 수 있다.
② 제1항 본문에 따라 당적을 이탈한 의장의 임기가 만료된 때에는 당적을 이탈할 당시의 소속 정당으로 복귀한다.
제21조【국회사무처】 ① 국회의 입법·예산결산심사 등의 활동을 지원하고 행정사무를 처리하기 위하여 국회에 사무처를 둔다.
② 국회사무처에 사무총장 1명과 필요한 공무원을 둔다.
③ 사무총장은 의장이 각 교섭단체 대표의원과의 협의를 거쳐 본회의의 승인을 받아 임면(任免)한다.
④ 사무총장은 의장의 감독을 받아 국회의 사무를 총괄하고 소속 공무원을 지휘·감독한다.
⑤ 국회사무처는 국회의 입법 및 예산결산심사 등의 활동을 지원할 때 의원이나 위원회의 요구가 있는 경우 필요한 자료 등을 제공하여야 한다.
⑥ 제5항과 관련하여 사무총장이나 사무총장이 지정하는 소속 공무원은 위원회의 요구에 응하여 해당 위원회에서 보고 또는 설명할 수 있으며, 사무총장은 의장의 허가를 받아 정부, 행정기관 등에 대하여 필요한 자료의 제공을 요청할 수 있다.
⑦ 이 법에서 정한 사항 외에 국회사무처에 관한 사항은 따로 법률로 정한다.
제22조【국회도서관】 ① 국회의 도서 및 입법자료에 관한 업무를 처리하기 위하여 국회도서관을 둔다.
② 국회도서관에 도서관장 1명과 필요한 공무원을 둔다.
③ 도서관장은 의장이 국회운영위원회의 동의를 받아 임면한다.
④ 도서관장은 국회의 입법활동을 지원하기 위하여 도서와 그 밖의 도서관자료의 수집·정리·보존 및 도서관봉사를 한다.
⑤ 이 법에서 정한 사항 외에 국회도서관에 관한 사항은 따로 법률로 정한다.
제22조의2【국회예산정책처】 ① 국가의 예산결산·기금 및 재정 운용과 관련된 사항을 연구분석·평가하고 의정활동을 지원하기 위하여 국회예산정책처를 둔다.
② 국회예산정책처에 처장 1명과 필요한 공무원을 둔다.
③ 처장은 의장이 국회운영위원회의 동의를 받아 임면한다.
④ 이 법에서 정한 사항 외에 국회예산정책처에 관한 사항은 따로 법률로 정한다.
제22조의3【국회입법조사처】 ① 입법 및 정책과 관련된 사항을 조사·연구하고 관련 정보 및 자료를 제공하는 등 입법정보서비스와 관련된 의정활동을 지원하기 위하여 국회입법조사처를 둔다.
② 국회입법조사처에 처장 1명과 필요한 공무원을 둔다.
③ 처장은 의장이 국회운영위원회의 동의를 받아 임면한다.
④ 이 법에서 정한 사항 외에 국회입법조사처에 관한 사항은 따로 법률로 정한다.
제22조의4【국회세종의사당】 ① 국회는 「세종특별자치시 설치 등에 관한 특별법」에 따른 세종특별자치시에 국회 분원(分院)으로 세종의사당(이하 "국회세종의사당"이라 한다)을 둔다.
② 제1항에 따른 국회세종의사당의 설치와 운영, 그 밖에 필요한 사항은 국회규칙으로 정한다.
(2021.10.14 본조신설)
제23조【국회의 예산】 ① 국회의 예산은 독립하여 국가예산에 계상(計上)한다.
② 의장은 국회 소관 예산요구서를 작성하여 국회운영위원회의 심사를 거쳐 정부에 제출한다. 다만, 「국가재정법」에서 정한 예산요구서 제출기일 전일까지 국회운영위원회가 국회 소관 예산요구서의 심사를 마치지 못한 경우에는 의장은 직접 국회 소관 예산요구서를 정부에 제출할 수 있다.

③ 국회의 예산에 예비금을 둔다.
④ 국회의 예비금은 사무총장이 관리하되, 국회운영위원회의 동의와 의장의 승인을 받아 지출한다. 다만, 폐회 중일 때에는 의장의 승인을 받아 지출하고 다음 회기 초에 국회운영위원회에 보고한다.
⑤ 정부가 「국가재정법」 제40조제2항에 따라 국회 소관 세출예산요구액을 감액하기 위하여 국회의 의견을 구하려는 경우에는 그 감액 내용 및 사유를 적어 국무회의 7일 전까지 의장에게 송부하여야 한다.
⑥ 의장은 제5항에 따른 송부가 있은 때에는 그 감액 내용에 대한 의견서를 해당 국무회의 1일 전까지 정부에 송부한다.

제4장 의 원

(2018.4.17 본장개정)

제24조【선서】 의원은 임기 초에 국회에서 다음의 선서를 한다.

"나는 헌법을 준수하고 국민의 자유와 복리의 증진 및 조국의 평화적 통일을 위하여 노력하며, 국가이익을 우선으로 하여 국회의원의 직무를 양심에 따라 성실히 수행할 것을 국민 앞에 엄숙히 선서합니다."

제25조【품위유지의 의무】 의원은 의원으로서의 품위를 유지하여야 한다.

제26조【체포동의 요청의 절차】 ① 의원을 체포하거나 구금하기 위하여 국회의 동의를 받으려고 할 때에는 관할법원의 판사는 영장을 발부하기 전에 체포동의 요구서를 정부에 제출하여야 하며, 정부는 이를 수리(受理)한 후 지체 없이 그 사본을 첨부하여 국회에 체포동의를 요청하여야 한다.
② 의장은 제1항에 따른 체포동의를 요청받은 후 처음 개의하는 본회의에 이를 보고하고, 본회의에 보고된 때부터 24시간 이후 72시간 이내에 표결한다. 다만, 체포동의안이 72시간 이내에 표결되지 아니하는 경우에는 그 이후에 최초로 개의하는 본회의에 상정하여 표결한다.

제27조【의원 체포의 통지】 정부는 체포 또는 구금된 의원이 있을 때에는 지체 없이 의장에게 영장 사본을 첨부하여 이를 통지하여야 한다. 구속기간이 연장되었을 때에도 또한 같다.

제28조【석방 요구의 절차】 의원이 체포 또는 구금된 의원의 석방 요구를 발의할 때에는 재적의원 4분의 1 이상의 연서(連書)로 그 이유를 첨부한 요구서를 의장에게 제출하여야 한다.

제29조【겸직 금지】 ① 의원은 국무총리 또는 국무위원 직 외의 다른 직을 겸할 수 없다. 다만, 다음 각 호의 어느 하나에 해당하는 경우에는 그러하지 아니하다.
1. 공익 목적의 명예직
2. 다른 법률에서 의원이 임명·위촉되도록 정한 직
3. 「정당법」에 따른 정당의 직
② 의원이 당선 전부터 제1항 각 호의 직 외의 직을 가진 경우에는 임기개시일 전까지(재선거·보궐선거 등의 경우에는 당선이 결정된 날의 다음 날까지를 말한다. 이하 이 항에서 같다) 그 직을 휴직하거나 사직하여야 한다. 다만, 다음 각 호의 어느 하나의 직을 가진 경우에는 임기개시일 전까지 그 직을 사직하여야 한다.
1. 「공공기관의 운영에 관한 법률」 제4조에 따른 공공기관(한국은행을 포함한다)의 임직원
2. 「농업협동조합법」, 「수산업협동조합법」에 따른 조합, 중앙회와 그 자회사(손자회사를 포함한다)의 임직원
3. 「정당법」 제22조제1항에 따라 정당의 당원이 될 수 있는 교원
③ 의원이 당선 전부터 제1항 각 호의 직(제3호의 직은 제외한다. 이하 이 조에서 같다)을 가지고 있는 경우에는 임기 개시 후 1개월 이내에, 임기 중에 제1항 각 호의 직을 가지는 경우에는 지체 없이 이를 의장에게 서면으로 신고하여야 한다.
④ 의장은 제3항에 따라 신고한 직(본회의 의결 또는 의장의 추천·지명 등에 따라 임명·위촉된 경우는 제외한다)이 제1항 각 호의 직에 해당하는지 여부를 제46조의2에 따른 윤리심사자문위원회(이하 "윤리심사자문위원회"라 한다)의 의견을 들어 결정하고 그 결과를 해당 의원에게 통보한다. 이 경우 의장은 윤리심사자문위원회의 의견을 존중하여야 한다.
(2021.5.18 전단개정)
⑤ 윤리심사자문위원회는 의장으로부터 의견제출을 요구받은 날부터 1개월 이내에 그 의견을 의장에게 제출하여야 한다. 다만, 필요한 경우에는 1개월의 범위에서 한 차례만 의견제출 기간을 연장할 수 있다.
⑥ 의원은 의장으로부터 겸하고 있는 직이 제1항 각 호의 직에 해당하지 아니한다는 통보를 받은 때에는 통보를 받은 날부터 3개월 이내에 그 직을 휴직하거나 사직하여야 한다.
⑦ 의장은 제4항에 따라 의원에게 통보한 날부터 15일 이내(본회의 의결 또는 의장의 추천·지명 등에 따라 임명·위촉된 경우에는 해당 의원이 신고한 날부터 15일 이내)에 겸직 내용을 국회공보 또는 국회 인터넷 홈페이지 등에 게재하는 방법으로 공개하여야 한다.
⑧ 의원이 제1항 각 호의 직을 겸하는 경우에는 그에 따른 보수를 받을 수 없다. 다만, 실비 변상은 받을 수 있다.

제29조의2【영리업무 종사 금지】 ① 의원은 그 직무 외에 영리를 목적으로 하는 업무에 종사할 수 없다. 다만, 의원 본인 소유의 토지·건물 등의 재산을 활용한 임대업 등 영리업무를 하는 경우로서 의원 직무수행에 지장이 없는 경우에는 그러하지 아니하다.
② 의원이 당선 전부터 제1항 단서의 영리업무 외의 영리업무에 종사하고 있는 경우에는 임기 개시 후 6개월 이내에 그 영리업무를 휴업하거나 폐업하여야 한다.
③ 의원이 당선 전부터 제1항 단서의 영리업무에 종사하고 있는 경우에는 임기 개시 후 1개월 이내에, 임기 중에 제1항 단서의 영리업무에 종사하게 된 경우에는 지체 없이 이를 의장에게 서면으로 신고하여야 한다.
④ 의장은 의원이 제3항에 따라 신고한 영리업무가 제1항 단서의 영리업무에 해당하는지를 윤리심사자문위원회의 의견을 들어 결정하고 그 결과를 해당 의원에게 통보한다. 이 경우 의장은 윤리심사자문위원회의 의견을 존중하여야 한다.
(2021.5.18 전단개정)
⑤ 윤리심사자문위원회는 의장으로부터 의견제출을 요구받은 날부터 1개월 이내에 그 의견을 의장에게 제출하여야 한다. 다만, 필요한 경우에는 1개월의 범위에서 한 차례만 의견제출 기간을 연장할 수 있다.
⑥ 의원은 의장으로부터 종사하고 있는 영리업무가 제1항 단서의 영리업무에 해당하지 아니한다는 통보를 받은 때에는 통보를 받은 날부터 6개월 이내에 그 영리업무를 휴업하거나 폐업하여야 한다.

제30조【수당·여비】 의원은 따로 법률에서 정하는 바에 따라 수당과 여비를 받는다.

제31조 (2014.3.18 삭제)

제32조【청가 및 결석】 ① 의원이 사고로 국회에 출석하지 못하게 되거나 출석하지 못한 때에는 청가서(請暇書) 또는 결석신고서를 의장에게 제출하여야 한다.
② 의원이 청가서를 제출하여 의장의 허가를 받거나 정당한 사유로 결석하여 결석신고서를 제출한 경우 외에는 「국회의원의 보좌직원과 수당 등에 관한 법률」에 따른 특별활동비에서 그 결석한 회의일수에 상당하는 금액을 감액한다.
(2022.1.4 본항개정)
③ 제1항의 청가 및 결석에 관하여 필요한 사항은 국회규칙으로 정한다.

제4장의2 의원의 이해충돌 방지

(2021.5.18 본장신설)

제32조의2【사적 이해관계의 등록】 ① 의원 당선인은 당선인으로 결정된 날부터 30일 이내(재선거·보궐선거 등의 경

우에는 당선인으로 결정된 날부터 10일 이내를 말한다)에 당선인으로 결정된 날을 기준으로 다음 각 호의 사항을 윤리심사자문위원회에 등록하여야 한다.(2024.3.12 후단삭제)
1. 의원 본인, 그 배우자 또는 직계존비속이 임원·대표자·관리자 또는 사외이사로 재직하고 있는 법인·단체의 명단 및 그 업무내용
2. 의원 본인, 그 배우자 또는 직계존비속이 대리하거나 고문·자문 등을 제공하는 개인이나 법인·단체의 명단 및 그 업무내용
3. 의원으로 당선되기 전 3년 이내에 의원 본인이 재직하였던 법인·단체의 명단 및 그 업무내용
4. 의원으로 당선되기 전 3년 이내에 의원 본인이 대리하거나 고문·자문 등을 제공하였던 개인이나 법인·단체의 명단 및 그 업무내용
5. 의원으로 당선되기 전 3년 이내에 의원 본인이 민간 부문에서 관리·운영하였던 사업 또는 영리행위의 내용
6. 의원 본인, 그 배우자 또는 직계존비속이 단독으로 또는 합산하여 다음 각 목에 따른 비율의 주식 또는 지분을 소유하고 있는 법인·단체의 명단
가. 발행주식 총수의 100분의 30 이상
나. 출자지분 총수의 100분의 30 이상
6의2. 의원 본인, 그 배우자 또는 직계존비속이 단독으로 또는 합산하여 소유하고 있는 다음 각 목에 따른 비율 또는 금액의 가상자산(「특정 금융거래정보의 보고 및 이용 등에 관한 법률」 제2조제3호에 따른 가상자산을 말한다)과 발행인 명단
가. 발행가상자산 총수의 100분의 30 이상
나. 1천만원 이상
(2024.3.12 6호~6호의2개정)
7. 의원 본인, 그 배우자 또는 직계존비속이 소유하고 있는 다음 각 목의 재산(소유 명의와 관계없이 사실상 소유하는 재산, 비영리법인에 출연한 재산과 외국에 있는 재산을 포함한다)
가. 부동산에 관한 소유권·지상권 및 전세권
나. 광업권·어업권·양식업권, 그 밖에 부동산에 관한 규정이 준용되는 권리
8. 그 밖에 의원의 사적 이해관계와 관련되는 사항으로서 국회규칙으로 정하는 재산사항
② 의원은 매년 6월 30일 및 12월 31일 기준의 제1항 각 호에 따른 등록사항에 대한 변경사항을 그 기준일부터 30일 이내에 윤리심사자문위원회에 변경등록하여야 한다. 다만, 국회의원 총선거가 있는 해의 경우 6월 30일 기준의 변경사항은 변경등록하지 아니한다.(2024.3.12 본항개정)
③ 윤리심사자문위원회는 다른 법령에서 정보공개가 금지되지 아니하는 범위에서 다음 각 호의 사항 중 의원 본인에 관한 사항을 제32조의3제2항에 따른 의견 제출기한 종료 후 30일 이내에 국회공보 또는 국회 인터넷 홈페이지 등에 게재하는 방법으로 공개한다.
1. 제1항 각 호에 따른 등록사항
2. 제2항에 따른 변경등록사항
(2024.3.12 본항신설)
④ 윤리심사자문위원회는 제1항 또는 제2항에 따라 등록 또는 변경등록된 사적 이해관계의 검토에 필요한 경우에는 기간을 정하여 의원(의원 당선인을 포함한다. 이하 이 조에서 같다)에게 소명자료의 제출을 요청할 수 있다.
⑤ 의원, 그 배우자 및 직계존비속은 제1항 또는 제2항에 따른 사적 이해관계의 등록 또는 변경등록이나 제32조의3에 따른 윤리심사자문위원회의 등록 및 변경등록 사항에 관한 검토 과정에 성실하게 응하여야 한다.
⑥ 제1항부터 제4항까지에 따른 등록·변경등록, 공개, 소명자료 제출의 절차·방법·관리 등에 필요한 사항은 국회규칙으로 정한다.(2024.3.12 본항개정)

제32조의3【윤리심사자문위원회의 의견 제출】 ① 윤리심사자문위원회는 제32조의2에 따른 등록 및 변경등록 사항을 바탕으로 이해충돌(의원이 직무를 수행할 때 본인의 사적 이해관계가 관련되어 공정하고 청렴한 직무수행이 저해되거나 저해될 우려가 있는 상황을 말한다. 이하 같다) 여부를 검토하여 그 의견을 의장, 해당 의원 및 소속 교섭단체 대표의원에게 제출하여야 한다.
② 윤리심사자문위원회는 제1항에 따른 의견을 다음 각 호에서 정하고 있는 기한까지 의장, 해당 의원 및 소속 교섭단체 대표의원에게 제출하여야 한다.
1. 국회의원 총선거 후 처음 상임위원회의 위원(이하 "상임위원"이라 한다)을 선임하는 경우 : 6월 1일까지. 다만, 해당 기한까지 의장이 선출되지 아니한 경우에는 의장이 선출되는 즉시 의장에게 제출하여야 한다.
2. 처음 선임된 상임위원 임기가 만료되어 상임위원을 다시 선임하는 경우 : 그 임기만료일 15일 전까지
3. 재선거·보궐선거 등으로 제32조의2제1항에 따라 등록을 한 경우 : 등록한 날부터 10일 이내
4. 제32조의2제2항에 따라 변경등록을 한 경우 : 변경등록기간 만료 후 30일 이내(2024.3.12 본호개정)
③ 제2항에 따른 의견 제출의 절차·방법 등에 필요한 사항은 국회규칙으로 정한다.

제32조의4【이해충돌의 신고】 ① 의원은 소속 위원회의 안건 심사, 국정감사 또는 국정조사와 관련하여 다음 각 호의 어느 하나에 해당하는 자가 직접적인 이익 또는 불이익을 받게 되는 것을 안 경우에는 안 날부터 10일 이내에 윤리심사자문위원회에 그 사실을 신고하여야 한다.
1. 의원 본인 또는 그 가족(「민법」 제779조에 따른 가족을 말한다. 이하 같다)
2. 의원 본인 또는 그 가족이 임원·대표자·관리자 또는 사외이사로 재직하고 있는 법인·단체
3. 의원 본인 또는 그 가족이 대리하거나 고문·자문 등을 제공하는 개인이나 법인·단체
4. 의원 임기 개시 전 2년 이내에 의원 본인이 대리하거나 고문·자문 등을 제공하였던 개인이나 법인·단체
5. 의원 본인 또는 그 가족이 단독으로 또는 합산하여 다음 각 목에 따른 비율의 주식 또는 지분을 소유하고 있는 법인·단체
가. 발행주식 총수의 100분의 30 이상
나. 출자지분 총수의 100분의 30 이상
(2024.3.12 본호개정)
6. 최근 2년 이내에 퇴직한 공직자로서 퇴직일 전 2년 이내에 위원회의 안건 심사, 국정감사 또는 국정조사를 수행하는 의원과 국회규칙으로 정하는 범위의 부서에서 같이 근무하였던 사람
7. 그 밖에 의원의 사적 이해관계와 관련되는 자로서 국회규칙으로 정하는 자
② 윤리심사자문위원회는 제1항에 따른 신고를 바탕으로 이해충돌 여부를 검토하여 의원이 소속 위원회 활동과 관련하여 이해충돌이 발생할 우려가 있다고 인정하는 경우에는 그 의견을 신고를 받은 날부터 10일 이내에 의장, 해당 의원 및 소속 교섭단체 대표의원에게 제출하여야 한다.
③ 제1항에 따른 신고의 절차·방법·관리 및 제2항에 따른 의견 제출의 절차·방법 등에 필요한 사항은 국회규칙으로 정한다.

제32조의5【이해충돌 우려가 있는 안건 등에 대한 회피】
① 의원은 소속 위원회의 안건 심사, 국정감사 또는 국정조사 과정에서 제32조의4제1항의 신고사항에 해당하여 이해충돌이 발생할 우려가 있다고 판단하는 경우에는 소속 위원회의 위원장에게 그 사안 또는 안건에 대한 표결 및 발언의 회피를 신청하여야 한다.
② 제1항에 따른 회피 신청을 받은 위원장은 간사와 협의하여 회피를 허가할 수 있다.
③ 윤리심사자문위원회는 의원이 이해충돌 우려가 있음에도 불구하고 제1항에 따라 표결 및 발언의 회피를 신청하지 아니하였다고 인정하는 경우에는 그 의견을 의장, 해당 의원 및 소속 교섭단체 대표의원에게 제출할 수 있다.

제32조의6【「공직자의 이해충돌 방지법」의 적용 특례】 ① 의원이 제32조의2제1항제3호부터 제5호까지의 사적 이해관계를 등록 또는 변경등록한 경우에는 「공직자의 이해충돌 방지법」 제8조에 따른 의무를 이행한 것으로 본다.
② 제32조의2제3항에 따라 사적 이해관계에 관한 자료가 공개된 경우 「공직자의 이해충돌 방지법」 제8조제4항에 따라 공개한 것으로 본다.(2024.3.12 본항개정)

국회
사법

제5장 교섭단체 · 위원회와 위원
(2018.4.17 본장개정)

제33조【교섭단체】 ① 국회에 20명 이상의 소속 의원을 가진 정당은 하나의 교섭단체가 된다. 다만, 다른 교섭단체에 속하지 아니하는 20명 이상의 의원으로 따로 교섭단체를 구성할 수 있다.
② 교섭단체 대표의원은 그 단체의 소속 의원이 연서·날인한 명부를 의장에게 제출하여야 하며, 그 소속 의원에 이동(異動)이 있거나 소속 정당의 변경이 있을 때에는 그 사실을 지체 없이 의장에게 보고하여야 한다. 다만, 특별한 사유가 있을 때에는 해당 의원이 관계 서류를 첨부하여 이를 보고할 수 있다.
③ 어느 교섭단체에도 속하지 아니하는 의원이 당적을 취득하거나 소속 정당을 변경한 때에는 그 사실을 즉시 의장에게 보고하여야 한다.
제34조【교섭단체 정책연구위원】 ① 교섭단체 소속 의원의 입법 활동을 보좌하기 위하여 교섭단체에 정책연구위원을 둔다.
② 정책연구위원은 해당 교섭단체 대표의원의 제청(提請)에 따라 의장이 임면한다.
③ 정책연구위원은 별정직공무원으로 하고, 그 인원·자격·임면절차·직급 등에 필요한 사항은 국회규칙으로 정한다.
제35조【위원회의 종류】 국회의 위원회는 상임위원회와 특별위원회 두 종류로 한다.
제36조【상임위원회의 직무】 상임위원회는 그 소관에 속하는 의안과 청원 등의 심사, 그 밖에 법률에서 정하는 직무를 수행한다.
제37조【상임위원회와 그 소관】 ① 상임위원회의 종류와 소관 사항은 다음과 같다.
1. 국회운영위원회
가. 국회 운영에 관한 사항
나. 「국회법」과 국회규칙에 관한 사항
다. 국회사무처 소관에 속하는 사항
라. 국회도서관 소관에 속하는 사항
마. 국회예산정책처 소관에 속하는 사항
바. 국회입법조사처 소관에 속하는 사항
사. 대통령비서실, 국가안보실, 대통령경호처 소관에 속하는 사항
아. 국가인권위원회 소관에 속하는 사항
2. 법제사법위원회
가. 법무부 소관에 속하는 사항
나. 법제처 소관에 속하는 사항
다. 감사원 소관에 속하는 사항
라. 고위공직자범죄수사처 소관에 속하는 사항(2020.8.18 본목신설)
마. 헌법재판소 사무에 관한 사항
바. 법원·군사법원의 사법행정에 관한 사항
사. 탄핵소추에 관한 사항
아. 법률안·국회규칙안의 체계·형식과 자구의 심사에 관한 사항
3. 정무위원회
가. 국무조정실, 국무총리비서실 소관에 속하는 사항
나. 국가보훈부 소관에 속하는 사항(2023.7.11 본목개정)
다. 공정거래위원회 소관에 속하는 사항
라. 금융위원회 소관에 속하는 사항
마. 국민권익위원회 소관에 속하는 사항
4. 기획재정위원회
가. 기획재정부 소관에 속하는 사항
나. 한국은행 소관에 속하는 사항
5. 교육위원회
가. 교육부 소관에 속하는 사항
나. 국가교육위원회 소관에 속하는 사항
(2023.7.11 본호개정)
6. 과학기술정보방송통신위원회
가. 과학기술정보통신부 소관에 속하는 사항
나. 방송통신위원회 소관에 속하는 사항
다. 원자력안전위원회 소관에 속하는 사항
(2018.7.17 본호개정)
7. 외교통일위원회
가. 외교부 소관에 속하는 사항
나. 통일부 소관에 속하는 사항
다. 민주평화통일자문회의 사무에 관한 사항
8. 국방위원회
국방부 소관에 속하는 사항
9. 행정안전위원회
가. 행정안전부 소관에 속하는 사항
나. 인사혁신처 소관에 속하는 사항
다. 중앙선거관리위원회 사무에 관한 사항
라. 지방자치단체에 관한 사항
10. 문화체육관광위원회
문화체육관광부 소관에 속하는 사항
(2018.7.17 본호신설)
11. 농림축산식품해양수산위원회
가. 농림축산식품부 소관에 속하는 사항
나. 해양수산부 소관에 속하는 사항
12. 산업통상자원중소벤처기업위원회
가. 산업통상자원부 소관에 속하는 사항
나. 중소벤처기업부 소관에 속하는 사항
13. 보건복지위원회
가. 보건복지부 소관에 속하는 사항
나. 식품의약품안전처 소관에 속하는 사항
14. 환경노동위원회
가. 환경부 소관에 속하는 사항
나. 고용노동부 소관에 속하는 사항
15. 국토교통위원회
국토교통부 소관에 속하는 사항
16. 정보위원회
가. 국가정보원 소관에 속하는 사항
나. 「국가정보원법」 제4조제1항제5호에 따른 정보 및 보안 업무의 기획·조정 대상 부처 소관의 정보 예산안과 결산 심사에 관한 사항(2020.12.15 본목개정)
17. 여성가족위원회
여성가족부 소관에 속하는 사항
② 의장은 어느 상임위원회에도 속하지 아니하는 사항은 국회운영위원회와 협의하여 소관 상임위원회를 정한다.
제38조【상임위원회의 위원 정수】 상임위원회의 위원 정수(定數)는 국회규칙으로 정한다. 다만, 정보위원회의 위원 정수는 12명으로 한다.
제39조【상임위원회의 위원】 ① 의원은 둘 이상의 상임위원이 될 수 있다.(2021.5.18 본항개정)
② 각 교섭단체 대표의원은 국회운영위원회의 위원이 된다.
③ 의장은 상임위원이 될 수 없다.
④ 국무총리 또는 국무위원의 직을 겸한 의원은 상임위원을 사임할 수 있다.(2020.2.18 본항개정)
제40조【상임위원의 임기】 ① 상임위원의 임기는 2년으로 한다. 다만, 국회의원 총선거 후 처음 선임된 위원의 임기는 선임된 날부터 개시하여 의원의 임기 개시 후 2년이 되는 날까지로 한다.

② 보임(補任)되거나 개선(改選)된 상임위원의 임기는 전임자 임기의 남은 기간으로 한다.
제40조의2【상임위원의 직무 관련 영리행위 금지】 상임위원은 소관 상임위원회의 직무와 관련한 영리행위를 하여서는 아니 된다.
제41조【상임위원장】 ① 상임위원회에 위원장(이하 "상임위원장"이라 한다) 1명을 둔다.
② 상임위원장은 제48조제1항부터 제3항까지에 따라 선임된 해당 상임위원 중에서 임시의장 선거의 예에 준하여 본회의에서 선거한다.
③ 제2항의 선거는 국회의원 총선거 후 첫 집회일부터 3일 이내에 실시하며, 처음 선출된 상임위원장의 임기가 만료되는 경우에는 그 임기만료일까지 실시한다.
④ 상임위원장의 임기는 상임위원의 임기와 같다.
⑤ 상임위원장은 본회의의 동의를 받아 그 직을 사임할 수 있다. 다만, 폐회 중에는 의장의 허가를 받아 사임할 수 있다.
제42조【전문위원과 공무원】 ① 위원회에 위원장과 위원의 입법 활동 등을 지원하기 위하여 의원이 아닌 전문지식을 가진 위원(이하 "전문위원"이라 한다)과 필요한 공무원을 둔다. 위원회에 두는 전문위원과 공무원에 대해서는 「국회사무처법」에서 정하는 바에 따른다.
② 위원회에 두는 전문위원과 공무원이 그 직무를 수행하는 때에는 정치적 중립성을 유지하여야 한다.
③ 전문위원은 사무총장의 제청으로 의장이 임명한다.
④ 전문위원은 위원회에서 의안과 청원 등의 심사, 국정감사, 국정조사, 그 밖의 소관 사항과 관련하여 검토보고 및 관련 자료의 수집·조사·연구를 수행한다.
⑤ 전문위원은 제4항의 직무를 수행하는 데 필요한 자료의 제공을 정부, 행정기관 등에 요청할 수 있다. 이 경우 그 요청은 위원장의 허가를 받아 위원장 명의로 하여야 한다.
⑥ 전문위원은 위원회에서 발언할 수 있으며 본회의에서는 본회의 의결 또는 의장의 허가를 받아 발언할 수 있다.
제43조【전문가의 활용】 ① 위원회는 의결로 중요한 안건 또는 전문지식이 필요한 안건의 심사와 관련하여 필요한 경우에는 해당 안건에 관하여 학식과 경험이 있는 3명 이내의 전문가를 심사보조자로 위촉할 수 있다.
② 위원회가 제1항에 따라 전문가를 심사보조자로 위촉하려는 경우에는 위원장이 의장에게 이를 요청한다. 이 경우 의장은 예산 사정 등을 고려하여 그 인원이나 위촉기간 등을 조정할 수 있다.
③ 제1항에 따라 위촉된 심사보조자는 「국가공무원법」 제33조의 결격사유에 해당하지 아니하는 사람이어야 하며, 위촉된 업무의 성질에 반하지 아니하는 범위에서 「국가공무원법」 제7장 복무에 관한 규정이 준용된다.
④ 위촉된 심사보조자에 대한 수당의 지급기준과 그 밖에 필요한 사항은 의장이 정한다.
제44조【특별위원회】 ① 국회는 둘 이상의 상임위원회와 관련된 안건이거나 특히 필요하다고 인정한 안건을 효율적으로 심사하기 위하여 본회의의 의결로 특별위원회를 둘 수 있다.
② 제1항에 따른 특별위원회를 구성할 때에는 그 활동기간을 정하여야 한다. 다만, 본회의 의결로 그 기간을 연장할 수 있다.
③ 특별위원회는 활동기한의 종료 시까지 존속한다. 다만, 활동기한의 종료 시까지 제86조에 따라 법제사법위원회에 체계·자구 심사를 의뢰하였거나 제66조에 따라 심사보고서를 제출한 경우에는 해당 안건이 본회의에서 의결될 때까지 존속하는 것으로 본다.
④ 제2항에도 불구하고 특별위원회 활동기간 중 연속하여 3개월 이상 회의가 열리지 아니하는 때에는 본회의의 의결로 특별위원회의 활동을 종료시킬 수 있다.
⑤ 특별위원회는 활동기간을 연장할 필요가 있다고 판단되는 경우 활동기간 종료 15일 전까지 특별위원회의 활동에 관한 중간보고서 및 활동기간 연장 사유를 국회운영위원회에 제출하여야 한다.
⑥ 특별위원회는 활동기간 종료(제3항 단서 또는 제4항에 해당하는 경우에는 해당 안건이 본회의에서 의결된 날을 말한다) 후 15일 이내에 활동결과보고서를 국회운영위원회에 제출하여야 한다. 국회운영위원회는 이를 심사한 후 국회 인터넷 홈페이지 등에 게재하는 방법으로 공개하여야 한다.
제45조【예산결산특별위원회】 ① 예산안, 기금운용계획안 및 결산(세입세출결산과 기금결산을 말한다. 이하 같다)을 심사하기 위하여 예산결산특별위원회를 둔다.
② 예산결산특별위원회의 위원 수는 50명으로 한다. 이 경우 의장은 교섭단체 소속 의원 수의 비율과 상임위원회 위원 수의 비율에 따라 각 교섭단체 대표의원의 요청으로 위원을 선임한다.
③ 예산결산특별위원회 위원의 임기는 1년으로 한다. 다만, 국회의원 총선거 후 처음 선임된 위원의 임기는 선임된 날부터 개시하여 의원의 임기 개시 후 1년이 되는 날까지로 하며, 보임되거나 개선된 위원의 임기는 전임자 임기의 남은 기간으로 한다.
④ 예산결산특별위원회의 위원장은 예산결산특별위원회의 위원 중에서 임시의장 선거의 예에 준하여 본회의에서 선거한다.
⑤ 예산결산특별위원회에 대해서는 제44조제2항 및 제3항을 적용하지 아니한다.
⑥ 예산결산특별위원회 위원장의 선거 및 임기 등과 위원의 선임에 관하여는 제41조제3항부터 제5항까지, 제48조제1항 후단 및 제2항을 준용한다.
제46조【윤리특별위원회】 ① 의원의 자격심사·징계에 관한 사항을 심사하기 위하여 제44조제1항에 따라 윤리특별위원회를 구성한다.(2018.7.17 본항개정)
② (2018.7.17 삭제)
③ 윤리특별위원회는 의원의 징계에 관한 사항을 심사하기 전에 윤리심사자문위원회의 의견을 청취하여야 한다. 이 경우 윤리특별위원회는 윤리심사자문위원회의 의견을 존중하여야 한다.(2021.5.18 전단개정)
④~⑤ (2018.7.17 삭제)
⑥ 윤리특별위원회의 운영 등에 관하여 이 법에서 정한 사항 외에 필요한 사항은 국회규칙으로 정한다.(2018.7.17 본항개정)
제46조의2【윤리심사자문위원회】 ① 다음 각 호의 사무를 수행하기 위하여 국회에 윤리심사자문위원회를 둔다.
(2021.5.18 본문개정)
1. 의원의 겸직, 영리업무 종사와 관련된 의장의 자문
2. 의원 징계에 관한 윤리특별위원회의 자문
3. 의원의 이해충돌 방지에 관한 사항
(2021.5.18 1호~3호신설)
② 윤리심사자문위원회는 위원장 1명을 포함한 8명의 자문위원으로 구성하며, 자문위원은 각 교섭단체 대표의원의 추천에 따라 의장이 위촉한다.(2021.5.18 본항개정)
③ 자문위원의 임기는 2년으로 한다.(2021.5.18 본항신설)
④ 각 교섭단체 대표의원이 추천하는 자문위원 수는 교섭단체 소속 의원 수의 비율에 따른다. 이 경우 소속 의원 수가 가장 많은 교섭단체 대표의원이 추천하는 자문위원 수는 그 밖의 교섭단체 대표의원이 추천하는 자문위원 수와 같아야 한다.
⑤ 윤리심사자문위원회 위원장은 자문위원 중에서 호선하되, 위원장이 선출될 때까지는 자문위원 중 연장자가 위원장의 직무를 대행한다.(2021.5.18 본항개정)
⑥ 의원은 윤리심사자문위원회의 자문위원이 될 수 없다.
(2021.5.18 본항개정)
⑦ 자문위원은 「형법」 제127조 및 제129조부터 제132조까지의 규정을 적용할 때에는 공무원으로 본다.(2021.5.18 본항신설)
⑧ 윤리심사자문위원회의 사무를 지원하기 위하여 국회규칙으로 정하는 바에 따라 필요한 공무원을 둔다.(2021.5.18 본항신설)
⑨ 자문위원은 제1항 각 호의 사무와 관련하여 직접적인 이해관계가 있거나 공정을 기할 수 없는 현저한 사유가 있는 경우

에는 심사에 참여할 수 없다. 이 경우 윤리심사자문위원회는 그 의결로 해당 자문위원의 심사를 중지시킬 수 있다.
(2021.5.18 본항신설)
⑩ 제1항부터 제9항까지에서 규정한 사항 외에 자문위원의 자격 및 윤리심사자문위원회의 운영·지원 등에 필요한 사항은 국회규칙으로 정한다.(2021.5.18 본항개정)
제46조의3【인사청문특별위원회】 ① 국회는 다음 각 호의 임명동의안 또는 의장이 각 교섭단체 대표의원과 협의하여 제출한 선출안 등을 심사하기 위하여 인사청문특별위원회를 둔다. 다만, 「대통령직 인수에 관한 법률」 제5조제2항에 따라 대통령당선인이 국무총리 후보자에 대한 인사청문의 실시를 요청하는 경우에 의장은 각 교섭단체 대표의원과 협의하여 그 인사청문을 실시하기 위한 인사청문특별위원회를 둔다.
1. 헌법에 따라 그 임명에 국회의 동의가 필요한 대법원장·헌법재판소장·국무총리·감사원장 및 대법관에 대한 임명동의안
2. 헌법에 따라 국회에서 선출하는 헌법재판소 재판관 및 중앙선거관리위원회 위원에 대한 선출안
② 인사청문특별위원회의 구성과 운영에 필요한 사항은 따로 법률로 정한다.
제47조【특별위원회의 위원장】 ① 특별위원회에 위원장 1명을 두되, 위원회에서 호선하고 본회의에 보고한다.
② 특별위원회의 위원장이 선임될 때까지는 위원 중 연장자가 위원장의 직무를 대행한다.
③ 특별위원회의 위원장은 그 특별위원회의 동의를 받아 그 직을 사임할 수 있다. 다만, 폐회 중에는 의장의 허가를 받아 사임할 수 있다.
제48조【위원의 선임 및 개선】 ① 상임위원은 교섭단체 소속 의원 수의 비율에 따라 각 교섭단체 대표의원의 요청으로 의장이 선임하거나 개선한다. 이 경우 각 교섭단체 대표의원은 국회의원 총선거 후 첫 임시회의 집회일부터 2일 이내에 의장에게 상임위원 선임을 요청하여야 하고, 처음 선임된 상임위원의 임기가 만료되는 경우에는 그 임기만료일 3일 전까지 의장에게 상임위원 선임을 요청하여야 하며, 이 기한까지 요청이 없을 때에는 의장이 상임위원을 선임할 수 있다.
② 어느 교섭단체에도 속하지 아니하는 의원의 상임위원 선임은 의장이 한다.
③ 정보위원회의 위원은 의장이 각 교섭단체 대표의원으로부터 해당 교섭단체 소속 의원 중에서 후보를 추천받아 부의장 및 각 교섭단체 대표의원과 협의하여 선임하거나 개선한다. 다만, 각 교섭단체 대표의원은 정보위원회의 위원이 된다.
④ 특별위원회의 위원은 제1항과 제2항에 따라 의장이 상임위원 중에서 선임한다. 이 경우 그 선임은 특별위원회 구성결의안이 본회의에서 의결된 날부터 5일 이내에 하여야 한다.
⑤ 위원을 선임한 후 교섭단체 소속 의원 수가 변동되었을 때에는 의장은 위원회의 교섭단체별 할당 수를 변경하여 위원을 개선할 수 있다.
⑥ 제1항부터 제4항까지에 따라 위원을 개선할 때 임시회의 경우에는 회기 중에 개선될 수 없고, 정기회의 경우에는 선임 또는 개선 후 30일 이내에는 개선될 수 없다. 다만, 위원이 질병 등 부득이한 사유로 의장의 허가를 받은 경우에는 그러하지 아니하다.
⑦ (2021.5.18 삭제)
제48조의2【이해충돌 위원의 선임 제한】 ① 의장과 교섭단체 대표의원은 의원의 이해충돌 여부에 관한 제32조의3제1항에 따른 윤리심사자문위원회의 의견을 고려하여 의원을 위원회의 위원으로 선임하는 것이 공정을 기할 수 없는 뚜렷한 사유가 있다고 인정할 때에는 그 의원을 해당 위원회의 위원으로 선임하거나 선임을 요청하여서는 아니 된다.
② 윤리심사자문위원회는 위원이 소속 위원회 활동과 관련하여 이해충돌이 발생할 우려가 있으면 의장의 요청 또는 직권으로 위원의 이해충돌 여부를 검토하여 의장, 해당 의원 및 소속 교섭단체 대표의원에게 그 의견을 제출할 수 있다.
③ 의장과 교섭단체 대표의원은 윤리심사자문위원회로부터 제2항, 제32조의3제2항제4호 및 제32조의4제2항에 따라 위원이 소속 위원회 활동과 관련하여 이해충돌이 발생할 우려가 있다는 의견을 받은 경우 해당 위원이 직무에 공정을 기할 수 없다고 인정하면 해당 위원을 개선하거나 개선하도록 요청할 수 있다.
④ 의장과 교섭단체 대표의원은 위원의 선임·선임요청 또는 개선·개선요청과 관련하여 윤리심사자문위원회에 이해충돌 여부에 관하여 자문을 요청할 수 있다.
(2021.5.18 본조신설)
제49조【위원장의 직무】 ① 위원장은 위원회를 대표하고 의사를 정리하며, 질서를 유지하고 사무를 감독한다.
② 위원장은 위원회의 의사일정과 개회일시를 간사와 협의하여 정한다.
제49조의2【위원회 의사일정의 작성기준】 ① 위원장(소위원회의 위원장을 포함한다)은 예측 가능한 국회운영을 위하여 특별한 사정이 없으면 다음 각 호의 기준에 따라 제49조제2항의 의사일정 및 개회일시를 정한다.
1. 위원회 개회일시 : 매주 월요일·화요일 오후 2시
2. 소위원회 개회일시 : 매주 수요일·목요일 오전 10시
(2019.4.16 본호개정)
② 위원회(소위원회는 제외한다)는 매월 2회 이상 개회한다. 다만, 다음 각 호의 어느 하나에 해당하는 경우에는 그러하지 아니하다.
1. 해당 위원회의 국정감사 또는 국정조사 실시기간
2. 그 밖에 회의를 개회하기 어렵다고 의장이 인정하는 기간
(2020.12.22 본항신설)
③ 제2항에도 불구하고, 국회운영위원회, 정보위원회, 여성가족위원회, 특별위원회 및 예산결산특별위원회의 경우에는 위원장이 개회 횟수를 달리 정할 수 있다.(2020.12.22 본항신설)
제49조의3【위원 회의 출석 현황 공개】 위원장은 위원회(소위원회는 제외한다) 회의가 종료되면 그 다음 날까지 소속 위원의 회의 출석 여부를 국회공보 또는 인터넷 홈페이지 등에 게재하는 방법으로 공개하여야 한다.(2020.12.22 본조신설)
제50조【간사】 ① 위원회에 각 교섭단체별로 간사 1명을 둔다.
② 간사는 위원회에서 호선하고 이를 본회의에 보고한다.
③ 위원장이 사고가 있을 때에는 위원장이 지정하는 간사가 위원장의 직무를 대리한다.
④ 위원장이 궐위된 때에는 소속 의원 수가 많은 교섭단체 소속 간사의 순으로 위원장의 직무를 대리한다.
⑤ 위원장이 위원회의 개회 또는 의사진행을 거부·기피하거나 제3항에 따른 직무대리자를 지정하지 아니하여 위원회가 활동하기 어려울 때에는 위원장이 소속되지 아니한 교섭단체 소속의 간사 중에서 소속 의원 수가 많은 교섭단체 소속 간사의 순으로 위원장의 직무를 대행한다.
제51조【위원회의 제안】 ① 위원회는 그 소관에 속하는 사항에 관하여 법률안과 그 밖의 의안을 제출할 수 있다.
② 제1항의 의안은 위원장이 제안자가 된다.
제52조【위원회의 개회】 위원회는 다음 각 호의 어느 하나에 해당할 때에 개회한다.
1. 본회의의 의결이 있을 때
2. 의장이나 위원장이 필요하다고 인정할 때
3. 재적위원 4분의 1 이상의 요구가 있을 때
제53조 (2020.12.22 삭제)
제54조【위원회의 의사정족수·의결정족수】 위원회는 재적위원 5분의 1 이상의 출석으로 개회하고, 재적위원 과반수의 출석과 출석위원 과반수의 찬성으로 의결한다.
제54조의2【정보위원회에 대한 특례】 ① 정보위원회의 회의는 공개하지 아니한다. 다만, 공청회 또는 제65조의2에 따른 인사청문회를 실시하는 경우에는 위원회의 의결로 이를 공개할 수 있다.

<2022.1.27 헌법재판소 단순위헌결정으로 이 항 본문은 헌법에 위반>
② 정보위원회의 위원 및 소속 공무원(의원 보좌직원을 포함한다. 이하 이 조에서 같다)은 직무수행상 알게 된 국가기밀에 속하는 사항을 공개하거나 타인에게 누설해서는 아니 된다.
③ 정보위원회의 활동을 보좌하는 소속 공무원에 대해서는 국가정보원장에게 신원조사를 의뢰하여야 한다.
④ 이 법에서 정한 사항 외에 정보위원회의 구성과 운영 등에 필요한 사항은 국회규칙으로 정한다.

판례 헌법상 의사공개원칙과 정보위원회 회의록의 비공개 규정 : 헌법상 의사공개원칙에 따라 회의를 공개하지 아니할 경우에는 헌법에서 정하고 있는 일정한 요건을 갖추어야 한다. 헌법 제50조제1항 단서가 정하고 있는 회의의 비공개를 위한 절차나 사유는 그 문언이 매우 구체적이어서 이에 대한 예외도 엄격하게 인정되어야 한다. 따라서 정보위원회의 회의 일체를 비공개하도록 정하는 것은 정보위원회 활동에 대한 국민의 감시와 견제를 사실상 불가능하게 하고 있으며, 입법과정에서 재적의원 과반수의 출석과 출석의원 과반수의 찬성으로 의결되었다는 사실만으로 헌법 제50조제1항 단서의 '출석위원 과반수의 찬성'이라는 요건이 충족되었다고 볼 수도 없다.
(헌재결 2022.1.27, 2018헌마1162)

제55조【위원회에서의 방청 등】 ① 의원이 아닌 사람이 위원회를 방청하려면 위원장의 허가를 받아야 한다.
② 위원장은 질서 유지를 위하여 필요할 때에는 방청인의 퇴장을 명할 수 있다.

제56조【본회의 중 위원회의 개회】 위원회는 본회의 의결이 있거나 의장이 필요하다고 인정하여 각 교섭단체 대표의원과 협의한 경우를 제외하고는 본회의 중에는 개회할 수 없다. 다만, 국회운영위원회는 그러하지 아니하다.

제57조【소위원회】 ① 위원회는 소관 사항을 분담·심사하기 위하여 상설소위원회를 둘 수 있고, 필요한 경우 특정한 안건의 심사를 위하여 소위원회를 둘 수 있다. 이 경우 소위원회에 대하여 국회규칙으로 정하는 바에 따라 필요한 인원 및 예산 등을 지원할 수 있다.(2019.4.16 본항개정)
② 상임위원회는 소관 법률안의 심사를 분담하는 둘 이상의 소위원회를 둘 수 있다.(2019.4.16 본항개정)
③ 소위원회의 위원장은 위원회에서 소위원회의 위원 중에서 선출하고 이를 본회의에 보고하며, 소위원회의 위원장이 사고가 있을 때에는 소위원회의 위원장이 소위원회의 위원 중에서 지정하는 위원이 그 직무를 대리한다.(2019.4.16 본항개정)
④ 소위원회의 활동은 위원회가 의결로 정하는 범위에 한정한다.
⑤ 소위원회의 회의는 공개한다. 다만, 소위원회의 의결로 공개하지 아니할 수 있다.
⑥ 소위원회는 폐회 중에도 활동할 수 있으며, 법률안을 심사하는 소위원회는 매월 3회 이상 개회한다. 다만, 국회운영위원회, 정보위원회 및 여성가족위원회의 법률안을 심사하는 소위원회의 경우에는 소위원장이 개회 횟수를 달리 정할 수 있다.(2020.12.22 본항개정)
⑦ 소위원회는 그 의결로 의안 심사와 직접 관련된 보고 또는 서류 및 해당 기관이 보유한 사진·영상물의 제출을 정부·행정기관 등에 요구할 수 있고, 증인·감정인·참고인의 출석을 요구할 수 있다. 이 경우 그 요구는 위원장의 명의로 한다.(2019.4.16 본항신설)
⑧ 소위원회에 관하여는 이 법에서 다르게 정하거나 성질에 반하지 아니하는 한 위원회에 관한 규정을 적용한다. 다만, 소위원회는 축조심사(逐條審査)를 생략해서는 아니 된다.
⑨ 예산결산특별위원회는 제1항의 소위원회 외에 심사를 위하여 필요한 경우에는 이를 여러 개의 분과위원회로 나눌 수 있다.

제57조의2【안건조정위원회】 ① 위원회는 이견을 조정할 필요가 있는 안건(예산안, 기금운용계획안, 임대형 민자사업 한도액안 및 체계·자구 심사를 위하여 법제사법위원회에 회부된 법률안은 제외한다. 이하 이 조에서 같다)을 심사하기 위하여 재적위원 3분의 1 이상의 요구로 안건조정위원회(이하 이 조에서 "조정위원회"라 한다)를 구성하고 해당 안건을 제58조제1항에 따른 대체토론(大體討論)이 끝난 후 조정위원회에 회부한다. 다만, 조정위원회를 거친 안건에 대해서는 그 심사를 위한 조정위원회를 구성할 수 없다.
② 조정위원회의 활동기한은 그 구성일부터 90일로 한다. 다만, 위원장은 조정위원회를 구성할 때 간사와 합의하여 90일을 넘지 아니하는 범위에서 활동기한을 따로 정할 수 있다.
③ 조정위원회는 조정위원회의 위원장(이하 이 조에서 "조정위원장"이라 한다) 1명을 포함한 6명의 조정위원회의 위원(이하 이 조에서 "조정위원"이라 한다)으로 구성한다.
④ 제3항에 따라 조정위원회를 구성하는 경우에는 소속 의원 수가 가장 많은 교섭단체(이하 이 조에서 "제1교섭단체"라 한다)에 속하는 조정위원의 수와 제1교섭단체에 속하지 아니하는 조정위원의 수를 같게 한다. 다만, 제1교섭단체가 둘 이상인 경우에는 각 교섭단체에 속하는 조정위원 및 어느 교섭단체에도 속하지 아니하는 조정위원의 수를 위원장이 간사와 합의하여 정한다.
⑤ 조정위원은 위원장이 소속 위원 중에서 간사와 협의하여 선임하고, 조정위원장은 조정위원회가 제1교섭단체 소속 조정위원 중에서 선출하여 위원장이 의장에게 보고한다.
⑥ 조정위원회는 제1항에 따라 회부된 안건에 대한 조정안을 재적 조정위원 3분의 2 이상의 찬성으로 의결한다. 이 경우 조정위원장은 의결된 조정안을 지체 없이 위원회에 보고한다.
⑦ 조정위원회에서 조정안이 의결된 안건에 대해서는 소위원회의 심사를 거친 것으로 보며, 위원회는 조정위원회의 조정안이 의결된 날부터 30일 이내에 그 안건을 표결한다.
⑧ 조정위원회의 활동기한까지 안건이 조정되지 아니하거나 조정안이 부결된 경우에는 조정위원장은 심사경과를 위원회에 보고하여야 한다. 이 경우 위원장은 해당 안건(소위원회의 심사를 마친 안건은 제외한다)을 소위원회에 회부한다.
⑨ 제85조의2제2항에 따른 신속처리대상안건을 심사하는 조정위원회는 그 안건이 같은 조 제4항 또는 제5항에 따라 법제사법위원회에 회부되거나 바로 본회의에 부의된 것으로 보는 경우에는 제2항에 따른 활동기한이 남았더라도 그 활동을 종료한다.
⑩ 조정위원회에 관하여는 이 법에서 다르게 정하거나 성질에 반하지 아니하는 한 위원회 또는 소위원회에 관한 규정을 준용한다.

제58조【위원회의 심사】 ① 위원회는 안건을 심사할 때 먼저 그 취지의 설명과 전문위원의 검토보고를 듣고 대체토론[안건 전체에 대한 문제점과 당부(當否)에 관한 일반적 토론을 말하며 제안자와의 질의·답변을 포함한다]과 축조심사 및 찬반토론을 거쳐 표결한다.
② 상임위원회는 안건을 심사할 때 소위원회에 회부하여 이를 심사·보고하도록 한다.(2019.4.16 본항개정)
③ 위원회는 제1항에 따른 대체토론이 끝난 후에만 안건을 소위원회에 회부할 수 있다.
④ 제1항 및 제3항에도 불구하고 소위원회에 회부되어 심사 중인 안건과 직접 관련된 안건이 위원회에 새로 회부된 경우 위원장이 간사와 협의하여 필요하다고 인정할 때에는 그 안건을 바로 해당 소위원회에 회부하여 함께 심사하게 할 수 있다.
⑤ 제1항에 따른 축조심사는 위원회의 의결로 생략할 수 있다. 다만, 제정법률안과 전부개정법률안에 대해서는 그러하지 아니하다.
⑥ 위원회는 제정법률안과 전부개정법률안에 대해서는 공청회 또는 청문회를 개최하여야 한다. 다만, 위원회의 의결로 이를 생략할 수 있다.
⑦ 위원회는 안건이 예산상의 조치를 수반하는 경우에는 정부의 의견을 들어야 하며, 필요하다고 인정하는 경우에는 의안 시행에 수반될 것으로 예상되는 비용에 관하여 국회예산정책처의 의견을 들을 수 있다.
⑧ 위원회는 안건이 제58조의2에 따라 제정 또는 개정되는 법률안인 경우 국회사무처의 의견을 들을 수 있다.
⑨ 제1항에 따른 전문위원의 검토보고서는 특별한 사정이 없으면 해당 안건의 위원회 상정일 48시간 전까지 소속 위원에게 배부되어야 한다.

⑩ 법제사법위원회의 체계·자구 심사에 관하여는 제5항 단서와 제6항을 적용하지 아니한다.

제58조의2【헌법재판소 위헌결정에 대한 위원회의 심사】 ① 헌법재판소는 종국결정이 법률의 제정 또는 개정과 관련이 있으면 그 결정서 등본을 국회로 송부하여야 한다.
② 의장은 제1항에 따라 송부된 결정서 등본을 해당 법률의 소관 위원회와 관련위원회에 송부한다.
③ 위원장은 제2항에 따라 송부된 종국결정을 검토하여 소관 법률의 제정 또는 개정이 필요하다고 판단하는 경우 소위원회에 회부하여 이를 심사하도록 한다.(2019.4.16 본항개정)

제59조【의안의 상정시기】 위원회는 의안(예산안, 기금운용계획안 및 임대형 민자사업 한도액안은 제외한다. 이하 이 조에서 같다)이 위원회에 회부된 날부터 다음 각 호의 구분에 따른 기간이 지나지 아니하였을 때에는 그 의안을 상정할 수 없다. 다만, 긴급하고 불가피한 사유로 위원회의 의결이 있는 경우에는 그러하지 아니하다.
1. 일부개정법률안 : 15일
2. 제정법률안, 전부개정법률안 및 폐지법률안 : 20일
3. 체계·자구 심사를 위하여 법제사법위원회에 회부된 법률안 : 5일
4. 법률안 외의 의안 : 20일

제59조의2【의안 등의 자동 상정】 위원회에 회부되어 상정되지 아니한 의안(예산안, 기금운용계획안 및 임대형 민자사업 한도액안은 제외한다) 및 청원은 제59조 각 호의 구분에 따른 기간이 지난 후 30일이 지난 날(청원의 경우에는 위원회에 회부된 후 30일이 지난 날) 이후 처음으로 개회하는 위원회에 상정된 것으로 본다. 다만, 위원장이 간사와 합의하는 경우에는 그러하지 아니하다.

제60조【위원의 발언】 ① 위원은 위원회에서 같은 의제(議題)에 대하여 횟수 및 시간 등에 제한 없이 발언할 수 있다. 다만, 위원장은 발언을 원하는 위원이 2명 이상일 경우에는 간사와 협의하여 15분의 범위에서 각 위원의 첫 번째 발언시간을 균등하게 정하여야 한다.
② 위원회에서의 질의는 일문일답(一問一答)의 방식으로 한다. 다만, 위원회의 의결이 있는 경우 일괄질의의 방식으로 할 수 있다.

제61조【위원이 아닌 의원의 발언 청취】 위원회는 안건에 관하여 위원이 아닌 의원의 발언을 들을 수 있다.

제62조【비공개회의록 등의 열람과 대출 금지】 위원장은 의원이 비공개회의록이나 그 밖의 비밀참고자료의 열람을 요구하면 심사·감사 또는 조사에 지장이 없으면 이를 허용하여야 한다. 다만, 국회 밖으로는 대출할 수 없다.

제63조【연석회의】 ① 소관 위원회는 다른 위원회와 협의하여 연석회의(連席會議)를 열고 의견을 교환할 수 있다. 다만, 표결은 할 수 없다.
② 연석회의를 열려는 위원회는 위원장이 부의할 안건명과 이유를 서면에 적어 다른 위원회의 위원장에게 요구하여야 한다.
③ 연석회의는 안건의 소관 위원회의 회의로 한다.
④ 세입예산안과 관련 있는 법안을 회부받은 위원회는 예산결산특별위원회 위원장의 요청이 있을 때에는 연석회의를 열어야 한다.

제63조의2【전원위원회】 ① 국회는 위원회의 심사를 거치거나 위원회가 제안한 의안 중 정부조직에 관한 법률안, 조세 또는 국민에게 부담을 주는 법률안 등 주요 의안의 본회의 상정 전이나 본회의 상정 후에 재적의원 4분의 1 이상이 요구할 때에는 그 심사를 위하여 의원 전원으로 구성되는 전원위원회(全院委員會)를 개회할 수 있다. 다만, 의장은 주요 의안의 심의 등 필요하다고 인정하는 경우 각 교섭단체 대표의원의 동의를 받아 전원위원회를 개회하지 아니할 수 있다.
② 전원위원회는 제1항에 따른 의안에 대한 수정안을 제출할 수 있다. 이 경우 해당 수정안은 전원위원장이 제안자가 된다.
③ 전원위원회에 위원장 1명을 두되, 의장이 지명하는 부의장으로 한다.
④ 전원위원회는 제54조에도 불구하고 재적위원 5분의 1 이상의 출석으로 개회하고, 재적위원 4분의 1 이상의 출석과 출석위원 과반수의 찬성으로 의결한다.
⑤ 그 밖에 전원위원회 운영에 필요한 사항은 국회규칙으로 정한다.

제64조【공청회】 ① 위원회(소위원회를 포함한다. 이하 이 조에서 같다)는 중요한 안건 또는 전문지식이 필요한 안건을 심사하기 위하여 그 의결 또는 재적위원 3분의 1 이상의 요구로 공청회를 열고 이해관계자 또는 학식·경험이 있는 사람 등(이하 "진술인"이라 한다)으로부터 의견을 들을 수 있다. 다만, 제정법률안과 전부개정법률안의 경우에는 제58조제6항에 따른다.
② 위원회에서 공청회를 열 때에는 안건·일시·장소·진술인·경비, 그 밖의 참고사항을 적은 문서로 의장에게 보고하여야 한다.
③ 진술인의 선정, 진술인과 위원의 발언시간은 위원회에서 정하며, 진술인의 발언은 그 의견을 듣고자 하는 안건의 범위를 벗어나서는 아니 된다.
④ 위원회가 주관하는 공청회는 그 위원회의 회의로 한다.
⑤ 그 밖에 공청회 운영에 필요한 사항은 국회규칙으로 정한다.

제65조【청문회】 ① 위원회(소위원회를 포함한다. 이하 이 조에서 같다)는 중요한 안건의 심사와 국정감사 및 국정조사에 필요한 경우 증인·감정인·참고인으로부터 증언·진술을 청취하고 증거를 채택하기 위하여 위원회 의결로 청문회를 열 수 있다.
② 제1항에도 불구하고 법률안 심사를 위한 청문회는 재적위원 3분의 1 이상의 요구로 개회할 수 있다. 다만, 제정법률안과 전부개정법률안의 경우에는 제58조제6항에 따른다.
③ 위원회는 청문회 개회 5일 전에 안건·일시·장소·증인 등 필요한 사항을 공고하여야 한다.
④ 청문회는 공개한다. 다만, 위원회의 의결로 청문회의 전부 또는 일부를 공개하지 아니할 수 있다.
⑤ 위원회는 필요한 경우 국회사무처, 국회예산정책처 또는 국회입법조사처 소속 공무원이나 교섭단체의 정책연구위원을 지정하거나 전문가를 위촉하여 청문회에 필요한 사전조사를 실시하게 할 수 있다.
⑥ 청문회에서의 발언·감정 등에 대하여 이 법에서 정한 것을 제외하고는 「국회에서의 증언·감정 등에 관한 법률」에 따른다.
⑦ 청문회에 대해서는 제64조제2항부터 제4항까지를 준용한다.
⑧ 그 밖에 청문회 운영에 필요한 사항은 국회규칙으로 정한다.

제65조의2【인사청문회】 ① 제46조의3에 따른 심사 또는 인사청문을 위하여 인사에 관한 청문회(이하 "인사청문회"라 한다)를 연다.
② 상임위원회는 다른 법률에 따라 다음 각 호의 어느 하나에 해당하는 공직후보자에 대한 인사청문 요청이 있는 경우 인사청문을 실시하기 위하여 각각 인사청문회를 연다.
1. 대통령이 임명하는 헌법재판소 재판관, 중앙선거관리위원회 위원, 국무위원, 방송통신위원회 위원장, 국가정보원장, 공정거래위원회 위원장, 금융위원회 위원장, 국가인권위원회 위원장, 고위공직자범죄수사처장, 국세청장, 검찰총장, 경찰청장, 합동참모의장, 한국은행 총재, 특별감찰관 또는 한국방송공사 사장의 후보자(2020.8.18 본호개정)
2. 대통령당선인이 「대통령직 인수에 관한 법률」 제5조제1항에 따라 지명하는 국무위원 후보자
3. 대법원장이 지명하는 헌법재판소 재판관 또는 중앙선거관리위원회 위원의 후보자

③ 상임위원회가 구성되기 전(국회의원 총선거 후 또는 상임위원장의 임기 만료 후에 제41조제2항에 따라 상임위원장이 선출되기 전을 말한다)에 제2항 각 호의 어느 하나에 해당하는 공직후보자에 대한 인사청문 요청이 있는 경우에는 제44조제1항에 따라 구성되는 특별위원회에서 인사청문을 실시할 수 있다. 이 경우 특별위원회의 설치·구성은 의장이 각

교섭단체 대표의원과 협의하여 제의하며, 위원 선임에 관하여는 제48조제4항을 적용하지 아니하고 「인사청문회법」 제3조제3항 및 제4항을 준용한다.
④ 제3항에 따라 실시한 인사청문은 소관 상임위원회의 인사청문회로 본다.
⑤ 헌법재판소 재판관 후보자가 헌법재판소장 후보자를 겸하는 경우에는 제2항제1호에도 불구하고 제1항에 따른 인사청문특별위원회의 인사청문회를 연다. 이 경우 제2항에 따른 소관 상임위원회의 인사청문회를 겸하는 것으로 본다.
⑥ 인사청문회의 절차 및 운영 등에 필요한 사항은 따로 법률로 정한다.
제66조【심사보고서의 제출】 ① 위원회는 안건 심사를 마쳤을 때에는 심사 경과 및 결과, 그 밖에 필요한 사항을 서면으로 의장에게 보고하여야 한다.
② 제1항의 보고서에는 소수의견의 요지 및 관련위원회의 의견요지를 적어야 한다.
③ 제1항의 안건이 예산상 또는 기금상의 조치를 수반하고 위원회에서 수정된 경우에는 제1항의 보고서에 그 안건의 시행에 수반될 것으로 예상되는 비용에 관하여 국회예산정책처가 작성한 추계서를 첨부하여야 한다. 다만, 긴급한 사유가 있는 경우 위원회 의결로 추계서 첨부를 생략할 수 있다.
④ 의장은 제1항의 보고서가 제출되었을 때에는 본회의에서 의제가 되기 전에 인쇄하거나 전산망에 입력하는 방법으로 의원에게 배부한다. 다만, 긴급할 때에는 배부를 생략할 수 있다.
제67조【위원장의 보고】 ① 위원장은 소관 위원회에서 심사를 마친 안건이 본회의에서 의제가 되었을 때에는 위원회의 심사 경과 및 결과와 소수의견 및 관련위원회의 의견 등 필요한 사항을 본회의에 보고한다.
② 위원장은 다른 위원으로 하여금 제1항의 보고를 하게 할 수 있다.
③ 위원장은 소위원회의 위원장 또는 간사로 하여금 보충보고를 하게 할 수 있다.
④ 위원장이 제1항의 보고를 할 때에는 자기의 의견을 덧붙일 수 없다.
제68조【소위원회 위원장의 보고】 소위원회에서 심사를 마쳤을 때에는 소위원회 위원장은 그 심사 경과 및 결과를 위원회에 보고한다. 이 경우 소위원회 위원장은 심사보고서에 소위원회의 회의록 또는 그 요지를 첨부하여야 한다.
제69조【위원회 회의록】 ① 위원회는 위원회 회의록을 작성하고 다음 사항을 적는다.
1. 개의, 회의 중지 및 산회(散會)의 일시
2. 의사일정
3. 출석위원의 수 및 성명
4. 위원이 아닌 출석의원의 성명
5. 출석한 국무위원·정부위원 또는 증인·감정인·참고인·진술인의 성명
6. 심사안건명
7. 의사
8. 표결 수
9. 위원장의 보고
10. 위원회에서 종결되거나 본회의에 부의할 필요가 없다고 결정된 안건명과 그 내용
11. 그 밖에 위원회 또는 위원장이 필요하다고 인정하는 사항
② 위원회의 의사는 속기로 기록한다.
③ 위원회 회의록에는 위원장이나 위원장을 대리한 간사가 서명·날인한다.
④ 소위원회의 회의록에 대해서는 제1항부터 제3항까지를 준용한다.
제70조【위원회의 문서 관리와 발간】 ① 위원회에 제출된 보고서 또는 서류 등은 해당 위원회의 문서로 한다.
② 위원장은 제1항의 문서를 문서의 종류와 성질 등을 고려하여 다른 서류와 분리하여 보관하여야 한다.
③ 위원은 해당 위원회의 문서를 열람하거나 비밀이 아닌 문서를 복사할 수 있다. 다만, 위원장의 허가를 받은 경우에는 위원이 아닌 의원도 열람 또는 복사를 할 수 있다.
④ 위원장이 필요하다고 인정하거나 위원회의 의결이 있는 경우에는 해당 위원회의 공청회 또는 청문회 등의 경과 및 결과나 보관 중인 문서를 발간하여 의원에게 배부하고 일반에 배포할 수 있다.
⑤ 위원회에서 생산되거나 위원회에 제출된 비밀문건의 보안관리에 관하여 이 법에서 정한 사항 외에는 국회운영위원회의 동의를 받아 의장이 이를 정한다.
⑥ 제1항부터 제5항까지에서 규정한 사항 외에 위원회의 문서 보관에 필요한 사항은 위원장이 정한다.
제71조【준용규정】 위원회에 관하여는 이 장에서 규정한 사항 외에 제6장과 제7장의 규정을 준용한다. 다만, 위원회에서의 동의(動議)는 특별히 다수의 찬성자가 있어야 한다는 규정에도 불구하고 동의자 외 1명 이상의 찬성으로 의제가 될 수 있으며, 표결은 거수로 할 수 있다.

제6장 회 의
(2018.4.17 본장제목개정)

제1절 개의·산회와 의사일정
(2018.4.17 본절개정)

제72조【개의】 본회의는 오후 2시(토요일은 오전 10시)에 개의한다. 다만, 의장은 각 교섭단체 대표의원과 협의하여 그 개의시(開議時)를 변경할 수 있다.
제73조【의사정족수】 ① 본회의는 재적의원 5분의 1 이상의 출석으로 개의한다.
② 의장은 제72조에 따른 개의시부터 1시간이 지날 때까지 제1항의 정족수에 미치지 못할 때에는 유회(流會)를 선포할 수 있다.
③ 회의 중 제1항의 정족수에 미치지 못할 때에는 의장은 회의의 중지 또는 산회를 선포한다. 다만, 의장은 교섭단체 대표의원이 의사정족수의 충족을 요청하는 경우 외에는 효율적인 의사진행을 위하여 회의를 계속할 수 있다.
제73조의2【원격영상회의】 ① 의장은 「감염병의 예방 및 관리에 관한 법률」 제2조제2호에 따른 제1급감염병의 확산 또는 천재지변 등으로 본회의가 정상적으로 개의되기 어렵다고 판단하는 경우에는 각 교섭단체 대표의원과 합의하여 본회의를 원격영상회의(의원이 동영상과 음성을 동시에 송수신하는 장치가 갖추어진 복수의 장소에 출석하여 진행하는 회의를 말한다. 이하 이 조에서 같다) 방식으로 개의할 수 있다.
② 의장은 제76조제2항 및 제77조에도 불구하고 각 교섭단체 대표의원과 합의하여 제1항에 따른 본회의의 당일 의사일정을 작성하거나 변경한다.
③ 의장이 각 교섭단체 대표의원과 합의한 경우에만 제1항에 따른 본회의에 상정된 안건을 표결할 수 있다.
④ 원격영상회의에 출석한 의원은 동일한 회의장에 출석한 것으로 보며, 제111조제1항에도 불구하고 표결에 참가할 수 있다.
⑤ 제1항에 따라 개의된 본회의에서의 표결은 제6항에 따른 원격영상회의시스템을 이용하여 제112조에 따라 실시한다. 다만, 의장이 필요하다고 인정하는 경우에는 거수로 표결할 수 있다.
⑥ 국회는 원격영상회의에 필요한 원격영상회의시스템을 운영하여야 한다.
⑦ 그 밖에 원격영상회의의 운영에 필요한 사항은 국회규칙으로 정한다.
(2020.12.22 본조신설 : 2022.6.30까지 유효)
제74조【산회】 ① 의사일정에 올린 안건의 의사가 끝났을 때에는 의장은 산회를 선포한다.
② 산회를 선포한 당일에는 회의를 다시 개의할 수 없다. 다만, 내우외환, 천재지변 또는 중대한 재정·경제상의 위기, 국가의 안위에 관계되는 중대한 교전 상태나 전시·사변 또

는 이에 준하는 국가비상사태로서 의장이 각 교섭단체 대표의원과 합의한 경우에는 그러하지 아니하다.

제75조【회의의 공개】 ① 본회의는 공개한다. 다만, 의장의 제의 또는 의원 10명 이상의 연서에 의한 동의(動議)로 본회의 의결이 있거나 의장이 각 교섭단체 대표의원과 협의하여 국가의 안전보장을 위하여 필요하다고 인정할 때에는 공개하지 아니할 수 있다.

② 제1항 단서에 따른 제의나 동의에 대해서는 토론을 하지 아니하고 표결한다.

국회
사법

제76조【의사일정의 작성】 ① 의장은 본회의에 부의(附議) 요청된 안건의 목록을 그 순서에 따라 작성하고 이를 매주 공표하여야 한다.

② 의장은 회기 중 본회의 개의일시 및 심의대상 안건의 대강을 적은 회기 전체 의사일정과 본회의 개의시간 및 심의대상 안건의 순서를 적은 당일 의사일정을 작성한다.

③ 제2항에 따른 의사일정 중 회기 전체 의사일정을 작성할 때에는 국회운영위원회와 협의하되, 협의가 이루어지지 아니할 때에는 의장이 이를 결정한다.

④ 의장은 제2항과 제3항에 따라 작성한 의사일정을 지체 없이 의원에게 통지하고 전산망 등을 통하여 공표한다.

⑤ 의장은 특히 긴급하다고 인정할 때에는 회의의 일시만을 의원에게 통지하고 개의할 수 있다.

제76조의2【회기 전체 의사일정의 작성기준】 의장은 특별한 사정이 없으면 다음 각 호의 기준에 따라 제76조제2항의 회기 전체 의사일정을 작성한다.

1. 본회의 개의일시 : 매주 목요일 오후 2시
2. 제122조의2에 따른 정부에 대한 질문을 위한 본회의 개의일시 : 개의일 오후 2시

제77조【의사일정의 변경】 의원 20명 이상의 연서에 의한 동의(動議)로 본회의 의결이 있거나 의장이 각 교섭단체 대표의원과 협의하여 필요하다고 인정할 때에는 의장은 회기 전체 의사일정의 일부를 변경하거나 당일 의사일정의 안건 추가 및 순서 변경을 할 수 있다. 이 경우 의원의 동의에는 이유서를 첨부하여야 하며, 그 동의에 대해서는 토론을 하지 아니하고 표결한다.

제78조【의사일정의 미처리 안건】 의장은 의사일정에 올린 안건에 대하여 회의를 열지 못하였거나 회의를 마치지 못하였을 때에는 다시 그 일정을 정한다.

제2절 발의·위원회회부·철회와 번안(飜案)
(2018.4.17 본절개정)

제79조【의안의 발의 또는 제출】 ① 의원은 10명 이상의 찬성으로 의안을 발의할 수 있다.

② 의안을 발의하는 의원은 그 안을 갖추고 이유를 붙여 찬성자와 연서하여 이를 의장에게 제출하여야 한다.

③ 의원이 법률안을 발의할 때에는 발의의원과 찬성의원을 구분하되, 법률안 제명의 부제(副題)로 발의의원의 성명을 기재한다.(2023.7.11 단서삭제)

④ 제3항에 따라 발의의원의 성명을 기재할 때 발의의원이 2명 이상인 경우에는 대표발의의원 1명을 명시(明示)하여야 한다. 다만, 서로 다른 교섭단체에 속하는 의원이 공동으로 발의하는 경우(교섭단체에 속하는 의원과 어느 교섭단체에도 속하지 아니하는 의원이 공동으로 발의하는 경우를 포함한다) 소속 교섭단체가 다른 대표발의의원(어느 교섭단체에도 속하지 아니하는 의원을 포함할 수 있다)을 3명 이내의 범위에서 명시할 수 있다.(2023.7.11 본항신설)

⑤ 의원이 발의한 법률안 중 국회에서 의결된 제정법률안 또는 전부개정법률안을 공표하거나 홍보하는 경우에는 해당 법률안의 부제를 함께 표기할 수 있다.

제79조의2【의안에 대한 비용추계 자료 등의 제출】 ① 의원이 예산상 또는 기금상의 조치를 수반하는 의안을 발의하는 경우에는 그 의안의 시행에 수반될 것으로 예상되는 비용에 관한 국회예산정책처의 추계서 또는 국회예산정책처에 대한 추계요구서를 함께 제출하여야 한다.(2021.7.27 단서삭제)

② 제1항에 따라 의원이 국회예산정책처에 대한 비용추계요구서를 제출한 경우 국회예산정책처는 특별한 사정이 없으면 제58조제1항에 따른 위원회의 심사 전에 해당 의안에 대한 비용추계서를 의장과 비용추계를 요구한 의원에게 제출하여야 한다. 이 경우 의원이 제1항에 따라 비용추계서를 제출한 것으로 본다.(2021.7.27 본항신설)

③ 위원회가 예산상 또는 기금상의 조치를 수반하는 의안을 제안하는 경우에는 그 의안의 시행에 수반될 것으로 예상되는 비용에 관한 국회예산정책처의 추계서를 함께 제출하여야 한다. 다만, 긴급한 사유가 있는 경우 위원회의 의결로 추계서 제출을 생략할 수 있다.

④ 정부가 예산상 또는 기금상의 조치를 수반하는 의안을 제출하는 경우에는 그 의안의 시행에 수반될 것으로 예상되는 비용에 관한 추계서와 이에 상응하는 재원조달방안에 관한 자료를 의안에 첨부하여야 한다.

⑤ 제1항부터 제4항까지에 따른 비용추계 및 재원조달방안에 관한 자료의 작성 및 제출 절차 등에 필요한 사항은 국회규칙으로 정한다.(2021.7.27 본항개정)

제79조의3【조세특례 관련 법률안에 대한 조세특례평가 자료의 제출】 ① 의원이나 위원회가 「조세특례제한법」에 따른 조세특례를 신규로 도입하는 법률안을 발의하거나 제안하는 경우로서 연간 조세특례금액이 국회규칙으로 정하는 일정 금액 이상인 때에는 국회예산정책처 등 국회규칙으로 정하는 전문 조사·연구 기관에서 조세특례의 필요성 및 적시성, 기대효과, 예상되는 문제점 등 국회규칙으로 정하는 내용에 대하여 평가한 자료를 함께 제출하여야 한다. 다만, 위원회에서 제안하는 법률안에 대해서는 긴급한 사유가 있는 경우 위원회의 의결로 자료 제출을 생략할 수 있다.

② 제1항에 따른 조세특례평가 자료의 작성 및 제출 절차 등에 필요한 사항은 국회규칙으로 정한다.

제80조【국회공보의 발간】 ① 의장은 본회의 또는 위원회의 운영 및 의사일정, 발의 또는 제출되거나 심사 예정인 의안목록, 국회의 주요 행사, 그 밖에 필요한 사항을 적은 국회공보를 특별한 사정이 없으면 회기 중 매일 발간하고 국회 인터넷 홈페이지에 게재한다.

② 국회공보의 발간, 그 밖에 필요한 사항은 의장이 정한다.

제81조【상임위원회 회부】 ① 의장은 의안이 발의되거나 제출되었을 때에는 이를 인쇄하거나 전산망에 입력하는 방법으로 의원에게 배부하고 본회의에 보고하며, 소관 상임위원회에 회부하여 그 심사가 끝난 후 본회의에 부의한다. 다만, 폐회 또는 휴회 등으로 본회의에 보고할 수 없을 때에는 보고를 생략하고 회부할 수 있다.

② 의장은 안건이 어느 상임위원회의 소관에 속하는지 명백하지 아니할 때에는 국회운영위원회와 협의하여 상임위원회에 회부하되, 협의가 이루어지지 아니할 때에는 의장이 소관 상임위원회를 결정한다.

③ 의장은 발의되거나 제출된 의안과 직접적인 이해관계가 있는 위원이 소관 상임위원회 재적위원 과반수를 차지하여 그 의안을 공정하게 심사할 수 없다고 인정하는 경우에는 제1항에도 불구하고 국회운영위원회와 협의하여 그 의안을 다른 위원회에 회부하여 심사하게 할 수 있다.

④ 의장은 제1항에 따라 의안을 의원에게 배부할 때에는 이를 전산망에 입력하여 의원이 이용할 수 있도록 하여야 한다.

제82조【특별위원회 회부】 ① 의장은 특히 필요하다고 인정하는 안건에 대해서는 본회의의 의결을 거쳐 이를 특별위원회에 회부한다.

② 의장은 특별위원회에 회부된 안건과 관련이 있는 다른 안건을 그 특별위원회에 회부할 수 있다.

제82조의2【입법예고】 ① 위원장은 간사와 협의하여 회부된 법률안(체계·자구 심사를 위하여 법제사법위원회에 회부된 법률안은 제외한다)의 입법 취지와 주요 내용 등을 국회

공보 또는 국회 인터넷 홈페이지 등에 게재하는 방법 등으로 입법예고하여야 한다. 다만, 다음 각 호의 어느 하나에 해당하는 경우에는 위원장이 간사와 협의하여 입법예고를 하지 아니할 수 있다.
1. 긴급히 입법을 하여야 하는 경우
2. 입법 내용의 성질 또는 그 밖의 사유로 입법예고가 필요 없거나 곤란하다고 판단되는 경우
② 입법예고기간은 10일 이상으로 한다. 다만, 특별한 사정이 있는 경우에는 단축할 수 있다.
③ 입법예고의 시기·방법·절차, 그 밖에 필요한 사항은 국회규칙으로 정한다.
제83조【관련위원회 회부】 ① 의장은 소관 위원회에 안건을 회부하는 경우에 그 안건이 다른 위원회의 소관 사항과 관련이 있다고 인정할 때에는 관련위원회에 그 안건을 회부하되, 소관 위원회와 관련위원회를 명시하여야 한다. 안건이 소관 위원회에 회부된 후 다른 위원회로부터 회부 요청이 있는 경우 필요하다고 인정할 때에도 또한 같다.
② 의장이 제1항에 따라 관련위원회에 안건을 회부할 때에는 관련위원회가 소관 위원회에 의견을 제시할 기간을 정하여야 하며, 필요한 경우 그 기간을 연장할 수 있다.
③ 소관 위원회는 관련위원회가 특별한 이유 없이 제2항의 기간 내에 의견을 제시하지 아니하는 경우 바로 심사보고를 할 수 있다.
④ 소관 위원회는 관련위원회가 제2항에 따라 제시한 의견을 존중하여야 한다.
⑤ 소관 위원회는 제2항에 따라 관련위원회가 의견을 제시한 경우 해당 안건에 대한 심사를 마쳤을 때에는 의장에게 심사보고서를 제출하기 전에 해당 관련위원회에 그 내용을 송부하여야 한다.
제83조의2【예산 관련 법률안에 대한 예산결산특별위원회와의 협의】 ① 기획재정부 소관인 재정 관련 법률안과 상당한 규모의 예산상 또는 기금상의 조치를 수반하는 법률안을 심사하는 소관 위원회는 미리 예산결산특별위원회와의 협의를 거쳐야 한다.
② 소관 위원회의 위원장은 제1항에 따른 법률안을 심사할 때 20일의 범위에서 협의기간을 정하여 예산결산특별위원회에 협의를 요청하여야 한다. 다만, 예산결산특별위원회 위원장의 요청에 따라 그 기간을 연장할 수 있다.
③ 소관 위원회는 기획재정부 소관의 재정 관련 법률안을 예산결산특별위원회와 협의하여 심사할 때 예산결산특별위원회 위원장의 요청이 있을 때에는 연석회의를 열어야 한다.
④ 소관 위원회는 제1항부터 제3항까지에 따른 협의가 이루어지지 아니하는 경우에는 바로 심사보고를 할 수 있다.
⑤ 제1항에 따른 상당한 규모의 예산상 또는 기금상의 조치를 수반하는 법률안의 범위 등에 필요한 사항은 국회규칙으로 정한다.
제84조【예산안·결산의 회부 및 심사】 ① 예산안과 결산은 소관 상임위원회에 회부하고, 소관 상임위원회는 예비심사를 하여 그 결과를 의장에게 보고한다. 이 경우 예산안에 대해서는 본회의에서 정부의 시정연설을 듣는다.
② 의장은 예산안과 결산에 제1항의 보고서를 첨부하여 이를 예산결산특별위원회에 회부하고 그 심사가 끝난 후 본회의에 부의한다. 결산의 심사 결과 위법하거나 부당한 사항이 있는 경우에 국회는 본회의 의결 후 정부 또는 해당 기관에 변상 및 징계조치 등 그 시정을 요구하고, 정부 또는 해당 기관은 시정 요구를 받은 사항을 지체 없이 처리하여 그 결과를 국회에 보고하여야 한다.
③ 예산결산특별위원회의 예산안 및 결산 심사는 제안설명과 전문위원의 검토보고를 듣고 종합정책질의, 부별 심사 또는 분과위원회 심사 및 찬반토론을 거쳐 표결한다. 이 경우 위원장은 종합정책질의를 할 때 간사와 협의하여 각 교섭단체별 대표질의 또는 교섭단체별 질의시간 할당 등의 방법으로 그 기간을 정한다.
④ 정보위원회는 제1항과 제2항에도 불구하고 국가정보원 소관 예산안과 결산, 「국가정보원법」 제4조제1항제5호에 따른 정보 및 보안 업무의 기획·조정 대상 부처 소관의 정보 예산안과 결산에 대한 심사를 하여 그 결과를 해당 부처별 총액으로 하여 의장에게 보고하고, 의장은 정보위원회에서 심사한 예산안과 결산에 대하여 총액으로 예산결산특별위원회에 통보한다. 이 경우 정보위원회의 심사는 예산결산특별위원회의 심사로 본다.(2020.12.15 전단개정)
⑤ 예산결산특별위원회는 소관 상임위원회의 예비심사 내용을 존중하여야 하며, 소관 상임위원회에서 삭감한 세출예산 각 항의 금액을 증가하게 하거나 새 비목(費目)을 설치할 경우에는 소관 상임위원회의 동의를 받아야 한다. 다만, 새 비목의 설치에 대한 동의 요청이 소관 상임위원회에 회부되어 회부된 때부터 72시간 이내에 동의 여부가 예산결산특별위원회에 통지되지 아니한 경우에는 소관 상임위원회의 동의가 있는 것으로 본다.
⑥ 의장은 예산안과 결산을 소관 상임위원회에 회부할 때에는 심사기간을 정할 수 있으며, 상임위원회가 이유 없이 그 기간 내에 심사를 마치지 아니한 때에는 이를 바로 예산결산특별위원회에 회부할 수 있다.
⑦ 위원회는 세목 또는 세율과 관계있는 법률의 제정 또는 개정을 전제로 하여 미리 제출된 세입예산안은 이를 심사할 수 없다.
제84조의2【기금운용계획안의 회부 등】 ① 국회는 「국가재정법」 제68조제1항에 따라 제출된 기금운용계획안을 회계연도 개시 30일 전까지 심의·확정한다.
② 제1항에 따른 기금운용계획안과 「국가재정법」 제70조제2항에 따른 기금운용계획변경안의 회부 등에 관하여는 제84조 중 예산안 관련 규정을 준용한다.
③ 제2항에 따라 상임위원회가 기금운용계획안 등에 대한 예비심사를 하는 경우(제84조제1항에 따라 결산에 대한 예비심사를 하는 경우를 포함한다) 기금을 운용·관리하는 부처의 소관 상임위원회와 기금사업을 수행하는 부처의 소관 상임위원회가 다를 때에는 기금을 운용·관리하는 부처의 소관 상임위원회는 기금사업을 수행하는 부처의 소관 상임위원회로부터 기금사업에 대한 의견을 들어야 한다. 다만, 기금을 운용·관리하는 부처의 소관 상임위원회의 의결일 전날까지 의견을 제시하지 아니할 경우에는 그러하지 아니하다.
④ 제3항에 따른 기금사업을 수행하는 부처의 소관 상임위원회는 기금사업에 대한 업무보고를 들은 후 의견을 제시할 수 있다.
제84조의3【예산안·기금운용계획안 및 결산에 대한 공청회】 예산결산특별위원회는 예산안, 기금운용계획안 및 결산에 대하여 공청회를 개최하여야 한다. 다만, 추가경정예산안, 기금운용계획변경안 또는 결산의 경우에는 위원회의 의결로 공청회를 생략할 수 있다.
제84조의4【임대형 민자사업 한도액안의 회부 등】 ① 국회는 「사회기반시설에 대한 민간투자법」 제7조의2제1항에 따라 국회에 제출되는 임대형 민자사업 한도액안을 회계연도 개시 30일 전까지 심의·확정한다.
② 제1항에 따른 임대형 민자사업 한도액안의 회부 등에 관하여는 제84조 중 예산안 관련 규정을 준용한다.
제85조【심사기간】 ① 의장은 다음 각 호의 어느 하나에 해당하는 경우에는 위원회에 회부하는 안건 또는 회부된 안건에 대하여 심사기간을 지정할 수 있다. 이 경우 제1호 또는 제2호에 해당할 때에는 의장이 각 교섭단체 대표의원과 협의하여 해당 호와 관련된 안건에 대해서만 심사기간을 지정할 수 있다.
1. 천재지변의 경우
2. 전시·사변 또는 이에 준하는 국가비상사태의 경우
3. 의장이 각 교섭단체 대표의원과 합의하는 경우
② 제1항의 경우 위원회가 이유 없이 지정된 심사기간 내에 심사를 마치지 아니하였을 때에는 의장은 중간보고를 들은 후 다른 위원회에 회부하거나 바로 본회의에 부의할 수 있다.

제85조의2【안건의 신속 처리】 ① 위원회에 회부된 안건(체계·자구 심사를 위하여 법제사법위원회에 회부된 안건을 포함한다)을 제2항에 따른 신속처리대상안건으로 지정하려는 경우 의원은 재적의원 과반수가 서명한 신속처리대상안건 지정요구 동의(動議)(이하 이 조에서 "신속처리안건 지정동의"라 한다)를 의장에게 제출하고, 안건의 소관 위원회 소속 위원은 소관 위원회 재적위원 과반수가 서명한 신속처리안건 지정동의를 소관 위원회 위원장에게 제출하여야 한다. 이 경우 의장 또는 안건의 소관 위원회 위원장은 지체 없이 신속처리안건 지정동의를 무기명투표로 표결하되, 재적의원 5분의 3 이상 또는 안건의 소관 위원회 재적위원 5분의 3 이상의 찬성으로 의결한다.

② 의장은 제1항 후단에 따라 신속처리안건 지정동의가 가결되었을 때에는 그 안건을 제3항의 기간 내에 심사를 마쳐야 하는 안건으로 지정하여야 한다. 이 경우 위원회가 전단에 따라 지정된 안건(이하 "신속처리대상안건"이라 한다)에 대한 대안을 입안한 경우 그 대안을 신속처리대상안건으로 본다.

③ 위원회는 신속처리대상안건에 대한 심사를 그 지정일부터 180일 이내에 마쳐야 한다. 다만, 법제사법위원회는 신속처리대상안건에 대한 체계·자구 심사를 그 지정일, 제4항에 따라 회부된 것으로 보는 날 또는 제86조제1항에 따라 회부된 날부터 90일 이내에 마쳐야 한다.

④ 위원회(법제사법위원회는 제외한다)가 신속처리대상안건에 대하여 제3항 본문에 따른 기간 내에 심사를 마치지 아니하였을 때에는 그 기간이 끝난 다음 날에 소관 위원회에서 심사를 마치고 체계·자구 심사를 위하여 법제사법위원회로 회부된 것으로 본다. 다만, 법률안 및 국회규칙안이 아닌 안건은 바로 본회의에 부의된 것으로 본다.

⑤ 법제사법위원회가 신속처리대상안건(체계·자구 심사를 위하여 법제사법위원회에 회부되었거나 제4항 본문에 따라 회부된 것으로 보는 신속처리대상안건을 포함한다)에 대하여 제3항 단서에 따른 기간 내에 심사를 마치지 아니하였을 때에는 그 기간이 끝난 다음 날에 법제사법위원회에서 심사를 마치고 바로 본회의에 부의된 것으로 본다.

⑥ 제4항 단서 또는 제5항에 따른 신속처리대상안건은 본회의에 부의된 것으로 보는 날부터 60일 이내에 본회의에 상정되어야 한다.

⑦ 제6항에 따라 신속처리대상안건이 60일 이내에 본회의에 상정되지 아니하였을 때에는 그 기간이 지난 후 처음으로 개의되는 본회의에 상정된다.

⑧ 의장이 각 교섭단체 대표의원과 합의한 경우에는 신속처리대상안건에 대하여 제2항부터 제7항까지의 규정을 적용하지 아니한다.

제85조의3【예산안 등의 본회의 자동 부의 등】 ① 위원회는 예산안, 기금운용계획안, 임대형 민자사업 한도액안(이하 "예산안등"이라 한다)과 제4항에 따라 지정된 세입예산안 부수 법률안의 심사를 매년 11월 30일까지 마쳐야 한다.

② 위원회가 예산안등과 제4항에 따라 지정된 세입예산안 부수 법률안(체계·자구 심사를 위하여 법제사법위원회에 회부된 법률안을 포함한다)에 대하여 제1항에 따른 기한까지 심사를 마치지 아니하였을 때에는 그 다음 날에 위원회에서 심사를 마치고 바로 본회의에 부의된 것으로 본다. 다만, 의장이 각 교섭단체 대표의원과 합의한 경우에는 그러하지 아니하다.

③ 의장은 제2항 본문에 따른 법률안 중에 같은 제명의 법률안이 둘 이상일 경우에는 제2항 본문에도 불구하고 소관 위원회 위원장의 의견을 들어 일부 법률안만을 본회의에 부의할 수 있다.

④ 의원이나 정부가 세입예산안에 부수하는 법률안을 발의하거나 제출하는 경우 세입예산안 부수 법률안 여부를 표시하여야 하고, 의장은 국회예산정책처의 의견을 들어 세입예산안 부수 법률안으로 지정한다.

⑤ 위원회가 제4항에 따라 지정된 세입예산안 부수 법률안에 대하여 대안을 입안한 경우에는 그 대안을 제4항에 따라 세입예산안 부수 법률안으로 지정된 것으로 본다.

제86조【체계·자구의 심사】 ① 위원회에서 법률안의 심사를 마치거나 입안을 하였을 때에는 법제사법위원회에 회부하여 체계와 자구에 대한 심사를 거쳐야 한다. 이 경우 법제사법위원회 위원장은 간사와 협의하여 심사에서 제안자의 취지 설명과 토론을 생략할 수 있다.

② 의장은 제1항의 심사에 대하여 제85조제1항 각 호의 어느 하나에 해당하는 경우에는 심사기간을 지정할 수 있으며, 법제사법위원회가 이유 없이 그 기간 내에 심사를 마치지 아니하였을 때에는 바로 본회의에 부의할 수 있다. 이 경우 제85조제1항제1호 또는 제2호에 해당하는 경우에는 의장이 각 교섭단체 대표의원과 협의하여 해당 호와 관련된 안건에 대하여만 심사기간을 지정할 수 있다.

③ 법제사법위원회가 제1항에 따라 회부된 법률안에 대하여 이유 없이 회부된 날부터 60일 이내에 심사를 마치지 아니하였을 때에는 심사대상 법률안의 소관 위원회 위원장은 간사와 협의하여 이의가 없는 경우에는 의장에게 그 법률안의 본회의 부의를 서면으로 요구한다. 다만, 이의가 있는 경우에는 그 법률안에 대한 본회의 부의 요구 여부를 무기명투표로 표결하되, 해당 위원회 재적위원 5분의 3 이상의 찬성으로 의결한다.(2021.9.14 본문개정)

④ 의장은 제3항에 따른 본회의 부의 요구가 있을 때에는 해당 법률안을 각 교섭단체 대표의원과 합의하여 바로 본회의에 부의한다. 다만, 제3항에 따른 본회의 부의 요구가 있었던 날부터 30일 이내에 합의가 이루어지지 아니하였을 때에는 그 기간이 지난 후 처음으로 개의되는 본회의에서 해당 법률안에 대한 본회의 부의 여부를 무기명투표로 표결한다.

⑤ 법제사법위원회는 제1항에 따라 회부된 법률안에 대하여 체계와 자구의 심사 범위를 벗어나 심사하여서는 아니 된다.(2021.9.14 본항신설)

제87조【위원회에서 폐기된 의안】 ① 위원회에서 본회의에 부의할 필요가 없다고 결정된 의안은 본회의에 부의하지 아니한다. 다만, 위원회의 결정이 본회의에 보고된 날부터 폐회 또는 휴회 중의 기간을 제외한 7일 이내에 의원 30명 이상의 요구가 있을 때에는 그 의안을 본회의에 부의하여야 한다.

② 제1항 단서의 요구가 없을 때에는 그 의안은 폐기된다.

제88조【위원회의 제출 의안】 위원회에서 제출한 의안은 그 위원회에 회부하지 아니한다. 다만, 의장은 국회운영위원회의 의결에 따라 그 의안을 다른 위원회에 회부할 수 있다.

제89조【동의】 이 법에 다른 규정이 있는 경우를 제외하고 동의(動議)는 동의자 외 1명 이상의 찬성으로 의제가 된다.

제90조【의안·동의의 철회】 ① 의원은 그가 발의한 의안 또는 동의(動議)를 철회할 수 있다. 다만, 2명 이상의 의원이 공동으로 발의한 의안 또는 동의에 대해서는 발의의원 2분의 1 이상이 철회의사를 표시하는 경우에 철회할 수 있다.

② 제1항에도 불구하고 의원이 본회의 또는 위원회에서 의제가 된 의안 또는 동의를 철회할 때에는 본회의 또는 위원회의 동의(同意)를 받아야 한다.

③ 정부가 본회의 또는 위원회에서 의제가 된 정부제출 의안을 수정하거나 철회할 때에는 본회의 또는 위원회의 동의를 받아야 한다.

제91조【번안】 ① 본회의에서의 번안동의(飜案動議)는 의안을 발의한 의원이 그 의안을 발의할 때의 발의의원 및 찬성의원 3분의 2 이상의 동의(同意)로, 정부 또는 위원회가 제출한 의안은 소관 위원회의 의결로 각각 그 안을 갖춘 서면으로 제출하되, 재적의원 과반수의 출석과 출석의원 3분의 2 이상의 찬성으로 의결한다. 다만, 의안이 정부에 이송된 후에는 번안할 수 없다.

② 위원회에서의 번안동의는 위원의 동의(動議)로 그 안을 갖춘 서면으로 제출하되, 재적위원 과반수의 출석과 출석위원 3분의 2 이상의 찬성으로 의결한다. 다만, 본회의에서 의제가 된 후에는 번안할 수 없다.

제92조【일사부재의】 부결된 안건은 같은 회기 중에 다시 발의하거나 제출할 수 없다.

제3절 의사와 수정
(2018.4.17 본절개정)

제93조【안건 심의】 본회의는 안건을 심의할 때 그 안건을 심사한 위원장의 심사보고를 듣고 질의·토론을 거쳐 표결한다. 다만, 위원회의 심사를 거치지 아니한 안건에 대해서는 제안자가 그 취지를 설명하여야 하고, 위원회의 심사를 거친 안건에 대해서는 의결로 질의와 토론을 모두 생략하거나 그 중 하나를 생략할 수 있다.

제93조의2【법률안의 본회의 상정시기】 본회의는 위원회가 법률안에 대한 심사를 마치고 의장에게 그 보고서를 제출한 후 1일이 지나지 아니하였을 때에는 그 법률안을 의사일정으로 상정할 수 없다. 다만, 의장이 특별한 사유로 각 교섭단체 대표의원과의 협의를 거쳐 이를 정한 경우에는 그러하지 아니하다.

제94조【재회부】 본회의는 위원장의 보고를 받은 후 필요하다고 인정할 때에는 의결로 다시 안건을 같은 위원회 또는 다른 위원회에 회부할 수 있다.

제95조【수정동의】 ① 의안에 대한 수정동의(修正動議)는 그 안을 갖추고 이유를 붙여 30명 이상의 찬성 의원과 연서하여 미리 의장에게 제출하여야 한다. 다만, 예산안에 대한 수정동의는 의원 50명 이상의 찬성이 있어야 한다.
② 위원회에서 심사보고한 수정안은 찬성 없이 의제가 된다.
③ 위원회는 소관 사항 외의 안건에 대해서는 수정안을 제출할 수 없다.
④ 의안에 대한 대안은 위원회에서 그 원안을 심사하는 동안에 제출하여야 하며, 의장은 그 대안을 그 위원회에 회부한다.
⑤ 제1항에 따른 수정동의는 원안 또는 위원회에서 심사보고(제51조에 따라 위원회에서 제안하는 경우를 포함한다)한 안의 취지 및 내용과 직접 관련이 있어야 한다. 다만, 의장이 각 교섭단체 대표의원과 합의를 하는 경우에는 그러하지 아니하다.

제96조【수정안의 표결 순서】 ① 같은 의제에 대하여 여러 건의 수정안이 제출되었을 때에는 의장은 다음 각 호의 기준에 따라 표결의 순서를 정한다.
1. 가장 늦게 제출된 수정안부터 먼저 표결한다.
2. 의원의 수정안은 위원회의 수정안보다 먼저 표결한다.
3. 의원의 수정안이 여러 건 있을 때에는 원안과 차이가 많은 것부터 먼저 표결한다.

② 수정안이 전부 부결되었을 때에는 원안을 표결한다.

제97조【의안의 정리】 본회의는 의안이 의결된 후 서로 어긋나는 조항·자구·숫자나 그 밖의 사항에 대한 정리가 필요할 때에는 이를 의장 또는 위원회에 위임할 수 있다.

제98조【의안의 이송】 ① 국회에서 의결된 의안은 의장이 정부에 이송한다.
② 정부는 대통령이 법률안을 공포한 경우에는 이를 지체 없이 국회에 통지하여야 한다.
③ 헌법 제53조제6항에 따라 대통령이 확정된 법률을 공포하지 아니하였을 때에는 의장은 그 공포기일이 경과한 날부터 5일 이내에 공포하고, 대통령에게 통지하여야 한다.

제98조의2【대통령령 등의 제출 등】 ① 중앙행정기관의 장은 법률에서 위임한 사항이나 법률을 집행하기 위하여 필요한 사항을 규정한 대통령령·총리령·부령·훈령·예규·고시 등이 제정·개정 또는 폐지되었을 때에는 10일 이내에 이를 국회 소관 상임위원회에 제출하여야 한다. 다만, 대통령령의 경우에는 입법예고를 할 때(입법예고를 생략하는 경우에는 법제처장에게 심사를 요청할 때를 말한다)에도 그 입법예고안을 10일 이내에 제출하여야 한다.
② 중앙행정기관의 장은 제1항의 기간 이내에 제출하지 못한 경우에는 그 이유를 소관 상임위원회에 통지하여야 한다.
③ 상임위원회는 위원회 또는 상설소위원회를 정기적으로 개회하여 그 소관 중앙행정기관이 제출한 대통령령·총리령 및 부령(이하 이 조에서 "대통령령등"이라 한다)의 법률 위반 여부 등을 검토하여야 한다.(2020.2.18 본항개정)
④ 상임위원회는 제3항에 따른 검토 결과 대통령령 또는 총리령이 법률의 취지 또는 내용에 합치되지 아니한다고 판단되는 경우에는 검토의 경과와 처리 의견 등을 기재한 검토결과보고서를 의장에게 제출하여야 한다.(2020.2.18 본항신설)
⑤ 의장은 제4항에 따라 제출된 검토결과보고서를 본회의에 보고하고, 국회는 본회의 의결로 이를 처리하고 정부에 송부한다.(2020.2.18 본항신설)
⑥ 정부는 제5항에 따라 송부받은 검토결과에 대한 처리 여부를 검토하고 그 처리결과(송부받은 검토결과에 따르지 못하는 경우 그 사유를 포함한다)를 국회에 제출하여야 한다.(2020.2.18 본항신설)
⑦ 상임위원회는 제3항에 따른 검토 결과 부령이 법률의 취지 또는 내용에 합치되지 아니한다고 판단되는 경우에는 소관 중앙행정기관의 장에게 그 내용을 통보할 수 있다.(2020.2.18 본항신설)
⑧ 제7항에 따라 검토내용을 통보받은 중앙행정기관의 장은 통보받은 내용에 대한 처리 계획과 그 결과를 지체 없이 소관 상임위원회에 보고하여야 한다.(2020.2.18 본항신설)
⑨ 전문위원은 제3항에 따른 대통령령등을 검토하여 그 결과를 해당 위원회 위원에게 제공한다.

제4절 발 언
(2018.4.17 본절개정)

제99조【발언의 허가】 ① 의원은 발언을 하려면 미리 의장에게 통지하여 허가를 받아야 한다.
② 발언 통지를 하지 아니한 의원은 통지를 한 의원의 발언이 끝난 다음 의장의 허가를 받아 발언할 수 있다.
③ 의사진행에 관한 발언을 하려면 발언 요지를 의장에게 미리 통지하여야 하며, 의장은 의제와 직접 관계가 있거나 긴급히 처리할 필요가 있다고 인정되는 것은 즉시 허가하고, 그 외의 것은 의장이 그 허가의 시기를 정한다.

제100조【발언의 계속】 ① 의원의 발언은 도중에 다른 의원의 발언에 의하여 정지되지 아니한다.
② 의원이 산회 또는 회의의 중지로 발언을 마치지 못한 경우에 다시 그 의사(議事)가 개시되면 의장은 그 의원에게 먼저 발언을 계속하게 한다.

제101조【보충 보고】 의장은 위원장이나 위원장이 지명한 소수의견자가 위원회의 보고를 보충하기 위하여 발언하려고 할 때에는 다른 발언보다 우선적으로 발언하게 할 수 있다.

제102조【의제 외 발언의 금지】 의제와 관계없거나 허가받은 발언의 성질과 다른 발언을 하여서는 아니 된다.

제103조【발언 횟수의 제한】 의원은 같은 의제에 대하여 두 차례만 발언할 수 있다. 다만, 질의에 대하여 답변할 때와 위원장·발의자 또는 동의자(動議者)가 그 취지를 설명할 때에는 그러하지 아니하다.

제104조【발언 원칙】 ① 정부에 대한 질문을 제외하고는 의원의 발언 시간은 15분을 초과하지 아니하는 범위에서 의장이 정한다. 다만, 의사진행발언, 신상발언 및 보충발언은 5분을, 다른 의원의 발언에 대한 반론발언은 3분을 초과할 수 없다.
② 교섭단체를 가진 정당을 대표하는 의원이나 교섭단체의 대표의원이 정당 또는 교섭단체를 대표하여 연설(이하 "교섭단체대표연설"이라 한다)이나 그 밖의 발언을 할 때에는 40분까지 발언할 수 있다. 이 경우 교섭단체대표연설은 매년 첫 번째 임시회와 정기회에서 한 번씩 실시하되, 전반기·후반기 원(院) 구성을 위한 임시회의 경우와 의장이 각 교섭단체 대표의원과 합의를 하는 경우에는 추가로 한 번씩 실시할 수 있다.
③ 의장은 각 교섭단체 대표의원과 협의하여 같은 의제에 대한 총 발언시간을 정하여 교섭단체별로 소속 의원 수의 비율에 따라 할당한다. 이 경우 각 교섭단체 대표의원은 할당된

시간 내에서 발언자 수와 발언자별 발언시간을 정하여 미리 의장에게 통보하여야 한다.
④ 의장은 필요한 경우에는 제3항에도 불구하고 각 교섭단체 대표의원과 협의하여 같은 의제에 대하여 교섭단체별로 소속 의원 수의 비율에 따라 발언자 수를 정할 수 있다.
⑤ 교섭단체에 속하지 아니하는 의원의 발언시간 및 발언자 수는 의장이 각 교섭단체 대표의원과 협의하여 정한다.
⑥ 의원이 시간 제한으로 발언을 마치지 못한 부분은 의장이 인정하는 범위에서 회의록에 게재할 수 있다.
제105조【5분자유발언】 ① 의장은 본회의가 개의된 경우 그 개의시부터 1시간을 초과하지 아니하는 범위에서 의원에게 국회가 심의 중인 의안과 청원, 그 밖의 중요한 관심 사안에 대한 의견을 발표할 수 있도록 하기 위하여 5분 이내의 발언(이하 "5분자유발언"이라 한다)을 허가할 수 있다. 다만, 의장은 당일 본회의에서 심의할 의안이 여러 건 있는 경우 등 효율적인 의사진행을 위하여 필요하다고 인정하는 경우에는 각 교섭단체 대표의원과 협의하여 개의 중에 5분자유발언을 허가할 수 있다.
② 5분자유발언을 하려는 의원은 늦어도 본회의 개의 4시간 전까지 그 발언 취지를 간략히 적어 의장에게 신청하여야 한다.
③ 5분자유발언의 발언자 수와 발언 순서는 교섭단체별 소속 의원 수의 비율을 고려하여 의장이 각 교섭단체 대표의원과 협의하여 정한다.
제106조【토론의 통지】 ① 의사일정에 올린 안건에 대하여 토론하려는 의원은 미리 반대 또는 찬성의 뜻을 의장에게 통지하여야 한다.
② 의장은 제1항의 통지를 받은 순서와 그 소속 교섭단체를 고려하여 반대자와 찬성자가 교대로 발언하게 하되, 반대자에게 먼저 발언하게 한다.
제106조의2【무제한토론의 실시 등】 ① 의원이 본회의에 부의된 안건에 대하여 이 법의 다른 규정에도 불구하고 시간의 제한을 받지 아니하는 토론(이하 이 조에서 "무제한토론"이라 한다)을 하려는 경우에는 재적의원 3분의 1 이상이 서명한 요구서를 의장에게 제출하여야 한다. 이 경우 의장은 해당 안건에 대하여 무제한토론을 실시하여야 한다.
② 제1항에 따른 요구서는 요구 대상 안건별로 제출하되, 그 안건이 의사일정에 기재된 본회의가 개의되기 전까지 제출하여야 한다. 다만, 본회의 개의 중 당일 의사일정에 안건이 추가된 경우에는 해당 안건의 토론 종결 선포 전까지 요구서를 제출할 수 있다.
③ 의원은 제1항에 따른 요구서가 제출되면 해당 안건에 대하여 무제한토론을 할 수 있다. 이 경우 의원 1명당 한 차례만 토론할 수 있다.
④ 무제한토론을 실시하는 본회의는 제7항에 따른 무제한토론 종결 선포 전까지 산회하지 아니하고 회의를 계속한다. 이 경우 제73조제3항 본문에도 불구하고 회의 중 재적의원 5분의 1 이상이 출석하지 아니하였을 때에도 회의를 계속한다.
⑤ 의원은 무제한토론을 실시하는 안건에 대하여 재적의원 3분의 1 이상의 서명으로 무제한토론의 종결동의(終結動議)를 의장에게 제출할 수 있다.
⑥ 제5항에 따른 무제한토론의 종결동의는 동의가 제출된 때부터 24시간이 지난 후에 무기명투표로 표결하되 재적의원 5분의 3 이상의 찬성으로 의결한다. 이 경우 무제한토론의 종결동의에 대해서는 토론을 하지 아니하고 표결한다.
⑦ 무제한토론을 실시하는 안건에 대하여 무제한토론을 할 의원이 더 이상 없거나 제6항에 따라 무제한토론의 종결동의가 가결되는 경우 의장은 무제한토론의 종결을 선포한 후 해당 안건을 지체 없이 표결하여야 한다.
⑧ 무제한토론을 실시하는 중에 해당 회기가 끝나는 경우에는 무제한토론의 종결이 선포된 것으로 본다. 이 경우 해당 안건은 바로 다음 회기에서 지체 없이 표결하여야 한다.
⑨ 제7항이나 제8항에 따라 무제한토론의 종결이 선포되었거나 선포된 것으로 보는 안건에 대해서는 무제한토론을 요구할 수 없다.
⑩ 예산안등과 제85조의3제4항에 따라 지정된 세입예산안 부수 법률안에 대해서는 제1항부터 제9항까지를 매년 12월 1일까지 적용하고, 같은 항에 따라 실시 중인 무제한토론, 계속 중인 본회의, 제출된 무제한토론의 종결동의에 대한 심의절차 등은 12월 1일 밤 12시에 종료한다.
제107조【의장의 토론 참가】 의장이 토론에 참가할 때에는 의장석에서 물러나야 하며, 그 안건에 대한 표결이 끝날 때까지 의장석으로 돌아갈 수 없다.
제108조【질의 또는 토론의 종결】 ① 질의나 토론이 끝났을 때에는 의장은 질의나 토론의 종결을 선포한다.
② 각 교섭단체에서 1명 이상의 발언이 있은 후에는 본회의 의결로 의장은 질의나 토론의 종결을 선포한다. 다만, 질의나 토론에 참가한 의원은 질의나 토론의 종결동의를 할 수 없다.
③ 제2항의 동의는 토론을 하지 아니하고 표결한다.

제5절 표 결
(2018.4.17 본절개정)

제109조【의결정족수】 의사는 헌법이나 이 법에 특별한 규정이 없으면 재적의원 과반수의 출석과 출석의원 과반수의 찬성으로 의결한다.
제110조【표결의 선포】 ① 표결할 때에는 의장이 표결할 안건의 제목을 의장석에서 선포하여야 한다.
② 의장이 표결을 선포한 후에는 누구든지 그 안건에 관하여 발언할 수 없다.
제111조【표결의 참가와 의사변경의 금지】 ① 표결을 할 때 회의장에 있지 아니한 의원은 표결에 참가할 수 없다. 다만, 기명투표 또는 무기명투표로 표결할 때에는 투표함이 폐쇄될 때까지 표결에 참가할 수 있다.
② 의원은 표결에 대하여 표시한 의사를 변경할 수 없다.
제112조【표결방법】 ① 표결할 때에는 전자투표에 의한 기록표결로 가부(可否)를 결정한다. 다만, 투표기기의 고장 등 특별한 사정이 있을 때에는 기립표결로, 기립표결이 어려운 의원이 있는 경우에는 의장의 허가를 받아 본인의 의사표시를 할 수 있는 방법에 의한 표결로 가부를 결정할 수 있다. (2021.12.28 단서개정)
② 중요한 안건으로서 의장의 제의 또는 의원의 동의(動議)로 본회의 의결이 있거나 재적의원 5분의 1 이상의 요구가 있을 때에는 기명투표·호명투표(呼名投票) 또는 무기명투표로 표결한다.
③ 의장은 안건에 대하여 이의가 있는지 물어서 이의가 없다고 인정할 때에는 가결되었음을 선포할 수 있다. 다만, 이의가 있을 때에는 제1항이나 제2항의 방법으로 표결하여야 한다.
④ 헌법개정안은 기명투표로 표결한다.
⑤ 대통령으로부터 환부(還付)된 법률안과 그 밖에 인사에 관한 안건은 무기명투표로 표결한다. 다만, 겸직으로 인한 의원 사직과 위원장 사임에 대하여 의장이 각 교섭단체 대표의원과 협의한 경우에는 그러하지 아니하다.
⑥ 국회에서 실시하는 각종 선거는 법률에 특별한 규정이 없으면 무기명투표로 한다. 투표 결과 당선자가 없을 때에는 최고득표자와 차점자에 대하여 결선투표를 하여 다수표를 얻은 사람을 당선자로 한다. 다만, 득표수가 같을 때에는 연장자를 당선자로 한다.
⑦ 국무총리 또는 국무위원의 해임건의안이 발의되었을 때에는 의장은 그 해임건의안이 발의된 후 처음 개의하는 본회의에 그 사실을 보고하고, 본회의에 보고된 때부터 24시간 이후 72시간 이내에 무기명투표로 표결한다. 이 기간 내에 표결하지 아니한 해임건의안은 폐기된 것으로 본다.
⑧ 제1항 본문에 따라 투표를 하는 경우 재적의원 5분의 1 이상의 요구가 있을 때에는 전자적인 방법 등을 통하여 정당한 투표권자임을 확인한 후 투표한다.
⑨ 의장이 각 교섭단체 대표의원과 합의를 하는 경우에는 제2항, 제4항부터 제7항까지에 따른 기명투표 또는 무기명투표를 전자장치를 이용하여 실시할 수 있다.

제113조【표결 결과 선포】 표결이 끝났을 때에는 의장은 그 결과를 의장석에서 선포한다.

제114조【기명투표·무기명투표 절차】 ① 기명투표 또는 무기명투표를 할 때에는 각 의원은 먼저 명패를 명패함에 넣고, 다음에 투표용지를 투표함에 넣는다.

② 기명투표 또는 무기명투표를 할 때에는 의장은 의원 중에서 몇 명의 감표위원(監票委員)을 지명하고 그 위원의 참여하에 직원으로 하여금 명패와 기명투표·무기명투표의 수를 점검·계산하게 한다. 이 경우 감표위원으로 지명된 의원이 이에 응하지 아니할 때에는 그 의원을 제외하거나 다른 의원을 감표위원으로 지명할 수 있다.

③ 투표의 수가 명패의 수보다 많을 때에는 재투표를 한다. 다만, 투표의 결과에 영향을 미치지 아니할 때에는 그러하지 아니하다.

제114조의2【자유투표】 의원은 국민의 대표자로서 소속 정당의 의사에 기속되지 아니하고 양심에 따라 투표한다.

제7장 회의록

(2018.4.17 본장개정)

제115조【회의록】 ① 국회는 회의록을 작성하고 다음 사항을 적는다.

1. 개의, 회의 중지 및 산회의 일시
2. 의사일정
3. 출석의원의 수 및 성명
4. 개회식에 관한 사항
5. 의원의 이동(異動)
6. 의석의 배정과 변동
7. 의안의 발의·제출·회부·환부·이송과 철회에 관한 사항
8. 출석한 국무위원과 정부위원의 성명
9. 부의안건과 그 내용
10. 의장의 보고
11. 위원회의 보고서
12. 의사
13. 표결 수
14. 기명투표·전자투표·호명투표의 투표자 및 찬반의원 성명
15. 의원의 발언보충서
16. 서면질문과 답변서
17. 정부의 청원 처리 결과보고서
18. 정부의 국정감사 또는 국정조사 결과 처리보고서
19. 그 밖에 본회의 또는 의장이 필요하다고 인정하는 사항

② 본회의의 의사는 속기로 기록한다.

③ 회의록에는 의장, 의장을 대리한 부의장, 임시의장, 사무총장 또는 그 대리인이 서명·날인하여 국회에 보존한다.

제116조【참고문서의 게재】 의원이 그 발언에 참고가 되는 간단한 문서(시청각 자료를 포함한다) 등을 회의록에 게재하려고 할 때에는 의장의 허가를 받아야 한다.(2021.7.27 본조개정)

제117조【자구의 정정과 이의의 결정】 ① 발언한 의원은 회의록이 배부된 날의 다음 날 오후 5시까지 회의록에 적힌 자구의 정정을 의장에게 요구할 수 있다. 다만, 발언의 취지를 변경할 수 없다.

② 회의에서 발언한 국무총리·국무위원 및 정부위원, 그 밖의 발언자의 경우에도 제1항과 같다.

③ 속기로 작성한 회의록의 내용은 삭제할 수 없으며, 발언을 통하여 자구 정정 또는 취소의 발언을 한 경우에는 그 발언을 회의록에 적는다.

④ 의원이 회의록에 적힌 사항과 회의록의 정정에 관하여 이의를 신청하였을 때에는 토론을 하지 아니하고 본회의 의결로 이를 결정한다.

제118조【회의록의 배부·배포】 ① 회의록은 의원에게 배부하고 일반인에게 배포한다. 다만, 의장이 비밀 유지나 국가안전보장을 위하여 필요하다고 인정한 부분에 관하여는 발언자 또는 그 소속 교섭단체 대표의원과 협의하여 게재하지 아니할 수 있다.

② 의원이 제1항 단서에 따라 게재되지 아니한 회의록 부분에 관하여 열람·복사 등을 신청한 경우에 정당한 사유가 없으면 의장은 이를 거절해서는 아니 된다.

③ 제2항에 따라 허가받은 의원은 타인에게 해당 회의록 부분을 열람하게 하거나 전재(轉載)·복사하게 해서는 아니 된다.

④ 공개하지 아니한 회의의 내용은 공표되어서는 아니 된다. 다만, 본회의 의결 또는 의장의 결정으로 제1항 단서의 사유가 소멸되었다고 판단되는 경우에는 공표할 수 있다.

⑤ 공표할 수 있는 회의록은 일반인에게 유상으로 배포할 수 있다.

⑥ 회의록의 공표에 관한 기간·절차, 그 밖에 필요한 사항은 국회규칙으로 정한다.

제8장 국무총리·국무위원·정부위원과 질문

(2018.4.17 본장개정)

제119조【국무총리·국무위원 및 정부위원의 임면 통지】 정부는 국무총리와 국무위원 및 정부위원인 공무원을 임면하였을 때에는 이를 국회에 통지한다.

제120조【국무위원 등의 발언】 ① 국무총리, 국무위원 또는 정부위원은 본회의나 위원회에서 발언하려면 미리 의장이나 위원장의 허가를 받아야 한다.

② 법원행정처장, 헌법재판소 사무처장, 중앙선거관리위원회 사무총장은 의장이나 위원장의 허가를 받아 본회의나 위원회에서 소관 사무에 관하여 발언할 수 있다.

제121조【국무위원 등의 출석 요구】 ① 본회의는 의결로 국무총리, 국무위원 또는 정부위원의 출석을 요구할 수 있다. 이 경우 그 발의는 의원 20명 이상이 이유를 구체적으로 밝힌 서면으로 하여야 한다.

② 위원회는 의결로 국무총리, 국무위원 또는 정부위원의 출석을 요구할 수 있다. 이 경우 위원장은 의장에게 그 사실을 보고하여야 한다.

③ 제1항이나 제2항에 따라 출석 요구를 받은 국무총리, 국무위원 또는 정부위원은 출석하여 답변을 하여야 한다.

④ 제3항에도 불구하고 국무총리나 국무위원은 의장 또는 위원장의 승인을 받아 국무총리는 국무위원으로 하여금, 국무위원은 정부위원으로 하여금 대리하여 출석·답변하게 할 수 있다. 이 경우 의장은 각 교섭단체 대표의원과, 위원장은 간사와 협의하여야 한다.

⑤ 본회의나 위원회는 특정한 사안에 대하여 질문하기 위하여 대법원장, 헌법재판소장, 중앙선거관리위원회 위원장, 감사원장 또는 그 대리인의 출석을 요구할 수 있다. 이 경우 위원장은 의장에게 그 사실을 보고하여야 한다.

제122조【정부에 대한 서면질문】 ① 의원이 정부에 서면으로 질문하려고 할 때에는 질문서를 의장에게 제출하여야 한다.

② 의장은 제1항의 질문서를 받았을 때에는 지체 없이 이를 정부에 이송한다.

③ 정부는 질문서를 받은 날부터 10일 이내에 서면으로 답변하여야 한다. 그 기간 내에 답변하지 못할 때에는 그 이유와 답변할 수 있는 기한을 국회에 통지하여야 한다.

④ 정부는 서면질문에 대하여 답변할 때 회의록에 게재할 답변서와 그 밖의 답변 관계 자료를 구분하여 국회에 제출하여야 한다.

⑤ 제3항의 답변에 대하여 보충하여 질문하려는 의원은 서면으로 다시 질문할 수 있다.

제122조의2【정부에 대한 질문】 ① 본회의는 회기 중 기간을 정하여 국정 전반 또는 국정의 특정 분야를 대상으로 정부에 대하여 질문(이하 "대정부질문"이라 한다)을 할 수 있다.

② 대정부질문은 일문일답의 방식으로 하되, 의원의 질문시간은 20분을 초과할 수 없다. 이 경우 질문시간에 답변시간은 포함되지 아니한다.
③ 제2항에도 불구하고 시각장애 등 신체장애를 가진 의원이 대정부질문을 하는 경우 의장은 각 교섭단체 대표의원과 협의하여 별도의 추가 질문시간을 허가할 수 있다.
④ 의제별 질문 의원 수는 의장이 각 교섭단체 대표의원과 협의하여 정한다.
⑤ 의장은 제4항에 따른 의제별 질문 의원 수를 교섭단체별로 그 소속 의원 수의 비율에 따라 배정한다. 이 경우 교섭단체에 속하지 아니하는 의원의 질문자 수는 의장이 각 교섭단체 대표의원과 협의하여 정한다.
⑥ 의장은 의원의 질문과 정부의 답변이 교대로 균형 있게 유지되도록 하여야 한다.
⑦ 대정부질문을 하려는 의원은 미리 질문의 요지를 적은 질문요지서를 구체적으로 작성하여 의장에게 제출하여야 하며, 의장은 늦어도 질문시간 48시간 전까지 질문요지서가 정부에 도달되도록 송부하여야 한다.
⑧ 각 교섭단체 대표의원은 질문 의원과 질문 순서를 질문일 전날까지 의장에게 통지하여야 한다. 이 경우 의장은 각 교섭단체 대표의원의 통지 내용에 따라 질문 순서를 정한 후 본회의 개의 전에 각 교섭단체 대표의원과 정부에 통지하여야 한다.

제122조의3【긴급현안질문】 ① 의원은 20명 이상의 찬성으로 회기 중 현안이 되고 있는 중요한 사항을 대상으로 정부에 대하여 질문(이하 이 조에서 "긴급현안질문"이라 한다)을 할 것을 의장에게 요구할 수 있다.
② 제1항에 따라 긴급현안질문을 요구하는 의원은 그 이유와 질문 요지 및 출석을 요구하는 국무총리 또는 국무위원을 적은 질문요구서를 본회의 개의 24시간 전까지 의장에게 제출하여야 한다.
③ 의장은 질문요구서를 접수하였을 때에는 긴급현안질문 실시 여부와 의사일정을 국회운영위원회와 협의하여 정한다. 다만, 의장은 필요한 경우 본회의에서 긴급현안질문 실시 여부를 표결에 부쳐 정할 수 있다.
④ 제3항에 따른 의장의 결정 또는 본회의의 의결이 있었을 때에는 해당 국무총리 또는 국무위원에 대한 출석 요구의 의결이 있는 것으로 본다.
⑤ 긴급현안질문 시간은 총 120분으로 한다. 다만, 의장은 각 교섭단체 대표의원과 협의하여 시간을 연장할 수 있다.
⑥ 긴급현안질문을 할 때 의원의 질문시간은 10분을 초과할 수 없다. 다만, 보충질문은 5분을 초과할 수 없다.
⑦ 긴급현안질문의 절차 등에 관하여 이 조에서 정한 것을 제외하고는 제122조의2를 준용한다.

제9장 청 원
(2018.4.17 본장개정)

제123조【청원서의 제출】 ① 국회에 청원을 하려는 자는 의원의 소개를 받거나 국회규칙으로 정하는 기간 동안 국회규칙으로 정하는 일정한 수 이상의 국민의 동의를 받아 청원서를 제출하여야 한다.
② 청원은 청원자의 주소·성명(법인인 경우에는 그 명칭과 대표자의 성명을 말한다. 이하 같다)을 적고 서명한 문서(「전자정부법」 제2조제7호에 따른 전자문서를 포함한다)로 하여야 한다.
③ 제2항에 따라 전자문서로 제출하는 청원은 본인임을 확인할 수 있는 전자적 방법을 통하여 제출하여야 한다. 이 경우 서명이 대체된 것으로 본다.(2023.7.11 본항신설)
④ 청원이 다음 각 호의 어느 하나에 해당하는 경우에는 이를 접수하지 아니한다.
1. 재판에 간섭하는 내용의 청원
2. 국가기관을 모독하는 내용의 청원
3. 국가기밀에 관한 내용의 청원
⑤ 제1항에 따른 국민의 동의 방법·절차 및 청원 제출 등에 필요한 사항, 제3항에 따른 본인임을 확인할 수 있는 전자적 방법에 관한 사항은 국회규칙으로 정한다.(2023.7.11 본항개정)
(2019.4.16 본조개정)

제123조의2【청원 업무의 전자화】 ① 국회는 청원의 제출·접수·관리 등 청원에 관한 업무를 효율적으로 처리하기 위한 전자시스템(이하 "전자청원시스템"이라 한다)을 구축·운영하여야 한다.
② 전자청원시스템의 구축·운영 등에 필요한 사항은 국회규칙으로 정한다.
(2019.4.16 본조신설)

제124조【청원요지서의 작성과 회부】 ① 의장은 청원을 접수하였을 때에는 청원요지서를 작성하여 인쇄하거나 전산망에 입력하는 방법으로 각 의원에게 배부하는 동시에 그 청원서를 소관 위원회에 회부하여 심사하게 한다.
② 청원요지서에는 청원자의 주소·성명, 청원의 요지, 소개의원의 성명 또는 동의 국민의 수와 접수 연월일을 적는다.
(2019.4.16 본항개정)

제125조【청원 심사·보고 등】 ① 위원회는 청원 심사를 위하여 청원심사소위원회를 둔다.
② 위원장은 폐회 중이거나 그 밖에 필요한 경우 청원을 바로 청원심사소위원회에 회부하여 심사보고하게 할 수 있다.
③ 청원을 소개한 의원은 소관 위원회 또는 청원심사소위원회의 요구가 있을 때에는 청원의 취지를 설명하여야 한다.
④ 위원회는 의결로 위원이나 전문위원을 현장이나 관계 기관 등에 파견하여 필요한 사항을 파악하여 보고하게 할 수 있으며, 필요한 경우 청원인·이해관계인 및 학식·경험이 있는 사람으로부터 진술을 들을 수 있다.
⑤ 위원회는 청원이 회부된 날부터 90일 이내에 심사 결과를 의장에게 보고하여야 한다. 다만, 특별한 사유로 그 기간 내에 심사를 마치지 못하였을 때에는 위원장은 의장에게 중간보고를 하고 60일의 범위에서 한 차례만 심사기간의 연장을 요구할 수 있다.
⑥ 제5항에도 불구하고 장기간 심사를 요하는 청원으로서 같은 항에 따른 기간 내에 심사를 마치지 못하는 특별한 사유가 있는 경우에는 위원회의 의결로 심사기간의 추가연장을 요구할 수 있다.
⑦ 위원회에서 본회의에 부의하기로 결정한 청원은 의견서를 첨부하여 의장에게 보고한다.
⑧ 위원회에서 본회의에 부의할 필요가 없다고 결정한 청원은 그 처리 결과를 의장에게 보고하고, 의장은 청원인에게 알려야 한다. 다만, 폐회 또는 휴회 기간을 제외한 7일 이내에 의원 30명 이상의 요구가 있을 때에는 이를 본회의에 부의한다.
⑨ 청원 심사에 관하여 그 밖에 필요한 사항은 국회규칙으로 정한다.

제126조【정부 이송과 처리보고】 ① 국회가 채택한 청원으로서 정부에서 처리하는 것이 타당하다고 인정되는 청원은 의견서를 첨부하여 정부에 이송한다.
② 정부는 제1항의 청원을 처리하고 그 처리 결과를 지체 없이 국회에 보고하여야 한다.

제10장 국회와 국민 또는 행정기관과의 관계
(2018.4.17 본장개정)

제127조【국정감사와 국정조사】 국회의 국정감사와 국정조사에 관하여 이 법에서 정한 것을 제외하고는 「국정감사 및 조사에 관한 법률」에서 정하는 바에 따른다.

제127조의2【감사원에 대한 감사 요구 등】 ① 국회는 의결로 감사원에 대하여 「감사원법」에 따른 감사원의 직무 범위에 속하는 사항 중 사안을 특정하여 감사를 요구할 수 있다. 이 경우 감사원은 감사 요구를 받은 날부터 3개월 이내에 감사 결과를 국회에 보고하여야 한다.

② 감사원은 특별한 사유로 제1항에 따른 기간 내에 감사를 마치지 못하였을 때에는 중간보고를 하고 감사기간 연장을 요청할 수 있다. 이 경우 의장은 2개월의 범위에서 감사기간을 연장할 수 있다.

제127조의3【국민권익위원회에 대한 고충민원 조사요구 등】 ① 위원회는 회부된 청원이 고충민원(「부패방지 및 국민권익위원회의 설치와 운영에 관한 법률」 제2조제5호에 따른 고충민원을 말한다)으로서 정부에서 조사하는 것이 타당하다고 인정하는 경우에는 그 의결로 국민권익위원회에 대하여 그 청원의 조사를 요구할 수 있다. 이 경우 국민권익위원회는 그 조사요구를 받은 날부터 3개월 이내에 조사 및 처리 결과를 해당 조사를 요구한 위원회에 보고하여야 한다.
② 국민권익위원회는 특별한 사유로 제1항에 따른 기간 내에 조사를 마치지 못하였을 때에는 중간보고를 하여야 하며 조사기간의 연장을 요청할 수 있다. 이 경우 해당 조사를 요구한 위원회의 위원장은 2개월의 범위에서 조사기간을 한 차례만 연장할 수 있다.
(2018.4.17 본조신설)

제128조【보고 · 서류 등의 제출 요구】 ① 본회의, 위원회 또는 소위원회는 그 의결로 안건의 심의 또는 국정감사나 국정조사와 직접 관련된 보고 또는 서류와 해당 기관이 보유한 사진 · 영상물(이하 이 조에서 "서류등"이라 한다)의 제출을 정부, 행정기관 등에 요구할 수 있다. 다만, 위원회가 청문회, 국정감사 또는 국정조사와 관련된 서류등의 제출을 요구하는 경우에는 그 의결 또는 재적위원 3분의 1 이상의 요구로 할 수 있다.
② 제1항에 따라 서류등의 제출을 요구할 때에는 서면, 전자문서 또는 컴퓨터의 자기테이프 · 자기디스크, 그 밖에 이와 유사한 매체에 기록된 상태나 전산망에 입력된 상태로 제출할 것을 요구할 수 있다.
③ 제1항에도 불구하고 폐회 중에 의원으로부터 서류등의 제출 요구가 있을 때에는 의장 또는 위원장은 교섭단체 대표의원 또는 간사와 협의하여 이를 요구할 수 있다.
④ 위원회(소위원회를 포함한다. 이하 이 장에서 같다)가 제1항의 요구를 할 때에는 의장에게 그 사실을 보고하여야 한다.
⑤ 제1항의 요구를 받은 정부, 행정기관 등은 기간을 따로 정하는 경우를 제외하고는 요구를 받은 날부터 10일 이내에 보고 또는 서류등을 제출하여야 한다. 다만, 특별한 사유가 있을 때에는 의장이나 위원장에게 그 사유를 보고하고 그 기간을 연장할 수 있다. 이 경우 의장이나 위원장은 제1항의 요구를 한 의원에게 그 사실을 통보한다.
⑥ 제1항의 보고 또는 서류등의 제출 요구 등에 관하여 그 밖에 필요한 절차는 다른 법률에서 정하는 바에 따른다.

제128조의2【결산의 심의기한】 국회는 결산에 대한 심의 · 의결을 정기회 개회 전까지 완료하여야 한다.

제129조【증인 · 감정인 또는 참고인의 출석 요구】 ① 본회의나 위원회는 그 의결로 안건의 심의 또는 국정감사나 국정조사를 위하여 증인, 감정인 또는 참고인의 출석을 요구할 수 있다.
② 위원회가 제1항의 요구를 할 때에는 의장에게 보고하여야 한다.
③ 제1항의 증언 · 감정 등에 관한 절차는 다른 법률에서 정하는 바에 따른다.

제11장 탄핵소추
(2018.4.17 본장개정)

제130조【탄핵소추의 발의】 ① 탄핵소추가 발의되었을 때에는 의장은 발의된 후 처음 개의하는 본회의에 보고하고, 본회의는 의결로 법제사법위원회에 회부하여 조사하게 할 수 있다.
② 본회의가 제1항에 따라 탄핵소추안을 법제사법위원회에 회부하기로 의결하지 아니한 경우에는 본회의에 보고된 때부터 24시간 이후 72시간 이내에 탄핵소추 여부를 무기명투표로 표결한다. 이 기간 내에 표결하지 아니한 탄핵소추안은 폐기된 것으로 본다.
③ 탄핵소추의 발의에는 소추대상자의 성명 · 직위와 탄핵소추의 사유 · 증거, 그 밖에 조사에 참고가 될 만한 자료를 제시하여야 한다.

제131조【회부된 탄핵소추사건의 조사】 ① 법제사법위원회가 제130조제1항의 탄핵소추안을 회부받았을 때에는 지체 없이 조사 · 보고하여야 한다.
② 제1항의 조사에 관하여는 「국정감사 및 조사에 관한 법률」에 따른 조사의 방법 및 주의의무 규정을 준용한다.

제132조【조사의 협조】 조사를 받는 국가기관은 그 조사가 신속히 완료될 수 있도록 충분히 협조하여야 한다.

제133조【탄핵소추의 의결】 본회의의 탄핵소추 의결은 소추대상자의 성명 · 직위 및 탄핵소추의 사유를 표시한 문서(이하 "소추의결서"라 한다)로 하여야 한다.

제134조【소추의결서의 송달과 효과】 ① 탄핵소추가 의결되었을 때에는 의장은 지체 없이 소추의결서 정본(正本)을 법제사법위원장인 소추위원에게 송달하고, 그 등본(謄本)을 헌법재판소, 소추된 사람과 그 소속 기관의 장에게 송달한다.
② 소추의결서가 송달되었을 때에는 소추된 사람의 권한 행사는 정지되며, 임명권자는 소추된 사람의 사직원을 접수하거나 소추된 사람을 해임할 수 없다.

제12장 사직 · 퇴직 · 궐원과 자격심사
(2018.4.17 본장개정)

제135조【사직】 ① 국회는 의결로 의원의 사직을 허가할 수 있다. 다만, 폐회 중에는 의장이 허가할 수 있다.
② 의원이 사직하려는 경우에는 본인이 서명 · 날인한 사직서를 의장에게 제출하여야 한다.
③ 사직 허가 여부는 토론을 하지 아니하고 표결한다.

제136조【퇴직】 ① 의원이 「공직선거법」 제53조에 따라 사직원을 제출하여 공직선거후보자로 등록되었을 때에는 의원직에서 퇴직한다.
② 의원이 법률에 규정된 피선거권이 없게 되었을 때에는 퇴직한다.
③ 의원에 대하여 제2항의 피선거권이 없게 되는 사유에 해당하는 형을 선고한 법원은 그 판결이 확정되었을 때에 그 사실을 지체 없이 국회에 통지하여야 한다.

제137조【궐원 통지】 의원이 궐원되었을 때에는 의장은 15일 이내에 대통령과 중앙선거관리위원회에 통지하여야 한다.

제138조【자격심사의 청구】 의원이 다른 의원의 자격에 대하여 이의가 있을 때에는 30명 이상의 연서로 의장에게 자격심사를 청구할 수 있다.

제139조【청구서의 위원회 회부와 답변서의 제출】 ① 의장은 제138조의 청구서를 윤리특별위원회에 회부하고 그 부본을 심사대상 의원에게 송달하여 기일을 정하여 답변서를 제출하게 한다.
② 심사대상 의원이 천재지변이나 질병 또는 그 밖의 사고로 기일 내에 답변서를 제출하지 못하였음을 증명하였을 때에는 의장은 다시 기일을 정하여 답변서를 제출하게 할 수 있다.

제140조【위원회의 답변서 심사】 ① 의장이 답변서를 접수하였을 때에는 이를 윤리특별위원회에 회부한다.
② 윤리특별위원회는 청구서와 답변서에 의하여 심사한다.
③ 기일 내에 답변서가 제출되지 아니하였을 때에는 윤리특별위원회는 청구서만으로 심사를 할 수 있다.

제141조【당사자의 심문과 발언】 ① 윤리특별위원회는 필요할 때에는 자격심사 청구의원과 심사대상 의원을 출석하게 하여 심문할 수 있다.
② 자격심사 청구의원과 심사대상 의원은 위원회의 허가를 받아 출석하여 발언할 수 있다. 이 경우 심사대상 의원은 다른 의원으로 하여금 출석하여 발언하게 할 수 있다.

제142조【의결】 ① 윤리특별위원회가 심사보고서를 의장에게 제출하면 의장은 본회의에 부의하여야 한다.
② 심사대상 의원은 본회의에서 스스로 변명하거나 다른 의원으로 하여금 변명하게 할 수 있다.
③ 본회의는 심사대상 의원의 자격 유무를 의결로 결정하되, 그 자격이 없는 것으로 의결할 때에는 재적의원 3분의 2 이상의 찬성이 있어야 한다.
④ 제3항의 결정이 있을 때에는 의장은 그 결과를 서면으로 자격심사 청구의원과 심사대상 의원에게 송부한다.

제13장 질서와 경호
(2018.4.17 본장개정)

제143조【의장의 경호권】 의장은 회기 중 국회의 질서를 유지하기 위하여 국회 안에서 경호권을 행사한다.
제144조【경위와 경찰관】 ① 국회의 경호를 위하여 국회에 경위(警衛)를 둔다.
② 의장은 국회의 경호를 위하여 필요할 때에는 국회운영위원회의 동의를 받아 일정한 기간을 정하여 정부에 경찰공무원의 파견을 요구할 수 있다.(2020.12.22 본항개정)
③ 경호업무는 의장의 지휘를 받아 수행하되, 경위는 회의장 건물 안에서, 경찰공무원은 회의장 건물 밖에서 경호한다.(2020.12.22 본항개정)
제145조【회의의 질서 유지】 ① 의원이 본회의 또는 위원회의 회의장에서 이 법 또는 국회규칙을 위반하여 회의장의 질서를 어지럽혔을 때에는 의장이나 위원장은 경고나 제지를 할 수 있다.
② 제1항의 조치에 따르지 아니하는 의원에 대해서는 의장이나 위원장은 당일 회의에서 발언하는 것을 금지하거나 퇴장시킬 수 있다.
③ 의장이나 위원장은 회의장이 소란하여 질서를 유지하기 곤란하다고 인정할 때에는 회의를 중지하거나 산회를 선포할 수 있다.
제146조【모욕 등 발언의 금지】 의원은 본회의나 위원회에서 다른 사람을 모욕하거나 다른 사람의 사생활에 대한 발언을 하여서는 아니 된다.
제147조【발언 방해 등의 금지】 의원은 폭력을 행사하거나 회의 중 함부로 발언하거나 소란한 행위를 하여 다른 사람의 발언을 방해해서는 아니 된다.
제148조【회의 진행 방해 물건 등의 반입 금지】 의원은 본회의 또는 위원회의 회의장에 회의 진행에 방해가 되는 물건이나 음식물을 반입해서는 아니 된다.
제148조의2【의장석 또는 위원장석의 점거 금지】 의원은 본회의장 의장석이나 위원회 회의장 위원장석을 점거해서는 아니 된다.
제148조의3【회의장 출입의 방해 금지】 누구든지 의원이 본회의 또는 위원회에 출석하기 위하여 본회의장이나 위원회 회의장에 출입하는 것을 방해해서는 아니 된다.
제149조【국회에 의한 방송】 ① 국회는 방송채널을 확보하여 본회의 또는 위원회의 회의, 그 밖에 국회 및 의원의 입법활동 등을 음성이나 영상으로 방송하는 제도를 마련하여 운용하여야 한다.
② 제1항의 방송은 공정하고 객관적이어야 하며, 정치적·상업적 목적으로 사용되어서는 아니 된다.
③ 국회는 제1항의 방송 제도를 운용하거나 인터넷 등 정보통신망을 통하여 중계방송을 하는 경우 장애인에 대한 원활한 정보 제공을 위하여 국회규칙으로 정하는 바에 따라 한국수어·폐쇄자막·화면해설 등을 제공하여야 한다.(2020.12.22 본항신설)
④ 국회운영위원회는 제1항의 방송에 관한 기본원칙의 수립 및 관리 등 필요한 사항을 심의한다.
⑤ 제1항의 방송에 관한 절차·대상, 그 밖에 필요한 사항은 국회규칙으로 정한다.
제149조의2【중계방송의 허용 등】 ① 본회의 또는 위원회의 의결로 공개하지 아니하기로 한 경우를 제외하고는 의장이나 위원장은 회의장 안(본회의장은 방청석으로 한정한다)에서의 녹음·녹화·촬영 및 중계방송을 국회규칙에서 정하는 바에 따라 허용할 수 있다.
② 제1항의 녹음·녹화·촬영 및 중계방송을 하는 사람은 회의장의 질서를 어지럽혀서는 아니 된다.
제150조【현행범인의 체포】 경위나 경찰공무원은 국회 안에 현행범인이 있을 때에는 체포한 후 의장의 지시를 받아야 한다. 다만, 회의장 안에서는 의장의 명령 없이 의원을 체포할 수 없다.(2020.12.22 본문개정)
제151조【회의장 출입의 제한】 회의장에는 의원, 국무총리, 국무위원 또는 정부위원, 그 밖에 의안 심의에 필요한 사람과 의장이 허가한 사람 외에는 출입할 수 없다.
제152조【방청의 허가】 ① 의장은 방청권을 발행하여 방청을 허가한다.
② 의장은 질서를 유지하기 위하여 필요할 때에는 방청인 수를 제한할 수 있다.
제153조【방청의 금지와 신체검사】 ① 흉기를 지닌 사람, 술기운이 있는 사람, 정신에 이상이 있는 사람, 그 밖에 행동이 수상하다고 인정되는 사람에 대해서는 방청을 허가하지 아니한다.
② 의장은 필요할 때에는 경위나 경찰공무원으로 하여금 방청인의 신체를 검사하게 할 수 있다.(2020.12.22 본항개정)
제154조【방청인에 대한 퇴장명령】 ① 의장은 회의장 내 질서를 방해하는 방청인의 퇴장을 명할 수 있으며 필요할 때에는 국가경찰관서에 인도할 수 있다.
② 방청석이 소란할 때에는 의장은 모든 방청인을 퇴장시킬 수 있다.

제14장 징 계
(2018.4.17 본장개정)

제155조【징계】 국회는 의원이 다음 각 호의 어느 하나에 해당하는 행위를 하였을 때에는 윤리특별위원회의 심사를 거쳐 그 의결로써 징계할 수 있다. 다만, 의원이 제10호에 해당하는 행위를 하였을 때에는 윤리특별위원회의 심사를 거치지 아니하고 그 의결로써 징계할 수 있다.
1. 헌법 제46조제1항 또는 제3항을 위반하는 행위를 하였을 때
2. 제29조의 겸직 금지 규정을 위반하였을 때
3. 제29조의2의 영리업무 종사 금지 규정을 위반하였을 때
3의2. 제32조의2제1항 또는 제2항에 따른 사적 이해관계의 등록·변경등록을 하지 아니하거나 등록·변경등록 사항을 고의로 누락 또는 허위로 제출하였을 때(2021.5.18 본호신설)
3의3. 제32조의4제1항에 따른 이해충돌의 신고 규정을 위반하였을 때(2021.5.18 본호신설)
3의4. 제32조의5제1항에 따라 표결 및 발언을 회피할 의무가 있음을 알면서 회피를 신청하지 아니하였을 때(2021.5.18 본호신설)
4. 제54조의2제2항을 위반하였을 때
5. 제102조를 위반하여 의제와 관계없거나 허가받은 발언의 성질과 다른 발언을 하거나 이 법에서 정한 발언시간의 제한 규정을 위반하여 의사진행을 현저히 방해하였을 때
6. 제118조제3항을 위반하여 게재되지 아니한 부분을 다른 사람에게 열람하게 하거나 전재 또는 복사하게 하였을 때
7. 제118조제4항을 위반하여 공표 금지 내용을 공표하였을 때
8. 제145조제1항에 해당되는 회의장의 질서를 어지럽히는 행위를 하거나 이에 대한 의장 또는 위원장의 조치에 따르지 아니하였을 때
9. 제146조를 위반하여 본회의 또는 위원회에서 다른 사람을 모욕하거나 다른 사람의 사생활에 대한 발언을 하였을 때
10. 제148조의2를 위반하여 의장석 또는 위원장석을 점거하고 점거 해제를 위한 제145조에 따른 의장 또는 위원장의 조치에 따르지 아니하였을 때

11. 제148조의3을 위반하여 의원의 본회의장 또는 위원회 회의장 출입을 방해하였을 때
12. 정당한 이유 없이 국회 집회일부터 7일 이내에 본회의 또는 위원회에 출석하지 아니하거나 의장 또는 위원장의 출석요구서를 받은 후 5일 이내에 출석하지 아니하였을 때
13. 탄핵소추사건을 조사할 때 「국정감사 및 조사에 관한 법률」에 따른 주의의무를 위반하는 행위를 하였을 때
14. 「국정감사 및 조사에 관한 법률」 제17조에 따른 징계사유에 해당할 때
15. 「공직자윤리법」 제22조에 따른 징계사유에 해당할 때
15의2. 「공직자의 이해충돌 방지법」을 위반하였을 때 (2021.5.18 본호신설)
16. 「국회의원윤리강령」이나 「국회의원윤리실천규범」을 위반하였을 때

제156조【징계의 요구와 회부】 ① 의장은 제155조 각 호의 어느 하나에 해당하는 행위를 한 의원(이하 "징계대상자"라 한다)이 있을 때에는 윤리특별위원회에 회부하고 본회의에 보고한다.
② 위원장은 소속 위원 중에 징계대상자가 있을 때에는 의장에게 보고하며, 의장은 이를 윤리특별위원회에 회부하고 본회의에 보고한다.
③ 의원이 징계대상자에 대한 징계를 요구하려는 경우에는 의원 20명 이상의 찬성으로 그 사유를 적은 요구서를 의장에게 제출하여야 한다.
④ 징계대상자로부터 모욕을 당한 의원이 징계를 요구할 때에는 찬성의원을 필요로 하지 아니하며, 그 사유를 적은 요구서를 의장에게 제출한다.
⑤ 제3항과 제4항의 징계 요구가 있을 때에는 의장은 이를 윤리특별위원회에 회부하고 본회의에 보고한다.
⑥ 윤리특별위원회의 위원장 또는 위원 5명 이상이 징계대상자에 대한 징계 요구를 하였을 때에는 윤리특별위원회는 이를 의장에게 보고하고 심사할 수 있다.
⑦ 제155조제10호에 해당하여 징계가 요구되는 경우에는 의장은 제1항, 제2항, 제5항 및 제6항에도 불구하고 해당 의원에 대한 징계안을 바로 본회의에 부의하여 지체 없이 의결하여야 한다.

제157조【징계의 요구 또는 회부의 시한 등】 ① 의장은 다음 각 호에 해당하는 날부터 폐회 또는 휴회 기간을 제외한 3일 이내에 윤리특별위원회에 징계(제155조제10호에 해당하여 요구되는 징계는 제외한다. 이하 이 항에서 같다) 요구를 회부하여야 한다. 다만, 윤리특별위원회가 구성되지 아니하여 본문에 따른 기간 내에 징계 요구를 회부할 수 없을 때에는 제46조에 따라 윤리특별위원회가 구성된 날부터 폐회 또는 휴회 기간을 제외하고 3일 이내에 징계 요구를 회부하여야 한다.(2018.7.17 본문개정)
1. 제156조제1항의 경우 : 그 사유가 발생한 날 또는 그 징계대상자가 있는 것을 알게 된 날
2. 제156조제2항의 경우 : 위원장의 보고를 받은 날
3. 제156조제5항의 경우 : 징계요구서를 제출받은 날
② 제156조제2항에 따른 위원장의 징계대상자 보고와 같은 조 제3항·제4항 및 제6항에 따른 징계 요구는 그 사유가 발생한 날 또는 그 징계대상자가 있는 것을 알게 된 날부터 10일 이내에 하여야 한다. 다만, 폐회기간 중에 그 징계대상자가 있을 경우에는 다음 회 국회의 집회일부터 3일 이내에 하여야 한다.

제158조【징계의 의사】 징계에 관한 회의는 공개하지 아니한다. 다만, 본회의나 위원회의 의결이 있을 때에는 그러하지 아니하다.

제159조【심문】 윤리특별위원회는 징계대상자와 관계 의원을 출석하게 하여 심문할 수 있다.

제160조【변명】 의원은 자기의 징계안에 관한 본회의 또는 위원회에 출석하여 변명하거나 다른 의원으로 하여금 변명하게 할 수 있다. 이 경우 의원은 변명이 끝난 후 회의장에서 퇴장하여야 한다.

제161조 (2010.5.28 삭제)

제162조【징계의 의결】 의장은 윤리특별위원회로부터 징계에 대한 심사보고서를 접수하였을 때에는 지체 없이 본회의에 부의하여 의결하여야 한다. 다만, 의장은 윤리특별위원회로부터 징계를 하지 아니하기로 의결하였다는 심사보고서를 접수하였을 때에는 지체 없이 본회의에 보고하여야 한다.

제163조【징계의 종류와 선포】 ① 제155조에 따른 징계의 종류는 다음과 같다.
1. 공개회의에서의 경고
2. 공개회의에서의 사과
3. 30일(제155조제2호 또는 제3호에 해당하는 행위를 한 의원에 대한 징계는 90일) 이내의 출석정지. 이 경우 출석정지기간에 해당하는 「국회의원의 보좌직원과 수당 등에 관한 법률」에 따른 수당·입법활동비 및 특별활동비(이하 "수당등"이라 한다)는 2분의 1을 감액한다.(2022.1.4 후단개정)
4. 제명(除名)
② 제1항에도 불구하고 제155조제8호·제10호 또는 제11호에 해당하는 행위를 한 의원에 대한 징계의 종류는 다음과 같다.
1. 공개회의에서의 경고 또는 사과. 이 경우 수당등 월액의 2분의 1을 징계 의결을 받은 달과 다음 달의 수당등에서 감액하되, 이미 수당등을 지급한 경우에는 감액분을 환수한다.
2. 30일 이내의 출석정지. 이 경우 징계 의결을 받은 달을 포함한 3개월간의 수당등을 지급하지 아니하되, 이미 수당등을 지급한 경우에는 전액 환수한다.
3. 제명
③ 제1항제1호·제2호 및 제2항제1호의 경우에는 윤리특별위원회에서 그 문안을 작성하여 보고서와 함께 의장에게 제출하여야 한다. 다만, 제155조제10호에 해당하여 바로 본회의에 부의하는 징계안의 경우에는 그러하지 아니하다.
④ 제명이 의결되지 아니하였을 때에는 본회의는 다른 징계의 종류를 의결할 수 있다.
⑤ 징계를 의결하였을 때에는 의장은 공개회의에서 그 사실을 선포한다.

제164조【제명된 사람의 입후보 제한】 제163조에 따른 징계로 제명된 사람은 그로 인하여 궐원된 의원의 보궐선거에서 후보자가 될 수 없다.

제15장 국회 회의 방해 금지
(2018.4.17 본장개정)

제165조【국회 회의 방해 금지】 누구든지 국회의 회의(본회의, 위원회 또는 소위원회의 각종 회의를 말하며, 국정감사 및 국정조사를 포함한다. 이하 이 장에서 같다)를 방해할 목적으로 회의장이나 그 부근에서 폭력행위 등을 하여서는 아니 된다.

제166조【국회 회의 방해죄】 ① 제165조를 위반하여 국회의 회의를 방해할 목적으로 회의장이나 그 부근에서 폭행, 체포·감금, 협박, 주거침입·퇴거불응, 재물손괴의 폭력행위를 하거나 이러한 행위로 의원의 회의장 출입 또는 공무집행을 방해한 사람은 5년 이하의 징역 또는 1천만원 이하의 벌금에 처한다.
② 제165조를 위반하여 국회의 회의를 방해할 목적으로 회의장 또는 그 부근에서 사람을 상해하거나, 폭행으로 상해에 이르게 하거나, 단체 또는 다중의 위력을 보이거나 위험한 물건을 휴대하여 사람을 폭행 또는 재물을 손괴하거나, 공무소에서 사용하는 서류, 그 밖의 물건 또는 전자기록 등 특수매체기록을 손상·은닉하거나 그 밖의 방법으로 그 효용을 해한 사람은 7년 이하의 징역 또는 2천만원 이하의 벌금에 처한다.

제167조【확정판결 통보】 제166조의 죄를 범한 사람이 유죄 확정판결을 받은 경우 법원은 확정판결 내용을 확정판결을 받은 사람의 소속 기관 등에 통보하여야 한다.

제16장 보 칙
(2018.4.17 본장개정)

제168조【기간의 기산일】 이 법에 따른 기간을 계산할 때에는 첫날을 산입한다.

제169조【규칙 제정】 ① 국회는 헌법과 법률에 위배되지 아니하는 범위에서 의사와 내부 규율에 관한 규칙을 제정할 수 있다.

② 위원회는 이 법과 제1항의 규칙에 위배되지 아니하는 범위에서 국회운영위원회와 협의하여 회의 및 안건 심사 등에 관한 위원회의 운영규칙을 정할 수 있다.

부 칙 (2013.8.13)

제1조【시행일】 이 법은 공포한 날부터 시행한다. 다만, 제29조, 제29조의2, 제46조의2, 제48조, 제136조, 제155조, 제163조의 개정규정은 공포 후 6개월이 경과한 날부터 시행한다.

제2조【겸직 금지에 관한 적용례】 ① 제29조의 개정규정 시행 당시 의원이 같은 개정규정 제1항 각 호의 직 이외의 직(국무총리 또는 국무위원의 직은 제외하며, 제29조의 개정규정 제2항 각 호 중 제3호의 직을 포함한다)을 겸하고 있는 경우에는 같은 개정규정 시행 후 3개월 이내에 그 직을 휴직 또는 사직하여야 한다. 다만, 제29조의 개정규정 시행 당시 의원이 같은 개정규정 제2항 각 호 중 제1호 또는 제2호의 직을 겸하고 있는 경우에는 같은 개정규정 시행 후 3개월 이내에 그 직을 사직하여야 한다.

② 제29조의 개정규정 시행 당시 의원이 같은 개정규정 제1항 각 호의 직(제3호의 직은 제외한다)을 겸하고 있는 경우에는 같은 개정규정 시행 후 1개월 이내에 의장에게 그 직을 신고하여야 하며, 이 신고는 같은 개정규정 제3항에 따른 신고로 본다.

제3조【영리업무 종사 금지에 관한 적용례】 ① 제29조의2의 개정규정 시행 당시 의원이 같은 개정규정 제1항 단서의 영리업무 이외의 영리업무에 종사하는 경우에는 같은 개정규정 시행 후 6개월 이내에 그 영리업무를 휴업 또는 폐업하여야 한다.

② 제29조의2의 개정규정 시행 당시 의원이 같은 개정규정 제1항 단서의 영리업무에 종사하고 있는 경우에는 같은 개정규정 시행 후 1개월 이내에 의장에게 그 영리업무를 신고하여야 하며, 이 신고는 같은 개정규정 제3항에 따른 신고로 본다.

부 칙 (2014.3.18 법12502호)

제1조【시행일】 이 법은 공포한 날부터 시행한다. 다만, 제58조제7항과 제66조제3항 및 제79조의2의 개정규정은 공포 후 1년이 경과한 날부터 시행하고, 제79조의3의 개정규정은 2015년 1월 1일부터 시행한다.

제2조【서류등의 제출 요구에 관한 적용례】 제128조의 개정규정은 이 법 시행 후 최초로 제출을 요구하는 서류등부터 적용한다.

부 칙 (2016.12.16)

제1조【시행일】 이 법은 공포한 날부터 시행한다.

제2조【청원의 자동상정에 관한 적용례】 이 법 시행 당시 위원회에 회부되어 상정되지 아니하고 있는 청원은 이 법 시행 후 30일이 경과한 날 이후 처음으로 개회하는 위원회에 상정된 것으로 본다.

제3조【청원심사에 관한 적용례】 제125조제5항의 개정규정은 이 법 시행 후 최초로 위원회에 회부되는 청원부터 적용한다.

부 칙 (2017.7.26)

제1조【시행일】 이 법은 공포한 날부터 시행한다.

제2조【위원 및 위원장 선임에 관한 경과조치】 이 법 시행 당시 미래창조과학방송통신위원회, 안전행정위원회 또는 산업통상자원위원회의 위원 및 위원장은 각각 이 법에 따른 과학기술정보방송통신위원회, 행정안전위원회 또는 산업통상자원중소벤처기업위원회의 위원 및 위원장으로 선임된 것으로 본다.

제3조【법률안 등에 관한 경과조치】 이 법 시행 전에 종전의 규정에 따른 소관 상임위원회가 제출한 법률안 등 의안이나 심사보고서와 법제사법위원회에 체계·자구심사를 의뢰한 법률안은 제37조제1항의 개정규정에 따른 소관 상임위원회가 제출하거나 심사의뢰한 것으로 본다.

제4조【다른 법률의 개정】 ①~② ※(해당 법령에 가제정리 하였음)

부 칙 (2018.4.17)

이 법은 공포한 날부터 시행한다.

부 칙 (2018.7.17)

제1조【시행일】 이 법은 공포한 날부터 시행한다.

제2조【법률안 등 의안에 관한 경과조치】 ① 이 법 시행 전에 종전의 규정에 따른 소관 상임위원회가 제출한 법률안 등 의안이나 심사보고서와 법제사법위원회에 체계·자구 심사를 의뢰한 법률안은 제37조제1항의 개정규정에 따른 소관 상임위원회가 제출하거나 심사의뢰한 것으로 본다.

② 이 법 시행 전에 종전의 규정에 따른 소관 상임위원회(제57조에 따른 해당 상임위원회의 소위원회를 포함한다. 이하 이 항에서 같다)에 계류 중인 법률안 등 의안은 제37조제1항의 개정규정에 따른 소관 상임위원회에 계류 중인 것으로 본다.

제3조【윤리심사자문위원회에 대한 경과조치】 이 법 시행 당시 제46조의2에 따라 설치·운영되고 있는 윤리심사자문위원회는 제46조의 개정규정에 따라 처음으로 구성되는 윤리특별위원회에 두는 윤리심사자문위원회로 본다.

제4조【징계 요구의 회부에 관한 경과조치】 이 법 시행 당시 종전의 윤리특별위원회에 회부된 징계 요구로서 이 법 시행 후 제46조의 개정규정에 따라 구성되는 윤리특별위원회에 회부하는 징계 요구는 제157조제1항에 따른 회부기간을 충족하는 것으로 본다.

제5조【다른 법률의 개정】 ※(해당 법령에 가제정리 하였음)

부 칙 (2019.4.16)

제1조【시행일】 이 법은 공포 후 3개월이 경과한 날부터 시행한다. 다만, 제123조, 제123조의2 및 제124조제2항의 개정규정은 2019년 12월 1일부터 시행한다.

제2조【청원의 제출에 관한 적용례】 제123조 및 제124조제2항의 개정규정은 같은 개정규정 시행 후 최초로 제출되는 청원부터 적용한다.

제3조【법률안의 심사를 분담하는 소위원회에 관한 특례】 이 법 시행 당시 이미 소관 법률안의 심사를 분담하는 둘 이상의 소위원회를 둔 상임위원회는 제57조제2항의 개정규정에 따른 소위원회를 둔 것으로 본다.

제4조【다른 법률의 개정】 ※(해당 법령에 가제정리 하였음)

부 칙 (2020.2.18)

제1조【시행일】 이 법은 공포한 날부터 시행한다.

제2조【적용례】 제98조의2제3항부터 제8항까지의 개정규정은 이 법 시행 후 최초로 제98조의2제1항에 따라 제출되는 대통령령·총리령 및 부령부터 적용한다.

부 칙 (2020.8.18)

이 법은 공포한 날부터 시행한다.

부 칙 (2020.12.15)
(2020.12.22 법17689호)

제1조【시행일】 이 법은 2021년 1월 1일부터 시행한다.(이하 생략)

부 칙 (2020.12.22 법17756호)

제1조【시행일】 이 법은 공포 후 3개월이 경과한 날부터 시행한다. 다만, 제5조의2제2항 및 제73조의2의 개정규정은 공포한 날부터 시행하고, 제149조제3항의 개정규정은 공포 후 6개월이 경과한 날부터 시행한다.
제2조【원격영상회의의 유효기간】 제73조의2의 개정규정은 2022년 6월 30일까지 효력을 가진다.(2021.12.28 본조개정)

부 칙 (2021.5.18)

제1조【시행일】 이 법은 2022년 5월 30일부터 시행한다.
제2조【이 법 시행을 위한 준비행위】 윤리심사자문위원회 사무를 지원하기 위한 공무원의 임명 등 윤리심사자문위원회의 운영을 위한 준비행위는 이 법 시행 전에 할 수 있다.
제3조【사적 이해관계 등록 등에 관한 특례】 ① 의원은 제32조의2제1항의 개정규정에도 불구하고 2022년 3월 15일 기준의 같은 항 각 호의 등록 사항을 2022년 4월 15일까지 윤리심사자문위원회에 등록하여야 한다.
② 윤리심사자문위원회는 제1항에 따른 사적 이해관계 등록 사항을 바탕으로 이해충돌 여부를 검토하여 2022년 5월 15일까지 그 의견을 의장, 해당 의원 및 소속 교섭단체 대표의원에게 제출하여야 한다.
③ 부칙 제1조에도 불구하고 윤리심사자문위원회는 제1항 및 제2항에 따른 사적 이해관계의 등록, 의견 제출 및 이와 관련된 업무를 이 법 시행 전에 수행할 수 있다.
제4조【윤리심사자문위원회에 대한 경과조치】 ① 이 법 시행 당시 설치·운영되고 있는 윤리심사자문위원회는 제46조의2의 개정규정에 따른 윤리심사자문위원회로 본다.
② 이 법 시행 당시 윤리심사자문위원회의 위원 및 위원장은 각각 이 법에 따른 윤리심사자문위원회의 위원 및 위원장으로 선임된 것으로 보며, 그 임기는 종전 위원 및 위원장 임기의 남은 기간으로 한다.
제5조【다른 법률의 개정】 ①~② ※(해당 법령에 가제정리 하였음)

부 칙 (2021.7.27)

제1조【시행일】 이 법은 공포 후 3개월이 경과한 날부터 시행한다. 다만, 제116조의 개정규정은 공포 후 6개월이 경과한 날부터 시행한다.
제2조【비용추계서 제출에 관한 적용례】 제79조의2제2항의 개정규정은 이 법 시행 이후 의원이 국회예산정책처에 대한 비용추계요구서를 첨부하여 의안을 발의한 경우부터 적용한다.
제3조【회의록 게재에 관한 적용례】 제116조의 개정규정은 이 법 시행 이후 최초로 열리는 회의부터 적용한다.

부 칙 (2021.9.14)

제1조【시행일】 이 법은 공포한 날부터 시행한다.
제2조【본회의 부의 요구에 관한 적용례】 제86조제3항의 개정규정은 이 법 시행 후 제86조제1항에 따라 법제사법위원회에 회부되는 법률안부터 적용한다.

부 칙 (2021.10.14)
(2021.12.28)

이 법은 공포한 날부터 시행한다.

부 칙 (2022.1.4)

제1조【시행일】 이 법은 공포 후 3개월이 경과한 날부터 시행한다.(이하 생략)

부 칙 (2023.6.7)

제1조【시행일】 이 법은 공포한 날부터 시행한다.
제2조【가상자산 등록에 관한 특례 등】 ① 제32조의2제1항제6호의2의 개정규정에도 불구하고 의원은 임기개시일부터 2023년 5월 31일까지의 가상자산 소유 현황 및 변동내역을 2023년 6월 30일까지 윤리심사자문위원회에 등록하여야 한다.
② 윤리심사자문위원회는 제1항에 따른 등록 사항을 바탕으로 이해충돌 여부를 검토하여 2023년 7월 31일까지 그 의견을 의장, 해당 의원 및 소속 교섭단체 대표의원에게 제출하여야 한다.

부 칙 (2023.7.11)

제1조【시행일】 이 법은 공포 후 6개월이 경과한 날부터 시행한다. 다만, 제37조제1항제3호 및 제5호의 개정규정은 공포한 날부터 시행한다.
제2조【대표발의의원 명시에 관한 적용례】 제79조제4항의 개정규정은 이 법 시행 이후 발의하는 법률안부터 적용한다.

부 칙 (2023.7.18)

제1조【시행일】 이 법은 공포 후 1년이 경과한 날부터 시행한다.(이하 생략)

부 칙 (2024.3.12)

제1조【시행일】 이 법은 공포한 날부터 시행한다. 다만, 부칙 제3조는 2024년 7월 19일부터 시행한다.
제2조【사적 이해관계 변경등록·공개 등에 관한 적용례】
① 제32조의2제2항의 개정규정은 이 법 시행 이후 사적 이해관계를 등록하는 경우부터 적용한다.
② 제32조의2제3항의 개정규정은 이 법 시행 이후 사적 이해관계를 등록 또는 변경등록하는 경우부터 적용한다.
제3조【다른 법률의 개정】 ※(해당 법령에 가제정리 하였음)

국회에서의 증언·감정 등에 관한 법률(약칭 : 국회증언감정법)

(1988年 8月 5日 全改法律 第4012號)

개정
2000. 2.16법 6268호　2002. 3. 7법 6659호
2003. 2. 4법 6858호　2010. 3.12법10051호
2010. 5.28법10330호　2014. 3.18법12503호
2016.12.16법14377호　2017. 3.21법14757호
2018. 4.17법15621호

제1조【목적】 이 법은 국회에서의 안건심의 또는 국정감사나 국정조사와 관련하여 하는 보고와 서류제출의 요구, 증언·감정 등에 관한 절차를 규정함을 목적으로 한다.
(2018.4.17 본조개정)

제2조【증인출석 등의 의무】 국회에서 안건심의 또는 국정감사나 국정조사와 관련하여 보고와 서류 및 해당 기관이 보유한 사진·영상물(이하 "서류등"이라 한다)의 제출 요구를 받거나, 증인·참고인으로서 출석이나 감정의 요구를 받은 때에는 이 법에 특별한 규정이 있는 경우를 제외하고는 다른 법률에도 불구하고 누구든지 이에 따라야 한다.(2018.4.17 본조개정)

제3조【증언 등의 거부】 ① 증인은 「형사소송법」 제148조 또는 제149조에 해당하는 경우에 선서·증언 또는 서류등의 제출을 거부할 수 있다.
② 감정인은 「형사소송법」 제148조에 해당하는 경우에 선서 또는 감정을 거부할 수 있다.
③ 제1항 및 제2항의 거부이유는 소명(疏明)하여야 한다.
④ 16세 미만의 사람이나 선서의 취지를 이해하지 못하는 사람에게는 선서를 하게 하지 아니한다.
(2018.4.17 본조개정)

제4조【공무상 비밀에 관한 증언·서류등의 제출】 ① 국회로부터 공무원 또는 공무원이었던 사람이 증언의 요구를 받거나, 국가기관이 서류등의 제출을 요구받은 경우에 증언할 사실이나 제출할 서류등의 내용이 직무상 비밀에 속한다는 이유로 증언이나 서류등의 제출을 거부할 수 없다. 다만, 군사·외교·대북 관계의 국가기밀에 관한 사항으로서 그 발표로 말미암아 국가안위에 중대한 영향을 미칠 수 있음이 명백하다고 주무부장관(대통령 및 국무총리의 소속기관에서는 해당 관서의 장)이 증언 등의 요구를 받은 날부터 5일 이내에 소명하는 경우에는 그러하지 아니하다.
② 국회가 제1항 단서의 소명을 수락하지 아니할 경우에는 본회의의 의결로, 폐회 중에는 해당 위원회의 의결로 국회가 요구한 증언 또는 서류등의 제출이 국가의 중대한 이익을 해친다는 취지의 국무총리의 성명(聲明)을 요구할 수 있다.
③ 국무총리가 제2항의 성명 요구를 받은 날부터 7일 이내에 그 성명을 발표하지 아니하는 경우에는 증언이나 서류등의 제출을 거부할 수 없다.
(2018.4.17 본조개정)

제4조의2【서류등의 제출 거부 등에 대한 조치요구】 국회는 제2조에 따라 서류등의 제출을 요구받은 국가기관이 제4조제1항 단서에 해당하지 아니함에도 이를 거부하거나 거짓으로 제출한 때에는 본회의 또는 해당 위원회의 의결로 주무부장관에 대하여 본회의 또는 위원회에 출석하여 해명하도록 하거나, 관계자에 대한 징계 등 필요한 조치를 요구할 수 있다.
(2014.3.18 본조개정)

제5조【증인 등의 출석요구 등】 ① 본회의 또는 위원회(국정감사나 국정조사를 위하여 구성된 소위원회 또는 반을 포함한다)가 이 법에 따른 보고나 서류등의 제출 요구 또는 증인·감정인·참고인의 출석요구를 할 때에는 본회의의 경우에는 의장이, 위원회의 경우에는 위원장이 해당자나 기관의 장에게 요구서를 발부한다.(2018.4.17 본항개정)
② 의원 또는 위원은 제1항에 따라 출석요구할 증인을 의장 또는 위원장에게 신청할 수 있다. 이 경우 의원 또는 위원은 증인 신청의 이유, 안건 또는 국정감사·국정조사와의 관련성 등을 기재한 신청서를 제출하여야 한다.(2016.12.16 본항신설)
③ 제1항에 따른 서류등의 제출은 서면, 전자문서 또는 컴퓨터의 자기테이프·자기디스크 그 밖에 이와 유사한 매체에 기록된 상태나 전산망에 입력된 상태로 제출할 것을 요구할 수 있다.(2018.4.17 본항개정)
④ 제1항의 요구서에는 보고할 사항이나 제출할 서류등 또는 증인·감정인·참고인이 출석할 일시 및 장소와 요구에 따르지 아니하는 경우의 법률상 제재에 관한 사항을 기재하고, 증인과 참고인의 경우에는 신문(訊問)할 요지를 첨부하여야 한다.(2018.4.17 본항개정)
⑤ 제1항의 요구서는 늦어도 보고 또는 서류등의 제출 요구일이나 증인 등의 출석요구일 7일 전에 송달되어야 한다.
(2018.4.17 본항개정)
⑥ 제1항의 요구서의 송달에 관하여는 「민사소송법」의 송달에 관한 규정을 준용한다.(2018.4.17 본항개정)
⑦ 제1항의 요구서의 송달을 위하여 필요한 경우 의장 또는 위원장은 관할 경찰관서의 장 등 관계 행정기관의 장 또는 「전기통신사업법」 제2조제8호에 따른 전기통신사업자(이하 "전기통신사업자"라 한다)에게 증인·감정인·참고인의 주소·거소·영업소·사무소, 전화번호(휴대전화번호를 포함한다) 또는 출입국관리기록(요구서의 송달을 위하여 필요한 범위로 한정한다)의 정보제공을 요구할 수 있다. 이 경우 정보제공을 요구받은 경찰관서의 장 등 관계 행정기관의 장 또는 전기통신사업자는 「개인정보 보호법」 제18조, 「형사사법절차 전자화 촉진법」 제6조 및 「전기통신사업법」 제83조에도 불구하고 해당 정보를 지체 없이 제공하여야 한다.(2017.3.21 본항신설)
⑧ 출석을 요구받은 증인 또는 참고인은 사전에 신문할 요지에 대한 답변서를 제출할 수 있다.(2018.4.17 본항개정)
(2018.4.17 본조제목개정)

제5조의2【증인의 불출석 사유서 제출】 제5조에 따라 요구서를 송달받은 증인은 부득이한 사유로 출석하지 못할 경우 출석요구일 3일 전까지 의장 또는 위원장에게 불출석 사유서를 제출하여야 한다.(2018.4.17 본조신설)

제5조의3【공시송달】 ① 제5조제1항의 요구서를 송달받아야 할 증인이 다음 각 호의 어느 하나에 해당하는 경우에는 공시송달을 할 수 있다.
1. 증인의 주소·거소·영업소 또는 사무소(이하 이 조에서 "주소등"이라 한다)가 분명하지 아니한 경우
2. 주소등이 국외에 있고 송달하기 곤란한 경우
3. 요구서의 수령을 회피할 목적으로 도망 또는 잠적함이 명백한 경우
4. 등기우편으로 송달하였으나 수취인 부재로 반송되는 경우 등 국회규칙으로 정하는 경우
② 제1항에 따른 공시송달은 다음 각 호의 어느 하나의 방법으로 한다.
1. 국회게시판 게시
2. 관보·국회공보 또는 일간신문 게재
3. 전자통신매체 등을 이용한 공시
③ 최초의 공시송달은 제2항에 따라 공시한 날부터 7일이 지나면 그 효력이 발생한다. 다만, 같은 증인에게 하는 그 뒤의 공시송달은 공시한 날의 다음 날부터 그 효력이 발생한다.
④ 제1항부터 제3항까지에 따른 공시송달의 방법 및 절차 등에 필요한 사항은 국회규칙으로 정한다.
(2018.4.17 본조신설)

제6조【증인에 대한 동행명령】 ① 국정감사나 국정조사를 위한 위원회(이하 "위원회"라 한다)는 증인이 정당한 이유 없이 출석하지 아니하는 때에는 그 의결로 해당 증인에 대하여 지정한 장소까지 동행할 것을 명령할 수 있다.
② 제1항의 동행명령을 할 때에는 위원회의 위원장이 동행명령장을 발부한다.
③ 제2항의 동행명령장에는 해당 증인의 성명·주거, 동행명령을 하는 이유, 동행할 장소, 발부연월일, 그 유효기간과 그 기간을 경과하면 집행하지 못하며 동행명령장을 반환하여야 한다는 취지와 동행명령을 받고 거부하면 처벌된다는 취지를 기재하고 위원장이 서명·날인하여야 한다. 이 경우 해당 증인의 성명이 분명하지 아니한 때에는 인상, 체격, 그 밖에 해당 증인을 특정할 수 있는 사항으로 표시할 수 있으며, 주거가 분명하지 아니한 때에는 주거기재를 생략할 수 있다.
④ 동행명령장의 집행은 동행명령장을 해당 증인에게 제시함으로써 한다.
⑤ 동행명령장은 국회사무처 소속 공무원으로 하여금 이를 집행하도록 한다.
⑥ 교도소 또는 구치소(군교도소 또는 군구치소를 포함한다)에 수감 중인 증인에 대한 동행명령장의 집행은 국회사무처 소속 공무원의 위임에 따라 교도관리가 한다.
⑦ 현역군인인 증인이 영내(營內)에 있을 때에는 소속 부대장은 국회사무처 소속 공무원의 동행명령장 집행에 협력할 의무가 있다.
(2018.4.17 본조개정)

제7조【증인·감정인의 선서】 ① 의장 또는 위원장(국정감사나 국정조사를 위하여 구성된 소위원회 또는 반의 소위원장 또는 반장을 포함한다. 이하 이 조에서 같다)은 증인·감정인에게 증언·감정을 요구할 때에는 선서하게 하여야 한다.
② 참고인으로 출석한 사람이 증인으로서 선서할 것을 승낙하는 경우에는 증인으로 신문할 수 있다.
③ 증언·감정을 요구한 의장 또는 위원장은 선서하기 전에 선서의 취지를 명시하고 위증(僞證) 또는 허위감정의 벌이 있음을 알려야 한다.
(2018.4.17 본조개정)

제8조【선서의 내용과 방식】 ① 제7조에 따라 증인이 선서할 경우 그 선서서에 다음과 같은 내용이 기재되어야 한다.
"양심에 따라 숨김과 보탬이 없이 사실 그대로 말하고 만일 진술이나 서면답변에 거짓이 있으면 위증의 벌을 받기로 맹서합니다"
② 그 밖에 선서의 내용과 방식에 관한 사항에 대하여는 「형사소송법」 제157조 또는 제170조를 준용한다.
(2010.3.12 본조개정)

제9조【증인의 보호】 ① 국회에서 증언하는 증인은 변호사인 변호인을 대동할 수 있다. 이 경우 변호인은 그 자격을 증명하는 서면을 제출하고, 증인에 대하여 헌법 및 법률상의 권리에 관하여 조언할 수 있다.
② 국회에서 증언하는 증인·참고인이 중계방송 또는 사진보도 등에 응하지 아니한다는 의사를 표명하거나, 특별한 이유로 회의의 비공개를 요구할 때에는 본회의 또는 위원회의 의결로 중계방송 또는 녹음·녹화·사진보도를 금지시키거나 회의의 일부 또는 전부를 공개하지 아니할 수 있다.
③ 국회에서 증인·감정인·참고인으로 조사받은 사람은 이 법에서 정한 처벌을 받는 외에 그 증언·감정·진술로 인하여 어떠한 불이익한 처분도 받지 아니한다.
④ 국회가 국정감사 또는 국정조사 시 작성한 서류 또는 녹취한 녹음테이프 등은 이를 외부에 공표할 수 없다. 다만, 이 법의 위반 여부가 수사 또는 재판의 대상이 된 경우나 증인·감정인·참고인으로서 증언·감정·진술을 한 사람이 그 사본을 요구한 때에는 의장의 승인을 받아 이를 교부할 수 있다.
(2018.4.17 본조개정)

제10조【검증】 ① 위원회는 안건심의 또는 국정감사나 국정조사를 위하여 필요한 경우에는 그 의결로 검증(檢證)할 수 있다.
② 제1항의 의결이 있는 경우에는 위원장은 해당 기관의 장에게 검증실시통보서(이하 이 조에서 "통보서"라 한다)를 발부한다. 이 경우 그 통보서는 늦어도 검증실시일 3일 전에 송달되어야 한다.
③ 통보서에는 검증위원과 검증의 목적, 대상, 방법, 일시 및 장소, 그 밖에 검증에 필요한 사항을 기재하여야 한다.
④ 국가기관이 제1항의 검증을 거절할 경우에는 제4조를 준용한다.
⑤ 통보서의 송달에 관하여는 「민사소송법」의 송달에 관한 규정을 준용한다.
(2018.4.17 본조개정)

제11조【여비·수당의 지급】 이 법에 따라 서류의 제출이나 증언·감정 또는 진술을 하기 위하여 국회 또는 그 밖의 장소에 출석한 사람에게는 국회규칙으로 정하는 바에 따라 여비·일당·숙박료를 지급한다.(2018.4.17 본조개정)

제12조【불출석 등의 죄】 ① 정당한 이유 없이 출석하지 아니한 증인, 고의로 출석요구서의 수령을 회피한 증인, 보고 또는 서류 제출 요구를 거절한 자, 선서 또는 증언이나 감정을 거부한 증인이나 감정인은 3년 이하의 징역 또는 1천만원 이상 3천만원 이하의 벌금에 처한다.
② 정당한 이유 없이 증인·감정인·참고인의 출석을 방해하거나 검증을 방해한 자에 대하여도 제1항의 형과 같다.
(2018.4.17 본조개정)

제13조【국회모욕의 죄】 ① 증인이 본회의 또는 위원회에 출석하여 증언함에 있어 폭행·협박, 그 밖의 모욕적인 언행으로 국회의 권위를 훼손한 때에는 5년 이하의 징역 또는 1천만원 이상 5천만원 이하의 벌금에 처한다.
(2018.4.17 본항개정)
② 증인이 동행명령을 거부하거나 고의로 동행명령장의 수령을 회피한 때, 제3자로 하여금 동행명령장의 집행을 방해하도록 한 때에는 5년 이하의 징역에 처한다.
(2017.3.21 본조개정)

제14조【위증 등의 죄】 ① 이 법에 따라 선서한 증인 또는 감정인이 허위의 진술(서면답변을 포함한다)이나 감정을 하였을 때에는 1년 이상 10년 이하의 징역에 처한다. 다만, 범죄가 발각되기 전에 자백하였을 때에는 그 형을 감경 또는 면제할 수 있다.
② 제1항의 자백은 국회에서 안건심의 또는 국정감사나 국정조사를 종료하기 전에 하여야 한다.
(2018.4.17 본조개정)

제15조【고발】 ① 본회의 또는 위원회는 증인·감정인 등이 제12조·제13조 또는 제14조제1항 본문의 죄를 범하였다고 인정한 때에는 고발하여야 한다. 다만, 청문회의 경우에는 재적위원 3분의 1 이상의 연서에 따라 그 위원의 이름으로 고발할 수 있다.
② 제1항에도 불구하고 제14조제1항 단서의 자백이 있는 경우에는 고발하지 아니할 수 있다.
③ 제1항 본문에 따른 고발은 서류등을 요구하였거나 증인·감정인 등을 조사한 본회의 또는 위원회의 의장 또는 위원장의 명의로 한다.
④ 제1항에 따른 고발이 있는 경우에는 검사는 고발장이 접수된 날부터 2개월 이내에 수사를 종결하여야 하며, 검찰총장은 지체 없이 그 처분결과를 국회에 서면으로 보고하여야 한다.
(2018.4.17 본조개정)

판례 법에서는 국회에서 증인의 불출석이나 모욕, 위증 등에 대하여 고발의 주체를 정하고 있을 뿐 고발기간을 제한하는 규정을 두고 있지 않다. 국정감사에서 증인이 위증을 하면 증언 내용과 관련된 다른 증인들의 증언과 객관적인 자료들을 대조하는 등 추가조사를 한 후에야 비로소 혐의가 드러나고, 그 과정에서 적지 않은 시일이 소요되는 것이 일반적이다. 그런데 이 조항의 내용을 증언이 이루어진 해당 회기의 위원회가 고발을 해야 한다고 해석하면 명문에도 없는 고발기간을 창설하는 결과가 되어 국회에서의 위증죄를 엄단하려는 이 법의 입법취지에 반하는 결과를 초래하게 될 것이다. 따라서 국정감사에 출석한 증인이 위증했다면 해당 회기 이후라도 국회 상임위원회가 고발할 수 있다고 보아야 한다.(대판 2021.10.14, 2021도8960)

제16조【기간의 기산일】 이 법에 따른 기간의 계산에는 첫날을 산입한다.(2018.4.17 본조개정)

제17조【국회규칙】 이 법 시행에 필요한 사항은 국회규칙으로 정한다.(2018.4.17 본조개정)

부 칙 (2014.3.18)

제1조【시행일】 이 법은 공포한 날부터 시행한다.

제2조【서류등의 제출 요구에 관한 적용례】 이 법의 개정규정은 이 법 시행 후 최초로 제출을 요구하는 서류등부터 적용한다.

부 칙 (2016.12.16)
(2017.3.21)
(2018.4.17)

이 법은 공포한 날부터 시행한다.

국정감사 및 조사에 관한 법률

(약칭 : 국감국조법)

(1988年 8月 5日
法 律 第4011號)

개정
1997.12.13법 5454호(정부부처명)
2000. 2.16법 6267호 2002. 3. 7법 6658호
2003. 2. 4법 6857호 2006. 9.22법 7973호
2008. 8.25법 9129호(국회)
2010. 3.12법10048호 2011. 5.19법10651호
2012. 3.21법11414호 2014. 3.18법12501호
2016.12.16법14374호 2018. 4.17법15619호
2019. 4.16법16325호(국회)
2021. 5.18법18192호(국회)
2023. 7.11법19536호

제1조【목적】 이 법은 국정감사와 국정조사에 관한 절차, 그 밖에 필요한 사항을 규정함을 목적으로 한다.(2018.4.17 본조개정)

제2조【국정감사】 ① 국회는 국정전반에 관하여 소관 상임위원회별로 매년 정기회 집회일 이전에 국정감사(이하 "감사"라 한다) 시작일부터 30일 이내의 기간을 정하여 감사를 실시한다. 다만, 본회의 의결로 정기회 기간 중에 감사를 실시할 수 있다.
② 제1항의 감사는 상임위원장이 국회운영위원회와 협의하여 작성한 감사계획서에 따라 한다. 국회운영위원회는 상임위원회 간에 감사대상기관이나 감사일정의 중복 등 특별한 사정이 있는 때에는 이를 조정할 수 있다.
③ 제2항에 따른 감사계획서에는 감사반의 편성, 감사일정, 감사요령 등 감사에 필요한 사항을 기재하여야 한다.
④ 제2항에 따른 감사계획서는 매년 처음 집회되는 임시회에서 작성하고 제7조에 따른 감사대상기관에 이를 통지하여야 한다. 다만, 국회의원 총선거가 실시되는 연도에는 국회의원 총선거 후 새로 구성되는 국회의 임시회 또는 정기회에서 감사계획서를 작성·통지할 수 있다.
⑤ 제4항에 따른 감사계획서의 감사대상기관이나 감사일정 등을 변경하는 경우에는 그 내용을 감사실시일 7일 전까지 감사대상기관에 통지하여야 한다.
(2018.4.17 본조개정)

제3조【국정조사】 ① 국회는 재적의원 4분의 1 이상의 요구가 있는 때에는 특별위원회 또는 상임위원회로 하여금 국정의 특정사안에 관하여 국정조사(이하 "조사"라 한다)를 하게 한다.
② 제1항에 따른 조사 요구는 조사의 목적, 조사할 사안의 범위와 조사를 할 위원회 등을 기재하여 요구의원이 연서(連署)한 서면(이하 "조사요구서"라 한다)으로 하여야 한다.
③ 의장은 조사요구서가 제출되면 지체 없이 본회의에 보고하고 각 교섭단체 대표의원과 협의하여 조사를 할 특별위원회를 구성하거나 해당 상임위원회(이하 "조사위원회"라 한다)에 회부하여 조사를 할 위원회를 확정한다. 이 경우 국회가 폐회 또는 휴회 중일 때에는 조사요구서에 따라 국회의 집회 또는 재개의 요구가 있는 것으로 본다.
④ 조사위원회는 조사의 목적, 조사할 사안의 범위와 조사방법, 조사에 필요한 기간 및 소요경비 등을 기재한 조사계획서를 본회의에 제출하여 승인을 받아 조사를 한다.
⑤ 본회의는 제4항의 조사계획서를 검토한 다음 의결로써 이를 승인하거나 반려한다.
⑥ 조사위원회는 본회의에서 조사계획서가 반려된 경우에는 이를 그대로 본회의에 다시 제출할 수 없다.
(2018.4.17 본조개정)

제4조【조사위원회】 ① 제3조제3항의 특별위원회는 교섭단체 의원 수의 비율에 따라 구성하여야 한다. 다만, 조사에 참여하기를 거부하는 교섭단체의 의원은 제외할 수 있다.
② 제1항의 특별위원회는 위원장 1명과 각 교섭단체별로 간사 1명을 호선하고 본회의에 보고한다.
③ 조사위원회의 위원장이 사고가 있거나 그 직무를 수행하기를 거부 또는 기피하여 조사위원회가 활동하기 어려운 때에는 위원장이 소속하지 아니하는 교섭단체 소속의 간사 중에서 소속 의원 수가 많은 교섭단체 소속인 간사의 순으로 위원장의 직무를 대행한다.
④ 조사위원회는 의결로써 국회의 폐회 중에도 활동할 수 있고 조사와 관련한 보고 또는 서류 및 해당 기관이 보유한 사진·영상물(이하 "서류등"이라 한다)의 제출을 요구하거나 조사를 위한 증인·감정인·참고인의 출석을 요구하는 경우에는 의장을 경유하지 아니할 수 있다.
(2018.4.17 본조개정)

제5조【소위원회 등】 ① 감사 또는 조사를 하는 위원회(이하 "위원회"라 한다)는 위원회의 의결로 필요한 경우 2명 이상의 위원으로 별도의 소위원회나 반을 구성하여 감사 또는 조사를 하게 할 수 있다. 위원회가 상임위원회인 경우에는 「국회법」 제57조제1항에 따른 상설소위원회로 하여금 감사 또는 조사를 하게 할 수 있다.(2019.4.16 후단개정)
② 제1항의 소위원회나 반은 같은 교섭단체 소속 의원만으로 구성할 수 없다.
③ 제1항의 소위원회나 반에 관하여는 성질에 반하지 아니하는 한 「국회법」 또는 이 법의 위원회에 관한 규정을 준용한다.
(2018.4.17 본조개정)

제6조【사무보조자】 ① 감사 또는 조사에는 사무보조자의 보조를 받을 수 있다.
② 사무보조자는 전문위원 등 국회사무처 소속 공무원, 국회예산정책처 및 국회입법조사처 소속 공무원과 교섭단체 소속의 정책연구위원으로 한다. 다만, 특히 필요한 경우에는 감사 또는 조사의 대상기관의 소속이 아닌 전문가 등을 사무보조자로 위촉할 수 있다.
(2018.4.17 본조개정)

제7조【감사의 대상】 감사의 대상기관은 다음 각 호와 같다.
1. 「정부조직법」, 그 밖의 법률에 따라 설치된 국가기관
2. 지방자치단체 중 특별시·광역시·도. 다만, 그 감사범위는 국가위임사무와 국가가 보조금 등 예산을 지원하는 사업으로 한다.
3. 「공공기관의 운영에 관한 법률」 제4조에 따른 공공기관, 한국은행, 농업협동조합중앙회, 수산업협동조합중앙회
4. 제1호부터 제3호까지 외의 지방행정기관, 지방자치단체, 「감사원법」에 따른 감사원의 감사대상기관. 이 경우 본회의가 특히 필요하다고 의결한 경우로 한정한다.
(2018.4.17 본조개정)

제7조의2【지방자치단체에 대한 감사】 지방자치단체에 대한 감사는 둘 이상의 위원회가 합동으로 반을 구성하여 할 수 있다.(2018.4.17 본조개정)

제8조【감사 또는 조사의 한계】 감사 또는 조사는 개인의 사생활을 침해하거나 계속 중인 재판 또는 수사 중인 사건의 소추(訴追)에 관여할 목적으로 행사되어서는 아니 된다.
(2018.4.17 본조개정)

제9조【조사위원회의 활동기간】 ① 조사위원회의 활동기간 연장은 본회의 의결로 할 수 있다.
② 본회의는 조사위원회의 중간보고를 받고 조사를 장기간 계속할 필요가 없다고 인정되는 경우에는 의결로 조사위원회의 활동기간을 단축할 수 있다.
③ 조사계획서에 조사위원회의 활동기간이 확정되지 아니한 경우에는 그 활동기간은 조사위원회의 조사 결과가 본회의에서 의결될 때까지로 한다.
(2018.4.17 본조개정)

제9조의2【예비조사】 위원회는 조사를 하기 전에 전문위원이나 그 밖의 국회사무처 소속 직원 또는 조사대상기관의 소속이 아닌 전문가 등으로 하여금 예비조사를 하게 할 수 있다.
(2018.4.17 본조개정)

제10조【감사 또는 조사의 방법】 ① 위원회, 제5조제1항에 따른 소위원회 또는 반은 감사 또는 조사를 위하여 그 의결로 감사 또는 조사와 관련된 보고 또는 서류등의 제출을 관계인 또는 그 밖의 기관에 요구하고, 증인·감정인·참고인의 출석을 요구하고 검증을 할 수 있다. 다만, 위원회가 감사 또는 조사와 관련된 서류등의 제출 요구를 하는 경우에는 재적위원 3분의 1 이상의 요구로 할 수 있다.
② 제1항에 따른 서류등의 제출은 서면, 전자문서 또는 컴퓨터의 자기테이프·자기디스크, 그 밖에 이와 유사한 매체에 기록된 상태나 전산망에 입력된 상태로 제출할 것을 요구할 수 있다.
③ 위원회(제5조제1항에 따른 소위원회 또는 반을 포함한다. 이하 같다)는 제1항의 증거의 채택 또는 증거의 조사를 위하여 청문회를 열 수 있다.
④ 제1항 본문의 요구를 받은 관계인 또는 기관은 「국회에서의 증언·감정 등에 관한 법률」에서 특별히 규정한 경우를 제외하고는 누구든지 이에 따라야 하고, 위원회의 검증이나 그 밖의 활동에 협조하여야 한다.
⑤ 감사 또는 조사를 위한 증인·감정인·참고인의 증언·감정 등에 관한 절차는 「국회에서의 증언·감정 등에 관한 법률」에서 정하는 바에 따른다.
(2018.4.17 본조개정)

제11조【감사 또는 조사의 장소】 감사 또는 조사는 위원회에서 정하는 바에 따라 국회 또는 감사·조사 대상 현장이나 그 밖의 장소에서 할 수 있다.(2018.4.17 본조개정)

제12조【공개원칙】 감사 및 조사는 공개한다. 다만, 위원회의 의결로 달리 정할 수 있다.(2018.4.17 본조개정)

제12조의2【국정감사정보시스템의 구축 등】 ① 국회는 다음 각 호의 내용을 포함한 감사의 과정 및 결과를 전자적 방식으로 일반에 공개할 수 있다.
1. 제2조에 따른 감사계획서
2. 제15조에 따른 감사보고서
3. 제16조제4항에 따른 정부 또는 해당 기관의 처리결과보고 (2023.7.11 본호개정)
4. 그 밖에 국회규칙으로 정하는 사항
② 국회는 제1항에 따른 감사정보를 공개·관리하기 위하여 국정감사정보시스템을 구축·운영할 수 있다.
③ 국정감사정보시스템의 구축 및 운영에 필요한 사항은 국회규칙으로 정한다.
(2018.4.17 본조신설)

제13조【제척과 회피】 ① 의원은 직접 이해관계가 있거나 공정을 기할 수 없는 현저한 사유가 있는 경우에는 그 사안에 한정하여 감사 또는 조사에 참여할 수 없다.
② 제1항의 사유가 있다고 인정할 때에는 본회의 또는 위원회 의결로 해당 의원의 감사 또는 조사를 중지시키고 다른 의원으로 하여금 감사 또는 조사하게 하여야 한다.
③ 제2항에 따른 조치에 대하여 해당 의원의 이의가 있는 때에는 본회의가 의결한다.
④ 제1항의 사유가 있는 의원 또는 「국회법」 제32조의4제1항의 신고사항에 해당하여 이해충돌이 발생할 우려가 있다고 판단하는 의원은 소속 위원장에게 회피를 신청하여야 한다. 이 경우 회피 신청을 받은 위원장은 간사와 협의하여 회피를 허가할 수 있다.(2021.5.18 본항개정)
(2018.4.17 본조개정)

제14조【주의의무】 ① 감사 또는 조사를 할 때에는 그 대상기관의 기능과 활동이 현저히 저해되거나 기밀이 누설되지 아니하도록 주의하여야 한다.

② 의원 및 사무보조자는 감사 또는 조사를 통하여 알게 된 비밀을 정당한 사유 없이 누설해서는 아니 된다.
(2018.4.17 본조개정)

제15조【감사 또는 조사 결과의 보고】 ① 감사 또는 조사를 마쳤을 때에는 위원회는 지체 없이 그 감사 또는 조사 보고서를 작성하여 의장에게 제출하여야 한다.
② 제1항의 보고서에는 증인 채택 현황 및 증인신문 결과를 포함한 감사 또는 조사의 경과와 결과 및 처리의견을 기재하고 그 중요근거서류를 첨부하여야 한다.
③ 제1항의 보고서를 제출받은 의장은 이를 지체 없이 본회의에 보고하여야 한다.
④ 의장은 위원회로 하여금 중간보고를 하게 할 수 있다.
(2018.4.17 본조개정)

제15조의2【관계 행정기관에 대한 지원요청】 조사기간 및 자료의 부족 등으로 인하여 조사가 추가로 필요하다고 인정되는 경우나 사전조사가 필요한 경우에는 본회의 또는 위원회 의결로 감사원 등 관계 행정기관의 장에게 인력, 시설, 장비 등의 지원을 요청할 수 있다. 이 경우 관계 행정기관의 장은 특별한 사유가 없으면 이에 따라야 한다.(2018.4.17 본조개정)

제16조【감사 또는 조사 결과에 대한 처리】 ① 국회는 본회의 의결로 감사 또는 조사 결과를 처리한다.
② 국회가 제1항에 따라 감사 결과를 처리하는 경우에는 감사 종료 후 90일 이내에 의결하여야 한다.(2023.7.11 본항신설)
③ 국회는 감사 또는 조사 결과 위법하거나 부당한 사항이 있을 때에는 그 정도에 따라 정부 또는 해당 기관에 변상, 징계조치, 제도개선, 예산조정 등 시정을 요구하고, 정부 또는 해당 기관에서 처리함이 타당하다고 인정되는 사항은 정부 또는 해당 기관에 이송한다.
④ 정부 또는 해당 기관은 제3항에 따른 시정요구를 받거나 이송받은 사항을 지체 없이 처리하고 그 결과를 국회에 보고하여야 한다.(2023.7.11 본항개정)
⑤ 국회는 제4항에 따른 처리결과보고에 대하여 적절한 조치를 취할 수 있다.(2023.7.11 본항개정)
⑥ 국회는 소관 위원회의 활동기한 종료 등의 사유로 제4항에 따른 처리결과보고에 대하여 조치할 위원회가 불분명할 경우 의장이 각 교섭단체 대표의원과 협의하여 지정하는 위원회로 하여금 이를 대신하게 하여야 한다.(2023.7.11 본항개정)
(2018.4.17 본조개정)

제17조【징계】 감사 또는 조사를 하는 의원이 제13조제1항에 따른 제척사유 또는 같은 조 제4항에 따른 회피사유가 있음을 알면서 회피 신청을 하지 아니하거나 제14조에 따른 주의의무를 위반한 때에는 「국회법」에서 정하는 바에 따라 징계할 수 있다.(2021.5.18 본조개정)

제18조【국회규칙】 이 법 시행에 필요한 사항은 국회규칙으로 정한다.(2018.4.17 본조개정)

부 칙

① 이 法은 公布한 날로부터 施行한다.
② 이 法 施行당시 國會에 구성된 "5·18光州民主化運動眞相調査特別委員會"와 "第5共和國에있어서의政治權力型非理調査特別委員會", "兩大選擧不正調査特別委員會"는 이 法 第3條의 規定에 의한 國政調査承認을 받은 特別委員會로 본다.

부 칙 (2014.3.18)

제1조【시행일】 이 법은 공포한 날부터 시행한다.
제2조【서류등의 제출 요구에 관한 적용례】 제4조제4항 및 제10조제1항·제2항의 개정규정은 이 법 시행 후 최초로 제출을 요구하는 서류등부터 적용한다.

부 칙 (2016.12.16)

제1조【시행일】 이 법은 공포한 날부터 시행한다.
제2조【적용례】 이 법은 이 법 시행 후 최초로 실시하는 국정감사 또는 국정조사부터 적용한다.

부 칙 (2018.4.17)

이 법은 공포한 날부터 시행한다.

부 칙 (2019.4.16)

제1조【시행일】 이 법은 공포 후 3개월이 경과한 날부터 시행한다.(이하 생략)

부 칙 (2021.5.18)

제1조【시행일】 이 법은 2022년 5월 30일부터 시행한다.(이하 생략)

부 칙 (2023.7.11)

제1조【시행일】 이 법은 공포한 날부터 시행한다.
제2조【국정감사 결과 처리에 관한 적용례】 제16조제2항의 개정규정은 이 법 시행 이후 실시하는 국정감사에 대한 결과를 처리하는 경우부터 적용한다.

인사청문회법

(2000년 6월 23일
법 률 제6271호)

개정
2002. 3. 7법 6660호 2003. 2. 4법 6856호
2005. 7.29법 7627호 2007.12.14법 8686호
2008. 2.29법 8867호(방송통신위원회의설치및운영에관한법)
2010. 5.28법10329호 2012. 3.21법11415호
2014. 3.18법12422호(특별감찰관법)
2014. 5.28법12677호(방송법)
2020. 3.24법17123호 2020. 8.18법17488호
2021. 5.18법18192호(국회)

제1조【목적】 이 법은 국회의 인사청문특별위원회의 구성·운영과 인사청문회의 절차·운영 등에 관하여 필요한 사항을 규정함을 목적으로 한다.

제2조【정의】 이 법에서 사용하는 용어의 정의는 다음과 같다.
1. "공직후보자"라 함은 국회법 제46조의3제1항의 규정에 의하여 임명을 위하여 동의요청된 자, 선출을 위하여 추천된 자, 대통령당선인으로부터 국무총리후보자로 인사청문이 요청된 자와 동법 제65조의2제2항의 규정에 의하여 다른 법률에서 대통령·대통령당선인 또는 대법원장으로부터 국회에 인사청문이 요청된 자를 말한다.(2007.12.14 본호개정)
2. "임명동의안등"이라 함은 국회법 제46조의3제1항의 규정에 의한 임명동의안, 선출안, 대통령당선인으로부터 요청된 국무총리후보자에 대한 인사청문요청안과 동법 제65조의2제2항의 규정에 의하여 다른 법률에서 국회의 인사청문을 거치도록 한 공직후보자에 대한 인사청문요청안을 말한다.
(2003.2.4 본조개정)

제3조【인사청문특별위원회】 ① 국회법 제46조의3의 규정에 의한 인사청문특별위원회는 임명동의안등(국회법 제65조의2제2항의 규정에 의하여 다른 법률에서 국회의 인사청문을 거치도록 한 공직후보자에 대한 인사청문요청안을 제외한다)이 국회에 제출된 때에 구성된 것으로 본다.(2003.2.4 본항개정)
② 인사청문특별위원회의 위원정수는 13인으로 한다.
(2003.2.4 본항개정)
③ 인사청문특별위원회의 위원은 교섭단체 등의 의원수의 비율에 의하여 각 교섭단체대표의원의 요청으로 국회의장(이하 "의장"이라 한다)이 선임 및 개선(改選)한다. 이 경우 각 교섭단체대표의원은 인사청문특별위원회가 구성된 날부터 2일 이내에 의장에게 위원의 선임을 요청하여야 하며, 이 기한내에 요청이 없는 때에는 의장이 위원을 선임할 수 있다.
(2003.2.4 본문개정)
④ 어느 교섭단체에도 속하지 아니하는 의원의 위원선임은 의장이 이를 행한다.
⑤ 인사청문특별위원회는 위원장 1인과 각 교섭단체별로 간사 1인을 호선하고 본회의에 보고한다.(2003.2.4 본항개정)
⑥ 인사청문특별위원회는 임명동의안등이 본회의에서 의결될 때 또는 인사청문경과가 본회의에 보고될 때까지 존속한다.
(2003.2.4 본항개정)

제4조【임명동의안등의 심사 또는 인사청문】 ① 인사청문특별위원회, 소관상임위원회 또는 「국회법」 제65조의2제3항에 따른 특별위원회(이하 "위원회"라 한다)의 임명동의안등에 대한 심사 또는 인사청문은 국회법 제65조의2의 규정에 의한 인사청문회를 열어, 공직후보자를 출석하게 하여 질의를 행하고 답변과 의견을 청취하는 방식으로 한다.(2010.5.28 본항개정)
② 위원회는 필요한 경우 증인·감정인 또는 참고인으로부터 증언·진술을 청취하는 등 증거조사를 할 수 있다.
(2003.2.4 본조제목개정)

제5조【임명동의안등의 첨부서류】 ① 국회에 제출하는 임명동의안등에는 요청사유서 또는 의장의 추천서와 다음 각호의 사항에 관한 증빙서류를 첨부하여야 한다.(2003.2.4 본문개정)
1. 직업·학력·경력에 관한 사항(2005.7.29 본호개정)
2. 공직자등의병역사항신고및공개에관한법률의 규정에 의한 병역신고사항
3. 공직자윤리법 제10조의2제2항의 규정에 의한 재산신고사항
4. 최근 5년간의 소득세·재산세·종합토지세의 납부 및 체납 실적에 관한 사항(2005.7.29 본호개정)
5. 범죄경력에 관한 사항
② 제1항 각호의 규정에 의한 서류는 국회의 동의 또는 인사청문을 요하는 공직후보자에 대하여는 임명권자(대통령당선인을 포함한다) 또는 지명권자가, 국회에서 선출하는 공직후보자에 대하여는 해당 공직후보자가 이를 의장에게 제출한다.
(2020.3.24 본항개정)
③ 국회에서 선출하는 공직후보자는 필요한 경우 제1항 각호의 규정에 의한 서류를 국가기관, 지방자치단체 등 유관기관의 장에 대하여 요구할 수 있으며, 그 요구를 받은 해당 기관의 장은 이에 응하여야 한다.(2020.3.24 본항개정)

제6조【임명동의안 등의 회부 등】 ① 의장은 임명동의안등이 제출된 때에는 즉시 본회의에 보고하고 위원회에 회부하며, 그 심사 또는 인사청문이 끝난 후 본회의에 부의하거나 위원장으로 하여금 본회의에 보고하도록 한다. 다만, 폐회 또는 휴회 등으로 본회의에 보고할 수 없을 때에는 이를 생략하고 회부할 수 있다.(2003.2.4 본문개정)
② 국회는 임명동의안등이 제출된 날부터 20일 이내에 그 심사 또는 인사청문을 마쳐야 한다.(2003.2.4 본항개정)
③ 부득이한 사유로 제2항의 규정에 의한 기간 이내에 헌법재판소 재판관·중앙선거관리위원회 위원·국무위원·방송통신위원회 위원장·국가정보원장·공정거래위원회 위원장·금융위원회 위원장·국가인권위원회 위원장·고위공직자범죄수사처장·국세청장·검찰총장·경찰청장·합동참모의장·한국은행 총재·특별감찰관 또는 한국방송공사 사장(이하 "헌법재판소재판관등"이라 한다)의 후보자에 대한 인사청문회를 마치지 못하여 국회가 인사청문경과보고서를 송부하지 못한 경우에 대통령·대통령당선인 또는 대법원장은 제2항에 따른 기간의 다음날부터 10일 이내의 범위에서 기간을 정하여 인사청문경과보고서를 송부하여 줄 것을 국회에 요청할 수 있다.(2020.8.18 본항개정)
④ 제3항의 규정에 의한 기간 이내에 헌법재판소재판관등의 후보자에 대한 인사청문경과보고서를 국회가 송부하지 아니한 경우에 대통령 또는 대법원장은 헌법재판소재판관등으로 임명 또는 지명할 수 있다.(2007.12.14 본항개정)

제7조【위원의 질의 등】 ① 위원회는 공직후보자로부터 선서를 들은 후 10분의 범위내에서 모두(冒頭)발언을 청취한다.
② 제1항의 규정에 의한 공직후보자의 선서는 다음과 같이 한다.
"공직후보자인 본인은 양심에 따라 숨김과 보탬이 없이 사실 그대로 말할 것을 맹서합니다."
③ 위원 1인당 질의시간은 위원장이 간사와 협의하여 정한다.
④ 위원회에서의 질의는 1문1답의 방식으로 한다. 다만, 위원회의 의결이 있는 경우 일괄질의 등 다른 방식으로 할 수 있다.
⑤ 위원이 공직후보자에 대하여 질의하고자 하는 경우에는 질의요지서를 구체적으로 작성하여 인사청문회개회 24시간 전까지 위원장에게 제출하여야 한다. 이 경우 위원장은 지체없이 질의요지서를 공직후보자에게 송부하여야 한다.
⑥ 위원은 공직후보자에게 서면으로 질의를 할 수 있다. 이 경우 질의서는 위원장에게 제출하고, 위원장은 늦어도 인사청문회개회 5일 전까지 질의서가 공직후보자에게 도달되도록 송부하여야 하며 공직후보자는 인사청문회개회 48시간 전까지 위원장에게 답변서를 제출하여야 한다.(2005.7.29 후단개정)
⑦ 제14조 및 제15조의 규정은 서면답변에 관하여 이를 준용한다.

제8조【증인 등의 출석요구 등】 위원회가 증인·감정인·참고인의 출석요구를 한 때에는 그 출석요구서가 늦어도 출석요구일 5일전에 송달되도록 하여야 한다.

제9조【위원회의 활동기간 등】 ① 위원회는 임명동의안등이 회부된 날부터 15일 이내에 인사청문회를 마치되, 인사청문회

의 기간은 3일 이내로 한다. 다만, 부득이한 사유로 헌법재판소재판관등의 후보자에 대한 인사청문회를 그 기간 이내에 마치지 못하여 제6조제3항의 규정에 의하여 기간이 정하여진 때에는 그 연장된 기간 이내에 인사청문회를 마쳐야 한다.
(2007.12.14 단서개정)
② 위원회는 임명동의안등에 대한 인사청문회를 마친 날부터 3일 이내에 심사경과보고서 또는 인사청문경과보고서를 의장에게 제출한다.(2003.2.4 본항개정)
③ 위원회가 정당한 이유없이 제1항 및 제2항의 기간내에 임명동의안등(국회법 제65조의2제2항의 규정에 의하여 다른 법률에서 국회의 인사청문을 거치도록 한 공직후보자에 대한 인사청문요청안을 제외한다)에 대한 심사 또는 인사청문을 마치지 아니한 때에는 의장은 이를 바로 본회의에 부의할 수 있다.(2003.2.4 본항개정)

제10조【경과보고서】 ① 위원회가 제9조제2항의 규정에 의하여 의장에게 제출하는 보고서에는 심사경과 또는 인사청문경과를 기재하고 관련된 중요 증거서류를 첨부하여야 한다.
(2003.2.4 본항개정)
② 의장은 보고서가 제출된 때에는 본회의에서 의제가 되기 전에 인쇄하여 의원에게 배부한다. 다만, 긴급을 요할 때에는 이를 생략할 수 있다.
③ 제1항의 규정에 의한 인사청문경과보고서중 국회법 제46조의3제1항 단서의 규정에 의한 국무총리후보자에 대한 인사청문경과보고서는 국무총리임명동의안의 심사경과보고서로 본다.(2003.2.4 본항신설)
(2003.2.4 본조제목개정)

제11조【위원장의 보고 등】 ① 위원장은 위원회에서 심사 또는 인사청문을 마친 임명동의안등에 대한 위원회의 심사경과 또는 인사청문경과를 본회의에 보고한다.
② 의장은 국회법 제65조의2제2항의 규정에 의한 공직후보자에 대한 인사청문경과가 본회의에 보고되면 지체없이 인사청문경과보고서를 대통령·대통령당선인 또는 대법원장에게 송부하여야 한다. 다만, 인사청문을 마친 후 폐회 또는 휴회 그 밖의 부득이한 사유로 위원장이 인사청문경과를 본회의에 보고할 수 없을 때에는 위원장은 이를 의장에게 보고하고 의장은 인사청문경과보고서를 대통령·대통령당선인 또는 대법원장에게 송부하여야 한다.(2007.12.14 본항개정)
(2003.2.4 본조개정)

제11조의2【대통령당선인의 행위에 대한 의제】 「대통령직 인수에 관한 법률」 제5조제2항에 따라 대통령당선인이 국무위원 후보자에 대한 인사청문을 요청한 후 대통령 임기가 개시된 때에는 대통령당선인이 인사청문과 관련하여 행한 행위는 대통령이 행한 행위로 본다.(2007.12.14 본조신설)

제12조【자료제출요구】 ① 위원회는 그 의결 또는 재적의원 3분의 1 이상의 요구로 공직후보자의 인사청문과 직접 관련된 자료의 제출을 국가기관·지방자치단체, 기타 기관에 대하여 요구할 수 있다.
② 제1항의 요구를 받은 때에는 기간을 따로 정하는 경우를 제외하고는 5일 이내에 자료를 제출하여야 한다.
③ 제1항의 규정에 의하여 자료의 제출을 요구받은 기관은 제2항의 규정에 의한 기간 이내에 자료를 제출하지 아니한 때에는 그 사유서를 제출하여야 한다. 이 경우 위원회는 제출된 사유서를 심사경과보고서 또는 인사청문경과보고서에 첨부하여야 한다.(2003.2.4 본항신설)
④ 위원회는 제1항의 규정에 의하여 자료의 제출을 요구받은 기관이 정당한 사유없이 제2항의 규정에 의한 기간 이내에 자료를 제출하지 아니한 때에는 해당 기관에 이를 경고할 수 있다.(2020.3.24 본항개정)

제13조【검증】 위원회는 공직후보자의 인사청문을 위하여 필요한 경우에는 그 의결로 검증을 행할 수 있다.

제14조【인사청문회의 공개】 인사청문회는 공개한다. 다만, 다음 각호의 1에 해당하는 경우에는 위원회의 의결로 공개하지 아니할 수 있다.
1. 군사·외교 등 국가기밀에 관한 사항으로서 국가의 안전보장을 위하여 필요한 경우
2. 개인의 명예나 사생활을 부당하게 침해할 우려가 명백한 경우
3. 기업 및 개인의 적법한 금융 또는 상거래 등에 관한 정보가 누설될 우려가 있는 경우
4. 계속(繫屬)중인 재판 또는 수사중인 사건의 소추에 영향을 미치는 정보가 누설될 우려가 명백한 경우
5. 기타 다른 법령에 의해 비밀이 유지되어야 하는 경우로서 비공개가 필요하다고 판단되는 경우

제15조【공직후보자 등의 보호】 위원회에 출석한 공직후보자·증인·참고인 등이 답변을 하거나 증언 등을 함에 있어서 특별한 이유로 인사청문회의 비공개를 요구할 때에는 위원회의 의결로 인사청문회를 공개하지 아니할 수 있다. 이 경우 그 비공개이유는 비공개회의에서 소명하여야 한다.

제15조의2【공직후보자에 대한 지원】 국가기관은 이 법에 따른 공직후보자에게 인사청문에 필요한 최소한의 행정적 지원을 할 수 있다.(2010.5.28 본조신설)

제16조【답변 등의 거부】 ① 공직후보자는 국회에서의증언·감정등에관한법률 제4조제1항 단서의 규정에 해당하는 경우에는 답변 또는 자료제출을 거부할 수 있다.
② 공직후보자는 형사소송법 제148조 또는 제149조의 규정에 해당하는 경우에 답변 또는 자료제출을 거부할 수 있다. 이 경우 그 거부이유는 소명하여야 한다.

제17조【제척과 회피】 ① 위원은 공직후보자와 직접 이해관계가 있거나 공정을 기할 수 없는 현저한 사유가 있는 경우에는 그 공직후보자에 대한 인사청문회에 참여할 수 없다.
② 위원회는 제척사유가 있다고 인정할 때에는 그 의결로 해당 위원의 인사청문회 참여를 배제하고 다른 위원으로 개선(改選)하여 심사 또는 인사청문을 하게 하여야 한다.
(2020.3.24 본항개정)
③ 제1항의 사유가 있는 위원 또는 「국회법」 제32조의4제1항의 신고사항에 해당하여 이해충돌이 발생할 우려가 있다고 판단하는 위원은 위원장에게 회피를 신청하여야 한다. 이 경우 회피 신청을 받은 위원장은 간사와 협의하여 회피를 허가할 수 있다.(2021.5.18 본항개정)

제18조【주의의무】 ① 위원은 허위사실임을 알고 있음에도 진실인 것을 전제로 하여 발언하거나 위협적 또는 모욕적인 발언을 하여서는 아니된다.
② 위원 및 사무보조자는 임명동의안등의 심사 또는 인사청문을 통하여 알게된 비밀을 정당한 사유없이 누설하여서는 아니된다.(2003.2.4 본항개정)

제19조【준용규정】 위원회의 구성·운영과 인사청문회의 절차·운영 등에 관하여는 이 법에서 규정한 사항을 제외하고는 국회법, 국정감사및조사에관한법률 및 국회에서의증언·감정등에관한법률의 규정을 준용한다.

부 칙

① **【시행일】** 이 법은 공포한 날부터 시행한다.
② **【경과조치】** 이 법 시행 당시 국회법 제44조의 규정에 의하여 구성된 국무총리(이한동)임명동의에관한인사청문특별위원회와 동법 제65조에 의하여 개회되는 청문회는 각각 이 법에 의한 위원회 및 인사청문회로 본다.

부 칙 (2020.3.24)
(2020.8.18)

이 법은 공포한 날부터 시행한다.

부 칙 (2021.5.18)

제1조【시행일】 이 법은 2022년 5월 30일부터 시행한다.(이하 생략)

법원조직법

(1987년 12월 4일
전개법률 제3992호)

개정
1988. 8. 5법 4017호(헌재)
1990.12.31법 4300호(가소)
1994. 7.27법 4765호 1995. 3.30법 4945호
1995.12. 6법 5002호(집행관)
1996.12.12법 5181호
1998. 9.23법 5577호(실용신안)
1999. 1.21법 5642호(법관징계법)
1999.12.31법 6084호 2001. 1.29법 6408호
2004.12.31법 7289호(디자인보호)
2005. 3.24법 7402호 2005.12.14법 7725호
2005.12.23법 7730호
2006. 2.21법 7849호(제주자치법)
2006. 3. 3법 7872호(실용신안)
2007. 1.26법 8270호 2007. 5. 1법 8411호
2007. 5.17법 8435호(가족관계등록)
2007.12.27법 8794호 2010. 1.25법 9940호
2011. 7.18법10861호
2012.12.11법11530호(국가공무원)
2012.12.18법11554호
2013. 5.28법11848호(디자인보호)
2013. 8.13법12041호 2014. 1. 7법12188호
2014.10.15법12780호(소송촉진)
2014.12.30법12886호 2015.12. 1법13522호
2016. 1. 6법13717호(특정범죄가중)
2016. 1. 6법13718호(폭력처벌)
2016. 1. 6법13719호(형법)
2016. 2.29법14033호(상표)
2016. 3.29법14104호 2016.12.27법14470호
2017.12.12법15152호 2018. 3.20법15490호
2018.12.24법16037호(도로교통)
2020. 2. 4법16959호 2020. 3.24법17125호
2020.12.22법17689호(국가자치경찰)
2021. 1.26법17907호(중대재해처벌등에관한법)
2021.12.21법18633호 2024.10.16법20465호

제1편 총 칙

(2014.12.30 본편개정)

제1조【목적】 이 법은 헌법에 따라 사법권을 행사하는 법원의 조직을 정함을 목적으로 한다.

제2조【법원의 권한】 ① 법원은 헌법에 특별한 규정이 있는 경우를 제외한 모든 법률상의 쟁송(爭訟)을 심판하고, 이 법과 다른 법률에 따라 법원에 속하는 권한을 가진다.
② 제1항은 행정기관에 의한 전심(前審)으로서의 심판을 금하지 아니한다.
③ 법원은 등기, 가족관계등록, 공탁, 집행관, 법무사에 관한 사무를 관장하거나 감독한다.

제3조【법원의 종류】 ① 법원은 다음의 7종류로 한다.
(2016.12.27 본문개정)
1. 대법원
2. 고등법원
3. 특허법원
4. 지방법원
5. 가정법원
6. 행정법원
7. 회생법원(2016.12.27 본호신설)

② 지방법원 및 가정법원의 사무의 일부를 처리하게 하기 위하여 그 관할구역에 지원(支院)과 가정지원, 시법원 또는 군법원(이하 "시·군법원"이라 한다) 및 등기소를 둘 수 있다. 다만, 지방법원 및 가정법원의 지원은 2개를 합하여 1개의 지원으로 할 수 있다.
③ 고등법원·특허법원·지방법원·가정법원·행정법원·회생법원과 지방법원 및 가정법원의 지원, 가정지원, 시·군법원의 설치·폐지 및 관할구역은 따로 법률로 정하고, 등기소의 설치·폐지 및 관할구역은 대법원규칙으로 정한다.
(2016.12.27 본항개정)

제4조【대법관】 ① 대법원에 대법관을 둔다.
② 대법관의 수는 대법원장을 포함하여 14명으로 한다.

제5조【판사】 ① 대법원장과 대법관이 아닌 법관은 판사로 한다.
② 고등법원·특허법원·지방법원·가정법원·행정법원 및 회생법원에 판사를 둔다.(2016.12.27 본항개정)
③ 판사의 수는 따로 법률로 정한다. 다만, 제2항의 각급 법원에 배치할 판사의 수는 대법원규칙으로 정한다.

제6조【직무대리】 ① 대법원장은 판사로 하여금 다른 고등법원·특허법원·지방법원·가정법원·행정법원 또는 회생법원의 판사의 직무를 대리하게 할 수 있다.(2016.12.27 본항개정)
② 고등법원장 또는 지방법원장은 그 관할구역으로 한정하여 판사로 하여금 제1항에 따른 직무대리를 하게 할 수 있다. 다만, 대리기간이 6개월을 초과하는 경우에는 대법원장의 허가를 받아야 한다.

제7조【심판권의 행사】 ① 대법원의 심판권은 대법관 전원의 3분의 2 이상의 합의체에서 행사하며, 대법원장이 재판장이 된다. 다만, 대법관 3명 이상으로 구성된 부(部)에서 먼저 사건을 심리(審理)하여 의견이 일치한 경우에 한정하여 다음 각 호의 경우를 제외하고 그 부에서 재판할 수 있다.
1. 명령 또는 규칙이 헌법에 위반된다고 인정하는 경우
2. 명령 또는 규칙이 법률에 위반된다고 인정하는 경우
3. 종전에 대법원에서 판시(判示)한 헌법·법률·명령 또는 규칙의 해석 적용에 관한 의견을 변경할 필요가 있다고 인정하는 경우
4. 부에서 재판하는 것이 적당하지 아니하다고 인정하는 경우

② 대법원장은 필요하다고 인정하는 경우에 특정한 부로 하여금 행정·조세·노동·군사·특허 등의 사건을 전담하여 심판하게 할 수 있다.
③ 고등법원·특허법원 및 행정법원의 심판권은 판사 3명으로 구성된 합의부에서 행사한다. 다만, 행정법원의 경우 단독판사가 심판할 것으로 행정법원 합의부가 결정한 사건의 심판권은 단독판사가 행사한다.
④ 지방법원·가정법원·회생법원과 지방법원 및 가정법원의 지원, 가정지원 및 시·군법원의 심판권은 단독판사가 행사한다.(2016.12.27 본항개정)

⑤ 지방법원 · 가정법원 · 회생법원과 지방법원 및 가정법원의 지원, 가정지원에서 합의심판을 하여야 하는 경우에는 판사 3명으로 구성된 합의부에서 심판권을 행사한다.
(2016.12.27 본항개정)

제8조【상급심 재판의 기속력】 상급법원 재판에서의 판단은 해당 사건에 관하여 하급심(下級審)을 기속(羈束)한다.

제9조【사법행정사무】 ① 대법원장은 사법행정사무를 총괄하며, 사법행정사무에 관하여 관계 공무원을 지휘 · 감독한다.
② 대법원장은 사법행정사무의 지휘 · 감독권의 일부를 법률이나 대법원규칙으로 정하는 바에 따라 또는 대법원장의 명으로 법원행정처장이나 각급 법원의 장, 사법연수원장, 법원공무원교육원장 또는 법원도서관장에게 위임할 수 있다.
③ 대법원장은 법원의 조직, 인사, 운영, 재판절차, 등기, 가족관계등록, 그 밖의 법원 업무와 관련된 법률의 제정 또는 개정이 필요하다고 인정하는 경우에는 국회에 서면으로 그 의견을 제출할 수 있다.

제9조의2【판사회의】 ① 고등법원 · 특허법원 · 지방법원 · 가정법원 · 행정법원 및 회생법원과 대법원규칙으로 정하는 지원에 사법행정에 관한 자문기관으로 판사회의를 둔다.
(2016.12.27 본항개정)
② 판사회의는 판사로 구성하되, 그 조직과 운영에 필요한 사항은 대법원규칙으로 정한다.

제10조【각급 법원 등의 사무국】 ① 고등법원 · 특허법원 · 지방법원 · 가정법원 · 행정법원 및 회생법원과 대법원규칙으로 정하는 지원에 사무국을 두며, 대법원규칙으로 정하는 고등법원 및 지방법원에 사무국 외의 국(局)을 둘 수 있다.
(2016.12.27 본항개정)
② 제1항의 사무국 및 국, 사무국을 두지 아니하는 지원 및 가정지원에 과(課)를 두되, 그 설치 및 분장사무는 대법원규칙으로 정한다.
③ 고등법원과 특허법원의 사무국장 및 제1항에 규정된 사무국 외의 국을 두고 있는 지방법원의 사무국장은 법원이사관 또는 법원부이사관으로 보(補)하고, 고등법원 국장, 지방법원 사무국장(제1항에 규정된 사무국 외의 국을 두고 있는 지방법원의 사무국장은 제외한다) 및 국장, 가정법원 사무국장, 행정법원 사무국장, 회생법원 사무국장 및 대법원규칙으로 정하는 지원의 사무국장은 법원부이사관 또는 법원서기관으로 보하며, 과장은 법원부이사관 · 법원서기관 · 법원사무관 또는 등기사무관으로 보한다.(2016.12.27 본항개정)
④ 사무국장, 국장 및 과장은 상사의 명을 받아 국 또는 과의 사무를 관장하고, 소속 직원을 지휘 · 감독한다.

제2편 대법원
(2014.12.30 본편제목개정)

제11조【최고법원】 대법원은 최고법원이다.(2014.12.30 본조개정)

제12조【소재지】 대법원은 서울특별시에 둔다.(2014.12.30 본조개정)

제13조【대법원장】 ① 대법원에 대법원장을 둔다.
② 대법원장은 대법원의 일반사무를 관장하며, 대법원의 직원과 각급 법원 및 그 소속 기관의 사법행정사무에 관하여 직원을 지휘 · 감독한다.
③ 대법원장이 궐위되거나 부득이한 사유로 직무를 수행할 수 없을 때에는 선임대법관이 그 권한을 대행한다.
(2014.12.30 본조개정)

제14조【심판권】 대법원은 다음 각 호의 사건을 종심(終審)으로 심판한다.
1. 고등법원 또는 항소법원 · 특허법원의 판결에 대한 상고사건
2. 항고법원 · 고등법원 또는 항소법원 · 특허법원의 결정 · 명령에 대한 재항고사건
3. 다른 법률에 따라 대법원의 권한에 속하는 사건
(2014.12.30 본조개정)

제15조【대법관의 의사표시】 대법원 재판서(裁判書)에는 합의에 관여한 모든 대법관의 의견을 표시하여야 한다.
(2014.12.30 본조개정)

제16조【대법관회의의 구성과 의결방법】 ① 대법관회의는 대법관으로 구성되며, 대법원장이 그 의장이 된다.
② 대법관회의는 대법관 전원의 3분의 2 이상의 출석과 출석인원 과반수의 찬성으로 의결한다.
③ 의장은 의결에서 표결권을 가지며, 가부동수(可否同數)일 때에는 결정권을 가진다.
(2014.12.30 본조개정)

제17조【대법관회의의 의결사항】 다음 각 호의 사항은 대법관회의의 의결을 거친다.
1. 판사의 임명 및 연임에 대한 동의
2. 대법원규칙의 제정과 개정 등에 관한 사항
3. 판례의 수집 · 간행에 관한 사항
4. 예산 요구, 예비금 지출과 결산에 관한 사항
5. 다른 법령에 따라 대법관회의의 권한에 속하는 사항
6. 특히 중요하다고 인정되는 사항으로서 대법원장이 회의에 부친 사항
(2014.12.30 본조개정)

제18조【위임사항】 대법관회의의 운영에 필요한 사항은 대법원규칙으로 정한다.(2014.12.30 본조개정)

제19조【법원행정처】 ① 사법행정사무를 관장하기 위하여 대법원에 법원행정처를 둔다.
② 법원행정처는 법원의 인사 · 예산 · 회계 · 시설 · 통계 · 송무(訟務) · 등기 · 가족관계등록 · 공탁 · 집행관 · 법무사 · 법령조사 및 사법제도연구에 관한 사무를 관장한다.
(2014.12.30 본조개정)

제20조【사법연수원】 판사의 연수와 사법연수생의 수습에 관한 사무를 관장하기 위하여 대법원에 사법연수원을 둔다.
(2014.12.30 본조개정)

제20조의2【사법정책연구원】 사법제도 및 재판제도의 개선에 관한 연구를 하기 위하여 대법원에 사법정책연구원을 둔다.
(2013.8.13 본조신설)

제21조【법원공무원교육원】 법원직원 · 집행관 등의 연수 및 양성에 관한 사무를 관장하기 위하여 대법원에 법원공무원교육원을 둔다.(2014.12.30 본조개정)

제22조【법원도서관】 재판사무의 지원 및 법률문화의 창달을 위한 판례 · 법령 · 문헌 · 사료 등 정보를 조사 · 수집 · 편찬하고 이를 관리 · 제공하기 위하여 대법원에 법원도서관을 둔다.(2014.12.30 본조개정)

제23조【대법원장비서실 등】 ① 대법원에 대법원장비서실을 둔다.
② 대법원장비서실에 실장을 두되, 실장은 판사로 보하거나 정무직으로 하고, 대법원장의 명을 받아 비서실의 사무를 관장하며, 소속 공무원을 지휘 · 감독한다.
③ 대법원장비서실의 조직과 운영에 필요한 사항은 대법원규칙으로 정한다.
④ 대법원에 대법관비서관을 둔다.
⑤ 대법관비서관은 법원서기관 또는 4급 상당의 별정직공무원으로 보한다.
(2014.12.30 본조개정)

제24조【재판연구관】 ① 대법원에 재판연구관을 둔다.
② 재판연구관은 대법원장의 명을 받아 대법원에서 사건의 심리 및 재판에 관한 조사 · 연구 업무를 담당한다.
③ 재판연구관은 판사로 보하거나 3년 이내의 기간을 정하여 판사가 아닌 사람 중에서 임명할 수 있다.
④ 판사가 아닌 재판연구관은 2급 또는 3급 상당의 별정직공무원이나 「국가공무원법」 제26조의5에 따른 임기제공무원으로 하고, 그 직제(職制) 및 자격 등에 관하여는 대법원규칙으로 정한다.

⑤ 대법원장은 다른 국가기관, 공공단체, 교육기관, 연구기관, 그 밖에 필요한 기관에 대하여 소속 공무원 및 직원을 재판연구관으로 근무하게 하기 위하여 파견근무를 요청할 수 있다.
⑥ 제5항에 따라 파견된 재판연구관에게는 대법원규칙으로 정하는 수당을 지급할 수 있다.
(2014.12.30 본조개정)
제25조【사법정책자문위원회】 ① 대법원장은 필요하다고 인정할 경우에는 대법원장의 자문기관으로 사법정책자문위원회를 둘 수 있다.
② 사법정책자문위원회는 사법정책에 관하여 학식과 덕망이 높은 사람 중에서 대법원장이 위촉하는 7명 이내의 위원으로 구성하며, 그 조직·운영에 필요한 사항은 대법원규칙으로 정한다.
(2014.12.30 본조개정)
제25조의2【법관인사위원회】 ① 법관의 인사에 관한 중요 사항을 심의하기 위하여 대법원에 법관인사위원회(이하 "인사위원회"라 한다)를 둔다.
② 인사위원회는 다음 각 호의 사항을 심의한다.
1. 인사에 관한 기본계획의 수립에 관한 사항
2. 제41조제3항에 따른 판사의 임명에 관한 사항
3. 제45조의2에 따른 판사의 연임에 관한 사항
4. 제47조에 따른 판사의 퇴직에 관한 사항
5. 그 밖에 대법원장이 중요하다고 인정하여 회의에 부치는 사항
③ 인사위원회는 위원장 1명을 포함한 11명의 위원으로 구성한다.
④ 위원은 다음 각 호에 해당하는 사람을 대법원장이 임명하거나 위촉한다.
1. 법관 3명
2. 법무부장관이 추천하는 검사 2명. 다만, 제2항제2호의 판사의 신규 임명에 관한 심의에만 참여한다.
3. 대한변호사협회장이 추천하는 변호사 2명
4. 사단법인 한국법학교수회 회장과 사단법인 법학전문대학원협의회 이사장이 각각 1명씩 추천하는 법학교수 2명
5. 학식과 덕망이 있고 각계 전문 분야에서 경험이 풍부한 사람으로서 변호사의 자격이 없는 사람 2명. 이 경우 1명 이상은 여성이어야 한다.
⑤ 위원장은 위원 중에서 대법원장이 임명하거나 위촉한다.
⑥ 제1항부터 제5항까지에서 규정한 사항 외에 인사위원회의 구성과 운영 등에 필요한 사항은 대법원규칙으로 정한다.
(2014.12.30 본조개정)

제3편 각급 법원

(2014.12.30 본편개정)

제1장 고등법원

제26조【고등법원장】 ① 고등법원에 고등법원장을 둔다.
② 고등법원장은 판사로 보한다.
③ 고등법원장은 그 법원의 사법행정사무를 관장하며, 소속 공무원을 지휘·감독한다.
④ 고등법원장이 궐위되거나 부득이한 사유로 직무를 수행할 수 없을 때에는 수석판사, 선임판사의 순서로 그 권한을 대행한다.(2020.3.24 본항개정)
⑤ 고등법원에 고등법원장비서관을 둔다.
⑥ 고등법원장비서관은 법원사무관 또는 5급 상당의 별정직 공무원으로 보한다.
제27조【부】 ① 고등법원에 부(部)를 둔다.
② (2020.3.24 삭제)
③ 부의 구성원 중 1인은 그 부의 재판에서 재판장이 되며, 고등법원장의 지휘에 따라 그 부의 사무를 감독한다.
(2020.3.24 본항개정)
④ 재판업무 수행상 필요한 경우 대법원규칙으로 정하는 바에 따라 고등법원의 부로 하여금 그 관할구역의 지방법원 소재지에서 사무를 처리하게 할 수 있다.
⑤ 대법원장은 제4항에 따라 지방법원 소재지에서 사무를 처리하는 고등법원의 부가 2개 이상인 경우 그 부와 관련된 사법행정사무를 관장하는 법관을 지정할 수 있다.
제28조【심판권】 고등법원은 다음의 사건을 심판한다. 다만, 제28조의4제2호에 따라 특허법원의 권한에 속하는 사건은 제외한다.(2015.12.1 단서신설)
1. 지방법원 합의부, 가정법원 합의부, 회생법원 합의부 또는 행정법원의 제1심 판결·심판·결정·명령에 대한 항소 또는 항고사건(2016.12.27 본호개정)
2. 지방법원단독판사, 가정법원단독판사의 제1심 판결·심판·결정·명령에 대한 항소 또는 항고사건으로서 형사사건을 제외한 사건 중 대법원규칙으로 정하는 사건
3. 다른 법률에 따라 고등법원의 권한에 속하는 사건

제2장 특허법원

제28조의2【특허법원장】 ① 특허법원에 특허법원장을 둔다.
② 특허법원장은 판사로 보한다.
③ 특허법원장은 그 법원의 사법행정사무를 관장하며, 소속 공무원을 지휘·감독한다.
④ 특허법원에 대해서는 제26조제4항부터 제6항까지의 규정을 준용한다.
제28조의3【부】 ① 특허법원에 부(部)를 둔다.
② 특허법원에 대해서는 제27조제3항을 준용한다.(2020.3.24 본항개정)
제28조의4【심판권】 특허법원은 다음의 사건을 심판한다.
1. 「특허법」 제186조제1항, 「실용신안법」 제33조, 「디자인보호법」 제166조제1항 및 「상표법」 제162조에서 정하는 제1심사건(2016.2.29 본호개정)
2. 「민사소송법」 제24조제2항 및 제3항에 따른 사건의 항소사건(2015.12.1 본호신설)
3. 다른 법률에 따라 특허법원의 권한에 속하는 사건

제3장 지방법원

제29조【지방법원장】 ① 지방법원에 지방법원장을 둔다.
② 지방법원장은 판사로 보한다.
③ 지방법원장은 그 법원과 소속 지원, 시·군법원 및 등기소의 사법행정사무를 관장하며, 소속 공무원을 지휘·감독한다.
④ 지방법원장이 궐위되거나 부득이한 사유로 직무를 수행할 수 없을 때에는 수석부장판사, 선임부장판사의 순서로 그 권한을 대행한다.(2020.3.24 본항개정)
⑤ 지방법원에 대해서는 제26조제5항 및 제6항을 준용한다.
(2020.3.24 본항신설)
제30조【부】 ① 지방법원에 부(部)를 둔다.
② 부에 부장판사를 둘 수 있다.(2020.3.24 본항개정)
③ 지방법원에 대해서는 제27조제3항을 준용한다.(2020.3.24 본항신설)
제31조【지원】 ① 지방법원의 지원과 가정지원에 지원장을 둔다.
② 지원장은 판사로 보한다.
③ 지원장은 소속 지방법원장의 지휘를 받아 그 지원과 관할구역에 있는 시·군법원의 사법행정사무를 관장하며, 소속 공무원을 지휘·감독한다.
④ 사무국을 둔 지원의 지원장은 소속 지방법원장의 지휘를 받아 관할구역에 있는 등기소의 사무를 관장하며, 소속 공무원을 지휘·감독한다.
⑤ 지방법원의 지원과 가정지원에 부(部)를 둘 수 있다.

⑥ 제5항에 따라 부를 두는 지방법원의 지원과 가정지원에 대해서는 제27조제3항 및 제30조제2항을 준용한다.
(2020.3.24 본항개정)

제31조의2【가정지원의 관할】 가정지원은 가정법원이 설치되지 아니한 지역에서 가정법원의 권한에 속하는 사항을 관할한다. 다만, 가정법원단독판사의 판결·심판·결정·명령에 대한 항소 또는 항고사건에 관한 심판에 해당하는 사항은 제외한다.

제32조【합의부의 심판권】 ① 지방법원과 그 지원의 합의부는 다음의 사건을 제1심으로 심판한다.
1. 합의부에서 심판할 것으로 합의부가 결정한 사건
2. 민사사건에 관하여는 대법원규칙으로 정하는 사건
3. 사형, 무기 또는 단기 1년 이상의 징역 또는 금고에 해당하는 사건. 다만, 다음 각 목의 사건은 제외한다.
가.「형법」 제258조의2제1항, 제331조, 제332조(제331조의 상습범으로 한정한다)와 그 각 미수죄, 제350조의2와 그 미수죄, 제363조에 해당하는 사건(2021.12.21 본목개정)
나.「폭력행위 등 처벌에 관한 법률」 제2조제3항제2호·제3호, 제6조(제2조제3항제2호·제3호의 미수죄로 한정한다) 및 제9조에 해당하는 사건(2016.1.6 본목개정)
다.「병역법」 위반사건
라.「특정범죄 가중처벌 등에 관한 법률」 제5조의3제1항, 제5조의4제5항제1호·제3호 및 제5조의11에 해당하는 사건(2016.1.6 본목개정)
마.「보건범죄 단속에 관한 특별조치법」 제5조에 해당하는 사건
바.「부정수표 단속법」 제5조에 해당하는 사건
사.「도로교통법」 제148조의2제1항·제2항, 같은 조 제3항제1호 및 제2호에 해당하는 사건(2018.12.24 본목개정)
아.「중대재해 처벌 등에 관한 법률」 제6조제1항·제3항 및 제10조제1항에 해당하는 사건(2021.1.26 본목신설)
4. 제3호의 사건과 동시에 심판할 공범사건
5. 지방법원판사에 대한 제척·기피사건
6. 다른 법률에 따라 지방법원 합의부의 권한에 속하는 사건

② 지방법원 본원 합의부 및 춘천지방법원 강릉지원 합의부는 지방법원단독판사의 판결·결정·명령에 대한 항소 또는 항고사건 중 제28조제2호에 해당하지 아니하는 사건을 제2심으로 심판한다. 다만, 제28조의4제2호에 따라 특허법원의 권한에 속하는 사건은 제외한다.(2015.12.1 단서신설)

제33조【시·군법원】 ① 대법원장은 지방법원 또는 그 지원 소속 판사 중에서 그 관할구역에 있는 시·군법원의 판사를 지명하여 시·군법원의 관할사건을 심판하게 한다. 이 경우 1명의 판사를 둘 이상의 시·군법원의 판사로 지명할 수 있다.
② 시·군법원의 판사는 소속 지방법원장 또는 지원장의 지휘를 받아 시·군법원의 사법행정사무를 관장하며, 그 소속 직원을 지휘·감독한다. 다만, 가사사건에 관하여는 그 지역을 관할하는 가정법원장 또는 그 지원장의 지휘를 받는다.

제34조【시·군법원의 관할】 ① 시·군법원은 다음 각 호의 사건을 관할한다.
1.「소액사건심판법」을 적용받는 민사사건
2. 화해·독촉 및 조정(調停)에 관한 사건
3. 20만원 이하의 벌금 또는 구류나 과료에 처할 범죄사건
4.「가족관계의 등록 등에 관한 법률」 제75조에 따른 협의상 이혼의 확인

② 제1항제2호 및 제3호의 사건이 불복신청으로 제1심법원에 계속(係屬)하게 된 경우에는 그 지역을 관할하는 지방법원 또는 그 지원이 관할한다. 다만,「소액사건심판법」을 적용받는 사건은 그 시·군법원에서 관할한다.
③ 제1항제3호에 해당하는 범죄사건에 대해서는 즉결심판을 한다.

제35조【즉결심판에 대한 정식재판의 청구】 제34조의 즉결심판에 대하여 피고인은 고지를 받은 날부터 7일 이내에 정식재판을 청구할 수 있다.

제36조【등기소】 ① 등기소에 소장을 둔다.
② 소장은 법원서기관·법원사무관 또는 등기사무관으로 보한다.
③ 소장은 소속 지방법원장 또는 사무국을 둔 지원의 지원장의 지휘를 받아 등기소의 사무를 관장하고, 그 소속 직원을 지휘·감독한다.

제4장 가정법원

제37조【가정법원장】 ① 가정법원에 가정법원장을 둔다.
② 가정법원장은 판사로 보한다.
③ 가정법원장은 그 법원과 소속 지원의 사법행정사무를 관장하며, 소속 공무원을 지휘·감독한다. 다만, 제3조제2항 단서에 따라 1개의 지원을 두는 경우에는 가정법원장은 그 지원의 가사사건, 소년보호 및 가족관계등록에 관한 사무를 지휘·감독한다.
④ 가정법원에 대해서는 제26조제5항 및 제6항, 제29조제4항을 준용한다.(2020.3.24 본항개정)

제38조【부】 ① 가정법원에 부(部)를 둔다.
② 가정법원에 대해서는 제27조제3항 및 제30조제2항을 준용한다.(2020.3.24 본항개정)

제39조【지원】 ① 가정법원 지원에 지원장을 둔다.
② 지원장은 소속 가정법원장의 지휘를 받아 지원의 사법행정사무를 관장하며, 소속 공무원을 지휘·감독한다.
③ 가정법원의 지원에 대해서는 제27조제3항, 제30조제2항 및 제31조제2항·제5항을 준용한다.(2020.3.24 본항개정)

제40조【합의부의 심판권】 ① 가정법원 및 가정법원 지원의 합의부는 다음 각 호의 사건을 제1심으로 심판한다.
1.「가사소송법」에서 정한 가사소송과 마류(類) 가사비송사건(家事非訟事件) 중 대법원규칙으로 정하는 사건
2. 가정법원판사에 대한 제척·기피사건
3. 다른 법률에 따라 가정법원 합의부의 권한에 속하는 사건

② 가정법원 본원 합의부 및 춘천가정법원 강릉지원 합의부는 가정법원단독판사의 판결·심판·결정·명령에 대한 항소 또는 항고사건 중 제28조제2호에 해당하지 아니하는 사건을 제2심으로 심판한다.

제5장 행정법원

제40조의2【행정법원장】 ① 행정법원에 행정법원장을 둔다.
② 행정법원장은 판사로 보한다.
③ 행정법원장은 그 법원의 사법행정사무를 관장하며, 소속 공무원을 지휘·감독한다.
④ 행정법원에 대해서는 제26조제5항 및 제6항, 제29조제4항을 준용한다.(2020.3.24 본항개정)

제40조의3【부】 ① 행정법원에 부(部)를 둔다.
② 행정법원에 대해서는 제27조제3항 및 제30조제2항을 준용한다.(2020.3.24 본항개정)

제40조의4【심판권】 행정법원은 「행정소송법」에서 정한 행정사건과 다른 법률에 따라 행정법원의 권한에 속하는 사건을 제1심으로 심판한다.

제6장 회생법원
(2016.12.27 본장신설)

제40조의5【회생법원장】 ① 회생법원에 회생법원장을 둔다.
② 회생법원장은 판사로 보한다.
③ 회생법원장은 그 법원의 사법행정사무를 관장하며, 소속 공무원을 지휘·감독한다.
④ 회생법원에 대해서는 제26조제5항 및 제6항, 제29조제4항을 준용한다.(2020.3.24 본항개정)

제40조의6【부】 ① 회생법원에 부를 둔다.
② 회생법원에 대해서는 제27조제3항 및 제30조제2항을 준용한다.(2020.3.24 본항개정)
제40조의7【합의부의 심판권】 ① 회생법원의 합의부는 다음 각 호의 사건을 제1심으로 심판한다.
1. 「채무자 회생 및 파산에 관한 법률」에 따라 회생법원 합의부의 권한에 속하는 사건
2. 합의부에서 심판할 것으로 합의부가 결정한 사건
3. 회생법원판사에 대한 제척·기피사건 및 「채무자 회생 및 파산에 관한 법률」에 제16조에 따른 관리위원에 대한 기피사건
4. 다른 법률에 따라 회생법원 합의부의 권한에 속하는 사건
② 회생법원 합의부는 회생법원단독판사의 판결·결정·명령에 대한 항소 또는 항고사건을 제2심으로 심판한다.

제4편 법 관
(2014.12.30 본편개정)

제41조【법관의 임명】 ① 대법원장은 국회의 동의를 받아 대통령이 임명한다.
② 대법관은 대법원장의 제청으로 국회의 동의를 받아 대통령이 임명한다.
③ 판사는 인사위원회의 심의를 거치고 대법관회의의 동의를 받아 대법원장이 임명한다.
제41조의2【대법관후보추천위원회】 ① 대법원장이 제청할 대법관 후보자의 추천을 위하여 대법원에 대법관후보추천위원회(이하 "추천위원회"라 한다)를 둔다.
② 추천위원회는 대법원장이 대법관 후보자를 제청할 때마다 위원장 1명을 포함한 10명의 위원으로 구성한다.
③ 위원은 다음 각 호에 해당하는 사람을 대법원장이 임명하거나 위촉한다.
1. 선임대법관
2. 법원행정처장
3. 법무부장관
4. 대한변호사협회장
5. 사단법인 한국법학교수회 회장
6. 사단법인 법학전문대학원협의회 이사장
7. 대법관이 아닌 법관 1명
8. 학식과 덕망이 있고 각계 전문 분야에서 경험이 풍부한 사람으로서 변호사 자격을 가지지 아니한 사람 3명. 이 경우 1명 이상은 여성이어야 한다.
④ 위원장은 위원 중에서 대법원장이 임명하거나 위촉한다.
⑤ 추천위원회는 대법원장 또는 위원 3분의 1 이상이 요청하거나 위원장이 필요하다고 인정할 때 위원장이 소집하고, 재적위원 과반수의 찬성으로 의결한다.
⑥ 추천위원회는 제청할 대법관(제청할 대법관이 2명 이상인 경우에는 각각의 대법관을 말한다)의 3배수 이상을 대법관 후보자로 추천하여야 한다.
⑦ 대법원장은 대법관 후보자를 제청하는 경우에는 추천위원회의 추천 내용을 존중한다.
⑧ 추천위원회가 제6항에 따라 대법관 후보자를 추천하면 해당 추천위원회는 해산된 것으로 본다.
⑨ 제1항부터 제8항까지에서 규정한 사항 외에 추천위원회의 구성과 운영 등에 필요한 사항은 대법원규칙으로 정한다.
제42조【임용자격】 ① 대법원장과 대법관은 20년 이상 다음 각 호의 직(職)에 있던 45세 이상의 사람 중에서 임용한다.
1. 판사·검사·변호사
2. 변호사 자격이 있는 사람으로서 국가기관, 지방자치단체, 「공공기관의 운영에 관한 법률」 제4조에 따른 공공기관, 그 밖의 법인에서 법률에 관한 사무에 종사한 사람
3. 변호사 자격이 있는 사람으로서 공인된 대학의 법률학 조교수 이상으로 재직한 사람
② 판사는 5년 이상 제1항 각 호의 직에 있던 사람 중에서 임용한다. 이 경우 20년 이상 제1항 각 호의 직에 있던 사람 중에서 특정 재판사무만을 담당하는 판사를 임용할 수 있다.(2024.10.16 본항개정)
③ 제1항 각 호에 규정된 둘 이상의 직에 재직한 사람에 대해서는 그 연수를 합산한다.
④ 판사의 임용에는 성별, 연령, 법조경력의 종류 및 기간, 전문분야 등 국민의 다양한 기대와 요청에 부응하기 위한 사항을 적극 반영하여야 한다.(2024.10.16 본항신설)
⑤ 법원행정처는 제2항 및 제4항에 따른 판사 임용 과정과 결과 및 임용제도 개선 상황을 매년 국회 소관 상임위원회에 보고하여야 한다.(2024.10.16 본항개정)
제42조의2 (2007.5.1 삭제)
제42조의3【직무권한의 제한】 ① 제42조제1항 각 호의 재직기간을 합산하여 10년 미만인 판사는 변론을 열어 판결하는 사건에 관하여는 단독으로 재판할 수 없다.(2024.10.16 본항개정)
② 제1항의 판사는 합의부의 재판장이 될 수 없다.
③ 대법원장은 각급 법원에 제1항의 기준을 충족하는 판사가 부족하여 재판업무 수행에 중대한 차질이 우려되는 등 불가피한 경우에는 기간을 정하여 그 소속 판사로 하여금 제1항의 제한을 받지 아니하고 단독으로 재판할 것을 허가할 수 있다.(2024.10.16 본항신설)
제42조의4 (1999.12.31 삭제)
제43조【결격사유】 ① 다음 각 호의 어느 하나에 해당하는 사람은 법관으로 임용할 수 없다.
1. 다른 법령에 따라 공무원으로 임용하지 못하는 사람
2. 금고 이상의 형을 선고받은 사람
3. 탄핵으로 파면된 후 5년이 지나지 아니한 사람
4. 대통령비서실 소속의 공무원으로서 퇴직 후 3년이 지나지 아니한 사람(2020.2.4 본호신설)
5. 「정당법」 제22조에 따른 정당의 당원 또는 당원의 신분을 상실한 날부터 3년이 경과되지 아니한 사람(2020.3.24 본호신설)
<2024.7.18 헌법재판소 단순위헌결정으로 이 호 중 '당원의 신분을 상실한 날부터 3년이 경과되지 아니한 사람'에 관한 부분은 헌법에 위반>
6. 「공직선거법」 제2조에 따른 선거에 후보자(예비후보자를 포함한다)로 등록한 날부터 5년이 경과되지 아니한 사람(2020.3.24 본호신설)
7. 「공직선거법」 제2조에 따른 대통령선거에서 후보자의 당선을 위하여 자문이나 고문의 역할을 한 날부터 3년이 경과되지 아니한 사람(2020.3.24 본호신설)
② 제1항제7호에 따른 자문이나 고문의 역할을 한 사람의 구체적인 범위는 대법원규칙으로 정한다.(2020.3.24 본항신설)
판례 헌법은 제7조에서 공무원의 정치적 중립성을 보장하고 제103조에서 재판의 독립을 강조하므로, 이러한 헌법적 요청을 달성하기 위한 합리적인 범위에서 법관에 관한 공무담임권은 제한될 수 있다. 그러나 특정 정당에서 일정한 보직을 부여받거나 공직선거에서 정당후보자로 등록되어 출마하는 등 적극적으로 정치적 활동을 하였던 경우, 관련 규정을 별도로 두어(법원조직법 제43조제1항제6호·제7호) 법관 임용을 제한하고 있다. 그럼에도 불구하고 과거 3년 이내의 모든 당원 경력을 법관 임용 결격사유로 정하는 것은 입법목적 달성을 위해 합리적인 범위를 넘어 정치적 중립성과 재판 독립에 긴밀한 연관성 없는 경우까지 과도하게 공직취임의 기회를 제한하는 것으로 보아야 한다.(헌재결 2024.7.18, 2021헌마460)
제44조【보직】 ① 판사의 보직(補職)은 대법원장이 행한다.
② 사법연수원장, 고등법원장, 특허법원장, 법원행정처차장, 지방법원장, 가정법원장, 행정법원장, 회생법원장은 15년 이상 제42조제1항 각 호의 직에 있던 사람 중에서 보한다.(2020.3.24 본항개정)
제44조의2【근무성적 등의 평정】 ① 대법원장은 판사에 대한 근무성적과 자질을 평정(評定)하기 위하여 공정한 평정기준을 마련하여야 한다.

② 제1항의 평정기준에는 근무성적평정인 경우에는 사건 처리율과 처리기간, 상소율, 파기율 및 파기사유 등이 포함되어야 하고, 자질평정인 경우에는 성실성, 청렴성 및 친절성 등이 포함되어야 한다.
③ 대법원장은 제1항의 평정기준에 따라 판사에 대한 평정을 실시하고 그 결과를 연임, 보직 및 전보 등의 인사관리에 반영한다.
④ 제1항부터 제3항까지에서 규정한 사항 외에 근무성적과 자질의 평정에 필요한 사항은 대법원규칙으로 정한다.
제45조【임기·연임·정년】 ① 대법원장의 임기는 6년으로 하며, 중임(重任)할 수 없다.
② 대법관의 임기는 6년으로 하며, 연임할 수 있다.
③ 판사의 임기는 10년으로 하며, 연임할 수 있다.
④ 대법원장과 대법관의 정년은 각각 70세, 판사의 정년은 65세로 한다.
⑤ 판사는 그 정년에 이른 날이 2월에서 7월 사이에 있는 경우에는 7월 31일에, 8월에서 다음 해 1월 사이에 있는 경우에는 다음 해 1월 31일에 각각 당연히 퇴직한다.(2018.3.20 본항신설)
제45조의2【판사의 연임】 ① 임기가 끝난 판사는 인사위원회의 심의를 거치고 대법관회의의 동의를 받아 대법원장의 연임발령으로 연임한다.
② 대법원장은 다음 각 호의 어느 하나에 해당한다고 인정되는 판사에 대해서는 연임발령을 하지 아니한다.
1. 신체상 또는 정신상의 장해로 판사로서 정상적인 직무를 수행할 수 없는 경우
2. 근무성적이 현저히 불량하여 판사로서 정상적인 직무를 수행할 수 없는 경우
3. 판사로서의 품위를 유지하는 것이 현저히 곤란한 경우
③ 판사의 연임절차에 관하여 필요한 사항은 대법원규칙으로 정한다.
제46조【법관의 신분보장】 ① 법관은 탄핵결정이나 금고 이상의 형의 선고에 의하지 아니하고는 파면되지 아니하며, 징계처분에 의하지 아니하고는 정직(停職)·감봉 또는 불리한 처분을 받지 아니한다.
② 법관의 보수는 직무와 품위에 상응하도록 따로 법률로 정한다.
제47조【심신상의 장해로 인한 퇴직】 법관이 중대한 신체상 또는 정신상의 장해로 직무를 수행할 수 없을 때에는, 대법관인 경우에는 대법원장의 제청으로 대통령이 퇴직을 명할 수 있고, 판사인 경우에는 인사위원회의 심의를 거쳐 대법원장이 퇴직을 명할 수 있다.
제48조【징계】 ① 대법원에 법관징계위원회를 둔다.
② 법관 징계에 관한 사항은 따로 법률로 정한다.
제49조【금지사항】 법관은 재직 중 다음 각 호의 행위를 할 수 없다.
1. 국회 또는 지방의회의 의원이 되는 일
2. 행정부서의 공무원이 되는 일
3. 정치운동에 관여하는 일
4. 대법원장의 허가 없이 보수를 받는 직무에 종사하는 일
5. 금전상의 이익을 목적으로 하는 업무에 종사하는 일
6. 대법원장의 허가를 받지 아니하고 보수의 유무에 상관없이 국가기관 외의 법인·단체 등의 고문, 임원, 직원 등의 직위에 취임하는 일
7. 그 밖에 대법원규칙으로 정하는 일
제50조【파견근무】 대법원장은 다른 국가기관으로부터 법관의 파견근무 요청을 받은 경우에 업무의 성질상 법관을 파견하는 것이 타당하다고 인정되고 해당 법관이 파견근무에 동의하는 경우에는 그 기간을 정하여 이를 허가할 수 있다.
제50조의2【법관의 파견 금지 등】 ① 법관은 대통령비서실에 파견되거나 대통령비서실의 직위를 겸임할 수 없다.
② 법관으로서 퇴직 후 2년이 지나지 아니한 사람은 대통령비서실의 직위에 임용될 수 없다.
(2020.2.4 본조신설)
제51조【휴직】 ① 대법원장은 법관이 다음 각 호의 어느 하나에 해당하는 경우에는 2년 이내의 범위에서 기간을 정하여(제1호의 경우는 그 복무기간이 끝날 때까지) 휴직을 허가할 수 있다.
1. 「병역법」에 따른 병역복무를 위하여 징집·소집된 경우
2. 국내외 법률연구기관·대학 등에서의 법률연수나 본인의 질병 요양 등을 위하여 휴직을 청원하는 경우로서 그 청원 내용이 충분한 이유가 있다고 인정되는 경우
② 제1항의 경우에 휴직기간 중의 보수 지급에 관한 사항은 대법원규칙으로 정한다.
제52조【겸임 등】 ① 대법원장은 법관을 사건의 심판 외의 직(재판연구관을 포함한다)에 보하거나 그 직을 겸임하게 할 수 있다.
② 제1항의 법관은 사건의 심판에 참여하지 못하며, 제5조제3항에 따른 판사의 수에 산입(算入)하지 아니한다.
③ 제1항의 법관의 수는 대법원규칙으로 정하며, 보수는 그 중 고액(高額)의 것을 지급한다.

제5편 법원직원
(2014.12.30 본편개정)

제53조【법원직원】 법관 외의 법원공무원은 대법원장이 임명하며, 그 수는 대법원규칙으로 정한다.
제53조의2【재판연구원】 ① 각급 법원에 재판연구원을 둘 수 있다.
② 재판연구원은 소속 법원장의 명을 받아 사건의 심리 및 재판에 관한 조사·연구, 그 밖에 필요한 업무를 수행한다.
③ 재판연구원은 변호사 자격이 있는 사람 중에서 대법원장이 임용한다.
④ 재판연구원은 「국가공무원법」 제26조의5에 따른 임기제 공무원으로 한다.
⑤ 재판연구원은 총 3년의 범위에서 기간을 정하여 채용한다.
⑥ 재판연구원의 정원 및 직제와 그 밖에 필요한 사항은 대법원규칙으로 정한다.
제54조【사법보좌관】 ① 대법원과 각급 법원에 사법보좌관을 둘 수 있다.
② 사법보좌관은 다음 각 호의 업무 중 대법원규칙으로 정하는 업무를 할 수 있다.
1. 「민사소송법」(같은 법이 준용되는 경우를 포함한다) 및 「소송촉진 등에 관한 특례법」에 따른 소송비용액·집행비용액 확정결정절차, 독촉절차, 공시최고절차 「소액사건심판법」에 따른 이행권고결정절차에서의 법원의 사무(2016.3.29 본호개정)
2. 「민사집행법」(같은 법이 준용되는 경우를 포함한다)에 따른 집행문 부여명령절차, 채무불이행자명부 등재절차, 재산조회절차, 부동산에 대한 강제경매절차, 자동차·건설기계에 대한 강제경매절차, 동산에 대한 강제경매절차, 금전채권 외의 채권에 기초한 강제집행절차, 담보권 실행 등을 위한 경매절차, 제소명령절차, 가압류·가처분의 집행취소신청절차에서의 법원의 사무(2016.3.29 본호개정)
3. 「주택임대차보호법」 및 「상가건물 임대차보호법」상의 임차권등기명령절차에서의 법원의 사무
4. 「가사소송법」에 따른 상속의 한정승인·포기 신고의 수리와 한정승인취소·포기취소 신고의 수리절차에서의 가정법원의 사무(2017.12.12 본호신설)
5. 미성년 자녀가 없는 당사자 사이의 「가족관계의 등록 등에 관한 법률」에 따른 협의이혼절차에서의 가정법원의 사무(2017.12.12 본호신설)
③ 사법보좌관은 법관의 감독을 받아 업무를 수행하며, 사법보좌관의 처분에 대해서는 대법원규칙으로 정하는 바에 따라 법관에게 이의신청을 할 수 있다.

④ 사법보좌관은 법원사무관 또는 등기사무관 이상 직급으로 5년 이상 근무한 사람, 법원주사보 또는 등기주사보 이상 직급으로 10년 이상 근무한 사람 중 대법원규칙으로 정하는 사람으로 한다.
⑤ 사법보좌관의 직제 및 인원과 그 밖에 필요한 사항은 대법원규칙으로 정한다.

제54조의2【기술심리관】 ① 특허법원에 기술심리관을 둔다.
② 법원은 필요하다고 인정하는 경우 결정으로 기술심리관을 「특허법」 제186조제1항, 「실용신안법」 제33조 및 「디자인보호법」 제166조에 따른 소송의 심리에 참여하게 할 수 있다.
③ 제2항에 따라 소송의 심리에 참여하는 기술심리관은 재판장의 허가를 받아 기술적인 사항에 관하여 소송관계인에게 질문을 할 수 있고, 재판의 합의에서 의견을 진술할 수 있다.
④ 대법원장은 특허청 등 관계 국가기관에 대하여 그 소속 공무원을 기술심리관으로 근무하게 하기 위하여 파견근무를 요청할 수 있다.
⑤ 기술심리관의 자격, 직제 및 인원과 그 밖에 필요한 사항은 대법원규칙으로 정한다.

제54조의3【조사관】 ① 대법원과 각급 법원에 조사관을 둘 수 있다.
② 조사관은 법관의 명을 받아 법률 또는 대법원규칙으로 정하는 사건에 관한 심판에 필요한 자료를 수집·조사하고, 그 밖에 필요한 업무를 담당한다.
③ 대법원장은 다른 국가기관에 대하여 그 소속 공무원을 조사관으로 근무하게 하기 위하여 법원에의 파견근무를 요청할 수 있다.
④ 조사관의 자격, 직제 및 인원과 그 밖에 필요한 사항은 대법원규칙으로 정한다.

제55조【집행관】 ① 지방법원 및 그 지원에 집행관을 두며, 집행관은 법률에서 정하는 바에 따라 소속 지방법원장이 임면(任免)한다.
② 집행관은 법령에서 정하는 바에 따라 재판의 집행, 서류의 송달, 그 밖의 사무에 종사한다.
③ 집행관은 그 직무를 성실히 수행할 것을 보증하기 위하여 소속 지방법원에 보증금을 내야 한다.
④ 제3항의 보증금 및 집행관의 수수료에 관한 사항은 대법원규칙으로 정한다.

제55조의2【법원보안관리대】 ① 법정의 존엄과 질서유지 및 법원청사의 방호를 위하여 대법원과 각급 법원에 법원보안관리대를 두며, 그 설치와 조직 및 분장사무에 관한 사항은 대법원규칙으로 정한다.
② 법원보안관리대의 대원은 법원청사 내에 있는 사람이 다음 각 호의 어느 하나에 해당하는 경우에는 이를 제지하기 위하여 신체적인 유형력(有形力)을 행사하거나 경비봉, 가스분사기 등 보안장비를 사용할 수 있다. 이 경우 유형력의 행사 등은 필요한 최소한도에 그쳐야 한다.
1. 다른 사람의 생명, 신체, 재산 등에 위해(危害)를 주거나 주려고 하는 경우
2. 법정의 존엄과 질서를 해치는 행위를 하거나 하려고 하는 경우
3. 법관 또는 법원직원의 정당한 업무를 방해하거나 방해하려고 하는 경우
4. 그 밖에 법원청사 내에서 질서를 문란하게 하는 행위를 하거나 하려고 하는 경우

③ 법원보안관리대의 대원은 흉기나 그 밖의 위험한 물건 또는 법원청사 내의 질서유지에 방해되는 물건을 지니고 있는지 확인하기 위하여 법원청사 출입자를 검색할 수 있다.
④ 제2항에 따른 조치를 할 때에는 미리 그 행위자에게 경고하여야 한다. 다만, 긴급한 상황으로서 경고를 할 만한 시간적 여유가 없는 경우에는 그러하지 아니하다.

제6편 재 판
(2014.12.30 본편개정)

제1장 법 정

제56조【개정의 장소】 ① 공판(公判)은 법정에서 한다.
② 법원장은 필요에 따라 법원 외의 장소에서 개정(開廷)하게 할 수 있다.

제57조【재판의 공개】 ① 재판의 심리와 판결은 공개한다. 다만, 심리는 국가의 안전보장, 안녕질서 또는 선량한 풍속을 해칠 우려가 있는 경우에는 결정으로 공개하지 아니할 수 있다.
② 제1항 단서의 결정은 이유를 밝혀 선고한다.
③ 제1항 단서의 결정을 한 경우에도 재판장은 적당하다고 인정되는 사람에 대해서는 법정 안에 있는 것을 허가할 수 있다.

제58조【법정의 질서유지】 ① 법정의 질서유지는 재판장이 담당한다.
② 재판장은 법정의 존엄과 질서를 해칠 우려가 있는 사람의 입정(入廷) 금지 또는 퇴정(退廷)을 명할 수 있고, 그 밖에 법정의 질서유지에 필요한 명령을 할 수 있다.

제59조【녹화 등의 금지】 누구든지 법정 안에서는 재판장의 허가 없이 녹화, 촬영, 중계방송 등의 행위를 하지 못한다.

제60조【경찰공무원의 파견 요구】 ① 재판장은 법정에서의 질서유지를 위하여 필요하다고 인정할 때에는 개정 전후에 상관없이 관할 경찰서장에게 경찰공무원의 파견을 요구할 수 있다.
② 제1항의 요구에 따라 파견된 경찰공무원은 법정 내외의 질서유지에 관하여 재판장의 지휘를 받는다.
(2020.12.22 본조개정)

제61조【감치 등】 ① 법원은 직권으로 법정 내외에서 제58조제2항의 명령 또는 제59조를 위반하는 행위를 하거나 폭언, 소란 등의 행위로 법원의 심리를 방해하거나 재판의 위신을 현저하게 훼손한 사람에 대하여 결정으로 20일 이내의 감치(監置)에 처하거나 100만원 이하의 과태료를 부과할 수 있다. 이 경우 감치와 과태료는 병과(倂科)할 수 있다.
② 법원은 제1항의 감치를 위하여 법원직원, 교도관 또는 경찰공무원으로 하여금 즉시 행위자를 구속하게 할 수 있으며, 구속한 때부터 24시간 이내에 감치에 처하는 재판을 하여야 하고, 이를 하지 아니하면 즉시 석방을 명하여야 한다.
(2020.12.22 본항개정)
③ 감치는 경찰서유치장, 교도소 또는 구치소에 유치(留置)함으로써 집행한다.
④ 감치는 감치대상자에 대한 다른 사건으로 인한 구속 및 형에 우선하여 집행하며, 감치의 집행 중에는 감치대상자에 대한 다른 사건으로 인한 구속 및 형의 집행이 정지되고, 감치대상자가 당사자로 되어 있는 본래의 심판사건의 소송절차는 정지된다. 다만, 법원은 상당한 이유가 있는 경우에는 소송절차를 계속하여 진행하도록 명할 수 있다.
⑤ 제1항의 재판에 대해서는 항고 또는 특별항고를 할 수 있다.
⑥ 제1항의 재판에 관한 절차와 그 밖에 필요한 사항은 대법원규칙으로 정한다.

제62조【법정의 용어】 ① 법정에서는 국어를 사용한다.
② 소송관계인이 국어가 통하지 아니하는 경우에는 통역에 의한다.

제62조의2【외국어 변론 및 전담재판부의 설치】 ① 특허법원이 심판권을 가지는 사건 및 「민사소송법」 제24조제2항 및 제3항에 따른 소의 제1심사건을 담당하는 법원은 제62조에도 불구하고 당사자의 동의를 받아 당사자가 법정에서 외국어로 변론하는 것을 허가할 수 있다. 이 경우 「민사소송법」 제143조제1항 및 제277조는 적용하지 아니한다.

② 특허법원장 및 「민사소송법」 제24조제2항에서 정한 지방법원의 장은 제1항에 따른 허가가 있는 사건(이하 "국제사건"이라 한다)을 특정한 재판부(이하 "국제재판부"라 한다)로 하여금 전담하게 할 수 있다.
③ 제1항에 따른 허가의 절차, 국제사건에서 허용되는 외국어의 범위, 그 밖에 국제사건의 재판 및 국제재판부의 운영에 필요한 사항은 대법원규칙으로 정한다.
(2017.12.12 본조신설)
제63조【준용규정】 법관이 법정 외의 장소에서 직무를 하는 경우에는 제57조부터 제62조까지 및 제62조의2를 준용한다.(2017.12.12 본조개정)
제64조【법원경위】 ① 대법원 및 각급 법원에 법원경위(法院警衛)를 둔다.
② 법원경위는 법정에서 법관이 명하는 사무와 그 밖에 대법원장이 정하는 사무를 집행한다.
③ 법원은 집행관을 사용하기 어려운 사정이 있다고 인정될 때에는 법원경위로 하여금 소송서류를 송달하게 할 수 있다.

제2장 합 의

제65조【합의의 비공개】 심판의 합의는 공개하지 아니한다.
제66조【합의의 방법】 ① 합의심판은 헌법 및 법률에 다른 규정이 없으면 과반수로 결정한다.
② 합의에 관한 의견이 3개 이상의 설(說)로 나뉘어 각각 과반수에 이르지 못할 때에는 다음 각 호의 의견에 따른다.
1. 액수의 경우 : 과반수에 이르기까지 최다액(最多額)의 의견의 수에 차례로 소액의 의견의 수를 더하여 그 중 최소액의 의견
2. 형사(刑事)의 경우 : 과반수에 이르기까지 피고인에게 가장 불리한 의견의 수에 차례로 유리한 의견의 수를 더하여 그 중 가장 유리한 의견
③ 제7조제1항에 따른 과반수 결정사항에 관하여 의견이 2개의 설로 나뉘어 각 설이 과반수에 이르지 못할 때에는 원심재판을 변경할 수 없다.

제7편 대법원의 기관

(2014.12.30 본편제목개정)

제1장 법원행정처

(2014.12.30 본장개정)

제67조【법원행정처장 등】 ① 법원행정처에 처장과 차장을 둔다.
② 처장은 대법원장의 지휘를 받아 법원행정처의 사무를 관장하고, 소속 직원을 지휘·감독하며, 법원의 사법행정사무 및 그 직원을 감독한다.
③ 차장은 처장을 보좌하여 법원행정처의 사무를 처리하고, 처장이 궐위되거나 부득이한 사유로 직무를 수행할 수 없을 때에는 그 권한을 대행한다.
④ 처장은 대법원규칙으로 정하는 바에 따라 또는 대법원장의 명으로 그 소관 사무의 일부를 차장, 실장 또는 국장에게 위임할 수 있다.
⑤ 법원행정처에 법원행정처장비서관과 법원행정처차장비서관을 둔다.
⑥ 법원행정처장비서관은 법원서기관 또는 4급 상당의 별정직공무원으로 보하고, 법원행정처차장비서관은 법원사무관 또는 5급 상당의 별정직공무원으로 보한다.
제68조【임명】 ① 법원행정처장은 대법관 중에서 대법원장이 보한다.
② 법원행정처차장은 판사 중에서 대법원장이 보한다.
제69조【국회출석권 등】 법원행정처장 및 차장은 사법행정에 관하여 국회 또는 국무회의에 출석하여 발언할 수 있다.
제70조【행정소송의 피고】 대법원장이 한 처분에 대한 행정소송의 피고는 법원행정처장으로 한다.
제71조【조직】 ① 법원행정처에 실·국 및 과를 두며, 그 설치 및 분장사무는 대법원규칙으로 정한다.
② 실에는 실장, 국에는 국장, 과에는 과장을 둔다.
③ 법원행정처장·차장·실장 또는 국장 밑에 정책의 기획, 계획의 입안, 연구·조사, 심사·평가 및 홍보업무 등을 보좌하는 심의관 또는 담당관을 둘 수 있으며, 그 직명(職名)과 사무분장은 대법원규칙으로 정한다.
④ 실장은 판사 또는 법원관리관으로, 국장은 판사·법원이사관·시설이사관 또는 공업이사관으로, 심의관 및 담당관은 판사·법원이사관·법원부이사관·법원서기관·시설이사관·시설부이사관·시설서기관·공업이사관·공업부이사관 또는 공업서기관으로, 과장은 법원부이사관·법원서기관·시설부이사관·시설서기관·공업부이사관 또는 공업서기관으로 보한다.
⑤ 실장·국장 및 과장은 상사의 명을 받아 실·국 또는 과의 사무를 처리하고, 소속 직원을 지휘·감독한다.
제71조의2【윤리감사관】 ① 대법원에 윤리감사관을 두고, 그 보좌기관 및 분장사무는 대법원규칙으로 정한다.
② 윤리감사관은 정무직으로 한다.
③ 윤리감사관은 「국가공무원법」 제33조의 결격사유에 해당되지 아니하고 다음 각 호의 직위에 합산하여 10년 이상 재직하였던 사람 중에서 공개모집절차를 통하여 적격자를 임용한다.
1. 판사, 검사, 변호사, 공인회계사
2. 국가기관, 지방자치단체, 국영·공영기업체, 「공공기관의 운영에 관한 법률」 제4조에 따른 공공기관 또는 그 밖의 법인에서 법률 또는 감사에 관한 사무에 종사한 사람
3. 공인된 대학의 법률학 조교수 이상으로 재직하였던 사람
④ 윤리감사관의 임기는 2년으로 하며 연임할 수 있다.
⑤ 대법원장은 윤리감사관이 직무수행능력이 현저히 떨어지는 등 윤리감사관으로서 정상적인 직무수행이 어렵다고 인정하는 경우에는 대법관회의의 의결을 거쳐 퇴직을 명할 수 있다. 이 경우 대법관회의의 의결 전에 해당 윤리감사관에게 진술을 충분히 할 수 있는 기회를 주어야 한다.
(2020.3.24 본조신설)

제2장 사법연수원

(2014.12.30 본장개정)

제72조【사법연수생】 ① 사법연수생은 사법시험에 합격한 사람 중에서 대법원장이 임명하며, 별정직공무원으로 한다.
② 사법연수생의 수습기간은 2년으로 한다. 다만, 필요한 경우에는 대법원규칙으로 정하는 바에 따라 수습기간을 변경할 수 있다.
③ 사법연수생이 다음 각 호의 어느 하나에 해당하는 경우에는 면직(免職)할 수 있다.
1. 「국가공무원법」 제33조 각 호의 어느 하나에 해당하는 경우
2. 품위를 손상시키는 행위를 한 경우
3. 수습의 태도가 매우 불성실하여 수습성적이 불량한 경우
4. 질병으로 인하여 수습을 할 수 없는 경우
④ 법원은 직권으로 사법연수생을 변호인으로 선정할 수 있다.
제72조의2【사법연수생 수습의 목적】 사법연수생의 수습은 법률전문가로서의 이론과 실무를 연구·습득하고 높은 윤리의식과 국민에 대한 봉사정신을 함양함으로써 법치주의의 확립과 민주주의의 발전에 이바지할 수 있는 법조인을 양성함을 목적으로 한다.
제73조【조직】 ① 사법연수원에 원장 1명, 부원장 1명, 교수 및 강사를 둔다.

② 원장은 대법원장의 지휘를 받아 사법연수원의 사무를 관장하며, 소속 직원을 지휘·감독한다.
③ 부원장은 원장을 보좌하여 사법연수원의 사무를 처리하며, 원장이 궐위되거나 부득이한 사유로 직무를 수행할 수 없을 때에는 그 권한을 대행한다.
④ 사법연수원에 사법연수원장비서관과 사법연수원부원장비서관을 둔다.
⑤ 사법연수원장비서관과 사법연수원부원장비서관은 법원사무관 또는 5급 상당의 별정직공무원으로 보한다.
제74조【사법연수원장 등】 ① 사법연수원장은 판사 중에서, 부원장은 검사 중에서 대법원장이 보한다.
② 사법연수원 교수는 다음 각 호의 어느 하나에 해당하는 사람 중에서 대법원장이 보하거나 사법연수원장의 제청을 받아 대법원장이 임명한다.
1. 판사
2. 검사
3. 변호사
4. 학사 또는 석사학위를 취득한 사람으로서 대법원규칙으로 정하는 실적 또는 경력이 있는 사람
5. 박사학위를 취득한 사람
③ 강사는 상당한 학식과 경험이 있는 사람 중에서 사법연수원장이 위촉한다.
④ 사법연수원에서 전임으로 근무하는 판사 및 검사는 제5조제3항에 따른 판사의 수 또는 「검사정원법」에 따른 검사의 수에 산입하지 아니한다.
제74조의2【교수의 지위 등】 ① 판사나 검사가 아닌 사법연수원 교수(이하 "전임교수"라 한다)는 특정직공무원으로 한다.
② 전임교수의 임기는 10년으로 하며, 연임할 수 있다. 다만, 신규채용되는 교수는 3년의 범위에서 한 차례만 대법원규칙으로 정하는 바에 따라 기간을 정하여 임용할 수 있다.
③ 전임교수의 정년은 판사에 준하고, 징계에 관하여는 「법관징계법」을 준용한다. 이 경우 「법관징계법」(제5조는 제외한다) 중 "법관"은 "전임교수"로 본다.
④ 전임교수의 직명과 임용 등에 관하여 필요한 사항은 대법원규칙으로 정한다.
제74조의3【초빙교수】 ① 변호사 자격(외국의 변호사 자격을 포함한다)이 있는 사람 또는 특수한 분야에 관하여 전문지식과 경험이 있다고 인정되는 사람은 초빙교수로 임용할 수 있다.
② 제1항에 따른 초빙교수의 임용절차와 임용조건 및 복무에 관하여 필요한 사항은 대법원규칙으로 정한다.
제74조의4【교수요원의 파견】 ① 법원행정처장은 사법연수원장이 요청하는 경우에는 다른 국가기관, 공공단체, 교육기관, 연구기관, 그 밖에 필요한 기관에 교수요원의 파견을 요청할 수 있다.
② 제1항에 따라 사법연수원에 파견된 교수요원에게는 대법원규칙으로 정하는 수당을 지급할 수 있다.
제74조의5【사법연수원운영위원회】 ① 사법연수원에 교육의 기본방향, 교과과정, 그 밖에 대법원규칙으로 정하는 사법연수원의 운영과 교육에 관한 중요 사항을 심의하기 위하여 운영위원회를 둔다.
② 운영위원회는 대법원장이 위촉하는 10명 이상 15명 이하의 위원으로 구성하되, 그 임기는 2년으로 하며 연임할 수 있다.
③ 운영위원회의 조직과 운영에 필요한 사항은 대법원규칙으로 정한다.
제75조【사무국】 ① 사법연수원에 사무국을 두고, 사무국에는 과를 두며, 그 설치 및 분장사무는 대법원규칙으로 정한다.
② 국에는 국장, 과에는 과장을 둔다.
③ 국장은 법원이사관 또는 법원부이사관으로, 과장은 법원부이사관·법원서기관 또는 법원사무관으로 보한다.
④ 국장과 과장은 상사의 명을 받아 국 또는 과의 사무를 관장하고, 소속 직원을 지휘·감독한다.
제76조【위임사항】 사법연수생의 임명, 수습 및 보수와 그 밖에 사법연수원의 운영에 필요한 사항은 대법원규칙으로 정하되, 사법연수원 교육의 자율성과 운영의 중립성을 최대한 보장하여야 한다.

제3장 사법정책연구원

(2013.8.13 본장신설)

제76조의2【조직】 ① 사법정책연구원에 원장 1명, 수석연구위원 1명, 연구위원 및 연구원을 둔다.
② 원장은 대법원장의 지휘를 받아 사법정책연구원의 사무를 관장하며, 소속 직원을 지휘·감독한다.
③ 수석연구위원은 원장을 보좌하여 사법정책연구원의 사무를 처리하며, 원장이 궐위되거나 사고로 인하여 직무를 수행할 수 없을 때에는 수석연구위원이 그 권한을 대행한다.
④ 사법정책연구원에 사법정책연구원장비서관을 둔다.
⑤ 사법정책연구원장비서관은 법원사무관 또는 5급 상당의 별정직공무원으로 보한다.
제76조의3【사법정책연구원장 등】 ① 사법정책연구원장 및 수석연구위원은 대법원장이 대법관회의의 동의를 거쳐 판사로 보하거나 정무직으로 임명한다.
② 연구위원 및 연구원(이하 "연구위원등"이라 한다)은 다음 각 호의 어느 하나에 해당하는 사람 중에서 대법원장이 보하거나 사법정책연구원장의 제청을 받아 대법원장이 임명한다.
1. 판사
2. 변호사의 자격이 있는 사람(외국의 변호사 자격을 포함한다)
3. 학사 또는 석사학위를 취득한 사람으로서 대법원규칙으로 정하는 실적 또는 경력이 있는 사람
4. 박사학위를 취득한 사람
제76조의4【비법관 연구위원등 지위 등】 ① 판사가 아닌 연구위원등(이하 "비법관 연구위원등"이라 한다)은 「국가공무원법」 제26조의5에 따른 임기제공무원으로 한다.
② 비법관 연구위원등의 임용절차와 임용조건 및 복무에 관하여 필요한 사항은 대법원규칙으로 정한다.
제76조의5【초빙연구위원】 ① 제76조의3제2항제2호부터 제4호까지의 규정의 어느 하나에 해당하는 사람 또는 특수한 분야에 관하여 전문지식과 경험이 있다고 인정되는 사람은 초빙연구위원으로 임용할 수 있다.
② 제1항에 따른 초빙연구위원의 임용절차와 임용조건 및 복무에 관하여 필요한 사항은 대법원규칙으로 정한다.
제76조의6【사법정책연구원운영위원회】 ① 사법정책연구원의 운영과 연구에 관한 중요사항을 심의하기 위하여 사법정책연구원에 운영위원회를 둔다.
② 운영위원회는 대법원장이 위촉하는 9명의 위원으로 구성하되, 그 임기는 2년으로 하며 연임할 수 있다. 다만, 위원 중 과반수는 법관이 아닌 사람으로 한다.
③ 운영위원회의 조직과 운영에 관하여 필요한 사항은 대법원규칙으로 정한다.
제76조의7【보고서 발간 및 국회 보고】 사법정책연구원은 매년 다음 연도의 연구 추진계획과 해당 연도의 연구실적을 담은 연간 보고서를 발간하고, 이를 국회에 보고하여야 한다.
제76조의8【준용규정】 사법정책연구원에 관해서는 제74조의4 및 제75조의 규정을 준용한다. 이 경우 "교수"는 "연구위원등"으로 본다.
제76조의9【위임사항】 사법정책연구원의 운영 등에 관하여 필요한 사항은 대법원규칙으로 정한다.

제4장 법원공무원교육원
(2014.12.30 본장개정)

제77조【조직】 ① 법원공무원교육원에 원장 1명, 교수 및 강사를 둔다.
② 원장은 대법원장의 지휘를 받아 법원공무원교육원의 사무를 관장하며, 소속 직원을 지휘·감독한다.
제78조【원장 등】 ① 법원공무원교육원장은 판사로 보하거나 정무직으로 한다.
② 법관이 아닌 사람이 법원공무원교육원장이 된 경우 그 보수는 차관의 보수와 같은 금액으로 한다.
③ 교수는 법원부이사관, 법원서기관, 3급 상당 또는 4급 상당의 별정직공무원으로 보한다.
④ 강사는 상당한 학식과 경험이 있는 사람 중에서 법원공무원교육원장이 위촉한다.
제79조【준용규정】 법원공무원교육원의 사무국 설치 등에 관하여는 제75조를 준용한다.
제80조【위임사항】 법원공무원교육원의 운영 등에 필요한 사항은 대법원규칙으로 정한다.

제5장 법원도서관
(2014.12.30 본장개정)

제81조【조직】 ① 법원도서관에 관장을 둔다.
② 관장은 판사, 법원이사관 또는 법원부이사관으로 보한다.
③ 관장은 대법원장의 지휘를 받아 법원도서관의 사무를 관장하며, 소속 직원을 지휘·감독한다.
④ 법원도서관의 조직, 운영 등에 필요한 사항은 대법원규칙으로 정한다.

제8편 양형위원회
(2007.1.26 본편신설)

제81조의2【양형위원회의 설치】 ① 형(刑)을 정할 때 국민의 건전한 상식을 반영하고 국민이 신뢰할 수 있는 공정하고 객관적인 양형(量刑)을 실현하기 위하여 대법원에 양형위원회(이하 "위원회"라 한다)를 둔다.
② 위원회는 양형기준을 설정·변경하고, 이와 관련된 양형정책을 연구·심의할 수 있다.
③ 위원회는 그 권한에 속하는 업무를 독립하여 수행한다.
(2014.12.30 본조개정)
제81조의3【위원회의 구성】 ① 위원회는 위원장 1명을 포함한 13명의 위원으로 구성하되, 위원장이 아닌 위원 중 1명은 상임위원으로 한다.
② 위원장은 15년 이상 다음 각 호의 직에 있던 사람 중에서 대법원장이 임명하거나 위촉한다.
1. 판사, 검사, 변호사
2. 국가, 지방자치단체, 국영·공영기업체, 「공공기관의 운영에 관한 법률」 제4조에 따른 공공기관, 그 밖의 법인에서 법률에 관한 사무에 종사한 사람
3. 공인된 대학의 법학 조교수 이상의 교수
③ 위원회의 위원은 다음 각 호의 사람을 대법원장이 임명하거나 위촉한다.
1. 법관 4명
2. 법무부장관이 추천하는 검사 2명
3. 대한변호사협회장이 추천하는 변호사 2명
4. 법학 교수 2명
5. 학식과 경험이 있는 사람 2명
④ 위원장과 위원의 임기는 2년으로 하고, 연임할 수 있다.
⑤ 대법원장은 위원이 다음 각 호의 어느 하나에 해당하는 경우에는 그 위원을 해임하거나 해촉할 수 있다.
1. 부득이한 사유로 직무를 수행할 수 없다고 인정되는 경우
2. 위원이 직무상 의무를 위반하는 등 위원의 자격을 유지하는 것이 적합하지 아니하다고 인정되는 경우
⑥ 법관·검사의 직에 있는 사람으로서 위원으로 임명된 사람이 그 직에서 퇴직하는 경우에는 해임된 것으로 본다.
(2014.12.30 본조개정)
제81조의4【위원장의 직무】 ① 위원장은 위원회를 대표하고, 위원회의 직무를 총괄한다.
② 위원장이 부득이한 사유로 그 직무를 수행할 수 없을 때에는 상임위원, 위원장이 미리 지명한 위원의 순으로 그 직무를 대행한다.
(2014.12.30 본조개정)
제81조의5【위원회의 회의】 ① 위원장은 위원회의 회의를 소집하며, 그 의장이 된다.
② 위원회는 재적위원 과반수의 찬성으로 의결한다.
(2014.12.30 본조개정)
제81조의6【양형기준의 설정 등】 ① 위원회는 법관이 합리적인 양형을 도출하는 데 참고할 수 있는 구체적이고 객관적인 양형기준을 설정하거나 변경한다.
② 위원회는 양형기준을 설정·변경할 때 다음 각 호의 원칙을 준수하여야 한다.
1. 범죄의 죄질, 범정(犯情) 및 피고인의 책임의 정도를 반영할 것
2. 범죄의 일반예방과 피고인의 재범 방지 및 사회복귀를 고려할 것
3. 같은 종류 또는 유사한 범죄에 대해서는 고려하여야 할 양형 요소에 차이가 없으면 양형에서 서로 다르게 취급하지 아니할 것
4. 피고인의 국적, 종교 및 양심, 사회적 신분 등을 이유로 양형상 차별을 하지 아니할 것
③ 위원회는 양형기준을 설정·변경할 때 다음 각 호의 사항을 고려하여야 한다.
1. 범죄의 유형 및 법정형
2. 범죄의 중대성을 가중하거나 감경할 수 있는 사정
3. 피고인의 나이, 성품과 행실, 지능과 환경
4. 피해자에 대한 관계
5. 범행의 동기, 수단 및 결과
6. 범행 후의 정황
7. 범죄 전력(前歷)
8. 그 밖에 합리적인 양형을 도출하는 데 필요한 사항
④ 위원회는 양형기준을 공개하여야 한다.
(2014.12.30 본조개정)
제81조의7【양형기준의 효력 등】 ① 법관은 형의 종류를 선택하고 형량을 정할 때 양형기준을 존중하여야 한다. 다만, 양형기준은 법적 구속력을 갖지 아니한다.
② 법원이 양형기준을 벗어난 판결을 하는 경우에는 판결서에 양형의 이유를 적어야 한다. 다만, 약식절차 또는 즉결심판절차에 따라 심판하는 경우에는 그러하지 아니하다.
(2014.12.30 본조개정)
제81조의8【관계 기관의 협조 등】 ① 위원회는 필요한 경우 관계 공무원 또는 전문가를 회의에 출석하게 하여 의견을 들을 수 있고, 관계 국가기관·연구기관·단체 또는 전문가 등에게 자료 및 의견의 제출이나 그 밖의 협력을 요청할 수 있다.
② 위원회는 업무수행을 위하여 필요하다고 인정하는 경우 관계 국가기관·연구기관·단체 등의 장에게 그 소속 공무원 또는 직원의 파견을 요청할 수 있다.
(2014.12.30 본조개정)
제81조의9【사무기구】 위원회의 업무를 보좌하고 실무를 지원하기 위하여 사무기구를 둔다.(2014.12.30 본조개정)

제81조의10【보고서 발간】 위원회는 매년 그 연도의 실적과 그 다음 연도의 추진계획을 담은 연간 보고서를 발간하고, 이를 국회에 보고하여야 한다.

제81조의11【비밀준수 의무 등】 ① 위원회의 위원장, 위원, 사무기구의 임원 및 직원은 직무상 알게 된 비밀을 누설하여서는 아니 된다. 그 직에서 퇴직한 후에도 같다.
② 공무원이 아닌 위원장 및 위원은 「형법」이나 그 밖의 법률에 따른 벌칙을 적용할 때에는 공무원으로 본다.
(2014.12.30 본조개정)

제81조의12【위임규정】 ① 이 법에서 규정한 것 외에 위원회의 조직에 필요한 사항은 대법원규칙으로 정한다.
② 이 법에서 규정한 것 외에 위원회의 운영에 필요한 사항은 위원회의 의결로 정한다.
(2014.12.30 본조개정)

제9편 법원의 경비
(2014.12.30 본편개정)

제82조【법원의 경비】 ① 법원의 경비는 독립하여 국가의 예산에 계상(計上)하여야 한다.
② 법원의 예산을 편성할 때에는 사법부의 독립성과 자율성을 존중하여야 한다.
③ 제1항의 경비 중에는 예비금을 둔다.

부 칙 (2011.7.18)

제1조【시행일】 이 법은 2012년 1월 1일부터 시행한다. 다만, 제41조의2의 개정규정은 2011년 9월 1일부터 시행하고, 제42조제1항·제2항, 제44조제2항 및 제45조제4항의 개정규정은 2013년 1월 1일부터 시행한다.
제2조 (2024.10.16 삭제)
제3조【재판연구원의 채용기간에 관한 경과조치】 제53조의2제5항의 개정규정에도 불구하고 2016년 12월 31일 이전에 채용하는 재판연구원은 총 2년의 범위에서 기간을 정하여 채용한다.(2018.3.20 본조개정)
제4조【재판연구원의 정원에 관한 경과조치】 제53조의2제6항의 개정규정에도 불구하고 재판연구원의 정원은 2018년까지 200명, 2022년까지 300명의 범위에서 대법원규칙으로 정한다.(2018.3.20 본조개정)

부 칙 (2017.12.12)

제1조【시행일】 이 법은 공포 후 6개월이 경과한 날부터 시행한다. 다만, 제54조제2항제4호 및 제5호의 개정규정은 2018년 7월 1일부터 시행한다.
제2조【사법보좌관의 직무범위에 관한 적용례】 제54조제2항제4호 및 제5호의 개정규정은 같은 개정규정 시행 후 최초로 신고 또는 확인 신청하는 사건부터 적용한다.
제3조【계속 중인 사건의 외국어 변론 등에 관한 경과조치】 제62조의2 및 제63조의 개정규정은 이 법 시행 당시 법원에 계속 중인 사건에 대하여도 적용한다.

부 칙 (2020.2.4)

제1조【시행일】 이 법은 공포한 날부터 시행한다.
제2조【결격사유에 관한 적용례】 제43조제4호의 개정규정은 이 법 시행 후 최초로 법관으로 임용하는 경우부터 적용한다.
제3조【법관의 파견 금지 등에 관한 적용례】 제50조의2의 개정규정은 이 법 시행 후 최초로 법관을 파견 또는 겸임하게 하거나 법관으로서 퇴직하는 경우부터 적용한다.

부 칙 (2020.3.24)

제1조【시행일】 이 법은 2021년 2월 9일부터 시행한다. 다만, 제43조의 개정규정은 공포 후 6개월이 경과한 날부터 시행한다.
제2조【결격사유에 관한 적용례】 제43조의 개정규정은 같은 개정규정 시행 후 최초로 법관으로 임용하는 자부터 적용한다.
제3조【고등법원 부장판사 직위 폐지에 따른 경과조치】 이 법 시행 전에 종전의 규정에 따라 고등법원 부장판사급 이상의 법관에 보임된 법관의 직위는 종전의 규정에 따른다.
제4조【다른 법률의 개정】 ①~② ※(해당 법령에 가제정리 하였음)

부 칙 (2020.12.22)

제1조【시행일】 이 법은 2021년 1월 1일부터 시행한다.(이하 생략)

부 칙 (2021.1.26)

제1조【시행일】 ① 이 법은 공포 후 1년이 경과한 날부터 시행한다.(이하 생략)

부 칙 (2021.12.21)

제1조【시행일】 이 법은 공포한 날부터 시행한다.
제2조【계속 중인 사건에 대한 경과조치】 이 법 시행 당시 법원에 계속 중인 형사사건에 대하여는 제32조제1항제3호의 개정규정에도 불구하고 종전의 규정에 따른다.

부 칙 (2024.10.16)

이 법은 공포한 날부터 시행한다.

고위공직자범죄수사처 설치 및 운영에 관한 법률(약칭 : 공수처법)

(2020년 1월 14일
법 률 제16863호)

개정
2020. 2. 4법16924호(형사소송법)
2020.12.15법17645호
2020.12.15법17646호(국가정보원법)
2022. 5. 9법18861호(검찰)
2025. 1.31법20770호

제1장 총 칙

제1조【목적】 이 법은 고위공직자범죄수사처의 설치와 운영에 관하여 필요한 사항을 규정함을 목적으로 한다.

제2조【정의】 이 법에서 사용하는 용어의 정의는 다음과 같다.

1. "고위공직자"란 다음 각 목의 어느 하나의 직(職)에 재직 중인 사람 또는 그 직에서 퇴직한 사람을 말한다. 다만, 장성급 장교는 현역을 면한 이후도 포함된다.
 가. 대통령
 나. 국회의장 및 국회의원
 다. 대법원장 및 대법관
 라. 헌법재판소장 및 헌법재판관
 마. 국무총리와 국무총리비서실 소속의 정무직공무원
 바. 중앙선거관리위원회의 정무직공무원
 사. 「공공감사에 관한 법률」 제2조제2호에 따른 중앙행정기관의 정무직공무원
 아. 대통령비서실·국가안보실·대통령경호처·국가정보원 소속의 3급 이상 공무원
 자. 국회사무처, 국회도서관, 국회예산정책처, 국회입법조사처의 정무직공무원
 차. 대법원장비서실, 사법정책연구원, 법원공무원교육원, 헌법재판소사무처의 정무직공무원
 카. 검찰총장
 타. 특별시장·광역시장·특별자치시장·도지사·특별자치도지사 및 교육감
 파. 판사 및 검사
 하. 경무관 이상 경찰공무원
 거. 장성급 장교
 너. 금융감독원 원장·부원장·감사
 더. 감사원·국세청·공정거래위원회·금융위원회 소속의 3급 이상 공무원
2. "가족"이란 배우자, 직계존비속을 말한다. 다만, 대통령의 경우에는 배우자와 4촌 이내의 친족을 말한다.
3. "고위공직자범죄"란 고위공직자로 재직 중에 본인 또는 본인의 가족이 범한 다음 각 목의 어느 하나에 해당하는 죄를 말한다. 다만, 가족의 경우에는 고위공직자의 직무와 관련하여 범한 죄에 한정한다.
 가. 「형법」 제122조부터 제133조까지의 죄(다른 법률에 따라 가중처벌되는 경우를 포함한다)
 나. 직무와 관련되는 「형법」 제141조, 제225조, 제227조, 제227조의2, 제229조(제225조, 제227조 및 제227조의2의 행사죄에 한정한다), 제355조부터 제357조까지 및 제359조의 죄(다른 법률에 따라 가중처벌되는 경우를 포함한다)
 다. 「특정범죄 가중처벌 등에 관한 법률」 제3조의 죄
 라. 「변호사법」 제111조의 죄
 마. 「정치자금법」 제45조의 죄
 바. 「국가정보원법」 제21조 및 제22조의 죄(2020.12.15 본목개정)
 사. 「국회에서의 증언·감정 등에 관한 법률」 제14조제1항의 죄
 아. 가목부터 마목까지의 죄에 해당하는 범죄행위로 인한 「범죄수익은닉의 규제 및 처벌 등에 관한 법률」 제2조제4호의 범죄수익등과 관련된 같은 법 제3조 및 제4조의 죄
4. "관련범죄"란 다음 각 목의 어느 하나에 해당하는 죄를 말한다.
 가. 고위공직자와 「형법」 제30조부터 제32조까지의 관계에 있는 자가 범한 제3호 각 목의 어느 하나에 해당하는 죄
 나. 고위공직자를 상대로 한 자의 「형법」 제133조, 제357조제2항의 죄
 다. 고위공직자범죄와 관련된 「형법」 제151조제1항, 제152조, 제154조부터 제156조까지의 죄 및 「국회에서의 증언·감정 등에 관한 법률」 제14조제1항의 죄
 라. 고위공직자범죄 수사 과정에서 인지한 그 고위공직자범죄와 직접 관련성이 있는 죄로서 해당 고위공직자가 범한 죄
5. "고위공직자범죄등"이란 제3호와 제4호의 죄를 말한다.

제3조【고위공직자범죄수사처의 설치와 독립성】 ① 고위공직자범죄등에 관하여 다음 각 호에 필요한 직무를 수행하기 위하여 고위공직자범죄수사처(이하 "수사처"라 한다)를 둔다.
1. 고위공직자범죄등에 관한 수사
2. 제2조제1호다목, 카목, 파목, 하목에 해당하는 고위공직자로 재직 중에 본인 또는 본인의 가족이 범한 고위공직자범죄 및 관련범죄의 공소제기와 그 유지

② 수사처는 그 권한에 속하는 직무를 독립하여 수행한다.
③ 대통령, 대통령비서실의 공무원은 수사처의 사무에 관하여 업무보고나 자료제출 요구, 지시, 의견제시, 협의, 그 밖에 직무수행에 관여하는 일체의 행위를 하여서는 아니 된다.

제2장 조 직

제4조【처장·차장 등】 ① 수사처에 처장 1명과 차장 1명을 두고, 각각 특정직공무원으로 보한다.
② 수사처에 수사처검사와 수사처수사관 및 그 밖에 필요한 직원을 둔다.

제5조【처장의 자격과 임명】 ① 처장은 다음 각 호의 직에 15년 이상 있던 사람 중에서 제6조에 따른 고위공직자범죄수사처장후보추천위원회가 2명을 추천하고, 대통령이 그 중 1명을 지명한 후 인사청문회를 거쳐 임명한다.
1. 판사, 검사 또는 변호사
2. 변호사 자격이 있는 사람으로서 국가기관, 지방자치단체, 「공공기관의 운영에 관한 법률」 제4조에 따른 공공기관 또는 그 밖의 법인에서 법률에 관한 사무에 종사한 사람
3. 변호사 자격이 있는 사람으로서 대학의 법률학 조교수 이상으로 재직하였던 사람

② 제1항 각 호에 규정된 둘 이상의 직에 재직한 사람에 대해서는 그 연수를 합산한다.
③ 처장의 임기는 3년으로 하고 중임할 수 없으며, 정년은 65세로 한다.
④ 처장이 궐위된 때에는 제1항에 따른 절차를 거쳐 60일 이내에 후임자를 임명하여야 한다. 이 경우 새로 임명된 처장의 임기는 새로이 개시된다.

제6조【고위공직자범죄수사처장후보추천위원회】 ① 처장 후보자의 추천을 위하여 국회에 고위공직자범죄수사처장후보추천위원회(이하 "추천위원회"라 한다)를 둔다.
② 추천위원회는 위원장 1명을 포함하여 7명의 위원으로 구성한다.
③ 위원장은 위원 중에서 호선한다.(2020.12.15 본항개정)
④ 국회의장은 다음 각 호의 사람을 위원으로 임명하거나 위촉한다.
1. 법무부장관
2. 법원행정처장
3. 대한변호사협회장

4. 대통령이 소속되거나 소속되었던 정당의 교섭단체가 추천한 2명
5. 제4호의 교섭단체 외의 교섭단체가 추천한 2명
⑤ 국회의장은 제4항제4호 및 제5호에 따른 교섭단체에 10일 이내의 기한을 정하여 위원의 추천을 서면으로 요청할 수 있고, 각 교섭단체는 요청받은 기한 내에 위원을 추천하여야 한다.(2020.12.15 본항신설)
⑥ 제5항에도 불구하고 요청받은 기한 내에 위원을 추천하지 아니한 교섭단체가 있는 경우, 국회의장은 해당 교섭단체의 추천에 갈음하여 다음 각 호의 사람을 위원으로 위촉한다.
1. 사단법인 한국법학교수회 회장
2. 사단법인 법학전문대학원협의회 이사장
(2020.12.15 본항신설)
⑦ 추천위원회는 국회의장의 요청 또는 위원 3분의 1 이상의 요청이 있거나 위원장이 필요하다고 인정할 때 위원장이 소집하고, 재적위원 3분의 2 이상의 찬성으로 의결한다.
(2020.12.15 본항개정)
⑧ 추천위원회 위원은 정치적으로 중립을 지키고 독립하여 그 직무를 수행한다.
⑨ 추천위원회가 제5조제1항에 따라 처장후보자를 추천하면 해당 추천위원회는 해산된 것으로 본다.
⑩ 그 밖에 추천위원회의 운영 등에 필요한 사항은 국회규칙으로 정한다.

제7조【차장】 ① 차장은 10년 이상 제5조제1항 각 호의 직에 재직하였던 사람 중에서 처장의 제청으로 대통령이 임명한다.
② 제5조제2항은 차장의 임명에 준용한다.
③ 차장의 임기는 3년으로 하고 중임할 수 없으며, 정년은 63세로 한다.

제8조【수사처검사】 ① 수사처검사는 5년 이상 변호사의 자격이 있는 사람 중에서 제9조에 따른 인사위원회의 추천을 거쳐 대통령이 임명한다. 이 경우 검사의 직에 있었던 사람은 제2항에 따른 수사처검사 정원의 2분의 1을 넘을 수 없다.
(2025.1.31 전단개정)
② 수사처검사는 특정직공무원으로 보하고, 처장과 차장을 포함하여 25명 이내로 한다.
③ 수사처검사의 임기는 3년으로 하고, 3회에 한정하여 연임할 수 있으며, 정년은 63세로 한다.
④ 수사처검사는 직무를 수행함에 있어서 「검찰청법」 제4조에 따른 검사의 직무 및 「군사법원법」 제37조에 따른 군검사의 직무를 수행할 수 있다.

제9조【인사위원회】 ① 처장과 차장을 제외한 수사처검사의 임용, 전보, 그 밖에 인사에 관한 중요 사항을 심의·의결하기 위하여 수사처에 인사위원회를 둔다.
② 인사위원회는 위원장 1명을 포함한 7명의 위원으로 구성하고, 인사위원회의 위원장은 처장이 된다.
③ 인사위원회 위원 구성은 다음 각 호와 같다.
1. 처장
2. 차장
3. 학식과 덕망이 있고 각계 전문 분야에서 경험이 풍부한 사람으로서 처장이 위촉한 사람 1명
4. 대통령이 소속되거나 소속되었던 정당의 교섭단체가 추천한 2명
5. 제4호의 교섭단체 외의 교섭단체가 추천한 2명
④ 제3항제3호부터 제5호까지의 규정에 따른 위원의 임기는 3년으로 한다.
⑤ 인사위원회는 재적위원 과반수의 찬성으로 의결한다.
⑥ 그 밖에 인사위원회의 구성과 운영 등에 필요한 사항은 수사처규칙으로 정한다.

제10조【수사처수사관】 ① 수사처수사관은 다음 각 호의 어느 하나에 해당하는 사람 중에서 처장이 임명한다.
1. 변호사 자격을 보유한 사람
2. 7급 이상 공무원으로서 조사, 수사업무에 종사하였던 사람
3. 수사처규칙으로 정하는 조사업무의 실무를 5년 이상 수행한 경력이 있는 사람
② 수사처수사관은 일반직공무원으로 보하고, 40명 이내로 한다. 다만, 검찰청으로부터 검찰수사관을 파견받은 경우에는 이를 수사처수사관의 정원에 포함한다.
③ 수사처수사관의 임기는 6년으로 하고, 연임할 수 있으며, 정년은 60세로 한다.

제11조【그 밖의 직원】 ① 수사처의 행정에 관한 사무처리를 위하여 필요한 직원을 둘 수 있다.
② 제1항에 따른 직원의 수는 20명 이내로 한다.

제12조【보수 등】 ① 처장의 보수와 대우는 차관의 예에 준한다.
② 차장의 보수와 대우는 고위공무원단 직위 중 가장 높은 직무등급의 예에 준한다.
③ 수사처검사의 보수와 대우는 검사의 예에 준한다.
④ 수사처수사관의 보수와 대우는 4급 이하 7급 이상의 검찰직공무원의 예에 준한다.

제13조【결격사유 등】 ① 다음 각 호의 어느 하나에 해당하는 사람은 처장, 차장, 수사처검사, 수사처수사관으로 임명될 수 없다.
1. 대한민국 국민이 아닌 사람
2. 「국가공무원법」 제33조 각 호의 어느 하나에 해당하는 사람
3. 금고 이상의 형을 선고받은 사람
4. 탄핵결정에 의하여 파면된 후 5년이 지나지 아니한 사람
5. 대통령비서실 소속의 공무원으로서 퇴직 후 2년이 지나지 아니한 사람
② 검사의 경우 퇴직 후 3년이 지나지 아니하면 처장이 될 수 없고, 퇴직 후 1년이 지나지 아니하면 차장이 될 수 없다.

제14조【신분보장】 처장, 차장, 수사처검사는 탄핵이나 금고 이상의 형을 선고받은 경우를 제외하고는 파면되지 아니하며, 징계처분에 의하지 아니하고는 해임·면직·정직·감봉·견책 또는 퇴직의 처분을 받지 아니한다.

제15조【심신장애로 인한 퇴직】 수사처검사가 중대한 심신상의 장애로 인하여 직무를 수행할 수 없을 때 대통령은 처장의 제청에 의하여 그 수사처검사에게 퇴직을 명할 수 있다.

제16조【공직임용 제한 등】 ① 처장과 차장은 퇴직 후 2년 이내에 헌법재판관(「대한민국헌법」 제111조제3항에 따라 임명되는 헌법재판관은 제외한다), 검찰총장, 국무총리 및 중앙행정기관·대통령비서실·국가안보실·대통령경호처·국가정보원의 정무직공무원으로 임용될 수 없다.
② 처장, 차장, 수사처검사는 퇴직 후 2년이 지나지 아니하면 검사로 임용될 수 없다.
③ 수사처검사로서 퇴직 후 1년이 지나지 아니한 사람은 대통령비서실의 직위에 임용될 수 없다.
④ 수사처에 근무하였던 사람은 퇴직 후 1년 동안 수사처의 사건을 변호사로서 수임할 수 없다.

제3장 직무와 권한

제17조【처장의 직무와 권한】 ① 처장은 수사처의 사무를 통할하고 소속 직원을 지휘·감독한다.
② 처장은 국회에 출석하여 수사처의 소관 사무에 관하여 의견을 진술할 수 있고, 국회의 요구가 있을 때에는 수사나 재판에 영향을 미치지 않는 한 국회에 출석하여 보고하거나 답변하여야 한다.
③ 처장은 소관 사무와 관련된 안건이 상정될 경우 국무회의에 출석하여 발언할 수 있으며, 그 소관 사무에 관하여 법무부장관에게 의안(이 법의 시행에 관한 대통령령안을 포함한다)의 제출을 건의할 수 있다.
④ 처장은 그 직무를 수행함에 있어서 필요한 경우 대검찰청, 경찰청 등 관계 기관의 장에게 고위공직자범죄등과 관련된 사건의 수사기록 및 증거 등 자료의 제출과 수사활동의 지원 등 수사협조를 요청할 수 있다.

⑤ 처장은 제8조에 따른 수사처검사의 직을 겸한다.
⑥ 처장은 수사처의 예산 관련 업무를 수행하는 경우에 「국가재정법」 제6조제2항에 따른 중앙관서의 장으로 본다.
제18조【차장의 직무와 권한】 ① 차장은 처장을 보좌하며, 처장이 부득이한 사유로 그 직무를 수행할 수 없는 때에는 그 직무를 대행한다.
② 차장은 제8조에 따른 수사처검사의 직을 겸한다.
제19조【수사처검사 직무의 위임 · 이전 및 승계】 ① 처장은 수사처검사로 하여금 그 권한에 속하는 직무의 일부를 처리하게 할 수 있다.
② 처장은 수사처검사의 직무를 자신이 처리하거나 다른 수사처검사로 하여금 처리하게 할 수 있다.
제20조【수사처검사의 직무와 권한】 ① 수사처검사는 제3조제1항 각 호에 따른 수사와 공소의 제기 및 유지에 필요한 행위를 한다.
② 수사처검사는 처장의 지휘 · 감독에 따르며, 수사처수사관을 지휘 · 감독한다.
③ 수사처검사는 구체적 사건과 관련된 제2항에 따른 지휘 · 감독의 적법성 또는 정당성에 대하여 이견이 있을 때에는 이의를 제기할 수 있다.
제21조【수사처수사관의 직무】 ① 수사처수사관은 수사처검사의 지휘 · 감독을 받아 직무를 수행한다.
② 수사처수사관은 고위공직자범죄등에 대한 수사에 관하여 「형사소송법」 제197조제1항에 따른 사법경찰관의 직무를 수행한다.(2020.2.4 본항개정)
제22조【정치적 중립 및 직무상 독립】 수사처 소속 공무원은 정치적 중립을 지켜야 하며, 그 직무를 수행함에 있어 외부로부터 어떠한 지시나 간섭을 받지 아니한다.

제4장 수사와 공소의 제기 및 유지

제23조【수사처검사의 수사】 수사처검사는 고위공직자범죄의 혐의가 있다고 사료하는 때에는 범인, 범죄사실과 증거를 수사하여야 한다.
제24조【다른 수사기관과의 관계】 ① 수사처의 범죄수사와 중복되는 다른 수사기관의 범죄수사에 대하여 처장이 수사의 진행 정도 및 공정성 논란 등에 비추어 수사처에서 수사하는 것이 적절하다고 판단하여 이첩을 요청하는 경우 해당 수사기관은 이에 응하여야 한다.
② 다른 수사기관이 범죄를 수사하는 과정에서 고위공직자범죄등을 인지한 경우 그 사실을 즉시 수사처에 통보하여야 한다.
③ 처장은 피의자, 피해자, 사건의 내용과 규모 등에 비추어 다른 수사기관이 고위공직자범죄등을 수사하는 것이 적절하다고 판단될 때에는 해당 수사기관에 사건을 이첩할 수 있다.
④ 제2항에 따라 고위공직자범죄등 사실의 통보를 받은 처장은 통보를 한 다른 수사기관의 장에게 수사처규칙으로 정한 기간과 방법으로 수사개시 여부를 회신하여야 한다.
제25조【수사처검사 및 검사 범죄에 대한 수사】 ① 처장은 수사처검사의 범죄 혐의를 발견한 경우에 관련 자료와 함께 이를 대검찰청에 통보하여야 한다.
② 수사처 외의 다른 수사기관이 검사의 고위공직자범죄 혐의를 발견한 경우 그 수사기관의 장은 사건을 수사처에 이첩하여야 한다.
제26조【수사처검사의 관계 서류와 증거물 송부 등】 ① 수사처검사는 제3조제1항제2호에서 정하는 사건을 제외한 고위공직자범죄등에 관한 수사를 한 때에는 관계 서류와 증거물을 지체 없이 서울중앙지방검찰청 소속 검사에게 송부하여야 한다.
② 제1항에 따라 관계 서류와 증거물을 송부받아 사건을 처리하는 검사는 처장에게 해당 사건의 공소제기 여부를 신속하게 통보하여야 한다.
제27조【관련인지 사건의 이첩】 처장은 고위공직자범죄에 대하여 불기소 결정을 하는 때에는 해당 범죄의 수사과정에서 알게 된 관련범죄 사건을 대검찰청에 이첩하여야 한다.
제28조【형의 집행】 ① 수사처검사가 공소를 제기하는 고위공직자범죄등 사건에 관한 재판이 확정된 경우 제1심 관할지방법원에 대응하는 검찰청 소속 검사가 그 형을 집행한다.
② 제1항의 경우 처장은 원활한 형의 집행을 위하여 해당 사건 및 기록 일체를 관할 검찰청의 장에게 인계한다.
제29조【재정신청에 대한 특례】 ① 고소 · 고발인은 수사처검사로부터 공소를 제기하지 아니한다는 통지를 받은 때에는 서울고등법원에 그 당부에 관한 재정을 신청할 수 있다.
② 제1항에 따른 재정신청을 하려는 사람은 공소를 제기하지 아니한다는 통지를 받은 날부터 30일 이내에 처장에게 재정신청서를 제출하여야 한다.
③ 재정신청서에는 재정신청의 대상이 되는 사건의 범죄사실 및 증거 등 재정신청을 이유 있게 하는 사유를 기재하여야 한다.
④ 제2항에 따라 재정신청서를 제출받은 처장은 재정신청서를 제출받은 날부터 7일 이내에 재정신청서, 의견서, 수사 관계 서류 및 증거물을 서울고등법원에 송부하여야 한다. 다만, 신청이 이유 있는 것으로 인정하는 때에는 즉시 공소를 제기하고 그 취지를 서울고등법원과 재정신청인에게 통지한다.
⑤ 이 법에서 정한 사항 외에 재정신청에 관하여는 「형사소송법」 제262조 및 제262조의2부터 제262조의4까지의 규정을 준용한다. 이 경우 관할법원은 서울고등법원으로 하고, "지방검찰청검사장 또는 지청장"은 "처장", "검사"는 "수사처검사"로 본다.
제30조 (2020.12.15 삭제)
제31조【재판관할】 수사처검사가 공소를 제기하는 고위공직자범죄등 사건의 제1심 재판은 서울중앙지방법원의 관할로 한다. 다만, 범죄지, 증거의 소재지, 피고인의 특별한 사정 등을 고려하여 수사처검사는 「형사소송법」에 따른 관할 법원에 공소를 제기할 수 있다.

제5장 징 계

제32조【징계사유】 수사처검사가 다음 각 호의 어느 하나에 해당하면 그 수사처검사를 징계한다.
1. 재직 중 다음 각 목의 어느 하나에 해당하는 행위를 한 때
가. 정치운동에 관여하는 일
나. 금전상의 이익을 목적으로 하는 업무에 종사하는 일
다. 처장의 허가 없이 보수를 받는 직무에 종사하는 일
2. 직무상의 의무를 위반하거나 직무를 게을리하였을 때
3. 직무 관련 여부에 상관없이 수사처검사로서의 체면이나 위신을 손상하는 행위를 하였을 때
제33조【수사처검사징계위원회】 ① 수사처검사의 징계 사건을 심의하기 위하여 수사처에 수사처검사징계위원회(이하 "징계위원회"라 한다)를 둔다.
② 징계위원회는 위원장 1명을 포함한 7명의 위원으로 구성하고, 예비위원 3명을 둔다.
제34조【징계위원회 위원장의 직무와 위원의 임기 등】 ① 징계위원회의 위원장은 차장이 된다. 다만, 차장이 징계혐의자인 경우에는 처장이 위원장이 되고, 처장과 차장이 모두 징계혐의자인 경우에는 수사처규칙으로 정하는 수사처검사가 위원장이 된다.
② 위원은 다음 각 호의 사람이 된다.
1. 위원장이 지명하는 수사처검사 2명
2. 변호사, 법학교수 및 학식과 경험이 풍부한 사람으로서 위원장이 위촉하는 4명
③ 예비위원은 수사처검사 중에서 위원장이 지명하는 사람이 된다.
④ 제2항제2호에 따라 위촉된 위원의 임기는 3년으로 한다.

⑤ 위원장은 징계위원회의 업무를 총괄하고, 회의를 소집하며, 그 의장이 된다.
⑥ 위원장이 부득이한 사유로 직무를 수행할 수 없을 때에는 위원장이 지정하는 위원이 그 직무를 대리하고, 위원장이 지정한 위원이 부득이한 사유로 직무를 수행할 수 없을 때에는 위원장이 지명하는 예비위원이 그 직무를 대리한다.
제35조【징계위원회의 사무직원】 ① 징계위원회에 간사 1명과 서기 몇 명을 둔다.
② 간사는 위원장이 지명하는 수사처검사가 되고, 서기는 수사처 소속 공무원 중에서 위원장이 위촉한다.
③ 간사 및 서기는 위원장의 명을 받아 징계에 관한 기록과 그 밖의 서류의 작성 및 보관에 관한 사무에 종사한다.
제36조【징계의 청구와 개시】 ① 징계위원회의 징계심의는 처장(처장이 징계혐의자인 경우에는 차장을, 처장 및 차장이 모두 징계혐의자인 경우에는 수사처규칙으로 정하는 수사처검사를 말한다. 이하 이 조 및 제38조제1항, 제39조, 제40조제2항, 제42조제1항에서 같다)의 청구에 의하여 시작한다.
② 처장은 수사처검사가 제32조 각 호의 어느 하나에 해당하는 행위를 하였다고 인정할 때에는 제1항의 청구를 하여야 한다.
③ 징계의 청구는 징계위원회에 서면으로 제출하여야 한다.
제37조【징계부가금】 ① 제36조에 따라 처장이 수사처검사에 대하여 징계를 청구하는 경우 그 징계 사유가 금품 및 향응 수수, 공금의 횡령 · 유용인 경우에는 해당 징계 외에 금품 및 향응 수수액, 공금의 횡령액 · 유용액의 5배 내의 징계부가금 부과 의결을 징계위원회에 청구하여야 한다.
② 제1항에 따른 징계부가금의 조정, 감면 및 징수에 관하여는 「국가공무원법」 제78조의2제2항 및 제3항을 준용한다.
제38조【재징계 등의 청구】 ① 처장은 다음 각 호의 어느 하나에 해당하는 사유로 법원에서 징계 및 제37조에 따른 징계부가금 부과(이하 "징계등"이라 한다) 처분의 무효 또는 취소 판결을 받은 경우에는 다시 징계등을 청구하여야 한다. 다만, 제3호의 사유로 무효 또는 취소 판결을 받은 감봉 · 견책 처분에 대해서는 징계등을 청구하지 아니할 수 있다.
1. 법령의 적용, 증거 및 사실 조사에 명백한 흠이 있는 경우
2. 징계위원회의 구성 또는 징계등 의결, 그 밖에 절차상의 흠이 있는 경우
3. 징계양정 및 징계부가금이 과다한 경우
② 처장은 제1항에 따른 징계등을 청구하는 경우에는 법원의 판결이 확정된 날부터 3개월 이내에 징계위원회에 징계등을 청구하여야 하며, 징계위원회에서는 다른 징계사건에 우선하여 징계등을 의결하여야 한다.
제39조【퇴직 희망 수사처검사의 징계사유 확인 등】 ① 처장은 수사처검사가 퇴직을 희망하는 경우에는 제32조에 따른 징계사유가 있는지 여부를 감사원과 검찰 · 경찰, 그 밖의 수사기관에 확인하여야 한다.
② 제1항에 따른 확인 결과 해임, 면직 또는 정직에 해당하는 징계 사유가 있는 경우 처장은 지체 없이 징계등을 청구하여야 하며, 징계위원회는 다른 징계사건에 우선하여 징계등을 의결하여야 한다.
제40조【징계혐의자에 대한 부본 송달과 직무정지】 ① 징계위원회는 징계청구서의 부본을 징계혐의자에게 송달하여야 한다.
② 처장은 필요하다고 인정할 때에는 징계혐의자에게 직무집행의 정지를 명할 수 있다.
제41조【징계의결】 ① 징계위원회는 사건심의를 마치면 재적위원 과반수의 찬성으로 징계를 의결한다.
② 위원장은 의결에서 표결권을 가지며, 찬성과 반대가 같은 수인 경우에는 결정권을 가진다.
제42조【징계의 집행】 ① 징계의 집행은 견책의 경우에는 처장이 하고, 해임 · 면직 · 정직 · 감봉의 경우에는 처장의 제청으로 대통령이 한다.
② 수사처검사에 대한 징계처분을 한 때에는 그 사실을 관보에 게재 하여야 한다.
제43조【다른 법률의 준용】 이 장에서 정하지 아니한 사항에 대하여는 「검사징계법」 제3조, 제9조부터 제17조까지, 제19조부터 제21조까지, 제22조(다만, 제2항의 "제23조"는 "제42조"로 본다), 제24조부터 제26조까지의 규정을 준용한다. 이 경우 "검사"는 "수사처검사"로 본다.

제6장 보 칙

제44조【파견공무원】 수사처 직무의 내용과 특수성 등을 고려하여 필요한 경우에는 다른 행정기관으로부터 공무원을 파견받을 수 있다.
제45조【조직 및 운영】 이 법에 규정된 사항 외에 수사처의 조직 및 운영에 필요한 사항은 수사처규칙으로 정한다.
제46조【정보제공자의 보호】 ① 누구든지 고위공직자범죄등에 대하여 알게 된 때에는 이에 대한 정보를 수사처에 제공할 수 있으며, 이를 이유로 불이익한 조치를 받지 아니한다.
② 수사처는 내부고발자에게 「공익신고자 보호법」에 따른 보호조치 및 지원행위를 할 수 있다. 내부고발자 보호에 관한 세부적인 사항은 대통령령으로 정한다.
제47조【다른 법률의 준용】 그 밖에 수사처검사 및 수사처수사관의 이 법에 따른 직무와 권한 등에 관하여는 이 법의 규정에 반하지 아니하는 한 「검찰청법」(다만, 제4조제1항제2호 · 제4호 · 제5호 및 같은 조 제2항은 제외한다), 「형사소송법」을 준용한다.(2022.5.9 본조개정)

부 칙

제1조【시행일】 이 법은 공포 후 6개월이 경과한 날부터 시행한다.
제2조【수사처 설립에 관한 준비행위】 수사처 소속 공무원의 임명 등 수사처의 설립에 필요한 행위 및 그 밖에 이 법 시행을 위하여 필요한 준비행위는 이 법 시행 전에 할 수 있다.

부 칙 (2020.2.4)

제1조【시행일】 이 법은 공포 후 6개월이 경과한 날부터 1년 내에 시행하되, 그 기간 내에 대통령령으로 정하는 시점부터 시행한다.(이하 생략)

부 칙 (2020.12.15 법17645호)

제1조【시행일】 이 법은 공포한 날부터 시행한다.
제2조【추천위원회 의결정족수에 관한 적용례】 제6조제7항의 개정규정은 이 법 시행 전에 구성된 추천위원회에 대해서도 적용한다.

부 칙 (2020.12.15 법17646호)

제1조【시행일】 이 법은 2021년 1월 1일부터 시행한다.(이하 생략)

부 칙 (2022.5.9)

제1조【시행일】 이 법은 공포 후 4개월이 경과한 날부터 시행한다.(이하 생략)

부 칙 (2025.1.31)

이 법은 공포한 날부터 시행한다.

집행관법

(1995년 12월 6일
전개법률 제5002호)

개정
2001.12.19법 6524호
2002. 1.26법 6627호(민사집행법)
2010. 3.31법10205호 2020.10.20법17508호

제1조【목적】 이 법은 「법원조직법」 제55조에 따른 집행관에 관한 사항을 규정함을 목적으로 한다.(2010.3.31 본조개정)

제2조【직무】 집행관은 지방법원에 소속되어 법률에서 정하는 바에 따라 재판의 집행, 서류의 송달, 그 밖에 법령에 따른 사무에 종사한다.(2010.3.31 본조개정)

제3조【임명】 집행관은 10년 이상 법원주사보, 등기주사보, 검찰주사보 또는 마약수사주사보 이상의 직급으로 근무하였던 사람 중에서 지방법원장이 임명한다.(2010.3.31 본조개정)

제4조【정원 등】 ① 집행관의 정원은 대법원규칙으로 정한다.
② 집행관의 임기는 4년으로 하며, 연임할 수 없다.
③ 집행관의 정년은 61세로 하되, 그 정년이 되는 날이 1월에서 6월 사이에 있으면 6월 30일에 퇴직하고, 7월에서 12월 사이에 있으면 12월 31일에 퇴직한다.
(2010.3.31 본조개정)

제5조【위임 사무】 집행관은 당사자의 위임을 받아 다음 각 호의 사무를 처리한다.
1. 고지 및 최고(催告)
2. 동산(動産)의 경매
3. 거절증서의 작성
(2010.3.31 본조개정)

제6조【의무적 사무】 집행관은 법령에 따른 직무 외에 법원 및 검사의 명령에 따라 다음 각 호의 사무를 처리할 의무를 진다.
1. 서류와 물품의 송달
2. 벌금, 과료, 과태료, 추징 또는 공소에 관한 소송비용의 재판의 집행 및 몰수물의 매각
3. 영장의 집행
4. 그 밖에 직무상 하여야 할 사무
(2010.3.31 본조개정)

제7조【감독기관】 ① 집행관은 소속 지방법원장이 감독한다.
② 지방법원 지원(支院)의 관할구역에 있는 집행관에 대하여는 지원장이 지방법원장의 명을 받아 감독한다.
③ 지방법원장은 소속 판사 중에서 집행관의 감독에 관한 사무를 직접 담당할 1명 또는 여러 명의 감독관을 지정하여야 하고, 소속 직원 중에서 감독관을 보좌할 사람을 지정할 수 있다.
④ 감독관은 수시로 집행관의 직무 집행을 감사하여야 하며, 그 감사를 위하여 다음 각 호의 행위를 할 수 있다.
1. 집행관의 기록·장부 또는 그가 보관하는 금품에 대하여 조사하거나 그 조사를 위하여 이를 제출하게 하는 행위
2. 집행관이 직무를 집행하는 현장에 가서 그 직무 집행을 감찰하는 행위
3. 일정한 사항을 지정하여 집행관으로 하여금 보고하게 하는 행위
(2010.3.31 본조개정)

제8조【사무소】 ① 집행관은 소속 지방법원의 관할구역에서 지방법원장 또는 지원장이 지정한 곳에 사무소를 설치하여야 한다.
② 집행관 사무소에는 대표집행관을 두어야 한다.
③ 제2항의 대표집행관은 집행관 사무소에 소속된 집행관을 대표하며 집행관 사무소의 운영에 관한 업무를 총괄한다.
④ 집행관 사무소에는 사무원을 둘 수 있다.
⑤ 제4항에 따른 사무원의 수, 자격기준 및 수행업무 등에 관한 사항은 대법원규칙으로 정한다.
(2010.3.31 본조개정)

판례 집행관 사무원에 의한 송달업무처리의 적법 여부 : 집행관은 직접 그 송달업무를 처리하여야 하되, 다만 그에 부수한 업무에 관하여 사무원의 보조를 받을 수 있을 뿐, 이러한 사무원에 대하여 보조업무의 일환이란 명목으로 직접 송달업무를 처리하게 할 수는 없다.
(의정부지판 2004.12.29, 2003준재가단34)

제9조【장부의 비치】 ① 집행관 사무소에는 다음 각 호의 장부를 갖추어 두어야 한다.
1. 압류직무부(押留職務簿)
2. 가압류직무부
3. 징수명령부
4. 부동산 임대차 조사부
5. 송달부
6. 집행관 수수료 등 수납부
7. 회계에 관한 장부
② 제1항의 장부는 연도별로 구분하여야 한다.
(2010.3.31 본조개정)

제10조【수수료 등의 게시】 집행관 사무소에는 집행관의 수수료·여비·숙박료의 금액표를 누구든지 잘 볼 수 있도록 게시하여야 한다.(2010.3.31 본조개정)

제11조【출장소의 설치와 직무 대행】 ① 지방법원장은 지방법원의 지원 소재지에 집행관이 없는 경우에는 관할구역의 집행관에게 지원 소재지에 출장소를 설치하도록 명하거나 지방법원 및 지원의 법원서기관, 법원사무관, 등기사무관, 법원주사, 등기주사, 법원주사보 또는 등기주사보로 하여금 집행관의 직무를 대행하게 할 수 있다.
② 지방법원장은 제1항의 법원서기관, 법원사무관, 등기사무관, 법원주사, 등기주사, 법원주사보 또는 등기주사보로 하여금 집행관의 직무를 대행하게 하는 경우에는 대행할 사람을 미리 지정하여야 한다.
(2010.3.31 본조개정)

제12조【주거】 집행관은 소속 지방법원 관할구역에 주거(住居)를 정하여야 한다.(2010.3.31 본조개정)

제13조【제척】 집행관은 다음 각 호에 해당하는 경우에는 그 직무를 수행할 수 없다.
1. 자기 또는 배우자나 자기 또는 배우자의 4촌 이내 혈족 또는 인척이 당사자 또는 피해자이거나 당사자 또는 피해자와 공동권리자·공동의무자 또는 상환의무자의 관계가 있는 경우
2. 자기 또는 배우자나 자기 또는 배우자의 4촌 이내 혈족 또는 인척이 당사자, 피해자 또는 그 배우자의 친족인 경우. 인척의 경우에는 혼인이 해소되었을 때에도 또한 같다.
3. 자기가 동일한 사건에 관하여 증인 또는 감정인이 되어 신문(訊問)을 받았던 경우 또는 법률상 대리인이 될 권리가 있거나 있었던 경우
(2010.3.31 본조개정)

제14조【직무 거절 금지】 집행관은 그 직무에 관한 명령 또는 위임을 정당한 이유 없이 거절할 수 없다.(2010.3.31 본조개정)

제15조【경매물건 등의 매수 금지】 ① 집행관이나 그 친족은 그 집행관 또는 다른 집행관이 경매하거나 매각(賣却)하는 물건을 매수(買受)하지 못한다.
② 「민사집행법」 제200조에 따른 감정인이나 그 친족의 경우에도 제1항과 같다.
(2010.3.31 본조개정)

제16조【직무 수행 불가능 통지】 ① 집행관이 정당한 이유로 그 직무를 수행할 수 없을 때에는 명령을 한 법원 및 검사나 위임을 한 본인에게 지체 없이 그 뜻을 알려야 한다.

② 집행관은 위임을 한 본인에게 알릴 수 없을 때 또는 긴급한 처분이 필요할 때에는 그 뜻을 지방법원장 또는 지원장에게 신고하여야 한다.
③ 제2항의 신고를 받은 지방법원장 또는 지원장은 그 직무의 집행을 다른 집행관이나 제11조제2항의 법원서기관, 법원사무관, 등기사무관, 법원주사, 등기주사, 법원주사보 또는 등기주사보에게 명하여야 한다.
(2010.3.31 본조개정)
제17조【신분증 휴대】 ① 집행관이 그 직무를 집행할 때에는 지방법원장이 발급한 신분증을 지녀야 한다.
② 경찰이 「민사집행법」 제5조제2항에 따른 원조의 요청을 받으면 이에 응하여야 한다.
(2010.3.31 본조개정)
제18조【집행관의 교육】 집행관은 대법원규칙으로 정하는 바에 따라 직무 수행에 필요한 교육을 받아야 한다.
(2010.3.31 본조개정)
제19조【수수료 또는 체당금】 ① 집행관이 위임을 받은 직무를 수행하는 경우에는 체당금을 변제(辨濟)받고 대법원규칙으로 정하는 바에 따라 수수료를 받는다.
② 집행관은 정하여진 수수료를 초과하여 징수하거나 특별한 보수를 받지 못한다.
③ 법원서기관, 법원사무관, 등기사무관, 법원주사, 등기주사, 법원주사보 또는 등기주사보가 집행관의 직무를 수행한 경우의 수수료는 국고수입으로 한다.
(2010.3.31 본조개정)
제20조【수수료를 받지 아니하는 사무】 집행관이 제6조 각 호에 따른 직무를 수행할 때에는 체당금 외에 수수료를 받지 못한다. 다만, 제6조제2호에 따른 직무에 관하여는 제19조에 따른다.(2010.3.31 본조개정)
제21조【정직명령】 지방법원장은 집행관이 형사사건으로 공소가 제기되거나 신체상·정신상 장애 등의 사유로 직무를 감당하지 못할 때에는 정직(停職)을 명할 수 있다.
(2010.3.31 본조개정)
제22조【사망 등의 경우의 처분】 지방법원장 또는 지원장은 집행관이 사망·정직·면직 또는 구금(拘禁)되었을 때에는 다음 각 호의 처분을 하여야 한다.
1. 직인, 장부, 그 밖에 직무에 관한 서류의 제출명령
2. 집행관이 직무상 보관한 물품 및 서류의 보전(保全)에 필요한 명령
(2010.3.31 본조개정)
제23조【징계처분】 ① 집행관이 다음 각 호의 어느 하나에 해당할 때에는 소속 지방법원장은 제24조에 따른 집행관징계위원회에 징계 의결을 요구하고 집행관징계위원회의 의결에 따라 징계처분을 하여야 한다.
1. 이 법과 이 법에 따른 명령이나 규칙을 위반하였을 때
2. 직무상의 의무를 위반하거나 직무를 게을리하였을 때
3. 직무 관련 여부와 상관없이 공직상의 체면 또는 위신을 손상시키는 행위를 하였을 때
4. 업무 집행과 관련하여 사무원에 대한 감독상의 과실이 있을 때
5. 정당한 이유 없이 제18조에 따른 교육을 받지 아니하였을 때
② 징계는 견책(譴責), 200만원 이하의 과태료, 1개월 이상 1년 이하의 정직 및 면직으로 구분한다.
(2010.3.31 본조개정)
제24조【징계위원회의 설치】 집행관의 징계처분을 의결하기 위하여 소속 지방법원에 집행관징계위원회를 둔다.
(2010.3.31 본조개정)
제25조【징계 사유의 시효】 제23조제1항에 따른 징계 의결의 요구는 징계 사유가 발생한 날부터 2년이 지나면 하지 못한다.(2010.3.31 본조개정)
제26조【벌칙】 ① 제15조를 위반한 사람은 5년 이하의 징역 또는 5천만원 이하의 벌금에 처한다.
② 제19조제2항을 위반한 사람은 3년 이하의 징역 또는 3천만원 이하의 벌금에 처한다.
(2020.10.20 본조개정)
제27조【시행규칙】 이 법 시행에 필요한 사항은 대법원규칙으로 정한다.(2010.3.31 본조개정)

부 칙

제1조【시행일】 이 법은 공포한 날부터 시행한다.
제2조【경과조치】 이 법 시행당시 종전의 규정에 의한 집달관은 이 법에 의한 집행관으로 본다. 다만, 그 임기는 제4조제2항의 규정에 불구하고 종전의 규정에 의한다.
제3조【다른 법률의 개정】 ①~② ※(해당 법령에 가제정리 하였음)
제4조【다른 법령과의 관계】 ① 이 법 시행당시 다른 법령에 규정된 집달관은 이 법에 의한 집행관으로 본다.
② 이 법 시행당시 다른 법령에서 종전의 집달관법 또는 그 규정을 인용한 경우 이 법이 해당되거나 이 법중에 그에 해당하는 규정이 있을 때에는 종전의 규정에 갈음하여 이 법 또는 이 법의 해당 조항을 인용한 것으로 본다.

부 칙 (2020.10.20)

이 법은 공포 후 6개월이 경과한 날부터 시행한다.

검찰청법

(1986년 12월 31일
전개법률 제3882호)

개정
1988.12.31법 4043호
1991.11.22법 4395호
1993. 3.10법 4543호
1995. 1. 5법 4930호
1995. 3.30법 4946호
1995. 8. 4법 4961호
1997. 1.13법 5263호
1997.12.13법 5430호
2003. 2. 4법 6855호(국회)
2004. 1.20법 7078호
2005.12.29법 7796호(국가공무원)
2007. 6. 1법 8494호
2007.12.21법 8717호
2009. 5. 8법 9644호
2009.11. 2법 9815호
2011. 7.18법10858호
2012. 1.17법11153호
2013. 3.23법11690호(정부조직)
2017. 3.14법14582호
2018. 3.20법15522호(공무원재해보상법)
2020. 2. 4법16908호
2020.12. 8법17566호
2022. 5. 9법18861호

제1장 총 칙

(2009.11.2 본장개정)

제1조【목적】 이 법은 검찰청의 조직, 직무 범위 및 인사와 그 밖에 필요한 사항을 규정함을 목적으로 한다.

제2조【검찰청】 ① 검찰청은 검사(檢事)의 사무를 총괄한다.

② 검찰청은 대검찰청, 고등검찰청 및 지방검찰청으로 한다.

제3조【검찰청의 설치와 관할구역】 ① 대검찰청은 대법원에, 고등검찰청은 고등법원에, 지방검찰청은 지방법원과 가정법원에 대응하여 각각 설치한다.

② 지방법원 지원(支院) 설치지역에는 이에 대응하여 지방검찰청 지청(支廳)(이하 "지청"이라 한다)을 둘 수 있다.

③ 대검찰청의 위치와 대검찰청 외의 검찰청(이하 "각급 검찰청"이라 한다) 및 지청의 명칭과 위치는 대통령령으로 정한다.

④ 각급 검찰청과 지청의 관할구역은 각급 법원과 지방법원 지원의 관할구역에 따른다.

제4조【검사의 직무】 ① 검사는 공익의 대표자로서 다음 각 호의 직무와 권한이 있다.

1. 범죄수사, 공소의 제기 및 그 유지에 필요한 사항. 다만, 검사가 수사를 개시할 수 있는 범죄의 범위는 다음 각 목과 같다.(2020.2.4 단서신설)
   가. 부패범죄, 경제범죄 등 대통령령으로 정하는 중요 범죄(2022.5.9 본목개정)
   나. 경찰공무원(다른 법률에 따라 사법경찰관리의 직무를 행하는 자를 포함한다) 및 고위공직자범죄수사처 소속 공무원(「고위공직자범죄수사처 설치 및 운영에 관한 법률」에 따른 파견공무원을 포함한다)이 범한 범죄(2022.5.9 본목개정)
   다. 가목·나목의 범죄 및 사법경찰관이 송치한 범죄와 관련하여 인지한 각 해당 범죄와 직접 관련성이 있는 범죄(2020.2.4 본목신설)
2. 범죄수사에 관한 특별사법경찰관리 지휘·감독(2020.2.4 본호개정)
3. 법원에 대한 법령의 정당한 적용 청구
4. 재판 집행 지휘·감독
5. 국가를 당사자 또는 참가인으로 하는 소송과 행정소송 수행 또는 그 수행에 관한 지휘·감독
6. 다른 법령에 따라 그 권한에 속하는 사항

② 검사는 자신이 수사개시한 범죄에 대하여는 공소를 제기할 수 없다. 다만, 사법경찰관이 송치한 범죄에 대하여는 그러하지 아니하다.(2022.5.9 본항신설)

③ 검사는 그 직무를 수행할 때 국민 전체에 대한 봉사자로서 헌법과 법률에 따라 국민의 인권을 보호하고 적법절차를 준수하며, 정치적 중립을 지켜야 하고 주어진 권한을 남용하여서는 아니 된다.(2020.12.8 본항개정)

판례 검사는 공익의 대표자로서 실체적 진실에 입각한 국가 형벌권의 실현을 위해 공소제기와 유지를 할 의무뿐만 아니라 그 과정에서 피고인의 정당한 이익을 옹호해야 할 의무를 진다. 검사가 수사 및 공판과정에서 피고인에게 유리한 증거를 발견하게 됐다면 피고인의 이익을 위해 이를 법원에 제출해야 한다.
(대판 2022.9.16, 2021다295165)

제5조【검사의 직무관할】 검사는 법령에 특별한 규정이 있는 경우를 제외하고는 소속 검찰청의 관할구역에서 직무를 수행한다. 다만, 수사에 필요할 때에는 관할구역이 아닌 곳에서 직무를 수행할 수 있다.

제6조【검사의 직급】 검사의 직급은 검찰총장과 검사로 구분한다.

제7조【검찰사무에 관한 지휘·감독】 ① 검사는 검찰사무에 관하여 소속 상급자의 지휘·감독에 따른다.

② 검사는 구체적 사건과 관련된 제1항의 지휘·감독의 적법성 또는 정당성에 대하여 이견이 있을 때에는 이의를 제기할 수 있다.

제7조의2【검사 직무의 위임·이전 및 승계】 ① 검찰총장, 각급 검찰청의 검사장(檢事長) 및 지청장은 소속 검사로 하여금 그 권한에 속하는 직무의 일부를 처리하게 할 수 있다.

② 검찰총장, 각급 검찰청의 검사장 및 지청장은 소속 검사의 직무를 자신이 처리하거나 다른 검사로 하여금 처리하게 할 수 있다.

판례 '법원이 알아서 적절히 선고해 달라'는 이른바 '백지 구형'을 하라는 상급자의 지시에 이의를 제기하고 무죄 구형을 강행한 검사에게 정직 4월 징계 처분을 내린 사안에 대하여, 상급자의 의견을 무시하고 내린 무죄 구형이나 근무시간 위반이 금품·향응 수수와 동일한 정도의 비위에 해당한다고는 보기 어렵다. 이를 볼 때 정직 4월은 상당히 높은 중징계에 해당하므로 해당 징계는 취소해야 한다.
(대판 2017.10.31, 2014두45734)

제8조【법무부장관의 지휘·감독】 법무부장관은 검찰사무의 최고 감독자로서 일반적으로 검사를 지휘·감독하고, 구체적 사건에 대하여는 검찰총장만을 지휘·감독한다.

제9조【직무 집행의 상호원조】 검찰청의 공무원은 검찰청의 직무 집행과 관련하여 서로 도와야 한다.

제10조【항고 및 재항고】 ① 검사의 불기소처분에 불복하는 고소인이나 고발인은 그 검사가 속한 지방검찰청 또는 지청을 거쳐 서면으로 관할 고등검찰청 검사장에게 항고할 수 있다. 이 경우 해당 지방검찰청 또는 지청의 검사는 항고가 이유 있다고 인정하면 그 처분을 경정(更正)하여야 한다.

② 고등검찰청 검사장은 제1항의 항고가 이유 있다고 인정하면 소속 검사로 하여금 지방검찰청 또는 지청 검사의 불기소처분을 직접 경정하게 할 수 있다. 이 경우 고등검찰청 검사는 지방검찰청 또는 지청의 검사로서 직무를 수행하는 것으로 본다.

③ 제1항에 따라 항고를 한 자[「형사소송법」 제260조에 따라 재정신청(裁定申請)을 할 수 있는 자는 제외한다. 이하 이 조에서 같다]는 그 항고를 기각하는 처분에 불복하거나 항고를 한 날부터 항고에 대한 처분이 이루어지지 아니하고 3개월이 지났을 때에는 그 검사가 속한 고등검찰청을 거쳐 서면으로 검찰총장에게 재항고할 수 있다. 이 경우 해당 고등검찰청의 검사는 재항고가 이유 있다고 인정하면 그 처분을 경정하여야 한다.

④ 제1항의 항고는 「형사소송법」 제258조제1항에 따른 통지를 받은 날부터 30일 이내에 하여야 한다.

⑤ 제3항의 재항고는 항고기각 결정을 통지받은 날 또는 항고 후 항고에 대한 처분이 이루어지지 아니하고 3개월이 지난 날부터 30일 이내에 하여야 한다.

⑥ 제4항과 제5항의 경우 항고 또는 재항고를 한 자가 자신에게 책임이 없는 사유로 정하여진 기간 이내에 항고 또는 재항고를 하지 못한 것을 소명하면 그 항고 또는 재항고 기간은 그 사유가 해소된 때부터 기산한다.

⑦ 제4항 및 제5항의 기간이 지난 후 접수된 항고 또는 재항고는 기각하여야 한다. 다만, 중요한 증거가 새로 발견된 경우 고소인이나 고발인이 그 사유를 소명하였을 때에는 그러하지 아니하다.
제11조 【위임규정】 검찰청의 사무에 관하여 필요한 사항은 법무부령으로 정한다.

제2장 대검찰청
(2009.11.2 본장개정)

제12조 【검찰총장】 ① 대검찰청에 검찰총장을 둔다.
② 검찰총장은 대검찰청의 사무를 맡아 처리하고 검찰사무를 총괄하며 검찰청의 공무원을 지휘·감독한다.
③ 검찰총장의 임기는 2년으로 하며, 중임할 수 없다.
제13조 【차장검사】 ① 대검찰청에 차장검사를 둔다.
② 차장검사는 검찰총장을 보좌하며, 검찰총장이 부득이한 사유로 직무를 수행할 수 없을 때에는 그 직무를 대리한다.
제14조 【대검찰청 검사】 대검찰청에 대검찰청 검사를 둔다.
제15조 【검찰연구관】 ① 대검찰청에 검찰연구관을 둔다.
② 검찰연구관은 검사로 보하며, 고등검찰청이나 지방검찰청의 검사를 겸임할 수 있다.
③ 검찰연구관은 검찰총장을 보좌하고 검찰사무에 관한 기획·조사 및 연구에 종사한다.
제16조 【직제】 ① 대검찰청에 부(部)와 사무국을 두고, 부와 사무국에 과를 두며, 부·사무국 및 과의 설치와 분장사무(分掌事務)에 관한 사항은 대통령령으로 정한다.
② 제1항의 부, 사무국 및 과에는 각각 부장, 사무국장 및 과장을 두며, 부장은 검사로, 사무국장은 고위공무원단에 속하는 일반직공무원으로, 과장은 검찰부이사관·정보통신부이사관·검찰수사서기관·정보통신서기관 또는 공업서기관으로 보한다. 다만, 부의 과장은 검사로 보할 수 있다.
③ 제2항의 부장, 사무국장 및 과장은 상사의 명을 받아 소관 부, 국 또는 과의 사무를 처리하며 소속 공무원을 지휘·감독한다.
④ 대검찰청에는 대통령령으로 정하는 바에 따라 차장검사 또는 부장 밑에 정책의 기획, 계획의 입안, 연구·조사, 심사·평가 및 홍보를 통하여 그를 직접 보좌하는 담당관을 둘 수 있다. 이 경우 그 담당관은 3급 상당 또는 4급 상당 별정직 국가공무원으로 보하되, 특히 필요하다고 인정될 때에는 검사로 보할 수 있다.

제3장 고등검찰청
(2009.11.2 본장개정)

제17조 【고등검찰청 검사장】 ① 고등검찰청에 고등검찰청 검사장을 둔다.
② 고등검찰청 검사장은 그 검찰청의 사무를 맡아 처리하고 소속 공무원을 지휘·감독한다.
제18조 【고등검찰청 차장검사】 ① 고등검찰청에 차장검사를 둔다.
② 차장검사는 소속 검사장을 보좌하며, 소속 검사장이 부득이한 사유로 직무를 수행할 수 없을 때에는 그 직무를 대리한다.
제18조의2 【고등검찰청 부장검사】 ① 고등검찰청에 사무를 분장하기 위하여 부를 둘 수 있다.
② 고등검찰청의 부에 부장검사를 둔다.
③ 부장검사는 상사의 명을 받아 그 부의 사무를 처리한다.
제19조 【고등검찰청 검사】 ① 고등검찰청에 검사를 둔다.
② 법무부장관은 고등검찰청의 검사로 하여금 그 관할구역의 지방검찰청 소재지에서 사무를 처리하게 할 수 있다.
제20조 【직제】 ① 고등검찰청에 사무국을 두고, 사무국에 과를 두며, 과의 설치와 분장사무에 관한 사항은 대통령령으로 정한다.
② 고등검찰청의 부에 과를 둘 수 있으며 과의 설치와 분장사무에 관한 사항은 대통령령으로 정한다.
③ 제1항과 제2항의 사무국 및 과에는 각각 사무국장 및 과장을 두고, 사무국장은 고위공무원단에 속하는 일반직공무원으로, 과장은 검찰부이사관·검찰수사서기관·정보통신서기관·검찰사무관·수사사무관·마약수사사무관·전기사무관 또는 통신사무관으로 보한다.
④ 제3항의 사무국장과 과장은 상사의 명을 받아 소관 국 또는 과의 사무를 처리하며 소속 공무원을 지휘·감독한다.

제4장 지방검찰청 및 지청
(2009.11.2 본장개정)

제21조 【지방검찰청 검사장】 ① 지방검찰청에 지방검찰청 검사장을 둔다.
② 지방검찰청 검사장은 그 검찰청의 사무를 맡아 처리하고 소속 공무원을 지휘·감독한다.
제22조 【지청장】 ① 지청에 지청장을 둔다.
② 지청장은 지방검찰청 검사장의 명을 받아 소관 사무를 처리하고 소속 공무원을 지휘·감독한다.
제23조 【지방검찰청과 지청의 차장검사】 ① 지방검찰청과 대통령령으로 정하는 지청에 차장검사를 둔다.
② 차장검사는 소속 지방검찰청 검사장 또는 지청장을 보좌하며, 소속 지방검찰청 검사장 또는 지청장이 부득이한 사유로 직무를 수행할 수 없을 때에는 그 직무를 대리한다.
제24조 【부장검사】 ① 지방검찰청과 지청에 사무를 분장하기 위하여 부를 둘 수 있다.
② 지방검찰청과 지청의 부에 부장검사를 둔다.
③ 부장검사는 상사의 명을 받아 그 부의 사무를 처리한다.
④ 검찰총장은 제4조제1항제1호가목의 범죄에 대한 수사를 개시할 수 있는 부의 직제 및 해당 부에 근무하고 있는 소속 검사와 공무원, 파견 내역 등의 현황을 분기별로 국회에 보고하여야 한다.(2022.5.9 본항신설)
제25조 【지방검찰청과 지청의 검사】 지방검찰청과 지청에 각각 검사를 둔다.
제26조 【직제】 ① 지방검찰청과 대통령령으로 정하는 지청에 사무국을 두고 사무국에 과를 두며, 과의 설치와 분장사무에 관한 사항은 대통령령으로 정한다.
② 사무국을 두지 아니하는 지청에 과를 두며, 과의 설치와 분장사무에 관한 사항은 대통령령으로 정한다.
③ 지방검찰청과 지청의 부에 과를 둘 수 있으며, 과의 설치와 분장사무에 관한 사항은 대통령령으로 정한다.
④ 제1항부터 제3항까지의 사무국 및 과에는 각각 사무국장과 과장을 두고, 사무국장은 고위공무원단에 속하는 일반직공무원·검찰부이사관 또는 검찰수사서기관으로, 과장은 검찰부이사관·검찰수사서기관·정보통신서기관·검찰사무관·수사사무관·마약수사사무관·전기사무관 또는 통신사무관으로 보한다.
⑤ 제4항의 사무국장과 과장은 상사의 명을 받아 소관 국 또는 과의 사무를 처리하며 소속 공무원을 지휘·감독한다.

제5장 검 사
(2009.11.2 본장개정)

제27조 【검찰총장의 임명자격】 검찰총장은 15년 이상 다음 각 호의 직위에 재직하였던 사람 중에서 임명한다.
1. 판사, 검사 또는 변호사
2. 변호사 자격이 있는 사람으로서 국가기관, 지방자치단체, 국·공영기업체, 「공공기관의 운영에 관한 법률」 제4조에 따른 공공기관 또는 그 밖의 법인에서 법률에 관한 사무에 종사한 사람
3. 변호사 자격이 있는 사람으로서 대학의 법률학 조교수 이상으로 재직하였던 사람

제28조【대검찰청 검사급 이상 검사의 보직기준】 고등검찰청 검사장, 대검찰청 차장검사 등 대통령령으로 정하는 대검찰청 검사급 이상 검사는 10년 이상 제27조 각 호의 직위에 재직하였던 사람 중에서 임용한다.

제28조의2【감찰담당 대검찰청 검사의 임용에 관한 특례】 ① 감찰에 관한 사무를 담당하는 대검찰청 검사(이하 "감찰담당 대검찰청 검사"라 한다)는 검찰청 내부 또는 외부를 대상으로 공개모집 절차를 통하여 적격자를 임용한다.

② 감찰담당 대검찰청 검사는 10년 이상 제27조 각 호의 직위에 재직하였던 사람 중에서 임용한다.

③ 제35조의 검찰인사위원회는 제1항에 따라 공개모집에 응모한 사람이 임용 적격자인지를 심의하고, 3명 이내의 임용후보자를 선발하여 법무부장관에게 추천한다.

④ 제3항의 추천을 받은 법무부장관은 검찰총장의 의견을 들어 검찰인사위원회가 추천한 임용후보자 중 1명을 대통령에게 임용 제청한다. 이 경우 임용 당시 검사는 전보의 방법으로 임용 제청하고, 임용 당시 검사가 아닌 사람은 신규 임용의 방법으로 임용 제청한다.

⑤ 감찰담당 대검찰청 검사의 임기는 2년으로 하며, 연임할 수 있다.

제28조의3【감찰담당 대검찰청 검사의 전보】 ① 전보의 방법으로 임용된 감찰담당 대검찰청 검사는 다음 각 호의 어느 하나에 해당하는 경우를 제외하고는 본인의 의사에 반하여 다른 직위로 전보되지 아니한다.

1. 「검사징계법」 제2조 각 호의 징계 사유 중 어느 하나에 해당하는 경우
2. 직무수행 능력이 현저히 떨어지는 경우

② 법무부장관은 전보의 방법으로 임용된 감찰담당 대검찰청 검사가 제1항 각 호의 어느 하나에 해당하게 되었을 때에는 제35조의 검찰인사위원회의 심의를 거친 후 검찰총장의 의견을 들어 대통령에게 그 검사를 다른 직위에 임용할 것을 제청할 수 있다.

제28조의4【감찰담당 대검찰청 검사의 퇴직】 ① 신규 임용의 방법으로 임용된 감찰담당 대검찰청 검사는 연임하지 아니할 때에는 그 임기가 끝나면 당연히 퇴직한다.

② 법무부장관은 신규 임용의 방법으로 임용된 감찰담당 대검찰청 검사가 직무수행 능력이 현저히 떨어지는 등 검사로서 정상적인 직무수행이 어렵다고 인정하는 경우에는 제39조에 따른 적격심사를 거쳐 대통령에게 그 검사에 대한 퇴직명령을 제청할 수 있다.

③ 제2항의 적격심사에 관하여 제39조를 적용하는 경우 같은 조 제1항 중 "임명 후 7년마다"는 "법무부장관이 필요하다고 인정하는 경우에는"으로 본다.

제29조【검사의 임명자격】 검사는 다음 각 호의 사람 중에서 임명한다.

1. 사법시험에 합격하여 사법연수원 과정을 마친 사람
2. 변호사 자격이 있는 사람

제30조【고등검찰청 검사 등의 임용】 제28조에 해당하는 검사를 제외한 고등검찰청 검사, 지방검찰청과 지청의 차장검사·부장검사 및 지청장은 7년 이상 제27조 각 호의 직위에 재직하였던 사람 중에서 임용한다.

제31조【재직연수의 합산】 제27조·제28조 및 제30조를 적용할 때 2개 이상의 직위에 재직하였던 사람은 그 재직연수(在職年數)를 합산한다.

제32조【검사의 직무대리】 ① 검찰총장은 사법연수원장이 요청하면 사법연수생으로 하여금 일정 기간 지방검찰청 또는 지청 검사의 직무를 대리할 것을 명할 수 있다.

② 검찰총장은 필요하다고 인정하면 검찰수사서기관, 검찰사무관, 수사사무관 또는 마약수사사무관으로 하여금 지방검찰청 또는 지청 검사의 직무를 대리하게 할 수 있다.

③ 제1항이나 제2항에 따라 검사의 직무를 대리하는 사람은 「법원조직법」에 따른 합의부의 심판사건은 처리하지 못한다.

④ 제2항에 따른 검사 직무대리의 직무 범위와 그 밖에 검사 직무대리의 운영 등에 필요한 사항은 대통령령으로 정한다.

제33조【결격사유】 다음 각 호의 어느 하나에 해당하는 사람은 검사로 임용될 수 없다.

1. 「국가공무원법」 제33조 각 호의 어느 하나에 해당하는 사람
2. 금고 이상의 형을 선고받은 사람
3. 탄핵결정에 의하여 파면된 후 5년이 지나지 아니한 사람
4. 대통령비서실 소속의 공무원으로서 퇴직 후 2년이 지나지 아니한 사람(2017.3.14 본호신설)

제34조【검사의 임명 및 보직 등】 ① 검사의 임명과 보직은 법무부장관의 제청으로 대통령이 한다. 이 경우 법무부장관은 검찰총장의 의견을 들어 검사의 보직을 제청한다.

② 대통령이 법무부장관의 제청으로 검찰총장을 임명할 때에는 국회의 인사청문을 거쳐야 한다.

제34조의2【검찰총장후보추천위원회】 ① 법무부장관이 제청할 검찰총장 후보자의 추천을 위하여 법무부에 검찰총장후보추천위원회(이하 "추천위원회"라 한다)를 둔다.

② 추천위원회는 법무부장관이 검찰총장 후보자를 제청할 때마다 위원장 1명을 포함한 9명의 위원으로 구성한다.

③ 위원장은 제4항에 따른 위원 중에서 법무부장관이 임명하거나 위촉한다.

④ 위원은 다음 각 호의 어느 하나에 해당하는 사람을 법무부장관이 임명하거나 위촉한다.

1. 제28조에 따른 대검찰청 검사급 이상 검사로 재직하였던 사람으로서 사회적 신망이 높은 사람
2. 법무부 검찰국장
3. 법원행정처 차장
4. 대한변호사협회장
5. 사단법인 한국법학교수회 회장
6. 사단법인 법학전문대학원협의회 이사장
7. 학식과 덕망이 있고 각계 전문 분야에서 경험이 풍부한 사람으로서 변호사 자격을 가지지 아니한 사람 3명. 이 경우 1명 이상은 여성이어야 한다.

⑤ 추천위원회는 법무부장관의 요청 또는 위원 3분의 1 이상의 요청이 있거나 위원장이 필요하다고 인정할 때 위원장이 소집하고, 재적위원 과반수의 찬성으로 의결한다.

⑥ 추천위원회는 검찰총장 후보자로 3명 이상을 추천하여야 한다.

⑦ 법무부장관은 검찰총장 후보자를 제청하는 경우에는 추천위원회의 추천 내용을 존중한다.

⑧ 추천위원회가 제6항에 따라 검찰총장 후보자를 추천하면 해당 위원회는 해산된 것으로 본다.

⑨ 그 밖에 추천위원회의 구성과 운영 등에 필요한 사항은 대통령령으로 정한다.

(2011.7.18 본조신설)

제35조【검찰인사위원회】 ① 검사의 임용, 전보, 그 밖의 인사에 관한 중요 사항을 심의하기 위하여 법무부에 검찰인사위원회(이하 "인사위원회"라 한다)를 둔다.

② 인사위원회는 위원장 1명을 포함한 11명의 위원으로 구성하고, 위원장은 제3항에 따른 위원 중에서 법무부장관이 임명하거나 위촉한다.

③ 위원은 다음 각 호의 어느 하나에 해당하는 사람을 법무부장관이 임명하거나 위촉하되 임기는 1년으로 한다.

1. 검사 3명. 다만, 제28조 및 제30조에 해당하는 자격을 가진 검사를 제외한 검사가 1명 이상이어야 한다.
2. 법원행정처장이 추천하는 판사 2명. 다만, 제4항제2호의 검사의 신규 임명에 관한 심의에만 참여한다.
3. 대한변호사협회장이 추천하는 변호사 2명
4. 사단법인 한국법학교수회 회장과 사단법인 법학전문대학원협의회 이사장이 각각 1명씩 추천하는 법학교수 2명
5. 학식과 덕망이 있고 각계 전문 분야에서 경험이 풍부한 사람으로서 변호사 자격을 가지지 아니한 사람 2명

(2011.7.18 본항신설)

④ 인사위원회는 다음 각 호의 사항을 심의한다.
1. 검찰인사행정에 관한 기본계획의 수립 및 검찰인사 관계 법령의 개정·폐지에 관한 사항
2. 검사의 임용·전보의 원칙과 기준에 관한 사항
3. 검사의 사건 평가와 관련하여 무죄사건이나 사회적 이목을 끈 사건으로 위원 3분의 1 이상이 심의를 요청한 사항
4. 그 밖에 법무부장관이 심의를 요청하는 인사에 관한 사항
(2011.7.18 본항신설)
⑤ 인사위원회는 재적위원 과반수의 찬성으로 의결한다.
(2011.7.18 본항신설)
⑥ 그 밖에 인사위원회의 구성과 운영 등에 필요한 사항은 대통령령으로 정한다.(2011.7.18 본항신설)
(2011.7.18 본조개정)

제35조의2【근무성적 등의 평정】 ① 법무부장관은 검사에 대한 근무성적과 자질을 평정하기 위하여 공정한 평정기준을 마련하여야 한다.
② 제1항의 자질 평정기준에는 성실성, 청렴성 및 친절성 등이 포함되어야 한다.
③ 법무부장관은 제1항의 평정기준에 따라 검사에 대한 평정을 실시하고 그 결과를 보직, 전보 등의 인사관리에 반영한다.
④ 그 밖에 근무성적과 자질 평정에 필요한 사항은 법무부령으로 정한다.
(2011.7.18 본조신설)

제36조【정원·보수 및 징계】 ① 검사는 특정직공무원으로 하고 그 정원, 보수 및 징계에 관하여 필요한 사항은 따로 법률로 정한다.
② 검사의 지위는 존중되어야 하며, 그 보수는 직무와 품위에 상응하도록 정하여야 한다.
③ 제32조제1항에 따라 검사의 직무를 대리하는 사법연수생에게는 대통령령으로 정하는 바에 따라 실비(實費)를 지급한다.

제37조【신분보장】 검사는 탄핵이나 금고 이상의 형을 선고받은 경우를 제외하고는 파면되지 아니하며, 징계처분이나 적격심사에 의하지 아니하고는 해임·면직·정직·감봉·견책 또는 퇴직의 처분을 받지 아니한다.

제38조【휴직】 ① 법무부장관은 검사가 다음 각 호의 어느 하나의 사유에 해당하면 휴직을 명하여야 한다.
1. 병역 복무를 위하여 징집되거나 소집되었을 때
2. 법률에 따른 의무를 수행하기 위하여 직무를 이탈하게 되었을 때
② 법무부장관은 검사가 다음 각 호의 어느 하나의 사유로 휴직을 청원하는 경우에 그 청원 내용이 충분한 이유가 있다고 인정하면 휴직을 허가할 수 있다.
1. 국내외의 법률연구기관이나 대학 등에서 법률연수를 하게 되었을 때
2. 본인의 질병으로 인한 요양 등이 필요할 때
③ 제1항 및 제2항의 경우 휴직 기간의 보수 지급 등 필요한 사항은 대통령령으로 정한다.

제38조의2【휴직 기간】 검사의 휴직 기간은 다음 각 호와 같다.
1. 제38조제1항에 따른 휴직 기간은 그 복무 기간이 끝날 때까지로 한다.
2. 제38조제2항제1호에 따른 휴직 기간은 2년 이내로 한다.(2012.1.17 본호개정)
3. 제38조제2항제2호에 따른 휴직 기간은 1년(「공무원 재해보상법」에 따른 공무상 부상 또는 질병으로 인한 휴직 기간은 3년) 이내로 한다.(2018.3.20 본호개정)
(2009.11.2 본조신설)

제39조【검사 적격심사】 ① 검사(검찰총장은 제외한다)에 대하여는 임명 후 7년마다 적격심사를 한다.
② 제1항의 심사를 위하여 법무부에 다음 각 호의 위원 9명으로 구성하는 검사적격심사위원회(이하 "위원회"라 한다)를 둔다.
1. 대법원장이 추천하는 법률전문가 1명
2. 대한변호사협회장이 추천하는 변호사 1명
3. 교육부장관이 추천하는 법학교수 1명(2013.3.23 본호개정)
4. 사법제도에 관하여 학식과 경험을 가진 사람으로서 법무부장관이 위촉하는 사람 2명
5. 법무부장관이 지명하는 검사 4명
③ 제2항제1호부터 제3호까지의 위원은 해당 추천기관의 추천을 받아 법무부장관이 위촉한다.
④ 위원회는 검사가 직무수행 능력이 현저히 떨어지는 등 검사로서 정상적인 직무수행이 어렵다고 인정하는 경우에는 재적위원 3분의 2 이상의 의결을 거쳐 법무부장관에게 그 검사의 퇴직을 건의한다.
⑤ 위원회는 제4항에 따른 의결을 하기 전에 해당 검사에게 위원회에 출석하여 충분한 진술을 할 수 있는 기회를 주어야 한다.
⑥ 법무부장관은 제4항에 따른 퇴직 건의가 타당하다고 인정하면 대통령에게 그 검사에 대한 퇴직명령을 제청한다.
⑦ 제2항 각 호의 위원의 자격기준과 임기 및 위원회의 조사·심의 방식, 그 밖에 운영에 필요한 사항은 대통령령으로 정한다.

제39조의2【심신장애로 인한 퇴직】 검사가 중대한 심신상의 장애로 인하여 직무를 수행할 수 없을 때 대통령은 법무부장관의 제청에 의하여 그 검사에게 퇴직을 명할 수 있다.

제40조【명예퇴직】 ① 20년 이상 근속한 검사가 정년 전에 스스로 퇴직하는 경우에는 명예퇴직수당을 지급할 수 있다.
② 제1항의 명예퇴직수당의 금액과 그 밖에 지급에 관하여 필요한 사항은 대통령령으로 정한다.

제41조【정년】 검찰총장의 정년은 65세, 검찰총장 외의 검사의 정년은 63세로 한다.

제42조 (2004.1.20 삭제)

제43조【정치운동 등의 금지】 검사는 재직 중 다음 각 호의 행위를 할 수 없다.
1. 국회 또는 지방의회의 의원이 되는 일
2. 정치운동에 관여하는 일
3. 금전상의 이익을 목적으로 하는 업무에 종사하는 일
4. 법무부장관의 허가 없이 보수를 받는 직무에 종사하는 일

제44조【검사의 겸임】 법무부와 그 소속 기관의 직원으로서 검사로 임명될 자격이 있는 사람은 검사를 겸임할 수 있다. 이 경우 그 중 보수가 더 많은 직위의 보수를 받으며, 그 겸직 검사의 수는 제36조의 검사 정원에 포함하지 아니한다.

제44조의2【검사의 파견 금지 등】 ① 검사는 대통령비서실에 파견되거나 대통령비서실의 직위를 겸임할 수 없다.
② 검사로서 퇴직 후 1년이 지나지 아니한 사람은 대통령비서실의 직위에 임용될 수 없다.(2017.3.14 본항신설)
(2013.3.23 본조개정)

제6장 검찰청 직원

(2009.11.2 본장개정)

제45조【검찰청 직원】 검찰청에는 고위공무원단에 속하는 일반직공무원, 검찰부이사관, 검찰수사서기관, 검찰사무관, 수사사무관, 마약수사사무관, 검찰주사, 마약수사주사, 검찰주사보, 마약수사주사보, 검찰서기, 마약수사서기, 검찰서기보, 마약수사서기보 및 별정직공무원을 둔다.

제46조【검찰수사서기관 등의 직무】 ① 검찰수사서기관, 검찰사무관, 검찰주사, 마약수사주사, 검찰주사보, 마약수사주사보, 검찰서기 및 마약수사서기는 다음 각 호의 사무에 종사한다.
1. 검사의 명을 받은 수사에 관한 사무
2. 형사기록의 작성과 보존
3. 국가를 당사자 또는 참가인으로 하는 소송과 행정소송의 수행자로 지정을 받은 검사의 소송 업무 보좌 및 이에 관한 기록, 그 밖의 서류의 작성과 보존에 관한 사무
4. 그 밖에 검찰행정에 관한 사무

② 검찰수사서기관, 수사사무관 및 마약수사사무관은 검사를 보좌하며 「형사소송법」 제245조의9제2항에 따른 사법경찰관으로서 검사의 지휘를 받아 범죄수사를 한다.(2020.2.4 본항개정)
③ 검찰서기, 마약수사서기, 검찰서기보 및 마약수사서기보는 검찰수사서기관, 검찰사무관, 수사사무관, 마약수사사무관, 검찰주사, 마약수사주사, 검찰주사보 또는 마약수사주사보를 보좌한다.
④ 검찰수사서기관, 검찰사무관, 검찰주사, 마약수사주사, 검찰주사보, 마약수사주사보, 검찰서기 및 마약수사서기는 수사에 관한 조서 작성에 관하여 검사의 의견이 자기의 의견과 다른 경우에는 조서의 끝 부분에 그 취지를 적을 수 있다.
제47조【사법경찰관리로서의 직무수행】 ① 검찰주사, 마약수사주사, 검찰주사보, 마약수사주사보, 검찰서기, 마약수사서기, 검찰서기보 또는 마약수사서기보로서 검찰총장 또는 각급 검찰청 검사장의 지명을 받은 사람은 소속 검찰청 또는 지청에서 접수한 사건에 관하여 다음 각 호의 구분에 따른 직무를 수행한다.
1. 검찰주사, 마약수사주사, 검찰주사보 및 마약수사주사보 : 「형사소송법」 제245조의9제2항에 따른 사법경찰관의 직무(2020.2.4 본호개정)
2. 검찰서기, 마약수사서기, 검찰서기보 및 마약수사서기보 : 「형사소송법」 제245조의9제3항에 따른 사법경찰리의 직무(2020.2.4 본호개정)
② 별정직공무원으로서 검찰총장 또는 각급 검찰청 검사장의 지명을 받은 공무원은 다음 각 호의 구분에 따른 직무를 수행한다.
1. 5급 상당부터 7급 상당까지의 공무원 : 「형사소송법」 제245조의9제2항에 따른 사법경찰관의 직무(2020.2.4 본호개정)
2. 8급 상당 및 9급 상당 공무원 : 「형사소송법」 제245조의9제3항에 따른 사법경찰리의 직무(2020.2.4 본호개정)
제48조【검찰총장 비서관】 ① 대검찰청에 검찰총장 비서관 1명을 둔다.
② 비서관은 검찰수사서기관이나 4급 상당 별정직국가공무원으로 보하고 검찰총장의 명을 받아 기밀에 관한 사항을 맡아 처리한다.
제49조【통역공무원 및 기술공무원】 ① 검찰청에 통역 및 기술 분야의 업무를 담당하는 공무원을 둘 수 있다.
② 제1항의 공무원은 상사의 명을 받아 번역·통역 또는 기술에 관한 사무에 종사한다. 다만, 전산사무관, 방송통신사무관, 전산주사, 방송통신주사, 전산주사보, 방송통신주사보, 전산서기, 방송통신서기, 전산서기보, 방송통신서기보로서 검찰총장 또는 각급 검찰청 검사장의 지명을 받은 사람은 소속 검찰청 또는 지청에서 접수한 사건에 관하여 다음 각 호의 구분에 따른 직무를 수행한다.
1. 전산사무관, 방송통신사무관, 전산주사, 방송통신주사, 전산주사보, 방송통신주사보 : 「형사소송법」 제245조의9제2항에 따른 사법경찰관의 직무(2020.2.4 본호개정)
2. 전산서기, 방송통신서기, 전산서기보, 방송통신서기보 : 「형사소송법」 제245조의9제3항에 따른 사법경찰리의 직무(2020.2.4 본호개정)
제50조【검찰청 직원의 보직】 ① 검찰청 직원의 보직은 법무부장관이 행한다. 다만, 이 법 또는 다른 법률에 특별한 규정이 있는 경우에는 그러하지 아니하다.
② 법무부장관은 제1항에 따른 권한의 일부를 검찰총장이나 각급 검찰청의 검사장에게 위임할 수 있다.
③ 다음 각 호의 어느 하나에 해당하는 사람은 검찰청 직원으로 임용될 수 없다.
1. 「국가공무원법」 제33조 각 호의 어느 하나에 해당하는 사람
2. 금고 이상의 형을 선고받은 사람
제51조【검찰청 직원의 겸임】 법무부 직원은 이 법에 따른 검찰청 직원의 직위를 겸임할 수 있다. 이 경우 그 보수에 관하여는 제44조 후단을 준용한다.
제52조【검찰청 직원의 정원】 검찰청 직원의 정원은 대통령령으로 정한다.

제7장 사법경찰관리의 지휘·감독
(2009.11.2 본장개정)

제53조 (2011.7.18 삭제)
제54조【교체임용의 요구】 ① 서장이 아닌 경정 이하의 사법경찰관리가 직무 집행과 관련하여 부당한 행위를 하는 경우 지방검찰청 검사장은 해당 사건의 수사 중지를 명하고, 임용권자에게 그 사법경찰관리의 교체임용을 요구할 수 있다.
② 제1항의 요구를 받은 임용권자는 정당한 사유가 없으면 교체임용을 하여야 한다.

부 칙 (2012.1.17)

제1조【시행일】 이 법은 공포한 날부터 시행한다.
제2조【질병 휴직 기간 단축 및 공무상 질병 또는 부상으로 인한 휴직기간 확대에 따른 경과조치】 이 법 시행 당시 제38조제2항제2호에 따라 휴직 중인 사람에 대하여는 종전의 규정을 적용한다. 다만, 이 법 시행 전에 공무상 질병 또는 부상으로 휴직하였거나 이 법 시행 당시 공무상 질병 또는 부상으로 휴직 중인 사람에 대하여는 제38조의2제3호의 개정규정을 적용한다.

부 칙 (2020.2.4)

이 법은 공포 후 6개월이 경과한 날부터 1년 내에 시행하되, 그 기간 내에 대통령령으로 정하는 시점부터 시행한다.

부 칙 (2020.12.8)

이 법은 공포한 날부터 시행한다.

부 칙 (2022.5.9)

제1조【시행일】 이 법은 공포 후 4개월이 경과한 날부터 시행한다.
제2조【검사의 직무에 관한 적용례】 제4조제2항의 개정규정은 이 법 시행 이후 공소를 제기하는 경우부터 적용한다.
제3조【검사가 수사를 개시할 수 있는 범죄의 범위에 관한 경과조치】 이 법 시행 당시 종전의 제4조제1항제1호가목에 따른 선거범죄에 관하여는 2022년 12월 31일까지는 제4조제1항제1호가목의 개정규정에도 불구하고 종전의 규정에 따른다.
제4조【다른 법률의 개정】 ①~③ ※(해당 법령에 가제정리 하였음)

법률구조법

(1986년 12월 23일
법 률 제3862호)

개정
1994.12.31법 4837호
2001.12.31법 6590호(기금관리기본법)
2007. 3.29법 8320호 2008. 3.28법 8994호
2009. 3.18법 9489호
2009. 5.27법 9717호(농어업·농어촌및식품산업기본법)
2011. 8. 4법11002호(아동)
2011. 9.15법11041호(국가유공자등예우)
2014. 5.20법12617호(기초연금법)
2015. 6.22법13383호(수산업·어촌발전기본법)
2016. 3.29법14102호(공익법무관에관한법)
2021. 1. 5법17883호(5·18민주유공자예우및단체설립에관한법)
2022. 1.11법18755호(수산)

제1조【목적】 이 법은 경제적으로 어렵거나 법을 몰라서 법의 보호를 충분히 받지 못하는 자에게 법률구조(法律救助)를 함으로써 기본적 인권을 옹호하고 나아가 법률 복지를 증진하는 데에 이바지함을 목적으로 한다.(2008.3.28 본조개정)

제2조【정의】 이 법에서 "법률구조"란 제1조의 목적을 달성하기 위하여 법률상담, 변호사나 「공익법무관에 관한 법률」에서 정한 공익법무관(이하 "공익법무관"이라 한다)에 의한 소송대리(訴訟代理), 그 밖에 법률 사무에 관한 모든 지원을 하는 것을 말한다.(2008.3.28 본조개정)

제2조의2【국가와 지방자치단체의 책무】 ① 국가는 국민의 법률복지 증진을 위하여 법률구조 체제를 구축·운영하고, 법률구조 관련 법령의 정비와 각종 정책을 수립·시행하며, 이에 필요한 재원을 조달할 책무를 진다.

② 지방자치단체는 국가의 법률구조 시책이 원활하게 시행될 수 있도록 협력하여야 한다.

(2008.3.28 본조신설)

제3조【등록】 법인으로서 법률구조업무를 하려는 자는 대통령령으로 정하는 바에 따라 자산(資産), 법률구조업무 종사자 등에 관한 요건을 갖추어 법무부장관에게 등록하여야 한다.(2008.3.28 본조개정)

제4조【보조금의 지급】 정부는 제3조에 따라 등록된 법인과 제8조에 따른 대한법률구조공단(이하 "법률구조법인"이라 한다)의 건전한 육성·발전을 위하여 필요하다고 인정하면 예산의 범위에서 보조금을 지급할 수 있다.(2008.3.28 본조개정)

제5조【대리행위의 제한】 법률구조법인이나 그 밖에 공익법무관이 근무하고 있거나 근무하였던 법인은 법률구조업무와 관련하여 법인명의로 소송에 관한 행위, 행정처분의 청구, 그 밖의 법률사무에 관한 대리행위(代理行爲)를 할 수 없다.
(2008.3.28 본조개정)

제6조【비밀누설의 금지】 법률구조법인이나 그 밖에 공익법무관이 근무하고 있거나 근무하였던 법인 또는 기관에서 법률구조업무에 종사하였거나 종사하고 있는 자는 그 업무수행 과정에서 알게 된 비밀을 누설하여서는 아니 된다.
(2016.3.29 본조개정)

제7조【수수료 등의 징수 금지】 ① 법률구조법인이나 그 밖에 공익법무관이 근무하고 있거나 근무하였던 법인 또는 기관 및 그 법인 또는 기관에서 법률구조업무를 담당하고 있거나 담당하였던 자는 법률구조를 이유로 수수료를 받거나 그 밖의 어떠한 명목으로도 금품을 받아서는 아니 된다. 다만, 대통령령으로 정하는 소송비용, 변호사보수(辯護士報酬) 등에 대하여는 그러하지 아니하다.(2016.3.29 본문개정)

② 제1항 단서에도 불구하고 다음 각 호의 어느 하나에 해당하는 자에 대하여는 대통령령으로 정하는 바에 따라 국가가 소송비용과 변호사보수를 부담할 수 있다.

1. 「국가유공자 등 예우 및 지원에 관한 법률」 제6조제1항에 따라 등록된 국가유공자 및 그 유족(2011.9.15 본호개정)
2. 「독립유공자예우에 관한 법률」 제6조제1항에 따라 등록된 독립유공자와 그 유족 또는 가족
3. 「5·18민주유공자예우 및 단체설립에 관한 법률」 제7조제1항에 따라 등록된 5·18민주유공자(2021.1.5 본호개정)
4. 「국민기초생활 보장법」 제2조제2호에 따른 수급자
5. 「아동복지법」 제3조제4호에 따른 보호대상아동 (2011.8.4 본호개정)
6. 「기초연금법」 제3조에 따른 기초연금 수급권자 (2014.5.20 본호개정)
7. 「장애인복지법」 제2조제2항에 따른 장애인
8. 「한부모가족지원법」 제5조 및 제5조의2에 따른 보호대상자
9. 「농업·농촌 및 식품산업 기본법」 제3조제2호에 따른 농업인과 「수산업·어촌 발전 기본법」 제3조제3호에 따른 어업인(2015.6.22 본호개정)
10. 「수산업법」 제2조제14호에 따른 어획물운반업종사자 (2022.1.11 본호개정)
11. 그 밖에 대통령령으로 정하는 자

③ 제1항 단서와 제2항에 따라 공익법무관이 받은 변호사보수 등은 공익법무관이 근무하고 있거나 근무하였던 법인의 해당 회계에 편입시킨다.

(2008.3.28 본조개정)

제8조【대한법률구조공단의 설립】 법률구조를 효율적으로 추진하기 위하여 대한법률구조공단(이하 "공단"이라 한다)을 설립한다.(2008.3.28 본조개정)

제9조【법인격】 공단은 법인으로 한다.(2008.3.28 본조개정)

제10조【사무소】 ① 공단의 주된 사무소의 소재지는 정관(定款)으로 정한다.

② 공단은 「각급 법원의 설치와 관할구역에 관한 법률」 제2조에 따른 지방법원 소재지에 지부(支部)를, 지방법원지원 소재지에 출장소를, 시·군법원 소재지에 지소(支所)를 정관으로 정하는 바에 따라 각각 둘 수 있다.

(2008.3.28 본조개정)

제11조【정관】 ① 공단의 정관에는 다음 각 호의 사항을 적어야 한다.

1. 설립 목적
2. 명칭
3. 주된 사무소, 지부 및 출장소에 관한 사항
4. 임직원에 관한 사항
5. 이사회에 관한 사항
6. 업무에 관한 사항
7. 재산과 회계에 관한 사항
8. 공고에 관한 사항
9. 정관의 변경에 관한 사항
10. 내부 규정의 제정·개정 및 폐지에 관한 사항

② 공단은 정관을 변경하려고 할 때에는 법무부장관의 인가(認可)를 받아야 한다.

(2008.3.28 본조개정)

제12조【등기】 공단은 그 주된 사무소의 소재지에서 설립등기(設立登記)를 함으로써 성립한다.(2008.3.28 본조개정)

제13조【임원 및 그 임기】 ① 공단에는 이사장 1명을 포함한 14명 이내의 이사(理事)와 감사(監事) 1명을 둔다.

② 이사장은 법무부장관이 임명하고, 이사와 감사는 이사장의 제청에 의하여 법무부장관이 임명한다.

③ 이사장과 이사의 임기는 3년으로 하고, 감사의 임기는 2년으로 한다.

(2008.3.28 본조개정)

제14조【임원의 직무】 ① 이사장은 공단을 대표하고 공단의 업무를 총괄한다.

② 이사는 정관으로 정하는 바에 따라 공단의 업무를 분장하며 이사장이 불가피한 사유로 직무를 수행할 수 없을 때에는 정관으로 정하는 순위에 따라 그 직무를 대리한다.

③ 감사는 공단의 업무와 회계를 감사(監査)한다.

(2008.3.28 본조개정)

제15조【임원의 결격사유】 다음 각 호의 어느 하나에 해당하는 자는 공단의 임원이 될 수 없다.
1. 대한민국 국민이 아닌 자
2. 「국가공무원법」 제33조 각 호의 어느 하나에 해당하는 자
(2008.3.28 본조개정)
제16조【임원의 해임】 ① 임원이 제15조 각 호의 어느 하나에 해당하게 되면 당연히 퇴직한다.
② 임면권자(任免權者)는 임원이 다음 각 호의 어느 하나에 해당하게 되면 그 임원을 해임할 수 있다.
1. 신체장애나 정신장애로 직무수행이 매우 곤란하게 되거나 불가능하게 된 경우
2. 고의 또는 중대한 과실로 공단에 손실을 입힌 경우
3. 직무상 의무를 위반하거나 그 밖에 임원으로서 적합하지 못한 비행(非行)을 한 경우
(2008.3.28 본조개정)
제17조【이사회】 ① 공단의 중요 사항을 심의 · 의결하기 위하여 공단에 이사회를 둔다.
② 이사회는 이사장과 이사로 구성한다.
③ 이사장은 이사회를 소집하고 그 의장이 된다.
④ 감사는 이사회에 출석하여 의견을 진술할 수 있다.
(2008.3.28 본조개정)
제18조【직원의 임면】 공단의 직원은 정관으로 정하는 바에 따라 이사장이 임면(任免)한다.(2008.3.28 본조개정)
제19조【공단 소속 변호사】 ① 법률구조업무를 효율적으로 수행하기 위하여 공단에 법률구조업무를 전담하는 변호사를 둘 수 있다.
② 이 법에 따른 공단 소속 변호사의 임면과 그 밖의 운영에 관하여 이 법에 규정되지 아니한 사항은 법무부장관의 승인을 받아 공단의 규칙으로 정한다.
(2008.3.28 본조개정)
제20조【법률구조위원】 ① 공단의 이사장은 법률구조사건의 소송수행을 위하여 필요하면 변호사 중에서 법률구조위원을 위촉할 수 있다.
② 법률구조위원의 위촉과 그 밖의 운영에 관한 사항은 법무부장관의 승인을 받아 공단의 규칙으로 정한다.
(2008.3.28 본조개정)
제21조【사업】 공단은 제1조의 목적을 달성하기 위하여 다음 각 호의 사업을 한다.
1. 법률구조
2. 법률구조제도에 관한 조사 · 연구
3. 준법정신을 드높이기 위한 계몽사업
4. 그 밖에 공단의 목적 달성에 필요한 사업
(2008.3.28 본조개정)
제21조의2【범죄피해자 보호 · 지원】 공단은 법률구조사업을 수행할 때 범죄피해자의 권리가 적절히 보장되고신속한 피해회복이 이루어질 수 있도록 범죄피해자를 법률적으로 보호 · 지원할 수 있다.(2008.3.28 본조개정)
제22조【법률구조의 절차 등】 공단이 행하는 법률구조의 요건, 절차 등은 법무부장관의 승인을 받아 공단의 규칙으로 정한다.(2008.3.28 본조개정)
제22조의2【자료 제공의 요청】 ① 공단은 법률구조의 의뢰인이 법률구조사업의 대상자인지를 확인하기 위하여 관계 중앙행정기관, 지방자치단체, 그 밖에 대통령령으로 정하는 공공기관(이하 이 조에서 "공공기관"이라 한다)에 필요한 자료의 제공을 요청할 수 있다. 이 경우 자료 제공을 요청받은 공공기관의 장은 특별한 사유가 없으면 요청에 따라야 한다.
② 제1항에 따라 공단에 제공하는 자료에 대하여는 사용료 · 수수료 등을 면제한다.
③ 제1항에 따라 공단이 자료 제공을 요청할 수 있는 사유, 제공 자료의 범위, 그 밖에 필요한 사항은 대통령령으로 정한다.
(2008.3.28 본조개정)
제23조 (2001.12.31 삭제)
제24조【공단의 재원】 공단은 다음 각 호의 재원(財源)으로 운영한다.
1. 정부의 출연금(出捐金) 및 보조금
2. 정부 외의 자가 기부하는 현금과 그 밖의 재산
3. 제26조에 따른 차입금
4. 공단의 사업으로 생기는 수입금
5. 그 밖의 수입금
(2008.3.28 본조개정)
제25조 (2001.12.31 삭제)
제26조【자금의 차입】 공단은 제21조에 따른 사업을 하기 위하여 필요하다고 인정하면 법무부장관의 승인을 받아 자금을 차입(借入)할 수 있다.(2008.3.28 본조개정)
제27조 (2001.12.31 삭제)
제28조【국공유재산의 대부 등】 국가나 지방자치단체는 법률구조법인의 설립과 운영을 위하여 필요하면 「국유재산법」이나 「공유재산 및 물품 관리법」의 규정에도 불구하고 대통령령으로 정하는 바에 따라 국공유재산을 무상으로 대부(貸付)하거나 사용 · 수익하게 할 수 있다. 다만, 공단이 아닌 법률구조법인에는 국유재산만을 무상으로 대부하거나 사용 · 수익하게 할 수 있다.(2008.3.28 본조개정)
제29조【예산회계】 ① 공단의 사업연도는 정부의 회계연도에 따른다.
② 공단은 매 사업연도의 사업계획과 예산안을 작성하여 해당 사업연도가 시작되기 전까지 법무부장관에게 제출하여 승인을 받아야 한다. 이를 변경하려고 할 때에도 또한 같다.
③ 공단은 매 사업연도의 사업실적과 결산서(決算書)를 작성하여 다음 사업연도 4월말까지 법무부장관에게 제출하여야 한다.
(2008.3.28 본조개정)
제30조【이익금의 처리】 공단은 매 사업연도의 결산 결과 이익금이 생긴 경우에는 이월손실금(移越損失金)의 보전(補塡)에 충당하고, 그 나머지는 적립하여야 한다.
(2008.3.28 본조개정)
제31조【공무원의 겸직근무】 법무부장관은 이사장의 요청에 따라 법무부 소속 공무원을 공단에 겸직근무(兼職勤務)하게 할 수 있다.(2008.3.28 본조개정)
제32조【벌칙 적용 시의 공무원 의제】 공단의 임직원은 「형법」이나 그 밖의 법률에 따른 벌칙을 적용할 때에는 공무원으로 본다.(2008.3.28 본조개정)
제32조의2【공단의 손해배상책임】 ① 공단은 그 임직원이 공단의 사무집행에 관하여 고의 또는 과실로 법령을 위반하여 제삼자에게 손해를 입힌 경우 그 손해에 대한 배상책임을 진다.
② 공단은 제1항에 따른 손해가 소속 임직원의 고의 또는 중대한 과실로 발생한 것일 때에는 그 임직원에 대하여 구상권(求償權)을 행사할 수 있다.
(2008.3.28 본조개정)
제33조【준용】 공단에 관하여는 이 법으로 규정한 것 외에는 「민법」 중 재단법인에 관한 규정을 준용한다.
(2008.3.28 본조개정)
제33조의2【공익법무관의 배치 등】 ① 법무부장관은 법률구조업무를 지원하고 그 밖에 공익목적을 수행하기 위하여 「공익법무관에 관한 법률」에서 정하는 법인이나 기관에 공익법무관을 근무하게 할 수 있다.(2016.3.29 본항개정)
② 제1항에 따른 공익법무관은 「변호사법」에 따른 변호사 자격등록을 하지 아니하고 변호사로서 법률구조업무를 수행할 수 있다.
③ 제1항에 따른 공익법무관은 그 성질에 반하지 아니하는 한 「변호사법」에 규정된 모든 의무를 지키고 성실히 법률구조업무를 수행하여야 한다.
(2008.3.28 본조개정)

제33조의3【공익법무관의 업무 범위 등】 법률구조업무를 담당하는 공익법무관의 법률구조업무의 범위, 대상, 요건 등에 관하여는 법무부령으로 정한다.(2008.3.28 본조개정)
제34조【세제 지원】 정부는 법률구조업무를 효율적으로 추진하기 위하여 세제상의 지원을 할 수 있다.(2008.3.28 본조개정)
제35조【감독 등】 ① 법무부장관은 법률구조법인을 지도·감독하며 필요하다고 인정하면 법률구조법인에 그 사업에 관한 지시나 명령을 할 수 있다. 다만, 법률구조사업의 구체적 사건에 대하여는 그러하지 아니하다.
② 법무부장관은 필요하다고 인정하면 법률구조법인으로 하여금 그 업무·회계 및 재산에 관하여 보고하게 하거나 소속 공무원으로 하여금 법률구조법인의 장부·서류, 그 밖의 물건을 검사하게 할 수 있다.
③ 제2항에 따라 검사를 하는 공무원은 그 권한을 나타내는 증표를 지니고 이를 관계인에게 내보여야 한다.
(2008.3.28 본조개정)
제36조【유사명칭의 사용 금지】 ① 공단이 아닌 자는 대한법률구조공단 또는 이와 유사한 명칭을 사용하지 못한다.
② 이 법에 따른 법률구조법인이 아닌 자는 법률구조법인 또는 이와 유사한 명칭을 사용하지 못한다.
(2008.3.28 본조개정)
제37조【벌칙】 제6조를 위반하여 비밀을 누설한 자는 1년 이하의 징역 또는 100만원 이하의 벌금에 처한다.
(2009.3.18 본조개정)
제38조【과태료】 ① 법무부장관은 제36조를 위반하여 유사명칭을 사용한 자에게 대통령령으로 정하는 기준에 따라 200만원 이하의 과태료를 부과·징수한다.
② 법무부장관은 법률구조법인의 임직원이 제35조제1항에 따른 지시 또는 명령을 위반하거나 같은 조 제2항에 따른 검사를 거부·방해 또는 기피하거나 거짓으로 보고한 경우 대통령령으로 정하는 기준에 따라 100만원 이하의 과태료를 부과·징수한다.
(2009.3.18 본조개정)
제39조 (2009.3.18 삭제)

부 칙 (2022.1.11)

제1조【시행일】 이 법은 공포 후 1년이 경과한 날부터 시행한다.(이하 생략)

변호사법

(2000년 1월 28일 전개법률 제6207호)

개정
2004. 1.20법 7082호(각급법원의설치와관할구역에관한법)
2005. 1.27법 7357호
2005. 3.31법 7428호(채무자회생파산)
2006. 3.24법 7894호 2007. 1.26법 8271호
2007. 3.29법 8321호 2008. 3.28법 8991호
2009. 2. 6법 9416호(공증)
2011. 4. 5법10540호 2011. 5.17법10627호
2011. 7.25법10922호 2012. 1.17법11160호
2013. 5.28법11825호 2014. 5.20법12589호
2014.12.30법12887호
2016. 3. 2법14056호(외국법자문사법)
2017. 3.14법14584호
2017.10.31법15022호(주식회사등의외부감사에관한법)
2017.12.12법15153호 2017.12.19법15251호
2018.12.18법15974호
2020. 6. 9법17366호(피한정후견인결격조항정비를위한일부개정법률)
2021. 1. 5법17828호

제1장 변호사의 사명과 직무
(2008.3.28 본장개정)

제1조【변호사의 사명】 ① 변호사는 기본적 인권을 옹호하고 사회정의를 실현함을 사명으로 한다.
② 변호사는 그 사명에 따라 성실히 직무를 수행하고 사회질서 유지와 법률제도 개선에 노력하여야 한다.
제2조【변호사의 지위】 변호사는 공공성을 지닌 법률 전문직으로서 독립하여 자유롭게 그 직무를 수행한다.
제3조【변호사의 직무】 변호사는 당사자와 그 밖의 관계인의 위임이나 국가·지방자치단체와 그 밖의 공공기관(이하 "공공기관"이라 한다)의 위촉 등에 의하여 소송에 관한 행위 및 행정처분의 청구에 관한 대리행위와 일반 법률 사무를 하는 것을 그 직무로 한다.

제2장 변호사의 자격
(2008.3.28 본장개정)

제4조【변호사의 자격】 다음 각 호의 어느 하나에 해당하는 자는 변호사의 자격이 있다.
1. 사법시험에 합격하여 사법연수원의 과정을 마친 자
2. 판사나 검사의 자격이 있는 자
3. 변호사시험에 합격한 자(2011.5.17 본호신설)
제5조【변호사의 결격사유】 다음 각 호의 어느 하나에 해당하는 자는 변호사가 될 수 없다.
1. 금고 이상의 형(刑)을 선고받고 그 집행이 끝나거나 그 집행을 받지 아니하기로 확정된 후 5년이 지나지 아니한 자

2. 금고 이상의 형의 집행유예를 선고받고 그 유예기간이 지난 후 2년이 지나지 아니한 자
3. 금고 이상의 형의 선고유예를 받고 그 유예기간 중에 있는 자
4. 탄핵이나 징계처분에 의하여 파면되거나 이 법에 따라 제명된 후 5년이 지나지 아니한 자(2014.5.20 본호개정)
5. 징계처분에 의하여 해임된 후 3년이 지나지 아니한 자
6. 징계처분에 의하여 면직된 후 2년이 지나지 아니한 자
(2014.5.20 5호~6호신설)
7. 공무원 재직 중 징계처분에 의하여 정직되고 그 정직기간 중에 있는 자(이 경우 정직기간 중에 퇴직하더라도 해당 징계처분에 의한 정직기간이 끝날 때까지 정직기간 중에 있는 것으로 본다)(2017.12.19 본호신설)
8. 피성년후견인 또는 피한정후견인(2014.12.30 본호개정)
9. 파산선고를 받고 복권되지 아니한 자
10. 이 법에 따라 영구제명된 자

제6조 (2008.3.28 삭제)

제3장 변호사의 등록과 개업
(2008.3.28 본장개정)

제7조【자격등록】 ① 변호사로서 개업을 하려면 대한변호사협회에 등록을 하여야 한다.
② 제1항의 등록을 하려는 자는 가입하려는 지방변호사회를 거쳐 등록신청을 하여야 한다.
③ 지방변호사회는 제2항에 따른 등록신청을 받으면 해당 변호사의 자격 유무에 관한 의견서를 첨부할 수 있다.
④ 대한변호사협회는 제2항에 따른 등록신청을 받으면 지체 없이 변호사 명부에 등록하고 그 사실을 신청인에게 통지하여야 한다.

제8조【등록거부】 ① 대한변호사협회는 제7조제2항에 따라 등록을 신청한 자가 다음 각 호의 어느 하나에 해당하면 제9조에 따른 등록심사위원회의 의결을 거쳐 등록을 거부할 수 있다. 이 경우 제4호에 해당하여 등록을 거부할 때에는 제9조에 따른 등록심사위원회의 의결을 거쳐 1년 이상 2년 이하의 등록금지기간을 정하여야 한다.(2014.5.20 후단개정)
1. 제4조에 따른 변호사의 자격이 없는 자
2. 제5조에 따른 결격사유에 해당하는 자
3. 심신장애로 인하여 변호사의 직무를 수행하는 것이 현저히 곤란한 자
4. 공무원 재직 중의 위법행위로 인하여 형사소추(과실범으로 공소제기되는 경우는 제외한다) 또는 징계처분[파면, 해임, 면직 및 정직(해당 징계처분에 의한 정직기간이 끝나기 전인 경우에 한정한다)은 제외한다]을 받거나 그 위법행위와 관련하여 퇴직한 자로서 변호사 직무를 수행하는 것이 현저히 부적당하다고 인정되는 자(2017.12.19 본호개정)
5. 제4호에 해당하여 등록이 거부되거나 제4호에 해당하여 제18조제2항에 따라 등록이 취소된 후 등록금지기간이 지나지 아니한 자(2014.5.20 본호개정)
6. (2014.5.20 삭제)
② 대한변호사협회는 제1항에 따라 등록을 거부한 경우 지체 없이 그 사유를 명시하여 신청인에게 통지하여야 한다.
(2014.5.20 본항신설)
③ 대한변호사협회가 제7조제2항에 따른 등록신청을 받은 날부터 3개월이 지날 때까지 등록을 하지 아니하거나 등록을 거부하지 아니할 때에는 등록이 된 것으로 본다.
④ 제1항에 따라 등록이 거부된 자는 제1항에 따른 통지를 받은 날부터 3개월 이내에 등록거부에 관하여 부당한 이유를 소명하여 법무부장관에게 이의신청을 할 수 있다.
⑤ 법무부장관은 제4항의 이의신청이 이유 있다고 인정할 때에는 대한변호사협회에 그 변호사의 등록을 명하여야 한다.
(2014.5.20 본항개정)

제9조【등록심사위원회의 설치】 ① 다음 각 호의 사항을 심사하기 위하여 대한변호사협회에 등록심사위원회를 둔다.
1. 제8조제1항에 따른 등록거부에 관한 사항
2. 제18조제1항·제2항에 따른 등록취소에 관한 사항
② 대한변호사협회의 장은 제8조제1항, 제18조제1항제2호 또는 같은 조 제2항에 따라 등록거부나 등록취소를 하려면 미리 그 안건을 등록심사위원회에 회부하여야 한다.

제10조【등록심사위원회의 구성】 ① 등록심사위원회는 다음 각 호의 위원으로 구성한다.
1. 법원행정처장이 추천하는 판사 1명
2. 법무부장관이 추천하는 검사 1명
3. 대한변호사협회 총회에서 선출하는 변호사 4명
4. 대한변호사협회의 장이 추천하는 법학 교수 1명 및 경험과 덕망이 있는 자로서 변호사가 아닌 자 2명
② 등록심사위원회에 위원장 1명과 간사 1명을 두며, 위원장과 간사는 위원 중에서 호선한다.
③ 제1항의 위원을 추천하거나 선출할 때에는 위원의 수와 같은 수의 예비위원을 함께 추천하거나 선출하여야 한다.
④ 위원 중에 사고나 결원이 생기면 위원장이 명하는 예비위원이 그 직무를 대행한다.
⑤ 위원과 예비위원의 임기는 각각 2년으로 한다.

제11조【심사】 ① 등록심사위원회는 심사에 관하여 필요하다고 인정하면 당사자, 관계인 및 관계 기관·단체 등에 대하여 사실을 조회하거나 자료 제출 또는 위원회에 출석하여 진술하거나 설명할 것을 요구할 수 있다.
② 제1항에 따라 사실 조회, 자료 제출 등을 요구받은 관계 기관·단체 등은 그 요구에 협조하여야 한다.
③ 등록심사위원회는 당사자에게 위원회에 출석하여 의견을 진술하고 자료를 제출할 기회를 주어야 한다.

제12조【의결】 ① 등록심사위원회의 회의는 재적위원 과반수의 찬성으로 의결한다.
② 대한변호사협회는 제1항에 따른 등록심사위원회의 의결이 있으면 이에 따라 등록이나 등록거부 또는 등록취소를 하여야 한다.

제13조【운영규칙】 등록심사위원회의 심사 절차와 운영에 관하여 필요한 사항은 대한변호사협회가 정한다.

제14조【소속 변경등록】 ① 변호사는 지방변호사회의 소속을 변경하려면 새로 가입하려는 지방변호사회를 거쳐 대한변호사협회에 소속 변경등록을 신청하여야 한다.
② 제1항에 따라 소속이 변경된 변호사는 지체 없이 종전 소속 지방변호사회에 신고하여야 한다.
③ 제1항의 경우에는 제7조제4항과 제8조를 준용한다.

제15조【개업신고 등】 변호사가 개업하거나 법률사무소를 이전한 경우에는 지체 없이 소속 지방변호사회와 대한변호사협회에 신고하여야 한다.

제16조【휴업】 변호사는 일시 휴업하려면 소속 지방변호사회와 대한변호사협회에 신고하여야 한다.

제17조【폐업】 변호사는 폐업하려면 소속 지방변호사회를 거쳐 대한변호사협회에 등록취소를 신청하여야 한다.

제18조【등록취소】 ① 대한변호사협회는 변호사가 다음 각 호의 어느 하나에 해당하면 변호사의 등록을 취소하여야 한다. 이 경우 지체 없이 등록취소 사유를 명시하여 등록이 취소되는 자(제1호의 경우는 제외한다)에게 통지하여야 하며, 제2호에 해당하여 변호사의 등록을 취소하려면 미리 등록심사위원회의 의결을 거쳐야 한다.
1. 사망한 경우
2. 제4조에 따른 변호사의 자격이 없거나 제5조에 따른 결격사유에 해당하는 경우
3. 제17조에 따른 등록취소의 신청이 있는 경우
4. 제19조에 따른 등록취소의 명령이 있는 경우
② 대한변호사협회는 변호사가 제8조제1항제3호·제4호에 해당하면 등록심사위원회의 의결을 거쳐 변호사의 등록을 취소할 수 있다. 이 경우 제8조제1항제4호에 해당하여 등록을

취소할 때에는 등록심사위원회의 의결을 거쳐 1년 이상 2년 이하의 등록금지기간을 정하여야 한다.(2014.5.20 후단개정)
③ 대한변호사협회는 제2항에 따라 등록을 취소하는 경우 지체 없이 그 사유를 명시하여 등록이 취소되는 자에게 통지하여야 한다.(2014.5.20 본항신설)
④ 제1항과 제2항의 경우에는 제8조제4항 및 제5항을 준용한다.(2014.5.20 본항개정)
⑤ 지방변호사회는 소속 변호사에게 제1항의 사유가 있다고 인정하면 지체 없이 대한변호사협회에 이를 보고하여야 한다.

제19조【등록취소명령】 법무부장관은 변호사 명부에 등록된 자가 제4조에 따른 변호사의 자격이 없거나 제5조에 따른 결격사유에 해당한다고 인정하는 경우 대한변호사협회에 그 변호사의 등록취소를 명하여야 한다.

제20조【보고 등】 대한변호사협회는 변호사의 등록 및 등록거부, 소속 변경등록 및 그 거부, 개업, 사무소 이전, 휴업 및 등록취소에 관한 사항을 지체 없이 소속 지방변호사회에 통지하고 법무부장관에게 보고하여야 한다.

제4장 변호사의 권리와 의무

(2008.3.28 본장개정)

제21조【법률사무소】 ① 변호사는 법률사무소를 개설할 수 있다.
② 변호사의 법률사무소는 소속 지방변호사회의 지역에 두어야 한다.
③ 변호사는 어떠한 명목으로도 둘 이상의 법률사무소를 둘 수 없다. 다만, 사무공간의 부족 등 부득이한 사유가 있어 대한변호사협회가 정하는 바에 따라 인접한 장소에 별도의 사무실을 두고 변호사가 주재(駐在)하는 경우에는 본래의 법률사무소와 함께 하나의 사무소로 본다.

제21조의2【법률사무소 개설 요건 등】 ① 제4조제3호에 따른 변호사는 통산(通算)하여 6개월 이상 다음 각 호의 어느 하나에 해당하는 기관 등(이하 "법률사무종사기관"이라 한다)에서 법률사무에 종사하거나 연수(제6호에 한정한다)를 마치지 아니하면 단독으로 법률사무소를 개설하거나 법무법인, 법무법인(유한) 및 법무조합의 구성원이 될 수 없다. 다만, 제3호 및 제4호는 통산하여 5년 이상 「법원조직법」 제42조제1항 각 호의 어느 하나에 해당하는 직에 있었던 자 1명 이상이 재직하는 기관 중 법무부장관이 법률사무에 종사가 가능하다고 지정한 곳에 한정한다.
1. 국회, 법원, 헌법재판소, 검찰청
2. 「법률구조법」에 따른 대한법률구조공단, 「정부법무공단법」에 따른 정부법무공단
3. 법무법인, 법무법인(유한), 법무조합, 법률사무소, 「외국법자문사법」 제2조제9호에 따른 합작법무법인(2016.3.2 본호개정)
4. 국가기관, 지방자치단체와 그 밖의 법인, 기관 또는 단체
5. 국제기구, 국제법인, 국제기관 또는 국제단체 중에서 법무부장관이 법률사무에 종사가 가능하다고 지정한 곳
6. 대한변호사협회
② 대한변호사협회는 제1항제3호에 따라 지정된 법률사무종사기관에 대하여 대한변호사협회 회칙으로 정하는 바에 따라 연수를 위탁하여 실시할 수 있다.
③ 제4조제3호에 따른 변호사가 제1항에 따라 단독으로 법률사무소를 최초로 개설하거나 법무법인, 법무법인(유한) 또는 법무조합의 구성원이 되려면 법률사무종사기관에서 제1항의 요건에 해당한다는 사실을 증명하는 확인서(제1항제6호의 연수는 제외한다)를 받아 지방변호사회를 거쳐 대한변호사협회에 제출하여야 한다.
④ 법률사무종사기관은 제1항에 따른 종사 또는 연수의 목적을 달성하기 위하여 종사하거나 연수를 받는 변호사의 숫자를 적정하게 하는 등 필요한 조치를 하여야 한다.
⑤ 법무부장관은 제1항 단서에 따라 지정된 법률사무종사기관에 대하여 필요하다고 인정하면 종사 현황 등에 대한 서면조사 또는 현장조사를 실시할 수 있고, 조사 결과 원활한 법률사무 종사를 위하여 필요하다고 인정하면 개선 또는 시정을 명령할 수 있다.
⑥ 법무부장관은 제5항에 따른 서면조사 또는 현장조사를 대한변호사협회에 위탁하여 실시할 수 있고, 대한변호사협회의 장은 그 조사 결과를 법무부장관에게 보고하고 같은 항에 따른 개선 또는 시정을 건의할 수 있다. 이 경우 수탁 사무의 처리에 관한 사항은 대한변호사협회의 회칙으로 정하고 법무부장관의 인가를 받아야 한다.
⑦ 법무부장관은 제1항 단서에 따라 지정된 법률사무종사기관이 다음 각 호의 어느 하나에 해당하면 그 지정을 취소할 수 있다. 다만, 제1호에 해당하는 경우에는 취소하여야 한다.
1. 거짓이나 그 밖의 부정한 방법으로 지정받은 경우
2. 제1항 단서의 지정 요건을 갖추지 못한 경우로서 3개월 이내에 보충하지 아니한 경우. 이 경우 제4조제3호에 따른 변호사가 법률사무에 계속하여 종사한 경우 보충될 때까지의 기간은 법률사무종사기관에서 법률사무에 종사한 기간으로 본다.
3. 거짓으로 제3항의 확인서를 발급한 경우
4. 제5항의 개선 또는 시정 명령을 통산하여 3회 이상 받고 이에 따르지 아니한 경우
⑧ 법무부장관은 제7항에 따라 지정을 취소하려면 청문을 실시하여야 한다.
⑨ 제1항제6호에 따른 연수의 방법, 절차, 비용과 그 밖에 필요한 사항은 대한변호사협회의 회칙으로 정하고 법무부장관의 인가를 받아야 한다.
⑩ 법무부장관은 대통령령으로 정하는 바에 따라 제1항제6호에 따라 대한변호사협회가 실시하는 연수과정에 대한 지원을 할 수 있다.
⑪ 제1항 단서에 따라 지정된 같은 항 제3호의 법률사무종사기관은 같은 항 제6호에 따른 대한변호사협회의 연수에 필요한 요구에 협조하여야 한다.
⑫ 제1항부터 제11항까지의 규정 외에 법률사무종사기관의 지정 및 취소의 절차와 방법, 지도·감독 등 필요한 사항은 대통령령으로 정한다.
(2011.5.17 본조신설)

제22조【사무직원】 ① 변호사는 법률사무소에 사무직원을 둘 수 있다.
② 변호사는 다음 각 호의 어느 하나에 해당하는 자를 제1항에 따른 사무직원으로 채용할 수 없다.
1. 이 법 또는 「형법」 제129조부터 제132조까지, 「특정범죄가중처벌 등에 관한 법률」 제2조 또는 제3조, 그 밖에 대통령령으로 정하는 법률에 따라 유죄 판결을 받은 자로서 다음 각 목의 어느 하나에 해당하는 자
  가. 징역 이상의 형을 선고받고 그 집행이 끝나거나 그 집행을 받지 아니하기로 확정된 후 3년이 지나지 아니한 자
  나. 징역형의 집행유예를 선고받고 그 유예기간이 지난 후 2년이 지나지 아니한 자
  다. 징역형의 선고유예를 받고 그 유예기간 중에 있는 자
2. 공무원으로서 징계처분에 의하여 파면되거나 해임된 후 3년이 지나지 아니한 자
3. 피성년후견인(2020.6.9 본호개정)
③ 사무직원의 신고, 연수(硏修), 그 밖에 필요한 사항은 대한변호사협회가 정한다.
④ 지방변호사회의 장은 관할 지방검찰청 검사장에게 소속 변호사의 사무직원 채용과 관련하여 제2항에 따른 전과(前科) 사실의 유무에 대한 조회를 요청할 수 있다.
⑤ 제4항에 따른 요청을 받은 지방검찰청 검사장은 전과 사실의 유무를 조회하여 그 결과를 회신할 수 있다.

제23조【광고】 ① 변호사·법무법인·법무법인(유한) 또는 법무조합(이하 이 조에서 "변호사등"이라 한다)은 자기 또는 그 구성원의 학력, 경력, 주요 취급 업무, 업무 실적, 그 밖에 그 업무의 홍보에 필요한 사항을 신문·잡지·방송·컴퓨터통신 등의 매체를 이용하여 광고할 수 있다.

② 변호사등은 다음 각 호의 어느 하나에 해당하는 광고를 하여서는 아니 된다.

1. 변호사의 업무에 관하여 거짓된 내용을 표시하는 광고
2. 국제변호사를 표방하거나 그 밖에 법적 근거가 없는 자격이나 명칭을 표방하는 내용의 광고
3. 객관적 사실을 과장하거나 사실의 일부를 누락하는 등 소비자를 오도(誤導)하거나 소비자에게 오해를 불러일으킬 우려가 있는 내용의 광고
4. 소비자에게 업무수행 결과에 대하여 부당한 기대를 가지도록 하는 내용의 광고
5. 다른 변호사등을 비방하거나 자신의 입장에서 비교하는 내용의 광고
6. 부정한 방법을 제시하는 등 변호사의 품위를 훼손할 우려가 있는 광고
7. 그 밖에 광고의 방법 또는 내용이 변호사의 공공성이나 공정한 수임(受任) 질서를 해치거나 소비자에게 피해를 줄 우려가 있는 것으로서 대한변호사협회가 정하는 광고

③ 변호사등의 광고에 관한 심사를 위하여 대한변호사협회와 각 지방변호사회에 광고심사위원회를 둔다.

④ 광고심사위원회의 운영과 그 밖에 광고에 관하여 필요한 사항은 대한변호사협회가 정한다.

제24조【품위유지의무 등】 ① 변호사는 그 품위를 손상하는 행위를 하여서는 아니 된다.

② 변호사는 그 직무를 수행할 때에 진실을 은폐하거나 거짓 진술을 하여서는 아니 된다.

판례 형사변호인의 기본적인 임무는 피고인 또는 피의자를 보호하고 그의 이익을 대변하는 것이지만, 그러한 이익은 법적으로 보호받을 가치가 있는 정당한 이익으로 제한되며, 의뢰인의 요청에 따른 변론행위라 하더라도 형사변호인이 수사기관이나 법원에 대하여 적극적으로 허위의 진술을 하거나 피고인 또는 피의자로 하여금 허위진술을 하도록 하는 것은 허용될 수 없다.(대판 2012.8.30, 2012도6027)

제25조【회칙준수의무】 변호사는 소속 지방변호사회와 대한변호사협회의 회칙을 지켜야 한다.

제26조【비밀유지의무 등】 변호사 또는 변호사이었던 자는 그 직무상 알게 된 비밀을 누설하여서는 아니 된다. 다만, 법률에 특별한 규정이 있는 경우에는 그러하지 아니하다.

제27조【공익활동 등 지정업무 처리의무】 ① 변호사는 연간 일정 시간 이상 공익활동에 종사하여야 한다.

② 변호사는 법령에 따라 공공기관, 대한변호사협회 또는 소속 지방변호사회가 지정한 업무를 처리하여야 한다.

③ 공익활동의 범위와 그 시행 방법 등에 관하여 필요한 사항은 대한변호사협회가 정한다.

제28조【장부의 작성·보관】 ① 변호사는 수임에 관한 장부를 작성하고 보관하여야 한다.

② 제1항의 장부에는 수임받은 순서에 따라 수임일, 수임액, 위임인 등의 인적사항, 수임한 법률사건이나 법률사무의 내용, 그 밖에 대통령령으로 정하는 사항을 기재하여야 한다.

③ 제1항에 따른 장부의 보관 방법, 보존 기간, 그 밖에 필요한 사항은 대통령령으로 정한다.

제28조의2【수임사건의 건수 및 수임액의 보고】 변호사는 매년 1월 말까지 전년도에 처리한 수임사건의 건수와 수임액을 소속 지방변호사회에 보고하여야 한다.

제29조【변호인선임서 등의 지방변호사회 경유】 변호사는 법률사건이나 법률사무에 관한 변호인선임서 또는 위임장 등을 공공기관에 제출할 때에는 사전에 소속 지방변호사회를 경유하여야 한다. 다만, 사전에 경유할 수 없는 급박한 사정이 있는 경우에는 변호인선임서나 위임장 등을 제출한 후 지체 없이 공공기관에 소속 지방변호사회의 경유확인서를 제출하여야 한다.

제29조의2【변호인선임서 등의 미제출 변호 금지】 변호사는 법원이나 수사기관에 변호인선임서나 위임장 등을 제출하지 아니하고는 다음 각 호의 사건에 대하여 변호하거나 대리할 수 없다.

1. 재판에 계속(係屬) 중인 사건
2. 수사 중인 형사사건〔내사(內査) 중인 사건을 포함한다〕

제30조【연고 관계 등의 선전금지】 변호사나 그 사무직원은 법률사건이나 법률사무의 수임을 위하여 재판이나 수사업무에 종사하는 공무원과의 연고(緣故) 등 사적인 관계를 드러내며 영향력을 미칠 수 있는 것으로 선전하여서는 아니 된다.

제31조【수임제한】 ① 변호사는 다음 각 호의 어느 하나에 해당하는 사건에 관하여는 그 직무를 수행할 수 없다. 다만, 제2호 사건의 경우 수임하고 있는 사건의 위임인이 동의한 경우에는 그러하지 아니하다.

1. 당사자 한쪽으로부터 상의(相議)를 받아 그 수임을 승낙한 사건의 상대방이 위임하는 사건
2. 수임하고 있는 사건의 상대방이 위임하는 다른 사건
3. 공무원·조정위원 또는 중재인으로서 직무상 취급하거나 취급하게 된 사건

② 제1항제1호 및 제2호를 적용할 때 법무법인·법무법인(유한)·법무조합이 아니면서도 변호사 2명 이상이 사건의 수임·처리나 그 밖의 변호사 업무 수행 시 통일된 형태를 갖추고 수익을 분배하거나 비용을 분담하는 형태로 운영되는 법률사무소는 하나의 변호사로 본다.

③ 법관, 검사, 장기복무 군법무관, 그 밖의 공무원 직에 있다가 퇴직(재판연구원, 사법연수생과 병역의무를 이행하기 위하여 군인·공익법무관 등으로 근무한 자는 제외한다)하여 변호사 개업을 한 자(이하 "공직퇴임변호사"라 한다)는 퇴직 전 1년부터 퇴직한 때까지 근무한 법원, 검찰청, 군사법원, 금융위원회, 공정거래위원회, 경찰관서 등 국가기관(대법원, 고등법원, 지방법원 및 지방법원 지원과 그에 대응하여 설치된 「검찰청법」 제3조제1항 및 제2항의 대검찰청, 고등검찰청, 지방검찰청, 지방검찰청 지청은 각각 동일한 국가기관으로 본다)이 처리하는 사건을 퇴직한 날부터 1년 동안 수임할 수 없다. 다만, 국선변호 등 공익목적의 수임과 사건당사자가 「민법」 제767조에 따른 친족인 경우의 수임은 그러하지 아니하다. (2013.5.28 본항개정)

④ 제3항의 수임할 수 없는 경우는 다음 각 호를 포함한다.

1. 공직퇴임변호사가 법무법인, 법무법인(유한), 법무조합 또는 「외국법자문사법」 제2조제9호에 따른 합작법무법인(이하 이 조에서 "법무법인등"이라 한다)의 담당변호사로 지정되는 경우(2016.3.2 본호개정)
2. 공직퇴임변호사가 다른 변호사, 법무법인등으로부터 명의를 빌려 사건을 실질적으로 처리하는 등 사실상 수임하는 경우
3. 법무법인등의 경우 사건수임계약서, 소송서류 및 변호사의 견서 등에는 공직퇴임변호사가 담당변호사로 표시되지 않았으나 실질적으로는 사건의 수임이나 수행에 관여하여 수임료를 받는 경우

(2011.5.17 본항신설)

⑤ 제3항의 법원 또는 검찰청 등 국가기관의 범위, 공익목적 수임의 범위 등 필요한 사항은 대통령령으로 정한다.

(2011.5.17 본항신설)

제31조의2【변호사시험합격자의 수임제한】 ① 제4조제3호에 따른 변호사는 법률사무종사기관에서 통산하여 6개월 이상 법률사무에 종사하거나 연수를 마치지 아니하면 사건을 단독 또는 공동으로 수임〔제50조제1항, 제58조의16 또는 제58조의30에 따라 법무법인·법무법인(유한) 또는 법무조합의 담당변호사로 지정하는 경우나 「외국법자문사법」 제35조의20에 따라 합작법무법인의 담당변호사로 지정하는 경우를 포함한다〕할 수 없다.(2016.3.2 본항개정)

② 제4조제3호에 따른 변호사가 최초로 단독 또는 공동으로 수임하는 경우에 관하여는 제21조의2제3항을 준용한다. (2011.5.17 본조신설)

판례 법학전문대학원 출신 변호사는 6개월 이상 법률사무종사기관에서 의무종사 또는 의무연수를 마치지 않으면 사건을 단독 또는 공동으로 수임할 수 없도록 규정하고 있는 변호사법 제31조의2 제1항은 법학전문대학원 출신 변호사들의 업무능력에 대한 우려를 불식시키기 위한 적절한 실무능력 향상의 방법일 뿐만 아니라 의무연수 또는 의무종사의 다양성을 보장하고 있어 피해를 최소화 하고 있으며, 법익균형성도 인정되어 직업수행의 자유를 과도하게 침해하지 않고, 한편 심판대상조항 적용 과정에서의 법률사무종사 취업자와 미취업자의 차이는 각자의 선택, 능력, 기회에 따른 차이일 뿐이며, 검사직무대리나 국선변호인이 될 수 있는 사법연수생과의 차이는 전문가 양성과정의 차이에 따른 것일 뿐이어서 평등권도 침해하지 않는다. (헌재결 2013.10.24, 2012헌마480)

제32조【계쟁권리의 양수 금지】 변호사는 계쟁권리(係爭權利)를 양수하여서는 아니 된다.

제33조【독직행위의 금지】 변호사는 수임하고 있는 사건에 관하여 상대방으로부터 이익을 받거나 이를 요구 또는 약속하여서는 아니 된다.

제34조【변호사가 아닌 자와의 동업 금지 등】 ① 누구든지 법률사건이나 법률사무의 수임에 관하여 다음 각 호의 행위를 하여서는 아니 된다.

1. 사전에 금품·향응 또는 그 밖의 이익을 받거나 받기로 약속하고 당사자 또는 그 밖의 관계인을 특정한 변호사나 그 사무직원에게 소개·알선 또는 유인하는 행위
2. 당사자 또는 그 밖의 관계인을 특정한 변호사나 그 사무직원에게 소개·알선 또는 유인한 후 그 대가로 금품·향응 또는 그 밖의 이익을 받거나 요구하는 행위

② 변호사나 그 사무직원은 법률사건이나 법률사무의 수임에 관하여 소개·알선 또는 유인의 대가로 금품·향응 또는 그 밖의 이익을 제공하거나 제공하기로 약속하여서는 아니 된다.

③ 변호사나 그 사무직원은 제109조제1호, 제111조 또는 제112조제1호에 규정된 자로부터 법률사건이나 법률사무의 수임을 알선받거나 이러한 자에게 자기의 명의를 이용하게 하여서는 아니 된다.

④ 변호사가 아닌 자는 변호사를 고용하여 법률사무소를 개설·운영하여서는 아니 된다.

⑤ 변호사가 아닌 자는 변호사가 아니면 할 수 없는 업무를 통하여 보수나 그 밖의 이익을 분배받아서는 아니 된다.

판례 '변호사는 법률사건의 수임에 관하여 알선의 대가로 금품을 제공하거나 이를 약속하여서는 아니된다.'는 부분은 죄형법정주의의 명확성 원칙에 위반되지 아니하고, 변호사인 청구인의 직업수행의 자유를 침해하지 아니하므로 헌법에 위반되지 아니한다는 결정을 선고하였다.(헌재결 2013.2.28, 2012헌바62)

제35조【사건 유치 목적의 출입금지 등】 변호사나 그 사무직원은 법률사건이나 법률사무를 유상으로 유치할 목적으로 법원·수사기관·교정기관 및 병원에 출입하거나 다른 사람을 파견하거나 출입 또는 주재하게 하여서는 아니 된다.

제36조【재판·수사기관 공무원의 사건 소개 금지】 재판기관이나 수사기관의 소속 공무원은 대통령령으로 정하는 자기가 근무하는 기관에서 취급 중인 법률사건이나 법률사무의 수임에 관하여 당사자 또는 그 밖의 관계인을 특정한 변호사나 그 사무직원에게 소개·알선 또는 유인하여서는 아니 된다. 다만, 사건 당사자나 사무 당사자가 「민법」 제767조에 따른 친족인 경우에는 그러하지 아니하다.

제37조【직무취급자 등의 사건 소개 금지】 ① 재판이나 수사 업무에 종사하는 공무원은 직무상 관련이 있는 법률사건 또는 법률사무의 수임에 관하여 당사자 또는 그 밖의 관계인을 특정한 변호사나 그 사무직원에게 소개·알선 또는 유인하여서는 아니 된다.

② 제1항에서 "직무상 관련"이란 다음 각 호의 어느 하나에 해당하는 경우를 말한다.

1. 재판이나 수사 업무에 종사하는 공무원이 직무상 취급하고 있거나 취급한 경우
2. 제1호의 공무원이 취급하고 있거나 취급한 사건에 관하여 그 공무원을 지휘·감독하는 경우

제38조【겸직 제한】 ① 변호사는 보수를 받는 공무원을 겸할 수 없다. 다만, 국회의원이나 지방의회 의원 또는 상시 근무가 필요 없는 공무원이 되거나 공공기관에서 위촉한 업무를 수행하는 경우에는 그러하지 아니하다.

② 변호사는 소속 지방변호사회의 허가 없이 다음 각 호의 행위를 할 수 없다. 다만, 법무법인·법무법인(유한) 또는 법무조합의 구성원이 되거나 소속 변호사가 되는 경우에는 그러하지 아니하다.

1. 상업이나 그 밖에 영리를 목적으로 하는 업무를 경영하거나 이를 경영하는 자의 사용인이 되는 것
2. 영리를 목적으로 하는 법인의 업무집행사원·이사 또는 사용인이 되는 것

③ 변호사가 휴업한 경우에는 제1항과 제2항을 적용하지 아니한다.

제39조【감독】 변호사는 소속 지방변호사회, 대한변호사협회 및 법무부장관의 감독을 받는다.

제5장 법무법인

(2008.3.28 본장개정)

제40조【법무법인의 설립】 변호사는 그 직무를 조직적·전문적으로 수행하기 위하여 법무법인을 설립할 수 있다.

제41조【설립 절차】 법무법인을 설립하려면 구성원이 될 변호사가 정관을 작성하여 주사무소(主事務所) 소재지의 지방변호사회와 대한변호사협회를 거쳐 법무부장관의 인가를 받아야 한다. 정관을 변경할 때에도 또한 같다.

제42조【정관의 기재사항】 법무법인의 정관에는 다음 각 호의 사항이 포함되어야 한다.

1. 목적, 명칭, 주사무소 및 분사무소(分事務所)의 소재지
2. 구성원의 성명·주민등록번호 및 법무법인을 대표할 구성원의 주소
3. 출자(出資)의 종류와 그 가액(價額) 또는 평가의 기준
4. 구성원의 가입·탈퇴와 그 밖의 변경에 관한 사항
5. 구성원 회의에 관한 사항
6. 법무법인의 대표에 관한 사항
7. 자산과 회계에 관한 사항
8. 존립 시기나 해산 사유를 정한 경우에는 그 시기 또는 사유

제43조【등기】 ① 법무법인은 설립인가를 받으면 2주일 이내에 설립등기를 하여야 한다. 등기사항이 변경되었을 때에도 또한 같다.

② 제1항의 등기사항은 다음 각 호와 같다.

1. 목적, 명칭, 주사무소 및 분사무소의 소재지
2. 구성원의 성명·주민등록번호 및 법무법인을 대표할 구성원의 주소
3. 출자의 종류·가액 및 이행 부분
4. 법무법인의 대표에 관한 사항
5. 둘 이상의 구성원이 공동으로 법무법인을 대표할 것을 정한 경우에는 그 규정
6. 존립 시기나 해산 사유를 정한 경우에는 그 시기 또는 사유
7. 설립인가 연월일

③ 법무법인은 그 주사무소의 소재지에서 설립등기를 함으로써 성립한다.

제44조【명칭】 ① 법무법인은 그 명칭 중에 법무법인이라는 문자를 사용하여야 한다.

② 법무법인이 아닌 자는 법무법인 또는 이와 유사한 명칭을 사용하지 못한다.

제45조 【구성원】 ① 법무법인은 3명 이상의 변호사로 구성하며, 그중 1명 이상이 통산하여 5년 이상 「법원조직법」 제42조제1항 각 호의 어느 하나에 해당하는 직에 있었던 자이어야 한다.(2011.5.17 본항개정)

② 법무법인은 제1항에 따른 구성원의 요건을 충족하지 못하게 된 경우에는 3개월 이내에 보충하여야 한다.

제46조 【구성원의 탈퇴】 ① 구성원은 임의로 탈퇴할 수 있다.

② 구성원은 다음 각 호의 어느 하나에 해당하는 사유가 있으면 당연히 탈퇴한다.

1. 사망한 경우
2. 제18조에 따라 등록이 취소된 경우
3. 제102조제2항에 따라 업무정지명령을 받은 경우
4. 이 법이나 「공증인법」에 따라 정직(停職) 이상의 징계처분을 받은 경우
5. 정관에 정한 사유가 발생한 경우

제47조 【구성원 아닌 소속 변호사】 법무법인은 구성원 아닌 소속 변호사를 둘 수 있다.(2009.2.6 단서삭제)

제48조 【사무소】 ① 법무법인은 분사무소를 둘 수 있다. 분사무소의 설치기준에 대하여는 대통령령으로 정한다.

② 법무법인이 사무소를 개업 또는 이전하거나 분사무소를 둔 경우에는 지체 없이 주사무소 소재지의 지방변호사회와 대한변호사협회를 거쳐 법무부장관에게 신고하여야 한다.

③ 법무법인의 구성원과 구성원 아닌 소속 변호사는 법무법인 외에 따로 법률사무소를 둘 수 없다.

제49조 【업무】 ① 법무법인은 이 법과 다른 법률에 따른 변호사의 직무에 속하는 업무를 수행한다.(2009.2.6 본항개정)

② 법무법인은 다른 법률에서 변호사에게 그 법률에 정한 자격을 인정하는 경우 그 구성원이나 구성원 아닌 소속 변호사가 그 자격에 의한 직무를 수행할 수 있을 때에는 그 직무를 법인의 업무로 할 수 있다.

제50조 【업무 집행 방법】 ① 법무법인은 법인 명의로 업무를 수행하며 그 업무를 담당할 변호사를 지정하여야 한다. 다만, 구성원 아닌 소속 변호사에 대하여는 구성원과 공동으로 지정하여야 한다.

② 법무법인이 제49조제2항에 따른 업무를 할 때에는 그 직무를 수행할 수 있는 변호사 중에서 업무를 담당할 자를 지정하여야 한다.

③ 법무법인이 제1항에 따라 업무를 담당할 변호사(이하 "담당변호사"라 한다)를 지정하지 아니한 경우에는 구성원 모두를 담당변호사로 지정한 것으로 본다.

④ 법무법인은 담당변호사가 업무를 담당하지 못하게 된 경우에는 지체 없이 제1항에 따라 다시 담당변호사를 지정하여야 한다. 다시 담당변호사를 지정하지 아니한 경우에는 구성원 모두를 담당변호사로 지정한 것으로 본다.

⑤ 법무법인은 제1항부터 제4항까지의 규정에 따라 담당변호사를 지정한 경우에는 지체 없이 이를 수임사건의 위임인에게 서면으로 통지하여야 한다. 담당변호사를 변경한 경우에도 또한 같다.

⑥ 담당변호사는 지정된 업무를 수행할 때에 각자가 그 법무법인을 대표한다.

⑦ 법무법인이 그 업무에 관하여 작성하는 문서에는 법인명의를 표시하고 담당변호사가 기명날인하거나 서명하여야 한다.(2009.2.6 단서삭제)

판례 법무법인이 사건 당사자인 경우 그 대표자만 법무법인을 대표해 업무를 수행할 수 있을 뿐, 구성원 변호사가 법무법인을 대표해 업무를 수행할 수 없다. 법무법인이 법인 명의로 수행하는 '업무'는 법무법인이 제3자의 위임이나 위촉 등에 의해 소송행위 등 법률사무를 처리하는 경우를 의미하고, 법무법인이 당사자로서 소송행위 등 법률사무를 처리하는 경우는 포함되지 않는다. 법무법인이 당사자인 경우에는 상법 중 합명회사에 관한 규정에 따라 등기된 법무법인의 대표자만이 법무법인을 대표해 업무를 수행할 수 있다.
(대판 2022.5.26, 2017다238141)

제51조 【업무 제한】 법무법인은 그 법인이 인가공증인으로서 공증한 사건에 관하여는 변호사 업무를 수행할 수 없다. 다만, 대통령령으로 정하는 경우에는 그러하지 아니하다.
(2009.2.6 본조개정)

제52조 【구성원 등의 업무 제한】 ① 법무법인의 구성원 및 구성원 아닌 소속 변호사는 자기나 제3자의 계산으로 변호사의 업무를 수행할 수 없다.

② 법무법인의 구성원이었거나 구성원 아닌 소속 변호사이었던 자는 법무법인의 소속 기간 중 그 법인이 상의를 받아 수임을 승낙한 사건에 관하여는 변호사의 업무를 수행할 수 없다.

제53조 【인가취소】 ① 법무부장관은 법무법인이 다음 각 호의 어느 하나에 해당하면 그 설립인가를 취소할 수 있다.

1. 제45조제2항을 위반하여 3개월 이내에 구성원을 보충하지 아니한 경우
2. 업무 집행에 관하여 법령을 위반한 경우

② 법무부장관은 제1항에 따라 법무법인의 설립인가를 취소하려면 청문을 하여야 한다.

제54조 【해산】 ① 법무법인은 다음 각 호의 어느 하나에 해당하는 사유가 있을 때에는 해산한다.

1. 정관에 정한 해산 사유가 발생하였을 때
2. 구성원 전원의 동의가 있을 때
3. 합병하였을 때
4. 파산하였을 때
5. 설립인가가 취소되었을 때

② 법무법인이 해산한 경우에는 청산인은 지체 없이 주사무소 소재지의 지방변호사회와 대한변호사협회를 거쳐 법무부장관에게 그 사실을 신고하여야 한다.

제55조 【합병】 ① 법무법인은 구성원 전원이 동의하면 다른 법무법인과 합병할 수 있다.

② 제1항의 경우에는 제41조부터 제43조까지의 규정을 준용한다.

제55조의2 【조직변경】 ① 법무법인(유한) 또는 법무조합의 설립요건을 갖춘 법무법인은 구성원 전원의 동의가 있으면 법무부장관의 인가를 받아 법무법인(유한) 또는 법무조합으로 조직변경을 할 수 있다.

② 법무법인이 제1항에 따라 법무부장관으로부터 법무법인(유한)의 인가를 받은 때에는 2주일 이내에 주사무소 소재지에서 법무법인의 해산등기 및 법무법인(유한)의 설립등기를 하여야 하고, 법무조합의 인가를 받은 때에는 2주일 이내에 주사무소 소재지에서 법무법인의 해산등기를 하여야 한다.

③ 제1항에 따른 조직변경의 경우 법무법인에 현존하는 순재산액이 새로 설립되는 법무법인(유한)의 자본총액보다 적은 때에는 제1항에 따른 동의가 있을 당시의 구성원들이 연대하여 그 차액을 보충하여야 한다.

④ 제1항에 따라 설립된 법무법인(유한) 또는 법무조합의 구성원 중 종전의 법무법인의 구성원이었던 자는 제2항에 따른 등기를 하기 전에 발생한 법무법인의 채무에 대하여 법무법인(유한)의 경우에는 등기 후 2년이 될 때까지, 법무조합의 경우에는 등기 후 5년이 될 때까지 법무법인의 구성원으로서 책임을 진다.
(2008.3.28 본조신설)

제56조 【통지】 법무부장관은 법무법인의 인가 및 그 취소, 해산 및 합병이 있으면 지체 없이 주사무소 소재지의 지방변호사회와 대한변호사협회에 통지하여야 한다.

제57조 【준용규정】 법무법인에 관하여는 제22조, 제27조, 제28조, 제28조의2, 제29조, 제29조의2, 제30조, 제31조제1항, 제32조부터 제37조까지, 제39조 및 제10장을 준용한다.

제58조 【다른 법률의 준용】 ① 법무법인에 관하여 이 법에 정한 것 외에는 「상법」 중 합명회사에 관한 규정을 준용한다.

② (2009.2.6 삭제)

제5장의2 법무법인(유한)
(2008.3.28 본장개정)

제58조의2 【설립】 변호사는 그 직무를 조직적 · 전문적으로 수행하기 위하여 법무법인(유한)을 설립할 수 있다.
제58조의3 【설립 절차】 법무법인(유한)을 설립하려면 구성원이 될 변호사가 정관을 작성하여 주사무소 소재지의 지방변호사회와 대한변호사협회를 거쳐 법무부장관의 인가를 받아야 한다. 정관을 변경할 때에도 또한 같다.
제58조의4 【정관의 기재 사항】 법무법인(유한)의 정관에는 다음 각 호의 사항이 포함되어야 한다.
1. 목적, 명칭, 주사무소 및 분사무소의 소재지
2. 구성원의 성명 · 주민등록번호 및 법무법인(유한)을 대표할 구성원의 주소
3. 자본의 총액과 각 구성원의 출자좌수
4. 구성원의 가입 · 탈퇴와 그 밖의 변경에 관한 사항
5. 구성원 회의에 관한 사항
6. 법무법인(유한)의 대표에 관한 사항
7. 자산과 회계에 관한 사항
8. 존립 기간이나 해산 사유를 정한 경우에는 그 기간 또는 사유

제58조의5 【등기】 ① 법무법인(유한)은 설립인가를 받으면 2주일 이내에 설립등기를 하여야 한다. 등기 사항이 변경되었을 때에도 또한 같다.
② 제1항의 등기 사항은 다음 각 호와 같다.
1. 목적, 명칭, 주사무소 및 분사무소의 소재지
2. 출좌 1좌의 금액, 자본 총액 및 이행 부분
3. 이사의 성명 및 주민등록번호
4. 법무법인(유한)을 대표할 이사의 성명 및 주소
5. 둘 이상의 이사가 공동으로 법무법인(유한)을 대표할 것을 정한 경우에는 그 규정
6. 존립 기간이나 해산 사유를 정한 경우에는 그 기간 또는 사유
7. 감사가 있을 때에는 그 성명 · 주민등록번호 및 주소
8. 설립인가 연월일

③ 법무법인(유한)은 그 주사무소의 소재지에서 설립등기를 함으로써 성립한다.
제58조의6 【구성원 등】 ① 법무법인(유한)은 7명 이상의 변호사로 구성하며, 그 중 2명 이상이 통산하여 10년 이상 「법원조직법」 제42조제1항 각 호의 어느 하나에 해당하는 직에 있었던 자이어야 한다.
② 법무법인(유한)은 구성원 아닌 소속 변호사를 둘 수 있다.
③ 법무법인(유한)이 제1항에 따른 구성원의 요건을 충족하지 못하게 된 경우에는 3개월 이내에 보충하여야 한다.
④ 법무법인(유한)은 3명 이상의 이사를 두어야 한다. 이 경우 다음 각 호의 어느 하나에 해당하는 자는 이사가 될 수 없다.
1. 구성원이 아닌 자
2. 설립인가가 취소된 법무법인(유한)의 이사이었던 자(취소 사유가 발생하였을 때의 이사이었던 자로 한정한다)로서 그 취소 후 3년이 지나지 아니한 자
3. 제102조에 따른 업무정지 기간 중에 있는 자

⑤ 법무법인(유한)에는 한 명 이상의 감사를 둘 수 있다. 이 경우 감사는 변호사이어야 한다.
제58조의7 【자본 총액 등】 ① 법무법인(유한)의 자본 총액은 5억원 이상이어야 한다.
② 출자 1좌의 금액은 1만원으로 한다.
③ 각 구성원의 출자좌수는 3천좌 이상이어야 한다.
④ 법무법인(유한)은 직전 사업연도 말 대차대조표의 자산 총액에서 부채 총액을 뺀 금액이 5억원에 미달하면 부족한 금액을 매 사업연도가 끝난 후 6개월 이내에 증자를 하거나 구성원의 증여로 보전(補塡)하여야 한다.
⑤ 제4항에 따른 증여는 이를 특별이익으로 계상한다.
⑥ 법무부장관은 법무법인(유한)이 제4항에 따른 증자나 보전을 하지 아니하면 기간을 정하여 증자나 보전을 명할 수 있다.
제58조의8 【다른 법인에의 출자 제한 등】 ① 법무법인(유한)은 자기자본에 100분의 50의 범위에서 대통령령으로 정하는 비율을 곱한 금액을 초과하여 다른 법인에 출자하거나 타인을 위한 채무보증을 하여서는 아니 된다.
② 제1항에 규정된 자기자본은 직전 사업연도 말 대차대조표의 자산 총액에서 부채 총액을 뺀 금액을 말한다. 새로 설립된 법무법인(유한)으로서 직전 사업연도의 대차대조표가 없는 경우에는 설립 당시의 납입자본금을 말한다.
제58조의9 【회계처리 등】 ① 법무법인(유한)은 이 법에 정한 것 외에는 「주식회사 등의 외부감사에 관한 법률」 제5조에 따른 회계처리기준에 따라 회계처리를 하여야 한다.
(2017.10.31 본항개정)
② 법무법인(유한)은 제1항의 회계처리기준에 따른 대차대조표를 작성하여 매 사업연도가 끝난 후 3개월 이내에 법무부장관에게 제출하여야 한다.
③ 법무부장관은 필요하다고 인정하면 제2항에 따른 대차대조표가 적정하게 작성되었는지를 검사할 수 있다.
제58조의10 【구성원의 책임】 법무법인(유한)의 구성원의 책임은 이 법에 규정된 것 외에는 그 출자금액을 한도로 한다.
제58조의11 【수임사건과 관련된 손해배상책임】 ① 담당변호사[담당변호사가 지정되지 아니한 경우에는 그 법무법인(유한)의 구성원 모두를 말한다]는 수임사건에 관하여 고의나 과실로 그 수임사건의 위임인에게 손해를 발생시킨 경우에는 법무법인(유한)과 연대하여 그 손해를 배상할 책임이 있다.
② 담당변호사가 제1항에 따른 손해배상책임을 지는 경우 그 담당변호사를 직접 지휘 · 감독한 구성원도 그 손해를 배상할 책임이 있다. 다만, 지휘 · 감독을 할 때에 주의를 게을리하지 아니하였음을 증명한 경우에는 그러하지 아니하다.
③ 법무법인(유한)은 제1항과 제2항에 따른 손해배상책임에 관한 사항을 대통령령으로 정하는 바에 따라 사건수임계약서와 광고물에 명시하여야 한다.
제58조의12 【손해배상 준비금 등】 ① 법무법인(유한)은 수임사건과 관련한 제58조의11에 따른 손해배상책임을 보장하기 위하여 대통령령으로 정하는 바에 따라 사업연도마다 손해배상 준비금을 적립하거나 보험 또는 대한변호사협회가 운영하는 공제기금에 가입하여야 한다.
② 제1항에 따른 손해배상 준비금, 손해배상보험 또는 공제기금은 법무부장관의 승인 없이는 손해배상 외의 다른 용도로 사용하거나 그 보험계약 또는 공제계약을 해제 또는 해지하여서는 아니 된다.
제58조의13 【인가취소】 법무부장관은 법무법인(유한)이 다음 각 호의 어느 하나에 해당하면 그 설립인가를 취소할 수 있다.
1. 제58조의6제3항을 위반하여 3개월 이내에 구성원을 보충하지 아니한 경우
2. 이사 중에 제58조의6제4항 각 호의 어느 하나에 해당하는 자가 있는 경우. 다만, 해당 사유가 발생한 날부터 3개월 이내에 그 이사를 개임(改任)한 경우에는 그러하지 아니하다.
3. 제58조의8제1항을 위반하여 다른 법인에 출자하거나 타인의 채무를 보증한 경우
4. 제58조의9제1항을 위반하여 회계처리를 한 경우
5. 제58조의12제1항을 위반하여 손해배상 준비금을 적립하지 아니하거나 보험 또는 공제기금에 가입하지 아니한 경우
6. 업무 집행에 관하여 법령을 위반한 경우

제58조의14 【해산】 ① 법무법인(유한)은 다음 각 호의 어느 하나에 해당하는 사유가 있을 때에는 해산한다.
1. 정관에 정한 해산사유가 발생하였을 때
2. 구성원 과반수와 총 구성원의 의결권의 4분의 3 이상을 가진 자가 동의하였을 때

3. 합병하였을 때
4. 파산하였을 때
5. 설립인가가 취소되었을 때
6. 존립 기간을 정한 경우에는 그 기간이 지났을 때
② 법무법인(유한)이 해산한 경우에는 청산인은 지체 없이 주사무소 소재지의 지방변호사회와 대한변호사협회를 거쳐 법무부장관에게 그 사실을 신고하여야 한다.
제58조의15【통지】 법무부장관은 법무법인(유한)의 인가 및 그 취소, 해산 및 합병이 있으면 지체 없이 주사무소 및 분사무소 소재지의 지방변호사회와 대한변호사협회에 그 사실을 통지하여야 한다.
제58조의16【준용규정】 법무법인(유한)에 관하여는 제22조, 제27조, 제28조, 제28조의2, 제29조, 제29조의2, 제30조, 제31조제1항, 제32조부터 제37조까지, 제39조, 제44조, 제46조부터 제52조까지, 제53조제2항 및 제10장을 준용한다.
제58조의17【다른 법률의 준용】 ① 법무법인(유한)에 관하여 이 법에 정한 것 외에는 「상법」 중 유한회사에 관한 규정(「상법」 제545조는 제외한다)을 준용한다.
② (2009.2.6 삭제)

제5장의3 법무조합
(2008.3.28 본장개정)

제58조의18【설립】 변호사는 그 직무를 조직적·전문적으로 수행하기 위하여 법무조합을 설립할 수 있다.
제58조의19【설립 절차】 ① 법무조합을 설립하려면 구성원이 될 변호사가 규약을 작성하여 주사무소 소재지의 지방변호사회와 대한변호사협회를 거쳐 법무부장관의 인가를 받아야 한다. 규약을 변경하려는 경우에도 또한 같다.
② 법무부장관은 제1항에 따라 법무조합의 설립을 인가한 경우에는 관보에 고시하여야 한다.
③ 법무조합은 제2항에 따른 고시가 있을 때에 성립한다.
제58조의20【규약의 기재 사항】 법무조합의 규약에는 다음 각 호의 사항이 포함되어야 한다.
1. 목적, 명칭, 주사무소 및 분사무소의 소재지
2. 구성원의 성명·주민등록번호 및 법무조합을 대표할 구성원의 주소
3. 구성원의 가입·탈퇴와 그 밖의 변경에 관한 사항
4. 출자의 종류 및 그 가액과 평가기준에 관한 사항
5. 손익분배에 관한 사항
6. 법무조합의 대표에 관한 사항
7. 자산과 회계에 관한 사항
8. 존립 기간이나 해산 사유를 정한 경우에는 그 기간 또는 사유
제58조의21【규약의 제출 등】 ① 법무조합은 설립인가를 받으면 2주일 이내에 주사무소 및 분사무소 소재지의 지방변호사회에 규약과 다음 각 호의 사항을 적은 서면을 제출하여야 한다. 규약이나 기재 사항을 변경한 경우에도 또한 같다.
1. 목적, 명칭, 주사무소 및 분사무소의 소재지
2. 구성원의 성명·주민등록번호 및 법무조합을 대표할 구성원의 주소
3. 출자금액의 총액
4. 법무조합의 대표에 관한 사항
5. 존립 기간이나 해산 사유를 정한 경우에는 그 기간 또는 사유
6. 설립인가 연월일
② 법무조합의 주사무소 및 분사무소 소재지의 지방변호사회는 대통령령으로 정하는 바에 따라 다음 각 호의 서면을 비치하여 일반인이 열람할 수 있도록 하여야 한다.
1. 제1항 각 호의 사항이 적힌 서면
2. 제58조의29에 따른 설립인가 및 그 취소와 해산에 관한 서면
3. 제58조의30에 따라 준용되는 제58조의12에 따른 손해배상 준비금을 적립하였거나 보험 또는 공제기금에 가입하였음을 증명하는 서면
제58조의22【구성원 등】 ① 법무조합은 7명 이상의 변호사로 구성하며, 그중 2명 이상이 통산하여 10년 이상 「법원조직법」 제42조제1항 각 호의 어느 하나에 해당하는 직에 있었던 자이어야 한다.
② 법무조합은 구성원 아닌 소속 변호사를 둘 수 있다.
③ 법무조합이 제1항에 따른 구성원의 요건을 충족하지 못하게 된 경우에는 3개월 이내에 보충하여야 한다.
제58조의23【업무 집행】 ① 법무조합의 업무 집행은 구성원 과반수의 결의에 의한다. 다만, 둘 이상의 업무집행구성원을 두는 경우에는 그 과반수의 결의에 의한다.
② 법무조합은 규약으로 정하는 바에 따라 업무집행구성원 전원으로 구성된 운영위원회를 둘 수 있다.
제58조의24【구성원의 책임】 구성원은 법무조합의 채무(제58조의25에 따른 손해배상책임과 관련한 채무는 제외한다)에 대하여 그 채무 발생 당시의 손실분담 비율에 따라 책임을 진다.
제58조의25【수임사건과 관련된 손해배상책임】 ① 담당변호사(담당변호사가 지정되지 아니한 경우에는 그 법무조합의 구성원 모두를 말한다)가 수임사건에 관하여 고의나 과실로 그 수임사건의 위임인에게 손해를 발생시킨 경우 담당변호사는 그 손해를 배상할 책임이 있다.
② 담당변호사가 제1항에 따른 손해배상책임을 지는 경우 그 담당변호사를 직접 지휘·감독한 구성원도 그 손해를 배상할 책임이 있다. 다만, 지휘·감독을 할 때에 주의를 게을리하지 아니하였음을 증명한 경우에는 그러하지 아니하다.
③ 제1항 및 제2항에 따른 책임을 지지 아니하는 구성원은 제1항에 따른 손해배상책임에 대하여는 조합재산의 범위 내에서 그 책임을 진다.
④ 법무조합은 제1항과 제2항에 따른 손해배상책임에 관한 사항을 대통령령으로 정하는 바에 따라 사건수임계약서와 광고물에 명시하여야 한다.
제58조의26【소송당사자능력】 법무조합은 소송의 당사자가 될 수 있다.
제58조의27【인가취소】 법무부장관은 법무조합이 다음 각 호의 어느 하나에 해당하면 그 설립인가를 취소할 수 있다.
1. 제58조의22제3항을 위반하여 3개월 이내에 구성원을 보충하지 아니한 경우
2. 제58조의30에 따라 준용되는 제58조의12제1항을 위반하여 손해배상 준비금을 적립하지 아니하거나 보험 또는 공제기금에 가입하지 아니한 경우
3. 업무 집행에 관하여 법령을 위반한 경우
제58조의28【해산】 ① 법무조합은 다음 각 호의 어느 하나에 해당하는 사유가 있을 때에는 해산한다.
1. 규약에 정한 해산사유가 발생하였을 때
2. 구성원 과반수의 동의가 있을 때. 다만, 규약으로 그 비율을 높게 할 수 있다.
3. 설립인가가 취소되었을 때
4. 존립 기간을 정한 경우에는 그 기간이 지났을 때
② 법무조합이 해산한 경우 청산인은 지체 없이 주사무소 소재지의 지방변호사회와 대한변호사협회를 거쳐 법무부장관에게 그 사실을 신고하여야 한다.
제58조의29【통지】 법무부장관은 법무조합의 설립인가 및 그 취소나 해산이 있으면 지체 없이 주사무소 및 분사무소 소재지의 지방변호사회와 대한변호사협회에 통지하여야 한다.
제58조의30【준용규정】 법무조합에 관하여는 제22조, 제27조, 제28조, 제28조의2, 제29조, 제29조의2, 제30조, 제31조제1항, 제32조부터 제37조까지, 제39조, 제44조, 제46조부터 제52조까지, 제53조제2항, 제58조의9제1항, 제58조의12 및 제10장을 준용한다.

제58조의31 【다른 법률의 준용】 ① 법무조합에 관하여 이 법에 정한 것 외에는 「민법」 중 조합에 관한 규정(「민법」 제713조는 제외한다)을 준용한다.
② (2009.2.6 삭제)

제6장 공증인가합동법률사무소

제59조~제63조 (2005.1.27 삭제)

제7장 지방변호사회
(2008.3.28 본장개정)

제64조 【목적 및 설립】 ① 변호사의 품위를 보전하고, 변호사 사무의 개선과 발전을 도모하며, 변호사의 지도와 감독에 관한 사무를 하도록 하기 위하여 지방법원 관할 구역마다 1개의 지방변호사회를 둔다. 다만, 서울특별시에는 1개의 지방변호사회를 둔다.
② 지방변호사회는 법인으로 한다.
제65조 【설립 절차】 지방변호사회를 설립할 때에는 회원이 될 변호사가 회칙을 정하여 대한변호사협회를 거쳐 법무부장관의 인가를 받아야 한다. 회칙을 변경할 때에도 또한 같다.
제66조 【회칙의 기재 사항】 지방변호사회의 회칙에는 다음 각 호의 사항이 포함되어야 한다.
1. 명칭과 사무소의 소재지
2. 회원의 가입 및 탈퇴에 관한 사항
3. 총회, 이사회, 그 밖의 기관의 구성 · 권한 및 회의에 관한 사항
4. 임원의 구성 · 수 · 선임 · 임기 및 직무에 관한 사항 (2011.4.5 본호개정)
5. 회원의 권리 및 의무에 관한 사항
6. 회원의 지도 및 감독에 관한 사항
7. 자산과 회계에 관한 사항
제67조 【고시】 법무부장관은 지방변호사회의 설립을 인가하였을 때에는 그 명칭, 사무소의 소재지 및 설립 연월일을 고시하여야 한다. 명칭이나 사무소 소재지가 변경되었을 때에도 또한 같다.
제68조 【가입 및 탈퇴】 ① 제7조에 따른 등록을 한 변호사는 가입하려는 지방변호사회의 회원이 된다.
② 제14조에 따른 소속 변경등록을 한 변호사는 새로 가입하려는 지방변호사회의 회원이 되고, 종전 소속 지방변호사회를 당연히 탈퇴한다.
③ 제18조에 따라 등록이 취소된 변호사는 소속 지방변호사회를 당연히 탈퇴한다.
제69조 【임원】 ① 지방변호사회에는 다음 각 호의 임원을 둔다.
1. 회장(2011.4.5 본호개정)
2. 부회장(2011.4.5 본호개정)
3. 상임이사(2011.4.5 본호개정)
4. 이사(2011.4.5 본호개정)
5. 감사(2011.4.5 본호개정)
② 제1항 각 호의 임원의 구성 · 수 · 선임 · 임기 및 직무에 관한 사항은 지방변호사회 회칙으로 정한다.(2014.12.30 본항개정)
제69조의2 【회장】 지방변호사회의 장은 지방변호사회를 대표하고, 지방변호사회의 업무를 총괄한다.(2011.4.5 본조신설)
제70조 【총회】 ① 지방변호사회에 총회를 둔다.
② 총회는 개업신고를 한 변호사로 구성한다. 다만, 회원수가 200명 이상인 경우에는 회칙으로 정하는 바에 따라 회원이 선출하는 대의원으로 구성할 수 있다.
③ 다음 각 호의 사항은 총회의 결의를 거쳐야 한다.
1. 회칙의 변경
2. 예산 및 결산

제71조 【이사회】 ① 지방변호사회에 이사회를 둔다.
② 이사회는 지방변호사회 업무에 관한 중요 사항을 결의한다.
제72조 【국선변호 협력의무 등】 ① 지방변호사회는 법원에 국선변호인 예정자 명단을 제출하고 국선변호인의 변호 활동을 지원하는 등 국선변호인제도의 효율적인 운영에 적극 협력하여야 한다.
② 지방변호사회는 재정결정(裁定決定)에 따라 법원의 심판에 부쳐진 사건에 대한 공소유지 변호사의 추천, 「민사조정법」에 따른 조정위원의 추천 등 사법제도의 건전한 운영에 성실히 협력하여야 한다.
제73조 【사법연수생의 지도】 지방변호사회는 사법연수원장의 위촉에 따라 사법연수생의 변호사 실무 수습을 담당한다.
제74조 【분쟁의 조정】 지방변호사회는 그 회원인 변호사 상호간 또는 그 회원인 변호사와 위임인 사이에 직무상 분쟁이 있으면 당사자의 청구에 의하여 이를 조정할 수 있다.
제75조 【자문과 건의】 지방변호사회는 공공기관에서 자문받은 사항에 관하여 회답하여야 하며, 법률사무나 그 밖에 이와 관련된 사항에 대하여 공공기관에 건의할 수 있다.
제75조의2 【사실조회 등】 지방변호사회는 회원인 변호사가 수임사건과 관련하여 공공기관에 조회하여 필요한 사항의 회신이나 보관 중인 문서의 등본 또는 사본의 송부를 신청하는 경우에는 그 신청이 적당하지 아니하다고 인정할 만한 특별한 사유가 있는 경우가 아니면 그 신청에 따라 공공기관에 이를 촉탁하고 회신 또는 송부 받은 결과물을 신청인에게 제시하여야 한다.(2008.3.28 본조신설)
제76조 【회원들에 관한 정보제공의무】 ① 지방변호사회는 의뢰인의 변호사 선임의 편의를 도모하고 법률사건이나 법률사무 수임의 투명성을 확보하기 위하여 회원들의 학력, 경력, 주요 취급 업무, 업무 실적 등 사건 수임을 위한 정보를 의뢰인에게 제공하여야 한다.
② 제1항에 따른 정보의 제공 범위, 제공 방법, 그 밖에 필요한 사항은 각 지방변호사회가 정한다.
제77조 【감독】 ① 지방변호사회는 대한변호사협회와 법무부장관의 감독을 받는다.
② 지방변호사회는 총회의 결의 내용을 지체 없이 대한변호사협회와 법무부장관에게 보고하여야 한다.
③ 법무부장관은 제2항의 결의가 법령이나 회칙에 위반된다고 인정하면 대한변호사협회의 장의 의견을 들어 취소할 수 있다.
제77조의2 【비밀 준수】 지방변호사회의 임직원이거나 임직원이었던 자는 법률에 특별한 규정이 있는 경우가 아니면 제28조의2, 제89조의4제1항 및 제89조의5제1항에 관한 업무처리와 관련하여 알게 된 비밀을 누설하여서는 아니 된다.(2008.3.28 본조신설)

제8장 대한변호사협회
(2008.3.28 본장개정)

제78조 【목적 및 설립】 ① 변호사의 품위를 보전하고, 법률사무의 개선과 발전, 그 밖의 법률문화의 창달을 도모하며, 변호사 및 지방변호사회의 지도 및 감독에 관한 사무를 하도록 하기 위하여 대한변호사협회를 둔다.
② 대한변호사협회는 법인으로 한다.
제79조 【설립 절차】 지방변호사회는 연합하여 회칙을 정하고 법무부장관의 인가를 받아 대한변호사협회를 설립하여야 한다. 회칙을 변경할 때에도 또한 같다.
제80조 【회칙의 기재 사항】 대한변호사협회의 회칙에는 다음 각 호의 사항이 포함되어야 한다.
1. 제66조 각 호의 사항
2. 법률구조사업에 관한 사항
3. 변호사의 연수에 관한 사항

4. 변호사의 징계에 관한 사항
5. 변호사와 지방변호사회의 지도 및 감독에 관한 사항
제80조의2【협회장】 대한변호사협회의 장은 대한변호사협회를 대표하고, 대한변호사협회의 업무를 총괄한다.
(2011.4.5 본조신설)
제81조【임원】 ① 대한변호사협회에는 다음 각 호의 임원을 둔다.
1. 협회장
2. 부협회장
3. 상임이사
4. 이사
5. 감사
(2011.4.5 1호~5호개정)
② 제1항 각 호의 임원의 구성·수·선임·임기 및 직무에 관한 사항은 대한변호사협회 회칙으로 정한다.(2011.4.5 본항신설)
제82조【총회】 ① 대한변호사협회에 총회를 둔다.
② 총회의 구성에 관한 사항은 회칙으로 정한다.(2011.4.5 본항개정)
제83조【분담금】 지방변호사회는 대한변호사협회가 정하는 바에 따라 대한변호사협회의 운영에 필요한 경비를 내야 한다.
제84조【법률구조기구】 대한변호사협회에 법률구조사업을 하도록 하기 위하여 법률구조기구를 두며, 지방변호사회에는 그 지부를 둘 수 있다.
제85조【변호사의 연수】 ① 변호사는 변호사의 전문성과 윤리의식을 높이기 위하여 대한변호사협회가 실시하는 연수교육(이하 "연수교육"이라 한다)을 대통령령으로 정하는 시간 이상 받아야 한다. 다만, 다음 각 호의 어느 하나에 해당하는 경우에는 그러하지 아니하다.
1. 질병 등으로 정상적인 변호사 업무를 수행할 수 없는 경우
2. 휴업 등으로 연수교육을 받을 수 없는 정당한 사유가 있는 경우
3. 고령으로 연수교육을 받기에 적당하지 아니한 경우로서 대한변호사협회가 정하는 경우
② 대한변호사협회는 연수교육을 지방변호사회에 위임하거나 기관 또는 단체를 지정하여 위탁할 수 있다.
③ 대한변호사협회는 변호사가 법학 관련 학술대회 등에 참여한 경우에는 대한변호사협회가 정하는 바에 따라 연수교육을 받은 것으로 인정할 수 있다.
④ 연수교육에는 법조윤리 과목이 포함되어야 한다.
⑤ 연수교육의 방법·절차, 연수교육을 위탁받을 수 있는 기관·단체의 지정 절차 및 지정 기준 등에 관하여 필요한 사항은 대한변호사협회가 정한다.
제86조【감독】 ① 대한변호사협회는 법무부장관의 감독을 받는다.
② 대한변호사협회는 총회의 결의 내용을 지체 없이 법무부장관에게 보고하여야 한다.
③ 법무부장관은 제2항의 결의가 법령이나 회칙에 위반된다고 인정하면 이를 취소할 수 있다.
제87조【준용규정】 대한변호사협회에 관하여는 제70조제3항, 제71조 및 제75조를 준용한다.(2011.4.5 본조개정)

제9장 법조윤리협의회 및 수임자료 제출
(2007.1.26 본장제목개정)

제88조【법조윤리협의회】 법조윤리를 확립하고 건전한 법조풍토를 조성하기 위하여 법조윤리협의회(이하 "윤리협의회"라 한다)를 둔다.(2007.1.26 본조개정)
제89조【윤리협의회의 기능 및 권한】 ① 윤리협의회는 다음 각 호의 업무를 수행한다.
1. 법조윤리의 확립을 위한 법령·제도 및 정책에 관한 협의
2. 법조윤리 실태의 분석과 법조윤리 위반행위에 대한 대책
3. 법조윤리와 관련된 법령을 위반한 자에 대한 징계개시(懲戒開始)의 신청 또는 수사 의뢰
4. 그 밖에 법조윤리의 확립을 위하여 필요한 사항에 대한 협의
② 윤리협의회는 제1항제3호에 따른 징계개시의 신청 또는 수사 의뢰 등 업무수행을 위하여 필요하다고 인정하면 관계인 및 관계 기관·단체 등에 대하여 관련 사실을 조회하거나 자료 제출 또는 윤리협의회에 출석하여 진술하거나 설명할 것을 요구할 수 있으며, 관계인 및 관계 기관·단체 등이 정당한 이유 없이 이를 거부할 때에는 소속 직원으로 하여금 법무법인, 법무법인(유한), 법무조합, 법률사무소, 「외국법자문사법」 제2조제9호에 따른 합작법무법인에 출입하여 현장조사를 실시하게 할 수 있다. 이 경우 요구를 받은 자 및 기관·단체 등은 이에 따라야 한다.(2017.3.14 전단개정)
③ 제2항에 따라 출입·현장조사를 하는 사람은 그 권한을 표시하는 증표를 지니고 이를 관계인에게 내보여야 한다.
(2017.3.14 본항신설)
④ 제2항에 따른 사실조회·자료제출·출석요구 및 현장조사에 필요한 사항은 대통령령으로 정한다.(2017.3.14 본항신설)
(2008.3.28 본조개정)
제89조의2【윤리협의회의 구성】 ① 윤리협의회는 다음 각 호의 어느 하나에 해당하는 자 중에서 법원행정처장, 법무부장관 및 대한변호사협회의 장이 각 3명씩 지명하거나 위촉하는 9명의 위원으로 구성한다. 이 경우 법원행정처장, 법무부장관 및 대한변호사협회의 장은 제4호나 제5호에 해당하는 자를 1명 이상 위원으로 위촉하여야 한다.
1. 경력 10년 이상의 판사
2. 경력 10년 이상의 검사
3. 경력 10년 이상의 변호사
4. 법학 교수 또는 부교수
5. 경험과 덕망이 있는 자
② 위원장은 대한변호사협회의 장이 지명하거나 위촉하는 위원 중에서 재적위원 과반수의 동의로 선출한다.
③ 위원장과 위원의 임기는 2년으로 하되, 연임할 수 있다.
④ 제1항제1호부터 제4호까지의 요건에 따라 지명되거나 위촉된 위원이 임기 중 지명 또는 위촉의 요건을 상실하면 위원의 신분을 상실한다.
(2008.3.28 본조개정)
제89조의3【윤리협의회의 조직·운영 및 예산】 ① 윤리협의회의 사무를 처리하기 위하여 윤리협의회에 간사 3명과 사무기구를 둔다.
② 간사는 법원행정처장이 지명하는 판사 1명, 법무부장관이 지명하는 검사 1명, 대한변호사협회의 장이 지명하는 변호사 1명으로 한다.
③ 위원장은 효율적으로 업무를 처리하기 위하여 간사 중에서 주무간사를 임명할 수 있다.
④ 정부는 윤리협의회의 업무를 지원하기 위하여 예산의 범위에서 윤리협의회에 보조금을 지급할 수 있다.
⑤ 윤리협의회의 조직과 운영에 관하여 필요한 사항은 대통령령으로 정한다.
(2008.3.28 본조개정)
제89조의4【공직퇴임변호사의 수임 자료 등 제출】 ① 공직퇴임변호사는 퇴직일부터 2년 동안 수임한 사건에 관한 수임자료와 처리 결과를 대통령령으로 정하는 기간마다 소속 지방변호사회에 제출하여야 한다.(2013.5.28 본항개정)
② 공직퇴임변호사가 제50조·제58조의16 또는 제58조의30에 따라 법무법인·법무법인(유한) 또는 법무조합의 담당변호사로 지정된 경우나 「외국법자문사법」 제35조의20에 따라 합작법무법인의 담당변호사로 지정된 경우에도 제1항과 같다.
(2016.3.2 본항개정)
③ 지방변호사회는 제1항에 따라 제출받은 자료를 윤리협의회에 제출하여야 한다.

④ 윤리협의회의 위원장은 공직퇴임변호사에게 제91조에 따른 징계사유나 위법의 혐의가 있는 것을 발견하였을 때에는 대한변호사협회의 장이나 관할 수사기관의 장에게 그 변호사에 대한 징계개시를 신청하거나 수사를 의뢰할 수 있다.
(2021.1.5 본항개정)
⑤ 공직퇴임변호사가 제출하여야 하는 수임 자료와 처리 결과의 기재사항, 제출 절차 등에 관하여 필요한 사항은 대통령령으로 정한다.
(2008.3.28 본조개정)

제89조의5【특정변호사의 수임 자료 등 제출】 ① 지방변호사회는 대통령령으로 정하는 수 이상의 사건을 수임한 변호사〔제50조, 제58조의16 및 제58조의30에 따른 법무법인·법무법인(유한) 또는 법무조합의 담당변호사나 「외국법자문사법」 제35조의20에 따른 합작법무법인의 담당변호사를 포함하며, 이하 "특정변호사"라 한다〕의 성명과 사건 목록을 윤리협의회에 제출하여야 한다.(2016.3.2 본항개정)
② 윤리협의회는 제30조, 제31조, 제34조제2항·제3항 및 제35조 등 사건수임에 관한 규정의 위반 여부를 판단하기 위하여 수임 경위 등을 확인할 필요가 있다고 인정되면 특정변호사에게 제1항의 사건 목록에 기재된 사건에 관한 수임 자료와 처리 결과를 제출하도록 요구할 수 있다. 이 경우 특정변호사는 제출을 요구받은 날부터 30일 이내에 제출하여야 한다.
③ 특정변호사에 대하여는 제89조의4제4항 및 제5항을 준용한다.
(2008.3.28 본조개정)

제89조의6【법무법인 등에서의 퇴직공직자 활동내역 등 제출】 ① 「공직자윤리법」 제3조에 따른 재산등록의무자 및 대통령령으로 정하는 일정 직급 이상의 직위에 재직했던 변호사 아닌 퇴직공직자(이하 이 조에서 "퇴직공직자"라 한다)가 법무법인·법무법인(유한)·법무조합 또는 「외국법자문사법」 제2조제9호에 따른 합작법무법인(이하 이 조에서 "법무법인등"이라 한다)에 취업한 때에는, 법무법인등은 지체 없이 취업한 퇴직공직자의 명단을 법무법인등의 주사무소를 관할하는 지방변호사회에 제출하여야 하고, 매년 1월 말까지 업무활동내역 등이 포함된 전년도 업무내역서를 작성하여 법무법인등의 주사무소를 관할하는 지방변호사회에 제출하여야 한다.(2016.3.2 본항개정)
② 제1항에 따른 취업이란 퇴직공직자가 근로 또는 서비스를 제공하고, 그 대가로 임금·봉급, 그 밖에 어떠한 명칭으로든지 금품 또는 경제적 이익을 받는 일체의 행위를 말한다.
③ 제1항은 법무법인등이 아니면서도 변호사 2명 이상이 사건의 수임·처리나 그 밖의 변호사 업무 수행 시 통일된 형태를 갖추고 수익을 분배하거나 비용을 분담하는 형태로 운영되는 법률사무소에도 적용한다.
④ 지방변호사회는 제1항에 따라 제출받은 자료를 윤리협의회에 제출하여야 한다.
⑤ 윤리협의회의 위원장은 제4항에 따라 제출받은 자료를 검토하여 관련자들에 대한 징계사유나 위법의 혐의가 있는 것을 발견하였을 때에는 대한변호사협회의 장에게 징계개시를 신청하거나 관할 수사기관의 장에게 수사를 의뢰할 수 있다.
(2021.1.5 본항개정)
⑥ 제1항에 따른 업무내역서에는 퇴직공직자가 관여한 사건·사무 등 업무활동내역 및 그 밖에 대통령령으로 정하는 사항을 기재하여야 한다.
(2011.5.17 본조신설)

제89조의7【수임사건 처리 결과 등의 통지】 ① 윤리협의회는 제89조의4제3항과 제89조의5제2항에 따라 자료를 제출받으면 지체 없이 그 사건 목록을 관할 법원·검찰청 등 사건을 관할하는 기관의 장에게 통지하여야 한다.
② 제1항에 규정된 각 기관의 장은 제1항의 통지를 받은 날부터 1개월 이내에 통지받은 사건에 대한 처리 현황이나 처리 결과를 윤리협의회에 통지하여야 한다. 다만, 사건이 종결되지 아니한 경우에는 사건이 종결된 때부터 1개월 이내에 통지하여야 한다.
(2008.3.28 본조개정)

제89조의8【비밀 누설의 금지】 윤리협의회의 위원·간사·사무직원 또는 그 직에 있었던 자는 업무처리 중 알게 된 비밀을 누설하여서는 아니 된다.(2008.3.28 본조개정)

제89조의9【국회에 대한 보고】 ① 윤리협의회는 매년 제89조제1항의 업무수행과 관련한 운영상황을 국회에 보고하여야 한다.
② 윤리협의회는 제89조의8에도 불구하고 「인사청문회법」에 따른 인사청문회 또는 「국정감사 및 조사에 관한 법률」에 따른 국정조사를 위하여 국회의 요구가 있을 경우에는 제89조의4제3항 및 제89조의5제2항에 따라 제출받은 자료 중 다음 각 호의 구분에 따른 자료를 국회에 제출하여야 한다.
1. 제89조의4제3항에 따라 제출받은 자료 : 공직퇴임변호사의 성명, 공직퇴임일, 퇴직 당시의 소속 기관 및 직위, 수임일자, 사건명, 수임사건의 관할 기관, 처리 결과
2. 제89조의5제2항에 따라 제출받은 자료 : 변호사의 성명, 사건목록(수임일자 및 사건명에 한한다)
(2013.5.28 본조신설)

제89조의10【벌칙 적용에서 공무원 의제】 윤리협의회의 위원·간사·사무직원으로서 공무원이 아닌 사람은 그 직무상 행위와 관련하여 「형법」이나 그 밖의 법률에 따른 벌칙을 적용할 때에는 공무원으로 본다.(2017.3.14 본조신설)

제10장 징계 및 업무정지

(2008.3.28 본장개정)

제90조【징계의 종류】 변호사에 대한 징계는 다음 다섯 종류로 한다.
1. 영구제명
2. 제명
3. 3년 이하의 정직
4. 3천만원 이하의 과태료
5. 견책

제91조【징계 사유】 ① 제90조제1호에 해당하는 징계 사유는 다음 각 호와 같다.
1. 변호사의 직무와 관련하여 2회 이상 금고 이상의 형을 선고받아(집행유예를 선고받은 경우를 포함한다) 그 형이 확정된 경우(과실범의 경우는 제외한다)
2. 이 법에 따라 2회 이상 정직 이상의 징계처분을 받은 후 다시 제2항에 따른 징계 사유가 있는 자로서 변호사의 직무를 수행하는 것이 현저히 부적당하다고 인정되는 경우
② 제90조제2호부터 제5호까지의 규정에 해당하는 징계사유는 다음 각 호와 같다.
1. 이 법을 위반한 경우
2. 소속 지방변호사회나 대한변호사협회의 회칙을 위반한 경우
3. 직무의 내외를 막론하고 변호사로서의 품위를 손상하는 행위를 한 경우

제92조【변호사징계위원회의 설치】 ① 변호사의 징계는 변호사징계위원회가 한다.
② 대한변호사협회와 법무부에 각각 변호사징계위원회를 둔다.

제92조의2【조사위원회의 설치】 ① 변호사의 징계혐의사실에 대한 조사를 위하여 대한변호사협회에 조사위원회를 둔다.
② 조사위원회는 필요하면 관계 기관·단체 등에 자료 제출을 요청할 수 있으며, 당사자나 관계인을 면담하여 사실에 관한 의견을 들을 수 있다.
③ 조사위원회의 구성과 운영 등에 관하여 필요한 사항은 대한변호사협회가 정한다.

제93조【대한변호사협회 변호사징계위원회의 구성】 ① 대한변호사협회 변호사징계위원회(이하 "변협징계위원회"라 한다)는 다음 각 호의 위원으로 구성한다.
1. 법원행정처장이 추천하는, 판사 1명과 변호사가 아닌 경험과 덕망이 있는 자 1명(2017.12.19 본호개정)
2. 법무부장관이 추천하는, 검사 1명과 변호사가 아닌 경험과 덕망이 있는 자 1명(2017.12.19 본호개정)
3. 대한변호사협회 총회에서 선출하는 변호사 3명
4. 대한변호사협회의 장이 추천하는, 변호사가 아닌 법학 교수 및 경험과 덕망이 있는 자 각 1명
② 변협징계위원회에 위원장 1명과 간사 1명을 두며, 위원장과 간사는 위원 중에서 호선한다.
③ 제1항의 위원을 추천하거나 선출할 때에는 위원의 수와 같은 수의 예비위원을 함께 추천하거나 선출하여야 한다.
④ 변호사의 자격을 취득한 날부터 10년이 지나지 아니한 자는 위원장이나 판사·검사·변호사인 위원 또는 예비위원이 될 수 없다.
⑤ 위원과 예비위원의 임기는 각각 2년으로 한다.
⑥ 변협징계위원회의 위원 및 예비위원은 제94조에 따른 법무부징계위원회의 위원 및 예비위원을 겸할 수 없다.

제94조【법무부 변호사징계위원회의 구성 등】 ① 법무부 변호사징계위원회(이하 "법무부징계위원회"라 한다)는 위원장 1명과 위원 8명으로 구성하며, 예비위원 8명을 둔다.
② 위원장은 법무부장관이 되고, 위원과 예비위원은 다음 각 호의 구분에 따라 법무부장관이 임명 또는 위촉한다.
(2018.12.18 본문개정)
1. 법원행정처장이 추천하는 판사 중에서 각 2명
2. 법무부차관, 검사 및 법무부의 고위공무원단에 속하는 일반직공무원 중에서 각 2명
3. 대한변호사협회의 장이 추천하는 변호사 중에서 각 1명
4. 변호사가 아닌 자로서 법학 교수 또는 경험과 덕망이 있는 자 각 3명
(2018.12.18 1호~4호신설)
③ 위원과 예비위원의 임기는 각각 2년으로 한다.
④ 위원장은 법무부징계위원회의 업무를 총괄하고 법무부징계위원회를 대표하며 회의를 소집하고 그 의장이 된다.
⑤ 위원장이 부득이한 사유로 그 직무를 수행할 수 없을 때에는 위원장이 미리 지명하는 위원이 그 직무를 대행한다.
⑥ 법무부장관은 제2항에 따른 위원 또는 예비위원이 다음 각 호의 어느 하나에 해당하는 경우에는 해당 위원 또는 예비위원을 해임(解任)하거나 해촉(解囑)할 수 있다.
1. 심신장애로 인하여 직무를 수행할 수 없게 된 경우
2. 직무와 관련된 비위사실이 있는 경우
3. 직무 태만, 품위 손상, 그 밖의 사유로 인하여 위원 또는 예비위원의 직을 유지하는 것이 적합하지 아니하다고 인정되는 경우
(2018.12.18 본항신설)
⑦ 법무부징계위원회의 위원 또는 예비위원으로서 공무원이 아닌 사람은 「형법」 제129조부터 제132조까지의 규정을 적용할 때에는 공무원으로 본다.(2018.12.18 본항신설)
(2018.12.18 본조제목개정)

제95조【변협징계위원회의 심의권】 ① 변협징계위원회는 제91조에 따른 징계 사유에 해당하는 징계 사건을 심의한다.
② 변협징계위원회는 제1항의 심의를 위하여 필요하면 조사위원회에 징계혐의사실에 대한 조사를 요청할 수 있다.

제96조【법무부징계위원회의 심의권】 법무부징계위원회는 변협징계위원회의 징계 결정에 대한 이의신청 사건을 심의한다.

제97조【징계개시의 청구】 대한변호사협회의 장은 변호사가 제91조에 따른 징계 사유에 해당하면 변협징계위원회에 징계개시를 청구하여야 한다.

제97조의2【징계개시의 신청】 ① 지방검찰청검사장 또는 고위공직자범죄수사처장은 범죄수사 등 업무의 수행 중 변호사에게 제91조에 따른 징계 사유가 있는 것을 발견하였을 때에는 대한변호사협회의 장에게 그 변호사에 대한 징계개시를 신청하여야 한다.(2021.1.5 본항개정)
② 지방변호사회의 장이 소속 변호사에게 제91조에 따른 징계 사유가 있는 것을 발견한 경우에도 제1항과 같다.

제97조의3【징계개시의 청원 및 재청원】 ① 의뢰인이나 의뢰인의 법정대리인·배우자·직계친족 또는 형제자매는 수임변호사나 법무법인[제58조의2에 따른 법무법인(유한)과 제58조의18에 따른 법무조합을 포함한다]의 담당변호사에게 제91조에 따른 징계 사유가 있으면 소속 지방변호사회의 장에게 그 변호사에 대한 징계개시의 신청을 청원할 수 있다.
② 지방변호사회의 장은 제1항의 청원을 받으면 지체 없이 징계개시의 신청 여부를 결정하고 그 결과와 이유의 요지를 청원인에게 통지하여야 한다.
③ 청원인은 지방변호사회의 장이 제1항의 청원을 기각하거나 청원이 접수된 날부터 3개월이 지나도 징계개시의 신청 여부를 결정하지 아니하면 대한변호사협회의 장에게 재청원할 수 있다. 이 경우 재청원은 제2항에 따른 통지를 받은 날 또는 청원이 접수되어 3개월이 지난 날부터 14일 이내에 하여야 한다.

제97조의4【대한변호사협회의 장의 결정】 ① 대한변호사협회의 장은 제89조의4제4항(제89조의5제3항에 따라 준용되는 경우를 포함한다) 또는 제97조의2에 따른 징계개시의 신청이 있거나 제97조의3제3항에 따른 재청원이 있으면 지체 없이 징계개시의 청구 여부를 결정하여야 한다.
② 대한변호사협회의 장은 징계개시의 청구 여부를 결정하기 위하여 필요하면 조사위원회로 하여금 징계혐의사실에 대하여 조사하도록 할 수 있다.
③ 대한변호사협회의 장은 제1항의 결정을 하였을 때에는 지체 없이 그 사유를 징계개시 신청인(징계개시를 신청한 윤리협의회 위원장이나 지방검찰청검사장 또는 고위공직자범죄수사처장을 말한다. 이하 같다)이나 재청원인에게 통지하여야 한다.(2021.1.5 본항개정)

제97조의5【이의신청】 ① 징계개시 신청인은 대한변호사협회의 장이 징계개시의 신청을 기각하거나 징계개시의 신청이 접수된 날부터 3개월이 지나도 징계개시의 청구 여부를 결정하지 아니하면 변협징계위원회에 이의신청을 할 수 있다. 이 경우 이의신청은 제97조의4제3항에 따른 통지를 받은 날 또는 징계개시의 신청이 접수되어 3개월이 지난 날부터 14일 이내에 하여야 한다.
② 변협징계위원회는 제1항에 따른 이의신청이 이유 있다고 인정하면 징계절차를 개시하여야 하며, 이유 없다고 인정하면 이의신청을 기각하여야 한다.
③ 변협징계위원회는 제2항의 결정을 하였을 때에는 지체 없이 그 결과와 이유를 이의신청인에게 통지하여야 한다.

제98조【징계 결정 기간 등】 ① 변협징계위원회는 징계개시의 청구를 받거나 제97조의5제2항에 따라 징계 절차를 개시한 날부터 6개월 이내에 징계에 관한 결정을 하여야 한다. 다만, 부득이한 사유가 있을 때에는 그 의결로 6개월의 범위에서 기간을 연장할 수 있다.
② 법무부징계위원회는 변협징계위원회의 결정에 대한 이의신청을 받은 날부터 3개월 이내에 징계에 관한 결정을 하여야 한다. 다만, 부득이한 사유가 있는 때에는 그 의결로 3개월의 범위에서 기간을 연장할 수 있다.
③ 징계개시의 청구를 받거나 징계 절차가 개시되면 위원장은 지체 없이 징계심의의 기일을 정하여 징계혐의자에게 통지하여야 한다.

제98조의2【징계혐의자의 출석·진술권 등】 ① 변협징계위원회의 위원장은 징계심의의 기일을 정하고 징계혐의자에게 출석을 명할 수 있다.

② 징계혐의자는 징계심의기일에 출석하여 구술 또는 서면으로 자기에게 유리한 사실을 진술하거나 필요한 증거를 제출할 수 있다.
③ 변협징계위원회는 징계심의기일에 심의를 개시하고 징계혐의자에 대하여 징계 청구에 대한 사실과 그 밖의 필요한 사항을 심문할 수 있다.
④ 징계혐의자는 변호사 또는 학식과 경험이 있는 자를 특별변호인으로 선임하여 사건에 대한 보충 진술과 증거 제출을 하게 할 수 있다.
⑤ 변협징계위원회는 징계혐의자가 위원장의 출석명령을 받고 징계심의기일에 출석하지 아니하면 서면으로 심의할 수 있다.
⑥ 변협징계위원회의 위원장은 출석한 징계혐의자나 선임된 특별변호인에게 최종 의견을 진술할 기회를 주어야 한다.
⑦ 징계개시 신청인은 징계사건에 관하여 의견을 제시할 수 있다.

제98조의3【제척 사유】 위원장과 위원은 자기 또는 자기의 친족이거나 친족이었던 자에 대한 징계 사건의 심의에 관여하지 못한다.

제98조의4【징계 의결 등】 ① 변협징계위원회는 사건 심의를 마치면 위원 과반수의 찬성으로써 의결한다.
② 변협징계위원회는 징계의 의결 결과를 징계혐의자와 징계청구자 또는 징계개시 신청인에게 각각 통지하여야 한다.
③ 징계혐의자가 징계 결정의 통지를 받은 후 제100조제1항에 따른 이의신청을 하지 아니하면 이의신청 기간이 끝난 날부터 변협징계위원회의 징계의 효력이 발생한다.

제98조의5【징계의 집행】 ① 징계는 대한변호사협회의 장이 집행한다.
② 제90조제4호의 과태료 결정은 「민사집행법」에 따른 집행력 있는 집행권원과 같은 효력이 있으며, 검사의 지휘로 집행한다.
③ 대한변호사협회의 장은 징계처분을 하면 이를 지체 없이 대한변호사협회가 운영하는 인터넷 홈페이지에 3개월 이상 게재하는 등 공개하여야 한다.(2011.7.25 본항개정)
④ 대한변호사협회의 장은 변호사를 선임하려는 자가 해당 변호사의 징계처분 사실을 알기 위하여 징계정보의 열람·등사를 신청하는 경우 이를 제공하여야 한다.(2011.7.25 본항신설)
⑤ 징계처분의 공개 범위와 시행 방법, 제4항에 따른 변호사를 선임하려는 자의 해당 여부, 열람·등사의 방법 및 절차, 이에 소요되는 비용에 관하여 필요한 사항은 대통령령으로 정한다.(2011.7.25 본항개정)

제98조의6【징계 청구의 시효】 징계의 청구는 징계 사유가 발생한 날부터 3년이 지나면 하지 못한다.

제99조【보고】 대한변호사협회의 장은 변협징계위원회에서 징계에 관한 결정을 하면 지체 없이 그 사실을 법무부장관에게 보고하여야 한다.

제100조【징계 결정에 대한 불복】 ① 변협징계위원회의 결정에 불복하는 징계혐의자 및 징계개시 신청인은 그 통지를 받은 날부터 30일 이내에 법무부징계위원회에 이의신청을 할 수 있다.
② 법무부징계위원회는 제1항에 따른 이의신청이 이유 있다고 인정하면 변협징계위원회의 징계 결정을 취소하고 스스로 징계 결정을 하여야 하며, 이의신청이 이유 없다고 인정하면 기각하여야 한다. 이 경우 징계심의의 절차에 관하여는 제98조의2를 준용한다.
③ 제2항의 결정은 위원 과반수의 찬성으로 의결한다.
④ 법무부징계위원회의 결정에 불복하는 징계혐의자는 「행정소송법」으로 정하는 바에 따라 그 통지를 받은 날부터 90일 이내에 행정법원에 소(訴)를 제기할 수 있다.
⑤ 제4항의 경우 징계 결정이 있었던 날부터 1년이 지나면 소를 제기할 수 없다. 다만, 정당한 사유가 있는 경우에는 그러하지 아니하다.
⑥ 제4항에 따른 기간은 불변기간으로 한다.

제101조【위임】 ① 법무부징계위원회의 운영이나 그 밖에 징계에 필요한 사항은 대통령령으로 정한다.
② 변협징계위원회의 운영 등에 필요한 사항은 대한변호사협회가 정한다.

제101조의2【「형사소송법」 등의 준용】 서류의 송달, 기일의 지정이나 변경 및 증인·감정인의 선서와 급여에 관한 사항에 대하여는 「형사소송법」과 「형사소송비용 등에 관한 법률」의 규정을 준용한다.(2007.1.26 본조신설)

제102조【업무정지명령】 ① 법무부장관은 변호사가 공소제기되거나 제97조에 따라 징계 절차가 개시되어 그 재판이나 징계 결정의 결과 등록취소, 영구제명 또는 제명에 이르게 될 가능성이 매우 크고, 그대로 두면 장차 의뢰인이나 공공의 이익을 해칠 구체적인 위험성이 있는 경우에는 법무부징계위원회에 그 변호사의 업무정지에 관한 결정을 청구할 수 있다. 다만, 약식명령이 청구된 경우와 과실범으로 공소제기된 경우에는 그러하지 아니하다.
② 법무부장관은 법무부징계위원회의 결정에 따라 해당 변호사에 대하여 업무정지를 명할 수 있다.

제103조【업무정지 결정기간 등】 ① 법무부징계위원회는 제102조제1항에 따라 청구를 받은 날부터 1개월 이내에 업무정지에 관한 결정을 하여야 한다. 다만, 부득이한 사유가 있는 때에는 그 의결로 1개월의 범위에서 그 기간을 연장할 수 있다.
② 업무정지에 관하여는 제98조제3항 및 제98조의2제2항부터 제6항까지의 규정을 준용한다.

제104조【업무정지 기간과 갱신】 ① 업무정지 기간은 6개월로 한다. 다만, 법무부장관은 해당 변호사에 대한 공판 절차 또는 징계 절차가 끝나지 아니하고 업무정지 사유가 없어지지 아니한 경우에는 법무부징계위원회의 의결에 따라 업무정지 기간을 갱신할 수 있다.
② 제1항 단서에 따라 갱신할 수 있는 기간은 3개월로 한다.
③ 업무정지 기간은 갱신 기간을 합하여 2년을 넘을 수 없다.

제105조【업무정지명령의 해제】 ① 법무부장관은 업무정지 기간 중인 변호사에 대한 공판 절차나 징계 절차의 진행 상황에 비추어 등록취소·영구제명 또는 제명에 이르게 될 가능성이 크지 아니하고, 의뢰인이나 공공의 이익을 침해할 구체적인 위험이 없어졌다고 인정할 만한 상당한 이유가 있으면 직권으로 그 명령을 해제할 수 있다.
② 대한변호사협회의 장, 검찰총장 또는 업무정지명령을 받은 변호사는 법무부장관에게 업무정지명령의 해제를 신청할 수 있다.
③ 법무부장관은 제2항에 따른 신청을 받으면 직권으로 업무정지명령을 해제하거나 법무부징계위원회에 이를 심의하도록 요청하여야 하며, 법무부징계위원회에서 해제를 결정하면 지체 없이 해제하여야 한다.

제106조【업무정지명령의 실효】 업무정지명령은 그 업무정지명령을 받은 변호사에 대한 해당 형사 판결이나 징계 결정이 확정되면 그 효력을 잃는다.

제107조【업무정지 기간의 통산】 업무정지명령을 받은 변호사가 공소제기된 해당 형사사건과 같은 행위로 징계개시가 청구되어 정직 결정을 받으면 업무정지 기간은 그 전부 또는 일부를 정직 기간에 산입한다.

제108조【업무정지명령에 대한 불복】 업무정지명령, 업무정지 기간의 갱신에 관하여는 제100조제4항부터 제6항까지의 규정을 준용한다.

제11장 벌 칙

(2008.3.28 본장개정)

제109조【벌칙】 다음 각 호의 어느 하나에 해당하는 자는 7년 이하의 징역 또는 5천만원 이하의 벌금에 처한다. 이 경우 벌금과 징역은 병과(倂科)할 수 있다.
1. 변호사가 아니면서 금품·향응 또는 그 밖의 이익을 받거나 받을 것을 약속하고 또는 제3자에게 이를 공여하게 하거

나 공여하게 할 것을 약속하고 다음 각 목의 사건에 관하여 감정·대리·중재·화해·청탁·법률상담 또는 법률 관계 문서 작성, 그 밖의 법률사무를 취급하거나 이러한 행위를 알선한 자
가. 소송 사건, 비송 사건, 가사 조정 또는 심판 사건
나. 행정심판 또는 심사의 청구나 이의신청, 그 밖에 행정기관에 대한 불복신청 사건
다. 수사기관에서 취급 중인 수사 사건
라. 법령에 따라 설치된 조사기관에서 취급 중인 조사 사건
마. 그 밖에 일반의 법률사건
2. 제33조 또는 제34조(제57조, 제58조의16 또는 제58조의30에 따라 준용되는 경우를 포함한다)를 위반한 자

판례 '기타 일반의 법률사건' 및 '기타 법률사무'의 의미 : '기타 일반의 법률사건'은, 법률상의 권리·의무에 관하여 다툼 또는 의문이 있거나, 새로운 권리의무관계의 발생에 관한 사건 일반을 의미하고, '기타 법률사무'는 법률상의 효과를 발생·변경·소멸시키는 사항의 처리 및 법률상의 효과를 보전하거나 명확화하는 사항의 처리를 뜻한다고 보아야 하므로, 부동산 권리관계 내지 부동산등기부 등본에 등재되어 있는 권리관계의 법적 효과에 해당하는 권리의 득실·변경이나 충돌 여부, 우열관계 등을 분석하는 이른바 권리분석업무는 소정의 '법률사무'에 해당함이 분명하지만, 단지 부동산등기부등본을 열람하여 등기부상에 근저당권, 전세권, 임차권, 가압류, 가처분 등이 등재되어 있는지 여부를 확인·조사하거나 그 내용을 그대로 보고서 등의 문서에 옮겨 적는 행위는 일종의 사실행위에 불과하여 이를 소정의 '법률사무' 취급행위라고 볼 수 없다.(대판 2008.2.28, 2007도1039)

제110조 【벌칙】 변호사나 그 사무직원이 다음 각 호의 어느 하나에 해당하는 행위를 한 경우에는 5년 이하의 징역 또는 3천만원 이하의 벌금에 처한다. 이 경우 벌금과 징역은 병과할 수 있다.
1. 판사·검사, 그 밖에 재판·수사기관의 공무원에게 제공하거나 그 공무원과 교제한다는 명목으로 금품이나 그 밖의 이익을 받거나 받기로 한 행위
2. 제1호에 규정된 공무원에게 제공하거나 그 공무원과 교제한다는 명목의 비용을 변호사 선임료·성공사례금에 명시적으로 포함시키는 행위

제111조 【벌칙】 ① 공무원이 취급하는 사건 또는 사무에 관하여 청탁 또는 알선을 한다는 명목으로 금품·향응, 그 밖의 이익을 받거나 받을 것을 약속한 자 또는 제3자에게 이를 공여하게 하거나 공여하게 할 것을 약속한 자는 5년 이하의 징역 또는 1천만원 이하의 벌금에 처한다. 이 경우 벌금과 징역은 병과할 수 있다.
② 다른 법률에 따라 「형법」 제129조부터 제132조까지의 규정에 따른 벌칙을 적용할 때에 공무원으로 보는 자는 제1항의 공무원으로 본다.

제112조 【벌칙】 다음 각 호의 어느 하나에 해당하는 자는 3년 이하의 징역 또는 2천만원 이하의 벌금에 처한다. 이 경우 벌금과 징역은 병과할 수 있다.
1. 타인의 권리를 양수하거나 양수를 가장하여 소송·조정 또는 화해, 그 밖의 방법으로 그 권리를 실행함을 업(業)으로 한 자
2. 변호사의 자격이 없이 대한변호사협회에 그 자격에 관하여 거짓으로 신청하여 등록을 한 자
3. 변호사가 아니면서 변호사나 법률사무소를 표시 또는 기재하거나 이익을 얻을 목적으로 법률 상담이나 그 밖의 법률사무를 취급하는 뜻을 표시 또는 기재한 자
4. 대한변호사협회에 등록을 하지 아니하거나 제90조제3호에 따른 정직 결정 또는 제102조제2항에 따른 업무정지명령을 위반하여 변호사의 직무를 수행한 변호사
5. 제32조(제57조, 제58조의16 또는 제58조의30에 따라 준용되는 경우를 포함한다)를 위반하여 계쟁권리를 양수한 자
6. 제44조제2항(제58조의16이나 제58조의30에 따라 준용되는 경우를 포함한다)을 위반하여 유사 명칭을 사용한 자
7. 제77조의2 또는 제89조의8을 위반하여 비밀을 누설한 자 (2011.5.17 본호개정)

제113조 【벌칙】 다음 각 호의 어느 하나에 해당하는 자는 1년 이하의 징역 또는 1천만원 이하의 벌금에 처한다.
1. 제21조의2제1항을 위반하여 법률사무소를 개설하거나 법무법인·법무법인(유한) 또는 법무조합의 구성원이 된 자 (2011.5.17 본호신설)
2. 제21조의2제3항(제31조의2제2항에 따라 준용하는 경우를 포함한다)에 따른 확인서를 거짓으로 작성하거나 거짓으로 작성된 확인서를 제출한 자(2011.5.17 본호신설)
3. 제23조제2항제1호 및 제2호를 위반하여 광고를 한 자
4. 조세를 포탈하거나 수임제한 등 관계 법령에 따른 제한을 회피하기 위하여 제29조의2(제57조, 제58조의16 또는 제58조의30에 따라 준용되는 경우를 포함한다)를 위반하여 변호하거나 대리한 자(2017.3.14 본호신설)
5. 제31조제1항제3호(제57조, 제58조의16 또는 제58조의30에 따라 준용되는 경우를 포함한다)에 따른 사건을 수임한 변호사
6. 제31조의2제1항을 위반하여 사건을 단독 또는 공동으로 수임한 자(2011.5.17 본호신설)
7. 제37조제1항(제57조, 제58조의16 또는 제58조의30에 따라 준용되는 경우를 포함한다)을 위반한 자

제114조 【상습범】 상습적으로 제109조제1호, 제110조 또는 제111조의 죄를 지은 자는 10년 이하의 징역에 처한다.

제115조 【법무법인 등의 처벌】 ① 법무법인·법무법인(유한) 또는 법무조합의 구성원이나 구성원 아닌 소속 변호사가 제51조를 위반하면 500만원 이하의 벌금에 처한다.
② 법무법인, 법무법인(유한) 또는 법무조합의 구성원이나 구성원이 아닌 소속변호사가 그 법무법인, 법무법인(유한) 또는 법무조합의 업무에 관하여 제1항의 위반행위를 하면 그 행위자를 벌하는 외에 그 법무법인, 법무법인(유한) 또는 법무조합에게도 같은 항의 벌금형을 과(科)한다. 다만, 법무법인, 법무법인(유한) 또는 법무조합이 그 위반행위를 방지하기 위하여 해당 업무에 관하여 상당한 주의와 감독을 게을리하지 아니한 경우에는 그러하지 아니하다.(2012.1.17 본항개정)

제116조 【몰수·추징】 제34조(제57조, 제58조의16 또는 제58조의30에 따라 준용되는 경우를 포함한다)를 위반하거나 제109조제1호, 제110조, 제111조 또는 제114조의 죄를 지은 자 또는 그 사정을 아는 제3자가 받은 금품이나 그 밖의 이익은 몰수한다. 이를 몰수할 수 없을 때에는 그 가액을 추징한다.

제117조 【과태료】 ① 제89조의4제1항·제2항 및 제89조의5제2항을 위반하여 수임 자료와 처리 결과에 대한 거짓 자료를 제출한 자에게는 2천만원 이하의 과태료를 부과한다. (2013.5.28 본항신설)
② 다음 각 호의 어느 하나에 해당하는 자에게는 1천만원 이하의 과태료를 부과한다.
1. 제21조의2제5항(제21조의2제6항에 따라 위탁하여 사무를 처리하는 경우를 포함한다)에 따른 개선 또는 시정 명령을 받고 이에 따르지 아니한 자(2011.5.17 본호신설)
1의2. 제22조제2항제1호, 제28조의2, 제29조, 제35조 또는 제36조(제57조, 제58조의16 또는 제58조의30에 따라 준용되는 경우를 포함한다)를 위반한 자
2. 제28조에 따른 장부를 작성하지 아니하거나 보관하지 아니한 자
3. (2017.3.14 삭제)
4. 제54조제2항, 제58조의14제2항 또는 제58조의28제2항을 위반하여 해산신고를 하지 아니한 자
5. 제58조의9제2항을 위반하여 대차대조표를 제출하지 아니한 자
6. 제58조의21제1항을 위반하여 규약 등을 제출하지 아니한 자
7. 제58조의21제2항에 따른 서면을 비치하지 아니한 자

8. 제89조의4제1항 · 제2항 및 제89조의5제2항을 위반하여 수임 자료와 처리 결과를 제출하지 아니한 자(2013.5.28 본호개정)
③ 다음 각 호의 어느 하나에 해당하는 자에게는 500만원 이하의 과태료를 부과한다.
1. 제85조제1항을 위반하여 연수교육을 받지 아니한 자
2. 제89조제2항에 따른 윤리협의회의 요구에 정당한 이유 없이 따르지 아니하거나 같은 항에 따른 현장조사를 정당한 이유 없이 거부 · 방해 또는 기피한 자(2017.3.14 본호개정)
(2013.5.28 본항개정)
④ 제1항부터 제3항까지에 따른 과태료는 대통령령으로 정하는 바에 따라 지방검찰청검사장이 부과 · 징수한다.
(2013.5.28 본항개정)
⑤~⑦ (2017.12.12 삭제)

부　칙 (2005.1.27)

제1조【시행일】 이 법은 공포 후 6월이 경과한 날부터 시행한다. 다만, 제100조제1항 및 제4항 내지 제6항의 개정규정은 공포한 날부터 시행한다.
제2조【정관기재사항에 관한 규정의 적용례】 제42조의 개정규정은 이 법 시행 후 최초로 설립인가 또는 변경인가를 신청하는 분부터 적용한다.
제3조【설립등기사항에 관한 규정의 적용례】 제43조제2항의 개정규정은 이 법 시행 후 최초로 등기 또는 변경등기를 신청하는 분부터 적용한다.
제4조【법무법인의 조직변경에 관한 특례】 ① 이 법 시행 당시의 법무법인으로서 법무법인(유한) 또는 법무조합의 설립요건을 갖춘 법무법인은 구성원 전원의 동의가 있는 때에는 이 법 시행일부터 2년 이내에 법무부장관의 인가를 받아 법무법인(유한) 또는 법무조합으로 조직변경을 할 수 있다.
② 법무법인이 제1항의 규정에 의하여 법무부장관으로부터 법무법인(유한)의 인가를 받은 때에는 2주 이내에 주사무소 소재지에서 법무법인 해산등기 및 법무법인(유한)의 설립등기를, 법무조합의 인가를 받은 때에는 같은 기간 이내에 주사무소 소재지에서 법무법인 해산등기를 하여야 한다.
③ 제1항의 규정에 의한 조직변경의 경우 새로 설립되는 법무법인(유한)의 자본총액은 법무법인에 현존하는 순재산액을 초과할 수 없으며 법무법인에 현존하는 순재산액이 자본총액에 미달하는 때에는 제1항의 규정에 의한 동의가 있은 당시의 구성원들이 연대하여 그 부족액을 보충하여야 한다.
④ 제1항의 규정에 의하여 설립된 법무법인(유한) 또는 법무조합의 구성원 중 종전의 법무법인의 구성원이었던 자는 제2항의 규정에 의한 등기를 하기 전에 발생한 법무법인의 채무에 대하여 법무법인(유한)의 경우에는 등기 후 2년이 경과할 때까지, 법무조합의 경우에는 등기 후 5년이 경과할 때까지 법무법인의 구성원으로서 책임을 진다.
제5조【법무법인에서 공증인의 직무를 행하는 변호사에 대한 경과조치】 이 법 시행 전에 법무법인에서 공증인의 직무를 행하는 변호사로서 공증인법 제20조제1항의 규정에 의하여 신고한 자에 대하여는 제49조제1항 단서의 개정규정을 적용하지 아니한다.
제6조【공증인가합동법률사무소의 폐지에 따른 경과조치】 이 법 시행 당시 종전의 제6장(제59조 내지 제63조)의 규정에 의하여 인가를 받은 공증인가합동법률사무소는 종전의 규정에 의하여 공증인의 직무에 속하는 업무를 수행할 수 있다.
제7조【이의신청기간의 연장에 따른 경과조치】 제100조제1항의 개정규정은 이 법 시행일 전에 징계처분을 받은 자 중 이 법 시행일 현재 종전규정에 의한 이의신청기간이 도과되지 아니한 자에 대하여 적용한다.
제8조【즉시항고제도의 폐지에 따른 경과조치】 제100조제4항 내지 제6항의 개정규정은 2002년 2월 28일 이전에 종전의 규정에 의하여 즉시항고를 하여 법원에 계류중인 자와 2002년 2월 28일 현재 종전의 규정에 의한 즉시항고기간이 도과하지 아니한 자에 대하여도 적용한다. 이 경우 이 법 시행일에 징계결정을 통지받은 것으로 본다.
제9조【다른 법률의 개정】 ①~② ※(해당 법령에 가제정리 하였음)

부　칙 (2014.12.30)

제1조【시행일】 이 법은 공포 후 6개월이 경과한 날부터 시행한다.
제2조【임원에 대한 경과조치】 이 법 시행 당시 재임 중에 있는 지방변호사회 임원은 이 법에 따른 임원으로 보며, 그 임기는 종전의 규정에 따른다.
제3조【금치산자 등에 대한 경과조치】 제5조제7호 및 제22조제2항제3호의 개정규정에 따른 피성년후견인 또는 피한정후견인에는 법률 제10429호 민법 일부개정법률 부칙 제2조에 따라 금치산 또는 한정치산 선고의 효력이 유지되는 사람을 포함하는 것으로 본다.

부　칙 (2017.3.14)

제1조【시행일】 이 법은 공포 후 6개월이 경과한 날부터 시행한다. 다만, 제113조 및 제117조제2항제3호의 개정규정은 공포한 날부터 시행한다.
제2조【벌칙 등에 관한 경과조치】 이 법 시행 전의 위반행위에 대하여 벌칙이나 과태료를 적용할 때에는 종전의 규정에 따른다.

부　칙 (2017.12.19)

제1조【시행일】 이 법은 공포한 날부터 시행한다.
제2조【변협징계위원회의 구성에 관한 적용례】 제93조제1항의 개정규정은 이 법 시행 후 최초로 위원을 추천하는 경우부터 적용한다.
제3조【변호사의 결격사유에 관한 경과조치】 이 법 시행 전에 종전의 규정에 따라 대한변호사협회에 등록을 한 자는 제5조의 개정규정에도 불구하고 종전의 규정에 따른다.

부　칙 (2018.12.18)
(2020.6.9)
(2021.1.5)

이 법은 공포한 날부터 시행한다.

공익법무관에 관한 법률

(약칭 : 공익법무관법)

(1994년 12월 31일
법 률 제4836호)

개정
1997.12.13법 5453호(행정절차)
2009.11. 2법 9810호
2013. 6. 4법11849호(병역)
2016. 3.29법14102호

제1장 총 칙

(2009.11.2 본장개정)

제1조【목적】 이 법은 공익법무관(公益法務官)으로 하여금 법률구조(法律救助)의 혜택을 받기 어려운 지역의 주민 등에게 내실 있는 법률구조를 제공하게 하고, 국가나 지방자치단체의 소송 등의 사무 처리를 효율적으로 지원하게 하며, 공익법무관에게 적용할 인사(人事) 및 복무 등에 관하여 「국가공무원법」의 특례를 정함을 목적으로 한다.(2016.3.29 본조개정)

제2조【정의】 이 법에서 사용하는 용어의 뜻은 다음과 같다.

1. "공익법무관"이란 「병역법」 제34조의6제1항에 따라 공익법무관에 편입된 사람으로서 법무부장관에 의하여 임용되어 법률구조업무나 국가소송 등의 사무에 종사하도록 명령을 받은 사람을 말한다.
2. "법률구조업무"란 「법률구조법」에 따라 경제적으로 어렵거나 법을 몰라서 법의 보호를 충분히 받지 못하는 사람을 위하여 다음 각 목의 법인이나 기관에서 법률 상담, 소송대리(訴訟代理), 그 밖의 법률 사무에 관하여 지원하는 업무를 말한다.
   가. 대통령령으로 정하는 법인
   나. 법무부와 그 소속 기관, 각급 검찰청
   (2016.3.29 가목~나목신설)
3. "국가소송 등의 사무"란 국가를 당사자 또는 참가인으로 하는 소송 및 행정소송(행정청을 참가인으로 하는 경우를 포함한다)의 수행과 법률자문업무 등 공공 목적의 업무 수행에 필요한 법률 사무에 관하여 지원하는 업무를 말한다.
4. "각급 기관"이란 제2호가목에 따른 법인 및 같은 호 나목에 따른 기관을 말한다.

(2016.3.29 1호~4호개정)

제2장 직무교육과 임용

(2009.11.2 본장개정)

제3조【신분】 공익법무관은 법무부에 소속된 「국가공무원법」 제26조의5에 따른 임기제공무원으로 한다.(2016.3.29 본조개정)

제4조【명단 통보 등】 ① 법무부장관은 병무청장과 협의하여 매년도 공익법무관 필요 인원을 미리 정한 다음 그 인원에 따라 예산을 요구하여야 한다.
② 병무청장은 「병역법」 제34조의6제1항에 따라 공익법무관에 편입된 사람의 명단을 편입 후 즉시 법무부장관에게 통보하여야 한다.

제5조【종사명령 등】 ① 법무부장관은 제4조제2항에 따른 명단을 통보받았을 때에는 지체 없이 해당 공익법무관에 편입된 사람을 소집하여 직무수행에 필요한 교육을 하고, 그 성적이 양호한 경우에는 공익법무관으로 임용함과 동시에 대통령령으로 정하는 바에 따라 근무할 각급 기관과 근무 지역을 정하여 법률구조업무 또는 국가소송 등의 사무에 종사할 것을 명하여야 한다. 다만, 대통령령으로 정하는 바에 따라 직무교육 소집 연기원(延期願)을 제출한 사람에 대하여는 필요한 경우 직무교육 전이라도 공익법무관으로 임용할 수 있다.
(2016.3.29 본문개정)
② 법무부장관은 공익법무관으로 편입된 사람 중 정당한 사유 없이 직무교육을 받지 아니한 사람과 공익법무관으로 임용된 사람 및 임용되지 아니한 사람의 명단을 병무청장에게 지체 없이 통보하고, 공익법무관으로 임용된 사람의 명단을 해당 각급 기관의 장에게 지체 없이 통보하여야 한다.
③ 제1항의 직무교육과 종사명령에 필요한 사항은 대통령령으로 정한다.

제6조【근무 기관 변경 등】 법무부장관은 필요하다고 인정하면 공익법무관이 근무하는 각급 기관 또는 근무 지역을 변경할 수 있다.

제7조【결격사유】 「국가공무원법」 제33조 각 호의 어느 하나에 해당하는 사람은 공익법무관으로 임용될 수 없다.

제3장 복무와 보수

(2009.11.2 본장개정)

제8조【의무복무기간】 ① 공익법무관의 의무복무기간은 3년으로 한다.
② 제1항에 따른 의무복무기간을 마친 공익법무관에 대하여는 「병역법」 제34조의6제2항에 따라 사회복무요원의 복무를 마친 것으로 본다.(2013.6.4 본항개정)
③ 법무부장관은 의무복무기간을 마친 공익법무관의 명단을 병무청장에게 통보하여야 한다.
④ 의무복무기간의 기산일(起算日) 등 의무복무기간의 산정에 필요한 사항은 대통령령으로 정한다.

제9조【업무 범위】 공익법무관은 법률구조업무, 국가소송 등의 사무, 그 밖에 법률에서 정한 업무 외의 업무에 종사하여서는 아니 된다.(2016.3.29 본조개정)

제10조【직장 이탈 금지】 공익법무관은 업무에 성실히 종사하여야 하며, 각급 기관의 장의 허가 또는 정당한 사유 없이 직장을 이탈하여서는 아니 된다.

제11조【복무 감독】 법무부장관은 공익법무관의 복무에 대하여 지휘·감독한다.

제12조【직무위반의 보고 등】 각급 기관의 장은 공익법무관이 다음 각 호의 어느 하나에 해당하면 지체 없이 그 사유를 구체적으로 밝혀 법무부장관에게 보고하여야 한다.

1. 「국가공무원법」 제33조 각 호의 어느 하나에 해당할 때
2. 변호사의 자격을 상실하거나 정지당하였을 때
3. 신체적·정신적인 장애 또는 생사·소재불명(生死·所在不明)으로 근무하지 못하게 되었을 때
4. 형사사건으로 기소되었을 때
5. 이 법 또는 이 법에 따른 명령이나 그 밖의 직무상 의무를 위반하거나 게을리한 때

제13조【근무상황 평가 보고】 각급 기관의 장은 공익법무관의 근무상황과 직무수행 실적을 평가하여 매 반기 종료 후 1개월 이내에 법무부장관에게 보고하여야 한다.

제14조【보수 등】 ① 공익법무관에 대하여는 군인 보수(報酬)의 한도에서 보수 및 직무수행에 필요한 여비 등을 지급한다.
② 제1항에 따른 보수의 기준 등은 대통령령으로 정한다.

제4장 신분 조치

(2009.11.2 본장개정)

제15조【신분 상실】 공익법무관이 「국가공무원법」 제33조 각 호의 어느 하나에 해당할 때에는 당연히 공익법무관의 신분을 상실한다. 다만, 「국가공무원법」 제33조제2호는 파산선고를 받은 사람으로서 「채무자 회생 및 파산에 관한 법률」에 따라 신청기한 내에 면책신청을 하지 아니하였거나 면책불허가 결정 또는 면책 취소가 확정된 경우만 해당하고, 「국가공무원법」 제33조제5호는 「형법」 제129조부터 제132조까지, 제303조 또는 「성폭력범죄의 처벌 등에 관한 특례법」 제10조 및 직무와 관련하여 「형법」 제355조 또는 제356조에 규정된 죄를 범한 사람으로서 금고 이상의 형의 선고유예를 받은 경우만 해당한다.(2016.3.29 단서신설)

제16조【신분 박탈】 공익법무관이 다음 각 호의 어느 하나에 해당할 때에는 법무부장관은 직권으로 그 신분을 박탈할 수 있다. 다만, 제1호부터 제3호까지의 어느 하나에 해당하면

직권으로 그 신분을 박탈하여야 한다.
1. 변호사 자격을 상실하거나 정지당하였을 때
2. 제5조제1항 단서에 따라 직무교육 전에 공익법무관으로 임용된 사람이 정당한 사유 없이 임용 후의 직무교육 소집명령에 응하지 아니하였을 때
3. 정당한 사유 없이 제10조를 위반하여 통산 8일 이상 해당 직장을 이탈하거나 해당 분야의 업무에 종사하지 아니하였을 때
4. 신체적·정신적인 장애로 1년 이내 또는 생사·소재가 불분명하게 된 후 3개월 이내에 직무로 복귀할 수 없거나 직무를 감당할 수 없게 되었을 때
5. 형사사건으로 기소되어 공익법무관의 신분을 유지하는 것이 부적절할 때
6. 이 법 또는 이 법에 따른 명령이나 그 밖의 직무상 의무를 위반하거나 근무성적이 매우 불량하여 공익법무관의 신분을 유지하는 것이 부적절할 때

제17조【복무기간 연장 등】 ① 공익법무관이 장기입원 또는 요양 등 직무 외의 사유로 1개월 이상 근무하지 못한 경우에는 법무부장관은 그 기간에 해당하는 기간을 연장하여 복무하게 할 수 있다. 다만, 공익법무관이 제16조제4호에 따른 사유로 그 신분을 박탈당한 경우에는 그러하지 아니하다. (2016.3.29 본문개정)
② 공익법무관이 이 법 또는 이 법에 따른 명령이나 그 밖의 직무상 의무를 위반하거나 게을리한 경우에는 법무부장관은 그 사유에 상응하는 적절한 기간을 연장하여 복무하게 하거나 봉급의 3분의 1이하를 감액하거나 견책(譴責)할 수 있다. 다만, 공익법무관이 제16조제2호·제3호·제5호·제6호에 따른 사유로 그 신분을 박탈당한 경우와 정당한 사유 없이 통산 7일 이내의 기간 동안 직장을 이탈하거나 해당 분야의 업무에 종사하지 아니하여 「병역법」 제35조의2제2항에 따라 연장근무하게 된 경우에는 그러하지 아니하다.

제18조【청문】 법무부장관은 제16조에 따라 공익법무관 신분 박탈의 처분을 하려는 경우에는 청문을 하여야 한다.

제19조【신분 조치 통보】 법무부장관은 공익법무관이 신분을 상실하거나 박탈당하였을 때에는 지체 없이 그 사실을 병무청장에게 통보하여야 한다.

제5장 보 칙

(2009.11.2 본장개정)

제20조【등록 등】 ① 공익법무관은 「변호사법」 제7조에도 불구하고 변호사의 자격등록을 하지 아니하고 변호사로서 이 법에서 정한 업무를 수행할 수 있다.
② 법원은 직권으로 공익법무관을 변호인으로 선정할 수 있다.

제21조【권한의 위임·위탁】 ① 이 법에 따른 법무부장관의 권한은 그 일부를 각급 기관의 장에게 대통령령으로 정하는 바에 따라 위임하거나 위탁할 수 있다.
② 제2조제2호가목에 따른 법인 대표자의 권한은 그 일부를 공익법무관이 근무하는 기관의 장에게 대통령령으로 정하는 바에 따라 위임하거나 위탁할 수 있다.
③ 제2조제2호가목에 따른 법인 대표자는 제1항에 따라 법무부장관으로부터 위탁받은 권한의 일부를 법무부장관의 승인을 받아 공익법무관이 근무하는 기관의 장에게 재위임하거나 재위탁할 수 있다.
(2016.3.29 본조개정)

부 칙 (2016.3.29)

제1조【시행일】 이 법은 공포한 날부터 시행한다.

제2조【공익법무관에 대한 복무기간 연장 여부의 검토에 관한 경과조치】 이 법 시행 당시 장기입원 또는 요양 등 직무 외의 사유로 근무하지 못한 기간이 1개월 이상인 공익법무관에 대해서는 제17조제1항 본문의 개정규정에도 불구하고 종전의 규정에 따른다.

제3조【다른 법률의 개정】 ※(해당 법령에 가제정리 하였음)

법학전문대학원 설치·운영에 관한 법률(약칭 : 법학전문대학원법)

(2007년 7월 27일
법 률 제8544호)

개정
2008. 2.29법 8852호(정부조직)
2011. 7.21법10866호(고등교육)
2012. 1.26법11212호(고등교육)
2013. 3.23법11690호(정부조직)
2016. 5.29법14152호
2021. 3.23법17954호(법률용어정비)

제1장 총 칙

제1조【목적】 이 법은 법학전문대학원의 설치·운영 및 교육 등에 관한 사항을 정함으로써 우수한 법조인을 양성함을 목적으로 한다.

제2조【교육이념】 법학전문대학원의 교육이념은 국민의 다양한 기대와 요청에 부응하는 양질의 법률서비스를 제공하기 위하여 풍부한 교양, 인간 및 사회에 대한 깊은 이해와 자유·평등·정의를 지향하는 가치관을 바탕으로 건전한 직업윤리관과 복잡다기한 법적 분쟁을 전문적·효율적으로 해결할 수 있는 지식 및 능력을 갖춘 법조인의 양성에 있다.

제3조【국가 등의 책무】 ① 국가, 「고등교육법」 제2조제1호에 따른 대학(같은 법 제30조에 따른 대학원대학을 포함한다. 이하 "대학"이라 한다), 그 밖에 법조인의 양성과 관련된 기관 또는 단체는 제2조에 따른 교육이념의 취지에 부합하는 법조인을 양성하기 위하여 상호 협력하여야 한다.
② 국가는 법조인의 양성을 위하여 재정적 지원방안을 마련하는 등 필요한 조치를 하여야 한다.

제4조【설치주체】 대학의 설립·경영자(국립대학의 경우에는 국가, 공립대학의 경우에는 지방자치단체, 사립대학의 경우에는 학교법인을 말한다. 이하 같다)는 법조인의 양성에 필요한 전문적인 법률이론 및 실무에 관한 교육 및 연구를 주된 목적으로 하는 법학전문대학원을 설치·운영할 수 있다.

제5조【설치인가 등】 ① 법학전문대학원을 두고자 하는 대학의 설립·경영자는 제16조부터 제20조까지의 규정에 따른 교원(「고등교육법」 제14조제2항에 따른 강사는 제외한다. 이하 같다)·시설 및 교육과정 등 법학전문대학원의 설치기준을 갖추어야 한다.(2012.1.26 본항개정)
② 공립 또는 사립대학의 설립·경영자가 법학전문대학원을 두고자 하는 경우에는 교육부장관의 인가를 받아야 한다. 인가받은 법학전문대학원을 폐지하거나 인가받은 사항 중 대통령령으로 정하는 중요 사항을 변경하는 때에도 또한 같다. (2013.3.23 전단개정)
③ 교육부장관은 제2항에 따른 설치인가 및 폐지·변경인가를 하고자 하는 경우에는 미리 제10조에 따른 법학교육위원회(이하 "법학교육위원회"라 한다)의 심의를 거쳐야 한다. (2013.3.23 본항개정)
④ 국가가 법학전문대학원을 두고자 하는 경우에는 법학교육위원회의 심의를 거쳐야 한다. 법학전문대학원을 폐지하거나 대통령령으로 정하는 중요 사항을 변경하는 때에도 또한 같다.
⑤ 제2항에 따른 설치인가 및 폐지·변경인가의 절차 등에 관하여 필요한 사항은 대통령령으로 정한다.

제6조【설치인가의 기준】 ① 교육부장관은 제5조제2항에 따른 법학전문대학원의 설치인가에 대한 신청이 있는 경우에는 제2조에 따른 교육이념을 달성하기 위한 교육목표 및 교육과정의 타당성과 설치기준의 충족 여부 등을 고려하여 인가할 수 있다.
② 제1항의 설치인가에 관하여 필요한 세부기준은 교육부장관이 정한다.
(2013.3.23 본조개정)

제7조【법학전문대학원의 입학정원】 ① 교육부장관은 국민에 대한 법률서비스의 원활한 제공 및 법조인의 수급상황 등 제반사정을 고려하여 법학전문대학원의 총 입학정원을 정한다. 이 경우 교육부장관은 총 입학정원을 미리 국회 소관 상임위원회에 보고하여야 한다.
② 교육부장관은 제1항에 따라 법학전문대학원의 총 입학정원을 정하는 때에는 법원행정처장, 법무부장관과 협의하여야 한다. 이 경우 「변호사법」 제78조에 따른 대한변호사협회의 장(이하 "대한변호사협회장"이라 한다), 「민법」 제32조 및 「공익법인의 설립 · 운영에 관한 법률」 제4조에 따라 법무부장관의 허가를 받아 설립된 사단법인 한국법학교수회의 장(이하 "한국법학교수회장"이라 한다) 등은 교육부장관에게 의견을 제출할 수 있다.
③ 법학전문대학원의 개별 입학정원은 각 법학전문대학원의 교원 · 시설 및 재정을 비롯한 교육여건과 제1항에 따른 총 입학정원 등을 종합적으로 고려하여 교육부장관이 대통령령으로 정하는 범위 안에서 정한다.
(2013.3.23 본조개정)

제8조【학사학위과정의 폐지】 ① 법학전문대학원을 두는 대학은 법학에 관한 학사학위과정을 둘 수 없다.
② 법학전문대학원을 두는 대학은 해당 법학전문대학원의 개원 이전에 법학에 관한 학사학위과정이 설치되어 있는 경우에는 해당 법학전문대학원에 학생이 최초로 입학하는 학년도부터 법학에 관한 학사학위과정의 학생의 입학을 허가하여서는 아니 된다.(2021.3.23 본항개정)
③ 제1항에도 불구하고 법학전문대학원을 두는 대학은 법학전문대학원의 개원 이전에 해당 대학의 법학에 관한 학사학위과정에 입학한 학생의 교육을 위하여 필요한 범위 안에서 학사학위과정을 유지하여야 한다.(2021.3.23 본항개정)

제9조【다른 법률과의 관계】 ① 법학전문대학원에 대하여 이 법에서 정한 경우에는 다른 법률에 우선하여 이 법을 적용한다.
② 법학전문대학원에 대하여 이 법에 특별한 규정이 없는 사항에 관하여는 「고등교육법」 등 대학과 관련한 교육 관계법을 적용한다.

제2장 법학교육위원회

제10조【법학교육위원회의 설치 및 기능】 법학전문대학원에 관한 다음 각 호의 사항을 심의하기 위하여 교육부장관 소속으로 법학교육위원회를 둔다.(2013.3.23 본문개정)
1. 법학전문대학원의 설치인가에 관한 사항(국립대학에 두는 법학전문대학원의 설치에 관한 사항을 포함한다)
2. 법학전문대학원의 폐지 및 변경인가에 관한 사항(국립대학에 두는 법학전문대학원의 폐지 및 변경에 관한 사항을 포함한다)
3. 개별 법학전문대학원의 정원에 관한 사항
4. 법학전문대학원 설치인가의 세부기준에 관한 사항
5. 그 밖에 법조인의 양성 및 법학전문대학원의 법학교육에 관하여 교육부장관이 회의에 부치는 사항(2021.3.23 본호개정)

제11조【법학교육위원회의 구성】 ① 법학교육위원회는 위원장 1인을 포함한 13인의 위원으로 구성한다.
② 위원장은 제3항에 따른 위원 중에서 교육부장관이 임명한다.(2013.3.23 본항개정)
③ 위원은 다음 각 호에 해당하는 사람 중에서 교육부장관이 위촉한다.(2021.3.23 본문개정)
1. 법학교수 또는 부교수 4인
2. 10년 이상의 경력을 가진 판사로서 법원행정처장의 추천을 받은 사람 1인(2021.3.23 본호개정)
3. 10년 이상의 경력을 가진 검사로서 법무부장관의 추천을 받은 사람 1인(2021.3.23 본호개정)
4. 10년 이상의 경력을 가진 변호사로서 대한변호사협회장의 추천을 받은 사람 2인(2021.3.23 본호개정)
5. 10년 이상 교육행정에 종사한 공무원 1인
6. 학식과 덕망이 있는 사람(법학을 가르치는 조교수 이상의 직에 있는 사람 및 변호사 자격을 가진 사람은 제외한다) 4인
(2021.3.23 본호개정)

제12조【법학교육위원회 위원의 임기】 ① 위원장 및 위원의 임기는 2년으로 하되, 연임할 수 있다.
② 위원이 임기 중 제11조제3항제1호부터 제5호까지에 규정된 직 또는 자격을 상실하는 경우에는 위원의 신분을 상실한다.

제13조【법학교육위원회 위원의 제척사유】 위원은 다음 각 호의 어느 하나에 해당하는 경우에는 해당 심의에 관여하지 못한다.(2021.3.23 본문개정)
1. 본인 또는 그 배우자가 심의대상인 대학 또는 대학을 설치 · 경영하는 학교법인에 재직하고 있는 경우
2. 본인 또는 그 배우자가 다음 각 목의 어느 하나에 해당하는 사람과 「민법」 제777조의 친족관계에 있는 경우(2021.3.23 본문개정)
가. 심의대상인 대학의 장
나. 심의대상인 대학의 법학과 · 법학부 또는 법학전문대학원의 교원
다. 심의대상인 대학의 학교법인의 임원

판례 법학전문대학원의 설치 · 운영에 관한 법률 제13조 제1호의 규정을 법학교수인 위원 본인과 심의대상 대학에 한정하여 보면 '법학교수인 위원이 심의대상인 대학에 재직하는 경우 당해 심의에 관여하지 못한다'라는 규정이 된다. 여기에서 '당해 심의'는 그 문언상 '법학교수인 위원이 재직하는 대학에 대한 심의'라고 볼 것이지만, 그것을 '법학교수인 위원이 재직하는 대학만을 다른 대학과 분리하여 독립적인 심의의 대상으로 삼은 경우'에 한정할 것은 아니다.
(대판 2009.12.10, 2009두8359)

제14조【관계 기관에 대한 협조요청】 법학교육위원회는 제10조 각 호의 사항을 심의하기 위하여 필요한 경우에는 대학 관계자, 관계 공무원 또는 전문가의 의견을 듣거나 대학 또는 관련 기관에 자료 또는 의견의 제출을 요청할 수 있다.

제15조【사실조사 등】 ① 법학교육위원회의 위원장은 제10조 각 호의 사항을 심의하는데 필요한 사실조사를 위하여 조사위원을 임명할 수 있다.
② 법학교육위원회는 제1항의 심의를 위하여 필요한 경우에는 위원 또는 조사위원 중에서 현지조사단을 구성하여 현지조사를 실시할 수 있다.
③ 법학교육위원회의 운영, 조사위원의 임명 및 현지조사단의 구성 등에 관하여 필요한 사항은 대통령령으로 정한다.

제3장 법학전문대학원의 설치기준 및 운영

제16조【교원 등】 ① 법학전문대학원은 편제완성 연도의 학생정원을 교원 1인당 학생수 15인의 범위 안에서 대통령령으로 정하는 학생수로 나눈 수의 교원을 확보하여야 한다.
② 제1항에 따라 법학전문대학원이 확보하여야 하는 교원 수의 5분의 1의 범위 안에서 대통령령으로 정하는 겸임교원 등을 대통령령으로 정하는 바에 따라 환산하여 교원수에 포함할 수 있다.(2021.3.23 본항개정)
③ 제1항에 따라 법학전문대학원이 확보하여야 하는 교원(제2항에 따른 겸임교원 등은 제외한다)수가 20인 미만인 경우에는 20인으로 한다.(2021.3.23 본항개정)
④ 법학전문대학원은 제1항 및 제3항에 따라 확보하여야 하는 교원수의 5분의 1 이상은 변호사 또는 외국변호사의 자격이 있고 5년 이상 관련 분야의 실무에 종사한 경력이 있는 교원(이하 이 항에서 "실무경력교원"이라 한다)으로 확보하여야 한다. 이 경우 교원의 5분의 1에 해당하는 수의 실무경력교원은 제2항에 따른 겸임교원 등으로 확보할 수 없다.

제17조【물적 기준】 ① 법학전문대학원은 충실한 교육을 위하여 대통령령으로 정하는 시설을 갖추어야 한다.
② 법학전문대학원을 두는 대학은 법학전문대학원의 운영에 필요한 재정을 확보하여야 하고, 장학금제도 등 학생에 대한 경제적 지원방안을 마련하여야 한다.

제18조【학위과정 및 수업연한】 ① 법학전문대학원에 석사학위과정을 두며, 학칙으로 정하는 바에 따라 박사학위과정을 둘 수 있다.
② 제1항에 따른 석사학위과정의 수업연한은 3년 이상으로 한다.
③ 제1항에 따른 학위과정을 이수한 사람에 대하여는 대통령령으로 정하는 해당 학위를 수여한다.(2021.3.23 본항개정)
④ 법학전문대학원에 학위를 수여하지 아니하는 연구과정을 둘 수 있다.
⑤ 법학전문대학원에 설치하는 박사학위과정 및 제4항에 따른 학위를 수여하지 아니하는 연구과정의 정원 또는 입학자는 제7조·제10조제3호·제26조 및 제39조제1호에 따른 정원 또는 입학자에는 포함되지 아니한다.
제19조【학점】 ① 법학전문대학원 석사학위과정의 이수에 필요한 학점은 대통령령으로 정하는 학점 이상으로 하되, 학칙으로 정한다.
② 이 법에 따른 다른 법학전문대학원 또는 법학전문대학원에 상응하는 외국 대학의 학위과정에서 취득한 학점은 대통령령으로 정하는 범위 안에서 학칙으로 정하는 바에 따라 해당 법학전문대학원의 학점으로 인정할 수 있다.(2021.3.23 본항개정)
③ 법학전문대학원은 법학에 관한 학사학위 이상의 학위를 취득하여 해당 법학전문대학원에서 필요한 법학지식을 습득한 것으로 인정되는 사람에 대하여는 대통령령으로 정하는 범위 안에서 학칙으로 정하는 바에 따라 해당 법학전문대학원의 학점을 취득한 것으로 인정할 수 있다.(2021.3.23 본항개정)
제20조【교육과정】 ① 법학전문대학원은 제2조의 교육이념의 취지에 부합하는 법조인의 양성에 필요한 교과목을 개설하는 등 체계적인 교육과정을 운영하여야 한다.
② 법학전문대학원이 개설하여야 하는 교과목 등에 관하여 필요한 사항은 대통령령으로 정한다.
제21조【설치기준의 수립·변경에 대한 의견수렴】 교육부장관은 교원·시설·교육과정 등 법학전문대학원의 설치에 관한 중요한 기준을 수립·변경하고자 하는 경우에는 법원행정처장·법무부장관·대한변호사협회장 및 한국법학교수회장 등의 의견을 들어야 한다.(2013.3.23 본조개정)
제22조【입학자격】 법학전문대학원에 입학할 수 있는 사람은 학사학위를 가지고 있거나 법령에 따라 이와 같은 수준 이상의 학력이 있다고 인정된 사람(이하 "학사학위를 취득한 사람"이라 한다)으로 한다.(2021.3.23 본조개정)
제23조【학생선발】 ① 법학전문대학원은 제22조에 따른 입학자격이 있는 사람 중에서 일반전형 또는 특별전형에 의하여 학생을 선발한다.(2021.3.23 본항개정)
② 법학전문대학원은 지원자의 학사학위과정에서의 성적, 법조인이 될 수 있는 자질에 관한 적성을 측정하기 위한 시험(이하 "적성시험"이라 한다)의 결과 및 외국어능력을 입학전형자료로 활용하여야 하며, 그 밖에 사회활동 및 봉사활동에 대한 경력 등을 입학전형자료로 활용할 수 있다. 이 경우 법학에 관한 지식을 평가하기 위한 시험을 실시하여 그 결과를 입학전형자료로 활용하여서는 아니 된다.
③ 법학전문대학원은 입학자의 공정한 선발을 위하여 대통령령으로 정하는 내용이 포함된 입학전형계획을 수립하여 공표하고, 이를 시행하여야 한다.
④ 제1항에 따른 일반전형 및 특별전형 등에 관하여 필요한 사항은 대통령령으로 정한다.
제24조【적성시험의 시행】 ① 적성시험은 교육부장관이 시행한다. 다만, 교육부장관은 적성시험의 시행에 필요한 조직 및 인력을 갖춘 기관을 지정하여 적성시험을 시행하게 할 수 있다.(2013.3.23 본항개정)
② 교육부장관은 제1항 단서에 따라 지정된 기관(이하 이 조에서 "지정기관"이라 한다)이 다음 각 호의 어느 하나에 해당하는 경우에는 그 지정을 취소할 수 있다. 다만, 제1호에 해당하는 경우에는 그 지정을 취소하여야 한다.(2013.3.23 본문개정)
1. 거짓이나 그 밖의 부정한 방법으로 지정을 받은 경우
2. 정당한 사유 없이 적성시험의 시행업무를 수행하지 아니한 경우
3. 적성시험의 시행에 필요한 조직과 인력을 갖추지 아니한 경우
③ 교육부장관은 지정기관에 대하여 적성시험의 시행과 관련된 보고 또는 자료의 제출을 명할 수 있다.(2013.3.23 본항개정)
④ 적성시험에 응시하고자 하는 사람은 교육부장관이 정하는 응시수수료를 납부하여야 한다.(2021.3.23 본항개정)
⑤ 지정기관의 지정 기준 및 절차, 적성시험 응시수수료의 납부방법, 그 밖에 적성시험의 시행에 관하여 필요한 사항은 대통령령으로 정한다.
제25조【편입학】 ① 법학전문대학원의 학생은 학칙으로 정하는 바에 따라 다른 법학전문대학원에 편입학할 수 있다.
② 제1항에 따라 편입학하는 학생이 종전의 법학전문대학원에서 취득한 학점은 학칙으로 정하는 바에 따라 편입학하는 법학전문대학원의 학점으로 인정할 수 있다.
제26조【학생구성의 다양성】 ① 법학전문대학원은 다양한 지식과 경험을 가진 사람을 입학시키도록 노력하여야 한다.
② 법학전문대학원은 입학자 중 법학 외의 분야에서 학사학위를 취득한 사람이 차지하는 비율이 입학자의 3분의 1 이상이 되도록 하여야 한다.
③ 법학전문대학원은 입학자 중 해당 법학전문대학원이 설치된 대학 외의 대학에서 학사학위를 취득한 사람이 차지하는 비율이 입학자의 3분의 1 이상이 되도록 하여야 한다.
(2021.3.23 본조개정)

제4장 법학전문대학원에 대한 평가

제27조【법학전문대학원평가위원회의 평가】 법학전문대학원을 둔 대학은 대통령령으로 정하는 바에 따라 제28조에 따른 법학전문대학원평가위원회(이하 "평가위원회"라 한다)의 평가를 받아야 한다.
제28조【평가위원회의 설치 및 기능】 법학전문대학원의 교육평가에 관한 다음 각 호의 업무를 수행하기 위하여 「변호사법」 제78조에 따른 대한변호사협회 소속으로 법학전문대학원평가위원회를 둔다.
1. 법학전문대학원의 교육·조직·운영 및 시설 등(이하 "교육등"이라 한다)에 대한 평가
2. 적정한 평가를 위한 평가기법의 개발 및 평가기준의 수립
제29조【평가위원회의 구성】 ① 평가위원회는 위원장 1인을 포함한 11인의 위원으로 구성한다.
② 위원장은 제3항에 따른 위원 중에서 대한변호사협회장이 임명한다.
③ 위원은 다음 각 호에 해당하는 사람 중에서 대한변호사협회장이 위촉한다.(2021.3.23 본문개정)
1. 법학교수 또는 부교수로서 교육부장관의 추천을 받은 사람 4인(2021.3.23 본호개정)
2. 10년 이상의 경력을 가진 판사로서 법원행정처장의 추천을 받은 사람 1인(2021.3.23 본호개정)
3. 10년 이상의 경력을 가진 검사로서 법무부장관의 추천을 받은 사람 1인(2021.3.23 본호개정)
4. 10년 이상의 경력을 가진 변호사 1인
5. 10년 이상 교육행정에 종사한 공무원 1인
6. 학식과 덕망이 있는 사람(법학을 가르치는 조교수 이상의 직에 있는 사람 및 변호사의 자격을 가진 사람은 제외한다) 3인(2021.3.23 본호개정)
제30조【평가위원회 위원의 임기】 ① 위원장 및 위원의 임기는 2년으로 하되, 연임할 수 있다.
② 위원은 그 임기 중 제29조제3항제1호부터 제5호까지에 규정된 직 또는 자격을 상실하는 경우에는 위원의 신분을 상실한다.

제31조【평가위원회 위원의 제척사유】 위원은 다음 각 호의 어느 하나에 해당하는 경우에는 해당 평가에 관여하지 못한다.(2021.3.23 본문개정)
1. 본인 또는 그 배우자가 평가대상인 법학전문대학원이 설치된 대학 또는 대학을 설치·경영하는 학교법인에 재직하고 있는 경우
2. 본인 또는 그 배우자가 다음 각 목의 어느 하나에 해당하는 사람과 「민법」 제777조의 친족관계에 있는 경우(2021.3.23 본문개정)
가. 평가대상인 법학전문대학원이 설치된 대학의 장
나. 평가대상인 법학전문대학원의 교원
다. 평가대상인 법학전문대학원이 설치된 대학의 학교법인의 임원

제32조【자체평가】 법학전문대학원을 둔 대학은 해당 법학전문대학원의 교육등에 대하여 대통령령으로 정하는 바에 따라 자체평가를 실시하여 그 결과를 평가위원회에 제출하고, 이를 공표하여야 한다.(2021.3.23 본조개정)

제33조【평가기준】 ① 평가위원회는 교육등을 평가하는 경우 설치기준의 준수 여부, 입학자선발의 공정성, 교육과정의 적정성 및 졸업생의 사회진출현황 등을 종합적으로 평가하여야 한다.(2021.3.23 본항개정)
② 평가위원회는 교육부장관의 승인을 받아 교육등의 평가에 필요한 기준을 정하여야 한다.(2013.3.23 본항개정)

제34조【사실조사 등】 ① 평가위원회의 위원장은 교육등의 평가에 필요한 사실조사를 위하여 조사위원을 임명할 수 있다.
② 평가위원회는 교육등의 평가를 위하여 필요한 경우에는 위원 또는 조사위원 중에서 현지조사단을 구성하여 현지조사를 실시 할 수 있다.
③ 현지조사단의 구성 등에 관하여 필요한 사항은 대통령령으로 정한다.

제35조【평가결과의 통지 등】 ① 평가위원회는 교육등의 평가를 한 경우에는 그 결과를 해당 대학에 통지하고, 교육부장관에게 제출하여야 한다. 이 경우 평가위원회는 평가결과를 공표하여야 한다.
② 평가위원회는 평가실시의 과정에서 해당 대학에 대하여 의견진술의 기회를 부여하여야 한다.
(2021.3.23 본조개정)

제36조【평가위원회의 운영 등】 ① 평가위원회의 사무를 보조하기 위하여 평가위원회에 필요한 기구를 둔다.
② 평가위원회의 위원장은 업무수행을 위하여 필요하다고 인정하는 경우에는 국가기관 또는 관련 기관·단체에 대하여 소속 공무원 또는 임직원의 파견을 요청할 수 있다.
③ 평가위원회는 그 기능을 수행하기 위하여 필요한 경우에는 법학전문대학원의 관계자 또는 관계 공무원·전문가의 의견을 듣거나 법학전문대학원 및 관련 기관에 자료 또는 의견의 제출을 요청할 수 있다.
④ 평가위원회의 운영을 위하여 필요한 경비는 국고에서 지원할 수 있다.
⑤ 그 밖에 평가위원회의 운영 등에 관하여 필요한 사항은 대통령령으로 정한다.

제37조【평가위원회에 대한 자료제출의 요구 등】 ① 교육부장관은 제35조에 따라 평가위원회의 평가결과를 제출받은 후 평가결과에 대한 검토를 위하여 필요하다고 인정하는 경우에는 평가위원회에 대하여 평가와 관련된 자료의 제출을 요청할 수 있다.(2013.3.23 본항개정)
② 교육부장관은 다음 각 호의 어느 하나의 사유가 있는 경우에는 평가위원회의 평가결과에 대하여 재평가를 요청할 수 있다.(2013.3.23 본문개정)
1. 평가위원회 위원 또는 조사위원이 법학전문대학원의 평가와 관련하여 「형법」 제127조, 제129조부터 제132조까지의 죄를 저지른 때(2021.3.23 본호개정)
2. 제31조에 따른 제척사유가 있는 위원이 평가에 참여한 때
③ 평가위원회는 교육부장관으로부터 재평가의 요청이 있는 경우 특별한 사정이 없으면 3개월 이내에 재평가를 하여야 한다.(2021.3.23 본항개정)
④ 평가위원회가 교육부장관의 재평가 요청 이후 정당한 사유 없이 3개월 이상 이를 지연하는 경우에는 교육부장관은 법학교육위원회로 하여금 해당 법학전문대학원의 재평가를 실시하게 할 수 있다.(2021.3.23 본항개정)

제5장 보 칙

제38조【시정명령】 교육부장관은 법학전문대학원이 설치된 대학 또는 해당 법학전문대학원이 제5조제2항 및 제4항, 제7조제3항, 제8조, 제16조, 제17조, 제18조제1항부터 제3항까지, 제19조, 제20조, 제22조, 제23조, 제25조, 제27조 및 제32조를 위반하는 경우에는 일정한 기간을 정하여 법학전문대학원이 설치된 대학의 설립·경영자 또는 대학의 장에게 시정명령을 할 수 있다.(2021.3.23 본조개정)

제39조【감축조치 등】 교육부장관은 제38조에 따른 시정명령을 받은 자가 정당한 사유 없이 지정된 기간 내에 이를 이행하지 아니하여 정상적인 학사운영이 곤란한 경우에는 다음 각 호의 처분을 할 수 있다.(2013.3.23 본문개정)
1. 해당 법학전문대학원의 학생정원의 감축
2. 해당 법학전문대학원의 학생모집 정지
(2021.3.23 1호~2호개정)

제40조【인가취소】 교육부장관은 법학전문대학원이 다음 각 호의 어느 하나에 해당하여 정상적인 학사운영이 불가능한 경우에는 해당 법학전문대학원에 대한 인가를 취소할 수 있다.(2021.3.23 본문개정)
1. 대학의 장 또는 설립·경영자의 고의 또는 중대한 과실로 제38조에 따른 시정명령에 해당하는 사유가 발생한 경우
2. 대학의 장 또는 설립·경영자가 이 법 또는 대학과 관련된 교육 관계 법령에 따른 교육부장관의 명령을 3회 이상 위반한 경우(2013.3.23 본호개정)
3. 휴가기간을 제외하고 계속하여 3개월 이상 수업을 하지 아니한 경우

제41조【폐쇄명령】 ① 교육부장관은 제5조에 따른 법학전문대학원의 설치인가를 받지 아니하고 법학전문대학원의 명칭을 사용하여 시설을 사실상 법학전문대학원의 형태로 운영하는 자에 대하여 그 시설의 폐쇄를 명할 수 있다.
② 교육부장관은 제40조에 따라 인가가 취소된 후에도 계속 법학전문대학원의 형태로 운영하는 자에 대하여 그 시설의 폐쇄를 명할 수 있다.
(2013.3.23 본조개정)

제42조【인가취소 후 학생보호】 ① 제40조에 따라 인가가 취소된 법학전문대학원의 재학생은 다른 법학전문대학원에 편입학할 수 있다. 이 경우 편입학을 허가한 법학전문대학원은 인가가 취소된 법학전문대학원에서 취득한 학점의 전부 또는 일부를 해당 법학전문대학원의 학점으로 인정할 수 있다.
(2021.3.23 후단개정)
② 제1항에 따라 편입학한 학생의 수는 제7조, 제10조제3호, 제26조 및 제39조제1호에 따른 정원 또는 입학자에는 포함되지 아니한다.
③ 제40조에 따라 인가가 취소된 자는 인가가 취소된 날부터 3개월 이내에 재학생과 법학전문대학원에 제공된 시설·재원에 대한 처리상황을 교육부장관에게 보고하여야 한다.
(2013.3.23 본항개정)

제43조【청문】 교육부장관은 제40조 및 제41조제1항에 따라 법학전문대학원 또는 시설 등의 인가취소 및 폐쇄를 명하고자 하는 경우에는 청문을 실시하여야 한다.(2013.3.23 본조개정)

제44조【벌칙 적용에서의 공무원 의제】 법학교육위원회와 평가위원회의 위원, 조사위원, 평가위원회의 직원 중 공무원이 아닌 사람은 형법 제127조, 제129조부터 제132조까지의 규정에 따른 벌칙을 적용할 때에는 공무원으로 본다.
(2021.3.23 본조개정)

제6장 벌 칙

제45조【벌칙】 다음 각 호의 어느 하나에 해당하는 자는 3년 이하의 징역 또는 3천만원 이하의 벌금에 처한다.
(2016.5.29 본문개정)
1. 제5조제2항 전단에 따른 설치인가를 받지 아니하고 법학전문대학원의 명칭을 사용하여 학생을 모집한 자
2. 제5조제2항 후단을 위반하여 폐지인가 또는 변경인가를 받지 아니하고 법학전문대학원을 폐지하거나 대통령령으로 정하는 중요 사항을 변경한 자
3. 거짓이나 그 밖의 부정한 방법으로 제5조제2항에 따른 설치인가·폐지인가 또는 변경인가를 받은 자
4. 제41조에 따른 폐쇄명령을 위반한 자

제46조【벌칙】 다음 각 호의 어느 하나에 해당하는 자는 1년 이하의 징역 또는 1천만원 이하의 벌금에 처한다.
(2016.5.29 본문개정)
1. 제18조제3항을 위반하여 학위를 수여한 자
2. 제22조에 해당하지 아니한 자에게 입학을 허가한 자
3. 제32조에 따른 자체평가결과를 거짓으로 작성하여 이를 공표한 자
4. 제38조에 따른 시정명령을 위반한 자

부 칙

① **【시행일】** 이 법은 공포 후 2개월이 경과한 날부터 시행한다. 다만, 제27조부터 제37조까지의 규정은 2009년 1월 1일부터 시행한다.
② **【학생의 최초의 입학 시기에 관한 적용례】** 이 법에 따라 설치되는 법학전문대학원은 2009년 3월 1일부터 학생의 입학을 허가할 수 있다.

부 칙 (2016.5.29)

이 법은 공포한 날부터 시행한다.

부 칙 (2021.3.23)

이 법은 공포한 날부터 시행한다.(이하 생략)

변호사시험법

(2009년 5월 28일
법 률 제9747호)

개정
2011. 7.25법10923호 2017.12.12법15154호
2018.12.18법15975호
2020. 6. 9법17366호(피한정후견인결격조항정비를위한일부개정법률)
2020.12. 8법17569호 2022.12.27법19100호

제1조【목적】 이 법은 변호사에게 필요한 직업윤리와 법률지식 등 법률사무를 수행할 수 있는 능력을 검정하기 위한 변호사시험에 관하여 규정함을 목적으로 한다.

제2조【변호사시험 시행의 기본원칙】 변호사시험(이하 "시험"이라 한다)은 「법학전문대학원 설치·운영에 관한 법률」에 따른 법학전문대학원(이하 "법학전문대학원"이라 한다)의 교육과정과 유기적으로 연계하여 시행되어야 한다.

제3조【시험실시기관】 시험은 법무부장관이 관장·실시한다.

제4조【시험의 실시 및 공고】 ① 법무부장관은 매년 1회 이상 시험을 실시하되, 그 실시계획을 미리 공고하여야 한다.
② 제1항에 따른 공고에 필요한 사항은 대통령령으로 정한다.

판례 법무부장관의 합격기준 공표는 앞으로 실시될 제3회 변호사시험의 합격자 결정에 대하여 최소한의 합격자수 기준이라는 행정관청 내부의 지침을 대외적으로 공표하는 것에 불과하고, 그 자체로 인하여 청구인들의 법적 지위에 영향을 미친다고 보기 어려우므로, 헌법소원심판의 대상이 되는 공권력의 행사에 해당하지 않는다.
(헌재결 2014.3.27, 2013헌마523)

제5조【응시자격】 ① 시험에 응시하려는 사람은 「법학전문대학원 설치·운영에 관한 법률」 제18조제1항에 따른 법학전문대학원의 석사학위를 취득하여야 한다. 다만, 제8조제1항의 법조윤리시험은 대통령령으로 정하는 바에 따라 법학전문대학원의 석사학위를 취득하기 전이라도 응시할 수 있다.
② 3개월 이내에 「법학전문대학원 설치·운영에 관한 법률」 제18조제1항에 따른 법학전문대학원의 석사학위를 취득할 것으로 예정된 사람은 제1항 본문의 응시자격을 가진 것으로 본다. 다만, 그 예정시기에 석사학위를 취득하지 못하는 경우에는 불합격으로 하거나 합격 결정을 취소한다.(2011.7.25 본항신설)
③ 제1항 및 제2항에 따른 응시자격의 소명방법은 대통령령으로 정한다.(2011.7.25 본항개정)
④ 법학전문대학원의 장은 시험 응시자의 자격에 관하여 법무부장관 또는 그 응시자가 확인을 요청하면 그 자격을 확인하여 주어야 한다.

제6조【응시 결격사유】 제4조에 따라 공고된 시험기간 중 다음 각 호의 어느 하나에 해당하는 사람은 그 시험에 응시할 수 없다.
1. 피성년후견인(2020.6.9 본호개정)
2. 금고 이상의 실형(實刑)을 선고받고 그 집행이 끝나거나(집행이 끝난 것으로 보는 경우를 포함한다) 그 집행을 받지 아니하기로 확정된 후 5년이 지나지 아니한 사람
3. 금고 이상의 형의 집행유예를 선고받고 그 유예기간이 지난 후 2년이 지나지 아니한 사람
4. 금고 이상의 형의 선고유예를 받고 그 유예기간 중에 있는 사람
5. 탄핵이나 징계처분을 받아 파면된 후 5년이 지나지 아니한 사람
6. 「변호사법」에 따라 제명된 후 5년이 지나지 아니한 사람
7. 징계처분으로 해임된 후 3년이 지나지 아니한 사람
8. 「변호사법」에 따라 영구 제명된 사람

제7조【응시기간 및 응시횟수의 제한】 ① 시험(제8조제1항의 법조윤리시험은 제외한다)은 「법학전문대학원 설치·운영에 관한 법률」 제18조제1항에 따른 법학전문대학원의 석사

학위를 취득한 달의 말일부터 5년 내에 5회만 응시할 수 있다. 다만, 제5조제2항에 따라 시험에 응시한 석사학위취득 예정자의 경우 그 예정기간 내 시행된 시험일부터 5년 내에 5회만 응시할 수 있다.(2011.7.25 단서신설)

② 「법학전문대학원 설치·운영에 관한 법률」 제18조제1항에 따른 법학전문대학원의 석사학위를 취득한 후 또는 이 법 제5조제2항에 따라 석사학위 취득 예정자로서 시험에 응시한 후 「병역법」 또는 「군인사법」에 따른 병역의무를 이행하는 경우 그 이행기간은 제1항의 기간에 포함하지 아니한다.(2018.12.18 본항개정)

판례 법학전문대학원 졸업생 A씨는 변호사시험 전날 신종 코로나바이러스 감염증(코로나19) 의심 증상자로 분류돼 5년 내에 5회 응시할 수 있는 마지막 변호사시험 기회를 놓쳤다. 이와 관련하여, 변호사시험 응시한도의 예외가 되는 사유를 일률적으로 입법하기는 어렵다. 또한 응시기간 및 응시횟수에 관한 다양한 예외를 인정할 경우 오히려 형평 문제로 시험의 신뢰가 떨어질 위험이 있고, 변호사시험 준비생이 변호사시험을 준비하는 기간 동안 시험에 응시할 수 없는 여러 가지 사정이 발생할 수 있음을 고려하여 입법자가 5년 내 5회라는 응시기회를 부여하였다는 점 등을 종합하면 이와 같은 이유로 응시 기회가 부여되어야 한다고 보기는 어렵다.
(대판 2023.3.16, 2022두66811)

제8조【시험의 방법】 ① 시험은 선택형(기입형을 포함한다. 이하 같다) 및 논술형(실무능력 평가를 포함한다. 이하 같다) 필기시험과 별도의 법조윤리시험으로 실시한다.

② 선택형 필기시험과 논술형 필기시험은 혼합하여 출제한다.

③ 제1항 및 제2항에도 불구하고 제9조제1항제4호의 전문적 법률분야에 관한 과목에 대하여는 논술형 필기시험만 실시한다.

④ 법무부장관은 법조윤리시험의 시행에 필요한 조직과 인력을 갖춘 외부기관을 지정하여 법조윤리시험을 시행하게 할 수 있다.

⑤ 제4항에 따른 외부기관의 지정기준, 지정절차 및 지정취소, 외부기관에 대한 감독, 그 밖에 법조윤리시험에 관하여 필요한 사항은 대통령령으로 정한다.

제9조【시험과목】 ① 시험과목은 다음 각 호와 같다.
1. 공법(헌법 및 행정법 분야의 과목을 말한다)
2. 민사법(「민법」, 「상법」 및 「민사소송법」 분야의 과목을 말한다)
3. 형사법(「형법」 및 「형사소송법」 분야의 과목을 말한다)
4. 전문적 법률분야에 관한 과목으로 응시자가 선택하는 1개 과목

② 제1항제4호에 따른 전문적 법률분야에 관한 과목의 종류는 대통령령으로 정한다.

③ 시험의 각 과목에 대하여는 대통령령으로 정하는 바에 따라 출제 범위를 정하여 시험을 실시할 수 있다.

④ 제2항에 따른 시험과목을 신설·폐지하거나, 제3항에 따라 시험과목의 출제 범위를 변경할 경우에는 해당 과목의 시험 예정일부터 역산(逆算)하여 2년 이상의 유예기간을 두어야 한다.

제10조【시험의 합격 결정】 ① 법무부장관은 법학전문대학원의 도입 취지를 고려하여 시험의 합격자를 결정하여야 한다. 이 경우 제14조에 따른 변호사시험 관리위원회의 심의 의견과 대법원, 「변호사법」 제78조에 따른 대한변호사협회 및 법학전문대학원 등을 구성원으로 하여 「민법」 제32조와 「공익법인의 설립·운영에 관한 법률」 제4조에 따라 설립된 법인의 의견을 들어야 한다.(2017.12.12 본항개정)

② 시험의 합격은 선택형 필기시험과 논술형 필기시험의 점수를 일정한 비율로 환산하여 합산한 총득점으로 결정한다. 다만, 각 과목 중 어느 하나라도 합격최저점수 이상을 취득하지 못한 경우에는 불합격으로 한다.

③ 법조윤리시험은 합격 여부만을 결정하고, 그 성적은 제2항의 총득점에 산입하지 아니한다.

④ 선택형 필기시험과 논술형 필기시험 간의 환산비율, 선택형 및 논술형 필기시험 내에서의 각 과목별 배점비율, 각 과목별 필기시험의 합격최저점수, 법조윤리시험의 합격에 필요한 점수, 성적의 세부산출방법, 그 밖에 시험의 합격 결정방법은 대통령령으로 정한다.

제11조【합격자 공고 및 합격증서 발급】 법무부장관은 합격자가 결정되면 즉시 명단을 공고하고, 합격자에게 합격증서를 발급하여야 한다.(2017.12.12 본조개정)

제12조【시험의 일부면제】 법조윤리시험에 합격한 사람은 제7조의 기간 중 그 시험을 면제한다.

제13조【시험위원】 ① 시험의 출제 및 채점을 담당하기 위하여 시험위원을 둔다.

② 시험위원은 시험에 관한 경험과 지식이 풍부한 자 중에서 시험 때마다 법무부장관이 위촉하며, 그 수는 대통령령으로 정한다. 다만, 제14조에 따른 변호사시험 관리위원회의 위원은 시험위원이 될 수 없다.

③ 시험위원은 그 업무를 수행할 때 법학전문대학원의 교육과정을 충실히 마친 사람을 기준으로 학식과 그 응용능력을 종합적으로 판단할 수 있도록 유의하여야 한다.

제14조【변호사시험 관리위원회의 설치 및 구성】 ① 시험을 실시하기 위하여 법무부에 변호사시험 관리위원회(이하 "위원회"라 한다)를 둔다.

② 위원회는 위원장 1명과 부위원장 1명을 포함한 15명의 위원으로 구성하되, 위원장과 부위원장은 위원 중에서 법무부장관이 지명하는 사람으로 한다.

③ 위원은 다음 각 호의 사람으로 한다.
1. 법무부차관
2. 다음 각 목의 어느 하나에 해당하는 사람 중 법무부장관이 위촉하는 사람
  가. 법학교수(부교수 이상의 직위에 있는 사람을 말한다. 이하 같다) 5명
  나. 법원행정처장이 추천하는 10년 이상의 경력을 가진 판사 2명
  다. 10년 이상의 경력을 가진 검사 또는 변호사시험 관련 업무를 담당하는 법무부의 고위공무원단에 속하는 일반직공무원 중 2명(이 중 1명 이상은 검사로 한다)
  (2018.12.18 본목개정)
  라. 대한변호사협회장이 추천하는 10년 이상의 경력을 가진 변호사 3명
  마. 그 밖에 학식과 덕망이 있는 사람 등 대통령령으로 정하는 사람 2명(법학을 가르치는 전임강사 이상의 직위에 있는 사람 및 변호사 자격을 가진 사람은 제외한다)

④ 위원의 임기는 2년으로 한다. 다만, 법학교수, 판사, 검사 또는 법무부의 고위공무원단에 속하는 일반직공무원의 직위에 있는 사람임을 자격요건으로 하여 위원으로 위촉된 사람은 그 직위를 사임하는 경우에는 임기가 만료되기 전이라도 해촉된 것으로 본다.(2018.12.18 단서개정)

⑤ 위원장은 위원회를 대표하고, 위원회의 업무를 총괄한다.

⑥ 위원장이 부득이한 사유로 직무를 수행할 수 없을 때에는 부위원장이 위원장의 직무를 대행한다.

제15조【위원회의 소관 사무】 위원회는 다음 각 호의 사항을 심의한다.
1. 시험문제의 출제 방향 및 기준에 관한 사항
2. 채점기준에 관한 사항
3. 시험합격자의 결정에 관한 사항
4. 시험방법 및 시험시행방법 등의 개선에 관한 사항
5. 그 밖에 시험에 관하여 법무부장관이 회의에 부치는 사항

제16조【위원회의 회의】 ① 위원회의 회의는 법무부장관의 요구가 있거나 위원장이 필요하다고 인정할 때에 위원장이 소집한다.

② 위원회의 회의는 재적위원 과반수의 출석으로 개의(開議)하고, 출석위원 과반수의 찬성으로 의결한다.

제17조【부정행위자에 대한 조치】 ① 법무부장관은 다음 각 호의 어느 하나에 해당하는 사람에 대하여는 해당 시험을 정지시키거나 합격 결정을 취소하고, 그 정황에 따라 처분을 한 날부터 5년 이내의 기간을 정하여 이 법에 따른 시험의 응시자격을 정지할 수 있다.
1. 시험에서 대통령령으로 정하는 부정한 행위를 한 사람
2. 제5조제3항에 따른 응시자격에 관한 소명서류에 거짓으로 기록한 사람(2011.7.25 본호개정)
② 법무부장관은 제1항에 따른 처분을 한 경우에는 그 처분을 받은 사람에게 지체 없이 통지하여야 한다.

제17조의2【응시자준수사항 위반자에 대한 조치】 시험의 공정한 관리를 위하여 대통령령으로 정하는 응시자준수사항을 위반한 사람에 대하여는 그 시험시간 또는 나머지 시험시간의 시험에 응시할 수 없게 하거나 그 답안을 영점 처리할 수 있다.(2011.7.25 본조신설)

제18조【시험정보의 공개】 ① 법무부장관은 시험에 응시한 사람이 그 시험의 합격자 공고일부터 5년 이내에 본인의 성적 및 석차(제10조제2항 본문에 따른 총득점의 순위로 한정한다) 공개를 청구할 경우 이를 공개하여야 한다.(2022.12.27 본항개정)
② 법무부장관은 채점표, 답안지, 그 밖에 공개하면 시험업무의 공정한 수행에 현저한 지장을 줄 수 있는 정보는 공개하지 아니할 수 있다.
(2017.12.12 본조제목개정)

판례 변호사시험 석차 정보 공개가 로스쿨 및 변호사시험 제도의 도입 취지에 반하는 결과를 초래한다고 볼 만한 뚜렷한 근거가 없으며, 또한 이 같은 정보 공개가 로스쿨 교육과정과 변호사시험의 유기적 연계나 로스쿨의 도입 취지를 고려한 합격자 결정의 기본 골격에 어떤 영향을 미친다고 볼 수 없다. 따라서 시험에 응시한 사람이 본인의 석차 공개를 청구할 경우 이를 공개해야 한다.
(대판 2020.10.15, 2020두43319)

제19조【다른 기관 등에 대한 협조요청】 ① 법무부장관은 시험관리업무의 원활한 수행을 위하여 필요하면 중앙행정기관, 지방자치단체, 관계 기관 또는 국공립학교의 장 등에게 시험장소의 제공, 시험관리 인력의 파견, 문제 출제 또는 시험장소의 질서 유지, 그 밖에 필요한 협조를 요청할 수 있다.
② 제1항에 따른 협조요청을 받은 중앙행정기관, 지방자치단체, 관계 기관 또는 국공립학교의 장 등은 특별한 사정이 없으면 법무부장관의 요청에 따라야 한다.

제20조【응시 수수료】 ① 시험에 응시하려는 사람은 대통령령으로 정하는 응시 수수료를 내야 한다.
② 법무부장관은 제1항에 따라 응시 수수료를 낸 사람이 실제로 시험에 응시하지 아니한 경우에도 응시 수수료를 반환하지 아니한다. 다만, 다음 각 호의 어느 하나에 해당하는 경우에는 대통령령으로 정하는 바에 따라 응시 수수료의 전부 또는 일부를 반환하여야 한다.(2022.12.27 본문개정)
1. 제1항에 따라 응시 수수료를 낸 사람이 시험일 전에 응시 의사를 철회한 경우
2. 제1항에 따라 응시 수수료를 낸 사람이 대통령령으로 정하는 불가피한 사유로 시험에 응시하지 못하였거나 시험을 끝까지 마치지 못한 경우. 다만, 본인의 고의 또는 중대한 과실로 해당 사유를 초래한 경우는 제외한다.
(2022.12.27 1호~2호신설)

제21조【벌칙 적용 시의 공무원 의제】 위원회의 위원 또는 시험위원 중 공무원이 아닌 위원, 제8조제4항에 따라 법조윤리시험 실시기관으로 지정된 외부기관의 임직원 중 공무원이 아닌 사람은 그 업무에 관하여 「형법」 제127조 및 제129조부터 제132조까지의 규정을 적용할 때에는 공무원으로 본다.

부 칙

제1조【시행일】 이 법은 공포 후 3개월이 경과한 날부터 시행한다. 다만, 부칙 제4조 및 부칙 제6조는 공포한 날부터 시행하며, 부칙 제2조는 2017년 12월 31일부터 시행한다.

제2조【다른 법률의 폐지】 사법시험법은 폐지한다.

판례 사법시험폐지조항이 법학전문대학원에 입학하지 못한 사람들의 직업선택의 자유를 제한하는 것은 사실이다. 그러나 사법시험폐지조항은 법조인 양성 방식을 '시험을 통한 선발'에서 '교육을 통한 양성'으로 전환함으로써 법학교육을 정상화하고 전문성과 국제 경쟁력을 갖춘 법조인을 양성하며 국가인력을 적재적소에 효율적으로 배치하기 위한 것이므로, 목적의 정당성과 수단의 적합성이 인정된다. 사법시험은 대학에서의 법학교육과 제도적으로 충분히 연계되어 있지 않아 이를 존치할 경우 위와 같은 입법목적 달성이 어려워질 수 있는 점, 「법학전문대학원 설치 · 운영에 관한 법률」은 장학금제도를 비롯하여 다양한 재정적 · 경제적 지원방안 등에 관한 규정을 두고 있는 점, 사법시험법을 폐지하고 법학전문대학원 제도를 도입하는 과정에서 사법시험 준비자들의 신뢰를 보호하기 위하여 8년간의 유예기간을 둔 점, 사법시험법이 폐지된다고 하더라도 법학전문대학원에 입학하여 소정의 교육과정을 마치고 석사학위를 취득하는 경우 변호사시험에 응시하여 법조인이 되는 데 아무런 제한이 없는 점 등을 모두 종합하면, 사법시험폐지조항으로 인한 직업선택의 자유 제한이 침해의 최소성에 반한다고 볼 수 없다.
(헌재결 2017.12.28, 2016헌마1152,2017헌마15,2017헌마300(병합))

제3조【변호사시험의 실시에 관한 특례】 이 법에 따른 최초의 변호사시험은 제4조 및 부칙 제1조에도 불구하고 2012년에 실시한다.

제4조【사법시험과의 병행실시】 ① 이 법에 따른 시험과 별도로 「사법시험법」에 따른 사법시험을 2017년까지 실시한다. 다만, 2017년에는 2016년에 실시한 제1차시험에 합격한 사람 중 2016년에 제3차시험까지 합격하지 못한 사람을 대상으로 제2차시험 또는 제3차시험을 실시한다.
② 「사법시험법」 제5조에도 불구하고 법학전문대학원의 석사학위과정에 재학 또는 휴학 중인 사람과 법학전문대학원에서 석사학위를 취득한 사람은 사법시험에 응시할 수 없다.
③ 제2항에도 불구하고 법학전문대학원의 석사학위과정에 재학 또는 휴학 중인 사람은 이 법 시행일이 속하는 연도에 실시하는 사법시험의 제1차시험에 합격하거나 시행일 이전의 연도에 실시한 사법시험의 제1차시험 또는 제2차시험에 합격한 경우에 한하여 「사법시험법」 제7조제2항 및 제10조에 따라 일부 시험이 면제되는 회까지 사법시험(그 면제되는 차수의 다음 단계의 시험에 응시하는 경우에 한한다)에 응시할 수 있다. 이 경우 제7조제1항을 적용할 때에는 그 입학일 이후에 응시한 사법시험을 이 법에 따른 시험에 응시한 것으로 보아 응시횟수에 포함한다.

제5조【부정응시자에 대한 조치】 제17조제1항에 따라 응시자격이 정지된 사람은 그 정지기간 중 「사법시험법」에 따른 사법시험에 응시할 수 없고, 「사법시험법」 제17조제1항에 따라 응시자격이 정지된 사람은 그 정지기간 중 이 법에 따른 시험에 응시할 수 없다.

제6조【사법시험관리위원회에 대한 경과조치】 「사법시험법」 제14조에 따른 사법시험관리위원회는 이 법에 따른 시험의 준비를 위하여 사전 조치를 취할 수 있다. 이 경우 사법시험관리위원회가 한 사전 조치는 이 법에 따른 변호사시험 관리위원회의 구성과 동시에 변호사시험 관리위원회가 한 것으로 본다.

부 칙 (2017.12.12)

제1조【시행일】 이 법은 공포한 날부터 시행한다.
제2조 (2020.12.8 삭제)
제3조【금치산자 등에 대한 경과조치】 제6조의 개정규정에 따른 피성년후견인 또는 피한정후견인에는 법률 제10429호 민법 일부개정법률 부칙 제2조에 따라 금치산 또는 한정치산 선고의 효력이 유지되는 사람을 포함하는 것으로 본다.

부 칙 (2018.12.18)

제1조【시행일】 이 법은 공포한 날부터 시행한다.

제2조【응시기간 및 응시횟수에 관한 적용례】 제7조제2항의 개정규정은 이 법 시행 전에 제5조제2항에 따라 석사학위 취득 예정자로서 시험에 응시한 사람에 대해서도 적용한다.

부 칙 (2020.6.9)

이 법은 공포한 날부터 시행한다.

부 칙 (2020.12.8)

제1조【시행일】 이 법은 공포한 날부터 시행한다.
제2조【시험정보 공개에 관한 특례】 법률 제15154호 변호사시험법 일부개정법률의 시행일인 2017년 12월 12일 전에 시험에 합격한 사람은 제18조제1항의 개정규정에도 불구하고 이 법 시행일부터 1년 내에 법무부장관에게 본인의 성적 공개를 청구할 수 있다.

부 칙 (2022.12.27)

제1조【시행일】 이 법은 공포한 날부터 시행한다.
제2조【석차 공개에 관한 적용례 등】 ① 제18조제1항의 개정규정은 이 법 시행 전에 시험에 응시한 사람에 대해서도 적용한다.
② 제1항에도 불구하고 이 법 시행 당시 제18조제1항의 개정규정에 따른 청구기간이 지났거나 남은 청구기간이 1년 미만인 사람은 이 법 시행일부터 1년 이내에 법무부장관에게 본인의 석차 공개를 청구할 수 있다.
제3조【응시 수수료 반환에 관한 적용례】 제20조제2항제2호의 개정규정은 이 법 시행 이후 실시하는 시험에 응시하기 위하여 납부한 응시 수수료부터 적용한다.

법무사법

(1996년 12월 12일 전개법률 제5180호)

개정
1997.12.13법 5453호(행정절차)
2003. 3.12법 6860호
2005. 3.31법 7427호(민법)
2005. 3.31법 7428호(채무자회생파산)
2005. 7.29법 7638호(공인중개사부동산거래신고)
2005.12.29법 7796호(국가공무원)
2006. 3.24법 7895호　2008. 3.21법 8920호
2014.12.30법12885호　2016. 2. 3법13953호
2017.10.31법14967호　2017.12.12법15151호
2020. 2. 4법16911호
2020. 6. 9법17366호(피한정후견인결격조항정비를위한일부개정법률)
2023.12.26법19841호(주민등록)

제1장 총 칙

(2008.3.21 본장개정)

제1조【목적】 이 법은 법무사(法務士) 제도를 확립하여 국민의 법률생활의 편익을 도모하고 사법제도(司法制度)의 건전한 발전에 기여함을 목적으로 한다.
제2조【업무】 ① 법무사의 업무는 다른 사람이 위임한 다음 각 호의 사무로 한다.
1. 법원과 검찰청에 제출하는 서류의 작성
2. 법원과 검찰청의 업무에 관련된 서류의 작성
3. 등기나 그 밖에 등록신청에 필요한 서류의 작성
4. 등기·공탁사건(供託事件) 신청의 대리(代理)
5. 「민사집행법」에 따른 경매사건과 「국세징수법」이나 그 밖의 법령에 따른 공매사건(公賣事件)에서의 재산취득에 관한 상담, 매수신청 또는 입찰신청의 대리
6. 「채무자 회생 및 파산에 관한 법률」에 따른 개인의 파산사건 및 개인회생사건 신청의 대리. 다만, 각종 기일에서의 진술의 대리는 제외한다.(2020.2.4 본호신설)
7. 제1호부터 제3호까지의 규정에 따라 작성된 서류의 제출 대행(代行)
8. 제1호부터 제7호까지의 사무를 처리하기 위하여 필요한 상담·자문 등 부수되는 사무(2020.2.4 본호개정)
② 법무사는 제1항제1호부터 제3호까지의 서류라고 하더라도 다른 법률에 따라 제한되어 있는 것은 작성할 수 없다.
제3조【법무사가 아닌 자에 대한 금지】 ① 법무사가 아닌 자는 제2조에 따른 사무를 업(業)으로 하지 못한다.
② 법무사가 아닌 자는 법무사 또는 이와 비슷한 명칭을 사용하지 못한다.
제4조【자격】 법무사시험에 합격한 자는 법무사의 자격이 있다.
제5조【법무사시험】 ① 법무사시험은 대법원장이 실시한다.
② 법무사시험은 제1차 시험 및 제2차 시험으로 구분하여 실시한다.(2016.2.3 본항개정)
③ 법무사시험의 응시자격, 시험과목, 시험방법, 그 밖에 시험에 관하여 필요한 사항은 대법원규칙으로 정한다.

제5조의2【시험의 일부 면제 등】 ① 법원, 헌법재판소, 검찰청의 법원사무직렬·등기사무직렬·검찰사무직렬 또는 마약수사직렬 공무원으로 10년 이상 근무한 경력이 있는 자에게는 제1차 시험을 면제한다.
② 다음 각 호의 어느 하나에 해당하는 자에게는 제1차 시험의 전과목과 제2차 시험의 과목 중 대법원규칙으로 정하는 일부 과목을 면제한다.
1. 법원, 헌법재판소, 검찰청의 법원사무직렬·등기사무직렬·검찰사무직렬 또는 마약수사직렬 공무원으로 5급 이상의 직에 5년 이상 근무한 경력(해당 분야에서 고위공무원단에 속하는 일반직공무원으로 근무한 경력을 포함한다)이 있는 자
2. 법원, 헌법재판소, 검찰청의 법원사무직렬·등기사무직렬·검찰사무직렬 또는 마약수사직렬 공무원으로 7급 이상의 직에 7년 이상 근무한 경력이 있는 자
③ 제1차 시험에 합격한 자에 대하여는 다음 회의 시험에 한하여 제1차 시험을 면제한다.
제5조의3【법무사자격 심의위원회】 ① 법무사자격의 취득과 관련한 다음 각 호의 사항을 심의하기 위하여 법원행정처에 법무사자격 심의위원회를 둘 수 있다.
1. 법무사시험의 과목과 문제 등 시험에 관한 사항
2. 시험 선발인원의 결정에 관한 사항
3. 시험의 일부 면제 대상자에 관한 사항
4. 그 밖에 법무사자격의 취득과 관련한 중요 사항
② 법무사자격 심의위원회의 구성과 운영 등에 필요한 사항은 대법원규칙으로 정한다.
제6조【결격사유】 다음 각 호의 어느 하나에 해당하는 자는 법무사가 될 수 없다.
1. 피성년후견인 또는 피한정후견인(2014.12.30 본호개정)
2. 파산선고를 받은 자로서 복권(復權)되지 아니한 자
3. 금고 이상의 실형(實刑)을 선고받고 그 집행이 종료(집행이 종료된 것으로 보는 경우를 포함한다)되거나 집행이 면제된 날부터 5년이 경과되지 아니한 자
4. 금고 이상의 형의 집행유예를 선고받고 그 유예기간이 만료된 날부터 2년이 경과되지 아니한 자
5. 금고 이상의 형의 선고유예를 받고 그 유예기간 중에 있는 자
6. 공무원으로서 징계처분에 따라 파면된 후 5년이 경과되지 아니하거나 해임된 후 3년이 경과되지 아니한 자
7. 이 법에 따라 제명(除名)된 후 5년이 경과되지 아니한 자

제2장 법무사의 등록

(2008.3.21 본장개정)

제7조【등록】 법무사자격이 있는 자가 법무사로서 업무를 하려면 대법원규칙으로 정하는 연수교육을 마친 후 대한법무사협회에 등록을 하여야 한다.
제8조【등록신청】 ① 제7조에 따라 등록을 하려는 자는 가입하려는 지방법무사회를 거쳐 대한법무사협회에 등록신청서를 제출하여야 한다.
② 대한법무사협회는 제1항에 따라 등록신청을 받은 때에는 등록신청인이 제9조제1항에 따른 등록 거부사유에 해당하지 아니하면 지체 없이 등록을 한 후 등록신청인에게 등록증을 내주고, 그 사실을 그가 가입하려는 지방법무사회에 알려야 한다.
③ 법무사의 등록신청, 등록사항 및 그 변경절차에 관하여 필요한 사항은 대법원규칙으로 정한다.
제9조【등록 거부】 ① 대한법무사협회는 제8조제1항에 따른 등록신청인이 다음 각 호의 어느 하나에 해당하면 제66조에 따른 등록심사위원회의 심사를 거쳐 등록을 거부할 수 있다. 이 경우 지체 없이 등록 거부 사실 및 그 사유를 등록신청인과 그가 가입하려는 지방법무사회에 알려야 한다.
1. 제4조에 따른 법무사자격이 없는 경우
2. 제6조 각 호의 어느 하나에 따른 결격사유에 해당하는 경우
3. 신체나 정신상의 장해로 법무사의 업무 수행이 현저히 곤란하다고 인정되는 경우
4. 공무원으로 재직 중 직무에 관한 위법행위로 자격정지형, 자격정지형의 선고유예 또는 벌금형을 받았거나 공무원으로 재직 중 징계처분에 따라 강등(降等), 정직(停職) 또는 감봉(減俸)을 받은 사실이 있는 자로서 법무사 업무를 수행하는 것이 현저히 부적당하다고 인정되는 경우(2016.2.3 본호개정)
5. 제4호에 해당하여 등록이 거부된 후 1년이 지나지 아니한 경우
② 대한법무사협회가 제8조제1항에 따른 등록신청을 받은 날부터 3개월이 지날 때까지 등록을 하지 아니하거나 등록을 거부하지 아니하면 3개월이 되는 날의 다음 날에 등록된 것으로 본다.
③ 제1항에 따라 등록이 거부된 자는 그 통지를 받은 날부터 3개월 이내에 등록 거부에 대한 불복의 이유를 소명하여 대법원장에게 이의신청(異議申請)을 할 수 있다.
④ 대법원장은 제3항에 따른 이의신청이 이유 있다고 인정하면 대한법무사협회에 대하여 해당 법무사의 등록을 명하여야 한다.
⑤ 제3항에 따른 이의신청에 필요한 사항은 대법원규칙으로 정한다.
제10조【필요적 등록취소】 대한법무사협회는 법무사가 다음 각 호의 어느 하나에 해당하면 그 등록을 취소하여야 한다. 이 경우 제3호에 해당하여 등록을 취소하려면 미리 제66조에 따른 등록심사위원회의 심사를 거쳐야 한다.
1. 폐업한 경우
2. 사망한 경우
3. 제6조에 따른 결격사유에 해당하는 경우
4. 제12조에 따른 등록취소 명령이 있는 경우
제11조【임의적 등록취소】 대한법무사협회는 법무사가 제9조제1항제3호 또는 제4호에 해당하면 제66조에 따른 등록심사위원회의 심사를 거쳐 그 등록을 취소할 수 있다.
제12조【등록취소 명령】 ① 대법원장은 법무사로 등록된 자가 제9조제1항 각 호의 어느 하나에 해당된다고 인정하면 대한법무사협회에 그 법무사의 등록취소를 명할 수 있다.
② 제1항의 경우 대법원장은 소속 공무원에게 법무사로 등록된 자가 제9조제1항 각 호의 어느 하나에 해당하는지 조사하게 할 수 있다.
제13조【등록취소의 통지 등】 ① 대한법무사협회는 법무사의 등록을 취소한 경우에는 법무사 명부에 그 사유를 적고 해당 법무사와 소속 지방법무사회에 등록이 취소되었음을 알려야 한다.
② 등록취소에 필요한 사항은 대법원규칙으로 정한다.
③ 제1항에 따른 등록취소에 관하여는 등록 거부에 대한 이의신청에 관한 제9조제3항 및 제4항을 준용한다.
제14조【사무소의 설치 등】 ① 법무사가 등록을 한 후 업무를 시작하려면 소속 지방법무사회를 감독하는 지방법원의 관할 구역에 사무소를 설치하여야 한다.
② 법무사가 업무를 시작하면 지체 없이 소속 지방법무사회를 거쳐 대한법무사협회에 신고하여야 한다.
③ 법무사의 사무소는 한 곳으로 한다.
④ 법무사는 그 직무를 조직적이고 전문적으로 행하기 위하여 2명 이상의 법무사로 구성된 합동사무소를 설치할 수 있다. 이 경우 합동사무소를 구성하는 법무사는 같은 지방법무사회에 소속된 자로서 휴업 중이거나 업무정지 중인 자가 아니어야 한다.(2016.2.3 전단개정)
⑤ 제4항에 따른 합동사무소는 소재지를 관할하는 지방법원의 관할 구역에 분사무소(分事務所)를 둘 수 있다.
⑥ 합동사무소의 설치와 운영, 그 밖에 필요한 사항은 대법원규칙으로 정한다.

제15조【사무소의 명칭 등】 ① 법무사는 그 사무소의 종류별로 사무소의 명칭 중에 법무사사무소 또는 법무사합동사무소라는 문자를 사용하고, 법무사합동사무소의 분사무소에는 그 분사무소임을 표시하여야 한다.
② 법무사가 아닌 자는 법무사사무소 또는 이와 비슷한 명칭을 사용하지 못하며, 법무사합동사무소나 그 분사무소가 아니면 법무사합동사무소나 그 분사무소 또는 이와 비슷한 명칭을 사용하지 못한다.
제16조【소속 변경 등록】 ① 법무사가 소속하는 지방법무사회를 변경하려면 새로 가입하려는 지방법무사회를 거쳐 대한법무사협회에 소속변경 등록을 하여야 한다.
② 제1항에 따라 소속이 변경된 법무사는 지체 없이 종전의 소속 지방법무사회에 그 사실을 신고하여야 한다.
제17조【폐업신고】 ① 법무사가 폐업한 경우에는 본인이, 사망한 경우에는 가족이나 동거인 또는 그 사무원이 지체 없이 그 사실을 소속 지방법무사회를 거쳐 대한법무사협회에 신고하여야 한다.
② 제1항에 따른 신고에 필요한 사항은 대법원규칙으로 정한다.
제18조【휴업신고】 ① 법무사가 휴업하려면 소속 지방법무사회를 거쳐 대한법무사협회에 신고하여야 한다. 이 경우 휴업기간은 2년을 초과할 수 없다.
② 제1항에 따라 휴업한 법무사가 2년이 지나도 업무를 재개하지 아니하는 경우에는 폐업한 것으로 본다.
③ 제1항에 따른 휴업신고에 필요한 사항은 대법원규칙으로 정한다.

제3장 법무사의 권리 · 의무

(2008.3.21 본장개정)

제19조【보수】 ① 법무사는 그 업무에 관하여 위임인으로부터 소정의 보수(報酬)를 받는다.
② 법무사는 그 업무에 관하여 제1항에 따른 보수 외에는 어떠한 명목으로도 위임인으로부터 금품을 받지 못한다.
③ 제1항에 따른 보수의 기준에 관한 사항은 대한법무사협회 회칙(會則)으로 정한다.
제20조【위임에 따를 의무 등】 ① 법무사는 정당한 사유 없이 업무에 관한 위임을 거부할 수 없다.
② 법무사는 당사자 한쪽의 위임을 받아 취급한 사건에 관하여는 상대방을 위하여 서류를 작성하지 못한다. 다만, 당사자 양쪽의 동의가 있는 경우에는 그러하지 아니하다.
제20조의2【출석 의무】 법무사는 제2조제1항제5호에 따른 대리(代理)를 할 때에 경매(競賣) 장소나 공매(公賣) 장소에 직접 출석하여야 한다.
제21조【업무 범위 초과행위 및 등록증 대여의 금지】 ① 법무사는 그 업무 범위를 초과하여 다른 사람의 소송이나 그 밖의 쟁의사건(爭議事件)에 관여하지 못한다.
② 법무사는 등록증을 다른 사람에게 빌려주지 못한다.
제22조【사건부 및 기명날인】 ① 법무사는 사건부(事件簿)를 갖추어 두고, 사건을 위임받으면 사건부에 위임받은 순서에 따라 다음 각 호의 사항을 적어야 한다.
1. 일련번호
2. 위임받은 연월일
3. 사건 명(名)
4. 보수액
5. 위임인의 주소와 성명
6. 그 밖에 필요한 사항
② 법무사는 그 업무에 관하여 위임받아 작성한 서류의 끝부분이나 기재란(記載欄) 밖에 기명날인(記名捺印)하여야 한다.
제23조【사무원】 ① 법무사는 사무원(事務員)을 둘 수 있다.
② 법무사는 다음 각 호의 어느 하나에 해당하는 자를 제1항에 따른 사무원으로 채용할 수 없다.
1. 피성년후견인(2020.6.9 본호개정)
2. 이 법 또는 「형법」 제129조부터 제132조까지, 「특정범죄가중처벌 등에 관한 법률」 제2조와 제3조, 그 밖에 대법원규칙으로 정하는 법률에 따라 유죄판결을 받은 자로서 다음 각 목의 어느 하나에 해당하는 자
가. 징역 이상의 실형을 선고받고 그 집행이 종료(집행이 종료된 것으로 보는 경우를 포함한다)되거나 그 집행이 면제된 날부터 3년이 경과되지 아니한 자
나. 징역형의 집행유예를 선고받고 그 유예기간이 만료된 날부터 2년이 경과되지 아니한 자
다. 징역형의 선고유예를 받고 그 유예기간 중에 있는 자
3. 공무원으로서 징계처분에 따라 파면되거나 해임된 후 3년이 경과되지 아니한 자
4. 다른 법무사사무소의 사무직원인 자
5. 행정사업을 하기 위하여 「행정사법」 제8조에 따라 신고를 한 자
6. 「공인중개사의 업무 및 부동산 거래신고에 관한 법률」 제9조에 따른 중개사무소 개설을 등록한 자
③ 법무사는 그 업무의 적정한 수행을 위하여 제1항에 따른 사무원을 지도하고 감독할 책임이 있다.
④ 제1항에 따른 사무원의 수(數)와 채용, 그 밖에 필요한 사항은 대법원규칙으로 정한다.
⑤ 법무사는 제1항에 따른 사무원이 아닌 자에게 사무를 보조하게 하여서는 아니 된다.
⑥ 지방법무사회의 장은 소속 법무사의 사무원 채용과 관련하여 관할 지방검찰청검사장에게 제2항의 전과(前科) 사실이 있는지 조회를 요청할 수 있다.
⑦ 제6항에 따른 요청을 받은 관할 지방검찰청검사장은 전과사실이 있는지를 조회하여 그 결과를 통보할 수 있다.
제24조【부당한 사건유치의 금지】 법무사는 사건의 알선을 업으로 하는 자를 이용하거나 그 밖의 부당한 방법으로 사건을 유치하는 행위를 하여서는 아니 된다.
제25조【위임인의 확인】 법무사가 사건을 위임받으면 주민등록증(모바일 주민등록증을 포함한다) · 인감증명서 등 법령에 따라 작성된 증명서의 제출이나 제시, 그 밖에 이에 준하는 확실한 방법으로 위임인이 본인이거나 그 대리인임을 확인하여야 하고, 그 확인 방법과 내용 등을 사건부에 적어야 한다.(2023.12.26 본조개정)

판례 법무사가 사건의 위임을 받은 경우에는 주민등록증 · 인감증명서 등 법령에 의하여 작성된 증명서의 제출이나 제시 기타 이에 준하는 확실한 방법으로 위임인이 본인 또는 그 대리인임을 확인하여야 하는바, 법무사가 타인의 권리의무에 중대한 영향을 미칠 수 있는 문서를 작성함에 있어 문서명의자 본인의 동의나 승낙이 있었는지에 대한 확인절차를 거치지 아니하거나 명의자 본인의 동의나 승낙이 없음을 알면서도 권한 없이 문서를 작성한 경우에는 사문서위조 및 동행사죄의 고의를 인정할 수 있다.(대판 2008.4.10, 2007도9987)

제26조【손해배상책임】 ① 법무사가 업무를 수행함에 있어서 고의 또는 과실로 위임인에게 재산상의 손해를 끼쳤을 때에는 그 손해를 배상할 책임이 있다.
② 법무사는 제1항에 따른 손해배상책임을 보장하기 위하여 대법원규칙으로 정하는 바에 따라 이행보증보험이나 제67조에 따른 공제(共濟)에 가입하여야 한다.(2016.2.3 본항개정)
③ 법무사는 제2항에 따른 손해배상책임을 보장하기 위한 조치를 이행하지 아니하고 업무를 수행해서는 아니 된다.(2016.2.3 본항신설)
④ 지방법원장은 제3항을 위반하여 업무를 수행한 법무사에 대하여 업무정지를 명할 수 있다.(2016.2.3 본항신설)
⑤ 제4항에 따라 업무정지명령을 받은 법무사는 제2항의 손해배상책임 보장조치를 이행한 경우 지방법원장에게 업무정지명령의 해제를 신청할 수 있다.(2016.2.3 본항신설)
⑥ 제5항에 따른 신청을 받은 지방법원장은 해당 보장조치의 이행이 확인되면 지체 없이 업무정지명령을 해제하여야 한다.(2016.2.3 본항신설)

⑦ 제4항부터 제6항까지에서 규정한 업무정지명령 및 해제에 관한 절차와 그 밖에 필요한 사항은 대법원규칙으로 정한다.
(2016.2.3 본항신설)
(2016.2.3 본조제목개정)

제27조【비밀누설 금지】 법무사나 법무사이었던 자는 정당한 사유 없이 업무상 알게 된 비밀을 누설하여서는 아니 된다. 다만, 위임인의 동의가 있거나 법률에 특별한 규정이 있는 경우에는 그러하지 아니하다.

제28조【지방법무사회 가입 의무】 법무사는 그 사무소의 소재지를 관할하는 지방법원의 관할 구역에 설립된 지방법무사회에 가입하여야 한다.

제29조【법무사의 교육】 법무사는 대한법무사협회의 회칙으로 정하는 바에 따라 업무수행에 필요한 교육을 받아야 한다.

제30조【회칙 등의 준수 의무】 법무사는 그 업무를 성실히 수행하여야 하며 그 품위를 유지하고 소속 지방법무사회와 대한법무사협회의 회칙을 지켜야 한다.

제31조【회비 부담의 의무】 법무사는 소속 지방법무사회의 운영에 필요한 회비를 부담할 의무를 진다.

제32조【감독】 ① 법무사는 소속 지방법무사회, 대한법무사협회 및 그 사무소의 소재지를 관할하는 지방법원장의 감독을 받는다.
② 지방법원장은 감독상 필요하다고 인정하면 법무사의 회계에 관한 장부 및 사건부와 그 밖에 필요한 서류를 제출하도록 명하거나 소속 공무원에게 검열하게 할 수 있다.
③ 지방법원장은 제2항에 따른 감독에 관한 사무를 지방법원 지원장에게 위임할 수 있다.

제4장 법무사법인

(2016.2.3 본장제목개정)

제33조【법무사법인의 설립】 법무사로 등록된 자는 그 업무를 조직적이고 전문적으로 행하고 그 공신력을 높이기 위하여 법무사법인을 설립할 수 있다.(2016.2.3 본조개정)

제34조【설립 절차】 법무사법인을 설립하려면 구성원이 될 법무사가 정관(定款)을 작성하여 주(主)사무소 소재지의 지방법무사회를 거쳐 대법원장의 인가(認可)를 받아야 한다. 정관을 변경할 때에도 또한 같다.(2016.2.3 전단개정)

제35조【구성원 등】 ① 법무사법인은 3명 이상의 법무사로 구성하며, 그 중 1명 이상은 제5조의2제2항 각 호의 어느 하나에 해당하거나 7년 이상 법무사 업무에 종사한 자이어야 한다.
② 법무사법인은 구성원이 아닌 소속 법무사를 둘 수 있다.
③ 법무사법인이 구성원이 아닌 소속 법무사를 둔 경우에는 지체 없이 주사무소 소재지의 지방법무사회를 거쳐 지방법원장에게 신고하여야 한다. 그 변경이 있는 경우에도 또한 같다.
④ 법무사법인의 구성원과 구성원이 아닌 소속 법무사는 같은 지방법무사회에 가입한 법무사로서 휴업 중이거나 업무정지 중인 자가 아니어야 한다.
⑤ 법무사법인은 제1항에 따른 구성원의 요건을 충족하지 못하게 된 경우에는 3개월 이내에 구성원을 보충하여야 한다.
(2016.2.3 본항신설)
(2016.2.3 본조개정)

제36조【정관의 기재 사항】 법무사법인의 정관에는 다음 각 호의 사항을 적어야 한다.(2016.2.3 본문개정)
1. 목적, 명칭, 주사무소 및 분사무소의 소재지
2. 구성원의 성명, 주민등록번호 및 주소
3. 출자(出資)의 종류 및 그 가액(價額)이나 평가의 기준
4. 구성원 회의에 관한 사항
5. 법인의 대표에 관한 사항
6. 자산과 회계에 관한 사항
7. 존립기간이나 해산사유를 정한 경우에는 그 기간 또는 사유
8. 그 밖에 대법원규칙으로 정하는 사항
(2008.3.21 본조개정)

제37조【명칭 등】 ① 법무사법인은 그 명칭 중에 법무사법인이라는 문자를 사용하여야 한다.
② 법무사법인이 아닌 자는 법무사법인 또는 이와 비슷한 명칭을 사용하지 못한다.
(2016.2.3 본조개정)

제38조【설립등기】 ① 법무사법인의 설립인가가 있는 때에는 2주 이내에 설립등기를 하여야 한다. 등기 사항이 변경된 경우에도 또한 같다.(2016.2.3 전단개정)
② 제1항에 따른 설립등기 사항은 다음 각 호와 같다.
1. 목적, 명칭, 주사무소 및 분사무소의 소재지
2. 구성원의 성명, 주민등록번호 및 주소
3. 구성원의 출자의 종류·가액 및 이행 부분
4. 법인의 대표에 관한 사항 및 법인을 대표할 구성원의 성명과 주소
5. 존립기간이나 해산사유를 정한 경우에는 그 기간 또는 사유
6. 설립인가 연월일
③ 법무사법인은 그 주사무소의 소재지에서 설립등기를 함으로써 성립한다.(2016.2.3 본항개정)
(2008.3.21 본조개정)

제39조【등록】 법무사법인의 대표는 법인의 설립등기를 한 후 지체 없이 주사무소 소재지의 지방법무사회를 거쳐 대한법무사협회에 등록하여야 한다.(2016.2.3 본조개정)

제40조【분사무소】 법무사법인은 주사무소 소재지를 관할하는 지방법원의 관할 구역에 분사무소를 설치할 수 있다. 이 경우 분사무소에는 법무사법인의 분사무소임을 표시하여야 한다.(2016.2.3 본조개정)

제41조【업무집행 방법】 ① 법무사법인은 법인명의로 업무를 하며 구성원 중에서 그 업무를 담당할 법무사를 지정하여야 한다.(2016.2.3 본항개정)
② 제1항에 따른 담당 법무사는 지정된 업무를 할 때에 그 법인을 대표한다.
③ 법무사법인이 그 업무에 관하여 작성하는 서면(書面)에는 법인명의를 표시하고 담당 법무사가 기명날인하여야 한다.
(2016.2.3 본항개정)
(2008.3.21 본조개정)

제41조의2【구성원 등의 업무 제한】 ① 법무사법인의 구성원 및 구성원 아닌 소속 법무사는 자기 또는 제3자를 위하여 그 법무사법인의 업무 범위에 속하는 업무를 수행하거나 다른 법무사법인의 구성원 또는 구성원 아닌 소속 법무사가 되어서는 아니 된다.
② 법무사법인의 구성원이었거나 구성원 아닌 소속 법무사이었던 자는 그 법무사법인에 소속되었던 기간 중에 그 법무사법인이 수행하거나 수행을 승낙한 업무에 관하여는 법무사의 업무를 수행할 수 없다. 다만, 법무사법인의 동의를 받은 경우에는 그러하지 아니하다.
(2016.2.3 본조신설)

제42조【구성원의 가입과 탈퇴】 ① 법무사법인에 새로운 구성원이 가입할 때에는 구성원 모두의 동의가 있어야 한다.
(2016.2.3 본항개정)
② 구성원은 임의로 탈퇴할 수 있다.
③ 구성원은 다음 각 호의 어느 하나에 해당하는 사유가 있으면 당연히 탈퇴된다.
1. 제10조나 제11조에 따라 등록이 취소된 경우
2. 제48조에 따라 업무정지처분을 받은 경우
3. 정관으로 정한 사유가 발생한 경우
4. 제51조에 따라 업무정지명령을 받은 경우(2016.2.3 본호신설)
(2008.3.21 본조개정)

제43조【설립인가의 취소】 대법원장은 법무사법인이 다음 각 호의 어느 하나에 해당하면 그 설립인가를 취소할 수 있다.
1. 제35조제5항을 위반하여 3개월 이내에 구성원을 보충하지 아니한 경우

2. 업무집행에 관하여 법령을 위반한 경우
(2016.2.3 본조개정)
제44조【해산】 ① 법무사법인은 다음 각 호의 어느 하나에 해당하는 사유가 있을 때에 해산한다.(2016.2.3 본문개정)
1. 정관으로 정한 해산사유의 발생
2. 구성원 전원의 동의
3. 합병
4. 파산
5. 설립인가의 취소
② 법무사법인이 해산하면 청산인은 지체 없이 주사무소 소재지의 지방법무사회를 거쳐 대법원장에게 신고하여야 한다.
(2016.2.3 본항개정)
(2008.3.21 본조개정)
제45조【합병】 ① 법무사법인은 구성원 전원의 동의가 있으면 다른 법무사법인과 합병할 수 있다.(2016.2.3 본항개정)
② 제1항의 경우에는 설립절차, 정관의 기재사항, 설립등기, 등록에 관한 제34조, 제36조, 제38조 및 제39조를 준용한다.
(2008.3.21 본조개정)
제45조의2【조직변경】 ① 법무사법인(유한)의 설립요건을 갖춘 법무사법인은 구성원 전원의 동의가 있으면 주사무소 소재지의 지방법무사회를 거쳐 대법원장의 인가를 받아 법무사법인(유한)으로 조직변경을 할 수 있다.
② 법무사법인이 제1항에 따라 대법원장으로부터 법무사법인(유한)의 인가를 받은 경우에는 2주일 이내에 주사무소 소재지에서 법무사법인의 해산등기 및 법무사법인(유한)의 설립등기를 하여야 한다.
③ 제1항에 따른 조직변경의 경우 법무사법인에 현존하는 순재산액이 새로 설립되는 법무사법인(유한)의 자본총액보다 적을 때에는 제1항에 따른 동의가 있을 당시의 구성원들이 연대하여 그 차액을 보충하여야 한다.
④ 제1항에 따라 설립된 법무사법인(유한)의 구성원 중 종전의 법무사법인의 구성원이었던 자는 제2항에 따른 등기를 하기 전에 발생한 법무사법인의 채무에 대하여 등기 후 2년이 될 때까지 법무사법인의 구성원으로서 책임을 진다.
(2016.2.3 본조신설)
제46조 (2016.2.3 삭제)
제47조【준용규정】 ① 법무사법인에 관하여는 그 성질에 반하지 아니하는 범위에서 이 법 중 법무사에 관한 규정을 준용한다.
② 법무사법인에 관하여는 이 법에 정한 것 외에는 「상법」 중 합명회사(合名會社)에 관한 규정을 준용한다.
(2016.2.3 본조개정)

제4장의2 법무사법인(유한)
(2016.2.3 본장신설)

제47조의2【설립】 법무사로 등록된 자는 그 업무를 조직적이고 전문적으로 수행하고 공신력을 높이기 위하여 법무사법인(유한)을 설립할 수 있다.
제47조의3【설립절차】 법무사법인(유한)을 설립하려면 구성원이 될 법무사가 정관을 작성하여 주사무소 소재지의 지방법무사회를 거쳐 대법원장의 인가를 받아야 한다. 정관을 변경할 때에도 또한 같다.
제47조의4【정관의 기재사항】 법무사법인(유한)의 정관에는 다음 각 호의 사항을 기재하여야 한다.
1. 목적, 명칭, 주사무소 및 분사무소의 소재지
2. 구성원의 성명·주민등록번호 및 법무사법인(유한)을 대표할 구성원의 주소
3. 자본의 총액과 각 구성원의 출자좌수
4. 구성원의 가입·탈퇴와 그 밖의 변경에 관한 사항
5. 구성원 회의에 관한 사항
6. 법무사법인(유한)의 대표에 관한 사항
7. 자산과 회계에 관한 사항
8. 존립 기간이나 해산 사유를 정한 경우에는 그 기간 또는 사유
제47조의5【등기】 ① 법무사법인(유한)은 설립인가를 받으면 2주일 이내에 설립등기를 하여야 한다. 등기사항이 변경되었을 때에도 또한 같다.
② 제1항의 등기사항은 다음 각 호와 같다.
1. 목적, 명칭, 주사무소 및 분사무소의 소재지
2. 출자 1좌의 금액 및 자본 총액
3. 이사의 성명 및 주민등록번호
4. 법무사법인(유한)을 대표할 이사의 성명 및 주소
5. 둘 이상의 이사가 공동으로 법무사법인(유한)을 대표할 것을 정한 경우에는 그 규정
6. 존립 기간이나 해산 사유를 정한 경우에는 그 기간 또는 사유
7. 감사가 있을 때에는 그 성명·주민등록번호 및 주소
8. 설립인가 연월일
③ 법무사법인(유한)은 그 주사무소의 소재지에서 설립등기를 함으로써 성립한다.
제47조의6【구성원 등】 ① 법무사법인(유한)은 5명 이상의 법무사로 구성하며, 그 중 2명 이상은 제5조의2제2항 각 호의 어느 하나에 해당하거나 10년 이상 법무사 업무에 종사한 자이어야 한다.
② 법무사법인(유한)은 구성원 아닌 소속 법무사를 둘 수 있다.
③ 법무사법인(유한)이 구성원이 아닌 법무사를 둔 경우에는 지체 없이 주사무소 소재지의 지방법무사회를 거쳐 지방법원장에게 신고하여야 한다. 그 변경이 있는 경우에도 또한 같다.
④ 법무사법인(유한)의 구성원과 구성원이 아닌 소속 법무사는 같은 지방법무사회에 가입한 법무사로서 휴업 중이거나 업무정지 중인 자가 아니어야 한다.
⑤ 법무사법인(유한)이 제1항 또는 제4항에 따른 구성원의 요건을 충족하지 못하게 된 경우에는 3개월 이내에 보충하여야 한다.
⑥ 법무사법인(유한)은 3명 이상의 이사를 두어야 한다. 이 경우 다음 각 호의 어느 하나에 해당하는 자는 이사가 될 수 없다.
1. 구성원이 아닌 자
2. 설립인가가 취소된 법무사법인(유한)의 이사이었던 자(취소사유가 발생하였을 때의 이사이었던 자로 한정한다)로서 그 취소 후 3년이 지나지 아니한 자
3. 제51조에 따른 업무정지 기간 중에 있는 자
⑦ 법무사법인(유한)에는 1명 이상의 감사를 둘 수 있다. 이 경우 감사는 법무사이어야 한다.
제47조의7【자본총액 등】 ① 법무사법인(유한)의 자본총액은 1억원 이상이어야 한다.
② 출자 1좌의 금액은 1만원으로 한다.
③ 각 구성원의 출자좌수는 2천좌 이상이어야 한다.
④ 법무사법인(유한)은 직전 사업연도 말 대차대조표의 자산 총액에서 부채 총액을 뺀 금액이 1억원에 미달하면 부족한 금액을 매 사업연도가 끝난 후 6개월 이내에 증자를 하거나 구성원의 증여로 보전(補塡)하여야 한다.
⑤ 제4항에 따른 증여는 이를 특별이익으로 계상(計上)한다.
⑥ 대법원장은 법무사법인(유한)이 제4항에 따른 증자나 보전을 하지 아니하면 기간을 정하여 증자나 보전을 명할 수 있다.
제47조의8【다른 법인에의 출자 제한 등】 ① 법무사법인(유한)은 자기자본의 100분의 50의 범위에서 대법원규칙으로 정하는 비율을 곱한 금액을 초과하여 다른 법인에 출자하거나 타인을 위한 채무보증을 하여서는 아니 된다.
② 제1항의 자기자본은 직전 사업연도 말 대차대조표의 자산 총액에서 부채 총액을 뺀 금액을 말한다. 새로 설립된 법무사법인(유한)으로서 직전 사업연도의 대차대조표가 없는 경우에는 설립 당시의 납입자본금을 말한다.

제47조의9【구성원의 책임】 법무사법인(유한)의 구성원의 책임은 이 법에 규정된 것 외에는 그 출자금액을 한도로 한다.
제47조의10【수임사건과 관련된 손해배상책임】 ① 담당법무사〔담당법무사가 지정되지 아니한 경우에는 그 법무사법인(유한)의 구성원 모두를 말한다〕는 수임사건에 관하여 고의나 과실로 그 수임사건의 위임인에게 손해를 발생시킨 경우에는 법무사법인(유한)과 연대하여 그 손해를 배상할 책임이 있다.
② 담당법무사가 제1항에 따른 손해배상책임을 지는 경우 그 담당법무사를 직접 지휘·감독한 구성원도 그 손해를 배상할 책임이 있다. 다만, 지휘·감독을 할 때에 주의를 게을리하지 아니하였음을 증명한 경우에는 그러하지 아니하다.
③ 법무사법인(유한)은 제1항과 제2항에 따른 손해배상책임에 관한 사항을 대법원규칙으로 정하는 바에 따라 사건수임계약서와 광고물에 명시하여야 한다.
제47조의11【손해배상준비금 등】 ① 법무사법인(유한)은 수임사건과 관련한 제47조의10에 따른 손해배상책임을 보장하기 위하여 대법원규칙으로 정하는 바에 따라 사업연도마다 손해배상준비금을 적립하거나 이행보증보험 또는 대한법무사협회가 운영하는 공제에 가입하여야 한다.
② 제1항에 따른 손해배상준비금, 이행보증보험 또는 공제기금은 대법원장의 승인 없이는 손해배상 외의 다른 용도로 사용하거나 그 보험계약 또는 공제계약을 해제 또는 해지해서는 아니 된다.
제47조의12【인가취소】 대법원장은 법무사법인(유한)이 다음 각 호의 어느 하나에 해당하면 그 설립인가를 취소할 수 있다.
1. 제47조의6제5항을 위반하여 3개월 이내에 구성원을 보충하지 아니한 경우
2. 이사 중에 제47조의6제6항 각 호의 어느 하나에 해당하는 자가 있는 경우. 다만, 해당 사유가 발생한 날부터 3개월 이내에 그 이사를 개임(改任)한 경우에는 그러하지 아니하다.
3. 제47조의7제6항에 따른 대법원장의 증자명령 또는 보전명령을 이행하지 아니한 경우
4. 제47조의8제1항을 위반하여 다른 법인에 출자하거나 타인의 채무를 보증한 경우
5. 제47조의11제1항을 위반하여 손해배상준비금을 적립하지 아니하거나 이행보증보험 또는 제67조에 따른 공제에 가입하지 아니한 경우
6. 업무집행에 관하여 법령을 위반한 경우
제47조의13【해산】 ① 법무사법인(유한)은 다음 각 호의 어느 하나에 해당하는 사유가 있을 때에는 해산한다.
1. 정관에서 정한 해산 사유가 발생하였을 때
2. 구성원 과반수와 총구성원의 의결권의 4분의 3 이상을 가진 자가 동의하였을 때
3. 합병하였을 때
4. 파산하였을 때
5. 설립인가가 취소되었을 때
6. 존립 기간을 정한 경우에는 그 기간이 지났을 때
② 법무사법인(유한)이 해산한 경우에는 청산인은 지체 없이 주사무소 소재지의 지방법무사회를 거쳐 대법원장에게 그 사실을 신고하여야 한다.
제47조의14【준용규정】 ① 법무사법인(유한)에 관하여는 그 성질에 반하지 아니하는 범위에서 이 법 중 법무사에 관한 규정과 제37조, 제39조부터 제41조까지, 제41조의2 및 제42조를 준용한다.
② 법무사법인(유한)에 관하여 이 법에 정한 것 외에는 「상법」 중 유한회사에 관한 규정을 준용한다.

제5장 법무사의 징계

(2008.3.21 본장개정)

제48조【징계처분】 ① 지방법원장은 법무사가 다음 각 호의 어느 하나에 해당하면 제49조에 따른 법무사징계위원회에 징계의결을 요구하고 그에 따라 징계처분을 하여야 한다.
1. 이 법 또는 이 법에 따른 대법원규칙을 위반한 경우
2. 소속 지방법무사회 회칙이나 대한법무사협회 회칙을 위반한 경우
3. 사무원에 대한 직무상의 감독을 소홀히 한 경우
4. 휴업신고를 하지 아니하고 6개월 이상 업무를 집행하지 아니하는 경우
5. 직무의 해당 여부와 상관없이 법무사로서 품위를 손상하는 행위를 한 경우
② 징계의 종류는 다음과 같다.
1. 제명(除名)
2. 1개월 이상 2년 이하의 업무정지
3. 500만원 이하의 과태료
4. 견책(譴責)
③ 제2항제3호에 따른 과태료의 결정은 「민사집행법」에 따른 집행력 있는 집행권원과 같은 효력이 있으며, 검사의 지휘로 집행한다.(2016.2.3 본항개정)
④ 대한법무사협회장은 지방법원장으로부터 제1항에 따른 징계처분 결과의 통지를 받은 경우 이를 지체 없이 대한법무사협회가 운영하는 인터넷 홈페이지에 3개월 이상 게재하는 등의 방법으로 공개하여야 한다. 징계처분의 공개 범위와 시행 방법, 그 밖에 필요한 사항은 대법원규칙으로 정한다.
(2016.2.3 본항신설)
제49조【법무사 징계위원회】 ① 법무사에 대한 징계의결을 하기 위하여 지방법원에 법무사 징계위원회를 둔다.
② 법무사 징계위원회의 구성과 운영 등에 필요한 사항은 대법원규칙으로 정한다.
제50조【징계사유의 시효】 징계의결의 요구는 징계사유가 발생한 날부터 3년이 지나면 하지 못한다.(2016.2.3 본조개정)
제51조【업무정지명령】 ① 지방법원장은 법무사가 공소제기되거나 제48조에 따라 징계 절차가 개시되어 그 재판이나 징계 결정의 결과 등록취소 또는 제명에 이르게 될 가능성이 매우 크고, 그대로 두면 장차 의뢰인이나 공공의 이익을 해칠 구체적인 위험성이 있는 경우에는 법무사 징계위원회에 그 법무사의 업무정지에 관한 결정을 청구할 수 있다. 다만, 약식명령이 청구된 경우와 과실범으로 공소제기된 경우에는 그러하지 아니하다.
② 지방법원장은 법무사 징계위원회의 결정에 따라 해당 법무사에 대하여 업무정지를 명할 수 있다.
③ 제2항의 업무정지명령의 절차에 관하여 필요한 사항은 대법원규칙으로 정한다.
(2016.2.3 본조신설)
제51조의2【업무정지 기간 및 갱신】 ① 법무사 징계위원회는 제51조제1항에 따라 청구를 받은 날부터 1개월 이내에 업무정지에 관한 결정을 하여야 한다. 다만, 부득이한 사유가 있는 경우에는 그 의결로 1개월의 범위에서 그 기간을 연장할 수 있다.
② 업무정지 기간은 6개월로 한다. 다만, 지방법원장은 해당 법무사에 대한 공판 절차 또는 징계 절차가 끝나지 아니하고 업무정지 사유가 없어지지 아니한 경우에는 법무사 징계위원회의 결정에 따라 업무정지 기간을 갱신할 수 있다.
③ 제2항 단서에 따라 갱신할 수 있는 기간은 3개월 단위로 한다.
④ 업무정지 기간은 갱신 기간을 합하여 2년을 넘을 수 없다.
⑤ 업무정지명령을 받은 법무사가 공소제기된 해당 형사사건과 같은 행위로 업무정지의 징계처분을 받으면 업무정지명령에 따른 업무정지 기간은 업무정지 징계처분의 업무정지 기간에 산입한다.
(2016.2.3 본조신설)
제51조의3【업무정지명령의 해제 및 실효】 ① 지방법원장은 업무정지 기간 중에 있는 법무사에 대한 공판 절차나 징계 절차의 진행 상황에 비추어 등록취소 또는 제명에 이르게 될 가능성이 크지 아니하고, 위임인이나 공공의 이익을 침해할

구체적인 위험이 없어졌다고 인정할 만한 상당한 이유가 있으면 직권으로 그 명령을 해제할 수 있다.
② 대한법무사협회의 장 또는 업무정지명령을 받은 법무사는 지방법원장에게 업무정지명령의 해제를 신청할 수 있다.
③ 지방법원장은 제2항에 따른 신청을 받으면 직권으로 업무정지명령을 해제하거나 법무사 징계위원회에 이를 심의하도록 요청하여야 하며, 법무사 징계위원회에서 해제를 결정하면 지체 없이 해제하여야 한다.
④ 업무정지명령은 그 업무정지명령을 받은 법무사에 대한 해당 형사 판결이나 징계 결정이 확정되면 그 효력을 잃는다.
(2016.2.3 본조신설)

제6장 지방법무사회
(2008.3.21 본장개정)

제52조【목적 및 설립】 ① 법무사는 법무사의 품위 유지와 업무의 향상을 도모하고 회원의 지도와 연락에 관한 사무를 하기 위하여 지방법원의 관할 구역마다 하나의 지방법무사회를 설립하여야 한다.
② 지방법무사회는 법인으로 한다.
제53조【설립 절차】 지방법무사회를 설립하려면 회원이 될 법무사가 회칙을 정하여 대한법무사협회를 거쳐 대법원장의 인가를 받아야 한다. 회칙을 변경할 때에도 또한 같다.
제54조【회칙】 지방법무사회의 회칙에는 다음 사항을 적어야 한다.
1. 명칭과 사무소의 소재지
2. 회원의 가입과 탈퇴에 관한 사항
3. 회원의 권리와 의무에 관한 사항
4. 총회, 이사회, 그 밖의 기관의 구성 · 권한 및 회의에 관한 사항
5. 임원의 선임 · 임기 및 직무에 관한 사항
6. 회원의 지도와 연락에 관한 사항
7. 자산과 회계에 관한 사항
8. 회비 부담에 관한 사항
9. 그 밖에 지방법무사회의 목적달성을 위하여 필요한 사항
제55조【지방법무사회의 보고 의무】 지방법무사회는 소속 법무사가 다음 각 호의 어느 하나에 해당하는 경우에는 지체 없이 지방법원장에게 보고하여야 한다.
1. 제10조 각 호의 어느 하나 또는 제11조의 등록취소에 해당하는 사유가 발생한 경우
2. 제48조제1항 각 호의 어느 하나에 해당하는 징계사유가 발생한 경우
3. 형사사건으로 기소(起訴)되거나 금고 이상의 형을 받은 경우
제56조【총회】 ① 지방법무사회는 매년 한 차례 정기총회를 열고 필요한 경우에는 임시총회를 열 수 있다.
② 임시총회는 회장의 요구나 회칙에 정한 일정 수의 회원의 요구에 따라 소집한다.
제57조【총회의 결의 등 보고】 지방법무사회는 총회를 마치면 지체 없이 총회의 의결 사항, 임원의 취임과 퇴임 사항을 지방법원장에게 보고하여야 한다.
제58조【총회의 결의를 필요로 하는 사항】 다음 각 호의 사항은 총회의 결의를 거쳐야 한다.
1. 회칙의 변경
2. 예산과 결산
제59조【총회의 결의 등의 취소】 대법원장은 지방법무사회의 결의가 법령에 위반되거나 공익을 해친다고 인정하면 지방법무사회에 그 결의를 취소하도록 명할 수 있다.
제60조【분쟁조정위원회】 ① 위임인과 법무사 사이 또는 법무사와 법무사 사이의 직무상 분쟁을 조정하거나 그 고충을 처리하기 위하여 지방법무사회에 분쟁조정위원회를 둔다.
② 분쟁조정위원회의 구성과 운영 등에 필요한 사항은 대한법무사협회 회칙으로 정한다.
제61조【감독】 ① 지방법무사회는 대한법무사협회와 그 소재지를 관할하는 지방법원장의 감독을 받는다.
② 제32조제2항은 제1항의 경우에 준용한다. 이 경우 "법무사"는 "지방법무사회"로 본다.

제7장 대한법무사협회
(2008.3.21 본장개정)

제62조【목적 및 설립】 ① 지방법무사회는 법무사의 품위 유지와 업무의 향상을 도모하고 지방법무사회와 그 회원의 지도 및 연락에 관한 사무와 법무사의 등록에 관한 사무를 하기 위하여 연합하여 대한법무사협회를 설립하여야 한다.
② 대한법무사협회는 법인으로 한다.
제63조【회칙의 기재 사항】 대한법무사협회의 회칙에는 제54조제1항 각 호의 사항과 법무사의 등록사무와 보수기준에 관한 사항을 포함하여야 한다.
제64조【재원】 대한법무사협회의 운영상 필요한 재원(財源)은 각 지방법무사회가 부담하는 회비로 한다.
제65조【총회】 총회는 각 지방법무사회의 회장과 각 지방법무사회에서 선출된 대의원으로 구성한다.
제66조【등록심사위원회】 ① 제9조에 따른 등록거부와 제10조제3호 및 제11조에 따른 등록취소에 관한 사항을 심사하기 위하여 대한법무사협회에 등록심사위원회를 둔다.
② 등록심사위원회의 구성과 운영 등에 필요한 사항은 대한법무사협회 회칙으로 정한다.
제67조【공제사업】 ① 대한법무사협회는 제26조에 따른 법무사의 손해배상책임을 보장하기 위하여 대한법무사협회 회칙으로 정하는 바에 따라 공제사업(共濟事業)을 할 수 있다.
② 대한법무사협회는 제1항에 따른 공제사업을 하려면 공제규정(共濟規程)을 제정하여 대법원장의 승인을 받아야 한다. 공제규정을 변경할 때에도 또한 같다.
③ 제2항에 따른 공제규정에는 공제사업의 범위, 공제계약의 내용, 공제금, 공제료 등 공제사업의 운영에 필요한 사항을 정하여야 한다.
제68조【감독】 대한법무사협회는 대법원장의 감독을 받는다.
제69조【보고 의무】 대한법무사협회는 등록, 등록거부, 소속 변경등록, 개업, 휴업 및 등록취소에 관한 사항을 지체 없이 대법원장에게 보고하여야 한다.
제70조【준용규정】 대한법무사협회에 관하여는 지방법무사회에 대한 서류제출명령 · 검열, 설립 절차, 총회, 분쟁조정위원회 등에 관한 제32조제2항, 제53조 및 제56조부터 제60조까지의 규정을 준용한다. 이 경우 "지방법무사회"는 "대한법무사협회"로 보고, 제32조제2항 중 "지방법원장"은 "대법원장"으로, "법무사"는 "대한법무사협회"로 보며, 제57조 중 "지방법원장"은 "대법원장"으로 본다.

제8장 보 칙
(2008.3.21 본장개정)

제70조의2【청문】 다음 각 호의 어느 하나에 해당하는 처분을 하려면 청문을 하여야 한다.
1. 제11조에 따른 법무사의 등록취소
2. 제43조에 따른 법무사법인 설립인가의 취소(2016.2.3 본호개정)
3. 제47조의12에 따른 법무사법인(유한) 설립인가의 취소(2016.2.3 본호신설)
제70조의3【권한의 위임】 대법원장은 다음 각 호에 관한 권한을 대법원규칙으로 정하는 바에 따라 지방법원장에게 위임할 수 있다.
1. 제34조(제45조제2항에서 준용하는 경우를 포함한다) 및 제47조의3에 따른 인가

2. 제43조 및 제47조의12에 따른 인가의 취소
3. 제44조제2항 및 제47조의13제2항에 따른 해산 신고의 수리
4. 제45조의2에 따른 인가
5. 제47조의7제6항에 따른 명령
(2016.2.3 본조신설)

제70조의4【벌칙 적용에서 공무원 의제】 제49조의 법무사 징계위원회의 위원 중 공무원이 아닌 사람은 「형법」 제129조부터 제132조까지의 규정을 적용할 때에는 공무원으로 본다. (2017.10.31 본조신설)

제71조【위임규정】 이 법의 시행에 필요한 사항은 대법원 규칙으로 정한다.

제9장 벌 칙
(2008.3.21 본장개정)

제72조【등록증 대여 등】 ① 제21조제2항을 위반하여 등록증을 다른 사람에게 빌려준 법무사는 5년 이하의 징역 또는 1천만원 이하의 벌금에 처한다. 법무사의 등록증을 빌린 사람도 또한 같다.(2017.12.12 후단개정)
② 제1항의 죄를 지은 사람〔제47조 또는 제47조의14에 따라 준용되는 법무사법인 또는 법무사법인(유한)을 포함한다〕 또는 그 사정을 아는 제3자가 취득한 금품이나 그 밖의 이익은 몰수한다. 이를 몰수할 수 없을 때에는 그 가액을 추징한다. (2017.12.12 본항신설)

판례 개정 전 법무사법은 법무사 등록증을 대여할 경우 처벌에 대한 규정은 있었으나 몰수·추징에 관해서는 별도의 규정이 없었다가 2017년 개정을 통해 몰수·추징에 관한 규정을 마련하였다. 따라서 법무사가 등록증을 다른 사람에게 빌려주거나 법무사의 등록증을 빌린 행위가 법무사법 개정 시행 전부터 계속되어 온 경우에는 개정법 시행 이후 행위로 취득한 금품만이 몰수나 추징의 대상이 된다. (대판 2020.10.15, 2020도7307)

제73조【업무 범위의 위반 등】 ① 다음 각 호의 어느 하나에 해당하는 자는 3년 이하의 징역 또는 500만원 이하의 벌금에 처한다.
1. 제20조의2를 위반하여 대리를 할 때에 경매 장소 또는 공매 장소에 직접 출석하지 아니한 자
2. 제21조제1항을 위반하여 업무 범위 초과행위를 한 자
3. 제24조를 위반하여 부당한 방법으로 사건을 유치하는 행위를 한 자
4. 제26조제4항 또는 제51조에 따른 업무정지명령을 위반하여 법무사의 업무를 수행한 자(2016.2.3 본호신설)
5. 제48조제2항제2호에 따른 업무정지처분을 위반하여 법무사의 업무를 수행한 자(2016.2.3 본호신설)

② (2016.2.3 삭제)

제74조【법무사가 아닌 자의 행위】 ① 법무사가 아닌 자가 다음 각 호의 어느 하나에 해당하면 3년 이하의 징역 또는 500만원 이하의 벌금에 처한다.
1. 제3조를 위반하여 제2조에 규정된 사무를 업으로 하거나 법무사 또는 이와 비슷한 명칭을 사용한 경우
2. 이익을 얻을 목적으로 문서, 도화(圖畵), 시설물 등에 법무사 업무를 취급한다는 뜻을 표시하거나 기재한 경우

② 상습적으로 제1항의 죄를 범한 자는 5년 이하의 징역에 처한다.

제75조【위임에 따를 의무 등 위반】 제20조제1항 및 제2항을 위반한 자는 50만원 이하의 벌금에 처한다.

제76조【양벌규정】 법무사법인이나 법무사법인(유한)의 구성원 또는 구성원이 아닌 소속 법무사가 법인의 업무에 관하여 제72조제1항, 제73조 또는 제75조의 위반행위를 하면 그 행위자를 벌할 뿐만 아니라 법무사법인이나 법무사법인(유한)에도 각 해당 조문의 벌금형을 과(科)한다. 다만, 법인이 그 위반행위를 방지하기 위하여 해당 업무에 관하여 상당한 주의와 감독을 게을리 하지 아니한 때에는 그러하지 아니하다. (2017.12.12 본문개정)

부 칙 (2016.2.3)

제1조【시행일】 이 법은 공포 후 6개월이 경과한 날부터 시행한다.

제2조【업무정지에 관한 적용례】 제26조제4항 및 제51조의 개정규정은 이 법 시행 이후 발생하는 위반행위부터 적용한다.

제3조【징계처분 공개에 관한 적용례】 제48조제4항의 개정규정은 이 법 시행 이후 징계처분을 받는 자부터 적용한다.

제4조【법무사시험에 관한 경과조치】 이 법 시행 당시 진행 중인 시험에 대해서는 제5조의 개정규정에도 불구하고 종전의 규정에 따른다.

제5조【법무사합동법인의 명칭 변경에 따른 경과조치】 이 법 시행 당시 설립되어 있는 법무사합동법인은 이 법에 따른 법무사법인으로 본다.

제6조【징계시효 연장에 관한 경과조치】 이 법 시행 전에 징계사유가 발생한 자에 대해서는 제50조의 개정규정에도 불구하고 종전의 규정에 따른다.

제7조【다른 법률의 개정】 ①~④ ※(해당 법령에 가제정리 하였음)

제8조【다른 법령과의 관계】 이 법 시행 당시 다른 법령에서 법무사합동법인을 인용하고 있는 경우에는 그를 갈음하여 이 법에 따른 법무사법인을 인용한 것으로 본다.

부 칙 (2020.2.4)

이 법은 공포 후 6개월이 경과한 날부터 시행한다.

부 칙 (2020.6.9)

이 법은 공포한 날부터 시행한다.

부 칙 (2023.12.26)

제1조【시행일】 이 법은 공포 후 1년이 경과한 날부터 시행한다.(이하 생략)

공증인법

(1961년 9월 23일
법 률 제723호)

개정
1962.11.21법 1181호
1993. 3.10법 4544호(변호사)
1994. 3.24법 4745호
2000. 1.28법 6207호(변호사)
2002. 1.26법 6626호(민사소송법)
2002. 1.26법 6627호(민사집행법)
2005. 3.31법 7427호(민법)
2005. 3.31법 7428호(채무자회생파산)
2008.12.19법 9138호
2009. 5.28법 9750호
2012. 6. 1법11461호(전자문서및전자거래기본법)
2013. 5.28법11823호

<중략>
1998.12.28법 5590호

2009. 2. 6법 9416호
2012. 1.17법11154호

2017.12.12법15150호

제1장 총 칙

(2009.2.6 본장개정)

제1조【목적】 이 법은 공증인(公證人)의 지위와 그 직무에 관한 사항을 규율하여 공증사무의 적절성과 공정성을 확보함을 목적으로 한다.

제1조의2【용어의 뜻】 이 법에서 사용하는 용어의 뜻은 다음과 같다.

1. "공증인"이란 제2조에서 정하는 공증(公證)에 관한 직무를 수행할 수 있도록 법무부장관으로부터 제11조에 따라 임명을 받은 사람(이하 "임명공증인"이라 한다)과 제15조의2에 따라 공증인가를 받은 자(이하 "인가공증인"이라 한다)를 말한다.
2. "전자문서"란 「전자문서 및 전자거래 기본법」 제2조제1호의 전자문서를 말한다.(2012.6.1 본호개정)
3. "전자화문서"란 종이문서나 그 밖에 전자적 형태로 작성되지 아니한 문서(이하 "전자화대상문서"라 한다)를 정보처리시스템이 처리할 수 있는 형태로 변환한 문서를 말한다.
4. "전자서명"이란 「전자서명법」 제2조제2호의 전자서명을 말한다.
5. "지정공증인"이란 공증인 중에서 전자문서 및 전자화문서(이하 "전자문서등"이라 한다)에 관한 공증사무를 취급할 수 있도록 법무부장관이 제66조의3에 따라 지정한 자를 말한다.

(2009.2.6 본조신설)

제2조【공증인의 직무】 공증인은 당사자나 그 밖의 관계인의 촉탁(囑託)에 따라 다음 각 호의 사무를 처리하는 것을 직무로 한다. 공증인은 위 직무에 관하여 공무원의 지위를 가지는 것으로 본다.

1. 법률행위나 그 밖에 사권(私權)에 관한 사실에 대한 공정증서(公正證書)의 작성
2. 사서증서(私署證書) 또는 전자문서등(공무원이 직무상 작성한 것은 제외한다)에 대한 인증
3. 이 법과 그 밖의 법령에서 공증인이 취급하도록 정한 사무

제3조【문서의 공증력의 요건】 공증인이 작성하는 문서(전자문서등을 포함한다)는 이 법이나 그 밖의 법률에서 정하는 요건을 갖추지 아니하면 공증의 효력을 가지지 아니한다.

제4조【촉탁 인수 의무】 ① 공증인은 정당한 이유 없이 제2조에 따른 촉탁(이하 "촉탁"이라 한다)을 거절하지 못한다.
② 공증인이 촉탁을 거절하는 경우에는 촉탁을 한 자(이하 "촉탁인"이라 한다)나 그 대리인에게 거절의 이유를 알려야 한다.

제5조【비밀누설 금지】 공증인은 법률에 특별한 규정이 있는 경우가 아니면 직무상 알게 된 비밀을 누설하지 못한다. 다만, 촉탁인의 동의를 받은 경우는 그러하지 아니하다.

제6조【겸직 금지】 임명공증인은 다른 공무(公務)를 겸하거나 상업을 경영할 수 없고, 상사회사나 영리를 목적으로 하는 사단법인의 대표자 또는 사용인이 될 수 없다. 다만, 상시 근무가 필요하지 아니하고 공증인의 직무수행을 방해하지 아니하는 업무로서 법무부장관의 허가를 받은 경우는 그러하지 아니하다.

제7조【수수료, 일당, 여비 등】 ① 공증인은 촉탁인으로부터 수수료, 일당 및 여비를 받는다.
② 공증인은 공증에 관하여 통지 또는 송달을 하여야 할 경우에는 촉탁인이나 그의 승계인, 그 밖의 통지 또는 송달의 신청인으로부터 그에 필요한 실비(實費)를 받는다.
③ 지정공증인은 제66조의8제2항의 청구에 따라 전자문서등을 보관하는 경우 촉탁인으로부터 보관료를 받는다.
④ 공증인은 제1항부터 제3항까지에서 규정한 것 외에는 그 밖에 어떠한 명목으로도 취급한 사건에 관하여 보수를 받지 못한다.
⑤ 제1항부터 제3항까지의 규정에 따른 수수료, 일당, 여비, 실비 및 보관료에 관한 사항은 법무부령으로 정한다.

제8조【공증사무의 대행】 법무부장관은 지방검찰청의 관할 구역에 공증인이 없거나 공증인이 그 직무를 수행할 수 없는 경우 또는 주민의 편의를 위하여 필요하다고 인정하는 경우에는 그 관할 구역의 검사나 등기소장에게 공증인의 직무를 수행하게 할 수 있다.

제9조【공증인의 직무에 관한 규정의 준용】 제8조에 따라 공증인의 사무를 취급하는 검사나 등기소장에 대하여는 이 법이나 그 밖의 법령 중 공증인의 직무에 관한 규정을 준용한다. 다만, 제7조제1항부터 제3항까지의 규정에 따른 수수료, 일당, 여비, 실비 및 보관료는 국고의 수입(收入)으로 한다.

제2장 공증인의 임명 · 인가 등

(2009.2.6 본장개정)

제10조【공증인의 소속과 정원】 ① 공증인은 지방검찰청 소속으로 한다.
② 각 지방검찰청 소속 공증인의 정원(定員)은 지방검찰청의 관할 구역마다 법무부장관이 정한다. 이 경우 지방검찰청 관할 구역의 면적, 인구 등을 고려하여 필요하다고 인정하면 관할 구역을 세분하여 정원을 정할 수 있다.

제11조【임명공증인의 임명】 ① 법무부장관은 임명공증인을 임명하고 그 소속 지방검찰청을 지정할 수 있다.
② 제1항에 따라 임명을 받으려는 사람은 법무부령으로 정하는 바에 따라 법무부장관에게 임명신청을 하여야 한다.

제12조【임명공증인의 자격】 임명공증인에 임명될 수 있는 사람은 통산하여 10년 이상 「법원조직법」 제42조제1항 각 호의 직에 재직했던 사람으로 한다.

제13조【임명공증인의 결격사유】 다음 각 호의 어느 하나에 해당하는 사람은 임명공증인이 될 수 없다.

1. 피성년후견인 또는 피한정후견인(2017.12.12 본호개정)
2. 파산선고를 받고 복권(復權)되지 아니한 사람
3. 금고 이상의 실형을 선고받고 그 집행이 끝나거나 집행을 받지 아니하기로 확정된 후 5년이 지나지 아니한 사람 (2017.12.12 본호개정)

4. 금고 이상의 형의 집행유예를 선고받고 그 유예기간이 끝난 날부터 2년이 지나지 아니한 사람
5. 금고 이상의 형의 선고유예를 받고 그 유예기간 중에 있는 사람
6. 법원의 판결에 따라 자격이 상실되거나 정지된 사람
7. 탄핵이나 징계에 의하여 파면 또는 면직 처분을 받거나 「변호사법」에 따라 제명된 날부터 5년이 지나지 아니한 사람
8. 징계에 의하여 해임 처분을 받은 날부터 3년이 지나지 아니한 사람

제13조의2【임명공증인의 사무소】 임명공증인은 임명을 받으면 법무부령으로 정하는 공증사무소의 시설을 갖추어야 한다.(2009.2.6 본조신설)

제14조【임명공증인의 면직】 ① 법무부장관은 임명공증인이 다음 각 호의 어느 하나에 해당하면 면직시킬 수 있다.
1. 스스로 사임을 원하는 경우
2. 제13조의2에 따른 공증사무소의 시설을 갖추지 못하는 경우
3. 제18조에 따른 기간 내에 신원보증금이나 그 보충액을 내지 아니한 경우
4. 신체 또는 정신상의 장애로 인하여 직무를 수행할 수 없게 된 경우

② 제1항제4호의 경우에는 제85조에 따른 공증인징계위원회의 의결을 거쳐야 한다.
③ 지방검찰청검사장은 소속 임명공증인에게 제1항 각 호의 어느 하나에 해당하는 사유가 있으면 지체 없이 법무부장관에게 보고하여야 한다.
④ 법무부장관은 제1항제2호부터 제4호까지의 사유로 공증인을 면직하려면 청문을 거쳐야 한다.

제15조【임기와 당연퇴직】 ① 임명공증인의 임기는 5년으로 하되, 재임명할 수 있다.
② 법무부장관은 다음 각 호의 어느 하나에 해당한다고 인정되는 임명공증인은 재임명을 하지 아니한다.
1. 신체 또는 정신상의 장애로 인하여 직무를 수행할 수 없는 경우
2. 직무수행의 태도·방식·결과 등이 현저히 불량하여 공증인으로서의 적절한 직무수행이 곤란한 경우

③ 임명공증인의 정년은 75세로 한다.
④ 임명공증인은 그 정년이 되는 날이 1월에서 6월 사이에 있는 경우에는 6월 30일에, 7월에서 12월 사이에 있는 경우에는 12월 31일에 당연퇴직한다.
⑤ 임명공증인이 제13조 각 호의 결격사유 중 어느 하나에 해당하게 된 경우에는 당연퇴직한다.

제15조의2【공증인가】 ① 법무부장관은 다음 각 호의 요건을 모두 갖춘 자에 대하여 공증인가를 하고 그 소속 지방검찰청을 지정할 수 있다.
1. 「변호사법」에 따라 설립된 법무법인, 법무법인(유한) 또는 법무조합(이하 "법무법인등"이라 한다)일 것
2. 해당 법무법인등의 구성원 변호사 중 2명 이상이 제15조의4에 따른 공증담당변호사 자격이 있을 것

② 제1항의 인가를 받으려는 자는 법무부령으로 정하는 바에 따라 법무부장관에게 인가신청을 하여야 한다.
(2009.2.6 본조신설)

제15조의3【공증담당변호사의 지정 등】 ① 인가공증인은 구성원 변호사 중에서 2명 이상의 공증담당변호사를 지정하여 소속 지방검찰청을 거쳐 법무부장관에게 신고하여야 한다. 공증담당변호사의 지정에 변경이 있을 때에도 또한 같다.
② 인가공증인은 공증담당변호사가 1명만 남게 된 경우에는 3개월 이내에 보충하여야 한다.
(2009.2.6 본조신설)

제15조의4【공증담당변호사의 자격】 ① 공증담당변호사는 제12조의 자격을 갖추어야 한다.
② 다음 각 호의 어느 하나에 해당하는 사람은 공증담당변호사가 될 수 없다.
1. 제13조 각 호의 결격사유 중 어느 하나에 해당하는 사람
2. 「변호사법」 제90조제3호 또는 제102조제2항에 따라 정직 또는 업무정지 중인 사람

③ 공증담당변호사에 관하여는 제15조제3항부터 제5항까지의 규정을 준용한다.
④ 인가공증인은 공증담당변호사에게 제2항 각 호 및 제15조제2항 각 호의 어느 하나에 해당하는 사유가 있을 때에는 지체 없이, 제15조제3항의 사유가 있을 때에는 같은 조 제4항에서 정한 날까지 공증담당변호사의 지정을 철회하여야 한다.
(2009.2.6 본조신설)

제15조의5【공증담당변호사의 지위】 공증에 관한 법령을 적용할 때에는 그 성격에 반하지 아니하는 한 공증담당변호사를 공증인으로 본다.(2009.2.6 본조신설)

제15조의6【인가공증인의 사무소】 인가공증인은 인가를 받으면 법무부령으로 정하는 공증사무소의 시설을 갖추어야 한다.(2009.2.6 본조신설)

제15조의7【공증인가의 취소】 ① 법무부장관은 인가공증인이 다음 각 호의 어느 하나에 해당하면 공증인가를 취소할 수 있다.
1. 스스로 인가취소를 원하는 경우
2. 공증담당변호사가 전혀 없거나 제15조의3제2항의 기간 내에 보충하지 아니한 경우
3. 제15조의4를 위반하여 공증담당변호사를 지정하여 공증사무를 수행하게 한 경우
4. 제15조의6에 따른 공증사무소의 시설을 갖추지 못하는 경우
5. 제18조에 따른 기간 이내에 신원보증금이나 그 보충액을 내지 아니한 경우

② 법무부장관은 인가공증인이 해산하면 즉시 공증인가를 취소하여야 한다.
③ 지방검찰청검사장은 소속 인가공증인에게 제1항 각 호의 어느 하나에 해당하는 사유가 있으면 지체 없이 법무부장관에게 보고하여야 한다.
④ 법무부장관은 제1항제2호부터 제5호까지의 사유로 공증인가를 취소하려면 청문을 거쳐야 한다.
(2009.2.6 본조신설)

제15조의8【인가의 유효기간】 ① 공증인가의 유효기간은 5년으로 하되, 재인가할 수 있다.
② 제1항의 재인가에 관하여는 제15조제2항제2호를 준용한다.
(2009.2.6 본조신설)

제15조의9【변호사 업무와의 관계】 인가공증인은 해당 법무법인등 또는 공증인가합동법률사무소가 대리한 소송사건과 관련하여 다음 각 호와 같은 공증업무를 수행할 수 없다.
1. 법률행위나 그 밖에 사권에 관한 사실에 대한 공정증서의 작성
2. 어음·수표 또는 이에 부착된 보충지에 강제집행할 것을 기재한 증서의 작성
3. 법인의 등기 절차에 첨부되는 의사록의 인증
4. 「상법」 제292조 및 그 준용규정에 따른 정관의 인증
(2009.2.6 본조신설)

제15조의10【공증인의 직무교육】 ① 임명공증인은 임명일부터 3개월 이내에 법무부장관이 정하는 바에 따라 공증인 직무교육을 받아야 한다.
② 제15조의3제1항에 따라 법무부장관에게 신고된 공증담당변호사도 제1항과 같다.
(2009.2.6 본조신설)

제15조의11【위임규정】 공증인의 임명이나 인가의 절차 및 그 밖에 필요한 사항은 대통령령으로 정한다.(2009.2.6 본조신설)

제3장 직무집행에 관한 통칙
(2009.2.6 본장개정)

제16조【직무집행구역】 공증인의 직무집행구역은 그 소속 지방검찰청의 관할 구역에 따른다. 다만, 서울특별시는 하나의 직무집행구역으로 한다.

제17조【사무소】 ① 공증인은 사무소를 설치하거나 이전하려면 법무부장관의 인가를 받아야 한다.
② 임명공증인의 합동사무소의 설치, 운영 및 그 밖에 필요한 사항은 대통령령으로 정한다.
③ 공증인은 그 사무소에서 직무를 수행하여야 한다. 다만, 사건의 성질상 사무소에서 직무를 수행할 수 없을 때와 법령에 다른 규정이 있을 때에는 예외로 한다.
제17조의2【인가공증인의 직무수행】 ① 인가공증인의 직무는 그 주사무소에서 공증담당변호사가 수행한다.
② 인가공증인의 직무에 관하여는 공증담당변호사가 각자 인가공증인을 대표한다.
(2009.2.6 본조신설)
제18조【신원보증금의 납부】 ① 공증인은 임명장 또는 인가증을 받은 날부터 15일 이내에 소속 지방검찰청에 신원보증금을 내야 한다.
② 신원보증금의 금액은 법무부령으로 정한다.
③ 제1항에 따라 낸 금액이 제2항에 따라 결정된 금액에 미달하여 보충할 것을 명령받은 경우에는 그 명령을 받은 날부터 30일 이내에 그 부족액을 보충하여야 한다.
④ 공증인은 신원보증금을 낼 때까지는 그 직무를 수행할 수 없다.
제19조【신원보증금의 환급】 ① 신원보증금을 환급(還給)하는 경우에는 그 신원보증금에 대한 권리를 가진 자에게 6개월 이내에 환급 신청을 할 것을 공고하여야 한다.
② 신원보증금은 제1항에서 정한 기간이 지나지 아니하면 환급하지 아니한다.
③ 신원보증금은 다른 공과금(公課金)이나 채권(債權)보다 우선하여 제1항의 공고 비용에 충당한다.
제20조【서명·직인의 신고】 ① 공증인은 그 직무를 수행하기 전에 그가 사용할 서명과 직인(職印)의 인영(印影)을 소속 지방검찰청검사장에게 신고하여야 한다.
② 공증인이 신고한 서명이나 직인을 변경하려면 미리 소속 지방검찰청검사장에게 신고하여야 한다.
③ 지방검찰청검사장은 제1항 및 제2항에 따라 서명과 직인의 인영을 신고받으면 지체 없이 법무부장관에게 보고하여야 한다.
④ 공증인은 하나의 직인을 사용하여야 한다.
제21조【공증인의 제척】 공증인은 다음 각 호의 어느 하나에 해당하면 그 직무를 수행할 수 없다.
1. 촉탁인, 그 대리인, 촉탁받은 사항에 관하여 이해관계가 있는 사람의 친족인 경우. 친족관계가 끝난 경우에도 또한 같다.
2. 촉탁인 또는 그 대리인의 법정대리인인 경우
3. 촉탁받은 사항에 관하여 이해관계가 있는 경우
4. 촉탁받은 사항에 관한 대리인이거나 보조인인 경우 또는 대리인이었거나 보조인이었던 경우
제22조【서명 시의 기재사항】 공증인이 직무상 서명할 때에는 그 직명(職名), 소속 및 사무소 소재지를 적어야 한다.
제23조【공증인의 보조자】 ① 공증인은 보조자를 두고 그 직무를 보조하게 할 수 있다.
② 제1항에 따라 보조자를 두려는 공증인은 대통령령으로 정하는 바에 따라 제77조의2에 따른 대한공증인협회에 신고하여야 한다. 보조자를 교체 또는 해고하거나 보조자가 사망한 경우에도 또한 같다.
제24조【서류 등의 반출 금지, 보존】 ① 다음 각 호의 서류 및 장부는 재난을 피하기 위하여 부득이한 경우와 법무부장관 또는 소속 지방검찰청검사장의 명령이나 허가를 받은 경우가 아니면 사무소 밖으로 반출(搬出)할 수 없다.
1. 공증인이 작성한 증서의 원본과 그 부속 서류
2. 제57조제4항에 따라 공증인이 보존하는 사서증서의 사본과 그 부속 서류
3. 제63조제3항에 따라 공증인이 보존하는 정관(제57조의2제7항 및 제66조의2제5항에 따라 준용되는 사서증서와 법인의사록을 포함한다)과 그 부속 서류(2017.12.12 본호개정)
4. 제66조의8제1항 및 제2항에 따라 지정공증인이 보존하거나 보관하는 정보, 전자문서등과 그 부속 서류
5. 그 밖에 법령에 따라 공증인이 작성한 장부
② 제1항의 서류 등은 마이크로필름이나 그 밖의 전산정보처리조직에 의하여 보존할 수 있다.
③ 제1항의 서류 등을 그대로 보존하거나 제2항에 따라 보존하는 경우 그 보존 방법, 보존 장소, 보존 기간, 폐기, 및 그 밖에 필요한 사항은 법무부령으로 정한다.

제4장 증서의 작성
(2009.2.6 본장개정)

제25조【증서를 작성할 수 없는 경우】 공증인은 다음 각 호의 어느 하나에 관하여는 증서를 작성할 수 없다.
1. 법령을 위반한 사항
2. 무효인 법률행위
3. 무능력으로 인하여 취소할 수 있는 법률행위
제26조【사용 언어】 ① 공증인이 작성하는 증서에는 국어를 사용하여야 한다. 다만, 촉탁인의 요구가 있는 경우에는 외국어를 병기(倂記)할 수 있다.
② 제1항 단서의 경우 국어와 병기한 외국어의 내용이 서로 다른 경우에는 국어로 작성한 내용이 우선하는 것으로 한다.
제27조【촉탁인의 확인】 ① 공증인이 증서를 작성하기 위하여는 촉탁인의 성명과 얼굴을 알아야 한다.
② 공증인이 촉탁인의 성명이나 얼굴을 모르면 다음 각 호의 어느 하나에 해당하는 방법으로 촉탁인이 맞다는 것을 증명하게 하여야 한다. 다만, 촉탁인이 외국인인 경우에는 여권이나 대한민국에 주재하는 그 촉탁인의 본국 영사가 발행한 증명서로써 그 촉탁인임을 증명할 수 있다.
1. 주민등록증이나 그 밖에 권한 있는 행정기관이 발행한 사진이 첨부된 증명서를 제출하게 하는 방법
2. 공증인이 성명과 얼굴을 아는 증인 2명에게 그 촉탁인임이 확실하다는 것을 증명하게 하는 방법
3. 그 밖에 제1호 및 제2호의 방법에 준하는 확실한 방법
③ 급박한 사유로 공증인이 증서를 작성할 때에는 증서를 작성한 후 3일 이내에 증서의 작성에 관한 규정에 따라 제2항의 절차를 밟을 수 있다.
④ 제3항의 절차를 밟았을 경우에는 그 증서가 급박한 사유로 작성된 것이 아니라는 이유로 그 효력을 상실하지 아니한다.
제28조【통역인의 사용】 촉탁인이 국어를 해득(解得)하지 못하는 경우 또는 듣지 못하거나 말하지 못하는 등 말로 의사소통이 불가능한 사람으로서 문자도 해득하지 못하는 경우에 공증인이 증서를 작성하려면 통역인을 사용하여야 한다.
제29조【참여인의 참여】 ① 촉탁인이 시각장애인이거나 문자를 해득하지 못하는 경우에 공증인이 증서를 작성할 때에는 참여인을 참여하게 하여야 한다.
② 촉탁인이 참여인의 참여를 청구한 경우에는 제1항을 준용한다.
제30조【대리 촉탁】 대리인에 의하여 촉탁되었을 경우 그 대리인에게는 제27조부터 제29조까지의 규정을 준용한다.
제31조【대리권의 증명】 ① 대리인의 촉탁으로 공증인이 증서를 작성할 경우에는 대리권을 증명할 증서를 제출하게 하여야 한다.
② 제1항의 증서가 인증을 받지 아니한 사서증서일 경우에는 그 증서 외에 권한 있는 행정기관이 작성한 인감증명서 또는 서명에 관한 증명서를 제출하게 하여 증서가 진정한 것임을 증명하게 하여야 한다.
③ 증서의 작성에 관한 규정에 따라 대리 또는 그 방식의 결함을 추후 보완한 경우에는 그 증서는 결함이 있었다는 이유로 효력이 부정되지 아니한다.
제32조【허락·동의가 필요한 법률행위의 공증】 ① 제3자의 허락이나 동의가 필요한 법률행위에 관하여 공증인이 증서를 작성할 때에는 그 허락이나 동의가 있었음을 증명할 증서를 제출하게 하여야 한다.

② 제1항의 경우에는 제31조제2항 및 제3항을 준용한다.

제33조【통역인 · 참여인의 선정과 자격】 ① 통역인과 참여인은 촉탁인이나 그 대리인이 선정하여야 한다.
② 참여인은 통역인을 겸할 수 있다.
③ 다음 각 호의 어느 하나에 해당하는 사람은 참여인이 될 수 없다. 다만, 제29조제2항에 따라 촉탁인이 참여인의 참여를 청구한 경우에는 그러하지 아니하다.
1. 미성년자
1의2. 피성년후견인 또는 피한정후견인(2017.12.12 본호신설)
2. 시각장애인이거나 문자를 해득하지 못하는 사람
3. 서명할 수 없는 사람
4. 촉탁 사항에 관하여 이해관계가 있는 사람
5. 촉탁 사항에 관하여 대리인 또는 보조인이거나 대리인 또는 보조인이었던 사람
6. 공증인의 친족, 피고용인 또는 동거인
7. 공증인의 보조자

제34조【증서의 내용】 공증인은 증서를 작성할 때 그가 들은 진술, 목격한 사실, 그 밖에 실제로 경험한 사실과 그 경험한 방법을 적어야 한다.

제35조【기재사항】 공증인이 작성하는 증서에는 그 내용 외에 다음 각 호의 사항을 모두 적어야 한다.
1. 증서의 번호
2. 촉탁인의 주소 · 직업 · 성명 및 나이(법인인 경우에는 그 명칭 및 사무소 소재지)
3. 대리인에 의하여 촉탁되었을 경우에는 그 사유, 대리권을 증명할 증서를 제출하게 한 사실, 그 대리인의 주소 · 직업 · 성명 및 나이
4. 촉탁인이나 그 대리인의 성명과 얼굴을 아는 경우에는 그 사실
5. 제3자의 허락이나 동의가 있었음을 증명하는 증서를 제출하게 하였을 경우에는 그 사유와 제3자의 주소 · 직업 · 성명 및 나이(법인인 경우에는 그 명칭 및 사무소 소재지)
6. 제27조제2항에 따른 증명이 있을 경우에는 그 사유, 증인의 주소 · 직업 · 성명 · 나이 또는 그 확인의 방법
7. 제27조제3항의 경우에는 그 사유
8. 제31조제2항에 따른 증명이 있었을 경우에는 그 사유
9. 통역인이나 참여인을 참여하게 하였을 경우에는 그 사유와 통역인 또는 참여인의 주소 · 직업 · 성명 및 나이
10. 작성 연월일과 장소

제35조의2【부기】 ① 공증인은 공정증서에 적힌 양쪽 당사자 또는 그 대리인의 촉탁을 받아 채무의 전부 변제 사실이나 계약의 전부 해소 사실을 증서의 원본에 부기(附記)할 수 있다.
② 제1항에 따라 원본에 부기를 할 때에는 그 연월일을 명확하게 적고 촉탁인 또는 그 대리인과 공증인이 서명날인하여야 한다.
③ 제1항의 경우에는 제27조부터 제33조까지 및 제36조부터 제38조까지의 규정을 준용한다.

제36조【증서의 작성 방법】 ① 공증인이 증서를 작성할 때에는 보통의 쉬운 용어를 사용하고 글자 획을 명확하게 써야 한다.
② 글자가 연결되어야 할 자행(字行)에 빈 공간이 있을 때에는 직선 또는 사선을 그어 그 부분에 다른 글자가 없음을 표시하여야 한다.

제37조【글자의 수정 · 삽입 · 삭제】 ① 증서의 글자는 수정할 수 없다.
② 증서에 글자를 삽입할 때에는 삽입한 글자 수와 그 위치를 칸의 밖이나 끝부분 여백에 적고 공증인, 촉탁인 또는 그 대리인과 참여인이 이에 날인하여야 한다.
③ 증서의 글자를 삭제할 때에는 그 글자를 명확히 읽을 수 있도록 글자의 모양은 남겨 두고 삭제한 글자 수와 그 위치를 칸의 밖이나 끝부분 여백에 적고 공증인, 촉탁인 또는 그 대리인과 참여인이 이에 날인하여야 한다.
④ 제1항부터 제3항까지를 위반한 정정(訂正)은 효력이 없다.

제38조【증서의 작성 절차】 ① 공증인은 그가 작성한 증서를 모든 참석자에게 읽어 주거나 열람하게 하여 촉탁인 또는 그 대리인의 이의가 없음을 확인하고 그 취지를 증서에 적어야 한다.
② 통역인을 참여시켰을 경우에는 제1항의 절차 외에 통역인에게 증서의 취지를 통역하게 하고 그 취지를 증서에 적어야 한다.
③ 제1항과 제2항에 따라 각각의 취지를 적으면 공증인과 참석자는 각자 증서에 서명날인하여야 한다.
④ 참석자로서 서명할 수 없는 사람이 있으면 그 사유를 증서에 적고 공증인과 참여인이 날인하여야 한다.
⑤ 공증인은 증서가 여러 장으로 이루어지는 경우에는 각 장에 걸쳐 직인으로 간인(間印)하여야 한다.

제39조【서면의 인용】 ① 공증인이 작성하는 증서에 다른 서면을 인용하고 이를 그 증서에 첨부하는 경우에는 공증인은 그 증서와 첨부 서면에 걸쳐 직인으로 간인하여야 한다.
② 제1항의 첨부 서면에 관하여는 제36조부터 제38조까지의 규정을 준용한다.
③ 제1항과 제2항에 따른 첨부 서면은 공증인이 작성한 증서의 일부로 본다.

제40조【부속 서류의 연철】 ① 다음 각 호의 부속 서류는 공증인이 작성한 증서에 연철(連綴)하여야 한다. 다만, 촉탁인이 부속 서류 원본의 반환을 청구한 경우에는 원본 대신 그 등본을 연철할 수 있다.
1. 대리권을 증명하는 증서
2. 권한이 있는 행정기관이 발행한 증명서
3. 제3자의 허락 또는 동의를 증명하는 증서
4. 그 밖의 부속 서류
② 공증인은 증서와 그 부속 서류 간 및 부속 서류 상호 간에 걸쳐 직인으로 간인하여야 한다.

제41조【원본 멸실의 경우】 ① 증서의 원본이 멸실(滅失)된 경우 공증인은 이미 발급한 증서의 정본(正本) 또는 등본을 회수하여 소속 지방검찰청검사장의 인가를 받아 멸실된 증서를 대신하여 보존하여야 한다.
② 제1항의 증서에는 소속 지방검찰청검사장의 인가를 받아 멸실된 증서를 대신하여 보존한다는 취지와 인가 연월일을 적고 공증인이 서명날인하여야 한다.

제42조【인지의 첨부】 공증인은 「인지세법」에 따라 인지세 납부의 대상이 되는 공정증서를 작성한 경우에는 촉탁인에게 증서의 원본에 인지를 붙이도록 하여야 한다.

제43조【원본의 열람】 ① 촉탁인, 그 승계인 또는 증서의 취지에 관하여 법률상 이해관계가 있음을 증명한 자는 증서 원본의 열람을 청구할 수 있다.
② 제1항에 따라 공증인이 증서의 원본을 열람하게 하는 경우에는 제27조제1항 · 제2항 및 제30조를 준용한다.(2012.1.17 본항개정)
③ 공증인이 촉탁인의 승계인에게 증서 원본을 열람하게 할 경우에는 승계인임을 증명하는 증서를 제출하게 하여야 한다.
④ 검사는 언제든지 증서 원본의 열람을 청구할 수 있다.

제43조의2【대리권의 증명】 ① 대리인의 촉탁으로 공증인이 증서의 원본을 열람하게 하는 경우에는 대리권을 증명할 증서를 제출하게 하여야 한다.
② 공증인은 제1항의 증서가 인증을 받지 아니한 사서증서일 경우에는 그 증서 외에 서명에 관한 증명서를 제출하게 하여 증서가 진정한 것임을 증명하게 하여야 한다.
(2012.1.17 본조신설)

제44조【증서원부】 공증인은 증서원부(證書原簿)를 작성하여 비치하여야 한다.

제45조【증서원부의 기입 사항】 ① 증서원부에는 증서를 작성할 때마다 진행 순서에 따라 다음 각 호의 사항을 모두 적어야 한다.

1. 증서의 번호와 종류
2. 촉탁인의 주소와 성명(법인인 경우에는 그 명칭과 사무소 소재지)
3. 작성 연월일
② 제1항은 증서를 작성한 사실을 적을 장부에 관하여 법령에 특별한 규정이 있으면 적용하지 아니한다.
제46조【증서 정본의 발급】 ① 촉탁인 또는 그 승계인은 증서 정본의 발급을 청구할 수 있다.
② 제1항에 따라 공증인이 증서 정본을 작성하는 경우에는 제27조제1항·제2항, 제30조, 제31조제1항·제2항 및 제43조제3항을 준용한다.
③ 촉탁인의 승계인이 증서 정본의 발급을 청구하는 경우에 제출할 증서에 관하여는 제31조제2항을 준용한다.
제47조【증서 정본의 기재사항】 ① 증서 정본에는 공증인이 다음 각 호의 사항을 모두 적고 서명날인하여야 한다.
1. 증서의 전문(全文)
2. 정본이라는 사실
3. 발급을 청구한 자의 성명
4. 작성 연월일과 장소
② 제1항에 따르지 아니하면 증서 정본으로서의 효력이 없다.
제48조【초록 정본】 ① 여러 개의 사건을 연달아 적은 증서나 여러 사람 각자에 대한 관계가 다른 증서에 관하여는 유용한 부분과 증서의 방식에 관한 부분만을 발췌하여 그 정본을 작성할 수 있다.
② 제1항의 정본에는 증서의 일부를 발췌하여 작성한 초록(抄錄) 정본이라는 사실을 적어야 한다.
제49조【정본 발급 사실의 기재】 공증인은 증서의 정본을 발급할 때에는 그 증서 원본의 끝 부분에 촉탁인이나 그 승계인 아무개에게 정본을 발급하였다는 사실과 그 발급 연월일을 적고 서명날인하여야 한다.
제50조【등본의 발급】 ① 촉탁인, 그 승계인 또는 증서의 취지에 관하여 법률상 이해관계가 있음을 증명한 자는 증서 또는 그 부속 서류의 등본 발급을 청구할 수 있다.
② 제1항에 따라 공증인이 증서의 등본을 작성하는 경우에는 제27조제1항·제2항, 제30조, 제43조제3항 및 제43조의2를 준용한다.(2012.1.17 본항개정)
제51조【등본의 기재사항】 증서의 등본에는 공증인이 다음 각 호의 사항을 모두 적고 서명날인하여야 한다.
1. 증서의 전문
2. 등본이라는 사실
3. 작성 연월일과 장소
제52조【초록 등본】 ① 증서의 등본은 증서의 일부에 관하여 작성할 수 있다.
② 제1항의 등본에는 증서의 일부를 발췌하여 작성한 초록 등본이라는 사실을 적어야 한다.
제53조【부속 서류의 등본】 증서의 부속 서류의 등본을 작성하는 경우에는 제51조 및 제52조를 준용한다.
제54조【청구자의 등본 작성】 ① 증서 또는 그 부속 서류의 등본을 청구하는 자는 이에 적어야 할 사항을 직접 적고 공증인에게 서명날인만을 청구할 수 있다.
② 공증인이 제1항의 등본에 서명날인하면 그 등본은 공증인 자신이 작성한 것과 동일한 효력이 있다.
제55조【정본·등본 작성 방법】 ① 증서의 정본·등본 또는 그 부속 서류의 등본이 여러 장으로 되어 있으면 공증인은 각 장에 걸쳐 직인으로 간인하여야 한다.
② 증서의 정본·등본 또는 그 부속 서류의 등본을 작성하는 경우에는 제36조 및 제37조를 준용한다.
제56조【유언서·거절증서 작성의 특칙】 ① 공증인이 유언서를 작성할 때에는 법무부장관 또는 소속 지방검찰청검사장의 허가를 받은 경우 제16조를 적용하지 아니한다.
② 공증인이 유언서를 작성할 때에는 제17조제3항 본문을 적용하지 아니하고, 공증인이 거절증서를 작성할 때에는 제27조부터 제31조까지의 규정을 적용하지 아니한다.
(2017.12.12 본조개정)
제56조의2【어음·수표의 공증 등】 ① 공증인은 어음·수표에 첨부하여 강제집행을 인낙(認諾)한다는 취지를 적은 공정증서를 작성할 수 있다.
② 제1항에 따른 증서는 어음·수표의 발행인과 수취인, 양도인과 양수인 또는 그 대리인의 촉탁이 있을 때에만 작성할 수 있다.
③ 공증인이 제1항에 따른 증서를 작성할 때에는 어음·수표의 원본을 붙여 증서의 정본을 작성하고, 그 어음·수표의 사본을 붙여 증서의 원본 및 등본을 작성한 후, 증서의 정본은 어음·수표상의 채권자에게 내주고, 그 등본은 어음·수표상의 채무자에게 내주며, 그 원본은 공증인이 보존한다.
④ 제1항에 따른 증서는 「민사집행법」 제56조에도 불구하고 그 어음 또는 수표에 공증된 발행인, 배서인(背書人) 및 공증된 환어음을 공증인수(公證引受)한 지급인에 대하여는 집행권원으로 본다.
⑤ 제4항에 따라 집행권원으로 보는 증서에 대한 집행문(執行文)은 공증된 어음·수표의 수취인이나 공증배서(公證背書)된 양수인에게만 부여한다.
⑥ 제1항의 경우에는 제25조부터 제35조까지, 제35조의2, 제36조부터 제38조까지, 제40조부터 제43조까지 및 제43조의2를 준용한다.(2012.1.17 본항개정)
제56조의3【건물·토지·특정동산의 인도 등에 관한 법률행위의 공증 등】 ① 공증인은 건물이나 토지 또는 대통령령으로 정하는 동산의 인도 또는 반환을 목적으로 하는 청구에 대하여 강제집행을 승낙하는 취지를 기재한 공정증서를 작성할 수 있다. 다만, 임차건물의 인도 또는 반환에 관한 공정증서는 임대인과 임차인 사이의 임대차 관계 종료를 원인으로 임차건물을 인도 또는 반환하기 전 6개월 이내에 작성되는 경우로서 그 증서에 임차인에 대한 금원 지급에 대하여도 강제집행을 승낙하는 취지의 합의내용이 포함되어 있는 경우에만 작성할 수 있다.
② 제1항에 따른 공정증서 작성을 촉탁할 때에는 어느 한 당사자가 다른 당사자를 대리하거나 어느 한 대리인이 당사자 쌍방을 대리하지 못한다.
③ 제1항에 따른 공정증서는 「민사집행법」 제56조에도 불구하고 강제집행의 집행권원으로 본다.
④ 제3항에 따라 집행권원으로 보는 증서에 대한 집행문은 그 증서를 보존하는 공증인이 그 공증인의 사무소가 있는 곳을 관할하는 지방법원 단독판사의 허가를 받아 부여한다. 이 경우 지방법원 단독판사는 허가 여부를 결정하기 위하여 필요하면 당사자 본인이나 그 대리인을 심문할 수 있다.
(2013.5.28 본조신설)
제56조의4【집행문 부여의 제한】 ① 공증인은 공정증서를 작성한 날부터 7일(제56조의3에 따른 공정증서 중 건물이나 토지의 인도 또는 반환에 관한 공정증서인 경우에는 1개월)이 지나지 아니하면 집행문을 부여할 수 없다.(2013.5.28 본항개정)
② 공증인은 제35조의2제1항에 따른 부기가 있으면 집행문을 부여할 수 없다.
제56조의5【집행권원인 공정증서의 정본 등의 송달】 ① 제56조의3 및 「민사집행법」 제56조제4호에 따른 집행권원인 증서의 정본 또는 등본이나 그 증서에 관한 같은 법 제39조제2항·제3항의 집행문 및 증명서 등본의 송달은 우편으로 하거나 대법원규칙으로 정하는 방법으로 한다. 다만, 제46조 또는 제50조에 따라 증서의 정본 또는 등본을 발급받은 자에 대하여는 그 증서의 정본 또는 등본이 송달된 것으로 본다.
(2013.5.28 본문개정)
② 우편에 의한 송달은 신청을 받아 공증인이 수행한다.
③ 제2항에 따른 송달에 관하여는 「민사소송법」 제176조제2항, 제178조제1항, 제179조부터 제183조까지, 제186조 및 제193조를 준용한다.

제5장 사서증서의 인증

제57조【인증 방법】 ① 사서증서의 인증은 촉탁인으로 하여금 공증인 앞에서 사서증서에 서명 또는 날인하게 하거나 사서증서의 서명 또는 날인을 본인이나 그 대리인으로 하여금 확인하게 한 후 그 사실을 증서에 적는 방법으로 한다.
② 사서증서의 등본에 대한 인증은 사서증서와 대조하여 그와 일치함을 인정한 후 그 사실을 적는 방법으로 한다.
③ 사서증서에 글자의 삽입, 삭제, 수정, 난외(欄外) 기재 또는 그 밖에 정정된 부분이 있거나 파손되거나 그 밖에 겉보기에 현저히 의심할 만한 사유가 있을 경우에는 그 상황을 인증문에 적어야 한다.
④ 공증인은 제1항 및 제2항에 따라 인증을 부여한 증서의 사본과 그 부속 서류를 보존하여야 한다.
(2009.2.6 본조개정)

제57조의2【선서인증】 ① 공증인은 사서증서에 인증을 부여할 때 촉탁인이 공증인 앞에서 사서증서에 적힌 내용이 진실함을 선서하고 이에 서명 또는 날인하거나 사서증서의 서명 또는 날인을 확인한 경우에는 그 선서 사실을 증서에 적어야 한다.
② 공증인은 「민사소송법」 제322조 각 호의 어느 하나에 해당하는 사람에 대하여는 제1항의 선서를 시키지 못한다.
③ 제1항의 선서인증은 대리인에 의하여 촉탁할 수 없다.
④ 공증인은 선서에 앞서 촉탁인에게 선서의 취지를 밝히고, 증서에 적힌 내용이 거짓이라는 것을 알면서 선서하는 경우에는 과태료 처분을 받을 수 있다는 뜻을 알려주어야 한다.
(2013.5.28 본항신설)
⑤ 제1항에 따른 선서는 촉탁인이 자필로 "양심에 따라 이 증서에 적힌 내용이 진실함을 선서하며, 만일 위 내용이 거짓이라면 과태료 처분을 받기로 맹세합니다"라고 적은 선서서로 하여야 한다.(2013.5.28 본항개정)
⑥ 공증인은 촉탁인으로 하여금 선서서를 소리내어 읽고 기명날인 또는 서명하게 하며, 촉탁인이 선서서를 적을 수 없거나 읽지 못하는 경우나 기명날인 또는 서명하지 못하는 경우에는 제29조에 따른 참여인으로 하여금 이를 대신하게 한다.
(2013.5.28 본항개정)
⑦ 제1항의 선서인증에 관하여는 제63조제1항·제3항 및 제65조제1항·제3항을 준용한다.
(2009.2.6 본조신설)

제58조【증서에의 기재】 인증을 부여하여야 할 증서에는 등부번호(登簿番號), 인증의 연월일 및 장소를 적고 공증인과 참여인이 서명날인한 후 증서와 인증부(認證簿)의 사이에 간인하여야 한다.(2009.2.6 본조개정)

제59조【사서증서에 대한 인증 부여 시의 준용】 사서증서에 인증을 부여하는 경우에는 제25조부터 제33조까지, 제36조, 제37조 및 제38조제5항을 준용한다.(2009.2.6 본조개정)

제60조【인증부】 공증인은 인증부를 작성하여 비치하여야 한다.(2009.2.6 본조개정)

제61조【인증부의 기재사항】 인증부에는 인증을 부여할 때마다 진행 순서에 따라 다음 각 호의 사항을 모두 적어야 한다.
1. 등부번호
2. 촉탁인의 주소와 성명(법인인 경우에는 그 명칭과 사무소 소재지)
3. 사서증서의 종류와 서명날인한 자
4. 인증의 방법
5. 참여인의 주소와 성명
6. 인증 연월일
(2009.2.6 본조개정)

제62조 (2009.2.6 삭제)

제63조【정관인증의 절차】 ① 「상법」 제292조와 그 준용 규정에 따라 정관의 인증을 촉탁하려면 정관(전자문서로 작성된 정관은 제외한다. 이하 같다) 두 통을 제출하여야 한다.
② 정관의 인증은 촉탁인 또는 그 대리인으로 하여금 공증인 앞에서 제출된 각 정관에 발기인이 서명 또는 기명날인하였음을 확인하게 한 후 그 사실을 적는 방법으로 한다.
③ 공증인은 제2항의 기재를 한 정관 중 한 통은 자신이 보존하고 다른 한 통은 촉탁인 또는 그 대리인에게 돌려주어야 한다.
④ 제2항의 경우에는 제57조제3항과 제58조부터 제61조까지의 규정을 준용한다.
(2009.2.6 본조개정)

제64조【부속 서류의 연철】 ① 다음 각 호의 부속 서류는 제63조제3항에 따라 공증인이 보존하는 정관에 연철하여야 한다.
1. 대리권을 증명하는 증서
2. 권한이 있는 행정기관이 발행한 증명서
3. 제3자의 허락 또는 동의를 증명하는 증서
4. 그 밖의 부속 서류
② 제1항의 경우에는 제40조제2항을 준용한다.
(2009.2.6 본조개정)

제65조【보존 정관 등이 멸실된 경우】 ① 제63조제3항에 따라 보존하는 정관이 멸실된 경우에는 공증인은 촉탁인에게 돌려준 정관으로 등본을 작성하거나 이미 발급한 정관의 등본을 회수하여 소속 지방검찰청검사장의 인가를 받아 멸실된 정관을 대신하여 보존하여야 한다.
② 제57조제4항에 따라 보존하는 증서 사본이 멸실된 경우에는 공증인은 촉탁인이 소지하는 증서에 따른 사본을 작성하여 소속 지방검찰청검사장의 인가를 받아 멸실된 증서 사본을 대신하여 보존하여야 한다.
③ 제1항 및 제2항의 경우에는 제41조제2항을 준용한다.
(2009.2.6 본조개정)

제66조【공증인 보존 정관 등에 대한 준용】 공증인이 보존하는 정관과 그 부속 서류에 관하여는 제43조, 제43조의2 및 제50조부터 제55조까지의 규정을 준용한다.(2012.1.17 본조개정)

제66조의2【법인의사록의 인증】 ① 법인 등기를 할 때 그 신청서류에 첨부되는 법인 총회 등의 의사록은 공증인의 인증을 받아야 한다. 다만, 다음 각 호의 어느 하나에 해당하는 경우에는 그러하지 아니하다.(2017.12.12 단서개정)
1. 자본금 총액이 10억원 미만인 회사를 「상법」 제295조제1항에 따라 발기설립하는 경우
2. 대통령령으로 정하는 공법인 또는 비영리법인인 경우
3. 대통령령으로 정하는 경미한 사항을 의결한 경우
(2017.12.12 1호~3호신설)
② 제1항 본문에 따른 인증은 공증인이 법인 총회 등의 결의의 절차 및 내용이 진실에 부합한다는 사실을 확인하고, 촉탁인이나 그 대리인으로 하여금 공증인 앞에서 의사록의 서명 또는 기명날인을 확인하게 한 후 그 사실을 적는 방법으로 한다.(2017.12.12 본항개정)
③ 제2항에 따른 사실의 확인은 다음 각 호의 어느 하나에 해당하는 방법으로 한다.
1. 공증인이 해당 법인의 의결장소에 참석하여 결의의 절차 및 내용을 검사한 후 그 검사 결과와 의사록의 내용이 부합하는지를 대조하는 방법
2. 공증인이 해당 의결을 한 자 중 그 의결에 필요한 정족수 이상의 자 또는 그 대리인으로부터 진술을 듣고 그 진술과 의사록의 내용이 부합하는지를 대조하는 방법
(2017.12.12 본항개정)
④ 공증인이 해당 법인의 의결장소에 참석하여 결의의 절차 및 내용을 검사할 때에는 법무부장관 또는 소속 지방검찰청 검사장의 허가를 받은 경우 제16조를 적용하지 아니한다.
(2017.12.12 본항신설)
⑤ 제1항에 따른 의사록을 인증하는 경우에는 제57조제3항, 제58조부터 제61조까지, 제63조제1항·제3항, 제64조, 제65조제1항·제3항 및 제66조를 준용한다.(2009.2.6 본항개정)
(2009.2.6 본조제목개정)

제5장의2 전자문서등에 대한 인증
(2009.2.6 본장신설)

제66조의3【지정공증인의 지정 등】 ① 법무부장관은 대통령령으로 정하는 시설을 갖춘 공증인을 지정공증인으로 지정하고 고시할 수 있다.
② 제1항의 지정을 받으려는 공증인은 법무부령으로 정하는 바에 따라 법무부장관에게 지정 신청을 하여야 한다.
③ 지정공증인이 취급하는 전자문서등에 대한 공증사무에 관하여는 제6장을 적용하지 아니한다.
④ 지정공증인의 자격·지정절차 등에 관하여 그 밖에 필요한 사항은 대통령령으로 정한다.
제66조의4【지정공증인의 지정 취소】 ① 법무부장관은 지정공증인이 다음 각 호의 어느 하나에 해당하면 지정공증인 지정을 취소할 수 있다.
1. 스스로 지정취소를 원하는 경우
2. 제66조의3제1항에 따른 시설을 갖추지 못하는 경우
② 지방검찰청검사장은 소속 지정공증인에게 제1항 각 호의 어느 하나에 해당하는 사유가 있으면 지체 없이 법무부장관에게 보고하여야 한다.
③ 법무부장관은 제1항제2호의 사유로 지정공증인의 지정을 취소하려면 청문을 거쳐야 한다.
제66조의5【전자문서의 인증】 ① 전자문서에 대한 인증은 다음 각 호의 어느 하나에 해당하는 방법으로 한다.
1. 촉탁인으로 하여금 대통령령으로 정하는 바에 따라 전자문서에 전자서명을 하게 한 후 그 사실을 적은 정보를 전자문서에 전자적 방식으로 첨부하는 방법(2013.5.28 본호개정)
2. 전자문서의 전자서명을 촉탁인이나 그 대리인으로 하여금 확인하게 한 후 그 사실을 적은 정보를 전자문서에 전자적 방식으로 첨부하는 방법
② 지정공증인은 전자문서를 인증할 때에 촉탁인이 그 앞(제66조의12에 따라 인터넷 화상장치를 이용하는 경우에는 인터넷 화상장치 앞을 포함한다)에서 전자문서의 내용이 진실함을 선서하고 이에 전자서명을 하거나 전자서명을 확인한 경우에는 그 선서사실을 적은 정보를 전자문서에 전자적 방식으로 첨부하여야 한다.(2017.12.12 본항개정)
③ 제1항에 따른 인증에 관하여는 제25조부터 제33조까지의 규정을 준용한다.
④ 제2항에 따른 선서인증에 관하여는 제25조부터 제29조까지, 제32조, 제33조, 제57조의2제2항부터 제4항까지 및 제6항을 준용한다.(2013.5.28 본항개정)
제66조의6【전자화문서의 인증】 ① 지정공증인은 전자화문서와 전자화 대상문서를 대조하여 서로 일치하는 경우에는 전자화문서에 대하여 제57조제2항의 인증을 부여할 수 있다.
② 전자화문서의 인증에 관하여는 제25조부터 제33조까지 및 제66조의12를 준용한다.(2017.12.12 본항개정)
제66조의7【지정공증인의 전자서명】 지정공증인은 제66조의5제1항·제2항 및 제66조의6제1항에 따라 전자문서등에 인증을 부여하는 경우에는 해당 전자문서등에 수록된 정보 및 이에 첨부한 정보에 대하여 전자서명을 하고, 이를 확인할 수 있는 정보를 해당 전자문서등에 전자적 방식으로 첨부하여야 한다.
제66조의8【인증한 전자문서등의 보존 등】 ① 제66조의5제1항·제2항 및 제66조의6제1항에 따라 전자문서등에 인증을 부여한 지정공증인은 인증한 전자문서등에 수록된 정보와의 동일성을 확인할 수 있는 정보를 보존하여야 한다.
② 촉탁인은 지정공증인에게 제66조의5제1항·제2항 및 제66조의6제1항에 따라 인증을 부여받은 전자문서등과 동일한 정보를 수록한 전자문서등의 보관을 청구할 수 있다.
제66조의9【인증정보의 제공 등】 ① 촉탁인, 그 승계인 또는 전자문서등의 내용, 그 진위 및 존재 여부 등에 관하여 법률상 이해관계가 있음을 증명한 자는 지정공증인에게 다음 각 호의 사항을 청구할 수 있다.
1. 자신이 보유하고 있는 전자문서등에 수록된 정보와 제66조의8제1항의 전자문서등에 수록된 정보가 동일하다는 증명
2. 제66조의8제2항에 따라 보관하는 전자문서등과 동일한 정보의 제공
② 제1항제2호에 따른 정보의 제공은 지정공증인이 보관하는 전자문서등의 내용을 증명하는 서면을 교부하는 방법으로 할 수 있다.
③ 지정공증인은 제1항에 따라 전자적 방식으로 증명 또는 정보제공을 하는 경우에는 제66조의7의 조치를 하여야 한다.
제66조의10【위임규정】 촉탁인 및 지정공증인이 사용하는 전자서명, 전자문서등의 형식, 전자문서등에 대한 인증의 절차와 그 밖에 필요한 사항은 법무부령으로 정한다.
제66조의11【기술의 개발·보급】 법무부장관은 지정공증인이 수행하는 전자문서등의 인증에 필요한 기술을 개발하고 보급하여야 한다.
제66조의12【인터넷 화상장치를 이용한 전자문서의 인증】 ① 제66조의5에 따른 전자문서의 인증은 지정공증인이 대통령령으로 정하는 바에 따라 동영상과 음성을 동시에 송수신하는 인터넷 화상장치를 이용하여 처리할 수 있다. 이 경우 지정공증인은 전자문서의 인증과 관련된 진행 상황 전부를 녹화하여야 한다.
② 제1항에 따라 지정공증인이 인터넷 화상장치를 이용하여 전자문서를 인증할 때에는 촉탁인이나 그 대리인에게 주민등록증이나 그 밖에 권한있는 기관이 발행한 사진이 첨부된 증명서를 전자적 방법으로 제출하게 하는 등 대통령령으로 정하는 바에 따라 본인확인 절차를 거쳐 촉탁인 또는 그 대리인이 맞다는 것을 증명하게 하여야 한다.
(2017.12.12 본조신설)

제6장 대리, 겸무 및 인계
(2009.2.6 본장개정)

제67조【공증직무 대리의 촉탁】 ① 공증인이 질병이나 그 밖의 부득이한 사유로 직무를 수행할 수 없으면 다른 공증인에게 대리를 촉탁할 수 있다.
② 공증인이 제1항에 따라 대리를 촉탁하였을 때에는 지체 없이 그 사유를 소속 지방검찰청검사장에게 신고하여야 한다. 대리를 해임하였을 때에도 또한 같다.
제68조【공증직무의 대리명령】 ① 제67조제1항의 경우에 공증인이 대리를 촉탁할 수 없을 때에는 소속 지방검찰청검사장은 그 관할 구역의 다른 공증인에게 대리를 명할 수 있다.
② 공증인이 그 직무를 수행할 수 있게 되었을 때에는 소속 지방검찰청검사장은 제1항의 명령을 철회하여야 한다.
제69조【대리공증인의 사무소】 ① 대리공증인이 제67조 및 제68조에 따라 그 직무를 수행하는 사무소는 피대리공증인(被代理公證人)의 사무소로 본다.
② 대리공증인이 직무상 서명할 때에는 피대리공증인의 성명, 소속, 사무소 소재지와 그의 대리공증인이라는 사실을 적어야 한다.
③ 대리공증인에 관하여는 제21조를 적용한다.
제70조【사무소 서류의 봉인】 공증인의 사망, 면직 또는 사임으로 인하여 필요하다고 인정할 때에는 소속 지방검찰청검사장은 그가 지정한 공무원에게 지체 없이 사무소의 서류를 봉인(封印)하게 하여야 한다.
제71조【겸무명령】 ① 공증인이 사망, 면직 또는 사임한 후 즉시 후임자가 임명되지 아니한 경우에는 소속 지방검찰청검사장은 그 관할 구역의 다른 공증인에게 겸무(兼務)를 명할 수 있다.

② 후임자가 그 직무를 수행할 수 있게 되었을 때에는 소속 지방검찰청검사장은 제1항의 명령을 철회하여야 한다.

제72조【서류의 접수】 ① 공증인이 면직 또는 사임한 경우에는 후임자나 겸무자는 전임자의 참여 아래 지체 없이 서류를 접수하여야 한다.

② 전임자가 사망이나 그 밖의 사유로 참여할 수 없는 경우에는 후임자 또는 겸무자는 소속 지방검찰청검사장이 지정하는 공무원의 참여 아래 서류를 인수하여야 한다.

③ 제70조에 따른 서류의 봉인 후에 임명된 후임자나 겸무자는 소속 지방검찰청검사장이 지정한 공무원의 참여 아래 봉인을 풀고 서류를 인수하여야 한다.

제73조【겸무자 서류 인도 시의 준용】 겸무자가 서류를 다시 다른 공증인에게 인도하는 경우에는 제72조를 준용한다.

제74조【겸무자 또는 후임자라는 사실의 기재】 ① 겸무자가 직무상 서명하는 경우에는 겸무자라는 사실을 적어야 한다.

② 전임자나 겸무자가 작성한 증서에 의하여 후임자가 정본이나 등본을 작성하고 이에 서명할 때에는 후임자라는 사실을 적어야 한다.

제75조【서류의 인계명령】 ① 공증인이 사망, 면직 또는 사임한 경우에 정원이 변경되었거나 그 밖의 사유로 후임자가 필요하지 아니하게 된 경우에는 법무부장관은 공증인이 소속한 지방검찰청 관할 구역의 다른 공증인에게 서류의 인계(引繼)를 명하여야 한다.

② 제1항에 따라 서류의 인계를 명령받은 공증인에 관하여는 제72조 및 제74조제2항을 준용한다.

제76조【공증인의 정직에 관한 준용】 ① 공증인의 정직(停職)에 관하여는 제70조, 제71조, 제72조제3항 및 제74조제1항을 준용한다.

② 제1항의 경우에 겸무자의 사무소는 정직자의 사무소로 본다.

제77조【검사 등의 공증인 직무 수행 시의 준용】 검사나 등기소장이 제8조에 따라 공증인의 직무를 수행하는 경우에는 제72조 및 제73조를 준용한다.

제6장의2 대한공증인협회

(2009.2.6 본장제목개정)

제77조의2【목적과 설립】 ① 적절하고 통일된 공증업무를 위한 지도·감독을 수행하고, 공증제도의 개선과 발전을 도모하며, 공증인의 품위를 향상시키기 위하여 대한공증인협회를 둔다.

② 대한공증인협회는 법인으로 한다.

③ 대한공증인협회는 다음 각 호의 사항을 포함하는 회칙을 정하여 법무부장관의 인가를 받아 설립한다. 회칙을 변경하려는 경우에도 또한 같다.

1. 명칭과 사무소의 소재지
2. 회원의 가입과 탈퇴에 관한 사항
3. 총회, 이사회, 그 밖의 기관의 구성·권한 및 회의에 관한 사항
4. 임원의 구성·수·임면·임기 및 직무에 관한 사항 (2017.12.12 본호개정)
5. 회원의 권리와 의무에 관한 사항
6. 회원의 지도와 감독에 관한 사항
7. 자산과 회계에 관한 사항

(2009.2.6 본조개정)

제77조의3【입회의무】 ① 공증인은 대한공증인협회의 회원으로 가입하여야 한다.

② 인가공증인은 공증담당변호사 중에서 대표자 1명을 선정하여 대한공증인협회 회원으로서의 권리를 행사하고 의무를 수행한다.

③ 인가공증인의 공증담당변호사는 대한공증인협회의 준회원이 된다.

(2009.2.6 본조신설)

제77조의4【임원】 ① 대한공증인협회에는 다음 각 호의 임원을 둔다.

1. 협회장
2. 부협회장
3. 상임이사
4. 이사
5. 감사

(2017.12.12 1호~5호개정)

② 임원은 총회에서 선임한다.

(2009.2.6 본조신설)

제77조의5【총회】 ① 대한공증인협회에 총회를 둔다.

② 총회는 회원으로 구성한다.(2017.12.12 본항개정)

③ 다음 각 호의 사항은 총회의 결의를 거쳐야 한다.

1. 회칙의 개정, 규칙의 제정과 개정
2. 임원의 선출과 해임(2017.12.12 본호개정)
3. 예산과 결산
4. 그 밖에 회칙에서 정하는 사항

(2009.2.6 본조신설)

제77조의6【이사회】 ① 대한공증인협회에 회칙의 규정에 따라 이사회를 둔다.

② 이사회는 대한공증인협회 업무에 관한 중요 사항을 결의한다.

(2017.12.12 본조개정)

제77조의7【자문과 건의】 대한공증인협회는 공공기관의 자문에 답하고, 공증사무와 관련된 개선사항을 공공기관에 건의할 수 있다.(2009.2.6 본조신설)

제77조의8【회원 연수 등】 ① 대한공증인협회는 공증인의 윤리의식을 함양하고 전문성과 직무수행 능력을 향상시키기 위하여 회원(준회원을 포함한다) 및 제23조제1항에 따른 보조자를 상대로 연수교육을 하여야 한다.

② 연수교육의 시간, 방식, 절차와 그 밖에 필요한 사항은 대한공증인협회가 정한다.

③ 대한공증인협회의 장은 매년 1월 말일까지 전년도에 실시한 연수교육 상황과 실적을 법무부장관에게 보고하여야 한다.

(2009.2.6 본조신설)

제77조의9【공증 서류의 통합보관】 ① 대한공증인협회는 법무부장관의 허가를 받아 공증인을 대신하여 제24조제1항 각 호에 따른 서류 등과 제66조의8제1항·제2항에 따른 정보, 전자문서등을 통합보관할 수 있는 시설을 설치·운영할 수 있다. 이 경우 그 시설 기준 및 허가 절차 등에 관하여는 법무부령으로 정한다.

② 제1항에 따라 대한공증인협회가 통합보관하는 서류 등, 정보 및 전자문서등은 공증인이 보존하거나 보관하는 것으로 본다.

③ 법무부장관은 대한공증인협회가 제1항에 따른 시설을 갖추지 못하는 경우 그 허가를 취소할 수 있다. 이 경우 청문을 거쳐야 한다.

④ 제1항에 따른 통합보관의 절차, 비용 및 그 밖에 필요한 사항은 대한공증인협회가 정한다.

(2009.2.6 본조신설)

제77조의10【감독】 ① 대한공증인협회는 법무부장관의 감독을 받는다.

② 대한공증인협회는 총회의 결의내용을 지체 없이 법무부장관에게 보고하여야 한다.

③ 법무부장관은 제2항의 결의내용이 법령을 위반한다고 인정하면 취소할 수 있다.

(2009.2.6 본조신설)

제77조의11【위임규정】 대한공증인협회의 조직·운영 등에 관하여 그 밖에 필요한 사항은 대통령령으로 정한다.

(2009.2.6 본조신설)

제7장 감독과 징계
(2009.2.6 본장개정)

제78조【감독기관】 ① 공증인은 법무부장관이 감독한다.
② 법무부장관은 공증인에 대한 감독권의 일부를 지방검찰청검사장에게 위임하거나 대한공증인협회의 장에게 위탁할 수 있다.

제79조【감독권의 내용】 제78조제1항의 감독권은 다음 각 호의 사항을 포함한다.
1. 공증인의 부적절한 직무수행에 관하여 주의를 촉구하거나 적절하게 직무를 취급하도록 지시하는 것
2. 직무 내외를 불문하고 공증인의 지위에 적합하지 아니한 사항이 있는 경우에는 이에 관하여 경고하는 것. 이 경우 경고하기 전에 그 공증인에게 변명의 기회를 주어야 한다.

제80조【서류의 검열】 법무부장관은 소속 직원에게 공증인이 보존하거나 보관하는 서류 등을 검열하게 할 수 있다.

제81조【이의 신청】 ① 촉탁인이나 이해관계인은 공증인의 사무 취급에 관하여 소속 지방검찰청검사장에게 이의를 신청할 수 있다.
② 제1항의 이의에 대한 지방검찰청검사장의 처분에 관하여는 다시 법무부장관에게 이의를 신청할 수 있다.
③ 제1항 및 제2항에 따른 이의 신청 및 처리 절차 등에 관한 사항은 법무부령으로 정한다.

제82조【징계사유 및 보고】 ① 법무부장관은 공증인이 다음 각 호의 어느 하나에 해당하면 제85조에 따른 공증인징계위원회에 징계의결을 요구하여야 한다.
1. 이 법 및 이 법에 따른 명령을 위반한 경우
2. 감독권자의 직무상 명령 또는 그 밖의 직무상 의무를 위반하거나 품위를 손상하는 행위를 한 경우
3. 대한공증인협회의 회칙을 위반한 경우
② 지방검찰청검사장 및 대한공증인협회의 장은 공증인에게 징계사유가 있다고 인정되면 지체 없이 법무부장관에게 보고하여야 한다.
③ 제1항에 따른 징계의결 요구는 징계사유가 발생한 날부터 3년이 지나면 하지 못한다.

제83조【징계의 종류】 공증인에 대한 징계의 종류는 다음 각 호와 같다.
1. 해임(인가공증인의 경우에는 인가취소)
2. 1년 이하의 정직
3. 1천만원 이하의 과태료
4. 견책

제84조【징계기관】 공증인에 대한 징계는 제85조에 따른 공증인징계위원회의 의결에 따라 법무부장관이 한다.

제84조의2【인가공증인에 대한 징계】 인가공증인의 공증담당변호사에게 징계 사유가 있는 경우에는 해당 공증담당변호사 뿐만 아니라 인가공증인도 징계할 수 있다. 다만, 인가공증인이 그 위반행위를 방지하기 위하여 해당 업무에 관하여 상당한 주의와 감독을 게을리하지 아니한 경우에는 그러하지 아니하다.(2009.2.6 본조신설)

제85조【징계위원회】 ① 공증인에 대한 징계사건을 심의·의결하기 위하여 법무부에 공증인징계위원회(이하 "징계위원회"라 한다)를 둔다.
② 징계위원회는 위원장 1명과 위원 6명으로 구성하며, 위원이 부득이한 사유로 직무를 수행할 수 없을 때에는 그 직무를 대행하게 하기 위하여 예비위원 6명을 둔다.
③ 위원장은 법무부차관이 된다.
④ 위원 및 예비위원은 다음 각 호의 사람이 되며, 임기는 2년으로 한다.
1. 법무부의 실장·국장 또는 검사 중에서 법무부장관이 지명하는 3명
2. 공증인, 법학교수 및 학식과 경험이 풍부한 사람 중에서 법무부장관이 위촉하는 사람 각 1명
⑤ 위원장은 징계위원회의 업무를 총괄하고 회의를 소집하며 그 의장이 된다.
⑥ 위원장이 부득이한 사유로 직무를 수행할 수 없을 때에는 위원장이 지정하는 위원이 그 직무를 대행하고, 위원이 부득이한 사유로 직무를 수행할 수 없을 때에는 위원장이 지정하는 예비위원이 그 직무를 대행한다.
⑦ 법무부장관은 제4항제1호 또는 제2호에 따른 위원이 다음 각 호의 어느 하나에 해당하는 경우에는 해당 위원을 지명철회 또는 해촉(解囑)할 수 있다.
1. 심신장애로 인하여 직무를 수행할 수 없게 된 경우
2. 직무와 관련된 비위사실이 있는 경우
3. 직무 태만, 품위 손상, 그 밖의 사유로 인하여 위원의 직을 유지하는 것이 적합하지 아니하다고 인정되는 경우
(2017.12.12 본항신설)
⑧ 징계위원회의 위원 중 공무원이 아닌 사람은 「형법」 제129조부터 제132조까지의 규정을 적용할 때에는 공무원으로 본다.
(2017.12.12 본항신설)

제85조의2【징계혐의자의 출석·진술권 등】 ① 위원장은 징계심의기일을 정하고 징계혐의자에게 출석을 명할 수 있다.
② 징계혐의자는 징계심의기일에 출석하여 말 또는 서면으로 자기에게 유리한 사실을 진술하거나 필요한 증거를 제출할 수 있다.
③ 징계위원회는 징계심의기일에 심의를 시작하고 징계혐의자에 대하여 징계사유가 되는 사실과 그 밖에 필요한 사실에 대하여 심문할 수 있다.
④ 징계혐의자는 변호사 또는 변호사에 준하는 학식과 경험이 있는 사람을 특별변호인으로 선임하여 징계사건에 대한 진술과 증거제출을 하게 할 수 있다.
⑤ 징계위원회는 직권으로 또는 징계혐의자나 특별변호인의 청구를 받아 감정을 명하거나 증인을 심문할 수 있으며 관계 행정기관이나 그 밖의 기관에 대하여 사실 조회 또는 서류의 제출을 요청할 수 있다.
⑥ 징계위원회는 징계혐의자가 위원장의 출석명령을 받고 징계심의기일에 출석하지 아니할 경우에는 서면으로 심의할 수 있다.
⑦ 위원장은 출석한 징계혐의자나 선임된 특별변호인에게 징계사건에 대한 최종 의견을 진술할 기회를 주어야 한다.
(2009.2.6 본조신설)

제85조의3【제척 사유】 위원장과 위원은 자기 또는 자기의 친족이나 친족이었던 사람에 대한 징계사건의 심의에 관여하지 못한다.(2009.2.6 본조신설)

제85조의4【징계의결】 징계위원회는 징계사건의 심의를 마치면 재적위원 과반수의 찬성으로 징계를 의결한다.
(2009.2.6 본조신설)

제85조의5【과태료의 집행】 ① 제83조제3호에 따른 과태료를 내지 아니할 때에는 검사의 명령으로 집행한다.
② 제1항의 집행에 관하여는 「비송사건절차법」 제249조를 준용한다.
③ 공증인이 낸 신원보증금은 제19조제3항의 경우 외에는 다른 공과금 및 채권보다 우선하여 과태료에 충당한다.
(2009.2.6 본조신설)

제85조의6【위임규정】 징계위원회의 운영이나 그 밖에 징계에 필요한 사항은 대통령령으로 정한다.(2009.2.6 본조신설)

제85조의7【「형사소송법」 등의 준용】 서류의 송달, 기일의 지정이나 변경 및 증인·감정인의 선서와 급여에 관한 사항에 대하여는 「형사소송법」과 「형사소송비용 등에 관한 법률」을 준용한다.(2009.2.6 본조신설)

제86조【직무정지】 ① 공증인이 구속되거나 구류의 형을 받으면 석방될 때까지 그 직무가 정지된다.
② 법무부장관은 제84조에 따른 징계절차가 개시된 공증인에 대하여 징계결정의 결과 정직 또는 해임(인가공증인의 경우 인가취소)에 이르게 될 가능성이 매우 크고 그대로 두면 공정하고 적절한 공증사무의 수행이 곤란하다고 인정되면 징계절차가 끝날 때까지 공증인의 직무를 정지시킬 수 있다.
③ 징계위원회는 제2항에 따라 직무가 정지된 날부터 3개월 내에 해당 공증인에 대하여 징계에 관한 의결을 하여야 한다. 다만, 징계위원회의 결정으로 3개월의 범위에서 그 기간을 연장할 수 있다.
④ 공증인의 직무정지에 관하여는 공증인의 정직에 관한 규정을 준용한다.
제86조의2【직무정지의 해제】 법무부장관은 직무정지 기간 중인 공증인에 대한 징계 절차의 진행 상황에 비추어 정직 또는 해임(인가공증인의 경우에는 인가취소)에 이르게 될 가능성이 크지 아니하고, 공정하고 적절한 공증사무 수행이 곤란하다고 인정할 사유가 없어졌다고 인정할 만한 상당한 이유가 있으면 직권으로 그 직무정지를 해제할 수 있다.
(2009.2.6 본조신설)
제86조의3【직무정지 기간의 합산】 직무정지명령을 받은 공증인이 해당 징계사건에서 정직 처분을 받으면 직무정지 기간은 그 전부 또는 일부를 정직 기간에 포함한다.
(2009.2.6 본조신설)

제8장 벌 칙
(2009.2.6 본장제목삽입)

제86조의4【벌칙】 ① 공증사무에 관하여 다음 각 호의 어느 하나에 해당하는 행위를 한 자는 5년 이하의 징역 또는 3천만원 이하의 벌금에 처한다. 이 경우 벌금과 징역은 병과할 수 있다.
1. 사전에 금품·향응 또는 그 밖의 이익을 받거나 받기로 약속하고 당사자 또는 그 밖의 관계인을 특정한 공증인이나 제23조제1항에 따른 공증인의 보조자(이하 이 조에서 "공증보조자"라 한다)에게 소개·알선 또는 유인하는 행위
2. 당사자 또는 그 밖의 관계인을 특정한 공증인이나 공증보조자에게 소개·알선 또는 유인한 후 그 대가로 금품·향응 또는 그 밖의 이익을 받거나 요구하는 행위
② 공증인이나 공증보조자가 공증사무에 관하여 다음 각 호의 어느 하나에 해당하는 행위를 한 경우 5년 이하의 징역 또는 3천만원 이하의 벌금에 처한다. 이 경우 벌금과 징역은 병과할 수 있다.
1. 소개·알선 또는 유인의 대가로 금품·향응 또는 그 밖의 이익을 제공하거나 제공하기로 약속하는 행위
2. 제1항 각 호의 어느 하나에 해당하는 행위를 한 자로부터 공증사무를 알선받거나 이러한 자에게 자기의 명의를 이용하게 하는 행위
(2017.12.12 본조신설)
제87조【벌칙】 공증인이 아니면서 공증인의 표시 또는 기재를 하거나 이익을 얻을 목적으로 공증사무를 취급한다는 표시 또는 기재를 한 자는 3년 이하의 징역 또는 2천만원 이하의 벌금에 처한다. 이 경우 징역과 벌금은 병과(倂科)할 수 있다.(2009.2.6 본조개정)
제88조【벌칙】 임명공증인 또는 인가공증인의 공증담당변호사가 제66조의2제2항을 위반한 경우에는 500만원 이하의 벌금에 처한다.(2009.2.6 본조개정)
제89조【양벌규정】 인가공증인의 공증담당변호사가 그 인가공증인의 업무에 관하여 제88조의 위반행위를 하면 그 공증담당변호사를 벌하는 외에 그 인가공증인에게도 해당 조문의 벌금형을 과(科)한다. 다만, 인가공증인이 그 위반행위를 방지하기 위하여 해당 업무에 관하여 상당한 주의와 감독을 게을리하지 아니한 경우에는 그러하지 아니하다.
(2009.2.6 본조신설)
제90조【과태료】 ① 제57조의2제1항 또는 제66조의5제2항에 따라 선서를 할 때 사서증서 또는 전자문서의 내용이 거짓이라는 것을 알면서 선서한 사람에게는 300만원 이하의 과태료를 부과한다.
② 제1항에 따른 과태료는 해당 공증인이 소속된 지방검찰청의 검사장이 부과·징수한다.
③ 제1항에도 불구하고 그 위반자가 자신 또는 제3자에 대한 재판에서 자신의 사서증서 또는 전자문서에 적힌 거짓 내용을 정정하는 진술을 한 경우에는 과태료를 감경하거나 면제한다.
(2013.5.28 본조신설)

부 칙 (2009.2.6)

제1조【시행일】 이 법은 공포 후 1년이 경과한 날부터 시행한다. 다만, 제66조의3부터 제66조의11까지의 개정규정은 공포 후 1년 6개월이 경과한 날부터 시행하고, 제15조제3항·제4항 및 제15조의4제3항·제4항의 개정규정 중 정년에 관한 부분은 공포 후 3년이 경과한 날부터 시행한다.
제2조【임명공증인에 대한 경과조치】 이 법 시행 당시 법무부장관으로부터 임명을 받아 공증사무를 수행하고 있는 공증인은 제12조의 개정규정에도 불구하고 이 법에 따른 임명을 받은 것으로 본다.
제3조【법무법인등 및 공증인가합동법률사무소에 대한 경과조치】 ① 이 법 시행 당시 법무부장관으로부터 종전의 제17조제1항에 따라 공증사무소 설치인가를 받아 공증사무를 수행하고 있는 법무법인등과 공증인가합동법률사무소(이하 "기존 공증사무소"라 한다)는 이 법에 따른 인가공증인으로 보고, 종전의 제20조제1항에 따라 서명과 직인의 인영을 신고하고 기존 공증사무소에서 공증인의 직무를 수행하고 있는 변호사는 제15조의4제1항의 개정규정에도 불구하고 이 법에 따른 공증담당변호사로 보아, 각각 인가공증인 및 공증담당변호사에 관한 이 법의 규정을 적용한다. 다만, 제15조의8제1항의 개정규정에 따른 인가기간은 이 법 시행일부터 기산한다.
② 기존 공증사무소는 이 법 시행일부터 3개월 이내에 제15조의3제1항의 개정규정에 따라 공증담당변호사의 신고를 마쳐야 한다.
제3조의2【정년에 관한 특례】 임명공증인 및 공증담당변호사의 정년은 제15조제3항 및 제15조의4제3항의 개정규정에도 불구하고 2017년 12월 31일까지는 80세로 한다.
(2012.1.17 본조신설)
제4조【공증인의 직무교육에 관한 특례】 이 법 시행 당시 법무부장관으로부터 임명을 받아 공증사무를 수행하고 있는 공증인과 기존 공증사무소에서 공증인의 직무를 행하는 변호사로서 종전 제20조제1항에 따라 서명과 직인의 인영을 신고한 사람에 대하여는 제15조의10의 개정규정을 적용하지 아니한다.
제5조【공증인 보조자의 신고에 관한 특례】 이 법 시행 당시 종전의 규정에 따라 소속 지방검찰청검사장에게 신고된 공증인 보조자는 제23조의 개정규정에 따라 대한공증인협회에 신고된 것으로 본다.
제6조【대한공증인협회에 대한 경과조치】 ① 이 법 시행 당시 종전의 규정에 따라 설립된 공증협회는 이 법에 따른 대한공증인협회로 본다.
② 제1항의 공증협회는 이 법 시행일부터 6개월 이내에 이 법에 따른 회칙과 조직을 갖추어 법무부장관에게 보고하여야 한다.

제7조【다른 법령과의 관계】 이 법 시행 당시 다른 법령에서 종전의 「공증인법」 또는 그 규정을 인용한 경우 이 법 중 그에 해당하는 규정이 있는 경우에는 종전의 규정을 갈음하여 이 법 또는 이 법의 해당 규정을 인용한 것으로 본다.
제8조【다른 법률의 개정】 ①~② ※(해당 법령에 가제정리 하였음)

부　칙 (2013.5.28)

제1조【시행일】 이 법은 공포 후 6개월이 경과한 날부터 시행한다.
제2조【선서인증의 방식 및 과태료 부과에 관한 적용례】 제57조의2제4항부터 제6항까지 및 제90조의 개정규정은 이 법 시행 후 제57조의2의 개정규정에 따라 선서인증을 하는 경우부터 적용한다.

부　칙 (2017.12.12)

제1조【시행일】 이 법은 공포한 날부터 시행한다. 다만, 제66조의5제2항, 제66조의6제2항 및 제66조의12의 개정규정은 공포한 날부터 1년을 넘지 아니하는 범위에서 대통령령으로 정하는 날부터 시행한다.
제2조【금치산자 등에 대한 경과조치】 제13조제1호 및 제33조제3항제1호의2의 개정규정에 따른 피성년후견인 및 피한정후견인에는 법률 제10429호 민법 일부개정법률 부칙 제2조에 따라 금치산 또는 한정치산 선고의 효력이 유지되는 사람이 포함되는 것으로 본다.
제3조【대한공증인협회 회칙 변경에 관한 경과조치】 대한공증인협회는 이 법 시행 이후 2개월 이내에 제77조의2제3항제4호의 개정규정에 따라 대한공증인협회의 회칙을 변경하여 법무부장관의 인가를 받아야 한다.

출입국관리법

(1992년　12월　8일
전개법률　제4522호)

개정
1993.12.10법 4592호
1994.12.22법 4796호(도농복합)
1996.12.12법 5176호　1997.12.13법 5434호
1999. 2. 5법 5755호　2001.12.29법 6540호
2002.12. 5법 6745호　2003.12.31법 7034호
2005. 3.24법 7406호
2005. 8. 4법 7655호(치료감호법)
2007.12.21법 8726호　2008.12.19법 9142호
2009.12.29법 9847호(감염병)
2010. 5.14법10282호
2011. 3.29법10465호(개인정보보호법)
2011. 4. 5법10545호　2011. 7.18법10863호
2012. 1.26법11224호
2012. 2.10법11298호(난민법)
2013. 3.23법11690호(정부조직)
2014. 1. 7법12195호　2014. 3.18법12421호
2014. 5.20법12600호(경찰직무)
2014.10.15법12782호　2014.12.30법12893호
2015. 1. 6법12960호(총포·도검·화약류등의안전관리에관한법)
2015. 7.24법13426호(제주자치법)
2015. 7.24법13440호(수상에서의수색·구조등에관한법)
2016. 3.29법14106호　2017. 3.14법14585호
2017.12.12법15159호　2018. 3.20법15492호
2019. 4.23법16344호
2020. 2. 4법16921호　2020. 3.24법17089호
2020. 6. 9법17365호　2020.10.20법17509호
2021. 3.16법17934호　2021. 7.13법18295호
2021. 8.17법18397호　2022. 2. 3법18798호
2022.12.13법19070호　2023. 6.13법19435호
2024.12.20법20578호
2025. 1.21법20677호(전기통신사업법)→2025년 7월 22일 시행

제1장 총 칙
(2010.5.14 본장개정)

제1조【목적】 이 법은 대한민국에 입국하거나 대한민국에서 출국하는 모든 국민 및 외국인의 출입국관리를 통한 안전한 국경관리, 대한민국에 체류하는 외국인의 체류관리와 사회통합 등에 관한 사항을 규정함을 목적으로 한다.(2018.3.20 본조개정)

판례 출입국관리법상 '입국'의 의미 : 출입국관리법상 '입국'이라 함은 대한민국 밖의 지역으로부터 대한민국 안의 지역으로 들어오는 것을 말하고, 여기서 '대한민국 안의 지역'이라 함은 대한민국의 영해, 영공 안의 지역을 의미한다.(대판 2005.1.28, 2004도7401)

제2조【정의】 이 법에서 사용하는 용어의 뜻은 다음과 같다.
1. "국민"이란 대한민국의 국민을 말한다.
2. "외국인"이란 대한민국의 국적을 가지지 아니한 사람을 말한다.
3. "난민"이란 「난민법」 제2조제1호에 따른 난민을 말한다.(2012.2.10 본호개정)
4. "여권"이란 대한민국정부·외국정부 또는 권한 있는 국제기구에서 발급한 여권 또는 난민여행증명서나 그 밖에 여권을 갈음하는 증명서로서 대한민국정부가 유효하다고 인정하는 것을 말한다.
5. "선원신분증명서"란 대한민국정부나 외국정부가 발급한 문서로서 선원임을 증명하는 것을 말한다.
6. "출입국항"이란 출국하거나 입국할 수 있는 대한민국의 항구·공항과 그 밖의 장소로서 대통령령으로 정하는 곳을 말한다.
7. "재외공관의 장"이란 외국에 주재하는 대한민국의 대사(大使), 공사(公使), 총영사(總領事), 영사(領事) 또는 영사업무를 수행하는 기관의 장을 말한다.
8. "선박등"이란 대한민국과 대한민국 밖의 지역 사이에서 사람이나 물건을 수송하는 선박, 항공기, 기차, 자동차, 그 밖의 교통기관을 말한다.
9. "승무원"이란 선박등에서 그 업무를 수행하는 사람을 말한다.
10. "운수업자"란 선박등을 이용하여 사업을 운영하는 자와 그를 위하여 통상 그 사업에 속하는 거래를 대리하는 자를 말한다.

10의2. "지방출입국·외국인관서"란 출입국 및 외국인의 체류 관리업무를 수행하기 위하여 법령에 따라 각 지역별로 설치된 관서와 외국인보호소를 말한다.(2018.3.20 본호신설)

11. "보호"란 출입국관리공무원이 제46조제1항 각 호에 따른 강제퇴거 대상에 해당된다고 의심할 만한 상당한 이유가 있는 사람을 출국시키기 위하여 외국인보호실, 외국인보호소 또는 그 밖에 법무부장관이 지정하는 장소에 인치(引致)하고 수용하는 집행활동을 말한다.
12. "외국인보호실"이란 이 법에 따라 외국인을 보호할 목적으로 지방출입국·외국인관서에 설치한 장소를 말한다.(2014.3.18 본호개정)
13. "외국인보호소"란 지방출입국·외국인관서 중 이 법에 따라 외국인을 보호할 목적으로 설치한 시설로서 대통령령으로 정하는 곳을 말한다.(2014.3.18 본호개정)
14. "출입국사범"이란 제93조의2, 제93조의3, 제94조부터 제99조까지, 제99조의2, 제99조의3 및 제100조에 규정된 죄를 범하였다고 인정되는 자를 말한다.
15. "생체정보"란 이 법에 따른 업무에서 본인 일치 여부 확인 등에 활용되는 사람의 지문·얼굴·홍채 및 손바닥 정맥 등의 개인정보를 말한다.(2020.6.9 본호신설)
16. "출국대기실"이란 지방출입국·외국인관서의 장이 제76조제1항 각 호의 어느 하나에 해당하는 외국인의 인도적 처우 및 원활한 탑승수속과 보안구역내 안전확보를 위하여 그 외국인이 출국하기 전까지 대기하도록 출입국항에 설치한 시설을 말한다.(2021.8.17 본호신설)
17. "외국인 기본인적정보"란 법무부장관이 이 법 및 「재외동포의 출입국과 법적 지위에 관한 법률」에 따라 보유 및 관리하고 있는 외국인에 대한 정보로서 다음 각 목의 정보를 말한다.
    가. 외국인의 여권에 기재된 해당 외국인의 성명, 성별, 생년월일, 국적, 사진 및 여권의 번호
    나. 외국인의 선원신분증명서에 기재된 해당 외국인의 성명, 성별, 생년월일, 국적, 사진 및 선원신분증명서의 번호
    다. 제31조제5항에 따른 외국인등록번호
    라. 「재외동포의 출입국과 법적 지위에 관한 법률」 제7조제1항에 따른 국내거소신고번호

(2024.12.20 본호신설)

판례 난민 인정의 요건인 박해를 받을 '충분한 근거 있는 공포'가 있다는 사실에 대한 증명책임자(=난민 신청자) 및 그 증명의 정도 : 난민의 특수한 사정을 고려하여 그 외국인에게 객관적인 증거에 의하여 주장사실 전체를 증명하도록 요구할 수는 없고, 진술에 일관성과 설득력이 있고 입국 경로, 입국 후 난민신청까지의 기간, 신청경위, 국적국의 상황, 주관적으로 느끼는 공포의 정도, 거주하던 지역의 정치·사회·문화적 환경, 그 지역의 통상인이 같은 상황에서 느끼는 공포의 정도 등에 비추어 전체적인 진술의 신빙성에 의하여 그 주장사실을 인정하는 것이 합리적인 경우에는 증명이 된 것이다.(대판 2008.7.24, 2007두3930)

제2장 국민의 출입국
(2010.5.14 본장개정)

제3조【국민의 출국】 ① 대한민국에서 대한민국 밖의 지역으로 출국(이하 "출국"이라 한다)하려는 국민은 유효한 여권을 가지고 출국하는 출입국항에서 출입국관리공무원의 출국심사를 받아야 한다. 다만, 부득이한 사유로 출입국항으로 출국할 수 없을 때에는 관할 지방출입국·외국인관서의 장의 허가를 받아 출입국항이 아닌 장소에서 출입국관리공무원의 출국심사를 받은 후 출국할 수 있다.(2014.3.18 단서개정)
② 제1항에 따른 출국심사는 대통령령으로 정하는 바에 따라 정보화기기에 의한 출국심사로 갈음할 수 있다.
③ 법무부장관은 출국심사에 필요한 경우에는 국민의 생체정보를 수집하거나 관계 행정기관이 보유하고 있는 국민의 생체정보의 제출을 요청할 수 있다.(2020.6.9 본항개정)
④ 제3항에 따라 협조를 요청받은 관계 행정기관은 정당한 이유 없이 그 요청을 거부해서는 아니 된다.(2016.3.29 본항신설)
⑤ 출입국관리공무원은 제3항에 따라 수집하거나 제출받은 생체정보를 출국심사에 활용할 수 있다.(2020.6.9 본항개정)
⑥ 법무부장관은 제3항에 따라 수집하거나 제출받은 생체정보를 「개인정보 보호법」에 따라 처리한다.(2020.6.9 본항개정)

제4조【출국의 금지】 ① 법무부장관은 다음 각 호의 어느 하나에 해당하는 국민에 대하여는 6개월 이내의 기간을 정하여 출국을 금지할 수 있다.(2011.7.18 본문개정)
1. 형사재판에 계속(係屬) 중인 사람
2. 징역형이나 금고형의 집행이 끝나지 아니한 사람
3. 대통령령으로 정하는 금액 이상의 벌금이나 추징금을 내지 아니한 사람
4. 대통령령으로 정하는 금액 이상의 국세·관세 또는 지방세를 정당한 사유 없이 그 납부기한까지 내지 아니한 사람
5. 「양육비 이행확보 및 지원에 관한 법률」 제21조의4제1항에 따른 양육비 채무자 중 양육비이행심의위원회의 심의·의결을 거친 사람(2021.7.13 본호신설)
6. 그 밖에 제1호부터 제5호까지의 규정에 준하는 사람으로서 대한민국의 이익이나 공공의 안전 또는 경제질서를 해칠 우려가 있어 그 출국이 적당하지 아니하다고 법무부령으로 정하는 사람(2021.7.13 본호개정)

② 법무부장관은 범죄 수사를 위하여 출국이 적당하지 아니하다고 인정되는 사람에 대하여는 1개월 이내의 기간을 정하여 출국을 금지할 수 있다. 다만, 다음 각 호에 해당하는 사람은 그 호에서 정한 기간으로 한다.

1. 소재를 알 수 없어 기소중지 또는 수사중지(피의자중지로 한정한다)된 사람 또는 도주 등 특별한 사유가 있어 수사진행이 어려운 사람 : 3개월 이내(2021.3.16 본호개정)
2. 기소중지 또는 수사중지(피의자중지로 한정한다)된 경우로서 체포영장 또는 구속영장이 발부된 사람 : 영장 유효기간 이내(2021.3.16 본호개정)

(2011.7.18 본항신설)

③ 중앙행정기관의 장 및 법무부장관이 정하는 관계 기관의 장은 소관 업무와 관련하여 제1항 또는 제2항 각 호의 어느 하나에 해당하는 사람이 있다고 인정할 때에는 법무부장관에게 출국금지를 요청할 수 있다.(2011.7.18 본항개정)

④ 출입국관리공무원은 출국심사를 할 때에 제1항 또는 제2항에 따라 출국이 금지된 사람을 출국시켜서는 아니 된다.(2011.7.18 본항개정)

⑤ 제1항부터 제4항까지에서 규정한 사항 외에 출국금지기간과 출국금지절차에 관하여 필요한 사항은 대통령령으로 정한다.(2011.7.18 본항개정)

제4조의2【출국금지기간의 연장】 ① 법무부장관은 출국금지기간을 초과하여 계속 출국을 금지할 필요가 있다고 인정하는 경우에는 그 기간을 연장할 수 있다.

② 제4조제3항에 따라 출국금지를 요청한 기관의 장은 출국금지기간을 초과하여 계속 출국을 금지할 필요가 있을 때에는 출국금지기간이 끝나기 3일 전까지 법무부장관에게 출국금지기간을 연장하여 줄 것을 요청하여야 한다.(2011.7.18 본항개정)

③ 제1항 및 제2항에서 규정한 사항 외에 출국금지기간의 연장절차에 관하여 필요한 사항은 대통령령으로 정한다.

제4조의3【출국금지의 해제】 ① 법무부장관은 출국금지 사유가 없어졌거나 출국을 금지할 필요가 없다고 인정할 때에는 즉시 출국금지를 해제하여야 한다.

② 제4조제3항에 따라 출국금지를 요청한 기관의 장은 출국금지 사유가 없어졌을 때에는 즉시 법무부장관에게 출국금지의 해제를 요청하여야 한다.(2011.7.18 본항개정)

③ 제1항 및 제2항에서 규정한 사항 외에 출국금지의 해제절차에 관하여 필요한 사항은 대통령령으로 정한다.

제4조의4【출국금지결정 등의 통지】 ① 법무부장관은 제4조제1항 또는 제2항에 따라 출국을 금지하거나 제4조의2제1항에 따라 출국금지기간을 연장하였을 때에는 즉시 당사자에게 그 사유와 기간 등을 밝혀 서면으로 통지하여야 한다.(2011.7.18 본항개정)

② 법무부장관은 제4조의3제1항에 따라 출국금지를 해제하였을 때에는 이를 즉시 당사자에게 통지하여야 한다.

③ 법무부장관은 제1항에도 불구하고 다음 각 호의 어느 하나에 해당하는 경우에는 제1항의 통지를 하지 아니할 수 있다.

1. 대한민국의 안전 또는 공공의 이익에 중대하고 명백한 위해(危害)를 끼칠 우려가 있다고 인정되는 경우(2014.12.30 본호개정)
2. 범죄수사에 중대하고 명백한 장애가 생길 우려가 있다고 인정되는 경우. 다만, 연장기간을 포함한 총 출국금지기간이 3개월을 넘는 때에는 당사자에게 통지하여야 한다.(2014.12.30 본문개정)
3. 출국이 금지된 사람이 있는 곳을 알 수 없는 경우

제4조의5【출국금지결정 등에 대한 이의신청】 ① 제4조제1항 또는 제2항에 따라 출국이 금지되거나 제4조의2제1항에 따라 출국금지기간이 연장된 사람은 출국금지결정이나 출국금지기간 연장의 통지를 받은 날 또는 그 사실을 안 날부터 10일 이내에 법무부장관에게 출국금지결정이나 출국금지기간 연장결정에 대한 이의를 신청할 수 있다.(2011.7.18 본항개정)

② 법무부장관은 제1항에 따른 이의신청을 받으면 그 날부터 15일 이내에 이의신청의 타당성 여부를 결정하여야 한다. 다만, 부득이한 사유가 있으면 15일의 범위에서 한 차례만 그 기간을 연장할 수 있다.

③ 법무부장관은 제1항에 따른 이의신청이 이유 있다고 판단하면 즉시 출국금지를 해제하거나 출국금지기간의 연장을 철회하여야 하고, 그 이의신청이 이유 없다고 판단하면 이를 기각하고 당사자에게 그 사유를 서면에 적어 통보하여야 한다.

제4조의6【긴급출국금지】 ① 수사기관은 범죄 피의자로서 사형·무기 또는 장기 3년 이상의 징역이나 금고에 해당하는 죄를 범하였다고 의심할 만한 상당한 이유가 있고, 다음 각 호의 어느 하나에 해당하는 사유가 있으며, 긴급한 필요가 있는 때에는 제4조제3항에도 불구하고 출국심사를 하는 출입국관리공무원에게 출국금지를 요청할 수 있다.

1. 피의자가 증거를 인멸할 염려가 있는 때
2. 피의자가 도망하거나 도망할 우려가 있는 때

② 제1항에 따른 요청을 받은 출입국관리공무원은 출국심사를 할 때에 출국금지가 요청된 사람을 출국시켜서는 아니 된다.

③ 수사기관은 제1항에 따라 긴급출국금지를 요청한 때로부터 6시간 이내에 법무부장관에게 긴급출국금지 승인을 요청하여야 한다. 이 경우 검사의 검토의견서 및 범죄사실의 요지, 긴급출국금지의 사유 등을 기재한 긴급출국금지보고서를 첨부하여야 한다.(2020.10.20 후단개정)

④ 법무부장관은 수사기관이 제3항에 따른 긴급출국금지 승인 요청을 하지 아니한 때에는 제1항의 수사기관 요청에 따른 출국금지를 해제하여야 한다. 수사기관이 긴급출국금지 승인을 요청한 때로부터 12시간 이내에 법무부장관으로부터 긴급출국금지 승인을 받지 못한 경우에도 또한 같다.

⑤ 제4항에 따라 출국금지가 해제된 경우에 수사기관은 동일한 범죄사실에 관하여 다시 긴급출국금지 요청을 할 수 없다.

⑥ 그 밖에 긴급출국금지의 절차 및 긴급출국금지보고서 작성 등에 필요한 사항은 대통령령으로 정한다.

(2011.7.18 본조신설)

제5조【국민의 여권 등의 보관】 출입국관리공무원은 위조되거나 변조된 국민의 여권 또는 선원신분증명서를 발견하였을 때에는 회수하여 보관할 수 있다.(2014.12.30 본조개정)

제6조【국민의 입국】 ① 대한민국 밖의 지역에서 대한민국으로 입국(이하 "입국"이라 한다)하려는 국민은 유효한 여권을 가지고 입국하는 출입국항에서 출입국관리공무원의 입국심사를 받아야 한다. 다만, 부득이한 사유로 출입국항으로 입국할 수 없을 때에는 지방출입국·외국인관서의 장의 허가를 받아 출입국항이 아닌 장소에서 출입국관리공무원의 입국심사를 받은 후 입국할 수 있다.(2014.3.18 단서개정)

② 출입국관리공무원은 국민이 유효한 여권을 잃어버리거나 그 밖의 사유로 이를 가지지 아니하고 입국하려고 할 때에는 확인절차를 거쳐 입국하게 할 수 있다.

③ 제1항에 따른 입국심사는 대통령령으로 정하는 바에 따라 정보화기기에 의한 입국심사로 갈음할 수 있다.

④ 법무부장관은 입국심사에 필요한 경우에는 국민의 생체정보를 수집하거나 관계 행정기관이 보유하고 있는 국민의 생체정보의 제출을 요청할 수 있다.(2020.6.9 본항개정)

⑤ 제4항에 따라 협조를 요청받은 관계 행정기관은 정당한 이유 없이 그 요청을 거부해서는 아니 된다.(2016.3.29 본항신설)

⑥ 출입국관리공무원은 제4항에 따라 수집하거나 제출받은 생체정보를 입국심사에 활용할 수 있다.(2020.6.9 본항개정)

⑦ 법무부장관은 제4항에 따라 수집하거나 제출받은 생체정보를 「개인정보 보호법」에 따라 처리한다.(2020.6.9 본항개정)

제3장 외국인의 입국 및 상륙

(2010.5.14 본장개정)

제1절 외국인의 입국

제7조【외국인의 입국】 ① 외국인이 입국할 때에는 유효한 여권과 법무부장관이 발급한 사증(査證)을 가지고 있어야 한다.

② 다음 각 호의 어느 하나에 해당하는 외국인은 제1항에도 불구하고 사증 없이 입국할 수 있다.
1. 재입국허가를 받은 사람 또는 재입국허가가 면제된 사람으로서 그 허가 또는 면제받은 기간이 끝나기 전에 입국하는 사람
2. 대한민국과 사증면제협정을 체결한 국가의 국민으로서 그 협정에 따라 면제대상이 되는 사람
3. 국제친선, 관광 또는 대한민국의 이익 등을 위하여 입국하는 사람으로서 대통령령으로 정하는 바에 따라 따로 입국허가를 받은 사람
4. 난민여행증명서를 발급받고 출국한 후 그 유효기간이 끝나기 전에 입국하는 사람
③ 법무부장관은 공공질서의 유지나 국가이익에 필요하다고 인정하면 제2항제2호에 해당하는 사람에 대하여 사증면제협정의 적용을 일시 정지할 수 있다.
④ 대한민국과 수교(修交)하지 아니한 국가나 법무부장관이 외교부장관과 협의하여 지정한 국가의 국민은 제1항에도 불구하고 대통령령으로 정하는 바에 따라 재외공관의 장이나 지방출입국·외국인관서의 장이 발급한 외국인입국허가서를 가지고 입국할 수 있다.(2014.3.18 본항개정)
제7조의2【허위초청 등의 금지】 누구든지 외국인을 입국시키기 위한 다음 각 호의 어느 하나의 행위를 하여서는 아니 된다.
1. 거짓된 사실의 기재나 거짓된 신원보증 등 부정한 방법으로 외국인을 초청하거나 그러한 초청을 알선하는 행위
2. 거짓으로 사증 또는 사증발급인정서를 신청하거나 그러한 신청을 알선하는 행위
제7조의3【사전여행허가】 ① 법무부장관은 공공질서의 유지나 국가이익에 필요하다고 인정하면 다음 각 호의 어느 하나에 해당하는 외국인에 대하여 입국하기 전에 허가(이하 "사전여행허가"라 한다)를 받도록 할 수 있다.
1. 제7조제2항제2호 또는 제3호에 해당하는 외국인
2. 다른 법률에 따라 사증 없이 입국할 수 있는 외국인
② 사전여행허가를 받은 외국인은 입국할 때에 사전여행허가서를 가지고 있어야 한다.
③ 사전여행허가서 발급에 관한 기준 및 절차·방법은 법무부령으로 정한다.
(2020.2.4 본조신설)
제8조【사증】 ① 제7조에 따른 사증은 1회만 입국할 수 있는 단수사증(單數査證)과 2회 이상 입국할 수 있는 복수사증(複數査證)으로 구분한다.
② 법무부장관은 사증발급에 관한 권한을 대통령령으로 정하는 바에 따라 재외공관의 장에게 위임할 수 있다.
③ 사증발급에 관한 기준과 절차는 법무부령으로 정한다.
제9조【사증발급인정서】 ① 법무부장관은 제7조제1항에 따른 사증을 발급하기 전에 특히 필요하다고 인정할 때에는 입국하려는 외국인의 신청을 받아 사증발급인정서를 발급할 수 있다.
② 제1항에 따른 사증발급인정서 발급신청은 그 외국인을 초청하려는 자가 대리할 수 있다.
③ 제1항에 따른 사증발급인정서의 발급대상·발급기준 및 발급절차는 법무부령으로 정한다.
제10조【체류자격】 입국하려는 외국인은 다음 각 호의 어느 하나에 해당하는 체류자격을 가져야 한다.
1. 일반체류자격 : 이 법에 따라 대한민국에 체류할 수 있는 기간이 제한되는 체류자격
2. 영주자격 : 대한민국에 영주(永住)할 수 있는 체류자격
(2018.3.20 본조개정)
제10조의2【일반체류자격】 ① 제10조제1호에 따른 일반체류자격(이하 "일반체류자격"이라 한다)은 다음 각 호의 구분에 따른다.
1. 단기체류자격 : 관광, 방문 등의 목적으로 대한민국에 90일 이하의 기간(사증면제협정이나 상호주의에 따라 90일을 초과하는 경우에는 그 기간) 동안 머물 수 있는 체류자격
2. 장기체류자격 : 유학, 연수, 투자, 주재, 결혼 등의 목적으로 대한민국에 90일을 초과하여 법무부령으로 정하는 체류기간의 상한 범위에서 거주할 수 있는 체류자격
② 제1항에 따른 단기체류자격 및 장기체류자격의 종류, 체류자격에 해당하는 사람 또는 그 체류자격에 따른 활동범위는 체류목적, 취업활동 가능 여부 등을 고려하여 대통령령으로 정한다.
(2018.3.20 본조신설)
제10조의3【영주자격】 ① 제10조제2호에 따른 영주자격(이하 "영주자격"이라 한다)을 가진 외국인은 활동범위 및 체류기간의 제한을 받지 아니한다.
② 영주자격을 취득하려는 사람은 대통령령으로 정하는 영주의 자격에 부합한 사람으로서 다음 각 호의 요건을 모두 갖추어야 한다.
1. 대한민국의 법령을 준수하는 등 품행이 단정할 것
2. 본인 또는 생계를 같이하는 가족의 소득, 재산 등으로 생계를 유지할 능력이 있을 것
3. 한국어능력과 한국사회·문화에 대한 이해 등 대한민국에서 계속 살아가는 데 필요한 기본소양을 갖추고 있을 것
③ 법무부장관은 제2항제2호 및 제3호에도 불구하고 대한민국에 특별한 공로가 있는 사람, 과학·경영·교육·문화예술·체육 등 특정 분야에서 탁월한 능력이 있는 사람, 대한민국에 일정금액 이상을 투자한 사람 등 대통령령으로 정하는 사람에 대해서는 대통령령으로 정하는 바에 따라 제2항제2호 및 제3호의 요건의 전부 또는 일부를 완화하거나 면제할 수 있다.
④ 제2항 각 호에 따른 요건의 기준·범위 등에 필요한 사항은 법무부령으로 정한다.
(2018.3.20 본조신설)
제11조【입국의 금지 등】 ① 법무부장관은 다음 각 호의 어느 하나에 해당하는 외국인에 대하여는 입국을 금지할 수 있다.
1. 감염병환자, 마약류중독자, 그 밖에 공중위생상 위해를 끼칠 염려가 있다고 인정되는 사람
2. 「총포·도검·화약류 등의 안전관리에 관한 법률」에서 정하는 총포·도검·화약류 등을 위법하게 가지고 입국하려는 사람(2015.1.6 본호개정)
3. 대한민국의 이익이나 공공의 안전을 해치는 행동을 할 염려가 있다고 인정할 만한 상당한 이유가 있는 사람
4. 경제질서 또는 사회질서를 해치거나 선량한 풍속을 해치는 행동을 할 염려가 있다고 인정할 만한 상당한 이유가 있는 사람
5. 사리 분별력이 없고 국내에서 체류활동을 보조할 사람이 없는 정신장애인, 국내체류비용을 부담할 능력이 없는 사람, 그 밖에 구호(救護)가 필요한 사람
6. 강제퇴거명령을 받고 출국한 후 5년이 지나지 아니한 사람
7. 1910년 8월 29일부터 1945년 8월 15일까지 사이에 다음 각 목의 어느 하나에 해당하는 정부의 지시를 받거나 그 정부와 연계하여 인종, 민족, 종교, 국적, 정치적 견해 등을 이유로 사람을 학살·학대하는 일에 관여한 사람
가. 일본 정부
나. 일본 정부와 동맹 관계에 있던 정부
다. 일본 정부의 우월한 힘이 미치던 정부
8. 제1호부터 제7호까지의 규정에 준하는 사람으로서 법무부장관이 그 입국이 적당하지 아니하다고 인정하는 사람
② 법무부장관은 입국하려는 외국인의 본국(本國)이 제1항 각 호 외의 사유로 국민의 입국을 거부할 때에는 그와 동일한 사유로 그 외국인의 입국을 거부할 수 있다.
제12조【입국심사】 ① 외국인이 입국하려는 경우에는 입국하는 출입국항에서 대통령령으로 정하는 바에 따라 여권과 입국신고서를 출입국관리공무원에게 제출하여 입국심사를 받아야 한다.(2020.6.9 본항개정)

② 제1항에 관하여는 제6조제1항 단서 및 같은 조 제3항을 준용한다.
③ 출입국관리공무원은 입국심사를 할 때에 다음 각 호의 요건을 갖추었는지를 심사하여 입국을 허가한다.
1. 여권과 사증이 유효할 것. 다만, 사증은 이 법에서 요구하는 경우만을 말한다.
1의2. 제7조의3제2항에 따른 사전여행허가서가 유효할 것 (2020.2.4 본호신설)
2. 입국목적이 체류자격에 맞을 것
3. 체류기간이 법무부령으로 정하는 바에 따라 정하여졌을 것
4. 제11조에 따른 입국의 금지 또는 거부의 대상이 아닐 것
④ 출입국관리공무원은 외국인이 제3항 각 호의 요건을 갖추었음을 증명하지 못하면 입국을 허가하지 아니할 수 있다.
⑤ 출입국관리공무원은 제7조제2항제2호 또는 제3호에 해당하는 사람에게 입국을 허가할 때에는 대통령령으로 정하는 바에 따라 체류자격을 부여하고 체류기간을 정하여야 한다.
⑥ 출입국관리공무원은 제1항이나 제2항에 따른 심사를 하기 위하여 선박등에 출입할 수 있다.

제12조의2【입국 시 생체정보의 제공 등】 ① 입국하려는 외국인은 제12조에 따라 입국심사를 받을 때 법무부령으로 정하는 방법으로 생체정보를 제공하고 본인임을 확인하는 절차에 응하여야 한다. 다만, 다음 각 호의 어느 하나에 해당하는 사람은 그러하지 아니하다.(2020.6.9 본문개정)
1. 17세 미만인 사람
2. 외국정부 또는 국제기구의 업무를 수행하기 위하여 입국하는 사람과 그 동반 가족
3. 외국과의 우호 및 문화교류 증진, 경제활동 촉진 또는 대한민국의 이익 등을 고려하여 생체정보의 제공을 면제하는 것이 필요하다고 대통령령으로 정하는 사람(2020.6.9 본호개정)
② 출입국관리공무원은 외국인이 제1항 본문에 따라 생체정보를 제공하지 아니하는 경우에는 그의 입국을 허가하지 아니할 수 있다.(2020.6.9 본항개정)
③ 법무부장관은 입국심사에 필요한 경우에는 관계 행정기관이 보유하고 있는 외국인의 생체정보의 제출을 요청할 수 있다.(2020.6.9 본항개정)
④ 제3항에 따라 협조를 요청받은 관계 행정기관은 정당한 이유 없이 그 요청을 거부하여서는 아니 된다.
⑤ 출입국관리공무원은 제1항 또는 제3항에 따라 제공 또는 제출받은 생체정보를 입국심사에 활용할 수 있다.
(2020.6.9 본항개정)
⑥ 법무부장관은 제1항 또는 제3항에 따라 제공 또는 제출받은 생체정보를 「개인정보 보호법」에 따라 보유하고 관리한다.
(2020.6.9 본항개정)
(2020.6.9 본조제목개정)
(2010.5.14 본조신설)

제12조의3【선박등의 제공금지】 ① 누구든지 외국인을 불법으로 입국 또는 출국하게 하거나 대한민국을 거쳐 다른 국가에 불법으로 입국하게 할 목적으로 다음 각 호의 행위를 하여서는 아니 된다.
1. 선박등이나 여권 또는 사증, 탑승권이나 그 밖에 출입국에 사용될 수 있는 서류 및 물품을 제공하는 행위
2. 제1호의 행위를 알선하는 행위
② 누구든지 불법으로 입국한 외국인에 대하여 다음 각 호의 행위를 하여서는 아니 된다.
1. 해당 외국인을 대한민국에서 은닉 또는 도피하게 하거나 그러한 목적으로 교통수단을 제공하는 행위
2. 제1호의 행위를 알선하는 행위

제12조의4【외국인의 여권 등의 보관】 ① 위조되거나 변조된 외국인의 여권·선원신분증명서에 관하여는 제5조를 준용한다.(2014.12.30 본항개정)
② 출입국관리공무원은 이 법을 위반하여 조사를 받고 있는 사람으로서 제46조에 따른 강제퇴거 대상자에 해당하는 출입국사범의 여권·선원신분증명서를 발견하면 회수하여 보관할 수 있다.

제13조【조건부 입국허가】 ① 지방출입국·외국인관서의 장은 다음 각 호의 어느 하나에 해당하는 외국인에 대하여는 대통령령으로 정하는 바에 따라 조건부 입국을 허가할 수 있다.
(2014.3.18 본문개정)
1. 부득이한 사유로 제12조제3항제1호의 요건을 갖추지 못하였으나 일정 기간 내에 그 요건을 갖출 수 있다고 인정되는 사람
2. 제11조제1항 각 호의 어느 하나에 해당된다고 의심되거나 제12조제3항제2호의 요건을 갖추지 못하였다고 의심되어 특별히 심사할 필요가 있다고 인정되는 사람
3. 제1호 및 제2호에서 규정한 사람 외에 지방출입국·외국인관서의 장이 조건부 입국을 허가할 필요가 있다고 인정되는 사람(2014.3.18 본호개정)
② 지방출입국·외국인관서의 장은 제1항에 따른 조건부 입국을 허가할 때에는 조건부입국허가서를 발급하여야 한다. 이 경우 그 허가서에는 주거의 제한, 출석요구에 따를 의무 및 그 밖에 필요한 조건을 붙여야 하며, 필요하다고 인정할 때에는 1천만원 이하의 보증금을 예치(預置)하게 할 수 있다.
(2014.3.18 전단개정)
③ 지방출입국·외국인관서의 장은 제1항에 따른 조건부 입국허가를 받은 외국인이 그 조건을 위반하였을 때에는 그 예치된 보증금의 전부 또는 일부를 국고(國庫)에 귀속시킬 수 있다.(2014.3.18 본항개정)
④ 제2항과 제3항에 따른 보증금의 예치 및 반환과 국고귀속 절차는 대통령령으로 정한다.

제2절 외국인의 상륙

제14조【승무원의 상륙허가】 ① 출입국관리공무원은 다음 각 호의 어느 하나에 해당하는 외국인승무원에 대하여 선박등의 장 또는 운수업자나 본인이 신청하면 15일의 범위에서 승무원의 상륙을 허가할 수 있다. 다만, 제11조제1항 각 호의 어느 하나에 해당하는 외국인승무원에 대하여는 그러하지 아니하다.
1. 승선 중인 선박등이 대한민국의 출입국항에 정박하고 있는 동안 휴양 등의 목적으로 상륙하려는 외국인승무원
2. 대한민국의 출입국항에 입항할 예정이거나 정박 중인 선박등으로 옮겨 타려는 외국인승무원
② 출입국관리공무원은 제1항에 따른 신청을 받으면 다음 각 호의 서류를 확인하여야 한다. 다만, 외국과의 협정 등에서 선원신분증명서로 여권을 대신할 수 있도록 하는 경우에는 선원신분증명서의 확인으로 여권의 확인을 대신할 수 있다.
1. 제1항제1호에 해당하는 외국인승무원이 선원인 경우에는 여권 또는 선원신분증명서(2020.6.9 본호개정)
2. 제1항제2호에 해당하는 외국인승무원이 선원인 경우에는 여권 및 대통령령으로 정하는 서류. 다만, 제7조제2항제3호에 해당하는 사람인 경우에는 여권
3. 그 밖의 외국인승무원의 경우에는 여권
③ 출입국관리공무원은 제1항에 따른 허가를 할 때에는 승무원 상륙허가서를 발급하여야 한다. 이 경우 승무원 상륙허가서에는 상륙허가의 기간, 행동지역의 제한 등 필요한 조건을 붙일 수 있다.
④ 제3항 후단에도 불구하고 제1항제2호에 해당하는 승무원 상륙허가에 관하여는 제12조를 준용한다.
⑤ 지방출입국·외국인관서의 장은 승무원 상륙허가를 받은 외국인승무원에 대하여 필요하다고 인정하면 그 상륙허가의 기간을 연장할 수 있다.(2014.3.18 본항개정)
⑥ 제3항에 따라 발급받은 승무원 상륙허가서는 그 선박등이 최종 출항할 때까지 국내의 다른 출입국항에서도 계속 사용할 수 있다.

⑦ 외국인승무원의 지문 및 얼굴에 관한 정보의 제공 등에 관하여는 제12조의2를 준용한다. 다만, 승무원이 선원이고 상륙허가 절차상 지문 및 얼굴에 관한 정보를 제공하는 것이 곤란한 경우에는 그러하지 아니하다.

제14조의2 【관광상륙허가】 ① 출입국관리공무원은 관광을 목적으로 대한민국과 외국 해상을 국제적으로 순회(巡廻)하여 운항하는 여객운송선박 중 법무부령으로 정하는 선박에 승선한 외국인승객에 대하여 그 선박의 장 또는 운수업자가 상륙허가를 신청하면 3일의 범위에서 승객의 관광상륙을 허가할 수 있다. 다만, 제11조제1항 각 호의 어느 하나에 해당하는 외국인승객에 대하여는 그러하지 아니하다.
② 출입국관리공무원은 제1항에 따른 상륙허가 신청을 받으면 다음 각 호의 서류를 확인하여야 한다.
1. 외국인승객의 여권
2. 외국인승객의 명부
3. 그 밖에 법무부령으로 정하는 서류
③ 제1항에 따른 관광상륙허가의 허가서 및 상륙허가기간의 연장에 관하여는 제14조제3항 및 제5항을 준용한다. 이 경우 "승무원 상륙허가서"는 "관광상륙허가서"로, "승무원 상륙허가"는 "관광상륙허가"로, "외국인승무원"은 "외국인승객"으로 본다.
④ 제1항에 따른 관광상륙허가를 받으려는 외국인승객의 지문 및 얼굴에 관한 정보 제공 등에 관하여는 제12조의2를 준용한다. 다만, 외국인승객의 관광상륙허가 절차상 지문 및 얼굴에 관한 정보의 제공이 곤란한 경우에는 그러하지 아니하다.
⑤ 제1항부터 제4항까지에서 규정한 사항 외에 관광상륙허가의 기준과 절차에 관하여 필요한 사항은 대통령령으로 정한다.
(2012.1.26 본조신설)

제15조 【긴급상륙허가】 ① 출입국관리공무원은 선박등에 타고 있는 외국인(승무원을 포함한다)이 질병이나 그 밖의 사고로 긴급히 상륙할 필요가 있다고 인정되면 그 선박등의 장이나 운수업자의 신청을 받아 30일의 범위에서 긴급상륙을 허가할 수 있다.
② 제1항의 경우에는 제14조제3항 및 제5항을 준용한다. 이 경우 "승무원 상륙허가서"는 "긴급상륙허가서"로, "승무원 상륙허가"는 "긴급상륙허가"로 본다.
③ 선박등의 장이나 운수업자는 긴급상륙한 사람의 생활비·치료비·장례비와 그 밖에 상륙 중에 발생한 모든 비용을 부담하여야 한다.

제16조 【재난상륙허가】 ① 지방출입국·외국인관서의 장은 조난을 당한 선박등에 타고 있는 외국인(승무원을 포함한다)을 긴급히 구조할 필요가 있다고 인정하면 그 선박등의 장, 운수업자, 「수상에서의 수색·구조 등에 관한 법률」에 따른 구호업무 집행자 또는 그 외국인을 구조한 선박등의 장의 신청에 의하여 30일의 범위에서 재난상륙허가를 할 수 있다.
(2015.7.24 본항개정)
② 제1항의 경우에는 제14조제3항 및 제5항을 준용한다. 이 경우 "승무원 상륙허가서"는 "재난상륙허가서"로, "승무원 상륙허가"는 "재난상륙허가"로 본다.
③ 재난상륙허가를 받은 사람의 상륙 중 생활비 등에 관하여는 제15조제3항을 준용한다. 이 경우 "긴급상륙"은 "재난상륙"으로 본다.

제16조의2 【난민 임시상륙허가】 ① 지방출입국·외국인관서의 장은 선박등에 타고 있는 외국인이 「난민법」 제2조제1호에 규정된 이유나 그 밖에 이에 준하는 이유로 그 생명·신체 또는 신체의 자유를 침해받을 공포가 있는 영역에서 도피하여 곧바로 대한민국에 비호(庇護)를 신청하는 경우 그 외국인을 상륙시킬 만한 상당한 이유가 있다고 인정되면 법무부장관의 승인을 받아 90일의 범위에서 난민 임시상륙허가를 할 수 있다. 이 경우 법무부장관은 외교부장관과 협의하여야 한다.(2014.3.18 전단개정)
② 제1항의 경우에는 제14조제3항 및 제5항을 준용한다. 이 경우 "승무원 상륙허가서"는 "난민 임시상륙허가서"로, "승무원 상륙허가"는 "난민 임시상륙허가"로 본다.
③ 제1항에 따라 비호를 신청한 외국인의 지문 및 얼굴에 관한 정보의 제공 등에 관하여는 제12조의2를 준용한다.

제4장 외국인의 체류와 출국
(2010.5.14 본장개정)

제1절 외국인의 체류

제17조 【외국인의 체류 및 활동범위】 ① 외국인은 그 체류자격과 체류기간의 범위에서 대한민국에 체류할 수 있다.
② 대한민국에 체류하는 외국인은 이 법 또는 다른 법률에서 정하는 경우를 제외하고는 정치활동을 하여서는 아니 된다.
③ 법무부장관은 대한민국에 체류하는 외국인이 정치활동을 하였을 때에는 그 외국인에게 서면으로 그 활동의 중지명령이나 그 밖에 필요한 명령을 할 수 있다.

제18조 【외국인 고용의 제한】 ① 외국인이 대한민국에서 취업하려면 대통령령으로 정하는 바에 따라 취업활동을 할 수 있는 체류자격을 받아야 한다.
② 제1항에 따른 체류자격을 가진 외국인은 지정된 근무처가 아닌 곳에서 근무하여서는 아니 된다.
③ 누구든지 제1항에 따른 체류자격을 가지지 아니한 사람을 고용하여서는 아니 된다.
④ 누구든지 제1항에 따른 체류자격을 가지지 아니한 사람의 고용을 알선하거나 권유하여서는 아니 된다.
⑤ 누구든지 제1항에 따른 체류자격을 가지지 아니한 사람의 고용을 알선할 목적으로 그를 자기 지배하에 두는 행위를 하여서는 아니 된다.

제19조 【외국인을 고용한 자 등의 신고의무】 ① 제18조제1항에 따라 취업활동을 할 수 있는 체류자격을 가지고 있는 외국인을 고용한 자는 다음 각 호의 어느 하나에 해당하는 사유가 발생하면 대통령령으로 정하는 바에 따라 15일 이내에 지방출입국·외국인관서의 장에게 신고하여야 한다.(2020.6.9 본문개정)
1. 외국인을 해고하거나 외국인이 퇴직 또는 사망한 경우
2. 고용된 외국인의 소재를 알 수 없게 된 경우
3. 고용계약의 중요한 내용을 변경한 경우
② 제19조의2에 따라 외국인에게 산업기술을 연수시키는 업체의 장에 대하여는 제1항을 준용한다.
③ 「외국인근로자의 고용 등에 관한 법률」의 적용을 받는 외국인을 고용한 자가 제1항에 따른 신고를 한 경우 그 신고사실이 같은 법 제17조제1항에 따른 신고사유에 해당하는 때에는 같은 항에 따른 신고를 한 것으로 본다.(2014.10.15 본항신설)
④ 제1항에 따라 신고를 받은 지방출입국·외국인관서의 장은 그 신고사실이 제3항에 해당하는 경우 지체 없이 외국인을 고용한 자의 소재지를 관할하는 「직업안정법」 제2조의2제1호에 따른 직업안정기관의 장에게 통보하여야 한다.
(2014.10.15 본항신설)

제19조의2 【외국인의 기술연수활동】 ① 법무부장관은 외국에 직접투자한 산업체, 외국에 기술·산업설비를 수출하는 산업체 등 지정된 산업체의 모집에 따라 국내에서 기술연수활동을 하는 외국인(이하 "기술연수생"이라 한다)의 적정한 연수활동을 지원하기 위하여 필요한 조치를 하여야 한다.
② 제1항에 따른 산업체의 지정, 기술연수생의 모집·입국 등에 필요한 사항은 대통령령으로 정한다.
③ 기술연수생의 연수장소 이탈 여부, 연수 목적 외의 활동 여부, 그 밖에 허가조건의 위반 여부 등에 관한 조사 및 출국조치 등 기술연수생의 관리에 필요한 사항은 법무부장관이 따로 정한다.
(2012.1.26 본조개정)

제19조의3 (2010.5.14 삭제)

제19조의4【외국인유학생의 관리 등】 ① 제10조에 따른 체류자격 중 유학이나 연수활동을 할 수 있는 체류자격을 가지고 있는 외국인(이하 "외국인유학생"이라 한다)이 재학 중이거나 연수 중인 학교(「고등교육법」 제2조 각 호에 따른 학교를 말한다. 이하 같다)의 장은 그 외국인유학생의 관리를 담당하는 직원을 지정하고 이를 지방출입국·외국인관서의 장에게 알려야 한다.(2018.3.20 본항개정)

② 제1항에 따른 학교의 장은 다음 각 호의 어느 하나에 해당하는 사유가 발생하면 대통령령으로 정하는 바에 따라 15일 이내에 지방출입국·외국인관서의 장에게 신고(정보통신망에 의한 신고를 포함한다)하여야 한다.(2020.6.9 본문개정)

1. 입학하거나 연수허가를 받은 외국인유학생이 매 학기 등록기한까지 등록을 하지 아니하거나 휴학을 한 경우
2. 제적·연수중단 또는 행방불명 등의 사유로 외국인유학생의 유학이나 연수가 끝난 경우

③ 외국인유학생의 관리에 필요한 사항은 대통령령으로 정한다.

제20조【체류자격 외 활동】 대한민국에 체류하는 외국인이 그 체류자격에 해당하는 활동과 함께 다른 체류자격에 해당하는 활동을 하려면 대통령령으로 정하는 바에 따라 미리 법무부장관의 체류자격 외 활동허가를 받아야 한다.(2020.6.9 본조개정)

제21조【근무처의 변경·추가】 ① 대한민국에 체류하는 외국인이 그 체류자격의 범위에서 그의 근무처를 변경하거나 추가하려면 대통령령으로 정하는 바에 따라 미리 법무부장관의 허가를 받아야 한다. 다만, 전문적인 지식·기술 또는 기능을 가진 사람으로서 대통령령으로 정하는 사람은 근무처를 변경하거나 추가한 날부터 15일 이내에 대통령령으로 정하는 바에 따라 법무부장관에게 신고하여야 한다.(2020.6.9 본항개정)

② 누구든지 제1항 본문에 따른 근무처의 변경허가·추가허가를 받지 아니한 외국인을 고용하거나 고용을 알선하여서는 아니 된다. 다만, 다른 법률에 따라 고용을 알선하는 경우에는 그러하지 아니하다.

③ 제1항 단서에 해당하는 사람에 대하여는 제18조제2항을 적용하지 아니한다.

제22조【활동범위의 제한】 법무부장관은 공공의 안녕질서나 대한민국의 중요한 이익을 위하여 필요하다고 인정하면 대한민국에 체류하는 외국인에 대하여 거소(居所) 또는 활동의 범위를 제한하거나 그 밖에 필요한 준수사항을 정할 수 있다.

제23조【체류자격 부여】 ① 다음 각 호의 어느 하나에 해당하는 외국인이 제10조에 따른 체류자격을 가지지 못하고 대한민국에 체류하게 되는 경우에는 다음 각 호의 구분에 따른 기간 이내에 대통령령으로 정하는 바에 따라 체류자격을 받아야 한다.

1. 대한민국에서 출생한 외국인 : 출생한 날부터 90일
2. 대한민국에서 체류 중 대한민국의 국적을 상실하거나 이탈하는 등 그 밖의 사유가 발생한 외국인 : 그 사유가 발생한 날부터 60일

② 제1항에 따른 체류자격 부여의 심사기준은 법무부령으로 정한다.

(2020.6.9 본조개정)

제24조【체류자격 변경허가】 ① 대한민국에 체류하는 외국인이 그 체류자격과 다른 체류자격에 해당하는 활동을 하려면 대통령령으로 정하는 바에 따라 미리 법무부장관의 체류자격 변경허가를 받아야 한다.(2020.6.9 본항개정)

② 제31조제1항 각 호의 어느 하나에 해당하는 사람으로서 그 신분이 변경되어 체류자격을 변경하려는 사람은 신분이 변경된 날부터 30일 이내에 법무부장관의 체류자격 변경허가를 받아야 한다.

③ 제1항에 따른 체류자격 변경허가의 심사기준은 법무부령으로 정한다.(2020.6.9 본항신설)

판례 체류자격 변경허가는 신청인에게 당초의 체류자격과 다른 체류자격에 해당하는 활동을 할 수 있는 권한을 부여하는 일종의 설권적 처분의 성격을 가지므로, 허가권자는 신청인이 관계 법령에서 정한 요건을 충족하였더라도, 신청인의 적격성, 체류 목적, 공익상의 영향 등을 참작하여 허가 여부를 결정할 수 있는 재량을 가진다. 다만 재량을 행사할 때 판단의 기초가 된 사실인정에 중대한 오류가 있는 경우 또는 비례·평등의 원칙을 위반하거나 사회통념상 현저하게 타당성을 잃는 등의 사유가 있다면 이는 재량권의 일탈·남용으로서 위법하다.(대판 2016.7.14, 2015두48846)

제25조【체류기간 연장허가】 ① 외국인이 체류기간을 초과하여 계속 체류하려면 대통령령으로 정하는 바에 따라 체류기간이 끝나기 전에 법무부장관의 체류기간 연장허가를 받아야 한다.

② 제1항에 따른 체류기간 연장허가의 심사기준은 법무부령으로 정한다.(2020.6.9 본항신설)

제25조의2【결혼이민자 등에 대한 특칙】 ① 법무부장관은 다음 각 호의 어느 하나에 해당하는 외국인이 체류기간 연장허가를 신청하는 경우에는 해당 재판 등의 권리구제 절차가 종료할 때까지 체류기간 연장을 허가할 수 있다.

1. 「가정폭력범죄의 처벌 등에 관한 특례법」 제2조제1호의 가정폭력을 이유로 법원의 재판, 수사기관의 수사 또는 그 밖의 법률에 따른 권리구제 절차가 진행 중인 대한민국 국민의 배우자인 외국인
2. 「성폭력범죄의 처벌 등에 관한 특례법」 제2조제1항의 성폭력범죄를 이유로 법원의 재판, 수사기관의 수사 또는 그 밖의 법률에 따른 권리구제 절차가 진행 중인 외국인
3. 「아동학대범죄의 처벌 등에 관한 특례법」 제2조제4호의 아동학대범죄를 이유로 법원의 재판, 수사기관의 수사 또는 그 밖의 법률에 따른 권리구제 절차가 진행 중인 외국인 아동 및 「아동복지법」 제3조제3호의 보호자(아동학대행위자는 제외한다)
4. 「인신매매등방지 및 피해자보호 등에 관한 법률」 제3조의 인신매매등피해자로서 법원의 재판, 수사기관의 수사 또는 그 밖의 법률에 따른 권리구제 절차가 진행 중인 외국인

② 법무부장관은 제1항에 따른 체류 연장기간 만료 이후에도 피해 회복 등을 위하여 필요하다고 인정하는 경우에는 체류기간 연장을 허가할 수 있다.

(2022.12.13 본조개정)

제25조의3~제25조의4 (2022.12.13 삭제)

제25조의5【국가비상사태 등에 있어서 체류기간 연장허가에 대한 특칙】 ① 법무부장관은 대한민국 또는 다른 국가의 전시, 사변, 전염병 확산, 천재지변 또는 이에 준하는 비상사태나 위기에 따른 국경의 폐쇄, 장기적인 항공기 운항 중단 등으로 인하여 외국인의 귀책사유 없이 출국이 제한된 경우에는 이 법 또는 다른 법률의 규정에도 불구하고 직권으로 또는 외국인의 신청에 따라 체류기간 연장을 허가할 수 있다.

② 제1항에 따른 체류기간 연장허가의 심사기준은 법무부령으로 정한다.

③ 법무부장관은 제1항에 따른 체류 연장기간 만료 이후에도 필요하다고 인정하는 경우 체류기간 연장을 허가할 수 있다.

(2022.2.3 본조신설)

제26조【허위서류 제출 등의 금지】 누구든지 제20조, 제21조, 제23조부터 제25조까지, 제25조의2, 제25조의3 및 제25조의4에 따른 허가 신청과 관련하여 다음 각 호의 어느 하나에 해당하는 행위를 해서는 아니 된다.(2019.4.23 본문개정)

1. 위조·변조된 문서 등을 입증자료로 제출하거나 거짓 사실이 적힌 신청서 등을 제출하는 등 부정한 방법으로 신청하는 행위
2. 제1호의 행위를 알선·권유하는 행위

(2016.3.29 본조신설)

제27조【여권등의 휴대 및 제시】 ① 대한민국에 체류하는 외국인은 항상 여권·선원신분증명서·외국인입국허가서·외국인등록증·모바일외국인등록증 또는 상륙허가서(이하 "여권등"이라 한다)를 지니고 있어야 한다. 다만, 17세 미만인 외국인의 경우에는 그러하지 아니하다.(2023.6.13 본문개정)
② 제1항 본문의 외국인은 출입국관리공무원이나 권한 있는 공무원이 그 직무수행과 관련하여 여권등의 제시를 요구하면 여권등을 제시하여야 한다.

제2절 외국인의 출국

제28조【출국심사】 ① 외국인이 출국할 때에는 유효한 여권을 가지고 출국하는 출입국항에서 출입국관리공무원의 출국심사를 받아야 한다.
② 제1항의 경우에 출입국항이 아닌 장소에서의 출국심사에 관하여는 제3조제1항 단서를 준용한다.
③ 제1항과 제2항의 경우에 위조되거나 변조된 외국인의 여권·선원신분증명서에 관하여는 제5조를 준용한다.
(2014.12.30 본항개정)
④ 제1항과 제2항의 경우에 선박등의 출입에 관하여는 제12조제6항을 준용한다.
⑤ 외국인의 출국심사에 관하여는 제3조제2항을 준용한다.
⑥ 출입국관리공무원은 제12조의2제1항 또는 제3항에 따라 제공 또는 제출받은 생체정보를 출국심사에 활용할 수 있다.
(2020.6.9 본항개정)

제29조【외국인 출국의 정지】 ① 법무부장관은 제4조제1항 또는 제2항 각 호의 어느 하나에 해당하는 외국인에 대하여는 출국을 정지할 수 있다.
② 제1항의 경우에 제4조제3항부터 제5항까지와 제4조의2부터 제4조의5까지의 규정을 준용한다. 이 경우 "출국금지"는 "출국정지"로 본다.(2018.3.20 후단신설)
(2011.7.18 본조개정)

제29조의2【외국인 긴급출국정지】 ① 수사기관은 범죄 피의자인 외국인이 제4조의6제1항에 해당하는 경우에는 제29조제2항에도 불구하고 출국심사를 하는 출입국관리공무원에게 출국정지를 요청할 수 있다.
② 제1항에 따른 외국인의 출국정지에 관하여는 제4조의6제2항부터 제6항까지의 규정을 준용한다. 이 경우 "출국금지"는 "출국정지"로, "긴급출국금지"는 "긴급출국정지"로 본다.
(2018.3.20 본조신설)

제30조【재입국허가】 ① 법무부장관은 제31조에 따라 외국인등록을 하거나 그 등록이 면제된 외국인이 체류기간 내에 출국하였다가 재입국하려는 경우 그의 신청을 받아 재입국을 허가할 수 있다. 다만, 영주자격을 가진 사람과 재입국허가를 면제하여야 할 상당한 이유가 있는 사람으로서 법무부령으로 정하는 사람에 대하여는 재입국허가를 면제할 수 있다.
(2018.3.20 단서개정)
② 제1항에 따른 재입국허가는 한 차례만 재입국할 수 있는 단수재입국허가와 2회 이상 재입국할 수 있는 복수재입국허가로 구분한다.
③ 외국인이 질병이나 그 밖의 부득이한 사유로 제1항에 따라 허가받은 기간 내에 재입국할 수 없는 경우에는 그 기간이 끝나기 전에 법무부장관의 재입국허가기간 연장허가를 받아야 한다.
④ 법무부장관은 재입국허가기간 연장허가에 관한 권한을 대통령령으로 정하는 바에 따라 재외공관의 장에게 위임할 수 있다.
⑤ 재입국허가 및 그 기간의 연장허가와 재입국허가의 면제에 관한 기준과 절차는 법무부령으로 정한다.

제5장 외국인의 등록 및 사회통합 프로그램
(2012.1.26 본장제목개정)

제1절 외국인의 등록
(2012.1.26 본절제목삽입)

제31조【외국인등록】 ① 외국인이 입국한 날부터 90일을 초과하여 대한민국에 체류하려면 대통령령으로 정하는 바에 따라 입국한 날부터 90일 이내에 그의 체류지를 관할하는 지방출입국·외국인관서의 장에게 외국인등록을 하여야 한다. 다만, 다음 각 호의 어느 하나에 해당하는 외국인의 경우에는 그러하지 아니하다.(2014.3.18 본문개정)
1. 주한외국공관(대사관과 영사관을 포함한다)과 국제기구의 직원 및 그의 가족
2. 대한민국정부와의 협정에 따라 외교관 또는 영사와 유사한 특권 및 면제를 누리는 사람과 그의 가족
3. 대한민국정부가 초청한 사람 등으로서 법무부령으로 정하는 사람

② 제1항에도 불구하고 같은 항 각 호의 어느 하나에 해당하는 외국인은 본인이 원하는 경우 체류기간 내에 외국인등록을 할 수 있다.(2016.3.29 본항신설)
③ 제23조에 따라 체류자격을 받는 사람으로서 그 날부터 90일을 초과하여 체류하게 되는 사람은 제1항 각 호 외의 부분 본문에도 불구하고 체류자격을 받는 때에 외국인등록을 하여야 한다.(2016.3.29 본항개정)
④ 제24조에 따라 체류자격 변경허가를 받는 사람으로서 입국한 날부터 90일을 초과하여 체류하게 되는 사람은 제1항 각 호 외의 부분 본문에도 불구하고 체류자격 변경허가를 받는 때에 외국인등록을 하여야 한다.(2016.3.29 본항개정)
⑤ 지방출입국·외국인관서의 장은 제1항부터 제4항까지의 규정에 따라 외국인등록을 한 사람에게는 대통령령으로 정하는 방법에 따라 개인별로 고유한 등록번호(이하 "외국인등록번호"라 한다)를 부여하여야 한다.(2016.3.29 본항개정)
(2010.5.14 본조개정)

제32조【외국인등록사항】 제31조에 따른 외국인등록사항은 다음과 같다.
1. 성명, 성별, 생년월일 및 국적
2. 여권의 번호·발급일자 및 유효기간
3. 근무처와 직위 또는 담당업무
4. 본국의 주소와 국내 체류지
5. 체류자격과 체류기간
6. 제1호부터 제5호까지에서 규정한 사항 외에 법무부령으로 정하는 사항

(2010.5.14 본조개정)

제33조【외국인등록증의 발급 등】 ① 제31조에 따라 외국인등록을 받은 지방출입국·외국인관서의 장은 대통령령으로 정하는 바에 따라 그 외국인에게 외국인등록증을 발급하여야 한다. 다만, 그 외국인이 17세 미만인 경우에는 발급하지 아니할 수 있다.
② 제1항 단서에 따라 외국인등록증을 발급받지 아니한 외국인이 17세가 된 때에는 90일 이내에 체류지 관할 지방출입국·외국인관서의 장에게 외국인등록증 발급신청을 하여야 한다.
③ 영주자격을 가진 외국인에게 발급하는 외국인등록증(이하 "영주증"이라 한다)의 유효기간은 10년으로 한다.
(2018.3.20 본항신설)
④ 영주증을 발급받은 사람은 유효기간이 끝나기 전까지 영주증을 재발급받아야 한다.(2018.3.20 본항신설)
⑤ 제4항에 따른 영주증의 재발급 절차 등에 필요한 사항은 대통령령으로 정한다.(2018.3.20 본항신설)
⑥ 지방출입국·외국인관서의 장은 제1항에 따라 외국인등록증을 발급받은 외국인에게 외국인등록증과 동일한 효력을 가진 모바일외국인등록증(「전기통신사업법」 제2조제20호에 따른 이동통신단말장치에 암호화된 형태로 설치된 외국인등

록증을 말한다. 이하 같다)을 발급할 수 있다.(2025.1.21 본항개정)
⑦ 법무부장관은 법무부령으로 정하는 바에 따라 모바일외국인등록증 발급 등을 위하여 정보시스템을 구축·운영할 수 있다.(2023.6.13 본항신설)
⑧ 제6항에 따른 모바일외국인등록증의 발급, 규격, 유효기간 및 효력 말소 등에 관한 사항은 법무부령으로 정한다.
(2023.6.13 본항신설)
(2018.3.20 본조제목개정)
(2014.3.18 본조개정)

제33조의2 【영주증 재발급에 관한 특례 등】 ① 제33조에도 불구하고 이 법(법률 제15492호 출입국관리법 일부개정법률을 말한다. 이하 이 조에서 같다) 시행 당시 종전의 규정에 따라 영주자격을 가진 사람은 다음 각 호의 구분에 따른 기간 내에 체류지 관할 지방출입국·외국인관서의 장에게 영주증을 재발급받아야 한다.
1. 이 법 시행 당시 영주자격을 취득한 날부터 10년이 경과한 사람 : 이 법 시행일부터 2년 이내
2. 이 법 시행 당시 영주자격을 취득한 날부터 10년이 경과하지 아니한 사람 : 10년이 경과한 날부터 2년 이내

② 체류지 관할 지방출입국·외국인관서의 장은 제1항 각 호에 해당하는 사람에게 영주증 재발급 신청기한 등이 적힌 영주증 재발급 통지서를 지체 없이 송부하여야 한다. 다만, 소재불명 등으로 영주증 재발급 통지서를 송부하기 어려운 경우에는 관보에 공고하여야 한다.
③ 제33조제3항에도 불구하고 이 법 시행 당시 종전의 규정에 따라 영주자격을 가진 사람의 영주증은 제1항에 따라 영주증을 재발급받기 전까지 유효한 것으로 본다.
④ 제1항에 따른 영주증의 재발급 절차 등에 필요한 사항은 대통령령으로 정한다.
(2018.3.20 본조신설)

제33조의3 【외국인등록증 등의 채무이행 확보수단 제공 등의 금지】 누구든지 다음 각 호의 어느 하나에 해당하는 행위를 하여서는 아니 된다.
1. 외국인의 여권이나 외국인등록증을 취업에 따른 계약 또는 채무이행의 확보수단으로 제공받거나 그 제공을 강요 또는 알선하는 행위(2016.3.29 본호개정)
2. 제31조제5항에 따른 외국인등록번호를 거짓으로 생성하여 자기 또는 다른 사람의 재물이나 재산상의 이익을 위하여 사용하거나 이를 알선하는 행위(2016.3.29 본호개정)
3. 외국인등록번호나 모바일외국인등록증을 거짓으로 만드는 프로그램을 다른 사람에게 전달하거나 유포 또는 이를 알선하는 행위(2023.6.13 본호개정)
4. 다른 사람의 외국인등록증이나 모바일외국인등록증을 부정하게 사용하거나 자기의 외국인등록증이나 모바일외국인등록증을 부정하게 사용한다는 사정을 알면서 다른 사람에게 제공하는 행위 또는 이를 각각 알선하는 행위
(2023.6.13 본호개정)
5. 다른 사람의 외국인등록번호를 자기 또는 다른 사람의 재물이나 재산상의 이익을 위하여 부정하게 사용하거나 이를 알선하는 행위(2016.3.29 본호개정)

(2010.5.14 본조개정)

제34조 【외국인등록표 등의 작성 및 관리】 ① 제31조에 따라 외국인등록을 받은 지방출입국·외국인관서의 장은 등록외국인기록표를 작성·비치하고, 외국인등록표를 작성하여 그 외국인이 체류하는 시(「제주특별자치도 설치 및 국제자유도시 조성을 위한 특별법」 제10조에 따른 행정시를 포함하며, 특별시와 광역시는 제외한다. 이하 같다)·군·구(자치구가 아닌 구를 포함한다. 이하 이 조, 제36조 및 제37조에서 같다) 및 읍·면·동의 장에게 보내야 한다.(2018.3.20 본항개정)
② 시·군·구 및 읍·면·동의 장은 제1항에 따라 외국인등록표를 받았을 때에는 그 등록사항을 외국인등록대장에 적어 관리하여야 한다.(2018.3.20 본항개정)
③ 등록외국인기록표, 외국인등록표 및 외국인등록대장의 작성과 관리에 필요한 사항은 대통령령으로 정한다.
(2010.5.14 본조개정)

제35조 【외국인등록사항의 변경신고】 제31조에 따라 등록을 한 외국인은 다음 각 호의 어느 하나에 해당하는 사항이 변경되었을 때에는 대통령령으로 정하는 바에 따라 15일 이내에 체류지 관할 지방출입국·외국인관서의 장에게 외국인등록사항 변경신고를 하여야 한다.(2020.6.9 본문개정)
1. 성명, 성별, 생년월일 및 국적
2. 여권의 번호, 발급일자 및 유효기간
3. 제1호 및 제2호에서 규정한 사항 외에 법무부령으로 정하는 사항

(2010.5.14 본조개정)

제36조 【체류지 변경의 신고】 ① 제31조에 따라 등록을 한 외국인이 체류지를 변경하였을 때에는 대통령령으로 정하는 바에 따라 전입한 날부터 15일 이내에 새로운 체류지의 시·군·구 또는 읍·면·동의 장이나 그 체류지를 관할하는 지방출입국·외국인관서의 장에게 전입신고를 하여야 한다.
(2020.6.9 본항개정)
② 외국인이 제1항에 따른 신고를 할 때에는 외국인등록증을 제출하여야 한다. 이 경우 시·군·구 또는 읍·면·동의 장이나 지방출입국·외국인관서의 장은 그 외국인등록증에 체류지 변경사항을 적은 후 돌려주어야 한다.
③ 제1항에 따라 전입신고를 받은 지방출입국·외국인관서의 장은 지체 없이 새로운 체류지의 시·군·구 또는 읍·면·동의 장에게 체류지 변경 사실을 통보하여야 한다.
④ 제1항에 따라 직접 전입신고를 받거나 제3항에 따라 지방출입국·외국인관서의 장으로부터 체류지 변경통보를 받은 시·군·구 또는 읍·면·동의 장은 지체 없이 종전 체류지의 시·군·구 또는 읍·면·동의 장에게 체류지 변경신고서 사본을 첨부하여 외국인등록표의 이송을 요청하여야 한다.
⑤ 제4항에 따라 외국인등록표 이송을 요청받은 종전 체류지의 시·군·구 또는 읍·면·동의 장은 이송을 요청받은 날부터 3일 이내에 새로운 체류지의 시·군·구 또는 읍·면·동의 장에게 외국인등록표를 이송하여야 한다.
⑥ 제5항에 따라 외국인등록표를 이송받은 시·군·구 또는 읍·면·동의 장은 신고인의 외국인등록표를 정리하고 제34조제2항에 따라 관리하여야 한다.
⑦ 제1항에 따라 전입신고를 받은 시·군·구 또는 읍·면·동의 장이나 지방출입국·외국인관서의 장은 대통령령으로 정하는 바에 따라 그 사실을 지체 없이 종전 체류지를 관할하는 지방출입국·외국인관서의 장에게 통보하여야 한다.
⑧ 제2항에도 불구하고 제33조제6항에 따라 모바일외국인등록증을 발급받은 자가 「민원 처리에 관한 법률」 제12조의2에 따라 전자민원창구를 이용하는 경우에는 체류지 변경사항을 모바일외국인등록증에 수록하는 것으로 제2항 후단에 따라 외국인등록증에 위 사항을 기재하는 것을 갈음할 수 있다.
(2023.6.13 본항신설)
(2016.3.29 본조개정)

제37조 【외국인등록증의 반납 등】 ① 제31조에 따라 등록을 한 외국인이 출국할 때에는 출입국관리공무원에게 외국인등록증을 반납하여야 한다. 다만, 다음 각 호의 어느 하나에 해당하는 경우에는 그러하지 아니하다.
1. 재입국허가를 받고 일시 출국하였다가 그 허가기간 내에 다시 입국하려는 경우
2. 복수사증 소지자나 재입국허가 면제대상 국가의 국민으로서 일시 출국하였다가 허가된 체류기간 내에 다시 입국하려는 경우
3. 난민여행증명서를 발급받고 일시 출국하였다가 그 유효기간 내에 다시 입국하려는 경우

② 제31조에 따라 등록을 한 외국인이 국민이 되거나 사망한 경우 또는 제31조제1항 각 호의 어느 하나에 해당하게 된 경

우(같은 조 제2항에 따라 외국인등록을 한 경우는 제외한다)에는 대통령령으로 정하는 바에 따라 외국인등록증을 반납하여야 한다.(2016.3.29 본항개정)
③ 지방출입국·외국인관서의 장은 제1항이나 제2항에 따라 외국인등록증을 반납받으면 대통령령으로 정하는 바에 따라 그 사실을 지체 없이 체류지의 시·군·구 및 읍·면·동의 장에게 통보하여야 한다.(2018.3.20 본항개정)
④ 지방출입국·외국인관서의 장은 대한민국의 이익을 위하여 필요하다고 인정하면 제1항 각 호의 어느 하나에 해당하는 외국인의 외국인등록증을 일시 보관할 수 있다.(2014.3.18 본항개정)
⑤ 제4항의 경우 그 외국인이 허가된 기간 내에 다시 입국하였을 때에는 15일 이내에 지방출입국·외국인관서의 장으로부터 외국인등록증을 돌려받아야 하고, 그 허가받은 기간 내에 다시 입국하지 아니하였을 때에는 제1항에 따라 외국인등록증을 반납한 것으로 본다.(2020.6.9 본항개정)
(2010.5.14 본조개정)

제37조의2【외국인등록사항의 말소】 ① 지방출입국·외국인관서의 장은 제31조에 따라 등록을 한 외국인이 다음 각 호의 어느 하나에 해당하는 경우에는 제32조에 따른 외국인등록사항을 말소할 수 있다.
1. 제37조제1항 또는 제2항에 따라 외국인등록증을 반납한 경우
2. 출국 후 재입국허가기간(재입국허가를 면제받은 경우에는 면제받은 기간 또는 체류허가기간) 내에 입국하지 아니한 경우
3. 그 밖에 출입국관리공무원이 직무수행 중 제1호 또는 제2호에 준하는 말소 사유를 발견한 경우

② 제1항에 따른 외국인등록사항의 말소 절차에 관하여 필요한 사항은 대통령령으로 정한다.
(2016.3.29 본조신설)

제38조【생체정보의 제공 등】 ① 다음 각 호의 어느 하나에 해당하는 외국인은 법무부령으로 정하는 바에 따라 생체정보를 제공하여야 한다.(2020.6.9 본문개정)
1. 다음 각 목의 어느 하나에 해당하는 사람으로서 17세 이상인 사람
   가. 제31조에 따라 외국인등록을 하여야 하는 사람(같은 조 제2항에 따라 외국인등록을 하려는 사람은 제외한다)
   나. 「재외동포의 출입국과 법적 지위에 관한 법률」 제6조에 따라 국내거소신고를 하려는 사람
   (2016.3.29 본호개정)
2. 이 법을 위반하여 조사를 받거나 그 밖에 다른 법률을 위반하여 수사를 받고 있는 사람
3. 신원이 확실하지 아니한 사람
4. 제1호부터 제3호까지에서 규정한 사람 외에 법무부장관이 대한민국의 안전이나 이익 또는 해당 외국인의 안전이나 이익을 위하여 특히 필요하다고 인정하는 사람

② 지방출입국·외국인관서의 장은 제1항에 따른 생체정보의 제공을 거부하는 외국인에게는 체류기간 연장허가 등 이 법에 따른 허가를 하지 아니할 수 있다.(2020.6.9 본항개정)
③ 법무부장관은 제1항에 따라 제공받은 생체정보를 「개인정보 보호법」에 따라 보유하고 관리한다.(2020.6.9 본항개정)
(2020.6.9 본조제목개정)
(2010.5.14 본조개정)

제38조의2【생체정보의 공동이용】 ① 법무부장관은 관계기관이 선박등의 탑승권 발급, 출입국항의 보호구역 진입 및 선박 등의 탑승 등의 업무를 위하여 요청하는 경우에는 이 법에 따라 수집·처리한 생체정보를 제공할 수 있다.
② 제1항에 따라 생체정보를 제공받은 기관은 그 생체정보를 「개인정보 보호법」에 따라 처리하여야 한다.
(2020.6.9 본조신설)

제2절 사회통합 프로그램
(2012.1.26 본절신설)

제39조【사회통합 프로그램】 ① 법무부장관은 대한민국 국적, 영주자격 등을 취득하려는 외국인의 사회적응을 지원하기 위하여 교육, 정보 제공, 상담 등의 사회통합 프로그램(이하 "사회통합 프로그램"이라 한다)을 시행할 수 있다.
(2018.3.20 본항개정)
② 법무부장관은 사회통합 프로그램을 효과적으로 시행하기 위하여 필요한 전문인력 및 시설 등을 갖춘 기관, 법인 또는 단체를 사회통합 프로그램 운영기관으로 지정할 수 있다.
③ 법무부장관은 대통령령으로 정하는 바에 따라 사회통합 프로그램의 시행에 필요한 전문인력을 양성할 수 있다.
④ 국가와 지방자치단체는 다음 각 호의 경비의 전부 또는 일부를 예산의 범위에서 지원할 수 있다.
1. 제2항에 따라 지정된 운영기관의 업무 수행에 필요한 경비
2. 제3항에 따른 전문인력 양성에 필요한 경비

⑤ 사회통합 프로그램의 내용 및 개발, 운영기관의 지정·관리 및 지정 취소, 그 밖에 사회통합 프로그램의 운영에 필요한 사항은 대통령령으로 정한다.

제40조【사회통합 프로그램 이수자에 대한 우대】 법무부장관은 사증 발급, 체류 관련 각종 허가 등을 할 때에 이 법 또는 관계 법령에서 정하는 바에 따라 사회통합 프로그램 이수자를 우대할 수 있다.

제41조【사회통합 자원봉사위원】 ① 법무부장관은 외국인의 사회통합을 지원하기 위하여 법무부령으로 정하는 바에 따라 지방출입국·외국인관서에 사회통합 자원봉사위원(이하 "사회통합위원"이라 한다)을 둘 수 있다.
② 사회통합위원은 다음 각 호의 직무를 수행한다.
1. 외국인 및 고용주 등의 법 준수를 위한 홍보활동
2. 외국인이 한국사회의 건전한 사회구성원으로 정착하기 위한 체류 지원
3. 영주자격 및 국적을 취득하려는 자에 대한 지원
4. 그 밖에 대한민국 국민과 국내 체류 외국인의 사회통합을 위하여 법무부장관이 정하는 사항

③ 사회통합위원은 명예직으로 하되 직무수행에 필요한 비용의 전부 또는 일부를 지급할 수 있다.
④ 사회통합위원의 위촉 및 해촉, 정원, 자치 조직, 비용의 지급, 그 밖에 필요한 사항은 법무부령으로 정한다.
(2014.12.30 본조신설)

제42조~제45조 (1999.2.5 삭제)

제6장 강제퇴거 등
(2010.5.14 본장개정)

제1절 강제퇴거의 대상자

제46조【강제퇴거의 대상자】 ① 지방출입국·외국인관서의 장은 이 장에 규정된 절차에 따라 다음 각 호의 어느 하나에 해당하는 외국인을 대한민국 밖으로 강제퇴거시킬 수 있다.
(2014.3.18 본문개정)
1. 제7조를 위반한 사람
2. 제7조의2를 위반한 외국인 또는 같은 조에 규정된 허위초청 등의 행위로 입국한 외국인
3. 제11조제1항 각 호의 어느 하나에 해당하는 입국금지 사유가 입국 후에 발견되거나 발생한 사람
4. 제12조제1항·제2항 또는 제12조의3을 위반한 사람
5. 제13조제2항에 따라 지방출입국·외국인관서의 장이 붙인 허가조건을 위반한 사람(2014.3.18 본호개정)
6. 제14조제1항, 제14조의2제1항, 제15조제1항, 제16조제1항 또는 제16조의2제1항에 따른 허가를 받지 아니하고 상륙한 사람(2012.1.26 본호개정)

7. 제14조제3항(제14조의2제3항에 따라 준용되는 경우를 포함한다), 제15조제2항, 제16조제2항 또는 제16조의2제2항에 따라 지방출입국·외국인관서의 장 또는 출입국관리공무원이 붙인 허가조건을 위반한 사람(2014.3.18 본호개정)
8. 제17조제1항·제2항, 제18조, 제20조, 제23조, 제24조 또는 제25조를 위반한 사람
9. 제21조제1항 본문을 위반하여 허가를 받지 아니하고 근무처를 변경·추가하거나 같은 조 제2항을 위반하여 외국인을 고용·알선한 사람
10. 제22조에 따라 법무부장관이 정한 거소 또는 활동범위의 제한이나 그 밖의 준수사항을 위반한 사람
10의2. 제26조를 위반한 외국인(2016.3.29 본호신설)
11. 제28조제1항 및 제2항을 위반하여 출국하려고 한 사람
12. 제31조에 따른 외국인등록 의무를 위반한 사람
12의2. 제33조의3을 위반한 외국인(2018.3.20 본항개정)
13. 금고 이상의 형을 선고받고 석방된 사람
14. 제76조의4제1항 각 호의 어느 하나에 해당하는 사람(2021.8.17 본호신설)
15. 그 밖에 제1호부터 제10호까지, 제10호의2, 제11호, 제12호, 제12호의2, 제13호 또는 제14호에 준하는 사람으로서 법무부령으로 정하는 사람(2021.8.17 본호개정)

② 영주자격을 가진 사람은 제1항에도 불구하고 대한민국 밖으로 강제퇴거되지 아니한다. 다만, 다음 각 호의 어느 하나에 해당하는 사람은 그러하지 아니하다.(2018.3.20 본문개정)
1. 「형법」 제2편제1장 내란의 죄 또는 제2장 외환의 죄를 범한 사람
2. 5년 이상의 징역 또는 금고의 형을 선고받고 석방된 사람 중 법무부령으로 정하는 사람
3. 제12조의3제1항 또는 제2항을 위반하거나 이를 교사(敎唆) 또는 방조(幇助)한 사람

판례 동조에 의한 강제퇴거의 요건과 입증책임 : 출입국관리법 소정의 외국인으로서 대한민국 밖으로 강제퇴거를 시키기 위하여는 상대방이 대한민국의 국적을 가지지 아니한 외국인이라고 단정할 수 있어야 하고, 따라서 재외 국민이 다른 나라의 여권을 소지하고 대한민국에 입국하였다 하더라도 그가 당초에 대한민국의 국민이었던 점이 인정되는 이상 다른 나라의 여권을 소지한 사실 자체만으로는 그 나라의 국적을 취득하였다거나 대한민국의 국적을 상실한 것으로 추정·의제되는 것이 아니므로, 다른 특별한 사정이 없는 한 그와 같은 재외 국민을 외국인으로 볼 것은 아니고, 다른 나라의 여권을 소지하고 입국한 재외 국민이 그 나라의 국적을 취득하였다거나 대한민국의 국적을 상실한 외국인이라는 점에 대하여는 관할 외국인보호소장 등 처분청이 이를 입증하여야 한다.(대판 1996.11.12, 96누1221)

제46조의2 【강제퇴거집행 등에 대한 특칙】 지방출입국·외국인관서의 장은 제25조의2제1항 각 호의 어느 하나에 해당하는 외국인이 같은 항에 따른 법원의 재판, 수사기관의 수사 또는 그 밖의 법률에 따른 권리구제 절차가 진행 중일 때에는 제62조에 따른 강제퇴거명령서의 집행을 유예하거나 제65조에 따라 보증금을 예치시키고 주거의 제한이나 그 밖에 필요한 조건을 붙여 보호를 일시해제할 수 있다.
(2022.12.13 본조신설)

제2절 조 사

제47조 【조사】 출입국관리공무원은 제46조제1항 각 호의 어느 하나에 해당된다고 의심되는 외국인(이하 "용의자"라 한다)에 대하여는 그 사실을 조사할 수 있다.

제48조 【용의자에 대한 출석요구 및 신문】 ① 출입국관리공무원은 제47조에 따른 조사에 필요하면 용의자의 출석을 요구하여 신문(訊問)할 수 있다.
② 출입국관리공무원이 제1항에 따라 신문을 할 때에는 다른 출입국관리공무원을 참여하게 하여야 한다.
③ 제1항에 따른 신문을 할 때에는 용의자가 한 진술은 조서(調書)에 적어야 한다.
④ 출입국관리공무원은 제3항에 따른 조서를 용의자에게 읽어 주거나 열람하게 한 후 오기(誤記)가 있고 없음을 물어야 하고, 용의자가 그 내용에 대한 추가·삭제 또는 변경을 청구하면 그 진술을 조서에 적어야 한다.
⑤ 조서에는 용의자로 하여금 간인(間印)한 후 서명 또는 기명날인(記名捺印)하게 하고, 용의자가 서명 또는 기명날인할 수 없거나 이를 거부할 때에는 그 사실을 조서에 적어야 한다.
⑥ 국어가 통하지 아니하는 사람이나 청각장애인 또는 언어장애인의 진술은 통역인에게 통역하게 하여야 한다. 다만, 청각장애인이나 언어장애인에게는 문자로 묻거나 진술하게 할 수 있다.
⑦ 용의자의 진술 중 국어가 아닌 문자나 부호가 있으면 이를 번역하게 하여야 한다.

제49조 【참고인에 대한 출석요구 및 진술】 ① 출입국관리공무원은 제47조에 따른 조사에 필요하면 참고인에게 출석을 요구하여 그의 진술을 들을 수 있다.
② 참고인의 진술에 관하여는 제48조제2항부터 제7항까지의 규정을 준용한다.

제50조 【검사 및 서류 등의 제출요구】 출입국관리공무원은 제47조에 따른 조사에 필요하면 용의자의 동의를 받아 그의 주거 또는 물건을 검사하거나 서류 또는 물건을 제출하도록 요구할 수 있다.

제3절 심사결정을 위한 보호

제51조 【보호】 ① 출입국관리공무원은 외국인이 제46조제1항 각 호의 어느 하나에 해당된다고 의심할 만한 상당한 이유가 있고 도주하거나 도주할 염려가 있으면 지방출입국·외국인관서의 장으로부터 보호명령서를 발급받아 그 외국인을 보호할 수 있다.(2014.3.18 본항개정)
② 제1항에 따른 보호명령서의 발급을 신청할 때에는 보호의 필요성을 인정할 수 있는 자료를 첨부하여 제출하여야 한다.
③ 출입국관리공무원은 외국인이 제46조제1항 각 호의 어느 하나에 해당된다고 의심할 만한 상당한 이유가 있고 도주하거나 도주할 염려가 있는 긴급한 경우에 지방출입국·외국인관서의 장으로부터 보호명령서를 발급받을 여유가 없을 때에는 그 사유를 알리고 긴급히 보호할 수 있다.(2014.3.18 본항개정)
④ 출입국관리공무원은 제3항에 따라 외국인을 긴급히 보호하면 즉시 긴급보호서를 작성하여 그 외국인에게 내보여야 한다.
⑤ 출입국관리공무원은 제3항에 따라 외국인을 보호한 경우에는 48시간 이내에 보호명령서를 발급받아 외국인에게 내보여야 하며, 보호명령서를 발급받지 못한 경우에는 즉시 보호를 해제하여야 한다.

제52조 【보호기간 및 보호장소】 ① 제51조에 따라 보호된 외국인의 강제퇴거 대상자 여부를 심사·결정하기 위한 보호기간은 10일 이내로 한다. 다만, 부득이한 사유가 있으면 지방출입국·외국인관서의 장의 허가를 받아 10일을 초과하지 아니하는 범위에서 한 차례만 연장할 수 있다.(2014.3.18 단서개정)
② 보호할 수 있는 장소는 외국인보호실, 외국인보호소 또는 그 밖에 법무부장관이 지정하는 장소(이하 "보호시설"이라 한다)로 한다.

제53조 【보호명령서의 집행】 출입국관리공무원이 보호명령서를 집행할 때에는 용의자에게 보호명령서를 내보여야 한다.

제54조 【보호의 통지】 ① 출입국관리공무원은 용의자를 보호한 때에는 국내에 있는 그의 법정대리인·배우자·직계친족·형제자매·가족·변호인 또는 용의자가 지정하는 사람(이하 "법정대리인등"이라 한다)에게 3일 이내에 보호의 일시·장소 및 이유를 서면으로 통지하여야 한다. 다만, 법정대리인등이 없는 때에는 그 사유를 서면에 적고 통지하지 아니할 수 있다.
② 출입국관리공무원은 제1항에 따른 통지 외에 보호된 사람이 원하는 경우에는 긴급한 사정이나 그 밖의 부득이한 사유가 없으면 국내에 주재하는 그의 국적이나 시민권이 속하는 국가의 영사에게 보호의 일시·장소 및 이유를 통지하여야 한다.

제55조【보호에 대한 이의신청】 ① 보호명령서에 따라 보호된 사람이나 그의 법정대리인등은 지방출입국·외국인관서의 장을 거쳐 법무부장관에게 보호에 대한 이의신청을 할 수 있다.(2014.3.18 본항개정)
② 법무부장관은 제1항에 따른 이의신청을 받은 경우 지체 없이 관계 서류를 심사하여 그 신청이 이유 없다고 인정되면 결정으로 기각하고, 이유 있다고 인정되면 결정으로 보호된 사람의 보호해제를 명하여야 한다.
③ 법무부장관은 제2항에 따른 결정에 앞서 필요하면 관계인의 진술을 들을 수 있다.
제56조【외국인의 일시보호】 ① 출입국관리공무원은 다음 각 호의 어느 하나에 해당하는 외국인을 48시간을 초과하지 아니하는 범위에서 외국인보호실에 일시보호할 수 있다.
1. 제12조제4항에 따라 입국이 허가되지 아니한 사람
2. 제13조제1항에 따라 조건부 입국허가를 받은 사람으로서 도주하거나 도주할 염려가 있다고 인정할 만한 상당한 이유가 있는 사람
3. 제68조제1항에 따라 출국명령을 받은 사람으로서 도주하거나 도주할 염려가 있다고 인정할 만한 상당한 이유가 있는 사람
② 출입국관리공무원은 제1항에 따라 일시보호한 외국인을 출국교통편의 미확보, 질병, 그 밖의 부득이한 사유로 48시간 내에 송환할 수 없는 경우에는 지방출입국·외국인관서의 장의 허가를 받아 48시간을 초과하지 아니하는 범위에서 한 차례만 보호기간을 연장할 수 있다.(2014.3.18 본항개정)
제56조의2【피보호자의 긴급이송 등】 ① 지방출입국·외국인관서의 장은 천재지변이나 화재, 그 밖의 사변으로 인하여 보호시설에서는 피난할 방법이 없다고 인정되면 보호시설에 보호되어 있는 사람(이하 "피보호자"라 한다)을 다른 장소로 이송할 수 있다.
② 지방출입국·외국인관서의 장은 제1항에 따른 이송이 불가능하다고 판단되면 외국인의 보호조치를 해제할 수 있다.
(2014.3.18 본조개정)
제56조의3【피보호자 인권의 존중 등】 ① 피보호자의 인권은 최대한 존중하여야 하며, 국적, 성별, 종교, 사회적 신분 등을 이유로 피보호자를 차별하여서는 아니 된다.
② 남성과 여성은 분리하여 보호하여야 한다. 다만, 어린이의 부양 등 특별한 사정이 있는 경우에는 그러하지 아니하다.
(2016.3.29 본항신설)
③ 지방출입국·외국인관서의 장은 피보호자가 다음 각 호의 어느 하나에 해당하는 외국인인 경우에는 특별히 보호하여야 한다.
1. 환자
2. 임산부
3. 노약자
4. 19세 미만인 사람
5. 제1호부터 제4호까지에 준하는 사람으로서 지방출입국·외국인관서의 장이 특별히 보호할 필요가 있다고 인정하는 사람
(2014.12.30 본항신설)
④ 제3항에 따른 보호를 위한 특별한 조치 및 지원에 관한 구체적인 사항은 법무부령으로 정한다.(2016.3.29 본항개정)
제56조의4【강제력의 행사】 ① 출입국관리공무원은 피보호자가 다음 각 호의 어느 하나에 해당하면 그 피보호자에게 강제력을 행사할 수 있고, 다른 피보호자와 격리하여 보호할 수 있다. 이 경우 피보호자의 생명과 신체의 안전, 도주의 방지, 시설의 보안 및 질서유지를 위하여 필요한 최소한도에 그쳐야 한다.
1. 자살 또는 자해행위를 하려는 경우
2. 다른 사람에게 위해를 끼치거나 끼치려는 경우
3. 도주하거나 도주하려는 경우
4. 출입국관리공무원의 직무집행을 정당한 사유 없이 거부 또는 기피하거나 방해하는 경우
5. 제1호부터 제4호까지에서 규정한 경우 외에 보호시설 및 피보호자의 안전과 질서를 현저히 해치는 행위를 하거나 하려는 경우
② 제1항에 따라 강제력을 행사할 때에는 신체적인 유형력(有形力)을 행사하거나 경찰봉, 가스분사용총, 전자충격기 등 법무부장관이 지정하는 보안장비만을 사용할 수 있다.
③ 제1항에 따른 강제력을 행사하려면 사전에 해당 피보호자에게 경고하여야 한다. 다만, 긴급한 상황으로 사전에 경고할 만한 시간적 여유가 없을 때에는 그러하지 아니하다.
④ 출입국관리공무원은 제1항 각 호의 어느 하나에 해당하거나 보호시설의 질서유지 또는 강제퇴거를 위한 호송 등을 위하여 필요한 경우에는 다음 각 호의 보호장비를 사용할 수 있다.
1. 수갑
2. 포승
3. 머리보호장비
4. 제1호부터 제3호까지에서 규정한 사항 외에 보호시설의 질서유지 또는 강제퇴거를 위한 호송 등을 위하여 특별히 필요하다고 인정되는 보호장비로서 법무부령으로 정하는 것
⑤ 제4항에 따른 보호장비의 사용 요건 및 절차 등에 관하여 필요한 사항은 법무부령으로 정한다.
제56조의5【신체 등의 검사】 ① 출입국관리공무원은 보호시설의 안전과 질서유지를 위하여 필요하면 피보호자의 신체·의류 및 휴대품을 검사할 수 있다.
② 피보호자가 여성이면 제1항에 따른 검사는 여성 출입국관리공무원이 하여야 한다. 다만, 여성 출입국관리공무원이 없는 경우에는 지방출입국·외국인관서의 장이 지명하는 여성이 할 수 있다.(2014.3.18 단서개정)
제56조의6【면회등】 ① 피보호자는 다른 사람과 면회, 서신수수 및 전화통화(이하 "면회등"이라 한다)를 할 수 있다.
② 지방출입국·외국인관서의 장은 보호시설의 안전이나 질서, 피보호자의 안전·건강·위생을 위하여 부득이하다고 인정되는 경우에는 면회등을 제한할 수 있다.(2014.3.18 본항개정)
③ 면회등의 절차 및 그 제한 등에 관한 구체적인 사항은 법무부령으로 정한다.
제56조의7【영상정보 처리기기 등을 통한 안전대책】 ① 지방출입국·외국인관서의 장은 피보호자의 자살·자해·도주·폭행·손괴나 그 밖에 다른 피보호자의 생명·신체를 해치거나 보호시설의 안전 또는 질서를 해치는 행위를 방지하기 위하여 필요한 범위에서 영상정보 처리기기 등 필요한 시설을 설치할 수 있다.(2014.3.18 본항개정)
② 제1항에 따라 설치된 영상정보 처리기기는 피보호자의 인권 등을 고려하여 필요한 최소한의 범위에서 설치·운영되어야 한다.
③ 영상정보 처리기기 등의 설치·운영 및 녹화기록물의 관리 등에 필요한 사항은 법무부령으로 정한다.
제56조의8【청원】 ① 피보호자는 보호시설에서의 처우에 대하여 불복하는 경우에는 법무부장관이나 지방출입국·외국인관서의 장에게 청원(請願)할 수 있다.(2014.3.18 본항개정)
② 청원은 서면으로 작성하여 봉(封)한 후 제출하여야 한다. 다만, 지방출입국·외국인관서의 장에게 청원하는 경우에는 말로 할 수 있다.(2014.3.18 단서개정)
③ 피보호자는 청원을 하였다는 이유로 불리한 처우를 받지 아니한다.
④ 청원의 절차 등에 관하여 필요한 사항은 법무부령으로 정한다.
(2010.5.14 본조신설)
제56조의9【이의신청 절차 등의 게시】 지방출입국·외국인관서의 장은 제55조에 따른 보호에 대한 이의신청, 제56조의6에 따른 면회등 및 제56조의8에 따른 청원에 관한 절차를 보호시설 안의 잘 보이는 곳에 게시하여야 한다.(2014.3.18 본조개정)

제57조【피보호자의 급양 및 관리 등】 제56조의2부터 제56조의9까지에서 규정한 사항 외에 보호시설에서의 피보호자에 대한 급양(給養)이나 관리 및 처우, 보호시설의 경비(警備)에 관한 사항과 그 밖에 필요한 사항은 법무부령으로 정한다.

제4절 심사 및 이의신청

제58조【심사결정】 지방출입국·외국인관서의 장은 출입국관리공무원이 용의자에 대한 조사를 마치면 지체 없이 용의자가 제46조제1항 각 호의 어느 하나에 해당하는지를 심사하여 결정하여야 한다.(2014.3.18 본조개정)

제59조【심사 후의 절차】 ① 지방출입국·외국인관서의 장은 심사 결과 용의자가 제46조제1항 각 호의 어느 하나에 해당하지 아니한다고 인정하면 지체 없이 용의자에게 그 뜻을 알려야 하고, 용의자가 보호되어 있으면 즉시 보호를 해제하여야 한다.

② 지방출입국·외국인관서의 장은 심사 결과 용의자가 제46조제1항 각 호의 어느 하나에 해당한다고 인정되면 강제퇴거명령을 할 수 있다.

③ 지방출입국·외국인관서의 장은 제2항에 따라 강제퇴거명령을 하는 때에는 강제퇴거명령서를 용의자에게 발급하여야 한다.

④ 지방출입국·외국인관서의 장은 강제퇴거명령서를 발급하는 경우 법무부장관에게 이의신청을 할 수 있다는 사실을 용의자에게 알려야 한다.

(2014.3.18 본조개정)

제60조【이의신청】 ① 용의자는 강제퇴거명령에 대하여 이의신청을 하려면 강제퇴거명령서를 받은 날부터 7일 이내에 지방출입국·외국인관서의 장을 거쳐 법무부장관에게 이의신청서를 제출하여야 한다.

② 지방출입국·외국인관서의 장은 제1항에 따른 이의신청서를 접수하면 심사결정서와 조사기록을 첨부하여 법무부장관에게 제출하여야 한다.

③ 법무부장관은 제1항과 제2항에 따른 이의신청서 등을 접수하면 이의신청이 이유 있는지를 심사결정하여 그 결과를 지방출입국·외국인관서의 장에게 알려야 한다.

④ 지방출입국·외국인관서의 장은 법무부장관으로부터 이의신청이 이유 있다는 결정을 통지받으면 지체 없이 용의자에게 그 사실을 알리고, 용의자가 보호되어 있으면 즉시 그 보호를 해제하여야 한다.

⑤ 지방출입국·외국인관서의 장은 법무부장관으로부터 이의신청이 이유 없다는 결정을 통지받으면 지체 없이 용의자에게 그 사실을 알려야 한다.

(2014.3.18 본조개정)

제61조【체류허가의 특례】 ① 법무부장관은 제60조제3항에 따른 결정을 할 때 이의신청이 이유 없다고 인정되는 경우라도 용의자가 대한민국 국적을 가졌던 사실이 있거나 그 밖에 대한민국에 체류하여야 할 특별한 사정이 있다고 인정되면 그의 체류를 허가할 수 있다.

② 법무부장관은 제1항에 따른 허가를 할 때 체류기간 등 필요한 조건을 붙일 수 있다.

제5절 강제퇴거명령서의 집행

제62조【강제퇴거명령서의 집행】 ① 강제퇴거명령서는 출입국관리공무원이 집행한다.

② 지방출입국·외국인관서의 장은 사법경찰관리에게 강제퇴거명령서의 집행을 의뢰할 수 있다.(2014.3.18 본항개정)

③ 강제퇴거명령서를 집행할 때에는 그 명령을 받은 사람에게 강제퇴거명령서를 내보이고 지체 없이 그를 제64조에 따른 송환국으로 송환하여야 한다. 다만, 제76조제1항에 따라 선박등의 장이나 운수업자가 송환하게 되는 경우에는 출입국관리공무원은 그 선박등의 장이나 운수업자에게 그를 인도할 수 있다.(2017.12.12 단서개정)

④ 제3항에도 불구하고 강제퇴거명령을 받은 사람이 다음 각 호의 어느 하나에 해당하는 경우에는 송환하여서는 아니 된다. 다만, 「난민법」에 따른 난민신청자가 대한민국의 공공의 안전을 해쳤거나 해칠 우려가 있다고 인정되면 그러하지 아니하다.

1. 「난민법」에 따라 난민인정 신청을 하였으나 난민인정 여부가 결정되지 아니한 경우
2. 「난민법」 제21조에 따라 이의신청을 하였으나 이에 대한 심사가 끝나지 아니한 경우

(2012.2.10 본항개정)

제63조【강제퇴거명령을 받은 사람의 보호 및 보호해제】 ① 지방출입국·외국인관서의 장은 강제퇴거명령을 받은 사람을 여권 미소지 또는 교통편 미확보 등의 사유로 즉시 대한민국 밖으로 송환할 수 없으면 송환할 수 있을 때까지 그를 보호시설에 보호할 수 있다.(2014.3.18 본항개정)

<2023.3.23 헌법재판소 헌법불합치결정으로 이 항은 2025.5.31을 시한으로 입법자가 개정할 때까지 계속 적용>

② 지방출입국·외국인관서의 장은 제1항에 따라 보호할 때 그 기간이 3개월을 넘는 경우에는 3개월마다 미리 법무부장관의 승인을 받아야 한다.(2014.3.18 본항개정)

③ 지방출입국·외국인관서의 장은 제2항의 승인을 받지 못하면 지체 없이 보호를 해제하여야 한다.(2014.3.18 본항개정)

④ 지방출입국·외국인관서의 장은 강제퇴거명령을 받은 사람이 다른 국가로부터 입국이 거부되는 등의 사유로 송환될 수 없음이 명백하게 된 경우에는 그의 보호를 해제할 수 있다.(2014.3.18 본항개정)

⑤ 지방출입국·외국인관서의 장은 제3항 또는 제4항에 따라 보호를 해제하는 경우에는 주거의 제한이나 그 밖에 필요한 조건을 붙일 수 있다.(2014.3.18 본항개정)

⑥ 제1항에 따라 보호하는 경우에는 제53조부터 제55조까지, 제56조의2부터 제56조의9까지 및 제57조를 준용한다.

[판례] 동조 제1항 '보호명령'의 성질 : 동조항의 '보호명령'은 강제퇴거명령의 집행확보 이외의 다른 목적을 위하여 이를 발할 수 없다는 목적상의 한계 및 일단 적법하게 보호명령이 발하여진 경우에도 송환에 필요한 준비와 절차를 신속히 마쳐 송환이 가능할 때까지 필요한 최소한의 기간 동안 잠정적으로만 보호할 수 있고 다른 목적을 위하여 보호기간을 연장할 수 없다는 시간적 한계를 가지는 '일시적 강제조치'에 해당한다.(대판 2001.10.26, 99다68829)

제64조【송환국】 ① 강제퇴거명령을 받은 사람은 국적이나 시민권을 가진 국가로 송환된다.

② 제1항에 따른 국가로 송환할 수 없는 경우에는 다음 각 호의 어느 하나에 해당하는 국가로 송환할 수 있다.

1. 대한민국에 입국하기 전에 거주한 국가
2. 출생지가 있는 국가
3. 대한민국에 입국하기 위하여 선박등에 탔던 항(港)이 속하는 국가
4. 제1호부터 제3호까지에서 규정한 국가 외에 본인이 송환되기를 희망하는 국가

③ (2012.2.10 삭제)

제6절 보호의 일시해제

제65조【보호의 일시해제】 ① 지방출입국·외국인관서의 장은 직권으로 또는 피보호자(그의 보증인 또는 법정대리인 등을 포함한다)의 청구에 따라 피보호자의 정상(情狀), 해제요청사유, 자산, 그 밖의 사항을 고려하여 2천만원 이하의 보증금을 예치시키고 주거의 제한이나 그 밖에 필요한 조건을 붙여 보호를 일시해제할 수 있다.

② 제1항에 따른 보호의 일시해제 청구, 보증금의 예치 및 반환의 절차는 대통령령으로 정한다.

(2018.3.20 본조개정)

제66조【보호 일시해제의 취소】 ① 지방출입국·외국인관서의 장은 보호로부터 일시해제된 사람이 다음 각 호의 어느 하나에 해당하면 보호의 일시해제를 취소하고 다시 보호의 조치를 할 수 있다.(2014.3.18 본문개정)
1. 도주하거나 도주할 염려가 있다고 인정되는 경우
2. 정당한 사유 없이 출석명령에 따르지 아니한 경우
3. 제1호 및 제2호에서 규정한 사항 외에 일시해제에 붙인 조건을 위반한 경우

② 지방출입국·외국인관서의 장은 제1항에 따라 보호의 일시해제를 취소하는 경우 보호 일시해제 취소서를 발급하고 보증금의 전부 또는 일부를 국고에 귀속시킬 수 있다.(2014.3.18 본항개정)
③ 제2항에 따른 보증금의 국고 귀속절차는 대통령령으로 정한다.
제66조의2【보호의 일시해제 절차 등의 게시】 지방출입국·외국인관서의 장은 제65조 및 제66조에 따른 보호의 일시해제 및 그 취소에 관한 절차를 보호시설 안의 잘 보이는 곳에 게시하여야 한다.(2018.3.20 본조신설)

제7절 출국권고 등

제67조【출국권고】 ① 지방출입국·외국인관서의 장은 대한민국에 체류하는 외국인이 다음 각 호의 어느 하나에 해당하면 그 외국인에게 자진하여 출국할 것을 권고할 수 있다.(2014.3.18 본문개정)
1. 제17조와 제20조를 위반한 사람으로서 그 위반 정도가 가벼운 경우
2. 제1호에서 규정한 경우 외에 이 법 또는 이 법에 따른 명령을 위반한 사람으로서 법무부장관이 그 출국을 권고할 필요가 있다고 인정하는 경우

② 지방출입국·외국인관서의 장은 제1항에 따라 출국권고를 할 때에는 출국권고서를 발급하여야 한다.(2014.3.18 본항개정)
③ 제2항에 따른 출국권고서를 발급하는 경우 발급한 날부터 5일의 범위에서 출국기한을 정할 수 있다.
제68조【출국명령】 ① 지방출입국·외국인관서의 장은 다음 각 호의 어느 하나에 해당하는 외국인에게는 출국명령을 할 수 있다.(2014.3.18 본문개정)
1. 제46조제1항 각 호의 어느 하나에 해당한다고 인정되나 자기비용으로 자진하여 출국하려는 사람
2. 제67조에 따른 출국권고를 받고도 이행하지 아니한 사람
3. 제89조에 따라 각종 허가 등이 취소된 사람

3의2. 제89조의2제1항에 따라 영주자격이 취소된 사람. 다만, 제89조의2제2항에 따라 일반체류자격을 부여받은 사람은 제외한다.(2018.3.20 본호신설)

4. 제100조제1항부터 제3항까지의 규정에 따른 과태료 처분 후 출국조치하는 것이 타당하다고 인정되는 사람
5. 제102조제1항에 따른 통고처분(通告處分) 후 출국조치하는 것이 타당하다고 인정되는 사람

② 지방출입국·외국인관서의 장은 제1항에 따라 출국명령을 할 때에는 출국명령서를 발급하여야 한다.(2014.3.18 본항개정)
③ 제2항에 따른 출국명령서를 발급할 때에는 법무부령으로 정하는 바에 따라 출국기한을 정하고 주거의 제한이나 그 밖에 필요한 조건을 붙일 수 있으며, 필요하다고 인정할 때에는 2천만원 이하의 이행보증금을 예치하게 할 수 있다.(2020.10.20 본항개정)
④ 지방출입국·외국인관서의 장은 출국명령을 받고도 지정한 기한까지 출국하지 아니하거나 제3항에 따라 붙인 조건을 위반한 사람에게는 지체 없이 강제퇴거명령서를 발급하여야 하며, 그 예치된 이행보증금의 전부 또는 일부를 국고에 귀속시킬 수 있다.(2020.10.20 본항개정)
⑤ 제3항과 제4항에 따른 이행보증금의 예치 및 반환과 국고 귀속절차는 대통령령으로 정한다.(2020.10.20 본항신설)

제7장 선박등의 검색
(2010.5.14 본장개정)

제69조【선박등의 검색 및 심사】 ① 선박등이 출입국항에 출·입항할 때에는 출입국관리공무원의 검색을 받아야 한다.
② 선박등의 장이나 운수업자는 선박등이 부득이하게 출입국항이 아닌 장소에 출·입항하여야 할 사유가 발생하면 제74조에 따른 출·입항 예정통보서에 그 사유를 소명하는 자료를 첨부하여 미리 지방출입국·외국인관서의 장에게 제출하고 제1항에 따른 검색을 받아야 한다. 다만, 항공기의 불시착, 선박의 조난 등 불의의 사고가 발생하면 지체 없이 그 사실을 지방출입국·외국인관서의 장에게 보고하여 검색을 받아야 한다.(2014.3.18 본항개정)
③ 출입국관리공무원은 제1항이나 제2항에 따라 검색을 할 때에는 다음 각 호의 사항을 심사하여야 한다.
1. 승무원과 승객의 출입국 적격 여부 또는 이선(離船) 여부
2. 법령을 위반하여 입국이나 출국을 하려는 사람이 선박등에 타고 있는지 여부
3. 제72조에 따른 승선허가를 받지 아니한 사람이 있는지 여부

④ 출입국관리공무원은 제1항부터 제3항까지의 규정에 따른 검색과 심사를 할 때에는 선박등의 장에게 항해일지나 그 밖에 필요한 서류의 제출 또는 열람을 요구할 수 있다.
⑤ 출입국관리공무원은 선박등에 승선 중인 승무원·승객, 그 밖의 출입자의 신원을 확인하기 위하여 이들에게 질문을 하거나 그 신분을 증명할 수 있는 서류 등을 제시할 것을 요구할 수 있다.
⑥ 지방출입국·외국인관서의 장은 선박등의 검색을 법무부령으로 정하는 바에 따라 서류심사로 갈음하게 할 수 있다.(2014.3.18 본항개정)
⑦ 선박등의 장은 출항검색이 끝난 후 3시간 이내에 출항할 수 없는 부득이한 사유가 생겼을 때에는 지방출입국·외국인관서의 장에게 그 사유를 보고하고 출항 직전에 다시 검색을 받아야 한다.(2014.3.18 본항개정)
제70조【내항 선박 등의 검색 등에 대한 준용 규정】 ① 대한민국 영역에서 사람이나 물건을 수송하는 선박, 항공기, 그 밖의 교통기관이 불의의 사고나 항해상의 문제 등 특별한 사정으로 외국에 기항(寄港)한 후 입항할 경우에는 선박 등의 검색 및 선박 등의 장이나 운수업자의 책임에 관하여 제7장과 제8장을 준용한다.
② 대한민국에 입국하거나 대한민국으로부터 출국하려는 사람의 환승을 위하여 국내공항 간을 운항하는 항공기에 대해서도 항공기의 검색 및 항공기의 장이나 운수업자의 책임에 관하여 제7장과 제8장을 준용한다. 다만, 제76조제1항에 따른 송환 의무는 출발지 공항까지로 한정하며, 그 이후 대한민국 밖으로의 송환 의무는 송환 대상 외국인이 환승하기 직전에 탔던 항공기의 장이나 운수업자에게 있다.(2017.12.12 단서개정)
(2016.3.29 본조개정)
제71조【출입국의 정지 등】 ① 지방출입국·외국인관서의 장은 제69조제3항에 따른 심사 결과 위법한 사실을 발견하였을 때에는 관계 승무원 또는 승객의 출국이나 입국을 정지시킬 수 있다.(2014.3.18 본항개정)
② 제1항에 따른 출입국의 정지는 위법한 사실의 조사에 필요한 기간에만 할 수 있다.
③ 제2항에 따른 조사를 마친 뒤에도 계속하여 출입국을 금지하거나 정지시킬 필요가 있을 때에는 제4조·제11조 또는 제29조에 따른 법무부장관의 결정을 받아야 한다.
④ 지방출입국·외국인관서의 장은 제1항, 제4조 또는 제29조에 따라 승객이나 승무원의 출국을 금지하거나 정지시키기 위하여 필요하다고 인정하면 선박등에 대하여 출항의 일시정지 또는 회항(回航)을 명하거나 선박등에 출입하는 것을 제한할 수 있다.(2014.3.18 본항개정)
⑤ 지방출입국·외국인관서의 장은 제4항에 따라 선박등에

대하여 출항의 일시정지 또는 회항을 명하거나 출입을 제한하는 경우에는 지체 없이 그 사실을 선박등의 장이나 운수업자에게 통보하여야 한다. 출항의 일시정지 · 회항명령 또는 출입제한을 해제한 경우에도 또한 같다.(2014.3.18 전단개정)
⑥ 제4항에 따른 선박등의 출항의 일시정지 등은 직무수행에 필요한 최소한의 범위에서 하여야 한다.

제72조【승선허가】 ① 출입국항 또는 출입국항이 아닌 장소에 정박하는 선박등에 출입하려는 사람은 지방출입국 · 외국인관서의 장의 승선허가를 받아야 한다. 다만, 그 선박등의 승무원과 승객 또는 다른 법령에 따라 출입할 수 있는 사람은 그러하지 아니하다.(2014.3.18 본문개정)
② 출입국관리공무원 외의 사람이 출입국심사장에 출입하려는 경우에도 제1항과 같다.

제8장 선박등의 장 및 운수업자의 책임
(2010.5.14 본장개정)

제73조【운수업자 등의 일반적 의무 등】 선박등의 장이나 운수업자는 다음 각 호의 사항을 지켜야 한다.
1. 입국이나 상륙을 허가받지 아니한 사람의 입국 · 상륙 방지
2. 유효한 여권(선원의 경우에는 여권 또는 선원신분증명서를 말한다)과 필요한 사증을 지니지 아니한 사람의 탑승방지
3. 승선허가나 출국심사를 받지 아니한 사람의 탑승방지
4. 이 법에 따른 출국 또는 입국 요건을 갖추지 못하여 선박등에 탑승하기에 부적당하다고 출입국관리공무원이 통보한 사람의 탑승방지(2016.3.29 본호신설)
5. 제1호부터 제4호까지에 규정된 입국 · 상륙 · 탑승의 방지를 위하여 출입국관리공무원이 요청하는 감시원의 배치(2016.3.29 본호개정)
6. 이 법을 위반하여 출입국을 하려는 사람이 숨어 있는지를 확인하기 위한 선박등의 검색
7. 선박등의 검색과 출입국심사가 끝날 때까지 선박등에 무단출입하는 행위의 금지
8. 선박등의 검색과 출국심사가 끝난 후 출항하기 전까지 승무원이나 승객의 승선 · 하선 방지
9. 출입국관리공무원이 선박등의 검색과 출입국심사를 위한 직무수행에 특히 필요하다고 인정하여 명하는 사항

제73조의2【승객예약정보의 열람 및 제공 등】 ① 운수업자는 출입국관리공무원이 다음 각 호의 어느 하나에 해당하는 업무를 수행하기 위하여 예약정보의 확인을 요청하는 경우에는 지체 없이 예약정보시스템을 열람하게 하거나 표준화된 전자문서로 제출하여야 한다. 다만, 법무부령으로 정하는 부득이한 사유로 표준화된 전자문서로 제출할 수 없을 때에는 지체 없이 그 사유를 밝히고 서류로 제출할 수 있다.
1. 제7조제1항 · 제7조의2 또는 제12조의3제1항을 위반하였거나 위반하였다고 의심할 만한 상당한 이유가 있는 사람에 대한 조사
2. 제11조제1항 각 호의 어느 하나에 해당하거나 해당한다고 의심할 만한 상당한 이유가 있는 사람에 대한 조사
② 제1항에 따라 열람하거나 문서로 제출받을 수 있는 자료의 범위는 다음 각 호로 한정한다.
1. 성명, 국적, 주소 및 전화번호
2. 여권번호, 여권의 유효기간 및 발급국가
3. 예약 및 탑승수속 시점
4. 여행경로와 여행사
5. 동반 탑승자와 좌석번호
6. 수하물(手荷物)
7. 항공권의 구입대금 결제방법
8. 여행출발지와 최종목적지
9. 예약번호
③ 운수업자는 출입국관리공무원이 승객의 안전과 정확하고 신속한 출입국심사를 위하여 탑승권을 발급받으려는 승객에 대한 다음 각 호의 자료를 요청하는 경우에는 지체 없이 표준화된 전자문서로 제출하여야 한다. 다만, 법무부령으로 정하는 부득이한 사유로 표준화된 전자문서로 제출할 수 없을 때에는 지체 없이 그 사유를 밝히고 서류로 제출할 수 있다.
(2016.3.29 본문개정)
1. 성명, 성별, 생년월일 및 국적
2. 여권번호와 예약번호
3. 출항편, 출항지 및 출항시간
4. 입항지와 입항시간
5. 환승 여부(2016.3.29 본호신설)
6. 생체정보(2020.6.9 본호신설)
④ 제1항과 제3항에 따라 자료를 열람하거나 문서로 제출하여 줄 것을 요청할 수 있는 출입국관리공무원은 지방출입국 · 외국인관서의 장이 지정하는 사람으로 한정한다.
(2014.3.18 본항개정)
⑤ 제4항에 따라 지정된 출입국관리공무원은 제출받은 자료를 검토한 결과 이 법에 따른 출국 또는 입국 요건을 갖추지 못하여 선박등에 탑승하기에 부적당한 사람이 발견된 경우에는 그 사람의 탑승을 방지하도록 선박등의 장이나 운수업자에게 통보할 수 있다.(2016.3.29 본항신설)
⑥ 제4항에 따라 지정된 출입국관리공무원은 직무상 알게 된 예약정보시스템의 자료를 누설하거나 권한 없이 처리하거나 다른 사람의 이용에 제공하는 등 부당한 목적을 위하여 사용하여서는 아니 된다.
⑦ 제1항과 제3항에 따른 자료의 열람과 제출 시기 등에 관한 구체적인 사항은 대통령령으로 정한다.
(2016.3.29 본조제목개정)
(2010.5.14 본조신설)

제74조【사전통보의 의무】 선박등이 출입국항에 출 · 입항하는 경우에 그 선박등의 장이나 운수업자는 지방출입국 · 외국인관서의 장에게 출 · 입항 예정일시와 그 밖에 필요한 사항을 적은 출 · 입항 예정통보서를 미리 제출하여야 한다. 다만, 항공기의 불시착이나 선박의 조난 등 불의의 사고가 발생한 경우에는 지체 없이 그 사실을 알려야 한다.(2014.3.18 본문개정)

제75조【보고의 의무】 ① 출입국항이나 출입국항이 아닌 장소에 출 · 입항하는 선박등의 장이나 운수업자는 대통령령으로 정하는 사항을 적은 승무원명부와 승객명부를 첨부한 출 · 입항보고서를 지방출입국 · 외국인관서의 장에게 제출하여야 한다.(2014.3.18 본항개정)
② 제1항에 따른 출 · 입항보고서는 표준화된 전자문서로 제출하여야 한다. 다만, 법무부령으로 정하는 부득이한 사유로 표준화된 전자문서로 제출할 수 없을 때에는 지체 없이 그 사유를 밝히고 서류로 제출할 수 있다.
③ 제1항에 따른 출 · 입항보고서의 제출시기 등 그 절차에 관한 구체적인 사항은 대통령령으로 정한다.
④ 출입국항이나 출입국항이 아닌 장소에 입항하는 선박등의 장이나 운수업자는 여권(선원의 경우에는 여권 또는 선원신분증명서를 말한다)을 가지고 있지 아니한 사람이 그 선박등에 타고 있는 것을 알았을 때에는 지체 없이 지방출입국 · 외국인관서의 장에게 보고하고 그의 상륙을 방지하여야 한다.
(2014.3.18 본항개정)
⑤ 출입국항이나 출입국항이 아닌 장소에서 출항하는 선박등의 장이나 운수업자는 다음 각 호의 사항을 지방출입국 · 외국인관서의 장에게 보고하여야 한다.(2014.3.18 본문개정)
1. 승무원 상륙허가를 받은 승무원 또는 관광상륙허가를 받은 승객이 선박등으로 돌아왔는지 여부
2. 정당한 출국절차를 마치지 아니하고 출국하려는 사람이 있는지 여부
(2012.1.26 본항개정)

제76조【송환의 의무】 ① 지방출입국 · 외국인관서의 장이 다음 각 호의 어느 하나에 해당하는 외국인(이하 "송환대상외국인"이라 한다)의 송환을 지시한 때에는 그 송환대상외국인이 탔던 선박등의 장이나 운수업자가 그의 비용(항공운임, 선박운임 등 수송비용을 말한다)과 책임으로 송환대상외국

인을 지체 없이 대한민국 밖으로 송환하여야 한다.(2021.8.17 본문개정)
1.~2. (2021.8.17 삭제)
3. 제12조제4항에 따라 입국이 허가되지 아니한 사람 (2021.8.17 본호개정)
4. 제14조에 따라 상륙한 승무원 또는 제14조의2에 따라 관광상륙한 승객으로서 그가 타고 있던 선박등이 출항할 때까지 선박등으로 돌아오지 아니한 사람(2012.1.26 본호개정)
5. 제46조제1항제6호 또는 제7호에 해당하는 사람으로서 강제퇴거명령을 받은 사람

② 지방출입국·외국인관서의 장이 제1항에 따라 송환을 지시할 때에는 선박등의 운항 계획, 승객예약 상황 등을 고려하여 송환기한을 지정할 수 있다. 다만, 선박등의 장이나 운수업자가 기한 내에 송환을 완료할 수 없는 불가피한 사유를 소명하는 경우에는 송환기한을 연기할 수 있다.(2021.8.17 본항개정)
③ 제1항에 따른 송환지시의 방법·절차 및 제2항에 따른 송환기한 지정과 그 연기에 관하여 필요한 사항은 법무부령으로 정한다.(2021.8.17 본항신설)

제8장의2 출국대기실 설치·운영 등
(2021.8.17 본장신설)

제76조의2【송환대기장소】 ① 송환대상외국인은 출국하기 전까지 출국대기실에서 대기하여야 한다. 다만, 지방출입국·외국인관서의 장은 대통령령으로 정하는 바에 따라 직권으로 또는 송환대상외국인(그의 법정대리인등을 포함한다)의 신청에 따라 송환대상외국인의 상태, 신청사유, 그 밖의 사항을 고려하여 출입국항 내의 지정된 장소에서 조건을 붙여 대기하게 할 수 있다.
② 출국대기실의 운영 및 안전대책, 출국대기실 입실 외국인의 인권존중, 급양 및 관리에 관하여는 제56조의3, 제56조의5부터 제56조의7까지 및 제57조를 준용한다. 이 경우 "피보호자"는 "송환대상외국인"으로, "보호시설"은 "출국대기실"로 본다.
③ 제1항에도 불구하고 출국대기실이 설치되지 않은 출입국항(항구를 말한다)의 경우 그 출입국항을 관할하는 지방출입국·외국인관서의 장은 송환대상외국인이 타고 온 선박의 장이나 운수업자에게 법무부령으로 정하는 바에 따라 송환대상외국인의 관리를 요청할 수 있다. 이 경우 관리를 요청받은 선박의 장이나 운수업자는 송환대상외국인이 출국하기 전까지 선박 내에서 관리하여야 한다.

제76조의3【관리비용의 부담】 ① 국가는 송환대상외국인이 제76조의2제1항 또는 제3항의 송환대기장소에서 대기하는 경우 대통령령으로 정하는 바에 따라 송환대상외국인이 출국하기 전까지의 숙식비 등 관리비용을 부담한다.
② 제1항에도 불구하고 송환대상외국인이 탔던 선박등의 장 또는 운수업자가 다음 각 호의 어느 하나에 해당하는 경우에는 대통령령으로 정하는 바에 따라 숙식비 등 관리비용을 부담한다.
1. 제73조제1호, 제2호 또는 제4호를 위반한 경우
2. 정당한 이유 없이 제76조제1항 및 제2항에 따른 송환의무를 이행하지 않은 경우
3. 제1호 및 제2호에서 규정한 경우 외에 선박등의 장 또는 운수업자의 귀책사유로 인하여 송환대상외국인이 된 경우

제76조의4【강제력의 행사】 ① 출입국관리공무원은 송환대상외국인이 다음 각 호의 어느 하나에 해당하는 경우 그 송환대상외국인에게 강제력을 행사할 수 있다. 이 경우 강제력의 행사는 송환대상외국인의 생명과 신체의 안전, 시설의 보안 및 질서유지를 위하여 필요한 최소한도에 그쳐야 한다.
1. 자살 또는 자해행위를 하려는 경우
2. 다른 사람에게 위해를 가하거나 가하려는 경우
3. 출입국관리공무원의 직무집행을 정당한 사유 없이 거부 또는 기피하거나 방해하는 경우
4. 제1호부터 제3호까지에서 규정한 경우 외에 시설 및 다른 사람의 안전과 질서를 현저히 해치는 행위를 하거나 하려는 경우

② 제1항에 따른 강제력의 행사에는 제56조의4제2항부터 제5항까지를 준용한다. 이 경우 "피보호자"는 "송환대상외국인"으로, "보호시설"은 "출국대기실"로 본다.

제8장의3 난민여행증명서 발급 등
(2012.2.10 본장제목개정)

제76조의5【난민여행증명서】 ① 법무부장관은 「난민법」에 따른 난민인정자가 출국하려고 할 때에는 그의 신청에 의하여 대통령령으로 정하는 바에 따라 난민여행증명서를 발급하여야 한다. 다만, 그의 출국이 대한민국의 안전을 해칠 우려가 있다고 인정될 때에는 그러하지 아니하다.(2012.2.10 본항개정)
② 제1항에 따른 난민여행증명서의 유효기간은 3년으로 한다. (2016.3.29 본항개정)
③ 제1항에 따라 난민여행증명서를 발급받은 사람은 그 증명서의 유효기간 만료일까지 횟수에 제한 없이 대한민국에서 출국하거나 대한민국으로 입국할 수 있다. 이 경우 입국할 때에는 제30조에 따른 재입국허가를 받지 아니하여도 된다. (2016.3.29 전단개정)
④ 법무부장관은 제3항의 경우 특히 필요하다고 인정되면 3개월 이상 1년 미만의 범위에서 입국할 수 있는 기간을 제한할 수 있다.
⑤ 법무부장관은 제1항에 따라 난민여행증명서를 발급받고 출국한 사람이 질병이나 그 밖의 부득이한 사유로 그 증명서의 유효기간 내에 재입국할 수 없는 경우에는 그의 신청을 받아 6개월을 초과하지 아니하는 범위에서 그 유효기간의 연장을 허가할 수 있다.
⑥ 법무부장관은 제5항에 따른 유효기간 연장허가에 관한 권한을 대통령령으로 정하는 바에 따라 재외공관의 장에게 위임할 수 있다.
(2010.5.14 본조개정)

제76조의6【난민인정증명서 등의 반납】 ① 「난민법」에 따른 난민인정자는 다음 각 호의 어느 하나에 해당하면 그가 지니고 있는 난민인정증명서나 난민여행증명서를 지체 없이 지방출입국·외국인관서의 장에게 반납하여야 한다. (2014.3.18 본문개정)
1. 제59조제3항, 제68조제4항 또는 제85조제1항에 따라 강제퇴거명령서를 발급받은 경우
2. 제60조제5항에 따라 강제퇴거명령에 대한 이의신청이 이유 없다는 통지를 받은 경우
3. 「난민법」에 따라 난민인정결정 취소나 철회의 통지를 받은 경우(2012.2.10 본호개정)

② 법무부장관은 제76조의5제1항에 따라 난민여행증명서를 발급받은 사람이 대한민국의 안전을 해치는 행위를 할 우려가 있다고 인정되면 그 외국인에게 14일 이내의 기간을 정하여 난민여행증명서의 반납을 명할 수 있다.
③ 제2항에 따라 난민여행증명서를 반납하였을 때에는 그 때에, 지정된 기한까지 반납하지 아니하였을 때에는 그 기한이 지난 때에 그 난민여행증명서는 각각 효력을 잃는다.
(2010.5.14 본조개정)

제76조의7【난민에 대한 체류허가의 특례】 법무부장관은 「난민법」에 따른 난민인정자가 제60조제1항에 따른 이의신청을 한 경우 제61조제1항에 규정된 사유에 해당되지 아니하고 이의신청이 이유 없다고 인정되는 경우에도 그의 체류를 허가할 수 있다. 이 경우 제61조제2항을 준용한다.
(2012.2.10 본조개정)

제76조의8【난민여행증명서 발급 등 사무의 대행】 법무부장관은 난민여행증명서의 발급 및 재발급에 관한 사무의 일

부를 대통령령으로 정하는 바에 따라 난민여행증명서 발급신청인의 체류지 관할 지방출입국·외국인관서의 장에게 대행하게 할 수 있다.(2016.3.29 본조신설)

제76조의9～제76조의10 (2012.2.10 삭제)

제9장 보 칙

(2010.5.14 본장개정)

제77조【무기등의 휴대 및 사용】 ① 출입국관리공무원은 그 직무를 집행하기 위하여 필요하면 무기 등(「경찰관 직무집행법」 제10조 및 제10조의2부터 제10조의4까지의 규정에서 정한 장비, 장구, 분사기 및 무기를 말하며, 이하 "무기등"이라 한다)을 지닐 수 있다.
② 출입국관리공무원은 「경찰관 직무집행법」 제10조 및 제10조의2부터 제10조의4까지의 규정에 준하여 무기등을 사용할 수 있다.
(2014.5.20 본조개정)

제78조【관계 기관의 협조】 ① 출입국관리공무원은 다음 각 호의 조사에 필요하면 관계 기관이나 단체에 자료의 제출이나 사실의 조사 등에 대한 협조를 요청할 수 있다.
1. 제47조에 따른 조사
2. (2012.2.10 삭제)
3. 출입국사범에 대한 조사

② 법무부장관은 다음 각 호의 직무를 수행하기 위하여 관계 기관에 해당 각 호의 정보 제공을 요청할 수 있다.
1. 출입국심사(정보화기기를 이용하는 출입국심사에 관하여 외국과의 협정이 있는 경우에는 그 협정에 따른 직무수행을 포함한다) : 범죄경력정보·수사경력정보, 여권발급정보·주민등록정보, 가족관계등록 전산정보 또는 환승 승객에 대한 정보, 외국인 사망자 정보(2022.12.13 본호개정)
2. 사증 및 사증발급인정서 발급 심사 : 범죄경력정보·수사경력정보, 관세사범정보, 여권발급정보·주민등록정보, 사업자의 휴업·폐업 여부에 대한 정보, 납세증명서, 가족관계등록 전산정보 또는 국제결혼 중개업체의 현황 및 행정처분 정보, 외국인 사망자 정보(2022.12.13 본호개정)
3. 외국인체류 관련 각종 허가 심사 : 범죄경력정보·수사경력정보, 범칙금 납부정보·과태료 납부정보, 여권발급정보·주민등록정보, 외국인의 자동차등록정보, 사업자의 휴업·폐업 여부에 대한 정보, 납세증명서, 외국인의 조세체납정보, 외국인의 국민건강보험 및 노인장기요양보험 관련 체납정보, 외국인의 과태료 체납정보, 가족관계등록 전산정보 또는 국제결혼 중개업체의 현황 및 행정처분 정보, 숙박업소 현황, 관광숙박업소의 현황, 외국인관광 도시민박업소의 현황, 한옥체험업소의 현황, 외국인 사망자 정보, 대통령령으로 정하는 외국인의 소득금액 정보(2022.12.13 본호개정)
4. 출입국사범 조사 : 범죄경력정보·수사경력정보, 외국인의 범죄처분결과정보, 관세사범정보, 여권발급정보·주민등록정보, 외국인의 자동차등록정보, 납세증명서, 가족관계등록 전산정보 또는 국제결혼 중개업체의 현황 및 행정처분 정보, 숙박업소 현황, 관광숙박업소의 현황, 외국인관광 도시민박업소의 현황, 한옥체험업소의 현황, 외국인 사망자 정보(2022.12.13 본호개정)
5. 사실증명서 발급 : 여권발급정보·주민등록정보 또는 가족관계등록 전산정보

(2016.3.29 본항개정)
③ 제1항에 따른 협조 요청 또는 제2항에 따른 정보제공 요청을 받은 관계 기관이나 단체는 정당한 이유 없이 요청을 거부하여서는 아니 된다.(2016.3.29 본항개정)
④ 제1항에 따라 제출받은 자료 또는 제2항에 따라 제공받은 정보는 「개인정보 보호법」에 따라 보유하고 관리한다.
(2016.3.29 본항신설)

제78조의2【외국인 기본인적정보의 제공】 ① 법무부장관은 「전자정부법」 제2조제2호에 따른 행정기관 및 같은 조 제3호에 따른 공공기관(이하 이 조에서 "행정기관등"이라 한다)의 장이 외국인에 대한 수사, 공소의 제기·유지 및 과세 등 관계 법령에 따른 업무에 사용할 외국인 기본인적정보의 제공을 요청하는 경우 이를 제공할 수 있다.
② 행정기관등의 장은 제1항에 따라 제공받은 외국인 기본인적정보를 「개인정보 보호법」에 따라 처리하여야 한다.
③ 제1항에 따른 외국인 기본인적정보의 제공 방법 및 절차 등에 관하여 필요한 사항은 법무부령으로 정한다.
④ 법무부장관은 외국인에 대한 수사, 공소의 제기·유지 및 과세 등 관계 법령에 따른 업무를 수행하는 행정기관등의 장에게 제1항에 따라 외국인 기본인적정보를 제공받아 해당 업무에 사용할 것을 권고할 수 있다.
(2024.12.20 본조신설)

제78조의3【정보시스템의 구축·운영】 ① 법무부장관은 제78조에 따라 외국인에 대한 정보를 수집·보유·관리하거나 제78조의2 및 관계 법령에 따라 외국인에 대한 정보를 제공하는 데 필요한 정보시스템을 구축·운영할 수 있다.
② 제1항에 따른 정보시스템의 구축·운영 등에 필요한 사항은 법무부령으로 정한다.
(2024.12.20 본조신설)

제79조【허가신청 등의 의무자】 다음 각 호의 어느 하나에 해당하는 사람이 17세 미만인 경우 본인이 그 허가 등의 신청을 하지 아니하면 그의 부모나 그 밖에 대통령령으로 정하는 사람이 그 신청을 하여야 한다.
1. 제20조에 따라 체류자격 외 활동허가를 받아야 할 사람
2. 제23조에 따라 체류자격을 받아야 할 사람
3. 제24조에 따라 체류자격 변경허가를 받아야 할 사람
4. 제25조에 따라 체류기간 연장허가를 받아야 할 사람
5. 제31조에 따라 외국인등록을 하여야 할 사람
6. 제35조에 따라 외국인등록사항 변경신고를 하여야 할 사람
7. 제36조에 따라 체류지 변경신고를 하여야 할 사람

제79조의2【각종 신청 등의 대행】 ① 외국인, 외국인을 고용한 자, 외국인에게 산업기술을 연수시키는 업체의 장 또는 외국인유학생이 재학 중이거나 연수 중인 학교의 장(이하 "외국인등"이라 한다)은 다음 각 호에 해당하는 업무를 외국인의 체류 관련 신청 등을 대행하는 자(이하 "대행기관"이라 한다)에게 대행하게 할 수 있다.
1. 제9조에 따른 사증발급인정서 발급신청
2. 제19조제1항(같은 조 제2항에 따라 준용하는 경우를 포함한다)에 따른 신고
3. 제19조의4제2항에 따른 신고
4. 제20조에 따른 활동허가의 신청
5. 제21조제1항 본문에 따른 근무처 변경·추가 허가의 신청
6. 제21조제1항 단서에 따른 근무처 변경·추가의 신고
7. 제23조제1항에 따른 체류자격 부여의 신청
8. 제24조에 따른 체류자격 변경허가의 신청
9. 제25조제1항에 따른 체류기간 연장허가의 신청
10. 그 밖에 외국인등의 출입국이나 체류와 관련된 신고·신청 또는 서류 수령 업무로서 법무부령으로 정하는 업무

② 대행기관이 되려는 자는 다음 각 호의 요건을 갖추어 법무부장관에게 등록하여야 한다.
1. 변호사 또는 행정사 자격
2. 대행업무에 필요한 교육이수
3. 법인인 경우에는 제1호 및 제2호의 요건을 충족하는 인력을 갖출 것

③ 대행기관은 제1항 각 호의 업무(이하 "대행업무"라 한다)를 하는 경우 법무부령으로 정하는 대행업무처리 표준절차를 준수하여야 한다.
④ 제2항에 따른 대행기관 등록요건의 세부사항이나 등록절차 등 대행기관의 등록에 필요한 사항은 법무부령으로 정한다.
(2020.6.9 본조신설)

제79조의3【대행기관에 대한 등록취소 등】 ① 법무부장관은 대행기관이 다음 각 호의 어느 하나에 해당하는 경우에는

등록취소, 6개월 이내의 대행업무정지 또는 시정명령을 할 수 있다. 다만, 제1호 또는 제2호에 해당하는 경우에는 대행기관의 등록을 취소하여야 한다.
1. 거짓이나 그 밖의 부정한 방법으로 등록한 경우
2. 대행업무정지 기간 중 대행업무를 한 경우
3. 제79조의2제2항에 따른 등록요건에 미달하게 된 경우
4. 제79조의2제3항에 따른 대행업무처리 표준절차를 위반한 경우
5. 시정명령을 받고도 이행하지 아니한 경우
6. 외국인등에게 과장 또는 거짓된 정보를 제공하거나 과장 또는 거짓된 정보를 제공하여 업무 대행을 의뢰받은 경우
7. 위조·변조된 서류 또는 거짓된 사실이 기재된 서류를 작성하거나 제출하는 경우
8. 외국인등이 맡긴 서류를 분실·훼손하거나 외국인등의 출입국이나 체류와 관련된 신고·신청을 위하여 제출하여야 할 서류의 작성·제출을 게을리 하는 등 선량한 관리자의 주의의무를 다하지 아니하는 경우

② 제1항에 따른 행정처분의 세부기준은 법무부령으로 정한다.
③ 법무부장관은 제1항에 따라 대행기관 등록을 취소할 경우에는 청문을 실시하여야 한다.
(2020.6.9 본조신설)

제80조【사실조사】 ① 출입국관리공무원이나 권한 있는 공무원은 이 법에 따른 신고 또는 등록의 정확성을 유지하기 위하여 제19조·제31조·제35조 및 제36조에 따른 신고 또는 등록의 내용이 사실과 다르다고 의심할 만한 상당한 이유가 있으면 그 사실을 조사할 수 있다.
② 법무부장관은 다음 각 호에 따른 업무의 수행에 필요하다고 인정하면 출입국관리공무원에게 그 사실을 조사하게 할 수 있다.
1. 제9조에 따른 사증발급인정서의 발급
2. 제20조, 제21조, 제24조 및 제25조에 따른 허가나 제23조에 따른 체류자격 부여
3. (2012.2.10 삭제)

③ 제1항이나 제2항에 따른 조사를 하기 위하여 필요하면 제1항이나 제2항에 따른 신고·등록 또는 신청을 한 자나 그 밖의 관계인을 출석하게 하여 질문을 하거나 문서 및 그 밖의 자료를 제출할 것을 요구할 수 있다.

제81조【출입국관리공무원 등의 외국인 동향조사】 ① 출입국관리공무원과 대통령령으로 정하는 관계 기관 소속 공무원은 외국인이 이 법 또는 이 법에 따른 명령에 따라 적법하게 체류하고 있는지와 제46조제1항 각 호의 어느 하나에 해당되는지를 조사하기 위하여 다음 각 호의 어느 하나에 해당하는 자를 방문하여 질문하거나 그 밖에 필요한 자료를 제출할 것을 요구할 수 있다.(2020.2.4 본문개정)
1. 외국인
2. 외국인을 고용한 자
3. 외국인의 소속 단체 또는 외국인이 근무하는 업소의 대표자
4. 외국인을 숙박시킨 자

② 출입국관리공무원은 허위초청 등에 의한 외국인의 불법입국을 방지하기 위하여 필요하면 외국인의 초청이나 국제결혼 등을 알선·중개하는 자 또는 그 업소를 방문하여 질문하거나 자료를 제출할 것을 요구할 수 있다.
③ 출입국관리공무원은 거동이나 주위의 사정을 합리적으로 판단하여 이 법을 위반하였다고 의심할 만한 상당한 이유가 있는 외국인에게 정지를 요청하고 질문할 수 있다.
④ 제1항이나 제2항에 따라 질문을 받거나 자료 제출을 요구받은 자는 정당한 이유 없이 거부하여서는 아니 된다.

판례 영장주의 원칙의 예외로서 출입국관리공무원 등에게 외국인 등을 방문하여 외국인동향조사 권한을 부여하고 있는 출입국관리법 규정의 입법 취지 및 그 규정 내용 등에 비추어 볼 때, 출입국관리공무원 등이 출입국관리법 제81조 제1항에 근거하여 제3자의 주거 또는 일반인의 자유로운 출입이 허용되지 아니한 사업장 등에 들어가 외국인을 상대로 조사하기 위해서는 그 주거권자 또는 관리자의 사전 동의가 있어야 한다.(대판 2009.3.12, 2008도7156)

제81조의2【출입국관리공무원의 주재】 법무부장관은 다음 각 호의 업무에 종사하게 하기 위하여 출입국관리공무원을 재외공관 등에 주재하게 할 수 있다.
1. 제7조제1항에 따른 사증 발급사무
2. 제7조제4항에 따른 외국인입국허가서 발급사무
3. 외국인의 입국과 관련된 필요한 정보수집 및 연락 업무

제81조의3【외국인의 정보제공 의무】 ① 제10조의2제1항제1호에 따른 단기체류자격을 가진 외국인(이하 "숙박외국인"이라 한다)은 「감염병의 예방 및 관리에 관한 법률」에 따른 위기경보의 발령 또는 「국민보호와 공공안전을 위한 테러방지법」에 따른 테러경보의 발령 등 법무부령으로 정하는 경우에 한정하여 다음 각 호의 어느 하나에 해당하는 자(이하 "숙박업자"라 한다)가 경영하는 숙박업소에서 머무는 경우 숙박업자에게 여권 등 법무부령으로 정하는 자료를 제공하여야 한다.
1. 「공중위생관리법」에 따라 숙박업으로 신고한 자
2. 「관광진흥법」에 따라 관광숙박업, 외국인관광 도시민박업 및 한옥체험업으로 등록한 자

② 숙박업자는 숙박외국인이 제공한 자료를 숙박한 때 또는 제1항에 따른 경보가 발령된 때부터 12시간 이내에 법무부령으로 정하는 정보통신망(이하 "정보통신망"이라 한다)을 통하여 법무부장관에게 제출하여야 한다. 다만, 통신 장애 등 부득이한 사유로 정보통신망으로 제출할 수 없을 때에는 법무부령으로 정하는 방법으로 제출할 수 있다.
③ 숙박업자는 제2항에 따른 업무를 수행하기 위하여 수집한 자료를 「개인정보 보호법」에 따라 보유하고 관리한다.
④ 법무부장관은 제2항에 따라 제출받은 숙박외국인의 자료를 「개인정보 보호법」에 따라 보유하고 관리한다.
⑤ 제2항에 따른 정보통신망의 설치·운영 및 자료 제출의 절차·방법에 관하여 필요한 사항은 법무부령으로 정한다.
(2020.6.9 본조신설)

제82조【증표의 휴대 및 제시】 출입국관리공무원이나 권한 있는 공무원은 다음 각 호의 어느 하나에 해당하는 직무를 집행할 때에는 그 권한을 표시하는 증표를 지니고 이를 관계인에게 내보여야 한다.
1. 제50조에 따른 주거 또는 물건의 검사 및 서류나 그 밖의 물건의 제출요구
2. 제69조(제70조제1항 및 제2항에서 준용하는 경우를 포함한다)에 따른 검색 및 심사(2016.3.29 본호개정)
3. 제80조와 제81조에 따른 질문이나 그 밖에 필요한 자료의 제출요구
4. 제1호부터 제3호까지의 규정에 준하는 직무수행

제83조【출입국사범의 신고】 누구든지 이 법을 위반하였다고 의심되는 사람을 발견하면 출입국관리공무원에게 신고할 수 있다.

제84조【통보의무】 ① 국가나 지방자치단체의 공무원이 그 직무를 수행할 때에 제46조제1항 각 호의 어느 하나에 해당하는 사람이나 이 법에 위반된다고 인정되는 사람을 발견하면 그 사실을 지체 없이 지방출입국·외국인관서의 장에게 알려야 한다. 다만, 공무원이 통보로 인하여 그 직무수행 본연의 목적을 달성할 수 없다고 인정되는 경우로서 대통령령으로 정하는 사유에 해당하는 때에는 그러하지 아니하다.
(2014.3.18 본문개정)
② 교도소·소년교도소·구치소 및 그 지소·보호감호소·치료감호시설 또는 소년원의 장은 제1항에 따른 통보대상 외국인이 다음 각 호의 어느 하나에 해당하면 그 사실을 지체 없이 지방출입국·외국인관서의 장에게 알려야 한다.
(2014.3.18 본문개정)
1. 형의 집행을 받고 형기의 만료, 형의 집행정지 또는 그 밖의 사유로 석방이 결정된 경우
2. 보호감호 또는 치료감호 처분을 받고 수용된 후 출소가 결정된 경우
3. 「소년법」에 따라 소년원에 수용된 후 퇴원이 결정된 경우

제85조【형사절차와의 관계】 ① 지방출입국·외국인관서의 장은 제46조제1항 각 호의 어느 하나에 해당하는 사람이 형의 집행을 받고 있는 중에도 강제퇴거의 절차를 밟을 수 있다.(2014.3.18 본항개정)

② 제1항의 경우 강제퇴거명령서가 발급되면 그 외국인에 대한 형의 집행이 끝난 후에 강제퇴거명령서를 집행한다. 다만, 그 외국인의 형 집행장소를 관할하는 지방검찰청 검사장(檢事長)의 허가를 받은 경우에는 형의 집행이 끝나기 전이라도 강제퇴거명령서를 집행할 수 있다.

제86조【신병의 인도】 ① 검사는 강제퇴거명령서가 발급된 구속피의자에게 불기소처분을 한 경우에는 석방과 동시에 출입국관리공무원에게 그를 인도하여야 한다.

② 교도소·소년교도소·구치소 및 그 지소·보호감호소·치료감호시설 또는 소년원의 장은 제84조제2항에 따라 지방출입국·외국인관서의 장에게 통보한 외국인에 대하여 강제퇴거명령서가 발급되면 석방·출소 또는 퇴원과 동시에 출입국관리공무원에게 그를 인도하여야 한다.(2014.3.18 본항개정)

제87조【출입국관리 수수료】 ① 이 법에 따라 허가 등을 받는 사람은 법무부령으로 정하는 수수료를 내야 한다.

② 법무부장관은 국제관례 또는 상호주의원칙이나 그 밖에 법무부령으로 정하는 사유로 필요하다고 인정하면 제1항에 따른 수수료를 감면할 수 있고, 협정 등에 수수료에 관한 규정이 따로 있으면 그 규정에서 정하는 바에 따른다.

제88조【사실증명의 발급 및 열람】 ① 지방출입국·외국인관서의 장, 시·군·구(자치구가 아닌 구를 포함한다. 이하 이 조에서 같다) 및 읍·면·동 또는 재외공관의 장은 이 법의 절차에 따라 출국 또는 입국한 사실 유무에 대하여 법무부령으로 정하는 바에 따라 출입국에 관한 사실증명을 발급할 수 있다. 다만, 출국 또는 입국한 사실이 없는 사람에 대하여는 특히 필요하다고 인정되는 경우에만 이 법의 절차에 따른 출국 또는 입국 사실이 없다는 증명을 발급할 수 있다.

② 지방출입국·외국인관서의 장, 시·군·구 또는 읍·면·동의 장은 이 법의 절차에 따라 외국인등록을 한 외국인 및 그의 법정대리인 등 법무부령으로 정하는 사람에게 법무부령으로 정하는 바에 따라 외국인등록 사실증명을 발급하거나 열람하게 할 수 있다.

(2016.3.29 본조개정)

제88조의2【외국인등록증 등과 주민등록증 등의 관계】 ① 법령에 규정된 각종 절차와 거래관계 등에서 주민등록증이나 주민등록등본 또는 초본이 필요하면 외국인등록증(모바일외국인등록증을 포함한다)이나 외국인등록 사실증명으로 이를 갈음한다.(2023.6.13 본항개정)

② 이 법에 따른 외국인등록과 체류지 변경신고는 주민등록과 전입신고를 갈음한다.

③ 이 법 또는 다른 법률에서 실물 외국인등록증이나 외국인등록증에 기재된 성명, 사진, 외국인등록번호 등의 확인이 필요한 경우 모바일외국인등록증의 확인으로 이를 갈음할 수 있다.(2023.6.13 본항신설)

제88조의3【외국인체류확인서 열람·교부】 ① 특정 건물 또는 시설의 소재지를 체류지로 신고한 외국인의 성명과 체류지 변경 일자를 확인할 수 있는 서류(이하 "외국인체류확인서"라 한다)를 열람하거나 교부받으려는 자는 지방출입국·외국인관서의 장이나 읍·면·동의 장 또는 출장소장에게 신청할 수 있다.

② 제1항에 따른 외국인체류확인서 열람이나 교부를 신청할 수 있는 자는 다음 각 호의 어느 하나에 해당하는 자로 한다.

1. 특정 건물이나 시설의 소유자 본인이나 그 세대원, 임차인 본인이나 그 세대원, 매매계약자 또는 임대차계약자 본인
2. 특정 건물 또는 시설의 소유자, 임차인, 매매계약자 또는 임대차계약자 본인의 위임을 받은 자
3. 다음 각 목의 어느 하나에 해당하는 사유로 열람 또는 교부를 신청하려는 자
   가. 관계 법령에 따라 경매참가자가 경매에 참가하려는 경우
   나. 「신용정보의 이용 및 보호에 관한 법률」 제2조제5호라목에 따른 신용조사회사 또는 「감정평가 및 감정평가사에 관한 법률」 제2조제4호에 따른 감정평가법인 등이 임차인의 실태 등을 확인하려는 경우
   다. 대통령령으로 정하는 금융회사 등이 담보주택의 근저당 설정을 하려는 경우
   라. 법원의 현황조사명령서에 따라 집행관이 현황조사를 하려는 경우

③ 외국인체류확인서의 기재사항, 열람·교부 신청절차, 수수료, 그 밖에 필요한 사항은 법무부령으로 정한다.

(2022.12.13 본조신설)

제88조의4【외국인등록증의 진위확인】 ① 법무부장관은 외국인등록증의 진위 여부에 대한 확인요청이 있는 경우 그 진위를 확인하여 줄 수 있다.

② 법무부장관은 외국인등록증 진위 여부 확인에 필요한 정보시스템을 구축·운영할 수 있다.

③ 외국인등록증의 진위확인 절차, 제2항에 따른 정보시스템의 구축·운영 등에 필요한 사항은 법무부령으로 정한다.

(2022.12.13 본조신설)

제89조【각종 허가 등의 취소·변경】 ① 법무부장관은 외국인이 다음 각 호의 어느 하나에 해당하면 제8조에 따른 사증발급, 제9조에 따른 사증발급인정서의 발급, 제12조제3항에 따른 입국허가, 제13조에 따른 조건부 입국허가, 제14조에 따른 승무원 상륙허가, 제14조의2에 따른 관광상륙허가 또는 제20조·제21조 및 제23조부터 제25조까지의 규정에 따른 체류허가 등을 취소하거나 변경할 수 있다.(2012.1.26 본문개정)

1. 신원보증인이 보증을 철회하거나 신원보증인이 없게 된 경우
2. 거짓이나 그 밖의 부정한 방법으로 허가 등을 받은 것이 밝혀진 경우
3. 허가조건을 위반한 경우
4. 사정 변경으로 허가상태를 더 이상 유지시킬 수 없는 중대한 사유가 발생한 경우
5. 제1호부터 제4호까지에서 규정한 경우 외에 이 법 또는 다른 법을 위반한 정도가 중대하거나 출입국관리공무원의 정당한 직무명령을 위반한 경우

② 법무부장관은 제1항에 따른 각종 허가 등의 취소나 변경에 필요하다고 인정하면 해당 외국인이나 제79조에 따른 신청인을 출석하게 하여 의견을 들을 수 있다.

③ 제2항의 경우에 법무부장관은 취소하거나 변경하려는 사유, 출석일시와 장소를 출석일 7일 전까지 해당 외국인이나 신청인에게 통지하여야 한다.

제89조의2【영주자격의 취소 특례】 ① 법무부장관은 영주자격을 가진 외국인에 대해서는 제89조제1항에도 불구하고 다음 각 호의 어느 하나에 해당하는 경우에 한정하여 영주자격을 취소할 수 있다. 다만, 제1호에 해당하는 경우에는 영주자격을 취소하여야 한다.

1. 거짓이나 그 밖의 부정한 방법으로 영주자격을 취득한 경우
2. 「형법」, 「성폭력범죄의 처벌 등에 관한 특례법」 등 법무부령으로 정하는 법률에 규정된 죄를 범하여 2년 이상의 징역 또는 금고의 형이 확정된 경우
3. 최근 5년 이내에 이 법 또는 다른 법률을 위반하여 징역 또는 금고의 형을 선고받고 확정된 형기의 합산기간이 3년 이상인 경우
4. 대한민국에 일정금액 이상 투자 상태를 유지할 것 등을 조건으로 영주자격을 취득한 사람 등 대통령령으로 정하는 사람이 해당 조건을 위반한 경우
5. 국가안보, 외교관계 및 국민경제 등에 있어서 대한민국의 국익에 반하는 행위를 한 경우

② 법무부장관은 제1항에 따라 영주자격을 취소하는 경우 대한민국에 계속 체류할 필요성이 인정되고 일반체류자격의 요

건을 갖춘 경우 해당 외국인의 신청이 있는 때에는 일반체류 자격을 부여할 수 있다.
③ 제1항에 따라 영주자격을 취소하는 경우에는 제89조제2항 및 제3항을 준용한다.
(2018.3.20 본조신설)

제90조【신원보증】 ① 법무부장관은 사증발급, 사증발급인정서발급, 입국허가, 조건부 입국허가, 각종 체류허가, 외국인의 보호 또는 출입국사범의 신병인도(身柄引渡) 등과 관련하여 필요하다고 인정하면 초청자나 그 밖의 관계인에게 그 외국인(이하 "피보증외국인"이라 한다)의 신원을 보증하게 할 수 있다.
② 법무부장관은 제1항에 따라 신원보증을 한 사람(이하 "신원보증인"이라 한다)에게 피보증외국인의 체류, 보호 및 출국에 드는 비용의 전부 또는 일부를 부담하게 할 수 있다.
③ 신원보증인이 제2항에 따른 보증책임을 이행하지 아니하여 국고에 부담이 되게 한 경우에는 법무부장관은 신원보증인에게 구상권(求償權)을 행사할 수 있다.
④ 신원보증인이 제2항에 따른 비용을 부담하지 아니할 염려가 있거나 그 보증만으로는 보증목적을 달성할 수 없다고 인정될 때에는 신원보증인에게 피보증외국인 1인당 300만원 이하의 보증금을 예치하게 할 수 있다.
⑤ 신원보증인의 자격, 보증기간, 그 밖에 신원보증에 필요한 사항은 법무부령으로 정한다.

제90조의2【불법취업외국인의 출국비용 부담책임】 ① 법무부장관은 취업활동을 할 수 있는 체류자격을 가지지 아니한 외국인을 고용한 자(이하 "불법고용주"라 한다)에게 그 외국인의 출국에 드는 비용의 전부 또는 일부를 부담하게 할 수 있다.
② 불법고용주가 제1항에 따른 비용 부담책임을 이행하지 아니하여 국고에 부담이 되게 한 경우에 법무부장관은 그 불법고용주에게 구상권을 행사할 수 있다.

제91조【문서 등의 송부】 ① 문서 등의 송부는 이 법에 특별한 규정이 있는 경우를 제외하고는 본인, 가족, 신원보증인, 소속 단체의 장의 순으로 직접 내주거나 우편으로 보내는 방법에 따른다.
② 지방출입국·외국인관서의 장은 제1항에 따른 문서 등의 송부가 불가능하다고 인정되면 송부할 문서 등을 보관하고, 그 사유를 청사(廳舍)의 게시판에 게시하여 공시송달(公示送達)한다.(2014.3.18 본항개정)
③ 제2항에 따른 공시송달은 게시한 날부터 14일이 지난 날에 그 효력이 생긴다.

제91조의2【사증발급 및 체류허가 신청문서의 전자화】 ① 법무부장관은 각종 발급 및 허가 업무를 효율적으로 처리하기 위하여 다음 각 호의 어느 하나에 해당하는 사항을 신청하려는 자가 제출한 문서 중 법무부령으로 정하는 문서를 「전자문서 및 전자거래 기본법」 제5조제2항에 따른 전자화문서로 변환하여 보관할 수 있다.
1. 제8조 및 제9조에 따른 사증 및 사증발급인정서 발급
2. 제20조에 따른 체류자격 외 활동허가
3. 제23조에 따른 체류자격 부여
4. 제24조에 따른 체류자격 변경허가
5. 제25조에 따른 체류기간 연장허가
6. 제31조에 따른 외국인등록
7. 그 밖에 법무부장관이 필요하다고 인정하는 사항
② 법무부장관은 제1항에 따른 전자화문서로 변환하는 업무(이하 이 조에서 "전자화업무"라 한다)를 법무부령으로 정하는 시설 및 인력을 갖춘 법인에 위탁하여 수행하게 할 수 있다. 다만, 외국에서 전자화업무를 위탁하는 경우에는 외교부장관과 협의하여야 한다.
③ 제2항에 따라 전자화업무를 위탁받은 법인(이하 "전자화기관"이라 한다)의 임직원 또는 임직원으로 재직하였던 자는 직무상 알게 된 비밀을 다른 사람에게 누설하거나 직무상 목적 외의 용도로 이용하여서는 아니 된다.
④ 법무부장관은 제1항에 따라 문서를 전자화문서로 변환하여 보관하는 때에는 법무부에서 사용하는 전산정보처리조직의 파일에 수록하여 보관한다. 이 경우 파일에 수록된 내용은 해당 문서에 적힌 내용과 같은 것으로 본다.
⑤ 법무부장관은 전자화기관이 제2항에 따른 법무부령으로 정하는 시설 및 인력기준을 충족하지 못하는 경우에는 시정조치를 요구할 수 있으며, 전자화기관이 시정조치 요구에 따르지 아니하는 경우에는 전자화업무의 위탁을 취소할 수 있다. 이 경우 미리 의견을 진술할 기회를 주어야 한다.
⑥ 제1항, 제2항 및 제5항에 따른 전자화업무의 수행방법, 위탁·지정 기간 및 절차, 관리·감독 등에 필요한 사항은 법무부령으로 정한다.
(2019.4.23 본조신설)

제92조【권한의 위임 및 업무의 위탁】 ① 법무부장관은 이 법에 따른 권한의 일부를 대통령령으로 정하는 바에 따라 지방출입국·외국인관서의 장에게 위임할 수 있다.(2014.3.18 본항개정)
② 시장(특별시장과 광역시장은 제외한다)은 이 법에 따른 권한의 일부를 대통령령으로 정하는 바에 따라 구청장(자치구가 아닌 구의 구청장을 말한다)에게 위임할 수 있다.
(2012.1.26 본항개정)
③ 이 법에 따른 법무부장관의 업무는 그 일부를 대통령령으로 정하는 바에 따라 관련 업무를 수행할 수 있는 인력이나 시설을 갖춘 법인이나 단체에 위탁할 수 있다.(2020.6.9 본항신설)
(2020.6.9 본조제목개정)

제92조의2【선박등의 운항 허가에 관한 협의】 국토교통부장관 및 해양수산부장관은 출입국항에 여객을 운송하는 선박등의 운항을 허가할 때에는 출입국심사업무가 원활히 수행될 수 있도록 법무부장관과 미리 협의하여야 한다.(2016.3.29 본조신설)

제93조【남북한 왕래 등의 절차】 ① 군사분계선 이남지역(이하 "남한"이라 한다)이나 해외에 거주하는 국민이 군사분계선 이북지역(이하 "북한"이라 한다)을 거쳐 출입국하는 경우에는 남한에서 북한으로 가기 전 또는 북한에서 남한으로 온 후에 출입국심사를 한다.
② 외국인의 남북한 왕래절차에 관하여는 법무부장관이 따로 정하는 경우를 제외하고는 이 법의 출입국절차에 관한 규정을 준용한다.
③ 외국인이 북한을 거쳐 출입국하는 경우에는 이 법의 출입국절차에 관한 규정에 따른다.
④ 제1항부터 제3항까지의 규정의 시행에 필요한 사항은 대통령령으로 정한다.

제10장 벌 칙

(2010.5.14 본장개정)

제93조의2【벌칙】 ① 다음 각 호의 어느 하나에 해당하는 사람은 7년 이하의 징역에 처한다.(2014.1.7 본문개정)
1. 이 법에 따라 보호되거나 일시보호된 사람으로서 다음 각 목의 어느 하나에 해당하는 사람
  가. 도주할 목적으로 보호시설 또는 기구를 손괴하거나 다른 사람을 폭행 또는 협박한 사람
  나. 2명 이상이 합동하여 도주한 사람
2. 이 법에 따른 보호나 강제퇴거를 위한 호송 중에 있는 사람으로서 다른 사람을 폭행 또는 협박하거나 2명 이상이 합동하여 도주한 사람
3. 이 법에 따라 보호·일시보호된 사람이나 보호 또는 강제퇴거를 위한 호송 중에 있는 사람을 탈취하거나 도주하게 한 사람
② 다음 각 호의 어느 하나에 해당하는 사람으로서 영리를 목적으로 한 사람은 7년 이하의 징역 또는 7천만원 이하의 벌금에 처한다.(2020.3.24 본문개정)

1. 제12조제1항 또는 제2항에 따라 입국심사를 받아야 하는 외국인을 집단으로 불법입국하게 하거나 이를 알선한 사람
2. 제12조의3제1항을 위반하여 외국인을 집단으로 불법입국 또는 불법출국하게 하거나 대한민국을 거쳐 다른 국가로 불법입국하게 할 목적으로 선박등이나 여권·사증, 탑승권, 그 밖에 출입국에 사용될 수 있는 서류 및 물품을 제공하거나 알선한 사람(2012.1.26 본호개정)
3. 제12조의3제2항을 위반하여 불법으로 입국한 외국인을 집단으로 대한민국에서 은닉 또는 도피하게 하거나 은닉 또는 도피하게 할 목적으로 교통수단을 제공하거나 이를 알선한 사람

제93조의3 【벌칙】 다음 각 호의 어느 하나에 해당하는 사람은 5년 이하의 징역 또는 5천만원 이하의 벌금에 처한다.
1. 제12조제1항 또는 제2항을 위반하여 입국심사를 받지 아니하고 입국한 사람
2. 제91조의2제3항을 위반하여 직무상 알게 된 비밀을 다른 사람에게 누설하거나 직무상 목적 외의 용도로 이용한 사람
3. 제93조의2제2항 각 호의 어느 하나에 해당하는 죄를 범한 사람(영리를 목적으로 한 사람은 제외한다)

(2020.3.24 본조개정)

제94조 【벌칙】 다음 각 호의 어느 하나에 해당하는 사람은 3년 이하의 징역 또는 3천만원 이하의 벌금에 처한다.
(2020.3.24 본문개정)
1. 제3조제1항을 위반하여 출국심사를 받지 아니하고 출국한 사람
2. 제7조제1항 또는 제4항을 위반하여 입국한 사람
3. 제7조의2를 위반한 사람
4. 제12조의3을 위반한 사람으로서 제93조의2제2항 또는 제93조의3제1호·제3호에 해당하지 아니하는 사람(2020.3.24 본호개정)
5. 제14조제1항에 따른 승무원 상륙허가 또는 제14조의2제1항에 따른 관광상륙허가를 받지 아니하고 상륙한 사람 (2012.1.26 본호개정)
6. 제14조제3항에 따른 승무원 상륙허가 또는 제14조의2제3항에 따른 관광상륙허가의 조건을 위반한 사람(2012.1.26 본호개정)
7. 제17조제1항을 위반하여 체류자격이나 체류기간의 범위를 벗어나서 체류한 사람
8. 제18조제1항을 위반하여 취업활동을 할 수 있는 체류자격을 받지 아니하고 취업활동을 한 사람
9. 제18조제3항을 위반하여 취업활동을 할 수 있는 체류자격을 가지지 아니한 사람을 고용한 사람
10. 제18조제4항을 위반하여 취업활동을 할 수 있는 체류자격을 가지지 아니한 외국인의 고용을 업으로 알선·권유한 사람
11. 제18조제5항을 위반하여 체류자격을 가지지 아니한 외국인을 자기 지배하에 두는 행위를 한 사람
12. 제20조를 위반하여 체류자격 외 활동허가를 받지 아니하고 다른 체류자격에 해당하는 활동을 한 사람
13. 제21조제2항을 위반하여 근무처의 변경허가 또는 추가허가를 받지 아니한 외국인의 고용을 업으로 알선한 사람
14. 제22조에 따른 제한 등을 위반한 사람
15. 제23조를 위반하여 체류자격을 받지 아니하고 체류한 사람
16. 제24조를 위반하여 체류자격 변경허가를 받지 아니하고 다른 체류자격에 해당하는 활동을 한 사람
17. 제25조를 위반하여 체류기간 연장허가를 받지 아니하고 체류기간을 초과하여 계속 체류한 사람

17의2. 제26조를 위반한 사람(2016.3.29 본호신설)

18. 제28조제1항이나 제2항을 위반하여 출국심사를 받지 아니하고 출국한 사람
19. 제33조의3을 위반한 사람(2018.3.20 본호개정)
20. 제69조(제70조제1항 및 제2항에서 준용하는 경우를 포함한다)를 위반한 사람(2016.3.29 본호개정)

제95조 【벌칙】 다음 각 호의 어느 하나에 해당하는 사람은 1년 이하의 징역 또는 1천만원 이하의 벌금에 처한다.
(2014.1.7 본문개정)
1. 제6조제1항을 위반하여 입국심사를 받지 아니하고 입국한 사람
2. 제13조제2항에 따른 조건부 입국허가의 조건을 위반한 사람
3. 제15조제1항에 따른 긴급상륙허가, 제16조제1항에 따른 재난상륙허가 또는 제16조의2제1항에 따른 난민 임시상륙허가를 받지 아니하고 상륙한 사람
4. 제15조제2항, 제16조제2항 또는 제16조의2제2항에 따른 허가조건을 위반한 사람
5. 제18조제2항을 위반하여 지정된 근무처가 아닌 곳에서 근무한 사람
6. 제21조제1항 본문을 위반하여 허가를 받지 아니하고 근무처를 변경하거나 추가한 사람 또는 제21조제2항을 위반하여 근무처의 변경허가 또는 추가허가를 받지 아니한 외국인을 고용한 사람
7. 제31조의 등록의무를 위반한 사람
8. 제51조제1항·제3항, 제56조 또는 제63조제1항에 따라 보호 또는 일시보호된 사람으로서 도주하거나 보호 또는 강제퇴거 등을 위한 호송 중에 도주한 사람(제93조의2제1항제1호 또는 제2호에 해당하는 사람은 제외한다)
9. 제63조제5항에 따른 주거의 제한이나 그 밖의 조건을 위반한 사람
10. (2012.2.10 삭제)

제96조 【벌칙】 다음 각 호의 어느 하나에 해당하는 사람은 1천만원 이하의 벌금에 처한다.
1. 제71조제4항(제70조제1항 및 제2항에서 준용하는 경우를 포함한다)에 따른 출항의 일시정지 또는 회항 명령이나 선박등의 출입 제한을 위반한 사람
2. 정당한 사유 없이 제73조(제70조제1항 및 제2항에서 준용하는 경우를 포함한다)에 따른 준수사항을 지키지 아니하였거나 제73조의2제1항(제70조제1항 및 제2항에서 준용하는 경우를 포함한다) 또는 제3항(제70조제1항 및 제2항에서 준용하는 경우를 포함한다)을 위반하여 열람 또는 문서제출 요청에 따르지 아니한 사람
3. 정당한 사유 없이 제75조제1항(제70조제1항 및 제2항에서 준용하는 경우를 포함한다) 또는 제2항(제70조제1항 및 제2항에서 준용하는 경우를 포함한다)에 따른 보고서를 제출하지 아니하거나 거짓으로 제출한 사람

(2016.3.29 1호~3호개정)

제97조 【벌칙】 다음 각 호의 어느 하나에 해당하는 사람은 500만원 이하의 벌금에 처한다.
1. 제18조제4항을 위반하여 취업활동을 할 수 있는 체류자격을 가지지 아니한 외국인의 고용을 알선·권유한 사람(업으로 하는 사람은 제외한다)
2. 제21조제2항을 위반하여 근무처의 변경허가 또는 추가허가를 받지 아니한 외국인의 고용을 알선한 사람(업으로 하는 사람은 제외한다)
3. 제72조(제70조제1항 및 제2항에서 준용하는 경우를 포함한다)를 위반하여 허가를 받지 아니하고 선박등이나 출입국심사장에 출입한 사람(2016.3.29 본호개정)
4. 제74조(제70조제1항 및 제2항에서 준용하는 경우를 포함한다)에 따른 제출 또는 통보 의무를 위반한 사람
(2016.3.29 본호개정)
5. 제75조제4항(제70조제1항 및 제2항에서 준용하는 경우를 포함한다) 및 제5항(제70조제1항 및 제2항에서 준용하는 경우를 포함한다)에 따른 보고 또는 방지 의무를 위반한 사람
(2016.3.29 본호개정)
6. 제76조제1항(제70조제1항 및 제2항에서 준용하는 경우를 포함한다)에 따른 송환의무를 위반한 사람(2017.12.12 본호개정)

7. 제76조의6제1항을 위반하여 난민인정증명서 또는 난민여행증명서를 반납하지 아니하거나 같은 조 제2항에 따른 난민여행증명서 반납명령을 위반한 사람

제98조 【벌칙】 다음 각 호의 어느 하나에 해당하는 사람은 100만원 이하의 벌금에 처한다.
1. 제27조에 따른 여권등의 휴대 또는 제시 의무를 위반한 사람
2. 제36조제1항에 따른 체류지 변경신고 의무를 위반한 사람

제99조 【미수범 등】 ① 제93조의2, 제93조의3제1호·제3호, 제94조제1호부터 제5호까지 또는 제18호 및 제95조제1호의 죄를 범할 목적으로 예비하거나 또는 음모한 사람과 미수범은 각각 해당하는 본죄에 준하여 처벌한다.(2020.3.24 본항개정)
② 제1항에 따른 행위를 교사하거나 방조한 사람은 정범(正犯)에 준하여 처벌한다.

제99조의2 【난민에 대한 형의 면제】 제93조의3제1호, 제94조제2호·제5호·제6호 및 제15호부터 제17호까지 또는 제95조제3호·제4호에 해당하는 사람이 그 위반행위를 한 후 지체 없이 지방출입국·외국인관서의 장에게 다음 각 호의 모두에 해당하는 사실을 직접 신고하는 경우에 그 사실이 증명되면 그 형을 면제한다.(2020.3.24 본문개정)
1. 「난민법」 제2조제1호에 규정된 이유로 그 생명·신체 또는 신체의 자유를 침해받을 공포가 있는 영역으로부터 직접 입국하거나 상륙한 난민이라는 사실(2012.2.10 본호개정)
2. 제1호의 공포로 인하여 해당 위반행위를 한 사실

제99조의3 【양벌규정】 법인의 대표자나 법인 또는 개인의 대리인, 사용인, 그 밖의 종업원이 그 법인 또는 개인의 업무에 관하여 다음 각 호의 어느 하나에 해당하는 위반행위를 하면 그 행위자를 벌하는 외에 그 법인 또는 개인에게도 해당 조문의 벌금형을 과(科)한다. 다만, 법인 또는 개인이 그 위반행위를 방지하기 위하여 해당 업무에 관하여 상당한 주의와 감독을 게을리하지 아니한 경우에는 그러하지 아니하다.
1. 제94조제3호의 위반행위
2. 제94조제9호의 위반행위
2의2. 제94조제10호의 위반행위(2020.6.9 본호신설)
3. 제94조제19호의 위반행위 중 제33조의3제1호를 위반한 행위(2018.3.20 본호개정)
4. 제94조제20호의 위반행위
5. 제95조제6호의 위반행위 중 제21조제2항을 위반하여 근무처의 변경허가 또는 추가허가를 받지 아니한 외국인을 고용하는 행위(2020.6.9 본호개정)
6. 제96조제1호부터 제3호까지의 규정에 따른 위반행위
7. 제97조제4호부터 제6호까지의 규정에 따른 위반행위

제100조 【과태료】 ① 다음 각 호의 어느 하나에 해당하는 자에게는 200만원 이하의 과태료를 부과한다.
1. 제19조의 신고의무를 위반한 자
2. 제19조의4제1항 또는 제2항 각 호의 어느 하나에 해당하는 규정을 위반한 사람
3. 제21조제1항 단서의 신고의무를 위반한 사람
4. 제33조제4항 또는 제33조의2제1항을 위반하여 영주증을 재발급받지 아니한 사람(2018.3.20 본호신설)
5. 과실로 인하여 제75조제1항(제70조제1항 및 제2항에서 준용하는 경우를 포함한다) 또는 제2항(제70조제1항 및 제2항에서 준용하는 경우를 포함한다)에 따른 출·입항보고를 하지 아니하거나 출·입항보고서의 국적, 성명, 성별, 생년월일, 여권번호에 관한 항목을 최근 1년 이내에 3회 이상 사실과 다르게 보고한 자(2016.3.29 본호개정)

② 다음 각 호의 어느 하나에 해당하는 자에게는 100만원 이하의 과태료를 부과한다.
1. 제35조나 제37조를 위반한 사람
2. 제79조를 위반한 사람
3. 제81조제4항에 따른 출입국관리공무원의 장부 또는 자료 제출 요구를 거부하거나 기피한 자

③ 다음 각 호의 어느 하나에 해당하는 자에게는 50만원 이하의 과태료를 부과한다.
1. 제33조제2항을 위반하여 외국인등록증 발급신청을 하지 아니한 사람
1의2. 제81조의3제1항을 위반하여 여권 등 자료를 제공하지 않은 숙박외국인(2020.6.9 본호신설)
1의3. 제81조의3제2항을 위반하여 숙박외국인의 자료를 제출하지 아니하거나 허위로 제출한 숙박업자(2020.6.9 본호신설)
2. 이 법에 따른 각종 신청이나 신고에서 거짓 사실을 적거나 보고한 자(제94조제17호의2에 해당하는 사람은 제외한다) (2016.3.29 본호개정)

④ 제1항부터 제3항까지의 규정에 따른 과태료는 대통령령으로 정하는 바에 따라 지방출입국·외국인관서의 장이 부과·징수한다.(2014.3.18 본항개정)
⑤ 법무부장관은 출입국사범의 나이와 환경, 법 위반의 동기와 결과, 과태료 부담능력, 그 밖의 정상을 고려하여 이 법 위반에 따른 과태료를 면제할 수 있다.(2020.3.24 본항신설)

제11장 고발과 통고처분
(2010.5.14 본장개정)

제1절 고 발

제101조 【고발】 ① 출입국사범에 관한 사건은 지방출입국·외국인관서의 장의 고발이 없으면 공소(公訴)를 제기할 수 없다.
② 출입국관리공무원 외의 수사기관이 제1항에 해당하는 사건을 입건(立件)하였을 때에는 지체 없이 관할 지방출입국·외국인관서의 장에게 인계하여야 한다.
(2014.3.18 본조개정)

판례 출입국관리소장의 고발에 필요한 범죄사실의 표시 정도 : 출입국관리소장의 고발은 반드시 공소장 기재요건과 동일한 범죄의 일시 장소를 표시하여 사건의 동일성을 특정할 수 있을 정도로 범죄사실을 표시함을 필요로 하는 것은 아니고, 출입국관리법 소정의 어떠한 태양의 범죄인지를 판명할 수 있을 정도의 사실을 확정할 수 있을 정도로 표시하면 족하다.(대판 2000.4.21, 99도3403)

제2절 통고처분

제102조 【통고처분】 ① 지방출입국·외국인관서의 장은 출입국사범에 대한 조사 결과 범죄의 확증을 얻었을 때에는 그 이유를 명확하게 적어 서면으로 벌금에 상당하는 금액(이하 "범칙금"이라 한다)을 지정한 곳에 낼 것을 통고할 수 있다.
(2014.3.18 본항개정)
② 지방출입국·외국인관서의 장은 제1항에 따른 통고처분을 받은 자가 범칙금(犯則金)을 임시납부하려는 경우에는 임시납부하게 할 수 있다.(2014.3.18 본항개정)
③ 지방출입국·외국인관서의 장은 조사 결과 범죄의 정상이 금고 이상의 형에 해당할 것으로 인정되면 즉시 고발하여야 한다.(2014.3.18 본항개정)
④ 출입국사범에 대한 조사에 관하여는 제47조부터 제50조까지의 규정을 준용한다. 이 경우 용의자신문조서는 「형사소송법」 제244조에 따른 피의자신문조서로 본다.

제102조의2 【신용카드등에 의한 범칙금의 납부】 ① 범칙금은 대통령령으로 정하는 범칙금 납부대행기관을 통하여 신용카드, 직불카드 등(이하 "신용카드등"이라 한다)으로 낼 수 있다. 이 경우 "범칙금 납부대행기관"이란 정보통신망을 이용하여 신용카드등에 의한 결제를 수행하는 기관으로서 대통령령으로 정하는 바에 따라 범칙금 납부대행기관으로 지정받은 자를 말한다.
② 제1항에 따라 범칙금을 신용카드등으로 내는 경우에는 범칙금 납부대행기관의 승인일을 납부일로 본다.

③ 범칙금 납부대행기관은 납부자로부터 신용카드등에 의한 범칙금 납부대행 용역의 대가로 대통령령으로 정하는 바에 따라 납부대행 수수료를 받을 수 있다.
④ 범칙금 납부대행기관의 지정, 운영 및 납부대행 수수료 등에 관하여 필요한 사항은 대통령령으로 정한다.
(2020.10.20 본조신설)
제103조【범칙금의 양정기준 등】 ① 범칙금의 양정기준(量定基準)은 법무부령으로 정한다.
② 법무부장관은 출입국사범의 나이와 환경, 법 위반의 동기와 결과, 범칙금 부담능력, 그 밖의 정상을 고려하여 제102조제1항에 따른 통고처분을 면제할 수 있다.
제104조【통고처분의 고지방법】 통고처분의 고지는 통고서 송달의 방법으로 한다.
제105조【통고처분의 불이행과 고발】 ① 출입국사범은 통고서를 송달받으면 15일 이내에 범칙금을 내야 한다.
(2016.3.29 본항개정)
② 지방출입국·외국인관서의 장은 출입국사범이 제1항에 따른 기간에 범칙금을 내지 아니하면 고발하여야 한다. 다만, 고발하기 전에 범칙금을 낸 경우에는 그러하지 아니하다.
(2014.3.18 본문개정)
③ 출입국사범에 대하여 강제퇴거명령서를 발급한 경우에는 제2항 본문에도 불구하고 고발하지 아니한다.
제106조【일사부재리】 출입국사범이 통고한 대로 범칙금을 내면 동일한 사건에 대하여 다시 처벌받지 아니한다.

부 칙 (2014.12.30)

제1조【시행일】 이 법은 공포 후 3개월이 경과한 날부터 시행한다.
제2조【출국금지결정 등의 통지에 관한 적용례】 제4조의4의 개정규정은 이 법 시행 후 최초로 출국금지결정 등을 하는 것부터 적용한다.
제3조【성폭력피해자에 대한 적용례】 제25조의3의 개정규정은 이 법 시행 당시 법원의 재판, 수사기관의 수사, 그 밖의 다른 법률의 규정에 따른 권리구제 절차를 진행 중인 외국인에게도 적용한다.
제4조【출국금지결정 등의 통지에 관한 경과조치】 이 법 시행 당시 종전의 규정에 따라 출국금지결정 등의 통지를 하지 아니한 것은 제4조의4의 개정규정에도 불구하고 종전의 규정에 따른다.

부 칙 (2016.3.29)

제1조【시행일】 이 법은 공포 후 6개월이 경과한 날부터 시행한다.
제2조【강제퇴거에 관한 적용례】 제46조제1항제10호의2·제12호의2 및 제14호의 개정규정은 이 법 시행 후 제26조 또는 제33조의2를 위반하는 외국인부터 적용한다.
제3조【국내 거소신고자의 지문 및 얼굴 정보의 제공에 관한 특례】 제38조제1항제1호나목의 개정규정 시행 당시 「재외동포의 출입국과 법적 지위에 관한 법률」 제6조에 따라 국내거소신고가 되어 있는 외국국적동포는 법무부장관이 정하는 시기에 그의 거소를 관할하는 지방출입국·외국인관서의 장에게 지문 및 얼굴에 관한 정보를 제공하여야 한다. 다만, 종전의 제38조제1항에 따라 지문 및 얼굴에 관한 정보를 제공한 사람은 제외한다.
제4조【난민여행증명서의 유효기간 및 그 연장에 관한 경과조치】 이 법 시행 전에 발급받은 난민여행증명서의 유효기간 및 그 연장에 관하여는 제76조의5제2항의 개정규정에도 불구하고 종전의 규정에 따른다.
제5조【과태료에 관한 경과조치】 이 법 시행 전의 행위에 대하여 과태료를 적용할 때에는 제100조제3항제2호의 개정규정에도 불구하고 종전의 규정에 따른다.

부 칙 (2018.3.20)

제1조【시행일】 이 법은 공포 후 6개월이 경과한 날부터 시행한다.
제2조【체류자격에 관한 적용례】 제10조, 제10조의2 및 제10조의3의 개정규정은 이 법 시행 전에 체류자격을 신청하여 절차가 진행 중인 사람에 대하여도 적용한다.
제3조【영주증 유효기간에 관한 적용례】 제33조제3항의 개정규정은 이 법 시행 후 영주증을 발급 또는 재발급받는 사람부터 적용한다.
제4조【영주자격의 취소에 관한 적용례】 제89조의2의 개정규정은 이 법 시행 당시 제89조에 따른 영주자격의 취소절차가 진행 중인 사람에 대하여도 적용한다.
제5조【체류자격에 관한 경과조치】 이 법 시행 당시 종전의 규정에 따라 체류자격을 취득한 사람은 이 법에 따라 체류자격을 취득한 것으로 본다.

부 칙 (2019.4.23)

제1조【시행일】 이 법은 공포한 날부터 시행한다. 다만, 제91조의2 및 제93조의3제1항의 개정규정은 공포 후 6개월이 경과한 날부터 시행한다.
제2조【적용례】 제25조의4의 개정규정은 이 법 시행 당시 법원의 재판, 수사기관의 수사, 그 밖의 다른 법률의 규정에 따른 권리구제 절차를 진행 중인 외국인 아동과 보호자에게도 적용한다.

부 칙 (2020.2.4)

이 법은 공포 후 6개월이 경과한 날부터 시행한다. 다만, 제81조제1항의 개정규정은 공포 후 3개월이 경과한 날부터 시행한다.

부 칙 (2020.3.24)

이 법은 공포 후 6개월이 경과한 날부터 시행한다.

부 칙 (2020.6.9)

제1조【시행일】 이 법은 공포 후 6개월이 경과한 날부터 시행한다.
제2조【체류자격 구비 기간에 관한 적용례】 제23조제1항제2호의 개정규정은 대한민국에서 체류 중 대한민국의 국적을 상실하거나 이탈하는 등 그 밖의 사유로 체류자격을 가지지 못하게 된 외국인으로서 이 법 시행 당시 그 체류자격을 가지지 못하게 된 사유가 발생한 날부터 60일이 경과하지 아니한 사람에 대해서도 적용한다.
제3조【외국인등록사항 변경신고 등 기한에 관한 적용례】 제35조, 제36조제1항 및 제37조제5항의 개정규정은 이 법 시행 당시 해당 개정규정에 따라 15일로 연장된 신고기한이나 회수기한이 경과하지 아니한 외국인에 대해서도 적용한다.
제4조【대행기관의 등록에 관한 경과조치】 이 법 시행 당시 외국인 등의 체류 관련 민원업무의 대행기관으로 지방출입국·외국인관서의 장에게 등록된 자는 제79조의2의 개정규정에 따라 등록된 대행기관으로 본다. 다만, 이 법 시행 이후 1년 이내에 제79조의2제2항 각 호에 따른 요건을 갖추어야 한다.

부 칙 (2020.10.20)

이 법은 공포 후 3개월이 경과한 날부터 시행한다. 다만, 제4조의6제3항 후단의 개정규정은 법률 제16924호 형사소송법 일부개정법률이 시행되는 날부터 시행한다.
<제4조의6제3항 후단의 개정규정은 2021.1.1 시행>

부　칙 (2021.3.16)

이 법은 공포한 날부터 시행한다.

부　칙 (2021.7.13)

제1조【시행일】 이 법은 2021년 7월 13일부터 시행한다.
제2조【출국금지에 관한 적용례】 제4조제1항의 개정규정은 이 법 시행 이후 「양육비 이행확보 및 지원에 관한 법률」 제21조의4제1항에 따른 양육비 채무자 중 양육비이행심의위원회의 심의·의결을 거친 사람부터 적용한다.

부　칙 (2021.8.17)

이 법은 공포 후 1년이 경과한 날부터 시행한다.

부　칙 (2022.2.3)

이 법은 공포 후 3개월이 경과한 날부터 시행한다.

부　칙 (2022.12.13)

제1조【시행일】 이 법은 공포 후 6개월이 경과한 날부터 시행한다. 다만, 제25조의2부터 제25조의4까지 및 제46조의2의 개정규정과 부칙 제2조 및 제3조제1항은 2023년 1월 1일부터 시행한다.
제2조【경과조치】 이 법 시행 당시 종전의 제25조의2부터 제25조의4까지의 규정에 따른 체류기간 연장 허가는 제25조의2의 개정규정에 따른 허가로 본다.
제3조【다른 법률의 개정】 ①~② ※(해당 법령에 가제정리 하였음)

부　칙 (2023.6.13)
(2024.12.20)

이 법은 공포 후 6개월이 경과한 날부터 시행한다.

부　칙 (2025.1.21)

제1조【시행일】 이 법은 공포 후 6개월이 경과한 날부터 시행한다.(이하 생략)

재외동포의 출입국과 법적 지위에 관한 법률(약칭 : 재외동포법)

(**1999년 9월 2일**
법 률 제6015호)

개정
2000. 1.12법 6124호(사립학교교직원연금법)
2000.12.29법 6307호
2000.12.30법 6328호(공무원연금)
2004. 3. 5법 7173호　2005.12.29법 7768호
2006. 3. 3법 7873호(국가유공자등예우)
2007. 7.13법 8500호　2008. 3.14법 8896호
2008.12.19법 9140호
2010. 5. 4법10275호(국적법)
2011. 4. 5법10543호
2013. 3.23법11690호(정부조직)
2014. 3.18법12421호(출입국)
2014. 5.20법12593호
2016. 1.19법13797호(부동산거래신고등에관한법)
2016. 5.29법14173호　2017.10.31법14973호
2018. 9.18법15758호
2019.12.31법16851호(대체역의편입및복무등에관한법)
2020. 2. 4법16917호
2022.12.13법19070호(출입국)
2023. 6.13법19434호
2025. 1.21법20677호(전기통신사업법)→2025년 7월 22일 시행

제1조【목적】 이 법은 재외동포(在外同胞)의 대한민국에의 출입국과 대한민국 안에서의 법적 지위를 보장함을 목적으로 한다.(2008.3.14 본조개정)
제2조【정의】 이 법에서 "재외동포"란 다음 각 호의 어느 하나에 해당하는 자를 말한다.
1. 대한민국의 국민으로서 외국의 영주권(永住權)을 취득한 자 또는 영주할 목적으로 외국에 거주하고 있는 자(이하 "재외국민"이라 한다)
2. 대한민국의 국적을 보유하였던 자(대한민국정부 수립 전에 국외로 이주한 동포를 포함한다) 또는 그 직계비속(直系卑屬)으로서 외국국적을 취득한 자 중 대통령령으로 정하는 자(이하 "외국국적동포"라 한다)
(2008.3.14 본조개정)
제3조【적용 범위】 이 법은 재외국민과 「출입국관리법」 제10조에 따른 체류자격 중 재외동포 체류자격(이하 "재외동포체류자격"이라 한다)을 가진 외국국적동포의 대한민국에의 출입국과 대한민국 안에서의 법적 지위에 관하여 적용한다.(2008.3.14 본조개정)
제3조의2【다른 법률과의 관계】 ① 재외동포체류자격을 가진 외국국적동포의 대한민국에의 출입국과 대한민국 안에서의 법적 지위에 관하여 이 법에서 정하지 아니한 사항은 「출입국관리법」에 따른다.
② 특정 건물 또는 시설의 소재지를 거소로 신고한 외국국적동포의 성명 및 거소 변경 일자의 확인과 국내거소신고증의 진위확인에 대하여는 「출입국관리법」 제88조의3 및 제88조의4를 준용한다. 이 경우 "외국인"은 "외국국적동포"로, "체류지"는 "거소"로, "외국인체류확인서"는 "외국국적동포거소확인서"로, "외국인등록증"은 "국내거소신고증"으로 본다.(2022.12.13 본항신설)
(2020.2.4 본조신설)
제4조【정부의 책무】 정부는 재외동포가 대한민국 안에서 부당한 규제와 대우를 받지 아니하도록 필요한 지원을 하여야 한다.(2008.3.14 본조개정)
제5조【재외동포체류자격의 부여】 ① 법무부장관은 대한민국 안에서 활동하려는 외국국적동포에게 신청에 의하여 재외동포체류자격을 부여할 수 있다.
② 법무부장관은 외국국적동포에게 다음 각 호의 어느 하나에 해당하는 사유가 있으면 제1항에 따른 재외동포체류자격

을 부여하지 아니한다. 다만, 법무부장관이 필요하다고 인정하는 경우에는 제1호에 해당하는 외국국적동포가 41세가 되는 해 1월 1일부터 부여할 수 있다.(2018.9.18 단서개정)
1. 다음 각 목의 어느 하나에 해당하지 아니한 상태에서 대한민국 국적을 이탈하거나 상실하여 외국인이 된 남성의 경우
가. 현역 · 상근예비역 · 보충역 또는 대체역으로 복무를 마치거나 마친 것으로 보게 되는 경우(2019.12.31 본목개정)
나. 전시근로역에 편입된 경우
다. 병역면제처분을 받은 경우
(2017.10.31 본호개정)
2. 대한민국의 안전보장, 질서유지, 공공복리, 외교관계 등 대한민국의 이익을 해칠 우려가 있는 경우
③ 법무부장관은 제1항과 제2항에 따라 재외동포체류자격을 부여할 때에는 대통령령으로 정하는 바에 따라 외교부장관과 협의하여야 한다.(2013.3.23 본항개정)
④ 재외동포체류자격의 취득 요건과 재외동포체류자격을 취득한 자의 활동 범위는 대통령령으로 정한다.
(2008.3.14 본조개정)
제6조【국내거소신고】 ① 재외동포체류자격으로 입국한 외국국적동포는 이 법을 적용받기 위하여 필요하면 대한민국 안에 거소(居所)를 정하여 그 거소를 관할하는 지방출입국 · 외국인관서의 장에게 국내거소신고를 할 수 있다.(2014.5.20 본항개정)
② 제1항에 따라 신고한 국내거소를 이전한 때에는 14일 이내에 그 사실을 신거소(新居所)가 소재한 시 · 군 · 구(자치구가 아닌 구를 포함한다. 이하 이 조 및 제7조에서 같다) 또는 읍 · 면 · 동의 장이나 신거소를 관할하는 지방출입국 · 외국인관서의 장에게 신고하여야 한다.(2016.5.29 본항개정)
③ 제2항에 따라 거소이전 신고를 받은 지방출입국 · 외국인관서의 장은 신거소가 소재한 시 · 군 · 구 또는 읍 · 면 · 동의 장에게, 시 · 군 · 구 또는 읍 · 면 · 동의 장은 신거소를 관할하는 지방출입국 · 외국인관서의 장에게 각각 이를 통보하여야 한다.(2016.5.29 본항개정)
④ 국내거소신고서의 기재 사항, 첨부 서류, 그 밖에 신고의 절차에 관하여 필요한 사항은 대통령령으로 정한다.
(2008.3.14 본조개정)
제7조【국내거소신고증의 발급 등】 ① 지방출입국 · 외국인관서의 장은 제6조에 따라 국내거소신고를 한 외국국적동포에게 국내거소신고번호를 부여하고, 외국국적동포 국내거소신고증을 발급한다.(2014.5.20 본문개정)
1.~2. (2014.5.20 삭제)
② 제1항의 국내거소신고증에는 다음 각 호의 사항을 적는다.
1. 국내거소신고번호
2. 성명
3. 성별
4. 생년월일
5. 국적
6. (2023.6.13 삭제)
7. 대한민국 안의 거소 등
③ 지방출입국 · 외국인관서의 장은 대통령령으로 정하는 바에 따라 국내거소신고대장과 그 밖의 관계 서류를 작성하여 보존하여야 한다.(2014.3.18 본항개정)
④ 제1항에 따라 국내거소신고증을 발급받은 후 분실 · 훼손(毁損)하거나 그 밖에 대통령령으로 정하는 사유로 재발급을 받으려는 자는 지방출입국 · 외국인관서의 장에게 재발급 신청을 하여야 한다.(2014.3.18 본항개정)
⑤ 지방출입국 · 외국인관서의 장, 시 · 군 · 구 또는 읍 · 면 · 동의 장은 제6조에 따라 국내거소신고를 한 사실이 있는 자에게는 법무부령으로 정하는 바에 따라 국내거소신고 사실증명을 발급하거나 열람하게 할 수 있다.(2016.5.29 본항개정)
⑥ 제1항과 제4항에 따른 국내거소신고증의 발급 · 재발급 및 제5항에 따른 국내거소신고 사실증명의 발급을 신청하는 자는 법무부령으로 정하는 수수료를 내야 한다.
⑦ 지방출입국 · 외국인관서의 장은 제1항에 따라 국내거소신고증을 발급받은 외국국적동포에게 추가로 국내거소신고증과 동일한 효력을 가진 모바일국내거소신고증(「전기통신사업법」 제2조제20호에 따른 이동통신단말장치에 암호화된 형태로 설치된 국내거소신고증을 말한다. 이하 같다)을 발급할 수 있다.(2025.1.21 본항개정)
⑧ 법무부장관은 법무부령으로 정하는 바에 따라 모바일국내거소신고증 발급 등에 관한 업무를 「출입국관리법」 제33조제7항에 따른 정보시스템을 활용하여 처리할 수 있다.
(2023.6.13 본항신설)
⑨ 제7항에 따른 모바일국내거소신고증의 발급, 규격, 유효기간, 효력 말소 등에 관한 사항은 법무부령으로 정한다.
(2023.6.13 본항신설)
(2008.3.14 본조개정)
제8조【국내거소신고증의 반납】 외국국적동포가 국내거소신고증을 지닐 필요가 없게 된 때에는 대통령령으로 정하는 바에 따라 지방출입국 · 외국인관서의 장에게 국내거소신고증을 반납하여야 한다.(2020.2.4 본조개정)
제9조【주민등록 등과의 관계】 ① 법령에 규정된 각종 절차와 거래관계 등에서 주민등록증, 주민등록표 등본 · 초본, 외국인등록증 또는 외국인등록 사실증명이 필요한 경우에는 국내거소신고증(제7조제7항에 따른 모바일국내거소신고증을 포함한다)이나 국내거소신고 사실증명으로 그에 갈음할 수 있다.(2023.6.13 본항개정)
② 이 법 또는 다른 법률에서 실물 국내거소신고증이나 국내거소신고증에 기재된 성명, 사진, 거소신고번호 등의 확인이 필요한 경우 모바일국내거소신고증의 확인으로 이를 갈음할 수 있다.(2023.6.13 본항신설)
제10조【출입국과 체류】 ① 재외동포체류자격에 따른 체류기간은 최장 3년까지로 한다.(2008.12.19 본항개정)
② 법무부장관은 제1항에 따른 체류기간을 초과하여 국내에 계속 체류하려는 외국국적동포에게는 대통령령으로 정하는 바에 따라 체류기간 연장허가를 할 수 있다. 다만, 제5조제2항 각 호의 어느 하나에 해당하는 사유가 있는 경우에는 그러하지 아니하다.
③ 국내거소신고를 한 외국국적동포가 체류기간 내에 출국하였다가 재입국하는 경우에는 「출입국관리법」 제30조에 따른 재입국허가가 필요하지 아니하다.
④ 대한민국 안의 거소를 신고하거나 그 이전신고(移轉申告)를 한 외국국적동포에 대하여는 「출입국관리법」 제31조에 따른 외국인등록과 같은 법 제36조에 따른 체류지변경신고를 한 것으로 본다.
⑤ 재외동포체류자격을 부여받은 외국국적동포의 취업이나 그 밖의 경제활동은 사회질서 또는 경제안정을 해치지 아니하는 범위에서 자유롭게 허용된다.
(2008.3.14 본조개정)
제11조【부동산거래 등】 ① 국내거소신고를 한 외국국적동포는 「부동산 거래신고 등에 관한 법률」 제9조제1항제1호에 따른 경우 외에는 대한민국 안에서 부동산을 취득 · 보유 · 이용 및 처분할 때에 대한민국의 국민과 동등한 권리를 갖는다. 다만, 「부동산 거래신고 등에 관한 법률」 제3조제1항 및 제8조에 따른 신고를 하여야 한다.(2016.1.19 본항개정)
② 국내거소신고를 한 외국국적동포가 「부동산 실권리자명의 등기에 관한 법률」의 시행 전에 명의신탁(名義信託) 약정(約定)에 따라 명의수탁자(名義受託者) 명의(名義)로 등기하거나 등기하도록 한 부동산에 관한 물권(物權)을 이 법 시행 후 1년 이내에 「부동산 실권리자명의 등기에 관한 법률」 제11조제1항 및 제2항에 따라 실명(實名)으로 등기하거나 매각처분 등을 한 경우에는 같은 법 제12조제1항 및 제2항을 적용하지 아니한다.
(2008.3.14 본조개정)
제12조【금융거래】 주민등록을 한 재외국민과 국내거소신고를 한 외국국적동포는 예금 · 적금의 가입, 이율의 적용, 입

금과 출금 등 국내 금융기관을 이용할 때 「외국환거래법」상의 거주자인 대한민국 국민과 동등한 권리를 갖는다. 다만, 자본거래의 신고 등에 관한 「외국환거래법」 제18조의 경우에는 그러하지 아니하다.(2014.5.20 본문개정)

제13조【외국환거래】 재외국민이 다음 각 호의 어느 하나에 해당하는 지급수단을 수출하거나 외국에 지급하는 경우 「외국환거래법」 제15조와 제17조를 적용할 때 재외국민은 외국국적동포와 동등한 대우를 받는다.

1. 외국에 거주하기 전부터 소유하고 있던 국내 부동산을 매각하거나 수용으로 처분하였을 경우 그 매각 또는 처분대금
2. 외국에서 국내로 수입(輸入)하거나 국내에 지급한 지급수단

(2008.3.14 본조개정)

제14조【건강보험】 주민등록을 한 재외국민과 국내거소신고를 한 외국국적동포가 90일 이상 대한민국 안에 체류하는 경우에는 건강보험 관계 법령으로 정하는 바에 따라 건강보험을 적용받을 수 있다.(2014.5.20 본조개정)

제15조 (2000.12.30 삭제)

제16조【국가유공자·독립유공자와 그 유족의 보훈급여금】 외국국적동포는 「국가유공자 등 예우 및 지원에 관한 법률」 또는 「독립유공자예우에 관한 법률」에 따른 보훈급여금을 받을 수 있다.(2008.3.14 본조개정)

제17조【과태료】 ① 제6조제2항을 위반하여 국내거소의 이전 사실을 신고하지 아니한 자에게는 200만원 이하의 과태료를 부과한다.

② 제8조를 위반하여 국내거소신고증을 반납하지 아니한 자에게는 100만원 이하의 과태료를 부과한다.

③ 제1항이나 제2항에 따른 과태료는 대통령령으로 정하는 바에 따라 지방출입국·외국인관서의 장이 부과하고 징수한다.(2014.3.18 본항개정)

④~⑥ (2008.12.19 삭제)

(2008.3.14 본조개정)

부　칙 (2017.10.31)

제1조【시행일】 이 법은 공포 후 6개월이 경과한 날부터 시행한다.

제2조【재외동포체류자격의 부여에 관한 적용례】 제5조제2항의 개정규정은 이 법 시행 후 최초로 대한민국 국적을 이탈하거나 상실한 사람부터 적용한다.

제3조【재외동포체류자격의 부여에 관한 경과조치】 이 법 시행 전에 대한민국 국적을 이탈하였거나 상실한 사람이 재외동포체류자격을 신청하는 경우에는 제5조제2항의 개정규정에도 불구하고 종전의 규정을 적용한다.

부　칙 (2020.2.4)

이 법은 공포한 날부터 시행한다.

부　칙 (2022.12.13)

제1조【시행일】 이 법은 공포 후 6개월이 경과한 날부터 시행한다.(이하 생략)

부　칙 (2023.6.13)

이 법은 공포 후 6개월이 경과한 날부터 시행한다.

부　칙 (2025.1.21)

제1조【시행일】 이 법은 공포 후 6개월이 경과한 날부터 시행한다.(이하 생략)

인신보호법

(2007년 12월 21일
법　률 제8724호)

개정
2010. 6.10법10364호
2011. 8. 4법11005호(의료법)
2017.10.31법14972호

제1조【목적】 이 법은 위법한 행정처분 또는 사인(私人)에 의한 시설에의 수용으로 인하여 부당하게 인신의 자유를 제한당하고 있는 개인의 구제절차를 마련함으로써 「헌법」이 보장하고 있는 국민의 기본권을 보호하는 것을 목적으로 한다.

제2조【정의】 ① 이 법에서 "피수용자"란 자유로운 의사에 반하여 국가, 지방자치단체, 공법인 또는 개인, 민간단체 등이 운영하는 의료시설·복지시설·수용시설·보호시설(이하 "수용시설"이라 한다)에 수용·보호 또는 감금되어 있는 자를 말한다. 다만, 형사절차에 따라 체포·구속된 자, 수형자 및 「출입국관리법」에 따라 보호된 자는 제외한다.

② 이 법에서 "수용자"란 수용시설의 장 또는 운영자를 말한다.

제3조【구제청구】 피수용자에 대한 수용이 위법하게 개시되거나 적법하게 수용된 후 그 사유가 소멸되었음에도 불구하고 계속 수용되어 있는 때에는 피수용자, 그 법정대리인, 후견인, 배우자, 직계혈족, 형제자매, 동거인, 고용주 또는 수용시설 종사자(이하 "구제청구자"라 한다)는 이 법으로 정하는 바에 따라 법원에 구제를 청구할 수 있다. 다만, 다른 법률에 구제절차가 있는 경우에는 상당한 기간 내에 그 법률에 따른 구제를 받을 수 없음이 명백하여야 한다.(2010.6.10 본문개정)

제3조의2【구제청구 고지 등】 ① 수용자는 피수용자에 대한 수용을 개시하기 전에 제3조에 따라 구제를 청구할 수 있음을 고지하여야 한다.

② 수용자 및 구제청구자(피수용자는 제외한다)는 피수용자가 제3조에 따라 구제청구를 하는 것을 방해하여서는 아니 된다.

(2010.6.10 본조신설)

제4조【관할】 구제청구를 심리하는 관할 법원은 당해 피수용자 또는 수용시설의 주소, 거소 또는 현재지를 관할하는 지방법원 또는 지원으로 한다.

제5조【청구의 방식】 제3조에 따른 구제청구는 다음 각 호에 열거한 사항을 기재한 서면으로 하여야 한다.

1. 구제청구자의 주소 및 성명
2. 수용자의 성명, 주소, 그 밖에 수용자를 특정할 수 있는 사항
3. 피수용자의 성명
4. 청구의 요지
5. 수용이 위법한 사유
6. 수용 장소

제6조【청구의 각하】 ① 법원은 다음 각 호의 어느 하나에 해당하는 때에는 결정으로 구제청구를 각하할 수 있다.

1. 구제청구자가 아닌 자가 구제청구를 한 때
2. 제5조의 요건을 충족하지 못한 때
3. 다른 법률의 구제절차에 따른 구제를 받을 수 있음이 명백한 때
4. 이 법 또는 다른 법률에 따른 구제청구가 기각된 후 다시 구제청구를 한 때

② 법원은 제1항 각 호에 해당하는 때에는 상당한 기간을 정하여 그 흠을 보정하도록 명할 수 있다.

제7조【관할이송】 법원은 직권 또는 구제청구자의 신청에 따라 청구사건의 심리에 적당하다고 판단되는 다른 법원에 사건을 이송할 수 있다.

제8조【청구사건의 심리】 ① 법원은 구제청구에 대하여 이를 각하하는 경우를 제외하고 지체 없이 수용의 적법 여부 및 수용을 계속할 필요성 등에 대하여 심리를 개시하여야 한다.
② 법원은 필요하다고 인정하는 때에는 정신건강의학과의사·심리학자·사회복지학자, 그 밖의 관련 전문가 등에게 피수용자의 정신·심리상태에 대한 진단소견 및 피수용자의 수용 상태에 대한 의견을 조회할 수 있다.(2011.8.4 본항개정)
제9조【수용의 임시해제 등】 ① 법원은 수용을 계속하는 경우 발생할 것으로 예상되는 신체의 위해 등을 예방하기 위하여 긴급한 필요가 있다고 인정하는 때에는 직권 또는 구제청구자의 청구에 의하여 피수용자의 수용을 임시로 해제할 것을 결정할 수 있다.
② 법원은 제1항의 결정을 하기 전에 피수용자로부터 언제든지 법원의 소환에 응하겠다는 서약을 받아야 하고, 필요한 경우 피수용자에 대하여 수용의 임시해제에 따른 조건을 붙일 수 있다.
③ 법원은 피수용자가 심문기일에 출석하지 아니하거나 제2항에 따른 조건을 준수하지 아니한 때에는 제1항의 결정을 취소할 수 있다. 이 경우 피수용자를 종전의 수용시설에 수용하는 것이 상당하지 아니하다고 인정하는 때에는 피수용자를 구인한 후 동종 또는 유사한 수용시설에 유치할 수 있다.
제10조【심문기일】 ① 법원은 구제청구를 각하한 경우를 제외하고 심문기일을 지정하여 구제청구자와 수용자를 소환하여야 한다.
② 법원은 필요하다고 인정한 때에는 피수용자 등 관계인을 제1항의 심문기일에 출석하게 할 수 있다.
③ 수용자는 심문기일 전까지 다음 각 호의 사항을 기재한 답변서를 제출하여야 하고, 법원의 소환이 있는 경우 피수용자를 심문기일에 출석시켜야 한다.
1. 피수용자의 성명, 주소 등 피수용자를 특정할 수 있는 사항
2. 피수용자를 수용한 일시 및 장소
3. 수용의 사유
4. 수용을 계속할 필요성, 예상되는 수용의 종료 시기
5. 그 밖에 수용과 관련된 사항
제11조【피수용자의 신병보호】 법원은 피수용자의 신병을 보호하기 위하여 필요하다고 인정하는 때에는 결정으로 피수용자를 현재의 수용시설에서 적당하다고 인정되는 동종 또는 유사한 다른 수용시설로 이송할 것을 수용자에게 명할 수 있다.
제12조【심리의 공개 및 국선변호인 선임】 ① 심리는 공개된 법정에서 이를 행한다. 다만, 피수용자의 보호를 위하여 필요하다고 인정되는 때에는 결정으로 이를 공개하지 아니할 수 있다.
② 피수용자와 구제청구자는 변호인을 선임할 수 있다. 구제청구자 등이 빈곤이나 그 밖의 사유로 변호인을 선임할 수 없는 경우 구제청구자 등의 명시적 의사에 반하지 아니하는 이상 법원은 직권으로 변호인을 선정하여야 한다. 다만, 구제청구가 명백하게 이유 없는 때에는 그러하지 아니하다.
제13조【결정】 ① 법원은 구제청구사건을 심리한 결과 그 청구가 이유가 있다고 인정되는 때에는 결정으로 피수용자의 수용을 즉시 해제할 것을 명하여야 한다.
② 법원은 구제청구가 이유 없다고 인정하는 때에는 이를 기각하여야 한다. 이 경우 제9조제3항 또는 제11조에 따라 피수용자를 보호하고 있는 자가 있는 때에는 피수용자의 신병을 수용자에게 인도할 것을 명하여야 한다.
제14조【비용부담】 법원은 구제청구사건의 재판에 소요된 비용의 전부 또는 일부를 구제청구자 또는 수용자에게 부담시킬 수 있다.
제15조【상소】 구제청구자와 수용자는 제13조의 결정에 대하여 불복하면 7일 이내에 즉시항고할 수 있다. 다만, 즉시항고는 집행정지의 효력이 없다.(2017.10.31 본조개정)
제16조【재수용의 금지】 이 법에 따라 수용이 해제된 자는 구제청구의 전제가 된 사유와 같은 사유로 다시 수용할 수 없다.
제17조【대법원규칙】 그 밖에 구제청구사건의 심리 및 재판에 관하여 필요한 사항은 대법원규칙으로 정한다.
제18조【벌칙】 ① 수용자가 제10조제3항에 따른 답변서를 거짓으로 작성하거나 제출을 거부한 때에는 1년 이하의 징역, 3년 이하의 자격정지 또는 1천만원 이하의 벌금에 처한다.
② 제3조의2제2항을 위반하여 피수용자의 구제청구를 방해한 자는 1년 이하의 징역 또는 1천만원 이하의 벌금에 처한다.(2010.6.10 본항신설)
(2010.6.10 본조제목개정)
제19조【심문기일에 출석하지 아니한 경우의 과태료 등】
① 수용자가 정당한 사유 없이 심문기일에 출석하지 아니한 때에 법원은 결정으로 500만원 이하의 과태료를 부과할 수 있다.
② 법원은 수용자가 제1항에 따른 과태료 재판을 받고도 정당한 사유 없이 다시 출석하지 아니하는 때에는 결정으로 수용자를 7일 이내의 감치에 처한다.
③ 제1항에 따른 결정에 대하여는 「민사소송법」 제311조를 준용한다.
제20조【과태료】 ① 제3조의2제1항을 위반하여 구제를 청구할 수 있음을 고지하지 아니한 자에게는 500만원 이하의 과태료를 부과한다.
② 제1항에 따른 과태료는 법무부장관이 부과·징수한다.
(2010.6.10 본조신설)

부　칙 (2017.10.31)

제1조【시행일】 이 법은 공포한 날부터 시행한다.
제2조【즉시항고에 관한 특례】 이 법 시행 당시 제13조에 따른 결정을 받은 피수용자는 제15조의 개정규정에도 불구하고 이 법 시행 후 7일 이내에 즉시항고할 수 있다.

行政編

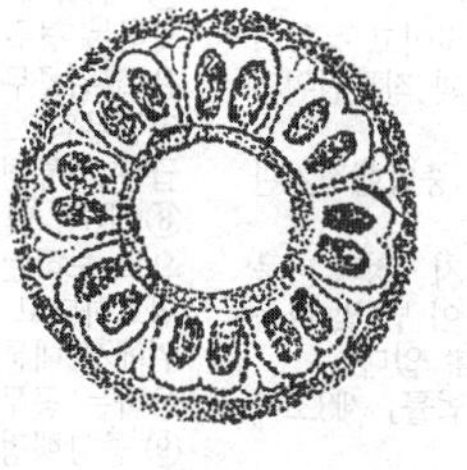

新羅 佛國寺 釋迦塔 金剛座(紋樣)

정부조직법

(2013년 3월 23일
전부개정법률 제11690호)

개정
2013.12.24법12114호 2014.11.19법12844호
2015.12.22법13593호
2017. 4.18법14804호(해양수산발전기본법)
2017. 7.26법14839호 2018. 6. 8법15624호
2020. 2. 4법16930호(개인정보보호법)
2020. 6. 9법17384호 2020. 8.11법17472호
2020.12.15법17646호(국가정보원법)
2020.12.29법17799호(독점)
2020.12.31법17814호 2021. 7. 8법18293호
2023. 3. 4법19228호 2023.12.26법19840호
2024. 1.26법20145호 2024. 2.13법20309호

행정

제1장 총 칙

제1조【목적】 이 법은 국가행정사무의 체계적이고 능률적인 수행을 위하여 국가행정기관의 설치·조직과 직무범위의 대강을 정함을 목적으로 한다.

제2조【중앙행정기관의 설치와 조직 등】 ① 중앙행정기관의 설치와 직무범위는 법률로 정한다.
② 중앙행정기관은 이 법에 따라 설치된 부·처·청과 다음 각 호의 행정기관으로 하되, 중앙행정기관은 이 법 및 다음 각 호의 법률에 따르지 아니하고는 설치할 수 없다.
1.「방송통신위원회의 설치 및 운영에 관한 법률」제3조에 따른 방송통신위원회
2.「독점규제 및 공정거래에 관한 법률」제54조에 따른 공정거래위원회(2020.12.29 본호개정)
3.「부패방지 및 국민권익위원회의 설치와 운영에 관한 법률」제11조에 따른 국민권익위원회
4.「금융위원회의 설치 등에 관한 법률」제3조에 따른 금융위원회
5.「개인정보 보호법」제7조에 따른 개인정보 보호위원회(2020.8.11 본호신설)
6.「원자력안전위원회의 설치 및 운영에 관한 법률」제3조에 따른 원자력안전위원회
7.「우주항공청의 설치 및 운영에 관한 특별법」제6조에 따른 우주항공청(2024.1.26 본호신설)
8.「신행정수도 후속대책을 위한 연기·공주지역 행정중심복합도시 건설을 위한 특별법」제38조에 따른 행정중심복합도시건설청
9.「새만금사업 추진 및 지원에 관한 특별법」제34조에 따른 새만금개발청
(2020.6.9 본항개정)
③ 중앙행정기관의 보조기관은 이 법과 다른 법률에 특별한 규정이 있는 경우를 제외하고는 차관·차장·실장·국장 및 과장으로 한다. 다만, 실장·국장 및 과장의 명칭은 대통령령으로 정하는 바에 따라 본부장·단장·부장·팀장 등으로 달리 정할 수 있으며, 실장·국장 및 과장의 명칭을 달리 정한 보조기관은 이 법을 적용할 때 실장·국장 및 과장으로 본다.
④ 제3항에 따른 보조기관의 설치와 사무분장은 법률로 정한 것을 제외하고는 대통령령으로 정한다. 다만, 과의 설치와 사무분장은 총리령 또는 부령으로 정할 수 있다.
⑤ 행정각부에는 대통령령으로 정하는 특정 업무에 관하여 장관과 차관(제34조제3항 및 제38조제2항에 따라 행정안전부 및 산업통상자원부에 두는 본부장을 포함한다)을 직접 보좌하기 위하여 차관보를 둘 수 있으며, 중앙행정기관에는 그 기관의 장, 차관(제29조제2항·제34조제3항 및 제38조제2항에 따라 과학기술정보통신부·행정안전부 및 산업통상자원부에 두는 본부장을 포함한다)·차장·실장·국장 밑에 정책의 기획, 계획의 입안, 연구·조사, 심사·평가 및 홍보 등을 통하여 그를 보좌하는 보좌기관을 대통령령으로 정하는 바에 따라 둘 수 있다. 다만, 과에 상당하는 보좌기관은 총리령 또는 부령으로 정할 수 있다.(2023.3.4 본문개정)
⑥ 중앙행정기관의 보조기관 및 보좌기관은 이 법과 다른 법률에 특별한 규정이 있는 경우를 제외하고는 일반직공무원·특정직공무원(경찰공무원 및 교육공무원만 해당한다) 또는 별정직공무원으로 보(補)하되, 다음 각 호에 따른 중앙행정기관의 보조기관 및 보좌기관은 대통령령으로 정하는 바에 따라 다음 각 호의 구분에 따른 특정직공무원으로도 보할 수 있다. 다만, 별정직공무원으로 보하는 국장은 중앙행정기관마다 1명을 초과할 수 없다.
1. 외교부 및 재외동포청 : 외무공무원(2023.3.4 본호개정)
2. 법무부 : 검사
3. 국방부, 병무청 및 방위사업청 : 현역군인
4. 행정안전부의 안전·재난 업무 담당 : 소방공무원
5. 소방청 : 소방공무원
(2020.6.9 본항개정)
⑦ 제6항에 따라 중앙행정기관의 보조기관 또는 보좌기관을 보하는 경우 차관보·실장·국장 및 이에 상당하는 보좌기관은 고위공무원단에 속하는 공무원 또는 이에 상당하는 특정직공무원으로 보하고, 과장 및 이에 상당하는 보좌기관의 계급은 대통령령으로 정하는 바에 따른다.(2020.6.9 본항개정)
⑧ 제6항 및 제7항에 따라 일반직공무원 또는 특정직공무원으로 보하는 직위 중 그 소관업무의 성질상 전문성이 특히 필요하다고 인정되는 경우 중앙행정기관별로 100분의 20 범위에서 대통령령으로 정하는 직위는 근무기간을 정하여 임용하는 공무원으로도 보할 수 있다.(2013.12.24 본항개정)
⑨ 중앙행정기관이 아닌 행정기관의 보조기관 및 보좌기관과 행정기관의 파견직위(파견된 공무원으로 보하는 직위를 말한다)에 보하는 공무원의 경우 실장·국장 및 이에 상당하는 보좌기관은 고위공무원단에 속하는 공무원 또는 이에 상당하는 특정직공무원으로 보하고, 과장 및 이에 상당하는 보좌기관의 계급은 대통령령으로 정하는 바에 따른다.
(2020.6.9 본항개정)
⑩ 중앙행정기관과 중앙행정기관이 아닌 행정기관의 차관보·보조기관 및 보좌기관에 대하여는 각각 적정한 직급 또는 직무등급을 배정하여야 한다.(2020.6.9 본항개정)

제3조【특별지방행정기관의 설치】 ① 중앙행정기관에는 소관사무를 수행하기 위하여 필요한 때에는 특히 법률로 정한 경우를 제외하고는 대통령령으로 정하는 바에 따라 지방행정기관을 둘 수 있다.
② 제1항의 지방행정기관은 업무의 관련성이나 지역적인 특수성에 따라 통합하여 수행함이 효율적이라고 인정되는 경우에는 대통령령으로 정하는 바에 따라 관련되는 다른 중앙행정기관의 소관사무를 통합하여 수행할 수 있다.

제4조【부속기관의 설치】 행정기관에는 그 소관사무의 범위에서 필요한 때에는 대통령령으로 정하는 바에 따라 시험연구기관·교육훈련기관·문화기관·의료기관·제조기관 및 자문기관 등을 둘 수 있다.

제5조【합의제행정기관의 설치】 행정기관에는 그 소관사무의 일부를 독립하여 수행할 필요가 있는 때에는 법률로 정하는 바에 따라 행정위원회 등 합의제행정기관을 둘 수 있다.

제6조【권한의 위임 또는 위탁】 ① 행정기관은 법령으로 정하는 바에 따라 그 소관사무의 일부를 보조기관 또는 하급행정기관에 위임하거나 다른 행정기관·지방자치단체 또는 그 기관에 위탁 또는 위임할 수 있다. 이 경우 위임 또는 위탁을 받은 기관은 특히 필요한 경우에는 법령으로 정하는 바에 따라 위임 또는 위탁을 받은 사무의 일부를 보조기관 또는 하급행정기관에 재위임할 수 있다.
② 보조기관은 제1항에 따라 위임받은 사항에 대하여는 그 범위에서 행정기관으로서 그 사무를 수행한다.
③ 행정기관은 법령으로 정하는 바에 따라 그 소관사무 중 조사·검사·검정·관리 업무 등 국민의 권리·의무와 직접 관계되지 아니하는 사무를 지방자치단체가 아닌 법인·단체 또는 그 기관이나 개인에게 위탁할 수 있다.

제7조【행정기관의 장의 직무권한】 ① 각 행정기관의 장은 소관사무를 통할하고 소속공무원을 지휘·감독한다.
② 차관(제29조제2항·제34조제3항 및 제38조제2항에 따라 과학기술정보통신부·행정안전부 및 산업통상자원부에 두는 본부장을 포함한다. 이하 이 조에서 같다) 또는 차장(국무조정실 차장을 포함한다. 이하 이 조에서 같다)은 그 기관의 장을 보좌하여 소관사무를 처리하고 소속공무원을 지휘·감독하며, 그 기관의 장이 사고로 직무를 수행할 수 없으면 그 직무를 대행한다. 다만, 차관 또는 차장이 2명 이상인 기관의 장이 사고로 직무를 수행할 수 없으면 대통령령으로 정하는 순서에 따라 그 직무를 대행한다.(2023.3.4 본문개정)
③ 각 행정기관의 보조기관은 그 기관의 장, 차관 또는 차장을 보좌하여 소관사무를 처리하고 소속공무원을 지휘·감독한다.
④ 제1항과 제2항의 경우에 소속청에 대하여는 중요정책수립에 관하여 그 청의 장을 직접 지휘할 수 있다.
⑤ 부·처의 장은 그 소관사무의 효율적 추진을 위하여 필요한 경우에는 국무총리에게 소관사무와 관련되는 다른 행정기관의 사무에 대한 조정을 요청할 수 있다.
제8조【공무원의 정원 등】 ① 각 행정기관에 배치할 공무원의 종류와 정원, 고위공무원단에 속하는 공무원으로 보하는 직위와 고위공무원단에 속하는 공무원의 정원, 공무원배치의 기준 및 절차 그 밖에 필요한 사항은 대통령령으로 정한다. 다만, 각 행정기관에 배치하는 정무직공무원(대통령비서실 및 국가안보실에 배치하는 정무직공무원은 제외한다)의 경우에는 법률로 정한다.
② 제1항의 경우 직무의 성질상 2개 이상의 행정기관의 정원을 통합하여 관리하는 것이 효율적이라고 인정되는 경우에는 그 정원을 통합하여 정할 수 있다.
제9조【예산조치와의 병행】 행정기관 또는 소속기관을 설치하거나 공무원의 정원을 증원할 때에는 반드시 예산상의 조치가 병행되어야 한다.
제10조【정부위원】 국무조정실의 실장 및 차장, 부·처·청의 처장·차관·청장·차장·실장·국장 및 차관보와 제29조제2항·제34조제3항 및 제38조제2항에 따라 과학기술정보통신부·행정안전부 및 산업통상자원부에 두는 본부장은 정부위원이 된다.(2023.3.4 본조개정)

제2장 대통령

제11조【대통령의 행정감독권】 ① 대통령은 정부의 수반으로서 법령에 따라 모든 중앙행정기관의 장을 지휘·감독한다.
② 대통령은 국무총리와 중앙행정기관의 장의 명령이나 처분이 위법 또는 부당하다고 인정하면 이를 중지 또는 취소할 수 있다.
제12조【국무회의】 ① 대통령은 국무회의 의장으로서 회의를 소집하고 이를 주재한다.
② 의장이 사고로 직무를 수행할 수 없는 경우에는 부의장인 국무총리가 그 직무를 대행하고, 의장과 부의장이 모두 사고로 직무를 수행할 수 없는 경우에는 기획재정부장관이 겸임하는 부총리, 교육부장관이 겸임하는 부총리 및 제26조제1항에 규정된 순서에 따라 국무위원이 그 직무를 대행한다.
(2014.11.19 본항개정)
③ 국무위원은 정무직으로 하며 의장에게 의안을 제출하고 국무회의의 소집을 요구할 수 있다.
④ 국무회의의 운영에 관하여 필요한 사항은 대통령령으로 정한다.
제13조【국무회의의 출석권 및 의안제출】 ① 국무조정실장·인사혁신처장·법제처장·식품의약품안전처장 그 밖에 법률로 정하는 공무원은 필요한 경우 국무회의에 출석하여 발언할 수 있다.(2023.3.4 본항개정)
② 제1항에 규정된 공무원은 소관사무에 관하여 국무총리에게 의안의 제출을 건의할 수 있다.
제14조【대통령비서실】 ① 대통령의 직무를 보좌하기 위하여 대통령비서실을 둔다.
② 대통령비서실에 실장 1명을 두되, 실장은 정무직으로 한다.
제15조【국가안보실】 ① 국가안보에 관한 대통령의 직무를 보좌하기 위하여 국가안보실을 둔다.
② 국가안보실에 실장 1명을 두되, 실장은 정무직으로 한다.
제16조【대통령경호처】 ① 대통령 등의 경호를 담당하기 위하여 대통령경호처를 둔다.
② 대통령경호처에 처장 1명을 두되, 처장은 정무직으로 한다.
③ 대통령경호처의 조직·직무범위 그 밖에 필요한 사항은 따로 법률로 정한다.
(2017.7.26 본조개정)
제17조【국가정보원】 ① 국가안전보장에 관련되는 정보 및 보안에 관한 사무를 담당하기 위하여 대통령 소속으로 국가정보원을 둔다.(2020.12.15 본항개정)
② 국가정보원의 조직·직무범위 그 밖에 필요한 사항은 따로 법률로 정한다.

제3장 국무총리

제18조【국무총리의 행정감독권】 ① 국무총리는 대통령의 명을 받아 각 중앙행정기관의 장을 지휘·감독한다.
② 국무총리는 중앙행정기관의 장의 명령이나 처분이 위법 또는 부당하다고 인정될 경우에는 대통령의 승인을 받아 이를 중지 또는 취소할 수 있다.
제19조【부총리】 ① 국무총리가 특별히 위임하는 사무를 수행하기 위하여 부총리 2명을 둔다.(2014.11.19 본항개정)
② 부총리는 국무위원으로 보한다.
③ 부총리는 기획재정부장관과 교육부장관이 각각 겸임한다.
(2014.11.19 본항개정)
④ 기획재정부장관은 경제정책에 관하여 국무총리의 명을 받아 관계 중앙행정기관을 총괄·조정한다.(2014.11.19 본항신설)
⑤ 교육부장관은 교육·사회 및 문화 정책에 관하여 국무총리의 명을 받아 관계 중앙행정기관을 총괄·조정한다.
(2014.11.19 본항신설)
제20조【국무조정실】 ① 각 중앙행정기관의 행정의 지휘·감독, 정책 조정 및 사회위험·갈등의 관리, 정부업무평가 및 규제개혁에 관하여 국무총리를 보좌하기 위하여 국무조정실을 둔다.
② 국무조정실에 실장 1명을 두되, 실장은 정무직으로 한다.
③ 국무조정실에 차장 2명을 두되, 차장은 정무직으로 한다.
제21조【국무총리비서실】 ① 국무총리의 직무를 보좌하기 위하여 국무총리비서실을 둔다.
② 국무총리비서실에 실장 1명을 두되, 실장은 정무직으로 한다.
제22조【국무총리의 직무대행】 국무총리가 사고로 직무를 수행할 수 없는 경우에는 기획재정부장관이 겸임하는 부총리, 교육부장관이 겸임하는 부총리의 순으로 직무를 대행하고, 국무총리와 부총리가 모두 사고로 직무를 수행할 수 없는 경우에는 대통령의 지명이 있으면 그 지명을 받은 국무위원이, 지명이 없는 경우에는 제26조제1항에 규정된 순서에 따른 국무위원이 그 직무를 대행한다.(2014.11.19 본조개정)
제22조의2 (2023.3.4 삭제)
제22조의3【인사혁신처】 ① 공무원의 인사·윤리·복무 및 연금에 관한 사무를 관장하기 위하여 국무총리 소속으로 인사혁신처를 둔다.
② 인사혁신처에 처장 1명과 차장 1명을 두되, 처장은 정무직으로 하고, 차장은 고위공무원단에 속하는 일반직공무원으로 보한다.
(2014.11.19 본조신설)
제23조【법제처】 ① 국무회의에 상정될 법령안·조약안과 총리령안 및 부령안의 심사와 그 밖에 법제에 관한 사무를 전문적으로 관장하기 위하여 국무총리 소속으로 법제처를 둔다.

② 법제처에 처장 1명과 차장 1명을 두되, 처장은 정무직으로 하고, 차장은 고위공무원단에 속하는 일반직공무원으로 보한다.(2013.12.24 본항개정)

제24조 (2017.7.26 삭제)

제25조【식품의약품안전처】 ① 식품 및 의약품의 안전에 관한 사무를 관장하기 위하여 국무총리 소속으로 식품의약품안전처를 둔다.

② 식품의약품안전처에 처장 1명과 차장 1명을 두되, 처장은 정무직으로 하고, 차장은 고위공무원단에 속하는 일반직공무원으로 보한다.(2013.12.24 본항개정)

제4장 행정각부

행정

제26조【행정각부】 ① 대통령의 통할하에 다음의 행정각부를 둔다.

1. 기획재정부
2. 교육부
3. 과학기술정보통신부(2017.7.26 본호개정)
4. 외교부
5. 통일부
6. 법무부
7. 국방부
8. 행정안전부(2017.7.26 본호개정)
9. 국가보훈부(2023.3.4 본호신설)
10. 문화체육관광부
11. 농림축산식품부
12. 산업통상자원부
13. 보건복지부
14. 환경부
15. 고용노동부
16. 여성가족부
17. 국토교통부
18. 해양수산부
19. 중소벤처기업부(2017.7.26 본호신설)

② 행정각부에 장관 1명과 차관 1명을 두되, 장관은 국무위원으로 보하고, 차관은 정무직으로 한다. 다만, 기획재정부·과학기술정보통신부·외교부·문화체육관광부·산업통상자원부·보건복지부·국토교통부에는 차관 2명을 둔다.(2021.7.8 단서개정)

③ 장관은 소관사무에 관하여 지방행정의 장을 지휘·감독한다.

제27조【기획재정부】 ① 기획재정부장관은 중장기 국가발전전략수립, 경제·재정정책의 수립·총괄·조정, 예산·기금의 편성·집행·성과관리, 화폐·외환·국고·정부회계·내국세제·관세·국제금융, 공공기관 관리, 경제협력·국유재산·민간투자 및 국가채무에 관한 사무를 관장한다.

② 기획재정부에 차관보 1명을 둘 수 있다.

③ 내국세의 부과·감면 및 징수에 관한 사무를 관장하기 위하여 기획재정부장관 소속으로 국세청을 둔다.

④ 국세청에 청장 1명과 차장 1명을 두되, 청장은 정무직으로 하고, 차장은 고위공무원단에 속하는 일반직공무원으로 보한다.(2013.12.24 본항개정)

⑤ 관세의 부과·감면 및 징수와 수출입물품의 통관 및 밀수출입단속에 관한 사무를 관장하기 위하여 기획재정부장관 소속으로 관세청을 둔다.

⑥ 관세청에 청장 1명과 차장 1명을 두되, 청장은 정무직으로 하고, 차장은 고위공무원단에 속하는 일반직공무원으로 보한다.(2013.12.24 본항개정)

⑦ 정부가 행하는 물자(군수품을 제외한다)의 구매·공급 및 관리에 관한 사무와 정부의 주요시설공사계약에 관한 사무를 관장하기 위하여 기획재정부장관 소속으로 조달청을 둔다.

⑧ 조달청에 청장 1명과 차장 1명을 두되, 청장은 정무직으로 하고, 차장은 고위공무원단에 속하는 일반직공무원으로 보한다.(2013.12.24 본항개정)

⑨ 통계의 기준설정과 인구조사 및 각종 통계에 관한 사무를 관장하기 위하여 기획재정부장관 소속으로 통계청을 둔다.

⑩ 통계청에 청장 1명과 차장 1명을 두되, 청장은 정무직으로 하고, 차장은 고위공무원단에 속하는 일반직공무원으로 보한다.(2013.12.24 본항개정)

제28조【교육부】 ① 교육부장관은 인적자원개발정책, 영·유아 보육·교육, 학교교육·평생교육, 학술에 관한 사무를 관장한다.(2023.12.26 본항개정)

② 교육부에 차관보 1명을 둘 수 있다.

제29조【과학기술정보통신부】 ① 과학기술정보통신부장관은 과학기술정책의 수립·총괄·조정·평가, 과학기술의 연구개발·협력·진흥, 과학기술인력 양성, 원자력 연구·개발·생산·이용, 국가정보화 기획·정보보호·정보문화, 방송·통신의 융합·진흥 및 전파관리, 정보통신산업, 우편·우편환 및 우편대체에 관한 사무를 관장한다.

② 과학기술정보통신부에 과학기술혁신사무를 담당하는 본부장 1명을 두되, 본부장은 정무직으로 한다.(2017.7.26 본항신설)

(2017.7.26 본조개정)

제30조【외교부】 ① 외교부장관은 외교, 경제외교 및 국제경제협력외교, 국제관계 업무에 관한 조정, 조약 기타 국제협정, 재외국민의 보호·지원, 국제정세의 조사·분석에 관한 사무를 관장한다.(2023.3.4 본항개정)

② 외교부에 차관보 1명을 둘 수 있다.

③ 재외동포에 관한 사무를 관장하기 위하여 외교부장관 소속으로 재외동포청을 둔다.(2023.3.4 본항신설)

④ 재외동포청에 청장 1명과 차장 1명을 두되, 청장은 정무직으로 하고, 차장은 고위공무원단에 속하는 일반직공무원 또는 외무공무원으로 보한다.(2023.3.4 본항신설)

제31조【통일부】 통일부장관은 통일 및 남북대화·교류·협력에 관한 정책의 수립, 통일교육, 그 밖에 통일에 관한 사무를 관장한다.

제32조【법무부】 ① 법무부장관은 검찰·행형·인권옹호·출입국관리 그 밖에 법무에 관한 사무를 관장한다.

② 검사에 관한 사무를 관장하기 위하여 법무부장관 소속으로 검찰청을 둔다.

③ 검찰청의 조직·직무범위 그 밖에 필요한 사항은 따로 법률로 정한다.

제33조【국방부】 ① 국방부장관은 국방에 관련된 군정 및 군령과 그 밖에 군사에 관한 사무를 관장한다.

② 국방부에 차관보 1명을 둘 수 있다.

③ 징집·소집 그 밖에 병무행정에 관한 사무를 관장하기 위하여 국방부장관 소속으로 병무청을 둔다.

④ 병무청에 청장 1명과 차장 1명을 두되, 청장은 정무직으로 하고, 차장은 고위공무원단에 속하는 일반직공무원으로 보한다.(2013.12.24 본항개정)

⑤ 방위력 개선사업, 군수물자 조달 및 방위산업 육성에 관한 사무를 관장하기 위하여 국방부장관 소속으로 방위사업청을 둔다.

⑥ 방위사업청에 청장 1명과 차장 1명을 두되, 청장은 정무직으로 하고, 차장은 고위공무원단에 속하는 일반직공무원으로 보한다.(2013.12.24 본항개정)

제34조【행정안전부】 ① 행정안전부장관은 국무회의의 서무, 법령 및 조약의 공포, 정부조직과 정원, 상훈, 정부혁신, 행정능률, 전자정부, 정부청사의 관리, 지방자치제도, 지방자치단체의 사무지원·재정·세제, 낙후지역 등 지원, 지방자치단체간 분쟁조정, 선거·국민투표의 지원, 안전 및 재난에 관한 정책의 수립·총괄·조정, 비상대비, 민방위 및 방재에 관한 사무를 관장한다.(2020.2.4 본항개정)

② 국가의 행정사무로서 다른 중앙행정기관의 소관에 속하지 아니하는 사무는 행정안전부장관이 이를 처리한다.

(2017.7.26 본항개정)

③ 행정안전부에 재난안전관리사무를 담당하는 본부장 1명을 두되, 본부장은 정무직으로 한다.(2017.7.26 본항신설)

④ 행정안전부에 차관보 1명을 둘 수 있다.(2017.7.26 본항개정)
⑤ 치안에 관한 사무를 관장하기 위하여 행정안전부장관 소속으로 경찰청을 둔다.(2017.7.26 본항개정)
⑥ 경찰청의 조직·직무범위 그 밖에 필요한 사항은 따로 법률로 정한다.
⑦ 소방에 관한 사무를 관장하기 위하여 행정안전부장관 소속으로 소방청을 둔다.(2017.7.26 본항신설)
⑧ 소방청에 청장 1명과 차장 1명을 두되, 청장 및 차장은 소방공무원으로 보한다.(2017.7.26 본항신설)
(2017.7.26 본조제목개정)
제35조【국가보훈부】 국가보훈부장관은 국가유공자 및 그 유족에 대한 보훈, 제대군인의 보상·보호, 보훈선양에 관한 사무를 관장한다.(2023.3.4 본조신설)
제36조【문화체육관광부】 ① 문화체육관광부장관은 문화·예술·영상·광고·출판·간행물·체육·관광, 국정에 대한 홍보 및 정부발표에 관한 사무를 관장한다.
② 문화체육관광부에 차관보 1명을 둘 수 있다.
③ 국가유산에 관한 사무를 관장하기 위하여 문화체육관광부장관 소속으로 국가유산청을 둔다.(2024.2.13 본항개정)
④ 국가유산청에 청장 1명과 차장 1명을 두되, 청장은 정무직으로 하고, 차장은 고위공무원단에 속하는 일반직공무원으로 보한다.(2024.2.13 본항개정)
제37조【농림축산식품부】 ① 농림축산식품부장관은 농산·축산, 식량·농지·수리, 식품산업진흥, 농촌개발 및 농산물 유통에 관한 사무를 관장한다.
② 농림축산식품부에 차관보 1명을 둘 수 있다.
③ 농촌진흥에 관한 사무를 관장하기 위하여 농림축산식품부장관 소속으로 농촌진흥청을 둔다.
④ 농촌진흥청에 청장 1명과 차장 1명을 두되, 청장은 정무직으로 하고, 차장은 고위공무원단에 속하는 일반직공무원으로 보한다.(2013.12.24 본항개정)
⑤ 산림에 관한 사무를 관장하기 위하여 농림축산식품부장관 소속으로 산림청을 둔다.
⑥ 산림청에 청장 1명과 차장 1명을 두되, 청장은 정무직으로 하고, 차장은 고위공무원단에 속하는 일반직공무원으로 보한다.(2013.12.24 본항개정)
제38조【산업통상자원부】 ① 산업통상자원부장관은 상업·무역·공업·통상, 통상교섭 및 통상교섭에 관한 총괄·조정, 외국인 투자, 중견기업, 산업기술 연구개발정책 및 에너지·지하자원에 관한 사무를 관장한다.(2017.7.26 본항개정)
② 산업통상자원부에 통상교섭사무를 담당하는 본부장 1명을 두되, 본부장은 정무직으로 한다.(2017.7.26 본항개정)
③ 산업통상자원부에 차관보 1명을 둘 수 있다.(2017.7.26 본항개정)
④ 특허·실용신안·디자인 및 상표에 관한 사무와 이에 대한 심사·심판사무를 관장하기 위하여 산업통상자원부장관 소속으로 특허청을 둔다.
⑤ 특허청에 청장 1명과 차장 1명을 두되, 청장은 정무직으로 하고, 차장은 고위공무원단에 속하는 일반직공무원으로 보한다.(2013.12.24 본항개정)
제39조【보건복지부】 ① 보건복지부장관은 생활보호·자활지원·사회보장·아동(영·유아 보육은 제외한다)·노인·장애인·보건위생·의정(醫政) 및 약정(藥政)에 관한 사무를 관장한다.(2023.12.26 본항개정)
② 방역·검역 등 감염병에 관한 사무 및 각종 질병에 관한 조사·시험·연구에 관한 사무를 관장하기 위하여 보건복지부장관 소속으로 질병관리청을 둔다.
③ 질병관리청에 청장 1명과 차장 1명을 두되, 청장은 정무직으로 하고, 차장은 고위공무원단에 속하는 일반직공무원으로 보한다.
(2020.8.11 본조개정)
제40조【환경부】 ① 환경부장관은 자연환경, 생활환경의 보전, 환경오염방지, 수자원의 보전·이용·개발 및 하천에 관한 사무를 관장한다.(2020.12.31 본항개정)
② 기상에 관한 사무를 관장하기 위하여 환경부장관 소속으로 기상청을 둔다.
③ 기상청에 청장 1명과 차장 1명을 두되, 청장은 정무직으로 하고, 차장은 고위공무원단에 속하는 일반직공무원으로 보한다.(2013.12.24 본항개정)
제41조【고용노동부】 고용노동부장관은 고용정책의 총괄, 고용보험, 직업능력개발훈련, 근로조건의 기준, 근로자의 복지후생, 노사관계의 조정, 산업안전보건, 산업재해보상보험과 그 밖에 고용과 노동에 관한 사무를 관장한다.
제42조【여성가족부】 여성가족부장관은 여성정책의 기획·종합, 여성의 권익증진 등 지위향상, 청소년 및 가족(다문화가족과 건강가정사업을 위한 아동업무를 포함한다)에 관한 사무를 관장한다.
제43조【국토교통부】 ① 국토교통부장관은 국토종합계획의 수립·조정, 국토의 보전·이용 및 개발, 도시·도로 및 주택의 건설, 해안 및 간척, 육운·철도 및 항공에 관한 사무를 관장한다.(2020.12.31 본항개정)
② 국토교통부에 차관보 1명을 둘 수 있다.
제44조【해양수산부】 ① 해양수산부장관은 해양정책, 수산, 어촌개발 및 수산물 유통, 해운·항만, 해양환경, 해양조사, 해양수산자원개발, 해양과학기술연구·개발 및 해양안전심판에 관한 사무를 관장한다.(2017.4.18 본항개정)
② 해양에서의 경찰 및 오염방제에 관한 사무를 관장하기 위하여 해양수산부장관 소속으로 해양경찰청을 둔다.
(2017.7.26 본항신설)
③ 해양경찰청에 청장 1명과 차장 1명을 두되, 청장 및 차장은 경찰공무원으로 보한다.(2017.7.26 본항신설)
제45조【중소벤처기업부】 중소벤처기업부장관은 중소기업 정책의 기획·종합, 중소기업의 보호·육성, 창업·벤처기업의 지원, 대·중소기업 간 협력 및 소상공인에 대한 보호·지원에 관한 사무를 관장한다.(2017.7.26 본조신설)

부 칙

제1조【시행일】 ① 이 법은 공포한 날부터 시행한다.
② 부칙 제6조에 따라 개정되는 법률 중 이 법의 시행 전에 공포되었으나 시행일이 도래하지 아니한 법률을 개정한 부분은 각각 해당 법률의 시행일부터 시행하되, 같은 조 제477항에 따른 「약사법」 제47조제1항 및 제481항에 따른 「의료기기법」 제18조제1항의 개정규정은 이 법 시행 후 1년의 범위에서 해당 법률에 관한 대통령령으로 정하는 날부터 시행한다.
제2조【산업통상자원부의 보조기관 및 차관보·보좌기관 보임에 관한 특례】 제2조제7항에도 불구하고 산업통상자원부의 통상교섭 사무를 담당하는 보조기관 및 차관보·보좌기관은 이 법 시행일부터 2015년 3월 1일까지 대통령령으로 정하는 바에 따라 외무공무원으로 보할 수 있다.
제3조【조직폐지 및 신설에 따른 소관사무 및 공무원 등에 대한 경과조치】 ① 이 법 시행 당시 다음 표의 왼쪽 란에 기재된 행정기관의 장의 사무는 같은 표의 오른쪽 란에 기재된 행정기관의 장이 각각 승계한다.

국무총리실의 소관사무 중 이 법 제20조제1항에 규정된 사무	국무조정실
국무총리실의 소관사무 중 이 법 제21조제1항에 규정된 사무	국무총리비서실
특임장관의 소관사무	국무총리비서실
기획재정부장관의 소관사무 중 무역협정 국내대책에 관한 사무	산업통상자원부장관
교육과학기술부장관의 소관사무 중 이 법 제28조에 규정된 사무	미래창조과학부장관
교육과학기술부장관의 소관사무 중 이 법 제29조제1항에 규정된 사무	교육부장관
외교통상부장관의 소관사무 중 이 법 제30조제1항에 규정된 사무	외교부장관

외교통상부장관의 소관사무 중 이 법 제37조제1항에 규정된 사무	산업통상자원부장관
행정안전부장관의 소관사무 중 이 법 제28조에 규정된 사무	미래창조과학부장관
행정안전부장관의 소관사무 중 이 법 제34조제1항에 규정된 사무	안전행정부장관
문화체육관광부장관의 소관사무 중 디지털콘텐츠에 관한 사무	미래창조과학부장관
문화체육관광부장관의 소관사무 중 해양레저스포츠에 관한 사무	해양수산부장관
농림수산식품부장관의 소관사무 중 이 법 제25조제1항에 규정된 사무	식품의약품안전처장
농림수산식품부장관의 소관사무 중 이 법 제36조제1항에 규정된 사무	농림축산식품부장관
농림수산식품부장관의 소관사무 중 이 법 제43조제1항에 규정된 사무	해양수산부장관
지식경제부장관의 소관사무 중 이 법 제28조에 규정된 사무	미래창조과학부장관
지식경제부장관의 소관사무 중 이 법 제37조제1항에 규정된 사무	산업통상자원부장관
지식경제부장관의 소관사무 중 이 법 제37조제3항에 규정된 사무	중소기업청장
보건복지부장관의 소관사무 중 이 법 제25조제1항에 규정된 사무	식품의약품안전처장
식품의약품안전청장의 소관사무 중 이 법 제25조제1항에 규정된 사무	식품의약품안전처장
국토해양부장관의 소관사무 중 이 법 제42조제1항에 규정된 사무	국토교통부장관
국토해양부장관의 소관사무 중 이 법 제43조제1항에 규정된 사무	해양수산부장관
방송통신위원회의 소관사무 중 이 법 제28조에 규정된 사무	미래창조과학부장관
국가과학기술위원회의 소관사무 중 이 법 제28조에 규정된 사무	미래창조과학부장관

② 이 법 시행 당시 다음 표의 왼쪽 란에 기재된 행정기관 소속 공무원(정무직은 제외한다)은 같은 표의 오른쪽 란에 기재된 행정기관 소속 공무원으로 보며, 이 법에 따라 폐지되는 행정기관 소속 공무원으로서 다음 표의 왼쪽 란에 기재되지 아니한 행정기관 소속 공무원(정무직은 제외한다)은 대통령령으로 정하는 행정기관 소속 공무원으로 본다.

대통령실	대통령령으로 정하는 바에 따라 대통령비서실 또는 국가안보실
경호처	대통령령으로 정하는 바에 따라 대통령경호실
국무총리실	대통령령으로 정하는 바에 따라 국무조정실 또는 국무총리비서실
특임장관실	대통령령으로 정하는 바에 따라 국무조정실 또는 국무총리비서실
기획재정부	대통령령으로 정하는 바에 따라 기획재정부 또는 산업통상자원부
교육과학기술부	대통령령으로 정하는 바에 따라 미래창조과학부 또는 교육부
외교통상부	대통령령으로 정하는 바에 따라 외교부 또는 산업통상자원부
행정안전부	대통령령으로 정하는 바에 따라 미래창조과학부 또는 안전행정부
문화체육관광부	대통령령으로 정하는 바에 따라 미래창조과학부·문화체육관광부 또는 해양수산부
농림수산식품부	대통령령으로 정하는 바에 따라 농림축산식품부·해양수산부 또는 식품의약품안전처
지식경제부	대통령령으로 정하는 바에 따라 미래창조과학부·산업통상자원부 또는 중소기업청
보건복지부	대통령령으로 정하는 바에 따라 보건복지부 또는 식품의약품안전처
국토해양부	대통령령으로 정하는 바에 따라 국토교통부 또는 해양수산부
식품의약품안전청	대통령령으로 정하는 바에 따라 식품의약품안전처
방송통신위원회	대통령령으로 정하는 바에 따라 미래창조과학부 또는 방송통신위원회
국가과학기술위원회	대통령령으로 정하는 바에 따라 미래창조과학부

③ 이 법 시행 당시 제1항의 표의 왼쪽 란에 기재된 사무와 관련된 총리령 또는 부령은 같은 표의 오른쪽 란에 기재된 기관이 소속된 국무총리가 발한 총리령 또는 오른쪽 란에 기재된 기관의 부령으로 본다.

제4조【종전의 법률에 따른 고시·처분 및 계속 중인 행위에 관한 경과조치】 이 법 시행 전에 부칙 제6조에서 개정되는 법률에 따라 행정기관이 행한 고시·행정처분 그 밖의 행정기관의 행위와 행정기관에 대한 신청·신고 그 밖의 행위는 각각 부칙 제6조에서 개정되는 법률에 따라 해당 사무를 승계하는 행정기관의 행위 또는 행정기관에 대한 행위로 본다.

제5조【인사청문에 관한 경과조치】 ① 이 법 시행 전에 「대통령직 인수에 관한 법률」 제5조에 따라 다음 표의 왼쪽 란의 해당 국무위원 후보자에 대하여 대통령당선인이 한 인사청문 요청은 같은 표의 오른쪽 란의 해당 국무위원 후보자에 대하여 한 인사청문 요청으로 본다.

국무위원 후보자 (기획재정부장관)	국무위원 후보자 (부총리 겸 기획재정부장관)
국무위원 후보자 (교육과학기술부장관)	국무위원 후보자 (교육부장관)
국무위원 후보자 (외교통상부장관)	국무위원 후보자 (외교부장관)
국무위원 후보자 (통일부장관)	국무위원 후보자 (통일부장관)
국무위원 후보자 (법무부장관)	국무위원 후보자 (법무부장관)
국무위원 후보자 (국방부장관)	국무위원 후보자 (국방부장관)
국무위원 후보자 (행정안전부장관)	국무위원 후보자 (안전행정부장관)
국무위원 후보자 (문화체육관광부장관)	국무위원 후보자 (문화체육관광부장관)
국무위원 후보자 (농림수산식품부장관)	국무위원 후보자 (농림축산식품부장관)
국무위원 후보자 (지식경제부장관)	국무위원 후보자 (산업통상자원부장관)
국무위원 후보자 (보건복지부장관)	국무위원 후보자 (보건복지부장관)
국무위원 후보자 (환경부장관)	국무위원 후보자 (환경부장관)
국무위원 후보자 (고용노동부장관)	국무위원 후보자 (고용노동부장관)
국무위원 후보자 (여성가족부장관)	국무위원 후보자 (여성가족부장관)
국무위원 후보자 (국토해양부장관)	국무위원 후보자 (국토교통부장관)

② 이 법 시행 전에 「대통령직 인수에 관한 법률」 제5조에 따른 대통령당선인의 인사청문 요청에 따라 제1항의 표의 왼쪽 란의 해당 국무위원 후보자에 대하여 인사청문을 실시한 경우 같은 표의 오른쪽 란의 해당 국무위원 후보자에 대하여 인사청문을 실시한 것으로 본다.

제6조【다른 법률의 개정】 ①~⑩ ※(해당 법령에 가제정리 하였음)

제7조【조직폐지 및 신설에 따른 다른 법령과의 관계】 이 법 시행 당시 다른 법령(이 법 시행 전에 공포되었으나 시행일이 도래하지 아니한 법령을 포함한다)에서 부칙 제3조제1항의 표의 왼쪽 란에 기재된 사무와 관련하여 소관 행정기관, 행정기관의 장 또는 그 소속 공무원, 행정기관의 총리령

또는 부령을 인용한 경우에는 같은 표의 오른쪽 란에 기재된 행정기관, 행정기관의 장 또는 그 소속 공무원, 행정기관의 총리령 또는 부령을 각각 인용한 것으로 본다.

부 칙 (2013.12.24)

제1조【시행일】 이 법은 공포한 날부터 시행한다.
제2조【처 및 청의 차장의 공무원 구분 변경에 관한 경과조치】 이 법 시행 당시 이 법에서 규정하고 있는 처 및 청의 별정직국가공무원으로 재직 중인 차장은 이 법 시행일에 일반직공무원으로 임용된 것으로 본다.

부 칙 (2014.11.19)

제1조【시행일】 이 법은 공포한 날부터 시행한다. 다만, 부칙 제6조에 따라 개정되는 법률 중 이 법 시행 전에 공포되었으나 시행일이 도래하지 아니한 법률을 개정한 부분은 각각 해당 법률의 시행일부터 시행한다.
제2조【조직폐지 및 신설에 따른 소관사무 및 공무원 등에 관한 경과조치】 ① 이 법 시행 당시 다음 표의 왼쪽 란에 기재된 행정기관의 장의 사무는 같은 표의 오른쪽 란에 기재된 행정기관의 장이 각각 승계한다.

안전행정부장관의 소관사무 중 이 법 제22조의2제1항에 규정된 사무	국민안전처장관
안전행정부장관의 소관사무 중 이 법 제22조의3제1항에 규정된 사무	인사혁신처장
안전행정부장관의 소관사무 중 이 법 제34조제1항에 규정된 사무	행정자치부장관
해양수산부장관의 소관사무 중 해상교통관제센터에 관한 사무	국민안전처장관
소방방재청장의 소관사무	국민안전처장관
해양경찰청장의 소관사무 중 이 법 제22조의2제1항에 규정된 사무	국민안전처장관
해양경찰청장의 소관사무 중 수사 및 정보에 관한 사무(해상에서 발생한 사건의 수사 및 정보에 관한 사무는 제외)	경찰청장

② 이 법 시행 당시 다음 표의 왼쪽 란에 기재된 행정기관 소속 공무원은 같은 표의 오른쪽 란에 기재된 행정기관 소속 공무원으로 보며, 이 법에 따라 폐지되는 행정기관 소속 공무원으로서 다음 표의 왼쪽 란에 기재되지 아니한 행정기관 소속 공무원은 대통령령으로 정하는 행정기관 소속 공무원으로 본다.

안전행정부	대통령령으로 정하는 바에 따라 행정자치부, 국민안전처 또는 인사혁신처
해양수산부	대통령령으로 정하는 바에 따라 해양수산부 또는 국민안전처
소방방재청	대통령령으로 정하는 바에 따라 국민안전처
해양경찰청	대통령령으로 정하는 바에 따라 국민안전처 또는 경찰청

③ 이 법 시행 당시 제1항의 표의 왼쪽 란에 기재된 사무와 관련된 부령은 같은 표의 오른쪽 란에 기재된 기관이 소속된 국무총리가 발한 총리령, 오른쪽 란에 기재된 기관 또는 그 기관이 소속된 기관의 부령으로 본다.
제3조【종전의 법률에 따른 고시·처분 및 계속 중인 행위에 관한 경과조치】 이 법 시행 전에 부칙 제6조에서 개정되는 법률에 따라 행정기관이 행한 고시·행정처분, 그 밖의 행정기관의 행위와 행정기관에 대한 신청·신고, 그 밖의 행위는 각각 부칙 제6조에서 개정되는 법률에 따라 해당 사무를 승계하는 행정기관의 행위 또는 행정기관에 대한 행위로 본다.
제4조【인사청문에 관한 경과조치】 이 법 시행 전에 인사청문 요청에 따라 아래 표의 왼쪽 란의 해당 국무위원 후보자에 대하여 인사청문을 실시한 경우 같은 표의 오른쪽 란의 해당 국무위원 후보자에 대하여 인사청문을 실시한 것으로 본다.

국무위원 후보자 (교육부장관)	국무위원 후보자 (부총리 겸 교육부장관)

제5조【2015년도 예산안 심의·의결에 관한 경과조치】 국회는 2015년도 예산안을 정부조직법 개정 이전 중앙행정기관을 기준으로 심의·의결하고, 정부는 확정된 예산을 개정된 정부조직법에 따라 관련 중앙행정기관에 각각 이체한다.
제6조【다른 법률의 개정】 ①~㉘ ※(해당 법령에 가제정리 하였음)
제7조【조직폐지 및 신설에 따른 다른 법령과의 관계】 이 법 시행 당시 다른 법령(이 법 시행 전에 공포되었으나 시행일이 도래하지 아니한 법령을 포함한다)에서 부칙 제2조제1항의 표의 왼쪽 란에 기재된 사무와 관련하여 소관 행정기관, 행정기관의 장 또는 그 소속 공무원, 행정기관의 부령을 인용한 경우에는 같은 표의 오른쪽 란에 기재된 행정기관, 행정기관의 장 또는 그 소속 공무원, 행정기관의 총리령 또는 부령을 각각 인용한 것으로 본다.

부 칙 (2017.7.26)

제1조【시행일】 ① 이 법은 공포한 날부터 시행한다. 다만, 부칙 제5조에 따라 개정되는 법률 중 이 법 시행 전에 공포되었으나 시행일이 도래하지 아니한 법률을 개정한 부분은 각각 해당 법률의 시행일부터 시행한다.
제2조【조직폐지 및 신설 등에 따른 소관사무 및 공무원 등에 관한 경과조치】 ① 이 법 시행 당시 다음 표의 왼쪽 란에 기재된 행정기관의 장의 사무는 같은 표의 오른쪽 란에 기재된 행정기관의 장이 각각 승계한다.

대통령경호실장의 소관사무	대통령경호처장
국민안전처장관의 소관사무 중 이 법 제34조제1항에 규정된 사무	행정안전부장관
국민안전처장관의 소관사무 중 이 법 제34조제7항에 규정된 사무	소방청장
국민안전처장관의 소관사무 중 이 법 제43조제2항에 규정된 사무	해양경찰청장
미래창조과학부장관의 소관사무	과학기술정보통신부장관
미래창조과학부장관의 소관사무 중 기술창업활성화 관련 창조경제 진흥에 관한 사무	중소벤처기업부장관
행정자치부장관의 소관사무	행정안전부장관
산업통상자원부장관의 소관사무 중 이 법 제44조에 규정된 사무 및 지역산업 지원에 관한 사무	중소벤처기업부장관
경찰청장의 소관사무 중 이 법 제43조제2항에 규정된 사무(법률 제12844호 정부조직법 일부개정법률 부칙 제2조제1항에 따라 경찰청장이 승계한 사무를 말한다)	해양경찰청장
중소기업청장의 소관사무 중 이 법 제37조제1항에 규정된 사무	산업통상자원부장관
중소기업청장의 소관사무 중 이 법 제44조에 규정된 사무	중소벤처기업부장관
금융위원회의 소관사무 중 기술보증기금 관리에 관한 사무	중소벤처기업부장관

② 이 법 시행 당시 다음 표의 왼쪽 란에 기재된 행정기관 소속 공무원은 같은 표의 오른쪽 란에 기재된 행정기관 소속 공무원으로 본다.

대통령경호실	대통령령으로 정하는 바에 따라 대통령경호처
국민안전처	대통령령으로 정하는 바에 따라 행정안전부·소방청 또는 해양경찰청
미래창조과학부	대통령령으로 정하는 바에 따라 과학기술정보통신부 또는 중소벤처기업부

행정자치부	대통령령으로 정하는 바에 따라 행정안전부
산업통상자원부	대통령령으로 정하는 바에 따라 산업통상자원부 또는 중소벤처기업부
경찰청	대통령령으로 정하는 바에 따라 경찰청 또는 해양경찰청
중소기업청	대통령령으로 정하는 바에 따라 산업통상자원부 또는 중소벤처기업부
금융위원회	대통령령으로 정하는 바에 따라 중소벤처기업부 또는 금융위원회

③ 이 법 시행 당시 제1항의 표의 왼쪽 란에 기재된 사무와 관련된 총리령 또는 부령은 같은 표의 오른쪽 란에 기재된 기관의 소관 사무에 관한 부령으로 본다.

제3조【종전의 법률에 따른 고시·처분 및 계속 중인 행위에 관한 경과조치】 이 법 시행 전에 부칙 제5조에서 개정되는 법률에 따라 행정기관이 행한 고시·행정처분, 그 밖의 행정기관의 행위와 행정기관에 대한 신청·신고, 그 밖의 행위는 각각 부칙 제5조에서 개정되는 법률에 따라 해당 사무를 승계하는 행정기관의 행위 또는 행정기관에 대한 행위로 본다.

제4조【인사청문에 관한 경과조치】 이 법 시행 전에 다음 표의 왼쪽 란의 해당 국무위원 후보자에 대하여 인사청문을 요청하거나 실시한 경우 같은 표의 오른쪽 란의 해당 국무위원 후보자에 대하여 인사청문을 요청하거나 실시한 것으로 본다.

국무위원 후보자 (미래창조과학부장관)	국무위원 후보자 (과학기술정보통신부장관)
국무위원 후보자 (행정자치부장관)	국무위원 후보자 (행정안전부장관)
국무위원 후보자 (산업통상자원부장관)	국무위원 후보자 (산업통상자원부장관)

제5조【다른 법률의 개정】 ①~㉜ ※(해당 법령에 가제정리 하였음)

제6조【조직폐지 및 신설 등에 따른 다른 법령과의 관계】 이 법 시행 당시 다른 법령(이 법 시행 전에 공포되었으나 시행일이 도래하지 아니한 법령을 포함한다)에서 부칙 제2조제1항의 표의 왼쪽 란에 기재된 사무와 관련하여 소관 행정기관, 행정기관의 장 또는 그 소속 공무원, 행정기관의 총리령 또는 부령을 인용한 경우에는 같은 표의 오른쪽 란에 기재된 행정기관, 행정기관의 장 또는 그 소속 공무원, 행정기관의 부령을 각각 인용한 것으로 본다.

부　칙 (2018.6.8)

제1조【시행일】 이 법은 공포한 날부터 시행한다. 다만, 부칙 제4조에 따라 개정되는 법률 중 이 법 시행 전에 공포되었으나 시행일이 도래하지 아니한 법률을 개정한 부분은 각각 해당 법률의 시행일부터 시행한다.

제2조【소관사무 및 공무원 등에 관한 경과조치】 ① 이 법 시행 당시 다음 표의 왼쪽 란에 기재된 행정기관의 장의 사무는 같은 표의 오른쪽 란에 기재된 행정기관의 장이 승계한다.

국토교통부장관의 소관사무 중 이 법 제39조제1항에 규정된 사무	환경부장관

② 이 법 시행 당시 국토교통부 소속 공무원 중 대통령령으로 정하는 공무원은 환경부 소속 공무원으로 본다.

③ 이 법 시행 당시 제1항의 표의 왼쪽 란에 기재된 사무와 관련된 부령은 같은 표의 오른쪽 란에 기재된 기관의 소관 사무에 관한 부령으로 본다.

제3조【종전의 법률에 따른 고시·처분 및 계속 중인 행위에 관한 경과조치】 이 법 시행 전에 부칙 제4조에서 개정되는 법률에 따라 행정기관이 한 고시·행정처분, 그 밖의 행정기관의 행위와 행정기관에 대한 신청·신고, 그 밖의 행위는 각각 부칙 제4조에서 개정되는 법률에 따라 해당 사무를 승계하는 행정기관의 행위 또는 행정기관에 대한 행위로 본다.

제4조【다른 법률의 개정】 ①~⑩ ※(해당 법령에 가제정리 하였음)

제5조【다른 법령과의 관계】 이 법 시행 당시 다른 법령(이 법 시행 전에 공포되었으나 시행일이 도래하지 아니한 법령을 포함한다)에서 부칙 제2조제1항의 표의 왼쪽 란에 기재된 사무와 관련하여 소관 행정기관, 행정기관의 장 또는 그 소속 공무원, 행정기관의 부령을 인용한 경우에는 같은 표의 오른쪽 란에 기재된 행정기관, 행정기관의 장 또는 그 소속 공무원, 행정기관의 부령을 각각 인용한 것으로 본다.

부　칙 (2020.6.9)

제1조【시행일】 이 법은 공포 후 6개월이 경과한 날부터 시행한다. 다만, 제2조제2항·제10항 및 부칙 제2조의 개정규정은 공포한 날부터 시행한다.

제2조【다른 법률의 개정】 ①~③ ※(해당 법령에 가제정리 하였음)

부　칙 (2020.8.11)

제1조【시행일】 이 법은 공포 후 1개월이 경과한 날부터 시행한다. 다만, 제2조제2항제5호의 개정규정은 공포한 날부터 시행하고, 부칙 제4조에 따라 개정되는 법률 중 이 법 시행 전에 공포되었으나 시행일이 도래하지 아니한 법률을 개정한 부분은 각각 해당 법률의 시행일부터 시행한다.

제2조【조직 신설에 따른 소관 사무 및 공무원에 대한 경과조치】 ① 이 법 시행 당시 보건복지부장관의 소관 사무 중 제38조제2항의 개정규정에 규정된 사무는 질병관리청장이 승계한다.

② 이 법 시행 당시 보건복지부 소속 공무원 중 제38조제2항의 개정규정에 규정된 사무를 담당하던 공무원은 대통령령으로 정하는 바에 따라 질병관리청 소속 공무원으로 본다.

제3조【종전의 법률에 따른 고시·처분 등 및 계속 중인 행위 등에 대한 경과조치】 이 법 시행 전에 부칙 제4조에서 개정되는 법률에 따라 행정기관이 행한 고시·행정처분, 그 밖의 행위와 행정기관에 대한 신청·신고, 그 밖의 행위는 각각 부칙 제4조에서 개정되는 법률에 따라 해당 사무를 승계하는 행정기관의 행위 또는 행정기관에 대한 행위로 본다.

제4조【다른 법률의 개정】 ①~㉝ ※(해당 법령에 가제정리 하였음)

제5조【다른 법령과의 관계】 이 법 시행 당시 다른 법령(이 법 시행 전에 공포되었으나 시행일이 도래하지 아니한 법령을 포함한다)에서 질병관리청장이 승계하는 제38조제2항의 개정규정에 규정된 사무와 관련하여 "보건복지부" 또는 "질병관리본부"를 인용한 경우에는 "질병관리청"을, "보건복지부장관" 또는 "질병관리본부장"을 인용한 경우에는 "질병관리청장"을 각각 인용한 것으로 본다.

부　칙 (2020.12.15)

제1조【시행일】 이 법은 2024년 1월 1일부터 시행한다.(이하 생략)

부　칙 (2020.12.31)

제1조【시행일】 이 법은 공포 후 1년이 경과한 날부터 시행한다. 다만, 부칙 제4조에 따라 개정되는 법률 중 이 법 시행 전에 공포되었으나 시행일이 도래하지 아니한 법률을 개정한 부분은 각각 해당 법률의 시행일부터 시행한다.

제2조【소관사무 및 공무원 등에 관한 경과조치】 ① 이 법 시행 당시 다음 표의 왼쪽 란에 기재된 행정기관의 장의 사무는 같은 표의 오른쪽 란에 기재된 행정기관의 장이 승계한다.

국토교통부장관의 소관사무 중 이 법 제39조제1항에 규정된 사무	환경부장관

② 이 법 시행 당시 국토교통부 소속 공무원 중 대통령령으로 정하는 공무원은 환경부 소속 공무원으로 본다.
③ 이 법 시행 당시 제1항의 표의 왼쪽 란에 기재된 사무와 관련된 부령은 같은 표의 오른쪽 란에 기재된 기관의 소관사무에 관한 부령으로 본다.
제3조【종전의 법률에 따른 고시·처분 및 계속 중인 행위에 관한 경과조치】 이 법 시행 전에 부칙 제4조에서 개정되는 법률에 따라 행정기관이 행한 고시·행정처분, 그 밖의 행정기관의 행위와 행정기관에 대한 신청·신고, 그 밖의 행위는 각각 부칙 제4조에서 개정되는 법률에 따라 해당 사무를 승계하는 행정기관의 행위 또는 행정기관에 대한 행위로 본다.
제4조【다른 법률의 개정】 ①~㉕ ※(해당 법령에 가제정리 하였음)
제5조【다른 법령과의 관계】 이 법 시행 당시 다른 법령(이 법 시행 전에 공포되었으나 시행일이 도래하지 아니한 법령을 포함한다)에서 부칙 제2조제1항의 표의 왼쪽 란에 기재된 사무와 관련하여 소관 행정기관, 행정기관의 장 또는 그 소속공무원, 행정기관의 부령을 인용한 경우에는 같은 표의 오른쪽 란에 기재된 행정기관, 행정기관의 장 또는 그 소속 공무원, 행정기관의 부령을 각각 인용한 것으로 본다.

부　칙 (2021.7.8)

제1조【시행일】 이 법은 공포 후 1개월이 경과한 날부터 시행한다.
제2조【다른 법률의 개정】 ①~③ ※(해당 법령에 가제정리 하였음)

부　칙 (2023.3.4)

제1조【시행일】 이 법은 공포 후 3개월이 경과한 날부터 시행한다. 다만, 부칙 제7조에 따라 개정되는 법률 중 이 법 시행 전에 공포되었으나 시행일이 도래하지 아니한 법률을 개정한 부분은 각각 해당 법률의 시행일부터 시행한다.
제2조【다른 법률의 폐지】 재외동포재단법은 폐지한다.
제3조【다른 법률의 폐지에 따른 경과조치】 ①「재외동포재단법」에 따른 재외동포재단(이하 이 조에서 "재단"이라 한다)은 이 법 시행과 동시에 「민법」 중 법인의 해산 및 청산에 관한 규정에도 불구하고 해산된 것으로 본다.
② 이 법 시행 당시 재단의 모든 권리·의무 및 재산은 재외동포청이 승계한다. 이 경우 재외동포청에 승계될 재산의 가액은 승계되는 날 전일의 장부가액으로 한다.
③ 이 법 시행 당시 재단이 행한 행위 또는 재단에 대한 행위는 그 업무의 범위에서 재외동포청의 행위 또는 재외동포청에 대한 행위로 본다.
④ 이 법 시행 전의 행위에 대한 벌칙 및 과태료의 적용은 종전의 「재외동포재단법」에 따른다.
제4조【조직폐지 및 신설 등에 따른 소관사무 및 공무원 등에 관한 경과조치】 ① 이 법 시행 당시 다음 표의 왼쪽 란에 기재된 행정기관의 장의 사무는 같은 표의 오른쪽 란에 기재된 행정기관의 장이 각각 승계한다.

국가보훈처장의 소관사무	국가보훈부장관
외교부장관의 소관사무 중 이 법 제30조제3항에 규정된 사무	재외동포청장

② 이 법 시행 당시 다음 표의 왼쪽 란에 기재된 행정기관 소속 공무원(정무직은 제외한다)은 같은 표의 오른쪽 란에 기재된 행정기관 소속 공무원으로 본다.

국가보훈처	대통령령으로 정하는 바에 따라 국가보훈부
외교부	대통령령으로 정하는 바에 따라 외교부 또는 재외동포청

③ 이 법 시행 당시 제1항의 표의 왼쪽 란에 기재된 사무와 관련된 총리령 또는 부령은 같은 표의 오른쪽 란에 기재된 기관의 소관 사무에 관한 부령으로 본다.
제5조【종전의 법률에 따른 고시·처분 및 계속 중인 행위에 관한 경과조치】 이 법 시행 전에 부칙 제7조에서 개정되는 법률에 따라 행정기관이 행한 고시·행정처분, 그 밖의 행정기관의 행위와 행정기관에 대한 신청·신고, 그 밖의 행위는 각각 부칙 제7조에서 개정되는 법률에 따라 해당 사무를 승계하는 행정기관의 행위 또는 행정기관에 대한 행위로 본다.
제6조【인사청문에 관한 특례】 이 법 시행 전에 대통령은 국무위원 후보자(국가보훈부장관)에 대하여 국회에 인사청문을 요청할 수 있다.
제7조【다른 법률의 개정】 ①~㊻ ※(해당 법령에 가제정리 하였음)
제8조【조직폐지 및 신설 등에 따른 다른 법령과의 관계】 이 법 시행 당시 다른 법령(이 법 시행 전에 공포되었으나 시행일이 도래하지 아니한 법령을 포함한다)에서 부칙 제4조제1항의 표 왼쪽 란에 기재된 사무와 관련하여 소관 행정기관, 행정기관의 장 또는 그 소속 공무원, 행정기관의 총리령 또는 부령을 인용한 경우에는 같은 표의 오른쪽 란에 기재된 행정기관, 행정기관의 장 또는 그 소속 공무원, 행정기관의 부령을 각각 인용한 것으로 본다.

부　칙 (2023.12.26)

제1조【시행일】 이 법은 공포 후 6개월이 경과한 날부터 시행한다. 다만, 부칙 제4조에 따라 개정되는 법률 중 이 법 시행 전에 공포되었으나 시행일이 도래하지 아니한 법률을 개정한 부분은 각각 해당 법률의 시행일부터 시행한다.
제2조【소관사무 및 공무원 등에 관한 경과조치】 ① 이 법 시행 당시 다음 표의 왼쪽 란에 기재된 행정기관의 장의 사무는 같은 표의 오른쪽 란에 기재된 행정기관의 장이 승계한다.

보건복지부장관의 소관사무 중 이 법 제28조제1항에 규정된 사무	교육부장관

② 이 법 시행 당시 보건복지부 소속 공무원 중 대통령령으로 정하는 공무원은 교육부 소속 공무원으로 본다.
③ 이 법 시행 당시 제1항의 표의 왼쪽 란에 기재된 사무와 관련된 부령은 같은 표의 오른쪽 란에 기재된 기관의 소관사무에 관한 부령으로 본다.
제3조【종전의 법률에 따른 고시·처분 및 계속 중인 행위에 관한 경과조치】 이 법 시행 전에 부칙 제4조에서 개정되는 법률에 따라 행정기관이 행한 고시·행정처분, 그 밖의 행정기관의 행위와 행정기관에 대한 신청·신고, 그 밖의 행위는 각각 부칙 제4조에서 개정되는 법률에 따라 해당 사무를 승계하는 행정기관의 행위 또는 행정기관에 대한 행위로 본다.
제4조【다른 법률의 개정】 ①~⑦ ※(해당 법령에 가제정리 하였음)
제5조【다른 법령과의 관계】 이 법 시행 당시 다른 법령(이 법 시행 전에 공포되었으나 시행일이 도래하지 아니한 법령을 포함한다)에서 부칙 제2조제1항의 표의 왼쪽 란에 기재된 사무와 관련하여 소관 행정기관, 행정기관의 장 또는 그 소속 공무원, 행정기관의 부령을 인용한 경우에는 같은 표의 오른쪽 란에 기재된 행정기관, 행정기관의 장 또는 그 소속 공무원, 행정기관의 부령을 각각 인용한 것으로 본다.

부　칙 (2024.1.26)

이 법은 공포 후 4개월이 경과한 날부터 시행한다.

부　칙 (2024.2.13)

제1조【시행일】 이 법은 2024년 5월 17일부터 시행한다. 다

만, 부칙 제4조에 따라 개정되는 법률 중 이 법 시행 전에 공포되었으나 시행일이 도래하지 아니한 법률을 개정한 부분은 각각 해당 법률의 시행일부터 시행한다.

제2조【조직 명칭 변경에 따른 소관사무 및 공무원에 대한 경과조치】 ① 이 법 시행 당시 문화재청장의 소관사무는 국가유산청장이 승계한다.

② 이 법 시행 당시 문화재청 소속 공무원은 국가유산청 소속 공무원으로 본다.

제3조【종전의 법률에 따른 고시 · 처분 및 계속 중인 행위에 관한 경과조치】 이 법 시행 전에 부칙 제4조에서 개정되는 법률에 따라 문화재청장이 행한 고시 · 행정처분 및 그 밖의 행위와 문화재청장에 대한 신청 · 신고 및 그 밖의 행위는 각각 부칙 제4조에서 개정되는 법률에 따라 해당 사무를 승계하는 국가유산청장의 행위 또는 국가유산청장에 대한 행위로 본다.

제4조【다른 법률의 개정】 ①~㉝ ※(해당 법령에 가제 정리 하였음)

제5조【다른 법령과의 관계】 이 법 시행 당시 다른 법령(이 법 시행 전에 공포되었으나 시행일이 도래하지 아니한 법령을 포함한다)에서 문화재청장의 소관사무와 관련하여 문화재청, 문화재청장 또는 문화재청 소속 공무원을 인용한 경우에는 국가유산청, 국가유산청장 또는 국가유산청 소속 공무원을 각각 인용한 것으로 본다.

행정기본법

(2021년 3월 23일
법 률 제17979호)

개정
2022.12.27법19148호 2024. 1.16법20056호

제1장 총 칙

제1절 목적 및 정의 등

제1조【목적】 이 법은 행정의 원칙과 기본사항을 규정하여 행정의 민주성과 적법성을 확보하고 적정성과 효율성을 향상시킴으로써 국민의 권익 보호에 이바지함을 목적으로 한다.

제2조【정의】 이 법에서 사용하는 용어의 뜻은 다음과 같다.

1. "법령등"이란 다음 각 목의 것을 말한다.
   가. 법령 : 다음의 어느 하나에 해당하는 것
      1) 법률 및 대통령령 · 총리령 · 부령
      2) 국회규칙 · 대법원규칙 · 헌법재판소규칙 · 중앙선거관리위원회규칙 및 감사원규칙
      3) 1) 또는 2)의 위임을 받아 중앙행정기관(「정부조직법」 및 그 밖의 법률에 따라 설치된 중앙행정기관을 말한다. 이하 같다)의 장이 정한 훈령 · 예규 및 고시 등 행정규칙
   나. 자치법규 : 지방자치단체의 조례 및 규칙
2. "행정청"이란 다음 각 목의 자를 말한다.
   가. 행정에 관한 의사를 결정하여 표시하는 국가 또는 지방자치단체의 기관
   나. 그 밖에 법령등에 따라 행정에 관한 의사를 결정하여 표시하는 권한을 가지고 있거나 그 권한을 위임 또는 위탁받은 공공단체 또는 그 기관이나 사인(私人)
3. "당사자"란 처분의 상대방을 말한다.
4. "처분"이란 행정청이 구체적 사실에 관하여 행하는 법 집행으로서 공권력의 행사 또는 그 거부와 그 밖에 이에 준하는 행정작용을 말한다.
5. "제재처분"이란 법령등에 따른 의무를 위반하거나 이행하지 아니하였음을 이유로 당사자에게 의무를 부과하거나 권익을 제한하는 처분을 말한다. 다만, 제30조제1항 각 호에 따른 행정상 강제는 제외한다.

제3조【국가와 지방자치단체의 책무】 ① 국가와 지방자치단체는 국민의 삶의 질을 향상시키기 위하여 적법절차에 따라 공정하고 합리적인 행정을 수행할 책무를 진다.

② 국가와 지방자치단체는 행정의 능률과 실효성을 높이기 위하여 지속적으로 법령등과 제도를 정비 · 개선할 책무를 진다.

제4조【행정의 적극적 추진】 ① 행정은 공공의 이익을 위하여 적극적으로 추진되어야 한다.

② 국가와 지방자치단체는 소속 공무원이 공공의 이익을 위하여 적극적으로 직무를 수행할 수 있도록 제반 여건을 조성하고, 이와 관련된 시책 및 조치를 추진하여야 한다.

③ 제1항 및 제2항에 따른 행정의 적극적 추진 및 적극행정 활성화를 위한 시책의 구체적인 사항 등은 대통령령으로 정한다.

제5조【다른 법률과의 관계】 ① 행정에 관하여 다른 법률에 특별한 규정이 있는 경우를 제외하고는 이 법에서 정하는 바에 따른다.

② 행정에 관한 다른 법률을 제정하거나 개정하는 경우에는 이 법의 목적과 원칙, 기준 및 취지에 부합되도록 노력하여야 한다.

제2절 기간 및 나이의 계산
(2022.12.27 본절제목개정)

제6조【행정에 관한 기간의 계산】 ① 행정에 관한 기간의 계산에 관하여는 이 법 또는 다른 법령등에 특별한 규정이 있는 경우를 제외하고는 「민법」을 준용한다.

② 법령등 또는 처분에서 국민의 권익을 제한하거나 의무를 부과하는 경우 권익이 제한되거나 의무가 지속되는 기간의 계산은 다음 각 호의 기준에 따른다. 다만, 다음 각 호의 기준에 따르는 것이 국민에게 불리한 경우에는 그러하지 아니하다.
1. 기간을 일, 주, 월 또는 연으로 정한 경우에는 기간의 첫날을 산입한다.
2. 기간의 말일이 토요일 또는 공휴일인 경우에도 기간은 그 날로 만료한다.

제7조【법령등 시행일의 기간 계산】 법령등(훈령 · 예규 · 고시 · 지침 등을 포함한다. 이하 이 조에서 같다)의 시행일을 정하거나 계산할 때에는 다음 각 호의 기준에 따른다.
1. 법령등을 공포한 날부터 시행하는 경우에는 공포한 날을 시행일로 한다.
2. 법령등을 공포한 날부터 일정 기간이 경과한 날부터 시행하는 경우 법령등을 공포한 날을 첫날에 산입하지 아니한다.
3. 법령등을 공포한 날부터 일정 기간이 경과한 날부터 시행하는 경우 그 기간의 말일이 토요일 또는 공휴일인 때에는 그 말일로 기간이 만료한다.

제7조의2【행정에 관한 나이의 계산 및 표시】 행정에 관한 나이는 다른 법령등에 특별한 규정이 있는 경우를 제외하고는 출생일을 산입하여 만(滿) 나이로 계산하고, 연수(年數)로 표시한다. 다만, 1세에 이르지 아니한 경우에는 월수(月數)로 표시할 수 있다.(2022.12.27 본조신설)

제2장 행정의 법 원칙

제8조【법치행정의 원칙】 행정작용은 법률에 위반되어서는 아니 되며, 국민의 권리를 제한하거나 의무를 부과하는 경우와 그 밖에 국민생활에 중요한 영향을 미치는 경우에는 법률에 근거하여야 한다.

제9조【평등의 원칙】 행정청은 합리적 이유 없이 국민을 차별하여서는 아니 된다.

제10조【비례의 원칙】 행정작용은 다음 각 호의 원칙에 따라야 한다.
1. 행정목적을 달성하는 데 유효하고 적절할 것
2. 행정목적을 달성하는 데 필요한 최소한도에 그칠 것
3. 행정작용으로 인한 국민의 이익 침해가 그 행정작용이 의도하는 공익보다 크지 아니할 것

제11조【성실의무 및 권한남용금지의 원칙】 ① 행정청은 법령등에 따른 의무를 성실히 수행하여야 한다.
② 행정청은 행정권한을 남용하거나 그 권한의 범위를 넘어서는 아니 된다.

제12조【신뢰보호의 원칙】 ① 행정청은 공익 또는 제3자의 이익을 현저히 해칠 우려가 있는 경우를 제외하고는 행정에 대한 국민의 정당하고 합리적인 신뢰를 보호하여야 한다.
② 행정청은 권한 행사의 기회가 있음에도 불구하고 장기간 권한을 행사하지 아니하여 국민이 그 권한이 행사되지 아니할 것으로 믿을 만한 정당한 사유가 있는 경우에는 그 권한을 행사해서는 아니 된다. 다만, 공익 또는 제3자의 이익을 현저히 해칠 우려가 있는 경우는 예외로 한다.

제13조【부당결부금지의 원칙】 행정청은 행정작용을 할 때 상대방에게 해당 행정작용과 실질적인 관련이 없는 의무를 부과해서는 아니 된다.

제3장 행정작용

제1절 처 분

제14조【법 적용의 기준】 ① 새로운 법령등은 법령등에 특별한 규정이 있는 경우를 제외하고는 그 법령등의 효력 발생 전에 완성되거나 종결된 사실관계 또는 법률관계에 대해서는 적용되지 아니한다.
② 당사자의 신청에 따른 처분은 법령등에 특별한 규정이 있거나 처분 당시의 법령등을 적용하기 곤란한 특별한 사정이 있는 경우를 제외하고는 처분 당시의 법령등에 따른다.
③ 법령등을 위반한 행위의 성립과 이에 대한 제재처분은 법령등에 특별한 규정이 있는 경우를 제외하고는 법령등을 위반한 행위 당시의 법령등에 따른다. 다만, 법령등을 위반한 행위 후 법령등의 변경에 의하여 그 행위가 법령등을 위반한 행위에 해당하지 아니하거나 제재처분 기준이 가벼워진 경우로서 해당 법령등에 특별한 규정이 없는 경우에는 변경된 법령등을 적용한다.

제15조【처분의 효력】 처분은 권한이 있는 기관이 취소 또는 철회하거나 기간의 경과 등으로 소멸되기 전까지는 유효한 것으로 통용된다. 다만, 무효인 처분은 처음부터 그 효력이 발생하지 아니한다.

제16조【결격사유】 ① 자격이나 신분 등을 취득 또는 부여할 수 없거나 인가, 허가, 지정, 승인, 영업등록, 신고 수리 등(이하 "인허가"라 한다)을 필요로 하는 영업 또는 사업 등을 할 수 없는 사유(이하 이 조에서 "결격사유"라 한다)는 법률로 정한다.
② 결격사유를 규정할 때에는 다음 각 호의 기준에 따른다.
1. 규정의 필요성이 분명할 것
2. 필요한 항목만 최소한으로 규정할 것
3. 대상이 되는 자격, 신분, 영업 또는 사업 등과 실질적인 관련이 있을 것
4. 유사한 다른 제도와 균형을 이룰 것

제17조【부관】 ① 행정청은 처분에 재량이 있는 경우에는 부관(조건, 기한, 부담, 철회권의 유보 등을 말한다. 이하 이 조에서 같다)을 붙일 수 있다.
② 행정청은 처분에 재량이 없는 경우에는 법률에 근거가 있는 경우에 부관을 붙일 수 있다.
③ 행정청은 부관을 붙일 수 있는 처분이 다음 각 호의 어느 하나에 해당하는 경우에는 그 처분을 한 후에도 부관을 새로 붙이거나 종전의 부관을 변경할 수 있다.
1. 법률에 근거가 있는 경우
2. 당사자의 동의가 있는 경우
3. 사정이 변경되어 부관을 새로 붙이거나 종전의 부관을 변경하지 아니하면 해당 처분의 목적을 달성할 수 없다고 인정되는 경우
④ 부관은 다음 각 호의 요건에 적합하여야 한다.
1. 해당 처분의 목적에 위배되지 아니할 것
2. 해당 처분과 실질적인 관련이 있을 것
3. 해당 처분의 목적을 달성하기 위하여 필요한 최소한의 범위일 것

제18조【위법 또는 부당한 처분의 취소】 ① 행정청은 위법 또는 부당한 처분의 전부나 일부를 소급하여 취소할 수 있다. 다만, 당사자의 신뢰를 보호할 가치가 있는 등 정당한 사유가 있는 경우에는 장래를 향하여 취소할 수 있다.
② 행정청은 제1항에 따라 당사자에게 권리나 이익을 부여하는 처분을 취소하려는 경우에는 취소로 인하여 당사자가 입게 될 불이익을 취소로 달성되는 공익과 비교 · 형량(衡量)하여야 한다. 다만, 다음 각 호의 어느 하나에 해당하는 경우에는 그러하지 아니하다.
1. 거짓이나 그 밖의 부정한 방법으로 처분을 받은 경우
2. 당사자가 처분의 위법성을 알고 있었거나 중대한 과실로 알지 못한 경우

제19조【적법한 처분의 철회】 ① 행정청은 적법한 처분이 다음 각 호의 어느 하나에 해당하는 경우에는 그 처분의 전부 또는 일부를 장래를 향하여 철회할 수 있다.
1. 법률에서 정한 철회 사유에 해당하게 된 경우
2. 법령등의 변경이나 사정변경으로 처분을 더 이상 존속시킬 필요가 없게 된 경우
3. 중대한 공익을 위하여 필요한 경우
② 행정청은 제1항에 따라 처분을 철회하려는 경우에는 철회로 인하여 당사자가 입게 될 불이익을 철회로 달성되는 공익과 비교 · 형량하여야 한다.

제20조【자동적 처분】 행정청은 법률로 정하는 바에 따라 완전히 자동화된 시스템(인공지능 기술을 적용한 시스템을 포함한다)으로 처분을 할 수 있다. 다만, 처분에 재량이 있는 경우는 그러하지 아니하다.

제21조【재량행사의 기준】 행정청은 재량이 있는 처분을 할 때에는 관련 이익을 정당하게 형량하여야 하며, 그 재량권의 범위를 넘어서는 아니 된다.

제22조【제재처분의 기준】 ① 제재처분의 근거가 되는 법률에는 제재처분의 주체, 사유, 유형 및 상한을 명확하게 규정하여야 한다. 이 경우 제재처분의 유형 및 상한을 정할 때에는 해당 위반행위의 특수성 및 유사한 위반행위와의 형평성 등을 종합적으로 고려하여야 한다.
② 행정청은 재량이 있는 제재처분을 할 때에는 다음 각 호의 사항을 고려하여야 한다.
1. 위반행위의 동기, 목적 및 방법
2. 위반행위의 결과
3. 위반행위의 횟수
4. 그 밖에 제1호부터 제3호까지에 준하는 사항으로서 대통령령으로 정하는 사항

제23조【제재처분의 제척기간】 ① 행정청은 법령등의 위반행위가 종료된 날부터 5년이 지나면 해당 위반행위에 대하여 제재처분(인허가의 정지·취소·철회, 등록 말소, 영업소 폐쇄와 정지를 갈음하는 과징금 부과를 말한다. 이하 이 조에서 같다)을 할 수 없다.
② 다음 각 호의 어느 하나에 해당하는 경우에는 제1항을 적용하지 아니한다.
1. 거짓이나 그 밖의 부정한 방법으로 인허가를 받거나 신고를 한 경우
2. 당사자가 인허가나 신고의 위법성을 알고 있었거나 중대한 과실로 알지 못한 경우
3. 정당한 사유 없이 행정청의 조사·출입·검사를 기피·방해·거부하여 제척기간이 지난 경우
4. 제재처분을 하지 아니하면 국민의 안전·생명 또는 환경을 심각하게 해치거나 해칠 우려가 있는 경우
③ 행정청은 제1항에도 불구하고 행정심판의 재결이나 법원의 판결에 따라 제재처분이 취소·철회된 경우에는 재결이나 판결이 확정된 날부터 1년(합의제행정기관은 2년)이 지나기 전까지는 그 취지에 따른 새로운 제재처분을 할 수 있다.
④ 다른 법률에서 제1항 및 제3항의 기간보다 짧거나 긴 기간을 규정하고 있으면 그 법률에서 정하는 바에 따른다.

제2절　인허가의제

제24조【인허가의제의 기준】 ① 이 절에서 "인허가의제"란 하나의 인허가(이하 "주된 인허가"라 한다)를 받으면 법률로 정하는 바에 따라 그와 관련된 여러 인허가(이하 "관련 인허가"라 한다)를 받은 것으로 보는 것을 말한다.
② 인허가의제를 받으려면 주된 인허가를 신청할 때 관련 인허가에 필요한 서류를 함께 제출하여야 한다. 다만, 불가피한 사유로 함께 제출할 수 없는 경우에는 주된 인허가 행정청이 별도로 정하는 기한까지 제출할 수 있다.
③ 주된 인허가 행정청은 주된 인허가를 하기 전에 관련 인허가에 관하여 미리 관련 인허가 행정청과 협의하여야 한다.
④ 관련 인허가 행정청은 제3항에 따른 협의를 요청받으면 그 요청을 받은 날부터 20일 이내(제5항 단서에 따른 절차에 걸리는 기간은 제외한다)에 의견을 제출하여야 한다. 이 경우 전단에서 정한 기간(민원 처리 관련 법령에 따라 의견을 제출하여야 하는 기간을 연장한 경우에는 그 연장한 기간을 말한다) 내에 협의 여부에 관하여 의견을 제출하지 아니하면 협의가 된 것으로 본다.
⑤ 제3항에 따라 협의를 요청받은 관련 인허가 행정청은 해당 법령을 위반하여 협의에 응해서는 아니 된다. 다만, 관련 인허가에 필요한 심의, 의견 청취 등 절차에 관하여는 법률에 인허가의제 시에도 해당 절차를 거친다는 명시적인 규정이 있는 경우에만 이를 거친다.

제25조【인허가의제의 효과】 ① 제24조제3항·제4항에 따라 협의가 된 사항에 대해서는 주된 인허가를 받았을 때 관련 인허가를 받은 것으로 본다.
② 인허가의제의 효과는 주된 인허가의 해당 법률에 규정된 관련 인허가에 한정된다.

제26조【인허가의제의 사후관리 등】 ① 인허가의제의 경우 관련 인허가 행정청은 관련 인허가를 직접 한 것으로 보아 관계 법령에 따른 관리·감독 등 필요한 조치를 하여야 한다.
② 주된 인허가가 있은 후 이를 변경하는 경우에는 제24조·제25조 및 이 조 제1항을 준용한다.
③ 이 절에서 규정한 사항 외에 인허가의제의 방법, 그 밖에 필요한 세부 사항은 대통령령으로 정한다.

제3절　공법상 계약

제27조【공법상 계약의 체결】 ① 행정청은 법령등을 위반하지 아니하는 범위에서 행정목적을 달성하기 위하여 필요한 경우에는 공법상 법률관계에 관한 계약(이하 "공법상 계약"이라 한다)을 체결할 수 있다. 이 경우 계약의 목적 및 내용을 명확하게 적은 계약서를 작성하여야 한다.
② 행정청은 공법상 계약의 상대방을 선정하고 계약 내용을 정할 때 공법상 계약의 공공성과 제3자의 이해관계를 고려하여야 한다.

제4절　과징금

제28조【과징금의 기준】 ① 행정청은 법령등에 따른 의무를 위반한 자에 대하여 법률로 정하는 바에 따라 그 위반행위에 대한 제재로서 과징금을 부과할 수 있다.
② 과징금의 근거가 되는 법률에는 과징금에 관한 다음 각 호의 사항을 명확하게 규정하여야 한다.
1. 부과·징수 주체
2. 부과 사유
3. 상한액
4. 가산금을 징수하려는 경우 그 사항
5. 과징금 또는 가산금 체납 시 강제징수를 하려는 경우 그 사항

제29조【과징금의 납부기한 연기 및 분할 납부】 과징금은 한꺼번에 납부하는 것을 원칙으로 한다. 다만, 행정청은 과징금을 부과받은 자가 다음 각 호의 어느 하나에 해당하는 사유로 과징금 전액을 한꺼번에 내기 어렵다고 인정될 때에는 그 납부기한을 연기하거나 분할 납부하게 할 수 있으며, 이 경우 필요하다고 인정하면 담보를 제공하게 할 수 있다.
1. 재해 등으로 재산에 현저한 손실을 입은 경우
2. 사업 여건의 악화로 사업이 중대한 위기에 처한 경우
3. 과징금을 한꺼번에 내면 자금 사정에 현저한 어려움이 예상되는 경우
4. 그 밖에 제1호부터 제3호까지에 준하는 경우로서 대통령령으로 정하는 사유가 있는 경우

제5절　행정상 강제

제30조【행정상 강제】 ① 행정청은 행정목적을 달성하기 위하여 필요한 경우에는 법률로 정하는 바에 따라 필요한 최소한의 범위에서 다음 각 호의 어느 하나에 해당하는 조치를 할 수 있다.
1. 행정대집행 : 의무자가 행정상 의무(법령등에서 직접 부과하거나 행정청이 법령등에 따라 부과한 의무를 말한다. 이하 이 절에서 같다)로서 타인이 대신하여 행할 수 있는 의무를 이행하지 아니하는 경우 법률로 정하는 다른 수단으로는 그 이행을 확보하기 곤란하고 그 불이행을 방치하면 공익을 크게 해칠 것으로 인정될 때에 행정청이 의무자가 하여야 할 행위를 스스로 하거나 제3자에게 하게 하고 그 비용을 의무자로부터 징수하는 것
2. 이행강제금의 부과 : 의무자가 행정상 의무를 이행하지 아니하는 경우 행정청이 적절한 이행기간을 부여하고, 그 기한까지 행정상 의무를 이행하지 아니하면 금전급부의무를 부과하는 것
3. 직접강제 : 의무자가 행정상 의무를 이행하지 아니하는 경우 행정청이 의무자의 신체나 재산에 실력을 행사하여 그 행정상 의무의 이행이 있었던 것과 같은 상태를 실현하는 것

4. 강제징수 : 의무자가 행정상 의무 중 금전급부의무를 이행하지 아니하는 경우 행정청이 의무자의 재산에 실력을 행사하여 그 행정상 의무가 실현된 것과 같은 상태를 실현하는 것
5. 즉시강제 : 현재의 급박한 행정상의 장해를 제거하기 위한 경우로서 다음 각 목의 어느 하나에 해당하는 경우에 행정청이 곧바로 국민의 신체 또는 재산에 실력을 행사하여 행정목적을 달성하는 것
가. 행정청이 미리 행정상 의무 이행을 명할 시간적 여유가 없는 경우
나. 그 성질상 행정상 의무의 이행을 명하는 것만으로는 행정목적 달성이 곤란한 경우
② 행정상 강제 조치에 관하여 이 법에서 정한 사항 외에 필요한 사항은 따로 법률로 정한다.
③ 형사(刑事), 행형(行刑) 및 보안처분 관계 법령에 따라 행하는 사항이나 외국인의 출입국·난민인정·귀화·국적회복에 관한 사항에 관하여는 이 절을 적용하지 아니한다.

제31조【이행강제금의 부과】 ① 이행강제금 부과의 근거가 되는 법률에는 이행강제금에 관한 다음 각 호의 사항을 명확하게 규정하여야 한다. 다만, 제4호 또는 제5호를 규정할 경우 입법목적이나 입법취지를 훼손할 우려가 크다고 인정되는 경우로서 대통령령으로 정하는 경우는 제외한다.
1. 부과·징수 주체
2. 부과 요건
3. 부과 금액
4. 부과 금액 산정기준
5. 연간 부과 횟수나 횟수의 상한
② 행정청은 다음 각 호의 사항을 고려하여 이행강제금의 부과 금액을 가중하거나 감경할 수 있다.
1. 의무 불이행의 동기, 목적 및 결과
2. 의무 불이행의 정도 및 상습성
3. 그 밖에 행정목적을 달성하는 데 필요하다고 인정되는 사유
③ 행정청은 이행강제금을 부과하기 전에 미리 의무자에게 적절한 이행기간을 정하여 그 기한까지 행정상 의무를 이행하지 아니하면 이행강제금을 부과한다는 뜻을 문서로 계고(戒告)하여야 한다.
④ 행정청은 의무자가 제3항에 따른 계고에서 정한 기한까지 행정상 의무를 이행하지 아니한 경우 이행강제금의 부과 금액·사유·시기를 문서로 명확하게 적어 의무자에게 통지하여야 한다.
⑤ 행정청은 의무자가 행정상 의무를 이행할 때까지 이행강제금을 반복하여 부과할 수 있다. 다만, 의무자가 의무를 이행하면 새로운 이행강제금의 부과를 즉시 중지하되, 이미 부과한 이행강제금은 징수하여야 한다.
⑥ 행정청은 이행강제금을 부과받은 자가 납부기한까지 이행강제금을 내지 아니하면 국세강제징수의 예 또는 「지방행정제재·부과금의 징수 등에 관한 법률」에 따라 징수한다.

제32조【직접강제】 ① 직접강제는 행정대집행이나 이행강제금 부과의 방법으로는 행정상 의무 이행을 확보할 수 없거나 그 실현이 불가능한 경우에 실시하여야 한다.
② 직접강제를 실시하기 위하여 현장에 파견되는 집행책임자는 그가 집행책임자임을 표시하는 증표를 보여 주어야 한다.
③ 직접강제의 계고 및 통지에 관하여는 제31조제3항 및 제4항을 준용한다.

제33조【즉시강제】 ① 즉시강제는 다른 수단으로는 행정목적을 달성할 수 없는 경우에만 허용되며, 이 경우에도 최소한으로만 실시하여야 한다.
② 즉시강제를 실시하기 위하여 현장에 파견되는 집행책임자는 그가 집행책임자임을 표시하는 증표를 보여 주어야 하며, 즉시강제의 이유와 내용을 고지하여야 한다.
③ 제2항에도 불구하고 집행책임자는 즉시강제를 하려는 재산의 소유자 또는 점유자를 알 수 없거나 현장에서 그 소재를 즉시 확인하기 어려운 경우에는 즉시강제를 실시한 후 집행책임자의 이름 및 그 이유와 내용을 고지할 수 있다. 다만, 다음 각 호에 해당하는 경우에는 게시판이나 인터넷 홈페이지에 게시하는 등 적절한 방법에 의한 공고로써 고지를 갈음할 수 있다.
1. 즉시강제를 실시한 후에도 재산의 소유자 또는 점유자를 알 수 없는 경우
2. 재산의 소유자 또는 점유자가 국외에 거주하거나 행방을 알 수 없는 경우
3. 그 밖에 대통령령으로 정하는 불가피한 사유로 고지할 수 없는 경우
(2024.1.16 본항신설)

제6절 그 밖의 행정작용

제34조【수리 여부에 따른 신고의 효력】 법령등으로 정하는 바에 따라 행정청에 일정한 사항을 통지하여야 하는 신고로서 법률에 신고의 수리가 필요하다고 명시되어 있는 경우(행정기관의 내부 업무 처리 절차로서 수리를 규정한 경우는 제외한다)에는 행정청이 수리하여야 효력이 발생한다.

제35조【수수료 및 사용료】 ① 행정청은 특정인을 위한 행정서비스를 제공받는 자에게 법령으로 정하는 바에 따라 수수료를 받을 수 있다.
② 행정청은 공공시설 및 재산 등의 이용 또는 사용에 대하여 사전에 공개된 금액이나 기준에 따라 사용료를 받을 수 있다.
③ 제1항 및 제2항에도 불구하고 지방자치단체의 경우에는 「지방자치법」에 따른다.

제7절 처분에 대한 이의신청 및 재심사

제36조【처분에 대한 이의신청】 ① 행정청의 처분(「행정심판법」 제3조에 따라 같은 법에 따른 행정심판의 대상이 되는 처분을 말한다. 이하 이 조에서 같다)에 이의가 있는 당사자는 처분을 받은 날부터 30일 이내에 해당 행정청에 이의신청을 할 수 있다.
② 행정청은 제1항에 따른 이의신청을 받으면 그 신청을 받은 날부터 14일 이내에 그 이의신청에 대한 결과를 신청인에게 통지하여야 한다. 다만, 부득이한 사유로 14일 이내에 통지할 수 없는 경우에는 그 기간을 만료일 다음 날부터 기산하여 10일의 범위에서 한 차례 연장할 수 있으며, 연장 사유를 신청인에게 통지하여야 한다.
③ 제1항에 따라 이의신청을 한 경우에도 그 이의신청과 관계없이 「행정심판법」에 따른 행정심판 또는 「행정소송법」에 따른 행정소송을 제기할 수 있다.
④ 이의신청에 대한 결과를 통지받은 후 행정심판 또는 행정소송을 제기하려는 자는 그 결과를 통지받은 날(제2항에 따른 통지기간 내에 결과를 통지받지 못한 경우에는 같은 항에 따른 통지기간이 만료되는 날의 다음 날을 말한다)부터 90일 이내에 행정심판 또는 행정소송을 제기할 수 있다.
⑤ 다른 법률에서 이의신청과 이에 준하는 절차에 대하여 정하고 있는 경우에도 그 법률에서 규정하지 아니한 사항에 관하여는 이 조에서 정하는 바에 따른다.
⑥ 제1항부터 제5항까지에서 규정한 사항 외에 이의신청의 방법 및 절차 등에 관한 사항은 대통령령으로 정한다.
⑦ 다음 각 호의 어느 하나에 해당하는 사항에 관하여는 이 조를 적용하지 아니한다.
1. 공무원 인사 관계 법령에 따른 징계 등 처분에 관한 사항
2. 「국가인권위원회법」 제30조에 따른 진정에 대한 국가인권위원회의 결정
3. 「노동위원회법」 제2조의2에 따라 노동위원회의 의결을 거쳐 행하는 사항
4. 형사, 행형 및 보안처분 관계 법령에 따라 행하는 사항
5. 외국인의 출입국·난민인정·귀화·국적회복에 관한 사항
6. 과태료 부과 및 징수에 관한 사항

제37조【처분의 재심사】 ① 당사자는 처분(제재처분 및 행정상 강제는 제외한다. 이하 이 조에서 같다)이 행정심판, 행정소송 및 그 밖의 쟁송을 통하여 다툴 수 없게 된 경우(법원의 확정판결이 있는 경우는 제외한다)라도 다음 각 호의

어느 하나에 해당하는 경우에는 해당 처분을 한 행정청에 처분을 취소·철회하거나 변경하여 줄 것을 신청할 수 있다.
1. 처분의 근거가 된 사실관계 또는 법률관계가 추후에 당사자에게 유리하게 바뀐 경우
2. 당사자에게 유리한 결정을 가져다주었을 새로운 증거가 있는 경우
3. 「민사소송법」 제451조에 따른 재심사유에 준하는 사유가 발생한 경우 등 대통령령으로 정하는 경우
② 제1항에 따른 신청은 해당 처분의 절차, 행정심판, 행정소송 및 그 밖의 쟁송에서 당사자가 중대한 과실 없이 제1항 각 호의 사유를 주장하지 못한 경우에만 할 수 있다.
③ 제1항에 따른 신청은 당사자가 제1항 각 호의 사유를 안 날부터 60일 이내에 하여야 한다. 다만, 처분이 있은 날부터 5년이 지나면 신청할 수 없다.
④ 제1항에 따른 신청을 받은 행정청은 특별한 사정이 없으면 신청을 받은 날부터 90일(합의제행정기관은 180일) 이내에 처분의 재심사 결과(재심사 여부와 처분의 유지·취소·철회·변경 등에 대한 결정을 포함한다)를 신청인에게 통지하여야 한다. 다만, 부득이한 사유로 90일(합의제행정기관은 180일) 이내에 통지할 수 없는 경우에는 그 기간을 만료일 다음 날부터 기산하여 90일(합의제행정기관은 180일)의 범위에서 한 차례 연장할 수 있으며, 연장 사유를 신청인에게 통지하여야 한다.
⑤ 제4항에 따른 처분의 재심사 결과 중 처분을 유지하는 결과에 대해서는 행정심판, 행정소송 및 그 밖의 쟁송수단을 통하여 불복할 수 없다.
⑥ 행정청의 제18조에 따른 취소와 제19조에 따른 철회는 처분의 재심사에 의하여 영향을 받지 아니한다.
⑦ 제1항부터 제6항까지에서 규정한 사항 외에 처분의 재심사의 방법 및 절차 등에 관한 사항은 대통령령으로 정한다.
⑧ 다음 각 호의 어느 하나에 해당하는 사항에 관하여는 이 조를 적용하지 아니한다.
1. 공무원 인사 관계 법령에 따른 징계 등 처분에 관한 사항
2. 「노동위원회법」 제2조의2에 따라 노동위원회의 의결을 거쳐 행하는 사항
3. 형사, 행형 및 보안처분 관계 법령에 따라 행하는 사항
4. 외국인의 출입국·난민인정·귀화·국적회복에 관한 사항
5. 과태료 부과 및 징수에 관한 사항
6. 개별 법률에서 그 적용을 배제하고 있는 경우

제4장 행정의 입법활동 등

제38조【행정의 입법활동】 ① 국가나 지방자치단체가 법령등을 제정·개정·폐지하고자 하거나 그와 관련된 활동(법률안의 국회 제출과 조례안의 지방의회 제출을 포함하며, 이하 이 장에서 "행정의 입법활동"이라 한다)을 할 때에는 헌법과 상위 법령을 위반해서는 아니 되며, 헌법과 법령등에서 정한 절차를 준수하여야 한다.
② 행정의 입법활동은 다음 각 호의 기준에 따라야 한다.
1. 일반 국민 및 이해관계자로부터 의견을 수렴하고 관계 기관과 충분한 협의를 거쳐 책임 있게 추진되어야 한다.
2. 법령등의 내용과 규정은 다른 법령등과 조화를 이루어야 하고, 법령등 상호 간에 중복되거나 상충되지 아니하여야 한다.
3. 법령등은 일반 국민이 그 내용을 쉽고 명확하게 이해할 수 있도록 알기 쉽게 만들어져야 한다.
③ 정부는 매년 해당 연도에 추진할 법령안 입법계획(이하 "정부입법계획"이라 한다)을 수립하여야 한다.
④ 행정의 입법활동의 절차 및 정부입법계획의 수립에 관하여 필요한 사항은 정부의 법제업무에 관한 사항을 규율하는 대통령령으로 정한다.
제39조【행정법제의 개선】 ① 정부는 권한 있는 기관에 의하여 위헌으로 결정되어 법령이 헌법에 위반되거나 법률에 위반되는 것이 명백한 경우 등 대통령령으로 정하는 경우에는 해당 법령을 개선하여야 한다.
② 정부는 행정 분야의 법제도 개선 및 일관된 법 적용 기준 마련 등을 위하여 필요한 경우 대통령령으로 정하는 바에 따라 관계 기관 협의 및 관계 전문가 의견 수렴을 거쳐 개선조치를 할 수 있으며, 이를 위하여 현행 법령에 관한 분석을 실시할 수 있다.
제40조【법령해석】 ① 누구든지 법령등의 내용에 의문이 있으면 법령을 소관하는 중앙행정기관의 장(이하 "법령소관기관"이라 한다)과 자치법규를 소관하는 지방자치단체의 장에게 법령해석을 요청할 수 있다.
② 법령소관기관과 자치법규를 소관하는 지방자치단체의 장은 각각 소관 법령등을 헌법과 해당 법령등의 취지에 부합되게 해석·집행할 책임을 진다.
③ 법령소관기관이나 법령소관기관의 해석에 이의가 있는 자는 대통령령으로 정하는 바에 따라 법령해석업무를 전문으로 하는 기관에 법령해석을 요청할 수 있다.
④ 법령해석의 절차에 관하여 필요한 사항은 대통령령으로 정한다.

부 칙

제1조【시행일】 이 법은 공포한 날부터 시행한다. 다만, 제22조, 제29조, 제38조부터 제40조까지는 공포 후 6개월이 경과한 날부터 시행하고, 제23조부터 제26조까지, 제30조부터 제34조까지, 제36조 및 제37조는 공포 후 2년이 경과한 날부터 시행한다.
제2조【제재처분에 관한 법령등 변경에 관한 적용례】 제14조제3항 단서의 규정은 이 법 시행일 이후 제재처분에 관한 법령등이 변경된 경우부터 적용한다.
제3조【제재처분의 제척기간에 관한 적용례】 제23조는 부칙 제1조 단서에 따른 시행일 이후 발생하는 위반행위부터 적용한다.
제4조【공법상 계약에 관한 적용례】 제27조는 이 법 시행 이후 공법상 계약을 체결하는 경우부터 적용한다.
제5조【행정상 강제 조치에 관한 적용례】 ① 제31조는 부칙 제1조 단서에 따른 시행일 이후 이행강제금을 부과하는 경우부터 적용한다.
② 제32조 및 제33조는 부칙 제1조 단서에 따른 시행일 이후 직접강제나 즉시강제를 하는 경우부터 적용한다.
제6조【처분에 대한 이의신청에 관한 적용례】 제36조는 부칙 제1조 단서에 따른 시행일 이후에 하는 처분부터 적용한다.
제7조【처분의 재심사에 관한 적용례】 제37조는 부칙 제1조 단서에 따른 시행일 이후에 하는 처분부터 적용한다.

부 칙 (2022.12.27)

이 법은 공포 후 6개월이 경과한 날부터 시행한다.

부 칙 (2024.1.16)

이 법은 공포한 날부터 시행한다.

행정규제기본법

(1997년 8월 22일
법 률 제5368호)

개정
1998. 2.28법 5529호(정부조직)
2005.12.29법 7797호
2008. 2.29법 8852호(정부조직)
2009. 3.25법 9532호(기업활동규제완화에관한특별조치법)
2010. 1.25법 9965호
2013. 3.23법11690호(정부조직)
2013. 7.16법11935호
2015. 5.18법13329호
2016. 5.29법14184호(예비군법)
2017.11.28법15037호
2018. 4.17법15609호
2019. 4.16법16322호
2020. 2. 4법16954호(소상공인기본법)
2022. 1. 4법18682호(비상대비에관한법)
2023. 1.17법19213호(재난관리자원의관리등에관한법)
2023. 7.11법19530호

제1장 총 칙
(2010.1.25 본장개정)

제1조【목적】 이 법은 행정규제에 관한 기본적인 사항을 규정하여 불필요한 행정규제를 폐지하고 비효율적인 행정규제의 신설을 억제함으로써 사회·경제활동의 자율과 창의를 촉진하여 국민의 삶의 질을 높이고 국가경쟁력이 지속적으로 향상되도록 함을 목적으로 한다.

제2조【정의】 ① 이 법에서 사용하는 용어의 뜻은 다음과 같다.
1. "행정규제"(이하 "규제"라 한다)란 국가나 지방자치단체가 특정한 행정 목적을 실현하기 위하여 국민(국내법을 적용받는 외국인을 포함한다)의 권리를 제한하거나 의무를 부과하는 것으로서 법령등이나 조례·규칙에 규정되는 사항을 말한다.
2. "법령등"이란 법률·대통령령·총리령·부령과 그 위임을 받는 고시(告示) 등을 말한다.
3. "기존규제"란 이 법 시행 당시 다른 법률에 근거하여 규정된 규제와 이 법 시행 후 이 법에서 정한 절차에 따라 규정된 규제를 말한다.
4. "행정기관"이란 법령등 또는 조례·규칙에 따라 행정 권한을 가지는 기관과 그 권한을 위임받거나 위탁받은 법인·단체 또는 그 기관이나 개인을 말한다.
5. "규제영향분석"이란 규제로 인하여 국민의 일상생활과 사회·경제·행정 등에 미치는 여러 가지 영향을 객관적이고 과학적인 방법을 사용하여 미리 예측·분석함으로써 규제의 타당성을 판단하는 기준을 제시하는 것을 말한다.

② 규제의 구체적 범위는 대통령령으로 정한다.

제3조【적용 범위】 ① 규제에 관하여 다른 법률에 특별한 규정이 있는 경우를 제외하고는 이 법에서 정하는 바에 따른다.
② 다음 각 호의 어느 하나에 해당하는 사항에 대하여는 이 법을 적용하지 아니한다.
1. 국회, 법원, 헌법재판소, 선거관리위원회 및 감사원이 하는 사무
2. 형사(刑事), 행형(行刑) 및 보안처분에 관한 사무
2의2. 과징금, 과태료의 부과 및 징수에 관한 사항(2017.11.28 본호신설)
3. 「국가정보원법」에 따른 정보·보안 업무에 관한 사항
4. 「병역법」, 「대체역의 편입 및 복무 등에 관한 법률」, 「통합방위법」, 「예비군법」, 「민방위기본법」, 「비상대비에 관한 법률」, 「재난 및 안전관리기본법」 및 「재난관리자원의 관리 등에 관한 법률」에 규정된 징집·소집·동원·훈련에 관한 사항(2023.7.11 본호개정)
5. 군사시설, 군사기밀 보호 및 방위사업에 관한 사항
6. 조세(租稅)의 종목·세율·부과 및 징수에 관한 사항

③ 지방자치단체는 이 법에서 정하는 취지에 따라 조례·규칙에 규정된 규제의 등록 및 공표(公表), 규제의 신설이나 강화에 대한 심사, 기존규제의 정비, 규제심사기구의 설치 등에 필요한 조치를 하여야 한다.

제4조【규제 법정주의】 ① 규제는 법률에 근거하여야 하며, 그 내용은 알기 쉬운 용어로 구체적이고 명확하게 규정되어야 한다.
② 규제는 법률에 직접 규정하되, 규제의 세부적인 내용은 법률 또는 상위법령(上位法令)에서 구체적으로 범위를 정하여 위임한 바에 따라 대통령령·총리령·부령 또는 조례·규칙으로 정할 수 있다. 다만, 법령에서 전문적·기술적 사항이나 경미한 사항으로서 업무의 성질상 위임이 불가피한 사항에 관하여 구체적으로 범위를 정하여 위임한 경우에는 고시 등으로 정할 수 있다.
③ 행정기관은 법률에 근거하지 아니한 규제로 국민의 권리를 제한하거나 의무를 부과할 수 없다.

제5조【규제의 원칙】 ① 국가나 지방자치단체는 국민의 자유와 창의를 존중하여야 하며, 규제를 정하는 경우에도 그 본질적 내용을 침해하지 아니하도록 하여야 한다.
② 국가나 지방자치단체가 규제를 정할 때에는 국민의 생명·인권·보건 및 환경 등의 보호와 식품·의약품의 안전을 위한 실효성이 있는 규제가 되도록 하여야 한다.
③ 규제의 대상과 수단은 규제의 목적 실현에 필요한 최소한의 범위에서 가장 효과적인 방법으로 객관성·투명성 및 공정성이 확보되도록 설정되어야 한다.

제5조의2【우선허용·사후규제 원칙】 ① 국가나 지방자치단체가 신기술을 활용한 새로운 서비스 또는 제품(이하 "신기술 서비스·제품"이라 한다)과 관련된 규제를 법령등이나 조례·규칙에 규정할 때에는 다음 각 호의 어느 하나의 규정 방식을 우선적으로 고려하여야 한다.
1. 규제로 인하여 제한되는 권리나 부과되는 의무는 한정적으로 열거하고 그 밖의 사항은 원칙적으로 허용하는 규정 방식
2. 서비스와 제품의 인정 요건·개념 등을 장래의 신기술 발전에 따른 새로운 서비스와 제품도 포섭될 수 있도록 하는 규정 방식
3. 서비스와 제품에 관한 분류기준을 장래의 신기술 발전에 따른 서비스와 제품도 포섭될 수 있도록 유연하게 정하는 규정 방식
4. 그 밖에 신기술 서비스·제품과 관련하여 출시 전에 권리를 제한하거나 의무를 부과하지 아니하고 필요에 따라 출시 후에 권리를 제한하거나 의무를 부과하는 규정 방식

② 국가와 지방자치단체는 신기술 서비스·제품과 관련된 규제를 점검하여 해당 규제를 제1항에 따른 규정 방식으로 개선하는 방안을 강구하여야 한다.
(2019.4.16 본조신설)

제6조【규제의 등록 및 공표】 ① 중앙행정기관의 장은 소관 규제의 명칭·내용·근거·처리기관 등을 제23조에 따른 규제개혁위원회(이하 "위원회"라 한다)에 등록하여야 한다.
② 위원회는 제1항에 따라 등록된 규제사무 목록을 작성하여 공표하고, 매년 6월 말일까지 국회에 제출하여야 한다.
③ 위원회는 직권으로 조사하여 등록되지 아니한 규제가 있는 경우에는 관계 중앙행정기관의 장에게 지체 없이 위원회에 등록하게 하거나 그 규제를 폐지하는 법령등의 정비계획을 제출하도록 요구하여야 하며, 관계 중앙행정기관의 장은 특별한 사유가 없으면 그 요구에 따라야 한다.
④ 제1항부터 제3항까지의 규정에 따른 규제의 등록·공표의 방법과 절차 등에 관하여 필요한 사항은 대통령령으로 정한다.

제2장 규제의 신설·강화에 대한 원칙과 심사
(2010.1.25 본장개정)

제7조【규제영향분석 및 자체심사】 ① 중앙행정기관의 장은 규제를 신설하거나 강화(규제의 존속기한 연장을 포함한다. 이하 같다)하려면 다음 각 호의 사항을 종합적으로 고려하여 규제영향분석을 하고 규제영향분석서를 작성하여야 한다.
1. 규제의 신설 또는 강화의 필요성

2. 규제 목적의 실현 가능성
3. 규제 외의 대체 수단 존재 여부 및 기존규제와의 중복 여부
4. 규제의 시행에 따라 규제를 받는 집단과 국민이 부담하여야 할 비용과 편익의 비교 분석
5. 규제의 시행이 「중소기업기본법」 제2조에 따른 중소기업에 미치는 영향(2015.5.18 본호신설)
6. 「국가표준기본법」 제3조제8호 및 제19호에 따른 기술규정 및 적합성평가의 시행이 기업에 미치는 영향(2023.7.11 본호신설)
7. 경쟁 제한적 요소의 포함 여부
8. 규제 내용의 객관성과 명료성
9. 규제의 존속기한 · 재검토기한(일정기간마다 그 규제의 시행상황에 관한 점검결과에 따라 폐지 또는 완화 등의 조치를 할 필요성이 인정되는 규제에 한정하여 적용되는 기한을 말한다. 이하 같다)의 설정 근거 또는 미설정 사유(2023.7.11 본호신설)
10. 규제의 신설 또는 강화에 따른 행정기구 · 인력 및 예산의 소요
11. 규제의 신설 또는 강화에 따른 부담을 경감하기 위하여 폐지 · 완화가 필요한 기존규제 대상(2023.7.11 본호신설)
12. 관련 민원사무의 구비서류 및 처리절차 등의 적정 여부

② 중앙행정기관의 장은 제1항에 따른 규제영향분석서를 입법예고 기간 동안 국민에게 공표하여야 하고, 제출된 의견을 검토하여 규제영향분석서를 보완하며, 의견을 제출한 자에게 제출된 의견의 처리 결과를 알려야 한다.
③ 중앙행정기관의 장은 제1항에 따른 규제영향분석의 결과를 기초로 규제의 대상 · 범위 · 방법 등을 정하고 자체규제심사위원회의 심의를 거쳐 그 타당성에 대하여 자체심사를 하여야 한다. 이 경우 관계 전문가 등의 의견을 충분히 수렴하여 심사에 반영하여야 한다.(2023.7.11 전단개정)
④ 규제영향분석의 방법 · 절차와 규제영향분석서의 작성지침 및 공표방법, 자체규제심사위원회의 구성, 자체심사의 기준 및 절차 등에 관하여 필요한 사항은 대통령령으로 정한다.(2023.7.11 본항개정)

제8조 【규제의 존속기한 및 재검토기한 명시】 ① 중앙행정기관의 장은 규제를 신설하거나 강화하려는 경우에 존속시켜야 할 명백한 사유가 없는 규제는 존속기한 또는 재검토기한을 설정하여 그 법령등에 규정하여야 한다.(2023.7.11 본항개정)
② 규제의 존속기한 또는 재검토기한은 규제의 목적을 달성하기 위하여 필요한 최소한의 기간 내에서 설정되어야 하며, 그 기간은 원칙적으로 5년을 초과할 수 없다.
③ 중앙행정기관의 장은 규제의 존속기한 또는 재검토기한을 연장할 필요가 있을 때에는 그 규제의 존속기한 또는 재검토기한의 6개월 전까지 제10조에 따라 위원회에 심사를 요청하여야 한다.
④ 위원회는 제12조와 제13조에 따른 심사 시 필요하다고 인정하면 관계 중앙행정기관의 장에게 그 규제의 존속기한 또는 재검토기한을 설정할 것을 권고할 수 있다.
⑤ 중앙행정기관의 장은 법률에 규정된 규제의 존속기한 또는 재검토기한을 연장할 필요가 있을 때에는 그 규제의 존속기한 또는 재검토기한의 3개월 전까지 규제의 존속기한 또는 재검토기한 연장을 내용으로 하는 개정안을 국회에 제출하여야 한다.
(2013.7.16 본조개정)

제8조의2 【규제의 재검토】 ① 중앙행정기관의 장은 규제의 재검토기한이 도래하는 경우 제7조제4항에 따른 자체규제심사위원회의 심의를 거쳐 해당 규제의 시행상황을 점검하는 방법 등으로 규제의 재검토를 실시하고 그 결과에 따라 규제의 폐지 또는 완화 등 필요한 조치를 하여야 한다.
② 중앙행정기관의 장은 제1항에 따른 재검토의 결과보고서를 작성 · 보존 및 공개하고, 다음 재검토를 실시할 때 그 내용을 반영하여야 한다.
③ 규제의 재검토의 실시 절차, 결과보고서의 작성 · 보존 및 공개 등에 필요한 사항은 대통령령으로 정한다.
(2023.7.11 본조신설)

제8조의3 【소상공인 등에 대한 규제 형평】 ① 중앙행정기관의 장은 규제를 신설하거나 강화하려는 경우 「소상공인기본법」 제2조에 따른 소상공인 및 「중소기업기본법」 제2조제2항에 따른 소기업에 대하여 해당 규제를 적용하는 것이 적절하지 아니하거나 과도한 부담을 줄 우려가 있다고 판단되면 규제의 전부 또는 일부의 적용을 면제하거나 일정기간 유예하는 등의 방안을 검토하여야 한다.(2020.2.4 본항개정)
② 중앙행정기관의 장은 제1항을 적용하는 것이 적절하지 아니하다고 판단될 경우에는 제10조제1항에 따라 위원회에 심사를 요청할 때에 그 판단의 근거를 제시하여야 한다.
(2018.4.17 본조신설)

제9조 【의견 수렴】 중앙행정기관의 장은 규제를 신설하거나 강화하려면 공청회, 행정상 입법예고 등의 방법으로 행정기관 · 민간단체 · 이해관계인 · 연구기관 · 전문가 등의 의견을 충분히 수렴하여야 한다.

제10조 【심사 요청】 ① 중앙행정기관의 장은 규제를 신설하거나 강화하려면 위원회에 심사를 요청하여야 한다. 이 경우 법령안(法令案)에 대하여는 법제처장에게 법령안 심사를 요청하기 전에 하여야 한다.
② 중앙행정기관의 장은 제1항에 따라 심사를 요청할 때에는 규제안에 다음 각 호의 사항을 첨부하여 위원회에 제출하여야 한다.
1. 제7조제1항에 따른 규제영향분석서
2. 제7조제3항에 따른 자체심사 의견
3. 제9조에 따른 행정기관 · 이해관계인 등의 제출의견 요지
③ 위원회는 제1항에 따라 규제심사를 요청받은 경우에는 그 법령에 대한 규제정비 계획을 제출하게 할 수 있다.

제11조 【예비심사】 ① 위원회는 제10조에 따라 심사를 요청받은 날부터 10일 이내에 그 규제가 국민의 일상생활과 사회 · 경제활동에 미치는 파급 효과를 고려하여 제12조에 따른 심사를 받아야 할 규제(이하 "중요규제"라 한다)인지를 결정하여야 한다.
② 제1항에 따라 위원회가 중요규제가 아니라고 결정한 규제는 위원회의 심사를 받은 것으로 본다.
③ 위원회는 제1항에 따라 결정을 하였을 때에는 지체 없이 그 결과를 관계 중앙행정기관의 장에게 통보하여야 한다.

제12조 【심사】 ① 위원회는 제11조제1항에 따라 중요규제라고 결정한 규제에 대하여는 심사 요청을 받은 날부터 45일 이내에 심사를 끝내야 한다. 다만, 심사기간의 연장이 불가피한 경우에는 위원회의 결정으로 15일을 넘지 아니하는 범위에서 한 차례만 연장할 수 있다.
② 위원회는 관계 중앙행정기관의 자체심사가 신뢰할 수 있는 자료와 근거에 의하여 적절한 절차에 따라 적정하게 이루어졌는지 심사하여야 한다.
③ 위원회는 제10조제2항 각 호의 첨부서류 중 보완이 필요한 사항에 대하여는 관계 중앙행정기관의 장에게 보완할 것을 요구할 수 있다. 이 경우 보완하는 데에 걸린 기간은 제1항에 따른 심사기간에 포함하지 아니한다.
④ 위원회는 제1항에 따라 심사를 마쳤을 때에는 지체 없이 그 결과를 관계 중앙행정기관의 장에게 통보하여야 한다.

제13조 【긴급한 규제의 신설 · 강화 심사】 ① 중앙행정기관의 장은 긴급하게 규제를 신설하거나 강화하여야 할 특별한 사유가 있는 경우에는 제7조, 제8조제3항, 제9조 및 제10조의 절차를 거치지 아니하고 위원회에 심사를 요청할 수 있다. 이 경우 그 사유를 제시하여야 한다.
② 위원회는 제1항에 따라 심사 요청된 규제의 긴급성이 인정된다고 결정하면 심사를 요청받은 날부터 20일 이내에 규제의 신설 또는 강화의 타당성을 심사하고 그 결과를 관계 중앙행정기관의 장에게 통보하여야 한다. 이 경우 관계 중앙행정기관의 장은 위원회의 심사 결과를 통보받은 날부터 60일 이내에 위원회에 규제영향분석서를 제출하여야 한다.
③ 위원회는 제1항에 따라 심사 요청된 규제의 긴급성이 인정되지 아니한다고 결정하면 심사를 요청받은 날부터 10일 이내에 관계 중앙행정기관의 장에게 제7조부터 제10조까지의 규정에 따른 절차를 거치도록 요구할 수 있다.

제14조 【개선 권고】 ① 위원회는 제12조와 제13조에 따른 심사 결과 필요하다고 인정하면 관계 중앙행정기관의 장에

게 그 규제의 신설 또는 강화를 철회하거나 개선하도록 권고할 수 있다.
② 제1항에 따라 권고를 받은 관계 중앙행정기관의 장은 특별한 사유가 없으면 이에 따라야 하며, 그 처리 결과를 대통령령으로 정하는 바에 따라 위원회에 제출하여야 한다.
제15조【재심사】 ① 중앙행정기관의 장은 위원회의 심사 결과에 이의가 있거나 위원회의 권고대로 조치하기가 곤란하다고 판단되는 특별한 사정이 있는 경우에는 대통령령으로 정하는 바에 따라 위원회에 재심사(再審査)를 요청할 수 있다.
② 위원회는 제1항에 따른 재심사 요청을 받으면 그 요청받은 날부터 15일 이내에 재심사를 끝내고 그 결과를 관계 중앙행정기관의 장에게 통보하여야 한다.
③ 제2항에 따른 재심사는 제14조를 준용한다.
제16조【심사절차의 준수】 ① 중앙행정기관의 장은 위원회의 심사를 받지 아니하고 규제를 신설하거나 강화하여서는 아니 된다.
② 중앙행정기관의 장은 법제처장에게 신설되거나 강화되는 규제를 포함하는 법령안의 심사를 요청할 때에는 그 규제에 대한 위원회의 심사의견을 첨부하여야 한다. 법령안을 국무회의에 상정(上程)하는 경우에도 또한 같다.

제3장 기존규제의 정비
(2010.1.25 본장개정)

제17조【규제 정비의 요청】 ① 누구든지 위원회에 고시(告示) 등 기존규제의 폐지 또는 개선(이하 "정비"라 한다)을 요청할 수 있다.
② 위원회는 제1항에 따라 정비 요청을 받으면 해당 규제의 소관 행정기관의 장에게 지체 없이 통보하여야 하고, 통보를 받은 행정기관의 장은 책임자 실명으로 성실히 답변하여야 한다.
③ 위원회는 제2항의 답변과 관련하여 필요한 경우 해당 행정기관의 장에게 규제 존치의 필요성 등에 대하여 소명할 것을 요청할 수 있다.
④ 제3항에 따라 소명을 요청받은 행정기관의 장은 특별한 사유가 없으면 이에 따라야 한다.
⑤ 제1항부터 제4항까지의 규정에 따른 기존규제의 정비 요청, 답변·소명의 기한 및 절차 등에 필요한 사항은 대통령령으로 정한다.
(2018.4.17 본조개정)
제17조의2【다른 행정기관 소관의 규제에 관한 의견 제출】 중앙행정기관의 장은 규제 개선 또는 소관 정책의 목적을 효과적으로 달성하기 위하여 다른 중앙행정기관의 소관 규제를 개선할 필요가 있다고 판단하는 경우에는 그에 관한 의견을 위원회에 제출할 수 있다.(2018.4.17 본조신설)
제18조【기존규제의 심사】 ① 위원회는 다음 각 호의 어느 하나에 해당하는 경우 기존규제의 정비에 관하여 심사할 수 있다.
1. 제17조에 따른 정비 요청 및 제17조의2에 따라 제출된 의견을 위원회에서 심사할 필요가 있다고 인정한 경우 (2018.4.17 본호개정)
2. (2009.3.25 삭제)
3. 그 밖에 위원회가 이해관계인·전문가 등의 의견을 수렴한 결과 특정한 기존규제에 대한 심사가 필요하다고 인정한 경우
② 제1항의 심사는 제14조와 제15조를 준용한다.
제19조【기존규제의 자체정비】 ① 중앙행정기관의 장은 매년 소관 기존규제에 대하여 이해관계인·전문가 등의 의견을 수렴하여 정비가 필요한 규제를 선정하여 정비하여야 한다.
② 중앙행정기관의 장은 제1항에 따른 정비 결과를 대통령령으로 정하는 바에 따라 위원회에 제출하여야 한다.
제19조의2【기존규제의 존속기한 및 재검토기한 명시】 ① 중앙행정기관의 장은 기존규제에 대한 점검결과 존속시켜야 할 명백한 사유가 없는 규제는 존속기한 또는 재검토기한을 설정하여 그 법령등에 규정하여야 한다.
② 제1항에 따른 기존규제의 존속기한 또는 재검토기한 설정에 관하여는 제8조제2항부터 제5항까지를 준용한다.
(2013.7.16 본조신설)
제19조의3【신기술 서비스·제품 관련 규제의 정비 및 특례】 ① 중앙행정기관의 장은 신기술 서비스·제품과 관련된 규제와 관련하여 규제의 적용 또는 존재 여부에 대하여 국민이 확인을 요청하는 경우 신기술 서비스·제품에 대한 규제 특례를 부여하는 관계 법률로 정하는 바에 따라 이를 지체 없이 확인하여 통보하여야 한다.
② 중앙행정기관의 장은 신기술 서비스·제품과 관련된 규제와 관련하여 다음 각 호의 어느 하나에 해당하여 신기술 서비스·제품의 육성을 저해하는 경우에는 해당 규제를 신속하게 정비하여야 한다.
1. 기존 규제를 해당 신기술 서비스·제품에 적용하는 것이 곤란하거나 맞지 아니한 경우
2. 해당 신기술 서비스·제품에 대하여 명확히 규정되어 있지 아니한 경우
③ 중앙행정기관의 장은 제2항에 따라 규제를 정비하여야 하는 경우로서 필요한 경우에는 해당 규제가 정비되기 전이라도 신기술 서비스·제품과 관련된 규제 특례를 부여하는 관계 법률로서 대통령령으로 정하는 법률(이하 "규제 특례 관계법률"이라 한다)로 정하는 바에 따라 해당 규제의 적용을 면제하거나 완화할 수 있다.(2023.7.11 본항개정)
④ 중앙행정기관의 장은 규제 특례 관계법률에 규제의 적용을 면제하거나 완화하는 규정을 두는 경우에는 다음 각 호의 사항을 종합적으로 고려하여야 한다.(2023.7.11 본문개정)
1. 국민의 안전·생명·건강에 위해가 되거나 환경 및 지역균형발전을 저해하는지 여부와 개인정보의 안전한 보호 및 처리 여부
2. 해당 신기술 서비스·제품의 혁신성 및 안전성과 그에 따른 이용자의 편익
3. 규제의 적용 면제 또는 완화로 인하여 발생할 수 있는 부작용에 대한 사후 책임 확보 방안
⑤ 신기술 서비스·제품과 관련된 규제 특례를 부여받고자 하는 자의 신청을 받은 중앙행정기관의 장(이하 "규제 특례 주관기관"이라 한다)은 신기술 서비스·제품 관련 규제 특례에 관한 사항을 심의·의결하기 위하여 규제 특례 관계법률에 따라 설치된 위원회(이하 "규제 특례 위원회"라 한다)의 심의·의결을 거쳐 제3항에 따른 규제 특례를 부여하려는 경우에는 대통령령으로 정하는 기간 이내에 규제 특례 위원회에 신청된 사항을 상정하여야 한다.(2023.7.11 본항신설)
⑥ 제3항에 따른 규제 특례 부여가 규제 특례 위원회에서 부결된 경우에는 규제 특례의 부여를 신청한 자는 대통령령으로 정하는 바에 따라 규제 특례 주관기관의 장에게 재심의를 신청할 수 있다.(2023.7.11 본항신설)
⑦ 신기술 서비스·제품과 관련된 규제 특례를 부여받은 자는 사정의 변경 등 정당한 사유가 있는 경우 규제 특례 주관기관의 장에게 규제 특례의 내용·조건 등의 변경을 신청할 수 있다.(2023.7.11 본항신설)
⑧ 신기술 서비스·제품의 규제 특례와 관련된 규제 법령을 소관하는 중앙행정기관의 장은 대통령령으로 정하는 바에 따라 규제 특례와 관련된 법령의 정비 여부 및 사유, 정비 계획 등에 대해 규제 특례를 부여받은 자 및 규제 특례 주관기관의 장에게 통보하여야 한다.(2023.7.11 본항신설)
⑨ 그 밖에 법령정비 등 신기술 서비스·제품과 관련된 규제 특례 제도운영에 필요한 사항은 대통령령으로 정한다.
(2023.7.11 본항신설)
(2019.4.16 본조신설)
제19조의4【신산업 규제정비 기본계획의 수립 및 시행】 ① 위원회는 신산업을 육성하고 촉진하기 위하여 신산업 분야의 규제정비에 관한 기본계획을 3년마다 수립·시행하여야 한다.
② 제1항에 따른 기본계획에는 다음 각 호의 사항이 포함되어야 한다.
1. 신산업 분야의 규제정비의 목표와 기본방향
2. 신산업 분야 육성을 위한 규제정비에 관한 사항

3. 신산업 분야 규제의 우선허용 · 사후규제 방식으로의 전환에 관한 사항
4. 신산업 분야의 규제정비와 관련하여 관계 중앙행정기관 간 정책 및 업무 협력에 관한 사항
5. 그 밖에 신산업 분야의 규제정비에 필요한 사항
③ 위원회는 제1항에 따른 기본계획이 수립된 때에는 지체 없이 이를 관계 중앙행정기관의 장에게 통보하여야 한다.
④ 관계 중앙행정기관의 장은 제1항에 따른 기본계획에 따라 연도별 시행계획을 제20조에 따른 규제정비 계획에 반영하여야 한다.
(2019.4.16 본조신설)
제20조【규제정비 종합계획의 수립】 ① 위원회는 매년 중점적으로 추진할 규제분야나 특정한 기존규제를 선정하여 기존규제의 정비지침을 작성하고 위원회의 의결을 거쳐 중앙행정기관의 장에게 통보하여야 한다. 이 경우 위원회는 필요하다고 인정하면 정비지침에 특정한 기존규제에 대한 정비의 기한을 정할 수 있다.
② 중앙행정기관의 장은 제1항에 따른 정비지침에 따라 그 기관의 규제정비 계획을 수립하여 위원회에 제출하여야 한다.
③ 위원회는 제2항에 따른 중앙행정기관별 규제정비 계획을 종합하여 정부의 규제정비 종합계획을 수립하고, 국무회의의 심의를 거쳐 대통령에게 보고한 후 그 내용을 공표하여야 한다.
④ 규제정비 종합계획의 수립 · 공표의 방법 및 절차는 대통령령으로 정한다.
제21조【규제정비 종합계획의 시행】 ① 중앙행정기관의 장은 제20조에 따라 수립 · 공표된 정부의 규제정비 종합계획에 따라 소관 기존규제를 정비하고 그 결과를 대통령령으로 정하는 바에 따라 위원회에 제출하여야 한다.
② 중앙행정기관의 장은 제20조제1항 후단에 따라 위원회가 정비의 기한을 정하여 통보한 특정한 기존규제에 대하여는 그 기한까지 정비를 끝내고 그 결과를 위원회에 통보하여야 한다. 다만, 위원회가 정한 기한까지 정비를 끝내지 못한 경우에는 지체 없이 그 사유를 구체적으로 밝혀 위원회에 그 기존규제의 정비 계획을 제출하고, 정비를 끝낸 후 그 결과를 통보하여야 한다.
제22조【조직 정비 등】 ① 위원회는 기존규제가 정비된 경우 정부의 조직과 예산을 관장하는 관계 중앙행정기관의 장에게 이를 통보하여야 한다.
② 제1항에 따라 통보를 받은 관계 중앙행정기관의 장은 기존규제의 정비에 따른 정부의 조직 또는 예산의 합리화 방안을 마련하여야 한다.

제4장 규제개혁위원회
(2010.1.25 본장개정)

제23조【설치】 정부의 규제정책을 심의 · 조정하고 규제의 심사 · 정비 등에 관한 사항을 종합적으로 추진하기 위하여 대통령 소속으로 규제개혁위원회를 둔다.
제24조【기능】 ① 위원회는 다음 각 호의 사항을 심의 · 조정한다.
1. 규제정책의 기본방향과 규제제도의 연구 · 발전에 관한 사항
2. 규제의 신설 · 강화 등에 대한 심사에 관한 사항
3. 기존규제의 심사, 신산업 규제정비 기본계획 및 규제정비 종합계획의 수립 · 시행에 관한 사항(2019.4.16 본호개정)
4. 규제의 등록 · 공표에 관한 사항
5. 규제 개선에 관한 의견 수렴 및 처리에 관한 사항
6. 각급 행정기관의 규제 개선 실태에 대한 점검 · 평가에 관한 사항
7. 그 밖에 위원장이 위원회의 심의 · 조정이 필요하다고 인정하는 사항
② 위원회는 규제 특례 위원회에 의견을 제출하거나, 필요한 경우 권고할 수 있다. 이 경우 권고를 받은 규제 특례 위원회는 권고사항에 대한 처리결과를 위원회에 제출하여야 한다.
(2023.7.11 본항개정)
제25조【구성 등】 ① 위원회는 위원장 2명을 포함한 20명 이상 25명 이하의 위원으로 구성한다.
② 위원장은 국무총리와 학식과 경험이 풍부한 사람 중에서 대통령이 위촉하는 사람이 된다.
③ 위원은 학식과 경험이 풍부한 사람 중에서 대통령이 위촉하는 사람과 대통령령으로 정하는 공무원이 된다. 이 경우 공무원이 아닌 위원이 전체위원의 과반수가 되어야 한다.
④ 위원회에 간사 1명을 두되, 공무원이 아닌 위원 중에서 국무총리가 아닌 위원장이 지명하는 사람이 된다.
⑤ 위원 중 공무원이 아닌 위원의 임기는 2년으로 하되, 한 차례만 연임할 수 있다.
⑥ 위원장 모두가 부득이한 사유로 직무를 수행할 수 없을 때에는 국무총리가 지명한 위원이 그 직무를 대행한다.
제26조【의결 정족수】 위원회의 회의는 재적위원 과반수의 출석으로 개의하고, 재적위원 과반수의 찬성으로 의결한다.
(2023.7.11 본조개정)
제26조의2【회의록의 작성 · 공개】 ① 위원회는 회의 일시, 장소, 참석자, 안건, 토의 내용 및 의결 사항 등을 기록한 회의록을 작성 · 보존하여야 한다.
② 회의록은 공개한다. 다만, 위원장이 공익보호나 그 밖의 사유로 필요하다고 인정하는 때에는 위원회의 의결로 공개하지 아니할 수 있다.
(2018.4.17 본조신설)
제27조【위원의 신분보장】 위원은 다음 각 호의 어느 하나에 해당하는 경우를 제외하고는 본인의 의사와 관계없이 면직되거나 해촉(解囑)되지 아니한다.
1. 금고 이상의 형을 선고받은 경우
2. 장기간의 심신쇠약으로 직무를 수행할 수 없게 된 경우
제28조【분과위원회】 ① 위원회의 업무를 효율적으로 수행하기 위하여 위원회에 분야별로 분과위원회를 둘 수 있다.
② 분과위원회가 위원회로부터 위임받은 사항에 관하여 심의 · 의결한 것은 위원회가 심의 · 의결한 것으로 본다.
제29조【전문위원 등】 위원회에는 업무에 관한 전문적인 조사 · 연구 업무를 담당할 전문위원과 조사요원을 둘 수 있다.
제30조【조사 및 의견청취 등】 ① 위원회는 제24조에 따른 기능을 수행할 때 필요하다고 인정하면 다음 각 호의 조치를 할 수 있다.
1. 관계 행정기관에 대한 설명 또는 자료 · 서류 등의 제출 요구
2. 이해관계인 · 참고인 또는 관계 공무원의 출석 및 의견진술 요구
3. 관계 행정기관 등에 대한 현지조사
② 관계 행정기관의 장은 규제의 심사 등과 관련하여 소속 공무원이나 관계 전문가를 위원회에 출석시켜 의견을 진술하게 하거나 필요한 자료를 제출할 수 있다.
제31조【위원회의 사무처리 등】 ① 위원회의 사무처리를 위하여 전문성을 갖춘 사무기구를 둔다.
② 위원회의 전문적인 심사사항을 지원하기 위하여 전문 연구기관을 지정할 수 있다.
제32조【벌칙 적용 시의 공무원 의제】 위원회의 위원 중 공무원이 아닌 위원 · 전문위원 및 조사요원은 「형법」이나 그 밖의 법률에 따른 벌칙을 적용할 때에는 공무원으로 본다.
제33조【조직 및 운영】 이 법에서 정한 것 외에 위원회의 조직 · 운영 등에 필요한 사항은 대통령령으로 정한다.

제5장 보 칙
(2010.1.25 본장개정)

제34조【규제 개선 점검 · 평가】 ① 위원회는 효과적인 규제 개선을 위하여 각급 행정기관의 규제제도의 운영 실태와 개선사항을 확인 · 점검하여야 한다.
② 위원회는 제1항에 따른 확인 · 점검 결과를 평가하여 국무회의와 대통령에게 보고하여야 한다.
③ 위원회는 제1항과 제2항에 따른 확인 · 점검 및 평가를 객관적으로 하기 위하여 관련 전문기관 등에 제도 · 기반연구 또는 여론조사를 의뢰할 수 있다.(2023.7.11 본항개정)

④ 위원회는 제1항과 제2항에 따른 확인·점검 및 평가 결과 규제 개선에 소극적이거나 이행 상태가 불량하다고 판단되는 경우 대통령에게 그 시정에 필요한 조치를 건의할 수 있다.
제35조【규제개혁 백서】 위원회는 매년 정부의 주요 규제개혁 추진상황에 관한 백서(白書)를 발간하여 국민에게 공표하여야 한다.
제36조【행정지원 등】 국무조정실장은 규제 관련 제도를 연구하고 위원회의 운영에 필요한 지원을 하여야 한다.
(2013.3.23 본조개정)
제37조【공무원의 책임 등】 ① 공무원이 규제 개선 업무를 능동적으로 추진함에 따라 발생한 결과에 대하여 그 공무원의 행위에 고의나 중대한 과실이 없는 경우에는 불리한 처분이나 부당한 대우를 받지 아니한다.
② 중앙행정기관의 장은 규제 개선 업무 추진에 뚜렷한 공로가 있는 공무원은 포상하고, 인사상 우대조치 등을 하여야 한다.

부 칙

제1조【시행일】 이 법은 공포한 날부터 1년을 넘지 아니하는 범위내에서 대통령령이 정하는 날부터 시행한다.
<1998.3.1 시행>
제2조【다른 법률의 폐지】 법률 제4735호 행정규제관리법은 이를 폐지한다.
제3조【법 시행당시 기존규제의 자체정비에 대한 특례】 ① 중앙행정기관의 장은 대통령령이 정하는 바에 따라 이 법 시행후 5년이 경과한 날이 속하는 해의 12월 31일까지는 제19조의 규정에 의한 기존규제의 자체정비에 갈음하여 이 법 시행당시 모든 소관 규제에 대한 연차별정비계획을 수립하여 시행하여야 한다.
② 중앙행정기관의 장은 대통령령이 정하는 바에 따라 제1항의 규정에 의한 연차별정비계획 및 그 시행 결과를 위원회에 제출하여야 한다.
제4조【훈령·고시등의 재검토】 ① 중앙행정기관의 장 또는 지방자치단체의 장은 이 법 시행후 1년이내에 이 법 시행당시 시행중인 훈령·예규·지침·고시등에 규정된 규제에 대하여 제4조의 규정에 의하여 법령 또는 조례·규칙에 근거하였는지 여부를 재검토하여야 한다.
② 중앙행정기관의 장 또는 지방자치단체의 장은 제1항의 규정에 의한 재검토 결과 제4조의 규정에 의하여 법령 또는 조례·규칙에 근거하지 아니한 훈령·예규·지침·고시등에 규정된 규제는 이를 지체없이 폐지하거나 관계법령 또는 조례·규칙에 그 근거를 정하여야 한다.
제5조【다른 법률의 개정】 ※(해당 법령에 가제정리 하였음)

부 칙 (2022.1.4)

제1조【시행일】 이 법은 공포 후 6개월이 경과한 날부터 시행한다.(이하 생략)

부 칙 (2023.1.17)

제1조【시행일】 이 법은 공포 후 1년이 경과한 날부터 시행한다.(이하 생략)

부 칙 (2023.7.11)

제1조【시행일】 이 법은 공포 후 6개월이 경과한 날부터 시행한다.
제2조【규제영향분석 및 자체심사에 관한 적용례】 제7조의 개정규정은 이 법 시행 이후 규제영향분석을 실시하는 경우부터 적용한다.
제3조【규제의 재검토에 관한 적용례】 제8조의2의 개정규정은 이 법 시행 이후 규제의 재검토기한이 도래하는 경우부터 적용한다.

행정절차법

(1996년 12월 31일
법 률 제5241호)

개정
1999. 2. 5법 5809호(해양사고의조사및심판에관한법)
2002.12.30법 6839호 2006. 3.24법 7904호
2007. 5.17법 8451호
2008. 2.29법 8852호(정부조직)
2011.12. 2법11109호 2012.10.22법11498호
2013. 3.23법11690호(정부조직)
2014. 1.28법12347호
2014.11.19법12844호(정부조직)
2014.12.30법12923호
2017. 7.26법14839호(정부조직)
2019.12.10법16778호 2022. 1.11법18748호

제1장 총 칙
(2012.10.22 본장개정)

제1절 목적, 정의 및 적용 범위 등

제1조【목적】 이 법은 행정절차에 관한 공통적인 사항을 규정하여 국민의 행정 참여를 도모함으로써 행정의 공정성·투명성 및 신뢰성을 확보하고 국민의 권익을 보호함을 목적으로 한다.
제2조【정의】 이 법에서 사용하는 용어의 뜻은 다음과 같다.
1. "행정청"이란 다음 각 목의 자를 말한다.
  가. 행정에 관한 의사를 결정하여 표시하는 국가 또는 지방자치단체의 기관
  나. 그 밖에 법령 또는 자치법규(이하 "법령등"이라 한다)에 따라 행정권한을 가지고 있거나 위임 또는 위탁받은 공공단체 또는 그 기관이나 사인(私人)
2. "처분"이란 행정청이 행하는 구체적 사실에 관한 법 집행으로서의 공권력의 행사 또는 그 거부와 그 밖에 이에 준하는 행정작용(行政作用)을 말한다.
3. "행정지도"란 행정기관이 그 소관 사무의 범위에서 일정한 행정목적을 실현하기 위하여 특정인에게 일정한 행위를 하거나 하지 아니하도록 지도, 권고, 조언 등을 하는 행정작용을 말한다.
4. "당사자등"이란 다음 각 목의 자를 말한다.
  가. 행정청의 처분에 대하여 직접 그 상대가 되는 당사자
  나. 행정청이 직권으로 또는 신청에 따라 행정절차에 참여하게 한 이해관계인
5. "청문"이란 행정청이 어떠한 처분을 하기 전에 당사자등의 의견을 직접 듣고 증거를 조사하는 절차를 말한다.
6. "공청회"란 행정청이 공개적인 토론을 통하여 어떠한 행정작용에 대하여 당사자등, 전문지식과 경험을 가진 사람, 그 밖의 일반인으로부터 의견을 널리 수렴하는 절차를 말한다.
7. "의견제출"이란 행정청이 어떠한 행정작용을 하기 전에

당사자등이 의견을 제시하는 절차로서 청문이나 공청회에 해당하지 아니하는 절차를 말한다.
8. "전자문서"란 컴퓨터 등 정보처리능력을 가진 장치에 의하여 전자적인 형태로 작성되어 송신·수신 또는 저장된 정보를 말한다.
9. "정보통신망"이란 전기통신설비를 활용하거나 전기통신설비와 컴퓨터 및 컴퓨터 이용기술을 활용하여 정보를 수집·가공·저장·검색·송신 또는 수신하는 정보통신체제를 말한다.

제3조【적용 범위】 ① 처분, 신고, 확약, 위반사실 등의 공표, 행정계획, 행정상 입법예고, 행정예고 및 행정지도의 절차(이하 "행정절차"라 한다)에 관하여 다른 법률에 특별한 규정이 있는 경우를 제외하고는 이 법에서 정하는 바에 따른다.(2022.1.11 본항개정)
② 이 법은 다음 각 호의 어느 하나에 해당하는 사항에 대하여는 적용하지 아니한다.
1. 국회 또는 지방의회의 의결을 거치거나 동의 또는 승인을 받아 행하는 사항
2. 법원 또는 군사법원의 재판에 의하거나 그 집행으로 행하는 사항
3. 헌법재판소의 심판을 거쳐 행하는 사항
4. 각급 선거관리위원회의 의결을 거쳐 행하는 사항
5. 감사원이 감사위원회의의 결정을 거쳐 행하는 사항
6. 형사(刑事), 행형(行刑) 및 보안처분 관계 법령에 따라 행하는 사항
7. 국가안전보장·국방·외교 또는 통일에 관한 사항 중 행정절차를 거칠 경우 국가의 중대한 이익을 현저히 해칠 우려가 있는 사항
8. 심사청구, 해양안전심판, 조세심판, 특허심판, 행정심판, 그 밖의 불복절차에 따른 사항
9. 「병역법」에 따른 징집·소집, 외국인의 출입국·난민인정·귀화, 공무원 인사 관계 법령에 따른 징계와 그 밖의 처분, 이해 조정을 목적으로 하는 법령에 따른 알선·조정·중재(仲裁)·재정(裁定) 또는 그 밖의 처분 등 해당 행정작용의 성질상 행정절차를 거치기 곤란하거나 거칠 필요가 없다고 인정되는 사항과 행정절차에 준하는 절차를 거친 사항으로서 대통령령으로 정하는 사항

제4조【신의성실 및 신뢰보호】 ① 행정청은 직무를 수행할 때 신의(信義)에 따라 성실히 하여야 한다.
② 행정청은 법령등의 해석 또는 행정청의 관행이 일반적으로 국민들에게 받아들여졌을 때에는 공익 또는 제3자의 정당한 이익을 현저히 해칠 우려가 있는 경우를 제외하고는 새로운 해석 또는 관행에 따라 소급하여 불리하게 처리하여서는 아니 된다.

판례 상급행정기관이 하급행정기관에 대하여 업무처리지침이나 법령의 해석적용에 관한 기준을 정하여 발하는 이른바 '행정규칙이나 내부지침'은 일반적으로 행정조직 내부에서만 효력을 가질 뿐 대외적인 구속력을 갖는 것은 아니므로 행정처분이 그에 위반하였다고 하여 그러한 사정만으로 곧바로 위법하게 되는 것은 아니다. 다만, 재량권 행사의 준칙인 행정규칙이 그 정한 바에 따라 되풀이 시행되어 행정관행이 이루어지게 되면 평등의 원칙이나 신뢰보호의 원칙에 따라 행정기관은 그 상대방에 대한 관계에서 그 규칙에 따라야 할 자기구속을 받게 되므로, 이러한 경우에는 특별한 사정이 없는 한 그를 위반하는 처분은 평등의 원칙이나 신뢰보호의 원칙에 위배되어 재량권을 일탈·남용한 위법한 처분이 된다.
(대판 2009.12.24, 2009두7967)

판례 법률의 개정에 있어서 구 법률의 존속에 대한 당사자의 신뢰가 합리적이고도 정당하며, 법률의 개정으로 야기되는 당사자의 손해 내지 이익 침해가 극심하여 새로운 법률로 달성하고자 하는 공익적 목적이 그러한 신뢰의 파괴를 정당화할 수 없다면, 입법자는 경과규정을 두는 등 당사자의 신뢰를 보호할 적절한 조치를 하여야 하며, 이와 같은 적절한 조치 없이 새 법률을 그대로 시행하거나 적용하는 것은 허용될 수 없다 할 것인바, 이는 헌법의 기본원리인 법치주의 원리에서 도출되는 신뢰보호의 원칙에 위배되기 때문이다. 이러한 신뢰보호 원칙의 위배 여부를 판단하기 위하여는 한편으로는 침해받은 이익의 보호가치, 침해의 중한 정도, 신뢰가 손상된 정도, 신뢰침해의 방법 등과 다른 한편으로는 새 법률을 통해 실현하고자 하는 공익적 목적을 종합적으로 비교·형량하여야 한다.
(대판 2007.10.12, 2006두14476)

판례 일반 행정법률관계에서 관청의 행위에 대하여 신의칙이 적용되는 경우 : 신의성실의 원칙에 위배된다는 이유로 그 권리의 행사를 부정하기 위하여는 상대방에게 신의를 주었다거나 객관적으로 보아 상대방이 그러한 신의를 가짐이 정당한 상태에 이르러야 하고, 이와 같은 상대방의 신의에 반하여 권리를 행사하는 것이 정의 관념에 비추어 용인될 수 없는 정도의 상태에 이르러야 하고, 일반 행정법률관계에서 관청의 행위에 대하여 신의칙이 적용되기 위해서는 합법성의 원칙을 희생하여서라도 처분의 상대방의 신뢰를 보호함이 정의의 관념에 부합하는 것으로 인정되는 특별한 사정이 있을 경우에 한하여 예외적으로 적용된다.(대판 2004.7.22, 2002두11233)

판례 행정청의 행위에 대한 신뢰보호 원칙의 적용요건 : 일반적으로 행정상의 법률관계에 있어서 행정청의 행위에 대하여 신뢰보호의 원칙이 적용되기 위해서는, 첫째 행정청이 개인에 대하여 신뢰의 대상이 되는 공적인 견해표명을 하여야 하고, 둘째 행정청의 견해표명이 정당하다고 신뢰한 데에 대하여 그 개인에게 귀책사유가 없어야 하며, 셋째 그 개인이 그 견해표명을 신뢰하고 이에 상응하는 어떠한 행위를 하였어야 하고, 넷째 행정청이 그 견해표명에 반하는 처분을 함으로써 그 견해표명을 신뢰한 개인의 이익이 침해되는 결과가 초래되어야 하며, 마지막으로 위 견해표명에 따른 행정처분을 할 경우 이로 인하여 공익 또는 제3자의 정당한 이익을 현저히 해할 우려가 있는 경우가 아니어야 한다.(대판 2002.11.8, 2001두1512)

제5조【투명성】 ① 행정청이 행하는 행정작용은 그 내용이 구체적이고 명확하여야 한다.
② 행정작용의 근거가 되는 법령등의 내용이 명확하지 아니한 경우 상대방은 해당 행정청에 그 해석을 요청할 수 있으며, 해당 행정청은 특별한 사유가 없으면 그 요청에 따라야 한다.
③ 행정청은 상대방에게 행정작용과 관련된 정보를 충분히 제공하여야 한다.
(2019.12.10 본조개정)

제5조의2【행정업무 혁신】 ① 행정청은 모든 국민이 균등하고 질 높은 행정서비스를 누릴 수 있도록 노력하여야 한다.
② 행정청은 정보통신기술을 활용하여 행정절차를 적극적으로 혁신하도록 노력하여야 한다. 이 경우 행정청은 국민이 경제적·사회적·지역적 여건 등으로 인하여 불이익을 받지 아니하도록 하여야 한다.
③ 행정청은 행정청이 생성하거나 취득하여 관리하고 있는 데이터(정보처리능력을 갖춘 장치를 통하여 생성 또는 처리되어 기계에 의한 판독이 가능한 형태로 존재하는 정형 또는 비정형의 정보를 말한다)를 행정과정에 활용하도록 노력하여야 한다.
④ 행정청은 행정업무 혁신 추진에 필요한 행정적·재정적·기술적 지원방안을 마련하여야 한다.
(2022.1.11 본조신설)

제2절 행정청의 관할 및 협조

제6조【관할】 ① 행정청이 그 관할에 속하지 아니하는 사안을 접수하였거나 이송받은 경우에는 지체 없이 이를 관할 행정청에 이송하여야 하고 그 사실을 신청인에게 통지하여야 한다. 행정청이 접수하거나 이송받은 후 관할이 변경된 경우에도 또한 같다.
② 행정청의 관할이 분명하지 아니한 경우에는 해당 행정청을 공통으로 감독하는 상급 행정청이 그 관할을 결정하며, 공통으로 감독하는 상급 행정청이 없는 경우에는 각 상급 행정청이 협의하여 그 관할을 결정한다.

제7조【행정청 간의 협조 등】 ① 행정청은 행정의 원활한 수행을 위하여 서로 협조하여야 한다.
② 행정청은 업무의 효율성을 높이고 행정서비스에 대한 국민의 만족도를 높이기 위하여 필요한 경우 행정협업(다른 행정청과 공동의 목표를 설정하고 행정청 상호 간의 기능을 연계하거나 시설·장비 및 정보 등을 공동으로 활용하는 것을 말한다. 이하 같다)의 방식으로 적극적으로 협조하여야 한다.
③ 행정청은 행정협업을 활성화하기 위한 시책을 마련하고 그 추진에 필요한 행정적·재정적 지원방안을 마련하여야 한다.
④ 행정협업의 촉진 등에 필요한 사항은 대통령령으로 정한다.
(2022.1.11 본조개정)

제8조【행정응원】 ① 행정청은 다음 각 호의 어느 하나에 해당하는 경우에는 다른 행정청에 행정응원(行政應援)을 요청할 수 있다.
1. 법령등의 이유로 독자적인 직무 수행이 어려운 경우
2. 인원·장비의 부족 등 사실상의 이유로 독자적인 직무 수행이 어려운 경우
3. 다른 행정청에 소속되어 있는 전문기관의 협조가 필요한 경우
4. 다른 행정청이 관리하고 있는 문서(전자문서를 포함한다. 이하 같다)·통계 등 행정자료가 직무 수행을 위하여 필요한 경우
5. 다른 행정청의 응원을 받아 처리하는 것이 보다 능률적이고 경제적인 경우
② 제1항에 따라 행정응원을 요청받은 행정청은 다음 각 호의 어느 하나에 해당하는 경우에는 응원을 거부할 수 있다.
1. 다른 행정청이 보다 능률적이거나 경제적으로 응원할 수 있는 명백한 이유가 있는 경우
2. 행정응원으로 인하여 고유의 직무 수행이 현저히 지장받을 것으로 인정되는 명백한 이유가 있는 경우
③ 행정응원은 해당 직무를 직접 응원할 수 있는 행정청에 요청하여야 한다.
④ 행정응원을 요청받은 행정청은 응원을 거부하는 경우 그 사유를 응원을 요청한 행정청에 통지하여야 한다.
⑤ 행정응원을 위하여 파견된 직원은 응원을 요청한 행정청의 지휘·감독을 받는다. 다만, 해당 직원의 복무에 관하여 다른 법령등에 특별한 규정이 있는 경우에는 그에 따른다.
⑥ 행정응원에 드는 비용은 응원을 요청한 행정청이 부담하며, 그 부담금액 및 부담방법은 응원을 요청한 행정청과 응원을 하는 행정청이 협의하여 결정한다.

제3절 당사자등

제9조【당사자등의 자격】 다음 각 호의 어느 하나에 해당하는 자는 행정절차에서 당사자등이 될 수 있다.
1. 자연인
2. 법인, 법인이 아닌 사단 또는 재단(이하 "법인등"이라 한다)
3. 그 밖에 다른 법령등에 따라 권리·의무의 주체가 될 수 있는 자

제10조【지위의 승계】 ① 당사자등이 사망하였을 때의 상속인과 다른 법령등에 따라 당사자등의 권리 또는 이익을 승계한 자는 당사자등의 지위를 승계한다.
② 당사자등인 법인등이 합병하였을 때에는 합병 후 존속하는 법인등이나 합병 후 새로 설립된 법인등이 당사자등의 지위를 승계한다.
③ 제1항 및 제2항에 따라 당사자등의 지위를 승계한 자는 행정청에 그 사실을 통지하여야 한다.
④ 처분에 관한 권리 또는 이익을 사실상 양수한 자는 행정청의 승인을 받아 당사자등의 지위를 승계할 수 있다.
⑤ 제3항에 따른 통지가 있을 때까지 사망자 또는 합병 전의 법인등에 대하여 행정청이 한 통지는 제1항 또는 제2항에 따라 당사자등의 지위를 승계한 자에게도 효력이 있다.

제11조【대표자】 ① 다수의 당사자등이 공동으로 행정절차에 관한 행위를 할 때에는 대표자를 선정할 수 있다.
② 행정청은 제1항에 따라 당사자등이 대표자를 선정하지 아니하거나 대표자가 지나치게 많아 행정절차가 지연될 우려가 있는 경우에는 그 이유를 들어 상당한 기간 내에 3인 이내의 대표자를 선정할 것을 요청할 수 있다. 이 경우 당사자등이 그 요청에 따르지 아니하였을 때에는 행정청이 직접 대표자를 선정할 수 있다.
③ 당사자등은 대표자를 변경하거나 해임할 수 있다.
④ 대표자는 각자 그를 대표자로 선정한 당사자등을 위하여 행정절차에 관한 모든 행위를 할 수 있다. 다만, 행정절차를 끝맺는 행위에 대하여는 당사자등의 동의를 받아야 한다.
⑤ 대표자가 있는 경우에는 당사자등은 그 대표자를 통하여서만 행정절차에 관한 행위를 할 수 있다.
⑥ 다수의 대표자가 있는 경우 그중 1인에 대한 행정청의 행위는 모든 당사자등에게 효력이 있다. 다만, 행정청의 통지는 대표자 모두에게 하여야 그 효력이 있다.

제12조【대리인】 ① 당사자등은 다음 각 호의 어느 하나에 해당하는 자를 대리인으로 선임할 수 있다.
1. 당사자등의 배우자, 직계 존속·비속 또는 형제자매
2. 당사자등이 법인등인 경우 그 임원 또는 직원
3. 변호사
4. 행정청 또는 청문 주재자(청문의 경우만 해당한다)의 허가를 받은 자
5. 법령등에 따라 해당 사안에 대하여 대리인이 될 수 있는 자
② 대리인에 관하여는 제11조제3항·제4항 및 제6항을 준용한다.

제13조【대표자·대리인의 통지】 ① 당사자등이 대표자 또는 대리인을 선정하거나 선임하였을 때에는 지체 없이 그 사실을 행정청에 통지하여야 한다. 대표자 또는 대리인을 변경하거나 해임하였을 때에도 또한 같다.
② 제1항에도 불구하고 제12조제1항제4호에 따라 청문 주재자가 대리인의 선임을 허가한 경우에는 청문 주재자가 그 사실을 행정청에 통지하여야 한다.(2014.1.28 본항신설)

제4절 송달 및 기간·기한의 특례

제14조【송달】 ① 송달은 우편, 교부 또는 정보통신망 이용 등의 방법으로 하되, 송달받을 자(대표자 또는 대리인을 포함한다. 이하 같다)의 주소·거소(居所)·영업소·사무소 또는 전자우편주소(이하 "주소등"이라 한다)로 한다. 다만, 송달받을 자가 동의하는 경우에는 그를 만나는 장소에서 송달할 수 있다.
② 교부에 의한 송달은 수령확인서를 받고 문서를 교부함으로써 하며, 송달하는 장소에서 송달받을 자를 만나지 못한 경우에는 그 사무원·피용자(被傭者) 또는 동거인으로서 사리를 분별할 지능이 있는 사람(이하 이 조에서 "사무원등"이라 한다)에게 문서를 교부할 수 있다. 다만, 문서를 송달받을 자 또는 그 사무원등이 정당한 사유 없이 송달받기를 거부하는 때에는 그 사실을 수령확인서에 적고, 문서를 송달할 장소에 놓아둘 수 있다.(2014.1.28 본항개정)
③ 정보통신망을 이용한 송달은 송달받을 자가 동의하는 경우에만 한다. 이 경우 송달받을 자는 송달받을 전자우편주소등을 지정하여야 한다.
④ 다음 각 호의 어느 하나에 해당하는 경우에는 송달받을 자가 알기 쉽도록 관보, 공보, 게시판, 일간신문 중 하나 이상에 공고하고 인터넷에도 공고하여야 한다.
1. 송달받을 자의 주소등을 통상적인 방법으로 확인할 수 없는 경우
2. 송달이 불가능한 경우
⑤ 제4항에 따른 공고를 할 때에는 민감정보 및 고유식별정보 등 송달받을 자의 개인정보를 「개인정보 보호법」에 따라 보호하여야 한다.(2022.1.11 본항신설)
⑥ 행정청은 송달하는 문서의 명칭, 송달받는 자의 성명 또는 명칭, 발송방법 및 발송 연월일을 확인할 수 있는 기록을 보존하여야 한다.

제15조【송달의 효력 발생】 ① 송달은 다른 법령등에 특별한 규정이 있는 경우를 제외하고는 해당 문서가 송달받을 자에게 도달됨으로써 그 효력이 발생한다.
② 제14조제3항에 따라 정보통신망을 이용하여 전자문서로 송달하는 경우에는 송달받을 자가 지정한 컴퓨터 등에 입력된 때에 도달된 것으로 본다.
③ 제14조제4항의 경우에는 다른 법령등에 특별한 규정이 있는 경우를 제외하고는 공고일부터 14일이 지난 때에 그 효력이 발생한다. 다만, 긴급히 시행하여야 할 특별한 사유가 있어 효력 발생 시기를 달리 정하여 공고한 경우에는 그에 따른다.

제16조【기간 및 기한의 특례】 ① 천재지변이나 그 밖에 당사자등에게 책임이 없는 사유로 기간 및 기한을 지킬 수

없는 경우에는 그 사유가 끝나는 날까지 기간의 진행이 정지된다.
② 외국에 거주하거나 체류하는 자에 대한 기간 및 기한은 행정청이 그 우편이나 통신에 걸리는 일수(日數)를 고려하여 정하여야 한다.

제2장 처 분
(2012.10.22 본장개정)

제1절 통 칙

제17조【처분의 신청】 ① 행정청에 처분을 구하는 신청은 문서로 하여야 한다. 다만, 다른 법령등에 특별한 규정이 있는 경우와 행정청이 미리 다른 방법을 정하여 공시한 경우에는 그러하지 아니하다.
② 제1항에 따라 처분을 신청할 때 전자문서로 하는 경우에는 행정청의 컴퓨터 등에 입력된 때에 신청한 것으로 본다.
③ 행정청은 신청에 필요한 구비서류, 접수기관, 처리기간, 그 밖에 필요한 사항을 게시(인터넷 등을 통한 게시를 포함한다)하거나 이에 대한 편람을 갖추어 두고 누구나 열람할 수 있도록 하여야 한다.
④ 행정청은 신청을 받았을 때에는 다른 법령등에 특별한 규정이 있는 경우를 제외하고는 그 접수를 보류 또는 거부하거나 부당하게 되돌려 보내서는 아니 되며, 신청을 접수한 경우에는 신청인에게 접수증을 주어야 한다. 다만, 대통령령으로 정하는 경우에는 접수증을 주지 아니할 수 있다.
⑤ 행정청은 신청에 구비서류의 미비 등 흠이 있는 경우에는 보완에 필요한 상당한 기간을 정하여 지체 없이 신청인에게 보완을 요구하여야 한다.
⑥ 행정청은 신청인이 제5항에 따른 기간 내에 보완을 하지 아니하였을 때에는 그 이유를 구체적으로 밝혀 접수된 신청을 되돌려 보낼 수 있다.
⑦ 행정청은 신청인의 편의를 위하여 다른 행정청에 신청을 접수하게 할 수 있다. 이 경우 행정청은 다른 행정청에 접수할 수 있는 신청의 종류를 미리 정하여 공시하여야 한다.
⑧ 신청인은 처분이 있기 전에는 그 신청의 내용을 보완·변경하거나 취하(取下)할 수 있다. 다만, 다른 법령등에 특별한 규정이 있거나 그 신청의 성질상 보완·변경하거나 취하할 수 없는 경우에는 그러하지 아니하다.
판례 동조 제4항의 신청인의 행정청에 대한 '신청'의 의사표시는 명시적이고 확정적인 것이어야 한다고 할 것이므로, 신청인이 신청에 앞서 행정청의 허가업무 담당자에게 신청서의 내용에 대한 검토를 요청한 것만으로는 다른 특별한 사정이 없는 한 명시적이고 확정적인 신청의 의사표시가 있었다고 하기 어렵다.
(대판 2004.9.24, 2003두13236)

제18조【다수의 행정청이 관여하는 처분】 행정청은 다수의 행정청이 관여하는 처분을 구하는 신청을 접수한 경우에는 관계 행정청과의 신속한 협조를 통하여 그 처분이 지연되지 아니하도록 하여야 한다.

제19조【처리기간의 설정·공표】 ① 행정청은 신청인의 편의를 위하여 처분의 처리기간을 종류별로 미리 정하여 공표하여야 한다.
② 행정청은 부득이한 사유로 제1항에 따른 처리기간 내에 처분을 처리하기 곤란한 경우에는 해당 처분의 처리기간의 범위에서 한 번만 그 기간을 연장할 수 있다.
③ 행정청은 제2항에 따라 처리기간을 연장할 때에는 처리기간의 연장 사유와 처리 예정 기한을 지체 없이 신청인에게 통지하여야 한다.
④ 행정청이 정당한 처리기간 내에 처리하지 아니하였을 때에는 신청인은 해당 행정청 또는 그 감독 행정청에 신속한 처리를 요청할 수 있다.
⑤ 제1항에 따른 처리기간에 산입하지 아니하는 기간에 관하여는 대통령령으로 정한다.

제20조【처분기준의 설정·공표】 ① 행정청은 필요한 처분기준을 해당 처분의 성질에 비추어 되도록 구체적으로 정하여 공표하여야 한다. 처분기준을 변경하는 경우에도 또한 같다.
②「행정기본법」 제24조에 따른 인허가의제의 경우 관련 인허가 행정청은 관련 인허가의 처분기준을 주된 인허가 행정청에 제출하여야 하고, 주된 인허가 행정청은 제출받은 관련 인허가의 처분기준을 통합하여 공표하여야 한다. 처분기준을 변경하는 경우에도 또한 같다.(2022.1.11 본항신설)
③ 제1항에 따른 처분기준을 공표하는 것이 해당 처분의 성질상 현저히 곤란하거나 공공의 안전 또는 복리를 현저히 해치는 것으로 인정될 만한 상당한 이유가 있는 경우에는 처분기준을 공표하지 아니할 수 있다.
④ 당사자등은 공표된 처분기준이 명확하지 아니한 경우 해당 행정청에 그 해석 또는 설명을 요청할 수 있다. 이 경우 해당 행정청은 특별한 사정이 없으면 그 요청에 따라야 한다.

제21조【처분의 사전 통지】 ① 행정청은 당사자에게 의무를 부과하거나 권익을 제한하는 처분을 하는 경우에는 미리 다음 각 호의 사항을 당사자등에게 통지하여야 한다.
1. 처분의 제목
2. 당사자의 성명 또는 명칭과 주소
3. 처분하려는 원인이 되는 사실과 처분의 내용 및 법적 근거
4. 제3호에 대하여 의견을 제출할 수 있다는 뜻과 의견을 제출하지 아니하는 경우의 처리방법
5. 의견제출기관의 명칭과 주소
6. 의견제출기한
7. 그 밖에 필요한 사항
② 행정청은 청문을 하려면 청문이 시작되는 날부터 10일 전까지 제1항 각 호의 사항을 당사자등에게 통지하여야 한다. 이 경우 제1항제4호부터 제6호까지의 사항은 청문 주재자의 소속·직위 및 성명, 청문의 일시 및 장소, 청문에 응하지 아니하는 경우의 처리방법 등 청문에 필요한 사항으로 갈음한다.
③ 제1항제6호에 따른 기한은 의견제출에 필요한 기간을 10일 이상으로 고려하여 정하여야 한다.(2019.12.10 본항개정)
④ 다음 각 호의 어느 하나에 해당하는 경우에는 제1항에 따른 통지를 하지 아니할 수 있다.
1. 공공의 안전 또는 복리를 위하여 긴급히 처분을 할 필요가 있는 경우
2. 법령등에서 요구된 자격이 없거나 없어지게 되면 반드시 일정한 처분을 하여야 하는 경우에 그 자격이 없거나 없어지게 된 사실이 법원의 재판 등에 의하여 객관적으로 증명된 경우
3. 해당 처분의 성질상 의견청취가 현저히 곤란하거나 명백히 불필요하다고 인정될 만한 상당한 이유가 있는 경우
⑤ 처분의 전제가 되는 사실이 법원의 재판 등에 의하여 객관적으로 증명된 경우 등 제4항에 따른 사전 통지를 하지 아니할 수 있는 구체적인 사항은 대통령령으로 정한다.
(2014.1.28 본항신설)
⑥ 제4항에 따라 사전 통지를 하지 아니하는 경우 행정청은 처분을 할 때 당사자등에게 통지를 하지 아니한 사유를 알려야 한다. 다만, 신속한 처분이 필요한 경우에는 처분 후 그 사유를 알릴 수 있다.(2014.12.30 본항신설)
⑦ 제6항에 따라 당사자등에게 알리는 경우에는 제24조를 준용한다.(2014.12.30 본항신설)
판례 행정청이 침해적 행정처분을 하면서 당사자에게 행정절차법상의 사전통지를 하거나 의견제출의 기회를 주지 아니하였다면 사전통지를 하지 않거나 의견제출의 기회를 주지 아니하여도 되는 예외적인 경우에 해당하지 아니하는 한 그 처분은 위법하여 취소를 면할 수 없다.(대판 2007.9.21, 2006두20631)
판례 특별한 사정이 없는 한, 신청에 대한 거부처분이 동조 제1항 '처분의 사전통지대상'이 되는지 여부 : 신청에 따른 처분이 이루어지지 아니한 경우에는 아직 당사자에게 권익이 부과되지 아니하였으므로 특별한 사정이 없는 한 신청에 대한 거부처분이라고 하더라도 직접 당사자의 권익을 제한하는 것은 아니어서 신청에 대한 거부처분을 여기에서 말하는 '당사자의 권익을 제한하는 처분'에 해당한다고 할 수 없으므로 처분의 사전통지대상이 된다고 할 수 없다.
(대판 2003.11.28, 2003두674)
판례 '침해적 행정처분'시 청문을 실시하지 않을 수 있는 사유의 판단기준 : 행정절차법 제21조제4항제3호 중 "의견청취가 현저히 곤란하거나 명백히 불필요하다고 인정될 만한 상당한 이유가 있는지

여부"는 당해 행정처분의 성질에 비추어 판단하여야 하는 것이지, 청문통지서의 반송 여부, 청문통지의 방법 등에 의하여 판단할 것은 아니다. 그리고 행정처분의 상대방이 통지된 청문일시에 불출석하였다는 이유만으로 행정청이 관계 법령상 그 실시가 요구되는 청문을 실시하지 아니한 채 침해적 행정처분을 하는 것은 타당하지 않으므로 행정처분의 상대방에 대한 청문통지서가 반송되었다거나, 행정처분의 상대방이 청문일시에 불출석하였다는 이유로 청문을 실시하지 아니하고 한 침해적 행정처분은 위법하다.
(대판 2001.4.13, 2000두3337)

제22조【의견청취】 ① 행정청이 처분을 할 때 다음 각 호의 어느 하나에 해당하는 경우에는 청문을 한다.
1. 다른 법령등에서 청문을 하도록 규정하고 있는 경우
2. 행정청이 필요하다고 인정하는 경우
3. 다음 각 목의 처분을 하는 경우(2022.1.11 본문개정)
  가. 인허가 등의 취소
  나. 신분·자격의 박탈
  다. 법인이나 조합 등의 설립허가의 취소
  (2014.1.28 본호신설)

② 행정청이 처분을 할 때 다음 각 호의 어느 하나에 해당하는 경우에는 공청회를 개최한다.
1. 다른 법령등에서 공청회를 개최하도록 규정하고 있는 경우
2. 해당 처분의 영향이 광범위하여 널리 의견을 수렴할 필요가 있다고 행정청이 인정하는 경우
3. 국민생활에 큰 영향을 미치는 처분으로서 대통령령으로 정하는 처분에 대하여 대통령령으로 정하는 수 이상의 당사자등이 공청회 개최를 요구하는 경우(2019.12.10 본호신설)

③ 행정청이 당사자에게 의무를 부과하거나 권익을 제한하는 처분을 할 때 제1항 또는 제2항의 경우 외에는 당사자등에게 의견제출의 기회를 주어야 한다.
④ 제1항부터 제3항까지의 규정에도 불구하고 제21조제4항 각 호의 어느 하나에 해당하는 경우와 당사자가 의견진술의 기회를 포기한다는 뜻을 명백히 표시한 경우에는 의견청취를 하지 아니할 수 있다.
⑤ 행정청은 청문·공청회 또는 의견제출을 거쳤을 때에는 신속히 처분하여 해당 처분이 지연되지 아니하도록 하여야 한다.
⑥ 행정청은 처분 후 1년 이내에 당사자등이 요청하는 경우에는 청문·공청회 또는 의견제출을 위하여 제출받은 서류나 그 밖의 물건을 반환하여야 한다.

판례 건축법상의 공사중지명령에 대한 사전통지를 하고 의견제출의 기회를 준다면 많은 액수의 손실보상금을 기대하여 공사를 강행할 우려가 있다는 사정은 사전통지 및 의견제출절차의 예외사유에 해당하지 아니한다.(대판 2004.5.28, 2004두1254)

제23조【처분의 이유 제시】 ① 행정청은 처분을 할 때에는 다음 각 호의 어느 하나에 해당하는 경우를 제외하고는 당사자에게 그 근거와 이유를 제시하여야 한다.
1. 신청 내용을 모두 그대로 인정하는 처분인 경우
2. 단순·반복적인 처분 또는 경미한 처분으로서 당사자가 그 이유를 명백히 알 수 있는 경우
3. 긴급히 처분을 할 필요가 있는 경우

② 행정청은 제1항제2호 및 제3호의 경우에 처분 후 당사자가 요청하는 경우에는 그 근거와 이유를 제시하여야 한다.

제24조【처분의 방식】 ① 행정청이 처분을 할 때에는 다른 법령등에 특별한 규정이 있는 경우를 제외하고는 문서로 하여야 하며, 다음 각 호의 어느 하나에 해당하는 경우에는 전자문서로 할 수 있다.
1. 당사자등의 동의가 있는 경우
2. 당사자가 전자문서로 처분을 신청한 경우
(2022.1.11 본항개정)

② 제1항에도 불구하고 공공의 안전 또는 복리를 위하여 긴급히 처분을 할 필요가 있거나 사안이 경미한 경우에는 말, 전화, 휴대전화를 이용한 문자 전송, 팩스 또는 전자우편 등 문서가 아닌 방법으로 처분을 할 수 있다. 이 경우 당사자가 요청하면 지체 없이 처분에 관한 문서를 주어야 한다.
(2022.1.11 본항신설)

③ 처분을 하는 문서에는 그 처분 행정청과 담당자의 소속·성명 및 연락처(전화번호, 팩스번호, 전자우편주소 등을 말한다)를 적어야 한다.

판례 행정청이 문서에 의하여 처분을 한 경우 처분서의 문언이 불분명하다는 등의 특별한 사정이 없는 한, 문언에 따라 어떤 처분을 하였는지를 확정하여야 하고, 처분서의 문언만으로도 행정청이 어떤 처분을 하였는지가 분명함에도 처분 경위나 처분 이후의 상대방의 태도 등 다른 사정을 고려하여 처분서의 문언과는 달리 다른 처분까지 포함되어 있는 것으로 확대해석하여서는 아니 된다.
(대판 2016.10.13, 2016두42449)

판례 처분내용의 명확성을 확보하고 처분의 존부에 관한 다툼을 방지하려는 동조 제1항 규정 취지를 감안하여 보면, 행정청이 문서에 의하여 처분을 한 경우 그 처분서의 문언이 불분명하다는 등의 특별한 사정이 없는 한, 그 문언에 따라 어떤 처분을 하였는지 여부를 확정하여야 할 것이고, 처분서의 문언만으로도 행정청이 어떤 처분을 하였는지가 분명함에도 불구하고 처분경위나 처분 이후의 상대방의 태도 등 다른 사정을 고려하여 처분서의 문언과는 달리 다른 처분까지 포함되어 있는 것으로 확대해석하여서는 아니 된다.
(대판 2005.7.28, 2003두469)

제25조【처분의 정정】 행정청은 처분에 오기(誤記), 오산(誤算) 또는 그 밖에 이에 준하는 명백한 잘못이 있을 때에는 직권으로 또는 신청에 따라 지체 없이 정정하고 그 사실을 당사자에게 통지하여야 한다.

제26조【고지】 행정청이 처분을 할 때에는 당사자에게 그 처분에 관하여 행정심판 및 행정소송을 제기할 수 있는지 여부, 그 밖에 불복을 할 수 있는지 여부, 청구절차 및 청구기간, 그 밖에 필요한 사항을 알려야 한다.

제2절 의견제출 및 청문

제27조【의견제출】 ① 당사자등은 처분 전에 그 처분의 관할 행정청에 서면이나 말로 또는 정보통신망을 이용하여 의견제출을 할 수 있다.
② 당사자등은 제1항에 따라 의견제출을 하는 경우 그 주장을 입증하기 위한 증거자료 등을 첨부할 수 있다.
③ 행정청은 당사자등이 말로 의견제출을 하였을 때에는 서면으로 그 진술의 요지와 진술자를 기록하여야 한다.
④ 당사자등이 정당한 이유 없이 의견제출기한까지 의견제출을 하지 아니한 경우에는 의견이 없는 것으로 본다.

제27조의2【제출 의견의 반영 등】 ① 행정청은 처분을 할 때에 당사자등이 제출한 의견이 상당한 이유가 있다고 인정하는 경우에는 이를 반영하여야 한다.
② 행정청은 당사자등이 제출한 의견을 반영하지 아니하고 처분을 한 경우 당사자등이 처분이 있음을 안 날부터 90일 이내에 그 이유의 설명을 요청하면 서면으로 그 이유를 알려야 한다. 다만, 당사자등이 동의하면 말, 정보통신망 또는 그 밖의 방법으로 알릴 수 있다.(2019.12.10 본항신설)
(2019.12.10 본조제목개정)

제28조【청문 주재자】 ① 행정청은 소속 직원 또는 대통령령으로 정하는 자격을 가진 사람 중에서 청문 주재자를 공정하게 선정하여야 한다.(2019.12.10 본항개정)
② 행정청은 다음 각 호의 어느 하나에 해당하는 처분을 하려는 경우에는 청문 주재자를 2명 이상으로 선정할 수 있다. 이 경우 선정된 청문 주재자 중 1명이 청문 주재자를 대표한다.
1. 다수 국민의 이해가 상충되는 처분
2. 다수 국민에게 불편이나 부담을 주는 처분
3. 그 밖에 전문적이고 공정한 청문을 위하여 행정청이 청문 주재자를 2명 이상으로 선정할 필요가 있다고 인정하는 처분
(2022.1.11 본항신설)

③ 행정청은 청문이 시작되는 날부터 7일 전까지 청문 주재자에게 청문과 관련한 필요한 자료를 미리 통지하여야 한다.
(2014.1.28 본항신설)
④ 청문 주재자는 독립하여 공정하게 직무를 수행하며, 그 직무 수행을 이유로 본인의 의사에 반하여 신분상 어떠한 불이익도 받지 아니한다.

⑤ 제1항 또는 제2항에 따라 선정된 청문 주재자는 「형법」이나 그 밖의 다른 법률에 따른 벌칙을 적용할 때에는 공무원으로 본다.(2022.1.11 본항개정)
⑥ 제1항부터 제5항까지에서 규정한 사항 외에 청문 주재자의 선정 등에 필요한 사항은 대통령령으로 정한다.(2022.1.11 본항신설)

제29조【청문 주재자의 제척 · 기피 · 회피】 ① 청문 주재자가 다음 각 호의 어느 하나에 해당하는 경우에는 청문을 주재할 수 없다.
1. 자신이 당사자등이거나 당사자등과 「민법」 제777조 각 호의 어느 하나에 해당하는 친족관계에 있거나 있었던 경우
2. 자신이 해당 처분과 관련하여 증언이나 감정(鑑定)을 한 경우
3. 자신이 해당 처분의 당사자등의 대리인으로 관여하거나 관여하였던 경우
4. 자신이 해당 처분업무를 직접 처리하거나 처리하였던 경우
5. 자신이 해당 처분업무를 처리하는 부서에 근무하는 경우. 이 경우 부서의 구체적인 범위는 대통령령으로 정한다. (2019.12.10 본호신설)
② 청문 주재자에게 공정한 청문 진행을 할 수 없는 사정이 있는 경우 당사자등은 행정청에 기피신청을 할 수 있다. 이 경우 행정청은 청문을 정지하고 그 신청이 이유가 있다고 인정할 때에는 해당 청문 주재자를 지체 없이 교체하여야 한다.
③ 청문 주재자는 제1항 또는 제2항의 사유에 해당하는 경우에는 행정청의 승인을 받아 스스로 청문의 주재를 회피할 수 있다.

제30조【청문의 공개】 청문은 당사자가 공개를 신청하거나 청문 주재자가 필요하다고 인정하는 경우 공개할 수 있다. 다만, 공익 또는 제3자의 정당한 이익을 현저히 해칠 우려가 있는 경우에는 공개하여서는 아니 된다.

제31조【청문의 진행】 ① 청문 주재자가 청문을 시작할 때에는 먼저 예정된 처분의 내용, 그 원인이 되는 사실 및 법적 근거 등을 설명하여야 한다.
② 당사자등은 의견을 진술하고 증거를 제출할 수 있으며, 참고인이나 감정인 등에게 질문할 수 있다.
③ 당사자등이 의견서를 제출한 경우에는 그 내용을 출석하여 진술한 것으로 본다.
④ 청문 주재자는 청문의 신속한 진행과 질서유지를 위하여 필요한 조치를 할 수 있다.
⑤ 청문을 계속할 경우에는 행정청은 당사자등에게 다음 청문의 일시 및 장소를 서면으로 통지하여야 하며, 당사자등이 동의하는 경우에는 전자문서로 통지할 수 있다. 다만, 청문에 출석한 당사자등에게는 그 청문일에 청문 주재자가 말로 통지할 수 있다.

제32조【청문의 병합 · 분리】 행정청은 직권으로 또는 당사자의 신청에 따라 여러 개의 사안을 병합하거나 분리하여 청문을 할 수 있다.

제33조【증거조사】 ① 청문 주재자는 직권으로 또는 당사자의 신청에 따라 필요한 조사를 할 수 있으며, 당사자등이 주장하지 아니한 사실에 대하여도 조사할 수 있다.
② 증거조사는 다음 각 호의 어느 하나에 해당하는 방법으로 한다.
1. 문서 · 장부 · 물건 등 증거자료의 수집
2. 참고인 · 감정인 등에 대한 질문
3. 검증 또는 감정 · 평가
4. 그 밖에 필요한 조사
③ 청문 주재자는 필요하다고 인정할 때에는 관계 행정청에 필요한 문서의 제출 또는 의견의 진술을 요구할 수 있다. 이 경우 관계 행정청은 직무 수행에 특별한 지장이 없으면 그 요구에 따라야 한다.

제34조【청문조서】 ① 청문 주재자는 다음 각 호의 사항이 적힌 청문조서(聽聞調書)를 작성하여야 한다.
1. 제목
2. 청문 주재자의 소속, 성명 등 인적사항
3. 당사자등의 주소, 성명 또는 명칭 및 출석 여부
4. 청문의 일시 및 장소
5. 당사자등의 진술의 요지 및 제출된 증거
6. 청문의 공개 여부 및 공개하거나 제30조 단서에 따라 공개하지 아니한 이유
7. 증거조사를 한 경우에는 그 요지 및 첨부된 증거
8. 그 밖에 필요한 사항
② 당사자등은 청문조서의 내용을 열람 · 확인할 수 있으며, 이의가 있을 때에는 그 정정을 요구할 수 있다.

제34조의2【청문 주재자의 의견서】 청문 주재자는 다음 각 호의 사항이 적힌 청문 주재자의 의견서를 작성하여야 한다.
1. 청문의 제목
2. 처분의 내용, 주요 사실 또는 증거
3. 종합의견
4. 그 밖에 필요한 사항

제35조【청문의 종결】 ① 청문 주재자는 해당 사안에 대하여 당사자등의 의견진술, 증거조사가 충분히 이루어졌다고 인정하는 경우에는 청문을 마칠 수 있다.
② 청문 주재자는 당사자등의 전부 또는 일부가 정당한 사유 없이 청문기일에 출석하지 아니하거나 제31조제3항에 따른 의견서를 제출하지 아니한 경우에는 이들에게 다시 의견진술 및 증거제출의 기회를 주지 아니하고 청문을 마칠 수 있다.
③ 청문 주재자는 당사자등의 전부 또는 일부가 정당한 사유로 청문기일에 출석하지 못하거나 제31조제3항에 따른 의견서를 제출하지 못한 경우에는 10일 이상의 기간을 정하여 이들에게 의견진술 및 증거제출을 요구하여야 하며, 해당 기간이 지났을 때에 청문을 마칠 수 있다.(2019.12.10 본항개정)
④ 청문 주재자는 청문을 마쳤을 때에는 청문조서, 청문 주재자의 의견서, 그 밖의 관계 서류 등을 행정청에 지체 없이 제출하여야 한다.

제35조의2【청문결과의 반영】 행정청은 처분을 할 때에 제35조제4항에 따라 받은 청문조서, 청문 주재자의 의견서, 그 밖의 관계 서류 등을 충분히 검토하고 상당한 이유가 있다고 인정하는 경우에는 청문결과를 반영하여야 한다.

제36조【청문의 재개】 행정청은 청문을 마친 후 처분을 할 때까지 새로운 사정이 발견되어 청문을 재개(再開)할 필요가 있다고 인정할 때에는 제35조제4항에 따라 받은 청문조서 등을 되돌려 보내고 청문의 재개를 명할 수 있다. 이 경우 제31조제5항을 준용한다.

제37조【문서의 열람 및 비밀유지】 ① 당사자등은 의견제출의 경우에는 처분의 사전 통지가 있는 날부터 의견제출기한까지, 청문의 경우에는 청문의 통지가 있는 날부터 청문이 끝날 때까지 행정청에 해당 사안의 조사결과에 관한 문서와 그 밖에 해당 처분과 관련되는 문서의 열람 또는 복사를 요청할 수 있다. 이 경우 행정청은 다른 법령에 따라 공개가 제한되는 경우를 제외하고는 그 요청을 거부할 수 없다. (2022.1.11 전단개정)
② 행정청은 제1항의 열람 또는 복사의 요청에 따르는 경우 그 일시 및 장소를 지정할 수 있다.
③ 행정청은 제1항 후단에 따라 열람 또는 복사의 요청을 거부하는 경우에는 그 이유를 소명(疎明)하여야 한다.
④ 제1항에 따라 열람 또는 복사를 요청할 수 있는 문서의 범위는 대통령령으로 정한다.
⑤ 행정청은 제1항에 따른 복사에 드는 비용을 복사를 요청한 자에게 부담시킬 수 있다.
⑥ 누구든지 의견제출 또는 청문을 통하여 알게 된 사생활이나 경영상 또는 거래상의 비밀을 정당한 이유 없이 누설하거나 다른 목적으로 사용하여서는 아니 된다.(2022.1.11 본항개정)

제3절 공청회

제38조【공청회 개최의 알림】 행정청은 공청회를 개최하려는 경우에는 공청회 개최 14일 전까지 다음 각 호의 사항을 당사자등에게 통지하고 관보, 공보, 인터넷 홈페이지 또는

일간신문 등에 공고하는 등의 방법으로 널리 알려야 한다. 다만, 공청회 개최를 알린 후 예정대로 개최하지 못하여 새로 일시 및 장소 등을 정한 경우에는 공청회 개최 7일 전까지 알려야 한다.(2019.12.10 단서신설)
1. 제목
2. 일시 및 장소
3. 주요 내용
4. 발표자에 관한 사항
5. 발표신청 방법 및 신청기한
6. 정보통신망을 통한 의견제출
7. 그 밖에 공청회 개최에 필요한 사항

제38조의2【온라인공청회】 ① 행정청은 제38조에 따른 공청회와 병행하여서만 정보통신망을 이용한 공청회(이하 "온라인공청회"라 한다)를 실시할 수 있다.
② 제1항에도 불구하고 다음 각 호의 어느 하나에 해당하는 경우에는 온라인공청회를 단독으로 개최할 수 있다.
1. 국민의 생명 · 신체 · 재산의 보호 등 국민의 안전 또는 권익보호 등의 이유로 제38조에 따른 공청회를 개최하기 어려운 경우
2. 제38조에 따른 공청회가 행정청이 책임질 수 없는 사유로 개최되지 못하거나 개최는 되었으나 정상적으로 진행되지 못하고 무산된 횟수가 3회 이상인 경우
3. 행정청이 널리 의견을 수렴하기 위하여 온라인공청회를 단독으로 개최할 필요가 있다고 인정하는 경우. 다만, 제22조제2항제1호 또는 제3호에 따라 공청회를 실시하는 경우는 제외한다.

(2022.1.11 본항신설)
③ 행정청은 온라인공청회를 실시하는 경우 의견제출 및 토론 참여가 가능하도록 적절한 전자적 처리능력을 갖춘 정보통신망을 구축 · 운영하여야 한다.
④ 온라인공청회를 실시하는 경우에는 누구든지 정보통신망을 이용하여 의견을 제출하거나 제출된 의견 등에 대한 토론에 참여할 수 있다.
⑤ 제1항부터 제4항까지에서 규정한 사항 외에 온라인공청회의 실시 방법 및 절차에 관하여 필요한 사항은 대통령령으로 정한다.
(2022.1.11 본조개정)

제38조의3【공청회의 주재자 및 발표자의 선정】 ① 행정청은 해당 공청회의 사안과 관련된 분야에 전문적 지식이 있거나 그 분야에 종사한 경험이 있는 사람으로서 대통령령으로 정하는 자격을 가진 사람 중에서 공청회의 주재자를 선정한다.(2019.12.10 본항개정)
② 공청회의 발표자는 발표를 신청한 사람 중에서 행정청이 선정한다. 다만, 발표를 신청한 사람이 없거나 공청회의 공정성을 확보하기 위하여 필요하다고 인정하는 경우에는 다음 각 호의 사람 중에서 지명하거나 위촉할 수 있다.
1. 해당 공청회의 사안과 관련된 당사자등
2. 해당 공청회의 사안과 관련된 분야에 전문적 지식이 있는 사람
3. 해당 공청회의 사안과 관련된 분야에 종사한 경험이 있는 사람

③ 행정청은 공청회의 주재자 및 발표자를 지명 또는 위촉하거나 선정할 때 공정성이 확보될 수 있도록 하여야 한다.
④ 공청회의 주재자, 발표자, 그 밖에 자료를 제출한 전문가 등에게는 예산의 범위에서 수당 및 여비와 그 밖에 필요한 경비를 지급할 수 있다.

제39조【공청회의 진행】 ① 공청회의 주재자는 공청회를 공정하게 진행하여야 하며, 공청회의 원활한 진행을 위하여 발표 내용을 제한할 수 있고, 질서유지를 위하여 발언 중지 및 퇴장 명령 등 행정안전부장관이 정하는 필요한 조치를 할 수 있다.(2017.7.26 본항개정)
② 발표자는 공청회의 내용과 직접 관련된 사항에 대하여만 발표하여야 한다.
③ 공청회의 주재자는 발표자의 발표가 끝난 후에는 발표자 상호간에 질의 및 답변을 할 수 있도록 하여야 하며, 방청인에게도 의견을 제시할 기회를 주어야 한다.

제39조의2【공청회 및 온라인공청회 결과의 반영】 행정청은 처분을 할 때에 공청회, 온라인공청회 및 정보통신망 등을 통하여 제시된 사실 및 의견이 상당한 이유가 있다고 인정하는 경우에는 이를 반영하여야 한다.(2022.1.11 본조개정)

제39조의3【공청회의 재개최】 행정청은 공청회를 마친 후 처분을 할 때까지 새로운 사정이 발견되어 공청회를 다시 개최할 필요가 있다고 인정할 때에는 공청회를 다시 개최할 수 있다.(2019.12.10 본조신설)

제3장 신고, 확약 및 위반사실 등의 공표 등
(2022.1.11 본장제목개정)

제40조【신고】 ① 법령등에서 행정청에 일정한 사항을 통지함으로써 의무가 끝나는 신고를 규정하고 있는 경우 신고를 관장하는 행정청은 신고에 필요한 구비서류, 접수기관, 그 밖에 법령등에 따른 신고에 필요한 사항을 게시(인터넷 등을 통한 게시를 포함한다)하거나 이에 대한 편람을 갖추어 두고 누구나 열람할 수 있도록 하여야 한다.
② 제1항에 따른 신고가 다음 각 호의 요건을 갖춘 경우에는 신고서가 접수기관에 도달된 때에 신고 의무가 이행된 것으로 본다.
1. 신고서의 기재사항에 흠이 없을 것
2. 필요한 구비서류가 첨부되어 있을 것
3. 그 밖에 법령등에 규정된 형식상의 요건에 적합할 것

③ 행정청은 제2항 각 호의 요건을 갖추지 못한 신고서가 제출된 경우에는 지체 없이 상당한 기간을 정하여 신고인에게 보완을 요구하여야 한다.
④ 행정청은 신고인이 제3항에 따른 기간 내에 보완을 하지 아니하였을 때에는 그 이유를 구체적으로 밝혀 해당 신고서를 되돌려 보내야 한다.

제40조의2【확약】 ① 법령등에서 당사자가 신청할 수 있는 처분을 규정하고 있는 경우 행정청은 당사자의 신청에 따라 장래에 어떤 처분을 하거나 하지 아니할 것을 내용으로 하는 의사표시(이하 "확약"이라 한다)를 할 수 있다.
② 확약은 문서로 하여야 한다.
③ 행정청은 다른 행정청과의 협의 등의 절차를 거쳐야 하는 처분에 대하여 확약을 하려는 경우에는 확약을 하기 전에 그 절차를 거쳐야 한다.
④ 행정청은 다음 각 호의 어느 하나에 해당하는 경우에는 확약에 기속되지 아니한다.
1. 확약을 한 후에 확약의 내용을 이행할 수 없을 정도로 법령등이나 사정이 변경된 경우
2. 확약이 위법한 경우

⑤ 행정청은 확약이 제4항 각 호의 어느 하나에 해당하여 확약을 이행할 수 없는 경우에는 지체 없이 당사자에게 그 사실을 통지하여야 한다.
(2022.1.11 본조신설)

제40조의3【위반사실 등의 공표】 ① 행정청은 법령에 따른 의무를 위반한 자의 성명 · 법인명, 위반사실, 의무 위반을 이유로 한 처분사실 등(이하 "위반사실등"이라 한다)을 법률로 정하는 바에 따라 일반에게 공표할 수 있다.
② 행정청은 위반사실등의 공표를 하기 전에 사실과 다른 공표로 인하여 당사자의 명예 · 신용 등이 훼손되지 아니하도록 객관적이고 타당한 증거와 근거가 있는지를 확인하여야 한다.
③ 행정청은 위반사실등의 공표를 할 때에는 미리 당사자에게 그 사실을 통지하고 의견제출의 기회를 주어야 한다. 다만, 다음 각 호의 어느 하나에 해당하는 경우에는 그러하지 아니하다.
1. 공공의 안전 또는 복리를 위하여 긴급히 공표를 할 필요가 있는 경우
2. 해당 공표의 성질상 의견청취가 현저히 곤란하거나 명백히 불필요하다고 인정될 만한 타당한 이유가 있는 경우
3. 당사자가 의견진술의 기회를 포기한다는 뜻을 명백히 밝힌 경우

④ 제3항에 따라 의견제출의 기회를 받은 당사자는 공표 전에 관할 행정청에 서면이나 말 또는 정보통신망을 이용하여 의견을 제출할 수 있다.
⑤ 제4항에 따른 의견제출의 방법과 제출 의견의 반영 등에 관하여는 제27조 및 제27조의2를 준용한다. 이 경우 "처분"은 "위반사실등의 공표"로 본다.
⑥ 위반사실등의 공표는 관보, 공보 또는 인터넷 홈페이지 등을 통하여 한다.
⑦ 행정청은 위반사실등의 공표를 하기 전에 당사자가 공표와 관련된 의무의 이행, 원상회복, 손해배상 등의 조치를 마친 경우에는 위반사실등의 공표를 하지 아니할 수 있다.
⑧ 행정청은 공표된 내용이 사실과 다른 것으로 밝혀지거나 공표에 포함된 처분이 취소된 경우에는 그 내용을 정정하여, 정정한 내용을 지체 없이 해당 공표와 같은 방법으로 공표된 기간 이상 공표하여야 한다. 다만, 당사자가 원하지 아니하면 공표하지 아니할 수 있다.
(2022.1.11 본조신설)
제40조의4【행정계획】 행정청은 행정청이 수립하는 계획 중 국민의 권리·의무에 직접 영향을 미치는 계획을 수립하거나 변경·폐지할 때에는 관련된 여러 이익을 정당하게 형량하여야 한다.(2022.1.11 본조신설)

제4장 행정상 입법예고
(2012.10.22 본장개정)

제41조【행정상 입법예고】 ① 법령등을 제정·개정 또는 폐지(이하 "입법"이라 한다)하려는 경우에는 해당 입법안을 마련한 행정청은 이를 예고하여야 한다. 다만, 다음 각 호의 어느 하나에 해당하는 경우에는 예고를 하지 아니할 수 있다.
1. 신속한 국민의 권리 보호 또는 예측 곤란한 특별한 사정의 발생 등으로 입법이 긴급을 요하는 경우
2. 상위 법령등의 단순한 집행을 위한 경우
3. 입법내용이 국민의 권리·의무 또는 일상생활과 관련이 없는 경우
4. 단순한 표현·자구를 변경하는 경우 등 입법내용의 성질상 예고의 필요가 없거나 곤란하다고 판단되는 경우
5. 예고함이 공공의 안전 또는 복리를 현저히 해칠 우려가 있는 경우

② (2002.12.30 삭제)
③ 법제처장은 입법예고를 하지 아니한 법령안의 심사 요청을 받은 경우에 입법예고를 하는 것이 적당하다고 판단할 때에는 해당 행정청에 입법예고를 권고하거나 직접 예고할 수 있다.
④ 입법안을 마련한 행정청은 입법예고 후 예고내용에 국민생활과 직접 관련된 내용이 추가되는 등 대통령령으로 정하는 중요한 변경이 발생하는 경우에는 해당 부분에 대한 입법예고를 다시 하여야 한다. 다만, 제1항 각 호의 어느 하나에 해당하는 경우에는 예고를 하지 아니할 수 있다.
(2012.10.22 본항신설)
⑤ 입법예고의 기준·절차 등에 관하여 필요한 사항은 대통령령으로 정한다.
제42조【예고방법】 ① 행정청은 입법안의 취지, 주요 내용 또는 전문(全文)을 다음 각 호의 구분에 따른 방법으로 공고하여야 하며, 추가로 인터넷, 신문 또는 방송 등을 통하여 공고할 수 있다.
1. 법령의 입법안을 입법예고하는 경우 : 관보 및 법제처장이 구축·제공하는 정보시스템을 통한 공고
2. 자치법규의 입법안을 입법예고하는 경우 : 공보를 통한 공고

(2019.12.10 본항개정)
② 행정청은 대통령령을 입법예고하는 경우 국회 소관 상임위원회에 이를 제출하여야 한다.
③ 행정청은 입법예고를 할 때에 입법안과 관련이 있다고 인정되는 중앙행정기관, 지방자치단체, 그 밖의 단체 등이 예고사항을 알 수 있도록 예고사항을 통지하거나 그 밖의 방법으로 알려야 한다.
④ 행정청은 제1항에 따라 예고된 입법안에 대하여 온라인공청회 등을 통하여 널리 의견을 수렴할 수 있다. 이 경우 제38조의2제3항부터 제5항까지의 규정을 준용한다.(2022.1.11 본항개정)
⑤ 행정청은 예고된 입법안의 전문에 대한 열람 또는 복사를 요청받았을 때에는 특별한 사유가 없으면 그 요청에 따라야 한다.
⑥ 행정청은 제5항에 따른 복사에 드는 비용을 복사를 요청한 자에게 부담시킬 수 있다.
제43조【예고기간】 입법예고기간은 예고할 때 정하되, 특별한 사정이 없으면 40일(자치법규는 20일) 이상으로 한다.
제44조【의견제출 및 처리】 ① 누구든지 예고된 입법안에 대하여 의견을 제출할 수 있다.
② 행정청은 의견접수기관, 의견제출기간, 그 밖에 필요한 사항을 해당 입법안을 예고할 때 함께 공고하여야 한다.
③ 행정청은 해당 입법안에 대한 의견이 제출된 경우 특별한 사유가 없으면 이를 존중하여 처리하여야 한다.
④ 행정청은 의견을 제출한 자에게 그 제출된 의견의 처리결과를 통지하여야 한다.
⑤ 제출된 의견의 처리방법 및 처리결과의 통지에 관하여는 대통령령으로 정한다.
제45조【공청회】 ① 행정청은 입법안에 관하여 공청회를 개최할 수 있다.
② 공청회에 관하여는 제38조, 제38조의2, 제38조의3, 제39조 및 제39조의2를 준용한다.

제5장 행정예고
(2012.10.22 본장개정)

제46조【행정예고】 ① 행정청은 정책, 제도 및 계획(이하 "정책등"이라 한다)을 수립·시행하거나 변경하려는 경우에는 이를 예고하여야 한다. 다만, 다음 각 호의 어느 하나에 해당하는 경우에는 예고를 하지 아니할 수 있다.
1. 신속하게 국민의 권리를 보호하여야 하거나 예측이 어려운 특별한 사정이 발생하는 등 긴급한 사유로 예고가 현저히 곤란한 경우
2. 법령등의 단순한 집행을 위한 경우
3. 정책등의 내용이 국민의 권리·의무 또는 일상생활과 관련이 없는 경우
4. 정책등의 예고가 공공의 안전 또는 복리를 현저히 해칠 우려가 상당한 경우

(2019.12.10 본항개정)
② 제1항에도 불구하고 법령등의 입법을 포함하는 행정예고는 입법예고로 갈음할 수 있다.
③ 행정예고기간은 예고 내용의 성격 등을 고려하여 정하되, 20일 이상으로 한다.(2022.1.11 본항개정)
④ 제3항에도 불구하고 행정목적을 달성하기 위하여 긴급한 필요가 있는 경우에는 행정예고기간을 단축할 수 있다. 이 경우 단축된 행정예고기간은 10일 이상으로 한다.(2022.1.11 본항신설)
제46조의2【행정예고 통계 작성 및 공고】 행정청은 매년 자신이 행한 행정예고의 실시 현황과 그 결과에 관한 통계를 작성하고, 이를 관보·공보 또는 인터넷 등의 방법으로 널리 공고하여야 한다.(2014.1.28 본조신설)
제47조【예고방법 등】 ① 행정청은 정책등안(案)의 취지, 주요 내용 등을 관보·공보나 인터넷·신문·방송 등을 통하여 공고하여야 한다.
② 행정예고의 방법, 의견제출 및 처리, 공청회 및 온라인공청회에 관하여는 제38조, 제38조의2, 제38조의3, 제39조, 제39조의2, 제39조의3, 제42조(제1항·제2항 및 제4항은 제외한다), 제44조제1항부터 제3항까지 및 제45조제1항을 준용한다. 이 경우 "입법안"은 "정책등안"으로, "입법예고"는 "행정예고"로, "처분을 할 때"는 "정책등을 수립·시행하거나 변경할 때"로 본다.(2022.1.11 전단개정)
(2019.12.10 본조개정)

제6장 행정지도
(2012.10.22 본장개정)

제48조【행정지도의 원칙】 ① 행정지도는 그 목적 달성에 필요한 최소한도에 그쳐야 하며, 행정지도의 상대방의 의사에 반하여 부당하게 강요하여서는 아니 된다.
② 행정기관은 행정지도의 상대방이 행정지도에 따르지 아니하였다는 것을 이유로 불이익한 조치를 하여서는 아니 된다.
제49조【행정지도의 방식】 ① 행정지도를 하는 자는 그 상대방에게 그 행정지도의 취지 및 내용과 신분을 밝혀야 한다.
② 행정지도가 말로 이루어지는 경우에 상대방이 제1항의 사항을 적은 서면의 교부를 요구하면 그 행정지도를 하는 자는 직무 수행에 특별한 지장이 없으면 이를 교부하여야 한다.
제50조【의견제출】 행정지도의 상대방은 해당 행정지도의 방식·내용 등에 관하여 행정기관에 의견제출을 할 수 있다.
제51조【다수인을 대상으로 하는 행정지도】 행정기관이 같은 행정목적을 실현하기 위하여 많은 상대방에게 행정지도를 하려는 경우에는 특별한 사정이 없으면 행정지도에 공통적인 내용이 되는 사항을 공표하여야 한다.

제7장 국민참여의 확대
(2014.1.28 본장신설)

제52조【국민참여 활성화】 ① 행정청은 행정과정에서 국민의 의견을 적극적으로 청취하고 이를 반영하도록 노력하여야 한다.
② 행정청은 국민에게 다양한 참여방법과 협력의 기회를 제공하도록 노력하여야 하며, 구체적인 참여방법을 공표하여야 한다.
③ 행정청은 국민참여 수준을 향상시키기 위하여 노력하여야 하며 필요한 경우 국민참여 수준에 대한 자체진단을 실시하고, 그 결과를 행정안전부장관에게 제출하여야 한다.
④ 행정청은 제3항에 따라 자체진단을 실시한 경우 그 결과를 공개할 수 있다.
⑤ 행정청은 국민참여를 활성화하기 위하여 교육·홍보, 예산·인력 확보 등 필요한 조치를 할 수 있다.
⑥ 행정안전부장관은 국민참여 확대를 위하여 행정청에 교육·홍보, 포상, 예산·인력 확보 등을 지원할 수 있다.
(2022.1.11 본조개정)
제52조의2【국민제안의 처리】 ① 행정청(국회사무총장·법원행정처장·헌법재판소사무처장 및 중앙선거관리위원회사무총장은 제외한다)은 정부시책이나 행정제도 및 그 운영의 개선에 관한 국민의 창의적인 의견이나 고안(이하 "국민제안"이라 한다)을 접수·처리하여야 한다.
② 제1항에 따른 국민제안의 운영 및 절차 등에 필요한 사항은 대통령령으로 정한다.
(2022.1.11 본조신설)
제52조의3【국민참여 창구】 행정청은 주요 정책 등에 관한 국민과 전문가의 의견을 듣거나 국민이 참여할 수 있는 온라인 또는 오프라인 창구를 설치·운영할 수 있다.
(2022.1.11 본조신설)
제53조【온라인 정책토론】 ① 행정청은 국민에게 영향을 미치는 주요 정책 등에 대하여 국민의 다양하고 창의적인 의견을 널리 수렴하기 위하여 정보통신망을 이용한 정책토론(이하 이 조에서 "온라인 정책토론"이라 한다)을 실시할 수 있다.
② 행정청은 효율적인 온라인 정책토론을 위하여 과제별로 한시적인 토론 패널을 구성하여 해당 토론에 참여시킬 수 있다. 이 경우 패널의 구성에 있어서는 공정성 및 객관성이 확보될 수 있도록 노력하여야 한다.
③ 행정청은 온라인 정책토론이 공정하고 중립적으로 운영되도록 하기 위하여 필요한 조치를 할 수 있다.
④ 토론 패널의 구성, 운영방법, 그 밖에 온라인 정책토론의 운영을 위하여 필요한 사항은 대통령령으로 정한다.
(2022.1.11 본조개정)

제8장 보 칙
(2012.10.22 본장개정)

제54조【비용의 부담】 행정절차에 드는 비용은 행정청이 부담한다. 다만, 당사자등이 자기를 위하여 스스로 지출한 비용은 그러하지 아니하다.
제55조【참고인 등에 대한 비용 지급】 ① 행정청은 행정절차의 진행에 필요한 참고인이나 감정인 등에게 예산의 범위에서 여비와 일당을 지급할 수 있다.
② 제1항에 따른 비용의 지급기준 등에 관하여는 대통령령으로 정한다.
제56조【협조 요청 등】 행정안전부장관(제4장의 경우에는 법제처장을 말한다)은 이 법의 효율적인 운영을 위하여 노력하여야 하며, 필요한 경우에는 그 운영 상황과 실태를 확인할 수 있고, 관계 행정청에 관련 자료의 제출 등 협조를 요청할 수 있다.(2017.7.26 본조개정)

부 칙 (2011.12.2)

제1조【시행일】 이 법은 「대한민국과 미합중국 간의 자유무역협정 및 대한민국과 미합중국 간의 자유무역협정에 관한 서한교환」이 발효되는 날부터 시행한다.
<2012.3.15 발효>
제2조【입법예고기간 확대에 따른 적용례】 제43조의 개정규정은 이 법 시행 후 최초로 입법예고를 하는 법령부터 적용한다.

부 칙 (2014.1.28)

제1조【시행일】 이 법은 공포 후 1개월이 경과한 날부터 시행한다. 다만, 제14조제2항, 제21조제5항 및 제53조제4항의 개정규정은 공포 후 6개월이 경과한 날부터 시행한다.
제2조【경과조치】 이 법 시행 당시 진행 중인 행정절차에 관하여는 종전의 규정에 따른다.

부 칙 (2014.12.30)

제1조【시행일】 이 법은 공포 후 3개월이 경과한 날부터 시행한다.
제2조【사유의 통지에 관한 적용례】 제21조제6항의 개정규정은 이 법 시행 후 최초로 행하는 처분부터 적용한다.

부 칙 (2019.12.10)

제1조【시행일】 이 법은 공포 후 6개월이 경과한 날부터 시행한다.
제2조【처분의 사전 통지에 관한 적용례】 제21조제3항의 개정규정은 이 법 시행 이후 처분의 사전 통지를 하는 경우부터 적용한다.
제3조【제출 의견의 반영 등에 관한 적용례】 제27조의2제2항의 개정규정은 이 법 시행 이후 당사자등이 의견을 제출하는 경우부터 적용한다.
제4조【청문에 관한 적용례】 ① 제29조제1항제5호의 개정규정은 이 법 시행 이후 청문 주재자를 선정하는 경우부터 적용한다.
② 제35조제3항의 개정규정은 이 법 시행 이후 시작하는 청문부터 적용한다.
제5조【공청회 주재자의 선정에 관한 적용례】 제38조의3제1항의 개정규정은 이 법 시행 이후 공청회 주재자를 선정하는 경우부터 적용한다.
제6조【행정예고에 관한 적용례】 제46조제1항의 개정규정은 이 법 시행 이후 정책등을 수립·시행하거나 변경하는 경우부터 적용한다.

부　칙 (2022.1.11)

제1조【시행일】 이 법은 공포 후 6개월이 경과한 날부터 시행한다. 다만, 제20조제2항부터 제4항까지의 개정규정은 2023년 3월 24일부터 시행한다.
제2조【청문에 관한 적용례】 제22조제1항제3호의 개정규정은 이 법 시행 이후 같은 호 각 목의 처분에 관하여 제21조에 따라 사전 통지를 하는 처분부터 적용한다.
제3조【온라인공청회에 관한 적용례】 제38조의2제2항제2호의 개정규정은 이 법 시행 이후 공청회가 행정청이 책임질 수 없는 사유로 개최되지 못하거나 개최는 되었으나 정상적으로 진행되지 못하고 무산된 횟수가 3회 이상인 경우부터 적용한다.
제4조【확약에 관한 적용례】 제40조의2의 개정규정은 이 법 시행 이후 확약을 신청하는 경우부터 적용한다.
제5조【위반사실등의 공표에 관한 적용례】 제40조의3의 개정규정은 이 법 시행 이후 위반사실등의 공표를 하는 경우부터 적용한다.
제6조【행정예고에 관한 적용례】 제46조제3항 및 제4항의 개정규정은 이 법 시행 이후 행정예고를 하는 경우부터 적용한다.
제7조【다른 법률의 개정】 ※(해당 법령에 가제정리 하였음)

행정심판법

(2010년　1월　25일
전부개정법률　제9968호)

개정
2012. 2.17법11328호　2014. 5.28법12718호
2016. 3.29법14146호　2017. 4.18법14832호
2017.10.31법15025호
2020. 6. 9법17354호(전자서명법)
2023. 3.21법19269호

제1장　총　칙

제1조【목적】 이 법은 행정심판 절차를 통하여 행정청의 위법 또는 부당한 처분(處分)이나 부작위(不作爲)로 침해된 국민의 권리 또는 이익을 구제하고, 아울러 행정의 적정한 운영을 꾀함을 목적으로 한다.
제2조【정의】 이 법에서 사용하는 용어의 뜻은 다음과 같다.
1. "처분"이란 행정청이 행하는 구체적 사실에 관한 법집행으로서의 공권력의 행사 또는 그 거부, 그 밖에 이에 준하는 행정작용을 말한다.
2. "부작위"란 행정청이 당사자의 신청에 대하여 상당한 기간 내에 일정한 처분을 하여야 할 법률상 의무가 있는데도 처분을 하지 아니하는 것을 말한다.
3. "재결(裁決)"이란 행정심판의 청구에 대하여 제6조에 따른 행정심판위원회가 행하는 판단을 말한다.
4. "행정청"이란 행정에 관한 의사를 결정하여 표시하는 국가 또는 지방자치단체의 기관, 그 밖에 법령 또는 자치법규에 따라 행정권한을 가지고 있거나 위탁을 받은 공공단체나 그 기관 또는 사인(私人)을 말한다.

제3조【행정심판의 대상】 ① 행정청의 처분 또는 부작위에 대하여는 다른 법률에 특별한 규정이 있는 경우 외에는 이 법에 따라 행정심판을 청구할 수 있다.
② 대통령의 처분 또는 부작위에 대하여는 다른 법률에서 행정심판을 청구할 수 있도록 정한 경우 외에는 행정심판을 청구할 수 없다.
제4조【특별행정심판 등】 ① 사안(事案)의 전문성과 특수성을 살리기 위하여 특히 필요한 경우 외에는 이 법에 따른 행정심판을 갈음하는 특별한 행정불복절차(이하 "특별행정심판"이라 한다)나 이 법에 따른 행정심판 절차에 대한 특례를 다른 법률로 정할 수 없다.
② 다른 법률에서 특별행정심판이나 이 법에 따른 행정심판 절차에 대한 특례를 정한 경우에도 그 법률에서 규정하지 아니한 사항에 관하여는 이 법에서 정하는 바에 따른다.
③ 관계 행정기관의 장이 특별행정심판 또는 이 법에 따른 행정심판 절차에 대한 특례를 신설하거나 변경하는 법령을 제정·개정할 때에는 미리 중앙행정심판위원회와 협의하여야 한다.
제5조【행정심판의 종류】 행정심판의 종류는 다음 각 호와 같다.
1. 취소심판 : 행정청의 위법 또는 부당한 처분을 취소하거나 변경하는 행정심판
2. 무효등확인심판 : 행정청의 처분의 효력 유무 또는 존재 여부를 확인하는 행정심판
3. 의무이행심판 : 당사자의 신청에 대한 행정청의 위법 또는 부당한 거부처분이나 부작위에 대하여 일정한 처분을 하도록 하는 행정심판

제2장　심판기관

제6조【행정심판위원회의 설치】 ① 다음 각 호의 행정청 또는 그 소속 행정청(행정기관의 계층구조와 관계없이 그 감독을 받거나 위탁을 받은 모든 행정청을 말하되, 위탁을 받은 행정청은 그 위탁받은 사무에 관하여는 위탁한 행정청의 소속 행정청으로 본다. 이하 같다)의 처분 또는 부작위에

대한 행정심판의 청구(이하 "심판청구"라 한다)에 대하여는 다음 각 호의 행정청에 두는 행정심판위원회에서 심리·재결한다.
1. 감사원, 국가정보원장, 그 밖에 대통령령으로 정하는 대통령 소속기관의 장
2. 국회사무총장·법원행정처장·헌법재판소사무처장 및 중앙선거관리위원회사무총장
3. 국가인권위원회, 그 밖에 지위·성격의 독립성과 특수성 등이 인정되어 대통령령으로 정하는 행정청(2016.3.29 본호개정)
② 다음 각 호의 행정청의 처분 또는 부작위에 대한 심판청구에 대하여는 「부패방지 및 국민권익위원회의 설치와 운영에 관한 법률」에 따른 국민권익위원회(이하 "국민권익위원회"라 한다)에 두는 중앙행정심판위원회에서 심리·재결한다.
1. 제1항에 따른 행정청 외의 국가행정기관의 장 또는 그 소속 행정청
2. 특별시장·광역시장·특별자치시장·도지사·특별자치도지사(특별시·광역시·특별자치시·도 또는 특별자치도의 교육감을 포함한다. 이하 "시·도지사"라 한다) 또는 특별시·광역시·특별자치시·도·특별자치도(이하 "시·도"라 한다)의 의회(의장, 위원회의 위원장, 사무처장 등 의회 소속 모든 행정청을 포함한다)(2012.2.17 본호개정)
3. 「지방자치법」에 따른 지방자치단체조합 등 관계 법률에 따라 국가·지방자치단체·공공법인 등이 공동으로 설립한 행정청. 다만, 제3항제3호에 해당하는 행정청은 제외한다.
③ 다음 각 호의 행정청의 처분 또는 부작위에 대한 심판청구에 대하여는 시·도지사 소속으로 두는 행정심판위원회에서 심리·재결한다.
1. 시·도 소속 행정청
2. 시·도의 관할구역에 있는 시·군·자치구의 장, 소속 행정청 또는 시·군·자치구의 의회(의장, 위원회의 위원장, 사무국장, 사무과장 등 의회 소속 모든 행정청을 포함한다)
3. 시·도의 관할구역에 있는 둘 이상의 지방자치단체(시·군·자치구를 말한다)·공공법인 등이 공동으로 설립한 행정청
④ 제2항제1호에도 불구하고 대통령령으로 정하는 국가행정기관 소속 특별지방행정기관의 장의 처분 또는 부작위에 대한 심판청구에 대하여는 해당 행정청의 직근 상급행정기관에 두는 행정심판위원회에서 심리·재결한다.

제7조【행정심판위원회의 구성】 ① 행정심판위원회(중앙행정심판위원회는 제외한다. 이하 이 조에서 같다)는 위원장 1명을 포함하여 50명 이내의 위원으로 구성한다.(2016.3.29 본항개정)
② 행정심판위원회의 위원장은 그 행정심판위원회가 소속된 행정청이 되며, 위원장이 없거나 부득이한 사유로 직무를 수행할 수 없거나 위원장이 필요하다고 인정하는 경우에는 다음 각 호의 순서에 따라 위원이 위원장의 직무를 대행한다.
1. 위원장이 사전에 지명한 위원
2. 제4항에 따라 지명된 공무원인 위원(2명 이상인 경우에는 직급 또는 고위공무원단에 속하는 공무원의 직무등급이 높은 위원 순서로, 직급 또는 직무등급도 같은 경우에는 위원 재직기간이 긴 위원 순서로, 재직기간도 같은 경우에는 연장자 순서로 한다)
③ 제2항에도 불구하고 제6조제3항에 따라 시·도지사 소속으로 두는 행정심판위원회의 경우에는 해당 지방자치단체의 조례로 정하는 바에 따라 공무원이 아닌 위원을 위원장으로 정할 수 있다. 이 경우 위원장은 비상임으로 한다.
④ 행정심판위원회의 위원은 해당 행정심판위원회가 소속된 행정청이 다음 각 호의 어느 하나에 해당하는 사람 중에서 성별을 고려하여 위촉하거나 그 소속 공무원 중에서 지명한다.(2016.3.29 본문개정)
1. 변호사 자격을 취득한 후 5년 이상의 실무 경험이 있는 사람
2. 「고등교육법」 제2조제1호부터 제6호까지의 규정에 따른 학교에서 조교수 이상으로 재직하거나 재직하였던 사람
3. 행정기관의 4급 이상 공무원이었거나 고위공무원단에 속하는 공무원이었던 사람
4. 박사학위를 취득한 후 해당 분야에서 5년 이상 근무한 경험이 있는 사람
5. 그 밖에 행정심판과 관련된 분야의 지식과 경험이 풍부한 사람
⑤ 행정심판위원회의 회의는 위원장과 위원장이 회의마다 지정하는 8명의 위원(그중 제4항에 따른 위촉위원은 6명 이상으로 하되, 제3항에 따라 위원장이 공무원이 아닌 경우에는 5명 이상으로 한다)으로 구성한다. 다만, 국회규칙, 대법원규칙, 헌법재판소규칙, 중앙선거관리위원회규칙 또는 대통령령(제6조제3항에 따라 시·도지사 소속으로 두는 행정심판위원회의 경우에는 해당 지방자치단체의 조례)으로 정하는 바에 따라 위원장과 위원장이 회의마다 지정하는 6명의 위원(그중 제4항에 따른 위촉위원은 5명 이상으로 하되, 제3항에 따라 공무원이 아닌 위원이 위원장인 경우에는 4명 이상으로 한다)으로 구성할 수 있다.
⑥ 행정심판위원회는 제5항에 따른 구성원 과반수의 출석과 출석위원 과반수의 찬성으로 의결한다.
⑦ 행정심판위원회의 조직과 운영, 그 밖에 필요한 사항은 국회규칙, 대법원규칙, 헌법재판소규칙, 중앙선거관리위원회규칙 또는 대통령령으로 정한다.

제8조【중앙행정심판위원회의 구성】 ① 중앙행정심판위원회는 위원장 1명을 포함하여 70명 이내의 위원으로 구성하되, 위원 중 상임위원은 4명 이내로 한다.(2016.3.29 본항개정)
② 중앙행정심판위원회의 위원장은 국민권익위원회의 부위원장 중 1명이 되며, 위원장이 없거나 부득이한 사유로 직무를 수행할 수 없거나 위원장이 필요하다고 인정하는 경우에는 상임위원(상임으로 재직한 기간이 긴 위원 순서로, 재직기간이 같은 경우에는 연장자 순서로 한다)이 위원장의 직무를 대행한다.
③ 중앙행정심판위원회의 상임위원은 일반직공무원으로서 「국가공무원법」 제26조의5에 따른 임기제공무원으로 임명하되, 3급 이상 공무원 또는 고위공무원단에 속하는 일반직공무원으로 3년 이상 근무한 사람이나 그 밖에 행정심판에 관한 지식과 경험이 풍부한 사람 중에서 중앙행정심판위원회 위원장의 제청으로 국무총리를 거쳐 대통령이 임명한다.(2014.5.28 본항개정)
④ 중앙행정심판위원회의 비상임위원은 제7조제4항 각 호의 어느 하나에 해당하는 사람 중에서 중앙행정심판위원회 위원장의 제청으로 국무총리가 성별을 고려하여 위촉한다.(2016.3.29 본항개정)
⑤ 중앙행정심판위원회의 회의(제6항에 따른 소위원회 회의는 제외한다)는 위원장, 상임위원 및 위원장이 회의마다 지정하는 비상임위원을 포함하여 총 9명으로 구성한다.
⑥ 중앙행정심판위원회는 심판청구사건(이하 "사건"이라 한다) 중 「도로교통법」에 따른 자동차운전면허 행정처분에 관한 사건(소위원회가 중앙행정심판위원회에서 심리·의결하도록 결정한 사건은 제외한다)을 심리·의결하게 하기 위하여 4명의 위원으로 구성하는 소위원회를 둘 수 있다.
⑦ 중앙행정심판위원회 및 소위원회는 각각 제5항 및 제6항에 따른 구성원 과반수의 출석과 출석위원 과반수의 찬성으로 의결한다.
⑧ 중앙행정심판위원회는 위원장이 지정하는 사건을 미리 검토하도록 필요한 경우에는 전문위원회를 둘 수 있다.
⑨ 중앙행정심판위원회, 소위원회 및 전문위원회의 조직과 운영 등에 필요한 사항은 대통령령으로 정한다.

제9조【위원의 임기 및 신분보장 등】 ① 제7조제4항에 따라 지명된 위원은 그 직에 재직하는 동안 재임한다.
② 제8조제3항에 따라 임명된 중앙행정심판위원회 상임위원의 임기는 3년으로 하며, 1차에 한하여 연임할 수 있다.
③ 제7조제4항 및 제8조제4항에 따라 위촉된 위원의 임기는 2년으로 하되, 2차에 한하여 연임할 수 있다. 다만, 제6조제1항제2호에 규정된 기관에 두는 행정심판위원회의 위촉위원의 경우에는 각각 국회규칙, 대법원규칙, 헌법재판소규칙 또는 중앙선거관리위원회규칙으로 정하는 바에 따른다.

④ 다음 각 호의 어느 하나에 해당하는 사람은 제6조에 따른 행정심판위원회(이하 "위원회"라 한다)의 위원이 될 수 없으며, 위원이 이에 해당하게 된 때에는 당연히 퇴직한다.
1. 대한민국 국민이 아닌 사람
2. 「국가공무원법」 제33조 각 호의 어느 하나에 해당하는 사람
⑤ 제7조제4항 및 제8조제4항에 따라 위촉된 위원은 금고(禁錮) 이상의 형을 선고받거나 부득이한 사유로 장기간 직무를 수행할 수 없게 되는 경우 외에는 임기 중 그의 의사와 다르게 해촉(解囑)되지 아니한다.
제10조【위원의 제척·기피·회피】 ① 위원회의 위원은 다음 각 호의 어느 하나에 해당하는 경우에는 그 사건의 심리·의결에서 제척(除斥)된다. 이 경우 제척결정은 위원회의 위원장(이하 "위원장"이라 한다)이 직권으로 또는 당사자의 신청에 의하여 한다.
1. 위원 또는 그 배우자나 배우자이었던 사람이 사건의 당사자이거나 사건에 관하여 공동 권리자 또는 의무자인 경우
2. 위원이 사건의 당사자와 친족이거나 친족이었던 경우
3. 위원이 사건에 관하여 증언이나 감정(鑑定)을 한 경우
4. 위원이 당사자의 대리인으로서 사건에 관여하거나 관여하였던 경우
5. 위원이 사건의 대상이 된 처분 또는 부작위에 관여한 경우
② 당사자는 위원에게 공정한 심리·의결을 기대하기 어려운 사정이 있으면 위원장에게 기피신청을 할 수 있다.
③ 위원에 대한 제척신청이나 기피신청은 그 사유를 소명(疏明)한 문서로 하여야 한다. 다만, 불가피한 경우에는 신청한 날부터 3일 이내에 신청 사유를 소명할 수 있는 자료를 제출하여야 한다.(2016.3.29 단서신설)
④ 제척신청이나 기피신청이 제3항을 위반하였을 때에는 위원장은 결정으로 이를 각하한다.(2016.3.29 본항신설)
⑤ 위원장은 제척신청이나 기피신청의 대상이 된 위원에게서 그에 대한 의견을 받을 수 있다.
⑥ 위원장은 제척신청이나 기피신청을 받으면 제척 또는 기피 여부에 대한 결정을 하고, 지체 없이 신청인에게 결정서 정본(正本)을 송달하여야 한다.
⑦ 위원회의 회의에 참석하는 위원이 제척사유 또는 기피사유에 해당되는 것을 알게 되었을 때에는 스스로 그 사건의 심리·의결에서 회피할 수 있다. 이 경우 회피하고자 하는 위원은 위원장에게 그 사유를 소명하여야 한다.
⑧ 사건의 심리·의결에 관한 사무에 관여하는 위원 아닌 직원에게도 제1항부터 제7항까지의 규정을 준용한다.
(2016.3.29 본항개정)
제11조【벌칙 적용 시의 공무원 의제】 위원 중 공무원이 아닌 위원은 「형법」과 그 밖의 법률에 따른 벌칙을 적용할 때에는 공무원으로 본다.
제12조【위원회의 권한 승계】 ① 당사자의 심판청구 후 위원회가 법령의 개정·폐지 또는 제17조제5항에 따른 피청구인의 경정 결정에 따라 그 심판청구에 대하여 재결할 권한을 잃게 된 경우에는 해당 위원회는 심판청구서와 관계 서류, 그 밖의 자료를 새로 재결할 권한을 갖게 된 위원회에 보내야 한다.
② 제1항의 경우 송부를 받은 위원회는 지체 없이 그 사실을 다음 각 호의 자에게 알려야 한다.
1. 행정심판 청구인(이하 "청구인"이라 한다)
2. 행정심판 피청구인(이하 "피청구인"이라 한다)
3. 제20조 또는 제21조에 따라 심판참가를 하는 자(이하 "참가인"이라 한다)

제3장 당사자와 관계인

제13조【청구인 적격】 ① 취소심판은 처분의 취소 또는 변경을 구할 법률상 이익이 있는 자가 청구할 수 있다. 처분의 효과가 기간의 경과, 처분의 집행, 그 밖의 사유로 소멸된 뒤에도 그 처분의 취소로 회복되는 법률상 이익이 있는 자의 경우에도 또한 같다.
② 무효등확인심판은 처분의 효력 유무 또는 존재 여부의 확인을 구할 법률상 이익이 있는 자가 청구할 수 있다.
③ 의무이행심판은 처분을 신청한 자로서 행정청의 거부처분 또는 부작위에 대하여 일정한 처분을 구할 법률상 이익이 있는 자가 청구할 수 있다.
제14조【법인이 아닌 사단 또는 재단의 청구인 능력】 법인이 아닌 사단 또는 재단으로서 대표자나 관리인이 정하여져 있는 경우에는 그 사단이나 재단의 이름으로 심판청구를 할 수 있다.
제15조【선정대표자】 ① 여러 명의 청구인이 공동으로 심판청구를 할 때에는 청구인들 중에서 3명 이하의 선정대표자를 선정할 수 있다.
② 청구인들이 제1항에 따라 선정대표자를 선정하지 아니한 경우에 위원회는 필요하다고 인정하면 청구인들에게 선정대표자를 선정할 것을 권고할 수 있다.
③ 선정대표자는 다른 청구인들을 위하여 그 사건에 관한 모든 행위를 할 수 있다. 다만, 심판청구를 취하하려면 다른 청구인들의 동의를 받아야 하며, 이 경우 동의받은 사실을 서면으로 소명하여야 한다.
④ 선정대표자가 선정되면 다른 청구인들은 그 선정대표자를 통해서만 그 사건에 관한 행위를 할 수 있다.
⑤ 선정대표자를 선정한 청구인들은 필요하다고 인정하면 선정대표자를 해임하거나 변경할 수 있다. 이 경우 청구인들은 그 사실을 지체 없이 위원회에 서면으로 알려야 한다.
제16조【청구인의 지위 승계】 ① 청구인이 사망한 경우에는 상속인이나 그 밖에 법령에 따라 심판청구의 대상에 관계되는 권리나 이익을 승계한 자가 청구인의 지위를 승계한다.
② 법인인 청구인이 합병(合併)에 따라 소멸하였을 때에는 합병 후 존속하는 법인이나 합병에 따라 설립된 법인이 청구인의 지위를 승계한다.
③ 제1항과 제2항에 따라 청구인의 지위를 승계한 자는 위원회에 서면으로 그 사유를 신고하여야 한다. 이 경우 신고서에는 사망 등에 의한 권리·이익의 승계 또는 합병 사실을 증명하는 서면을 함께 제출하여야 한다.
④ 제1항 또는 제2항의 경우에 제3항에 따른 신고가 있을 때까지 사망자나 합병 전의 법인에 대하여 한 통지 또는 그 밖의 행위가 청구인의 지위를 승계한 자에게 도달하면 지위를 승계한 자에 대한 통지 또는 그 밖의 행위로서의 효력이 있다.
⑤ 심판청구의 대상과 관계되는 권리나 이익을 양수한 자는 위원회의 허가를 받아 청구인의 지위를 승계할 수 있다.
⑥ 위원회는 제5항의 지위 승계 신청을 받으면 기간을 정하여 당사자와 참가인에게 의견을 제출하도록 할 수 있으며, 당사자와 참가인이 그 기간에 의견을 제출하지 아니하면 의견이 없는 것으로 본다.
⑦ 위원회는 제5항의 지위 승계 신청에 대하여 허가 여부를 결정하고, 지체 없이 신청인에게는 결정서 정본을, 당사자와 참가인에게는 결정서 등본을 송달하여야 한다.
⑧ 신청인은 위원회가 제5항의 지위 승계를 허가하지 아니하면 결정서 정본을 받은 날부터 7일 이내에 위원회에 이의신청을 할 수 있다.
제17조【피청구인의 적격 및 경정】 ① 행정심판은 처분을 한 행정청(의무이행심판의 경우에는 청구인의 신청을 받은 행정청)을 피청구인으로 하여 청구하여야 한다. 다만, 심판청구의 대상과 관계되는 권한이 다른 행정청에 승계된 경우에는 권한을 승계한 행정청을 피청구인으로 하여야 한다.
② 청구인이 피청구인을 잘못 지정한 경우에는 위원회는 직권으로 또는 당사자의 신청에 의하여 결정으로써 피청구인을 경정(更正)할 수 있다.
③ 위원회는 제2항에 따라 피청구인을 경정하는 결정을 하면 결정서 정본을 당사자(종전의 피청구인과 새로운 피청구인을 포함한다. 이하 제6항에서 같다)에게 송달하여야 한다.
④ 제2항에 따른 결정이 있으면 종전의 피청구인에 대한 심판청구는 취하되고 종전의 피청구인에 대한 행정심판이 청구된 때에 새로운 피청구인에 대한 행정심판이 청구된 것으로 본다.

⑤ 위원회는 행정심판이 청구된 후에 제1항 단서의 사유가 발생하면 직권으로 또는 당사자의 신청에 의하여 결정으로써 피청구인을 경정한다. 이 경우에는 제3항과 제4항을 준용한다.
⑥ 당사자는 제2항 또는 제5항에 따른 위원회의 결정에 대하여 결정서 정본을 받은 날부터 7일 이내에 위원회에 이의신청을 할 수 있다.

제18조【대리인의 선임】 ① 청구인은 법정대리인 외에 다음 각 호의 어느 하나에 해당하는 자를 대리인으로 선임할 수 있다.
1. 청구인의 배우자, 청구인 또는 배우자의 사촌 이내의 혈족
2. 청구인이 법인이거나 제14조에 따른 청구인 능력이 있는 법인이 아닌 사단 또는 재단인 경우 그 소속 임직원
3. 변호사
4. 다른 법률에 따라 심판청구를 대리할 수 있는 자
5. 그 밖에 위원회의 허가를 받은 자

② 피청구인은 그 소속 직원 또는 제1항제3호부터 제5호까지의 어느 하나에 해당하는 자를 대리인으로 선임할 수 있다.
③ 제1항과 제2항에 따른 대리인에 관하여는 제15조제3항 및 제5항을 준용한다.

제18조의2【국선대리인】 ① 청구인이 경제적 능력으로 인해 대리인을 선임할 수 없는 경우에는 위원회에 국선대리인을 선임하여 줄 것을 신청할 수 있다.
② 위원회는 제1항의 신청에 따른 국선대리인 선정 여부에 대한 결정을 하고, 지체 없이 청구인에게 그 결과를 통지하여야 한다. 이 경우 위원회는 심판청구가 명백히 부적법하거나 이유 없는 경우 또는 권리의 남용이라고 인정되는 경우에는 국선대리인을 선정하지 아니할 수 있다.
③ 국선대리인 신청절차, 국선대리인 지원 요건, 국선대리인의 자격·보수 등 국선대리인 운영에 필요한 사항은 국회규칙, 대법원규칙, 헌법재판소규칙, 중앙선거관리위원회규칙 또는 대통령령으로 정한다.
(2017.10.31 본조신설)

제19조【대표자 등의 자격】 ① 대표자·관리인·선정대표자 또는 대리인의 자격은 서면으로 소명하여야 한다.
② 청구인이나 피청구인은 대표자·관리인·선정대표자 또는 대리인이 그 자격을 잃으면 그 사실을 서면으로 위원회에 신고하여야 한다. 이 경우 소명 자료를 함께 제출하여야 한다.

제20조【심판참가】 ① 행정심판의 결과에 이해관계가 있는 제3자나 행정청은 해당 심판청구에 대한 제7조제6항 또는 제8조제7항에 따른 위원회나 소위원회의 의결이 있기 전까지 그 사건에 대하여 심판참가를 할 수 있다.
② 제1항에 따른 심판참가를 하려는 자는 참가의 취지와 이유를 적은 참가신청서를 위원회에 제출하여야 한다. 이 경우 당사자의 수만큼 참가신청서 부본을 함께 제출하여야 한다.
③ 위원회는 제2항에 따라 참가신청서를 받으면 참가신청서 부본을 당사자에게 송달하여야 한다.
④ 제3항의 경우 위원회는 기간을 정하여 당사자와 다른 참가인에게 제3자의 참가신청에 대한 의견을 제출하도록 할 수 있으며, 당사자와 다른 참가인이 그 기간에 의견을 제출하지 아니하면 의견이 없는 것으로 본다.
⑤ 위원회는 제2항에 따라 참가신청을 받으면 허가 여부를 결정하고, 지체 없이 신청인에게는 결정서 정본을, 당사자와 다른 참가인에게는 결정서 등본을 송달하여야 한다.
⑥ 신청인은 제5항에 따라 송달을 받은 날부터 7일 이내에 위원회에 이의신청을 할 수 있다.

제21조【심판참가의 요구】 ① 위원회는 필요하다고 인정하면 그 행정심판 결과에 이해관계가 있는 제3자나 행정청에 그 사건 심판에 참가할 것을 요구할 수 있다.
② 제1항의 요구를 받은 제3자나 행정청은 지체 없이 그 사건 심판에 참가할 것인지 여부를 위원회에 통지하여야 한다.

제22조【참가인의 지위】 ① 참가인은 행정심판 절차에서 당사자가 할 수 있는 심판절차상의 행위를 할 수 있다.
② 이 법에 따라 당사자가 위원회에 서류를 제출할 때에는 참가인의 수만큼 부본을 제출하여야 하고, 위원회가 당사자에게 통지를 하거나 서류를 송달할 때에는 참가인에게도 통지하거나 송달하여야 한다.
③ 참가인의 대리인 선임과 대표자 자격 및 서류 제출에 관하여는 제18조, 제19조 및 이 조 제2항을 준용한다.

제4장 행정심판 청구

제23조【심판청구서의 제출】 ① 행정심판을 청구하려는 자는 제28조에 따라 심판청구서를 작성하여 피청구인이나 위원회에 제출하여야 한다. 이 경우 피청구인의 수만큼 심판청구서 부본을 함께 제출하여야 한다.
② 행정청이 제58조에 따른 고지를 하지 아니하거나 잘못 고지하여 청구인이 심판청구서를 다른 행정기관에 제출한 경우에는 그 행정기관은 그 심판청구서를 지체 없이 정당한 권한이 있는 피청구인에게 보내야 한다.
③ 제2항에 따라 심판청구서를 보낸 행정기관은 지체 없이 그 사실을 청구인에게 알려야 한다.
④ 제27조에 따른 심판청구 기간을 계산할 때에는 제1항에 따른 피청구인이나 위원회 또는 제2항에 따른 행정기관에 심판청구서가 제출되었을 때에 행정심판이 청구된 것으로 본다.

제24조【피청구인의 심판청구서 등의 접수·처리】 ① 피청구인이 제23조제1항·제2항 또는 제26조제1항에 따라 심판청구서를 접수하거나 송부받으면 10일 이내에 심판청구서(제23조제1항·제2항의 경우만 해당된다)와 답변서를 위원회에 보내야 한다. 다만, 청구인이 심판청구를 취하한 경우에는 그러하지 아니하다.
② 제1항에도 불구하고 심판청구가 그 내용이 특정되지 아니하는 등 명백히 부적법하다고 판단되는 경우에 피청구인은 답변서를 위원회에 보내지 아니할 수 있다. 이 경우 심판청구서를 접수하거나 송부받은 날부터 10일 이내에 그 사유를 위원회에 문서로 통보하여야 한다.(2023.3.21 본항신설)
③ 제2항에도 불구하고 위원장이 심판청구에 대하여 답변서 제출을 요구하면 피청구인은 위원장으로부터 답변서 제출을 요구받은 날부터 10일 이내에 위원회에 답변서를 제출하여야 한다.(2023.3.21 본항신설)
④ 피청구인은 처분의 상대방이 아닌 제3자가 심판청구를 한 경우에는 지체 없이 처분의 상대방에게 그 사실을 알려야 한다. 이 경우 심판청구서 사본을 함께 송달하여야 한다.
⑤ 피청구인이 제1항 본문에 따라 심판청구서를 보낼 때에는 심판청구서에 위원회가 표시되지 아니하였거나 잘못 표시된 경우에도 정당한 권한이 있는 위원회에 보내야 한다.
⑥ 피청구인은 제1항 본문 또는 제3항에 따라 답변서를 보낼 때에는 청구인의 수만큼 답변서 부본을 함께 보내되, 답변서에는 다음 각 호의 사항을 명확하게 적어야 한다.
(2023.3.21 본문개정)
1. 처분이나 부작위의 근거와 이유
2. 심판청구의 취지와 이유에 대응하는 답변
3. 제4항에 해당하는 경우에는 처분의 상대방의 이름·주소·연락처와 제4항의 의무 이행 여부(2023.3.21 본호개정)

⑦ 제4항과 제5항의 경우에 피청구인은 송부 사실을 지체 없이 청구인에게 알려야 한다.(2023.3.21 본항개정)
⑧ 중앙행정심판위원회에서 심리·재결하는 사건인 경우 피청구인은 제1항 또는 제3항에 따라 위원회에 심판청구서 또는 답변서를 보낼 때에는 소관 중앙행정기관의 장에게도 그 심판청구·답변의 내용을 알려야 한다.(2023.3.21 본항개정)

제25조【피청구인의 직권취소등】 ① 제23조제1항·제2항 또는 제26조제1항에 따라 심판청구서를 받은 피청구인은 그 심판청구가 이유 있다고 인정하면 심판청구의 취지에 따라 직권으로 처분을 취소·변경하거나 확인을 하거나 신청에 따른 처분(이하 이 조에서 "직권취소등"이라 한다)을 할 수 있다. 이 경우 서면으로 청구인에게 알려야 한다.
② 피청구인은 제1항에 따라 직권취소등을 하였을 때에는 청구인이 심판청구를 취하한 경우가 아니면 제24조제1항 본문에 따라 심판청구서·답변서를 보내거나 같은 조 제3항에

따라 답변서를 보낼 때 직권취소등의 사실을 증명하는 서류를 위원회에 함께 제출하여야 한다.(2023.3.21 본항개정)

제26조【위원회의 심판청구서 등의 접수·처리】 ① 위원회는 제23조제1항에 따라 심판청구서를 받으면 지체 없이 피청구인에게 심판청구서 부본을 보내야 한다.

② 위원회는 제24조제1항 본문 또는 제3항에 따라 피청구인으로부터 답변서가 제출된 경우 답변서 부본을 청구인에게 송달하여야 한다.(2023.3.21 본항개정)

제27조【심판청구의 기간】 ① 행정심판은 처분이 있음을 알게 된 날부터 90일 이내에 청구하여야 한다.

② 청구인이 천재지변, 전쟁, 사변(事變), 그 밖의 불가항력으로 인하여 제1항에서 정한 기간에 심판청구를 할 수 없었을 때에는 그 사유가 소멸한 날부터 14일 이내에 행정심판을 청구할 수 있다. 다만, 국외에서 행정심판을 청구하는 경우에는 그 기간을 30일로 한다.

③ 행정심판은 처분이 있었던 날부터 180일이 지나면 청구하지 못한다. 다만, 정당한 사유가 있는 경우에는 그러하지 아니하다.

④ 제1항과 제2항의 기간은 불변기간(不變期間)으로 한다.

⑤ 행정청이 심판청구 기간을 제1항에 규정된 기간보다 긴 기간으로 잘못 알린 경우 그 잘못 알린 기간에 심판청구가 있으면 그 행정심판은 제1항에 규정된 기간에 청구된 것으로 본다.

⑥ 행정청이 심판청구 기간을 알리지 아니한 경우에는 제3항에 규정된 기간에 심판청구를 할 수 있다.

⑦ 제1항부터 제6항까지의 규정은 무효등확인심판청구와 부작위에 대한 의무이행심판청구에는 적용하지 아니한다.

제28조【심판청구의 방식】 ① 심판청구는 서면으로 하여야 한다.

② 처분에 대한 심판청구의 경우에는 심판청구서에 다음 각 호의 사항이 포함되어야 한다.

1. 청구인의 이름과 주소 또는 사무소(주소 또는 사무소 외의 장소에서 송달받기를 원하면 송달장소를 추가로 적어야 한다)
2. 피청구인과 위원회
3. 심판청구의 대상이 되는 처분의 내용
4. 처분이 있음을 알게 된 날
5. 심판청구의 취지와 이유
6. 피청구인의 행정심판 고지 유무와 그 내용

③ 부작위에 대한 심판청구의 경우에는 제2항제1호·제2호·제5호의 사항과 그 부작위의 전제가 되는 신청의 내용과 날짜를 적어야 한다.

④ 청구인이 법인이거나 제14조에 따른 청구인 능력이 있는 법인이 아닌 사단 또는 재단이거나 행정심판이 선정대표자나 대리인에 의하여 청구되는 것일 때에는 제2항 또는 제3항의 사항과 함께 그 대표자·관리인·선정대표자 또는 대리인의 이름과 주소를 적어야 한다.

⑤ 심판청구서에는 청구인·대표자·관리인·선정대표자 또는 대리인이 서명하거나 날인하여야 한다.

제29조【청구의 변경】 ① 청구인은 청구의 기초에 변경이 없는 범위에서 청구의 취지나 이유를 변경할 수 있다.

② 행정심판이 청구된 후에 피청구인이 새로운 처분을 하거나 심판청구의 대상인 처분을 변경한 경우에는 청구인은 새로운 처분이나 변경된 처분에 맞추어 청구의 취지나 이유를 변경할 수 있다.

③ 제1항 또는 제2항에 따른 청구의 변경은 서면으로 신청하여야 한다. 이 경우 피청구인과 참가인의 수만큼 청구변경신청서 부본을 함께 제출하여야 한다.

④ 위원회는 제3항에 따른 청구변경신청서 부본을 피청구인과 참가인에게 송달하여야 한다.

⑤ 제4항의 경우 위원회는 기간을 정하여 피청구인과 참가인에게 청구변경 신청에 대한 의견을 제출하도록 할 수 있으며, 피청구인과 참가인이 그 기간에 의견을 제출하지 아니하면 의견이 없는 것으로 본다.

⑥ 위원회는 제1항 또는 제2항의 청구변경 신청에 대하여 허가할 것인지 여부를 결정하고, 지체 없이 신청인에게는 결정서 정본을, 당사자 및 참가인에게는 결정서 등본을 송달하여야 한다.

⑦ 신청인은 제6항에 따라 송달을 받은 날부터 7일 이내에 위원회에 이의신청을 할 수 있다.

⑧ 청구의 변경결정이 있으면 처음 행정심판이 청구되었을 때부터 변경된 청구의 취지나 이유로 행정심판이 청구된 것으로 본다.

제30조【집행정지】 ① 심판청구는 처분의 효력이나 그 집행 또는 절차의 속행(續行)에 영향을 주지 아니한다.

② 위원회는 처분, 처분의 집행 또는 절차의 속행 때문에 중대한 손해가 생기는 것을 예방할 필요성이 긴급하다고 인정할 때에는 직권으로 또는 당사자의 신청에 의하여 처분의 효력, 처분의 집행 또는 절차의 속행의 전부 또는 일부의 정지(이하 "집행정지"라 한다)를 결정할 수 있다. 다만, 처분의 효력정지는 처분의 집행 또는 절차의 속행을 정지함으로써 그 목적을 달성할 수 있을 때에는 허용되지 아니한다.

③ 집행정지는 공공복리에 중대한 영향을 미칠 우려가 있을 때에는 허용되지 아니한다.

④ 위원회는 집행정지를 결정한 후에 집행정지가 공공복리에 중대한 영향을 미치거나 그 정지사유가 없어진 경우에는 직권으로 또는 당사자의 신청에 의하여 집행정지 결정을 취소할 수 있다.

⑤ 집행정지 신청은 심판청구와 동시에 또는 심판청구에 대한 제7조제6항 또는 제8조제7항에 따른 위원회나 소위원회의 의결이 있기 전까지, 집행정지 결정의 취소신청은 심판청구에 대한 제7조제6항 또는 제8조제7항에 따른 위원회나 소위원회의 의결이 있기 전까지 신청의 취지와 원인을 적은 서면을 위원회에 제출하여야 한다. 다만, 심판청구서를 피청구인에게 제출한 경우로서 심판청구와 동시에 집행정지 신청을 할 때에는 심판청구서 사본과 접수증명서를 함께 제출하여야 한다.

⑥ 제2항과 제4항에도 불구하고 위원회의 심리·결정을 기다릴 경우 중대한 손해가 생길 우려가 있다고 인정되면 위원장은 직권으로 위원회의 심리·결정을 갈음하는 결정을 할 수 있다. 이 경우 위원장은 지체 없이 위원회에 그 사실을 보고하고 추인(追認)을 받아야 하며, 위원회의 추인을 받지 못하면 위원장은 집행정지 또는 집행정지 취소에 관한 결정을 취소하여야 한다.

⑦ 위원회는 집행정지 또는 집행정지의 취소에 관하여 심리·결정하면 지체 없이 당사자에게 결정서 정본을 송달하여야 한다.

제31조【임시처분】 ① 위원회는 처분 또는 부작위가 위법·부당하다고 상당히 의심되는 경우로서 처분 또는 부작위 때문에 당사자가 받을 우려가 있는 중대한 불이익이나 당사자에게 생길 급박한 위험을 막기 위하여 임시지위를 정하여야 할 필요가 있는 경우에는 직권으로 또는 당사자의 신청에 의하여 임시처분을 결정할 수 있다.

② 제1항에 따른 임시처분에 관하여는 제30조제3항부터 제7항까지를 준용한다. 이 경우 같은 조 제6항 전단 중 "중대한 손해가 생길 우려"는 "중대한 불이익이나 급박한 위험이 생길 우려"로 본다.

③ 제1항에 따른 임시처분은 제30조제2항에 따른 집행정지로 목적을 달성할 수 있는 경우에는 허용되지 아니한다.

제5장 심 리

제32조【보정】 ① 위원회는 심판청구가 적법하지 아니하나 보정(補正)할 수 있다고 인정하면 기간을 정하여 청구인에게 보정할 것을 요구할 수 있다. 다만, 경미한 사항은 직권으로 보정할 수 있다.

② 청구인은 제1항의 요구를 받으면 서면으로 보정하여야 한다. 이 경우 다른 당사자의 수만큼 보정서 부본을 함께 제출하여야 한다.

③ 위원회는 제2항에 따라 제출된 보정서 부본을 지체 없이 다른 당사자에게 송달하여야 한다.

④ 제1항에 따른 보정을 한 경우에는 처음부터 적법하게 행정심판이 청구된 것으로 본다.
⑤ 제1항에 따른 보정기간은 제45조에 따른 재결 기간에 산입하지 아니한다.
⑥ 위원회는 청구인이 제1항에 따른 보정기간 내에 그 흠을 보정하지 아니한 경우에는 그 심판청구를 각하할 수 있다.(2023.3.21 본항신설)

제32조의2【보정할 수 없는 심판청구의 각하】 위원회는 심판청구서에 타인을 비방하거나 모욕하는 내용 등이 기재되어 청구 내용을 특정할 수 없고 그 흠을 보정할 수 없다고 인정되는 경우에는 제32조제1항에 따른 보정요구 없이 그 심판청구를 각하할 수 있다.(2023.3.21 본조신설)

제33조【주장의 보충】 ① 당사자는 심판청구서·보정서·답변서·참가신청서 등에서 주장한 사실을 보충하고 다른 당사자의 주장을 다시 반박하기 위하여 필요하면 위원회에 보충서면을 제출할 수 있다. 이 경우 다른 당사자의 수만큼 보충서면 부본을 함께 제출하여야 한다.
② 위원회는 필요하다고 인정하면 보충서면의 제출기한을 정할 수 있다.
③ 위원회는 제1항에 따라 보충서면을 받으면 지체 없이 다른 당사자에게 그 부본을 송달하여야 한다.

제34조【증거서류 등의 제출】 ① 당사자는 심판청구서·보정서·답변서·참가신청서·보충서면 등에 덧붙여 그 주장을 뒷받침하는 증거서류나 증거물을 제출할 수 있다.
② 제1항의 증거서류에는 다른 당사자의 수만큼 증거서류 부본을 함께 제출하여야 한다.
③ 위원회는 당사자가 제출한 증거서류의 부본을 지체 없이 다른 당사자에게 송달하여야 한다.

제35조【자료의 제출 요구 등】 ① 위원회는 사건 심리에 필요하면 관계 행정기관이 보관 중인 관련 문서, 장부, 그 밖에 필요한 자료를 제출할 것을 요구할 수 있다.
② 위원회는 필요하다고 인정하면 사건과 관련된 법령을 주관하는 행정기관이나 그 밖의 관계 행정기관의 장 또는 그 소속 공무원에게 위원회 회의에 참석하여 의견을 진술할 것을 요구하거나 의견서를 제출할 것을 요구할 수 있다.
③ 관계 행정기관의 장은 특별한 사정이 없으면 제1항과 제2항에 따른 위원회의 요구에 따라야 한다.
④ 중앙행정심판위원회에서 심리·재결하는 심판청구의 경우 소관 중앙행정기관의 장은 의견서를 제출하거나 위원회에 출석하여 의견을 진술할 수 있다.

제36조【증거조사】 ① 위원회는 사건을 심리하기 위하여 필요하면 직권으로 또는 당사자의 신청에 의하여 다음 각 호의 방법에 따라 증거조사를 할 수 있다.
1. 당사자나 관계인(관계 행정기관 소속 공무원을 포함한다. 이하 같다)을 위원회의 회의에 출석하게 하여 신문(訊問)하는 방법
2. 당사자나 관계인이 가지고 있는 문서·장부·물건 또는 그 밖의 증거자료의 제출을 요구하고 영치(領置)하는 방법
3. 특별한 학식과 경험을 가진 제3자에게 감정을 요구하는 방법
4. 당사자 또는 관계인의 주소·거소·사업장이나 그 밖의 필요한 장소에 출입하여 당사자 또는 관계인에게 질문하거나 서류·물건 등을 조사·검증하는 방법
② 위원회는 필요하면 위원회가 소속된 행정청의 직원이나 다른 행정기관에 촉탁하여 제1항의 증거조사를 하게 할 수 있다.
③ 제1항에 따른 증거조사를 수행하는 사람은 그 신분을 나타내는 증표를 지니고 이를 당사자나 관계인에게 내보여야 한다.
④ 제1항에 따른 당사자 등은 위원회의 조사나 요구 등에 성실하게 협조하여야 한다.

제37조【절차의 병합 또는 분리】 위원회는 필요하면 관련되는 심판청구를 병합하여 심리하거나 병합된 관련 청구를 분리하여 심리할 수 있다.

제38조【심리기일의 지정과 변경】 ① 심리기일은 위원회가 직권으로 지정한다.
② 심리기일의 변경은 직권으로 또는 당사자의 신청에 의하여 한다.
③ 위원회는 심리기일이 변경되면 지체 없이 그 사실과 사유를 당사자에게 알려야 한다.
④ 심리기일의 통지나 심리기일 변경의 통지는 서면으로 하거나 심판청구서에 적힌 전화, 휴대전화를 이용한 문자전송, 팩시밀리 또는 전자우편 등 간편한 통지 방법(이하 "간이통지방법"이라 한다)으로 할 수 있다.

제39조【직권심리】 위원회는 필요하면 당사자가 주장하지 아니한 사실에 대하여도 심리할 수 있다.

제40조【심리의 방식】 ① 행정심판의 심리는 구술심리나 서면심리로 한다. 다만, 당사자가 구술심리를 신청한 경우에는 서면심리만으로 결정할 수 있다고 인정되는 경우 외에는 구술심리를 하여야 한다.
② 위원회는 제1항 단서에 따라 구술심리 신청을 받으면 그 허가 여부를 결정하여 신청인에게 알려야 한다.
③ 제2항의 통지는 간이통지방법으로 할 수 있다.

제41조【발언 내용 등의 비공개】 위원회에서 위원이 발언한 내용이나 그 밖에 공개되면 위원회의 심리·재결의 공정성을 해칠 우려가 있는 사항으로서 대통령령으로 정하는 사항은 공개하지 아니한다.

제42조【심판청구 등의 취하】 ① 청구인은 심판청구에 대하여 제7조제6항 또는 제8조제7항에 따른 의결이 있을 때까지 서면으로 심판청구를 취하할 수 있다.
② 참가인은 심판청구에 대하여 제7조제6항 또는 제8조제7항에 따른 의결이 있을 때까지 서면으로 참가신청을 취하할 수 있다.
③ 제1항 또는 제2항에 따른 취하서에는 청구인이나 참가인이 서명하거나 날인하여야 한다.
④ 청구인 또는 참가인은 취하서를 피청구인 또는 위원회에 제출하여야 한다. 이 경우 제23조제2항부터 제4항까지의 규정을 준용한다.
⑤ 피청구인 또는 위원회는 계속 중인 사건에 대하여 제1항 또는 제2항에 따른 취하서를 받으면 지체 없이 다른 관계 기관, 청구인, 참가인에게 취하 사실을 알려야 한다.

제6장 재 결

제43조【재결의 구분】 ① 위원회는 심판청구가 적법하지 아니하면 그 심판청구를 각하(却下)한다.
② 위원회는 심판청구가 이유가 없다고 인정하면 그 심판청구를 기각(棄却)한다.
③ 위원회는 취소심판의 청구가 이유가 있다고 인정하면 처분을 취소 또는 다른 처분으로 변경하거나 처분을 다른 처분으로 변경할 것을 피청구인에게 명한다.
④ 위원회는 무효등확인심판의 청구가 이유가 있다고 인정하면 처분의 효력 유무 또는 처분의 존재 여부를 확인한다.
⑤ 위원회는 의무이행심판의 청구가 이유가 있다고 인정하면 지체 없이 신청에 따른 처분을 하거나 처분을 할 것을 피청구인에게 명한다.

제43조의2【조정】 ① 위원회는 당사자의 권리 및 권한의 범위에서 당사자의 동의를 받아 심판청구의 신속하고 공정한 해결을 위하여 조정을 할 수 있다. 다만, 그 조정이 공공복리에 적합하지 아니하거나 해당 처분의 성질에 반하는 경우에는 그러하지 아니하다.
② 위원회는 제1항의 조정을 함에 있어서 심판청구된 사건의 법적·사실적 상태와 당사자 및 이해관계자의 이익 등 모든 사정을 참작하고, 조정의 이유와 취지를 설명하여야 한다.
③ 조정은 당사자가 합의한 사항을 조정서에 기재한 후 당사자가 서명 또는 날인하고 위원회가 이를 확인함으로써 성립한다.
④ 제3항에 따른 조정에 대하여는 제48조부터 제50조까지, 제50조의2, 제51조의 규정을 준용한다.
(2017.10.31 본조신설)

제44조【사정재결】 ① 위원회는 심판청구가 이유가 있다고 인정하는 경우에도 이를 인용(認容)하는 것이 공공복리에 크게 위배된다고 인정하면 그 심판청구를 기각하는 재결

을 할 수 있다. 이 경우 위원회는 재결의 주문(主文)에서 그 처분 또는 부작위가 위법하거나 부당하다는 것을 구체적으로 밝혀야 한다.
② 위원회는 제1항에 따른 재결을 할 때에는 청구인에 대하여 상당한 구제방법을 취하거나 상당한 구제방법을 취할 것을 피청구인에게 명할 수 있다.
③ 제1항과 제2항은 무효등확인심판에는 적용하지 아니한다.
제45조【재결 기간】 ① 재결은 제23조에 따라 피청구인 또는 위원회가 심판청구서를 받은 날부터 60일 이내에 하여야 한다. 다만, 부득이한 사정이 있는 경우에는 위원장이 직권으로 30일을 연장할 수 있다.
② 위원장은 제1항 단서에 따라 재결 기간을 연장할 경우에는 재결 기간이 끝나기 7일 전까지 당사자에게 알려야 한다.
제46조【재결의 방식】 ① 재결은 서면으로 한다.
② 제1항에 따른 재결서에는 다음 각 호의 사항이 포함되어야 한다.
1. 사건번호와 사건명
2. 당사자 · 대표자 또는 대리인의 이름과 주소
3. 주문
4. 청구의 취지
5. 이유
6. 재결한 날짜
③ 재결서에 적는 이유에는 주문 내용이 정당하다는 것을 인정할 수 있는 정도의 판단을 표시하여야 한다.
제47조【재결의 범위】 ① 위원회는 심판청구의 대상이 되는 처분 또는 부작위 외의 사항에 대하여는 재결하지 못한다.
② 위원회는 심판청구의 대상이 되는 처분보다 청구인에게 불리한 재결을 하지 못한다.
제48조【재결의 송달과 효력 발생】 ① 위원회는 지체 없이 당사자에게 재결서의 정본을 송달하여야 한다. 이 경우 중앙행정심판위원회는 재결 결과를 소관 중앙행정기관의 장에게도 알려야 한다.
② 재결은 청구인에게 제1항 전단에 따라 송달되었을 때에 그 효력이 생긴다.
③ 위원회는 재결서의 등본을 지체 없이 참가인에게 송달하여야 한다.
④ 처분의 상대방이 아닌 제3자가 심판청구를 한 경우 위원회는 재결서의 등본을 지체 없이 피청구인을 거쳐 처분의 상대방에게 송달하여야 한다.
제49조【재결의 기속력 등】 ① 심판청구를 인용하는 재결은 피청구인과 그 밖의 관계 행정청을 기속(羈束)한다.
② 재결에 의하여 취소되거나 무효 또는 부존재로 확인되는 처분이 당사자의 신청을 거부하는 것을 내용으로 하는 경우에는 그 처분을 한 행정청은 재결의 취지에 따라 다시 이전의 신청에 대한 처분을 하여야 한다.(2017.4.18 본항신설)
③ 당사자의 신청을 거부하거나 부작위로 방치한 처분의 이행을 명하는 재결이 있으면 행정청은 지체 없이 이전의 신청에 대하여 재결의 취지에 따라 처분을 하여야 한다.
④ 신청에 따른 처분이 절차의 위법 또는 부당을 이유로 재결로써 취소된 경우에는 제2항을 준용한다.
⑤ 법령의 규정에 따라 공고하거나 고시한 처분이 재결로써 취소되거나 변경되면 처분을 한 행정청은 지체 없이 그 처분이 취소 또는 변경되었다는 것을 공고하거나 고시하여야 한다.
⑥ 법령의 규정에 따라 처분의 상대방 외의 이해관계인에게 통지된 처분이 재결로써 취소되거나 변경되면 처분을 한 행정청은 지체 없이 그 이해관계인에게 그 처분이 취소 또는 변경되었다는 것을 알려야 한다.
제50조【위원회의 직접 처분】 ① 위원회는 피청구인이 제49조제3항에도 불구하고 처분을 하지 아니하는 경우에는 당사자가 신청하면 기간을 정하여 서면으로 시정을 명하고 그 기간에 이행하지 아니하면 직접 처분을 할 수 있다. 다만, 그 처분의 성질이나 그 밖의 불가피한 사유로 위원회가 직접 처분을 할 수 없는 경우에는 그러하지 아니하다.(2017.4.18 본문개정)
② 위원회는 제1항 본문에 따라 직접 처분을 하였을 때에는 그 사실을 해당 행정청에 통보하여야 하며, 그 통보를 받은 행정청은 위원회가 한 처분을 자기가 한 처분으로 보아 관계 법령에 따라 관리 · 감독 등 필요한 조치를 하여야 한다.
제50조의2【위원회의 간접강제】 ① 위원회는 피청구인이 제49조제2항(제49조제4항에서 준용하는 경우를 포함한다) 또는 제3항에 따른 처분을 하지 아니하면 청구인의 신청에 의하여 결정으로 상당한 기간을 정하고 피청구인이 그 기간 내에 이행하지 아니하는 경우에는 그 지연기간에 따라 일정한 배상을 하도록 명하거나 즉시 배상을 할 것을 명할 수 있다.
② 위원회는 사정의 변경이 있는 경우에는 당사자의 신청에 의하여 제1항에 따른 결정의 내용을 변경할 수 있다.
③ 위원회는 제1항 또는 제2항에 따른 결정을 하기 전에 신청 상대방의 의견을 들어야 한다.
④ 청구인은 제1항 또는 제2항에 따른 결정에 불복하는 경우 그 결정에 대하여 행정소송을 제기할 수 있다.
⑤ 제1항 또는 제2항에 따른 결정의 효력은 피청구인인 행정청이 소속된 국가 · 지방자치단체 또는 공공단체에 미치며, 결정서 정본은 제4항에 따른 소송제기와 관계없이 「민사집행법」에 따른 강제집행에 관하여는 집행권원과 같은 효력을 가진다. 이 경우 집행문은 위원장의 명에 따라 위원회가 소속된 행정청 소속 공무원이 부여한다.
⑥ 간접강제 결정에 기초한 강제집행에 관하여 이 법에 특별한 규정이 없는 사항에 대하여는 「민사집행법」의 규정을 준용한다. 다만, 「민사집행법」 제33조(집행문부여의 소), 제34조(집행문부여 등에 관한 이의신청), 제44조(청구에 관한 이의의 소) 및 제45조(집행문부여에 대한 이의의 소)에서 관할 법원은 피청구인의 소재지를 관할하는 행정법원으로 한다.
(2017.4.18 본조신설)
제51조【행정심판 재청구의 금지】 심판청구에 대한 재결이 있으면 그 재결 및 같은 처분 또는 부작위에 대하여 다시 행정심판을 청구할 수 없다.

제7장 전자정보처리조직을 통한 행정심판 절차의 수행

제52조【전자정보처리조직을 통한 심판청구 등】 ① 이 법에 따른 행정심판 절차를 밟는 자는 심판청구서와 그 밖의 서류를 전자문서화하고 이를 정보통신망을 이용하여 위원회에서 지정 · 운영하는 전자정보처리조직(행정심판 절차에 필요한 전자문서를 작성 · 제출 · 송달할 수 있도록 하는 하드웨어, 소프트웨어, 데이터베이스, 네트워크, 보안요소 등을 결합하여 구축한 정보처리능력을 갖춘 전자적 장치를 말한다. 이하 같다)을 통하여 제출할 수 있다.
② 제1항에 따라 제출된 전자문서는 이 법에 따라 제출된 것으로 보며, 부본을 제출할 의무는 면제된다.
③ 제1항에 따라 제출된 전자문서는 그 문서를 제출한 사람이 정보통신망을 통하여 전자정보처리조직에서 제공하는 접수번호를 확인하였을 때에 전자정보처리조직에 기록된 내용으로 접수된 것으로 본다.
④ 전자정보처리조직을 통하여 접수된 심판청구의 경우 제27조에 따른 심판청구 기간을 계산할 때에는 제3항에 따른 접수가 되었을 때 행정심판이 청구된 것으로 본다.
⑤ 전자정보처리조직의 지정내용, 전자정보처리조직을 이용한 심판청구서 등의 접수와 처리 등에 관하여 필요한 사항은 국회규칙, 대법원규칙, 헌법재판소규칙, 중앙선거관리위원회규칙 또는 대통령령으로 정한다.
제53조【전자서명등】 ① 위원회는 전자정보처리조직을 통하여 행정심판 절차를 밟으려는 자에게 본인(本人)임을 확인할 수 있는 「전자서명법」 제2조제2호에 따른 전자서명(서명자의 실지명의를 확인할 수 있는 것을 말한다)이나 그 밖의 인증(이하 이 조에서 "전자서명등"이라 한다)을 요구할 수 있다.(2020.6.9 본항개정)
② 제1항에 따라 전자서명등을 한 자는 이 법에 따른 서명 또는 날인을 한 것으로 본다.

③ 전자서명등에 필요한 사항은 국회규칙, 대법원규칙, 헌법재판소규칙, 중앙선거관리위원회규칙 또는 대통령령으로 정한다.

제54조【전자정보처리조직을 이용한 송달 등】 ① 피청구인 또는 위원회는 제52조제1항에 따라 행정심판을 청구하거나 심판참가를 한 자에게 전자정보처리조직과 그와 연계된 정보통신망을 이용하여 재결서나 이 법에 따른 각종 서류를 송달할 수 있다. 다만, 청구인이나 참가인이 동의하지 아니하는 경우에는 그러하지 아니하다.

② 제1항 본문의 경우 위원회는 송달하여야 하는 재결서 등 서류를 전자정보처리조직에 입력하여 등재한 다음 그 등재 사실을 국회규칙, 대법원규칙, 헌법재판소규칙, 중앙선거관리위원회규칙 또는 대통령령으로 정하는 방법에 따라 전자우편 등으로 알려야 한다.

③ 제1항에 따른 전자정보처리조직을 이용한 서류 송달은 서면으로 한 것과 같은 효력을 가진다.

④ 제1항에 따른 서류의 송달은 청구인이 제2항에 따라 등재된 전자문서를 확인한 때에 전자정보처리조직에 기록된 내용으로 도달한 것으로 본다. 다만, 제2항에 따라 그 등재사실을 통지한 날부터 2주 이내(재결서 외의 서류는 7일 이내)에 확인하지 아니하였을 때에는 등재사실을 통지한 날부터 2주가 지난 날(재결서 외의 서류는 7일이 지난 날)에 도달한 것으로 본다.

⑤ 서면으로 심판청구 또는 심판참가를 한 자가 전자정보처리조직의 이용을 신청한 경우에는 제52조·제53조 및 이 조를 준용한다.

⑥ 위원회, 피청구인, 그 밖의 관계 행정기관 간의 서류의 송달 등에 관하여는 제52조·제53조 및 이 조를 준용한다.

⑦ 제1항 본문에 따른 송달의 방법이나 그 밖에 필요한 사항은 국회규칙, 대법원규칙, 헌법재판소규칙, 중앙선거관리위원회규칙 또는 대통령령으로 정한다.

제8장 보 칙

제55조【증거서류 등의 반환】 위원회는 재결을 한 후 증거서류 등의 반환 신청을 받으면 신청인이 제출한 문서·장부·물건이나 그 밖의 증거자료의 원본(原本)을 지체 없이 제출자에게 반환하여야 한다.

제56조【주소 등 송달장소 변경의 신고의무】 당사자, 대리인, 참가인 등은 주소나 사무소 또는 송달장소를 바꾸면 그 사실을 바로 위원회에 서면으로 또는 전자정보처리조직을 통하여 신고하여야 한다. 제54조제2항에 따른 전자우편주소 등을 바꾼 경우에도 또한 같다.

제57조【서류의 송달】 이 법에 따른 서류의 송달에 관하여는 「민사소송법」 중 송달에 관한 규정을 준용한다.

제58조【행정심판의 고지】 ① 행정청이 처분을 할 때에는 처분의 상대방에게 다음 각 호의 사항을 알려야 한다.

1. 해당 처분에 대하여 행정심판을 청구할 수 있는지
2. 행정심판을 청구하는 경우의 심판청구 절차 및 심판청구 기간

② 행정청은 이해관계인이 요구하면 다음 각 호의 사항을 지체 없이 알려 주어야 한다. 이 경우 서면으로 알려 줄 것을 요구받으면 서면으로 알려 주어야 한다.

1. 해당 처분이 행정심판의 대상이 되는 처분인지
2. 행정심판의 대상이 되는 경우 소관 위원회 및 심판청구 기간

제59조【불합리한 법령 등의 개선】 ① 중앙행정심판위원회는 심판청구를 심리·재결할 때에 처분 또는 부작위의 근거가 되는 명령 등(대통령령·총리령·부령·훈령·예규·고시·조례·규칙 등을 말한다. 이하 같다)이 법령에 근거가 없거나 상위 법령에 위배되거나 국민에게 과도한 부담을 주는 등 크게 불합리하면 관계 행정기관에 그 명령 등의 개정·폐지 등 적절한 시정조치를 요청할 수 있다. 이 경우 중앙행정심판위원회는 시정조치를 요청한 사실을 법제처장에게 통보하여야 한다.(2016.3.29 후단신설)

② 제1항에 따른 요청을 받은 관계 행정기관은 정당한 사유가 없으면 이에 따라야 한다.

제60조【조사·지도 등】 ① 중앙행정심판위원회는 행정청에 대하여 다음 각 호의 사항 등을 조사하고, 필요한 지도를 할 수 있다.

1. 위원회 운영 실태
2. 재결 이행 상황
3. 행정심판의 운영 현황

② 행정청은 이 법에 따른 행정심판을 거쳐 「행정소송법」에 따른 항고소송이 제기된 사건에 대하여 그 내용이나 결과 등 대통령령으로 정하는 사항을 반기마다 그 다음 달 15일까지 해당 심판청구에 대한 재결을 한 중앙행정심판위원회 또는 제6조제3항에 따라 시·도지사 소속으로 두는 행정심판위원회에 알려야 한다.

③ 제6조제3항에 따라 시·도지사 소속으로 두는 행정심판위원회는 중앙행정심판위원회가 요청하면 제2항에 따라 수집한 자료를 제출하여야 한다.

제61조【권한의 위임】 이 법에 따른 위원회의 권한 중 일부를 국회규칙, 대법원규칙, 헌법재판소규칙, 중앙선거관리위원회규칙 또는 대통령령으로 정하는 바에 따라 위원장에게 위임할 수 있다.

부 칙

제1조【시행일】 이 법은 공포 후 6개월이 경과한 날부터 시행한다. 다만, 제60조제2항 및 제3항의 개정규정은 공포한 날부터 시행한다.

제2조【특별행정심판 신설 등의 사전협의에 관한 적용례】 제4조제3항의 개정규정은 이 법 시행 후 최초로 입법예고를 하는 법령안부터 적용한다.

제3조【위원회 위원의 자격에 관한 적용례】 제7조제4항 및 제8조제4항의 개정규정은 이 법 시행 후 최초로 위촉하는 위원부터 적용한다.

제4조【조사·지도 등에 관한 특례】 ① 행정청은 제60조제2항의 개정규정에 따라 최초로 관련 자료를 제출할 때에는 같은 항에도 불구하고 2009년도분의 관련 자료를 2010년 3월 31일까지 제출하여야 한다.

② 제60조제2항 및 제3항의 개정규정을 적용할 때 부칙 제1조 본문에 따른 이 법 시행일의 전날까지는 제60조제2항 및 제3항의 개정규정 중 "중앙행정심판위원회"를 각각 "국무총리행정심판위원회"로 본다.

제5조【위원회에 관한 경과조치】 이 법 시행 당시 종전의 규정에 따른 위원회는 이 법에 따른 위원회로 본다.

제6조【위원에 관한 경과조치】 이 법 시행 당시 종전의 규정에 따른 위원회 위원은 이 법에 따라 위원회 위원으로 임명 또는 위촉된 것으로 본다. 이 경우 위원의 임기는 잔여기간으로 한다.

제7조【계속 중인 사건에 관한 경과조치】 ① 이 법은 이 법 또는 다른 법률에 특별한 규정이 없으면 이 법 시행 전에 청구되어 계속 중인 사건에도 적용한다. 다만, 종전의 규정에 따라 이미 효력이 발생한 사항에는 영향을 미치지 아니한다.

② 제1항 본문에도 불구하고 이 법 시행 전에 종전의 제6조제6항 및 제6조의2제7항에 따른 위원회의 의결이 있었던 사건에 대하여는 종전의 위원회에서 재결한다.

③ 제1항 본문에도 불구하고 이 법 시행 전에 청구되어 계속 중인 사건에 대하여 피청구인은 위원회로부터 요청을 받은 경우에만 제24조제2항의 개정규정에 따른 의무를 이행한다.

제8조【다른 법률의 개정】 ①~⑩ ※(해당 법령에 가제정리 하였음)

제9조【다른 법령과의 관계】 ① 이 법 시행 당시 다른 법령에서 종전의 「행정심판법」의 규정을 인용하고 있는 경우 이 법에 그에 해당하는 규정이 있으면 종전의 규정을 갈음하여 이 법의 해당 규정을 인용한 것으로 본다.

② 이 법 시행 당시 다른 법령에서 "국무총리행정심판위원회"를 인용하고 있는 경우에는 이 법에 따른 "중앙행정심판위원회"를 인용한 것으로 본다.

부　칙 (2017.4.18)

제1조【시행일】 이 법은 공포 후 6개월이 경과한 날부터 시행한다.
제2조【취소재결 등의 기속력 및 간접강제에 관한 적용례】 제49조제2항 및 제50조의2의 개정규정은 이 법 시행 이후 재결하는 경우부터 적용한다.

부　칙 (2017.10.31)

제1조【시행일】 이 법은 공포 후 6개월이 경과한 날부터 시행한다. 다만, 제18조의2의 개정규정은 공포 후 1년이 경과한 날부터 시행한다.
제2조【국선대리인 및 조정에 관한 적용례】 ① 제43조의2의 개정규정은 이 법 시행 이전에 청구된 사건이라도 적용할 수 있다.
② 제18조의2의 개정규정은 같은 개정규정 시행 이전에 청구된 사건이라도 적용할 수 있다.

부　칙 (2020.6.9)

제1조【시행일】 이 법은 공포 후 6개월이 경과한 날부터 시행한다.(이하 생략)

부　칙 (2023.3.21)

제1조【시행일】 이 법은 공포한 날부터 시행한다.
제2조【행정심판 청구 사건에 대한 적용례】 이 법은 이 법 시행 이후 청구되는 행정심판부터 적용한다.

행정대집행법

(1954年 3月 18日
法 律 第314號)

改正
1984.12.15法 3755號(행정심판)
2010. 1.25法 9968號(행정심판)
2015. 5.18法13295號

第1條【目的】 行政義務의 履行確保에 關하여서는 따로 法律로써 定하는 것을 除外하고는 本法의 定하는 바에 依한다.
第2條【代執行과 그 費用徵收】 法律(法律의 委任에 依한 命令, 地方自治團體의 條例를 包含한다. 以下 같다)에 依하여 直接命令되었거나 또는 法律에 依據한 行政廳의 命令에 依한 行爲로서 他人이 代身하여 行할 수 있는 行爲를 義務者가 履行하지 아니하는 境遇 다른 手段으로써 그 履行을 確保하기 困難하고 또한 그 不履行을 放置함이 甚히 公益을 害할 것으로 認定될 때에는 當該 行政廳은 스스로 義務者가 하여야 할 行爲를 하거나 또는 第三者로 하여금 이를 하게 하여 그 費用을 義務者로부터 徵收할 수 있다.
판례 건물 건축시에 관계당국으로부터 아무런 제지나 경고를 받지 않았더라도, 무허가로 축조된 불법건축물을 그대로 방치한다면 불법건축물을 단속하는 당국의 권능을 무력화하여 건축행정의 원활한 수행을 위태롭게 하는 등 공익을 심히 해친다고 볼 것이므로 위와 같은 건물의 철거대집행계고처분은 적법하다.
(대판 1990.1.23, 88누11889)
第3條【代執行의 節次】 ① 前條의 規定에 依한 處分(以下 "代執行"이라 한다)을 하려함에 있어서는 相當한 履行期限을 定하여 그 期限까지 履行되지 아니할 때에는 代執行을 한다는 뜻을 미리 文書로써 戒告하여야 한다. 이 경우 행정청은 상당한 이행기한을 정함에 있어 의무의 성질·내용 등을 고려하여 사회통념상 해당 의무를 이행하는 데 필요한 기간이 확보되도록 하여야 한다.(2015.5.18 후단신설)
② 義務者가 前項의 戒告를 받고 指定期限까지 그 義務를 履行하지 아니할 때에는 當該 行政廳은 代執行令狀으로써 代執行을 할 時期, 代執行을 시키기 爲하여 派遣하는 執行責任者의 姓名과 代執行에 要하는 費用의 概算에 依한 見積額을 義務者에게 通知하여야 한다.
③ 非常時 또는 危險이 切迫한 境遇에 있어서 當該 行爲의 急速한 實施를 要하여 前2項에 規定한 手續을 取할 餘裕가 없을 때에는 그 手續을 거치지 아니하고 代執行을 할 수 있다.
第4條【대집행의 실행 등】 ① 행정청(제2조에 따라 대집행을 실행하는 제3자를 포함한다. 이하 이 조에서 같다)은 해가 뜨기 전이나 해가 진 후에는 대집행을 하여서는 아니 된다. 다만, 다음 각 호의 어느 하나에 해당하는 경우에는 그러하지 아니하다.
1. 의무자가 동의한 경우
2. 해가 지기 전에 대집행을 착수한 경우
3. 해가 뜬 후부터 해가 지기 전까지 대집행을 하는 경우에는 대집행의 목적 달성이 불가능한 경우
4. 그 밖에 비상시 또는 위험이 절박한 경우
(2015.5.18 본항신설)
② 행정청은 대집행을 할 때 대집행 과정에서의 안전 확보를 위하여 필요하다고 인정하는 경우 현장에 긴급 의료장비나 시설을 갖추는 등 필요한 조치를 하여야 한다.
(2015.5.18 본항신설)
③ 代執行을 하기 爲하여 現場에 派遣되는 執行責任者는 그가 執行責任者라는 것을 表示한 證票를 携帶하여 代執行時에 利害關係人에게 提示하여야 한다.
(2015.5.18 본조제목개정)
第5條【費用納付命令書】 代執行에 要한 費用의 徵收에 있어서는 實際에 要한 費用額과 그 納期日을 定하여 義務者에게 文書로써 그 納付를 命하여야 한다.

第6條【費用徵收】 ① 代執行에 要한 費用은 國稅徵收法의 例에 依하여 徵收할 수 있다.
② 代執行에 要한 費用에 對하여서는 行政廳은 事務費의 所屬에 따라 國稅에 다음가는 順位의 先取得權을 가진다.
③ 代執行에 要한 費用을 徵收하였을 때에는 그 徵收金은 事務費의 所屬에 따라 國庫 또는 地方自治團體의 收入으로 한다.
第7條【행정심판】 대집행에 대하여는 행정심판을 제기할 수 있다.(2010.1.25 본조개정)
第8條【出訴權利의 保障】 前條의 規定은 法院에 對한 出訴의 權利를 妨害하지 아니한다.
第9條【施行令】 本法 施行에 關하여 必要한 事項은 大統領令으로 定한다.

附 則 (2015.5.18)

第1條【시행일】 이 법은 공포 후 6개월이 경과한 날부터 시행한다.
第2條【대집행 절차에 관한 적용례】 제3조의 개정규정은 이 법 시행 후 최초로 계고하는 분부터 적용한다.
第3條【대집행 실행 시간에 관한 적용례】 제4조제1항의 개정규정은 이 법 시행 후 의무자에게 최초로 대집행영장을 통지하는 분부터 적용한다.
第4條【대집행 시 안전 확보에 관한 적용례】 제4조제2항의 개정규정은 이 법 시행 후 최초로 실행하는 대집행부터 적용한다.

행정사법

(2011년 3월 8일 전부개정법률 제10441호)

개정
2013. 3.23법11690호(정부조직)
2014.11.19법12844호(정부조직)
2015. 5.18법13296호
2016. 1.27법13835호
2016.12. 2법14287호
2017. 7.26법14839호(정부조직)
2020. 6. 9법17394호
2022.11.15법19034호

제1장 총 칙

제1조【목적】 이 법은 행정사(行政士) 제도를 확립하여 행정과 관련한 국민의 편익을 도모(圖謀)하고 행정제도의 건전한 발전에 이바지함을 목적으로 한다.
제2조【업무】 ① 행정사는 다른 사람의 위임을 받아 다음 각 호의 업무를 수행한다. 다만, 다른 법률에 따라 제한된 업무는 할 수 없다.
1. 행정기관에 제출하는 서류의 작성
2. 권리·의무나 사실증명에 관한 서류의 작성
3. 행정기관의 업무에 관련된 서류의 번역
4. 제1호부터 제3호까지의 규정에 따라 작성된 서류의 제출 대행(代行)
5. 인가·허가 및 면허 등을 받기 위하여 행정기관에 하는 신청·청구 및 신고 등의 대리(代理)
6. 행정 관계 법령 및 행정에 대한 상담 또는 자문에 대한 응답
7. 법령에 따라 위탁받은 사무의 사실 조사 및 확인
② 제1항에 따른 업무의 내용과 범위는 대통령령으로 정한다.
제3조【행정사가 아닌 사람에 대한 금지 사항】 ① 행정사가 아닌 사람은 다른 법률에 따라 허용되는 경우를 제외하고는 제2조에 따른 업무를 업(業)으로 하지 못한다.
② 행정사가 아닌 사람은 행정사 또는 이와 비슷한 명칭을 사용하지 못한다.
제4조【행정사의 종류】 행정사는 소관 업무에 따라 일반행정사, 해사행정사 및 외국어번역행정사로 구분하고, 종류별 업무의 범위와 내용은 대통령령으로 정한다.
(2020.6.9 본조개정)

제2장 행정사의 자격과 시험

제5조【행정사의 자격】 행정사 자격시험에 합격한 사람은 행정사 자격이 있다.
제6조【결격사유】 다음 각 호의 어느 하나에 해당하는 사람은 행정사가 될 수 없다.
1. 피성년후견인 또는 피한정후견인(2016.1.27 본호개정)
2. 파산선고를 받고 복권(復權)되지 아니한 사람
3. 금고 이상의 실형을 선고받고 그 집행이 끝나거나(집행이 끝난 것으로 보는 경우를 포함한다) 집행이 면제된 날부터 3년이 지나지 아니한 사람
4. 금고 이상의 형의 집행유예를 선고받고 그 유예기간이 끝난 날부터 2년이 지나지 아니한 사람
5. 금고 이상의 형의 선고유예를 받고 그 유예기간에 있는 사람
6. 공무원으로서 징계처분에 따라 파면되거나 해임된 후 3년이 지나지 아니한 사람
7. 제30조에 따라 행정사 자격이 취소된 후 3년이 지나지 아니한 사람
제7조【행정사자격심의위원회】 ① 행정사 자격의 취득과 관련된 다음 각 호의 사항을 심의하기 위하여 행정안전부에 행정사자격심의위원회를 둘 수 있다.(2017.7.26 본문개정)

1. 행정사 자격시험 과목 등 시험에 관한 사항
2. 행정사 자격시험 선발 인원의 결정에 관한 사항
3. 행정사 자격시험의 일부면제 대상자의 요건에 관한 사항
4. 그 밖에 행정사 자격의 취득과 관련한 중요 사항

② 행정사자격심의위원회의 구성 및 운영에 필요한 사항은 대통령령으로 정한다.

제8조【행정사 자격시험】 ① 행정사 자격시험은 행정안전부장관이 실시한다.(2017.7.26 본항개정)

② 행정사 자격시험은 제1차시험과 제2차시험으로 구분하여 실시한다.

③ 행정안전부장관은 행정사 자격시험의 관리에 관한 업무를 「한국산업인력공단법」에 따른 한국산업인력공단에 위탁할 수 있다.(2017.7.26 본항개정)

④ 행정사 자격시험의 시험과목, 시험방법, 그 밖에 시험에 관하여 필요한 사항은 대통령령으로 정한다.

제9조【시험의 일부 면제】 ① 다음 각 호의 어느 하나에 해당하는 사람은 제1차시험을 면제한다.

1. 공무원으로 재직한 사람 중 다음 각 목의 어느 하나에 해당하는 사람
   가. 경력직공무원(특정직공무원 중 대통령령으로 정하는 공무원은 제외한다. 이하 같다)으로 10년 이상 근무한 사람 중 7급(이에 상당하는 계급을 포함한다) 이상의 직에 5년 이상 근무한 사람(2020.6.9 본목개정)
   나. 대통령령으로 정하는 특수경력직공무원으로 10년 이상 근무한 사람 중 7급 이상에 상당하는 직에 5년 이상 근무한 사람(2020.6.9 본목개정)
2. 「고등교육법」에 따른 대학에서 외국어 전공 학사학위를 받은 후 그 외국어 번역 업무에 5년 이상 종사한 경력이 있는 사람
3. 「고등교육법」에 따른 대학원에서 외국어 전공 석사학위 또는 박사학위를 받은 후 그 외국어 번역 업무에 3년 이상 종사한 경력이 있는 사람
4. 행정사 자격이 있는 사람으로서 다른 종류의 행정사 자격시험에 응시하는 사람(2016.12.2 본호신설)

② 다음 각 호의 어느 하나에 해당하는 사람은 제1차시험의 전과목과 제2차시험의 과목 중 2분의 1을 넘지 아니하는 범위에서 대통령령으로 정하는 과목을 면제한다.

1. 경력직공무원으로서 다음 각 목의 어느 하나에 해당하는 사람
   가. 15년 이상 근무한 사람 중 6급(이에 상당하는 계급을 포함한다) 이상의 직에 8년 이상 근무한 사람
   나. 10년 이상 근무한 사람 중 5급(이에 상당하는 계급을 포함한다) 이상의 직에 5년 이상 근무한 사람
   (2020.6.9 가목~나목개정)
2. 대통령령으로 정하는 특수경력직공무원으로서 다음 각 목의 어느 하나에 해당하는 사람
   가. 15년 이상 근무한 사람 중 6급 이상에 상당하는 직에 8년 이상 근무한 사람(2020.6.9 본목개정)
   나. 10년 이상 근무한 사람 중 5급 이상에 상당하는 직에 5년 이상 근무한 사람(2020.6.9 본목개정)
3. 「고등교육법」에 따른 대학에서 외국어 전공 학사학위를 받은 후 그 외국어 번역 업무에 7년 이상 종사한 경력이 있는 사람
4. 「고등교육법」에 따른 대학원에서 외국어 전공 석사학위 또는 박사학위를 받은 후 그 외국어 번역 업무에 5년 이상 종사한 경력이 있는 사람

③ 다음 각 호의 어느 하나에 해당하는 사람에게는 제1항 및 제2항을 적용하지 아니한다.

1. 공무원으로 근무 중 탄핵된 사람 또는 징계처분에 따라 그 직에서 파면되거나 해임된 사람
2. 공무원으로 근무 중 금전, 물품, 부동산, 향응 또는 그 밖에 대통령령으로 정하는 재산상 이익을 취득하거나 제공한 사유로 강등 또는 정직에 해당하는 징계처분을 받은 사람
3. 공무원으로 근무 중 다음 각 목에 해당하는 것을 횡령(橫領), 배임(背任), 절도, 사기 또는 유용(流用)한 사유로 강등 또는 정직에 해당하는 징계처분을 받은 사람
   가. 「국가재정법」에 따른 예산 및 기금
   나. 「지방재정법」에 따른 예산 및 「지방자치단체 기금관리기본법」에 따른 기금
   다. 「국고금 관리법」 제2조제1호에 따른 국고금
   라. 「보조금 관리에 관한 법률」 제2조제1호에 따른 보조금
   마. 「국유재산법」 제2조제1호에 따른 국유재산 및 「물품관리법」 제2조제1항에 따른 물품
   바. 「공유재산 및 물품 관리법」 제2조제1호 및 제2호에 따른 공유재산 및 물품
   사. 그 밖에 가목부터 바목까지에 준하는 것으로서 대통령령으로 정하는 것

(2015.5.18 본항신설)

④ 제1항 및 제2항에 따른 외국어 번역 업무에 종사한 경력 등 자격인정에 필요한 사항은 대통령령으로 정한다.

⑤ 제1차시험에 합격한 사람에 대하여는 다음 회의 시험에서만 제1차시험을 면제한다.

(2020.6.9 본조제목개정)

제9조의2【시험부정행위자에 대한 조치】 ① 행정안전부장관은 제8조에 따른 행정사 자격시험에서 부정행위를 한 사람에 대하여는 그 시험을 정지시키거나 무효로 처리한다.(2017.7.26 본항개정)

② 제1항에 따라 시험이 정지되거나 무효로 처리된 사람은 그 처분이 있은 날부터 5년간 행정사 자격시험에 응시하지 못한다.

(2016.1.27 본조신설)

제3장 업무신고

제10조【행정사의 업무신고】 ① 행정사 자격이 있는 사람이 행정사로서 업무를 하려면 대통령령으로 정하는 바에 따라 주된 사무소의 소재지를 관할하는 특별자치시장·특별자치도지사·시장·군수 또는 자치구의 구청장(이하 "시장등"이라 한다)에게 대통령령으로 정하는 행정사 업무신고 신고기준을 갖추어 신고(이하 "행정사업무신고"라 한다)하여야 한다. 신고한 사항을 변경할 때도 또한 같다.

② 행정사업무신고의 기준 및 절차 등에 관하여 필요한 사항은 대통령령으로 정한다.

(2020.6.9 본조개정)

제11조【업무신고의 수리 거부】 ① 시장등은 행정사업무신고를 하려는 사람이 행정사업무신고 기준을 갖추지 아니한 경우에는 그 행정사업무신고의 수리를 거부할 수 있다. 이 경우 지체 없이 행정사업무신고의 수리 거부 사실 및 그 사유를 당사자에게 알려야 한다.(2020.6.9 본항개정)

② 시장등이 업무신고를 받은 날부터 3개월이 지날 때까지 제12조에 따른 행정사업무신고확인증(이하 "신고확인증"이라 한다)을 발급하지 아니하거나 행정사업무신고의 수리 거부 통지를 하지 아니하면 3개월이 되는 날의 다음 날에 행정사업무신고가 수리된 것으로 본다.(2020.6.9 본항개정)

③ 제1항에 따라 행정사업무신고의 수리가 거부된 사람은 그 통지를 받은 날부터 3개월 이내에 행정사업무신고의 수리 거부에 대한 불복(不服)의 이유를 밝혀 시장등에게 이의신청을 할 수 있다.(2020.6.9 본항개정)

④ 시장등은 제3항에 따른 이의신청이 이유 있다고 인정하면 신고확인증을 발급하여야 한다.

⑤ 제3항에 따른 이의신청에 필요한 사항은 행정안전부령으로 정한다.(2017.7.26 본항개정)

제12조【신고확인증의 발급】 ① 시장등은 행정사업무신고를 받은 때에는 그 내용을 확인한 후 행정안전부령으로 정하는 바에 따라 신고확인증을 행정사에게 발급하여야 한다.(2020.6.9 본항개정)

② 제1항에 따라 신고확인증을 발급받은 사람은 신고확인증을 잃어버리거나 못쓰게 된 경우에는 행정안전부령으로 정하는 바에 따라 시장등에게 재발급을 신청할 수 있다.
(2017.7.26 본조개정)

제13조【신고확인증의 대여 등의 금지】 ① 행정사는 다른 사람에게 신고확인증을 대여하여서는 아니 된다.
② 누구든지 다른 사람의 신고확인증을 대여받아 사용하여서는 아니 된다.
③ 누구든지 제1항 및 제2항에 따른 신고확인증의 대여를 알선하여서는 아니 된다.(2020.6.9 본항신설)
(2020.6.9 본조개정)

제14조【사무소의 설치 등】 ① 행정사는 제2조에 따른 업무를 하기 위한 사무소를 하나만 설치할 수 있다.(2020.6.9 본항개정)
② 행정사는 그 업무를 효율적으로 수행하고 공신력(公信力)을 높이기 위하여 2명 이상의 행정사로 구성된 합동사무소를 설치할 수 있으며, 행정사합동사무소를 구성하는 행정사의 수를 넘지 아니하는 범위에서 주사무소와 분사무소(分事務所)를 설치할 수 있다. 이 경우 주사무소와 분사무소에는 행정사합동사무소를 구성하는 행정사가 각각 1명 이상 상근하여야 한다.(2022.11.15 전단개정)
③ 행정사가 사무소를 이전한 때에는 10일 이내에 이전 후의 사무소 소재지를 관할하는 시장등에게 신고하여야 한다.
(2020.6.9 본항개정)
④ 제3항에 따라 이전신고를 받은 시장등은 이전신고한 행정사에게 신고확인증을 발급하여야 하며, 종전의 사무소 소재지를 관할하는 시장등에게 사무소의 이전 사실을 통지하여야 한다.(2020.6.9 본항개정)
⑤ 제3항에 따른 신고 전에 발생한 사유로 인한 행정사에 대한 행정처분은 제3항에 따라 신고를 받은 시장등이 행한다.
(2020.6.9 본항개정)
⑥ 사무소의 설치·운영 및 신고와 그 밖에 필요한 사항은 행정안전부령으로 정한다.(2017.7.26 본항개정)
(2020.6.9 본조제목개정)

제15조【사무소의 명칭 등】 ① 행정사는 그 사무소의 종류별로 사무소의 명칭 중에 행정사사무소 또는 행정사합동사무소라는 글자를 사용하고, 행정사합동사무소의 분사무소에는 그 분사무소임을 표시하여야 한다.
② 행정사가 아닌 사람은 행정사사무소 또는 이와 비슷한 명칭을 사용하지 못하며, 행정사합동사무소나 그 분사무소가 아니면 행정사합동사무소나 그 분사무소 또는 이와 비슷한 명칭을 사용하지 못한다.

제16조【폐업신고】 ① 행정사가 폐업한 경우에는 본인이, 사망한 경우에는 가족이나 동거인 또는 그 사무직원이 지체 없이 그 사실을 시장등에게 신고하여야 한다. 폐업한 행정사가 업무를 다시 시작할 때에도 또한 같다.
② 제1항에 따른 신고에 필요한 사항은 행정안전부령으로 정한다.(2017.7.26 본항개정)

제17조【휴업신고】 ① 행정사가 3개월이 넘도록 휴업(업무신고를 하고 업무를 시작하지 아니하는 경우를 포함한다. 이하 같다)하거나 휴업한 행정사가 업무를 다시 시작하려면 시장등에게 신고하여야 한다.
② 시장등은 제1항에 따른 업무재개신고를 받은 날부터 15일 이내에 신고수리 여부를 신고인에게 통지하여야 한다.
(2020.6.9 본항신설)
③ 시장등은 제2항에서 정한 기간 내에 신고수리 여부 또는 민원 처리 관련 법령에 따른 처리기간의 연장을 신고인에게 통지하지 아니하면 그 기간(민원 처리 관련 법령에 따라 처리기간이 연장 또는 재연장된 경우에는 해당 처리기간을 말한다)이 끝난 날의 다음 날에 신고를 수리한 것으로 본다.
(2020.6.9 본항신설)
④ 제1항에 따라 휴업한 행정사가 2년이 지나도 업무를 다시 시작하지 아니하는 경우에는 폐업한 것으로 본다.
⑤ 제1항에 따른 휴업신고 및 업무재개신고에 필요한 사항은 행정안전부령으로 정한다.(2020.6.9 본항개정)

제4장 행정사의 권리·의무

제18조【사무직원】 ① 행정사는 사무직원을 둘 수 있으며, 소속 사무직원을 지도·감독할 책임이 있다.
② 사무직원의 직무상 행위는 그를 고용한 행정사의 행위로 본다.
③ (2015.5.18 삭제)

제19조【보수】 ① 행정사는 업무를 위임한 자로부터 보수를 받는다.
② 행정사와 그 사무직원은 업무에 관하여 제1항에 따른 보수 외에 어떠한 명목으로도 위임인으로부터 금전 또는 재산상의 이익이나 그 밖의 반대급부(反對給付)를 받지 못한다.

제20조【증명서의 발급】 ① 행정사는 업무에 관련된 사실의 확인증명서를 발급할 수 있다.
② 외국어번역행정사는 그가 번역한 번역문에 대하여 번역확인증명서를 발급할 수 있다.
③ 제1항과 제2항에 따른 증명서 발급의 범위는 대통령령으로 정한다.

제21조【행정사의 의무와 책임】 ① 행정사는 품위를 유지하고 신의와 성실로써 공정하게 직무를 성실히 수행하여야 한다.
② 행정사가 위임받은 업무를 수행하면서 고의 또는 과실로 위임인에게 재산상의 손해를 입힌 경우에는 그 손해를 배상할 책임이 있다.
(2020.6.9 본조개정)

제21조의2【수임제한】 ① 공무원직에 있다가 퇴직한 행정사는 퇴직 전 1년부터 퇴직할 때까지 근무한 행정기관에 대한 제2조제1항제5호에 따른 업무를 퇴직한 날부터 1년 동안 수임할 수 없다.
② 제1항의 수임제한은 제25조의7에 따른 법인구성원 또는 소속행정사로 지정되는 경우를 포함한다.
③ 제1항에 따른 행정기관의 범위는 대통령령으로 정한다.
(2020.6.9 본조신설)

제22조【금지행위】 행정사와 그 사무직원은 다음 각 호의 행위를 하여서는 아니 된다.
1. 정당한 사유 없이 업무에 관한 위임을 거부하는 행위
2. 당사자 중 어느 한 쪽의 위임을 받아 취급하는 업무에 관하여 이해관계를 달리하는 상대방으로부터 같은 업무를 위임받는 행위. 다만, 당사자 양쪽이 동의한 경우는 제외한다.
3. 행정사의 업무 범위를 벗어나서 타인의 소송이나 그 밖의 권리관계분쟁 또는 민원사무처리과정에 개입하는 행위
4. 업무수임 또는 수행 과정에서 관련 공무원과의 연고(緣故) 등 사적인 관계를 드러내며 영향력을 미칠 수 있는 것으로 선전하는 행위(2020.6.9 본호신설)
5. 행정사의 업무에 관하여 거짓된 내용을 표시하거나 객관적 사실을 과장 또는 누락하여 소비자를 오도(誤導)하거나 오해를 불러일으킬 우려가 있는 내용의 광고행위(2020.6.9 본호신설)
6. 행정사 업무의 알선을 업으로 하는 자를 이용하거나 그 밖의 부당한 방법으로 행정사 업무의 위임을 유치(誘致)하는 행위

제23조【비밀엄수】 행정사 또는 행정사이었던 사람(행정사의 사무직원 또는 사무직원이었던 사람을 포함한다)은 정당한 사유 없이 직무상 알게 된 사실을 다른 사람에게 누설하여서는 아니 된다.

제24조【업무처리부 작성】 ① 행정사는 업무를 위임받으면 대통령령으로 정하는 바에 따라 업무처리부(業務處理簿)를 작성하여 보관하여야 한다.
② 제1항에 따른 업무처리부에는 다음 각 호의 사항을 적어야 한다.
1. 일련번호
2. 위임받은 연월일
3. 위임받은 업무의 개요

4. 보수액
5. 위임인의 주소와 성명
6. 그 밖에 위임받은 업무의 처리에 필요한 사항

제25조【행정사의 교육】 ① 행정사 자격이 있는 사람이 행정사 업무를 시작하려면 대통령령으로 정하는 바에 따라 행정안전부장관이 시행하는 실무교육을 받아야 한다.
② 행정사의 사무소(행정사합동사무소 또는 행정사법인의 경우에는 주사무소를 말한다)의 소재지를 관할하는 특별시장·광역시장·특별자치시장·도지사·특별자치도지사(이하 "시·도지사"라 한다)는 행정사의 자질과 업무수행능력 향상을 위하여 직접 또는 대통령령으로 정하는 기관·단체 등에 위탁하여 행정사에 대한 연수교육을 실시하여야 한다.
③ 행정사는 제2항에 따른 연수교육을 받아야 한다.
④ 제1항에 따른 실무교육 및 제2항에 따른 연수교육의 과목·시기·기간 및 이수방법 등에 관하여 필요한 사항은 대통령령으로 정한다.
(2020.6.9 본조개정)

제4장의2 행정사법인
(2020.6.9 본장신설)

제25조의2【행정사법인의 설립】 행정사는 제2조에 따른 업무를 조직적이고 전문적으로 수행하기 위하여 3명 이상의 행정사를 구성원으로 하는 행정사법인을 설립할 수 있다.

제25조의3【설립 절차】 ① 행정사법인을 설립하려면 행정사법인의 구성원이 될 행정사가 정관(定款)을 작성하여 대통령령으로 정하는 바에 따라 행정안전부장관의 인가(이하 "설립인가"라 한다)를 받아야 한다. 정관을 변경할 때에도 또한 같다.
② 행정사법인의 정관에는 다음 각 호의 사항을 적어야 한다.
1. 목적, 명칭, 주사무소 및 분사무소의 소재지
2. 행정사법인을 구성하는 행정사(이하 "법인구성원"이라 한다)의 성명과 주소
3. 법인구성원의 출자에 관한 사항
4. 법인구성원 회의에 관한 사항
5. 자산 및 회계에 관한 사항
6. 행정사법인의 대표에 관한 사항
7. 존립시기, 해산사유를 정한 경우에는 그 시기 또는 사유
8. 그 밖에 대통령령으로 정하는 사항

③ 행정사법인은 대통령령으로 정하는 바에 따라 등기하여야 한다.
④ 행정사법인은 그 주사무소의 소재지에서 설립등기를 함으로써 성립한다.

제25조의4【행정사법인의 업무신고 등】 ① 행정사법인이 제2조에 따른 업무를 하려면 대통령령으로 정하는 바에 따라 주사무소의 소재지를 관할하는 시장등에게 대통령령으로 정하는 행정사법인 업무신고 기준을 갖추어 신고(이하 "법인업무신고"라 한다)하여야 한다. 신고한 사항을 변경할 때에도 또한 같다.
② 시장등은 법인업무신고를 하려는 자가 법인업무신고 기준을 갖추지 아니한 경우에는 그 법인업무신고의 수리를 거부할 수 있다. 이 경우 지체 없이 법인업무신고의 수리 거부 사실 및 그 사유를 당사자에게 알려야 한다.
③ 시장등은 법인업무신고를 받은 때에는 그 내용을 확인한 후 행정안전부령으로 정하는 바에 따라 법인업무신고확인증을 행정사법인에 발급하여야 한다.
④ 법인업무신고의 기준 및 절차 등에 관하여 필요한 사항은 대통령령으로 정한다.

제25조의5【행정사법인의 사무소 등】 ① 행정사법인은 법인구성원의 수를 넘지 아니하는 범위에서 주사무소와 분사무소를 설치할 수 있다. 이 경우 주사무소와 분사무소에는 각각 1명 이상의 법인구성원이 상근하여야 한다.
② 행정사법인은 사무소의 명칭 중에 행정사법인이라는 글자를 사용하여야 하고, 행정사법인의 분사무소에는 그 분사무소임을 표시하여야 한다.
③ 행정사법인이 아닌 자는 행정사법인 또는 이와 비슷한 명칭을 사용하지 못하며, 행정사법인의 사무소나 그 분사무소가 아니면 행정사법인이나 그 분사무소 또는 이와 비슷한 명칭을 사용하지 못한다.

제25조의6【행정사법인의 소속행정사 등】 ① 행정사법인은 행정사를 고용할 수 있다.
② 행정사법인은 제1항에 따라 행정사를 고용한 경우에는 주사무소 소재지의 시장등에게 행정안전부령으로 정하는 바에 따라 신고하여야 하며, 그 변경이 있는 경우에도 또한 같다.
③ 제1항에 따라 고용된 행정사(이하 "소속행정사"라 한다) 및 법인구성원은 업무정지 중이거나 휴업 중인 사람이 아니어야 한다.
④ 소속행정사 및 법인구성원은 그 행정사법인의 사무소 외에 따로 사무소를 둘 수 없다.
⑤ 법인업무신고를 한 행정사법인은 제25조제1항에 따른 실무교육을 받지 아니한 사람을 소속행정사로 고용하거나 법인구성원으로 할 수 없다.
⑥ 행정사법인이 제25조의2 또는 그 밖의 이 법에 따른 법인구성원에 관한 요건을 갖추지 못하게 된 경우에는 6개월 이내에 이를 보충하여야 한다.

제25조의7【업무수행 방법】 ① 행정사법인은 법인의 명의로 업무를 수행하여야 하며, 수임한 업무마다 그 업무를 담당할 법인구성원 또는 소속행정사(이하 "담당행정사"라 한다)를 지정하여야 한다. 다만, 소속행정사를 담당행정사로 지정할 경우에는 법인구성원과 공동으로 지정하여야 한다.
② 행정사법인이 수임한 업무에 대하여 담당행정사를 지정하지 아니한 경우에는 법인구성원 모두를 담당행정사로 지정한 것으로 본다.
③ 담당행정사는 지정된 업무에 관하여 그 법인을 대표한다.
④ 행정사법인이 그 업무에 관하여 작성하는 서면(書面)에는 행정사법인의 명의를 표시하고 담당행정사가 기명날인하여야 한다.

제25조의8【해산】 ① 행정사법인은 다음 각 호의 사유로 해산한다.
1. 정관에서 정하는 해산 사유의 발생
2. 법인구성원 전원의 동의
3. 합병 또는 파산
4. 설립인가의 취소

② 행정사법인이 해산하면 청산인은 지체 없이 그 사유를 대통령령으로 정하는 바에 따라 행정안전부장관에게 신고하여야 한다.

제25조의9【합병】 ① 행정사법인은 법인구성원 전원의 동의가 있으면 다른 행정사법인과 합병할 수 있다.
② 제1항의 경우에는 제25조의3을 준용한다.

제25조의10【설립인가의 취소】 행정안전부장관은 행정사법인이 다음 각 호의 어느 하나에 해당하는 경우에는 대통령령으로 정하는 바에 따라 설립인가를 취소할 수 있다. 다만, 제1호의 경우에는 설립인가를 취소하여야 한다.
1. 거짓이나 그 밖의 부정한 방법으로 설립인가를 받은 경우
2. 제25조의6제6항을 위반하여 법인구성원에 관한 요건을 6개월 이내에 보충하지 아니한 경우
3. 제32조에 따른 업무정지처분을 받고 그 업무정지 기간 중에 업무를 수행한 경우
4. 법령을 위반하여 업무를 수행한 경우

제25조의11【경업의 금지】 ① 법인구성원 또는 소속행정사는 자기 또는 제3자를 위하여 그 행정사법인의 업무범위에 속하는 업무를 수행하거나 다른 행정사법인의 법인구성원 또는 소속행정사가 되어서는 아니 된다.
② 행정사법인의 법인구성원 또는 소속행정사이었던 사람은 그 행정사법인에 소속한 기간 중에 그 행정사법인의 담당행정사로서 수행하고 있었거나 수행을 승낙한 업무에 관하여는 퇴직 후 행정사의 업무를 수행할 수 없다. 다만, 그 행정사법인의 동의가 있는 경우에는 그러하지 아니하다.

제25조의12【손해배상책임의 보장】 행정사법인은 그 직무를 수행하면서 고의나 과실로 의뢰인에게 손해를 입힌 경우

그 손해에 대한 배상책임을 보장하기 위하여 대통령령으로 정하는 바에 따라 손해배상준비금 적립이나 보험가입 등 필요한 조치를 하여야 한다.

제25조의13【준용규정】 ① 행정사법인에 관하여는 그 성질에 반하지 아니하는 범위에서 제11조제2항부터 제5항까지, 제12조제2항, 제13조, 제14조제3항부터 제6항까지, 제16조부터 제21조까지 및 제22조부터 제24조까지의 규정을 준용한다.

② 행정사법인에 관하여 이 법에서 정한 것 외에는 「상법」 중 합명회사(合名會社)에 관한 규정을 준용한다.

제5장 대한행정사회

(2020.6.9 본장제목개정)

제26조【대한행정사회의 설립 등】 ① 행정사의 품위 향상과 직무의 개선·발전을 도모하기 위하여 대한행정사회(이하 "행정사회"라 한다)를 둔다.

② 행정사회는 법인으로 한다.

③ 행정사회는 정관을 정하여 행정안전부장관의 인가를 받아 설립등기를 함으로써 성립한다.

④ 행정사회의 설립·운영 및 설립인가의 신청 등에 필요한 사항은 대통령령으로 정한다.

(2020.6.9 본조개정)

제26조의2【행정사회의 가입 의무】 행정사(법인구성원 및 소속행정사를 포함한다)로서 개업하려면 행정사회에 가입하여야 한다.(2020.6.9 본조신설)

제26조의3【행정사회의 공익활동 의무】 행정사회는 취약계층의 지원 등 공익활동에 적극 참여하여야 한다.

(2020.6.9 본조신설)

제27조【행정사회의 정관】 ① 행정사회의 정관에는 다음 각 호의 사항이 포함되어야 한다.(2020.6.9 본문개정)

1. 목적·명칭과 사무소의 소재지
2. 대표자와 그 밖의 임원에 관한 사항
3. 회의에 관한 사항
4. 행정사의 품위유지와 업무 및 교육에 관한 사항
5. 회원의 가입·탈퇴 및 지도·감독에 관한 사항
6. 회계 및 회비부담에 관한 사항
7. 자산에 관한 사항
8. 그 밖에 행정사회의 목적을 달성하기 위하여 필요한 사항 (2020.6.9 본호개정)

② 정관을 변경하려면 행정안전부장관의 인가를 받아야 한다.

(2017.7.26 본항개정)

(2020.6.9 본조제목개정)

제28조【「민법」의 준용】 행정사회에 관하여 이 법에서 규정하지 아니한 사항에 대하여는 「민법」 중 사단법인에 관한 규정을 준용한다.(2020.6.9 본조개정)

제29조【행정사회에 대한 감독 등】 ① 행정사회는 행정안전부장관의 감독을 받는다.(2020.6.9 본항개정)

② 행정안전부장관은 감독을 위하여 필요하다고 인정하면 행정사회에 대하여 그 업무에 관한 사항을 보고하게 하거나 자료의 제출 또는 그 밖에 필요한 명령을 할 수 있으며, 소속 공무원으로 하여금 행정사회의 사무소에 출입하여 업무 상황과 그 밖의 서류 등을 검사하게 할 수 있다.(2020.6.9 본항개정)

③ 제2항에 따라 출입·검사 등을 하는 공무원은 행정안전부령으로 정하는 증표를 지니고 상대방에게 이를 보여주어야 한다.

(2020.6.9 본조제목개정)

(2017.7.26 본조개정)

제6장 지도·감독

제30조【자격의 취소】 ① 행정안전부장관은 행정사가 다음 각 호의 어느 하나에 해당하는 경우에는 그 자격을 취소하여야 한다.(2017.7.26 본문개정)

1. 거짓이나 그 밖의 부정한 방법으로 행정사 자격을 취득한 경우
2. 제13조제1항을 위반하여 신고확인증을 양도하거나 대여한 경우
3. 제32조에 따른 업무정지처분을 받고 그 업무정지 기간에 행정사 업무를 한 경우
4. 이 법을 위반하여 징역형이 확정된 경우

② 행정안전부장관은 제1항에 따라 행정사 자격을 취소하려는 경우에는 청문을 하여야 한다.(2017.7.26 본항개정)

제31조【감독상 명령 등】 ① 행정안전부장관 또는 행정사의 사무소(행정사합동사무소 또는 행정사법인의 경우에는 주사무소를 말한다)의 소재지를 관할하는 시장등은 행정사 또는 행정사법인에 대한 감독을 위하여 필요하다고 인정하면 해당 행정사 또는 행정사법인에 대하여 업무에 관한 사항을 보고하게 하거나 업무처리부 등 자료의 제출 또는 그 밖에 필요한 명령을 할 수 있으며, 소속 공무원으로 하여금 그 사무소에 출입하여 장부·서류 등을 검사하거나 질문하게 할 수 있다.(2020.6.9 본항개정)

② 제1항에 따라 출입·검사 등을 하는 공무원은 행정안전부령으로 정하는 증표를 지니고 상대방에게 이를 보여주어야 한다.

(2017.7.26 본조개정)

제32조【업무의 정지】 ① 행정사 사무소(행정사합동사무소 또는 행정사법인의 경우에는 주사무소를 말한다)의 소재지를 관할하는 시장등은 행정사 또는 행정사법인이 다음 각 호의 어느 하나에 해당하는 경우에는 6개월의 범위에서 기간을 정하여 업무의 정지를 명할 수 있다.(2020.6.9 본문개정)

1. 제14조제1항을 위반하여 두 개 이상의 사무실을 설치한 경우
2. 제14조제2항 후단 또는 제25조의5제1항 후단을 위반하여 행정사합동사무소를 구성하는 행정사 또는 법인구성원이 상근하지 아니한 경우(2020.6.9 본호신설)
3. 제17조제1항(제25조의13제1항에서 준용하는 경우를 포함한다)에 따른 휴업신고를 하지 아니한 경우
4. 제19조제2항(제25조의13제1항에서 준용하는 경우를 포함한다)을 위반하여 위임인으로부터 보수 외에 금전 또는 재산상 이익이나 그 밖의 반대급부를 받은 경우

(2020.6.9 3호~4호개정)

5. 제25조의6제4항을 위반하여 따로 사무소를 둔 경우 (2020.6.9 본호신설)
6. 제31조제1항에 따른 보고 또는 업무처리부 자료 제출 등의 명령에 따르지 아니하거나 검사 또는 질문을 거부·방해 또는 기피한 경우(2020.6.9 본호신설)

② 제1항에 따른 업무정지에 관한 기준은 행정안전부령으로 정한다.(2017.7.26 본항개정)

③ 제1항에 따른 업무정지처분은 그 사유가 발생한 날부터 3년이 지나면 할 수 없다.

제33조【행정제재처분효과의 승계 등】 ① 제16조(제25조의13제1항에서 준용하는 경우를 포함한다)에 따라 폐업신고를 한 후 업무를 다시 시작하는 신고를 한 행정사(행정사법인을 포함한다. 이하 이 조에서 같다)는 폐업신고 전 행정사의 지위를 승계한다.(2020.6.9 본항개정)

② 제1항의 경우 폐업신고 전의 행정사에 대하여 제32조제1항 각 호의 위반행위를 사유로 한 행정처분의 효과는 그 처분일부터 1년간 업무를 다시 시작하는 신고를 한 행정사에게 승계된다.

③ 제1항의 경우 업무를 다시 시작하는 신고를 한 행정사에 대하여 폐업신고 전 행정사의 제32조제1항 각 호의 위반행위를 사유로 행정처분을 할 수 있다. 다만, 폐업신고를 한 날부터 업무를 다시 시작하는 신고를 한 날까지의 기간이 1년을 넘은 경우는 그러하지 아니하다.

④ 제3항에 따라 행정처분을 하는 경우에는 폐업한 기간과 폐업의 사유 등을 고려하여 업무정지의 기간을 정하여야 한다.

제7장 보 칙

제34조【위임 및 위탁】 ① 이 법에 따른 행정안전부장관의 권한은 그 일부를 대통령령으로 정하는 바에 따라 시·도지사에게 위임할 수 있다.
② 이 법에 따른 행정안전부장관의 업무는 그 일부를 대통령령으로 정하는 바에 따라 행정사회에 위탁할 수 있다.
(2020.6.9 본항개정)
(2017.7.26 본조개정)

제35조【응시 수수료】 제8조에 따른 행정사 자격시험에 응시하려는 사람은 행정안전부령으로 정하는 바에 따라 수수료를 내야 한다.(2017.7.26 본조개정)

제35조의2【규제의 재검토】 행정안전부장관은 제38조에 따른 과태료 부과기준에 대하여 2015년 6월 1일을 기준으로 2년마다(매 2년이 되는 해의 기준일과 같은 날 전까지를 말한다) 폐지, 완화 또는 유지 등의 타당성을 검토하여야 한다.
(2017.7.26 본조개정)

제8장 벌 칙

제36조【벌칙】 ① 다음 각 호의 어느 하나에 해당하는 자는 3년 이하의 징역 또는 3천만원 이하의 벌금에 처한다.
1. 제3조제1항을 위반하여 제2조제1항 각 호의 업무를 업으로 한 자
2. 제13조(제25조의13제1항에서 준용하는 경우를 포함한다)를 위반하여 신고확인증을 다른 자에게 대여한 행정사, 행정사법인과 이를 대여받은 자 또는 대여를 알선한 자

② 다음 각 호의 어느 하나에 해당하는 자는 1년 이하의 징역 또는 1천만원 이하의 벌금에 처한다.
1. 행정사업무신고 또는 법인업무신고를 하지 아니하고 행정사 업무를 한 자
2. 제21조의2에 따른 수임제한 규정을 위반한 사람
(2020.6.9 본호신설)
3. 제22조제4호(제25조의13제1항에서 준용하는 경우를 포함한다)를 위반하여 사적인 관계를 드러내며 영향력을 미칠 수 있는 것으로 선전한 자(2020.6.9 본호신설)
4. 제22조제5호(제25조의13제1항에서 준용하는 경우를 포함한다)를 위반하여 소비자를 오도하거나 오해를 불러일으킬 우려가 있는 내용의 광고행위를 한 자(2020.6.9 본호신설)
5. 제23조(제25조의13제1항에서 준용하는 경우를 포함한다)를 위반하여 업무상 알게 된 사실을 다른 사람에게 누설한 자
6. 제32조에 따른 업무정지처분을 받고 그 업무정지 기간에 행정사 업무를 한 자

③ 다음 각 호의 어느 하나에 해당하는 자는 100만원 이하의 벌금에 처한다.
1. 제19조제2항(제25조의13제1항에서 준용하는 경우를 포함한다)을 위반하여 위임인으로부터 보수 외에 금전 또는 재산상 이익이나 그 밖의 반대급부를 받은 자
2. 제22조제1호(제25조의13제1항에서 준용하는 경우를 포함한다)를 위반하여 정당한 사유 없이 업무에 관한 위임을 거부한 자
3. 제22조제2호(제25조의13제1항에서 준용하는 경우를 포함한다)를 위반하여 당사자 양쪽으로부터 같은 업무에 관한 위임을 받은 자
4. 제22조제3호(제25조의13제1항에서 준용하는 경우를 포함한다)를 위반하여 타인의 소송이나 그 밖의 권리관계분쟁 또는 민원사무처리과정에 개입한 자
5. 제22조제6호(제25조의13제1항에서 준용하는 경우를 포함한다)를 위반하여 알선을 업으로 하는 자를 이용하거나 그 밖의 부당한 방법으로 행정사 업무의 위임을 유치한 자
6. 제25조의11을 위반하여 경업(競業)을 한 자(2020.6.9 본호신설)

(2020.6.9 본조개정)

제37조【양벌규정】 행정사 또는 행정사법인의 사무직원이나 소속행정사가 행정사 또는 행정사법인의 업무와 관련하여 제36조를 위반하면 그 행위자를 벌하는 외에 그 행정사 또는 행정사법인에게도 해당 조문의 벌금형을 과(科)한다. 다만, 행정사 또는 행정사법인이 그 위반행위를 방지하기 위하여 해당 업무에 관하여 상당한 주의와 감독을 게을리하지 아니한 경우에는 그러하지 아니하다.(2020.6.9 본조개정)

제38조【과태료】 ① 다음 각 호의 어느 하나에 해당하는 자에게는 500만원 이하의 과태료를 부과한다.
1. 제3조제2항을 위반하여 행정사 또는 이와 비슷한 명칭을 사용한 자
2. 제15조제2항 또는 제25조의5제3항을 위반하여 행정사사무소, 행정사합동사무소 또는 그 분사무소나 행정사법인 또는 그 분사무소와 비슷한 명칭을 사용한 자
2의2. 제25조의12에 따른 조치를 취하지 아니한 행정사법인
(2020.6.9 본호신설)
3. 정당한 사유 없이 제29조제2항 및 제31조제1항에 따른 보고 또는 자료제출을 하지 아니하거나, 거짓으로 보고·자료제출을 하거나, 출입·검사를 방해·거부 또는 기피한 자
(2020.6.9 본항개정)

② 다음 각 호의 어느 하나에 해당하는 자에게는 100만원 이하의 과태료를 부과한다.
1. 제14조제3항(제25조의13제1항에서 준용하는 경우를 포함한다)에 따른 사무소 이전신고를 하지 아니한 자
2. 제15조제1항 또는 제25조의5제2항을 위반하여 행정사사무소, 행정사합동사무소 또는 행정사법인이라는 글자를 사용하지 아니하거나 그 분사무소임을 표시하지 아니한 자
3. 제24조(제25조의13제1항에서 준용하는 경우를 포함한다)를 위반하여 업무처리부를 작성하지 아니하거나 거짓으로 작성한 자
4. 제25조제3항을 위반하여 연수교육을 받지 아니하고 행정사 업무를 수행한 사람
(2020.6.9 본항개정)

③ 제1항 및 제2항에 따른 과태료는 대통령령으로 정하는 바에 따라 행정안전부장관, 시·도지사 또는 시장등이 부과·징수한다.(2017.7.26 본항개정)

부 칙

제1조【시행일】 이 법은 2013년 1월 1일부터 시행한다.

제2조【결격사유에 관한 경과조치】 이 법 시행 당시 행정사가 이 법 시행 전에 발생한 사유로 제6조제3호부터 제6호까지의 개정규정에 따른 결격사유에 해당하게 된 경우에는 같은 개정규정에도 불구하고 종전의 규정에 따른다.

제3조【행정사 자격시험 면제에 관한 경과조치】 이 법 공포 전부터 공무원으로 재직한 사람과 외국어 번역 업무에 종사한 사람은 제9조의 개정규정에도 불구하고 종전의 규정에 따라 행정사 자격시험의 전부 또는 일부를 면제한다.

제4조【업무신고에 관한 경과조치】 이 법 시행 당시 종전의 규정에 따라 행정사업을 하기 위하여 등록하거나 신고한 사람은 이 법에 따라 업무신고를 한 것으로 본다.

제5조【대한행정사회에 관한 경과조치】 이 법 시행 당시 법률 제5984호 행정사법 개정법률 부칙 제3항에 따라 「민법」에 따라 설립된 것으로 보는 대한행정사회는 이 법에 따라 설립된 협회로 본다.

제6조【벌칙에 관한 경과조치】 이 법 시행 전의 행위에 대하여 벌칙을 적용할 때에는 종전의 규정에 따른다.

제7조【다른 법령과의 관계】 이 법 시행 당시 다른 법령에서 종전의 「행정사법」의 규정을 인용한 경우 이 법 중 그에 해당하는 규정이 있을 때에는 종전의 규정을 갈음하여 이 법의 해당 조항을 인용한 것으로 본다.

부 칙 (2015.5.18)

제1조【시행일】 이 법은 2016년 1월 1일부터 시행한다. 다

만, 제18조제3항 및 제35조의2의 개정규정은 공포한 날부터 시행한다.
제2조【시험의 일부 면제에 관한 적용례】 제9조제3항의 개정규정은 이 법 시행 후 최초로 탄핵되거나 징계처분을 받은 사람부터 적용한다.

부 칙 (2016.1.27)

제1조【시행일】 이 법은 공포 후 6개월이 경과한 날부터 시행한다.
제2조【금치산자 등에 대한 경과조치】 제6조제1호의 개정규정에 따른 피성년후견인 또는 피한정후견인에는 법률 제10429호 민법 일부개정법률 부칙 제2조에 따라 금치산 또는 한정치산 선고의 효력이 유지되는 사람을 포함하는 것으로 본다.

부 칙 (2016.12.2)

제1조【시행일】 이 법은 공포한 날부터 시행한다.
제2조【제1차시험 면제에 관한 적용례】 제9조제1항제4호의 개정규정은 이 법 시행 후 최초로 공고하여 실시하는 시험부터 적용한다.

부 칙 (2020.6.9)

제1조【시행일】 이 법은 공포 후 1년이 경과한 날부터 시행한다.
제2조【행정사회의 설립준비】 ① 행정안전부장관은 이 법 공포일부터 3개월 이내에 종전의 제26조에 따라 설립된 행정사협회(이하 이 부칙에서 "협회"라 한다)의 해산과 행정사회의 설립에 관한 사무를 처리하기 위하여 대한행정사회 설립준비위원회(이하 "설립준비위원회"라 한다)를 설치한다.
② 설립준비위원회는 위원장을 포함한 12명 이내의 위원으로 구성하되, 위원장은 행정안전부차관이 되며, 위원은 행정안전부장관이 임명 또는 위촉한다.
③ 이 법에 따라 설립되는 행정사회에 협회의 권리·의무, 재산 및 직원을 승계하게 하려는 협회는 행정안전부장관에게 설립준비위원회의 위원 각 1명씩을 추천할 수 있다.
④ 설립준비위원회는 행정사회의 정관을 작성하여 설립준비위원회의 위원이 기명날인하거나 서명한 후 행정안전부장관의 인가를 받아 그 설립등기를 하여야 한다.
제3조【사무의 인계】 ① 설립준비위원회는 행정사회의 설립등기 후 지체 없이 행정사회의 회장에게 그 사무를 인계하여야 한다.
② 설립준비위원회 및 설립준비위원회의 위원은 제1항에 따른 사무의 인계가 끝난 때에 해산 및 해임·해촉된 것으로 본다.
제4조【설립비용】 행정사회의 설립비용은 행정사회가 부담한다.
제5조【행정사 업무재개신고에 관한 적용례】 제17조제2항 및 제3항의 개정규정(제25조의13제1항에서 준용하는 경우를 포함한다)은 이 법 시행 이후 행정사 업무재개신고를 하는 경우부터 적용한다.
제6조【퇴직 공무원의 일부 업무 수임제한에 관한 적용례】 제21조의2의 개정규정은 이 법 시행 이후 공무원직에서 퇴직한 사람부터 적용한다.
제7조【행정사회의 설립에 따른 협회에 관한 경과조치】 ① 협회는 이 법 시행일 1개월 전까지 총회의 의결을 거쳐 해당 협회의 권리·의무, 재산 및 직원을 이 법에 따라 설립될 행정사회가 승계하도록 행정안전부장관에게 그 승인을 신청할 수 있다. 다만, 부칙 제2조제3항에 따라 설립준비위원회의 위원을 추천한 협회는 본문에 따른 승인을 신청한 것으로 본다.
② 제1항의 신청에 따라 행정안전부장관의 승인을 받은 협회(이하 "승인협회"라 한다)는 「민법」 중 법인의 해산 및 청산에 관한 규정에도 불구하고 행정사회의 설립과 동시에 해산된 것으로 보며, 승인협회의 모든 재산과 권리·의무는 행정사회가 승계한다.
③ 승인협회의 임원은 행정사회의 설립과 동시에 그 임기가 종료된 것으로 본다.
④ 승인협회의 직원은 행정사회의 설립과 동시에 행정사회의 직원으로 본다.
제8조【기술행정사의 명칭 변경에 따른 경과조치】 이 법 시행 당시 종전의 규정에 따른 기술행정사는 이 법에 따른 해사행정사로 본다.
제9조【행정사 자격시험 면제에 관한 경과조치】 이 법 공포일 전에 공무원으로 재직한 사람에 대해서는 제9조의 개정규정에도 불구하고 종전의 규정에 따른다.
제10조【행정사회 가입에 관한 경과조치 등】 ① 이 법 시행 당시 행정사업무신고가 되어 있는 행정사로서 승인협회에 회원으로 가입되어 있는 행정사는 행정사회가 설립되면 행정사회에 가입되어 있는 것으로 본다.
② 이 법 시행 당시 행정사업무신고가 되어 있는 행정사로서 승인협회에 회원으로 가입되어 있지 아니한 행정사(이 법 시행 당시 승인협회가 아닌 협회에 가입되어 있는 행정사를 포함한다)는 행정사회 설립 후 6개월 이내에 행정사회에 가입하여야 한다.

부 칙 (2022.11.15)

제1조【시행일】 이 법은 공포한 날부터 시행한다.
제2조【행정사합동사무소 설치에 관한 적용례】 제14조제2항의 개정규정은 이 법 시행 이후 행정사합동사무소를 설치하기 위한 신고를 하는 경우부터 적용한다.

주민등록법

(2007년 5월 11일
전부개정법률 제8422호)

개정
2007. 5.17법 8435호(가족관계등록)
2008. 2.29법 8852호(정부조직)
2008.12.26법 9210호 2009. 4. 1법 9574호
2011. 5.30법10733호
2013. 3.23법11690호(정부조직)
2014. 1.21법12279호
2014. 5.20법12600호(경찰직무)
2014.11.19법12844호(정부조직)
2016. 5.29법14191호 2016.12. 2법14286호
2017. 7.26법14839호(정부조직)
2019.12. 3법16662호
2020. 2. 4법16930호(개인정보보호법)
2020. 6. 9법17354호(전자서명법)
2020. 6. 9법17385호 2021. 7.20법18304호
2022. 1.11법18746호
2023. 3. 4법19228호(정부조직)
2023. 8.16법19632호 2023.12.26법19841호
2025. 1.21법20677호(전기통신사업법)→2025년 7월 22일 시행

제1조【목적】 이 법은 지방자치단체의 주민을 등록하게 함으로써 주민의 거주관계 등 인구의 동태(動態)를 항상 명확하게 파악하여 주민생활의 편익을 증진시키고 행정사무를 적정하게 처리하도록 하는 것을 목적으로 한다.
(2022.1.11 본조개정)

판례 주민등록은 단순히 주민의 거주관계를 파악하고 인구의 동태를 명확히 하는 것 외에도 주민등록에 따라 공법관계상의 여러 가지 법률상 효과가 나타나게 되는 것으로서, 주민등록의 신고는 행정청에 도달하기만 하면 신고로서의 효력이 발생하는 것이 아니라 행정청이 수리한 경우에 비로소 신고의 효력이 발생한다. 따라서 주민등록 신고서를 행정청에 제출하였다가 행정청이 이를 수리하기 전에 신고서의 내용을 수정하여 위와 같이 수정된 전입신고서가 수리되었다면 수정된 사항에 따라서 주민등록 신고가 이루어진 것으로 보는 것이 타당하다.(대판 2009.1.30, 2006다17850)

제2조【사무의 관장】 ① 주민등록에 관한 사무는 특별자치시장·특별자치도지사·시장·군수 또는 자치구의 구청장(이하 "시장·군수 또는 구청장"이라 한다)이 관장(管掌)한다.
② 시장·군수 또는 구청장은 제1항에 따른 해당 권한의 일부를 그 지방자치단체의 조례로 정하는 바에 따라 「제주특별자치도 설치 및 국제자유도시 조성을 위한 특별법」 제11조에 따른 행정시장이나 그 관할구역 내의 자치구가 아닌 구의 구청장·읍·면·동장 또는 출장소장에게 위임할 수 있다.
(2022.1.11 본조개정)

제3조【감독 등】 ① 주민등록에 관한 사무의 지도·감독은 행정안전부장관이 한다.
② 행정안전부장관은 대통령령으로 정하는 바에 따라 그 권한의 일부를 특별시장·광역시장·특별자치시장·도지사 또는 특별자치도지사에게 위임할 수 있다.(2022.1.11 본항개정)
(2017.7.26 본조개정)

제4조【수수료와 과태료 등의 귀속】 이 법의 규정에 따라 수납하는 수수료·사용료 및 과태료는 특별시·광역시·특별자치시·도·특별자치도 또는 시·군·자치구의 수입으로 한다.(2022.1.11 본조개정)

제5조【경비의 부담】 ① 주민등록에 관한 사무에 필요한 경비는 해당 특별자치시·특별자치도·시·군·자치구의 부담으로 한다.
② 제24조제1항에 따른 주민등록증의 발급에 드는 경비는 해당 특별자치시·특별자치도·시·군·자치구와 국가가 대통령령으로 정하는 기준에 따라 분담한다.
(2022.1.11 본조개정)

제6조【대상자】 ① 시장·군수 또는 구청장은 30일 이상 거주할 목적으로 그 관할 구역에 주소나 거소(이하 "거주지"라 한다)를 가진 다음 각 호의 사람(이하 "주민"이라 한다)을 이 법의 규정에 따라 등록하여야 한다. 다만, 외국인은 예외로 한다.
1. 거주자 : 거주지가 분명한 사람(제3호의 재외국민은 제외한다)
2. 거주불명자 : 제20조제6항에 따라 거주불명으로 등록된 사람
3. 재외국민 : 「재외동포의 출입국과 법적 지위에 관한 법률」 제2조제1호에 따른 국민으로서 「해외이주법」 제12조에 따른 영주귀국의 신고를 하지 아니한 사람 중 다음 각 목의 어느 하나의 경우
가. 주민등록이 말소되었던 사람이 귀국 후 재등록 신고를 하는 경우
나. 주민등록이 없었던 사람이 귀국 후 최초로 주민등록 신고를 하는 경우
(2014.1.21 본항개정)
② 제1항의 등록에서 영내(營內)에 기거하는 군인은 그가 속한 세대의 거주지에서 본인이나 세대주의 신고에 따라 등록하여야 한다.
③ (2014.1.21 삭제)

제7조【주민등록표 등의 작성】 ① 시장·군수 또는 구청장은 주민등록사항을 기록하기 위하여 전자정보시스템(이하 "주민등록정보시스템"이라 한다)으로 개인별 및 세대별 주민등록표(이하 "주민등록표"라 한다)와 세대별 주민등록표 색인부를 작성하고 기록·관리·보존하여야 한다.(2022.1.11 본항개정)
② 개인별 주민등록표는 개인에 관한 기록을 종합적으로 기록·관리하며 세대별(世帶別) 주민등록표는 그 세대에 관한 기록을 통합하여 기록·관리한다.
③ (2016.5.29 삭제)
④ 주민등록표와 세대별 주민등록표 색인부의 서식 및 기록·관리·보존방법 등에 필요한 사항은 대통령령으로 정한다.(2016.5.29 본항개정)

제7조의2【주민등록번호의 부여】 ① 시장·군수 또는 구청장은 주민에게 개인별로 고유한 등록번호(이하 "주민등록번호"라 한다)를 부여하여야 한다.
② 제1항에 따른 주민등록번호의 부여 방법은 대통령령으로 정한다.
(2016.5.29 본조신설)

제7조의3【주민등록번호의 정정】 ① 주민등록이 되어 있는 거주지(이하 "주민등록지"라 한다)의 시장·군수 또는 구청장은 다음 각 호의 어느 하나에 해당하는 사유가 발생하면 주민등록번호를 부여한 시장·군수 또는 구청장(이하 "번호부여지의 시장·군수 또는 구청장"이라 한다)에게 주민등록번호의 정정을 요구하여야 한다. 다만, 주민등록지의 시장·군수 또는 구청장이 번호부여지의 시장·군수 또는 구청장인 경우에는 직접 주민등록번호를 정정하여야 한다.
1. 제14조제2항 및 제3항에 따른 등록 사항의 정정으로 인하여 주민등록번호를 정정하여야 하는 경우
2. 주민으로부터 주민등록번호의 오류를 이유로 정정신청을 받은 경우
3. 주민등록번호에 오류가 있음을 발견한 경우
② 번호부여지의 시장·군수 또는 구청장은 제1항에 따른 주민등록번호 정정의 요구를 받으면 지체 없이 이를 정정하고, 그 정정사항을 주민등록지의 시장·군수 또는 구청장에게 알려야 한다. 다만, 주민등록번호에 오류가 있음을 발견하지 못하였거나 주민등록번호 부여사실을 확인하지 못하면 그 사유를 적어 주민등록지의 시장·군수 또는 구청장에게 알려야 한다.
③ 그 밖에 주민등록번호의 정정에 따른 주민등록표의 정정과 주민등록증의 재발급 등에 필요한 사항은 대통령령으로 정한다.
(2016.5.29 본조신설)

제7조의4【주민등록번호의 변경】 ① 다음 각 호의 어느 하나에 해당하는 사람은 대통령령으로 정하는 바에 따라 이를 입증할 수 있는 자료를 갖추어 주민등록지 또는 거주지의 시장·군수 또는 구청장에게 주민등록번호의 변경을 신청할 수 있다. 다만, 신청인의 주민등록지가 아닌 거주지의 시

장·군수 또는 구청장이 주민등록번호의 변경 신청을 받은 경우 이를 지체 없이 주민등록지의 시장·군수 또는 구청장에게 이송하고 그 사실을 신청인에게 통지하여야 한다.
(2023.8.16 본문개정)
1. 유출된 주민등록번호로 인하여 생명·신체에 위해(危害)를 입거나 입을 우려가 있다고 인정되는 사람
2. 유출된 주민등록번호로 인하여 재산에 피해를 입거나 입을 우려가 있다고 인정되는 사람
3. 다음 각 목의 어느 하나에 해당하는 사람으로서 유출된 주민등록번호로 인하여 피해를 입거나 입을 우려가 있다고 인정되는 사람
가. 「아동·청소년의 성보호에 관한 법률」 제2조제6호에 따른 피해아동·청소년
나. 「성폭력방지 및 피해자보호 등에 관한 법률」 제2조제3호에 따른 성폭력피해자
다. 「성매매알선 등 행위의 처벌에 관한 법률」 제2조제1항제4호에 따른 성매매피해자
라. 「가정폭력범죄의 처벌 등에 관한 특례법」 제2조제5호에 따른 피해자
4. 그 밖에 제1호부터 제3호까지의 규정에 준하는 사람으로서 대통령령으로 정하는 사람
② 제1항 및 제4항에 따른 신청 또는 이의신청을 받은 주민등록지의 시장·군수 또는 구청장은 제7조의5에 따른 주민등록번호변경위원회에 주민등록번호 변경 여부에 관한 결정을 청구하여야 한다.
③ 주민등록지의 시장·군수 또는 구청장은 제7조의5에 따른 주민등록번호변경위원회로부터 주민등록번호의 변경 결정을 통보받은 경우에는 제1항에 따른 신청인의 주민등록번호를 지체 없이 변경하고 이를 신청인에게 통지하여야 한다.
④ 주민등록지의 시장·군수 또는 구청장은 제7조의5에 따른 주민등록번호변경위원회로부터 주민등록번호의 변경 결정 이외의 결정을 통보받은 경우에는 그 사실과 사유를 그 신청인에게 통지하여야 하며, 이의가 있는 신청인은 그 통지를 받은 날부터 30일 이내에 그 주민등록지의 시장·군수 또는 구청장에게 이의신청을 할 수 있다.
⑤ 제1항, 제3항 및 제4항에 따른 신청, 통지 및 이의신청은 서면 또는 행정안전부장관이 정하는 정보시스템을 이용하여 할 수 있다.(2023.8.16 본항신설)
⑥ 제1항부터 제4항까지에서 규정한 사항 외에 주민등록번호의 변경 신청, 변경 결정 청구, 변경 통보, 이의신청 등에 필요한 사항은 대통령령으로 정한다.
(2016.5.29 본조신설)

제7조의5 【주민등록번호변경위원회】 ① 주민등록번호의 변경에 관한 사항을 심사·의결하기 위하여 행정안전부에 주민등록번호변경위원회(이하 "변경위원회"라 한다)를 둔다.
(2017.7.26 본항개정)
② 변경위원회는 그 권한에 속하는 업무를 독립하여 수행한다.
③ 변경위원회는 제7조의4제2항에 따른 청구를 받은 날부터 90일 이내에 심사·의결을 완료하고 그 결과(변경 결정 외의 결정을 한 경우에는 그 사유를 포함한다)를 해당 주민등록지의 시장·군수 또는 구청장에게 통보하여야 한다. 다만, 이 기간 안에 심사·의결을 완료하기 어려운 경우에 변경위원회는 그 의결로 30일의 범위에서 그 기간을 연장할 수 있다.
(2022.1.11 본항개정)
④ 변경위원회는 제3항에도 불구하고 제7조의4제1항 각 호의 어느 하나에 해당하는 사람이 유출된 주민등록번호로 인하여 생명·신체에 위해를 입거나 위해의 발생이 긴박하여 변경 청구의 중대성·시급성이 인정되는 경우에는 대통령령으로 정하는 바에 따라 제7조의4제2항에 따른 청구를 받은 날부터 45일 이내에 심사·의결을 완료하고 그 결과(변경 결정 외의 결정을 한 경우에는 그 사유를 포함한다)를 해당 주민등록지의 시장·군수 또는 구청장에게 통보하여야 한다. 다만, 이 기간 안에 심사·의결을 완료하기 어려운 경우 변경위원회는 그 의결로 30일의 범위에서 그 기간을 연장할 수 있다.(2023.8.16 본항신설)
⑤ 변경위원회는 제7조의4제2항에 따른 청구를 심사한 결과 다음 각 호의 어느 하나에 해당하는 사유가 있는 경우에는 청구를 받아들이지 아니하는 결정 등을 할 수 있다.
1. 범죄경력을 은폐하거나 법령상의 의무를 회피할 목적이 있는 경우
2. 수사나 재판을 방해할 목적이 있는 경우
3. 선량한 풍속 기타 사회질서에 위반되는 경우
4. 그 밖에 대통령령으로 정하는 경우
⑥ 변경위원회는 위원장 1명을 포함하여 11명 이내의 위원으로 구성하며, 그 중 1명은 상임위원으로 한다.
⑦ 위원은 다음 각 호의 어느 하나에 해당하는 사람 중에서 행정안전부장관이 임명하거나 위촉한다. 이 경우 공무원이 아닌 위원의 수는 위원장과 상임위원을 포함한 위원 수의 2분의 1 이상이어야 한다.(2017.7.26 전단개정)
1. 행정안전부 및 관계 행정기관 소속 공무원(2020.2.4 본호개정)
2. 판사, 검사, 변호사 또는 의사의 직에 5년 이상 재직한 사람
3. 금융 관련 업무에 5년 이상 종사한 사람
4. 개인정보 보호 업무 또는 주민등록 업무에 관하여 전문적 학식과 경험이 풍부한 사람
⑧ 위원장은 위원 중에서 공무원이 아닌 사람으로 행정안전부장관이 위촉한다.(2017.7.26 본항개정)
⑨ 위원장과 위원의 임기는 2년으로 하되, 한 차례만 연임할 수 있다. 다만, 제7항제1호에 따라 임명된 공무원인 위원은 그 직에 재직하는 동안 재임한다.(2023.8.16 단서개정)
⑩ 변경위원회는 심사를 위하여 필요하다고 인정하면 다음 각 호의 행위를 의결할 수 있다.
1. 전과조회, 신용정보조회 등 대통령령으로 정하는 방법으로 행하는 사실조사
2. 신청인 또는 관계 공무원 등의 출석 요구
3. 신청인 또는 관계 기관 등에 대한 자료의 제출 요구
⑪ 변경위원회의 회의는 재적위원 과반수의 출석으로 개의(開議)하고, 출석위원 과반수의 찬성으로 의결한다.
⑫ 변경위원회의 사무를 지원하기 위하여 변경위원회에 사무국을 둔다.
⑬ 변경위원회와 제12항에 따른 사무국의 구성 및 운영 등에 필요한 사항은 대통령령으로 정한다.(2023.8.16 본항개정)
(2016.5.29 본조신설)

제8조 【등록의 신고주의 원칙】 주민의 등록 또는 그 등록사항의 정정 또는 말소는 주민의 신고에 따라 한다. 다만, 이 법에 특별한 규정이 있으면 예외로 한다.(2019.12.3 본문개정)

제9조 【정리】 개인별 주민등록표는 주민등록번호순으로, 세대별 주민등록표는 세대주의 주민등록번호순으로 각각 정리하며, 이에 관한 구체적인 사항은 행정안전부장관이 정한다.
(2017.7.26 본조개정)

제10조 【신고사항】 ① 주민(재외국민은 제외한다)은 다음 각 호의 사항을 해당 거주지를 관할하는 시장·군수 또는 구청장에게 신고하여야 한다.(2014.1.21 본문개정)
1. 성명
2. 성별
3. 생년월일
4. 세대주와의 관계
5. 합숙하는 곳은 관리책임자
6. 「가족관계의 등록 등에 관한 법률」 제10조제1항에 따른 등록기준지(이하 "등록기준지"라 한다)(2009.4.1 본호개정)
7. 주소
8. 가족관계등록이 되어 있지 아니한 자 또는 가족관계등록의 여부가 분명하지 아니한 자는 그 사유(2007.5.17 본호개정)
9. 대한민국의 국적을 가지지 아니한 자는 그 국적명이나 국적의 유무
10. 거주지를 이동하는 경우에는 전입 전의 주소 또는 전입지와 해당 연월일
11. (2016.5.29 삭제)
② 누구든지 제1항의 신고를 이중으로 할 수 없다.

제10조의2【재외국민의 신고】 ① 재외국민이 국내에 30일 이상 거주할 목적으로 입국하는 때에는 다음 각 호의 사항을 해당 거주지를 관할하는 시장·군수 또는 구청장에게 신고하여야 한다.
1. 제10조제1항 각 호의 사항
2. 영주 또는 거주하는 국가나 지역의 명칭과 체류자격의 종류
② 누구든지 제1항의 신고를 이중으로 할 수 없다.
③ 그 밖에 제1항의 신고에 필요한 사항은 대통령령으로 정한다.
(2014.1.21 본조신설)
제10조의3【해외체류에 관한 신고】 ① 이 법에 따라 주민등록을 한 거주자 또는 제20조제6항에 따라 거주불명으로 등록된 사람(이하 "거주불명자"라 한다)이 90일 이상 해외에 체류할 목적으로 출국하려는 경우(제19조제1항에 따라 국외이주신고를 하여야 하는 사람은 제외한다)에는 출국 후에 그가 속할 세대의 거주지를 제10조제1항제7호에 따른 주소로 미리 신고할 수 있다. 다만, 출국 후 어느 세대에도 속하지 아니하게 되는 사람은 신고 당시 거주지를 관할하는 읍·면사무소 또는 동 주민센터의 주소를 행정상 관리주소로 신고할 수 있다.(2019.12.3 본문개정)
② 제1항 본문에 따른 신고는 신고할 주소지를 관할하는 시장·군수 또는 구청장에게 하고, 제1항 단서에 따른 신고는 신고 당시 거주지를 관할하는 시장·군수 또는 구청장에게 한다.
③ 제2항의 시장·군수 또는 구청장은 제1항에 따른 신고를 하고 출국한 사람(이하 "해외체류자"라 한다)의 주민등록을 구분하여 등록·관리할 수 있다.
④ 제1항부터 제3항까지에 따른 신고의 방법, 첨부서류, 해외체류자의 구분 등록·관리 등에 관한 구체적인 사항은 대통령령으로 정한다.
(2016.12.2 본조신설)
제11조【신고의무자】 ① 제10조에 따른 신고는 세대주가 신고사유가 발생한 날부터 14일 이내에 하여야 한다. 다만, 세대주가 신고할 수 없으면 그를 대신하여 다음 각 호의 어느 하나에 해당하는 자가 할 수 있다.(2009.4.1 단서개정)
1. 세대를 관리하는 자
2. 본인
3. 세대주의 위임을 받은 자로서 다음 각 목의 어느 하나에 해당하는 자
가. 세대주의 배우자
나. 세대주의 직계혈족
다. 세대주의 배우자의 직계혈족
라. 세대주의 직계혈족의 배우자
(2009.4.1 1호~3호신설)
② 제10조의2에 따른 신고는 재외국민 본인이 하여야 한다. 다만, 재외국민 본인이 신고할 수 없으면 그를 대신하여 다음 각 호의 어느 하나에 해당하는 사람이 할 수 있다.
1. 재외국민이 거주하는 세대의 세대주
2. 재외국민 본인의 위임을 받은 사람으로서 다음 각 목의 어느 하나에 해당하는 사람
가. 재외국민 본인의 배우자
나. 재외국민 본인의 직계혈족
다. 재외국민 본인의 배우자의 직계혈족
라. 재외국민 본인의 직계혈족의 배우자
(2014.1.21 본항신설)
③ 제1항 단서 및 제2항에 따른 신고의 방법 및 신고 내용의 확인 등에 관한 구체적인 사항은 대통령령으로 정한다.
(2020.6.9 본항개정)
제12조【합숙하는 곳에서의 신고의무자】 ① 기숙사, 「노인복지법」 제34조제1항제1호에 따른 노인요양시설, 「노숙인 등의 복지 및 자립지원에 관한 법률」 제16조제1항제4호에 따른 노숙인요양시설, 「아동복지법」 제52조제1항제1호에 따른 아동양육시설 등 여러 사람이 동거하는 숙소에 거주하는 주민은 신고사유가 발생한 날부터 14일 이내에 그 숙소의 관리자가 신고하여야 한다. 다만, 관리자가 신고할 수 없으면 본인이 하여야 한다.(2016.5.29 본문개정)
② 제1항 단서에 따른 본인의 신고 방법 등에 관한 사항은 대통령령으로 정한다.(2020.6.9 본항신설)
제13조【정정신고】 ① 제11조와 제12조에 따른 신고의무자는 그 신고사항에 변동이 있으면 변동이 있는 날부터 14일 이내에 그 정정신고(訂正申告)를 하여야 한다.
② 제1항에 따른 정정신고의 방법 및 정정신고에 따른 정정 방법에 관한 사항은 대통령령으로 정한다.(2020.6.9 본항신설)
제14조【가족관계등록신고 등에 따른 주민등록의 정리】
① 이 법에 따른 신고사항과 「가족관계의 등록 등에 관한 법률」에 따른 신고사항이 같으면 「가족관계의 등록 등에 관한 법률」에 따른 신고로써 이 법에 따른 신고를 갈음한다.
② 주민등록지의 시장·군수 또는 구청장은 제1항에 따라 이 법에 따른 신고에 갈음되는 「가족관계의 등록 등에 관한 법률」에 따른 신고를 받으면 그에 따라 주민등록을 하거나 등록사항을 정정 또는 말소하여야 한다.(2019.12.3 본항개정)
③ 신고대상자의 「가족관계의 등록 등에 관한 법률」 제4조 및 제4조의2에 따른 신고지(이하 "가족관계등록 신고지"라 한다)와 주민등록지가 다를 경우에 가족관계등록 신고지의 시장·구청장 또는 읍·면장(같은 법 제4조의2제1항에 따른 가족관계등록관을 포함한다. 이하 같다)이 같은 법에 따른 신고를 받아 가족관계등록부의 기록사항을 변경하면 지체 없이 그 신고사항을 주민등록지의 시장·군수 또는 구청장에게 통보하여야 하며, 그 통보를 받은 주민등록지의 시장·군수 또는 구청장은 이에 따라 주민등록을 하거나 등록사항을 정정 또는 말소하여야 한다.(2019.12.3 본항개정)
④ 제1항에 따라 「가족관계의 등록 등에 관한 법률」에 따른 신고로써 이 법에 따른 신고에 갈음되는 신고사항은 대통령령으로 정한다.
(2019.12.3 본조제목개정)
(2007.5.17 본조개정)
제15조【주민등록과 가족관계등록과의 관련】 ① 등록기준지와 주민등록지가 다른 경우에 주민등록지의 시장·군수 또는 구청장이 「가족관계의 등록 등에 관한 법률」 제9조제2항에 따른 가족관계등록부의 기록사항과 같은 내용의 주민등록을 하였거나 등록사항을 정정 또는 말소하면 그 내용을 대통령령으로 정하는 바에 따라 등록기준지(제14조제3항에 따른 경우에는 가족관계등록 신고지를 말한다)의 시장·구청장 또는 읍·면장에게 알려야 한다.
② 제1항에 따른 통보를 받은 시장·구청장 또는 읍·면장은 통보받은 사항 중 가족관계등록부의 기록사항과 다른 사항에 대하여는 지체 없이 그 내용을 주민등록지의 시장·군수 또는 구청장에게 알려야 한다.
(2009.4.1 본조개정)
제15조의2【가족관계등록 전산정보의 제공 요청】 시장·군수 또는 구청장은 제14조제1항에 따라 이 법에 따른 신고를 갈음하는 「가족관계의 등록 등에 관한 법률」에 따른 신고사항의 변경 여부 등을 확인하기 위하여 필요한 경우에는 법원행정처장에게 같은 법 제11조에 따른 등록전산정보자료의 제공을 요청할 수 있다. 이 경우 법원행정처장은 특별한 사유가 없으면 이에 따라야 한다.(2019.12.3 본조신설)
제16조【거주지의 이동】 ① 하나의 세대에 속하는 자의 전원 또는 그 일부가 거주지를 이동하면 제11조나 제12조에 따른 신고의무자가 신거주지에 전입한 날부터 14일 이내에 신거주지의 시장·군수 또는 구청장에게 전입신고(轉入申告)를 하여야 한다.
② 신거주지의 시장·군수 또는 구청장은 제1항에 따른 전입신고를 받으면 지체 없이 전 거주지의 시장·군수 또는 구청장에게 전입신고 사항을 알리고 주민등록정보시스템을 이용하여 주민등록표와 관련 공부(公簿)의 이송(移送)을 요청하여야 한다.(2022.1.11 본항개정)
③ 제2항에 따른 이송요청을 받은 전 거주지의 시장·군수 또는 구청장은 전출대상자(轉出對象者)가 세대원 전원이거나 세대주를 포함한 세대의 일부 전출인 경우에는 주민등록표와 관련 공부를, 세대주를 제외한 세대의 일부의 전출인 경우에는 전출자의 개인별 주민등록표와 관련 공부를 지체

없이 정리하여 신거주지의 시장·군수 또는 구청장에게 주민등록정보시스템을 이용하여 이송하여야 한다.(2022.1.11 본항개정)
④ 신거주지의 시장·군수 또는 구청장은 제3항에 따라 주민등록표와 관련 공부가 이송되어 오면 제1항에 따른 전입신고서와 대조·확인한 후 지체 없이 주민등록표와 관련 공부를 정리 또는 작성하여야 한다.
⑤ 전입신고에 관한 절차와 전입신고사항의 통보방법 등은 대통령령으로 정한다.
제16조의2【전입신고 사실의 통보】 ① 시장·군수 또는 구청장은 관할 구역에 거주지를 가진 세대주나 거주지에 있는 건물 또는 시설의 소유자 또는 임대인의 신청이 있는 경우에는 제16조제1항에 따라 그 거주지를 신거주지로 하는 전입신고를 받을 때마다 전입신고가 있었다는 사실을 그 세대주, 소유자 또는 임대인에게 통보할 수 있다.
② 제1항에 따른 전입신고 사실의 통보 신청 및 통보 방법에 필요한 사항은 행정안전부령으로 정한다.
(2020.6.9 본조신설)
제17조【다른 법령에 따른 신고와의 관계】 주민의 거주지 이동에 따른 주민등록의 전입신고가 있으면 「병역법」, 「민방위기본법」, 「인감증명법」, 「국민기초생활 보장법」, 「국민건강보험법」 및 「장애인복지법」에 따른 거주지 이동의 전출신고와 전입신고를 한 것으로 본다.
제18조【신고의 방법 등】 ① 이 법에 따른 신고는 구술이나 서면으로 한다.
② 신고에 관한 서류 등의 보존기간은 대통령령으로 정한다.(2019.12.3 본항개정)
(2019.12.3 본조제목개정)
제19조【국외이주신고 등】 ① 이 법에 따라 주민등록을 한 거주자 또는 거주불명자가 대한민국 외에 거주지를 정하려는 때에는 그의 현 거주지를 관할하는 시장·군수 또는 구청장에게 미리 신고하여야 한다. 이 경우 「해외이주법」 제6조에 따른 해외이주신고로 전단의 신고를 갈음할 수 있다.
② 제10조의2제1항에 따라 신고한 재외국민이 국외에 30일 이상 거주할 목적으로 출국하려는 때에는 그의 현 거주지를 관할하는 시장·군수 또는 구청장에게 미리 신고하여야 한다. 이 경우 「재외국민등록법」 제2조에 따른 등록으로 전단의 신고를 갈음할 수 있다.(2014.1.21 본항신설)
③ 시장·군수 또는 구청장은 제1항 및 제2항에 따라 신고한 사람의 거주지를 관할하는 읍·면사무소 또는 동 주민센터의 주소를 행정상 관리주소로 지정하여야 한다.(2014.1.21 본항신설)
④ 시장·군수 또는 구청장은 주민등록된 거주자 또는 거주불명자가 「해외이주법」 제6조에 따라 해외이주신고를 하고 출국하거나, 같은 법 제4조제3호의 현지이주를 한 경우에는 이 법 제6조제1항제3호의 재외국민으로 구분하여 등록·관리하여야 한다.(2014.1.21 본항신설)
⑤ 제1항부터 제4항까지에 따른 국외이주신고, 재외국민의 출국신고, 행정상 관리주소의 지정, 재외국민 구분 등록·관리 등에 관한 구체적인 사항은 대통령령으로 정한다.
(2014.1.21 본항신설)
(2014.1.21 본조개정)
제19조의2【출입국자료 등 자료의 제공 요청】 ① 시장·군수 또는 구청장 및 행정안전부장관은 재외국민 및 제10조의3제1항에 따른 신고자의 거주사실 등을 명확하게 파악하기 위하여 필요한 경우에는 법무부장관에게 출입국자료 및 국내거소신고자료 제공을 요청할 수 있으며, 재외동포청장에게 해외이주신고자료 및 재외국민등록자료 제공을 요청할 수 있다. 이 경우 법무부장관 및 재외동포청장은 특별한 사유가 없으면 이에 따라야 한다.(2023.3.4 본항개정)
② 법무부장관 및 재외동포청장은 국내거소신고자 관리 또는 재외국민등록 등을 위하여 필요한 경우에는 시장·군수 또는 구청장 및 행정안전부장관에게 재외국민의 주민등록자료 제공을 요청할 수 있다. 이 경우 시장·군수 또는 구청장 및 행정안전부장관은 특별한 사유가 없으면 이에 따라야 한다.
(2023.3.4 전단개정)
③ 제1항 및 제2항에 따른 자료의 제공에 대하여는 그 사용료와 수수료 등을 면제한다.
(2019.12.3 본조제목개정)
(2014.1.21 본조신설)
제20조【사실조사와 직권조치】 ① 시장·군수 또는 구청장은 신고의무자가 다음 각 호의 어느 하나에 해당하면 그 사실을 조사할 수 있다.
1. 제10조 및 제10조의2에 규정된 사항을 이 법에 규정된 기간 내에 신고하지 아니한 때
2. 제10조 및 제10조의2에 규정된 사항을 부실하게 신고한 때
3. 제10조 및 제10조의2에 규정된 사항의 신고된 내용이 사실과 다르다고 인정할 만한 상당한 이유가 있는 때
(2014.1.21 1호~3호개정)
② 시장·군수 또는 구청장은 제1항에 따른 사실조사 등을 통하여 신고의무자가 신고할 사항을 신고하지 아니하였거나 신고된 내용이 사실과 다른 것을 확인하면 일정한 기간을 정하여 신고의무자에게 사실대로 신고할 것을 최고(催告)하여야 한다. 제15조제2항에 따라 통보를 받은 때에도 또한 같다.
③ 시장·군수 또는 구청장은 신고의무자에게 최고할 수 없으면 대통령령으로 정하는 바에 따라 일정한 기간을 정하여 신고할 것을 공고하여야 한다.
④ 제2항에 따른 최고 또는 제3항에 따른 공고를 할 때에는 정하여진 기간에 신고하지 아니하면 시장·군수 또는 구청장이 주민등록을 하거나 등록사항을 정정 또는 말소할 수 있다는 내용을 포함하여야 한다.(2019.12.3 본항개정)
⑤ 시장·군수 또는 구청장은 신고의무자가 제2항 또는 제3항에 따라 정하여진 기간에 신고하지 아니하면 제1항에 따른 사실조사, 공부상의 근거 또는 통장·이장의 확인에 따라 주민등록을 하거나 등록사항을 정정 또는 말소하여야 한다.
(2019.12.3 본항개정)
⑥ 시장·군수 또는 구청장은 신고의무자가 제5항에 따른 확인 결과, 거주사실이 불분명하다고 인정되는 경우에는 그 신고의무자가 마지막으로 신고한 주소를 행정상 관리주소로 하여 거주불명 등록을 하여야 한다. 다만, 시장·군수 또는 구청장은 거주불명 등록 후 1년이 지나고 제3항에 따른 공고를 2회 이상 하여도 거주불명자가 정당한 거주지에 등록하지 아니한 경우에는 읍·면사무소 또는 동 주민센터의 주소를 행정상 관리주소로 할 수 있다.(2019.12.3 단서개정)
⑦ 시장·군수 또는 구청장은 제5항 또는 제6항에 따라 공부상의 근거 또는 통장·이장의 확인을 받는 방법으로 직권조치를 한 경우에는 14일 이내에 그 사실을 신고의무자에게 알려야 하고, 알릴 수 없으면 대통령령으로 정하는 바에 따라 공고하여야 한다.(2019.12.3 본항개정)
⑧ 관계 공무원은 제1항에 따른 조사를 할 때에, 그 권한을 나타내는 증표를 지니고 이를 관계인에게 내보여야 한다.
제20조의2【거주불명자에 대한 사실조사와 직권조치】 ① 시장·군수 또는 구청장은 거주불명자 관리를 위하여 대통령령으로 정하는 바에 따라 거주불명자의 거주사실 등에 대한 사실조사를 실시하여야 한다. 이 경우 거주불명자에 대한 최고 및 공고에 관하여는 제20조제2항 및 제3항을 준용한다.
② 시장·군수 또는 구청장은 제1항에 따른 사실조사, 공부상의 근거 또는 통장·이장의 확인에 따라 다음 각 호의 어느 하나에 해당하는 조치를 하여야 한다.
1. 거주자 또는 재외국민으로의 등록
2. 등록사항의 말소(사망 사실을 확인한 경우 또는 그 밖에 거주불명자의 주민등록을 유지할 필요가 없다고 인정되는 경우로서 대통령령으로 정하는 경우로 한정한다)
3. 거주불명 등록의 유지
③ 시장·군수 또는 구청장은 제2항제1호 및 제2호에 따라 직권조치를 한 경우에는 14일 이내에 그 사실을 신고의무자에게 알려야 하고, 알릴 수 없으면 대통령령으로 정하는 바에 따라 공고하여야 한다.
(2019.12.3 본조신설)
제20조의3【사실조사와 직권조치 관련 자료의 제공】 ① 시장·군수 또는 구청장 및 행정안전부장관은 관계 국가기관, 지방자치단체 및 공공기관의 장에게 제20조 및 제20조의2

에 따른 사실조사와 직권조치를 위하여 필요한 자료 제공을 요청할 수 있다. 이 경우 자료 제공을 요청받은 국가기관, 지방자치단체 및 공공기관의 장은 특별한 사유가 없으면 이에 따라야 한다.
② 제1항에 따라 시장·군수 또는 구청장 및 행정안전부장관이 자료 제공을 요청할 수 있는 국가기관, 지방자치단체 및 공공기관과 요청 자료의 구체적인 범위는 대통령령으로 정한다.
(2022.1.11 본조개정)

제21조【이의신청 등】 ① 시장·군수 또는 구청장으로부터 제20조제5항·제6항 또는 제20조의2제2항제1호·제2호에 따른 주민등록 또는 등록사항의 정정이나 말소 또는 거주불명 등록의 처분을 받은 자가 그 처분에 대하여 이의가 있으면 그 처분일이나 제20조제7항 또는 제20조의2제3항에 따른 통지를 받거나 공고된 날부터 30일 이내에 서면으로 해당 시장·군수 또는 구청장에게 이의를 신청할 수 있다.
(2019.12.3 본항개정)
② 시장·군수 또는 구청장이 제1항에 따른 이의신청을 받으면 그 신청을 받은 날부터 10일 이내에 심사·결정하여 그 결과를 지체 없이 신청인에게 알려야 하며, 그 요구가 정당하다고 결정되면 그에 따라 주민등록을 하거나 등록사항을 정정 또는 말소하여야 한다.(2019.12.3 본항개정)
③ 시장·군수 또는 구청장이 이의신청을 각하 또는 기각하는 결정을 하면 제2항에 따른 결과통지서에 행정심판이나 행정소송을 제기할 수 있다는 취지를 함께 적어 신청인에게 알려야 한다.

제22조【주민등록표의 재작성】 ① 시장·군수 또는 구청장은 다음 각 호의 어느 하나에 해당하면 종전 주민등록에 관한 여러 신청서 등에 따라 주민등록표를 다시 작성하고 신고의무자의 확인을 받아야 한다. 다만, 주민등록에 관한 여러 신청서 등에 따라 다시 작성할 수 없으면 주민등록표를 다시 작성한다는 뜻을 신고의무자에게 알리거나 공고하고 그 신고의무자의 신고에 따라 이를 작성하여야 하며, 제2호의 경우에는 세대별 주민등록표에 한정하여 작성한다.
1. 재해·재난 등으로 주민등록표가 멸실되거나 손상되어 복구가 불가능한 때
2. 세대주가 변경된 때
② 제1항제1호의 경우에는 다시 작성한 주민등록표에 그 사유를 기록하여야 하고, 같은 항 제2호에 따라 변경되기 이전의 주민등록표는 보존·관리하여야 하며, 그 보존·관리에 필요한 사항은 대통령령으로 정한다.

제23조【주민등록자의 지위 등】 ① 다른 법률에 특별한 규정이 없으면 이 법에 따른 주민등록지를 공법(公法) 관계에서의 주소로 한다.
② 제1항에 따라 주민등록지를 공법 관계에서의 주소로 하는 경우에 신고의무자가 신거주지에 전입신고를 하면 신거주지에서의 주민등록이 전입신고일에 된 것으로 본다.

제24조【주민등록증의 발급 등】 ① 시장·군수 또는 구청장은 관할 구역에 주민등록이 된 자 중 17세 이상인 자에 대하여 주민등록증을 발급한다. 다만, 「장애인복지법」 제2조제2항에 따른 장애인 중 시각장애인이 신청하는 경우 시각장애인용 점자 주민등록증을 발급할 수 있다.(2020.6.9 단서개정)
② 주민등록증에는 성명, 사진, 주민등록번호, 주소, 지문(指紋), 발행일, 주민등록기관을 수록한다.(2021.7.20 단서삭제)
③ 시장·군수 또는 구청장은 재외국민에게 발급하는 주민등록증에는 재외국민임을 추가로 표시하여야 한다.
(2014.1.21 본항신설)
④ 제1항에 따라 주민등록증을 발급받을 나이가 된 사람(재외국민 및 해외체류자는 제외한다)은 대통령령으로 정하는 바에 따라 시장·군수 또는 구청장에게 주민등록증의 발급을 신청하여야 한다. 이 경우 시장·군수 또는 구청장은 대통령령으로 정하는 기간 내에 발급신청을 하지 아니한 사람(재외국민 및 해외체류자는 제외한다)에게 발급신청을 할 것을 최고할 수 있다.(2016.12.2 본항개정)
⑤ 주민등록증을 발급받지 아니한 17세 이상의 재외국민 및 해외체류자가 국내에 30일 이상 거주할 목적으로 입국하는 때에는 대통령령으로 정하는 바에 따라 시장·군수 또는 구청장에게 주민등록증의 발급을 신청하여야 한다.(2016.12.2 본항개정)
⑥ 행정안전부장관은 필요하다고 인정되면 시장·군수 또는 구청장에게 주민등록증을 일제히 갱신하거나 검인(檢印)하게 할 수 있다.(2017.7.26 본항개정)
⑦ 주민등록증 및 그 발급신청서의 서식과 발급절차는 대통령령으로 정한다.
⑧ 주민등록증을 발급할 때에는 제27조에 따른 경우 외에는 수수료를 징수하지 못하며, 주민등록증의 발급을 이유로 조세나 그 밖의 어떠한 명목의 공과금(公課金)도 징수하여서는 아니 된다.

제24조의2【모바일 주민등록증】 ① 시장·군수 또는 구청장은 제24조제1항에 따라 주민등록증을 발급받은 사람이 주민등록증과 효력이 동일한 모바일 주민등록증(「전기통신사업법」 제2조제20호에 따른 이동통신단말장치에 암호화된 형태로 설치된 주민등록증을 말한다. 이하 같다)의 발급을 신청하는 경우에는 대통령령으로 정하는 바에 따라 이를 발급할 수 있다. 이 경우 모바일 주민등록증의 기재사항 및 표시방법에 관하여는 제24조제2항 및 제3항을 준용한다.
(2025.1.21 전단개정)
② 제1항에 따라 모바일 주민등록증을 발급받은 사람이 다음 각 호의 어느 하나에 해당하는 경우에는 대통령령으로 정하는 바에 따라 시장·군수 또는 구청장에게 모바일 주민등록증의 재발급을 신청할 수 있다. 다만, 제1호부터 제3호까지의 어느 하나에 해당하는 경우에는 재발급을 신청하여야 한다.
1. 제7조의3에 따라 주민등록번호가 정정되어 주민등록증을 재발급받은 경우
2. 제24조제2항에 따른 주민등록증의 기재사항 중 주소 외의 사항이 변경되어 주민등록증을 재발급받은 경우
3. 제27조제1항제2호에 따라 주민등록증을 재발급받은 경우
4. 모바일 주민등록증이 설치된 이동통신단말장치의 분실이나 훼손으로 모바일 주민등록증의 사용이 불가능한 경우
5. 그 밖에 모바일 주민등록증의 재발급이 필요하다고 인정되는 경우로서 대통령령으로 정하는 경우
③ 시장·군수 또는 구청장은 모바일 주민등록증을 발급하거나 재발급하는 경우 수수료를 징수하지 못하며, 모바일 주민등록증의 발급을 이유로 조세나 그 밖의 어떠한 명목의 공과금도 징수하여서는 아니 된다.
(2023.12.26 본조신설)

제25조【주민등록증 등의 확인】 ① 국가기관, 지방자치단체, 공공단체, 사회단체, 기업체 등에서 해당 업무를 수행할 때에 다음 각 호의 어느 하나에 해당하는 경우로서 17세 이상의 자에 대하여 성명·사진·주민등록번호 또는 주소를 확인할 필요가 있으면 증빙서류를 붙이지 아니하고 주민등록증 또는 모바일 주민등록증(이하 "주민등록증등"이라 한다)으로 확인하여야 한다. 다만, 대통령령으로 정한 경우에는 그러하지 아니하다.(2023.12.26 본문개정)
1. 민원서류나 그 밖의 서류를 접수할 때
2. 특정인에게 자격을 인정하는 증서를 발급할 때
3. 그 밖에 신분을 확인하기 위하여 필요할 때
② 행정안전부장관은 주민등록정보시스템을 이용하여 주민등록확인서비스(휴대전화 등 정보통신기기로 제1항 본문에 따른 성명·사진·주민등록번호 또는 주소를 확인할 수 있는 서비스를 말한다. 이하 같다)를 제공할 수 있다.(2022.1.11 본항신설)
③ 주민등록확인서비스를 이용하여 성명·사진·주민등록번호 또는 주소를 확인한 경우 제1항에 따라 주민등록증등으로 성명·사진·주민등록번호 또는 주소를 확인한 것으로 본다.(2023.12.26 본항개정)
④ 주민등록확인서비스의 신청 등에 필요한 사항은 대통령령으로 정한다.(2022.1.11 본항신설)
(2022.1.11 본조제목개정)

제26조【주민등록증등의 제시요구】 ① 사법경찰관리(司法警察官吏)가 범인을 체포하는 등 그 직무를 수행할 때에 17세 이상인 주민의 신원이나 거주 관계를 확인할 필요가 있

으면 주민등록증등의 제시를 요구할 수 있다. 이 경우 사법경찰관리는 주민등록증등을 제시하지 아니하는 자로서 신원을 증명하는 증표나 그 밖의 방법에 따라 신원이나 거주 관계가 확인되지 아니하는 자에게는 범죄의 혐의가 있다고 인정되는 상당한 이유가 있을 때에 한정하여 인근 관계 관서에서 신원이나 거주 관계를 밝힐 것을 요구할 수 있다.
(2023.12.26 본항개정)
② 사법경찰관리는 제1항에 따라 신원 등을 확인할 때 친절과 예의를 지켜야 하며, 정복근무 중인 경우 외에는 미리 신원을 표시하는 증표를 지니고 이를 관계인에게 내보여야 한다.
(2023.12.26 본조제목개정)

제27조【주민등록증의 재발급】 ① 주민등록증을 발급받은 후 다음 각 호의 어느 하나에 해당하는 사유로 재발급을 받으려는 자는 대통령령으로 정하는 바에 따라 시장·군수 또는 구청장에게 그 사실을 신고하고 재발급을 신청하여야 한다.
1. 주민등록증의 분실이나 훼손
2. 성명, 생년월일 또는 성별의 변경
3. 그 밖에 대통령령으로 정하는 사유
② 주민등록 업무를 수행하는 공무원은 다음 각 호의 어느 하나에 해당하는 사유로 업무수행이 어려우면 대통령령으로 정하는 바에 따라 그 주민등록증을 회수하고, 본인이 시장·군수 또는 구청장에게 재발급신청을 하도록 하여야 한다.
1. 주민등록증이 훼손되거나 그 밖의 사유로 그 내용을 알아보기 어려운 경우
2. 주민등록증의 주요 기재내용이 변경된 경우
③ 시장·군수 또는 구청장은 제1항에 따라 주민등록증을 재발급 신청하는 자에게 행정안전부령으로 정하는 수수료를 징수할 수 있다. 다만, 다음 각 호의 어느 하나에 해당하면 그러하지 아니하다.(2017.7.26 본문개정)
1. 주민등록증 발급상의 잘못으로 인하여 재발급하는 경우
2. 그 밖에 행정안전부령으로 정하는 경우(2017.7.26 본호개정)

제27조의2【중증장애인에 대한 주민등록증의 발급 및 재발급】 ① 시장·군수 또는 구청장은 신체적·정신적 장애정도가 심하여 자립하기가 매우 곤란한 장애인(이하 이 조에서 "중증장애인"이라 한다)으로서 본인이 직접 주민등록증의 발급·재발급을 신청하기가 어렵다고 판단하는 경우에는 해당 중증장애인, 그 법정대리인 또는 대통령령으로 정하는 보호자의 신청에 따라 관계 공무원으로 하여금 해당 중증장애인을 직접 방문하게 하여 주민등록증을 발급·재발급(발급의 경우는 관할구역에 주민등록이 된 중증장애인에 한정한다)할 수 있다.
② 중증장애인을 위한 주민등록증의 발급 및 재발급 신청기준·방법 및 절차, 관계 공무원의 방문 절차 등에 필요한 사항은 대통령령으로 정한다.
(2011.5.30 본조신설)

제28조【주민등록전산정보센터의 설치 등】 ① 행정안전부장관은 주민등록전산정보의 관리 및 주민등록증의 발급 등을 위하여 주민등록전산정보센터를 설치하고, 주민등록전산정보센터에서 시장·군수 또는 구청장의 요청에 따라 주민등록증을 대행하여 발급하게 할 수 있다.(2017.7.26 본항개정)
② 행정안전부장관은 재해나 재난 등에 대비하기 위하여 주민등록전산정보 백업시스템을 구축한다.(2017.7.26 본항개정)
③ 제1항에 따른 주민등록전산정보센터와 제2항에 따른 주민등록전산정보 백업시스템의 운영 등에 관한 사항은 대통령령으로 정한다.

제29조【열람 또는 등·초본의 교부】 ① 주민등록표를 열람하거나 그 등본 또는 초본의 교부를 받으려는 자는 행정안전부령으로 정하는 수수료를 내고 시장·군수 또는 구청장(자치구가 아닌 구의 구청장을 포함한다)이나 읍·면·동장 또는 출장소장(이하 "열람 또는 등·초본교부기관의 장"이라 한다)에게 신청할 수 있다.(2017.7.26 본항개정)
② 제1항에 따른 주민등록표의 열람이나 등·초본의 교부신청은 본인이나 세대원이 할 수 있다. 다만, 본인이나 세대원의 위임이 있거나 다음 각 호의 어느 하나에 해당하면 그러하지 아니하다.
1. 국가나 지방자치단체가 공무상 필요로 하는 경우
2. 관계 법령에 따른 소송·비송사건·경매목적 수행상 필요한 경우
3. 다른 법령에 주민등록자료를 요청할 수 있는 근거가 있는 경우
4. 다른 법령에서 본인이나 세대원이 아닌 자에게 등·초본의 제출을 의무화하고 있는 경우
5. 다음 각 목의 어느 하나에 해당하는 자가 신청하는 경우
가. 세대주의 배우자
나. 세대주의 직계혈족
다. 세대주의 배우자의 직계혈족
라. 세대주의 직계혈족의 배우자
마. 세대원의 배우자(주민등록표 초본에 한정한다)
바. 세대원의 직계혈족(주민등록표 초본에 한정한다)
(2016.5.29 마목~바목신설)
(2009.4.1 본호개정)
6. 채권·채무관계 등 대통령령으로 정하는 정당한 이해관계가 있는 사람이 신청하는 경우(주민등록표 초본에 한정한다)(2016.5.29 본호개정)
7. 그 밖에 공익상 필요하여 대통령령으로 정하는 경우
(2016.5.29 본호개정)
③ 제1항에 따른 주민등록표의 열람이나 등·초본의 교부는 주민등록번호시스템을 이용하여 열람하게 하거나 교부한다. 다만, 전자문서나 무인민원발급기(無人民願發給機)를 이용하는 경우에는 신청자 본인이나 세대원의 주민등록표 등·초본의 교부에 한정한다.(2022.1.11 본문개정)
④ (2016.5.29 삭제)
⑤ 열람 또는 등·초본교부기관의 장은 본인이나 세대원이 아닌 자로부터 주민등록표의 열람 또는 등·초본의 교부신청을 받으면 그 열람 또는 등·초본의 교부가 개인의 사생활을 침해할 우려가 있거나 공익에 반한다고 판단되면 그 열람을 하지 못하게 하거나 등·초본을 발급하지 아니할 수 있다. 이 경우 그 사유를 신청인에게 서면으로 알려야 한다.
⑥ 「가정폭력범죄의 처벌 등에 관한 특례법」 제2조제5호에 따른 피해자는 같은 법 제2조제4호에 따른 가정폭력행위자가 본인과 주민등록지를 달리하는 경우 제2항제5호에 해당하는 사람 중에서 대상자를 지정하여 대통령령으로 정하는 바에 따라 시장·군수 또는 구청장에게 본인과 세대원 및 직계존비속(이하 이 조에서 "가정폭력피해자등"이라 한다)의 주민등록표의 열람 또는 등·초본의 교부를 제한하도록 신청할 수 있다.(2021.7.20 본항개정)
⑦ 열람 또는 등·초본교부기관의 장은 제6항의 제한신청이 있는 경우 그 제한대상자(이하 이 조에서 "제한대상자"라 한다)에게 가정폭력피해자등의 주민등록표 열람을 하지 못하게 하거나 등·초본을 교부하지 아니하는 제한조치를 할 수 있다. 이 경우 그 사유를 제한대상자에게 서면으로 알려야 한다.(2023.12.26 전단개정)
⑧ 열람 또는 등·초본교부기관의 장은 제2항제6호에도 불구하고 제한대상자가 가정폭력피해자등의 주민등록표 초본의 열람을 하지 못하게 하거나 교부하지 아니하는 제한조치를 할 수 있다. 이 경우 그 사유를 제한대상자에게 서면으로 알려야 한다.(2023.12.26 전단개정)
⑨ 열람 또는 등·초본교부기관의 장은 다음 각 호의 어느 하나에 해당하는 사유가 있는 경우에는 행정안전부령으로 정하는 바에 따라 제한대상자에 대하여 주민등록표를 열람하게 하거나 등·초본을 교부할 수 있다.
1. 제6항에 따라 주민등록표의 열람 또는 등·초본의 교부 제한을 신청한 사람이 제한대상자에 대하여 제7항 및 제8항에 따른 제한조치를 하지 말 것을 시장·군수 또는 구청장에게 신청하는 경우
2. 그 밖에 대통령령으로 정하는 불가피한 사유가 있는 경우
(2023.12.26 본항신설)
⑩ 제2항에도 불구하고 이혼한 자와 같은 세대를 구성하지 아니한 그 직계비속이 이혼한 자의 주민등록표의 열람 또는 등·초본의 교부를 신청한 경우에는 열람 또는 등·초본교부기관의 장은 주민등록표 초본만을 열람하게 하거나 교부할 수 있다.(2009.4.1 본항신설)

⑪ 제1항부터 제10항까지의 규정에 따른 주민등록표의 열람 또는 등·초본의 교부, 무인민원발급기에 따른 주민등록표 등·초본의 교부 시의 본인확인방법, 무인민원발급기의 설치·운영 등에 필요한 사항은 대통령령으로 정한다.
(2023.12.26 본항개정)

제29조의2 【전입세대확인서의 열람 또는 교부】 ① 주민등록표 중 해당 건물 또는 시설의 소재지에 주민등록이 되어 있는 세대주와 주민등록표 상의 동거인(말소 또는 거주불명 등록된 사람을 포함한다)의 성명과 전입일자를 확인할 수 있는 서류(이하 "전입세대확인서"라 한다)를 열람하거나 교부받으려는 자는 행정안전부령으로 정하는 수수료를 내고 열람 또는 등·초본교부기관의 장에게 신청할 수 있다.
② 제1항에 따른 전입세대확인서의 열람 또는 교부 신청을 할 수 있는 자는 다음 각 호와 같다.
1. 해당 건물 또는 시설의 소유자 본인이나 그 세대원, 임차인 본인이나 그 세대원, 매매계약자 또는 임대차계약자 본인
2. 해당 건물 또는 시설의 소유자, 임차인, 매매계약자 또는 임대차계약자 본인의 위임을 받은 자
3. 다음 각 목의 어느 하나에 해당하는 경우로서 열람 또는 교부 신청을 하려는 자
  가. 제29조제2항제2호에 따라 경매참가자가 경매에 참가하려는 경우
  나. 「신용정보의 이용 및 보호에 관한 법률」 제2조제5호라목에 따른 신용조사회사 또는 「감정평가 및 감정평가사에 관한 법률」 제2조제4호에 따른 감정평가법인등이 임차인의 실태 등을 확인하려는 경우
  다. 대통령령으로 정하는 금융회사 등이 담보주택의 근저당을 설정하려는 경우
  라. 법원의 현황조사명령서에 따라 집행관이 현황조사를 하려는 경우
  마. 제29조제2항제1호에 따라 국가 또는 지방자치단체가 공무상 필요로 하는 경우
③ 제1항에 따른 전입세대확인서의 열람 및 교부는 주민등록정보시스템을 통하여 한다.
④ 제1항에 따른 전입세대확인서의 열람 및 교부에 필요한 사항은 대통령령으로 정한다.
(2022.1.11 본조신설)

제30조 【주민등록전산정보자료의 이용 등】 ① 주민등록표에 기록된 주민등록 사항에 관한 주민등록전산정보자료(이하 "전산자료"라 한다)를 이용 또는 활용하려는 자는 관계 중앙행정기관의 장의 심사를 거쳐 행정안전부장관의 승인을 받아야 한다. 다만, 대통령령으로 정하는 경우에는 관계 중앙행정기관의 장의 심사를 필요로 하지 아니한다.(2017.7.26 본문개정)
② 전산자료를 이용·활용하려는 자의 범위는 제29조제2항에 따라 주민등록표의 열람 또는 등·초본의 교부를 신청할 수 있는 자로 하되, 전산자료의 형태로 제공하는 것이 적합한 경우에 한정한다.
③ 전산자료의 제공범위는 주민등록표의 자료로 하되, 제29조제2항제2호부터 제7호까지의 경우에는 주민등록표 등·초본의 자료에 한정한다.
④ 행정안전부장관은 제3항에 따라 전산자료를 제공하는 경우 자료의 이용·활용 목적을 고려하여 필요 최소한의 자료를 제공하여야 한다.(2017.7.26 본항개정)
⑤ 제1항에 따른 전산자료를 이용·활용하는 자는 본래의 목적 외의 용도로 이용·활용하여서는 아니 된다.
⑥ 전산자료의 이용·활용에 필요한 사항은 대통령령으로 정하고, 전산자료의 사용료에 관한 사항은 행정안전부령으로 정한다.(2017.7.26 본항개정)

제31조 【주민등록표 보유기관 등의 의무】 ① 주민등록표 보유기관의 장은 주민등록표를 관리할 때에 주민등록표가 멸실, 도난, 유출 또는 손상되지 아니하도록 필요한 안전조치를 하여야 한다.
② 주민등록표의 관리자는 이 법의 규정에 따른 보유 또는 이용목적 외의 목적을 위하여 주민등록표를 이용한 전산처리를 하여서는 아니 된다.
③ 주민등록업무에 종사하거나 종사하였던 자 또는 그 밖의 자로서 직무상 주민등록사항을 알게 된 자는 다른 사람에게 이를 누설하여서는 아니 된다.

제32조 【전산자료를 이용·활용하는 자에 대한 지도·감독】 ① 행정안전부장관은 필요하다고 인정하면 전산자료를 이용·활용하는 자에 대하여 그 보유 또는 관리 등에 관한 사항을 지도·감독할 수 있다.(2017.7.26 본항개정)
② 제1항에 따른 지도·감독의 대상·절차 등에 필요한 사항은 대통령령으로 정한다.

제33조 (2009.4.1 삭제)

제34조 【주민등록 관련 민원신청 등의 전자문서 처리】 ① 주민등록표의 열람 또는 등·초본의 교부신청과 교부, 제21조제1항에 따른 이의신청이나 그 밖에 주민등록과 관련된 제반 신고·신청 등은 전자문서로 할 수 있다.
② 제1항에 따른 전자문서를 이용할 경우 인증 방법(서명자의 실지명의를 확인할 수 있는 것을 말한다) 등에 관하여는 「전자서명법」의 규정을 준용한다.(2020.6.9 본항개정)
③ 제1항에 따른 주민등록표의 등·초본 교부시 필요한 사항은 대통령령으로 정한다.

제35조 【주민등록사항의 진위확인】 행정안전부장관은 다음 각 호의 어느 하나에 해당하면 주민등록사항의 진위를 확인하여 줄 수 있다.(2017.7.26 본문개정)
1. 「공직선거법」에 따라 인터넷 언론사·정당 또는 후보자가 해당 인터넷 사이트의 게시판·대화방 등에 선거에 관한 의견게시를 하려는 자의 성명 및 주민등록번호의 진위 확인을 위하여 필요한 경우
2. 주민등록정보시스템에 따라 주민등록증등의 진위 확인이 필요한 경우(2023.12.26 본호개정)
3. 제25조제2항에 따른 주민등록확인서비스를 통하여 제공된 주민등록사항의 진위 확인이 필요한 경우
(2022.1.11 본호신설)

제36조 【보험·공제 등에의 가입】 시장·군수 또는 구청장은 그 지방자치단체의 조례로 정하는 바에 따라 소속 직원의 주민등록사고로 인한 피해발생에 대비하기 위하여 보험(신원보증보험을 포함한다)이나 공제 등에 가입할 수 있다.

제36조의2 (2020.6.9 삭제)

제36조의3 【비밀유지 등】 변경위원회의 업무에 종사하거나 종사하였던 사람은 직무상 알게 된 비밀을 다른 사람에게 누설하거나 직무상 목적 외에 이용하여서는 아니 된다. 다만, 다른 법률에 특별한 규정이 있는 경우에는 그러하지 아니하다.(2016.5.29 본조신설)

제36조의4 【벌칙 적용에서 공무원 의제】 변경위원회의 위원 중 공무원이 아닌 위원은 「형법」이나 그 밖의 법률에 따른 벌칙을 적용할 때에는 공무원으로 본다.(2016.5.29 본조신설)

제37조 【벌칙】 ① 다음 각 호의 어느 하나에 해당하는 자는 3년 이하의 징역 또는 3천만원 이하의 벌금에 처한다.
(2016.12.2 본문개정)
1. 제7조의2에 따른 주민등록번호 부여방법으로 거짓의 주민등록번호를 만들어 자기 또는 다른 사람의 재물이나 재산상의 이익을 위하여 사용한 자(2022.1.11 본호개정)
2. 주민등록증등을 채무이행의 확보 등의 수단으로 제공한 자 또는 그 제공을 받은 자(2023.12.26 본호개정)
3. 제10조제2항 또는 제10조의2제2항을 위반하여 이중으로 신고한 사람(2014.1.21 본호개정)
3의2. 주민등록 또는 주민등록증등에 관하여 거짓의 사실을 신고 또는 신청한 사람(2023.12.26 본호개정)
4. 거짓의 주민등록번호를 만드는 프로그램을 다른 사람에게 전달하거나 유포한 자
4의2. 제25조제2항에 따른 주민등록확인서비스를 통하여 정보통신기기에 제공된 주민등록사항을 조작하여 사용하거나 부정하게 사용한 자(2022.1.11 본호신설)
5. 제29조제2항 또는 제3항을 위반하여 거짓이나 그 밖의 부정한 방법으로 다른 사람의 주민등록표를 열람하거나 그 등본 또는 초본을 교부받은 자(2022.1.11 본호개정)
6. 제30조제5항을 위반한 자

7. 제31조제2항 또는 제3항을 위반한 자
7의2. 제36조의3을 위반하여 직무상 알게 된 비밀을 누설하거나 목적 외에 이용한 사람(2016.5.29 본호신설)
8. 다른 사람의 주민등록증등을 부정하게 사용한 자 (2023.12.26 본호개정)
8의2. 다른 사람의 주민등록증등의 이미지 파일 또는 복사본을 부정하게 사용한 자(2023.12.26 본호신설)
9. 법률에 따르지 아니하고 영리의 목적으로 다른 사람의 주민등록번호에 관한 정보를 알려주는 자(2009.4.1 본호신설)
10. 다른 사람의 주민등록번호를 부정하게 사용한 자. 다만, 직계혈족·배우자·동거친족 또는 그 배우자 간에는 피해자가 명시한 의사에 반하여 공소를 제기할 수 없다.

② 제29조의2제2항을 위반하여 거짓이나 그 밖의 부정한 방법으로 전입세대확인서를 열람하거나 교부받은 자는 1년 이하의 징역 또는 1천만원 이하의 벌금에 처한다. (2022.1.11 본항신설)

판례 공적·사적인 각종 생활분야에서 주민등록증이나 운전면허증과 같이 명의인의 주민등록번호가 기재된 유형적인 신분증명문서를 제시하지 않고 성명과 주민등록번호 등만으로 본인 여부의 확인 또는 개인식별 내지 특정이 가능한 절차에 있어서, 주민등록번호 소지자의 허락 없이 마치 그 소지자의 허락을 얻은 것처럼 행세하거나 자신이 그 소지자인 것처럼 행세하면서 그 주민등록번호를 사용하는 행위를 처벌하기 위하여 규정된 것으로 보아야 한다. 그러므로 다른 사람의 주민등록번호를 그 소지자의 허락 없이 함부로 이용하였다 하더라도, 그 주민등록번호를 본인 여부의 확인 또는 개인식별 내지 특정의 용도로 사용한 경우에 이른 경우가 아닌 한, 위 조항의 주민등록번호 부정사용죄는 성립하지 아니한다. (대판 2009.9.10, 2009도4574)

제38조【벌칙】 제26조제2항에 따른 사법경찰관리가 그 직무를 수행하면서 직권을 남용하면 「경찰관 직무집행법」 제12조에 따라 처벌한다.(2014.5.20 본조개정)

제39조【양벌규정】 법인의 대표자나 법인 또는 개인의 대리인, 사용인, 그 밖의 종업원이 그 법인 또는 개인의 업무에 관하여 제37조제1항제2호·제4호의2·제5호·제6호·제8호·제8호의2 또는 같은 조 제2항의 위반행위를 하면 그 행위자를 벌하는 외에 그 법인 또는 개인에게도 해당 조문의 벌금형을 과(科)한다. 다만, 법인 또는 개인이 그 위반행위를 방지하기 위하여 해당 업무에 관하여 상당한 주의와 감독을 게을리하지 아니한 경우에는 그러하지 아니하다.(2023.12.26 본문개정)

1.~3. (2022.1.11 삭제)

제40조【과태료】 ① 제7조의4제1항의 입증자료를 거짓으로 제출한 사람에게는 1천만원 이하의 과태료를 부과한다.(2016.5.29 본항신설)

② 정당한 사유 없이 제20조제1항 또는 제20조의2제1항에 따른 사실조사를 거부 또는 기피한 자에게는 50만원 이하의 과태료를 부과한다.(2019.12.3 본항개정)

③ 정당한 사유 없이 제20조제2항·제3항(제20조의2제1항 후단에 따라 준용하는 경우를 포함한다) 및 제24조제4항 후단에 따른 최고를 받은 자 또는 공고된 자 중 기간 내에 신고 또는 신청을 하지 아니한 자는 10만원 이하의 과태료를 부과한다.(2019.12.3 본항개정)

④ 정당한 사유 없이 제11조부터 제13조까지, 제16조제1항 또는 제24조제4항 전단에 따른 신고 또는 신청을 기간 내에 하지 아니한 자는 5만원 이하의 과태료를 부과한다. (2014.1.21 본항개정)

⑤ 제1항부터 제4항까지의 과태료는 대통령령으로 정하는 바에 따라 시장·군수 또는 구청장이 부과·징수한다. (2022.1.11 본항개정)

⑥~⑦ (2009.4.1 삭제)

부 칙

제1조【시행일】 이 법은 공포한 날부터 시행한다.

제2조【종전 법률의 개정에 따른 주민등록증의 발급시기에 관한 특례】 ① 법률 제5987호 주민등록법중개정법률에 따른 주민등록증이 발급되기 전에 주민등록증을 발급 또는 재발급할 필요가 있으면 종전의 규정에 따라 이를 발급 또는 재발급할 수 있다. 이 경우 발급 또는 재발급된 주민등록증은 같은 법에 따른 주민등록증으로 보며, 2000년 6월 1일 이후에는 이를 사용할 수 없다.

② 법률 제5987호 주민등록법중개정법률의 시행일인 1999년 7월 1일 이전에 발급된 주민등록증은 같은 법에 따른 주민등록증으로 보며, 2000년 6월 1일 이후에는 이를 사용할 수 없다.

제3조【처분 등에 관한 일반적 경과조치】 이 법 시행 당시 종전의 규정에 따른 행정기관의 행위나 행정기관에 대한 행위는 그에 해당하는 이 법에 따른 행정기관의 행위나 행정기관에 대한 행위로 본다.

제4조【벌칙이나 과태료에 관한 경과조치】 이 법 시행 전의 행위에 대하여 벌칙이나 과태료 규정을 적용할 때에는 종전의 규정에 따른다.

제5조【다른 법률의 개정】 ①~④ ※(해당 법령에 가제정리 하였음)

제6조【다른 법령과의 관계】 이 법 시행 당시 다른 법령에서 종전의 「주민등록법」 또는 그 규정을 인용한 경우에 이 법 가운데 그에 해당하는 규정이 있으면 종전의 규정을 갈음하여 이 법 또는 이 법의 해당 규정을 인용한 것으로 본다.

부 칙 (2009.4.1)

제1조【시행일】 이 법은 공포 후 6개월이 경과한 날부터 시행한다.

제2조【종전 법률의 개정에 따른 거주불명 등록에 관한 특례】 시장·군수 또는 구청장은 이 법 시행 당시 종전의 규정에 따라 주민등록이 말소된 주민에 대하여 제20조제6항의 개정규정에도 불구하고 이 법 시행 후 1년이 경과하면 말소 당시 주민등록지 읍·면사무소 또는 동 주민센터의 주소를 행정상 관리주소로 하여 거주불명 등록을 하여야 한다. 다만, 이 법 시행 당시 주민등록이 말소된 사람이 거주지가 불분명한 상태에서 재등록을 신청하는 경우에는 이 법 시행 후 1년 이내라도 거주불명 등록을 할 수 있다.

제3조【다른 법률의 개정】 ①~② ※(해당 법령에 가제정리 하였음)

부 칙 (2016.12.2)

제1조【시행일】 이 법은 공포 후 1년이 경과한 날부터 시행한다. 다만, 제14조제3항의 개정규정은 공포한 날부터 시행하고, 제37조의 개정규정은 공포 후 6개월이 경과한 날부터 시행하며, 부칙 제3조제1항 및 제3항은 2017년 5월 30일부터 시행한다.

제2조【해외에 체류 중인 사람의 주소 신고에 관한 경과조치】 ① 이 법 시행일 전에 90일 이상 해외에 체류할 목적으로 이미 출국하여 해외에 체류 중인 사람(제19조제1항에 따른 국외이주신고를 하여야 하는 사람은 제외한다)은 제10조의3제1항의 개정규정에도 불구하고 이 법 시행일 이후 그가 속한 세대의 거주지를 제10조제1항제7호에 따른 주소로 신고할 수 있다. 다만, 신고 당시 어느 세대에도 속하지 아니하는 사람은 신고 당시 거주지를 관할하는 읍·면사무소 또는 동 주민센터의 주소를 행정상 관리주소로 신고할 수 있다.

② 제1항에 따른 신고를 한 사람은 해외체류자로 본다.

제3조【다른 법률의 개정】 ①~③ ※(해당 법령에 가제정리 하였음)

부 칙 (2021.7.20)

이 법은 공포 후 6개월이 경과한 날부터 시행한다.

부 칙 (2022.1.11)

제1조【시행일】 이 법은 공포한 날부터 시행한다. 다만, 제25조, 제35조제3호, 제37조제1항제4호의2, 제39조(제37

조제1항제4호의2에 관한 부분으로 한정한다)의 개정규정은 공포 후 6개월이 경과한 날부터 시행하고, 제7조제1항, 제16조제2항·제3항, 제20조의3제1항·제2항(국가기관 및 지방자치단체와 관련된 부분으로 한정한다), 제29조제3항, 제29조의2, 제35조제2호, 제37조제2항, 제39조(제37조제2항에 관한 부분으로 한정한다) 및 제40조제5항의 개정규정은 공포 후 1년이 경과한 날부터 시행한다.

제2조【주민등록번호변경위원회 심사·의결 기간 단축에 따른 경과조치】 이 법 시행 전에 주민등록지의 시장·군수 또는 구청장이 주민등록번호변경위원회에 주민등록번호 변경 여부에 관한 결정을 청구한 경우에는 제7조의5제3항의 개정규정에도 불구하고 종전의 규정에 따른다.

제3조【시행일에 관한 경과조치】 제25조제2항의 개정규정 중 "주민등록정보시스템"은 이 법 공포 후 6개월이 경과한 날부터 1년이 경과하기 전까지는 "전산조직"으로 본다.

부 칙 (2023.3.4)

제1조【시행일】 이 법은 공포 후 3개월이 경과한 날부터 시행한다.(이하 생략)

부 칙 (2023.8.16)

제1조【시행일】 이 법은 공포 후 6개월이 경과한 날부터 시행한다.

제2조【주민등록번호변경위원회의 심사·의결 기간 단축에 관한 적용례】 제7조의5제4항의 개정규정은 이 법 시행 이후 주민등록지의 시장·군수 또는 구청장이 주민등록번호변경위원회에 주민등록번호 변경 여부에 관한 결정을 청구한 경우부터 적용한다.

부 칙 (2023.12.26)

제1조【시행일】 이 법은 공포 후 1년이 경과한 날부터 시행한다. 다만, 제29조제7항부터 제11항까지의 개정규정은 공포 후 6개월이 경과한 날부터 시행하고, 제37조제1항제8호의2 및 제39조 본문의 개정규정은 공포한 날부터 시행한다.

제2조【벌칙에 관한 특례】 제37조제1항제8호의2의 개정규정은 제24조의2 및 제25조의 개정규정이 시행되기 전까지는 다음과 같이 규정된 것으로 본다.

8의2. 다른 사람의 주민등록증의 이미지 파일 또는 복사본을 부정하게 사용한 자

제3조【다른 법률의 개정】 ①~⑬ ※(해당 법령에 가제정리 하였음)

부 칙 (2025.1.21)

제1조【시행일】 이 법은 공포 후 6개월이 경과한 날부터 시행한다.(이하 생략)

공공기관의 정보공개에 관한 법률(약칭 : 정보공개법)

(2004년 1월 29일 전개법률 제7127호)

개정
2005.12.29법 7796호(국가공무원)
2006.10. 4법 8026호
2007. 1. 3법 8171호(전자정부법)
2008. 2.29법 8854호
2008. 2.29법 8871호(행정심판)
2010. 2. 4법10012호(전자정부법)
2013. 3.23법11690호(정부조직)
2013. 8. 6법11991호
2014.11.19법12844호(정부조직)
2016. 5.29법14185호
2017. 7.26법14839호(정부조직)
2020.12.22법17690호
2023. 5.16법19408호(행정기관정비일부개정법령등)

제1장 총 칙

(2013.8.6 본장개정)

제1조【목적】 이 법은 공공기관이 보유·관리하는 정보에 대한 국민의 공개 청구 및 공공기관의 공개 의무에 관하여 필요한 사항을 정함으로써 국민의 알권리를 보장하고 국정(國政)에 대한 국민의 참여와 국정 운영의 투명성을 확보함을 목적으로 한다.

제2조【정의】 이 법에서 사용하는 용어의 뜻은 다음과 같다.
1. "정보"란 공공기관이 직무상 작성 또는 취득하여 관리하고 있는 문서(전자문서를 포함한다. 이하 같다) 및 전자매체를 비롯한 모든 형태의 매체 등에 기록된 사항을 말한다.
(2020.12.22 본호개정)
2. "공개"란 공공기관이 이 법에 따라 정보를 열람하게 하거나 그 사본·복제물을 제공하는 것 또는 「전자정부법」 제2조제10호에 따른 정보통신망(이하 "정보통신망"이라 한다)을 통하여 정보를 제공하는 것 등을 말한다.
3. "공공기관"이란 다음 각 목의 기관을 말한다.
가. 국가기관
1) 국회, 법원, 헌법재판소, 중앙선거관리위원회
2) 중앙행정기관(대통령 소속 기관과 국무총리 소속 기관을 포함한다) 및 그 소속 기관
3) 「행정기관 소속 위원회의 설치·운영에 관한 법률」에 따른 위원회
나. 지방자치단체
다. 「공공기관의 운영에 관한 법률」 제2조에 따른 공공기관
라. 「지방공기업법」에 따른 지방공사 및 지방공단
(2020.12.22 본목신설)
마. 그 밖에 대통령령으로 정하는 기관

판례 공공기관의 범위 : 공공기관은 국가기관에 한정되는 것이 아니라 지방자치단체, 정부투자기관, 그 밖에 공동체 전체의 이익에 중요한 역할이나 기능을 수행하는 기관도 포함되는 것으로 해석된다.(대판 2006.8.24, 2004두2783)

제3조【정보공개의 원칙】 공공기관이 보유·관리하는 정보는 국민의 알권리 보장 등을 위하여 이 법에서 정하는 바에 따라 적극적으로 공개하여야 한다.

판례 행정기관의 정보공개 허가여부는 기밀에 관한 사항 등 특별한 사유가 없는 한 반드시 정보공개에 응하여야 하는 '기속행위'로 보아야 한다.(대판 1992.6.23, 92추17)

제4조【적용 범위】 ① 정보의 공개에 관하여는 다른 법률에 특별한 규정이 있는 경우를 제외하고는 이 법에서 정하는 바에 따른다.
② 지방자치단체는 그 소관 사무에 관하여 법령의 범위에서 정보공개에 관한 조례를 정할 수 있다.
③ 국가안전보장에 관련되는 정보 및 보안 업무를 관장하는 기관에서 국가안전보장과 관련된 정보의 분석을 목적으로 수집하거나 작성한 정보에 대해서는 이 법을 적용하지 아니한다. 다만, 제8조제1항에 따른 정보목록의 작성·비치 및 공개에 대해서는 그러하지 아니한다.

제2장 정보공개 청구권자와 공공기관의 의무
(2013.8.6 본장개정)

제5조【정보공개 청구권자】 ① 모든 국민은 정보의 공개를 청구할 권리를 가진다.
② 외국인의 정보공개 청구에 관하여는 대통령령으로 정한다.
판례 공공기관의정보공개에관한법률의 목적, 규정 내용 및 취지에 비추어 보면, 정보공개청구의 목적에 특별한 제한이 있다고 할 수 없으므로, 오로지 피고를 괴롭힐 목적으로 정보공개를 구하고 있다는 등의 특별한 사정이 없는 한, 정보공개의 청구가 신의칙에 반하거나 권리남용에 해당한다고 볼 수 없다.
(대판 2004.9.23, 2003두1370)

제6조【공공기관의 의무】 ① 공공기관은 정보의 공개를 청구하는 국민의 권리가 존중될 수 있도록 이 법을 운영하고 소관 관계 법령을 정비하며, 정보를 투명하고 적극적으로 공개하는 조직문화 형성에 노력하여야 한다.
② 공공기관은 정보의 적절한 보존 및 신속한 검색과 국민에게 유용한 정보의 분석 및 공개 등이 이루어지도록 정보관리체계를 정비하고, 정보공개 업무를 주관하는 부서 및 담당하는 인력을 적정하게 두어야 하며, 정보통신망을 활용한 정보공개시스템 등을 구축하도록 노력하여야 한다.
③ 행정안전부장관은 공공기관의 정보공개에 관한 업무를 종합적·체계적·효율적으로 지원하기 위하여 통합정보공개시스템을 구축·운영하여야 한다.(2020.12.22 본항신설)
④ 공공기관(국회·법원·헌법재판소·중앙선거관리위원회는 제외한다)이 제2항에 따른 정보공개시스템을 구축하지 아니한 경우에는 제3항에 따라 행정안전부장관이 구축·운영하는 통합정보공개시스템을 통하여 정보공개 청구 등을 처리하여야 한다.(2020.12.22 본항신설)
⑤ 공공기관은 소속 공무원 또는 임직원 전체를 대상으로 국회규칙·대법원규칙·헌법재판소규칙·중앙선거관리위원회규칙 및 대통령령으로 정하는 바에 따라 이 법 및 정보공개 제도 운영에 관한 교육을 실시하여야 한다.(2020.12.22 본항신설)
(2020.12.22 본조개정)

제6조의2【정보공개 담당자의 의무】 공공기관의 정보공개 담당자(정보공개 청구 대상 정보와 관련된 업무 담당자를 포함한다)는 정보공개 업무를 성실하게 수행하여야 하며, 공개 여부의 자의적인 결정, 고의적인 처리 지연 또는 위법한 공개 거부 및 회피 등 부당한 행위를 해서는 아니 된다.
(2020.12.22 본조신설)

제7조【정보의 사전적 공개 등】 ① 공공기관은 다음 각 호의 어느 하나에 해당하는 정보에 대해서는 공개의 구체적 범위, 주기, 시기 및 방법 등을 미리 정하여 정보통신망 등을 통하여 알리고, 이에 따라 정기적으로 공개하여야 한다. 다만, 제9조제1항 각 호의 어느 하나에 해당하는 정보에 대해서는 그러하지 아니하다.(2020.12.22 본문개정)
1. 국민생활에 매우 큰 영향을 미치는 정책에 관한 정보
2. 국가의 시책으로 시행하는 공사(工事) 등 대규모 예산이 투입되는 사업에 관한 정보
3. 예산집행의 내용과 사업평가 결과 등 행정감시를 위하여 필요한 정보
4. 그 밖에 공공기관의 장이 정하는 정보

② 공공기관은 제1항에 규정된 사항 외에도 국민이 알아야 할 필요가 있는 정보를 국민에게 공개하도록 적극적으로 노력하여야 한다.
(2020.12.22 본조제목개정)

제8조【정보목록의 작성·비치 등】 ① 공공기관은 그 기관이 보유·관리하는 정보에 대하여 국민이 쉽게 알 수 있도록 정보목록을 작성하여 갖추어 두고, 그 목록을 정보통신망을 활용한 정보공개시스템 등을 통하여 공개하여야 한다. 다만, 정보목록 중 제9조제1항에 따라 공개하지 아니할 수 있는 정보가 포함되어 있는 경우에는 해당 부분을 갖추어 두지 아니하거나 공개하지 아니할 수 있다.
② 공공기관은 정보의 공개에 관한 사무를 신속하고 원활하게 수행하기 위하여 정보공개 장소를 확보하고 공개에 필요한 시설을 갖추어야 한다.

제8조의2【공개대상 정보의 원문공개】 공공기관 중 중앙행정기관 및 대통령령으로 정하는 기관은 전자적 형태로 보유·관리하는 정보 중 공개대상으로 분류된 정보를 국민의 정보공개 청구가 없더라도 정보통신망을 활용한 정보공개시스템 등을 통하여 공개하여야 한다.(2013.8.6 본조신설)

제3장 정보공개의 절차
(2013.8.6 본장개정)

제9조【비공개 대상 정보】 ① 공공기관이 보유·관리하는 정보는 공개 대상이 된다. 다만, 다음 각 호의 어느 하나에 해당하는 정보는 공개하지 아니할 수 있다.
1. 다른 법률 또는 법률에서 위임한 명령(국회규칙·대법원규칙·헌법재판소규칙·중앙선거관리위원회규칙·대통령령 및 조례로 한정한다)에 따라 비밀이나 비공개 사항으로 규정된 정보
2. 국가안전보장·국방·통일·외교관계 등에 관한 사항으로서 공개될 경우 국가의 중대한 이익을 현저히 해칠 우려가 있다고 인정되는 정보
3. 공개될 경우 국민의 생명·신체 및 재산의 보호에 현저한 지장을 초래할 우려가 있다고 인정되는 정보
4. 진행 중인 재판에 관련된 정보와 범죄의 예방, 수사, 공소의 제기 및 유지, 형의 집행, 교정(矯正), 보안처분에 관한 사항으로서 공개될 경우 그 직무수행을 현저히 곤란하게 하거나 형사피고인의 공정한 재판을 받을 권리를 침해한다고 인정할 만한 상당한 이유가 있는 정보
5. 감사·감독·검사·시험·규제·입찰계약·기술개발·인사관리에 관한 사항이나 의사결정 과정 또는 내부검토 과정에 있는 사항 등으로서 공개될 경우 업무의 공정한 수행이나 연구·개발에 현저한 지장을 초래한다고 인정할 만한 상당한 이유가 있는 정보. 다만, 의사결정 과정 또는 내부검토 과정을 이유로 비공개할 경우에는 제13조제5항에 따라 통지를 할 때 의사결정 과정 또는 내부검토 과정의 단계 및 종료 예정일을 함께 안내하여야 하며, 의사결정 과정 및 내부검토 과정이 종료되면 제10조에 따른 청구인에게 이를 통지하여야 한다.(2020.12.22 단서개정)
6. 해당 정보에 포함되어 있는 성명·주민등록번호 등 「개인정보 보호법」 제2조제1호에 따른 개인정보로서 공개될 경우 사생활의 비밀 또는 자유를 침해할 우려가 있다고 인정되는 정보. 다만, 다음 각 목에 열거한 사항은 제외한다.
(2020.12.22 본문개정)
가. 법령에서 정하는 바에 따라 열람할 수 있는 정보
나. 공공기관이 공표를 목적으로 작성하거나 취득한 정보로서 사생활의 비밀 또는 자유를 부당하게 침해하지 아니하는 정보
다. 공공기관이 작성하거나 취득한 정보로서 공개하는 것이 공익이나 개인의 권리 구제를 위하여 필요하다고 인정되는 정보
라. 직무를 수행한 공무원의 성명·직위
마. 공개하는 것이 공익을 위하여 필요한 경우로서 법령에 따라 국가 또는 지방자치단체가 업무의 일부를 위탁 또는 위촉한 개인의 성명·직업
7. 법인·단체 또는 개인(이하 "법인등"이라 한다)의 경영상·영업상 비밀에 관한 사항으로서 공개될 경우 법인등의 정당한 이익을 현저히 해칠 우려가 있다고 인정되는 정보. 다만, 다음 각 목에 열거한 정보는 제외한다.
가. 사업활동에 의하여 발생하는 위해(危害)로부터 사람의 생명·신체 또는 건강을 보호하기 위하여 공개할 필요가 있는 정보
나. 위법·부당한 사업활동으로부터 국민의 재산 또는 생활을 보호하기 위하여 공개할 필요가 있는 정보

8. 공개될 경우 부동산 투기, 매점매석 등으로 특정인에게 이익 또는 불이익을 줄 우려가 있다고 인정되는 정보
② 공공기관은 제1항 각 호의 어느 하나에 해당하는 정보가 기간의 경과 등으로 인하여 비공개의 필요성이 없어진 경우에는 그 정보를 공개 대상으로 하여야 한다.
③ 공공기관은 제1항 각 호의 범위에서 해당 공공기관의 업무 성격을 고려하여 비공개 대상 정보의 범위에 관한 세부 기준(이하 "비공개 세부 기준"이라 한다)을 수립하고 이를 정보통신망을 활용한 정보공개시스템 등을 통하여 공개하여야 한다.(2020.12.22 본항개정)
④ 공공기관(국회 · 법원 · 헌법재판소 및 중앙선거관리위원회는 제외한다)은 제3항에 따라 수립된 비공개 세부 기준이 제1항 각 호의 비공개 요건에 부합하는지 3년마다 점검하고 필요한 경우 비공개 세부 기준을 개선하여 그 점검 및 개선 결과를 행정안전부장관에게 제출하여야 한다.(2020.12.22 본항신설)

판례 변호사시험 합격자 명단이 '공개될 경우 개인의 사생활의 비밀 또는 자유를 침해할 우려가 있다고 인정되는 정보'에 해당하는지 여부 : 변호사는 다른 직업군보다 더 높은 공공성을 지닐 뿐만 아니라 일반 직업인보다 더 높은 도덕성과 성실성이 요구되므로 변호사시험 합격 여부, 합격연도 등을 포함한 해당 변호사에 관한 정보를 공개함으로써 얻을 수 있는 법적 이익이 적지 않다. 또한 정보공개를 청구한 원고, 서울지방변호사회는 「변호사법」 제76조제1항에 따라 소속 변호사들에 대한 정확한 정보를 보유해야 한다. 따라서 원고는 변호사시험 합격자들에 관한 최소한의 인적사항인 성명이 기재된 명단을 확보하여 해당 신청자가 적법한 자격을 갖춘 변호사인지를 더 쉽게 확인할 필요성이 있다. 합격자 명단이 공개될 경우 그 합격자들의 사생활의 비밀 또는 자유를 침해할 우려가 있는 것은 사실이다. 그러나 그 공개로 인한 공익이 더 크므로 위 정보는 「개인정보 보호법」 제18조제1항에 의하여 공개가 금지된 정보에 해당하지 않는다.(대판 2021.11.11, 2015두53770)

판례 로스쿨별 합격률을 공개하면 로스쿨 간 서열화를 조장해 각 대학원이 변호사시험 합격을 위한 학원으로 전락할 우려가 있다며 해당 정보의 공개를 거부한 법무부에 대하여, 로스쿨별 합격률 정보공개가 로스쿨 제도의 취지를 훼손하는 것은 아니며, "이미 로스쿨의 서열화가 고착된 현실에서 오히려 해당 정보공개가 로스쿨의 서열화를 깰 수도 있다"는 헌법재판소의 결정을 근거로 들어 법무부의 정보공개 거부처분은 위법하다.
(서울행정법원 2017.11.2, 2017구합70342)

판례 이동통신서비스는 전파라는 공공재를 통해 이뤄지고 국민 삶에 필수적인 의미를 갖는 서비스이자 기본적인 의사소통으로서의 위치를 차지한다. 따라서 기간산업이라는 이동통신서비스의 특성상 과점적으로 시장을 차지하는 사업자의 요금산정 자료와 사업자에 대한 감독 · 규제가 적정한지 관련 자료를 투명하게 공개할 필요가 있다. 따라서 이동통신 요금 원가관련 자료, 통신요금 인하 태스크 포스팀(TF) 구성원과 회의록 등 요금 산정의 근거가 되는 자료는 공공기관의 정보공개에 관한 법률 제9조 상의 비공개 정보에 해당하지 않으며, 이를 공개하지 않는 것은 위법하다.
(서울행정법원 2012.9.6, 2011구합21843)

판례 고소인이 자신이 고소하였다가 불기소처분 된 사건기록의 피의자신문조서, 진술조서 중 피의자 등 개인의 인적사항을 제외한 부분의 정보공개를 청구한 사안에서, 관련자들의 이름을 제외한 주민등록번호, 직업, 주소(주거 또는 직장주소), 본적, 전과 및 검찰 처분, 상훈 · 연금, 병역, 교육, 경력, 가족, 재산 및 월수입, 종교, 정당 · 사회단체가입, 건강상태, 연락처 등 개인에 관한 정보는 공개되면 개인의 내밀한 비밀 등이 알려지게 되고 그 결과 인격적 · 정신적 내면생활에 지장을 초래하거나 자유로운 사생활을 영위할 수 없게 될 위험성이 있는 정보에 해당하므로 이는 비공개대상정보에 해당한다고 보아야 한다.(대판 2012.6.18, 2011두2361 전원합의체)

판례 치과의사 국가시험에서 채택하고 있는 문제은행 출제방식이 출제의 시간 · 비용을 줄이면서도 양질의 문항을 확보할 수 있는 등 많은 장점을 가지고 있는 점, 그 시험문제를 공개할 경우 발생하게 될 결과와 시험업무에 초래될 부작용 등을 감안하면, 위 시험의 문제지와 그 정답지를 공개하는 것은 시험업무의 공정한 수행이나 연구 · 개발에 현저한 지장을 초래한다고 인정할 만한 상당한 이유가 있는 경우에 해당하므로, 공공기관의 정보공개에 관한 법률 제9조 제1항 제5호에 따라 이를 공개하지 않을 수 있다.
(대판 2007.6.15, 2006두15936)

판례 정보공개제도는 공공기관이 보유 · 관리하는 정보를 그 상태대로 공개하는 제도로서 공개를 구하는 정보를 공공기관이 보유 · 관리하고 있을 상당한 개연성이 있다는 점에 대하여 원칙적으로 공개청구자에게 증명책임이 있다고 할 것이지만, 공개를 구하는 정보를 공공기관이 한 때 보유 · 관리하였으나 후에 그 정보가 담긴 문서등이 폐기되어 존재하지 않게 된 것이라면 그 정보를 더 이상 보유 · 관리하고 있지 아니하다는 점에 대한 증명책임은 공공기관에게 있다.(대판 2004.12.9, 2003두12707)

판례 수사기록에 대한 정보공개청구권의 행사는 국가 · 사회적 법익이나 타인의 기본권과 상호 조화될 수 있는 범위 내에서 정당성을 가지나, 구체적인 경우에 수사기록에 대한 정보공개청구권의 행사가 위와 같은 범위를 벗어난 것이라고 하여 그 공개를 거부하기 위하여는 어느 부분이 어떠한 법익 또는 기본권과 충돌되어 비공개사유에 해당하는지를 주장 · 입증하여야만 할 것이고, 수사기록 전부에 대하여 개괄적인 사유만을 들어 공개를 거부하는 것은 허용되지 아니한다.(대판 2004.9.23, 2003두1370)

제10조【정보공개의 청구방법】 ① 정보의 공개를 청구하는 자(이하 "청구인"이라 한다)는 해당 정보를 보유하거나 관리하고 있는 공공기관에 다음 각 호의 사항을 적은 정보공개 청구서를 제출하거나 말로써 정보의 공개를 청구할 수 있다.
1. 청구인의 성명 · 생년월일 · 주소 및 연락처(전화번호 · 전자우편주소 등을 말한다. 이하 이 조에서 같다). 다만, 청구인이 법인 또는 단체인 경우에는 그 명칭, 대표자의 성명, 사업자등록번호 또는 이에 준하는 번호, 주된 사무소의 소재지 및 연락처를 말한다.(2020.12.22 본호개정)
2. 청구인의 주민등록번호(본인임을 확인하고 공개 여부를 결정할 필요가 있는 정보를 청구하는 경우로 한정한다)
(2020.12.22 본호신설)
3. 공개를 청구하는 정보의 내용 및 공개방법
② 제1항에 따라 청구인이 말로써 정보의 공개를 청구할 때에는 담당 공무원 또는 담당 임직원(이하 "담당공무원등"이라 한다)의 앞에서 진술하여야 하고, 담당공무원등은 정보공개 청구조서를 작성하여 이에 청구인과 함께 기명날인하거나 서명하여야 한다.(2016.5.29 본항개정)
③ 제1항과 제2항에서 규정한 사항 외에 정보공개의 청구방법 등에 관하여 필요한 사항은 국회규칙 · 대법원규칙 · 헌법재판소규칙 · 중앙선거관리위원회규칙 및 대통령령으로 정한다.

판례 정보의 공개를 청구하는 자는 정보공개청구서에 '공개를 청구하는 정보의 내용' 등을 기재할 것을 규정하고 있는바, 청구대상정보를 기재함에 있어서는 사회일반인의 관점에서 청구대상정보의 내용과 범위를 확정할 수 있을 정도로 특정함을 요한다.
(대판 2007.6.1, 2007두2555)

제11조【정보공개 여부의 결정】 ① 공공기관은 제10조에 따라 정보공개의 청구를 받으면 그 청구를 받은 날부터 10일 이내에 공개 여부를 결정하여야 한다.
② 공공기관은 부득이한 사유로 제1항에 따른 기간 이내에 공개 여부를 결정할 수 없을 때에는 그 기간이 끝나는 날의 다음 날부터 기산(起算)하여 10일의 범위에서 공개 여부 결정기간을 연장할 수 있다. 이 경우 공공기관은 연장된 사실과 연장 사유를 청구인에게 지체 없이 문서로 통지하여야 한다.
③ 공공기관은 공개 청구된 공개 대상 정보의 전부 또는 일부가 제3자와 관련이 있다고 인정할 때에는 그 사실을 제3자에게 지체 없이 통지하여야 하며, 필요한 경우에는 그의 의견을 들을 수 있다.
④ 공공기관은 다른 공공기관이 보유 · 관리하는 정보의 공개 청구를 받았을 때에는 지체 없이 이를 소관 기관으로 이송하여야 하며, 이송한 후에는 지체 없이 소관 기관 및 이송 사유 등을 분명히 밝혀 청구인에게 문서로 통지하여야 한다.
⑤ 공공기관은 정보공개 청구가 다음 각 호의 어느 하나에 해당하는 경우로서 「민원 처리에 관한 법률」에 따른 민원으로 처리할 수 있는 경우에는 민원으로 처리할 수 있다.
1. 공개 청구된 정보가 공공기관이 보유 · 관리하지 아니하는 정보인 경우
2. 공개 청구의 내용이 진정 · 질의 등으로 이 법에 따른 정보공개 청구로 보기 어려운 경우
(2020.12.22 본항신설)

제11조의2【반복 청구 등의 처리】 ① 공공기관은 제11조에도 불구하고 제10조제1항 및 제2항에 따른 정보공개 청구가 다음 각 호의 어느 하나에 해당하는 경우에는 정보공개 청구 대상 정보의 성격, 종전 청구와의 내용적 유사성 · 관련

성, 종전 청구와 동일한 답변을 할 수밖에 없는 사정 등을 종합적으로 고려하여 해당 청구를 종결 처리할 수 있다. 이 경우 종결 처리 사실을 청구인에게 알려야 한다.
1. 정보공개를 청구하여 정보공개 여부에 대한 결정의 통지를 받은 자가 정당한 사유 없이 해당 정보의 공개를 다시 청구하는 경우
2. 정보공개 청구가 제11조제5항에 따라 민원으로 처리되었으나 다시 같은 청구를 하는 경우
② 공공기관은 제11조에도 불구하고 제10조제1항 및 제2항에 따른 정보공개 청구가 다음 각 호의 어느 하나에 해당하는 경우에는 다음 각 호의 구분에 따라 안내하고, 해당 청구를 종결 처리할 수 있다.
1. 제7조제1항에 따른 정보 등 공개를 목적으로 작성되어 이미 정보통신망 등을 통하여 공개된 정보를 청구하는 경우 : 해당 정보의 소재(所在)를 안내
2. 다른 법령이나 사회통념상 청구인의 여건 등에 비추어 수령할 수 없는 방법으로 정보공개 청구를 하는 경우 : 수령이 가능한 방법으로 청구하도록 안내
(2020.12.22 본조신설)
제12조【정보공개심의회】 ① 국가기관, 지방자치단체, 「공공기관의 운영에 관한 법률」 제5조에 따른 공기업 및 준정부기관, 「지방공기업법」에 따른 지방공사 및 지방공단(이하 "국가기관등"이라 한다)은 제11조에 따른 정보공개 여부 등을 심의하기 위하여 정보공개심의회(이하 "심의회"라 한다)를 설치·운영한다. 이 경우 국가기관등의 규모와 업무성격, 지리적 여건, 청구인의 편의 등을 고려하여 소속 상급기관(지방공사·지방공단의 경우에는 해당 지방공사·지방공단을 설립한 지방자치단체를 말한다)에서 협의를 거쳐 심의회를 통합하여 설치·운영할 수 있다.(2020.12.22 본항개정)
② 심의회는 위원장 1명을 포함하여 5명 이상 7명 이하의 위원으로 구성한다.
③ 심의회의 위원은 소속 공무원, 임직원 또는 외부 전문가로 지명하거나 위촉하되, 그 중 3분의 2는 해당 국가기관등의 업무 또는 정보공개의 업무에 관한 지식을 가진 외부 전문가로 위촉하여야 한다. 다만, 제9조제1항제2호 및 제4호에 해당하는 업무를 주로 하는 국가기관은 그 국가기관의 장이 외부 전문가의 위촉 비율을 따로 정하되, 최소한 3분의 1 이상은 외부 전문가로 위촉하여야 한다.(2020.12.22 본항개정)
④ 심의회의 위원장은 위원 중에서 국가기관등의 장이 지명하거나 위촉한다.(2020.12.22 본항개정)
⑤ 심의회의 위원에 대해서는 제23조제4항 및 제5항을 준용한다.
⑥ 심의회의 운영과 기능 등에 관하여 필요한 사항은 국회규칙·대법원규칙·헌법재판소규칙·중앙선거관리위원회규칙 및 대통령령으로 정한다.
제12조의2【위원의 제척·기피·회피】 ① 심의회의 위원이 다음 각 호의 어느 하나에 해당하는 경우에는 심의회의 심의에서 제척(除斥)된다.
1. 위원 또는 그 배우자나 배우자이었던 사람이 해당 심의사항의 당사자(당사자가 법인·단체 등인 경우에는 그 임원 또는 직원을 포함한다. 이하 이 호 및 제2호에서 같다)이거나 그 심의사항의 당사자와 공동권리자 또는 공동의무자인 경우
2. 위원이 해당 심의사항의 당사자와 친족이거나 친족이었던 경우
3. 위원이 해당 심의사항에 대하여 증언, 진술, 자문, 연구, 용역 또는 감정을 한 경우
4. 위원이나 위원이 속한 법인 등이 해당 심의사항의 당사자의 대리인이거나 대리인이었던 경우
② 심의회의 심의사항의 당사자는 위원에게 공정한 심의를 기대하기 어려운 사정이 있는 경우에는 심의회에 기피(忌避) 신청을 할 수 있고, 심의회는 의결로 기피 여부를 결정하여야 한다. 이 경우 기피 신청의 대상인 위원은 그 의결에 참여할 수 없다.
③ 위원은 제1항 각 호에 따른 제척 사유에 해당하는 경우에는 심의회에 그 사실을 알리고 스스로 해당 안건의 심의에서 회피(回避)하여야 한다.
④ 위원이 제1항 각 호의 어느 하나에 해당함에도 불구하고 회피신청을 하지 아니하여 심의회 심의의 공정성을 해친 경우 국가기관등의 장은 해당 위원을 해촉하거나 해임할 수 있다.
(2020.12.22 본조신설)
제13조【정보공개 여부 결정의 통지】 ① 공공기관은 제11조에 따라 정보의 공개를 결정한 경우에는 공개의 일시 및 장소 등을 분명히 밝혀 청구인에게 통지하여야 한다.
② 공공기관은 청구인이 사본 또는 복제물의 교부를 원하는 경우에는 이를 교부하여야 한다.(2020.12.22 단서삭제)
③ 공공기관은 공개 대상 정보의 양이 너무 많아 정상적인 업무수행에 현저한 지장을 초래할 우려가 있는 경우에는 해당 정보를 일정 기간별로 나누어 제공하거나 사본·복제물의 교부 또는 열람과 병행하여 제공할 수 있다.(2020.12.22 본항신설)
④ 공공기관은 제1항에 따라 정보를 공개하는 경우에 그 정보의 원본이 더럽혀지거나 파손될 우려가 있거나 그 밖에 상당한 이유가 있다고 인정할 때에는 그 정보의 사본·복제물을 공개할 수 있다.
⑤ 공공기관은 제11조에 따라 정보의 비공개 결정을 한 경우에는 그 사실을 청구인에게 지체 없이 문서로 통지하여야 한다. 이 경우 제9조제1항 각 호 중 어느 규정에 해당하는 비공개 대상 정보인지를 포함한 비공개 이유와 불복(不服)의 방법 및 절차를 구체적으로 밝혀야 한다.(2020.12.22 후단개정)
제14조【부분 공개】 공개 청구한 정보가 제9조제1항 각 호의 어느 하나에 해당하는 부분과 공개 가능한 부분이 혼합되어 있는 경우로서 공개 청구의 취지에 어긋나지 아니하는 범위에서 두 부분을 분리할 수 있는 경우에는 제9조제1항 각 호의 어느 하나에 해당하는 부분을 제외하고 공개하여야 한다.
제15조【정보의 전자적 공개】 ① 공공기관은 전자적 형태로 보유·관리하는 정보에 대하여 청구인이 전자적 형태로 공개하여 줄 것을 요청하는 경우에는 그 정보의 성질상 현저히 곤란한 경우를 제외하고는 청구인의 요청에 따라야 한다.
② 공공기관은 전자적 형태로 보유·관리하지 아니하는 정보에 대하여 청구인이 전자적 형태로 공개하여 줄 것을 요청한 경우에는 정상적인 업무수행에 현저한 지장을 초래하거나 그 정보의 성질이 훼손될 우려가 없으면 그 정보를 전자적 형태로 변환하여 공개할 수 있다.
③ 정보의 전자적 형태의 공개 등에 필요한 사항은 국회규칙·대법원규칙·헌법재판소규칙·중앙선거관리위원회규칙 및 대통령령으로 정한다.
제16조【즉시 처리가 가능한 정보의 공개】 다음 각 호의 어느 하나에 해당하는 정보로서 즉시 또는 말로 처리가 가능한 정보에 대해서는 제11조에 따른 절차를 거치지 아니하고 공개하여야 한다.
1. 법령 등에 따라 공개를 목적으로 작성된 정보
2. 일반국민에게 알리기 위하여 작성된 각종 홍보자료
3. 공개하기로 결정된 정보로서 공개에 오랜 시간이 걸리지 아니하는 정보
4. 그 밖에 공공기관의 장이 정하는 정보
제17조【비용 부담】 ① 정보의 공개 및 우송 등에 드는 비용은 실비(實費)의 범위에서 청구인이 부담한다.
② 공개를 청구하는 정보의 사용 목적이 공공복리의 유지·증진을 위하여 필요하다고 인정되는 경우에는 제1항에 따른 비용을 감면할 수 있다.
③ 제1항에 따른 비용 및 그 징수 등에 필요한 사항은 국회규칙·대법원규칙·헌법재판소규칙·중앙선거관리위원회규칙 및 대통령령으로 정한다.

제4장 불복 구제 절차
(2013.8.6 본장개정)

제18조【이의신청】 ① 청구인이 정보공개와 관련한 공공기관의 비공개 결정 또는 부분 공개 결정에 대하여 불복이 있거나 정보공개 청구 후 20일이 경과하도록 정보공개 결정이 없는 때에는 공공기관으로부터 정보공개 여부의 결정 통지를 받은 날 또는 정보공개 청구 후 20일이 경과한 날부터 30일 이내에 해당 공공기관에 문서로 이의신청을 할 수 있다.
② 국가기관등은 제1항에 따른 이의신청이 있는 경우에는 심의회를 개최하여야 한다. 다만, 다음 각 호의 어느 하나에 해당하는 경우에는 심의회를 개최하지 아니할 수 있으며 개최하지 아니하는 사유를 청구인에게 문서로 통지하여야 한다. (2020.12.22 단서개정)
1. 심의회의 심의를 이미 거친 사항
2. 단순·반복적인 청구
3. 법령에 따라 비밀로 규정된 정보에 대한 청구
③ 공공기관은 이의신청을 받은 날부터 7일 이내에 그 이의신청에 대하여 결정하고 그 결과를 청구인에게 지체 없이 문서로 통지하여야 한다. 다만, 부득이한 사유로 정하여진 기간 이내에 결정할 수 없을 때에는 그 기간이 끝나는 날의 다음 날부터 기산하여 7일의 범위에서 연장할 수 있으며, 연장 사유를 청구인에게 통지하여야 한다.
④ 공공기관은 이의신청을 각하(却下) 또는 기각(棄却)하는 결정을 한 경우에는 청구인에게 행정심판 또는 행정소송을 제기할 수 있다는 사실을 제3항에 따른 결과 통지와 함께 알려야 한다.

제19조【행정심판】 ① 청구인이 정보공개와 관련한 공공기관의 결정에 대하여 불복이 있거나 정보공개 청구 후 20일이 경과하도록 정보공개 결정이 없는 때에는 「행정심판법」에서 정하는 바에 따라 행정심판을 청구할 수 있다. 이 경우 국가기관 및 지방자치단체 외의 공공기관의 결정에 대한 감독행정기관은 관계 중앙행정기관의 장 또는 지방자치단체의 장으로 한다.
② 청구인은 제18조에 따른 이의신청 절차를 거치지 아니하고 행정심판을 청구할 수 있다.
③ 행정심판위원회의 위원 중 정보공개 여부의 결정에 관한 행정심판에 관여하는 위원은 재직 중은 물론 퇴직 후에도 그 직무상 알게 된 비밀을 누설하여서는 아니 된다.
④ 제3항의 위원은 「형법」이나 그 밖의 법률에 따른 벌칙을 적용할 때에는 공무원으로 본다.

판례 정보공개청구권은 법률상 보호되는 구체적인 권리이므로 청구인이 공공기관에 대하여 정보공개를 청구하였다가 거부처분을 받은 것 자체가 법률상 이익의 침해에 해당한다.
(대판 2004.9.23, 2003두1370)

제20조【행정소송】 ① 청구인이 정보공개와 관련한 공공기관의 결정에 대하여 불복이 있거나 정보공개 청구 후 20일이 경과하도록 정보공개 결정이 없는 때에는 「행정소송법」에서 정하는 바에 따라 행정소송을 제기할 수 있다.
② 재판장은 필요하다고 인정하면 당사자를 참여시키지 아니하고 제출된 공개 청구 정보를 비공개로 열람·심사할 수 있다.
③ 재판장은 행정소송의 대상이 제9조제1항제2호에 따른 정보 중 국가안전보장·국방 또는 외교관계에 관한 정보의 비공개 또는 부분 공개 결정처분인 경우에 공공기관이 그 정보에 대한 비밀 지정의 절차, 비밀의 등급·종류 및 성질과 이를 비밀로 취급하게 된 실질적인 이유 및 공개를 하지 아니하는 사유 등을 입증하면 해당 정보를 제출하지 아니하게 할 수 있다.

제21조【제3자의 비공개 요청 등】 ① 제11조제3항에 따라 공개 청구된 사실을 통지받은 제3자는 그 통지를 받은 날부터 3일 이내에 해당 공공기관에 대하여 자신과 관련된 정보를 공개하지 아니할 것을 요청할 수 있다.
② 제1항에 따른 비공개 요청에도 불구하고 공공기관이 공개 결정을 할 때에는 공개 결정 이유와 공개 실시일을 분명히 밝혀 지체 없이 문서로 통지하여야 하며, 제3자는 해당 공공기관에 문서로 이의신청을 하거나 행정심판 또는 행정소송을 제기할 수 있다. 이 경우 이의신청은 통지를 받은 날부터 7일 이내에 하여야 한다.
③ 공공기관은 제2항에 따른 공개 결정일과 공개 실시일 사이에 최소한 30일의 간격을 두어야 한다.

제5장 정보공개위원회 등
(2013.8.6 본장개정)

제22조【정보공개위원회의 설치】 다음 각 호의 사항을 심의·조정하기 위하여 행정안전부장관 소속으로 정보공개위원회(이하 "위원회"라 한다)를 둔다. (2023.5.16 본문개정)
1. 정보공개에 관한 정책 수립 및 제도 개선에 관한 사항
2. 정보공개에 관한 기준 수립에 관한 사항
3. 제12조에 따른 심의회 심의결과의 조사·분석 및 심의기준 개선 관련 의견제시에 관한 사항(2020.12.22 본호신설)
4. 제24조제2항 및 제3항에 따른 공공기관의 정보공개 운영실태 평가 및 그 결과 처리에 관한 사항
5. 정보공개와 관련된 불합리한 제도·법령 및 그 운영에 대한 조사 및 개선권고에 관한 사항(2020.12.22 본호신설)
6. 그 밖에 정보공개에 관하여 대통령령으로 정하는 사항

제23조【위원회의 구성 등】 ① 위원회는 성별을 고려하여 위원장과 부위원장 각 1명을 포함한 11명의 위원으로 구성한다. (2020.12.22 본항개정)
② 위원회의 위원은 다음 각 호의 사람이 된다. 이 경우 위원장을 포함한 7명은 공무원이 아닌 사람으로 위촉하여야 한다. (2020.12.22 후단개정)
1. 대통령령으로 정하는 관계 중앙행정기관의 차관급 공무원이나 고위공무원단에 속하는 일반직공무원
2. 정보공개에 관하여 학식과 경험이 풍부한 사람으로서 행정안전부장관이 위촉하는 사람(2023.5.16 본호개정)
3. 시민단체(「비영리민간단체 지원법」 제2조에 따른 비영리민간단체를 말한다)에서 추천한 사람으로서 행정안전부장관이 위촉하는 사람(2023.5.16 본호개정)
③ 위원장·부위원장 및 위원(제2항제1호의 위원은 제외한다)의 임기는 2년으로 하며, 연임할 수 있다.
④ 위원장·부위원장 및 위원은 정보공개 업무와 관련하여 알게 된 정보를 누설하거나 그 정보를 이용하여 본인 또는 타인에게 이익 또는 불이익을 주는 행위를 하여서는 아니 된다.
⑤ 위원장·부위원장 및 위원 중 공무원이 아닌 사람은 「형법」이나 그 밖의 법률에 따른 벌칙을 적용할 때에는 공무원으로 본다.
⑥ 위원회의 구성과 의결 절차 등 위원회 운영에 필요한 사항은 대통령령으로 정한다.

제24조【제도 총괄 등】 ① 행정안전부장관은 이 법에 따른 정보공개제도의 정책 수립 및 제도 개선 사항 등에 관한 기획·총괄 업무를 관장한다. (2017.7.26 본항개정)
② 행정안전부장관은 위원회가 정보공개제도의 효율적 운영을 위하여 필요하다고 요청하면 공공기관(국회·법원·헌법재판소 및 중앙선거관리위원회는 제외한다)의 정보공개제도 운영실태를 평가할 수 있다. (2017.7.26 본항개정)
③ 행정안전부장관은 제2항에 따른 평가를 실시한 경우에는 그 결과를 위원회를 거쳐 국무회의에 보고한 후 공개하여야 하며, 위원회가 개선이 필요하다고 권고한 사항에 대해서는 해당 공공기관에 시정 요구 등의 조치를 하여야 한다. (2017.7.26 본항개정)
④ 행정안전부장관은 정보공개에 관하여 필요할 경우에 공공기관(국회·법원·헌법재판소 및 중앙선거관리위원회는 제외한다)의 장에게 정보공개 처리 실태의 개선을 권고할 수 있다. 이 경우 권고를 받은 공공기관은 이를 이행하기 위하여 성실하게 노력하여야 하며, 그 조치 결과를 행정안전부장관에게 알려야 한다. (2017.7.26 본항개정)

⑤ 국회 · 법원 · 헌법재판소 · 중앙선거관리위원회 · 중앙행정기관 및 지방자치단체는 그 소속 기관 및 소관 공공기관에 대하여 정보공개에 관한 의견을 제시하거나 지도 · 점검을 할 수 있다.

제25조【자료의 제출 요구】 국회사무총장 · 법원행정처장 · 헌법재판소사무처장 · 중앙선거관리위원회사무총장 및 행정안전부장관은 필요하다고 인정하면 관계 공공기관에 정보공개에 관한 자료 제출 등의 협조를 요청할 수 있다.(2017.7.26 본조개정)

제26조【국회에의 보고】 ① 행정안전부장관은 전년도의 정보공개 운영에 관한 보고서를 매년 정기국회 개회 전까지 국회에 제출하여야 한다.(2017.7.26 본항개정)

② 제1항에 따른 보고서 작성에 필요한 사항은 대통령령으로 정한다.

제27조【위임규정】 이 법 시행에 필요한 사항은 국회규칙 · 대법원규칙 · 헌법재판소규칙 · 중앙선거관리위원회규칙 및 대통령령으로 정한다.

제28조【신분보장】 누구든지 이 법에 따른 정당한 정보공개를 이유로 징계조치 등 어떠한 신분상 불이익이나 근무조건상의 차별을 받지 아니한다.(2013.8.6 본조신설)

제29조【기간의 계산】 ① 이 법에 따른 기간의 계산은 「민법」에 따른다.

② 제1항에도 불구하고 다음 각 호의 기간은 "일" 단위로 계산하고 첫날을 산입하되, 공휴일과 토요일은 산입하지 아니한다.

1. 제11조제1항 및 제2항에 따른 정보공개 여부 결정기간
2. 제18조제1항, 제19조제1항 및 제20조제1항에 따른 정보공개 청구 후 경과한 기간
3. 제18조제3항에 따른 이의신청 결정기간

(2020.12.22 본조신설)

부 칙 (2008.2.29 법8854호)

제1조【시행일】 이 법은 공포한 날부터 시행한다.

제2조【경과조치】 종전의 규정에 의하여 위촉된 정보공개위원회의 위원은 이 법에 의해 행정안전부장관이 위촉한 것으로 보며, 위원의 임기는 종전의 위촉일부터 기산한다.

부 칙 (2016.5.29)

이 법은 공포한 날부터 시행한다.

부 칙 (2017.7.26)

제1조【시행일】 ① 이 법은 공포한 날부터 시행한다.(이하 생략)

부 칙 (2020.12.22)

제1조【시행일】 이 법은 공포한 날부터 시행한다. 다만, 제6조제5항, 제9조제1항제5호 단서, 제10조제1항제1호 · 제2호, 제13조제5항, 제18조제2항 단서, 제22조 및 제23조의 개정규정은 공포 후 6개월이 경과한 날부터 시행하고, 제6조제3항 · 제4항, 제12조제1항 · 제3항 · 제4항의 개정규정은 공포 후 1년이 경과한 날부터 시행한다.

제2조【일반적 적용례】 이 법 중 정보공개 청구에 관한 개정규정은 이 법 시행 이후 정보공개를 청구하는 경우부터 적용한다.

제3조【반복 청구 등의 처리에 관한 적용례】 제11조의2제1항의 개정규정은 이 법 시행 전에 정보공개를 청구하여 정보공개 여부에 대한 결정 통지를 받은 사람 또는 민원으로 처리된 사람이 이 법 시행 이후 같은 청구를 하는 경우에도 적용한다.

제4조【비공개 세부기준 점검 및 개선에 관한 특례】 공공기관은 제9조제4항의 개정규정에도 불구하고 이 법 시행일부터 6개월 이내에 점검 및 개선 결과를 행정안전부장관에게 제출하여야 한다.

제5조【위원회의 위원에 관한 경과조치】 부칙 제1조 단서에 따른 제23조의 개정규정의 시행일 당시 종전의 규정에 따라 위촉되어 임기가 만료되지 아니한 위원회의 위원은 제23조의 개정규정에 따라 위촉된 것으로 본다. 이 경우 해당 위원의 임기는 종전 임기의 남은 기간으로 한다.

부 칙 (2023.5.16)

제1조【시행일】 이 법은 공포 후 6개월이 경과한 날부터 시행한다.

제2조【「공공기관의 정보공개에 관한 법률」의 개정에 관한 경과조치】 ① 이 법 시행 당시 종전의 「공공기관의 정보공개에 관한 법률」 제22조에 따라 국무총리 소속으로 설치된 정보공개위원회는 같은 법 제22조의 개정규정에 따라 행정안전부장관 소속으로 설치된 정보공개위원회로 본다.

② 이 법 시행 당시 종전의 「공공기관의 정보공개에 관한 법률」 제23조에 따라 위촉되어 임기가 만료되지 아니한 정보공개위원회의 위원은 같은 법 제23조의 개정규정에 따라 위촉된 것으로 본다. 이 경우 해당 위원의 임기는 종전 임기의 남은 기간으로 한다.

제3조~제5조 (생략)

개인정보 보호법

(2011년 3월 29일
법 률 제10465호)

개정
2013. 3.23법11690호(정부조직)
2013. 8. 6법11990호 2014. 3.24법12504호
2014.11.19법12844호(정부조직)
2015. 7.24법13423호 2016. 3.29법14107호
2017. 4.18법14765호
2017. 7.26법14839호(정부조직)
2020. 2. 4법16930호 2023. 3.14법19234호

제1장 총 칙

제1조【목적】 이 법은 개인정보의 처리 및 보호에 관한 사항을 정함으로써 개인의 자유와 권리를 보호하고, 나아가 개인의 존엄과 가치를 구현함을 목적으로 한다.(2014.3.24 본조개정)

제2조【정의】 이 법에서 사용하는 용어의 뜻은 다음과 같다.

1. "개인정보"란 살아 있는 개인에 관한 정보로서 다음 각 목의 어느 하나에 해당하는 정보를 말한다.
 가. 성명, 주민등록번호 및 영상 등을 통하여 개인을 알아볼 수 있는 정보
 나. 해당 정보만으로는 특정 개인을 알아볼 수 없더라도 다른 정보와 쉽게 결합하여 알아볼 수 있는 정보. 이 경우 쉽게 결합할 수 있는지 여부는 다른 정보의 입수 가능성 등 개인을 알아보는 데 소요되는 시간, 비용, 기술 등을 합리적으로 고려하여야 한다.
 다. 가목 또는 나목을 제1호의2에 따라 가명처리함으로써 원래의 상태로 복원하기 위한 추가 정보의 사용·결합 없이는 특정 개인을 알아볼 수 없는 정보(이하 "가명정보"라 한다)
 (2020.2.4 본호개정)

1의2. "가명처리"란 개인정보의 일부를 삭제하거나 일부 또는 전부를 대체하는 등의 방법으로 추가 정보가 없이는 특정 개인을 알아볼 수 없도록 처리하는 것을 말한다.
 (2020.2.4 본호신설)

2. "처리"란 개인정보의 수집, 생성, 연계, 연동, 기록, 저장, 보유, 가공, 편집, 검색, 출력, 정정(訂正), 복구, 이용, 제공, 공개, 파기(破棄), 그 밖에 이와 유사한 행위를 말한다.
 (2014.3.24 본호개정)
3. "정보주체"란 처리되는 정보에 의하여 알아볼 수 있는 사람으로서 그 정보의 주체가 되는 사람을 말한다.
4. "개인정보파일"이란 개인정보를 쉽게 검색할 수 있도록 일정한 규칙에 따라 체계적으로 배열하거나 구성한 개인정보의 집합물(集合物)을 말한다.
5. "개인정보처리자"란 업무를 목적으로 개인정보파일을 운용하기 위하여 스스로 또는 다른 사람을 통하여 개인정보를 처리하는 공공기관, 법인, 단체 및 개인 등을 말한다.
6. "공공기관"이란 다음 각 목의 기관을 말한다.
 가. 국회, 법원, 헌법재판소, 중앙선거관리위원회의 행정사무를 처리하는 기관, 중앙행정기관(대통령 소속 기관과 국무총리 소속 기관을 포함한다) 및 그 소속 기관, 지방자치단체
 나. 그 밖의 국가기관 및 공공단체 중 대통령령으로 정하는 기관
7. "고정형 영상정보처리기기"란 일정한 공간에 설치되어 지속적 또는 주기적으로 사람 또는 사물의 영상 등을 촬영하거나 이를 유·무선망을 통하여 전송하는 장치로서 대통령령으로 정하는 장치를 말한다.(2023.3.14 본호개정)

7의2. "이동형 영상정보처리기기"란 사람이 신체에 착용 또는 휴대하거나 이동 가능한 물체에 부착 또는 거치(据置)하여 사람 또는 사물의 영상 등을 촬영하거나 이를 유·무선망을 통하여 전송하는 장치로서 대통령령으로 정하는 장치를 말한다.(2023.3.14 본호신설)

8. "과학적 연구"란 기술의 개발과 실증, 기초연구, 응용연구 및 민간 투자 연구 등 과학적 방법을 적용하는 연구를 말한다.(2020.2.4 본호신설)

제3조【개인정보 보호 원칙】 ① 개인정보처리자는 개인정보의 처리 목적을 명확하게 하여야 하고 그 목적에 필요한 범위에서 최소한의 개인정보만을 적법하고 정당하게 수집하여야 한다.
② 개인정보처리자는 개인정보의 처리 목적에 필요한 범위에서 적합하게 개인정보를 처리하여야 하며, 그 목적 외의 용도로 활용하여서는 아니 된다.
③ 개인정보처리자는 개인정보의 처리 목적에 필요한 범위에서 개인정보의 정확성, 완전성 및 최신성이 보장되도록 하여야 한다.
④ 개인정보처리자는 개인정보의 처리 방법 및 종류 등에 따라 정보주체의 권리가 침해받을 가능성과 그 위험 정도를 고려하여 개인정보를 안전하게 관리하여야 한다.
⑤ 개인정보처리자는 제30조에 따른 개인정보 처리방침 등 개인정보의 처리에 관한 사항을 공개하여야 하며, 열람청구권 등 정보주체의 권리를 보장하여야 한다.(2023.3.14 본항개정)
⑥ 개인정보처리자는 정보주체의 사생활 침해를 최소화하는 방법으로 개인정보를 처리하여야 한다.
⑦ 개인정보처리자는 개인정보를 익명 또는 가명으로 처리하여도 개인정보 수집목적을 달성할 수 있는 경우 익명처리가 가능한 경우에는 익명에 의하여, 익명처리로 목적을 달성할 수 없는 경우에는 가명에 의하여 처리될 수 있도록 하여야 한다.(2020.2.4 본항개정)
⑧ 개인정보처리자는 이 법 및 관계 법령에서 규정하고 있는 책임과 의무를 준수하고 실천함으로써 정보주체의 신뢰를 얻기 위하여 노력하여야 한다.

제4조【정보주체의 권리】 정보주체는 자신의 개인정보 처리와 관련하여 다음 각 호의 권리를 가진다.

1. 개인정보의 처리에 관한 정보를 제공받을 권리
2. 개인정보의 처리에 관한 동의 여부, 동의 범위 등을 선택하고 결정할 권리
3. 개인정보의 처리 여부를 확인하고 개인정보에 대한 열람(사본의 발급을 포함한다. 이하 같다) 및 전송을 요구할 권리(2023.3.14 본호개정)
4. 개인정보의 처리 정지, 정정·삭제 및 파기를 요구할 권리
5. 개인정보의 처리로 인하여 발생한 피해를 신속하고 공정한 절차에 따라 구제받을 권리
6. 완전히 자동화된 개인정보 처리에 따른 결정을 거부하거나 그에 대한 설명 등을 요구할 권리(2023.3.14 본호신설)

제5조【국가 등의 책무】 ① 국가와 지방자치단체는 개인정보의 목적 외 수집, 오용·남용 및 무분별한 감시·추적 등에 따른 폐해를 방지하여 인간의 존엄과 개인의 사생활 보호를 도모하기 위한 시책을 강구하여야 한다.
② 국가와 지방자치단체는 제4조에 따른 정보주체의 권리를 보호하기 위하여 법령의 개선 등 필요한 시책을 마련하여야 한다.
③ 국가와 지방자치단체는 만 14세 미만 아동이 개인정보 처리가 미치는 영향과 정보주체의 권리 등을 명확하게 알 수 있도록 만 14세 미만 아동의 개인정보 보호에 필요한 시책을 마련하여야 한다.(2023.3.14 본항신설)
④ 국가와 지방자치단체는 개인정보의 처리에 관한 불합리한 사회적 관행을 개선하기 위하여 개인정보처리자의 자율적인 개인정보 보호활동을 존중하고 촉진·지원하여야 한다.
⑤ 국가와 지방자치단체는 개인정보의 처리에 관한 법령 또는 조례를 적용할 때에는 정보주체의 권리가 보장될 수 있도록 개인정보 보호 원칙에 맞게 적용하여야 한다.
(2023.3.14 본항개정)

제6조【다른 법률과의 관계】 ① 개인정보의 처리 및 보호에 관하여 다른 법률에 특별한 규정이 있는 경우를 제외하고는 이 법에서 정하는 바에 따른다.(2023.3.14 본항개정)
② 개인정보의 처리 및 보호에 관한 다른 법률을 제정하거나 개정하는 경우에는 이 법의 목적과 원칙에 맞도록 하여야 한다.(2023.3.14 본항신설)

제2장 개인정보 보호정책의 수립 등

제7조【개인정보 보호위원회】 ① 개인정보 보호에 관한 사무를 독립적으로 수행하기 위하여 국무총리 소속으로 개인정보 보호위원회(이하 "보호위원회"라 한다)를 둔다.
② 보호위원회는 「정부조직법」 제2조에 따른 중앙행정기관으로 본다. 다만, 다음 각 호의 사항에 대하여는 「정부조직법」 제18조를 적용하지 아니한다.
1. 제7조의8제3호 및 제4호의 사무
2. 제7조의9제1항의 심의 · 의결 사항 중 제1호에 해당하는 사항
③~⑨ (2020.2.4 삭제)
(2020.2.4 본조개정)

제7조의2【보호위원회의 구성 등】 ① 보호위원회는 상임위원 2명(위원장 1명, 부위원장 1명)을 포함한 9명의 위원으로 구성한다.
② 보호위원회의 위원은 개인정보 보호에 관한 경력과 전문지식이 풍부한 다음 각 호의 사람 중에서 위원장과 부위원장은 국무총리의 제청으로, 그 외 위원 중 2명은 위원장의 제청으로, 2명은 대통령이 소속되거나 소속되었던 정당의 교섭단체 추천으로, 3명은 그 외의 교섭단체 추천으로 대통령이 임명 또는 위촉한다.
1. 개인정보 보호 업무를 담당하는 3급 이상 공무원(고위공무원단에 속하는 공무원을 포함한다)의 직에 있거나 있었던 사람
2. 판사 · 검사 · 변호사의 직에 10년 이상 있거나 있었던 사람
3. 공공기관 또는 단체(개인정보처리자로 구성된 단체를 포함한다)에 3년 이상 임원으로 재직하였거나 이들 기관 또는 단체로부터 추천받은 사람으로서 개인정보 보호 업무를 3년 이상 담당하였던 사람
4. 개인정보 관련 분야에 전문지식이 있고 「고등교육법」 제2조제1호에 따른 학교에서 부교수 이상으로 5년 이상 재직하고 있거나 재직하였던 사람
③ 위원장과 부위원장은 정무직 공무원으로 임명한다.
④ 위원장, 부위원장, 제7조의13에 따른 사무처의 장은 「정부조직법」 제10조에도 불구하고 정부위원이 된다.
(2020.2.4 본조신설)

제7조의3【위원장】 ① 위원장은 보호위원회를 대표하고, 보호위원회의 회의를 주재하며, 소관 사무를 총괄한다.
② 위원장이 부득이한 사유로 직무를 수행할 수 없을 때에는 부위원장이 그 직무를 대행하고, 위원장 · 부위원장이 모두 부득이한 사유로 직무를 수행할 수 없을 때에는 위원회가 미리 정하는 위원이 위원장의 직무를 대행한다.
③ 위원장은 국회에 출석하여 보호위원회의 소관 사무에 관하여 의견을 진술할 수 있으며, 국회에서 요구하면 출석하여 보고하거나 답변하여야 한다.
④ 위원장은 국무회의에 출석하여 발언할 수 있으며, 그 소관 사무에 관하여 국무총리에게 의안 제출을 건의할 수 있다.
(2020.2.4 본조신설)

제7조의4【위원의 임기】 ① 위원의 임기는 3년으로 하되, 한 차례만 연임할 수 있다.
② 위원이 궐위된 때에는 지체 없이 새로운 위원을 임명 또는 위촉하여야 한다. 이 경우 후임으로 임명 또는 위촉된 위원의 임기는 새로이 개시된다.
(2020.2.4 본조신설)

제7조의5【위원의 신분보장】 ① 위원은 다음 각 호의 어느 하나에 해당하는 경우를 제외하고는 그 의사에 반하여 면직 또는 해촉되지 아니한다.
1. 장기간 심신장애로 인하여 직무를 수행할 수 없게 된 경우
2. 제7조의7의 결격사유에 해당하는 경우
3. 이 법 또는 그 밖의 다른 법률에 따른 직무상의 의무를 위반한 경우
② 위원은 법률과 양심에 따라 독립적으로 직무를 수행한다.
(2020.2.4 본조신설)

제7조의6【겸직금지 등】 ① 위원은 재직 중 다음 각 호의 직(職)을 겸하거나 직무와 관련된 영리업무에 종사하여서는 아니 된다.
1. 국회의원 또는 지방의회의원
2. 국가공무원 또는 지방공무원
3. 그 밖에 대통령령으로 정하는 직
② 제1항에 따른 영리업무에 관한 사항은 대통령령으로 정한다.
③ 위원은 정치활동에 관여할 수 없다.
(2020.2.4 본조신설)

제7조의7【결격사유】 ① 다음 각 호의 어느 하나에 해당하는 사람은 위원이 될 수 없다.
1. 대한민국 국민이 아닌 사람
2. 「국가공무원법」 제33조 각 호의 어느 하나에 해당하는 사람
3. 「정당법」 제22조에 따른 당원
② 위원이 제1항 각 호의 어느 하나에 해당하게 된 때에는 그 직에서 당연 퇴직한다. 다만, 「국가공무원법」 제33조제2호는 파산선고를 받은 사람으로서 「채무자 회생 및 파산에 관한 법률」에 따라 신청기한 내에 면책신청을 하지 아니하였거나 면책불허가 결정 또는 면책 취소가 확정된 경우만 해당하고, 같은 법 제33조제5호는 「형법」 제129조부터 제132조까지, 「성폭력범죄의 처벌 등에 관한 특례법」 제2조, 「아동 · 청소년의 성보호에 관한 법률」 제2조제2호 및 직무와 관련하여 「형법」 제355조 또는 제356조에 규정된 죄를 범한 사람으로서 금고 이상의 형의 선고유예를 받은 경우만 해당한다.
(2020.2.4 본조신설)

제7조의8【보호위원회의 소관 사무】 보호위원회는 다음 각 호의 소관 사무를 수행한다.
1. 개인정보의 보호와 관련된 법령의 개선에 관한 사항
2. 개인정보 보호와 관련된 정책 · 제도 · 계획 수립 · 집행에 관한 사항
3. 정보주체의 권리침해에 대한 조사 및 이에 따른 처분에 관한 사항
4. 개인정보의 처리와 관련한 고충처리 · 권리구제 및 개인정보에 관한 분쟁의 조정
5. 개인정보 보호를 위한 국제기구 및 외국의 개인정보 보호기구와의 교류 · 협력
6. 개인정보 보호에 관한 법령 · 정책 · 제도 · 실태 등의 조사 · 연구, 교육 및 홍보에 관한 사항
7. 개인정보 보호에 관한 기술개발의 지원 · 보급, 기술의 표준화 및 전문인력의 양성에 관한 사항(2023.3.14 본호개정)
8. 이 법 및 다른 법령에 따라 보호위원회의 사무로 규정된 사항
(2020.2.4 본조신설)

제7조의9【보호위원회의 심의 · 의결 사항 등】 ① 보호위원회는 다음 각 호의 사항을 심의 · 의결한다.
1. 제8조의2에 따른 개인정보 침해요인 평가에 관한 사항
2. 제9조에 따른 기본계획 및 제10조에 따른 시행계획에 관한 사항
3. 개인정보 보호와 관련된 정책, 제도 및 법령의 개선에 관한 사항
4. 개인정보의 처리에 관한 공공기관 간의 의견조정에 관한 사항
5. 개인정보 보호에 관한 법령의 해석 · 운용에 관한 사항
6. 제18조제2항제5호에 따른 개인정보의 이용 · 제공에 관한 사항
6의2. 제28조의9에 따른 개인정보의 국외 이전 중지 명령에 관한 사항(2023.3.14 본호신설)
7. 제33조제4항에 따른 영향평가 결과에 관한 사항
8. 제64조의2에 따른 과징금 부과에 관한 사항
(2023.3.14 7호~8호개정)
9. 제61조에 따른 의견제시 및 개선권고에 관한 사항
9의2. 제63조의2제2항에 따른 시정권고에 관한 사항
(2023.3.14 본호신설)
10. 제64조에 따른 시정조치 등에 관한 사항

11. 제65조에 따른 고발 및 징계권고에 관한 사항
12. 제66조에 따른 처리 결과의 공표 및 공표명령에 관한 사항(2023.3.14 본호개정)
13. 제75조에 따른 과태료 부과에 관한 사항
14. 소관 법령 및 보호위원회 규칙의 제정·개정 및 폐지에 관한 사항
15. 개인정보 보호와 관련하여 보호위원회의 위원장 또는 위원 2명 이상이 회의에 부치는 사항
16. 그 밖에 이 법 또는 다른 법령에 따라 보호위원회가 심의·의결하는 사항
② 보호위원회는 제1항 각 호의 사항을 심의·의결하기 위하여 필요한 경우 다음 각 호의 조치를 할 수 있다.
1. 관계 공무원, 개인정보 보호에 관한 전문 지식이 있는 사람이나 시민사회단체 및 관련 사업자로부터의 의견 청취
2. 관계 기관 등에 대한 자료제출이나 사실조회 요구
③ 제2항제2호에 따른 요구를 받은 관계 기관 등은 특별한 사정이 없으면 이에 따라야 한다.
④ 보호위원회는 제1항제3호의 사항을 심의·의결한 경우에는 관계 기관에 그 개선을 권고할 수 있다.
⑤ 보호위원회는 제4항에 따른 권고 내용의 이행 여부를 점검할 수 있다.
(2020.2.4 본조신설)
제7조의10 【회의】 ① 보호위원회의 회의는 위원장이 필요하다고 인정하거나 재적위원 4분의 1 이상의 요구가 있는 경우에 위원장이 소집한다.
② 위원장 또는 2명 이상의 위원은 보호위원회에 의안을 제의할 수 있다.
③ 보호위원회의 회의는 재적위원 과반수의 출석으로 개의하고, 출석위원 과반수의 찬성으로 의결한다.
(2020.2.4 본조신설)
제7조의11 【위원의 제척·기피·회피】 ① 위원은 다음 각 호의 어느 하나에 해당하는 경우에는 심의·의결에서 제척된다.
1. 위원 또는 그 배우자나 배우자였던 자가 해당 사안의 당사자가 되거나 그 사건에 관하여 공동의 권리자 또는 의무자의 관계에 있는 경우
2. 위원이 해당 사안의 당사자와 친족이거나 친족이었던 경우
3. 위원이 해당 사안에 관하여 증언, 감정, 법률자문을 한 경우
4. 위원이 해당 사안에 관하여 당사자의 대리인으로서 관여하거나 관여하였던 경우
5. 위원이나 위원이 속한 공공기관·법인 또는 단체 등이 조언 등 지원을 하고 있는 자와 이해관계가 있는 경우
② 위원에게 심의·의결의 공정을 기대하기 어려운 사정이 있는 경우 당사자는 기피 신청을 할 수 있고, 보호위원회는 의결로 이를 결정한다.
③ 위원이 제1항 또는 제2항의 사유가 있는 경우에는 해당 사안에 대하여 회피할 수 있다.
(2020.2.4 본조신설)
제7조의12 【소위원회】 ① 보호위원회는 효율적인 업무 수행을 위하여 개인정보 침해 정도가 경미하거나 유사·반복되는 사항 등을 심의·의결할 소위원회를 둘 수 있다.
② 소위원회는 3명의 위원으로 구성한다.
③ 소위원회가 제1항에 따라 심의·의결한 것은 보호위원회가 심의·의결한 것으로 본다.
④ 소위원회의 회의는 구성위원 전원의 출석과 출석위원 전원의 찬성으로 의결한다.
(2020.2.4 본조신설)
제7조의13 【사무처】 보호위원회의 사무를 처리하기 위하여 보호위원회에 사무처를 두며, 이 법에 규정된 것 외에 보호위원회의 조직에 관한 사항은 대통령령으로 정한다.
(2020.2.4 본조신설)
제7조의14 【운영 등】 이 법과 다른 법령에 규정된 것 외에 보호위원회의 운영 등에 필요한 사항은 보호위원회의 규칙으로 정한다.(2020.2.4 본조신설)
제8조 (2020.2.4 삭제)
제8조의2 【개인정보 침해요인 평가】 ① 중앙행정기관의 장은 소관 법령의 제정 또는 개정을 통하여 개인정보 처리를 수반하는 정책이나 제도를 도입·변경하는 경우에는 보호위원회에 개인정보 침해요인 평가를 요청하여야 한다.
② 보호위원회가 제1항에 따른 요청을 받은 때에는 해당 법령의 개인정보 침해요인을 분석·검토하여 그 법령의 소관기관의 장에게 그 개선을 위하여 필요한 사항을 권고할 수 있다.
③ 제1항에 따른 개인정보 침해요인 평가의 절차와 방법에 관하여 필요한 사항은 대통령령으로 정한다.
(2015.7.24 본조신설)
제9조 【기본계획】 ① 보호위원회는 개인정보의 보호와 정보주체의 권익 보장을 위하여 3년마다 개인정보 보호 기본계획(이하 "기본계획"이라 한다)을 관계 중앙행정기관의 장과 협의하여 수립한다.(2015.7.24 본항개정)
② 기본계획에는 다음 각 호의 사항이 포함되어야 한다.
1. 개인정보 보호의 기본목표와 추진방향
2. 개인정보 보호와 관련된 제도 및 법령의 개선
3. 개인정보 침해 방지를 위한 대책
4. 개인정보 보호 자율규제의 활성화
5. 개인정보 보호 교육·홍보의 활성화
6. 개인정보 보호를 위한 전문인력의 양성
7. 그 밖에 개인정보 보호를 위하여 필요한 사항
③ 국회, 법원, 헌법재판소, 중앙선거관리위원회는 해당 기관(그 소속 기관을 포함한다)의 개인정보 보호를 위한 기본계획을 수립·시행할 수 있다.
제10조 【시행계획】 ① 중앙행정기관의 장은 기본계획에 따라 매년 개인정보 보호를 위한 시행계획을 작성하여 보호위원회에 제출하고, 보호위원회의 심의·의결을 거쳐 시행하여야 한다.
② 시행계획의 수립·시행에 필요한 사항은 대통령령으로 정한다.
제11조 【자료제출 요구 등】 ① 보호위원회는 기본계획을 효율적으로 수립하기 위하여 개인정보처리자, 관계 중앙행정기관의 장, 지방자치단체의 장 및 관계 기관·단체 등에 개인정보처리자의 법규 준수 현황과 개인정보 관리 실태 등에 관한 자료의 제출이나 의견의 진술 등을 요구할 수 있다.
(2015.7.24 본항개정)
② 보호위원회는 개인정보 보호 정책 추진, 성과평가 등을 위하여 필요한 경우 개인정보처리자, 관계 중앙행정기관의 장, 지방자치단체의 장 및 관계 기관·단체 등을 대상으로 개인정보관리 수준 및 실태파악 등을 위한 조사를 실시할 수 있다.(2020.2.4 본항개정)
③ 중앙행정기관의 장은 시행계획을 효율적으로 수립·추진하기 위하여 소관 분야의 개인정보처리자에게 제1항에 따른 자료제출 등을 요구할 수 있다.
④ 제1항부터 제3항까지에 따른 자료제출 등을 요구받은 자는 특별한 사정이 없으면 이에 따라야 한다.(2015.7.24 본항개정)
⑤ 제1항부터 제3항까지에 따른 자료제출 등의 범위와 방법 등 필요한 사항은 대통령령으로 정한다.(2015.7.24 본항개정)
제11조의2 【개인정보 보호수준 평가】 ① 보호위원회는 공공기관 중 중앙행정기관 및 그 소속기관, 지방자치단체, 그 밖에 대통령령으로 정하는 기관을 대상으로 매년 개인정보 보호 정책·업무의 수행 및 이 법에 따른 의무의 준수 여부 등을 평가(이하 "개인정보 보호수준 평가"라 한다)하여야 한다.
② 보호위원회는 개인정보 보호수준 평가에 필요한 경우 해당 공공기관의 장에게 관련 자료를 제출하게 할 수 있다.
③ 보호위원회는 개인정보 보호수준 평가의 결과를 인터넷 홈페이지 등을 통하여 공개할 수 있다.
④ 보호위원회는 개인정보 보호수준 평가의 결과에 따라 우수기관 및 그 소속 직원에 대하여 포상할 수 있고, 개인정보 보호를 위하여 필요하다고 인정하면 해당 공공기관의 장에게 개선을 권고할 수 있다. 이 경우 권고를 받은 공공기관의 장은 이를 이행하기 위하여 성실하게 노력하여야 하며, 그 조치 결과를 보호위원회에 알려야 한다.

⑤ 그 밖에 개인정보 보호수준 평가의 기준·방법·절차 및 제2항에 따른 자료 제출의 범위 등에 필요한 사항은 대통령령으로 정한다.
(2023.3.14 본조신설)

제12조【개인정보 보호지침】 ① 보호위원회는 개인정보의 처리에 관한 기준, 개인정보 침해의 유형 및 예방조치 등에 관한 표준 개인정보 보호지침(이하 "표준지침"이라 한다)을 정하여 개인정보처리자에게 그 준수를 권장할 수 있다.
(2020.2.4 본항개정)
② 중앙행정기관의 장은 표준지침에 따라 소관 분야의 개인정보 처리와 관련한 개인정보 보호지침을 정하여 개인정보처리자에게 그 준수를 권장할 수 있다.
③ 국회, 법원, 헌법재판소 및 중앙선거관리위원회는 해당 기관(그 소속 기관을 포함한다)의 개인정보 보호지침을 정하여 시행할 수 있다.

제13조【자율규제의 촉진 및 지원】 보호위원회는 개인정보처리자의 자율적인 개인정보 보호활동을 촉진하고 지원하기 위하여 다음 각 호의 필요한 시책을 마련하여야 한다.
(2020.2.4 본문개정)
1. 개인정보 보호에 관한 교육·홍보
2. 개인정보 보호와 관련된 기관·단체의 육성 및 지원
3. 개인정보 보호 인증마크의 도입·시행 지원
4. 개인정보처리자의 자율적인 규약의 제정·시행 지원
5. 그 밖에 개인정보처리자의 자율적 개인정보 보호활동을 지원하기 위하여 필요한 사항

제13조의2【개인정보 보호의 날】 ① 개인정보의 보호 및 처리의 중요성을 국민에게 알리기 위하여 매년 9월 30일을 개인정보 보호의 날로 지정한다.
② 국가와 지방자치단체는 개인정보 보호의 날이 포함된 주간에 개인정보 보호 문화 확산을 위한 각종 행사를 실시할 수 있다.
(2023.3.14 본조신설)

제14조【국제협력】 ① 정부는 국제적 환경에서의 개인정보 보호 수준을 향상시키기 위하여 필요한 시책을 마련하여야 한다.
② 정부는 개인정보 국외 이전으로 인하여 정보주체의 권리가 침해되지 아니하도록 관련 시책을 마련하여야 한다.

제3장 개인정보의 처리

제1절 개인정보의 수집, 이용, 제공 등

제15조【개인정보의 수집·이용】 ① 개인정보처리자는 다음 각 호의 어느 하나에 해당하는 경우에는 개인정보를 수집할 수 있으며 그 수집 목적의 범위에서 이용할 수 있다.
1. 정보주체의 동의를 받은 경우
2. 법률에 특별한 규정이 있거나 법령상 의무를 준수하기 위하여 불가피한 경우
3. 공공기관이 법령 등에서 정하는 소관 업무의 수행을 위하여 불가피한 경우
4. 정보주체와 체결한 계약을 이행하거나 계약을 체결하는 과정에서 정보주체의 요청에 따른 조치를 이행하기 위하여 필요한 경우(2023.3.14 본호개정)
5. 명백히 정보주체 또는 제3자의 급박한 생명, 신체, 재산의 이익을 위하여 필요하다고 인정되는 경우(2023.3.14 본호개정)
6. 개인정보처리자의 정당한 이익을 달성하기 위하여 필요한 경우로서 명백하게 정보주체의 권리보다 우선하는 경우. 이 경우 개인정보처리자의 정당한 이익과 상당한 관련이 있고 합리적인 범위를 초과하지 아니하는 경우에 한한다.
7. 공중위생 등 공공의 안전과 안녕을 위하여 긴급히 필요한 경우(2023.3.14 본호신설)

② 개인정보처리자는 제1항제1호에 따른 동의를 받을 때에는 다음 각 호의 사항을 정보주체에게 알려야 한다. 다음 각 호의 어느 하나의 사항을 변경하는 경우에도 이를 알리고 동의를 받아야 한다.
1. 개인정보의 수집·이용 목적
2. 수집하려는 개인정보의 항목
3. 개인정보의 보유 및 이용 기간
4. 동의를 거부할 권리가 있다는 사실 및 동의 거부에 따른 불이익이 있는 경우에는 그 불이익의 내용

③ 개인정보처리자는 당초 수집 목적과 합리적으로 관련된 범위에서 정보주체에게 불이익이 발생하는지 여부, 암호화 등 안전성 확보에 필요한 조치를 하였는지 여부 등을 고려하여 대통령령으로 정하는 바에 따라 정보주체의 동의 없이 개인정보를 이용할 수 있다.(2020.2.4 본항신설)

판례 이미 공개된 개인정보를 정보주체의 동의가 있었다고 객관적으로 인정되는 범위 내에서 수집·이용·제공 등 처리를 할 때는 정보주체의 별도의 동의는 불필요하다고 보아야 하고, 별도의 동의를 받지 아니하였다고 하여 개인정보 보호법 제15조나 제17조를 위반한 것으로 볼 수 없다. 그리고 정보주체의 동의가 있었다고 인정되는 범위 내인지는 공개된 개인정보의 성격, 공개의 형태와 대상 범위, 그로부터 추단되는 정보주체의 공개 의도 내지 목적뿐만 아니라, 정보처리자의 정보제공 등 처리의 형태와 정보제공으로 공개의 대상 범위가 원래의 것과 달라졌는지, 정보제공이 정보주체의 원래의 공개 목적과 상당한 관련성이 있는지 등을 검토하여 객관적으로 판단하여야 한다.(대판 2016.8.17, 2014다235080)

제16조【개인정보의 수집 제한】 ① 개인정보처리자는 제15조제1항 각 호의 어느 하나에 해당하여 개인정보를 수집하는 경우에는 그 목적에 필요한 최소한의 개인정보를 수집하여야 한다. 이 경우 최소한의 개인정보 수집이라는 입증책임은 개인정보처리자가 부담한다.
② 개인정보처리자는 정보주체의 동의를 받아 개인정보를 수집하는 경우 필요한 최소한의 정보 외의 개인정보 수집에는 동의하지 아니할 수 있다는 사실을 구체적으로 알리고 개인정보를 수집하여야 한다.(2013.8.6 본항신설)
③ 개인정보처리자는 정보주체가 필요한 최소한의 정보 외의 개인정보 수집에 동의하지 아니한다는 이유로 정보주체에게 재화 또는 서비스의 제공을 거부하여서는 아니 된다.

제17조【개인정보의 제공】 ① 개인정보처리자는 다음 각 호의 어느 하나에 해당되는 경우에는 정보주체의 개인정보를 제3자에게 제공(공유를 포함한다. 이하 같다)할 수 있다.
1. 정보주체의 동의를 받은 경우
2. 제15조제1항제2호, 제3호 및 제5호부터 제7호까지에 따라 개인정보를 수집한 목적 범위에서 개인정보를 제공하는 경우(2023.3.14 본호개정)

② 개인정보처리자는 제1항제1호에 따른 동의를 받을 때에는 다음 각 호의 사항을 정보주체에게 알려야 한다. 다음 각 호의 어느 하나의 사항을 변경하는 경우에도 이를 알리고 동의를 받아야 한다.
1. 개인정보를 제공받는 자
2. 개인정보를 제공받는 자의 개인정보 이용 목적
3. 제공하는 개인정보의 항목
4. 개인정보를 제공받는 자의 개인정보 보유 및 이용 기간
5. 동의를 거부할 권리가 있다는 사실 및 동의 거부에 따른 불이익이 있는 경우에는 그 불이익의 내용

③ (2023.3.14 삭제)
④ 개인정보처리자는 당초 수집 목적과 합리적으로 관련된 범위에서 정보주체에게 불이익이 발생하는지 여부, 암호화 등 안전성 확보에 필요한 조치를 하였는지 여부 등을 고려하여 대통령령으로 정하는 바에 따라 정보주체의 동의 없이 개인정보를 제공할 수 있다.(2020.2.4 본항신설)

제18조【개인정보의 목적 외 이용·제공 제한】 ① 개인정보처리자는 개인정보를 제15조제1항에 따른 범위를 초과하여 이용하거나 제17조제1항 및 제28조의8제1항에 따른 범위를 초과하여 제3자에게 제공하여서는 아니 된다.
(2023.3.14 본항개정)
② 제1항에도 불구하고 개인정보처리자는 다음 각 호의 어느 하나에 해당하는 경우에는 정보주체 또는 제3자의 이익을 부당하게 침해할 우려가 있을 때를 제외하고는 개인정보를 목적 외의 용도로 이용하거나 이를 제3자에게 제공할 수 있다. 다만, 제5호부터 제9호까지에 따른 경우는 공공기관의 경우로 한정한다.(2023.3.14 단서개정)

1. 정보주체로부터 별도의 동의를 받은 경우
2. 다른 법률에 특별한 규정이 있는 경우
3. 명백히 정보주체 또는 제3자의 급박한 생명, 신체, 재산의 이익을 위하여 필요하다고 인정되는 경우(2023.3.14 본호개정)
4. (2020.2.4 삭제)
5. 개인정보를 목적 외의 용도로 이용하거나 이를 제3자에게 제공하지 아니하면 다른 법률에서 정하는 소관 업무를 수행할 수 없는 경우로서 보호위원회의 심의·의결을 거친 경우
6. 조약, 그 밖의 국제협정의 이행을 위하여 외국정부 또는 국제기구에 제공하기 위하여 필요한 경우
7. 범죄의 수사와 공소의 제기 및 유지를 위하여 필요한 경우
8. 법원의 재판업무 수행을 위하여 필요한 경우
9. 형(刑) 및 감호, 보호처분의 집행을 위하여 필요한 경우
10. 공중위생 등 공공의 안전과 안녕을 위하여 긴급히 필요한 경우(2023.3.14 본호신설)

③ 개인정보처리자는 제2항제1호에 따른 동의를 받을 때에는 다음 각 호의 사항을 정보주체에게 알려야 한다. 다음 각 호의 어느 하나의 사항을 변경하는 경우에도 이를 알리고 동의를 받아야 한다.
1. 개인정보를 제공받는 자
2. 개인정보의 이용 목적(제공 시에는 제공받는 자의 이용 목적을 말한다)
3. 이용 또는 제공하는 개인정보의 항목
4. 개인정보의 보유 및 이용 기간(제공 시에는 제공받는 자의 보유 및 이용 기간을 말한다)
5. 동의를 거부할 권리가 있다는 사실 및 동의 거부에 따른 불이익이 있는 경우에는 그 불이익의 내용

④ 공공기관은 제2항제2호부터 제6호까지, 제8호부터 제10호까지에 따라 개인정보를 목적 외의 용도로 이용하거나 이를 제3자에게 제공하는 경우에는 그 이용 또는 제공의 법적 근거, 목적 및 범위 등에 관하여 필요한 사항을 보호위원회가 고시로 정하는 바에 따라 관보 또는 인터넷 홈페이지 등에 게재하여야 한다.(2023.3.14 본항개정)

⑤ 개인정보처리자는 제2항 각 호의 어느 하나의 경우에 해당하여 개인정보를 목적 외의 용도로 제3자에게 제공하는 경우에는 개인정보를 제공받는 자에게 이용 목적, 이용 방법, 그 밖에 필요한 사항에 대하여 제한을 하거나, 개인정보의 안전성 확보를 위하여 필요한 조치를 마련하도록 요청하여야 한다. 이 경우 요청을 받은 자는 개인정보의 안전성 확보를 위하여 필요한 조치를 하여야 한다.
(2013.8.6 본조제목개정)

제19조【개인정보를 제공받은 자의 이용·제공 제한】 개인정보처리자로부터 개인정보를 제공받은 자는 다음 각 호의 어느 하나에 해당하는 경우를 제외하고는 개인정보를 제공받은 목적 외의 용도로 이용하거나 이를 제3자에게 제공하여서는 아니 된다.
1. 정보주체로부터 별도의 동의를 받은 경우
2. 다른 법률에 특별한 규정이 있는 경우

제20조【정보주체 이외로부터 수집한 개인정보의 수집 출처 등 통지】 ① 개인정보처리자가 정보주체 이외로부터 수집한 개인정보를 처리하는 때에는 정보주체의 요구가 있으면 즉시 다음 각 호의 모든 사항을 정보주체에게 알려야 한다.
1. 개인정보의 수집 출처
2. 개인정보의 처리 목적
3. 제37조에 따른 개인정보 처리의 정지를 요구하거나 동의를 철회할 권리가 있다는 사실(2023.3.14 본호개정)

② 제1항에도 불구하고 처리하는 개인정보의 종류·규모, 종업원 수 및 매출액 규모 등을 고려하여 대통령령으로 정하는 기준에 해당하는 개인정보처리자가 제17조제1항제1호에 따라 정보주체 이외로부터 개인정보를 수집하여 처리하는 때에는 제1항 각 호의 모든 사항을 정보주체에게 알려야 한다. 다만, 개인정보처리자가 수집한 정보에 연락처 등 정보주체에게 알릴 수 있는 개인정보가 포함되지 아니한 경우에는 그러하지 아니하다.(2016.3.29 본항신설)

③ 제2항 본문에 따라 알리는 경우 정보주체에게 알리는 시기·방법 및 절차 등 필요한 사항은 대통령령으로 정한다.(2016.3.29 본항신설)

④ 제1항과 제2항 본문은 다음 각 호의 어느 하나에 해당하는 경우에는 적용하지 아니한다. 다만, 이 법에 따른 정보주체의 권리보다 명백히 우선하는 경우에 한한다.(2016.3.29 본문개정)
1. 통지를 요구하는 대상이 되는 개인정보가 제32조제2항 각 호의 어느 하나에 해당하는 개인정보파일에 포함되어 있는 경우(2023.3.14 본호개정)
2. 통지로 인하여 다른 사람의 생명·신체를 해할 우려가 있거나 다른 사람의 재산과 그 밖의 이익을 부당하게 침해할 우려가 있는 경우(2023.3.14 본호개정)
(2023.3.14 본조제목개정)

제20조의2【개인정보 이용·제공 내역의 통지】 ① 대통령령으로 정하는 기준에 해당하는 개인정보처리자는 이 법에 따라 수집한 개인정보의 이용·제공 내역이나 이용·제공 내역을 확인할 수 있는 정보시스템에 접속하는 방법을 주기적으로 정보주체에게 통지하여야 한다. 다만, 연락처 등 정보주체에게 통지할 수 있는 개인정보를 수집·보유하지 아니한 경우에는 통지하지 아니할 수 있다.

② 제1항에 따른 통지의 대상이 되는 정보주체의 범위, 통지 대상 정보, 통지 주기 및 방법 등에 필요한 사항은 대통령령으로 정한다.
(2023.3.14 본조신설)

제21조【개인정보의 파기】 ① 개인정보처리자는 보유기간의 경과, 개인정보의 처리 목적 달성, 가명정보의 처리 기간 경과 등 그 개인정보가 불필요하게 되었을 때에는 지체 없이 그 개인정보를 파기하여야 한다. 다만, 다른 법령에 따라 보존하여야 하는 경우에는 그러하지 아니하다.(2023.3.14 본문개정)

② 개인정보처리자가 제1항에 따라 개인정보를 파기할 때에는 복구 또는 재생되지 아니하도록 조치하여야 한다.

③ 개인정보처리자가 제1항 단서에 따라 개인정보를 파기하지 아니하고 보존하여야 하는 경우에는 해당 개인정보 또는 개인정보파일을 다른 개인정보와 분리하여서 저장·관리하여야 한다.

④ 개인정보의 파기방법 및 절차 등에 필요한 사항은 대통령령으로 정한다.

제22조【동의를 받는 방법】 ① 개인정보처리자는 이 법에 따른 개인정보의 처리에 대하여 정보주체(제22조의2제1항에 따른 법정대리인을 포함한다. 이하 이 조에서 같다)의 동의를 받을 때에는 각각의 동의 사항을 구분하여 정보주체가 이를 명확하게 인지할 수 있도록 알리고 동의를 받아야 한다. 이 경우 다음 각 호의 경우에는 동의 사항을 구분하여 각각 동의를 받아야 한다.
1. 제15조제1항제1호에 따라 동의를 받는 경우
2. 제17조제1항제1호에 따라 동의를 받는 경우
3. 제18조제2항제1호에 따라 동의를 받는 경우
4. 제19조제1호에 따라 동의를 받는 경우
5. 제23조제1항제1호에 따라 동의를 받는 경우
6. 제24조제1항제1호에 따라 동의를 받는 경우
7. 재화나 서비스를 홍보하거나 판매를 권유하기 위하여 개인정보의 처리에 대한 동의를 받으려는 경우
8. 그 밖에 정보주체를 보호하기 위하여 동의 사항을 구분하여 동의를 받아야 할 필요가 있는 경우로서 대통령령으로 정하는 경우
(2023.3.14 1호~8호신설)
(2023.3.14 본항개정)

② 개인정보처리자는 제1항의 동의를 서면(「전자문서 및 전자거래 기본법」 제2조제1호에 따른 전자문서를 포함한다)으로 받을 때에는 개인정보의 수집·이용 목적, 수집·이용하려는 개인정보의 항목 등 대통령령으로 정하는 중요한 내용을 보호위원회가 고시로 정하는 방법에 따라 명확히 표시하여 알아보기 쉽게 하여야 한다.(2020.2.4 본항개정)

③ 개인정보처리자는 정보주체의 동의 없이 처리할 수 있는

개인정보에 대해서는 그 항목과 처리의 법적 근거를 정보주체의 동의를 받아 처리하는 개인정보와 구분하여 제30조제2항에 따라 공개하거나 전자우편 등 대통령령으로 정하는 방법에 따라 정보주체에게 알려야 한다. 이 경우 동의 없이 처리할 수 있는 개인정보라는 입증책임은 개인정보처리자가 부담한다.(2023.3.14 전단개정)
④ (2023.3.14 삭제)
⑤ 개인정보처리자는 정보주체가 선택적으로 동의할 수 있는 사항을 동의하지 아니하거나 제1항제3호 및 제7호에 따른 동의를 하지 아니한다는 이유로 정보주체에게 재화 또는 서비스의 제공을 거부하여서는 아니 된다.(2023.3.14 본항개정)
⑥ (2023.3.14 삭제)
⑦ 제1항부터 제5항까지에서 규정한 사항 외에 정보주체의 동의를 받는 세부적인 방법에 관하여 필요한 사항은 개인정보의 수집매체 등을 고려하여 대통령령으로 정한다.
(2023.3.14 본항개정)

제22조의2 【아동의 개인정보 보호】 ① 개인정보처리자는 만 14세 미만 아동의 개인정보를 처리하기 위하여 이 법에 따른 동의를 받아야 할 때에는 그 법정대리인의 동의를 받아야 하며, 법정대리인이 동의하였는지를 확인하여야 한다.
② 제1항에도 불구하고 법정대리인의 동의를 받기 위하여 필요한 최소한의 정보로서 대통령령으로 정하는 정보는 법정대리인의 동의 없이 해당 아동으로부터 직접 수집할 수 있다.
③ 개인정보처리자는 만 14세 미만의 아동에게 개인정보 처리와 관련한 사항의 고지 등을 할 때에는 이해하기 쉬운 양식과 명확하고 알기 쉬운 언어를 사용하여야 한다.
④ 제1항부터 제3항까지에서 규정한 사항 외에 동의 및 동의 확인 방법 등에 필요한 사항은 대통령령으로 정한다.
(2023.3.14 본조신설)

제2절 개인정보의 처리 제한

제23조 【민감정보의 처리 제한】 ① 개인정보처리자는 사상·신념, 노동조합·정당의 가입·탈퇴, 정치적 견해, 건강, 성생활 등에 관한 정보, 그 밖에 정보주체의 사생활을 현저히 침해할 우려가 있는 개인정보로서 대통령령으로 정하는 정보(이하 "민감정보"라 한다)를 처리하여서는 아니 된다. 다만, 다음 각 호의 어느 하나에 해당하는 경우에는 그러하지 아니하다.
1. 정보주체에게 제15조제2항 각 호 또는 제17조제2항 각 호의 사항을 알리고 다른 개인정보의 처리에 대한 동의와 별도로 동의를 받은 경우
2. 법령에서 민감정보의 처리를 요구하거나 허용하는 경우
② 개인정보처리자가 제1항 각 호에 따라 민감정보를 처리하는 경우에는 그 민감정보가 분실·도난·유출·위조·변조 또는 훼손되지 아니하도록 제29조에 따른 안전성 확보에 필요한 조치를 하여야 한다.(2016.3.29 본항신설)
③ 개인정보처리자는 재화 또는 서비스를 제공하는 과정에서 공개되는 정보에 정보주체의 민감정보가 포함됨으로써 사생활 침해의 위험성이 있다고 판단하는 때에는 재화 또는 서비스의 제공 전에 민감정보의 공개 가능성 및 비공개를 선택하는 방법을 정보주체가 알아보기 쉽게 알려야 한다.
(2023.3.14 본항신설)

제24조 【고유식별정보의 처리 제한】 ① 개인정보처리자는 다음 각 호의 경우를 제외하고는 법령에 따라 개인을 고유하게 구별하기 위하여 부여된 식별정보로서 대통령령으로 정하는 정보(이하 "고유식별정보"라 한다)를 처리할 수 없다.
1. 정보주체에게 제15조제2항 각 호 또는 제17조제2항 각 호의 사항을 알리고 다른 개인정보의 처리에 대한 동의와 별도로 동의를 받은 경우
2. 법령에서 구체적으로 고유식별정보의 처리를 요구하거나 허용하는 경우
② (2013.8.6 삭제)
③ 개인정보처리자가 제1항 각 호에 따라 고유식별정보를 처리하는 경우에는 그 고유식별정보가 분실·도난·유출·위조·변조 또는 훼손되지 아니하도록 대통령령으로 정하는 바에 따라 암호화 등 안전성 확보에 필요한 조치를 하여야 한다.(2015.7.24 본항개정)
④ 보호위원회는 처리하는 개인정보의 종류·규모, 종업원 수 및 매출액 규모 등을 고려하여 대통령령으로 정하는 기준에 해당하는 개인정보처리자가 제3항에 따라 안전성 확보에 필요한 조치를 하였는지에 관하여 대통령령으로 정하는 바에 따라 정기적으로 조사하여야 한다.(2020.2.4 본항개정)
⑤ 보호위원회는 대통령령으로 정하는 전문기관으로 하여금 제4항에 따른 조사를 수행하게 할 수 있다.(2020.2.4 본항개정)

제24조의2 【주민등록번호 처리의 제한】 ① 제24조제1항에도 불구하고 개인정보처리자는 다음 각 호의 어느 하나에 해당하는 경우를 제외하고는 주민등록번호를 처리할 수 없다.
1. 법률·대통령령·국회규칙·대법원규칙·헌법재판소규칙·중앙선거관리위원회규칙 및 감사원규칙에서 구체적으로 주민등록번호의 처리를 요구하거나 허용한 경우
(2016.3.29 본호개정)
2. 정보주체 또는 제3자의 급박한 생명, 신체, 재산의 이익을 위하여 명백히 필요하다고 인정되는 경우
3. 제1호 및 제2호에 준하여 주민등록번호 처리가 불가피한 경우로서 보호위원회가 고시로 정하는 경우(2020.2.4 본호개정)
② 개인정보처리자는 제24조제3항에도 불구하고 주민등록번호가 분실·도난·유출·위조·변조 또는 훼손되지 아니하도록 암호화 조치를 통하여 안전하게 보관하여야 한다. 이 경우 암호화 적용 대상 및 대상별 적용 시기 등에 관하여 필요한 사항은 개인정보의 처리 규모와 유출 시 영향 등을 고려하여 대통령령으로 정한다.(2015.7.24 전단개정)
③ 개인정보처리자는 제1항 각 호에 따라 주민등록번호를 처리하는 경우에도 정보주체가 인터넷 홈페이지를 통하여 회원으로 가입하는 단계에서는 주민등록번호를 사용하지 아니하고도 회원으로 가입할 수 있는 방법을 제공하여야 한다.
④ 보호위원회는 개인정보처리자가 제3항에 따른 방법을 제공할 수 있도록 관계 법령의 정비, 계획의 수립, 필요한 시설 및 시스템의 구축 등 제반 조치를 마련·지원할 수 있다.
(2020.2.4 본항개정)
(2013.8.6 본조신설)

제25조 【고정형 영상정보처리기기의 설치·운영 제한】 ① 누구든지 다음 각 호의 경우를 제외하고는 공개된 장소에 고정형 영상정보처리기기를 설치·운영하여서는 아니 된다.
(2023.3.14 본문개정)
1. 법령에서 구체적으로 허용하고 있는 경우
2. 범죄의 예방 및 수사를 위하여 필요한 경우
3. 시설의 안전 및 관리, 화재 예방을 위하여 정당한 권한을 가진 자가 설치·운영하는 경우(2023.3.14 본호개정)
4. 교통단속을 위하여 정당한 권한을 가진 자가 설치·운영하는 경우(2023.3.14 본호개정)
5. 교통정보의 수집·분석 및 제공을 위하여 정당한 권한을 가진 자가 설치·운영하는 경우(2023.3.14 본호개정)
6. 촬영된 영상정보를 저장하지 아니하는 경우로서 대통령령으로 정하는 경우(2023.3.14 본호신설)
② 누구든지 불특정 다수가 이용하는 목욕실, 화장실, 발한실(發汗室), 탈의실 등 개인의 사생활을 현저히 침해할 우려가 있는 장소의 내부를 볼 수 있도록 고정형 영상정보처리기기를 설치·운영하여서는 아니 된다. 다만, 교도소, 정신보건 시설 등 법령에 근거하여 사람을 구금하거나 보호하는 시설로서 대통령령으로 정하는 시설에 대하여는 그러하지 아니하다.(2023.3.14 본문개정)
③ 제1항 각 호에 따라 고정형 영상정보처리기기를 설치·운영하려는 공공기관의 장과 제2항 단서에 따라 영상정보처리기기를 설치·운영하려는 자는 공청회·설명회의 개최 등 대통령령으로 정하는 절차를 거쳐 관계 전문가 및 이해관계인의 의견을 수렴하여야 한다.(2023.3.14 본항개정)
④ 제1항 각 호에 따라 고정형 영상정보처리기기를 설치·운영하는 자(이하 "고정형영상정보처리기기운영자"라 한다)는 정보주체가 쉽게 인식할 수 있도록 다음 각 호의 사항이

포함된 안내판을 설치하는 등 필요한 조치를 하여야 한다. 다만, 「군사기지 및 군사시설 보호법」 제2조제2호에 따른 군사시설, 「통합방위법」 제2조제13호에 따른 국가중요시설, 그 밖에 대통령령으로 정하는 시설의 경우에는 그러하지 아니하다.(2023.3.14 본문개정)
1. 설치 목적 및 장소(2016.3.29 본호신설)
2. 촬영 범위 및 시간(2016.3.29 본호신설)
3. 관리책임자의 연락처(2023.3.14 본호개정)
4. 그 밖에 대통령령으로 정하는 사항(2016.3.29 본호신설)
⑤ 고정형영상정보처리기기운영자는 고정형 영상정보처리기기의 설치 목적과 다른 목적으로 고정형 영상정보처리기기를 임의로 조작하거나 다른 곳을 비춰서는 아니 되며, 녹음기능은 사용할 수 없다.(2023.3.14 본항개정)
⑥ 고정형영상정보처리기기운영자는 개인정보가 분실·도난·유출·위조·변조 또는 훼손되지 아니하도록 제29조에 따라 안전성 확보에 필요한 조치를 하여야 한다.(2023.3.14 본항개정)
⑦ 고정형영상정보처리기기운영자는 대통령령으로 정하는 바에 따라 고정형 영상정보처리기기 운영·관리 방침을 마련하여야 한다. 다만, 제30조에 따른 개인정보 처리방침을 정할 때 고정형 영상정보처리기기 운영·관리에 관한 사항을 포함시킨 경우에는 고정형 영상정보처리기기 운영·관리 방침을 마련하지 아니할 수 있다.(2023.3.14 본항개정)
⑧ 고정형영상정보처리기기운영자는 고정형 영상정보처리기기의 설치·운영에 관한 사무를 위탁할 수 있다. 다만, 공공기관이 고정형 영상정보처리기기 설치·운영에 관한 사무를 위탁하는 경우에는 대통령령으로 정하는 절차 및 요건에 따라야 한다.(2023.3.14 본항개정)
(2023.3.14 본조제목개정)

제25조의2【이동형 영상정보처리기기의 운영 제한】 ① 업무를 목적으로 이동형 영상정보처리기기를 운영하려는 자는 다음 각 호의 경우를 제외하고는 공개된 장소에서 이동형 영상정보처리기기로 사람 또는 그 사람과 관련된 사물의 영상(개인정보에 해당하는 경우로 한정한다. 이하 같다)을 촬영하여서는 아니 된다.
1. 제15조제1항 각 호의 어느 하나에 해당하는 경우
2. 촬영 사실을 명확히 표시하여 정보주체가 촬영 사실을 알 수 있도록 하였음에도 불구하고 촬영 거부 의사를 밝히지 아니한 경우. 이 경우 정보주체의 권리를 부당하게 침해할 우려가 없고 합리적인 범위를 초과하지 아니하는 경우로 한정한다.
3. 그 밖에 제1호 및 제2호에 준하는 경우로서 대통령령으로 정하는 경우
② 누구든지 불특정 다수가 이용하는 목욕실, 화장실, 발한실, 탈의실 등 개인의 사생활을 현저히 침해할 우려가 있는 장소의 내부를 볼 수 있는 곳에서 이동형 영상정보처리기기로 사람 또는 그 사람과 관련된 사물의 영상을 촬영하여서는 아니 된다. 다만, 인명의 구조·구급 등을 위하여 필요한 경우로서 대통령령으로 정하는 경우에는 그러하지 아니하다.
③ 제1항 각 호에 해당하여 이동형 영상정보처리기기로 사람 또는 그 사람과 관련된 사물의 영상을 촬영하는 경우에는 불빛, 소리, 안내판 등 대통령령으로 정하는 바에 따라 촬영 사실을 표시하고 알려야 한다.
④ 제1항부터 제3항까지에서 규정한 사항 외에 이동형 영상정보처리기기의 운영에 관하여는 제25조제6항부터 제8항까지의 규정을 준용한다.
(2023.3.14 본조신설)

제26조【업무위탁에 따른 개인정보의 처리 제한】 ① 개인정보처리자가 제3자에게 개인정보의 처리 업무를 위탁하는 경우에는 다음 각 호의 내용이 포함된 문서로 하여야 한다.(2023.3.14 본문개정)
1. 위탁업무 수행 목적 외 개인정보의 처리 금지에 관한 사항
2. 개인정보의 기술적·관리적 보호조치에 관한 사항
3. 그 밖에 개인정보의 안전한 관리를 위하여 대통령령으로 정한 사항
② 제1항에 따라 개인정보의 처리 업무를 위탁하는 개인정보처리자(이하 "위탁자"라 한다)는 위탁하는 업무의 내용과 개인정보 처리 업무를 위탁받아 처리하는 자(개인정보 처리 업무를 위탁받아 처리하는 자로부터 위탁받은 업무를 다시 위탁받은 제3자를 포함하며, 이하 "수탁자"라 한다)를 정보주체가 언제든지 쉽게 확인할 수 있도록 대통령령으로 정하는 방법에 따라 공개하여야 한다.(2023.3.14 본항개정)
③ 위탁자가 재화 또는 서비스를 홍보하거나 판매를 권유하는 업무를 위탁하는 경우에는 대통령령으로 정하는 방법에 따라 위탁하는 업무의 내용과 수탁자를 정보주체에게 알려야 한다. 위탁하는 업무의 내용이나 수탁자가 변경된 경우에도 또한 같다.
④ 위탁자는 업무 위탁으로 인하여 정보주체의 개인정보가 분실·도난·유출·위조·변조 또는 훼손되지 아니하도록 수탁자를 교육하고, 처리 현황 점검 등 대통령령으로 정하는 바에 따라 수탁자가 개인정보를 안전하게 처리하는지를 감독하여야 한다.(2015.7.24 본항개정)
⑤ 수탁자는 개인정보처리자로부터 위탁받은 해당 업무 범위를 초과하여 개인정보를 이용하거나 제3자에게 제공하여서는 아니 된다.
⑥ 수탁자는 위탁받은 개인정보의 처리 업무를 제3자에게 다시 위탁하려는 경우에는 위탁자의 동의를 받아야 한다.(2023.3.14 본항신설)
⑦ 수탁자가 위탁받은 업무와 관련하여 개인정보를 처리하는 과정에서 이 법을 위반하여 발생한 손해배상책임에 대하여는 수탁자를 개인정보처리자의 소속 직원으로 본다.
⑧ 수탁자에 관하여는 제15조부터 제18조까지, 제21조, 제22조, 제22조의2, 제23조, 제24조, 제24조의2, 제25조, 제25조의2, 제27조, 제28조, 제28조의2부터 제28조의5까지, 제28조의7부터 제28조의11까지, 제29조, 제30조, 제30조의2, 제31조, 제33조, 제34조, 제34조의2, 제35조, 제35조의2, 제36조, 제37조, 제37조의2, 제38조, 제59조, 제63조, 제63조의2 및 제64조의2를 준용한다. 이 경우 "개인정보처리자"는 "수탁자"로 본다.(2023.3.14 본항개정)

제27조【영업양도 등에 따른 개인정보의 이전 제한】 ① 개인정보처리자는 영업의 전부 또는 일부의 양도·합병 등으로 개인정보를 다른 사람에게 이전하는 경우에는 미리 다음 각 호의 사항을 대통령령으로 정하는 방법에 따라 해당 정보주체에게 알려야 한다.
1. 개인정보를 이전하려는 사실
2. 개인정보를 이전받는 자(이하 "영업양수자등"이라 한다)의 성명(법인의 경우에는 법인의 명칭을 말한다), 주소, 전화번호 및 그 밖의 연락처
3. 정보주체가 개인정보의 이전을 원하지 아니하는 경우 조치할 수 있는 방법 및 절차
② 영업양수자등은 개인정보를 이전받았을 때에는 지체 없이 그 사실을 대통령령으로 정하는 방법에 따라 정보주체에게 알려야 한다. 다만, 개인정보처리자가 제1항에 따라 그 이전 사실을 이미 알린 경우에는 그러하지 아니하다.
③ 영업양수자등은 영업의 양도·합병 등으로 개인정보를 이전받은 경우에는 이전 당시의 본래 목적으로만 개인정보를 이용하거나 제3자에게 제공할 수 있다. 이 경우 영업양수자등은 개인정보처리자로 본다.

제28조【개인정보취급자에 대한 감독】 ① 개인정보처리자는 개인정보를 처리함에 있어서 개인정보가 안전하게 관리될 수 있도록 임직원, 파견근로자, 시간제근로자 등 개인정보처리자의 지휘·감독을 받아 개인정보를 처리하는 자(이하 "개인정보취급자"라 한다)의 범위를 최소한으로 제한하고, 개인정보취급자에 대하여 적절한 관리·감독을 하여야 한다.(2023.3.14 본항개정)
② 개인정보처리자는 개인정보의 적정한 취급을 보장하기 위하여 개인정보취급자에게 정기적으로 필요한 교육을 실시하여야 한다.

제3절 가명정보의 처리에 관한 특례
(2020.2.4 본절신설)

제28조의2【가명정보의 처리 등】 ① 개인정보처리자는 통

계작성, 과학적 연구, 공익적 기록보존 등을 위하여 정보주체의 동의 없이 가명정보를 처리할 수 있다.
② 개인정보처리자는 제1항에 따라 가명정보를 제3자에게 제공하는 경우에는 특정 개인을 알아보기 위하여 사용될 수 있는 정보를 포함해서는 아니 된다.

제28조의3【가명정보의 결합 제한】 ① 제28조의2에도 불구하고 통계작성, 과학적 연구, 공익적 기록보존 등을 위한 서로 다른 개인정보처리자 간의 가명정보의 결합은 보호위원회 또는 관계 중앙행정기관의 장이 지정하는 전문기관이 수행한다.
② 결합을 수행한 기관 외부로 결합된 정보를 반출하려는 개인정보처리자는 가명정보 또는 제58조의2에 해당하는 정보로 처리한 뒤 전문기관의 장의 승인을 받아야 한다.
③ 제1항에 따른 결합 절차와 방법, 전문기관의 지정과 지정 취소 기준·절차, 관리·감독, 제2항에 따른 반출 및 승인 기준·절차 등 필요한 사항은 대통령령으로 정한다.

제28조의4【가명정보에 대한 안전조치의무 등】 ① 개인정보처리자는 제28조의2 또는 제28조의3에 따라 가명정보를 처리하는 경우에는 원래의 상태로 복원하기 위한 추가 정보를 별도로 분리하여 보관·관리하는 등 해당 정보가 분실·도난·유출·위조·변조 또는 훼손되지 않도록 대통령령이 정하는 바에 따라 안전성 확보에 필요한 기술적·관리적 및 물리적 조치를 하여야 한다.
② 개인정보처리자는 제28조의2 또는 제28조의3에 따라 가명정보를 처리하는 경우 처리목적 등을 고려하여 가명정보의 처리 기간을 별도로 정할 수 있다.(2023.3.14 본항신설)
③ 개인정보처리자는 제28조의2 또는 제28조의3에 따라 가명정보를 처리하고자 하는 경우에는 가명정보의 처리 목적, 제3자 제공 시 제공받는 자, 가명정보의 처리 기간(제2항에 따라 처리 기간을 별도로 정한 경우에 한한다) 등 가명정보의 처리 내용을 관리하기 위하여 대통령령으로 정하는 사항에 대한 관련 기록을 작성하여 보관하여야 하며, 가명정보를 파기한 경우에는 파기한 날부터 3년 이상 보관하여야 한다.
(2023.3.14 본조개정)

제28조의5【가명정보 처리 시 금지의무 등】 ① 제28조의2 또는 제28조의3에 따라 가명정보를 처리하는 자는 특정 개인을 알아보기 위한 목적으로 가명정보를 처리해서는 아니 된다.
② 개인정보처리자는 제28조의2 또는 제28조의3에 따라 가명정보를 처리하는 과정에서 특정 개인을 알아볼 수 있는 정보가 생성된 경우에는 즉시 해당 정보의 처리를 중지하고, 지체 없이 회수·파기하여야 한다.
(2023.3.14 본조개정)

제28조의6 (2023.3.14 삭제)

제28조의7【적용범위】 제28조의2 또는 제28조의3에 따라 처리된 가명정보는 제20조, 제20조의2, 제27조, 제34조제1항, 제35조, 제35조의2, 제36조 및 제37조를 적용하지 아니한다.
(2023.3.14 본조개정)

제4절 개인정보의 국외 이전
(2023.3.14 본절신설)

제28조의8【개인정보의 국외 이전】 ① 개인정보처리자는 개인정보를 국외로 제공(조회되는 경우를 포함한다)·처리위탁·보관(이하 이 절에서 "이전"이라 한다)하여서는 아니 된다. 다만, 다음 각 호의 어느 하나에 해당하는 경우에는 개인정보를 국외로 이전할 수 있다.
1. 정보주체로부터 국외 이전에 관한 별도의 동의를 받은 경우
2. 법률, 대한민국을 당사자로 하는 조약 또는 그 밖의 국제협정에 개인정보의 국외 이전에 관한 특별한 규정이 있는 경우
3. 정보주체와의 계약의 체결 및 이행을 위하여 개인정보의 처리위탁·보관이 필요한 경우로서 다음 각 목의 어느 하나에 해당하는 경우
  가. 제2항 각 호의 사항을 제30조에 따른 개인정보 처리방침에 공개한 경우
  나. 전자우편 등 대통령령으로 정하는 방법에 따라 제2항 각 호의 사항을 정보주체에게 알린 경우
4. 개인정보를 이전받는 자가 제32조의2에 따른 개인정보 보호 인증 등 보호위원회가 정하여 고시하는 인증을 받은 경우로서 다음 각 목의 조치를 모두 한 경우
  가. 개인정보 보호에 필요한 안전조치 및 정보주체 권리보장에 필요한 조치
  나. 인증받은 사항을 개인정보가 이전되는 국가에서 이행하기 위하여 필요한 조치
5. 개인정보가 이전되는 국가 또는 국제기구의 개인정보 보호체계, 정보주체 권리보장 범위, 피해구제 절차 등이 이 법에 따른 개인정보 보호 수준과 실질적으로 동등한 수준을 갖추었다고 보호위원회가 인정하는 경우

② 개인정보처리자는 제1항제1호에 따른 동의를 받을 때에는 미리 다음 각 호의 사항을 정보주체에게 알려야 한다.
1. 이전되는 개인정보 항목
2. 개인정보가 이전되는 국가, 시기 및 방법
3. 개인정보를 이전받는 자의 성명(법인인 경우에는 그 명칭과 연락처를 말한다)
4. 개인정보를 이전받는 자의 개인정보 이용목적 및 보유·이용 기간
5. 개인정보의 이전을 거부하는 방법, 절차 및 거부의 효과

③ 개인정보처리자는 제2항 각 호의 어느 하나에 해당하는 사항을 변경하는 경우에는 정보주체에게 알리고 동의를 받아야 한다.
④ 개인정보처리자는 제1항 각 호 외의 부분 단서에 따라 개인정보를 국외로 이전하는 경우 국외 이전과 관련한 이 법의 다른 규정, 제17조부터 제19조까지의 규정 및 제5장의 규정을 준수하여야 하고, 대통령령으로 정하는 보호조치를 하여야 한다.
⑤ 개인정보처리자는 이 법을 위반하는 사항을 내용으로 하는 개인정보의 국외 이전에 관한 계약을 체결하여서는 아니 된다.
⑥ 제1항부터 제5항까지에서 규정한 사항 외에 개인정보 국외 이전의 기준 및 절차 등에 필요한 사항은 대통령령으로 정한다.

제28조의9【개인정보의 국외 이전 중지 명령】 ① 보호위원회는 개인정보의 국외 이전이 계속되고 있거나 추가적인 국외 이전이 예상되는 경우로서 다음 각 호의 어느 하나에 해당하는 경우에는 개인정보처리자에게 개인정보의 국외 이전을 중지할 것을 명할 수 있다.
1. 제28조의8제1항, 제4항 또는 제5항을 위반한 경우
2. 개인정보를 이전받는 자나 개인정보가 이전되는 국가 또는 국제기구가 이 법에 따른 개인정보 보호 수준에 비하여 개인정보를 적정하게 보호하지 아니하여 정보주체에게 피해가 발생하거나 발생할 우려가 현저한 경우

② 개인정보처리자는 제1항에 따른 국외 이전 중지 명령을 받은 경우에는 명령을 받은 날부터 7일 이내에 보호위원회에 이의를 제기할 수 있다.
③ 제1항에 따른 개인정보 국외 이전 중지 명령의 기준, 제2항에 따른 불복 절차 등에 필요한 사항은 대통령령으로 정한다.

제28조의10【상호주의】 제28조의8에도 불구하고 개인정보의 국외 이전을 제한하는 국가의 개인정보처리자에 대해서는 해당 국가의 수준에 상응하는 제한을 할 수 있다. 다만, 조약 또는 그 밖의 국제협정의 이행에 필요한 경우에는 그러하지 아니하다.

제28조의11【준용규정】 제28조의8제1항 각 호 외의 부분 단서에 따라 개인정보를 이전받은 자가 해당 개인정보를 제3국으로 이전하는 경우에 관하여는 제28조의8 및 제28조의9를 준용한다. 이 경우 "개인정보처리자"는 "개인정보를 이전받은 자"로, "개인정보를 이전받는 자"는 "제3국에서 개인정보를 이전받는 자"로 본다.

제4장 개인정보의 안전한 관리

제29조【안전조치의무】 개인정보처리자는 개인정보가 분실·도난·유출·위조·변조 또는 훼손되지 아니하도록 내부 관리계획 수립, 접속기록 보관 등 대통령령으로 정하는 바에 따라 안전성 확보에 필요한 기술적·관리적 및 물리적 조치를 하여야 한다.(2015.7.24 본조개정)

제30조【개인정보 처리방침의 수립 및 공개】 ① 개인정보처리자는 다음 각 호의 사항이 포함된 개인정보의 처리 방침(이하 "개인정보 처리방침"이라 한다)을 정하여야 한다. 이 경우 공공기관은 제32조에 따라 등록대상이 되는 개인정보파일에 대하여 개인정보 처리방침을 정한다.
1. 개인정보의 처리 목적
2. 개인정보의 처리 및 보유 기간
3. 개인정보의 제3자 제공에 관한 사항(해당되는 경우에만 정한다)
3의2. 개인정보의 파기절차 및 파기방법(제21조제1항 단서에 따라 개인정보를 보존하여야 하는 경우에는 그 보존근거와 보존하는 개인정보 항목을 포함한다)(2023.3.14 본호신설)
3의3. 제23조제3항에 따른 민감정보의 공개 가능성 및 비공개를 선택하는 방법(해당되는 경우에만 정한다)(2023.3.14 본호신설)
4. 개인정보처리의 위탁에 관한 사항(해당되는 경우에만 정한다)
4의2. 제28조의2 및 제28조의3에 따른 가명정보의 처리 등에 관한 사항(해당되는 경우에만 정한다)(2023.3.14 본호신설)
5. 정보주체와 법정대리인의 권리·의무 및 그 행사방법에 관한 사항(2016.3.29 본호개정)
6. 제31조에 따른 개인정보 보호책임자의 성명 또는 개인정보 보호업무 및 관련 고충사항을 처리하는 부서의 명칭과 전화번호 등 연락처(2016.3.29 본호신설)
7. 인터넷 접속정보파일 등 개인정보를 자동으로 수집하는 장치의 설치·운영 및 그 거부에 관한 사항(해당하는 경우에만 정한다)(2016.3.29 본호신설)
8. 그 밖에 개인정보의 처리에 관하여 대통령령으로 정한 사항

② 개인정보처리자가 개인정보 처리방침을 수립하거나 변경하는 경우에는 정보주체가 쉽게 확인할 수 있도록 대통령령으로 정하는 방법에 따라 공개하여야 한다.
③ 개인정보 처리방침의 내용과 개인정보처리자와 정보주체 간에 체결한 계약의 내용이 다른 경우에는 정보주체에게 유리한 것을 적용한다.
④ 보호위원회는 개인정보 처리방침의 작성지침을 정하여 개인정보처리자에게 그 준수를 권장할 수 있다.(2020.2.4 본항개정)

제30조의2【개인정보 처리방침의 평가 및 개선권고】 ① 보호위원회는 개인정보 처리방침에 관하여 다음 각 호의 사항을 평가하고, 평가 결과 개선이 필요하다고 인정하는 경우에는 개인정보처리자에게 제61조제2항에 따라 개선을 권고할 수 있다.
1. 이 법에 따라 개인정보 처리방침에 포함하여야 할 사항을 적정하게 정하고 있는지 여부
2. 개인정보 처리방침을 알기 쉽게 작성하였는지 여부
3. 개인정보 처리방침을 정보주체가 쉽게 확인할 수 있는 방법으로 공개하고 있는지 여부

② 개인정보 처리방침의 평가 대상, 기준 및 절차 등에 필요한 사항은 대통령령으로 정한다.
(2023.3.14 본조신설)

제31조【개인정보 보호책임자의 지정 등】 ① 개인정보처리자는 개인정보의 처리에 관한 업무를 총괄해서 책임질 개인정보 보호책임자를 지정하여야 한다. 다만, 종업원 수, 매출액 등이 대통령령으로 정하는 기준에 해당하는 개인정보처리자의 경우에는 지정하지 아니할 수 있다.(2023.3.14 단서신설)
② 제1항 단서에 따라 개인정보 보호책임자를 지정하지 아니하는 경우에는 개인정보처리자의 사업주 또는 대표자가 개인정보 보호책임자가 된다.(2023.3.14 본항신설)
③ 개인정보 보호책임자는 다음 각 호의 업무를 수행한다.
1. 개인정보 보호 계획의 수립 및 시행
2. 개인정보 처리 실태 및 관행의 정기적인 조사 및 개선
3. 개인정보 처리와 관련한 불만의 처리 및 피해 구제
4. 개인정보 유출 및 오용·남용 방지를 위한 내부통제시스템의 구축
5. 개인정보 보호 교육 계획의 수립 및 시행
6. 개인정보파일의 보호 및 관리·감독
7. 그 밖에 개인정보의 적절한 처리를 위하여 대통령령으로 정한 업무

④ 개인정보 보호책임자는 제3항 각 호의 업무를 수행함에 있어서 필요한 경우 개인정보의 처리 현황, 처리 체계 등에 대하여 수시로 조사하거나 관계 당사자로부터 보고를 받을 수 있다.(2023.3.14 본항개정)
⑤ 개인정보 보호책임자는 개인정보 보호와 관련하여 이 법 및 다른 관계 법령의 위반 사실을 알게 된 경우에는 즉시 개선조치를 하여야 하며, 필요하면 소속 기관 또는 단체의 장에게 개선조치를 보고하여야 한다.
⑥ 개인정보처리자는 개인정보 보호책임자가 제3항 각 호의 업무를 수행함에 있어서 정당한 이유 없이 불이익을 주거나 받게 하여서는 아니 되며, 개인정보 보호책임자가 업무를 독립적으로 수행할 수 있도록 보장하여야 한다.(2023.3.14 본항개정)
⑦ 개인정보처리자는 개인정보의 안전한 처리 및 보호, 정보의 교류, 그 밖에 대통령령으로 정하는 공동의 사업을 수행하기 위하여 제1항에 따른 개인정보 보호책임자를 구성원으로 하는 개인정보 보호책임자 협의회를 구성·운영할 수 있다.
(2023.3.14 본항신설)
⑧ 보호위원회는 제7항에 따른 개인정보 보호책임자 협의회의 활동에 필요한 지원을 할 수 있다.(2023.3.14 본항신설)
⑨ 제1항에 따른 개인정보 보호책임자의 자격요건, 제3항에 따른 업무 및 제6항에 따른 독립성 보장 등에 필요한 사항은 매출액, 개인정보의 보유 규모 등을 고려하여 대통령령으로 정한다.(2023.3.14 본항개정)
(2023.3.14 본조제목개정)

제31조의2【국내대리인의 지정】 ① 국내에 주소 또는 영업소가 없는 개인정보처리자로서 매출액, 개인정보의 보유 규모 등을 고려하여 대통령령으로 정하는 자는 다음 각 호의 사항을 대리하는 자(이하 "국내대리인"이라 한다)를 지정하여야 한다. 이 경우 국내대리인의 지정은 문서로 하여야 한다.
1. 제31조제3항에 따른 개인정보 보호책임자의 업무
2. 제34조제1항 및 제3항에 따른 개인정보 유출 등의 통지 및 신고
3. 제63조제1항에 따른 물품·서류 등 자료의 제출
(2023.3.14 본항개정)
② 국내대리인은 국내에 주소 또는 영업소가 있어야 한다.
(2023.3.14 본항개정)
③ 개인정보처리자는 제1항에 따라 국내대리인을 지정하는 경우에는 다음 각 호의 사항을 개인정보 처리방침에 포함하여야 한다.(2023.3.14 본문개정)
1. 국내대리인의 성명(법인의 경우에는 그 명칭 및 대표자의 성명을 말한다)
2. 국내대리인의 주소(법인의 경우에는 영업소의 소재지를 말한다), 전화번호 및 전자우편 주소(2023.3.14 본호개정)

④ 국내대리인이 제1항 각 호와 관련하여 이 법을 위반한 경우에는 개인정보처리자가 그 행위를 한 것으로 본다.
(2023.3.14 본항개정)

제32조【개인정보파일의 등록 및 공개】 ① 공공기관의 장이 개인정보파일을 운용하는 경우에는 다음 각 호의 사항을 보호위원회에 등록하여야 한다. 등록한 사항이 변경된 경우에도 또한 같다.(2020.2.4 전단개정)
1. 개인정보파일의 명칭

2. 개인정보파일의 운영 근거 및 목적
3. 개인정보파일에 기록되는 개인정보의 항목
4. 개인정보의 처리방법
5. 개인정보의 보유기간
6. 개인정보를 통상적 또는 반복적으로 제공하는 경우에는 그 제공받는 자
7. 그 밖에 대통령령으로 정하는 사항

② 다음 각 호의 어느 하나에 해당하는 개인정보파일에 대하여는 제1항을 적용하지 아니한다.
1. 국가 안전, 외교상 비밀, 그 밖에 국가의 중대한 이익에 관한 사항을 기록한 개인정보파일
2. 범죄의 수사, 공소의 제기 및 유지, 형 및 감호의 집행, 교정처분, 보호처분, 보안관찰처분과 출입국관리에 관한 사항을 기록한 개인정보파일
3. 「조세범처벌법」에 따른 범칙행위 조사 및 「관세법」에 따른 범칙행위 조사에 관한 사항을 기록한 개인정보파일
4. 일회적으로 운영되는 파일 등 지속적으로 관리할 필요성이 낮다고 인정되어 대통령령으로 정하는 개인정보파일 (2023.3.14 본호개정)
5. 다른 법령에 따라 비밀로 분류된 개인정보파일

③ 보호위원회는 필요하면 제1항에 따른 개인정보파일의 등록여부와 그 내용을 검토하여 해당 공공기관의 장에게 개선을 권고할 수 있다.(2023.3.14 본항개정)

④ 보호위원회는 정보주체의 권리 보장 등을 위하여 필요한 경우 제1항에 따른 개인정보파일의 등록 현황을 누구든지 쉽게 열람할 수 있도록 공개할 수 있다.(2023.3.14 본항개정)

⑤ 제1항에 따른 등록과 제4항에 따른 공개의 방법, 범위 및 절차에 관하여 필요한 사항은 대통령령으로 정한다.

⑥ 국회, 법원, 헌법재판소, 중앙선거관리위원회(그 소속 기관을 포함한다)의 개인정보파일 등록 및 공개에 관하여는 국회규칙, 대법원규칙, 헌법재판소규칙 및 중앙선거관리위원회규칙으로 정한다.

제32조의2【개인정보 보호 인증】 ① 보호위원회는 개인정보처리자의 개인정보 처리 및 보호와 관련한 일련의 조치가 이 법에 부합하는지 등에 관하여 인증할 수 있다.(2020.2.4 본항개정)

② 제1항에 따른 인증의 유효기간은 3년으로 한다.

③ 보호위원회는 다음 각 호의 어느 하나에 해당하는 경우에는 대통령령으로 정하는 바에 따라 제1항에 따른 인증을 취소할 수 있다. 다만, 제1호에 해당하는 경우에는 취소하여야 한다.(2020.2.4 본문개정)
1. 거짓이나 그 밖의 부정한 방법으로 개인정보 보호 인증을 받은 경우
2. 제4항에 따른 사후관리를 거부 또는 방해한 경우
3. 제8항에 따른 인증기준에 미달하게 된 경우
4. 개인정보 보호 관련 법령을 위반하고 그 위반사유가 중대한 경우

④ 보호위원회는 개인정보 보호 인증의 실효성 유지를 위하여 연 1회 이상 사후관리를 실시하여야 한다.(2020.2.4 본항개정)

⑤ 보호위원회는 대통령령으로 정하는 전문기관으로 하여금 제1항에 따른 인증, 제3항에 따른 인증 취소, 제4항에 따른 사후관리 및 제7항에 따른 인증 심사원 관리 업무를 수행하게 할 수 있다.(2020.2.4 본항개정)

⑥ 제1항에 따른 인증을 받은 자는 대통령령으로 정하는 바에 따라 인증의 내용을 표시하거나 홍보할 수 있다.

⑦ 제1항에 따른 인증을 위하여 필요한 심사를 수행할 심사원의 자격 및 자격 취소 요건 등에 관하여는 전문성과 경력 및 그 밖에 필요한 사항을 고려하여 대통령령으로 정한다.

⑧ 그 밖에 개인정보 관리체계, 정보주체 권리보장, 안전성 확보조치가 이 법에 부합하는지 여부 등 제1항에 따른 인증의 기준·방법·절차 등 필요한 사항은 대통령령으로 정한다.
(2015.7.24 본조신설)

제33조【개인정보 영향평가】 ① 공공기관의 장은 대통령령으로 정하는 기준에 해당하는 개인정보파일의 운용으로 인하여 정보주체의 개인정보 침해가 우려되는 경우에는 그 위험요인의 분석과 개선 사항 도출을 위한 평가(이하 "영향평가"라 한다)를 하고 그 결과를 보호위원회에 제출하여야 한다.(2023.3.14 후단삭제)

② 보호위원회는 대통령령으로 정하는 인력·설비 및 그 밖에 필요한 요건을 갖춘 자를 영향평가를 수행하는 기관(이하 "평가기관"이라 한다)으로 지정할 수 있으며, 공공기관의 장은 영향평가를 평가기관에 의뢰하여야 한다.(2023.3.14 본항신설)

③ 영향평가를 하는 경우에는 다음 각 호의 사항을 고려하여야 한다.
1. 처리하는 개인정보의 수
2. 개인정보의 제3자 제공 여부
3. 정보주체의 권리를 해할 가능성 및 그 위험 정도
4. 그 밖에 대통령령으로 정한 사항

④ 보호위원회는 제1항에 따라 제출받은 영향평가 결과에 대하여 의견을 제시할 수 있다.(2020.2.4 본항개정)

⑤ 공공기관의 장은 제1항에 따라 영향평가를 한 개인정보파일을 제32조제1항에 따라 등록할 때에는 영향평가 결과를 함께 첨부하여야 한다.

⑥ 보호위원회는 영향평가의 활성화를 위하여 관계 전문가의 육성, 영향평가 기준의 개발·보급 등 필요한 조치를 마련하여야 한다.(2020.2.4 본항개정)

⑦ 보호위원회는 제2항에 따라 지정된 평가기관이 다음 각 호의 어느 하나에 해당하는 경우에는 평가기관의 지정을 취소할 수 있다. 다만, 제1호 또는 제2호에 해당하는 경우에는 평가기관의 지정을 취소하여야 한다.
1. 거짓이나 그 밖의 부정한 방법으로 지정을 받은 경우
2. 지정된 평가기관 스스로 지정취소를 원하거나 폐업한 경우
3. 제2항에 따른 지정요건을 충족하지 못하게 된 경우
4. 고의 또는 중대한 과실로 영향평가업무를 부실하게 수행하여 그 업무를 적정하게 수행할 수 없다고 인정되는 경우
5. 그 밖에 대통령령으로 정하는 사유에 해당하는 경우
(2023.3.14 본항신설)

⑧ 보호위원회는 제7항에 따라 지정을 취소하는 경우에는 「행정절차법」에 따른 청문을 실시하여야 한다.(2023.3.14 본항신설)

⑨ 제1항에 따른 영향평가의 기준·방법·절차 등에 관하여 필요한 사항은 대통령령으로 정한다.(2023.3.14 본항개정)

⑩ 국회, 법원, 헌법재판소, 중앙선거관리위원회(그 소속 기관을 포함한다)의 영향평가에 관한 사항은 국회규칙, 대법원규칙, 헌법재판소규칙 및 중앙선거관리위원회규칙으로 정하는 바에 따른다.

⑪ 공공기관 외의 개인정보처리자는 개인정보파일 운용으로 인하여 정보주체의 개인정보 침해가 우려되는 경우에는 영향평가를 하기 위하여 적극 노력하여야 한다.

제34조【개인정보 유출 등의 통지·신고】 ① 개인정보처리자는 개인정보가 분실·도난·유출(이하 이 조에서 "유출등"이라 한다)되었음을 알게 되었을 때에는 지체 없이 해당 정보주체에게 다음 각 호의 사항을 알려야 한다. 다만, 정보주체의 연락처를 알 수 없는 경우 등 정당한 사유가 있는 경우에는 대통령령으로 정하는 바에 따라 통지를 갈음하는 조치를 취할 수 있다.(2023.3.14 본문개정)
1. 유출등이 된 개인정보의 항목(2023.3.14 본호개정)
2. 유출등이 된 시점과 그 경위(2023.3.14 본호개정)
3. 유출등으로 인하여 발생할 수 있는 피해를 최소화하기 위하여 정보주체가 할 수 있는 방법 등에 관한 정보 (2023.3.14 본호개정)
4. 개인정보처리자의 대응조치 및 피해 구제절차
5. 정보주체에게 피해가 발생한 경우 신고 등을 접수할 수 있는 담당부서 및 연락처

② 개인정보처리자는 개인정보가 유출등이 된 경우 그 피해를 최소화하기 위한 대책을 마련하고 필요한 조치를 하여야 한다.(2023.3.14 본항개정)

③ 개인정보처리자는 개인정보의 유출등이 있음을 알게 되었을 때에는 개인정보의 유형, 유출등의 경로 및 규모 등을

고려하여 대통령령으로 정하는 바에 따라 제1항 각 호의 사항을 지체 없이 보호위원회 또는 대통령령으로 정하는 전문기관에 신고하여야 한다. 이 경우 보호위원회 또는 대통령령으로 정하는 전문기관은 피해 확산방지, 피해 복구 등을 위한 기술을 지원할 수 있다.(2023.3.14 전단개정)
④ 제1항에 따른 유출등의 통지 및 제3항에 따른 유출등의 신고의 시기, 방법, 절차 등에 필요한 사항은 대통령령으로 정한다.(2023.3.14 본항개정)
(2023.3.14 본조제목개정)

제34조의2【노출된 개인정보의 삭제·차단】 ① 개인정보처리자는 고유식별정보, 계좌정보, 신용카드정보 등 개인정보가 정보통신망을 통하여 공중(公衆)에 노출되지 아니하도록 하여야 한다.
② 개인정보처리자는 공중에 노출된 개인정보에 대하여 보호위원회 또는 대통령령으로 지정한 전문기관의 요청이 있는 경우에는 해당 정보를 삭제하거나 차단하는 등 필요한 조치를 하여야 한다.
(2023.3.14 본조개정)

제5장 정보주체의 권리 보장

제35조【개인정보의 열람】 ① 정보주체는 개인정보처리자가 처리하는 자신의 개인정보에 대한 열람을 해당 개인정보처리자에게 요구할 수 있다.
② 제1항에도 불구하고 정보주체가 자신의 개인정보에 대한 열람을 공공기관에 요구하고자 할 때에는 공공기관에 직접 열람을 요구하거나 대통령령으로 정하는 바에 따라 보호위원회를 통하여 열람을 요구할 수 있다.(2020.2.4 본항개정)
③ 개인정보처리자는 제1항 및 제2항에 따른 열람을 요구받았을 때에는 대통령령으로 정하는 기간 내에 정보주체가 해당 개인정보를 열람할 수 있도록 하여야 한다. 이 경우 해당 기간 내에 열람할 수 없는 정당한 사유가 있을 때에는 정보주체에게 그 사유를 알리고 열람을 연기할 수 있으며, 그 사유가 소멸하면 지체 없이 열람하게 하여야 한다.
④ 개인정보처리자는 다음 각 호의 어느 하나에 해당하는 경우에는 정보주체에게 그 사유를 알리고 열람을 제한하거나 거절할 수 있다.
1. 법률에 따라 열람이 금지되거나 제한되는 경우
2. 다른 사람의 생명·신체를 해할 우려가 있거나 다른 사람의 재산과 그 밖의 이익을 부당하게 침해할 우려가 있는 경우
3. 공공기관이 다음 각 목의 어느 하나에 해당하는 업무를 수행할 때 중대한 지장을 초래하는 경우
가. 조세의 부과·징수 또는 환급에 관한 업무
나. 「초·중등교육법」 및 「고등교육법」에 따른 각급 학교, 「평생교육법」에 따른 평생교육시설, 그 밖의 다른 법률에 따라 설치된 고등교육기관에서의 성적 평가 또는 입학자 선발에 관한 업무
다. 학력·기능 및 채용에 관한 시험, 자격 심사에 관한 업무
라. 보상금·급부금 산정 등에 대하여 진행 중인 평가 또는 판단에 관한 업무
마. 다른 법률에 따라 진행 중인 감사 및 조사에 관한 업무
⑤ 제1항부터 제4항까지의 규정에 따른 열람 요구, 열람 제한, 통지 등의 방법 및 절차에 관하여 필요한 사항은 대통령령으로 정한다.

제35조의2【개인정보의 전송 요구】 ① 정보주체는 개인정보 처리 능력 등을 고려하여 대통령령으로 정하는 기준에 해당하는 개인정보처리자에 대하여 다음 각 호의 요건을 모두 충족하는 개인정보를 자신에게로 전송할 것을 요구할 수 있다.
1. 정보주체가 전송을 요구하는 개인정보가 정보주체 본인에 관한 개인정보로서 다음 각 목의 어느 하나에 해당하는 정보일 것
가. 제15조제1항제1호, 제23조제1항제1호 또는 제24조제1항제1호에 따른 동의를 받아 처리되는 개인정보
나. 제15조제1항제4호에 따라 체결한 계약을 이행하거나 계약을 체결하는 과정에서 정보주체의 요청에 따른 조치를 이행하기 위하여 처리되는 개인정보
다. 제15조제1항제2호·제3호, 제23조제1항제2호 또는 제24조제1항제2호에 따라 처리되는 개인정보 중 정보주체의 이익이나 공익적 목적을 위하여 관계 중앙행정기관의 장의 요청에 따라 보호위원회가 심의·의결하여 전송 요구의 대상으로 지정한 개인정보
2. 전송을 요구하는 개인정보가 개인정보처리자가 수집한 개인정보를 기초로 분석·가공하여 별도로 생성한 정보가 아닐 것
3. 전송을 요구하는 개인정보가 컴퓨터 등 정보처리장치로 처리되는 개인정보일 것
② 정보주체는 매출액, 개인정보의 보유 규모, 개인정보 처리 능력, 산업별 특성 등을 고려하여 대통령령으로 정하는 기준에 해당하는 개인정보처리자에 대하여 제1항에 따른 전송 요구 대상인 개인정보를 기술적으로 허용되는 합리적인 범위에서 다음 각 호의 자에게 전송할 것을 요구할 수 있다.
1. 제35조의3제1항에 따른 개인정보관리 전문기관
2. 제29조에 따른 안전조치의무를 이행하고 대통령령으로 정하는 시설 및 기술 기준을 충족하는 자
③ 개인정보처리자는 제1항 및 제2항에 따른 전송 요구를 받은 경우에는 시간, 비용, 기술적으로 허용되는 합리적인 범위에서 해당 정보를 컴퓨터 등 정보처리장치로 처리 가능한 형태로 전송하여야 한다.
④ 제1항 및 제2항에 따른 전송 요구를 받은 개인정보처리자는 다음 각 호의 어느 하나에 해당하는 법률의 관련 규정에도 불구하고 정보주체에 관한 개인정보를 전송하여야 한다.
1. 「국세기본법」 제81조의13
2. 「지방세기본법」 제86조
3. 그 밖에 제1호 및 제2호와 유사한 규정으로서 대통령령으로 정하는 법률의 규정
⑤ 정보주체는 제1항 및 제2항에 따른 전송 요구를 철회할 수 있다.
⑥ 개인정보처리자는 정보주체의 본인 여부가 확인되지 아니하는 경우 등 대통령령으로 정하는 경우에는 제1항 및 제2항에 따른 전송 요구를 거절하거나 전송을 중단할 수 있다.
⑦ 정보주체는 제1항 및 제2항에 따른 전송 요구로 인하여 타인의 권리나 정당한 이익을 침해하여서는 아니 된다.
⑧ 제1항부터 제7항까지에서 규정한 사항 외에 전송 요구의 대상이 되는 정보의 범위, 전송 요구의 방법, 전송의 기한 및 방법, 전송 요구 철회의 방법, 전송 요구의 거절 및 전송 중단의 방법 등 필요한 사항은 대통령령으로 정한다.
(2023.3.14 본조신설)

제35조의3【개인정보관리 전문기관】 ① 다음 각 호의 업무를 수행하려는 자는 보호위원회 또는 관계 중앙행정기관의 장으로부터 개인정보관리 전문기관의 지정을 받아야 한다.
1. 제35조의2에 따른 개인정보의 전송 요구권 행사 지원
2. 정보주체의 권리행사를 지원하기 위한 개인정보 전송시스템의 구축 및 표준화
3. 정보주체의 권리행사를 지원하기 위한 개인정보의 관리·분석
4. 그 밖에 정보주체의 권리행사를 효과적으로 지원하기 위하여 대통령령으로 정하는 업무
② 제1항에 따른 개인정보관리 전문기관의 지정요건은 다음 각 호와 같다.
1. 개인정보를 전송·관리·분석할 수 있는 기술수준 및 전문성을 갖추었을 것
2. 개인정보를 안전하게 관리할 수 있는 안전성 확보조치 수준을 갖추었을 것
3. 개인정보관리 전문기관의 안정적인 운영에 필요한 재정능력을 갖추었을 것
③ 개인정보관리 전문기관은 다음 각 호의 어느 하나에 해당하는 행위를 하여서는 아니 된다.
1. 정보주체에게 개인정보의 전송 요구를 강요하거나 부당하게 유도하는 행위

2. 그 밖에 개인정보를 침해하거나 정보주체의 권리를 제한할 우려가 있는 행위로서 대통령령으로 정하는 행위
④ 보호위원회 및 관계 중앙행정기관의 장은 개인정보관리 전문기관이 다음 각 호의 어느 하나에 해당하는 경우에는 개인정보관리 전문기관의 지정을 취소할 수 있다. 다만, 제1호에 해당하는 경우에는 지정을 취소하여야 한다.
1. 거짓이나 부정한 방법으로 지정을 받은 경우
2. 제2항에 따른 지정요건을 갖추지 못하게 된 경우
⑤ 보호위원회 및 관계 중앙행정기관의 장은 제4항에 따라 지정을 취소하는 경우에는 「행정절차법」에 따른 청문을 실시하여야 한다.
⑥ 보호위원회 및 관계 중앙행정기관의 장은 개인정보관리 전문기관에 대하여 업무 수행에 필요한 지원을 할 수 있다.
⑦ 개인정보관리 전문기관은 정보주체의 요구에 따라 제1항 각 호의 업무를 수행하는 경우 정보주체로부터 그 업무 수행에 필요한 비용을 받을 수 있다.
⑧ 제1항에 따른 개인정보관리 전문기관의 지정 절차, 제2항에 따른 지정요건의 세부기준, 제4항에 따른 지정취소의 절차 등에 필요한 사항은 대통령령으로 정한다.
(2023.3.14 본조신설)

제35조의4【개인정보 전송 관리 및 지원】 ① 보호위원회는 제35조의2제1항 및 제2항에 따른 개인정보처리자 및 제35조의3제1항에 따른 개인정보관리 전문기관 현황, 활용내역 및 관리실태 등을 체계적으로 관리·감독하여야 한다.
② 보호위원회는 개인정보가 안전하고 효율적으로 전송될 수 있도록 다음 각 호의 사항을 포함한 개인정보 전송 지원 플랫폼을 구축·운영할 수 있다.
1. 개인정보관리 전문기관 현황 및 전송 가능한 개인정보 항목 목록
2. 정보주체의 개인정보 전송 요구·철회 내역
3. 개인정보의 전송 이력 관리 등 지원 기능
4. 그 밖에 개인정보 전송을 위하여 필요한 사항
③ 보호위원회는 제2항에 따른 개인정보 전송지원 플랫폼의 효율적 운영을 위하여 개인정보관리 전문기관에서 구축·운영하고 있는 전송 시스템을 상호 연계하거나 통합할 수 있다. 이 경우 관계 중앙행정기관의 장 및 해당 개인정보관리 전문기관과 사전에 협의하여야 한다.
④ 제1항부터 제3항까지의 규정에 따른 관리·감독과 개인정보 전송지원 플랫폼의 구축 및 운영에 필요한 사항은 대통령령으로 정한다.
(2023.3.14 본조신설)

제36조【개인정보의 정정·삭제】 ① 제35조에 따라 자신의 개인정보를 열람한 정보주체는 개인정보처리자에게 그 개인정보의 정정 또는 삭제를 요구할 수 있다. 다만, 다른 법령에서 그 개인정보가 수집 대상으로 명시되어 있는 경우에는 그 삭제를 요구할 수 없다.
② 개인정보처리자는 제1항에 따른 정보주체의 요구를 받았을 때에는 개인정보의 정정 또는 삭제에 관하여 다른 법령에 특별한 절차가 규정되어 있는 경우를 제외하고는 지체 없이 그 개인정보를 조사하여 정보주체의 요구에 따라 정정·삭제 등 필요한 조치를 한 후 그 결과를 정보주체에게 알려야 한다.
③ 개인정보처리자가 제2항에 따라 개인정보를 삭제할 때에는 복구 또는 재생되지 아니하도록 조치하여야 한다.
④ 개인정보처리자는 정보주체의 요구가 제1항 단서에 해당될 때에는 지체 없이 그 내용을 정보주체에게 알려야 한다.
⑤ 개인정보처리자는 제2항에 따른 조사를 할 때 필요하면 해당 정보주체에게 정정·삭제 요구사항의 확인에 필요한 증거자료를 제출하게 할 수 있다.
⑥ 제1항·제2항 및 제4항에 따른 정정 또는 삭제 요구, 통지 방법 및 절차 등에 필요한 사항은 대통령령으로 정한다.

제37조【개인정보의 처리정지 등】 ① 정보주체는 개인정보처리자에 대하여 자신의 개인정보 처리의 정지를 요구하거나 개인정보 처리에 대한 동의를 철회할 수 있다. 이 경우 공공기관에 대해서는 제32조에 따라 등록 대상이 되는 개인정보파일 중 자신의 개인정보에 대한 처리의 정지를 요구하거나 개인정보 처리에 대한 동의를 철회할 수 있다.
(2023.3.14 본항개정)
② 개인정보처리자는 제1항에 따른 처리정지 요구를 받았을 때에는 지체 없이 정보주체의 요구에 따라 개인정보 처리의 전부를 정지하거나 일부를 정지하여야 한다. 다만, 다음 각 호의 어느 하나에 해당하는 경우에는 정보주체의 처리정지 요구를 거절할 수 있다.(2023.3.14 본문개정)
1. 법률에 특별한 규정이 있거나 법령상 의무를 준수하기 위하여 불가피한 경우
2. 다른 사람의 생명·신체를 해할 우려가 있거나 다른 사람의 재산과 그 밖의 이익을 부당하게 침해할 우려가 있는 경우
3. 공공기관이 개인정보를 처리하지 아니하면 다른 법률에서 정하는 소관 업무를 수행할 수 없는 경우
4. 개인정보를 처리하지 아니하면 정보주체와 약정한 서비스를 제공하지 못하는 등 계약의 이행이 곤란한 경우로서 정보주체가 그 계약의 해지 의사를 명확하게 밝히지 아니한 경우
③ 개인정보처리자는 정보주체가 제1항에 따라 동의를 철회한 때에는 지체 없이 수집된 개인정보를 복구·재생할 수 없도록 파기하는 등 필요한 조치를 하여야 한다. 다만, 제2항 각 호의 어느 하나에 해당하는 경우에는 동의 철회에 따른 조치를 하지 아니할 수 있다.(2023.3.14 본항신설)
④ 개인정보처리자는 제2항 단서에 따라 처리정지 요구를 거절하거나 제3항 단서에 따라 동의 철회에 따른 조치를 하지 아니하였을 때에는 정보주체에게 지체 없이 그 사유를 알려야 한다.(2023.3.14 본항개정)
⑤ 개인정보처리자는 정보주체의 요구에 따라 처리가 정지된 개인정보에 대하여 지체 없이 해당 개인정보의 파기 등 필요한 조치를 하여야 한다.
⑥ 제1항부터 제5항까지의 규정에 따른 처리정지의 요구, 동의 철회, 처리정지의 거절, 통지 등의 방법 및 절차에 필요한 사항은 대통령령으로 정한다.(2023.3.14 본항개정)

제37조의2【자동화된 결정에 대한 정보주체의 권리 등】 ① 정보주체는 완전히 자동화된 시스템(인공지능 기술을 적용한 시스템을 포함한다)으로 개인정보를 처리하여 이루어지는 결정(「행정기본법」 제20조에 따른 행정청의 자동적 처분은 제외하며, 이하 이 조에서 "자동화된 결정"이라 한다)이 자신의 권리 또는 의무에 중대한 영향을 미치는 경우에는 해당 개인정보처리자에 대하여 해당 결정을 거부할 수 있는 권리를 가진다. 다만, 자동화된 결정이 제15조제1항제1호·제2호 및 제4호에 따라 이루어지는 경우에는 그러하지 아니하다.
② 정보주체는 개인정보처리자가 자동화된 결정을 한 경우에는 그 결정에 대하여 설명 등을 요구할 수 있다.
③ 개인정보처리자는 제1항 또는 제2항에 따라 정보주체가 자동화된 결정을 거부하거나 이에 대한 설명 등을 요구한 경우에는 정당한 사유가 없는 한 자동화된 결정을 적용하지 아니하거나 인적 개입에 의한 재처리·설명 등 필요한 조치를 하여야 한다.
④ 개인정보처리자는 자동화된 결정의 기준과 절차, 개인정보가 처리되는 방식 등을 정보주체가 쉽게 확인할 수 있도록 공개하여야 한다.
⑤ 제1항부터 제4항까지에서 규정한 사항 외에 자동화된 결정의 거부·설명 등을 요구하는 절차 및 방법, 거부·설명 등의 요구에 따른 필요한 조치, 자동화된 결정의 기준·절차 및 개인정보가 처리되는 방식의 공개 등에 필요한 사항은 대통령령으로 정한다.
(2023.3.14 본조신설)

제38조【권리행사의 방법 및 절차】 ① 정보주체는 제35조에 따른 열람, 제35조의2에 따른 전송, 제36조에 따른 정정·삭제, 제37조에 따른 처리정지 및 동의 철회, 제37조의2에 따른 거부·설명 등의 요구(이하 "열람등요구"라 한다)를 문서 등 대통령령으로 정하는 방법·절차에 따라 대리인에게 하게 할 수 있다.(2023.3.14 본항개정)
② 만 14세 미만 아동의 법정대리인은 개인정보처리자에게 그 아동의 개인정보 열람등요구를 할 수 있다.

③ 개인정보처리자는 열람등요구를 하는 자에게 대통령령으로 정하는 바에 따라 수수료와 우송료(사본의 우송을 청구하는 경우에 한한다)를 청구할 수 있다. 다만, 제35조의2제2항에 따른 전송 요구의 경우에는 전송을 위해 추가로 필요한 설비 등을 함께 고려하여 수수료를 산정할 수 있다.
(2023.3.14 단서신설)
④ 개인정보처리자는 정보주체가 열람등요구를 할 수 있는 구체적인 방법과 절차를 마련하고, 이를 정보주체가 알 수 있도록 공개하여야 한다. 이 경우 열람등요구의 방법과 절차는 해당 개인정보의 수집 방법과 절차보다 어렵지 아니하도록 하여야 한다.(2023.3.14 후단신설)
⑤ 개인정보처리자는 정보주체가 열람등요구에 대한 거절 등 조치에 대하여 불복이 있는 경우 이의를 제기할 수 있도록 필요한 절차를 마련하고 안내하여야 한다.

제39조【손해배상책임】 ① 정보주체는 개인정보처리자가 이 법을 위반한 행위로 손해를 입으면 개인정보처리자에게 손해배상을 청구할 수 있다. 이 경우 그 개인정보처리자는 고의 또는 과실이 없음을 입증하지 아니하면 책임을 면할 수 없다.
② (2015.7.24 삭제)
③ 개인정보처리자의 고의 또는 중대한 과실로 인하여 개인정보가 분실·도난·유출·위조·변조 또는 훼손된 경우로서 정보주체에게 손해가 발생한 때에는 법원은 그 손해액의 5배를 넘지 아니하는 범위에서 손해배상액을 정할 수 있다. 다만, 개인정보처리자가 고의 또는 중대한 과실이 없음을 증명한 경우에는 그러하지 아니하다.(2023.3.14 본문개정)
④ 법원은 제3항의 배상액을 정할 때에는 다음 각 호의 사항을 고려하여야 한다.
1. 고의 또는 손해 발생의 우려를 인식한 정도
2. 위반행위로 인하여 입은 피해 규모
3. 위법행위로 인하여 개인정보처리자가 취득한 경제적 이익
4. 위반행위에 따른 벌금 및 과징금
5. 위반행위의 기간·횟수 등
6. 개인정보처리자의 재산상태
7. 개인정보처리자가 정보주체의 개인정보 분실·도난·유출 후 해당 개인정보를 회수하기 위하여 노력한 정도
8. 개인정보처리자가 정보주체의 피해구제를 위하여 노력한 정도

(2015.7.24 본항신설)

제39조의2【법정손해배상의 청구】 ① 제39조제1항에도 불구하고 정보주체는 개인정보처리자의 고의 또는 과실로 인하여 개인정보가 분실·도난·유출·위조·변조 또는 훼손된 경우에는 300만원 이하의 범위에서 상당한 금액을 손해액으로 하여 배상을 청구할 수 있다. 이 경우 해당 개인정보처리자는 고의 또는 과실이 없음을 입증하지 아니하면 책임을 면할 수 없다.
② 법원은 제1항에 따른 청구가 있는 경우에 변론 전체의 취지와 증거조사의 결과를 고려하여 제1항의 범위에서 상당한 손해액을 인정할 수 있다.
③ 제39조에 따라 손해배상을 청구한 정보주체는 사실심(事實審)의 변론이 종결되기 전까지 그 청구를 제1항에 따른 청구로 변경할 수 있다.
(2015.7.24 본조신설)

제6장 정보통신서비스 제공자 등의 개인정보 처리 등 특례

(2023.3.14 본장제목삭제)

제39조의3【자료의 제출】 ① 법원은 이 법을 위반한 행위로 인한 손해배상청구소송에서 당사자의 신청에 따라 상대방 당사자에게 해당 손해의 증명 또는 손해액의 산정에 필요한 자료의 제출을 명할 수 있다. 다만, 제출명령을 받은 자가 그 자료의 제출을 거부할 정당한 이유가 있으면 그러하지 아니하다.
② 법원은 제1항에 따른 제출명령을 받은 자가 그 자료의 제출을 거부할 정당한 이유가 있다고 주장하는 경우에는 그 주장의 당부(當否)를 판단하기 위하여 자료의 제시를 명할 수 있다. 이 경우 법원은 그 자료를 다른 사람이 보게 하여서는 아니 된다.
③ 제1항에 따라 제출되어야 할 자료가 「부정경쟁방지 및 영업비밀보호에 관한 법률」 제2조제2호에 따른 영업비밀(이하 "영업비밀"이라 한다)에 해당하나 손해의 증명 또는 손해액의 산정에 반드시 필요한 경우에는 제1항 단서에 따른 정당한 이유로 보지 아니한다. 이 경우 법원은 제출명령의 목적 내에서 열람할 수 있는 범위 또는 열람할 수 있는 사람을 지정하여야 한다.
④ 법원은 제1항에 따른 제출명령을 받은 자가 정당한 이유 없이 그 명령에 따르지 아니한 경우에는 자료의 기재에 대한 신청인의 주장을 진실한 것으로 인정할 수 있다.
⑤ 법원은 제4항에 해당하는 경우 신청인이 자료의 기재에 관하여 구체적으로 주장하기에 현저히 곤란한 사정이 있고 자료로 증명할 사실을 다른 증거로 증명하는 것을 기대하기도 어려운 경우에는 신청인이 자료의 기재로 증명하려는 사실에 관한 주장을 진실한 것으로 인정할 수 있다.
(2023.3.14 본조개정)

제39조의4【비밀유지명령】 ① 법원은 이 법을 위반한 행위로 인한 손해배상청구소송에서 당사자의 신청에 따른 결정으로 다음 각 호의 자에게 그 당사자가 보유한 영업비밀을 해당 소송의 계속적인 수행 외의 목적으로 사용하거나 그 영업비밀에 관계된 이 항에 따른 명령을 받은 자 외의 자에게 공개하지 아니할 것을 명할 수 있다. 다만, 그 신청 시점까지 다음 각 호의 자가 준비서면의 열람이나 증거조사 외의 방법으로 그 영업비밀을 이미 취득하고 있는 경우에는 그러하지 아니하다.
1. 다른 당사자(법인인 경우에는 그 대표자를 말한다)
2. 당사자를 위하여 해당 소송을 대리하는 자
3. 그 밖에 해당 소송으로 영업비밀을 알게 된 자
② 제1항에 따른 명령(이하 "비밀유지명령"이라 한다)을 신청하는 자는 다음 각 호의 사유를 모두 소명하여야 한다.
1. 이미 제출하였거나 제출하여야 할 준비서면, 이미 조사하였거나 조사하여야 할 증거 또는 제39조의3제1항에 따라 제출하였거나 제출하여야 할 자료에 영업비밀이 포함되어 있다는 것
2. 제1호의 영업비밀이 해당 소송 수행 외의 목적으로 사용되거나 공개되면 당사자의 영업에 지장을 줄 우려가 있어 이를 방지하기 위하여 영업비밀의 사용 또는 공개를 제한할 필요가 있다는 것
③ 비밀유지명령의 신청은 다음 각 호의 사항을 적은 서면으로 하여야 한다.
1. 비밀유지명령을 받을 자
2. 비밀유지명령의 대상이 될 영업비밀을 특정하기에 충분한 사실
3. 제2항 각 호의 사유에 해당하는 사실
④ 법원은 비밀유지명령이 결정된 경우에는 그 결정서를 비밀유지명령을 받을 자에게 송달하여야 한다.
⑤ 비밀유지명령은 제4항의 결정서가 비밀유지명령을 받을 자에게 송달된 때부터 효력이 발생한다.
⑥ 비밀유지명령의 신청을 기각하거나 각하한 재판에 대해서는 즉시항고를 할 수 있다.
(2023.3.14 본조개정)

제39조의5【비밀유지명령의 취소】 ① 비밀유지명령을 신청한 자 또는 비밀유지명령을 받은 자는 제39조의4제2항 각 호의 사유에 부합하지 아니하는 사실이나 사정이 있는 경우 소송기록을 보관하고 있는 법원(소송기록을 보관하고 있는 법원이 없는 경우에는 비밀유지명령을 내린 법원을 말한다)에 비밀유지명령의 취소를 신청할 수 있다.
② 법원은 비밀유지명령의 취소신청에 대한 재판이 있는 경우에는 그 결정서를 그 신청을 한 자 및 상대방에게 송달하여야 한다.

③ 비밀유지명령의 취소신청에 대한 재판에 대해서는 즉시 항고를 할 수 있다.
④ 비밀유지명령을 취소하는 재판은 확정되어야 효력이 발생한다.
⑤ 비밀유지명령을 취소하는 재판을 한 법원은 비밀유지명령의 취소신청을 한 자 또는 상대방 외에 해당 영업비밀에 관한 비밀유지명령을 받은 자가 있는 경우에는 그 자에게 즉시 비밀유지명령의 취소 재판을 한 사실을 알려야 한다.
(2023.3.14 본조개정)

제39조의6【소송기록 열람 등의 청구 통지 등】 ① 비밀유지명령이 내려진 소송(모든 비밀유지명령이 취소된 소송은 제외한다)에 관한 소송기록에 대하여 「민사소송법」 제163조제1항에 따라 열람 등의 신청인을 당사자로 제한하는 결정이 있었던 경우로서 당사자가 같은 항에서 규정하는 비밀 기재부분의 열람 등의 청구를 하였으나 그 청구 절차를 해당 소송에서 비밀유지명령을 받지 아니한 자가 밟은 경우에는 법원서기관, 법원사무관, 법원주사 또는 법원주사보(이하 이 조에서 "법원사무관등"이라 한다)는 같은 항의 신청을 한 당사자(그 열람 등의 청구를 한 자는 제외한다. 이하 제3항에서 같다)에게 그 청구 직후에 그 열람 등의 청구가 있었다는 사실을 알려야 한다.
② 법원사무관등은 제1항의 청구가 있었던 날부터 2주일이 지날 때까지(그 청구 절차를 밟은 자에 대한 비밀유지명령 신청이 그 기간 내에 이루어진 경우에는 그 신청에 대한 재판이 확정되는 시점까지를 말한다) 그 청구 절차를 밟은 자에게 제1항의 비밀 기재부분의 열람 등을 하게 하여서는 아니 된다.
③ 제2항은 제1항의 열람 등의 청구를 한 자에게 제1항의 비밀 기재부분의 열람 등을 하게 하는 것에 대하여 「민사소송법」 제163조제1항의 신청을 한 당사자 모두가 동의하는 경우에는 적용되지 아니한다.
(2023.3.14 본조개정)

제39조의7【손해배상의 보장】 ① 개인정보처리자로서 매출액, 개인정보의 보유 규모 등을 고려하여 대통령령으로 정하는 기준에 해당하는 자는 제39조 및 제39조의2에 따른 손해배상책임의 이행을 위하여 보험 또는 공제에 가입하거나 준비금을 적립하는 등 필요한 조치를 하여야 한다.
② 제1항에도 불구하고 다음 각 호의 어느 하나에 해당하는 자는 제1항에 따른 조치를 하지 아니할 수 있다.
1. 대통령령으로 정하는 공공기관, 비영리법인 및 단체
2. 「소상공인기본법」 제2조제1항에 따른 소상공인으로서 대통령령으로 정하는 자에게 개인정보 처리를 위탁한 자
3. 다른 법률에 따라 제39조 및 제39조의2에 따른 손해배상책임의 이행을 보장하는 보험 또는 공제에 가입하거나 준비금을 적립한 개인정보처리자
③ 제1항 및 제2항에 따른 개인정보처리자의 손해배상책임 이행 기준 등에 필요한 사항은 대통령령으로 정한다.
(2023.3.14 본항신설)
(2023.3.14 본조개정)

제39조의8 (2023.3.14 삭제)
제39조의9 → 제39조의7로 이동
제39조의10 → 제34조의2로 이동
제39조의11 → 제31조의2로 이동
제39조의12～제39조의15 (2023.3.14 삭제)

제7장　개인정보 분쟁조정위원회

제40조【설치 및 구성】 ① 개인정보에 관한 분쟁의 조정(調停)을 위하여 개인정보 분쟁조정위원회(이하 "분쟁조정위원회"라 한다)를 둔다.
② 분쟁조정위원회는 위원장 1명을 포함한 30명 이내의 위원으로 구성하며, 위원은 당연직위원과 위촉위원으로 구성한다.(2023.3.14 본항개정)
③ 위촉위원은 다음 각 호의 어느 하나에 해당하는 사람 중에서 보호위원회 위원장이 위촉하고, 대통령령으로 정하는 국가기관 소속 공무원은 당연직위원이 된다.(2015.7.24 본문개정)
1. 개인정보 보호업무를 관장하는 중앙행정기관의 고위공무원단에 속하는 공무원으로 재직하였던 사람 또는 이에 상당하는 공공부문 및 관련 단체의 직에 재직하고 있거나 재직하였던 사람으로서 개인정보 보호업무의 경험이 있는 사람(2015.7.24 본호개정)
2. 대학이나 공인된 연구기관에서 부교수 이상 또는 이에 상당하는 직에 재직하고 있거나 재직하였던 사람
3. 판사·검사 또는 변호사로 재직하고 있거나 재직하였던 사람
4. 개인정보 보호와 관련된 시민사회단체 또는 소비자단체로부터 추천을 받은 사람
5. 개인정보처리자로 구성된 사업자단체의 임원으로 재직하고 있거나 재직하였던 사람
④ 위원장은 위원 중에서 공무원이 아닌 사람으로 보호위원회 위원장이 위촉한다.(2015.7.24 본항개정)
⑤ 위원장과 위촉위원의 임기는 2년으로 하되, 1차에 한하여 연임할 수 있다.(2015.7.24 본항개정)
⑥ 분쟁조정위원회는 분쟁조정 업무를 효율적으로 수행하기 위하여 필요하면 대통령령으로 정하는 바에 따라 조정사건의 분야별로 5명 이내의 위원으로 구성되는 조정부를 둘 수 있다. 이 경우 조정부가 분쟁조정위원회에서 위임받아 의결한 사항은 분쟁조정위원회에서 의결한 것으로 본다.
⑦ 분쟁조정위원회 또는 조정부는 재적위원 과반수의 출석으로 개의하며 출석위원 과반수의 찬성으로 의결한다.
⑧ 보호위원회는 분쟁조정 접수, 사실 확인 등 분쟁조정에 필요한 사무를 처리할 수 있다.(2015.7.24 본항개정)
⑨ 이 법에서 정한 사항 외에 분쟁조정위원회 운영에 필요한 사항은 대통령령으로 정한다.

제41조【위원의 신분보장】 위원은 자격정지 이상의 형을 선고받거나 심신상의 장애로 직무를 수행할 수 없는 경우를 제외하고는 그의 의사에 반하여 면직되거나 해촉되지 아니한다.

제42조【위원의 제척·기피·회피】 ① 분쟁조정위원회의 위원은 다음 각 호의 어느 하나에 해당하는 경우에는 제43조제1항에 따라 분쟁조정위원회에 신청된 분쟁조정사건(이하 이 조에서 "사건"이라 한다)의 심의·의결에서 제척(除斥)된다.
1. 위원 또는 그 배우자나 배우자였던 자가 그 사건의 당사자가 되거나 그 사건에 관하여 공동의 권리자 또는 의무자의 관계에 있는 경우
2. 위원이 그 사건의 당사자와 친족이거나 친족이었던 경우
3. 위원이 그 사건에 관하여 증언, 감정, 법률자문을 한 경우
4. 위원이 그 사건에 관하여 당사자의 대리인으로서 관여하거나 관여하였던 경우
② 당사자는 위원에게 공정한 심의·의결을 기대하기 어려운 사정이 있으면 위원장에게 기피신청을 할 수 있다. 이 경우 위원장은 기피신청에 대하여 분쟁조정위원회의 의결을 거치지 아니하고 결정한다.
③ 위원이 제1항 또는 제2항의 사유에 해당하는 경우에는 스스로 그 사건의 심의·의결에서 회피할 수 있다.

제43조【조정의 신청 등】 ① 개인정보와 관련한 분쟁의 조정을 원하는 자는 분쟁조정위원회에 분쟁조정을 신청할 수 있다.
② 분쟁조정위원회는 당사자 일방으로부터 분쟁조정 신청을 받았을 때에는 그 신청내용을 상대방에게 알려야 한다.
③ 개인정보처리자가 제2항에 따른 분쟁조정의 통지를 받은 경우에는 특별한 사유가 없으면 분쟁조정에 응하여야 한다.
(2023.3.14 본항개정)

제44조【처리기간】 ① 분쟁조정위원회는 제43조제1항에 따른 분쟁조정 신청을 받은 날부터 60일 이내에 이를 심사하여 조정안을 작성하여야 한다. 다만, 부득이한 사정이 있는 경우에는 분쟁조정위원회의 의결로 처리기간을 연장할 수 있다.
② 분쟁조정위원회는 제1항 단서에 따라 처리기간을 연장한 경우에는 기간연장의 사유와 그 밖의 기간연장에 관한 사항을 신청인에게 알려야 한다.

제45조【자료의 요청 및 사실조사 등】 ① 분쟁조정위원회는 제43조제1항에 따라 분쟁조정 신청을 받았을 때에는 해당 분쟁의 조정을 위하여 필요한 자료를 분쟁당사자에게 요청할 수 있다. 이 경우 분쟁당사자는 정당한 사유가 없으면 요청에 따라야 한다.
② 분쟁조정위원회는 분쟁의 조정을 위하여 사실 확인이 필요한 경우에는 분쟁조정위원회의 위원 또는 대통령령으로 정하는 사무기구의 소속 공무원으로 하여금 사건과 관련된 장소에 출입하여 관련 자료를 조사하거나 열람하게 할 수 있다. 이 경우 분쟁당사자는 해당 조사·열람을 거부할 정당한 사유가 있을 때에는 그 사유를 소명하고 조사·열람에 따르지 아니할 수 있다.(2023.3.14 본항신설)
③ 제2항에 따른 조사·열람을 하는 위원 또는 공무원은 그 권한을 표시하는 증표를 지니고 이를 관계인에게 내보여야 한다.(2023.3.14 본항신설)
④ 분쟁조정위원회는 분쟁의 조정을 위하여 필요하다고 인정하면 관계 기관 등에 자료 또는 의견의 제출 등 필요한 협조를 요청할 수 있다.(2023.3.14 본항신설)
⑤ 분쟁조정위원회는 필요하다고 인정하면 분쟁당사자나 참고인을 위원회에 출석하도록 하여 그 의견을 들을 수 있다.
(2023.3.14 본조제목개정)
제45조의2【진술의 원용 제한】 조정절차에서의 의견과 진술은 소송(해당 조정에 대한 준재심은 제외한다)에서 원용(援用)하지 못한다.(2023.3.14 본조신설)
제46조【조정 전 합의 권고】 분쟁조정위원회는 제43조제1항에 따라 분쟁조정 신청을 받았을 때에는 당사자에게 그 내용을 제시하고 조정 전 합의를 권고할 수 있다.
제47조【분쟁의 조정】 ① 분쟁조정위원회는 다음 각 호의 어느 하나의 사항을 포함하여 조정안을 작성할 수 있다.
1. 조사 대상 침해행위의 중지
2. 원상회복, 손해배상, 그 밖에 필요한 구제조치
3. 같거나 비슷한 침해의 재발을 방지하기 위하여 필요한 조치
② 분쟁조정위원회는 제1항에 따라 조정안을 작성하면 지체 없이 각 당사자에게 제시하여야 한다.
③ 제2항에 따라 조정안을 제시받은 당사자가 제시받은 날부터 15일 이내에 수락 여부를 알리지 아니하면 조정을 수락한 것으로 본다.(2023.3.14 본항개정)
④ 당사자가 조정내용을 수락한 경우(제3항에 따라 수락한 것으로 보는 경우를 포함한다) 분쟁조정위원회는 조정서를 작성하고, 분쟁조정위원회의 위원장과 각 당사자가 기명날인 또는 서명을 한 후 조정서 정본을 지체 없이 각 당사자 또는 그 대리인에게 송달하여야 한다. 다만, 제3항에 따라 수락한 것으로 보는 경우에는 각 당사자의 기명날인 및 서명을 생략할 수 있다.(2023.3.14 본항개정)
⑤ 제4항에 따른 조정의 내용은 재판상 화해와 동일한 효력을 갖는다.
제48조【조정의 거부 및 중지】 ① 분쟁조정위원회는 분쟁의 성질상 분쟁조정위원회에서 조정하는 것이 적합하지 아니하다고 인정하거나 부정한 목적으로 조정이 신청되었다고 인정하는 경우에는 그 조정을 거부할 수 있다. 이 경우 조정거부의 사유 등을 신청인에게 알려야 한다.
② 분쟁조정위원회는 신청된 조정사건에 대한 처리절차를 진행하던 중에 한 쪽 당사자가 소를 제기하면 그 조정의 처리를 중지하고 이를 당사자에게 알려야 한다.
제49조【집단분쟁조정】 ① 국가 및 지방자치단체, 개인정보 보호단체 및 기관, 정보주체, 개인정보처리자는 정보주체의 피해 또는 권리침해가 다수의 정보주체에게 같거나 비슷한 유형으로 발생하는 경우로서 대통령령으로 정하는 사건에 대하여는 분쟁조정위원회에 일괄적인 분쟁조정(이하 "집단분쟁조정"이라 한다)을 의뢰 또는 신청할 수 있다.
② 제1항에 따라 집단분쟁조정을 의뢰받거나 신청받은 분쟁조정위원회는 그 의결로써 제3항부터 제7항까지의 규정에 따른 집단분쟁조정의 절차를 개시할 수 있다. 이 경우 분쟁조정위원회는 대통령령으로 정하는 기간 동안 그 절차의 개시를 공고하여야 한다.
③ 분쟁조정위원회는 집단분쟁조정의 당사자가 아닌 정보주체 또는 개인정보처리자로부터 그 분쟁조정의 당사자에 추가로 포함될 수 있도록 하는 신청을 받을 수 있다.
④ 분쟁조정위원회는 그 의결로써 제1항 및 제3항에 따른 집단분쟁조정의 당사자 중에서 공동의 이익을 대표하기에 가장 적합한 1인 또는 수인을 대표당사자로 선임할 수 있다.
⑤ 분쟁조정위원회는 개인정보처리자가 분쟁조정위원회의 집단분쟁조정의 내용을 수락한 경우에는 집단분쟁조정의 당사자가 아닌 자로서 피해를 입은 정보주체에 대한 보상계획서를 작성하여 분쟁조정위원회에 제출하도록 권고할 수 있다.
⑥ 제48조제2항에도 불구하고 분쟁조정위원회는 집단분쟁조정의 당사자인 다수의 정보주체 중 일부의 정보주체가 법원에 소를 제기한 경우에는 그 절차를 중지하지 아니하고, 소를 제기한 일부의 정보주체를 그 절차에서 제외한다.
⑦ 집단분쟁조정의 기간은 제2항에 따른 공고가 종료된 날의 다음 날부터 60일 이내로 한다. 다만, 부득이한 사정이 있는 경우에는 분쟁조정위원회의 의결로 처리기간을 연장할 수 있다.
⑧ 집단분쟁조정의 절차 등에 관하여 필요한 사항은 대통령령으로 정한다.
제50조【조정절차 등】 ① 제43조부터 제49조까지의 규정에서 정한 것 외에 분쟁의 조정방법, 조정절차 및 조정업무의 처리 등에 필요한 사항은 대통령령으로 정한다.
② 분쟁조정위원회의 운영 및 분쟁조정 절차에 관하여 이 법에서 규정하지 아니한 사항에 대하여는 「민사조정법」을 준용한다.
제50조의2【개선의견의 통보】 분쟁조정위원회는 소관 업무 수행과 관련하여 개인정보 보호 및 정보주체의 권리 보호를 위한 개선의견을 보호위원회 및 관계 중앙행정기관의 장에게 통보할 수 있다.(2023.3.14 본조신설)

제8장 개인정보 단체소송

제51조【단체소송의 대상 등】 다음 각 호의 어느 하나에 해당하는 단체는 개인정보처리자가 제49조에 따른 집단분쟁조정을 거부하거나 집단분쟁조정의 결과를 수락하지 아니한 경우에는 법원에 권리침해 행위의 금지·중지를 구하는 소송(이하 "단체소송"이라 한다)을 제기할 수 있다.
1. 「소비자기본법」 제29조에 따라 공정거래위원회에 등록한 소비자단체로서 다음 각 목의 요건을 모두 갖춘 단체
  가. 정관에 따라 상시적으로 정보주체의 권익증진을 주된 목적으로 하는 단체일 것
  나. 단체의 정회원수가 1천명 이상일 것
  다. 「소비자기본법」 제29조에 따른 등록 후 3년이 경과하였을 것
2. 「비영리민간단체 지원법」 제2조에 따른 비영리민간단체로서 다음 각 목의 요건을 모두 갖춘 단체
  가. 법률상 또는 사실상 동일한 침해를 입은 100명 이상의 정보주체로부터 단체소송의 제기를 요청받을 것
  나. 정관에 개인정보 보호를 단체의 목적으로 명시한 후 최근 3년 이상 이를 위한 활동실적이 있을 것
  다. 단체의 상시 구성원수가 5천명 이상일 것
  라. 중앙행정기관에 등록되어 있을 것
제52조【전속관할】 ① 단체소송의 소는 피고의 주된 사무소 또는 영업소가 있는 곳, 주된 사무소나 영업소가 없는 경우에는 주된 업무담당자의 주소가 있는 곳의 지방법원 본원 합의부의 관할에 전속한다.
② 제1항을 외국사업자에 적용하는 경우 대한민국에 있는 이들의 주된 사무소·영업소 또는 업무담당자의 주소에 따라 정한다.
제53조【소송대리인의 선임】 단체소송의 원고는 변호사를 소송대리인으로 선임하여야 한다.
제54조【소송허가신청】 ① 단체소송을 제기하는 단체는 소장과 함께 다음 각 호의 사항을 기재한 소송허가신청서를 법원에 제출하여야 한다.

1. 원고 및 그 소송대리인
2. 피고
3. 정보주체의 침해된 권리의 내용
② 제1항에 따른 소송허가신청서에는 다음 각 호의 자료를 첨부하여야 한다.
1. 소제기단체가 제51조 각 호의 어느 하나에 해당하는 요건을 갖추고 있음을 소명하는 자료
2. 개인정보처리자가 조정을 거부하였거나 조정결과를 수락하지 아니하였음을 증명하는 서류

제55조【소송허가요건 등】 ① 법원은 다음 각 호의 요건을 모두 갖춘 경우에 한하여 결정으로 단체소송을 허가한다.
1. 개인정보처리자가 분쟁조정위원회의 조정을 거부하거나 조정결과를 수락하지 아니하였을 것
2. 제54조에 따른 소송허가신청서의 기재사항에 흠결이 없을 것

② 단체소송을 허가하거나 불허가하는 결정에 대하여는 즉시항고할 수 있다.

제56조【확정판결의 효력】 원고의 청구를 기각하는 판결이 확정된 경우 이와 동일한 사안에 관하여는 제51조에 따른 다른 단체는 단체소송을 제기할 수 없다. 다만, 다음 각 호의 어느 하나에 해당하는 경우에는 그러하지 아니하다.
1. 판결이 확정된 후 그 사안과 관련하여 국가·지방자치단체 또는 국가·지방자치단체가 설립한 기관에 의하여 새로운 증거가 나타난 경우
2. 기각판결이 원고의 고의로 인한 것임이 밝혀진 경우

제57조【「민사소송법」의 적용 등】 ① 단체소송에 관하여 이 법에 특별한 규정이 없는 경우에는 「민사소송법」을 적용한다.

② 제55조에 따른 단체소송의 허가결정이 있는 경우에는 「민사집행법」 제4편에 따른 보전처분을 할 수 있다.

③ 단체소송의 절차에 관하여 필요한 사항은 대법원규칙으로 정한다.

제9장 보 칙

제58조【적용의 일부 제외】 ① 다음 각 호의 어느 하나에 해당하는 개인정보에 관하여는 제3장부터 제8장까지를 적용하지 아니한다.(2023.3.14 본문개정)
1. (2023.3.14 삭제)
2. 국가안전보장과 관련된 정보 분석을 목적으로 수집 또는 제공 요청되는 개인정보
3. (2023.3.14 삭제)
4. 언론, 종교단체, 정당이 각각 취재·보도, 선교, 선거 입후보자 추천 등 고유 목적을 달성하기 위하여 수집·이용하는 개인정보

② 제25조제1항 각 호에 따라 공개된 장소에 고정형 영상정보처리기기를 설치·운영하여 처리되는 개인정보에 대해서는 제15조, 제22조, 제22조의2, 제27조제1항·제2항, 제34조 및 제37조를 적용하지 아니한다.(2023.3.14 본항개정)

③ 개인정보처리자가 동창회, 동호회 등 친목 도모를 위한 단체를 운영하기 위하여 개인정보를 처리하는 경우에는 제15조, 제30조 및 제31조를 적용하지 아니한다.

④ 개인정보처리자는 제1항 각 호에 따라 개인정보를 처리하는 경우에도 그 목적을 위하여 필요한 범위에서 최소한의 기간에 최소한의 개인정보만을 처리하여야 하며, 개인정보의 안전한 관리를 위하여 필요한 기술적·관리적 및 물리적 보호조치, 개인정보의 처리에 관한 고충처리, 그 밖에 개인정보의 적절한 처리를 위하여 필요한 조치를 마련하여야 한다.

제58조의2【적용제외】 이 법은 시간·비용·기술 등을 합리적으로 고려할 때 다른 정보를 사용하여도 더 이상 개인을 알아볼 수 없는 정보에는 적용하지 아니한다.
(2020.2.4 본조신설)

제59조【금지행위】 개인정보를 처리하거나 처리하였던 자는 다음 각 호의 어느 하나에 해당하는 행위를 하여서는 아니 된다.
1. 거짓이나 그 밖의 부정한 수단이나 방법으로 개인정보를 취득하거나 처리에 관한 동의를 받는 행위
2. 업무상 알게 된 개인정보를 누설하거나 권한 없이 다른 사람이 이용하도록 제공하는 행위
3. 정당한 권한 없이 또는 허용된 권한을 초과하여 다른 사람의 개인정보를 이용, 훼손, 멸실, 변경, 위조 또는 유출하는 행위(2023.3.14 본호개정)

판례 경찰관이 동료 경찰관들을 고소하면서 경찰 내부 전산시스템의 '직원조회' 메뉴에서 검색을 통해 알아낸 휴대전화번호를 고소장에 기재하여 수사기관에 제출하였다. 그러나 이것을 '개인정보를 처리하거나 처리하였던 자가 업무상 알게 된 개인정보를 누설하거나 권한 없이 다른 사람이 이용하도록 제공한 행위' 또는 '개인정보를 처리하거나 처리하였던 자가 정당한 권한 없이 또는 허용된 권한을 초과하여 다른 사람의 개인정보를 유출한 행위'에 해당한다고 볼 수는 없다. 또한 형사소송법에 따라 고소를 하는 경우 관련 법령상 당사자를 특정할 수 있는 정보를 기재해야 하므로 형사 절차에 따라 수사기관에 제출하는 것은 적법한 절차에 따른 것이고, 제출된 개인정보는 국가에서 엄격하게 관리돼 다른 제3자가 접근할 수도 없으므로 이를 개인정보의 누설이라고 볼 수도 없다.
(대판 2023.6.15, 2021도9346)

제60조【비밀유지 등】 다음 각 호의 업무에 종사하거나 종사하였던 자는 직무상 알게 된 비밀을 다른 사람에게 누설하거나 직무상 목적 외의 용도로 이용하여서는 아니 된다. 다만, 다른 법률에 특별한 규정이 있는 경우에는 그러하지 아니하다.
1. 제7조의8 및 제7조의9에 따른 보호위원회의 업무
(2020.2.4 본호개정)
2. 제28조의3에 따른 전문기관의 지정 업무 및 전문기관의 업무(2023.3.14 본호신설)
3. 제32조의2에 따른 개인정보 보호 인증 업무
(2020.2.4 본호신설)
4. 제33조에 따른 영향평가 업무
5. 제35조의3에 따른 개인정보관리 전문기관의 지정 업무 및 개인정보관리 전문기관의 업무(2023.3.14 본호신설)
6. 제40조에 따른 분쟁조정위원회의 분쟁조정 업무

제61조【의견제시 및 개선권고】 ① 보호위원회는 개인정보 보호에 영향을 미치는 내용이 포함된 법령이나 조례에 대하여 필요하다고 인정하면 심의·의결을 거쳐 관계 기관에 의견을 제시할 수 있다.(2020.2.4 본항개정)

② 보호위원회는 개인정보 보호를 위하여 필요하다고 인정하면 개인정보처리자에게 개인정보 처리 실태의 개선을 권고할 수 있다. 이 경우 권고를 받은 개인정보처리자는 이를 이행하기 위하여 성실하게 노력하여야 하며, 그 조치 결과를 보호위원회에 알려야 한다.(2020.2.4 본항개정)

③ 관계 중앙행정기관의 장은 개인정보 보호를 위하여 필요하다고 인정하면 소관 법률에 따라 개인정보처리자에게 개인정보 처리 실태의 개선을 권고할 수 있다. 이 경우 권고를 받은 개인정보처리자는 이를 이행하기 위하여 성실하게 노력하여야 하며, 그 조치 결과를 관계 중앙행정기관의 장에게 알려야 한다.

④ 중앙행정기관, 지방자치단체, 국회, 법원, 헌법재판소, 중앙선거관리위원회는 그 소속 기관 및 소관 공공기관에 대하여 개인정보 보호에 관한 의견을 제시하거나 지도·점검을 할 수 있다.

제62조【침해 사실의 신고 등】 ① 개인정보처리자가 개인정보를 처리할 때 개인정보에 관한 권리 또는 이익을 침해받은 사람은 보호위원회에 그 침해 사실을 신고할 수 있다.
(2020.2.4 본항개정)

② 보호위원회는 제1항에 따른 신고의 접수·처리 등에 관한 업무를 효율적으로 수행하기 위하여 대통령령으로 정하는 바에 따라 전문기관을 지정할 수 있다. 이 경우 전문기관은 개인정보침해 신고센터(이하 "신고센터"라 한다)를 설치·운영하여야 한다.(2020.2.4 전단개정)

③ 신고센터는 다음 각 호의 업무를 수행한다.
1. 개인정보 처리와 관련한 신고의 접수·상담
2. 사실의 조사·확인 및 관계자의 의견 청취
3. 제1호 및 제2호에 따른 업무에 딸린 업무

④ 보호위원회는 제3항제2호의 사실 조사·확인 등의 업무를 효율적으로 하기 위하여 필요하면 「국가공무원법」 제32조의4에 따라 소속 공무원을 제2항에 따른 전문기관에 파견할 수 있다.(2020.2.4 본항개정)

제63조【자료제출 요구 및 검사】 ① 보호위원회는 다음 각 호의 어느 하나에 해당하는 경우에는 개인정보처리자에게 관계 물품·서류 등 자료를 제출하게 할 수 있다.(2020.2.4 본문개정)

1. 이 법을 위반하는 사항을 발견하거나 혐의가 있음을 알게 된 경우
2. 이 법 위반에 대한 신고를 받거나 민원이 접수된 경우
3. 그 밖에 정보주체의 개인정보 보호를 위하여 필요한 경우로서 대통령령으로 정하는 경우

② 보호위원회는 개인정보처리자가 제1항에 따른 자료를 제출하지 아니하거나 이 법을 위반한 사실이 있다고 인정되면 소속 공무원으로 하여금 개인정보처리자 및 해당 법 위반사실과 관련한 관계인의 사무소나 사업장에 출입하여 업무 상황, 장부 또는 서류 등을 검사하게 할 수 있다. 이 경우 검사를 하는 공무원은 그 권한을 나타내는 증표를 지니고 이를 관계인에게 내보여야 한다.(2020.2.4 전단개정)

③ 보호위원회는 이 법 등 개인정보 보호와 관련된 법규의 위반행위로 인하여 중대한 개인정보 침해사고가 발생한 경우 신속하고 효과적인 대응을 위하여 다음 각 호의 어느 하나에 해당하는 관계 기관의 장에게 협조를 요청할 수 있다.

1. 중앙행정기관
2. 지방자치단체
3. 그 밖에 법령 또는 자치법규에 따라 행정권한을 가지고 있거나 위임 또는 위탁받은 공공기관

(2023.3.14 본항개정)

④ 제3항에 따라 협조를 요청받은 관계 기관의 장은 특별한 사정이 없으면 이에 따라야 한다.(2023.3.14 본항개정)

⑤ 제1항 및 제2항에 따른 자료제출 요구, 검사 절차 및 방법 등에 관하여 필요한 사항은 보호위원회가 정하여 고시할 수 있다.(2023.3.14 본항개정)

⑥ 보호위원회는 제1항 및 제2항에 따라 제출받거나 수집한 서류·자료 등을 이 법에 따른 경우를 제외하고는 제3자에게 제공하거나 일반에 공개해서는 아니 된다.(2023.3.14 본항개정)

⑦ 보호위원회는 정보통신망을 통하여 자료의 제출 등을 받은 경우나 수집한 자료 등을 전자화한 경우에는 개인정보·영업비밀 등이 유출되지 아니하도록 제도적·기술적 보완조치를 하여야 한다.(2023.3.14 본항개정)

제63조의2【사전 실태점검】 ① 보호위원회는 제63조제1항 각 호에 해당하지 아니하는 경우로서 개인정보 침해사고 발생의 위험성이 높고 개인정보 보호의 취약점을 사전에 점검할 필요성이 인정되는 개인정보처리자에 대하여 개인정보 보호실태를 점검할 수 있다.

② 보호위원회는 제1항에 따른 실태점검을 실시하여 이 법을 위반하는 사항을 발견한 경우 해당 개인정보처리자에 대하여 시정방안을 정하여 이에 따를 것을 권고할 수 있다.

③ 제2항에 따른 시정권고를 받은 개인정보처리자는 이를 통보받은 날부터 10일 이내에 해당 권고를 수락하는지 여부에 관하여 보호위원회에 통지하여야 하며, 그 이행 결과를 보호위원회가 고시로 정하는 바에 따라 보호위원회에 알려야 한다.

④ 제2항에 따른 시정권고를 받은 자가 해당 권고를 수락한 때에는 제64조제1항에 따른 시정조치 명령(중앙행정기관, 지방자치단체, 국회, 법원, 헌법재판소, 중앙선거관리위원회의 경우에는 제64조제3항에 따른 권고를 말한다)을 받은 것으로 본다.

⑤ 보호위원회는 제2항에 따른 시정권고를 받은 자가 해당 권고를 수락하지 아니하거나 이행하지 아니한 경우 제63조제2항에 따른 검사를 할 수 있다.

⑥ 보호위원회는 관계 중앙행정기관의 장과 합동으로 제1항에 따른 개인정보 보호실태를 점검할 수 있다.

(2023.3.14 본조신설)

제64조【시정조치 등】 ① 보호위원회는 이 법을 위반한 자(중앙행정기관, 지방자치단체, 국회, 법원, 헌법재판소, 중앙선거관리위원회는 제외한다)에 대하여 다음 각 호에 해당하는 조치를 명할 수 있다.(2023.3.14 본문개정)

1. 개인정보 침해행위의 중지
2. 개인정보 처리의 일시적인 정지
3. 그 밖에 개인정보의 보호 및 침해 방지를 위하여 필요한 조치

② 지방자치단체, 국회, 법원, 헌법재판소, 중앙선거관리위원회는 그 소속 기관 및 소관 공공기관이 이 법을 위반하였을 때에는 제1항 각 호에 해당하는 조치를 명할 수 있다.

③ 보호위원회는 중앙행정기관, 지방자치단체, 국회, 법원, 헌법재판소, 중앙선거관리위원회가 이 법을 위반하였을 때에는 해당 기관의 장에게 제1항 각 호에 해당하는 조치를 하도록 권고할 수 있다. 이 경우 권고를 받은 기관은 특별한 사유가 없으면 이를 존중하여야 한다.

제64조의2【과징금의 부과】 ① 보호위원회는 다음 각 호의 어느 하나에 해당하는 경우에는 해당 개인정보처리자에게 전체 매출액의 100분의 3을 초과하지 아니하는 범위에서 과징금을 부과할 수 있다. 다만, 매출액이 없거나 매출액의 산정이 곤란한 경우로서 대통령령으로 정하는 경우에는 20억원을 초과하지 아니하는 범위에서 과징금을 부과할 수 있다.

1. 제15조제1항, 제17조제1항, 제18조제1항·제2항(제26조제8항에 따라 준용되는 경우를 포함한다) 또는 제19조를 위반하여 개인정보를 처리한 경우
2. 제22조의2제1항(제26조제8항에 따라 준용되는 경우를 포함한다)을 위반하여 법정대리인의 동의를 받지 아니하고 만 14세 미만인 아동의 개인정보를 처리한 경우
3. 제23조제1항제1호(제26조제8항에 따라 준용되는 경우를 포함한다)를 위반하여 정보주체의 동의를 받지 아니하고 민감정보를 처리한 경우
4. 제24조제1항·제24조의2제1항(제26조제8항에 따라 준용되는 경우를 포함한다)을 위반하여 고유식별정보 또는 주민등록번호를 처리한 경우
5. 제26조제4항에 따른 관리·감독 또는 교육을 소홀히 하여 수탁자가 이 법의 규정을 위반한 경우
6. 제28조의5제1항(제26조제8항에 따라 준용되는 경우를 포함한다)을 위반하여 특정 개인을 알아보기 위한 목적으로 정보를 처리한 경우
7. 제28조의8제1항(제26조제8항 및 제28조의11에 따라 준용되는 경우를 포함한다)을 위반하여 개인정보를 국외로 이전한 경우
8. 제28조의9제1항(제26조제8항 및 제28조의11에 따라 준용되는 경우를 포함한다)을 위반하여 국외 이전 중지 명령을 따르지 아니한 경우
9. 개인정보처리자가 처리하는 개인정보가 분실·도난·유출·위조·변조·훼손된 경우. 다만, 개인정보가 분실·도난·유출·위조·변조·훼손되지 아니하도록 개인정보처리자가 제29조(제26조제8항에 따라 준용되는 경우를 포함한다)에 따른 안전성 확보에 필요한 조치를 다한 경우에는 그러하지 아니하다.

② 보호위원회는 제1항에 따른 과징금을 부과하려는 경우 전체 매출액에서 위반행위와 관련이 없는 매출액을 제외한 매출액을 기준으로 과징금을 산정한다.

③ 보호위원회는 제1항에 따른 과징금을 부과하려는 경우 개인정보처리자가 정당한 사유 없이 매출액 산정자료의 제출을 거부하거나 거짓의 자료를 제출한 경우에는 해당 개인정보처리자의 전체 매출액을 기준으로 산정하되 해당 개인정보처리자 및 비슷한 규모의 개인정보처리자의 개인정보 보유 규모, 재무제표 등 회계자료, 상품·용역의 가격 등 영업현황 자료에 근거하여 매출액을 추정할 수 있다.

④ 보호위원회는 제1항에 따른 과징금을 부과하는 경우에는 위반행위에 상응하는 비례성과 침해 예방에 대한 효과성이 확보될 수 있도록 다음 각 호의 사항을 고려하여야 한다.

1. 위반행위의 내용 및 정도
2. 위반행위의 기간 및 횟수

3. 위반행위로 인하여 취득한 이익의 규모
4. 암호화 등 안전성 확보 조치 이행 노력
5. 개인정보가 분실·도난·유출·위조·변조·훼손된 경우 위반행위와의 관련성 및 분실·도난·유출·위조·변조·훼손의 규모
6. 위반행위로 인한 피해의 회복 및 피해 확산 방지 조치의 이행 여부
7. 개인정보처리자의 업무 형태 및 규모
8. 개인정보처리자가 처리하는 개인정보의 유형과 정보주체에게 미치는 영향
9. 위반행위로 인한 정보주체의 피해 규모
10. 개인정보 보호 인증, 자율적인 보호 활동 등 개인정보 보호를 위한 노력
11. 보호위원회와의 협조 등 위반행위를 시정하기 위한 조치 여부
⑤ 보호위원회는 다음 각 호의 어느 하나에 해당하는 사유가 있는 경우에는 과징금을 부과하지 아니할 수 있다.
1. 지급불능·지급정지 또는 자본잠식 등의 사유로 객관적으로 과징금을 낼 능력이 없다고 인정되는 경우
2. 본인의 행위가 위법하지 아니한 것으로 잘못 인식할 만한 정당한 사유가 있는 경우
3. 위반행위의 내용·정도가 경미하거나 산정된 과징금이 소액인 경우
4. 그 밖에 정보주체에게 피해가 발생하지 아니하였거나 경미한 경우로서 대통령령으로 정하는 사유가 있는 경우
⑥ 제1항에 따른 과징금은 제2항부터 제5항까지를 고려하여 산정하되, 구체적인 산정기준과 산정절차는 대통령령으로 정한다.
⑦ 보호위원회는 제1항에 따른 과징금을 내야 할 자가 납부기한까지 이를 내지 아니하면 납부기한의 다음 날부터 내지 아니한 과징금의 연 100분의 6에 해당하는 가산금을 징수한다. 이 경우 가산금을 징수하는 기간은 60개월을 초과하지 못한다.
⑧ 보호위원회는 제1항에 따른 과징금을 내야 할 자가 납부기한까지 내지 아니한 경우에는 기간을 정하여 독촉하고, 독촉으로 지정한 기간 내에 과징금과 제7항에 따른 가산금을 내지 아니하면 국세강제징수의 예에 따라 징수한다.
⑨ 보호위원회는 법원의 판결 등의 사유로 제1항에 따라 부과된 과징금을 환급하는 경우에는 과징금을 낸 날부터 환급하는 날까지의 기간에 대하여 금융회사 등의 예금이자율 등을 고려하여 대통령령으로 정하는 이자율을 적용하여 계산한 환급가산금을 지급하여야 한다.
⑩ 보호위원회는 제9항에도 불구하고 법원의 판결에 따라 과징금 부과처분이 취소되어 그 판결이유에 따라 새로운 과징금을 부과하는 경우에는 당초 납부한 과징금에서 새로 부과하기로 결정한 과징금을 공제한 나머지 금액에 대해서만 환급가산금을 계산하여 지급한다.
(2023.3.14 본조신설)

제65조【고발 및 징계권고】 ① 보호위원회는 개인정보처리자에게 이 법 등 개인정보 보호와 관련된 법규의 위반에 따른 범죄혐의가 있다고 인정될 만한 상당한 이유가 있을 때에는 관할 수사기관에 그 내용을 고발할 수 있다.(2020.2.4 본항개정)
② 보호위원회는 이 법 등 개인정보 보호와 관련된 법규의 위반행위가 있다고 인정될 만한 상당한 이유가 있을 때에는 책임이 있는 자(대표자 및 책임있는 임원을 포함한다)를 징계할 것을 해당 개인정보처리자에게 권고할 수 있다. 이 경우 권고를 받은 사람은 이를 존중하여야 하며 그 결과를 보호위원회에 통보하여야 한다.(2020.2.4 본항개정)
③ 관계 중앙행정기관의 장은 소관 법률에 따라 개인정보처리자에 대하여 제1항에 따른 고발을 하거나 소속 기관·단체 등의 장에게 제2항에 따른 징계권고를 할 수 있다. 이 경우 제2항에 따른 권고를 받은 사람은 이를 존중하여야 하며 그 결과를 관계 중앙행정기관의 장에게 통보하여야 한다.

제66조【결과의 공표】 ① 보호위원회는 제61조에 따른 개선권고, 제64조에 따른 시정조치 명령, 제64조의2에 따른 과징금의 부과, 제65조에 따른 고발 또는 징계권고 및 제75조에 따른 과태료 부과의 내용 및 결과에 대하여 공표할 수 있다.
② 보호위원회는 제61조에 따른 개선권고, 제64조에 따른 시정조치 명령, 제64조의2에 따른 과징금의 부과, 제65조에 따른 고발 또는 징계권고 및 제75조에 따른 과태료 부과처분 등을 한 경우에는 처분 등을 받은 자에게 해당 처분 등을 받았다는 사실을 공표할 것을 명할 수 있다.
③ 제1항 및 제2항에 따른 개선권고 사실 등의 공표 및 공표명령의 방법, 기준 및 절차 등은 대통령령으로 정한다.
(2023.3.14 본조개정)

제67조【연차보고】 ① 보호위원회는 관계 기관 등으로부터 필요한 자료를 제출받아 매년 개인정보 보호시책의 수립 및 시행에 관한 보고서를 작성하여 정기국회 개회 전까지 국회에 제출(정보통신망에 의한 제출을 포함한다)하여야 한다.
② 제1항에 따른 보고서에는 다음 각 호의 내용이 포함되어야 한다.
1. 정보주체의 권리침해 및 그 구제현황
2. 개인정보 처리에 관한 실태조사 및 개인정보 보호수준 평가 등의 결과(2023.3.14 본호개정)
3. 개인정보 보호시책의 추진현황 및 실적
4. 개인정보 관련 해외의 입법 및 정책 동향
5. 주민등록번호 처리와 관련된 법률·대통령령·국회규칙·대법원규칙·헌법재판소규칙·중앙선거관리위원회규칙 및 감사원규칙의 제정·개정 현황(2016.3.29 본호신설)
6. 그 밖에 개인정보 보호시책에 관하여 공개 또는 보고하여야 할 사항

제68조【권한의 위임·위탁】 ① 이 법에 따른 보호위원회 또는 관계 중앙행정기관의 장의 권한은 그 일부를 대통령령으로 정하는 바에 따라 특별시장, 광역시장, 도지사, 특별자치도지사 또는 대통령령으로 정하는 전문기관에 위임하거나 위탁할 수 있다.
② 제1항에 따라 보호위원회 또는 관계 중앙행정기관의 장의 권한을 위임 또는 위탁받은 기관은 위임 또는 위탁받은 업무의 처리 결과를 보호위원회 또는 관계 중앙행정기관의 장에게 통보하여야 한다.
③ 보호위원회는 제1항에 따른 전문기관에 권한의 일부를 위임하거나 위탁하는 경우 해당 전문기관의 업무 수행을 위하여 필요한 경비를 출연할 수 있다.
(2020.2.4 본조개정)

제69조【벌칙 적용 시의 공무원 의제】 ① 보호위원회의 위원 중 공무원이 아닌 위원 및 공무원이 아닌 직원은 「형법」이나 그 밖의 법률에 따른 벌칙을 적용할 때에는 공무원으로 본다.(2020.2.4 본항신설)
② 보호위원회 또는 관계 중앙행정기관의 장의 권한을 위탁한 업무에 종사하는 관계 기관의 임직원은 「형법」 제129조부터 제132조까지의 규정을 적용할 때에는 공무원으로 본다.
(2020.2.4 본항신설)

제10장 벌 칙

제70조【벌칙】 다음 각 호의 어느 하나에 해당하는 자는 10년 이하의 징역 또는 1억원 이하의 벌금에 처한다.(2015.7.24 본문개정)
1. 공공기관의 개인정보 처리업무를 방해할 목적으로 공공기관에서 처리하고 있는 개인정보를 변경하거나 말소하여 공공기관의 업무 수행의 중단·마비 등 심각한 지장을 초래한 자(2015.7.24 본호신설)
2. 거짓이나 그 밖의 부정한 수단이나 방법으로 다른 사람이 처리하고 있는 개인정보를 취득한 후 이를 영리 또는 부정한 목적으로 제3자에게 제공한 자와 이를 교사·알선한 자
(2015.7.24 본호신설)

제71조【벌칙】 다음 각 호의 어느 하나에 해당하는 자는 5년 이하의 징역 또는 5천만원 이하의 벌금에 처한다.
1. 제17조제1항제2호에 해당하지 아니함에도 같은 항 제1호(제26조제8항에 따라 준용되는 경우를 포함한다)를 위반하여 정보주체의 동의를 받지 아니하고 개인정보를 제3자

에게 제공한 자 및 그 사정을 알면서도 개인정보를 제공받은 자(2023.3.14 본호개정)
2. 제18조제1항·제2항, 제27조제3항 또는 제28조의2(제26조제8항에 따라 준용되는 경우를 포함한다), 제19조 또는 제26조제5항을 위반하여 개인정보를 이용하거나 제3자에게 제공한 자 및 그 사정을 알면서도 영리 또는 부정한 목적으로 개인정보를 제공받은 자(2023.3.14 본호개정)
3. 제22조의2제1항(제26조제8항에 따라 준용되는 경우를 포함한다)을 위반하여 법정대리인의 동의를 받지 아니하고 만 14세 미만인 아동의 개인정보를 처리한 자(2023.3.14 본호신설)
4. 제23조제1항(제26조제8항에 따라 준용되는 경우를 포함한다)을 위반하여 민감정보를 처리한 자(2023.3.14 본호개정)
4의2. (2023.3.14 삭제)
4의3. → 제8호로 이동
4의4.~4의6. (2023.3.14 삭제)
5. 제24조제1항(제26조제8항에 따라 준용되는 경우를 포함한다)을 위반하여 고유식별정보를 처리한 자(2023.3.14 본호개정)
6. 제28조의3제1항(제26조제8항에 따라 준용되는 경우를 포함한다)을 위반하여 보호위원회 또는 관계 중앙행정기관의 장으로부터 전문기관으로 지정받지 아니하고 가명정보를 결합한 자(2023.3.14 본호신설)
7. 제28조의3제2항(제26조제8항에 따라 준용되는 경우를 포함한다)을 위반하여 전문기관의 장의 승인을 받지 아니하고 결합을 수행한 기관 외부로 결합된 정보를 반출하거나 이를 제3자에게 제공한 자 및 그 사정을 알면서도 영리 또는 부정한 목적으로 결합된 정보를 제공받은 자(2023.3.14 본호신설)
8. 제28조의5제1항(제26조제8항에 따라 준용되는 경우를 포함한다)을 위반하여 특정 개인을 알아보기 위한 목적으로 가명정보를 처리한 자(2023.3.14 본호개정)
9. 제59조제2호를 위반하여 업무상 알게 된 개인정보를 누설하거나 권한 없이 다른 사람이 이용하도록 제공한 자 및 그 사정을 알면서도 영리 또는 부정한 목적으로 개인정보를 제공받은 자
10. 제59조제3호를 위반하여 다른 사람의 개인정보를 이용, 훼손, 멸실, 변경, 위조 또는 유출한 자(2023.3.14 본호개정)

제72조【벌칙】 다음 각 호의 어느 하나에 해당하는 자는 3년 이하의 징역 또는 3천만원 이하의 벌금에 처한다.
1. 제25조제5항(제26조제8항에 따라 준용되는 경우를 포함한다)을 위반하여 고정형 영상정보처리기기의 설치 목적과 다른 목적으로 고정형 영상정보처리기기를 임의로 조작하거나 다른 곳을 비추는 자 또는 녹음기능을 사용한 자(2023.3.14 본호개정)
2. 제59조제1호를 위반하여 거짓이나 그 밖의 부정한 수단이나 방법으로 개인정보를 취득하거나 개인정보 처리에 관한 동의를 받는 행위를 한 자 및 그 사정을 알면서도 영리 또는 부정한 목적으로 개인정보를 제공받은 자
3. 제60조를 위반하여 직무상 알게 된 비밀을 누설하거나 직무상 목적 외에 이용한 자

판례 정보주체의 동의 없이 유통되는 개인정보를 매입하는 행위가 '거짓이나 그 밖의 부정한 수단이나 방법으로 개인정보를 취득한 행위'에 해당하는지 여부 : 텔레마케팅 업무 등을 위해 개인정보 판매자로부터 대량의 개인정보를 그 출처를 확인하지 않은 채 유상으로 매입한 경우, 개인정보가 정보주체의 동의에 기하지 않은 채 유통되고 있는 사정을 알면서 개인정보를 제공받은 것만으로는 '거짓이나 그 밖의 부정한 수단이나 방법'을 사용해 개인정보를 취득했다고 보기는 어렵다. 다만 개인정보를 제공받은 사람이 '개인정보를 처리하거나 처리했던 자가 거짓이나 그 밖의 부정한 수단이나 방법을 사용해 개인정보를 취득하거나 개인정보 처리에 관한 동의를 받았다는 사정'을 알면서도 영리 또는 부정한 목적으로 개인정보를 제공받은 경우에는 '그 사정을 알면서도 영리 또는 부정한 목적으로 개인정보를 제공받은 자'에 해당될 수 있다.
(대판 2024.6.17, 2019도3402)

판례 경품 행사 등으로 수집한 고객 정보를 보험사 등에 팔아 막대한 수익을 챙겼다면 업체는 고객 개인정보 유출에 따른 배상 책임을 져야 한다. 비록 '개인정보는 보험상품 안내 등을 위한 마케팅 자료로 활용된다'는 문장이 기재되어 있기는 하나, 소비자들이 읽기 어렵게 써놓은 점을 보아 업체가 거짓이나 그 밖의 부정한 수단, 방법으로 개인정보 처리에 대한 동의를 받은 것으로 볼 수 있다.
(대판 2017.4.7, 2016도13263)

제73조【벌칙】 ① 다음 각 호의 어느 하나에 해당하는 자는 2년 이하의 징역 또는 2천만원 이하의 벌금에 처한다.
1. 제36조제2항(제26조제8항에 따라 준용되는 경우를 포함한다)을 위반하여 정정·삭제 등 필요한 조치를 하지 아니하고 개인정보를 계속 이용하거나 이를 제3자에게 제공한 자
2. 제37조제2항(제26조제8항에 따라 준용되는 경우를 포함한다)을 위반하여 개인정보의 처리를 정지하지 아니하고 개인정보를 계속 이용하거나 제3자에게 제공한 자
3. 국내외에서 정당한 이유 없이 제39조의4에 따른 비밀유지명령을 위반한 자
4. 제63조제1항(제26조제8항에 따라 준용되는 경우를 포함한다)에 따른 자료제출 요구에 대하여 법 위반사항을 은폐 또는 축소할 목적으로 자료제출을 거부하거나 거짓의 자료를 제출한 자
5. 제63조제2항(제26조제8항에 따라 준용되는 경우를 포함한다)에 따른 출입·검사 시 자료의 은닉·폐기, 접근 거부 또는 위조·변조 등을 통하여 조사를 거부·방해 또는 기피한 자

② 제1항제3호의 죄는 비밀유지명령을 신청한 자의 고소가 없으면 공소를 제기할 수 없다.
(2023.3.14 본조개정)

제74조【양벌규정】 ① 법인의 대표자나 법인 또는 개인의 대리인, 사용인, 그 밖의 종업원이 그 법인 또는 개인의 업무에 관하여 제70조에 해당하는 위반행위를 하면 그 행위자를 벌하는 외에 그 법인 또는 개인을 7천만원 이하의 벌금에 처한다. 다만, 법인 또는 개인이 그 위반행위를 방지하기 위하여 해당 업무에 관하여 상당한 주의와 감독을 게을리하지 아니한 경우에는 그러하지 아니하다.
② 법인의 대표자나 법인 또는 개인의 대리인, 사용인, 그 밖의 종업원이 그 법인 또는 개인의 업무에 관하여 제71조부터 제73조까지의 어느 하나에 해당하는 위반행위를 하면 그 행위자를 벌하는 외에 그 법인 또는 개인에게도 해당 조문의 벌금형을 과(科)한다. 다만, 법인 또는 개인이 그 위반행위를 방지하기 위하여 해당 업무에 관하여 상당한 주의와 감독을 게을리하지 아니한 경우에는 그러하지 아니하다.

제74조의2【몰수·추징 등】 제70조부터 제73조까지의 어느 하나에 해당하는 죄를 지은 자가 해당 위반행위와 관련하여 취득한 금품이나 그 밖의 이익은 몰수할 수 있으며, 이를 몰수할 수 없을 때에는 그 가액을 추징할 수 있다. 이 경우 몰수 또는 추징은 다른 벌칙에 부가하여 과할 수 있다.
(2015.7.24 본조신설)

제75조【과태료】 ① 다음 각 호의 어느 하나에 해당하는 자에게는 5천만원 이하의 과태료를 부과한다.
1. 제25조제2항(제26조제8항에 따라 준용되는 경우를 포함한다)을 위반하여 고정형 영상정보처리기기를 설치·운영한 자
2. 제25조의2제2항(제26조제8항에 따라 준용되는 경우를 포함한다)을 위반하여 이동형 영상정보처리기기로 사람 또는 그 사람과 관련된 사물의 영상을 촬영한 자

② 다음 각 호의 어느 하나에 해당하는 자에게는 3천만원 이하의 과태료를 부과한다.
1. 제16조제3항·제22조제5항(제26조제8항에 따라 준용되는 경우를 포함한다)을 위반하여 재화 또는 서비스의 제공을 거부한 자
2. 제20조제1항·제2항을 위반하여 정보주체에게 같은 조 제1항 각 호의 사실을 알리지 아니한 자
3. 제20조의2제1항을 위반하여 개인정보의 이용·제공 내역이나 이용·제공 내역을 확인할 수 있는 정보시스템에 접속하는 방법을 통지하지 아니한 자
4. 제21조제1항(제26조제8항에 따라 준용되는 경우를 포함한다)을 위반하여 개인정보의 파기 등 필요한 조치를 하지 아니한 자

5. 제23조제2항 · 제24조제3항 · 제25조제6항(제25조의2제4항에 따라 준용되는 경우를 포함한다) · 제28조의4제1항 · 제29조(제26조제8항에 따라 준용되는 경우를 포함한다)를 위반하여 안전성 확보에 필요한 조치를 하지 아니한 자
6. 제23조제3항(제26조제8항에 따라 준용되는 경우를 포함한다)을 위반하여 민감정보의 공개 가능성 및 비공개를 선택하는 방법을 알리지 아니한 자
7. 제24조의2제1항(제26조제8항에 따라 준용되는 경우를 포함한다)을 위반하여 주민등록번호를 처리한 자
8. 제24조의2제2항(제26조제8항에 따라 준용되는 경우를 포함한다)을 위반하여 암호화 조치를 하지 아니한 자
9. 제24조의2제3항(제26조제8항에 따라 준용되는 경우를 포함한다)을 위반하여 정보주체가 주민등록번호를 사용하지 아니할 수 있는 방법을 제공하지 아니한 자
10. 제25조제1항(제26조제8항에 따라 준용되는 경우를 포함한다)을 위반하여 고정형 영상정보처리기기를 설치 · 운영한 자
11. 제25조의2제1항(제26조제8항에 따라 준용되는 경우를 포함한다)을 위반하여 사람 또는 그 사람과 관련된 사물의 영상을 촬영한 자
12. 제26조제3항을 위반하여 정보주체에게 알려야 할 사항을 알리지 아니한 자
13. 제28조의5제2항(제26조제8항에 따라 준용되는 경우를 포함한다)을 위반하여 개인을 알아볼 수 있는 정보가 생성되었음에도 이용을 중지하지 아니하거나 이를 회수 · 파기하지 아니한 자
14. 제28조의8제4항(제26조제8항 및 제28조의11에 따라 준용되는 경우를 포함한다)을 위반하여 보호조치를 하지 아니한 자
15. 제32조의2제6항을 위반하여 인증을 받지 아니하였음에도 거짓으로 인증의 내용을 표시하거나 홍보한 자
16. 제33조제1항을 위반하여 영향평가를 하지 아니하거나 그 결과를 보호위원회에 제출하지 아니한 자
17. 제34조제1항(제26조제8항에 따라 준용되는 경우를 포함한다)을 위반하여 정보주체에게 같은 항 각 호의 사실을 알리지 아니한 자
18. 제34조제3항(제26조제8항에 따라 준용되는 경우를 포함한다)을 위반하여 보호위원회 또는 대통령령으로 정하는 전문기관에 신고하지 아니한 자
19. 제35조제3항(제26조제8항에 따라 준용되는 경우를 포함한다)을 위반하여 열람을 제한하거나 거절한 자
20. 제35조의3제1항에 따른 지정을 받지 아니하고 같은 항 제2호의 업무를 수행한 자
21. 제35조의3제3항을 위반한 자
22. 제36조제2항(제26조제8항에 따라 준용되는 경우를 포함한다)을 위반하여 정정 · 삭제 등 필요한 조치를 하지 아니한 자
23. 제37조제3항 또는 제5항(제26조제8항에 따라 준용되는 경우를 포함한다)을 위반하여 파기 등 필요한 조치를 하지 아니한 자
24. 제37조의2제3항(제26조제8항에 따라 준용되는 경우를 포함한다)을 위반하여 정당한 사유 없이 정보주체의 요구에 따르지 아니한 자
25. 제63조제1항(제26조제8항에 따라 준용되는 경우를 포함한다)에 따른 관계 물품 · 서류 등 자료를 제출하지 아니하거나 거짓으로 제출한 자
26. 제63조제2항(제26조제8항에 따라 준용되는 경우를 포함한다)에 따른 출입 · 검사를 거부 · 방해 또는 기피한 자
27. 제64조제1항에 따른 시정조치 명령에 따르지 아니한 자

③ 다음 각 호의 어느 하나에 해당하는 자에게는 2천만원 이하의 과태료를 부과한다.
1. 제26조제6항을 위반하여 위탁자의 동의를 받지 아니하고 제3자에게 다시 위탁한 자
2. 제31조의2제1항을 위반하여 국내대리인을 지정하지 아니한 자

④ 다음 각 호의 어느 하나에 해당하는 자에게는 1천만원 이하의 과태료를 부과한다.
1. 제11조의2제2항을 위반하여 정당한 사유 없이 자료를 제출하지 아니하거나 거짓으로 제출한 자
2. 제21조제3항(제26조제8항에 따라 준용되는 경우를 포함한다)을 위반하여 개인정보를 분리하여 저장 · 관리하지 아니한 자
3. 제22조제1항부터 제3항까지(제26조제8항에 따라 준용되는 경우를 포함한다)를 위반하여 동의를 받은 자
4. 제26조제1항을 위반하여 업무 위탁 시 같은 항 각 호의 내용이 포함된 문서로 하지 아니한 자
5. 제26조제2항을 위반하여 위탁하는 업무의 내용과 수탁자를 공개하지 아니한 자
6. 제27조제1항 · 제2항(제26조제8항에 따라 준용되는 경우를 포함한다)을 위반하여 정보주체에게 개인정보의 이전 사실을 알리지 아니한 자
7. 제28조의4제3항(제26조제8항에 따라 준용되는 경우를 포함한다)을 위반하여 관련 기록을 작성하여 보관하지 아니한 자
8. 제30조제1항 또는 제2항(제26조제8항에 따라 준용되는 경우를 포함한다)을 위반하여 개인정보 처리방침을 정하지 아니하거나 이를 공개하지 아니한 자
9. 제31조제1항(제26조제8항에 따라 준용되는 경우를 포함한다)을 위반하여 개인정보 보호책임자를 지정하지 아니한 자
10. 제35조제3항 · 제4항, 제36조제2항 · 제4항 또는 제37조제4항(제26조제8항에 따라 준용되는 경우를 포함한다)을 위반하여 정보주체에게 알려야 할 사항을 알리지 아니한 자
11. 제45조제1항에 따른 자료를 정당한 사유 없이 제출하지 아니하거나 거짓으로 제출한 자
12. 제45조제2항에 따른 출입 · 조사 · 열람을 정당한 사유 없이 거부 · 방해 또는 기피한 자

⑤ 제1항부터 제4항까지에 따른 과태료는 대통령령으로 정하는 바에 따라 보호위원회가 부과 · 징수한다. 이 경우 보호위원회는 위반행위의 정도 · 동기 · 결과, 개인정보처리자의 규모 등을 고려하여 과태료를 감경하거나 면제할 수 있다.
(2023.3.14 본조개정)

제76조 【과태료에 관한 규정 적용의 특례】 제75조의 과태료에 관한 규정을 적용할 때 제64조의2에 따라 과징금을 부과한 행위에 대하여는 과태료를 부과할 수 없다.
(2023.3.14 본조개정)

부 칙

제1조 【시행일】 이 법은 공포 후 6개월이 경과한 날부터 시행한다. 다만, 제24조제2항 및 제75조제2항제5호는 공포 후 1년이 경과한 날부터 시행한다.

제2조 【다른 법률의 폐지】 공공기관의 개인정보보호에 관한 법률은 폐지한다.

제3조 【개인정보분쟁조정위원회에 관한 경과조치】 이 법 시행 당시 종전의 「정보통신망 이용촉진 및 정보보호 등에 관한 법률」에 따른 개인정보분쟁조정위원회의 행위나 개인정보분쟁조정위원회에 대한 행위는 그에 해당하는 이 법에 따른 개인정보 분쟁조정위원회의 행위나 개인정보 분쟁조정위원회에 대한 행위로 본다.

제4조 【처리 중인 개인정보에 관한 경과조치】 이 법 시행 전에 다른 법령에 따라 적법하게 처리된 개인정보는 이 법에 따라 처리된 것으로 본다.

제5조 【벌칙의 적용에 관한 경과조치】 ① 이 법 시행 전에 종전의 「공공기관의 개인정보보호에 관한 법률」을 위반한 행위에 대하여 벌칙을 적용할 때에는 종전의 「공공기관의 개인정보보호에 관한 법률」에 따른다.
② 이 법 시행 전에 종전의 「정보통신망 이용촉진 및 정보보호 등에 관한 법률」을 위반한 행위에 대하여 벌칙을 적용할 때에는 종전의 「정보통신망 이용촉진 및 정보보호 등에 관한 법률」에 따른다.

제6조【다른 법률의 개정】 ①~⑭ ※(해당 법령에 가제정리 하였음)
제7조【다른 법령과의 관계】 이 법 시행 당시 다른 법령에서 종전의 「공공기관의 개인정보보호에 관한 법률」 또는 그 규정을 인용하고 있는 경우 이 법 중 그에 해당하는 규정이 있을 때에는 종전의 규정을 갈음하여 이 법 또는 이 법의 해당 규정을 인용한 것으로 본다.

부 칙 (2013.8.6)

제1조【시행일】 이 법은 공포 후 1년이 경과한 날부터 시행한다.
제2조【주민등록번호 처리 제한에 관한 경과조치】 ① 이 법 시행 당시 주민등록번호를 처리하고 있는 개인정보처리자는 이 법 시행일부터 2년 이내에 보유하고 있는 주민등록번호를 파기하여야 한다. 다만, 제24조의2제1항 각 호의 개정규정의 어느 하나에 해당하는 경우는 제외한다.
② 제1항에 따른 기간 이내에 보유하고 있는 주민등록번호를 파기하지 아니한 경우에는 제24조의2제1항의 개정규정을 위반한 것으로 본다.

부 칙 (2015.7.24)

제1조【시행일】 이 법은 공포한 날부터 시행한다. 다만, 제8조제1항, 제8조의2, 제9조, 제11조제1항, 제32조의2, 제39조제3항·제4항, 제39조의2, 제40조, 제75조제2항제7호의2의 개정규정은 공포 후 1년이 경과한 날부터, 법률 제12504호 개인정보 보호법 일부개정법률 제24조의2제2항 전단 및 제75조제2항제4호의3의 개정규정은 2016년 1월 1일부터 각각 시행한다.
제2조【손해배상에 관한 적용례】 제39조제3항·제4항 및 제39조의2의 개정규정은 이 법 시행 후에 분실·도난·유출·위조·변조 또는 훼손된 개인정보에 관한 손해배상 청구분부터 적용한다.
제3조【개인정보 보호 인증에 관한 경과조치】 이 법 시행 전에 행정자치부장관으로부터 개인정보 보호 인증을 받은 자는 제32조의2의 개정규정에 따른 개인정보 보호 인증을 받은 것으로 본다.
제4조【개인정보 인증 심사원 자격에 관한 경과조치】 이 법 시행 전에 개인정보 보호 인증 심사원의 자격을 취득한 자는 이 법에 따른 개인정보 보호 인증 심사원의 자격을 취득한 것으로 본다.
제5조【개인정보 분쟁조정위원회 위원의 임기에 관한 경과조치】 이 법 시행 전에 행정자치부장관이 임명하거나 위촉한 분쟁조정위원회 위원은 제40조의 개정규정에 따른 보호위원회가 위촉한 분쟁조정위원회 위원으로 본다.
제6조【벌칙 등에 관한 경과조치】 이 법 시행 전의 위반행위에 대하여 벌칙 또는 과태료를 적용할 때에는 종전의 규정에 따른다.

부 칙 (2016.3.29)

제1조【시행일】 이 법은 공포 후 6개월이 경과한 날부터 시행한다. 다만, 제24조의2제1항제1호 및 제67조제2항제5호의 개정규정은 공포 후 1년이 경과한 날부터 시행한다.
제2조【정보주체 이외로부터 수집한 개인정보의 수집 출처 등 고지에 관한 적용례】 제20조제2항 및 제3항의 개정규정은 이 법 시행 후 최초로 정보주체 이외로부터 개인정보를 수집하는 경우부터 적용한다.
제3조【개인정보 처리방침에 관한 경과조치】 ① 이 법 시행 당시 종전의 규정에 따른 개인정보 처리방침은 제30조제1항의 개정규정에 따른 개인정보 처리방침으로 본다.
② 개인정보처리자는 이 법 시행 후 6개월 이내에 제1항에 따른 개인정보 처리방침을 제30조제1항의 개정취지에 맞도록 개정하여야 한다.

부 칙 (2020.2.4)

제1조【시행일】 이 법은 공포 후 6개월이 경과한 날부터 시행한다.
제2조【위원 임기에 관한 경과조치】 이 법 시행 당시 종전의 규정에 따라 임명된 보호위원회의 위원의 임기는 이 법 시행 전날 만료된 것으로 본다.
제3조【기능조정에 따른 소관 사무 등에 관한 경과조치】 ① 이 법 시행 당시 「방송통신위원회의 설치 및 운영에 관한 법률」 제11조제1항의 방송통신위원회의 소관사무 중 개인정보 보호에 해당하는 사무는 보호위원회가 승계한다.
② 이 법 시행 당시 행정안전부장관의 소관 사무 중 제7조의8의 개정규정에 따른 사무는 보호위원회가 승계한다.
③ 이 법 시행 전에 행정안전부장관이 행한 고시·행정처분, 그 밖에 행정안전부장관의 행위와 행정안전부장관에 대한 신청·신고, 그 밖의 행위 중 그 소관이 행정안전부장관으로부터 보호위원회로 이관되는 사항에 관한 행위는 보호위원회의 행위 또는 보호위원회에 대한 행위로 본다.
④ 이 법 시행 전에 방송통신위원회가 행한 고시·행정처분 그 밖의 행위와 신고 등 방송통신위원회에 대한 행위 중 그 소관이 방송통신위원회에서 보호위원회로 이관되는 사항에 관한 행위는 이 법에 따른 보호위원회의 행위 또는 보호위원회에 대한 행위로 본다.
⑤ 이 법 시행 당시 행정안전부·방송통신위원회 소속 공무원 중 대통령령으로 정하는 공무원은 이 법에 따른 보호위원회 소속 공무원으로 본다.
제4조【보호위원회에 관한 경과조치】 ① 이 법 시행 당시 종전의 규정에 따른 보호위원회의 행위나 보호위원회에 대한 행위는 이 법에 따른 보호위원회의 행위나 보호위원회에 대한 행위로 본다.
제5조【개인정보보호 관리체계 인증기관 등에 관한 경과조치】 ① 이 법 시행 당시 「정보통신망 이용촉진 및 정보보호 등에 관한 법률」(이하 "「정보통신망법」"이라 한다) 제47조의3에 따라 인증기관 또는 심사기관으로 지정 받은 자는 이 법 제32조의2에 따라 전문기관으로 지정받은 것으로 본다.
② 이 법 시행 당시 「정보통신망법」 제47조의3에 따라 개인정보보호 관리체계 인증을 받거나 인증심사원 자격을 부여받은 자는 이 법 제32조의2에 따라 개인정보보호 관리체계 인증을 받거나 인증심사원 자격을 부여받은 것으로 본다.
제6조【권한의 위임·위탁에 관한 경과조치】 이 법 시행 당시 종전의 규정에 따라 행정안전부장관의 권한 일부를 위임 또는 위탁받은 특별시장, 광역시장, 도지사, 특별자치도지사, 특별자치시장 또는 전문기관은 이 법에 따라 보호위원회의 권한 일부를 위임 또는 위탁 받은 것으로 본다.
제7조【벌칙 및 과태료에 관한 경과조치】 이 법 시행 전의 행위에 대한 벌칙 및 과태료의 적용은 종전의 규정에 의한다.
제8조【과징금 부과에 관한 경과조치】 이 법 시행 전에 종료된 행위에 대한 과징금의 부과는 종전의 규정에 따른다.
제9조【다른 법률의 개정】 ①~④ ※(해당 법령에 가제정리 하였음)
제10조【다른 법령과의 관계】 ① 이 법 시행 당시 다른 법령(이 법 시행 전에 공포되었으나 시행일이 도래하지 아니한 법령을 포함한다)에서 이 법에 따라 보호위원회가 승계하는 방송통신위원회 및 행정안전부의 사무와 관련하여 "방송통신위원회" 또는 "방송통신위원회 위원장"을 인용한 경우에는 그 법령에서 규정한 내용에 따라 "보호위원회" 또는 "보호위원회 위원장"을 인용한 것으로 "방송통신위원회 소속 공무원"을 인용한 경우에는 "보호위원회 소속 공무원"을 인용한 것으로 보며, "행정안전부" 또는 "행정안전부장관"을 인용한 경우에는 그 법령에서 규정한 내용에 따라 "보호위원회" 또는 "보호위원회 위원장"을 인용한 것으로 "행정안전부 소속 공무원"을 인용한 경우에는 "보호위원회 소속 공무원"을 인용한 것으로 본다.

② 이 법 시행 당시 다른 법령에서 종전의 「정보통신망법」 또는 그 규정을 인용하고 있는 경우 이 법에 그에 해당하는 규정이 있는 때에는 이 법 또는 이 법의 해당 규정을 인용한 것으로 본다.

부 칙 (2023.3.14)

제1조【시행일】 이 법은 공포 후 6개월이 경과한 날부터 시행한다. 다만, 다음 각 호의 개정규정은 각 호의 구분에 따른 날부터 시행한다.
1. 제11조의2, 제31조, 제35조의3, 제37조의2, 제39조의7, 제60조제5호, 제75조제2항제16호 · 제20호 · 제21호 · 제24호 및 같은 조 제4항제1호 · 제9호의 개정규정 : 공포 후 1년이 경과한 날
2. 제35조의2의 개정규정 : 공포 후 1년이 경과한 날부터 공포 후 2년이 넘지 아니하는 범위에서 대통령령으로 정하는 날

제2조【개인정보 유출 등의 통지 · 신고에 관한 적용례】 제34조의 개정규정은 이 법 시행 이후 개인정보가 분실 · 도난 · 유출되었음을 알게 된 경우부터 적용한다.

제3조【손해배상청구소송에서 자료의 제출 및 비밀유지 명령 등에 관한 적용례】 제39조의3부터 제39조의6까지의 개정규정은 이 법 시행 이후 손해배상청구의 소를 제기하는 경우부터 적용한다.

제4조【분쟁조정에 관한 적용례】 제43조제3항, 제45조제2항부터 제4항까지, 제45조의2 및 제47조제3항 · 제4항의 개정규정은 이 법 시행 이후 분쟁조정 또는 집단분쟁조정이 신청되거나 의뢰되는 경우부터 적용한다.

제5조【적용의 일부 제외에 관한 적용례】 제58조의 개정규정은 이 법 시행 이후 개인정보를 처리하는 경우부터 적용한다.

제6조【결과의 공표에 관한 적용례】 제66조제2항의 개정규정은 이 법 시행 이후 제61조에 따른 개선권고, 제64조에 따른 시정조치 명령, 제64조의2에 따른 과징금의 부과, 제65조에 따른 고발 또는 징계권고 및 제75조에 따른 과태료 부과처분의 대상이 되는 행위를 한 경우부터 적용한다.

제7조【연차보고에 관한 적용례】 제67조의 개정규정은 이 법 시행 이후 그 다음 연도에 작성하는 보고서부터 적용한다.

제8조【과징금 부과에 관한 경과조치 등】 ① 이 법 시행 전에 종료된 위반행위에 대한 과징금의 부과는 제64조의2의 개정규정에도 불구하고 종전의 제28조의6, 제34조의2 및 제39조의15에 따른다.
② 이 법 시행 당시 종료되지 아니한 위반행위에 대한 과징금의 부과는 제64조의2의 개정규정에 따른다.

제9조【개인정보파일의 등록에 관한 경과조치】 이 법 시행 당시 종전의 제58조제1항제1호에 따른 개인정보가 포함된 개인정보파일을 운용하고 있는 공공기관의 장은 이 법 시행일부터 60일 이내에 해당 개인정보파일을 제32조의 개정규정에 따라 보호위원회에 등록을 하여야 한다.

제10조【개인정보 영향평가에 관한 경과조치】 이 법 시행 당시 종전의 제58조제1항제1호에 따른 개인정보가 포함된 개인정보파일(제33조제1항에 따른 영향평가의 대상이 되는 개인정보파일에 한정한다)을 운용하고 있는 공공기관의 장은 이 법 시행일부터 2년 이내에 영향평가를 실시하고 그 결과를 보호위원회에 제출하여야 한다.

제11조【다른 법률의 개정】 ①~⑪ ※(해당 법령에 가제정리 하였음)

국가공무원법

(1963년 4월 17일 법 률 제1325호)

개정
1963.12.16법 1521호
<중략>
2007. 3.29법 8330호
2007. 5.11법 8423호(지방자치)
2008. 2.29법 8857호
2008. 3.28법 8996호
2008. 6.13법 9113호
2008.12.31법 9296호
2009. 2. 6법 9419호
2010. 3.22법10148호
2010. 6. 8법10342호
2011. 3.29법10465호(개인정보보호법)
2011. 5.23법10699호
2012. 3.21법11392호
2012.10.22법11489호
2012.12.11법11530호
2013. 3.23법11690호(정부조직)
2013. 8. 6법11992호
2014. 1. 7법12202호
2014. 1.14법12234호
2014.10.15법12792호
2014.11.19법12844호(정부조직)
2015. 5.18법13288호
2015.12.24법13618호
2016. 5.29법14183호(병역)
2017. 7.26법14839호(정부조직)
2018. 3.20법15522호(공무원재해보상법)
2018.10.16법15857호
2020. 1.29법16905호
2021. 1.12법17893호(지방자치)
2021. 1.12법17894호(피후견인결격정비)
2021. 6. 8법18237호
2021. 7.20법18308호(장애인고용촉진및직업재활법)
2022.12.27법19147호
2023. 3. 4법19228호(정부조직)
2023. 4.11법19341호
2024.12.31법20627호→2024년 12월 31일 및 2025년 7월 1일 시행

제1장 총 칙

(2008.3.28 본장개정)

제1조【목적】 이 법은 각급 기관에서 근무하는 모든 국가공무원에게 적용할 인사행정의 근본 기준을 확립하여 그 공정을 기함과 아울러 국가공무원에게 국민 전체의 봉사자로서 행정의 민주적이며 능률적인 운영을 기하게 하는 것을 목적으로 한다.

제2조【공무원의 구분】 ① 국가공무원(이하 "공무원"이라 한다)은 경력직공무원과 특수경력직공무원으로 구분한다.
② "경력직공무원"이란 실적과 자격에 따라 임용되고 그 신분이 보장되며 평생 동안(근무기간을 정하여 임용하는 공무원의 경우에는 그 기간 동안을 말한다) 공무원으로 근무할 것이 예정되는 공무원을 말하며, 그 종류는 다음 각 호와 같다.(2012.12.11 본문개정)
1. 일반직공무원 : 기술 · 연구 또는 행정 일반에 대한 업무를 담당하는 공무원(2012.12.11 본호개정)
2. 특정직공무원 : 법관, 검사, 외무공무원, 경찰공무원, 소방공무원, 교육공무원, 군인, 군무원, 헌법재판소 헌법연구관, 국가정보원의 직원, 경호공무원과 특수 분야의 업무를 담당하는 공무원으로서 다른 법률에서 특정직공무원으로 지정하는 공무원(2020.1.29 본호개정)
3. (2012.12.11 삭제)

③ "특수경력직공무원"이란 경력직공무원 외의 공무원을 말하며, 그 종류는 다음 각 호와 같다.
1. 정무직공무원
 가. 선거로 취임하거나 임명할 때 국회의 동의가 필요한 공무원
 나. 고도의 정책결정 업무를 담당하거나 이러한 업무를 보조하는 공무원으로서 법률이나 대통령령(대통령비서실 및 국가안보실의 조직에 관한 대통령령만 해당한다)에서 정무직으로 지정하는 공무원(2013.3.23 본목개정)
2. 별정직공무원 : 비서관 · 비서 등 보좌업무 등을 수행하거나 특정한 업무 수행을 위하여 법령에서 별정직으로 지정하는 공무원(2012.12.11 본호개정)
3. (2012.12.11 삭제)
4. (2011.5.23 삭제)
④ 제3항에 따른 별정직공무원의 채용조건 · 임용절차 · 근무상한연령, 그 밖에 필요한 사항은 국회규칙, 대법원규칙, 헌법재판소규칙, 중앙선거관리위원회규칙 또는 대통령령(이하 "대통령령등"이라 한다)으로 정한다.(2015.5.18 본항개정)

제2조의2【고위공무원단】 ① 국가의 고위공무원을 범정부적 차원에서 효율적으로 인사관리하여 정부의 경쟁력을 높이기 위하여 고위공무원단을 구성한다.
② 제1항의 "고위공무원단"이란 직무의 곤란성과 책임도가 높은 다음 각 호의 직위(이하 "고위공무원단 직위"라 한다)에 임용되어 재직 중이거나 파견 · 휴직 등으로 인사관리되고 있는 일반직공무원, 별정직공무원 및 특정직공무원(특정직공무원은 다른 법률에서 고위공무원단에 속하는 공무원으로 임용할 수 있도록 규정하고 있는 경우만 해당한다)의 군(群)을 말한다.(2012.12.11 본문개정)
1. 「정부조직법」 제2조에 따른 중앙행정기관의 실장 · 국장 및 이에 상당하는 보좌기관
2. 행정부 각급 기관(감사원은 제외한다)의 직위 중 제1호의 직위에 상당하는 직위
3. 「지방자치법」 제123조제2항 · 제125조제5항 및 「지방교육자치에 관한 법률」 제33조제2항에 따라 국가공무원으로 보하는 지방자치단체 및 지방교육행정기관의 직위 중 제1호의 직위에 상당하는 직위(2021.1.12 본호개정)
4. 그 밖에 다른 법령에서 고위공무원단에 속하는 공무원으로 임용할 수 있도록 정한 직위
③ 인사혁신처장은 고위공무원단에 속하는 공무원이 갖추어야 할 능력과 자질을 설정하고 이를 기준으로 고위공무원단 직위에 임용되려는 자를 평가하여 신규채용 · 승진임용 등 인사관리에 활용할 수 있다.(2014.11.19 본항개정)
④ 제2항에 따른 인사관리의 구체적인 범위, 제3항에 따른 능력과 자질의 내용, 평가 대상자의 범위, 평가 방법 및 평가 결과의 활용 등에 필요한 사항은 대통령령으로 정한다.

제3조【적용 범위】 ① 특수경력직공무원에 대하여는 이 법 또는 다른 법률에 특별한 규정이 없으면 제33조, 제43조제1항, 제44조, 제45조, 제45조의2, 제45조의3, 제46조부터 제50조까지, 제50조의2, 제51조부터 제59조까지, 제59조의2, 제60조부터 제67조까지, 제69조, 제84조 및 제84조의2에 한정하여 이 법을 적용한다.(2021.6.8 본항개정)
② 제1항에도 불구하고 제2조제3항제1호의 정무직공무원에 대하여는 제33조와 제69조를 적용하지 아니하고, 대통령령으로 정하는 특수경력직공무원에 대하여는 제65조와 제66조를 적용하지 아니한다.
③ 제26조의2와 제26조의3은 대통령령등으로 정하는 공무원에게만 적용한다.(2015.5.18 본항개정)
④ 제26조의5에 따라 근무기간을 정하여 임용하는 공무원에 대하여는 이 법 또는 다른 법률에 특별한 규정이 없으면 제28조의2, 제28조의3, 제32조의2, 제32조의4, 제40조, 제40조의2부터 제40조의4까지, 제41조, 제73조의4, 제74조 및 제74조의2를 적용하지 아니한다.
(2012.12.11 본조개정)

제4조【일반직공무원의 계급 구분 등】 ① 일반직공무원은 1급부터 9급까지의 계급으로 구분하며, 직군(職群)과 직렬(職列)별로 분류한다. 다만, 고위공무원단에 속하는 공무원은 그러하지 아니하다.(2012.12.11 본항개정)
② 다음 각 호의 공무원에 대하여는 대통령령등으로 정하는 바에 따라 제1항에 따른 계급 구분이나 직군 및 직렬의 분류를 적용하지 아니할 수 있다.(2015.5.18 본문개정)
1. 특수 업무 분야에 종사하는 공무원(2011.5.23 본호신설)
2. 연구 · 지도 · 특수기술 직렬의 공무원(2011.5.23 본호신설)
3. 인사관리의 효율성과 기관성과를 높이기 위하여 제1항의 계급 구분이나 직군 및 직렬의 분류를 달리 적용하는 것이 특히 필요하다고 인정되는 기관에 속한 공무원(2012.12.11 본호개정)
③ (2010.6.8 삭제)
④ 제1항 및 제2항에 따른 각 계급의 직무의 종류별 명칭은 대통령령등으로 정한다.(2015.5.18 본항개정)
(2012.12.11 본조제목개정)

제5조【정의】 이 법에서 사용하는 용어의 뜻은 다음과 같다.
1. "직위(職位)"란 1명의 공무원에게 부여할 수 있는 직무와 책임을 말한다.
2. "직급(職級)"이란 직무의 종류 · 곤란성과 책임도가 상당히 유사한 직위의 군을 말한다.
3. "정급(定級)"이란 직위를 직급 또는 직무등급에 배정하는 것을 말한다.
4. "강임(降任)"이란 같은 직렬 내에서 하위 직급에 임명하거나 하위 직급이 없어 다른 직렬의 하위 직급으로 임명하거나 고위공무원단에 속하는 일반직공무원(제4조제2항에 따라 같은 조 제1항의 계급 구분을 적용하지 아니하는 공무원은 제외한다)을 고위공무원단 직위가 아닌 하위 직위에 임명하는 것을 말한다.
5. "전직(轉職)"이란 직렬을 달리하는 임명을 말한다.
6. "전보(轉補)"란 같은 직급 내에서의 보직 변경 또는 고위공무원단 직위 간의 보직 변경(제4조제2항에 따라 같은 조 제1항의 계급 구분을 적용하지 아니하는 공무원은 고위공무원단 직위와 대통령령으로 정하는 직위 간의 보직 변경을 포함한다)을 말한다.
7. "직군(職群)"이란 직무의 성질이 유사한 직렬의 군을 말한다.
8. "직렬(職列)"이란 직무의 종류가 유사하고 그 책임과 곤란성의 정도가 서로 다른 직급의 군을 말한다.
9. "직류(職類)"란 같은 직렬 내에서 담당 분야가 같은 직무의 군을 말한다.
10. "직무등급"이란 직무의 곤란성과 책임도가 상당히 유사한 직위의 군을 말한다.

판례 공무원에 대한 전보인사가 법령이 정한 기준과 원칙에 위배되거나 인사권을 다소 부적절하게 행사한 것으로 볼 여지가 있다 하더라도 그러한 사유만으로 그 전보인사가 당연히 불법행위를 구성한다고 볼 수는 없고, 인사권자가 당해 공무원에 대한 보복감정 등 다른 의도를 가지고 인사재량권을 일탈 · 남용하여 객관적 정당성을 상실하였음이 명백한 경우 등 전보인사가 우리의 건전한 사회통념이나 사회상규상 도저히 용인될 수 없음이 분명한 경우에, 그 전보인사는 위법하게 상대방에게 정신적 고통을 가하는 것이 되어 당해 공무원에 대한 관계에서 불법행위를 구성한다. 그리고 이러한 법리는 구 부패방지법(2001.7.24. 법률 제6494호)에 따라 다른 공직자의 부패행위를 부패방지위원회에 신고한 공무원에 대하여 위 신고행위를 이유로 불이익한 전보인사가 행하여진 경우에도 마찬가지이다.(대판 2009.5.28, 2006다16215)

제2장 중앙인사관장기관
(2008.3.28 본장개정)

제6조【중앙인사관장기관】 ① 인사행정에 관한 기본 정책의 수립과 이 법의 시행 · 운영에 관한 사무는 다음 각 호의 구분에 따라 관장(管掌)한다.
1. 국회는 국회사무총장
2. 법원은 법원행정처장
3. 헌법재판소는 헌법재판소사무처장

4. 선거관리위원회는 중앙선거관리위원회사무총장
5. 행정부는 인사혁신처장(2014.11.19 본호개정)
② 중앙인사관장기관의 장(행정부의 경우에는 인사혁신처장을 말한다. 이하 같다)은 각 기관의 균형적인 인사 운영을 도모하고 인력의 효율적인 활용과 능력 개발을 위하여 법령으로 정하는 바에 따라 인사관리에 관한 총괄적인 사항을 관장한다.(2014.11.19 본항개정)
③ 중앙인사관장기관의 장은 다음 각 호의 어느 하나에 해당하는 경우에는 그 초과된 현원을 총괄하여 관리할 수 있다. 이 경우 결원이 있는 기관의 장은 중앙인사관장기관의 장과 협의하여 결원을 보충하여야 한다.
1. 조직의 개편 등으로 현원이 정원을 초과하는 경우
2. 행정기관별로 고위공무원단에 속하는 공무원의 현원이 정원을 초과하는 경우
④ 행정부 내 각급 기관은 공무원의 임용·인재개발·보수 등 인사 관계 법령(특정직공무원의 인사 관계 법령을 포함하되, 총리령·부령을 제외한다)의 제정 또는 개폐 시에는 인사혁신처장과 협의하여야 한다.(2015.12.24 본항개정)
⑤ 인사혁신처장은 행정부 내 각급 기관의 유연하고 원활한 적재·적소·적시 인사 운영을 지원하여야 한다.(2023.4.11 본항신설)
제7조~제8조의2 (2008.2.29 삭제)
제8조의3【관계 기관 등에 대한 협조 요청】 ① 인사혁신처장은 소관 업무를 수행하기 위하여 필요하면 행정기관·공공단체, 그 밖의 관련 기관에 자료·정보의 제공이나 의견제출 등의 협조를 요청할 수 있다.(2014.11.19 본항개정)
② 제1항에 따라 협조를 요청받은 기관은 특별한 사유가 없으면 이에 따라야 한다.
제8조의4 (2008.2.29 삭제)
제9조【소청심사위원회의 설치】 ① 행정기관 소속 공무원의 징계처분, 그 밖에 그 의사에 반하는 불리한 처분이나 부작위에 대한 소청을 심사·결정하게 하기 위하여 인사혁신처에 소청심사위원회를 둔다.(2014.11.19 본항개정)
② 국회, 법원, 헌법재판소 및 선거관리위원회 소속 공무원의 소청에 관한 사항을 심사·결정하게 하기 위하여 국회사무처, 법원행정처, 헌법재판소사무처 및 중앙선거관리위원회사무처에 각각 해당 소청심사위원회를 둔다.
③ 국회사무처, 법원행정처, 헌법재판소사무처 및 중앙선거관리위원회사무처에 설치된 소청심사위원회는 위원장 1명을 포함한 위원 5명 이상 7명 이하의 비상임위원으로 구성하고, 인사혁신처에 설치된 소청심사위원회는 위원장 1명을 포함한 5명 이상 7명 이하의 상임위원과 상임위원 수의 2분의 1 이상인 비상임위원으로 구성하되, 위원장은 정무직으로 보한다.(2015.5.18 본항개정)
④ 제1항에 따라 설치된 소청심사위원회는 다른 법률로 정하는 바에 따라 특정직공무원의 소청을 심사·결정할 수 있다.
⑤ 소청심사위원회의 조직에 관하여 필요한 사항은 대통령령등으로 정한다.(2015.5.18 본항개정)
제10조【소청심사위원회위원의 자격과 임명】 ① 소청심사위원회의 위원(위원장을 포함한다. 이하 같다)은 다음 각 호의 어느 하나에 해당하고 인사행정에 관한 식견이 풍부한 자 중에서 국회사무총장, 법원행정처장, 헌법재판소사무처장, 중앙선거관리위원회사무총장 또는 인사혁신처장의 제청으로 국회의장, 대법원장, 헌법재판소장, 중앙선거관리위원회위원장 또는 대통령이 임명한다. 이 경우 인사혁신처장이 위원을 임명제청하는 때에는 국무총리를 거쳐야 하고, 인사혁신처에 설치된 소청심사위원회의 위원 중 비상임위원은 제1호 및 제2호의 어느 하나에 해당하는 자 중에서 임명하여야 한다.(2014.11.19 본문개정)
1. 법관·검사 또는 변호사의 직에 5년 이상 근무한 자
2. 대학에서 행정학·정치학 또는 법률학을 담당한 부교수 이상의 직에 5년 이상 근무한 자
3. 3급 이상 공무원 또는 고위공무원단에 속하는 공무원으로 3년 이상 근무한 자
② 소청심사위원회의 상임위원의 임기는 3년으로 하며, 한 번만 연임할 수 있다.
③ (1973.2.5 삭제)
④ 소청심사위원회의 상임위원은 다른 직무를 겸할 수 없다.
⑤ 소청심사위원회의 공무원이 아닌 위원은 「형법」이나 그 밖의 법률에 따른 벌칙을 적용할 때 공무원으로 본다.
(2008.3.28 본항신설)
제10조의2【소청심사위원회위원의 결격사유】 ① 다음 각 호의 어느 하나에 해당하는 자는 소청심사위원회의 위원이 될 수 없다.
1. 제33조 각 호의 어느 하나에 해당하는 자
2. 「정당법」에 따른 정당의 당원
3. 「공직선거법」에 따라 실시하는 선거에 후보자로 등록한 자
② 소청심사위원회위원이 제1항 각 호의 어느 하나에 해당하게 된 때에는 당연히 퇴직한다.
(2008.3.28 본조신설)
제11조【소청심사위원회위원의 신분 보장】 소청심사위원회의 위원은 금고 이상의 형벌이나 장기의 심신 쇠약으로 직무를 수행할 수 없게 된 경우 외에는 본인의 의사에 반하여 면직되지 아니한다.
제12조【소청심사위원회의 심사】 ① 소청심사위원회는 이 법에 따른 소청을 접수하면 지체 없이 심사하여야 한다.
② 소청심사위원회는 제1항에 따른 심사를 할 때 필요하면 검증(檢證)·감정(鑑定), 그 밖의 사실조사를 하거나 증인을 소환하여 질문하거나 관계 서류를 제출하도록 명할 수 있다.
③ 소청심사위원회가 소청 사건을 심사하기 위하여 징계 요구 기관이나 관계 기관의 소속 공무원을 증인으로 소환하면 해당 기관의 장은 이에 따라야 한다.
④ 소청심사위원회는 필요하다고 인정하면 소속 직원에게 사실조사를 하게 하거나 특별한 학식·경험이 있는 자에게 검증이나 감정을 의뢰할 수 있다.
⑤ 소청심사위원회가 증인을 소환하여 질문할 때에는 대통령령등으로 정하는 바에 따라 일당과 여비를 지급하여야 한다.
(2015.5.18 본항개정)
제13조【소청인의 진술권】 ① 소청심사위원회가 소청 사건을 심사할 때에는 대통령령등으로 정하는 바에 따라 소청인 또는 제76조제1항 후단에 따른 대리인에게 진술 기회를 주어야 한다.(2015.5.18 본항개정)
② 제1항에 따른 진술 기회를 주지 아니한 결정은 무효로 한다.
제14조【소청심사위원회의 결정】 ① 소청 사건의 결정은 재적 위원 3분의 2 이상의 출석과 출석 위원 과반수의 합의에 따르되, 의견이 나뉘어 출석 위원 과반수의 합의에 이르지 못하였을 때에는 과반수에 이를 때까지 소청인에게 가장 불리한 의견에 차례로 유리한 의견을 더하여 그 중 가장 유리한 의견을 합의된 의견으로 본다.(2021.6.8 본항개정)
② 제1항에도 불구하고 파면·해임·강등 또는 정직에 해당하는 징계처분을 취소 또는 변경하려는 경우와 효력 유무 또는 존재 여부에 대한 확인을 하려는 경우에는 재적 위원 3분의 2 이상의 출석과 출석 위원 3분의 2 이상의 합의가 있어야 한다. 이 경우 구체적인 결정의 내용은 출석 위원 과반수의 합의에 따르되, 의견이 나뉘어 출석 위원 과반수의 합의에 이르지 못하였을 때에는 과반수에 이를 때까지 소청인에게 가장 불리한 의견에 차례로 유리한 의견을 더하여 그 중 가장 유리한 의견을 합의된 의견으로 본다.(2021.6.8 본항신설)
③ 소청심사위원회의 위원은 그 위원회에 계류(繫留)된 소청 사건의 증인이 될 수 없으며, 다음 각 호의 사항에 관한 소청 사건의 심사·결정에서 제척된다.(2011.5.23 본문개정)
1. 위원 본인과 관계있는 사항
2. 위원 본인과 친족 관계에 있거나 친족 관계에 있었던 자와 관계있는 사항
④ 소청 사건의 당사자는 다음 각 호의 어느 하나에 해당하는 때에는 그 이유를 구체적으로 밝혀 그 위원에 대한 기피를 신청할 수 있고, 소청심사위원회는 해당 위원의 기피 여부를 결정하여야 한다. 이 경우 기피신청을 받은 위원은 그 기피 여부에 대한 결정에 참여할 수 없다.

1. 소청심사위원회의 위원에게 제3항에 따른 제척사유가 있는 경우(2021.6.8 본호개정)
2. 심사·결정의 공정을 기대하기 어려운 사정이 있는 경우
(2011.5.23 본항신설)
⑤ 소청심사위원회 위원은 제4항에 따른 기피사유에 해당하는 때에는 스스로 그 사건의 심사·결정에서 회피할 수 있다.
(2021.6.8 본항개정)
⑥ 소청심사위원회의 결정은 다음과 같이 구분한다.
1. 심사 청구가 이 법이나 다른 법률에 적합하지 아니한 것이면 그 청구를 각하(却下)한다.
2. 심사 청구가 이유 없다고 인정되면 그 청구를 기각(棄却)한다.
3. 처분의 취소 또는 변경을 구하는 심사 청구가 이유 있다고 인정되면 처분을 취소 또는 변경하거나 처분 행정청에 취소 또는 변경할 것을 명한다.
4. 처분의 효력 유무 또는 존재 여부에 대한 확인을 구하는 심사 청구가 이유 있다고 인정되면 처분의 효력 유무 또는 존재 여부를 확인한다.
5. 위법 또는 부당한 거부처분이나 부작위에 대하여 의무 이행을 구하는 심사 청구가 이유 있다고 인정되면 지체 없이 청구에 따른 처분을 하거나 이를 할 것을 명한다.
⑦ 소청심사위원회의 취소명령 또는 변경명령 결정은 그에 따른 징계나 그 밖의 처분이 있을 때까지는 종전에 행한 징계처분 또는 제78조의2에 따른 징계부가금(이하 "징계부가금"이라 한다) 부과처분에 영향을 미치지 아니한다.
(2010.3.22 본항개정)
⑧ 소청심사위원회가 징계처분 또는 징계부가금 부과처분(이하 "징계처분등"이라 한다)을 받은 자의 청구에 따라 소청을 심사할 경우에는 원징계처분보다 무거운 징계 또는 원징계부가금 부과처분보다 무거운 징계부가금을 부과하는 결정을 하지 못한다.(2010.3.22 본항개정)
⑨ 소청심사위원회의 결정은 그 이유를 구체적으로 밝힌 결정서로 하여야 한다.
⑩ 소청의 제기·심리 및 결정, 그 밖에 소청 절차에 필요한 사항은 대통령령등으로 정한다.(2015.5.18 본항개정)

판례 의원면직처분에 대하여 소청심사청구를 한 결과 소청심사위원회가 의원면직처분의 전제가 된 사의표시에 절차상 하자가 있다는 이유로 의원면직처분을 취소하는 결정을 하였다고 하더라도, 그 효력은 의원면직처분을 취소하여 공무원으로서의 신분을 유지하게 하는 것에 그치고, 이때 당해 공무원이 국가공무원법 제78조 제1항 각 호에 정한 징계사유에 해당하는 이상 같은 항에 따라 징계권자로서는 반드시 징계절차를 열어 징계처분을 하여야 하므로, 이것은 소청심사위원회의 의원면직처분취소 결정과는 별개의 절차로서 불이익변경금지의 원칙이 적용되지 않는다.
(대판 2008.10.9, 2008두11853,11860)

제14조의2【임시위원의 임명】 ① 제14조제3항부터 제5항까지의 규정에 따른 소청심사위원회 위원의 제척·기피 또는 회피 등으로 심사·결정에 참여할 수 있는 위원 수가 3명 미만이 된 경우에는 3명이 될 때까지 국회사무총장, 법원행정처장, 헌법재판소사무처장, 중앙선거관리위원회사무총장 또는 인사혁신처장은 임시위원을 임명하여 해당 사건의 심사·결정에 참여하도록 하여야 한다.(2021.6.8 본항개정)
② 임시위원의 자격 등에 관하여는 제10조제1항 각 호 및 같은 조 제5항을, 결격사유에 관하여는 제10조의2를 준용한다.
(2011.5.23 본조신설)

제15조【결정의 효력】 제14조에 따른 소청심사위원회의 결정은 처분 행정청을 기속(羈束)한다.

제16조【행정소송과의 관계】 ① 제75조에 따른 처분, 그 밖에 본인의 의사에 반한 불리한 처분이나 부작위(不作爲)에 관한 행정소송은 소청심사위원회의 심사·결정을 거치지 아니하면 제기할 수 없다.
② 제1항에 따른 행정소송을 제기할 때에는 대통령의 처분 또는 부작위의 경우에는 소속 장관(대통령령으로 정하는 기관의 장을 포함한다. 이하 같다)을, 중앙선거관리위원회위원장의 처분 또는 부작위의 경우에는 중앙선거관리위원회사무총장을 각각 피고로 한다.

제17조【인사에 관한 감사】 ① 인사혁신처장은 대통령령으로 정하는 바에 따라 행정기관의 인사행정 운영의 적정 여부를 정기 또는 수시로 감사할 수 있으며, 필요하면 관계 서류를 제출하도록 요구할 수 있다.(2014.11.19 본항개정)
② 국회·법원·헌법재판소 및 선거관리위원회 소속 공무원의 인사 사무에 대한 감사는 국회의장, 대법원장, 헌법재판소장 또는 중앙선거관리위원회위원장의 명을 받아 국회사무총장, 법원행정처장, 헌법재판소사무처장 및 중앙선거관리위원회사무총장이 각각 실시한다.
③ 제1항과 제2항에 따른 감사 결과 위법 또는 부당한 사실이 발견되면 지체 없이 관계 기관의 장에게 그 시정(是正)과 관계 공무원의 징계를 요구하여야 하며, 관계 기관의 장은 지체 없이 시정하고 관계 공무원을 징계처분하여야 한다.
④ 인사혁신처장은 제1항에 따른 감사 결과 다음 각 호의 어느 하나에 해당하는 사실이 확인된 경우에는 해당 기관의 기관명과 각 호의 사실을 대통령령으로 정하는 바에 따라 공표할 수 있다.
1. 주요 비위 발생의 원인이 행정기관의 장의 지시 또는 중대한 관리 감독 소홀에 기인한 경우
2. 제76조의2제1항에 따른 신고를 받고도 이를 묵인 또는 은폐하거나 필요한 조치를 하지 아니한 경우
3. 제76조의2제1항을 위반하여 불이익한 처분이나 대우를 한 경우
4. 감사 결과 중대한 위법 또는 현저히 부당한 사실이 발견되어 인사혁신처장이 공표가 필요하다고 인정하는 경우
(2018.10.16 본항신설)

제17조의2【위법·부당한 인사행정 신고】 ① 누구든지 위법 또는 부당한 인사행정 운영이 발생하였거나 발생할 우려가 있다고 인정되는 경우에는 중앙인사관장기관의 장에게 신고할 수 있다.
② 누구든지 제1항에 따른 신고를 하지 못하도록 방해하거나 신고를 취하하도록 강요해서는 아니 되며, 신고자에게 신고를 이유로 불이익조치를 해서는 아니 된다.
③ 제1항 및 제2항의 규정에 따른 신고의 절차·방법 및 신고의 처리 등에 필요한 사항은 대통령령등으로 정한다.
(2020.1.29 본조신설)

제17조의3【공익신고 등 신고자 등에 대한 보호】 ① 누구든지 공무원이 다음 각 호의 신고를 하지 못하도록 방해하거나 신고를 취소하도록 강요하여서는 아니 되며, 신고자에게 신고나 이와 관련한 진술, 그 밖에 자료 제출 등을 이유로 불이익조치를 하여서는 아니 된다.
1. 「공익신고자 보호법」 제2조제3호에 따른 공익신고등
2. 「공직자의 이해충돌 방지법」 제18조에 따른 위반행위의 신고
3. 「부정청탁 및 금품등 수수의 금지에 관한 법률」 제13조 또는 제13조의2에 따른 위반행위의 신고
4. 「부패방지 및 국민권익위원회의 설치와 운영에 관한 법률」 제55조 또는 제58조의2에 따른 부패행위의 신고
5. 그 밖에 다른 법령에서 정한 공공의 이익을 침해하는 위법행위에 대한 신고로서 신고자의 보호가 필요하다고 인정되는 신고
② 누구든지 제1항 각 호의 신고를 한 공무원의 인적사항이나 그가 신고자임을 미루어 알 수 있는 사실을 본인의 동의 없이 다른 사람에게 알리거나 공개하여서는 아니 된다.
(2023.4.11 본조신설)

제18조【통계 보고】 ① 국회사무총장, 법원행정처장, 헌법재판소사무처장, 중앙선거관리위원회사무총장 또는 인사혁신처장은 국회·법원·헌법재판소·선거관리위원회 또는 행정 각 기관의 인사에 관한 통계보고 제도를 정하여 실시하고 정기 또는 수시로 필요한 보고를 받을 수 있다.
(2014.11.19 본항개정)
② 제1항의 인사에 관한 통계보고 제도에 관한 사항은 대통령령등으로 정한다.(2015.5.18 본항개정)

제19조【인사기록】 ① 국가기관의 장은 그 소속 공무원의 인사기록을 작성·유지·보관하여야 한다.
② 제1항의 인사기록에 관한 사항은 대통령령등으로 정한다.(2015.5.18 본항개정)
제19조의2【인사관리의 전자화】 ① 국회사무총장, 법원행정처장, 헌법재판소사무처장, 중앙선거관리위원회사무총장 및 인사혁신처장은 공무원의 인사관리를 과학화하기 위하여 공무원의 인사기록을 데이터베이스화하여 관리하고 인사 업무를 전자적으로 처리할 수 있는 시스템을 구축하여 운영할 수 있다.(2014.11.19 본항개정)
② 제1항에 따른 시스템의 구축·운영 등에 필요한 사항은 대통령령등으로 정한다.(2015.5.18 본항개정)
제19조의3【공직후보자 등의 관리】 ① 인사혁신처장은 정무직공무원(선거로 취임하는 공무원은 제외한다), 공무원 채용시험 위원, 위원회 위원 및 제28조의4에 따른 개방형 직위에 관한 일정한 자격을 갖춘 후보자 등 공직에서의 직무수행과 관련된 전문분야의 지식·기술·경험 등을 보유하고 있는 사람(이하 "공직후보자등"이라 한다)을 체계적으로 관리하기 위하여 공직후보자등에 관한 정보를 수집하여 관리할 수 있다.
② 인사혁신처장은 제1항에 따라 공직후보자등에 관한 정보를 수집·관리하는 경우 미리 서면이나 전자 매체로 본인의 동의를 받아야 하며, 본인이 요구하면 관리하는 정보를 폐기하여야 한다. 다만, 본인이 직접 제공한 기관 외의 다른 기관에 제공하는 것을 동의한 정보와 공공 기록물, 출판물, 인터넷 및 언론 보도 등으로 일반에게 공개되고 불특정 다수인이 구입하여 열람할 수 있는 정보는 그러하지 아니하다.
③ 인사혁신처장은 제2항에도 불구하고 공직후보자등의 관리를 위하여 필요하면「개인정보 보호법」제2조제6호에 따른 공공기관에 재직 중인 자이거나 재직하였던 자에 관한 인사 또는 성과평가 등에 관한 자료를 해당 공공기관에 요청할 수 있다.
④ 국가기관, 지방자치단체 및 대통령령으로 정하는 기관의 장(이하 "국가기관등의 장"이라 한다)은 인사상 목적 또는 공직에서의 직무수행과 관련된 전문분야의 지식·기술·경험 등의 활용을 위하여 필요한 경우에는 제1항에 따른 공직후보자등에 관한 정보를 인사혁신처장에게 요청하여 제공받거나 해당 정보를 직접 열람할 수 있다. 이 경우 인사혁신처장은「개인정보 보호법」등 관계 법령에 위배되지 아니하는 범위에서 해당 정보를 제공하거나 열람할 수 있도록 필요한 조치를 취하여야 한다.
⑤ 인사혁신처장은 공직후보자등에 관한 정보를 수집하는 경우 그 목적에 필요한 최소한의 범위에서 수집하여야 하며, 목적 외의 용도로 활용해서는 아니 된다.
⑥ 제4항에 따라 정보를 제공하거나 열람한 국가기관등의 장은 그 정보를 목적 외의 용도로 활용하여서는 아니 된다.
⑦ 제1항부터 제6항까지의 규정에 따른 수집 정보의 범위와 수집 절차, 직접 열람할 수 있는 정보의 범위 및 정보의 활용·보호 등에 필요한 사항은 대통령령으로 정한다.
(2020.1.29 본항신설)
(2020.1.29 본조개정)
제19조의4【인사업무의 전문성 확보】 ① 소속 장관은 각 기관의 직무 및 인력 특성을 반영한 전략적 인사운영을 위하여 인사업무 담당 조직의 전문성이 확보될 수 있는 방안을 마련하여야 한다.
② 소속 장관은 인사혁신처장이 정하는 바에 따라 인사 담당 공무원의 보직기준 등 필요한 인사관리기준을 정하여 인사업무에 대한 전문성 및 자격을 갖춘 사람을 인사 담당 공무원으로 임용하여야 한다.
(2015.12.24 본조신설)
제20조【권한 위탁】 국회사무총장, 법원행정처장, 헌법재판소사무처장, 중앙선거관리위원회사무총장 또는 인사혁신처장은 이 법에 따른 권한의 일부를 대통령령등으로 정하는 바에 따라 다른 기관에 위탁할 수 있다.(2015.5.18 본조개정)

제3장 직위분류제
(2008.3.28 본장개정)

제21조【직위분류제의 확립】 직위분류제에 관하여는 이 법에 규정한 것 외에는 대통령령으로 정한다.
제22조【직위분류제의 원칙】 직위분류를 할 때에는 모든 대상 직위를 직무의 종류와 곤란성 및 책임도에 따라 직군·직렬·직급 또는 직무등급별로 분류하되, 같은 직급이나 같은 직무등급에 속하는 직위에 대하여는 동일하거나 유사한 보수가 지급되도록 분류하여야 한다.
제22조의2【직무분석】 ① 중앙인사관장기관의 장 또는 소속 장관은 합리적인 인사관리를 위하여 필요하면 직무분석을 실시할 수 있다. 다만, 행정부의 경우 인사혁신처장은 법률에 따라 새로 설치되는 기관의 직위에 대하여 직무분석을 실시하는 등 대통령령으로 정하는 경우에는 그 실시대상 직위 및 실시방법 등에 대하여 행정안전부장관과 협의하여야 한다.(2017.7.26 단서개정)
② 제1항에 따른 직무분석의 실시와 그 결과의 활용 등에 필요한 사항은 대통령령등으로 정한다.(2015.5.18 본항개정)
제23조【직위의 정급】 ① 국회사무총장, 법원행정처장, 헌법재판소사무처장, 중앙선거관리위원회사무총장 또는 인사혁신처장은 법령(국회규칙, 대법원규칙, 헌법재판소규칙 및 중앙선거관리위원회규칙을 포함한다)으로 정하는 바에 따라 직위분류제의 적용을 받는 모든 직위를 어느 하나의 직급 또는 직무등급에 배정하여야 한다.
② 국회사무총장, 법원행정처장, 헌법재판소사무처장, 중앙선거관리위원회사무총장 또는 인사혁신처장은 법령(국회규칙, 대법원규칙, 헌법재판소규칙 및 중앙선거관리위원회규칙을 포함한다)으로 정하는 바에 따라 제1항에 따른 정급(定級)을 재심사하고, 필요하다고 인정하면 이를 개정하여야 한다.
③ 행정부의 경우 인사혁신처장은 제1항 및 제2항에 따라 정급을 실시하거나 재심사·개정하는 경우에는 대통령령으로 정하는 바에 따라 행정안전부장관과 협의하여야 한다.
(2017.7.26 본항개정)
(2014.11.19 본조개정)
제24조【직위분류제의 실시】 직위분류제는 대통령령으로 정하는 바에 따라 그 실시가 쉬운 기관, 직무의 종류 및 직위부터 단계적으로 실시할 수 있다.
제25조 (1973.2.5 삭제)

제4장 임용과 시험
(2008.3.28 본장제목개정)

제26조【임용의 원칙】 공무원의 임용은 시험성적·근무성적, 그 밖의 능력의 실증에 따라 행한다. 다만, 국가기관의 장은 대통령령등으로 정하는 바에 따라 장애인·이공계전공자·저소득층·다자녀양육자 등에 대한 채용·승진·전보 등 인사관리상의 우대와 실질적인 양성 평등을 구현하기 위한 적극적인 정책을 실시할 수 있다.(2024.12.31 단서개정)
제26조의2【근무시간의 단축 임용 등】 국가기관의 장은 업무의 특성이나 기관의 사정 등을 고려하여 소속 공무원을 대통령령등으로 정하는 바에 따라 통상적인 근무시간보다 짧게 근무하는 공무원으로 임용 또는 지정할 수 있다.
(2023.4.11 본조개정)
제26조의3【외국인과 복수국적자의 임용】 ① 국가기관의 장은 국가안보 및 보안·기밀에 관계되는 분야를 제외하고 대통령령등으로 정하는 바에 따라 외국인을 공무원으로 임용할 수 있다.(2015.5.18 본항개정)
② 국가기관의 장은 다음 각 호의 어느 하나에 해당하는 분야로서 대통령령등으로 정하는 분야에는 복수국적자(대한민국 국적과 외국 국적을 함께 가진 사람을 말한다. 이하 같다)의 임용을 제한할 수 있다.(2015.5.18 본문개정)

1. 국가의 존립과 헌법 기본질서의 유지를 위한 국가안보 분야
2. 내용이 누설되는 경우 국가의 이익을 해하게 되는 보안·기밀 분야
3. 외교, 국가 간 이해관계와 관련된 정책결정 및 집행 등 복수국적자의 임용이 부적합한 분야

(2011.5.23 본항신설)
(2011.5.23 본조제목개정)

제26조의4【지역 인재의 추천 채용 및 수습근무】 ① 임용권자는 우수한 인재를 공직에 유치하기 위하여 학업 성적 등이 뛰어난 고등학교 이상 졸업자나 졸업 예정자를 추천·선발하여 3년의 범위에서 수습으로 근무하게 하고, 그 근무기간 동안 근무성적과 자질이 우수하다고 인정되는 자는 6급 이하의 공무원(제4조제2항에 따라 같은 조 제1항의 계급 구분이나 직군 및 직렬의 분류를 적용하지 아니하는 공무원 중 6급 이하에 상당하는 공무원을 포함한다. 이하 같다)으로 임용할 수 있다.
② 제33조 각 호의 어느 하나에 해당하는 사람은 제1항에 따른 수습근무를 할 수 없으며, 수습으로 근무 중인 사람이 제33조 각 호의 어느 하나에 해당하게 된 때에는 수습으로 근무할 수 있는 자격을 상실한다.(2015.5.18 본항신설)
③ 제1항에 따라 공무원을 임용하려는 경우에는 행정 분야와 과학기술 분야별로 적정한 구성을 유지하고 지역별 균형을 이루도록 하여야 한다.(2024.12.31 본항개정)
④ 제1항에 따라 수습으로 근무하는 자는 직무상 행위를 하거나 「형법」, 그 밖의 법률에 따른 벌칙을 적용할 때 공무원으로 본다.
⑤ 제1항에 따른 추천·선발 방법, 수습근무 기간, 임용 직급 등에 관한 사항은 대통령령으로 정한다.
(2015.5.18 본조개정)

제26조의5【근무기간을 정하여 임용하는 공무원】 ① 임용권자는 전문지식·기술이 요구되거나 임용관리에 특수성이 요구되는 업무를 담당하게 하기 위하여 경력직공무원을 임용할 때에 일정기간을 정하여 근무하는 공무원(이하 "임기제공무원"이라 한다)을 임용할 수 있다.
② 임기제공무원의 임용요건, 임용절차, 근무상한연령 및 그 밖에 필요한 사항은 대통령령등으로 정한다.(2015.5.18 본항개정)
(2012.12.11 본조신설)

제26조의6【차별금지】 국가기관의 장은 소속 공무원을 임용할 때 합리적인 이유 없이 성별, 종교 또는 사회적 신분 등을 이유로 차별해서는 아니 된다.(2020.1.29 본조신설)

제27조【결원 보충 방법】 국가기관의 결원은 신규채용·승진임용·강임·전직 또는 전보의 방법으로 보충한다.
(2008.3.28 본조개정)

제28조【신규채용】 ① 공무원은 공개경쟁 채용시험으로 채용한다.(2011.5.23 본항개정)
② 제1항에도 불구하고 다음 각 호의 어느 하나에 해당하는 경우에는 경력 등 응시요건을 정하여 같은 사유에 해당하는 다수인을 대상으로 경쟁의 방법으로 채용하는 시험(이하 "경력경쟁채용시험"이라 한다)으로 공무원을 채용할 수 있다. 다만, 제1호, 제3호부터 제5호까지, 제7호 및 제11호의 어느 하나에 해당하는 경우 중 다수인을 대상으로 시험을 실시하는 것이 적당하지 아니하여 대통령령등으로 정하는 경우에는 다수인을 대상으로 하지 아니한 시험으로 공무원을 채용할 수 있다.(2024.12.31 단서개정)
1. 제70조제1항제3호의 사유로 퇴직하거나 제71조제1항제1호의 휴직 기간 만료로 퇴직한 경력직공무원을 퇴직한 날부터 3년(「공무원 재해보상법」에 따른 공무상 부상 또는 질병으로 인한 휴직의 경우에는 5년) 이내에 퇴직 시에 재직한 직급(고위공무원단에 속하는 공무원은 퇴직 시에 재직한 직위와 곤란성과 책임도가 유사한 직위를 말한다. 이하 이 호에서 같다)의 경력직공무원으로 재임용하는 경우 또는 경력직공무원으로 재직하던 중 특수경력직공무원이나 다른 종류의 경력직공무원이 되기 위하여 퇴직한 자를 퇴직 시에 재직한 직급의 경력직공무원으로 재임용하는 경우(2018.3.20 본호개정)
2. 공개경쟁 채용시험으로 임용하는 것이 부적당한 경우에 같은 종류의 직무에 관한 자격증 소지자를 임용하는 경우(2011.5.23 본호개정)
3. 임용예정 직급·직위와 같은 직급·직위(고위공무원단에 속하는 일반직공무원은 임용예정 직위와 곤란성·책임도가 유사한 직위를 말한다)에서의 근무경력 또는 임용예정 직급·직위에 상응하는 근무기간이나 연구 경력이 대통령령등으로 정하는 기간 이상인 사람을 임용하는 경우(2015.5.18 본호개정)
4. 임용 예정직에 관련된 특수 목적을 위하여 설립된 학교(대학원을 포함한다) 중 대통령령으로 정하는 학교의 졸업자로서 각급 기관에서 실무 수습을 마친 자를 임용하는 경우
5. 1급 공무원을 임용하거나 제23조에 따라 배정된 직무등급이 가장 높은 등급의 직위에 고위공무원단에 속하는 일반직공무원을 임용하는 경우(2010.3.22 본호개정)
6. 공개경쟁 채용시험으로 결원을 보충하기 곤란한 특수한 직무분야·환경 또는 섬, 외딴 곳 등 특수한 지역에 근무할 자를 임용하는 경우
7. 지방공무원을 그 직급·직위에 해당하는 국가공무원(고위공무원단에 속하는 일반직공무원으로 임용하는 경우에는 해당 직위와 곤란성과 책임도가 유사한 직위의 국가공무원을 말한다)으로 임용하는 경우(2012.12.11 본호개정)
8. 외국어에 능통하고 국제적 소양과 전문 지식을 지닌 자를 임용하는 경우
9. 임용 예정직에 관련된 전문계·예능계 및 사학계(史學系)의 고등학교·전문대학 및 대학(대학원을 포함한다)의 학과 중 대통령령으로 정하는 학과의 졸업자로서 인사혁신처장이 정하는 바에 따라 해당 학교장의 추천을 받은 자를 연구 또는 과학기술 직렬의 공무원으로 임용하는 경우(2024.12.31 본호개정)
10. 대통령령등으로 정하는 임용 예정직에 관련된 과학기술 분야 또는 공개경쟁 채용시험으로 결원 보충이 곤란한 특수 전문분야의 연구나 근무경력이 있는 자를 임용하는 경우(2015.5.18 본호개정)
11. 제26조의4에 따라 수습근무를 마친 사람을 임용하는 경우(2022.12.27 본호개정)
12. 연고지나 그 밖에 지역적 특수성을 고려하여 일정한 지역에 거주하는 자를 그 지역에 소재하는 기관에 임용하는 경우
13. 「국적법」 제4조 및 제8조에 따라 대한민국 국적을 취득한 사람 또는 「북한이탈주민의 보호 및 정착지원에 관한 법률」 제2조제1호에 따른 북한이탈주민을 임용하는 경우(2012.10.22 본호신설)

③ (2011.5.23 삭제)
④ 경력경쟁채용시험 및 제2항 각 호 외의 부분 단서에 따른 시험(이하 이 조에서 "경력경쟁채용시험등"이라 한다)의 경우에는 제70조제1항제3호의 사유로 퇴직한 사람을 우선하여 채용할 수 있으며, 경력경쟁채용시험등으로 임용할 수 있는 공무원의 직급 또는 직위, 직급별 또는 직위별 응시 자격 및 시험 등에 필요한 사항은 대통령령등으로 정한다.(2015.5.18 본항개정)
⑤ 제2항제6호·제8호 또는 제12호에 따라 경력경쟁채용시험으로 채용된 자는 정원조정·직제개편 등 대통령령등으로 정하는 경우 외에는 5년간 전직이나 해당 기관 외의 기관으로 전보될 수 없으며, 5년 이내에 퇴직하면 그 근무경력은 제2항제3호의 경력경쟁채용시험 응시에 필요한 근무 또는 연구 실적에 넣어 계산하지 아니한다.(2015.5.18 본항개정)
(2008.3.28 본조개정)

제28조의2【전입】 국회, 법원, 헌법재판소, 선거관리위원회 및 행정부 상호 간에 다른 기관 소속 공무원을 전입하려는 때에는 시험을 거쳐 임용하여야 한다. 이 경우 임용 자격

요건 또는 승진소요최저연수·시험과목이 같을 때에는 대통령령등으로 정하는 바에 따라 그 시험의 일부나 전부를 면제할 수 있다.(2015.5.18 후단개정)

제28조의3【전직】 공무원을 전직 임용하려는 때에는 전직시험을 거쳐야 한다. 다만, 대통령령등으로 정하는 전직의 경우에는 시험의 일부나 전부를 면제할 수 있다.(2015.5.18 단서개정)

제28조의4【개방형 직위】 ① 임용권자나 임용제청권자는 해당 기관의 직위 중 전문성이 특히 요구되거나 효율적인 정책 수립을 위하여 필요하다고 판단되어 공직 내부나 외부에서 적격자를 임용할 필요가 있는 직위에 대하여는 개방형 직위로 지정하여 운영할 수 있다.(2024.12.31 후단삭제)
② 임용권자나 임용제청권자는 제1항에 따른 개방형 직위에 대하여는 직위별로 직무의 내용·특성 등을 고려하여 직무수행요건을 설정하고 그 요건을 갖춘 자를 임용하거나 임용제청하여야 한다.
③ (2008.12.31 삭제)
④ 개방형 직위의 운영 등에 필요한 사항은 대통령령등으로 정한다.(2015.5.18 본항개정)
(2008.3.28 본조개정)

제28조의5【공모 직위】 ① 임용권자나 임용제청권자는 해당 기관의 직위 중 효율적인 정책 수립 또는 관리를 위하여 해당 기관 내부 또는 외부의 공무원 중에서 적격자를 임용할 필요가 있는 직위에 대하여는 공모 직위(公募 職位)로 지정하여 운영할 수 있다.
② 임용권자나 임용제청권자는 제1항에 따른 공모 직위에 대하여는 직위별로 직무의 내용·특성 등을 고려하여 직무수행요건을 설정하고 그 요건을 갖춘 자를 임용하거나 임용제청하여야 한다.
③ (2008.12.31 삭제)
④ 중앙인사관장기관의 장은 공모 직위를 운영할 때 각 기관간 인력의 이동과 배치가 적절한 균형을 유지할 수 있도록 관계 기관의 장과 협의하여 이를 조정할 수 있다.
⑤ 공모 직위의 운영 등에 필요한 사항은 대통령령등으로 정한다.(2015.5.18 본항개정)
(2008.3.28 본조개정)

제28조의6【고위공무원단에 속하는 공무원으로의 임용 등】 ① 고위공무원단에 속하는 공무원의 채용과 고위공무원단 직위로의 승진임용, 고위공무원으로서 적격한지 여부 및 그 밖에 고위공무원 임용 제도와 관련하여 대통령령으로 정하는 사항을 심사하기 위하여 인사혁신처에 고위공무원임용심사위원회를 둔다.(2015.12.24 본항개정)
② 고위공무원임용심사위원회는 위원장을 포함하여 5명 이상 9명 이하의 위원으로 구성하며, 위원장은 인사혁신처장이 된다.(2015.12.24 본항개정)
③ 임용권자 또는 임용제청권자는 고위공무원단에 속하는 공무원의 채용 또는 고위공무원단 직위로 승진임용하고자 하는 경우 임용대상자를 선정하여 고위공무원임용심사위원회의 심사를 거쳐 임용 또는 임용제청하여야 한다. 다만, 고위공무원단에 속하는 공무원의 채용에 있어서는 임용절차 간소화, 직무의 특수성 등을 고려하여 경력직 고위공무원을 특수경력직 또는 다른 경력직 고위공무원으로 채용하는 경우 등 대통령령으로 정하는 경우에는 고위공무원임용심사위원회의 심사를 생략할 수 있다.(2008.12.31 단서신설)
④ 고위공무원임용심사위원회의 위원 중 공무원이 아닌 위원은 「형법」이나 그 밖의 법률에 따른 벌칙을 적용할 때에는 공무원으로 본다.(2021.6.8 본항신설)
⑤ 제1항부터 제3항까지에 따른 고위공무원임용심사위원회의 구성 및 운영, 위원자격 등에 관하여 필요한 사항은 대통령령으로 정한다.
(2008.2.29 본조신설)

제29조【시보 임용】 ① 5급 공무원(제4조제2항에 따라 같은 조 제1항의 계급 구분이나 직군 및 직렬의 분류를 적용하지 아니하는 공무원 중 5급에 상당하는 공무원을 포함한다. 이하 같다)을 신규 채용하는 경우에는 1년, 6급 이하의 공무원을 신규 채용하는 경우에는 6개월간 각각 시보(試補)로 임용하고 그 기간의 근무성적·교육훈련성적과 공무원으로서의 자질을 고려하여 정규 공무원으로 임용한다. 다만, 대통령령등으로 정하는 경우에는 시보 임용을 면제하거나 그 기간을 단축할 수 있다.(2015.5.18 본항개정)
② 휴직한 기간, 직위해제 기간 및 징계에 따른 정직이나 감봉 처분을 받은 기간은 제1항의 시보 임용 기간에 넣어 계산하지 아니한다.
③ 시보 임용 기간 중에 있는 공무원이 근무성적·교육훈련성적이 나쁘거나 이 법 또는 이 법에 따른 명령을 위반하여 공무원으로서의 자질이 부족하다고 판단되는 경우에는 제68조와 제70조에도 불구하고 면직시키거나 면직을 제청할 수 있다. 이 경우 구체적인 사유 및 절차 등에 필요한 사항은 대통령령등으로 정한다.(2015.5.18 본항개정)
(2008.3.28 본조개정)

제30조 (1981.4.20 삭제)

제31조【경쟁시험 합격자의 우선임용 및 결원 보충의 조정】 ① 임용권자나 임용제청권자는 결원을 보충할 때 공개경쟁 채용시험 합격자와 공개경쟁 승진시험 합격자를 우선하여 임용하거나 임용제청하여야 한다.
② 중앙인사관장기관의 장은 각급 기관의 5급 이상 공무원(제4조제2항에 따라 같은 조 제1항의 계급 구분을 적용하지 아니하는 공무원 중 5급 이상에 상당하는 공무원을 포함한다. 이하 같다)의 결원을 보충할 때 공개경쟁 채용시험 합격자, 공개경쟁 승진시험 합격자 및 일반 승진시험 합격자의 보충임용이 적절한 균형을 유지할 수 있도록 조정하고 규제하여야 한다.
(2008.3.28 본조개정)

제31조의2【국무위원 임명 전 인사청문 실시】 대통령이 국무위원을 임명하려면 미리 국회의 인사청문을 거쳐야 한다.
(2008.3.28 본조개정)

제32조【임용권자】 ① 행정기관 소속 5급 이상 공무원 및 고위공무원단에 속하는 일반직공무원은 소속 장관의 제청으로 인사혁신처장과 협의를 거친 후에 국무총리를 거쳐 대통령이 임용하되, 고위공무원단에 속하는 일반직공무원의 경우 소속 장관은 해당 기관에 소속되지 아니한 공무원에 대하여도 임용제청할 수 있다. 이 경우 국세청장은 국회의 인사청문을 거쳐 대통령이 임명한다.(2014.11.19 전단개정)
② 소속 장관은 소속 공무원에 대하여 제1항 외의 모든 임용권을 가진다.
③ 대통령은 대통령령으로 정하는 바에 따라 제1항에 따른 임용권의 일부를 소속 장관에게 위임할 수 있으며, 소속 장관은 대통령령으로 정하는 바에 따라 제2항에 따른 임용권의 일부와 대통령으로부터 위임받은 임용권의 일부를 그 보조기관 또는 소속 기관의 장에게 위임하거나 재위임할 수 있다.
④ 국회 소속 공무원은 국회의장이 임용하되, 국회규칙으로 정하는 바에 따라 그 임용권의 일부를 소속 기관의 장에게 위임할 수 있다.
⑤ 법원 소속 공무원은 대법원장이 임용하되, 대법원규칙으로 정하는 바에 따라 그 임용권의 일부를 소속 기관의 장에게 위임할 수 있다.
⑥ 헌법재판소 소속 공무원은 헌법재판소장이 임용하되, 헌법재판소규칙으로 정하는 바에 따라 그 임용권의 일부를 헌법재판소 사무처장에게 위임할 수 있다.
⑦ 선거관리위원회 소속 5급 이상 공무원은 중앙선거관리위원회의 의결을 거쳐 중앙선거관리위원회위원장이 임용하고, 6급 이하의 공무원은 중앙선거관리위원회사무총장이 임용한다. 이 경우 중앙선거관리위원회위원장은 중앙선거관리위원회규칙으로 정하는 바에 따라 중앙선거관리위원회 상임위원·사무총장 및 시·도선거관리위원회위원장에게, 중앙선거관리위원회사무총장은 시·도선거관리위원회위원장에게 그 임용권의 일부를 각각 위임할 수 있다.
(2012.12.11 전단개정)
(2008.3.28 본조개정)

제32조의2【인사교류】 인사혁신처장은 행정기관 상호간, 행정기관과 교육·연구기관 또는 공공기관 간에 인사교류가 필요하다고 인정하면 인사교류계획을 수립하고, 국무총리의 승인을 받아 이를 실시할 수 있다.(2014.11.19 본조개정)

제32조의3【겸임】 직위와 직무 내용이 유사하고 담당 직무 수행에 지장이 없다고 인정하면 대통령령등으로 정하는 바에 따라 경력직공무원 상호 간에 겸임하게 하거나 경력직공무원과 대통령령으로 정하는 관련 교육·연구기관, 그 밖의 기관·단체의 임직원 간에 서로 겸임하게 할 수 있다.
(2021.6.8 본조개정)

제32조의4【파견근무】 ① 국가기관의 장은 국가적 사업의 수행 또는 그 업무 수행과 관련된 행정 지원이나 연수, 그 밖에 능력 개발 등을 위하여 필요하면 소속 공무원을 다른 국가기관·공공단체·국내외의 교육기관·연구기관, 그 밖의 기관에 일정 기간 파견근무하게 할 수 있으며, 국가적 사업의 공동 수행 또는 전문성이 특히 요구되는 특수 업무의 효율적 수행 등을 위하여 필요하면 국가기관 외의 기관·단체의 임직원을 파견받아 근무하게 할 수 있다.(2023.4.11 본항개정)

② 파견권자는 파견 사유가 소멸하거나 파견 목적이 달성될 가망이 없으면 그 공무원을 지체 없이 원래의 소속 기관에 복귀시켜야 한다.

③ 제1항에 따라 국가기관 외의 기관·단체에서 파견된 임직원은 직무상 행위를 하거나 「형법」, 그 밖의 법률에 따른 벌칙을 적용할 때 공무원으로 본다.

④ 공무원을 파견근무하게 하거나 국가기관 외의 기관·단체의 임직원을 파견받아 근무하게 하는 경우 그 사유·기간·절차, 파견된 자의 인사교류를 위한 신규 채용, 파견된 자의 승진임용, 파견근무 중 복무, 그 밖에 필요한 사항은 대통령령등으로 정한다.(2015.5.18 본항개정)
(2008.3.28 본조개정)

제32조의5【보직관리의 원칙】 ① 임용권자나 임용제청권자는 법령으로 따로 정하는 경우 외에는 소속 공무원의 직급과 직류를 고려하여 그 직급에 상응하는 일정한 직위를 부여하여야 한다. 다만, 고위공무원단에 속하는 일반직공무원과 제4조제2항제1호에 따른 공무원 중 계급 구분 및 직군·직렬의 분류가 적용되지 아니하는 공무원에 대하여는 자격·경력 등을 고려하여 그에 상응하는 일정한 직위를 부여하여야 한다.(2012.12.11 단서개정)

② 소속 공무원을 보직할 때에는 그 공무원의 전공분야·훈련·근무경력·전문성·적성 등을 고려하여 적격한 직위에 임용하여야 한다. 이 경우 보직관리 기준에 필요한 사항은 대통령령등으로 정한다.(2015.5.18 후단개정)

제33조【결격사유】 다음 각 호의 어느 하나에 해당하는 자는 공무원으로 임용될 수 없다.
1. 피성년후견인(2021.1.12 본호개정)
2. 파산선고를 받고 복권되지 아니한 자
3. 금고 이상의 실형을 선고받고 그 집행이 끝나거나(집행이 끝난 것으로 보는 경우를 포함한다) 집행이 면제된 날부터 5년이 지나지 아니한 자(2023.4.11 본호개정)
4. 금고 이상의 형의 집행유예를 선고받고 그 유예기간이 끝난 날부터 2년이 지나지 아니한 자(2023.4.11 본호개정)
5. 금고 이상의 형의 선고유예를 받은 경우에 그 선고유예 기간 중에 있는 자
6. 법원의 판결 또는 다른 법률에 따라 자격이 상실되거나 정지된 자

6의2. 공무원으로 재직기간 중 직무와 관련하여 「형법」 제355조 및 제356조에 규정된 죄를 범한 자로서 300만원 이상의 벌금형을 선고받고 그 형이 확정된 후 2년이 지나지 아니한 자(2010.3.22 본호신설)

6의3. 다음 각 목의 어느 하나에 해당하는 죄를 범한 사람으로서 100만원 이상의 벌금형을 선고받고 그 형이 확정된 후 3년이 지나지 아니한 사람(2022.12.27 본문개정)
가. 「성폭력범죄의 처벌 등에 관한 특례법」 제2조에 따른 성폭력범죄
나. 「정보통신망 이용촉진 및 정보보호 등에 관한 법률」 제74조제1항제2호 및 제3호에 규정된 죄
다. 「스토킹범죄의 처벌 등에 관한 법률」 제2조제2호에 따른 스토킹범죄
(2022.12.27 가목~다목신설)

6의4. 미성년자에 대하여 「성폭력범죄의 처벌 등에 관한 특례법」 제2조에 따른 성폭력범죄 또는 「아동·청소년의 성보호에 관한 법률」 제2조제2호에 따른 아동·청소년대상 성범죄를 범한 사람으로서 다음 각 목의 어느 하나에 해당하는 날부터 20년이 지나지 아니한 사람
가. 금고 이상의 실형을 선고받고 그 집행이 끝나거나(집행이 끝난 것으로 보는 경우를 포함한다) 집행이 면제된 날
나. 금고 이상의 형의 집행유예를 선고받고 그 집행유예가 확정된 날
다. 벌금 이하의 형을 선고받고 그 형이 확정된 날
라. 치료감호를 선고받고 그 집행이 끝나거나 집행이 면제된 날
마. 징계로 파면처분 또는 해임처분을 받은 날
(2024.12.31 본호개정)

7. 징계로 파면처분을 받은 때부터 5년이 지나지 아니한 자
8. 징계로 해임처분을 받은 때부터 3년이 지나지 아니한 자
(2008.3.28 본조개정)

제33조의2【벌금형의 분리 선고】 「형법」 제38조에도 불구하고 제33조제6호의2 또는 제6호의3 각 목에 규정된 죄와 다른 죄의 경합범(競合犯)에 대하여 벌금형을 선고하는 경우에는 이를 분리 선고하여야 한다.(2022.12.27 본조개정)

제34조【시험 실시기관】 ① 행정기관 소속 공무원의 채용시험·승진시험, 그 밖의 시험은 인사혁신처장 또는 인사혁신처장이 지정하는 소속기관의 장이 실시한다. 다만, 인사혁신처장 또는 그 소속기관의 장이 단독으로 실시하기 곤란하면 관계 기관과 공동으로 실시할 수 있으며, 인사혁신처장은 대통령령으로 정하는 바에 따라 그 시험의 일부를 다른 행정기관의 장에게 위임하여 실시할 수 있다.(2015.12.24 본항개정)

② (2004.3.11 삭제)

③ 국회 및 법원 소속 공무원의 채용시험·승진시험, 그 밖의 시험은 국회사무처 또는 법원행정처에서 실시한다. 이 경우 국회사무총장 또는 법원행정처장은 국회규칙 또는 대법원규칙으로 정하는 바에 따라 그 시험의 일부를 소속 기관에 위임하여 실시할 수 있다.

④ 헌법재판소 소속 공무원의 채용시험·승진시험, 그 밖의 시험은 헌법재판소사무처에서 실시한다. 다만, 헌법재판소 사무처장은 그 시험의 전부나 일부를 인사혁신처장 또는 법원행정처장에게 위탁하여 실시할 수 있다.(2014.11.19 단서개정)

⑤ 선거관리위원회 소속 공무원의 채용시험·승진시험, 그 밖의 시험은 중앙선거관리위원회사무처에서 실시하되, 중앙선거관리위원회규칙으로 정하는 바에 따라 그 시험의 일부를 시·도선거관리위원회에 위임하여 실시할 수 있다. 다만, 중앙선거관리위원회사무총장은 시험의 전부나 일부를 인사혁신처장에게 위탁하여 실시하거나 인사혁신처장이 실시한 공개경쟁 채용시험에 합격한 자를 선거관리위원회에서 실시한 공개경쟁 채용시험에 합격한 자로 보아 임용할 수 있다.
(2014.11.19 단서개정)
(2008.3.28 본조개정)

제35조【평등의 원칙】 공개경쟁에 따른 채용시험은 같은 자격을 가진 모든 국민에게 평등하게 공개하여야 하며 시험의 시기와 장소는 응시자의 편의를 고려하여 결정한다.
(2008.3.28 본조개정)

제36조【응시 자격】 각종 시험에 있어서 담당할 직무 수행에 필요한 최소한도의 자격요건은 대통령령등으로 정한다.
(2015.5.18 본조개정)

제36조의2【채용시험의 가점】 ① 다음 각 호의 어느 하나에 해당하는 사람이 공무원 채용시험에 응시하면 일정한 점수를 가산할 수 있다.

1. 「국가기술자격법」이나 그 밖의 법령에 따른 자격을 취득한 사람
2. 「의사상자 등 예우 및 지원에 관한 법률」 제2조제2호에 따른 의사자의 배우자 또는 자녀
3. 「의사상자 등 예우 및 지원에 관한 법률」 제2조제3호에 따른 의상자 및 그 배우자 또는 자녀

② 제1항에 따라 가산할 수 있는 구체적 대상, 가산 점수, 가산 방법 등에 필요한 사항은 대통령령등으로 정한다.
(2015.5.18 본조개정)

제37조【시험의 공고】 ① 공개경쟁 채용시험, 공개경쟁 승진시험 또는 경력경쟁채용시험을 실시할 때에는 임용예정 직급·직위, 응시 자격, 선발 예정 인원, 시험의 방법·시기·장소, 그 밖에 필요한 사항을 대통령령등으로 정하는 바에 따라 공고하여야 한다. 다만, 제28조제2항 단서에 따라 다수인을 대상으로 하지 아니한 시험의 경우에는 공고하지 아니할 수 있다.
② 원활한 결원 보충을 위하여 필요하면 근무예정 지역 또는 근무예정 기관을 미리 정하여 공개경쟁 채용시험을 실시할 수 있다. 이 경우 그 시험에 따라 채용된 공무원은 대통령령등으로 정하는 기간 동안 해당 근무 지역 또는 근무 기관에 근무하여야 한다.
(2015.5.18 본조개정)

제38조【채용후보자 명부】 ① 시험 실시기관의 장은 공개경쟁 채용시험에 합격한 사람을 대통령령등으로 정하는 바에 따라 채용후보자 명부에 등재하여야 한다.(2015.5.18 본항개정)
② 제28조제1항에 따른 공무원 공개경쟁 채용시험에 합격한 사람의 채용후보자 명부의 유효기간은 2년의 범위에서 대통령령등으로 정한다. 다만, 시험 실시기관의 장은 필요에 따라 1년의 범위에서 그 기간을 연장할 수 있다.(2015.5.18 본문개정)
③ 다음 각 호의 기간은 제2항에 따른 기간에 넣어 계산하지 아니한다.
1. 공개경쟁 채용시험 합격자가 채용후보자 명부에 등재된 후 그 유효기간 내에 「병역법」에 따른 병역 복무를 위하여 군에 입대한 경우(대학생 군사훈련 과정 이수자를 포함한다)의 의무복무 기간
2. 대통령령등으로 정하는 사유로 임용되지 못한 기간
(2015.5.18 본호개정)

④ 제2항에 따라 시험 실시기관의 장이 채용후보자 명부의 유효기간을 연장하기로 결정하면 지체 없이 이를 공고하여야 한다.
(2008.3.28 본조개정)

제39조【채용후보자의 임용 절차】 ① 시험 실시기관의 장은 채용후보자 명부에 등재된 채용후보자를 대통령령등으로 정하는 바에 따라 임용권이나 임용제청권을 갖는 기관에 추천하여야 한다. 다만, 공개경쟁 채용시험 합격자의 우선임용을 위하여 필요하면 인사혁신처장이 채용후보자를 제32조제1항부터 제3항까지의 규정에도 불구하고 근무할 기관을 지정하여 임용하거나 임용제청할 수 있다.(2015.5.18 본문개정)
② 각 임용권자나 임용제청권자는 제1항에 따라 추천받은 채용후보자를 임용한 때에는 그 결과를 시험 실시기관의 장에게 지체 없이 알려야 한다.
③ 채용후보자가 다음 각 호의 어느 하나에 해당하면 채용후보자로서의 자격을 잃는다.
1. 제1항에 따라 추천받은 기관의 임용 또는 임용제청에 따르지 아니한 경우
2. 제50조에 따른 시보 공무원이 될 자에 대한 교육훈련에 따르지 아니한 경우
3. 훈련 성적이 나쁘거나 본인의 귀책사유로 교육훈련을 계속 받을 수 없게 되거나 채용후보자로서 품위를 크게 손상하는 행위를 하는 등 공무원으로서 직무를 수행하기 곤란하다고 판단되는 경우. 이 경우 구체적인 사유 및 절차 등에 필요한 사항은 대통령령등으로 정한다.(2022.12.27 전단개정)

④ 임용권자는 채용후보자에 대하여 임용 전에 실무 수습을 실시할 수 있다. 이 경우 실무 수습 중인 채용후보자는 그 직무상 행위를 하거나 「형법」 또는 그 밖의 법률에 따른 벌칙을 적용할 때에는 공무원으로 본다.(2012.10.22 본항신설)
(2008.3.28 본조개정)

제40조【승진】 ① 승진임용은 근무성적평정·경력평정, 그 밖에 능력의 실증에 따른다. 다만, 1급부터 3급까지의 공무원으로의 승진임용 및 고위공무원단 직위로의 승진임용의 경우에는 능력과 경력 등을 고려하여 임용하며, 5급 공무원으로의 승진임용의 경우에는 승진시험을 거치도록 하되, 필요하다고 인정하면 대통령령등으로 정하는 바에 따라 승진심사위원회의 심사를 거쳐 임용할 수 있다.
② 6급 이하 공무원으로의 승진임용의 경우 필요하다고 인정하면 대통령령등으로 정하는 바에 따라 승진시험을 병용(竝用)할 수 있다.
③ 승진에 필요한 계급별 최저 근무연수, 승진 제한, 그 밖에 승진에 필요한 사항은 대통령령등으로 정한다.
(2015.5.18 본조개정)

제40조의2【승진임용의 방법】 ① 1급 공무원으로의 승진은 바로 하급 공무원 중에서, 2급 및 3급 공무원으로의 승진은 같은 직군 내의 바로 하급 공무원 중에서 각각 임용하거나 임용제청하며, 고위공무원단 직위로의 승진임용은 대통령령으로 정하는 자격·경력 등을 갖춘 자 중에서 임용하거나 임용제청한다.
② 승진시험에 따른 승진은 승진시험 합격자 중에서 대통령령등으로 정하는 승진임용 순위에 따라 임용하거나 임용제청한다. 다만, 공개경쟁 승진시험에 합격하여 승진후보자 명부에 등재된 자의 임용방법에 관하여는 제39조제1항과 제2항을 준용한다.(2015.5.18 본문개정)
③ 제1항과 제2항 외의 승진은 같은 직렬의 바로 하급 공무원 중에서 임용하되, 임용하려는 결원의 수에 대하여 승진후보자 명부의 높은 순위에 있는 자부터 차례로 대통령령등으로 정하는 범위에서 임용하거나 임용제청하여야 한다.
(2015.5.18 본항개정)
④ 각급 기관의 장은 대통령령등으로 정하는 바에 따라 근무성적·경력평정, 그 밖에 능력의 실증에 따른 순위에 따라 직급별로 승진후보자 명부를 작성한다.(2015.5.18 본항개정)
⑤ 5급 공무원 공개경쟁 승진시험에 합격한 자의 승진후보자 명부는 국회사무총장, 법원행정처장, 헌법재판소사무처장, 중앙선거관리위원회사무총장 또는 인사혁신처장이 작성한다.(2014.11.19 본항개정)
(2008.3.28 본조개정)

제40조의3【승진 심사】 ① 제40조의2제1항·제3항 또는 제40조의4제1항제1호부터 제3호까지의 규정에 따라 임용하거나 임용제청을 할 때에는 미리 승진심사위원회의 심사를 거쳐야 한다.
② 제1항에 따른 승진 심사를 위하여 국회사무총장, 법원행정처장, 헌법재판소사무처장 또는 중앙선거관리위원회사무총장 소속으로 중앙승진심사위원회를 두고, 행정부 소속 공무원의 승진 심사는 제28조의6제3항에 따라 고위공무원임용심사위원회가 담당하며, 각 임용권자나 임용제청권자 단위별로 보통승진심사위원회를 둔다.
③ 승진심사위원회의 구성·권한 및 운영, 그 밖에 필요한 사항은 대통령령등으로 정한다.(2015.5.18 본항개정)
(2008.3.28 본조개정)

제40조의4【우수 공무원 등의 특별승진】 ① 공무원이 다음 각 호의 어느 하나에 해당하면 제40조 및 제40조의2에도 불구하고 특별승진임용하거나 일반 승진시험에 우선 응시하게 할 수 있다.
1. 청렴하고 투철한 봉사 정신으로 직무에 모든 힘을 다하여 공무 집행의 공정성을 유지하고 깨끗한 공직 사회를 구현하는 데에 다른 공무원의 귀감(龜鑑)이 되는 자
2. 직무수행 능력이 탁월하여 행정 발전에 큰 공헌을 한 자
3. 제53조에 따른 제안의 채택·시행으로 국가 예산을 절감하는 등 행정 운영 발전에 뚜렷한 실적이 있는 자

4. 재직 중 공적이 특히 뚜렷한 자가 제74조의2에 따라 명예퇴직 할 때
5. 재직 중 공적이 특히 뚜렷한 자가 공무로 사망한 때
② 특별승진의 요건, 그 밖에 필요한 사항은 대통령령등으로 정한다.(2015.5.18 본항개정)
(2008.3.28 본조개정)

제41조【승진시험 방법】 ① 승진시험은 일반 승진시험과 공개경쟁 승진시험으로 구분한다.
② 일반 승진시험은 승진후보자 명부의 높은 순위에 있는 자부터 차례로 임용하려는 결원 또는 결원과 예상 결원을 합한 총결원의 2배수 이상 5배수 이내 범위의 자에 대하여 실시하며, 시험성적 점수와 승진후보자 명부에 따른 평정 점수를 합산한 종합 성적에 따라 합격자를 결정한다. 다만, 유능한 공무원을 발탁하기 위하여 승진기회의 확대가 필요한 경우에는 대통령령으로 정하는 바에 따라 배수의 범위를 달리하여 시험을 실시할 수 있다.(2011.5.23 단서신설)
③ 공개경쟁 승진시험은 5급 공무원 승진에 한정하되, 기관 간 승진기회의 균형을 유지하고 유능한 공무원을 발탁하기 위하여 필요한 경우에 실시하며, 시험성적에 따라 합격자를 결정한다.
④ 제2항과 제3항에 따른 승진시험의 응시 대상자, 응시 방법, 합격자 결정 방법, 합격의 효력, 그 밖에 승진시험에 필요한 사항은 대통령령등으로 정한다.(2015.5.18 본항개정)
(2008.3.28 본조개정)

제42조【국가유공자 우선 임용】 ① 공무원을 임용할 때에 법령으로 정하는 바에 따라 국가유공자를 우선 임용하여야 한다.
② 제1항에 따른 우선 임용에 관한 사항은 국회사무총장, 법원행정처장, 헌법재판소사무처장, 중앙선거관리위원회사무총장 또는 인사혁신처장이 관장한다. 다만, 그 임용에 관한 법령의 제정·개폐 또는 중요 정책에 관하여는 국가보훈부장관과 협의한다.(2023.3.4 단서개정)
(2008.3.28 본조개정)

제43조【휴직·파견 등의 결원보충 등】 ① 공무원이 제71조제1항제1호·제3호·제5호·제6호, 제71조제2항 또는 제73조의2에 따라 6개월 이상 휴직하면 휴직일부터 그 휴직자의 직급·직위 또는 상당 계급(고위공무원단에 속하는 공무원은 해당 휴직자의 직위와 곤란성과 책임도가 유사한 직위를 말한다)에 해당하는 정원이 따로 있는 것으로 보고 결원을 보충할 수 있다. 다만, 휴직기간 중에 당초 휴직 사유와 같은 사유로 휴직기간을 연장하는 경우로서 휴직기간 연장을 명한 날부터 최종 휴직기간이 끝나는 날까지의 기간이 6개월 이상인 경우에는 휴직기간 연장을 명한 날부터 결원을 보충할 수 있다.(2023.4.11 단서개정)
② 제1항에도 불구하고 다음 각 호의 어느 하나에 해당하는 경우 대통령령등으로 정하는 경우에 한정하여 그 휴가 또는 휴직의 시작일부터 결원을 보충할 수 있다.
1. 병가와 제71조제1항제1호에 따른 휴직을 연속하여 6개월 이상 사용하는 경우
2. 출산휴가와 제71조제2항제4호에 따른 휴직을 연속하여 6개월 이상 사용하는 경우
(2023.4.11 본항신설)
③ 공무원을 제32조의4에 따라 파견하는 경우에는 대통령령등으로 정하는 바에 따라 파견 기간 중 그 파견하는 직급(고위공무원단에 속하는 일반직공무원은 그 파견하는 직위와 곤란성과 책임도가 유사한 직위를 말한다. 이하 이 조에서 같다)에 해당하는 정원이 따로 있는 것으로 보고 결원을 보충할 수 있다. 다만, 남은 파견기간이 2개월 이하인 경우에는 그러하지 아니하다.(2015.5.18 본문개정)
④ 파면처분·해임처분·면직처분 또는 강등처분에 대하여 소청심사위원회나 법원에서 무효나 취소의 결정 또는 판결을 하면 그 파면처분·해임처분·면직처분 또는 강등처분에 따라 결원을 보충하였던 때부터 파면처분·해임처분·면직처분 또는 강등처분을 받은 사람의 처분 전 직급·직위에 해당하는 정원이 따로 있는 것으로 본다.(2012.12.11 본항개정)
⑤ 제73조의3제1항제3호·제4호 또는 제6호에 따라 직위해제를 한 경우로서 직위해제 기간이 6개월을 경과하면 직위해제된 사람의 직급·직위 또는 상당 계급(고위공무원단에 속하는 공무원은 해당 직위해제된 사람의 직위와 곤란성과 책임도가 유사한 직위를 말한다. 이하 이 항에서 같다)에 해당하는 정원이 따로 있는 것으로 보고 결원을 보충할 수 있다. 다만, 다음 각 호의 어느 하나에 해당하는 경우에는 해당 호에서 정하는 때에 그 정원이 따로 있는 것으로 보고 결원을 보충할 수 있다.(2024.12.31 본문개정)
1. 제78조의4제3항에 따라 징계의결이 요구되어 제73조의3제1항제3호에 따른 직위해제를 하는 경우에는 해당 직위해제를 한 때
2. 제73조의3제1항제4호 또는 제6호에 따라 직위해제를 한 경우(해당 직위해제에 연속하여 동일한 비위행위로 같은 항 제3호의 직위해제를 한 경우를 포함한다)로서 다음 각 목의 요건을 모두 충족하는 경우에는 직위해제를 한 날부터 3개월이 경과한 때
가. 직위해제된 사람의 직급·직위 또는 상당 계급의 직무특성에 비추어 해당 기관의 정상적인 업무수행에 현저한 지장을 초래할 우려가 있을 것
나. 인사혁신처장과의 협의 결과 긴급한 결원 보충의 필요성이 인정될 것
(2024.12.31 1호~2호신설)
⑥ 제1항부터 제4항까지 및 제5항 본문에 따른 정원은 다음 각 호의 어느 하나에 해당하는 사유가 발생한 이후 그 직급·직위에 최초로 결원이 발생한 때에 각각 소멸된 것으로 본다. 다만, 제1항에 따른 특수경력직공무원의 정원은 제1호의 사유가 발생한 때에 소멸된 것으로 본다.(2023.4.11 본문개정)
1. 휴직자의 복직
2. 파견된 자의 복귀
3. 파면·해임·면직된 사람의 복귀 또는 강등된 사람의 처분 전 직급 회복(2012.12.11 본호개정)
4. 직위해제된 사람에 대한 직위 부여(2021.6.8 본호신설)
(2008.3.28 본조개정)

제43조의2~제43조의3 (1978.12.5 삭제)

제44조【시험 또는 임용의 방해행위 금지】 누구든지 시험 또는 임용에 관하여 고의로 방해하거나 부당한 영향을 주는 행위를 하여서는 아니 된다.(2008.3.28 본조개정)

제45조【인사에 관한 부정행위 금지】 누구든지 채용시험·승진·임용, 그 밖에 인사기록에 관하여 거짓이나 부정하게 진술·기재·증명·채점 또는 보고하여서는 아니 된다.
(2008.3.28 본조개정)

제45조의2【채용시험 등 부정행위자에 대한 조치】 ① 시험실시기관의 장은 채용시험·승진시험, 그 밖의 시험에서 다른 사람에게 대신하여 응시하게 하는 행위 등 대통령령으로 정하는 부정행위를 한 사람에 대하여 대통령령으로 정하는 바에 따라 해당 시험의 정지·무효 또는 합격 취소 처분을 할 수 있다. 이 경우 처분을 받은 사람에 대하여는 처분이 있은 날부터 5년의 범위에서 대통령령으로 정하는 기간 동안 채용시험·승진시험, 그 밖의 시험의 응시자격을 정지할 수 있다.
② 시험실시기관의 장은 제1항에 따른 처분(시험의 정지는 제외한다)을 하려는 때에는 미리 그 처분 내용과 사유를 당사자에게 통지하여 소명할 기회를 주어야 한다.
(2015.5.18 본조신설)

제45조의3【채용 비위 관련자의 합격 등 취소】 ① 시험실시기관의 장 또는 임용권자는 누구든지 공무원 채용과 관련하여 대통령령등으로 정하는 비위를 저질러 유죄판결이 확정된 경우에는 그 비위 행위로 인하여 채용시험에 합격하거나 임용된 사람에 대하여 대통령령등으로 정하는 바에 따라 합격 또는 임용을 취소할 수 있다. 이 경우 취소 처분을 하기 전에 미리 그 내용과 사유를 당사자에게 통지하고 소명할 기회를 주어야 한다.
② 제1항에 따른 취소 처분은 합격 또는 임용 당시로 소급하여 효력이 발생한다.
(2021.6.8 본조신설)

제5장 보 수

(2008.3.28 본장개정)

제46조【보수 결정의 원칙】 ① 공무원의 보수는 직무의 곤란성과 책임의 정도에 맞도록 계급별·직위별 또는 직무등급별로 정한다. 다만, 다음 각 호의 어느 하나에 해당하는 공무원의 보수는 따로 정할 수 있다.(2012.12.11 단서개정)

1. 직무의 곤란성과 책임도가 매우 특수하거나 결원을 보충하는 것이 곤란한 직무에 종사하는 공무원
2. 제4조제2항에 따라 같은 조 제1항의 계급 구분이나 직군 및 직렬의 분류를 적용하지 아니하는 공무원
3. 임기제공무원

(2012.12.11 1호~3호신설)

② 공무원의 보수는 일반의 표준 생계비, 물가 수준, 그 밖의 사정을 고려하여 정하되, 민간 부문의 임금 수준과 적절한 균형을 유지하도록 노력하여야 한다.

③ 경력직공무원 간의 보수 및 경력직공무원과 특수경력직공무원 간의 보수는 균형을 도모하여야 한다.

④ 공무원의 보수 중 봉급에 관하여는 법률로 정한 것 외에는 대통령령으로 정한다.

⑤ 이 법이나 그 밖의 법률에 따른 보수에 관한 규정에 따르지 아니하고는 어떠한 금전이나 유가물(有價物)도 공무원의 보수로 지급할 수 없다.

제47조【보수에 관한 규정】 ① 공무원의 보수에 관한 다음 각 호의 사항은 대통령령으로 정한다.

1. 봉급·호봉 및 승급에 관한 사항
2. 수당에 관한 사항
3. 보수 지급 방법, 보수의 계산, 그 밖에 보수 지급에 관한 사항

② 제1항에도 불구하고 특수 수당과 제51조제2항에 따른 상여금(賞與金)의 지급 또는 특별승급에 관한 사항은 대통령령등으로 정한다.(2015.5.18 본항개정)

③ 제1항에 따른 보수를 거짓이나 그 밖의 부정한 방법으로 수령한 경우에는 수령한 금액의 5배의 범위에서 가산하여 징수할 수 있다.(2021.6.8 본항개정)

④ 제3항에 따라 가산하여 징수할 수 있는 보수의 종류, 가산금액 등에 관한 사항은 대통령령으로 정한다.(2012.12.11 본항개정)

제48조【실비 변상 등】 ① 공무원은 보수 외에 대통령령등으로 정하는 바에 따라 직무 수행에 필요한 실비(實費) 변상을 받을 수 있다.(2015.5.18 본항개정)

② 공무원이 소속 기관장의 허가를 받아 본래의 업무 수행에 지장이 없는 범위에서 담당 직무 외의 특수한 연구과제를 위탁받아 처리하면 그 보상을 지급받을 수 있다.

③ 제1항 및 제2항에 따른 실비 변상이나 보상을 거짓이나 그 밖의 부정한 방법으로 수령한 경우에는 수령한 금액의 5배의 범위에서 가산하여 징수할 수 있다.(2021.6.8 본항개정)

④ 제3항에 따라 가산하여 징수할 수 있는 실비 변상 및 보상의 종류, 가산금액 등에 관한 사항은 대통령령으로 정한다.(2012.12.11 본항신설)

제49조【국가기관 외의 기관 등에서 파견된 자의 보수】 제32조의4제1항에 따라 국가기관 외의 기관·단체에서 파견된 임직원의 보수는 파견한 기관이 지급하며, 파견받은 기관은 제48조를 준용하여 실비 변상 등을 할 수 있다. 다만, 특히 필요한 경우 파견받은 기관은 파견한 기관과 협의하여 보수를 지급할 수 있다.

제6장 능 률

(2008.3.28 본장개정)

제50조【인재개발】 ① 모든 공무원과 시보 공무원이 될 사람은 국민 전체에 대한 봉사자로서 갖추어야 할 공직가치를 확립하고, 담당 직무를 효과적으로 수행할 수 있는 미래지향적 역량과 전문성을 배양하기 위하여 법령으로 정하는 바에 따라 교육훈련을 받고 자기개발 학습을 하여야 한다.(2015.12.24 본항개정)

② 국회사무총장, 법원행정처장, 헌법재판소사무처장, 중앙선거관리위원회사무총장 또는 인사혁신처장은 각 기관의 협조를 받아 인재개발에 관한 종합적인 기획 및 조정을 한다.(2015.12.24 본항개정)

③ 각 기관의 장과 관리직위에 있는 공무원은 지속적인 인재개발을 통하여 소속 직원의 공직가치를 확립하고 미래지향적 역량과 전문성을 향상시킬 책임을 진다.(2015.12.24 본항개정)

④ 교육훈련 실적은 인사관리에 반영하여야 한다.

(2015.12.24 본조제목개정)

제50조의2【적극행정의 장려】 ① 각 기관의 장은 소속 공무원의 적극행정(공무원이 불합리한 규제의 개선 등 공공의 이익을 위해 업무를 적극적으로 처리하는 행위를 말한다. 이하 이 조에서 같다)을 장려하기 위하여 대통령령등으로 정하는 바에 따라 인사상 우대 및 교육의 실시 등에 관한 계획을 수립·시행할 수 있다.

② 적극행정 추진에 관한 다음 각 호의 사항을 심의하기 위하여 각 기관에 적극행정위원회를 설치·운영할 수 있다.

1. 제1항에 따른 계획 수립에 관한 사항
2. 공무원이 불합리한 규제의 개선 등 공공의 이익을 위해 업무를 적극적으로 추진하기 위하여 해당 업무의 처리 기준, 절차, 방법 등에 관한 의견 제시를 요청한 사항
3. 그 밖에 적극행정 추진을 위하여 필요하다고 대통령령등으로 정하는 사항

③ 공무원이 적극행정을 추진한 결과에 대하여 해당 공무원의 행위에 고의 또는 중대한 과실이 없다고 인정되는 경우에는 대통령령등으로 정하는 바에 따라 이 법 또는 다른 공무원 인사 관계 법령에 따른 징계 또는 징계부가금 부과 의결을 하지 아니한다.

④ 인사혁신처장은 각 기관의 적극행정 문화 조성을 위하여 필요한 사업을 발굴하고 추진할 수 있다.

⑤ 적극행정위원회의 구성·운영 및 적극행정을 한 공무원에 대한 인사상 우대 등 적극행정을 장려하기 위하여 필요한 사항은 대통령령등으로 정한다.

(2021.6.8 본조신설)

제51조【근무성적의 평정】 ① 각 기관의 장은 정기 또는 수시로 소속 공무원의 근무성적을 객관적이고 엄정하게 평정하여 인사관리에 반영하여야 한다.

② 제1항에 따른 근무성적평정 결과 근무성적이 우수한 자에 대하여는 상여금을 지급하거나 특별승급시킬 수 있다.

③ 제1항의 근무성적평정에 관한 사항은 대통령령등으로 정한다.(2015.5.18 본항개정)

제52조【능률 증진을 위한 실시사항】 ① 중앙인사관장기관의 장은 공무원의 근무능률을 높이기 위하여 공무원의 보건·휴양·안전·후생, 그 밖에 필요한 사항에 대한 기준을 설정하여야 하며, 각 기관의 장은 이를 실시하여야 한다.(2015.5.18 본항개정)

② 중앙인사관장기관의 장은 장애인 공무원의 원활한 직무수행을 위하여 「장애인고용촉진 및 직업재활법」 제19조의2에 따른 근로지원인 서비스의 제공(중증장애인 공무원에 대한 것으로 한정한다) 또는 같은 법 제21조제1항제2호에 따른 작업 보조 공학기기 또는 장비 등의 제공 등에 필요한 지원을 할 수 있다.(2021.7.20 본항개정)

③ 중앙인사관장기관의 장은 제2항에 따른 지원업무를 효율적으로 추진하기 위하여 전문기관을 지정하여 수행하게 할 수 있고, 그 지원업무 수행에 필요한 경비의 전부 또는 일부를 출연하거나 보조할 수 있다.(2015.5.18 본항신설)

④ 제2항에 따른 지원의 세부내용 및 방법 등과 제3항에 따른 전문기관의 지정 기준, 지정 및 지정취소의 절차 등에 필요한 사항은 대통령령등으로 정한다.(2015.5.18 본항신설)

제53조【제안 제도】 ① 행정 운영의 능률화와 경제화를 위한 공무원의 창의적인 의견이나 고안(考案)을 계발하고 이

를 채택하여 행정 운영의 개선에 반영하도록 하기 위하여 제안 제도를 둔다.
② 제안이 채택되고 시행되어 국가 예산을 절약하는 등 행정 운영 발전에 뚜렷한 실적이 있는 자에게는 상여금을 지급할 수 있으며 특별승진이나 특별승급을 시킬 수 있다.
③ 제2항에 따른 상여금이나 그 밖에 제안 제도의 운영에 필요한 사항은 대통령령으로 정한다.
제54조【상훈 제도】 ① 공무원으로서 직무에 힘을 다하거나 사회에 공헌한 공적이 뚜렷한 자에게는 훈장 또는 포장을 수여하거나 표창을 한다.
② 제1항에 따른 훈장·포장 및 표창에 관한 사항은 법률로 정한 것 외에는 대통령령으로 정한다. 다만, 표창에 관한 사항은 국회규칙, 대법원규칙, 헌법재판소규칙 또는 중앙선거관리위원회규칙으로도 정할 수 있다.

제7장 복 무
(2008.3.28 본장개정)

제55조【선서】 공무원은 취임할 때에 소속 기관장 앞에서 대통령령등으로 정하는 바에 따라 선서(宣誓)하여야 한다. 다만, 불가피한 사유가 있으면 취임 후에 선서하게 할 수 있다.(2015.5.18 본문개정)
제56조【성실 의무】 모든 공무원은 법령을 준수하며 성실히 직무를 수행하여야 한다.
제57조【복종의 의무】 공무원은 직무를 수행할 때 소속 상관의 직무상 명령에 복종하여야 한다.
제58조【직장 이탈 금지】 ① 공무원은 소속 상관의 허가 또는 정당한 사유가 없으면 직장을 이탈하지 못한다.
② 수사기관이 공무원을 구속하려면 그 소속 기관의 장에게 미리 통보하여야 한다. 다만, 현행범은 그러하지 아니하다.
제59조【친절·공정의 의무】 공무원은 국민 전체의 봉사자로서 친절하고 공정하게 직무를 수행하여야 한다.
제59조의2【종교중립의 의무】 ① 공무원은 종교에 따른 차별 없이 직무를 수행하여야 한다.
② 공무원은 소속 상관이 제1항에 위배되는 직무상 명령을 한 경우에는 이에 따르지 아니할 수 있다.
(2009.2.6 본조신설)
제60조【비밀 엄수의 의무】 공무원은 재직 중은 물론 퇴직 후에도 직무상 알게 된 비밀을 엄수(嚴守)하여야 한다.
제61조【청렴의 의무】 ① 공무원은 직무와 관련하여 직접적이든 간접적이든 사례·증여 또는 향응을 주거나 받을 수 없다.
② 공무원은 직무상의 관계가 있든 없든 그 소속 상관에게 증여하거나 소속 공무원으로부터 증여를 받아서는 아니 된다.
제62조【외국 정부의 영예 등을 받을 경우】 공무원이 외국 정부로부터 영예나 증여를 받을 경우에는 대통령의 허가를 받아야 한다.
제63조【품위 유지의 의무】 공무원은 직무의 내외를 불문하고 그 품위가 손상되는 행위를 하여서는 아니 된다.
판례 공무원의 1인 시위, 언론 기고 등의 행위가 국가공무원법 제63조의 품위유지의무를 위반한 것인지 여부에 관하여, 이 법에 규정된 품위유지의무란 공무원이 직무의 내외를 불문하고, 국민의 신뢰를 실추시킬 우려가 있는 행위를 하지 않아야 할 의무라고 해석할 수 있다. 공무원이 외부에 자신의 상사 등을 비판하는 의견을 발표하는 행위는 그것이 비록 행정조직의 개선과 발전에 도움이 되고, 궁극적으로 행정청의 권한행사의 적정화에 기여하는 면이 있다고 할지라도, 국민들로 하여금 공무원 본인은 물론 행정조직 전체의 공정성, 중립성, 신중성 등에 대하여 의문을 갖게 하여 행정에 대한 국민의 신뢰를 실추시킬 위험성이 더욱 크다고 할 것이므로, 공무원으로서의 체면이나 위신을 손상시키는 행위에 해당한다.
(대판 2017.4.13, 2014두8469)
제64조【영리 업무 및 겸직 금지】 ① 공무원은 공무 외에 영리를 목적으로 하는 업무에 종사하지 못하며 소속 기관장의 허가 없이 다른 직무를 겸할 수 없다.
② 제1항에 따른 영리를 목적으로 하는 업무의 한계는 대통령령등으로 정한다.(2015.5.18 본항개정)
제65조【정치 운동의 금지】 ① 공무원은 정당이나 그 밖의 정치단체의 결성에 관여하거나 이에 가입할 수 없다.
<2020.4.23 헌법재판소 단순위헌결정으로 이 항 중 '국가공무원법 제2조 제2항 제2호의 교육공무원 가운데 초·중등교육법 제19조 제1항의 교원은 그 밖의 정치단체의 결성에 관여하거나 이에 가입할 수 없다.' 부분은 헌법에 위반>
② 공무원은 선거에서 특정 정당 또는 특정인을 지지 또는 반대하기 위한 다음의 행위를 하여서는 아니 된다.
1. 투표를 하거나 하지 아니하도록 권유 운동을 하는 것
2. 서명 운동을 기도(企圖)·주재(主宰)하거나 권유하는 것
3. 문서나 도서를 공공시설 등에 게시하거나 게시하게 하는 것
4. 기부금을 모집 또는 모집하게 하거나, 공공자금을 이용 또는 이용하게 하는 것
5. 타인에게 정당이나 그 밖의 정치단체에 가입하게 하거나 가입하지 아니하도록 권유 운동을 하는 것
③ 공무원은 다른 공무원에게 제1항과 제2항에 위배되는 행위를 하도록 요구하거나, 정치적 행위에 대한 보상 또는 보복으로서 이익 또는 불이익을 약속하여서는 아니 된다.
④ 제3항 외에 정치적 행위의 금지에 관한 한계는 대통령령등으로 정한다.(2015.5.18 본항개정)
제66조【집단 행위의 금지】 ① 공무원은 노동운동이나 그 밖에 공무 외의 일을 위한 집단 행위를 하여서는 아니 된다. 다만, 사실상 노무에 종사하는 공무원은 예외로 한다.
② 제1항 단서의 사실상 노무에 종사하는 공무원의 범위는 대통령령등으로 정한다.(2015.5.18 본항개정)
③ 제1항 단서에 규정된 공무원으로서 노동조합에 가입된 자가 조합 업무에 전임하려면 소속 장관의 허가를 받아야 한다.
④ 제3항에 따른 허가에는 필요한 조건을 붙일 수 있다.
판례 대한법률구조공단(이하 '공단'이라 한다)은 경제적으로 어렵거나 법을 몰라서 법의 보호를 충분히 받지 못하는 사람에게 법률구조를 할 목적으로 설립된 특수목적법인으로 그 임직원의 직무에는 공공성·공익성이 인정되고, 소속 변호사의 경우 특정직 공무원인 검사에 준하여 급여를 받기는 하나, 공단 임직원의 지위나 직무성격을 헌법과 법률에서 보장하는 국가공무원과 같은 정도로 규정하고 있다고 보기 어렵고, 법률구조법 등에서 공단 임직원에게 국가공무원법 제66조제1항을 직접 적용한다고 규정하고 있지도 않으므로, 국가공무원법 제66조제1항에서 정하는 노동운동과 그 밖에 공무 외의 일을 위한 집단행위를 하지 않을 의무를 부담하지 않는다.
(대판 2023.4.13, 2021다254799)
제67조【위임 규정】 공무원의 복무에 관하여 필요한 사항은 이 법에 규정한 것 외에는 대통령령등으로 정한다.
(2015.5.18 본조개정)

제8장 신분 보장
(2008.3.28 본장개정)

제68조【의사에 반한 신분 조치】 공무원은 형의 선고, 징계처분 또는 이 법에서 정하는 사유에 따르지 아니하고는 본인의 의사에 반하여 휴직·강임 또는 면직을 당하지 아니한다. 다만, 1급 공무원과 제23조에 따라 배정된 직무등급이 가장 높은 등급의 직위에 임용된 고위공무원단에 속하는 공무원은 그러하지 아니하다.(2010.3.22 본조개정)
제69조【당연퇴직】 공무원이 다음 각 호의 어느 하나에 해당할 때에는 당연히 퇴직한다.
1. 제33조제2호부터 제6호까지, 제6호의2부터 제6호의4까지, 제7호 및 제8호 중 어느 하나에 해당하는 경우. 다만, 제33조제2호는 파산선고를 받은 사람으로서 「채무자 회생 및 파산에 관한 법률」에 따라 신청기한 내에 면책신청을 하지 아니하였거나 면책불허가 결정 또는 면책 취소가 확정된 경우만 해당하고, 제33조제5호는 「형법」 제129조부터 제132조까지, 「성폭력범죄의 처벌 등에 관한 특례법」 제2조, 「정보통신망 이용촉진 및 정보보호 등에 관한 법률」 제74조제1항제2호·제3호, 「스토킹범죄의 처벌 등에 관한 법률」 제2조제2호, 「아동·청소년의 성보호에 관한 법률」 제

2조제2호 및 직무와 관련하여 「형법」 제355조 또는 제356조에 규정된 죄를 범한 사람으로서 금고 이상의 형의 선고유예를 받은 경우만 해당한다.(2024.12.31 본문개정)
2. 임기제공무원의 근무기간이 만료된 경우
(2012.12.11 본조개정)

제70조【직권 면직】 ① 임용권자는 공무원이 다음 각 호의 어느 하나에 해당하면 직권으로 면직시킬 수 있다.
1.~2. (1991.5.31 삭제)
3. 직제와 정원의 개폐 또는 예산의 감소 등에 따라 폐직(廢職) 또는 과원(過員)이 되었을 때
4. 휴직 기간이 끝나거나 휴직 사유가 소멸된 후에도 직무에 복귀하지 아니하거나 직무를 감당할 수 없을 때
5. 제73조의3제3항에 따라 대기 명령을 받은 자가 그 기간에 능력 또는 근무성적의 향상을 기대하기 어렵다고 인정된 때
6. 전직시험에서 세 번 이상 불합격한 자로서 직무수행 능력이 부족하다고 인정된 때
7. 병역판정검사·입영 또는 소집의 명령을 받고 정당한 사유 없이 이를 기피하거나 군복무를 위하여 휴직 중에 있는 자가 군복무 중 군무(軍務)를 이탈하였을 때(2016.5.29 본호개정)
8. 해당 직급·직위에서 직무를 수행하는데 필요한 자격증의 효력이 없어지거나 면허가 취소되어 담당 직무를 수행할 수 없게 된 때(2012.12.11 본호개정)
9. 고위공무원단에 속하는 공무원이 제70조의2에 따른 적격심사 결과 부적격 결정을 받은 때
② 임용권자는 제1항제3호부터 제8호까지의 규정에 따라 면직시킬 경우에는 미리 관할 징계위원회의 의견을 들어야 한다. 다만, 제1항제5호에 따라 면직시킬 경우에는 징계위원회의 동의를 받아야 한다.
③ 임용권자나 임용제청권자는 제1항제3호에 따라 소속 공무원을 면직시킬 때에는 임용 형태, 업무 실적, 직무수행 능력, 징계처분 사실 등을 고려하여 면직 기준을 정하여야 한다.
④ 제3항에 따른 면직 기준을 정하거나 제1항제3호에 따라 면직 대상자를 결정할 때에는 임용권자 또는 임용제청권자(임용권자나 임용제청권자가 분명하지 아니하면 중앙인사관장기관의 장을 말한다)별로 심사위원회를 구성하여 그 심사위원회의 심의·의결을 거쳐야 한다.
⑤ 제4항에 따른 심사위원회의 위원장은 임용권자 또는 임용제청권자가 되며, 위원은 면직 대상자보다 상위 계급자 또는 고위공무원단에 속하는 일반직공무원 중에서 위원장이 지명하는 5명 이상 7명 이하로 구성하되, 면직 대상자의 상위 직급자 또는 고위공무원단에 속하는 일반직공무원을 우선하여 지명하여야 한다. 다만, 상위 계급자 또는 고위공무원단에 속하는 일반직공무원이 부족하면 4명 이내로 구성할 수 있다.(2015.5.18 본문개정)
⑥ 제1항제4호에 따른 직권 면직일은 휴직 기간이 끝난 날 또는 휴직 사유가 소멸한 날로 한다.

제70조의2【적격심사】 ① 고위공무원단에 속하는 일반직공무원은 다음 각 호의 어느 하나에 해당하면 고위공무원으로서 적격한지 여부에 대한 심사(이하 "적격심사"라 한다)를 받아야 한다.
1. (2014.1.7 삭제)
2. 근무성적평정에서 최하위 등급의 평정을 총 2년 이상 받은 때. 이 경우 고위공무원단에 속하는 일반직공무원으로 임용되기 전에 고위공무원단에 속하는 별정직공무원으로 재직한 경우에는 그 재직기간 중에 받은 최하위등급의 평정을 포함한다.(2012.12.11 후단개정)
3. 대통령령으로 정하는 정당한 사유 없이 직위를 부여받지 못한 기간이 총 1년에 이른 때(2014.1.7 본호개정)
4. 다음 각 목의 경우에 모두 해당할 때
가. 근무성적평정에서 최하위 등급을 1년 이상 받은 사실이 있는 경우. 이 경우 고위공무원단에 속하는 일반직공무원으로 임용되기 전에 고위공무원단에 속하는 별정직공무원으로 재직한 경우에는 그 재직기간 중에 받은 최하위 등급을 포함한다.
나. 대통령령으로 정하는 정당한 사유 없이 6개월 이상 직위를 부여받지 못한 사실이 있는 경우
5. 제3항 단서에 따른 조건부 적격자가 교육훈련을 이수하지 아니하거나 연구과제를 수행하지 아니한 때
(2014.1.7 4호~5호신설)
② 적격심사는 제1항 각 호의 어느 하나에 해당하게 된 때부터 6개월 이내에 실시하여야 한다.(2014.1.7 본항개정)
③ 적격심사는 근무성적, 능력 및 자질의 평정에 따르되, 고위공무원의 직무를 계속 수행하게 하는 것이 곤란하다고 판단되는 사람을 부적격자로 결정한다. 다만, 교육훈련 또는 연구과제 등을 통하여 근무성적 및 능력의 향상이 기대되는 사람은 조건부 적격자로 결정할 수 있다.(2014.1.7 본항개정)
④ 제3항 단서에 따른 조건부 적격자의 교육훈련 이수 및 연구과제 수행에 관한 확인 방법·절차 등 필요한 사항은 대통령령으로 정한다.(2014.1.7 본항신설)
⑤ 제1항부터 제3항까지의 규정에 따른 적격심사는 제28조의6제1항에 따른 고위공무원임용심사위원회에서 실시한다.(2011.5.23 본항개정)
⑥ 소속 장관은 소속 공무원이 제1항 각 호의 어느 하나에 해당되면 지체 없이 인사혁신처장에게 적격심사를 요구하여야 한다.(2014.11.19 본항개정)

제71조【휴직】 ① 공무원이 다음 각 호의 어느 하나에 해당하면 임용권자는 본인의 의사에도 불구하고 휴직을 명하여야 한다.
1. 신체·정신상의 장애로 장기 요양이 필요할 때
2. (1978.12.5 삭제)
3. 「병역법」에 따른 병역 복무를 마치기 위하여 징집 또는 소집된 때
4. 천재지변이나 전시·사변, 그 밖의 사유로 생사(生死) 또는 소재(所在)가 불명확하게 된 때
5. 그 밖에 법률의 규정에 따른 의무를 수행하기 위하여 직무를 이탈하게 된 때
6. 「공무원의 노동조합 설립 및 운영 등에 관한 법률」 제7조에 따라 노동조합 전임자로 종사하게 된 때
② 임용권자는 공무원이 다음 각 호의 어느 하나에 해당하는 사유로 휴직을 원하면 휴직을 명할 수 있다. 다만, 제4호의 경우에는 대통령령으로 정하는 특별한 사정이 없으면 휴직을 명하여야 한다.
1. 국제기구, 외국 기관, 국내외의 대학·연구기관, 다른 국가기관 또는 대통령령으로 정하는 민간기업, 그 밖의 기관에 임시로 채용될 때
2. 국외 유학을 하게 된 때
3. 중앙인사관장기관의 장이 지정하는 연구기관이나 교육기관 등에서 연수하게 된 때
4. 8세 이하 또는 초등학교 2학년 이하의 자녀를 양육하기 위하여 필요하거나 여성공무원이 임신 또는 출산하게 된 때(2024.12.31 본호개정)
5. 조부모, 부모(배우자의 부모를 포함한다), 배우자, 자녀 또는 손자녀를 부양하거나 돌보기 위하여 필요한 경우. 다만, 조부모나 손자녀의 돌봄을 위하여 휴직할 수 있는 경우는 본인 외에 돌볼 사람이 없는 등 대통령령등으로 정하는 요건을 갖춘 경우로 한정한다.(2021.6.8 본호개정)
6. 외국에서 근무·유학 또는 연수하게 되는 배우자를 동반하게 된 때
7. 대통령령등으로 정하는 기간 동안 재직한 공무원이 직무 관련 연구과제 수행 또는 자기개발을 위하여 학습·연구 등을 하게 된 때(2015.12.24 본호신설)
③ 임기제공무원에 대하여는 제1항제1호·제3호 및 제2항제4호에 한정하여 제1항 및 제2항을 적용한다.(2020.1.29 후단삭제)
④ 임용권자는 제2항제4호에 따른 휴직을 이유로 인사에 불리한 처우를 하여서는 아니 된다.
⑤ 제1항부터 제4항까지의 규정에 따른 휴직 제도 운영에 관하여 필요한 사항은 대통령령등으로 정한다.(2015.5.18 본항개정)

제72조【휴직 기간】 휴직 기간은 다음과 같다.
1. 제71조제1항제1호에 따른 휴직기간은 1년 이내로 하되, 부득이한 경우 1년의 범위에서 연장할 수 있다. 다만, 다음 각 목의 어느 하나에 해당하는 공무상 질병 또는 부상으로 인한 휴직기간은 3년 이내로 하되, 의학적 소견 등을 고려하여 대통령령등으로 정하는 바에 따라 2년의 범위에서 연장할 수 있다.(2021.6.8 단서개정)
   가. 「공무원 재해보상법」 제22조제1항에 따른 요양급여 지급 대상 부상 또는 질병(2018.3.20 본목개정)
   나. 「산업재해보상보험법」 제40조에 따른 요양급여 결정 대상 질병 또는 부상(2015.5.18 본목신설)
2. 제71조제1항제3호와 제5호에 따른 휴직 기간은 그 복무 기간이 끝날 때까지로 한다.
3. 제71조제1항제4호에 따른 휴직 기간은 3개월 이내로 한다.
4. 제71조제2항제1호에 따른 휴직 기간은 그 채용 기간으로 한다. 다만, 민간기업이나 그 밖의 기관에 채용되면 3년 이내로 한다.
5. 제71조제2항제2호와 제6호에 따른 휴직 기간은 3년 이내로 하되, 부득이한 경우에는 2년의 범위에서 연장할 수 있다.
6. 제71조제2항제3호에 따른 휴직 기간은 2년 이내로 한다.
7. 제71조제2항제4호에 따른 휴직 기간은 자녀 1명에 대하여 3년 이내로 한다.(2015.5.18 본호개정)
8. 제71조제2항제5호에 따른 휴직 기간은 1년 이내로 하되, 재직 기간 중 총 3년을 넘을 수 없다.
9. 제71조제1항제6호에 따른 휴직 기간은 그 전임 기간으로 한다.
10. 제71조제2항제7호에 따른 휴직 기간은 1년 이내로 한다.(2015.12.24 본호신설)

제73조【휴직의 효력】 ① 휴직 중인 공무원은 신분은 보유하나 직무에 종사하지 못한다.
② 휴직 기간 중 그 사유가 없어지면 30일 이내에 임용권자 또는 임용제청권자에게 신고하여야 하며, 임용권자는 지체 없이 복직을 명하여야 한다.
③ 휴직 기간이 끝난 공무원이 30일 이내에 복귀 신고를 하면 당연히 복직된다.

제73조의2【특수경력직공무원의 휴직】 ① 정무직공무원에 대하여는 제71조제1항제3호, 같은 조 제2항제4호, 같은 조 제4항, 제72조제2호·제7호 및 제73조를 준용한다.
② 별정직공무원에 대하여는 제71조제1항제1호·제3호·제4호, 같은 조 제2항제4호·제5호, 같은 조 제4항, 제72조제1호부터 제3호까지, 같은 조 제7호·제8호 및 제73조를 준용한다.
③ (2012.12.11 삭제)
④ 특수경력직공무원의 휴직에 대하여 다른 법률에 특별한 규정이 있는 경우에는 그 규정에 따른다.

제73조의3【직위해제】 ① 임용권자는 다음 각 호의 어느 하나에 해당하는 자에게는 직위를 부여하지 아니할 수 있다.
1. (1973.2.5 삭제)
2. 직무수행 능력이 부족하거나 근무성적이 극히 나쁜 자
3. 파면·해임·강등 또는 정직에 해당하는 징계 의결이 요구 중인 자(2010.3.22 본호개정)
4. 형사 사건으로 기소된 자(약식명령이 청구된 자는 제외한다)
5. 고위공무원단에 속하는 일반직공무원으로서 제70조의2제1항제2호부터 제5호까지의 사유로 적격심사를 요구받은 자(2014.1.7 본호개정)
6. 금품비위, 성범죄 등 대통령령으로 정하는 비위행위로 인하여 감사원 및 검찰·경찰 등 수사기관에서 조사나 수사 중인 자로서 비위의 정도가 중대하고 이로 인하여 정상적인 업무수행을 기대하기 현저히 어려운 자(2015.5.18 본호신설)
② 제1항에 따라 직위를 부여하지 아니한 경우에 그 사유가 소멸되면 임용권자는 지체 없이 직위를 부여하여야 한다.
③ 임용권자는 제1항제2호에 따라 직위해제된 자에게 3개월의 범위에서 대기를 명한다.
④ 임용권자 또는 임용제청권자는 제3항에 따라 대기 명령을 받은 자에게 능력 회복이나 근무성적의 향상을 위한 교육훈련 또는 특별한 연구과제의 부여 등 필요한 조치를 하여야 한다.
⑤ 공무원에 대하여 제1항제2호의 직위해제 사유와 같은 항 제3호·제4호 또는 제6호의 직위해제 사유가 경합(競合)할 때에는 같은 항 제3호·제4호 또는 제6호의 직위해제 처분을 하여야 한다.(2015.5.18 본항개정)

제73조의4【강임】 ① 임용권자는 직제 또는 정원의 변경이나 예산의 감소 등으로 직위가 폐직되거나 하위의 직위로 변경되어 과원이 된 경우 또는 본인이 동의한 경우에는 소속 공무원을 강임할 수 있다.(2010.3.22 본항개정)
② 제1항에 따라 강임된 공무원은 상위 직급 또는 고위공무원단 직위에 결원이 생기면 제40조·제40조의2·제40조의4 및 제41조에도 불구하고 우선 임용된다. 다만, 본인이 동의하여 강임된 공무원은 본인의 경력과 해당 기관의 인력 사정 등을 고려하여 우선 임용될 수 있다.

제74조【정년】 ① 공무원의 정년은 다른 법률에 특별한 규정이 있는 경우를 제외하고는 60세로 한다.(2008.6.13 본항개정)
② (2008.6.13 삭제)
③ (1998.2.24 삭제)
④ 공무원은 그 정년에 이른 날이 1월부터 6월 사이에 있으면 6월 30일에, 7월부터 12월 사이에 있으면 12월 31일에 각각 당연히 퇴직된다.

제74조의2【명예퇴직 등】 ① 공무원으로 20년 이상 근속(勤續)한 자가 정년 전에 스스로 퇴직(임기제공무원이 아닌 경력직공무원이 임기제공무원으로 임용되어 퇴직하는 경우로서 대통령령으로 정하는 경우를 포함한다)하면 예산의 범위에서 명예퇴직 수당을 지급할 수 있다.(2012.12.11 본항개정)
② 직제와 정원의 개폐 또는 예산의 감소 등에 따라 폐직 또는 과원이 되었을 때에 20년 미만 근속한 자가 정년 전에 스스로 퇴직하면 예산의 범위에서 수당을 지급할 수 있다.
③ 제1항에 따라 명예퇴직수당을 지급받은 자가 다음 각 호의 어느 하나에 해당하는 경우에는 명예퇴직수당을 지급한 국가기관의 장이 그 명예퇴직 수당을 환수하여야 한다. 다만, 제2호에 해당하는 경우로서 국가공무원으로 재임용된 경우에는 재임용한 국가기관의 장이 환수하여야 한다.(2012.10.22 본문개정)
1. 재직 중의 사유로 금고 이상의 형을 받은 경우
1의2. 재직 중에 「형법」 제129조부터 제132조까지에 규정된 죄를 범하여 금고 이상의 형의 선고유예를 받은 경우(2012.10.22 본호신설)
1의3. 재직 중에 직무와 관련하여 「형법」 제355조 또는 제356조에 규정된 죄를 범하여 300만원 이상의 벌금형을 선고받고 그 형이 확정되거나 금고 이상의 형의 선고유예를 받은 경우(2012.10.22 본호신설)
2. 경력직공무원, 그 밖에 대통령령등으로 정하는 공무원으로 재임용되는 경우(2015.5.18 본호개정)
3. 명예퇴직 수당을 초과하여 지급받거나 그 밖에 명예퇴직 수당의 지급 대상이 아닌 자가 지급받은 경우
④ 제3항에 따라 명예퇴직수당을 환수하여야 하는 국가기관의 장은 환수 대상자가 납부기한까지 환수금을 납부하지 아니하면 국세강제징수의 예에 따라 징수할 수 있다. 이 경우 체납액의 징수가 사실상 곤란하다고 판단되는 경우에는 징수 대상자의 주소지를 관할하는 세무서장에게 징수를 위탁한다.(2021.6.8 본항개정)
⑤ 제1항에 따른 명예퇴직 수당과 제2항에 따른 수당의 지급대상범위·지급액·지급절차와 제3항 및 제4항에 따른 명예퇴직 수당의 환수액·환수절차 등에 필요한 사항은 대통령령등으로 정한다.(2015.5.18 본항개정)

제74조의3【별정직공무원의 자진퇴직에 따른 수당】 ① 다른 법률에 특별한 규정이 있는 경우 외에는 별정직공무원(비서관·비서는 제외한다)이 직제와 정원의 개폐 또는 예산의 감소 등으로 폐직 또는 과원이 되었을 때에 스스로 퇴

직하면 예산의 범위에서 수당을 지급할 수 있다.(2011.5.23 본항개정)
② 제1항에 따른 수당의 지급대상범위·지급액·지급절차 등에 필요한 사항은 대통령령등으로 정한다.(2015.5.18 본항개정)
(2011.5.23 본조제목개정)

제9장 권익의 보장
(2008.3.28 본장개정)

제75조【처분사유 설명서의 교부】 ① 공무원에 대하여 징계처분등을 할 때나 강임·휴직·직위해제 또는 면직처분을 할 때에는 그 처분권자 또는 처분제청권자는 처분사유를 적은 설명서를 교부(交付)하여야 한다. 다만, 본인의 원(願)에 따른 강임·휴직 또는 면직처분은 그러하지 아니하다.
(2010.3.22 본문개정)
② 처분권자 또는 처분제청권자는 피해자가 요청하는 경우 다음 각 호의 어느 하나에 해당하는 사유로 처분사유 설명서를 교부할 때에는 그 징계처분결과를 피해자에게 함께 통보하여야 한다.(2024.12.31 본문개정)
1. 「성폭력범죄의 처벌 등에 관한 특례법」 제2조에 따른 성폭력범죄
2. 「양성평등기본법」 제3조제2호에 따른 성희롱
3. 직장에서의 지위나 관계 등의 우위를 이용하여 업무상 적정범위를 넘어 다른 공무원 등에게 부당한 행위를 하거나 신체적·정신적 고통을 주는 등의 행위로서 대통령령등으로 정하는 행위
(2023.4.11 1호~3호신설)

제76조【심사청구와 후임자 보충 발령】 ① 제75조에 따른 처분사유 설명서를 받은 공무원이 그 처분에 불복할 때에는 그 설명서를 받은 날부터, 공무원이 제75조에서 정한 처분 외에 본인의 의사에 반한 불리한 처분을 받았을 때에는 그 처분이 있은 것을 안 날부터 각각 30일 이내에 소청심사위원회에 이에 대한 심사를 청구할 수 있다. 이 경우 변호사를 대리인으로 선임할 수 있다.
② 본인의 의사에 반하여 파면 또는 해임이나 제70조제1항제5호에 따른 면직처분을 하면 그 처분을 한 날부터 40일 이내에는 후임자의 보충발령을 하지 못한다. 다만, 인력 관리상 후임자를 보충하여야 할 불가피한 사유가 있고, 제3항에 따른 소청심사위원회의 임시결정이 없는 경우에는 국회사무총장, 법원행정처장, 헌법재판소사무처장, 중앙선거관리위원회사무총장 또는 인사혁신처장과 협의를 거쳐 후임자의 보충발령을 할 수 있다.(2014.11.19 단서개정)
③ 소청심사위원회는 제1항에 따른 소청심사청구가 파면 또는 해임이나 제70조제1항제5호에 따른 면직처분으로 인한 경우에는 그 청구를 접수한 날부터 5일 이내에 해당 사건의 최종 결정이 있을 때까지 후임자의 보충발령을 유예하게 하는 임시결정을 할 수 있다.
④ 제3항에 따라 소청심사위원회가 임시결정을 한 경우에는 임시결정을 한 날부터 20일 이내에 최종 결정을 하여야 하며 각 임용권자는 그 최종 결정이 있을 때까지 후임자를 보충발령하지 못한다.
⑤ 소청심사위원회는 제3항에 따른 임시결정을 한 경우 외에는 소청심사청구를 접수한 날부터 60일 이내에 이에 대한 결정을 하여야 한다. 다만, 불가피하다고 인정되면 소청심사위원회의 의결로 30일을 연장할 수 있다.
⑥ 공무원은 제1항의 심사청구를 이유로 불이익한 처분이나 대우를 받지 아니한다.

제76조의2【고충 처리】 ① 공무원은 인사·조직·처우 등 각종 직무 조건과 그 밖에 신상 문제와 관련한 고충에 대하여 상담을 신청하거나 심사를 청구할 수 있으며, 누구나 기관 내 성폭력 범죄 또는 성희롱 발생 사실을 알게 된 경우 이를 신고할 수 있다. 이 경우 상담 신청이나 심사 청구 또는 신고를 이유로 불이익한 처분이나 대우를 받지 아니한다.
(2018.10.16 본항개정)
② 중앙인사관장기관의 장, 임용권자 또는 임용제청권자는 제1항에 따른 상담을 신청받은 경우에는 소속 공무원을 지정하여 상담하게 하고, 심사를 청구받은 경우에는 제4항에 따른 관할 고충심사위원회에 부쳐 심사하도록 하여야 하며, 그 결과에 따라 고충의 해소 등 공정한 처리를 위하여 노력하여야 한다.(2018.10.16 본항개정)
③ 중앙인사관장기관의 장, 임용권자 또는 임용제청권자는 기관 내 성폭력 범죄 또는 성희롱 발생 사실의 신고를 받은 경우에는 지체 없이 사실 확인을 위한 조사를 하고 그에 따라 필요한 조치를 하여야 한다.(2018.10.16 본항신설)
④ 공무원의 고충을 심사하기 위하여 중앙인사관장기관에 중앙고충심사위원회를, 임용권자 또는 임용제청권자 단위로 보통고충심사위원회를 두되, 중앙고충심사위원회의 기능은 소청심사위원회에서 관장한다.
⑤ 중앙고충심사위원회는 보통고충심사위원회의 심사를 거친 재심청구와 5급 이상 공무원 및 고위공무원단에 속하는 일반직공무원의 고충을, 보통고충심사위원회는 소속 6급 이하의 공무원의 고충을 각각 심사한다. 다만, 6급 이하의 공무원의 고충이 성폭력 범죄 또는 성희롱 사실에 관한 고충 등 보통고충심사위원회에서 심사하는 것이 부적당하다고 대통령령등으로 정한 사안이거나 임용권자를 달리하는 둘 이상의 기관에 관련된 경우에는 중앙고충심사위원회에서, 원 소속 기관의 보통고충심사위원회에서 고충을 심사하는 것이 부적당하다고 인정될 경우에는 직근 상급기관의 보통고충심사위원회에서 각각 심사할 수 있다.(2018.10.16 단서개정)
⑥ 이 법의 적용을 받는 자와 다른 법률의 적용을 받는 자가 서로 관련되는 고충의 심사청구에 대하여는 이 법의 규정에 따라 설치된 고충심사위원회가 대통령령등으로 정하는 바에 따라 심사할 수 있다.(2015.5.18 본항개정)
⑦ 중앙인사관장기관의 장, 임용권자 또는 임용제청권자는 심사 결과 필요하다고 인정되면 처분청이나 관계 기관의 장에게 그 시정을 요청할 수 있으며, 요청받은 처분청이나 관계 기관의 장은 특별한 사유가 없으면 이를 이행하고, 그 처리 결과를 알려야 한다. 다만, 부득이한 사유로 이행하지 못하면 그 사유를 알려야 한다.
⑧ 고충상담 신청, 성폭력 범죄 또는 성희롱 발생 사실의 신고에 대한 처리절차, 고충심사위원회의 구성·권한·심사절차, 그 밖에 필요한 사항은 대통령령등으로 정한다.
(2018.10.16 본항개정)

제76조의3【특수경력직공무원의 고충 처리】 다른 법률에 특별한 규정이 있는 경우 외에는 특수경력직공무원에 대하여도 대통령령등으로 정하는 바에 따라 제76조의2를 준용할 수 있다.(2015.5.18 본조개정)

제77조【사회보장】 ① 공무원이 질병·부상·장해·퇴직·사망 또는 재해를 입으면 본인이나 유족에게 법률로 정하는 바에 따라 적절한 급여를 지급한다.(2023.4.11 본항개정)
② 제1항의 법률에는 다음 각 호의 사항을 규정하여야 한다.
1. 공무원이 상당한 기간 근무하여 퇴직하거나 사망한 경우에 본인이나 그 유족에게 연금 또는 일시금을 지급하는 사항
2. 공무로 인한 부상이나 질병으로 인하여 사망하거나 퇴직한 공무원 또는 그 유족에게 연금 또는 보상을 지급하는 사항
3. 공무상의 부상·질병으로 인하여 요양하는 동안 소득 능력에 장애를 받을 경우 공무원이 받는 손실 보상에 관한 사항
4. 공무로 인하지 아니한 사망·장해·부상·질병·출산, 그 밖의 사고에 대한 급여 지급 사항(2023.4.11 본호개정)
③ 정부는 제2항 외에 법률로 정하는 바에 따라 공무원의 복리와 이익의 적절하고 공정한 보호를 위하여 그 대책을 수립·실시하여야 한다.

제10장 징 계
(2008.3.28 본장개정)

제78조【징계 사유】 ① 공무원이 다음 각 호의 어느 하나에 해당하면 징계 의결을 요구하여야 하고 그 징계 의결의 결과에 따라 징계처분을 하여야 한다.

1. 이 법 및 이 법에 따른 명령을 위반한 경우
2. 직무상의 의무(다른 법령에서 공무원의 신분으로 인하여 부과된 의무를 포함한다)를 위반하거나 직무를 태만히 한 때
3. 직무의 내외를 불문하고 그 체면 또는 위신을 손상하는 행위를 한 때

② 공무원(특수경력직공무원 및 지방공무원을 포함한다)이었던 사람이 다시 공무원으로 임용된 경우에 재임용 전에 적용된 법령에 따른 징계 사유는 그 사유가 발생한 날부터 이 법에 따른 징계 사유가 발생한 것으로 본다.(2021.6.8 본항개정)

③ (2021.6.8 삭제)

④ 제1항의 징계 의결 요구는 5급 이상 공무원 및 고위공무원단에 속하는 일반직공무원은 소속 장관이, 6급 이하의 공무원은 소속 기관의 장 또는 소속 상급기관의 장이 한다. 다만, 국무총리·인사혁신처장 및 대통령령등으로 정하는 각급 기관의 장은 다른 기관 소속 공무원이 징계 사유가 있다고 인정하면 관계 공무원에 대하여 관할 징계위원회에 직접 징계를 요구할 수 있다.(2015.5.18 단서개정)

⑤ 제1항의 징계 의결을 요구하는 경우 제50조의2제3항에 따른 징계 등의 면제 사유가 있는지를 사전에 검토하여야 한다.(2022.12.27 본항신설)

제78조의2【징계부가금】 ① 제78조에 따라 공무원의 징계 의결을 요구하는 경우 그 징계 사유가 다음 각 호의 어느 하나에 해당하는 경우에는 해당 징계 외에 다음 각 호의 행위로 취득하거나 제공한 금전 또는 재산상 이득(금전이 아닌 재산상 이득의 경우에는 금전으로 환산한 금액을 말한다)의 5배 내의 징계부가금 부과 의결을 징계위원회에 요구하여야 한다.
1. 금전, 물품, 부동산, 향응 또는 그 밖에 대통령령으로 정하는 재산상 이익을 취득하거나 제공한 경우
2. 다음 각 목에 해당하는 것을 횡령(橫領), 배임(背任), 절도, 사기 또는 유용(流用)한 경우
  가.「국가재정법」에 따른 예산 및 기금
  나.「지방재정법」에 따른 예산 및「지방자치단체 기금관리기본법」에 따른 기금
  다.「국고금 관리법」 제2조제1호에 따른 국고금
  라.「보조금 관리에 관한 법률」 제2조제1호에 따른 보조금
  마.「국유재산법」 제2조제1호에 따른 국유재산 및「물품관리법」 제2조제1항에 따른 물품
  바.「공유재산 및 물품 관리법」 제2조제1호 및 제2호에 따른 공유재산 및 물품
  사. 그 밖에 가목부터 바목까지에 준하는 것으로서 대통령령으로 정하는 것

(2015.5.18 본항개정)

② 징계위원회는 징계부가금 부과 의결을 하기 전에 징계부가금 부과 대상자가 제1항 각 호의 어느 하나에 해당하는 사유로 다른 법률에 따라 형사처벌을 받거나 변상책임 등을 이행한 경우(몰수나 추징을 당한 경우를 포함한다) 또는 다른 법령에 따른 환수나 가산징수 절차에 따라 환수금이나 가산징수금을 납부한 경우에는 대통령령으로 정하는 바에 따라 조정된 범위에서 징계부가금 부과를 의결하여야 한다.
(2015.5.18 본항개정)

③ 징계위원회는 징계부가금 부과 의결을 한 후에 징계부가금 부과 대상자가 형사처벌을 받거나 변상책임 등을 이행한 경우(몰수나 추징을 당한 경우를 포함한다) 또는 환수금이나 가산징수금을 납부한 경우에는 대통령령으로 정하는 바에 따라 이미 의결된 징계부가금의 감면 등의 조치를 하여야 한다.(2015.5.18 본항신설)

④ 제1항에 따라 징계부가금 부과처분을 받은 사람이 납부기간 내에 그 부가금을 납부하지 아니한 때에는 처분권자(대통령이 처분권자인 경우에는 처분 제청권자)는 국세강제징수의 예에 따라 징수할 수 있다. 이 경우 체납액의 징수가 사실상 곤란하다고 판단되는 경우에는 징수 대상자의 주소지를 관할하는 세무서장에게 징수를 위탁한다.(2021.6.8 본항개정)

⑤ 처분권자(대통령이 처분권자인 경우에는 처분 제청권자)는 제4항 단서에 따라 관할 세무서장에게 징계부가금 징수를 의뢰한 후 체납일부터 5년이 지난 후에도 징수가 불가능하다고 인정될 때에는 관할 징계위원회에 징계부가금 감면의결을 요청할 수 있다.(2015.12.24 본항신설)

제78조의3【재징계의결 등의 요구】 ① 처분권자(대통령이 처분권자인 경우에는 처분 제청권자)는 다음 각 호에 해당하는 사유로 소청심사위원회 또는 법원에서 징계처분등의 무효 또는 취소(취소명령 포함)의 결정이나 판결을 받은 경우에는 다시 징계 의결 또는 징계부가금 부과 의결(이하 "징계의결등"이라 한다)을 요구하여야 한다. 다만, 제3호의 사유로 무효 또는 취소(취소명령 포함)의 결정이나 판결을 받은 감봉·견책처분에 대하여는 징계의결을 요구하지 아니할 수 있다.(2010.3.22 본문개정)
1. 법령의 적용, 증거 및 사실 조사에 명백한 흠이 있는 경우
2. 징계위원회의 구성 또는 징계의결등, 그 밖에 절차상의 흠이 있는 경우
3. 징계양정 및 징계부가금이 과다(過多)한 경우

(2010.3.22 2호~3호개정)

② 처분권자는 제1항에 따른 징계의결등을 요구하는 경우에는 소청심사위원회의 결정 또는 법원의 판결이 확정된 날부터 3개월 이내에 관할 징계위원회에 징계의결등을 요구하여야 하며, 관할 징계위원회에서는 다른 징계사건에 우선하여 징계의결등을 하여야 한다.(2010.3.22 본항개정)
(2010.3.22 본조제목개정)
(2008.12.31 본조신설)

제78조의4【퇴직을 희망하는 공무원의 징계사유 확인 및 퇴직 제한 등】 ① 임용권자 또는 임용제청권자는 공무원이 퇴직을 희망하는 경우에는 제78조제1항에 따른 징계사유가 있는지 및 제2항 각 호의 어느 하나에 해당하는지 여부를 감사원과 검찰·경찰 등 조사 및 수사기관(이하 이 조에서 "조사 및 수사기관"이라 한다)의 장에게 확인하여야 한다.
(2020.1.29 본항개정)

② 제1항에 따른 확인 결과 퇴직을 희망하는 공무원이 파면, 해임, 강등 또는 정직에 해당하는 징계사유가 있거나 다음 각 호의 어느 하나에 해당하는 경우(제1호·제3호 및 제4호의 경우에는 해당 공무원이 파면·해임·강등 또는 정직의 징계에 해당한다고 판단되는 경우에 한정한다) 제78조제4항에 따른 소속 장관 등은 지체 없이 징계의결등을 요구하여야 하고, 퇴직을 허용하여서는 아니 된다.
1. 비위(非違)와 관련하여 형사사건으로 기소된 때
2. 징계위원회에 파면·해임·강등 또는 정직에 해당하는 징계 의결이 요구 중인 때
3. 조사 및 수사기관에서 비위와 관련하여 조사 또는 수사 중인 때
4. 각급 행정기관의 감사부서 등에서 비위와 관련하여 내부 감사 또는 조사 중인 때

(2020.1.29 본항개정)

③ 제2항에 따라 징계의결등을 요구한 경우 임용권자는 제73조의3제1항제3호에 따라 해당 공무원에게 직위를 부여하지 아니할 수 있다.(2020.1.29 본항신설)

④ 관할 징계위원회는 제2항에 따라 징계의결등이 요구된 경우 다른 징계사건에 우선하여 징계의결등을 하여야 한다.

⑤ 그 밖에 퇴직을 제한하는 절차 등 필요한 사항은 대통령령등으로 정한다.(2020.1.29 본항신설)
(2020.1.29 본조제목개정)
(2015.12.24 본조신설)

제79조【징계의 종류】 징계는 파면·해임·강등·정직·감봉·견책(譴責)으로 구분한다.(2020.1.29 본조개정)

제80조【징계의 효력】 ① 강등은 1계급 아래로 직급을 내리고(고위공무원단에 속하는 공무원은 3급으로 임용하고, 연구관 및 지도관은 연구사 및 지도사로 한다) 공무원신분은 보유하나 3개월간 직무에 종사하지 못하며 그 기간 중 보수는 전액을 감한다. 다만, 제4조제2항에 따라 계급을 구분하지 아니하는 공무원과 임기제공무원에 대해서는 강등을 적용하지 아니한다.(2015.12.24 본문개정)

② 제1항에도 불구하고 이 법의 적용을 받는 특정직공무원 중 외무공무원과 교육공무원의 강등의 효력은 다음 각 호와 같다.
1. 외무공무원의 강등은 「외무공무원법」 제20조의2에 따라 배정받은 직무등급을 1등급 아래로 내리고(14등급 외무공무원은 고위공무원단 직위로 임용하고, 고위공무원단에 속하는 외무공무원은 9등급으로 임용하며, 8등급부터 6등급까지의 외무공무원은 5등급으로 임용한다) 공무원신분은 보유하나 3개월간 직무에 종사하지 못하며 그 기간 중 보수는 전액을 감한다.
2. 교육공무원의 강등은 「교육공무원법」 제2조제10항에 따라 동종의 직무 내에서 하위의 직위에 임명하고, 공무원신분은 보유하나 3개월간 직무에 종사하지 못하며 그 기간 중 보수는 전액을 감한다. 다만, 「고등교육법」 제14조에 해당하는 교원 및 조교에 대하여는 강등을 적용하지 아니한다.
(2015.12.24 1호~2호개정)
(2008.12.31 본항신설)
③ 정직은 1개월 이상 3개월 이하의 기간으로 하고, 정직 처분을 받은 자는 그 기간 중 공무원의 신분은 보유하나 직무에 종사하지 못하며 보수는 전액을 감한다.(2015.12.24 본항개정)
④ 감봉은 1개월 이상 3개월 이하의 기간 동안 보수의 3분의 1을 감한다.
⑤ 견책(譴責)은 전과(前過)에 대하여 훈계하고 회개하게 한다.
⑥ 강등(3개월간 직무에 종사하지 못하는 효력 및 그 기간 중 보수는 전액을 감하는 효력으로 한정한다), 정직 및 감봉의 징계처분은 휴직기간 중에는 그 집행을 정지한다.
(2023.4.11 본항신설)
⑦ 공무원으로서 징계처분을 받은 자에 대하여는 그 처분을 받은 날 또는 그 집행이 끝난 날부터 대통령령등으로 정하는 기간 동안 승진임용 또는 승급할 수 없다. 다만, 징계처분을 받은 후 직무수행의 공적으로 포상 등을 받은 공무원에 대하여는 대통령령등으로 정하는 바에 따라 승진임용이나 승급을 제한하는 기간을 단축하거나 면제할 수 있다.
(2015.5.18 본항개정)
⑧ 공무원(특수경력직공무원 및 지방공무원을 포함한다)이었던 사람이 다시 공무원이 된 경우에는 재임용 전에 적용된 법령에 따라 받은 징계처분은 그 처분일부터 이 법에 따른 징계처분을 받은 것으로 본다. 다만, 제79조에서 정한 징계의 종류 외의 징계처분의 효력에 관하여는 대통령령등으로 정한다.(2021.6.8 본문개정)

제81조【징계위원회의 설치】 ① 공무원의 징계처분등을 의결하게 하기 위하여 대통령령등으로 정하는 기관에 징계위원회를 둔다.(2015.5.18 본항개정)
② 징계위원회의 종류·구성·권한·심의절차 및 징계 대상자의 진술권에 필요한 사항은 대통령령등으로 정한다.
(2015.5.18 본항개정)
③ 징계의결등에 관하여는 제13조제2항을 준용한다.
(2010.3.22 본항개정)

제82조【징계 등 절차】 ① 공무원의 징계처분등은 징계위원회의 의결을 거쳐 징계위원회가 설치된 소속 기관의 장이 하되, 국무총리 소속으로 설치된 징계위원회(국회·법원·헌법재판소·선거관리위원회에 있어서는 해당 중앙인사관장기관에 설치된 상급 징계위원회를 말한다. 이하 같다)에서 한 징계의결등에 대하여는 중앙행정기관의 장이 한다. 다만, 파면과 해임은 징계위원회의 의결을 거쳐 각 임용권자 또는 임용권을 위임한 상급 감독기관의 장이 한다.
② 징계의결등을 요구한 기관의 장은 징계위원회의 의결이 가볍다고 인정하면 그 처분을 하기 전에 다음 각 호의 구분에 따라 심사나 재심사를 청구할 수 있다. 이 경우 소속 공무원을 대리인으로 지정할 수 있다.
1. 국무총리 소속으로 설치된 징계위원회의 의결 : 해당 징계위원회에 재심사를 청구
2. 중앙행정기관에 설치된 징계위원회(중앙행정기관의 소속기관에 설치된 징계위원회는 제외한다)의 의결 : 국무총리 소속으로 설치된 징계위원회에 심사를 청구
3. 제1호 및 제2호 외의 징계위원회의 의결 : 직근 상급기관에 설치된 징계위원회에 심사를 청구
(2020.1.29 본항개정)
③ 징계위원회는 제2항에 따라 심사나 재심사가 청구된 경우에는 다른 징계 사건에 우선하여 심사나 재심사를 하여야 한다.(2020.1.29 본항신설)
(2010.3.22 본조개정)

제83조【감사원의 조사와의 관계 등】 ① 감사원에서 조사 중인 사건에 대하여는 제3항에 따른 조사개시 통보를 받은 날부터 징계 의결의 요구나 그 밖의 징계 절차를 진행하지 못한다.
② 검찰·경찰, 그 밖의 수사기관에서 수사 중인 사건에 대하여는 제3항에 따른 수사개시 통보를 받은 날부터 징계 의결의 요구나 그 밖의 징계 절차를 진행하지 아니할 수 있다.
③ 감사원과 검찰·경찰, 그 밖의 수사기관은 조사나 수사를 시작한 때와 이를 마친 때에는 10일 내에 소속 기관의 장에게 그 사실을 통보하여야 한다.
④ 제3항에 따른 조사 또는 수사 종료의 통보를 받은 소속 기관의 장은 징계의결의 요구나 그 밖의 징계 절차를 위하여 감사원 또는 검찰·경찰, 그 밖의 수사기관에 대통령령으로 정하는 조사·수사 자료를 징계 절차에 필요한 범위에서 요청할 수 있다. 이 경우 요청을 받은 감사원 또는 검찰·경찰, 그 밖의 수사기관은 특별한 사유가 없으면 이에 협조하여야 한다.(2024.12.31 본항신설)

제83조의2【징계 및 징계부가금 부과 사유의 시효】 ① 징계의결등의 요구는 징계 등 사유가 발생한 날부터 다음 각 호의 구분에 따른 기간이 지나면 하지 못한다.
1. 징계 등 사유가 다음 각 목의 어느 하나에 해당하는 경우 : 10년
가. 「성매매알선 등 행위의 처벌에 관한 법률」 제4조에 따른 금지행위
나. 「성폭력범죄의 처벌 등에 관한 특례법」 제2조에 따른 성폭력범죄
다. 「아동·청소년의 성보호에 관한 법률」 제2조제2호에 따른 아동·청소년대상 성범죄
라. 「양성평등기본법」 제3조제2호에 따른 성희롱
2. 징계 등 사유가 제78조의2제1항 각 호의 어느 하나에 해당하는 경우 : 5년
3. 그 밖의 징계 등 사유에 해당하는 경우 : 3년
(2021.6.8 본항개정)
② 제83조제1항 및 제2항에 따라 징계 절차를 진행하지 못하여 제1항의 기간이 지나거나 그 남은 기간이 1개월 미만인 경우에는 제1항의 기간은 제83조제3항에 따른 조사나 수사의 종료 통보를 받은 날부터 1개월이 지난 날에 끝나는 것으로 본다.
③ 징계위원회의 구성·징계의결등, 그 밖에 절차상의 흠이나 징계양정 및 징계부가금의 과다(過多)를 이유로 소청심사위원회 또는 법원에서 징계처분등의 무효 또는 취소의 결정이나 판결을 한 경우에는 제1항의 기간이 지나거나 그 남은 기간이 3개월 미만인 경우에도 그 결정 또는 판결이 확정된 날부터 3개월 이내에는 다시 징계의결등을 요구할 수 있다.(2010.3.22 본항개정)
(2010.3.22 본조제목개정)

제83조의3【특수경력직공무원의 징계】 다른 법률에 특별한 규정이 있는 경우 외에는 특수경력직공무원에 대하여도 대통령령등으로 정하는 바에 따라 이 장을 준용할 수 있다.
(2015.5.18 본조개정)

제11장 벌 칙

제84조【정치 운동죄】 ① 제65조를 위반한 자는 3년 이하의 징역과 3년 이하의 자격정지에 처한다.
② 제1항에 규정된 죄에 대한 공소시효의 기간은 「형사소송법」 제249조제1항에도 불구하고 10년으로 한다.
(2014.1.14 본조신설)

제84조의2【벌칙】 제44조·제45조 또는 제66조를 위반한 자는 다른 법률에 특별히 규정된 경우 외에는 1년 이하의 징역 또는 1천만원 이하의 벌금에 처한다.(2014.10.15 본조개정)

제12장 보 칙

제85조 (2022.12.27 삭제)

제85조의2【수수료】 ① 제28조에 따라 공무원 신규 채용시험에 응시하려는 사람은 대통령령등으로 정하는 바에 따라 수수료를 내야 한다. 이 경우 수수료 금액은 실비의 범위에서 정하여야 한다.

② 수수료를 과오납한 경우 등 대통령령등으로 정하는 경우에는 제1항에 따라 납부한 수수료를 반환받을 수 있다.

③ 시험실시기관의 장은 제1항에도 불구하고 「국민기초생활 보장법」에 따른 수급자 등 대통령령등으로 정하는 사람에 대하여는 수수료를 감면할 수 있다.

(2015.5.18 본조신설)

부 칙 (2012.3.21)

제1조【시행일】 이 법은 공포 후 3개월이 경과한 날부터 시행한다.

제2조【징계시효 연장에 관한 경과조치】 이 법 시행 전에 징계사유가 발생한 사람에 대하여는 제83조의2제1항의 개정규정에도 불구하고 종전의 규정에 따른다.

부 칙 (2012.10.22)

제1조【시행일】 이 법은 공포 후 6개월이 경과한 날부터 시행한다.

제2조【명예퇴직 수당의 환수에 관한 적용례】 제74조의2제3항제1호의2 및 제1호의3의 개정규정에 따른 명예퇴직 수당의 환수는 이 법 시행 후 명예퇴직 수당을 지급받는 사람부터 적용한다.

부 칙 (2012.12.11)

제1조【시행일】 이 법은 공포 후 1년이 경과한 날부터 시행한다. 다만, 제48조제3항 및 제4항의 개정규정은 공포 후 6개월이 경과한 날부터 시행한다.

제2조【실비 변상 등을 부정 수령한 사람에 대한 가산징수에 관한 적용례】 제48조제3항의 개정규정에 따른 가산징수는 같은 개정규정 시행 후 최초로 실비 변상 등을 거짓이나 그 밖의 부정한 방법으로 수령하는 사람부터 적용한다.

제3조【공무원의 구분 변경에 따른 경과조치】 ① 이 법 시행 당시 재직 중인 기능직공무원은 이 법 시행일에 일반직공무원으로 임용된 것으로 본다. 이 경우 임용되는 직군, 직렬, 계급 및 직급 등에 대한 사항은 국회규칙, 대법원규칙, 헌법재판소규칙, 중앙선거관리위원회규칙 또는 대통령령으로 정한다.

② 이 법 시행 당시 재직 중인 별정직공무원 중 이 법 시행 후 제2조제3항제2호의 개정규정에 해당하지 아니하게 되는 공무원은 이 법 시행일에 일반직공무원으로 임용된 것으로 본다. 이 경우 임용되는 직군, 직렬, 계급, 직급, 직위 및 근무형태, 인사관리 등에 관한 사항은 국회규칙, 대법원규칙, 헌법재판소규칙, 중앙선거관리위원회규칙 또는 대통령령으로 정한다.

③ 이 법 시행 당시 재직 중인 계약직공무원 중 비서관·비서 등 정무직공무원을 보조·보좌하기 위하여 채용된 공무원은 이 법 시행일에 별정직공무원으로 임용된 것으로 보고, 그 밖의 계약직공무원은 국회규칙, 대법원규칙, 헌법재판소규칙, 중앙선거관리위원회규칙 또는 대통령령으로 정하는 임용예정 직군, 직렬, 계급 및 직급 등 인사 관련 규정에 따라 이 법 시행일에 일반직공무원 중 임기제공무원으로 임용된 것으로 본다. 이 경우 임기제공무원으로서의 근무기간은 계약직공무원으로 채용될 당시에 계약한 기간의 잔여기간으로 하고, 해당 기간 동안의 보수는 채용될 당시의 계약에 따른다.

④ 국회, 법원, 헌법재판소 및 각급 선거관리위원회 소속 공무원에 대하여는 이 법 시행을 위한 국회규칙, 대법원규칙, 헌법재판소규칙 및 중앙선거관리위원회규칙이 제정되거나 개정될 때까지는 대통령령을 준용한다.

제4조【진행 중인 시험에 관한 경과조치】 ① 이 법 시행 당시 진행 중인 기능직공무원 임용시험, 비서관·비서를 제외한 계약직공무원의 채용시험 및 부칙 제3조제2항 전단에 해당하는 별정직공무원의 임용시험에 합격한 사람은 각각 일반직공무원 임용시험에 합격한 사람으로 본다.

② 이 법 시행 전에 제1항에 따른 시험에 합격하였으나 이 법 시행 당시 아직 임용되지 아니한 사람은 일반직공무원 임용시험에 합격한 것으로 본다. 이 경우 임용되는 사항에 대하여는 부칙 제3조제1항 후단을 준용한다.

제5조【적격심사의 대상에 관한 경과조치】 제70조의2제1항제2호 후단의 개정규정에도 불구하고 고위공무원단에 속하는 일반직공무원으로 임용되기 전에 고위공무원단에 속하는 별정직공무원 또는 계약직공무원으로 재직한 사람이 재직기간 중에 받은 최하위등급의 평정은 제70조의2제1항제2호 전단에 따른 평정대상 기간이 경과할 때까지 같은 호 후단에 따른 평정으로 본다.

제6조【다른 법률의 개정】 ①~㉗ ※(해당 법령에 가제정리 하였음)

제7조【다른 법령과의 관계】 이 법 시행 당시 다른 법령에서 종전의 「국가공무원법」의 규정을 인용한 경우 이 법 중 그에 해당하는 규정이 있는 때에는 종전의 규정을 갈음하여 이 법의 해당 규정을 인용한 것으로 본다.

부 칙 (2013.8.6)

제1조【시행일】 이 법은 공포 후 6개월이 경과한 날부터 시행한다. 다만, 제33조제1호의 개정규정 및 부칙 제3조는 공포한 날부터 시행한다.

제2조【질병 등으로 인한 휴직기간에 관한 적용례】 제72조제1호 본문의 개정규정은 이 법 시행 당시 제71조제1항제1호에 따라 휴직 중인 공무원에 대해서도 적용한다.

제3조【금치산자 등에 대한 경과조치】 제33조제1호의 개정규정에도 불구하고 같은 개정규정 시행 당시 이미 금치산 또는 한정치산의 선고를 받고 법률 제10429호 민법 일부개정법률 부칙 제2조에 따라 금치산 또는 한정치산 선고의 효력이 유지되는 사람에 대해서는 종전의 규정에 따른다.

제4조【5급 공무원 공개경쟁 채용시험 합격자의 채용후보자 명부 유효기간 단축에 따른 경과조치】 제38조제2항 본문의 개정규정에도 불구하고 2015년 1월 1일 전에 시행되는 5급 공무원 공개경쟁 채용시험의 합격자에 대한 채용후보자 명부의 유효기간은 종전의 규정에 따라 5년으로 한다.

부 칙 (2014.1.7)

제1조【시행일】 이 법은 공포 후 3개월이 경과한 날부터 시행한다. 다만, 제80조제1항 단서의 개정규정은 공포한 날부터 시행한다.

제2조【벌금형의 분리 선고에 관한 적용례】 제33조의2의 개정규정은 이 법 시행 후 발생한 범죄행위로 형벌을 받는 사람부터 적용한다.

제3조【외무공무원 강등에 관한 적용례】 제80조제2항제1호의 개정규정은 이 법 시행 후 발생한 사유로 징계를 받는 사람부터 적용한다.

제4조【고위공무원 적격심사에 관한 특례】 ① 이 법 시행 당시 고위공무원단에 속하는 공무원은 제70조의2제1항제4호의 개정규정에도 불구하고 다음 각 호의 경우에 모두 해당할 때에는 적격심사를 받아야 한다.

1. 근무성적평정에서 최하위 등급을 1년 이상 받은 사실이 있는 경우. 이 경우 고위공무원단에 속하는 일반직공무원으로 임용되기 전에 고위공무원단에 속하는 별정직공무원 또는 계약직공무원으로 재직한 경우에는 그 재직기간 중에 받은 최하위 등급을 포함한다.
2. 대통령령으로 정하는 정당한 사유 없이 1년 6개월 이상 직위를 부여받지 못한 사실이 있는 경우
② 제1항에도 불구하고 이 법 시행 후에 새로 제70조의2제1항제4호가목 및 나목의 개정규정의 요건에 모두 해당할 때에는 적격심사를 받아야 한다.
제5조【고위공무원 적격심사에 관한 경과조치】 이 법 시행 당시 고위공무원단에 속하는 공무원은 제70조의2제1항제3호의 개정규정에도 불구하고 종전의 규정에 따른다.

부 칙 (2015.5.18)

제1조【시행일】 이 법은 공포 후 6개월이 경과한 날부터 시행한다. 다만, 제3조제1항, 제26조의4, 제28조제2항제11호, 제69조제1호, 제71조제2항제4호, 제72조제7호의 개정규정 및 부칙 제9조는 공포한 날부터 시행하고, 제52조제2항부터 제4항까지의 개정규정은 공포 후 4개월이 경과한 날부터 시행한다.
제2조【채용시험의 가점 부여에 관한 적용례】 제36조의2의 개정규정은 이 법 시행 후 최초로 공고된 채용시험부터 적용한다.
제3조【파산선고를 받은 사람의 당연퇴직에 관한 적용례】 제69조제1호 단서의 개정규정은 이 법 시행 후 최초로 파산선고를 받은 사람부터 적용한다.
제4조【공무상 질병휴직 및 육아휴직에 관한 적용례】 ① 제72조제1호의 개정규정은 이 법 시행 당시 휴직 중인 사람에 대해서도 적용한다.
② 제72조제7호의 개정규정은 이 법 시행 전에 휴직하였거나 이 법 시행 당시 휴직 중인 사람에 대해서도 적용한다.
제5조【직위해제 대상에 관한 적용례】 제73조의3제1항제6호의 개정규정은 이 법 시행 후 발생한 비위행위에 대하여 감사원 및 검찰·경찰 등 수사기관에서 조사나 수사 중인 사람부터 적용한다.
제6조【징계부가금 대상 확대에 관한 적용례】 제78조의2제1항의 개정규정은 이 법 시행 후 징계 사유가 발생한 경우부터 적용한다.
제7조【시효에 관한 경과조치】 이 법 시행 전에 징계 및 징계부가금 부과 사유가 발생한 사람에 대하여는 제83조의2제1항의 개정규정에도 불구하고 종전의 규정에 따른다.
제8조【견습근무 중인 사람에 대한 경과조치】 부칙 제1조 단서에 따른 시행일 당시 종전의 제26조의4에 따라 견습근무 중인 사람은 제26조의4의 개정규정에 따라 수습근무 중인 사람으로 본다.
제9조【다른 법률의 개정】 ①~② ※(해당 법령에 가제정리 하였음)

부 칙 (2015.12.24)

제1조【시행일】 이 법은 공포한 날부터 시행한다. 다만, 제28조의6제1항, 제71조제2항제7호, 제72조제10호 및 제80조제1항부터 제3항까지의 개정규정은 공포 후 6개월이 경과한 날부터 시행하고, 제6조제4항 및 제50조의 개정규정은 2016년 1월 1일부터 시행한다.
제2조【결격사유 및 당연퇴직 등에 관한 적용례】 제33조, 제33조의2 및 제69조의 개정규정은 이 법 시행 후 발생한 범죄행위로 형벌을 받는 사람부터 적용한다.
제3조【직위해제된 사람의 결원보충에 관한 적용례】 제43조제4항의 개정규정은 이 법 시행 당시 직위해제 중인 사람에 대해서도 적용한다.
제4조【징계부가금 징수 의뢰에 관한 적용례】 제78조의2제4항의 개정규정은 이 법 시행 전에 징계부가금 부과 의결이 된 경우에 대해서도 적용한다.
제5조【징계의 효력에 관한 경과조치】 부칙 제1조 단서에 따른 시행일 전에 발생한 사유로 징계를 받는 사람에 대해서는 제80조제1항부터 제3항까지의 개정규정에도 불구하고 종전의 규정에 따른다.

부 칙 (2018.10.16)

제1조【시행일】 이 법은 공포 후 6개월이 경과한 날부터 시행한다.
제2조【결격사유 및 당연퇴직에 관한 적용례】 제33조제6호의3·제6호의4 및 제69조제1호의 개정규정은 이 법 시행 후 저지른 죄로 형 또는 치료감호를 받거나 파면·해임된 사람부터 적용한다.
제3조【징계처분결과 통보에 관한 적용례】 제75조제2항의 개정규정은 이 법 시행 후 성폭력 범죄 및 성희롱에 해당하는 사유로 징계처분을 하는 경우부터 적용한다.

부 칙 (2020.1.29)

제1조【시행일】 이 법은 공포 후 6개월이 경과한 날부터 시행한다. 다만, 제2조제2항, 제26조의6 및 제71조제3항의 개정규정은 공포한 날부터 시행한다.
제2조【퇴직의 제한에 관한 적용례】 제78조의4의 개정규정은 이 법 시행 후 최초로 퇴직을 신청한 공무원부터 적용한다.
제3조【징계위원회의 재심사 등 관할에 관한 적용례】 ① 제82조제2항의 개정규정은 이 법 시행 당시 징계의결이 진행 중인 사건에 대해서도 적용한다.
② 제1항에도 불구하고 이 법 시행 당시 종전의 제82조제2항에 따른 징계위원회에 청구된 재심사 사건은 종전의 제82조제2항에 따른 징계위원회에서 심사한다.

부 칙 (2021.6.8)

제1조【시행일】 이 법은 공포 후 6개월이 경과한 날부터 시행한다. 다만, 제28조의6제4항·제5항, 제78조제2항·제3항, 제80조제7항·제8항의 개정규정은 공포한 날부터 시행한다.
제2조【직위해제에 따른 결원보충에 관한 적용례】 제43조제4항 및 제5항의 개정규정은 이 법 시행 당시 직위해제 중인 사람이 있는 경우에도 적용한다.
제3조【채용비위 관련자 합격취소에 관한 적용례】 제45조의3의 개정규정은 이 법 시행 이후 공무원 채용과 관련하여 비위를 저지른 경우부터 적용한다.
제4조【공무상 질병 또는 부상으로 인한 휴직 기간의 연장에 관한 적용례】 제72조제1호 단서의 개정규정은 이 법 시행 당시 종전의 규정에 따라 휴직하였거나 휴직 중인 사람에 대해서도 적용한다.
제5조【소청심사위원회의 결정에 관한 경과조치】 이 법 시행 전에 청구되어 계속 중인 소청사건에 대해서는 제14조제2항의 개정규정에도 불구하고 종전의 규정에 따른다.
제6조【보수 및 실비 변상 등 부정 수령자에 대한 가산징수에 관한 경과조치】 이 법 시행 전에 보수 및 실비 변상 등을 거짓이나 그 밖의 부정한 방법으로 수령한 경우 그 가산징수에 관하여는 제47조제3항 및 제48조제3항의 개정규정에도 불구하고 종전의 규정에 따른다.
제7조【징계시효 연장에 관한 경과조치】 이 법 시행 전에 징계 등 사유가 발생한 경우 그 징계시효에 관하여는 제83조의2제1항의 개정규정에도 불구하고 종전의 규정에 따른다.

부 칙 (2022.12.27)

제1조【시행일】 이 법은 공포한 날부터 시행한다.
제2조【결격사유 및 당연퇴직에 관한 적용례】 제33조제6호의3 및 제69조제1호 단서의 개정규정은 이 법 시행 이후 발생한 범죄행위로 형벌을 받는 사람부터 적용한다.

제3조【장학지원 채용에 관한 경과조치】 이 법 시행 당시 종전의 규정에 따라 장학금 지급 대상이었던 사람에게는 제28조제2항제11호 및 제85조의 개정규정에도 불구하고 종전의 규정을 적용한다.

부 칙 (2023.3.4)

제1조【시행일】 이 법은 공포 후 3개월이 경과한 날부터 시행한다.(이하 생략)

부 칙 (2023.4.11)

제1조【시행일】 이 법은 공포 후 6개월이 경과한 날부터 시행한다. 다만, 제6조제5항, 제17조의3, 제26조의2, 제32조의4제1항, 제33조제3호·제4호, 제77조제1항 및 같은 조 제2항제4호의 개정규정은 공포한 날부터 시행한다.

제2조【휴직 등으로 인한 결원보충에 관한 적용례】 ① 제43조제1항 단서의 개정규정은 같은 개정규정 시행 이후 휴직을 연장하는 경우로서 휴직기간 연장을 명한 날부터 최종 휴직기간이 끝나는 날까지의 기간이 6개월 이상인 경우부터 적용한다.

② 제43조제2항제1호의 개정규정은 같은 개정규정 시행 이후 병가와 제71조제1항제1호에 따른 휴직을 연속하여 6개월 이상 사용하는 경우부터 적용한다.

③ 제43조제2항제2호의 개정규정은 같은 개정규정 시행 당시 출산휴가 또는 제71조제2항제4호에 따른 휴직 중인 사람에 대해서도 적용한다.

제3조【징계처분결과의 통보에 관한 적용례】 제75조제2항제3호의 개정규정은 같은 개정규정 시행 전에 발생한 사유로 같은 개정규정 시행 이후 징계처분을 하는 경우에도 적용한다.

제4조【징계의 집행정지에 관한 적용례】 제80조제6항의 개정규정은 같은 개정규정 시행 이후 징계 사유가 발생한 경우부터 적용한다.

제5조【다른 법률의 개정】 ※(해당 법령에 가제정리 하였음)

부 칙 (2024.12.31)

제1조【시행일】 이 법은 공포한 날부터 시행한다. 다만, 제83조제4항의 개정규정은 공포 후 6개월이 경과한 날부터 시행한다.

제2조【결격사유 및 당연퇴직에 관한 적용례 등】 ① 제33조제6호의4 및 제69조제1호(제33조제6호의4에 관한 개정부분으로 한정한다)의 개정규정은 법률 제15857호 국가공무원법 일부개정법률의 시행일인 2019년 4월 17일 이후 저지른 죄로 형 또는 치료감호를 선고받거나 징계로 파면·해임된 사람부터 적용한다.

② 2024년 6월 1일부터 이 법 시행일 전까지 임용된 일반직공무원으로서 2019년 4월 17일 이후 저지른 다음 각 호의 어느 하나에 해당하는 죄로 형을 선고받아 그 형이 이 법 시행일 전에 확정된 사람에 대해서는 제33조제6호의4 및 제69조제1호(제33조제6호의4에 관한 개정부분으로 한정한다)의 개정규정을 적용하되, 이 법 시행일에 당연히 퇴직한다.

1. 「아동복지법」 제17조제2호 가운데 '아동을 대상으로 하는 성희롱 등의 성적 학대행위'〔종전의 「아동복지법」(법률 제19895호로 개정되기 전의 것을 말한다) 제17조제2호 가운데 '아동에게 성적 수치심을 주는 성희롱 등의 성적 학대행위'를 포함한다〕
2. 「아동·청소년의 성보호에 관한 법률」 제11조제5항 가운데 '아동·청소년성착취물임을 알면서 이를 소지한 죄'〔종전의 「아동·청소년의 성보호에 관한 법률」(법률 제17338호로 개정되기 전의 것을 말한다) 제11조제5항 가운데 '아동·청소년이용음란물임을 알면서 이를 소지한 죄'를 포함한다〕

③ 2024년 6월 1일 전에 임용된 일반직공무원으로서 2019년 4월 17일 이후 저지른 다음 각 호의 어느 하나에 해당하는 죄로 형을 선고받아 그 형이 2024년 6월 1일부터 이 법 시행일 전에 확정된 사람에 대해서는 제33조제6호의4 및 제69조제1호(제33조제6호의4에 관한 개정부분으로 한정한다)의 개정규정을 적용하되, 이 법 시행일에 당연히 퇴직한다.

1. 「아동복지법」 제17조제2호 가운데 '아동을 대상으로 하는 성희롱 등의 성적 학대행위'〔종전의 「아동복지법」(법률 제19895호로 개정되기 전의 것을 말한다) 제17조제2호 가운데 '아동에게 성적 수치심을 주는 성희롱 등의 성적 학대행위'를 포함한다〕
2. 「아동·청소년의 성보호에 관한 법률」 제11조제5항 가운데 '아동·청소년성착취물임을 알면서 이를 소지한 죄'〔종전의 「아동·청소년의 성보호에 관한 법률」(법률 제17338호로 개정되기 전의 것을 말한다) 제11조제5항 가운데 '아동·청소년이용음란물임을 알면서 이를 소지한 죄'를 포함한다〕

제3조【직위해제에 따른 결원 보충에 관한 적용례】 제43조제5항제2호의 개정규정은 이 법 시행 이후 제73조의3제1항제4호 또는 제6호에 따라 직위해제를 하는 경우부터 적용한다.

제4조【조사·수사 자료의 제공 요청에 관한 적용례】 제83조제4항의 개정규정은 부칙 제1조 단서에 따른 시행일 전에 제83조제3항에 따른 조사 또는 수사 종료 통보를 받은 경우에 대해서도 적용한다.

제5조【개방형 직위 지정에 관한 경과조치】 ① 이 법 시행 당시 개방형 직위로 지정된 것으로 보는 직위에 대하여 임용절차가 진행 중인 경우에는 제28조의4제1항 후단의 개정규정에도 불구하고 종전의 규정에 따른다.

② 이 법 시행 당시 개방형 직위로 지정된 것으로 보는 직위에 임용된 사람(제1항에 따라 임용된 사람을 포함한다)에 대해서는 제28조의4제1항 후단의 개정규정에도 불구하고 그 임용기간이 만료될 때까지 개방형 직위에 임용된 사람으로 본다.

제6조【다른 법률의 개정】 ※(해당 법령에 가제정리 하였음)

외무공무원법

(2000년 12월 29일
전개법률 제6306호)

개정
2004. 3.11법 7187호(국가공무원)
2005.11. 8법 7690호 2007. 5.11법 8417호
2008. 2.29법 8852호(정부조직)
2008. 2.29법 8857호(국가공무원)
2011. 4. 4법10525호 2011. 7.25법10920호
2012.12.11법11530호(국가공무원)
2013. 3.23법11690호(정부조직)
2014. 1. 7법12182호
2014.11.19법12844호(정부조직)
2017. 7.26법14839호(정부조직)
2017.12.30법15334호 2019. 1.15법16220호
2020. 5.26법17306호
2023. 3. 4법19228호(정부조직)
2024. 1. 9법19943호

제1조【목적】 이 법은 외무공무원의 직무 및 책임의 중요성과 신분 및 근무조건의 특수성에 비추어 그 자격, 임용, 교육훈련, 복무, 보수 및 신분보장 등에 관하여 「국가공무원법」에 대한 특례를 규정함을 목적으로 한다.(2011.4.4 본조개정)

제2조【외무공무원의 직렬 구분】 ① 외무공무원 중 대통령령으로 정하는 참사관급 이상의 직위는 직렬을 구분하지 아니하며, 그 외의 직위는 직무의 종류에 따라 직렬을 다음 각 호와 같이 구분한다.
1. 외교통상직렬
2. 외무영사직렬
3. 외교정보기술직렬
② 제1항 각 호에 따른 각 직렬별 주요 직무의 종류는 다음 각 호와 같다.
1. 외교통상직렬 : 외교·통상 업무
2. 외무영사직렬 : 영사 업무
3. 외교정보기술직렬 : 외교정보 관리 및 통신 업무
③ 제2항에 따른 각 직렬별 주요 직무의 종류 외의 직무에 관하여 필요한 사항은 대통령령으로 정한다.
(2011.4.4 본조개정)

제2조의2【고위공무원단에 속하는 외무공무원】 ① 외교부와 그 소속기관, 재외동포청의 대통령령으로 정하는 공사급 이상 직위(이하 "고위공무원단 직위"라 한다)에 임용되어 재직 중이거나 파견·휴직 등으로 인사관리되고 있는 외무공무원은 「국가공무원법」 제2조의2제2항의 고위공무원단에 속한다. 다만, 그 직무의 중요도 및 특수성 등으로 인하여 대통령령으로 정하는 일부 직위는 고위공무원단 직위에 속하지 아니한다.(2024.1.9 본문개정)
② 외교부장관은 고위공무원단 직위에 임용될 공무원이 갖추어야 할 능력과 자질을 설정·평가하여 신규채용, 고위공무원단 직위로의 최초 보직 등의 인사관리에 활용할 수 있다.(2013.3.23 본항개정)
③ 외교부장관은 고위공무원단 직위로의 최초 보직을 위하여는 대통령령으로 정하는 자격·경력 등을 갖춘 대상자를 선정하여 제13조의2제1항에 따른 자격심사 및 「국가공무원법」 제28조의6제3항에 따른 심사를 거쳐 임용을 제청하여야 한다.(2013.3.23 본항개정)
④ 제1항에 따른 인사관리의 구체적인 범위, 제2항에 따른 능력과 자질의 내용, 평가대상자의 범위, 평가방법 및 평가결과의 활용에 관하여 필요한 사항은 외무공무원의 특수성을 고려하여 대통령령으로 정한다.
⑤ 이 법에서 규정한 사항 외에 외무공무원에 대하여 「국가공무원법」 중 고위공무원단에 관한 규정을 적용할 때에는 "고위공무원단 직위로의 승진임용"은 "고위공무원단 직위로의 최초 보직"으로 본다.
(2011.4.4 본조개정)

제3조【임용권자】 ① 외교부장관은 외교부 및 그 소속기관, 재외동포청 외무공무원의 신규채용·보직·전직·겸임·파견·휴직·직위해제·정직·강등·복직·면직·해임 및 파면(이하 "임용"이라 한다)을 한다. 다만, 다음 각 호의 어느 하나에 해당하는 경우에는 외교부장관의 제청으로 대통령이 임용 등을 한다.(2023.3.4 본문개정)
1. 외교부 및 그 소속기관, 재외동포청의 대통령령으로 정하는 참사관급 직위 이상 외무공무원의 신규채용·파면·면직 및 해임(2024.1.9 본호개정)
2. 특명전권대사와 대통령령으로 정하는 외교부 및 그 소속기관(재외공관은 제외한다), 재외동포청의 실장급 이상 직위에의 보직(그 직무로부터 면하게 하는 행위를 포함한다), 그 직위에 재직 중인 사람의 휴직·직위해제·정직·강등 및 이에 따른 복직(2024.1.9 본호개정)
3. 특임공관장의 임용
4. 고위공무원단 직위로의 최초 보직
② 제1항 본문 및 단서에 따라 외교부장관이 외무공무원을 임용하거나 임용제청하는 경우 재외동포청 소속의 대통령령으로 정하는 참사관급 직위 이상의 외무공무원에 대해서는 재외동포청장의 추천을 받아 임용 또는 임용제청한다.
(2024.1.9 본항신설)
③ 외교부장관은 그 임용권의 일부를 대통령령으로 정하는 바에 따라 그 소속기관의 장, 재외동포청장에게 위임할 수 있다.(2023.3.4 본항개정)
(2011.4.4 본조개정)

제4조【특임공관장】 ① 외교업무 수행에 필요한 경우 특별히 재외공관의 장으로 보하기 위하여 외교관으로서의 자질과 능력을 갖춘 사람을 특임공관장으로 임용할 수 있다.
② 특임공관장으로 임용된 사람에 대하여는 외무공무원에 관한 규정을 준용한다. 다만, 제10조부터 제13조까지, 제13조의2부터 제13조의4까지, 제14조부터 제16조까지, 제23조, 제24조, 제26조제2항·제4항·제7항, 제27조 및 「국가공무원법」 제28조의6제3항은 적용하지 아니한다.
③ 특임공관장은 임용과 동시에 재외공관의 장으로 발령한다.
④ 특임공관장은 재외공관의 장의 직위에서 면한 후 60일이 되는 날에 퇴직한다.
(2011.4.4 본조개정)

제5조【외무공무원의 임무】 외무공무원은 대외적으로 국가의 이익을 보호·신장하고, 외국과의 우호·경제·문화 관계를 증진하며, 재외국민을 보호·육성하는 것을 그 임무로 한다.(2011.4.4 본조개정)

제6조【외무공무원의 대외직명】 재외공관에 보직되거나 대외활동 또는 특정한 업무를 수행하는 외무공무원이 사용할 대외직명은 특명전권대사, 대사, 공사, 공사참사관, 참사관, 1등서기관, 2등서기관, 3등서기관, 총영사, 부총영사, 영사, 부영사 등으로 하며(특정한 업무를 수행하는 외무공무원은 대외직명으로 특명전권대사를 사용할 수 없다), 특명전권대사를 제외한 대외직명은 대통령령으로 정하는 바에 따라 외교부장관이 부여한다.(2013.3.23 본조개정)

제7조【외무인사위원회의 설치】 ① 외무공무원의 인사에 관한 중요사항을 심의하기 위하여 외교부에 외무인사위원회를 둔다.(2013.3.23 본항개정)
② 외무인사위원회는 제1외무인사위원회 및 제2외무인사위원회로 구성하며, 각각의 외무인사위원회는 7명 이상의 위원으로 구성한다.(2011.7.25 본항개정)
③ 외무인사위원회의 구성 및 운영 등에 필요한 사항은 대통령령으로 정한다.
(2011.4.4 본조개정)

제8조【외무인사위원회의 기능】 ① 제1외무인사위원회는 대통령령으로 정하는 바에 따라 다음 각 호의 사항을 심의하고, 외교부장관에게 건의하거나 추천한다.(2013.3.23 본문개정)
1. 외무공무원의 인사행정에 관한 방침·기준 및 기본계획
2. 외무공무원의 인사 관련 법령의 제정·개정 또는 폐지에 관한 사항
3. 외무공무원의 채용·전직·보직 및 상훈
4. 그 밖에 외교부장관이 외무인사위원회의 회의에 부치는 사항(2013.3.23 본호개정)

② 제2외무인사위원회는 대통령령으로 정하는 참사관급 미만의 직위의 인사에 관한 사항 중 제1외무인사위원회가 위임한 사항을 심의하고, 외교부장관에게 건의하거나 추천한다.
(2013.3.23 본항개정)
③ 외교부장관은 특별한 사유가 없으면 외무인사위원회의 의견을 존중하여야 한다.(2013.3.23 본항개정)
(2011.4.4 본조개정)

제9조【임용자격 및 결격사유】 ① 외무공무원은 국가관과 사명감이 투철하고 그 직무 수행에 필요한 자질과 적성을 갖춘 사람 중에서 임용한다.
② 다음 각 호의 어느 하나에 해당하는 사람은 외무공무원으로 임용될 수 없다.
1. 「국가공무원법」 제33조 각 호의 어느 하나에 해당하는 사람
2. 대한민국 국적을 가지지 아니한 사람
(2011.4.4 본조개정)

제9조의2【근무기간을 정하여 임용하는 외무공무원】 ① 임용권자는 전문지식·기술이 요구되거나 임용관리에 특수성이 요구되는 업무를 담당하게 하기 위하여 일정기간을 정하여 근무하는 외무공무원(이하 "임기제 외무공무원"이라 한다)을 임용할 수 있다.
② 임기제 외무공무원에 대해서는 제12조 및 제27조를 적용하지 아니한다.
③ 임기제 외무공무원의 임용요건, 임용절차, 근무상한연령 및 그 밖에 필요한 사항은 대통령령으로 정한다.
(2014.1.7 본조신설)

제10조【신규채용】 ① 외무공무원은 공개경쟁 채용시험으로 신규채용한다. 다만, 대통령령으로 정하는 직무등급의 외무공무원은 공개경쟁 시험에 의하여 선발된 사람(이하 "외교관후보자"라 한다)으로서 「국립외교원법」 제6조제1항에 따른 정규과정을 마치고 교육내용에 대한 성취도, 공직수행자세 및 가치관 등을 종합적으로 평가한 정규과정 종합교육성적이 외교부장관이 정하는 기준 이상인 사람을 채용한다.
(2017.12.30 단서개정)
② 외교관후보자 수는 제1항 단서에 따라 채용할 인원수로 하며, 외교부장관이 인사혁신처장과 협의하여 정한다.
(2017.12.30 본항개정)
③ 제1항에도 불구하고 다음 각 호의 어느 하나에 해당하는 경우에는 경력 등 응시요건을 정하여 같은 사유에 해당하는 다수인을 대상으로 경쟁의 방법으로 채용하는 시험(이하 "경력경쟁채용시험"이라 한다)으로 외무공무원을 채용할 수 있다. 다만, 다수인을 대상으로 시험을 실시하는 것이 적당하지 아니하여 대통령령으로 정하는 경우에는 다수인을 대상으로 하지 아니한 시험으로 외무공무원을 채용할 수 있다.
(2014.1.7 본문개정)
1. 퇴직한 외무공무원을 퇴직한 날부터 3년 이내에 외무공무원으로 재임용(대통령령으로 정하는 참사관급 미만의 직위에서 퇴직한 외무공무원의 경우 퇴직 시 직렬의 외무공무원으로 재임용)하는 경우
2. 임용예정 직위에 상응하는 근무 또는 연구 실적이 3년 이상인 사람(고위공무원단에 속하는 일반직공무원은 제외한다)을 채용하는 경우
3. 임용예정 직위의 직무와 관련된 자격증 소지자 또는 특수외국어에 능통한 사람을 채용하는 경우
④ 외무공무원을 신규채용할 때 능력·학력·경력 및 연령 등의 응시자격, 제1항 단서에 따른 외교관후보자의 선발 및 외무공무원의 채용기준, 제3항에 따라 경력경쟁채용시험으로 채용할 수 있는 직렬·직위 등에 관하여 필요한 사항은 대통령령으로 정한다.(2014.1.7 본항개정)
⑤ 제1항 본문에 따른 외무공무원의 공개경쟁 채용시험과 제1항 단서에 따른 외교관후보자의 선발시험은 외교부장관의 요구에 따라 인사혁신처장이 실시한다.(2014.11.19 본항개정)
⑥ 외교부장관은 대통령령으로 정하는 바에 따라 제3항에 따른 경력경쟁채용시험의 전부 또는 일부를 인사혁신처장에게 위탁하여 실시할 수 있고, 제3항제2호에 따라 경력경쟁채용시험으로 채용하는 경우에는 대통령령으로 정하는 바에 따라 채용시험의 전부 또는 일부를 면제할 수 있다.
(2014.11.19 본항개정)
(2011.7.25 본조개정)

제11조【시보 임용 및 채용후보자 명부】 ① 외무공무원(제3조제1항제1호에 따른 직위 이상의 직위에 보직되는 사람의 경우는 제외한다. 이하 이 조에서 같다)을 신규채용하는 경우 외교통상직렬 외무공무원(이하 "외교통상직공무원"이라 한다)은 1년, 외무영사직렬 외무공무원(이하 "영사직공무원"이라 한다)과 외교정보기술직렬 외무공무원(이하 "외교정보기술직공무원"이라 한다)은 6개월 동안 시보로 임용하고, 그 기간 중 근무성적이 양호하면 정규공무원으로 임용한다. 다만, 대통령령으로 정하는 경우에는 시보 임용을 면제하거나 그 기간을 단축할 수 있다.(2011.7.25 단서신설)
② 휴직한 기간, 직위해제 기간 및 징계에 따른 정직이나 감봉 처분을 받은 기간은 제1항의 시보 임용 기간에 넣어 계산하지 아니한다.(2011.7.25 본항신설)
③ 시보 임용 기간에 있는 외무공무원이 근무성적이나 교육훈련 성적이 나쁜 경우에는 제23조와 「국가공무원법」 제70조에도 불구하고 면직시키거나 면직을 제청할 수 있다.
(2011.7.25 본항신설)
④ 외교통상직공무원의 채용후보자 명부의 유효기간은 5년으로 하고, 영사직공무원 및 외교정보기술직공무원의 채용후보자 명부의 유효기간은 각각 3년으로 한다.
(2011.4.4 본조개정)

제12조【전직】 ① 외교통상직공무원, 영사직공무원 및 외교정보기술직공무원은 대통령령으로 정하는 바에 따라 전직할 수 있다.
② 제1항에 따른 전직은 시험을 거쳐야 하며, 응시자격이나 그 밖에 필요한 사항은 대통령령으로 정한다.
(2011.4.4 본조개정)

제13조【보직관리의 원칙】 ① 외무공무원의 직위는 인사평정 결과, 관련 분야 근무경력 및 외국어능력 등을 종합적으로 고려하여 부여한다.
② 외무공무원의 직위 부여는 대통령령으로 정하는 직위를 제외하고는 외교부와 그 소속기관, 재외동포청의 외무공무원을 대상으로 하는 직위공모의 방식(이하 "직위공모제"라 한다)으로 한다.(2024.1.9 본항개정)
③ 직위공모제를 시행할 때 제7조에 따른 외무인사위원회는 대통령령으로 정하는 바에 따라 보직후보자를 외교부장관에게 추천하며, 외교부장관은 추천된 보직후보자 중에서 최적임자를 선정하여 해당 직위를 부여한다. 다만, 응모자 또는 추천된 사람이 없는 직위에는 외교부장관이 적임자로 판단하는 사람을 보할 수 있다.(2013.3.23 본항개정)
④ 제2항 및 제3항에서 규정한 사항 외에 직위공모제의 운영에 관한 기준 및 절차 등에 관하여 필요한 사항은 대통령령으로 정한다.
(2011.4.4 본조개정)

제13조의2【외무공무원 자격심사】 ① 외교부 및 그 소속기관, 재외동포청의 대통령령으로 정하는 참사관급 이상의 직위 및 고위공무원단 직위에 최초로 임용될 사람은 임용되기 전에 자격심사를 받아야 하며, 자격심사 결과 부적격 결정을 받은 사람은 그 직위에 임용될 수 없다.(2024.1.9 본항개정)
② 제1항에 따른 자격심사를 위하여 외교부에 7명 이상 15명 이하의 위원으로 구성된 외무공무원 자격심사위원회를 둔다.(2013.3.23 본항개정)
③ 외무공무원 자격심사위원회는 심사대상자의 교섭능력, 업무수행능력, 지도력 등을 종합적으로 고려하여 적격 여부를 심사한다.
④ 제1항에 따른 자격심사의 응시횟수는 5회의 범위에서 제한할 수 있다.(2011.7.25 본항신설)
⑤ 제4항에 따라 자격심사의 응시가 제한된 자는 10년의 범위에서 일정한 기간이 지난 후에 다시 자격심사에 응시할 수 있다.(2011.7.25 본항신설)

⑥ 제1항부터 제5항까지의 규정에 따른 자격심사의 요소·시기 및 심사방법, 외무공무원 자격심사위원회의 구성 및 운영, 자격심사의 응시횟수 제한, 재응시 제한 기간 등에 필요한 사항은 대통령령으로 정한다.(2011.7.25 본항개정)
(2011.4.4 본조개정)

제13조의3【개방형 직위】 ① 외교부장관 또는 재외동포청장은 각각 외교부와 그 소속기관의 직위(재외공관의 장의 직위는 제외한다) 또는 재외동포청의 직위 중 전문성이 특히 요구되거나 외교 업무의 효율적 수행을 위하여 필요하다고 판단되어 공직 내부 또는 외부에서 적격자를 임용할 필요가 있는 직위는 개방형 직위로 지정하여 운영할 수 있다. 다만, 「정부조직법」 등 조직 관계 법령에 따라 고위공무원단 직위 중 「국가공무원법」 제26조의5에 따른 임기제공무원으로도 보할 수 있는 직위는 개방형 직위로 본다.(2024.1.9 본문개정)
② 개방형 직위의 운영 등에 필요한 사항은 대통령령으로 정한다.

제13조의4【인사교류】 ① 외교부장관은 「국가공무원법」 제32조의2에도 불구하고 외교업무의 수요, 외교정책의 효율적 수립 및 집행의 필요성 등을 고려하여 외교부와 그 소속기관의 고위공무원단 직위(재외공관의 장은 제외한다)에 대하여 다른 중앙행정기관과 인사교류를 실시한다.(2024.1.9 본항개정)
② 인사교류의 범위와 절차 등 인사교류의 운영에 필요한 사항은 대통령령으로 정한다.
(2011.4.4 본조개정)

제14조【재외공관 근무】 ① 외무공무원은 대통령령으로 정하는 기준에 따라 재외공관에 근무한다.
② 외교부장관은 재외공관의 업무 수행에 필요한 경우에는 외교통상직공무원 또는 외교정보기술직공무원에게 영사 업무를 담당하게 하거나 영사직공무원에게 외교정보 관리 및 통신 업무를 담당하게 할 수 있다.(2013.3.23 본항개정)
(2011.4.4 본조개정)

제15조【국제기구 등 파견근무】 ① 외무공무원은 대통령령으로 정하는 바에 따라 국제기구, 외국기관이나 외교부 관계 기관·법인 또는 단체에 파견근무할 수 있다.
② 외무공무원은 제1항에 따른 파견근무를 이유로 인사상 불리한 대우를 받지 아니한다.
(2020.5.26 본조개정)

제16조【교육훈련】 ① 외무공무원은 국가관 및 사명감의 함양과 담당 직무에 필요한 지식 및 능력의 발전을 위하여 교육훈련을 받아야 한다.
② 외교부장관은 모든 외무공무원에게 균등한 교육훈련의 기회를 주고, 각 직위에 상응하는 교육훈련에 관한 종합적인 계획을 수립·시행하여야 하며, 외무공무원의 기능별·지역별 전문화를 촉진하기 위하여 국내외에서 필요한 교육을 실시하여야 한다.(2013.3.23 본항개정)
③ 외교부장관 및 재외동포청장은 교육훈련 결과를 인사관리에 반영하여야 한다.(2024.1.9 본항개정)
(2011.4.4 본조개정)

제17조【인사평정】 ① 외무공무원의 인사평정은 정기 또는 수시로 하되 객관적이고 엄정한 기준과 절차에 따라 실시한다.
② (2011.7.25 삭제)
③ 인사평정의 결과는 보직·적격심사 등 모든 인사관리에 반영되어야 한다.
④ 인사평정의 방식·절차 등에 관하여 필요한 사항은 대통령령으로 정한다.
⑤ 제1항, 제3항 및 제4항에도 불구하고 고위공무원단에 속하는 외무공무원에 대한 근무성적평정의 방법은 대통령령으로 정하는 바에 따른다.(2011.7.25 본항개정)
(2011.4.4 본조개정)

제18조【선서】 외무공무원은 재외공관 또는 국외파견근무의 명을 받았을 때에는 외교부장관 앞에서 다음의 선서를 한다.

"본인은 대한민국 외무공무원으로서 조국에 충성을 다하여 재외공관(국외파견) 근무 중 헌법과 법령 그리고 정부의 훈령을 성실히 준수하고, 국제법과 국제관례에 따라 국제 친선과 협력을 촉진하여 대한민국의 국위를 선양하며, 국가이익을 보호·신장함으로써 본인에게 부여된 사명과 책임을 완수할 것을 엄숙히 선서합니다."
(2013.3.23 전단개정)

제19조【복무】 ① 외무공무원은 재외근무 시 특히 다음 각 호의 사항을 준수하여야 한다.
1. 외교기밀의 엄수
2. 품위유지
3. 국제법의 준수 및 특권·면제의 남용 금지
② 외무공무원의 재외근무 시 복무에 필요한 사항은 대통령령으로 정한다.
③ 외무공무원은 외국의 영주권을 보유하거나 취득하여서는 아니 되며, 배우자나 자녀가 외국의 국적을 취득한 경우에는 외교부장관에게 신고하여야 한다.(2013.3.23 본항개정)
(2011.4.4 본조개정)

제20조【보수】 외무공무원의 보수는 담당 직무의 비중·책임도 및 난이도, 업무수행능력, 업무 실적, 그 밖에 근무여건 등을 고려하여 대통령령으로 정한다.(2011.4.4 본조개정)

제20조의2【직위의 정급】 ① 외교부장관은 행정안전부장관 및 인사혁신처장과 협의하여 외교부와 그 소속기관, 재외동포청의 직위분류제를 적용받는 모든 직위를 어느 하나의 직무등급에 배정하여야 한다.(2024.1.9 본항개정)
② 제1항에 따른 직무등급의 배정에 필요한 사항은 대통령령으로 정한다.
(2011.4.4 본조개정)

제21조【실비 변상 등】 ① 외무공무원은 보수 외에 대통령령으로 정하는 바에 따라 직무수행 및 재외근무에 필요한 실비(實費)를 변상받을 수 있다.
② 재외근무를 하는 외무공무원과 그 동반가족은 외교부장관이 정하는 바에 따라 의료비 등 필요한 지원을 받을 수 있다.(2013.3.23 본항개정)
(2011.7.25 본조제목개정)
(2011.4.4 본조개정)

제22조【재해보상】 외무공무원이 재외근무 중 천재지변, 전쟁, 사변, 내란, 폭동, 납치, 그 밖에 예기하지 못한 돌발사태로 인하여 그 공무원이나 가족이 사망·실종되거나 신체상·정신상 또는 재산상 뚜렷한 피해를 입은 경우와 근무지의 특수한 기후·풍토, 그 밖의 생활조건으로 인하여 발생한 질병으로 사망하거나 장애인이 된 경우에는 대통령령으로 정하는 바에 따라 그 공무원이나 가족은 재해보상금을 받을 수 있다.(2011.4.4 본조개정)

제23조【의사와 다른 신분조치】 외무공무원은 형의 선고, 징계처분 또는 이 법에서 정하는 사유에 의하지 아니하고는 그 의사와 다른 면직 또는 휴직을 당하지 아니한다. 다만, 재외공관의 장이 아닌 자로서 제20조의2에 따라 배정된 직무등급이 가장 높은 등급의 직위에 임용된 고위공무원단에 속하는 외무공무원과 제2조의2제1항 단서의 대통령령으로 정하는 직위 중 가장 높은 등급의 직위에 재직하는 외무공무원은 그러하지 아니하다.(2019.1.15 단서신설)

제24조【외무공무원 적격심사】 ① 외무공무원(제13조의2에 따라 고위공무원단 직위에 임용되기 위한 외무공무원 자격심사 결과 적격 결정을 받은 사람은 제외한다)은 재직 중 다음 각 호의 어느 하나의 경우에 해당하면 외무공무원으로서 적격한지 여부를 심사(이하 "외무공무원 적격심사"라 한다) 받아야 한다. 이 경우 외무공무원 적격심사는 그 사유가 발생한 날부터 6개월 이내에 실시하여야 하며, 그 구체적 심사 시기 및 심사대상기간은 대통령령으로 정한다.
1. 인사평정에서 최하위 등급을 총 3회 받은 경우
2. 대통령령으로 정하는 정당한 사유 없이 직위를 부여받지 못한 기간이 총 3년에 이른 경우

3. 대통령령으로 정하는 기간 내 획득한 외국어 어학검정 점수 중 최고 점수가 대통령령으로 정한 수준에 미달하는 경우
4. 대통령령으로 정하는 바에 따라 외교부장관의 소환을 2회 받은 경우(2013.3.23 본호개정)

(2011.7.25 본항개정)
② (2011.7.25 삭제)
③ 외무공무원 적격심사를 위하여 외교부에 외무공무원 적격심사위원회를 둔다.(2013.3.23 본항개정)
④ 외무공무원 적격심사위원회는 대통령령으로 정하는 공사급 이상의 외무공무원, 외교부장관이 위촉하는 외부인사(외부인사 중 1명 이상은 인사혁신처장이 추천하는 사람으로 한다) 등 7명 이상 15명 이하의 위원으로 구성하고, 위원장은 외교부차관으로 한다.(2014.11.19 본항개정)
⑤ 외무공무원 적격심사위원회는 대통령령으로 정하는 바에 따라 제1항제1호부터 제4호까지의 경우에 해당하는 사람으로서 외무공무원의 직무를 계속 수행하게 하는 것이 곤란하다고 판단되는 사람을 부적격자로 결정한다.(2011.7.25 본항개정)
⑥ 임용권자는 제5항에 따라 부적격자로 결정된 사람에게 직위를 부여하지 아니할 수 있다. 이 경우 임용권자는 직위해제된 사람에게 3개월의 범위에서 대기를 명하고, 능력회복이나 근무성적의 향상을 위한 교육훈련 또는 특별한 연구과제의 부여 등 필요한 조치를 하여야 한다.(2011.7.25 본항개정)
⑦ 임용권자는 제6항에 따라 대기명령을 받은 사람이 그 기간에 능력 또는 근무성적의 향상을 기대하기 어렵다고 인정될 때에는 외무공무원 징계위원회의 동의를 받아 직권으로 면직시킬 수 있다.(2011.7.25 본항개정)
⑧ 외무공무원 적격심사위원회의 구성 및 운영에 필요한 사항은 대통령령으로 정한다.
(2011.4.4 본조개정)

제25조【공관장 자격심사】 ① 재외공관의 장에 임용될 사람은 임용되기 전에 자격심사(이하 "공관장 자격심사"라 한다)를 받아야 하며, 공관장 자격심사 결과 부적격 결정을 받은 사람은 재외공관의 장으로 임용될 수 없다.
② 공관장 자격심사를 위하여 외교부에 공관장 자격심사위원회를 둔다.(2013.3.23 본항개정)
③ 공관장 자격심사위원회는 7명 이상 15명 이하의 위원으로 구성한다.
④ 공관장 자격심사위원회의 구성 및 운영과 공관장 자격심사의 심사 기준·시기 및 절차 등에 관하여 필요한 사항은 대통령령으로 정한다.
(2011.4.4 본조개정)

제26조【당연 퇴직 등】 ① 외무공무원이 다음 각 호의 어느 하나에 해당할 때에는 당연히 퇴직한다.
1. 제9조제2항제2호에 해당하게 된 경우(2024.1.9 본호개정)
2. 「국가공무원법」 제69조제1호에 해당하는 경우(2024.1.9 본호신설)
3. 임기제 외무공무원의 근무기간이 만료된 경우

(2014.1.7 본항개정)
② 외무공무원이 재외공관의 장으로서 합산하여 10년간 재직한 경우에는 당연히 퇴직한다. 이 경우 대통령령으로 정하는 특수지역 재외공관의 장으로 재직한 기간은 재외공관의 장으로 재직한 기간에서 제외한다.(2020.5.26 후단개정)
③ (2007.5.11 삭제)
④ 제2조의2제1항 단서의 대통령령으로 정하는 직위에 재직한 외무공무원이 보직을 받지 못한 경우(대통령령으로 정하는 바에 따라 임용절차가 진행 중인 경우와 휴직 중인 경우는 제외한다)에는 그 근무하는 직위에서 면하는 날에 당연히 퇴직한다. 다만, 재외공관의 직위에 보직되어 근무하는 사람의 경우에는 그 직위에서 면하는 날부터 60일이 되는 날에 당연히 퇴직한다.(2019.1.15 단서개정)
⑤~⑥ (2007.5.11 삭제)
⑦ 제27조제3항에 따라 정년을 초과하여 근무할 수 있는 직위(이하 "정년초과근무가능직위"라 한다)에 보직되어 정년을 초과하여 근무하는 사람이 계속하여 다른 정년초과근무가능직위에 보직되지 못하는 경우에는 그 근무하는 직위에서 면하는 날에 당연히 퇴직한다. 다만, 재외공관의 직위에 보직되어 근무하는 사람의 경우에는 그 직위에서 면하는 날부터 60일이 되는 날에 당연히 퇴직한다.(2011.4.4 본항개정)
(2011.4.4 본조제목개정)

제26조의2【고위공무원단에 속하는 외무공무원에 대한 직권면직】 ① 임용권자는 고위공무원단에 속하는 외무공무원이 보직을 받지 못한 기간(대통령령으로 정하는 바에 따라 임용절차가 진행 중인 경우와 휴직 중인 경우 그 해당 기간은 제외한다)이 계속하여 1년 6개월이 되는 때에는 직권으로 면직시킨다.
② 임용권자가 제1항에 따라 면직시킬 때에는 제7조에 따른 외무인사위원회의 심의를 거쳐야 한다.
③ 제2항에 따른 외무인사위원회의 심의절차와 심의기준 등에 관한 사항은 대통령령으로 정한다.
(2011.7.25 본조신설)

제26조의3【고위공무원단 적격심사】 ① 고위공무원단에 속하는 외무공무원은 「국가공무원법」 제70조의2에 따른 적격심사를 받아야 한다.
② 제1항에 따른 적격심사는 외교부장관 또는 재외동포청장의 요구에 의하여 「국가공무원법」 제28조의6제1항에 따른 고위공무원임용심사위원회에서 한다.(2024.1.9 본항개정)
(2011.4.4 본조개정)

제27조【정년】 ① 외무공무원의 정년은 60세로 한다.
② 제1항에 따른 정년에 이른 외무공무원은 정년에 이른 날이 1월부터 6월 사이에 있으면 6월 30일에 퇴직하고, 7월부터 12월 사이에 있으면 12월 31일에 퇴직한다.
③ 제1항에도 불구하고 외교부 및 그 소속기관의 직위 중 대통령령으로 정하는 직위에 재직 중인 사람(재외공관의 장으로 내정되어 임용절차가 진행 중인 사람을 포함한다)은 정년을 초과하여 근무하게 할 수 있다. 다만, 이 경우에도 64세를 초과할 수 없다.(2024.1.9 본문개정)
(2011.4.4 본조개정)

제28조【징계】 ① 외교부장관 또는 재외동포청장은 소속 외무공무원이 다음 각 호의 어느 하나에 해당하는 경우에는 징계의결을 요구할 수 있다.(2024.1.9 본문개정)
1. 이 법 및 「국가공무원법」과 이 법 및 「국가공무원법」에 따른 명령을 위반한 경우
2. 직무상의 의무를 위반하거나 직무를 게을리한 경우
3. 직무의 내외를 불문하고 외무공무원으로서의 품위나 위신을 손상시키는 행위를 한 경우

② 대통령령으로 정하는 공사급 이상의 직위에 재직 중이거나 재직하였던 외무공무원에 대한 징계의 의결은 「국가공무원법」에 따라 국무총리 소속으로 설치된 징계위원회에서 한다.
③ 제2항에서 규정된 직위에 있지 아니한 외무공무원에 대한 징계의 의결을 위하여 외교부에 대통령령으로 정하는 바에 따라 외무공무원 징계위원회를 둔다.(2013.3.23 본항개정)
④ 외무공무원 징계위원회의 종류, 구성, 권한, 심의절차, 그 밖에 필요한 사항은 대통령령으로 정한다.
(2011.4.4 본조개정)

제29조【징계의 절차 등】 외무공무원의 징계는 외무공무원 징계위원회의 의결을 거쳐 제3조에 따른 임용권자가 한다.
(2011.4.4 본조개정)

제30조【「국가공무원법」의 적용 등】 외무공무원에 대하여 이 법에 특별한 규정이 있는 경우를 제외하고는 「국가공무원법」 및 「공무원교육훈련법」을 적용한다. 다만, 「국가공무원법」 제28조의5는 그러하지 아니하다.(2007.5.11 단서신설)

제31조【재외공관에 두는 다른 공무원】 재외공관에 근무하는 다른 국가공무원 및 지방공무원에 관하여는 이 법 또는 다른 법률에 특별한 규정이 있는 경우를 제외하고는 제5조·제6조·제9조·제18조·제19조·제21조 및 제22조를 준용하고, 그 파견절차, 교육, 근무규정, 그 밖에 필요한 사항은 대통령령으로 정한다.(2011.7.25 본조개정)

제32조【재외공관 행정직원】 ① 재외공관의 업무수행상 필요한 경우에는 재외공관에 행정직원을 둘 수 있다.
② 재외공관에 두는 행정직원의 직종, 채용방법, 보수, 근무조건, 그 밖에 필요한 사항은 외교부장관이 정한다.
(2013.3.23 본항개정)
(2011.7.25 본조개정)

부 칙

제1조【시행일】 이 법은 2001년 7월 1일부터 시행한다.
제2조【외교통상부소속 행정직공무원의 전직시험에 관한 경과조치】 법률 제5991호 외무공무원법중개정법률 시행당시 외교통상부의 통상교섭본부소속 6급 이하 행정직공무원에 대하여는 외무행정직공무원으로 전직하고자 하거나 5급 행정직으로 승진임용된 날부터 1년 이내에 외교통상직공무원으로 전직하고자 하는 경우에는 제12조의 개정규정에 불구하고 각각 전직시험을 면제한다.
제3조【외무공무원의 임용에 관한 경과조치】 ① 이 법 시행당시 외교통상부와 그 소속기관에 재직중인 특1급 내지 5급의 외교통상직공무원, 특임공관장, 3급 내지 7급의 외무행정직공무원 및 3급 내지 8급의 외교정보관리직공무원은 이 법에 의한 외교통상직공무원, 특임공관장, 외무행정직공무원 또는 외교정보관리직공무원으로 각각 임용된 것으로 본다.
② 이 법 시행당시 종전의 규정에 의한 임용절차가 진행중인 경우 이미 진행된 임용절차는 이 법에 의하여 임용절차가 진행된 것으로 본다.
제4조【외무공무원의 보수에 관한 경과조치】 외무공무원에 대한 보수는 제20조의 규정에 의한 대통령령이 제정될 때까지 종전의 규정에 의한 계급에 준하여 이를 지급한다.
제5조【외무공무원적격심사의 실시시기에 관한 적용례】 제24조의 규정에 의한 외무공무원적격심사는 이 법 시행일부터 3년이 경과한 날이 속하는 해부터 실시한다.
제6조【공관장적격심사에 관한 적용례】 제25조의 규정에 의한 공관장적격심사는 이 법 시행후 재외공관의 장에 초임으로 보직되는 자부터 실시한다.
제7조【대명기간의 산정에 관한 경과조치】 이 법 시행당시 재외공관의 장으로 재직한 외무공무원으로서 종전의 규정에 의하여 보직을 받지 아니하고 계속 재직하고 있는 기간은 이를 제26조제3항의 규정에 의한 대명기간으로 본다.
제8조【종전의 외교통상직 특1급 및 특2급 공무원의 정년에 관한 경과조치】 ① 이 법 시행당시 재직중인 외무공무원중 외교통상직 특1급 공무원으로서 제27조제1항의 규정에 의한 정년을 초과한 자는 동조동항의 규정에 불구하고 이 법 시행일부터 2년이 경과하는 날에 정년에 달한 것으로 본다. 다만, 그 정년은 64세를 초과할 수 없다.
② 이 법 시행당시 재직중인 외무공무원중 외교통상직 특1급 공무원으로서 제27조제1항의 규정에 의한 정년을 초과하지 아니한 자는 동조동항의 규정에 불구하고 그 정년을 62세로 본다.
③ 이 법 시행당시 재직중인 외무공무원중 외교통상직 특2급 공무원으로서 제27조제1항의 규정에 의한 정년을 초과한 자는 동조동항의 규정에 불구하고 이 법 시행일부터 1년이 경과하는 날에 정년에 달한 것으로 본다. 다만, 그 정년은 62세를 초과할 수 없다.
④ 이 법 시행당시 재직중인 외무공무원중 외교통상직 특2급 공무원으로서 제27조제1항의 규정에 의한 정년을 초과하지 아니한 자는 동조동항의 규정에 불구하고 그 정년을 61세로 본다.
제9조【종전의 2급 이하 외무공무원의 정년에 관한 특례】 ① 이 법 시행 당시 재직중인 외무공무원중 다음 각호의 1에 해당하는 자의 경우에는 제27조제1항의 규정에 불구하고 종전의 규정에 의한 정년에 달하는 날부터 1년이 경과하는 날에 정년에 달한 것으로 본다.
1. 2급 외교통상직공무원으로서 이 법 시행일부터 1년 이내에 종전의 규정에 의한 정년에 달하는 자
2. 2급 외교통상직공무원으로서 이 법 시행일부터 종전의 규정에 의한 정년까지의 잔여기간이 종전의 규정에 의한 상위직급으로의 승진최저근무연수의 잔여기간에 미달하는 자
3. 3급 외교통상직공무원으로서 이 법 시행일부터 3년 이내에 종전의 규정에 의한 정년에 달하는 자
4. 4급 외무행정직·외교정보관리직공무원으로서 이 법 시행일부터 1년 이내에 종전의 규정에 의한 정년에 달하는 자
5. 4급 외무행정직·외교정보관리직공무원으로서 이 법 시행일부터 종전의 규정에 의한 정년까지의 잔여기간이 종전의 규정에 의한 상위직급으로의 승진최저근무연수의 잔여기간에 미달하는 자
6. 5급 외무행정직·외교정보관리직공무원으로서 이 법 시행일부터 5년 이내에 종전의 규정에 의한 정년에 달하는 자
② 이 법 시행당시 재직중인 외무공무원중 다음 각호의 1에 해당하는 자의 경우에는 제27조제1항의 규정에 불구하고 종전의 규정에 의한 정년에 달하는 날부터 1년 6월이 경과하는 날에 정년에 달한 것으로 본다.
1. 6급 외무행정직·외교정보관리직공무원으로서 이 법 시행일부터 1년 이내에 종전의 규정에 의한 정년에 달하는 자
2. 6급 외무행정직·외교정보관리직공무원으로서 이 법 시행일부터 종전의 규정에 의한 정년까지의 잔여기간이 종전의 규정에 의한 상위직급으로의 승진최저근무연수의 잔여기간에 미달하는 자
3. 7급 외무행정직·외교정보관리직공무원으로서 이 법 시행일부터 4년 이내에 종전의 규정에 의한 정년에 달하는 자
③ 이 법 시행당시 재직중인 외무공무원중 다음 각호의 1에 해당하는 자의 경우에는 제27조제1항의 규정에 불구하고 종전의 규정에 의한 정년에 달하는 날부터 2년 6월이 경과하는 날에 정년에 달한 것으로 본다.
1. 4급 외교통상직공무원으로서 이 법 시행일부터 1년 이내에 종전의 규정에 의한 정년에 달하는 자
2. 4급 외교통상직공무원으로서 이 법 시행일부터 종전의 규정에 의한 정년까지의 잔여기간이 종전의 규정에 의한 상위직급으로의 승진최저근무연수의 잔여기간에 미달하는 자
3. 5급 외교통상직공무원으로서 이 법 시행일부터 5년 이내에 종전의 규정에 의한 정년에 달하는 자
제10조【징계에 관한 경과조치】 이 법 시행당시 징계절차가 진행 중인 경우에는 제28조 및 제29조의 개정규정에 불구하고 종전의 규정에 의한다.
제11조【다른 법률의 개정】 ①~③ ※(해당 법령에 가제정리 하였음)
제12조【다른 법률의 개정에 따른 경과조치】 부칙 제11조제3항의 규정에 의하여 공직자윤리법 제3조제1항제4호 및 제10조제1항제4호의 개정에 따른 대통령령이 개정될 때까지는 각각 종전의 해당 규정을 준용한다.

부 칙 (2005.11.8)

제1조【시행일】 이 법은 2006년 1월 1일부터 시행한다.
제2조【외무공무원의 직렬의 변경에 따른 경과조치】 ① 이 법 시행 당시 외교통상직공무원·외무행정직공무원 및 외교정보관리직공무원은 이 법에 의하여 각각 외교통상직렬 외무공무원·외무영사직렬 외무공무원 및 외교정보기술직렬 외무공무원으로 임용된 것으로 본다.
② 이 법 시행 당시 종전의 규정에 의한 임용절차가 진행 중인 경우 이미 진행된 임용절차는 이 법에 의하여 그 임용절차가 진행된 것으로 본다.
제3조【외무공무원의 전직에 관한 경과조치】 ① 이 법 시행 당시 외교통상직공무원이 이 법 시행일부터 5년 이내에 영사직공무원으로 전직하는 경우에는 제12조의 개정규정에 불구하고 전직시험을 면제할 수 있다.
② 이 법 시행 당시 외교정보관리직공무원이 이 법 시행일부터 5년 이내에 영사직공무원으로 전직하는 경우에는 제12조의 개정규정에 불구하고 전직시험의 전부 또는 일부를 면제할 수 있다.

제4조【대명기간에 관한 경과조치】 이 법 시행 당시 제4조제1항제1호의 규정에 의한 직위 이상의 직위에 재직한 외무공무원으로서 종전의 규정에 의하여 보직을 받지 아니하고 계속 재직하고 있는 기간은 이를 제26조제3항 내지 제5항의 개정규정에 의한 대명기간으로 본다.
제5조【당연퇴직에 관한 경과조치】 ① 이 법 시행 전에 제26조제4항의 개정규정에 의한 대통령령이 정하는 직위에 재직한 외무공무원이 이 법 시행일부터 6월 이내에 그 직을 면하는 경우에는 다른 보직을 받지 아니하는 한 그 직을 면하는 날부터 6월이 되는 때에 퇴직한다.
② 이 법 시행 전에 제26조제4항의 개정규정에 의한 대통령령이 정하는 직위에 재직한 외무공무원이 이 법 시행 당시 보직을 받지 아니하고 재직하고 있는 경우에는 종전의 규정에 의한 대명기간을 합산한 대명기간이 계속하여 1년이 되는 때에 퇴직한다.
제6조【다른 법률의 개정】 ※(해당 법령에 가제정리 하였음)

부 칙 (2007.5.11)

제1조【시행일】 이 법은 공포 후 6개월이 경과한 날부터 시행한다.
제2조【당연퇴직에 관한 적용례】 제26조제4항의 개정규정은 이 법 시행 당시 제2조의2제1항 단서의 개정규정의 대통령령이 정하는 직위에 재직 중인 자부터 적용한다.
제3조【고위공무원단에 속하는 외무공무원에 대한 경과조치】 ① 이 법 시행 당시 제2조의2제1항 본문의 개정규정에 따른 직위에 임용되어 재직 중이거나 파견·휴직 등으로 인사관리되고 있는 외무공무원은 이 법 시행일부터 이 법에 따른 고위공무원단에 속하는 것으로 본다.
② 이 법 시행 당시 종전의 규정에 따른 임용절차가 진행 중인 경우 이미 진행된 임용절차는 이 법에 따라 임용절차가 진행된 것으로 본다.
제4조【적격심사에 관한 경과조치】 부칙 제3조제1항에 해당하는 자에 대하여 「국가공무원법」 제70조의2제1항제1호 본문을 적용함에 있어서는 이 법 시행일을 임용된 날로 본다.
제5조【다른 법률의 개정】 ※(해당 법령에 가제정리 하였음)

부 칙 (2011.7.25)

제1조【시행일】 이 법은 공포 후 3개월이 경과한 날부터 시행한다. 다만, 제26조제4항 및 제26조의2의 개정규정은 공포 후 6개월이 경과한 날부터 시행하고, 제24조제1항제3호의 개정규정은 공포 후 2년이 경과한 날부터 시행한다.
제2조【외무공무원 적격심사에 관한 적용례】 제24조제1항의 개정규정은 이 법 시행 후 최초로 제24조제1항 각 호의 어느 하나의 경우에 해당하는 사람부터 적용한다.
제3조【외무공무원의 공개경쟁 채용시험에 관한 경과조치】 제10조제1항의 개정규정에도 불구하고 2013년 12월 31일까지 제10조제1항 단서의 방식으로 채용하는 직무등급의 외무공무원에 대하여는 종전의 규정에 따라 공개경쟁 채용시험을 통하여 채용한다.
제4조【직권면직 등에 관한 경과조치】 부칙 제1조 단서에 따른 제26조의2의 개정규정 시행 당시 보직을 받지 못한 상태에 있는 고위공무원단에 속하는 외무공무원에 대하여 해당 조항을 적용하는 경우에는 보직을 받지 못한 기간을 해당 조항의 시행일부터 기산한다.

부 칙 (2014.1.7)

제1조【시행일】 이 법은 공포한 날부터 시행한다.
제2조【적용례】 제10조의 개정규정은 이 법 시행 후 최초로 공고하는 채용시험부터 적용한다.
제3조【외교부 및 그 소속 기관에 재직 중인 별정직공무원 등에 대한 특례】 ① 이 법 시행 당시 외교부 및 그 소속 기관에 재직 중인 별정직공무원은 대통령령으로 정하는 임용예정 직군, 직렬, 계급 및 직급 등 인사 관계 규정에 따라 이 법 시행일에 외무공무원으로 임용된 것으로 본다.
② 이 법 시행 당시 외교부 및 그 소속 기관에 재직 중인 일반직공무원 중 임기제공무원(비상안전담당관 및 국립외교원에 재직 중인 교수요원은 제외한다)은 이 법 시행일에 임기제 외무공무원으로 임용된 것으로 본다. 이 경우 임기제 외무공무원으로서의 근무기간은 계약직공무원으로 채용될 당시에 계약한 기간의 남은 기간으로 하고, 해당 기간 동안의 보수는 채용될 당시의 계약에 따른다.

부 칙 (2017.12.30)

제1조【시행일】 이 법은 공포한 날부터 시행한다.
제2조【정규과정을 마치지 아니한 외교관후보자에 대한 적용례】 이 법 시행 전에 선발된 외교관후보자로서 「국립외교원법」 제6조제1항에 따른 정규과정을 마치지 아니한 사람에 대하여는 종전의 규정에도 불구하고 제10조제1항 단서 및 같은 조 제2항의 개정규정에 따라 외교부장관이 정하는 정규과정 종합교육성적 기준을 충족하면 외무공무원으로 채용한다.

부 칙 (2019.1.15)

이 법은 공포한 날부터 시행한다.

부 칙 (2020.5.26)

제1조【시행일】 이 법은 공포 후 6개월이 경과한 날부터 시행한다.
제2조【당연퇴직에 관한 적용례】 제26조제1항제1호의 개정규정에 따라 「국가공무원법」 제69조제1호를 적용할 때에는 이 법 시행 이후 파산선고를 받은 사람부터 적용한다.

부 칙 (2023.3.4)

제1조【시행일】 이 법은 공포 후 3개월이 경과한 날부터 시행한다.(이하 생략)

부 칙 (2024.1.9)

이 법은 공포 후 3개월이 경과한 날부터 시행한다.

국가정보원법

(2020년 12월 15일 전부개정법률 제17646호)

개정
2021.10.19법18519호

제1조【목적】 이 법은 국가정보원의 조직 및 직무범위와 국가안전보장 업무의 효율적인 수행을 위하여 필요한 사항을 규정함을 목적으로 한다.

제2조【지위】 국가정보원(이하 "국정원"이라 한다)은 대통령 소속으로 두며, 대통령의 지시와 감독을 받는다.

제3조【국정원의 운영 원칙】 ① 국정원은 운영에 있어 정치적 중립성을 유지하며, 국민의 자유와 권리를 보호하여야 한다.

② 국가정보원장(이하 "원장"이라 한다)·차장 및 기획조정실장과 그 밖의 직원은 이 법에서 정하는 정보의 수집 목적에 적합하게 정보를 수집하여야 하며, 수집된 정보를 직무 외의 용도로 사용하여서는 아니 된다.

제4조【직무】 ① 국정원은 다음 각 호의 직무를 수행한다.

1. 다음 각 목에 해당하는 정보의 수집·작성·배포
  가. 국외 및 북한에 관한 정보
  나. 방첩(산업경제정보 유출, 해외연계 경제질서 교란 및 방위산업침해에 대한 방첩을 포함한다), 대테러, 국제범죄조직에 관한 정보
  다. 「형법」 중 내란의 죄, 외환의 죄, 「군형법」 중 반란의 죄, 암호 부정사용의 죄, 「군사기밀 보호법」에 규정된 죄에 관한 정보
  라. 「국가보안법」에 규정된 죄와 관련되고 반국가단체와 연계되거나 연계가 의심되는 안보침해행위에 관한 정보
  마. 국제 및 국가배후 해킹조직 등 사이버안보 및 위성자산 등 안보 관련 우주 정보
2. 국가 기밀(국가의 안전에 대한 중대한 불이익을 피하기 위하여 한정된 인원만이 알 수 있도록 허용되고 다른 국가 또는 집단에 대하여 비밀로 할 사실·물건 또는 지식으로서 국가 기밀로 분류된 사항만을 말한다. 이하 같다)에 속하는 문서·자재·시설·지역 및 국가안전보장에 한정된 국가 기밀을 취급하는 인원에 대한 보안 업무. 다만, 각급기관에 대한 보안감사는 제외한다.
3. 제1호 및 제2호의 직무수행에 관련된 조치로서 국가안보와 국익에 반하는 북한, 외국 및 외국인·외국단체·초국가행위자 또는 이와 연계된 내국인의 활동을 확인·견제·차단하고, 국민의 안전을 보호하기 위하여 취하는 대응조치
4. 다음 각 목의 기관 대상 사이버공격 및 위협에 대한 예방 및 대응
  가. 중앙행정기관(대통령 소속기관과 국무총리 소속기관을 포함한다) 및 그 소속기관과 국가인권위원회, 고위공직자범죄수사처 및 「행정기관 소속 위원회의 설치·운영에 관한 법률」에 따른 위원회
  나. 지방자치단체와 그 소속기관
  다. 그 밖에 대통령령으로 정하는 공공기관
5. 정보 및 보안 업무의 기획·조정
6. 그 밖에 다른 법률에 따라 국정원의 직무로 규정된 사항

② 원장은 제1항의 직무와 관련하여 직무수행의 원칙·범위·절차 등이 규정된 정보활동기본지침을 정하여 국회 정보위원회에 이를 보고하여야 한다. 정보활동기본지침을 개정한 때에도 또한 같다.(2021.10.19 후단개정)

③ 국회 정보위원회는 정보활동기본지침에 위법하거나 부당한 사항이 있다고 인정되면 재적위원 3분의 2 이상의 찬성으로 시정이나 보완을 요구할 수 있으며, 원장은 특별한 사유가 없으면 그 요구에 따라야 한다.(2021.10.19 본항신설)

④ 제1항제1호부터 제4호까지의 직무 수행을 위하여 필요한 사항과 같은 항 제5호에 따른 기획·조정의 범위와 대상 기관 및 절차 등에 관한 사항은 대통령령으로 정한다.

제5조【국가기관 등에 대한 협조 요청 등】 ① 원장은 직무수행과 관련하여 필요한 경우 국가기관이나 그 밖의 관계기관 또는 단체(이하 "국가기관 등"이라 한다)에 대하여 사실의 조회·확인, 자료의 제출 등 필요한 협조 또는 지원을 요청할 수 있다. 이 경우 요청을 받은 국가기관 등의 장은 정당한 사유가 없으면 그 요청에 따라야 한다.

② 직원은 제4조제1항제1호나목부터 마목까지 및 같은 조 같은 항 제2호의 직무수행을 위하여 필요한 경우 현장조사·문서열람·시료채취·자료제출 요구 및 진술요청 등의 방식으로 조사할 수 있다.

③ 국정원은 제4조제1항제1호나목부터 라목까지에 관한 직무수행과 관련하여 각급 수사기관과 정보 공조체계를 구축하고, 국정원과 각급 수사기관은 상호 협력하여야 한다.

④ 직원은 정보수집을 위하여 필요한 최소한의 범위 안에서 조사를 행하여야 하며, 다른 목적을 위하여 조사 권한을 남용하여서는 아니된다.

제6조【조직】 ① 국정원의 조직은 원장이 대통령의 승인을 받아 정한다.

② 제1항에도 불구하고 원장은 제4조에 따른 직무범위를 일탈하여 정치관여의 우려가 있는 정보 등을 수집·분석하기 위한 조직을 설치하여서는 아니 된다.

③ 국정원은 직무 수행상 특히 필요한 경우에는 대통령의 승인을 받아 특별시·광역시·특별자치시·도 또는 특별자치도에 지부(支部)를 둘 수 있다.

제7조【직원】 ① 국정원에 원장·차장 및 기획조정실장과 그 밖에 필요한 직원을 둔다. 다만, 그 직무 수행상 필요한 경우에는 차장을 2명 이상 둘 수 있다.

② 직원의 정원은 예산의 범위에서 대통령의 승인을 받아 원장이 정한다.

제8조【조직 등의 비공개】 국정원의 조직·소재지 및 정원은 국가안전보장을 위하여 필요한 경우에는 그 내용을 공개하지 아니할 수 있다.

제9조【원장·차장·기획조정실장】 ① 원장은 국회의 인사청문을 거쳐 대통령이 임명하며, 차장 및 기획조정실장은 원장의 제청으로 대통령이 임명한다.

② 원장은 정무직으로 하며, 국정원의 업무를 총괄하고 소속 직원을 지휘·감독한다.

③ 차장과 기획조정실장은 정무직으로 하고 원장을 보좌하며, 원장이 부득이한 사유로 직무를 수행할 수 없을 때에는 그 직무를 대행한다.

④ 원장·차장 및 기획조정실장 외의 직원 인사에 관한 사항은 따로 법률로 정한다.

제10조【겸직 금지】 원장·차장 및 기획조정실장은 다른 직(職)을 겸할 수 없다.

제11조【정치 관여 금지】 ① 원장·차장 및 기획조정실장과 그 밖의 직원은 정당이나 정치단체에 가입하거나 정치활동에 관여하는 행위를 하여서는 아니 된다.

② 제1항에서 정치활동에 관여하는 행위란 다음 각 호의 어느 하나에 해당하는 행위를 말한다.

1. 정당이나 정치단체의 결성 또는 가입을 지원하거나 방해하는 행위
2. 그 직위를 이용하여 특정 정당이나 특정 정치인에 대하여 지지 또는 반대 의견을 유포하거나, 그러한 여론을 조성할 목적으로 특정 정당이나 특정 정치인에 대하여 찬양하거나 비방하는 내용의 의견 또는 사실을 유포하는 행위
3. 특정 정당이나 특정 정치인, 특정 정치단체를 위하여 기부금 모집을 지원하거나 방해하는 행위 또는 기업의 자금, 국가·지방자치단체 및 「공공기관의 운영에 관한 법률」에 따른 공공기관의 자금을 이용하거나 지원하게 하는 행위
4. 특정 정당이나 특정인의 선거운동을 하거나 선거 관련 대책회의에 관여하는 행위
5. 특정 정당·정치단체나 특정 정치인을 위하여 집회를 주최·참석·지원하도록 다른 사람을 사주·유도·권유·회유 또는 협박하는 행위

6. 「정보통신망 이용촉진 및 정보보호 등에 관한 법률」에 따른 정보통신망을 이용한 제1호부터 제5호까지에 해당하는 행위
7. 소속 직원이나 다른 공무원에 대하여 제1호부터 제6호까지의 행위를 하도록 요구하거나 그 행위와 관련한 보상 또는 보복으로서 이익 또는 불이익을 주거나 이를 약속 또는 고지(告知)하는 행위

③ 직원은 원장, 차장·기획조정실장과 그 밖의 다른 직원으로부터 제2항에 해당하는 행위의 집행을 지시 받은 경우 내부 절차에 따라 이의를 제기할 수 있으며, 시정되지 않을 경우 그 직무의 집행을 거부할 수 있다.
④ 직원이 제3항의 규정에 따라 이의제기 절차를 거친 후에도 시정되지 않을 경우, 오로지 공익을 목적으로 제2항에 해당하는 행위의 집행을 지시 받은 사실을 수사기관에 신고하는 경우 「국가정보원직원법」 제17조의 규정은 적용하지 아니한다.
⑤ 직원이 제4항에 따라 수사기관에 신고하는 경우 원장은 해당 내용을 지체 없이 국회 정보위원회에 보고하여야 한다.
⑥ 누구든지 제4항의 신고자에게는 그 신고를 이유로 불이익조치(「공익신고자 보호법」 제2조제6호에 따른 불이익조치를 말한다)를 하여서는 아니 된다.

제12조【겸직 직원】 ① 원장은 현역 군인 또는 필요한 공무원의 파견근무를 관계 기관의 장에게 요청할 수 있다.
② 겸직 직원의 원(原) 소속 기관의 장은 겸직 직원의 모든 신분상의 권익과 보수를 보장하여야 하며, 겸직 직원을 전보(轉補) 발령하려면 미리 원장의 동의를 받아야 한다.
③ 겸직 직원은 겸직 기간 중 원 소속 기관의 장의 지시 또는 감독을 받지 아니한다.
④ 겸직 직원의 정원은 관계 기관의 장과 협의하여 대통령의 승인을 받아 원장이 정한다.

제13조【직권 남용의 금지】 원장·차장·기획조정실장 및 그 밖의 직원은 그 직권을 남용하여 법률에 따른 절차를 거치지 아니하고 사람을 체포 또는 감금하거나 다른 기관·단체 또는 사람으로 하여금 의무 없는 일을 하게 하거나 사람의 권리 행사를 방해하여서는 아니 된다.

제14조【불법 감청 및 불법위치추적 등의 금지】 원장·차장·기획조정실장 및 그 밖의 직원은 「통신비밀보호법」, 「위치정보의 보호 및 이용 등에 관한 법률」, 「형사소송법」 또는 「군사법원법」 등에서 정한 적법절차에 따르지 아니하고는 우편물의 검열, 전기통신의 감청 또는 공개되지 아니한 타인간의 대화를 녹음·청취하거나 위치정보 또는 통신사실 확인자료를 수집하여서는 아니 된다.

제15조【국회에의 보고 등】 ① 원장은 국가 안전보장에 중대한 영향을 미치는 상황이 발생할 경우 지체 없이 대통령 및 국회 정보위원회에 보고하여야 한다.
② 원장은 국회 정보위원회가 재적위원 3분의 2 이상의 찬성으로 특정사안에 대하여 보고를 요구한 경우 해당 내용을 지체 없이 보고하여야 한다.

제16조【예산회계】 ① 국정원은 「국가재정법」 제40조에 따른 독립기관으로 한다.
② 국정원은 세입, 세출예산을 요구할 때에 「국가재정법」 제21조의 구분에 따라 총액으로 기획재정부장관에게 제출하며, 그 산출내역과 같은 법 제34조에 따른 예산안의 첨부서류는 제출하지 아니할 수 있다.
③ 국정원의 예산 중 미리 기획하거나 예견할 수 없는 비밀활동비는 총액으로 다른 기관의 예산에 계상할 수 있으며, 그 편성과 집행결산에 대하여는 국회 정보위원회에서 심사한다.
④ 국정원은 제2항 및 제3항에도 불구하고 국회 정보위원회에 국정원의 모든 예산(제3항에 따라 다른 기관에 계상된 예산을 포함한다)에 관하여 실질심사에 필요한 세부 자료를 제출하여야 한다.
⑤ 국정원은 모든 예산을 집행함에 있어 지출의 사실을 증명할 수 있는 증빙서류를 첨부하여야 한다. 다만, 국가안전보장을 위해 기밀이 요구되는 경우에는 예외로 한다.
⑥ 원장은 국정원의 예산집행 현황을 분기별로 국회 정보위원회에 보고하여야 한다.
⑦ 국회 정보위원회는 국정원의 예산심사를 비공개로 하며, 국회 정보위원회의 위원은 국정원의 예산 내역을 공개하거나 누설하여서는 아니 된다.

제17조【국회에서의 증언 등】 ① 원장은 국회 예산결산 심사 및 안건 심사와 감사원의 감사가 있을 때에 성실하게 자료를 제출하고 답변하여야 한다. 다만, 국가의 안전보장에 중대한 영향을 미치는 국가 기밀 사항에 대하여는 그 사유를 밝히고 자료의 제출 또는 답변을 거부할 수 있다.
② 원장은 제1항에도 불구하고 국회 정보위원회에서 자료의 제출, 증언 또는 답변을 요구받은 경우와 「국회에서의 증언·감정 등에 관한 법률」에 따라 자료의 제출 또는 증언을 요구받은 경우에는 군사·외교·대북관계의 국가 기밀에 관한 사항으로서 그 발표로 인하여 국가 안위(安危)에 중대한 영향을 미치는 사항에 대하여는 그 사유를 밝히고 자료의 제출, 증언 또는 답변을 거부할 수 있다. 이 경우 국회 정보위원회 등은 그 의결로써 국무총리의 소명을 요구할 수 있으며, 소명을 요구받은 날부터 7일 이내에 국무총리의 소명이 없는 경우에는 자료의 제출, 증언 또는 답변을 거부할 수 없다.
③ 원장은 국가 기밀에 속하는 사항에 관한 자료와 증언 또는 답변에 대하여 이를 공개하지 아니할 것을 요청할 수 있다.

제18조【회계검사 및 직무감찰의 보고】 원장은 그 책임 하에 소관 예산에 대한 회계검사와 직원의 직무 수행에 대한 감찰을 하고, 그 결과를 대통령과 국회 정보위원회에 보고하여야 한다.

제19조【직원에 대한 수사중지 요청】 ① 원장은 직원이 제4조에 규정된 직무 관련 범죄혐의로 인하여 다른 기관의 수사를 받음으로써 특수 활동 등 직무상 기밀 누설의 우려가 있는 경우에는 해당 수사기관의 장에게 그 사유를 소명하고 수사중지를 요청할 수 있다.
② 제1항에 따라 수사 중지 요청을 받은 기관의 장은 정당한 사유가 있으면 수사를 중지할 수 있다.

제20조【무기의 사용】 ① 원장은 직무를 수행하기 위하여 필요하다고 인정할 때에는 소속 직원에게 무기를 휴대하게 할 수 있다.
② 제1항의 무기 사용에 관하여는 「경찰관 직무집행법」 제10조의4를 준용한다.

제21조【정치 관여죄】 ① 제11조를 위반하여 정당이나 그 밖의 정치단체에 가입하거나 정치활동에 관여하는 행위를 한 사람은 7년 이하의 징역과 7년 이하의 자격정지에 처한다.
② 제1항에 규정된 죄의 미수범은 처벌한다.

제22조【직권남용죄】 ① 제13조를 위반하여 사람을 체포 또는 감금하거나 다른 기관·단체 또는 사람으로 하여금 의무 없는 일을 하게 하거나 사람의 권리 행사를 방해한 사람은 7년 이하의 징역과 7년 이하의 자격정지에 처한다.
② 제1항에 규정된 죄의 미수범은 처벌한다.

제23조【불법감청·위치추적 등의 죄】 ① 제14조를 위반하여 우편물의 검열·전기통신의 감청 또는 공개되지 아니한 다른 사람의 대화를 녹음·청취한 사람은 1년 이상 10년 이하의 징역과 7년 이하의 자격정지에 처한다.
② 제14조를 위반하여 위치정보 또는 통신사실확인자료를 수집한 사람은 5년 이하의 징역 또는 5천만원 이하의 벌금에 처한다.
③ 제1항 및 제2항에 규정된 죄의 미수범은 처벌한다.

제24조【공소시효에 관한 특례】 제21조와 제23조제2항의 죄에 대한 공소시효의 기간은 「형사소송법」 제249조제1항에도 불구하고 10년으로 한다.

부 칙

제1조【시행일】 이 법은 2021년 1월 1일부터 시행한다. 다

만, 제4조제1항제1호다목·라목, 제5조제2항(제4조제1항제1호다목 및 라목과 관련된 조사에 한정한다) 및 부칙 제5조제5항·제6항·제7항의 개정규정은 2024년 1월 1일부터 시행한다.

제2조【일반적 경과조치】 이 법 시행 당시 종전의 「국가정보원법」에 따른 행위로서 이 법에 그에 해당하는 규정이 있는 경우에는 이 법에 따라 한 것으로 본다.

제3조【수사권에 관한 경과조치】 2023년 12월 31일까지는 종전의 「국가정보원법」 제3조제1항제3호 및 제4호, 제11조제2항, 제16조, 제19조제2항을 계속 적용한다.

제4조【벌칙에 관한 경과조치】 이 법 시행 전에 종전의 「국가정보원법」 제9조 또는 제11조를 위반한 행위에 대하여 벌칙을 적용할 때는 종전의 규정에 따른다.

제5조【다른 법률의 개정】 ①~⑩ ※(해당 법령에 가제정리 하였음)

제6조【다른 법령과의 관계】 이 법 시행 당시 다른 법령에서 종전의 「국가정보원법」의 규정을 인용하고 있는 경우 이 법 가운데 그에 해당하는 규정이 있으면 종전의 규정을 갈음하여 이 법의 해당 규정을 인용한 것으로 본다.

부 칙 (2021.10.19)

이 법은 공포한 날부터 시행한다.

공무원임용령

(1969년 4월 11일 대통령령 제3877호)

개정
1970.12.31영 5449호 <중략>
2015. 7.13영26397호(책임운영기관의설치·운영에관한법시)
2015. 9.25영26566호 2015.11.18영26653호
2016. 2. 3영26944호(공무원인재개발법시)
2016. 6.24영27256호
2017. 1.10영27787호(전문직공무원인사규정)
2017. 1.31영27822호
2017. 7.26영28211호(직제)
2017. 7.26영28220호(정책보좌관의설치및운영에관한규정)
2017.12.29영28572호 2018. 7. 3영29031호
2018. 9.18영29180호(공무원재해보상법시)
2019. 6.18영29868호
2019. 6.25영29930호(공무원의명예퇴직에따른특별승진관리를강화하기위한영)
2019.11. 5영30191호 2020. 2.25영30493호
2020. 3.10영30515호(소방공무원의국가직전환관련제도정비를위한일부개정령)
2020. 6.30영30807호(대체역의편입및복무등에관한법시)
2020. 7.14영30833호(고위공직자범죄수사처설치에따른일부개정령)
2020. 9.22영31042호
2020.12.29영31337호(사법경찰관수사종결)
2021. 1. 5영31380호(법령용어정비)
2021.11.30영32162호
2021.12.28영32274호(독점시)
2022. 5. 9영32627호(국가교육위원회설치및운영에관한법시)
2022.12.27영33151호 2023. 8.30영33692호
2023.10.10영33798호 2023.12.26영34053호
2024. 4.23영34449호(개인정보침해요인개선을위한일부개정법령등)
2024. 6.27영34608호 2025. 1. 7영35191호

제1장 총 칙

제1조【적용 범위】 ① 행정부 소속 국가공무원(이하 "공무원"이라 한다) 중 경력직공무원의 임용에 관하여는 다른 법령에 특별한 규정이 없으면 이 영에서 정하는 바에 따른다. 다만, 「국가공무원법」 제26조의5에 따른 임기제공무원(이하 "임기제공무원"이라 한다)에 대해서는 이 영에 특별한 규정이 있는 경우를 제외하고는 제11조, 제12조, 제12조의2, 제13조, 제13조의2, 제14조, 제15조, 제22조, 제22조의2, 제22조의3, 제29조부터 제34조까지, 제34조의2, 제34조의3, 제35조, 제35조의2부터 제35조의4까지, 제36조, 제40조, 제41조, 제41조의2, 제41조의3, 제42조, 제42조의2, 제43조의2, 제43조의3, 제44조, 제45조, 제45조의2, 제46조부터 제48조까지, 제49조의2, 제49조의3, 제50조, 제51조, 제53조부터 제57조까지, 제57조의6, 제57조의8부터 제57조의10까지, 제58조 및 제59조를 적용하지 않는다.(2025.1.7 단서개정)
② 공무원 중 특수경력직공무원의 임용에 관하여는 제4조·제6조·제7조·제9조·제10조의4 및 제57조의4에 한정하여 이 영을 적용한다. 다만, 제10조의4 및 제57조의4는 정무직공무원에 대해서는 적용하지 않는다.
(2023.12.26 본조개정)

제2조【정의】 이 영에서 사용하는 용어의 뜻은 다음과 같다.
1. "임용"이란 신규채용, 승진임용, 전직(轉職), 전보, 겸임, 파견, 강임(降任), 휴직, 직위해제, 정직, 강등, 복직, 면직, 해임 및 파면을 말한다.
2. "복직"이란 휴직, 직위해제, 정직 중이거나 강등으로 직무에 종사하지 못한 공무원을 직위에 복귀시키는 것을 말한다.
3. 「국가공무원법」(이하 "법"이라 한다) 제16조제2항에서 규정한 "소속 장관"은 다음과 같다.
  가. 중앙행정기관인 부·처·청의 장과 대통령비서실장(국가안보실 및 국가안전보장회의사무처를 포함한다), 대통령경호처장, 감사원장, 국가인권위원회위원장, 고위공직자범죄수사처장, 방송통신위원회위원장, 원자력

안전위원회위원장, 국무조정실장(국무총리비서실을 포함한다), 공정거래위원회위원장, 금융위원회위원장, 국민권익위원회위원장, 개인정보 보호위원회 위원장, 민주평화통일자문회의사무처장 및 국가교육위원회위원장 (2022.5.9 본목개정)

나. 특별시·광역시·특별자치시·도·특별자치도(이하 "시·도"라 한다) 및 지방자치단체인 구(이하 "자치구"라 한다)·시·군에 근무하는 공무원에 대한 소속 장관은 행정안전부장관으로, 시·도의 교육청과 그 소속 기관에 근무하는 공무원에 대한 소속 장관은 교육부장관으로 한다.(2017.7.26 본목개정)

다. 시·도 및 자치구·시·군에서 농촌진흥사업에 종사하는 연구직 및 지도직공무원의 소속 장관은 농촌진흥청장으로 한다.

라. 시·도에 근무하는 소방공무원에 대한 소속 장관은 소방청장으로 한다.(2020.3.10 본목신설)

마. 가목부터 라목까지에 규정된 기관에 소속되지 아니하는 기관의 소속 장관은 법률에서 따로 규정된 것을 제외하고는 다음의 구분에 따른 자가 된다. 이 경우 다음의 구분에 따른 자가 공무원을 임용하는 경우 해당 기관의 장과 미리 협의하여야 한다.(2020.3.10 전단개정)

1) 해당 기관의 업무와 관련된다고 인정하여 인사혁신처장이 가목 중에서 지정하는 기관의 장(2014.11.19 개정)

2) 인사혁신처장이 1)에 따라 지정하지 아니한 경우에는 인사혁신처장(2014.11.19 개정)

4. (2018.7.3 삭제)

5. 법 제4조제2항, 제28조제2항제9호 또는 이 영에서 "연구직렬"이란 「연구직 및 지도직공무원의 임용 등에 관한 규정」(이하 "연구직및지도직규정"이라 한다) 별표1 제1호의 각 직렬을 말하며, "과학기술직렬"이란 이 영 별표1의 과학기술직군의 각 직렬과 연구직및지도직규정 별표1 제2호의 각 직렬을 말한다.(2023.8.30 본호개정)

6. "민간근무휴직"이란 공무원이 민간 부문의 업무수행 방법, 경영기법 등을 습득하고, 민간 부문에서는 공무원의 전문지식과 경험을 활용함으로써 민·관 간 이해 증진 및 상호 발전을 도모할 수 있도록 공무원이 제50조에 따른 민간기업 등에 임시로 근무하기 위하여 휴직하는 것을 말한다.

7. "필수보직기간"이란 공무원이 다른 직위로 전보되기 전까지 현 직위에서 근무하여야 하는 최소기간을 말한다. (2015.9.25 본호신설)

(2009.9.8 본조개정)

제3조【공무원의 직급 구분 등】 ① 법 제4조제1항에 따라 계급을 구분하는 일반직공무원의 직군·직렬·직류 및 직급의 명칭은 별표1과 같다.

② 법 제4조제2항제1호부터 제3호까지의 규정에 따라 제1항에 따른 계급 구분이나 직군 및 직렬의 분류를 적용하지 아니할 수 있는 일반직공무원의 직군·직렬·직류·직급 및 직위의 명칭과 임용 등에 관하여는 이 영에서 정하는 것을 제외하고는 따로 대통령령으로 정한다.(2017.1.10 본항개정)

③ (2013.11.20 삭제)

④ 법 제4조제2항제3호에 따라 제1항에 따른 계급 구분을 적용하지 아니하는 일반직공무원 중 우정직공무원의 계급은 우정1급부터 우정9급까지로 구분하고, 우정직군 공무원(이하 "우정직공무원"이라 한다)의 직렬·직류 및 직급의 명칭은 별표2와 같다.(2017.1.10 본항개정)

⑤ 우정1급 및 우정2급은 일반직 5급에, 우정3급·우정4급·우정5급 및 우정6급은 일반직 6급에, 우정7급은 일반직 7급에, 우정8급은 일반직 8급에, 우정9급은 일반직 9급에 각각 상당한다. 이 경우 이 영에서 특별한 규정이 있는 경우를 제외하고 계급을 인용하고 있는 경우에는 상당하는 계급의 우정직공무원을 포함하는 것으로 본다.(2013.11.20 본항신설)

(2009.9.8 본조개정)

제3조의2【임기제공무원의 종류】 임기제공무원의 종류는 다음 각 호와 같다.

1. 일반임기제공무원 : 직제 등 법령에 규정된 경력직공무원의 정원에 해당하는 직위에 임용되는 임기제공무원 (2015.7.13 본호개정)

2. 전문임기제공무원 : 특정 분야에 대한 전문적 지식이나 기술 등이 요구되는 업무를 수행하기 위하여 임용되는 임기제공무원

3. 시간선택제임기제공무원 : 법 제26조의2에 따라 통상적인 근무시간보다 짧은 시간(주당 15시간 이상 35시간 이하의 범위에서 임용권자 또는 임용제청권자가 정한 시간을 말한다. 이하 이 조에서 같다)을 근무하는 공무원으로 임용되는 일반임기제공무원(이하 "시간선택제일반임기제공무원"이라 한다) 또는 전문임기제공무원(이하 "시간선택제전문임기제공무원"이라 한다)(2013.12.16 본호개정)

4. 한시임기제공무원 : 다음 각 목의 어느 하나에 해당하는 공무원의 업무를 대행하기 위하여 1년 6개월 이내의 기간 동안 임용되는 공무원으로서 법 제26조의2에 따라 통상적인 근무시간보다 짧은 시간을 근무하는 임기제공무원

가. 법 제71조제1항 또는 제2항에 따라 휴직하는 공무원

나. 「국가공무원 복무규정」 제18조제1항 또는 제2항에 따라 30일 이상의 병가를 실시하는 공무원

다. 「국가공무원 복무규정」 제20조제2항 또는 제10항에 따라 30일 이상의 특별휴가를 실시하는 공무원

라. 제57조의3제1항에 따라 통상적인 근무시간보다 짧은 시간을 근무하는 공무원으로 지정된 공무원(이하 "시간선택제전환공무원"이라 한다)(2017.12.29 후단삭제)

(2015.11.18 본호개정)

(2013.11.20 본조신설)

제3조의3【시간선택제채용공무원의 임용】 ① 임용권자 또는 임용제청권자는 법 제26조의2에 따라 통상적인 근무시간보다 짧은 시간을 근무하는 일반직공무원(임기제공무원은 제외한다)을 신규채용할 수 있다.

② 제1항에 따라 채용된 공무원(이하 "시간선택제채용공무원"이라 한다)의 주당 근무시간은 「국가공무원 복무규정」 제9조에도 불구하고 15시간 이상 35시간 이하의 범위에서 임용권자 또는 임용제청권자가 정한다. 이 경우 근무시간을 정하는 방법 및 절차 등은 인사혁신처장이 정한다.(2019.6.18 본항개정)

③ 시간선택제채용공무원을 통상적인 근무시간 동안 근무하는 공무원으로 임용하는 경우에는 어떠한 우선권도 인정하지 아니한다.

(2013.12.16 본조신설)

제4조【외국인과 복수국적자의 임용】 ① 임용권자 또는 임용제청권자는 법 제26조의3제1항에 따라 외국인을 「전문경력관 규정」 제2조에 따른 전문경력관(이하 "전문경력관"이라 한다), 임기제공무원 또는 특수경력직공무원으로 채용할 수 있다.(2013.11.20 본항개정)

② 임용권자 또는 임용제청권자는 법령으로 정한 각 기관의 소관 업무 중 다음 각 호의 업무 분야에는 법 제26조의3제2항에 따라 복수국적자의 임용을 제한할 수 있다.

1. 국가안보와 관련되는 정보·보안·기밀 및 범죄수사에 관한 분야
2. 대통령 및 국무총리 등 국가 중요 인사의 국정수행 보좌 및 경호에 관한 분야
3. 외교관계·통상교섭 및 국제협정에 관한 분야
4. 남북간 대화·교류·협력 및 통일에 관한 분야
5. 검찰·교정 및 출입국관리에 관한 분야
6. 군정 및 군령, 무기체계 획득, 방위력 개선 및 그 밖의 군사에 관한 분야
7. 국민의 생명·신체·재산 보호, 기업의 영업비밀 및 신기술 보호, 주요 경제·재정 정책 및 예산 운영에 관한 분야
8. 그 밖에 보안 시설·지역 출입, 비밀문서·자재 취급 등 업무의 성질상 국가의 안보 및 이익에 중대한 영향을 미칠 수 있는 분야로서 복수국적자가 수행하기에 부적합하다고 인정하여 소속 장관이 정하는 분야

(2011.9.6 본조개정)

제4조의2 (2004.6.11 삭제)

제5조【임용권의 위임】 ① 법 제32조제3항에 따라 대통령은 소속 장관에게 3급부터 5급까지의 공무원(이에 상당하는 전문임기제공무원 및 시간선택제전문임기제공무원을 포함한다)에 대한 임용권을 위임한다.(2013.12.16 본항개정)

② 소속 장관은 고위공무원단에 속하는 공무원(이하 "고위공무원"이라 한다) 이상을 장으로 하는 소속 기관의 장(대학의 장, 시·도의 교육감, 검찰총장, 고등검찰청 및 지방검찰청 검사장을 포함한다)에게 그 소속 기관의 4급 및 5급 공무원(이에 상당하는 전문임기제공무원 및 시간선택제전문임기제공무원을 포함한다)의 전보권과 6급 이하 공무원(이에 상당하는 전문임기제공무원, 시간선택제전문임기제공무원 및 한시임기제공무원을 포함한다)의 임용권을 위임할 수 있다. (2020.2.25 본항개정)

③ (2006.6.12 삭제)

④ 소속 장관과 제2항에 따라 임용권을 위임받은 사람은 위임자의 승인을 받아 4급 이상 공무원 또는 고위공무원을 장으로 하는 소속 기관의 장에게 그 소속 기관의 6급 이하 공무원(이에 상당하는 전문임기제공무원, 시간선택제전문임기제공무원 및 한시임기제공무원을 포함한다)의 임용권을, 5급 공무원을 장으로 하는 소속 기관의 장(대학교의 학장을 포함한다)에게 그 소속 기관의 6급 및 7급 공무원(이에 상당하는 전문임기제공무원, 시간선택제전문임기제공무원 및 한시임기제공무원을 포함한다)의 전보권과 8급 이하 공무원(이에 상당하는 전문임기제공무원, 시간선택제전문임기제공무원 및 한시임기제공무원을 포함한다)의 임용권을 위임할 수 있다.(2013.12.16 본항개정)

⑤ 제2항 및 제4항에도 불구하고 소속 장관은 각 기관의 장(해당 기관이 복수의 구성원으로 이루어진 합의제 기관인 경우로서 그 합의제 기관을 대표하는 사람이 공무원이 아닌 경우에는 그 기관의 사무에 대한 총괄·감독권한을 가진 공무원을 말한다. 이하 같다)에게 그 기관의 고위공무원단에 속하지 아니하는 임기제공무원의 임용권을 위임할 수 있다. (2013.11.20 본항신설)

⑥ 소속 장관은 연구직및지도직규정 제3조에 따른 연구관·지도관을 장으로 하는 소속 기관의 장에게 제2항부터 제4항까지의 규정에 따른 그 소속 공무원의 임용권을 위임할 수 있다.(2009.9.8 본항개정)

⑦ 현업기관(現業機關)을 갖는 소속 장관은 고위공무원으로 보하는 보조기관에게 그 보조기관의 업무상 지휘·감독을 받는 현업기관의 5급 이하 공무원(이에 상당하는 전문임기제공무원, 시간선택제전문임기제공무원 및 한시임기제공무원을 포함한다)에 대한 전보권을 위임할 수 있다.(2013.12.16 본항개정)

⑧ 소속 장관은 고위공무원으로 보하는 보조기관(이에 상당하는 보좌기관 및 한시조직을 포함한다)에게 그 보조기관에 소속된 4급 및 5급 이하 공무원(이에 상당하는 전문임기제공무원, 시간선택제전문임기제공무원 및 한시임기제공무원을 포함한다)의 전보권을 위임할 수 있다.(2013.12.16 본항개정)

⑨ 정원을 조정하거나 소속 장관 상호간, 소속 기관 상호간, 보조기관 상호간, 보조기관과 소속 기관 상호간의 인사교류를 하거나 해당 기관의 직제상 소수직렬로서 소속 장관이 정하는 직렬에 해당하는 공무원의 승진임용을 하는 경우에는 제1항부터 제8항까지의 규정에도 불구하고 대통령, 소속 장관 또는 소속 상급기관의 장이 임용권을 행사할 수 있다. (2013.11.20 본항개정)

제5조의2【인사원칙의 사전공개】 임용권자나 임용제청권자는 소속 공무원에 대한 인사운영의 원칙 및 기준을 미리 정하여 공지하여야 하고, 정기인사 및 이에 준하는 대규모 인사를 실시할 때에는 1개월 이전에 해당 인사의 세부 기준 등을 미리 소속 공무원에게 공지하여야 함을 원칙으로 한다.(2009.9.8 본조개정)

제6조【임용 시기】 ① 공무원은 임용장이나 임용통지서에 적힌 날짜에 임용된 것으로 보며, 임용일자를 소급해서는 아니 된다.(2018.7.3 본항개정)

② 사망으로 인한 면직은 사망한 다음 날에 면직된 것으로 본다.(2018.7.3 본항신설)

③ 임용할 때에는 임용일자까지 그 임용장 또는 임용통지서가 임용될 사람에게 도달할 수 있도록 발령하여야 한다. (2009.9.8 본조개정)

제7조【임용 시기의 특례】 제6조제1항에도 불구하고 다음 각 호의 어느 하나에 해당하는 경우에는 다음 각 호의 구분에 따른 일자에 임용된 것으로 본다.

1. 법 제40조의4제1항제5호에 따라 다음 각 목의 어느 하나에 해당하는 날을 임용일자로 하여 특별승진임용하는 경우
   가. 재직 중 사망한 경우 : 사망일의 전날
   나. 퇴직 후 사망한 경우 : 퇴직일의 전날
2. 법 제70조제1항제4호에 따라 직권으로 면직시키는 경우 : 휴직기간의 만료일 또는 휴직사유의 소멸일
3. 시보임용이 될 사람이 제24조제1항에 따른 공무원의 직무수행과 관련된 실무수습 중 사망한 경우 : 사망일의 전날

(2018.7.3 본조개정)

제7조의2【인사운영의 진단 및 지원】 인사혁신처장은 법 제6조제2항에 따라 공무원 인력의 효율적인 활용 등을 위하여 각 기관의 공무원 임용 등 인사운영에 관하여 점검·진단하고, 그 결과에 대해 개선 권고를 하거나 컨설팅 등 필요한 지원을 할 수 있다.(2019.11.5 본조신설)

제8조【소속 공무원 인력관리계획의 수립 등】 ① 소속 장관은 조직목표의 달성에 필요한 효율적인 인적자원 관리를 위하여 소속 공무원의 채용·승진·배치 및 경력개발 등이 포함된 인력관리계획을 수립하여야 한다.

② 인사혁신처장은 각 기관의 균형적인 인사 운영과 효율적인 인력 활용을 위하여 필요한 때에는 제1항에 따른 인력관리계획의 일부 또는 전부를 제출받아 이를 지원·조정 및 평가할 수 있다.(2014.11.19 본항개정)

③ 제1항 및 제2항에서 규정한 사항 외에 인력관리계획의 수립절차·방법 및 내용과 그 밖에 인력관리계획의 운영 등에 필요한 사항은 인사혁신처장이 정한다.(2014.11.19 본항개정)

(2009.9.8 본조개정)

제8조의2【통합인사기본계획의 수립 등】 ① 인사혁신처장은 법 제26조 단서에 따른 정책(이하 "통합인사정책"이라 한다)을 실시하기 위하여 통합인사기본계획(이하 "기본계획"이라 한다)을 5년마다 수립하여야 한다.(2025.1.7 본항개정)

② 기본계획에는 다음 각 호의 사항이 포함되어야 한다.

1. 통합인사정책의 중장기 기본목표와 추진방향
2. 통합인사정책의 추진과제와 추진방법
3. 그 밖에 통합인사정책의 추진을 위하여 필요한 사항

(2025.1.7 1호~3호개정)

③ 소속 장관은 기본계획에 따라 연도별 시행계획을 수립하여 인사혁신처장에게 제출하고 이를 시행하여야 한다.

④ 인사혁신처장은 제3항에 따라 제출된 시행계획을 점검하고 필요한 경우 개선권고를 할 수 있다.

⑤ 인사혁신처장은 제3항에 따른 시행계획의 시행 실적을 평가하고 그 결과를 공표할 수 있다.

⑥ 인사혁신처장은 기본계획을 수립하기 위하여 필요하면 관계 중앙행정기관의 장, 지방자치단체의 장(교육감을 포함한다), 공공기관의 장이나 지방의회의 의장에게 관련 자료의 제출 등 협조를 요청할 수 있으며, 협조 요청을 받은 자는 특별한 사유가 없으면 이에 따라야 한다.(2021.11.30 본항개정)

⑦ 제1항부터 제6항까지에서 규정한 사항 외에 기본계획 및 시행계획의 수립절차·방법 및 운영 등에 필요한 사항은 인사혁신처장이 정한다.

(2025.1.7 본조제목개정)

(2017.12.29 본조신설)

제9조【결원의 적기 보충】 임용권자나 임용제청권자는 해당 기관에 결원이 생기면 지체 없이 결원 보충에 필요한 조치를 하여야 한다.(2009.9.8 본조개정)

제10조【공개경쟁 시험 합격자의 우선 임용】 공개경쟁 채용시험 또는 공개경쟁 승진시험 합격자를 임용할 때에는 인사혁신처장이나 그 합격자를 추천받은 각 기관의 장은 공개경쟁의 방법으로 합격한 사람을 다른 결원 보충방법에 우선하여 임용하여야 한다.(2014.11.19 본조개정)

제10조의2【교육훈련 성적의 인사관리 반영】 법 제50조제4항에 따라 공무원의 교육훈련 성적은 「공무원 인재개발법 시행령」에서 정하는 바에 따라 승진임용, 전보 등 인사관리에 반영하여야 한다.(2016.2.3 본조개정)

제10조의3【역량평가의 실시 및 활용】 ① 소속 장관은 소속 공무원이 직무를 성공적으로 수행하기 위하여 필요한 능력과 자질(이하 "역량"이라 한다)을 설정하고 이를 기준으로 소속 공무원을 평가(이하 "역량평가"라 한다)하여 승진임용·보직관리 등 인사관리에 활용할 수 있다. 다만, 제2조제3호가목에 따른 기관의 과장 및 이에 상당하는 보조·보좌기관(3급 또는 4급에 해당하는 직위를 말하며, 이하 "과장급 직위"라 한다)은 역량평가를 통과한 사람으로 임용하여야 한다.
② 제1항 단서에 따른 역량평가는 과장급 직위로 새롭게 신규채용되거나 전보 또는 승진임용되는 사람을 대상으로 신규채용, 전보 또는 승진임용 전에 실시해야 한다. 다만, 다음 각 호의 어느 하나에 해당하는 경우에는 역량평가를 실시하지 않을 수 있다.(2023.12.26 본문개정)
1. 비서관, 「정책보좌관의 설치 및 운영에 관한 규정」에 따른 정책보좌관, 「비상대비에 관한 법률」에 따른 비상대비업무 관련 직위, 대통령경호처의 경호업무 관련 직위 및 이에 상응하는 직위에 임기제공무원 또는 별정직공무원으로 임용하는 경우(2023.12.26 본호개정)
2. 과장급 직위 또는 그에 상응하는 직위(제1호의 직위는 제외한다)에 국가공무원으로 재직하였던 사람을 임용하는 경우
3. 법 제2조제2항제2호에 따른 특정직공무원으로 임용하는 경우
4. 그 밖에 과장급 직위의 공무원으로서의 역량을 이미 갖추고 있다고 볼 만한 사유가 있는 등 인사혁신처장이 특별히 정하는 경우(2014.11.19 본호개정)
③ 제2항제1호에 따라 역량평가를 받지 아니하고 과장급 직위에 임용된 사람을 역량평가를 실시하여야 하는 과장급 직위로 임용하려는 때에는 역량평가를 실시하여야 한다.
④ 소속 장관이 역량평가를 실시하는 경우 소속 공무원에게 요구되는 평가대상 역량 항목에 인사혁신처장이 정하는 역량 항목 중 3개 이상을 포함하여야 한다. 다만, 인사혁신처장과 미리 협의한 경우에는 그러하지 아니하다.(2014.11.19 본항개정)
⑤ 역량평가는 역량 항목별로 5점 만점으로 평가하되, 평가점수 범위에 따라 매우우수·우수·보통·미흡 또는 매우미흡 중 하나의 등급으로 나누며, 역량평가의 통과기준은 다음 각 호의 어느 하나에 해당하는 경우로 한다.
1. 평가대상자의 평균점수가 "보통" 이상(평균점수 2.5점 이상을 말한다)인 경우
2. 평가대상자의 평균점수가 2.3점 이상이고 평가대상 역량 항목의 3분의 1 이상에서 3점 이상의 점수를 받은 경우
⑥ 역량평가를 통과하지 못한 사람은 부족한 역량을 보완한 후 재평가를 받을 수 있다. 이 경우 연속하여 2회 이상 통과하지 못한 경우에는 1년의 범위에서 인사혁신처장이 정하는 기간이 지난 후 재평가를 받을 수 있다.(2014.11.19 후단개정)
⑦ 인사혁신처장은 역량의 설정, 역량평가 기법의 개발, 역량평가자 및 역량평가대상자에 대한 교육훈련 등 필요한 사항을 지원할 수 있으며, 범정부적 역량평가의 효율적 운영을 위하여 소속 장관이 신청하는 경우에는 해당 기관의 역량평가체계에 대한 인증을 실시할 수 있다.(2014.11.19 본항개정)
⑧ 소속 장관은 필요한 경우 제1항에 따른 역량평가의 실시를 인사혁신처장에게 위탁할 수 있다.(2014.11.19 본항개정)
⑨ 제1항부터 제8항까지에서 규정한 사항 외에 역량평가의 실시, 지원 및 역량평가체계의 인증 등에 필요한 사항은 인사혁신처장이 정한다.(2014.11.19 본항개정)
(2014.6.30 본조개정)

제10조의4【임용심사위원회】 ① 임용권자(제1호의 경우로서 제13조제1항에 따른 임용 추천 전인 경우에는 시험 실시기관의 장을 말한다. 이하 이 조에서 같다) 또는 임용제청권자는 제1호·제2호 및 제4호부터 제6호까지의 사항을 의결하고, 제3호의 사항에 관한 자문에 응하기 위하여 필요한 경우에는 임용심사위원회(이하 "임용심사위원회"라 한다)를 구성·운영한다.
1. 제14조제2항에 따른 채용후보자의 직무 수행 곤란 여부의 인정에 관한 사항
2. 제23조제2항에 따른 시보임용 기간 중에 있는 공무원에 대한 정규 공무원으로의 임용 또는 임용 제청이나 면직 또는 면직 제청에 관한 사항
3. 제57조의7제2항에 따른 법 제71조제1항제1호의 휴직(이하 "질병휴직"이라 한다)의 필요성 등에 관한 사항
4. 제57조의7제3항에 따른 법 제72조제1호 각 목 외의 부분 단서의 공무상 질병 또는 부상으로 인한 휴직(이하 "공무상질병휴직"이라 한다)의 연장에 관한 사항
5. 「별정직공무원 인사규정」 제9조제1항에 따른 별정직공무원의 직권 면직에 관한 사항
6. 그 밖에 인사운영과 관련된 사항으로서 인사혁신처장이 임용심사위원회의 의결이 필요하다고 정하는 사항
② 임용심사위원회는 위원장 1명을 포함하여 5명 이상 8명 이내의 위원으로 구성한다. 다만, 제1항제3호의 사항에 관한 자문에 응하거나 같은 항 제4호부터 제6호까지의 규정 중 어느 하나에 해당하는 사항을 의결하는 경우에는 3명 이상 8명 이내의 위원으로 구성할 수 있다.
③ 임용심사위원회의 위원장은 임용권자 또는 임용제청권자가 제4항에 따른 위원 중에서 지명한 사람이 된다.
④ 임용심사위원회의 위원은 심사 대상자의 계급(채용후보자의 경우에는 임용예정 계급을 말한다)보다 상위 계급의 공무원(상위 계급에 상당하는 공무원 및 고위공무원단에 속하는 공무원을 포함하며, 이하 이 항에서 같다) 중에서 임용권자 또는 임용제청권자가 지명한다. 이 경우 심사 대상자의 계급보다 상위 계급의 공무원이 부족한 때에는 같은 계급의 공무원(같은 계급에 상당하는 공무원 및 고위공무원단에 속하는 공무원을 포함한다)을 위원으로 지명할 수 있다.
⑤ 임용심사위원회의 회의는 재적위원 과반수의 찬성으로 의결한다.
⑥ 제1항부터 제5항까지에서 규정한 사항 외에 임용심사위원회의 구성·운영에 필요한 사항은 인사혁신처장이 정한다.
(2023.12.26 본조신설)

제2장 신규채용

제1절 공개경쟁채용

제11조【공개경쟁 채용시험 합격자의 등록】 ① 공개경쟁 채용시험 합격자(이하 "채용후보자"라 한다)는 시험 실시기관의 장이 정하는 바에 따라 채용후보자 등록을 하여야 한다.
② 제1항의 등록을 하지 아니하면 임용될 의사가 없는 것으로 본다.
(2009.9.8 본조개정)

제12조【채용후보자 명부 작성】 채용후보자 명부는 직급별로 시험성적순에 따라 작성하되, 훈련성적 및 전공분야와 그 밖에 필요한 사항을 적어야 한다.(2009.9.8 본조개정)

제12조의2【채용후보자 명부의 유효기간】 ① 법 제38조제2항에 따라 공무원 공개경쟁 채용시험에 합격한 사람의 채용후보자 명부의 유효기간은 2년으로 한다.
② 법 제38조제3항제2호에서 "대통령령등으로 정하는 사유로 임용되지 못한 기간"이란 「병역법」에 따른 병역의무 이행을 위하여 징집 또는 소집되어 복무 중에 있는 사람이 공개경쟁 채용시험에 합격하여 채용후보자 명부에 등재된 경우 그 등재일부터 의무복무 만료일까지의 기간을 말한다.
(2021.11.30 본항신설)
(2014.2.5 본조개정)

제13조【임용 추천 방법 등】 ① 시험 실시기관의 장은 각 기관의 결원 수 및 예상 결원 수를 고려하여 채용후보자 명부에 올라 있는 채용후보자를 시험성적, 훈련성적, 전공분야, 경력 및 적성 등을 고려하여 임용권을 갖는 기관에 추천하여야 한다. 다만, 임용권자가 다음 각 호의 어느 하나에 해당하는 사람을 채용후보자로 추천해 줄 것을 요구할 때에는 특별추천할 수 있다.
1. 임용예정 기관에 근무하고 있거나 6개월 이상의 근무경력이 있는 사람 또는 임용예정 직위에 관련된 특별한 자격이 있는 사람
2. 임용예정 지역이 특수지역인 경우 이에 적합한 사람

3. 임용예정 기관의 장이 학력, 경력 및 특수자격요건을 정한 경우 이에 해당하는 사람

② 인사혁신처장은 법 제39조제1항 단서에 따라 소속 장관의 의견을 들어 채용후보자를 각 기관의 결원 범위에서 시험성적, 훈련성적, 전공분야 및 적성 등을 고려하여 근무할 기관을 지정하여 바로 임용할 수 있다.(2014.11.19 본항개정)

③ 임용권자는 추천된 7급 및 9급 공무원 채용후보자 중 최종합격일부터 1년이 지난 사람은 임용의 유예, 교육훈련 등 불가피한 사유를 제외하고는 지체 없이 임용하여야 한다. 이 경우 현원(現員)이 정원을 초과할 때에는 정원과 현원이 일치할 때까지 그 인원에 해당하는 정원이 해당 기관에 따로 있는 것으로 본다.

(2009.9.8 본조개정)

제13조의2【임용추천의 유예 또는 임용의 유예】 ① 시험 실시기관의 장 또는 임용권자는 채용후보자 명부에 올라 있는 채용후보자가 다음 각 호의 어느 하나에 해당하는 경우에는 채용후보자 명부의 유효기간의 범위에서 기간을 정하여 시험 실시기관의 장은 임용추천을, 임용권자는 임용을 유예할 수 있다. 다만, 유예기간 중이라도 그 사유가 소멸한 경우에는 임용추천 또는 임용을 할 수 있다.

1. 「병역법」에 따른 병역복무를 위하여 징집 또는 소집되는 경우(2020.6.30 본호개정)
2. 학업을 계속하는 경우
3. 6개월 이상의 장기요양이 필요한 질병이 있는 경우
4. 임신하거나 출산한 경우
5. 그 밖에 임용추천의 유예 또는 임용의 유예가 부득이하다고 인정되는 경우

② 제1항에 따른 임용추천의 유예 또는 임용의 유예를 원하는 사람은 해당 사유를 증명할 수 있는 자료를 첨부하여 시험 실시기관의 장 또는 임용권자가 정하는 기간 내에 신청하여야 한다. 이 경우 원하는 유예기간을 분명하게 적어야 한다.

(2009.9.8 본조개정)

제14조【채용후보자의 자격상실】 ① 채용후보자가 다음 각 호의 어느 하나에 해당하는 경우에는 법 제39조제3항에 따라 채용후보자로서의 자격을 상실한다.(2015.11.18 본문개정)

1. 채용후보자가 제13조에 따라 추천받은 기관의 임용에 응하지 아니한 경우
2. 채용후보자로서 받아야 하는 교육훈련에 응하지 아니한 경우
3. 채용후보자로서 받은 교육훈련 성적이 수료 점수에 미달하는 경우(2015.11.18 본호개정)
4. 채용후보자 교육훈련 중 질병, 병역 복무 또는 그 밖에 교육훈련을 계속할 수 없는 불가피한 사정 외의 사유로 퇴학처분을 받은 경우(2015.11.18 본호신설)
5. 채용후보자로서 품위를 크게 손상하는 행위를 함으로써 공무원으로서 직무를 수행하기 곤란하다고 인정되는 경우(2015.11.18 본호신설)
6. 법 또는 법에 따른 명령을 위반하여 중징계(파면, 해임, 강등 또는 정직을 말한다) 사유에 해당하는 비위(非違)를 저지른 경우(2017.12.29 본호신설)
7. 법 또는 법에 따른 명령을 위반하여 경징계(감봉 또는 견책을 말한다) 사유에 해당하는 비위를 2회 이상 저지른 경우(2017.12.29 본호신설)

② 임용권자(제13조제1항에 따른 임용 추천 전인 경우에는 시험 실시기관의 장을 말한다. 이하 이 항에서 같다) 또는 임용제청권자는 제1항제5호에 따라 채용후보자가 직무를 수행하기 곤란하다고 인정하려는 경우에는 임용심사위원회의 의결을 거쳐야 한다.(2023.12.26 본항개정)

제15조【채용후보자의 전직】 시험 실시기관의 장은 필요하다고 인정할 때에는 채용후보자를 본인의 동의를 받아 미리 전직시험을 거쳐 다른 직렬(해당 기관에서 채용시험 실시권을 가지는 직렬로 한정한다)에 추천할 수 있다. 이 경우 공개경쟁 채용시험에서 응시한 과목에 대한 시험은 면제하며, 제30조제4호 또는 제5호에 해당하는 경우에는 전직시험을 면제할 수 있다.(2009.9.8 본조개정)

제15조의2 (1981.6.10 삭제)

제2절 경력경쟁채용등

(2012.1.26 본절제목개정)

제16조【경력경쟁채용등의 요건】 ① 법 제28조제2항 각 호 외의 부분 본문 및 단서에 따른 채용시험(이하 "경력경쟁채용시험등"이라 한다)을 통한 채용(이하 "경력경쟁채용등"이라 한다)을 하려는 경우에는 다음 각 호의 어느 하나에 해당해야 한다. 다만, 인사혁신처장은 업무의 특수성 등을 고려하여 특별히 인정하는 경우에는 「공무원임용시험령」 제20조의3에 따라 중증장애인만 응시하게 하는 경력경쟁채용시험등의 응시요건 및 일반임기제공무원(시간선택제일반임기제공무원을 포함한다. 이하 같다)의 응시요건을 달리 정할 수 있다.(2021.1.5 본문개정)

1. 법 제28조제2항제1호에 따라 퇴직한 공무원(퇴직 시 임기제공무원이었던 사람은 제외한다)을 재임용하려는 경우에는 전 재직기관에 전력(前歷)을 조회하여 그 퇴직 사유가 확인된 경우로 한정하며, 같은 호에 따라 특수경력직공무원 또는 다른 종류의 경력직공무원이 되기 위하여 퇴직한 사람(퇴직 시 임기제공무원이었던 사람은 제외한다)을 퇴직 시에 재직한 직급의 공무원으로 재임용하려는 경우에는 각각 퇴직한지 30일이 지나지 아니한 경우로 한정한다. 이 경우 전력 조회에 관하여는 「공무원 인사기록·통계 및 인사사무 처리 규정」에서 정하는 바에 따른다.(2013.11.20 전단개정)
2. 법 제28조제2항제2호에 따라 같은 종류의 직무에 관한 자격증 소지자를 경력경쟁채용등을 하려는 경우에는 「공무원임용시험령」에서 정하는 임용예정 직급별 자격증 소지자 및 경력기준에 해당하는 사람이어야 한다.
3. 법 제28조제2항제3호에 따라 경력경쟁채용등을 하려는 경우에는 임용예정 직급과 같은 직급에서 2년 이상 근무한 경력이 있거나 임용 예정직과 관련있는 직무분야에서 해당 직급에 해당하는 근무경력 또는 연구경력이 3년 이상인 사람으로서 「공무원임용시험령」에서 정하는 임용예정 계급 상당 경력기준에 해당하는 사람이어야 한다.

(2012.1.26 2호~3호개정)

4. 법 제28조제2항제4호에 따른 학교는 법령에 따라 공무원의 양성을 목적으로 하거나 전문적인 특수분야의 인재 양성을 목적으로 설립된 각종 교육기관을 말한다. 이 경우 각종 교육기관의 종류와 임용예정 직급은 인사혁신처장이 정한다.(2014.11.19 후단개정)
5. 법 제28조제2항제6호에 따라 인사혁신처장이 정하는 위생, 사역(使役), 감식, 방호(防護), 경비 등 특수한 직무분야 또는 정신병원, 한센병원 등 특수한 환경이나 섬, 외딴 곳 등 특수한 지역에 근무할 사람을 경력경쟁채용등을 하려는 경우의 임용예정 계급은 일반직 8급 이하로 한다.(2014.11.19 본호개정)
6. 법 제28조제2항제7호에 따라 지방공무원을 그 직급·직위에 해당하는 국가공무원으로 임용하는 경우 지방공무원은 임기제공무원이 아닌 사람이어야 한다.(2013.11.20 본호개정)
7. 법 제37조제2항에 따라 근무예정 지역 또는 근무예정 기관을 미리 정하여 실시한 5급 공개경쟁 채용시험에 합격하여 지방공무원으로 임용된 사람을 법 제28조제2항제7호에 따라 그 직급에 해당하는 국가공무원으로 경력경쟁채용등을 하려는 경우에는 최초로 지방공무원으로 임용된 날부터 3년(휴직기간, 직위해제처분기간, 강등 및 정직 처분으로 인하여 직무에 종사하지 않은 기간은 포함하지 않는다)이 지난 사람이어야 한다. 다만, 해당 지방자치단체의 직제와 정원의 개정·폐지 등으로 직위가 없어지거나 정원이 초과되었을 때에는 그렇지 않다.(2021.1.5 본호개정)
8. 법 제28조제2항제8호에 따라 경력경쟁채용등을 하려는 경우의 임용예정 계급은 일반직 4급 이하로 한다.(2012.1.26 본호개정)
9. 법 제28조제2항제9호에 따른 경력경쟁채용등은 「초·중등교육법」 또는 「고등교육법」에 따라 설치된 고등학교와

전문대학·대학(대학원을 포함한다)에서 농업·공업·광업·수산·해양·보건위생·가사실업·도시계획 계통의 학문 또는 이와 밀접한 관련성이 있는 물리·화학·생물 계통의 학문, 음악·미술 계통의 학문, 역사·고고인류학 계통의 학문 또는 이와 밀접한 관련성이 있는 민속학 계통의 학문을 전공하고 졸업한 사람(이와 동등한 수준 이상의 학력을 가진 사람을 포함한다)이어야 한다. 이 경우 선발기준, 추천절차 및 임용예정 직급은 인사혁신처장이 정한다.(2014.11.19 후단개정)

10. 법 제28조제2항제10호에 따라 임용 예정직에 관련된 과학기술 분야 또는 통계·전자계산·대외통상·환경·교통·도시공학 분야, 그 밖에 소속 장관이 공개경쟁 채용시험의 방법으로 결원 보충이 곤란하다고 인정하여 정하는 특수 전문 업무 분야의 근무경력 또는 연구경력이 있는 사람을 경력경쟁채용등을 하려는 경우에는 박사 및 석사 학위 소지자로서 별표4에 규정된 임용예정 계급별 소요경력연수를 경과한 사람이어야 한다.(2017.1.10 본호개정)
11. 법 제28조제2항제11호에 따라 재학 중 장학금을 받고 졸업하는 사람을 경력경쟁채용등을 하려는 경우에는 본인에게 책임이 있는 사유로 장학금의 지급이 중단되지 아니한 사람이어야 한다. 이 경우 임용예정 직급은 인사혁신처장이 정한다.(2014.11.19 후단개정)
12. 법 제28조제2항제12호에 따라 일정한 지역에 거주하는 사람을 그 지역에 소재하는 기관에 경력경쟁채용등을 하려는 경우에는 해당 기관이 관할하거나 소재하는 시(구가 설치된 시는 제외한다)·군 지역에서 채용시험일을 기준으로 그 이전에 본인이 5년 이상 거주하고 있거나 거주한 사람이어야 한다. 이 경우 임용예정 계급은 일반직 8급 이하로 하며, 임용예정 기관은 4급 이하 일반직공무원을 장으로 하는 각급 기관 중에서 소속 장관이 정한다.(2016.6.24 전단개정)
13. 법 제28조제2항제13호에 따라 「국적법」 제4조 및 제8조에 따른 귀화허가를 받아 대한민국 국적을 취득한 사람 또는 「북한이탈주민의 보호 및 정착지원에 관한 법률」 제2조제1호에 따른 북한이탈주민(이하 "북한이탈주민"이라 한다)을 임용할 때에는 국적을 취득하거나 가족관계 등록 창설 후 3년 이상 경과한 사람이어야 한다. 이 경우 제2호, 제3호 및 제10호의 요건을 갖춘 사람으로 채용을 제한할 수 있고, 인사혁신처장이 정하는 특수한 직무분야나 환경 또는 특수한 지역에 근무하는 것(이하 "특수 근무"라 한다)으로 채용 범위를 제한할 수 있다.(2014.11.19 본호개정)

② 제1항제3호에 해당하는 경우에도 시험 공고일(법 제28조제2항 각 호 외의 부분 단서에 따른 다수인을 대상으로 하지 않는 시험의 경우에는 시험계획 통보일) 현재 퇴직 후 3년(중증장애인공무원을 채용하는 경우는 5년, 시간선택제채용공무원·한시임기제공무원 및 2명 이상의 미성년 자녀가 있는 사람을 채용하는 경우는 10년)이 경과되지 않은 사람이어야 한다.(2023.12.26 본항개정)
③ 경력직 국가공무원 또는 지방공무원이었던 사람에 대한 제1항제3호의 경력 산정은 다음 각 호의 기준에 따른다.
1. 임용예정 직급의 바로 하위 직급 또는 이에 상당하는 직급에서 승진소요최저연수를 초과하여 근무한 경우 그 초과근무 기간의 2분의 1을 1년의 범위에서 임용예정 직급에 해당하는 근무 실적으로 합산하여 산정한다.
2. 시간선택제채용공무원, 시간선택제임기제공무원 또는 한시임기제공무원이었던 사람의 경력은 근무시간에 비례하여 산정한다.(2025.1.7 본호개정)

(2013.12.16 본항개정)
④ 임용권자 또는 임용제청권자는 법 제28조제2항제7호에 따라 지방공무원을 국가공무원으로 임용하거나 임용제청하려는 경우에는 소속 지방자치단체의 장(교육감을 포함한다)이나 지방의회의 의장의 동의를 받아야 한다.(2021.11.30 본항개정)
⑤ 시험 실시기관의 장은 제1항제13호에 따른 경력경쟁채용시험등에 응시하는 북한이탈주민에 대하여 인사혁신처장이 정하는 바에 따라 북한에서의 근무 경력, 채용 분야와 관련된 자격 등에 대하여 통일부장관의 확인을 받아야 한다.(2014.11.19 본항개정)
⑥ 제1항에도 불구하고 전문임기제공무원(시간선택제전문임기제공무원을 포함한다. 이하 같다)과 한시임기제공무원은 법 제28조제2항제2호·제3호 또는 제10호에 해당하는 경우에 채용할 수 있으며, 응시요건은 별표4의2와 같다. 다만, 소속 장관은 별표4의2의 응시요건을 적용하는 것이 곤란하다고 인정되는 경우에는 인사혁신처장과 협의하여 응시요건을 달리 정할 수 있다.(2014.11.19 단서개정)
⑦ 제1항 및 제6항에도 불구하고 전문직공무원으로 정년퇴직한 사람을 일반임기제공무원 또는 전문임기제공무원으로 채용하는 경우에는 법 제28조제2항제3호에 해당하여야 하며, 다음 각 호의 구분에 따른 응시요건을 충족하여야 한다.
1. 일반임기제공무원으로 채용하는 경우 : 임용예정 직급과 같은 직급 또는 그에 상당하는 직급에서 2년 이상 근무한 경력이 있는 사람일 것
2. 전문임기제공무원으로 채용하는 경우 : 별표4의2에 따른 응시요건. 다만, 소속 장관은 별표4의2의 응시요건을 적용하는 것이 곤란하다고 인정되는 경우에는 인사혁신처장과 협의하여 응시요건을 달리 정할 수 있다.

(2017.1.31 본항신설)
(2012.1.26 본조제목개정)

제17조 (1978.12.30 삭제)

제18조【경력경쟁채용시험등 합격자의 임용】 ① 경력경쟁채용시험등으로 공무원을 임용할 때에는 다음 각 호의 경우를 제외하고는 그 시험을 실시할 때의 임용 예정 직위 외의 직위에 임용할 수 없다.
1. 직무가 동일한 임용 예정 직위의 군(群)을 정하여 실시하는 시험으로 선발된 5급 이하의 공무원(이에 상당하는 공무원을 포함한다)을 그 시험 실시 당시에 정한 임용예정 직위의 군에 속하는 어느 하나의 직위에 임용하는 경우
2. 「공무원임용시험령」 제3조제1항제4호 및 제5호에 따라 인사혁신처장이 실시하는 5급 및 7급 공무원 경력경쟁채용시험등 중 다음 각 목의 어느 하나에 해당하는 경우
가. 직무분야(직무의 종류가 상당히 유사한 직위의 군을 말한다. 이하 이 항에서 같다)를 정하여 실시하는 경력경쟁채용시험등으로 선발된 공무원을 시험실시 당시에 정한 직무분야에 속하는 직위에 임용하는 경우
나. 직렬·직류를 정하여 실시하는 경력경쟁채용시험등으로 선발된 공무원을 시험실시 당시에 정한 직렬·직류에 속하는 직위에 임용하는 경우

(2022.12.27 본항개정)
②「공무원임용시험령」 제3조제1항제4호·제5호, 제20조의3 및 제26조제3항에 따라 인사혁신처장(제20조의3의 경우에는 시험실시기관의 장을 말한다)이 실시하는 경력경쟁채용시험등의 합격자를 임용할 때 현원이 정원을 초과하는 경우에는 정원과 현원이 일치할 때까지 그 인원에 해당하는 정원이 해당 기관에 따로 있는 것으로 본다.(2020.2.25 본항개정)

제19조 (1971.12.11 삭제)

제20조 (1973.4.9 삭제)

제21조【경력경쟁채용시험등 합격의 유효기간】 ① 경력경쟁채용시험등 합격의 효력은 1년으로 한다. 다만, 법 제28조제2항 각 호 외의 부분 단서에 따른 다수인을 대상으로 하지 아니한 시험 합격의 효력은 6개월로 한다.
② 제1항에도 불구하고 「공무원임용시험령」 제3조제1항제4호·제5호 및 제26조제3항에 따른 경력경쟁채용시험등 합격의 효력은 2년으로 하되, 「병역법」에 따른 병역 복무를 위하여 징집 또는 소집된 경우의 의무복무 기간은 포함하지 아니한다.(2020.6.30 본항개정)
③ 제2항에 따라 그 합격의 효력이 2년인 경력경쟁채용시험등 합격자에 대해서는 제11조, 제12조, 제13조제1항 및 제14조를 준용한다.
(2012.1.26 본조개정)

제22조【지방공무원의 경력경쟁채용등】 ① 지방공무원을 국가공무원으로 임용할 때에는 지방공무원으로 임용할 당시 또는 지방공무원으로 재직 시 인사혁신처장이 실시한 임용

예정 직렬에 해당한 시험에 합격하여 지방공무원으로 임용된 사람에 대해서는 경력경쟁채용시험등을 면제한다.
(2014.11.19 본항개정)
② 최초에 국가공무원으로 임용되어 지방공무원으로 교류임용된 사람이 국가공무원으로 재직 시의 직렬로 다시 임용될 때에는 경력경쟁채용시험등을 면제한다.(2012.1.26 본항개정)
③ 다음 각 호의 어느 하나의 경우에는 경력경쟁채용시험등을 면제한다.(2012.1.26 본문개정)
1. 일반직 지방공무원을 지방자치단체의 해당 직급에 해당하는 국가공무원으로 임용하는 경우
2. 시·도 또는 자치구·시·군에 근무하는 일반직 지방공무원(시보 공무원은 제외한다. 이하 이 항에서 같다)을 행정안전부 및 그 소속 기관에 해당 직급에 해당하는 국가공무원으로 임용하는 경우(2017.7.26 본호개정)
3. 시·도의 교육청과 그 소속 기관에 근무하는 일반직 지방공무원을 교육부 및 그 소속 기관과 그 밖에 교육부장관이 그 소속 공무원에 대한 임용권 또는 임용제청권을 가지는 기관에 해당 직급에 해당하는 국가공무원으로 임용하는 경우(2013.3.23 본호개정)
(2012.1.26 본조제목개정)
제22조의2【외무공무원의 경력경쟁채용등】 외무공무원을 인사혁신처장이 정한 직무 내용이 유사한 일반직공무원으로 임용할 때에는 경력경쟁채용시험등을 면제한다.(2020.9.22 본조개정)
제22조의3【지역 인재의 추천 채용】 ① 법 제26조의4제1항에 따라 수습으로 근무하는 사람(이하 "수습직원"이라 한다)은 다음 각 호 구분에 따른 방법으로 선발한다.(2015.9.25 본문개정)
1. 학사학위과정이 개설된 「고등교육법」 제2조 각 호의 학교와 그 밖의 다른 법률에 따라 설치된 학교 중 인사혁신처장이 정하는 학교의 졸업자(졸업일이 인사혁신처장이 정하는 기간 이내에 있는 사람만 해당한다) 또는 졸업예정자를 대상으로 해당 학교의 장의 추천을 거쳐 인사혁신처장이 임용예정 계급을 일반직 7급 공무원으로 하여 선발
2. 「초·중등교육법」 제2조에 따라 설치된 고등학교, 전문학사 학위과정이 개설된 「고등교육법」 제2조 각 호의 학교와 그 밖의 다른 법률에 따라 설치된 학교 중 인사혁신처장이 정하는 학교의 졸업자(졸업일이 인사혁신처장이 정하는 기간 이내에 있는 사람만 해당한다) 또는 졸업예정자를 대상으로 해당 학교의 장의 추천을 거쳐 인사혁신처장이 임용예정 계급을 일반직 9급 공무원으로 하여 선발
(2021.11.30 1호~2호개정)
3. (2013.11.20 삭제)
② 임용예정 계급이 7급인 수습직원의 수습기간은 견습근무(직무수행에 필요한 교육훈련을 포함한다. 이하 같다)가 시작된 날부터 1년으로 하고, 임용예정 계급이 일반직 9급인 견습직원의 수습기간은 수습근무가 시작된 날부터 6개월로 한다. 다만, 소속 장관은 수습직원의 근무태도가 성실하지 않은 등 특별한 사유가 있는 경우에는 6개월의 범위에서 해당 수습직원의 수습기간을 연장할 수 있다.(2021.11.30 단서개정)
③ 인사혁신처장은 제1항에 따라 수습직원으로 선발된 사람을 각급 공무원교육원, 일반교육기관 또는 그 밖의 행정기관에 위탁하여 일정한 기간 직무수행에 필요한 교육훈련(실무수습을 포함한다)을 받게 할 수 있다.(2015.9.25 본항개정)
④ 인사혁신처장은 수습직원의 학업성적, 전공분야, 경력 및 적성 등과 각 기관의 결원 수와 예상 결원 수를 고려하여 수습으로 근무할 기관을 지정하여야 한다.(2015.9.25 본항개정)
⑤ 소속 장관은 수습직원의 근무상황을 지도·감독하여야 하며, 견습직원의 근무성적 또는 교육훈련 성적이 불량한 경우에는 인사혁신처장과의 협의를 거쳐 견습기간이 끝나기 전에 수습근무를 그만두게 할 수 있다.(2015.9.25 본항개정)
⑥ 소속 장관은 수습직원의 근무성적, 교육훈련 성적 및 자질평가 결과를 고려하여 수습기간이 끝나기 1개월 전까지 임용예정 계급 공무원으로의 임용 여부를 인사혁신처장과 협의하여야 한다.(2015.9.25 본항개정)
⑦ 소속 장관이 수습직원을 임용예정 계급 공무원으로 임용할 때에는 「공무원임용시험령」 제29조제1항에도 불구하고 경력경쟁채용시험등을 면제한다.(2015.9.25 본항개정)
⑧ 소속 장관이 수습직원을 임용함으로써 현원이 정원을 초과할 때에는 정원과 현원이 일치할 때까지 그 인원에 해당하는 정원이 해당 기관에 따로 있는 것으로 본다.(2015.9.25 본항개정)
⑨ 수습직원에게는 수습기간 동안 예산의 범위에서 임용예정 직급의 1호봉에 해당하는 보수에 상당하는 금액을 지급할 수 있다.(2015.9.25 본항개정)
⑩ 인사혁신처장은 여성과 남성이 평등하게 수습근무의 기회를 가질 수 있도록 필요한 시책을 마련하여 추진할 수 있다.
(2015.9.25 본항개정)
⑪ 인사혁신처장, 소속 장관 또는 교육훈련기관의 장은 다음 각 호의 구분에 따른 업무를 수행하기 위하여 불가피한 경우 「개인정보 보호법」 제23조에 따른 건강에 관한 정보 또는 같은 법 시행령 제19조제1호에 따른 주민등록번호가 포함된 자료를 처리할 수 있다.
1. 인사혁신처장 : 이 영에 따른 지역 인재의 추천·선발, 인사관리 및 교육훈련 업무
2. 소속 장관 : 이 영에 따른 지역 인재의 인사관리 업무
3. 교육훈련기관의 장 : 이 영에 따른 지역 인재의 교육훈련 업무
(2024.4.23 본항개정)
⑫ 제1항부터 제11항까지에서 규정한 사항 외에 수습직원의 추천·선발, 인사관리, 보수 지급 및 임용방법 등에 필요한 사항은 인사혁신처장이 정한다.(2015.9.25 본항개정)
(2013.11.20 본조제목개정)
제22조의4【임기제공무원의 임용 절차 등】 ① 임용권자 또는 임용제청권자는 정원(일반임기제공무원을 임용하는 경우만 해당한다) 및 예산의 범위에서 임기제공무원을 임용할 수 있다. 이 경우 소속 장관이 아닌 기관의 장이 일반임기제공무원 및 한시임기제공무원을 임용한 경우에는 그 사실을 소속 장관에게 통보하여야 하며, 전문임기제공무원을 임용하려는 경우에는 소속 장관의 승인을 받아야 한다.
② 소속 장관은 제1항에 따라 임기제공무원을 임용하거나, 일반임기제공무원 및 한시임기제공무원의 임용 사실을 통보받은 경우와 전문임기제공무원의 임용을 승인한 경우에는 그 사실을 지체 없이 인사혁신처장에게 통보하여야 한다.
(2014.11.19 본항개정)
③ 소속 장관은 전문임기제공무원을 임용하거나, 전문임기제공무원의 임용을 승인하려는 경우에는 다음 각 호의 사항을 미리 정하여야 한다. 이 경우 제1호부터 제3호까지의 사항에 관하여는 행정안전부장관과 협의하여야 한다.
(2017.7.26 후단개정)
1. 사업의 필요성
2. 임용예정 직위의 업무 내용
3. 임용 인원·등급 및 기간
4. 임용자격
5. 공고 계획
6. 임용조건
④ 법 제32조의2에 따른 인사교류계획에 따라 대학의 교원, 연구기관의 연구원 또는 공공기관의 임직원을 임기제공무원으로 임용하는 경우에는 「공무원임용시험령」 제3조에 따른 사전 협의, 같은 영 제29조에 따른 경력경쟁채용시험등, 같은 영 제47조에 따른 공고 및 같은 영 제49조의2에 따른 점검 등을 생략할 수 있다.(2013.12.16 본항개정)
⑤ 「비상대비에 관한 법률」 제12조의2제1항제2호에 따라 중앙행정기관 및 소속 지방행정기관, 대통령 소속 기관 및 국무총리 소속 기관에 두는 비상대비업무담당자와 인사혁신처장이 정하는 업무 분야의 담당자(이하 "비상대비업무담당자등"이라 한다)는 일반임기제공무원 또는 전문경력관으로 임용한다. 이 경우 임용계급 또는 상당계급, 임용 절차, 자격요건 등은 인사혁신처장이 따로 정한다.(2023.12.26 전단개정)

⑥ 전문경력관은 다음 각 호의 어느 하나에 해당할 경우에만 일반임기제공무원으로 임용할 수 있다.
1. 법 제43조제1항부터 제3항까지에 따른 결원보충의 경우 (2023.10.10 본호개정)
2. 강의 및 연구 관련 직위에 채용하는 경우
⑦ 임용권자 또는 임용제청권자는 임기제공무원의 임용을 위해 필요한 경우에는 「공직후보자 등에 관한 정보의 수집 및 관리에 관한 규정」 제6조의2제1항제1호에 따라 인사혁신처장으로부터 해당 직위의 적격자를 추천받을 수 있다.
(2023.8.30 본항신설)
(2013.11.20 본조신설)
제22조의5【임기제공무원의 근무기간】 ① 임기제공무원의 근무기간은 5년의 범위에서 해당 사업을 수행하는 데 필요한 기간으로 한다. 다만, 한시임기제공무원의 근무기간은 1년 6개월의 범위에서 업무를 대행하는 데 필요한 기간으로 한다.(2015.11.18 단서개정)
② 임용권자 또는 임용제청권자는 전문임기제공무원을 임용하게 된 해당 사업이 계속되거나, 부득이한 사유로 근무기간 내에 사업이 종료되지 아니하여 근무기간을 연장할 필요가 있다고 인정할 경우에는 총 근무기간이 5년을 넘지 아니하는 범위에서 「공무원임용시험령」 제47조제2항에 따른 공고절차를 거치지 아니하고 근무기간을 연장할 수 있다. 이 경우 소속 장관의 승인과 행정안전부장관과의 협의에 관하여는 제22조의4제1항 후단 및 같은 조 제3항을 준용한다.
(2017.7.26 후단개정)
③ 임용권자 또는 임용제청권자는 일반임기제공무원으로 임용된 공무원의 근무실적이 우수하거나 계속하여 근무하게 하여야 할 특별한 사유가 있는 경우에는 총 근무기간이 5년을 넘지 아니하는 범위에서 「공무원임용시험령」 제47조제2항에 따른 공고 절차를 거치지 아니하고 근무기간을 연장할 수 있다. 이 경우 소속 장관이 아닌 기관의 장이 근무기간을 연장한 경우 소속 장관으로의 통보에 관하여는 제22조의4제1항 후단을 준용한다.
④ 임용권자 또는 임용제청권자는 한시임기제공무원으로 임용된 공무원의 근무실적이 우수하거나 계속하여 근무하게 하여야 할 특별한 사유가 있는 경우에는 총 근무기간이 1년 6개월을 넘지 아니하는 범위에서 근무기간을 연장할 수 있다. 이 경우 소속 장관이 아닌 기관의 장이 근무기간을 연장한 경우 소속 장관으로의 통보에 관하여는 제22조의4제1항 후단을 준용한다.(2015.11.18 전단개정)
⑤ 제1항 및 제3항에도 불구하고 제22조의4제5항에 따라 임기제공무원으로 임용하는 비상대비업무담당자등의 근무기간은 인사혁신처장이 정하는 기간으로 한다.(2014.11.19 본항개정)
⑥ 제2항 및 제3항에도 불구하고 총 근무기간이 5년에 이른 임기제공무원(한시임기제공무원 및 제16조제7항에 따라 채용된 임기제공무원은 제외한다)의 성과가 탁월한 경우에는 「공무원임용시험령」 제47조제2항에 따른 공고 절차를 거치지 아니하고 총 근무기간 5년을 초과하여 5년의 범위에서 일정한 기간 단위로 근무기간을 연장할 수 있다. 이 경우 임기제공무원의 소속 장관이 아닌 기관의 장이 근무기간을 연장한 경우 소속 장관에 대한 통보나 소속 장관의 사전 승인에 관하여는 제22조의4제1항 후단을 준용하고, 전문임기제공무원의 근무기간 연장에 따른 행정안전부장관과의 협의에 관하여는 같은 조 제3항을 준용한다.(2017.7.26 후단개정)
(2013.11.20 본조신설)
제22조의6【임기제공무원으로 전보·승진임용된 경력직 공무원의 근무상한연령】 ① 임기제공무원이 아닌 경력직공무원이 임기가 있는 직위로 전보 또는 승진임용되어 임기제공무원이 된 경우에는 근무상한연령을 60세로 한다.
(2015.9.25 본항개정)
② 제1항에 해당하는 공무원은 그 근무상한연령에 이른 날이 1월에서 6월 사이에 있으면 6월 30일에, 7월에서 12월 사이에 있으면 12월 31일에 각각 당연히 퇴직한다.
(2015.9.25 본조제목개정)
(2013.11.20 본조신설)

제3절 시보임용

제23조【시보임용】 ① 임용권자는 시보임용 기간 중에 있는 공무원의 근무상황을 항상 지도·감독하여야 한다.
② 임용권자 또는 임용제청권자는 법 제29조에 따라 시보임용 기간 중에 있는 공무원을 정규 공무원으로 임용 또는 임용 제청하거나 면직 또는 면직 제청하려는 경우에는 임용심사위원회의 의결을 거쳐야 한다.
③ 제2항에 따라 임용심사위원회가 시보 임용 기간 중에 있는 공무원을 정규 공무원으로 임용 또는 임용 제청하기 위한 의결을 하려는 경우에는 해당 위원회에서 해당 공무원의 근무성적, 교육훈련성적, 근무태도, 공직관 등에 대한 평가를 실시해야 한다.
④ 임용권자 또는 임용제청권자는 시보 임용 기간 중에 있는 공무원이 다음 각 호의 어느 하나에 해당하여 정규 공무원으로 임용하기 부적당하다고 인정되는 경우에는 법 제29조제3항에 따라 해당 공무원을 면직시키거나 면직 제청할 수 있다.
1. 제24조제1항 전단에 따라 받은 교육훈련 성적이 수료기준에 미달한 경우
2. 제24조제1항 전단에 따른 교육훈련 중 질병, 병역 복무 또는 그 밖에 교육훈련을 계속할 수 없는 불가피한 사정 외의 사유로 퇴학처분을 받은 경우
3. 근무성적 또는 교육훈련 성적이 매우 불량하여 성실한 근무수행을 기대하기 어렵다고 인정되는 경우
4. 공무원으로서 품위를 크게 손상하는 행위를 함으로써 공무원으로서의 자질이 부족하다고 판단되는 경우
5. 법 또는 법에 따른 명령을 위반하여 중징계(파면, 해임, 강등 또는 정직을 말한다) 사유에 해당하는 비위를 저지른 경우
6. 법 또는 법에 따른 명령을 위반하여 경징계(감봉 또는 견책을 말한다) 사유에 해당하는 비위를 2회 이상 저지른 경우
(2023.12.26 본조개정)
제24조【시보 공무원 또는 시보 공무원이 될 사람의 훈련】 ① 임용권자나 법 제39조에 규정된 채용후보자 추천권자는 시보 공무원 또는 시보 공무원이 될 사람을 각급 공무원교육원, 일반교육기관 또는 그 밖의 행정기관에 위탁하여 일정한 기간 직무수행에 필요한 교육훈련(실무수습을 포함한다)을 받게 할 수 있다. 이 경우 시보 공무원이 될 사람에게는 훈련을 받는 기간 동안 예산의 범위에서 임용예정 직급의 1호봉에 해당하는 봉급에 상당하는 금액(교육훈련기간은 그 금액의 80퍼센트) 등을 지급할 수 있다.(2017.12.29 후단개정)
② 임용권자나 인사혁신처장은 시보 공무원의 훈련 및 실무수습에 관한 계획을 수립하여 실시하여야 한다.
(2014.11.19 본항개정)
제25조【시보임용의 면제 및 기간 단축】 ① 제24조에 따라 시보 공무원이 될 사람이 받은 교육훈련 기간이 있는 경우에는 그 기간에 따라 시보임용을 면제하거나 시보임용 기간을 단축할 수 있다.(2016.6.24 본항개정)
② 다음 각 호의 경우에는 시보임용을 면제한다.
1. 제31조의 승진소요최저연수를 초과하여 재직하고 제32조의 승진임용 제한 사유에 해당하지 아니하는 사람으로서 승진예정 계급에 해당하는 채용시험에 합격하여 임용된 경우
2. 정규의 일반직 국가공무원 또는 일반직 지방공무원이었던 사람(임기제공무원으로만 근무했던 사람은 법 제29조제1항에 따른 계급별 시보임용 기간 이상 근무한 경우로 한정한다)이 퇴직 당시의 계급(인사혁신처장이 정하는 임용계급에 상당하는 계급을 포함한다. 이하 이 호에서 같다)이나 그 이하의 계급으로 임용된 경우(2018.7.3 본호개정)
3. 수습직원이 법 제26조의4제1항에 따라 6급(우정직공무원의 경우에는 우정3급을 말한다) 이하의 공무원으로 임용된 경우(2015.9.25 본호개정)
4. 임기제공무원으로 임용된 경우(2013.11.20 본호신설)
(2009.9.8 본조개정)

제3장 전 직

제26조~제28조의2 (1981.6.10 삭제)

제29조【전직의 요건】 ① 임용권자는 다음 각 호의 어느 하나에 해당하는 경우에는 전직시험을 거쳐 소속 공무원을 전직시킬 수 있다.

1. 전직 예정직 관련 직무에 6개월 이상 근무한 경력 또는 교육훈련 경력이 있는 사람, 담당 직무와 관련된 전문적인 학교교육을 받은 사람 및 국가에서 인정하는 자격증을 가진 사람을 현재의 계급과 같거나 상당하는 계급의 직위에 전직시키려는 경우(2013.11.20 본호개정)
2. 직제나 정원의 개정·폐지로 인하여 해당 직의 인원을 조정할 필요가 있는 경우(2021.1.5 본호개정)
3. 해당 직렬의 최상위 직급에 재직하고 있거나 그 기관에 같은 직렬의 상위 직급의 직위가 없는 직위에 근무하고 있는 사람을 승진임용하는 경우
4. 전에 재직한 직렬(제15조에 따라 전직된 사람의 경우에는 채용예정 직렬을 포함한다)로 전직하는 경우

② 제1항에 따라 전직임용을 할 때 「공무원임용시험령」에서 정하는 특수직급의 경우에는 해당 직급에 해당하는 자격증을 소지한 사람이어야 한다.

③ 다음 각 호의 경력경쟁채용시험등을 통해 채용된 공무원은 최초로 임용된 날부터 다음 각 호의 구분에 따른 기간(휴직기간, 직위해제처분기간, 강등 및 정직 처분으로 인하여 직무에 종사하지 않은 기간은 포함하지 않는다) 동안 전직될 수 없다. 다만, 직제 또는 정원이 변경되는 경우에는 그렇지 않다.(2019.11.5 본문개정)

1. 법 제28조제2항제2호부터 제4호까지 및 제9호부터 제11호까지의 규정에 따라 경력경쟁채용시험등을 통하여 채용된 공무원 : 4년. 다만, 4급 이하 행정직렬의 공무원으로 전직되는 때에는 6년으로 한다.(2015.11.18 본호개정)
2. 법 제28조제2항제6호·제8호 및 제12호에 따라 경력경쟁채용시험등을 통하여 채용된 공무원 : 5년(2013.4.22 본호개정)
3. 법 제28조제2항제13호에 따른 경력경쟁채용시험등을 통하여 채용된 공무원 중 제16조제1항제2호, 제3호 및 제10호의 요건을 갖추어 해당 사유로 채용된 공무원 : 4년. 다만, 4급 이하 행정직렬의 공무원으로 전직되는 때에는 6년으로 한다.(2015.11.18 본호개정)
4. 법 제28조제2항제13호에 따른 경력경쟁채용시험등을 통하여 채용된 공무원 중 제16조제1항제13호 후단에 따라 특수근무를 예정하여 채용된 공무원 : 5년(2013.4.22 본호신설)

(2009.9.8 본조개정)

제30조【전직시험의 면제】 다음 각 호의 어느 하나에 해당하는 경우에는 전직시험 없이 전직시킬 수 있다.

1. 전에 재직한 직렬(공무원의 신분이 중단되지 아니한 사람이어야 하며, 제15조에 따라 전직된 사람의 경우에는 채용예정 직렬을 포함한다)로 전직시키는 경우. 다만, 6급 이하 공무원이 5급 이상의 공무원·연구관 또는 지도관으로 임용된 후 전직하는 경우는 제외한다.
2. (2013.11.20 삭제)
3. 제29조제1항제2호에 따른 전직 중 같은 직군에서 직무 내용의 변경 없이 직급 명칭만 변경되는 경우
4. 인사혁신처장이 정하는 자격증 소지자를 그 자격증에 상응하는 직급으로 전직시키는 경우(2014.11.19 본호개정)
5. 별표1 중 행정직렬과 감사직렬 공무원 상호간 및 인사혁신처장이 정한 직무 내용이 유사한 연구직렬 공무원이 과학기술직렬 공무원으로 전직하는 경우(2023.8.30 본호개정)

(2009.9.8 본조개정)

제4장 승진임용

제31조【승진소요최저연수】 ① 공무원이 승진하려면 다음 각 호의 구분에 따른 기간 동안 해당 계급에 재직해야 한다.(2023.12.26 본문개정)

1. 일반직공무원(우정직공무원은 제외한다)
   가. 4급 및 5급 : 3년 이상
   나. 6급 : 2년 이상
   다. 7급, 8급 및 9급 : 1년 이상
   (2023.12.26 가목~다목개정)
2. 우정직공무원
   가. 우정2급 : 3년 이상
   나. 우정3급, 우정4급, 우정5급 및 우정6급 : 1년 6개월 이상
   다. 우정7급, 우정8급 및 우정9급 : 1년 이상
   (2023.12.26 가목~다목개정)

(2013.11.20 본항개정)

② 제1항의 기간에는 휴직기간, 직위해제 기간, 징계처분 기간 및 제32조에 따른 승진임용의 제한기간을 포함하지 않는다. 다만, 다음 각 호에 따른 기간은 제1항의 기간에 포함한다.(2020.12.29 본문개정)

1. 법 제71조에 따른 휴직 중 다음 각 목의 기간
   가. 질병휴직 중 법 제72조제1호 각 목의 어느 하나에 해당하는 공무상 질병 또는 부상으로 인한 휴직과 법 제71조제1항제3호·제5호·제6호 또는 같은 조 제2항제1호에 따른 휴직은 그 휴직기간(2023.12.26 본목개정)
   나. 법 제71조제2항제2호에 따른 휴직은 그 휴직기간의 50퍼센트에 해당하는 기간. 다만, 제1항의 기간에 포함되는 기간은 1년을 초과할 수 없다.(2014.2.5 단서신설)
   다. 법 제71조제2항제4호에 따른 휴직(이하 "육아휴직"이라 한다)은 그 휴직기간. 다만, 제1항의 기간에 포함하는 기간은 제11항 단서에 따라 육아휴직을 대신하여 시간선택제전환공무원으로 지정되어 근무한 기간과 합산하여 자녀 1명당 3년을 초과할 수 없다.(2025.1.7 본목개정)
2. 법 제73조의3제1항에 따른 직위해제처분기간 중 다음 각 목의 기간
   가. 법 제73조의3제1항제3호에 따라 직위해제처분을 받은 사람이 다음의 어느 하나에 해당하는 경우 그 직위해제처분기간
      1) 해당 공무원에 대한 징계의결 요구에 대하여 관할 징계위원회가 징계하지 아니하기로 의결한 경우 (2016.6.24 개정)
      2) 직위해제처분 또는 직위해제처분의 사유가 된 징계의결 요구에 의한 징계처분이 소청심사위원회의 결정이나 법원의 판결에 의하여 무효 또는 취소로 확정된 경우
   나. 법 제73조의3제1항제4호에 따라 직위해제처분을 받은 사람이 그 처분의 사유가 된 형사사건에 대하여 법원의 판결에 따라 무죄로 확정된 경우 그 직위해제처분기간 (2016.6.24 본목개정)
   다. 법 제73조의3제1항제6호에 따라 직위해제처분을 받은 사람이 1) 및 2)에 모두 해당하는 경우 같은 호에 따른 직위해제처분기간(2020.12.29 본문개정)
      1) 법 제73조의3제1항제6호에 따라 직위해제처분을 받은 사람에 대한 징계의결 요구 또는 징계처분이 다음의 어느 하나에 해당하는 경우
         가) 소속 장관 등이 법 제78조제4항에 따른 징계의결 요구를 하지 아니하기로 한 경우
         나) 해당 공무원에 대한 징계의결 요구에 대하여 관할 징계위원회가 징계하지 아니하기로 의결한 경우
         다) 조사 또는 수사 결과에 의한 징계처분이 소청심사위원회의 결정이나 법원의 판결에 의하여 무효 또는 취소로 확정된 경우
      2) 법 제73조의3제1항제6호에 따른 직위해제처분의 원인이 된 비위행위에 대한 조사 또는 수사 결과가 다음의 어느 하나에 해당하는 경우
         가) 형사사건에 해당하지 아니하는 경우
         나) 사법경찰관이 불송치를 하거나 검사가 불기소를 한 경우. 다만, 「형사소송법」 제247조에 따라 공소를 제기하지 않는 경우와 불송치 또는 불기소를 했으나 해당 사건이 다시 수사 및 기소되어 법원의 판결에 따라 유죄가 확정된 경우는 제외한다.(2020.12.29 개정)

다) 형사사건으로 기소되거나 약식명령이 청구된 사람이 법원의 판결에 따라 무죄로 확정된 경우
(2016.6.24 본목개정)
라. (2016.6.24 삭제)
(2015.11.18 본호개정)
2의2. 징계처분 요구일 또는 징계의결 요구일부터 징계처분일 전일까지의 기간. 다만, 직위해제 기간과 겹치는 기간은 제외한다.(2011.3.7 본호신설)
3. 시보임용 기간
③ 다음 각 호의 어느 하나에 해당하는 경우 제1항의 기간에는 제5항, 제6항 및 제8항부터 제11항까지의 규정에도 불구하고 종전의 신분에서의 휴직기간, 직위해제 기간, 징계처분 기간 및 승진임용의 제한기간을 포함하지 않는다. 다만, 종전의 신분에서의 제2항 각 호에 따른 기간에 준하는 기간은 인사혁신처장이 정하는 바에 따라 제1항의 기간에 포함한다.
1. 이 영에 따른 공무원과는 다른 법률의 적용을 받는 공무원이 퇴직 후 이 영에 따른 공무원으로 임용된 경우
2. 이 영에 따른 공무원이 퇴직 후 다시 이 영에 따른 공무원으로 임용된 경우
(2022.12.27 본항신설)
④ 강등되거나 강임되었던 사람이 원 계급으로 승진된 경우에는 강등 또는 강임 전의 기간은 재직연수에 합산한다.
⑤ 퇴직하였던 국가 또는 지방공무원이 퇴직 당시의 계급 이하의 계급으로 임용된 경우에는 퇴직 전의 재직기간 중 재임용 당시의 계급 이상의 계급으로 재직한 기간은 재임용 당시 계급의 재직연수에 합산하되, 재임용일부터 10년 이내의 재직기간으로 한정한다. 이 경우 고위공무원이었던 사람이 퇴직 후 4급 이하 공무원으로 임용된 경우에는 고위공무원으로 재직한 기간은 재임용 당시 계급의 재직연수에 합산한다.
⑥ 법 제28조제2항제1호에 따라 일반직공무원인 사람이 특수경력직 또는 다른 종류의 경력직공무원이 되기 위하여 퇴직한 사람을 퇴직 시에 재직한 직급의 일반직공무원으로 재임용한 경우에 인사혁신처장이 정한 특수한 업무에 종사한 특수경력직 또는 다른 종류의 경력직공무원으로 근무한 재임용 전 경력은 제1항의 기간에 포함한다. 이 경우 재임용된 계급보다 상위 계급 상당으로 근무한 특수경력직 또는 다른 종류의 경력직공무원의 경력은 재임용된 계급의 재직기간에만 포함한다.(2014.11.19 전단개정)
⑦ 연구직 및 지도직공무원이 다른 일반직공무원으로 임용된 경우 연구직 및 지도직공무원으로 근무한 기간은 다음 각 호의 구분에 따라 해당 계급의 승진소요최저연수에 포함할 수 있다.
1. 연구관·지도관
가. 4급 이상 공무원으로 임용되는 경우 : 연구관·지도관으로 근무한 기간의 범위에서 담당 직무의 내용·곤란성 및 책임도 등에 따라 임용된 직급에 상당하다고 인사혁신처장이 인정하는 기간(2014.11.19 본목개정)
나. 5급 공무원으로 임용되는 경우 : 연구관·지도관으로 근무한 기간
2. 연구사·지도사
가. 6급 공무원으로 임용되는 경우 : 연구사·지도사로 근무한 기간의 범위에서 담당 직무의 내용·곤란성 및 책임도 등에 따라 임용된 직급에 상당하다고 인사혁신처장이 인정하는 기간(2014.11.19 본목개정)
나. 7급 이하 공무원으로 임용되는 경우 : 연구사, 지도사로 근무한 기간
⑧ 외무공무원이 일반직공무원으로 경력경쟁채용시험등을 통해 채용된 경우 외무공무원으로 근무한 기간은 「외무공무원임용령」 제46조에 따른 상응 계급에 따라 제1항의 기간에 포함할 수 있다. 이 경우 고위공무원으로 재직한 외무공무원의 근무기간은 경력경쟁채용시험등을 통해 채용된 계급의 재직연수에 합산한다.(2012.1.26 본항개정)
⑨ 전문경력관, 임기제공무원, 특정직공무원 및 별정직공무원이 퇴직 후 일반직공무원으로 임용된 경우에는 인사혁신처장이 정하는 바에 따라 해당 계급 상당 이상의 전문경력관, 임기제공무원, 특정직공무원 및 별정직공무원으로 재직한 기간을 제1항에 따른 기간에 포함할 수 있다.(2014.11.19 본항개정)
⑩ 「법원조직법」 제72조에 따른 사법연수원의 연수생으로 수습한 기간은 제1항에 따른 4급 이하 일반직공무원으로의 승진소요연수에 포함한다.
⑪ 시간선택제채용공무원과 제57조의3에 따른 시간선택제전환공무원의 근무기간은 근무시간에 비례하여 제1항의 기간에 포함한다. 다만, 제57조의3에 따른 시간선택제전환공무원이 해당 계급에서 근무한 기간은 1년의 범위에서 제1항의 기간에 전부 포함하되, 육아휴직을 대신하여 시간선택제전환공무원으로 지정되어 근무한 기간은 대상 자녀별로 3년의 범위에서 전부 포함한다.(2025.1.7 단서개정)
⑫ 강등 또는 강임된 사람이 강등 또는 강임된 계급 이상의 계급으로 재직한 기간은 강등 또는 강임된 계급의 재직연수로 합산한다.
⑬ 전문직공무원이 전문직공무원이 아닌 일반직공무원으로 임용된 경우 전문직공무원으로 근무한 기간은 다음 각 호의 구분에 따라 해당 계급의 승진소요최저연수에 포함할 수 있다.
1. 3급 또는 4급 공무원으로 임용되는 경우 : 수석전문관으로 근무한 기간의 범위에서 담당 직무의 내용·곤란성 및 책임도 등에 따라 임용된 직급에 상당하다고 인사혁신처장이 인정하는 기간
2. 5급 공무원으로 임용되는 경우 : 전문관으로 근무한 기간
(2017.1.10 본항신설)
⑭ 법 제28조제2항제7호에 따라 국가공무원으로 임용된 경우에는 이 조 제5항에도 불구하고 재직연수에 합산하는 재직기간의 범위를 한정하지 않는다.(2022.12.27 본항신설)
⑮ 국가공무원으로 임용되기 위하여 「지방공무원법」 제65조의4제1항에 따라 강임되었던 지방공무원이 법 제28조제2항제7호에 따라 국가공무원으로 임용된 후 원 계급으로 승진된 경우에는 지방공무원으로 재직한 강임 전의 기간을 재직연수에 합산한다.(2022.12.27 본항신설)
(2009.9.8 본조개정)

제32조【승진임용의 제한】 ① 공무원이 다음 각 호의 어느 하나에 해당하는 경우에는 승진임용될 수 없다.
1. 징계처분 요구 또는 징계의결 요구, 징계처분, 직위해제, 휴직(질병휴직 중 「공무원 재해보상법」에 따른 공무상 질병 또는 부상으로 인한 휴직자를 제35조의2제1항제4호 또는 제5호에 따라 특별승진임용하는 경우는 제외한다) 또는 시보임용 기간 중에 있는 경우(2023.10.10 본호개정)
2. 징계처분의 집행이 끝난 날부터 다음 각 목의 기간〔법 제78조의2제1항 각 호의 어느 하나에 해당하는 사유로 인한 징계처분과 소극행정, 음주운전(음주측정에 응하지 않은 경우를 포함한다), 성폭력, 성희롱 및 성매매에 따른 징계처분의 경우에는 각각 6개월을 더한 기간〕이 지나지 않은 경우(2019.11.5 본문개정)
가. 강등·정직 : 18개월
나. 감봉 : 12개월
다. 견책 : 6개월
② 징계에 관하여 이 영에 따른 공무원과는 다른 법률의 적용을 받는 공무원이 이 영에 따른 공무원이 된 경우 종전의 신분에서 강등처분을 받은 경우에는 그 처분 종료일부터 18개월 동안 승진임용될 수 없고, 근신·군기교육이나 그 밖에 이와 유사한 징계처분을 받은 경우에는 그 처분 종료일부터 6개월 동안 승진임용될 수 없다.(2020.9.22 본항개정)
③ 제1항 또는 제2항에 따라 승진임용 제한기간 중에 있는 사람이 다시 징계처분을 받은 경우의 승진임용 제한기간은 전 처분에 대한 제한기간이 끝난 날부터 계산하고, 징계처분으로 승진임용 제한기간 중에 있는 사람이 휴직하거나 직위해제처분을 받는 경우 징계처분에 따른 남은 승진임용 제한기간은 복직일부터 계산한다.(2020.9.22 본항개정)
④ 공무원이 징계처분을 받은 후 해당 계급에서 훈장, 포장, 모범공무원포상, 국무총리 이상의 표창을 받거나 제안의 채택 시행으로 포상을 받는 경우에는 최근에 받은 가장 무거

운 징계처분에 대해서만 제1항제2호 및 제2항에서 규정한 승진임용 제한기간의 2분의 1을 단축할 수 있다.
(2009.9.8 본조개정)

제32조의2 (1981.6.10 삭제)

제33조【4급 공무원과 6급 이하 공무원으로의 승진임용】 ① 5급 공무원과 7급 이하 공무원(우정직공무원의 경우에는 우정4급 이하 공무원을 말한다. 이하 이 조에서 같다)을 승진임용하려는 경우에는 해당 기관의 승진후보자 명부의 높은 순위에 있는 사람부터 차례로 임용하려는 결원 수에 대하여 별표5의 범위에 해당하는 사람을 심사 대상으로 하여 법 제40조의3제2항에 따른 보통승진심사위원회(이하 "보통승진심사위원회"라 한다)의 승진 심사를 거쳐 임용해야 한다.
(2020.9.22 본항개정)

② 소속 장관은 제1항에 따라 7급 이하 공무원을 승진임용하려는 경우에는 필기시험 또는 실기시험을 실시할 수 있다.

③ (2012.1.26 삭제)

(2020.9.22 본조제목개정)
(2013.11.20 본조개정)

제33조의2【다자녀 양육 공무원에 대한 승진 우대】 소속 장관은 8급 이하 공무원을 승진임용하려는 경우 인사혁신처장이 정하는 바에 따라 다자녀를 양육하는 공무원을 우대하기 위하여 필요한 조치를 할 수 있다.(2023.12.26 본조신설)

제34조【5급 공무원으로의 승진임용】 ① 6급 공무원을 5급 공무원으로 승진임용하려는 경우(우정직공무원의 경우에는 우정3급 공무원을 우정2급 공무원으로 승진임용하려는 경우를 말한다)에는 승진시험 또는 보통승진심사위원회의 심사를 거쳐 임용하여야 한다.(2013.11.20 본항개정)

② 소속 장관은 제1항에 따른 6급(우정직공무원의 경우에는 우정3급을 말한다) 공무원의 승진임용 방법을 임용권자 단위별·승진임용예정 직급별로 다음 각 호의 어느 하나의 방법 중에서 선택하여 지정하거나 그 방법을 변경할 수 있다. 이 경우 변경된 승진임용 방법은 그 변경일 1년 이후부터 적용하되, 제3호에 따라 승진시험 및 승진심사위원회 심사를 병행하는 경우에는 그 실시 비율이 적절한 균형을 유지하도록 하여야 한다.(2022.12.27 후단개정)

1. 승진시험에 의하여 승진임용하는 방법
2. 보통승진심사위원회의 심사에 의하여 승진임용하는 방법
3. 승진임용 심사대상 중 일부는 승진시험에 의하여, 일부는 보통승진심사위원회의 심사에 의하여 승진임용하는 방법

③ 제1항에 따라 보통승진심사위원회의 심사(제2항제3호에 따라 승진시험과 보통승진심사위원회 심사를 병행하는 경우를 포함한다)를 거치려는 경우에는 승진후보자 명부의 높은 순위에 있는 사람부터 차례로 결원과 예상 결원을 합한 총결원에 대하여 별표5의 범위에 해당하는 사람을 심사 대상으로 한다.(2025.1.7 본항개정)

④ 소속 장관은 제3항에 따른 총결원(제35조의2제1항제1호부터 제3호까지의 규정에 따른 특별승진임용 인원을 포함한다)은 제8조에 따른 인력관리계획에 따라 정하되, 해당 기관의 5급 이상 일반직공무원의 공개경쟁 채용예정 인원 및 경력경쟁채용등 예정 인원 등과 적정한 균형을 유지하도록 하여야 한다.(2012.1.26 본항개정)

⑤ 제3항에 따른 총결원에 대한 보통승진심사위원회의 심사는 기관별 또는 직급별로 실시한다.(2011.3.7 본항개정)

⑥ 임용권자는 일반승진시험 합격자에 대해서는 승진시험 요구 시의 승진후보자 명부상의 성적 50퍼센트, 제2차시험 성적 20퍼센트 및 승진임용예정 직급에 상응하는 기본교육훈련 과정의 훈련성적 30퍼센트의 비율로 합산한 점수가 높은 사람부터 차례로, 보통승진심사위원회의 심사 결과 승진대상자로 결정된 사람에 대해서는 승진 심사 시의 승진후보자 명부상의 성적 70퍼센트 및 승진임용예정 직급에 상응하는 기본교육훈련 과정의 훈련성적 30퍼센트의 비율로 합산한 점수가 높은 사람부터 차례로 승진임용 순위 명부를 작성한다. 이 경우 승진임용 순위 명부의 평정점이 같은 경우에는 승진후보자 명부의 순위에 따라 선순위자를 결정한다.

⑦ 제6항에 따른 승진임용 순위 명부는 일반승진시험의 횟수별 또는 보통승진심사위원회의 심사별로 작성하고, 임용권자는 해당 승진후보자 명부 작성 단위기관에 결원이 생겼을 때에는 다음 각 호의 어느 하나에 해당하는 경우를 제외하고는 횟수별 또는 심사별로 작성된 승진임용 순위 명부의 순위에 따라 임용하여야 한다. 다만, 제32조에 따른 승진제한 사유가 있는 사람에 대해서는 그 제한 사유가 소멸된 후에 임용하여야 한다.(2011.3.7 본문개정)

1. 승진임용 순위 명부에 따른 승진임용 대상자가 파견 중인 경우(2011.3.7 본호신설)
2. 승진임용 순위 명부의 순위에 따라 임용할 경우 해당 직위의 직무수행에 현저한 지장이 있다고 인정되는 경우
(2022.12.27 본호개정)

⑧ 인사혁신처장은 법 제31조에 따라 공개경쟁시험 합격자 또는 「공무원임용시험령」 제26조제3항에 따른 경력경쟁채용시험등 합격자의 임용을 위하여 필요하면 임용권자에게 제7항에 따른 임용을 유예하도록 요청할 수 있으며 임용권자는 이에 따라야 한다.(2014.11.19 본항개정)

⑨ 공개경쟁 승진시험으로 승진임용할 때에는 제11조, 제12조, 제13조제1항 및 제14조를 준용한다.

⑩ 제35조의2제1항제1호부터 제3호까지의 사유로 특별승진 대상자로 결정된 사람에 대해서는 제6항에도 불구하고 임용권자가 업무실적, 직무수행능력, 역량평가 결과, 공적사항, 기본교육훈련 과정의 훈련성적 등을 고려하여 별도의 승진임용 순위 명부를 작성할 수 있다.(2017.12.29 본항신설)

(2009.9.8 본조개정)

제34조의2【승진시험 합격 등의 효력】 ① 승진시험의 합격 및 제34조의3에 따른 보통승진심사위원회의 승진 대상자 결정의 효력은 승진임용 시까지로 한다. 다만, 승진임용되기 전에 퇴직한 경우에는 그렇지 않다.

② 일반승진시험에 합격된 사람 및 제34조의3에 따른 보통승진심사위원회의 심사 결과 승진 대상자로 결정된 사람이 승진임용되기 전에 승진후보자 명부 작성 단위가 다른 기관에 전보(제45조제3항제1호에 따른 전보는 제외한다)된 경우에는 제1항에도 불구하고 일반승진시험의 합격 및 보통승진심사위원회의 승진 대상자 결정의 효력을 상실한다.
(2020.9.22 본항개정)

(2019.11.5 본조개정)

제34조의3【보통승진심사위원회】 ① 4급 이하 공무원(5급 공무원으로 승진임용될 때 승진시험을 거치는 6급 공무원은 제외한다)을 승진임용하려는 경우에는 보통승진심사위원회의 승진 심사를 거쳐야 하며, 임용권자 또는 임용제청권자는 특별한 사유가 없으면 심사 결과에 따라야 한다.(2013.11.20 본항개정)

② 보통승진심사위원회는 위원장을 포함한 3명 이상의 위원으로 구성하되, 임용권자 또는 임용제청권자가 부득이하다고 인정하는 경우에는 2명 이상의 위원으로 구성할 수 있다.

③ 보통승진심사위원회의 위원장은 보통승진심사위원회가 설치된 기관의 장 또는 해당 기관의 장이 지명한 소속 공무원(정무직·별정직공무원을 포함한다. 이하 이 항에서 같다)이 되고, 위원은 승진임용예정 직급에 해당하는 계급의 상위 계급자(상위 계급에 상당하는 공무원을 포함한다. 이하 이 항에서 같다) 중에서 해당 기관의 장이 지명한 소속 공무원이 되며, 상위 계급자가 부족한 경우에는 승진임용예정 직급의 계급과 같은 계급자 중에서 지명할 수 있다. 다만, 고위공무원단 직위로 승진임용하는 경우 위원은 고위공무원 중에서 해당 기관의 장이 지명한 사람이 된다.(2013.11.20 본문개정)

④ 승진심사의 기준, 운영절차 등 보통승진심사위원회의 운영에 필요한 사항은 인사혁신처장이 정한다. 이 경우 승진심사의 기준에 대해서는 해당 기관의 업무 특성을 반영하여 소속 장관이 추가로 정할 수 있다.(2022.12.27 본항개정)

(2009.9.8 본조개정)

제35조【3급 공무원으로의 승진임용】 4급 공무원을 승진임용하려는 경우에는 소속 장관이 해당 기관의 승진후보자 중에서 근무성적, 능력, 경력, 전공분야, 인품 및 적성 등을 고려하여 제34조의3에 따른 보통승진심사위원회의 승진 심사를 거쳐 결원의 범위에서 해당하는 인원을 선정하여 임용하여야 한다.(2009.9.8 본조개정)

제35조의2【특별승진임용】 ① 법 제40조의4에 따라 특별승진임용(일반승진시험에의 우선 응시를 포함한다. 이하 이 조에서 같다)하려는 경우에는 다음 각 호의 어느 하나에 해당하는 공무원 중에서 승진임용하여야 한다.
1. 법 제40조의4제1항제1호에 따른 경우 : 인사혁신처장이 정하는 포상을 받은 4급 이하 공무원(2014.11.19 본호개정)
2. 법 제40조의4제1항제2호에 따른 경우 : 다음 각 목의 어느 하나에 해당하는 4급 이하 공무원
가. 직무수행 능력이 탁월하고 적극적인 업무수행으로 행정 발전에 지대한 공헌실적이 있다고 소속 장관이 인정하는 공무원
나. 인사혁신처장이 정하는 포상을 받은 공무원
(2019.11.5 본호개정)
3. 법 제40조의4제1항제3호에 따른 경우 : 창안등급(創案等級) 동상 이상의 상을 받은 5급 이하 공무원(2013.11.20 본호개정)
4. 법 제40조의4제1항제4호에 따른 경우 : 명예퇴직하는 사람으로서 재직 중 특별한 공적이 있다고 인정되는 3급 이하 공무원(2013.11.20 본호개정)
5. 법 제40조의4제1항제5호에 따른 경우 : 소속 장관이 재직 중 특별한 공적이 있다고 인정하는 공무원
② 제1항에 따라 특별승진임용할 때에는 해당 공무원이 제32조에 따른 승진임용의 제한을 받지 않는 사람으로서 다음 각 호의 구분에 따른 요건을 갖추어야 한다.
1. 제1항제1호 및 제3호의 경우 : 승진소요최저연수에 도달한 공무원일 것. 다만, 제1항제1호의 경우에는 승진소요최저연수를 6개월 단축할 수 있다.
2. 제1항제4호의 경우 : 재직기간 중 중징계 처분 또는 다음 각 목의 어느 하나에 해당하는 사유로 경징계 처분을 받은 사실이 없으며, 명예퇴직일 전날까지 해당 계급에서 1년 이상 재직한 공무원일 것
가. 「국가공무원법」 제78조의2제1항 각 호의 징계 사유
나. 「성폭력범죄의 처벌 등에 관한 특례법」 제2조에 따른 성폭력범죄
다. 「성매매알선 등 행위의 처벌에 관한 법률」 제2조제1항제1호에 따른 성매매
라. 「양성평등기본법」 제3조제2호에 따른 성희롱
마. 「도로교통법」 제44조제1항에 따른 음주운전 또는 같은 조 제2항에 따른 음주측정에 대한 불응
(2019.6.25 본항개정)
③ 제1항제1호부터 제3호까지의 규정에 따라 특별승진임용을 할 때에는 5급 및 7급 이하 공무원(우정직공무원의 경우에는 우정4급 이하 공무원을 말한다)에 대해서는 승진후보자 명부의 순위에도 불구하고 승진 심사를 거쳐 바로 상위 직급으로 승진임용할 수 있으며, 6급(우정직공무원의 경우에는 우정3급을 말한다) 공무원에 대해서는 승진후보자 명부의 순위에도 불구하고 승진 심사를 하거나 「공무원임용시험령」에서 정하는 바에 따라 일반승진시험에 우선 응시하게 할 수 있다.(2013.11.20 본항개정)
④ 제1항제4호 및 제5호에 따라 특별승진임용을 할 때에는 제33조·제34조·제34조의3 및 제35조에도 불구하고 승진임용할 수 있다. 이 경우 고위공무원단 직위로 특별승진임용할 때에는 「고위공무원단 인사규정」 제16조에도 불구하고 승진임용할 수 있다.
⑤ 제1항제2호나목에 해당하는 경우로서 인사혁신처장이 정하는 국무총리 표창 이상의 포상을 받은 4급 이하 공무원을 특별승진임용할 때에는 계급별 또는 직급별 정원을 초과하여 임용할 수 있으며, 정원과 현원이 일치할 때까지 그 인원에 해당하는 정원이 해당 기관에 따로 있는 것으로 본다. 이 경우 특별승진임용의 절차 및 운영 등에 필요한 사항은 인사혁신처장이 정한다.(2019.11.5 본항신설)
⑥ 제1항제4호에 따라 특별승진임용할 때에는 특별한 공적이 있는지에 대해 제34조의3에 따른 보통승진심사위원회의 심사를 거쳐야 한다. 이 경우 심사의 방법 및 절차 등에 관한 사항은 인사혁신처장이 정한다.(2023.12.26 전단개정)
⑦ 제1항제4호에 따라 특별승진임용된 사람이 법 제74조의2제3항제1호·제1호의2 또는 제1호의3에 해당하여 명예퇴직수당을 환수하는 경우에는 특별승진임용을 취소해야 한다. 이 경우 특별승진임용이 취소된 사람은 그 특별승진임용 전의 직급으로 퇴직한 것으로 본다.(2019.6.25 본항신설)
(2009.9.8 본조개정)

제35조의3【대우공무원 및 필수 실무관의 선발·지정 등】
① 임용권자 또는 임용제청권자는 소속 일반직공무원 중 해당 계급에서 승진소요최저연수 이상 근무하고 승진임용의 제한 사유가 없으며 근무 실적이 우수한 사람을 바로 상위 직급의 대우공무원(이하 "대우공무원"이라 한다)으로 선발할 수 있다.(2013.11.20 본항개정)
② 소속 장관은 6급(우정직공무원의 경우에는 우정3급을 말한다) 공무원인 대우공무원 중 해당 직급에서 계속하여 업무에 정려(精勵)하기를 희망하고 실무수행 능력이 우수하여 기관 운영에 특히 필요하다고 인정하는 사람을 필수 실무관으로 지정할 수 있다.(2013.11.20 본항개정)
③ 제1항 및 제2항에 따른 대우공무원 및 필수 실무관의 선발·지정에 필요한 사항은 인사혁신처장이 정한다.
(2014.11.19 본항개정)
④ 제1항 및 제2항에 따른 대우공무원 및 필수 실무관에게는 「공무원수당 등에 관한 규정」에서 정하는 바에 따라 수당을 지급할 수 있다.
(2009.9.8 본조개정)

제35조의4【근속승진 임용】 ① 「행정기관의 조직과 정원에 관한 통칙」 제26조제2항에 따라 공무원의 정원을 통합·운영하는 경우의 승진임용대상자는 제31조에 따른 승진소요최저연수를 경과해야 하고, 승진후보자명부에 올라 있어야 하며, 다음 각 호의 구분에 따른 기간(이하 "근속승진기간"이라 한다) 동안 해당 계급에 재직하여야 한다. 이 경우 근속승진기간은 제31조제2항부터 제15항까지의 규정에 따른 승진소요최저연수의 계산 방법에 따라 계산한다.(2025.1.7 본문개정)
1. 7급 : 11년 이상
2. 8급 : 7년 이상
3. 9급 : 5년 6개월 이상
(2017.1.31 1호~3호개정)
② 퇴직하였던 국가공무원 또는 지방공무원이 퇴직 당시 계급 이하의 계급으로 임용된 경우에는 제31조제5항 전단에도 불구하고 승진후보자 명부 작성일부터 10년 전의 재직기간도 근속승진기간에 합산한다.(2013.11.20 본문개정)
1.~6. (2013.11.20 삭제)
③ 제1항에도 불구하고 다음 각 호의 어느 하나에 해당하는 공무원은 해당 각 호의 구분에 따른 기간을 근속승진기간에서 단축할 수 있다. 다만, 제2호에 따라 근속승진기간을 단축하는 공무원의 인원수는 인사혁신처장이 제한할 수 있다.
(2014.11.19 단서개정)
1. 제48조제1항제1호에 따른 인사교류 경력이 있는 공무원 : 인사교류 기간의 2분의 1에 해당하는 기간
2. 국정과제 등 주요 업무의 추진실적이 우수한 공무원 또는 적극행정 수행 태도가 돋보인 공무원 : 1년(2019.11.5 본호개정)
(2014.2.5 본항개정)
④ 제1항 및 제2항에 따른 6급(우정직공무원의 경우에는 우정6급을 말한다. 이하 이 조에서 같다) 공무원으로의 근속승진후보자는 승진후보자 명부에 올라 있고, 근속승진 임용에 필요한 요건을 갖춘 7급 공무원으로 한다.(2013.11.20 본항개정)
⑤ 임용권자는 제1항 및 제2항에 따른 6급 공무원으로의 근속승진 임용을 위한 심사를 할 때에는 연도별로 합산하여 해당 기관의 근속승진 후보자의 100분의 50에 해당하는 인원 수(소수점 이하가 있는 경우에는 1명을 가산한다)를 초과하여 근속승진 임용할 수 없다.(2024.6.27 본항개정)
⑥ 임용권자는 제1항 및 제2항에 따른 6급 공무원으로의 근속승진 임용을 위한 심사를 할 때 인사의 원활한 운용을 위하여 필요하다고 인정되는 경우에는 7급 공무원의 재직기간별로 승진후보자 명부를 구분하여 근속승진 임용을 위한 심사를 할 수 있다.(2024.6.27 본항개정)

⑦ 제1항과 제2항의 근속승진요건에 해당하는 경우에는 근속승진기간에 도달하기 5일 전부터 승진 심사를 할 수 있다.
⑧ 시간선택제채용공무원의 경우 근무기간을 근무시간에 비례하여 근속승진기간에 포함하는 기간은 승진소요최저연수에 2년을 더한 기간까지로 하고, 그 후에는 근무시간과 상관없이 근무기간을 전부 근속승진기간에 포함한다.(2019.6.18 본항신설)
⑨ 제1항 및 제4항에도 불구하고 법 제73조의4제1항에 따라 강임된 공무원은 승진후보자명부에 올라 있지 않더라도 근속승진 임용을 할 수 있다.(2019.6.18 본항신설)
⑩ 제1항부터 제9항까지에서 규정한 사항 외에 근속승진 방법 및 인사운영에 관한 사항은 인사혁신처장이 정한다.
(2019.6.18 본항개정)
(2013.11.20 본조제목개정)
(2009.9.8 본조개정)

제36조【6급 이하 교정직렬 공무원의 승진임용】 제33조, 제34조 및 제35조의2에도 불구하고 법 제40조에 따른 6급 이하 교정직렬 공무원의 승진임용 및 법 제40조의4제1항제2호에 따른 6급 이하 교정직렬 공무원의 특별승진임용에 관하여는 따로 대통령령으로 정한다.(2012.1.26 본조신설)

제36조의2~제36조의5 (2005.12.26 삭제)

제37조~제37조의4 (2004.6.11 삭제)

제38조 (1998.12.31 삭제)

제39조 → 제35조의2로 이동

제39조의2 (1981.6.10 삭제)

제5장 겸임 및 파견

제40조【겸임】 ① 임용권자 또는 임용제청권자는 다음 각 호의 어느 하나에 해당하는 경우에는 법 제32조의3에 따라 겸임하게 할 수 있다.
1. 임용예정 직위에 관련되는 전문인력의 확보가 필요한 경우
2. 각급 교육훈련기관의 교수요원을 임용하는 경우 (2010.6.15 본호개정)
3. 관련 기관 간 긴밀한 협조가 필요한 특수업무를 공동으로 수행하기 위하여 필요한 경우(2015.9.25 본호신설)
4. 그 밖에 다른 법령에서 겸임하도록 하는 경우(2021.11.30 본호개정)

② 제1항에 따른 겸임(제1항제4호에 따른 겸임은 제외한다)은 본직의 직무수행에 지장이 없는 범위에서 다음 각 호의 어느 하나에 해당하는 경우에만 할 수 있다. 다만, 제3호에 따라 경력직공무원으로 겸임하는 경우에는 임기제공무원으로 임용하여야 하며, 제4호에 따라 경력직공무원으로 겸임하는 경우는 제1항제3호에 해당하는 경우로 한정한다.
1. 고등학교 이상의 각급 학교의 교육공무원과 직무 내용이 유사한 다른 경력직공무원 간
2. 연구직렬 공무원과 직무 내용이 유사한 다른 경력직공무원 간
3. 경력직공무원과 직무 내용이 유사한 「고등교육법」 제14조제1항 및 제2항에 따른 교원(제1호의 교육공무원은 제외한다), 「공공기관의 운영에 관한 법률」 제4조제1항 각 호에서 정한 기관의 임직원 간
4. 경력직공무원과 직무 내용이 관련이 있는 다른 경력직공무원 간

(2021.11.30 본항개정)
③ 제2항에 따른 겸임기간은 2년 이내로 하며, 특히 필요한 경우 2년의 범위에서 연장할 수 있다.(2010.6.15 본항개정)
④ 제2항에 따른 겸임에 있어서는 겸임기관의 장이 본직기관의 장의 동의를 받아 임용 또는 임용제청하여야 한다. 이 경우 본직기관의 장은 제1항제3호에 따른 겸임에 대해서는 특별한 사유가 없으면 동의하여야 한다.(2015.9.25 후단신설)
(2009.9.8 본조개정)

제41조【파견근무】 ① 각 행정기관의 장은 다음 각 호의 어느 하나에 해당하는 경우에는 법 제32조의4에 따라 소속 공무원을 파견할 수 있다.
1. 국가기관 외의 기관·단체에서 국가적 사업을 수행하기 위하여 특히 필요한 경우
2. 다른 기관의 업무 폭주로 인한 행정지원의 경우
3. 사무의 소관이 명백하지 아니하거나 관련 기관 간의 긴밀한 협조가 필요한 특수업무를 공동수행하기 위하여 필요한 경우
4. 「공무원 인재개발법」에 따른 소속 공무원의 교육훈련을 위하여 필요한 경우(2016.2.3 본호개정)
5. 「공무원 인재개발법」에 따른 공무원교육훈련기관의 교수요원으로 선발되거나 그 밖에 교육훈련 관련 업무수행을 위하여 필요한 경우(2016.2.3 본호개정)
6. 국제기구, 외국의 정부 또는 연구기관에서 업무수행 및 능력개발을 위하여 필요한 경우
7. 국내의 연구기관, 민간기관 및 단체에서의 관련 업무수행·능력개발이나 국가정책수립과 관련된 자료수집 등을 위하여 필요한 경우

(2009.9.8 본항개정)
② 제1항의 파견기간은 다음 각 호와 같다.
1. 제1항제1호부터 제3호까지 및 제7호에 따른 파견기간은 2년 이내로 하되, 필요한 경우에는 총 파견기간이 5년을 초과하지 않는 범위에서 파견기간을 연장할 수 있다. (2011.3.7 본호개정)
2. 제1항제5호에 따른 파견기간은 1년 이내로 하되, 필요한 경우에는 총 파견기간이 2년을 초과하지 않는 범위에서 파견기간을 연장할 수 있다.
3. 제1항제4호 및 제6호에 따른 파견기간은 그 교육훈련·업무수행 및 능력개발을 위하여 필요한 기간으로 한다.

(2009.9.8 본항개정)
③ 제1항제1호부터 제3호까지 및 제5호에 따라 소속 공무원을 파견하려면 파견받을 기관의 장이 미리 요청하여야 하며, 다음 각 호의 어느 하나에 해당하는 경우에는 인사혁신처장과 협의하여야 한다. 다만, 제1항제1호에 따라 파견을 요청하는 경우에는 파견받을 기관의 장이 주무부장관(중앙행정기관의 장인 청장을 포함한다)과 협의를 거쳐야 하고, 제9항에 따라 협의된 파견기간의 범위에서 6급 이하 공무원의 파견기간을 연장하거나 6급 이하 공무원의 파견기간이 끝난 후 그 파견자를 교체하는 경우에는 인사혁신처장과의 협의를 생략할 수 있다.(2014.11.19 본문개정)
1. 제1항제1호부터 제3호까지 및 제6호·제7호에 따라 소속 공무원을 파견하는 경우(2010.6.15 본호신설)
2. 제1호에 따른 파견기간을 연장하려는 경우(2010.6.15 본호신설)
3. 제1호에 따른 파견 중 파견기간 종료 전에 파견자를 복귀시키는 경우로서 인사혁신처장이 정하는 사유에 해당하는 경우(2014.11.19 본호개정)

④ 제3항에도 불구하고 다음 각 호의 어느 하나에 해당하는 경우에는 소속 장관의 승인을 받아 파견할 수 있다.
1. 소속 장관을 같이 하는 기관의 상급기관에서 하급기관으로 파견하는 경우
2. 소속 장관을 같이 하는 동급기관 상호간에 파견하는 경우
3. 파견기간(파견이 연장되는 경우에는 연장 후의 기간을 포함하며, 파견자가 교체되는 경우에는 교체 후의 기간을 포함한다. 이하 제7항에서 같다)이 1년 미만인 경우 (2025.1.7 본호개정)

(2010.6.15 본항신설)
⑤ 파견의 발령은 해당 공무원의 전보권 또는 전보제청권을 갖고 있는 기관의 장이 한다. 다만, 제1항제4호에 따른 파견의 발령 중 기관의 장에 대한 파견과 제42조에 따라 별도 정원이 인정되는 파견을 제외한 파견의 발령은 소속 기관의 장이 한다.(2009.9.8 본항개정)
⑥ 제24조제2항에 따른 실무수습을 위하여 필요한 경우에는 인사혁신처장은 제1항부터 제5항까지의 규정에도 불구하고 소속 시보 공무원을 각급 행정기관에 파견하여 근무하게 할 수 있다.(2014.11.19 본항개정)
⑦ 소속 장관은 다음 각 호의 어느 하나에 해당하는 경우에는 그 사실을 인사혁신처장에게 통보하여야 한다. 다만, 파견기간이 1년 미만인 경우에는 그러하지 아니하다.

1. 제3항 단서 및 제4항에 따라 인사혁신처장과 협의 없이 파견하는 경우
2. 파견 중 파견기간 종료 전에 파견자를 복귀시키는 경우로서 인사혁신처장이 정하는 사유에 해당하는 경우
(2014.11.19 본항개정)
⑧ 제1항제1호 및 제7호의 사유로 파견된 공무원은 보수 외에 파견된 기관으로부터 인사혁신처장이 정하는 기준을 초과하여 수당 · 경비 그 밖의 금전을 지급받아서는 아니된다.
(2014.11.19 본항개정)
⑨ 인사혁신처장은 제3항에 따라 파견의 협의를 하는 경우에는 「행정기관의 조직과 정원에 관한 통칙」 제24조의2에 따라 별도정원의 직급 · 규모 등에 대하여 행정안전부장관과 미리 협의하여야 한다.(2017.7.26 본항개정)

제41조의2【민간전문가의 파견근무】 ① 소속 장관은 법 제32조의4제1항에 따라 국가기관 외의 기관 · 단체(이하 이 조에서 "민간기관"이라 한다)의 임직원을 파견받아 근무하게 하는 경우에 미리 파견되는 사람이 소속된 민간기관의 장과 협의를 거쳐야 한다.
② 파견되는 사람이 수행할 업무와 직접 이해관계가 있는 민간기관의 임직원은 국가기관에 파견될 수 없다.
③ 법 제32조의4제1항에 따라 파견되는 민간기관의 임직원의 파견기간은 2년 이내로 하되, 필요한 경우 1년(국가안보 관련 목적으로 파견되는 경우에는 3년)의 범위에서 연장할 수 있다.(2020.9.22 본항개정)
④ 소속 장관은 법 제32조의4제1항에 따라 민간기관의 임직원을 파견받아 근무하게 하거나 이 조 제3항에 따라 파견기간을 연장할 때에는 인사혁신처장이 정하는 바에 따라 인사혁신처장에게 그 사실을 통보하여야 한다.(2015.11.18 본항개정)
⑤ 민간기관의 임직원을 파견받은 기관(이하 이 조에서 "파견받은 기관"이라 한다)의 장은 다음 각 호의 어느 하나에 해당하는 경우에는 파견된 사람을 원 소속 기관에 복귀시킬 수 있다. 이 경우 파견된 사람이 소속된 민간기관의 장에게 그 사유를 통보하여야 한다.(2012.9.28 전단개정)
1. 파견 사유가 소멸한 경우
2. 파견 목적이 달성될 가망이 없는 경우
3. 파견된 사람이 파견 목적에 현저히 위배되는 행위를 한 경우
⑥ 국가기관에 파견된 민간기관의 임직원은 복무에 관하여 파견받은 기관의 장의 지휘 · 감독을 받는다.
⑦ (2022.12.27 삭제)
⑧ 인사혁신처장은 필요한 경우 파견받은 기관에 대하여 활용실태를 점검할 수 있다.(2014.11.19 본항개정)
⑨ 인사혁신처장은 파견받은 기관의 장이 파견자 운영, 민간기관 임직원의 원 소속기관 복귀여부 판단 및 파견자에 대한 복무 지휘 · 감독 등에 제8항에 따른 점검 결과를 활용할 필요가 있다고 인정하는 경우에는 이를 파견받은 기관의 장에게 통보할 수 있다.(2014.11.19 본항개정)
⑩ 제9항에 따라 점검 결과를 통보받은 파견받은 기관의 장은 해당 점검 결과의 활용 또는 조치 내용 등을 인사혁신처장에게 통보하여야 한다.(2014.11.19 본항개정)
(2009.9.8 본조개정)

제41조의3【직제상 파견】 ① 제41조제1항제1호부터 제3호까지의 규정에 따른 파견 중 파견 공무원의 정원이 파견받는 기관의 조직과 정원을 규정하는 법령에 규정되어 있는 경우(이하 이 조에서 "직제상 파견"이라 한다)에는 같은 조 제3항 본문 및 같은 항 각 호에도 불구하고 인사혁신처장과 협의 없이 소속 공무원을 파견하거나 파견기간을 연장할 수 있으며, 파견기간 종료 전에 파견자를 복귀시킬 수 있다.
② 제41조제2항제1호에도 불구하고 직제상 파견의 파견기간은 2년을 초과할 수 있고, 총 파견기간은 5년을 초과하여 연장할 수 있다.
③ 제1항에 따라 파견하거나 파견기간을 연장한 경우 또는 파견기간 종료 전에 파견자를 복귀시킨 경우에는 그 사실을 인사혁신처장에게 통보해야 한다.
(2022.12.27 본조신설)

제42조【파견 등으로 인한 결원 보충】 ① 파견기간이 1년(제41조제1항제4호에 따른 파견의 경우에는 6개월) 이상인 경우에는 법 제43조제3항에 따라 그 파견하는 직급이나 고위공무원단 직위에 해당하는 정원이 따로 있는 것으로 보고 결원을 보충할 수 있다. 이 경우 소속 장관은 미리 인사혁신처장과 협의하여야 하며, 인사혁신처장은 「행정기관의 조직과 정원에 관한 통칙」 제24조의2에 따라 행정안전부장관과 협의한 별도정원의 범위에서 협의해야 한다.
② 정년이 될 때까지 남은 기간이 1년 이내인 공무원이 퇴직 후의 사회적응능력을 배양하기 위하여 연수하게 된 경우에는 법 제43조제3항에 따라 정원이 따로 있는 것으로 보고 결원을 보충할 수 있다. 이 경우 연수를 위한 파견의 절차 등에 관한 사항은 인사혁신처장이 정한다.
③ 다음 각 호의 어느 하나에 해당하는 경우에는 법 제43조제2항에 따라 정원이 따로 있는 것으로 보고 결원을 보충할 수 있다.
1. 병가와 연속되는 질병휴직을 명하는 경우로서 질병휴직을 명한 이후의 병가기간과 질병휴직기간을 합하여 6개월 이상인 경우
2. 출산휴가와 연속되는 육아휴직을 명하는 경우로서 육아휴직을 명한 이후의 출산휴가기간과 육아휴직기간을 합하여 6개월 이상인 경우
3. 육아휴직과 연속되는 출산휴가를 승인하는 경우로서 출산휴가를 승인한 이후의 육아휴직기간(출산휴가를 승인하면서 이와 연속된 육아휴직을 명하는 경우에는 해당 육아휴직기간을 포함한다)과 출산휴가기간을 합하여 6개월 이상인 경우
④ 전문경력관 및 임기제공무원의 휴직 또는 파견(전문경력관만 해당하되, 제2항에 따른 연수를 위한 파견은 제외한다)에 따른 결원은 임기제공무원으로 보충해야 한다. 이 경우 임기제공무원의 근무기간은 해당 휴직자 또는 파견자의 휴직기간(제3항에 따른 결원보충의 경우에는 질병휴직을 명한 이후의 병가기간 또는 육아휴직을 명한 이후의 출산휴가기간을 포함한다) 또는 파견기간으로 한다.(2023.12.26 전단개정)
(2023.10.10 본조개정)

제42조의2【파견된 공무원의 승진임용 등】 법 제43조제3항에 따라 파견된 공무원을 승진임용하거나 인사교류 등을 위하여 신규채용하는 경우에는 다음 각 호의 어느 하나에 해당해야 한다. 다만, 제4호의 경우에는 인사혁신처장과 협의해야 한다.(2023.10.10 본문개정)
1. 각급 기관의 조직과 정원을 규정하는 법률이나 대통령령에서 정한 정원 또는 「행정기관의 조직과 정원에 관한 통칙」 제24조의2에 따라 행정안전부장관과 협의하여 정한 별도정원의 범위에서 파견된 공무원을 승진임용하는 경우. 이 경우 원 소속기관 직제상 초과현원이 없어야 한다.
(2017.7.26 전단개정)
2. 지방공무원을 중앙과 지방과의 상호 인사교류에 따라 파견직위에 국가공무원으로 신규채용하는 경우
3. (2013.12.16 삭제)
4. 일반직공무원으로 퇴직한 사람을 퇴직한 날부터 3년 이내에 파견직위에 보하기 위하여 채용하는 경우. 이 경우 원 소속기관 직제상 초과현원이 없어야 한다. (2013.12.16 본호신설)
(2009.9.8 본조개정)

제6장 보직관리 및 인사교류

제43조【보직관리의 기준】 ① 임용권자 또는 임용제청권자는 법령에서 따로 정한 경우와 다음 각 호의 어느 하나에 해당하는 경우를 제외하고는 소속 공무원을 하나의 직급이나 직위에 임용해야 한다.(2020.9.22 본문개정)
1. 법 제43조제1항부터 제4항까지의 규정에 따라 정원이 따로 있는 것으로 보고 결원이 보충되는 휴직자의 복직, 파견된 사람의 복귀 또는 파면 · 해임 · 면직된 사람의 복귀 시 해당 기관에 그에 해당하는 직급 · 직위(고위공무원의 경우에는 고위공무원단 직위를 말한다)의 결원이 없어서 그 직

급·직위(고위공무원의 경우에는 고위공무원단 직위를 말한다)의 정원에 최초로 결원이 발생할 때까지 해당 직급·직위에 해당하는 공무원 또는 고위공무원을 보직 없이 근무하게 하는 경우(해당 기관은 해당 공무원에 대한 신규채용권을 가지는 임용권자 또는 임용제청권자를 장으로 하는 기관과 그 소속 기관을 말한다)(2023.10.10 본호개정)

2. 제42조에 따라 결원보충이 승인된 파견자 중 「공무원 인재개발법」 제13조에 따른 6개월 이상의 위탁교육훈련 또는 「국제과학기술협력 규정」에 따른 1년 이상의 장기 국외훈련을 위한 파견근무 준비를 위하여 특히 필요하다고 인정하여 2주 이내의 기간 동안 소속 공무원을 보직 없이 근무하게 하는 경우(2020.9.22 본호개정)

3. 다음 각 목의 어느 하나에 해당하는 소속 공무원의 업무인수인계를 위하여 특히 필요하다고 인정하여 2주 이내의 기간 동안 해당 공무원을 보직 없이 근무하게 하는 경우

가. 법 제71조제2항제1호에 따라 1년 이상 국제기구·외국기관에 임시 채용되어 휴직하는 공무원

나. 제41조제1항제6호에 따라 1년 이상 해외에 파견되는 공무원

다. 「재외공관주재관 임용령」에 따라 1년 이상 주재관으로 임용되는 공무원

(2020.9.22 본호개정)

4. 직제의 신설·개정·폐지 시 2개월 이내의 기간 동안 소속 공무원을 기관의 신설 준비 등을 위하여 보직 없이 근무하게 하는 경우(2021.1.5 본호개정)

② 임용권자 또는 임용제청권자는 소속 공무원을 보직할 때 다음 각 호에서 정한 직위의 직무요건과 소속 공무원의 인적요건을 고려하여 적재적소(適材適所)에 임용하여야 하며, 「직무분석규정」에 따른 직무분석, 이 영 제10조의3에 따른 역량평가 또는 「공무원 성과평가 등에 관한 규정」 제28조에 따른 다면평가를 실시한 경우 그 결과를 활용할 수 있다.(2019.11.5 본문개정)

1. 직위의 직무요건

가. 직위의 주요 업무활동

나. 직위의 성과책임

다. 직무수행의 난이도

라. 직무수행요건

2. 공무원의 인적요건

가. 직렬 및 직류

나. 윤리의식 및 청렴도

다. 보유 역량의 수준

라. 경력, 전공분야 및 훈련실적

마. 그 밖의 특기사항

(2011.3.7 본항개정)

③ 임용권자 또는 임용제청권자는 직무의 곤란성과 책임도에 따라 직위를 등급화하고 소속 공무원의 경력과 실적 등에 따라 능력을 적절히 발전시킬 수 있도록 보직하여야 한다.

④ 국내외 위탁교육훈련을 받았거나 6개월 이상의 교육훈련을 받은 공무원은 특별한 사정이 없으면 그 교육훈련 내용과 관련되는 직위에 보직하여야 한다.

⑤ 특수한 자격증이 있는 공무원은 특별한 사정이 없으면 그 자격증과 관련되는 직위에 보직하여야 한다.

⑥ 임용권자 또는 임용제청권자는 보직관리 시 성별, 장애유무 등을 이유로 소속 공무원을 차별해서는 아니 된다.(2018.7.3 본항신설)

⑦ 임용권자 또는 임용제청권자는 인사운영상 특별한 사정이 없으면 공무원의 배우자 또는 직계존속이 거주하는 지역 및 다자녀 양육 여건을 고려하여 보직해야 한다.(2023.12.26 본항개정)

⑧ 소속 장관은 법 제32조의5와 이 영에서 정하는 바에 따라 소속 공무원에 대한 보직관리 기준을 정하여 시행하여야 한다.

(2009.9.8 본조개정)

제43조의2【분야별 보직관리】 ① 소속 장관은 3급 또는 4급의 복수직급 직위에 보직된 3급 공무원 이하 공무원이 전보 등 인사관리를 통하여 전문 업무 분야별로 양성·관리될 수 있도록 노력하여야 한다.(2017.1.10 본문개정)

1.～3. (2012.9.28 삭제)

② (2012.9.28 삭제)

③ 제1항에 따른 전문 업무 분야의 구분기준 및 보직관리 방법 등 분야별 보직관리를 위하여 필요한 사항은 인사혁신처장이 정한다.(2017.1.10 본항개정)

제43조의3【직위유형별 보직관리 및 전문직위의 지정 등】 ① 소속 장관은 해당 기관의 직위를 업무 성격 및 해당 직위에서의 장기 근무 필요성 등을 고려하여 유형별로 구분하고, 이를 보직관리에 반영하여 행정의 전문성이 향상되도록 노력하여야 한다.

② 소속 장관은 해당 기관의 직위 중 전문성이 특히 요구되는 직위를 전문직위로 지정하여 관리할 수 있고, 제3항에 따른 직무수행요건이나 업무분야가 동일한 전문직위의 군(群)을 전문직위군으로 지정하여 관리할 수 있다.

③ 소속 장관은 제2항에 따라 지정된 전문직위(이하 "전문직위"라 한다) 중 인사혁신처장이 정하는 전문직위에 대해서는 직무수행요건을 설정하고, 직무수행요건을 갖춘 사람을 전문직위 전문관으로 선발하여 임용하여야 한다.(2017.1.10 본항개정)

④ 전문직위에 임용된 공무원은 4년의 범위에서 인사혁신처장이 정하는 기간이 지나야 다른 직위에 전보할 수 있고, 제2항에 따라 지정된 전문직위군(이하 "전문직위군"이라 한다)에서는 8년의 범위에서 인사혁신처장이 정하는 기간 동안 해당 전문직위군 외의 직위로 전보할 수 있다. 다만, 직무수행요건이 같은 직위 간 전보 등 인사혁신처장이 정하는 경우에는 기간에 관계없이 전보할 수 있다.(2015.9.25 본항개정)

⑤ 전문직위 또는 전문직위군에서의 근무경력에 대해서는 「공무원 성과평가 등에 관한 규정」 제27조에 따른 가점을 줄 수 있으며, 전문직위 중 수당 지급이 필요한 직위에 대해서는 예산의 범위에서 「공무원수당 등에 관한 규정」에서 정하는 바에 따라 수당을 지급한다.

⑥ 제1항부터 제5항까지에서 규정한 사항 외에 직위유형의 구분 기준, 전문직위·전문직위군의 지정, 전문직위 전문관의 선발 등 직위유형별 보직관리 및 전문직위·전문직위군의 운영에 필요한 사항은 인사혁신처장이 정한다.(2017.1.10 본항개정)

(2014.2.5 본조개정)

제43조의4 (1999.5.24 삭제)

제44조【재직공무원의 전보】 임용권자 또는 임용제청권자는 소속 공무원의 전보를 실시할 때에는 해당 공무원이 맡은 직무에 대하여 전문성과 능률을 높이고, 창의적이며 안정적인 직무수행이 가능하도록 하여야 한다.(2015.9.25 본조개정)

제45조【필수보직기간의 준수 등】 ① 임용권자 또는 임용제청권자는 소속 공무원을 해당 직위에 임용된 날부터 필수보직기간(휴직기간, 직위해제처분기간, 강등 및 정직 처분으로 인하여 직무에 종사하지 않은 기간은 포함하지 않는다. 이하 이 조에서 같다)이 지나야 다른 직위에 전보(소속 장관이 다른 기관으로 전보하는 경우는 제외한다. 이하 이 조에서 같다)할 수 있다. 이 경우 필수보직기간은 3년으로 하되, 「정부조직법」 제2조제3항 본문에 따라 실장·국장 밑에 두는 보조기관 또는 이에 상당하는 보좌기관인 직위에 보직된 3급 또는 4급 공무원, 연구관 및 지도관과 고위공무원단 직위에 재직 중인 공무원의 필수보직기간은 2년으로 한다.(2020.9.22 본항개정)

② 제1항 후단에도 불구하고 소속 장관은 다음 각 호의 어느 하나에 해당하는 경우에 필수보직기간을 별도로 정하여 운영할 수 있다. 이 경우 필수보직기간은 다음 각 호의 구분과 같다.

1. 소속 공무원을 중앙행정기관의 실 또는 이에 상당하는 보조기관·보좌기관·소속기관 내에서 직무가 유사한 직위로 전보하는 경우 : 2년 이상(2023.12.26 본호개정)

1의2. 소속 공무원을 중앙행정기관의 국 또는 이에 상당하는 보조기관·보좌기관·소속기관 내에서 직무가 유사한 직위로 전보하는 경우 : 1년 이상(2023.12.26 본호신설)

2. 해당 기관의 업무 전반에 대한 종합적인 기획·조정 또는 지원 업무를 수행하던 소속 공무원을 전보하는 경우 : 2년 이상(2020.9.22 본호신설)
3. 소속 공무원을 다른 기관 또는 다른 지역의 직무가 유사한 직위로 전보(소속 장관이 같은 기관 내 전보에 한정한다)하는 경우 : 1년 이상(2023.12.26 후단삭제)
4. 그 밖에 제1호부터 제3호까지의 규정에 상당하는 경우 : 인사혁신처장과 협의하여 정하는 기간(2020.9.22 본호개정)
(2017.12.29 본항개정)
③ 임용권자 또는 임용제청권자는 제1항 후단 및 제2항에도 불구하고 다음 각 호의 어느 하나에 해당하는 경우에는 소속 공무원을 다른 직위에 전보할 수 있다.
1. 기구의 개편, 직제 또는 정원의 변경으로 해당 공무원을 전보하는 경우
2. 승진임용, 강임, 개방형 직위 등에의 임용 등 인사혁신처장이 정하는 인사 조치에 따라 해당 공무원을 전보하는 경우
3. 교정·보호·검찰·마약수사·출입국관리·철도경찰직렬 공무원이 공공의 안전 관련 업무를 수행하거나, 임업직렬 공무원이 산림보호업무를 수행하기 위하여 특히 필요하다고 인정되는 경우
4. 공무원이 징계처분을 받거나 형사사건으로 수사를 받는 등의 사유로 현재 직위의 직무를 수행하기 부적절한 경우로서 인사혁신처장이 정하는 경우
5. 가족과의 거주, 육아, 모성보호 등을 위해 전보가 필요한 경우로서 인사혁신처장이 정하는 경우
6. 기관장이 주요 국정과제나 긴급한 현안업무 수행 또는 임용예정 직위에 관한 전문역량 확보 등을 위해 전보가 특히 필요하다고 인정하는 경우
(2020.9.22 본항개정)
④ (2020.9.22 삭제)
⑤ 다음 각 호의 어느 하나에 해당하는 임용일은 제1항 후단 및 제2항에 따른 필수보직기간을 계산할 때 해당 직위에 임용된 날로 보지 아니한다.(2015.9.25 본문개정)
1. (2015.9.25 삭제)
2. 승진임용일, 강등일 또는 강임일
3. 시보 공무원의 정규 공무원으로의 임용일
4. 기구의 개편, 직제 또는 정원의 변경으로 소속·직위 또는 직급 명칭만 변경하여 재발령되는 경우 그 임용일. 다만, 담당 직무가 변경되지 아니한 경우만 해당한다.
⑥ 임용권자 또는 임용제청권자는 다음 각 호의 경력경쟁채용시험등을 통해 채용된 공무원을 최초로 직위에 임용된 날부터 다음 각 호의 구분에 따른 필수보직기간이 지나야 전보할 수 있다. 다만, 제2항제1호·제1호의2(제18조제1항제2호나목에 따라 임용된 경우로 한정한다) 및 제3항제1호부터 제5호까지의 규정(제2호는 승진 또는 강임된 공무원을 그 직급에 맞는 직위로 전보하는 경우로 한정한다)에 해당하는 경우에는 다음 각 호의 구분에 따른 필수보직기간이 지나지 않아도 전보할 수 있다.(2025.1.7 단서개정)
1. 법 제28조제2항제6호·제8호 또는 제12호에 따라 경력경쟁채용시험등을 통해 채용된 공무원 : 5년
2. 법 제28조제2항제2호·제3호·제9호 및 제10호에 따라 경력경쟁채용시험등을 통하여 채용된 공무원 : 4년. 다만, 인사혁신처장과 미리 협의하여 「공무원임용시험령」 제20조의3에 따라 채용된 중증장애인인 공무원을 건강 등의 사유로 소속 장관이 같은 기관 내에서 전보하는 경우에는 2년으로 한다.(2020.9.22 본문개정)
2의2. (2020.9.22 삭제)
3. 법 제28조제2항제13호에 따른 경력경쟁채용시험등을 통하여 채용된 공무원 중 제16조제1항제2호, 제3호 및 제10호의 요건을 갖추어 해당 사유로 채용된 공무원 : 4년
(2020.9.22 본호개정)
4. 법 제28조제2항제13호에 따른 경력경쟁채용시험등을 통하여 채용된 공무원 중 제16조제1항제13호 후단에 따라 특수근무를 예정하여 채용된 공무원 : 5년(2013.4.22 본호신설)
(2012.1.26 본항개정)
⑦ 임용권자 또는 임용제청권자는 경력경쟁채용시험등을 통해 채용된 공무원을 직무가 동일하거나 유사성이 높은 직위로 전보하는 경우 제6항 본문에도 불구하고 필수보직기간을 2년으로 할 수 있다. 다만, 다음 각 호의 어느 하나에 해당하는 경우에는 그렇지 않다.
1. 직무수행을 대체할 수 있는 자격을 갖춘 자를 찾기 어려운 특수한 직무를 수행하기 위해 선발된 경우
2. 특정 기관 또는 지역에서의 장기 근무를 위하여 선발된 경우
3. 주요 국정과제나 긴급한 현안업무의 수행 또는 임용예정 직위에 관한 전문역량의 확보 등을 위해 장기근무가 특히 필요하다고 인정하는 경우
(2022.12.27 본항신설)
⑧ 임용권자 또는 임용제청권자는 제3항제6호에 따라 공무원을 필수보직기간이 지나기 전에 전보하려는 경우에는 소속 장관의 사전 승인을 받아야 한다. 다만, 소속 장관은 고위공무원으로 보하는 보조기관(이에 상당하는 보좌기관 및 한시조직을 포함한다)의 장 또는 고위공무원 이상을 장으로 하는 소속 기관의 장에게 그 보조기관 또는 소속 기관에 소속된 공무원에 대한 사전 승인 권한을 위임할 수 있으며, 단순반복 업무, 민원·규제·지원 업무 등을 수행하는 직위 중 소속 장관이 사전 승인 적용의 예외로 정하는 직위의 경우에는 사전 승인없이 전보할 수 있다.(2025.1.7 본문개정)
⑨ 법 제37조제2항에 따라 근무예정 지역 또는 근무예정 기관을 미리 정하여 실시한 공개경쟁 채용시험에 합격한 사람은 해당 지역 또는 해당 기관에 임용된 날부터 5년의 필수보직기간이 지나야 다른 지역 또는 다른 기관(제5조제2항에 따라 임용권을 위임받은 고위공무원 이상을 장으로 하는 소속 기관의 장이 다른 기관을 말한다)에 전보될 수 있다. 다만, 다음 각 호의 경우에는 그렇지 않다.(2025.1.7 단서개정)
1. 기구의 개편, 직제 또는 정원의 변경으로 인하여 전보하는 경우(2025.1.7 본호신설)
2. 육아 또는 모성보호를 위해 전보가 필요한 경우로서 인사혁신처장이 정하는 경우(2025.1.7 본호신설)
⑩ 임용권자는 일반승진시험 요구 중에 있는 소속 공무원을 승진후보자 명부 작성단위가 다른 기관에 전보할 수 없다.
⑪ 제43조의2제1항에 따라 분야별 보직관리를 하는 경우 공개경쟁 채용시험에 합격하여 시보임용 중인 사람 및 소속 장관이 다른 기관에서 전직되거나 전입된 사람에 대해서는 그 최초의 직위에 임용된 날부터 3년간 제1항 후단 및 제2항에 따른 필수보직기간을 적용하지 않는다.(2020.9.22 본항개정)
⑫ 임용권자 또는 임용제청권자는 필수보직기간 이상 같은 직위에 계속하여 근무한 공무원에 대하여 인사상 우대할 수 있다.(2015.9.25 본항신설)
⑬ 인사혁신처장은 필수보직기간의 준수율 제고를 위하여 필요한 경우에는 각 기관별로 관련 계획을 수립하게 하고, 해당 계획을 제출받아 이를 조정·평가하며, 각 기관이 해당 계획을 준수하도록 필요한 조치를 취할 수 있다.(2015.11.18 본항신설)
(2015.9.25 본조제목개정)
(2009.9.8 본조개정)
제45조의2【소속 장관이 다른 기관으로의 전보】 ① 임용권자 또는 임용제청권자가 소속 공무원을 소속 장관이 다른 기관으로 전보(이하 이 조에서 "전출"이라 한다)하거나 소속 장관이 다른 기관의 공무원을 임용제청 또는 전입시키려고 할 때에는 해당 기관의 장의 동의를 받아야 한다. 다만, 다음 각 호의 어느 하나에 해당하는 경우에는 그렇지 않다.
1. 법 제32조제1항 전단에 따라 소속 장관이 다른 고위공무원단에 속하는 공무원을 임용제청하는 경우
2. 제48조제1항제1호에 해당하는 사유로 법 제32조의2에 따른 인사교류계획에 따라 전입 또는 전출하는 경우
(2025.1.7 본호개정)
② 「공무원임용시험령」 제21조에 따라 실시한 5급 공개경쟁채용시험에 합격한 공무원은 다음 각 호의 어느 하나에 해당하는 경우를 제외하고는 최초 임용일부터 3년의 전출제한기간(시보임용 기간, 휴직기간, 직위해제처분기간, 강등 및

정직 처분으로 직무에 종사하지 않은 기간은 포함하지 않는다. 이하 이 조에서 같다)이 지나야 전출될 수 있다.
1. 기구의 개편, 직제 또는 정원의 변경으로 해당 공무원을 전출하는 경우
2. 신설·통합되는 중앙행정기관의 인력관리상 필요에 따라 전출하는 경우(2022.12.27 본호개정)
③ 법 제28조제2항제2호, 제3호, 제6호부터 제10호까지, 제12호 및 제13호에 따라 경력경쟁채용시험등을 통하여 채용된 공무원은 최초 임용일부터 5년(법 제28조제2항제7호에 따라 채용된 공무원은 3년)의 전출제한기간이 지나야 전출될 수 있다. 다만, 기구의 개편, 직제 또는 정원의 변경으로 전출할 때에는 그렇지 않다.
④ 법 제37조제2항에 따라 근무예정 지역 또는 근무예정 기관을 미리 정하여 실시한 공개경쟁 채용시험에 합격한 사람은 해당 지역 또는 해당 기관에 임용된 날부터 5년의 전출제한기간이 지나야 전출될 수 있다. 다만, 기구의 개편, 직제 또는 정원의 변경으로 전출할 때에는 그렇지 않다.
⑤ 임용권자는 일반승진시험 요구 중에 있는 소속 공무원을 승진후보자 명부 작성단위가 다른 기관에 전출할 수 없다.
(2020.9.22 본조개정)

제45조의3【임기제공무원의 예외적 전보】 임용권자 또는 임용제청권자는 다음 각 호의 어느 하나에 해당하는 경우에는 임기제공무원을 해당 직위에서 다른 직위에 전보할 수 있다. 이 경우 제1호에 해당할 때에는 임기제공무원의 근무기간, 연봉등급 등에 관하여는 종전의 임용요건에 따라 임용된 것으로 본다.
1. 기구의 개편, 직제 또는 정원의 개정 또는 폐지 등의 경우로서 다음 각 목의 어느 하나에 해당하는 경우
  가. 정원이 다른 기관 등으로 이체(移替)되어 해당 임기제공무원을 직급 및 직무분야의 변경 없이 근무기간 동안 계속 임용하는 경우
  나. 소속 장관이 같은 기관 내에서 임기제공무원을 인사혁신처장이 정하는 바에 따라 직급과 직무분야가 같거나 유사한 다른 임기제공무원의 직위에 계속 임용하는 경우
  (2014.11.19 본목개정)
2. 임기제공무원이 아닌 경력직공무원을 임기제공무원으로 임용한 후 임기제공무원이 아닌 경력직공무원 직위로 재전보하는 경우
(2015.9.25 본조제목개정)
(2013.11.20 본조신설)

제46조【시보 공무원의 정규근무 기관에의 전보】 인사혁신처장은 소속 시보 공무원이 실무수습을 마쳤을 때에는 제13조제1항 및 제2항을 준용하여 정규로 근무할 기관에 전보하여야 하며, 전보로 인하여 현원이 정원을 초과하는 경우에는 정원과 현원이 일치할 때까지 그 인원에 해당하는 정원이 해당 기관에 따로 있는 것으로 본다.(2014.11.19 본조개정)

제47조【특수지근무 공무원의 인사교류】 ① 소속 장관은 인사교류 계획을 수립하여 「공무원수당 등에 관한 규정」 제12조제1항에 따른 공무원 중 5급 이하 공무원(해양수산직렬 해양교통시설직류의 공무원은 제외한다)이 해당 섬·외딴 곳에 2년 이상 계속 근무하였으면 섬·외딴 곳 외의 지역에 있는 다른 기관으로 전보해야 한다. 이 경우 소속 장관이 정하는 범위에서 본인이 희망하는 기관으로 전보하는 것을 원칙으로 한다.(2023.8.30 전단개정)
② 소속 장관은 제1항의 경우에 본인이 다른 기관으로의 전보를 희망하지 아니하거나 그 밖의 특별한 사유가 있을 때에는 전보대상에서 제외할 수 있으며, 해당 기관의 특수성을 고려하여 전보대상이 될 공무원의 근무기간을 3년을 초과하지 아니하는 범위에서 따로 정할 수 있다.
(2009.9.8 본조개정)

제48조【행정기관 상호간의 인사교류】 ① 인사혁신처장은 법 제32조의2에 따라 다음 각 호에 해당하는 경우에는 행정기관 상호간의 인사교류계획(이하 "인사교류계획"이라 한다)을 수립하여 실시할 수 있다. 이 경우 인사혁신처장은 제2항 후단에 따른 직렬별 인사교류계획을 인사교류계획에 반영하여야 한다.(2014.11.19 본문개정)
1. 인력의 균형 있는 배치와 효율적인 활용, 행정기관 상호간의 협조체제 증진, 국가정책 수립과 집행의 연계성 확보 및 공무원의 종합적 능력발전 기회 부여 등을 위하여 필요한 경우
2. 맞벌이, 육아, 부모 봉양 또는 가족 간호 등 공무원의 고충 해소를 위한 경우
② 제1항제1호에 따른 인사교류는 경제·기술·사회·문화 및 일반행정 등 행정 분야별, 중앙행정기관과 지방행정기관 간의 조직 계층별 또는 업무의 성격이 유사한 전문 직무별로 실시한다. 이 경우 인사혁신처장은 조직과 정원을 규정하고 있는 법령에 규정된 정원이 적은 직렬의 공무원의 인사교류를 활성화하기 위하여 관련 기관 간 협의를 거쳐 다른 중앙행정기관 또는 그 소속 기관을 인사교류 주관기관으로 지정하고, 직렬별 인사교류계획을 수립·실시하게 할 수 있다.
(2014.11.19 후단개정)
③ 제1항제1호에 따른 인사교류대상 직위에 임용되어 근무하는 공무원에 대해서는 「공무원 성과평가 등에 관한 규정」에서 정하는 바에 따라 인사상 우대할 수 있으며, 예산의 범위에서 「공무원수당 등에 관한 규정」에서 정하는 바에 따라 수당을 지급할 수 있다.(2014.2.5 본항신설)
④ 제1항제1호에 따라 인사교류대상 직위에 임용되어 근무하는 공무원이 인사교류 기간이 만료된 후 원 소속 기관으로의 복귀를 원하는 경우 원 소속 기관의 장은 해당 공무원을 원 소속 기관에 임용하여야 한다.(2019.11.5 본항신설)
⑤ 제4항에 따른 임용으로 인하여 원 소속 기관의 현원이 정원을 초과하는 경우에는 정원과 현원이 일치할 때까지 그 인원에 해당하는 정원이 해당 기관에 따로 있는 것으로 본다.
(2019.11.5 본항신설)
⑥ 제1항부터 제5항까지에서 규정한 사항 외에 인사교류에 필요한 사항은 인사혁신처장이 정한다.(2019.11.5 본항개정)
(2012.1.26 본조개정)

제49조 (2009.3.31 삭제)

제49조의2【기구개편 및 정원조정에 따른 초과 현원의 전보 등】 ① 법 제6조제3항 및 「행정기관의 조직과 정원에 관한 통칙」 제26조의2에 따라 초과 현원을 재배치할 때에는 결원 여부에 관계없이 기관 간 전보를 할 수 있다.
② 제1항에 따라 기관 간 전보를 할 때에는 제45조의2제1항에도 불구하고 소속 장관은 전입·전출 동의절차를 생략할 수 있다.(2020.9.22 본항개정)
③ 기구개편에 따라 기관이 통폐합되거나 소관 업무의 일부가 소속 장관이 다른 기관으로 이관되는 경우에는 원 소속 기관의 장은 파견·휴직, 그 밖의 사유로 직제상 정원에 포함되지 아니하는 현원에 대하여 그 공무원의 경력, 파견 목적, 훈련 내용 등을 고려하여 중앙인사관장기관과의 협의를 거쳐 기구개편 전에 이체받는 기관을 정할 수 있다. 이 경우 해당 공무원은 해당 기구개편에 관한 법령의 시행일에 이체받는 기관의 소속 공무원으로 본다.
④ 인사혁신처장은 기구개편 및 정원조정에 따라 발생한 초과 현원을 재배치(동일 기관 내에서의 재배치를 포함한다)하기 위하여 필요한 경우에는 이 영 및 「공무원임용시험령」 등의 규정에도 불구하고 전직시험 또는 경력경쟁채용시험등을 면제할 수 있다.(2014.11.19 본항개정)
⑤ 제4항에 따라 전직하여 재배치된 공무원에 대한 경력을 평정할 때에는 전직 전의 직급과 바로 하위 직급의 경력을 전직 후의 직급과 바로 하위 직급의 경력으로 본다.
(2009.9.8 본조개정)

제49조의3【소속 장관이 다른 기관으로 전보된 공무원의 복귀 등】 ① 국가적 사업의 수행 등을 위하여 소속 장관이 다른 기관으로 전보된 공무원이 원 소속 기관으로의 복귀를 원하는 경우 전보권자 또는 전보제청권자는 원 소속 기관의 장 및 인사혁신처장과의 협의를 거쳐 해당 공무원을 원 소속 기관으로 전보하거나 전보제청할 수 있다.(2014.11.19 본항개정)
② 제1항에 따른 전보로 인하여 원 소속 기관의 현원이 정원을 초과하는 경우에는 정원과 현원이 일치할 때까지 그 인원에 해당하는 정원이 해당 기관에 따로 있는 것으로 본다.
(2011.7.4 본조신설)

제7장 휴직 및 시간선택제 근무
(2013.12.16 본장제목개정)

제50조【민간기업 등의 범위】 ① 법 제71조제2항제1호에서 "대통령령으로 정하는 민간기업, 그 밖의 기관"이라 함은 다음 각 호의 법인 등을 말한다.
1.「상법」에 따라 설립된 합명회사, 합자회사, 유한회사, 주식회사 등 영리목적으로 설립된 법인(「상법」 제614조에 따른 외국회사를 포함한다)으로서 국내에 소재하는 법인
2.「상법」 외의 법률에 따라 설립된 법인·단체·협회 등으로서 국내에 소재하는 기관(2012.1.26 단서삭제)
② 제1항에도 불구하고 다음 각 호의 어느 하나에 해당하는 경우에는 제1항에 따른 민간기업 등의 범위에서 제외한다.
1.「공직자윤리법」 제3조의2에 따른 공직유관단체
2.「독점규제 및 공정거래에 관한 법률」 제31조에 따른 상호출자제한기업집단등에 속하는 회사 중 인사혁신처장이 정하는 상호출자제한기업집단등에 속하는 회사(2021.12.28 본호개정)
3.「금융지주회사법」 제2조제1항제1호에 따른 금융지주회사 및 금융지주회사의 자회사등(같은 법 제4조제1항제2호에 따른 자회사등을 말한다)
4.「변호사법」 제40조에 따른 법무법인, 같은 법 제58조의2에 따른 법무법인(유한), 같은 법 제58조의18에 따른 법무조합 및 같은 법 제89조의6제3항에 따른 법률사무소
5.「공인회계사법」 제23조제1항에 따른 회계법인
6.「세무사법」 제16조의3제1항에 따른 세무법인
7.「외국법자문사법」 제2조제4호에 따른 외국법자문법률사무소
8. 제1호부터 제7호까지의 규정에 준하는 법인·단체·협회 등으로서 인사혁신처장이 정하는 법인·단체·협회 등(2014.11.19 본호개정)
(2012.1.26 본항신설)
(2009.9.8 본조개정)

제51조【휴직의 절차 등】 ① 인사혁신처장은 민간근무휴직을 실시할 필요가 있다고 인정할 때에는 다음 각 호의 사항을 포함한 민간근무휴직 운영계획을 수립하여 관보·인터넷 또는 일간신문 등을 통하여 공고하여야 한다.(2014.11.19 본문개정)
1. 제50조에 따른 민간기업, 그 밖의 기관(이하 "민간기업등"이라 한다)의 범위, 자격요건과 신청방법
2. 휴직대상 공무원의 인원, 자격요건과 추천방법
3. 민간근무휴직의 기준과 절차
4. 그 밖에 민간근무휴직의 운영에 필요한 사항
② 제1항의 민간근무휴직 운영계획에서 정하는 자격기준을 갖춘 민간기업등의 장이 공무원을 임시로 채용하려는 경우에는 채용에 필요한 사항을 첨부하여 인사혁신처장에게 신청하여야 한다.(2014.11.19 본항개정)
③ 제2항의 신청을 받은 인사혁신처장은 그 내용을 각 소속 장관에게 통보하여야 한다.(2014.11.19 본항개정)
④ 제3항의 통보를 받은 소속 장관은 민간근무휴직의 목적을 고려하여 그 자격요건 및 기준 등에 적합한 공무원을 인사혁신처장이 정하는 선발절차를 거쳐 인사혁신처장에게 추천하여야 한다.(2014.11.19 본항개정)
⑤ 인사혁신처장은 민간근무휴직을 신청한 민간기업등과 소속 장관이 추천한 공무원에 대하여 휴직대상 여부를 심사·선정하고 그 결과를 민간기업등과 소속 장관에게 통보하여야 한다.(2014.11.19 본항개정)
⑥ 인사혁신처장은 제5항의 심사를 위하여 필요한 경우에는 이해관계인의 의견을 듣거나 자료 또는 서류 등의 제출을 요구할 수 있다.(2023.12.26 본항개정)
⑦ 제5항에 따라 휴직대상으로 선정된 공무원(이하 "휴직예정공무원"이라 한다)은 민간기업등과 보수 및 근로조건 등에 관하여 채용계약을 체결하여야 한다. 이 경우 보수는 인사혁신처장이 정한 기준을 초과하여 정할 수 없다.
(2014.11.19 후단개정)
⑧ 민간근무휴직의 운영절차 및 대상 공무원의 선정 등에 관하여 이 영에서 규정한 것 외에 필요한 세부사항은 인사혁신처장이 정하여 고시한다.(2014.11.19 본항개정)
(2009.9.8 본조개정)

제52조 (2008.6.27 삭제)

제53조【휴직의 제한】 ① 공무원은 휴직예정일 전 5년 동안 소속하였던 부서의 업무와 밀접한 관련이 있는 민간기업등에 근무하기 위하여 휴직할 수 없다.
② 제1항의 경우 휴직예정일 전 5년 동안 소속하였던 부서의 업무와의 밀접한 관련성의 유무에 관하여는「공직자윤리법」 제17조제2항을 준용한다. 이 경우 "취업심사대상자"는 "휴직예정공무원"으로, "퇴직 전"은 "휴직예정일 전"으로 본다.
③ 민간기업등이 제55조제2항 또는 제3항을 위반한 경우에는 해당 위반사실이 발생한 때부터 휴직대상 민간기업등에서 제외한다.(2015.9.25 본항개정)
(2012.1.26 본조개정)

제54조【휴직공무원 등의 준수사항】 ① 휴직예정공무원은 휴직일 전에 인사혁신처장이 정하는 바에 따라 공직자윤리서약서를 작성하여 소속 장관에게 제출하여야 한다.
(2014.11.19 본항개정)
② 제51조제6항에 따라 휴직하고 민간기업등에 채용된 공무원(이하 "휴직공무원"이라 한다)은「국가공무원법」 및「국가공무원 복무규정」 등 법령상 의무를 준수하며, 해당 민간기업등과의 채용계약에서 정한 의무 및 민간기업등이 정한 복무규율과 그 밖의 근무명령 등을 성실히 준수하여야 한다.
③ 휴직공무원은 민간기업등에서 업무를 수행할 때 공무원의 지위를 이용한 부당한 영향력의 행사, 국가의 이익과 상반되는 이익의 취득, 공직자로서 품위를 손상하는 행위 등을 해서는 아니 된다.
④ 휴직공무원은 본인 또는 휴직하여 근무하고 있는 민간기업 등의 이익을 위하여 휴직 전 소속 기관의 공무원에게 법령을 위반하게 하거나 지위 또는 권한을 남용하게 하는 등 공정한 직무수행을 저해하는 부정한 청탁 또는 알선을 하여서는 아니 된다.(2012.1.26 본항신설)
⑤ 휴직공무원은 민간기업등의 이사, 감사, 업무를 집행하는 무한책임사원, 지배인, 발기인 및 이에 준하는 임원이 될 수 없으며, 해당 민간기업등으로부터 주식매수선택권 등의 특별한 혜택을 받아서는 아니 된다.(2012.1.26 본항개정)
⑥ 복직한 공무원은 민간기업등에서 익힌 전문성과 현장경험을 업무에 활용할 수 있도록 휴직기간과 같은 기간 이상 복무하여야 한다. 다만, 복직한 공무원이 의무복무기간을 준수할 수 없는 특별한 사유가 있는 경우로서 소속기관을 통하여 미리 인사혁신처장과 협의한 때에는 그러하지 아니하다.
(2015.9.25 본항신설)
⑦ 제6항 본문의 의무복무기간에는「국가공무원법」 제71조제1항제1호·제3호·제6호 및 같은 조 제2항에 따른 휴직기간과 같은 법 제73조의3에 따른 직위해제기간은 넣어 계산하지 아니한다. 다만, 공무상 질병 또는 부상으로 인한 휴직기간은 넣어 계산한다.(2015.11.18 단서개정)
(2009.9.8 본조개정)

제55조【민간기업등의 준수사항】 ① 민간기업등의 장은 채용계약에서 정한 적정한 보수의 지급 및 근로조건의 유지, 건강보험·산업재해보상보험의 가입, 그 밖의 복리후생의 제공 등을 성실히 이행하여야 한다.
② 민간기업등의 장은 휴직공무원에 대하여 보수·지위와 그 밖의 처우 등에서 다른 직원보다 특별한 우대를 해서는 아니 된다.
③ 민간기업등의 장은 휴직공무원의 소속 기관과 밀접한 이해관계가 있는 인가·허가 등의 업무를 해당 공무원에게 부여해서는 아니 된다.
(2009.9.8 본조개정)

제56조【소속 장관의 준수사항 등】 ① 소속 장관은 휴직공무원에 대하여 민간기업등에서의 근무실태를 점검하고, 필요한 경우에는 자체감사를 실시하는 등 민간근무휴직제도가 적정하게 운영될 수 있도록 노력하여야 한다.(2015.9.25 본항개정)

② 소속 장관은 복직한 공무원에 대하여 휴직을 이유로 보직 관리 · 승진 등 인사운영에서 불리한 처우를 해서는 아니 되며, 민간기업등에서 익힌 전문성과 현장경험을 활용하여 휴직기간에 상응하는 기간 이상 복무하도록 관리하여야 한다.
(2012.1.26 본항개정)
③ 소속 장관은 복직한 공무원을 복직 후 2년 이내에 휴직하였던 민간기업등과 밀접한 관련이 있는 부서에 배치해서는 아니 된다. 이 경우 밀접한 관련성의 유무에 관하여는 「공직자윤리법」 제17조제2항을 준용한다.(2012.1.26 후단개정)
④ 소속 장관은 민간기업등에서의 경험과 지식을 공유하기 위하여 복직한 공무원에게 민간기업등에서의 근무활동에 대한 결과보고서를 제출하게 하여야 한다.
(2009.9.8 본조개정)

제57조【복직의 요청 및 명령 등】 ① 민간기업등의 장은 휴직공무원의 근무태만, 채용계약 위반, 복무규율 위반 등으로 인하여 휴직공무원을 계속하여 채용할 수 없는 경우에는 소속 장관에게 해당 공무원의 복직을 요청할 수 있다.
② 소속 장관은 민간기업등의 장으로부터 제1항에 따라 휴직공무원의 복직을 요청받거나 다음 각 호의 어느 하나에 해당하는 경우에는 해당 공무원에 대하여 복직을 명할 수 있다.
1. 휴직공무원이 제54조제2항부터 제5항까지의 규정을 위반한 경우(2012.1.26 본호개정)
2. 민간기업등의 장이 제55조를 위반한 경우
3. 휴직공무원이 질병, 채용계약 위반 등으로 계속 근무할 수 없거나, 법 제78조에 따라 징계의결이 요구되거나 그 밖에 형사사건으로 기소(약식명령이 청구된 경우는 제외한다) 된 경우
③ 인사혁신처장은 휴직공무원의 근무실태 등 민간근무휴직 제도의 운영에 관한 사항을 점검 · 평가할 수 있다.
(2014.11.19 본항개정)
④ 인사혁신처장은 제2항 각 호의 사유가 발생한 경우에는 소속 장관에게 휴직공무원의 복직 등 필요한 조치를 요청할 수 있으며, 제2항제1호의 사유가 발생한 경우에는 소속 장관에게 징계 의결을 요구하도록 요청할 수 있다.(2014.11.19 본항개정)
⑤ 인사혁신처장은 휴직공무원이 제54조제2항부터 제5항까지의 규정을 위반하거나 소속 장관이 제56조의 준수사항을 위반한 경우 5년의 범위에서 해당 기관 소속 공무원의 민간기업등에의 채용을 사유로 하는 휴직을 제한할 수 있다.
(2014.11.19 본항개정)
(2009.9.8 본조개정)

제57조의2【육아휴직】 ① 육아휴직 명령은 그 공무원이 원할 때에는 이를 분할하여 할 수 있다.(2023.10.10 본항개정)
② 법 제71조제2항 각 호 외의 부분 단서에서 "대통령령으로 정하는 특별한 사정"이란 이 영에 따른 공무원과는 다른 법률의 적용을 받는 공무원이 이 영에 따른 공무원이 된 경우 종전의 신분에서 사용한 육아휴직 기간과 법 제71조제2항제4호에 따라 사용하는 육아휴직 기간을 합한 기간이 자녀 1명에 대하여 3년 이상인 경우를 말한다.(2015.11.18 본항개정)

제57조의3【시간선택제 근무의 전환 등】 ① 임용권자 또는 임용제청권자는 통상적인 근무시간을 근무하는 공무원이 시간선택제 근무로 전환을 신청하는 경우 법 제26조의2에 따라 통상적인 근무시간보다 짧은 시간을 근무하는 공무원으로 지정할 수 있다.(2022.12.27 본항개정)
② 시간선택제전환공무원의 근무시간은 「국가공무원 복무규정」 제9조에도 불구하고 주당 15시간 이상 35시간 이하의 범위에서 소속 장관이 정한다.(2017.12.29 본항개정)
③ (2017.12.29 삭제)
④ 제1항 및 제2항에서 규정한 사항 외에 시간선택제전환공무원의 지정 등에 관하여 필요한 사항은 인사혁신처장이 정한다.(2017.12.29 본항개정)

제57조의4【휴직자 등의 업무를 대행하는 공무원】 ① 임용권자 또는 임용제청권자는 공무원이 다음 각 호의 어느 하나에 해당하는 경우에는 그 공무원의 업무를 대행하기 위하여 시간선택제임기제공무원 및 한시임기제공무원을 채용할 수 있다. 다만, 해당 공무원의 휴직으로 법 제43조제1항 및 제2항에 따라 결원을 보충하거나 소속 공무원에게 휴직을 하거나 휴가를 가는 공무원 또는 시간선택제전환공무원의 업무를 대행하도록 명한 경우에는 그렇지 않다.
(2023.10.10 단서개정)
1. 법 제71조제1항 및 제2항에 따른 휴직을 하는 경우
2. 「국가공무원 복무규정」 제18조제1항 · 제2항에 따른 병가 또는 같은 규정 제20조제2항 · 제10항에 따른 특별휴가를 가는 경우
3. 시간선택제전환공무원으로 지정된 경우. 이 경우 그 업무를 대행하기 위하여 채용하는 시간선택제임기제공무원의 근무시간은 시간선택제전환공무원의 남은 근무시간 범위로 한정한다.
(2017.12.29 1호~3호신설)
② 임용권자 또는 임용제청권자는 소속 공무원에게 「재난 및 안전관리 기본법」 제3조제1호에 따른 재난이나 「자연재해대책법」 제2조제1호에 따른 재해에 대응하기 위하여 출장 또는 파견 중인 공무원의 업무를 대행하도록 명할 수 있다.
(2023.12.26 본항개정)
③ 임용권자 또는 임용제청권자는 제1항 각 호 외의 부분 단서 또는 제2항에 따라 업무를 대행하는 공무원에게 예산의 범위에서 「공무원수당 등에 관한 규정」에서 정하는 바에 따라 수당을 지급할 수 있다.(2025.1.7 본항개정)
(2017.12.29 본조제목개정)

제57조의5【휴직자 복무관리 등】 ① 임용권자 또는 임용제청권자는 법 제71조에 따라 휴직 중인 공무원이 휴직기간 중 휴직사유와 달리 「국가공무원 복무규정」 제25조에 따른 영리업무 금지의무에 위반하는 등 휴직의 목적 달성에 현저히 위배되는 행위를 하는 경우에 복직을 명할 수 있다.
② 제1항에 따라 복직명령을 받거나 복직 후 제1항에 따른 복직 명령 사유가 적발된 경우에는 제31조제2항제1호에도 불구하고 그 휴직기간은 제31조제1항의 기간에 포함하지 아니한다.(2013.2.20 본항개정)
③ 법 제71조제1항제1호 및 같은 조 제2항에 따라 휴직 중인 공무원은 인사혁신처장이 정하는 바에 따라 임용권자 또는 임용제청권자에게 복무상황에 대한 보고를 하여야 한다.
(2014.11.19 본항개정)
④ 제1항부터 제3항까지에서 규정한 사항 외에 휴직자의 복무관리에 필요한 사항은 인사혁신처장이 정한다.(2014.11.19 본항개정)
(2010.6.15 본조신설)

제57조의6【고용휴직위원회 등】 ① 인사혁신처장은 법 제71조제2항제1호에 따른 휴직 대상 기관 및 직위의 선정, 대상자의 선발, 그 밖에 같은 호에 따른 휴직의 운영에 필요한 사항을 심의하기 위하여 인사혁신처장이 정하는 바에 따라 고용휴직위원회를 구성 · 운영할 수 있다.
② 소속 장관은 법 제71조제2항제1호에 따라 소속 공무원이 국제기구, 외국기관, 국내외의 대학 · 연구기관 또는 다른 국가기관에 임시로 채용되어 휴직(민간기업등에의 채용 및 인사혁신처장이 예산의 범위에서 지원하는 국제기구에의 채용을 사유로 하는 휴직은 제외한다)을 명하려는 경우에는 미리 인사혁신처장과 협의해야 한다.
(2023.12.26 본조개정)

제57조의7【질병휴직】 ① 질병휴직을 명하려는 경우에는 「공무원 재해보상법」 제24조에 따른 요양기관에서 발행한 진단서나 그 밖에 휴직사유를 증명할 수 있는 자료를 해당 공무원에게 요구하여 제출받아 휴직 여부를 결정해야 한다.
(2023.10.10 본항개정)
② 임용권자 또는 임용제청권자는 제1항에 따라 휴직 여부를 결정하려는 경우에는 임용심사위원회에 휴직의 필요성 등에 대해 자문할 수 있다. 이 경우 제10조의4제3항 및 제4항에도 불구하고 임용심사위원회의 위원으로 관계 전문가 1명 이상이 포함되어야 한다.(2023.12.26 본항개정)
③ 임용권자 또는 임용제청권자는 공무상질병휴직을 명한 공무원에게 당초 휴직 사유와 같은 사유로 그 휴직기간 연

장을 명하려는 경우로서 총휴직기간이 3년을 초과하는 경우에는 임용심사위원회의 의결을 거쳐야 한다. 이 경우 제10조의4제3항 및 제4항에도 불구하고 임용심사위원회의 위원으로 관계 전문가 1명 이상이 포함되어야 한다.(2023.12.26 본항개정)
④ 공무상질병휴직을 명할 수 있는 경우는 「공무원 재해보상법 시행령」 제28조에 따른 공무상 요양 승인이나 같은 영 제32조에 따른 재요양 승인(이하 "공무상요양·재요양승인"이라 한다)을 받은 경우와 「산업재해보상보험법」 제40조에 따른 요양급여 결정이나 같은 법 제51조에 따른 재요양 결정(이하 "요양급여·재요양결정"이라 한다)을 받은 경우로 한정한다.(2021.11.30 본항개정)
⑤ 공무상요양·재요양승인이나 요양급여·재요양결정을 받은 기간(연장된 요양기간을 포함한다)이 끝난 후에는 그 사유와 같은 사유로 공무상질병휴직을 새로 명하거나 그 휴직기간의 연장을 명할 수 없다.(2021.11.30 본항신설)
⑥ 법 제72조제1호 각 목 외의 부분 본문에 따른 질병휴직 중에 있는 공무원이나 그 휴직기간이 끝난 공무원이 공무상 질병휴직 요건에 해당하게 된 경우(퇴직 후에 공무상질병휴직 요건에 해당하게 된 경우를 포함한다)에는 당초의 질병휴직을 취소하고 그 발령일로 소급하여 공무상질병휴직을 명하거나 당초의 질병휴직 명령을 공무상질병휴직 명령으로 변경할 수 있다.(2025.1.7 본항개정)
⑦ 제1항부터 제6항까지에서 규정한 사항 외에 질병휴직 제도의 운영에 필요한 사항은 인사혁신처장이 정한다.
(2021.11.30 본조개정)

제57조의8【가사돌봄휴직】 법 제71조제2항제5호 단서에서 "대통령령으로 정하는 요건을 갖춘 경우"란 다음 각 호의 어느 하나에 해당하는 경우를 말한다.
1. 조부모를 돌보는 경우 : 본인 외에는 조부모의 직계비속이 없는 경우. 다만, 다른 직계비속이 있으나 질병, 고령(高齡), 장애 또는 미성년 등의 사유로 본인이 돌볼 수밖에 없는 경우를 포함한다.(2021.11.30 본호개정)
2. 손자녀를 돌보는 경우 : 본인 외에는 손자녀의 직계존속 및 형제자매가 없는 경우. 다만, 다른 직계존속 또는 형제자매가 있으나 질병, 고령, 장애 또는 미성년 등의 사유로 본인이 돌볼 수밖에 없는 경우를 포함한다.(2021.11.30 본호개정)
(2021.11.30 본조제목개정)
(2014.2.5 본조신설)

제57조의9【국제기구 고용휴직자의 복무의무】 ① 법 제71조제2항제1호에 따라 국제기구에 임시로 채용되어 휴직한 경우로서 인사혁신처 소관으로 편성된 국제부담금 예산의 지원을 받은 공무원은 휴직기간과 같은 기간 이상 복무하여야 한다. 다만, 공무원이 의무복무기간을 준수할 수 없는 특별한 사유가 있는 경우로서 소속기관을 통하여 미리 인사혁신처장과 협의한 경우나 해당 국제기구에 정식으로 채용된 경우에는 그러하지 아니하다.
② 제1항 본문의 의무복무기간에는 법 제71조제1항제1호·제3호·제6호 및 같은 조 제2항에 따른 휴직기간과 같은 법 제73조의3에 따른 직위해제 기간은 넣어 계산하지 아니한다. 다만, 공무상 질병 또는 부상으로 인한 휴직기간은 넣어 계산한다.
(2015.11.18 본조신설)

제57조의10【자기개발휴직】 ① 법 제71조제2항제7호에서 "대통령령등으로 정하는 기간"이란 3년 이상을 말한다.
(2024.6.27 본항개정)
② 법 제71조제2항제7호에 따른 휴직(이하 "자기개발휴직"이라 한다) 후 복직한 공무원은 복직 후 6년 이상 근무하여야 다시 자기개발휴직을 할 수 있다.(2024.6.27 본항개정)
③ 제1항 및 제2항에 따른 기간에는 휴직기간·직위해제처분기간 및 강등·정직처분으로 인하여 직무에 종사하지 아니한 기간은 넣어 계산하지 아니한다.
④ 제1항부터 제3항까지에서 규정한 사항 외에 자기개발휴직의 운영에 필요한 사항은 인사혁신처장이 정한다.
(2016.6.24 본조신설)

제8장 신분보장

제58조【강임의 범위】 공무원을 강임할 때에는 바로 하위 계급의 직위에 임용하여야 한다.(1982.12.31 본조신설)

제59조【강임자의 우선승진임용 방법】 ① 같은 직급에 강임된 사람(본인이 동의하여 강임된 사람은 제외한다)이 2명 이상인 경우의 우선임용 순위는 강임일 순서에 따르며, 강임일이 같은 경우에는 강임되기 전의 직급의 임용일 순서에 따른다.
② 법 제73조의4제2항 단서에 따라 본인이 동의하여 강임된 공무원을 우선승진임용할 때에는 본인의 경력과 해당 기관의 인력사정을 고려하여 다른 승진예정 공무원과 적절한 균형을 유지하도록 하여야 한다. 이 경우 같은 직급에 강임된 사람이 2명 이상인 경우에 우선승진임용 순위는 강임일 순서에 따르며, 강임일이 같은 경우에는 강임되기 전의 직급의 임용일 순서에 따른다.
(2009.9.8 본조개정)

제60조【직위해제 대상 비위행위】 법 제73조의3제1항제6호에서 "금품비위, 성범죄 등 대통령령으로 정하는 비위행위"란 다음 각 호의 행위를 말한다.
1. 법 제78조의2제1항 각 호의 행위
2. 「성폭력범죄의 처벌 등에 관한 특례법」 제2조에 따른 성폭력범죄
3. 「성매매알선 등 행위의 처벌에 관한 법률」 제4조에 따른 금지행위
4. 공무원으로서의 품위를 크게 손상하여 그 직위를 유지하는 것이 부적절하다고 판단되는 행위
(2015.11.18 본조신설)

제9장 보 칙

제61조【공무원 등에 대한 포상 등】 ① 인사혁신처장은 다음 각 호의 기관이나 공무원 또는 직원에 대하여 표창을 하거나 예산의 범위에서 부상을 지급할 수 있다.
1. 국가와 국민에게 헌신·봉사하고 우수한 성과를 창출함으로써 행정 발전에 공헌한 공무원
2. 통합인사정책 추진 실적이 우수하거나 인사행정 발전에 기여한 기관(지방자치단체 및 공공기관을 포함한다)이나 그 소속 공무원 또는 직원
② 각 기관의 장은 제1항제1호에 따른 공무원에게 인사혁신처장이 정하는 바에 따라 인사상 우대조치를 부여할 수 있다.
③ 제1항 및 제2항에서 규정한 사항 외에 표창 실시, 부상 지급 및 인사상 우대조치 부여에 필요한 사항은 인사혁신처장이 정한다.
(2025.1.7 본조신설)

부 칙 (2009.9.8)

제1조【시행일】 이 영은 공포한 날부터 시행한다. 다만, 제16조제1항제7호의 개정규정은 2010년 1월 1일부터 시행한다.

제2조【사무직렬 기능직공무원의 정원조정에 따른 일반직 경력경쟁채용에 관한 특례】 ① 이 영 시행 당시 중앙행정기관(「행정기관의 조직과 정원에 관한 통칙」 제2조제1호에 따른 중앙행정기관을 말한다. 이하 이 조에서 같다)에 재직 중인 사무직렬 기능직공무원(사무직렬 기능직공무원인 지방공무원으로 근무하던 중 법 제28조제2항제7호에 따라 사무직렬 기능직공무원인 국가공무원으로 신규채용된 사람으로서 그 사람이 계속 지방공무원으로 근무하였을 경우 대통령령 제23093호 지방공무원 임용령 일부개정령 부칙 제4조제1항에 따른 경력경쟁임용시험에 응시할 수 있었던 사람 등 소속 장관이 인사 운영상 불가피하다고 인정하여 안전행정부장관과 협의를 거친 사람을 포함한다)은 법 제28조제2항 각 호 외의 부분 본문에 따른 채용시험(이하 "경력경쟁채용시험"이라 한다)을 통하여 해당 기관의 직제 개정으로 감축

하는 사무직렬 기능직공무원의 정원에 상응하여 증원하는 일반직공무원 등으로 채용할 수 있다.(2013.3.23 본항개정)
② 제1항에 따른 직제의 개정으로 증원되는 일반직공무원 직위에는 해당 중앙행정기관 일반직공무원의 초과 현원에 관계없이 해당 중앙행정기관의 사무직렬 기능직공무원 중에서 경력경쟁채용시험을 통한 채용(이하 "경력경쟁채용"이라 한다)을 하여야 한다.
③ 제1항에 따른 경력경쟁채용시험 합격자 수가 제1항에 따른 직제 개정으로 증원된 일반직공무원 직위의 수에 미달하여 기능직공무원의 초과 현원이 발생하는 경우에는 사무직렬 기능직공무원의 현원이 정원과 일치될 때까지 그 초과 현원에 상응하는 정원이 해당 중앙행정기관에 따로 있는 것으로 본다.
④ 제1항에 따른 경력경쟁채용시험을 실시하는 경우 일반직 임용예정 직급에 상당하는 사무직렬 기능직공무원으로 해당 중앙행정기관에서 6개월 이상 근무한 사람은 제16조제1항제6호 및 별표3의 경력경쟁채용 요건을 갖춘 것으로 본다.
⑤ 중앙행정기관의 장은 해당 기관의 업무 등을 고려하여 필요한 경우 「공무원임용시험령」 제7조제1항에도 불구하고 제1항에 따른 경력경쟁채용시험의 필기시험과목 중 제1차시험과목에 한정하여 변경할 수 있다.
⑥ (2012.1.26 삭제)
⑦ 중앙행정기관의 장은 「공무원임용시험령」 제30조제1항제1호에도 불구하고 제1차시험 및 제2차시험은 각각 각 과목 만점의 40퍼센트 이상, 전 과목 총점의 60퍼센트 이상 득점한 사람을 합격자로 결정한다. 다만, 「공무원임용시험령」 제29조제5항에 따라 제1차시험과 제2차시험을 병합하여 실시하는 경우에는 각 과목 만점의 40퍼센트 이상, 전 과목 총점의 60퍼센트 이상 득점한 사람을 합격자로 한다.
⑧ 제7항에 따라 필기시험에 합격한 사람에 대해서는 이후 시행되는 필기시험을 면제한다.(2012.1.26 본항신설)
⑨ 중앙행정기관의 장은 제1항에 따른 경력경쟁채용시험을 실시하는 경우 「공무원임용시험령」 제3조제2항과 제3항에도 불구하고 경력경쟁채용시험 실시권을 소속 기관의 장 또는 그 소속 기관의 상급 기관의 장에게 위임할 수 없고, 다른 시험 실시기관의 장 또는 민간기관과 공동으로 실시할 수 없으며, 안전행정부장관을 제외한 다른 기관에 위탁할 수 없다.
(2013.3.23 본항개정)
⑩ 제1항에 따라 일반직공무원으로 경력경쟁채용된 공무원에 대해서는 제45조제3항제2호에 따른 전보제한을 적용하지 아니할 수 있다.
(2012.1.26 본조개정)

제3조【기능직공무원 직렬 및 직급명칭 개정에 따른 경과조치】 ① 이 영 시행 당시 종전의 별표2에 따른 다음 표의 왼쪽 란에 기재된 직군, 직렬, 계급 및 직급에 재직하고 있는 공무원은 별표2의 개정규정에 따른 같은 표의 오른쪽 란에 기재된 직군, 직렬, 계급 및 직급의 공무원으로 임용된 것으로 본다. 이 경우 왼쪽 란의 보건위생직군 위생직렬의 기능6급 이하 공무원 중 조리업무에 종사하면서 조리사 자격증을 소지한 공무원은 본인이 희망하는 경우에 오른쪽 란에 기재된 보건위생직군의 조리직렬의 기능6급 이하 공무원으로 임용된 것으로 본다.

정보통신현업직군 정보통신현업직렬 기능6급 정보통신원	정보통신현업직군 정보통신현업직렬 기능6급 정보통신장
정보통신현업직군 정보통신현업직렬 기능7급 정보통신원	정보통신현업직군 정보통신현업직렬 기능7급 정보통신장
전신직군 통신직렬 기능7급 통신원	전신직군 통신직렬 기능7급 통신장
전신직군 전화수리직렬 기능6급 전화수리장	전신직군 통신직렬 기능6급 통신장
전신직군 전화수리직렬 기능7급 전화수리장	전신직군 통신직렬 기능7급 통신장
전신직군 전화수리직렬 기능8급 전화수리장 및 전화수리원	전신직군 통신직렬 기능8급 통신원
전신직군 전화수리직렬 기능9급 전화수리원	전신직군 통신직렬 기능9급 통신원
전신직군 전화수리직렬 기능10급 전화수리원	전신직군 통신직렬 기능10급 통신원
전신직군 교환직렬 기능6급 교환원	전신직군 전화상담직렬 기능6급 전화상담장
전신직군 교환직렬 기능7급 교환원	전신직군 전화상담직렬 기능7급 전화상담장
전신직군 교환직렬 기능8급 교환원	전신직군 전화상담직렬 기능8급 전화상담원
전신직군 교환직렬 기능9급 교환원	전신직군 전화상담직렬 기능9급 전화상담원
전신직군 교환직렬 기능10급 교환원	전신직군 전화상담직렬 기능10급 전화상담원
기계직군 난방직렬 기능6급 난방원	기계직군 열관리직렬 기능6급 열관리장
기계직군 난방직렬 기능7급 난방원	기계직군 열관리직렬 기능7급 열관리장
기계직군 난방직렬 기능8급 난방원	기계직군 열관리직렬 기능8급 열관리원
기계직군 난방직렬 기능9급 난방원	기계직군 열관리직렬 기능9급 열관리원
기계직군 난방직렬 기능10급 난방원	기계직군 열관리직렬 기능10급 열관리원
기계직군 운전직렬 기능6급 운전원	기계직군 운전직렬 기능6급 운전장
기계직군 운전직렬 기능7급 운전원	기계직군 운전직렬 기능7급 운전장
화공직군 화공직렬 기능6급 화공원	화공직군 화공직렬 기능6급 화공장
화공직군 화공직렬 기능7급 화공원	화공직군 화공직렬 기능7급 화공장
선박직군 선박직렬 기능6급 선장	선박직군 선박항해직렬 기능6급 선박항해장
선박직군 선박직렬 기능7급 선장	선박직군 선박항해직렬 기능7급 선박항해장
선박직군 선박직렬 기능8급 선장 및 선원	선박직군 선박항해직렬 기능8급 선박항해원
선박직군 선박직렬 기능9급 선원	선박직군 선박항해직렬 기능9급 선박항해원
선박직군 선박직렬 기능10급 선원	선박직군 선박항해직렬 기능10급 선박항해원
선박직군 선박기관직렬 기능6급 기관장	선박직군 선박기관직렬 기능6급 선박기관장
선박직군 선박기관직렬 기능7급 기관장	선박직군 선박기관직렬 기능7급 선박기관장
선박직군 선박기관직렬 기능8급 기관장 및 기관원	선박직군 선박기관직렬 기능8급 선박기관원
선박직군 선박기관직렬 기능9급 기관원	선박직군 선박기관직렬 기능9급 선박기관원
선박직군 선박기관직렬 기능10급 기관원	선박직군 선박기관직렬 기능10급 선박기관원
선박직군 등대직렬 기능6급 등대장	선박직군 등대관리직렬 기능6급 등대관리장
선박직군 등대직렬 기능7급 등대장 및 등대원	선박직군 등대관리직렬 기능7급 등대관리장
선박직군 등대직렬 기능8급 등대장 및 등대원	선박직군 등대관리직렬 기능8급 등대관리원
선박직군 등대직렬 기능8급 표지원	선박직군 등대관리직렬 기능8급 표지관리원
선박직군 등대직렬 기능9급 등대원	선박직군 등대관리직렬 기능9급 등대관리원
선박직군 등대직렬 기능9급 표지원	선박직군 등대관리직렬 기능9급 표지관리원
선박직군 등대직렬 기능10급 등대원	선박직군 등대관리직렬 기능10급 등대관리원
농림직군 농림직렬 기능6급 농림원	농림직군 농림직렬 기능6급 농림장

농림직군 농림직렬 기능7급 농림원	농림직군 농림직렬 기능7급 농림장
농림직군 산림보호직렬 기능6급 산림보호원	농림직군 산림보호직렬 기능6급 산림보호장
농림직군 산림보호직렬 기능7급 산림보호원	농림직군 산림보호직렬 기능7급 산림보호장
보건위생직군 보건직렬 기능6급 보건원	보건위생직군 보건직렬 기능6급 보건장
보건위생직군 보건직렬 기능7급 보건원	보건위생직군 보건직렬 기능7급 보건장
보건위생직군 간호조무직렬 기능6급 간호조무원	보건위생직군 간호조무직렬 기능6급 간호조무장
보건위생직군 간호조무직렬 기능7급 간호조무원	보건위생직군 간호조무직렬 기능7급 간호조무장
보건위생직군 위생직렬 기능6급 위생원	보건위생직군 위생직렬 기능6급 위생장 또는 보건위생직군 조리직렬 기능6급 조리장
보건위생직군 위생직렬 기능7급 위생원	보건위생직군 위생직렬 기능7급 위생장 또는 보건위생직군 조리직렬 기능7급 조리장
보건위생직군 위생직렬 기능8급 위생원	보건위생직군 위생직렬 기능8급 위생원 또는 보건위생직군 조리직렬 기능8급 조리실무원
보건위생직군 위생직렬 기능9급 위생원	보건위생직군 위생직렬 기능9급 위생원 또는 보건위생직군 조리직렬 기능9급 조리실무원
보건위생직군 위생직렬 기능10급 위생원	보건위생직군 위생직렬 기능10급 위생원 또는 보건위생직군 조리직렬 기능10급 조리실무원
사무직군 사무직렬 기능6급 사무원	사무직군 사무직렬 기능6급 사무실무장
사무직군 사무직렬 기능7급 사무원	사무직군 사무직렬 기능7급 사무실무장
사무직군 사무직렬 기능8급 사무원	사무직군 사무직렬 기능8급 사무실무원
사무직군 사무직렬 기능9급 사무원	사무직군 사무직렬 기능9급 사무실무원
사무직군 사무직렬 기능10급 사무원	사무직군 사무직렬 기능10급 사무실무원
방호직군 방호직렬 기능6급 방호원	방호직군 방호직렬 기능6급 방호장
방호직군 방호직렬 기능7급 방호원	방호직군 방호직렬 기능7급 방호장

② 이 영 시행 당시 각급 기관의 조직과 정원을 규정하는 법령에서 정하고 있는 기능직공무원 중 제1항의 표의 왼쪽 란에 기재된 직급별 정원은 같은 표의 오른쪽 란에 기재된 직급별 정원으로 본다.
③ 이 영 시행 당시 종전의 규정에 따라 작성된 각 직렬별 기능7급 이하 공무원의 승진후보자명부 중 제1항의 표의 왼쪽 란에 기재된 직렬별 직급의 승진후보자명부는 같은 표의 오른쪽 란에 기재된 직렬별 직급의 승진후보자명부로 본다. 다만, 이 영 시행 당시 종전의 규정에 따라 작성된 전화수리직렬의 기능7급 이하 공무원의 승진후보자명부는 이 영 시행 후 최초로 해당 직급의 승진후보자명부가 작성될 때까지 효력을 가진다.
④ 이 영 시행 당시 종전의 규정에 따라 제1항의 표의 왼쪽 란에 기재된 공무원의 해당 직급으로 채용 및 임용절차가 진행 중인 경우에는 이 영 시행일에 같은 표의 오른 쪽 란에 기재된 공무원의 직급으로 채용 및 임용절차가 진행 중인 것으로 본다. 다만, 이 영 시행 당시 종전의 규정에 따라 위생직렬 기능직공무원으로 채용 및 임용절차가 진행 중이고 조리사 자격증을 소지한 사람으로서 채용예정분야가 조리업무인 경우 이 영 시행일에 별표2의 개정규정에 따른 조리직렬의 해당 직급으로 채용 및 임용절차가 진행 중인 것으로 본다.
⑤ 이 영 시행 당시 다른 법령에서 제1항의 표의 왼쪽 란에 기재된 공무원의 직급을 인용하는 경우에는 같은 표의 오른쪽 란에 기재된 공무원의 직급을 각각 인용한 것으로 본다.
제4조【다른 법령의 개정】 ①~⑩ ※(해당 법령에 가제정리 하였음)

부 칙 (2011.7.4)

제1조【시행일】 이 영은 공포한 날부터 시행한다. 다만, 제3조제3항, 제31조제1항, 제35조의4제1항 · 제2항, 별표2 및 부칙 제4조의 개정규정(이하 "기능10급 관련 개정규정"이라 한다)은 2012년 5월 24일부터 시행한다.
제2조【기능10급 공무원으로 재직 중인 공무원에 대한 기능9급 공무원으로의 승진임용에 관한 특례】 ① 임용권자는 이 영 공포 당시 기능10급 공무원으로 재직 중인 공무원을 제31조, 제32조, 제33조, 제34조의3에도 불구하고 다음 각 호의 구분에 따라 기능9급 공무원으로 각각 승진임용하여야 한다.
1. 이 영 공포일 현재 기능10급 임용일부터 4년 이상 경과한 공무원 : 이 영 공포일부터 10일 이내
2. 이 영 공포일 현재 기능10급 임용일부터 2년 이상 4년 미만 경과한 공무원 : 2011년 12월 31일
3. 이 영 공포일 현재 기능10급 임용일부터 2년 미만 경과한 공무원 : 2012년 5월 23일
② 기능10급 관련 개정규정 시행 당시 임용권자가 제1항 각 호에 따라 기능10급 공무원으로 재직 중인 공무원을 기능9급 공무원으로 승진임용한 경우에는 해당 기관의 조직과 정원을 규정하는 법령에서 정하고 있는 기능직공무원의 정원 중 제1항에 따라 기능10급 공무원에서 기능9급 공무원으로 승진임용한 공무원의 수에 해당하는 기능9급 공무원의 정원이 증가하고, 같은 공무원의 수에 해당하는 기능10급 공무원의 정원이 감소한 것으로 본다.
제3조【기능10급 폐지에 따른 기능직공무원 채용시험에 관한 특례】 ① 기능10급 관련 개정규정 시행 당시 진행 중인 기능10급 공무원의 채용시험 합격자는 기능9급 공무원의 채용시험 합격자로 본다.
② 기능10급 관련 개정규정 시행 전에 기능10급 공무원의 채용시험에 합격하였으나 기능10급 관련 개정규정 시행 당시 아직 임용되지 않은 사람은 기능9급 공무원의 채용시험에 합격한 것으로 본다.
제4조【다른 법령의 개정】 ①~④ ※(해당 법령에 가제정리 하였음)

부 칙 (2012.1.26)

제1조【시행일】 이 영은 공포한 날부터 시행한다. 다만, 별표1의 개정규정은 2012년 7월 1일부터 시행한다.
제2조【교정직렬내 직류통합에 따른 경과조치】 ① 부칙 제1조 단서에 따른 시행일 당시 별표1 중 교회직류 및 분류직류의 5급 이하 공무원은 교정직류의 해당 직급으로 임용된 것으로 본다.
② 부칙 제1조 단서에 따른 시행일 당시 종전의 규정에 따라 교회직류 및 분류직류 일반직공무원으로 채용 및 임용절차가 진행 중인 경우에는 부칙 제1조 단서에 따른 시행일에 별표1의 개정규정에 따른 교정직류 일반직공무원으로 채용 및 임용절차가 진행 중인 것으로 본다.
③ 이 영 시행에 따라 직류가 통합된 교정직렬 공무원의 승진후보자명부 작성 등 인사관리사항은 「공무원 성과평가 등에 관한 규정」 제29조에도 불구하고 법무부장관이 별도로 정하여 운영할 수 있다.
④ 부칙 제1조 단서에 따른 시행일 당시 다른 법령에서 교회직류 또는 분류직류 일반직공무원을 인용한 경우에는 별표1의 개정규정에 따른 교정직류 일반직공무원을 인용한 것으로 본다.

부 칙 (2012.3.30)

제1조【시행일】 이 영은 공포한 날부터 시행한다. 다만, 제22조의3제1항제3호의 개정규정은 공포 후 1년이 경과한 날부터 시행한다.
제2조【진행 중인 승진임용에 관한 경과조치】 제31조의 개정규정에도 불구하고 이 영 시행 당시 진행 중인 승진임용의 경우 종전의 규정에 따라 작성된 승진후보자명부는 유효한 것으로 본다.
제3조【다른 법령의 개정】 ※(해당 법령에 가제정리 하였음)

부 칙 (2012.9.28)

제1조【시행일】 이 영은 공포한 날부터 시행한다. 다만, 제35조의4의 개정규정은 2013년 1월 1일부터 시행한다.
제2조【민간전문가 파견심의위원회의 심의에 관한 경과조치】 이 영 시행 당시 제41조의2제1항에 따른 협의가 완료된 경우에는 제41조의2제7항의 개정규정에도 불구하고 종전의 규정을 따른다.

부 칙 (2013.2.20)

제1조【시행일】 이 영은 공포한 날부터 시행한다.
제2조【파견수당 지급에 관한 적용례】 제41조제8항의 개정규정은 이 영 시행 후에 파견되거나 파견기간이 연장되는 사람부터 적용한다.
제3조【휴직자 복무관리 등에 관한 적용례】 ① 제57조의5제2항의 개정규정은 「국가공무원법」 제71조에 따라 휴직 중인 공무원으로서 이 영 시행 후 휴직의 목적 달성에 현저히 위배되는 행위를 한 공무원에 대해서도 적용한다.
② 제57조의5제3항 및 제4항의 개정규정은 이 영 시행 후에 휴직하거나 휴직기간을 연장하는 사람부터 적용한다.
제4조【진행 중인 경력경쟁채용시험에 대한 경과조치】 이 영 시행 당시 진행 중인 경력경쟁채용시험에 대해서는 제16조제2항의 개정규정에도 불구하고 종전의 규정에 따른다.
제5조【직렬 신설에 따른 경과조치】 이 영 시행 당시 재직 중인 일반직공무원으로서, 신설되는 방재안전직렬 관련 직무분야에서 2년 이상 근무한 사람은 방재안전직렬의 해당직급으로 전직시험 없이 임용할 수 있다.
제6조【다른 법령의 개정】 ※(해당 법령에 가제정리 하였음)

부 칙 (2013.11.20)

제1조【시행일】 이 영은 2013년 12월 12일부터 시행한다.
제2조【다른 법령의 폐지】 「계약직공무원규정」은 폐지한다.
제3조【겸임에 관한 적용례】 제40조제2항 각 호 외의 부분 단서의 개정규정은 이 영 시행 후 같은 항 제3호에 따라 일반직공무원으로 겸임하는 사람부터 적용한다.
제4조【견습근무에 합격한 사람 등에 관한 경과조치】 이 영 시행 당시 종전의 제22조의3제1항제3호에 따라 견습직원 선발시험에 합격하였거나 견습근무가 진행 중인 사람은 제22조의3제1항제2호의 개정규정 따라 일반직 9급 견습직원 선발시험에 합격하였거나 일반직 9급 견습근무가 진행 중인 사람으로 본다.
제5조【임기제공무원의 근무기간 산정에 관한 경과조치】 법률 제11530호 국가공무원법 일부개정법률 부칙 제3조제3항에 따라 임기제공무원으로 임용된 것으로 보는 공무원에 대하여 제22조의5의 개정규정에 따른 총 근무기간을 산정하는 경우 계약직공무원으로 신규로 채용된 날을 임기제공무원으로 최초로 임용된 날로 본다.
제6조【종전 기능직공무원 및 계약직공무원의 경력인정 등에 관한 경과조치】 ① 이 영 시행 전의 기능직공무원 또는 계약직공무원이 이 영 시행 후에 일반직공무원으로 신규채용되는 경우에는 기능직공무원 또는 계약직공무원으로서의 재직 경력 인정에 관하여는 종전의 제16조, 제31조 및 제35조의4에 따른다. 이 경우 부칙 제7조제1항 및 제2항의 표의 왼쪽 란에 기재된 직급에서 재직한 경력은 오른쪽 란에 기재된 직급에서 재직한 경력과 같은 것으로 본다.
② 이 영 시행 전에 일반직공무원이 기능직공무원 또는 계약직공무원으로 재직하여 종전의 제31조 및 제35조의4 등에 따라 산입된 경력은 이 영 시행 후에도 유효한 것으로 본다.
③ 이 영 시행 당시 재직 중인 기능직공무원이 일반직공무원으로 임용된 경우 이 영 시행 전에 받은 징계처분 등은 이 영 시행 후에도 유효한 것으로 보아 제31조에 따른 승진소요최저연수 및 제32조에 따른 승진임용 제한 기간을 산정한다.
제7조【기능직 및 계약직 폐지에 따른 공무원 구분 변경에 관한 경과조치】 ① 이 영 시행 당시 종전의 별표2에 따른 다음 표의 왼쪽 란에 기재된 직군, 직렬, 계급 및 직급에 재직하고 있는 공무원은 별표1의 개정규정에 따른 다음 표의 오른쪽 란에 기재된 직군, 직렬, 계급 및 직급의 공무원으로 임용된 것으로 본다.

토건직군 토목직렬 기능5급 토목기장	관리운영직군 토목운영직렬 6급 토목운영주사
토건직군 토목직렬 기능6급 토목장	관리운영직군 토목운영직렬 6급 토목운영주사
토건직군 토목직렬 기능7급 토목장	관리운영직군 토목운영직렬 7급 토목운영주사보
토건직군 토목직렬 기능8급 토목원	관리운영직군 토목운영직렬 8급 토목운영서기
토건직군 토목직렬 기능9급 토목원	관리운영직군 토목운영직렬 9급 토목운영서기보
토건직군 건축직렬 기능5급 건축기장	관리운영직군 건축운영직렬 6급 건축운영주사
토건직군 건축직렬 기능6급 건축장	관리운영직군 건축운영직렬 6급 건축운영주사
토건직군 건축직렬 기능7급 건축장	관리운영직군 건축운영직렬 7급 건축운영주사보
토건직군 건축직렬 기능8급 건축원	관리운영직군 건축운영직렬 8급 건축운영서기
토건직군 건축직렬 기능9급 건축원	관리운영직군 건축운영직렬 9급 건축운영서기보
전신직군 통신직렬 기능5급 통신기장	관리운영직군 통신운영직렬 6급 통신운영주사
전신직군 통신직렬 기능6급 통신장	관리운영직군 통신운영직렬 6급 통신운영주사
전신직군 통신직렬 기능7급 통신장	관리운영직군 통신운영직렬 7급 통신운영주사보
전신직군 통신직렬 기능8급 통신원	관리운영직군 통신운영직렬 8급 통신운영서기
전신직군 통신직렬 기능9급 통신원	관리운영직군 통신운영직렬 9급 통신운영서기보
전신직군 전화상담직렬 기능5급 전화상담기장	관리운영직군 전화상담운영직렬 6급 전화상담운영주사
전신직군 전화상담직렬 기능6급 전화상담장	관리운영직군 전화상담운영직렬 6급 전화상담운영주사
전신직군 전화상담직렬 기능7급 전화상담장	관리운영직군 전화상담운영직렬 7급 전화상담운영주사보
전신직군 전화상담직렬 기능8급 전화상담원	관리운영직군 전화상담운영직렬 8급 전화상담운영서기
전신직군 전화상담직렬 기능9급 전화상담원	관리운영직군 전화상담운영직렬 9급 전화상담운영서기보
전신직군 전기직렬 기능5급 전기기장	관리운영직군 전기운영직렬 6급 전기운영주사
전신직군 전기직렬 기능6급 전기장	관리운영직군 전기운영직렬 6급 전기운영주사
전신직군 전기직렬 기능7급 전기장	관리운영직군 전기운영직렬 7급 전기운영주사보
전신직군 전기직렬 기능8급 전기원	관리운영직군 전기운영직렬 8급 전기운영서기
전신직군 전기직렬 기능9급 전기원	관리운영직군 전기운영직렬 9급 전기운영서기보

기계직군 기계직렬 기능5급 기계기장	관리운영직군 기계운영직렬 6급 기계운영주사
기계직군 기계직렬 기능6급 기계장	관리운영직군 기계운영직렬 6급 기계운영주사
기계직군 기계직렬 기능7급 기계장	관리운영직군 기계운영직렬 7급 기계운영주사보
기계직군 기계직렬 기능8급 기계원	관리운영직군 기계운영직렬 8급 기계운영서기
기계직군 기계직렬 기능9급 기계원	관리운영직군 기계운영직렬 9급 기계운영서기보
기계직군 열관리직렬 기능5급 열관리기장	관리운영직군 열관리운영직렬 6급 열관리운영주사
기계직군 열관리직렬 기능6급 열관리장	관리운영직군 열관리운영직렬 6급 열관리운영주사
기계직군 열관리직렬 기능7급 열관리장	관리운영직군 열관리운영직렬 7급 열관리운영주사보
기계직군 열관리직렬 기능8급 열관리원	관리운영직군 열관리운영직렬 8급 열관리운영서기
기계직군 열관리직렬 기능9급 열관리원	관리운영직군 열관리운영직렬 9급 열관리운영서기보
기계직군 운전직렬 기능5급 운전기장	기술직군 운전직렬 6급 운전주사
기계직군 운전직렬 기능6급 운전장	기술직군 운전직렬 6급 운전주사
기계직군 운전직렬 기능7급 운전장	기술직군 운전직렬 7급 운전주사보
기계직군 운전직렬 기능8급 운전원	기술직군 운전직렬 8급 운전서기
기계직군 운전직렬 기능9급 운전원	기술직군 운전직렬 9급 운전서기보
화공직군 화공직렬 기능5급 화공기장	관리운영직군 화공운영직렬 6급 화공운영주사
화공직군 화공직렬 기능6급 화공장	관리운영직군 화공운영직렬 6급 화공운영주사
화공직군 화공직렬 기능7급 화공장	관리운영직군 화공운영직렬 7급 화공운영주사보
화공직군 화공직렬 기능8급 화공원	관리운영직군 화공운영직렬 8급 화공운영서기
화공직군 화공직렬 기능9급 화공원	관리운영직군 화공운영직렬 9급 화공운영서기보
선박직군 선박항해직렬 기능5급 선박항해기장	관리운영직군 선박항해운영직렬 6급 선박항해운영주사
선박직군 선박항해직렬 기능6급 선박항해장	관리운영직군 선박항해운영직렬 6급 선박항해운영주사
선박직군 선박항해직렬 기능7급 선박항해장	관리운영직군 선박항해운영직렬 7급 선박항해운영주사보
선박직군 선박항해직렬 기능8급 선박항해원	관리운영직군 선박항해운영직렬 8급 선박항해운영서기
선박직군 선박항해직렬 기능9급 선박항해원	관리운영직군 선박항해운영직렬 9급 선박항해운영서기보
선박직군 선박기관직렬 기능5급 선박기관기장	관리운영직군 선박기관운영직렬 6급 선박기관운영주사
선박직군 선박기관직렬 기능6급 선박기관장	관리운영직군 선박기관운영직렬 6급 선박기관운영주사
선박직군 선박기관직렬 기능7급 선박기관장	관리운영직군 선박기관운영직렬 7급 선박기관운영주사보
선박직군 선박기관직렬 기능8급 선박기관원	관리운영직군 선박기관운영직렬 8급 선박기관운영서기
선박직군 선박기관직렬 기능9급 선박기관원	관리운영직군 선박기관운영직렬 9급 선박기관운영서기보
선박직군 등대관리직렬 기능5급 등대관리기장	기술직군 등대관리직렬 6급 등대관리주사
선박직군 등대관리직렬 기능6급 등대관리장	기술직군 등대관리직렬 6급 등대관리주사
선박직군 등대관리직렬 기능7급 등대관리장	기술직군 등대관리직렬 7급 등대관리주사보
선박직군 등대관리직렬 기능8급 등대관리원 및 표지관리원	기술직군 등대관리직렬 8급 등대관리서기
선박직군 등대관리직렬 기능9급 등대관리원 및 표지관리원	기술직군 등대관리직렬 9급 등대관리서기보
농림직군 농림직렬 기능5급 농림기장	관리운영직군 농림운영직렬 6급 농림운영주사
농림직군 농림직렬 기능6급 농림장	관리운영직군 농림운영직렬 6급 농림운영주사
농림직군 농림직렬 기능7급 농림장	관리운영직군 농림운영직렬 7급 농림운영주사보
농림직군 농림직렬 기능8급 농림원	관리운영직군 농림운영직렬 8급 농림운영서기
농림직군 농림직렬 기능9급 농림원	관리운영직군 농림운영직렬 9급 농림운영서기보
농림직군 산림보호직렬 기능5급 산림보호기장	관리운영직군 산림보호운영직렬 6급 산림보호운영주사
농림직군 산림보호직렬 기능6급 산림보호장	관리운영직군 산림보호운영직렬 6급 산림보호운영주사
농림직군 산림보호직렬 기능7급 산림보호장	관리운영직군 산림보호운영직렬 7급 산림보호운영주사보
농림직군 산림보호직렬 기능8급 산림보호원	관리운영직군 산림보호운영직렬 8급 산림보호운영서기
농림직군 산림보호직렬 기능9급 산림보호원	관리운영직군 산림보호운영직렬 9급 산림보호운영서기보
보건위생직군 보건직렬 기능5급 보건기장	관리운영직군 보건운영직렬 6급 보건운영주사
보건위생직군 보건직렬 기능6급 보건장	관리운영직군 보건운영직렬 6급 보건운영주사
보건위생직군 보건직렬 기능7급 보건장	관리운영직군 보건운영직렬 7급 보건운영주사보
보건위생직군 보건직렬 기능8급 보건원	관리운영직군 보건운영직렬 8급 보건운영서기
보건위생직군 보건직렬 기능9급 보건원	관리운영직군 보건운영직렬 9급 보건운영서기보
보건위생직군 간호조무직렬 기능5급 간호조무기장	기술직군 간호조무직렬 6급 간호조무주사
보건위생직군 간호조무직렬 기능6급 간호조무장	기술직군 간호조무직렬 6급 간호조무주사
보건위생직군 간호조무직렬 기능7급 간호조무장	기술직군 간호조무직렬 7급 간호조무주사보
보건위생직군 간호조무직렬 기능8급 간호조무원	기술직군 간호조무직렬 8급 간호조무서기
보건위생직군 간호조무직렬 기능9급 간호조무원	기술직군 간호조무직렬 9급 간호조무서기보
보건위생직군 위생직렬 기능5급 위생기장	기술직군 위생직렬 6급 위생주사
보건위생직군 위생직렬 기능6급 위생장	기술직군 위생직렬 6급 위생주사
보건위생직군 위생직렬 기능7급 위생장	기술직군 위생직렬 7급 위생주사보
보건위생직군 위생직렬 기능8급 위생원	기술직군 위생직렬 8급 위생서기
보건위생직군 위생직렬 기능9급 위생원	기술직군 위생직렬 9급 위생서기보
보건위생직군 조리직렬 기능5급 조리기장	기술직군 조리직렬 6급 조리주사
보건위생직군 조리직렬 기능6급 조리장	기술직군 조리직렬 6급 조리주사
보건위생직군 조리직렬 기능7급 조리장	기술직군 조리직렬 7급 조리주사보
보건위생직군 조리직렬 기능8급 조리실무원	기술직군 조리직렬 8급 조리서기
보건위생직군 조리직렬 기능9급 조리실무원	기술직군 조리직렬 9급 조리서기보
사무직군 사무직렬 기능6급 사무실무장	관리운영직군 사무운영직렬 6급 사무운영주사

사무직군 사무직렬 기능7급 사무실무장	관리운영직군 사무운영직렬 7급 사무운영주사보
사무직군 사무직렬 기능8급 사무실무원	관리운영직군 사무운영직렬 8급 사무운영서기
사무직군 사무직렬 기능9급 사무실무원	관리운영직군 사무운영직렬 9급 사무운영서기보
방호직군 방호직렬 기능5급 방호기장	행정직군 방호직렬 6급 방호주사
방호직군 방호직렬 기능6급 방호장	행정직군 방호직렬 6급 방호주사
방호직군 방호직렬 기능7급 방호장	행정직군 방호직렬 7급 방호주사보
방호직군 방호직렬 기능8급 방호원	행정직군 방호직렬 8급 방호서기
방호직군 방호직렬 기능9급 방호원	행정직군 방호직렬 9급 방호서기보

② 이 영 시행 당시 우정사업본부와 그 소속 기관에 재직 중인 공무원으로서 종전의 별표2에 따른 다음 표의 왼쪽 란에 기재된 직군, 직렬, 계급 및 직급에 재직 중인 공무원은 별표2의 개정규정에 따른 다음 표의 오른쪽 란에 기재된 직군, 직렬, 계급 및 직급의 공무원으로 임용된 것으로 본다.

정보통신현업직군 정보통신현업직렬 기능1급 정보통신기장	우정직군 우정직렬 우정3급 우정주사
정보통신현업직군 정보통신현업직렬 기능2급 정보통신기장	우정직군 우정직렬 우정3급 우정주사
정보통신현업직군 정보통신현업직렬 기능3급 정보통신기장	우정직군 우정직렬 우정3급 우정주사
정보통신현업직군 정보통신현업직렬 기능4급 정보통신기장	우정직군 우정직렬 우정4급 우정주사
정보통신현업직군 정보통신현업직렬 기능5급 정보통신기장	우정직군 우정직렬 우정5급 우정주사
정보통신현업직군 정보통신현업직렬 기능6급 정보통신장	우정직군 우정직렬 우정6급 우정주사
정보통신현업직군 정보통신현업직렬 기능7급 정보통신장	우정직군 우정직렬 우정7급 우정주사보
정보통신현업직군 정보통신현업직렬 기능8급 정보통신원	우정직군 우정직렬 우정8급 우정서기
정보통신현업직군 정보통신현업직렬 기능9급 정보통신원	우정직군 우정직렬 우정9급 우정서기보

③ 이 영 시행 당시 우정사업본부와 그 소속 기관을 제외한 중앙행정기관에 재직 중인 정보통신현업직렬 기능직공무원은 해당 정원을 감축하고 직제 개정으로 증원한 직렬(소속장관이 담당업무 및 인력운영사정 등을 고려하여 인정하는 행정직군 방호직렬, 기술직군의 간호조무직렬·운전직렬·등대관리직렬·위생직렬·조리직렬 및 관리운영직군의 직렬에 한정한다. 이하 이 항에서 "신설직렬등"이라 한다)의 공무원으로 임용된 것으로 본다. 다만, 정보통신현업직렬 기능직공무원에 대하여 직제에 감축할 정원이 없는 경우에는 「행정기관의 조직과 정원에 관한 통칙」 제24조제2항에도 불구하고 소속 장관이 인정하는 신설직렬등의 증원 없이도 해당 직렬의 공무원으로 임용할 수 있으며, 증원 없이 임용된 해당 직렬 일반직공무원의 현원과 정원이 일치될 때까지는 그 초과 현원에 상응하는 정원이 해당 중앙행정기관에 따로 있는 것으로 본다.

④ 이 영 시행 당시 재직 중인 계약직공무원은 다음 각 호의 구분에 따라 임기제공무원으로 임용된 것으로 본다.

1. 「계약직공무원규정」 제2조제2항에 따른 일반계약직공무원 : 이 영 시행 당시 임용된 직위에 해당하는 직급·직위 또는 직무등급의 일반임기제공무원
2. 「계약직공무원규정」 제2조제3항에 따른 전문계약직공무원 : 전문임기제공무원
3. 「계약직공무원규정」 제2조제4항에 따른 시간제일반계약직공무원 : 이 영 시행 당시 임용된 직위에 해당하는 직급 또는 직무등급의 시간제일반임기제공무원
4. 「계약직공무원규정」 제2조제4항에 따른 시간제전문계약직공무원 : 시간제전문임기제공무원
5. 「계약직공무원규정」 제2조제5항에 따른 한시계약직공무원 : 한시임기제공무원

⑤ 제4항에도 불구하고 정책보좌관과 비서관·비서 등 정무직공무원을 보조·보좌하기 위하여 채용된 계약직공무원은 별정직공무원으로 임용된 것으로 본다.

제8조【다른 법령의 개정】 ①~㊿ ※(해당 법령에 가제정리 하였음)

제9조【다른 법령과의 관계】 ① 이 영 시행 당시 행정기관의 조직과 정원을 규정하는 법령에서 정하고 있는 기능직공무원 정원 중 부칙 제7조제1항 및 제2항의 표의 왼쪽 란에 기재된 직급에 해당하는 정원은 같은 표의 오른쪽 란에 기재된 직급에 해당하는 정원으로 본다.

② 이 영 시행 당시 다른 법령에서 부칙 제7조제1항 및 제2항의 표의 왼쪽 란에 기재된 공무원의 직급을 인용하는 경우에는 같은 표의 오른쪽 란에 기재된 공무원의 직급을 각각 인용한 것으로 본다.

부 칙 (2015.9.25)

제1조【시행일】 이 영은 공포한 날부터 시행한다. 다만, 제22조의3제1항제1호의 개정규정은 2017년 1월 1일부터 시행한다.

제2조【임기제공무원으로 승진임용된 경력직공무원의 근무상한연령에 관한 적용례】 제22조의6제1항의 개정규정은 임기제공무원이 아닌 경력직공무원이 이 영 시행 전에 임기가 있는 직위로 승진임용되어 임기제공무원이 된 경우에 대해서도 적용한다.

제3조【경력경쟁채용시험등을 통하여 채용된 중증장애인인 공무원의 예외적 전보에 관한 적용례】 제45조제6항제2호 단서의 개정규정은 이 영 시행 전에 경력경쟁채용시험등을 통하여 채용된 중증장애인인 공무원에 대해서도 적용한다.

제4조【전보제한에 관한 경과조치】 ① 제45조제1항 및 제2항의 개정규정에도 불구하고 이 영 시행 전에 보직된 직위에서 전보가 제한되는 기간은 종전의 규정에 따른다.

② 제45조제6항 각 호 외의 본문, 같은 항 제2호 본문 및 같은 항 제3호의 개정규정에도 불구하고 이 영 시행 전에 경력경쟁채용시험등을 통하여 임용된 공무원의 전보에 관하여는 종전의 규정에 따른다.

③ 제45조제8항의 개정규정에도 불구하고 근무예정 지역 또는 근무예정 기관을 미리 정하여 실시한 공개경쟁 채용시험을 통하여 이 영 시행 전에 임용된 공무원의 전보에 관하여는 종전의 규정에 따른다.

④ 제45조의2의 개정규정에도 불구하고 이 영 시행 전에 직류별 구분모집으로 임용된 공무원의 전보에 관하여는 종전의 규정에 따른다.

제5조【휴직대상 민간기업등의 제외에 관한 경과조치】 제53조제3항의 개정규정에도 불구하고 이 영 시행 전에 제55조제2항 및 제3항을 위반한 민간기업등의 경우에는 종전의 규정에 따른다.

제6조【다른 법령의 개정】 ①~② ※(해당 법령에 가제정리 하였음)

부 칙 (2015.11.18)

제1조【시행일】 이 영은 2015년 11월 19일부터 시행한다.

제2조【채용후보자의 자격상실에 관한 적용례】 제14조제1항제5호의 개정규정은 이 영 시행 이후에 품위 손상 행위를 하는 경우부터 적용한다.

제3조【경력경쟁채용시험등 합격자의 임용에 관한 적용례】 제18조제2항의 개정규정은 이 영 시행 전에 경력경쟁채용시험등에 합격한 사람에 대해서도 적용한다.

제4조【시보 공무원의 정규 공무원 임용에 관한 적용례】 제23조제2항 및 제6항의 개정규정은 이 영 시행 이후에 법 제29조제1항에 따라 시보로 임용되는 공무원부터 적용한다.

제5조【시보 공무원의 면직 또는 면직 제청에 관한 적용례】 제23조제7항제4호 및 제5호의 개정규정은 이 영 시행 이후에 징계 사유가 발생하는 경우부터 적용한다.

제6조【승진임용의 제한에 관한 적용례】 제32조제1항제2호의 개정규정은 이 영 시행 이후에 징계 사유가 발생하는 경우부터 적용한다.
제7조【국제기구 고용휴직자의 복무의무에 관한 적용례】 제57조의9의 개정규정은 이 영 시행 이후에 휴직하는 공무원(이 영 시행 당시 국제기구 고용휴직자로서 이 영 시행 이후에 휴직기간을 연장하는 공무원은 제외한다)부터 적용한다.
제8조【전직제한에 관한 경과조치】 제29조제3항의 개정규정에도 불구하고 이 영 시행 전에 경력경쟁채용시험등을 통하여 임용된 공무원의 전직에 대해서는 종전의 규정에 따른다.

부　칙 (2016.6.24)

제1조【시행일】 이 영은 2016년 6월 25일부터 시행한다. 다만, 제16조제1항제12호 전단의 개정규정은 공포 후 1년이 경과한 날부터 시행한다.
제2조【일정한 지역 거주자 경력경쟁채용에 관한 경과조치】 부칙 제1조 단서에 따른 시행일 전에 공고한 시험에 대해서는 제16조제1항제12호 전단의 개정규정에도 불구하고 종전의 규정에 따른다.
제3조【승진소요최저연수 산입에 관한 경과조치】 이 영 시행 전에 발생한 사유로 직위해제처분을 받은 사람에 대해서는 제31조제2항제2호다목 및 라목의 개정규정에도 불구하고 종전의 규정에 따른다.

부　칙 (2017.1.31)

제1조【시행일】 이 영은 공포한 날부터 시행한다.
제2조【승진소요최저연수 산입에 관한 적용례】 제31조제2항제1호다목 단서 및 부칙 제3조의 개정규정은 이 영 시행 전에 임신·출산 또는 자녀 양육을 위하여 휴직한 공무원의 휴직기간에 대해서도 적용한다.
제3조【다른 법령의 개정】 ※(해당 법령에 가제정리 하였음)

부　칙 (2017.12.29)

제1조【시행일】 이 영은 공포한 날부터 시행한다. 다만, 제25조제2항제2호의 개정규정은 2018년 1월 15일부터 시행한다.
제2조【균형인사기본계획의 수립에 관한 특례】 인사혁신처장은 제8조의2제1항의 개정규정에도 불구하고 이 영 시행일부터 6개월 이내에 균형인사기본계획을 수립하여야 한다.
제3조【시보임용의 면제에 관한 특례】 부칙 제1조 단서에 따른 시행일 당시 법 제29조제1항에 따라 시보임용 중에 있는 공무원 중 제25조제2항제2호의 개정규정에 따라 시보임용을 면제하는 경우에 해당하는 공무원은 제23조제2항에도 불구하고 부칙 제1조 단서에 따른 시행일에 정규 공무원으로 임용된 것으로 본다.
제4조【채용후보자의 자격상실에 관한 적용례】 제14조제1항제6호 및 제7호의 개정규정은 이 영 시행 이후 사유가 발생하는 경우부터 적용한다.
제5조【시보공무원의 면직 또는 면직 제청에 관한 적용례】 제23조제7항제4호의 개정규정은 이 영 시행 이후 사유가 발생하는 경우부터 적용한다.
제6조【승진소요최저연수 산입에 관한 적용례】 제31조제11항 단서의 개정규정은 이 영 시행 전에 제57조의3에 따른 시간선택제전환공무원으로 근무한 기간에 대해서도 적용한다.
제7조【승진임용의 제한에 관한 적용례】 제32조제1항제2호의 개정규정은 이 영 시행 이후 징계 사유가 발생하는 경우부터 적용한다.
제8조【특별승진 대상자의 승진임용 순위 명부에 관한 적용례】 제34조제10항의 개정규정은 이 영 시행 이후 특별승진 대상자로 결정되는 경우부터 적용한다.

부　칙 (2018.7.3)

제1조【시행일】 이 영은 공포한 날부터 시행한다.
제2조【승진소요최저연수 산입에 관한 적용례】 제31조제2항제1호다목의 개정규정은 이 영 시행 전 임신 또는 출산하거나 자녀를 양육하기 위하여 휴직한 공무원의 휴직기간에 대해서도 적용한다.

부　칙 (2019.6.18)

제1조【시행일】 이 영은 공포한 날부터 시행한다.
제2조【시간선택제채용공무원의 근속승진기간 산정에 관한 적용례】 제35조의4제8항의 개정규정은 이 영 시행 전에 시간선택제채용공무원으로 근무한 기간에 대해서도 적용한다.
제3조【전문임기제공무원의 자격기준에 관한 적용례】 별표4의2의 개정규정은 이 영 시행 이후 공고하는 시험부터 적용한다.

부　칙 (2019.6.25)

제1조【시행일】 이 영은 2019년 7월 1일부터 시행한다.
제2조【특별승진임용의 제한에 관한 적용례 등】 ① 징계로 인한 특별승진임용, 명예진급(군인에 한정한다) 또는 특별임용(참사관급 외무공무원에 한정한다) 제한에 관한 이 영의 개정규정은 이 영 시행 전에 징계 처분을 받은 사실이 있는 사람에 대해서도 적용한다.
② 이 영 시행 전에 「국가인권위원회법」 제2조제3호라목에 따른 성희롱을 사유로 경징계 처분을 받은 사실이 있는 사람은 이 영의 개정규정에 따라 「양성평등기본법」 제3조제2호에 따른 성희롱을 사유로 경징계 처분을 받은 사실이 있는 것으로 본다.
제3조【특별승진임용 취소에 관한 적용례】 명예퇴직수당의 환수로 인한 특별승진임용, 명예진급(군인에 한정한다) 또는 특별임용(참사관급 외무공무원에 한정한다) 취소에 관한 이 영의 개정규정은 이 영 시행 이후 특별승진임용되는 사람부터 적용한다.

부　칙 (2019.11.5)

제1조【시행일】 이 영은 공포한 날부터 시행한다. 다만, 제16조제1항제7호 본문의 개정규정은 2022년 1월 1일부터 시행한다.
제2조【승진임용 제한기간 가산에 관한 적용례】 제32조제1항제2호 각 목 외의 부분의 개정규정은 이 영 시행 이후 징계 사유에 해당하는 위반행위를 하는 경우부터 적용한다.
제3조【특별승진임용 요건 등에 관한 적용례】 제35조의2제1항제2호나목 및 같은 조 제5항의 개정규정은 이 영 시행 이후 포상을 받는 공무원부터 적용한다.
제4조【경력경쟁채용등의 요건 강화에 관한 경과조치】 부칙 제1조 단서에 따른 시행일 전에 지방공무원으로 임용된 사람에 대해서는 제16조제1항제7호 본문의 개정규정(강등처분으로 인하여 직무에 종사하지 않은 기간에 관한 개정부분은 제외한다)에도 불구하고 종전의 규정에 따른다.

부　칙 (2020.2.25)

제1조【시행일】 이 영은 공포한 날부터 시행한다. 다만, 제2조제3호가목, 제5조제2항 및 부칙 제2조의 개정규정은 2020년 8월 5일부터 시행한다.
제2조【다른 법령의 개정】 ※(해당 법령에 가제정리 하였음)

부　칙 (2020.9.22)

제1조【시행일】 이 영은 공포한 날부터 시행한다. 다만, 제

34조의2제2항, 제45조제1항, 같은 조 제2항제2호부터 제4호까지, 같은 조 제3항·제4항·제6항, 같은 조 제7항 본문(사전 승인 사유와 관련된 개정사항으로 한정한다), 같은 조 제8항 본문, 같은 조 제10항, 제45조의2의 개정규정 및 부칙 제7조는 2021년 1월 1일부터 시행한다.
제2조【민간전문가의 파견기간에 관한 적용례】 제41조의2제3항의 개정규정은 이 영 시행 당시 파견 중인 사람에 대해서도 적용한다.
제3조【승진임용 제한기간의 계산에 관한 경과조치】 이 영 시행 전에 징계처분을 받은 경우에는 제32조제3항의 개정규정에도 불구하고 종전의 규정에 따른다.
제4조【보직관리에 관한 경과조치】 이 영 시행 전에 결원보충이 승인된 경우에는 제43조제1항제2호의 개정규정에도 불구하고 종전의 규정에 따른다.
제5조【교육부·행정안전부 소속 공무원의 전출 제한에 관한 경과조치】 부칙 제1조 단서에 따른 시행일 전에 법 제28조제2항제7호에 따라 교육부·행정안전부 소속 공무원으로 경력경쟁채용시험등을 통하여 채용된 사람에 대해서는 제45조의2제3항의 개정규정에도 불구하고 종전의 규정에 따른다.
제6조【직렬 및 직류 개편에 따른 일반직공무원 구분 변경에 관한 경과조치】 ① 이 영 시행 당시 종전의 별표1에 따른 다음 표의 왼쪽 란에 기재된 직류의 5급 이하 일반직공무원은 각각 별표1의 개정규정에 따른 다음 표의 오른쪽 란에 기재된 직류의 해당 직급 일반직공무원으로 임용된 것으로 본다.

행정직군 행정직렬 운수직류	행정직군 행정직렬 일반행정직류
행정직군 방호직렬 경비직류	행정직군 방호직렬 방호직류
기술직군 공업직렬 야금직류	기술직군 공업직렬 금속직류
기술직군 농업직렬 잠업직류	기술직군 농업직렬 일반농업직류
기술직군 농업직렬 농화학직류	기술직군 농업직렬 일반농업직류
기술직군 해양수산직렬 수산제조직류	기술직군 해양수산직렬 일반수산직류
기술직군 해양수산직렬 수산증식직류	기술직군 해양수산직렬 일반수산직류
기술직군 해양수산직렬 수산물검사직류	기술직군 해양수산직렬 일반수산직류
기술직군 등대관리직렬 등대관리직류	기술직군 해양수산직렬 표지운영직류
기술진군 약무직렬 약제직류	기술직군 약무직렬 약무직류
기술직군 전산직렬 정보관리직류	기술직군 전산직렬 데이터직류

② 이 영 시행 당시 제1항 표의 왼쪽 란에 기재된 직류의 일반직공무원의 채용 및 임용 절차가 진행 중인 경우에는 각각 같은 표의 오른쪽 란에 기재된 직류의 일반직공무원으로 채용 및 임용절차가 진행 중인 것으로 본다.
③ 이 영 시행 당시 다른 법령에서 제1항 표의 왼쪽 란에 기재된 직류의 5급 이하 일반직공무원의 직급을 인용하는 경우에는 각각 같은 표의 오른쪽 란에 기재된 직류의 일반직공무원의 해당 직급을 인용하는 것으로 본다.
제7조【다른 법령의 개정】 ※(해당 법령에 가제정리 하였음)

부 칙 (2020.12.29)

제1조【시행일】 이 영은 2021년 1월 1일부터 시행한다.
제2조【일반적 적용례】 이 영은 이 영 시행 당시 사법경찰관이 수사 중인 사건에 대해서도 적용한다.

부 칙 (2021.1.5)

이 영은 공포한 날부터 시행한다.(이하 생략)

부 칙 (2021.11.30)

제1조【시행일】 이 영은 2021년 12월 9일부터 시행한다. 다만, 제12조의2 및 제22조의3제1항 및 제2항의 개정규정은 공포한 날부터 시행하고, 제8조의2제6항 및 제16조제4항의 개정규정은 2022년 1월 13일부터 시행한다.
제2조【공무상질병휴직에 관한 경과조치】 이 영 시행일 당시 공무상질병휴직 중인 공무원이 그 시행일 이후에도 해당 휴직사유와 같은 사유로 질병 또는 부상이 계속되는 경우에는 제57조의7제5항의 개정규정에도 불구하고 종전의 제57조의7제2항 단서에 따라 승인 또는 결정받은 공무상 요양기간이나 요양급여 지급이 끝난 후에도 공무상질병휴직을 새로 명하거나 그 휴직기간을 연장할 수 있다.

부 칙 (2021.12.28)

제1조【시행일】 이 영은 2021년 12월 30일부터 시행한다.(이하 생략)

부 칙 (2022.5.9)

제1조【시행일】 이 영은 2022년 7월 21일부터 시행한다.(이하 생략)

부 칙 (2022.12.27)

제1조【시행일】 이 영은 공포한 날부터 시행한다.
제2조【승진소요최저연수 산입에 관한 적용례】 ① 제31조제3항의 개정규정은 이 영 시행 이후 이 영에 따른 공무원으로 임용되는 경우부터 적용한다.
② 제31조제14항의 개정규정은 이 영 시행 전에 법 제28조제2항제7호에 따라 임용된 국가공무원이 지방공무원으로 근무한 기간에 대해서도 적용한다.
③ 제31조제15항의 개정규정은 이 영 시행 전에 법 제28조제2항제7호에 따라 임용된 국가공무원이 지방공무원으로 재직한 강임 전의 기간에 대해서도 적용한다. 다만, 이 영 시행 당시 원 계급보다 상위 계급으로 승진한 경우에는 적용하지 않는다.
제3조【전문임기제공무원 및 한시임기제공무원의 자격기준에 관한 적용례】 별표4의2의 개정규정은 이 영 시행 이후 공고하는 시험부터 적용한다.

부 칙 (2023.8.30)

제1조【시행일】 이 영은 공포한 날부터 시행한다.
제2조【직군 명칭 변경에 따른 경과조치】 ① 이 영 시행 당시 종전의 별표1 중 기술직군의 일반직공무원은 이 영 시행일에 과학기술직군의 해당 직급의 일반직공무원으로 임용된 것으로 본다.
② 이 영 시행 당시 각급 기관의 조직과 정원을 규정하는 법령 등에서 정하고 있는 기술직군 일반직공무원의 직급별 정원은 별표1의 개정규정에 따른 과학기술직군 일반직공무원의 직급별 정원으로 본다.
③ 이 영 시행 당시 종전의 규정에 따른 기술직군 일반직공무원의 채용 및 임용절차가 진행 중인 경우에는 별표1의 개정규정에 따른 과학기술직군 일반직공무원의 채용 및 임용절차가 진행 중인 것으로 본다.
④ 이 영 시행 당시 다른 법령에서 기술직군 일반직공무원을 인용한 경우에는 별표1의 개정규정에 따른 과학기술직군 일반직공무원을 인용한 것으로 본다.
제3조【해양수산직렬 내 직류통합에 따른 경과조치】 ① 이 영 시행 당시 별표1 중 표지운영직류의 5급 이하 공무원은 이 영 시행일에 해양교통시설직류의 해당 직급으로 임용된 것으로 본다.
② 이 영 시행 당시 각급 기관의 조직과 정원을 규정하는 법

령 등에서 정하고 있는 표지운영직류 일반직공무원의 직급별 정원은 별표1의 개정규정에 따른 해양교통시설직류 일반직공무원의 직급별 정원으로 본다.
③ 이 영 시행 당시 종전의 규정에 따른 표지운영직류 일반직공무원의 채용 및 임용절차가 진행 중인 경우에는 별표1의 개정규정에 따른 해양교통시설직류 일반직공무원의 채용 및 임용절차가 진행 중인 것으로 본다.
④ 이 영 시행 당시 종전의 규정에 따라 작성된 표지운영직류 공무원의 승진후보자 명부는 이 영 시행 이후 최초로 해양교통시설직류의 해당 직급의 승진후보자 명부가 작성될 때까지 효력을 가진다.
⑤ 이 영 시행 당시 다른 법령에서 표지운영직류 일반직공무원을 인용한 경우에는 별표1의 개정규정에 따른 해양교통시설직류 일반직공무원을 인용한 것으로 본다.
제4조【다른 법령의 개정】 ①~⑪ ※(해당 법령에 가제정리 하였음)
제5조【다른 법령의 개정에 따른 경과조치】 ① 이 영 시행 당시 종전의「연구직 및 지도직공무원의 임용 등에 관한 규정」별표1 중 기술직군의 연구직공무원 및 기술직군의 지도직공무원은 이 영 시행일에 과학기술직군의 해당 직급의 연구직공무원 및 과학기술직군의 해당 직급의 지도직공무원으로 임용된 것으로 본다.
② 이 영 시행 당시 각급 기관의 조직과 정원을 규정하는 법령 등에서 정하고 있는 기술직군 연구직공무원 및 기술직군 지도직공무원의 직급별 정원은 부칙 제4조제7항에 따라 개정되는「연구직 및 지도직공무원의 임용 등에 관한 규정」별표1의 개정규정에 따른 과학기술직군 연구직공무원 및 과학기술직군 지도직공무원의 직급별 정원으로 본다.
③ 이 영 시행 당시 종전의 규정에 따른 기술직군 연구직공무원 및 기술직군 지도직공무원의 채용 및 임용절차가 진행 중인 경우에는 부칙 제4조제7항에 따라 개정되는「연구직 및 지도직공무원의 임용 등에 관한 규정」별표1의 개정규정에 따른 과학기술직군 연구직공무원 및 과학기술직군 지도직공무원의 채용 및 임용절차가 진행 중인 것으로 본다.
④ 이 영 시행 당시 다른 법령에서 기술직군 연구직공무원 및 기술직군 지도직공무원을 인용한 경우에는 부칙 제4조제7항에 따라 개정되는「연구직 및 지도직공무원의 임용 등에 관한 규정」별표1의 개정규정에 따른 과학기술직군 연구직공무원 및 과학기술직군 지도직공무원을 인용한 것으로 본다.

부 칙 (2023.10.10)

제1조【시행일】 이 영은 2023년 10월 12일부터 시행한다.
제2조【다른 법령의 개정】 ①~③ ※(해당 법령에 가제정리 하였음)

부 칙 (2023.12.26)

제1조【시행일】 이 영은 2024년 1월 1일부터 시행한다. 다만, 제31조제1항의 개정규정은 2024년 1월 31일부터 시행한다.
제2조【채용후보자의 직무 수행 곤란 여부 인정에 관한 경과조치】 ① 이 영 시행 전에 종전의 제14조제2항 전단에 따라 심사위원회의 의결을 거친 사항은 제10조의4제1항제1호 및 제14조제2항의 개정규정에 따라 임용심사위원회의 의결을 거친 것으로 본다.
② 이 영 시행 당시 종전의 제14조제2항에 따라 심사위원회의 의결을 위한 절차가 진행 중인 경우에는 제10조의4제1항제1호 및 제14조제2항의 개정규정에도 불구하고 종전의 규정에 따른다.
제3조【경력경쟁채용등의 요건에 관한 경과조치】 이 영 시행 당시 진행 중인 경력경쟁채용시험등에 대해서는 제16조제2항 및 별표4의2의 개정규정에도 불구하고 종전의 규정에 따른다.
제4조【시보임용 기간 중에 있는 공무원의 임용·면직에 관한 경과조치】 ① 이 영 시행 전에 종전의 제23조제2항에 따라 심사위원회의 의결을 거친 사항은 제10조의4제1항제2호 및 제23조제2항의 개정규정에 따라 임용심사위원회의 의결을 거친 것으로 본다.
② 이 영 시행 당시 종전의 제23조제2항에 따라 심사위원회의 의결을 위한 절차가 진행 중인 경우에는 제10조의4제1항제2호 및 제23조제2항의 개정규정에도 불구하고 종전의 규정에 따른다.
제5조【진행 중인 승진임용에 관한 경과조치】 ① 부칙 제1조 단서에 따른 시행일 전에 승진시험 또는 보통승진심사위원회의 심사를 거친 경우에는 제31조제1항의 개정규정에도 불구하고 종전의 규정에 따른다.
② 부칙 제1조 단서에 따른 시행일 당시 승진시험 또는 보통승진심사위원회의 심사가 진행 중인 경우에는 제31조제1항의 개정규정에도 불구하고 종전의 규정에 따른다.
제6조【질병휴직 여부의 결정에 관한 경과조치】 ① 이 영 시행 전에 종전의 제57조의7제2항에 따라 질병휴직위원회의 자문을 거친 사항은 제10조의4제1항제3호 및 제57조의7제2항의 개정규정에 따라 임용심사위원회의 자문을 거친 것으로 본다.
② 이 영 시행 당시 종전의 제57조의7제2항에 따라 질병휴직위원회의 자문을 위한 절차가 진행 중인 경우에는 제10조의4제1항제3호 및 제57조의7제2항의 개정규정에도 불구하고 종전의 규정에 따른다.
제7조【공무상질병휴직의 연장 명령에 관한 경과조치】 ① 이 영 시행 전에 종전의 제57조의7제3항에 따라 질병휴직위원회의 자문을 거친 사항은 제10조의4제1항제4호 및 제57조의7제3항의 개정규정에 따라 임용심사위원회의 의결을 거친 것으로 본다.
② 이 영 시행 당시 종전의 제57조의7제3항에 따라 질병휴직위원회의 자문을 위한 절차가 진행 중인 경우에는 제10조의4제1항제4호 및 제57조의7제3항의 개정규정에도 불구하고 종전의 규정에 따른다.

부 칙 (2024.4.23)

이 영은 공포한 날부터 시행한다.(이하 생략)

부 칙 (2024.6.27)

제1조【시행일】 이 영은 공포한 날부터 시행한다.
제2조【다른 법령의 개정】 ※(해당 법령에 가제정리 하였음)

부 칙 (2025.1.7)

제1조【시행일】 이 영은 공포한 날부터 시행한다.
제2조【승진소요최저연수 산입에 관한 적용례】 제31조제2항제1호다목 및 같은 조 제11항 단서의 개정규정은 다음 각 호의 기간에 대해서도 적용한다.
1. 이 영 시행 전에 육아휴직한 공무원의 이 영 시행 전의 휴직기간
2. 이 영 시행 전에 육아휴직을 대신하여 시간선택제전환공무원으로 지정되어 근무한 공무원의 이 영 시행 전의 근무기간
제3조【퇴직 후 공무상질병휴직 명령·변경에 관한 적용례】 제57조의7제6항의 개정규정은 이 영 시행 이후 공무상요양·재요양승인이나 요양급여·재요양결정을 받는 경우부터 적용한다.
제4조【균형인사기본계획 등의 수립 등에 관한 경과조치】 이 영 시행 전에 종전의 제8조의2에 따라 수립된 균형인사기본계획 및 연도별 시행계획은 제8조의2의 개정규정에 따른 통합인사기본계획 및 연도별 시행계획으로 본다.

〔별표〕 ➡「www.hyeonamsa.com」 참조

〔별지서식〕 (2009.3.31 삭제)

공직자윤리법

(1981년 12월 31일
법 률 제3520호)

개정
1987.12. 4법 3993호(군사법원) <중략>
2007. 5.17법 8435호(가족관계등록)
2007. 8. 3법 8635호(자본시장금융투자업)
2008. 2.29법 8852호(정부조직)
2008. 2.29법 8863호(금융위원회의설치등에관한법)
2008. 2.29법 8872호(대통령등의경호에관한법)
2009. 1.30법 9356호(고등교육)
2009. 2. 3법 9402호
2009. 4. 1법 9617호(신용정보의이용및보호에관한법)
2010. 3.22법10148호(국가공무원)
2011. 3.29법10465호(개인정보보호법)
2011. 7.29법10982호
2011.12.31법11141호(국민보험)
2012.12.11법11530호(국가공무원)
2013. 3.23법11690호(정부조직)
2013. 5.28법11845호(자본시장금융투자업)
2013. 6. 7법11873호(부가세)
2014.11.19법12844호(정부조직)
2014.12.30법12946호 2015.12.29법13695호
2016. 1. 6법13722호(군사법원)
2016. 1.19법13796호(부동산가격공시에관한법)
2017. 3.21법14609호(군인사법)
2017. 7.26법14839호(정부조직)
2019. 8.27법16568호(양식산업발전법)
2019.12. 3법16671호
2019.12.10법16768호(소방공무원법)
2020.12.15법17646호(국가정보원법)
2020.12.22법17689호(국가자치경찰)
2020.12.22법17754호 2021. 4. 1법17989호
2022. 1. 4법18682호(비상대비에관한법)
2022.11.15법19064호 2023. 6.13법19470호
2023. 7.18법19563호(가상자산이용자보호등에관한법)
2023.12.26법19854호

제1장 총 칙
(2009.2.3 본장개정)

제1조 【목적】 이 법은 공직자 및 공직후보자의 재산등록, 등록재산 공개 및 재산형성과정 소명과 공직을 이용한 재산취득의 규제, 공직자의 선물신고 및 주식백지신탁, 퇴직공직자의 취업제한 및 행위제한 등을 규정함으로써 공직자의 부정한 재산 증식을 방지하고, 공무집행의 공정성을 확보하는 등 공익과 사익의 이해충돌을 방지하여 국민에 대한 봉사자로서 가져야 할 공직자의 윤리를 확립함을 목적으로 한다.(2011.7.29 본조개정)

제2조 【생활보장 등】 국가는 공직자가 공직에 헌신할 수 있도록 공직자의 생활을 보장하고, 공직윤리의 확립에 노력하여야 한다.

제2조의2 【이해충돌 방지 의무】 ① 국가 또는 지방자치단체는 공직자가 수행하는 직무가 공직자의 재산상 이해와 관련되어 공정한 직무수행이 어려운 상황이 일어나지 아니하도록 노력하여야 한다.

② 공직자는 자신이 수행하는 직무가 자신의 재산상 이해와 관련되어 공정한 직무수행이 어려운 상황이 일어나지 아니하도록 직무수행의 적정성을 확보하여 공익을 우선으로 성실하게 직무를 수행하여야 한다.

③ 공직자는 공직을 이용하여 사적 이익을 추구하거나 개인이나 기관·단체에 부정한 특혜를 주어서는 아니 되며, 재직 중 취득한 정보를 부당하게 사적으로 이용하거나 타인으로 하여금 부당하게 사용하게 하여서는 아니 된다.(2011.7.29 본항신설)

④ 퇴직공직자는 재직 중인 공직자의 공정한 직무수행을 해치는 상황이 일어나지 아니하도록 노력하여야 한다.(2011.7.29 본항신설)

제2장 재산등록 및 공개
(2009.2.3 본장개정)

제3조 【등록의무자】 ① 다음 각 호의 어느 하나에 해당하는 공직자(이하 "등록의무자"라 한다)는 이 법에서 정하는 바에 따라 재산을 등록하여야 한다.

1. 대통령·국무총리·국무위원·국회의원 등 국가의 정무직공무원
2. 지방자치단체의 장, 지방의회의원 등 지방자치단체의 정무직공무원
3. 4급 이상의 일반직 국가공무원(고위공무원단에 속하는 일반직공무원을 포함한다) 및 지방공무원과 이에 상당하는 보수를 받는 별정직공무원(고위공무원단에 속하는 별정직공무원을 포함한다)
4. 대통령령으로 정하는 외무공무원과 4급 이상의 국가정보원 직원 및 대통령경호처 경호공무원(2017.7.26 본호개정)
5. 법관 및 검사
6. 헌법재판소 헌법연구관
7. 대령 이상의 장교 및 이에 상당하는 군무원
8. 교육공무원 중 총장·부총장·대학원장·학장(대학교의 학장을 포함한다) 및 전문대학의 장과 대학에 준하는 각종 학교의 장, 특별시·광역시·특별자치시·도·특별자치도의 교육감 및 교육장(2015.12.29 본호개정)
9. 총경(자치총경을 포함한다) 이상의 경찰공무원과 소방정 이상의 소방공무원(2019.12.10 본호개정)
10. 제3호부터 제7호까지 및 제9호의 공무원으로 임명할 수 있는 직위 또는 이에 상당하는 직위에 임용된 「국가공무원법」 제26조의5 및 「지방공무원법」 제25조의5에 따른 임기제공무원(2012.12.11 본호개정)
11. 「공공기관의 운영에 관한 법률」에 따른 공기업(이하 "공기업"이라 한다)의 장·부기관장·상임이사 및 상임감사, 한국은행의 총재·부총재·감사 및 금융통화위원회의 추천직 위원, 금융감독원의 원장·부원장·부원장보 및 감사, 농업협동조합중앙회·수산업협동조합중앙회의 회장 및 상임감사(2011.7.29 본호개정)
12. 제3조의2에 따른 공직유관단체(이하 "공직유관단체"라 한다)의 임원

12의2. 「한국토지주택공사법」에 따른 한국토지주택공사 등 부동산 관련 업무나 정보를 취급하는 대통령령으로 정하는 공직유관단체의 직원. 다만, 청소원, 건물 관리원 및 직업운동선수 등 부동산 관련 정보를 취득할 가능성이 없다고 인정되는 직원으로서 대통령령으로 정하는 직원은 제외한다.(2023.12.26 본호개정)

13. 그 밖에 국회규칙, 대법원규칙, 헌법재판소규칙, 중앙선거관리위원회규칙 및 대통령령으로 정하는 특정 분야의 공무원과 공직유관단체의 직원(2014.12.30 본호개정)

② (1993.6.11 삭제)

제3조의2 【공직유관단체】 ① 제9조제2항제8호에 따른 정부 공직자윤리위원회는 정부 또는 지방자치단체의 재정지원 규모, 임원선임 방법 등을 고려하여 다음 각 호에 해당하는 기관·단체를 공직유관단체로 지정할 수 있다.

1. 한국은행
2. 공기업
3. 정부의 출자·출연·보조를 받는 기관·단체(재출자·재출연을 포함한다), 그 밖에 정부 업무를 위탁받아 수행하거나 대행하는 기관·단체(2014.12.30 본호개정)
4. 「지방공기업법」에 따른 지방공사·지방공단 및 지방자치단체의 출자·출연·보조를 받는 기관·단체(재출자·재출연을 포함한다), 그 밖에 지방자치단체의 업무를 위탁받아 수행하거나 대행하는 기관·단체(2014.12.30 본호개정)
5. 임원 선임 시 중앙행정기관의 장 또는 지방자치단체의 장의 승인·동의·추천·제청 등이 필요한 기관·단체나 중앙행정기관의 장 또는 지방자치단체의 장이 임원을 선임·임명·위촉하는 기관·단체

② 제1항에 따른 공직유관단체의 지정기준 및 절차, 그 밖에 필요한 사항은 대통령령으로 정한다.
(2009.2.3 본조신설)

제4조【등록대상재산】 ① 등록의무자가 등록할 재산은 다음 각 호의 어느 하나에 해당하는 사람의 재산(소유 명의와 관계없이 사실상 소유하는 재산, 비영리법인에 출연한 재산과 외국에 있는 재산을 포함한다. 이하 같다)으로 한다.
1. 본인
2. 배우자(사실상의 혼인관계에 있는 사람을 포함한다. 이하 같다)
3. 본인의 직계존속·직계비속. 다만, 혼인한 직계비속인 여성과 외증조부모, 외조부모, 외손자녀 및 외증손자녀는 제외한다.(2011.7.29 단서개정)

② 등록의무자가 등록할 재산은 다음 각 호와 같다.
1. 부동산에 관한 소유권·지상권 및 전세권
2. 광업권·어업권·양식업권, 그 밖에 부동산에 관한 규정이 준용되는 권리(2019.8.27 본호개정)
3. 다음 각 목의 동산·증권·채권·채무 및 지식재산권(知識財産權)
 가. 소유자별 합계액 1천만원 이상의 현금(수표를 포함한다)
 나. 소유자별 합계액 1천만원 이상의 예금
 다. 소유자별 합계액 1천만원 이상의 주식·국채·공채·회사채 등 증권
 라. 소유자별 합계액 1천만원 이상의 채권
 마. 소유자별 합계액 1천만원 이상의 채무
 바. 소유자별 합계액 500만원 이상의 금 및 백금(금제품 및 백금제품을 포함한다)
 사. 품목당 500만원 이상의 보석류
 아. 품목당 500만원 이상의 골동품 및 예술품
 자. 권당 500만원 이상의 회원권
 차. 소유자별 연간 1천만원 이상의 소득이 있는 지식재산권
 카. 자동차·건설기계·선박 및 항공기
4. 합명회사·합자회사 및 유한회사의 출자지분
5. 주식매수선택권
6. 「가상자산 이용자 보호 등에 관한 법률」 제2조제1호에 따른 가상자산(이하 "가상자산"이라 한다)(2023.7.18 본호개정)

③ 제1항에 따라 등록할 재산의 종류별 가액(價額)의 산정방법 또는 표시방법은 다음과 같다.
1. 토지는 「부동산 가격공시에 관한 법률」에 따른 개별공시지가(해당 토지의 개별공시지가가 없는 경우에는 같은 법 제8조에 따라 공시지가를 기준으로 산정한 금액을 말한다) 또는 실거래가격(2016.1.19 본호개정)
2. 주택은 「부동산 가격공시에 관한 법률」 제16조, 제17조 및 제18조에 따른 공시가격 또는 실거래가격(2016.1.19 본호개정)
3. 상가·빌딩·오피스텔, 그 밖의 부동산은 대지를 「부동산 가격공시에 관한 법률」에 따른 개별공시지가(해당 토지의 개별공시지가가 없는 경우에는 같은 법 제8조에 따라 공시지가를 기준으로 산정한 금액을 말한다)로 산정한 가액과 건물을 국가 또는 지방자치단체가 고시하는 공정가액 중 최고가액(취득가액이 있는 경우에는 취득가액을 함께 쓴다)으로 산정한 가액의 합계액 또는 실거래가격(2016.1.19 본호개정)
4. 부동산에 관한 규정이 준용되는 권리는 실거래가격이나 전문가 등의 평가액 그리고 종류·수량·내용 등 명세
5. 현금·예금·채권 및 채무는 해당 금액
6. 국채·공채·회사채 등 유가증권은 액면가
7. 주식 중 「자본시장과 금융투자업에 관한 법률」에 따라 거래소허가를 받은 거래소에 상장된 주권과 「자본시장과 금융투자업에 관한 법률」 제166조에 따라 장외거래되는 주식 중 증권시장과 유사한 방법으로 거래되는 주식은 재산등록 기준일의 최종거래가격(거래가 재산등록 기준일 전에 마감된 경우에는 마감일의 최종거래가격. 다만, 「자본시장과 금융투자업에 관한 법률」 제166조에 따라 장외거래되는 주식 중 증권시장과 유사한 방법으로 거래되는 주식의 경우에는 대통령령으로 정하는 거래가격을 말한다), 그 외의 주식은 해당 법인의 자산 및 수익을 고려하여 대통령령으로 정하는 평가방법에 따라 산정한 금액 또는 실거래가격(2019.12.3 단서개정)
8. 합명회사·합자회사 및 유한회사의 출자지분은 출자가액과 지분비율 및 최근 사업연도의 회사 연간매출액
9. 금 및 백금(금제품 및 백금제품을 포함한다)은 실거래가격이나 신고일 현재의 시장가격 그리고 종류·함량과 중량
10. 보석류는 실거래가격이나 전문가 등의 평가액 그리고 종류·크기·색상 등 명세
11. 골동품 및 예술품은 실거래가격이나 작가·크기를 고려한 전문가 등의 평가액 그리고 종류·크기·작가 및 제작연대 등 작품의 명세
12. 회원권은 취득가액. 다만, 골프회원권은 「소득세법」에 따른 기준시가 또는 실거래가격
13. 자동차·건설기계·선박 및 항공기는 실거래가격이나 감가상각 등을 고려한 전문가 등의 평가액 그리고 종류·제작연도·제작회사·등록번호 등 명세
14. 주식매수선택권은 받을 주식의 종류 및 수량, 행사가격·행사기간 등 행사조건, 받을 주식의 현재시가 등 명세
15. 가상자산은 해당 자산의 거래규모 및 거래방식 등을 고려하여 대통령령으로 정하는 평가방법에 따라 산정한 금액(2023.6.13 본호신설)

④ 제3항에서 규정한 것 외에 등록할 재산의 가액 산정방법과 표시방법, 그 밖에 등록에 필요한 사항은 대통령령으로 정한다.

⑤ 제2항에 따른 재산에 대하여 소유자별로 재산의 취득일자·취득경위·소득원 등을 기재하거나 소명자료를 첨부할 수 있다. 다만, 제10조제1항 각 호에 따른 공개대상자는 부동산, 제3항제7호에 따른 그 외의 주식 및 그 밖에 대통령령으로 정하는 재산에 대하여, 제3조제1항 각 호에 따른 공직자 중 부동산 관련 업무나 정보를 취급하는 대통령령으로 정하는 사람은 제4조제2항제1호에 따른 부동산에 대하여 소유자별로 재산의 취득일자·취득경위·소득원 등을 기재하여야 한다.(2021.4.1 단서개정)

⑥ 제1항에 따른 등록대상재산 중 다음 각 호의 어느 하나에 해당하는 재산은 다른 등록대상재산과 구분하여 표시하여야 한다.(2014.12.30 본문개정)
1. 비영리법인에 출연한 재산. 이 경우 그 법인에서의 등록의무자의 직위를 밝혀야 한다.(2014.12.30 본호신설)
2. 「정치자금법」 제3조제1호에 따른 정치자금의 수입 및 지출을 위한 예금계좌의 예금(2014.12.30 본호신설)

⑦ 등록의무자가 제2항에 따른 재산 중 주식을 등록하기 위하여 필요한 경우 주식을 발행한 자에게 자산총액 및 그 밖에 대통령령으로 정하는 정보를 요청할 수 있다. 이 경우 주식을 발행한 자는 그 요청에 따라야 한다.(2019.12.3 본항신설)

제5조【재산의 등록기관과 등록시기 등】 ① 공직자는 등록의무자가 된 날부터 2개월이 되는 날이 속하는 달의 말일까지 등록의무자가 된 날 현재의 재산을 다음 각 호의 구분에 따른 기관(이하 "등록기관"이라 한다)에 등록하여야 한다. 다만, 등록의무자가 된 날부터 2개월이 되는 날이 속하는 달의 말일까지 등록의무를 면제받은 경우에는 그러하지 아니하며, 전보(轉補)·강임(降任)·강등(降等) 또는 퇴직 등으로 인하여 등록의무를 면제받은 사람이 3년(퇴직한 경우에는 1년) 이내에 다시 등록의무자가 된 경우에는 전보·강임·강등 또는 퇴직 등을 한 날 이후 또는 제11조제1항에 따른 재산변동사항 신고 이후의 변동사항을 신고함으로써 등록을 갈음할 수 있다.(2015.12.29 본문개정)
1. 국회의원과 그 밖의 국회 소속 공무원 : 국회사무처
2. 법관과 그 밖의 법원 소속 공무원 : 법원행정처
3. 헌법재판소장, 헌법재판소재판관 및 헌법재판소 소속 공무원 : 헌법재판소사무처
4. 중앙선거관리위원회 및 각급 선거관리위원회 소속 공무원 : 중앙선거관리위원회사무처

5. 정부의 부·처·청(대통령령으로 정하는 위원회 등의 행정기관을 포함한다. 이하 같다) 소속 공무원 : 그 부·처·청
6. 감사원 소속 공무원 : 감사원사무처
7. 국가정보원 소속 공무원 : 국가정보원
8. 지방자치단체 소속 공무원 : 그 지방자치단체
9. 지방의회의원과 지방의회 소속 공무원 : 그 지방의회
10. 특별시·광역시·특별자치시·도·특별자치도교육청 소속 공무원 : 그 특별시·광역시·특별자치시·도·특별자치도교육청(2011.7.29 본호개정)
11. (2015.12.29 삭제)
12. 공직유관단체의 임직원 : 그 공직유관단체를 감독하는 부·처·청. 다만, 특별시·광역시·특별자치시·도·특별자치도 및 시·군·구(자치구를 말한다. 이하 같다) 또는 특별시·광역시·특별자치시·도·특별자치도교육청의 감독을 받는 공직유관단체의 임직원은 해당 지방자치단체 또는 교육청에 등록한다.(2020.12.22 단서개정)
13. 그 밖의 등록의무자, 제5호부터 제7호까지 및 제12호 본문에도 불구하고 정부의 부·처·청 소속 공무원과 감사원·국가정보원 소속 공무원 및 공직유관단체의 임원으로서 제10조제1항에 따라 재산등록사항을 공개하는 공직자 : 인사혁신처(2014.11.19 본호개정)

② 제1항 단서의 경우에 등록기관이 종전의 등록기관과 다를 때에는 종전의 등록기관의 장은 전보 등으로 인하여 등록의무를 면제받은 사람이 다시 등록의무자가 된 날부터 1개월 이내에 그 사람의 재산등록에 관한 서류를 새로운 등록기관의 장에게 이관(移管)하여야 한다. 등록의무자가 전보 등으로 인하여 등록의무를 면제받지 아니하고 등록기관이 변경된 경우에도 또한 같다.

③ 제1항제5호에 따른 등록기관 중 재산을 등록하여야 할 등록의무자의 수가 많아 등록업무를 수행하기가 곤란한 등록기관에 대하여는 대통령령으로 정하는 바에 따라 그 소속기관 중 일부를 등록기관으로 할 수 있다.

제6조【변동사항 신고】 ① 등록의무자는 매년 1월 1일부터 12월 31일까지의 재산 변동사항을 다음 해 2월 말일까지 등록기관에 신고하여야 한다. 다만, 최초의 등록 후 또는 제5조제1항 단서에 따른 신고 후 최초의 변동사항 신고의 경우에는 등록의무자가 된 날부터 그 해 12월 31일까지의 재산 변동사항을 등록기관에 신고하여야 한다.

② 퇴직한 등록의무자는 퇴직일부터 2개월이 되는 날이 속하는 달의 말일까지 그 해 1월 1일(1월 1일 이후에 등록의무자가 된 경우에는 등록의무자가 된 날)부터 퇴직일까지의 재산 변동사항을 퇴직 당시의 등록기관에 신고하여야 한다. 다만, 퇴직일부터 2개월이 되는 날이 속하는 달의 말일까지 다시 등록의무자가 된 경우에는 제1항에 따른 변동사항 신고만으로 신고를 갈음할 수 있다.(2015.12.29 본항개정)

③ 10월부터 12월까지 중에 등록의무자가 되어 제1항에 따라 재산 변동사항을 신고하여야 하는 경우에는 등록의무자가 된 날부터 그 해 12월 31일까지의 재산 변동사항은 다음 해의 변동사항 또는 제2항에 따른 퇴직자 변동사항에 포함하여 신고할 수 있으며, 등록의무자가 1월 또는 2월 중에 퇴직한 경우에는 제1항에 따른 변동사항은 제2항에 따른 퇴직자 변동사항에 포함하여 신고할 수 있다.(2019.12.3 본항개정)

④ 제2항은 제3조제1항제11호부터 제13호까지의 등록의무자 중 소속 기관·단체가 공직유관단체에서 제외되어 등록의무를 면제받은 경우에 준용한다.

⑤~⑦ (2015.12.29 삭제)

⑧ 제1항과 제2항에 따른 신고를 하는 경우에는 매매계약서·영수증 등(사본을 포함한다) 재산의 증감원인(增減原因) 등을 소명할 수 있는 자료를 첨부하거나 그 사유를 구체적으로 밝혀야 한다.

⑨ (2015.12.29 삭제)

제6조의2【주식 및 가상자산 거래내역의 신고】 ① 제10조제1항 각 호의 공개대상자에 해당하는 등록의무자는 제6조 또는 제11조제1항에 따른 재산 변동사항 신고 시에 제4조제1항 각 호의 어느 하나에 해당하는 사람의 주식 및 가상자산의 취득 또는 양도에 관한 거래 내용을 등록기관에 신고하여야 한다.(2023.6.13 본항개정)

② 제1항에 따른 거래내역 신고 시 신고대상 거래의 범위, 신고의 방법 등에 관하여 필요한 사항은 대통령령으로 정한다.(2023.6.13 본항개정)

③ 제1항에 따른 거래의 신고내용은 공개하지 아니 한다.(2023.6.13 본항개정)

④ 제1항에 따른 신고와 신고사항의 심사 및 관리에 관하여는 제8조, 제8조의2, 제12조부터 제14조까지 및 제14조의3을 준용한다.

(2023.6.13 본조제목개정)

제6조의3【변동사항 신고의 유예 등】 ① 등록기관의 장은 등록의무자가 다음 각 호의 어느 하나에 해당하여 변동사항 신고의 유예신청을 하는 경우에는 3년의 범위에서 제6조제1항 또는 제11조제1항에 따른 변동사항 신고를 유예할 수 있다.

1. 법령의 규정에 따라 외국에 파견근무하게 된 경우
2. 법령의 규정에 따라 휴직하게 된 경우
3. 재외공관 또는 해외 주재 사무소에서 근무하게 된 경우
4. 그 밖에 대통령령으로 정하는 사유에 해당하는 경우

② 등록기관의 장은 등록의무자가 다음 각 호의 어느 하나에 해당하는 경우에는 제9조제1항에 따른 공직자윤리위원회(이하 "공직자윤리위원회"라 한다)의 의결로 제6조 또는 제11조에 따른 변동사항 신고를 유예하거나 면제할 수 있다. 이 경우 등록기관의 장은 그 명단 및 사유 등을 관리하여야 한다.(2015.12.29 전단개정)

1. 구금 등으로 신고가 곤란하다고 인정된 경우
2. 실종 등으로 행방이 불분명한 경우
3. 제1호 및 제2호에 상당하는 사유로 사실상 신고가 곤란하다고 인정된 경우

③ 제1항 또는 제2항에 따라 변동사항 신고를 유예받은 등록의무자는 그 유예사유가 소멸된 날부터 2개월이 되는 날이 속하는 달의 말일까지 최종 재산등록 또는 변동사항 신고 이후의 재산 변동사항을 신고하여야 한다.(2015.12.29 본항개정)

제6조의4【변동사항 신고의 범위와 내용】 제6조제1항 및 제2항에 따라 신고하여야 할 재산상의 변동사항의 범위와 내용은 다음과 같다.

1. 제4조제2항제1호 및 제2호에 해당하는 재산과 제4조제3항제12호 중 골프회원권의 매매·증여 또는 공시가격 고시 등으로 인한 변동사항. 다만, 매매 등의 거래를 한 경우 실거래가를 신고하고 증여와 같이 실거래가격을 알 수 없거나 해당 연도에 거래를 하지 아니한 경우에는 공시가격 변동액을 신고하되, 공시가격 변동액이 이미 신고된 실거래가보다 낮은 경우에는 신고하지 아니한다.
2. 제4조제2항제3호 및 제6호에 해당하는 재산의 품목·수량·금액 등 증감한 변동사항. 다만, 제4조제2항제3호사목 및 아목의 재산은 제6조제1항 및 제2항의 등록대상기간 동안 거래가 없는 경우 금액의 변동이 있더라도 변동액을 신고하지 아니한다.(2023.6.13 본문개정)
3. 제4조제1항 및 제6항에 따른 비영리법인에 출연한 재산은 출연재산의 구체적인 내용, 비영리법인의 명칭, 주된 사무소의 소재지, 대표자, 목적사업, 그 밖에 비영리법인의 세부적인 사항과 그 법인에서의 등록의무자의 직위의 변동사항

제6조의5【금융거래정보·부동산정보 등의 제공 및 활용 등】 ① 공직자윤리위원회는 제5조제1항, 제6조제1항·제2항, 제10조제2항 및 제11조제1항에 따른 등록 또는 신고(이하 이 조에서 "재산등록·신고"라 한다)를 위하여 필요한 경우에는 「금융실명거래 및 비밀보장에 관한 법률」 제4조, 「신용정보의 이용 및 보호에 관한 법률」 제33조 및 「개인정보 보호법」 제18조에도 불구하고 명의인의 동의를 받아 등록의무자가 요청하면 「정보통신망 이용촉진 및 정보보호 등에 관한 법률」 제2조제1항제1호에 따른 정보통신망(이하 "정보통신망"이라 한다)을 이용하여 금융기관(「금융실명거래 및 비밀보장에 관한 법률」 제2조제1호에 따른 금융회사등, 「신

용정보의 이용 및 보호에 관한 법률」 제15조에 따른 신용정보회사등, 「가상자산 이용자 보호 등에 관한 법률」 제2조제2호에 따른 가상자산사업자 및 그 밖에 대통령령으로 정하는 자를 말한다. 이하 같다)의 장에게 금융거래(가상자산거래를 포함한다. 이하 같다) 중 잔액에 관한 자료(신용정보 중 대출 잔액에 관한 자료를 포함한다. 이하 이 조에서 같다) 제출을 요구할 수 있으며, 해당 금융기관의 장은 정보통신망을 이용하여 20일 이내에 자료를 제출하여야 한다. 이 경우 해당 금융기관의 장은 「금융실명거래 및 비밀보장에 관한 법률」 제4조의2 및 「신용정보의 이용 및 보호에 관한 법률」 제35조에도 불구하고 명의인이 동의할 때에는 금융거래 중 잔액에 관한 자료를 제공한 사실을 명의인에게 통보하지 아니할 수 있다.(2023.7.18 전단개정)
② 공직자윤리위원회는 등록의무자로부터 재산등록·신고를 위하여 명의인의 동의를 받아 부동산 보유·등기, 과세정보(지적, 건축, 주택에 관한 자료를 포함한다. 이하 같다), 자동차 등록, 회원권(골프회원권, 콘도미니엄회원권 등 대통령령으로 정하는 것을 말한다. 이하 이 조에서 같다) 보유에 관한 자료의 제공을 요청받으면 「개인정보 보호법」 제18조에도 불구하고 정보통신망을 이용하여 중앙행정기관, 지방자치단체, 공직유관단체, 그 밖의 공공기관의 장에게 관련 자료의 제출을 요구할 수 있다. 이 경우 요청을 받은 기관의 장은 20일 이내에 정보통신망을 이용하여 그 요청에 따라야 한다.(2023.12.26 전단개정)
③ 공직자윤리위원회는 재산등록·신고 기간 만료일 15일 전까지 제1항 전단에 따른 금융거래 중 잔액에 관한 자료와 제2항에 따른 부동산 보유·등기, 과세정보, 자동차 등록, 회원권 보유에 관한 자료를 등록의무자에게 제공하여야 한다.
(2023.12.26 본항개정)
④ 공직자윤리위원회는 제1항에 따른 금융거래 중 잔액에 관한 자료와 제2항에 따른 부동산 보유·등기, 과세정보, 자동차 등록, 회원권 보유에 관한 자료를 「금융실명거래 및 비밀보장에 관한 법률」 제4조, 「신용정보의 이용 및 보호에 관한 법률」 제33조 및 「개인정보 보호법」 제18조에도 불구하고 등록사항의 심사에 활용할 수 있다.(2023.12.26 본항개정)
⑤ 제9조제2항 각 호(제8호는 제외한다)의 공직자윤리위원회는 제1항 및 제2항에 따른 자료제출 요구를 제9조제2항제8호에 따른 정부 공직자윤리위원회에 위탁할 수 있으며, 정부 공직자윤리위원회는 위탁받은 명의인에 대한 자료를 관계 기관의 장에게 요구할 수 있다.
⑥ 제1항 및 제2항에 따른 자료제출 요청 및 동의 등에 필요한 사항은 국회규칙, 대법원규칙, 헌법재판소규칙, 중앙선거관리위원회규칙 또는 대통령령으로 정한다.
(2023.12.26 본조제목개정)
(2015.12.29 본조신설)

제7조【등록기간의 연장】 등록기관의 장은 등록의무자(제6조제2항의 퇴직공직자를 포함한다. 이하 제8조·제10조·제12조·제13조 및 제24조에서 같다)가 부득이한 사유로 재산등록(신고를 포함한다. 이하 같다)의 기간 연장을 신청한 경우에 그 사유가 타당하다고 인정할 때에는 재산의 전부 또는 일부에 대한 등록기간을 연장할 수 있다. 이 경우 등록의무자는 연장된 기간 내에 등록을 하여야 한다.

제8조【등록사항의 심사】 ① 공직자윤리위원회는 등록된 사항을 심사하여야 한다.
② 공직자윤리위원회는 등록의무자가 등록재산의 일부를 과실로 빠트리거나 가액합산 등을 잘못 기재한 부분이 있다고 인정될 때에는 등록의무자에게 기간을 정하여 재산등록서류의 보완을 명할 수 있다.
③ 공직자윤리위원회는 제1항에 따른 심사를 위하여 필요하면 등록의무자에게 자료의 제출요구 또는 서면질의를 하거나 사실 확인을 위한 조사를 할 수 있다. 이 경우 공직자윤리위원회는 등록의무자에게 해명 및 소명자료를 제출할 기회를 주어야 한다.
④ 공직자윤리위원회는 국가기관, 지방자치단체, 공직유관단체, 그 밖의 공공기관의 장에게 제1항에 따른 심사를 위하여 필요한 보고나 자료 제출 등을 요구할 수 있으며, 이 경우 그 기관·단체의 장은 다른 법률에도 불구하고 보고나 자료 제출 등을 거부할 수 없다.
⑤ 공직자윤리위원회는 제1항에 따른 심사를 위하여 금융거래의 내용(신용정보를 포함한다. 이하 같다)에 관한 확인이 필요하다고 인정될 때에는 「금융실명거래 및 비밀보장에 관한 법률」 제4조 및 「신용정보의 이용 및 보호에 관한 법률」 제33조에도 불구하고 국회규칙, 대법원규칙, 헌법재판소규칙, 중앙선거관리위원회규칙 또는 대통령령으로 정하는 기준에 따라 인적사항을 기재한 문서 또는 정보통신망에 의하여 금융기관의 장에게 금융거래의 내용에 관한 자료 제출을 요구할 수 있으며 그 금융기관에 종사하는 사람은 이를 거부하지 못한다.(2009.4.1 본항개정)
⑥ 공직자윤리위원회는 등록의무자와 그 배우자, 등록의무자의 직계존속·직계비속, 그 밖의 재산등록사항 관계인에게 출석을 요구하고 진술을 받을 수 있다.
⑦ 공직자윤리위원회는 제1항에 따른 심사 결과 다음 각 호의 어느 하나에 해당하는 등록의무자에 대하여는 그 증명서류를 첨부하고 기간을 정하여 법무부장관(군인 또는 군무원의 경우에는 국방부장관)에게 조사를 의뢰하여야 한다.
(2019.12.3 본문개정)
1. 거짓으로 등록하였다고 의심되는 등록의무자
2. 다음 각 목의 어느 하나에 해당하는 행위를 통하여 재물 또는 재산상 이익을 취득한 상당한 혐의가 있다고 의심되는 등록의무자
   가. 직무상 알게 된 비밀 또는 소속 기관의 미공개정보(재물 또는 재산상 이익의 취득 여부의 판단에 중대한 영향을 미칠 수 있는 정보로서 불특정 다수인이 알 수 있도록 공개되기 전의 것을 말한다. 이하 같다)의 이용
   (2023.12.26 본목개정)
   나. 직무와 관련한 뇌물의 수수(收受)
   다. 지위를 이용하여 다른 공직자의 직무에 속한 사항의 알선
(2019.12.3 1호~2호신설)
⑧ 법무부장관 또는 국방부장관은 제7항에 따라 조사의뢰를 받으면 지체 없이 검사(檢事) 또는 군검사에게 조사를 하게 하고 그 조사 결과를 공직자윤리위원회에 통보하여야 한다.
(2016.1.6 본항개정)
⑨ 제8항에 따른 검사나 군검사의 조사에 관하여는 형사소송에 관한 법령(「군사법원법」을 포함한다) 중 수사에 관한 규정을 준용한다. 다만, 인신구속에 관한 규정은 그러하지 아니하다.(2016.1.6 본문개정)
⑩ 공직자윤리위원회는 제5조제1항에 따른 등록사항 또는 제6조에 따른 변동신고사항을 제10조제1항에 따라 공개한 후 3개월 이내에 재산공개대상 공직자 전원에 대한 심사를 완료하여야 한다. 다만, 공직자윤리위원회는 필요하다고 인정되면 그 의결로써 심사기간을 3개월의 범위에서 연장할 수 있다.
⑪ 공직자윤리위원회는 필요한 경우 재산공개대상자가 아닌 등록의무자의 등록사항에 대한 심사를 등록기관의 장이나 그 밖의 관계기관의 장에게 위임할 수 있으며, 위임을 받은 기관의 장은 심사결과를 관할 공직자윤리위원회에 보고하여야 한다.
⑫ 제11항에 따라 위임하는 경우에는 제2항부터 제9항까지의 규정을 준용한다. 이 경우 제5항에 따른 금융거래의 내용에 관한 자료 제출을 요구하거나 제7항에 따른 조사의뢰를 하려면 관할 공직자윤리위원회의 승인을 받아야 한다.
⑬ 공직자윤리위원회는 재산등록사항을 심사할 때 필요한 경우 제4조에 따라 등록한 재산의 소유자별 취득일자, 취득경위 및 소득원 등(이하 이 조에서 "재산형성과정"이라 한다)을 소명하게 할 수 있다. 이때 재산형성과정의 소명을 요구받은 사람은 소명내용에 대한 재산등록 기준일부터 과거 5년간의 증빙자료를 제출하여야 한다.(2019.12.3 본항개정)
⑭ 제13항에 따라 재산형성과정의 소명을 요구받은 사람은 정당한 사유가 없으면 소명 및 자료 제출을 거부할 수 없다.

⑮ 제13항 및 제14항에 따른 재산형성과정의 소명 및 자료제출에 필요한 사항은 대통령령으로 정한다.
⑯ 공직자윤리위원회는 제4항 및 제5항에 따른 자료제출 요구를 제9조제2항제8호에 따른 정부 공직자윤리위원회에 위탁할 수 있으며, 정부 공직자윤리위원회는 위탁받은 명의인에 대한 자료를 관계 기관의 장에게 요구할 수 있다. 이 경우 「금융실명거래 및 비밀보장에 관한 법률」 제4조의2 및 「신용정보의 이용 및 보호에 관한 법률」 제35조에 따른 비용은 해당 사무를 위탁한 공직자윤리위원회가 부담한다.
(2015.12.29 본항신설)

제8조의2【심사결과의 처리】 ① 공직자윤리위원회는 제8조에 따른 등록사항의 심사(제9조의2에 따른 재심사를 포함한다) 결과 다음 각 호의 어느 하나에 해당하면 제2항에 따른 필요한 조치를 하여야 한다.
1. 등록대상재산을 거짓으로 기재한 경우
2. 등록대상재산을 중대한 과실로 빠트리거나 잘못 기재하는 경우
3. 허위의 자료를 제출하거나 거짓으로 소명하는 등 불성실하게 재산등록을 하거나 심사에 응한 경우
4. 직무상 알게 된 비밀 또는 소속 기관의 미공개정보를 이용하여 재물 또는 재산상 이익을 취득한 사실이 인정된 경우(2023.12.26 본호개정)
(2019.12.3 본항개정)
② 제1항의 필요한 조치는 다음 각 호의 어느 하나에 해당하는 조치로 한다.
1. 경고 및 시정조치
2. 제30조에 따른 과태료 부과
3. 일간신문 광고란을 통한 허위등록사실의 공표
4. 해임 또는 징계의결 요구
(2019.12.3 본항신설)
③ 제1항의 중대한 과실이 있는지를 인정하려면 등록된 재산과 등록에서 빠진 재산의 규모·종류 및 가액과 빠트리거나 잘못 기재한 경위 등을 종합적으로 고려하여야 한다.
④ 공직자윤리위원회는 제2항 각 호의 조치 중 제3호의 조치는 다른 조치에 부수하여 함께 할 수 있다.(2019.12.3 본항개정)
⑤ 공직자윤리위원회는 제2항에 따른 조치를 하였을 때에는 등록기관의 장이나 그 밖의 관계 기관의 장에게 통보하여야 한다.(2019.12.3 본항개정)
⑥ 공직자윤리위원회는 제2항에 따른 조치를 하는 경우에 제4조제1항 각 호의 어느 하나에 해당하는 사람이 다른 법령을 위반하여 부정한 방법으로 재물 또는 재산상 이익을 취득한 혐의가 있다고 인정되면 이를 법무부장관(군인 또는 군무원의 경우에는 국방부장관을 말한다)에게 통보할 수 있다. 다만, 조세 관련 법령의 경우에는 국세는 국세청장 또는 관세청장에게, 지방세는 해당 지방자치단체의 장에게 각각 통보할 수 있다.(2019.12.3 본문개정)

제9조【공직자윤리위원회】 ① 다음 각 호의 사항을 심사·결정하기 위하여 국회·대법원·헌법재판소·중앙선거관리위원회·정부·지방자치단체 및 특별시·광역시·특별자치시·도·특별자치도교육청에 각각 공직자윤리위원회를 둔다.(2011.7.29 본문개정)
1. 재산등록사항의 심사와 그 결과의 처리
2. 제8조제12항 후단에 따른 승인
3. 제18조에 따른 취업제한 여부의 확인 및 취업승인과 제18조의2제3항에 따른 업무취급의 승인(2011.7.29 본호개정)
4. 그 밖에 이 법 또는 다른 법령에 따라 공직자윤리위원회의 권한으로 정한 사항
② 각 공직자윤리위원회의 관할 사항은 다음과 같다.
1. 국회 공직자윤리위원회 : 국회의원, 국회 소속 공무원과 그 퇴직공직자에 관한 사항
2. 대법원 공직자윤리위원회 : 법관, 법원 소속 공무원과 그 퇴직공직자에 관한 사항
3. 헌법재판소 공직자윤리위원회 : 헌법재판소재판관, 헌법재판소 소속 공무원과 그 퇴직공직자에 관한 사항
4. 중앙선거관리위원회 공직자윤리위원회 : 중앙선거관리위원회 및 각급 선거관리위원회 소속 공무원과 그 퇴직공직자에 관한 사항
5. 특별시·광역시·특별자치시·도·특별자치도 공직자윤리위원회 : 특별시·광역시·특별자치시·도·특별자치도 소속 4급 이하 공무원, 관할 공직유관단체의 임직원, 특별시·광역시·특별자치시·도·특별자치도의회 소속 4급 이하 공무원, 시·군·구의회의원, 시·군·구의 4급 공무원과 그 퇴직자에 관한 사항(2011.7.29 본호개정)
6. 시·군·구 공직자윤리위원회 : 시·군·구 소속 5급 이하 공무원, 관할 공직유관단체의 임직원, 시·군·구의회 소속 5급 이하 공무원과 그 퇴직공직자에 관한 사항
7. 특별시·광역시·특별자치시·도·특별자치도교육청공직자윤리위원회 : 특별시·광역시·특별자치시·도·특별자치도교육청 소속 4급 이하 공무원과 그 퇴직공직자에 관한 사항(2015.12.29 본호개정)
8. 정부 공직자윤리위원회 : 제1호부터 제7호까지의 공직자 외의 공직자와 그 퇴직공직자에 관한 사항
③ 공직자윤리위원회는 위원장과 부위원장 각 1명을 포함한 13명의 위원으로 구성하되, 위원장을 포함한 9명의 위원은 판사·검사·변호사, 교육자, 학식과 덕망이 있는 사람 또는 시민단체(「비영리민간단체 지원법」 제2조에 따른 비영리민간단체를 말한다. 이하 같다)에서 추천한 사람 중에서 선임하여야 한다. 다만, 시·군·구 공직자윤리위원회는 위원장과 부위원장 각 1명을 포함한 7명의 위원으로 구성하되, 위원장을 포함한 5명의 위원은 판사·검사·변호사, 교육자, 학식과 덕망이 있는 사람 또는 시민단체에서 추천한 사람 중에서 선임하여야 한다.(2020.12.22 본항개정)
④ 공직자윤리위원회위원의 자격, 임기, 선임 및 심사절차, 그 밖에 필요한 사항은 다음 각 호의 구분에 따라 정한다.
(2019.12.3 본문개정)
1. 국회 공직자윤리위원회 : 국회규칙
2. 대법원 공직자윤리위원회 : 대법원규칙
3. 헌법재판소 공직자윤리위원회 : 헌법재판소규칙
4. 중앙선거관리위원회 공직자윤리위원회 : 중앙선거관리위원회규칙
5. 정부 공직자윤리위원회 : 대통령령
6. 특별시·광역시·특별자치시·도·특별자치도 공직자윤리위원회 및 시·군·구 공직자윤리위원회와 특별시·광역시·특별자치시·도·특별자치도교육청 공직자윤리위원회 : 해당 지방자치단체의 조례(2011.7.29 본호개정)
⑤ 공직자윤리위원회의 업무를 효율적으로 지원하기 위하여 위원회에 분과위원회와 전문위원을 둘 수 있다.(2011.7.29 본항신설)
⑥ 공직자윤리위원회는 이 법과 제4항 각 호에 규정된 규칙, 대통령령 또는 조례의 범위에서 그 운영에 관한 규정을 제정할 수 있다.

제9조의2【공직자윤리위원회 직권 재심사】 공직자윤리위원회는 제9조제1항제1호 또는 제3호에 따른 결정사항이 다음 각 호의 어느 하나에 해당하는 경우로서 재적위원 과반수가 재심사할 공익상의 필요가 크다고 인정하는 경우에는 최초 결정이 있은 날부터 3년 이내, 직권 재심사 사유가 있음을 안 날부터 6개월 이내에 직권으로 재심사할 수 있다. 이 경우 공직자윤리위원회의 회의는 재적위원 3분의 2 이상의 찬성으로 의결한다.
1. 결정의 기초가 된 증거자료가 위조·변조 또는 고의로 누락된 사실이 밝혀진 경우
2. 심사과정에서 조사가 이루어지지 아니한 중요한 증거가 새로 발견된 경우
3. 심사과정의 심의·의결 절차 등에 관한 위법이 발견되었을 경우
(2015.12.29 본조신설)

제10조【등록재산의 공개】 ① 공직자윤리위원회는 관할 등록의무자 중 다음 각 호의 어느 하나에 해당하는 공직자 본인과 배우자 및 본인의 직계존속·직계비속의 재산에 관한 등록사항과 제6조에 따른 변동사항 신고내용을 등록기간

또는 신고기간 만료 후 1개월 이내에 관보(공보를 포함한다) 및 인사혁신처장이 지정하는 정보통신망을 통하여 공개하여야 한다.(2023.12.26 본문개정)
1. 대통령, 국무총리, 국무위원, 국회의원, 국가정보원의 원장 및 차장 등 국가의 정무직공무원
2. 지방자치단체의 장, 지방의회의원 등 지방자치단체의 정무직공무원
3. 일반직 1급 국가공무원(「국가공무원법」 제23조에 따라 배정된 직무등급이 가장 높은 등급의 직위에 임용된 고위공무원단에 속하는 일반직공무원을 포함한다) 및 지방공무원과 이에 상응하는 보수를 받는 별정직공무원(고위공무원단에 속하는 별정직공무원을 포함한다)(2010.3.22 본호개정)
4. 대통령령으로 정하는 외무공무원(2020.12.15 본호개정)
5. 고등법원 부장판사급 이상의 법관과 대검찰청 검사급 이상의 검사
6. 중장 이상의 장성급(將星級) 장교(2017.3.21 본호개정)
7. 교육공무원 중 총장·부총장·학장(대학교의 학장은 제외한다) 및 전문대학의 장과 대학에 준하는 각종 학교의 장, 특별시·광역시·특별자치시·도·특별자치도의 교육감(2015.12.29 본호개정)
8. 치안감 이상의 경찰공무원 및 특별시·광역시·특별자치시·도·특별자치도의 시·도경찰청장(2020.12.22 본호개정)
8의2. 소방정감 이상의 소방공무원(2011.7.29 본호신설)
9. 지방 국세청장 및 3급 공무원 또는 고위공무원단에 속하는 공무원인 세관장
10. 제3호부터 제6호까지, 제8호 및 제9호의 공무원으로 임명할 수 있는 직위 또는 이에 상당하는 직위에 임용된 「국가공무원법」 제26조의5 및 「지방공무원법」 제25조의5에 따른 임기제공무원. 다만, 제4호·제5호·제8호 및 제9호 중 직위가 지정된 경우에는 그 직위에 임용된 「국가공무원법」 제26조의5 및 「지방공무원법」 제25조의5에 따른 임기제공무원만 해당된다.(2012.12.11 본호개정)
11. 공기업의 장·부기관장 및 상임감사, 한국은행의 총재·부총재·감사 및 금융통화위원회의 추천직 위원, 금융감독원의 원장·부원장·부원장보 및 감사, 농업협동조합중앙회·수산업협동조합중앙회의 회장 및 상임감사(2011.7.29 본호개정)
12. 그 밖에 대통령령으로 정하는 정부의 공무원 및 공직유관단체의 임원
13. 제1호부터 제12호까지의 직(職)에서 퇴직한 사람(제6조제2항의 경우에만 공개한다)

② 등록의무자가 재산등록 후 승진·전보 등으로 인하여 제1항에 따른 공개대상자가 된 경우에는 공개대상자가 된 날부터 2개월이 되는 날이 속하는 달의 말일까지 공개대상자가 된 날 현재의 재산을 제5조제1항 본문에 따라 다시 등록기관에 등록하여야 하며, 공직자윤리위원회는 제1항에 따라 이를 공개하여야 한다. 다만, 공개대상자가 공개대상이 아닌 직위로 전보되었다가 3년 이내에 다시 공개대상자가 된 경우에는 최종 공개 이후에 변동된 사항만을 공개한다.
(2015.12.29 본문개정)

③ 제1항과 제2항에 해당하는 경우가 아니면 누구든지 공직자윤리위원회 또는 등록기관의 장의 허가를 받지 아니하고는 등록의무자의 재산에 관한 등록사항을 열람·복사하거나 이를 하게 하여서는 아니 된다. 다만, 등록의무자가 본인의 등록사항에 대하여 열람·복사하는 경우에는 그러하지 아니하다.(2011.7.29 단서신설)

④ 공직자윤리위원회 또는 등록기관의 장은 다음 각 호의 어느 하나에 해당하는 경우가 아니면 제3항에 따른 허가를 할 수 없다.
1. 등록의무자 또는 등록의무자였던 사람에 대한 범죄수사 또는 비위(非違) 조사나 이에 관련된 재판상 필요가 있는 경우
2. 국회의원이 「국회법」 제128조제1항, 「국정감사 및 조사에 관한 법률」 제10조제1항, 「국회에서의 증언·감정 등에 관한 법률」 제4조에 따라 국정감사·조사 등의 자료를 요구하는 경우 또는 의정활동으로서 특정 공직자가 구체적 비위사건에 관련되었는지를 규명하기 위하여 필요한 경우. 이 경우 재산등록사항의 전체 세부목록을 외부에 공개할 수 없다.
3. 국가기관·지방자치단체 또는 공직유관단체의 장이 소속 공직자의 비위사건 관련 여부를 판단할 필요가 있는 경우
4. 등록의무자이었던 사람이 본인의 등록사항에 대하여 열람 또는 복사를 요구하는 경우(2011.7.29 본호개정)

제10조의2 【공직선거후보자 등의 재산공개】 ① 대통령, 국회의원, 지방자치단체의 장, 지방의회 의원 선거의 후보자가 되려는 사람이 후보자등록을 할 때에는 전년도 12월 31일 현재의 제4조에 따른 등록대상재산에 관한 신고서를 관할 선거관리위원회에 제출하고, 관할 선거관리위원회는 후보자 등록 공고 시에 후보자의 재산신고사항을 공개하여야 한다.

② 대법원장·헌법재판소장·국무총리·감사원장·대법관·국회사무총장 등 임명에 국회의 동의가 필요한 공직자의 임명동의안 또는 헌법재판소재판관·중앙선거관리위원회위원 등 국회에서 선출하는 공직자의 선출안을 제출할 때에는 그 공직후보자에 대하여 제4조에 따른 등록대상재산에 관한 신고서를 국회에 제출하고, 국회의장은 지체 없이 그 공직후보자의 재산신고사항을 공개하여야 한다. 다만, 그 공직후보자가 전년도 12월 31일 현재 또는 그 이후의 등록대상재산에 관하여 해당 임명동의안 또는 선출안 제출 전까지 제10조제1항에 따라 등록대상재산을 공개한 경우에는 그러하지 아니하되, 등록대상재산을 공개하였음을 확인할 수 있는 서류를 국회에 제출하여야 한다.

③ 중앙선거관리위원회 공직자윤리위원회와 국회 공직자윤리위원회는 제1항 또는 제2항의 재산신고사항을 심사하여 심사결과를 공개할 수 있다.

④ 제3항의 심사에는 제8조제2항부터 제6항까지·제13항 및 제14항을 준용한다.

⑤ 제1항 및 제2항의 신고서 서식, 공개방법, 그 밖에 필요한 사항은 국회규칙 또는 중앙선거관리위원회규칙으로 정한다.

제11조 【전보된 사람 등의 재산신고】 ① 등록의무자가 공무원 또는 공직유관단체 임직원의 신분을 보유하면서(퇴직일부터 2개월이 되는 날이 속하는 달의 말일까지 다시 공무원 또는 공직유관단체 임직원이 되는 경우를 포함한다) 전보 등으로 인하여 등록의무를 면제받았을 때에는 전보 등이 된 날부터 2개월이 되는 날이 속하는 달의 말일까지 그 해 1월 1일(1월 1일 이후에 등록의무자가 된 경우에는 등록의무자가 된 날) 이후 전보 등이 된 날까지의 재산변동사항을 종전의 등록기관에 신고하여야 한다.

② 제1항에 따른 신고와 그 신고사항의 관리에 관하여는 제6조, 제6조의2부터 제6조의5까지, 제7조, 제8조, 제8조의2, 제10조, 제12조부터 제14조까지 및 제14조의3을 준용한다.
(2019.12.3 본조개정)

제12조 【성실등록의무 등】 ① 등록의무자는 제4조에서 규정하는 등록대상재산과 그 가액, 취득일자, 취득경위, 소득원 등을 재산등록 서류에 거짓으로 기재하여서는 아니 된다.

② 등록의무자는 공직자윤리위원회 등의 등록사항에 대한 심사에 성실하게 응하여야 한다.

③ 제4조제1항제2호 또는 제3호의 사람은 등록의무자의 재산등록이나 공직자윤리위원회 등의 등록사항의 심사에 성실하게 응하여야 한다.

④ 제3항에도 불구하고 제4조제1항제3호의 사람 중 피부양자가 아닌 사람은 관할 공직자윤리위원회의 허가를 받아 자신의 재산신고사항의 고지를 거부할 수 있으며 3년마다 재심사를 받아야 한다. 이 경우 등록의무자는 고지거부 사유를 밝혀 허가를 신청하여야 한다.

⑤ 제4항에 따른 고지거부에 관한 허가신청 및 심사에 필요한 사항은 대통령령으로 정한다.

제13조 【재산등록사항의 목적 외 이용금지 등】 등록의무자는 허위등록이나 그 밖에 이 법에서 정한 사유 외에 등록된 사항을 이유로 불리한 처우나 처분을 받지 아니하며, 누

구든지 재산등록사항을 이 법에서 정한 목적 외의 용도로 이용하여서는 아니 된다.

제14조【비밀엄수】 재산등록업무에 종사하거나 종사하였던 사람 또는 직무상 재산등록사항을 알게 된 사람은 다른 사람에게 이를 누설하여서는 아니 된다.

제14조의2【직무상 비밀 등을 이용한 재물취득의 금지】 등록의무자는 직무상 알게 된 비밀 또는 소속 기관의 미공개정보를 이용하여 재물이나 재산상 이익을 취득하거나 제3자로 하여금 취득하게 하여서는 아니 된다.(2023.12.26 본조개정)

제14조의3【금융거래자료의 제공·누설 등 금지】 제8조제5항에 따라 금융거래의 내용에 관한 자료를 제공받은 사람은 그 자료를 타인에게 제공 또는 누설하거나 그 목적 외의 용도로 이용하여서는 아니 된다.

제2장의2 주식의 매각 또는 신탁 등

(2021.4.1 본장제목개정)

제14조의4【주식의 매각 또는 신탁】 ① 등록의무자 중 제10조제1항에 따른 공개대상자와 기획재정부 및 금융위원회 소속 공무원 중 대통령령으로 정하는 사람(이하 "공개대상자등"이라 한다)은 본인 및 그 이해관계자(제4조제1항제2호 또는 제3호에 해당하는 사람을 말하되, 제4조제1항제3호의 사람 중 제12조제4항에 따라 재산등록사항의 고지를 거부한 사람은 제외한다. 이하 같다) 모두가 보유한 주식의 총 가액이 1천만원 이상 5천만원 이하의 범위에서 대통령령으로 정하는 금액을 초과할 때에는 초과하게 된 날(공개대상자등이 된 날 또는 제6조의3제1항·제2항에 따른 유예사유가 소멸된 날 현재 주식의 총 가액이 1천만원 이상 5천만원 이하의 범위에서 대통령령으로 정하는 금액을 초과할 때에는 공개대상자등이 된 날 또는 유예사유가 소멸된 날을, 제14조의5제6항에 따라 주식백지신탁 심사위원회에 직무관련성 유무에 관한 심사를 청구할 때에는 직무관련성이 있다는 결정을 통지받은 날을, 제14조의12에 따른 직권 재심사 결과 직무관련성이 있다는 결정을 통지받은 경우에는 그 통지를 받은 날을 말한다)부터 2개월 이내에 다음 각 호의 어느 하나에 해당하는 행위를 직접 하거나 이해관계자로 하여금 하도록 하고 그 행위를 한 사실을 등록기관에 신고하여야 한다. 다만, 제14조의5제7항 또는 제14조의12에 따라 주식백지신탁 심사위원회로부터 직무관련성이 없다는 결정을 통지받은 경우에는 그러하지 아니하다.(2020.12.22 본문개정)

1. 해당 주식의 매각
2. 다음 각 목의 요건을 갖춘 신탁 또는 투자신탁(이하 "주식백지신탁"이라 한다)에 관한 계약의 체결
   가. 수탁기관은 신탁계약이 체결된 날부터 60일 이내에 처음 신탁된 주식을 처분할 것. 다만, 60일 이내에 주식을 처분하기 어려운 사정이 있는 경우로서 수탁기관이 공직자윤리위원회의 승인을 받은 때에는 주식의 처분시한을 연장할 수 있으며, 이 경우 1회의 연장기간은 30일 이내로 하여야 한다.
   나. 공개대상자등 또는 그 이해관계자는 신탁재산의 관리·운용·처분에 관여하지 아니할 것
   다. 공개대상자등 또는 그 이해관계자는 신탁재산의 관리·운용·처분에 관한 정보의 제공을 요구하지 아니하며, 수탁기관은 정보를 제공하지 아니할 것. 다만, 수탁기관은 신탁계약을 체결할 때에 대통령령으로 정하는 범위에서 미리 신탁재산의 기본적인 운용방법을 제시할 수 있다.
   라. 제14조의10제2항 각 호의 어느 하나에 해당하는 사유가 발생하는 경우에는 신탁자가 신탁계약을 해지할 수 있을 것
   마. 수탁기관이 선량한 관리자의 주의의무로써 신탁업무를 수행한 경우에는 이로 인한 일체의 손해에 대하여 책임을 지지 아니할 것
   바. 수탁기관은 신탁업무를 수행하는 기관으로서 「자본시장과 금융투자업에 관한 법률」에 따른 신탁업자 또는 집합투자업자일 것. 다만, 공개대상자등 또는 그 이해관계자가 최근 3년 이내에 임직원으로 재직한 회사는 제외한다.

② (2019.12.3 삭제)

③ 공개대상자등은 주식백지신탁계약의 체결 또는 해지로 인한 재산변동사항을 제6조 및 제11조에 따른 신고에 포함하여 함께 신고하여야 한다.

④ 제1항에 따라 주식백지신탁계약의 체결을 신고한 경우에는 그 신탁계약을 해지할 때까지 그 신탁재산은 제6조 및 제6조의2제1항에 따른 신고대상에서 제외한다.

⑤ 제1항에 따라 주식을 매각하거나 백지신탁을 한 사실의 신고방법은 대통령령으로 정한다.(2015.12.29 본항개정)

⑥ 제1항에 따른 신고와 신고사항의 심사 및 관리에 관하여는 제6조의2제3항, 제7조, 제8조, 제8조의2, 제12조부터 제14조까지 및 제14조의3을 준용한다.

(2009.2.3 본조개정)

제14조의5【주식백지신탁 심사위원회의 직무관련성 심사 등】 ① 공개대상자등 및 그 이해관계인이 보유하고 있는 주식의 직무관련성을 심사·결정하기 위하여 인사혁신처에 주식백지신탁 심사위원회를 둔다.(2014.11.19 본항개정)

② 주식백지신탁 심사위원회는 위원장 1명을 포함한 9명의 위원으로 구성한다.

③ 주식백지신탁 심사위원회의 위원장 및 위원은 대통령이 임명하거나 위촉한다. 이 경우 위원 중 3명은 국회가, 3명은 대법원장이 추천하는 자를 각각 임명하거나 위촉한다.

④ 주식백지신탁 심사위원회의 위원은 다음 각 호의 어느 하나에 해당하는 자격을 갖추어야 한다.

1. 대학이나 공인된 연구기관에서 부교수 이상의 직이나 이에 상당하는 직에 5년 이상 근무하였을 것
2. 판사, 검사 또는 변호사로 5년 이상 근무하였을 것
3. 금융 관련 분야에 5년 이상 근무하였을 것
4. 3급 이상 공무원 또는 고위공무원단에 속하는 공무원으로 3년 이상 근무하였을 것

(2019.12.3 본항개정)

⑤ 위원장 및 위원의 임기는 2년으로 하되, 1차례만 연임할 수 있다. 다만, 임기가 만료된 위원은 그 후임자가 임명되거나 위촉될 때까지 해당 직무를 수행한다.(2019.12.3 단서신설)

⑥ 공개대상자등은 본인 및 그 이해관계자가 보유한 주식이 직무관련성이 없다는 이유로 제14조의4제1항에 따른 주식매각의무 또는 주식백지신탁 의무를 면제받으려는 경우 또는 전보 등의 사유로 직위가 변경되어 직무관련성 심사를 받으려는 경우에는 본인 및 그 이해관계자 모두가 보유한 주식의 총 가액이 1천만원 이상 5천만원 이하의 범위에서 대통령령으로 정하는 금액을 초과하게 된 날(공개대상자등이 된 날, 제6조의3제1항·제2항에 따른 신고유예 사유가 소멸된 날 또는 공개대상자등의 직위가 변경된 날 현재 주식의 총가액이 1천만원 이상 5천만원 이하의 범위에서 대통령령으로 정하는 금액을 초과할 때에는 공개대상자등이 된 날, 신고유예 사유가 소멸된 날 또는 공개대상자등의 직위가 변경된 날을 말한다)부터 2개월 이내에 대통령령으로 정하는 바에 따라 등록기관의 장을 거쳐 주식백지신탁 심사위원회에 보유 주식의 직무관련성 유무에 관한 심사를 청구하여야 한다.(2020.12.22 본항개정)

⑦ 주식백지신탁 심사위원회는 제6항에 따른 심사청구일부터 1개월 이내에 해당 주식의 직무관련성 유무를 심사·결정하고 그 결과를 청구인과 등록기관의 장에게 통지하여야 한다. 다만, 주식백지신탁 심사위원회는 필요하다고 인정될 때에는 그 의결로써 심사기간을 1개월의 범위에서 연장할 수 있다.(2020.12.22 본문개정)

⑧ 주식의 직무관련성은 주식 관련 정보에 관한 직접적·간접적인 접근 가능성과 영향력 행사 가능성을 기준으로 판단하여야 한다.

⑨ 주식백지신탁 심사위원회는 주식의 직무관련성 유무를 심사하기 위하여 필요하면 공개대상자등에게 자료 제출을 요구하거나 서면질의를 할 수 있다.

⑩ 주식백지신탁 심사위원회는 주식의 직무관련성 유무를 심사하기 위하여 필요하면 관련 기관·단체 및 업체에 자료 제출을 요구할 수 있으며, 해당 기관·단체 및 업체는 정당한 사유가 없으면 요구에 응하여야 한다.
⑪ 주식백지신탁 심사위원회 또는 등록기관의 장은 공개대상자등이 제6항에 따른 심사청구 또는 제14조의4제1항 각 호의 행위를 기한 내에 하지 못하거나 제9항에 따른 요구 또는 질의에 거짓으로 자료를 제출하거나 정당한 사유 없이 자료 제출을 거부하는 경우에는 관할 공직자윤리위원회에 통보하여야 하며, 통보를 받은 공직자윤리
위원회는 해당 공개대상자등에 대하여 다음 각 호의 어느 하나의 조치를 하여야 한다.
1. 경고 및 시정조치
2. 제30조에 따른 과태료 부과
3. 해임 또는 징계의결 요구
(2020.12.22 본항신설)
⑫ 누구든지 주식백지신탁 심사위원회 또는 등록기관의 장의 허가를 받지 아니하고는 직무관련성 심사청구·결정에 관련된 자료를 열람·복사하거나 이를 하게 하여서는 아니 된다.(2020.12.22 본항신설)
⑬ 제12항에 따른 허가에 관하여는 제10조제4항을 준용한다. 이 경우 "공직자윤리위원회"는 "주식백지신탁 심사위원회"로, "제3항에 따른 허가"는 "제12항에 따른 허가"로, "등록의무자"는 "공개대상자등"으로 본다.(2020.12.22 본항신설)
⑭ 주식백지신탁 심사위원회의 심사절차 및 운영 등에 필요한 사항은 대통령령으로 정한다.
(2020.12.22 본조제목개정)
(2009.2.3 본조개정)

제14조의6【주식취득의 제한】 ① 제14조의4제1항에 따라 주식백지신탁계약이 체결된 경우에는 그 신탁계약이 해지될 때까지는 공개대상자등과 이해관계자 중 어느 누구도 새로 주식을 취득하여서는 아니 된다. 다만, 이해관계자가 「상법」에 따른 주식회사의 발기인으로서 주식을 인수하는 경우에는 그러하지 아니하다.(2019.12.3 단서신설)
② 공개대상자등은 본인 또는 이해관계자가 제1항에 따라 주식취득이 제한되는 기간에 같은 항 단서에 해당하는 경우 또는 상속이나 그 밖에 대통령령으로 정하는 사유로 주식을 취득하게 된 경우에는 취득한 날(상속의 경우에는 상속 개시를 알게 된 날을 말한다)부터 2개월 이내에 그 주식을 직접 매각 또는 백지신탁을 하거나 이해관계자로 하여금 그 주식을 매각 또는 백지신탁을 하도록 하고 그 사실을 등록기관에 신고하여야 한다. 다만, 주식백지신탁 심사위원회로부터 직무관련성이 없다는 결정을 통지받은 경우에는 그러하지 아니하다.(2020.12.22 본문개정)
③ 제2항에 따른 주식백지신탁 및 직무관련성 심사에 관하여는 제14조의4제3항부터 제6항까지 및 제14조의5를 준용한다.
(2009.2.3 본조개정)

제14조의7【신탁재산에 관한 정보제공금지 등】 ① 제14조의4제1항 또는 제14조의6제2항에 따라 주식백지신탁계약이 체결된 경우 공개대상자등 및 그 이해관계자는 「자본시장과 금융투자업에 관한 법률」 제91조 및 제113조에도 불구하고 신탁업자·집합투자업자·투자회사·투자매매업자 또는 투자 중개업자에 대하여 신탁재산의 관리·운용·처분에 관한 내용의 공개 등 정보의 제공을 요구할 수 없으며, 신탁업자·집합투자업자·투자회사·투자매매업자 또는 투자중개업자는 공개대상자등 또는 그 이해관계자의 정보 제공 요구에 응하여서는 아니 된다. 다만, 신탁업자·집합투자업자·투자회사·투자매매업자 또는 투자중개업자는 신탁재산을 처분한 후 그로 인하여 양도소득세 등 납세의무가 발생하는 경우 공개대상자등 및 그 이해관계자가 이를 자진 납부할 수 있도록 납세의무 이행에 필요한 정보를 해당 공개대상자등 또는 이해관계자에게 통지할 수 있다.
② 제14조의4제1항 또는 제14조의6제2항에 따라 주식백지신탁계약이 체결된 경우 공개대상자등 또는 그 이해관계자는 신탁재산의 관리·운용·처분에 관여하여서는 아니 된다.
(2009.2.3 본조개정)

제14조의8【신탁상황의 보고 등】 ① 주식백지신탁의 수탁기관은 매년 1월 1일(주식백지신탁계약이 체결된 해의 경우에는 계약체결일)부터 12월 31일까지 신탁재산을 관리·운용·처분한 내용을 다음 해 1월 중에 관할 공직자윤리위원회에 보고하여야 한다. 이 경우 12월 중에 주식백지신탁계약이 체결되었으면 다음 해의 관리·운용·처분에 관한 내용과 함께 보고할 수 있다.
② 주식백지신탁의 수탁기관은 다음 각 호의 어느 하나에 해당하는 경우에는 이 사실을 관할 공직자윤리위원회에 통보하여야 하며, 공직자윤리위원회는 이를 신탁자에게 통지하여야 한다.(2015.12.29 본문개정)
1. 처음 신탁된 주식의 처분이 완료된 경우
2. 신탁재산의 가액이 1천만원 이상 5천만원 이하의 범위에서 대통령령으로 정하는 금액 이하가 된 경우
(2015.12.29 1호~2호신설)
③ 제2항에 따른 수탁기관의 통보시기 및 방법은 대통령령으로 정한다.
(2009.2.3 본조개정)

제14조의9【수탁기관에 대한 감독】 공직자윤리위원회는 수탁기관의 임직원이 이 법 또는 이 법에 따른 명령이나 처분을 위반하면 그 임직원에게 시정명령 또는 징계처분 등 적절한 조치를 취하도록 금융감독원장에게 요청할 수 있다.
(2009.2.3 본조개정)

제14조의10【주식의 매각요구 및 신탁의 해지】 ① 주식백지신탁의 신탁자는 관할 공직자윤리위원회의 허가를 받아 수탁기관에 신탁재산을 모두 매각할 것을 서면으로 요구할 수 있다.
② 주식백지신탁의 신탁자는 다음 각 호의 어느 하나에 해당하는 사유가 발생하면 수탁기관에 주식백지신탁계약의 해지를 청구할 수 있다. 다만, 제2호의 경우에는 반드시 주식백지신탁계약의 해지를 청구하여야 한다.
1. 제14조의8제2항제2호에 따른 사항을 통지받은 경우
(2015.12.29 본호개정)
2. 제1항에 따른 매각요구를 받아 수탁기관이 신탁재산을 모두 매각한 경우
3. 퇴직·전보 등의 사유로 해당 공개대상자등이 공개대상자등에서 제외된 경우
4. 주식백지신탁 신탁자의 직위가 전보 등의 사유로 변경된 경우로서 제14조의5제7항에 따라 주식백지신탁 심사위원회로부터 변경된 직위와 백지신탁 관리·운용 중인 주식 간에 직무관련성이 없다는 결정을 통지받은 경우
(2015.12.29 본호신설)
5. 이해관계자로서 주식백지신탁의 신탁자가 되었으나 사후에 재산등록사항의 고지를 거부하거나 혼인 등의 이유로 그 이해관계자의 요건을 갖추지 못한 경우(2019.12.3 본호신설)
③ 주식백지신탁의 수탁기관은 제2항에 따라 주식백지신탁계약이 해지되면 해지된 날부터 1개월 이내에 해지사유 및 그 해 1월 1일(주식백지신탁이 설정된 해에 해지된 경우에는 주식백지신탁이 설정된 날)부터 해지된 날까지 신탁재산을 관리·운용·처분한 내용을 관할 공직자윤리위원회에 보고하여야 한다. 이 경우 주식백지신탁계약이 1월 중에 해지되었으면 전년도의 관리·운용·처분에 관한 내용과 함께 보고할 수 있다.
(2009.2.3 본조개정)

제14조의11【이해충돌 직무에 대한 관여 금지】 ① 공개대상자등은 다음 각 호의 기간 동안 공개대상자등 또는 그 이해관계자가 백지신탁한 주식이나 보유하고 있는 주식과 관련하여 해당 주식을 발행한 기업의 경영 또는 재산상 권리에 영향을 미칠 수 있는 직무에 결재, 지시, 의견표명 등의 방법을 통하여 관여해서는 아니 된다.
1. 제14조의4제1항제2호 또는 제14조의6제2항에 따라 주식백지신탁에 관한 계약을 체결한 경우 : 주식백지신탁계약을 체결한 날부터 처음 신탁된 주식의 처분이 완료될 때까지
(2020.12.22 본호개정)

2. 제14조의5제6항(제14조의6제3항에 따라 준용되는 경우를 포함한다)에 따라 주식백지신탁 심사위원회에 직무관련성 심사를 청구한 경우 : 직무관련성 심사를 청구한 날부터 주식백지신탁 심사위원회로부터 직무관련성 없음 결정을 통보받은 날까지(2020.12.22 본호신설)
3. 제14조의13제1항에 따라 직위변경을 신청한 경우 : 직위변경을 신청한 날부터 변경된 직위에서 직무관련성 심사를 받아 주식백지신탁 심사위원회로부터 직무관련성 없음 결정을 통보받은 날까지
4. 제14조의4제1항 또는 제14조의6제2항에 따라 주식의 매각 또는 백지신탁 의무가 발생한 날부터 2개월이 경과한 후 다음 각 목의 어느 하나에 해당하는 행위를 한 경우 : 2개월이 경과한 날부터 다음 각 목의 구분에 따른 날까지
가. 제14조의4제1항제1호 또는 제14조의6제2항에 따른 주식의 매각 : 매각한 날
나. 제14조의4제1항제2호 또는 제14조의6제2항에 따른 주식백지신탁 계약 체결 : 처음 신탁된 주식의 처분이 완료된 날
다. 제14조의5제6항(제14조의6제3항에 따라 준용되는 경우를 포함한다)에 따른 직무관련성 심사 청구 : 주식백지신탁 심사위원회로부터 직무관련성 없음 결정을 통보받은 날
라. 제14조의13제1항에 따른 직위 변경 신청 : 변경된 직위에서 직무관련성 심사를 받아 주식백지신탁 심사위원회로부터 직무관련성 없음 결정을 통보받은 날
(2020.12.22 본호신설)
② 공개대상자등은 제1항에 따라 직무를 회피하기 위하여 필요한 경우에는 해당 직무를 다른 사람으로 하여금 처리하게 하는 등의 조치를 하여야 한다.
③ 제1항에도 불구하고 공개대상자등은 법령에서 해당 직무를 직접 수행하도록 규정하고 있는 경우 등 직무회피가 불가능한 경우에는 백지신탁한 주식 또는 보유하고 있는 주식과 관련한 직무에 관여할 수 있다.
④ 제3항에 따라 공개대상자등이 백지신탁한 주식 또는 보유하고 있는 주식과 관련한 직무에 관여한 경우에는 매 분기 동안 해당 주식과 관련한 직무에 직접적 또는 간접적으로 관여한 내역을 매 분기 말일부터 10일 이내에 관할 공직자윤리위원회에 신고하여야 하며, 관할 공직자윤리위원회는 그 신고사항을 관보 또는 공보에 게재하여야 한다.
(2015.12.29 본조신설)

제14조의12【주식백지신탁 심사위원회 직권 재심사】 제14조의5에 따른 주식백지신탁 심사위원회는 제14조의5제7항에 따른 결정사항이 다음 각 호의 어느 하나에 해당하는 경우로서 재적위원 과반수가 재심사할 공익상의 필요가 크다고 인정하는 경우에는 최초 결정이 있은 날부터 3년 이내, 직권 재심사 사유가 있음을 안 날부터 6개월 이내에 직권으로 재심사할 수 있다. 이 경우 주식백지신탁 심사위원회의 회의는 재적위원 3분의 2 이상의 찬성으로 의결한다.
1. 결정의 기초가 된 증거자료가 위조·변조 또는 고의로 누락된 사실이 밝혀진 경우
2. 심사과정에서 조사가 이루어지지 아니한 중요한 증거가 새로 발견된 경우
3. 심사과정의 심의·의결 절차 등에 관한 위법이 발견되었을 경우
(2015.12.29 본조신설)

제14조의13【주식과 직무관련성 없는 직위로의 변경 신청 등】 ① 제14조의4제1항에 따라 주식 매각의무 또는 주식백지신탁 의무가 발생한 공개대상자등은 그 의무가 발생한 날부터 2개월 이내에 공개대상자등 또는 그 이해관계자가 보유하고 있는 주식과 관련성이 있는 직무사항을 명시하여 소속 기관의 장 등에게 직위 변경을 신청할 수 있고, 신청을 받은 소속 기관의 장 등은 신청일부터 2개월 이내에 해당 직무사항과 무관한 직위로 변경할 수 있다.(2020.12.22 본항개정)
② 제1항에 따라 직위가 변경된 공개대상자등이 제14조의5제6항에 따른 직무관련성 유무에 관한 심사를 청구하여 같은 조 제7항에 따라 직무관련성이 없다는 결정을 통지받은 경우에는 제14조의4제1항에도 불구하고 주식의 매각 또는 주식백지신탁에 관한 계약을 체결하지 아니할 수 있다.
③ 제1항에 따른 신청일부터 2개월 이내에 직위 변경이 완료되지 아니한 경우에는 제14조의4제1항 본문에 따른 의무이행기간은 직위 변경 신청일부터 2개월이 경과한 날부터 기산한다.(2023.12.26 본항개정)
④ 공직자윤리위원회는 공개대상자등 또는 그 이해관계자가 처음 백지신탁한 주식이 6개월 이상 처분되지 아니하는 경우에는 해당 공개대상자등에게 제1항에 따른 직위 변경 신청을 하도록 권고할 수 있다.(2020.12.22 본항신설)
(2020.12.22 본조제목개정)
(2015.12.29 본조신설)

제14조의14【주식의 매각 또는 신탁 사실의 공개】 ① 제14조의4제1항 또는 제14조의6제2항에 따라 주식 매각 또는 주식백지신탁 계약의 체결 사실을 신고받은 등록기관의 장은 해당 사실을 공개하여야 한다.
② 제14조의8제2항제1호에 따라 처음 신탁된 주식의 처분이 완료된 사실을 통보받은 관할 공직자윤리위원회는 해당 사실을 공개하여야 한다.
③ 제1항 및 제2항에 따른 공개 방법 등에 필요한 사항은 국회규칙, 대법원규칙, 헌법재판소규칙, 중앙선거관리위원회규칙 또는 대통령령으로 정한다.
(2015.12.29 본조신설)

제14조의15【기관별 주식취득의 제한】 ① 국가기관의 장(국회는 국회사무총장, 법원은 법원행정처장, 헌법재판소는 헌법재판소사무처장, 중앙선거관리위원회는 중앙선거관리위원회사무총장을 말한다. 이하 같다) 및 지방자치단체의 장은 기업 등에 대한 정보를 획득하거나 영향력을 행사하는 등 공익과 사익의 이해충돌이 발생할 우려가 있는 업무를 수행한다고 인정되는 부서의 제3조제1항 각 호에 따른 공무원이 관련 분야의 주식을 새로 취득하는 것을 제한할 수 있다.
② 각 기관의 장은 제1항에 따라 소속 공무원의 주식 취득을 제한하려는 경우에는 그 제한방안을 관할 공직자윤리위원회에 보고하여야 한다.
③ 공직자윤리위원회는 제2항에 따른 제한방안에 대하여 개선을 권고할 수 있으며, 각 기관의 장은 특별한 사유가 없는 경우에는 이를 제한방안에 반영하고 그 결과를 공직자윤리위원회에 보고하여야 한다.
④ 제1항에 따른 업무의 범위 등에 관하여 필요한 사항은 국회규칙, 대법원규칙, 헌법재판소규칙, 중앙선거관리위원회규칙, 대통령령 또는 지방자치단체의 조례로 정한다.
(2019.12.3 본조신설)

제14조의16【기관별 부동산취득의 제한】 ① 국가기관의 장, 지방자치단체의 장 및 공직유관단체의 장은 부동산에 대한 정보를 획득하거나 이와 관련된 업무를 수행한다고 인정되는 부서의 제3조제1항 각 호에 따른 공직자 본인 및 그 이해관계자가 관련 업무 분야 및 관할의 부동산을 새로 취득하는 것을 제한할 수 있다. 다만, 상속이나 그 밖에 대통령령으로 정하는 사유로 불가피하게 부동산을 취득하여야 하는 경우에는 반드시 국가기관의 장, 지방자치단체의 장 또는 공직유관단체의 장에게 신고하여야 한다.
② 각 기관의 장은 제1항에 따라 소속 공직자의 부동산 취득을 제한하려는 경우에는 그 제한방안을 관할 공직자윤리위원회에 보고하여야 한다.
③ 공직자윤리위원회는 제2항에 따른 제한방안에 대하여 개선을 권고할 수 있으며, 각 기관의 장은 특별한 사유가 없는 경우에는 이를 제한방안에 반영하고 그 결과를 공직자윤리위원회에 보고하여야 한다.
④ 제1항에 따른 업무의 범위 및 관할 등에 관하여 필요한 사항은 국회규칙, 대법원규칙, 헌법재판소규칙, 중앙선거관리위원회규칙, 대통령령 또는 지방자치단체의 조례로 정한다.
(2021.4.1 본조신설)

제14조의17【기관별 가상자산 보유의 제한】 ① 국가기관의 장 및 지방자치단체의 장은 가상자산에 대한 정보를 획득하거나 영향력을 행사하는 업무를 수행한다고 인정되는

부서 또는 직위의 제3조제1항 각 호에 따른 공직자 본인 및 그 이해관계자가 가상자산을 보유하는 것을 제한할 수 있다.
② 각 기관의 장은 제1항에 따라 소속 공직자의 가상자산 보유를 제한하려는 경우에는 그 제한방안을 관할 공직자윤리위원회에 보고하여야 한다.
③ 공직자윤리위원회는 제2항에 따른 제한방안에 대하여 개선을 권고할 수 있으며, 각 기관의 장은 특별한 사유가 없는 경우에는 이를 제한방안에 반영하고 그 결과를 공직자윤리위원회에 보고하여야 한다.
④ 제1항에 따른 업무의 범위 등에 필요한 사항은 국회규칙, 대법원규칙, 헌법재판소규칙, 중앙선거관리위원회규칙, 대통령령 또는 지방자치단체의 조례로 정한다.
(2023.6.13 본조신설)

제3장 선물신고
(2009.2.3 본장개정)

제15조【외국 정부 등으로부터 받은 선물의 신고】 ① 공무원(지방의회의원을 포함한다. 이하 제22조에서 같다) 또는 공직유관단체의 임직원은 외국으로부터 선물(대가 없이 제공되는 물품 및 그 밖에 이에 준하는 것을 말하되, 현금은 제외한다. 이하 같다)을 받거나 그 직무와 관련하여 외국인(외국단체를 포함한다. 이하 같다)에게 선물을 받으면 지체 없이 소속 기관·단체의 장에게 신고하고 그 선물을 인도하여야 한다. 이들의 가족이 외국으로부터 선물을 받거나 그 공무원이나 공직유관단체 임직원의 직무와 관련하여 외국인에게 선물을 받은 경우에도 또한 같다.(2019.12.3 전단개정)
② 제1항에 따라 신고할 선물의 가액은 대통령령으로 정한다.

제16조【선물의 귀속 등】 ① 제15조제1항에 따라 신고된 선물은 신고 즉시 국가 또는 지방자치단체에 귀속된다.
② 신고된 선물의 관리·유지 등에 관한 사항은 대통령령 또는 조례로 정한다.
(2019.12.3 본조개정)

제4장 퇴직공직자의 취업제한 및 행위제한 등
(2011.7.29 본장제목개정)

제17조【퇴직공직자의 취업제한】 ① 제3조제1항제1호부터 제12호까지의 어느 하나에 해당하는 공직자와 부당한 영향력 행사 가능성 및 공정한 직무수행을 저해할 가능성 등을 고려하여 국회규칙, 대법원규칙, 헌법재판소규칙, 중앙선거관리위원회규칙 또는 대통령령으로 정하는 공무원과 공직유관단체의 직원(이하 이 장에서 "취업심사대상자"라 한다)은 퇴직일부터 3년간 다음 각 호의 어느 하나에 해당하는 기관(이하 "취업심사대상기관"이라 한다)에 취업할 수 없다. 다만, 관할 공직자윤리위원회로부터 취업심사대상자가 퇴직 전 5년 동안 소속하였던 부서 또는 기관의 업무와 취업심사대상기관 간에 밀접한 관련성이 없다는 확인을 받거나 취업승인을 받은 때에는 취업할 수 있다.(2019.12.3 본문개정)
1. 자본금과 연간 외형거래액(「부가가치세법」 제29조에 따른 공급가액을 말한다. 이하 같다)이 일정 규모 이상인 영리를 목적으로 하는 사기업체(2013.6.7 본호개정)
2. 제1호에 따른 사기업체의 공동이익과 상호협력 등을 위하여 설립된 법인·단체
3. 연간 외형거래액이 일정 규모 이상인 「변호사법」 제40조에 따른 법무법인, 같은 법 제58조의2에 따른 법무법인(유한), 같은 법 제58조의18에 따른 법무조합, 같은 법 제89조의6제3항에 따른 법률사무소(이하 "법무법인등"이라 한다)
4. 연간 외형거래액이 일정 규모 이상인 「공인회계사법」 제23조제1항에 따른 회계법인
5. 연간 외형거래액이 일정 규모 이상인 「세무사법」 제16조의3제1항에 따른 세무법인
6. 연간 외형거래액이 일정 규모 이상인 「외국법자문사법」 제2조제4호에 따른 외국법자문법률사무소 및 같은 조 제9호에 따른 합작법무법인(2019.12.3 본호개정)
7. 「공공기관의 운영에 관한 법률」 제5조제3항제1호가목에 따른 시장형 공기업(2014.12.30 본호신설)
8. 안전 감독 업무, 인·허가 규제 업무 또는 조달 업무 등 대통령령으로 정하는 업무를 수행하는 공직유관단체(2014.12.30 본호신설)
9. 「초·중등교육법」 제2조 각 호 및 「고등교육법」 제2조 각 호에 따른 학교를 설립·경영하는 학교법인과 학교법인이 설립·경영하는 사립학교. 다만, 취업심사대상자가 대통령령으로 정하는 교원으로 취업하는 경우 해당 학교법인 또는 학교는 제외한다.(2019.12.3 본문개정)
10. 「의료법」 제3조의3에 따른 종합병원과 종합병원을 개설한 다음 각 목의 어느 하나에 해당하는 법인
  가. 「의료법」 제33조제2항제3호에 따른 의료법인
  나. 「의료법」 제33조제2항제4호에 따른 비영리법인
11. 기본재산이 일정 규모 이상인 다음 각 목의 어느 하나에 해당하는 법인
  가. 「사회복지사업법」 제2조제3호에 따른 사회복지법인
  나. 「사회복지사업법」 제2조제4호에 따른 사회복지시설을 운영하는 가목 외의 비영리법인
(2014.12.30 10호~11호신설)
12. 다음 각 목의 어느 하나에 해당하는 사기업체 또는 법인·단체로서 대통령령으로 정하는 기준에 해당하는 사기업체 또는 법인·단체
  가. 방위산업분야의 사기업체 또는 법인·단체
  나. 식품 등 국민안전에 관련된 인증·검사 등의 업무를 수행하는 사기업체 또는 법인·단체
(2019.12.3 본호신설)
② 제1항 단서의 밀접한 관련성의 범위는 취업심사대상자가 퇴직 전 5년 동안 소속하였던 부서의 업무가 다음 각 호의 어느 하나에 해당하는 업무인 경우를 말한다.(2019.12.3 본문개정)
1. 직접 또는 간접으로 보조금·장려금·조성금 등을 배정·지급하는 등 재정보조를 제공하는 업무
2. 인가·허가·면허·특허·승인 등에 직접 관계되는 업무
3. 생산방식·규격·경리 등에 대한 검사·감사에 직접 관계되는 업무
4. 조세의 조사·부과·징수에 직접 관계되는 업무
5. 공사, 용역 또는 물품구입의 계약·검사·검수에 직접 관계되는 업무(2014.12.30 본호개정)
6. 법령에 근거하여 직접 감독하는 업무
7. 취업심사대상기관이 당사자이거나 직접적인 이해관계를 가지는 사건의 수사 및 심리·심판과 관계되는 업무(2019.12.3 본호개정)
8. 그 밖에 국회규칙, 대법원규칙, 헌법재판소규칙, 중앙선거관리위원회규칙 또는 대통령령으로 정하는 업무
③ 제2항에도 불구하고 다음 각 호의 어느 하나에 해당하는 취업심사대상자(이하 "기관업무기준 취업심사대상자"라 한다)에 대하여는 퇴직 전 5년간 소속하였던 기관의 업무가 제2항 각 호의 어느 하나에 해당하는 경우에 밀접한 관련성이 있는 것으로 본다.
1. 제10조제1항 각 호에 따른 공개대상자
2. 고위공무원단에 속하는 공무원 중 제1호에 따른 공개대상자 외의 공무원
3. 2급 이상의 공무원
4. 공직유관단체의 임원
5. 그 밖에 국회규칙, 대법원규칙, 헌법재판소규칙, 중앙선거관리위원회규칙 또는 대통령령으로 정하는 특정분야의 공무원과 공직유관단체의 직원
(2014.12.30 본항신설)
④ 제1항에 따른 취업 여부를 판단하는 경우에 「상법」에 따른 사외이사나 고문 또는 자문위원 등 직위나 직책 여부 또는 계약의 형식에 관계 없이 취업심사대상기관의 업무를 처리하거나 취업심사대상기관에 조언·자문하는 등의 지원을 하고 주기적으로 또는 기간을 정하여 그 대가로서 임금·봉급 등을 받는 경우에는 이를 취업한 것으로 본다.(2019.12.3 본항개정)

⑤ 취업심사대상자가 퇴직 전 5년 동안 처리하였거나 의사결정과정에 참여한 제2항 각 호의 업무와 관련하여 다음 각 호의 어느 하나에 해당하는 경우 그 취업심사대상자가 소속하였던 부서의 업무는 해당 법무법인등, 회계법인, 세무법인, 외국법자문법률사무소 또는 합작법무법인의 업무와 제1항 단서에 따른 밀접한 관련성이 있는 것으로 본다.
1. 법무법인등이 사건을 수임(「변호사법」 제31조제4항 각 호에 해당하는 수임을 포함한다)한 경우
2. 회계법인이 「공인회계사법」 제2조 각 호에 따라 업무를 수행한 경우
3. 세무법인이 「세무사법」 제2조 각 호에 따라 업무를 수행한 경우
4. 외국법자문법률사무소가 「외국법자문사법」 제24조 각 호에 따라 업무를 수행한 경우
5. 합작법무법인이 「외국법자문사법」 제35조의19에 따라 업무를 수행한 경우
(2019.12.3 본항개정)
⑥ 공직자윤리위원회는 제2항 및 제3항의 밀접한 관련성 여부를 판단하는 경우에 퇴직공직자의 자유 및 권리 등 사익과 퇴직공직자의 부당한 영향력 행사 방지를 통한 공익 간의 균형을 유지하여야 하며, 제3항 및 제5항에 따라 업무 관련성이 있는 것으로 보는 퇴직공직자에 대하여 제1항 각 호 외의 부분 단서에 따라 취업 승인 여부를 심사·결정하는 경우에 해당 업무 처리 등의 건수, 업무의 빈도 및 비중 등을 고려하여 해당 취업심사대상자의 권리가 불합리하게 제한되지 아니하도록 하여야 한다.(2014.12.30 본항개정)
⑦ 제1항부터 제3항까지의 규정에도 불구하고 제10조제1항 각 호에 따른 공개대상자가 아닌 취업심사대상자 중 「변호사법」 제4조에 따른 변호사는 법무법인등과 합작법무법인에, 「공인회계사법」 제3조에 따른 공인회계사는 회계법인에, 「세무사법」 제3조에 따른 세무사는 세무법인에 각각 취업할 수 있다.(2019.12.3 본항개정)
⑧ 제1항의 경우 부서 또는 기관의 범위, 취업심사대상기관의 규모 및 범위 등에 관하여는 국회규칙, 대법원규칙, 헌법재판소규칙, 중앙선거관리위원회규칙 또는 대통령령으로 정한다.(2019.12.3 본항개정)
⑨ 제1항부터 제3항까지의 규정에도 불구하고 취업심사대상자가 다음 각 호의 업무를 수행하기 위하여 취업하는 경우 제1항 단서에 따른 밀접한 관련성이 없는 것으로 본다.
1. 「비상대비에 관한 법률」에 따른 비상대비업무(2022.1.4 본호개정)
2. 「예비군법」에 따른 예비군부대의 지휘관 업무
3. 그 밖에 단순 집행적 업무로서 업무 관련성이 없다고 관할 공직자윤리위원회가 고시하는 업무
(2019.12.3 본항신설)
(2014.12.30 본조제목개정)
(2011.7.29 본조개정)

제18조【취업제한 여부의 확인 및 취업승인】 ① 취업심사대상자가 제17조제1항 단서에 따라 퇴직 전 5년 동안 소속하였던 부서 또는 기관의 업무와 취업심사대상기관 간에 밀접한 관련성이 없다는 확인을 받아 취업심사대상기관에 취업을 하려는 경우에는 국회규칙, 대법원규칙, 헌법재판소규칙, 중앙선거관리위원회규칙 또는 대통령령으로 정하는 바에 따라 퇴직 당시 소속되었던 기관의 장을 거쳐 관할 공직자윤리위원회에 제17조제2항 및 제3항에 따라 취업이 제한되는지를 확인하여 줄 것을 요청하여야 한다.(2019.12.3 본항개정)
② 취업심사대상자가 제17조제1항 단서에 따라 취업승인을 받으려는 경우에는 국회규칙, 대법원규칙, 헌법재판소규칙, 중앙선거관리위원회규칙 또는 대통령령으로 정하는 바에 따라 퇴직 당시 소속되었던 기관의 장을 거쳐 관할 공직자윤리위원회에 취업승인을 신청하여야 한다.
③ 제1항에 따라 취업제한 여부의 확인을 요청받거나 제2항에 따라 취업승인의 신청을 받은 관할 공직자윤리위원회는 국회규칙, 대법원규칙, 헌법재판소규칙, 중앙선거관리위원회규칙 또는 대통령령으로 정하는 바에 따라 심사 결과를 통지하여야 한다.
(2011.7.29 본조개정)

제18조의2【퇴직공직자의 업무취급 제한】 ① 모든 공무원 또는 공직유관단체 임직원은 다른 법률에 특별한 규정이 있는 경우를 제외하고는 재직 중에 직접 처리한 제17조제2항 각 호의 업무를 퇴직 후에 취급할 수 없다.
② 기관업무기준 취업심사대상자는 다른 법률에 특별한 규정이 있는 경우를 제외하고는 퇴직 전 2년부터 퇴직할 때까지 근무한 기관이 취업한 취업심사대상기관에 대하여 처리하는 제17조제2항 각 호의 업무를 퇴직한 날부터 2년 동안 취급할 수 없다.(2019.12.3 본항개정)
③ 제1항 및 제2항에도 불구하고 국가안보상의 이유나 공공의 이익을 위한 목적 등 해당 업무를 취급하는 것이 필요하고 그 취급이 해당 업무의 공정한 처리에 영향을 미치지 아니한다고 인정되는 경우로서 관할 공직자윤리위원회의 승인을 받은 경우에는 해당 업무를 취급할 수 있다.
④ 제2항에 따른 기관의 범위와 제3항의 승인절차 등 필요한 사항은 국회규칙, 대법원규칙, 헌법재판소규칙, 중앙선거관리위원회규칙 또는 대통령령으로 정한다.
(2011.7.29 본조신설)

제18조의3【업무취급 제한 퇴직공직자의 업무내역서 제출】 ① 제18조의2제2항에 따라 퇴직 후 일정한 업무취급을 제한받는 기관업무기준 취업심사대상자는 퇴직 후 2년간 업무활동내역 등이 포함된 업무내역서를 매년 작성하여 소속 취업심사대상기관의 장의 확인을 거쳐 관할 공직자윤리위원회에 제출하여야 한다.(2019.12.3 본항개정)
② 관할 공직자윤리위원회는 제1항에 따라 제출받은 업무내역서를 검토하여 제18조의2제2항 및 제3항의 위반 여부를 확인하여야 한다.
③ 제1항에 따른 업무내역서에는 퇴직공직자가 관여한 사건·사무 등 업무활동내역 등을 기재하여야 하며, 업무내역서에 포함되는 내용과 제출절차 등에 필요한 사항은 국회규칙, 대법원규칙, 헌법재판소규칙, 중앙선거관리위원회규칙 또는 대통령령으로 정한다.
(2011.7.29 본조신설)

제18조의4【퇴직공직자 등에 대한 행위제한】 ① 퇴직한 모든 공무원과 공직유관단체의 임직원(이하 "퇴직공직자"라 한다)은 본인 또는 제3자의 이익을 위하여 퇴직 전 소속 기관의 공무원과 임직원(이하 "재직자"라 한다)에게 법령을 위반하게 하거나 지위 또는 권한을 남용하게 하는 등 공정한 직무수행을 저해하는 부정한 청탁 또는 알선을 해서는 아니 된다.
② 재직자는 퇴직공직자로부터 직무와 관련한 청탁 또는 알선을 받은 경우 이를 소속 기관의 장에게 신고하여야 한다.
③ 누구든지 퇴직공직자가 재직자에게 청탁 또는 알선을 한 사실을 알게 된 경우 해당 기관의 장에게 신고할 수 있다.
④ 소속 기관의 장은 제2항 또는 제3항에 따라 신고된 사항에 대하여 제1항에 따른 부정한 청탁 또는 알선인지 여부를 판단하여야 하며, 수사의 필요성이 있다고 인정하는 경우 수사기관에 통보하여야 한다. 이 경우 소속 기관의 장은 신고된 사항과 수사기관에 통보한 사실을 관할 공직자윤리위원회에 통보하여야 한다.
⑤ 누구든지 제2항 및 제3항에 따른 신고자의 인적사항이나 신고자임을 미루어 알 수 있는 사실을 다른 사람에게 알려주거나 공개 또는 보도해서는 아니 된다. 다만, 해당 신고자가 동의한 경우에는 그러하지 아니하다.
⑥ 누구든지 신고자에게 신고를 이유로 불이익조치(「공익신고자 보호법」 제2조제6호에 따른 불이익조치를 말한다. 이하 같다)를 해서는 아니 되며, 신고를 이유로 불이익조치를 받은 신고자는 신고를 받은 소속 기관의 장에게 원상회복이나 그 밖에 필요한 조치(이하 "보호조치"라 한다)를 신청할 수 있다. 다만, 거짓으로 신고한 경우는 그러하지 아니하다.
⑦ 보호조치의 신청을 받은 소속 기관의 장은 신고자가 신고를 이유로 불이익조치를 받았는지를 조사하고, 조사 결과 신고자가 신고를 이유로 불이익조치를 받았다고 인정될 때에는 보호조치를 취하여야 한다.
⑧ 소속 기관의 장은 신고자의 신고가 공직윤리의 확립에 기여했다고 인정하는 경우에는 신고자에게 「상훈법」 등의 규정에 따라 포상을 추천·수여하거나, 예산의 범위에서 포상금을 지급할 수 있다.

⑨ 제1항부터 제8항까지의 규정에 따른 신고와 신청의 절차 및 방법 등에 관하여 필요한 사항은 국회규칙, 대법원규칙, 헌법재판소규칙, 중앙선거관리위원회규칙 또는 대통령령으로 정한다.
(2019.12.3 본조개정)

제18조의5【재직자 등의 취업청탁 등 제한】 ① 재직 중인 취업심사대상자는 퇴직 전 5년 동안 처리한 업무 중 제17조제2항 각 호에서 정하는 업무와 관련한 취업심사대상기관을 상대로 하여 재직 중 본인의 취업을 위한 청탁행위를 하여서는 아니 된다.
② 국가기관, 지방자치단체 또는 공직유관단체의 장은 해당 기관의 취업심사대상자를 퇴직 전 5년 동안 처리한 제17조제2항 각 호에 따른 업무와 관련된 취업심사대상기관으로의 취업을 알선하는 행위를 하여서는 아니 된다.
(2019.12.3 본조개정)

제19조【취업자의 해임 요구 등】 ① 관할 공직자윤리위원회는 다음 각 호의 어느 하나에 해당하는 경우에는 국가기관의 장 또는 지방자치단체의 장에게 해당인에 대한 취업해제조치를 하도록 요청하여야 하며, 요청을 받은 국가기관의 장 또는 지방자치단체의 장은 해당인이 취업하고 있는 취업심사대상기관의 장에게 해당인의 해임을 요구하여야 한다.
(2020.12.22 본문개정)
1. 제17조제1항을 위반하여 취업승인을 받지 아니하고 밀접한 관련성이 있는 취업심사대상기관에 취업한 경우
2. 제17조제1항 단서에 따라 취업승인을 받고 취업한 사람이 제18조의2제1항을 위반(같은 조 제3항에 따른 업무취급의 승인을 받은 경우는 제외한다)하거나 제18조의4제1항을 위반한 경우

(2020.12.22 1호~2호신설)
② 제1항에 따라 해임 요구를 받은 취업심사대상기관의 장은 지체 없이 이에 응하여야 한다. 이 경우 취업심사대상기관의 장은 그 결과를 국가기관의 장 또는 지방자치단체의 장에게 통보하고, 국가기관의 장 또는 지방자치단체의 장은 관할 공직자윤리위원회에 통보하여야 한다.
(2019.12.3 본항개정)
③ 제1항에 따른 해임 요구에 대하여 「행정소송법」 제3조에 따른 행정소송을 제기한 경우에는 그 소송이 제기된 때부터 법원의 판결이 확정될 때까지 제17조제1항에 따른 해당인의 취업제한 기간의 진행이 정지된다. 다만, 해당 소송을 통하여 해임 요구 처분이 취소되거나 해임 요구 처분의 효력이 없는 것으로 확인된 경우에는 그러하지 아니하다.(2011.7.29 본항신설)

제19조의2【취업 및 업무취급제한 위반 여부 확인방법 등】 ① 국가기관, 지방자치단체 또는 공직유관단체의 장은 취업심사대상자가 퇴직한 경우에는 그 퇴직 후 3년 동안 관련 취업심사대상기관에의 취업 여부를 직접 확인하거나 국세청, 「국민건강보험법」 제13조에 따른 국민건강보험공단, 「국민연금법」 제24조에 따른 국민연금공단 및 「산업재해보상보호법」 제10조에 따른 근로복지공단에 자료(국세청의 경우 「소득세법」 제21조에 따른 기타소득에 관한 자료로 한정한다)를 요청하거나 조회하는 등의 방법으로 확인하여야 하며, 매년 1회 이상 그 점검 결과를 관할 공직자윤리위원회에 보고하여야 한다.(2019.12.3 본항개정)
② 관할 공직자윤리위원회는 퇴직공직자가 제18조의2제1항에 따른 업무취급제한 사항을 위반하였다고 의심할 만한 상당한 사유가 있는 경우에는 이를 확인하기 위하여 해당 공직자가 퇴직 당시 소속하였던 기관의 장 또는 「국민건강보험법」 제13조에 따른 국민건강보험공단, 「국민연금법」 제24조에 따른 국민연금공단 및 「산업재해보상보호법」 제10조에 따른 근로복지공단에 관련 자료를 요청할 수 있다.
(2015.12.29 본항신설)
③ 관할 공직자윤리위원회는 취업제한, 업무취급의 제한 및 행위제한 등과 관련하여 관련 취업심사대상기관의 장에게 해당 자료 제출을 요구할 수 있으며, 취업심사대상기관의 장은 정당한 사유가 없으면 자료를 제공하여야 한다.
(2019.12.3 본항개정)
④ 관할 공직자윤리위원회는 제18조의2제1항에 따른 업무취급 제한 사항을 위반하였다고 의심할 만한 상당한 사유가 있는 경우에는 국회규칙, 대법원규칙, 헌법재판소규칙, 중앙선거관리위원회규칙 또는 대통령령으로 정하는 바에 따라 퇴직공직자가 취업한 기관·단체(취업심사대상기관은 제외한다)의 장에게 퇴직공직자의 담당업무 등에 대한 자료제출을 요구할 수 있다. 이 경우 해당 기관·단체의 장은 정당한 사유가 없으면 자료를 제공하여야 한다.(2019.12.3 본항신설)
⑤ 인사혁신처장은 제1항에 따른 자료의 요청을 효율적으로 수행하기 위하여 다른 중앙행정기관, 지방자치단체 또는 공직유관단체의 장을 대신하여 필요한 자료를 일괄하여 요청할 수 있다. 다만, 국세청에 자료를 요청할 경우에는 인사혁신처장이 일괄하여 요청하여야 한다.(2019.12.3 본항신설)
(2015.12.29 본조제목개정)

제19조의3【취업제한 여부의 확인, 취업승인, 업무취급승인 및 업무내역서 심사 기록의 작성·관리 및 결과의 공개】 ① 관할 공직자윤리위원회는 다음 각 호의 어느 하나에 해당하는 심사를 하는 경우 각각의 심사사항에 대한 결정의 근거가 되는 사유를 회의록에 기록·관리하여야 하며, 심사를 완료한 때에는 그 심사 결과를 관할 공직자윤리위원회가 지정하는 인터넷 사이트에 공개하여야 한다.(2019.12.3 본문개정)
1. 제18조에 따른 취업제한 여부의 확인 및 취업승인 심사
2. 제18조의2제3항에 따른 업무취급승인 심사
3. 제18조의3제2항에 따른 업무내역서 심사

② 제1항에 따라 심사 결과를 공개하는 경우 각각의 심사사항에 대한 구체적인 사유를 포함하여야 한다.(2019.12.3 본항신설)
③ 제1항 및 제2항에 따른 심사 기록의 작성·관리와 심사 결과의 공개 항목 및 범위 등에 관하여 필요한 사항은 국회규칙, 대법원규칙, 헌법재판소규칙, 중앙선거관리위원회규칙 또는 대통령령으로 정한다.(2019.12.3 본항개정)
(2019.12.3 본조제목개정)
(2014.12.30 본조신설)

제19조의4【기관업무기준 취업심사대상자에 대한 취업이력공시】 ① 공직자윤리위원회는 기관업무기준 취업심사대상자의 퇴직일부터 10년 동안 취업심사대상기관에 취업한 현황을 매년 조사하여 그 취업이력을 공직자윤리위원회가 지정하는 인터넷 사이트에 다음 해 6월 30일까지 공시(公示)하여야 한다.(2019.12.3 본항개정)
② 기관업무기준 취업심사대상자는 퇴직일부터 10년 동안 취업심사대상기관에 취업한 경우에는 취업일부터 1개월 이내에 그 취업 사실을 퇴직 전 소속 기관의 장에게 신고하여야 한다. 이 경우 신고를 받은 퇴직 전 소속 기관의 장은 그 신고 사실을 지체 없이 관할 공직자윤리위원회에 통보하여야 한다.(2019.12.3 전단개정)
③ 제1항에 따른 취업 현황 조사 및 공시의 내용·절차와 제2항에 따른 신고의 내용·절차 등에 관하여 필요한 사항은 국회규칙, 대법원규칙, 헌법재판소규칙, 중앙선거관리위원회규칙 또는 대통령령으로 정한다.
(2014.12.30 본조신설)

제5장 보 칙

(2009.2.3 본장개정)

제20조【기획·총괄기관】 인사혁신처장은 이 법에 따른 재산등록 및 공개, 주식의 매각 또는 신탁, 선물신고, 퇴직공직자의 취업제한 및 행위제한 등에 관한 기획·총괄업무를 관장한다.(2014.12.30 본조개정)

제20조의2【국회 등에 대한 보고】 ① 공직자윤리위원회는 매년 정기국회 개회 전까지 또는 해당 지방의회 2차 정례회 개최 전까지 전년도의 재산등록, 주식의 매각 또는 신탁, 선물신고, 퇴직공직자의 취업제한에 관한 실태(제17조제1항 단서에 따라 취업승인을 하거나 제18조제3항에 따른 심사 결과 취업할 수 있다고 통지하는 때에는 그 결과를 포함한다)와 감독, 그 밖에 공직자윤리위원회의 활동에 관한 연차보고서를 제출하여야 한다.(2020.12.22 본항개정)

② 제1항의 연차보고서 작성에 필요한 사항은 대통령령으로 정한다.

제20조의3【벌칙 적용에서 공무원 의제】 공직자윤리위원회와 제14조의5에 따른 주식백지신탁 심사위원회의 위원장 및 위원으로서 공무원이 아닌 사람은 「형법」 제129조부터 제132조까지의 규정을 적용할 때에는 공무원으로 본다. (2015.12.29 본조신설)

제21조【위임규정】 이 법 시행에 필요한 사항은 국회규칙, 대법원규칙, 헌법재판소규칙, 중앙선거관리위원회규칙, 대통령령 또는 지방자치단체의 조례로 정한다.

제6장 징계 및 벌칙

(2009.2.3 본장개정)

제22조【징계 등】 공직자윤리위원회는 공무원 또는 공직유관단체의 임직원이 다음 각 호의 어느 하나에 해당하면 이를 사유로 해임 또는 징계의결을 요구할 수 있다.

1. 제5조제1항을 위반하여 재산등록을 하지 아니한 경우
2. 제5조제1항, 제6조제1항·제2항, 제6조의3, 제7조, 제10조제2항 또는 제11조제1항에 따른 재산등록, 변동사항 신고 등을 정당한 이유 없이 대통령령으로 정하는 기간 내에 마치지 아니한 경우(2019.12.3 본호신설)
3. 제6조제1항(10월부터 12월까지 중 등록의무자가 되어 같은 항에 따른 재산 변동사항을 신고하는 경우의 변동사항 신고에 관한 같은 조 제3항을 포함한다)·제8항, 제6조의2 및 제11조제1항을 위반하여 변동사항 신고 또는 거래내역 신고를 하지 아니하거나 소명자료의 첨부 등을 하지 아니한 경우(2023.6.13 본호개정)
4. 제8조제13항에 따른 공직자윤리위원회의 소명 요구에 대하여 거짓으로 소명하거나 거짓 자료를 제출한 경우
5. 제8조제14항을 위반하여 정당한 사유 없이 소명 또는 자료 제출을 하지 아니한 경우
6. 제10조제3항(제11조제2항에서 준용하는 경우를 포함한다)을 위반하여 허가 없이 등록사항을 열람·복사하거나 이를 하게 한 경우
7. 제12조제1항(제6조의2제4항 및 제11조제2항에서 준용하는 경우를 포함한다)을 위반하여 허위등록 등 불성실하게 재산등록을 한 경우
8. 제12조제2항(제6조의2제4항 및 제11조제2항에서 준용하는 경우를 포함한다)을 위반하여 공직자윤리위원회 등의 등록사항 심사에 응하지 아니한 경우
9. 제13조(제6조의2제4항 및 제11조제2항에서 준용하는 경우를 포함한다)를 위반하여 재산등록사항을 이 법에서 정한 목적 외의 용도로 이용한 경우
10. 제14조(제6조의2제4항, 제11조제2항 및 제14조의4제6항에서 준용하는 경우를 포함한다)를 위반하여 재산등록사항을 다른 사람에게 누설한 경우
11. 제14조의4제1항을 위반하여 신고를 하지 아니한 경우
12. 제14조의4제1항 각 호의 행위 또는 제14조의5제6항에 따른 주식의 직무관련성 심사청구를 기한 내에 하지 못하는 경우(2020.12.22 본호신설)
13. 제14조의5제9항에 따른 요구 또는 질의에 거짓으로 자료를 제출하거나 정당한 사유 없이 자료 제출을 거부하는 경우(2020.12.22 본호신설)
14. 제14조의6을 위반하여 주식을 취득하거나 신고를 하지 아니한 경우
15. 제14조의7제1항 본문을 위반하여 신탁재산의 관리·운용·처분에 관한 정보의 제공을 요구한 경우
16. 제14조의7제2항을 위반하여 신탁재산의 관리·운용·처분에 관여한 경우
17. 제14조의10제2항을 위반하여 주식백지신탁계약을 해지한 경우
18. 백지신탁한 주식 또는 보유하고 있는 주식과 관련한 직무를 회피할 수 있음에도 불구하고 제14조의11제1항을 위반하여 해당 주식과 관련한 직무에 관여하였거나 제14조의11제4항을 위반하여 신고를 하지 아니한 경우 (2015.12.29 본호신설)
19. 제15조를 위반하여 외국에서 받은 선물 또는 외국인에게 받은 선물을 신고 또는 인도하지 아니한 경우
20. 제18조의4제2항을 위반하여 청탁 또는 알선을 받은 사실을 소속 기관의 장에게 신고하지 아니한 경우(같은 조 제4항에 따라 부정한 청탁 또는 알선으로 인정된 경우로 한정한다)(2019.12.3 본호개정)
21. 제18조의5제1항을 위반하여 취업을 위한 청탁행위를 한 경우(2011.7.29 본호신설)

제23조【시정 권고】 관할 공직자윤리위원회는 국가기관, 지방자치단체 또는 공직유관단체의 장이 제18조의5제2항을 위반하여 해당 기관의 취업심사대상자를 제17조제2항 각 호의 업무와 관련된 취업심사대상기관으로 취업을 알선하는 경우에는 시정을 권고할 수 있다. 이 경우 시정 권고를 받은 국가기관, 지방자치단체 또는 공직유관단체의 장은 특별한 사유가 없으면 그 시정 권고에 따라야 한다.(2019.12.3 전단개정)

제24조【재산등록 거부의 죄】 ① 등록의무자가 정당한 사유 없이 재산등록을 거부하면 1년 이하의 징역 또는 1천만원 이하의 벌금에 처한다.

② 제10조의2제1항 및 제2항에 따른 공직선거후보자 등이 정당한 사유 없이 등록대상재산에 관한 신고서를 제출하지 아니하면 6개월 이하의 징역 또는 500만원 이하의 벌금에 처한다.

제24조의2【주식백지신탁 거부의 죄】 공개대상자 등이 정당한 사유 없이 제14조의4제1항 또는 제14조의6제2항을 위반하여 자신이 보유하는 주식을 매각 또는 백지신탁하지 아니하면 1년 이하의 징역 또는 1천만원 이하의 벌금에 처한다.

제25조【거짓 자료 제출 등의 죄】 공직자윤리위원회(제8조제11항에 따라 공직자윤리위원회로부터 재산등록사항에 관한 권한을 위임받은 등록기관의 장 등을 포함한다. 이하 제26조에서 같다) 또는 주식백지신탁 심사위원회로부터 제8조제4항 및 제5항(제6조의2제4항, 제11조제2항 및 제14조의4제6항에서 준용하는 경우를 포함한다) 또는 제14조의5제10항에 따른 보고나 자료 제출 등을 요구받은 각 기관·단체·업체의 장이 거짓 보고나 거짓 자료를 제출하거나 정당한 사유 없이 보고 또는 자료 제출을 거부하면 1년 이하의 징역 또는 1천만원 이하의 벌금에 처한다.

제26조【출석거부의 죄】 공직자윤리위원회로부터 제8조제6항(제6조의2제4항, 제11조제2항 및 제14조의4제6항에서 준용하는 경우를 포함한다)에 따른 출석요구를 받은 사람이 정당한 사유 없이 출석요구에 응하지 아니하면 6개월 이하의 징역 또는 500만원 이하의 벌금에 처한다.

제27조【무허가 열람·복사의 죄】 제10조제3항(제11조제2항에서 준용하는 경우를 포함한다)을 위반하여 허가 없이 재산등록사항을 열람·복사하거나 이를 하게 한 경우에는 1년 이하의 징역 또는 1천만원 이하의 벌금에 처한다.

제28조【비밀누설의 죄】 ① 제14조(제6조의2제4항, 제11조제2항 및 제14조의4제6항에서 준용하는 경우를 포함한다)를 위반하여 재산등록업무에 종사하거나 종사하였던 사람 또는 직무상 재산등록사항을 알게 된 사람이 공개된 재산등록사항 외의 재산등록사항을 정당한 사유 없이 누설하면 1년 이하의 징역 또는 1천만원 이하의 벌금에 처한다.

② 제14조의3(제6조의2제4항, 제11조제2항 및 제14조의4제6항에서 준용하는 경우를 포함한다)을 위반하여 금융거래의 내용에 관한 자료를 제공받은 사람이 그 자료를 타인에게 제공 또는 누설하거나 그 목적 외의 용도로 이용하면 3년 이하의 징역 또는 2천만원 이하의 벌금에 처한다.

③ 제2항의 징역형과 벌금형은 함께 부과할 수 있다.

제28조의2【주식백지신탁 관여금지 위반의 죄】 ① 공개대상자등 또는 그 이해관계자가 제14조의7제1항 본문을 위반하여 신탁재산의 관리·운용·처분에 관한 정보 제공을 요구하거나, 신탁업자·집합투자업자·투자회사·투자매매업자 또는 투자중개업자의 임직원이 정보 제공 요구에 응하면 각각 1년 이하의 징역 또는 1천만원 이하의 벌금에 처한다.

② 공개대상자등 또는 그 이해관계자가 제14조의7제2항을 위반하여 신탁재산의 관리·운용·처분에 관여하면 1년 이하의 징역 또는 1천만원 이하의 벌금에 처한다.

제29조【취업제한, 업무취급 제한 및 행위제한 위반의 죄】 다음 각 호의 어느 하나에 해당하는 자는 2년 이하의 징역 또는 2천만원 이하의 벌금에 처한다.(2014.12.30 본문개정)

1. 제17조제1항을 위반하여 취업승인을 받지 않고 밀접한 업무관련성이 있는 취업심사대상기관에 취업한 사람(2019.12.3 본호개정)
2. 제18조의2제1항을 위반하여 재직 중 본인이 직접 처리한 업무를 퇴직 후 취급한 사람
3. 제18조의4제1항을 위반하여 퇴직 전 소속 기관의 임직원을 상대로 부정한 청탁 또는 알선 행위를 한 사람

(2011.7.29 본조개정)

제30조【과태료】 ① 제18조의2제2항을 위반하여 퇴직 전 2년부터 퇴직할 때까지 근무한 기관의 업무를 취급한 사람에게는 5천만원 이하의 과태료를 부과한다.(2015.12.29 본항개정)

② 다음 각 호의 어느 하나에 해당하는 사람에게는 2천만원 이하의 과태료를 부과한다.

1. 공직자윤리위원회가 "제8조의2제2항제2호(제6조의2제4항, 제11조제2항 및 제14조의4제6항에서 준용하는 경우를 포함한다) 및 제14조의5제11항제2호에 따라 과태료 부과 대상으로 결정한 사람(2020.12.22 본호개정)
2. 제8조제13항에 따른 공직자윤리위원회의 소명 요구에 거짓으로 소명하거나 거짓 자료를 제출한 사람
3. 제8조제14항을 위반하여 정당한 사유 없이 소명 또는 자료 제출을 하지 아니한 사람

3의2. 백지신탁한 주식 또는 보유하고 있는 주식과 관련한 직무를 회피할 수 있음에도 불구하고 제14조의11제1항을 위반하여 해당 주식과 관련한 직무에 관여하였거나 제14조의11제4항을 위반하여 신고를 하지 아니한 사람(2020.12.22 본호신설)

4. 제19조의2제3항에 따른 자료 제출요구를 정당한 사유 없이 거부하거나 거짓 자료를 제출한 취업심사대상기관의 장(2019.12.3 본호개정)

③ 다음 각 호의 어느 하나에 해당하는 사람에게는 1천만원 이하의 과태료를 부과한다.

1. 제5조제1항, 제6조제1항·제2항, 제6조의3, 제7조, 제10조제2항 또는 제11조제1항에 따른 재산등록, 변동사항 신고 등을 정당한 이유 없이 대통령령으로 정하는 기간 내에 마치지 아니한 사람(2019.12.3 본호신설)
2. 제12조제1항(제6조의2제4항 및 제11조제2항에서 준용하는 경우를 포함한다)을 위반하여 허위등록 등 불성실하게 재산등록을 한 사람(2019.12.3 본호신설)
3. 제12조제2항(제6조의2제4항 및 제11조제2항에서 준용하는 경우를 포함한다)을 위반하여 공직자윤리위원회 등의 등록사항 심사에 응하지 아니한 사람(2019.12.3 본호신설)
4. 제14조의6을 위반하여 주식을 취득하거나 신고를 하지 아니한 사람(2019.12.3 본호신설)
5. 제14조의10제2항을 위반하여 주식백지신탁계약을 해지한 사람(2019.12.3 본호신설)
6. (2020.12.22 삭제)
7. 제15조를 위반하여 외국에서 받은 선물 또는 외국인에게 받은 선물을 신고 또는 인도하지 아니한 사람(2019.12.3 본호신설)
8. 제18조제1항을 위반하여 취업제한 여부의 확인을 요청하지 아니하고 취업심사대상기관에 취업한 사람(2019.12.3 본호개정)
9. 제18조의3제1항을 위반하여 업무내역서를 제출하지 아니하거나 거짓으로 제출한 사람
10. 제19조제2항에 따른 해임 요구를 거부한 취업심사대상기관의 장(2019.12.3 본호개정)
11. 제19조의4제2항 전단을 위반하여 취업심사대상기관에 취업한 사실을 취업일부터 1개월 이내에 퇴직 전 소속 기관의 장에게 신고하지 아니한 사람(2019.12.3 본호개정)

④ 제3항에도 불구하고 같은 항 제1호부터 제5호까지에 해당하는 경우 제22조에 따라 해임 또는 징계의 의결이 있은 후에는 과태료를 부과하지 아니하며, 과태료가 부과된 후에는 해임 또는 징계의 의결을 하지 아니한다.(2019.12.3 본항신설)

⑤ 관할 공직자윤리위원회는 제1항부터 제3항까지의 과태료 부과 대상자에 대하여는 그 위반사실을 「비송사건절차법」에 따른 과태료 재판 관할 법원에 통보하여야 한다.

(2011.7.29 본조개정)

부 칙 (2014.12.30)

제1조【시행일】 이 법은 공포 후 3개월이 경과한 날부터 시행한다. 다만, 다음 각 호의 개정규정은 공포한 날부터 시행한다.

1. 제3조제1항제13호
2. 제17조제2항제5호
3. 제17조제4항("사기업체등" 외의 개정부분으로 한정한다)
4. 제17조제5항
5. 제20조

제2조【퇴직공직자의 취업제한 등에 관한 적용례】 제17조제1항·제3항·제6항·제7항, 제18조제1항, 제18조의2제2항, 제18조의3제1항, 제19조의2제1항, 제19조의4, 제29조 각 호 외의 부분 및 제30조제3항제4호의 개정규정은 이 법 시행 후 최초로 퇴직하는 취업심사대상자부터 적용한다.

제3조【다른 법률의 개정】 ※(해당 법령에 가제정리 하였음)

부 칙 (2015.12.29)

제1조【시행일】 이 법은 공포 후 6개월이 경과한 날부터 시행한다. 다만, 제3조제1항제8호, 제5조제1항제11호, 제9조제2항제7호, 제9조의2, 제10조제1항제7호, 제14조의12, 제15조제1항, 제19조의2, 제20조의3, 제30조제1항 및 같은 조 제2항제4호의 개정규정은 공포한 날부터 시행한다.

제2조【공직자윤리위원회 및 주식백지신탁 심사위원회의 직권 재심사에 관한 적용례】 제9조의2 및 제14조의12의 개정규정은 공직자윤리위원회 및 주식백지신탁 심사위원회가 이 법 시행 후에 제9조제1항제1호·제3호 또는 제14조의5제7항에 따라 결정한 사항부터 적용한다.

제3조【이해충돌 직무에 대한 관여 금지에 관한 적용례】 제14조의11의 개정규정은 이 법 시행 전에 주식백지신탁에 관한 계약을 체결한 경우로서 이 법 시행 당시 신탁된 주식의 처분이 완료되지 아니한 경우에 대해서도 적용한다.

제4조【주식을 보유한 공개대상자등의 직위 변경에 관한 적용례】 제14조의13의 개정규정은 이 법 시행 후에 제14조의4제1항에 따라 주식 매각의무 또는 주식백지신탁 의무가 발생하는 공개대상자등부터 적용한다.

제5조【재산등록 등의 시기 변경에 관한 경과조치】 이 법 시행 전에 등록 또는 신고 의무가 발생한 사람의 등록 또는 신고 기간에 관하여는 제5조제1항 각 호 외의 부분, 제6조제2항, 제6조의3제3항, 제10조제2항 및 제11조제1항의 개정규정에도 불구하고 종전의 규정에 따른다.

제6조【재산 변동사항 신고의 유예 대상자 변경에 관한 경과조치】 이 법 시행 전에 등록의무자가 된 사람의 재산 변동사항 신고 유예에 관하여는 제6조제3항 및 제22조제2호의 개정규정에도 불구하고 종전의 규정에 따른다.

부 칙 (2019.12.3)

제1조【시행일】 이 법은 공포 후 6개월이 경과한 날부터 시행한다. 다만, 제6조제3항, 제15조제1항 및 제19조의4제1항(취업제한기관의 개정 부분은 제외한다)의 개정규정은 공포한 날부터 시행한다.

제2조【재산등록대상 주식의 가액 산정방법에 관한 적용례】 제4조제3항제7호의 개정규정은 이 법 시행 이후 재산등록을 하거나 재산 변동사항을 신고하는 경우부터 적용한다.
제3조【재산등록의 시기 변경에 관한 적용례】 제6조제3항의 개정규정은 이 법 시행 이후 재산 변동사항을 신고하는 경우부터 적용한다.
제4조【재산등록사항의 심사에 관한 적용례】 제8조제13항의 개정규정은 이 법 시행 이후 재산등록이나 변동사항 신고 등을 하는 경우로서 새롭게 발생한 재산 변동사항에 한정하여 적용한다.
제5조【공직자윤리위원회 위원 등의 요건에 관한 적용례】 제9조제3항 및 제14조의5제4항의 개정규정은 이 법 시행 이후 공직자윤리위원회 위원으로 선임되거나 주식백지신탁 심사위원회 위원으로 임명 또는 위촉되는 경우부터 적용한다.
제6조【퇴직공직자의 취업제한에 관한 적용례】 제17조제1항 및 제5항의 개정규정은 이 법 시행 이후 퇴직하는 취업심사대상자부터 적용한다.
제7조【퇴직공직자 등에 대한 행위제한에 관한 적용례】 제18조의4의 개정규정은 이 법 시행 이후 퇴직공직자가 재직자에게 청탁 또는 알선을 하는 경우부터 적용한다.
제8조【재산등록 등의 지연에 관한 적용례】 제22조제2호의 개정규정은 이 법 시행 이후 재산등록이나 변동사항 신고 등을 하는 경우부터 적용한다.
제9조【다른 법률의 개정】 ①~② ※(해당 법령에 가제정리 하였음)

부　칙 (2020.12.15)
(2020.12.22 법17689호)

제1조【시행일】 이 법은 2021년 1월 1일부터 시행한다.(이하 생략)

부　칙 (2020.12.22 법17754호)

제1조【시행일】 이 법은 공포 후 6개월이 경과한 날부터 시행한다.
제2조【이해충돌 직무에 대한 관여 금지에 관한 적용례】 제14조의11제1항의 개정규정은 이 법 시행 이후 주식 매각 또는 주식백지신탁 의무가 발생하는 경우부터 적용한다.
제3조【직무관련성 없는 직위로의 변경 권고에 관한 적용례】 제14조의13제4항의 개정규정은 이 법 시행 이후 주식 매각 또는 주식백지신탁 의무가 발생하는 경우부터 적용한다.
제4조【취업자의 해임 요구 등에 관한 적용례】 제19조제1항제2호의 개정규정은 이 법 시행 이후 취업승인을 받는 경우부터 적용한다.
제5조【직무관련성 심사청구의 지연 등에 관한 적용례】 제22조제12호 및 제13호의 개정규정은 이 법 시행 이후 해임 또는 징계 사유가 발생하는 경우부터 적용한다.
제6조【주식의 매각 또는 신탁 등 의무 이행 기한 변경에 관한 경과조치】 이 법 시행 전에 주식의 매각 또는 주식백지신탁 의무가 발생한 사람의 주식 매각·신탁 또는 직무관련성 심사청구 및 직위변경 신청기한에 관하여는 제14조의4제1항 각 호 외의 부분 본문, 제14조의5제6항(직무관련성 유무 심사청구 기한 변경에 관한 사항으로 한정한다), 제14조의6제2항 본문 및 제14조의13제1항의 개정규정에도 불구하고 종전의 규정에 따른다.

부　칙 (2021.4.1)

이 법은 공포 후 6개월이 경과한 날부터 시행한다.

부　칙 (2022.1.4)

제1조【시행일】 이 법은 공포 후 6개월이 경과한 날부터 시행한다.(이하 생략)

부　칙 (2022.11.15)

이 법은 공포한 날부터 시행한다.

부　칙 (2023.6.13)

제1조【시행일】 이 법은 공포 후 6개월이 경과한 날부터 시행한다.
제2조【등록대상 가상자산에 관한 적용례】 제4조제2항제6호의 개정규정은 이 법 시행 이후 재산등록 의무나 변동사항 신고 의무가 발생한 경우부터 적용한다.
제3조【가상자산 거래내역 신고에 관한 적용례】 제6조의2의 개정규정은 2023년 1월 1일 이후에 행하여진 가상자산거래부터 적용한다.

부　칙 (2023.7.18)

제1조【시행일】 이 법은 공포 후 1년이 경과한 날부터 시행한다.(이하 생략)

부　칙 (2023.12.26)

제1조【시행일】 이 법은 공포 후 6개월이 경과한 날부터 시행한다. 다만, 제10조제1항의 개정규정은 2024년 1월 1일부터 시행한다.
제2조【법무부장관 등에 대한 조사 의뢰에 관한 적용례】 제8조제7항제2호가목의 개정규정은 이 법 시행 이후 소속기관의 미공개정보를 이용한 경우로서 그 행위를 통하여 재물 또는 재산상 이익을 취득한 상당한 혐의가 있다고 의심되는 경우부터 적용한다.
제3조【소속 기관의 미공개정보를 이용한 재물이나 재산상 이익의 취득등에 관한 적용례】 제8조의2제1항제4호 및 제14조의2의 개정규정은 이 법 시행 이후 소속 기관의 미공개정보를 이용하는 경우부터 적용한다.
제4조【직위 변경이 완료되지 아니한 경우의 의무 이행기간에 관한 적용례】 제14조의13제3항의 개정규정은 이 법 시행 당시 종전의 규정에 따라 기산한 의무 이행기간이 지나지 아니한 경우에 대해서도 적용한다.

여권법

(2008년 3월 28일 전부개정법률 제8990호)

개정
2009.10.19법 9799호
2013. 3.23법11690호(정부조직)
2013. 5.22법11774호 2014. 1.21법12274호
2017. 3.21법14606호 2018.12.24법16025호
2020.12.22법17689호(국가자치경찰)
2021. 1. 5법17820호 2021. 4.20법18080호
2023. 3.28법19274호(집행유예선고에관한결격사유명확화를위한일부개정법령)
2023. 3.28법19276호(행정기관정비일부개정법령등)
2023. 8. 8법19580호 2024. 2.13법20263호

제1장 총 칙

제1조【목적】 이 법은 대한민국 국적 및 신분을 증명하는 여권(旅券)의 발급, 효력과 그 밖에 여권에 관하여 필요한 사항을 규정함을 목적으로 한다.(2021.1.5 본조개정)
제2조【여권의 소지】 외국을 여행하려는 국민은 이 법에 따라 발급된 여권을 소지하여야 한다.
제3조【발급권자】 여권은 외교부장관이 발급한다.
(2013.3.23 본조개정)

제2장 여권의 종류 및 유효기간

제4조【여권의 종류】 ① 여권의 종류는 다음 각 호와 같다.
1. 일반여권
2. 관용여권
3. 외교관여권
4. 긴급여권(제1호부터 제3호까지의 규정에 따른 여권을 발급받거나 재발급받을 시간적 여유가 없는 경우로서 여권의 긴급한 발급이 필요하다고 인정되어 발급하는 여권을 말한다)
(2021.1.5 본항개정)
② 여권은 1회에 한정하여 외국여행을 할 수 있는 여권(이하 "단수여권"이라 한다)과 유효기간 만료일까지 횟수에 제한 없이 외국여행을 할 수 있는 여권(이하 "복수여권"이라 한다)으로 구분하며, 여권의 종류별로 다음 각 호의 구분에 따라 발급한다.
1. 일반여권·관용여권과 외교관여권 : 단수여권과 복수여권
2. 긴급여권 : 단수여권
(2021.1.5 본항신설)
③ (2023.8.8 삭제)
제4조의2【관용여권의 발급대상자】 외교부장관은 다음 각 호의 어느 하나에 해당하는 사람에게 관용여권을 발급할 수 있다.
1. 공무(公務)로 국외에 여행하는 공무원
2. 「외무공무원법」 제32조에 따라 재외공관에 두는 행정직원
3. 그 밖에 대통령령으로 정하는 사람
(2023.8.8 본조신설)
제4조의3【외교관여권의 발급대상자】 외교부장관은 다음 각 호의 어느 하나에 해당하는 사람에게 외교관여권을 발급할 수 있다.
1. 전직·현직 대통령
2. 전직·현직 국회의장
3. 전직·현직 대법원장
4. 전직·현직 헌법재판소장
5. 전직·현직 국무총리
6. 전직·현직 외교부장관
7. 특명전권대사 및 국제올림픽위원회 위원
8. 외교부장관이 지정한 외교부 소속 공무원
9. 「외무공무원법」 제31조에 따라 재외공관에 근무하는 다른 국가공무원 및 지방공무원
10. 특별사절 및 정부대표
11. 그 밖에 대통령령으로 정하는 사람
(2023.8.8 본조신설)
제5조【여권의 유효기간】 ① 제4조에 따른 여권(긴급여권은 제외한다)의 종류별 유효기간은 다음 각 호와 같다.
(2021.1.5 본문개정)
1. 일반여권 : 10년 이내
2. 관용여권 : 5년 이내
3. 외교관여권 : 5년 이내
② 여권의 종류별 유효기간의 설정 등에 필요한 사항은 대통령령으로 정한다.
제5조의2【관용여권의 발급 관리】 ① 외교부장관은 제19조제5항에 따른 관용여권의 반납 현황을 포함하여 정기적으로 관용여권의 발급 현황을 조사하여야 한다.
② 외교부장관은 제1항에 따른 관용여권 발급 현황 자료의 제출을 해당 기관의 장에게 요청할 수 있다. 이 경우 자료 제출을 요청받은 기관의 장은 특별한 사유가 없으면 그 요청에 따라야 한다.
③ 관용여권의 발급 현황 조사에 필요한 사항은 대통령령으로 정한다.
(2023.8.8 본조신설)
제6조【단수여권의 발급】 ① 외교부장관은 다음 각 호의 어느 하나에 해당하는 경우에는 1년 이내의 유효기간이 설정된 단수여권을 발급할 수 있다.(2013.3.23 본문개정)
1. 여권발급 신청인이 요청하는 경우
2. 제12조의3에 따라 여권을 발급하는 경우(2023.8.8 본호개정)
3. (2021.1.5 삭제)
4. 제11조제2항의 확인기간 내에 유학생의 학사일정에 따른 출국 등 부득이한 사유로 국외여행을 하여야 할 필요가 있다고 인정되는 사람에게 여권을 발급하는 경우
5. 긴급여권을 발급하는 경우(2021.1.5 본호신설)
② 단수여권의 발급에 관한 세부사항은 대통령령으로 정한다.

제3장 여권의 발급, 재발급 및 사용제한 등

제7조【여권의 수록 정보와 수록 방법】 ① 여권에 수록하는 정보는 다음 각 호와 같다.
1. 여권의 종류, 발행국, 여권번호, 발급일, 기간만료일과 발급관청
2. 여권의 명의인(名義人)의 성명, 국적, 성별, 생년월일과 사진(2018.12.24 본호개정)
3. (2009.10.19 삭제)
② 제1항 각 호의 정보는 대통령령으로 정하는 바에 따라 여권에 인쇄하고 전자적으로 수록한다. 다만, 재외공관에서의 여권발급 등 대통령령으로 정하는 부득이한 사유가 있는 경우에는 전자적으로 수록하지 아니할 수 있다.
제7조의2【여권의 로마자성명 수록 및 변경 등】 ① 외교부장관은 제7조제1항제2호에 따른 여권의 명의인의 한글 성명을 대통령령으로 정하는 바에 따라 로마자표기(이하 이 조에서 "로마자성명"이라 한다)로 수록하여야 한다.
② 여권을 재발급받거나 여권의 효력상실로 여권을 다시 발급받으려는 사람이 한글 성명의 개명 등 대통령령으로 정하는 사유로 로마자성명의 정정이나 변경이 필요한 경우에는 외교부장관에게 로마자성명의 정정 또는 변경을 신청할 수 있다.
③ 외교부장관은 제2항의 신청에 따라 로마자성명을 정정하거나 변경할 수 있다. 다만, 로마자성명의 정정이나 변경을 범죄 등에 이용할 것이 명백하다고 인정되는 경우에는 로마자성명의 정정이나 변경을 거부할 수 있다.
(2023.8.8 본조신설)
제8조【여권업무의 수행에 필요한 정보의 수집·보관과 관리】 ① 외교부장관은 제7조제1항 및 제7조의2제1항에 따라 여권에 수록하는 정보를 포함하여, 여권을 발급받는 사람의

지문(指紋)(이하 "지문"이라 한다), 주소, 주민등록번호, 연락처, 국내 긴급연락처, 여권발급기록 등 외교부령으로 정하는 바에 따라 여권업무의 수행에 필요한 정보를 수집·보관하고 관리할 수 있다. 다만, 지문은 여권발급 과정에서 본인 여부를 확인하기 위한 목적 외에는 수집·보관·관리할 수 없으며 그 보관 및 관리 기간은 3개월 이내로 한다.(2023.8.8 본문개정)

② 외교부장관은 제1항에 따른 정보의 수집·보관 및 관리를 위하여 여권정보통합관리시스템을 구축하고 이를 제21조제1항에 따라 여권 사무를 대행하는 기관과 연계하여 운영할 수 있다.(2018.12.24 본항신설)

③ 제2항에 따른 여권정보통합관리시스템의 구축·운영에 필요한 사항은 대통령령으로 정한다.(2018.12.24 본항신설)

판례 여권발급의 성격 및 해외여행의 자유의 제한 정도 : 여권의 발급은 헌법이 보장하는 거주·이전의 자유의 내용인 해외여행의 자유를 보장하기 위한 수단적 성격을 갖고 있으며, 해외여행의 자유는 행복을 추구하기 위한 권리이자 이동의 자유로운 보장의 확보를 통하여 의사를 표현할 수 있는 측면에서 인신의 자유 또는 표현의 자유와 밀접한 관련을 가진 기본권이므로 최대한 그 권리가 보장되어야 하고, 따라서 그 권리를 제한하는 것은 최소한에 그쳐야 한다.(대판 2008.1.24, 2007두10846)

제9조【여권의 발급 신청】 ① 여권을 발급받으려는 사람은 제8조의 정보를 제공하면서 외교부장관에게 여권의 발급을 신청하여야 한다. 다만, 지문을 채취할 수 없는 부득이한 사정이 있는 등 대통령령으로 정하는 경우에는 지문을 제공하지 아니할 수 있다.

② 외교부장관은 「장애인복지법」 제2조제2항에 따른 장애인 중 시각장애인이 제1항에 따른 여권의 발급을 신청하는 경우 시각장애인용 점자 여권을 발급할 수 있다.(2021.1.5 본항개정)

③ 제1항에 따른 여권의 발급 신청은 본인이 직접 하여야 한다. 다만, 외교부령으로 정하는 사람에 대하여는 대리인으로 하여금 신청하게 할 수 있다.

④ 18세 미만인 사람이 제1항에 따라 여권을 발급받으려는 경우에는 법정대리인의 동의를 받아 여권의 발급을 신청하여야 한다.(2021.1.5 본항신설)

(2013.3.23 본조개정)

제10조【정보의 제공 등 협조 요청】 ① 외교부장관은 여권의 발급 및 효력상실과 관련하여 필요한 경우에는 관계 기관의 장에게 다음 각 호의 정보의 제공이나 그 밖에 필요한 협조를 요청할 수 있다.

1. 주민등록사항에 관한 전산정보
2. 가족관계 등록사항에 관한 전산정보
3. 출입국기록정보
4. 병적기록 등 병역 관계 정보

(2021.1.5 1호~4호신설)

② 제1항에 따른 정보의 제공 등의 협조를 요청받은 관계 기관의 장은 특별한 사유가 없으면 요청에 따라야 한다.

(2021.1.5 본조개정)

제11조【여권의 재발급】 ① 여권을 발급받은 사람은 다음 각 호의 어느 하나에 해당하면 외교부장관에게 여권의 재발급을 신청할 수 있다.(2013.3.23 본문개정)

1. 제7조제1항 각 호 및 제7조의2제1항의 정보의 정정이나 변경이 필요한 경우(2023.8.8 본호개정)
2. 발급받은 여권을 잃어버린 경우
3. 발급받은 여권이 훼손된 경우(2021.1.5 본호개정)

② 외교부장관은 다음 각 호의 어느 하나에 해당하는 경우에는 여권의 재발급 전에 여권을 잃어버리게 된 경위 등을 관계 기관을 통하여 확인할 수 있다. 이 경우 확인기간은 특별한 사유가 없는 한 재발급 신청일부터 30일 이내로 한다.(2013.3.23 전단개정)

1. 여권의 재발급 신청일 전 5년 이내에 2회 이상 여권을 잃어버린 사람이 같은 사유로 여권의 재발급을 신청하는 경우
2. 여권을 잃어버리게 된 경위를 정확하게 기재하지 아니하거나 그 경위를 의심할만한 상당한 이유가 있는 경우

③ 여권의 재발급에 필요한 사항은 대통령령으로 정한다.

제12조【여권의 발급 등의 거부】 ① 외교부장관은 다음 각 호의 어느 하나에 해당하는 사람에 대하여는 여권의 발급 또는 재발급을 거부할 수 있다.(2013.3.23 본문개정)

1. 장기 2년 이상의 형(刑)에 해당하는 죄로 인하여 기소(起訴)되어 있는 사람 또는 장기 3년 이상의 형에 해당하는 죄로 인하여 기소중지 또는 수사중지(피의자중지로 한정한다)되거나 체포영장·구속영장이 발부된 사람 중 국외에 있는 사람(2021.4.20 본호개정)
2. 제24조부터 제26조까지의 죄를 범하여 실형을 선고받고 그 집행이 끝나거나(집행이 끝난 것으로 보는 경우를 포함한다) 집행이 면제되지 아니한 사람(2023.3.28 본호개정)

2의2. 제2호의 죄를 범하여 형의 집행유예를 선고받고 그 유예기간 중에 있는 사람(2023.3.28 본호신설)

3. 제2호의 죄 외의 죄를 범하여 금고 이상의 실형을 선고받고 그 집행이 끝나거나(집행이 끝난 것으로 보는 경우를 포함한다) 집행이 면제되지 아니한 사람(2023.3.28 본호개정)

3의2. 제2호의 죄 외의 죄를 범하여 금고 이상의 형의 집행유예를 선고받고 그 유예기간 중에 있는 사람(2023.3.28 본호신설)

4. 국외에서 대한민국의 안전보장·질서유지나 통일·외교정책에 중대한 침해를 일으킬 우려가 있는 경우로서 다음 각 목의 어느 하나에 해당하는 사람(2021.1.5 본문개정)
   가. 출국할 경우 테러 등으로 생명이나 신체의 안전이 침해될 위험이 큰 사람
   나. 「보안관찰법」 제4조에 따라 보안관찰처분을 받고 그 기간 중에 있으면서 같은 법 제22조에 따라 경고를 받은 사람

② 외교부장관은 제1항제4호에 해당하는 사람인지의 여부를 판단하려고 할 때에는 미리 법무부장관과 협의하고 제18조에 따른 여권정책협의회의 심의를 거쳐야 한다.(2023.3.28 본항개정)

③~④ (2023.8.8 삭제)

(2023.8.8 본조제목개정)

제12조의2【여권의 발급 등의 제한】 ① 외교부장관은 다음 각 호의 어느 하나에 해당하는 사람에 대해서는 그 사실이 있는 날부터 다음 각 호의 기간 동안 여권의 발급 또는 재발급을 제한할 수 있다.

1. 제12조제1항제2호의 죄를 범하여 실형을 선고받고 그 집행이 끝나거나(집행이 끝난 것으로 보는 경우를 포함한다) 집행이 면제된 사람 : 2년
2. 제12조제1항제2호의 죄를 범하여 형의 집행유예를 선고받고 그 유예기간이 경과한 사람 : 1년

② 외교부장관은 외국에서 살인, 강도, 납치, 인신매매, 성범죄, 마약류범죄, 밀항·밀입국이나 그 밖의 중대한 위법행위(유죄판결이 확정된 행위로 한정한다)를 하여 외국 정부로부터 강제퇴거 조치, 대한민국 정부에 대한 항의나 시정·배상·사죄 요구 조치 또는 대한민국 정부 또는 국민에 대하여 권익제한이나 의무부과를 신설·강화하는 조치를 받고 그 사실이 재외공관 또는 관계 행정기관으로부터 통보된 사람에 대하여 그 사실이 있는 날부터 다음 각 호의 기간 동안 여권의 발급 또는 재발급을 제한할 수 있다.

1. 해당 위법행위의 국내법상 법정형(法定刑)이 단기 1년 이상인 징역형 또는 금고형 이상에 해당하거나 그보다 중한 사람 : 3년
2. 해당 위법행위의 국내법상 법정형이 단기 1년 미만이면서 장기 3년 이상인 징역형 또는 금고형에 해당하는 사람 : 2년
3. 해당 위법행위의 국내법상 법정형이 단기 1년 미만이면서 장기 3년 미만인 징역형 또는 금고형에 해당하는 사람 : 1년

③ 외교부장관은 제1항 및 제2항에도 불구하고 위법행위의 내용 및 횟수, 국위(國威) 손상 정도 등을 고려하여 필요하다고 인정하는 경우에는 제1항 및 제2항에 따른 기간의 2분의 1의 범위에서 가중하거나 감경할 수 있다. 다만, 가중하는 경우에도 3년을 초과할 수 없다.

(2023.8.8 본조신설)

제12조의3【긴급한 인도적 사유에 따른 예외적 여권 발급】 외교부장관은 제12조 또는 제12조의2에 따라 여권의 발급 또는 재발급이 거부되거나 제한된 사람에 대하여 긴급한 인도적 사유 등 대통령령으로 정하는 사유가 있는 경우에는 해당 사유에 따른 여행목적에만 사용할 수 있는 여권을 발급할 수 있다.(2023.8.8 본조신설)

제13조【여권의 효력상실】 ① 여권은 다음 각 호의 어느 하나에 해당하는 때에는 그 효력을 잃는다.

1. 여권의 명의인이 사망하거나 「국적법」에 따라 대한민국 국적을 상실한 때(2021.1.5 본호신설)

1의2. 여권의 유효기간이 끝난 때

1의3. 관용여권 및 외교관여권의 명의인이 제4조의2 및 제4조의3에 따른 발급대상자에 해당하지 아니하게 된 때. 다만, 관용여권 및 외교관여권의 명의인이 국외에 체류하고 있을 때에는 외교부령으로 정하는 귀국에 필요한 기간 동안은 그러하지 아니하다.(2023.8.8 본호신설)

2. 여권이 발급된 날부터 6개월이 지날 때까지 신청인이 그 여권을 받아가지 아니한 때
3. 여권을 잃어버려 그 명의인이 대통령령으로 정하는 바에 따라 분실을 신고한 때(2017.3.21 본호개정)
4. 여권의 발급 또는 재발급을 신청하기 위하여 반납된 여권의 경우에는 신청한 여권이 발급되거나 재발급된 때
5. 발급된 여권이 변조된 때
6. 여권이 다른 사람에게 양도되거나 대여되어 행사된 때
7. (2021.1.5 삭제)
8. 제19조에 따라 여권의 반납명령을 받고도 지정한 반납기간 내에 정당한 사유 없이 여권을 반납하지 아니한 때
9. 단수여권의 경우에는 여권의 명의인이 해당 단수여권을 발급한 국가(재외공관의 장이 단수여권을 발급한 경우에는 그 재외공관이 설치된 국가)로 복귀한 때(2021.1.5 본호개정)

② 제1항제1호, 제2호부터 제6호까지 및 제8호의 규정에 따른 여권의 효력상실 사유를 알게 된 지방자치단체의 소속 공무원 중 여권의 발급이나 재발급에 관한 사무를 담당하는 사람, 경찰공무원, 자치경찰공무원, 출입국관리나 세관업무에 종사하는 사람으로서 사법경찰관리의 직무를 행하는 사람은 그 사실을 외교부장관에게 통보하여야 한다.(2021.1.5 본항개정)

③ 외교부장관은 제12조제1항제1호에 해당하는 사람에게 유효한 여권이 있는 경우 해당 여권을 무효처분 할 수 있다.(2023.8.8 본항신설)

제14조【여권을 갈음하는 증명서】 ① 외교부장관은 국외에 체류하거나 거주하고 있는 사람으로서 여권의 발급·재발급이 거부 또는 제한되었거나 외국에서 강제 퇴거된 사람 등 대통령령으로 정하는 사람에게 여행목적지가 기재된 서류로서 여권을 갈음하는 증명서(이하 "여행증명서"라 한다)를 발급할 수 있다.(2021.1.5 본항개정)

② 여행증명서의 유효기간은 1년 이내로 하되, 그 여행증명서의 발급 목적을 이루면 그 효력을 잃는다.

③ 여행증명서의 발급과 효력에 관하여는 제7조, 제7조의2, 제8조부터 제10조까지, 제12조, 제12조의2, 제12조의3, 제13조, 제16조부터 제18조까지의 규정을 준용한다.(2023.8.8 본항개정)

제15조【여권의 기재사항변경】 여권을 발급받은 사람은 외교부장관에게 제7조제1항 각 호 및 제7조의2제1항의 정보를 제외한 여권의 기재사항변경을 신청할 수 있다.(2023.8.8 본조개정)

제16조【여권의 부정한 발급·행사 등의 금지】 누구든지 다음 각 호에 해당하는 행위를 하여서는 아니 된다.

1. 여권의 발급이나 재발급을 받기 위하여 제출한 서류에 거짓된 사실을 적거나 그 밖의 부정한 방법으로 여권의 발급·재발급을 받는 행위나 이를 알선하는 행위
2. 다른 사람 명의의 여권(여권의 이미지 파일 또는 복사본을 포함한다)을 부정하게 사용하는 행위(2024.2.13 본호개정)
3. 사용하게 할 목적으로 여권을 다른 사람에게 양도·대여하거나 이를 알선하는 행위
4. 사용할 목적으로 다른 사람 명의의 여권을 양도받거나 대여받는 행위
5. 채무이행의 담보로 여권을 제공하거나 제공받는 행위

제17조【여권의 사용제한 등】 ① 외교부장관은 천재지변·전쟁·내란·폭동·테러 등 대통령령으로 정하는 국외 위난상황(危難狀況)으로 인하여 국민의 생명·신체나 재산을 보호하기 위하여 국민이 특정 국가나 지역을 방문하거나 체류하는 것을 중지시키는 것이 필요하다고 인정하는 때에는 기간을 정하여 해당 국가나 지역에서의 여권의 사용을 제한하거나 방문·체류를 금지(이하 "여권의 사용제한 등"이라 한다)할 수 있다. 다만, 영주(永住), 취재·보도, 긴급한 인도적 사유, 공무 등 대통령령으로 정하는 목적의 여행으로서 외교부장관이 필요하다고 인정하면 여권의 사용과 방문·체류를 허가할 수 있다.

② 외교부장관이 제1항에 따라 여권의 사용제한 등을 하려면 대통령령으로 정하는 절차와 방식에 따라 대상 국가나 지역, 여권의 사용제한 등의 범위·조건과 기간, 여권의 사용과 방문·체류의 허가 신청절차 등을 정하여 고시하여야 한다.

③ 외교부장관은 국외 위난상황의 해소 등으로 여권의 사용제한 등을 지속할 필요가 없는 경우에는 지체 없이 그 여권의 사용제한 등을 해제하고, 그 사실을 고시하여야 한다.

④ 외교부장관이 제1항과 제3항에 따라 여권의 사용제한 등과 그 해제, 여권의 사용과 방문·체류의 허가를 할 때에는 미리 제18조에 따른 여권정책협의회의 심의를 거쳐야 한다.
(2023.3.28 본항개정)
(2013.3.23 본조개정)

제4장 여권정책협의회

(2023.3.28 본장제목개정)

제18조【여권정책협의회】 ① 여권업무에 관한 다음 각 호의 사항을 심의하기 위하여 외교부에 여권정책협의회(이하 "협의회"라 한다)를 둔다.(2023.3.28 본문개정)

1. 여권발급 수수료의 금액 산정기준과 발급장비의 규격 선정기준(2021.1.5 본호개정)
2. 개인정보보호 및 여권의 보안기술에 관한 사항
3. 제12조제1항제4호에 해당하는 사람에 대한 여권의 발급이나 재발급의 거부에 관한 사항
4. 제17조제1항 본문에 따른 여권의 사용제한 등과 그 해제에 관한 사항
5. 제17조제1항 단서에 따른 여권의 사용과 방문·체류의 허가에 관한 사항
6. 그 밖에 협의회의 위원장이 회의에 부치는 여권업무 관련 주요 사항(2023.3.28 본호개정)

② 협의회는 위원장과 부위원장 각 1명을 포함한 20명 이내의 위원으로 구성한다.(2023.3.28 본항개정)

③ 협의회의 업무를 효율적으로 추진하기 위하여 협의회에 분과협의회를 설치·운영할 수 있다.(2023.3.28 본항개정)

④ (2023.3.28 삭제)

⑤ 협의회와 분과협의회의 구성과 운영 등에 관하여 필요한 사항은 대통령령으로 정한다.(2023.3.28 본항개정)
(2023.3.28 본조제목개정)

제5장 여권의 반납과 직접 회수

제19조【여권 등의 반납 등】 ① 외교부장관은 다음 각 호의 어느 하나에 해당하는 사유가 있어서 여권이나 여행증명서(이하 "여권 등"이라 한다)를 반납시킬 필요가 있다고 인정하면 여권 등의 명의인에게 반납에 필요한 적정한 기간을 정하여 여권 등의 반납을 명할 수 있다.(2013.3.23 본문개정)

1. 여권 등의 명의인이 그 여권 등을 발급받은 후에 제12조제1항 각 호(제1호는 제외한다), 제12조의2제1항 각 호 및 같은 조 제2항 각 호의 어느 하나에 해당하는 사람임이 밝혀진 경우(2023.8.8 본호개정)
2. 여권 등의 명의인이 그 여권 등을 발급받은 후에 제12조제1항 각 호(제1호는 제외한다), 제12조의2제1항 각 호 및 같은 조 제2항 각 호의 어느 하나에 해당하게 된 경우(2023.8.8 본호개정)
3. 착오나 과실로 인하여 여권 등이 발급된 경우
4. 「병역법」 제70조에 따른 국외여행 허가를 받아야 하는 사람으로서 같은 조에 따른 국외여행 허가를 받지 아니하거나 국외여행 허가 기간을 지나 국외 체류 중인 경우(2021.1.5 본호신설)

② 유효한 여권 등을 소지하고 있는 사람이 새로운 여권 등을 발급받거나 제11조제1항제1호 및 제3호에 따른 사유 등으로 여권 등을 재발급 받으려면 소지하고 있는 여권 등을 반납하여야 한다.(2021.1.5 본항개정)
③ 여권 등의 명의인이 사증의 사용 등을 위하여 반납하여야 할 여권 등을 보존할 것을 신청하는 경우 외교부장관은 그 여권 등에 구멍을 뚫어 이를 그 여권 등의 명의인이 보존하게 할 수 있다.(2021.1.5 본항개정)
④ 외교부장관은 제1항제1호와 제2호에 해당하는 사람의 여권 등을 반납받는 경우 제12조의2에 따른 여권 등의 발급제한사유에 해당하는 사람의 여권 등은 해당 제한기간 동안 이를 보관하여야 하고, 그 기간이 지나면 여권 등의 명의인에게 돌려주어야 한다.(2023.8.8 본항개정)
⑤ 제13조제1항제1호의3에 따라 관용여권의 효력이 상실된 경우 그 소속 기관의 장은 해당 여권을 회수하여 외교부장관에게 반납하여야 한다.(2023.8.8 본항신설)
⑥ 그 밖에 여권 등의 회수와 반납에 필요한 사항은 대통령령으로 정한다.(2023.8.8 본항신설)

제20조 【여권 등의 직접 회수】 외교부장관은 제16조를 위반한 사람이나 제19조제1항에 따른 반납명령을 받고 정당한 사유 없이 여권 등을 반납하지 아니한 사람이 소지한 여권 등 또는 같은 조 제5항에 따라 소속 기관의 장이 회수·반납하지 아니한 여권은 이를 직접 회수할 수 있다.(2023.8.8 본조개정)

제6장 사무의 대행 및 수수료 등

제21조 【사무의 대행 등】 ① 외교부장관은 여권 등의 발급, 재발급과 기재사항변경에 관한 사무의 일부를 대통령령으로 정하는 바에 따라 지방자치단체의 장에게 대행(代行)하게 할 수 있다.(2021.1.5 본항개정)
② 여권 등의 발급, 재발급과 기재사항변경을 신청하려는 사람은 그의 주소지를 관할하지 아니하는 지방자치단체의 장에게도 이를 신청할 수 있다.
③ 외교부장관은 제20조에 따른 여권 등의 직접 회수에 관한 권한을 대통령령으로 정하는 바에 따라 다음 각 호로 정하는 사람으로 하여금 대행하게 할 수 있다.(2013.3.23 본문개정)
1. 외교부·지방자치단체의 소속 공무원 중 여권 등의 발급에 관한 사무를 담당하는 사람(2013.3.23 본호개정)
2. 경찰공무원이나 자치경찰공무원(2020.12.22 본호개정)
3. 출입국관리나 세관업무에 종사하는 사람으로서 사법경찰관리의 직무를 행하는 사람

④ 제3항에 따라 권한을 대행하는 공무원은 그 권한을 증명하는 증표를 지니고 이를 관계인에게 내보여야 한다.
⑤ 외교부장관은 제22조제2항의 수수료 수입만으로는 제1항의 사무를 대행하는데 필요한 경비를 충당할 수 없는 지방자치단체에 대하여는 국고에서 그 부족분을 보조할 수 있다.(2013.3.23 본항개정)

제22조 【수수료】 ① 여권 등(관용여권 및 외교관여권을 제외한다. 이하 이 조에서 같다)의 발급, 재발급과 기재사항변경을 받으려는 사람은 외교부장관에게 수수료를 납부하여야 한다. 다만, 제21조제1항에 따라 여권 사무를 대행하는 지방자치단체의 장에게 여권 등의 발급, 재발급과 기재사항변경을 신청하는 경우에는 그 지방자치단체의 장에게 수수료를 납부하여야 한다.(2013.3.23 본문개정)
② 제1항 단서에 따라 납부하는 수수료 중 사무의 대행에 소요되는 비용에 상당하는 금액은 그 지방자치단체의 수입으로 한다.
③ 외교부장관은 여권 등의 발급 사유 등을 고려하여 필요하다고 인정되는 경우 제1항에 따른 수수료를 면제할 수 있다.(2021.1.5 본항신설)
④ 제1항부터 제3항까지의 규정에 따른 수수료의 납부방법, 수수료의 금액과 그 중 사무의 대행에 소요되는 비용에 상당하는 금액, 수수료 면제 등에 필요한 사항은 대통령령으로 정한다.(2021.1.5 본항개정)

제23조 【여권전자인증체계의 구축】 ① 외교부장관은 여권 등의 위조나 변조를 방지하고 여권 등이 국제적으로 통용될 수 있도록 하기 위하여 국제민간항공기구에서 정하는 기준에 따라 전자적 방법으로 처리된 여권 등의 발급과 수록사항의 확인 등을 위한 정보체계(이하 "여권전자인증체계"라 한다)를 구축하여야 한다.(2013.3.23 본항개정)
② 여권전자인증체계의 구축과 관리 등에 필요한 사항은 대통령령으로 정한다.

제23조의2 【여권정보연계시스템의 구축·운영 등】 ① 외교부장관은 여권이 국내에서 신분증명서로 활용될 수 있도록 여권번호를 바탕으로 한 여권의 진위 여부 확인 및 여권 명의인의 신원 확인에 필요한 정보시스템(이하 "여권정보연계시스템"이라 한다)을 구축·운영하여야 한다.
② 외교부장관은 여권의 진위 여부에 대한 확인요청이 있는 경우 여권정보연계시스템을 이용하여 그 진위를 확인하여 줄 수 있다.
③ 외교부장관은 여권 명의인의 신원 확인에 필요한 정보 제공의 요청이 있는 경우 여권정보연계시스템을 이용하여 그 신원 확인에 필요한 정보를 제공하여 줄 수 있다. 다만, 여권정보연계시스템을 통한 정보 제공이 어려운 경우에는 신원확인에 필요한 정보를 기재한 증명서를 발급할 수 있다.
④ 제1항에 따른 여권정보연계시스템의 구축·운영, 제2항에 따른 여권의 진위 여부 확인 및 제3항에 따른 여권 명의인의 신원 확인에 필요한 정보의 제공과 증명서의 발급에 필요한 사항은 대통령령으로 정한다.
(2018.12.24 본조신설)

제7장 벌 칙

제24조 【벌칙】 제16조제1호(제14조제3항에 따라 준용되는 경우를 포함한다)를 위반하여 여권 등의 발급이나 재발급을 받기 위하여 제출한 서류에 거짓된 사실을 적은 사람, 그 밖의 부정한 방법으로 여권 등의 발급, 재발급을 받은 사람이나 이를 알선한 사람은 3년 이하의 징역 또는 3천만원 이하의 벌금에 처한다.(2014.1.21 본조개정)

제25조 【벌칙】 다음 각 호의 어느 하나에 해당하는 사람은 2년 이하의 징역 또는 2천만원 이하의 벌금에 처한다.(2014.1.21 본문개정)
1. 제16조제2호(제14조제3항에 따라 준용되는 경우를 포함한다)를 위반하여 다른 사람 명의의 여권 등(여권 등의 이미지 파일 또는 복사본을 포함한다)을 부정하게 사용한 사람(2024.2.13 본호개정)
2. 제16조제3호(제14조제3항에 따라 준용되는 경우를 포함한다)를 위반하여 사용하게 할 목적으로 여권 등을 다른 사람에게 양도·대여하거나 이를 알선한 사람

제26조【벌칙】 다음 각 호의 어느 하나에 해당하는 사람은 1년 이하의 징역 또는 1천만원 이하의 벌금에 처한다. (2014.1.21 본문개정)
1. 제16조제4호(제14조제3항에 따라 준용되는 경우를 포함한다)를 위반하여 사용할 목적으로 다른 사람 명의의 여권 등을 양도받거나 대여받은 사람
2. 제16조제5호(제14조제3항에 따라 준용되는 경우를 포함한다)를 위반하여 채무이행의 담보로 여권 등을 제공하거나 제공받은 사람
3. 제17조제1항 본문 및 제2항에 따라 방문 및 체류가 금지된 국가나 지역으로 고시된 사정을 알면서도 같은 조 제1항 단서에 따른 허가(제14조제3항에 따라 준용되는 경우를 포함한다)를 받지 아니하고 해당 국가나 지역에서 여권 등을 사용하거나 해당 국가나 지역을 방문하거나 체류한 사람

부 칙

제1조【시행일】 이 법은 공포 후 3개월이 경과한 날부터 시행한다. 다만, 제7조제1항제3호의 개정규정은 2010년 1월 1일부터 시행한다.
제2조【수수료 수입에 관한 적용례】 제22조제2항의 개정규정에 따라 지방자치단체의 수입으로 하는 여권 등의 발급, 재발급과 기재사항변경에 따른 수수료는 2009년 1월 1일부터 지방자치단체의 장에게 여권 등의 발급, 재발급과 기재사항변경을 신청하는 사람이 납부하는 수수료부터 적용한다.
제3조【여권 등의 발급에 관한 경과조치】 ① 이 법 시행 당시 이미 발급된 여권 등은 이 법에 따라 발급된 것으로 본다.
② 외교부장관은 제7조제2항의 개정규정에도 불구하고 제7조제1항 각 호의 개정규정의 정보를 여권에 전자적으로 수록하는 발급체계가 갖추어질 때까지는 종전의 규정에 따라 여권을 발급할 수 있다.
제4조【벌칙 적용에 관한 경과조치】 이 법 시행 전의 행위에 대한 벌칙의 적용에 있어서는 종전의 규정에 따른다.

부 칙 (2017.3.21)

제1조【시행일】 이 법은 공포 후 3개월이 경과한 날부터 시행한다.
제2조【여권 발급·재발급 거부에 관한 경과조치】 이 법 시행 전에 신청된 여권의 발급·재발급의 거부에 관하여는 제12조제1항제1호의 개정규정에도 불구하고 종전의 규정에 따른다.
제3조【여권의 효력에 관한 경과조치】 이 법 시행 전에 종전의 규정에 따라 여권분실 사실을 신고한 사람의 여권은 제13조의 개정규정에도 불구하고 재발급을 신청한 때 그 효력을 잃는다.

부 칙 (2021.1.5)

제1조【시행일】 이 법은 공포 후 6개월이 경과한 날부터 시행한다. 다만, 제6조제1항제3호 및 제19조제1항제4호의 개정규정은 공포한 날부터 시행한다.
제2조【단수여권의 발급 대상 제외에 관한 적용례】 제6조제1항제3호의 개정규정은 부칙 제1조 단서에 따른 시행일 이후 여권 발급을 신청하는 사람부터 적용한다.

부 칙 (2021.4.20)
(2023.3.28 법19274호)

이 법은 공포한 날부터 시행한다.

부 칙 (2023.3.28 법19276호)

제1조【시행일】 이 법은 공포 후 6개월이 경과한 날부터 시행한다.
제2조【「여권법」의 개정에 관한 경과조치】 ① 이 법 시행 전에 종전의 「여권법」 제18조제1항 및 제3항에 따른 여권정책심의위원회 및 분과위원회에 심의 요청된 사항은 같은 법 제18조제1항 및 제3항의 개정규정에 따른 여권정책협의회 및 분과협의회에 심의 요청된 것으로 본다.
② 이 법 시행 전의 행위에 대하여 벌칙을 적용할 때 종전의 「여권법」 제18조제4항에 따른 여권정책심의위원회 위원 중 공무원이 아닌 사람의 공무원 의제에 관하여는 같은 법 제18조제4항의 개정규정에도 불구하고 종전의 규정에 따른다.

부 칙 (2023.8.8)

제1조【시행일】 이 법은 공포 후 6개월이 경과한 날부터 시행한다.
제2조【관용여권 및 외교관여권의 발급 신청에 관한 적용례】 제4조의2 및 제4조의3의 개정규정은 이 법 시행 이후 발급 신청하는 관용여권 및 외교관여권부터 적용한다.
제3조【다른 법률의 개정】 ※(해당 법령에 가제정리 하였음)

부 칙 (2024.2.13)

이 법은 공포 후 6개월이 경과한 날부터 시행한다.

(舊 : 경찰법)

국가경찰과 자치경찰의 조직 및 운영에 관한 법률(약칭 : 경찰법)

(2020년 12월 22일 전부개정법률 제17689호)

개정
2021. 3.30법17990호 2022.11.15법19023호
2025. 1.31법20727호(기업부설연구소등의연구개발지원에관한법)
→2026년 2월 1일 시행이므로 추후 수록

제1장 총 칙

제1조【목적】 이 법은 경찰의 민주적인 관리 · 운영과 효율적인 임무수행을 위하여 경찰의 기본조직 및 직무 범위와 그 밖에 필요한 사항을 규정함을 목적으로 한다.

제2조【국가와 지방자치단체의 책무】 국가와 지방자치단체는 국민의 생명 · 신체 및 재산을 보호하고 공공의 안녕과 질서유지에 필요한 시책을 수립 · 시행하여야 한다.

제3조【경찰의 임무】 경찰의 임무는 다음 각 호와 같다.

1. 국민의 생명 · 신체 및 재산의 보호
2. 범죄의 예방 · 진압 및 수사
3. 범죄피해자 보호
4. 경비 · 요인경호 및 대간첩 · 대테러 작전 수행
5. 공공안녕에 대한 위험의 예방과 대응을 위한 정보의 수집 · 작성 및 배포
6. 교통의 단속과 위해의 방지
7. 외국 정부기관 및 국제기구와의 국제협력
8. 그 밖에 공공의 안녕과 질서유지

제4조【경찰의 사무】 ① 경찰의 사무는 다음 각 호와 같이 구분한다.

1. 국가경찰사무 : 제3조에서 정한 경찰의 임무를 수행하기 위한 사무. 다만, 제2호의 자치경찰사무는 제외한다.
2. 자치경찰사무 : 제3조에서 정한 경찰의 임무 범위에서 관할 지역의 생활안전 · 교통 · 경비 · 수사 등에 관한 다음 각 목의 사무

가. 지역 내 주민의 생활안전 활동에 관한 사무
1) 생활안전을 위한 순찰 및 시설의 운영
2) 주민참여 방범활동의 지원 및 지도
3) 안전사고 및 재해 · 재난 시 긴급구조지원
4) 아동 · 청소년 · 노인 · 여성 · 장애인 등 사회적 보호가 필요한 사람에 대한 보호 업무 및 가정폭력 · 학교폭력 · 성폭력 등의 예방
5) 주민의 일상생활과 관련된 사회질서의 유지 및 그 위반행위의 지도 · 단속. 다만, 지방자치단체 등 다른 행정청의 사무는 제외한다.
6) 그 밖에 지역주민의 생활안전에 관한 사무

나. 지역 내 교통활동에 관한 사무
1) 교통법규 위반에 대한 지도 · 단속
2) 교통안전시설 및 무인 교통단속용 장비의 심의 · 설치 · 관리
3) 교통안전에 대한 교육 및 홍보
4) 주민참여 지역 교통활동의 지원 및 지도
5) 통행 허가, 어린이 통학버스의 신고, 긴급자동차의 지정 신청 등 각종 허가 및 신고에 관한 사무
6) 그 밖에 지역 내의 교통안전 및 소통에 관한 사무

다. 지역 내 다중운집 행사 관련 혼잡 교통 및 안전 관리

라. 다음의 어느 하나에 해당하는 수사사무
1) 학교폭력 등 소년범죄
2) 가정폭력, 아동학대 범죄
3) 교통사고 및 교통 관련 범죄
4) 「형법」 제245조에 따른 공연음란 및 「성폭력범죄의 처벌 등에 관한 특례법」 제12조에 따른 성적 목적을 위한 다중이용장소 침입행위에 관한 범죄
5) 경범죄 및 기초질서 관련 범죄
6) 가출인 및 「실종아동등의 보호 및 지원에 관한 법률」 제2조제2호에 따른 실종아동등 관련 수색 및 범죄

② 제1항제2호가목부터 다목까지의 자치경찰사무에 관한 구체적인 사항 및 범위 등은 대통령령으로 정하는 기준에 따라 시 · 도조례로 정한다.

③ 제1항제2호라목의 자치경찰사무에 관한 구체적인 사항 및 범위 등은 대통령령으로 정한다.

제5조【권한남용의 금지】 경찰은 그 직무를 수행할 때 헌법과 법률에 따라 국민의 자유와 권리 및 모든 개인이 가지는 불가침의 기본적 인권을 보호하고, 국민 전체에 대한 봉사자로서 공정 · 중립을 지켜야 하며, 부여된 권한을 남용하여서는 아니 된다.

제6조【직무수행】 ① 경찰공무원은 상관의 지휘 · 감독을 받아 직무를 수행하고, 그 직무수행에 관하여 서로 협력하여야 한다.

② 경찰공무원은 구체적 사건수사와 관련된 제1항의 지휘 · 감독의 적법성 또는 정당성에 대하여 이견이 있을 때에는 이의를 제기할 수 있다.

③ 경찰공무원의 직무수행에 필요한 사항은 따로 법률로 정한다.

제2장 국가경찰위원회

제7조【국가경찰위원회의 설치】 ① 국가경찰행정에 관하여 제10조제1항 각 호의 사항을 심의 · 의결하기 위하여 행정안전부에 국가경찰위원회를 둔다.

② 국가경찰위원회는 위원장 1명을 포함한 7명의 위원으로 구성하되, 위원장 및 5명의 위원은 비상임(非常任)으로 하고, 1명의 위원은 상임(常任)으로 한다.

③ 제2항에 따른 위원 중 상임위원은 정무직으로 한다.

제8조【국가경찰위원회 위원의 임명 및 결격사유 등】 ① 위원은 행정안전부장관의 제청으로 국무총리를 거쳐 대통령이 임명한다.

② 행정안전부장관은 위원 임명을 제청할 때 경찰의 정치적 중립이 보장되도록 하여야 한다.

③ 위원 중 2명은 법관의 자격이 있는 사람이어야 한다.

④ 위원은 특정 성(性)이 10분의 6을 초과하지 아니하도록 노력하여야 한다.

⑤ 다음 각 호의 어느 하나에 해당하는 사람은 위원이 될 수 없으며, 위원이 다음 각 호의 어느 하나에 해당하는 경우에는 당연퇴직한다.

1. 정당의 당원이거나 당적을 이탈한 날부터 3년이 지나지 아니한 사람
2. 선거에 의하여 취임하는 공직에 있거나 그 공직에서 퇴직한 날부터 3년이 지나지 아니한 사람
3. 경찰, 검찰, 국가정보원 직원 또는 군인의 직에 있거나 그 직에서 퇴직한 날부터 3년이 지나지 아니한 사람
4. 「국가공무원법」 제33조 각 호의 어느 하나에 해당하는 사람. 다만, 「국가공무원법」 제33조제2호 및 제5호에 해당하는 경우에는 같은 법 제69조제1호 단서에 따른다.

⑥ 위원에 대해서는 「국가공무원법」 제60조 및 제65조를 준용한다.

제9조【국가경찰위원회 위원의 임기 및 신분보장】 ① 위원의 임기는 3년으로 하며, 연임(連任)할 수 없다. 이 경우 보궐위원의 임기는 전임자 임기의 남은 기간으로 한다.

② 위원은 중대한 신체상 또는 정신상의 장애로 직무를 수행할 수 없게 된 경우를 제외하고는 그 의사에 반하여 면직되지 아니한다.

제10조【국가경찰위원회의 심의 · 의결 사항 등】 ① 다음 각 호의 사항은 국가경찰위원회의 심의 · 의결을 거쳐야 한다.

1. 국가경찰사무에 관한 인사, 예산, 장비, 통신 등에 관한 주요정책 및 경찰 업무 발전에 관한 사항
2. 국가경찰사무에 관한 인권보호와 관련되는 경찰의 운영 · 개선에 관한 사항
3. 국가경찰사무 담당 공무원의 부패 방지와 청렴도 향상에 관한 주요 정책사항

4. 국가경찰사무 외에 다른 국가기관으로부터의 업무협조 요청에 관한 사항
5. 제주특별자치도의 자치경찰에 대한 경찰의 지원·협조 및 협약체결의 조정 등에 관한 주요 정책사항
6. 제18조에 따른 시·도자치경찰위원회 위원 추천, 자치경찰사무에 대한 주요 법령·정책 등에 관한 사항, 제25조제4항에 따른 시·도자치경찰위원회 의결에 대한 재의 요구에 관한 사항
7. 제2조에 따른 시책 수립에 관한 사항
8. 제32조에 따른 비상사태 등 전국적 치안유지를 위한 경찰청장의 지휘·명령에 관한 사항
9. 그 밖에 행정안전부장관 및 경찰청장이 중요하다고 인정하여 국가경찰위원회의 회의에 부친 사항

② 행정안전부장관은 제1항에 따라 심의·의결된 내용이 적정하지 아니하다고 판단할 때에는 재의(再議)를 요구할 수 있다.

제11조【국가경찰위원회의 운영 등】 ① 국가경찰위원회의 사무는 경찰청에서 수행한다.
② 국가경찰위원회의 회의는 재적위원 과반수의 출석과 출석위원 과반수의 찬성으로 의결한다.
③ 이 법에 규정된 것 외에 국가경찰위원회의 운영 및 제10조제1항 각 호에 따른 심의·의결 사항의 구체적 범위, 재의 요구 등에 필요한 사항은 대통령령으로 정한다.

제3장 경찰청

제12조【경찰의 조직】 치안에 관한 사무를 관장하게 하기 위하여 행정안전부장관 소속으로 경찰청을 둔다.

제13조【경찰사무의 지역적 분장기관】 경찰의 사무를 지역적으로 분담하여 수행하게 하기 위하여 특별시·광역시·특별자치시·도·특별자치도(이하 "시·도"라 한다)에 시·도경찰청을 두고, 시·도경찰청장 소속으로 경찰서를 둔다. 이 경우 인구, 행정구역, 면적, 지리적 특성, 교통 및 그 밖의 조건을 고려하여 시·도에 2개의 시·도경찰청을 둘 수 있다.

제14조【경찰청장】 ① 경찰청에 경찰청장을 두며, 경찰청장은 치안총감(治安總監)으로 보한다.
② 경찰청장은 국가경찰위원회의 동의를 받아 행정안전부장관의 제청으로 국무총리를 거쳐 대통령이 임명한다. 이 경우 국회의 인사청문을 거쳐야 한다.
③ 경찰청장은 국가경찰사무를 총괄하고 경찰청 업무를 관장하며 소속 공무원 및 각급 경찰기관의 장을 지휘·감독한다.
④ 경찰청장의 임기는 2년으로 하고, 중임(重任)할 수 없다.
⑤ 경찰청장이 직무를 집행하면서 헌법이나 법률을 위배하였을 때에는 국회는 탄핵 소추를 의결할 수 있다.
⑥ 경찰청장은 경찰의 수사에 관한 사무의 경우에는 개별 사건의 수사에 대하여 구체적으로 지휘·감독할 수 없다. 다만, 국민의 생명·신체·재산 또는 공공의 안전 등에 중대한 위험을 초래하는 긴급하고 중요한 사건의 수사에 있어서 경찰의 자원을 대규모로 동원하는 등 통합적으로 현장 대응할 필요가 있다고 판단할 만한 상당한 이유가 있는 때에는 제16조에 따른 국가수사본부장을 통하여 개별 사건의 수사에 대하여 구체적으로 지휘·감독할 수 있다.
⑦ 경찰청장은 제6항 단서에 따라 개별 사건의 수사에 대한 구체적 지휘·감독을 개시한 때에는 이를 국가경찰위원회에 보고하여야 한다.
⑧ 경찰청장은 제6항 단서의 사유가 해소된 경우에는 개별 사건의 수사에 대한 구체적 지휘·감독을 중단하여야 한다.
⑨ 경찰청장은 제16조에 따른 국가수사본부장이 제6항 단서의 사유가 해소되었다고 판단하여 개별 사건의 수사에 대한 구체적 지휘·감독의 중단을 건의하는 경우 특별한 이유가 없으면 이를 승인하여야 한다.
⑩ 제6항 단서에서 규정하는 긴급하고 중요한 사건의 범위 등 필요한 사항은 대통령령으로 정한다.

제15조【경찰청 차장】 ① 경찰청에 차장을 두며, 차장은 치안정감(治安正監)으로 보한다.
② 차장은 경찰청장을 보좌하며, 경찰청장이 부득이한 사유로 직무를 수행할 수 없을 때에는 그 직무를 대행한다.

제16조【국가수사본부장】 ① 경찰청에 국가수사본부를 두며, 국가수사본부장은 치안정감으로 보한다.
② 국가수사본부장은 「형사소송법」에 따른 경찰의 수사에 관하여 각 시·도경찰청장과 경찰서장 및 수사부서 소속 공무원을 지휘·감독한다.
③ 국가수사본부장의 임기는 2년으로 하며, 중임할 수 없다.
④ 국가수사본부장은 임기가 끝나면 당연히 퇴직한다.
⑤ 국가수사본부장이 직무를 집행하면서 헌법이나 법률을 위배하였을 때에는 국회는 탄핵 소추를 의결할 수 있다.
⑥ 국가수사본부장을 경찰청 외부를 대상으로 모집하여 임용할 필요가 있는 때에는 다음 각 호의 자격을 갖춘 사람 중에서 임용한다.
1. 10년 이상 수사업무에 종사한 사람 중에서 「국가공무원법」 제2조의2에 따른 고위공무원단에 속하는 공무원, 3급 이상 공무원 또는 총경 이상 경찰공무원으로 재직한 경력이 있는 사람
2. 판사·검사 또는 변호사의 직에 10년 이상 있었던 사람
3. 변호사 자격이 있는 사람으로서 국가기관, 지방자치단체, 「공공기관의 운영에 관한 법률」 제4조에 따른 공공기관(이하 "국가기관등"이라 한다)에서 법률에 관한 사무에 10년 이상 종사한 경력이 있는 사람
4. 대학이나 공인된 연구기관에서 법률학·경찰학 분야에서 조교수 이상의 직이나 이에 상당하는 직에 10년 이상 있었던 사람
5. 제1호부터 제4호까지의 경력 기간의 합산이 15년 이상인 사람

⑦ 국가수사본부장을 경찰청 외부를 대상으로 모집하여 임용하는 경우 다음 각 호의 어느 하나에 해당하는 사람은 국가수사본부장이 될 수 없다.
1. 「경찰공무원법」 제8조제2항 각 호의 결격사유에 해당하는 사람
2. 정당의 당원이거나 당적을 이탈한 날부터 3년이 지나지 아니한 사람
3. 선거에 의하여 취임하는 공직에 있거나 그 공직에서 퇴직한 날부터 3년이 지나지 아니한 사람
4. 제6항제1호에 해당하는 공무원 또는 제6항제2호의 판사·검사의 직에서 퇴직한 날로부터 1년이 지나지 아니한 사람
5. 제6항제3호에 해당하는 사람으로서 국가기관등에서 퇴직한 날로부터 1년이 지나지 아니한 사람

제17조【하부조직】 ① 경찰청의 하부조직은 본부·국·부 또는 과로 한다.
② 경찰청장·차장·국가수사본부장·국장 또는 부장 밑에 정책의 기획이나 계획의 입안 및 연구·조사를 통하여 그를 직접 보좌하는 담당관을 둘 수 있다.
③ 경찰청의 하부조직의 명칭 및 분장 사무와 공무원의 정원은 「정부조직법」 제2조제4항 및 제5항을 준용하여 대통령령 또는 행정안전부령으로 정한다.

제4장 시·도자치경찰위원회

제18조【시·도자치경찰위원회의 설치】 ① 자치경찰사무를 관장하게 하기 위하여 특별시장·광역시장·특별자치시장·도지사·특별자치도지사(이하 "시·도지사"라 한다) 소속으로 시·도자치경찰위원회를 둔다. 다만, 제13조 후단에 따라 시·도에 2개의 시·도경찰청을 두는 경우 시·도지사 소속으로 2개의 시·도자치경찰위원회를 둘 수 있다.
(2021.3.30 단서신설)
② 시·도자치경찰위원회는 합의제 행정기관으로서 그 권한에 속하는 업무를 독립적으로 수행한다.
③ 제1항 단서에 따라 2개의 시·도자치경찰위원회를 두는 경우 해당 시·도자치경찰위원회의 명칭, 관할구역, 사무분장, 그 밖에 필요한 사항은 대통령령으로 정한다.
(2021.3.30 본항신설)

제19조【시 · 도자치경찰위원회의 구성】 ① 시 · 도자치경찰위원회는 위원장 1명을 포함한 7명의 위원으로 구성하되, 위원장과 1명의 위원은 상임으로 하고, 5명의 위원은 비상임으로 한다.
② 위원은 특정 성(性)이 10분의 6을 초과하지 아니하도록 노력하여야 한다.
③ 위원 중 1명은 인권문제에 관하여 전문적인 지식과 경험이 있는 사람이 임명될 수 있도록 노력하여야 한다.

제20조【시 · 도자치경찰위원회 위원의 임명 및 결격사유】
① 시 · 도자치경찰위원회 위원은 다음 각 호의 사람을 시 · 도지사가 임명한다.
1. 시 · 도의회가 추천하는 2명
2. 국가경찰위원회가 추천하는 1명
3. 해당 시 · 도 교육감이 추천하는 1명
4. 시 · 도자치경찰위원회 위원추천위원회가 추천하는 2명
5. 시 · 도지사가 지명하는 1명

② 시 · 도자치경찰위원회 위원은 다음 각 호의 어느 하나에 해당하는 자격을 갖추어야 한다.
1. 판사 · 검사 · 변호사 또는 경찰의 직에 5년 이상 있었던 사람
2. 변호사 자격이 있는 사람으로서 국가기관등에서 법률에 관한 사무에 5년 이상 종사한 경력이 있는 사람
3. 대학이나 공인된 연구기관에서 법률학 · 행정학 또는 경찰학 분야의 조교수 이상의 직이나 이에 상당하는 직에 5년 이상 있었던 사람
4. 그 밖에 관할 지역주민 중에서 지방자치행정 또는 경찰행정 등의 분야에 경험이 풍부하고 학식과 덕망을 갖춘 사람

③ 시 · 도자치경찰위원회 위원장은 위원 중에서 시 · 도지사가 임명하고, 상임위원은 시 · 도자치경찰위원회의 의결을 거쳐 위원 중에서 위원장의 제청으로 시 · 도지사가 임명한다. 이 경우 위원장과 상임위원은 지방자치단체의 공무원으로 한다.
④ 위원은 정치적 중립을 지켜야 하며, 권한을 남용하여서는 아니 된다.
⑤ 공무원이 아닌 위원에 대해서는 「지방공무원법」 제52조 및 제57조를 준용한다.
⑥ 공무원이 아닌 위원은 그 소관 사무와 관련하여 형법이나 그 밖의 법률에 따른 벌칙을 적용할 때에는 공무원으로 본다.
⑦ 다음 각 호의 어느 하나에 해당하는 사람은 위원이 될 수 없다. 위원이 각 호의 어느 하나에 해당한 경우에는 당연퇴직한다.
1. 정당의 당원이거나 당적을 이탈한 날부터 3년이 지나지 아니한 사람
2. 선거에 의하여 취임하는 공직에 있거나 그 공직에서 퇴직한 날부터 3년이 지나지 아니한 사람
3. 경찰, 검찰, 국가정보원 직원 또는 군인의 직에 있거나 그 직에서 퇴직한 날부터 3년이 지나지 아니한 사람
4. 국가 및 지방자치단체의 공무원(국립 또는 공립대학의 조교수 이상의 직에 있는 사람은 제외한다. 이하 이 조에서 같다)이거나 공무원이었던 사람으로서 퇴직한 날부터 3년이 지나지 아니한 사람. 다만, 제20조제3항 후단에 따라 위원장과 상임위원이 지방자치단체의 공무원이 된 경우에는 당연퇴직하지 아니한다.
5. 「지방공무원법」 제31조 각 호의 어느 하나에 해당하는 사람. 다만, 「지방공무원법」 제31조제2호 및 제5호에 해당하는 경우에는 같은 법 제61조제1호 단서에 따른다.

⑧ 그 밖에 위원의 임명방법 등에 관하여 필요한 사항은 대통령령으로 정하는 기준에 따라 시 · 도조례로 정한다.

제21조【시 · 도자치경찰위원회 위원추천위원회】 ① 시 · 도자치경찰위원회 위원 추천을 위하여 시 · 도지사 소속으로 시 · 도자치경찰위원회 위원추천위원회를 둔다.
② 시 · 도지사는 시 · 도자치경찰위원회 위원추천위원회에 각계각층의 관할 지역주민의 의견이 수렴될 수 있도록 위원을 구성하여야 한다.
③ 시 · 도자치경찰위원회 위원추천위원회 위원의 수, 자격, 구성, 위원회 운영 등에 관하여 필요한 사항은 대통령령으로 정한다.

제22조【시 · 도자치경찰위원회 위원장의 직무】 ① 시 · 도자치경찰위원회 위원장은 시 · 도자치경찰위원회를 대표하고 회의를 주재하며 시 · 도자치경찰위원회의 의결을 거쳐 업무를 수행한다.
② 시 · 도자치경찰위원회 위원장이 부득이한 사유로 직무를 수행할 수 없을 때에는 상임위원, 시 · 도자치경찰위원회 위원 중 연장자순으로 그 직무를 대행한다.

제23조【시 · 도자치경찰위원회 위원의 임기 및 신분보장】
① 시 · 도자치경찰위원회 위원장과 위원의 임기는 3년으로 하며, 연임할 수 없다.
② 보궐위원의 임기는 전임자 임기의 남은 기간으로 하되, 전임자의 남은 임기가 1년 미만인 경우 그 보궐위원은 제1항에도 불구하고 한 차례만 연임할 수 있다.
③ 위원은 중대한 신체상 또는 정신상의 장애로 직무를 수행할 수 없게 된 경우를 제외하고는 그 의사에 반하여 면직되지 아니한다.

제24조【시 · 도자치경찰위원회의 소관 사무】 ① 시 · 도자치경찰위원회의 소관 사무는 다음 각 호로 한다.
1. 자치경찰사무에 관한 목표의 수립 및 평가
2. 자치경찰사무에 관한 인사, 예산, 장비, 통신 등에 관한 주요정책 및 그 운영지원
3. 자치경찰사무 담당 공무원의 임용, 평가 및 인사위원회 운영
4. 자치경찰사무 담당 공무원의 부패 방지와 청렴도 향상에 관한 주요 정책 및 인권침해 또는 권한남용 소지가 있는 규칙, 제도, 정책, 관행 등의 개선
5. 제2조에 따른 시책 수립
6. 제28조제2항에 따른 시 · 도경찰청장의 임용과 관련한 경찰청장과의 협의, 제30조제4항에 따른 평가 및 결과 통보
7. 자치경찰사무 감사 및 감사의뢰
8. 자치경찰사무 담당 공무원의 주요 비위사건에 대한 감찰요구
9. 자치경찰사무 담당 공무원에 대한 징계요구
10. 자치경찰사무 담당 공무원의 고충심사 및 사기진작
11. 자치경찰사무와 관련된 중요사건 · 사고 및 현안의 점검
12. 자치경찰사무에 관한 규칙의 제정 · 개정 또는 폐지
13. 지방행정과 치안행정의 업무조정과 그 밖에 필요한 협의 · 조정
14. 제32조에 따른 비상사태 등 전국적 치안유지를 위한 경찰청장의 지휘 · 명령에 관한 사무
15. 국가경찰사무 · 자치경찰사무의 협력 · 조정과 관련하여 경찰청장과 협의
16. 국가경찰위원회에 대한 심의 · 조정 요청
17. 그 밖에 시 · 도지사, 시 · 도경찰청장이 중요하다고 인정하여 시 · 도자치경찰위원회의 회의에 부친 사항에 대한 심의 · 의결

② 시 · 도자치경찰위원회의 업무와 관련하여 시 · 도지사는 정치적 목적이나 개인적 이익을 위해 관여하여서는 아니 된다.

제25조【시 · 도자치경찰위원회의 심의 · 의결사항 등】 ① 시 · 도자치경찰위원회는 제24조의 사무에 대하여 심의 · 의결한다.
② 시 · 도자치경찰위원회의 회의는 재적위원 과반수의 출석과 출석위원 과반수의 찬성으로 의결한다.
③ 시 · 도지사는 제1항에 관한 시 · 도자치경찰위원회의 의결이 적정하지 아니하다고 판단할 때에는 재의를 요구할 수 있다.
④ 위원회의 의결이 법령에 위반되거나 공익을 현저히 해친다고 판단되면 행정안전부장관은 미리 경찰청장의 의견을 들어 국가경찰위원회를 거쳐 시 · 도지사에게 제3항의 재의를 요구하게 할 수 있고, 경찰청장은 국가경찰위원회와 행정안전부장관을 거쳐 시 · 도지사에게 재의를 요구하게 할 수 있다.

⑤ 시·도자치경찰위원회의 위원장은 재의요구를 받은 날부터 7일 이내에 회의를 소집하여 재의결하여야 한다. 이 경우 재적위원 과반수의 출석과 출석위원 3분의 2 이상의 찬성으로 전과 같은 의결을 하면 그 의결사항은 확정된다.

제26조【시·도자치경찰위원회의 운영 등】 ① 시·도자치경찰위원회의 회의는 정기적으로 개최하여야 한다. 다만 위원장이 필요하다고 인정하는 경우, 위원 2명 이상이 요구하는 경우 및 시·도지사가 필요하다고 인정하는 경우에는 임시회의를 개최할 수 있다.

② 시·도자치경찰위원회는 회의 안건과 관련된 이해관계인이 있는 경우 그 의견을 듣거나 회의에 참석하게 할 수 있다.

③ 시·도자치경찰위원회의 위원 중 공무원이 아닌 위원에게는 예산의 범위에서 직무활동에 필요한 비용 등을 지급할 수 있다.

④ 그 밖에 시·도자치경찰위원회의 운영 등에 필요한 사항은 대통령령으로 정하는 기준에 따라 시·도조례로 정한다.

제27조【사무기구】 ① 시·도자치경찰위원회의 사무를 처리하기 위하여 시·도자치경찰위원회에 필요한 사무기구를 둔다.

② 사무기구에는 「지방자치단체에 두는 국가공무원의 정원에 관한 법률」에도 불구하고 대통령령으로 정하는 바에 따라 경찰공무원을 두어야 한다.

③ 제주특별자치도에는 「제주특별자치도 설치 및 국제자유도시 조성을 위한 특별법」 제44조제3항에도 불구하고 같은 법 제6조제1항 단서에 따라 이 법 제27조제2항을 우선하여 적용한다.

④ 사무기구의 조직·정원·운영 등에 관하여 필요한 사항은 경찰청장의 의견을 들어 대통령령으로 정하는 기준에 따라 시·도조례로 정한다.

제5장 시·도경찰청 및 경찰서 등

제28조【시·도경찰청장】 ① 시·도경찰청에 시·도경찰청장을 두며, 시·도경찰청장은 치안정감·치안감(治安監) 또는 경무관(警務官)으로 보한다.

② 「경찰공무원법」 제7조에도 불구하고 시·도경찰청장은 경찰청장이 시·도자치경찰위원회와 협의하여 추천한 사람 중에서 행정안전부장관의 제청으로 국무총리를 거쳐 대통령이 임용한다.

③ 시·도경찰청장은 국가경찰사무에 대해서는 경찰청장의 지휘·감독을, 자치경찰사무에 대해서는 시·도자치경찰위원회의 지휘·감독을 받아 관할구역의 소관 사무를 관장하고 소속 공무원 및 소속 경찰기관의 장을 지휘·감독한다. 다만, 수사에 관한 사무에 대해서는 국가수사본부장의 지휘·감독을 받아 관할구역의 소관 사무를 관장하고 소속 공무원 및 소속 경찰기관의 장을 지휘·감독한다.

④ 제3항 본문의 경우 시·도자치경찰위원회는 자치경찰사무에 대해 심의·의결을 통하여 시·도경찰청장을 지휘·감독한다. 다만, 시·도자치경찰위원회가 심의·의결할 시간적 여유가 없거나 심의·의결이 곤란한 경우 대통령령으로 정하는 바에 따라 시·도자치경찰위원회의 지휘·감독권을 시·도경찰청장에게 위임한 것으로 본다.

제29조【시·도경찰청 차장】 ① 시·도경찰청에 차장을 둘 수 있다.

② 차장은 시·도경찰청장을 보좌하여 소관 사무를 처리하고 시·도경찰청장이 부득이한 사유로 직무를 수행할 수 없을 때에는 그 직무를 대행한다.

제30조【경찰서장】 ① 경찰서에 경찰서장을 두며, 경찰서장은 경무관, 총경(總警) 또는 경정(警正)으로 보한다.

② 경찰서장은 시·도경찰청장의 지휘·감독을 받아 관할구역의 소관 사무를 관장하고 소속 공무원을 지휘·감독한다.

③ 경찰서장 소속으로 지구대 또는 파출소를 두고, 그 설치기준은 치안수요·교통·지리 등 관할구역의 특성을 고려하여 행정안전부령으로 정한다. 다만, 필요한 경우에는 출장소를 둘 수 있다.

④ 시·도자치경찰위원회는 정기적으로 경찰서장의 자치경찰사무 수행에 관한 평가결과를 경찰청장에게 통보하여야 하며 경찰청장은 이를 반영하여야 한다.

제31조【직제】 시·도경찰청 및 경찰서의 명칭, 위치, 관할구역, 하부조직, 공무원의 정원, 그 밖에 필요한 사항은 「정부조직법」 제2조제4항 및 제5항을 준용하여 대통령령 또는 행정안전부령으로 정한다.

제6장 비상사태 등 전국적 치안유지를 위한 경찰청장의 지휘·명령

제32조【비상사태 등 전국적 치안유지를 위한 경찰청장의 지휘·명령】 ① 경찰청장은 다음 각 호의 경우에는 제2항에 따라 자치경찰사무를 수행하는 경찰공무원(제주특별자치도의 자치경찰공무원을 포함한다)을 직접 지휘·명령할 수 있다.

1. 전시·사변, 천재지변, 그 밖에 이에 준하는 국가 비상사태, 대규모의 테러 또는 소요사태가 발생하였거나 발생할 우려가 있어 전국적인 치안유지를 위하여 긴급한 조치가 필요하다고 인정할 만한 충분한 사유가 있는 경우
2. 국민안전에 중대한 영향을 미치는 사안에 대하여 다수의 시·도에 동일하게 적용되는 치안정책을 시행할 필요가 있다고 인정할 만한 충분한 사유가 있는 경우
3. 자치경찰사무와 관련하여 해당 시·도의 경찰력으로는 국민의 생명·신체·재산의 보호 및 공공의 안녕과 질서유지가 어려워 경찰청장의 지원·조정이 필요하다고 인정할 만한 충분한 사유가 있는 경우

② 경찰청장은 제1항에 따른 조치가 필요한 경우에는 시·도자치경찰위원회에 자치경찰사무를 담당하는 경찰공무원을 직접 지휘·명령하려는 사유 및 내용 등을 구체적으로 제시하여 통보하여야 한다.

③ 제2항에 따른 통보를 받은 시·도자치경찰위원회는 정당한 사유가 없으면 즉시 자치경찰사무를 담당하는 경찰공무원에게 경찰청장의 지휘·명령을 받을 것을 명하여야 하며, 제1항에 규정된 사유에 해당하지 아니한다고 인정하면 시·도자치경찰위원회의 의결을 거쳐 경찰청장에게 그 지휘·명령의 중단을 요청할 수 있다.

④ 경찰청장이 제1항에 따라 지휘·명령을 하는 경우에는 국가경찰위원회에 즉시 보고하여야 한다. 다만, 제1항제3호의 경우에는 미리 국가경찰위원회의 의결을 거쳐야 하며 긴급한 경우에는 우선 조치 후 지체 없이 국가경찰위원회의 의결을 거쳐야 한다.

⑤ 제4항에 따라 보고를 받은 국가경찰위원회는 제1항에 규정된 사유에 해당하지 아니한다고 인정하면 그 지휘·명령을 중단할 것을 의결하여 경찰청장에게 통보할 수 있다.

⑥ 경찰청장은 제1항에 따라 지휘·명령할 수 있는 사유가 해소된 때에는 경찰공무원에 대한 지휘·명령을 즉시 중단하여야 한다.

⑦ 시·도자치경찰위원회는 제1항제3호에 해당하는 경우 의결로 지원·조정의 범위·기간 등을 정하여 경찰청장에게 지원·조정을 요청할 수 있다.

⑧ 경찰청장은 제주특별자치도경찰청의 관할구역에서 제1항의 지휘·명령권을 제주특별자치도경찰청장에게 위임할 수 있다.

제7장 치안분야의 과학기술진흥

제33조【치안에 필요한 연구개발의 지원 등】 ① 경찰청장은 치안에 필요한 연구·실험·조사·기술개발(이하 "연구개발사업"이라 한다) 및 전문인력 양성 등 치안분야의 과학기술진흥을 위한 시책을 마련하여 추진하여야 한다.

② 경찰청장은 연구개발사업을 효율적으로 추진하기 위하여 다음 각 호의 어느 하나에 해당하는 기관 또는 단체 등과 협약을 맺어 연구개발사업을 실시하게 할 수 있다.

1. 국공립 연구기관
2. 「특정연구기관 육성법」 제2조에 따른 특정연구기관
3. 「과학기술분야 정부출연연구기관 등의 설립 · 운영 및 육성에 관한 법률」에 따라 설립된 과학기술분야 정부출연연구기관
4. 「고등교육법」에 따른 대학 · 산업대학 · 전문대학 및 기술대학
5. 「민법」이나 다른 법률에 따라 설립된 법인으로서 치안분야 연구기관 또는 법인 부설 연구소
6. 「기초연구진흥 및 기술개발지원에 관한 법률」 제14조의2 제1항에 따라 인정받은 기업부설연구소 또는 기업의 연구개발전담부서
7. 그 밖에 대통령령으로 정하는 치안분야 관련 연구 · 조사 · 기술개발 등을 수행하는 기관 또는 단체

③ 경찰청장은 제2항 각 호의 기관 또는 단체 등에 대하여 연구개발사업을 실시하는 데 필요한 경비의 전부 또는 일부를 출연하거나 보조할 수 있다.
④ 제2항에 따른 연구개발사업의 실시와 제3항에 따른 출연금의 지급 · 사용 및 관리 등에 필요한 사항은 대통령령으로 정한다.

제8장 보 칙

제34조 【자치경찰사무에 대한 재정적 지원】 국가는 지방자치단체가 이관받은 사무를 원활히 수행할 수 있도록 인력, 장비 등에 소요되는 비용에 대하여 재정적 지원을 하여야 한다.
제35조 【예산】 ① 자치경찰사무의 수행에 필요한 예산은 시 · 도자치경찰위원회의 심의 · 의결을 거쳐 시 · 도지사가 수립한다. 이 경우 시 · 도자치경찰위원회는 경찰청장의 의견을 들어야 한다.
② 시 · 도지사는 자치경찰사무 담당 공무원에게 조례에서 정하는 예산의 범위에서 재정적 지원 등을 할 수 있다.
③ 시 · 도의회는 관련 예산의 효율적인 관리를 위하여 의결로써 자치경찰사무에 대해 시 · 도자치경찰위원장의 출석 및 자료 제출을 요구할 수 있다.
제36조 (2022.11.15 삭제)

부 칙

제1조 【시행일】 이 법은 2021년 1월 1일부터 시행한다.
제2조 【이 법의 시행을 위한 준비행위 등】 국가수사본부와 시 · 도자치경찰위원회의 구성 및 자치경찰사무의 처리에 필요한 인력 · 시설 · 장비의 확보 등 자치경찰사무 수행에 필요한 준비행위 및 시범운영은 이 법 시행 전부터 할 수 있다.
제3조 【자치경찰사무 수행에 관한 시범운영 특례】 ① 시 · 도경찰청장과 시 · 도자치경찰위원회는 협의하여 이 법에 따른 자치경찰사무의 수행에 관하여 시범운영을 실시할 수 있다.
② 제1항에 따른 자치경찰사무 수행에 필요한 시범운영은 2021년 6월 30일까지 완료하여야 한다.
③ 제1항에 따른 자치경찰사무 수행에 필요한 시범운영과 관련된 구체적 사항은 대통령령으로 정한다.
제4조 【경찰위원회 등에 관한 경과조치】 ① 이 법 시행 당시의 경찰위원회, 경찰위원회 위원장 및 위원(이하 이 조에서 "경찰위원회등"이라 한다)은 이 법에 따른 국가경찰위원회, 국가경찰위원회 위원장 및 위원(이하 이 조에서 "국가경찰위원회등"이라 한다)으로 본다. 이 경우 해당 위원장 및 위원의 임기는 잔여기간으로 한다.
② 이 법 시행 당시 종전의 규정에 따른 경찰위원회등의 행위 또는 경찰위원회등에 대한 행위는 이 법에 따른 국가경찰위원회등의 행위 또는 국가경찰위원회등에 대한 행위로 본다.
제5조 【지방경찰청 등에 관한 경과조치】 ① 이 법 시행 당시의 지방경찰청 및 지방경찰청장(이하 이 조에서 "지방경찰청등"이라고 한다)은 이 법에 따른 시 · 도경찰청 및 시 · 도경찰청장(이하 이 조에서 "시 · 도경찰청등"이라 한다)으로 본다.
② 이 법 시행 당시 종전의 규정에 따른 지방경찰청등의 행위 또는 지방경찰청등에 대한 행위는 이 법에 따른 시 · 도경찰청등의 행위 또는 시 · 도경찰청등에 대한 행위로 본다.
제6조 【행정처분등에 관한 경과조치】 법률 제4369호 경찰법 시행 당시 종전의 규정에 따라 내무부장관 · 서울특별시장 · 직할시장 또는 도지사등 행정기관이 행한 행정처분 기타 행정기관의 행위 또는 각종 신고 기타 행정기관에 대한 행위는 그에 해당하는 이 법에 의한 행정기관의 행위 또는 행정기관에 대한 행위로 본다.
제7조 【다른 법률의 개정】 ①~53 ※(해당 법령에 가제정리 하였음)
제8조 【다른 법령과의 관계】 이 법 시행 당시 다른 법령에서 종전의 「경찰법」 또는 그 규정을 인용한 경우에 이 법 가운데 그에 해당하는 규정이 있을 때에는 종전의 규정을 갈음하여 이 법의 해당 규정을 인용한 것으로 본다.

부 칙 (2021.3.30)

제1조 【시행일】 이 법은 공포 후 3개월이 경과한 날부터 시행한다.
제2조 【복수의 시 · 도자치경찰위원회 설치를 위한 준비행위 등】 시 · 도자치경찰위원회의 구성 및 인력 · 시설의 확보 등 시 · 도에 2개의 시 · 도자치경찰위원회를 설치하기 위하여 필요한 준비행위 및 시범운영은 이 법 시행 전부터 할 수 있다.

부 칙 (2022.11.15)

제1조 【시행일】 이 법은 공포 후 3개월이 경과한 날부터 시행한다.
제2조 【세종특별자치시자치경찰위원회 위원장의 상임화에 관한 경과조치】 이 법 시행 당시 종전의 규정에 따라 임명된 세종특별자치시자치경찰위원회의 위원장은 제19조 및 제20조의 규정에 따라 임명된 상임인 위원장으로 보되, 그 임기는 종전 임기의 남은 기간으로 한다.
제3조 【세종특별자치시자치경찰위원회의 위원장이 아닌 위원 중 1명의 상임화에 관한 경과조치】 세종특별자치시자치경찰위원회, 세종특별자치시자치경찰위원회 위원장 및 세종특별자치시장은 이 법 시행 이후 3개월 이내에 제20조제3항에 따른 상임위원 임명 절차를 완료하여야 하고, 상임위원으로 새로 임명된 위원의 임기는 종전 비상임위원으로서의 임기의 남은 기간으로 한다.

경찰관 직무집행법

(1981년 4월 13일
전개법률 제3427호)

개정
1988.12.31법 4048호
<중략>
2004.12.23법 7247호(경찰법)
2006. 2.21법 7849호(제주자치법)
2011. 8. 4법11031호
2013. 4. 5법11736호
2014. 5.20법12600호
2014.11.19법12844호(정부조직)
2015. 1. 6법12960호(총포·도검·화약류등의안전관리에관한법)
2016. 1.27법13825호
2017. 7.26법14839호(정부조직)
2018. 4.17법15565호
2018.12.24법16036호
2020.12.22법17688호
2020.12.22법17689호(국가자치경찰)
2021.10.19법18488호
2022. 2. 3법18807호
2024. 1.30법20153호
2024. 3.19법20374호

제1조【목적】 ① 이 법은 국민의 자유와 권리 및 모든 개인이 가지는 불가침의 기본적 인권을 보호하고 사회공공의 질서를 유지하기 위한 경찰관(경찰공무원만 해당한다. 이하 같다)의 직무 수행에 필요한 사항을 규정함을 목적으로 한다.
(2020.12.22 본항개정)
② 이 법에 규정된 경찰관의 직권은 그 직무 수행에 필요한 최소한도에서 행사되어야 하며 남용되어서는 아니 된다.
(2014.5.20 본조개정)

제2조【직무의 범위】 경찰관은 다음 각 호의 직무를 수행한다.
1. 국민의 생명·신체 및 재산의 보호
2. 범죄의 예방·진압 및 수사
2의2. 범죄피해자 보호(2018.4.17 본호신설)
3. 경비, 주요 인사(人士) 경호 및 대간첩·대테러 작전 수행
4. 공공안녕에 대한 위험의 예방과 대응을 위한 정보의 수집·작성 및 배포(2020.12.22 본호개정)
5. 교통 단속과 교통 위해(危害)의 방지
6. 외국 정부기관 및 국제기구와의 국제협력
7. 그 밖에 공공의 안녕과 질서 유지
(2014.5.20 본조개정)

판례 경찰은 범죄의 예방, 진압 및 수사와 함께 국민의 생명, 신체 및 재산의 보호 기타 공공의 안녕과 질서유지를 직무로 하고 있고, 직무의 원활한 수행을 위하여 경찰관 직무집행법, 형사소송법 등 관계 법령에 의하여 여러 가지 권한이 부여되어 있으므로, 구체적인 직무를 수행하는 경찰관으로서는 제반 상황에 대응하여 자신에게 부여된 여러 가지 권한을 적절하게 행사하여 필요한 조치를 할 수 있고, 그러한 권한은 일반적으로 경찰관의 전문적 판단에 기한 합리적인 재량에 위임되어 있으나, 경찰관에게 권한을 부여한 취지와 목적에 비추어 볼 때 구체적인 사정에 따라 경찰관이 권한을 행사하여 필요한 조치를 하지 아니하는 것이 현저하게 불합리하다고 인정되는 경우에는 권한의 불행사는 직무상 의무를 위반한 것이 되어 위법하게 된다.(대판 2016.4.15, 2013다20427)

제3조【불심검문】 ① 경찰관은 다음 각 호의 어느 하나에 해당하는 사람을 정지시켜 질문할 수 있다.
1. 수상한 행동이나 그 밖의 주위 사정을 합리적으로 판단하여 볼 때 어떠한 죄를 범하였거나 범하려 하고 있다고 의심할 만한 상당한 이유가 있는 사람
2. 이미 행하여진 범죄나 행하여지려고 하는 범죄행위에 관한 사실을 안다고 인정되는 사람

② 경찰관은 제1항에 따라 같은 항 각 호의 사람을 정지시킨 장소에서 질문을 하는 것이 그 사람에게 불리하거나 교통에 방해가 된다고 인정될 때에는 질문을 하기 위하여 가까운 경찰서·지구대·파출소 또는 출장소(지방해양경찰관서를 포함하며, 이하 "경찰관서"라 한다)로 동행할 것을 요구할 수 있다. 이 경우 동행을 요구받은 사람은 그 요구를 거절할 수 있다.(2017.7.26 전단개정)
③ 경찰관은 제1항 각 호의 어느 하나에 해당하는 사람에게 질문을 할 때에 그 사람이 흉기를 가지고 있는지를 조사할 수 있다.
④ 경찰관은 제1항이나 제2항에 따라 질문을 하거나 동행을 요구할 경우 자신의 신분을 표시하는 증표를 제시하면서 소속과 성명을 밝히고 질문이나 동행의 목적과 이유를 설명하여야 하며, 동행을 요구하는 경우에는 동행 장소를 밝혀야 한다.
⑤ 경찰관은 제2항에 따라 동행한 사람의 가족이나 친지 등에게 동행한 경찰관의 신분, 동행 장소, 동행 목적과 이유를 알리거나 본인으로 하여금 즉시 연락할 수 있는 기회를 주어야 하며, 변호인의 도움을 받을 권리가 있음을 알려야 한다.
⑥ 경찰관은 제2항에 따라 동행한 사람을 6시간을 초과하여 경찰관서에 머물게 할 수 없다.
⑦ 제1항부터 제3항까지의 규정에 따라 질문을 받거나 동행을 요구받은 사람은 형사소송에 관한 법률에 따르지 아니하고는 신체를 구속당하지 아니하며, 그 의사에 반하여 답변을 강요당하지 아니한다.
(2014.5.20 본조개정)

제4조【보호조치 등】 ① 경찰관은 수상한 행동이나 그 밖의 주위 사정을 합리적으로 판단해 볼 때 다음 각 호의 어느 하나에 해당하는 것이 명백하고 응급구호가 필요하다고 믿을 만한 상당한 이유가 있는 사람(이하 "구호대상자"라 한다)을 발견하였을 때에는 보건의료기관이나 공공구호기관에 긴급구호를 요청하거나 경찰관서에 보호하는 등 적절한 조치를 할 수 있다.
1. 정신착란을 일으키거나 술에 취하여 자신 또는 다른 사람의 생명·신체·재산에 위해를 끼칠 우려가 있는 사람
2. 자살을 시도하는 사람
3. 미아, 병자, 부상자 등으로서 적당한 보호자가 없으며 응급구호가 필요하다고 인정되는 사람. 다만, 본인이 구호를 거절하는 경우는 제외한다.

② 제1항에 따라 긴급구호를 요청받은 보건의료기관이나 공공구호기관은 정당한 이유 없이 긴급구호를 거절할 수 없다.
③ 경찰관은 제1항의 조치를 하는 경우에 구호대상자가 휴대하고 있는 무기·흉기 등 위험을 일으킬 수 있는 것으로 인정되는 물건을 경찰관서에 임시로 영치(領置)하여 놓을 수 있다.
④ 경찰관은 제1항의 조치를 하였을 때에는 지체 없이 구호대상자의 가족, 친지 또는 그 밖의 연고자에게 그 사실을 알려야 하며, 연고자가 발견되지 아니할 때에는 구호대상자를 적당한 공공보건의료기관이나 공공구호기관에 즉시 인계하여야 한다.
⑤ 경찰관은 제4항에 따라 구호대상자를 공공보건의료기관이나 공공구호기관에 인계하였을 때에는 즉시 그 사실을 소속 경찰서장이나 해양경찰서장에게 보고하여야 한다.
(2017.7.26 본항개정)
⑥ 제5항에 따라 보고를 받은 소속 경찰서장이나 해양경찰서장은 대통령령으로 정하는 바에 따라 구호대상자를 인계한 사실을 지체 없이 해당 공공보건의료기관 또는 공공구호기관의 장 및 그 감독행정청에 통보하여야 한다.(2017.7.26 본항개정)
⑦ 제1항에 따라 구호대상자를 경찰관서에서 보호하는 기간은 24시간을 초과할 수 없고, 제3항에 따라 물건을 경찰관서에 임시로 영치하는 기간은 10일을 초과할 수 없다.
(2014.5.20 본조개정)

판례 긴급구호권한과 같은 경찰관의 조치권한은 일반적으로 경찰관의 전문적 판단에 기한 합리적인 재량에 위임되어 있는 것이나, 그렇다고 하더라도 구체적 상황하에서 경찰관에게 그러한 조치권한을 부여한 취지와 목적에 비추어 볼 때 그 불행사가 현저하게 불합리하다고 인정되는 경우에는, 그러한 불행사는 법령에 위반하는 행위에 해당하게 되어 국가배상법상의 다른 요건이 충족되는 한, 국가는 그로 인하여 피해를 입은 자에 대하여 국가배상책임을 부담한다.(대판 1996.10.25, 95다45927)

제5조【위험 발생의 방지 등】 ① 경찰관은 사람의 생명 또는 신체에 위해를 끼치거나 재산에 중대한 손해를 끼칠 우려가 있는 천재(天災), 사변(事變), 인공구조물의 파손이나 붕괴, 교통사고, 위험물의 폭발, 위험한 동물 등의 출현, 극도의 혼잡, 그 밖의 위험한 사태가 있을 때에는 다음 각 호의 조치를 할 수 있다.

1. 그 장소에 모인 사람, 사물(事物)의 관리자, 그 밖의 관계인에게 필요한 경고를 하는 것
2. 매우 긴급한 경우에는 위해를 입을 우려가 있는 사람을 필요한 한도에서 억류하거나 피난시키는 것
3. 그 장소에 있는 사람, 사물의 관리자, 그 밖의 관계인에게 위해를 방지하기 위하여 필요하다고 인정되는 조치를 하게 하거나 직접 그 조치를 하는 것

② 경찰관서의 장은 대간첩 작전의 수행이나 소요(騷擾) 사태의 진압을 위하여 필요하다고 인정되는 상당한 이유가 있을 때에는 대간첩 작전지역이나 경찰관서·무기고 등 국가중요시설에 대한 접근 또는 통행을 제한하거나 금지할 수 있다.

③ 경찰관은 제1항의 조치를 하였을 때에는 지체 없이 그 사실을 소속 경찰관서의 장에게 보고하여야 한다.

④ 제2항의 조치를 하거나 제3항의 보고를 받은 경찰관서의 장은 관계 기관의 협조를 구하는 등 적절한 조치를 하여야 한다.

(2014.5.20 본조개정)

제6조【범죄의 예방과 제지】 경찰관은 범죄행위가 목전(目前)에 행하여지려고 하고 있다고 인정될 때에는 이를 예방하기 위하여 관계인에게 필요한 경고를 하고, 그 행위로 인하여 사람의 생명·신체에 위해를 끼치거나 재산에 중대한 손해를 끼칠 우려가 있는 긴급한 경우에는 그 행위를 제지할 수 있다.(2014.5.20 본조개정)

판례 행정상 즉시강제는 행정 목적 달성을 위하여 불가피한 한도 내에서 예외적으로 허용되는 것이므로, 위 조항에 의한 경찰관의 제지 조치 역시 최소한도 내에서만 행사되도록 그 발동·행사 요건을 신중하고 엄격하게 해석해야 한다.
(대판 2008.11.13, 2007도9794)

판례 경찰관에게 부여된 권한의 불행사가 직무상의 의무를 위반하여 위법하게 되는 경우 : 윤락녀들이 윤락업소에 감금된 채로 윤락을 강요받으면서 생활하고 있음을 쉽게 알 수 있는 상황이었음에도, 경찰관이 이러한 감금 및 윤락강요행위를 제지하거나 윤락업주들을 체포·수사하는 등 필요한 조치를 취하지 아니하고 오히려 업주들로부터 뇌물을 수수하며 그와 같은 행위를 방치한 것은 경찰관의 직무상 의무에 위반하여 위법하므로 국가는 이로 인한 정신적 고통에 대하여 위자료를 지급할 의무가 있다.
(대판 2004.9.23, 2003다49009)

제7조【위험 방지를 위한 출입】 ① 경찰관은 제5조제1항·제2항 및 제6조에 따른 위험한 사태가 발생하여 사람의 생명·신체 또는 재산에 대한 위해가 임박한 때에 그 위해를 방지하거나 피해자를 구조하기 위하여 부득이하다고 인정하면 합리적으로 판단하여 필요한 한도에서 다른 사람의 토지·건물·배 또는 차에 출입할 수 있다.

② 흥행장(興行場), 여관, 음식점, 역, 그 밖에 많은 사람이 출입하는 장소의 관리자나 그에 준하는 관계인은 경찰관이 범죄나 사람의 생명·신체·재산에 대한 위해를 예방하기 위하여 해당 장소의 영업시간이나 해당 장소가 일반인에게 공개된 시간에 그 장소에 출입하겠다고 요구하면 정당한 이유 없이 그 요구를 거절할 수 없다.

③ 경찰관은 대간첩 작전 수행에 필요할 때에는 작전지역에서 제2항에 따른 장소를 검색할 수 있다.

④ 경찰관은 제1항부터 제3항까지의 규정에 따라 필요한 장소에 출입할 때에는 그 신분을 표시하는 증표를 제시하여야 하며, 함부로 관계인이 하는 정당한 업무를 방해해서는 아니 된다.

(2014.5.20 본조개정)

제8조【사실의 확인 등】 ① 경찰관서의 장은 직무 수행에 필요하다고 인정되는 상당한 이유가 있을 때에는 국가기관이나 공사(公私) 단체 등에 직무 수행에 관련된 사실을 조회할 수 있다. 다만, 긴급한 경우에는 소속 경찰관으로 하여금 현장에 나가 해당 기관 또는 단체의 장의 협조를 받아 그 사실을 확인하게 할 수 있다.

② 경찰관은 다음 각 호의 직무를 수행하기 위하여 필요하면 관계인에게 출석하여야 하는 사유·일시 및 장소를 명확히 적은 출석 요구서를 보내 경찰관서에 출석할 것을 요구할 수 있다.
1. 미아를 인수할 보호자 확인
2. 유실물을 인수할 권리자 확인
3. 사고로 인한 사상자(死傷者) 확인
4. 행정처분을 위한 교통사고 조사에 필요한 사실 확인

(2014.5.20 본조개정)

제8조의2【정보의 수집 등】 ① 경찰관은 범죄·재난·공공갈등 등 공공안녕에 대한 위험의 예방과 대응을 위한 정보의 수집·작성·배포와 이에 수반되는 사실의 확인을 할 수 있다.

② 제1항에 따른 정보의 구체적인 범위와 처리 기준, 정보의 수집·작성·배포에 수반되는 사실의 확인 절차와 한계는 대통령령으로 정한다.

(2020.12.22 본조신설)

제8조의3【국제협력】 경찰청장 또는 해양경찰청장은 이 법에 따른 경찰관의 직무수행을 위하여 외국 정부기관, 국제기구 등과 자료 교환, 국제협력 활동 등을 할 수 있다.
(2017.7.26 본조개정)

제9조【유치장】 법률에서 정한 절차에 따라 체포·구속된 사람 또는 신체의 자유를 제한하는 판결이나 처분을 받은 사람을 수용하기 위하여 경찰서와 해양경찰서에 유치장을 둔다.(2017.7.26 본조개정)

제10조【경찰장비의 사용 등】 ① 경찰관은 직무수행 중 경찰장비를 사용할 수 있다. 다만, 사람의 생명이나 신체에 위해를 끼칠 수 있는 경찰장비(이하 이 조에서 "위해성 경찰장비"라 한다)를 사용할 때에는 필요한 안전교육과 안전검사를 받은 후 사용하여야 한다.

② 제1항 본문에서 "경찰장비"란 무기, 경찰장구(警察裝具), 경찰착용기록장치, 최루제(催淚劑)와 그 발사장치, 살수차, 감식기구(鑑識機具), 해안 감시기구, 통신기기, 차량·선박·항공기 등 경찰이 직무를 수행할 때 필요한 장치와 기구를 말한다.(2024.1.30 본항개정)

③ 경찰관은 경찰장비를 함부로 개조하거나 경찰장비에 임의의 장비를 부착하여 일반적인 사용법과 달리 사용함으로써 다른 사람의 생명·신체에 위해를 끼쳐서는 아니 된다.

④ 위해성 경찰장비는 필요한 최소한도에서 사용하여야 한다.

⑤ 경찰청장은 위해성 경찰장비를 새로 도입하려는 경우에는 대통령령으로 정하는 바에 따라 안전성 검사를 실시하여 그 안전성 검사의 결과보고서를 국회 소관 상임위원회에 제출하여야 한다. 이 경우 안전성 검사에는 외부 전문가를 참여시켜야 한다.

⑥ 위해성 경찰장비의 종류 및 그 사용기준, 안전교육·안전검사의 기준 등은 대통령령으로 정한다.

(2014.5.20 본조개정)

판례 경찰관의 가스총 사용 주의의무 : 경찰관은 범인의 체포, 도주의 방지, 타인이나 경찰관의 생명·신체에 대한 방호, 공무집행에 대한 항거의 억제를 위하여 필요한 때에는 최소한의 범위 안에서 가스총을 사용할 수 있으나, 가스총은 통상의 용법대로 사용하는 경우 사람의 생명이나 신체에 위해를 가할 수 있는 이른바 위해성 장비로 그 탄환은 고무마개로 막혀 있어 사람에게 근접하여 발사하는 경우에는 고무마개가 가스와 함께 발사되어 인체에 위해를 줄 가능성이 있으므로, 이를 사용하는 경찰관은 상대방과 근접한 거리에서 상대방의 얼굴에 발사하지 않는 등 가스총 사용시 요구되는 최소한의 안전수칙을 준수하여야 할 주의의무가 있다.
(대판 2003.3.14, 2002다57218)

제10조의2【경찰장구의 사용】 ① 경찰관은 다음 각 호의 직무를 수행하기 위하여 필요하다고 인정되는 상당한 이유가 있을 때에는 그 사태를 합리적으로 판단하여 필요한 한도에서 경찰장구를 사용할 수 있다.
1. 현행범이나 사형·무기 또는 장기 3년 이상의 징역이나 금고에 해당하는 죄를 범한 범인의 체포 또는 도주 방지
2. 자신이나 다른 사람의 생명·신체의 방어 및 보호
3. 공무집행에 대한 항거(抗拒) 제지

② 제1항에서 "경찰장구"란 경찰관이 휴대하여 범인 검거와 범죄 진압 등의 직무 수행에 사용하는 수갑, 포승(捕繩), 경찰봉, 방패 등을 말한다.

(2014.5.20 본조개정)

제10조의3【분사기 등의 사용】 경찰관은 다음 각 호의 직무를 수행하기 위하여 부득이한 경우에는 현장책임자가 판단하여 필요한 최소한의 범위에서 분사기(「총포·도검·화약류 등의 안전관리에 관한 법률」에 따른 분사기를 말하며, 그에 사용하는 최루 등의 작용제를 포함한다. 이하 같다) 또는 최루탄을 사용할 수 있다.(2015.1.6 본문개정)
1. 범인의 체포 또는 범인의 도주 방지
2. 불법집회·시위로 인한 자신이나 다른 사람의 생명·신체와 재산 및 공공시설 안전에 대한 현저한 위해의 발생 억제

(2014.5.20 본조개정)

제10조의4【무기의 사용】 ① 경찰관은 범인의 체포, 범인의 도주 방지, 자신이나 다른 사람의 생명·신체의 방어 및 보호, 공무집행에 대한 항거의 제지를 위하여 필요하다고 인정되는 상당한 이유가 있을 때에는 그 사태를 합리적으로 판단하여 필요한 한도에서 무기를 사용할 수 있다. 다만, 다음 각 호의 어느 하나에 해당할 때를 제외하고는 사람에게 위해를 끼쳐서는 아니 된다.
1. 「형법」에 규정된 정당방위와 긴급피난에 해당할 때
2. 다음 각 목의 어느 하나에 해당하는 때에 그 행위를 방지하거나 그 행위자를 체포하기 위하여 무기를 사용하지 아니하고는 다른 수단이 없다고 인정되는 상당한 이유가 있을 때
   가. 사형·무기 또는 장기 3년 이상의 징역이나 금고에 해당하는 죄를 범하거나 범하였다고 의심할 만한 충분한 이유가 있는 사람이 경찰관의 직무집행에 항거하거나 도주하려고 할 때
   나. 체포·구속영장과 압수·수색영장을 집행하는 과정에서 경찰관의 직무집행에 항거하거나 도주하려고 할 때
   다. 제3자가 가목 또는 나목에 해당하는 사람을 도주시키려고 경찰관에게 항거할 때
   라. 범인이나 소요를 일으킨 사람이 무기·흉기 등 위험한 물건을 지니고 경찰관으로부터 3회 이상 물건을 버리라는 명령이나 항복하라는 명령을 받고도 따르지 아니하면서 계속 항거할 때
3. 대간첩 작전 수행 과정에서 무장간첩이 항복하라는 경찰관의 명령을 받고도 따르지 아니할 때

② 제1항에서 "무기"란 사람의 생명이나 신체에 위해를 끼칠 수 있도록 제작된 권총·소총·도검 등을 말한다.
③ 대간첩·대테러 작전 등 국가안전에 관련되는 작전을 수행할 때에는 개인화기(個人火器) 외에 공용화기(共用火器)를 사용할 수 있다.
(2014.5.20 본조개정)

판례 경찰관의 무기 사용 요건 충족 여부의 판단 기준 : 경찰관은 범인의 체포, 도주의 방지, 자기 또는 타인의 생명·신체에 대한 방호, 공무집행에 대한 항거의 억제를 위하여 무기를 사용할 수 있으나, 이 경우에도 무기는 목적 달성에 필요하다고 인정되는 상당한 이유가 있을 때 그 사태를 합리적으로 판단하여 필요한 한도 내에서 사용하여야 하는바, 경찰관의 무기사용이 이러한 요건을 충족하는지 여부는 범죄의 종류, 죄질, 피해법익의 경중, 위해의 급박성, 저항의 강약, 범인과 경찰관의 수, 무기의 종류, 무기사용의 태양, 주변의 상황 등을 고려하여 사회통념상 상당하다고 평가되는지 여부에 따라 판단하여야 하고, 특히 사람에게 위해를 가할 위험성이 큰 권총의 사용에 있어서는 그 요건을 더욱 엄격하게 판단하여야 한다.(대판 2004.5.13, 2003다57956)

제10조의5【경찰착용기록장치의 사용】 ① 경찰관은 다음 각 호의 어느 하나에 해당하는 직무 수행을 위하여 필요한 경우에는 필요한 최소한의 범위에서 경찰착용기록장치를 사용할 수 있다.
1. 경찰관이 「형사소송법」 제200조의2, 제200조의3, 제201조 또는 제212조에 따라 피의자를 체포 또는 구속하는 경우
2. 범죄 수사를 위하여 필요한 경우로서 다음 각 목의 요건을 모두 갖춘 경우
   가. 범행 중이거나 범행 직전 또는 직후일 것
   나. 증거보전의 필요성 및 긴급성이 있을 것
3. 제5조제1항에 따른 인공구조물의 파손이나 붕괴 등의 위험한 사태가 발생한 경우
4. 경찰착용기록장치에 기록되는 대상자(이하 이 조에서 "기록대상자"라 한다)로부터 그 기록의 요청 또는 동의를 받은 경우
5. 제4조제1항 각 호에 해당하는 것이 명백하고 응급구호가 필요하다고 믿을 만한 상당한 이유가 있는 경우
6. 제6조에 따라 사람의 생명·신체에 위해를 끼치거나 재산에 중대한 손해를 끼칠 우려가 있는 범죄행위를 긴급하게 예방 및 제지하는 경우
7. 경찰관이 「해양경비법」 제12조 또는 제13조에 따라 해상검문검색 또는 추적·나포하는 경우
8. 경찰관이 「수상에서의 수색·구조 등에 관한 법률」에 따라 같은 법 제2조제4호의 수난구호 업무 시 수색 또는 구조를 하는 경우
9. 그 밖에 제1호부터 제8호까지에 준하는 경우로서 대통령령으로 정하는 경우

② 이 법에서 "경찰착용기록장치"란 경찰관이 신체에 착용 또는 휴대하여 직무수행 과정을 근거리에서 영상·음성으로 기록할 수 있는 기록장치 또는 그 밖에 이와 유사한 기능을 갖춘 기계장치를 말한다.
(2024.1.30 본조신설)

제10조의6【경찰착용기록장치의 사용 고지 등】 ① 경찰관이 경찰착용기록장치를 사용하여 기록하는 경우로서 이동형 영상정보처리기기로 사람 또는 그 사람과 관련된 사물의 영상을 촬영하는 때에는 불빛, 소리, 안내판 등 대통령령으로 정하는 바에 따라 촬영 사실을 표시하고 알려야 한다.
② 제1항에도 불구하고 제10조의5제1항 각 호에 따른 경우로서 불가피하게 고지가 곤란한 경우에는 제3항에 따라 영상음성기록을 전송·저장하는 때에 그 고지를 못한 사유를 기록하는 것으로 대체할 수 있다.
③ 경찰착용기록장치로 기록을 마친 영상음성기록은 지체 없이 제10조의7에 따른 영상음성기록정보 관리체계를 이용하여 영상음성기록정보 데이터베이스에 전송·저장하도록 하여야 하며, 영상음성기록을 임의로 편집·복사하거나 삭제하여서는 아니 된다.
④ 그 밖에 경찰착용기록장치의 사용기준 및 관리 등에 필요한 사항은 대통령령으로 정한다.
(2024.1.30 본조신설)

제10조의7【영상음성기록정보 관리체계의 구축·운영】 경찰청장 및 해양경찰청장은 경찰착용기록장치로 기록한 영상·음성을 저장하고 데이터베이스로 관리하는 영상음성기록정보 관리체계를 구축·운영하여야 한다.(2024.1.30 본조신설)

제11조【사용기록의 보관】 제10조제2항에 따른 살수차, 제10조의3에 따른 분사기, 최루탄 또는 제10조의4에 따른 무기를 사용하는 경우 그 책임자는 사용 일시·장소·대상, 현장책임자, 종류, 수량 등을 기록하여 보관하여야 한다.
(2014.5.20 본조개정)

제11조의2【손실보상】 ① 국가는 경찰관의 적법한 직무집행으로 인하여 다음 각 호의 어느 하나에 해당하는 손실을 입은 자에 대하여 정당한 보상을 하여야 한다.
1. 손실발생의 원인에 대하여 책임이 없는 자가 생명·신체 또는 재산상의 손실을 입은 경우(손실발생의 원인에 대하여 책임이 없는 자가 경찰관의 직무집행에 자발적으로 협조하거나 물건을 제공하여 생명·신체 또는 재산상의 손실을 입은 경우를 포함한다)(2018.12.24 본호개정)
2. 손실발생의 원인에 대하여 책임이 있는 자가 자신의 책임에 상응하는 정도를 초과하는 생명·신체 또는 재산상의 손실을 입은 경우(2018.12.24 본호개정)

② 제1항에 따른 보상을 청구할 수 있는 권리는 손실이 있음을 안 날부터 3년, 손실이 발생한 날부터 5년간 행사하지 아니하면 시효의 완성으로 소멸한다.
③ 제1항에 따른 손실보상신청 사건을 심의하기 위하여 손실보상심의위원회를 둔다.
④ 경찰청장, 해양경찰청장, 시·도경찰청장 또는 지방해양경찰청장은 제3항의 손실보상심의위원회의 심의·의결에 따

라 보상금을 지급하고, 거짓 또는 부정한 방법으로 보상금을 받은 사람에 대하여는 해당 보상금을 환수하여야 한다. 〈2024.3.19 본항개정〉

⑤ 보상금이 지급된 경우 손실보상심의위원회는 대통령령으로 정하는 바에 따라 국가경찰위원회 또는 해양경찰위원회에 심사자료와 결과를 보고하여야 한다. 이 경우 국가경찰위원회 또는 해양경찰위원회는 손실보상의 적법성 및 적정성 확인을 위하여 필요한 자료의 제출을 요구할 수 있다. 〈2024.3.19 본항개정〉

⑥ 경찰청장, 해양경찰청장, 시·도경찰청장 또는 지방해양경찰청장은 제4항에 따라 보상금을 반환하여야 할 사람이 대통령령으로 정한 기한까지 그 금액을 납부하지 아니한 때에는 국세강제징수의 예에 따라 징수할 수 있다.〈2024.3.19 본항개정〉

⑦ 제1항에 따른 손실보상의 기준, 보상금액, 지급 절차 및 방법, 제3항에 따른 손실보상심의위원회의 구성 및 운영, 제4항 및 제6항에 따른 환수절차, 그 밖에 손실보상에 관하여 필요한 사항은 대통령령으로 정한다.〈2018.12.24 본항신설〉

〈2013.4.5 본조신설〉

제11조의3 【범인검거 등 공로자 보상】 ① 경찰청장, 해양경찰청장, 시·도경찰청장, 지방해양경찰청장, 경찰서장 또는 해양경찰서장(이하 이 조에서 "경찰청장등"이라 한다)은 다음 각 호의 어느 하나에 해당하는 사람에게 보상금을 지급할 수 있다.〈2024.3.19 본문개정〉

1. 범인 또는 범인의 소재를 신고하여 검거하게 한 사람
2. 범인을 검거하여 경찰공무원에게 인도한 사람
3. 테러범죄의 예방활동에 현저한 공로가 있는 사람
4. 그 밖에 제1호부터 제3호까지의 규정에 준하는 사람으로서 대통령령으로 정하는 사람

② 경찰청장등은 제1항에 따른 보상금 지급의 심사를 위하여 대통령령으로 정하는 바에 따라 각각 보상금심사위원회를 설치·운영하여야 한다.〈2024.3.19 본항개정〉

③ 제2항에 따른 보상금심사위원회는 위원장 1명을 포함한 5명 이내의 위원으로 구성한다.

④ 제2항에 따른 보상금심사위원회의 위원은 소속 경찰공무원 중에서 경찰청장등이 임명한다.〈2024.3.19 본항개정〉

⑤ 경찰청장등은 제2항에 따른 보상금심사위원회의 심사·의결에 따라 보상금을 지급하고, 거짓 또는 부정한 방법으로 보상금을 받은 사람에 대하여는 해당 보상금을 환수한다. 〈2024.3.19 본항개정〉

⑥ 경찰청장등은 제5항에 따라 보상금을 반환하여야 할 사람이 대통령령으로 정한 기한까지 그 금액을 납부하지 아니한 때에는 국세강제징수의 예에 따라 징수할 수 있다. 〈2024.3.19 본항개정〉

⑦ 제1항에 따른 보상 대상, 보상금의 지급 기준 및 절차, 제2항 및 제3항에 따른 보상금심사위원회의 구성 및 심사사항, 제5항 및 제6항에 따른 환수절차, 그 밖에 보상금 지급에 관하여 필요한 사항은 대통령령으로 정한다.〈2018.12.24 본항신설〉

〈2018.12.24 본조제목개정〉

〈2016.1.27 본조신설〉

제11조의4 【소송 지원】 경찰청장과 해양경찰청장은 경찰관이 제2조 각 호에 따른 직무의 수행으로 인하여 민·형사상 책임과 관련된 소송을 수행할 경우 변호인 선임 등 소송수행에 필요한 지원을 할 수 있다.〈2021.10.19 본조신설〉

제11조의5 【직무 수행으로 인한 형의 감면】 다음 각 호의 범죄가 행하여지려고 하거나 행하여지고 있어 타인의 생명·신체에 대한 위해 발생의 우려가 명백하고 긴급한 상황에서, 경찰관이 그 위해를 예방하거나 진압하기 위한 행위 또는 범인의 검거 과정에서 경찰관을 향한 직접적인 유형력 행사에 대응하는 행위를 하여 그로 인하여 타인에게 피해가 발생한 경우, 그 경찰관의 직무수행이 불가피한 것이고 필요한 최소한의 범위에서 이루어졌으며 해당 경찰관에게 고의 또는 중대한 과실이 없는 때에는 그 정상을 참작하여 형을 감경하거나 면제할 수 있다.

1. 「형법」 제2편제24장 살인의 죄, 제25장 상해와 폭행의 죄, 제32장 강간과 추행의 죄 중 강간에 관한 범죄, 제38장 절도와 강도의 죄 중 강도에 관한 범죄 및 이에 대하여 다른 법률에 따라 가중처벌하는 범죄
2. 「가정폭력범죄의 처벌 등에 관한 특례법」에 따른 가정폭력범죄, 「아동학대범죄의 처벌 등에 관한 특례법」에 따른 아동학대범죄

〈2022.2.3 본조신설〉

제12조 【벌칙】 이 법에 규정된 경찰관의 의무를 위반하거나 직권을 남용하여 다른 사람에게 해를 끼친 사람은 1년 이하의 징역이나 금고 또는 300만원 이하의 벌금에 처한다. 〈2024.1.30 본조개정〉

제13조 〈2014.5.20 삭제〉

부　칙 (2018.12.24)

제1조 【시행일】 이 법은 공포 후 6개월이 경과한 날부터 시행한다.

제2조 【생명 또는 신체상의 손실보상에 관한 적용례】 제11조의2제1항제1호 및 제2호의 개정규정은 이 법 시행 후 최초로 경찰관의 적법한 직무집행으로 인하여 생명 또는 신체상의 손실을 입은 사람부터 적용한다.

부　칙 (2020.12.22 법17688호)

이 법은 2021년 1월 1일부터 시행한다. 다만, 제8조의2의 개정규정은 공포 후 3개월이 경과한 날부터 시행한다.

부　칙 (2020.12.22 법17689호)

제1조 【시행일】 이 법은 2021년 1월 1일부터 시행한다.(이하 생략)

부　칙 (2021.10.19)
(2022.2.3)

이 법은 공포한 날부터 시행한다.

부　칙 (2024.1.30)

이 법은 공포 후 6개월이 경과한 날부터 시행한다. 다만, 제12조의 개정규정은 공포한 날부터 시행한다.

부　칙 (2024.3.19)

제1조 【시행일】 이 법은 공포 후 6개월이 경과한 날부터 시행한다.

제2조 【다른 법률의 개정】 ※(해당 법령에 가제정리 하였음)

집회 및 시위에 관한 법률

(약칭 : 집시법)

(2007년 5월 11일 전부개정법률 제8424호)

개정
2007.12.21법 8733호(군사기지및군사시설보호법)
2016. 1.27법13834호 2020. 6. 9법17393호
2020.12.22법17689호(국가자치경찰)

제1조【목적】 이 법은 적법한 집회(集會) 및 시위(示威)를 최대한 보장하고 위법한 시위로부터 국민을 보호함으로써 집회 및 시위의 권리 보장과 공공의 안녕질서가 적절히 조화를 이루도록 하는 것을 목적으로 한다.

제2조【정의】 이 법에서 사용하는 용어의 뜻은 다음과 같다.
1. "옥외집회"란 천장이 없거나 사방이 폐쇄되지 아니한 장소에서 여는 집회를 말한다.
2. "시위"란 여러 사람이 공동의 목적을 가지고 도로, 광장, 공원 등 일반인이 자유로이 통행할 수 있는 장소를 행진하거나 위력(威力) 또는 기세(氣勢)를 보여, 불특정한 여러 사람의 의견에 영향을 주거나 제압(制壓)을 가하는 행위를 말한다.
3. "주최자(主催者)"란 자기 이름으로 자기 책임 아래 집회나 시위를 여는 사람이나 단체를 말한다. 주최자는 주관자(主管者)를 따로 두어 집회 또는 시위의 실행을 맡아 관리하도록 위임할 수 있다. 이 경우 주관자는 그 위임의 범위 안에서 주최자로 본다.
4. "질서유지인"이란 주최자가 자신을 보좌하여 집회 또는 시위의 질서를 유지하게 할 목적으로 임명한 자를 말한다.
5. "질서유지선"이란 관할 경찰서장이나 시·도경찰청장이 적법한 집회 및 시위를 보호하고 질서 유지나 원활한 교통 소통을 위하여 집회 또는 시위의 장소나 행진 구간을 일정하게 구획하여 설정한 띠, 방책(防柵), 차선(車線) 등의 경계 표지(標識)를 말한다.(2020.12.22 본호개정)
6. "경찰관서"란 국가경찰관서를 말한다.

제3조【집회 및 시위에 대한 방해 금지】 ① 누구든지 폭행, 협박, 그 밖의 방법으로 평화적인 집회 또는 시위를 방해하거나 질서를 문란하게 하여서는 아니 된다.
② 누구든지 폭행, 협박, 그 밖의 방법으로 집회 또는 시위의 주최자나 질서유지인의 이 법의 규정에 따른 임무 수행을 방해하여서는 아니 된다.
③ 집회 또는 시위의 주최자는 평화적인 집회 또는 시위가 방해받을 염려가 있다고 인정되면 관할 경찰관서에 그 사실을 알려 보호를 요청할 수 있다. 이 경우 관할 경찰관서의 장은 정당한 사유 없이 보호 요청을 거절하여서는 아니 된다.

제4조【특정인 참가의 배제】 집회 또는 시위의 주최자 및 질서유지인은 특정한 사람이나 단체가 집회나 시위에 참가하는 것을 막을 수 있다. 다만, 언론사의 기자는 출입이 보장되어야 하며, 이 경우 기자는 신분증을 제시하고 기자임을 표시한 완장(腕章)을 착용하여야 한다.

제5조【집회 및 시위의 금지】 ① 누구든지 다음 각 호의 어느 하나에 해당하는 집회나 시위를 주최하여서는 아니 된다.
1. 헌법재판소의 결정에 따라 해산된 정당의 목적을 달성하기 위한 집회 또는 시위
2. 집단적인 폭행, 협박, 손괴(損壞), 방화 등으로 공공의 안녕 질서에 직접적인 위협을 끼칠 것이 명백한 집회 또는 시위

② 누구든지 제1항에 따라 금지된 집회 또는 시위를 할 것을 선전하거나 선동하여서는 아니 된다.

제6조【옥외집회 및 시위의 신고 등】 ① 옥외집회나 시위를 주최하려는 자는 그에 관한 다음 각 호의 사항 모두를 적은 신고서를 옥외집회나 시위를 시작하기 720시간 전부터 48시간 전에 관할 경찰서장에게 제출하여야 한다. 다만, 옥외집회 또는 시위 장소가 두 곳 이상의 경찰서의 관할에 속하는 경우에는 관할 시·도경찰청장에게 제출하여야 하고, 두 곳 이상의 시·도경찰청 관할에 속하는 경우에는 주최지를 관할하는 시·도경찰청장에게 제출하여야 한다.
(2020.12.22 단서개정)
1. 목적
2. 일시(필요한 시간을 포함한다)
3. 장소
4. 주최자(단체인 경우에는 그 대표자를 포함한다), 연락책임자, 질서유지인에 관한 다음 각 목의 사항
 가. 주소
 나. 성명
 다. 직업
 라. 연락처
5. 참가 예정인 단체와 인원
6. 시위의 경우 그 방법(진로와 약도를 포함한다)

② 관할 경찰서장 또는 시·도경찰청장(이하 "관할경찰관서장"이라 한다)은 제1항에 따른 신고서를 접수하면 신고자에게 접수 일시를 적은 접수증을 즉시 내주어야 한다.
(2020.12.22 본항개정)
③ 주최자는 제1항에 따라 신고한 옥외집회 또는 시위를 하지 아니하게 된 경우에는 신고서에 적힌 집회 일시 24시간 전에 그 철회사유 등을 적은 철회신고서를 관할경찰관서장에게 제출하여야 한다.(2016.1.27 본항개정)
④ 제3항에 따라 철회신고서를 받은 관할경찰관서장은 제8조제3항에 따라 금지 통고를 한 집회나 시위가 있는 경우에는 그 금지 통고를 받은 주최자에게 제3항에 따른 사실을 즉시 알려야 한다.(2016.1.27 본항개정)
⑤ 제4항에 따라 통지를 받은 주최자는 그 금지 통고된 집회 또는 시위를 최초에 신고한 대로 개최할 수 있다. 다만, 금지 통고 등으로 시기를 놓친 경우에는 일시를 새로 정하여 집회 또는 시위를 시작하기 24시간 전에 관할경찰관서장에게 신고서를 제출하고 집회 또는 시위를 개최할 수 있다.

제7조【신고서의 보완 등】 ① 관할경찰관서장은 제6조제1항에 따른 신고서의 기재 사항에 미비한 점을 발견하면 접수증을 교부한 때부터 12시간 이내에 주최자에게 24시간을 기한으로 그 기재 사항을 보완할 것을 통고할 수 있다.
② 제1항에 따른 보완 통고는 보완할 사항을 분명히 밝혀 서면으로 주최자 또는 연락책임자에게 송달하여야 한다.

제8조【집회 및 시위의 금지 또는 제한 통고】 ① 제6조제1항에 따른 신고서를 접수한 관할경찰관서장은 신고된 옥외집회 또는 시위가 다음 각 호의 어느 하나에 해당하는 때에는 신고서를 접수한 때부터 48시간 이내에 집회 또는 시위를 금지할 것을 주최자에게 통고할 수 있다. 다만, 집회 또는 시위가 집단적인 폭행, 협박, 손괴, 방화 등으로 공공의 안녕 질서에 직접적인 위험을 초래한 경우에는 남은 기간의 해당 집회 또는 시위에 대하여 신고서를 접수한 때부터 48시간이 지난 경우에도 금지 통고를 할 수 있다.
1. 제5조제1항, 제10조 본문 또는 제11조에 위반된다고 인정될 때
2. 제7조제1항에 따른 신고서 기재 사항을 보완하지 아니한 때
3. 제12조에 따라 금지할 집회 또는 시위라고 인정될 때

② 관할경찰관서장은 집회 또는 시위의 시간과 장소가 중복되는 2개 이상의 신고가 있는 경우 그 목적으로 보아 서로 상반되거나 방해가 된다고 인정되면 각 옥외집회 또는 시위 간에 시간을 나누거나 장소를 분할하여 개최하도록 권유하는 등 각 옥외집회 또는 시위가 서로 방해되지 아니하고 평화적으로 개최·진행될 수 있도록 노력하여야 한다.
(2016.1.27 본항개정)
③ 관할경찰관서장은 제2항에 따른 권유가 받아들여지지 아니하면 뒤에 접수된 옥외집회 또는 시위에 대하여 제1항에 준하여 그 집회 또는 시위의 금지를 통고할 수 있다.
(2016.1.27 본항신설)
④ 제3항에 따라 뒤에 접수된 옥외집회 또는 시위가 금지통고된 경우 먼저 신고를 접수하여 옥외집회 또는 시위를 개

최할 수 있는 자는 집회 시작 1시간 전에 관할경찰관서장에게 집회 개최 사실을 통지하여야 한다.(2016.1.27 본항신설)
⑤ 다음 각 호의 어느 하나에 해당하는 경우로서 그 거주자나 관리자가 시설이나 장소의 보호를 요청하는 경우에는 집회나 시위의 금지 또는 제한을 통고할 수 있다. 이 경우 집회나 시위의 금지 통고에 대하여는 제1항을 준용한다.
1. 제6조제1항의 신고서에 적힌 장소(이하 이 항에서 "신고장소"라 한다)가 다른 사람의 주거지역이나 이와 유사한 장소로서 집회나 시위로 재산 또는 시설에 심각한 피해가 발생하거나 사생활의 평온(平穩)을 뚜렷하게 해칠 우려가 있는 경우
2. 신고장소가 「초·중등교육법」 제2조에 따른 학교의 주변 지역으로서 집회 또는 시위로 학습권을 뚜렷이 침해할 우려가 있는 경우
3. 신고장소가 「군사기지 및 군사시설 보호법」 제2조제2호에 따른 군사시설의 주변 지역으로서 집회 또는 시위로 시설이나 군 작전의 수행에 심각한 피해가 발생할 우려가 있는 경우(2007.12.21 본호개정)
⑥ 집회 또는 시위의 금지 또는 제한 통고는 그 이유를 분명하게 밝혀 서면으로 주최자 또는 연락책임자에게 송달하여야 한다.

판례 집회의 신고가 경합할 경우 특별한 사정이 없는 한 관할경찰관서장은 집회 및 시위에 관한 법률(이하 '집시법'이라 한다) 제8조 제2항의 규정에 의하여 신고 순서에 따라 뒤에 신고된 집회에 대하여 금지통고를 할 수 있지만, 먼저 신고된 집회의 참여예정인원, 집회의 목적, 집회개최장소 및 시간, 집회 신고인이 기존에 신고한 집회 건수와 실제로 집회를 개최한 비율 등 먼저 신고된 집회의 실제 개최 가능성 여부와 양 집회의 상반 또는 방해가능성 등 제반 사정을 확인하여 먼저 신고된 집회가 다른 집회의 개최를 봉쇄하기 위한 허위 또는 가장 집회신고에 해당함이 객관적으로 분명해 보이는 경우에는 뒤에 신고된 집회에 다른 집회금지 사유가 있는 경우가 아닌 한, 관할경찰관서장이 단지 먼저 신고가 있었다는 이유만으로 뒤에 신고된 집회에 대하여 집회 자체를 금지하는 통고를 하여서는 아니 되고, 설령 이러한 금지통고에 위반하여 집회를 개최하였다고 하더라도 그러한 행위를 집시법상 금지통고에 위반한 집회개최행위에 해당한다고 보아서는 아니 된다.
(대판 2014.12.11, 2011도13299)

판례 상가 임차인들을 구성원으로 하는 단체가 옥외집회신고서를 제출하였으나 관할 경찰서장이 앞서 신고된 선행집회와 시간, 장소가 경합되어 서로 방해가 된다는 이유로 나중에 접수된 집회신고에 대하여 집회금지를 통고한 사안에서, 두 집회의 목적, 선행집회의 내용과 규모 등 여러 사정을 종합해 보면 두 집회가 충돌할 가능성이 사실상 미미하며 설령 서로 충돌할 여지를 완전히 배제할 수 없다고 하더라도 관련 법령에서 허용된 경찰력을 동원하여 평화로운 집회가 이루어지도록 예방하는 수단 등을 먼저 강구해야 할 것인데, 집회신고가 뒤에 접수되었다고 하여 곧바로 이를 전면 불허하는 것은 위법하다.
(서울행정법원 2011.11.24, 2011구합34122 판결)

제9조【집회 및 시위의 금지 통고에 대한 이의 신청 등】 ① 집회 또는 시위의 주최자는 제8조에 따른 금지 통고를 받은 날부터 10일 이내에 해당 경찰관서의 바로 위의 상급경찰관서의 장에게 이의를 신청할 수 있다.
② 제1항에 따른 이의 신청을 받은 경찰관서의 장은 접수 일시를 적은 접수증을 이의 신청인에게 즉시 내주고 접수한 때부터 24시간 이내에 재결(裁決)을 하여야 한다. 이 경우 접수한 때부터 24시간 이내에 재결서를 발송하지 아니하면 관할경찰관서장의 금지 통고는 소급하여 그 효력을 잃는다.
③ 이의 신청인은 제2항에 따라 금지 통고가 위법하거나 부당한 것으로 재결되거나 그 효력을 잃게 된 경우 처음 신고한 대로 집회 또는 시위를 개최할 수 있다. 다만, 금지 통고 등으로 시기를 놓친 경우에는 일시를 새로 정하여 집회 또는 시위를 시작하기 24시간 전에 관할경찰관서장에게 신고함으로써 집회 또는 시위를 개최할 수 있다.

제10조【옥외집회와 시위의 금지 시간】 누구든지 해가 뜨기 전이나 해가 진 후에는 옥외집회 또는 시위를 하여서는 아니 된다. 다만, 집회의 성격상 부득이하여 주최자가 질서유지인을 두고 미리 신고한 경우에는 관할경찰관서장은 질서 유지를 위한 조건을 붙여 해가 뜨기 전이나 해가 진 후에도 옥외집회를 허용할 수 있다.
<2009.9.24 헌법재판소 헌법불합치결정으로 이 조 중 '옥외집회' 부분은 2010.6.30을 시한으로 입법자가 개정할 때까지 계속 적용>
<2014.3.27 헌법재판소 한정위헌결정으로 이 조 본문 중 '시위'에 관한 부분은 '해가 진 후부터 같은 날 24시까지의 시위'에 적용하는 한 헌법에 위반>

판례 집회 및 시위에 관한 법률 제10조에서 야간의 시위를 금지한 것은 야간 시위의 특징과 차별성을 고려하여 사회의 안녕질서를 유지하고 시민들의 주거 및 사생활의 평온을 보호하기 위한 것으로서 정당한 목적 달성을 위한 적합한 수단이 된다. 그런데 이 법률조항에 의하면, 낮 시간이 짧은 동절기의 평일의 경우, 직장인이나 학생은 사실상 시위를 주최하거나 참가할 수 없게 되는데, 이는 집회의 자유를 실질적으로 박탈하거나 명목상의 것으로 만드는 결과를 초래하게 된다. 또 도시화·산업화가 진행된 현대 사회에서 전통적 의미의 야간, 즉 '해가 뜨기 전이나 해가 진 후'라는 광범위하고 가변적인 시간대는 '야간'이라는 시간으로 인한 특징이나 차별성이 명백하다고 보기 어렵다. 위와 같은 특징이나 차별성은 '심야'의 특수성으로 인한 위험성이라 할 것이다. 그럼에도 불구하고 이 사건 법률조항은 '해가 뜨기 전이나 해가 진 후'라는 광범위하고 가변적인 시간대의 시위를 금지하고 있으므로, 이는 목적달성을 위해 필요한 정도를 넘는 지나친 제한으로서 침해의 최소성 원칙에 반하며, 달성되는 공익에 비해 집회의 자유를 과도하게 제한하는 것으로 법익 균형성 원칙에도 위반된다. 따라서 이 사건 법률조항은 과잉금지 원칙에 위배하여 집회의 자유를 침해한다.
(헌재결 2014.3.27, 2010헌가2, 2012헌가13)

제11조【옥외집회와 시위의 금지 장소】 누구든지 다음 각 호의 어느 하나에 해당하는 청사 또는 저택의 경계 지점으로부터 100미터 이내의 장소에서는 옥외집회 또는 시위를 하여서는 아니 된다.
1. 국회의사당. 다만, 다음 각 목의 어느 하나에 해당하는 경우로서 국회의 기능이나 안녕을 침해할 우려가 없다고 인정되는 때에는 그러하지 아니하다.
가. 국회의 활동을 방해할 우려가 없는 경우
나. 대규모 집회 또는 시위로 확산될 우려가 없는 경우
(2020.6.9 본호개정)
2. 각급 법원, 헌법재판소. 다만, 다음 각 목의 어느 하나에 해당하는 경우로서 각급 법원, 헌법재판소의 기능이나 안녕을 침해할 우려가 없다고 인정되는 때에는 그러하지 아니하다.
가. 법관이나 재판관의 직무상 독립이나 구체적 사건의 재판에 영향을 미칠 우려가 없는 경우
나. 대규모 집회 또는 시위로 확산될 우려가 없는 경우
(2020.6.9 본호신설)
3. 대통령 관저(官邸), 국회의장 공관, 대법원장 공관, 헌법재판소장 공관
<2022.12.22 헌법재판소 헌법불합치결정으로 이 호 중 '대통령 관저(官邸)'에 관한 부분은 2024.5.31을 시한으로 개정될 때까지 계속 적용>
<2023.3.23 헌법재판소 헌법불합치결정으로 이 호 중 '국회의장 공관'에 관한 부분은 2024.5.31을 시한으로 개정될 때까지 계속 적용>
4. 국무총리 공관. 다만, 다음 각 목의 어느 하나에 해당하는 경우로서 국무총리 공관의 기능이나 안녕을 침해할 우려가 없다고 인정되는 때에는 그러하지 아니하다.
가. 국무총리를 대상으로 하지 아니하는 경우
나. 대규모 집회 또는 시위로 확산될 우려가 없는 경우
(2020.6.9 본호개정)
5. 국내 주재 외국의 외교기관이나 외교사절의 숙소. 다만, 다음 각 목의 어느 하나에 해당하는 경우로서 외교기관 또는 외교사절 숙소의 기능이나 안녕을 침해할 우려가 없다고 인정되는 때에는 그러하지 아니한다.(2020.6.9 단서개정)
가. 해당 외교기관 또는 외교사절의 숙소를 대상으로 하지 아니하는 경우
나. 대규모 집회 또는 시위로 확산될 우려가 없는 경우
다. 외교기관의 업무가 없는 휴일에 개최하는 경우

판례 A단체는 이태원 광장에서 출발해 녹사평교통섬과 삼각지역을 지나 용산역 광장까지 행진한다고 경찰에 신고하였는데, 집회장소의 100m 이내에는 용산 대통령 집무실이 있었다. 경찰은 대통령의 주거 공간인 관저 100m 이내의 옥외집회를 금지하는 「집회 및 시위에 관한 법률」을 근거로 집회 금지를 통고했다. 그러나 '대통령 관저'는 대통령의 주거공간과 집무실이 결합되어 있는 일정한 장소를 뜻하는데, 주거공간의 소재지와는 온전히 분리되어 직무 공간의 기능만을 수행하는 현재의 대통령 집무실까지 대통령 관저에 포함된다고 해석할 근거는 부족하다. 대통령 집무실을 반드시 대통령의 주거 공간과 동등한 수준의 집회 금지장소로 지정할 필요가 있다고 보기 어려우므로 집회를 허용해야 한다.
(대판 2024.4.12, 2023두62335)

판례 헌법기관인 국회의 기능을 보호하는 것이 매우 중요한 공익에 해당함은 의심의 여지가 없다. 그러나 옥외집회로 인하여 국회의 헌법적 기능이 침해될 가능성이 부인되거나 또는 현저히 낮다면 집회의 자유에 대한 과도한 제한 가능성이 완화될 수 있도록 그 금지에 대한 예외를 인정하여야 한다. 그럼에도 불구하고 심판대상조항은 전제되는 위험 상황이 구체적으로 존재하지 않는 경우까지도 예외 없이 국회의사당 인근에서의 집회를 금지하고 있는바, 이는 입법목적의 달성에 필요한 범위를 넘는 과도한 제한으로 보아야 한다.
(헌재결 2018.5.31, 2013헌바322 등)

제12조【교통 소통을 위한 제한】 ① 관할경찰관서장은 대통령령으로 정하는 주요 도시의 주요 도로에서의 집회 또는 시위에 대하여 교통 소통을 위하여 필요하다고 인정하면 이를 금지하거나 교통질서 유지를 위한 조건을 붙여 제한할 수 있다.
② 집회 또는 시위의 주최자가 질서유지인을 두고 도로를 행진하는 경우에는 제1항에 따른 금지를 할 수 없다. 다만, 해당 도로와 주변 도로의 교통 소통에 장애를 발생시켜 심각한 교통 불편을 줄 우려가 있으면 제1항에 따른 금지를 할 수 있다.

제13조【질서유지선의 설정】 ① 제6조제1항에 따른 신고를 받은 관할경찰관서장은 집회 및 시위의 보호와 공공의 질서 유지를 위하여 필요하다고 인정하면 최소한의 범위를 정하여 질서유지선을 설정할 수 있다.
② 제1항에 따라 경찰관서장이 질서유지선을 설정할 때에는 주최자 또는 연락책임자에게 이를 알려야 한다.

제14조【확성기등 사용의 제한】 ① 집회 또는 시위의 주최자는 확성기, 북, 징, 꽹과리 등의 기계·기구(이하 이 조에서 "확성기등"이라 한다)를 사용하여 타인에게 심각한 피해를 주는 소음으로서 대통령령으로 정하는 기준을 위반하는 소음을 발생시켜서는 아니 된다.
② 관할경찰관서장은 집회 또는 시위의 주최자가 제1항에 따른 기준을 초과하는 소음을 발생시켜 타인에게 피해를 주는 경우에는 그 기준 이하의 소음 유지 또는 확성기등의 사용 중지를 명하거나 확성기등의 일시보관 등 필요한 조치를 할 수 있다.

제15조【적용의 배제】 학문, 예술, 체육, 종교, 의식, 친목, 오락, 관혼상제(冠婚喪祭) 및 국경행사(國慶行事)에 관한 집회에는 제6조부터 제12조까지의 규정을 적용하지 아니한다.

제16조【주최자의 준수 사항】 ① 집회 또는 시위의 주최자는 집회 또는 시위에 있어서의 질서를 유지하여야 한다.
② 집회 또는 시위의 주최자는 집회 또는 시위의 질서 유지에 관하여 자신을 보좌하도록 18세 이상의 사람을 질서유지인으로 임명할 수 있다.
③ 집회 또는 시위의 주최자는 제1항에 따른 질서를 유지할 수 없으면 그 집회 또는 시위의 종결(終結)을 선언하여야 한다.
④ 집회 또는 시위의 주최자는 다음 각 호의 어느 하나에 해당하는 행위를 하여서는 아니 된다.
1. 총포, 폭발물, 도검(刀劍), 철봉, 곤봉, 돌덩이 등 다른 사람의 생명을 위협하거나 신체에 해를 끼칠 수 있는 기구(器具)를 휴대하거나 사용하는 행위 또는 다른 사람에게 이를 휴대하게 하거나 사용하게 하는 행위
2. 폭행, 협박, 손괴, 방화 등으로 질서를 문란하게 하는 행위
3. 신고한 목적, 일시, 장소, 방법 등의 범위를 뚜렷이 벗어나는 행위

⑤ 옥내집회의 주최자는 확성기를 설치하는 등 주변에서의 옥외 참가를 유발하는 행위를 하여서는 아니 된다.

제17조【질서유지인의 준수 사항 등】 ① 질서유지인은 주최자의 지시에 따라 집회 또는 시위 질서가 유지되도록 하여야 한다.
② 질서유지인은 제16조제4항 각 호의 어느 하나에 해당하는 행위를 하여서는 아니 된다.
③ 질서유지인은 참가자 등이 질서유지인임을 쉽게 알아볼 수 있도록 완장, 모자, 어깨띠, 상의 등을 착용하여야 한다.
④ 관할경찰관서장은 집회 또는 시위의 주최자와 협의하여 질서유지인의 수(數)를 적절하게 조정할 수 있다.
⑤ 집회나 시위의 주최자는 제4항에 따라 질서유지인의 수를 조정한 경우 집회 또는 시위를 개최하기 전에 조정된 질서유지인의 명단을 관할경찰관서장에게 알려야 한다.

제18조【참가자의 준수 사항】 ① 집회나 시위에 참가하는 자는 주최자 및 질서유지인의 질서 유지를 위한 지시에 따라야 한다.
② 집회나 시위에 참가하는 자는 제16조제4항제1호 및 제2호에 해당하는 행위를 하여서는 아니 된다.

제19조【경찰관의 출입】 ① 경찰관은 집회 또는 시위의 주최자에게 알리고 그 집회 또는 시위의 장소에 정복(正服)을 입고 출입할 수 있다. 다만, 옥내집회 장소에 출입하는 것은 직무 집행을 위하여 긴급한 경우에만 할 수 있다.
② 집회나 시위의 주최자, 질서유지인 또는 장소관리자는 질서를 유지하기 위한 경찰관의 직무집행에 협조하여야 한다.

제20조【집회 또는 시위의 해산】 ① 관할경찰관서장은 다음 각 호의 어느 하나에 해당하는 집회 또는 시위에 대하여는 상당한 시간 이내에 자진(自進) 해산할 것을 요청하고 이에 따르지 아니하면 해산(解散)을 명할 수 있다.
1. 제5조제1항, 제10조 본문 또는 제11조를 위반한 집회 또는 시위
2. 제6조제1항에 따른 신고를 하지 아니하거나 제8조 또는 제12조에 따라 금지된 집회 또는 시위
3. 제8조제5항에 따른 제한, 제10조 단서 또는 제12조에 따른 조건을 위반하여 교통 소통 등 질서 유지에 직접적인 위험을 명백하게 초래한 집회 또는 시위(2016.1.27 본호개정)
4. 제16조제3항에 따른 종결 선언을 한 집회 또는 시위
5. 제16조제4항 각 호의 어느 하나에 해당하는 행위로 질서를 유지할 수 없는 집회 또는 시위

② 집회 또는 시위가 제1항에 따른 해산 명령을 받았을 때에는 모든 참가자는 지체 없이 해산하여야 한다.
③ 제1항에 따른 자진 해산의 요청과 해산 명령의 고지(告知) 등에 필요한 사항은 대통령령으로 정한다.

제21조【집회·시위자문위원회】 ① 집회 및 시위의 자유와 공공의 안녕 질서가 조화를 이루도록 하기 위하여 각급 경찰관서에 다음 각 호의 사항에 관하여 각급 경찰관서장의 자문 등에 응하는 집회·시위자문위원회(이하 이 조에서 "위원회"라 한다)를 둘 수 있다.
1. 제8조에 따른 집회 또는 시위의 금지 또는 제한 통고
2. 제9조제2항에 따른 이의 신청에 관한 재결
3. 집회 또는 시위에 대한 사례 검토
4. 집회 또는 시위 업무의 처리와 관련하여 필요한 사항

② 위원회에는 위원장 1명을 두되, 위원장을 포함한 5명 이상 7명 이하의 위원으로 구성된다.
③ 위원장과 위원은 각급 경찰관서장이 전문성과 공정성 등을 고려하여 다음 각 호의 사람 중에서 위촉한다.
1. 변호사
2. 교수
3. 시민단체에서 추천하는 사람
4. 관할 지역의 주민대표

④ 위원회의 구성·운영 등에 필요한 사항은 대통령령으로 정한다.

제22조【벌칙】 ① 제3조제1항 또는 제2항을 위반한 자는 3년 이하의 징역 또는 300만원 이하의 벌금에 처한다. 다만, 군인·검사 또는 경찰관이 제3조제1항 또는 제2항을 위반한 경우에는 5년 이하의 징역에 처한다.

② 제5조제1항 또는 제6조제1항을 위반하거나 제8조에 따라 금지를 통고한 집회 또는 시위를 주최한 자는 2년 이하의 징역 또는 200만원 이하의 벌금에 처한다.
③ 제5조제2항 또는 제16조제4항을 위반한 자는 1년 이하의 징역 또는 100만원 이하의 벌금에 처한다.
④ 그 사실을 알면서 제5조제1항을 위반한 집회 또는 시위에 참가한 자는 6개월 이하의 징역 또는 50만원 이하의 벌금·구류 또는 과료에 처한다.

제23조【벌칙】 제10조 본문 또는 제11조를 위반한 자, 제12조에 따른 금지를 위반한 자는 다음 각 호의 구분에 따라 처벌한다.

1. 주최자는 1년 이하의 징역 또는 100만원 이하의 벌금
<2009.9.24 헌법재판소 헌법불합치결정으로 이 호 중 '제10조 본문의 옥외집회' 부분은 2010.6.30을 시한으로 입법자가 개정할 때까지 계속 적용>
<2022.12.22 헌법재판소 헌법불합치결정으로 이 호 중 제11조제3호 가운데 '대통령 관저(官邸)'에 관한 부분은 2024.5.31을 시한으로 개정될 때까지 계속 적용>
2. 질서유지인은 6개월 이하의 징역 또는 50만원 이하의 벌금·구류 또는 과료
3. 그 사실을 알면서 참가한 자는 50만원 이하의 벌금·구류 또는 과료
<2014.3.27 헌법재판소 한정위헌결정으로 이 호 중 '제10조 본문' 가운데 '시위'에 관한 부분은 '해가 진 후부터 같은 날 24시까지의 시위'에 적용하는 한 헌법에 위반>
<2023.3.23 헌법재판소 헌법불합치결정으로 이 호 중 제11조제3호 가운데 '국회의장 공관'에 관한 부분은 2024.5.31을 시한으로 개정될 때까지 계속 적용>

제24조【벌칙】 다음 각 호의 어느 하나에 해당하는 자는 6개월 이하의 징역 또는 50만원 이하의 벌금·구류 또는 과료에 처한다.

1. 제4조에 따라 주최자 또는 질서유지인이 참가를 배제했는데도 그 집회 또는 시위에 참가한 자
2. 제6조제1항에 따른 신고를 거짓으로 하고 집회 또는 시위를 개최한 자
3. 제13조에 따라 설정한 질서유지선을 경찰관의 경고에도 불구하고 정당한 사유 없이 상당 시간 침범하거나 손괴·은닉·이동 또는 제거하거나 그 밖의 방법으로 그 효용을 해친 자
4. 제14조제2항에 따른 명령을 위반하거나 필요한 조치를 거부·방해한 자
5. 제16조제5항, 제17조제2항, 제18조제2항 또는 제20조제2항을 위반한 자

제25조【단체의 대표자에 대한 벌칙 적용】 단체가 집회 또는 시위를 주최하는 경우에는 이 법의 벌칙 적용에서 그 대표자를 주최자로 본다.

제26조【과태료】 ① 제8조제4항에 해당하는 먼저 신고된 옥외집회 또는 시위의 주최자가 정당한 사유 없이 제6조제3항을 위반한 경우에는 100만원 이하의 과태료를 부과한다.
② 제1항에 따른 과태료는 대통령령으로 정하는 바에 따라 시·도경찰청장 또는 경찰서장이 부과·징수한다.
(2020.12.22 본항개정)
(2016.1.27 본조신설)

부　칙

①【시행일】 이 법은 공포한 날부터 시행한다.
②【처분 등에 관한 일반적 경과조치】 이 법 시행 당시 종전의 규정에 따른 행정기관의 행위나 행정기관에 대한 행위는 그에 해당하는 이 법에 따른 행정기관의 행위나 행정기관에 대한 행위로 본다.
③【벌칙에 관한 경과조치】 이 법 시행 전의 행위에 대하여 벌칙 규정을 적용할 때에는 종전의 규정에 따른다.
④【다른 법령과의 관계】 이 법 시행 당시 다른 법령에서 종전의 「집회 및 시위에 관한 법률」 또는 그 규정을 인용한 경우에 이 법 가운데 그에 해당하는 규정이 있으면 종전의 규정을 갈음하여 이 법 또는 이 법의 해당 규정을 인용한 것으로 본다.

부　칙 (2016.1.27)

제1조【시행일】 이 법은 공포 후 1개월이 경과한 날부터 시행한다. 다만, 제26조의 개정규정은 공포 후 1년이 경과한 날부터 시행한다.

제2조【적용례】 제8조제4항 및 제26조의 개정규정은 각각 이 법 시행 후 최초로 접수되는 옥외집회 또는 시위의 신고분부터 적용한다.

부　칙 (2020.6.9)

이 법은 공포한 날부터 시행한다.

부　칙 (2020.12.22)

제1조【시행일】 이 법은 2021년 1월 1일부터 시행한다.(이하 생략)

경찰공무원법

(2020년 12월 22일 전부개정법률 제17687호)

개정
2023. 8.16법19626호
2024. 2.13법20267호
2025. 1. 7법20646호

제1조【목적】 이 법은 경찰공무원의 책임 및 직무의 중요성과 신분 및 근무조건의 특수성에 비추어 그 임용, 교육훈련, 복무(服務), 신분보장 등에 관하여 「국가공무원법」에 대한 특례를 규정함을 목적으로 한다.

제2조【정의】 이 법에서 사용하는 용어의 정의는 다음과 같다.
1. "임용"이란 신규채용 · 승진 · 전보 · 파견 · 휴직 · 직위해제 · 정직 · 강등 · 복직 · 면직 · 해임 및 파면을 말한다.
2. "전보"란 경찰공무원의 동일 직위 및 자격 내에서의 근무기관이나 부서를 달리하는 임용을 말한다.
3. "복직"이란 휴직 · 직위해제 또는 정직(강등에 따른 정직을 포함한다) 중에 있는 경찰공무원을 직위에 복귀시키는 것을 말한다.

제3조【계급 구분】 경찰공무원의 계급은 다음과 같이 구분한다.
치안총감(治安總監)
치안정감(治安正監)
치안감(治安監)
경무관(警務官)
총경(總警)
경정(警正)
경감(警監)
경위(警衛)
경사(警査)
경장(警長)
순경(巡警)

제4조【경과 구분】 ① 경찰공무원은 그 직무의 종류에 따라 경과(警科)에 의하여 구분할 수 있다.
② 경과의 구분에 필요한 사항은 대통령령으로 정한다.

제5조【경찰공무원인사위원회의 설치】 ① 경찰공무원의 인사(人事)에 관한 중요 사항에 대하여 경찰청장 또는 해양경찰청장의 자문에 응하게 하기 위하여 경찰청과 해양경찰청에 경찰공무원인사위원회(이하 "인사위원회"라 한다)를 둔다.
② 인사위원회의 구성 및 운영에 필요한 사항은 대통령령으로 정한다.

제6조【인사위원회의 기능】 인사위원회는 다음 각 호의 사항을 심의한다.
1. 경찰공무원의 인사행정에 관한 방침과 기준 및 기본계획
2. 경찰공무원의 인사에 관한 법령의 제정 · 개정 또는 폐지에 관한 사항
3. 그 밖에 경찰청장 또는 해양경찰청장이 인사위원회의 회의에 부치는 사항

제7조【임용권자】 ① 총경 이상 경찰공무원은 경찰청장 또는 해양경찰청장의 추천을 받아 행정안전부장관 또는 해양수산부장관의 제청으로 국무총리를 거쳐 대통령이 임용한다. 다만, 총경의 전보, 휴직, 직위해제, 강등, 정직 및 복직은 경찰청장 또는 해양경찰청장이 한다.
② 경정 이하의 경찰공무원은 경찰청장 또는 해양경찰청장이 임용한다. 다만, 경정으로의 신규채용, 승진임용 및 면직은 경찰청장 또는 해양경찰청장의 제청으로 국무총리를 거쳐 대통령이 한다.
③ 경찰청장은 대통령령으로 정하는 바에 따라 경찰공무원의 임용에 관한 권한의 일부를 특별시장 · 광역시장 · 도지사 · 특별자치시장 또는 특별자치도지사(이하 "시 · 도지사"라 한다), 국가수사본부장, 소속 기관의 장, 시 · 도경찰청장에게 위임할 수 있다. 이 경우 시 · 도지사는 위임받은 권한의 일부를 대통령령으로 정하는 바에 따라 「국가경찰과 자치경찰의 조직 및 운영에 관한 법률」 제18조에 따른 시 · 도자치경찰위원회(이하 "시 · 도자치경찰위원회"라 한다), 시 · 도경찰청장에게 다시 위임할 수 있다.
④ 해양경찰청장은 대통령령으로 정하는 바에 따라 경찰공무원의 임용에 관한 권한의 일부를 소속 기관의 장, 지방해양경찰관서의 장에게 위임할 수 있다.
⑤ 경찰청장, 해양경찰청장 또는 제3항 및 제4항에 따라 임용권을 위임받은 자는 행정안전부령 또는 해양수산부령으로 정하는 바에 따라 소속 경찰공무원의 인사기록을 작성 · 보관하여야 한다.

제8조【임용자격 및 결격사유】 ① 경찰공무원은 신체 및 사상이 건전하고 품행이 방정(方正)한 사람 중에서 임용한다.
② 다음 각 호의 어느 하나에 해당하는 사람은 경찰공무원으로 임용될 수 없다.
1. 대한민국 국적을 가지지 아니한 사람
2. 「국적법」 제11조의2제1항에 따른 복수국적자
3. 피성년후견인 또는 피한정후견인
4. 파산선고를 받고 복권되지 아니한 사람
5. 자격정지 이상의 형(刑)을 선고받은 사람
6. 자격정지 이상의 형의 선고유예를 선고받고 그 유예기간 중에 있는 사람
7. 공무원으로 재직기간 중 직무와 관련하여 「형법」 제355조 및 제356조에 규정된 죄를 범한 자로서 300만원 이상의 벌금형을 선고받고 그 형이 확정된 후 2년이 지나지 아니한 사람
8. 다음 각 목의 어느 하나에 해당하는 죄를 범한 사람으로서 100만원 이상의 벌금형을 선고받고 그 형이 확정된 후 3년이 지나지 아니한 사람(2025.1.7 본문개정)
  가. 「성폭력범죄의 처벌 등에 관한 특례법」 제2조에 따른 성폭력범죄
  나. 「정보통신망 이용촉진 및 정보보호 등에 관한 법률」 제74조제1항제2호 및 제3호에 따른 죄
  다. 「스토킹범죄의 처벌 등에 관한 법률」 제2조제2호에 따른 스토킹범죄
  (2025.1.7 가목～다목신설)
9. 미성년자에 대한 다음 각 목의 어느 하나에 해당하는 죄를 저질러 형 또는 치료감호가 확정된 사람(집행유예를 선고받은 후 그 집행유예기간이 경과한 사람을 포함한다)
  가. 「성폭력범죄의 처벌 등에 관한 특례법」 제2조에 따른 성폭력범죄
  나. 「아동 · 청소년의 성보호에 관한 법률」 제2조제2호에 따른 아동 · 청소년대상 성범죄
10. 징계에 의하여 파면 또는 해임처분을 받은 사람

제9조【벌금형의 분리선고】 「형법」 제38조에도 불구하고 제8조제2항제7호 또는 같은 항 제8호 각 목에 규정된 죄와 다른 죄의 경합범에 대하여 벌금형을 선고하는 경우에는 이를 분리선고하여야 한다.(2025.1.7 본조개정)

제10조【신규채용】 ① 경정 및 순경의 신규채용은 공개경쟁시험으로 한다.
② 경위의 신규채용은 다음 각 호의 어느 하나에 해당하는 사람 중에서 한다.(2024.2.13 본문개정)
1. 경찰대학을 졸업한 사람(2024.2.13 본호신설)
2. 대통령령으로 정하는 자격을 갖추고 공개경쟁시험으로 선발된 사람(이하 "경위공개경쟁채용시험합격자"라 한다)으로서 교육훈련을 마치고 정하여진 시험에 합격한 사람(2024.2.13 본호신설)
③ 다음 각 호의 어느 하나에 해당하는 경우에는 경력 등 응시요건을 정하여 같은 사유에 해당하는 다수인을 대상으로 경쟁의 방법으로 채용하는 시험(이하 "경력경쟁채용시험"이라 한다)으로 경찰공무원을 신규채용할 수 있다. 다만, 다수인을 대상으로 시험을 실시하는 것이 적당하지 아니하여 대통령령으로 정하는 경우에는 다수인을 대상으로 하지 아니한 시험으로 경찰공무원을 채용할 수 있다.

1. 「국가공무원법」 제70조제1항제3호의 사유로 퇴직하거나 같은 법 제71조제1항제1호의 휴직 기간 만료로 퇴직한 경찰공무원을 퇴직한 날부터 3년(「공무원 재해보상법」에 따른 공무상 질병 또는 부상으로 인한 휴직의 경우에는 5년) 이내에 퇴직 시에 재직한 계급의 경찰공무원으로 재임용하는 경우
2. 공개경쟁시험으로 임용하는 것이 부적당한 경우에 임용예정 직무에 관련된 자격증 소지자를 임용하는 경우
3. 임용예정직에 상응하는 근무경력 또는 연구경력이 있거나 전문지식을 가진 사람을 임용하는 경우(2024.2.13 본호개정)
4. 「국가공무원법」에 따른 5급 공무원의 공개경쟁채용시험이나 「사법시험법」(2009년 5월 28일 법률 제9747호로 폐지되기 전의 것을 말한다)에 따른 사법시험에 합격한 사람을 경정 이하의 경찰공무원으로 임용하는 경우
5. 섬, 외딴곳 등 특수지역에서 근무할 사람을 임용하는 경우
6. 외국어에 능통한 사람을 임용하는 경우
7. 제주특별자치도의 자치경찰공무원(이하 "자치경찰공무원"이라 한다)을 그 계급에 상응하는 경찰공무원으로 임용하는 경우
8. 「국가경찰과 자치경찰의 조직 및 운영에 관한 법률」 제16조에 따라 경찰청 외부를 대상으로 모집하여 국가수사본부장을 임용하는 경우

④ 경위공개경쟁채용시험합격자에 대한 제2항제2호의 교육훈련, 제3항에 따른 경력경쟁채용시험 및 제3항 각 호 외의 부분 단서에 따른 채용시험(이하 "경력경쟁채용시험등"이라 한다)을 통하여 채용할 수 있는 경찰공무원의 계급, 임용예정직에 관련된 자격증의 구분, 근무경력 또는 연구경력, 전보 제한 등에 관한 사항은 대통령령으로 정한다.(2024.2.13 본항개정)

제11조 【부정행위자에 대한 제재】 ① 경찰청장 또는 해양경찰청장은 경찰공무원의 신규채용시험(경위공개경쟁채용시험을 포함한다. 이하 같다), 승진시험 또는 그 밖의 시험에서 다른 사람에게 대신하여 응시하게 하는 행위 등 대통령령으로 정하는 부정행위를 한 사람에 대하여 대통령령으로 정하는 바에 따라 해당 시험의 정지 · 무효 또는 합격 취소 처분을 할 수 있다.(2024.2.13 본항개정)

② 제1항에 따른 처분을 받은 사람에 대해서는 처분이 있은 날부터 5년의 범위에서 대통령령으로 정하는 기간 동안 신규채용시험, 승진시험 또는 그 밖의 시험의 응시자격을 정지한다.(2024.2.13 본항신설)

③ 경찰청장 또는 해양경찰청장은 제1항에 따른 처분(시험의 정지는 제외한다)을 할 때에는 미리 그 처분 내용과 사유를 당사자에게 통지하여 소명할 기회를 주어야 한다.
(2024.2.13 본항신설)

제11조의2 【채용비위 관련자의 합격 등 취소】 ① 경찰청장 또는 해양경찰청장은 누구든지 경찰공무원의 채용과 관련하여 대통령령으로 정하는 비위를 저질러 유죄판결이 확정된 경우에는 그 비위 행위로 인하여 채용시험에 합격하거나 임용된 사람에 대하여 대통령령으로 정하는 바에 따라 합격 또는 임용을 취소할 수 있다.

② 경찰청장 또는 해양경찰청장은 제1항에 따른 취소 처분을 하기 전에 미리 그 내용과 사유를 당사자에게 통지하고 소명할 기회를 주어야 한다.

③ 제1항에 따른 취소 처분은 합격 또는 임용 당시로 소급하여 효력이 발생한다.
(2024.2.13 본조신설)

제12조 【채용후보자 명부 등】 ① 경찰청장 또는 해양경찰청장(제7조제3항 및 제4항에 따라 임용권을 위임받은 자를 포함한다)은 신규채용시험에 합격한 사람(경찰대학을 졸업한 사람과 경위공개경쟁채용시험합격자를 포함한다. 이하 이 조에서 같다)을 대통령령으로 정하는 바에 따라 성적 순위에 따라 채용후보자 명부에 등재(登載)하여야 한다.
(2024.2.13 본항개정)

② 경찰공무원의 신규채용은 제1항에 따른 채용후보자 명부의 등재 순위에 따른다. 다만, 채용후보자가 경찰교육기관에서 신임교육을 받은 경우에는 그 교육성적 순위에 따른다.

③ 제1항에 따른 채용후보자 명부의 유효기간은 2년의 범위에서 대통령령으로 정한다. 다만, 경찰청장 또는 해양경찰청장은 필요에 따라 1년의 범위에서 그 기간을 연장할 수 있다.

④ 다음 각 호의 어느 하나에 해당하는 기간은 제3항에 따른 기간에 넣어 계산하지 아니한다.(2024.2.13 본문개정)
1. 신규채용시험에 합격한 사람이 채용후보자 명부에 등재된 이후 그 유효기간 내에 「병역법」에 따른 병역 복무를 위하여 군에 입대한 경우(대학생 군사훈련 과정 이수자를 포함한다)의 의무복무 기간(2024.2.13 본호신설)
2. 그 밖에 대통령령으로 정하는 사유로 임용되지 못한 기간(2024.2.13 본호신설)

⑤ 경찰청장 또는 해양경찰청장은 채용후보자 명부의 유효기간을 연장하기로 결정한 경우에는 그 사실을 공고하여야 한다.

⑥ 제1항에 따른 채용후보자 명부의 작성 및 운영에 필요한 사항은 대통령령으로 정한다.

⑦ 임용권자는 경찰공무원의 결원을 보충할 때 채용후보자 명부 또는 승진후보자 명부에 등재된 후보자 수가 결원 수보다 적고, 인사행정 운영상 특히 필요하다고 인정할 때에는 그 결원된 계급에 관하여 다른 임용권자가 작성한 자치경찰공무원의 신규임용후보자 명부 또는 승진후보자 명부를 해당 기관의 채용후보자 명부 또는 승진후보자 명부로 보아 해당 자치경찰공무원을 임용할 수 있다. 이 경우 임용권자는 그 자치경찰공무원의 임용권자와 협의하여야 한다.

제13조 【시보임용】 ① 경정 이하의 경찰공무원을 신규 채용할 때에는 1년간 시보(試補)로 임용하고, 그 기간이 만료된 다음 날에 정규 경찰공무원으로 임용한다.

② 휴직기간, 직위해제기간 및 징계에 의한 정직처분 또는 감봉처분을 받은 기간은 제1항에 따른 시보임용기간에 산입하지 아니한다.

③ 시보임용기간 중에 있는 경찰공무원이 근무성적 또는 교육훈련성적이 불량할 때에는 「국가공무원법」 제68조 및 이 법 제28조에도 불구하고 면직시키거나 면직을 제청할 수 있다.

④ 다음 각 호의 어느 하나에 해당하는 경우에는 시보임용을 거치지 아니한다.
1. 경찰대학을 졸업한 사람 또는 경위공개경쟁채용시험합격자로서 정하여진 교육훈련을 마친 사람을 경위로 임용하는 경우(2024.2.13 본호개정)
2. 경찰공무원으로서 대통령령으로 정하는 상위계급으로의 승진에 필요한 자격 요건을 갖추고 임용예정 계급에 상응하는 공개경쟁 채용시험에 합격한 사람을 해당 계급의 경찰공무원으로 임용하는 경우
3. 퇴직한 경찰공무원으로서 퇴직 시에 재직하였던 계급의 채용시험에 합격한 사람을 재임용하는 경우
4. 자치경찰공무원을 그 계급에 상응하는 경찰공무원으로 임용하는 경우

제14조 【경찰공무원과 자치경찰공무원 간의 인사 교류】 ① 경찰청장은 경찰공무원의 능력을 발전시키고 국가경찰과 제주특별자치도의 자치경찰 사무의 연계성을 높이기 위하여 국가경찰과 자치경찰 간에 긴밀한 인사 교류가 될 수 있도록 노력하여야 한다.

② 제10조제3항제7호에 따라 자치경찰공무원을 경찰공무원으로 채용할 때에는 경력경쟁채용시험등을 거치지 아니할 수 있다.

제15조 【승진】 ① 경찰공무원은 바로 아래 하위계급에 있는 경찰공무원 중에서 근무성적평정, 경력평정, 그 밖의 능력을 실증(實證)하여 승진임용한다. 다만, 해양경찰청장을 보하는 경우 치안감을 치안총감으로 승진임용할 수 있다.

② 경무관 이하 계급으로의 승진은 승진심사에 의하여 한다. 다만, 경정 이하 계급으로의 승진은 대통령령으로 정하는 비율에 따라 승진시험과 승진심사를 병행할 수 있다.

③ 총경 이하의 경찰공무원에 대해서는 대통령령으로 정하는 바에 따라 계급별로 승진대상자 명부를 작성하여야 한다.
④ 경찰공무원의 승진에 필요한 계급별 최저근무연수, 승진제한에 관한 사항, 그 밖에 승진에 관하여 필요한 사항은 대통령령으로 정한다.
제15조의2【전사·순직한 승진후보자의 승진】 제18조제1항에 따른 승진후보자 명부에 등재된 사람이 승진임용 전에 전사하거나 순직한 경우에는 그 사망일 전날을 승진일로 하여 승진 예정 계급으로 승진한 것으로 본다.(2023.8.16 본조신설)
제16조【근속승진】 ① 경찰청장 또는 해양경찰청장은 제15조제2항에도 불구하고 해당 계급에서 다음 각 호의 기간 동안 재직한 사람을 경장, 경사, 경위, 경감으로 각각 근속승진임용할 수 있다. 다만, 인사교류 경력이 있거나 주요 업무의 추진 실적이 우수한 공무원 등 경찰행정 발전에 기여한 공이 크다고 인정되는 경우에는 대통령령으로 정하는 바에 따라 그 기간을 단축할 수 있다.
1. 순경을 경장으로 근속승진임용하려는 경우 : 해당 계급에서 4년 이상 근속자
2. 경장을 경사로 근속승진임용하려는 경우 : 해당 계급에서 5년 이상 근속자
3. 경사를 경위로 근속승진임용하려는 경우 : 해당 계급에서 6년 6개월 이상 근속자
4. 경위를 경감으로 근속승진임용하려는 경우 : 해당 계급에서 8년 이상 근속자
② 제1항에 따라 근속승진한 경찰공무원이 근무하는 기간에는 그에 해당하는 직급의 정원이 따로 있는 것으로 보고, 종전 직급의 정원은 감축된 것으로 본다.
③ 제1항에 따른 근속승진임용의 기준 및 절차 등에 관하여 필요한 사항은 대통령령으로 정한다.
제17조【승진심사위원회】 ① 제15조제2항에 따른 승진심사를 위하여 경찰청과 해양경찰청에 중앙승진심사위원회를 두고, 경찰청·해양경찰청·시·도경찰청과 대통령령으로 정하는 경찰기관·지방해양경찰관서에 보통승진심사위원회를 둔다.
② 제1항에 따라 설치된 승진심사위원회는 제15조제3항에 따라 작성된 승진대상자 명부의 선순위자(같은 조 제2항 단서에 따른 승진시험에 합격된 승진후보자는 제외한다) 순으로 승진시키려는 결원의 5배수의 범위에 있는 사람 중에서 승진후보자를 심사·선발한다.
③ 승진심사위원회의 구성·관할 및 운영에 필요한 사항은 대통령령으로 정한다.
제18조【승진후보자 명부 등】 ① 경찰청장 또는 해양경찰청장(제7조제3항 및 제4항에 따라 임용권을 위임받은 자를 포함한다)은 제15조제2항에 따른 승진시험에 합격한 사람과 제17조제2항에 따라 승진후보자로 선발된 사람을 대통령령으로 정하는 바에 따라 승진후보자 명부에 등재하여야 한다.
② 경무관 이하 계급으로의 승진은 제1항에 따른 승진후보자 명부의 등재 순위에 따른다.
③ 승진후보자 명부의 유효기간과 작성 및 운영에 관하여는 제12조를 준용한다.
제19조【특별유공자 등의 특별승진】 ① 경찰공무원으로서 다음 각 호의 어느 하나에 해당되는 사람에 대하여는 제15조에도 불구하고 1계급 특별승진시킬 수 있다. 다만, 경위 이하의 경찰공무원으로서 모든 경찰공무원의 귀감이 되는 공을 세우고 전사하거나 순직한 사람에 대하여는 2계급 특별승진 시킬 수 있다.
1. 「국가공무원법」 제40조의4제1항제1호부터 제4호까지의 규정 중 어느 하나에 해당되는 사람
2. 전사하거나 순직한 사람
3. 직무 수행 중 현저한 공적을 세운 사람
② 특별승진의 요건과 그 밖에 필요한 사항은 대통령령으로 정한다.
제20조【시험실시기관과 응시자격 등】 ① 경찰공무원의 신규채용시험 및 승진시험은 경찰청장 또는 해양경찰청장이 실시한다. 다만, 경찰청장 또는 해양경찰청장이 필요하다고 인정할 때에는 대통령령으로 정하는 바에 따라 그 권한의 일부를 소속 기관의 장, 시·도경찰청장, 지방해양경찰관서의 장에게 위임할 수 있다.(2024.2.13 본문개정)
② 제1항에 따른 각종 시험의 응시자격, 시험방법, 그 밖에 시험의 실시에 필요한 사항은 대통령령으로 정한다.
제21조【보훈】 경찰공무원으로서 전투나 그 밖의 직무 수행 또는 교육훈련 중 사망한 사람(공무상 질병으로 사망한 사람을 포함한다) 및 부상(공무상의 질병을 포함한다)을 입고 퇴직한 사람과 그 유족 또는 가족은 「국가유공자 등 예우 및 지원에 관한 법률」 또는 「보훈보상대상자 지원에 관한 법률」에 따라 예우 또는 지원을 받는다.
제22조【교육훈련】 ① 경찰청장 또는 해양경찰청장은 모든 경찰공무원에게 균등한 교육훈련의 기회가 주어지도록 교육훈련에 관한 종합적인 기획 및 조정을 하여야 한다.
② 경찰청장 또는 해양경찰청장은 경찰공무원의 교육훈련을 위한 교육훈련기관을 설치·운영할 수 있다.
③ 경찰청장 또는 해양경찰청장은 교육훈련을 위하여 필요하면 대통령령으로 정하는 바에 따라 경찰공무원을 국내외의 교육기관에 위탁하여 일정 기간 교육훈련을 받게 할 수 있다.
④ 제2항에 따른 경찰공무원 교육훈련기관의 설치 및 운영에 필요한 사항과 제3항에 따라 교육훈련을 받은 경찰공무원의 복무에 관한 사항은 대통령령으로 정한다.
제23조【정치 관여 금지】 ① 경찰공무원은 정당이나 정치단체에 가입하거나 정치활동에 관여하는 행위를 하여서는 아니 된다.
② 제1항에서 정치활동에 관여하는 행위란 다음 각 호의 어느 하나에 해당하는 행위를 말한다.
1. 정당이나 정치단체의 결성 또는 가입을 지원하거나 방해하는 행위
2. 그 직위를 이용하여 특정 정당이나 특정 정치인에 대하여 지지 또는 반대 의견을 유포하거나, 그러한 여론을 조성할 목적으로 특정 정당이나 특정 정치인에 대하여 찬양하거나 비방하는 내용의 의견 또는 사실을 유포하는 행위
3. 특정 정당이나 특정 정치인을 위하여 기부금 모집을 지원하거나 방해하는 행위 또는 국가·지방자치단체 및 「공공기관의 운영에 관한 법률」에 따른 공공기관의 자금을 이용하거나 이용하게 하는 행위
4. 특정 정당이나 특정인의 선거운동을 하거나 선거 관련 대책회의에 관여하는 행위
5. 「정보통신망 이용촉진 및 정보보호 등에 관한 법률」에 따른 정보통신망을 이용한 제1호부터 제4호까지의 규정에 해당하는 행위
6. 소속 직원이나 다른 공무원에 대하여 제1호부터 제5호까지의 행위를 하도록 요구하거나 그 행위와 관련한 보상 또는 보복으로서 이익 또는 불이익을 주거나 이를 약속 또는 고지(告知)하는 행위
제24조【거짓 보고 등의 금지】 ① 경찰공무원은 직무에 관하여 거짓으로 보고나 통보를 하여서는 아니 된다.
② 경찰공무원은 직무를 게을리하거나 유기(遺棄)해서는 아니 된다.
제25조【지휘권 남용 등의 금지】 전시·사변, 그 밖에 이에 준하는 비상사태이거나 작전수행 중인 경우 또는 많은 인명 손상이나 국가재산 손실의 우려가 있는 위급한 사태가 발생한 경우, 경찰공무원을 지휘·감독하는 사람은 정당한 사유 없이 그 직무 수행을 거부 또는 유기하거나 경찰공무원을 지정된 근무지에서 진출·퇴각 또는 이탈하게 하여서는 아니 된다.
제26조【복제 및 무기 휴대】 ① 경찰공무원은 제복을 착용하여야 한다.
② 경찰공무원은 직무 수행을 위하여 필요하면 무기를 휴대할 수 있다.

③ 경찰공무원의 복제(服制)에 관한 사항은 행정안전부령 또는 해양수산부령으로 정한다.

제27조【당연퇴직】 경찰공무원이 제8조제2항 각 호의 어느 하나에 해당하게 된 경우에는 당연히 퇴직한다. 다만, 제8조제2항제4호는 파산선고를 받은 사람으로서 「채무자 회생 및 파산에 관한 법률」에 따라 신청기한 내에 면책신청을 하지 아니하였거나 면책불허가 결정 또는 면책 취소가 확정된 경우만 해당하고, 제8조제2항제6호는 「형법」 제129조부터 제132조까지, 「성폭력범죄의 처벌 등에 관한 특례법」 제2조, 「정보통신망 이용촉진 및 정보보호 등에 관한 법률」 제74조제1항제2호·제3호, 「스토킹범죄의 처벌 등에 관한 법률」 제2조제2호, 「아동·청소년의 성보호에 관한 법률」 제2조제2호 및 직무와 관련하여 「형법」 제355조 또는 제356조에 규정된 죄를 범한 사람으로서 자격정지 이상의 형의 선고유예를 받은 경우만 해당한다.(2025.1.7 단서개정)

제28조【직권면직】 ① 임용권자는 경찰공무원이 다음 각 호의 어느 하나에 해당될 때에는 직권으로 면직시킬 수 있다.
1. 「국가공무원법」 제70조제1항제3호부터 제5호까지의 규정 중 어느 하나에 해당될 때
2. 경찰공무원으로는 부적합할 정도로 직무 수행능력이나 성실성이 현저하게 결여된 사람으로서 대통령령으로 정하는 사유에 해당된다고 인정될 때
3. 직무를 수행하는 데에 위험을 일으킬 우려가 있을 정도의 성격적 또는 도덕적 결함이 있는 사람으로서 대통령령으로 정하는 사유에 해당된다고 인정될 때
4. 해당 경과에서 직무를 수행하는 데 필요한 자격증의 효력이 상실되거나 면허가 취소되어 담당 직무를 수행할 수 없게 되었을 때

② 제1항제2호·제3호 또는 「국가공무원법」 제70조제1항제5호의 사유로 면직시키는 경우에는 제32조에 따른 징계위원회의 동의를 받아야 한다.
③ 「국가공무원법」 제70조제1항제4호의 사유로 인한 직권면직일은 휴직기간의 만료일이나 휴직 사유의 소멸일로 한다.

제29조【공상경찰공무원 등의 휴직기간】 ① 경찰공무원이 「공무원 재해보상법」 제5조제1호 각 목에 해당하는 직무를 수행하다가 「국가공무원법」 제72조제1호 각 목의 어느 하나에 해당하는 공무상 질병 또는 부상을 입어 휴직하는 경우 그 휴직기간은 같은 조 제1호 단서에도 불구하고 5년 이내로 하되, 의학적 소견 등을 고려하여 대통령령으로 정하는 바에 따라 3년의 범위에서 연장할 수 있다.(2024.2.13 본항신설)
② 「국가공무원법」 제71조제1항제4호의 사유로 인한 경찰공무원의 휴직기간은 같은 법 제72조제3호에도 불구하고 법원의 실종선고를 받는 날까지로 한다.
③ 제2항에 따른 휴직자가 있는 경우에는 그 휴직자의 계급에 해당하는 정원이 따로 있는 것으로 보고, 결원을 보충할 수 있다.(2024.2.13 본항개정)
(2024.2.13 본조제목개정)

제30조【정년】 ① 경찰공무원의 정년은 다음과 같다.
1. 연령정년 : 60세
2. 계급정년
   치안감 : 4년
   경무관 : 6년
   총경 : 11년
   경정 : 14년

② 징계로 인하여 강등(경감으로 강등된 경우를 포함한다)된 경찰공무원의 계급정년은 제1항제2호에도 불구하고 다음 각 호에 따른다.
1. 강등된 계급의 계급정년은 강등되기 전 계급 중 가장 높은 계급의 계급정년으로 한다.
2. 계급정년을 산정할 때에는 강등되기 전 계급의 근무연수와 강등 이후의 근무연수를 합산한다.

③ 수사, 정보, 외사, 안보, 자치경찰사무 등 특수 부문에 근무하는 경찰공무원으로서 대통령령으로 정하는 바에 따라 지정을 받은 사람은 총경 및 경정의 경우에는 4년의 범위에서 대통령령으로 정하는 바에 따라 제1항제2호에 따른 계급정년을 연장할 수 있다.(2024.2.13 본항개정)
④ 경찰청장 또는 해양경찰청장은 전시·사변이나 그 밖에 이에 준하는 비상사태에서는 2년의 범위에서 제1항제2호에 따른 계급정년을 연장할 수 있다. 이 경우 경무관 이상의 경찰공무원에 대해서는 행정안전부장관 또는 해양수산부장관과 국무총리를 거쳐 대통령의 승인을 받아야 하고, 총경·경정의 경찰공무원에 대해서는 국무총리를 거쳐 대통령의 승인을 받아야 한다.
⑤ 경찰공무원은 그 정년이 된 날이 1월에서 6월 사이에 있으면 6월 30일에 당연퇴직하고, 7월에서 12월 사이에 있으면 12월 31일에 당연퇴직한다.
⑥ 제1항제2호에 따른 계급정년을 산정할 때 제주특별자치도의 자치경찰공무원으로 근무한 경력이 있는 경찰공무원의 경우에는 그 계급에 상응하는 자치경찰공무원으로 근무한 연수(年數)를 산입한다.

제31조【고충심사위원회】 ① 경찰공무원의 인사상담 및 고충을 심사하기 위하여 경찰청, 해양경찰청, 시·도자치경찰위원회, 시·도경찰청, 대통령령으로 정하는 경찰기관 및 지방해양경찰관서에 경찰공무원 고충심사위원회를 둔다.
② 경찰공무원 고충심사위원회의 심사를 거친 재심청구와 경정 이상의 경찰공무원의 인사상담 및 고충심사는 「국가공무원법」에 따라 설치된 중앙고충심사위원회에서 한다.
③ 경찰공무원 고충심사위원회의 구성, 심사 절차 및 운영에 필요한 사항은 대통령령으로 정한다.

제32조【징계위원회】 ① 경무관 이상의 경찰공무원에 대한 징계의결은 「국가공무원법」에 따라 국무총리 소속으로 설치된 징계위원회에서 한다.
② 총경 이하의 경찰공무원에 대한 징계의결을 하기 위하여 대통령령으로 정하는 경찰기관 및 해양경찰관서에 경찰공무원 징계위원회를 둔다.
③ 경찰공무원 징계위원회의 구성·관할·운영, 징계의결의 요구 절차, 그 밖에 필요한 사항은 대통령령으로 정한다.

제33조【징계의 절차】 경찰공무원의 징계는 징계위원회의 의결을 거쳐 징계위원회가 설치된 소속 기관의 장이 하되, 「국가공무원법」에 따라 국무총리 소속으로 설치된 징계위원회에서 의결한 징계는 경찰청장 또는 해양경찰청장이 한다. 다만, 파면·해임·강등 및 정직은 징계위원회의 의결을 거쳐 해당 경찰공무원의 임용권자가 하되, 경무관 이상의 강등 및 정직과 경정 이상의 파면 및 해임은 경찰청장 또는 해양경찰청장의 제청으로 행정안전부장관 또는 해양수산부장관과 국무총리를 거쳐 대통령이 하고, 총경 및 경정의 강등 및 정직은 경찰청장 또는 해양경찰청장이 한다.

제34조【행정소송의 피고】 징계처분, 휴직처분, 면직처분, 그 밖에 의사에 반하는 불리한 처분에 대한 행정소송은 경찰청장 또는 해양경찰청장을 피고로 한다. 다만, 제7조제3항 및 제4항에 따라 임용권을 위임한 경우에는 그 위임을 받은 자를 피고로 한다.

제35조【경위공개경쟁채용시험합격자의 보수 등】 교육훈련 중인 경위공개경쟁채용시험합격자에게는 대통령령으로 정하는 바에 따라 보수와 그 밖의 실비(實費)를 지급한다.
(2024.2.13 본조개정)

제36조【「국가공무원법」과의 관계】 ① 경찰공무원에 대해서는 「국가공무원법」 제73조의4, 제76조제2항부터 제5항까지의 규정을 적용하지 아니하며, 치안총감과 치안정감에 대해서는 「국가공무원법」 제68조 본문을 적용하지 아니한다.
② 「국가공무원법」을 경찰공무원에게 적용할 때에는 다음 각 호에 따른다.
1. 「국가공무원법」 제32조의5 및 제43조 중 "직급"은 "계급"으로 본다.
2. 「국가공무원법」 제42조제2항, 제85조제1항 및 제2항 중 "인사혁신처장"은 "경찰청장 또는 해양경찰청장"으로 본다.
3. 「국가공무원법」 제67조, 제68조, 제78조제1항제1호 및 같은 조 제2항, 제80조제7항 및 제8항 중 "이 법"은 "이 법 및 「국가공무원법」"으로 본다.
4. 「국가공무원법」 제71조제2항제3호 중 "중앙인사관장기관의 장"은 "경찰청장 또는 해양경찰청장"으로 본다.

제37조【벌칙】 ① 경찰공무원으로서 전시·사변, 그 밖에 이에 준하는 비상사태이거나 작전 수행 중인 경우에 제24조제2항 또는 제25조,「국가공무원법」제58조제1항을 위반한 사람은 3년 이상의 징역이나 금고에 처하며, 제24조제1항,「국가공무원법」제57조를 위반한 사람은 7년 이하의 징역이나 금고에 처한다.
② 제1항의 경우 외에 집단 살상의 위급 사태가 발생한 경우에 제24조 또는 제25조,「국가공무원법」제57조 및 제58조제1항을 위반한 사람은 7년 이하의 징역이나 금고에 처한다.
③ 경찰공무원으로서 제23조를 위반하여 정당이나 정치단체에 가입하거나 정치활동에 관여하는 행위를 한 사람은 5년 이하의 징역과 5년 이하의 자격정지에 처하고, 그 죄에 대한 공소시효의 기간은「형사소송법」제249조제1항에도 불구하고 10년으로 한다.
④ 경찰공무원으로서「국가공무원법」제44조 또는 제45조를 위반한 사람은 1년 이하의 징역 또는 100만원 이하의 벌금에 처하고, 같은 법 제66조를 위반한 사람은 2년 이하의 징역 또는 200만원 이하의 벌금에 처한다.

부　칙

제1조【시행일】 이 법은 2021년 1월 1일부터 시행한다.
제2조【지방경찰청 등에 관한 경과조치】 ① 이 법 시행 당시의 지방경찰청 및 지방경찰청장(이하 이 조에서 "지방경찰청등"이라고 한다)은 이 법에 따른 시·도경찰청 및 시·도경찰청장(이하 이 조에서 "시·도경찰청등"이라 한다)으로 본다.
② 이 법 시행 당시 종전의 규정에 따른 지방경찰청등의 행위 또는 지방경찰청등에 대한 행위는 이 법에 따른 시·도경찰청등의 행위 또는 시·도경찰청등에 대한 행위로 본다.
제3조【형사소송법과의 관계에 관한 경과조치】 법률 제3606호 경찰공무원법 전부개정법률 시행일인 1983년 1월 1일 당시 경정은 법률 제3282호 형사소송법 일부개정법률 제196조의 규정에 의한 사법경찰관으로 경장은 동법 동조의 규정에 의한 사법경찰리로 보며, 경찰청 및 해양경찰청에 근무하였던 경무관은 법률 제3282호 형사소송법 일부개정법률 제196조의 규정의 적용을 받지 아니한다.
제4조【금치산자 등에 관한 경과조치】 법률 제12912호 경찰공무원법 일부개정법률 제7조제2항제3호의 개정규정에도 불구하고 법률 제10429호 민법 일부개정법률 부칙 제2조에 따라 금치산 또는 한정치산 선고의 효력이 유지되는 사람에 대해서는 법률 제12233호 경찰공무원법 일부개정법률 제7조제2항제3호를 따른다.
제5조【장학지원 채용에 관한 경과조치】 이 법 시행 당시 종전의 규정에 따라 장학금 지급 대상이었던 사람에 대해서는 종전의 규정을 적용한다.
제6조【형 또는 치료감호를 받은 사람의 결격사유 및 당연퇴직에 관한 적용례】 제8조제2항제7호부터 제9호까지 및 제27조 단서(파산선고를 받은 사람에 대한 개정부분은 제외한다)의 개정규정은 법률 제16668호 경찰공무원법 일부개정법률의 시행일인 2020년 6월 4일 이후 최초로 저지른 죄로 형 또는 치료감호를 받은 사람부터 적용한다.
제7조【파산선고를 받은 사람의 당연퇴직에 관한 적용례】 제27조 단서(파산선고를 받은 사람에 대한 부분만 해당한다)의 개정규정은 법률 제16668호 경찰공무원법 일부개정법률의 시행일인 2020년 6월 4일 이후 최초로 저지른 죄로 형 또는 치료감호를 받은 사람부터 적용한다.
제8조【다른 법률의 개정】 ①~④ ※(해당 법령에 가제정리 하였음)
제9조【다른 법령과의 관계】 이 법 시행 당시 다른 법령에서 종전의「경찰공무원법」또는 그 규정을 인용한 경우에 이 법 가운데 그에 해당하는 규정이 있을 때에는 종전의 규정을 갈음하여 이 법의 해당 규정을 인용한 것으로 본다.

부　칙 (2023.8.16)

제1조【시행일】 이 법은 공포한 날부터 시행한다.
제2조【전사·순직한 승진후보자의 승진에 관한 적용례】 제15조의2의 개정규정은 이 법 시행 이후 전사하거나 순직한 사람부터 적용한다.

부　칙 (2024.2.13)

제1조【시행일】 이 법은 공포 후 6개월이 경과한 날부터 시행한다.
제2조【채용비위 관련자 합격 등 취소에 관한 적용례】 제11조의2의 개정규정은 이 법 시행 이후 경찰공무원의 채용과 관련하여 비위를 저지른 자부터 적용한다.
제3조【공상경찰공무원의 휴직기간에 관한 적용례】 제29조제1항의 개정규정은 이 법 시행 당시「국가공무원법」제71조제1항제1호 및 제72조제1호 단서에 따라 휴직 중인 경찰공무원에 대하여도 적용한다.

부　칙 (2025.1.7)

제1조【시행일】 이 법은 공포한 날부터 시행한다.
제2조【결격사유 등에 관한 적용례】 제8조제2항제8호, 제9조 및 제27조 단서의 개정규정은 이 법 시행 이후 발생한 범죄행위로 형벌을 받는 사람부터 적용한다.

도로교통법

(2005년 5월 31일
전부개정법률 제7545호)

개정
2005. 8. 4법 7666호
2016. 1.27법13829호
2016.12. 2법14356호
2017. 3.21법14617호(자전거이용활성화에관한법)
2017. 7.26법14839호(정부조직)
2017.10.24법14911호
2018. 3.27법15530호
2018.10.16법15807호
2019.11.26법16652호(자산관리)
2019.12.24법16830호
2020. 6. 9법17371호
2020.12.22법17689호(국가자치경찰)
2021. 1.12법17891호
2021.11.30법18522호(소방시설설치및관리에관한법)
2022. 1.11법18741호
2023. 4.18법19357호
2023.12.26법19841호(주민등록)
2024. 1.30법20155호
2024. 1.30법20167호(한국도로교통공단법)
2024. 2.13법20270호
2024.12. 3법20544호
2025. 1. 7법20647호→2025년 7월 8일 시행
2025. 1.21법20677호(전기통신사업법)→2025년 7월 22일 시행

<중략>
2016. 5.29법14266호
2018. 2. 9법15364호
2018. 6.12법15629호
2018.12.24법16037호
2020. 5.26법17311호
2020.10.20법17514호
2021.10.19법18491호
2023. 1. 3법19158호
2023.10.24법19745호
2024. 3.19법20375호

제1장 총 칙

제1조【목적】 이 법은 도로에서 일어나는 교통상의 모든 위험과 장해를 방지하고 제거하여 안전하고 원활한 교통을 확보함을 목적으로 한다.

제2조【정의】 이 법에서 사용하는 용어의 뜻은 다음과 같다.

1. "도로"란 다음 각 목에 해당하는 곳을 말한다.
  가. 「도로법」에 따른 도로
  나. 「유료도로법」에 따른 유료도로
  다. 「농어촌도로 정비법」에 따른 농어촌도로
  라. 그 밖에 현실적으로 불특정 다수의 사람 또는 차마(車馬)가 통행할 수 있도록 공개된 장소로서 안전하고 원활한 교통을 확보할 필요가 있는 장소
2. "자동차전용도로"란 자동차만 다닐 수 있도록 설치된 도로를 말한다.
3. "고속도로"란 자동차의 고속 운행에만 사용하기 위하여 지정된 도로를 말한다.
4. "차도"(車道)란 연석선(차도와 보도를 구분하는 돌 등으로 이어진 선을 말한다. 이하 같다), 안전표지 또는 그와 비슷한 인공구조물을 이용하여 경계(境界)를 표시하여 모든 차가 통행할 수 있도록 설치된 도로의 부분을 말한다.
5. "중앙선"이란 차마의 통행 방향을 명확하게 구분하기 위하여 도로에 황색 실선(實線)이나 황색 점선 등의 안전표지로 표시한 선 또는 중앙분리대나 울타리 등으로 설치한 시설물을 말한다. 다만, 제14조제1항 후단에 따라 가변차로(可變車路)가 설치된 경우에는 신호기가 지시하는 진행방향의 가장 왼쪽에 있는 황색 점선을 말한다.
6. "차로"란 차마가 한 줄로 도로의 정하여진 부분을 통행하도록 차선(車線)으로 구분한 차도의 부분을 말한다.
7. "차선"이란 차로와 차로를 구분하기 위하여 그 경계지점을 안전표지로 표시한 선을 말한다.

7의2. "노면전차 전용로"란 도로에서 궤도를 설치하고, 안전표지 또는 인공구조물로 경계를 표시하여 설치한 「도시철도법」 제18조의2제1항 각 호에 따른 도로 또는 차로를 말한다.(2018.3.27 본호신설)

8. "자전거도로"란 안전표지, 위험방지용 울타리나 그와 비슷한 인공구조물로 경계를 표시하여 자전거 및 개인형 이동장치가 통행할 수 있도록 설치된 「자전거 이용 활성화에 관한 법률」 제3조 각 호의 도로를 말한다.(2020.6.9 본호개정)
9. "자전거횡단도"란 자전거 및 개인형 이동장치가 일반도로를 횡단할 수 있도록 안전표지로 표시한 도로의 부분을 말한다.(2020.6.9 본호개정)
10. "보도"(步道)란 연석선, 안전표지나 그와 비슷한 인공구조물로 경계를 표시하여 보행자(유모차, 보행보조용 의자차, 노약자용 보행기 등 행정안전부령으로 정하는 기구·장치를 이용하여 통행하는 사람 및 제21호의3에 따른 실외이동로봇을 포함한다. 이하 같다)가 통행할 수 있도록 한 도로의 부분을 말한다.(2023.4.18 본호개정)
11. "길가장자리구역"이란 보도와 차도가 구분되지 아니한 도로에서 보행자의 안전을 확보하기 위하여 안전표지 등으로 경계를 표시한 도로의 가장자리 부분을 말한다.
12. "횡단보도"란 보행자가 도로를 횡단할 수 있도록 안전표지로 표시한 도로의 부분을 말한다.
13. "교차로"란 '十'자로, 'T'자로나 그 밖에 둘 이상의 도로(보도와 차도가 구분되어 있는 도로에서는 차도를 말한다)가 교차하는 부분을 말한다.

13의2. "회전교차로"란 교차로 중 차마가 원형의 교통섬(차마의 안전하고 원활한 교통처리나 보행자 도로횡단의 안전을 확보하기 위하여 교차로 또는 차도의 분기점 등에 설치하는 섬 모양의 시설을 말한다)을 중심으로 반시계방향으로 통행하도록 한 원형의 도로를 말한다.(2022.1.11 본호신설)

14. "안전지대"란 도로를 횡단하는 보행자나 통행하는 차마의 안전을 위하여 안전표지나 이와 비슷한 인공구조물로 표시한 도로의 부분을 말한다.
15. "신호기"란 도로교통에서 문자·기호 또는 등화(燈火)를 사용하여 진행·정지·방향전환·주의 등의 신호를 표시하기 위하여 사람이나 전기의 힘으로 조작하는 장치를 말한다.
16. "안전표지"란 교통안전에 필요한 주의·규제·지시 등을 표시하는 표지판이나 도로의 바닥에 표시하는 기호·문자 또는 선 등을 말한다.
17. "차마"란 다음 각 목의 차와 우마를 말한다.
  가. "차"란 다음의 어느 하나에 해당하는 것을 말한다.
    1) 자동차
    2) 건설기계
    3) 원동기장치자전거
    4) 자전거
    5) 사람 또는 가축의 힘이나 그 밖의 동력(動力)으로 도로에서 운전되는 것. 다만, 철길이나 가설(架設)된 선을 이용하여 운전되는 것, 유모차, 보행보조용 의자차, 노약자용 보행기, 제21호의3에 따른 실외이동로봇 등 행정안전부령으로 정하는 기구·장치는 제외한다.(2023.4.18 단서개정)
  나. "우마"란 교통이나 운수(運輸)에 사용되는 가축을 말한다.

17의2. "노면전차"란 「도시철도법」 제2조제2호에 따른 노면전차로서 도로에서 궤도를 이용하여 운행되는 차를 말한다.(2018.3.27 본호신설)

18. “자동차”란 철길이나 가설된 선을 이용하지 아니하고 원동기를 사용하여 운전되는 차(견인되는 자동차도 자동차의 일부로 본다)로서 다음 각 목의 차를 말한다.
가. 「자동차관리법」 제3조에 따른 다음의 자동차. 다만, 원동기장치자전거는 제외한다.
1) 승용자동차
2) 승합자동차
3) 화물자동차
4) 특수자동차
5) 이륜자동차
나. 「건설기계관리법」 제26조제1항 단서에 따른 건설기계
18의2. “자율주행시스템”이란 「자율주행자동차 상용화 촉진 및 지원에 관한 법률」 제2조제1항제2호에 따른 자율주행시스템을 말한다. 이 경우 그 종류는 완전 자율주행시스템, 부분 자율주행시스템 등 행정안전부령으로 정하는 바에 따라 세분할 수 있다.(2021.10.19 본호신설)
18의3. “자율주행자동차”란 「자동차관리법」 제2조제1호의3에 따른 자율주행자동차로서 자율주행시스템을 갖추고 있는 자동차를 말한다.(2021.10.19 본호신설)
19. “원동기장치자전거”란 다음 각 목의 어느 하나에 해당하는 차를 말한다.
가. 「자동차관리법」 제3조에 따른 이륜자동차 가운데 배기량 125시시 이하(전기를 동력으로 하는 경우에는 최고정격출력 11킬로와트 이하)의 이륜자동차(2020.6.9 본목개정)
나. 그 밖에 배기량 125시시 이하(전기를 동력으로 하는 경우에는 최고정격출력 11킬로와트 이하)의 원동기를 단 차(「자전거 이용 활성화에 관한 법률」 제2조제1호의2에 따른 전기자전거 및 제21호의3에 따른 실외이동로봇은 제외한다)(2023.4.18 본목개정)
19의2. “개인형 이동장치”란 제19호나목의 원동기장치자전거 중 시속 25킬로미터 이상으로 운행할 경우 전동기가 작동하지 아니하고 차체 중량이 30킬로그램 미만인 것으로서 행정안전부령으로 정하는 것을 말한다.(2020.6.9 본호신설)
20. “자전거”란 「자전거 이용 활성화에 관한 법률」 제2조제1호 및 제1호의2에 따른 자전거 및 전기자전거를 말한다. (2017.3.21 본호개정)
21. “자동차등”이란 자동차와 원동기장치자전거를 말한다.
21의2. “자전거등”이란 자전거와 개인형 이동장치를 말한다. (2020.6.9 본호신설)
21의3. “실외이동로봇”이란 「지능형 로봇 개발 및 보급 촉진법」 제2조제1호에 따른 지능형 로봇 중 행정안전부령으로 정하는 것을 말한다.(2023.4.18 본호신설)
22. “긴급자동차”란 다음 각 목의 자동차로서 그 본래의 긴급한 용도로 사용되고 있는 자동차를 말한다.
가. 소방차
나. 구급차
다. 혈액 공급차량
라. 그 밖에 대통령령으로 정하는 자동차
23. “어린이통학버스”란 다음 각 목의 시설 가운데 어린이(13세 미만인 사람을 말한다. 이하 같다)를 교육 대상으로 하는 시설에서 어린이의 통학 등(현장체험학습 등 비상시적으로 이루어지는 교육활동을 위한 이동을 제외한다)에 이용되는 자동차와 「여객자동차 운수사업법」 제4조제3항에 따른 여객자동차운송사업의 한정면허를 받아 어린이를 여객대상으로 하여 운행되는 운송사업용 자동차를 말한다. (2023.10.24 본문개정)
가. 「유아교육법」에 따른 유치원 및 유아교육진흥원, 「초·중등교육법」에 따른 초등학교, 특수학교, 대안학교 및 외국인학교(2020.5.26 본목개정)
나. 「영유아보육법」에 따른 어린이집
다. 「학원의 설립·운영 및 과외교습에 관한 법률」에 따라 설립된 학원 및 교습소(2020.5.26 본목개정)
라. 「체육시설의 설치·이용에 관한 법률」에 따라 설립된 체육시설
마. 「아동복지법」에 따른 아동복지시설(아동보호전문기관은 제외한다)
바. 「청소년활동 진흥법」에 따른 청소년수련시설
사. 「장애인복지법」에 따른 장애인복지시설(장애인 직업재활시설은 제외한다)
아. 「도서관법」에 따른 공공도서관
자. 「평생교육법」에 따른 시·도평생교육진흥원 및 시·군·구평생학습관
차. 「사회복지사업법」에 따른 사회복지시설 및 사회복지관 (2020.5.26 마목~차목신설)
24. “주차”란 운전자가 승객을 기다리거나 화물을 싣거나 차가 고장 나거나 그 밖의 사유로 차를 계속 정지 상태에 두는 것 또는 운전자가 차에서 떠나서 즉시 그 차를 운전할 수 없는 상태에 두는 것을 말한다.
25. “정차”란 운전자가 5분을 초과하지 아니하고 차를 정지시키는 것으로서 주차 외의 정지 상태를 말한다.
26. “운전”이란 도로(제27조제6항제3호·제44조·제45조·제54조제1항·제148조·제148조의2 및 제156조제10호의 경우에는 도로 외의 곳을 포함한다)에서 차마 또는 노면전차를 그 본래의 사용방법에 따라 사용하는 것(조종 또는 자율주행시스템을 사용하는 것을 포함한다)을 말한다. (2022.1.11 본호개정)
27. “초보운전자”란 처음 운전면허를 받은 날(처음 운전면허를 받은 날부터 2년이 지나기 전에 운전면허의 취소처분을 받은 경우에는 그 후 다시 운전면허를 받은 날을 말한다)부터 2년이 지나지 아니한 사람을 말한다. 이 경우 원동기장치자전거면허만 받은 사람이 원동기장치자전거면허 외의 운전면허를 받은 경우에는 처음 운전면허를 받은 것으로 본다.
28. “서행”(徐行)이란 운전자가 차 또는 노면전차를 즉시 정지시킬 수 있는 정도의 느린 속도로 진행하는 것을 말한다.(2018.3.27 본호개정)
29. “앞지르기”란 차의 운전자가 앞서가는 다른 차의 옆을 지나서 그 차의 앞으로 나가는 것을 말한다.
30. “일시정지”란 차 또는 노면전차의 운전자가 그 차 또는 노면전차의 바퀴를 일시적으로 완전히 정지시키는 것을 말한다.(2018.3.27 본호개정)
31. “보행자전용도로”란 보행자만 다닐 수 있도록 안전표지나 그와 비슷한 인공구조물로 표시한 도로를 말한다.
31의2. “보행자우선도로”란 「보행안전 및 편의증진에 관한 법률」 제2조제3호에 따른 보행자우선도로를 말한다. (2022.1.11 본호신설)
32. “자동차운전학원”이란 자동차등의 운전에 관한 지식·기능을 교육하는 시설로서 다음 각 목의 시설 외의 시설을 말한다.
가. 교육 관계 법령에 따른 학교에서 소속 학생 및 교직원의 연수를 위하여 설치한 시설
나. 사업장 등의 시설로서 소속 직원의 연수를 위한 시설
다. 전산장치에 의한 모의운전 연습시설
라. 지방자치단체 등이 신체장애인의 운전교육을 위하여 설치하는 시설 가운데 시·도경찰청장이 인정하는 시설 (2020.12.22 본목개정)
마. 대가(代價)를 받지 아니하고 운전교육을 하는 시설
바. 운전면허를 받은 사람을 대상으로 다양한 운전경험을 체험할 수 있도록 하기 위하여 도로가 아닌 장소에서 운전교육을 하는 시설
33. “모범운전자”란 제146조에 따라 무사고운전자 또는 유공운전자의 표시장을 받거나 2년 이상 사업용 자동차 운전에 종사하면서 교통사고를 일으킨 전력이 없는 사람으로서 경찰청장이 정하는 바에 따라 선발되어 교통안전 봉사활동에 종사하는 사람을 말한다.(2012.3.21 본호신설)
34. “음주운전 방지장치”란 술에 취한 상태에서 자동차등을 운전하려는 경우 시동이 걸리지 아니하도록 하는 것으로서 행정안전부령으로 정하는 것을 말한다. (2023.10.24 본호신설)
(2011.6.8 본조개정)

제3조【신호기 등의 설치 및 관리】 ① 특별시장 · 광역시장 · 제주특별자치도지사 또는 시장 · 군수(광역시의 군수는 제외한다. 이하 "시장등"이라 한다)는 도로에서의 위험을 방지하고 교통의 안전과 원활한 소통을 확보하기 위하여 필요하다고 인정하는 경우에는 신호기 및 안전표지(이하 "교통안전시설"이라 한다)를 설치 · 관리하여야 한다. 다만, 「유료도로법」 제6조에 따른 유료도로에서는 시장등의 지시에 따라 그 도로관리자가 교통안전시설을 설치 · 관리하여야 한다.
② 시장등 및 도로관리자는 제1항에 따라 교통안전시설을 설치 · 관리할 때에는 제4조에 따른 교통안전시설의 설치 · 관리기준에 적합하도록 하여야 한다.(2018.6.12 본항신설)
③ 도(道)는 제1항에 따라 시장이나 군수가 교통안전시설을 설치 · 관리하는 데에 드는 비용의 전부 또는 일부를 시(市)나 군(郡)에 보조할 수 있다.
④ 시장등은 대통령령으로 정하는 사유로 도로에 설치된 교통안전시설을 철거하거나 원상회복이 필요한 경우에는 그 사유를 유발한 사람으로 하여금 해당 공사에 드는 비용의 전부 또는 일부를 부담하게 할 수 있다.
⑤ 제4항에 따른 부담금의 부과기준 및 환급에 관하여 필요한 사항은 대통령령으로 정한다.(2018.6.12 본항개정)
⑥ 시장등은 제4항에 따라 부담금을 납부하여야 하는 사람이 지정된 기간에 이를 납부하지 아니하면 지방세 체납처분의 예에 따라 징수한다.(2018.6.12 본항개정)
(2011.6.8 본조개정)

제4조【교통안전시설의 종류 및 설치 · 관리기준 등】 ① 교통안전시설의 종류, 교통안전시설의 설치 · 관리기준, 그 밖에 교통안전시설에 관하여 필요한 사항은 행정안전부령으로 정한다.
② 제1항에 따른 교통안전시설의 설치 · 관리기준은 주 · 야간이나 기상상태 등에 관계없이 교통안전시설이 운전자 및 보행자의 눈에 잘 띄도록 정한다.(2018.6.12 본항신설)
(2018.6.12 본조개정)

제4조의2【무인 교통단속용 장비의 설치 및 관리】 ① 시 · 도경찰청장, 경찰서장 또는 시장등은 이 법을 위반한 사실을 기록 · 증명하기 위하여 무인(無人) 교통단속용 장비를 설치 · 관리할 수 있다.(2020.12.22 본항개정)
② 무인 교통단속용 장비의 설치 · 관리기준, 그 밖에 필요한 사항은 행정안전부령으로 정한다.(2023.1.3 본항신설)
③ 무인 교통단속용 장비의 철거 또는 원상회복 등에 관하여는 제3조제4항부터 제6항까지의 규정을 준용한다. 이 경우 "교통안전시설"은 "무인 교통단속용 장비"로 본다.
(2018.6.12 전단개정)

제5조【신호 또는 지시에 따를 의무】 ① 도로를 통행하는 보행자, 차마 또는 노면전차의 운전자는 교통안전시설이 표시하는 신호 또는 지시와 다음 각 호의 어느 하나에 해당하는 사람이 하는 신호 또는 지시를 따라야 한다.(2018.3.27 본문개정)
1. 교통정리를 하는 경찰공무원(의무경찰을 포함한다. 이하 같다) 및 제주특별자치도의 자치경찰공무원(이하 "자치경찰공무원"이라 한다)(2020.12.22 본호개정)
2. 경찰공무원(자치경찰공무원을 포함한다. 이하 같다)을 보조하는 사람으로서 대통령령으로 정하는 사람(이하 "경찰보조자"라 한다)(2020.12.22 본호개정)
② 도로를 통행하는 보행자, 차마 또는 노면전차의 운전자는 제1항에 따른 교통안전시설이 표시하는 신호 또는 지시와 교통정리를 하는 경찰공무원 또는 경찰보조자(이하 "경찰공무원등"이라 한다)의 신호 또는 지시가 서로 다른 경우에는 경찰공무원등의 신호 또는 지시에 따라야 한다.(2020.12.22 본항개정)

판례 교차로에 녹색, 황색 및 적색의 삼색등화만이 나오는 신호기가 설치되어 있고 달리 비보호좌회전 표시나 유턴을 허용하는 표시가 없는 경우에 차마의 좌회전 또는 유턴은 원칙적으로 허용되지 않는다고 보아야 한다.(대판 2005.7.28, 2004도5848)

제5조의2【모범운전자연합회】 모범운전자들의 상호협력을 증진하고 교통안전 봉사활동을 효율적으로 운영하기 위하여 모범운전자연합회를 설립할 수 있다.(2012.3.21 본조신설)

제5조의3【모범운전자에 대한 지원 등】 ① 국가는 예산의 범위에서 모범운전자에게 대통령령으로 정하는 바에 따라 교통정리 등의 업무를 수행하는 데 필요한 복장 및 장비를 지원할 수 있다.
② 국가는 모범운전자가 교통정리 등의 업무를 수행하는 도중 부상을 입거나 사망한 경우에 이를 보상할 수 있도록 보험에 가입할 수 있다.
③ 지방자치단체는 예산의 범위에서 제5조의2에 따라 설립된 모범운전자연합회의 사업에 필요한 보조금을 지원할 수 있다.(2016.1.27 본항신설)
(2012.3.21 본조신설)

제6조【통행의 금지 및 제한】 ① 시 · 도경찰청장은 도로에서의 위험을 방지하고 교통의 안전과 원활한 소통을 확보하기 위하여 필요하다고 인정할 때에는 구간(區間)을 정하여 보행자, 차마 또는 노면전차의 통행을 금지하거나 제한할 수 있다. 이 경우 시 · 도경찰청장은 보행자, 차마 또는 노면전차의 통행을 금지하거나 제한한 도로의 관리청에 그 사실을 알려야 한다.(2020.12.22 본항개정)
② 경찰서장은 도로에서의 위험을 방지하고 교통의 안전과 원활한 소통을 확보하기 위하여 필요하다고 인정할 때에는 우선 보행자, 차마 또는 노면전차의 통행을 금지하거나 제한한 후 그 도로관리자와 협의하여 금지 또는 제한의 대상과 구간 및 기간을 정하여 도로의 통행을 금지하거나 제한할 수 있다.(2018.3.27 본항개정)
③ 시 · 도경찰청장이나 경찰서장은 제1항이나 제2항에 따른 금지 또는 제한을 하려는 경우에는 행정안전부령으로 정하는 바에 따라 그 사실을 공고하여야 한다.(2020.12.22 본항개정)
④ 경찰공무원은 도로의 파손, 화재의 발생이나 그 밖의 사정으로 인한 도로에서의 위험을 방지하기 위하여 긴급히 조치할 필요가 있을 때에는 필요한 범위에서 보행자, 차마 또는 노면전차의 통행을 일시 금지하거나 제한할 수 있다.
(2018.3.27 본항개정)

제7조【교통 혼잡을 완화시키기 위한 조치】 경찰공무원은 보행자, 차마 또는 노면전차의 통행이 밀려서 교통 혼잡이 뚜렷하게 우려될 때에는 혼잡을 덜기 위하여 필요한 조치를 할 수 있다.(2018.3.27 본조개정)

제7조의2【고령운전자 표지】 ① 국가 또는 지방자치단체는 고령운전자의 안전운전 및 교통사고 예방을 위하여 행정안전부령으로 정하는 바에 따라 고령운전자가 운전하는 차임을 나타내는 표지(이하 "고령운전자 표지"라 한다)를 제작하여 배부할 수 있다.
② 고령운전자는 다른 차의 운전자가 쉽게 식별할 수 있도록 차에 고령운전자 표지를 부착하고 운전할 수 있다.
(2023.1.3 본조신설)

제2장 보행자의 통행방법

(2011.6.8 본장개정)

제8조【보행자의 통행】 ① 보행자는 보도와 차도가 구분된 도로에서는 언제나 보도로 통행하여야 한다. 다만, 차도를 횡단하는 경우, 도로공사 등으로 보도의 통행이 금지된 경우나 그 밖의 부득이한 경우에는 그러하지 아니하다.
② 보행자는 보도와 차도가 구분되지 아니한 도로 중 중앙선이 있는 도로(일방통행인 경우에는 차선으로 구분된 도로를 포함한다)에서는 길가장자리 또는 길가장자리구역으로 통행하여야 한다.(2021.10.19 본항개정)
③ 보행자는 다음 각 호의 어느 하나에 해당하는 곳에서는 도로의 전 부분으로 통행할 수 있다. 이 경우 보행자는 고의로 차마의 진행을 방해하여서는 아니 된다.
1. 보도와 차도가 구분되지 아니한 도로 중 중앙선이 없는 도로(일방통행인 경우에는 차선으로 구분되지 아니한 도로에 한정한다. 이하 같다)
2. 보행자우선도로
(2022.1.11 본항개정)
④ 보행자는 보도에서는 우측통행을 원칙으로 한다.

제8조의2【실외이동로봇 운용자의 의무】 ① 실외이동로봇을 운용하는 사람(실외이동로봇을 조작·관리하는 사람을 포함하며, 이하 "실외이동로봇 운용자"라 한다)은 실외이동로봇의 운용 장치와 그 밖의 장치를 정확하게 조작하여야 한다.
② 실외이동로봇 운용자는 실외이동로봇의 운용 장치를 도로의 교통상황과 실외이동로봇의 구조 및 성능에 따라 차, 노면전차 또는 다른 사람에게 위험과 장해를 주는 방법으로 운용하여서는 아니 된다.
(2023.4.18 본조신설)

제9조【행렬등의 통행】 ① 학생의 대열과 그 밖에 보행자의 통행에 지장을 줄 우려가 있다고 인정하여 대통령령으로 정하는 사람이나 행렬(이하 "행렬등"이라 한다)은 제8조제1항 본문에도 불구하고 차도로 통행할 수 있다. 이 경우 행렬등은 차도의 우측으로 통행하여야 한다.
② 행렬등은 사회적으로 중요한 행사에 따라 시가를 행진하는 경우에는 도로의 중앙을 통행할 수 있다.
③ 경찰공무원은 도로에서의 위험을 방지하고 교통의 안전과 원활한 소통을 확보하기 위하여 필요하다고 인정할 때에는 행렬등에 대하여 구간을 정하고 그 구간에서 행렬등이 도로 또는 차도의 우측(자전거도로가 설치되어 있는 차도에서는 자전거도로를 제외한 부분의 우측을 말한다)으로 붙어서 통행할 것을 명하는 등 필요한 조치를 할 수 있다.

제10조【도로의 횡단】 ① 시·도경찰청장은 도로를 횡단하는 보행자의 안전을 위하여 행정안전부령으로 정하는 기준에 따라 횡단보도를 설치할 수 있다.(2020.12.22 본항개정)
② 보행자는 제1항에 따른 횡단보도, 지하도, 육교나 그 밖의 도로 횡단시설이 설치되어 있는 도로에서는 그 곳으로 횡단하여야 한다. 다만, 지하도나 육교 등의 도로 횡단시설을 이용할 수 없는 지체장애인의 경우에는 다른 교통에 방해가 되지 아니하는 방법으로 도로 횡단시설을 이용하지 아니하고 도로를 횡단할 수 있다.
③ 보행자는 제1항에 따른 횡단보도가 설치되어 있지 아니한 도로에서는 가장 짧은 거리로 횡단하여야 한다.
④ 보행자는 차와 노면전차의 바로 앞이나 뒤로 횡단하여서는 아니 된다. 다만, 횡단보도를 횡단하거나 신호기 또는 경찰공무원등의 신호나 지시에 따라 도로를 횡단하는 경우에는 그러하지 아니하다.(2018.3.27 본문개정)
⑤ 보행자는 안전표지 등에 의하여 횡단이 금지되어 있는 도로의 부분에서는 그 도로를 횡단하여서는 아니 된다.

제11조【어린이 등에 대한 보호】 ① 어린이의 보호자는 교통이 빈번한 도로에서 어린이를 놀게 하여서는 아니 되며, 영유아(6세 미만인 사람을 말한다. 이하 같다)의 보호자는 교통이 빈번한 도로에서 영유아가 혼자 보행하게 하여서는 아니 된다.(2014.12.30 본항개정)
② 앞을 보지 못하는 사람(이에 준하는 사람을 포함한다. 이하 같다)의 보호자는 그 사람이 도로를 보행할 때에는 흰색 지팡이를 갖고 다니도록 하거나 앞을 보지 못하는 사람에게 길을 안내하는 개로서 행정안전부령으로 정하는 개(이하 "장애인보조견"이라 한다)를 동반하도록 하는 등 필요한 조치를 하여야 한다.(2017.7.26 본항개정)
③ 어린이의 보호자는 도로에서 어린이가 자전거를 타거나 행정안전부령으로 정하는 위험성이 큰 움직이는 놀이기구를 타는 경우에는 어린이의 안전을 위하여 행정안전부령으로 정하는 인명보호 장구(裝具)를 착용하도록 하여야 한다.
(2017.7.26 본항개정)
④ 어린이의 보호자는 도로에서 어린이가 개인형 이동장치를 운전하게 하여서는 아니 된다.(2020.6.9 본항신설)
⑤ 경찰공무원은 신체에 장애가 있는 사람이 도로를 통행하거나 횡단하기 위하여 도움을 요청하거나 도움이 필요하다고 인정하는 경우에는 그 사람이 안전하게 통행하거나 횡단할 수 있도록 필요한 조치를 하여야 한다.
⑥ 경찰공무원은 다음 각 호의 어느 하나에 해당하는 사람을 발견한 경우에는 그들의 안전을 위하여 적절한 조치를 하여야 한다.
1. 교통이 빈번한 도로에서 놀고 있는 어린이
2. 보호자 없이 도로를 보행하는 영유아(2014.12.30 본호개정)
3. 앞을 보지 못하는 사람으로서 흰색 지팡이를 가지지 아니하거나 장애인보조견을 동반하지 아니하는 등 필요한 조치를 하지 아니하고 다니는 사람(2015.8.11 본호개정)
4. 횡단보도나 교통이 빈번한 도로에서 보행에 어려움을 겪고 있는 노인(65세 이상인 사람을 말한다. 이하 같다)

제12조【어린이 보호구역의 지정·해제 및 관리】 ① 시장등은 교통사고의 위험으로부터 어린이를 보호하기 위하여 필요하다고 인정하는 경우에는 다음 각 호의 어느 하나에 해당하는 시설이나 장소의 주변도로 가운데 일정 구간을 어린이 보호구역으로 지정하여 자동차등과 노면전차의 통행속도를 시속 30킬로미터 이내로 제한할 수 있다.(2021.10.19 본문개정)
1. 「유아교육법」 제2조에 따른 유치원, 「초·중등교육법」 제38조 및 제55조에 따른 초등학교 또는 특수학교
2. 「영유아보육법」 제10조에 따른 어린이집 가운데 행정안전부령으로 정하는 어린이집(2017.7.26 본호개정)
3. 「학원의 설립·운영 및 과외교습에 관한 법률」 제2조에 따른 학원 가운데 행정안전부령으로 정하는 학원
(2017.7.26 본호개정)
4. 「초·중등교육법」 제60조의2 또는 제60조의3에 따른 외국인학교 또는 대안학교, 「대안교육기관에 관한 법률」 제2조제2호에 따른 대안교육기관, 「제주특별자치도 설치 및 국제자유도시 조성을 위한 특별법」 제223조에 따른 국제학교 및 「경제자유구역 및 제주국제자유도시의 외국교육기관 설립·운영에 관한 특별법」 제2조제2호에 따른 외국교육기관 중 유치원·초등학교 교과과정이 있는 학교
(2023.4.18 본호개정)
5. 그 밖에 어린이가 자주 왕래하는 곳으로서 조례로 정하는 시설 또는 장소(2021.10.19 본호신설)
② 제1항에 따른 어린이 보호구역의 지정·해제 절차 및 기준 등에 관하여 필요한 사항은 교육부, 행정안전부 및 국토교통부의 공동부령으로 정한다.(2023.4.18 본항개정)
③ 차마 또는 노면전차의 운전자는 어린이 보호구역에서 제1항에 따른 조치를 준수하고 어린이의 안전에 유의하면서 운행하여야 한다.(2018.3.27 본항개정)
④ 시·도경찰청장, 경찰서장 또는 시장등은 제3항을 위반하는 행위 등의 단속을 위하여 어린이 보호구역의 도로 중에서 행정안전부령으로 정하는 곳에 우선적으로 제4조의2에 따른 무인 교통단속용 장비를 설치하여야 한다.(2020.12.22 본항개정)
⑤ 시장등은 제1항에 따라 지정한 어린이 보호구역에 어린이의 안전을 위하여 다음 각 호에 따른 시설 또는 장비를 우선적으로 설치하거나 관할 도로관리청에 해당 시설 또는 장비의 설치를 요청하여야 한다.
1. 어린이 보호구역으로 지정한 시설의 주 출입문과 가장 가까운 거리에 있는 간선도로상 횡단보도의 신호기
2. 속도 제한, 횡단보도, 기점(起點) 및 종점(終點)에 관한 안전표지(2023.4.18 본호개정)
3. 「도로법」 제2조제2호에 따른 도로의 부속물 중 과속방지 시설 및 차마의 미끄럼을 방지하기 위한 시설
3의2. 방호울타리(2024.1.30 본호신설)
4. 그 밖에 교육부, 행정안전부 및 국토교통부의 공동부령으로 정하는 시설 또는 장비
(2019.12.24 본항신설)
(2023.4.18 본조제목개정)

제12조의2【노인 및 장애인 보호구역의 지정·해제 및 관리】 ① 시장등은 교통사고의 위험으로부터 노인 또는 장애인을 보호하기 위하여 필요하다고 인정하는 경우에는 제1호부터 제3호까지 및 제3호의2에 따른 시설 또는 장소의 주변도로 가운데 일정 구간을 노인 보호구역으로, 제4호에 따른 시설의 주변도로 가운데 일정 구간을 장애인 보호구역으로 각각 지정하여 차마와 노면전차의 통행을 제한하거나 금지하는 등 필요한 조치를 할 수 있다.(2023.1.3 본문개정)
1. 「노인복지법」 제31조에 따른 노인복지시설(2021.10.19 본호개정)

2. 「자연공원법」 제2조제1호에 따른 자연공원 또는 「도시공원 및 녹지 등에 관한 법률」 제2조제3호에 따른 도시공원
3. 「체육시설의 설치 · 이용에 관한 법률」 제6조에 따른 생활체육시설
3의2. 그 밖에 노인이 자주 왕래하는 곳으로서 조례로 정하는 시설 또는 장소(2023.1.3 본호개정)
4. 「장애인복지법」 제58조에 따른 장애인복지시설 (2021.10.19 본호개정)

② 제1항에 따른 노인 보호구역 또는 장애인 보호구역의 지정 · 해제 절차 및 기준 등에 관하여 필요한 사항은 행정안전부, 보건복지부 및 국토교통부의 공동부령으로 정한다. (2023.4.18 본항개정)

③ 차마와 노면전차의 운전자는 노인 보호구역 또는 장애인 보호구역에서 제1항에 따른 조치를 준수하고 노인 또는 장애인의 안전에 유의하면서 운행하여야 한다.(2018.3.27 본항개정)

(2023.4.18 본조제목개정)

제12조의3【보호구역 통합관리시스템 구축 · 운영 등】 ① 경찰청장은 제12조에 따른 어린이 보호구역과 제12조의2에 따른 노인 및 장애인 보호구역에 대한 정보를 수집 · 관리 및 공개하기 위하여 보호구역 통합관리시스템을 구축 · 운영하여야 한다.

② 경찰청장은 제1항에 따라 구축된 보호구역 통합관리시스템의 운영에 필요한 정보를 시장등에게 요청할 수 있으며, 요청을 받은 시장등은 정당한 사유가 없으면 그 요청에 따라야 한다.

③ 제1항 및 제2항에 따른 보호구역 통합관리시스템의 구축 · 운영, 정보 요청 등에 필요한 사항은 교육부, 행정안전부, 보건복지부 및 국토교통부의 공동부령으로 정한다.

(2023.1.3 본조신설)

제12조의4【보호구역에 대한 실태조사 등】 ① 시장등은 제12조에 따른 어린이 보호구역과 제12조의2에 따른 노인 및 장애인 보호구역에서 발생한 교통사고 현황 등 교통환경에 대한 실태조사를 연 1회 이상 실시하고, 그 결과를 보호구역의 지정 · 해제 및 관리에 반영하여야 한다.

② 제1항에 따른 실태조사의 대상 및 방법 등에 필요한 사항은 교육부, 행정안전부, 보건복지부 및 국토교통부의 공동부령으로 정한다.

③ 시장등은 제1항에 따른 실태조사 업무의 일부를 대통령령으로 정하는 바에 따라 「한국도로교통공단법」에 따른 한국도로교통공단(이하 "한국도로교통공단"이라 한다) 또는 교통 관련 전문기관에 위탁할 수 있다.(2024.1.30 본항개정)

(2023.4.18 본조신설)

제3장 차마 및 노면전차의 통행방법 등
(2018.3.27 본장제목개정)

제13조【차마의 통행】 ① 차마의 운전자는 보도와 차도가 구분된 도로에서는 차도로 통행하여야 한다. 다만, 도로 외의 곳으로 출입할 때에는 보도를 횡단하여 통행할 수 있다.

② 제1항 단서의 경우 차마의 운전자는 보도를 횡단하기 직전에 일시정지하여 좌측과 우측 부분 등을 살핀 후 보행자의 통행을 방해하지 아니하도록 횡단하여야 한다.

③ 차마의 운전자는 도로(보도와 차도가 구분된 도로에서는 차도를 말한다)의 중앙(중앙선이 설치되어 있는 경우에는 그 중앙선을 말한다. 이하 같다) 우측 부분을 통행하여야 한다.

④ 차마의 운전자는 제3항에도 불구하고 다음 각 호의 어느 하나에 해당하는 경우에는 도로의 중앙이나 좌측 부분을 통행할 수 있다.

1. 도로가 일방통행인 경우
2. 도로의 파손, 도로공사나 그 밖의 장애 등으로 도로의 우측 부분을 통행할 수 없는 경우
3. 도로 우측 부분의 폭이 6미터가 되지 아니하는 도로에서 다른 차를 앞지르려는 경우. 다만, 다음 각 목의 어느 하나에 해당하는 경우에는 그러하지 아니하다.
   가. 도로의 좌측 부분을 확인할 수 없는 경우
   나. 반대 방향의 교통을 방해할 우려가 있는 경우
   다. 안전표지 등으로 앞지르기를 금지하거나 제한하고 있는 경우
4. 도로 우측 부분의 폭이 차마의 통행에 충분하지 아니한 경우
5. 가파른 비탈길의 구부러진 곳에서 교통의 위험을 방지하기 위하여 시 · 도경찰청장이 필요하다고 인정하여 구간 및 통행방법을 지정하고 있는 경우에 그 지정에 따라 통행하는 경우(2020.12.22 본호개정)

⑤ 차마의 운전자는 안전지대 등 안전표지에 의하여 진입이 금지된 장소에 들어가서는 아니 된다.

⑥ 차마(자전거등은 제외한다)의 운전자는 안전표지로 통행이 허용된 장소를 제외하고는 자전거도로 또는 길가장자리구역으로 통행하여서는 아니 된다. 다만, 「자전거 이용 활성화에 관한 법률」 제3조제4호에 따른 자전거 우선도로의 경우에는 그러하지 아니하다.(2020.6.9 본문개정)

제13조의2【자전거등의 통행방법의 특례】 ① 자전거등의 운전자는 자전거도로(제15조제1항에 따라 자전거만 통행할 수 있도록 설치된 전용차로를 포함한다. 이하 이 조에서 같다)가 따로 있는 곳에서는 그 자전거도로로 통행하여야 한다. (2020.6.9 본항개정)

② 자전거등의 운전자는 자전거도로가 설치되지 아니한 곳에서는 도로 우측 가장자리에 붙어서 통행하여야 한다. (2020.6.9 본항개정)

③ 자전거등의 운전자는 길가장자리구역(안전표지로 자전거등의 통행을 금지한 구간은 제외한다)을 통행할 수 있다. 이 경우 자전거등의 운전자는 보행자의 통행에 방해가 될 때에는 서행하거나 일시정지하여야 한다.(2020.6.9 본항개정)

④ 자전거등의 운전자는 제1항 및 제13조제1항에도 불구하고 다음 각 호의 어느 하나에 해당하는 경우에는 보도를 통행할 수 있다. 이 경우 자전거등의 운전자는 보도 중앙으로부터 차도 쪽 또는 안전표지로 지정된 곳으로 서행하여야 하며, 보행자의 통행에 방해가 될 때에는 일시정지하여야 한다. (2020.6.9 본문개정)

1. 어린이, 노인, 그 밖에 행정안전부령으로 정하는 신체장애인이 자전거를 운전하는 경우. 다만, 「자전거 이용 활성화에 관한 법률」 제2조제1호의2에 따른 전기자전거의 원동기를 끄지 아니하고 운전하는 경우는 제외한다.(2018.3.27 단서신설)
2. 안전표지로 자전거등의 통행이 허용된 경우(2020.6.9 본호개정)
3. 도로의 파손, 도로공사나 그 밖의 장애 등으로 도로를 통행할 수 없는 경우

⑤ 자전거등의 운전자는 안전표지로 통행이 허용된 경우를 제외하고는 2대 이상이 나란히 차도를 통행하여서는 아니 된다.(2020.6.9 본항개정)

⑥ 자전거등의 운전자가 횡단보도를 이용하여 도로를 횡단할 때에는 자전거등에서 내려서 자전거등을 끌거나 들고 보행하여야 한다.(2020.6.9 본항개정)

(2020.6.9 본조제목개정)

제14조【차로의 설치 등】 ① 시 · 도경찰청장은 차마의 교통을 원활하게 하기 위하여 필요한 경우에는 도로에 행정안전부령으로 정하는 차로를 설치할 수 있다. 이 경우 시 · 도경찰청장은 시간대에 따라 양방향의 통행량이 뚜렷하게 다른 도로에는 교통량이 많은 쪽으로 차로의 수가 확대될 수 있도록 신호기에 의하여 차로의 진행방향을 지시하는 가변차로를 설치할 수 있다.(2020.12.22 본항개정)

② 차마의 운전자는 차로가 설치되어 있는 도로에서는 이 법이나 이 법에 따른 명령에 특별한 규정이 있는 경우를 제외하고는 그 차로를 따라 통행하여야 한다. 다만, 시 · 도경찰청장이 통행방법을 따로 지정한 경우에는 그 방법으로 통행하여야 한다.(2020.12.22 단서개정)

③ 차로가 설치된 도로를 통행하려는 경우로서 차의 너비가 행정안전부령으로 정하는 차로의 너비보다 넓어 교통의 안전이나 원활한 소통에 지장을 줄 우려가 있는 경우 그 차의

운전자는 도로를 통행하여서는 아니 된다. 다만, 행정안전부령으로 정하는 바에 따라 그 차의 출발지를 관할하는 경찰서장의 허가를 받은 경우에는 그러하지 아니하다.(2017.7.26 본항개정)
④ 경찰서장은 제3항 단서에 따른 허가를 받으려는 차가 「도로법」 제77조제1항 단서에 따른 운행허가를 받아야 하는 차에 해당하는 경우에는 대통령령으로 정하는 바에 따라 그 차가 통행하려는 도로의 관리청과 미리 협의하여야 하며, 이러한 협의를 거쳐 경찰서장의 허가를 받은 차는 「도로법」 제77조제1항 단서에 따른 운행허가를 받은 것으로 본다.
(2014.12.30 본항신설)
⑤ 차마의 운전자는 안전표지가 설치되어 특별히 진로 변경이 금지된 곳에서는 차마의 진로를 변경하여서는 아니 된다. 다만, 도로의 파손이나 도로공사 등으로 인하여 장애물이 있는 경우에는 그러하지 아니하다.

제15조【전용차로의 설치】 ① 시장등은 원활한 교통을 확보하기 위하여 특히 필요한 경우에는 시·도경찰청장이나 경찰서장과 협의하여 도로에 전용차로(차의 종류나 승차 인원에 따라 지정된 차만 통행할 수 있는 차로를 말한다. 이하 같다)를 설치할 수 있다.(2020.12.22 본항개정)
② 전용차로의 종류, 전용차로로 통행할 수 있는 차와 그 밖에 전용차로의 운영에 필요한 사항은 대통령령으로 정한다.
③ 제2항에 따라 전용차로로 통행할 수 있는 차가 아니면 전용차로로 통행하여서는 아니 된다. 다만, 긴급자동차가 그 본래의 긴급한 용도로 운행되고 있는 경우 등 대통령령으로 정하는 경우에는 그러하지 아니하다.

제15조의2【자전거횡단도의 설치 등】 ① 시·도경찰청장은 도로를 횡단하는 자전거 운전자의 안전을 위하여 행정안전부령으로 정하는 기준에 따라 자전거횡단도를 설치할 수 있다.(2020.12.22 본항개정)
② 자전거등의 운전자가 자전거등을 타고 자전거횡단도가 따로 있는 도로를 횡단할 때에는 자전거횡단도를 이용하여야 한다.(2020.6.9 본항개정)
③ 차마의 운전자는 자전거등이 자전거횡단도를 통행하고 있을 때에는 자전거등의 횡단을 방해하거나 위험하게 하지 아니하도록 그 자전거횡단도 앞(정지선이 설치되어 있는 곳에서는 그 정지선을 말한다)에서 일시정지하여야 한다.
(2020.6.9 본항개정)

제16조【노면전차 전용로의 설치 등】 ① 시장등은 교통을 원활하게 하기 위하여 노면전차 전용도로 또는 전용차로를 설치하려는 경우에는 「도시철도법」 제7조제1항에 따른 도시철도사업계획의 승인 전에 다음 각 호의 사항에 대하여 시·도경찰청장과 협의하여야 한다. 사업 계획을 변경하려는 경우에도 또한 같다.(2020.12.22 전단개정)
1. 노면전차의 설치 방법 및 구간
2. 노면전차 전용로 내 교통안전시설의 설치
3. 그 밖에 노면전차 전용로의 관리에 관한 사항
② 노면전차의 운전자는 제1항에 따른 노면전차 전용도로 또는 전용차로로 통행하여야 하며, 차마의 운전자는 노면전차 전용도로 또는 전용차로를 다음 각 호의 경우를 제외하고는 통행하여서는 아니 된다.
1. 좌회전, 우회전, 횡단 또는 회전하기 위하여 궤도부지를 가로지르는 경우
2. 도로, 교통안전시설, 도로의 부속물 등의 보수를 위하여 진입이 불가피한 경우
3. 노면전차 전용차로에서 긴급자동차가 그 본래의 긴급한 용도로 운행되고 있는 경우
(2018.3.27 본조신설)

제17조【자동차등과 노면전차의 속도】 ① 자동차등(개인형 이동장치는 제외한다. 이하 이 조에서 같다)과 노면전차의 도로 통행 속도는 행정안전부령으로 정한다.(2020.6.9 본항개정)
② 경찰청장이나 시·도경찰청장은 도로에서 일어나는 위험을 방지하고 교통의 안전과 원활한 소통을 확보하기 위하여 필요하다고 인정하는 경우에는 다음 각 호의 구분에 따라 구역이나 구간을 지정하여 제1항에 따라 정한 속도를 제한할 수 있다.(2020.12.22 본문개정)
1. 경찰청장 : 고속도로
2. 시·도경찰청장 : 고속도로를 제외한 도로(2020.12.22 본호개정)
③ 자동차등과 노면전차의 운전자는 제1항과 제2항에 따른 최고속도보다 빠르게 운전하거나 최저속도보다 느리게 운전하여서는 아니 된다. 다만, 교통이 밀리거나 그 밖의 부득이한 사유로 최저속도보다 느리게 운전할 수밖에 없는 경우에는 그러하지 아니하다.(2018.3.27 본문개정)
(2018.3.27 본조제목개정)

제18조【횡단 등의 금지】 ① 차마의 운전자는 보행자나 다른 차마의 정상적인 통행을 방해할 우려가 있는 경우에는 차마를 운전하여 도로를 횡단하거나 유턴 또는 후진하여서는 아니 된다.
② 시·도경찰청장은 도로에서의 위험을 방지하고 교통의 안전과 원활한 소통을 확보하기 위하여 특히 필요하다고 인정하는 경우에는 도로의 구간을 지정하여 차마의 횡단이나 유턴 또는 후진을 금지할 수 있다.(2020.12.22 본항개정)
③ 차마의 운전자는 길가의 건물이나 주차장 등에서 도로에 들어갈 때에는 일단 정지한 후에 안전한지 확인하면서 서행하여야 한다.

제19조【안전거리 확보 등】 ① 모든 차의 운전자는 같은 방향으로 가고 있는 앞차의 뒤를 따르는 경우에는 앞차가 갑자기 정지하게 되는 경우 그 앞차와의 충돌을 피할 수 있는 필요한 거리를 확보하여야 한다.
② 자동차등의 운전자는 같은 방향으로 가고 있는 자전거등의 운전자에 주의하여야 하며, 그 옆을 지날 때에는 자전거등과의 충돌을 피할 수 있는 필요한 거리를 확보하여야 한다.
(2020.6.9 본항개정)
③ 모든 차의 운전자는 차의 진로를 변경하려는 경우에 그 변경하려는 방향으로 오고 있는 다른 차의 정상적인 통행에 장애를 줄 우려가 있을 때에는 진로를 변경하여서는 아니 된다.
④ 모든 차의 운전자는 위험방지를 위한 경우와 그 밖의 부득이한 경우가 아니면 운전하는 차를 갑자기 정지시키거나 속도를 줄이는 등의 급제동을 하여서는 아니 된다.

제20조【진로 양보의 의무】 ① 모든 차(긴급자동차는 제외한다)의 운전자는 뒤에서 따라오는 차보다 느린 속도로 가려는 경우에는 도로의 우측 가장자리로 피하여 진로를 양보하여야 한다. 다만, 통행 구분이 설치된 도로의 경우에는 그러하지 아니하다.
② 좁은 도로에서 긴급자동차 외의 자동차가 서로 마주보고 진행할 때에는 다음 각 호의 구분에 따른 자동차가 도로의 우측 가장자리로 피하여 진로를 양보하여야 한다.
1. 비탈진 좁은 도로에서 자동차가 서로 마주보고 진행하는 경우에는 올라가는 자동차
2. 비탈진 좁은 도로 외의 좁은 도로에서 사람을 태웠거나 물건을 실은 자동차와 동승자(同乘者)가 없고 물건을 싣지 아니한 자동차가 서로 마주보고 진행하는 경우에는 동승자가 없고 물건을 싣지 아니한 자동차

제21조【앞지르기 방법 등】 ① 모든 차의 운전자는 다른 차를 앞지르려면 앞차의 좌측으로 통행하여야 한다.
② 자전거등의 운전자는 서행하거나 정지한 다른 차를 앞지르려면 제1항에도 불구하고 앞차의 우측으로 통행할 수 있다. 이 경우 자전거등의 운전자는 정지한 차에서 승차하거나 하차하는 사람의 안전에 유의하여 서행하거나 필요한 경우 일시정지하여야 한다.(2020.6.9 본항개정)
③ 제1항과 제2항의 경우 앞지르려고 하는 모든 차의 운전자는 반대방향의 교통과 앞차 앞쪽의 교통에도 주의를 충분히 기울여야 하며, 앞차의 속도·진로와 그 밖의 도로상황에 따라 방향지시기·등화 또는 경음기(警音機)를 사용하는 등 안전한 속도와 방법으로 앞지르기를 하여야 한다.
④ 모든 차의 운전자는 제1항부터 제3항까지 또는 제60조제2항에 따른 방법으로 앞지르기를 하는 차가 있을 때에는 속

도를 높여 경쟁하거나 그 차의 앞을 가로막는 등의 방법으로 앞지르기를 방해하여서는 아니 된다.

제22조【앞지르기 금지의 시기 및 장소】 ① 모든 차의 운전자는 다음 각 호의 어느 하나에 해당하는 경우에는 앞차를 앞지르지 못한다.
1. 앞차의 좌측에 다른 차가 앞차와 나란히 가고 있는 경우
2. 앞차가 다른 차를 앞지르고 있거나 앞지르려고 하는 경우

② 모든 차의 운전자는 다음 각 호의 어느 하나에 해당하는 다른 차를 앞지르지 못한다.
1. 이 법이나 이 법에 따른 명령에 따라 정지하거나 서행하고 있는 차
2. 경찰공무원의 지시에 따라 정지하거나 서행하고 있는 차
3. 위험을 방지하기 위하여 정지하거나 서행하고 있는 차

③ 모든 차의 운전자는 다음 각 호의 어느 하나에 해당하는 곳에서는 다른 차를 앞지르지 못한다.
1. 교차로
2. 터널 안
3. 다리 위
4. 도로의 구부러진 곳, 비탈길의 고갯마루 부근 또는 가파른 비탈길의 내리막 등 시ㆍ도경찰청장이 도로에서의 위험을 방지하고 교통의 안전과 원활한 소통을 확보하기 위하여 필요하다고 인정하는 곳으로서 안전표지로 지정한 곳

(2020.12.22 본호개정)

판례 앞지르기 금지장소에서 선행차량이 진로를 양보하였다 하더라도 앞지르기를 하는 것은 위법이다.(대판 2005.1.27, 2004도8062)

제23조【끼어들기의 금지】 모든 차의 운전자는 제22조제2항 각 호의 어느 하나에 해당하는 다른 차 앞으로 끼어들지 못한다.

제24조【철길 건널목의 통과】 ① 모든 차 또는 노면전차의 운전자는 철길 건널목(이하 "건널목"이라 한다)을 통과하려는 경우에는 건널목 앞에서 일시정지하여 안전한지 확인한 후에 통과하여야 한다. 다만, 신호기 등이 표시하는 신호에 따르는 경우에는 정지하지 아니하고 통과할 수 있다.

② 모든 차 또는 노면전차의 운전자는 건널목의 차단기가 내려져 있거나 내려지려고 하는 경우 또는 건널목의 경보기가 울리고 있는 동안에는 그 건널목으로 들어가서는 아니 된다.

③ 모든 차 또는 노면전차의 운전자는 건널목을 통과하다가 고장 등의 사유로 건널목 안에서 차 또는 노면전차를 운행할 수 없게 된 경우에는 즉시 승객을 대피시키고 비상신호기 등을 사용하거나 그 밖의 방법으로 철도공무원이나 경찰공무원에게 그 사실을 알려야 한다.

(2018.3.27 본조개정)

제25조【교차로 통행방법】 ① 모든 차의 운전자는 교차로에서 우회전을 하려는 경우에는 미리 도로의 우측 가장자리를 서행하면서 우회전하여야 한다. 이 경우 우회전하는 차의 운전자는 신호에 따라 정지하거나 진행하는 보행자 또는 자전거등에 주의하여야 한다.(2020.6.9 후단개정)

② 모든 차의 운전자는 교차로에서 좌회전을 하려는 경우에는 미리 도로의 중앙선을 따라 서행하면서 교차로의 중심 안쪽을 이용하여 좌회전하여야 한다. 다만, 시ㆍ도경찰청장이 교차로의 상황에 따라 특히 필요하다고 인정하여 지정한 곳에서는 교차로의 중심 바깥쪽을 통과할 수 있다.

(2020.12.22 단서개정)

③ 제2항에도 불구하고 자전거등의 운전자는 교차로에서 좌회전하려는 경우에는 미리 도로의 우측 가장자리로 붙어 서행하면서 교차로의 가장자리 부분을 이용하여 좌회전하여야 한다.(2020.6.9 본항개정)

④ 제1항부터 제3항까지의 규정에 따라 우회전이나 좌회전을 하기 위하여 손이나 방향지시기 또는 등화로써 신호를 하는 차가 있는 경우에 그 뒤차의 운전자는 신호를 한 앞차의 진행을 방해하여서는 아니 된다.

⑤ 모든 차 또는 노면전차의 운전자는 신호기로 교통정리를 하고 있는 교차로에 들어가려는 경우에는 진행하려는 진로의 앞쪽에 있는 차 또는 노면전차의 상황에 따라 교차로(정지선이 설치되어 있는 경우에는 그 정지선을 넘은 부분을 말한다)에 정지하게 되어 다른 차 또는 노면전차의 통행에 방해가 될 우려가 있는 경우에는 그 교차로에 들어가서는 아니 된다.(2018.3.27 본항개정)

⑥ 모든 차의 운전자는 교통정리를 하고 있지 아니하고 일시정지나 양보를 표시하는 안전표지가 설치되어 있는 교차로에 들어가려고 할 때에는 다른 차의 진행을 방해하지 아니하도록 일시정지하거나 양보하여야 한다.

제25조의2【회전교차로 통행방법】 ① 모든 차의 운전자는 회전교차로에서는 반시계방향으로 통행하여야 한다.

② 모든 차의 운전자는 회전교차로에 진입하려는 경우에는 서행하거나 일시정지하여야 하며, 이미 진행하고 있는 다른 차가 있는 때에는 그 차에 진로를 양보하여야 한다.

③ 제1항 및 제2항에 따라 회전교차로 통행을 위하여 손이나 방향지시기 또는 등화로써 신호를 하는 차가 있는 경우 그 뒤차의 운전자는 신호를 한 앞차의 진행을 방해하여서는 아니 된다.

(2022.1.11 본조신설)

제26조【교통정리가 없는 교차로에서의 양보운전】 ① 교통정리를 하고 있지 아니하는 교차로에 들어가려고 하는 차의 운전자는 이미 교차로에 들어가 있는 다른 차가 있을 때에는 그 차에 진로를 양보하여야 한다.

② 교통정리를 하고 있지 아니하는 교차로에 들어가려고 하는 차의 운전자는 그 차가 통행하고 있는 도로의 폭보다 교차하는 도로의 폭이 넓은 경우에는 서행하여야 하며, 폭이 넓은 도로로부터 교차로에 들어가려고 하는 다른 차가 있을 때에는 그 차에 진로를 양보하여야 한다.

③ 교통정리를 하고 있지 아니하는 교차로에 동시에 들어가려고 하는 차의 운전자는 우측도로의 차에 진로를 양보하여야 한다.

④ 교통정리를 하고 있지 아니하는 교차로에서 좌회전하려고 하는 차의 운전자는 그 교차로에서 직진하거나 우회전하려는 다른 차가 있을 때에는 그 차에 진로를 양보하여야 한다.

제27조【보행자의 보호】 ① 모든 차 또는 노면전차의 운전자는 보행자(제13조의2제6항에 따라 자전거등에서 내려서 자전거등을 끌거나 들고 통행하는 자전거등의 운전자를 포함한다)가 횡단보도를 통행하고 있거나 통행하려고 하는 때에는 보행자의 횡단을 방해하거나 위험을 주지 아니하도록 그 횡단보도 앞(정지선이 설치되어 있는 곳에서는 그 정지선을 말한다)에서 일시정지하여야 한다.(2022.1.11 본항개정)

② 모든 차 또는 노면전차의 운전자는 교통정리를 하고 있는 교차로에서 좌회전이나 우회전을 하려는 경우에는 신호기 또는 경찰공무원등의 신호나 지시에 따라 도로를 횡단하는 보행자의 통행을 방해하여서는 아니 된다.(2018.3.27 본항개정)

③ 모든 차의 운전자는 교통정리를 하고 있지 아니하는 교차로 또는 그 부근의 도로를 횡단하는 보행자의 통행을 방해하여서는 아니 된다.

④ 모든 차의 운전자는 도로에 설치된 안전지대에 보행자가 있는 경우와 차로가 설치되지 아니한 좁은 도로에서 보행자의 옆을 지나는 경우에는 안전한 거리를 두고 서행하여야 한다.

⑤ 모든 차 또는 노면전차의 운전자는 보행자가 제10조제3항에 따라 횡단보도가 설치되어 있지 아니한 도로를 횡단하고 있을 때에는 안전거리를 두고 일시정지하여 보행자가 안전하게 횡단할 수 있도록 하여야 한다.(2018.3.27 본항개정)

⑥ 모든 차의 운전자는 다음 각 호의 어느 하나에 해당하는 곳에서 보행자의 옆을 지나는 경우에는 안전한 거리를 두고 서행하여야 하며, 보행자의 통행에 방해가 될 때에는 서행하거나 일시정지하여 보행자가 안전하게 통행할 수 있도록 하여야 한다.
1. 보도와 차도가 구분되지 아니한 도로 중 중앙선이 없는 도로
2. 보행자우선도로
3. 도로 외의 곳

(2022.1.11 본항개정)

⑦ 모든 차 또는 노면전차의 운전자는 제12조제1항에 따른 어린이 보호구역 내에 설치된 횡단보도 중 신호기가 설치되지 아니한 횡단보도 앞(정지선이 설치된 경우에는 그 정지선을 말한다)에서는 보행자의 횡단 여부와 관계없이 일시정지하여야 한다.(2022.1.11 본항신설)

판례 트럭을 운전하여 보행자용 신호기가 설치되어 있지 않은 횡단보도를 통과하다가 횡단보도를 건너는 피해자를 뒤늦게 발견하고 급정거하는 바람에 교통사고가 발생한 경우, 자동차의 운전자가 통상 예견되는 상황에 대비하여 결과를 회피할 수 있는 정도의 주의의무를 다하지 못한 것이 교통사고 발생의 직접적인 원인이 되었다면, 비록 자동차가 보행자를 직접 충격한 것이 아니고 보행자가 자동차의 급정거에 놀라 도로에 넘어져 상해를 입은 경우라고 할지라도, 업무상 주의의무 위반과 교통사고 발생 사이에 상당인과관계를 인정할 수 있다.(대판 2022.6.16, 2022도1401)

제28조【보행자전용도로의 설치】 ① 시·도경찰청장이나 경찰서장은 보행자의 통행을 보호하기 위하여 특히 필요한 경우에는 도로에 보행자전용도로를 설치할 수 있다.
(2020.12.22 본항개정)
② 차마 또는 노면전차의 운전자는 제1항에 따른 보행자전용도로를 통행하여서는 아니 된다. 다만, 시·도경찰청장이나 경찰서장은 특히 필요하다고 인정하는 경우에는 보행자전용도로에 차마의 통행을 허용할 수 있다.(2020.12.22 단서개정)
③ 제2항 단서에 따라 보행자전용도로의 통행이 허용된 차마의 운전자는 보행자를 위험하게 하거나 보행자의 통행을 방해하지 아니하도록 차마를 보행자의 걸음 속도로 운행하거나 일시정지하여야 한다.

제28조의2【보행자우선도로】 시·도경찰청장이나 경찰서장은 보행자우선도로에서 보행자를 보호하기 위하여 필요하다고 인정하는 경우에는 차마의 통행속도를 시속 20킬로미터 이내로 제한할 수 있다.(2022.1.11 본조신설)

제29조【긴급자동차의 우선 통행】 ① 긴급자동차는 제13조제3항에도 불구하고 긴급하고 부득이한 경우에는 도로의 중앙이나 좌측 부분을 통행할 수 있다.
② 긴급자동차는 이 법이나 이 법에 따른 명령에 따라 정지하여야 하는 경우에도 불구하고 긴급하고 부득이한 경우에는 정지하지 아니할 수 있다.
③ 긴급자동차의 운전자는 제1항이나 제2항의 경우에 교통안전에 특히 주의하면서 통행하여야 한다.
④ 교차로나 그 부근에서 긴급자동차가 접근하는 경우에는 차마와 노면전차의 운전자는 교차로를 피하여 일시정지하여야 한다.(2018.3.27 본항개정)
⑤ 모든 차와 노면전차의 운전자는 제4항에 따른 곳 외의 곳에서 긴급자동차가 접근한 경우에는 긴급자동차가 우선통행할 수 있도록 진로를 양보하여야 한다.(2018.3.27 본항개정)
⑥ 제2조제22호 각 목의 자동차 운전자는 해당 자동차를 그 본래의 긴급한 용도로 운행하지 아니하는 경우에는 「자동차관리법」에 따라 설치된 경광등을 켜거나 사이렌을 작동하여서는 아니 된다. 다만, 대통령령으로 정하는 바에 따라 범죄 및 화재 예방 등을 위한 순찰·훈련 등을 실시하는 경우에는 그러하지 아니하다.(2016.1.27 본항신설)

제30조【긴급자동차에 대한 특례】 긴급자동차에 대하여는 다음 각 호의 사항을 적용하지 아니한다. 다만, 제4호부터 제12호까지의 사항은 긴급자동차 중 제2조제22호가목부터 다목까지의 자동차와 대통령령으로 정하는 경찰용 자동차에 대해서만 적용하지 아니한다(2021.1.12 단서신설)
1. 제17조에 따른 자동차등의 속도 제한. 다만, 제17조에 따라 긴급자동차에 대하여 속도를 제한한 경우에는 같은 조의 규정을 적용한다.
2. 제22조에 따른 앞지르기의 금지
3. 제23조에 따른 끼어들기의 금지
4. 제5조에 따른 신호위반
5. 제13조제1항에 따른 보도침범
6. 제13조제3항에 따른 중앙선 침범
7. 제18조에 따른 횡단 등의 금지
8. 제19조에 따른 안전거리 확보 등
9. 제21조제1항에 따른 앞지르기 방법 등
10. 제32조에 따른 정차 및 주차의 금지
11. 제33조에 따른 주차금지
12. 제66조에 따른 고장 등의 조치
(2021.1.12 4호~12호신설)

제31조【서행 또는 일시정지할 장소】 ① 모든 차 또는 노면전차의 운전자는 다음 각 호의 어느 하나에 해당하는 곳에서는 서행하여야 한다.(2018.3.27 본문개정)
1. 교통정리를 하고 있지 아니하는 교차로
2. 도로가 구부러진 부근
3. 비탈길의 고갯마루 부근
4. 가파른 비탈길의 내리막
5. 시·도경찰청장이 도로에서의 위험을 방지하고 교통의 안전과 원활한 소통을 확보하기 위하여 필요하다고 인정하여 안전표지로 지정한 곳(2020.12.22 본호개정)

② 모든 차 또는 노면전차의 운전자는 다음 각 호의 어느 하나에 해당하는 곳에서는 일시정지하여야 한다.(2018.3.27 본문개정)
1. 교통정리를 하고 있지 아니하고 좌우를 확인할 수 없거나 교통이 빈번한 교차로
2. 시·도경찰청장이 도로에서의 위험을 방지하고 교통의 안전과 원활한 소통을 확보하기 위하여 필요하다고 인정하여 안전표지로 지정한 곳(2020.12.22 본호개정)

제32조【정차 및 주차의 금지】 모든 차의 운전자는 다음 각 호의 어느 하나에 해당하는 곳에서는 차를 정차하거나 주차하여서는 아니 된다. 다만, 이 법이나 이 법에 따른 명령 또는 경찰공무원의 지시를 따르는 경우와 위험방지를 위하여 일시정지하는 경우에는 그러하지 아니하다.
1. 교차로·횡단보도·건널목이나 보도와 차도가 구분된 도로의 보도(「주차장법」에 따라 차도와 보도에 걸쳐서 설치된 노상주차장은 제외한다)
2. 교차로의 가장자리나 도로의 모퉁이로부터 5미터 이내인 곳
3. 안전지대가 설치된 도로에서는 그 안전지대의 사방으로부터 각각 10미터 이내인 곳
4. 버스여객자동차의 정류지(停留地)임을 표시하는 기둥이나 표지판 또는 선이 설치된 곳으로부터 10미터 이내인 곳. 다만, 버스여객자동차의 운전자가 그 버스여객자동차의 운행시간 중에 운행노선에 따르는 정류장에서 승객을 태우거나 내리기 위하여 차를 정차하거나 주차하는 경우에는 그러하지 아니하다.
5. 건널목의 가장자리 또는 횡단보도로부터 10미터 이내인 곳
6. 다음 각 목의 곳으로부터 5미터 이내인 곳
  가. 「소방기본법」 제10조에 따른 소방용수시설 또는 비상소화장치가 설치된 곳
  나. 「소방시설 설치 및 관리에 관한 법률」 제2조제1항제1호에 따른 소방시설로서 대통령령으로 정하는 시설이 설치된 곳(2021.11.30 본목개정)
(2018.2.9 본호신설)
7. 시·도경찰청장이 도로에서의 위험을 방지하고 교통의 안전과 원활한 소통을 확보하기 위하여 필요하다고 인정하여 지정한 곳(2020.12.22 본호개정)
8. 시장등이 제12조제1항에 따라 지정한 어린이 보호구역
(2020.10.20 본호신설)

제33조【주차금지의 장소】 모든 차의 운전자는 다음 각 호의 어느 하나에 해당하는 곳에 차를 주차해서는 아니 된다.
1. 터널 안 및 다리 위
2. 다음 각 목의 곳으로부터 5미터 이내인 곳
  가. 도로공사를 하고 있는 경우에는 그 공사 구역의 양쪽 가장자리
  나. 「다중이용업소의 안전관리에 관한 특별법」에 따른 다중이용업소의 영업장이 속한 건축물로 소방본부장의 요청에 의하여 시·도경찰청장이 지정한 곳(2020.12.22 본목개정)

3. 시·도경찰청장이 도로에서의 위험을 방지하고 교통의 안전과 원활한 소통을 확보하기 위하여 필요하다고 인정하여 지정한 곳(2020.12.22 본호개정)
(2018.2.9 본조개정)

제34조【정차 또는 주차의 방법 및 시간의 제한】 도로 또는 노상주차장에 정차하거나 주차하려고 하는 차의 운전자는 차를 차도의 우측 가장자리에 정차하는 등 대통령령으로 정하는 정차 또는 주차의 방법·시간과 금지사항 등을 지켜야 한다.

제34조의2【정차 또는 주차를 금지하는 장소의 특례】 ① 다음 각 호의 어느 하나에 해당하는 경우에는 제32조제1호·제4호·제5호·제7호·제8호 또는 제33조제3호에도 불구하고 정차하거나 주차할 수 있다.
1. 「자전거 이용 활성화에 관한 법률」 제2조제2호에 따른 자전거이용시설 중 전기자전거 충전소 및 자전거주차장치에 자전거를 정차 또는 주차하는 경우
2. 시장등의 요청에 따라 시·도경찰청장이 안전표지로 자전거등의 정차 또는 주차를 허용한 경우

② 시·도경찰청장이 안전표지로 구역·시간·방법 및 차의 종류를 정하여 정차나 주차를 허용한 곳에서는 제32조제7호·제8호 또는 제33조제3호에도 불구하고 정차하거나 주차할 수 있다.
(2021.1.12 본조개정)

제34조의3【경사진 곳에서의 정차 또는 주차의 방법】 경사진 곳에 정차하거나 주차(도로 외의 경사진 곳에서 정차하거나 주차하는 경우를 포함한다)하려는 자동차의 운전자는 대통령령으로 정하는 바에 따라 고임목을 설치하거나 조향장치(操向裝置)를 도로의 가장자리 방향으로 돌려놓는 등 미끄럼 사고의 발생을 방지하기 위한 조치를 취하여야 한다.
(2018.3.27 본조신설)

제35조【주차위반에 대한 조치】 ① 다음 각 호의 어느 하나에 해당하는 사람은 제32조·제33조 또는 제34조를 위반하여 주차하고 있는 차가 교통에 위험을 일으키게 하거나 방해될 우려가 있을 때에는 차의 운전자 또는 관리 책임이 있는 사람에게 주차 방법을 변경하거나 그 곳으로부터 이동할 것을 명할 수 있다.
1. 경찰공무원
2. 시장등(도지사를 포함한다. 이하 이 조에서 같다)이 대통령령으로 정하는 바에 따라 임명하는 공무원(이하 "시·군공무원"이라 한다)

② 경찰서장이나 시장등은 제1항의 경우 차의 운전자나 관리 책임이 있는 사람이 현장에 없을 때에는 도로에서 일어나는 위험을 방지하고 교통의 안전과 원활한 소통을 확보하기 위하여 필요한 범위에서 그 차의 주차방법을 직접 변경하거나 변경에 필요한 조치를 할 수 있으며, 부득이한 경우에는 관할 경찰서나 경찰서장 또는 시장등이 지정하는 곳으로 이동하게 할 수 있다.
③ 경찰서장이나 시장등은 제2항에 따라 주차위반 차를 관할 경찰서나 경찰서장 또는 시장등이 지정하는 곳으로 이동시킨 경우에는 선량한 관리자로서의 주의의무를 다하여 보관하여야 하며, 그 사실을 차의 사용자(소유자 또는 소유자로부터 차의 관리에 관한 위탁을 받은 사람을 말한다. 이하 같다)나 운전자에게 신속히 알리는 등 반환에 필요한 조치를 하여야 한다.
④ 제3항의 경우 차의 사용자나 운전자의 성명·주소를 알 수 없을 때에는 대통령령으로 정하는 방법에 따라 공고하여야 한다.
⑤ 경찰서장이나 시장등은 제3항과 제4항에 따라 차의 반환에 필요한 조치 또는 공고를 하였음에도 불구하고 그 차의 사용자나 운전자가 조치 또는 공고를 한 날부터 1개월 이내에 그 반환을 요구하지 아니할 때에는 대통령령으로 정하는 바에 따라 그 차를 매각하거나 폐차할 수 있다.
⑥ 제2항부터 제5항까지의 규정에 따른 주차위반 차의 이동·보관·공고·매각 또는 폐차 등에 들어간 비용은 그 차의 사용자가 부담한다. 이 경우 그 비용의 징수에 관하여는 「행정대집행법」 제5조 및 제6조를 적용한다.
⑦ 제5항에 따라 차를 매각하거나 폐차한 경우 그 차의 이동·보관·공고·매각 또는 폐차 등에 들어간 비용을 충당하고 남은 금액이 있는 경우에는 그 금액을 그 차의 사용자에게 지급하여야 한다. 다만, 그 차의 사용자에게 지급할 수 없는 경우에는 「공탁법」에 따라 그 금액을 공탁하여야 한다.

제36조【차의 견인 및 보관업무 등의 대행】 ① 경찰서장이나 시장등은 제35조에 따라 견인하도록 한 차의 견인·보관 및 반환 업무의 전부 또는 일부를 그에 필요한 인력·시설·장비 등 자격요건을 갖춘 법인·단체 또는 개인(이하 "법인등"이라 한다)으로 하여금 대행하게 할 수 있다.
② 제1항에 따라 차의 견인·보관 및 반환 업무를 대행하는 법인등이 갖추어야 하는 인력·시설 및 장비 등의 요건과 그 밖에 업무의 대행에 필요한 사항은 대통령령으로 정한다.
③ 경찰서장이나 시장등은 제1항에 따라 차의 견인·보관 및 반환 업무를 대행하게 하는 경우에는 그 업무의 수행에 필요한 조치와 교육을 명할 수 있다.
④ 제1항에 따라 차의 견인·보관 및 반환 업무를 대행하는 법인등의 담당 임원 및 직원은 「형법」 제129조부터 제132조까지의 규정을 적용할 때에는 공무원으로 본다.

제37조【차와 노면전차의 등화】 ① 모든 차 또는 노면전차의 운전자는 다음 각 호의 어느 하나에 해당하는 경우에는 대통령령으로 정하는 바에 따라 전조등(前照燈), 차폭등(車幅燈), 미등(尾燈)과 그 밖의 등화를 켜야 한다.
1. 밤(해가 진 후부터 해가 뜨기 전까지를 말한다. 이하 같다)에 도로에서 차 또는 노면전차를 운행하거나 고장이나 그 밖의 부득이한 사유로 도로에서 차를 정차 또는 주차하는 경우
2. 안개가 끼거나 비 또는 눈이 올 때에 도로에서 차 또는 노면전차를 운행하거나 고장이나 그 밖의 부득이한 사유로 도로에서 차 또는 노면전차를 정차 또는 주차하는 경우
3. 터널 안을 운행하거나 고장 또는 그 밖의 부득이한 사유로 터널 안 도로에서 차 또는 노면전차를 정차 또는 주차하는 경우

② 모든 차 또는 노면전차의 운전자는 밤에 차 또는 노면전차가 서로 마주보고 진행하거나 앞차의 바로 뒤를 따라가는 경우에는 대통령령으로 정하는 바에 따라 등화의 밝기를 줄이거나 잠시 등화를 끄는 등의 필요한 조작을 하여야 한다.
(2018.3.27 본조개정)

제38조【차의 신호】 ① 모든 차의 운전자는 좌회전·우회전·횡단·유턴·서행·정지 또는 후진을 하거나 같은 방향으로 진행하면서 진로를 바꾸려고 하는 경우와 회전교차로에 진입하거나 회전교차로에서 진출하는 경우에는 손이나 방향지시기 또는 등화로써 그 행위가 끝날 때까지 신호를 하여야 한다.(2022.1.11 본항개정)
② 제1항의 신호를 하는 시기와 방법은 대통령령으로 정한다.

제39조【승차 또는 적재의 방법과 제한】 ① 모든 차의 운전자는 승차 인원, 적재중량 및 적재용량에 관하여 대통령령으로 정하는 운행상의 안전기준을 넘어서 승차시키거나 적재한 상태로 운전하여서는 아니 된다. 다만, 출발지를 관할하는 경찰서장의 허가를 받은 경우에는 그러하지 아니하다.
② 제1항 단서에 따른 허가를 받으려는 차가 「도로법」 제77조제1항 단서에 따른 운행허가를 받아야 하는 차에 해당하는 경우에는 제14조제4항을 준용한다.(2014.12.30 본항신설)
③ 모든 차 또는 노면전차의 운전자는 운전 중 타고 있는 사람 또는 타고 내리는 사람이 떨어지지 아니하도록 하기 위하여 문을 정확히 여닫는 등 필요한 조치를 하여야 한다.
(2018.3.27 본항개정)
④ 모든 차의 운전자는 운전 중 실은 화물이 떨어지지 아니하도록 덮개를 씌우거나 묶는 등 확실하게 고정될 수 있도록 필요한 조치를 하여야 한다.
⑤ 모든 차의 운전자는 영유아나 동물을 안고 운전 장치를 조작하거나 운전석 주위에 물건을 싣는 등 안전에 지장을 줄 우려가 있는 상태로 운전하여서는 아니 된다.(2014.12.30 본항개정)
⑥ 시·도경찰청장은 도로에서의 위험을 방지하고 교통의 안전과 원활한 소통을 확보하기 위하여 필요하다고 인정하

는 경우에는 차의 운전자에 대하여 승차 인원, 적재중량 또는 적재용량을 제한할 수 있다.(2020.12.22 본항개정)

제39조의2【적재량 측정자료의 제공】 ① 시·도경찰청장은 운전자가 제39조제1항에 따른 적재중량과 적재용량에 관한 안전기준을 위반하였는지 여부를 확인하기 위하여 필요한 경우 「도로법」에 따른 도로관리청(「도로법」 제112조에 따라 국토교통부장관의 권한을 대행하는 한국도로공사를 포함한다. 이하 이 조에서 같다)에 같은 법 제77조제4항에 따라 적재량을 측정한 자료(이하 "적재량 측정자료"라 한다)의 제공을 요청할 수 있다.
② 제1항에 따라 적재량 측정자료의 제공을 요청받은 도로관리청은 특별한 사유가 없으면 이를 제공하여야 한다.
③ 제1항에 따른 자료 제공 요청의 방법, 범위 등에 관한 사항은 대통령령으로 정한다.
(2025.1.7 본조신설)

제40조【정비불량차의 운전 금지】 모든 차의 사용자, 정비책임자 또는 운전자는 「자동차관리법」, 「건설기계관리법」이나 그 법에 따른 명령에 의한 장치가 정비되어 있지 아니한 차(이하 "정비불량차"라 한다)를 운전하도록 시키거나 운전하여서는 아니 된다.

제41조【정비불량차의 점검】 ① 경찰공무원은 정비불량차에 해당한다고 인정하는 차가 운행되고 있는 경우에는 우선 그 차를 정지시킨 후, 운전자에게 그 차의 자동차등록증 또는 자동차 운전면허증을 제시하도록 요구하고 그 차의 장치를 점검할 수 있다.
② 경찰공무원은 제1항에 따라 점검한 결과 정비불량 사항이 발견된 경우에는 그 정비불량 상태의 정도에 따라 그 차의 운전자로 하여금 응급조치를 하게 한 후에 운전을 하도록 하거나 도로 또는 교통 상황을 고려하여 통행구간, 통행로와 위험방지를 위한 필요한 조건을 정한 후 그에 따라 운전을 계속하게 할 수 있다.
③ 시·도경찰청장은 제2항에도 불구하고 정비 상태가 매우 불량하여 위험발생의 우려가 있는 경우에는 그 차의 자동차등록증을 보관하고 운전의 일시정지를 명할 수 있다. 이 경우 필요하면 10일의 범위에서 정비기간을 정하여 그 차의 사용을 정지시킬 수 있다.(2020.12.22 전단개정)
④ 제1항부터 제3항까지의 규정에 따른 장치의 점검 및 사용의 정지에 필요한 사항은 대통령령으로 정한다.

제42조【유사 표지의 제한 및 운행금지】 ① 누구든지 자동차등(개인형 이동장치는 제외한다)에 교통단속용자동차·범죄수사용자동차나 그 밖의 긴급자동차와 유사하거나 혐오감을 주는 도색(塗色)이나 표지 등을 하거나 그러한 도색이나 표지 등을 한 자동차등을 운전하여서는 아니 된다.
(2020.6.9 본항개정)
② 제1항에 따라 제한되는 도색이나 표지 등의 범위는 대통령령으로 정한다.

제4장 운전자 및 고용주 등의 의무
(2011.6.8 본장개정)

제43조【무면허운전 등의 금지】 누구든지 제80조에 따라 시·도경찰청장으로부터 운전면허를 받지 아니하거나 운전면허의 효력이 정지된 경우에는 자동차등을 운전하여서는 아니 된다.(2021.1.12 본조개정)

판례 이 조는 무면허운전 등을 금지하면서 "누구든지 제80조의 규정에 의하여 지방경찰청장으로부터 운전면허를 받지 아니하거나 운전면허의 효력이 정지된 경우에는 자동차 등을 운전하여서는 아니된다"고 정하여, 운전자의 금지사항으로 운전면허를 받지 아니한 경우와 운전면허의 효력이 정지된 경우를 구별하여 대등하게 나열하고 있다. 그렇다면 '운전면허를 받지 아니하고'라는 법률문언의 통상적인 의미에 '운전면허를 받았으나 그 후 운전면허의 효력이 정지된 경우'가 당연히 포함된다고는 해석할 수 없다.
(대판 2011.8.25, 2011도7725)

제44조【술에 취한 상태에서의 운전 금지】 ① 누구든지 술에 취한 상태에서 자동차등(「건설기계관리법」 제26조제1항 단서에 따른 건설기계 외의 건설기계를 포함한다. 이하 이 조, 제45조, 제47조, 제50조의3, 제93조제1항제1호부터 제4호까지 및 제148조의2에서 같다), 노면전차 또는 자전거를 운전하여서는 아니 된다.(2023.10.24 본항개정)
② 경찰공무원은 교통의 안전과 위험방지를 위하여 필요하다고 인정하거나 제1항을 위반하여 술에 취한 상태에서 자동차등, 노면전차 또는 자전거를 운전하였다고 인정할 만한 상당한 이유가 있는 경우에는 운전자가 술에 취하였는지를 호흡조사로 측정할 수 있다. 이 경우 운전자는 경찰공무원의 측정에 응하여야 한다.(2018.3.27 전단개정)
③ 제2항에 따른 측정 결과에 불복하는 운전자에 대하여는 그 운전자의 동의를 받아 혈액 채취 등의 방법으로 다시 측정할 수 있다.
④ 제1항에 따라 운전이 금지되는 술에 취한 상태의 기준은 운전자의 혈중알코올농도가 0.03퍼센트 이상인 경우로 한다.
(2018.12.24 본항개정)
⑤ 술에 취한 상태에 있다고 인정할 만한 상당한 이유가 있는 사람은 자동차등, 노면전차 또는 자전거를 운전한 후 제2항 또는 제3항에 따른 측정을 곤란하게 할 목적으로 추가로 술을 마시거나 혈중알코올농도에 영향을 줄 수 있는 의약품 등 행정안전부령으로 정하는 물품을 사용하는 행위(이하 "음주측정방해행위"라 한다. 이하 같다)를 하여서는 아니 된다.
(2024.12.3 본항신설)
⑥ 제2항 및 제3항에 따른 측정의 방법, 절차 등 필요한 사항은 행정안전부령으로 정한다.(2023.1.3 본항신설)

판례 음주운전에 대한 수사 과정에서 음주운전 혐의가 있는 운전자에 대하여 호흡측정이 이루어진 경우에는 그에 따라 과학적이고 중립적인 호흡측정 수치가 도출된 이상 다시 음주측정을 할 필요성은 사라졌으므로 운전자의 불복이 없는 한 다시 음주측정을 하는 것은 원칙적으로 허용되지 아니한다. 그러나 운전자의 태도와 외관, 운전 행태 등에서 드러나는 주취 정도, 운전자가 마신 술의 종류와 양, 운전자가 사고를 야기하였다면 경위와 피해 정도, 목격자들의 진술 등 호흡측정 당시의 구체적 상황에 비추어 호흡측정기의 오작동 등으로 인하여 호흡측정 결과에 오류가 있다고 인정할 만한 객관적이고 합리적인 사정이 있는 경우라면 그러한 호흡측정 수치를 얻은 것만으로는 수사의 목적을 달성하였다고 할 수 없어 추가로 음주측정을 할 필요성이 있으므로, 경찰관이 음주운전 혐의를 제대로 밝히기 위하여 운전자의 자발적인 동의를 얻어 혈액 채취에 의한 측정의 방법으로 다시 음주측정을 하는 것을 위법하다고 볼 수는 없다. 이 경우 운전자가 일단 호흡측정에 응한 이상 재차 음주측정에 응할 의무까지 당연히 있다고 할 수는 없으므로, 운전자의 혈액 채취에 대한 동의의 임의성을 담보하기 위하여는 경찰관이 미리 운전자에게 혈액 채취를 거부할 수 있음을 알려주었거나 운전자가 언제든지 자유로이 혈액 채취에 응하지 아니할 수 있었음이 인정되는 등 운전자의 자발적인 의사에 의하여 혈액 채취가 이루어졌다는 것이 객관적인 사정에 의하여 명백한 경우에 한하여 혈액 채취에 의한 측정의 적법성이 인정된다.(대판 2015.7.9, 2014도16051)

판례 음주운전으로 인한 도로교통법 위반죄의 보호법익과 처벌방법을 고려할 때, 혈중알콜농도 0.05% 이상의 음주상태로 동일한 차량을 일정기간 계속하여 운전하다가 1회 음주측정을 받았다면 이러한 음주운전행위는 동일 죄명에 해당하는 연속된 행위로서 단일하고 계속된 범의하에 일정기간 계속하여 행하고 그 피해법익도 동일한 경우이므로 포괄일죄에 해당한다.(대판 2007.7.26, 2007도4404)

판례 음주측정 결과를 유죄의 증거로 삼기 위한 요건 : 음주측정을 함에 있어서는 음주측정 기계나 운전자의 구강 내에 남아 있는 잔류 알코올로 인하여 잘못된 결과가 나오지 않도록 미리 필요한 조치를 취하는 등 음주측정은 그 측정결과의 정확성과 객관성이 담보될 수 있는 공정한 방법과 절차에 따라 이루어져야 하고, 만약 당해 음주측정 결과가 이러한 방법과 절차에 의하여 얻어진 것이 아니라면 이를 쉽사리 유죄의 증거로 삼아서는 아니 될 것이다.
(대판 2006.5.26, 2005도7528)

제45조【과로한 때 등의 운전 금지】 자동차등(개인형 이동장치는 제외한다) 또는 노면전차의 운전자는 제44조에 따른 술에 취한 상태 외에 과로, 질병 또는 약물(마약, 대마 및 향정신성의약품과 그 밖에 행정안전부령으로 정하는 것을 말한다. 이하 같다)의 영향과 그 밖의 사유로 정상적으로 운전하지 못할 우려가 있는 상태에서 자동차등 또는 노면전차를 운전하여서는 아니 된다.(2020.6.9 본조개정)

제46조【공동 위험행위의 금지】 ① 자동차등(개인형 이동장치는 제외한다. 이하 이 조에서 같다)의 운전자는 도로에서 2명 이상이 공동으로 2대 이상의 자동차등을 정당한 사유 없이 앞뒤로 또는 좌우로 줄지어 통행하면서 다른 사람

에게 위해(危害)를 끼치거나 교통상의 위험을 발생하게 하여서는 아니 된다.(2020.6.9 본항개정)
② 자동차등의 동승자는 제1항에 따른 공동 위험행위를 주도하여서는 아니 된다.

제46조의2【교통단속용 장비의 기능방해 금지】 누구든지 교통단속을 회피할 목적으로 교통단속용 장비의 기능을 방해하는 장치를 제작·수입·판매 또는 장착하여서는 아니 된다.

제46조의3【난폭운전 금지】 자동차등(개인형 이동장치는 제외한다)의 운전자는 다음 각 호 중 둘 이상의 행위를 연달아 하거나, 하나의 행위를 지속 또는 반복하여 다른 사람에게 위협 또는 위해를 가하거나 교통상의 위험을 발생하게 하여서는 아니 된다.(2020.6.9 본문개정)
1. 제5조에 따른 신호 또는 지시 위반
2. 제13조제3항에 따른 중앙선 침범
3. 제17조제3항에 따른 속도의 위반
4. 제18조제1항에 따른 횡단·유턴·후진 금지 위반
5. 제19조에 따른 안전거리 미확보, 진로변경 금지 위반, 급제동 금지 위반
6. 제21조제1항·제3항 및 제4항에 따른 앞지르기 방법 또는 앞지르기의 방해금지 위반
7. 제49조제1항제8호에 따른 정당한 사유 없는 소음 발생
8. 제60조제2항에 따른 고속도로에서의 앞지르기 방법 위반
9. 제62조에 따른 고속도로등에서의 횡단·유턴·후진 금지 위반

(2015.8.11 본조신설)

제47조【위험방지를 위한 조치】 ① 경찰공무원은 자동차등 또는 노면전차의 운전자가 제43조부터 제45조까지의 규정을 위반하여 자동차등 또는 노면전차를 운전하고 있다고 인정되는 경우에는 자동차등 또는 노면전차를 일시정지시키고 그 운전자에게 자동차 운전면허증(이하 "운전면허증"이라 한다)을 제시할 것을 요구할 수 있다.(2021.1.12 본항개정)
② 경찰공무원은 제44조 및 제45조를 위반하여 자동차등 또는 노면전차를 운전하는 사람이나 제44조를 위반하여 자전거등을 운전하는 사람에 대하여는 정상적으로 운전할 수 있는 상태가 될 때까지 운전의 금지를 명하고 차를 이동시키는 등 필요한 조치를 할 수 있다.(2020.6.9 본항개정)
③ 제2항에 따른 차의 이동조치에 대해서는 제35조제3항부터 제7항까지 및 제36조의 규정을 준용한다.(2017.10.24 본항신설)

제48조【안전운전 및 친환경 경제운전의 의무】 ① 모든 차 또는 노면전차의 운전자는 차 또는 노면전차의 조향장치와 제동장치, 그 밖의 장치를 정확하게 조작하여야 하며, 도로의 교통상황과 차 또는 노면전차의 구조 및 성능에 따라 다른 사람에게 위험과 장해를 주는 속도나 방법으로 운전하여서는 아니 된다.(2018.3.27 본항개정)
② 모든 차의 운전자는 차를 친환경적이고 경제적인 방법으로 운전하여 연료소모와 탄소배출을 줄이도록 노력하여야 한다.

제49조【모든 운전자의 준수사항 등】 ① 모든 차 또는 노면전차의 운전자는 다음 각 호의 사항을 지켜야 한다.
(2018.3.27 본문개정)
1. 물이 고인 곳을 운행할 때에는 고인 물을 튀게 하여 다른 사람에게 피해를 주는 일이 없도록 할 것
2. 다음 각 목의 어느 하나에 해당하는 경우에는 일시정지할 것
   가. 어린이가 보호자 없이 도로를 횡단할 때, 어린이가 도로에서 앉아 있거나 서 있을 때 또는 어린이가 도로에서 놀이를 할 때 등 어린이에 대한 교통사고의 위험이 있는 것을 발견한 경우
   나. 앞을 보지 못하는 사람이 흰색 지팡이를 가지거나 장애인보조견을 동반하는 등의 조치를 하고 도로를 횡단하고 있는 경우(2015.8.11 본목개정)
   다. 지하도나 육교 등 도로 횡단시설을 이용할 수 없는 지체장애인이나 노인 등이 도로를 횡단하고 있는 경우
3. 자동차의 앞면 창유리와 운전석 좌우 옆면 창유리의 가시광선(可視光線)의 투과율이 대통령령으로 정하는 기준보다 낮아 교통안전 등에 지장을 줄 수 있는 차를 운전하지 아니할 것. 다만, 요인(要人) 경호용, 구급용 및 장의용(葬儀用) 자동차는 제외한다.
4. 교통단속용 장비의 기능을 방해하는 장치를 한 차나 그 밖에 안전운전에 지장을 줄 수 있는 것으로서 행정안전부령으로 정하는 기준에 적합하지 아니한 장치를 한 차를 운전하지 아니할 것. 다만, 자율주행자동차의 신기술 개발을 위한 장치를 장착하는 경우에는 그러하지 아니하다.
(2021.10.19 단서개정)
5. 도로에서 자동차등(개인형 이동장치는 제외한다. 이하 이 조에서 같다) 또는 노면전차를 세워둔 채 시비·다툼 등의 행위를 하여 다른 차마의 통행을 방해하지 아니할 것
(2020.6.9 본호개정)
6. 운전자가 차 또는 노면전차를 떠나는 경우에는 교통사고를 방지하고 다른 사람이 함부로 운전하지 못하도록 필요한 조치를 할 것(2018.3.27 본호개정)
7. 운전자는 안전을 확인하지 아니하고 차 또는 노면전차의 문을 열거나 내려서는 아니 되며, 동승자가 교통의 위험을 일으키지 아니하도록 필요한 조치를 할 것(2018.3.27 본호개정)
8. 운전자는 정당한 사유 없이 다음 각 목의 어느 하나에 해당하는 행위를 하여 다른 사람에게 피해를 주는 소음을 발생시키지 아니할 것
   가. 자동차등을 급히 출발시키거나 속도를 급격히 높이는 행위
   나. 자동차등의 원동기 동력을 차의 바퀴에 전달시키지 아니하고 원동기의 회전수를 증가시키는 행위
   다. 반복적이거나 연속적으로 경음기를 울리는 행위
9. 운전자는 승객이 차 안에서 안전운전에 현저히 장해가 될 정도로 춤을 추는 등 소란행위를 하도록 내버려두고 차를 운행하지 아니할 것
10. 운전자는 자동차등 또는 노면전차의 운전 중에는 휴대용 전화(자동차용 전화를 포함한다)를 사용하지 아니할 것. 다만, 다음 각 목의 어느 하나에 해당하는 경우에는 그러하지 아니하다.(2018.3.27 본문개정)
   가. 자동차등 또는 노면전차가 정지하고 있는 경우
   (2018.3.27 본목개정)
   나. 긴급자동차를 운전하는 경우
   다. 각종 범죄 및 재해 신고 등 긴급한 필요가 있는 경우
   라. 안전운전에 장애를 주지 아니하는 장치로서 대통령령으로 정하는 장치를 이용하는 경우
11. 자동차등 또는 노면전차의 운전 중에는 방송 등 영상물을 수신하거나 재생하는 장치(운전자가 휴대하는 것을 포함하며, 이하 "영상표시장치"라 한다)를 통하여 운전자가 운전 중 볼 수 있는 위치에 영상이 표시되지 아니하도록 할 것. 다만, 다음 각 목의 어느 하나에 해당하는 경우에는 그러하지 아니하다.(2018.3.27 본문개정)
   가. 자동차등 또는 노면전차가 정지하고 있는 경우
   (2018.3.27 본목개정)
   나. 자동차등 또는 노면전차에 장착하거나 거치하여 놓은 영상표시장치에 다음의 영상이 표시되는 경우(2018.3.27 본문개정)
      1) 지리안내 영상 또는 교통정보안내 영상
      2) 국가비상사태·재난상황 등 긴급한 상황을 안내하는 영상
      3) 운전을 할 때 자동차등 또는 노면전차의 좌우 또는 전후방을 볼 수 있도록 도움을 주는 영상(2018.3.27 개정)

(2013.8.13 본호개정)

11의2. 자동차등 또는 노면전차의 운전 중에는 영상표시장치를 조작하지 아니할 것. 다만, 다음 각 목의 어느 하나에 해당하는 경우에는 그러하지 아니하다.(2018.3.27 본문개정)
   가. 자동차등과 노면전차가 정지하고 있는 경우(2018.3.27 본목신설)

나. 노면전차 운전자가 운전에 필요한 영상표시장치를 조작하는 경우(2018.3.27 본목신설)
12. 운전자는 자동차의 화물 적재함에 사람을 태우고 운행하지 아니할 것
13. 그 밖에 시·도경찰청장이 교통안전과 교통질서 유지에 필요하다고 인정하여 지정·공고한 사항에 따를 것
(2020.12.22 본호개정)
② 경찰공무원은 제1항제3호 및 제4호를 위반한 자동차를 발견한 경우에는 그 현장에서 운전자에게 위반사항을 제거하게 하거나 필요한 조치를 명할 수 있다. 이 경우 운전자가 그 명령을 따르지 아니할 때에는 경찰공무원이 직접 위반사항을 제거하거나 필요한 조치를 할 수 있다.

제50조【특정 운전자의 준수사항】 ① 자동차(이륜자동차는 제외한다)의 운전자는 자동차를 운전할 때에는 좌석안전띠를 매어야 하며, 그 모든 좌석의 동승자에게도 좌석안전띠(영유아인 경우에는 유아보호용 장구를 장착한 후의 좌석안전띠를 말한다. 이하 이 조 및 제160조제2항제2호에서 같다)를 매도록 하여야 한다. 다만, 질병 등으로 인하여 좌석안전띠를 매는 것이 곤란하거나 행정안전부령으로 정하는 사유가 있는 경우에는 그러하지 아니하다.(2018.3.27 본문개정)
② (2018.3.27 삭제)
③ 이륜자동차와 원동기장치자전거(개인형 이동장치는 제외한다)의 운전자는 행정안전부령으로 정하는 인명보호 장구를 착용하고 운행하여야 하며, 동승자에게도 착용하도록 하여야 한다.(2020.6.9 본항개정)
④ 자전거등의 운전자는 자전거도로 및 「도로법」에 따른 도로를 운전할 때에는 행정안전부령으로 정하는 인명보호 장구를 착용하여야 하며, 동승자에게도 이를 착용하도록 하여야 한다.(2021.1.12 본항개정)
⑤ 운송사업용 자동차, 화물자동차 및 노면전차 등으로서 행정안전부령으로 정하는 자동차 또는 노면전차의 운전자는 다음 각 호의 어느 하나에 해당하는 행위를 하여서는 아니 된다. 다만, 제3호는 사업용 승합자동차와 노면전차의 운전자에 한정한다.(2018.3.27 본문개정)
1. 운행기록계가 설치되어 있지 아니하거나 고장 등으로 사용할 수 없는 운행기록계가 설치된 자동차를 운전하는 행위
2. 운행기록계를 원래의 목적대로 사용하지 아니하고 자동차를 운전하는 행위
3. 승차를 거부하는 행위(2016.1.27 본호신설)
⑥ 사업용 승용자동차의 운전자는 합승행위 또는 승차거부를 하거나 신고한 요금을 초과하는 요금을 받아서는 아니 된다.
⑦ 자전거등의 운전자는 행정안전부령으로 정하는 크기와 구조를 갖추지 아니하여 교통안전에 위험을 초래할 수 있는 자전거등을 운전하여서는 아니 된다.(2020.6.9 본항개정)
⑧ 자전거등의 운전자는 약물의 영향과 그 밖의 사유로 정상적으로 운전하지 못할 우려가 있는 상태에서 자전거등을 운전하여서는 아니 된다.(2020.6.9 본항개정)
⑨ 자전거등의 운전자는 밤에 도로를 통행하는 때에는 전조등과 미등을 켜거나 야광띠 등 발광장치를 착용하여야 한다.
(2020.6.9 본항개정)
⑩ 개인형 이동장치의 운전자는 행정안전부령으로 정하는 승차정원을 초과하여 동승자를 태우고 개인형 이동장치를 운전하여서는 아니 된다.(2020.6.9 본항신설)

제50조의2 (2024.3.19 삭제)

제50조의3【음주운전 방지장치 부착 조건부 운전면허를 받은 운전자등의 준수사항】 ① 제80조의2에 따라 음주운전 방지장치 부착 조건부 운전면허를 받은 사람이 자동차등을 운전하려는 경우 음주운전 방지장치를 설치하고, 시·도경찰청장에게 등록하여야 한다. 등록한 사항 중 행정안전부령으로 정하는 중요한 사항을 변경할 때에도 또한 같다. 다만, 제2항에 따라 음주운전 방지장치가 설치·등록된 자동차등을 운전하려는 경우에는 그러하지 아니하다.
② 「여객자동차 운수사업법」에 따른 여객자동차 운수사업자의 사업용 자동차, 「화물자동차 운수사업법」에 따른 화물자동차 운수사업자의 사업용 자동차 및 그 밖에 대통령령으로 정하는 자동차등에 음주운전 방지장치를 설치한 자는 시·도경찰청장에게 등록하여야 한다. 등록한 사항 중 행정안전부령으로 정하는 중요한 사항을 변경할 때에도 또한 같다.
③ 제80조의2에 따라 음주운전 방지장치 부착 조건부 운전면허를 받은 사람은 음주운전 방지장치가 설치되지 아니하거나 설치기준에 적합하지 아니한 음주운전 방지장치가 설치된 자동차등을 운전하여서는 아니 된다.
④ 누구든지 다음 각 호의 어느 하나에 해당하는 경우를 제외하고는 자동차등에 설치된 음주운전 방지장치를 해체하거나 조작 또는 그 밖의 방법으로 효용을 해치는 행위를 하여서는 아니 된다.
1. 음주운전 방지장치의 점검 또는 정비를 위한 경우
2. 폐차하는 경우
3. 교육·연구의 목적으로 사용하는 등 대통령령으로 정하는 사유에 해당하는 경우
4. 제82조제2항제10호에 따른 음주운전 방지장치의 부착 기간이 경과한 경우
⑤ 누구든지 음주운전 방지장치 부착 조건부 운전면허를 받은 사람을 대신하여 음주운전 방지장치가 설치된 자동차등을 운전할 수 있도록 해당 장치에 호흡을 불어넣거나 다른 부정한 방법으로 음주운전 방지장치가 설치된 자동차등에 시동을 거는 행위를 하여서는 아니 된다.
⑥ 제1항 및 제2항에 따라 음주운전 방지장치의 설치 사항을 시·도경찰청장에게 등록한 자는 연 2회 이상 음주운전 방지장치 부착 자동차등의 운행기록을 시·도경찰청장에게 제출하여야 하며, 음주운전 방지장치의 정상 작동여부 등을 점검하는 검사를 받아야 한다.
⑦ 제1항 및 제2항에 따른 음주운전 방지장치 설치 기준·방법 및 등록 기준·등록 절차, 제6항에 따른 운행기록 제출 및 검사의 시기·방법, 그 밖에 필요한 사항은 행정안전부령으로 정한다.
(2023.10.24 본조신설)

제51조【어린이통학버스의 특별보호】 ① 어린이통학버스가 도로에 정차하여 어린이나 영유아가 타고 내리는 중임을 표시하는 점멸등 등의 장치를 작동 중일 때에는 어린이통학버스가 정차한 차로와 그 차로의 바로 옆 차로로 통행하는 차의 운전자는 어린이통학버스에 이르기 전에 일시정지하여 안전을 확인한 후 서행하여야 한다.(2014.12.30 본항개정)
② 제1항의 경우 중앙선이 설치되지 아니한 도로와 편도 1차로인 도로에서는 반대방향에서 진행하는 차의 운전자도 어린이통학버스에 이르기 전에 일시정지하여 안전을 확인한 후 서행하여야 한다.
③ 모든 차의 운전자는 어린이나 영유아를 태우고 있다는 표시를 한 상태로 도로를 통행하는 어린이통학버스를 앞지르지 못한다.(2014.12.30 본항개정)

제52조【어린이통학버스의 신고 등】 ① 어린이통학버스(「여객자동차 운수사업법」 제4조제3항에 따른 한정면허를 받아 어린이를 여객대상으로 하여 운행되는 운송사업용 자동차는 제외한다)를 운영하려는 자는 행정안전부령으로 정하는 바에 따라 미리 관할 경찰서장에게 신고하고 신고증명서를 발급받아야 한다.(2017.7.26 본항개정)
② 어린이통학버스를 운영하는 자는 어린이통학버스 안에 제1항에 따라 발급받은 신고증명서를 항상 갖추어 두어야 한다.
③ 어린이통학버스로 사용할 수 있는 자동차는 행정안전부령으로 정하는 자동차로 한정한다. 이 경우 그 자동차는 도색·표지, 보험가입, 소유 관계 등 대통령령으로 정하는 요건을 갖추어야 한다.(2017.7.26 전단개정)
④ 누구든지 제1항에 따른 신고를 하지 아니하거나 「여객자동차 운수사업법」 제4조제3항에 따라 어린이를 여객대상으로 하는 한정면허를 받지 아니하고 어린이통학버스와 비슷한 도색 및 표지를 하거나 이러한 도색 및 표지를 한 자동차를 운전하여서는 아니 된다.(2014.1.28 본항개정)

제53조【어린이통학버스 운전자 및 운영자 등의 의무】 ① 어린이통학버스를 운전하는 사람은 어린이나 영유아가 타고

내리는 경우에만 제51조제1항에 따른 점멸등 등의 장치를 작동하여야 하며, 어린이나 영유아를 태우고 운행 중인 경우에만 제51조제3항에 따른 표시를 하여야 한다.(2014.12.30 본항개정)
② 어린이통학버스를 운전하는 사람은 어린이나 영유아가 어린이통학버스를 탈 때에는 승차한 모든 어린이나 영유아가 좌석안전띠(어린이나 영유아의 신체구조에 따라 적합하게 조절될 수 있는 안전띠를 말한다. 이하 이 조 및 제156조제1호, 제160조제2항제4호의2에서 같다)를 매도록 한 후에 출발하여야 하며, 내릴 때에는 보도나 길가장자리구역 등 자동차로부터 안전한 장소에 도착한 것을 확인한 후에 출발하여야 한다. 다만, 좌석안전띠 착용과 관련하여 질병 등으로 인하여 좌석안전띠를 매는 것이 곤란하거나 행정안전부령으로 정하는 사유가 있는 경우에는 그러하지 아니하다.
(2018.3.27 본문개정)
③ 어린이통학버스를 운영하는 자는 어린이통학버스에 어린이나 영유아를 태울 때에는 성년인 사람 중 어린이통학버스를 운영하는 자가 지명한 보호자를 함께 태우고 운행하여야 하며, 동승한 보호자는 어린이나 영유아가 승차 또는 하차하는 때에는 자동차에서 내려서 어린이나 영유아가 안전하게 승하차하는 것을 확인하고 운행 중에는 어린이나 영유아가 좌석에 앉아 좌석안전띠를 매고 있도록 하는 등 어린이 보호에 필요한 조치를 하여야 한다.(2020.5.26 본문개정)
1.~5. (2020.5.26 삭제)
④ 어린이통학버스를 운전하는 사람은 어린이통학버스 운행을 마친 후 어린이나 영유아가 모두 하차하였는지를 확인하여야 한다.(2016.12.2 본항신설)
⑤ 어린이통학버스를 운전하는 사람이 제4항에 따라 어린이나 영유아의 하차 여부를 확인할 때에는 행정안전부령으로 정하는 어린이나 영유아의 하차를 확인할 수 있는 장치(이하 "어린이 하차확인장치"라 한다)를 작동하여야 한다.
(2018.10.16 본항신설)
⑥ 어린이통학버스를 운영하는 자는 제3항에 따라 보호자를 함께 태우고 운행하는 경우에는 행정안전부령으로 정하는 보호자 동승을 표시하는 표지(이하 "보호자 동승표지"라 한다)를 부착할 수 있으며, 누구든지 보호자를 함께 태우지 아니하고 운행하는 경우에는 보호자 동승표지를 부착하여서는 아니된다.(2020.5.26 본항신설)
⑦ 어린이통학버스를 운영하는 자는 좌석안전띠 착용 및 보호자 동승 확인 기록(이하 "안전운행기록"이라 한다)을 작성·보관하고 매 분기 어린이통학버스를 운영하는 시설을 감독하는 주무기관의 장에게 안전운행기록을 제출하여야 한다.(2020.5.26 본항신설)
(2014.1.28 본조제목개정)
제53조의2 (2020.5.26 삭제)
제53조의3【어린이통학버스 운영자 등에 대한 안전교육】
① 어린이통학버스를 운영하는 사람과 운전하는 사람 및 제53조제3항에 따른 보호자는 어린이통학버스의 안전운행 등에 관한 교육(이하 "어린이통학버스 안전교육"이라 한다)을 받아야 한다.(2020.5.26 본항개정)
② 어린이통학버스 안전교육은 다음 각 호의 구분에 따라 실시한다.
1. 신규 안전교육 : 어린이통학버스를 운영하려는 사람과 운전하려는 사람 및 제53조제3항에 따라 동승하려는 보호자를 대상으로 그 운영, 운전 또는 동승을 하기 전에 실시하는 교육(2020.5.26 본호개정)
2. 정기 안전교육 : 어린이통학버스를 계속하여 운영하는 사람과 운전하는 사람 및 제53조제3항에 따라 동승한 보호자를 대상으로 2년마다 정기적으로 실시하는 교육(2020.5.26 본호개정)
(2014.1.28 본항신설)
③ 어린이통학버스를 운영하는 사람은 어린이통학버스 안전교육을 받지 아니한 사람에게 어린이통학버스를 운전하게 하거나 어린이통학버스에 동승하게 하여서는 아니 된다.
(2020.5.26 본항개정)
④ 그 밖에 어린이통학버스 안전교육의 방법·절차 등에 관하여 필요한 사항은 대통령령으로 정한다.
(2014.1.28 본조개정)
제53조의4【어린이통학버스의 위반 정보 등 제공】 ① 경찰서장은 어린이통학버스를 운영하는 사람이나 운전하는 사람이 제53조 또는 제53조의5를 위반하거나 제53조 또는 제53조의5를 위반하여 어린이를 사상(死傷)하는 사고를 유발한 때에는 어린이 교육시설을 감독하는 주무기관의 장에게 그 정보를 제공하여야 한다.(2020.5.26 본항개정)
② 경찰서장 및 어린이 교육시설을 감독하는 주무기관의 장은 제1항에 따른 정보를 해당 기관에서 운영하는 홈페이지에 각각 게재하여야 한다.(2020.5.26 본항신설)
③ 제1항에 따른 정보 제공의 구체적 기준·방법 및 절차 등 필요한 사항은 행정안전부령으로 정한다.(2017.7.26 본항개정)
제53조의5【보호자가 동승하지 아니한 어린이통학버스 운전자의 의무】 제2조제23호가목의 유아교육진흥원·대안학교·외국인학교, 같은 호 다목의 교습소 및 같은 호 마목부터 차목까지의 시설에서 어린이의 승차 또는 하차를 도와주는 보호자를 태우지 아니한 어린이통학버스를 운전하는 사람은 어린이가 승차 또는 하차하는 때에 자동차에서 내려서 어린이나 영유아가 안전하게 승하차하는 것을 확인하여야 한다.(2020.5.26 본조신설)
<2022.11.26까지 유효>
제54조【사고발생 시의 조치】 ① 차 또는 노면전차의 운전 등 교통으로 인하여 사람을 사상하거나 물건을 손괴(이하 "교통사고"라 한다)한 경우에는 그 차 또는 노면전차의 운전자나 그 밖의 승무원(이하 "운전자등"이라 한다)은 즉시 정차하여 다음 각 호의 조치를 하여야 한다.(2018.3.27 본문개정)
1. 사상자를 구호하는 등 필요한 조치
2. 피해자에게 인적 사항(성명·전화번호·주소 등을 말한다. 이하 제148조 및 제156조제10호에서 같다) 제공
(2016.12.2 1호~2호신설)
② 제1항의 경우 그 차 또는 노면전차의 운전자등은 경찰공무원이 현장에 있을 때에는 그 경찰공무원에게, 경찰공무원이 현장에 없을 때에는 가장 가까운 국가경찰관서(지구대, 파출소 및 출장소를 포함한다. 이하 같다)에 다음 각 호의 사항을 지체 없이 신고하여야 한다. 다만, 차 또는 노면전차만 손괴된 것이 분명하고 도로에서의 위험방지와 원활한 소통을 위하여 필요한 조치를 한 경우에는 그러하지 아니하다.
(2018.3.27 본문개정)
1. 사고가 일어난 곳
2. 사상자 수 및 부상 정도
3. 손괴한 물건 및 손괴 정도
4. 그 밖의 조치사항 등
③ 제2항에 따라 신고를 받은 국가경찰관서의 경찰공무원은 부상자의 구호와 그 밖의 교통위험 방지를 위하여 필요하다고 인정하면 경찰공무원(자치경찰공무원은 제외한다)이 현장에 도착할 때까지 신고한 운전자등에게 현장에서 대기할 것을 명할 수 있다.
④ 경찰공무원은 교통사고를 낸 차 또는 노면전차의 운전자등에 대하여 그 현장에서 부상자의 구호와 교통안전을 위하여 필요한 지시를 명할 수 있다.(2018.3.27 본항개정)
⑤ 긴급자동차, 부상자를 운반 중인 차, 우편물자동차 및 노면전차 등의 운전자는 긴급한 경우에는 동승자 등으로 하여금 제1항에 따른 조치나 제2항에 따른 신고를 하게 하고 운전을 계속할 수 있다.(2018.3.27 본항개정)
⑥ 경찰공무원(자치경찰공무원은 제외한다)은 교통사고가 발생한 경우에는 대통령령으로 정하는 바에 따라 필요한 조사를 하여야 한다.
판례 도로교통법 제54조 제1항의 취지는 도로에서 일어나는 교통상의 위험과 장해를 방지·제거하여 안전하고 원활한 교통을 확보하기 위한 것으로서, 피해자의 피해를 회복시켜 주기 위한 것이 아니다. 이 경우 운전자가 취하여야 할 조치는 사고의 내용과 피해의 정도 등 구체적 상황에 따라 적절히 강구되어야 하고, 그 정도는 건전한 양식에 비추어 통상 요구되는 정도의 조치를 말한다.
(대판 2009.5.14, 2009도787)

판례 교통사고를 낸 자에게 신고의무가 있는 경우 : 도로교통법 제54조의 입법목적과 헌법상의 보장된 진술거부권에 비추어 볼 때, 위 조항 소정의 교통사고를 낸 자의 신고의무는 교통사고를 일으킨 모든 경우에 항상 요구되는 것이 아니라, 사고의 규모나 당시의 구체적인 상황에 따라 피해자의 구호 및 교통질서의 회복을 위하여 경찰공무원이나 경찰관서의 조직적 조치가 필요한 경우에만 요구되는 것이라고 해석하여야 할 것이다.(대판 1991.11.12, 91도2027)

제55조【사고발생 시 조치에 대한 방해의 금지】 교통사고가 일어난 경우에는 누구든지 제54조제1항 및 제2항에 따른 운전자등의 조치 또는 신고행위를 방해하여서는 아니 된다.

제56조【고용주등의 의무】 ① 차 또는 노면전차의 운전자를 고용하고 있는 사람이나 직접 운전자나 차 또는 노면전차를 관리하는 지위에 있는 사람 또는 차 또는 노면전차의 사용자(「여객자동차 운수사업법」에 따라 사업용 자동차를 임차한 사람 및 「여신전문금융업법」에 따라 자동차를 대여한 사람을 포함하며, 이하 "고용주등"이라 한다)는 운전자에게 이 법이나 이 법에 따른 명령을 지키도록 항상 주의시키고 감독하여야 한다.

② 고용주등은 제43조부터 제45조까지의 규정에 따라 운전을 하여서는 아니 되는 운전자가 자동차등 또는 노면전차를 운전하는 것을 알고도 말리지 아니하거나 그러한 운전자에게 자동차등 또는 노면전차를 운전하도록 시켜서는 아니 된다.
(2018.3.27 본조개정)

제4장의2 자율주행자동차 운전자의 의무 등
(2024.3.19 본장신설)

제56조의2【자율주행자동차 운전자의 준수사항 등】 ① 행정안전부령으로 정하는 완전 자율주행시스템에 해당하지 아니하는 자율주행시스템을 갖춘 자동차의 운전자는 자율주행시스템의 직접 운전 요구에 지체 없이 대응하여 조향장치, 제동장치 및 그 밖의 장치를 직접 조작하여 운전하여야 한다.

② 운전자가 자율주행시스템을 사용하여 운전하는 경우에는 제49조제1항제10호, 제11호 및 제11호의2를 적용하지 아니한다.

제56조의3【자율주행자동차 시험운전자의 준수사항 등】
① 「자동차관리법」 제27조제1항에 따른 임시운행허가를 받은 자동차를 운전하려는 사람은 자율주행자동차의 안전운행등에 관한 교육(이하 "자율주행자동차 안전교육"이라 한다)을 받아야 한다.

② 제1항에 따른 교육과정, 교육방법 등에 관하여 필요한 사항은 대통령령으로 정한다.

제5장 고속도로 및 자동차전용도로에서의 특례
(2011.6.8 본장개정)

제57조【통칙】 고속도로 또는 자동차전용도로(이하 "고속도로등"이라 한다)에서의 자동차 또는 보행자의 통행방법등은 이 장에서 정하는 바에 따르고, 이 장에서 규정한 것 외의 사항에 관하여는 제1장부터 제4장까지의 규정에서 정하는 바에 따른다.

제58조【위험방지 등의 조치】 경찰공무원(자치경찰공무원은 제외한다)은 도로의 손괴, 교통사고의 발생이나 그 밖의 사정으로 고속도로등에서 교통이 위험 또는 혼잡하거나 그러할 우려가 있을 때에는 교통의 위험 또는 혼잡을 방지하고 교통의 안전 및 원활한 소통을 확보하기 위하여 필요한 범위에서 진행 중인 자동차의 통행을 일시 금지 또는 제한하거나 그 자동차의 운전자에게 필요한 조치를 명할 수 있다.

제59조【교통안전시설의 설치 및 관리】 ① 고속도로의 관리자는 고속도로에서 일어나는 위험을 방지하고 교통의 안전과 원활한 소통을 확보하기 위하여 교통안전시설을 설치·관리하여야 한다. 이 경우 고속도로의 관리자가 교통안전시설을 설치하려면 경찰청장과 협의하여야 한다.

② 경찰청장은 고속도로의 관리자에게 교통안전시설의 관리에 필요한 사항을 지시할 수 있다.

제60조【갓길 통행금지 등】 ① 자동차의 운전자는 고속도로등에서 자동차의 고장 등 부득이한 사정이 있는 경우를 제외하고는 행정안전부령으로 정하는 차로에 따라 통행하여야 하며, 갓길(「도로법」에 따른 길어깨를 말한다)로 통행하여서는 아니 된다. 다만, 다음 각 호의 어느 하나에 해당하는 경우에는 그러하지 아니하다.(2019.12.24 단서개정)
1. 긴급자동차와 고속도로등의 보수·유지 등의 작업을 하는 자동차를 운전하는 경우
2. 차량정체 시 신호기 또는 경찰공무원등의 신호나 지시에 따라 갓길에서 자동차를 운전하는 경우

(2019.12.24 1호~2호신설)

② 자동차의 운전자는 고속도로에서 다른 차를 앞지르려면 방향지시기, 등화 또는 경음기를 사용하여 행정안전부령으로 정하는 차로로 안전하게 통행하여야 한다.
(2017.7.26 본조개정)

제61조【고속도로 전용차로의 설치】 ① 경찰청장은 고속도로의 원활한 소통을 위하여 특히 필요한 경우에는 고속도로에 전용차로를 설치할 수 있다.

② 제1항에 따른 고속도로 전용차로의 종류 등에 관하여는 제15조제2항 및 제3항을 준용한다.

제62조【횡단 등의 금지】 자동차의 운전자는 그 차를 운전하여 고속도로등을 횡단하거나 유턴 또는 후진하여서는 아니 된다. 다만, 긴급자동차 또는 도로의 보수·유지 등의 작업을 하는 자동차 가운데 고속도로등에서의 위험을 방지·제거하거나 교통사고에 대한 응급조치작업을 위한 자동차로서 그 목적을 위하여 반드시 필요한 경우에는 그러하지 아니하다.

제63조【통행 등의 금지】 자동차(이륜자동차는 긴급자동차만 해당한다) 외의 차마의 운전자 또는 보행자는 고속도로등을 통행하거나 횡단하여서는 아니 된다.

제64조【고속도로등에서의 정차 및 주차의 금지】 자동차의 운전자는 고속도로등에서 차를 정차하거나 주차시켜서는 아니 된다. 다만, 다음 각 호의 어느 하나에 해당하는 경우에는 그러하지 아니하다.
1. 법령의 규정 또는 경찰공무원(자치경찰공무원은 제외한다)의 지시에 따르거나 위험을 방지하기 위하여 일시 정차 또는 주차시키는 경우
2. 정차 또는 주차할 수 있도록 안전표지를 설치한 곳이나 정류장에서 정차 또는 주차시키는 경우
3. 고장이나 그 밖의 부득이한 사유로 길가장자리구역(갓길을 포함한다)에 정차 또는 주차시키는 경우
4. 통행료를 내기 위하여 통행료를 받는 곳에서 정차하는 경우
5. 도로의 관리자가 고속도로등을 보수·유지 또는 순회하기 위하여 정차 또는 주차시키는 경우
6. 경찰용 긴급자동차가 고속도로등에서 범죄수사, 교통단속이나 그 밖의 경찰임무를 수행하기 위하여 정차 또는 주차시키는 경우

6의2. 소방차가 고속도로등에서 화재진압 및 인명 구조·구급 등 소방활동, 소방지원활동 및 생활안전활동을 수행하기 위하여 정차 또는 주차시키는 경우(2020.6.9 본호신설)

6의3. 경찰용 긴급자동차 및 소방차를 제외한 긴급자동차가 사용 목적을 달성하기 위하여 정차 또는 주차시키는 경우 (2020.6.9 본호신설)

7. 교통이 밀리거나 그 밖의 부득이한 사유로 움직일 수 없을 때에 고속도로등의 차로에 일시 정차 또는 주차시키는 경우

제65조【고속도로 진입 시의 우선순위】 ① 자동차(긴급자동차는 제외한다)의 운전자는 고속도로에 들어가려고 하는 경우에는 그 고속도로를 통행하고 있는 다른 자동차의 통행을 방해하여서는 아니 된다.

② 긴급자동차 외의 자동차의 운전자는 긴급자동차가 고속도로에 들어가는 경우에는 그 진입을 방해하여서는 아니 된다.

제66조【고장 등의 조치】 자동차의 운전자는 고장이나 그 밖의 사유로 고속도로등에서 자동차를 운행할 수 없게 되었을 때에는 행정안전부령으로 정하는 표지(이하 "고장자동차

의 표지"라 한다)를 설치하여야 하며, 그 자동차를 고속도로등이 아닌 다른 곳으로 옮겨 놓는 등의 필요한 조치를 하여야 한다.(2017.7.26 본조개정)

제67조【운전자의 고속도로등에서의 준수사항】 ① (2018.3.27 삭제)

② 고속도로등을 운행하는 자동차의 운전자는 교통의 안전과 원활한 소통을 확보하기 위하여 제66조에 따른 고장자동차의 표지를 항상 비치하며, 고장이나 그 밖의 부득이한 사유로 자동차를 운행할 수 없게 되었을 때에는 자동차를 도로의 우측 가장자리에 정지시키고 행정안전부령으로 정하는 바에 따라 그 표지를 설치하여야 한다.

(2018.3.27 본조제목개정)

(2017.7.26 본조개정)

제6장 도로의 사용

(2011.6.8 본장개정)

제68조【도로에서의 금지행위 등】 ① 누구든지 함부로 신호기를 조작하거나 교통안전시설을 철거·이전하거나 손괴하여서는 아니 되며, 교통안전시설이나 그와 비슷한 인공구조물을 도로에 설치하여서는 아니 된다.

② 누구든지 교통에 방해가 될 만한 물건을 도로에 함부로 내버려두어서는 아니 된다.

③ 누구든지 다음 각 호의 어느 하나에 해당하는 행위를 하여서는 아니 된다.

1. 술에 취하여 도로에서 갈팡질팡하는 행위
2. 도로에서 교통에 방해되는 방법으로 눕거나 앉거나 서있는 행위
3. 교통이 빈번한 도로에서 공놀이 또는 썰매타기 등의 놀이를 하는 행위
4. 돌·유리병·쇳조각이나 그 밖에 도로에 있는 사람이나 차마를 손상시킬 우려가 있는 물건을 던지거나 발사하는 행위
5. 도로를 통행하고 있는 차마에서 밖으로 물건을 던지는 행위
6. 도로를 통행하고 있는 차마에 뛰어오르거나 매달리거나 차마에서 뛰어내리는 행위
7. 그 밖에 시·도경찰청장이 교통상의 위험을 방지하기 위하여 필요하다고 인정하여 지정·공고한 행위

(2020.12.22 본호개정)

제69조【도로공사의 신고 및 안전조치 등】 ① 도로관리청 또는 공사시행청의 명령에 따라 도로를 파거나 뚫는 등 공사를 하려는 사람(이하 이 조에서 "공사시행자"라 한다)은 공사시행 3일 전에 그 일시, 공사구간, 공사기간 및 시행방법, 그 밖에 필요한 사항을 관할 경찰서장에게 신고하여야 한다. 다만, 산사태나 수도관 파열 등으로 긴급히 시공할 필요가 있는 경우에는 그에 알맞은 안전조치를 하고 공사를 시작한 후에 지체 없이 신고하여야 한다.

② 관할 경찰서장은 공사장 주변의 교통정체가 예상하지 못한 수준까지 현저히 증가하고, 교통의 안전과 원활한 소통에 미치는 영향이 중대하다고 판단하면 해당 도로관리청과 사전 협의하여 제1항에 따른 공사시행자에 대하여 공사시간의 제한 등 필요한 조치를 할 수 있다.

③ 공사시행자는 공사기간 중 차마의 통행을 유도하거나 지시 등을 할 필요가 있을 때에는 관할 경찰서장의 지시에 따라 교통안전시설을 설치하여야 한다.

④ 공사시행자는 공사기간 중 공사의 규모, 주변 교통환경 등을 고려하여 필요한 경우 관할 경찰서장의 지시에 따라 안전요원 또는 안전유도 장비를 배치하여야 한다.

(2020.10.20 본항신설)

⑤ 제3항에 따른 교통안전시설 설치 및 제4항에 따른 안전요원 또는 안전유도 장비 배치에 필요한 사항은 행정안전부령으로 정한다.(2020.10.20 본항신설)

⑥ 공사시행자는 공사로 인하여 교통안전시설을 훼손한 경우에는 행정안전부령으로 정하는 바에 따라 원상회복하고 그 결과를 관할 경찰서장에게 신고하여야 한다.(2017.7.26 본항개정)

제70조【도로의 점용허가 등에 관한 통보 등】 ① 도로관리청이 도로에서 다음 각 호의 어느 하나에 해당하는 행위를 하였을 때에는 고속도로의 경우에는 경찰청장에게 그 내용을 즉시 통보하고, 고속도로 외의 도로의 경우에는 관할 경찰서장에게 그 내용을 즉시 통보하여야 한다.

1. 「도로법」 제61조에 따른 도로의 점용허가(2014.1.14 본호개정)
2. 「도로법」 제76조에 따른 통행의 금지나 제한 또는 같은 법 제77조에 따른 차량의 운행제한(2014.1.14 본호개정)

② (2007.12.21 삭제)

③ 제1항에 따라 통보를 받은 경찰청장이나 관할 경찰서장은 교통의 안전과 원활한 소통을 확보하기 위하여 필요하다고 인정하면 도로관리청에 필요한 조치를 요구할 수 있다. 이 경우 도로관리청은 정당한 사유가 없으면 그 조치를 하여야 한다.

제71조【도로의 위법 인공구조물에 대한 조치】 ① 경찰서장은 다음 각 호의 어느 하나에 해당하는 사람에 대하여 위반행위를 시정하도록 하거나 그 위반행위로 인하여 생긴 교통장해를 제거할 것을 명할 수 있다.

1. 제68조제1항을 위반하여 교통안전시설이나 그 밖에 이와 비슷한 인공구조물을 함부로 설치한 사람
2. 제68조제2항을 위반하여 물건을 도로에 내버려 둔 사람
3. 「도로법」 제61조를 위반하여 교통에 방해가 될 만한 인공구조물 등을 설치하거나 그 공사 등을 한 사람(2014.1.14 본호개정)

② 경찰서장은 제1항 각 호의 어느 하나에 해당하는 사람의 성명·주소를 알지 못하여 제1항에 따른 조치를 명할 수 없을 때에는 스스로 그 인공구조물 등을 제거하는 등 조치를 한 후 보관하여야 한다. 이 경우 닳아 없어지거나 파괴될 우려가 있거나 보관하는 것이 매우 곤란한 인공구조물 등은 매각하여 그 대금을 보관할 수 있다.

③ 제2항에 따른 인공구조물 등의 보관 및 매각 등에 필요한 사항은 대통령령으로 정한다.

제72조【도로의 지상 인공구조물 등에 대한 위험방지 조치】 ① 경찰서장은 도로의 지상(地上) 인공구조물이나 그 밖의 시설 또는 물건이 교통에 위험을 일으키게 하거나 교통에 뚜렷이 방해될 우려가 있으면 그 인공구조물 등의 소유자·점유자 또는 관리자에게 그것을 제거하도록 하거나 그 밖에 교통안전에 필요한 조치를 명할 수 있다.

② 경찰서장은 인공구조물 등의 소유자·점유자 또는 관리자의 성명·주소를 알지 못하여 제1항에 따른 조치를 명할 수 없을 때에는 스스로 그 인공구조물 등을 제거하는 등 조치를 한 후 보관하여야 한다. 이 경우 닳아 없어지거나 파괴될 우려가 있거나 보관하는 것이 매우 곤란한 인공구조물 등은 매각하여 그 대금을 보관할 수 있다.

③ 제2항에 따른 인공구조물 등의 보관 및 매각 등에 필요한 사항은 대통령령으로 정한다.

제7장 교통안전교육

(2011.6.8 본장개정)

제73조【교통안전교육】 ① 운전면허를 받으려는 사람은 대통령령으로 정하는 바에 따라 제83조제1항제2호와 제3호에 따른 시험에 응시하기 전에 다음 각 호의 사항에 관한 교통안전교육을 받아야 한다. 다만, 제2항제1호에 따라 특별교통안전 의무교육을 받은 사람 또는 제104조제1항에 따른 자동차운전 전문학원에서 학과교육을 수료한 사람은 그러하지 아니하다.(2017.10.24 단서개정)

1. 운전자가 갖추어야 하는 기본예절
2. 도로교통에 관한 법령과 지식
3. 안전운전 능력

3의2. 교통사고의 예방과 처리에 관한 사항(2018.3.27 본호신설)
4. 어린이·장애인 및 노인의 교통사고 예방에 관한 사항
5. 친환경 경제운전에 필요한 지식과 기능
6. 긴급자동차에 길 터주기 요령(2014.12.30 본호신설)
7. 그 밖에 교통안전의 확보를 위하여 필요한 사항
② 다음 각 호의 어느 하나에 해당하는 사람은 대통령령으로 정하는 바에 따라 특별교통안전 의무교육을 받아야 한다. 이 경우 제2호부터 제5호까지에 해당하는 사람으로서 부득이한 사유가 있으면 대통령령으로 정하는 바에 따라 의무교육의 연기(延期)를 받을 수 있다.(2020.10.20 후단개정)
1. 운전면허 취소처분을 받은 사람으로서 운전면허를 다시 받으려는 사람(제93조제1항제9호 또는 제20호에 해당하여 운전면허 취소처분을 받은 사람은 제외한다)(2014.12.30 본호개정)
2. 제93조제1항제1호·제5호·제5호의2·제10호 및 제10호의2에 해당하여 운전면허효력 정지처분을 받게 되거나 받은 사람으로서 그 정지기간이 끝나지 아니한 사람
(2017.10.24 본호개정)
3. 운전면허 취소처분 또는 운전면허효력 정지처분(제93조제1항제1호·제5호·제5호의2·제10호 및 제10호의2에 해당하여 운전면허효력 정지처분 대상인 경우로 한정한다)이 면제된 사람으로서 면제된 날부터 1개월이 지나지 아니한 사람(2017.10.24 본호개정)
4. 운전면허효력 정지처분을 받게 되거나 받은 초보운전자로서 그 정지기간이 끝나지 아니한 사람(2017.10.24 본호개정)
5. 제12조제1항에 따른 어린이 보호구역에서 운전 중 어린이를 사상하는 사고를 유발하여 제93조제2항에 따른 벌점을 받은 날부터 1년 이내의 사람(2020.10.20 본호신설)
③ 다음 각 호의 어느 하나에 해당하는 사람이 시·도경찰청장에게 신청하는 경우에는 대통령령으로 정하는 바에 따라 특별교통안전 권장교육을 받을 수 있다. 이 경우 권장교육을 받기 전 1년 이내에 해당 교육을 받지 아니한 사람에 한정한다.(2020.12.22 본문개정)
1. 교통법규 위반 등 제2항제2호 및 제4호에 따른 사유 외의 사유로 인하여 운전면허효력 정지처분을 받게 되거나 받은 사람
2. 교통법규 위반 등으로 인하여 운전면허효력 정지처분을 받을 가능성이 있는 사람
3. 제2항제2호부터 제4호까지에 해당하여 제2항에 따른 특별교통안전 의무교육을 받은 사람
4. 운전면허를 받은 사람 중 교육을 받으려는 날에 65세 이상인 사람
(2017.10.24 본항신설)
④ 긴급자동차의 운전업무에 종사하는 사람으로서 대통령령으로 정하는 사람은 대통령령으로 정하는 바에 따라 정기적으로 긴급자동차의 안전운전 등에 관한 교육을 받아야 한다.
(2017.10.24 본항신설)
⑤ 75세 이상인 사람으로서 운전면허를 받으려는 사람은 제83조제1항제2호와 제3호에 따른 시험에 응시하기 전에, 운전면허증 갱신일에 75세 이상인 사람은 운전면허증 갱신기간 이내에 각각 다음 각 호의 사항에 관한 교통안전교육을 받아야 한다.
1. 노화와 안전운전에 관한 사항
2. 약물과 운전에 관한 사항
3. 기억력과 판단능력 등 인지능력별 대처에 관한 사항
4. 교통관련 법령 이해에 관한 사항
(2018.3.27 본항신설)
⑥ 제80조의2에 따른 음주운전 방지장치 부착 조건부 운전면허를 받으려는 사람은 대통령령으로 정하는 바에 따라 제83조제1항제2호 및 제3호의 사항에 대한 운전면허시험에 응시하기 전에 음주운전 방지장치의 작동방법 및 음주운전 예방에 관한 교통안전교육을 받아야 한다.(2023.10.24 본항신설)

제74조【교통안전교육기관의 지정 등】 ① 제73조제1항에 따라 운전면허를 받으려는 사람이 받아야 하는 교통안전교육(이하 "교통안전교육"이라 한다)은 제104조제1항에 따른 자동차운전 전문학원과 제2항에 따라 시·도경찰청장이 지정한 기관이나 시설에서 한다.(2020.12.22 본항개정)
② 시·도경찰청장은 교통안전교육을 하기 위하여 다음 각 호의 어느 하나에 해당하는 기관이나 시설이 대통령령으로 정하는 시설·설비 및 강사 등의 요건을 갖추어 신청하는 경우에는 해당 기관이나 시설을 교통안전교육을 하는 기관(이하 "교통안전교육기관"이라 한다)으로 지정할 수 있다.
(2020.12.22 본문개정)
1. 제99조에 따른 자동차운전학원
2. 한국도로교통공단과 그 지부(支部)·지소 및 교육기관
(2024.1.30 본호개정)
3. 「평생교육법」 제30조제2항에 따른 평생교육과정이 개설된 대학 부설 평생교육시설
4. 제주특별자치도 또는 시·군·자치구에서 운영하는 교육시설
③ 시·도경찰청장은 제2항에 따라 교통안전교육기관을 지정한 경우에는 행정안전부령으로 정하는 지정증을 발급하여야 한다.(2020.12.22 본항개정)
④ 시·도경찰청장은 다음 각 호의 어느 하나에 해당하는 기관이나 시설을 교통안전교육기관으로 지정하여서는 아니된다.(2020.12.22 본문개정)
1. 제79조에 따라 지정이 취소된 교통안전교육기관을 설립·운영한 자가 그 지정이 취소된 날부터 3년 이내에 설립·운영하는 기관 또는 시설
2. 제79조에 따라 지정이 취소된 날부터 3년 이내에 같은 장소에서 설립·운영되는 기관 또는 시설

제75조【교통안전교육기관의 운영책임자】 ① 교통안전교육기관의 장은 교육업무를 효율적으로 관리하기 위하여 필요하다고 인정하면 해당 기관의 소속 직원(제76조제1항에 따른 교통안전교육강사는 제외한다) 중에서 교통안전교육기관의 운영책임자를 임명할 수 있다.
② 교통안전교육기관의 장(교통안전교육기관의 장이 제1항에 따라 교통안전교육기관의 운영책임자를 임명한 경우에는 그 운영책임자를 말한다. 이하 같다)은 교통안전교육을 담당하는 강사(이하 "교통안전교육강사"라 한다)를 지도·감독하고 교통안전교육 업무가 공정하게 이루어지도록 관리하여야 한다.

제76조【교통안전교육강사의 자격기준 등】 ① 교통안전교육기관에는 교통안전교육강사를 두어야 한다.
② 제1항에 따른 교통안전교육강사는 다음 각 호의 어느 하나에 해당하는 사람이어야 한다.
1. 제106조제2항에 따라 경찰청장이 발급한 학과교육 강사 자격증을 소지한 사람
2. 도로교통 관련 행정 또는 교육 업무에 2년 이상 종사한 경력이 있는 사람으로서 대통령령으로 정하는 교통안전교육 강사 자격교육을 받은 사람
③ 다음 각 호의 어느 하나에 해당하는 사람은 교통안전교육강사가 될 수 없다.
1. (2024.2.13 삭제)
2. 다음 각 목의 어느 하나에 해당하는 죄를 저질러 금고 이상의 형을 선고받고 그 집행이 끝나거나 집행이 면제된 날부터 2년이 지나지 아니한 사람 또는 그 집행유예기간 중에 있는 사람(2024.2.13 본문개정)
  가. 「교통사고처리 특례법」 제3조제1항에 따른 죄
  나. 「특정범죄 가중처벌 등에 관한 법률」 제5조의3, 제5조의11제1항 및 제5조의13에 따른 죄
  다. 「성폭력범죄의 처벌 등에 관한 특례법」 제2조에 따른 성폭력범죄
  라. 「아동·청소년의 성보호에 관한 법률」 제2조제2호에 따른 아동·청소년대상 성범죄
  (2024.2.13 가목~라목신설)
3. (2024.2.13 삭제)
4. 자동차를 운전할 수 있는 운전면허를 받지 아니한 사람 또는 초보운전자
④ 교통안전교육기관의 장은 교통안전교육강사가 아닌 사람으로 하여금 교통안전교육을 하게 하여서는 아니 된다.

⑤ 시·도경찰청장은 도로교통 관련 법령이 개정되거나 효과적인 교통안전교육을 위하여 필요하다고 인정하면 교통안전교육강사를 대상으로 대통령령으로 정하는 바에 따라 연수교육을 할 수 있다.(2020.12.22 본항개정)
⑥ 교통안전교육기관의 장은 제5항에 따라 교통안전교육강사가 연수교육을 받아야 하는 경우에는 부득이한 사유가 없으면 연수교육을 받을 수 있도록 조치하여야 한다.

제77조【교통안전교육의 수강 확인 등】 ① 교통안전교육강사는 운전면허를 받으려는 사람이 제73조제1항에 따른 교통안전교육을 마치면 개인별 수강 결과를 교통안전교육기관의 장에게 보고하여야 한다.
② 교통안전교육기관의 장은 제1항에 따른 보고를 받은 경우 대통령령으로 정하는 기준에 해당하는 교육을 받은 사람에게 교육확인증을 발급하고 지체 없이 관할 시·도경찰청장에게 그 사실을 보고하여야 한다.(2020.12.22 본항개정)

제78조【교통안전교육기관 운영의 정지 또는 폐지의 신고】 교통안전교육기관의 장은 해당 교통안전교육기관의 운영을 1개월 이상 정지하거나 폐지하려면 정지 또는 폐지하려는 날의 7일 전까지 행정안전부령으로 정하는 바에 따라 시·도경찰청장에게 신고하여야 한다.(2020.12.22 본조개정)

제79조【교통안전교육기관의 지정취소 등】 ① 시·도경찰청장은 교통안전교육기관이 다음 각 호의 어느 하나에 해당할 때에는 행정안전부령으로 정하는 기준에 따라 지정을 취소하거나 1년 이내의 기간을 정하여 운영의 정지를 명할 수 있다. 다만, 제3호에 해당할 때에는 그 지정을 취소하여야 한다.(2020.12.22 본문개정)
1. 교통안전교육기관이 제74조제2항에 따른 지정기준에 적합하지 아니하여 시정명령을 받고 30일 이내에 시정하지 아니한 경우
2. 교통안전교육기관의 장이 제76조제6항을 위반하여 교통안전교육강사가 연수교육을 받을 수 있도록 조치하지 아니한 경우
3. 교통안전교육기관의 장이 제77조제2항을 위반하여 교통안전교육과정을 이수하지 아니한 사람에게 교육확인증을 발급한 경우
4. 교통안전교육기관의 장이 제141조제2항을 위반하여 자료제출 또는 보고를 하지 아니하거나 거짓으로 자료제출 또는 보고를 한 경우
5. 교통안전교육기관의 장이 제141조제2항을 위반하여 관계 공무원의 출입·검사를 거부·방해 또는 기피한 경우

② 시·도경찰청장은 교통안전교육기관이 제1항에 따른 운영정지 명령을 위반하여 계속 운영행위를 할 때에는 행정안전부령으로 정하는 기준에 따라 지정을 취소할 수 있다.
(2020.12.22 본항개정)

제8장 운전면허

제80조【운전면허】 ① 자동차등을 운전하려는 사람은 시·도경찰청장으로부터 운전면허를 받아야 한다. 다만, 제2조제19호나목의 원동기를 단 차 중 「교통약자의 이동편의 증진법」 제2조제1호에 따른 교통약자가 최고속도 시속 20킬로미터 이하로만 운행될 수 있는 차를 운전하는 경우에는 그러하지 아니하다.(2021.1.12 단서개정)
② 시·도경찰청장은 운전을 할 수 있는 차의 종류를 기준으로 다음 각 호와 같이 운전면허의 범위를 구분하고 관리하여야 한다. 이 경우 운전면허의 범위에 따라 운전할 수 있는 차의 종류는 행정안전부령으로 정한다.
(2020.12.22 전단개정)
1. 제1종 운전면허
 가. 대형면허
 나. 보통면허
 다. 소형면허
 라. 특수면허
  1) 대형견인차면허
  2) 소형견인차면허
  3) 구난차면허
 (2016.1.27 본목개정)
2. 제2종 운전면허
 가. 보통면허
 나. 소형면허
 다. 원동기장치자전거면허
3. 연습운전면허
 가. 제1종 보통연습면허
 나. 제2종 보통연습면허

③ 시·도경찰청장은 운전면허를 받을 사람의 신체 상태 또는 운전 능력에 따라 행정안전부령으로 정하는 바에 따라 운전할 수 있는 자동차등의 구조를 한정하는 등 운전면허에 필요한 조건을 붙일 수 있다.(2021.1.12 본항개정)
④ 시·도경찰청장은 제87조 및 제88조에 따라 적성검사를 받은 사람의 신체 상태 또는 운전 능력에 따라 제3항에 따른 조건을 새로 붙이거나 바꿀 수 있다.(2020.12.22 본항개정)
(2011.6.8 본조개정)

판례 운전면허 취득이 허용된 신체장애를 가진 청구인이 제2종 소형 운전면허를 취득하려 했으나, 도로교통공단이 운전면허시험장에 신체장애를 가진 응시생을 위한 특수제작 이륜자동차를 마련하지 않아서 기능시험에 응시할 수 없었다는 것만으로는 청구인의 기본권이 침해당했다고 볼 수 없다.(헌재결 2020.10.29, 2016헌마86)

제80조의2【음주운전 방지장치 부착 조건부 운전면허】 ① 제44조제1항, 제2항 또는 제5항을 위반(자동차등 또는 노면전차를 운전한 경우로 한정한다. 다만, 개인형 이동장치를 운전한 경우는 제외한다. 이하 같다)한 날부터 5년 이내에 다시 같은 조 제1항, 제2항 또는 제5항을 위반하여 운전면허 취소처분을 받은 사람이 자동차등을 운전하려는 경우에는 시·도경찰청장으로부터 음주운전 방지장치 부착 조건부 운전면허(이하 "조건부 운전면허"라 한다. 이하 같다)를 받아야 한다.(2024.12.3 본항개정)
② 음주운전 방지장치는 제82조제2항제1호부터 제9호까지에 따라 조건부 운전면허 발급 대상에게 적용되는 운전면허 결격기간과 같은 기간 동안 부착하며, 운전면허 결격기간이 종료된 다음 날부터 부착기간을 산정한다.
③ 제1항에 따른 조건부 운전면허의 범위·발급·종류 등에 필요한 사항은 행정안전부령으로 정한다.
(2023.10.24 본조신설)

제81조【연습운전면허의 효력】 연습운전면허는 그 면허를 받은 날부터 1년 동안 효력을 가진다. 다만, 연습운전면허를 받은 날부터 1년 이전이라도 연습운전면허를 받은 사람이 제1종 보통면허 또는 제2종 보통면허를 받은 경우 연습운전면허는 그 효력을 잃는다.

제82조【운전면허의 결격사유】 ① 다음 각 호의 어느 하나에 해당하는 사람은 운전면허를 받을 수 없다.
1. 18세 미만(원동기장치자전거의 경우에는 16세 미만)인 사람
2. 교통상의 위험과 장해를 일으킬 수 있는 정신질환자 또는 뇌전증 환자로서 대통령령으로 정하는 사람(2014.12.30 본호개정)
3. 듣지 못하는 사람(제1종 운전면허 중 대형면허·특수면허만 해당한다), 앞을 보지 못하는 사람(한쪽 눈만 보지 못하는 사람의 경우에는 제1종 운전면허 중 대형면허·특수면허만 해당한다)이나 그 밖에 대통령령으로 정하는 신체장애인(2016.5.29 본호개정)
4. 양쪽 팔의 팔꿈치관절 이상을 잃은 사람이나 양쪽 팔을 전혀 쓸 수 없는 사람. 다만, 본인의 신체장애 정도에 적합하게 제작된 자동차를 이용하여 정상적인 운전을 할 수 있는 경우에는 그러하지 아니하다.
5. 교통상의 위험과 장해를 일으킬 수 있는 마약·대마·향정신성의약품 또는 알코올 중독자로서 대통령령으로 정하는 사람
6. 제1종 대형면허 또는 제1종 특수면허를 받으려는 경우로서 19세 미만이거나 자동차(이륜자동차는 제외한다)의 운전경험이 1년 미만인 사람

7. 대한민국의 국적을 가지지 아니한 사람 중 「출입국관리법」 제31조에 따라 외국인등록을 하지 아니한 사람(외국인등록이 면제된 사람은 제외한다)이나 「재외동포의 출입국과 법적 지위에 관한 법률」 제6조제1항에 따라 국내거소신고를 하지 아니한 사람(2019.12.24 본호신설)

② 다음 각 호의 어느 하나의 경우에 해당하는 사람은 해당 각 호에 규정된 기간이 지나지 아니하면 운전면허를 받을 수 없다. 다만, 다음 각 호의 사유로 인하여 벌금 미만의 형이 확정되거나 선고유예의 판결이 확정된 경우 또는 기소유예나 「소년법」 제32조에 따른 보호처분의 결정이 있는 경우에는 각 호에 규정된 기간 내라도 운전면허를 받을 수 있다.(2015.8.11 단서신설)

1. 제43조 또는 제96조제3항을 위반하여 자동차등을 운전한 경우에는 그 위반한 날(운전면허효력 정지기간에 운전하여 취소된 경우에는 그 취소된 날을 말하며, 이하 이 조에서 같다)부터 1년(원동기장치자전거면허를 받으려는 경우에는 6개월로 하되, 제46조를 위반한 경우에는 그 위반한 날부터 1년). 다만, 사람을 사상한 후 제54조제1항에 따른 필요한 조치 및 제2항에 따른 신고를 하지 아니한 경우에는 그 위반한 날부터 5년으로 한다.(2021.1.12 본문개정)
2. 제43조 또는 제96조제3항을 3회 이상 위반하여 자동차등을 운전한 경우에는 그 위반한 날부터 2년
3. 다음 각 목의 경우에는 운전면허가 취소된 날(제43조 또는 제96조제3항을 함께 위반한 경우에는 그 위반한 날을 말한다)부터 5년
   가. 제44조제1항 · 제2항, 제45조 또는 제46조를 위반(제43조 또는 제96조제3항을 함께 위반한 경우도 포함한다)하여 운전을 하다가 사람을 사상한 후 제54조제1항 및 제2항에 따른 필요한 조치 및 신고를 하지 아니한 경우(2024.12.3 본목개정)
   나. 제44조제1항 또는 제2항를 위반(제43조 또는 제96조제3항을 함께 위반한 경우도 포함한다)하여 운전을 하다가 사람을 사망에 이르게 한 경우(2024.12.3 본목개정)
   다. 제44조제5항과 관련하여 술에 취한 상태에 있다고 인정할 만한 상당한 이유가 있는 사람이 자동차등을 운전하다가 사람을 사상한 후 제54조제1항 및 제2항에 따른 필요한 조치 및 신고를 하지 아니하고 음주측정방해행위를 한 경우(제43조 또는 제96조제3항을 함께 위반한 경우도 포함한다)(2024.12.3 본목신설)
   라. 제44조제5항과 관련하여 술에 취한 상태에 있다고 인정할 만한 상당한 이유가 있는 사람이 자동차등을 운전하다가 사람을 사망에 이르게 하고 음주측정방해행위를 한 경우(제43조 또는 제96조제3항을 함께 위반한 경우도 포함한다)(2024.12.3 본목신설)
   (2018.12.24 본호개정)
4. 제43조부터 제46조까지의 규정에 따른 사유가 아닌 다른 사유로 사람을 사상한 후 제54조제1항 및 제2항에 따른 필요한 조치 및 신고를 하지 아니한 경우에는 운전면허가 취소된 날부터 4년
5. 제6호나목 또는 다목을 2회 이상 위반(제43조 또는 제96조제3항을 함께 위반한 경우도 포함한다)한 경우에는 운전면허가 취소된 날(제43조 또는 제96조제3항을 함께 위반한 경우에는 그 위반한 날을 말한다)부터 3년, 자동차등을 이용하여 범죄행위를 하거나 다른 사람의 자동차등을 훔치거나 빼앗은 사람이 제43조를 위반하여 그 자동차등을 운전한 경우에는 그 위반한 날부터 3년(2024.12.3 본호개정)
6. 다음 각 목의 경우에는 운전면허가 취소된 날(제43조 또는 제96조제3항을 함께 위반한 경우에는 그 위반한 날을 말한다)부터 2년
   가. 제44조제1항, 제2항 또는 제5항을 2회 이상 위반(제43조 또는 제96조제3항을 함께 위반한 경우도 포함한다)한 경우(2024.12.3 본목개정)
   나. 제44조제1항 또는 제2항을 위반(제43조 또는 제96조제3항을 함께 위반한 경우도 포함한다)하여 운전을 하다가 교통사고를 일으킨 경우
   다. 제44조제5항과 관련하여 술에 취한 상태에 있다고 인정할 만한 상당한 이유가 있는 사람이 자동차등을 운전하여 교통사고를 일으키고 음주측정방해행위를 한 경우(제43조 또는 제96조제3항을 함께 위반한 경우도 포함한다)(2024.12.3 본목신설)
   라. 제46조를 2회 이상 위반(제43조 또는 제96조제3항을 함께 위반한 경우도 포함한다)한 경우
   마. 제93조제1항제8호 · 제12호 또는 제13호의 사유로 운전면허가 취소된 경우
   (2018.12.24 본호개정)
7. 제1호부터 제6호까지의 규정에 따른 경우가 아닌 다른 사유로 운전면허가 취소된 경우에는 운전면허가 취소된 날부터 1년(원동기장치자전거면허를 받으려는 경우에는 6개월로 하되, 제46조를 위반하여 운전면허가 취소된 경우에는 1년). 다만, 제93조제1항제9호의 사유로 운전면허가 취소된 경우에는 그러하지 아니하다.(2022.1.11 단서개정)
8. 운전면허효력 정지처분을 받고 있는 경우에는 그 정지기간
9. 제96조에 따른 국제운전면허증 또는 상호인정외국면허증으로 운전하는 운전자가 운전금지 처분을 받은 경우에는 그 금지기간(2021.10.19 본호신설)
10. 제80조의2제2항에 따라 음주운전 방지장치를 부착하는 기간(조건부 운전면허의 경우는 제외한다)(2023.10.24 본호신설)

③ 제93조에 따라 운전면허 취소처분을 받은 사람은 제2항에 따른 운전면허 결격기간이 끝났다 하여도 그 취소처분을 받은 이후에 제73조제2항에 따른 특별교통안전 의무교육을 받지 아니하면 운전면허를 받을 수 없다.(2017.10.24 본항개정)
(2011.6.8 본조개정)

제83조【운전면허시험 등】 ① 운전면허시험(제1종 보통면허시험 및 제2종 보통면허시험은 제외한다)은 한국도로교통공단이 다음 각 호의 사항에 대하여 제80조제2항에 따른 운전면허의 구분에 따라 실시한다. 다만, 대통령령으로 정하는 운전면허시험은 대통령령으로 정하는 바에 따라 시 · 도경찰청장이나 한국도로교통공단이 실시한다.(2024.1.30 본문개정)

1. 자동차등의 운전에 필요한 적성(2021.1.12 본호개정)
2. 자동차등 및 도로교통에 관한 법령에 대한 지식
3. 자동차등의 관리방법과 안전운전에 필요한 점검의 요령
4. 자동차등의 운전에 필요한 기능
5. 친환경 경제운전에 필요한 지식과 기능

② 제1종 보통면허시험과 제2종 보통면허시험은 한국도로교통공단이 응시자가 도로에서 자동차를 운전할 능력이 있는지에 대하여 실시한다. 이 경우 제1종 보통면허시험은 제1종 보통연습면허를 받은 사람을 대상으로 하고, 제2종 보통면허시험은 제2종 보통연습면허를 받은 사람을 대상으로 한다.
(2024.1.30 전단개정)

③ 제82조에 따라 운전면허를 받을 수 없는 사람은 운전면허시험에 응시할 수 없다.

④ 제1항제2호 및 제3호에 따른 운전면허시험에 응시하려는 사람은 그 운전면허시험에 응시하기 전에 제73조제1항에 따른 교통안전교육 또는 제104조제1항에 따른 자동차운전 전문학원에서 학과교육을 받아야 한다.

⑤ 제1항과 제2항에 따른 운전면허시험의 방법, 절차와 그 밖에 필요한 사항은 대통령령으로 정한다.
(2011.6.8 본조개정)

제84조【운전면허시험의 면제】 ① 다음 각 호의 어느 하나에 해당하는 사람에 대하여는 대통령령으로 정하는 바에 따라 운전면허시험의 일부를 면제한다.

1. 대학 · 전문대학 또는 공업계 고등학교의 기계과나 자동차와 관련된 학과를 졸업한 사람으로서 재학 중 자동차에 관한 과목을 이수한 사람
2. 「국가기술자격법」 제10조에 따라 자동차의 정비 또는 검사에 관한 기술자격시험에 합격한 사람
3. 외국의 권한 있는 기관에서 발급한 운전면허증(이하 "외국면허증"이라 한다)을 가진 사람 가운데 다음 각 목의 어느 하나에 해당되는 사람

가. 「주민등록법」 제6조에 따라 주민등록이 된 사람
나. 「출입국관리법」 제31조에 따라 외국인등록을 한 사람(이하 "등록외국인"이라 한다) 또는 외국인등록이 면제된 사람(2016.12.2 본목개정)
다. 「난민법」에 따른 난민인정자(2012.2.10 본목개정)
라. 「재외동포의 출입국과 법적 지위에 관한 법률」 제6조에 따라 국내거소신고를 한 사람(이하 "외국국적동포"라 한다)(2016.12.2 본목개정)
4. 군(軍) 복무 중 자동차등에 상응하는 군 소속 차를 6개월 이상 운전한 경험이 있는 사람(2021.1.12 본호개정)
5. 제87조제2항 또는 제88조에 따른 적성검사를 받지 아니하여 운전면허가 취소된 후 다시 면허를 받으려는 사람
6. 운전면허를 받은 후 제80조제2항의 구분에 따라 운전할 수 있는 자동차의 종류를 추가하려는 사람
7. 제93조제1항제15호부터 제18호까지의 규정에 따라 운전면허가 취소된 후 다시 운전면허를 받으려는 사람
8. 제108조제5항에 따른 자동차운전 전문학원의 수료증 또는 졸업증을 소지한 사람
9. 군사분계선 이북지역에서 운전면허를 받은 사실이 인정되는 사람

② 제1항제3호에 따른 외국면허증(그 운전면허증을 발급한 국가에서 90일을 초과하여 체류하면서 그 체류기간 동안 취득한 것으로서 임시면허증 또는 연습면허증이 아닌 것을 말한다)을 가진 사람에 대하여는 해당 국가가 대한민국 운전면허증을 가진 사람에게 적성시험을 제외한 모든 운전면허시험 과정을 면제하는 국가(이하 이 조에서 "국내면허 인정국가"라 한다)인지 여부에 따라 대통령령으로 정하는 바에 따라 면제하는 운전면허시험을 다르게 정할 수 있다. 다만, 외교, 공무(公務) 또는 연구 등 대통령령으로 정하는 목적으로 국내에 체류하고 있는 사람이 가지고 있는 외국면허증은 국내면허 인정국가의 권한 있는 기관에서 발급한 운전면허증으로 보며, 국내면허 인정국가 가운데 우리나라와 운전면허의 상호인정에 관한 약정을 체결한 국가에 대하여는 그 약정한 내용에 따라 운전면허시험의 일부를 면제할 수 있다.

③ 한국도로교통공단은 제1항제3호 및 제2항에 따라 외국면허증을 가진 사람에게 운전면허시험의 일부를 면제하고 국내운전면허증을 발급하는 경우에는 해당 외국면허증을 발급한 국가의 요청이 있는 경우 등 대통령령으로 정하는 사유가 있는 경우에만 그 사람의 외국면허증을 회수할 수 있다. 이 경우 그 외국면허증을 발급한 국가의 관계 기관의 요청이 있는 경우에는 그 외국면허증을 해당 국가에 송부할 수 있다.(2024.1.30 전단개정)
(2011.6.8 본조개정)

제84조의2 【부정행위자에 대한 조치】 ① 경찰청장은 제106조에 따른 전문학원의 강사자격시험 및 제107조에 따른 기능검정원 자격시험에서, 시ㆍ도경찰청장 또는 한국도로교통공단은 제83조에 따른 운전면허시험에서 부정행위를 한 사람에 대하여는 해당 시험을 각각 무효로 처리한다.
(2024.1.30 본항개정)
② 제1항에 따라 시험이 무효로 처리된 사람은 그 처분이 있은 날부터 2년간 해당 시험에 응시하지 못한다.
(2016.1.27 본조신설)

제85조 【운전면허증의 발급 등】 ① 운전면허를 받으려는 사람은 운전면허시험에 합격하여야 한다.
② 시ㆍ도경찰청장은 운전면허시험에 합격한 사람에 대하여 행정안전부령으로 정하는 운전면허증을 발급하여야 한다.
(2020.12.22 본항개정)
③ 시ㆍ도경찰청장은 운전면허를 받은 사람이 다른 범위의 운전면허를 추가로 취득하는 경우에는 운전면허의 범위를 확대(기존에 받은 운전면허의 범위를 추가하는 것을 말한다)하여 운전면허증을 발급하여야 한다.(2020.12.22 본항개정)
④ 시ㆍ도경찰청장은 운전면허를 받은 사람이 운전면허의 범위를 축소(기존에 받은 운전면허의 범위에서 일부 범위를 삭제하는 것을 말한다)하기를 원하는 경우에는 운전면허의 범위를 축소하여 운전면허증을 발급할 수 있다.(2020.12.22 본항개정)
⑤ 운전면허의 효력은 본인 또는 대리인이 제2항부터 제4항까지에 따른 운전면허증을 발급받은 때부터 발생한다. 이 경우 제3항 또는 제4항에 따라 운전면허의 범위를 확대하거나 축소하는 경우에도 제93조에 따라 받게 되거나 받은 운전면허 취소ㆍ정지처분의 효력과 벌점은 그대로 승계된다.
(2014.12.30 본항개정)
⑥ 제2항부터 제4항까지에 따라 발급받은 운전면허증은 부정하게 사용할 목적으로 다른 사람에게 빌려주거나 빌려서는 아니 되며, 이를 알선하여서도 아니 된다.(2024.3.19 본항신설)
(2011.6.8 본조개정)

제85조의2 【모바일운전면허증 발급 및 운전면허증의 확인 등】 ① 시ㆍ도경찰청장은 제85조, 제85조의3, 제86조, 제87조에 따라 운전면허증을 발급받으려는 사람이 모바일운전면허증(「전기통신사업법」 제2조제20호에 따른 이동통신단말장치에 암호화된 형태로 설치된 운전면허증을 말한다. 이하 같다)을 신청하는 경우 이를 추가로 발급할 수 있다.
(2025.1.21 본항개정)
② 국가기관, 지방자치단체, 공공단체, 사회단체, 기업체 등에서 다음 각 호의 경우에 운전면허소지자의 성명ㆍ사진ㆍ주소ㆍ주민등록번호ㆍ운전면허번호 등을 확인할 필요가 있으면 증빙서류를 붙이지 아니하고 운전면허증(제1항에 따른 모바일운전면허증을 포함한다. 이하 제87조의2ㆍ제92조ㆍ제93조ㆍ제95조제1항ㆍ제139조 및 제152조에서 같다)으로 확인하여야 한다. 다만, 다른 법률에서 신분의 확인 방법 등을 정한 경우에는 그러하지 아니하다.
1. 제80조제2항에 따른 운전면허의 범위 및 운전할 수 있는 차의 종류를 확인하는 경우
2. 민원서류나 그 밖의 서류를 접수하는 경우
3. 특정인에게 자격을 인정하는 증서를 발급하는 경우
4. 그 밖에 신분을 확인하기 위하여 필요한 경우

③ 시ㆍ도경찰청장은 경찰청에 연계된 운전면허정보를 이용하여 운전면허확인서비스(이동통신단말장치를 이용하여 제2항 각 호 외의 부분 본문에 따른 성명ㆍ사진ㆍ주소ㆍ주민등록번호ㆍ운전면허번호 및 발급 관련사항을 확인할 수 있는 서비스를 말한다. 이하 같다)를 제공할 수 있다.
④ 운전면허확인서비스를 이용하여 성명ㆍ사진ㆍ주소ㆍ주민등록번호ㆍ운전면허번호 및 발급 관련사항을 확인하는 경우 제2항에 따라 운전면허증으로 성명ㆍ사진ㆍ주민등록번호ㆍ운전면허번호 및 발급 관련사항을 확인한 것으로 본다.
⑤ 모바일운전면허증 및 운전면허확인서비스의 발급 및 신청 등에 필요한 사항은 행정안전부령으로 정한다.
(2024.1.30 본조개정)

제85조의3 【조건부 운전면허증의 발급 등】 ① 조건부 운전면허를 받으려는 사람은 제83조에 따른 운전면허시험에 합격하여야 한다.
② 시ㆍ도경찰청장은 제1항에 따라 운전면허시험에 합격한 사람에 대하여 행정안전부령으로 정하는 조건부 운전면허증을 발급하여야 한다.
③ 조건부 운전면허증을 잃어버렸거나 헐어 못 쓰게 되었을 때에는 행정안전부령으로 정하는 바에 따라 시ㆍ도경찰청장에게 신청하여 다시 발급받을 수 있다.
④ 제2항에 따라 발급한 조건부 운전면허증의 조건 기간이 경과하면 해당 조건은 소멸한 것으로 본다.
⑤ 조건부 운전면허증 발급 대상자 본인 확인에 대해서는 제87조의2를 준용한다. 이 경우 "운전면허증"은 "조건부 운전면허증"으로 본다.
(2024.1.30 본조신설)

제86조 【운전면허증의 재발급】 운전면허증을 잃어버렸거나 헐어 못 쓰게 되었을 때에는 행정안전부령으로 정하는 바에 따라 시ㆍ도경찰청장에게 신청하여 다시 발급받을 수 있다.
(2020.12.22 본조개정)

제87조【운전면허증의 갱신과 정기 적성검사】 ① 운전면허를 받은 사람은 다음 각 호의 구분에 따른 기간 이내에 대통령령으로 정하는 바에 따라 시·도경찰청장으로부터 운전면허증을 갱신하여 발급받아야 한다.(2020.12.22 본문개정)
1. 최초의 운전면허증 갱신기간은 제83조제1항 또는 제2항에 따른 운전면허시험에 합격한 날부터 기산하여 10년(운전면허시험 합격일에 65세 이상 75세 미만인 사람은 5년, 75세 이상인 사람은 3년, 한쪽 눈만 보지 못하는 사람으로서 제1종 운전면허 중 보통면허를 취득한 사람은 3년)이 되는 날이 속하는 해의 1월 1일부터 12월 31일까지
(2018.3.27 본호개정)
2. 제1호 외의 운전면허증 갱신기간은 직전의 운전면허증 갱신일부터 기산하여 매 10년(직전의 운전면허증 갱신일에 65세 이상 75세 미만인 사람은 5년, 75세 이상인 사람은 3년, 한쪽 눈만 보지 못하는 사람으로서 제1종 운전면허 중 보통면허를 취득한 사람은 3년)이 되는 날이 속하는 해의 1월 1일부터 12월 31일까지(2018.3.27 본호개정)

② 다음 각 호의 어느 하나에 해당하는 사람은 제1항에 따른 운전면허증 갱신기간에 대통령령으로 정하는 바에 따라 한국도로교통공단이 실시하는 정기(定期) 적성검사(適性檢查)를 받아야 한다.(2024.1.30 본문개정)
1. 제1종 운전면허를 받은 사람
2. 제2종 운전면허를 받은 사람 중 운전면허증 갱신기간에 70세 이상인 사람

③ 다음 각 호에 해당하는 사람은 운전면허증을 갱신하여 받을 수 없다.
1. 제73조제5항에 따른 교통안전교육을 받지 아니한 사람
2. 제2항에 따른 정기 적성검사를 받지 아니하거나 이에 합격하지 못한 사람
(2018.3.27 본항개정)

④ 제1항 또는 제2항에 따라 운전면허증을 갱신하여 발급받거나 정기 적성검사를 받아야 하는 사람이 해외여행 또는 군 복무 등 대통령령으로 정하는 사유로 그 기간 이내에 운전면허증을 갱신하여 발급받거나 정기 적성검사를 받을 수 없는 때에는 대통령령으로 정하는 바에 따라 이를 미리 받거나 그 연기를 받을 수 있다.
(2011.6.8 본조개정)

제87조의2【운전면허증 발급 대상자 본인 확인】 ① 시·도경찰청장은 제85조제2항부터 제4항까지, 제86조 또는 제87조제1항에 따라 운전면허증을 발급(이하 이 조 및 제137조의2제2항에서 "운전면허증 발급"이라 한다)하려는 경우에는 운전면허증 발급을 받으려는 사람의 주민등록증(모바일 주민등록증을 포함한다)이나 여권, 그 밖에 행정안전부령으로 정하는 신분증명서의 사진 등을 통하여 본인인지를 확인할 수 있다.(2023.12.26 본항개정)

② 시·도경찰청장은 제1항에 따른 방법으로 본인인지를 확인하기 어려운 경우에는 운전면허증 발급을 받으려는 사람의 동의를 받아 전자적 방법으로 지문정보를 대조하여 확인할 수 있다.

③ 시·도경찰청장은 운전면허증 발급을 받으려는 사람이 제2항에 따른 본인 확인 절차를 따르지 아니하는 경우에는 운전면허증 발급을 거부할 수 있다.
(2020.12.22 본조개정)

제88조【수시 적성검사】 ① 제1종 운전면허 또는 제2종 운전면허를 받은 사람(제96조제1항에 따른 국제운전면허증 또는 상호인정외국면허증을 받은 사람을 포함한다)이 안전운전에 장애가 되는 후천적 신체장애 등 대통령령으로 정하는 사유에 해당되는 경우에는 한국도로교통공단이 실시하는 수시(隨時) 적성검사를 받아야 한다.(2024.1.30 본항개정)

② 제1항에 따른 수시 적성검사의 기간·통지와 그 밖에 수시 적성검사의 실시에 필요한 사항은 대통령령으로 정한다.
(2011.6.8 본조개정)

제89조【수시 적성검사 관련 개인정보의 통보】 ① 제88조제1항에 따라 수시 적성검사를 받아야 하는 사람의 후천적 신체장애 등에 관한 개인정보를 가지고 있는 기관 가운데 대통령령으로 정하는 기관의 장은 수시 적성검사와 관련이 있는 개인정보를 경찰청장에게 통보하여야 한다.

② 제1항에 따라 경찰청장에게 통보하여야 하는 개인정보의 내용 및 통보방법과 그 밖에 개인정보의 통보에 필요한 사항은 대통령령으로 정한다.
(2011.6.8 본조개정)

제90조【정신 질환 등이 의심되는 사람에 대한 조치】 한국도로교통공단은 다음 각 호의 어느 하나에 해당하는 사람이 제82조제1항제2호 또는 제5호에 해당한다고 인정할 만한 상당한 사유가 있는 경우에는 해당 분야 전문의(專門醫)의 정밀진단을 받게 할 수 있다.(2024.1.30 본문개정)
1. 제83조에 따른 운전면허시험 중인 사람
2. 제87조제2항 또는 제88조제1항에 따른 적성검사를 받는 사람
(2011.6.8 본조개정)

제91조【임시운전증명서】 ① 시·도경찰청장은 다음 각 호의 어느 하나의 경우에 해당하는 사람이 임시운전증명서 발급을 신청하면 행정안전부령으로 정하는 바에 따라 임시운전증명서를 발급할 수 있다. 다만, 제2호의 경우에는 소지하고 있는 운전면허증에 행정안전부령으로 정하는 사항을 기재하여 발급함으로써 임시운전증명서 발급을 갈음할 수 있다.(2020.12.22 본문개정)
1. 운전면허증을 받은 사람이 제86조에 따른 재발급 신청을 한 경우
2. 제87조에 따른 정기 적성검사 또는 운전면허증 갱신 발급 신청을 하거나 제88조에 따른 수시 적성검사를 신청한 경우
3. 제93조에 따른 운전면허의 취소처분 또는 정지처분 대상자가 운전면허증을 제출한 경우

② 제1항의 임시운전증명서는 그 유효기간 중에는 운전면허증과 같은 효력이 있다.
(2011.6.8 본조개정)

제92조【운전면허증 휴대 및 제시 등의 의무】 ① 자동차등을 운전할 때에는 다음 각 호의 어느 하나에 해당하는 운전면허증 등을 지니고 있어야 한다.(2021.1.12 본문개정)
1. 운전면허증, 제96조제1항에 따른 국제운전면허증 또는 상호인정외국면허증이나 「건설기계관리법」에 따른 건설기계조종사면허증(이하 "운전면허증등"이라 한다)
(2021.10.19 본호개정)
2. 운전면허증등을 갈음하는 다음 각 목의 증명서
  가. 제91조에 따른 임시운전증명서
  나. 제138조에 따른 범칙금 납부통고서 또는 출석지시서
  다. 제143조제1항에 따른 출석고지서

② 운전자는 운전 중에 교통안전이나 교통질서 유지를 위하여 경찰공무원이 제1항에 따른 운전면허증등 또는 이를 갈음하는 증명서를 제시할 것을 요구하거나 운전자의 신원 및 운전면허 확인을 위한 질문을 할 때에는 이에 응하여야 한다.

③ 누구든지 다른 사람 명의의 모바일운전면허증을 부정하게 사용하여서는 아니 된다.(2024.1.30 본항신설)
(2011.6.8 본조개정)

제93조【운전면허의 취소·정지】 ① 시·도경찰청장은 운전면허(조건부 운전면허는 포함하고, 연습운전면허는 제외한다. 이하 이 조에서 같다)를 받은 사람이 다음 각 호의 어느 하나에 해당하면 행정안전부령으로 정하는 기준에 따라 운전면허(운전자가 받은 모든 범위의 운전면허를 포함한다. 이하 이 조에서 같다)를 취소하거나 1년 이내의 범위에서 운전면허의 효력을 정지시킬 수 있다. 다만, 제2호, 제3호, 제3호의2, 제7호, 제8호, 제8호의2, 제9호(정기 적성검사 기간이 지난 경우는 제외한다), 제14호, 제16호, 제17호, 제20호부터 제23호까지의 규정에 해당하는 경우에는 운전면허를 취소하여야 하고(제8호의2에 해당하는 경우 취소하여야 하는 운전면허의 범위는 운전자가 거짓이나 그 밖의 부정한 수단으로 받은 그 운전면허로 한정한다), 제18호의 규정에 해당하는 경우에는 정당한 사유가 없으면 관계 행정기관의 장의 요청에 따라 운전면허를 취소하거나 1년 이내의 범위에서 정지하여야 한다.(2024.12.3 단서개정)

1. 제44조제1항을 위반하여 술에 취한 상태에서 자동차등을 운전한 경우(2021.1.12 본호개정)
2. 제44조제1항, 제2항 후단 또는 제5항을 위반(자동차등을 운전한 경우로 한정한다. 이하 이 호 및 제3호에서 같다)한 사람이 다시 같은 조 제1항을 위반하여 운전면허 정지 사유에 해당된 경우(2024.12.3 본호개정)
3. 제44조제2항 후단을 위반하여 술에 취한 상태에 있다고 인정할 만한 상당한 이유가 있음에도 불구하고 경찰공무원의 측정에 응하지 아니한 경우
3의2. 제44조제5항을 위반하여 술에 취한 상태에 있다고 인정할만한 상당한 이유가 있는 사람이 자동차등을 운전한 후 음주측정방해행위를 한 경우(2024.12.3 본호신설)
4. 제45조를 위반하여 약물의 영향으로 인하여 정상적으로 운전하지 못할 우려가 있는 상태에서 자동차등을 운전한 경우
5. 제46조제1항을 위반하여 공동 위험행위를 한 경우
5의2. 제46조의3을 위반하여 난폭운전을 한 경우
(2015.8.11 본호신설)
5의3. 제17조제3항을 위반하여 제17조제1항 및 제2항에 따른 최고속도보다 시속 100킬로미터를 초과한 속도로 3회 이상 자동차등을 운전한 경우(2020.6.9 본호신설)
6. 교통사고로 사람을 사상한 후 제54조제1항 또는 제2항에 따른 필요한 조치 또는 신고를 하지 아니한 경우
7. 제82조제1항제2호부터 제5호까지의 규정에 따른 운전면허를 받을 수 없는 사람에 해당된 경우
8. 제82조에 따라 운전면허를 받을 수 없는 사람이 운전면허를 받거나 운전면허효력의 정지기간 중 운전면허증 또는 운전면허증을 갈음하는 증명서를 발급받은 사실이 드러난 경우(2021.1.12 본호개정)
8의2. 거짓이나 그 밖의 부정한 수단으로 운전면허를 받은 경우(2021.1.12 본호신설)
9. 제87조제2항 또는 제88조제1항에 따른 적성검사를 받지 아니하거나 그 적성검사에 불합격한 경우
10. 운전 중 고의 또는 과실로 교통사고를 일으킨 경우
10의2. 운전면허를 받은 사람이 자동차등을 이용하여 「형법」 제258조의2(특수상해)·제261조(특수폭행)·제284조(특수협박) 또는 제369조(특수손괴)를 위반하는 행위를 한 경우(2016.1.27 본호신설)
11. 운전면허를 받은 사람이 자동차등을 범죄의 도구나 장소로 이용하여 다음 각 목의 어느 하나의 죄를 범한 경우
가. 「국가보안법」 중 제4조부터 제9조까지의 죄 및 같은 법 제12조 중 증거를 날조·인멸·은닉한 죄
나. 「형법」 중 다음 어느 하나의 범죄
1) 살인·사체유기 또는 방화
2) 강도·강간 또는 강제추행
3) 약취·유인 또는 감금
4) 상습절도(절취한 물건을 운반한 경우에 한정한다)
5) 교통방해(단체 또는 다중의 위력으로써 위반한 경우에 한정한다)
다. 「보험사기방지 특별법」 중 제8조부터 제10조까지의 죄
(2024.2.13 본목신설)
(2018.3.27 본호개정)
12. 다른 사람의 자동차등을 훔치거나 빼앗은 경우
13. 다른 사람이 부정하게 운전면허를 받도록 하기 위하여 제83조에 따른 운전면허시험에 대신 응시한 경우
14. 이 법에 따른 교통단속 임무를 수행하는 경찰공무원등 및 시·군공무원을 폭행한 경우
15. 운전면허증을 부정하게 사용할 목적으로 다른 사람에게 빌려주거나 다른 사람의 운전면허증을 빌려서 사용한 경우
(2024.3.19 본호개정)
16. 「자동차관리법」에 따라 등록되지 아니하거나 임시운행허가를 받지 아니한 자동차(이륜자동차는 제외한다)를 운전한 경우
17. 제1종 보통면허 및 제2종 보통면허를 받기 전에 연습운전면허의 취소 사유가 있었던 경우
18. 다른 법률에 따라 관계 행정기관의 장이 운전면허의 취소처분 또는 정지처분을 요청한 경우
18의2. 제39조제1항 또는 제4항을 위반하여 화물자동차를 운전한 경우(2015.8.11 본호신설)
19. 이 법이나 이 법에 따른 명령 또는 처분을 위반한 경우
20. 운전면허를 받은 사람이 자신의 운전면허를 실효(失效)시킬 목적으로 시·도경찰청장에게 자진하여 운전면허를 반납하는 경우. 다만, 실효시키려는 운전면허가 취소처분 또는 정지처분의 대상이거나 효력정지 기간 중인 경우는 제외한다.(2020.12.22 본문개정)
21. 제50조의3제1항을 위반하여 음주운전 방지장치가 설치된 자동차등을 시·도경찰청에 등록하지 아니하고 운전한 경우
22. 제50조의3제3항을 위반하여 음주운전 방지장치가 설치되지 아니하거나 설치기준에 부합하지 아니한 음주운전 방지장치가 설치된 자동차등을 운전한 경우
23. 제50조의3제4항을 위반하여 음주운전 방지장치가 해체·조작 또는 그 밖의 방법으로 효용이 떨어진 것을 알면서 해당 장치가 설치된 자동차등을 운전한 경우
(2023.10.24 21호~23호신설)
② 시·도경찰청장은 제1항에 따라 운전면허를 취소하거나 운전면허의 효력을 정지하려고 할 때 그 기준으로 활용하기 위하여 교통법규를 위반하거나 교통사고를 일으킨 사람에 대하여는 행정안전부령으로 정하는 바에 따라 위반 및 피해의 정도 등에 따라 벌점을 부과할 수 있으며, 그 벌점이 행정안전부령으로 정하는 기간 동안 일정한 점수를 초과하는 경우에는 행정안전부령으로 정하는 바에 따라 운전면허를 취소 또는 정지할 수 있다.(2020.12.22 본항개정)
③ 시·도경찰청장은 연습운전면허를 발급받은 사람이 운전 중 고의 또는 과실로 교통사고를 일으키거나 이 법이나 이 법에 따른 명령 또는 처분을 위반한 경우에는 연습운전면허를 취소하여야 한다. 다만, 본인에게 귀책사유(歸責事由)가 없는 경우 등 대통령령으로 정하는 경우에는 그러하지 아니하다.(2020.12.22 본문개정)
④ 시·도경찰청장은 제1항 또는 제2항에 따라 운전면허의 취소처분 또는 정지처분을 하려고 하거나 제3항에 따라 연습운전면허 취소처분을 하려면 그 처분을 하기 전에 미리 행정안전부령으로 정하는 바에 따라 처분의 당사자에게 처분 내용과 의견제출 기한 등을 통지하여야 하며, 그 처분을 하는 때에는 행정안전부령으로 정하는 바에 따라 처분의 이유와 행정심판을 제기할 수 있는 기간 등을 통지하여야 한다. 다만, 제87조제2항 또는 제88조제1항에 따른 적성검사를 받지 아니하였다는 이유로 운전면허를 취소하려면 행정안전부령으로 정하는 바에 따라 처분의 당사자에게 적성검사를 할 수 있는 날의 만료일 전까지 적성검사를 받지 아니하면 운전면허가 취소된다는 사실의 조건부 통지를 함으로써 처분의 사전 및 사후 통지를 갈음할 수 있다.(2020.12.22 본문개정)
(2011.6.8 본조개정)

제94조【운전면허 처분에 대한 이의신청】 ① 제93조제1항 또는 제2항에 따른 운전면허의 취소처분 또는 정지처분이나 같은 조 제3항에 따른 연습운전면허 취소처분에 대하여 이의(異議)가 있는 사람은 그 처분을 받은 날부터 60일 이내에 행정안전부령으로 정하는 바에 따라 시·도경찰청장에게 이의를 신청할 수 있다.(2020.12.22 본항개정)
② 시·도경찰청장은 제1항에 따른 이의를 심의하기 위하여 행정안전부령으로 정하는 바에 따라 운전면허행정처분 이의심의위원회(이하 "이의심의위원회"라 한다)를 두어야 한다.
(2020.12.22 본항개정)
③ 제1항에 따라 이의를 신청한 사람은 그 이의신청과 관계없이 「행정심판법」에 따른 행정심판을 청구할 수 있다. 이 경우 이의를 신청하여 그 결과를 통보받은 사람(결과를 통보받기 전에 「행정심판법」에 따른 행정심판을 청구한 사람은 제외한다)은 통보받은 날부터 90일 이내에 「행정심판법」에 따른 행정심판을 청구할 수 있다.

④ 이의심의위원회의 위원 중 공무원이 아닌 사람은 「형법」 제129조부터 제132조까지의 규정을 적용할 때에는 공무원으로 본다.(2015.8.11 본항신설)
(2011.6.8 본조개정)

제94조의2【범죄경력조회 및 수사경력조회】 시·도경찰청장은 제82조제2항 각 호의 어느 하나의 경우에 해당하는 사람이 운전면허 결격사유가 된 법률 위반과 관련하여 같은 항 단서에 해당하는 확정판결 또는 처분을 받았는지 여부와 제93조제1항 또는 제2항에 따라 운전면허가 취소·정지된 사람이 그 처분의 원인이 된 법률 위반과 관련하여 무죄의 확정판결 또는 불기소처분을 받았는지 여부를 확인하기 위하여 「형의 실효 등에 관한 법률」 제6조에 따른 범죄경력조회 및 수사경력조회를 할 수 있다.(2021.1.12 본조신설)

제95조【운전면허증의 반납】 ① 운전면허증을 받은 사람이 다음 각 호의 어느 하나에 해당하면 그 사유가 발생한 날부터 7일 이내(제4호 및 제5호의 경우 새로운 운전면허증을 받기 위하여 운전면허증을 제출한 때)에 주소지를 관할하는 시·도경찰청장에게 운전면허증을 반납(모바일운전면허증의 경우 전자적 반납을 포함한다. 이하 이 조에서 같다)하여야 한다.(2024.1.30 본문개정)
1. 운전면허 취소처분을 받은 경우
2. 운전면허효력 정지처분을 받은 경우
3. 운전면허증을 잃어버리고 다시 발급받은 후 그 잃어버린 운전면허증을 찾은 경우
4. 연습운전면허증을 받은 사람이 제1종 보통면허증 또는 제2종 보통면허증을 받은 경우
5. 운전면허증 갱신을 받은 경우

② 경찰공무원은 제1항을 위반하여 운전면허증을 반납하지 아니한 사람이 소지한 운전면허증을 직접 회수(모바일운전면허증의 경우 전자적 회수를 포함한다. 이하 이 조에서 같다)할 수 있다.(2024.1.30 본항개정)
③ 시·도경찰청장이 제1항제2호에 따라 운전면허증을 반납받았거나 제2항에 따라 제1항제2호에 해당하는 사람으로부터 운전면허증을 회수하였을 때에는 이를 보관하였다가 정지기간이 끝난 즉시 돌려주어야 한다.(2020.12.22 본항개정)
(2011.6.8 본조개정)

제9장 국제운전면허증
(2011.6.8 본장개정)

제96조【국제운전면허증 또는 상호인정외국면허증에 의한 자동차등의 운전】 ① 외국의 권한 있는 기관에서 제1호부터 제3호까지의 어느 하나에 해당하는 협약·협정 또는 약정에 따른 운전면허증(이하 "국제운전면허증"이라 한다) 또는 제4호에 따라 인정되는 외국면허증(이하 "상호인정외국면허증"이라 한다)을 발급받은 사람은 제80조제1항에도 불구하고 국내에 입국한 날부터 1년 동안 그 국제운전면허증 또는 상호인정외국면허증으로 자동차등을 운전할 수 있다. 이 경우 운전할 수 있는 자동차의 종류는 그 국제운전면허증 또는 상호인정외국면허증에 기재된 것으로 한정한다.
(2021.10.19 본문개정)
1. 1949년 제네바에서 체결된 「도로교통에 관한 협약」
2. 1968년 비엔나에서 체결된 「도로교통에 관한 협약」
3. 우리나라와 외국 간에 국제운전면허증을 상호 인정하는 협약, 협정 또는 약정(2021.10.19 본호개정)
4. 우리나라와 외국 간에 상대방 국가에서 발급한 운전면허증을 상호 인정하는 협약·협정 또는 약정(2021.10.19 본호신설)

② 국제운전면허증을 외국에서 발급받은 사람 또는 상호인정외국면허증으로 운전하는 사람은 「여객자동차 운수사업법」 또는 「화물자동차 운수사업법」에 따른 사업용 자동차를 운전할 수 없다. 다만, 「여객자동차 운수사업법」에 따른 대여사업용 자동차를 임차(賃借)하여 운전하는 경우에는 그러하지 아니하다.(2021.10.19 본문개정)
③ 제82조제2항에 따른 운전면허 결격사유에 해당하는 사람으로서 같은 항 각 호의 구분에 따른 기간이 지나지 아니한 사람은 제1항에도 불구하고 자동차등을 운전하여서는 아니 된다.
(2021.10.19 본조제목개정)

제97조【자동차등의 운전 금지】 ① 제96조에 따라 국제운전면허증 또는 상호인정외국면허증을 가지고 국내에서 자동차등을 운전하는 사람이 다음 각 호의 어느 하나에 해당하는 경우에는 그 사람의 주소지를 관할하는 시·도경찰청장은 행정안전부령으로 정한 기준에 따라 1년을 넘지 아니하는 범위에서 국제운전면허증 또는 상호인정외국면허증에 의한 자동차등의 운전을 금지할 수 있다.(2021.10.19 본문개정)
1. 제88조제1항에 따른 적성검사를 받지 아니하였거나 적성검사에 불합격한 경우
2. 운전 중 고의 또는 과실로 교통사고를 일으킨 경우
3. 대한민국 국적을 가진 사람이 제93조제1항 또는 제2항에 따라 운전면허가 취소되거나 효력이 정지된 후 제82조제2항 각 호에 규정된 기간이 지나지 아니한 경우
4. 자동차등의 운전에 관하여 이 법이나 이 법에 따른 명령 또는 처분을 위반한 경우

② 제1항에 따라 자동차등의 운전이 금지된 사람은 지체 없이 국제운전면허증 또는 상호인정외국면허증에 의한 운전을 금지한 시·도경찰청장에게 그 국제운전면허증 또는 상호인정외국면허증을 제출하여야 한다.(2021.10.19 본항개정)
③ 시·도경찰청장은 제1항에 따른 금지기간이 끝난 경우 또는 금지처분을 받은 사람이 그 금지기간 중에 출국하는 경우에는 그 사람의 반환청구가 있으면 지체 없이 보관 중인 국제운전면허증 또는 상호인정외국면허증을 돌려주어야 한다.(2021.10.19 본항개정)

제98조【국제운전면허증의 발급 등】 ① 제80조에 따라 운전면허를 받은 사람이 국외에서 운전을 하기 위하여 제96조제1항제1호의 「도로교통에 관한 협약」에 따른 국제운전면허증을 발급받으려면 시·도경찰청장에게 신청하여야 한다.
(2020.12.22 본항개정)
② 제1항에 따른 국제운전면허증의 유효기간은 발급받은 날부터 1년으로 한다.
③ 제1항에 따른 국제운전면허증은 이를 발급받은 사람의 국내운전면허의 효력이 없어지거나 취소된 때에는 그 효력을 잃는다.
④ 제1항에 따른 국제운전면허증을 발급받은 사람의 국내운전면허의 효력이 정지된 때에는 그 정지기간 동안 그 효력이 정지된다.
⑤ 제1항에 따른 국제운전면허증의 발급에 필요한 사항은 행정안전부령으로 정한다.(2017.7.26 본항개정)

제98조의2【국제운전면허증 발급의 제한】 시·도경찰청장은 제98조에 따라 국제운전면허증을 발급받으려는 사람이 납부하지 아니한 범칙금 또는 과태료(이 법을 위반하여 부과된 범칙금 또는 과태료를 말한다. 이하 이 조에서 같다)가 있는 경우 국제운전면허증의 발급을 거부할 수 있다. 다만, 제164조제1항·제2항에 따른 범칙금 납부기간 또는 제160조에 따른 과태료로서 대통령령으로 정하는 납부기간 중에 있는 경우에는 그러하지 아니하다.(2020.12.22 본문개정)

제10장 자동차운전학원
(2011.6.8 본장개정)

제99조【자동차운전학원의 등록】 자동차운전학원(이하 "학원"이라 한다)을 설립·운영하려는 자는 제101조에 따른 시설 및 설비 등과 제103조에 따른 강사의 정원(定員) 및 배치기준 등 필요한 조건을 갖추어 대통령령으로 정하는 바에 따라 시·도경찰청장에게 등록하여야 한다. 대통령령으로 정하는 등록사항을 변경하려는 경우에도 또한 같다.
(2020.12.22 전단개정)

제100조【학원의 조건부 등록】 ① 시·도경찰청장은 제99조에 따라 학원 등록을 할 경우 대통령령으로 정하는 기간

에 제101조에 따른 시설 및 설비 등을 갖출 것을 조건으로 하여 학원의 등록을 받을 수 있다.
② 시·도경찰청장은 제1항에 따라 등록을 한 자가 정당한 사유 없이 같은 항에 따른 기간에 시설 및 설비 등을 갖추지 아니하면 그 등록을 취소하여야 한다.
(2020.12.22 본조개정)

제101조【학원의 시설기준 등】 학원에는 대통령령으로 정하는 기준에 따라 강의실·기능교육장·부대시설 등 교육에 필요한 시설(장애인을 위한 교육 및 부대시설을 포함한다) 및 설비 등을 갖추어야 한다.

제102조【학원 등록 등의 결격사유】 ① 다음 각 호의 어느 하나에 해당하는 사람은 제99조에 따른 학원의 등록을 할 수 없다.
1. 피성년후견인(2015.8.11 본호개정)
2. 파산선고를 받고 복권되지 아니한 사람
3. 금고 이상의 형을 선고받고 그 집행이 끝나거나 집행을 받지 아니하기로 확정된 후 3년이 지나지 아니한 사람 또는 금고 이상의 형을 선고받고 그 집행유예기간 중에 있는 사람
4. 법원의 판결에 의하여 자격이 정지 또는 상실된 사람
5. 제113조제1항제1호, 제5호부터 제12호까지, 같은 조 제2항 및 제4항에 따라 그 등록이 취소된 날부터 1년이 지나지 아니한 학원의 설립·운영자 또는 학원의 등록이 취소된 날부터 1년 이내에 같은 장소에서 학원을 설립·운영하려는 사람
6. 임원 중에 제1호부터 제5호까지 중 어느 하나에 해당하는 사람이 있는 법인

② 학원을 설립·운영하는 자가 제1항 각 호의 어느 하나에 해당하게 된 경우에는 그 등록은 효력을 잃는다. 다만, 제1항 제6호에 해당하는 경우로서 법인의 임원 중에 그 사유에 해당하는 사람이 있더라도 그 사유가 발생한 날부터 3개월 이내에 그 임원을 해임하거나 다른 사람으로 바꾸어 임명한 경우에는 그러하지 아니하다.

제103조【학원의 강사 및 교육과정 등】 ① 학원에서 교육을 담당하는 강사(자동차등의 운전에 필요한 도로교통에 관한 법령·지식 및 기능교육을 하는 사람을 말한다. 이하 같다)의 자격요건·정원 및 배치기준 등에 관하여 필요한 사항은 대통령령으로 정한다.
② 학원의 교육과정, 교육방법 및 운영기준 등에 관하여 필요한 사항은 대통령령으로 정한다.

제104조【자동차운전 전문학원의 지정 등】 ① 시·도경찰청장은 자동차운전에 관한 교육 수준을 높이고 운전자의 자질을 향상시키기 위하여 제99조에 따라 등록된 학원으로서 다음 각 호의 기준에 적합한 학원을 대통령령으로 정하는 바에 따라 자동차운전 전문학원(이하 "전문학원"이라 한다)으로 지정할 수 있다.(2020.12.22 본문개정)
1. 제105조에 따른 자격요건을 갖춘 학감[(學監) : 전문학원의 학과 및 기능에 관한 교육과 학사운영을 담당하는 사람을 말한다. 이하 같다]을 둘 것. 다만, 학원을 설립·운영하는 자가 자격요건을 갖춘 경우에는 학감을 겸임할 수 있으며 이 경우에는 학감을 보좌하는 부학감을 두어야 한다.
2. 대통령령으로 정하는 기준에 따라 제106조에 따른 강사 및 제107조에 따른 기능검정원[(技能檢定員) : 제108조에 따른 기능검정을 하는 사람을 말한다. 이하 같다]을 둘 것
3. 대통령령으로 정하는 기준에 적합한 시설·설비 및 제74조제2항에 따른 교통안전교육기관의 지정에 필요한 시설·설비 등을 갖출 것
4. 교육방법 및 졸업자의 운전 능력 등 해당 전문학원의 운영이 대통령령으로 정하는 기준에 적합할 것

② 시·도경찰청장은 다음 각 호의 어느 하나에 해당하는 학원은 전문학원으로 지정할 수 없다.(2020.12.22 본문개정)
1. 제113조(제1항제2호부터 제4호까지는 제외한다)에 따라 등록이 취소된 학원 또는 전문학원(이하 "학원등"이라 한다)을 설립·운영하는 자(이하 "학원등 설립·운영자"라 한다) 또는 학감이나 부학감이었던 사람이 등록이 취소된 날부터 3년 이내에 설립·운영하는 학원
2. 제113조(제1항제2호부터 제4호까지는 제외한다)에 따라 등록이 취소된 경우 취소된 날부터 3년 이내에 같은 장소에서 설립·운영되는 학원

③ 제1항에 따라 지정받은 전문학원이 대통령령으로 정하는 중요사항을 변경하려면 소재지를 관할하는 시·도경찰청장의 승인을 받아야 한다.(2020.12.22 본항개정)

제105조【전문학원의 학감 등】 학감이나 부학감은 다음 각 호의 요건을 모두 갖추고 있는 사람으로 한다.
1. (2024.2.13 삭제)
2. 도로교통에 관한 업무에 3년 이상 근무한 경력(관리직 경력만 해당한다)이 있는 사람 또는 학원등의 운영·관리에 관한 업무에 3년 이상 근무한 경력이 있거나 학원등의 교육·검정 등 대통령령으로 정하는 업무에 5년 이상 근무한 경력이 있는 사람으로서 다음 각 목의 어느 하나에 해당되지 아니하는 사람(2024.2.13 본문개정)
   가. 미성년자 또는 피성년후견인(2015.8.11 본목개정)
   나. 파산선고를 받고 복권되지 아니한 사람
   다. 이 법 또는 다른 법의 규정을 위반하여 금고 이상의 실형을 선고받고 그 형의 집행이 끝나거나(끝난 것으로 보는 경우를 포함한다) 집행을 받지 아니하기로 확정된 날부터 2년(제150조 각 호의 어느 하나를 위반한 경우에는 3년)이 지나지 아니한 사람
   라. 제150조 각 호의 어느 하나를 위반하여 벌금형을 선고받고 3년이 지나지 아니한 사람
   마. 금고 이상의 형을 선고받고 그 집행유예기간 중에 있는 사람
   바. 금고 이상의 형의 선고유예를 받고 그 유예기간 중에 있는 사람
   사. 법률 또는 판결에 의하여 자격이 상실되거나 정지된 사람
   아. 「국가공무원법」 또는 「경찰공무원법」 등 관련 법률에 따라 징계면직처분을 받은 날부터 2년이 지나지 아니한 사람
3. 제113조제1항제1호, 제5호부터 제12호까지, 같은 조 제2항 및 제4항에 따라 등록이 취소된 학원등을 설립·운영한 자, 학감 또는 부학감이었던 경우에는 등록이 취소된 날부터 3년이 지난 사람

제106조【전문학원의 강사】 ① 전문학원의 강사가 되려는 사람은 행정안전부령으로 정하는 강사자격시험에 합격하고 경찰청장이 지정하는 전문기관에서 자동차운전교육에 관한 연수교육을 수료하여야 한다.(2017.7.26 본항개정)
② 경찰청장은 제1항에 따른 자격을 갖춘 사람에게 행정안전부령으로 정하는 바에 따라 강사자격증을 발급하여야 한다.(2017.7.26 본항개정)
③ 제2항에 따라 발급받은 강사자격증은 부정하게 사용할 목적으로 다른 사람에게 빌려주거나 빌려서는 아니 되며, 이를 알선하여서도 아니 된다.(2024.3.19 본항신설)
④ 다음 각 호의 어느 하나에 해당하는 사람은 전문학원의 강사가 될 수 없다.
1. 제76조제3항제2호의 규정에 해당하는 사람(2024.2.13 본호개정)
2. 제5항에 따라 강사자격증이 취소된 날부터 3년이 지나지 아니한 사람(2024.3.19 본호개정)
3. 제83조제1항제4호 및 같은 조 제2항에 따른 자동차등의 운전에 필요한 기능과 도로에서의 운전 능력을 익히기 위한 교육(이하 "기능교육"이라 한다)에 사용되는 자동차등을 운전할 수 있는 운전면허를 받지 아니한 사람
4. 기능교육에 사용되는 자동차를 운전할 수 있는 운전면허를 받은 날부터 2년이 지나지 아니한 사람

⑤ 시·도경찰청장은 제2항에 따라 강사자격증을 발급받은 사람이 다음 각 호의 어느 하나에 해당하면 행정안전부령으로 정하는 기준에 따라 그 강사의 자격을 취소하거나 1년 이내의 범위에서 기간을 정하여 그 자격의 효력을 정지시킬 수 있다. 다만, 제1호부터 제5호까지의 어느 하나에 해당하는 경우에는 그 자격을 취소하여야 하며, 제5호 및 제6호는

제83조제1항제2호 및 제3호에 따른 자동차등의 운전에 필요한 지식 등을 얻기 위한 교육을 담당하는 강사에게는 적용하지 아니한다.(2020.12.22 본문개정)
1. 거짓이나 그 밖의 부정한 방법으로 강사자격증을 발급받은 경우
2. 다음 각 목의 어느 하나에 해당하는 죄를 저질러 금고 이상의 형(집행유예를 포함한다)을 선고받은 경우
가. 「교통사고처리 특례법」 제3조제1항에 따른 죄
나. 「특정범죄 가중처벌 등에 관한 법률」 제5조의3, 제5조의11제1항 및 제5조의13에 따른 죄
다. 「성폭력범죄의 처벌 등에 관한 특례법」 제2조에 따른 성폭력범죄
라. 「아동 · 청소년의 성보호에 관한 법률」 제2조제2호에 따른 아동 · 청소년대상 성범죄
(2024.2.13 본호개정)
3. 강사의 자격정지 기간 중에 교육을 한 경우
4. 강사의 자격증을 다른 사람에게 빌려 준 경우
5. 기능교육에 사용되는 자동차를 운전할 수 있는 운전면허가 취소된 경우
6. 기능교육에 사용되는 자동차를 운전할 수 있는 운전면허의 효력이 정지된 경우
7. 강사의 업무에 관하여 부정한 행위를 한 경우
8. 제116조를 위반하여 대가를 받고 자동차운전교육을 한 경우
9. 그 밖에 이 법이나 이 법에 따른 명령 또는 처분을 위반한 경우
⑥ 전문학원의 학감은 강사가 아닌 사람으로 하여금 자동차운전에 관한 학과교육 또는 기능교육을 하게 하여서는 아니 된다.

제107조【기능검정원】 ① 기능검정원이 되려는 사람은 행정안전부령으로 정하는 기능검정원 자격시험에 합격하고 경찰청장이 지정하는 전문기관에서 자동차운전 기능검정에 관한 연수교육을 수료하여야 한다.(2017.7.26 본항개정)
② 경찰청장은 제1항에 따른 연수교육을 수료한 사람에게 행정안전부령으로 정하는 바에 따라 기능검정원 자격증을 발급하여야 한다.(2017.7.26 본항개정)
③ 제2항에 따라 발급받은 기능검정원 자격증은 부정하게 사용할 목적으로 다른 사람에게 빌려주거나 빌려서는 아니되며, 이를 알선하여서도 아니 된다.(2024.3.19 본항신설)
④ 다음 각 호의 어느 하나에 해당하는 사람은 기능검정원이 될 수 없다.
1. (2024.2.13 삭제)
2. 제76조제3항제2호에 해당하는 사람(2024.2.13 본호개정)
3. 제5항에 따라 기능검정원의 자격이 취소된 경우에는 그 자격이 취소된 날부터 3년이 지나지 아니한 사람
(2024.3.19 본호개정)
4. 기능검정에 사용되는 자동차를 운전할 수 있는 운전면허를 받지 아니하거나 운전면허를 받은 날부터 3년이 지나지 아니한 사람
⑤ 시 · 도경찰청장은 기능검정원이 다음 각 호의 어느 하나에 해당하면 행정안전부령으로 정하는 기준에 따라 그 기능검정원의 자격을 취소하거나 1년 이내의 범위에서 기간을 정하여 그 자격의 효력을 정지시킬 수 있다. 다만, 제1호부터 제6호까지의 어느 하나에 해당하는 경우에는 그 자격을 취소하여야 한다.(2020.12.22 본문개정)
1. 거짓으로 제108조제4항에 따른 기능검정의 합격 사실을 증명한 경우
2. 거짓이나 그 밖의 부정한 방법으로 기능검정원자격증을 발급받은 경우
3. 다음 각 목의 어느 하나에 해당하는 죄를 저질러 금고 이상의 형(집행유예를 포함한다)을 선고받은 경우
가. 「교통사고처리 특례법」 제3조제1항에 따른 죄
나. 「특정범죄 가중처벌 등에 관한 법률」 제5조의3, 제5조의11제1항 및 제5조의13에 따른 죄
다. 「성폭력범죄의 처벌 등에 관한 특례법」 제2조에 따른 성폭력범죄
라. 「아동 · 청소년의 성보호에 관한 법률」 제2조제2호에 따른 아동 · 청소년대상 성범죄
(2024.2.13 본호개정)
4. 기능검정원의 자격정지 기간 중에 기능검정을 한 경우
5. 기능검정원의 자격증을 다른 사람에게 빌려 준 경우
6. 기능검정에 사용되는 자동차를 운전할 수 있는 운전면허가 취소된 경우
7. 기능검정에 사용되는 자동차를 운전할 수 있는 운전면허의 효력이 정지된 경우
8. 기능검정원의 업무에 관하여 부정한 행위를 한 경우
9. 그 밖에 이 법이나 이 법에 따른 명령 또는 처분을 위반한 경우

제108조【기능검정】 ① 시 · 도경찰청장은 전문학원의 학감으로 하여금 대통령령으로 정하는 바에 따라 해당 전문학원의 교육생을 대상으로 제83조제1항제4호 및 같은 조 제2항에 따른 운전기능 또는 도로에서 운전하는 능력이 있는지에 관한 검정(이하 "기능검정"이라 한다)을 하게 할 수 있다.(2020.12.22 본항개정)
② 전문학원의 학감은 기능검정원으로 하여금 다음 각 호의 어느 하나에 해당하는 사람을 대상으로 행정안전부령으로 정하는 바에 따라 기능검정을 하게 하여야 한다.(2017.7.26 본문개정)
1. 학과교육과 제83조제1항제4호에 따른 자동차등의 운전에 관하여 필요한 기능을 익히기 위한 기능교육(이하 "장내기능교육"이라 한다)을 수료한 사람
2. 제83조제2항에 따른 도로에서 운전하는 능력을 익히기 위한 기능교육(이하 "도로주행교육"이라 한다)을 수료한 사람
③ 전문학원의 학감은 기능검정원이 아닌 사람으로 하여금 기능검정을 하게 하여서는 아니 된다.
④ 기능검정원은 자기가 실시한 기능검정에 합격한 사람에게 그 합격 사실을 행정안전부령으로 정하는 바에 따라 서면(書面)으로 증명하여야 한다.(2017.7.26 본항개정)
⑤ 전문학원의 학감은 제4항에 따라 기능검정원이 합격 사실을 서면으로 증명한 사람에게는 기능검정의 종류별로 행정안전부령으로 정하는 바에 따라 수료증 또는 졸업증을 발급하여야 한다.(2017.7.26 본항개정)

제109조【강사 등에 대한 연수교육 등】 ① 시 · 도경찰청장은 다음 각 호의 사람을 대상으로 그 자질을 향상시키기 위하여 필요한 경우에는 대통령령으로 정하는 바에 따라 연수교육을 할 수 있다. 이 경우 연수교육의 통보를 받은 학원등 설립 · 운영자는 특별한 사유가 없으면 그 교육을 받아야 하며, 또한 제2호 및 제3호의 사람이 연수교육을 받을 수 있도록 조치하여야 한다.(2020.12.22 전단개정)
1. 학원등 설립 · 운영자
2. 학원등의 강사
3. 기능검정원
② 학원등 설립 · 운영자는 학원등에 강사의 성명 · 연령 · 경력 등 인적 사항과 교육 과목을 행정안전부령으로 정하는 바에 따라 게시하여야 한다.(2017.7.26 본항개정)

제110조【수강료 등】 ① 학원등 설립 · 운영자는 교육생으로부터 수강료나 제108조에 따른 기능검정에 드는 경비 또는 이용료 등(이하 "수강료등"이라 한다)을 받을 수 있다.
② 학원등 설립 · 운영자는 교육 내용 및 교육 시간 등을 고려하여 수강료등을 정하고 행정안전부령으로 정하는 바에 따라 학원등에 그 내용을 게시하여야 한다.(2017.7.26 본항개정)
③ 학원등 설립 · 운영자는 제2항에 따라 게시한 수강료등을 초과한 금액을 받아서는 아니 된다.
④ 시 · 도경찰청장은 수강료등의 과도한 인하 등으로 인하여 학원교육의 부실화가 우려된다고 인정하는 경우에는 대통령령으로 정하는 바에 따라 이를 조정할 것을 명할 수 있다.
(2020.12.22 본항개정)

제111조【수강료등의 반환 등】 ① 학원등 설립 · 운영자는 교육생이 수강을 계속할 수 없는 경우와 학원등의 등록취소 · 이전 · 운영정지 또는 지정취소 등으로 교육을 계속할

수 없는 경우에는 교육생으로부터 받은 수강료등을 반환하거나 교육생이 다른 학원등에 편입할 수 있도록 하는 등 교육생의 보호를 위하여 필요한 조치를 하여야 한다.
② 제1항에 따른 수강료등의 반환 사유 및 반환 금액과 교육생 편입조치 등에 필요한 사항은 대통령령으로 정한다.
③ 제1항에 따라 교육생이 다른 학원등에 편입한 경우에 종전의 학원등에서 이수한 교육 시간은 편입한 학원등에서 이수한 것으로 본다.

제112조【휴원 · 폐원의 신고】 학원등 설립 · 운영자가 해당 학원을 폐원(閉院)하거나 1개월 이상 휴원(休院)하는 경우에는 행정안전부령으로 정하는 바에 따라 휴원 또는 폐원한 날부터 7일 이내에 시 · 도경찰청장에게 그 사실을 신고하여야 한다.(2020.12.22 본조개정)

제113조【학원등에 대한 행정처분】 ① 시 · 도경찰청장은 학원등이 다음 각 호의 어느 하나에 해당하면 행정안전부령으로 정하는 기준에 따라 등록을 취소하거나 1년 이내의 기간을 정하여 운영의 정지를 명할 수 있다. 다만, 제1호에 해당하는 경우에는 등록을 취소하여야 한다.(2020.12.22 본문개정)
1. 거짓이나 그 밖의 부정한 방법으로 제99조에 따른 등록을 하거나 제104조제1항에 따른 지정을 받은 경우
2. 제101조에 따른 시설기준에 미달하게 된 경우
3. 정당한 사유 없이 개원(開院) 예정일부터 2개월이 지날 때까지 개원하지 아니한 경우
4. 정당한 사유 없이 계속하여 2개월 이상 휴원한 경우
5. 등록한 사항에 관하여 변경등록을 하지 아니하고 이를 변경하는 등 부정한 방법으로 학원을 운영한 경우
6. 제103조제1항에 따른 강사의 배치기준 또는 제104조제1항제2호에 따른 기능검정원 및 강사의 배치기준을 위반한 경우
7. 제103조제2항 또는 제104조제1항제4호에 따른 교육과정, 교육방법 및 운영기준 등을 위반하여 교육을 하거나 교육사실을 거짓으로 증명한 경우
8. 제109조제1항 후단을 위반하여 학원등 설립 · 운영자가 연수교육을 받지 아니하거나 학원등의 강사 및 기능검정원이 연수교육을 받을 수 있도록 조치하지 아니한 경우
9. 제141조제2항에 따른 자료제출 또는 보고를 하지 아니하거나 거짓으로 자료제출 또는 보고한 경우
10. 제141조제2항에 따른 관계 공무원의 출입 · 검사를 거부 · 방해 또는 기피한 경우
11. 제141조제2항에 따른 시설 · 설비의 개선이나 그 밖에 필요한 사항에 대한 명령을 따르지 아니한 경우
12. 이 법이나 이 법에 따른 명령 또는 처분을 위반한 경우

② 시 · 도경찰청장은 전문학원이 다음 각 호의 어느 하나에 해당하면 행정안전부령으로 정하는 기준에 따라 학원의 등록을 취소하거나 1년 이내의 기간을 정하여 운영의 정지를 명할 수 있다.(2020.12.22 본문개정)
1. 제74조제1항에 따른 교통안전교육을 하지 아니하는 경우
2. 제79조의 교통안전교육기관 지정취소 또는 운영의 정지 처분 사유에 해당하는 경우
3. 전문학원의 운영이 제104조제1항제4호에 따른 기준에 적합하지 아니한 경우
4. 제104조제3항을 위반하여 중요사항의 변경에 대한 승인을 받지 아니한 경우
5. 제106조제6항을 위반하여 학감이 강사가 아닌 사람으로 하여금 학과교육 또는 기능교육을 하게 한 경우(2024.3.19 본호개정)
6. 제108조제2항을 위반하여 자동차운전에 관한 학과 및 기능교육을 수료하지 아니한 사람 또는 도로주행교육을 수료하지 아니한 사람에게 기능검정을 받게 한 경우
7. 제108조제3항을 위반하여 학감이 기능검정원이 아닌 사람으로 하여금 기능검정을 하도록 한 경우
8. 제108조제4항을 위반하여 기능검정원이 거짓으로 기능검정시험의 합격사실을 증명한 경우
9. 제108조제5항을 위반하여 학감이 기능검정에 합격하지 아니한 사람에게 수료증 또는 졸업증을 발급한 경우

③ 시 · 도경찰청장은 전문학원이 다음 각 호의 어느 하나에 해당하는 경우에는 행정안전부령으로 정하는 기준에 따라 지정을 취소할 수 있다.(2020.12.22 본문개정)
1. 제104조제1항제1호부터 제3호까지의 지정기준에 적합하지 아니하게 된 경우
2. 제1항과 제2항에 따라 전문학원의 운영이 정지된 경우

④ 시 · 도경찰청장은 학원등이 제1항이나 제2항에 따른 운영정지 명령을 위반하여 계속 운영 행위를 하는 경우에는 행정안전부령으로 정하는 기준에 따라 등록을 취소하거나 1년 이내의 기간을 정하여 추가로 운영의 정지를 명할 수 있다.(2020.12.22 본항개정)

제114조【청문】 시 · 도경찰청장은 제113조에 따라 학원등의 등록 또는 지정을 취소하려면 청문을 하여야 한다.(2020.12.22 본조개정)

제115조【학원등에 대한 조치】 ① 시 · 도경찰청장은 제99조에 따른 등록을 하지 아니하거나 제104조제1항에 따른 지정을 받지 아니하고 학원등을 설립 · 운영하는 경우 또는 제113조에 따라 등록이 취소되거나 운영 정지처분을 받은 학원등이 계속하여 자동차운전교육을 하는 경우에는 해당 학원등을 폐쇄하거나 운영을 중지시키기 위하여 다음 각 호의 조치를 할 수 있다.(2020.12.22 본문개정)
1. 해당 학원등의 간판이나 그 밖의 표지물을 제거하거나 교육생의 출입을 제한하기 위한 시설물의 설치
2. 해당 학원등이 등록 또는 지정을 받지 아니한 시설이거나 제113조에 따른 행정처분을 받은 시설임을 알리는 게시문 부착

② 제1항에 따른 조치는 그 목적을 달성하기 위하여 필요한 최소한의 범위에서 하여야 한다.
③ 제1항에 따라 조치를 하는 관계 공무원은 그 권한을 나타내는 증표를 지니고 이를 관계인에게 보여주어야 한다.

제116조【무등록 유상 운전교육의 금지】 제99조에 따른 학원의 등록을 하지 아니한 사람은 대가를 받고 다음 각 호의 어느 하나에 해당하는 행위를 하여서는 아니 된다.
1. 학원등의 밖에서 하거나 학원등의 명의를 빌려서 학원등의 안에서 하는 자동차등의 운전교육
2. 자동차등의 운전연습을 할 수 있는 시설을 갖추고 그 시설을 이용하게 하는 행위

제117조【유사명칭 등의 사용금지】 ① 제99조에 따른 학원의 등록을 하지 아니한 자는 학원등과 유사한 명칭을 사용하여 상호를 게시하거나 광고를 하여서는 아니 된다.
② 제99조에 따른 학원의 등록을 하지 아니한 자는 그가 소유하거나 임차한 자동차에 학원등의 도로주행교육용 자동차와 비슷한 표시를 하지 못한다.
③ 이 법에 따른 전문학원이 아닌 학원은 그 명칭 중에 전문학원 또는 이와 비슷한 용어를 사용하지 못한다.

제118조【전문학원 학감 등의 공무원 의제】 전문학원의 학감 · 부학감은 기능검정 및 수강사실 확인업무에 관하여, 기능검정원은 기능검정업무에 관하여, 강사는 수강사실 확인업무에 관하여 「형법」이나 그 밖의 법률에 따른 벌칙을 적용할 때에는 각각 공무원으로 본다.

제119조【자동차운전 전문학원연합회】 ① 전문학원의 설립자는 전문학원의 건전한 육성발전과 전문학원 간의 상호협조 및 공동이익의 증진을 위하여 자동차운전 전문학원연합회(이하 "연합회"라 한다)를 설립할 수 있다.
② 연합회는 법인으로 한다.
③ 연합회의 정관에는 다음 각 호의 사항이 포함되어야 한다.
1. 목적
2. 명칭
3. 주된 사무소의 소재지
4. 이사회 및 회원에 관한 사항
5. 임원 및 직원에 관한 사항
6. 사업에 관한 사항
7. 재산 및 회계에 관한 사항
8. 정관의 변경에 관한 사항

④ 제3항에 따른 정관은 경찰청장의 인가를 받아야 한다. 정관을 변경하는 경우에도 또한 같다.

⑤ 연합회는 다음 각 호의 사업을 한다.
1. 전문학원 제도의 발전을 위한 연구
2. 전문학원의 교육시설 및 교재의 개발
3. 전문학원에서 하는 교육 및 기능검정 방법의 연구개발
4. 전문학원의 학감 · 부학감, 기능검정원 및 강사의 교육훈련과 복지증진 사업
5. 경찰청장으로부터 위탁받은 사항
6. 그 밖에 연합회의 목적달성에 필요한 사업
⑥ 경찰청장은 대통령령으로 정하는 바에 따라 연합회를 감독하며, 연합회의 건전한 운영을 위하여 필요한 명령을 할 수 있다.
⑦ 연합회에 관하여 이 법에서 규정한 사항을 제외하고는 「민법」 중 사단법인에 관한 규정을 준용한다.

제11장 도로교통공단

(2024.1.30 본장제목삭제)

제120조~제125조 (2024.1.30 삭제)
제126조~제128조 (2010.7.23 삭제)
제129조~제132조 (2024.1.30 삭제)
제133조 (2010.7.23 삭제)
제134조 (2024.1.30 삭제)
제135조 (2010.7.23 삭제)
제136조 (2024.1.30 삭제)

제12장 보 칙

제137조【운전자에 관한 정보의 관리 및 제공 등】 ① 경찰청장은 운전자의 운전면허 · 교통사고 및 교통법규 위반에 관한 정보를 통합적으로 유지 · 관리할 수 있도록 전산시스템을 구축 · 운영하여야 한다.
② 시 · 도경찰청장 및 경찰서장은 운전자의 운전면허 · 교통사고 및 교통법규 위반에 관한 정보를, 한국도로교통공단은 운전면허에 관한 정보를 각각 제1항에 따른 전산시스템에 등록 · 관리하여야 한다.(2024.1.30 본항개정)
③ 운전자 본인 또는 그 대리인은 행정안전부령으로 정하는 바에 따라 시 · 도경찰청장, 경찰서장 또는 한국도로교통공단에 제1항에 따른 정보를 확인하는 증명을 신청할 수 있다.(2024.1.30 본항개정)
④ 시 · 도경찰청장, 경찰서장 또는 한국도로교통공단은 제3항에 따른 신청을 받으면 행정안전부령으로 정하는 바에 따라 운전자에 관한 정보를 확인하는 서류로써 증명하여 주어야 한다.(2024.1.30 본항개정)
⑤ 경찰청장 또는 한국도로교통공단은 운전면허증의 진위 여부에 대한 확인요청이 있는 경우 제1항에 따른 전산시스템을 이용하여 그 진위를 확인하여 줄 수 있다.(2024.1.30 본항개정)
(2011.6.8 본조개정)
제137조의2【자료의 요청 등】 ① 시 · 도경찰청장은 운전면허를 소지한 등록외국인이나 외국국적동포의 체류지 또는 거소를 확인하기 위하여 필요한 경우에는 경찰청장을 거쳐 법무부장관에게 해당 체류지 또는 거소 정보의 제공을 요청할 수 있다.(2020.12.22 본항개정)
② 시 · 도경찰청장은 운전면허증 발급을 받으려는 등록외국인이나 외국국적동포가 본인인지를 확인하기 위하여 필요한 경우에는 경찰청장을 거쳐 법무부장관에게 해당 등록외국인이나 외국국적동포의 지문정보의 제공을 요청할 수 있다.
(2020.12.22 본항개정)
③ 제1항 및 제2항에 따른 정보의 사용료나 수수료는 면제한다.
(2016.12.2 본조신설)
제138조【운전면허증등의 보관】 ① 경찰공무원은 자동차등의 운전자가 다음 각 호의 어느 하나에 해당하는 경우에는 현장에서 제164조에 따른 범칙금 납부통고서 또는 출석지시서를 발급하고, 운전면허증등의 제출을 요구하여 이를 보관할 수 있다. 이 경우 그 범칙금 납부통고서 또는 출석지시서에 운전면허증등의 보관 사실을 기록하여야 한다.
1. 교통사고를 일으킨 경우
2. 제93조에 따른 운전면허의 취소처분 또는 정지처분의 대상이 된다고 인정되는 경우
3. 제96조에 따라 외국에서 발급한 국제운전면허증 또는 상호인정외국면허증을 가진 사람으로서 제162조제1항에 따른 범칙행위를 한 경우(2021.10.19 본호개정)
② 제1항의 범칙금 납부통고서 또는 출석지시서는 범칙금의 납부기일이나 출석기일까지 운전면허증등(연습운전면허증은 제외한다)과 같은 효력이 있다.
③ 자치경찰공무원이 제1항에 따라 운전면허증등을 보관한 경우에는 지체 없이 관할 경찰서장에게 운전면허증등을 첨부하여 그 사실을 통보하여야 한다.
(2011.6.8 본조개정)
제138조의2【비용의 지원】 ① 국가는 예산의 범위에서 지방자치단체에 대하여 제12조에 따른 어린이 보호구역 및 제12조의2에 따른 노인 및 장애인 보호구역의 설치 및 관리에 필요한 비용의 전부 또는 일부를 보조할 수 있다. 다만, 어린이 · 노인 또는 장애인의 교통사고 발생률이 높은 보호구역에는 우선적으로 보조하여야 한다.(2015.8.11 단서신설)
② 국가 또는 지방자치단체는 제53조제5항에 따른 어린이 하차확인장치의 설치 · 운영에 필요한 비용의 전부 또는 일부를 지원할 수 있다.(2018.10.16 본항신설)
(2018.10.16 본조제목개정)
제139조【수수료】 ① 다음 각 호의 어느 하나에 해당하는 사람은 행정안전부령으로 정하는 바에 따라 수수료를 내야 한다. 다만, 경찰청장 또는 시 · 도경찰청장이 제147조에 따라 업무를 대행하게 한 경우에는 그 업무를 대행하는 한국도로교통공단이 경찰청장의 승인을 받아 결정 · 공고하는 수수료를 한국도로교통공단에 내야 한다.(2024.1.30 단서개정)
1. 제2조제22호에 따른 긴급자동차의 지정을 신청하는 사람
2. 제14조제3항에 따라 차로의 너비를 초과하는 차의 통행허가를 신청하는 사람
3. 제39조에 따라 안전기준을 초과한 승차 허가 또는 적재허가를 신청하는 사람
4. 제74조에 따라 교통안전교육기관의 지정을 신청하는 사람(2014.12.30 본호개정)
5. 제85조부터 제87조까지의 규정에 따라 운전면허증을 발급 또는 재발급받으려고 신청하는 사람
6. (2014.12.30 삭제)
7. 제98조에 따른 국제운전면허증 발급을 신청하는 사람
8. 제104조에 따라 전문학원의 지정을 신청하는 사람
(2014.12.30 본호개정)
9. 제106조 및 제107조에 따른 강사 또는 기능검정원의 자격시험에 응시하거나 그 자격증의 발급(재발급을 포함한다)을 신청하는 사람
10. (2014.12.30 삭제)
11. (2018.3.27 삭제)
② 다음 각 호의 어느 하나에 해당하는 사람은 한국도로교통공단이 경찰청장의 승인을 받아 결정 · 공고하는 수수료를 내야 한다.(2024.1.30 본문개정)
1. 제83조에 따른 운전면허시험의 응시를 신청하는 사람
2. 제87조와 제88조에 따른 정기 적성검사 또는 수시 적성검사를 신청하거나 적성검사 연기를 신청하는 사람
(2011.6.8 본조개정)
제140조【교통안전교육기관의 수강료 등】 제56조의3제1항 또는 제73조에 따른 교육을 하는 자는 교육생으로부터 수강료를 받을 수 있다.(2024.3.19 본조개정)
제141조【지도 및 감독 등】 ① 시 · 도경찰청장은 교통안전교육기관 또는 학원등의 건전한 육성 · 발전을 위하여 적절한 지도 · 감독을 하여야 한다.(2020.12.22 본항개정)
② 시 · 도경찰청장은 필요하다고 인정하면 다음 각 호의 자에 대하여 시설 · 설비 및 교육에 관한 사항이나 각종 통계자료를 제출 또는 보고하게 하거나 관계 공무원으로 하여금

해당 시설에 출입하여 시설·설비, 장부와 그 밖의 관계 서류를 검사하게 할 수 있다. 이 경우 시·도경찰청장은 시설·설비의 개선과 그 밖에 필요하다고 판단하는 사항에 대하여 명령을 할 수 있다.(2020.12.22 본문개정)
1. 교통안전교육기관의 장
2. 학원등 설립·운영자
3. 제104조제1항제1호에 따른 전문학원의 학감
③ 제2항에 따라 교통안전교육기관 또는 학원등에 출입·검사하는 관계 공무원은 그 권한을 나타내는 증표를 지니고 이를 관계인에게 보여주어야 한다.
④ (2024.1.30 삭제)
(2011.6.8 본조개정)
제142조【행정소송과의 관계】 이 법에 따른 처분으로서 해당 처분에 대한 행정소송은 행정심판의 재결(裁決)을 거치지 아니하면 제기할 수 없다.(2011.6.8 본조개정)
제143조【전용차로 운행 등에 대한 시·군공무원의 단속】 ① 시·군공무원은 제15조제3항에 따른 전용차로 통행금지 의무, 제29조제4항·제5항에 따른 긴급자동차에 대한 진로양보 의무 또는 제32조부터 제34조까지의 규정에 따른 정차 및 주차 금지 의무를 위반한 운전자가 있으면 행정안전부령으로 정하는 바에 따라 현장에서 위반행위의 요지와 경찰서장(제주특별자치도의 경우 제주특별자치도지사로 한다. 이하 이 조에서 같다)에게 출석할 기일 및 장소 등을 구체적으로 밝힌 고지서를 발급하고, 운전면허증의 제출을 요구하여 이를 보관할 수 있다. 이 경우 그 고지서는 출석기일까지 운전면허증과 같은 효력이 있다.(2017.7.26 전단개정)
② 시·군공무원은 제1항에 따라 고지서를 발급한 때에는 지체 없이 관할 경찰서장에게 운전면허증을 첨부하여 통보하여야 한다.
③ 경찰서장은 제2항에 따른 통보를 받으면 위반행위를 확인하여야 한다.
④ 시·군공무원은 제1항에 따라 고지서를 발급하거나 조치를 할 때에는 본래의 목적에서 벗어나 직무상 권한을 남용하여서는 아니 된다.
(2011.6.8 본조개정)
제144조【교통안전수칙과 교통안전에 관한 교육지침의 제정 등】 ① 경찰청장은 다음 각 호의 사항이 포함된 교통안전수칙을 제정하여 보급하여야 한다.
1. 도로교통의 안전에 관한 법령의 규정
2. 자동차등의 취급방법, 안전운전 및 친환경 경제운전에 필요한 지식
3. 긴급자동차에 길 터주기 요령(2014.12.30 본호신설)
4. 그 밖에 도로에서 일어나는 교통상의 위험과 장해를 방지·제거하여 교통의 안전과 원활한 소통을 확보하기 위하여 필요한 사항
② 경찰청장은 도로를 통행하는 사람을 대상으로 교통안전에 관한 교육을 하는 자가 효과적이고 체계적으로 교육을 할 수 있도록 하기 위하여 다음 각 호의 사항이 포함된 교통안전교육에 관한 지침을 제정하여 공표하여야 한다.
1. 자동차등의 안전운전 및 친환경 경제운전에 관한 사항
2. 교통사고의 예방과 처리에 관한 사항
3. 보행자의 안전한 통행에 관한 사항
4. 어린이·장애인 및 노인의 교통사고 예방에 관한 사항
5. 긴급자동차에 길 터주기 요령에 관한 사항(2014.12.30 본호신설)
6. 그 밖에 교통안전에 관한 교육을 효과적으로 하기 위하여 필요한 사항
(2011.6.8 본조개정)
제144조의2【교통안전지표의 조사 및 활용】 ① 경찰청장은 지역별 교통안전수준을 객관적으로 측정하기 위하여 교통사고 건수와 사상자 수 등을 기초로 산정한 교통안전지표(이하 "교통안전지표"라 한다)를 개발·조사·작성하고 그 결과를 공표할 수 있다.
② 지방자치단체의 장은 제1항에 따라 공표된 결과를 교통정책을 수립하는 데 반영할 수 있다.
③ 교통안전지표의 조사항목 및 조사방법 등에 관하여 필요한 사항은 대통령령으로 정한다.
(2025.1.7 본조신설)
제145조【교통정보의 제공】 ① 경찰청장은 교통의 안전과 원활한 소통을 확보하기 위하여 필요한 정보를 수집하여 분석하고 그 결과를 신속하게 일반에게 제공하여야 한다.
② 경찰청장은 제1항의 교통정보 수집·분석·제공을 위하여 교통정보센터를 구축·운영할 수 있으며, 교통정보센터의 효율적인 운영을 위하여 전담기관을 지정할 수 있다.
(2024.3.19 본항신설)
③ 경찰청장은 제2항에 따라 지정받은 자가 다음 각 호의 어느 하나에 해당하는 경우에는 전담기관의 지정을 취소하거나 6개월의 범위에서 기간을 정하여 업무의 전부 또는 일부를 정지할 수 있다. 다만, 제1호에 해당하는 경우에는 지정을 취소하여야 한다.
1. 거짓이나 그 밖의 부정한 방법으로 지정을 받은 경우
2. 제4항에 따른 지정기준에 적합하지 아니하게 된 경우
(2024.3.19 본항신설)
④ 제2항에 따른 교통정보센터 구축·운영, 전담기관의 지정·운영 및 제3항에 따른 지정취소·업무정지 등에 필요한 사항은 대통령령으로 정한다.(2024.3.19 본항신설)
(2008.1.17 본조개정)
제145조의2【광역 교통정보 사업】 경찰청장은 각 시·도경찰청장으로 하여금 광역 교통정보를 수집하고, 이를 다른 지역의 교통정보와 연계하여 분석한 결과를 일반에게 제공하는 사업을 시장등과 협의하여 추진하게 할 수 있다.
(2020.12.22 본조개정)
제146조【무사고 또는 유공운전자의 표시장】 ① 경찰청장은 운전면허를 받은 사람으로서 운전에 종사하면서 일정 기간 교통사고를 일으키지 아니한 사람과 정부의 표창에 관한 법령에 따라 경찰 기관의 장의 표창을 받은 사람에게 무사고운전자 또는 유공운전자의 표시장을 수여할 수 있다.
② 제1항에 따른 표시장의 종류, 표시장 수여의 대상, 그 밖에 표시장 수여에 필요한 사항은 행정안전부령으로 정한다.
(2017.7.26 본항개정)
(2011.6.8 본조개정)
제147조【위임 및 위탁 등】 ① 시장등은 이 법에 따른 권한 또는 사무의 일부를 대통령령으로 정하는 바에 따라 시·도경찰청장이나 경찰서장에게 위임 또는 위탁할 수 있다.(2020.12.22 본항개정)
② 특별시장 및 광역시장은 이 법에 따른 권한의 일부를 대통령령으로 정하는 바에 따라 관할구역의 구청장(자치구의 구청장을 말한다)과 군수에게 위임할 수 있다.
③ 시·도경찰청장은 이 법에 따른 권한 또는 사무의 일부를 대통령령으로 정하는 바에 따라 관할 경찰서장에게 위임하거나 교통 관련 전문교육기관 또는 전문연구기관 등에 위탁할 수 있다.(2020.12.22 본항개정)
④ 시·도경찰청장 또는 경찰서장은 제1항에 따라 시장등으로부터 위임받거나 위탁받은 사무의 일부를 대통령령으로 정하는 바에 따라 교통 관련 전문교육기관 또는 전문연구기관에 위탁할 수 있다.(2020.12.22 본항개정)
⑤ 시·도경찰청장은 이 법에 따른 운전면허와 관련된 업무의 일부를 대통령령으로 정하는 바에 따라 한국도로교통공단으로 하여금 대행 또는 위탁하게 할 수 있다.(2024.1.30 본항개정)
⑥ 경찰청장은 제106조와 제107조에 따른 강사 및 기능검정원에 대한 자격시험과 자격증 발급 업무를 한국도로교통공단으로 하여금 대행하게 할 수 있다.(2024.1.30 본항개정)
⑦ 경찰청장은 교통안전지표의 개발·조사·작성·공표에 관한 업무를 한국도로교통공단에 위탁할 수 있다.(2025.1.7 본항신설)
(2011.6.8 본조개정)
제147조의2【규제의 재검토】 경찰청장은 다음 각 호의 사항에 대하여 다음 각 호의 기준일을 기준으로 3년마다(매 3년이 되는 해의 기준일과 같은 날 전까지를 말한다) 폐지, 완화 또는 유지 등의 타당성을 검토하여야 한다.

1. 제12조에 따른 어린이 보호구역의 지정 및 관리 : 2014년 1월 1일
2. 제12조의2에 따른 노인 및 장애인 보호구역의 지정 및 관리 : 2014년 1월 1일

(2015.8.11 본조신설)

제147조의3【국제협력 전담기관의 지정】 ① 경찰청장은 도로교통 관련 국제협력을 위하여 기술의 국제교류, 국제표준화 및 국제공동연구개발 등의 업무를 전담하는 기관을 지정할 수 있다.

② 경찰청장은 제1항에 따라 지정받은 자가 다음 각 호의 어느 하나에 해당하는 경우에는 전담기관의 지정을 취소하거나 6개월의 범위에서 기간을 정하여 업무의 전부 또는 일부를 정지할 수 있다. 다만, 제1호에 해당하는 경우에는 지정을 취소하여야 한다.

1. 거짓이나 그 밖의 부정한 방법으로 지정을 받은 경우
2. 제3항에 따른 지정기준에 적합하지 아니하게 된 경우

③ 제1항에 따른 전담기관의 지정·운영 및 제2항에 따른 지정취소·업무정지 등에 필요한 사항은 대통령령으로 정한다.

(2024.3.19 본조신설)

제13장 벌 칙

(2011.6.8 본장개정)

제148조【벌칙】 제54조제1항에 따른 교통사고 발생 시의 조치를 하지 아니한 사람(주·정차된 차만 손괴한 것이 분명한 경우에 제54조제1항제2호에 따라 피해자에게 인적 사항을 제공하지 아니한 사람은 제외한다)은 5년 이하의 징역이나 1천500만원 이하의 벌금에 처한다.(2016.12.2 본조개정)

판례 운전자 A는 밤늦게 중앙선이 없는 이면도로에서 운전을 하던 중 주차된 화물차와 충돌하였다. 이 사고로 본인의 차량이 움직이지 않게 되자 A는 차량을 화물차와 나란히 세워둔 채 연락처를 남기고 귀가하였다. 이후 A의 차량으로 인하여 통행이 어렵다는 신고가 들어와 현장에 출동한 경찰이 A에게 전화를 했지만 연락이 닿지 않았고, 경찰은 사고 차량을 견인했다. 이 사건에서 A는 비록 주차된 차량과 부딪힌 후 전화번호가 담긴 메모지를 남기기는 했으나, A의 차량으로 인하여 다른 차량들이 도로를 통행할 수 없게 되었고, 이처럼 사고 현장을 떠나면서 원활한 교통 확보를 위한 조치를 하지 않았다면 '사고 후 미조치'에 해당한다.
(대판 2019.10.31, 2019도10878)

제148조의2【벌칙】 ① 제44조제1항, 제2항 또는 제5항을 위반(자동차등 또는 노면전차를 운전한 경우로 한정한다. 다만, 개인형 이동장치를 운전한 경우는 제외한다. 이하 이 조에서 같다)하여 벌금 이상의 형을 선고받고 그 형이 확정된 날부터 10년 내에 다시 같은 조 제1항, 제2항 또는 제5항을 위반한 사람(형이 실효된 사람도 포함한다)은 다음 각 호의 구분에 따라 처벌한다.(2024.12.3 본문개정)

1. 제44조제2항 또는 제5항을 위반한 사람은 1년 이상 6년 이하의 징역이나 500만원 이상 3천만원 이하의 벌금에 처한다.(2024.12.3 본호개정)
2. 제44조제1항을 위반한 사람 중 혈중알코올농도가 0.2퍼센트 이상인 사람은 2년 이상 6년 이하의 징역이나 1천만원 이상 3천만원 이하의 벌금에 처한다.
3. 제44조제1항을 위반한 사람 중 혈중알코올농도가 0.03퍼센트 이상 0.2퍼센트 미만인 사람은 1년 이상 5년 이하의 징역이나 500만원 이상 2천만원 이하의 벌금에 처한다.

(2023.1.3 본항개정)

② 다음 각 호의 어느 하나에 해당하는 사람은 1년 이상 5년 이하의 징역이나 500만원 이상 2천만원 이하의 벌금에 처한다.

1. 술에 취한 상태에 있다고 인정할 만한 상당한 이유가 있는 사람으로서 제44조제2항에 따른 경찰공무원의 측정에 응하지 아니하는 사람(자동차등 또는 노면전차를 운전한 경우로 한정한다)
2. 술에 취한 상태에 있다고 인정할 만한 상당한 이유가 있는 사람으로서 제44조제5항을 위반하여 자동차등 또는 노면전차를 운전한 후 음주측정방해행위를 한 사람

(2024.12.3 본항개정)

③ 제44조제1항을 위반하여 술에 취한 상태에서 자동차등 또는 노면전차를 운전한 사람은 다음 각 호의 구분에 따라 처벌한다.

1. 혈중알코올농도가 0.2퍼센트 이상인 사람은 2년 이상 5년 이하의 징역이나 1천만원 이상 2천만원 이하의 벌금
2. 혈중알코올농도가 0.08퍼센트 이상 0.2퍼센트 미만인 사람은 1년 이상 2년 이하의 징역이나 500만원 이상 1천만원 이하의 벌금
3. 혈중알코올농도가 0.03퍼센트 이상 0.08퍼센트 미만인 사람은 1년 이하의 징역이나 500만원 이하의 벌금

④ 제45조를 위반하여 약물로 인하여 정상적으로 운전하지 못할 우려가 있는 상태에서 자동차등 또는 노면전차를 운전한 사람은 3년 이하의 징역이나 1천만원 이하의 벌금에 처한다.

(2018.12.24 본조개정)

판례 반복적인 음주운전에 대한 강한 처벌이 일반 국민의 법 감정에 부합하는 면은 있다. 그러나 도로교통법 제148조의2의 가중처벌 규정은 음주운전 금지규정 위반 또는 음주 측정거부 전력을 가중 요건으로 삼으면서도 형의 선고나 유죄의 확정판결을 요구하지 않는다. 또한 시간적 제한도 두지 않아서 과거 위반행위 이후 상당히 오랜 시간이 지나 음주운전 금지규정을 위반한 사람에게도 과도한 형벌을 규정하고 있다. 음주운전 금지규정을 반복해서 위반했다 하더라도 죄질을 일률적으로 평가하기 어려운 다양한 유형이 있고 경중의 폭이 넓으므로 법정형의 폭도 개별성에 맞춰 설정돼야 하지만 현행 가중처벌 규정은 형벌 본래의 기능에 필요한 정도를 현저히 일탈하는 과도한 법정형을 정하고 있어 책임과 형벌 간의 비례원칙에 위반한다.(헌재결 2022.5.26, 2021헌가30)

판례 음주운전 금지규정을 반복하여 위반하는 사람에 대한 처벌을 강화하기 위한 제148조의2제1항의 규정은 가중요건이 되는 과거 음주운전 금지규정 위반행위와 처벌대상이 되는 재범 음주운전 금지규정 위반행위 사이에 아무런 시간적 제한이 없고, 과거 위반 행위가 형의 선고나 유죄의 확정판결을 받은 전과일 것을 요구하지도 않는다. 그런데 과거 위반행위가 예컨대 10년 이상 전에 발생한 것이라면, 처벌대상이 되는 음주운전이 재범에 해당된다고 하더라도 그것이 교통법규에 대한 준법정신이나 안전의식이 현저히 부족한 상태에서 이루어진 반규범적 행위라거나 사회구성원에 대한 생명·신체 등을 '반복적으로' 위협하는 행위라고 평가하기 어려워 이를 일반적 음주운전 금지규정 위반행위와 구별하여 가중처벌 할 필요성이 있다고 볼 수 없다. 또한 해당 조항은 과거 위반 전력, 혈중알코올농도 수준 등에 비추어, 보호법익에 미치는 위험 정도가 비교적 낮은 유형의 재범 음주운전행위도 일률적으로 그 법정형의 하한인 2년 이상의 징역 또는 1천만 원 이상의 벌금을 기준으로 처벌하도록 하고 있어 책임과 형벌 사이의 비례성을 인정하기 어렵다.
(헌재결 2021.11.25, 2019헌마555)

판례 경찰공무원이 술에 취한 상태에 있다고 인정할 만한 상당한 이유가 있는 운전자에게 음주 여부를 확인하기 위하여 음주측정기에 의한 측정의 사전 단계로 음주감지기에 의한 시험을 요구하는 경우, 그 시험 결과에 따라 음주측정기에 의한 측정이 예정되어 있고 운전자가 그러한 사정을 인식하였음에도 음주감지기에 의한 시험에 명시적으로 불응함으로써 음주측정을 거부하겠다는 의사를 표명하였다면, 음주감지기에 의한 시험을 거부한 행위도 음주측정기에 의한 측정에 응할 의사가 없음을 객관적으로 명백하게 나타낸 것으로 볼 수 있다.(대판 2017.6.15, 2017도5115)

제148조의3【벌칙】 ① 제50조의3제4항을 위반하여 음주운전 방지장치를 해체·조작하거나 그 밖의 방법으로 효용을 해친 자는 3년 이하의 징역 또는 3천만원 이하의 벌금에 처한다.

② 제50조의3제4항을 위반하여 장치가 해체·조작되었거나 효용이 떨어진 것을 알면서 해당 장치가 설치된 자동차등을 운전한 자는 1년 이하의 징역 또는 300만원 이하의 벌금에 처한다.

③ 제50조의3제5항을 위반하여 조건부 운전면허를 받은 사람을 대신하여 음주운전 방지장치가 설치된 자동차등을 운전할 수 있도록 해당 장치에 호흡을 불어넣거나 다른 부정한 방법으로 음주운전 방지장치가 설치된 자동차등에 시동을 걸어 운전할 수 있도록 한 사람은 1년 이하의 징역 또는 300만원 이하의 벌금에 처한다.

(2023.10.24 본조신설)

제149조【벌칙】 ① 제68조제1항을 위반하여 함부로 신호기를 조작하거나 교통안전시설을 철거·이전하거나 손괴한 사람은 3년 이하의 징역이나 700만원 이하의 벌금에 처한다.

② 제1항에 따른 행위로 인하여 도로에서 교통위험을 일으키게 한 사람은 5년 이하의 징역이나 1천500만원 이하의 벌금에 처한다.

제150조【벌칙】 다음 각 호의 어느 하나에 해당하는 사람은 2년 이하의 징역이나 500만원 이하의 벌금에 처한다.

1. 제46조제1항 또는 제2항을 위반하여 공동 위험행위를 하거나 주도한 사람
2. 제77조제1항에 따른 수강 결과를 거짓으로 보고한 교통안전교육강사
3. 제77조제2항을 위반하여 교통안전교육을 받지 아니하거나 기준에 미치지 못하는 사람에게 교육확인증을 발급한 교통안전교육기관의 장

3의2. 제85조제6항, 제106조제3항 또는 제107조제3항을 위반하여 운전면허증, 강사자격증 또는 기능검정원 자격증을 빌려주거나 빌린 사람 또는 이를 알선한 사람(2024.3.19 본호개정)

3의3. 제92조제3항을 위반하여 다른 사람의 명의의 모바일 운전면허증을 부정하게 사용한 사람(2024.3.19 본호신설)

4. 거짓이나 그 밖의 부정한 방법으로 제99조에 따른 학원의 등록을 하거나 제104조제1항에 따른 전문학원의 지정을 받은 사람
5. 제104조제1항에 따른 전문학원의 지정을 받지 아니하고 제108조제5항에 따른 수료증 또는 졸업증을 발급한 사람
6. 제116조를 위반하여 대가를 받고 자동차등의 운전교육을 한 사람
7. (2024.1.30 삭제)

제151조【벌칙】 차 또는 노면전차의 운전자가 업무상 필요한 주의를 게을리하거나 중대한 과실로 다른 사람의 건조물이나 그 밖의 재물을 손괴한 경우에는 2년 이하의 금고나 500만원 이하의 벌금에 처한다.(2018.3.27 본조개정)

제151조의2【벌칙】 다음 각 호의 어느 하나에 해당하는 사람은 1년 이하의 징역이나 500만원 이하의 벌금에 처한다.(2020.6.9 본문개정)

1. 제46조의3을 위반하여 자동차등을 난폭운전한 사람(2020.6.9 본호신설)
2. 제17조제3항을 위반하여 제17조제1항 및 제2항에 따른 최고속도보다 시속 100킬로미터를 초과한 속도로 3회 이상 자동차등을 운전한 사람(2020.6.9 본호신설)

제152조【벌칙】 다음 각 호의 어느 하나에 해당하는 사람은 1년 이하의 징역이나 300만원 이하의 벌금에 처한다.

1. 제43조를 위반하여 제80조에 따른 운전면허(원동기장치자전거면허는 제외한다. 이하 이 조에서 같다)를 받지 아니하거나(운전면허의 효력이 정지된 경우를 포함한다) 또는 제96조에 따른 국제운전면허증 또는 상호인정외국면허증을 받지 아니하고(운전이 금지된 경우와 유효기간이 지난 경우를 포함한다) 자동차를 운전한 사람(2021.10.19 본호개정)

1의2. 제50조의3제3항을 위반하여 조건부 운전면허를 발급받고 음주운전 방지장치가 설치되지 아니하거나 설치기준에 적합하지 아니하게 설치된 자동차등을 운전한 사람(2023.10.24 본호신설)

2. 제56조제2항을 위반하여 운전면허를 받지 아니한 사람(운전면허의 효력이 정지된 사람을 포함한다)에게 자동차를 운전하도록 시킨 고용주등
3. 거짓이나 그 밖의 부정한 수단으로 운전면허를 받거나 운전면허증 또는 운전면허증을 갈음하는 증명서를 발급받은 사람
4. 제68조제2항을 위반하여 교통에 방해가 될 만한 물건을 함부로 도로에 내버려둔 사람
5. 제76조제4항을 위반하여 교통안전교육강사가 아닌 사람으로 하여금 교통안전교육을 하게 한 교통안전교육기관의 장
6. 제117조를 위반하여 유사명칭 등을 사용한 사람

제152조의2 (2010.7.23 삭제)

제153조【벌칙】 ① 다음 각 호의 어느 하나에 해당하는 사람은 6개월 이하의 징역이나 200만원 이하의 벌금 또는 구류에 처한다.

1. 제40조를 위반하여 정비불량차를 운전하도록 시키거나 운전한 사람
2. 제41조, 제47조 또는 제58조에 따른 경찰공무원의 요구·조치 또는 명령에 따르지 아니하거나 이를 거부 또는 방해한 사람
3. 제46조의2를 위반하여 교통단속을 회피할 목적으로 교통단속용 장비의 기능을 방해하는 장치를 제작·수입·판매 또는 장착한 사람
4. 제49조제1항제4호를 위반하여 교통단속용 장비의 기능을 방해하는 장치를 한 차를 운전한 사람
5. 제55조를 위반하여 교통사고 발생 시의 조치 또는 신고 행위를 방해한 사람
6. 제68조제1항을 위반하여 함부로 교통안전시설이나 그 밖에 그와 비슷한 인공구조물을 설치한 사람
7. 제80조제3항 또는 제4항에 따른 조건을 위반하여 운전한 사람

② 다음 각 호의 어느 하나에 해당하는 사람은 100만원 이하의 벌금 또는 구류에 처한다.(2020.6.9 본문개정)

1. 고속도로, 자동차전용도로, 중앙분리대가 있는 도로에서 제13조제3항을 고의로 위반하여 운전한 사람
2. 제17조제3항을 위반하여 제17조제1항 및 제2항에 따른 최고속도보다 시속 100킬로미터를 초과한 속도로 자동차등을 운전한 사람

(2020.6.9 1호~2호신설)

제154조【벌칙】 다음 각 호의 어느 하나에 해당하는 사람은 30만원 이하의 벌금이나 구류에 처한다.

1. 제42조를 위반하여 자동차등에 도색·표지 등을 하거나 그러한 자동차등을 운전한 사람
2. 제43조를 위반하여 제80조에 따른 원동기장치자전거를 운전할 수 있는 운전면허를 받지 아니하거나(원동기장치자전거를 운전할 수 있는 운전면허의 효력이 정지된 경우를 포함한다) 국제운전면허증 또는 상호인정외국면허증 중 원동기장치자전거를 운전할 수 있는 것으로 기재된 국제운전면허증 또는 상호인정외국면허증을 발급받지 아니하고(운전이 금지된 경우와 유효기간이 지난 경우를 포함한다) 원동기장치자전거를 운전한 사람(다만, 개인형 이동장치를 운전하는 경우는 제외한다)(2021.10.19 본호개정)
3. 제45조를 위반하여 과로·질병으로 인하여 정상적으로 운전하지 못할 우려가 있는 상태에서 자동차등 또는 노면전차를 운전한 사람(다만, 개인형 이동장치를 운전하는 경우는 제외한다)(2020.6.9 본호개정)

3의2. 제53조제3항을 위반하여 보호자를 태우지 아니하고 어린이통학버스를 운행한 운영자

3의3. 제53조제4항을 위반하여 어린이나 영유아가 하차하였는지를 확인하지 아니한 운전자

3의4. 제53조제5항을 위반하여 어린이 하차확인장치를 작동하지 아니한 운전자. 다만, 점검 또는 수리를 위하여 일시적으로 장치를 제거하여 작동하지 못하는 경우는 제외한다.

3의5. 제53조제6항을 위반하여 보호자를 태우지 아니하고 운행하는 어린이통학버스에 보호자 동승표지를 부착한 자

(2020.5.26 3호의2~3호의5신설)

4. 제54조제2항에 따른 사고발생 시 조치상황 등의 신고를 하지 아니한 사람
5. 제56조제2항을 위반하여 원동기장치자전거를 운전할 수 있는 운전면허를 받지 아니하거나(원동기장치자전거를 운전할 수 있는 운전면허의 효력이 정지된 경우를 포함한다) 국제운전면허증 또는 상호인정외국면허증 중 원동기장치자전거를 운전할 수 있는 것으로 기재된 국제운전면허증 또는 상호인정외국면허증을 발급받지 아니한 사람(운전이 금지된 경우와 유효기간이 지난 경우를 포함한다)에게 원동기장치자전거를 운전하도록 시킨 고용주등(2021.10.19 본호개정)
6. 제63조를 위반하여 고속도로등을 통행하거나 횡단한 사람
7. 제69조제1항에 따른 도로공사의 신고를 하지 아니하거나 같은 조 제2항에 따른 조치를 위반한 사람 또는 같은 조 제3항을 위반하여 교통안전시설을 설치하지 아니하거나 같

은 조 제4항을 위반하여 안전요원 또는 안전유도 장비를 배치하지 아니한 사람 또는 같은 조 제6항을 위반하여 교통안전시설을 원상회복하지 아니한 사람(2020.10.20 본호개정)
8. 제71조제1항에 따른 경찰서장의 명령을 위반한 사람
9. 제17조제3항을 위반하여 제17조제1항 및 제2항에 따른 최고속도보다 시속 80킬로미터를 초과한 속도로 자동차등을 운전한 사람(제151조의2제2호 및 제153조제2항제2호에 해당하는 사람은 제외한다)(2020.6.9 본호신설)

제155조【벌칙】 제92조제2항을 위반하여 경찰공무원의 운전면허증등의 제시 요구나 운전자 확인을 위한 진술 요구에 따르지 아니한 사람은 20만원 이하의 벌금 또는 구류에 처한다.

제156조【벌칙】 다음 각 호의 어느 하나에 해당하는 사람은 20만원 이하의 벌금이나 구류 또는 과료(科料)에 처한다.
1. 제5조, 제13조제1항부터 제3항(제13조제3항의 경우 고속도로, 자동차전용도로, 중앙분리대가 있는 도로에서 고의로 위반하여 운전한 사람은 제외한다)까지 및 제5항, 제14조제2항·제3항·제5항, 제15조제3항(제61조제2항에서 준용하는 경우를 포함한다), 제15조의2제3항, 제16조제2항, 제17조제3항(제151조의2제2호, 제153조제2항제2호 및 제154조제9호에 해당하는 사람은 제외한다), 제18조, 제19조제1항·제3항 및 제4항, 제21조제1항·제3항 및 제4항, 제24조, 제25조, 제25조의2, 제26조부터 제28조까지, 제32조, 제33조, 제34조의3, 제37조(제1항제2호는 제외한다), 제38조제1항, 제39조제1항·제3항·제4항·제5항, 제48조제1항, 제49조(같은 조 제1항제1호·제3호를 위반하여 차 또는 노면전차를 운전한 사람과 같은 항 제4호의 위반행위 중 교통단속용 장비의 기능을 방해하는 장치를 한 차를 운전한 사람은 제외한다), 제50조제5항부터 제10항(같은 조 제9항을 위반하여 자전거를 운전한 사람은 제외한다)까지, 제51조, 제53조제1항 및 제2항(좌석안전띠를 매도록 하지 아니한 운전자는 제외한다), 제62조 또는 제73조제2항(같은 항 제1호는 제외한다)을 위반한 차마 또는 노면전차의 운전자(2022.1.11 본호개정)
2. 제6조제1항·제2항·제4항 또는 제7조에 따른 금지·제한 또는 조치를 위반한 차 또는 노면전차의 운전자(2018.3.27 본호개정)
3. 제22조, 제23조, 제29조제4항부터 제6항까지, 제53조의5, 제60조, 제64조, 제65조 또는 제66조를 위반한 사람(2020.5.26 본호개정)
4. 제31조, 제34조 또는 제52조제4항을 위반하거나 제35조제1항에 따른 명령을 위반한 사람
5. 제39조제6항에 따른 시·도경찰청장의 제한을 위반한 사람(2020.12.22 본호개정)
6. 제50조제1항, 제3항 및 제4항을 위반하여 좌석안전띠를 매지 아니하거나 인명보호 장구를 착용하지 아니한 운전자(자전거 운전자는 제외한다)(2021.1.12 본호개정)

6의2. 제56조의2제1항을 위반하여 자율주행시스템의 직접 운전 요구에 지체 없이 대응하지 아니한 자율주행자동차의 운전자(2024.3.19 본호개정)

7. 제95조제2항에 따른 경찰공무원의 운전면허증 회수를 거부하거나 방해한 사람

8.~9의2. (2020.5.26 삭제)

10. 주·정차된 차만 손괴한 것이 분명한 경우에 제54조제1항제2호에 따라 피해자에게 인적 사항을 제공하지 아니한 사람(2016.12.2 본호신설)
11. 제44조제1항을 위반하여 술에 취한 상태에서 자전거등을 운전한 사람(2020.6.9 본호개정)
12. 술에 취한 상태에 있다고 인정할 만한 상당한 이유가 있는 사람으로서 제44조제2항에 따른 경찰공무원의 측정에 응하지 아니한 사람(자전거등을 운전한 사람으로 한정한다)(2020.6.9 본호개정)

12의2. 술에 취한 상태에 있다고 인정할 만한 상당한 이유가 있는 사람으로서 제44조제5항을 위반하여 자전거등을 운전한 후 음주측정방해행위를 한 사람(2024.12.3 본호신설)

13. 제43조를 위반하여 제80조에 따른 원동기장치자전거를 운전할 수 있는 운전면허를 받지 아니하거나(원동기장치자전거를 운전할 수 있는 운전면허의 효력이 정지된 경우를 포함한다) 국제운전면허증 또는 상호인정외국면허증 중 원동기장치자전거를 운전할 수 있는 것으로 기재된 국제운전면허증 또는 상호인정외국면허증을 발급받지 아니하고(운전이 금지된 경우와 유효기간이 지난 경우를 포함한다) 개인형 이동장치를 운전한 사람(2021.10.19 본호개정)

제157조【벌칙】 다음 각 호의 어느 하나에 해당하는 사람은 20만원 이하의 벌금이나 구류 또는 과료에 처한다.
1. 제5조, 제8조제1항, 제10조제2항부터 제5항까지의 규정을 위반한 보행자(실외이동로봇이 위반한 경우에는 실외이동로봇 운용자를 포함한다)(2023.4.18 본호개정)
2. 제6조제1항·제2항·제4항 또는 제7조에 따른 금지·제한 또는 조치를 위반한 보행자(실외이동로봇이 위반한 경우에는 실외이동로봇 운용자를 포함한다)(2023.4.18 본호개정)

2의2. 제8조의2제2항을 위반한 실외이동로봇 운용자(2023.4.18 본호신설)

3. 제9조제1항을 위반하거나 같은 조 제3항에 따른 경찰공무원의 조치를 위반한 행렬등의 보행자나 지휘자
4. 제68조제3항을 위반하여 도로에서의 금지행위를 한 사람

제158조【형의 병과】 이 장의 죄를 범한 사람에 대하여는 정상(情狀)에 따라 벌금 또는 과료와 구류의 형을 병과(竝科)할 수 있다.

제158조의2【형의 감면】 긴급자동차(제2조제22호가목부터 다목까지의 자동차와 대통령령으로 정하는 경찰용 자동차만 해당한다)의 운전자가 그 차를 본래의 긴급한 용도로 운행하는 중에 교통사고를 일으킨 경우에는 그 긴급활동의 시급성과 불가피성 등 정상을 참작하여 제151조, 「교통사고처리 특례법」 제3조제1항 또는 「특정범죄 가중처벌 등에 관한 법률」 제5조의13에 따른 형을 감경하거나 면제할 수 있다.
(2021.1.12 본조개정)

제159조【양벌규정】 법인의 대표자나 법인 또는 개인의 대리인, 사용인, 그 밖의 종업원이 법인 또는 개인의 업무에 관하여 제148조, 제148조의2, 제149조부터 제157조까지의 어느 하나에 해당하는 위반행위를 하면 그 행위자를 벌하는 외에 그 법인 또는 개인에게도 해당 조문의 벌금 또는 과료의 형을 과(科)한다. 다만, 법인 또는 개인이 그 위반행위를 방지하기 위하여 해당 업무에 관하여 상당한 주의와 감독을 게을리하지 아니한 경우에는 그러하지 아니하다.

제160조【과태료】 ① 다음 각 호의 어느 하나에 해당하는 사람에게는 500만원 이하의 과태료를 부과한다.
1. 제78조를 위반하여 교통안전교육기관 운영의 정지 또는 폐지 신고를 하지 아니한 사람
2. 제109조제2항을 위반하여 강사의 인적 사항과 교육 과목을 게시하지 아니한 사람
3. 제110조제2항을 위반하여 수강료등을 게시하지 아니하거나 같은 조 제3항을 위반하여 게시된 수강료등을 초과한 금액을 받은 사람
4. 제111조를 위반하여 수강료등의 반환 등 교육생 보호를 위하여 필요한 조치를 하지 아니한 사람
5. 제112조를 위반하여 학원이나 전문학원의 휴원 또는 폐원 신고를 하지 아니한 사람
6. 제115조제1항에 따른 간판이나 그 밖의 표지물 제거, 시설물의 설치 또는 게시문의 부착을 거부·방해 또는 기피하거나 게시문이나 설치한 시설물을 임의로 제거하거나 못 쓰게 만든 사람
7. 제52조제1항에 따라 어린이통학버스를 신고하지 아니하고 운행한 운영자(2014.1.28 본호신설)
8. 제52조제3항에 따른 요건을 갖추지 아니하고 어린이통학버스를 운행한 운영자(2020.5.26 본호신설)
9. 제50조의3제6항을 위반하여 음주운전 방지장치가 설치된 자동차등을 등록한 후 행정안전부령에 따른 음주운전 방지장치 부착 자동차등의 운행기록을 제출하지 아니하거나 정상 작동 여부를 검사받지 아니한 사람(2023.10.24 본호신설)

② 다음 각 호의 어느 하나에 해당하는 사람에게는 20만원 이하의 과태료를 부과한다.
1. 제49조제1항(같은 항 제1호 및 제3호만 해당한다)을 위반한 차 또는 노면전차의 운전자(2018.3.27 본호개정)
2. 제50조제1항을 위반하여 동승자에게 좌석안전띠를 매도록 하지 아니한 운전자(2018.3.27 본호개정)
3. 제50조제3항 및 제4항을 위반하여 동승자에게 인명보호 장구를 착용하도록 하지 아니한 운전자(자전거 운전자는 제외한다)(2021.1.12 본호개정)
4. 제52조제2항을 위반하여 어린이통학버스 안에 신고증명서를 갖추어 두지 아니한 어린이통학버스의 운영자
4의2. 제53조제2항을 위반하여 어린이통학버스에 탑승한 어린이나 영유아의 좌석안전띠를 매도록 하지 아니한 운전자(2014.12.30 본호개정)
4의3. 제53조의3제1항을 위반하여 어린이통학버스 안전교육을 받지 아니한 사람(2014.1.28 본호신설)
4의4. 제53조의3제3항을 위반하여 어린이통학버스 안전교육을 받지 아니한 사람에게 어린이통학버스를 운전하게 하거나 어린이통학버스에 동승하게 한 어린이통학버스의 운영자(2020.5.26 본호개정)
4의5. 제53조제7항을 위반하여 안전운행기록을 제출하지 아니한 어린이통학버스의 운영자(2020.5.26 본호신설)
5. 제67조제2항에 따른 고속도로등에서의 준수사항을 위반한 운전자
6. 제73조제4항을 위반하여 긴급자동차의 안전운전 등에 관한 교육을 받지 아니한 사람(2017.10.24 본호신설)
7. 제87조제1항을 위반하여 운전면허증 갱신기간에 운전면허를 갱신하지 아니한 사람
8. 제87조제2항 또는 제88조제1항을 위반하여 정기 적성검사 또는 수시 적성검사를 받지 아니한 사람
9. 제11조제4항을 위반하여 어린이가 개인형 이동장치를 운전하게 한 어린이의 보호자(2021.1.12 본호신설)
10. 제56조의3제1항을 위반하여 자율주행자동차 안전교육을 받지 아니한 사람(2024.3.19 본호신설)
③ 차 또는 노면전차가 제5조, 제6조제1항·제2항(통행 금지 또는 제한을 위반한 경우를 말한다), 제13조제1항·제3항·제5항, 제14조제2항·제5항, 제15조제3항(제61조제2항에서 준용하는 경우를 포함한다), 제17조제3항, 제18조, 제19조제3항, 제21조제1항·제3항, 제22조, 제23조, 제25조제1항·제2항·제5항, 제25조의2제1항·제2항, 제27조제1항·제7항, 제29조제4항·제5항, 제32조부터 제34조까지, 제37조(제1항제2호는 제외한다), 제38조제1항, 제39조제1항·제4항, 제48조제1항, 제49조제1항제10호·제11호·제11호의2, 제50조제3항, 제60조제1항·제2항, 제62조 또는 제68조제3항제5호를 위반한 사실이 사진, 비디오테이프, 그 밖의 영상기록매체 또는 적재량 측정자료에 의하여 입증되고 다음 각 호의 어느 하나에 해당하는 경우에는 제56조제1항에 따른 고용주등에게 20만원 이하의 과태료를 부과한다.(2025.1.7 본문개정)
1. 위반행위를 한 운전자를 확인할 수 없어 제143조제1항에 따른 고지서를 발급할 수 없는 경우(제15조제3항, 제29조제4항·제5항, 제32조, 제33조 또는 제34조를 위반한 경우만 해당한다)
2. 제163조에 따라 범칙금 통고처분을 할 수 없는 경우
④ 제3항에도 불구하고 다음 각 호의 어느 하나에 해당하는 경우에는 과태료처분을 할 수 없다.
1. 차 또는 노면전차를 도난당하였거나 그 밖의 부득이한 사유가 있는 경우(2018.3.27 본호개정)
2. 운전자가 해당 위반행위로 제156조에 따라 처벌된 경우(제163조에 따라 범칙금 통고처분을 받은 경우를 포함한다)
3. 「질서위반행위규제법」 제16조제2항에 따른 의견 제출 또는 같은 법 제20조제1항에 따른 이의제기의 결과 위반행위를 한 운전자가 밝혀진 경우(2015.8.11 본호개정)
4. 자동차가 「여객자동차 운수사업법」에 따른 자동차대여사업자 또는 「여신전문금융업법」에 따른 시설대여업자가 대여한 자동차로서 그 자동차만 임대한 것이 명백한 경우

제161조【과태료의 부과·징수 등】 ① 제160조제1항부터 제3항까지의 규정에 따른 과태료는 대통령령으로 정하는 바에 따라 다음 각 호의 자가 부과·징수한다.
1. 제160조제1항부터 제3항까지(제15조제3항에 따른 전용차로 통행, 제32조부터 제34조까지의 규정에 따른 정차 또는 주차, 제53조제7항에 따른 안전운행기록 제출, 제53조의3제1항에 따른 어린이통학버스 안전교육, 제53조의3제3항에 따른 어린이통학버스 운영자 의무 규정을 위반한 경우는 제외한다)의 과태료 : 시·도경찰청장(2020.12.22 본호개정)
2. 제160조제1항(제52조제1항·제3항을 위반한 경우만 해당한다), 제2항(제49조제1항제1호·제3호, 제50조제1항·제3항, 제52조제2항, 제53조제2항, 제53조의3제1항·제3항 및 제56조의3제1항을 위반한 경우만 해당한다) 및 제3항(제5조, 제13조제3항, 제15조제3항, 제17조제3항, 제29조제4항·제5항, 제32조부터 제34조까지의 규정을 위반한 경우만 해당한다)의 과태료 : 제주특별자치도지사 (2024.3.19 본호개정)
3. 제160조제2항제4호의3·제4호의4·제4호의5·제10호 및 같은 조 제3항(제15조제3항, 제29조제4항·제5항, 제32조부터 제34조까지의 규정을 위반한 경우만 해당한다)의 과태료 : 시장등(2024.3.19 본호개정)
4. 제160조제2항제4호의3·제4호의4·제4호의5의 과태료 : 교육감(2020.5.26 본호개정)
② 시·도경찰청장은 이 법에 따른 과태료 징수와 관련된 업무의 일부를 대통령령으로 정하는 바에 따라 「한국자산관리공사 설립 등에 관한 법률」에 따라 설립된 한국자산관리공사에 위탁할 수 있다.(2020.12.22 본항개정)
(2016.1.27 본조제목개정)

제161조의2【과태료 납부방법 등】 ① 과태료 납부금액이 대통령령으로 정하는 금액 이하인 경우에는 대통령령으로 정하는 과태료 납부대행기관을 통하여 신용카드, 직불카드 등(이하 "신용카드등"이라 한다)으로 낼 수 있다. 이 경우 "과태료 납부대행기관"이란 정보통신망을 이용하여 신용카드등에 의한 결제를 수행하는 기관으로서 대통령령으로 정하는 바에 따라 과태료 납부대행기관으로 지정받은 자를 말한다.
② 제1항에 따라 신용카드등으로 내는 경우에는 과태료 납부대행기관의 승인일을 납부일로 본다.
③ 과태료 납부 대행기관은 납부자로부터 신용카드등에 의한 과태료 납부대행 용역의 대가로 대통령령으로 정하는 바에 따라 납부대행 수수료를 받을 수 있다.
④ 과태료 납부대행기관의 지정 및 운영, 납부대행 수수료 등에 관하여 필요한 사항은 대통령령으로 정한다.

제161조의3【과태료·범칙금수납정보시스템 운영계획의 수립·시행】 경찰청장은 누구든지 과태료 및 범칙금의 내용을 편리하게 조회하고 전자납부(인터넷이나 전화통신장치 또는 자동입출금기의 연계방식을 통한 납부를 말한다)할 수 있도록 하기 위하여 다음 각 호의 사항을 포함하는 과태료·범칙금수납정보시스템 운영계획을 수립·시행할 수 있다.
1. 과태료·범칙금 납부대행기관 정보통신망과 수납통합처리시스템의 연계
2. 과태료 및 범칙금 납부의 실시간 처리 및 안전한 관리와 수납통합처리시스템의 운영
3. 그 밖에 대통령령으로 정하는 운영계획의 수립·시행에 필요한 사항
(2016.1.27 본조신설)

제14장 범칙행위의 처리에 관한 특례
(2011.6.8 본장개정)

제162조【통칙】 ① 이 장에서 "범칙행위"란 제156조 각 호 또는 제157조 각 호의 죄에 해당하는 위반행위를 말하며, 그 구체적인 범위는 대통령령으로 정한다.
② 이 장에서 "범칙자"란 범칙행위를 한 사람으로서 다음 각 호의 어느 하나에 해당하지 아니하는 사람을 말한다.

1. 범칙행위 당시 제92조제1항에 따른 운전면허증등 또는 이를 갈음하는 증명서를 제시하지 못하거나 경찰공무원의 운전자 신원 및 운전면허 확인을 위한 질문에 응하지 아니한 운전자
2. 범칙행위로 교통사고를 일으킨 사람. 다만, 「교통사고처리 특례법」 제3조제2항 및 제4조에 따라 업무상과실치상죄·중과실치상죄 또는 이 법 제151조의 죄에 대한 벌을 받지 아니하게 된 사람은 제외한다.

③ 이 장에서 "범칙금"이란 범칙자가 제163조에 따른 통고처분에 따라 국고(國庫) 또는 제주특별자치도의 금고에 내야 할 금전을 말하며, 범칙금의 액수는 범칙행위의 종류 및 차종(車種) 등에 따라 대통령령으로 정한다.

제163조【통고처분】 ① 경찰서장이나 제주특별자치도지사(제주특별자치도지사의 경우에는 제6조제1항·제2항, 제61조제2항에 따라 준용되는 제15조제3항, 제39조제6항, 제60조, 제62조, 제64조부터 제66조까지, 제73조제2항제2호부터 제5호까지 및 제95조제1항의 위반행위는 제외한다)는 범칙자로 인정하는 사람에 대하여는 이유를 분명하게 밝힌 범칙금 납부통고서로 범칙금을 낼 것을 통고할 수 있다. 다만, 다음 각 호의 어느 하나에 해당하는 사람에 대하여는 그러하지 아니하다.(2020.10.20 본문개정)
1. 성명이나 주소가 확실하지 아니한 사람
2. 달아날 우려가 있는 사람
3. 범칙금 납부통고서 받기를 거부한 사람

② 제주특별자치도지사가 제1항에 따라 통고처분을 한 경우에는 관할 경찰서장에게 그 사실을 통보하여야 한다.

제164조【범칙금의 납부】 ① 제163조에 따라 범칙금 납부통고서를 받은 사람은 10일 이내에 경찰청장이 지정하는 국고은행, 지점, 대리점, 우체국 또는 제주특별자치도지사가 지정하는 금융회사 등이나 그 지점에 범칙금을 내야 한다. 다만, 천재지변이나 그 밖의 부득이한 사유로 말미암아 그 기간에 범칙금을 낼 수 없는 경우에는 부득이한 사유가 없어지게 된 날부터 5일 이내에 내야 한다.

② 제1항에 따른 납부기간에 범칙금을 내지 아니한 사람은 납부기간이 끝나는 날의 다음 날부터 20일 이내에 통고받은 범칙금에 100분의 20을 더한 금액을 내야 한다.

③ 제1항이나 제2항에 따라 범칙금을 낸 사람은 범칙행위에 대하여 다시 벌 받지 아니한다.

제164조의2【범칙금 납부방법 등】 범칙금 납부방법에 대해서는 제161조의2의 규정을 준용한다. 이 경우 "과태료"는 "범칙금"으로 본다.(2016.1.27 본조신설)

제165조【통고처분 불이행자 등의 처리】 ① 경찰서장 또는 제주특별자치도지사는 다음 각 호의 어느 하나에 해당하는 사람에 대해서는 지체 없이 즉결심판을 청구하여야 한다. 다만, 제2호에 해당하는 사람으로서 즉결심판이 청구되기 전까지 통고받은 범칙금액에 100분의 50을 더한 금액을 납부한 사람에 대해서는 그러하지 아니하다.(2016.12.2 본문개정)
1. 제163조제1항 각 호의 어느 하나에 해당하는 사람
2. 제164조제2항에 따른 납부기간에 범칙금을 납부하지 아니한 사람

② 제1항제2호에 따라 즉결심판이 청구된 피고인이 즉결심판의 선고 전까지 통고받은 범칙금액에 100분의 50을 더한 금액을 내고 납부를 증명하는 서류를 제출하면 경찰서장 또는 제주특별자치도지사는 피고인에 대한 즉결심판 청구를 취소하여야 한다.(2016.12.2 본항개정)

③ 제1항 각 호 외의 부분 단서 또는 제2항에 따라 범칙금을 납부한 사람은 그 범칙행위에 대하여 다시 벌 받지 아니한다.

④ (2016.12.2 삭제)

제166조【직권 남용의 금지】 이 장의 규정에 따른 통고처분을 할 때에 교통을 단속하는 경찰공무원은 본래의 목적에서 벗어나 직무상의 권한을 함부로 남용하여서는 아니 된다.

부 칙 (2010.7.23)

제1조【시행일】 이 법은 2011년 1월 1일부터 시행한다. 다만, 제3조·제4조의2·제8조·제44조·제73조제1항·제126조·제127조·제128조·제132조·제133조·제134조·제135조·제138조의2·제144조·제148조의2·제157조·제159조 및 제161조제2항부터 제4항까지의 개정규정은 공포한 날부터 시행하고, 제2조(제24호를 제외한다)·제35조·제80조·제82조·제83조제4항의 개정규정은 공포 후 3개월이 경과한 날부터 시행하며, 제2조제24호·제12조·제12조의2·제37조·제46조·제46조의2·제49조·제54조·제73조제2항·제79조·제92조·제93조·제95조·제113조·제129조의3·제150조·제152조의2·제153조·제155조·제156조·제160조제2항·제161조제1항·제161조의2·제162조 및 제163조의 개정규정은 공포 후 6개월이 경과한 날부터 시행한다.

제2조【운전면허 취득 결격기간에 관한 적용례】 ① 제82조제2항제1호의 개정규정은 이 법 시행 전에 제43조 또는 제96조제3항을 위반하여 운전면허 취득 결격기간 중에 있거나 운전면허의 효력이 정지된 기간 중 운전으로 취소처분절차가 진행 중인 사람에 대하여도 적용한다.

② 제82조제2항제1호의2의 개정규정은 이 법 시행 후 최초로 발생하는 위반행위부터 적용한다. 이 경우 이 법 시행 후 최초로 발생하는 위반행위를 그 첫 번째 위반행위로 본다.

제3조【운전면허시험 실시에 관한 적용례】 제83조제4항의 개정규정은 이 법 시행 전에 운전면허시험에 응시한 사람에 대하여도 적용한다.

제4조【운전면허시험기관의 변경에 따른 권리·의무의 승계】 이 법 시행 당시 종전의 규정에 따라 운전면허를 관리하는 책임운영기관 또는 그 소속 운전면허시험기관(이하 "운전면허시험관리단"이라 한다)이 행한 행위와 그에 대하여 행하여진 행위는 공단이 행한 행위 또는 그에 대하여 행한 행위로 본다.

제5조【공무원의 파견】 ① 경찰청장은 공단의 요청이 있는 경우에는 이 법 시행 당시 공무원 신분을 유지하는 자 중 일부를 이 법 시행 후 1년 미만의 범위에서 공단에 파견근무하게 할 수 있다. 다만, 공단의 운전면허시험의 원활한 수행을 위하여 특별한 사정이 있는 경우에는 공단의 요청에 따라 안전행정부장관과의 협의를 거쳐 파견기간을 연장할 수 있다.

② 제1항에 따라 공단에 파견된 공무원의 복무에 대한 지휘·감독은 공단 이사장이, 근무성과 평가·승진 및 전보 임용·징계 등 인사관리는 경찰청장이 행한다.

③ 제1항에 따라 공단에 파견된 공무원의 인사관리를 위하여 경찰청장이 요구하는 경우 공단 이사장은 파견 공무원에 대한 복무 관련사항을 경찰청장에게 보고하여야 한다.

제6조【도로교통공단 직원의 임용특례 등】 ① 경찰청장은 이 법 시행 당시 운전면허시험관리단 소속 공무원 중 이 법 시행과 동시에 공단의 직원으로 신분이 전환될 자 및 부칙 제5조제1항에 따른 파견기간 종료 후 공무원 신분을 계속 유지하고자 하는 자와 파견기간 종료 후 공단의 직원으로 신분이 전환될 자를 각각 구분하여 확정하여야 하며, 공단의 직원으로 신분이 전환될 자는 공단이 직원을 임용할 수 있도록 조치하여야 한다.

② 제1항에 따라 공단의 직원으로 신분이 전환되는 자는 공단의 직원으로 임용한다.

③ 제2항에 따라 공단의 직원으로 임용된 때에는 공무원 신분에서 퇴직한 것으로 본다.

④ 제2항에 따라 공무원이었던 자가 공단의 직원으로 임용된 자의 정년은 그 직원의 공무원 퇴직 당시의 직급에 적용되던 「국가공무원법」상의 정년에 따른다. 다만, 공단의 직원 정년이 「국가공무원법」상의 정년보다 장기인 때에는 그러하지 아니하다.

제7조【경찰청에서 퇴직하고 공단의 직원으로 임용된 자에 대한 「공무원연금법」의 적용에 관한 특례】 ① 이 법 시행 이전에 운전면허시험관리단 소속 공무원으로 재직(휴직 중인 자를 포함한다)한 자가 부칙 제6조제2항에 따라 공무원에서 퇴직하고 공단의 직원으로 임용되는 경우 「공무원연금법」(이하 이 조에서 "연금법"이라 한다)에 따른 재직기간이 연금법 제46조제1항에서 정한 최소 재직기간 미만인 자는 공단의 직원으로 임용된 날부터 2개월 이내에 연금법 제4조에 따라 설립된 공무원연금공단(이하 이 조에서 "연금공단"

이라 한다)에 연금법의 적용신청을 한 때에는 제2항에 따른 공무원 재직기간까지 연금법 제3조제1항제1호에 따른 공무원으로 보되, 연금법 제42조에 따른 장기급여 중 퇴직급여·유족급여(유족보상금은 제외한다) 및 퇴직수당에 한하여 지급한다.(2016.1.27 본항개정)

② 제1항에 따른 연금법의 적용신청을 하여 연금법 제3조제1항제1호에 따른 공무원으로 의제되는 공단의 직원(이하 이 조에서 "연금법적용대상직원"이라 한다)은 연금법에 따른 재직기간이 20년에 도달하는 달의 말일에 공무원에서 퇴직한 것으로 본다. 다만, 재직기간이 20년에 도달하기 전에 다음 각 호의 어느 하나에 해당하는 경우에는 각 호에서 정한 날까지 공무원으로 재직한 것으로 본다.(2016.1.27 본문개정)

1. 10년 이상 재직한 연금법적용대상직원이 연금공단에 적용 제외를 신청한 경우 그 신청한 날의 전날
2. 공단에서 퇴직한 경우 그 퇴직한 날의 전날
3. 공단에서 재직 중 사망한 경우 사망한 날

(2016.1.27 1호~3호신설)

③ 연금법적용대상직원의 연금법 제3조제1항제5호에 따른 기준소득월액은 공단의 직원으로 임용되기 전날의 공무원의 직급·호봉에서 계속 승급한 것으로 보아 획정한 호봉에 따라 산정한 기준소득월액의 상당액으로 한다. 다만, 연봉을 받는 공무원이었던 연금법적용대상직원의 기준소득월액은 안전행정부장관이 별도로 정하는 바에 따른다.

④ 연금법적용대상직원에 대하여는 공단 이사장을 연금법 제3조제1항제7호에 따른 기관장으로, 공단의 직원으로서 「소득세법」에 따른 원천징수의무자를 연금법 제3조제1항제8호에 따른 기여금징수의무자로 본다.

⑤ 제1항 및 제2항에 따라 재직기간이 10년 이상인 연금법적용대상직원이 연금법 제46조제1항에 해당하는 경우에는 그 때부터 퇴직연금을 지급한다. 다만, 법률 제13387호 공무원연금법 일부개정법률 부칙 제7조에 해당하는 경우에는 그 때부터 퇴직연금을 지급한다.(2016.1.27 본항개정)

⑥ (2016.1.27 삭제)

⑦ 연금법적용대상직원에 대하여 연금법 제64조를 적용함에 있어서 같은 조 제1항제1호 및 같은 조 제2항 전단에 따른 "재직 중의 사유"는 "재직 중의 사유(공무원으로 의제되는 기간 중의 사유를 포함한다)"로, 같은 조 제1항제2호에 따른 "탄핵 또는 징계에 의하여 파면된 경우"는 "공무원으로 의제되는 기간 중의 사유로 공단에서 징계에 의하여 파면된 경우"로, 같은 조 제1항제3호에 따른 "금품 및 향응수수, 공금의 횡령·유용으로 징계 해임된 경우"는 "공무원으로 의제되는 기간 중의 사유로 공단에서 금품 및 향응수수, 공금의 횡령·유용으로 징계 해임된 경우"로 본다.

⑧ 연금법적용대상직원에 대한 퇴직수당의 지급에 소요되는 비용은 연금법 제65조제3항에도 불구하고 공단이 부담·관리한다. 다만, 연금법적용대상직원이 부칙 제6조제3항에 따라 운전면허시험관리단 소속 공무원에서 퇴직한 때에 지급하여야 할 퇴직수당에 상당하는 금액은 연금법적용대상직원이 공단의 직원으로 임용된 때에 연금법 제31조의2제5호와 제6호에 따른 미상환 원리금을 공제한 후 연금공단에서 공단으로 이체한다.

⑨ 연금법적용대상직원에 대한 연금법 제69조제1항에 따른 연금부담금 및 보전금은 공단이 부담한다.

⑩ 연금법적용대상직원은 제1항에 따라 공무원으로 의제되는 기간까지 「국민연금법」 제6조에 따른 국민연금의 가입대상에서 제외한다.

⑪ 연금법적용대상직원이 제1항에 따라 공무원으로 의제되는 기간은 「근로기준법」 제34조에 따른 퇴직금 산정을 위한 계속근로연수에서 제외한다.

⑫ 연금법적용대상직원에 대한 퇴직급여·유족급여(유족보상금은 제외한다) 및 퇴직수당의 산정·지급, 그 비용의 징수 등에 관하여 이 조에서 특별히 정하지 아니한 사항에 대하여는 연금법을 적용한다.

제8조【책임운영기관특별회계에 관한 경과조치】 이 법 시행 당시 「책임운영기관의 설치·운영에 관한 법률」 제29조의2에 따라 책임운영기관특별회계(자동차운전면허계정)에 귀속되어 운전면허시험관리단이 점유·사용 또는 관리하는 국유재산 및 물품은 일반회계로 환원한다.

제9조【벌칙에 관한 경과조치】 이 법 시행 전의 행위에 대한 벌칙의 적용에 있어서는 종전의 규정에 따른다.

부 칙 (2014.1.28 법12343호)

제1조【시행일】 이 법은 공포 후 1년이 경과한 날부터 시행한다. 다만, 제12조제1항제4호의 개정규정은 공포 후 6개월이 경과한 날부터 시행하고, 제13조제6항의 개정규정은 공포 후 3개월이 경과한 날부터 시행한다.

제2조【보호자가 동승하지 아니한 어린이통학버스 운전자의 의무에 관한 적용 시한】 제53조의2의 개정규정은 이 법 시행일부터 2년간 적용한다.

제3조【어린이통학버스 운전자 및 운영자 등의 의무에 관한 적용례】 제53조제3항의 개정규정은 「학원의 설립·운영 및 과외교습에 관한 법률」에 따른 학원 및 「체육시설의 설치·이용에 관한 법률」에 따른 체육시설에서 운영하는 승차정원 15인승 이하의 어린이통학버스에 대하여는 이 법 시행일 후 2년이 경과한 날부터 적용한다.

제4조【어린이통학버스의 위반 정보 등 제공에 관한 적용례】 제53조의4의 개정규정에 따른 어린이통학버스의 위반 정보 등 제공은 이 법 시행 후 최초로 위반하는 행위부터 적용한다.

제5조【종전의 신고된 어린이통학버스에 관한 경과조치】 이 법 시행 당시 종전의 규정에 따라 신고된 어린이통학버스는 제52조의 개정규정에 따라 신고된 어린이통학버스로 본다.

제6조【미신고된 어린이의 통학 등에 이용되는 자동차에 관한 경과조치】 이 법 시행 당시 어린이의 통학 등에 이용되는 자동차로서 어린이통학버스로 신고하지 아니한 자동차를 운영하는 자는 이 법 시행 후 6개월 이내에 제52조의 개정규정에 따라 신고하여야 한다.

제7조【어린이통학버스 안전운행 등에 관한 교육에 관한 경과조치】 ① 이 법 시행 전에 종전의 규정에 따라 신규 안전교육을 받은 사람은 제53조의3제2항의 개정규정에 따른 신규 안전교육을 받은 것으로 본다.

② 이 법 시행 당시 어린이통학버스를 운영하는 사람과 운전하는 사람으로서 그 운영 또는 운전업무를 시작하게 될 때 받아야 하는 안전교육을 받지 아니한 사람은 제53조의3제2항의 개정규정에도 불구하고 이 법 시행 후 3개월 이내에 신규 안전교육을 받아야 한다.

③ 이 법 시행일부터 과거 2년간 종전의 규정에 따라 정기 안전교육(구 안전 재교육)을 받은 사람은 제53조의3제2항의 개정규정에 따른 정기 안전교육을 받은 것으로 본다.

④ 이 법 시행 당시 어린이통학버스를 운영하는 사람과 운전하는 사람으로서 이 법 시행일부터 과거 2년간 종전의 규정에 따라 받아야 하는 정기 안전교육(구 안전 재교육)을 받지 아니한 사람은 제53조의3제2항의 개정규정에도 불구하고 이 법 시행 후 6개월 이내에 정기 안전교육을 받아야 한다.

부 칙 (2016.1.27)

제1조【시행일】 이 법은 공포 후 6개월이 경과한 날부터 시행한다. 다만, 제5조의3, 제93조제1항 각 호 외의 부분 본문, 제158조의2 및 법률 제10382호 도로교통법 일부개정법률 부칙 제7조의 개정규정은 공포한 날부터 시행하고, 제161조제2항의 개정규정은 2017년 1월 1일부터 시행한다.

제2조【특수면허에 관한 적용례】 제80조제2항의 개정규정은 이 법 시행 후 최초로 실시하는 운전면허시험부터 적용한다.

제3조【운전면허의 취소·정지에 관한 적용례】 제93조제1항제10호의2의 개정규정은 이 법 시행 후 최초로 발생하는 위반행위부터 적용한다.

제4조【경찰청에서 퇴직하고 공단의 직원으로 임용된 자에 대한 「공무원연금법」의 적용에 관한 특례 조정에 관한 적용례】 법률 제10382호 도로교통법 일부개정법률 부칙 제7조의 개정규정은 2016년 1월 1일부터 적용한다.
제5조【특수면허에 관한 경과조치】 이 법 시행 당시 트레일러 면허를 소지한 사람은 대형견인차 면허를 소지한 것으로 보고, 렉커 면허를 소지한 사람은 구난차 면허를 소지한 것으로 본다.
제6조【다른 법률의 개정】 ※(해당 법령에 가제정리 하였음)

부 칙 (2017.10.24)

제1조【시행일】 이 법은 공포 후 6개월이 경과한 날부터 시행한다. 다만, 제2조제26호 및 제96조의 개정규정은 공포한 날부터 시행한다.
제2조【특별교통안전 의무교육에 관한 적용례】 제73조제2항의 개정규정은 이 법 시행 후 운전면허 취소처분이나 운전면허효력 정지처분을 받은 사람부터 적용한다.
제3조【긴급자동차의 운전업무에 종사하는 사람에 대한 경과조치】 이 법 시행 당시 긴급자동차의 운전업무에 종사하는 사람으로서 제73조제4항의 개정규정에 따른 긴급자동차의 안전 등에 관한 교육을 받아야 하는 사람은 이 법 시행일부터 1년 이내에 받아야 한다.

부 칙 (2018.3.27)

제1조【시행일】 이 법은 공포 후 1년이 경과한 날부터 시행한다. 다만, 다음 각 호의 개정규정은 각 호의 구분에 따른 날부터 시행한다.
1. 제13조의2제4항제1호, 제49조제1항제4호 · 제6호 및 제139조제1항제11호 : 공포한 날(제49조제1항제6호 중 노면전차의 도입에 관한 사항은 공포 후 1년이 경과한 날)
2. 제34조의3, 제44조, 제47조, 제48조, 제50조제1항 · 제2항 · 제4항 · 제8항, 제53조, 제67조, 제93조제1항, 제98조의2, 제148조의2제1항, 제156조제1호 · 제11호 · 제12호, 제160조제2항제2호, 제161조제1항제2호, 법률 제14911호 도로교통법 일부개정법률 제73조제1항제3호의2 : 공포 후 6개월이 경과한 날(제44조, 제47조, 제48조, 제148조의2제1항, 제156조제1호 중 노면전차의 도입에 관한 사항은 공포 후 1년이 경과한 날)
3. 법률 제14911호 도로교통법 일부개정법률 제140조 : 2018년 4월 25일
4. 제87조 및 법률 제14911호 도로교통법 일부개정법률 제73조제5항 : 2019년 1월 1일

제2조【75세 이상인 사람의 운전면허증 갱신 및 정기 적성검사에 관한 경과조치】 제87조제1항의 개정규정에도 불구하고 같은 개정규정 시행 전에 운전면허를 받은 사람이 같은 개정규정 시행 후 처음 받아야 하는 운전면허증 갱신 또는 정기 적성검사의 기간은 종전의 규정에 따른다.
제3조【국제운전면허증 발급의 제한에 관한 적용례】 제98조의2의 개정규정은 같은 개정규정 시행 전의 위반행위로 부과받은 범칙금 또는 과태료가 있는 사람이 국제운전면허증을 발급받으려는 경우에 대하여도 적용한다.
제4조【다른 법률의 개정】 ①~⑥ ※(해당 법령에 가제정리 하였음)

부 칙 (2018.6.12)

제1조【시행일】 이 법은 공포 후 1년이 경과한 날부터 시행한다.
제2조【교통안전시설 설치 · 관리에 관한 적용례】 제3조제2항의 개정규정은 이 법 시행 후 새로 설치되는 교통안전시설이나 기존의 교통안전시설을 대체하여 다시 설치되는 교통안전시설부터 적용한다.

부 칙 (2018.12.24)

제1조【시행일】 이 법은 공포 후 6개월이 경과한 날부터 시행한다.
제2조【술에 취한 상태에서의 운전금지 등에 관한 적용례】 제82조제2항 및 제93조제1항제2호의 개정규정은 이 법 시행 후 최초로 제44조제1항 또는 제2항을 위반한 사람부터 적용한다. 이 경우 위반행위의 횟수를 산정할 때에는 2001년 6월 30일 이후의 위반행위부터 산정한다.
제3조【다른 법률의 개정】 ①~② ※(해당 법령에 가제정리 하였음)

부 칙 (2019.12.24)

제1조【시행일】 이 법은 공포한 날부터 시행한다. 다만, 제12조제4항 및 제5항, 제82조제1항제7호의 개정규정은 공포 후 3개월이 경과한 날부터 시행한다.
제2조【운전면허 결격사유에 관한 경과조치】 제82조제1항제7호의 개정규정은 같은 개정규정 시행 전에 제83조제1항에 따른 운전면허시험의 전부 또는 일부를 합격한 사람에 대해서는 적용하지 아니한다.

부 칙 (2020.5.26)

제1조【시행일】 이 법은 공포 후 6개월이 경과한 날부터 시행한다.
제2조【보호자가 동승하지 아니한 어린이통학버스 운전자의 의무에 관한 유효기간】 제53조의5의 개정규정은 이 법 시행일부터 2년간 효력을 가진다.
제3조【어린이통학버스 운영자 등의 의무에 관한 적용례】 제53조제3항의 개정규정은 제2조제23호가목의 유아교육진흥원 · 대안학교 · 외국인학교, 같은 호 다목의 교습소 및 같은 호 마목부터 차목까지의 시설에서 운영하는 어린이통학버스에 대해서는 이 법 시행 이후 2년이 경과한 날부터 적용한다.
제4조【어린이통학버스의 위반 정보 제공에 관한 적용례】 제53조의4의 개정규정은 이 법 시행 이후 발생하는 사고부터 적용한다.
제5조【체육교습업에 관한 특례】 제53조제3항의 개정규정은 법률 제17267호 체육시설의 설치 · 이용에 관한 법률 일부개정법률에 따라 체육교습업 시설에서 어린이통학버스를 운영하게 되는 자에 대해서는 이 법 시행 이후 2년이 경과한 날부터 적용한다. 이 경우 체육교습업 시설에서 운영하는 어린이통학버스의 운전자에게는 제53조의5의 개정규정을 이 법 시행일부터 2년간 적용한다.
제6조【어린이통학버스 신고에 관한 경과조치】 이 법 시행 당시 어린이 통학 등에 이용되는 자동차로서 어린이통학버스로 신고하지 아니한 자동차를 운영하는 자는 제52조에 따라 이 법 시행 이후 6개월 이내에 신고하여야 한다.
제7조【어린이통학버스 안전교육에 관한 경과조치】 이 법 시행 당시 종전의 규정에 따라 어린이통학버스에 동승하는 보호자는 이 법 시행 이후 6개월 이내에 제53조의3제2항제1호에 따른 신규 안전교육을 받아야 한다.
제8조【다른 법률의 개정】 ①~② ※(해당 법령에 가제정리 하였음)

부 칙 (2020.6.9)

제1조【시행일】 이 법은 공포 후 6개월이 경과한 날부터 시행한다. 다만, 제64조제6호의2 및 제6호의3의 개정규정은 공포한 날부터 시행한다.
제2조【제한된 최고속도를 시속 100킬로미터 초과한 속도 위반에 관한 적용례】 제17조제3항 위반행위에 관한 제93조제1항제5호의3 및 제151조의2제2호의 개정규정은 이 법 시행 후 최초로 발생하는 위반행위부터 적용한다.

부 칙 (2022.1.11)

이 법은 공포 후 6개월이 경과한 날부터 시행한다.

부 칙 (2023.1.3)

제1조【시행일】 이 법은 공포 후 6개월이 경과한 날부터 시행한다. 다만, 제148조의2제1항 및 제2항의 개정규정은 공포 후 3개월이 경과한 날부터 시행한다.

제2조【벌칙에 관한 적용례】 제148조의2제1항의 개정규정은 제44조제1항 또는 제2항을 위반하여 벌금 이상의 형을 선고받아 이 법 시행 전에 그 형이 확정된 사람으로서 이 법 시행 이후 다시 같은 조 제1항 또는 제2항을 위반한 사람에 대해서도 적용한다.

부 칙 (2023.4.18)

이 법은 공포 후 6개월이 경과한 날부터 시행한다. 다만, 법률 제19158호 도로교통법 일부개정법률 제12조의4의 개정규정은 2024년 1월 1일부터 시행한다.

부 칙 (2023.10.24)

제1조【시행일】 이 법은 공포 후 1년이 경과한 날부터 시행한다. 다만, 제2조제23호의 개정규정은 공포한 날부터 시행한다.

제2조【음주운전 방지장치 부착 조건부 운전면허에 관한 적용례】 제80조의2의 개정규정은 이 법 시행 후 종전의 제44조제1항 또는 제2항을 위반한 날부터 5년 이내에 다시 같은 조 제1항 또는 제2항을 위반하여 운전면허 취소처분을 받은 사람부터 적용한다.

부 칙 (2023.12.26)

제1조【시행일】 이 법은 공포 후 1년이 경과한 날부터 시행한다.(이하 생략)

부 칙 (2024.1.30 법20155호)

이 법은 공포 후 6개월이 경과한 날부터 시행한다. 다만, 법률 제19745호 도로교통법 일부개정법률 제85조의2 및 제85조의3의 개정규정은 2024년 10월 25일부터 시행한다.

부 칙 (2024.1.30 법20167호)

제1조【시행일】 이 법은 공포 후 6개월이 경과한 날부터 시행한다.(이하 생략)

부 칙 (2024.2.13)

제1조【시행일】 이 법은 공포 후 6개월이 경과한 날부터 시행한다.

제2조【교통안전교육강사, 자동차운전 전문학원 강사 및 기능검정원 결격사유에 관한 적용례】 제76조제3항제2호나목·다목·라목, 제106조제3항제1호 및 제107조제3항제2호의 개정규정은 이 법 시행 이후 발생한 범죄행위로 형벌을 받은 자부터 적용한다. 다만, 「교통사고처리 특례법」 제3조제1항 또는 「특정범죄 가중처벌 등에 관한 법률」 제5조의3을 위반한 사람에 대해서는 종전의 규정에 따른다.

제3조【운전면허의 취소·정지에 관한 적용례】 제93조제1항제11호의 개정규정은 운전면허를 받은 사람이 이 법 시행 이후 자동차등을 범죄의 도구나 장소로 이용하여 「보험사기방지 특별법」 중 제8조부터 제10조까지의 죄를 범한 경우부터 적용한다.

제4조【자동차운전 전문학원 강사 및 기능검정원 자격의 취소 처분에 관한 경과조치】 이 법 시행 전의 범죄행위에 대한 자격의 취소 처분에 관하여는 종전의 규정에 따른다.

부 칙 (2024.3.19)

제1조【시행일】 이 법은 공포 후 6개월이 경과한 날부터 시행한다. 다만, 제56조의3은 공포 후 1년이 경과한 날부터 시행한다.

제2조【자율주행자동차 시험운전자의 준수사항에 관한 경과조치】 이 법 시행 당시 임시운행허가를 받은 자율주행자동차를 운전하는 사람으로서 교통안전교육을 받지 아니한 사람은 제56조의3의 개정규정에도 불구하고 같은 개정규정 시행 이후 6개월 이내에 교통안전교육을 받아야 한다.

부 칙 (2024.12.3)

제1조【시행일】 이 법은 공포 후 6개월이 경과한 날부터 시행한다.

제2조【음주운전 방지장치 부착 조건부 운전면허에 관한 적용례】 제80조의2제1항의 개정규정은 이 법 시행 이후 제44조제5항을 위반하여 운전면허 취소처분을 받은 경우부터 적용한다.

제3조【운전면허의 결격사유에 관한 적용례】 제82조제2항의 개정규정은 이 법 시행 이후 제44조제5항을 위반하는 경우부터 적용한다.

제4조【운전면허의 취소·정지에 관한 적용례】 제93조제1항의 개정규정은 이 법 시행 이후 제44조제5항을 위반하는 경우부터 적용한다.

부 칙 (2025.1.7)

이 법은 공포 후 6개월이 경과한 날부터 시행한다.

부 칙 (2025.1.21)

제1조【시행일】 이 법은 공포 후 6개월이 경과한 날부터 시행한다.(이하 생략)

풍속영업의 규제에 관한 법률

(약칭 : 풍속영업규제법)

(1991년 3월 8일
법 률 제4337호)

개정
1997. 3. 7법 5295호
<중략>
2001. 5.24법 6473호(음비)
2006. 2.21법 7849호(제주자치법)
2006. 4.28법 7941호(게임산업진흥에관한법)
2007. 1. 3법 8175호
2009. 2. 6법 9432호(식품위생)
2010. 3.22법10150호
2010. 7.23법10377호
2015. 3.27법13281호
2016. 5.29법14267호
2020.12.22법17689호(국가자치경찰)

제1조【목적】 이 법은 풍속영업(風俗營業)을 하는 장소에서 선량한 풍속을 해치거나 청소년의 건전한 성장을 저해하는 행위 등을 규제하여 미풍양속을 보존하고 청소년을 유해한 환경으로부터 보호함을 목적으로 한다.(2010.7.23 본조개정)

제2조【풍속영업의 범위】 이 법에서 "풍속영업"이란 다음 각 호의 어느 하나에 해당하는 영업을 말한다.
1.「게임산업진흥에 관한 법률」 제2조제6호에 따른 게임제공업 및 같은 법 제2조제8호에 따른 복합유통게임제공업
2.「영화 및 비디오물의 진흥에 관한 법률」 제2조제16호가목에 따른 비디오물감상실업
3.「음악산업진흥에 관한 법률」 제2조제13호에 따른 노래연습장업
4.「공중위생관리법」 제2조제1항제2호부터 제4호까지의 규정에 따른 숙박업, 목욕장업(沐浴場業), 이용업(理容業) 중 대통령령으로 정하는 것
5.「식품위생법」 제36조제1항제3호에 따른 식품접객업 중 대통령령으로 정하는 것
6.「체육시설의 설치·이용에 관한 법률」 제10조제1항제2호에 따른 무도학원업 및 무도장업
7. 그 밖에 선량한 풍속을 해치거나 청소년의 건전한 성장을 저해할 우려가 있는 영업으로 대통령령으로 정하는 것
(2010.7.23 본조개정)

제3조【준수 사항】 풍속영업을 하는 자(허가나 인가를 받지 아니하거나 등록이나 신고를 하지 아니하고 풍속영업을 하는 자를 포함한다. 이하 "풍속영업자"라 한다) 및 대통령령으로 정하는 종사자는 풍속영업을 하는 장소(이하 "풍속영업소"라 한다)에서 다음 각 호의 행위를 하여서는 아니 된다.
1.「성매매알선 등 행위의 처벌에 관한 법률」 제2조제1항제2호에 따른 성매매알선등행위
2. 음란행위를 하게 하거나 이를 알선 또는 제공하는 행위
3. 음란한 문서·도화(圖畵)·영화·음반·비디오물, 그 밖의 음란한 물건에 대한 다음 각 목의 행위
가. 반포(頒布)·판매·대여하거나 이를 하게 하는 행위
나. 관람·열람하게 하는 행위
다. 반포·판매·대여·관람·열람의 목적으로 진열하거나 보관하는 행위
4. 도박이나 그 밖의 사행(射倖)행위를 하게 하는 행위
(2010.7.23 본조개정)

판례 풍속영업규제법 제3조 제2호는 풍속영업을 하는 자에 대하여 '음란행위를 알선하는 행위'를 금지하고 있다. 여기에서 음란행위를 '알선'하였다고 함은 풍속영업을 하는 자가 음란행위를 하려는 당사자 사이에 서서 이를 중개하거나 편의를 도모하는 것을 의미한다. 따라서 음란행위의 '알선'이 되기 위하여 반드시 그 알선에 의하여 음란행위를 하려는 당사자가 실제로 음란행위를 하여야만 하는 것은 아니고, 음란행위를 하려는 당사자들의 의사를 연결하여 더 이상 알선자의 개입이 없더라도 당사자 사이에 음란행위에 이를 수 있을 정도의 주선행위만 있으면 족하다. 풍속영업을 하는 자의 행위가 '음란행위의 알선'에 해당하는지 여부는 당해 풍속영업의 종류, 허가받은 영업의 형태, 이용자의 연령 제한이나 장소의 공개 여부, 신체노출 등의 경우 그 시간과 장소, 노출 부위와 방법 및 정도, 그 동기와 경위 등을 종합적으로 고려하여, 사회 평균인의 입장에서 성욕을 자극하여 성적 흥분을 유발하고 정상적인 성적 수치심을 해하였다고 평가될 수 있는 행위, 즉 '음란행위'를 앞서의 법리에서 제시한 바와 같이 '알선'하였다고 볼 수 있는지를 기준으로 판단하여야 한다.(대판 2020.4.29, 2017도16995)

제4조【풍속영업의 통보】 ① 다른 법률에 따라 풍속영업의 허가를 한 자(인가를 하거나 등록·신고를 접수한 자를 포함한다. 이하 "허가관청"이라 한다)는 풍속영업소의 소재지를 관할하는 경찰서장(이하 "경찰서장"이라 한다)에게 다음 각 호의 사항을 알려야 한다.
1. 풍속영업자의 성명 및 주소(법인인 경우에는 대표자의 성명과 주소를 포함한다)
2. 풍속영업소의 명칭 및 주소
3. 풍속영업의 종류
② 허가관청은 풍속영업자가 휴업·폐업하거나 그 영업내용이 변경된 경우와 그 밖에 대통령령으로 정하는 사유가 발생한 경우에는 경찰서장에게 그 사실을 알려야 한다.
(2010.7.23 본조개정)

제5조 (1999.3.31 삭제)

제6조【위반사항의 통보 등】 ① 경찰서장은 풍속영업자나 대통령령으로 정하는 종사자가 제3조를 위반하면 그 사실을 허가관청에 알리고 과세에 필요한 자료를 국세청장에게 통보하여야 한다.(2016.5.29 본항개정)
② 제1항에 따른 통보를 받은 허가관청은 그 내용에 따라 허가취소·영업정지·시설개수 명령 등 필요한 행정처분을 한 후 그 결과를 경찰서장에게 알려야 한다.
③ 경찰청장 및 지방자치단체의 장은 제2항에 따른 행정처분을 받은 풍속영업소에 관한 정보를 공유하기 위하여 정보공유시스템을 구축·운영하여야 한다.(2015.3.27 본항신설)
(2010.7.23 본조개정)

제7조~제8조의2 (1999.3.31 삭제)

제9조【출입】 ① 경찰서장은 특별히 필요한 경우 경찰공무원에게 풍속영업소에 출입하여 풍속영업자와 대통령령으로 정하는 종사자가 제3조의 준수 사항을 지키고 있는지를 검사하게 할 수 있다.
② 제1항에 따라 풍속영업소에 출입하여 검사하는 경찰공무원은 그 권한을 표시하는 증표를 지니고 이를 관계인에게 내보여야 한다.
(2020.12.22 본조개정)

제10조【벌칙】 ① 제3조제1호를 위반하여 풍속영업소에서 성매매알선등행위를 한 자는 3년 이하의 징역 또는 3천만원 이하의 벌금에 처한다.
② 제3조제2호부터 제4호까지의 규정을 위반하여 음란행위를 하게 하는 등 풍속영업소에서 준수할 사항을 지키지 아니한 자는 3년 이하의 징역 또는 2천만원 이하의 벌금에 처한다.
(2010.7.23 본조개정)

제11조 (1999.3.31 삭제)

제12조【양벌규정】 법인의 대표자나 법인 또는 개인의 대리인, 사용인, 그 밖의 종업원이 그 법인 또는 개인의 업무에 관하여 제10조의 위반행위를 하면 그 행위자를 벌하는 외에 그 법인 또는 개인에게도 해당 조문의 벌금형을 과(科)한다. 다만, 법인 또는 개인이 그 위반행위를 방지하기 위하여 해당 업무에 관하여 상당한 주의와 감독을 게을리하지 아니한 경우에는 그러하지 아니하다.(2010.3.22 본조개정)

제13조 (1999.3.31 삭제)

부 칙 (2015.3.27)

이 법은 공포 후 6개월이 경과한 날부터 시행한다.

부 칙 (2016.5.29)

이 법은 공포한 날부터 시행한다.

부 칙 (2020.12.22)

제1조【시행일】 이 법은 2021년 1월 1일부터 시행한다.(이하 생략)

마약류 관리에 관한 법률

(약칭 : 마약류관리법)

(2000년 1월 12일 법 률 제6146호)

개정
2002.12.26법 6824호　2004. 1.20법 7098호
2008. 2.29법 8852호(정부조직)
2008. 3.28법 9024호
2009. 5.27법 9717호(농어업·농어촌및식품산업기본법)
2010. 1.18법 9932호(정부조직)
2011. 6. 7법10786호
2012. 6. 1법11461호(전자문서및전자거래기본법)
2013. 3.23법11690호(정부조직)
2013. 6. 4법11862호(화학물질관리법)
2013. 7.30법11984호　2014. 3.18법12495호
2015. 5.18법13331호
2015. 6.22법13383호(수산업·어촌발전기본법)
2016. 2. 3법14019호
2016.12. 2법14353호　2017. 4.18법14834호
2018. 3.13법15481호　2018.12.11법15939호
2019.12. 3법16714호
2020. 3.24법17091호(지방행정제재·부과금의징수등에관한법)
2020. 3.31법17190호　2021. 8.17법18443호
2022. 6.10법18964호　2023. 3.28법19322호
2023. 6.13법19450호　2023. 8. 8법19604호
2023. 8.16법19648호　2024. 1. 2법19889호
2024. 2. 6법20214호　2024.10.22법20507호
2024.10.22법20512호(집행유예선고에관한결격사유명확화를위한일부개정법령등)

제1장 총 칙

(2011.6.7 본장개정)

제1조【목적】 이 법은 마약·향정신성의약품(向精神性醫藥品)·대마(大麻) 및 원료물질의 취급·관리를 적정하게 하고, 마약류 중독에 대한 치료·예방 등을 위하여 필요한 사항을 규정함으로써 그 오용 또는 남용으로 인한 보건상의 위해(危害)를 방지하여 국민보건 향상과 건강한 사회 조성에 이바지함을 목적으로 한다.(2023.8.16 본조개정)

제2조【정의】 이 법에서 사용하는 용어의 뜻은 다음과 같다.

1. "마약류"란 마약·향정신성의약품 및 대마를 말한다.
2. "마약"이란 다음 각 목의 어느 하나에 해당하는 것을 말한다.
  가. 양귀비 : 양귀비과(科)의 파파베르 솜니페룸 엘(Papaver somniferum L.), 파파베르 세티게룸 디시(Papaver setigerum DC.) 또는 파파베르 브락테아툼(Papaver bracteatum)(2017.4.18 본목개정)
  나. 아편 : 양귀비의 액즙(液汁)이 응결(凝結)된 것과 이를 가공한 것. 다만, 의약품으로 가공한 것은 제외한다.
  다. 코카 잎[葉] : 코카 관목[(灌木) : 에리드록시론속(屬)의 모든 식물을 말한다]의 잎. 다만, 엑고닌·코카인 및 엑고닌 알칼로이드 성분이 모두 제거된 잎은 제외한다.
  라. 양귀비, 아편 또는 코카 잎에서 추출되는 모든 알카로이드 및 그와 동일한 화학적 합성품으로서 대통령령으로 정하는 것(2016.2.3 본목개정)
  마. 가목부터 라목까지에 규정된 것 외에 그와 동일하게 남용되거나 해독(害毒) 작용을 일으킬 우려가 있는 화학적 합성품으로서 대통령령으로 정하는 것(2016.2.3 본목개정)
  바. 가목부터 마목까지에 열거된 것을 함유하는 혼합물질 또는 혼합제제. 다만, 다른 약물이나 물질과 혼합되어 가목부터 마목까지에 열거된 것으로 다시 제조하거나 제제(製劑)할 수 없고, 그것에 의하여 신체적 또는 정신적 의존성을 일으키지 아니하는 것으로서 총리령으로 정하는 것[이하 "한외마약"(限外痲藥)이라 한다]은 제외한다.
  (2013.3.23 단서개정)
3. "향정신성의약품"이란 인간의 중추신경계에 작용하는 것으로서 이를 오용하거나 남용할 경우 인체에 심각한 위해가 있다고 인정되는 다음 각 목의 어느 하나에 해당하는 것으로서 대통령령으로 정하는 것을 말한다.
  가. 오용하거나 남용할 우려가 심하고 의료용으로 쓰이지 아니하며 안전성이 결여되어 있는 것으로서 이를 오용하거나 남용할 경우 심한 신체적 또는 정신적 의존성을 일으키는 약물 또는 이를 함유하는 물질
  나. 오용하거나 남용할 우려가 심하고 매우 제한된 의료용으로만 쓰이는 것으로서 이를 오용하거나 남용할 경우 심한 신체적 또는 정신적 의존성을 일으키는 약물 또는 이를 함유하는 물질
  다. 가목과 나목에 규정된 것보다 오용하거나 남용할 우려가 상대적으로 적고 의료용으로 쓰이는 것으로서 이를 오용하거나 남용할 경우 그리 심하지 아니한 신체적 의존성을 일으키거나 심한 정신적 의존성을 일으키는 약물 또는 이를 함유하는 물질
  라. 다목에 규정된 것보다 오용하거나 남용할 우려가 상대적으로 적고 의료용으로 쓰이는 것으로서 이를 오용하거나 남용할 경우 다목에 규정된 것보다 신체적 또는 정신적 의존성을 일으킬 우려가 적은 약물 또는 이를 함유하는 물질
  마. 가목부터 라목까지에 열거된 것을 함유하는 혼합물질 또는 혼합제제. 다만, 다른 약물 또는 물질과 혼합되어 가목부터 라목까지에 열거된 것으로 다시 제조하거나 제제할 수 없고, 그것에 의하여 신체적 또는 정신적 의존성을 일으키지 아니하는 것으로서 총리령으로 정하는 것은 제외한다.(2013.3.23 단서개정)
4. "대마"란 다음 각 목의 어느 하나에 해당하는 것을 말한다. 다만, 대마초[칸나비스 사티바 엘(Cannabis sativa L)을 말한다. 이하 같다]의 종자·뿌리 및 성숙한 대마초의 줄기와 그 제품은 제외한다.(2016.2.3 본문개정)
  가. 대마초와 그 수지(樹脂)
  나. 대마초 또는 그 수지를 원료로 하여 제조된 모든 제품
  다. 가목 또는 나목에 규정된 것과 동일한 화학적 합성품으로서 대통령령으로 정하는 것
  라. 가목부터 다목까지에 규정된 것을 함유하는 혼합물질 또는 혼합제제
  (2016.2.3 가목~라목신설)
5. "마약류취급자"란 다음 가목부터 사목까지의 어느 하나에 해당하는 자로서 이 법에 따라 허가 또는 지정을 받은 자와 아목 및 자목에 해당하는 자를 말한다.
  가. 마약류수출입업자 : 마약 또는 향정신성의약품의 수출입을 업(業)으로 하는 자
  나. 마약류제조업자 : 마약 또는 향정신성의약품의 제조[제제 및 소분(小分)을 포함한다. 이하 같다]를 업으로 하는 자
  다. 마약류원료사용자 : 한외마약 또는 의약품을 제조할 때 마약 또는 향정신성의약품을 원료로 사용하는 자
  라. 대마재배자 : 섬유 또는 종자를 채취할 목적으로 대마초를 재배하는 자
  마. 마약류도매업자 : 마약류소매업자, 마약류취급의료업자, 마약류관리자 또는 마약류취급학술연구자에게 마약 또는 향정신성의약품을 판매하는 것을 업으로 하는 자
  바. 마약류관리자 : 「의료법」에 따른 의료기관(이하 "의료기관"이라 한다)에 종사하는 약사로서 그 의료기관에서 환자에게 투약하거나 투약하기 위하여 제공하는 마약 또는 향정신성의약품을 조제·수수(授受)하고 관리하는 책임을 진 자
  사. 마약류취급학술연구자 : 학술연구를 위하여 마약 또는 향정신성의약품을 사용하거나, 대마초를 재배하거나 대마를 수입하여 사용하는 자
  아. 마약류소매업자 : 「약사법」에 따라 등록한 약국개설자로서 마약류취급의료업자의 처방전에 따라 마약 또는 향정신성의약품을 조제하여 판매하는 것을 업으로 하는 자
  자. 마약류취급의료업자 : 의료기관에서 의료에 종사하는 의사·치과의사·한의사 또는 「수의사법」에 따라 동물 진료에 종사하는 수의사로서 의료나 동물 진료를 목적

으로 마약 또는 향정신성의약품을 투약하거나 투약하기 위하여 제공하거나 마약 또는 향정신성의약품을 기재한 처방전을 발급하는 자
6. "원료물질"이란 마약류가 아닌 물질 중 마약 또는 향정신성의약품의 제조에 사용되는 물질로서 대통령령으로 정하는 것을 말한다.
7. "원료물질취급자"란 원료물질의 제조 · 수출입 · 매매에 종사하거나 이를 사용하는 자를 말한다.
8. "군수용마약류"란 국방부 및 그 직할 기관과 육군 · 해군 · 공군에서 관리하는 마약류를 말한다.
9. "치료보호"란 마약류 중독자의 마약류에 대한 정신적 · 신체적 의존성을 극복시키고 재발을 예방하여 건강한 사회인으로 복귀시키기 위한 입원 치료와 통원(通院) 치료를 말한다.

제2조의2【국가 등의 책임】 ① 국가와 지방자치단체는 국민이 마약류 등을 남용하는 것을 예방하고, 마약류 중독자에 대한 치료보호와 사회복귀 촉진을 위하여 연구 · 조사 등 필요한 조치를 하고 재원 등을 마련하여야 한다.
② 국가와 지방자치단체는 「청소년 보호법」 제2조제1호의 청소년을 대상으로 한 마약류 중독 예방 교육(이하 "청소년 마약중독예방교육"이라 한다)을 실시하여야 한다.
③ 국가와 지방자치단체는 국민보건 향상과 건강한 사회 조성을 위하여 마약류 중독 등의 폐해 예방을 위한 홍보 · 교육 · 연구 등 필요한 조치를 하여야 한다.
④ 국가와 지방자치단체는 치료보호 또는 치료감호(「치료감호 등에 관한 법률」 제2조제1항제2호에 따른 치료감호대상자에 관한 경우로 한정한다)가 종료된 사람의 사회복귀 및 재활을 위한 사후관리체계를 구축하여야 한다.(2024.10.22 본항신설)
⑤ 국민은 마약류 중독자에 대하여 치료의 대상으로 인식하고 건강한 사회구성원으로 자립할 수 있도록 협조하여야 한다.
(2023.8.16 본조개정)

제2조의3【마약류관리기본계획】 ① 관계 중앙행정기관의 장은 5년마다 소관 마약류 관리에 관한 계획을 수립하여 국무총리에게 제출하여야 한다.
② 국무총리는 제1항에 따라 제출받은 관계 중앙행정기관의 마약류 관리에 관한 계획을 종합하여 제2조의4에 따른 마약류대책협의회의 협의 · 조정을 거쳐 마약류관리기본계획(이하 "기본계획"이라 한다)을 수립한 후 관계 중앙행정기관의 장에게 통보하여야 한다.
③ 기본계획에는 다음 각 호의 사항이 포함되어야 한다.
1. 마약류관리에 관한 기본목표 및 추진방향
2. 마약류관리에 관한 추진계획 및 추진방법
3. 마약류관리에 관한 관계 기관 및 단체의 역할과 협조에 필요한 사항
4. 그 밖에 마약류관리의 체계적 · 효율적 수행을 위하여 필요한 사항
④ 관계 중앙행정기관의 장은 기본계획에 따라 매년 연도별 시행계획을 수립하여 국무총리에게 제출하고, 국무총리는 제출받은 관계 중앙행정기관의 시행계획을 종합하여 제2조의4에 따른 마약류대책협의회의 협의 · 조정을 거쳐 연도별 시행계획(이하 "시행계획"이라 한다)을 수립한 후 관계 중앙행정기관의 장에게 통보하여야 한다.
⑤ 국무총리 및 관계 중앙행정기관의 장은 기본계획이나 시행계획을 수립하고 추진하기 위하여 필요한 경우에는 관계 기관 및 단체의 장 등에게 자료의 제공 등을 요청할 수 있다. 이 경우 관계 기관이나 단체의 장 등은 특별한 사유가 없으면 이에 따라야 한다.
⑥ 그 밖에 기본계획 및 시행계획의 수립 · 시행에 필요한 사항은 대통령령으로 정한다.
(2023.8.16 본조개정)

제2조의4【마약류대책협의회】 ① 마약류의 오남용을 방지하고 마약류 문제에 대응하기 위하여 국무총리 소속으로 마약류대책협의회(이하 "협의회"라 한다)를 둔다.
② 협의회는 다음 각 호의 사항을 협의 · 조정한다.
1. 기본계획과 시행계획의 수립 · 추진에 관한 사항
2. 마약류 관련 국내외 정보의 공유 및 관리, 국제협력 · 수사 · 단속 · 치료 · 재활 · 교육 · 홍보 등을 위한 관계 기관 및 단체의 협조에 관한 사항
3. 그 밖에 마약류와 관련하여 관계 기관 및 단체의 협의 · 조정이 필요한 사항
③ 협의회는 의장 1인을 포함한 20인 이내의 위원으로 구성한다.
④ 협의회의 의장은 국무조정실장으로 하고, 위원은 다음 각 호의 사람으로 한다. 이 경우 복수의 차관 · 차장 또는 상임위원이 있는 기관은 해당 기관의 장이 지명하는 차관 · 차장 또는 상임위원으로 한다.
1. 기획재정부차관 · 교육부차관 · 외교부차관 · 법무부차관 · 행정안전부차관 · 보건복지부차관 · 방송통신위원회상임위원 · 국가정보원차장 · 식품의약품안전처차장 · 대검찰청차장검사 · 관세청차장 · 경찰청차장 · 해양경찰청차장 및 국무조정실 사회조정실장
2. 그 밖에 대통령령으로 정하는 중앙행정기관의 고위공무원단에 속하는 공무원
3. 마약류와 관련하여 학계 · 언론계 · 기관 · 단체에 종사하는 등 마약류 관련 분야에 관한 학식과 경험이 풍부한 사람 중에서 의장이 위촉하는 사람
⑤ 협의회에 간사 2명을 둔다. 이 경우 간사는 국무조정실 및 식품의약품안전처 소속 고위공무원단에 속하는 공무원 중에서 의장이 지명하는 사람이 된다.
⑥ 협의회의 업무를 효율적으로 지원하기 위하여 협의회에 분과위원회 및 실무협의회를 둘 수 있다.
⑦ 협의회와 제6항에 따른 분과위원회 및 실무협의회의 구성 및 운영 등에 필요한 사항은 대통령령으로 정한다.
(2023.8.16 본조개정)

제2조의5【마약류 사건보도 권고기준 수립 및 준수 협조요청】 ① 식품의약품안전처장은 마약류 사건보도로 인한 마약류사범 발생을 방지하기 위하여 대통령령으로 정하는 관계 중앙행정기관의 장과 협의하여 언론의 마약류 사건보도에 대한 권고기준을 수립하고 그 이행확보 방안을 마련하여야 한다.
② 식품의약품안전처장은 방송 · 신문 · 잡지 및 인터넷신문 등 언론에 대하여 제1항에 따른 마약류 사건보도에 대한 권고기준을 준수하도록 협조를 요청할 수 있다. 이 경우 언론은 협조요청을 적극 이행하도록 노력하여야 한다.
(2024.1.2 본조개정)

제2조의6【청소년 마약중독예방교육과 학교교육의 연계】 ① 국가와 지방자치단체는 청소년 마약중독예방교육과 「교육기본법」에 따른 학교교육을 연계할 수 있도록 교육 콘텐츠 개발 등 필요한 시책을 대통령령으로 정하는 바에 따라 수립 · 시행하여야 한다.
② 국가와 지방자치단체는 제1항에 따른 시책을 수립할 때에는 미리 관계 기관과 협의하여야 하며, 전문가의 의견을 들어야 한다.
③ 제2항에 따른 협의를 요청받은 관계 기관은 특별한 사유가 없으면 이에 따라야 한다.
(2024.1.2 본조신설)

제3조【일반 행위의 금지】 누구든지 다음 각 호의 어느 하나에 해당하는 행위를 하여서는 아니 된다.
1. 이 법에 따르지 아니한 마약류의 사용
2. 마약의 원료가 되는 식물을 재배하거나 그 성분을 함유하는 원료 · 종자 · 종묘(種苗)를 소지, 소유, 관리, 수출입, 수수, 매매 또는 매매의 알선을 하거나 그 성분을 추출하는 행위. 다만, 대통령령으로 정하는 바에 따라 식품의약품안전처장의 승인을 받은 경우는 제외한다.(2013.3.23 단서개정)
3. 헤로인, 그 염류(鹽類) 또는 이를 함유하는 것을 소지, 소유, 관리, 수입, 제조, 매매, 매매의 알선, 수수, 운반, 사용, 투약하거나 투약하기 위하여 제공하는 행위. 다만, 대통령령으로 정하는 바에 따라 식품의약품안전처장의 승인을 받은 경우는 제외한다.(2013.3.23 단서개정)

4. 마약 또는 향정신성의약품을 제조할 목적으로 원료물질을 제조, 수출입, 매매, 매매의 알선, 수수, 소지, 소유 또는 사용하는 행위. 다만, 대통령령으로 정하는 바에 따라 식품의약품안전처장의 승인을 받은 경우는 제외한다.
(2013.3.23 단서개정)
5. 제2조제3호가목의 향정신성의약품 또는 이를 함유하는 향정신성의약품을 소지, 소유, 사용, 관리, 수출입, 제조, 매매, 매매의 알선 또는 수수하는 행위. 다만, 대통령령으로 정하는 바에 따라 식품의약품안전처장의 승인을 받은 경우는 제외한다.(2013.3.23 단서개정)
6. 제2조제3호가목의 향정신성의약품의 원료가 되는 식물 또는 버섯류에서 그 성분을 추출하거나 그 식물 또는 버섯류를 수출입, 매매, 매매의 알선, 수수, 흡연 또는 섭취하거나 흡연 또는 섭취할 목적으로 그 식물 또는 버섯류를 소지·소유하는 행위. 다만, 대통령령으로 정하는 바에 따라 식품의약품안전처장의 승인을 받은 경우는 제외한다.
(2016.2.3 본문개정)
7. 대마를 수출입·제조·매매하거나 매매를 알선하는 행위. 다만, 공무, 학술연구 또는 의료 목적을 위하여 대통령령으로 정하는 바에 따라 식품의약품안전처장의 승인을 받은 경우는 제외한다.(2018.12.11 단서개정)
8.~9. (2016.2.3 삭제)
10. 다음 각 목의 어느 하나에 해당하는 행위
가. 대마 또는 대마초 종자의 껍질을 흡연 또는 섭취하는 행위(제7호 단서에 따라 의료 목적으로 섭취하는 행위는 제외한다)(2018.12.11 본목개정)
나. 가목의 행위를 할 목적으로 대마, 대마초 종자 또는 대마초 종자의 껍질을 소지하는 행위
다. 가목 또는 나목의 행위를 하려 한다는 정(情)을 알면서 대마초 종자나 대마초 종자의 껍질을 매매하거나 매매를 알선하는 행위
11. 제4조제1항 또는 제1호부터 제10호까지의 규정에서 금지한 행위를 하기 위한 장소·시설·장비·자금 또는 운반 수단을 타인에게 제공하는 행위
12. 다음 각 목의 어느 하나에 해당하는 규정에서 금지하는 행위에 관한 정보를 「표시·광고의 공정화에 관한 법률」 제2조제2호에서 정하는 방법으로 타인에게 널리 알리거나 제시하는 행위
가. 제1호부터 제11호까지의 규정
나. 제4조제1항 또는 제3항
다. 제5조제1항 또는 제2항
라. 제5조의2제5항(2018.3.13 본목개정)
(2016.12.2 본호신설)

제3조의2 → 제2조의2로 이동

제4조【마약류취급자가 아닌 자의 마약류 취급 금지】 ① 마약류취급자가 아니면 다음 각 호의 어느 하나에 해당하는 행위를 하여서는 아니 된다.
1. 마약 또는 향정신성의약품을 소지, 소유, 사용, 운반, 관리, 수입, 수출, 제조, 조제, 투약, 수수, 매매, 매매의 알선 또는 제공하는 행위
2. 대마를 재배·소지·소유·수수·운반·보관 또는 사용하는 행위
3. 마약 또는 향정신성의약품을 기재한 처방전을 발급하는 행위
4. 한외마약을 제조하는 행위
② 제1항에도 불구하고 다음 각 호의 어느 하나에 해당하는 경우에는 마약류취급자가 아닌 자도 마약류를 취급할 수 있다.
1. 이 법에 따라 마약 또는 향정신성의약품을 마약류취급의료업자로부터 투약받아 소지하는 경우
2. 이 법에 따라 마약 또는 향정신성의약품을 마약류소매업자로부터 구입하거나 양수(讓受)하여 소지하는 경우
3. 이 법에 따라 마약류취급자를 위하여 마약류를 운반·보관·소지 또는 관리하는 경우
4. 공무상(公務上) 마약류를 압류·수거 또는 몰수하여 관리하는 경우
5. 제13조에 따라 마약류 취급 자격 상실자 등이 마약류취급자에게 그 마약류를 인계하기 전까지 소지하는 경우
6. 제3조제7호 단서에 따라 의료 목적으로 사용하기 위하여 대마를 운반·보관 또는 소지하는 경우(2018.12.11 본호신설)
7. 그 밖에 총리령으로 정하는 바에 따라 식품의약품안전처장의 승인을 받은 경우(2013.3.23 본호개정)
③ 마약류취급자는 이 법에 따르지 아니하고는 마약류를 취급하여서는 아니 된다. 다만, 대통령령으로 정하는 바에 따라 식품의약품안전처장의 승인을 받은 경우에는 그러하지 아니하다.(2013.3.23 단서개정)
④ 제2항제3호에 따라 대마를 운반·보관 또는 소지하려는 자는 특별자치시장·시장(「제주특별자치도 설치 및 국제자유도시 조성을 위한 특별법」에 따른 행정시장을 포함한다. 이하 같다)·군수 또는 구청장(자치구의 구청장을 말한다. 이하 같다)에게 신고하여야 한다. 이 경우 특별자치시장·시장·군수 또는 구청장은 그 신고 받은 내용을 검토하여 이 법에 적합하면 신고를 수리하여야 한다.(2018.12.11 후단신설)
⑤ 제4항 전단에 따른 신고 절차 및 대마의 운반·보관 또는 소지 방법에 관하여 필요한 사항은 총리령으로 정한다.
(2018.12.11 본항개정)

제5조【마약류 등의 취급 제한】 ① 마약류취급자는 그 업무 외의 목적을 위하여 제4조제1항 각 호에 규정된 행위를 하여서는 아니 된다.
② 이 법에 따라 마약류 또는 임시마약류를 소지·소유·운반 또는 관리하는 자는 다른 목적을 위하여 이를 사용하여서는 아니 된다.(2018.3.13 본항개정)
③ 식품의약품안전처장은 공익을 위하여 필요하다고 인정하는 때에는 다음 각 호의 어느 하나에 해당하는 경우 마약류(대마는 제외한다) 또는 임시마약류의 수입·수출·제조·판매 또는 사용을 금지 또는 제한하거나 그 밖의 필요한 조치를 할 수 있다.(2018.3.13 본문개정)
1. 국내의 수요량 및 보유량을 고려하여 마약 또는 향정신성의약품을 제조·수입 또는 수출할 필요가 없다고 인정하는 경우
2. 이미 제조 또는 수입된 품종 또는 품목의 마약 또는 향정신성의약품과 동일한 품종 또는 품목의 마약 또는 향정신성의약품을 국내의 수급여건 등을 고려하여 다른 제조업자 또는 수입업자가 제조 또는 수입할 필요가 없다고 인정하는 경우
3. 마약류 품목허가증에 기재된 용량 이상의 마약 또는 향정신성의약품을 남용하였다고 인정하는 경우
4. 마약 또는 향정신성의약품에 대한 신체적·정신적 의존성을 야기하게 할 염려가 있을 정도로 마약 또는 향정신성의약품을 장기 또는 계속 투약하거나 투약하기 위하여 제공하는 경우
5. 그 밖에 대통령령으로 정하는 경우
(2018.3.13 본조제목개정)

제5조의2【임시마약류 지정 등】 ① 식품의약품안전처장은 마약류가 아닌 물질·약물·제제·제품 등(이하 이 조에서 "물질등"이라 한다) 중 오용 또는 남용으로 인한 보건상의 위해가 우려되어 긴급히 마약류에 준하여 취급·관리할 필요가 있다고 인정하는 물질등을 임시마약류로 지정할 수 있다. 이 경우 임시마약류는 다음 각 호에서 정하는 바와 같이 구분하여 지정한다.
1. 1군 임시마약류 : 중추신경계에 작용하거나 마약류와 구조적·효과적 유사성을 지닌 물질로서 의존성을 유발하는 등 신체적·정신적 위해를 끼칠 가능성이 높은 물질
2. 2군 임시마약류 : 의존성을 유발하는 등 신체적·정신적 위해를 끼칠 가능성이 있는 물질
(2018.3.13 본항개정)
② 제1항에도 불구하고 다음 각 호의 어느 하나에 해당하는 의약품은 임시마약류의 지정 대상에서 제외한다.

1. 「약사법」 제31조제2항 및 제3항에 따라 식품의약품안전처장으로부터 의약품 품목허가를 받거나 품목신고를 한 의약품
2. 「약사법」 제34조제1항에 따라 식품의약품안전처장으로부터 승인을 받은 임상시험용 의약품

(2018.3.13 본항신설)

③ 식품의약품안전처장이 임시마약류를 지정하려는 때에는 미리 대통령령으로 정하는 관계 기관과의 협의를 거쳐 다음 각 호의 사항을 1개월 이상 관보 및 인터넷 홈페이지에 예고하여야 하고, 임시마약류를 지정한 때에는 다음 제1호부터 제3호까지 및 제5호의 사항을 관보 및 인터넷 홈페이지에 공고하여야 한다.(2014.3.18 본문개정)

1. 임시마약류의 지정 사유
2. 임시마약류의 명칭
3. 1군 임시마약류 또는 2군 임시마약류의 구분(2018.3.13 본호개정)
4. 임시마약류 지정의 예고 기간 등 임시마약류의 지정 예고에 관한 사항(2014.3.18 본호개정)
5. 임시마약류 지정 기간 등 임시마약류의 지정에 관한 사항(2014.3.18 본호신설)

④ 제3항에 따라 지정 전에 예고한 임시마약류(이하 "예고임시마약류"라 한다)에 대한 효력은 임시마약류로 예고한 날부터 임시마약류 지정 공고 전날까지로 하며, 예고임시마약류를 임시마약류로 지정하려는 때에는 3년의 범위에서 기간을 정하여 지정하여야 한다. 다만, 마약류 지정을 검토할 필요가 있는 임시마약류에 대하여는 그 지정기간이 끝나기 전에 제3항에 따라 예고하여 임시마약류로 다시 지정할 수 있다.(2018.3.13 본항개정)

⑤ 누구든지 예고임시마약류 또는 임시마약류에 대하여 다음 각 호의 어느 하나에 해당하는 행위를 하여서는 아니 된다.

1. 재배·추출·제조·수출입하거나 그러한 목적으로 소지·소유
2. 매매·매매의 알선·수수·제공하거나 그러할 목적으로 소지·소유
3. 소지·소유·사용·운반·관리·투약·보관
4. 1군 또는 2군 임시마약류와 관련된 금지행위를 하기 위한 장소·시설·장비·자금 또는 운반 수단을 타인에게 제공

(2018.3.13 본항개정)

⑥ 제5항에도 불구하고 다음 각 호의 어느 하나에 해당하는 경우에는 예고임시마약류 또는 임시마약류를 취급할 수 있다.

1. 공무상 예고임시마약류 또는 임시마약류를 압류·수거 또는 몰수하여 관리하는 경우
2. 그 밖에 공무상 마약류를 취급하는 공무원 또는 마약류취급학술연구자가 대통령령으로 정하는 바에 따라 식품의약품안전처장의 승인을 받아 예고임시마약류 또는 임시마약류를 취급하는 경우

(2018.3.13 본항신설)

(2011.6.7 본조신설)

제5조의3【마약류안전관리심의위원회】 ① 다음 각 호의 사항을 심의하기 위하여 식품의약품안전처에 마약류안전관리심의위원회(이하 "심의위원회"라 한다)를 둔다.

1. 마약류의 오남용 방지를 위한 조치기준에 관한 사항
2. 마약류의 안전사용 기준에 관한 사항
3. 제11조의2제1항에 따른 마약류 통합정보의 제공 및 활용에 관한 사항
4. 그 밖에 식품의약품안전처장이 필요하다고 인정하는 사항

② 심의위원회는 위원장 1명을 포함하여 30명 이내의 위원으로 구성하며, 위원장은 식품의약품안전처 차장이 된다.

③ 위원은 다음 각 호의 어느 하나에 해당하는 사람 중에서 식품의약품안전처장이 임명하거나 위촉한다.

1. 마약류의 안전관리, 범죄수사 등의 업무를 담당하는 공무원
2. 마약류의 오남용 방지 분야의 전문지식을 가진 사람
3. 「비영리민간단체 지원법」 제2조에 따른 비영리민간단체가 추천하는 사람
4. 그 밖에 마약류 안전관리 또는 관련 법률에 관한 학식과 경험이 풍부한 사람

④ 그 밖에 심의위원회의 운영 등에 필요한 사항은 대통령령으로 정한다.

(2019.12.3 본조신설)

제2장 허가 등
(2011.6.7 본장개정)

제6조【마약류취급자의 허가 등】 ① 마약류취급자가 되려는 다음 각 호의 어느 하나에 해당하는 자로서 총리령으로 정하는 바에 따라 제1호·제2호 및 제4호에 해당하는 자는 식품의약품안전처장의 허가를 받아야 하고, 제3호 및 제5호에 해당하는 자는 특별자치시장·시장·군수 또는 구청장의 허가를 받아야 한다. 허가받은 사항을 변경할 때에도 또한 같다.(2022.6.10 전단개정)

1. 마약류수출입업자 : 「약사법」에 따른 수입자로서 식품의약품안전처장에게 의약품 품목허가를 받거나 품목신고를 한 자(2013.3.23 본호개정)
2. 마약류제조업자 및 마약류원료사용자 : 「약사법」에 따라 의약품제조업의 허가를 받은 자
3. 마약류도매업자 : 「약사법」에 따라 등록된 약국개설자 또는 의약품 도매상의 허가를 받은 자
4. 마약류취급학술연구자 : 연구기관 및 학술기관 등에서 학술연구를 위하여 마약류의 사용을 필요로 하는 자
5. 대마재배자 : 「농업·농촌 및 식품산업 기본법」 제3조제2호에 따른 농업인으로서 섬유나 종자를 채취할 목적으로 대마초를 재배하려는 자(2015.6.22 본호개정)

② 마약류관리자가 되려면 마약류취급의료업자가 있는 의료기관에 종사하는 약사로서 총리령으로 정하는 바에 따라 특별자치시장·시장·군수 또는 구청장의 지정을 받아야 한다. 지정받은 사항을 변경할 때에도 또한 같다.(2022.6.10 전단개정)

③ 다음 각 호의 어느 하나에 해당하는 사람은 마약류수출입업자, 마약류취급학술연구자 또는 대마재배자로 허가를 받을 수 없다.

1. 피성년후견인, 피한정후견인 또는 미성년자(2014.3.18 본호개정)
2. 「정신건강증진 및 정신질환자 복지서비스 지원에 관한 법률」 제3조제1호에 따른 정신질환자(정신건강의학과 전문의가 마약류에 관한 업무를 담당하는 것이 적합하다고 인정한 사람은 제외한다) 또는 마약류의 중독자(2018.12.11 본호개정)
3. 이 법이나 「약사법」·「의료법」·「보건범죄 단속에 관한 특별조치법」 또는 그 밖에 마약류 관련 법률을 위반한 죄를 범하여 금고 이상의 실형을 선고받고 그 집행이 끝나거나(집행이 끝난 것으로 보는 경우를 포함한다) 집행이 면제된 날부터 3년이 지나지 아니한 사람(2024.10.22 본호개정)
4. 제3호의 죄를 범하여 금고 이상의 형의 집행유예를 선고받고 그 유예기간 중에 있는 사람(2024.10.22 본호신설)

④ 제44조에 따라 마약류취급자의 허가 취소처분을 받고 2년이 지나지 아니한 자 또는 지정 취소처분을 받고 1년이 지나지 아니한 자에 대하여는 제1항이나 제2항에 따른 허가 또는 지정을 할 수 없다. 다만, 제3항제1호에 해당하여 허가 또는 지정이 취소된 경우는 제외한다.(2018.12.11 단서신설)

제6조의2【원료물질의 수출입업 또는 제조업의 허가】 ① 대통령령으로 정하는 원료물질의 수출입 또는 제조를 업으로 하려는 자는 총리령으로 정하는 바에 따라 식품의약품안전처장의 허가를 받아야 한다. 허가받은 사항을 변경할 때에도 또한 같다.

② 제6조제3항 각 호의 어느 하나에 해당하는 사람은 원료물질의 수출입업자 또는 제조업자로 허가받을 수 없다.

③ 원료물질의 수출입 또는 제조를 업으로 하려는 자의 허가 제한에 관하여는 제6조제4항을 준용한다.

(2018.12.11 본조개정)

제7조【허가증 등의 발급과 등재】 ① 제6조제1항 · 제2항이나 제6조의2제1항에 따라 허가 또는 지정을 하는 식품의약품안전처장, 특별자치시장 · 시장 · 군수 또는 구청장(이하 "허가관청"이라 한다)은 총리령으로 정하는 바에 따라 마약류취급자나 원료물질의 수출입업 또는 제조업 허가를 받은 자(이하 "원료물질수출입업자등"이라 한다) 명부(名簿)에 그 내용을 기록하고 허가증 또는 지정서를 발급하여야 한다. 허가 또는 지정한 사항을 변경할 때에도 또한 같다.
(2022.6.10 전단개정)
② 제6조제1항 · 제2항이나 제6조의2제1항에 따라 허가 또는 지정받은 자가 그 허가증 또는 지정서를 잃어버렸거나 못쓰게 된 경우에는 총리령으로 정하는 바에 따라 재발급받아야 한다.
(2013.3.23 본조개정)

제8조【허가증 등의 양도 금지와 폐업 등의 신고 등】 ① 마약류취급자는 그 허가증 또는 지정서를 타인에게 빌려주거나 양도(讓渡)하여서는 아니 된다.
② 마약류취급자나 원료물질수출입업자등이 마약류의 취급 또는 원료물질의 수출입 · 제조에 관한 업무를 폐업 또는 휴업하거나 그 휴업한 업무를 다시 시작(이하 "폐업등"이라 한다)하려는 경우에는 총리령으로 정하는 바에 따라 해당 허가관청에 그 사실을 신고하여야 한다. 다만, 다음 각 호에 따라 폐업등을 신고한 경우에는 본문에 따라 폐업등을 신고한 것으로 본다.(2018.12.11 본문개정)
1. 의료기관 개설자인 마약류취급의료업자가 「의료법」 제40조에 따라 의료업의 폐업등을 신고한 경우
2. 마약류소매업자가 「약사법」 제22조에 따라 약국의 폐업등을 신고한 경우
③ 마약류취급자나 원료물질수출입업자등이 다음 각 호의 어느 하나에 해당하게 되었을 때에는 각 호의 구분에 따른 자는 총리령으로 정하는 바에 따라 해당 허가관청에 그 사실 및 소지 마약류 또는 원료물질의 품명, 수량 등 총리령으로 정하는 사항을 신고하여야 한다.(2018.12.11 본문개정)
1. 사망한 경우 : 상속인(상속인이 분명하지 아니한 경우에는 그 상속재산의 관리인을 말한다. 이하 같다)
2. 피성년후견인 또는 피한정후견인이 된 경우 : 후견인(後見人)(2014.3.18 본호개정)
3. 법인이 해산한 경우 : 청산인(清算人)
4. 학술연구를 마친 경우 : 마약류취급학술연구자
④ 허가관청의 장은 제2항 각 호 외의 부분 본문 또는 제3항에 따른 신고를 받은 경우에는 그 내용을 검토하여 이 법에 적합하면 신고를 수리하여야 한다.(2018.12.11 본항신설)
⑤ 제1항을 위반하였거나 제2항에 따른 폐업신고 또는 제3항에 따른 신고를 수리한 경우에는 해당 허가 또는 지정은 그 효력을 상실한다.(2018.12.11 본항개정)
⑥ 허가관청은 제5항에 따라 마약류취급자 또는 원료물질수출입업자등의 허가 또는 지정의 효력이 상실되었거나 제44조에 따라 마약류취급자 또는 원료물질수출입업자등의 허가 또는 지정의 취소처분을 하거나 업무의 정지처분을 하였을 때에는 총리령으로 정하는 바에 따라 마약류취급자 또는 원료물질수출입업자등 명부에 그 사항을 기록하여야 한다.
(2018.12.11 본항개정)

제3장 마약류의 관리
(2011.6.7 본장개정)

제9조【수수 등의 제한】 ① 마약류취급자 또는 마약류취급승인자(제3조제2호부터 제7호까지 또는 제4조제2항제7호에 따라 마약류 취급의 승인을 받은 자를 말한다. 이하 같다)는 마약류취급자 또는 마약류취급승인자가 아닌 자로부터 마약류를 양수할 수 없다. 다만, 제13조에 따라 허가관청의 승인을 받은 경우에는 그러하지 아니하다.(2018.12.11 본문개정)
② 마약류취급자 또는 마약류취급승인자는 이 법에서 정한 경우 외에는 마약류를 양도할 수 없다. 다만, 다음 각 호의 어느 하나에 해당하는 경우에는 그러하지 아니하다.
1. 다음 각 목의 어느 하나에 해당하여 식품의약품안전처장의 승인을 받은 경우
가. 품목허가가 취소되어 소지 · 소유 또는 관리하는 마약 및 향정신성의약품을 다른 마약류취급자에게 양도하려는 경우
나. 마약류취급학술연구자, 마약류취급승인자(제57조의2제2호에 해당하는 자는 제외한다) 또는 제4조제3항 단서에 따라 승인을 받은 마약류취급자에게 마약류를 양도하려는 경우
2. 소유 또는 관리하던 마약 및 향정신성의약품을 사용중단 등의 사유로 원소유자 등인 마약류취급자 · 마약류취급승인자 또는 외국의 원소유자 등에게 반품하려는 경우
3. 「약사법」 제91조에 따른 한국희귀 · 필수의약품센터가 제57조의2제2호에 해당하는 마약류취급승인자에게 마약류를 양도하려는 경우
(2023.8.8 본항개정)
③ 마약류제조업자, 마약류원료사용자 또는 마약류취급학술연구자가 다른 마약류제조업자, 마약류원료사용자 또는 마약류취급학술연구자에게 마약류(제제는 제외한다)를 양도하려면 총리령으로 정하는 바에 따라 식품의약품안전처장의 승인을 받아야 한다.(2013.3.23 본항개정)

제10조 (2015.5.18 삭제)

제11조【마약류 취급의 보고】 ① 마약류취급자 또는 마약류취급승인자는 수출입 · 제조 · 판매 · 양수 · 양도 · 구입 · 사용 · 폐기 · 조제 · 투약하거나 투약하기 위하여 제공 또는 학술연구를 위하여 사용한 마약 또는 향정신성의약품의 품명 · 수량 · 취급연월일 · 구입처 · 재고량 · 일련번호와 상대방(마약 또는 향정신성의약품의 조제 또는 투약의 대상이 동물인 경우에는 그 소유자 또는 관리자를 말한다)의 성명 등에 관한 사항을 식품의약품안전처장에게 보고하여야 한다. 이 경우 마약류취급자 또는 마약류취급승인자가 마약류 취급의 상대방일 때에는 취급범위, 허가 · 승인번호 및 허가 · 취급승인일을 함께 보고하여야 한다.(2019.12.3 전단개정)
② 마약류취급의료업자와 마약류소매업자는 제1항에서 정한 사항 외에 다음 각 호의 사항을 식품의약품안전처장에게 보고하여야 한다.
1. 마약 또는 향정신성의약품을 조제 또는 투약 받거나 투약하기 위하여 제공받은 환자의 주민등록번호(외국인인 경우에는 여권번호 또는 외국인 등록번호를 말한다. 이하 같다) 및 「통계법」 제22조제1항 전단에 따라 작성 · 고시된 한국표준질병 · 사인분류에 따른 질병분류기호(마약 또는 향정신성의약품의 조제 또는 투약의 대상이 동물인 경우에는 그 종류, 질병명과 소유자 또는 관리자의 주민등록번호를 말한다)(2019.12.3 본호개정)
2. 마약 또는 향정신성의약품을 투약하거나 투약하기 위하여 제공하거나 제32조제2항에 따라 이를 기재한 처방전을 발급한 자의 업소명칭, 성명 및 면허번호
③ 마약류관리자가 있는 의료기관의 경우 그 의료기관에서 마약류취급의료업자 또는 마약류관리자가 투약하거나 투약하기 위하여 제공하는 마약 또는 향정신성의약품에 대하여는 제1항과 제2항에도 불구하고 해당 마약류관리자가 식품의약품안전처장에게 보고하여야 한다.
④ 제2항에도 불구하고 마약류취급의료업자 또는 마약류소매업자가 조제 · 투약보고를 하는 경우로서 다음 각 호의 어느 하나에 해당하는 경우에는 해당 정보를 식품의약품안전처장에게 보고하지 아니할 수 있다.
1. 처방전에 질병분류기호 또는 질병명이 기재되지 아니한 경우 : 해당 질병분류기호 또는 질병명(마약류소매업자에 한정한다)
2. 수의사가 동물진료를 목적으로 마약 또는 향정신성의약품의 투약을 동물병원 내에서 완료한 경우 : 해당 동물의 소유자 또는 관리자의 주민등록번호
3. 국가안전보장에 관련된 정보 및 보안을 위하여 처방전을 공개할 수 없는 경우 : 해당 환자 또는 처방의사의 성명이나 환자의 주민등록번호
(2019.12.3 본항신설)

⑤ 제1항부터 제3항까지의 규정에 따른 보고사항을 변경하고자 하는 때에는 변경보고를 하여야 한다.
⑥ 제1항부터 제3항까지의 규정에 따른 보고 대상·절차·시기 등 및 제5항에 따른 변경보고 등에 필요한 사항은 총리령으로 정한다.(2019.12.3 본항개정)
(2015.5.18 본조개정)

제11조의2【마약류통합정보관리센터】 ① 식품의약품안전처장은 제11조에 따라 보고받거나 제13조제2항에 따라 통지받은 정보(이하 "마약류 통합정보"라 한다) 등을 효과적으로 관리하기 위하여 대통령령으로 정하는 바에 따라 관계 전문기관을 마약류통합정보관리센터(이하 "통합정보센터"라 한다)로 지정하여 다음 각 호의 업무를 위탁할 수 있다.
(2019.12.3 본문개정)
1. 마약류 통합정보의 수집·조사·이용 및 제공에 관한 사항(2019.12.3 본호개정)
2. 마약류 통합정보 관리를 위한 계획의 수립 및 시행에 관한 사항(2019.12.3 본호신설)
3. 제11조에 따른 마약류 취급 보고에 관한 교육 및 홍보에 관한 사항(2019.12.3 본호신설)
4. 마약류 통합정보의 표준화 및 활용에 관한 연구·조사 및 교육에 관한 사항(2019.12.3 본호신설)
5. 제11조의3에 따른 마약류통합관리시스템의 구축 및 운영에 관한 사항(2019.12.3 본호신설)
6. 제11조의3에 따른 마약류통합관리시스템과의 연계 사용을 위한 외부 소프트웨어의 기능 검사 및 결과 공개에 관한 사항(2019.12.3 본호신설)
7. 그 밖에 마약류의 통합정보 관리에 관하여 총리령으로 정하는 사항
② 통합정보센터의 장은 국가, 지방자치단체, 공공기관, 마약류취급자 및 마약류취급승인자 등을 대상으로 보고받은 정보의 진위 여부를 확인하는 등 제1항에 따른 업무를 수행하거나 마약류 오남용을 분석하는 데 필요한 경우에 한하여 그 업무와 관련성이 있는 「주민등록법」 제30조제1항에 따른 주민등록전산정보자료, 「가족관계의 등록 등에 관한 법률」 제11조제4항에 따른 전산정보자료, 출입국관리기록, 진료기록, 의약품공급기록 등의 자료로서 대통령령으로 정하는 자료〔개인정보(「개인정보 보호법」 제2조제1호에 따른 개인정보를 말한다. 이하 같다)를 포함한다〕를 제공하도록 요청할 수 있다. 이 경우 요청을 받은 자는 정당한 사유가 없으면 이에 따라야 하며, 통합정보센터의 장에게 제공하는 자료에 대하여는 사용료 또는 수수료 등을 면제한다.(2019.12.3 전단개정)
③ 식품의약품안전처장과 통합정보센터의 장은 제11조에 따라 보고된 정보나 제2항에 따라 제공받은 자료와 정보를 철저히 관리하여야 한다.(2019.12.3 본항개정)
④ 식품의약품안전처장은 통합정보센터의 장에게 마약 또는 향정신성의약품의 취급 및 관리 현황 등에 대하여 보고하게 할 수 있다.
⑤ 식품의약품안전처장은 통합정보센터의 운영 등에 사용되는 비용의 전부 또는 일부를 지원할 수 있다.
⑥ 제1항제6호에 따른 외부 소프트웨어의 기능 검사에 필요한 구체적인 방법 및 기준은 식품의약품안전처장이 정하여 고시한다.(2019.12.3 본항신설)
⑦ 그 밖에 통합정보센터의 운영 등에 필요한 사항은 대통령령으로 정한다.
(2015.5.18 본조신설)

제11조의3【마약류통합관리시스템의 구축·운영】 ① 식품의약품안전처장은 마약류 통합정보 등을 효과적으로 관리하기 위하여 마약류통합관리시스템(이하 "마약류통합관리시스템"이라 한다)을 구축·운영하여야 한다.
② 마약류통합관리시스템의 구축 및 운영에 필요한 사항은 대통령령으로 정한다.
(2019.12.3 본조신설)

제11조의4【마약류 통합정보의 제공 등】 ① 식품의약품안전처장 및 통합정보센터의 장은 마약류의 오남용 방지 및 안전한 취급·관리를 위하여 마약류 통합정보(개인정보는 제외한다)를 대통령령으로 정하는 행정기관 및 공공기관에 제공할 수 있다.
② 식품의약품안전처장 및 통합정보센터의 장은 마약류 통합정보 및 제11조의2제2항에 따라 제공받은 자료를 제3자에게 제공해서는 아니 된다. 다만, 다음 각 호의 어느 하나에 해당하는 경우에는 대통령령으로 정하는 바에 따라 마약류 통합정보를 제공할 수 있다.
1. 특별시장·광역시장·특별자치시장·도지사 또는 특별자치도지사(이하 "시·도지사"라 한다) 또는 시장·군수·구청장이 제41조에 따른 마약류의 취급 감시 등 안전관리 업무 수행을 위하여 필요한 경우(2022.6.10 본호개정)
2. 검찰, 경찰, 그 밖의 수사기관이 법원이 발부한 압수·수색영장에 따라 범죄수사에 관련된 자료제공을 요구하는 경우
3. 마약류취급의료업자가 마약 또는 향정신성의약품의 과다·중복 처방 등 오남용을 방지하기 위하여 투약내역(일자, 약품정보, 수량을 말한다. 이하 같다)을 요청(전자적 방법을 통한 요청을 포함한다)하는 경우. 이 경우 마약류취급의료업자는 환자에게 열람요청 사실을 사전에 알려야 한다.
4. 그 밖에 식품의약품안전처장이 공익목적을 위하여 정보제공이 필요하다고 인정하는 경우. 이 경우 심의위원회의 심의를 거쳐야 한다.
③ 제2항에 따라 정보를 제공받은 자는 해당 정보를 요구 또는 요청한 목적이 달성된 때에는 지체 없이 파기하여야 한다.
(2019.12.3 본조신설)

제11조의5【마약류 통합정보의 가공 및 활용】 식품의약품안전처장 및 통합정보센터의 장은 마약류 오남용으로 인한 보건상의 위해를 방지할 목적으로 다음 각 호의 어느 하나에 해당하는 경우에 한정하여 대통령령으로 정하는 바에 따라 마약류 통합정보(개인정보는 제외한다)를 가공하여 활용할 수 있다.
1. 관련 행정기관 또는 공공기관 등에 마약류 오남용에 관한 통계 자료 등을 제공하여 관련 정책 수립 및 집행에 활용하도록 하는 경우
2. 마약류소매업자 또는 마약류취급의료업자에게 마약류 오남용 사례 및 통계 자료 등을 제공하여 과다 처방을 억제하도록 하기 위한 경우. 이 경우 자료제공의 내용 및 대상 등에 관하여는 심의위원회의 심의를 거쳐야 한다.
3. 마약류 오남용 관련 연구, 조사 및 교육 등을 위하여 마약류 오남용 관련 통계 자료 등을 제공하거나 공개하는 경우
4. 그 밖에 식품의약품안전처장이 공익목적을 위하여 가공 및 활용이 필요하다고 인정하는 경우
(2019.12.3 본조신설)

제11조의6【취급정보의 목적 외 이용·제공 제한】 식품의약품안전처 및 통합정보센터에 종사하는 사람이나 종사하였던 사람, 마약류통합관리시스템을 구축·운영하기 위한 용역·연구·조사를 수행하는 사람이나 수행하였던 사람, 제11조의4 또는 제11조의5에 따라 마약류 통합정보를 제공받은 사람은 업무상 알게 된 마약류 통합정보와 관련하여 다음 각 호의 행위를 하여서는 아니 된다.
1. 개인정보를 업무상 목적 외의 용도로 이용하거나 제3자에게 제공하는 행위
2. 개인정보를 제외한 정보를 업무상 목적 외의 용도로 이용하거나 제3자에게 제공하는 행위
(2019.12.3 본조신설)

제12조【사고 마약류 등의 처리】 ① 마약류취급자 또는 마약류취급승인자는 소지하고 있는 마약류에 대하여 다음 각 호의 어느 하나에 해당하는 사유가 발생하면 총리령으로 정하는 바에 따라 해당 허가관청(마약류취급의료업자의 경우에는 해당 의료기관의 개설허가나 신고관청을 말하며, 마약류소매업자의 경우에는 약국 개설 등록관청을 말한다. 이하 같다)에 지체 없이 그 사유를 보고하여야 한다.(2016.2.3 본문개정)

1. 재해로 인한 상실(喪失)
2. 분실 또는 도난
3. 변질·부패 또는 파손
② 마약류취급자 또는 마약류취급승인자가 소지하고 있는 마약류를 다음 각 호의 어느 하나에 해당하는 사유로 폐기하려는 경우에는 총리령으로 정하는 바에 따라 폐기하여야 한다.(2016.2.3 본문개정)
1. 제1항제3호에 해당하는 사유
2. 유효기한 또는 사용기한의 경과
3. 유효기한 또는 사용기한이 지나지 아니하였으나 재고관리 또는 보관을 하기에 곤란한 사유
제13조【자격 상실자의 마약류 처분】 ① 마약류취급자(마약류관리자는 제외한다)가 제8조 및 제44조에 따라 마약류취급자 자격을 상실한 경우에는 해당 마약류취급자·상속인·후견인·청산인 및 합병 후 존속하거나 신설된 법인은 보유하고 있는 마약류를 총리령으로 정하는 바에 따라 해당 허가관청의 승인을 받아 마약류취급자에게 양도하여야 한다. 다만, 그 상속인이나 법인이 마약류취급자인 경우에는 해당 허가관청의 승인을 받아 이를 양도하지 아니할 수 있으며, 대마재배자의 상속인이나 그 상속 재산의 관리인·후견인 또는 법인이 대마재배자가 되려고 신고하는 경우에는 해당 연도에 한정하여 제6조제1항제5호에 따른 허가를 받은 것으로 본다.(2013.3.23 본문개정)
② 제1항에 따라 마약 또는 향정신성의약품의 양도 등을 승인한 허가관청은 승인에 관한 사항을 총리령으로 정하는 바에 따라 식품의약품안전처장에게 알려야 한다.(2015.5.18 본항신설)
③ 특별자치시장·시장·군수 또는 구청장은 제1항 단서에 따른 신고를 받은 경우에는 그 내용을 검토하여 이 법에 적합하면 신고를 수리하여야 한다.(2018.12.11 본항신설)
제14조【광고】 ① 제3조제12호에도 불구하고 마약류제조업자·마약류수출입업자는 제18조 또는 제21조에 따라 품목허가를 받은 마약 또는 향정신성의약품을 의학·약학·수의학에 관한 전문가 등을 대상으로 하는 매체 또는 수단에 의한 경우에 한정하여 광고할 수 있다.
② 제1항에 따른 광고의 매체 또는 수단은 다음 각 호와 같다.
1. 의학·약학·수의학에 관한 사항을 전문적으로 취급하는 신문 또는 잡지
2. 제품설명회. 이 경우 설명 내용에는 부작용 등 사용 시 주의사항에 관한 정보가 포함되어야 한다.
(2020.3.31 본항신설)
③ 제1항에 따른 마약 또는 향정신성의약품에 관한 광고의 기준은 총리령으로 정한다.
(2020.3.31 본조개정)
제15조【마약류의 저장】 마약류취급자, 마약류취급승인자 또는 제4조제2항제3호부터 제5호까지 및 제5조의2제6항 각 호에 따라 마약류나 예고임시마약류 또는 임시마약류를 취급하는 자는 그 보관·소지 또는 관리하는 마약류나 예고임시마약류 또는 임시마약류를 총리령으로 정하는 바에 따라 다른 의약품과 구별하여 저장하여야 한다. 이 경우 마약은 잠금장치가 되어 있는 견고한 장소에 저장하여야 한다.
(2018.3.13 본조개정)
제16조【봉함】 ① 다음 각 호의 어느 하나에 해당하는 자가 마약류를 판매하거나 수출 또는 양도할 때에는 그 용기나 포장을 봉함(封緘)하여야 한다. 이 경우 봉함은 그 봉함을 뜯지 아니하고서는 용기나 포장을 개봉할 수 없고, 개봉한 후에는 쉽게 원상으로 회복시킬 수 없도록 하여야 한다.
1. 마약류수출입업자
2. 마약류제조업자
3. 마약류원료사용자
4. 마약류취급학술연구자
5. 마약류취급승인자
(2016.2.3 1호~5호신설)
② 마약류취급자·마약류취급승인자는 제1항에 따라 봉함을 하지 아니한 마약류를 수수하지 못한다. 다만, 다음 각 호의 어느 하나에 해당하는 경우에는 그러하지 아니하다.
1. 마약류취급자가 제9조제2항제3호에 따라 소유 또는 관리하던 마약 또는 향정신성의약품을 원소유자 등 마약류취급자에게 반품하려는 경우
2. 제13조에 따라 보유하고 있는 마약류를 마약류취급자에게 양도하는 경우 등 대통령령으로 정하는 사유로 식품의약품안전처장의 승인을 받은 경우
(2016.2.3 1호~2호신설)
(2016.2.3 본조개정)
제17조【용기 등의 기재사항】 ① 마약, 향정신성의약품 및 한외마약의 용기·포장 또는 첨부 문서에는 총리령으로 정하는 사항을 기재하여야 한다.
② 마약 및 향정신성의약품의 용기·포장 및 첨부 문서에는 총리령으로 정하는 바에 따라 붉은색으로 표시된 "마약" 또는 "향정신성"이라는 문자를 다른 문자·기사·그림 또는 도안보다 쉽게 볼 수 있는 부분에 표시하여야 한다.(2016.2.3 본항신설)
(2013.3.23 본조개정)

제4장 마약류취급자
(2011.6.7 본장개정)

제18조【마약류 수출입의 허가 등】 ① 마약류수출입업자가 아니면 마약 또는 향정신성의약품을 수출입하지 못한다.
② 마약류수출입업자가 마약 또는 향정신성의약품을 수출입하려면 총리령으로 정하는 바에 따라 다음 각 호의 허가 또는 승인을 받아야 한다.(2014.3.18 본문개정)
1. 품목마다 식품의약품안전처장의 허가를 받을 것. 허가받은 사항을 변경할 때에도 같다.
2. 수출입할 때마다 식품의약품안전처장의 승인을 받을 것. 승인받은 사항을 변경할 때에도 같다.
(2014.3.18 1호~2호신설)
③ 식품의약품안전처장은 제2항에 따른 허가신청에 대하여 심사 결과 적합한 것으로 인정된 경우에는 이를 허가하여야 한다.(2013.3.23 본항개정)
④ 제2항의 경우 제44조에 따라 품목 허가의 취소처분을 받고 1년이 지나지 아니한 자에 대하여는 해당 품목의 허가를 하지 못한다. 다만, 제6조제3항제1호에 해당하여 품목 허가가 취소된 경우는 제외한다.(2018.12.11 단서신설)
제19조 (2015.5.18 삭제)
제20조【수입한 마약 등의 판매】 마약류수출입업자는 수입한 마약 또는 향정신성의약품을 마약류제조업자, 마약류원료사용자 및 마약류도매업자 외의 자에게 판매하지 못한다.
제21조【마약류 제조의 허가 등】 ① 마약류제조업자가 아니면 마약 및 향정신성의약품을 제조하지 못한다.
② 마약류제조업자가 마약 또는 향정신성의약품을 제조하려면 총리령으로 정하는 바에 따라 품목마다 식품의약품안전처장의 허가를 받아야 한다. 허가받은 사항을 변경할 때에도 또한 같다.(2013.3.23 전단개정)
③ 제2항의 경우에는 제18조제3항 및 제4항을 준용한다.
제22조【제조한 마약 등의 판매】 ① 마약류제조업자는 제조한 마약을 마약류도매업자 외의 자에게 판매하여서는 아니 된다.
② 마약류제조업자가 제조한 향정신성의약품은 마약류수출입업자, 마약류도매업자, 마약류소매업자 또는 마약류취급의료업자 외의 자에게 판매하여서는 아니 된다.
제23조 (2015.5.18 삭제)
제24조【마약류 원료 사용의 허가 등】 ① 마약류원료사용자가 아니면 마약 또는 향정신성의약품을 원료로 사용한 한외마약 또는 의약품을 제조하지 못한다.
② 마약류원료사용자가 한외마약을 제조하려면 총리령으로 정하는 바에 따라 품목마다 식품의약품안전처장의 허가를 받아야 한다. 허가받은 사항을 변경할 때에도 또한 같다.
(2013.3.23 전단개정)
③ 제2항의 경우에는 제18조제3항 및 제4항을 준용한다.
제25조 (2015.5.18 삭제)

제26조【마약류의 도매】 ① 마약류도매업자는 그 영업소가 있는 특별시·광역시·특별자치시·도 또는 특별자치도 내의 마약류소매업자, 마약류취급의료업자, 마약류관리자 또는 마약류취급학술연구자 외의 자에게 마약을 판매하여서는 아니 된다. 다만, 해당 허가관청의 승인을 받아 판매하는 경우에는 그러하지 아니하다.(2016.2.3 본문개정)
② 마약류도매업자는 마약류취급학술연구자, 마약류도매업자, 마약류소매업자, 마약류취급의료업자 또는 마약류관리자 외의 자에게 향정신성의약품을 판매하여서는 아니 된다. 다만, 해당 허가관청의 승인을 받아 판매하는 경우에는 그러하지 아니하다.
제27조 (2015.5.18 삭제)
제28조【마약류의 소매】 ① 마약류소매업자가 아니면 마약류취급의료업자가 발급한 마약 또는 향정신성의약품을 기재한 처방전에 따라 조제한 마약 또는 향정신성의약품을 판매하지 못한다. 다만, 마약류취급의료업자가 「약사법」에 따라 자신이 직접 조제할 수 있는 경우는 제외한다.
② 마약류소매업자는 그 조제한 처방전을 2년간 보존하여야 한다.
③ 마약류소매업자는 「전자문서 및 전자거래 기본법」 제2조제5호에 따른 전자거래를 통한 마약 또는 향정신성의약품의 판매를 하여서는 아니 된다.(2012.6.1 본항개정)
④ 마약류소매업자는 다음 각 호의 어느 하나에 해당하는 경우에는 조제를 거부할 수 있다. 다만, 처방전을 발행한 마약류취급의료업자에게 전화 및 팩스를 이용하거나 「정보통신망 이용촉진 및 정보보호 등에 관한 법률」 제2조제1항제1호에 따른 정보통신망을 통하여 다음 각 호에 해당하지 아니함을 확인한 경우에는 그러하지 아니하다.
1. 제4조제1항제3호를 위반하여 마약류취급의료업자가 아닌 자가 발급한 처방전으로 의심되는 경우
2. 제32조제2항에 따른 기재사항의 전부 또는 일부가 기입되어 있지 아니하거나 기재사항을 거짓으로 기입한 것으로 의심되는 처방전의 경우
(2023.8.8 본항신설)
제29조 (2015.5.18 삭제)
제30조【마약류 투약 등】 ① 마약류취급의료업자가 아니면 의료나 동물 진료를 목적으로 마약 또는 향정신성의약품을 투약하거나 투약하기 위하여 제공하거나 마약 또는 향정신성의약품을 기재한 처방전을 발급하여서는 아니 된다.
② 마약류취급의료업자는 중독성·의존성을 현저하게 유발하여 신체적·정신적으로 중대한 위해를 끼칠 우려가 있는 총리령으로 정하는 마약 또는 향정신성의약품을 자신에게 투약하거나 자신을 위하여 해당 마약 또는 향정신성의약품을 기재한 처방전을 발급하여서는 아니 된다.(2024.2.6 본항신설)
③ 마약류취급의료업자는 대통령령으로 정하는 마약 또는 향정신성의약품을 기재한 처방전을 발급하는 경우에는 제11조의4제2항제3호에 따라 식품의약품안전처장 및 통합정보센터의 장에게 투약내역의 제공을 요청하여 확인하여야 한다. 다만, 긴급한 사유가 있거나 오남용 우려가 없는 경우 등 대통령령으로 정하는 경우에는 그러하지 아니하다.
(2023.6.13 본항신설)
④ 마약류취급의료업자는 제11조의4제2항제3호에 따라 투약내역을 확인한 결과 마약 또는 향정신성의약품의 과다·중복 처방 등 오남용이 우려되는 경우에는 처방 또는 투약을 하지 아니할 수 있다.(2019.12.3 본항신설)
제31조 (2015.5.18 삭제)
제32조【처방전의 기재】 ① 마약류취급의료업자는 처방전에 따르지 아니하고는 마약 또는 향정신성의약품을 투약하거나 투약하기 위하여 제공하여서는 아니 된다. 다만, 다음 각 호의 어느 하나에 해당하는 경우에는 그러하지 아니하다.
(2019.12.3 단서개정)
1. 「약사법」에 따라 자신이 직접 조제할 수 있는 마약류취급의료업자가 진료기록부에 그가 사용하려는 마약 또는 향정신성의약품의 품명과 수량을 적고 이를 직접 투약하거나 투약하기 위하여 제공하는 경우(2019.12.3 본호신설)
2. 「수의사법」에 따라 수의사가 진료부에 사용하려는 마약 또는 향정신성의약품의 품명과 수량을 적고 이를 동물에게 직접 투약하거나 투약하기 위하여 제공하는 경우
(2019.12.3 본호신설)
② 마약류취급의료업자가 마약 또는 향정신성의약품을 기재한 처방전을 발급할 때에는 그 처방전에 발급자의 업소 소재지, 상호 또는 명칭, 면허번호와 환자나 동물의 소유자·관리자의 성명 및 주민등록번호를 기입하여 서명 또는 날인하여야 한다.(2019.12.3 본항개정)
③ 제1항과 제2항에 따른 처방전 또는 진료기록부(「전자서명법」에 따른 전자서명이 기재된 전자문서를 포함한다)는 2년간 보존하여야 한다.(2015.5.18 본항개정)
제33조【마약류관리자】 ① 4명 이상의 마약류취급의료업자가 의료에 종사하는 의료기관의 대표자는 그 의료기관에 마약류관리자를 두어야 한다. 다만, 향정신성의약품만을 취급하는 의료기관의 경우에는 그러하지 아니하다.
② 제1항의 마약류관리자가 다음 각 호의 어느 하나에 해당하는 경우에는 해당 의료기관의 대표자는 다른 마약류관리자(다른 마약류관리자가 없는 경우에는 후임 마약류관리자가 결정될 때까지 그 의료기관에 종사하는 마약류취급의료업자)에게 관리 중인 마약류를 인계하게 하고 그 이유를 해당 허가관청에 신고하여야 한다.
1. 제8조제5항에 따라 마약류관리자 지정의 효력이 상실된 경우(2018.12.11 본호개정)
2. 제44조에 따라 마약류취급자의 지정이 취소되거나 업무정지처분을 받은 경우
제34조【마약 등의 관리】 마약류관리자가 있는 의료기관이 마약 및 향정신성의약품을 관리할 때에는 그 마약류관리자가 해당 의료기관에서 투약하거나 투약하기 위하여 제공할 목적으로 구입 또는 관리하는 마약 및 향정신성의약품이 아니면 이를 투약하거나 투약하기 위하여 제공하지 못한다.
제35조【마약류취급학술연구자】 ① 마약류취급학술연구자가 아니면 마약류를 학술연구의 목적에 사용하지 못한다.
② 마약류취급학술연구자가 대마초를 재배하거나 대마를 수입하여 학술연구에 사용하였을 때에는 총리령으로 정하는 바에 따라 그 사용(대마초 재배 현황을 포함한다) 및 연구에 관한 장부를 작성하고, 그 내용을 식품의약품안전처장에게 보고하여야 한다.(2015.5.18 본항개정)
③ 마약류취급학술연구자가 마약 또는 향정신성의약품을 학술연구에 사용하였을 때에는 총리령으로 정하는 바에 따라 그 연구에 관한 장부를 작성하여야 한다.(2015.5.18 본항개정)
④ 마약류취급학술연구자는 제2항과 제3항에 따라 작성한 장부를 2년간 보존하여야 한다.
제36조【대마재배자의 보고】 ① 대마재배자는 총리령으로 정하는 바에 따라 대마초의 재배 면적과 생산 현황 및 수량을 특별자치시장·시장·군수 또는 구청장에게 보고하여야 한다.
② 대마재배자는 그가 재배한 대마초 중 그 종자·뿌리 및 성숙한 줄기를 제외하고는 이를 소각(燒却)·매몰하거나 그 밖에 그 유출을 방지할 수 있는 방법으로 폐기하고 그 결과를 총리령으로 정하는 바에 따라 특별자치시장·시장·군수 또는 구청장에게 보고하여야 한다.
(2016.2.3 본조개정)
제37조【허가 등의 제한】 허가관청은 제6조, 제18조, 제21조 및 제24조에 따른 허가 또는 지정을 할 때에 마약류의 오용이나 남용으로 인하여 국민보건에 위해를 끼칠 우려가 있다고 인정하는 경우에는 특정 지역 또는 특정 품목을 한정하여 허가 또는 지정을 하지 아니할 수 있다. 이 경우 특정 지역 또는 특정 품목에 관한 사항은 미리 공고하여야 한다.
제38조【마약류취급자의 관리의무】 ① 마약류제조업자 또는 마약류원료사용자는 그 업무에 종사하는 종업원의 지도·감독과 품질관리, 그 밖에 마약·향정신성의약품 및 한외마약에 관한 업무에 대하여 총리령으로 정하는 사항을 준수하여야 한다.(2013.3.23 본항개정)

② 마약류취급자는 변질·부패·오염 또는 파손되었거나 사용기간 또는 유효기간이 지난 마약류를 판매하거나 사용하여서는 아니 된다.
③ 마약류취급자가 그 업무에 종사할 때에는 의료용 마약류의 도난 및 유출을 방지하기 위하여 대통령령으로 정하는 사항을 준수하여야 한다.

제5장 마약류 중독자 등

(2019.12.3 본장제목개정)

제39조【마약 사용의 금지】 마약류취급의료업자는 마약 중독자에게 그 중독 증상을 완화시키거나 치료하기 위하여 다음 각 호의 어느 하나에 해당하는 행위를 하여서는 아니 된다. 다만, 제40조에 따른 치료보호기관에서 보건복지부장관 또는 시·도지사의 허가를 받은 경우에는 그러하지 아니하다.
1. 마약을 투약하는 행위
2. 마약을 투약하기 위하여 제공하는 행위
3. 마약을 기재한 처방전을 발급하는 행위

(2011.6.7 본조개정)

제40조【마약류 중독자의 치료보호】 ① 보건복지부장관 또는 시·도지사는 마약류 사용자의 마약류 중독 여부를 판별하거나 마약류 중독자로 판명된 사람을 치료보호하기 위하여 치료보호기관을 설치·운영하거나 지정할 수 있다.
② 제1항에 따른 치료보호기관은 다음 각 호의 시설 및 인력을 갖추어야 한다. 이 경우 국가와 지방자치단체는 예산의 범위에서 다음 각 호의 시설 및 인력을 갖추는 데에 드는 비용의 전부 또는 일부를 지원할 수 있다.(2024.10.22 후단신설)
1. 마약류 사용 여부 감정을 위한 소변, 모발 등 생체시료를 분석할 수 있는 기기 및 장비
2. 마약류 중독 여부 판별을 위하여 정신건강의학과 전문의의 의학적 판단 등에 필요한 보조적 검사장비
3. 정신건강의학과 전문의 및 「정신건강증진 및 정신질환자 복지서비스 지원에 관한 법률」 제17조제1항에 따른 정신건강전문요원
4. 그 밖에 대통령령으로 정하는 마약류 중독자 치료보호에 필요한 시설 및 장비

(2024.2.6 본항개정)

③ 시·도지사가 제1항에 따라 치료보호기관을 설치·운영하거나 지정한 경우에는 이를 보건복지부장관에게 통보하여야 한다.(2024.2.6 본항개정)
④ 보건복지부장관 또는 시·도지사는 제1항에 따라 지정한 치료보호기관이 제2항 각 호의 시설 및 인력을 갖추었는지 여부와 치료보호 실적 등을 3년마다 평가하여 치료보호기관으로 재지정할 수 있다.(2024.2.6 본항개정)
⑤ 보건복지부장관 또는 시·도지사는 제1항 또는 제4항에 따라 지정하거나 재지정한 치료보호기관이 다음 각 호의 어느 하나에 해당하는 경우에는 그 지정 또는 재지정을 취소할 수 있다. 다만, 제1호에 해당하는 경우에는 그 지정 또는 재지정을 취소하여야 한다.
1. 거짓이나 그 밖의 부정한 방법으로 지정 또는 재지정을 받은 경우
2. 지정 또는 재지정의 취소를 요청하는 경우
3. 제4항에 따른 평가 결과 제2항 각 호의 시설 및 인력을 갖추지 못한 것으로 확인된 경우

(2024.2.6 본항개정)

⑥ 보건복지부장관은 제1항에 따른 치료보호기관에 종사하는 인력의 전문성 향상을 위하여 제7항에 따른 판별검사 및 치료보호를 위한 전문교육을 개발·운영하여야 하며, 이를 대통령령으로 정하는 전문기관에 위탁할 수 있다.(2024.2.6 본항개정)
⑦ 보건복지부장관 또는 시·도지사는 마약류 사용자에 대하여 제1항에 따른 치료보호기관에서 마약류 중독 여부의 판별검사를 받게 하거나 마약류 중독자로 판명된 사람에 대하여 치료보호를 받게 할 수 있다. 이 경우 판별검사 기간은 1개월 이내로 하고, 치료보호 기간은 12개월 이내로 한다.(2024.2.6 본항신설)
⑧ 보건복지부장관 또는 시·도지사는 제7항에 따른 판별검사 또는 치료보호를 하려면 치료보호심사위원회의 심의를 거쳐야 한다.(2024.2.6 본항신설)
⑨ 제8항에 따른 판별검사 및 치료보호에 관한 사항을 심의하기 위하여 보건복지부에 중앙치료보호심사위원회를 두고, 특별시, 광역시, 특별자치시, 도 및 특별자치도에 지방치료보호심사위원회를 둔다.(2024.2.6 본항신설)
⑩ 중앙치료보호심사위원회 및 지방치료보호심사위원회의 심의 내용에 관한 사항은 다음 각 호에 따른다.
1. 중앙치료보호심사위원회는 다음 각 목의 사항을 심의한다.
   가. 마약류 중독자 치료보호의 기본방향에 관한 사항
   나. 판별검사의 기준에 관한 사항
   다. 보건복지부장관이 설치·운영하거나 지정한 치료보호기관에서의 치료보호 및 판별검사에 관한 사항
   라. 마약류 중독자의 치료보호 시작·종료와 치료보호기간 연장에 관한 사항
   마. 그 밖에 마약류 중독자의 치료보호 및 판별검사에 관하여 보건복지부장관이 필요하다고 인정하는 사항
2. 지방치료보호심사위원회는 다음 각 목의 사항을 심의한다.
   가. 시·도지사가 설치·운영하거나 지정한 치료보호기관에서의 치료보호 및 판별검사에 관한 사항
   나. 마약류 중독자의 치료보호 시작·종료와 치료보호기간 연장에 관한 사항
   다. 그 밖에 마약류 중독자의 치료보호 및 판별검사에 관하여 시·도지사가 필요하다고 인정하는 사항

(2024.2.6 본항신설)

⑪ 국가 및 지방자치단체는 제7항에 따른 판별검사 및 치료보호에 드는 비용을 부담한다.(2024.2.6 본항신설)
⑫ 제1항부터 제11항까지에 따른 치료보호기관의 설치·운영 및 지정·재지정, 판별검사 및 치료보호, 치료보호심사위원회의 구성·운영·직무 등에 관하여 필요한 사항은 대통령령으로 정한다.(2024.2.6 본항신설)

(2011.6.7 본조개정)

제40조의2【형벌과 수강명령 등의 병과】 ① 법원은 제3조, 제4조 또는 제5조를 위반하여 마약류를 투약, 흡연 또는 섭취한 사람(이하 이 조에서 "마약류사범"이라 한다)에 대하여 형의 선고를 유예하는 경우에는 1년 동안 보호관찰을 받을 것을 명할 수 있다.
② 법원은 마약류사범에 대하여 유죄판결(선고유예는 제외한다)을 선고하거나 약식명령을 고지하는 경우에는 200시간의 범위에서 재범예방에 필요한 교육의 수강명령(이하 "수강명령"이라 한다) 또는 재활교육 프로그램의 이수명령(이하 "이수명령"이라 한다)을 병과(倂科)하여야 한다. 다만, 수강명령 또는 이수명령을 부과할 수 없는 특별한 사정이 있는 경우에는 그러하지 아니하다.
③ 수강명령은 형의 집행을 유예하는 경우에 그 집행유예기간 내에서 병과하고, 이수명령은 벌금 이상의 형을 선고하거나 약식명령을 고지하는 경우에 병과한다.
④ 법원이 마약류사범에 대하여 형의 집행을 유예하는 경우에는 수강명령 외에 그 집행유예기간 내에서 보호관찰 또는 사회봉사 중 하나 이상의 처분을 병과할 수 있다.
⑤ 수강명령 또는 이수명령은 형의 집행을 유예하는 경우에는 그 집행유예기간 내에, 벌금형을 선고하거나 약식명령을 고지하는 경우에는 형 확정일부터 6개월 이내에, 징역형 이상의 실형(實刑)을 선고하는 경우에는 형기 내에 각각 집행한다.
⑥ 수강명령 또는 이수명령이 형의 집행유예 또는 벌금형과 병과된 경우에는 보호관찰소의 장이 집행하고, 징역형 이상의 실형과 병과된 경우에는 교정시설의 장이 집행한다. 다만, 징역형 이상의 실형과 병과된 이수명령을 모두 이행하기 전에 석방 또는 가석방되거나 미결구금일수 산입 등의 사유로 형을 집행할 수 없게 된 경우에는 보호관찰소의 장이 남은 이수명령을 집행한다.
⑦ 수강명령 또는 이수명령은 다음 각 호의 내용으로 한다.

1. 마약류사범 행동의 진단·상담
2. 마약류 폐해에 대한 이해를 위한 교육
3. 그 밖에 마약류사범의 재범예방을 위하여 필요한 사항
⑧ 보호관찰소의 장 또는 교정시설의 장은 수강명령 또는 이수명령의 집행에 관한 업무를 제51조의6에 따른 한국마약퇴치운동본부에 위탁할 수 있다.(2023.8.16 본항개정)
⑨ 형벌과 병과하는 보호관찰, 사회봉사, 수강명령 및 이수명령에 관하여 이 법에서 규정한 사항 외에는 「보호관찰 등에 관한 법률」을 준용한다.
(2019.12.3 본조신설)

제40조의3【판결 전 조사】 ① 법원은 제3조, 제4조 또는 제5조를 위반하여 마약류를 투약, 흡연 또는 섭취한 피고인에 대하여 제40조의2에 따른 보호관찰, 사회봉사, 수강명령 또는 이수명령을 부과하기 위하여 필요하다고 인정하면 그 법원의 소재지 또는 피고인의 주거지를 관할하는 보호관찰소의 장에게 피고인의 신체적·심리적 특성 및 상태, 성장배경, 가정환경, 직업, 생활환경, 교우관계, 범행동기, 마약류 중독여부, 병력(病歷), 재범위험성 등 피고인에 관한 사항의 조사를 요구할 수 있다.
② 제1항의 요구를 받은 보호관찰소의 장은 지체 없이 이를 조사하여 서면으로 해당 법원에 알려야 한다. 이 경우 필요하다고 인정하면 피고인이나 그 밖의 관계인을 소환하여 심문하거나 소속 보호관찰관에게 필요한 사항을 조사하게 할 수 있다.
③ 법원은 제1항의 요구를 받은 보호관찰소의 장에게 조사진행상황에 관한 보고를 요구할 수 있다.
(2019.12.3 본조신설)

제6장 감독과 단속
(2011.6.7 본장개정)

제41조【출입·검사와 수거】 ① 식품의약품안전처장(대통령령으로 정하는 그 소속 기관의 장을 포함한다), 시·도지사 또는 시장·군수·구청장은 마약류, 임시마약류 및 원료물질의 취급을 감시하고 단속할 필요가 있다고 인정하면 관계 공무원으로 하여금 마약류취급자, 마약류취급승인자, 제5조의2제6항에 따라 임시마약류를 취급하는 자 및 원료물질취급자에 대하여 해당 업소나 공장·창고, 대마초 재배지, 약국, 조제 장소, 그 밖에 마약류, 임시마약류 및 원료물질에 관계 있는 장소에 출입하여 다음 각 호의 업무를 하게 할 수 있다.(2020.3.31 본문개정)
1. 해당 업소 등의 구조·설비·업무현황, 기록한 서류와 의약품, 그 밖의 물건에 대한 검사
2. 관계인에 대한 질문
3. 마약류·임시마약류·원료물질 및 이와 관계가 있다고 인정되는 약품과 물건을 총리령으로 정하는 바에 따른 수거. 이 경우 시험용으로 필요한 최소 분량으로 한정한다.(2018.3.13 전단개정)
② 식품의약품안전처장은 통합정보센터의 감독에 필요하다고 인정하는 경우에는 통합정보센터의 장에게 그 업무 및 재산에 관한 보고 또는 자료의 제출을 명하거나 소속 공무원으로 하여금 현장 출입 또는 서류검사를 하게 하는 등 필요한 조치를 할 수 있다.(2015.5.18 본항신설)
③ 제1항 또는 제2항에 따라 출입·검사 또는 수거하는 공무원은 그 권한을 표시하는 증표를 지니고 이를 관계인에게 보여주어야 한다.(2015.5.18 본항개정)

제42조【폐기 명령 등】 ① 식품의약품안전처장, 시·도지사 또는 시장·군수·구청장은 제12조에 따라 보고된 마약류나 제13조에 따른 승인을 받지 못한 마약류 및 제16조, 제17조, 제18조, 제21조 또는 제24조를 위반하여 제조·판매·저장 또는 수입한 향정신성의약품이나 불량한 향정신성의약품 등을 공중위생상의 위해의 발생을 방지할 수 있는 방법으로 폐기하거나 필요한 조치를 마약류취급자 및 마약류취급승인자에게 명할 수 있다.(2013.7.30 본항개정)
② 식품의약품안전처장, 시·도지사 또는 시장·군수·구청장은 다음 각 호의 어느 하나에 해당하는 경우에는 관계 공무원으로 하여금 해당 물품을 폐기 또는 압류하거나 그 밖에 필요한 조치를 하게 할 수 있다.(2013.3.23 본문개정)
1. 제1항에 따른 명령을 받은 자가 그 명령을 이행하지 아니한 경우
2. 대마재배자가 제36조제2항에 따른 폐기를 하지 아니한 경우
3. 제3조제4호를 위반하여 원료물질이 제조, 수출입, 매매, 매매의 알선, 수수, 소지, 소유 또는 사용되거나 그러한 목적으로 저장된 원료물질이 발견된 경우

제43조【업무 보고 등】 식품의약품안전처장, 시·도지사 또는 시장·군수·구청장은 마약류취급자, 마약류취급승인자 및 원료물질취급자에 대하여 그 업무에 관하여 필요한 사항을 보고하게 하거나, 관계 장부·서류나 그 밖의 물건을 제출할 것을 명할 수 있다.(2013.7.30 본조개정)

제44조【허가 등의 취소와 업무정지】 ① 마약류취급자, 마약류취급승인자 또는 원료물질수출입업자등이 다음 각 호의 어느 하나에 해당하는 경우에는 해당 허가관청은 이 법에 따른 허가(품목허가를 포함한다), 지정 또는 승인을 취소하거나 1년의 범위에서 그 업무 또는 마약류 및 원료물질 취급의 전부 또는 일부의 정지를 명할 수 있다. 다만, 국민보건에 위해를 끼쳤거나 끼칠 우려가 있는 마약, 향정신성의약품 또는 한외마약의 경우에는 그 취급자에게 책임질 사유가 없고 그 약품의 성분·처방 등을 변경함으로써 그 허가 목적을 달성할 수 있다고 인정되는 경우에는 그 변경만을 명할 수 있다.(2019.12.3 본문개정)
1. 업무 또는 마약류 및 원료물질 취급의 전부 또는 일부의 정지를 명하는 경우(2013.7.30 본문개정)
가. 제5조제1항 및 제2항에 따른 마약류 취급 제한 규정을 위반한 경우
나. 제5조제3항의 조치를 위반한 때
다. 제6조제1항 각 호 외의 부분 후단 및 같은 조 제2항 후단에 따른 변경허가 또는 변경지정을 받지 아니한 경우
라. 제6조의2제1항 후단에 따른 변경허가를 받지 아니한 경우
마. 제7조제2항에 따른 허가증 또는 지정서를 재발급받지 아니한 경우
바. 제9조제2항 및 제3항을 위반하여 마약류를 양도한 경우
사.~아. (2015.5.18 삭제)
자. 제11조를 위반하여 보고하지 아니하거나 거짓으로 보고한 경우(2015.5.18 본목개정)
차. 제12조를 위반하여 보고하지 아니하거나 사고 마약류 등을 폐기한 경우
카. 제14조를 위반하여 마약류를 광고한 경우
타. 제15조를 위반하여 마약류를 저장한 경우
파. 제16조를 위반하여 마약류를 봉함하지 아니하거나 봉함하지 아니한 마약류를 수수한 경우
하. 제17조를 위반하여 기재를 하지 아니하거나 거짓으로 기재한 경우
거. (2015.5.18 삭제)
너. 제20조·제22조 및 제26조를 위반하여 판매한 경우
더. 제32조를 위반하여 처방전에 따르지 아니하고 투약 등을 하거나 처방전을 거짓으로 기재한 경우 및 처방전을 작성·비치·보존하지 아니한 경우
러. 제33조를 위반하여 마약류관리자를 두지 아니한 경우
머. 제35조제2항부터 제4항까지의 규정을 위반하여 기록·보존을 하지 아니하거나 거짓으로 기록한 경우
버. 대마재배자가 정당한 사유 없이 2년간 계속하여 대마초를 재배하지 아니한 경우
서. 제38조에 따른 마약류취급자의 관리의무를 위반한 경우
어. 제41조에 따른 관계 공무원의 검사·질문·수거를 거부·방해하거나 기피한 경우
저. 제50조를 위반하여 마약류취급자 또는 원료물질수출입업자등이 교육을 받지 아니한 경우

차. 제51조제1항을 위반하여 원료물질의 수출입 승인을 받지 아니하고 수출입한 경우나 승인받은 내용과 다르게 수출입한 경우
카. 제51조제2항을 위반하여 원료물질의 제조, 수출입, 수수 또는 매매에 대한 기록을 작성·보존하지 아니하거나 거짓으로 기록한 경우
타. 제51조제2항에 따른 원료물질의 수출입, 수수 또는 매매에 대한 기록 작성의 의무를 회피할 목적으로 소량으로 나누어 원료물질을 거래한 경우
파. 제51조제3항에 따른 신고를 하지 아니한 경우
(2013.7.30 차목~파목신설)
하. 제18조제2항제2호에 따른 수출입 승인 또는 변경승인을 받지 아니한 경우(2014.3.18 본목신설)
2. 허가(품목허가를 포함한다), 지정 또는 승인을 취소하는 경우(2021.8.17 본문개정)
가. 제6조제3항 각 호의 결격사유에 해당한 경우
나. 제18조제2항제1호·제21조제2항 및 제24조제2항에 따른 허가 또는 변경허가를 받지 아니한 경우(2014.3.18 본목개정)
다. 제1호가목·파목·어목 또는 제9조제2항을 2회 이상 위반한 경우
라. 제1호자목·차목·러목·허목 또는 제9조제3항을 3회 이상 위반한 경우(2014.3.18 본목개정)
마. 마약의 유효성분 함량이나 제제할 때 발생하는 마약의 손실률(損失率) 등에 대하여 총리령으로 정하는 기준을 3회 이상 위반한 경우(2013.3.23 본목개정)
바. 마약류취급자가 제6조제1항 또는 제2항에 따른 마약류취급자가 되기 위하여 필요한 약사 등의 자격을 상실하거나 「약사법」에 따른 의약품제조업, 의약품 도매상 등의 허가가 취소 등이 된 경우(2018.12.11 본목신설)
사. 원료물질수출입업자등이 「부가가치세법」 제8조에 따라 관할 세무서장에게 폐업신고를 하거나 관할 세무서장이 사업자등록을 말소한 경우(2018.12.11 본목신설)
아. 거짓이나 그 밖의 부정한 방법으로 제3조제2호부터 제7호까지의 규정, 제4조제2항제7호 또는 같은 조 제3항에 따른 승인을 받은 경우(2021.8.17 본목신설)
자. 거짓이나 그 밖의 부정한 방법으로 제6조제1항 또는 제6조의2제1항에 따른 허가 또는 변경허가를 받은 경우(2021.8.17 본목신설)
차. 거짓이나 그 밖의 부정한 방법으로 제18조제2항제1호, 제21조제2항 또는 제24조제2항에 따른 허가 또는 변경허가를 받은 경우(2021.8.17 본목신설)
카. 업무정지기간 중에 업무를 한 경우(2024.2.6 본목신설)
② 제1항에 따른 행정처분의 기준은 총리령으로 정한다.
(2013.3.23 본항개정)
③ 식품의약품안전처장은 제1항제2호사목의 사유로 허가를 취소하기 위하여 필요한 경우에는 관할 세무서장에게 원료물질수출입업자등의 폐업 여부에 대한 정보의 제공을 요청할 수 있다. 이 경우 요청을 받은 관할 세무서장은 특별한 사유가 없으면 「전자정부법」 제36조제1항에 따라 영업자의 폐업 여부에 대한 정보를 제공하여야 한다.(2018.12.11 본항신설)
④ 허가관청은 마약류취급의료업자 및 마약류소매업자에 대하여 제1항에 따른 처분을 한 경우에는 그 사실을 「국민건강보험법」에 따른 건강보험심사평가원과 국민건강보험공단에 알려야 한다.(2024.2.6 본항신설)

제44조의2【위반사항의 통보】 ① 수사기관의 장은 다음 각 호의 영업소를 운영하는 자(실질적 운영자를 포함한다)가 그 영업소 운영과 관련하여 제3조제11호를 위반(교사와 방조를 포함한다)한 경우에 해당 영업의 허가, 신고 또는 등록을 관할하는 특별자치시장·시장·군수 또는 구청장에게 통보하여야 한다.
1. 「식품위생법」 제36조제1항제3호에 따른 식품접객업 중 주류를 조리·판매하는 영업으로서 대통령령으로 정하는 영업
2. 「공중위생관리법」 제2조제1항제2호에 따른 숙박업
3. 「음악산업진흥에 관한 법률」 제2조제13호에 따른 노래연습장업
② 제1항에 따른 통보 절차 등에 필요한 사항은 총리령으로 정한다.
(2024.2.6 본조신설)

제45조【청문】 허가관청은 제44조제1항에 따라 마약류취급자 또는 원료물질수출입업자등의 허가 또는 지정을 취소하려면 청문을 하여야 한다.

제46조【과징금처분】 ① 허가관청은 마약류취급자 또는 원료물질수출입업자등에 대하여 제44조제1항에 따른 업무정지처분을 하게 되는 경우에는 대통령령으로 정하는 바에 따라 업무정지처분을 갈음하여 2억원 이하의 과징금을 부과할 수 있다. 이 경우 과징금 부과는 업무정지처분으로 인하여 국민보건에 큰 위해를 가져오거나 가져올 우려가 있는 경우로 한정하며, 3회를 초과하여 부과할 수 없다.
(2018.12.11 전단개정)
② 제1항에 따른 과징금을 부과하는 위반행위의 종류, 위반정도 등에 따른 과징금의 금액과 그 밖에 필요한 사항은 대통령령으로 정한다.
③ 허가관청은 제1항에 따른 과징금을 부과하기 위하여 필요한 경우에는 다음 각 호의 사항을 적은 문서로 관할 세무관서의 장에게 과세 정보의 제공을 요청할 수 있다.
(2016.2.3 본문개정)
1. 납세자의 인적사항
2. 과세 정보의 사용 목적
3. 과징금 부과기준이 되는 매출금액
(2016.2.3 1호~3호신설)
④ 허가관청은 제1항에 따른 과징금을 기한까지 내지 아니하면 대통령령으로 정하는 바에 따라 제1항에 따른 과징금 부과처분을 취소하고 제44조제1항에 따른 업무정지처분을 하거나 국세 체납처분의 예 또는 「지방행정제재·부과금의 징수 등에 관한 법률」에 따라 징수한다. 다만, 폐업 등으로 제44조제1항에 따른 업무정지처분을 할 수 없는 경우에는 국세 체납처분의 예 또는 「지방행정제재·부과금의 징수 등에 관한 법률」에 따라 징수한다.(2020.3.24 본항개정)
⑤ 허가관청은 제4항에 따라 체납된 과징금의 징수를 위하여 필요한 경우에는 다음 각 호의 어느 하나에 해당하는 자료의 제공을 해당 각 호의 자에게 각각 요청할 수 있다. 이 경우 요청을 받은 자는 정당한 사유가 없으면 이에 따라야 한다.
1. 「건축법」 제38조에 따른 건축물대장 등본 : 특별자치시장·특별자치도지사·시장(「제주특별자치도 설치 및 국제자유도시 조성을 위한 특별법」에 따른 행정시장을 제외한다)·군수 또는 구청장(2022.6.10 본호개정)
2. 「공간정보의 구축 및 관리 등에 관한 법률」 제71조에 따른 토지대장 등본 : 국토교통부장관
3. 「자동차관리법」 제7조에 따른 자동차등록원부 등본 : 시·도지사
(2016.2.3 본항신설)

제47조【부정 마약류의 처분】 식품의약품안전처장은 이 법이나 그 밖의 마약류에 관한 법령을 위반하여 소지, 소유, 사용, 관리, 재배, 수출입, 제조, 매매, 매매의 알선, 수수, 투약 또는 투약하기 위하여 제공하거나 조제 또는 연구에 사용하는 마약류, 예고임시마약류 및 임시마약류에 대하여는 압류나 그 밖에 필요한 처분을 할 수 있다.(2018.3.13 본조개정)

제48조【마약류 감시원】 ① 제41조제1항 및 제42조제2항에 따른 관계 공무원의 직무와 그 밖에 마약류와 원료물질에 관한 감시 업무를 하게 하기 위하여 식품의약품안전처와 그 소속 기관, 특별시·광역시·특별자치시·도·특별자치도 및 시·군·구(자치구만 해당한다. 이하 같다)에 마약류 감시원을 둔다.(2016.2.3 본항개정)
② 마약류 감시원의 자격, 직무 범위, 그 밖에 필요한 사항은 대통령령으로 정한다.

제49조 (2023.8.16 삭제)

제50조【마약류취급자와 원료물질수출입업자등의 교육】 ① 마약류취급자(대마재배자는 제외한다) 또는 원료물질수출입업자등은 식품의약품안전처장 또는 시·도지사가 하는 마약류 또는 원료물질 관리에 관한 교육을 받아야 한다.
② 제1항에 따른 마약류 또는 원료물질 관리에 관한 교육의 방법·횟수 및 내용 등에 필요한 사항은 총리령으로 정한다.
(2013.3.23 본조개정)

제51조【원료물질의 관리】 ① 원료물질을 수출입하는 자는 수출입할 때마다 식품의약품안전처장의 승인을 받아야 한다.(2013.3.23 본항개정)
② 원료물질을 제조하거나 수출입·수수 또는 매매하는 자는 제조, 수출입·수수 또는 매매(이하 이 조에서 "거래"라 한다)에 대한 기록을 작성하고 이를 2년간 보존하여야 한다. 다만, 다음 각 호의 어느 하나에 해당하는 경우는 제외한다.
1. 「약사법」에 따라 제조·거래에 대한 기록을 작성·보존하고 있는 제조·거래의 경우
2. 「화학물질관리법」에 따라 제조·거래에 대한 기록을 작성·보존하고 있는 제조·거래의 경우(2013.6.4 본호개정)
3. 원료물질을 대통령령으로 정하는 농도 이하로 함유하는 원료물질 복합제를 제조·거래하는 경우(2023.8.16 본호개정)
4. 통상적인 사업 수행을 위한 합법적인 거래로서 대통령령으로 정하는 거래의 경우
5. 대통령령으로 정하는 수량 이하로 거래하는 경우
③ 원료물질취급자는 다음 각 호의 어느 하나에 해당하는 경우에는 그 사실을 법무부장관이나 식품의약품안전처장에게 지체 없이 신고하여야 한다.(2013.3.23 본문개정)
1. 원료물질의 구매 목적이 불확실하거나 마약 및 향정신성의약품의 불법 제조에 사용될 우려가 있는 거래의 경우
2. 대통령령으로 정하는 수량 이상의 원료물질의 도난 또는 소재불명, 그 밖의 사고가 발생한 경우
④ 제3항에 따라 법무부장관이나 식품의약품안전처장에게 신고한 원료물질취급자나 신고를 받은 공무원은 그 사항에 대하여 비밀을 유지하여야 한다.(2013.3.23 본항개정)
⑤ 제1항의 승인을 받아야 할 원료물질의 종류와 승인절차에 관하여 필요한 사항은 대통령령으로 정한다.
⑥ 제2항과 제3항에 따른 제조·거래 기록의 작성·보존 및 신고에 필요한 사항은 총리령으로 정한다.(2013.3.23 본항개정)
⑦ 원료물질수출입업자등은 국제협력에 필요한 경우 등 총리령으로 정하는 사유가 있어 식품의약품안전처장이 요구하는 경우에는 제조·거래에 관한 사항을 지체 없이 보고하여야 한다.(2013.3.23 본항개정)

제6장의2 마약류 중독 예방 등
(2023.8.16 본장신설)

제51조의2【마약류 오남용 예방 및 사회재활사업】 ① 식품의약품안전처장은 마약류의 오남용을 예방하고 마약류 중독자의 사회복귀를 지원하기 위하여 다음 각 호의 업무를 수행한다.
1. 마약류 오남용 예방을 위한 교육·상담 및 홍보
2. 마약류 중독자의 사회복귀를 지원하기 위하여 필요한 교육·상담·홍보 등 사업(이하 "사회재활사업" 이라 한다)
3. 사회재활사업 관련 인력의 양성 및 활용
4. 그 밖에 마약류 오남용 예방 및 사회재활사업을 위하여 식품의약품안전처장이 필요하다고 인정하는 업무
② 식품의약품안전처장은 제1항에 따른 마약류 오남용 예방 및 사회재활사업을 위하여 불가피한 경우에는 관계 기관 및 단체의 장 등에게 다음 각 호의 자료 또는 정보의 제공을 요청할 수 있고, 제공받은 자료 또는 정보를 처리(「개인정보 보호법」 제2조제2호의 처리를 말한다)할 수 있다.
1. 주민등록번호, 여권번호 또는 외국인등록번호
2. 「형의 실효 등에 관한 법률」 제2조제5호에 따른 범죄경력자료로서 이 법에 관한 정보
3. 제40조에 따른 치료보호기관의 치료보호 관련 정보로서 건강에 관한 정보
4. 제40조의2에 따른 수강명령 또는 이수명령의 이행실적
5. 이 법을 위반하여 「형사소송법」 제247조에 따라 검사의 조건부 기소유예 처분을 받은 사람의 교육 이수실적
③ 제2항 각 호의 자료 또는 정보의 제공을 요청받은 관계 기관 및 단체의 장은 특별한 사유가 없으면 그 요청에 따라야 한다.
④ 제1항에 따른 인력의 양성·활용과 사회재활사업, 제2항에 따른 자료 또는 정보의 제공요청 및 처리 등에 필요한 사항은 대통령령으로 정한다.
⑤ 식품의약품안전처장은 제1항과 제2항에 따른 업무의 전부 또는 일부를 대통령령으로 정하는 관계 기관 또는 단체에 위탁하고 이에 필요한 재정적 지원을 할 수 있다.

제51조의3【마약퇴치의 날】 ① 마약류 등의 오남용에 대한 사회적 경각심을 높이고 마약류에 관한 범죄를 예방하기 위하여 매년 6월 26일을 마약퇴치의 날로 정한다.
② 국가와 지방자치단체는 마약퇴치의 날의 취지에 적합한 행사와 교육·홍보사업을 실시할 수 있다.
③ 제2항에 따른 마약퇴치의 날 행사 및 교육·홍보사업에 필요한 사항은 대통령령으로 정한다.

제51조의4【실태조사】 ① 보건복지부장관과 식품의약품안전처장은 이 법의 적절한 시행을 위하여 마약류 사용·중독·확산 및 예방·치료·재활·시설 현황 등에 대한 실태조사를 3년마다 실시하여야 한다.
② 제1항에 따른 조사의 방법과 내용 등에 관한 사항은 보건복지부령 또는 총리령으로 정한다.

제51조의5【마약류 명예지도원】 ① 마약류의 오용·남용을 방지하고 홍보·계몽 등을 하기 위하여 식품의약품안전처, 특별시·광역시·특별자치시·도·특별자치도 및 시·군·구에 마약류 명예지도원을 둘 수 있다.
② 마약류 명예지도원의 자격, 업무 범위, 그 밖에 필요한 사항은 대통령령으로 정한다.

제51조의6【한국마약퇴치운동본부의 설립】 ① 마약류에 대한 다음 각 호의 사업을 수행하기 위하여 한국마약퇴치운동본부를 둔다.
1. 마약류의 폐해에 대한 대국민 홍보·계몽 및 교육 사업
2. 마약류 중독자의 사회복귀를 위한 사회복지 사업
3. 마약류 관련 예방교육을 위한 자료의 개발 및 보급
4. 마약류 중독자 재활 및 예방 관련 전문인력의 양성 지원
5. 그 밖에 식품의약품안전처장이 필요하다고 인정하는 불법 마약류 및 약물 오용·남용 퇴치와 관련된 사업
② 한국마약퇴치운동본부는 법인으로 한다.
③ 한국마약퇴치운동본부는 정관으로 정하는 바에 따라 필요한 곳에 지부를 둘 수 있다.
④ 한국마약퇴치운동본부에 관하여 이 법에서 규정한 것을 제외하고는 「민법」 중 재단법인에 관한 규정을 준용한다.
⑤ 식품의약품안전처장과 지방자치단체의 장은 예산의 범위에서 한국마약퇴치운동본부에 대하여 운영과 제1항에 따른 사업에 필요한 경비를 지원할 수 있다.
⑥ 한국마약퇴치운동본부의 운영 등에 필요한 사항은 대통령령으로 정한다.

제51조의7【하수역학 마약류 사용 행태조사】 ① 식품의약품안전처장은 「하수도법」 제2조제9호에 따른 공공하수처리시설 등에서 하수를 채집하여 마약류 사용 행태를 추정·분석하기 위한 조사(이하 "하수역학 마약류 사용 행태조사"라 한다)를 매년 실시한다.
② 식품의약품안전처장은 하수역학 마약류 사용 행태조사를 하는 경우 지방자치단체의 장에게 필요한 자료의 제출을 요청할 수 있다. 이 경우 요청을 받은 지방자치단체의 장은 특별한 사유가 없으면 이에 따라야 한다.
③ 하수역학 마약류 사용 행태조사의 내용 및 방법 등에 필요한 사항은 대통령령으로 정한다.
(2024.2.6 본조신설)

제51조의8【벌칙 적용에서 공무원 의제】 제51조의6제1항에 따른 한국마약퇴치운동본부 임직원 중 공무원이 아닌 사람은 「형법」 제127조 및 제129조부터 제132조까지를 적용할 때에는 공무원으로 본다.

제7장 보 칙

(2023.8.16 본장제목신설)

제52조【마약류 관계 자료의 수집】 보건복지부장관과 식품의약품안전처장은 정부 각 기관으로부터 이 법이나 그 밖의 마약류 관계 법령의 시행에 관한 사항을 수집하며, 마약류에 대하여 필요한 사항에 관하여 그 자료의 제출을 요구할 수 있다.(2013.3.23 본조개정)

제52조의2【유해성 평가】 식품의약품안전처장은 마약류의 적정한 지정을 위하여 임시마약류 및 그 밖에 이에 준하는 것으로서 대통령령으로 정하는 물질에 대하여 신체적 또는 정신적 의존성, 독성 등 유해성 평가를 하여야 한다.
(2018.12.11 본조신설)

제52조의3【국제협력】 식품의약품안전처장은 마약류 · 원료물질의 안전관리, 오남용 예방 및 사회재활사업을 위하여 국제기구 및 국외 관계기관 등과 정보교환 등 국제협력에 노력하여야 한다.(2023.8.16 본조개정)

제53조【몰수 마약류의 처분방법 등】 ① 이 법이나 그 밖의 법령에서 정하는 바에 따라 몰수된 마약류는 시 · 도지사에게 인계하여야 한다.
② 시 · 도지사는 제1항의 마약류를 인수하였을 때에는 이를 폐기하거나 그 밖에 필요한 처분을 하여야 한다.
③ 제2항의 처분에 필요한 사항은 대통령령으로 정한다.

제53조의2【가정 내 의료용 마약류 수거 · 폐기 사업 실시 등】 ① 식품의약품안전처장 또는 시 · 도지사는 가정 내 의료용 마약류의 오남용을 예방하기 위하여 가정에서 사용하고 남은 의료용 마약류의 수거 · 폐기를 위한 사업을 실시할 수 있다.
② 식품의약품안전처장은 제1항에 따른 사업에 참여하는 개인 · 기관 · 단체 또는 법인 등에 예산의 범위에서 사업 수행에 필요한 비용을 지원할 수 있다.
③ 제1항에 따른 사업에 참여하는 개인 · 기관 · 단체 또는 법인의 선정 기준 · 절차, 사업 수행 방법, 비용 지원 등에 관하여 필요한 사항은 대통령령으로 정한다.
(2018.12.11 본조신설)

제54조【보상금】 이 법이나 그 밖의 법령에서 규정하는 마약류에 관한 범죄가 발각되기 전에 그 범죄를 수사기관에 신고 또는 고발하거나 검거한 사람에게는 대통령령으로 정하는 바에 따라 보상금을 지급한다. 다만, 공무원이 그 직무와 관련하여 신고 또는 고발하거나 검거한 경우에는 보상금을 지급하지 아니한다.(2022.6.10 단서신설)

제55조【수수료】 다음 각 호의 어느 하나에 해당하는 자는 총리령으로 정하는 바에 따라 수수료를 내야 한다.(2013.3.23 본문개정)
1. 이 법에 따른 허가 또는 지정을 받으려는 자
2. 이 법에 따른 허가 또는 지정 사항을 변경하려는 자
3. 이 법에 따른 허가증 또는 지정서를 재발급받으려는 자

제56조【권한의 위임】 이 법에 따른 식품의약품안전처장의 권한은 대통령령으로 정하는 바에 따라 그 일부를 소속기관의 장 또는 시 · 도지사에게 위임할 수 있으며, 이 법에 따른 시 · 도지사의 권한은 대통령령으로 정하는 바에 따라 그 일부를 시장 · 군수 · 구청장에게 위임할 수 있다.
(2013.3.23 본조개정)

제56조의2【군수용 마약류의 취급에 관한 특례】 ① 이 법의 규정에도 불구하고 군수용 마약류의 소지 · 관리, 조제 · 투약 · 수수, 학술연구를 위한 사용 또는 마약류를 기재한 처방전의 발급에 관하여는 이를 국방부장관 소관으로 한다.
② 제1항에 따른 군수용 마약류의 취급에 필요한 사항은 국방부령으로 정한다.

제57조【다른 법률의 적용】 마약 및 향정신성의약품의 제조 · 관리 등에 관하여 이 법에 규정된 것을 제외하고는 「약사법」을 적용한다.

제57조의2【적용의 일부 제외】 다음 각 호의 어느 하나에 해당하는 마약류취급승인자에 관하여는 제11조, 제15조 및 제44조를 적용하지 아니한다.
1. 자가치료를 목적으로 마약 또는 향정신성의약품을 휴대하고 출입국하기 위하여 승인을 받은 경우
2. 「약사법」 제91조에 따른 한국희귀 · 필수의약품센터를 통하여 수입된 마약류를 취급하기 위하여 승인받은 경우
(2019.12.3 본조신설)

제8장 벌 칙

(2011.6.7 본장개정)

제58조【벌칙】 ① 다음 각 호의 어느 하나에 해당하는 자는 무기 또는 5년 이상의 징역에 처한다.
1. 제3조제2호 · 제3호, 제4조제1항, 제18조제1항 또는 제21조제1항을 위반하여 마약을 수출입 · 제조 · 매매하거나 매매를 알선한 자 또는 그러할 목적으로 소지 · 소유한 자
(2018.3.13 본호개정)
2. 제3조제4호를 위반하여 마약 또는 향정신성의약품을 제조할 목적으로 그 원료가 되는 물질을 제조 · 수출입하거나 그러할 목적으로 소지 · 소유한 자
3. 제3조제5호를 위반하여 제2조제3호가목에 해당하는 향정신성의약품 또는 그 물질을 함유하는 향정신성의약품을 제조 · 수출입 · 매매 · 매매의 알선 또는 수수하거나 그러할 목적으로 소지 · 소유한 자
4. 제3조제6호를 위반하여 제2조제3호가목에 해당하는 향정신성의약품의 원료가 되는 식물 또는 버섯류에서 그 성분을 추출한 자 또는 그 식물 또는 버섯류를 수출입하거나 수출입할 목적으로 소지 · 소유한 자(2016.2.3 본호개정)
5. 제3조제7호를 위반하여 대마를 수입하거나 수출한 자 또는 그러할 목적으로 대마를 소지 · 소유한 자
6. 제4조제1항을 위반하여 제2조제3호나목에 해당하는 향정신성의약품 또는 그 물질을 함유하는 향정신성의약품을 제조 또는 수출입하거나 그러할 목적으로 소지 · 소유한 자
7. 제4조제1항 또는 제5조의2제5항을 위반하여 미성년자에게 마약을 수수 · 조제 · 투약 · 제공한 자 또는 향정신성의약품이나 임시마약류를 매매 · 수수 · 조제 · 투약 · 제공한 자(2018.3.13 본호개정)
8. 1군 임시마약류에 대하여 제5조의2제5항제1호 또는 제2호를 위반한 자(2018.3.13 본호신설)
② 영리를 목적으로 하거나 상습적으로 제1항의 행위를 한 자는 사형 · 무기 또는 10년 이상의 징역에 처한다.
③ 제1항과 제2항에 규정된 죄의 미수범은 처벌한다.
④ 제1항(제7호는 제외한다) 및 제2항에 규정된 죄를 범할 목적으로 예비(豫備) 또는 음모한 자는 10년 이하의 징역에 처한다.

제58조의2【벌칙】 ① 제3조제10호 또는 제4조제1항을 위반하여 미성년자에게 대마를 수수 · 제공하거나 대마 또는 대마초 종자의 껍질을 흡연 또는 섭취하게 한 자는 2년 이상의 유기징역에 처한다.
② 상습적으로 제1항의 죄를 범한 자는 3년 이상의 유기징역에 처한다.
③ 제1항 및 제2항에 규정된 죄의 미수범은 처벌한다.
(2023.3.28 본조신설)

제59조【벌칙】 ① 다음 각 호의 어느 하나에 해당하는 자는 1년 이상의 유기징역에 처한다.
1. 제3조제2호를 위반하여 수출입 · 매매 또는 제조할 목적으로 마약의 원료가 되는 식물을 재배하거나 그 성분을 함유하는 원료 · 종자 · 종묘를 소지 · 소유한 자
2. 제3조제2호를 위반하여 마약의 성분을 함유하는 원료 · 종자 · 종묘를 관리 · 수수하거나 그 성분을 추출하는 행위를 한 자

3. 제3조제3호를 위반하여 헤로인이나 그 염류 또는 이를 함유하는 것을 소지·소유·관리·수수·운반·사용 또는 투약하거나 투약하기 위하여 제공하는 행위를 한 자
4. 제3조제4호를 위반하여 마약 또는 향정신성의약품을 제조할 목적으로 그 원료가 되는 물질을 매매하거나 매매를 알선하거나 수수한 자 또는 그러할 목적으로 소지·소유 또는 사용한 자
5. 제3조제5호를 위반하여 제2조제3호가목에 해당하는 향정신성의약품 또는 그 물질을 함유하는 향정신성의약품을 소지·소유·사용·관리한 자
6. 제3조제6호를 위반하여 제2조제3호가목에 해당하는 향정신성의약품의 원료가 되는 식물 또는 버섯류를 매매하거나 매매를 알선하거나 수수한 자 또는 그러할 목적으로 소지·소유한 자(2016.2.3 본호개정)
7. 제3조제7호를 위반하여 대마를 제조하거나 매매·매매의 알선을 한 자 또는 그러할 목적으로 대마를 소지·소유한 자(2016.2.3 본호개정)
8. (2023.3.28 삭제)
9. 제4조제1항을 위반하여 마약을 소지·소유·관리 또는 수수하거나 제24조제1항을 위반하여 한외마약을 제조한 자(2018.3.13 본호개정)
10. 제4조제1항을 위반하여 제2조제3호다목에 해당하는 향정신성의약품 또는 그 물질을 함유하는 향정신성의약품을 제조 또는 수출입하거나 그러할 목적으로 소지·소유한 자
11. 제4조제1항을 위반하여 대마의 수출·매매 또는 제조할 목적으로 대마초를 재배한 자(2018.3.13 본호개정)
12. 제4조제3항을 위반하여 마약류(대마는 제외한다)를 취급한 자
13. 1군 임시마약류에 대하여 제5조의2제5항제3호를 위반한 자(2018.3.13 본호신설)
14. 제18조제1항·제21조제1항 또는 제24조제1항을 위반하여 향정신성의약품을 수출입 또는 제조하거나 의약품을 제조한 자
② 상습적으로 제1항의 죄를 범한 자는 3년 이상의 유기징역에 처한다.
③ 제1항(제5호 및 제13호는 제외한다) 및 제2항에 규정된 죄의 미수범은 처벌한다.(2018.3.13 본항개정)
④ 제1항제7호의 죄를 범할 목적으로 예비 또는 음모한 자는 10년 이하의 징역에 처한다.

제60조【벌칙】 ① 다음 각 호의 어느 하나에 해당하는 자는 10년 이하의 징역 또는 1억원 이하의 벌금에 처한다.
1. 제3조제1호를 위반하여 마약 또는 제2조제3호가목에 해당하는 향정신성의약품을 사용하거나 제3조제11호를 위반하여 마약 또는 제2조제3호가목에 해당하는 향정신성의약품과 관련된 금지된 행위를 하기 위한 장소·시설·장비·자금 또는 운반 수단을 타인에게 제공한 자
2. 제4조제1항을 위반하여 제2조제3호나목 및 다목에 해당하는 향정신성의약품 또는 그 물질을 함유하는 향정신성의약품을 매매, 매매의 알선, 수수, 소지, 소유, 사용, 관리, 조제, 투약, 제공한 자 또는 향정신성의약품을 기재한 처방전을 발급한 자
3. 제4조제1항을 위반하여 제2조제3호라목에 해당하는 향정신성의약품 또는 그 물질을 함유하는 향정신성의약품을 제조 또는 수출입하거나 그러할 목적으로 소지·소유한 자
4. 제5조제1항·제2항, 제9조제1항, 제28조제1항, 제30조제1항·제2항, 제35조제1항 또는 제39조를 위반하여 마약을 취급하거나 그 처방전을 발급한 자(2024.2.6 본호개정)
5. 1군 임시마약류에 대하여 제5조의2제5항제4호를 위반한 자(2018.3.13 본호신설)
6. 2군 임시마약류에 대하여 제5조의2제5항제1호를 위반한 자(2018.3.13 본호신설)
② 상습적으로 제1항의 죄를 범한 자는 그 죄에 대하여 정하는 형의 2분의 1까지 가중(加重)한다.
③ 제1항과 제2항에 규정된 죄의 미수범은 처벌한다.

제61조【벌칙】 ① 다음 각 호의 어느 하나에 해당하는 자는 5년 이하의 징역 또는 5천만원 이하의 벌금에 처한다.
1. 제3조제1호를 위반하여 향정신성의약품(제2조제3호가목에 해당하는 향정신성의약품은 제외한다) 또는 대마를 사용하거나 제3조제11호를 위반하여 향정신성의약품(제2조제3호가목에 해당하는 향정신성의약품은 제외한다) 및 대마와 관련된 금지된 행위를 하기 위한 장소·시설·장비·자금 또는 운반 수단을 타인에게 제공한 자
2. 제3조제2호를 위반하여 마약의 원료가 되는 식물을 재배하거나 그 성분을 함유하는 원료·종자·종묘를 소지·소유한 자
2의2. 거짓이나 그 밖의 부정한 방법으로 제3조제2호부터 제7호까지의 규정, 제4조제2항제7호 또는 같은 조 제3항에 따른 승인을 받은 자(2021.8.17 본호신설)
3. 제3조제6호를 위반하여 제2조제3호가목에 해당하는 향정신성의약품의 원료가 되는 식물 또는 버섯류를 흡연·섭취하거나 그러할 목적으로 소지·소유한 자 또는 다른 사람에게 흡연·섭취하게 할 목적으로 소지·소유한 자(2016.2.3 본호개정)
4. 제3조제10호를 위반하여 다음 각 목의 어느 하나에 해당하는 행위를 한 자
   가. 대마 또는 대마초 종자의 껍질을 흡연하거나 섭취한 자
   나. 가목의 행위를 할 목적으로 대마, 대마초 종자 또는 대마초 종자의 껍질을 소지하고 있는 자
   다. 가목 또는 나목의 행위를 하려 한다는 정을 알면서 대마초 종자나 대마초 종자의 껍질을 매매하거나 매매를 알선한 자
5. 제4조제1항을 위반하여 제2조제3호라목에 해당하는 향정신성의약품 또는 그 물질을 함유하는 향정신성의약품을 매매, 매매의 알선, 수수, 소지, 소유, 사용, 관리, 조제, 투약, 제공한 자 또는 향정신성의약품을 기재한 처방전을 발급한 자
6. 제4조제1항을 위반하여 대마를 재배·소지·소유·수수·운반·보관하거나 이를 사용한 자(2018.3.13 본호개정)
7. 제5조제1항·제2항, 제9조제1항 또는 제35조제1항을 위반하여 향정신성의약품, 대마 또는 임시마약류를 취급하거나 그 처방전을 발급한 자(2024.2.6 본호개정)
8. 2군 임시마약류에 대하여 제5조의2제5항제2호부터 제4호까지의 규정을 위반한 자(2018.3.13 본호신설)
8의2. 거짓이나 그 밖의 부정한 방법으로 제6조제1항, 제6조의2제1항, 제18조제2항제1호, 제21조제2항 또는 제24조제2항에 따른 허가 또는 변경허가를 받은 자(2021.8.17 본호신설)
9. 제6조의2를 위반하여 원료물질을 수출입하거나 제조한 자
10. 제11조의6제1호를 위반하여 마약류 통합정보에 포함된 개인정보를 업무상 목적 외의 용도로 이용하거나 제3자에게 제공한 자(2019.12.3 본호신설)
10의2. 제18조제2항제1호를 위반하여 마약 또는 향정신성의약품을 수출입한 자(2021.8.17 본호신설)
10의3. 제21조제2항을 위반하여 마약 또는 향정신성의약품을 제조한 자(2021.8.17 본호신설)
10의4. 제24조제2항을 위반하여 마약을 원료로 사용한 한외마약을 제조한 자(2021.8.17 본호신설)
11. 제28조제1항 또는 제30조제1항·제2항을 위반하여 향정신성의약품을 취급하거나 그 처방전을 발급한 자(2024.2.6 본호개정)
12. 제28조제3항을 위반하여 마약 또는 향정신성의약품을 전자거래를 통하여 판매한 자
② 상습적으로 제1항의 죄를 범한 자는 그 죄에 대하여 정하는 형의 2분의 1까지 가중한다.
③ 제1항(제2호·제3호 및 제9호는 제외한다) 및 제2항(제1항제2호·제3호 및 제9호를 위반한 경우는 제외한다)에 규정된 죄의 미수범은 처벌한다.(2018.3.13 본항개정)

제62조【벌칙】 ① 다음 각 호의 어느 하나에 해당하는 자는 3년 이하의 징역 또는 3천만원 이하의 벌금에 처한다.

1. 제8조제1항을 위반하여 마약의 취급에 관한 허가증 또는 지정서를 타인에게 빌려주거나 양도한 자 또는 제9조제2항·제3항, 제18조제2항제2호, 제20조, 제22조제1항, 제26조제1항을 위반하여 마약을 취급한 자(2021.8.17 본호개정)
2. 제9조제2항, 제20조, 제22조제1항, 제26조제1항의 위반행위의 상대방이 되어 마약을 취급한 자
3. 제11조의6제2호를 위반하여 마약류 통합정보 중 개인정보 이외의 정보를 업무상 목적 외의 용도로 이용하거나 제3자에게 제공한 자(2019.12.3 본호신설)
4. 제3조제12호를 위반하여 금지되는 행위에 관한 정보를 타인에게 널리 알리거나 제시한 자(예고임시마약류에 대해서는 제외한다)(2018.3.13 본호개정)

② 상습적으로 제1항의 죄를 범한 자는 그 죄에 대하여 정하는 형의 2분의 1까지 가중한다.

③ 제1항과 제2항에 규정된 죄의 미수범은 처벌한다.

제63조【벌칙】 ① 다음 각 호의 어느 하나에 해당하는 자는 2년 이하의 징역 또는 2천만원 이하의 벌금에 처한다.
1. 제51조제1항부터 제4항까지의 규정을 위반한 자 (2021.8.17 본호개정)
2. 제8조제1항을 위반하여 향정신성의약품의 취급에 관한 허가증 또는 지정서를 타인에게 빌려주거나 양도한 자 또는 제9조제2항·제3항, 제20조·제22조제2항 또는 제28조제2항을 위반하여 향정신성의약품을 취급한 자
3. 제8조제1항을 위반하여 대마의 취급에 관한 허가증을 타인에게 빌려주거나 양도한 자 또는 제9조제2항·제3항을 위반하여 대마를 취급한 자
4. 제9조제2항, 제20조 및 제22조제2항의 위반행위의 상대방이 되어 향정신성의약품을 취급한 자
5. 제9조제2항의 위반행위의 상대방이 되어 대마를 취급한 자
6. 제11조제1항부터 제3항까지 및 제5항, 제16조, 제28조제2항, 제32조제1항 및 제2항, 제33조제1항, 제34조를 위반하여 마약을 취급한 자(2019.12.3 본호개정)
7. 제11조제1항부터 제3항까지 및 제5항의 규정에 따른 보고 또는 변경보고를 거짓으로 하거나 제32조제2항에 따른 처방전에 거짓으로 기재하여 마약을 취급한 자(2019.12.3 본호개정)
8. 제17조를 위반하여 기재하지 아니하거나 거짓으로 기재하여 마약을 취급한 자(2015.5.18 본호개정)

8의2. 제43조에 따른 명령을 위반하여 보고하지 아니하거나 거짓된 보고를 하여 마약을 취급한 자(2015.5.18 본호신설)

9. 제12조제1항을 위반하여 거짓으로 보고하여 마약을 취급하거나 제12조제2항을 위반하여 마약을 폐기한 자
10. 제13조제1항, 제33조제2항을 위반하여 마약을 취급한 자 (제69조제1항제8호에 해당하는 자는 제외한다)

(2015.5.18 9호~10호개정)

11. 제18조제2항제2호를 위반하여 향정신성의약품을 취급한 자(2021.8.17 본호개정)
12. 제40조제1항에 따른 치료보호기관을 정당한 이유 없이 이탈한 자 또는 이탈한 자를 은닉한 자
13. 제40조제7항에 따른 중독 판별검사 또는 치료보호를 정당한 이유 없이 거부·방해 또는 기피한 자(2024.2.6 본호개정)
14. 마약을 취급하는 자로서 정당한 이유 없이 제41조제1항에 따른 출입, 검사, 수거 등을 거부·방해 또는 기피한 자 또는 제47조에 따른 처분을 거부·방해 또는 기피한 자 (2018.3.13 본호개정)
15. 제44조에 따른 업무정지기간에 그 업무를 하여 마약을 취급한 자
16. 제51조제2항에 따른 기록작성의 의무를 회피할 목적으로 소량으로 나누어 원료물질을 거래한 자

② 상습적으로 제1항제2호부터 제5호까지, 제11호·제12호의 죄를 범한 자는 그 죄에 대하여 정하는 형의 2분의 1까지 가중한다.

③ 제1항제2호부터 제5호까지, 제11호·제12호와 제2항에 규정된 죄의 미수범은 처벌한다.

제64조【벌칙】 다음 각 호의 어느 하나에 해당하는 자는 1년 이하의 징역 또는 1천만원 이하의 벌금에 처한다.
1. 제8조제2항·제3항에 따른 신고를 거짓으로 한 자
2. 제11조제1항부터 제3항까지 및 제5항을 위반하여 보고 또는 변경보고를 하지 아니하거나 거짓으로 보고하여 향정신성의약품을 취급한 자(2019.12.3 본호개정)
3. 제12조제1항을 위반하여 거짓으로 보고하여 향정신성의약품을 취급하거나 또는 제17조에 따른 기재를 하지 아니하거나 거짓으로 기재하여 향정신성의약품을 취급한 자 (2015.5.18 본호개정)
4. 제36조 또는 제43조에 따른 명령을 위반하거나 보고 또는 신고를 하지 아니한 자 또는 명령을 위반하거나 거짓된 보고 또는 신고를 하여 대마를 취급한 자
5. 제12조제2항을 위반하여 향정신성의약품을 폐기한 자
6. 제12조제2항을 위반하여 대마를 폐기한 자
7. 제13조제1항을 위반하여 대마를 취급한 자(2015.5.18 본호개정)
8. 제13조제1항, 제16조, 제26조제2항, 제32조제1항 및 제2항, 제33조제2항 또는 제34조를 위반하여 향정신성의약품을 취급한 자(2023.6.13 본호개정)
9. 제13조제1항, 제33조제2항을 위반하여 마약류취급자에게 향정신성의약품을 양도 또는 인계하지 아니한 자 (2015.5.18 본호개정)
10. 제14조를 위반한 자
11. 제15조를 위반하여 마약류(향정신성의약품은 제외한다)를 저장한 자
12. 제26조제2항의 위반행위의 상대방이 되어 향정신성의약품을 취급한 자

12의2. 제32조제2항에 따른 처방전에 거짓으로 기재하여 향정신성의약품을 취급한 자(2023.6.13 본호신설)

13. 제35조제2항 및 제3항을 위반하여 장부를 작성하지 아니하거나 거짓으로 작성하거나 보고한 자(2015.5.18 본호개정)
14. 제36조제2항 또는 제42조제2항을 위반하여 대마를 폐기하지 아니하거나 처분을 거부·방해 또는 기피한 자
15. 제38조제2항을 위반하여 마약류를 판매하거나 사용한 자
16. 향정신성의약품, 예고임시마약류, 임시마약류를 취급하는 자 또는 원료물질취급자로서 정당한 이유 없이 제41조제1항, 제42조, 제43조 또는 제47조에 따른 명령을 위반하거나 거짓된 보고를 하거나 검사·수거·압류 또는 처분을 거부·방해 또는 기피한 자(2018.3.13 본호개정)
17. 대마를 취급하는 자로서 정당한 이유 없이 제41조제1항에 따른 출입·검사 또는 수거를 거부·방해 또는 기피한 자(2018.3.13 본호개정)
18. 제44조에 따른 업무정지기간에 그 업무를 하여 향정신성의약품을 취급한 자
19. 제44조에 따른 업무정지기간에 그 업무를 하여 대마를 취급한 자
20. 제51조제7항에 따른 보고를 거짓으로 한 자

제65조 (2002.12.26 삭제)

제65조의2【벌칙】 제40조의2제2항에 따라 이수명령을 부과받은 사람이 보호관찰소의 장 또는 교정시설의 장의 이수명령 이행에 관한 지시에 불응하여 「보호관찰 등에 관한 법률」 또는 「형의 집행 및 수용자의 처우에 관한 법률」에 따른 경고를 받은 후 재차 정당한 사유 없이 이수명령 이행에 관한 지시에 불응한 경우에는 다음 각 호에 따른다.
1. 징역형 이상의 실형과 병과된 경우에는 1년 이하의 징역 또는 1천만원 이하의 벌금에 처한다.
2. 벌금형과 병과된 경우에는 1천만원 이하의 벌금에 처한다.

(2019.12.3 본조신설)

제66조【자격정지 또는 벌금의 병과】 ① 제58조 및 제59조에서 정한 죄에 대하여는 10년 이하의 자격정지 또는 1억원 이하의 벌금을 병과(倂科)할 수 있다.

② 제60조부터 제64조까지의 규정에서 정한 죄를 범한 자에 대하여는 5년 이하의 자격정지 또는 각 해당 조문의 벌금(징역에 처하는 경우만 해당한다)을 병과할 수 있다.

제67조【몰수】 이 법에 규정된 죄에 제공한 마약류·임시마약류 및 시설·장비·자금 또는 운반 수단과 그로 인한 수익금은 몰수한다. 다만, 이를 몰수할 수 없는 경우에는 그 가액(價額)을 추징한다.

제68조【양벌규정】 법인의 대표자나 법인 또는 개인의 대리인, 사용인, 그 밖의 종업원이 그 법인 또는 개인의 마약류 업무에 관하여 이 법에 규정된 죄를 범하면 그 행위자를 벌하는 외에 그 법인 또는 개인에게도 1억원(대마의 경우에는 5천만원) 이하의 벌금형을 과(科)하되, 제61조부터 제64조까지의 어느 하나에 해당하는 위반행위를 하면 해당 조문의 벌금형을 과한다. 다만, 법인 또는 개인이 그 위반행위를 방지하기 위하여 해당 업무에 관하여 상당한 주의와 감독을 게을리하지 아니한 경우에는 그러하지 아니하다.

제69조【과태료】 ① 다음 각 호의 어느 하나에 해당하는 자에게는 500만원 이하의 과태료를 부과한다.

1. 제8조제2항 및 제3항에 따른 신고를 하지 아니한 자
2. (2015.5.18 삭제)
3. 제11조제1항부터 제3항까지 및 제5항을 위반하여 마약류취급의료업자, 마약류관리자, 마약류소매업자가 의료행위 또는 동물 진료나 조제를 목적으로 가지고 있는 향정신성의약품이 보고된 재고량과 차이가 있는 경우(2019.12.3 본호개정)
4. (2015.5.18 삭제)
5. 제12조제1항, 제35조제2항 또는 제51조제7항에 따른 보고를 하지 아니한 자(2015.5.18 본호개정)
6. 제15조를 위반하여 향정신성의약품을 저장한 자

6의2. 제30조제3항을 위반하여 투약내역을 확인하지 아니한 마약류취급의료업자(2024.2.6 본호개정)

7. 제32조제3항을 위반하여 기록을 보존하지 아니한 자
8. 제33조제2항을 위반하여 마약류 인계 후 그 이유를 해당 관청에 신고하지 아니한 자
9. 제35조제4항을 위반하여 장부를 보존하지 아니한 자
10. 예고임시마약류에 대하여 제5조의2제5항을 위반한 자(2018.3.13 본호신설)

② 제1항에 따른 과태료는 위반행위의 종류 및 그 정도 등을 고려하여 대통령령으로 정하는 바에 따라 식품의약품안전처장, 시·도지사, 시장·군수·구청장이 부과·징수한다.(2013.3.23 본항개정)

부 칙

제1조【시행일】 이 법은 2000년 7월 1일부터 시행한다.

제2조【폐지법률】 마약법·향정신성의약품관리법 및 대마관리법은 이를 각각 폐지한다.

제3조【면허·허가·지정·승인 등에 관한 경과조치】 ① 이 법 시행당시 부칙 제2조의 규정에 의하여 폐지되는 마약법·향정신성의약품관리법 또는 대마관리법(이하 "종전법률"이라 한다)의 규정에 의하여 마약수입업자 또는 향정신성의약품수출입업자로 면허 또는 허가를 받은 자는 제6조제1항제1호의 규정에 의한 마약류수출입업자로, 마약제조업자·마약제제업자·마약소분업자 또는 향정신성의약품제조업자로 면허 또는 허가를 받은 자는 제6조제1항제2호의 규정에 의한 마약류제조업자로, 한외마약제제업자 또는 향정신성의약품원료사용자로 면허 또는 허가를 받은 자는 제6조제1항제2호의 규정에 의한 마약류원료사용자로, 마약도매업자 또는 향정신성의약품도매업자로 면허 또는 지정을 받은 자는 제6조제1항제3호의 규정에 의한 마약류도매업자로, 마약취급학술연구자·향정신성의약품학술연구자 또는 대마연구자로 면허 또는 허가를 받은 자는 제6조제1항제4호의 규정에 의한 마약류취급학술연구자로, 대마재배자로 허가를 받은 자는 제6조제1항제5호의 규정에 의한 대마재배자로 본다.

② 이 법 시행당시 종전법률의 규정에 의한 마약관리자 또는 향정신성의약품관리자로 면허 또는 지정을 받은 자는 제6조제2항의 규정에 의한 마약류관리자로 본다.

③ 이 법 시행당시 종전법률의 규정에 의한 마약수입품목·마약제조품목·마약제제품목·마약소분품목의 허가, 한외마약제제품목허가, 향정신성의약품수출입품목·향정신성의약품제조품목의 허가를 받은 자는 제18조제2항·제21조제2항 또는 제24조제2항의 규정에 의하여 품목허가를 받은 것으로 본다.

제4조【마약류중독자의 치료보호기관 등에 관한 경과조치】 이 법 시행당시 종전법률의 규정에 의하여 식품의약품안전청장 또는 시·도지사로부터 치료보호기관으로 지정받은 자는 제40조제1항의 규정에 의한 치료보호기관으로, 식품의약품안전청장·특별시·광역시·도가 설치·운영하고 있는 치료보호심사위원회는 제40조제4항의 규정에 의한 치료보호심사위원회로 본다.

제5조【마약류 명예지도원에 관한 경과조치】 이 법 시행전에 종전법률의 규정에 의하여 위촉된 마약 명예지도원·향정신성의약품 명예지도원 또는 대마 명예지도원은 제49조제1항의 규정에 의한 마약류 명예지도원으로 본다.

제6조【처분 등에 관한 경과조치】 이 법 시행당시 부칙 제3조 내지 제5조에 규정된 사항외에 종전법률에 의하여 행정기관이 행한 면허·허가 그 밖의 행정기관의 행위 또는 각종 신고 그밖의 행정기관에 대한 행위는 그에 해당하는 이 법에 의한 행정기관의 행위 또는 행정기관에 대한 행위로 본다.

제7조【벌칙에 관한 경과조치】 이 법 시행전의 종전법률에 위반한 행위에 대한 벌칙의 적용에 있어서는 종전법률에 의한다.

제8조【다른 법률의 개정】 ①~⑦ ※(해당 법령에 가제정리 하였음)

제9조【다른 법령과의 관계】 이 법 시행당시 다른 법령에서 종전법률 또는 그 조항을 인용하고 있는 경우에는 그에 갈음하여 이 법 또는 그에 해당하는 이 법의 조항을 각각 인용한 것으로 본다.

부 칙 (2014.3.18)

제1조【시행일】 이 법은 공포한 날부터 시행한다. 다만, 제18조제2항제2호, 제44조제1항제1호허목 및 같은 항 제2호라목의 개정규정은 공포 후 6개월이 경과한 날부터 시행한다.

제2조【임시마약류에 관한 적용례】 제5조의2의 개정규정은 이 법 시행 후 최초로 예고하는 임시마약류부터 적용한다.

제3조【부정 향정신성의약품 및 대마의 처분에 관한 적용례】 제47조의 개정규정은 이 법 시행 후 최초로 적발하는 부정 향정신성의약품 및 대마부터 적용한다.

제4조【임시마약류에 관한 경과조치】 이 법 시행 전에 공고된 임시마약류의 지정 기간에 대하여는 종전의 지정 기간에도 불구하고 제5조의2제3항의 개정규정을 적용한다.

제5조【행정처분에 관한 경과조치】 이 법 시행 전의 행위에 대하여 허가 등의 취소나 업무 등의 정지 등 행정처분을 할 경우에는 종전의 규정에 따른다.

제6조【금치산자 등에 대한 경과조치】 제6조제3항제1호 및 제8조제3항제2호의 개정규정에도 불구하고 법률 제10429호 민법 일부개정법률 부칙 제2조에 따라 금치산 또는 한정치산 선고의 효력이 유지되는 사람에 대해서는 종전의 규정에 따른다.

부 칙 (2015.5.18)

제1조【시행일】 이 법은 공포한 날부터 3년을 넘지 아니하는 범위에서 마약류 취급보고에 필요한 시스템의 준비상황 등을 고려하여 총리령으로 정하는 날부터 시행한다. 다만, 제9조, 제11조의2, 제41조 및 부칙 제3조의 개정규정은 공포한 날부터 시행한다.

제2조【법 시행을 위한 준비행위】 ① 식품의약품안전처장은 이 법 시행 전에 마약류 취급보고를 위한 시스템의 구축 및 운영 등 필요한 조치를 할 수 있다.

② 식품의약품안전처장은 법 시행을 위하여 필요하다고 인정하는 경우에는 이 법 시행 전에 제11조, 제11조의2, 제13조제2항의 개정규정에 따른 자료 또는 정보(「개인정보 보호법」에 따른 개인정보를 포함한다)의 제공을 국가, 지방자치단체, 공공기관, 마약류취급자 및 마약류취급승인자 등에 대하여 요청할 수 있다. 이 경우 식품의약품안전처장은 절차, 방법 등을 정하여 공고하여야 한다.
제3조【다른 법률의 개정】 ※(해당 법령에 가제정리 하였음)

부 칙 (2016.2.3)

제1조【시행일】 이 법은 공포한 날부터 시행한다. 다만, 다음 각 호의 사항은 각 호의 구분에 의한 날부터 시행한다.
1. 제2조제4호, 제3조제7호부터 제9호까지, 제5조의2, 제46조제3항부터 제5항까지 및 제59조제1항제7호의 개정규정은 공포 후 9개월이 경과한 날
2. 제16조 및 제17조의 개정규정은 법률 제13331호 마약류 관리에 관한 법률 일부개정법률 제11조가 시행되는 날

제2조【봉함 및 표시에 관한 적용례】 제16조 및 제17조의 개정규정은 같은 개정규정 시행 후에 최초로 수입하거나 제조한 마약류부터 적용한다.

부 칙 (2018.3.13)

제1조【시행일】 이 법은 공포 후 6개월이 경과한 날부터 시행한다.
제2조【과태료 부과에 관한 적용례】 제69조제1항제10호의 개정규정에 따른 과태료 부과는 이 법 시행 후 최초로 위반행위를 한 자부터 적용한다.

부 칙 (2018.12.11)

제1조【시행일】 이 법은 공포한 날부터 시행한다. 다만, 제3조제7호, 같은 조 제10호가목, 제4조제2항제6호, 제9조제1항, 제46조제1항 및 제52조의2의 개정규정은 공포 후 3개월이 경과한 날부터 시행하고, 제44조제1항제2호바목·사목, 같은 조 제3항 및 제53조의2의 개정규정은 공포 후 1년이 경과한 날부터 시행한다.
제2조【과징금 부과에 관한 경과조치】 제46조제1항의 개정규정 시행 전의 위반행위에 대한 과징금 부과에 관하여는 종전의 규정에 따른다.

부 칙 (2019.12.3)

제1조【시행일】 이 법은 공포한 날부터 시행한다. 다만, 제5조의3, 제11조의2제2항, 제11조의3부터 제11조의5까지의 개정규정과 제11조의6, 제61조제1항제10호 및 제62조제1항제3호(제11조의3부터 제11조의5까지의 개정규정과 관련된 부분만 해당한다)의 개정규정은 공포 후 6개월이 경과한 날부터 시행하고, 제40조의2, 제40조의3 및 제65조의2의 개정규정은 공포 후 1년이 경과한 날부터 시행한다.
제2조【마약류사범에 대한 형벌과 수강명령 등의 병과에 관한 적용례】 제40조의2의 개정규정은 같은 개정규정 시행 후 최초로 제3조, 제4조 또는 제5조를 위반하여 마약류를 투약, 흡연 또는 섭취한 사람부터 적용한다.

부 칙 (2020.3.31)

제1조【시행일】 이 법은 공포 후 6개월이 경과한 날부터 시행한다.
제2조【마약 또는 향정신성의약품의 광고에 관한 적용례】 제14조의 개정규정은 이 법 시행 후 최초로 마약 또는 향정신성의약품에 관하여 광고하는 경우부터 적용한다.

부 칙 (2021.8.17)

제1조【시행일】 이 법은 공포한 날부터 시행한다.
제2조【허가취소 등에 관한 적용례】 제44조제1항의 개정규정은 이 법 시행 전에 거짓이나 그 밖의 부정한 방법으로 허가·변경허가·승인·변경승인을 받은 경우에 대해서도 적용한다.

부 칙 (2022.6.10)

제1조【시행일】 이 법은 공포 후 1년이 경과한 날부터 시행한다. 다만, 제54조의 개정규정은 공포 후 6개월이 경과한 날부터 시행한다.
제2조【권한 이양에 따른 경과조치】 ① 이 법 시행 당시 종전의 규정에 따라 시·도지사가 한 허가·지정과 그 밖의 행위는 이 법의 개정규정에 따라 특별자치시장·시장·군수 또는 구청장이 한 것으로 본다.
② 이 법 시행 당시 다음 각 호의 어느 하나에 해당하는 절차가 진행 중인 경우에는 해당 호의 개정규정에도 불구하고 종전의 규정에 따른다.
1. 제6조제1항에 따른 마약류도매업자의 허가 및 변경허가
2. 제6조제2항에 따른 마약류관리자 지정 및 변경지정
3. 제7조제1항에 따른 허가증·지정서 발급 및 명부 작성

부 칙 (2023.3.28)

이 법은 공포 후 6개월이 경과한 날부터 시행한다.

부 칙 (2023.6.13)

이 법은 공포 후 1년이 경과한 날부터 시행한다. 다만, 제64조의 개정규정은 공포 후 3개월이 경과한 날부터 시행한다.

부 칙 (2023.8.8)

제1조【시행일】 이 법은 공포 후 6개월이 경과한 날부터 시행한다. 다만, 제2조의2 및 제2조의4의 개정규정은 공포 후 1년이 경과한 날부터 시행한다.
제2조【한국희귀·필수의약품센터의 양도승인 신청에 관한 적용례】 제9조제2항의 개정규정은 이 법 시행 전에 한국희귀·필수의약품센터가 종전의 제9조제2항 단서 및 같은 항 제2호에 따라 마약류취급승인자에게 마약류를 양도하기 위하여 식품의약품안전처장에게 승인 신청을 한 경우에도 적용한다.

부 칙 (2023.8.16)

제1조【시행일】 이 법은 공포 후 6개월이 경과한 날부터 시행한다. 다만, 제40조의 개정규정은 2024년 1월 1일부터 시행하고, 법률 제19604호 마약류 관리에 관한 법률 일부개정법률 제2조의2, 제2조의4 및 제2조의5의 개정규정은 2024년 8월 9일부터 시행하며, 제2조의3의 개정규정, 제51조제2항제3호의 개정규정 및 제51조의3의 개정규정(제51조의3을 신설하는 개정규정을 말한다)은 공포 후 1년이 경과한 날부터 시행한다.
제2조【적용례】 제51조제2항제3호의 개정규정은 같은 개정규정 시행 이후 제조하거나 거래 계약을 체결하는 원료물질부터 적용한다.

부 칙 (2024.1.2)

이 법은 공포 후 6개월이 경과한 날부터 시행한다. 다만, 법률 제19604호 마약류 관리에 관한 법률 일부개정법률 제2조의5 및 제2조의6의 개정규정은 2024년 8월 9일부터 시행한다.

부　칙 (2024.2.6)

제1조【시행일】 이 법은 공포한 날부터 시행한다. 다만, 제44조제4항의 개정규정은 공포 후 3개월이 경과한 날부터 시행하고, 제44조의2의 개정규정은 공포 후 6개월이 경과한 날부터 시행하며, 법률 제19450호 마약류 관리에 관한 법률 일부개정법률 제30조제2항부터 제4항까지, 제40조제2항부터 제12항까지, 법률 제19648호 마약류 관리에 관한 법률 일부개정법률 제51조의7 · 제51조의8, 제60조제1항제4호, 제61조제1항제7호, 법률 제19450호 마약류 관리에 관한 법률 일부개정법률 제61조제1항제11호, 제63조제1항제13호 및 법률 제19450호 마약류 관리에 관한 법률 일부개정법률 제69조제1항제6호의2의 개정규정은 공포 후 1년이 경과한 날부터 시행한다.

제2조【허가 등 취소에 관한 적용례】 제44조제1항제2호카목의 개정규정은 이 법 시행 이후 업무정지기간 중에 업무를 한 경우부터 적용한다.

부　칙 (2024.10.22 법20507호)

이 법은 2025년 2월 7일부터 시행한다.

부　칙 (2024.10.22 법20512호)

이 법은 공포한 날부터 시행한다.(이하 생략)

지방자치법

(2021년 1월 12일
전부개정법률 제17893호)

개정
2021. 4.20법18092호　2021.10.19법18497호
2023. 3.21법19241호　2023. 6. 7법19428호
2023. 6. 9법19430호(지방자치분권및지역균형발전에관한특별법)
2023. 8. 8법19590호(문화유산)
2023. 9.14법19699호
2024. 1. 9법19951호(문화재)

제1장　총강(總綱)

제1절　총　칙

제1조【목적】 이 법은 지방자치단체의 종류와 조직 및 운영, 주민의 지방자치행정 참여에 관한 사항과 국가와 지방자

치단체 사이의 기본적인 관계를 정함으로써 지방자치행정을 민주적이고 능률적으로 수행하고, 지방을 균형 있게 발전시키며, 대한민국을 민주적으로 발전시키려는 것을 목적으로 한다.

제2조【지방자치단체의 종류】 ① 지방자치단체는 다음의 두 가지 종류로 구분한다.
1. 특별시, 광역시, 특별자치시, 도, 특별자치도
2. 시, 군, 구

② 지방자치단체인 구(이하 "자치구"라 한다)는 특별시와 광역시의 관할 구역의 구만을 말하며, 자치구의 자치권의 범위는 법령으로 정하는 바에 따라 시·군과 다르게 할 수 있다.
③ 제1항의 지방자치단체 외에 특정한 목적을 수행하기 위하여 필요하면 따로 특별지방자치단체를 설치할 수 있다. 이 경우 특별지방자치단체의 설치 등에 관하여는 제12장에서 정하는 바에 따른다.

제3조【지방자치단체의 법인격과 관할】 ① 지방자치단체는 법인으로 한다.
② 특별시, 광역시, 특별자치시, 도, 특별자치도(이하 "시·도"라 한다)는 정부의 직할(直轄)로 두고, 시는 도 또는 특별자치도의 관할 구역 안에, 군은 광역시·도 또는 특별자치도의 관할 구역 안에 두며, 자치구는 특별시와 광역시의 관할 구역 안에 둔다. 다만, 특별자치도의 경우에는 법률이 정하는 바에 따라 관할 구역 안에 시 또는 군을 두지 아니할 수 있다.(2023.6.7 본항개정)
③ 특별시·광역시 또는 특별자치시가 아닌 인구 50만 이상의 시에는 자치구가 아닌 구를 둘 수 있고, 군에는 읍·면을 두며, 시와 구(자치구를 포함한다)에는 동을, 읍·면에는 리를 둔다.
④ 제10조제2항에 따라 설치된 시에는 도시의 형태를 갖춘 지역에는 동을, 그 밖의 지역에는 읍·면을 두되, 자치구가 아닌 구를 둘 경우에는 그 구에 읍·면·동을 둘 수 있다.
⑤ 특별자치시와 관할 구역 안에 시 또는 군을 두지 아니하는 특별자치도의 하부행정기관에 관한 사항은 따로 법률로 정한다.(2023.6.7 본항개정)

제4조【지방자치단체의 기관구성 형태의 특례】 ① 지방자치단체의 의회(이하 "지방의회"라 한다)와 집행기관에 관한 이 법의 규정에도 불구하고 따로 법률로 정하는 바에 따라 지방자치단체의 장의 선임방법을 포함한 지방자치단체의 기관구성 형태를 달리 할 수 있다.
② 제1항에 따라 지방의회와 집행기관의 구성을 달리하려는 경우에는 「주민투표법」에 따른 주민투표를 거쳐야 한다.

제2절 지방자치단체의 관할 구역

제5조【지방자치단체의 명칭과 구역】 ① 지방자치단체의 명칭과 구역은 종전과 같이 하고, 명칭과 구역을 바꾸거나 지방자치단체를 폐지하거나 설치하거나 나누거나 합칠 때에는 법률로 정한다.
② 제1항에도 불구하고 지방자치단체의 구역변경 중 관할 구역 경계변경(이하 "경계변경"이라 한다)과 지방자치단체의 한자 명칭의 변경은 대통령령으로 정한다. 이 경우 경계변경의 절차는 제6조에서 정한 절차에 따른다.
③ 다음 각 호의 어느 하나에 해당할 때에는 관계 지방의회의 의견을 들어야 한다. 다만, 「주민투표법」 제8조에 따라 주민투표를 한 경우에는 그러하지 아니하다.
1. 지방자치단체를 폐지하거나 설치하거나 나누거나 합칠 때
2. 지방자치단체의 구역을 변경할 때(경계변경을 할 때는 제외한다)
3. 지방자치단체의 명칭을 변경할 때(한자 명칭을 변경할 때를 포함한다)

④ 제1항 및 제2항에도 불구하고 다음 각 호의 지역이 속할 지방자치단체는 제5항부터 제8항까지의 규정에 따라 행정안전부장관이 결정한다.
1. 「공유수면 관리 및 매립에 관한 법률」에 따른 매립지
2. 「공간정보의 구축 및 관리 등에 관한 법률」 제2조제19호의 지적공부(이하 "지적공부"라 한다)에 등록이 누락된 토지

⑤ 제4항제1호의 경우에는 「공유수면 관리 및 매립에 관한 법률」 제28조에 따른 매립면허관청(이하 이 조에서 "면허관청"이라 한다) 또는 관련 지방자치단체의 장이 같은 법 제45조에 따른 준공검사를 하기 전에, 제4항제2호의 경우에는 「공간정보의 구축 및 관리 등에 관한 법률」 제2조제18호에 따른 지적소관청(이하 이 조에서 "지적소관청"이라 한다)이 지적공부에 등록하기 전에 각각 해당 지역의 위치, 귀속희망 지방자치단체(복수인 경우를 포함한다) 등을 명시하여 행정안전부장관에게 그 지역이 속할 지방자치단체의 결정을 신청하여야 한다. 이 경우 제4항제1호에 따른 매립지의 매립면허를 받은 자는 면허관청에 해당 매립지가 속할 지방자치단체의 결정 신청을 요구할 수 있다.
⑥ 행정안전부장관은 제5항에 따른 신청을 받은 후 지체 없이 제5항에 따른 신청내용을 20일 이상 관보나 인터넷 홈페이지에 게재하는 등의 방법으로 널리 알려야 한다. 이 경우 알리는 방법, 의견 제출 등에 관하여는 「행정절차법」 제42조·제44조 및 제45조를 준용한다.
⑦ 행정안전부장관은 제6항에 따른 기간이 끝나면 다음 각 호에서 정하는 바에 따라 결정하고, 그 결과를 면허관청이나 지적소관청, 관계 지방자치단체의 장 등에게 통보하고 공고하여야 한다.
1. 제6항에 따른 기간 내에 신청내용에 대하여 이의가 제기된 경우 : 제166조에 따른 지방자치단체중앙분쟁조정위원회(이하 이 조 및 제6조에서 "위원회"라 한다)의 심의·의결에 따라 제4항 각 호의 지역이 속할 지방자치단체를 결정
2. 제6항에 따른 기간 내에 신청내용에 대하여 이의가 제기되지 아니한 경우 : 위원회의 심의·의결을 거치지 아니하고 신청내용에 따라 제4항 각 호의 지역이 속할 지방자치단체를 결정

⑧ 위원회의 위원장은 제7항제1호에 따른 심의과정에서 필요하다고 인정되면 관계 중앙행정기관 및 지방자치단체의 공무원 또는 관련 전문가를 출석시켜 의견을 듣거나 관계 기관이나 단체에 자료 및 의견 제출 등을 요구할 수 있다. 이 경우 관계 지방자치단체의 장에게는 의견을 진술할 기회를 주어야 한다.
⑨ 관계 지방자치단체의 장은 제4항부터 제7항까지의 규정에 따른 행정안전부장관의 결정에 이의가 있으면 그 결과를 통보받은 날부터 15일 이내에 대법원에 소송을 제기할 수 있다.
⑩ 행정안전부장관은 제9항에 따른 소송 결과 대법원의 인용결정이 있으면 그 취지에 따라 다시 결정하여야 한다.
⑪ 행정안전부장관은 제4항 각 호의 지역이 속할 지방자치단체 결정과 관련하여 제7항제1호에 따라 위원회의 심의를 할 때 같은 시·도 안에 있는 관계 시·군 및 자치구 상호간 매립지 조성 비용 및 관리 비용 부담 등에 관한 조정(調整)이 필요한 경우 제165조제1항부터 제3항까지의 규정에도 불구하고 당사자의 신청 또는 직권으로 위원회의 심의·의결에 따라 조정할 수 있다. 이 경우 그 조정 결과의 통보 및 조정 결정 사항의 이행은 제165조제4항부터 제7항까지의 규정에 따른다.

제6조【지방자치단체의 관할 구역 경계변경 등】 ① 지방자치단체의 장은 관할 구역과 생활권과의 불일치 등으로 인하여 주민생활에 불편이 큰 경우 등 대통령령으로 정하는 사유가 있는 경우에는 행정안전부장관에게 경계변경이 필요한 지역 등을 명시하여 경계변경에 대한 조정을 신청할 수 있다. 이 경우 지방자치단체의 장은 지방의회 재적의원 과반수의 출석과 출석의원 3분의 2 이상의 동의를 받아야 한다.
② 관계 중앙행정기관의 장 또는 둘 이상의 지방자치단체에 걸친 개발사업 등의 시행자는 대통령령으로 정하는 바에 따라 관계 지방자치단체의 장에게 제1항에 따른 경계변경에 대한 조정을 신청하여 줄 것을 요구할 수 있다.
③ 행정안전부장관은 제1항에 따른 경계변경에 대한 조정 신청을 받으면 지체 없이 그 신청 내용을 관계 지방자치단체의 장에게 통지하고, 20일 이상 관보나 인터넷 홈페이지에 게재하는 등의 방법으로 널리 알려야 한다. 이 경우 알리는

방법, 의견의 제출 등에 관하여는 「행정절차법」 제42조 · 제44조 및 제45조를 준용한다.
④ 행정안전부장관은 제3항에 따른 기간이 끝난 후 지체 없이 대통령령으로 정하는 바에 따라 관계 지방자치단체 등 당사자 간 경계변경에 관한 사항을 효율적으로 협의할 수 있도록 경계변경자율협의체(이하 이 조에서 "협의체"라 한다)를 구성 · 운영할 것을 관계 지방자치단체의 장에게 요청하여야 한다.
⑤ 관계 지방자치단체는 제4항에 따른 협의체 구성 · 운영 요청을 받은 후 지체 없이 협의체를 구성하고, 경계변경 여부 및 대상 등에 대하여 같은 항에 따른 행정안전부장관의 요청을 받은 날부터 120일 이내에 협의를 하여야 한다. 다만, 대통령령으로 정하는 부득이한 사유가 있는 경우에는 30일의 범위에서 그 기간을 연장할 수 있다.
⑥ 제5항에 따라 협의체를 구성한 지방자치단체의 장은 같은 항에 따른 협의 기간 이내에 협의체의 협의 결과를 행정안전부장관에게 알려야 한다.
⑦ 행정안전부장관은 다음 각 호의 어느 하나에 해당하는 경우에는 위원회의 심의 · 의결을 거쳐 경계변경에 대하여 조정할 수 있다.
1. 관계 지방자치단체가 제4항에 따른 행정안전부장관의 요청을 받은 날부터 120일 이내에 협의체를 구성하지 못한 경우
2. 관계 지방자치단체가 제5항에 따른 협의 기간 이내에 경계변경 여부 및 대상 등에 대하여 합의를 하지 못한 경우
⑧ 위원회는 제7항에 따라 경계변경에 대한 사항을 심의할 때에는 관계 지방의회의 의견을 들어야 하며, 관련 전문가 및 지방자치단체의 장의 의견 청취 등에 관하여는 제5조제8항을 준용한다.
⑨ 행정안전부장관은 다음 각 호의 어느 하나에 해당하는 경우 지체 없이 그 내용을 검토한 후 이를 반영하여 경계변경에 관한 대통령령안을 입안하여야 한다.
1. 제5항에 따른 협의체의 협의 결과 관계 지방자치단체 간 경계변경에 합의를 하고, 관계 지방자치단체의 장이 제6항에 따라 그 내용을 각각 알린 경우
2. 위원회가 제7항에 따른 심의 결과 경계변경이 필요하다고 의결한 경우
⑩ 행정안전부장관은 경계변경의 조정과 관련하여 제7항에 따라 위원회의 심의를 할 때 같은 시 · 도 안에 있는 관계 시 · 군 및 자치구 상호 간 경계변경에 관련된 비용 부담, 행정적 · 재정적 사항 등에 관하여 조정이 필요한 경우 제165조제1항부터 제3항까지의 규정에도 불구하고 당사자의 신청 또는 직권으로 위원회의 심의 · 의결에 따라 조정할 수 있다. 이 경우 그 조정 결과의 통보 및 조
정 결정 사항의 이행은 제165조제4항부터 제7항까지의 규정에 따른다.
제7조【자치구가 아닌 구와 읍 · 면 · 동 등의 명칭과 구역】 ① 자치구가 아닌 구와 읍 · 면 · 동의 명칭과 구역은 종전과 같이 하고, 자치구가 아닌 구와 읍 · 면 · 동을 폐지하거나 설치하거나 나누거나 합칠 때에는 행정안전부장관의 승인을 받아 그 지방자치단체의 조례로 정한다. 다만, 명칭과 구역의 변경은 그 지방자치단체의 조례로 정하고, 그 결과를 특별시장 · 광역시장 · 도지사에게 보고하여야 한다.
② 리의 구역은 자연 촌락을 기준으로 하되, 그 명칭과 구역은 종전과 같이 하고, 명칭과 구역을 변경하거나 리를 폐지하거나 설치하거나 나누거나 합칠 때에는 그 지방자치단체의 조례로 정한다.
③ 인구 감소 등 행정여건 변화로 인하여 필요한 경우 그 지방자치단체의 조례로 정하는 바에 따라 2개 이상의 면을 하나의 면으로 운영하는 등 행정 운영상 면〔이하 "행정면"(行政面)이라 한다〕을 따로 둘 수 있다.
④ 동 · 리에서는 행정 능률과 주민의 편의를 위하여 그 지방자치단체의 조례로 정하는 바에 따라 하나의 동 · 리를 2개 이상의 동 · 리로 운영하거나 2개 이상의 동 · 리를 하나의 동 · 리로 운영하는 등 행정 운영상 동(이하 "행정동"이라 한다) · 리(이하 "행정리"라 한다)를 따로 둘 수 있다.
(2021.4.20 본항개정)
⑤ 행정동에 그 지방자치단체의 조례로 정하는 바에 따라 통 등 하부 조직을 둘 수 있다.(2021.4.20 본항개정)
⑥ 행정리에 그 지방자치단체의 조례로 정하는 바에 따라 하부 조직을 둘 수 있다.(2021.4.20 본항신설)
제8조【구역의 변경 또는 폐지 · 설치 · 분리 · 합병 시의 사무와 재산의 승계】 ① 지방자치단체의 구역을 변경하거나 지방자치단체를 폐지하거나 설치하거나 나누거나 합칠 때에는 새로 그 지역을 관할하게 된 지방자치단체가 그 사무와 재산을 승계한다.
② 제1항의 경우에 지역으로 지방자치단체의 사무와 재산을 구분하기 곤란하면 시 · 도에서는 행정안전부장관이, 시 · 군 및 자치구에서는 특별시장 · 광역시장 · 특별자치시장 · 도지사 · 특별자치도지사(이하 "시 · 도지사"라 한다)가 그 사무와 재산의 한계 및 승계할 지방자치단체를 지정한다.
제9조【사무소의 소재지】 ① 지방자치단체의 사무소 소재지와 자치구가 아닌 구 및 읍 · 면 · 동의 사무소 소재지는 종전과 같이 하고, 이를 변경하거나 새로 설정하려면 지방자치단체의 조례로 정한다. 이 경우 면 · 동은 행정면 · 행정동(行政洞)을 말한다.
② 제1항의 사항을 조례로 정할 때에는 그 지방의회의 재적의원 과반수의 찬성이 있어야 한다.
제10조【시 · 읍의 설치기준 등】 ① 시는 그 대부분이 도시의 형태를 갖추고 인구 5만 이상이 되어야 한다.
② 다음 각 호의 어느 하나에 해당하는 지역은 도농(都農) 복합형태의 시로 할 수 있다.
1. 제1항에 따라 설치된 시와 군을 통합한 지역
2. 인구 5만 이상의 도시 형태를 갖춘 지역이 있는 군
3. 인구 2만 이상의 도시 형태를 갖춘 2개 이상의 지역 인구가 5만 이상인 군. 이 경우 군의 인구는 15만 이상으로서 대통령령으로 정하는 요건을 갖추어야 한다.
4. 국가의 정책으로 인하여 도시가 형성되고, 제128조에 따라 도의 출장소가 설치된 지역으로서 그 지역의 인구가 3만 이상이며, 인구 15만 이상의 도농 복합형태의 시의 일부인 지역
③ 읍은 그 대부분이 도시의 형태를 갖추고 인구 2만 이상이 되어야 한다. 다만, 다음 각 호의 어느 하나에 해당하면 인구 2만 미만인 경우에도 읍으로 할 수 있다.
1. 군사무소 소재지의 면
2. 읍이 없는 도농 복합형태의 시에서 그 시에 있는 면 중 1개 면
④ 시 · 읍의 설치에 관한 세부기준은 대통령령으로 정한다.

제3절 지방자치단체의 기능과 사무

제11조【사무배분의 기본원칙】 ① 국가는 지방자치단체가 사무를 종합적 · 자율적으로 수행할 수 있도록 국가와 지방자치단체 간 또는 지방자치단체 상호 간의 사무를 주민의 편의증진, 집행의 효과 등을 고려하여 서로 중복되지 아니하도록 배분하여야 한다.
② 국가는 제1항에 따라 사무를 배분하는 경우 지역주민생활과 밀접한 관련이 있는 사무는 원칙적으로 시 · 군 및 자치구의 사무로, 시 · 군 및 자치구가 처리하기 어려운 사무는 시 · 도의 사무로, 시 · 도가 처리하기 어려운 사무는 국가의 사무로 각각 배분하여야 한다.
③ 국가가 지방자치단체에 사무를 배분하거나 지방자치단체가 사무를 다른 지방자치단체에 재배분할 때에는 사무를 배분받거나 재배분받는 지방자치단체가 그 사무를 자기의 책임하에 종합적으로 처리할 수 있도록 관련 사무를 포괄적으로 배분하여야 한다.
제12조【사무처리의 기본원칙】 ① 지방자치단체는 사무를 처리할 때 주민의 편의와 복리증진을 위하여 노력하여야 한다.

② 지방자치단체는 조직과 운영을 합리적으로 하고 규모를 적절하게 유지하여야 한다.
③ 지방자치단체는 법령을 위반하여 사무를 처리할 수 없으며, 시·군 및 자치구는 해당 구역을 관할하는 시·도의 조례를 위반하여 사무를 처리할 수 없다.

제13조【지방자치단체의 사무 범위】 ① 지방자치단체는 관할 구역의 자치사무와 법령에 따라 지방자치단체에 속하는 사무를 처리한다.
② 제1항에 따른 지방자치단체의 사무를 예시하면 다음 각 호와 같다. 다만, 법률에 이와 다른 규정이 있으면 그러하지 아니하다.
1. 지방자치단체의 구역, 조직, 행정관리 등
가. 관할 구역 안 행정구역의 명칭·위치 및 구역의 조정
나. 조례·규칙의 제정·개정·폐지 및 그 운영·관리
다. 산하(傘下) 행정기관의 조직관리
라. 산하 행정기관 및 단체의 지도·감독
마. 소속 공무원의 인사·후생복지 및 교육
바. 지방세 및 지방세 외 수입의 부과 및 징수
사. 예산의 편성·집행 및 회계감사와 재산관리
아. 행정장비관리, 행정전산화 및 행정관리개선
자. 공유재산(公有財産) 관리
차. 주민등록 관리
카. 지방자치단체에 필요한 각종 조사 및 통계의 작성
2. 주민의 복지증진
가. 주민복지에 관한 사업
나. 사회복지시설의 설치·운영 및 관리
다. 생활이 어려운 사람의 보호 및 지원
라. 노인·아동·장애인·청소년 및 여성의 보호와 복지 증진
마. 공공보건의료기관의 설립·운영
바. 감염병과 그 밖의 질병의 예방과 방역
사. 묘지·화장장(火葬場) 및 봉안당의 운영·관리
아. 공중접객업소의 위생을 개선하기 위한 지도
자. 청소, 생활폐기물의 수거 및 처리
차. 지방공기업의 설치 및 운영
3. 농림·수산·상공업 등 산업 진흥
가. 못·늪지·보(洑) 등 농업용수시설의 설치 및 관리
나. 농산물·임산물·축산물·수산물의 생산 및 유통 지원
다. 농업자재의 관리
라. 복합영농의 운영·지도
마. 농업 외 소득사업의 육성·지도
바. 농가 부업의 장려
사. 공유림 관리
아. 소규모 축산 개발사업 및 낙농 진흥사업
자. 가축전염병 예방
차. 지역산업의 육성·지원
카. 소비자 보호 및 저축 장려
타. 중소기업의 육성
파. 지역특화산업의 개발과 육성·지원
하. 우수지역특산품 개발과 관광민예품 개발
4. 지역개발과 자연환경보전 및 생활환경시설의 설치·관리
가. 지역개발사업
나. 지방 토목·건설사업의 시행
다. 도시·군계획사업의 시행
라. 지방도(地方道), 시도(市道)·군도(郡道)·구도(區道)의 신설·개선·보수 및 유지
마. 주거생활환경 개선의 장려 및 지원
바. 농어촌주택 개량 및 취락구조 개선
사. 자연보호활동
아. 지방하천 및 소하천의 관리
자. 상수도·하수도의 설치 및 관리
차. 소규모급수시설의 설치 및 관리
카. 도립공원, 광역시립공원, 군립공원, 시립공원 및 구립공원 등의 지정 및 관리
타. 도시공원 및 공원시설, 녹지, 유원지 등과 그 휴양시설의 설치 및 관리
파. 관광지, 관광단지 및 관광시설의 설치 및 관리
하. 지방 궤도사업의 경영
거. 주차장·교통표지 등 교통편의시설의 설치 및 관리
너. 재해대책의 수립 및 집행
더. 지역경제의 육성 및 지원
5. 교육·체육·문화·예술의 진흥
가. 어린이집·유치원·초등학교·중학교·고등학교 및 이에 준하는 각종 학교의 설치·운영·지도
나. 도서관·운동장·광장·체육관·박물관·공연장·미술관·음악당 등 공공교육·체육·문화시설의 설치 및 관리
다. 시·도유산의 지정·등록·보존 및 관리(2024.1.9 본목개정)
라. 지방문화·예술의 진흥
마. 지방문화·예술단체의 육성
6. 지역민방위 및 지방소방
가. 지역 및 직장 민방위조직(의용소방대를 포함한다)의 편성과 운영 및 지도·감독
나. 지역의 화재예방·경계·진압·조사 및 구조·구급
7. 국제교류 및 협력
가. 국제기구·행사·대회의 유치·지원
나. 외국 지방자치단체와의 교류·협력

제14조【지방자치단체의 종류별 사무배분기준】 ① 제13조에 따른 지방자치단체의 사무를 지방자치단체의 종류별로 배분하는 기준은 다음 각 호와 같다. 다만, 제13조제2항제1호의 사무는 각 지방자치단체에 공통된 사무로 한다.
1. 시·도
가. 행정처리 결과가 2개 이상의 시·군 및 자치구에 미치는 광역적 사무
나. 시·도 단위로 동일한 기준에 따라 처리되어야 할 성질의 사무
다. 지역적 특성을 살리면서 시·도 단위로 통일성을 유지할 필요가 있는 사무
라. 국가와 시·군 및 자치구 사이의 연락·조정 등의 사무
마. 시·군 및 자치구가 독자적으로 처리하기 어려운 사무
바. 2개 이상의 시·군 및 자치구가 공동으로 설치하는 것이 적당하다고 인정되는 규모의 시설을 설치하고 관리하는 사무
2. 시·군 및 자치구
제1호에서 시·도가 처리하는 것으로 되어 있는 사무를 제외한 사무. 다만, 인구 50만 이상의 시에 대해서는 도가 처리하는 사무의 일부를 직접 처리하게 할 수 있다.
② 제1항의 배분기준에 따른 지방자치단체의 종류별 사무는 대통령령으로 정한다.
③ 시·도와 시·군 및 자치구는 사무를 처리할 때 서로 겹치지 아니하도록 하여야 하며, 사무가 서로 겹치면 시·군 및 자치구에서 먼저 처리한다.

제15조【국가사무의 처리 제한】 지방자치단체는 다음 각 호의 국가사무를 처리할 수 없다. 다만, 법률에 이와 다른 규정이 있는 경우에는 국가사무를 처리할 수 있다.
1. 외교, 국방, 사법(司法), 국세 등 국가의 존립에 필요한 사무
2. 물가정책, 금융정책, 수출입정책 등 전국적으로 통일적 처리를 할 필요가 있는 사무
3. 농산물·임산물·축산물·수산물 및 양곡의 수급조절과 수출입 등 전국적 규모의 사무
4. 국가종합경제개발계획, 국가하천, 국유림, 국토종합개발계획, 지정항만, 고속국도·일반국도, 국립공원 등 전국적 규모나 이와 비슷한 규모의 사무
5. 근로기준, 측량단위 등 전국적으로 기준을 통일하고 조정하여야 할 필요가 있는 사무
6. 우편, 철도 등 전국적 규모나 이와 비슷한 규모의 사무
7. 고도의 기술이 필요한 검사·시험·연구, 항공관리, 기상행정, 원자력개발 등 지방자치단체의 기술과 재정능력으로 감당하기 어려운 사무

제2장 주 민

제16조 【주민의 자격】 지방자치단체의 구역에 주소를 가진 자는 그 지방자치단체의 주민이 된다.

제17조 【주민의 권리】 ① 주민은 법령으로 정하는 바에 따라 주민생활에 영향을 미치는 지방자치단체의 정책의 결정 및 집행 과정에 참여할 권리를 가진다.

② 주민은 법령으로 정하는 바에 따라 소속 지방자치단체의 재산과 공공시설을 이용할 권리와 그 지방자치단체로부터 균등하게 행정의 혜택을 받을 권리를 가진다.

③ 주민은 법령으로 정하는 바에 따라 그 지방자치단체에서 실시하는 지방의회의원과 지방자치단체의 장의 선거(이하 "지방선거"라 한다)에 참여할 권리를 가진다.

제18조 【주민투표】 ① 지방자치단체의 장은 주민에게 과도한 부담을 주거나 중대한 영향을 미치는 지방자치단체의 주요 결정사항 등에 대하여 주민투표에 부칠 수 있다.

② 주민투표의 대상·발의자·발의요건, 그 밖에 투표절차 등에 관한 사항은 따로 법률로 정한다.

제19조 【조례의 제정과 개정·폐지 청구】 ① 주민은 지방자치단체의 조례를 제정하거나 개정하거나 폐지할 것을 청구할 수 있다.

② 조례의 제정·개정 또는 폐지 청구의 청구권자·청구대상·청구요건 및 절차 등에 관한 사항은 따로 법률로 정한다.

제20조 【규칙의 제정과 개정·폐지 의견 제출】 ① 주민은 제29조에 따른 규칙(권리·의무와 직접 관련되는 사항으로 한정한다)의 제정, 개정 또는 폐지와 관련된 의견을 해당 지방자치단체의 장에게 제출할 수 있다.

② 법령이나 조례를 위반하거나 법령이나 조례에서 위임한 범위를 벗어나는 사항은 제1항에 따른 의견 제출 대상에서 제외한다.

③ 지방자치단체의 장은 제1항에 따라 제출된 의견에 대하여 의견이 제출된 날부터 30일 이내에 검토 결과를 그 의견을 제출한 주민에게 통보하여야 한다.

④ 제1항에 따른 의견 제출, 제3항에 따른 의견의 검토와 결과 통보의 방법 및 절차는 해당 지방자치단체의 조례로 정한다.

제21조 【주민의 감사 청구】 ① 지방자치단체의 18세 이상의 주민으로서 다음 각 호의 어느 하나에 해당하는 사람(「공직선거법」 제18조에 따른 선거권이 없는 사람은 제외한다. 이하 이 조에서 "18세 이상의 주민"이라 한다)은 시·도는 300명, 제198조에 따른 인구 50만 이상 대도시는 200명, 그 밖의 시·군 및 자치구는 150명 이내에서 그 지방자치단체의 조례로 정하는 수 이상의 18세 이상의 주민이 연대 서명하여 그 지방자치단체와 그 장의 권한에 속하는 사무의 처리가 법령에 위반되거나 공익을 현저히 해친다고 인정되면 시·도의 경우에는 주무부장관에게, 시·군 및 자치구의 경우에는 시·도지사에게 감사를 청구할 수 있다.

1. 해당 지방자치단체의 관할 구역에 주민등록이 되어 있는 사람
2. 「출입국관리법」 제10조에 따른 영주(永住)할 수 있는 체류자격 취득일 후 3년이 경과한 외국인으로서 같은 법 제34조에 따라 해당 지방자치단체의 외국인등록대장에 올라 있는 사람

② 다음 각 호의 사항은 감사 청구의 대상에서 제외한다.

1. 수사나 재판에 관여하게 되는 사항
2. 개인의 사생활을 침해할 우려가 있는 사항
3. 다른 기관에서 감사하였거나 감사 중인 사항. 다만, 다른 기관에서 감사한 사항이라도 새로운 사항이 발견되거나 중요 사항이 감사에서 누락된 경우와 제22조제1항에 따라 주민소송의 대상이 되는 경우에는 그러하지 아니하다.
4. 동일한 사항에 대하여 제22조제2항 각 호의 어느 하나에 해당하는 소송이 진행 중이거나 그 판결이 확정된 사항

③ 제1항에 따른 청구는 사무처리가 있었던 날이나 끝난 날부터 3년이 지나면 제기할 수 없다.

④ 지방자치단체의 18세 이상의 주민이 제1항에 따라 감사를 청구하려면 청구인의 대표자를 선정하여 청구인명부에 적어야 하며, 청구인의 대표자는 감사청구서를 작성하여 주무부장관 또는 시·도지사에게 제출하여야 한다.

⑤ 주무부장관이나 시·도지사는 제1항에 따른 청구를 받으면 청구를 받은 날부터 5일 이내에 그 내용을 공표하여야 하며, 청구를 공표한 날부터 10일간 청구인명부나 그 사본을 공개된 장소에 갖추어 두어 열람할 수 있도록 하여야 한다.

⑥ 청구인명부의 서명에 관하여 이의가 있는 사람은 제5항에 따른 열람기간에 해당 주무부장관이나 시·도지사에게 이의를 신청할 수 있다.

⑦ 주무부장관이나 시·도지사는 제6항에 따른 이의신청을 받으면 제5항에 따른 열람기간이 끝난 날부터 14일 이내에 심사·결정하되, 그 신청이 이유 있다고 결정한 경우에는 청구인명부를 수정하고, 그 사실을 이의신청을 한 사람과 제4항에 따른 청구인의 대표자에게 알려야 하며, 그 이의신청이 이유없다고 결정한 경우에는 그 사실을 즉시 이의신청을 한 사람에게 알려야 한다.

⑧ 주무부장관이나 시·도지사는 제6항에 따른 이의신청이 없는 경우 또는 제6항에 따라 제기된 모든 이의신청에 대하여 제7항에 따른 결정이 끝난 경우로서 제1항부터 제3항까지의 규정에 따른 요건을 갖춘 경우에는 청구를 수리하고, 그러하지 아니한 경우에는 청구를 각하하되, 수리 또는 각하 사실을 청구인의 대표자에게 알려야 한다.

⑨ 주무부장관이나 시·도지사는 감사 청구를 수리한 날부터 60일 이내에 감사 청구된 사항에 대하여 감사를 끝내야 하며, 감사 결과를 청구인의 대표자와 해당 지방자치단체의 장에게 서면으로 알리고, 공표하여야 한다. 다만, 그 기간에 감사를 끝내기가 어려운 정당한 사유가 있으면 그 기간을 연장할 수 있으며, 기간을 연장할 때에는 미리 청구인의 대표자와 해당 지방자치단체의 장에게 알리고, 공표하여야 한다.

⑩ 주무부장관이나 시·도지사는 주민이 감사를 청구한 사항이 다른 기관에서 이미 감사한 사항이거나 감사 중인 사항이면 그 기관에서 한 감사 결과 또는 감사 중인 사실과 감사가 끝난 후 그 결과를 알리겠다는 사실을 청구인의 대표자와 해당 기관에 지체 없이 알려야 한다.

⑪ 주무부장관이나 시·도지사는 주민 감사 청구를 처리(각하를 포함한다)할 때 청구인의 대표자에게 반드시 증거 제출 및 의견 진술의 기회를 주어야 한다.

⑫ 주무부장관이나 시·도지사는 제9항에 따른 감사 결과에 따라 기간을 정하여 해당 지방자치단체의 장에게 필요한 조치를 요구할 수 있다. 이 경우 그 지방자치단체의 장은 이를 성실히 이행하여야 하고, 그 조치 결과를 지방의회와 주무부장관 또는 시·도지사에게 보고하여야 한다.

⑬ 주무부장관이나 시·도지사는 제12항에 따른 조치 요구 내용과 지방자치단체의 장의 조치 결과를 청구인의 대표자에게 서면으로 알리고, 공표하여야 한다.

⑭ 제1항부터 제13항까지에서 규정한 사항 외에 18세 이상의 주민의 감사 청구에 필요한 사항은 대통령령으로 정한다.

제22조 【주민소송】 ① 제21조제1항에 따라 공금의 지출에 관한 사항, 재산의 취득·관리·처분에 관한 사항, 해당 지방자치단체를 당사자로 하는 매매·임차·도급 계약이나 그 밖의 계약의 체결·이행에 관한 사항 또는 지방세·사용료·수수료·과태료 등 공금의 부과·징수를 게을리한 사항을 감사 청구한 주민은 다음 각 호의 어느 하나에 해당하는 경우에 그 감사 청구한 사항과 관련이 있는 위법한 행위나 업무를 게을리한 사실에 대하여 해당 지방자치단체의 장(해당 사항의 사무처리에 관한 권한을 소속 기관의 장에게 위임한 경우에는 그 소속 기관의 장을 말한다. 이하 이 조에서 같다)을 상대방으로 하여 소송을 제기할 수 있다.

1. 주무부장관이나 시·도지사가 감사 청구를 수리한 날부터 60일(제21조제9항 단서에 따라 감사기간이 연장된 경우에는 연장된 기간이 끝난 날을 말한다)이 지나도 감사를 끝내지 아니한 경우
2. 제21조제9항 및 제10항에 따른 감사 결과 또는 같은 조 제12항에 따른 조치 요구에 불복하는 경우

3. 제21조제12항에 따른 주무부장관이나 시·도지사의 조치 요구를 지방자치단체의 장이 이행하지 아니한 경우
4. 제21조제12항에 따른 지방자치단체의 장의 이행 조치에 불복하는 경우
② 제1항에 따라 주민이 제기할 수 있는 소송은 다음 각 호와 같다.
1. 해당 행위를 계속하면 회복하기 어려운 손해를 발생시킬 우려가 있는 경우에는 그 행위의 전부나 일부를 중지할 것을 요구하는 소송
2. 행정처분인 해당 행위의 취소 또는 변경을 요구하거나 그 행위의 효력 유무 또는 존재 여부의 확인을 요구하는 소송
3. 게을리한 사실의 위법 확인을 요구하는 소송
4. 해당 지방자치단체의 장 및 직원, 지방의회의원, 해당 행위와 관련이 있는 상대방에게 손해배상청구 또는 부당이득반환청구를 할 것을 요구하는 소송. 다만, 그 지방자치단체의 직원이 「회계관계직원 등의 책임에 관한 법률」 제4조에 따른 변상책임을 져야 하는 경우에는 변상명령을 할 것을 요구하는 소송을 말한다.
③ 제2항제1호의 중지청구소송은 해당 행위를 중지할 경우 생명이나 신체에 중대한 위해가 생길 우려가 있거나 그 밖에 공공복리를 현저하게 해칠 우려가 있으면 제기할 수 없다.
④ 제2항에 따른 소송은 다음 각 호의 구분에 따른 날부터 90일 이내에 제기하여야 한다.
1. 제1항제1호 : 해당 60일이 끝난 날(제21조제9항 단서에 따라 감사기간이 연장된 경우에는 연장기간이 끝난 날을 말한다)
2. 제1항제2호 : 해당 감사 결과나 조치 요구 내용에 대한 통지를 받은 날
3. 제1항제3호 : 해당 조치를 요구할 때에 지정한 처리기간이 끝난 날
4. 제1항제4호 : 해당 이행 조치 결과에 대한 통지를 받은 날
⑤ 제2항 각 호의 소송이 진행 중이면 다른 주민은 같은 사항에 대하여 별도의 소송을 제기할 수 없다.
⑥ 소송의 계속(繫屬) 중에 소송을 제기한 주민이 사망하거나 제16조에 따른 주민의 자격을 잃으면 소송절차는 중단된다. 소송대리인이 있는 경우에도 또한 같다.
⑦ 감사 청구에 연대 서명한 다른 주민은 제6항에 따른 사유가 발생한 사실을 안 날부터 6개월 이내에 소송절차를 수계(受繼)할 수 있다. 이 기간에 수계절차가 이루어지지 아니할 경우 그 소송절차는 종료된다.
⑧ 법원은 제6항에 따라 소송이 중단되면 감사 청구에 연대 서명한 다른 주민에게 소송절차를 중단한 사유와 소송절차 수계방법을 지체 없이 알려야 한다. 이 경우 법원은 감사 청구에 적힌 주소로 통지서를 우편으로 보낼 수 있고, 우편물이 통상 도달할 수 있을 때에 감사 청구에 연대 서명한 다른 주민은 제6항의 사유가 발생한 사실을 안 것으로 본다.
⑨ 제2항에 따른 소송은 해당 지방자치단체의 사무소 소재지를 관할하는 행정법원(행정법원이 설치되지 아니한 지역에서는 행정법원의 권한에 속하는 사건을 관할하는 지방법원 본원을 말한다)의 관할로 한다.
⑩ 해당 지방자치단체의 장은 제2항제1호부터 제3호까지의 규정에 따른 소송이 제기된 경우 그 소송결과에 따라 권리나 이익의 침해를 받을 제3자가 있으면 그 제3자에 대하여, 제2항제4호에 따른 소송이 제기된 경우 그 직원, 지방의회의원 또는 상대방에 대하여 소송고지를 해 줄 것을 법원에 신청하여야 한다.
⑪ 제2항제4호에 따른 소송이 제기된 경우에 지방자치단체의 장이 한 소송고지신청은 그 소송에 관한 손해배상청구권 또는 부당이득반환청구권의 시효중단에 관하여 「민법」 제168조제1호에 따른 청구로 본다.
⑫ 제11항에 따른 시효중단의 효력은 그 소송이 끝난 날부터 6개월 이내에 재판상 청구, 파산절차참가, 압류 또는 가압류, 가처분을 하지 아니하면 효력이 생기지 아니한다.
⑬ 국가, 상급 지방자치단체 및 감사 청구에 연대 서명한 다른 주민과 제10항에 따라 소송고지를 받은 자는 법원에서 계속 중인 소송에 참가할 수 있다.
⑭ 제2항에 따른 소송에서 당사자는 법원의 허가를 받지 아니하고는 소의 취하, 소송의 화해 또는 청구의 포기를 할 수 없다.
⑮ 법원은 제14항에 따른 허가를 하기 전에 감사 청구에 연대 서명한 다른 주민에게 그 사실을 알려야 하며, 알린 때부터 1개월 이내에 허가 여부를 결정하여야 한다. 이 경우 통지방법 등에 관하여는 제8항 후단을 준용한다.
⑯ 제2항에 따른 소송은 「민사소송 등 인지법」 제2조제4항에 따른 비재산권을 목적으로 하는 소송으로 본다.
⑰ 소송을 제기한 주민은 승소(일부 승소를 포함한다)한 경우 그 지방자치단체에 대하여 변호사 보수 등의 소송비용, 감사 청구절차의 진행 등을 위하여 사용된 여비, 그 밖에 실제로 든 비용을 보상할 것을 청구할 수 있다. 이 경우 지방자치단체는 청구된 금액의 범위에서 그 소송을 진행하는 데 객관적으로 사용된 것으로 인정되는 금액을 지급하여야 한다.
⑱ 제1항에 따른 소송에 관하여 이 법에 규정된 것 외에는 「행정소송법」에 따른다.

제23조【손해배상금 등의 지급청구 등】 ① 지방자치단체의 장(해당 사항의 사무처리에 관한 권한을 소속 기관의 장에게 위임한 경우에는 그 소속 기관의 장을 말한다. 이하 이 조에서 같다)은 제22조제2항제4호 본문에 따른 소송에 대하여 손해배상청구나 부당이득반환청구를 명하는 판결이 확정되면 판결이 확정된 날부터 60일 이내를 기한으로 하여 당사자에게 그 판결에 따라 결정된 손해배상금이나 부당이득반환금의 지급을 청구하여야 한다. 다만, 손해배상금이나 부당이득반환금을 지급하여야 할 당사자가 지방자치단체의 장이면 지방의회의 의장이 지급을 청구하여야 한다.
② 지방자치단체는 제1항에 따라 지급청구를 받은 자가 같은 항의 기한까지 손해배상금이나 부당이득반환금을 지급하지 아니하면 손해배상·부당이득반환의 청구를 목적으로 하는 소송을 제기하여야 한다. 이 경우 그 소송의 상대방이 지방자치단체의 장이면 그 지방의회의 의장이 그 지방자치단체를 대표한다.

제24조【변상명령 등】 ① 지방자치단체의 장은 제22조제2항제4호 단서에 따른 소송에 대하여 변상할 것을 명하는 판결이 확정되면 판결이 확정된 날부터 60일 이내를 기한으로 하여 당사자에게 그 판결에 따라 결정된 금액을 변상할 것을 명령하여야 한다.
② 제1항에 따라 변상할 것을 명령받은 자가 같은 항의 기한까지 변상금을 지급하지 아니하면 지방세 체납처분의 예에 따라 징수할 수 있다.(2021.10.19 본항개정)
③ 제1항에 따라 변상할 것을 명령받은 자는 그 명령에 불복하는 경우 행정소송을 제기할 수 있다. 다만, 「행정심판법」에 따른 행정심판청구는 제기할 수 없다.

제25조【주민소환】 ① 주민은 그 지방자치단체의 장 및 지방의회의원(비례대표 지방의회의원은 제외한다)을 소환할 권리를 가진다.
② 주민소환의 투표 청구권자·청구요건·절차 및 효력 등에 관한 사항은 따로 법률로 정한다.

제26조【주민에 대한 정보공개】 ① 지방자치단체는 사무처리의 투명성을 높이기 위하여 「공공기관의 정보공개에 관한 법률」에서 정하는 바에 따라 지방의회의 의정활동, 집행기관의 조직, 재무 등 지방자치에 관한 정보(이하 "지방자치정보"라 한다)를 주민에게 공개하여야 한다.
② 행정안전부장관은 주민의 지방자치정보에 대한 접근성을 높이기 위하여 이 법 또는 다른 법령에 따라 공개된 지방자치정보를 체계적으로 수집하고 주민에게 제공하기 위한 정보공개시스템을 구축·운영할 수 있다.

제27조【주민의 의무】 주민은 법령으로 정하는 바에 따라 소속 지방자치단체의 비용을 분담하여야 하는 의무를 진다.

제3장 조례와 규칙

제28조【조례】 ① 지방자치단체는 법령의 범위에서 그 사무에 관하여 조례를 제정할 수 있다. 다만, 주민의 권리 제한

또는 의무 부과에 관한 사항이나 벌칙을 정할 때에는 법률의 위임이 있어야 한다.
② 법령에서 조례로 정하도록 위임한 사항은 그 법령의 하위 법령에서 그 위임의 내용과 범위를 제한하거나 직접 규정할 수 없다.

판례 부산광역시의회가 등록된 납품도매차량에 대한 주정차 위반 행정처분을 시장이 구청장 등과 협의해 자동유예하도록 하는 내용을 담은 조례안을 의결하였으나, 도로교통법상 주정차위반행위에 대한 과태료 부과 관련 사무는 전국적으로 통일적인 규율이 요구되는 국가사무의 성격을 가지고 있고, 이러한 사무에 대하여 법령의 위임 없이 조례로 정한 것은 조례제정권의 한계를 벗어난 것으로서 위법하다.(대판 2022.4.28, 2021추5036)

제29조【규칙】 지방자치단체의 장은 법령 또는 조례의 범위에서 그 권한에 속하는 사무에 관하여 규칙을 제정할 수 있다.

제30조【조례와 규칙의 입법한계】 시·군 및 자치구의 조례나 규칙은 시·도의 조례나 규칙을 위반해서는 아니 된다.

제31조【지방자치단체를 신설하거나 격을 변경할 때의 조례·규칙 시행】 지방자치단체를 나누거나 합하여 새로운 지방자치단체가 설치되거나 지방자치단체의 격이 변경되면 그 지방자치단체의 장은 필요한 사항에 관하여 새로운 조례나 규칙이 제정·시행될 때까지 종래 그 지역에 시행되던 조례나 규칙을 계속 시행할 수 있다.

제32조【조례와 규칙의 제정 절차 등】 ① 조례안이 지방의회에서 의결되면 지방의회의 의장은 의결된 날부터 5일 이내에 그 지방자치단체의 장에게 이송하여야 한다.
② 지방자치단체의 장은 제1항의 조례안을 이송받으면 20일 이내에 공포하여야 한다.
③ 지방자치단체의 장은 이송받은 조례안에 대하여 이의가 있으면 제2항의 기간에 이유를 붙여 지방의회로 환부(還付)하고, 재의(再議)를 요구할 수 있다. 이 경우 지방자치단체의 장은 조례안의 일부에 대하여 또는 조례안을 수정하여 재의를 요구할 수 없다.
④ 지방의회는 제3항에 따라 재의 요구를 받으면 조례안을 재의에 부치고 재적의원 과반수의 출석과 출석의원 3분의 2 이상의 찬성으로 전(前)과 같은 의결을 하면 그 조례안은 조례로서 확정된다.
⑤ 지방자치단체의 장이 제2항의 기간에 공포하지 아니하거나 재의 요구를 하지 아니하더라도 그 조례안은 조례로서 확정된다.
⑥ 지방자치단체의 장은 제4항 또는 제5항에 따라 확정된 조례를 지체 없이 공포하여야 한다. 이 경우 제5항에 따라 조례가 확정된 후 또는 제4항에 따라 확정된 조례가 지방자치단체의 장에게 이송된 후 5일 이내에 지방자치단체의 장이 공포하지 아니하면 지방의회의 의장이 공포한다.
⑦ 제2항 및 제6항 전단에 따라 지방자치단체의 장이 조례를 공포하였을 때에는 즉시 해당 지방의회의 의장에게 통지하여야 하며, 제6항 후단에 따라 지방의회의 의장이 조례를 공포하였을 때에는 그 사실을 즉시 해당 지방자치단체의 장에게 통지하여야 한다.
⑧ 조례와 규칙은 특별한 규정이 없으면 공포한 날부터 20일이 지나면 효력을 발생한다.

제33조【조례와 규칙의 공포 방법 등】 ① 조례와 규칙의 공포는 해당 지방자치단체의 공보에 게재하는 방법으로 한다. 다만, 제32조제6항 후단에 따라 지방의회의 의장이 조례를 공포하는 경우에는 공보나 일간신문에 게재하거나 게시판에 게시한다.
② 제1항에 따른 공보는 종이로 발행되는 공보(이하 이 조에서 "종이공보"라 한다) 또는 전자적인 형태로 발행되는 공보(이하 이 조에서 "전자공보"라 한다)로 운영한다.
③ 공보의 내용 해석 및 적용 시기 등에 대하여 종이공보와 전자공보는 동일한 효력을 가진다.
④ 조례와 규칙의 공포에 관하여 그 밖에 필요한 사항은 대통령령으로 정한다.

제34조【조례 위반에 대한 과태료】 ① 지방자치단체는 조례를 위반한 행위에 대하여 조례로써 1천만원 이하의 과태료를 정할 수 있다.
② 제1항에 따른 과태료는 해당 지방자치단체의 장이나 그 관할 구역의 지방자치단체의 장이 부과·징수한다.

제35조【보고】 조례나 규칙을 제정하거나 개정하거나 폐지할 경우 조례는 지방의회에서 이송된 날부터 5일 이내에, 규칙은 공포 예정일 15일 전에 시·도지사는 행정안전부장관에게, 시장·군수 및 자치구의 구청장은 시·도지사에게 그 전문(全文)을 첨부하여 각각 보고하여야 하며, 보고를 받은 행정안전부장관은 그 내용을 관계 중앙행정기관의 장에게 통보하여야 한다.

제4장 선 거

제36조【지방선거에 관한 법률의 제정】 지방선거에 관하여 이 법에서 정한 것 외에 필요한 사항은 따로 법률로 정한다.

제5장 지방의회

제1절 조 직

제37조【의회의 설치】 지방자치단체에 주민의 대의기관인 의회를 둔다.

제38조【지방의회의원의 선거】 지방의회의원은 주민이 보통·평등·직접·비밀선거로 선출한다.

제2절 지방의회의원

제39조【의원의 임기】 지방의회의원의 임기는 4년으로 한다.

제40조【의원의 의정활동비 등】 ① 지방의회의원에게는 다음 각 호의 비용을 지급한다.
1. 의정(議政) 자료를 수집하고 연구하거나 이를 위한 보조 활동에 사용되는 비용을 보전(補塡)하기 위하여 매월 지급하는 의정활동비
2. 지방의회의원의 직무활동에 대하여 지급하는 월정수당
3. 본회의 의결, 위원회 의결 또는 지방의회의 의장의 명에 따라 공무로 여행할 때 지급하는 여비

② 제1항 각 호에 규정된 비용은 대통령령으로 정하는 기준을 고려하여 해당 지방자치단체의 의정비심의위원회에서 결정하는 금액 이내에서 지방자치단체의 조례로 정한다. 다만, 제1항제3호에 따른 비용은 의정비심의위원회 결정 대상에서 제외한다.
③ 의정비심의위원회의 구성·운영 등에 필요한 사항은 대통령령으로 정한다.

제41조【의원의 정책지원 전문인력】 ① 지방의회의원의 의정활동을 지원하기 위하여 지방의회의원 정수의 2분의 1 범위에서 해당 지방자치단체의 조례로 정하는 바에 따라 지방의회에 정책지원 전문인력을 둘 수 있다.
② 정책지원 전문인력은 지방공무원으로 보하며, 직급·직무 및 임용절차 등 운영에 필요한 사항은 대통령령으로 정한다.

제42조【상해·사망 등의 보상】 ① 지방의회의원이 직무로 인하여 신체에 상해를 입거나 사망한 경우와 그 상해나 직무로 인한 질병으로 사망한 경우에는 보상금을 지급할 수 있다.
② 제1항의 보상금의 지급기준은 대통령령으로 정하는 범위에서 해당 지방자치단체의 조례로 정한다.

제43조【겸직 등 금지】 ① 지방의회의원은 다음 각 호의 어느 하나에 해당하는 직(職)을 겸할 수 없다.
1. 국회의원, 다른 지방의회의원
2. 헌법재판소 재판관, 각급 선거관리위원회 위원
3. 「국가공무원법」 제2조에 따른 국가공무원과 「지방공무원법」 제2조에 따른 지방공무원(「정당법」 제22조에 따라 정당의 당원이 될 수 있는 교원은 제외한다)
4. 「공공기관의 운영에 관한 법률」 제4조에 따른 공공기관(한국방송공사, 한국교육방송공사 및 한국은행을 포함한다)의 임직원

5. 「지방공기업법」 제2조에 따른 지방공사와 지방공단의 임직원
6. 농업협동조합, 수산업협동조합, 산림조합, 엽연초생산협동조합, 신용협동조합, 새마을금고(이들 조합·금고의 중앙회와 연합회를 포함한다)의 임직원과 이들 조합·금고의 중앙회장이나 연합회장
7. 「정당법」 제22조에 따라 정당의 당원이 될 수 없는 교원
8. 다른 법령에 따라 공무원의 신분을 가지는 직
9. 그 밖에 다른 법률에서 겸임할 수 없도록 정하는 직

② 「정당법」 제22조에 따라 정당의 당원이 될 수 있는 교원이 지방의회의원으로 당선되면 임기 중 그 교원의 직은 휴직된다.

③ 지방의회의원이 당선 전부터 제1항 각 호의 직을 제외한 다른 직을 가진 경우에는 임기 개시 후 1개월 이내에, 임기 중 그 다른 직에 취임한 경우에는 취임 후 15일 이내에 지방의회의 의장에게 서면으로 신고하여야 하며, 그 방법과 절차는 해당 지방자치단체의 조례로 정한다.

④ 지방의회의 의장은 제3항에 따라 지방의회의원의 겸직신고를 받으면 그 내용을 연 1회 이상 해당 지방의회의 인터넷 홈페이지에 게시하거나 지방자치단체의 조례로 정하는 방법에 따라 공개하여야 한다.

⑤ 지방의회의원이 다음 각 호의 기관·단체 및 그 기관·단체가 설립·운영하는 시설의 대표, 임원, 상근직원 또는 그 소속 위원회(자문위원회는 제외한다)의 위원이 된 경우에는 그 겸한 직을 사임하여야 한다.
1. 해당 지방자치단체가 출자·출연(재출자·재출연을 포함한다)한 기관·단체
2. 해당 지방자치단체의 사무를 위탁받아 수행하고 있는 기관·단체
3. 해당 지방자치단체로부터 운영비, 사업비 등을 지원받고 있는 기관·단체
4. 법령에 따라 해당 지방자치단체의 장의 인가를 받아 설립된 조합(조합설립을 위한 추진위원회 등 준비단체를 포함한다)의 임직원

⑥ 지방의회의 의장은 지방의회의원이 다음 각 호의 어느 하나에 해당하는 경우에는 그 겸한 직을 사임할 것을 권고하여야 한다. 이 경우 지방의회의 의장은 제66조에 따른 윤리심사자문위원회의 의견을 들어야 하며 그 의견을 존중하여야 한다.
1. 제5항에 해당하는 데도 불구하고 겸한 직을 사임하지 아니할 때
2. 다른 직을 겸하는 것이 제44조제2항에 위반된다고 인정될 때

⑦ 지방의회의 의장은 지방의회의원의 행위 또는 양수인이나 관리인의 지위가 제5항 또는 제6항에 따라 제한되는지와 관련하여 제66조에 따른 윤리심사자문위원회의 의견을 들을 수 있다.

제44조【의원의 의무】 ① 지방의회의원은 공공의 이익을 우선하여 양심에 따라 그 직무를 성실히 수행하여야 한다.

② 지방의회의원은 청렴의 의무를 지며, 지방의회의원으로서의 품위를 유지하여야 한다.

③ 지방의회의원은 지위를 남용하여 재산상의 권리·이익 또는 직위를 취득하거나 다른 사람을 위하여 그 취득을 알선해서는 아니 된다.

④ 지방의회의원은 해당 지방자치단체, 제43조제5항 각 호의 어느 하나에 해당하는 기관·단체 및 그 기관·단체가 설립·운영하는 시설과 영리를 목적으로 하는 거래를 하여서는 아니 된다.

⑤ 지방의회의원은 소관 상임위원회의 직무와 관련된 영리행위를 할 수 없으며, 그 범위는 해당 지방자치단체의 조례로 정한다.

제45조【의원체포 및 확정판결의 통지】 ① 수사기관의 장은 체포되거나 구금된 지방의회의원이 있으면 지체 없이 해당 지방의회의 의장에게 영장의 사본을 첨부하여 그 사실을 알려야 한다.

② 각급 법원장은 지방의회의원이 형사사건으로 공소(公訴)가 제기되어 판결이 확정되면 지체 없이 해당 지방의회의 의장에게 그 사실을 알려야 한다.

제46조【지방의회의 의무 등】 ① 지방의회는 지방의회의원이 준수하여야 할 지방의회의원의 윤리강령과 윤리실천규범을 조례로 정하여야 한다.

② 지방의회는 소속 의원(「공직선거법」 제190조 및 제190조의2에 따라 지방의회의원당선인으로 결정된 사람을 포함한다)들이 의정활동에 필요한 전문성을 확보하도록 노력하여야 한다.(2023.9.14 본항개정)

제3절 권 한

제47조【지방의회의 의결사항】 ① 지방의회는 다음 각 호의 사항을 의결한다.
1. 조례의 제정·개정 및 폐지
2. 예산의 심의·확정
3. 결산의 승인
4. 법령에 규정된 것을 제외한 사용료·수수료·분담금·지방세 또는 가입금의 부과와 징수
5. 기금의 설치·운용
6. 대통령령으로 정하는 중요 재산의 취득·처분
7. 대통령령으로 정하는 공공시설의 설치·처분
8. 법령과 조례에 규정된 것을 제외한 예산 외의 의무부담이나 권리의 포기
9. 청원의 수리와 처리
10. 외국 지방자치단체와의 교류·협력
11. 그 밖에 법령에 따라 그 권한에 속하는 사항

② 지방자치단체는 제1항 각 호의 사항 외에 조례로 정하는 바에 따라 지방의회에서 의결되어야 할 사항을 따로 정할 수 있다.

제47조의2【인사청문회】 ① 지방자치단체의 장은 다음 각 호의 어느 하나에 해당하는 직위 중 조례로 정하는 직위의 후보자에 대하여 지방의회에 인사청문을 요청할 수 있다.
1. 제123조제2항에 따라 정무직 국가공무원으로 보하는 부시장·부지사
2. 「제주특별자치도 설치 및 국제자유도시 조성을 위한 특별법」 제11조에 따른 행정시장
3. 「지방공기업법」 제49조에 따른 지방공사의 사장과 같은 법 제76조에 따른 지방공단의 이사장
4. 「지방자치단체 출자·출연 기관의 운영에 관한 법률」 제2조제1항 전단에 따른 출자·출연 기관의 기관장

② 지방의회의 의장은 제1항에 따른 인사청문 요청이 있는 경우 인사청문회를 실시한 후 그 경과를 지방자치단체의 장에게 송부하여야 한다.

③ 그 밖에 인사청문회의 절차 및 운영 등에 필요한 사항은 조례로 정한다.

(2023.3.21 본조신설)

제48조【서류제출 요구】 ① 본회의나 위원회는 그 의결로 안건의 심의와 직접 관련된 서류의 제출을 해당 지방자치단체의 장에게 요구할 수 있다.

② 위원회가 제1항의 요구를 할 때에는 지방의회의 의장에게 그 사실을 보고하여야 한다.

③ 제1항에도 불구하고 폐회 중에는 지방의회의 의장이 서류의 제출을 해당 지방자치단체의 장에게 요구할 수 있다.

④ 제1항 또는 제3항에 따라 서류제출을 요구할 때에는 서면, 전자문서 또는 컴퓨터의 자기테이프·자기디스크, 그 밖에 이와 유사한 매체에 기록된 상태 등 제출 형식을 지정할 수 있다.

제49조【행정사무 감사권 및 조사권】 ① 지방의회는 매년 1회 그 지방자치단체의 사무에 대하여 시·도에서는 14일의 범위에서, 시·군 및 자치구에서는 9일의 범위에서 감사를 실시하고, 지방자치단체의 사무 중 특정 사안에 관하여 본회의 의결로 본회의나 위원회에서 조사하게 할 수 있다.

② 제1항의 조사를 발의할 때에는 이유를 밝힌 서면으로 하여야 하며, 재적의원 3분의 1 이상의 찬성이 있어야 한다.

③ 지방자치단체 및 그 장이 위임받아 처리하는 국가사무와 시·도의 사무에 대하여 국회와 시·도의회가 직접 감사하기로 한 사무 외에는 그 감사를 각각 해당 시·도의회와 시·군 및 자치구의회가 할 수 있다. 이 경우 국회와 시·도의회는 그 감사 결과에 대하여 그 지방의회에 필요한 자료를 요구할 수 있다.
④ 제1항의 감사 또는 조사와 제3항의 감사를 위하여 필요하면 현지확인을 하거나 서류제출을 요구할 수 있으며, 지방자치단체의 장 또는 관계 공무원이나 그 사무에 관계되는 사람을 출석하게 하여 증인으로서 선서한 후 증언하게 하거나 참고인으로서 의견을 진술하도록 요구할 수 있다.
⑤ 제4항에 따른 증언에서 거짓증언을 한 사람은 고발할 수 있으며, 제4항에 따라 서류제출을 요구받은 자가 정당한 사유 없이 서류를 정해진 기한까지 제출하지 아니한 경우, 같은 항에 따라 출석요구를 받은 증인이 정당한 사유 없이 출석하지 아니하거나 선서 또는 증언을 거부한 경우에는 500만원 이하의 과태료를 부과할 수 있다.
⑥ 제5항에 따른 과태료 부과절차는 제34조를 따른다.
⑦ 제1항의 감사 또는 조사와 제3항의 감사를 위하여 필요한 사항은 「국정감사 및 조사에 관한 법률」에 준하여 대통령령으로 정하고, 제4항과 제5항의 선서·증언·감정 등에 관한 절차는 「국회에서의 증언·감정 등에 관한 법률」에 준하여 대통령령으로 정한다.
제50조【행정사무 감사 또는 조사 보고의 처리】 ① 지방의회는 본회의의 의결로 감사 또는 조사 결과를 처리한다.
② 지방의회는 감사 또는 조사 결과 해당 지방자치단체나 기관의 시정이 필요한 사유가 있을 때에는 시정을 요구하고, 지방자치단체나 기관에서 처리함이 타당하다고 인정되는 사항은 그 지방자치단체나 기관으로 이송한다.
③ 지방자치단체나 기관은 제2항에 따라 시정 요구를 받거나 이송받은 사항을 지체 없이 처리하고 그 결과를 지방의회에 보고하여야 한다.
제51조【행정사무처리상황의 보고와 질의응답】 ① 지방자치단체의 장이나 관계 공무원은 지방의회나 그 위원회에 출석하여 행정사무의 처리상황을 보고하거나 의견을 진술하고 질문에 답변할 수 있다.
② 지방자치단체의 장이나 관계 공무원은 지방의회나 그 위원회가 요구하면 출석·답변하여야 한다. 다만, 특별한 이유가 있으면 지방자치단체의 장은 관계 공무원에게 출석·답변하게 할 수 있다.
③ 제1항이나 제2항에 따라 지방의회나 그 위원회에 출석하여 답변할 수 있는 관계 공무원은 조례로 정한다.
제52조【의회규칙】 지방의회는 내부운영에 관하여 이 법에서 정한 것 외에 필요한 사항을 규칙으로 정할 수 있다.

제4절 소집과 회기

제53조【정례회】 ① 지방의회는 매년 2회 정례회를 개최한다.
② 정례회의 집회일, 그 밖에 정례회 운영에 필요한 사항은 해당 지방자치단체의 조례로 정한다.
제54조【임시회】 ① 지방의회의원 총선거 후 최초로 집회되는 임시회는 지방의회 사무처장·사무국장·사무과장이 지방의회의원 임기 개시일부터 25일 이내에 소집한다.
② 지방자치단체를 폐지하거나 설치하거나 나누거나 합쳐 새로운 지방자치단체가 설치된 경우에 최초의 임시회는 지방의회 사무처장·사무국장·사무과장이 해당 지방자치단체가 설치되는 날에 소집한다.
③ 지방의회의 의장은 지방자치단체의 장이나 조례로 정하는 수 이상의 지방의회의원이 요구하면 15일 이내에 임시회를 소집하여야 한다. 다만, 지방의회의 의장과 부의장이 부득이한 사유로 임시회를 소집할 수 없을 때에는 지방의회의원 중 최다선의원이, 최다선의원이 2명 이상인 경우에는 그 중 연장자의 순으로 소집할 수 있다.
④ 임시회 소집은 집회일 3일 전에 공고하여야 한다. 다만, 긴급할 때에는 그러하지 아니하다.
제55조【제출안건의 공고】 지방자치단체의 장이 지방의회에 제출할 안건은 지방자치단체의 장이 미리 공고하여야 한다. 다만, 회의 중 긴급한 안건을 제출할 때에는 그러하지 아니하다.(2021.10.19 본조개정)
제56조【개회·휴회·폐회와 회의일수】 ① 지방의회의 개회·휴회·폐회와 회기는 지방의회가 의결로 정한다.
② 연간 회의 총일수와 정례회 및 임시회의 회기는 해당 지방자치단체의 조례로 정한다.

제5절 의장과 부의장

제57조【의장·부의장의 선거와 임기】 ① 지방의회는 지방의회의원 중에서 시·도의 경우 의장 1명과 부의장 2명을, 시·군 및 자치구의 경우 의장과 부의장 각 1명을 무기명투표로 선출하여야 한다.
② 지방의회의원 총선거 후 처음으로 선출하는 의장·부의장 선거는 최초집회일에 실시한다.
③ 의장과 부의장의 임기는 2년으로 한다.
제58조【의장의 직무】 지방의회의 의장은 의회를 대표하고 의사(議事)를 정리하며, 회의장 내의 질서를 유지하고 의회의 사무를 감독한다.
제59조【의장 직무대리】 지방의회의 의장이 부득이한 사유로 직무를 수행할 수 없을 때에는 부의장이 그 직무를 대리한다.
제60조【임시의장】 지방의회의 의장과 부의장이 모두 부득이한 사유로 직무를 수행할 수 없을 때에는 임시의장을 선출하여 의장의 직무를 대행하게 한다.
제61조【보궐선거】 ① 지방의회의 의장이나 부의장이 궐위(闕位)된 경우에는 보궐선거를 실시한다.
② 보궐선거로 당선된 의장이나 부의장의 임기는 전임자 임기의 남은 기간으로 한다.
제62조【의장·부의장 불신임의 의결】 ① 지방의회의 의장이나 부의장이 법령을 위반하거나 정당한 사유 없이 직무를 수행하지 아니하면 지방의회는 불신임을 의결할 수 있다.
② 제1항의 불신임 의결은 재적의원 4분의 1 이상의 발의와 재적의원 과반수의 찬성으로 한다.
③ 제2항의 불신임 의결이 있으면 지방의회의 의장이나 부의장은 그 직에서 해임된다.
제63조【의장 등을 선거할 때의 의장 직무 대행】 제57조제1항, 제60조 또는 제61조제1항에 따른 선거(이하 이 조에서 "의장등의 선거"라 한다)를 실시할 때 의장의 직무를 수행할 사람이 없으면 출석의원 중 최다선의원이, 최다선의원이 2명 이상이면 그 중 연장자가 그 직무를 대행한다. 이 경우 직무를 대행하는 지방의회의원이 정당한 사유 없이 의장등의 선거를 실시할 직무를 이행하지 아니할 때에는 다음 순위의 지방의회의원이 그 직무를 대행한다.

제6절 교섭단체 및 위원회
(2023.3.21 본절제목개정)

제63조의2【교섭단체】 ① 지방의회에 교섭단체를 둘 수 있다. 이 경우 조례로 정하는 수 이상의 소속의원을 가진 정당은 하나의 교섭단체가 된다.
② 제1항 후단에도 불구하고 다른 교섭단체에 속하지 아니하는 의원 중 조례로 정하는 수 이상의 의원은 따로 교섭단체를 구성할 수 있다.
③ 그 밖에 교섭단체의 구성 및 운영 등에 필요한 사항은 조례로 정한다.
(2023.3.21 본조신설)
제64조【위원회의 설치】 ① 지방의회는 조례로 정하는 바에 따라 위원회를 둘 수 있다.
② 위원회의 종류는 다음 각 호와 같다.
1. 소관 의안(議案)과 청원 등을 심사·처리하는 상임위원회
2. 특정한 안건을 심사·처리하는 특별위원회
③ 위원회의 위원은 본회의에서 선임한다.

제65조【윤리특별위원회】 ① 지방의회의원의 윤리강령과 윤리실천규범 준수 여부 및 징계에 관한 사항을 심사하기 위하여 윤리특별위원회를 둔다.
② 제1항에 따른 윤리특별위원회(이하 "윤리특별위원회"라 한다)는 지방의회의원의 윤리강령과 윤리실천규범 준수 여부 및 지방의회의원의 징계에 관한 사항을 심사하기 전에 제66조에 따른 윤리심사자문위원회의 의견을 들어야 하며 그 의견을 존중하여야 한다.
제66조【윤리심사자문위원회】 ① 지방의회의원의 겸직 및 영리행위 등에 관한 지방의회의 의장의 자문과 지방의회의원의 윤리강령과 윤리실천규범 준수 여부 및 징계에 관한 윤리특별위원회의 자문에 응하기 위하여 윤리특별위원회에 윤리심사자문위원회를 둔다.
② 윤리심사자문위원회의 위원은 민간전문가 중에서 지방의회의 의장이 위촉한다.
③ 제1항 및 제2항에서 규정한 사항 외에 윤리심사자문위원회의 구성 및 운영에 필요한 사항은 회의규칙으로 정한다.
제67조【위원회의 권한】 위원회는 그 소관에 속하는 의안과 청원 등 또는 지방의회가 위임한 특정한 안건을 심사한다.
제68조【전문위원】 ① 위원회에는 위원장과 위원의 자치입법활동을 지원하기 위하여 지방의회의원이 아닌 전문지식을 가진 위원(이하 "전문위원"이라 한다)을 둔다.
② 전문위원은 위원회에서 의안과 청원 등의 심사, 행정사무감사 및 조사, 그 밖의 소관 사항과 관련하여 검토보고 및 관련 자료의 수집 · 조사 · 연구를 한다.
③ 위원회에 두는 전문위원의 직급과 수 등에 관하여 필요한 사항은 대통령령으로 정한다.
제69조【위원회에서의 방청 등】 ① 위원회에서 해당 지방의회의원이 아닌 사람은 위원회의 위원장(이하 이 장에서 "위원장"이라 한다)의 허가를 받아 방청할 수 있다.
② 위원장은 질서를 유지하기 위하여 필요할 때에는 방청인의 퇴장을 명할 수 있다.
제70조【위원회의 개회】 ① 위원회는 본회의의 의결이 있거나 지방의회의 의장 또는 위원장이 필요하다고 인정할 때, 재적위원 3분의 1 이상이 요구할 때에 개회한다.
② 폐회 중에는 지방자치단체의 장도 지방의회의 의장 또는 위원장에게 이유서를 붙여 위원회 개회를 요구할 수 있다.
제71조【위원회에 관한 조례】 위원회에 관하여 이 법에서 정한 것 외에 필요한 사항은 조례로 정한다.

제7절 회 의

제72조【의사정족수】 ① 지방의회는 재적의원 3분의 1 이상의 출석으로 개의(開議)한다.
② 회의 참석 인원이 제1항의 정족수에 미치지 못할 때에는 지방의회의 의장은 회의를 중지하거나 산회(散會)를 선포한다.
제73조【의결정족수】 ① 회의는 이 법에 특별히 규정된 경우 외에는 재적의원 과반수의 출석과 출석의원 과반수의 찬성으로 의결한다.
② 지방의회의 의장은 의결에서 표결권을 가지며, 찬성과 반대가 같으면 부결된 것으로 본다.
제74조【표결방법】 본회의에서 표결할 때에는 조례 또는 회의규칙으로 정하는 표결방식에 의한 기록표결로 가부(可否)를 결정한다. 다만, 다음 각 호의 어느 하나에 해당하는 경우에는 무기명투표로 표결한다.
1. 제57조에 따른 의장 · 부의장 선거
2. 제60조에 따른 임시의장 선출
3. 제62조에 따른 의장 부의장 불신임 의결
4. 제92조에 따른 자격상실 의결
5. 제100조에 따른 징계 의결
6. 제32조, 제120조 또는 제121조, 제192조에 따른 재의 요구에 관한 의결
7. 그 밖에 지방의회에서 하는 각종 선거 및 인사에 관한 사항
제75조【회의의 공개 등】 ① 지방의회의 회의는 공개한다. 다만, 지방의회의원 3명 이상이 발의하고 출석의원 3분의 2 이상이 찬성한 경우 또는 지방의회의 의장이 사회의 안녕질서 유지를 위하여 필요하다고 인정하는 경우에는 공개하지 아니할 수 있다.
② 지방의회의 의장은 공개된 회의의 방청 허가를 받은 장애인에게 정당한 편의를 제공하여야 한다.
제76조【의안의 발의】 ① 지방의회에서 의결할 의안은 지방자치단체의 장이나 조례로 정하는 수 이상의 지방의회의원의 찬성으로 발의한다.
② 위원회는 그 직무에 속하는 사항에 관하여 의안을 제출할 수 있다.
③ 제1항 및 제2항의 의안은 그 안을 갖추어 지방의회의 의장에게 제출하여야 한다.
④ 제1항에 따라 지방의회의원이 조례안을 발의하는 경우에는 발의 의원과 찬성 의원을 구분하되, 해당 조례안의 제명의 부제로 발의 의원의 성명을 기재하여야 한다. 다만, 발의 의원이 2명 이상인 경우에는 대표발의 의원 1명을 명시하여야 한다.
⑤ 지방의회의원이 발의한 제정조례안 또는 전부개정조례안 중 지방의회에서 의결된 조례안을 공표하거나 홍보하는 경우에는 해당 조례안의 부제를 함께 표기할 수 있다.
제77조【조례안 예고】 ① 지방의회는 심사대상인 조례안에 대하여 5일 이상의 기간을 정하여 그 취지, 주요 내용, 전문을 공보나 인터넷 홈페이지 등에 게재하는 방법으로 예고할 수 있다.
② 조례안 예고의 방법, 절차, 그 밖에 필요한 사항은 회의규칙으로 정한다.
제78조【의안에 대한 비용추계 자료 등의 제출】 ① 지방자치단체의 장이 예산상 또는 기금상의 조치가 필요한 의안을 제출할 경우에는 그 의안의 시행에 필요할 것으로 예상되는 비용에 대한 추계서와 그에 따른 재원조달방안에 관한 자료를 의안에 첨부하여야 한다.(2021.10.19 본항개정)
② 제1항에 따른 비용의 추계 및 재원조달방안에 관한 자료의 작성 및 제출절차 등에 관하여 필요한 사항은 해당 지방자치단체의 조례로 정한다.
제79조【회기계속의 원칙】 지방의회에 제출된 의안은 회기 중에 의결되지 못한 것 때문에 폐기되지 아니 한다. 다만, 지방의회의원의 임기가 끝나는 경우에는 그러하지 아니하다.
제80조【일사부재의의 원칙】 지방의회에서 부결된 의안은 같은 회기 중에 다시 발의하거나 제출할 수 없다.
제81조【위원회에서 폐기된 의안】 ① 위원회에서 본회의에 부칠 필요가 없다고 결정된 의안은 본회의에 부칠 수 없다. 다만, 위원회의 결정이 본회의에 보고된 날부터 폐회나 휴회 중의 기간을 제외한 7일 이내에 지방의회의 의장이나 재적의원 3분의 1 이상이 요구하면 그 의안을 본회의에 부쳐야 한다.
② 제1항 단서의 요구가 없으면 그 의안은 폐기된다.
제82조【의장이나 의원의 제척】 지방의회의 의장이나 지방의회의원은 본인 · 배우자 · 직계존비속(直系尊卑屬) 또는 형제자매와 직접 이해관계가 있는 안건에 관하여는 그 의사에 참여할 수 없다. 다만, 의회의 동의가 있으면 의회에 출석하여 발언할 수 있다.
제83조【회의규칙】 지방의회는 회의 운영에 관하여 이 법에서 정한 것 외에 필요한 사항을 회의규칙으로 정한다.
제84조【회의록】 ① 지방의회는 회의록을 작성하고 회의의 진행내용 및 결과와 출석의원의 성명을 적어야 한다.
② 회의록에는 지방의회의 의장과 지방의회에서 선출한 지방의회의원 2명 이상이 서명하여야 한다.
③ 지방의회의 의장은 회의록 사본을 첨부하여 회의 결과를 그 지방자치단체의 장에게 알려야 한다.
④ 지방의회의 의장은 회의록을 지방의회의원에게 배부하고, 주민에게 공개한다. 다만, 비밀로 할 필요가 있다고 지방의회의 의장이 인정하거나 지방의회에서 의결한 사항은 공개하지 아니한다.

제8절 청 원

제85조【청원서의 제출】 ① 지방의회에 청원을 하려는 자는 지방의회의원의 소개를 받아 청원서를 제출하여야 한다.
② 청원서에는 청원자의 성명(법인인 경우에는 그 명칭과 대표자의 성명을 말한다) 및 주소를 적고 서명·날인하여야 한다.
제86조【청원의 불수리】 재판에 간섭하거나 법령에 위배되는 내용의 청원은 수리하지 아니한다.
제87조【청원의 심사·처리】 ① 지방의회의 의장은 청원서를 접수하면 소관 위원회나 본회의에 회부하여 심사를 하게 한다.
② 청원을 소개한 지방의회의원은 소관 위원회나 본회의가 요구하면 청원의 취지를 설명하여야 한다.
③ 위원회가 청원을 심사하여 본회의에 부칠 필요가 없다고 결정하면 그 처리 결과를 지방의회의 의장에게 보고하고, 지방의회의 의장은 청원한 자에게 알려야 한다.
제88조【청원의 이송과 처리보고】 ① 지방의회가 채택한 청원으로서 그 지방자치단체의 장이 처리하는 것이 타당하다고 인정되는 청원은 의견서를 첨부하여 지방자치단체의 장에게 이송한다.
② 지방자치단체의 장은 제1항의 청원을 처리하고 그 처리결과를 지체 없이 지방의회에 보고하여야 한다.

제9절 의원의 사직·퇴직과 자격심사

제89조【의원의 사직】 지방의회는 그 의결로 소속 지방의회의원의 사직을 허가할 수 있다. 다만, 폐회 중에는 지방의회의 의장이 허가할 수 있다.
제90조【의원의 퇴직】 지방의회의원이 다음 각 호의 어느 하나에 해당될 때에는 지방의회의원의 직에서 퇴직한다.
1. 제43조제1항 각 호의 어느 하나에 해당하는 직에 취임할 때
2. 피선거권이 없게 될 때(지방자치단체의 구역변경이나 없어지거나 합한 것 외의 다른 사유로 그 지방자치단체의 구역 밖으로 주민등록을 이전하였을 때를 포함한다)
3. 징계에 따라 제명될 때
제91조【의원의 자격심사】 ① 지방의회의원은 다른 의원의 자격에 대하여 이의가 있으면 재적의원 4분의 1 이상의 찬성으로 지방의회의 의장에게 자격심사를 청구할 수 있다.
② 심사 대상인 지방의회의원은 자기의 자격심사에 관한 회의에 출석하여 의견을 진술할 수 있으나, 의결에는 참가할 수 없다.
제92조【자격상실 의결】 ① 제91조제1항의 심사 대상인 지방의회의원에 대한 자격상실 의결은 재적의원 3분의 2 이상의 찬성이 있어야 한다.
② 심사 대상인 지방의회의원은 제1항에 따라 자격상실이 확정될 때까지는 그 직을 상실하지 아니한다.
제93조【결원의 통지】 지방의회의 의장은 지방의회의원의 결원이 생겼을 때에는 15일 이내에 그 지방자치단체의 장과 관할 선거관리위원회에 알려야 한다.

제10절 질 서

제94조【회의의 질서유지】 ① 지방의회의 의장이나 위원장은 지방의회의원이 본회의나 위원회의 회의장에서 이 법이나 회의규칙에 위배되는 발언이나 행위를 하여 회의장의 질서를 어지럽히면 경고 또는 제지를 하거나 발언의 취소를 명할 수 있다.
② 지방의회의 의장이나 위원장은 제1항의 명에 따르지 아니한 지방의회의원이 있으면 그 지방의회의원에 대하여 당일의 회의에서 발언하는 것을 금지하거나 퇴장시킬 수 있다.
③ 지방의회의 의장이나 위원장은 회의장이 소란하여 질서를 유지하기 어려우면 회의를 중지하거나 산회를 선포할 수 있다.
제95조【모욕 등 발언의 금지】 ① 지방의회의원은 본회의나 위원회에서 다른 사람을 모욕하거나 다른 사람의 사생활에 대하여 발언해서는 아니 된다.
② 본회의나 위원회에서 모욕을 당한 지방의회의원은 모욕을 한 지방의회의원에 대하여 지방의회에 징계를 요구할 수 있다.
제96조【발언 방해 등의 금지】 지방의회의원은 회의 중에 폭력을 행사하거나 소란한 행위를 하여 다른 사람의 발언을 방해할 수 없으며, 지방의회의 의장이나 위원장의 허가 없이 연단(演壇)이나 단상(壇上)에 올라가서는 아니 된다.
제97조【방청인의 단속】 ① 방청인은 의안에 대하여 찬성·반대를 표명하거나 소란한 행위를 하여서는 아니 된다.
② 지방의회의 의장은 회의장의 질서를 방해하는 방청인의 퇴장을 명할 수 있으며, 필요하면 경찰관서에 인도할 수 있다.
③ 지방의회의 의장은 방청석이 소란하면 모든 방청인을 퇴장시킬 수 있다.
④ 제1항부터 제3항까지에서 규정한 사항 외에 방청인 단속에 필요한 사항은 회의규칙으로 정한다.

제11절 징 계

제98조【징계의 사유】 지방의회는 지방의회의원이 이 법이나 자치법규에 위배되는 행위를 하면 윤리특별위원회의 심사를 거쳐 의결로써 징계할 수 있다.
제99조【징계의 요구】 ① 지방의회의 의장은 제98조에 따른 징계대상 지방의회의원이 있어 징계 요구를 받으면 윤리특별위원회에 회부한다.
② 제95조제1항을 위반한 지방의회의원에 대하여 모욕을 당한 지방의회의원이 징계를 요구하려면 징계사유를 적은 요구서를 지방의회의 의장에게 제출하여야 한다.
③ 지방의회의 의장은 제2항의 징계 요구를 받으면 윤리특별위원회에 회부한다.
제100조【징계의 종류와 의결】 ① 징계의 종류는 다음과 같다.
1. 공개회의에서의 경고
2. 공개회의에서의 사과
3. 30일 이내의 출석정지
4. 제명
② 제1항제4호에 따른 제명 의결에는 재적의원 3분의 2 이상의 찬성이 있어야 한다.
제101조【징계에 관한 회의규칙】 징계에 관하여 이 법에서 정한 사항 외에 필요한 사항은 회의규칙으로 정한다.

제12절 사무기구와 직원

제102조【사무처 등의 설치】 ① 시·도의회에는 사무를 처리하기 위하여 조례로 정하는 바에 따라 사무처를 둘 수 있으며, 사무처에는 사무처장과 직원을 둔다.
② 시·군 및 자치구의회에는 사무를 처리하기 위하여 조례로 정하는 바에 따라 사무국이나 사무과를 둘 수 있으며, 사무국·사무과에는 사무국장 또는 사무과장과 직원을 둘 수 있다.
③ 제1항과 제2항에 따른 사무처장·사무국장·사무과장 및 직원(이하 제103조, 제104조 및 제118조에서 "사무직원"이라 한다)은 지방공무원으로 보한다.
제103조【사무직원의 정원과 임면 등】 ① 지방의회에 두는 사무직원의 수는 인건비 등 대통령령으로 정하는 기준에 따라 조례로 정한다.
② 지방의회의 의장은 지방의회 사무직원을 지휘·감독하고 법령과 조례·의회규칙으로 정하는 바에 따라 그 임면·교육·훈련·복무·징계 등에 관한 사항을 처리한다.
제104조【사무직원의 직무와 신분보장 등】 ① 사무처장·사무국장 또는 사무과장은 지방의회의 의장의 명을 받아 의회의 사무를 처리한다.
② 사무직원의 임용·보수·복무·신분보장·징계 등에 관하여는 이 법에서 정한 것 외에는 「지방공무원법」을 적용한다.

제6장 집행기관

제1절 지방자치단체의 장

제1관 지방자치단체의 장의 직 인수위원회

제105조【지방자치단체의 장의 직 인수위원회】 ①「공직선거법」 제191조에 따른 지방자치단체의 장의 당선인(같은 법 제14조제3항 단서에 따라 당선이 결정된 사람을 포함하며, 이하 이 조에서 "당선인"이라 한다)은 이 법에서 정하는 바에 따라 지방자치단체의 장의 직 인수를 위하여 필요한 권한을 갖는다.
② 당선인을 보좌하여 지방자치단체의 장의 직 인수와 관련된 업무를 담당하기 위하여 당선이 결정된 때부터 해당 지방자치단체에 지방자치단체의 장의 직 인수위원회(이하 이 조에서 "인수위원회"라 한다)를 설치할 수 있다.
③ 인수위원회는 당선인으로 결정된 때부터 지방자치단체의 장의 임기 시작일 이후 20일의 범위에서 존속한다.
④ 인수위원회는 다음 각 호의 업무를 수행한다.
1. 해당 지방자치단체의 조직·기능 및 예산현황의 파악
2. 해당 지방자치단체의 정책기조를 설정하기 위한 준비
3. 그 밖에 지방자치단체의 장의 직 인수에 필요한 사항
⑤ 인수위원회는 위원장 1명 및 부위원장 1명을 포함하여 다음 각 호의 구분에 따른 위원으로 구성한다.
1. 시·도 : 20명 이내
2. 시·군 및 자치구 : 15명 이내
⑥ 위원장·부위원장 및 위원은 명예직으로 하고, 당선인이 임명하거나 위촉한다.
⑦「지방공무원법」 제31조 각 호의 어느 하나에 해당하는 사람은 인수위원회의 위원장·부위원장 및 위원이 될 수 없다.
⑧ 인수위원회의 위원장·부위원장 및 위원과 그 직에 있었던 사람은 그 직무와 관련하여 알게 된 비밀을 다른 사람에게 누설하거나 지방자치단체의 장의 직 인수 업무 외의 다른 목적으로 이용할 수 없으며, 직권을 남용해서는 아니 된다.
⑨ 인수위원회의 위원장·부위원장 및 위원과 그 직에 있었던 사람 중 공무원이 아닌 사람은 인수위원회의 업무와 관련하여 「형법」이나 그 밖의 법률에 따른 벌칙을 적용할 때에는 공무원으로 본다.
⑩ 제1항부터 제9항까지에서 규정한 사항 외에 인수위원회의 구성·운영 및 인력·예산 지원 등에 필요한 사항은 해당 지방자치단체의 조례로 정한다.

제2관 지방자치단체의 장의 지위

제106조【지방자치단체의 장】 특별시에 특별시장, 광역시에 광역시장, 특별자치시에 특별자치시장, 도와 특별자치도에 도지사를 두고, 시에 시장, 군에 군수, 자치구에 구청장을 둔다.
제107조【지방자치단체의 장의 선거】 지방자치단체의 장은 주민이 보통·평등·직접·비밀선거로 선출한다.
제108조【지방자치단체의 장의 임기】 지방자치단체의 장의 임기는 4년으로 하며, 3기 내에서만 계속 재임(在任)할 수 있다.
제109조【겸임 등의 제한】 ① 지방자치단체의 장은 다음 각 호의 어느 하나에 해당하는 직을 겸임할 수 없다.
1. 대통령, 국회의원, 헌법재판소 재판관, 각급 선거관리위원회 위원, 지방의회의원
2.「국가공무원법」 제2조에 따른 국가공무원과 「지방공무원법」 제2조에 따른 지방공무원
3. 다른 법령에 따라 공무원의 신분을 가지는 직
4.「공공기관의 운영에 관한 법률」 제4조에 따른 공공기관(한국방송공사, 한국교육방송공사 및 한국은행을 포함한다)의 임직원
5. 농업협동조합, 수산업협동조합, 산림조합, 엽연초생산협동조합, 신용협동조합 및 새마을금고(이들 조합·금고의 중앙회와 연합회를 포함한다)의 임직원
6. 교원
7.「지방공기업법」 제2조에 따른 지방공사와 지방공단의 임직원
8. 그 밖에 다른 법률에서 겸임할 수 없도록 정하는 직
② 지방자치단체의 장은 재임 중 그 지방자치단체와 영리를 목적으로 하는 거래를 하거나 그 지방자치단체와 관계있는 영리사업에 종사할 수 없다.
제110조【지방자치단체의 폐지·설치·분리·합병과 지방자치단체의 장】 지방자치단체를 폐지하거나 설치하거나 나누거나 합쳐 새로 지방자치단체의 장을 선출하여야 하는 경우에는 그 지방자치단체의 장이 선출될 때까지 시·도지사는 행정안전부장관이, 시장·군수 및 자치구의 구청장은 시·도지사가 각각 그 직무를 대행할 사람을 지정하여야 한다. 다만, 둘 이상의 동격의 지방자치단체를 통폐합하여 새로운 지방자치단체를 설치하는 경우에는 종전의 지방자치단체의 장 중에서 해당 지방자치단체의 장의 직무를 대행할 사람을 지정한다.
제111조【지방자치단체의 장의 사임】 ① 지방자치단체의 장은 그 직을 사임하려면 지방의회의 의장에게 미리 사임일을 적은 서면(이하 "사임통지서"라 한다)으로 알려야 한다.
② 지방자치단체의 장은 사임통지서에 적힌 사임일에 사임한다. 다만, 사임통지서에 적힌 사임일까지 지방의회의 의장에게 사임통지가 되지 아니하면 지방의회의 의장에게 사임통지가 된 날에 사임한다.
제112조【지방자치단체의 장의 퇴직】 지방자치단체의 장이 다음 각 호의 어느 하나에 해당될 때에는 그 직에서 퇴직한다.
1. 지방자치단체의 장이 겸임할 수 없는 직에 취임할 때
2. 피선거권이 없게 될 때. 이 경우 지방자치단체의 구역이 변경되거나 없어지거나 합한 것 외의 다른 사유로 그 지방자치단체의 구역 밖으로 주민등록을 이전하였을 때를 포함한다.
3. 제110조에 따라 지방자치단체의 장의 직을 상실할 때
제113조【지방자치단체의 장의 체포 및 확정판결의 통지】 ① 수사기관의 장은 체포되거나 구금된 지방자치단체의 장이 있으면 지체 없이 영장의 사본을 첨부하여 해당 지방자치단체에 알려야 한다. 이 경우 통지를 받은 지방자치단체는 그 사실을 즉시 행정안전부장관에게 보고하여야 하며, 시·군 및 자치구가 행정안전부장관에게 보고할 때에는 시·도지사를 거쳐야 한다.
② 각급 법원장은 지방자치단체의 장이 형사사건으로 공소가 제기되어 판결이 확정되면 지체 없이 해당 지방자치단체에 알려야 한다. 이 경우 통지를 받은 지방자치단체는 그 사실을 즉시 행정안전부장관에게 보고하여야 하며, 시·군 및 자치구가 행정안전부장관에게 보고할 때에는 시·도지사를 거쳐야 한다.

제3관 지방자치단체의 장의 권한

제114조【지방자치단체의 통할대표권】 지방자치단체의 장은 지방자치단체를 대표하고, 그 사무를 총괄한다.
제115조【국가사무의 위임】 시·도와 시·군 및 자치구에서 시행하는 국가사무는 시·도지사와 시장·군수 및 자치구의 구청장에게 위임하여 수행하는 것을 원칙으로 한다. 다만, 법령에 다른 규정이 있는 경우에는 그러하지 아니하다.
제116조【사무의 관리 및 집행권】 지방자치단체의 장은 그 지방자치단체의 사무와 법령에 따라 그 지방자치단체의 장에게 위임된 사무를 관리하고 집행한다.
제117조【사무의 위임 등】 ① 지방자치단체의 장은 조례나 규칙으로 정하는 바에 따라 그 권한에 속하는 사무의 일부를 보조기관, 소속 행정기관 또는 하부행정기관에 위임할 수 있다.

② 지방자치단체의 장은 조례나 규칙으로 정하는 바에 따라 그 권한에 속하는 사무의 일부를 관할 지방자치단체나 공공단체 또는 그 기관(사업소·출장소를 포함한다)에 위임하거나 위탁할 수 있다.
③ 지방자치단체의 장은 조례나 규칙으로 정하는 바에 따라 그 권한에 속하는 사무 중 조사·검사·검정·관리업무 등 주민의 권리·의무와 직접 관련되지 아니하는 사무를 법인·단체 또는 그 기관이나 개인에게 위탁할 수 있다.
④ 지방자치단체의 장이 위임받거나 위탁받은 사무의 일부를 제1항부터 제3항까지의 규정에 따라 다시 위임하거나 위탁하려면 미리 그 사무를 위임하거나 위탁한 기관의 장의 승인을 받아야 한다.
제118조【직원에 대한 임면권 등】 지방자치단체의 장은 소속 직원(지방의회의 사무직원은 제외한다)을 지휘·감독하고 법령과 조례·규칙으로 정하는 바에 따라 그 임면·교육훈련·복무·징계 등에 관한 사항을 처리한다.
제119조【사무인계】 지방자치단체의 장이 퇴직할 때에는 소관 사무 일체를 후임자에게 인계하여야 한다.

제4관 지방의회와의 관계

제120조【지방의회의 의결에 대한 재의 요구와 제소】 ① 지방자치단체의 장은 지방의회의 의결이 월권이거나 법령에 위반되거나 공익을 현저히 해친다고 인정되면 그 의결사항을 이송받은 날부터 20일 이내에 이유를 붙여 재의를 요구할 수 있다.
② 제1항의 요구에 대하여 재의한 결과 재적의원 과반수의 출석과 출석의원 3분의 2 이상의 찬성으로 전과 같은 의결을 하면 그 의결사항은 확정된다.
③ 지방자치단체의 장은 제2항에 따라 재의결된 사항이 법령에 위반된다고 인정되면 대법원에 소(訴)를 제기할 수 있다. 이 경우에는 제192조제4항을 준용한다.
제121조【예산상 집행 불가능한 의결의 재의 요구】 ① 지방자치단체의 장은 지방의회의 의결이 예산상 집행할 수 없는 경비를 포함하고 있다고 인정되면 그 의결사항을 이송받은 날부터 20일 이내에 이유를 붙여 재의를 요구할 수 있다.
② 지방의회가 다음 각 호의 어느 하나에 해당하는 경비를 줄이는 의결을 할 때에도 제1항과 같다.
1. 법령에 따라 지방자치단체에서 의무적으로 부담하여야 할 경비
2. 비상재해로 인한 시설의 응급 복구를 위하여 필요한 경비
③ 제1항과 제2항의 경우에는 제120조제2항을 준용한다.
제122조【지방자치단체의 장의 선결처분】 ① 지방자치단체의 장은 지방의회가 지방의회의원이 구속되는 등의 사유로 제73조에 따른 의결정족수에 미달될 때와 지방의회의 의결사항 중 주민의 생명과 재산 보호를 위하여 긴급하게 필요한 사항으로서 지방의회를 소집할 시간적 여유가 없거나 지방의회에서 의결이 지체되어 의결되지 아니할 때에는 선결처분(先決處分)을 할 수 있다.
② 제1항에 따른 선결처분은 지체 없이 지방의회에 보고하여 승인을 받아야 한다.
③ 지방의회에서 제2항의 승인을 받지 못하면 그 선결처분은 그때부터 효력을 상실한다.
④ 지방자치단체의 장은 제2항이나 제3항에 관한 사항을 지체 없이 공고하여야 한다.

제2절 보조기관

제123조【부지사·부시장·부군수·부구청장】 ① 특별시·광역시 및 특별자치시에 부시장, 도와 특별자치도에 부지사, 시에 부시장, 군에 부군수, 자치구에 부구청장을 두며, 그 수는 다음 각 호의 구분과 같다.
1. 특별시의 부시장의 수 : 3명을 넘지 아니하는 범위에서 대통령령으로 정한다.
2. 광역시와 특별자치시의 부시장 및 도와 특별자치도의 부지사의 수 : 2명(인구 800만 이상의 광역시나 도는 3명)을 넘지 아니하는 범위에서 대통령령으로 정한다.
3. 시의 부시장, 군의 부군수 및 자치구의 부구청장의 수 : 1명으로 한다.
② 특별시·광역시 및 특별자치시의 부시장, 도와 특별자치도의 부지사는 대통령령으로 정하는 바에 따라 정무직 또는 일반직 국가공무원으로 보한다. 다만, 제1항제1호 및 제2호에 따라 특별시·광역시 및 특별자치시의 부시장, 도와 특별자치도의 부지사를 2명이나 3명 두는 경우에 1명은 대통령령으로 정하는 바에 따라 정무직·일반직 또는 별정직 지방공무원으로 보하되, 정무직과 별정직 지방공무원으로 보할 때의 자격기준은 해당 지방자치단체의 조례로 정한다.
③ 제2항의 정무직 또는 일반직 국가공무원으로 보하는 부시장·부지사는 시·도지사의 제청으로 행정안전부장관을 거쳐 대통령이 임명한다. 이 경우 제청된 사람에게 법적 결격사유가 없으면 시·도지사가 제청한 날부터 30일 이내에 임명절차를 마쳐야 한다.
④ 시의 부시장, 군의 부군수, 자치구의 부구청장은 일반직 지방공무원으로 보하되, 그 직급은 대통령령으로 정하며 시장·군수·구청장이 임명한다.
⑤ 시·도의 부시장과 부지사, 시의 부시장·부군수·부구청장은 해당 지방자치단체의 장을 보좌하여 사무를 총괄하고, 소속 직원을 지휘·감독한다.
⑥ 제1항제1호 및 제2호에 따라 시·도의 부시장과 부지사를 2명이나 3명 두는 경우에 그 사무 분장은 대통령령으로 정한다. 이 경우 부시장·부지사를 3명 두는 시·도에서는 그중 1명에게 특정지역의 사무를 담당하게 할 수 있다.
제124조【지방자치단체의 장의 권한대행 등】 ① 지방자치단체의 장이 다음 각 호의 어느 하나에 해당되면 부지사·부시장·부군수·부구청장(이하 이 조에서 "부단체장"이라 한다)이 그 권한을 대행한다.
1. 궐위된 경우
2. 공소 제기된 후 구금상태에 있는 경우
3. 「의료법」에 따른 의료기관에 60일 이상 계속하여 입원한 경우
② 지방자치단체의 장이 그 직을 가지고 그 지방자치단체의 장 선거에 입후보하면 예비후보자 또는 후보자로 등록한 날부터 선거일까지 부단체장이 그 지방자치단체의 장의 권한을 대행한다.
③ 지방자치단체의 장이 출장·휴가 등 일시적 사유로 직무를 수행할 수 없으면 부단체장이 그 직무를 대리한다.
④ 제1항부터 제3항까지의 경우에 부지사나 부시장이 2명 이상인 시·도에서는 대통령령으로 정하는 순서에 따라 그 권한을 대행하거나 직무를 대리한다.
⑤ 제1항부터 제3항까지의 규정에 따라 권한을 대행하거나 직무를 대리할 부단체장이 부득이한 사유로 직무를 수행할 수 없으면 그 지방자치단체의 규칙에 정해진 직제 순서에 따른 공무원이 그 권한을 대행하거나 직무를 대리한다.
제125조【행정기구와 공무원】 ① 지방자치단체는 그 사무를 분장하기 위하여 필요한 행정기구와 지방공무원을 둔다.
② 제1항에 따른 행정기구의 설치와 지방공무원의 정원은 인건비 등 대통령령으로 정하는 기준에 따라 그 지방자치단체의 조례로 정한다.
③ 행정안전부장관은 지방자치단체의 행정기구와 지방공무원의 정원이 적절하게 운영되고 다른 지방자치단체와의 균형이 유지되도록 하기 위하여 필요한 사항을 권고할 수 있다.
④ 지방공무원의 임용과 시험·자격·보수·복무·신분보장·징계·교육·훈련 등에 관한 사항은 따로 법률로 정한다.
⑤ 지방자치단체에는 제1항에도 불구하고 법률로 정하는 바에 따라 국가공무원을 둘 수 있다.
⑥ 제5항에 규정된 국가공무원의 경우 「국가공무원법」 제32조제1항부터 제3항까지의 규정에도 불구하고 5급 이상의 국가공무원이나 고위공무원단에 속하는 공무원은 해당 지방자치단체의 장의 제청으로 소속 장관을 거쳐 대통령이 임명하고, 6급 이하의 국가공무원은 그 지방자치단체의 장의 제청으로 소속 장관이 임명한다.

제3절 소속 행정기관

제126조【직속기관】 지방자치단체는 소관 사무의 범위에서 필요하면 대통령령이나 대통령령으로 정하는 범위에서 그 지방자치단체의 조례로 자치경찰기관(제주특별자치도만 해당한다), 소방기관, 교육훈련기관, 보건진료기관, 시험연구기관 및 중소기업지도기관 등을 직속기관으로 설치할 수 있다.
제127조【사업소】 지방자치단체는 특정 업무를 효율적으로 수행하기 위하여 필요하면 대통령령으로 정하는 범위에서 그 지방자치단체의 조례로 사업소를 설치할 수 있다.
제128조【출장소】 지방자치단체는 외진 곳의 주민의 편의와 특정지역의 개발 촉진을 위하여 필요하면 대통령령으로 정하는 범위에서 그 지방자치단체의 조례로 출장소를 설치할 수 있다.
제129조【합의제행정기관】 ① 지방자치단체는 소관 사무의 일부를 독립하여 수행할 필요가 있으면 법령이나 그 지방자치단체의 조례로 정하는 바에 따라 합의제행정기관을 설치할 수 있다.
② 제1항의 합의제행정기관의 설치·운영에 필요한 사항은 대통령령이나 그 지방자치단체의 조례로 정한다.
제130조【자문기관의 설치 등】 ① 지방자치단체는 소관 사무의 범위에서 법령이나 그 지방자치단체의 조례로 정하는 바에 따라 자문기관(소관 사무에 대한 자문에 응하거나 협의, 심의 등을 목적으로 하는 심의회, 위원회 등을 말한다. 이하 같다)을 설치·운영할 수 있다.
② 자문기관은 법령이나 조례에 규정된 기능과 권한을 넘어서 주민의 권리를 제한하거나 의무를 부과하는 내용으로 자문 또는 심의 등을 하여서는 아니 된다.
③ 자문기관의 설치 요건·절차, 구성 및 운영 등에 관한 사항은 대통령령으로 정한다. 다만, 다른 법령에서 지방자치단체에 둘 수 있는 자문기관의 설치 요건·절차, 구성 및 운영 등을 따로 정한 경우에는 그 법령에서 정하는 바에 따른다.
④ 지방자치단체는 자문기관 운영의 효율성 향상을 위하여 해당 지방자치단체에 설치된 다른 자문기관과 성격·기능이 중복되는 자문기관을 설치·운영해서는 아니 되며, 지방자치단체의 조례로 정하는 바에 따라 성격과 기능이 유사한 다른 자문기관의 기능을 포함하여 운영할 수 있다.
⑤ 지방자치단체의 장은 자문기관 운영의 효율성 향상을 위한 자문기관 정비계획 및 조치 결과 등을 종합하여 작성한 자문기관 운영현황을 매년 해당 지방의회에 보고하여야 한다.

제4절 하부행정기관

제131조【하부행정기관의 장】 자치구가 아닌 구에 구청장, 읍에 읍장, 면에 면장, 동에 동장을 둔다. 이 경우 면·동은 행정면·행정동을 말한다.
제132조【하부행정기관의 장의 임명】 ① 자치구가 아닌 구의 구청장은 일반직 지방공무원으로 보하되, 시장이 임명한다.
② 읍장·면장·동장은 일반직 지방공무원으로 보하되, 시장·군수 또는 자치구의 구청장이 임명한다.
제133조【하부행정기관의 장의 직무권한】 자치구가 아닌 구의 구청장은 시장, 읍장·면장은 시장이나 군수, 동장은 시장(구가 없는 시의 시장을 말한다)이나 구청장(자치구의 구청장을 포함한다)의 지휘·감독을 받아 소관 국가사무와 지방자치단체의 사무를 맡아 처리하고 소속 직원을 지휘·감독한다.
제134조【하부행정기구】 지방자치단체는 조례로 정하는 바에 따라 자치구가 아닌 구와 읍·면·동에 소관 행정사무를 분장하기 위하여 필요한 행정기구를 둘 수 있다. 이 경우 면·동은 행정면·행정동을 말한다.

제5절 교육·과학 및 체육에 관한 기관

제135조【교육·과학 및 체육에 관한 기관】 ① 지방자치단체의 교육·과학 및 체육에 관한 사무를 분장하기 위하여 별도의 기관을 둔다.
② 제1항에 따른 기관의 조직과 운영에 필요한 사항은 따로 법률로 정한다.

제7장 재 무

제1절 재정 운영의 기본원칙

제136조【지방재정의 조정】 국가와 지방자치단체는 지역 간 재정불균형을 해소하기 위하여 국가와 지방자치단체 간, 지방자치단체 상호 간에 적절한 재정 조정을 하도록 노력하여야 한다.
제137조【건전재정의 운영】 ① 지방자치단체는 그 재정을 수지균형의 원칙에 따라 건전하게 운영하여야 한다.
② 국가는 지방재정의 자주성과 건전한 운영을 장려하여야 하며, 국가의 부담을 지방자치단체에 넘겨서는 아니 된다.
③ 국가는 다음 각 호의 어느 하나에 해당하는 기관의 신설·확장·이전·운영과 관련된 비용을 지방자치단체에 부담시켜서는 아니 된다.
1. 「정부조직법」과 다른 법률에 따라 설치된 국가행정기관 및 그 소속 기관
2. 「공공기관의 운영에 관한 법률」 제4조에 따른 공공기관
3. 국가가 출자·출연한 기관(재단법인, 사단법인 등을 포함한다)
4. 국가가 설립·조성·관리하는 시설 또는 단지 등을 지원하기 위하여 설치된 기관(재단법인, 사단법인 등을 포함한다)

④ 국가는 제3항 각 호의 기관을 신설하거나 확장하거나 이전하는 위치를 선정할 경우 지방자치단체의 재정적 부담을 입지 선정의 조건으로 하거나 입지 적합성의 선정항목으로 이용해서는 아니 된다.
제138조【국가시책의 구현】 ① 지방자치단체는 국가시책을 달성하기 위하여 노력하여야 한다.
② 제1항에 따라 국가시책을 달성하기 위하여 필요한 경비의 국고보조율과 지방비부담률은 법령으로 정한다.
제139조【지방채무 및 지방채권의 관리】 ① 지방자치단체의 장이나 지방자치단체조합은 따로 법률로 정하는 바에 따라 지방채를 발행할 수 있다.
② 지방자치단체의 장은 따로 법률로 정하는 바에 따라 지방자치단체의 채무부담의 원인이 될 계약의 체결이나 그 밖의 행위를 할 수 있다.
③ 지방자치단체의 장은 공익을 위하여 필요하다고 인정하면 미리 지방의회의 의결을 받아 보증채무 부담행위를 할 수 있다.
④ 지방자치단체는 조례나 계약에 의하지 아니하고는 채무의 이행을 지체할 수 없다.
⑤ 지방자치단체는 법령이나 조례의 규정에 따르거나 지방의회의 의결을 받지 아니하고는 채권에 관하여 채무를 면제하거나 그 효력을 변경할 수 없다.

제2절 예산과 결산

제140조【회계연도】 지방자치단체의 회계연도는 매년 1월 1일에 시작하여 그 해 12월 31일에 끝난다.
제141조【회계의 구분】 ① 지방자치단체의 회계는 일반회계와 특별회계로 구분한다.
② 특별회계는 법률이나 지방자치단체의 조례로 설치할 수 있다.
제142조【예산의 편성 및 의결】 ① 지방자치단체의 장은 회계연도마다 예산안을 편성하여 시·도는 회계연도 시작 50일 전까지, 시·군 및 자치구는 회계연도 시작 40일 전까지 지방의회에 제출하여야 한다.

② 시 · 도의회는 제1항의 예산안을 회계연도 시작 15일 전까지, 시 · 군 및 자치구의회는 회계연도 시작 10일 전까지 의결하여야 한다.
③ 지방의회는 지방자치단체의 장의 동의 없이 지출예산 각 항의 금액을 증가시키거나 새로운 비용항목을 설치할 수 없다.
④ 지방자치단체의 장은 제1항의 예산안을 제출한 후 부득이한 사유로 그 내용의 일부를 수정하려면 수정예산안을 작성하여 지방의회에 다시 제출할 수 있다.
제143조【계속비】 지방자치단체의 장은 한 회계연도를 넘어 계속하여 경비를 지출할 필요가 있으면 그 총액과 연도별 금액을 정하여 계속비로서 지방의회의 의결을 받아야 한다.
제144조【예비비】 ① 지방자치단체는 예측할 수 없는 예산 외의 지출이나 예산초과지출에 충당하기 위하여 세입 · 세출예산에 예비비를 계상하여야 한다.
② 예비비의 지출은 다음 해 지방의회의 승인을 받아야 한다.
제145조【추가경정예산】 ① 지방자치단체의 장은 예산을 변경할 필요가 있으면 추가경정예산안을 편성하여 지방의회의 의결을 받아야 한다.
② 제1항의 경우에는 제142조제3항 및 제4항을 준용한다.
제146조【예산이 성립하지 아니할 때의 예산 집행】 지방의회에서 새로운 회계연도가 시작될 때까지 예산안이 의결되지 못하면 지방자치단체의 장은 지방의회에서 예산안이 의결될 때까지 다음 각 호의 목적을 위한 경비를 전년도 예산에 준하여 집행할 수 있다.
1. 법령이나 조례에 따라 설치된 기관이나 시설의 유지 · 운영
2. 법령상 또는 조례상 지출의무의 이행
3. 이미 예산으로 승인된 사업의 계속
제147조【지방자치단체를 신설할 때의 예산】 ① 지방자치단체를 폐지하거나 설치하거나 나누거나 합쳐 새로운 지방자치단체가 설치된 경우에는 지체 없이 그 지방자치단체의 예산을 편성하여야 한다.
② 제1항의 경우에 해당 지방자치단체의 장은 예산이 성립될 때까지 필요한 경상적 수입과 지출을 할 수 있다. 이 경우 수입과 지출은 새로 성립될 예산에 포함시켜야 한다.
제148조【재정부담이 따르는 조례 제정 등】 지방의회는 새로운 재정부담이 따르는 조례나 안건을 의결하려면 미리 지방자치단체의 장의 의견을 들어야 한다.
제149조【예산의 이송 · 고시 등】 ① 지방의회의 의장은 예산안이 의결되면 그날부터 3일 이내에 지방자치단체의 장에게 이송하여야 한다.
② 지방자치단체의 장은 제1항에 따라 예산을 이송받으면 지체 없이 시 · 도에서는 행정안전부장관에게, 시 · 군 및 자치구에서는 시 · 도지사에게 각각 보고하고, 그 내용을 고시하여야 한다. 다만, 제121조에 따른 재의 요구를 할 때에는 그러하지 아니하다.
제150조【결산】 ① 지방자치단체의 장은 출납 폐쇄 후 80일 이내에 결산서와 증명서류를 작성하고 지방의회가 선임한 검사위원의 검사의견서를 첨부하여 다음 해 지방의회의 승인을 받아야 한다. 결산의 심사 결과 위법하거나 부당한 사항이 있는 경우에 지방의회는 본회의 의결 후 지방자치단체 또는 해당 기관에 변상 및 징계 조치 등 그 시정을 요구하고, 지방자치단체 또는 해당 기관은 시정 요구를 받은 사항을 지체 없이 처리하여 그 결과를 지방의회에 보고하여야 한다.
② 지방자치단체의 장은 제1항에 따른 승인을 받으면 그날부터 5일 이내에 시 · 도에서는 행정안전부장관에게, 시 · 군 및 자치구에서는 시 · 도지사에게 각각 보고하고, 그 내용을 고시하여야 한다.
③ 제1항에 따른 검사위원의 선임과 운영에 필요한 사항은 대통령령으로 정한다.
제151조【지방자치단체가 없어졌을 때의 결산】 ① 지방자치단체를 폐지하거나 설치하거나 나누거나 합쳐 없어진 지방자치단체의 수입과 지출은 없어진 날로 마감하되, 그 지방자치단체의 장이었던 사람이 결산하여야 한다.
② 제1항의 결산은 제150조제1항에 따라 사무를 인수한 지방자치단체의 의회의 승인을 받아야 한다.

제3절 수입과 지출

제152조【지방세】 지방자치단체는 법률로 정하는 바에 따라 지방세를 부과 · 징수할 수 있다.
제153조【사용료】 지방자치단체는 공공시설의 이용 또는 재산의 사용에 대하여 사용료를 징수할 수 있다.
제154조【수수료】 ① 지방자치단체는 그 지방자치단체의 사무가 특정인을 위한 것이면 그 사무에 대하여 수수료를 징수할 수 있다.
② 지방자치단체는 국가나 다른 지방자치단체의 위임사무가 특정인을 위한 것이면 그 사무에 대하여 수수료를 징수할 수 있다.
③ 제2항에 따른 수수료는 그 지방자치단체의 수입으로 한다. 다만, 법령에 달리 정해진 경우에는 그러하지 아니하다.
제155조【분담금】 지방자치단체는 그 재산 또는 공공시설의 설치로 주민의 일부가 특히 이익을 받으면 이익을 받는 자로부터 그 이익의 범위에서 분담금을 징수할 수 있다.
제156조【사용료의 징수조례 등】 ① 사용료 · 수수료 또는 분담금의 징수에 관한 사항은 조례로 정한다. 다만, 국가가 지방자치단체나 그 기관에 위임한 사무와 자치사무의 수수료 중 전국적으로 통일할 필요가 있는 수수료는 다른 법령의 규정에도 불구하고 대통령령으로 정하는 표준금액으로 징수하되, 지방자치단체가 다른 금액으로 징수하려는 경우에는 표준금액의 50퍼센트 범위에서 조례로 가감 조정하여 징수할 수 있다.
② 사기나 그 밖의 부정한 방법으로 사용료 · 수수료 또는 분담금의 징수를 면한 자에게는 그 징수를 면한 금액의 5배 이내의 과태료를, 공공시설을 부정사용한 자에게는 50만원 이하의 과태료를 부과하는 규정을 조례로 정할 수 있다.
③ 제2항에 따른 과태료의 부과 · 징수, 재판 및 집행 등의 절차에 관한 사항은 「질서위반행위규제법」에 따른다.
제157조【사용료 등의 부과 · 징수, 이의신청】 ① 사용료 · 수수료 또는 분담금은 공평한 방법으로 부과하거나 징수하여야 한다.
② 사용료 · 수수료 또는 분담금의 부과나 징수에 대하여 이의가 있는 자는 그 처분을 통지받은 날부터 90일 이내에 그 지방자치단체의 장에게 이의신청할 수 있다.
③ 지방자치단체의 장은 제2항의 이의신청을 받은 날부터 60일 이내에 결정을 하여 알려야 한다.
④ 사용료 · 수수료 또는 분담금의 부과나 징수에 대하여 행정소송을 제기하려면 제3항에 따른 결정을 통지받은 날부터 90일 이내에 처분청을 당사자로 하여 소를 제기하여야 한다.
⑤ 제3항에 따른 결정기간에 결정의 통지를 받지 못하면 제4항에도 불구하고 그 결정기간이 지난 날부터 90일 이내에 소를 제기할 수 있다.
⑥ 제2항과 제3항에 따른 이의신청의 방법과 절차 등에 관하여는 「지방세기본법」 제90조와 제94조부터 제100조까지의 규정을 준용한다.
⑦ 지방자치단체의 장은 사용료 · 수수료 또는 분담금을 내야 할 자가 납부기한까지 그 사용료 · 수수료 또는 분담금을 내지 아니하면 지방세 체납처분의 예에 따라 징수할 수 있다.
제158조【경비의 지출】 지방자치단체는 자치사무 수행에 필요한 경비와 위임된 사무에 필요한 경비를 지출할 의무를 진다. 다만, 국가사무나 지방자치단체사무를 위임할 때에는 사무를 위임한 국가나 지방자치단체에서 그 경비를 부담하여야 한다.

제4절 재산 및 공공시설

제159조【재산과 기금의 설치】 ① 지방자치단체는 행정목적을 달성하기 위한 경우나 공익상 필요한 경우에는 재산(현금 외의 모든 재산적 가치가 있는 물건과 권리를 말한다)을 보유하거나 특정한 자금을 운용하기 위한 기금을 설치할 수 있다.

② 제1항의 재산의 보유, 기금의 설치·운용에 필요한 사항은 조례로 정한다.

제160조【재산의 관리와 처분】 지방자치단체의 재산은 법령이나 조례에 따르지 아니하고는 교환·양여(讓與)·대여하거나 출자 수단 또는 지급 수단으로 사용할 수 없다.

제161조【공공시설】 ① 지방자치단체는 주민의 복지를 증진하기 위하여 공공시설을 설치할 수 있다.
② 제1항의 공공시설의 설치와 관리에 관하여 다른 법령에 규정이 없으면 조례로 정한다.
③ 제1항의 공공시설은 관계 지방자치단체의 동의를 받아 그 지방자치단체의 구역 밖에 설치할 수 있다.

제5절 보 칙

제162조【지방재정 운영에 관한 법률의 제정】 지방자치단체의 재정에 관하여 이 법에서 정한 것 외에 필요한 사항은 따로 법률로 정한다.

제163조【지방공기업의 설치·운영】 ① 지방자치단체는 주민의 복리증진과 사업의 효율적 수행을 위하여 지방공기업을 설치·운영할 수 있다.
② 지방공기업의 설치·운영에 필요한 사항은 따로 법률로 정한다.

제8장 지방자치단체 상호 간의 관계

제1절 지방자치단체 간의 협력과 분쟁조정

제164조【지방자치단체 상호 간의 협력】 ① 지방자치단체는 다른 지방자치단체로부터 사무의 공동처리에 관한 요청이나 사무처리에 관한 협의·조정·승인 또는 지원의 요청을 받으면 법령의 범위에서 협력하여야 한다.
② 관계 중앙행정기관의 장은 지방자치단체 간의 협력 활성화를 위하여 필요한 지원을 할 수 있다.

제165조【지방자치단체 상호 간의 분쟁조정】 ① 지방자치단체 상호 간 또는 지방자치단체의 장 상호 간에 사무를 처리할 때 의견이 달라 다툼(이하 "분쟁"이라 한다)이 생기면 다른 법률에 특별한 규정이 없으면 행정안전부장관이나 시·도지사가 당사자의 신청을 받아 조정할 수 있다. 다만, 그 분쟁이 공익을 현저히 해쳐 조속한 조정이 필요하다고 인정되면 당사자의 신청이 없어도 직권으로 조정할 수 있다.
② 제1항 단서에 따라 행정안전부장관이나 시·도지사가 분쟁을 조정하는 경우에는 그 취지를 미리 당사자에게 알려야 한다.
③ 행정안전부장관이나 시·도지사가 제1항의 분쟁을 조정하려는 경우에는 관계 중앙행정기관의 장과의 협의를 거쳐 제166조에 따른 지방자치단체중앙분쟁조정위원회나 지방자치단체지방분쟁조정위원회의 의결에 따라 조정을 결정하여야 한다.
④ 행정안전부장관이나 시·도지사는 제3항에 따라 조정을 결정하면 서면으로 지체 없이 관계 지방자치단체의 장에게 통보하여야 하며, 통보를 받은 지방자치단체의 장은 그 조정 결정 사항을 이행하여야 한다.
⑤ 제3항에 따른 조정 결정 사항 중 예산이 필요한 사항에 대해서는 관계 지방자치단체는 필요한 예산을 우선적으로 편성하여야 한다. 이 경우 연차적으로 추진하여야 할 사항은 연도별 추진계획을 행정안전부장관이나 시·도지사에게 보고하여야 한다.
⑥ 행정안전부장관이나 시·도지사는 제3항의 조정 결정에 따른 시설의 설치 또는 서비스의 제공으로 이익을 얻거나 그 원인을 일으켰다고 인정되는 지방자치단체에 대해서는 그 시설비나 운영비 등의 전부나 일부를 행정안전부장관이 정하는 기준에 따라 부담하게 할 수 있다.
⑦ 행정안전부장관이나 시·도지사는 제4항부터 제6항까지의 규정에 따른 조정 결정 사항이 성실히 이행되지 아니하면 그 지방자치단체에 대하여 제189조를 준용하여 이행하게 할 수 있다.

제166조【지방자치단체중앙분쟁조정위원회 등의 설치와 구성 등】 ① 제165조제1항에 따른 분쟁의 조정과 제173조제1항에 따른 협의사항의 조정에 필요한 사항을 심의·의결하기 위하여 행정안전부에 지방자치단체중앙분쟁조정위원회(이하 "중앙분쟁조정위원회"라 한다)를, 시·도에 지방자치단체지방분쟁조정위원회(이하 "지방분쟁조정위원회"라 한다)를 둔다.
② 중앙분쟁조정위원회는 다음 각 호의 분쟁을 심의·의결한다.
1. 시·도 간 또는 그 장 간의 분쟁
2. 시·도를 달리하는 시·군 및 자치구 간 또는 그 장 간의 분쟁
3. 시·도와 시·군 및 자치구 간 또는 그 장 간의 분쟁
4. 시·도와 지방자치단체조합 간 또는 그 장 간의 분쟁
5. 시·도를 달리하는 시·군 및 자치구와 지방자치단체조합 간 또는 그 장 간의 분쟁
6. 시·도를 달리하는 지방자치단체조합 간 또는 그 장 간의 분쟁
③ 지방분쟁조정위원회는 제2항 각 호에 해당하지 아니하는 지방자치단체·지방자치단체조합 간 또는 그 장 간의 분쟁을 심의·의결한다.
④ 중앙분쟁조정위원회와 지방분쟁조정위원회(이하 "분쟁조정위원회"라 한다)는 각각 위원장 1명을 포함하여 11명 이내의 위원으로 구성한다.
⑤ 중앙분쟁조정위원회의 위원장과 위원 중 5명은 다음 각 호의 사람 중에서 행정안전부장관의 제청으로 대통령이 임명하거나 위촉하고, 대통령령으로 정하는 중앙행정기관 소속 공무원은 당연직위원이 된다.
1. 대학에서 부교수 이상으로 3년 이상 재직 중이거나 재직한 사람
2. 판사·검사 또는 변호사의 직에 6년 이상 재직 중이거나 재직한 사람
3. 그 밖에 지방자치사무에 관한 학식과 경험이 풍부한 사람
⑥ 지방분쟁조정위원회의 위원장과 위원 중 5명은 제5항 각 호의 사람 중에서 시·도지사가 임명하거나 위촉하고, 조례로 정하는 해당 지방자치단체 소속 공무원은 당연직위원이 된다.
⑦ 공무원이 아닌 위원장 및 위원의 임기는 3년으로 하며, 연임할 수 있다. 다만, 보궐위원의 임기는 전임자 임기의 남은 기간으로 한다.

제167조【분쟁조정위원회의 운영 등】 ① 분쟁조정위원회는 위원장을 포함한 위원 7명 이상의 출석으로 개의하고, 출석위원 3분의 2 이상의 찬성으로 의결한다.
② 분쟁조정위원회의 위원장은 분쟁의 조정과 관련하여 필요하다고 인정하면 관계 공무원, 지방자치단체조합의 직원 또는 관계 전문가를 출석시켜 의견을 듣거나 관계 기관이나 단체에 대하여 자료 및 의견 제출 등을 요구할 수 있다. 이 경우 분쟁의 당사자에게는 의견을 진술할 기회를 주어야 한다.
③ 이 법에서 정한 사항 외에 분쟁조정위원회의 구성과 운영 등에 필요한 사항은 대통령령으로 정한다.

제168조【사무의 위탁】 ① 지방자치단체나 그 장은 소관 사무의 일부를 다른 지방자치단체나 그 장에게 위탁하여 처리하게 할 수 있다.
② 지방자치단체나 그 장은 제1항에 따라 사무를 위탁하려면 관계 지방자치단체와의 협의에 따라 규약을 정하여 고시하여야 한다.
③ 제2항의 사무위탁에 관한 규약에는 다음 각 호의 사항이 포함되어야 한다.
1. 사무를 위탁하는 지방자치단체와 사무를 위탁받는 지방자치단체
2. 위탁사무의 내용과 범위
3. 위탁사무의 관리와 처리방법
4. 위탁사무의 관리와 처리에 드는 경비의 부담과 지출방법
5. 그 밖에 사무위탁에 필요한 사항

④ 지방자치단체나 그 장은 사무위탁을 변경하거나 해지하려면 관계 지방자치단체나 그 장과 협의하여 그 사실을 고시하여야 한다.
⑤ 사무가 위탁된 경우 위탁된 사무의 관리와 처리에 관한 조례나 규칙은 규약에 다르게 정해진 경우 외에는 사무를 위탁받은 지방자치단체에 대해서도 적용한다.

제2절 행정협의회

제169조【행정협의회의 구성】 ① 지방자치단체는 2개 이상의 지방자치단체에 관련된 사무의 일부를 공동으로 처리하기 위하여 관계 지방자치단체 간의 행정협의회(이하 "협의회"라 한다)를 구성할 수 있다. 이 경우 지방자치단체의 장은 시·도가 구성원이면 행정안전부장관과 관계 중앙행정기관의 장에게, 시·군 또는 자치구가 구성원이면 시·도지사에게 이를 보고하여야 한다.
② 지방자치단체는 협의회를 구성하려면 관계 지방자치단체 간의 협의에 따라 규약을 정하여 관계 지방의회에 각각 보고한 다음 고시하여야 한다.
③ 행정안전부장관이나 시·도지사는 공익상 필요하면 관계 지방자치단체에 대하여 협의회를 구성하도록 권고할 수 있다.
제170조【협의회의 조직】 ① 협의회는 회장과 위원으로 구성한다.
② 회장과 위원은 규약으로 정하는 바에 따라 관계 지방자치단체의 직원 중에서 선임한다.
③ 회장은 협의회를 대표하며 회의를 소집하고 협의회의 사무를 총괄한다.
제171조【협의회의 규약】 협의회의 규약에는 다음 각 호의 사항이 포함되어야 한다.
1. 협의회의 명칭
2. 협의회를 구성하는 지방자치단체
3. 협의회가 처리하는 사무
4. 협의회의 조직과 회장 및 위원의 선임방법
5. 협의회의 운영과 사무처리에 필요한 경비의 부담이나 지출방법
6. 그 밖에 협의회의 구성과 운영에 필요한 사항
제172조【협의회의 자료제출 요구 등】 협의회는 사무를 처리하기 위하여 필요하다고 인정하면 관계 지방자치단체의 장에게 자료 제출, 의견 제시, 그 밖에 필요한 협조를 요구할 수 있다.
제173조【협의사항의 조정】 ① 협의회에서 합의가 이루어지지 아니한 사항에 대하여 관계 지방자치단체의 장이 조정을 요청하면 시·도 간의 협의사항에 대해서는 행정안전부장관이, 시·군 및 자치구 간의 협의사항에 대해서는 시·도지사가 조정할 수 있다. 다만, 관계되는 시·군 및 자치구가 2개 이상의 시·도에 걸쳐 있는 경우에는 행정안전부장관이 조정할 수 있다.
② 행정안전부장관이나 시·도지사가 제1항에 따라 조정을 하려면 관계 중앙행정기관의 장과의 협의를 거쳐 분쟁조정위원회의 의결에 따라 조정하여야 한다.
제174조【협의회의 협의 및 사무처리의 효력】 ① 협의회를 구성한 관계 지방자치단체는 협의회가 결정한 사항이 있으면 그 결정에 따라 사무를 처리하여야 한다.
② 제173조제1항에 따라 행정안전부장관이나 시·도지사가 조정한 사항에 관하여는 제165조제3항부터 제6항까지의 규정을 준용한다.
③ 협의회가 관계 지방자치단체나 그 장의 명의로 한 사무의 처리는 관계 지방자치단체나 그 장이 한 것으로 본다.
제175조【협의회의 규약변경 및 폐지】 지방자치단체가 협의회의 규약을 변경하거나 협의회를 없애려는 경우에는 제169조제1항 및 제2항을 준용한다.

제3절 지방자치단체조합

제176조【지방자치단체조합의 설립】 ① 2개 이상의 지방자치단체가 하나 또는 둘 이상의 사무를 공동으로 처리할 필요가 있을 때에는 규약을 정하여 지방의회의 의결을 거쳐 시·도는 행정안전부장관의 승인, 시·군 및 자치구는 시·도지사의 승인을 받아 지방자치단체조합을 설립할 수 있다. 다만, 지방자치단체조합의 구성원인 시·군 및 자치구가 2개 이상의 시·도에 걸쳐 있는 지방자치단체조합은 행정안전부장관의 승인을 받아야 한다.
② 지방자치단체조합은 법인으로 한다.
제177조【지방자치단체조합의 조직】 ① 지방자치단체조합에는 지방자치단체조합회의와 지방자치단체조합장 및 사무직원을 둔다.
② 지방자치단체조합회의의 위원과 지방자치단체조합장 및 사무직원은 지방자치단체조합규약으로 정하는 바에 따라 선임한다.
③ 관계 지방의회의원과 관계 지방자치단체의 장은 제43조제1항과 제109조제1항에도 불구하고 지방자치단체조합회의의 위원이나 지방자치단체조합장을 겸할 수 있다.
제178조【지방자치단체조합회의와 지방자치단체조합장의 권한】 ① 지방자치단체조합회의는 지방자치단체조합의 규약으로 정하는 바에 따라 지방자치단체조합의 중요 사무를 심의·의결한다.
② 지방자치단체조합회의는 지방자치단체조합이 제공하는 서비스에 대한 사용료·수수료 또는 분담금을 제156조제1항에 따른 조례로 정한 범위에서 정할 수 있다.
③ 지방자치단체조합장은 지방자치단체조합을 대표하며 지방자치단체조합의 사무를 총괄한다.
제179조【지방자치단체조합의 규약】 지방자치단체조합의 규약에는 다음 각 호의 사항이 포함되어야 한다.
1. 지방자치단체조합의 명칭
2. 지방자치단체조합을 구성하는 지방자치단체
3. 사무소의 위치
4. 지방자치단체조합의 사무
5. 지방자치단체조합회의의 조직과 위원의 선임방법
6. 집행기관의 조직과 선임방법
7. 지방자치단체조합의 운영 및 사무처리에 필요한 경비의 부담과 지출방법
8. 그 밖에 지방자치단체조합의 구성과 운영에 관한 사항
제180조【지방자치단체조합의 지도·감독】 ① 시·도가 구성원인 지방자치단체조합은 행정안전부장관, 시·군 및 자치구가 구성원인 지방자치단체조합은 1차로 시·도지사, 2차로 행정안전부장관의 지도·감독을 받는다. 다만, 지방자치단체조합의 구성원인 시·군 및 자치구가 2개 이상의 시·도에 걸쳐 있는 지방자치단체조합은 행정안전부장관의 지도·감독을 받는다.
② 행정안전부장관은 공익상 필요하면 지방자치단체조합의 설립이나 해산 또는 규약 변경을 명할 수 있다.
제181조【지방자치단체조합의 규약 변경 및 해산】 ① 지방자치단체조합의 규약을 변경하거나 지방자치단체조합을 해산하려는 경우에는 제176조제1항을 준용한다.
② 지방자치단체조합을 해산한 경우에 그 재산의 처분은 관계 지방자치단체의 협의에 따른다.

제4절 지방자치단체의 장 등의 협의체

제182조【지방자치단체의 장 등의 협의체】 ① 지방자치단체의 장이나 지방의회의 의장은 상호 간의 교류와 협력을 증진하고, 공동의 문제를 협의하기 위하여 다음 각 호의 구분에 따라 각각 전국적 협의체를 설립할 수 있다.
1. 시·도지사
2. 시·도의회의 의장
3. 시장·군수 및 자치구의 구청장
4. 시·군 및 자치구의회의 의장
② 제1항 각 호의 전국적 협의체는 그들 모두가 참가하는 지방자치단체 연합체를 설립할 수 있다.
③ 제1항에 따른 협의체나 제2항에 따른 연합체를 설립하였을 때에는 그 협의체·연합체의 대표자는 지체 없이 행정안전부장관에게 신고하여야 한다.

④ 제1항에 따른 협의체나 제2항에 따른 연합체는 지방자치에 직접적인 영향을 미치는 법령 등에 관한 의견을 행정안전부장관에게 제출할 수 있으며, 행정안전부장관은 제출된 의견을 관계 중앙행정기관의 장에게 통보하여야 한다.
⑤ 관계 중앙행정기관의 장은 제4항에 따라 통보된 내용에 대하여 통보를 받은 날부터 2개월 이내에 타당성을 검토하여 행정안전부장관에게 결과를 통보하여야 하고, 행정안전부장관은 통보받은 검토 결과를 해당 협의체나 연합체에 지체 없이 통보하여야 한다. 이 경우 관계 중앙행정기관의 장은 검토 결과 타당성이 없다고 인정하면 구체적인 사유 및 내용을 밝혀 통보하여야 하며, 타당하다고 인정하면 관계 법령에 그 내용이 반영될 수 있도록 적극 협력하여야 한다.
⑥ 제1항에 따른 협의체나 제2항에 따른 연합체는 지방자치와 관련된 법률의 제정·개정 또는 폐지가 필요하다고 인정하는 경우에는 국회에 서면으로 의견을 제출할 수 있다.
⑦ 제1항에 따른 협의체나 제2항에 따른 연합체의 설립신고와 운영, 그 밖에 필요한 사항은 대통령령으로 정한다.

제9장 국가와 지방자치단체 간의 관계

제183조【국가와 지방자치단체의 협력 의무】 국가와 지방자치단체는 주민에 대한 균형적인 공공서비스 제공과 지역 간 균형발전을 위하여 협력하여야 한다.
제184조【지방자치단체의 사무에 대한 지도와 지원】 ① 중앙행정기관의 장이나 시·도지사는 지방자치단체의 사무에 관하여 조언 또는 권고하거나 지도할 수 있으며, 이를 위하여 필요하면 지방자치단체에 자료 제출을 요구할 수 있다.
② 국가나 시·도는 지방자치단체가 그 지방자치단체의 사무를 처리하는 데 필요하다고 인정하면 재정지원이나 기술지원을 할 수 있다.
③ 지방자치단체의 장은 제1항의 조언·권고 또는 지도와 관련하여 중앙행정기관의 장이나 시·도지사에게 의견을 제출할 수 있다.
제185조【국가사무나 시·도 사무 처리의 지도·감독】 ① 지방자치단체나 그 장이 위임받아 처리하는 국가사무에 관하여 시·도에서는 주무부장관, 시·군 및 자치구에서는 1차로 시·도지사, 2차로 주무부장관의 지도·감독을 받는다.
② 시·군 및 자치구나 그 장이 위임받아 처리하는 시·도의 사무에 관하여는 시·도지사의 지도·감독을 받는다.
제186조【중앙지방협력회의의 설치】 ① 국가와 지방자치단체 간의 협력을 도모하고 지방자치 발전과 지역 간 균형발전에 관련되는 중요 정책을 심의하기 위하여 중앙지방협력회의를 둔다.
② 제1항에 따른 중앙지방협력회의의 구성과 운영에 관한 사항은 따로 법률로 정한다.
제187조【중앙행정기관과 지방자치단체 간 협의·조정】
① 중앙행정기관의 장과 지방자치단체의 장이 사무를 처리할 때 의견을 달리하는 경우 이를 협의·조정하기 위하여 국무총리 소속으로 행정협의조정위원회를 둔다.
② 행정협의조정위원회는 위원장 1명을 포함하여 13명 이내의 위원으로 구성한다.
③ 행정협의조정위원회의 위원은 다음 각 호의 사람이 되고, 위원장은 제3호의 위촉위원 중에서 국무총리가 위촉한다.
1. 기획재정부장관, 행정안전부장관, 국무조정실장 및 법제처장
2. 안건과 관련된 중앙행정기관의 장과 시·도지사 중 위원장이 지명하는 사람
3. 그 밖에 지방자치에 관한 학식과 경험이 풍부한 사람 중에서 국무총리가 위촉하는 사람 4명
④ 제1항부터 제3항까지에서 규정한 사항 외에 행정협의조정위원회의 구성과 운영 등에 필요한 사항은 대통령령으로 정한다.
제188조【위법·부당한 명령이나 처분의 시정】 ① 지방자치단체의 사무에 관한 지방자치단체의 장(제103조제2항에 따른 사무의 경우에는 지방의회의 의장을 말한다. 이하 이 조에서 같다)의 명령이나 처분이 법령에 위반되거나 현저히 부당하여 공익을 해친다고 인정되면 시·도에 대해서는 주무부장관이, 시·군 및 자치구에 대해서는 시·도지사가 기간을 정하여 서면으로 시정할 것을 명하고, 그 기간에 이행하지 아니하면 이를 취소하거나 정지할 수 있다.
② 주무부장관은 지방자치단체의 사무에 관한 시장·군수 및 자치구의 구청장의 명령이나 처분이 법령에 위반되거나 현저히 부당하여 공익을 해침에도 불구하고 시·도지사가 제1항에 따른 시정명령을 하지 아니하면 시·도지사에게 기간을 정하여 시정명령을 하도록 명할 수 있다.
③ 주무부장관은 시·도지사가 제2항에 따른 기간에 시정명령을 하지 아니하면 제2항에 따른 기간이 지난 날부터 7일 이내에 직접 시장·군수 및 자치구의 구청장에게 기간을 정하여 서면으로 시정할 것을 명하고, 그 기간에 이행하지 아니하면 주무부장관이 시장·군수 및 자치구의 구청장의 명령이나 처분을 취소하거나 정지할 수 있다.
④ 주무부장관은 시·도지사가 시장·군수 및 자치구의 구청장에게 제1항에 따라 시정명령을 하였으나 이를 이행하지 아니한 데 따른 취소·정지를 하지 아니하는 경우에는 시·도지사에게 기간을 정하여 시장·군수 및 자치구의 구청장의 명령이나 처분을 취소하거나 정지할 것을 명하고, 그 기간에 이행하지 아니하면 주무부장관이 이를 직접 취소하거나 정지할 수 있다.
⑤ 제1항부터 제4항까지의 규정에 따른 자치사무에 관한 명령이나 처분에 대한 주무부장관 또는 시·도지사의 시정명령, 취소 또는 정지는 법령을 위반한 것에 한정한다.
⑥ 지방자치단체의 장은 제1항, 제3항 또는 제4항에 따른 자치사무에 관한 명령이나 처분의 취소 또는 정지에 대하여 이의가 있으면 그 취소처분 또는 정지처분을 통보받은 날부터 15일 이내에 대법원에 소를 제기할 수 있다.
제189조【지방자치단체의 장에 대한 직무이행명령】 ① 지방자치단체의 장이 법령에 따라 그 의무에 속하는 국가위임사무나 시·도위임사무의 관리와 집행을 명백히 게을리하고 있다고 인정되면 시·도에 대해서는 주무부장관이, 시·군 및 자치구에 대해서는 시·도지사가 기간을 정하여 서면으로 이행할 사항을 명령할 수 있다.
② 주무부장관이나 시·도지사는 해당 지방자치단체의 장이 제1항의 기간에 이행명령을 이행하지 아니하면 그 지방자치단체의 비용부담으로 대집행 또는 행정상·재정상 필요한 조치(이하 이 조에서 "대집행등"이라 한다)를 할 수 있다. 이 경우 행정대집행에 관하여는 「행정대집행법」을 준용한다.
③ 주무부장관은 시장·군수 및 자치구의 구청장이 법령에 따라 그 의무에 속하는 국가위임사무의 관리와 집행을 명백히 게을리하고 있다고 인정됨에도 불구하고 시·도지사가 제1항에 따른 이행명령을 하지 아니하는 경우 시·도지사에게 기간을 정하여 이행명령을 하도록 명할 수 있다.
④ 주무부장관은 시·도지사가 제3항에 따른 기간에 이행명령을 하지 아니하면 제3항에 따른 기간이 지난 날부터 7일 이내에 직접 시장·군수 및 자치구의 구청장에게 기간을 정하여 이행명령을 하고, 그 기간에 이행하지 아니하면 주무부장관이 직접 대집행등을 할 수 있다.
⑤ 주무부장관은 시·도지사가 시장·군수 및 자치구의 구청장에게 제1항에 따라 이행명령을 하였으나 이를 이행하지 아니한 데 따른 대집행등을 하지 아니하는 경우에는 시·도지사에게 기간을 정하여 대집행등을 하도록 명하고, 그 기간에 대집행등을 하지 아니하면 주무부장관이 직접 대집행등을 할 수 있다.
⑥ 지방자치단체의 장은 제1항 또는 제4항에 따른 이행명령에 이의가 있으면 이행명령서를 접수한 날부터 15일 이내에 대법원에 소를 제기할 수 있다. 이 경우 지방자치단체의 장은 이행명령의 집행을 정지하게 하는 집행정지결정을 신청할 수 있다.
제190조【지방자치단체의 자치사무에 대한 감사】 ① 행정안전부장관이나 시·도지사는 지방자치단체의 자치사무에 관하여 보고를 받거나 서류·장부 또는 회계를 감사할 수 있다. 이 경우 감사는 법령 위반사항에 대해서만 한다.

② 행정안전부장관 또는 시·도지사는 제1항에 따라 감사를 하기 전에 해당 사무의 처리가 법령에 위반되는지 등을 확인하여야 한다.

제191조【지방자치단체에 대한 감사 절차 등】 ① 주무부장관, 행정안전부장관 또는 시·도지사는 이미 감사원 감사 등이 실시된 사안에 대해서는 새로운 사실이 발견되거나 중요한 사항이 누락된 경우 등 대통령령으로 정하는 경우를 제외하고는 감사 대상에서 제외하고 종전의 감사 결과를 활용하여야 한다.

② 주무부장관과 행정안전부장관은 다음 각 호의 어느 하나에 해당하는 감사를 하려고 할 때에는 지방자치단체의 수감부담을 줄이고 감사의 효율성을 높이기 위하여 같은 기간 동안 함께 감사를 할 수 있다.

1. 제185조에 따른 주무부장관의 위임사무 감사
2. 제190조에 따른 행정안전부장관의 자치사무 감사

③ 제185조, 제190조 및 이 조 제2항에 따른 감사의 절차·방법 등에 관하여 필요한 사항은 대통령령으로 정한다.

제192조【지방의회 의결의 재의와 제소】 ① 지방의회의 의결이 법령에 위반되거나 공익을 현저히 해친다고 판단되면 시·도에 대해서는 주무부장관이, 시·군 및 자치구에 대해서는 시·도지사가 해당 지방자치단체의 장에게 재의를 요구하게 할 수 있고, 재의 요구 지시를 받은 지방자치단체의 장은 의결사항을 이송받은 날부터 20일 이내에 지방의회에 이유를 붙여 재의를 요구하여야 한다.

② 시·군 및 자치구의회의 의결이 법령에 위반된다고 판단됨에도 불구하고 시·도지사가 제1항에 따라 재의를 요구하게 하지 아니한 경우 주무부장관이 직접 시장·군수 및 자치구의 구청장에게 재의를 요구하게 할 수 있고, 재의 요구 지시를 받은 시장·군수 및 자치구의 구청장은 의결사항을 이송받은 날부터 20일 이내에 지방의회에 이유를 붙여 재의를 요구하여야 한다.

③ 제1항 또는 제2항의 요구에 대하여 재의한 결과 재적의원 과반수의 출석과 출석의원 3분의 2 이상의 찬성으로 전과 같은 의결을 하면 그 의결사항은 확정된다.

④ 지방자치단체의 장은 제3항에 따라 재의결된 사항이 법령에 위반된다고 판단되면 재의결된 날부터 20일 이내에 대법원에 소를 제기할 수 있다. 이 경우 필요하다고 인정되면 그 의결의 집행을 정지하게 하는 집행정지결정을 신청할 수 있다.

⑤ 주무부장관이나 시·도지사는 재의결된 사항이 법령에 위반된다고 판단됨에도 불구하고 해당 지방자치단체의 장이 소를 제기하지 아니하면 시·도에 대해서는 주무부장관이, 시·군 및 자치구에 대해서는 시·도지사(제2항에 따라 주무부장관이 직접 재의 요구 지시를 한 경우에는 주무부장관을 말한다. 이하 이 조에서 같다)가 그 지방자치단체의 장에게 제소를 지시하거나 직접 제소 및 집행정지결정을 신청할 수 있다.

⑥ 제5항에 따른 제소의 지시는 제4항의 기간이 지난 날부터 7일 이내에 하고, 해당 지방자치단체의 장은 제소 지시를 받은 날부터 7일 이내에 제소하여야 한다.

⑦ 주무부장관이나 시·도지사는 제6항의 기간이 지난 날부터 7일 이내에 제5항에 따른 직접 제소 및 집행정지결정을 신청할 수 있다.

⑧ 제1항 또는 제2항에 따라 지방의회의 의결이 법령에 위반된다고 판단되어 주무부장관이나 시·도지사로부터 재의 요구 지시를 받은 해당 지방자치단체의 장이 재의를 요구하지 아니하는 경우(법령에 위반되는 지방의회의 의결사항이 조례안인 경우로서 재의 요구 지시를 받기 전에 그 조례안을 공포한 경우를 포함한다)에는 주무부장관이나 시·도지사는 제1항 또는 제2항에 따른 기간이
지난 날부터 7일 이내에 대법원에 직접 제소 및 집행정지 결정을 신청할 수 있다.

⑨ 제1항 또는 제2항에 따른 지방의회의 의결이나 제3항에 따라 재의결된 사항이 둘 이상의 부처와 관련되거나 주무부장관이 불분명하면 행정안전부장관이 재의 요구 또는 제소를 지시하거나 직접 제소 및 집행정지 결정을 신청할 수 있다.

제10장 국제교류·협력

제193조【지방자치단체의 역할】 지방자치단체는 국가의 외교·통상 정책과 배치되지 아니하는 범위에서 국제교류·협력, 통상·투자유치를 위하여 외국의 지방자치단체, 민간기관, 국제기구(국제연합과 그 산하기구·전문기구를 포함한 정부 간 기구, 지방자치단체 간 기구를 포함한 준정부 간 기구, 국제 비정부기구 등을 포함한다. 이하 같다)와 협력을 추진할 수 있다.

제194조【지방자치단체의 국제기구 지원】 지방자치단체는 국제기구 설립·유치 또는 활동 지원을 위하여 국제기구에 공무원을 파견하거나 운영비용 등 필요한 비용을 보조할 수 있다.

제195조【해외사무소 설치·운영】 ① 지방자치단체는 국제교류·협력 등의 업무를 원활히 수행하기 위하여 필요한 곳에 단독 또는 지방자치단체 간 협력을 통해 공동으로 해외사무소를 설치할 수 있다.

② 지방자치단체는 해외사무소가 효율적으로 운영될 수 있도록 노력해야 한다.

제11장 서울특별시 및 대도시 등과 세종특별자치시 및 제주특별자치도의 행정특례

제196조【자치구의 재원】 특별시장이나 광역시장은 「지방재정법」에서 정하는 바에 따라 해당 지방자치단체의 관할 구역의 자치구 상호 간의 재원을 조정하여야 한다.

제197조【특례의 인정】 ① 서울특별시의 지위·조직 및 운영에 대해서는 수도로서의 특수성을 고려하여 법률로 정하는 바에 따라 특례를 둘 수 있다.

② 세종특별자치시와 제주특별자치도의 지위·조직 및 행정·재정 등의 운영에 대해서는 행정체제의 특수성을 고려하여 법률로 정하는 바에 따라 특례를 둘 수 있다.

제198조【대도시 등에 대한 특례 인정】 ① 서울특별시·광역시 및 특별자치시를 제외한 인구 50만 이상 대도시의 행정, 재정 운영 및 국가의 지도·감독에 대해서는 그 특성을 고려하여 관계 법률로 정하는 바에 따라 특례를 둘 수 있다.

② 제1항에도 불구하고 서울특별시·광역시 및 특별자치시를 제외한 다음 각 호의 어느 하나에 해당하는 대도시 및 시·군·구의 행정, 재정 운영 및 국가의 지도·감독에 대해서는 그 특성을 고려하여 관계 법률로 정하는 바에 따라 추가로 특례를 둘 수 있다.

1. 인구 100만 이상 대도시(이하 "특례시"라 한다)
2. 실질적인 행정수요, 지역균형발전 및 지방소멸위기 등을 고려하여 대통령령으로 정하는 기준과 절차에 따라 행정안전부장관이 지정하는 시·군·구(2023.6.9 본호개정)

③ 제1항에 따른 인구 50만 이상 대도시와 제2항제1호에 따른 특례시의 인구 인정기준은 대통령령으로 정한다.

제12장 특별지방자치단체

제1절 설 치

제199조【설치】 ① 2개 이상의 지방자치단체가 공동으로 특정한 목적을 위하여 광역적으로 사무를 처리할 필요가 있을 때에는 특별지방자치단체를 설치할 수 있다. 이 경우 특별지방자치단체를 구성하는 지방자치단체(이하 "구성 지방자치단체"라 한다)는 상호 협의에 따른 규약을 정하여 구성 지방자치단체의 지방의회 의결을 거쳐 행정안전부장관의 승인을 받아야 한다.

② 행정안전부장관은 제1항 후단에 따라 규약에 대하여 승인하는 경우 관계 중앙행정기관의 장 또는 시·도지사에게 그 사실을 알려야 한다.

③ 특별지방자치단체는 법인으로 한다.

④ 특별지방자치단체를 설치하기 위하여 국가 또는 시·도 사무의 위임이 필요할 때에는 구성 지방자치단체의 장이 관계 중앙행정기관의 장 또는 시·도지사에게 그 사무의 위임을 요청할 수 있다.
⑤ 행정안전부장관이 국가 또는 시·도 사무의 위임이 포함된 규약에 대하여 승인할 때에는 사전에 관계 중앙행정기관의 장 또는 시·도지사와 협의하여야 한다.
⑥ 구성 지방자치단체의 장이 제1항 후단에 따라 행정안전부장관의 승인을 받았을 때에는 규약의 내용을 지체 없이 고시하여야 한다. 이 경우 구성 지방자치단체의 장이 시장·군수 및 자치구의 구청장일 때에는 그 승인사항을 시·도지사에게 알려야 한다.
제200조【설치 권고 등】 행정안전부장관은 공익상 필요하다고 인정할 때에는 관계 지방자치단체에 대하여 특별지방자치단체의 설치, 해산 또는 규약 변경을 권고할 수 있다. 이 경우 행정안전부장관의 권고가 국가 또는 시·도 사무의 위임을 포함하고 있을 때에는 사전에 관계 중앙행정기관의 장 또는 시·도지사와 협의하여야 한다.
제201조【구역】 특별지방자치단체의 구역은 구성 지방자치단체의 구역을 합한 것으로 한다. 다만, 특별지방자치단체의 사무가 구성 지방자치단체 구역의 일부에만 관계되는 등 특별한 사정이 있을 때에는 해당 지방자치단체 구역의 일부만을 구역으로 할 수 있다.

제2절 규약과 기관 구성

제202조【규약 등】 ① 특별지방자치단체의 규약에는 법령의 범위에서 다음 각 호의 사항이 포함되어야 한다.
1. 특별지방자치단체의 목적
2. 특별지방자치단체의 명칭
3. 구성 지방자치단체
4. 특별지방자치단체의 관할 구역
5. 특별지방자치단체의 사무소의 위치
6. 특별지방자치단체의 사무
7. 특별지방자치단체의 사무처리를 위한 기본계획에 포함되어야 할 사항
8. 특별지방자치단체의 지방의회의 조직, 운영 및 의원의 선임방법
9. 특별지방자치단체의 집행기관의 조직, 운영 및 장의 선임방법
10. 특별지방자치단체의 운영 및 사무처리에 필요한 경비의 부담 및 지출방법
11. 특별지방자치단체의 사무처리 개시일
12. 그 밖에 특별지방자치단체의 구성 및 운영에 필요한 사항

② 구성 지방자치단체의 장은 제1항의 규약을 변경하려는 경우에는 구성 지방자치단체의 지방의회 의결을 거쳐 행정안전부장관의 승인을 받아야 한다. 이 경우 국가 또는 시·도 사무의 위임에 관하여는 제199조제4항 및 제5항을 준용한다.
③ 구성 지방자치단체의 장은 제2항에 따라 행정안전부장관의 승인을 받았을 때에는 지체 없이 그 사실을 고시하여야 한다. 이 경우 구성 지방자치단체의 장이 시장·군수 및 자치구의 구청장일 때에는 그 승인사항을 시·도지사에게 알려야 한다.
제203조【기본계획 등】 ① 특별지방자치단체의 장은 소관 사무를 처리하기 위한 기본계획(이하 "기본계획"이라 한다)을 수립하여 특별지방자치단체 의회의 의결을 받아야 한다. 기본계획을 변경하는 경우에도 또한 같다.
② 특별지방자치단체는 기본계획에 따라 사무를 처리하여야 한다.
③ 특별지방자치단체의 장은 구성 지방자치단체의 사무처리가 기본계획의 시행에 지장을 주거나 지장을 줄 우려가 있을 때에는 특별지방자치단체의 의회 의결을 거쳐 구성 지방자치단체의 장에게 필요한 조치를 요청할 수 있다.
제204조【의회의 조직 등】 ① 특별지방자치단체의 의회는 규약으로 정하는 바에 따라 구성 지방자치단체의 의회 의원으로 구성한다.
② 제1항의 지방의회의원은 제43조제1항에도 불구하고 특별지방자치단체의 의회 의원을 겸할 수 있다.
③ 특별지방자치단체의 의회가 의결하여야 할 안건 중 대통령령으로 정하는 중요한 사항에 대해서는 특별지방자치단체의 장에게 미리 통지하고, 특별지방자치단체의 장은 그 내용을 구성 지방자치단체의 장에게 통지하여야 한다. 그 의결의 결과에 대해서도 또한 같다.
제205조【집행기관의 조직 등】 ① 특별지방자치단체의 장은 규약으로 정하는 바에 따라 특별지방자치단체의 의회에서 선출한다.
② 구성 지방자치단체의 장은 제109조에도 불구하고 특별지방자치단체의 장을 겸할 수 있다.
③ 특별지방자치단체의 의회 및 집행기관의 직원은 규약으로 정하는 바에 따라 특별지방자치단체 소속인 지방공무원과 구성 지방자치단체의 지방공무원 중에서 파견된 사람으로 구성한다.

제3절 운 영

제206조【경비의 부담】 ① 특별지방자치단체의 운영 및 사무처리에 필요한 경비는 구성 지방자치단체의 인구, 사무처리의 수혜범위 등을 고려하여 규약으로 정하는 바에 따라 구성 지방자치단체가 분담한다.
② 구성 지방자치단체는 제1항의 경비에 대하여 특별회계를 설치하여 운영하여야 한다.
③ 국가 또는 시·도가 사무를 위임하는 경우에는 사무를 위임한 국가 또는 시·도가 그 사무를 수행하는 데 필요한 경비를 부담하여야 한다.(2023.9.14 본항개정)
제207조【사무처리상황 등의 통지】 특별지방자치단체의 장은 대통령령으로 정하는 바에 따라 사무처리 상황 등을 구성 지방자치단체의 장 및 행정안전부장관(시·군 및 자치구만으로 구성하는 경우에는 시·도지사를 포함한다)에게 통지하여야 한다.
제208조【가입 및 탈퇴】 ① 특별지방자치단체에 가입하거나 특별지방자치단체에서 탈퇴하려는 지방자치단체의 장은 해당 지방의회의 의결을 거쳐 특별지방자치단체의 장에게 가입 또는 탈퇴를 신청하여야 한다.
② 제1항에 따른 가입 또는 탈퇴의 신청을 받은 특별지방자치단체의 장은 특별지방자치단체 의회의 동의를 받아 신청의 수용 여부를 결정하되, 특별한 사유가 없으면 가입하거나 탈퇴하려는 지방자치단체의 의견을 존중하여야 한다.
③ 제2항에 따른 가입 및 탈퇴에 관하여는 제199조를 준용한다.
제209조【해산】 ① 구성 지방자치단체는 특별지방자치단체가 그 설치 목적을 달성하는 등 해산의 사유가 있을 때에는 해당 지방의회의 의결을 거쳐 행정안전부장관의 승인을 받아 특별지방자치단체를 해산하여야 한다.
② 구성 지방자치단체는 제1항에 따라 특별지방자치단체를 해산할 경우에는 상호 협의에 따라 그 재산을 처분하고 사무와 직원의 재배치를 하여야 하며, 국가 또는 시·도 사무를 위임받았을 때에는 관계 중앙행정기관의 장 또는 시·도지사와 협의하여야 한다. 다만, 협의가 성립하지 아니할 때에는 당사자의 신청을 받아 행정안전부장관이 조정할 수 있다.
제210조【지방자치단체에 관한 규정의 준용】 시·도, 시·도와 시·군 및 자치구 또는 2개 이상의 시·도에 걸쳐 있는 시·군 및 자치구로 구성되는 특별지방자치단체는 시·도에 관한 규정을, 시·군 및 자치구로 구성하는 특별지방자치단체는 시·군 및 자치구에 관한 규정을 준용한다. 다만, 제3조, 제1장제2절, 제11조부터 제14조까지, 제17조제3항, 제25조, 제4장, 제38조, 제39조, 제40조제1항제1호 및 제2호, 같은 조 제3항, 제41조, 제6장제1절제1관, 제106조부터 제108조까지, 제110조, 제112조제2호 후단, 같은 조 제3호, 제123조, 제124조, 제6장제3절(제130조는 제외한다)부터 제5절까지, 제

152조, 제166조, 제167조 및 제8장제2절부터 제4절까지, 제11장에 관하여는 그러하지 아니하다.
제211조【다른 법률과의 관계】 ① 다른 법률에서 지방자치단체 또는 지방자치단체의 장을 인용하고 있는 경우에는 제202조제1항에 따른 규약으로 정하는 사무를 처리하기 위한 범위에서는 특별지방자치단체 또는 특별지방자치단체의 장을 인용한 것으로 본다.
② 다른 법률에서 시·도 또는 시·도지사를 인용하고 있는 경우에는 제202조제1항에 따른 규약으로 정하는 사무를 처리하기 위한 범위에서는 시·도, 시·도와 시·군 및 자치구 또는 2개 이상의 시·도에 걸쳐 있는 시·군 및 자치구로 구성하는 특별지방자치단체 또는 특별지방자치단체의 장을 인용한 것으로 본다.
③ 다른 법률에서 시·군 및 자치구 또는 시장·군수 및 자치구의 구청장을 인용하고 있는 경우에는 제202조제1항에 따른 규약으로 정하는 사무를 처리하기 위한 범위에서는 동일한 시·도 관할 구역의 시·군 및 자치구로 구성하는 특별지방자치단체 또는 특별지방자치단체의 장을 인용한 것으로 본다.

부 칙

제1조【시행일】 이 법은 공포 후 1년이 경과한 날부터 시행한다.
제2조【매립지가 속할 지방자치단체의 결정에 관한 적용례】 법률 제9577호 지방자치법 일부개정법률 제4조제4항의 개정규정은 같은 일부개정법률 시행일인 2009년 4월 1일 전에 종전의 「공유수면매립법」 제25조에 따른 준공검사를 받은 매립지에 대하여 시장·군수 및 자치구의 구청장이 2009년 4월 1일 이후 지적공부에 등록하는 경우에도 적용한다.
제3조【조례의 제정범위를 제한하는 하위 법령 금지에 관한 적용례】 제28조제2항의 개정규정은 이 법 시행 이후 최초로 제정·개정되는 하위 법령부터 적용한다.
제4조【지방자치단체의 장의 위법·부당한 명령이나 처분 등에 관한 적용례】 ① 제188조제2항의 개정규정은 이 법 시행 이후 시장·군수 및 자치구의 구청장이 하는 명령이나 처분부터 적용한다.
② 제192조제2항의 개정규정은 이 법 시행 이후 시·군 및 자치구의회가 하는 의결부터 적용한다.
제5조【감사 청구에 관한 특례】 이 법 시행 당시 해당 지방자치단체의 조례로 정하는 감사 청구 주민 수 기준이 제21조제1항의 개정규정에 따른 기준에 맞지 아니하는 경우에는 그 기준에 맞는 조례가 제정되거나 그 기준에 맞게 개정될 때까지는 다음 각 호의 구분에 따른 수의 18세 이상 주민의 연서로 제21조의 개정규정에 따른 주민감사를 청구할 수 있다.
1. 시·도 : 300명 이상
2. 인구 50만 이상 대도시 : 200명 이상
3. 그 밖의 시·군 및 자치구 : 150명 이상
제6조【정책지원 전문인력 도입규모에 관한 특례】 지방의회에 정책지원 전문인력을 두는 경우 그 규모는 2022년 12월 31일까지는 지방의회의원 정수의 4분의 1 범위에서, 2023년 12월 31일까지는 지방의회의원 정수의 2분의 1 범위에서 연차적으로 도입한다.
제7조【일반적 경과조치】 이 법 시행 당시 종전의 규정에 따른 행정기관의 행위나 행정기관에 대하여 한 행위는 그에 해당하는 이 법에 따른 행정기관의 행위나 행정기관에 대하여 한 행위로 본다.
제8조【조례 등의 효력에 관한 경과조치】 법률 제4004호 지방자치법개정법률 시행일인 1988년 5월 1일 당시의 지방자치단체의 조례 및 규칙은 같은 개정법률에 따라 성립된 것으로 본다.
제9조【행정기관에 관한 경과조치】 법률 제4004호 지방자치법개정법률 시행일인 1988년 5월 1일 당시의 종전 법령, 조례 또는 규칙에 따라 설치된 행정기구는 같은 개정법률에 따라 설치된 것으로 본다.
제10조【공무원의 지위에 관한 경과조치】 법률 제4004호 지방자치법개정법률의 개정에 따라 임명방법이나 임명권자가 달라진 공무원은 같은 개정법률에 따라 임명된 것으로 본다.
제11조【하부행정기구에 관한 경과조치】 법률 제7846호 지방자치법 일부개정법률 시행일인 2006년 1월 11일 전에 종전의 「지방자치법」(법률 제7846호로 개정되기 전의 것을 말한다) 제111조에 따라 설치된 행정기구는 그 설치를 위한 조례가 새로 제정·시행될 때까지 유효한 것으로 본다.
제12조【매립지 귀속 지방자치단체 결정 등에 관한 경과조치】 이 법 시행 전에 종전의 제4조제3항 각 호의 지역이 속할 지방자치단체의 결정을 신청한 경우에는 제5조제6항부터 제11항까지의 개정규정에도 불구하고 종전의 규정에 따른다.
제13조【경계변경에 관한 경과조치】 이 법 시행 전에 종전의 제4조에 따라 경계변경에 합의한 경우에는 제6조의 개정규정에도 불구하고 종전의 규정에 따른다.
제14조【조례의 제정과 개정·폐지 청구에 관한 경과조치】 조례의 제정과 개정·폐지 청구에 관하여는 제19조제2항의 개정규정에 따른 법률이 시행되기 전까지 종전의 규정에 따른다.
제15조【감사 청구기간에 관한 경과조치】 이 법 시행 당시 해당 사무처리가 있었던 날이나 끝난 날부터 2년이 경과한 경우에는 제21조제3항의 개정규정에도 불구하고 종전의 규정에 따른다.
제16조【지방의회의원의 상해·사망 등의 보상에 관한 경과조치】 이 법 시행 전에 지방의회의원이 신체에 상해를 입거나 사망한 경우와 그 상해나 직무로 인한 질병으로 사망한 경우에 대한 보상금 지급에 관하여는 제42조의 개정규정에도 불구하고 종전의 규정에 따른다.
제17조【지방의회의원 겸직금지 등에 관한 경과조치】 ① 지방의회의 의장은 이 법 시행 전에 종전의 제35조제3항에 따른 겸직신고를 받은 경우로서 이 법 시행 당시 겸직하고 있는 지방의회의원에 대해서는 이 법 시행일부터 6개월 이내에 제43조제4항의 개정규정에 따른 조치를 하여야 한다.
② 지방의회의 의장은 이 법 시행 당시 제43조제5항의 개정규정에 따른 겸직금지 대상이 된 지방의회의원 중 같은 항에 따라 사임하지 아니한 지방의회의원이나 제44조제2항에 위반된다고 인정되는 지방의회의원에 대하여 이 법 시행일부터 6개월 이내에 제43조제6항의 개정규정에 따른 조치를 하여야 한다.
제18조【임시회 소집 요구 등에 관한 경과조치】 임시회 소집 요구 및 의안의 발의 등에 관하여는 제54조제3항 및 제76조제1항의 개정규정에 따라 해당 지방자치단체의 조례가 제정·개정되기 전까지는 종전의 규정에 따른다.
제19조【지방의회의원의 징계에 관한 경과조치】 이 법 시행 전에 지방의회의원의 징계 요구에 대하여 지방의회의 의장이 본회의에 회부하였을 때에는 제98조 및 제99조의 개정규정에도 불구하고 종전의 규정에 따른다.
제20조【지방의회 사무직원에 관한 경과조치】 이 법 시행 당시의 지방의회 사무직원에 대한 임면·교육·훈련·복무·징계 등에 관하여 지방자치단체의 장이 한 행위는 제103조제2항의 개정규정에 따라 지방의회의 의장이 한 행위로 본다.
제21조【종전 부칙의 적용범위에 관한 경과조치】 종전의 「지방자치법」의 개정에 따라 규정하였던 종전의 부칙은 이 법 시행 전에 그 효력이 이미 상실된 경우를 제외하고는 이 법의 규정에 위배되지 아니하는 범위에서 이 법 시행 이후에도 계속하여 적용한다.
제22조【다른 법률의 개정】 ①~⑲ ※(해당 법령에 가제정리 하였음)
제23조【다른 법령과의 관계】 이 법 시행 당시 다른 법령에서 종전의 「지방자치법」의 규정을 인용하고 있는 경우에는 이 법 가운데 그에 해당하는 규정이 있으면 종전의 규정을 갈음하여 이 법의 해당 규정을 인용한 것으로 본다.

부　칙 (2021.4.20)

이 법은 공포 후 6개월이 경과한 날부터 시행한다. 다만, 법률 제17893호 지방자치법 전부개정법률 제7조제4항부터 제6항까지의 개정규정은 2022년 1월 13일부터 시행한다.

부　칙 (2021.10.19)

이 법은 공포한 날부터 시행한다. 다만, 법률 제17893호 지방자치법 전부개정법률 제24조제2항 · 제55조 및 제78조제1항의 개정규정은 2022년 1월 13일부터 시행한다.

부　칙 (2023.3.21)

제1조【시행일】 이 법은 공포 후 6개월이 경과한 날부터 시행한다.
제2조【다른 법률의 개정】 ※(해당 법령에 가제정리 하였음)

부　칙 (2023.6.7)

이 법은 공포한 날부터 시행한다.

부　칙 (2023.6.9)

제1조【시행일】 이 법은 공포 후 1개월이 경과한 날부터 시행한다.(이하 생략)

부　칙 (2023.8.8)

제1조【시행일】 이 법은 2024년 5월 17일부터 시행한다.(이하 생략)

부　칙 (2023.9.14)

이 법은 공포한 날부터 시행한다.

부　칙 (2024.1.9)

제1조【시행일】 이 법은 2024년 5월 17일부터 시행한다.(이하 생략)

지방공무원법

(1963년 11월 1일 법 률 제1427호)

개정
1963.12.16법 1550호 <중략>
2011. 5.23법10700호 2012. 3.21법11396호
2012.12.11법11531호
2013. 3.23법11690호(정부조직)
2013. 8. 6법11997호 2014. 1. 7법12213호
2014. 1.14법12235호 2014.10.15법12800호
2014.11.19법12844호(정부조직)
2015. 5.18법13292호 2015.12.29법13634호
2016. 5.29법14183호(병역)
2017. 7.26법14839호(정부조직)
2018. 3.20법15522호(공무원재해보상법)
2018.10.16법15801호 2019.12.10법16775호
2020. 1.29법16884호
2021. 1.12법17894호(피후견인결격정비)
2021. 6. 8법18208호
2021. 7.20법18308호(장애인고용촉진및직업재활법)
2021.10. 8법18472호 2022.12.27법19108호
2024. 3.19법20377호
2024.12.31법20621호→2024년 12월 31일 및 2025년 7월 1일 시행

제1장 총　칙

(2008.12.31 본장개정)

제1조【목적】 이 법은 지방자치단체의 공무원에게 적용할 인사행정의 근본 기준을 확립하여 지방자치행정의 민주적이며 능률적인 운영을 도모함을 목적으로 한다.
제2조【공무원의 구분】 ① 지방자치단체의 공무원(지방자치단체가 경비를 부담하는 지방공무원을 말하며, 이하 "공무원"이라 한다)은 경력직공무원과 특수경력직공무원으로 구분한다.
② "경력직공무원"이란 실적과 자격에 따라 임용되고 그 신분이 보장되며 평생 동안(근무기간을 정하여 임용하는 공무원의 경우에는 그 기간 동안을 말한다) 공무원으로 근무할 것이 예정되는 공무원을 말하며, 그 종류는 다음 각 호와 같다.
1. 일반직공무원 : 기술 · 연구 또는 행정 일반에 대한 업무를 담당하는 공무원
2. 특정직공무원 : 공립 대학 및 전문대학에 근무하는 교육공무원, 교육감 소속의 교육전문직원 및 자치경찰공무원과 그 밖에 특수 분야의 업무를 담당하는 공무원으로서 다른 법률에서 특정직공무원으로 지정하는 공무원(2019.12.10 본호개정)
3. (2012.12.11 삭제)
(2012.12.11 본항개정)
③ "특수경력직공무원"이란 경력직공무원 외의 공무원을 말하며, 그 종류는 다음 각 호와 같다.
1. 정무직공무원
가. 선거로 취임하거나 임명할 때 지방의회의 동의가 필요한 공무원

나. 고도의 정책결정업무를 담당하거나 이러한 업무를 보조하는 공무원으로서 법령 또는 조례에서 정무직으로 지정하는 공무원
2. 별정직공무원 : 비서관·비서 등 보좌업무 등을 수행하거나 특정한 업무 수행을 위하여 법령에서 별정직으로 지정하는 공무원(2012.12.11 본호개정)
3. (2012.12.11 삭제)
4. (2011.5.23 삭제)
④ 제3항에 따른 별정직공무원의 임용조건, 임용절차, 근무상한연령, 그 밖에 필요한 사항은 대통령령 또는 조례로 정한다.(2012.12.11 본항개정)

제3조【적용범위】 ① 특수경력직공무원에 대하여는 이 법 또는 다른 법률에 특별한 규정이 없으면 제31조, 제41조제1항, 제42조, 제43조, 제43조의2, 제43조의3, 제44조부터 제46조까지, 제46조의2, 제46조의3, 제47조부터 제51조까지, 제51조의2, 제52조부터 제59조까지, 제61조, 제74조, 제75조, 제75조의2, 제76조부터 제79조까지, 제82조 및 제83조에 한정하여 이 법을 적용한다.(2021.6.8 본항개정)
② 제1항에도 불구하고 정무직공무원에 대하여는 제31조 및 제61조를 적용하지 아니하고, 대통령령으로 정하는 특수경력직공무원에 대하여는 제57조 및 제58조를 적용하지 아니한다.
③ 제25조의2는 대통령령으로, 제25조의3은 대통령령 또는 조례로 정하는 공무원에게만 적용한다.
④ 제25조의5에 따라 근무기간을 정하여 임용하는 공무원에 대하여는 이 법 또는 다른 법률에 특별한 규정이 없으면 제29조의2, 제29조의3, 제30조의2, 제30조의4, 제38조, 제39조, 제39조의2, 제39조의3, 제65조의4, 제66조 및 제66조의2를 적용하지 아니한다.
(2012.12.11 본조개정)

제3조의2 (1981.4.20 삭제)

제4조【일반직공무원의 계급구분 등】 ① 일반직공무원은 1급부터 9급까지의 계급으로 구분하며, 직군(職群)과 직렬(職列)별로 분류한다.(2012.12.11 본항개정)
② 다음 각 호의 공무원에 대하여는 대통령령으로 정하는 바에 따라 제1항에 따른 계급 구분이나 직군 및 직렬의 분류를 적용하지 아니할 수 있다.
1. 특수 업무 분야에 종사하는 공무원
2. 연구·지도 또는 특수기술 직렬 공무원(2015.5.18 본호개정)
(2012.12.11 본항개정)
③ (2010.6.8 삭제)
④ 제1항 및 제2항에 따른 각 계급의 직무의 종류별 명칭은 대통령령으로 정한다.(2010.6.8 본항개정)
(2012.12.11 본조제목개정)

제5조【정의】 이 법에서 사용하는 용어의 뜻은 다음과 같다.
1. "직위(職位)"란 1명의 공무원에게 부여할 수 있는 직무와 책임을 말한다.
2. "직급(職級)"이란 직무의 종류·곤란성과 책임도가 상당히 유사한 직위의 군(群)을 말하며, 같은 직급에 속하는 직위에 대하여는 임용자격·시험, 그 밖의 인사행정에서 동일한 취급을 한다.
3. "정급(定級)"이란 직위를 직급에 배정하는 것을 말한다.
4. "강임(降任)"이란 같은 직렬 내에서 하위 직급에 임명하거나 하위 직급이 없어 다른 직렬의 하위 직급에 임명하는 것을 말한다.
5. "전직(轉職)"이란 직렬을 달리하여 임명하는 것을 말한다.
6. "전보(轉補)"란 같은 직급 내에서의 보직변경을 말한다.
7. "직군(職群)"이란 직무의 성질이 유사한 직렬의 군을 말한다.
8. "직렬(職列)"이란 직무의 종류가 유사하고, 그 책임과 곤란성의 정도가 다른 직급의 군을 말한다.
9. "직류(職類)"란 같은 직렬 내에서 담당 분야가 같은 직무의 군을 말한다.
10. "직무등급"이란 직무의 곤란성과 책임도가 상당히 유사한 직위의 군을 말한다.

제2장 인사기관
(2008.12.31 본장개정)

제6조【임용권자】 ① 지방자치단체의 장〔특별시·광역시·특별자치시·도 또는 특별자치도(이하 "시·도"라 한다)의 교육감을 포함한다. 이하 같다〕 및 지방의회의 의장〔시·도의회의 의장 및 시·군·구(자치구를 말한다. 이하 같다)의회의 의장을 말한다. 이하 같다〕은 이 법에서 정하는 바에 따라 그 소속 공무원의 임명·휴직·면직과 징계를 하는 권한(이하 "임용권"이라 한다)을 가진다.(2021.10.8 본항개정)
② 제1항에 따라 임용권을 가지는 자는 그 권한의 일부를 그 지방자치단체의 조례로 정하는 바에 따라 보조기관, 그 소속 기관의 장이나 지방의회의 사무처장·사무국장·사무과장에게 위임할 수 있다.(2021.10.8 본항개정)
③ 임용권자(임용권의 위임을 받은 자를 포함한다. 이하 같다)는 대통령령으로 정하는 바에 따라 소속 공무원의 인사기록을 작성·보관하여야 한다.

제6조의2【인사관리의 전자화】 ① 행정안전부장관, 지방자치단체의 장 또는 지방의회의 의장은 공무원의 인사관리를 과학화하기 위하여 공무원의 인사기록을 데이터베이스화하여 관리하고 인사 업무를 전자적으로 처리할 수 있는 시스템을 구축하여 운영할 수 있다.(2021.10.8 본항개정)
② 제1항에 따른 시스템의 구축·운영 등에 필요한 사항은 대통령령으로 정한다.

제7조【인사위원회의 설치】 ① 지방자치단체에 임용권자(임용권을 위임받은 자는 제외하되, 그 중 시의 구청장과 지방자치단체의 장이 필요하다고 인정하는 소속 기관의 장을 포함한다)별로 인사위원회를 두되, 시·도에 특별시장·광역시장·특별자치시장·도지사·특별자치도지사(이하 "시·도지사"라 한다) 또는 교육감 소속으로 인사위원회를 두는 경우에는 필요하면 제1인사위원회와 제2인사위원회를 둘 수 있다.(2021.10.8 본항개정)
② 인사위원회는 16명 이상 20명 이하의 위원으로 구성한다. 다만, 지방의회의 의장 소속 인사위원회, 임용권을 위임받은 기관에 두는 인사위원회와 해당 지방자치단체의 인구 수, 위원 선정의 어려움 등을 고려하여 대통령령으로 정하는 지방자치단체에 두는 인사위원회는 7명 이상 9명 이하의 위원으로 구성할 수 있다.(2021.10.8 단서개정)
③ 제2항에 따라 인사위원회를 구성할 경우에는 제5항 각 호에 따라 위촉되는 위원이 전체 위원의 2분의 1 이상이어야 한다.(2012.3.21 본항신설)
④ 제1항에 따라 시·도에 복수의 인사위원회를 두는 경우 제1인사위원회의 위원과 제2인사위원회의 위원은 겸직할 수 없다. 다만, 인사를 담당하는 국 또는 이에 상당하는 보조기관의 장의 경우에는 그러하지 아니하다.(2012.3.21 본항신설)
⑤ 지방자치단체의 장과 지방의회의 의장은 각각 소속 공무원(국가공무원을 포함한다) 및 다음 각 호에 해당하는 사람으로서 인사행정에 관한 학식과 경험이 풍부한 사람 중에서 위원을 임명하거나 위촉하되, 위원의 자격요건에 관하여 필요한 사항은 대통령령으로 정한다. 다만, 시험위원은 시험실시기관의 장이 따로 위촉할 수 있다.(2021.10.8 본문개정)
1. 법관·검사 또는 변호사 자격이 있는 사람
2. 대학에서 조교수 이상으로 재직하거나 초등학교·중학교·고등학교 교장 또는 교감으로 재직하는 사람
3. 공무원(국가공무원을 포함한다)으로서 20년 이상 근속하고 퇴직한 사람
4. 「비영리민간단체 지원법」에 따른 비영리민간단체에서 10년 이상 활동하고 있는 지역단위 조직의 장
5. 상장법인의 임원 또는 「공공기관의 운영에 관한 법률」 제5조에 따라 지정된 공기업의 지역단위 조직의 장으로 근무하고 있는 사람
⑥ 다음 각 호의 어느 하나에 해당하는 사람은 위원으로 위촉될 수 없다.

1. 제31조 각 호의 어느 하나에 해당하는 사람
2. 「정당법」에 따른 정당의 당원
3. 지방의회의원

⑦ 제5항에 따라 위촉되는 위원의 임기는 3년으로 하되, 한 번만 연임할 수 있다.(2012.3.21 본항개정)

⑧ 지방자치단체는 조례로 정하는 바에 따라 인사위원회의 회의에 참석하는 위원에게 실비보상을 할 수 있다.(2012.3.21 본항개정)

⑨ 위원은 그 직무에 관하여 알게 된 비밀을 누설하여서는 아니 된다.

⑩ 위원 중 공무원이 아닌 위원은 그 직무상 행위와 관련하여 「형법」이나 그 밖의 법률에 따른 벌칙을 적용할 때 공무원으로 본다.

⑪ 제1항부터 제10항까지에서 규정한 사항 외에 인사위원회의 구성에 필요한 사항은 대통령령으로 정한다.
(2012.3.21 본항신설)

제8조【인사위원회의 기능 등】 ① 인사위원회는 다음 각 호의 사무를 관장한다.
1. 공무원 충원계획의 사전심의 및 각종 임용시험의 실시
2. 임용권자의 요구에 따른 보직관리 기준 및 승진·전보임용 기준의 사전의결
3. 승진임용의 사전심의
4. 임용권자의 요구에 따른 공무원의 징계 의결 또는 제69조의2에 따른 징계부가금(이하 "징계부가금"이라 한다) 부과 의결(이하 "징계의결등"이라 한다)(2010.3.22 본호개정)
5. 지방자치단체의 장이 지방의회에 제출하는 공무원의 임용·교육훈련·보수 등 인사와 관련된 조례안 및 규칙안의 사전심의
6. 임용권자의 인사운영에 대한 개선 권고
7. 그 밖에 법령 또는 조례에 따라 인사위원회 관장에 속하는 사항

② 인사위원회는 제1항의 기능 수행에 필요하다고 인정하면 임용권자에게 관계 서류의 제출을 요구할 수 있고, 제1항제4호의 사무처리를 위하여 사실 조사를 하거나 증인의 증언을 요구할 수 있다.

③ 제1항제2호에 따른 사전의결 대상 및 제7조제1항에 따라 복수의 인사위원회가 설치된 경우 각 인사위원회의 사무분장에 필요한 사항은 대통령령으로 정한다.

④ 인사위원회의 징계의결등에 관한 절차는 따로 대통령령으로 정한다.(2010.3.22 본항개정)

제9조【인사위원회의 기관】 ① 인사위원회에 위원장·부위원장 각 1명을 두며, 위원장은 시·도의 국가공무원으로 임명하는 부시장·부지사·부교육감, 시·도의회의 사무처장, 시·군·구의 부시장·부군수·부구청장, 시·군·구의회의 사무국장 또는 사무과장이 되고, 부위원장은 해당 인사위원회에서 호선(互選)한다. 다만, 임용권을 위임받은 기관에 두는 인사위원회의 위원장과 부위원장은 해당 인사위원회에서 호선한다.(2021.10.8 본문개정)

② 제7조제1항에 따라 시·도에 복수의 인사위원회를 두는 경우 제1인사위원회의 위원장은 제1항 본문에 따르고, 제2인사위원회의 위원장은 부시장·부지사(「지방자치법」 제123조제6항 후단에 따라 특정지역의 사무를 담당하는 부시장·부지사를 말한다) 또는 인사를 담당하는 국장이 된다.
(2021.10.8 본항개정)

③ 위원장은 인사위원회를 대표하며, 인사위원회의 사무를 총괄한다.

④ 부위원장은 위원장을 보좌하며, 위원장이 부득이한 사유로 직무를 수행할 수 없을 때에는 그 직무를 대행한다.

제9조의2【위원의 신분보장】 ① 인사위원회의 위원장, 부위원장 및 위원(공무원인 위원장, 부위원장 및 위원은 제외한다. 이하 이 조에서 같다)은 제7조제5항 각 호에 따른 자격요건이 상실되거나 제7조제6항 각 호의 어느 하나에 해당할 때에는 그 직을 당연히 퇴직한다.(2012.3.21 본항개정)

② 인사위원회의 위원장, 부위원장 및 위원은 장기의 심신쇠약으로 직무를 수행할 수 없게 된 경우 외에는 본인의 의사에 반하여 그 직에서 면직되지 아니한다.

제10조【인사위원회의 회의】 ① 인사위원회의 회의는 위원장이 필요하다고 인정할 때에 소집하고 위원장은 그 의장이 된다.

② 인사위원회의 회의는 위원장과 위원장이 회의마다 지정(임용권을 위임받은 기관에 두는 인사위원회의 경우에는 그 기관의 장이 지정한다)하는 8명의 위원으로 구성하되, 제7조제5항 각 호에 따라 위촉된 위원이 전체 구성원의 2분의 1 이상이어야 한다. 다만, 제7조제2항 단서에 따라 인사위원회를 7명 이상 9명 이하의 위원으로 구성한 경우 그 인사위원회의 회의는 위원 전원으로 구성한다.(2012.3.21 본항신설)

③ 인사위원회의 회의는 제2항에 따른 구성원 3분의 2 이상의 출석과 출석위원 과반수의 찬성으로 의결한다. 다만, 대통령령으로 정하는 경미한 사항에 대하여는 서면으로 심의·의결할 수 있다.(2012.3.21 본항개정)

④ 그 밖에 인사위원회의 운영에 필요한 사항은 대통령령으로 정한다.

제10조의2【인사위원회 위원의 제척·기피·회피】 ① 인사위원회의 위원은 다음 각 호의 어느 하나에 해당하는 경우에는 제8조제1항제3호·제4호 및 제62조의 심의·의결에서 제척(除斥)된다. 다만, 제3호의 경우에는 제8조제1항제4호 및 제62조와 관련된 심의·의결에 한정한다.(2014.1.7 본문개정)
1. 위원 본인 또는 그 배우자나 배우자였던 사람이 해당 심의·의결의 대상자인 경우
2. 위원 본인과 친족 관계에 있거나 친족 관계에 있었던 사람이 해당 심의·의결의 대상자인 경우
3. 위원 본인이 심의·의결 대상자의 직근 상급자이거나 징계 사유가 발생한 기간 동안 직근 상급자였던 경우
(2014.1.7 본호신설)

② 제8조제1항제3호·제4호 및 제62조의 심의·의결 대상자는 다음 각 호의 어느 하나에 해당하는 경우에는 그 이유를 구체적으로 밝혀 그 위원에 대한 기피를 신청할 수 있고, 인사위원회는 해당 위원의 기피 여부를 결정하여야 한다. 이 경우 기피 신청을 받은 위원은 그 기피 여부에 대한 결정에 참여할 수 없다.(2014.1.7 전단개정)
1. 인사위원회의 위원에게 제1항 각 호의 어느 하나에 해당하는 사항이 있는 경우
2. 그 밖에 심의·의결의 공정을 기대하기 어려운 사정이 있는 경우

③ 인사위원회의 위원은 제1항 또는 제2항에 따른 제척사유 또는 기피사유에 해당하는 것을 알게 되었을 때에는 스스로 제8조제1항제3호·제4호 및 제62조의 심의·의결에서 회피할 수 있다. 이 경우 회피하려는 위원은 위원장에게 그 사유를 소명하여야 한다.(2014.1.7 전단개정)
(2012.3.21 본조신설)

제10조의3【임시위원의 임명】 ① 지방자치단체의 장과 지방의회의 의장은 제10조의2에 따른 인사위원회 위원의 제척·기피·회피 등으로 심의·의결에 참여할 수 있는 위원수가 제10조제2항에 따른 인사위원회 회의 구성원 수의 3분의 2에 미달하는 때에는 그 구성원 수의 3분의 2가 될 때까지 임시위원을 임명 또는 위촉하여 해당 심의·의결에 참여하도록 하여야 한다.(2021.10.8 본항개정)

② 임시위원의 자격, 실비보상, 비밀누설 금지 등에 관하여는 제7조제5항·제8항부터 제10항까지를 준용하고, 결격사유에 관하여는 같은 조 제6항을 준용한다.
(2012.3.21 본조신설)

제11조【인사위원회의 사무직원】 ① 인사위원회에 간사와 서기를 둔다.

② 간사와 서기는 해당 지방자치단체의 장과 지방의회의 의장이 각각 그 소속 공무원 중에서 임명한다.(2021.10.8 본항개정)

③ 간사는 위원장의 명을 받아 인사위원회의 사무를 처리하며 서기는 간사를 보조한다.

제12조 (1991.5.31 삭제)

제13조【소청심사위원회의 설치】 ① 지방자치단체의 장 소속 공무원의 징계, 그 밖에 그 의사에 반하는 불리한 처분

이나 부작위(不作爲)에 대한 소청을 심사·결정하기 위하여 시·도에 임용권자(시·도의회의 의장 및 임용권을 위임받은 자는 제외한다)별로 지방소청심사위원회 및 교육소청심사위원회(이하 "심사위원회"라 한다)를 둔다.
② 지방의회의 의장 소속 공무원의 징계, 그 밖에 그 의사에 반하는 불리한 처분이나 부작위에 대한 소청은 제1항에 따른 지방소청심사위원회에서 심사·결정한다.
(2021.10.8 본조개정)

제14조【심사위원회의 위원】 ① 심사위원회는 16명 이상 20명 이하의 위원으로 구성한다. 이 경우 제2항제1호 및 제2호에 따라 위촉되는 위원이 전체 위원의 2분의 1 이상이어야 한다.(2012.3.21 본항개정)
② 위원은 다음 각 호의 어느 하나에 해당하는 사람 중에서 시·도지사 또는 교육감이 임명하거나 위촉한다. 다만, 인사위원회 위원, 「정당법」에 따른 당원, 지방의회의원 및 제31조 각 호의 어느 하나에 해당하는 사람은 심사위원회의 위원이 될 수 없다.(2021.10.8 본문개정)
1. 법관·검사 또는 변호사로 재직하는 사람
2. 대학에서 법률학을 담당하는 부교수 이상으로 재직하는 사람
3. 시·도지사 또는 교육감 소속 국장급 이상의 공무원 (2021.10.8 본호개정)
4. 시·도의회의 의장 소속 과장급 이상의 공무원(2021.10.8 본호신설)

③ 제2항에 따라 위촉되는 위원의 임기는 3년으로 하되, 한 번만 연임할 수 있다.(2024.3.19 본항개정)
④ 심사위원회의 회의는 위원장과 시·도지사 또는 교육감이 회의마다 지정하는 6명의 위원으로 구성한다. 이 경우 제2항제1호 및 제2호에 따라 위촉된 위원이 5명 이상이어야 한다.(2012.3.21 본항신설)
⑤ 회의에 참석하는 위원에게는 해당 지방자치단체의 조례로 정하는 바에 따라 실비보상을 할 수 있다.(2012.3.21 본항개정)
⑥ 위원 중 공무원이 아닌 위원은 그 직무상 행위와 관련하여 「형법」이나 그 밖의 법률에 따른 벌칙을 적용할 때 공무원으로 본다.
⑦ 제1항부터 제6항까지에서 규정된 사항 외에 심사위원회의 구성·운영 등에 필요한 사항은 대통령령으로 정한다.
(2012.3.21 본항개정)

제15조【심사위원회의 위원장】 ① 심사위원회에 위원장 1명을 두며, 위원장은 심사위원회에서 제14조제2항제1호 또는 제2호에 해당하는 심사위원회 위촉위원 중에서 호선한다.
② 위원장은 심사위원회를 대표하고, 심사위원회의 사무를 총괄한다.
③ 위원장이 부득이한 사유로 직무를 수행할 수 없을 때에는 위원장이 미리 지정한 위원이 그 직무를 대행한다.

제15조의2【위원의 신분보장】 ① 심사위원회의 위촉위원은 금고 이상의 형벌이나 장기의 심신쇠약으로 직무를 수행할 수 없게 된 경우 외에는 본인의 의사에 반하여 그 직에서 면직되지 아니한다.
② 심사위원회의 위원이 제14조제2항 단서의 결격사유 중 어느 하나에 해당할 때에는 그 직을 당연히 퇴직한다.
(2008.12.31 본조신설)

제16조【심사위원회의 사무직원】 ① 심사위원회에 간사 및 서기를 둔다.
② 간사와 서기는 시·도지사 또는 교육감이 그 소속 공무원 중에서 임명한다.
③ 간사는 위원장의 명을 받아 심사위원회의 사무를 처리하고, 서기는 간사를 보조한다.

제17조【심사위원회의 심사】 ① 심사위원회는 이 법에 따른 소청을 접수하면 지체 없이 심사하여야 한다.
② 심사위원회는 제1항의 심사를 할 때 필요하다고 인정하면 사실 조사를 하거나 증인을 소환하여 질문을 하거나 관계 서류를 제출하도록 명할 수 있다.
③ 심사위원회가 소청사건을 심사하기 위하여 징계 요구 기관이나 관계 기관의 소속 공무원을 증인으로 소환하면 해당 기관의 장은 이에 따라야 한다.
④ 심사위원회는 필요하다고 인정하면 특별한 학식·경험이 있는 자에게 검증(檢證)이나 감정(鑑定)을 의뢰할 수 있다.
⑤ 심사위원회가 공무원이 아닌 사람을 증인으로 소환하여 질문할 때에는 대통령령으로 정하는 바에 따라 실비보상을 하여야 한다.

제18조【소청인의 진술권】 ① 심사위원회가 소청사건을 심사할 때에는 대통령령으로 정하는 바에 따라 소청인 또는 그 대리인에게 진술 기회를 주어야 한다.
② 제1항의 진술 기회를 주지 아니한 결정은 무효로 한다.

제19조【심사위원회의 결정】 ① 심사위원회의 결정은 제14조제4항에 따른 구성원 3분의 2 이상의 출석과 출석위원 과반수의 합의에 따르되, 의견이 나뉘어 출석위원 과반수의 합의에 이르지 못하였을 때에는 과반수에 이를 때까지 소청인에게 가장 불리한 의견에 차례로 유리한 의견을 더하여 그 중에서 가장 유리한 의견을 합의된 의견으로 본다.(2021.6.8 본항개정)
② 제1항에도 불구하고 파면·해임·강등 또는 정직에 해당하는 징계처분을 취소 또는 변경하려는 경우와 효력 유무 또는 존재 여부에 대한 확인을 하려는 경우에는 제14조제4항에 따른 구성원 3분의 2 이상의 출석과 출석위원 3분의 2 이상의 합의가 있어야 한다. 이 경우 구체적인 결정의 내용은 출석위원 과반수의 합의에 따르되, 의견이 나뉘어 출석위원 과반수의 합의에 이르지 못하였을 때에는 과반수에 이를 때까지 소청인에게 가장 불리한 의견에 차례로 유리한 의견을 더하여 그 중에서 가장 유리한 의견을 합의된 의견으로 본다.(2021.6.8 본항신설)
③ 심사위원회의 위원은 위원회에 계류(繫留)된 소청사건의 증인이 될 수 없으며, 다음 사항에 관한 소청사건의 심사·결정에서 제척된다.(2011.5.23 본문개정)
1. 위원 본인과 관계있는 사항
2. 위원 본인과 친족이거나 친족이었던 사람과 관계있는 사항

④ 소청 사건의 당사자는 다음 각 호의 어느 하나에 해당하는 때에는 그 이유를 구체적으로 밝혀 그 위원에 대한 기피를 신청할 수 있고, 심사위원회는 해당 위원의 기피 여부를 결정하여야 한다. 이 경우 기피신청을 받은 위원은 그 기피 여부에 대한 결정에 참여할 수 없다.
1. 심사위원회의 위원에게 제3항에 따른 제척사유가 있는 경우(2021.6.8 본호개정)
2. 심사·결정의 공정을 기대하기 어려운 사정이 있는 경우
(2011.5.23 본항신설)

⑤ 심사위원회 위원은 제4항에 따른 기피사유에 해당하는 때에는 스스로 그 사건의 심사·결정에서 회피할 수 있다.
(2021.6.8 본항개정)
⑥ 심사위원회의 결정은 다음과 같이 구분한다.
1. 심사청구가 이 법 또는 다른 법률에 적합하지 아니하면 그 청구를 각하한다.
2. 심사청구가 이유 없다고 인정되면 그 청구를 기각한다.
3. 처분의 취소 또는 변경을 구하는 심사청구가 이유 있다고 인정되면 처분을 취소 또는 변경하거나 처분행정청에 취소 또는 변경할 것을 명한다.
4. 처분의 효력 유무 또는 존재 여부에 대한 확인을 구하는 심사청구가 이유 있다고 인정되면 처분의 효력 유무 또는 존재 여부를 확인한다.
5. 위법 또는 부당한 거부처분이나 부작위에 대하여 의무이행을 구하는 심사청구가 이유 있다고 인정되면 지체 없이 청구에 따른 처분을 하거나 처분을 할 것을 명한다.

⑦ 심사위원회의 취소명령 또는 변경명령 결정은 그에 따른 징계나 그 밖의 처분이 있을 때까지는 종전에 행한 징계처분 또는 징계부가금 부과처분(이하 "징계처분등"이라 한다)에 영향을 미치지 아니한다.(2010.3.22 본항개정)
⑧ 심사위원회가 징계처분등을 받은 자의 청구에 따라 소청을 심사할 경우에는 원징계처분보다 무거운 징계 또는 원징

계부가금 부과처분보다 무거운 징계부가금을 부과하는 결정을 하지 못한다.(2010.3.22 본항개정)
⑨ 심사위원회의 결정은 그 이유를 구체적으로 밝힌 결정서로 하여야 한다.
제19조의2 【임시위원의 임명】 ① 제19조제3항부터 제5항까지의 규정에 따른 심사위원회 위원의 제척·기피 또는 회피 등으로 심사·결정에 참여할 수 있는 위원 수가 3명 미만이 된 경우에는 3명이 될 때까지 시·도지사 또는 교육감은 임시위원을 임명하여 해당 사건의 심사·결정에 참여하도록 하여야 한다.(2021.6.8 본항개정)
② 임시위원의 자격, 실비보상 등에 관하여는 제14조제2항 각 호 및 같은 조 제5항·제6항을, 결격사유에 관하여는 제14조제2항 단서를 준용한다.(2012.3.21 본항개정)
제20조 【결정의 효력】 제19조에 따른 심사위원회의 결정은 처분행정청을 기속(羈束)한다.
제20조의2 【행정소송과의 관계】 제67조에 따른 처분, 그 밖에 본인의 의사에 반한 불리한 처분이나 부작위에 관한 행정소송은 심사위원회의 심사·결정을 거치지 아니하면 제기할 수 없다.
제21조 【소청 절차】 소청의 제기, 심사 및 결정, 그 밖에 소청 절차에 관하여 필요한 사항은 대통령령으로 정한다.

제3장 직위분류제
(2008.12.31 본장개정)

제22조 【직위분류제의 확립】 ① 직위분류제에 관하여 이 법에 규정된 것 외에는 대통령령으로 정한다.
② 제1항의 직위분류제에서는 모든 대상 직위를 직무의 종류와 곤란성 및 책임도에 따라 직군·직렬·직급 또는 직무등급별로 분류하되, 같은 직급이나 같은 직무등급에 속하는 직위에 대하여는 같은 자격요건을 필요로 하고 동일하거나 유사한 보수가 지급되도록 분류하여야 한다.
제22조의2 【직무분석】 ① 임용권자는 합리적인 인사관리를 위하여 필요하면 직무분석을 할 수 있다.
② 제1항에 따른 직무분석 및 그 결과의 활용 등에 필요한 사항은 대통령령으로 정한다.
제23조 【직위의 정급】 ① 지방자치단체의 장과 지방의회의 의장은 대통령령으로 정하는 바에 따라 직위분류제의 적용을 받는 모든 직위를 어느 하나의 직급 또는 직무등급에 배정하여야 한다.
② 지방자치단체의 장과 지방의회의 의장은 대통령령으로 정하는 바에 따라 제1항에 규정된 정급(定級)을 재심사하고, 필요하다고 인정하면 이를 개정하여야 한다.
(2021.10.8 본조개정)
제24조 【직위분류제의 실시】 일반직을 대상으로 하는 직위분류제는 대통령령으로 정하는 바에 따라 실시하기 쉬운 것부터 단계적으로 실시할 수 있다.

제4장 임용과 시험
(2008.12.31 본장개정)

제25조 【임용의 기준】 공무원의 임용은 시험성적, 근무성적, 경력평정, 그 밖의 능력의 실증(實證)에 따라 한다. 다만, 지방자치단체의 장과 지방의회의 의장은 대통령령으로 정하는 바에 따라 장애인, 이공계 전공자, 저소득층, 다자녀 양육자 등에 대한 임용·승진·전보 등 인사관리상의 우대와 실질적 양성평등을 실현하기 위한 적극적인 정책을 실시할 수 있다.(2024.12.31 단서개정)
제25조의2 【외국인과 복수국적자의 임용】 ① 지방자치단체의 장과 지방의회의 의장은 국가안보 및 보안·기밀에 관계되는 분야를 제외한 분야에서 대통령령으로 정하는 바에 따라 외국인을 공무원으로 임용할 수 있다.(2021.10.8 본항개정)
② 지방자치단체의 장과 지방의회의 의장은 다음 각 호의 어느 하나에 해당하는 분야로서 대통령령으로 정하는 분야에는 복수국적자(대한민국 국적과 외국 국적을 함께 가진 사람을 말한다. 이하 같다)의 임용을 제한할 수 있다.
(2021.10.8 본문개정)
1. 국가의 존립과 헌법 기본질서의 유지를 위한 국가안보 분야
2. 내용이 누설되는 경우 국가 또는 지방자치단체의 이익을 해하게 되는 보안·기밀 분야
3. 외교, 국가 간 이해관계와 관련된 정책 결정 및 집행 등 복수국적자의 임용이 부적합한 분야

(2011.5.23 본항신설)
(2011.5.23 본조제목개정)
제25조의3 【근무시간의 단축 임용】 지방자치단체의 장과 지방의회의 의장은 업무의 특성 또는 기관의 사정 등을 고려하여 신규임용되는 공무원 또는 소속 공무원을 대통령령 또는 조례로 정하는 바에 따라 통상적인 근무시간보다 짧게 근무하는 공무원으로 임용할 수 있다.(2021.10.8 본조개정)
제25조의4 【우수 인재의 추천 채용 및 수습근무】 ① 임용권자는 우수한 인재를 공직에 유치하기 위하여 학업 성적 등이 뛰어난 고등학교 이상 졸업자나 졸업 예정자를 추천·선발하여 3년의 범위에서 수습으로 근무하게 하고, 그 근무기간 동안 근무성적과 자질이 우수하다고 인정되는 사람은 일반직공무원으로 임용할 수 있다.(2021.6.8 본항개정)
② 제31조 각 호의 어느 하나에 해당하는 사람은 제1항에 따른 수습근무를 할 수 없으며, 수습으로 근무 중인 사람이 제31조 각 호의 어느 하나에 해당하게 된 때에는 수습으로 근무할 수 있는 자격을 상실한다.(2015.5.18 본항신설)
③ 제1항에 따라 수습으로 근무하는 사람은 직무상 행위를 하거나 「형법」, 그 밖의 법률에 따른 벌칙을 적용할 때 공무원으로 본다.
④ 제1항에 따른 추천·선발 방법, 수습근무 기간, 임용 직급 등에 관한 사항은 대통령령으로 정한다.
(2021.6.8 본조제목개정)
(2015.5.18 본조개정)
제25조의5 【근무기간을 정하여 임용하는 공무원】 ① 지방자치단체의 장과 지방의회의 의장은 전문지식·기술이 요구되거나 임용관리에 특수성이 요구되는 업무를 담당하게 하기 위하여 경력직공무원을 임용할 때에 일정기간을 정하여 근무하는 공무원(이하 "임기제공무원"이라 한다)을 임용할 수 있다.(2021.10.8 본항개정)
② 임기제공무원의 임용조건, 임용절차, 근무상한연령 및 그 밖에 필요한 사항은 대통령령으로 정한다.
(2012.12.11 본조신설)
제25조의6 【차별금지】 임용권자는 소속 공무원을 임용할 때 합리적인 이유 없이 성별, 종교 또는 사회적 신분 등을 이유로 차별해서는 아니 된다.(2020.1.29 본조신설)
제26조 【결원 보충 방법】 임용권자는 공무원의 결원을 신규임용·승진임용·강임·전직 또는 전보의 방법으로 보충한다.
제27조 【신규임용】 ① 공무원의 신규임용은 공개경쟁임용시험으로 한다.(2011.5.23 본항개정)
② 제1항에도 불구하고 다음 각 호의 어느 하나에 해당하는 경우에는 경력 등 응시요건을 정하여 같은 사유에 해당하는 다수인을 대상으로 경쟁의 방법으로 임용하는 시험(이하 "경력경쟁임용시험"이라 한다)으로 공무원을 임용할 수 있다. 다만, 제1호, 제3호, 제4호, 제5호, 제7호, 제10호의 어느 하나에 해당하는 경우 중 다수인을 대상으로 시험을 실시하는 것이 적당하지 아니하여 대통령령으로 정하는 경우에는 다수인을 대상으로 하지 아니한 시험으로 공무원을 임용할 수 있다.(2011.5.23 본문개정)
1. 제62조제1항제1호의 사유로 퇴직하거나 제63조제1항제1호의 휴직기간 만료로 퇴직한 경력직공무원을 퇴직한 날부터 3년(「공무원 재해보상법」에 따른 공무상 부상 또는 질병으로 인한 휴직의 경우는 5년) 이내에 퇴직 시에 재직한 직급의 경력직공무원으로 재임용하는 경우 또는 경력직공무원으로 재직하던 중 특수경력직공무원이나 다른 종

류의 경력직공무원이 되기 위하여 퇴직한 사람을 퇴직 시에 재직한 직급의 경력직공무원으로 재임용하는 경우 (2018.3.20 본호개정)
2. 공개경쟁임용시험으로 임용하는 것이 부적당한 경우에 임용예정 직무에 관한 자격증 소지자를 임용하는 경우 (2011.5.23 본호개정)
3. 임용예정 직급·직위와 같은 직급·직위에서의 근무경력 또는 임용예정 직급·직위에 상응하는 근무기간이나 연구 경력이 대통령령으로 정하는 기간 이상인 사람을 임용하는 경우(2012.12.11 본호개정)
4. 임용예정직에 관련된 특수목적을 위하여 설립된 학교(대학원을 포함한다) 중 대통령령으로 정하는 학교의 졸업자로서 국가기관 또는 지방자치단체에서 실무수습을 마친 사람을 임용하는 경우
5. 1급 공무원을 임용하는 경우
6. 공개경쟁임용시험으로 결원을 보충하기 곤란한 특수한 직무분야나 직무환경 또는 섬, 외딴 곳 등 특수한 지역에 근무할 사람을 임용하는 경우(2011.5.23 본호개정)
7. 국가공무원을 그 직급·직위(고위공무원단에 속하는 공무원의 경우 해당 직위와 곤란성 및 책임도가 유사한 직위를 말한다)에 해당하는 지방공무원으로 임용하는 경우 (2012.12.11 본호개정)
8. 임용예정직에 관련된 실업계·예능계 및 사학계(史學系)의 고등학교·전문대학 및 대학(대학원을 포함한다)의 학과 중 대통령령으로 정하는 학과 졸업자로서 교육부장관 또는 행정안전부장관이 정하는 바에 따라 해당 학교장의 추천을 받은 사람을 연구 또는 과학기술직렬 공무원으로 임용하는 경우(2024.12.31 본호개정)
9. 대통령령으로 정하는 임용예정직에 관련된 과학기술 분야 및 이에 준하는 특수 전문 분야의 연구 경력이나 근무 경력이 있는 사람을 임용하는 경우
10. 제25조의4에 따라 수습근무를 마친 사람과 제41조의4에 따라 재학 중 장학금을 받고 졸업한 사람을 임용하는 경우 (2015.5.18 본호개정)
11. 외국어에 능통하고 국제적 소양과 전문지식을 지닌 사람을 임용하는 경우
12. 연고지나 그 밖에 지역적 특수성을 고려하여 일정한 지역에 거주하는 사람을 그 지역에 소재하는 기관에 임용하는 경우
13. 「국적법」 제4조 및 제8조에 따른 귀화허가를 받아 대한민국 국적을 취득한 사람 또는 「북한이탈주민의 보호 및 정착지원에 관한 법률」 제2조제1호에 따른 북한이탈주민을 임용하는 경우(2012.3.21 본호신설)

③ (2011.5.23 삭제)

④ 경력경쟁임용시험 및 제2항 각 호 외의 부분 단서에 따른 시험(이하 이 조에서 "경력경쟁임용시험등"이라 한다)의 경우에는 제62조제1항제1호의 사유로 퇴직한 사람을 우선하여 임용할 수 있으며, 경력경쟁임용시험등으로 임용할 수 있는 공무원의 직급 또는 직위, 직급별 또는 직위별 응시 자격 및 시험 등에 필요한 사항은 대통령령으로 정한다.(2014.1.7 본항개정)

⑤ 제2항제6호·제11호·제12호 또는 제13호에 따라 경력경쟁임용시험으로 임용된 사람은 5년간 전직 및 해당 기관 외의 기관으로 전보되거나 다른 지방자치단체로 전출될 수 없고, 5년 이내에 퇴직하면 그 근무경력은 제2항제3호의 경력경쟁임용시험응시에 필요한 근무 또는 연구실적에 포함하지 아니한다. 다만, 다음 각 호의 어느 하나에 해당하는 경우로서 직위가 없어지거나 과원(過員)이 되어 전직·전보 또는 전출되거나 제62조제1항제1호에 따라 직권면직된 경우에는 그러하지 아니하다.(2012.3.21 본문개정)
1. 지방자치단체를 폐지하거나 설치하거나 나누거나 합친 경우
2. 직제와 정원이 개정되거나 폐지된 경우
3. 예산이 감소된 경우

⑥ 지방자치단체의 장 또는 지방의회의 의장은 제2항제7호에 따라 국가공무원을 경력경쟁임용시험으로 임용하려면 해당 국가공무원이 소속된 국가기관의 장의 동의를 받아야 한다.(2021.10.8 본항개정)

제28조【시보임용】 ① 5급 공무원(제4조제2항에 따라 같은 조 제1항의 계급 구분이나 직군 및 직렬의 분류를 적용하지 아니하는 공무원 중 5급에 상당하는 공무원을 포함한다. 이하 같다)을 신규임용하는 경우에는 1년, 6급 이하 공무원(제4조제2항에 따라 같은 조 제1항의 계급 구분이나 직군 및 직렬의 분류를 적용하지 아니하는 공무원 중 6급 이하에 상당하는 공무원을 포함한다. 이하 같다)을 신규 임용하는 경우에는 6개월간 시보로 임용하고, 그 기간의 근무성적·교육훈련성적과 공무원으로서의 자질을 고려하여 정규 공무원으로 임용한다. 다만, 대통령령으로 정하는 경우에는 시보임용을 면제하거나 그 기간을 단축할 수 있다.(2015.5.18 본문개정)

② 휴직 기간, 직위해제 기간 및 징계에 따른 정직 또는 감봉 처분을 받은 기간은 제1항의 시보임용 기간에 산입(算入)하지 아니한다.

③ 시보임용 기간 중의 공무원이 근무성적·교육훈련성적이 나쁘거나 이 법 또는 이 법에 따른 명령을 위반하여 공무원으로서 자질이 부족하다고 판단되는 경우에는 제60조와 제62조에도 불구하고 면직할 수 있다. 이 경우 구체적인 사유 및 절차 등에 필요한 사항은 대통령령으로 정한다.(2015.5.18 본항개정)

제29조 (1981.4.20 삭제)

제29조의2【전직】 공무원이 전직할 때에는 전직시험을 거쳐야 한다. 다만, 대통령령으로 정하는 전직의 경우는 예외로 한다.

제29조의3【전입】 지방자치단체의 장 또는 지방의회의 의장은 공무원을 전입시키려고 할 때에는 해당 공무원이 소속된 지방자치단체의 장 또는 지방의회의 의장의 동의를 받아야 한다.(2021.10.8 본조개정)

제29조의4【개방형직위】 ① 임용권자는 해당 기관의 직위 중 전문성이 특히 요구되거나 효율적인 정책 수립을 위하여 필요하다고 판단되어 공직 내부나 외부에서 적격자를 임용할 필요가 있는 직위를 개방형직위로 지정하여 운영할 수 있다.(2024.12.31 후단삭제)

② 임용권자는 제1항에 따른 개방형직위에 대하여는 대통령령으로 정하는 바에 따라 직위별로 직무의 내용·특성 등을 고려하여 직무수행 요건을 설정하고 그 요건을 갖춘 사람을 임용하여야 한다.

③ 임용권자는 개방형직위를 지정·변경하거나 직위별 직무수행 요건을 설정·변경하려면 미리 해당 인사위원회의 심의·의결을 거쳐야 한다.

④ 개방형직위의 임용후보자 선발시험은 제32조제3항 및 제4항에도 불구하고 해당 지방자치단체의 인사위원회에서 실시한다.

⑤ 그 밖에 개방형직위의 운영 등에 필요한 사항은 대통령령으로 정한다.

제29조의5【공모직위】 ① 임용권자는 해당 기관의 직위 중 업무의 효율적인 처리를 위하여 해당 기관 내부 또는 외부의 공무원(국가공무원을 포함한다) 중에서 적격자를 임용할 필요가 있는 직위를 공모직위(公募職位)로 지정하여 운영할 수 있다.

② 임용권자는 제1항에 따른 공모직위에 대하여는 직위별로 직무의 내용·특성 등을 고려하여 직무수행 요건을 설정하고 그 요건을 갖춘 사람을 임용하여야 한다.

③ 공모직위의 운영 등에 필요한 사항은 대통령령으로 정한다.

제30조【공개경쟁시험 합격자의 우선임용 및 결원 보충의 조정】 ① 결원을 보충할 때에는 공개경쟁임용시험 합격자와 공개경쟁승진시험 합격자를 우선하여 임용하여야 한다.

② 교육부장관 또는 행정안전부장관은 지방자치단체의 5급 이상 공무원의 결원을 보충할 때 공개경쟁임용시험 합격자, 공개경쟁승진시험 합격자 및 일반승진시험 합격자의 보충임용이 적절한 균형을 유지하도록 조정할 수 있다.(2017.7.26 본항개정)

제30조의2【인사교류】 ① 교육부장관 또는 행정안전부장관은 인력의 균형 있는 배치와 지방자치단체의 행정 발전을 위하여 교육부 또는 행정안전부와 지방자치단체 간, 시·도를 달리하는 지방자치단체 간에 인사교류가 필요하다고 인정하면 교육부 또는 행정안전부에 두는 인사교류협의회가 정한 인사교류 기준에 따라 인사교류안을 작성하여 해당 지방자치단체의 장 또는 지방의회의 의장에게 인사교류를 권고할 수 있다. 이 경우 해당 지방자치단체의 장 또는 지방의회의 의장은 정당한 사유가 없으면 인사교류를 하여야 한다.
② 시·도지사 또는 시·도의회의 의장은 해당 시·도 또는 관할 구역의 시·군·구의 다른 기관 간, 해당 시·도와 관할 구역의 시·군·구 간, 관할 구역의 시·군·구 간, 해당 시·도 또는 관할 구역의 시·군·구와 교육·연구기관 또는 공공기관 간에 인사교류가 필요하다고 인정하면 해당 시·도지사 또는 시·도의회의 의장 소속 인사교류협의회에서 정한 인사교류 기준에 따라 인사교류안을 작성하여 관할 구역의 지방자치단체의 장 등에게 인사교류를 권고할 수 있다. 이 경우 해당 지방자치단체의 장 등은 정당한 사유가 없으면 인사교류를 하여야 한다.
③ 제1항 및 제2항에 따른 인사교류의 대상에 관하여는 대통령령으로 정하고, 인사교류협의회의 구성 및 운영, 인사교류의 절차, 그 밖에 인사교류에 필요한 사항은 교육부령, 행정안전부령 또는 시·도의 조례 또는 규칙으로 정한다.
(2021.10.8 본조개정)

제30조의3【겸임】 직위와 직무내용이 유사하고 담당 직무수행에 지장이 없다고 인정되면 대통령령으로 정하는 바에 따라 경력직공무원 상호 간에 겸임하게 하거나 경력직공무원과 대통령령으로 정하는 관련 교육·연구기관이나 그 밖의 기관·단체의 임직원 간에 서로 겸임하게 할 수 있다.
(2021.6.8 본조개정)

제30조의4【파견근무】 ① 임용권자는 그 업무수행과 관련된 행정 지원이나 연수, 그 밖에 능력개발 등을 위하여 필요하면 소속 공무원을 지방자치단체의 다른 기관, 다른 지방자치단체, 국가기관, 공공단체, 「공공기관의 운영에 관한 법률」 제4조제1항 각 호에 해당하는 기관(「지방공기업법」에 따른 지방직영기업, 지방공사 및 지방공단을 포함한다), 국내외의 교육기관·연구기관, 그 밖의 기관에 일정 기간 파견근무하게 할 수 있으며, 전문성이 특히 요구되는 특수업무의 효율적 수행 등을 위하여 필요하면 인사위원회의 의결을 거쳐 지방자치단체 외의 기관·단체의 임직원을 파견받아 근무하게 할 수 있다.
② 파견권자는 파견 사유가 소멸되거나 파견 목적이 달성될 가망이 없으면 그 공무원을 지체 없이 원래의 소속 기관에 복귀시켜야 한다.
③ 제1항에 따라 지방자치단체 외의 기관·단체에서 파견된 임직원은 직무상 행위를 할 때에는 공무원으로 본다. 「형법」이나 그 밖의 법률에 따른 벌칙을 적용할 때에도 또한 같다.
④ 공무원을 파견근무하게 하거나 지방자치단체 외의 기관·단체의 임직원을 파견받아 근무하게 하는 경우 파견 사유·기간·절차와 파견기간 중의 복무, 그 밖에 필요한 사항은 대통령령으로 정한다.

제30조의5【보직관리의 원칙】 ① 임용권자는 법령에서 따로 정하는 경우 외에는 소속 공무원의 직급과 직종을 고려하여 그 직급에 상응하는 일정한 직위를 부여하여야 한다. 다만, 제4조제2항제1호에 따라 계급 구분 및 직군·직렬의 분류가 적용되지 아니하는 공무원에 대하여는 자격·경력 등을 고려하여 그에 상응하는 일정한 직위를 부여하여야 한다.
(2012.12.11 단서신설)
② 소속 공무원을 보직할 때에는 해당 공무원의 전공분야·훈련·근무경력·전문성 및 적성 등을 고려하여 적격한 직위에 임용하여야 한다. 이 경우 보직관리 기준에 관하여 필요한 사항은 대통령령으로 정한다.

제31조【결격사유】 다음 각 호의 어느 하나에 해당하는 사람은 공무원이 될 수 없다.
1. 피성년후견인(2021.1.12 본호개정)
2. 파산선고를 받고 복권되지 아니한 사람
3. 금고 이상의 실형을 받고 그 집행이 끝나거나(집행이 끝난 것으로 보는 경우를 포함한다) 집행이 면제된 날부터 5년이 지나지 아니한 사람(2024.3.19 본호개정)
4. 금고 이상의 형의 집행유예를 받고 그 집행유예 기간이 끝난 날부터 2년이 지나지 아니한 사람(2024.3.19 본호개정)
5. 금고 이상의 형의 선고유예를 선고받고 그 선고유예기간 중에 있는 사람
6. 법원의 판결 또는 다른 법률에 따라 자격이 상실되거나 정지된 사람
6의2. 공무원으로 재직기간 중 직무와 관련하여 「형법」 제355조 및 제356조에 규정된 죄를 범한 사람으로서 300만원 이상의 벌금형을 선고받고 그 형이 확정된 후 2년이 지나지 아니한 사람(2010.3.22 본호신설)
6의3. 다음 각 목의 어느 하나에 해당하는 죄를 범한 사람으로서 100만원 이상의 벌금형을 선고받고 그 형이 확정된 후 3년이 지나지 아니한 사람(2022.12.27 본문개정)
가. 「성폭력범죄의 처벌 등에 관한 특례법」 제2조에 따른 성폭력범죄
나. 「정보통신망 이용촉진 및 정보보호 등에 관한 법률」 제74조제1항제2호 및 제3호에 규정된 죄
다. 「스토킹범죄의 처벌 등에 관한 법률」 제2조제2호에 따른 스토킹범죄
(2022.12.27 가목~다목신설)
6의4. 미성년자에 대하여 「성폭력범죄의 처벌 등에 관한 특례법」 제2조에 따른 성폭력범죄 또는 「아동·청소년의 성보호에 관한 법률」 제2조제2호에 따른 아동·청소년대상 성범죄를 범한 사람으로서 다음 각 목의 어느 하나에 해당하는 날부터 20년이 지나지 아니한 사람
가. 금고 이상의 실형을 선고받고 그 집행이 끝나거나(집행이 끝난 것으로 보는 경우를 포함한다) 집행이 면제된 날
나. 금고 이상의 형의 집행유예를 선고받고 그 집행유예가 확정된 날
다. 벌금 이하의 형을 선고받고 그 형이 확정된 날
라. 치료감호를 선고받고 그 집행이 끝나거나 집행이 면제된 날
마. 징계로 파면처분 또는 해임처분을 받은 날
(2024.12.31 본호개정)
7. 징계로 파면처분을 받은 날부터 5년이 지나지 아니한 사람
8. 징계로 해임처분을 받은 날부터 3년이 지나지 아니한 사람

제31조의2【벌금형의 분리 선고】 「형법」 제38조에도 불구하고 제31조제6호의2 또는 제6호의3 각 목에 규정된 죄와 다른 죄의 경합범(競合犯)에 대하여 벌금형을 선고하는 경우에는 이를 분리 선고하여야 한다.(2022.12.27 본조개정)

제32조【시험의 실시】 ① 6급·7급 공무원 및 제4조제2항제1호에 따라 계급 구분 및 직군·직렬의 분류가 적용되지 아니하는 공무원의 신규임용시험은 시·도 단위로 각각 해당 시·도의 인사위원회에서 실시한다. 다만, 농촌진흥사업에 종사하는 연구 및 지도직공무원에 대한 신규임용시험은 따로 대통령령으로 정하는 기관에서 실시한다.(2021.10.8 본문개정)
② 8급 및 9급 공무원의 신규임용시험과 6·7·8급 공무원에의 승진시험, 6·7·8·9급 공무원의 전직시험은 해당 지방자치단체의 인사위원회에서 실시한다.(2012.12.11 본항개정)
③ 5급 이상 공무원의 각종 임용시험은 대통령령으로 정하는 기관에서 실시한다.
④ 임용예정직과 관련이 있는 자격증 소지자의 경력경쟁임용시험은 제3항에도 불구하고 각각 해당 시·도의 인사위원회에서 실시한다.(2021.10.8 본항개정)
⑤ 임용권자는 제36조 및 제39조에 따른 신규임용후보자 또는 승진후보자가 없거나 인사행정 운영상 특히 필요하다고 인정되면 그 직위의 신규임용 또는 승진시험에 상응하는 국가, 다른 지방자치단체 또는 해당 지방자치단체의 다른 기관의 시험에 합격한 사람을 그 직위의 신규임용 및 승진시험에 합격한 사람으로 보아 임용할 수 있다.(2021.10.8 본항개정)
⑥ 시·도의회의 의장 또는 시장·군수·구청장(자치구의 구청장을 말한다. 이하 같다)은 우수 인력의 확보 또는 시험

관리상 필요하다고 인정하면 제1항, 제2항 또는 제4항에도 불구하고 시·도지사 소속 인사위원회에 시험의 실시를 위탁할 수 있다.(2021.10.8 본항개정)
⑦ 시·군·구의회의 의장은 우수 인력의 확보 또는 시험관리상 필요하다고 인정하면 제2항에도 불구하고 시·도지사 소속 인사위원회, 시·도의회의 의장 소속 인사위원회 또는 시장·군수·구청장 소속 인사위원회에 시험의 실시를 위탁할 수 있다.(2021.10.8 본항개정)
⑧ 임용권자는 우수 인력의 확보 또는 시험관리상 필요하다고 인정하면 인사혁신처장 등 대통령령으로 정하는 자에게 임용시험 문제의 출제를 위탁할 수 있다.(2024.3.19 본항신설)

제33조【평등의 원칙】 공개경쟁에 따른 임용시험은 같은 자격을 가진 모든 국민에게 평등하게 공개하여야 하며, 시험의 시기와 장소는 응시자의 편의를 고려하여 결정하여야 한다.

제34조【수험자격】 각종 시험의 수험자격은 대통령령으로 정한다.

제34조의2【신규임용시험의 가점】 ① 다음 각 호의 어느 하나에 해당하는 사람이 공무원 신규임용시험에 응시하면 일정한 점수를 가산할 수 있다.
1. 「국가기술자격법」이나 그 밖의 법령에 따른 자격을 취득한 사람
2. 「의사상자 등 예우 및 지원에 관한 법률」 제2조제2호에 따른 의사자의 배우자 또는 자녀
3. 「의사상자 등 예우 및 지원에 관한 법률」 제2조제3호에 따른 의상자 및 그 배우자 또는 자녀

② 제1항에 따라 가산할 수 있는 구체적 대상, 가산 점수, 가산 방법 등에 필요한 사항은 대통령령으로 정한다.
(2015.5.18 본조개정)

제35조【시험의 공고】 ① 공개경쟁신규임용시험, 공개경쟁승진시험 또는 경력경쟁임용시험을 실시할 때에는 임용예정 직급·직위, 응시자격, 선발예정 인원, 시험의 방법·시기·장소 등에 관하여 필요한 사항을 대통령령으로 정하는 바에 따라 공고하여야 한다. 다만, 제27조제2항 단서에 따라 다수인을 대상으로 하지 아니한 시험의 경우에는 공고하지 아니할 수 있다.(2012.12.11 본문개정)
② 결원 보충을 원활히 하기 위하여 필요하면 근무예정지역 또는 근무예정기관을 미리 정하여 공개경쟁신규임용 시험을 실시할 수 있다. 이 경우 그 시험에 따라 임용된 공무원은 대통령령으로 정하는 기간 동안 해당 근무지역 또는 근무기관에 근무하여야 한다.

제36조【신규임용후보자 명부】 ① 지방자치단체의 장과 지방의회의 의장은 각각 해당 인사위원회에서 실시한 신규임용시험에 합격한 사람을 대통령령으로 정하는 바에 따라 신규임용 후보자 명부에 등재(登載)하여야 한다.(2021.10.8 본항개정)
② 제32조제3항에 따라 대통령령으로 정하는 기관이 5급 공무원의 신규임용시험을 실시한 경우에는 대통령령으로 정하는 바에 따라 시·도지사, 시·도의회의 의장 및 교육감은 그 합격자를 신규임용 후보자 명부에 등재하여야 한다.
(2021.10.8 본항개정)
③ 신규임용후보자 명부는 누구든지 열람할 수 있다.
④ 공무원 공개경쟁임용시험에 합격한 사람의 신규임용후보자 명부의 유효기간은 2년의 범위에서 대통령령으로 정한다. 다만, 시험실시기관의 장은 필요하면 1년의 범위에서 그 기간을 연장할 수 있다.(2020.1.29 본문개정)
⑤ 공개경쟁임용시험 합격자가 임용후보자등록을 마친 후 그 명부의 유효기간 내에 「병역법」에 따른 병역복무를 위하여 군에 입대한 경우(대학생 군사훈련과정이수자를 포함한다)의 의무복무기간과 대통령령으로 정하는 사유로 임용되지 못한 기간은 제4항의 기간에 포함하지 아니한다.
⑥ 제4항 단서에 따라 신규임용후보자 명부의 유효기간을 연장하는 경우 해당 지방자치단체의 장 또는 지방의회의 의장은 지체 없이 이를 공고하여야 한다.(2021.10.8 본항개정)
⑦ 신규임용후보자 명부에 등재되어 실무수습 중인 사람은 그 직무상 행위를 하거나 「형법」이나 그 밖의 법률에 따른 벌칙을 적용할 때 공무원으로 본다.(2010.3.22 본항신설)

제37조【신규임용 방법】 ① 제36조제1항 또는 제2항에 따라 신규임용후보자 명부를 작성한 지방자치단체의 장 또는 지방의회의 의장이 그 명부에 등재된 자 중에서 공무원을 신규임용할 때에는 신규임용후보자 명부의 최고순위자부터 3배수의 범위에서 임명하여야 한다.(2021.10.8 본항개정)
② 제6조제2항에 따라 임용권의 위임을 받은 자, 제32조제6항 또는 제7항에 따라 시험의 실시를 위탁한 지방의회의 의장 또는 시장·군수·구청장이 공무원을 신규임용할 때에는 제36조제1항에 따라 신규임용후보자 명부를 작성한 지방자치단체의 장 또는 지방의회의 의장에게 임용후보자의 추천을 요청하여야 한다.(2021.10.8 본항신설)
③ 시장·군수·구청장, 시·군·구의회의 의장 및 제6조제2항에 따라 임용권의 위임을 받은 자가 5급 공무원을 신규임용할 때에는 제36조제2항에 따라 신규임용후보자 명부를 작성한 시·도지사, 시·도의회의 의장 또는 교육감에게 임용후보자의 추천을 요청하여야 한다.(2021.10.8 본항개정)
④ 제2항 또는 제3항에 따른 요청을 받은 자는 지체 없이 신규임용후보자 명부에 등재된 사람 중에서 그 순위에 따라 직위별로 3배수의 범위에 해당하는 임용후보자를 추천하여야 한다.(2021.10.8 본항개정)
⑤ 임용권자는 제4항에 따라 임용후보자를 추천받으면 요청한 인원을 선택하여 임용하고, 그 결과를 임명후보자의 추천을 받은 날부터 7일 이내에 그 추천을 한 자에게 알려야 한다.(2021.10.8 본항개정)
⑥ 임용후보자가 다음 각 호의 어느 하나에 해당하면 임용후보자로서의 자격을 잃는다.
1. 임용권자의 임용에 따르지 아니한 경우
2. 제74조에 따라 시보공무원이 될 사람에 대한 교육훈련에 따르지 아니한 경우
3. 훈련성적이 나쁘거나 본인의 귀책사유로 교육훈련을 계속 받을 수 없게 되거나 임용후보자로서 품위를 크게 손상하는 행위를 하는 등 공무원으로서 직무를 수행하기 곤란하다고 판단하는 경우. 이 경우 구체적인 사유 및 절차 등에 필요한 사항은 대통령령으로 정한다.(2022.12.27 전단개정)

(2015.5.18 본항개정)

제38조【승진】 ① 계급 간의 승진임용은 근무성적평정, 경력평정, 그 밖의 능력의 실증에 따라 한다. 다만, 1급부터 3급까지의 공무원으로의 승진임용은 능력과 경력 등을 고려하여 임용하며, 5급 공무원으로의 승진임용은 승진시험을 거치도록 하되, 필요하다고 인정하면 대통령령으로 정하는 바에 따라 인사위원회의 의결을 거쳐 임용할 수 있다.
② 6급 이하 공무원으로의 승진임용의 경우 필요하다고 인정하면 대통령령으로 정하는 바에 따라 승진시험을 병용(竝用)할 수 있다.
③ 승진에 필요한 계급별 최저근무연수, 승진의 제한, 그 밖에 승진에 필요한 사항은 대통령령으로 정한다.

제39조【승진임용의 방법】 ① 1급 공무원으로의 승진은 바로 하급 공무원 중에서, 2급 및 3급 공무원으로의 승진은 같은 직군 내의 바로 하급 공무원 중에서 각각 임용한다.
② 승진시험에 따른 승진은 승진시험 합격자 중에서 대통령령으로 정하는 승진임용 순위에 따라 임용한다. 다만, 다음 각 호의 어느 하나에 해당하는 시험에 합격하여 승진후보자 명부에 등재된 사람의 임용방법에 관하여는 제37조제1항부터 제5항까지의 규정을 준용한다.(2021.10.8 단서개정)
1. 공개경쟁승진시험(2012.3.21 본호신설)
2. 시·도 단위 또는 제6항에 따른 권역별로 실시한 과학기술직렬 5급 이하 공무원 및 제4조제2항에 따른 연구 또는 특수기술직렬의 공무원 중 5급 이하 공무원에 상당하는 공무원으로의 일반승진시험(2024.12.31 본호개정)

③ 제1항 및 제2항 외의 승진은 같은 직렬의 바로 하급 공무원 중에서 임용하되, 임용하려는 결원에 대하여 승진후보자 명부의 높은 순위에 있는 사람부터 차례로 대통령령으로 정하는 범위에서 임용하여야 한다.

④ 제1항 및 제3항에 따라 승진임용할 때에는 해당 인사위원회의 사전심의를 거쳐야 한다. 이 경우 지방의회의 사무처장·사무국장·사무과장 또는 시·군·구의 부시장·부군수·부구청장으로 승진임용하기 위한 인사위원회의 사전심의를 할 때에는 제9조제1항에도 불구하고 인사위원회 위원장의 직무는 위촉위원 중에서 호선하는 사람이 수행한다. (2021.10.8 본항개정)
⑤ 임용권자는 대통령령으로 정하는 바에 따라 근무성적평정, 경력평정, 그 밖의 능력의 실증에 의한 순위에 따라 직급별로 승진후보자 명부를 작성한다. 다만, 우수 인력의 확보와 승진기회의 균형 유지를 위하여 시·도지사 또는 시·도의회의 의장은 해당 시·도의 다른 임용권자 또는 관할 구역의 시·군·구의 임용권자와, 시장·군수·구청장 또는 시·군·구의회의 의장은 각각 상호 간에 협의하여 해당 시·도 또는 시·군·구 소속 과학기술직렬 6급 이하 공무원 및 제4조제2항에 따른 연구 또는 특수기술직렬의 공무원 중 6급 이하 공무원에 상당하는 공무원에 대하여 대통령령으로 정하는 바에 따라 시·도 또는 시·군·구 단위별로 승진후보자 명부를 통합하여 작성할 수 있다.(2024.12.31 단서개정)
⑥ 도지사 또는 도의회의 의장은 제5항 단서에도 불구하고 해당 도의 생활권, 지리적 범위 등을 고려하여 필요하다고 인정하는 때에는 해당 시장·군수 또는 시·군의회의 의장과 협의하여 대통령령으로 정하는 바에 따라 해당 도의 관할구역에서 권역별로 승진후보자 명부를 통합하여 작성할 수 있다.(2021.10.8 본항개정)
⑦ 다음 각 호의 어느 하나에 해당하는 승진후보자 명부는 시·도지사, 시·도의회의 의장 및 교육감이 작성한다. (2021.10.8 본문개정)
1. 5급 공무원 공개경쟁승진시험에 합격한 사람의 승진후보자 명부
2. 시·도 단위 또는 제6항에 따른 권역별로 실시한 과학기술직렬 5급 이하 공무원 및 제4조제2항에 따른 연구 또는 특수기술직렬의 공무원 중 5급 이하 공무원에 상당하는 공무원으로의 일반승진시험에 합격한 사람의 승진후보자 명부(2024.12.31 본호개정)
(2012.3.21 본항개정)

제39조의2【승진시험의 방법】 ① 승진시험은 일반승진시험과 공개경쟁승진시험으로 구분한다.
② 일반승진시험은 승진후보자 명부(제39조제5항 단서 또는 같은 조 제6항에 따른 시·도 및 시·군·구 소속 과학기술직렬 6급 이하 공무원 및 제4조제2항에 따른 연구 또는 특수기술직렬의 공무원 중 6급 이하 공무원에 상당하는 공무원의 일반승진시험의 경우에는 시·도 단위 또는 권역별로 작성된 승진후보자 명부를 말한다. 이하 같다)의 높은 순위에 있는 사람부터 차례로 임용하려는 결원 또는 결원과 예상결원을 합한 총결원의 2배수 이상 5배수 이하 범위의 사람에 대하여 실시하며, 시험성적 점수와 승진후보자 명부에 의한 평정점수를 합산한 종합성적으로 합격자를 결정한다. (2024.12.31 본항개정)
③ 공개경쟁승진시험은 5급 공무원으로의 승진에 한정하되, 지방자치단체 간 승진 기회의 균형을 유지하고 유능한 공무원을 발탁하기 위하여 필요한 경우에 실시하며, 시험성적으로 합격자를 결정한다.
④ 제2항 및 제3항에 따른 승진시험의 응시대상자, 시험방법, 합격자 결정 방법, 합격의 효력, 그 밖에 승진시험에 필요한 사항은 대통령령으로 정한다.

제39조의3【우수 공무원 등의 특별승진】 ① 공무원이 다음 각 호의 어느 하나에 해당할 때에는 제38조 및 제39조제1항부터 제3항까지의 규정에도 불구하고 특별승진 임용할 수 있다. 다만, 6급 공무원에 대하여는 승진시험에 우선 응시하게 하거나 인사위원회의 승진 의결 대상자로 할 수 있다.
1. 청렴하고 투철한 봉사정신으로 직무에 모든 힘을 다하여 공무집행의 공정성을 유지하고 깨끗한 공직사회를 구현하는 데에 다른 공무원의 귀감이 되는 사람
2. 직무수행능력이 탁월하여 행정발전에 큰 공헌을 한 사람
3. 제78조에 따른 제안을 채택하고 시행함으로써 국가 또는 지방자치단체 예산을 절감하는 등 행정운영 발전에 뚜렷한 실적이 있는 사람
4. 재직 중 공적이 특히 뚜렷한 사람이 제66조의2에 따라 명예퇴직할 때
5. 재직 중 공적이 특히 뚜렷한 사람이 공무로 사망하였을 때
② 특별승진임용의 요건과 그 밖에 필요한 사항은 대통령령으로 정한다.

제40조【국가유공자의 우선 임용】 공무원을 임용할 때 법령에서 정하는 바에 따라 국가유공자를 우선 임용하여야 한다.

제41조【휴직자·장기훈련자 등의 결원 보충】 ① 공무원이 제63조제1항제1호·제2호·제4호·제5호, 제63조제2항 또는 제65조의2에 따라 6개월 이상 휴직한 경우에는 휴직일부터 그 휴직자의 직급·직위 또는 상당 계급에 해당하는 정원이 따로 있는 것으로 보고 결원을 보충할 수 있다. 다만, 다음 각 호의 어느 하나에 해당하는 경우로서 대통령령 또는 지방자치단체의 조례로 정하는 경우에는 그 휴가 또는 휴직의 시작일부터 결원을 보충할 수 있다.(2024.3.19 단서개정)
1. 병가와 제63조제1항제1호에 따른 휴직을 연속하여 6개월 이상 사용하는 경우(2024.3.19 본호신설)
2. 출산휴가와 제63조제2항제4호에 따른 휴직을 연속하여 6개월 이상 사용하는 경우(2024.3.19 본호신설)
② 공무원이 제30조의4에 따라 파견된 경우에는 대통령령으로 정하는 바에 따라 파견기간 중 그 파견자의 직급에 해당하는 정원이 따로 있는 것으로 보고 결원을 보충하거나 파견된 사람의 승진임용을 할 수 있다. 다만, 남은 파견기간이 2개월 이하인 경우에는 그러하지 아니하다.
③ 공무원에게 한 파면처분·해임처분·면직처분 또는 강등처분에 대하여 심사위원회 또는 법원에서 무효나 취소의 결정 또는 판결을 한 경우에는 그 파면처분·해임처분·면직처분 또는 강등처분에 의하여 결원을 보충하였던 때부터 파면처분·해임처분·면직처분·강등처분을 받은 사람의 처분 전 직급·직위에 해당하는 정원이 따로 있는 것으로 본다. (2012.12.11 본항개정)
④ 제65조의3제1항제2호부터 제4호까지에 따라 직위해제를 한 경우로서 직위해제 기간이 6개월을 경과하면 직위해제된 사람의 직급·직위 또는 상당 계급에 해당하는 정원이 따로 있는 것으로 보고 결원을 보충할 수 있다. 다만, 다음 각 호의 어느 하나에 해당하는 경우에는 해당 호에서 정하는 때에 그 정원이 따로 있는 것으로 보고 결원을 보충할 수 있다. (2024.12.31 단서개정)
1. 제69조의4제2항에 따라 징계의결이 요구되어 제65조의3제1항제2호에 따른 직위해제를 하는 경우에는 해당 직위해제를 한 때(2024.12.31 본호신설)
2. 제65조의3제1항제3호 또는 제4호에 따라 직위해제를 한 경우(해당 직위해제에 연속하여 동일한 비위행위로 같은 항 제2호의 직위해제를 한 경우를 포함한다)로서 다음 각 목의 요건을 모두 충족하는 경우에는 직위해제를 한 날부터 3개월이 경과한 때
가. 직위해제된 사람의 직급·직위 또는 상당 계급의 직무특성에 비추어 해당 기관의 정상적인 업무수행에 현저한 지장을 초래할 우려가 있을 것
나. 해당 인사위원회의 심의 결과 긴급한 결원 보충의 필요성이 인정될 것
(2024.12.31 본호신설)
⑤ 제1항부터 제3항까지 및 제4항 본문에 따른 정원은 다음 각 호의 어느 하나에 해당하는 사유가 발생한 이후 해당 직급·직위에 최초로 결원이 발생한 때에 각각 소멸된 것으로 본다. 다만, 제1항에 따른 특수경력직공무원의 정원은 제1호의 사유가 발생한 때에 소멸된 것으로 본다.(2021.6.8 본문개정)
1. 휴직자의 복직
2. 파견된 사람의 복귀

3. 파면 · 해임 · 면직된 사람의 복귀 또는 강등된 사람의 처분 전 직급 회복(2012.12.11 본호개정)
4. 직위해제된 사람에 대한 직위 부여(2021.6.8 본호신설)

제41조의2~제41조의3 (1981.4.20 삭제)

제41조의4【장학금 지급】 ① 지방자치단체의 장은 우수한 공무원을 확보하기 위하여 필요하면 「초 · 중등교육법」, 「고등교육법」, 그 밖의 법률에 따라 설치된 각급학교(기능대학과 학위과정이 설치된 교육기관을 포함한다)의 재학생으로서 공무원으로 임용되기를 원하는 사람에게 장학금을 지급하고 졸업 후 일정한 의무복무 기간을 부과하여 공무원으로 근무하게 할 수 있다.
② 제1항에 따라 장학금을 받은 사람이 본인에게 책임이 있는 사유로 장학금 지급이 중단되거나 공무원으로 임용되지 아니한 경우 또는 의무복무 기간을 마치지 아니하고 퇴직한 경우에는 본인에게 지급한 장학금의 전부 또는 일부의 반납을 명하거나 본인이 반납하지 아니할 경우 그의 보증인(「보험업법」에 따라 보증보험증권을 발행한 보험회사를 포함한다)에게 보증채무의 이행을 청구할 수 있으며, 이를 이행하지 아니하면 지방세 체납처분의 예에 따라 징수할 수 있다. 다만, 대통령령으로 정하는 불가피한 사유가 있을 때에는 그러하지 아니하다.(2021.10.8 본문개정)
③ 장학금으로 지급될 학비의 범위, 지급 대상, 채용방법, 의무복무 기간, 의무 불이행 시 환수할 금액, 그 밖에 필요한 사항은 대통령령으로 정한다. 이 경우 의무복무 기간은 장학금을 받은 기간의 2배 이내에서 정하여야 한다.

제41조의5 (1981.4.20 삭제)

제42조【시험 또는 임용 방해행위의 금지】 누구든지 시험 또는 임용에 관하여 고의로 방해하거나 부당한 영향을 미치는 행위를 하여서는 아니 된다.

제43조【인사에 관한 부정행위의 금지】 누구든지 임용시험 · 승진 · 임용, 그 밖에 인사기록에 관하여 거짓이나 부정하게 진술 · 기재 · 증명 · 채점 또는 보고를 하여서는 아니 된다.

제43조의2【임용시험 부정행위자에 대한 조치】 ① 시험실시기관의 장은 임용시험에서 다른 사람에게 대신하여 응시하게 하는 행위 등 대통령령으로 정하는 부정행위를 한 사람에 대하여 대통령령으로 정하는 바에 따라 해당 시험의 정지 · 무효 또는 합격 취소 처분을 할 수 있다. 이 경우 처분을 받은 사람에 대해서는 처분이 있은 날부터 5년의 범위에서 대통령령으로 정하는 기간 동안 임용시험의 응시자격을 정지할 수 있다.
② 시험실시기관의 장은 제1항에 따른 처분(시험의 정지는 제외한다)을 하려는 때에는 미리 그 처분 내용과 사유를 당사자에게 통지하여 소명할 기회를 주어야 한다.
(2015.5.18 본조신설)

제43조의3【채용 비위 관련자의 합격 등 취소】 ① 시험실시기관의 장 또는 임용권자는 누구든지 공무원 채용과 관련하여 대통령령으로 정하는 비위를 저질러 유죄판결이 확정된 경우에는 그 비위행위로 인하여 채용시험에 합격하거나 임용된 사람에 대하여 대통령령으로 정하는 바에 따라 합격 또는 임용을 취소할 수 있다. 이 경우 취소 처분을 하기 전에 미리 그 내용과 사유를 당사자에게 통지하고 소명할 기회를 주어야 한다.
② 제1항에 따른 취소 처분은 합격 또는 임용 당시로 소급하여 효력이 발생한다.
(2021.6.8 본조신설)

제5장 보 수

(2008.12.31 본장개정)

제44조【보수결정의 원칙】 ① 공무원의 보수는 직무의 곤란성과 책임의 정도에 맞도록 계급별 · 직위별 또는 직무등급별로 정한다. 다만, 다음 각 호의 어느 하나에 해당하는 공무원의 보수는 따로 정할 수 있다.(2012.12.11 단서개정)
1. 직무의 곤란성과 책임도가 매우 특수하거나 결원을 보충하기 어려운 직무에 종사하는 공무원
2. 제4조제2항에 따라 같은 조 제1항의 계급 구분이나 직군 및 직렬의 분류를 적용하지 아니하는 공무원
3. 임기제공무원
(2012.12.11 1호~3호신설)
② 공무원의 보수는 일반의 표준생계비, 물가수준, 그 밖의 사정을 고려하여 정하되, 민간 부문의 임금수준과 적절한 균형을 유지하도록 노력하여야 한다.
③ 경력직공무원 간, 경력직공무원과 특수경력직공무원 간에 보수의 균형을 도모하여야 한다.
④ 이 법이나 그 밖의 법령에서 정한 보수에 관한 규정에 따르지 아니하고는 어떠한 금전이나 유가물(有價物)도 공무원의 보수로 지급될 수 없다.

제45조【보수에 관한 규정】 ① 공무원의 보수에 관한 다음 각 호의 사항은 대통령령으로 정한다.
1. 봉급 · 호봉 및 승급에 관한 사항
2. 수당에 관한 사항
3. 보수 지급 방법, 보수 계산, 그 밖에 보수 지급에 관한 사항
② 제1항에도 불구하고 특수수당과 제76조제2항에 따른 상여금의 지급 또는 특별승급에 관한 사항은 대통령령으로 정한다.
③ 제1항에 따른 보수를 거짓이나 그 밖의 부정한 방법으로 수령한 경우에는 수령한 금액의 5배의 범위에서 가산하여 징수할 수 있다.(2021.6.8 본항개정)
④ 제3항에 따라 가산하여 징수할 수 있는 보수의 종류, 가산금액 등에 관한 사항은 대통령령으로 정한다.(2012.12.11 본항개정)

제46조【실비보상 등】 ① 공무원은 보수 외에 해당 지방자치단체의 조례로 정하는 바에 따라 직무 수행에 필요한 실비보상을 받을 수 있다.
② 공무원은 소속 기관의 장의 허가를 받아 본래의 업무수행에 지장이 없는 범위에서 담당 직무 외의 특수한 연구과제를 위탁받아 처리한 경우에는 그 보상을 받을 수 있다.
③ 제1항 및 제2항에 따른 실비보상 등을 거짓이나 그 밖의 부정한 방법으로 수령한 경우에는 수령한 금액의 5배의 범위에서 가산하여 징수할 수 있다.(2021.6.8 본항개정)
④ 제3항에 따라 가산하여 징수할 수 있는 실비보상 등의 종류, 가산금액 등에 관한 사항은 대통령령으로 정한다.
(2012.12.11 본항신설)

제46조의2【별정직공무원의 자진퇴직에 따른 수당】 별정직공무원(비서관 · 비서는 제외한다)이 다음 각 호의 어느 하나에 해당하는 경우로서 직위가 없어지거나 과원이 되어 스스로 퇴직하는 경우에는 다른 법률에 특별한 규정이 있는 경우가 아니면 대통령령으로 정하는 바에 따라 예산의 범위에서 수당을 지급할 수 있다.(2014.1.7 본문개정)
1. 지방자치단체를 폐지하거나 설치하거나 나누거나 합친 경우
2. 직제와 정원이 개정되거나 폐지된 경우
3. 예산이 감소된 경우
(2011.5.23 본조제목개정)

제46조의3【지방자치단체 외의 기관 등에서 파견된 사람의 보수】 제30조의4제1항에 따라 지방자치단체 외의 기관 · 단체에서 파견된 임직원의 보수는 파견한 기관에서 지급하며 파견받은 기관은 제46조를 준용하여 실비보상 등을 할 수 있다. 다만, 특히 필요한 경우에는 대통령령으로 정하는 바에 따라 파견받은 기관은 파견기관과 협의하여 보수를 지급할 수 있다.

제6장 복 무

(2008.12.31 본장개정)

제47조【복무 선서】 공무원은 취임할 때에 소속 기관장 앞에서 조례로 정하는 바에 따라 선서를 하여야 한다. 다만, 불가피한 사유가 있을 때에는 취임 후에 선서하게 할 수 있다.

제48조【성실의 의무】 모든 공무원은 법규를 준수하며 성실히 그 직무를 수행하여야 한다.

제49조【복종의 의무】 공무원은 직무를 수행할 때 소속 상사의 직무상 명령에 복종하여야 한다. 다만, 이에 대한 의견을 진술할 수 있다.

제50조【직장이탈 금지】 ① 공무원은 소속 상사의 허가 없이 또는 정당한 이유 없이 직장을 이탈하지 못한다.
② 수사기관이 공무원을 구속하려면 소속 기관의 장에게 미리 통보하여야 한다. 다만, 현행범은 그러하지 아니하다.

제51조【친절·공정의 의무】 공무원은 주민 전체의 봉사자로서 친절하고 공정하게 직무를 수행하여야 한다.

제51조의2【종교중립의 의무】 ① 공무원은 종교에 따른 차별 없이 직무를 수행하여야 한다.
② 공무원은 소속 상관이 제1항에 위배되는 직무상 명령을 한 경우에는 이에 따르지 아니할 수 있다.
(2009.2.6 본조신설)

제52조【비밀 엄수의 의무】 공무원은 직무상 알게 된 비밀을 엄수하여야 한다.

제53조【청렴의 의무】 ① 공무원은 직무와 관련하여 직접적이든 간접적이든 사례(謝禮)·증여 또는 향응을 주거나 받을 수 없다.
② 공무원은 직무상 관계가 있든 없든 그 소속 상사에게 증여하거나 소속 공무원으로부터 증여를 받아서는 아니 된다.

제54조【외국정부의 영예 등을 받을 경우】 공무원은 외국 정부로부터 영예 또는 증여를 받을 경우에는 대통령의 허가를 받아야 한다.

제55조【품위 유지의 의무】 공무원은 품위를 손상하는 행위를 하여서는 아니 된다.

제56조【영리 업무 및 겸직 금지】 ① 공무원은 공무 외에 영리를 목적으로 하는 업무에 종사하지 못하며, 소속 기관의 장의 허가 없이 다른 직무를 겸할 수 없다.
② 제1항에 따른 영리를 목적으로 하는 업무의 한계는 대통령령으로 정한다.

제57조【정치운동의 금지】 ① 공무원은 정당이나 그 밖의 정치단체의 결성에 관여하거나 가입할 수 없다.
② 공무원은 선거에서 특정정당 또는 특정인을 지지하거나 반대하기 위하여 다음 각 호의 어느 하나에 해당하는 행위를 하여서는 아니 된다.
1. 투표를 하거나 하지 아니하도록 권유하는 것
2. 서명운동을 기획·주재하거나 권유하는 것
3. 문서 또는 도화(圖畫)를 공공시설 등에 게시하거나 게시하게 하는 것
4. 기부금품을 모집하거나 모집하게 하는 행위 또는 공공자금을 이용하거나 이용하게 하는 것
5. 타인에게 정당이나 그 밖의 정치단체에 가입하게 하거나 가입하지 아니하도록 권유하는 것
③ 공무원은 다른 공무원에게 제1항과 제2항에 위배되는 행위를 하도록 요구하거나 정치적 행위에 대한 보상 또는 보복으로 이익 또는 불이익을 약속하여서는 아니 된다.
④ 제1항부터 제3항까지에서 규정한 사항 외에 공무원의 정치적 행위의 금지에 관한 한계는 대통령령으로 정한다.
(2011.5.23 본항신설)

제58조【집단행위의 금지】 ① 공무원은 노동운동이나 그 밖에 공무 외의 일을 위한 집단행위를 하여서는 아니 된다. 다만, 사실상 노무에 종사하는 공무원은 예외로 한다.
② 제1항 단서에 규정된 사실상 노무에 종사하는 공무원의 범위는 조례로 정한다.
③ 제1항 단서에 규정된 사실상 노무에 종사하는 공무원으로서 노동조합에 가입한 사람이 조합업무를 전임(專任)으로 하려면 소속 지방자치단체의 장 또는 소속 지방의회의 의장의 허가를 받아야 한다.(2021.10.8 본항개정)
④ 제3항에 따른 허가에는 필요한 조건을 붙일 수 있다.

판례 '노동운동 기타 공무 이외의 일을 위한 집단행위'는 공무에 속하지 아니하는 어떤 일을 위하여 공무원들이 하는 모든 집단적 행위를 의미하는 것이 아니라 '공익에 반하는 목적을 위하여 직무전념의무를 해태하는 등의 영향을 가져오는 집단적 행위'라고 해석하여야 한다.(대판 2008.2.14, 2007도11045)

제59조【위임규정】 공무원의 복무에 필요한 사항은 이 법에서 규정하는 것 외에는 대통령령 또는 해당 지방자치단체의 조례로 정한다.

제7장 신분보장
(2008.12.31 본장개정)

제60조【신분보장의 원칙】 공무원은 형의 선고·징계 또는 이 법에서 정하는 사유가 아니면 본인의 의사에 반하여 휴직·강임 또는 면직을 당하지 아니한다. 다만, 1급 공무원은 그러하지 아니하다.

제61조【당연퇴직】 공무원이 다음 각 호의 어느 하나에 해당할 때에는 당연히 퇴직한다.
1. 제31조제2호부터 제6호까지, 제6호의2부터 제6호의4까지, 제7호 및 제8호의 어느 하나에 해당하는 경우. 다만, 제31조제2호는 파산선고를 받은 사람으로서 「채무자 회생 및 파산에 관한 법률」에 따라 신청기한 내에 면책신청을 하지 아니하였거나 면책불허가 결정 또는 면책 취소가 확정된 경우만 해당하고, 제31조제5호는 「형법」 제129조부터 제132조까지, 「성폭력범죄의 처벌 등에 관한 특례법」 제2조, 「정보통신망 이용촉진 및 정보보호 등에 관한 법률」 제74조제1항제2호·제3호, 「스토킹범죄의 처벌 등에 관한 법률」 제2조제2호, 「아동·청소년의 성보호에 관한 법률」 제2조제2호 및 직무와 관련하여 「형법」 제355조 또는 제356조에 규정된 죄를 범한 사람으로서 금고 이상의 형의 선고유예를 받은 경우만 해당한다.(2024.12.31 본문개정)
2. 임기제공무원의 근무기간이 만료된 경우
(2012.12.11 본조개정)

제62조【직권면직】 ① 임용권자는 공무원이 다음 각 호의 어느 하나에 해당할 때에는 직권으로 면직시킬 수 있다.
1. 다음 각 목의 어느 하나에 해당하는 경우로서 직위가 없어지거나 과원이 된 때
가. 지방자치단체를 폐지하거나 설치하거나 나누거나 합친 경우
나. 직제와 정원이 개정되거나 폐지된 경우
다. 예산이 감소된 경우
2. 휴직기간이 끝나거나 휴직사유가 소멸된 후에도 직무에 복귀하지 아니하거나 직무를 감당할 수 없을 때
3. 전직시험에서 3회 이상 불합격한 사람으로서 직무수행 능력이 부족하다고 인정될 때
4. 병역판정검사·입영 또는 소집 명령을 받고 정당한 이유 없이 이를 기피하거나 군복무를 위하여 휴직 중인 사람이 군복무 중 군무(軍務)를 이탈하였을 때(2016.5.29 본호개정)
5. 제65조의3제3항에 따라 대기명령을 받은 사람이 그 기간 중 능력 또는 근무성적의 향상을 기대하기 어렵다고 인정될 때
6. 해당 직급·직위에서 직무를 수행하는 데 필요한 자격증의 효력이 없어지거나 면허가 취소되어 담당 직무를 수행할 수 없게 되었을 때(2012.12.11 본호개정)
② 임용권자는 제1항에 따라 면직시킬 경우에는 미리 인사위원회의 의견을 들어야 한다. 다만, 제1항제5호에 따라 면직시킬 경우에는 해당 인사위원회의 동의를 받아야 하며, 시장·군수·구청장 소속 5급 이상 공무원은 시·도지사 소속 인사위원회의 동의를 받아야 하고, 시·군·구의회의 의장 소속 5급 이상 공무원은 시·도의회의 의장 소속 인사위원회 동의를 받아야 한다.(2021.10.8 단서개정)
③ 임용권자는 제1항제1호에 따라 소속 공무원을 면직시킬 때에는 임용형태, 업무실적, 직무수행능력, 징계처분 사실 등을 고려하여 면직 기준을 정하여야 한다.
④ 제3항의 면직 기준을 정하거나 제1항제1호에 따라 면직 대상자를 결정할 때에는 미리 해당 인사위원회의 의결을 거쳐야 한다.
⑤ 제1항제2호에 따른 직권면직일은 휴직기간이 끝난 날 또는 휴직사유가 소멸한 날로 한다.

판례 재직 중 장애를 입은 지방공무원이 장애로 지방공무원법 제62조 제1항 제2호에서 정한 '직무를 감당할 수 없을 때'에 해당하는지는, 장애의 유형과 정도에 비추어, 장애를 입을 당시 담당하고 있던 기존 업무를 감당할 수 있는지만을 기준으로 판단할 것이 아니라, 그 공무원이 수행할 수 있는 다른 업무가 존재하는지 및 소속 공무원의 수와 업무 분장에 비추어 다른 업무로의 조정이 용이한지 등을 포함한 제반 사정을 종합적으로 고려하여 합리적으로 판단하여야 한다.(대판 2016.4.12, 2015두45113)

제63조【휴직】 ① 공무원이 다음 각 호의 어느 하나에 해당하면 임용권자는 본인의 의사에도 불구하고 휴직을 명하여야 한다.

1. 신체·정신상의 장애로 장기요양이 필요할 때
2. 「병역법」에 따른 병역의무를 마치기 위하여 징집되거나 소집되었을 때
3. 천재지변 또는 전시·사변이나 그 밖의 사유로 생사(生死) 또는 소재(所在)가 불명확하게 되었을 때
4. 「공무원의 노동조합 설립 및 운영 등에 관한 법률」 제7조에 따라 노동조합 전임자로 종사하게 되었을 때
5. 그 밖에 법률에 따른 의무를 수행하기 위하여 직무를 이탈하게 되었을 때

② 공무원이 다음 각 호의 어느 하나에 해당하는 사유로 휴직을 원하면 임용권자는 휴직을 명할 수 있다. 다만, 제4호의 경우에는 대통령령으로 정하는 특별한 사정이 없으면 휴직을 명하여야 한다.

1. 국제기구·외국기관, 국내외의 대학·연구기관, 다른 국가기관 또는 대통령령으로 정하는 민간기업, 그 밖의 기관에 임시로 채용될 때
2. 해외유학을 하게 되었을 때
3. 교육부장관 또는 행정안전부장관이 지정하는 연구기관이나 교육기관 등에서 연수하게 되었을 때(2017.7.26 본호개정)
4. 8세 이하 또는 초등학교 2학년 이하의 자녀를 양육하기 위하여 필요하거나 여성공무원이 임신 또는 출산하게 되었을 때(2024.12.31 본호개정)
5. 조부모, 부모(배우자의 부모를 포함한다), 배우자, 자녀 또는 손자녀를 부양하거나 돌보기 위하여 필요한 경우. 다만, 조부모나 손자녀의 돌봄을 위하여 휴직할 수 있는 경우는 본인 외에 돌볼 사람이 없는 등 대통령령으로 정하는 요건을 갖춘 경우로 한정한다.(2021.6.8 본호개정)
6. 외국에서 근무·유학 또는 연수하게 되는 배우자를 동반할 때
7. 대통령령으로 정하는 기간 동안 재직한 공무원이 직무 관련 연구과제 수행 또는 자기개발을 위하여 학습·연구 등을 하게 된 때(2015.12.29 본호신설)

③ 임기제공무원에 대하여는 제1항제1호·제2호 및 제2항제4호에 한정하여 제1항 및 제2항을 적용한다.(2020.1.29 후단삭제)
④ 임용권자는 제2항제4호에 따른 휴직을 이유로 불리한 처우를 하여서는 아니 된다.
⑤ 제1항부터 제4항까지의 규정에 따른 휴직제도 운영에 필요한 사항은 대통령령으로 정한다.(2012.12.11 본항개정)

제64조【휴직기간】 휴직기간은 다음 각 호와 같다.

1. 제63조제1항제1호에 따른 휴직기간은 1년 이내로 하되, 부득이한 경우 1년의 범위에서 연장할 수 있다. 다만, 다음 각 목의 어느 하나에 해당하는 질병 또는 부상으로 인한 휴직기간은 3년 이내로 하되, 의학적 소견 등을 고려하여 대통령령으로 정하는 바에 따라 2년의 범위에서 연장할 수 있다.(2021.6.8 단서개정)
   가. 「공무원 재해보상법」 제22조제1항에 따른 요양급여 지급대상 부상 또는 질병(2018.3.20 본목개정)
   나. 「산업재해보상보험법」 제40조에 따른 요양급여 결정 대상 질병 또는 부상(2015.5.18 본목신설)
2. 제63조제1항제2호 및 제5호에 따른 휴직기간은 복무기간이 끝날 때까지로 한다.
3. 제63조제1항제3호에 따른 휴직기간은 3개월 이내로 한다.
4. 제63조제1항제4호에 따른 휴직기간은 그 전임기간으로 한다.
5. 제63조제2항제1호에 따른 휴직기간은 그 채용기간으로 한다. 다만, 민간기업이나 그 밖의 기관에 채용되는 경우에는 3년 이내로 한다.
6. 제63조제2항제2호 및 제6호에 따른 휴직기간은 3년 이내로 하되, 부득이한 경우에는 2년의 범위에서 연장할 수 있다.
7. 제63조제2항제3호에 따른 휴직기간은 2년 이내로 한다.
8. 제63조제2항제4호에 따른 휴직기간은 자녀 1명에 대하여 3년 이내로 한다.(2015.5.18 본호개정)
9. 제63조제2항제5호에 따른 휴직기간은 1년 이내로 하되, 재직기간 중 총 3년을 초과할 수 없다.
10. 제63조제2항제7호에 따른 휴직기간은 1년 이내로 한다.(2015.12.29 본호신설)

제65조【휴직의 효력】 ① 휴직 중인 공무원은 공무원의 신분은 보유하나 직무에 종사하지 못한다.
② 휴직 중인 공무원은 휴직기간 중 그 사유가 소멸되면 30일 이내에 임용권자에게 신고하여야 하며, 임용권자는 지체 없이 복직을 명하여야 한다.
③ 휴직기간이 끝난 공무원이 30일 이내에 복귀신고를 하면 당연히 복직된다.

제65조의2【특수경력직공무원의 휴직】 ① 정무직공무원에 대하여는 제63조제1항제2호, 같은 조 제2항제4호, 같은 조 제4항, 제64조제2호·제8호 및 제65조를 준용한다.
② 별정직공무원에 대하여는 제63조제1항제1호부터 제3호까지, 같은 조 제2항제4호·제5호, 같은 조 제4항, 제64조제1호부터 제3호까지, 같은 조 제8호·제9호 및 제65조를 준용한다.
③ (2012.12.11 삭제)
④ 특수경력직공무원의 휴직에 대하여 다른 법률에 특별한 규정이 있는 경우에는 그 규정에 따른다.
(2011.5.23 본조개정)

제65조의3【직위해제】 ① 임용권자는 다음 각 호의 어느 하나에 해당하는 사람에 대하여는 직위를 부여하지 아니할 수 있다.

1. 직무수행 능력이 부족하거나 근무성적이 극히 나쁜 사람
2. 파면·해임·강등·정직에 해당하는 징계의결이 요구되고 있는 사람(2010.3.22 본호개정)
3. 형사사건으로 기소된 사람(약식명령이 청구된 사람은 제외한다)
4. 금품비위, 성범죄 등 대통령령으로 정하는 비위행위로 인하여 감사원 및 검찰·경찰 등 수사기관에서 조사나 수사 중인 자로서 비위의 정도가 중대하고 이로 인하여 정상적인 업무수행을 기대하기 현저히 어려운 자(2015.5.18 본호신설)

② 임용권자는 제1항에 따라 직위를 주지 아니한 경우에 그 사유가 소멸되면 지체 없이 직위를 부여하여야 한다.
③ 임용권자는 제1항제1호에 따라 직위를 주지 아니할 때에는 미리 해당 인사위원회의 의견을 들어야 하며, 직위해제된 사람에게는 3개월의 범위에서 대기를 명한다.
④ 임용권자는 제3항에 따라 대기명령을 받은 사람에게 능력 회복이나 근무성적의 향상을 위한 교육훈련 또는 특별한 연구과제의 부여 등 필요한 조치를 하여야 한다.
⑤ 공무원에 대하여 제1항제1호의 직위해제 사유와 같은 항 제2호부터 제4호까지의 직위해제 사유가 경합(競合)할 때에는 같은 항 제2호부터 제4호까지의 직위해제 처분을 하여야 한다.(2015.5.18 본항개정)

제65조의4【강임】 ① 임용권자는 직제 또는 정원의 변경이나 예산의 감소 등으로 직위가 없어지거나 하위의 직위로 변경되어 과원이 되었을 때 또는 본인이 동의한 경우에는 소속 공무원을 강임할 수 있다.(2010.3.22 본항개정)
② 제1항에 따라 강임된 공무원은 상위 직급에 결원이 생기면 제38조, 제39조 및 제39조의2에도 불구하고 우선 임용된다. 다만, 본인이 동의하여 강임된 공무원은 본인의 경력과 해당 기관의 인력 사정 등을 고려하여 우선 임용될 수 있다.

제66조【정년】 ① 공무원의 정년은 다른 법률에 특별한 규정이 있는 경우를 제외하고는 60세로 한다.

② 제1항에 따른 정년을 적용할 때 공무원은 그 정년에 이른 날이 1월에서 6월 사이에 있으면 6월 30일에, 7월에서 12월 사이에 있으면 12월 31일에 각각 당연히 퇴직한다.

제66조의2【명예퇴직 등】 ① 공무원으로 20년 이상 근속(勤續)한 사람이 정년 전에 스스로 퇴직하는 경우(임기제공무원이 아닌 경력직공무원이 임기제공무원으로 임용되어 퇴직하는 경우로서 대통령령으로 정하는 경우를 포함한다)에는 예산의 범위에서 명예퇴직수당을 지급할 수 있다.
(2012.12.11 본항개정)

② 다음 각 호의 어느 하나에 해당하는 경우로서 직위가 없어지거나 과원이 되었을 때 20년 미만 근속한 사람이 정년 전에 스스로 퇴직하는 경우에는 예산의 범위에서 수당을 지급할 수 있다.

1. 지방자치단체를 폐지하거나 설치하거나 나누거나 합친 경우
2. 직제와 정원이 개정되거나 폐지된 경우
3. 예산이 감소된 경우

③ 제1항에 따라 명예퇴직수당을 받은 사람이 다음 각 호의 어느 하나에 해당하는 경우에는 명예퇴직수당을 지급한 지방자치단체의 장 또는 지방의회의 의장이 그 명예퇴직수당을 환수하여야 한다. 다만, 제2호에 해당하는 경우로서 지방공무원으로 재임용된 경우에는 재임용한 지방자치단체의 장 또는 지방의회의 의장이 환수하여야 한다.(2021.10.8 본문개정)

1. 재직 중의 사유로 금고 이상의 형을 선고 받은 경우

1의2. 재직 중에 「형법」 제129조부터 제132조까지에 규정된 죄를 범하여 금고 이상의 형의 선고유예를 받은 경우
(2012.12.11 본호신설)

1의3. 재직 중에 직무와 관련하여 「형법」 제355조 또는 제356조에 규정된 죄를 범하여 300만원 이상의 벌금형을 선고받고 그 형이 확정되거나 금고 이상의 형의 선고유예를 받은 경우(2012.12.11 본호신설)

2. 경력직공무원, 그 밖에 대통령령으로 정하는 공무원으로 재임용되는 경우
3. 명예퇴직수당을 초과하여 받거나 그 밖에 명예퇴직 수당 지급 대상이 아닌 사람이 지급받은 경우

④ 제3항에 따라 환수금을 내야 할 사람이 기한 내에 내지 아니하면 지방세 체납처분의 예에 따라 환수금을 징수할 수 있다.(2012.12.11 본항신설)

⑤ 제1항의 명예퇴직 수당 및 제2항의 수당 지급 대상 범위, 지급액, 지급절차와 제3항 및 제4항에 따른 명예퇴직 수당의 환수액, 환수 절차 등에 관하여 필요한 사항은 대통령령으로 정한다.(2012.12.11 본항개정)

제8장 권익의 보장
(2008.12.31 본장개정)

제67조【처분사유 설명서의 교부 및 심사의 청구】 ① 임용권자가 공무원에 대하여 징계처분등을 할 때와 강임·휴직·직위해제 또는 면직처분을 할 때에는 그 공무원에게 처분의 사유를 적은 설명서를 교부하여야 한다. 다만, 본인의 원(願)에 따른 강임·휴직 또는 면직처분의 경우에는 그러하지 아니하다.(2010.3.22 본문개정)

② 임용권자는 피해자가 요청하는 경우 다음 각 호의 어느 하나에 해당하는 사유로 처분사유 설명서를 교부할 때에는 그 징계처분결과를 피해자에게 함께 통보하여야 한다.
(2024.3.19 본문개정)

1. 「성폭력범죄의 처벌 등에 관한 특례법」 제2조에 따른 성폭력범죄
2. 「양성평등기본법」 제3조제2호에 따른 성희롱
3. 직장에서의 지위나 관계 등의 우위를 이용하여 업무상 적정범위를 넘어 다른 공무원 등에게 부당한 행위를 하거나 신체적·정신적 고통을 주는 등의 행위로서 대통령령으로 정하는 행위

(2024.3.19 1호~3호신설)

③ 제1항에 따른 설명서를 받은 공무원이 그 처분에 불복할 때에는 설명서를 받은 날부터 30일 이내 또는 공무원이 제1항에서 정한 처분 외에 본인의 의사에 반하는 불이익처분을 받았을 때에는 그 처분이 있은 것을 안 날부터 30일 이내에 심사위원회에 그 처분에 대한 심사를 청구할 수 있다. 이 경우 변호사를 대리인으로 선임할 수 있다.

④ 본인의 의사에 반하여 파면 또는 해임이나 제62조제1항제5호에 따른 면직처분을 하였을 때에는 그 처분을 한 날부터 40일 이내에는 후임자를 보충발령하지 못한다. 다만, 인력 관리상 후임자를 보충하여야 할 불가피한 사유가 있는 경우(제5항에 따른 임시결정을 한 경우는 제외한다)에는 해당 인사위원회의 의결을 거쳐 후임자를 보충발령할 수 있다.
(2018.10.16 단서개정)

⑤ 제3항에 따른 심사청구가 파면 또는 해임이나 제62조제1항제5호에 따른 면직처분으로 인한 경우에는 심사위원회는 그 청구를 접수한 날부터 5일 이내에 해당 사건의 최종결정이 있을 때까지 후임자의 보충발령을 유예하게 하는 임시결정을 할 수 있다.(2018.10.16 본항개정)

⑥ 제5항에 따라 심사위원회가 임시결정을 한 경우에는 임시결정을 한 날부터 20일 이내에 최종결정을 하여야 하며, 임용권자는 그 최종결정이 있을 때까지 후임자를 보충발령하지 못한다.(2018.10.16 본항개정)

⑦ 심사위원회는 제5항에 따른 임시결정을 한 경우 외에는 소청심사청구를 접수한 날부터 60일 이내에 이에 대한 결정을 하여야 한다. 다만, 불가피하다고 인정되면 심사위원회의 의결로 30일을 연장할 수 있다.(2018.10.16 본문개정)

⑧ 공무원은 제3항의 심사청구를 이유로 불이익한 처분이나 대우를 받지 아니한다.(2018.10.16 본항개정)

제67조의2【고충처리】 ① 공무원은 누구나 인사·조직·처우 등 각종 근무조건과 그 밖의 신상문제와 관련한 고충에 대하여 상담을 신청하거나 심사를 청구할 수 있으며, 누구나 기관 내 성폭력 범죄 또는 성희롱을 겪거나 그 발생 사실을 알게 된 경우 이를 신고할 수 있다. 이 경우 상담 신청이나 심사 청구 또는 신고를 이유로 불이익을 주는 처분이나 대우를 받지 아니한다.(2021.10.8 본항개정)

② 임용권자는 제1항에 따라 상담을 신청 받은 경우에는 소속 공무원을 지정하여 상담하게 하고, 심사를 청구 받은 경우에는 인사위원회 회의에 부쳐 심사하도록 하여야 하며 그 결과에 따라 고충의 해소 등 공정한 처리를 위하여 노력하여야 한다.

③ 임용권자는 기관 내 성폭력 범죄 또는 성희롱 발생 사실의 신고를 받은 경우에는 지체 없이 사실 확인을 위한 조사를 하고 그에 따라 필요한 조치를 하여야 한다.(2021.10.8 본항신설)

④ 인사위원회는 임용권자로부터 고충심사의 요구를 받으면 지체 없이 이를 심사하고 임용권자에게 보고하거나 알려야 한다.

⑤ 제4항에 따라 고충심사 결과에 대한 보고 또는 통지를 받은 임용권자는 심사결과를 청구인에게 알릴 뿐 아니라 직접 고충 해소를 위한 조치를 하거나 관계 기관의 장에게 시정요청을 할 수 있으며, 요청을 받은 관계 기관의 장은 특별한 사유가 없으면 이를 이행하고 그 처리 결과를 임용권자에게 알려야 한다. 다만, 부득이한 사유로 이행하지 못할 경우에는 그 사유를 알려야 한다.(2021.10.8 본문개정)

⑥ 고충상담이나 고충심사의 절차, 그 밖에 필요한 사항은 대통령령으로 정한다.
(2020.1.29 본조개정)

제67조의3【특수경력직공무원의 고충처리】 다른 법률에 특별한 규정이 있는 경우 외에는 대통령령으로 정하는 바에 따라 특수경력직공무원에 대하여도 제67조의2를 준용할 수 있다.

제67조의4【공익신고 등 신고자에 대한 보호】 ① 누구든지 공무원이 다음 각 호의 신고를 하지 못하도록 방해하거나 신고를 취소하도록 강요하여서는 아니 되며, 신고자에게 신고나 이와 관련한 진술, 그 밖에 자료 제출 등을 이유로 불이익조치를 하여서는 아니 된다.

1. 「공익신고자 보호법」 제2조제3호에 따른 공익신고등
2. 「공직자의 이해충돌 방지법」 제18조에 따른 위반행위의 신고
3. 「부정청탁 및 금품등 수수의 금지에 관한 법률」 제13조 또는 제13조의2에 따른 위반행위의 신고
4. 「부패방지 및 국민권익위원회의 설치와 운영에 관한 법률」 제55조 또는 제58조의2에 따른 부패행위의 신고
5. 그 밖에 다른 법령에서 정한 공공의 이익을 침해하는 위법행위에 대한 신고로서 신고자의 보호가 필요하다고 인정되는 신고

② 누구든지 제1항 각 호의 신고를 한 공무원의 인적사항이나 그가 신고자임을 미루어 알 수 있는 사실을 본인의 동의 없이 다른 사람에게 알리거나 공개하여서는 아니 된다.
(2024.3.19 본조신설)

제68조【사회보장】 ① 공무원이 질병·부상·장애·분만·퇴직·사망 또는 재해를 입은 경우에는 본인이나 유족에게 법률에서 정하는 바에 따라 적절한 급여를 지급한다.
② 지방자치단체는 법률에서 정하는 바에 따라 공무원의 복지와 이익을 적절·공정하게 보호하기 위하여 그 대책을 수립·실시하여야 한다.

제9장 징 계

(2008.12.31 본장개정)

제69조【징계사유】 ① 공무원이 다음 각 호의 어느 하나에 해당하면 징계의결을 요구하여야 하고, 징계의결의 결과에 따라 징계처분을 하여야 한다.
1. 이 법 또는 이 법에 따른 명령이나 지방자치단체의 조례 또는 규칙을 위반하였을 때
2. 직무상의 의무(다른 법령에서 공무원의 신분으로 인하여 부과된 의무를 포함한다)를 위반하거나 직무를 태만히 하였을 때
3. 공무원의 품위를 손상하는 행위를 하였을 때

② 공무원(특수경력직공무원 및 국가공무원을 포함한다)이었던 사람이 다시 공무원으로 임용된 경우에 재임용 전에 적용된 법령에 따른 징계사유는 그 사유가 발생한 날부터 이 법에 따른 징계사유가 발생한 것으로 본다. 다만, 같은 사유로 이미 징계처분을 받은 경우에는 그러하지 아니하다.
(2021.6.8 본문개정)
③~④ (2021.6.8 삭제)
⑤ 제1항의 징계의결을 요구하는 경우 제75조의2제3항에 따른 징계 등의 면제 사유가 있는지를 사전에 검토하여야 한다.(2022.12.27 본항신설)

제69조의2【징계부가금】 ① 제69조에 따라 공무원의 징계 의결을 요구하는 경우 그 징계 사유가 다음 각 호의 어느 하나에 해당하는 경우에는 해당 징계 외에 다음 각 호의 행위로 취득하거나 제공한 금전 또는 재산상 이득(금전이 아닌 재산상 이득의 경우에는 금전으로 환산한 금액을 말한다)의 5배 내의 징계부가금 부과 의결을 인사위원회에 요구하여야 한다.
1. 금전, 물품, 부동산, 향응 또는 그 밖에 대통령령으로 정하는 재산상 이익을 취득하거나 제공한 경우
2. 다음 각 목에 해당하는 것을 횡령(橫領), 배임(背任), 절도, 사기 또는 유용(流用)한 경우
  가. 「국가재정법」에 따른 예산 및 기금
  나. 「지방재정법」에 따른 예산 및 「지방자치단체 기금관리기본법」에 따른 기금
  다. 「국고금 관리법」 제2조제1호에 따른 국고금
  라. 「보조금 관리에 관한 법률」 제2조제1호에 따른 보조금
  마. 「국유재산법」 제2조제1호에 따른 국유재산 및 「물품관리법」 제2조제1항에 따른 물품
  바. 「공유재산 및 물품 관리법」 제2조제1호 및 제2호에 따른 공유재산 및 물품
  사. 그 밖에 가목부터 바목까지에 준하는 것으로서 대통령령으로 정하는 것

(2015.5.18 본항개정)
② 인사위원회는 징계부가금 부과 의결을 하기 전에 징계부가금 부과 대상자가 제1항 각 호의 어느 하나에 해당하는 사유로 다른 법률에 따라 형사처벌을 받거나 변상책임 등을 이행한 경우(몰수나 추징을 당한 경우를 포함한다) 또는 다른 법령에 따른 환수나 가산징수 절차에 따라 환수금이나 가산징수금을 납부한 경우에는 대통령령으로 정하는 바에 따라 조정된 범위에서 징계부가금 부과를 의결하여야 한다.
(2015.5.18 본항개정)
③ 인사위원회는 징계부가금 부과 의결을 한 후에 징계부가금 부과 대상자가 형사처벌을 받거나 변상책임 등을 이행한 경우(몰수나 추징을 당한 경우를 포함한다) 또는 환수금이나 가산징수금을 납부한 경우에는 대통령령으로 정하는 바에 따라 이미 의결된 징계부가금의 감면 등의 조치를 하여야 한다.(2015.5.18 본항신설)
④ 제1항에 따라 징계부가금 부과처분을 받은 사람이 납부기간 내에 그 부가금을 납부하지 아니한 때에는 처분권자는 지방세 체납처분의 예에 따라 징수할 수 있다.
⑤ 처분권자는 제4항에 따른 징수 조치를 성실히 이행하였음에도 불구하고 체납일부터 5년이 지난 후에도 징수가 불가능하다고 인정될 때에는 관할 인사위원회에 징계부가금 감면의결을 요청할 수 있다.(2015.12.29 본항신설)
(2010.3.22 본조신설)

제69조의3【재징계의결등의 요구】 ① 처분권자는 다음 각 호에 해당하는 사유로 심사위원회 또는 법원에서 징계처분등의 무효 또는 취소(취소명령 포함)의 결정이나 판결을 받은 경우에는 다시 징계의결등을 요구하여야 한다. 다만, 제3호의 사유로 무효 또는 취소(취소명령포함)의 결정이나 판결을 받은 감봉·견책처분에 대하여는 징계의결을 요구하지 아니할 수 있다.(2010.3.22 본문개정)
1. 법령의 적용, 증거 및 사실 조사에 명백한 흠이 있는 경우
2. 인사위원회의 구성 또는 징계의결등, 그 밖에 절차상의 흠이 있는 경우
3. 징계양정 또는 징계부가금이 과다(過多)한 경우

(2010.3.22 2호~3호개정)
② 처분권자는 제1항에 따른 징계의결등을 요구하는 경우에는 심사위원회의 결정 또는 법원의 판결이 확정된 날부터 3개월 이내에 관할 인사위원회에 징계의결등을 요구하여야 하며, 관할 인사위원회에서는 다른 징계사건에 우선하여 징계의결등을 하여야 한다.(2010.3.22 본항개정)
(2010.3.22 본조제목개정)

제69조의4【퇴직을 희망하는 공무원의 징계사유 확인 및 퇴직 제한 등】 ① 임용권자는 공무원이 퇴직을 희망하는 경우에는 제69조제1항에 따른 징계사유가 있는지 및 제2항 각 호의 어느 하나에 해당하는지 여부를 감사원과 검찰·경찰 등 조사 및 수사기관(이하 이 조에서 "조사 및 수사기관"이라 한다)의 장에게 확인하여야 한다.(2020.1.29 본항개정)
② 제1항에 따른 확인 결과 퇴직을 희망하는 공무원이 파면, 해임, 강등 또는 정직에 해당하는 징계사유가 있거나 다음 각 호의 어느 하나에 해당하는 경우(제1호·제3호 및 제4호의 경우에는 해당 공무원이 파면·해임·강등 또는 정직의 징계에 해당한다고 판단되는 경우에 한정한다) 임용권자는 지체 없이 징계의결등을 요구하여야 하고, 퇴직을 허용하여서는 아니 된다.
1. 비위(非違)와 관련하여 형사사건으로 기소된 때
2. 인사위원회에 파면·해임·강등 또는 정직에 해당하는 징계 의결이 요구 중인 때
3. 조사 및 수사기관에서 비위와 관련하여 조사 또는 수사 중인 때
4. 각급 행정기관의 감사부서 등에서 비위와 관련하여 내부 감사 또는 조사 중인 때

(2020.1.29 본항개정)
③ 관할 인사위원회는 제2항에 따라 징계의결등이 요구된 경우 다른 징계사건에 우선하여 징계의결등을 하여야 한다.
④ 그 밖에 퇴직을 제한하는 절차 등 필요한 사항은 대통령령으로 정한다.(2020.1.29 본항신설)
(2020.1.29 본조제목개정)
(2015.12.29 본조신설)

제70조【징계의 종류】 징계는 파면·해임·강등·정직·감봉 및 견책으로 구분한다.

제71조【징계의 효력】 ① 강등은 1계급 아래로 직급을 내리고(연구관 및 지도관은 연구사 및 지도사로 한다) 공무원 신분은 보유하나 3개월간 직무에 종사하지 못하며 그 기간 중 보수는 전액을 감한다. 다만, 제4조제2항에 따라 계급을 구분하지 아니하는 공무원, 임기제공무원 및「고등교육법」제14조에 따른 교원과 조교에 대해서는 강등을 적용하지 아니한다.(2015.12.29 본문개정)

② 제1항에도 불구하고 교육감 소속의 교육전문직원의 강등은「교육공무원법」제2조제10항에 따라 같은 종류의 직무에서 하위의 직위에 임명하고, 공무원의 신분은 보유하게 하나 3개월간 직무에 종사하지 못하게 하며 그 기간 중 보수는 전액을 감한다.(2015.12.29 본항개정)

③ 정직은 1개월 이상 3개월 이하의 기간으로 하고, 정직처분을 받은 사람은 그 기간 중 공무원의 신분은 보유하나 직무에 종사하지 못하며 보수는 전액을 삭감한다.(2015.12.29 본항개정)

④ 감봉은 1개월 이상 3개월 이하의 기간 보수의 3분의 1을 삭감한다.

⑤ 견책은 전과(前過)에 대하여 훈계하고 뉘우치게 한다.

⑥ 강등(3개월간 직무에 종사하지 못하는 효력 및 그 기간 중 보수는 전액을 감하는 효력으로 한정한다), 정직 및 감봉의 징계처분은 휴직기간 중에는 그 집행을 정지한다.
(2024.3.19 본항신설)

⑦ 징계처분을 받은 공무원은 그 처분을 받은 날 또는 그 집행이 끝난 날부터 대통령령으로 정하는 기간 동안 승진임용 또는 승급을 할 수 없다. 다만, 징계처분을 받은 후 직무수행의 공적으로 포상 등을 받은 공무원에 대하여는 대통령령으로 정하는 바에 따라 승진임용이나 승급의 제한기간을 단축하거나 면제할 수 있다.

⑧ 공무원(특수경력직공무원 및 국가공무원을 포함한다)이었던 사람이 다시 공무원이 된 경우에는 재임용 전에 적용된 법령에 따라 받은 징계처분은 그 처분일부터 이 법에 따른 징계처분을 받은 것으로 본다. 다만, 제70조에서 정한 징계의 종류 외의 징계처분의 효력에 관하여는 대통령령으로 정한다.(2021.6.8 본항개정)

⑨ (2021.6.8 삭제)

제72조【징계 등 절차】 ① 징계처분등은 인사위원회의 의결을 거쳐 임용권자가 한다. 다만, 5급 이상 공무원 또는 이와 관련된 하위직공무원의 징계처분등과 소속 기관(시·도와 구·시·군, 구·시·군)을 달리하는 동일사건에 관련된 사람의 징계처분등은 대통령령으로 정하는 바에 따라 시·도지사 소속 인사위원회 또는 시·도의회의 의장 소속 인사위원회의 의결로 한다.

② 징계의결등을 요구한 기관의 장은 인사위원회의 의결이 가볍다고 인정하면 그 처분을 하기 전에 직근 상급기관에 설치된 인사위원회(시·도의 인사위원회의 의결에 대하여는 그 인사위원회, 시·도에 복수의 인사위원회를 두는 경우 제1인사위원회의 의결에 대하여는 그 인사위원회, 제2인사위원회의 의결에 대하여는 제1인사위원회)에 심사 또는 재심사를 청구할 수 있다. 이 경우 소속 공무원을 대리인으로 지정할 수 있다.
(2021.10.8 본조개정)

제73조【징계의 관리】 ① 감사원에서 조사 중인 사건이나 각 행정기관에서 대통령령으로 정하는 바에 따라 조사 중인 사건에 대하여는 제3항에 따른 조사개시 통보를 받은 날부터 징계의결 요구나 그 밖의 징계절차를 진행하지 못한다.
(2010.3.22 본항개정)

② 검찰·경찰, 그 밖의 수사기관에서 수사 중인 사건에 대하여는 제3항에 따른 수사개시의 통보를 받은 날부터 징계의결 요구나 그 밖의 징계절차를 진행하지 아니할 수 있다.

③ 감사원과 검찰·경찰, 그 밖의 수사기관 및 제1항에 따른 행정기관은 조사나 수사를 시작하였을 때와 마쳤을 때에는 10일 이내에 소속 기관의 장에게 해당 사실을 알려야 한다.
(2010.3.22 본항개정)

④ 제3항에 따른 조사 또는 수사 종료의 통보를 받은 소속 기관의 장은 징계의결의 요구나 그 밖의 징계절차를 위하여 감사원 또는 검찰·경찰, 그 밖의 수사기관에 대통령령으로 정하는 조사·수사 자료를 징계절차에 필요한 범위에서 요청할 수 있다. 이 경우 요청을 받은 감사원 또는 검찰·경찰, 그 밖의 수사기관은 특별한 사유가 없으면 이에 협조하여야 한다.(2024.12.31 본항신설)

제73조의2【징계 및 징계부가금 부과 사유의 시효】 ① 징계의결등의 요구는 징계 등 사유가 발생한 날부터 다음 각 호의 구분에 따른 기간이 지나면 하지 못한다.
1. 징계 등 사유가 다음 각 목의 어느 하나에 해당하는 경우 : 10년
  가.「성매매알선 등 행위의 처벌에 관한 법률」제4조에 따른 금지행위
  나.「성폭력범죄의 처벌 등에 관한 특례법」제2조에 따른 성폭력범죄
  다.「아동·청소년의 성보호에 관한 법률」제2조제2호에 따른 아동·청소년대상 성범죄
  라.「양성평등기본법」제3조제2호에 따른 성희롱
2. 징계 등 사유가 제69조의2제1항 각 호의 어느 하나에 해당하는 경우 : 5년
3. 그 밖의 징계 등 사유에 해당하는 경우 : 3년
(2021.6.8 본항개정)

② 제73조제1항 및 제2항에 따라 징계절차를 진행하지 못하여 제1항의 기간이 지나거나 그 남은 기간이 1개월 미만인 경우에는 제1항의 기간은 제73조제3항에 따른 조사나 수사의 종료 통보를 받은 날(조사 결과에 대하여 이의가 제기된 경우에는 이의를 제기한 사람이 이의에 대한 결정을 통보받은 날을 말한다)부터 1개월이 지난 날에 끝나는 것으로 본다.

③ 인사위원회의 구성, 징계의결등, 그 밖의 절차상의 흠이나 징계양정 및 징계부가금의 과다를 이유로 심사위원회 또는 법원에서 징계처분등의 무효 또는 취소의 결정이나 판결을 한 경우에는 제1항의 기간이 지나거나 그 남은 기간이 3개월 미만이더라도 그 결정 또는 판결이 확정된 날부터 3개월 이내에는 다시 징계의결등을 요구할 수 있다.
(2010.3.22 본조개정)

제73조의3【특수경력직공무원의 징계】 다른 법률에 특별한 규정이 있는 경우 외에는 대통령령으로 정하는 바에 따라 특수경력직공무원에 대하여도 이 장의 규정을 준용할 수 있다.

제10장 능 률
(2008.12.31 본장개정)

제74조【훈련】 ① 모든 공무원과 시보공무원이 될 사람은 담당 직무와 관련된 학식·기술 및 응용 능력을 배양하기 위하여 법령에서 정하는 바에 따라 훈련을 받아야 한다.

② 교육부장관 또는 행정안전부장관은 공무원 훈련에 관한 종합적인 기획·조정 및 감독을 한다.(2017.7.26 본항개정)

③ 지방자치단체의 장, 지방의회의 의장 및 감독 직위에 있는 공무원은 일상 업무를 통하여 계속적으로 부하직원을 훈련시킬 책임을 진다.(2021.10.8 본항개정)

④ 훈련성적은 인사관리에 반영하여야 한다.

제75조【훈련기관】 교육부, 행정안전부와 지방자치단체에 공무원의 훈련기관을 둘 수 있다.(2017.7.26 본조개정)

제75조의2【적극행정의 장려】 ① 지방자치단체의 장은 소속 공무원의 적극행정(공무원이 불합리한 규제의 개선 등 공공의 이익을 위해 업무를 적극적으로 처리하는 행위를 말한다. 이하 이 조에서 같다)을 장려하기 위하여 조례로 정하는 바에 따라 계획을 수립·시행할 수 있다. 이 경우 대통령령으로 정하는 인사상 우대 및 교육의 실시 등의 사항을 포함하여야 한다.

② 적극행정 추진에 관한 다음 각 호의 사항을 심의하기 위하여 지방자치단체의 장 소속으로 적극행정위원회를 둔다. 다만, 적극행정위원회를 두기 어려운 경우에는 인사위원회

(시·도에 복수의 인사위원회를 두는 경우 제1인사위원회를 말한다)가 적극행정위원회의 기능을 대신할 수 있다.
1. 제1항에 따른 계획 수립에 관한 사항
2. 공무원이 불합리한 규제의 개선 등 공공의 이익을 위해 업무를 적극적으로 추진하기 위하여 해당 업무의 처리 기준, 절차, 방법 등에 관한 의견 제시를 요청한 사항
3. 그 밖에 적극행정 추진을 위하여 필요하다고 대통령령으로 정하는 사항

③ 공무원이 적극행정을 추진한 결과에 대하여 해당 공무원의 행위에 고의 또는 중대한 과실이 없다고 인정되는 경우에는 대통령령으로 정하는 바에 따라 징계의결등을 하지 아니한다.
④ 교육부장관 또는 행정안전부장관은 공직사회의 적극행정 문화 조성을 위하여 필요한 사업을 발굴하고 추진할 수 있다.
⑤ 적극행정위원회의 구성·운영 및 적극행정을 한 공무원에 대한 인사상 우대 등 적극행정을 장려하기 위하여 필요한 사항은 대통령령으로 정한다.
(2021.6.8 본조신설)

제76조【근무성적의 평정】 ① 임용권자는 정기 또는 수시로 소속 공무원의 근무성적을 객관적이고 엄정하게 평정하여 인사관리에 반영하여야 한다.
② 제1항에 따른 근무성적 평정결과 근무성적이 우수한 사람에 대하여는 상여금을 지급하거나 특별승급시킬 수 있다.
③ 제1항의 근무성적 평정에 관한 사항은 대통령령으로 정한다.

제77조【능률 증진을 위한 사항】 ① 지방자치단체의 장과 지방의회의 의장은 소속 공무원의 근무 능률을 높이기 위하여 보건·휴양·안전·후생, 그 밖에 필요한 사항에 대한 기준을 설정하고, 이를 실시하여야 한다. 이 경우 지방자치단체의 장과 지방의회의 의장은 상호 간에 협의하여 통합하여 운영할 수 있다.(2021.10.8 본항개정)
② 지방자치단체의 장과 지방의회의 의장은 소속 장애인공무원의 원활한 직무수행을 위하여 「장애인고용촉진 및 직업재활법」 제19조의2에 따른 근로지원인 서비스의 제공(중증장애인 공무원에 대한 것으로 한정한다) 또는 같은 법 제21조제1항제2호에 따른 작업 보조 공학기기 또는 장비 등의 제공 등에 필요한 지원을 할 수 있다.(2021.10.8 본항개정)
③ 지방자치단체의 장과 지방의회의 의장은 제2항에 따른 업무의 일부를 조례로 정하는 바에 따라 전문기관을 지정하여 수행하게 할 수 있고, 그 지원업무 수행에 필요한 경비의 전부 또는 일부를 출연하거나 보조할 수 있다.(2021.10.8 본항개정)
④ 제2항에 따른 지원의 세부내용, 방법, 절차 등과 제3항에 따른 위탁에 필요한 사항은 조례로 정한다.(2015.5.18 본항신설)

제78조【제안제도】 ① 행정운영의 능률화와 경제화를 위한 공무원의 창의적인 의견이나 고안을 계발하고 이를 채택하여 행정운영 개선에 반영하기 위하여 제안제도를 둔다.
② 제안이 채택되고 시행되어 국가 또는 지방자치단체 예산을 절약하는 등 행정운영 발전에 뚜렷한 실적이 있는 사람에게는 상여금을 지급할 수 있으며 특별승진 또는 특별승급시킬 수 있다.
③ 제2항에 따른 상여금, 특별승진 또는 특별승급에 관하여는 대통령령으로 정하고, 그 밖에 제안제도의 운영에 필요한 사항은 규칙으로 정한다.

제79조【표창】 지방자치단체의 장과 지방의회의 의장은 공무원으로서 직무에 특히 성실하거나 사회에 공헌한 공적이 뚜렷한 사람에게는 조례로 정하는 바에 따라 표창을 행한다.
(2021.10.8 본조개정)

제11장 보 칙
(2008.12.31 본장개정)

제80조【국가공무원과의 교류】 ① 이 법에 따라 임용된 공무원은 그 직에 상응한 국가공무원에 임용될 수 있다.
② 제1항에 따라 공무원을 국가공무원으로 임용하려면 「국가공무원법」에 따른 경력경쟁채용시험을 거쳐야 한다. 다만, 제32조제3항에 따라 신규임용 및 승진시험을 거친 5급 이상 공무원에 대하여는 이를 면제한다.(2011.5.23 본문개정)
③ 공무원이 국가공무원에 임용될 경우 경력계산을 할 때 공무원으로 재직한 기간은 국가공무원으로 재직한 기간으로 본다.

제81조【지방자치단체의 인사행정에 관한 지도·감독】 교육부장관 또는 행정안전부장관은 시·도의 인사행정이 이 법에 따라 운영되도록 지도·감독하고, 시·도지사는 해당 시·도의 관할 구역 시·군·구의 인사행정이 이 법에 따라 운영되도록 지도·감독한다.(2017.7.26 본조개정)

제81조의2【수수료】 ① 제27조에 따라 공무원 신규임용시험에 응시하려는 사람은 대통령령으로 정하는 바에 따라 수수료를 내야 한다. 이 경우 수수료 금액은 실비의 범위에서 정하여야 한다.
② 수수료를 과오납한 경우 등 대통령령으로 정하는 경우에는 제1항에 따라 납부한 수수료를 반환받을 수 있다.
③ 시험실시기관의 장은 제1항에도 불구하고 「국민기초생활 보장법」에 따른 수급자 등 대통령령으로 정하는 사람에 대하여는 수수료를 감면할 수 있다.
(2015.5.18 본조신설)

제12장 벌 칙

제82조【정치 운동죄】 ① 제57조를 위반한 자는 3년 이하의 징역과 3년 이하의 자격정지에 처한다.
② 제1항에 규정된 죄에 대한 공소시효의 기간은 「형사소송법」 제249조제1항에도 불구하고 10년으로 한다.
(2014.1.14 본조신설)

제83조【벌칙】 제42조·제43조 또는 제58조를 위반한 자는 다른 법률에 특별히 규정된 경우 외에는 1년 이하의 징역 또는 1천만원 이하의 벌금에 처한다.(2014.10.15 본조개정)

부 칙 (2020.1.29)

제1조【시행일】 이 법은 공포 후 6개월이 경과한 날부터 시행한다. 다만, 제25조의6, 제63조제3항의 개정규정은 공포한 날부터 시행한다.

제2조【5급 공무원 공개경쟁임용시험에 합격한 사람의 신규임용후보자 명부에 대한 적용례】 제36조제4항의 개정규정은 이 법 시행 이후 시행하는 5급 공무원 공개임용경쟁시험에 합격한 사람의 신규임용후보자 명부부터 적용한다.

제3조【고충 처리에 관한 적용례】 제67조의2의 개정규정은 이 법 시행 이후 제기되는 고충 상담 신청 또는 심사 청구부터 적용한다.

제4조【퇴직의 제한에 관한 적용례】 제69조의4의 개정규정은 이 법 시행 후 최초로 퇴직을 신청한 공무원부터 적용한다.

부 칙 (2021.6.8)

제1조【시행일】 이 법은 공포 후 6개월이 경과한 날부터 시행한다. 다만, 다음 각 호의 개정규정은 각 호의 구분에 따른 날부터 시행한다.
1. 제69조제2항부터 제4항까지 및 제71조제7항부터 제9항까지의 개정규정 : 공포한 날
2. 제25조의4의 제목 및 같은 조 제1항의 개정규정 : 2022년 1월 1일

제2조【직위해제에 따른 결원보충에 관한 적용례】 제41조제4항 및 제5항의 개정규정은 이 법 시행 당시 직위해제 중인 사람이 있는 경우에도 적용한다.

제3조【채용비위 관련자 합격취소에 관한 적용례】 제43조의3의 개정규정은 이 법 시행 이후 공무원 채용과 관련하여 비위를 저지른 경우부터 적용한다.

제4조【공무상 질병 또는 부상으로 인한 휴직 기간의 연장에 따른 적용례】 제64조제1호 단서의 개정규정은 이 법 시행 당시 종전의 규정에 따라 휴직하였거나 휴직 중인 사람에 대해서도 적용한다.

제5조【지방소청심사위원회 및 교육소청심사위원회의 결정에 관한 경과조치】 이 법 시행 전에 청구되어 계속 중인 소청사건에 대해서는 제19조제2항의 개정규정에도 불구하고 종전의 규정에 따른다.

제6조【보수 및 실비보상 등 부정 수령자에 대한 가산징수에 관한 경과조치】 이 법 시행 전에 보수 및 실비보상 등을 거짓이나 그 밖의 부정한 방법으로 수령한 경우 그 가산징수에 관하여는 제45조제3항 및 제46조제3항의 개정규정에도 불구하고 종전의 규정에 따른다.

제7조【징계시효 연장에 관한 경과조치】 이 법 시행 전에 징계 등 사유가 발생한 경우 그 징계시효에 관하여는 제73조의2제1항의 개정규정에도 불구하고 종전의 규정에 따른다.

부　칙 (2021.10.8)

제1조【시행일】 이 법은 2022년 1월 13일부터 시행한다. 다만, 제41조의4제2항 및 제67조의2의 개정규정은 공포한 날부터 시행하고, 부칙 제3조제2항은 2022년 1월 21일부터 시행한다.

제2조【지방의회의 의장 소속 공무원의 임용에 관한 경과조치】 이 법 시행 당시 지방의회의 의장 소속의 공무원으로서 종전의 규정에 따라 지방자치단체의 장에게 소속되어 있던 지방공무원의 임용에 관하여 지방자치단체의 장이 한 행위나 지방자치단체의 장에 대하여 한 행위는 각각 이 법에 따라 지방의회의 의장이 한 행위나 지방의회의 의장에 대하여 한 행위로 본다.

제3조【다른 법률의 개정】 ①~② ※(해당 법령에 가제정리 하였음)

부　칙 (2022.12.27)

제1조【시행일】 이 법은 공포한 날부터 시행한다.

제2조【결격사유 및 당연퇴직에 관한 적용례】 제31조제6호의3 및 제61조제1호 단서의 개정규정은 이 법 시행 이후 발생한 범죄행위로 형벌을 받는 사람부터 적용한다.

부　칙 (2024.3.19)

제1조【시행일】 이 법은 공포 후 6개월이 경과한 날부터 시행한다. 다만, 제14조제3항, 제31조제3호·제4호 및 제67조의4의 개정규정은 공포한 날부터 시행한다.

제2조【심사위원회 위원의 임기 등에 관한 적용례】 ① 제14조제3항의 개정규정(임기에 관한 부분만 해당한다)은 같은 개정규정 시행 이후 심사위원회 위원으로 위촉(연임하여 위촉되는 경우를 포함한다)되는 경우부터 적용한다.
② 제14조제3항의 개정규정 시행 전에 심사위원회 위원으로 위촉된 사람이 같은 개정규정 시행 이후 연임하여 위촉되는 경우에는 그 연임하여 위촉되는 임기를 최초의 임기로 보아 같은 개정규정(연임에 관한 부분만 해당한다)을 적용한다.

제3조【휴직 등으로 인한 결원 보충에 관한 적용례】 ① 제41조제1항제1호의 개정규정은 이 법 시행 이후 병가와 제63조제1항제1호에 따른 휴직을 연속하여 6개월 이상 사용하는 경우부터 적용한다.
② 제41조제1항제2호의 개정규정은 이 법 시행 당시 출산휴가 중이거나 제63조제2항제4호에 따른 휴직 중인 사람에 대해서도 적용한다.

제4조【징계처분결과의 통보에 관한 적용례】 제67조제2항제3호의 개정규정은 이 법 시행 전에 발생한 사유로 이 법 시행 이후 징계처분을 하는 경우에도 적용한다.

제5조【징계의 집행정지에 관한 적용례】 제71조제6항의 개정규정은 이 법 시행 이후 징계사유가 발생한 경우부터 적용한다.

제6조【다른 법률의 개정】 ※(해당 법령에 가제정리 하였음)

부　칙 (2024.12.31)

제1조【시행일】 이 법은 공포한 날부터 시행한다. 다만, 제73조제4항의 개정규정은 공포 후 6개월이 경과한 날부터 시행한다.

제2조【결격사유 및 당연퇴직에 관한 적용례 등】 ① 제31조제6호의4 및 제61조제1호(제31조제6호의4에 관한 개정부분으로 한정한다)의 개정규정은 법률 제15801호 지방공무원법 일부개정법률의 시행일인 2019년 4월 17일 이후 저지른 죄로 형 또는 치료감호를 선고받거나 징계로 파면·해임된 사람부터 적용한다.
② 2024년 6월 1일부터 이 법 시행일 전까지 임용된 일반직공무원으로서 2019년 4월 17일 이후 저지른 「아동·청소년의 성보호에 관한 법률」 제11조제5항 가운데 '아동·청소년성착취물임을 알면서 이를 소지한 죄'〔종전의 「아동·청소년의 성보호에 관한 법률」(법률 제17338호로 개정되기 전의 것을 말한다) 제11조제5항 가운데 '아동·청소년이용음란물임을 알면서 이를 소지한 죄'를 포함한다〕로 형을 선고받아 그 형이 이 법 시행일 전에 확정된 사람에 대해서는 제31조제6호의4 및 제61조제1호(제31조제6호의4에 관한 개정부분으로 한정한다)의 개정규정을 적용하되, 이 법 시행일에 당연히 퇴직한다.
③ 2024년 6월 1일 전에 임용된 일반직공무원으로서 2019년 4월 17일 이후 저지른 「아동·청소년의 성보호에 관한 법률」 제11조제5항 가운데 '아동·청소년성착취물임을 알면서 이를 소지한 죄'〔종전의 「아동·청소년의 성보호에 관한 법률」(법률 제17338호로 개정되기 전의 것을 말한다) 제11조제5항 가운데 '아동·청소년이용음란물임을 알면서 이를 소지한 죄'를 포함한다〕로 형을 선고받아 그 형이 2024년 6월 1일부터 이 법 시행일 전에 확정된 사람에 대해서는 제31조제6호의4 및 제61조제1호(제31조제6호의4에 관한 개정부분으로 한정한다)의 개정규정을 적용하되, 이 법 시행일에 당연히 퇴직한다.

제3조【직위해제에 따른 결원 보충에 관한 적용례】 제41조제4항제2호의 개정규정은 이 법 시행 이후 제65조의3제1항제3호 또는 제4호에 따라 직위해제를 하는 경우부터 적용한다.

제4조【조사·수사 자료의 제공 요청에 관한 적용례】 제73조제4항의 개정규정은 부칙 제1조 단서에 따른 시행일 전에 제73조제3항에 따른 조사 또는 수사 종료 통보를 받은 경우에 대해서도 적용한다.

제5조【개방형 직위 지정에 관한 경과조치】 ① 이 법 시행 당시 개방형 직위로 지정된 것으로 보는 직위에 대하여 임용절차가 진행 중인 경우에는 제29조의4제1항 후단의 개정규정에도 불구하고 종전의 규정에 따른다.
② 이 법 시행 당시 개방형 직위로 지정된 것으로 보는 직위에 임용된 사람(제1항에 따라 개방형 직위에 임용된 사람을 포함한다)에 대해서는 제29조의4제1항 후단의 개정규정에도 불구하고 그 임용기간이 만료될 때까지 개방형 직위에 임용된 사람으로 본다.

지방재정법

(2005년 8월 4일
전부개정법률 제7663호)

개정
2006.10. 4법 8050호(국가재정법)
2015. 5.13법13283호
2016. 3.29법14111호(중소기업진흥)
2016. 3.29법14113호(공항시설법)
2016. 5.29법14197호(지방회계법)
2016. 5.29법14198호(2018평창동계올림픽대회및동계패럴림픽대회지원등에관한특별법)
2016.12.27법14476호(지방세징수법)
2017. 3.21법14619호
2017. 7.26법14839호(정부조직)
2017.10.24법14919호
2017.12.26법15309호(혁신도시조성및발전에관한특별법)
2018. 3.27법15528호
2019.12.31법16855호(지방세)
2019.12.31법16857호
2020. 6. 9법17390호
2021. 1.12법17892호(지방자치단체보조금관리에관한법)
2021. 1.12법17893호(지방자치)
2021.12. 7법18546호
2021.12.21법18585호(국가재정법)
2021.12.28법18657호
2023. 4.11법19334호
2023. 8. 8법19591호(국가유산수리등에관한법)
2023. 8.16법19634호(행정기관정비일부개정법령등)
2024. 2.20법20316호

<중략>
2015.12.29법13638호
2018.10.16법15803호
2020. 1.29법16889호
2022.11.15법19031호

제1장 총 칙

제1조【목적】 이 법은 지방자치단체의 재정에 관한 기본원칙을 정함으로써 지방재정의 건전하고 투명한 운영과 자율성을 보장함을 목적으로 한다.(2016.5.29 본조개정)

제2조【정의】 이 법에서 사용하는 용어의 뜻은 다음과 같다.
1. "지방재정"이란 지방자치단체의 수입·지출 활동과 지방자치단체의 자산 및 부채를 관리·처분하는 모든 활동을 말한다.
2. "세입"(歲入)이란 한 회계연도의 모든 수입을 말한다.
3. "세출"(歲出)이란 한 회계연도의 모든 지출을 말한다.
4. "채권"이란 금전의 지급을 목적으로 하는 지방자치단체의 권리를 말한다.
5. "채무"란 금전의 지급을 목적으로 하는 지방자치단체의 의무를 말한다.

(2011.8.4 본조개정)

제3조【지방재정 운용의 기본원칙】 ① 지방자치단체는 주민의 복리 증진을 위하여 그 재정을 건전하고 효율적으로 운용하여야 하며, 국가의 정책에 반하거나 국가 또는 다른 지방자치단체의 재정에 부당한 영향을 미치게 하여서는 아니 된다.
② 지방자치단체는 예산이 여성과 남성에게 미치는 효과를 평가하고, 그 결과를 지방자치단체의 예산에 반영하기 위하여 노력하여야 한다.
(2011.8.4 본조개정)

제4조【지방재정제도의 연구·개발 등】 행정안전부장관은 이 법의 목적을 달성하기 위하여 다음 각 호의 사항을 연구·개발하여 시행하여야 한다.(2017.7.26 본문개정)
1. 지방재정 조정제도와 지방세제도 간의 조화로운 발전방안
2. 합리적·효율적인 예산 편성·관리 기법 및 지방재정 운용 상황의 측정기법
3. 지방재정의 건전성 확보를 위한 방안(2014.5.28 본호개정)
4. 지방재정 운용의 자율성 보장을 위한 제도 개선 방안
5. 지방재정 운용의 효율성·투명성 증대를 위한 전산정보처리장치의 개발·보급 방안
6. 국가의 실효성 있는 지방재정 지원 방안
7. 성인지 예산·결산 등 지방재정의 성인지적 운용 및 분석 방안(2014.5.28 본호신설)
8. 그 밖에 지방재정 발전을 위하여 필요한 사항

(2011.8.4 본조개정)

제5조【성과 중심의 지방재정 운용】 ① 지방자치단체의 장은 재정활동의 성과관리체계를 구축하여야 한다.
② 지방자치단체의 장은 행정안전부령으로 정하는 바에 따라 예산의 성과계획서 및 성과보고서를 작성하여야 한다.(2017.7.26 본항개정)
③ 지방자치단체의 장은 대통령령으로 정하는 바에 따라 주요 재정사업을 평가하고 그 결과를 재정운용에 반영할 수 있다.
④ 성과 중심의 지방재정 운용을 위하여 필요한 그 밖의 사항은 행정안전부령으로 정한다.(2017.7.26 본항개정)
(2014.5.28 본조개정)

제6조【회계연도】 ① 지방자치단체의 회계연도는 매년 1월 1일에 시작하여 12월 31일에 끝난다.
② (2016.5.29 삭제)
(2011.8.4 본조개정)

제7조【회계연도 독립의 원칙】 ① 각 회계연도의 경비는 해당 연도의 세입으로 충당하여야 한다.
②~③ (2014.5.28 삭제)
(2011.8.4 본조개정)

제8조 (2016.5.29 삭제)

제9조【회계의 구분】 ① 지방자치단체의 회계는 일반회계와 특별회계로 구분한다.
② 특별회계는 「지방공기업법」에 따른 지방직영기업이나 그 밖의 특정사업을 운영할 때 또는 특정자금이나 특정세입·세출로서 일반세입·세출과 구분하여 회계처리할 필요가 있을 때에만 법률이나 조례로 설치할 수 있다. 다만, 목적세에 따른 세입·세출은 다른 법률에 특별한 규정이 있는 경우를 제외하고는 특별회계를 설치·운용하여야 한다.(2014.5.28 단서신설)
③ 지방자치단체가 특별회계를 설치하려면 5년 이내의 범위에서 특별회계의 존속기한을 해당 조례에 명시하여야 한다. 다만, 법률에 따라 의무적으로 설치·운용되는 특별회계는 그러하지 아니하다.(2014.5.28 본항신설)
④ 지방자치단체의 장은 특별회계를 신설하거나 그 존속기한을 연장하려면 해당 조례안을 입법예고하기 전에 제33조 제9항에 따른 지방재정계획심의위원회의 심의를 거쳐야 한다. 다만, 법률에 따라 의무적으로 설치·운용되는 특별회계는 그러하지 아니하다.(2014.5.28 본항신설)
(2011.8.4 본조개정)

제9조의2【회계·기금 간 여유재원의 예수·예탁】 ① 지방자치단체의 장은 재정의 효율적 운용을 위하여 필요한 경우에는 다른 법률 또는 조례에도 불구하고 회계 및 기금의 목적 수행에 지장을 초래하지 아니하는 범위에서 회계와 기금 간, 회계 상호 간 그리고 기금 상호 간에 여유재원 또는 기금 예치금을 예탁하거나 예수하여 통합적으로 활용할 수 있다. 이 경우 그 내용을 예산 또는 기금운용계획에 반영하여야 한다.

② 제1항에 따른 여유재원의 예탁 및 예수와 기금 예치금의 예탁 및 예수는 「지방자치단체 기금관리기본법」 제16조에 따른 통합재정안정화기금의 통합 계정으로 운용하여야 한다.
(2020.6.9 본조신설)

제10조 【교육·과학 및 체육 등에 관한 사항의 적용】 이 법(제59조는 제외한다)에서 교육·과학 및 체육에 관한 사항 또는 교육비 특별회계에 관하여는 "지방자치단체의 장"이나 "시·도지사"는 "교육감"으로, "행정안전부장관"은 "교육부장관"으로, "행정안전부"는 "교육부"로, "지방재정"은 "지방교육재정"으로, "행정안전부령"은 "교육부령"으로 각각 본다.(2017.7.26 본조개정)

제11조 【지방채의 발행】 ① 지방자치단체의 장은 다음 각 호를 위한 자금 조달에 필요할 때에는 지방채를 발행할 수 있다. 다만, 제5호 및 제6호는 교육감이 발행하는 경우에 한한다.(2015.5.13 단서신설)
1. 공유재산의 조성 등 소관 재정투자사업과 그에 직접적으로 수반되는 경비의 충당
2. 재해예방 및 복구사업
3. 천재지변으로 발생한 예측할 수 없었던 세입결함의 보전
4. 지방채의 차환
5. 「지방교육재정교부금법」 제9조제3항에 따른 교부금 차액의 보전
6. 명예퇴직(「교육공무원법」 제36조 및 「사립학교법」 제60조의3에 따른 명예퇴직을 말한다. 이하 같다) 신청자가 직전 3개 연도 평균 명예퇴직자의 100분의 120을 초과하는 경우 추가로 발생하는 명예퇴직 비용의 충당

(2015.5.13 5호~6호신설)
(2014.5.28 본항개정)
<2017.12.31까지 유효>

② 지방자치단체의 장은 제1항에 따라 지방채를 발행하려면 재정 상황 및 채무 규모 등을 고려하여 대통령령으로 정하는 지방채 발행 한도액의 범위에서 지방의회의 의결을 얻어야 한다. 다만, 지방채 발행 한도액 범위더라도 외채를 발행하는 경우에는 지방의회의 의결을 거치기 전에 행정안전부장관의 승인을 받아야 한다.(2017.7.26 단서개정)
③ 지방자치단체의 장은 제2항에도 불구하고 대통령령으로 정하는 바에 따라 행정안전부장관과 협의한 경우에는 그 협의한 범위에서 지방의회의 의결을 얻어 제2항에 따른 지방채 발행 한도액의 범위를 초과하여 지방채를 발행할 수 있다. 다만, 재정책임성 강화를 위하여 재정위험수준, 재정 상황 및 채무 규모 등을 고려하여 대통령령으로 정하는 범위를 초과하는 지방채를 발행하는 경우에는 행정안전부장관의 승인을 받은 후 지방의회의 의결을 받아야 한다.(2020.1.29 본항개정)
④ 「지방자치법」 제176조에 따른 지방자치단체조합(이하 "조합"이라 한다)의 장은 그 조합의 투자사업과 긴급한 재난복구 등을 위한 경비를 조달할 필요가 있을 때 또는 투자사업이나 재난복구사업을 지원할 목적으로 지방자치단체에 대부할 필요가 있을 때에는 지방채를 발행할 수 있다. 이 경우 행정안전부장관의 승인을 받은 범위에서 조합의 구성원인 각 지방자치단체 지방의회의 의결을 얻어야 한다.(2021.1.12 전단개정)
⑤ 제4항에 따라 발행한 지방채에 대하여는 조합과 그 구성원인 지방자치단체가 그 상환과 이자의 지급에 관하여 연대 책임을 진다.
(2011.8.4 본조개정)

제11조의2 【지방채 발행의 제한】 지방채는 이 법과 다음 각 호의 법률에 의하지 아니하고는 발행할 수 없다.
1. 「2011대구세계육상선수권대회, 2013충주세계조정선수권대회, 2014인천아시아경기대회, 2014인천장애인아시아경기대회 및 2015광주하계유니버시아드대회 지원법」
2. 「2015경북문경세계군인체육대회 지원법」
3. 「2018 평창 동계올림픽대회 및 동계패럴림픽대회 지원 등에 관한 특별법」(2016.5.29 본호개정)
4. 「혁신도시 조성 및 발전에 관한 특별법」(2017.12.26 본호개정)
5. 「국제경기대회 지원법」
6. 「국토의 계획 및 이용에 관한 법률」
7. 「기업도시개발 특별법」
8. 「도시철도법」
9. 「도청이전을 위한 도시건설 및 지원에 관한 특별법」
10. 「공항시설법」(2016.3.29 본호개정)
11. 「신항만건설 촉진법」
12. 「어촌특화발전 지원 특별법」
13. 「역세권의 개발 및 이용에 관한 법률」
14. 「재해위험 개선사업 및 이주대책에 관한 특별법」
15. 「제주특별자치도 설치 및 국제자유도시 조성을 위한 특별법」
16. 「지방공기업법」
17. 「지방자치단체 기금관리기본법」
18. 「중소기업진흥에 관한 법률」(2016.3.29 본호개정)
19. 「택지개발촉진법」
20. 「폐광지역 개발 지원에 관한 특별법」
21. 「포뮬러원 국제자동차경주대회 지원법」

(2014.5.28 본조신설)

제12조 【지방채 발행의 절차】 ① 제11조에 따른 지방채의 발행, 원금의 상환, 이자의 지급, 증권에 관한 사무절차 및 사무 취급기관은 대통령령으로 정한다.
② 제11조제1항 및 제4항에 따른 지방채 중 증권 발행의 방법에 의한 지방채(이하 "지방채증권"이라 한다)의 발행에 관하여는 「상법」 제479조, 제484조, 제485조 및 제487조를 준용한다. 이 경우 「상법」의 규정 중 "사채"는 "지방채증권"으로, "사채권자"는 "지방채권자"로, "채권"은 "증권"으로 보고, 제479조 중 "기명사채"는 "기명지방채증권"으로, "사채원부"는 "지방채증권원부"로, "회사"는 "지방자치단체"로 본다.
(2011.8.4 본조개정)

제13조 【보증채무부담행위 등】 ① 「지방자치법」 제139조제3항에 따라 채무의 이행에 대한 지방자치단체의 보증을 받으려는 자는 대통령령으로 정하는 바에 따라 사업의 내용과 보증을 받으려는 채무의 범위(이하 "주채무"라 한다) 등을 명시하여 지방자치단체의 장에게 미리 채무보증 신청을 하여야 한다.(2021.1.12 본항개정)
② 제1항에 따른 채무보증 신청을 받은 지방자치단체의 장은 지방자치단체가 그 주채무를 보증할 필요가 있다고 인정하면 지방의회의 의결을 얻어 대통령령으로 정하는 바에 따라 그 주채무의 이행을 지방자치단체가 보증한다는 뜻을 신청인에게 서면으로 알려야 한다.
③ 채권자나 채무자는 사업의 내용 또는 보증받은 내용을 변경하려면 지방자치단체의 장의 승인을 받아야 한다. 이 경우 지방자치단체의 장은 그 변경사항이 주채무의 범위 등 그 계약의 중요 부분에 관한 것일 때에는 미리 지방의회의 의결을 얻어야 한다.
④ 지방자치단체의 장은 보증채무의 관리에 관한 사항과 「지방자치법」 제47조제1항제8호에 따른 예산 외의 의무부담에 관한 사항을 매년 세입·세출결산과 함께 지방의회에 보고하여야 한다.(2021.1.12 본항개정)
(2014.5.28 본조제목개정)
(2011.8.4 본조개정)

제14조 (2020.6.9 삭제)

제15조~제16조 (2016.5.29 삭제)

제17조 【기부 또는 보조의 제한】 ① 지방자치단체는 그 소관에 속하는 사무와 관련하여 다음 각 호의 어느 하나에 해당하는 경우와 공공기관에 지출하는 경우에만 개인 또는 법인·단체에 기부·보조, 그 밖의 공금 지출을 할 수 있다. 다만, 제4호에 따른 지출은 해당 사업에의 지출근거가 조례에 직접 규정되어 있는 경우로 한정한다.(2014.5.28 본문개정)
1. 법률에 규정이 있는 경우
2. 국고 보조 재원(財源)에 의한 것으로서 국가가 지정한 경우
3. 용도가 지정된 기부금의 경우(2014.5.28 본호개정)
4. 보조금을 지출하지 아니하면 사업을 수행할 수 없는 경우로서 지방자치단체가 권장하는 사업을 위하여 필요하다고 인정되는 경우

② 제1항 각 호 외의 부분 본문에서 "공공기관"이란 해당 지방자치단체의 소관에 속하는 사무와 관련하여 지방자치단체가 권장하는 사업을 하는 다음 각 호의 어느 하나에 해당하는 기관을 말한다.(2014.5.28 본문개정)
1. 그 목적과 설립이 법령 또는 법령의 근거에 따라 그 지방자치단체의 조례에 정하여진 기관(2014.5.28 본호개정)
2. 지방자치단체를 회원으로 하는 공익법인
③ (2013.7.16 삭제)
(2014.5.28 본조제목개정)
(2011.8.4 본조개정)
제17조의2 (2014.5.28 삭제)
제18조 【출자 또는 출연의 제한】 ① 지방자치단체는 법령에 근거가 있는 경우에만 출자를 할 수 있다.
② 지방자치단체는 법령에 근거가 있는 경우와 제17조제2항의 공공기관에 대하여 조례에 근거가 있는 경우에만 출연을 할 수 있다.(2014.5.28 본항신설)
③ 지방자치단체가 출자 또는 출연을 하려면 미리 해당 지방의회의 의결을 얻어야 한다.
(2014.5.28 본조개정)
제19조 【지방재정 운용에 대한 자문】 ① 행정안전부장관은 지방재정 운용 업무를 효과적으로 수행하기 위하여 필요한 경우 분야별 자문기구를 둘 수 있다.(2017.7.26 본항개정)
② 제1항에 따른 자문기구의 구성 및 운영 등에 필요한 사항은 대통령령으로 정한다.
(2011.8.4 본조개정)

제2장 경비의 부담
(2011.8.4 본장개정)

제20조 【자치사무에 관한 경비】 지방자치단체의 관할구역 자치사무에 필요한 경비는 그 지방자치단체가 전액을 부담한다.
제21조 【부담금과 교부금】 ① 지방자치단체나 그 기관이 법령에 따라 처리하여야 할 사무로서 국가와 지방자치단체 간에 이해관계가 있는 경우에는 원활한 사무처리를 위하여 국가에서 부담하지 아니하면 아니 되는 경비는 국가가 그 전부 또는 일부를 부담한다.
② 국가가 스스로 하여야 할 사무를 지방자치단체나 그 기관에 위임하여 수행하는 경우 그 경비는 국가가 전부를 그 지방자치단체에 교부하여야 한다.
제22조 【경비 부담의 비율 등】 ① 제21조제1항에 따라 국가와 지방자치단체가 부담할 경비 중 지방자치단체가 부담할 경비의 종목 및 부담 비율에 관하여는 대통령령으로 정한다.
② 지방자치단체의 장은 제1항에 따른 지방비 부담액을 다른 사업보다 우선하여 그 회계연도의 예산에 계상하여야 한다.
제23조 【보조금의 교부】 ① 국가는 정책상 필요하다고 인정할 때 또는 지방자치단체의 재정 사정상 특히 필요하다고 인정할 때에는 예산의 범위에서 지방자치단체에 보조금을 교부할 수 있다.
② 특별시·광역시·특별자치시·도·특별자치도(이하 "시·도"라 한다)는 정책상 필요하다고 인정할 때 또는 시·군 및 자치구의 재정 사정상 특히 필요하다고 인정할 때에는 예산의 범위에서 시·군 및 자치구에 보조금을 교부할 수 있다.(2014.5.28 본항개정)
③ 제1항 및 제2항에 따라 지방자치단체에 보조금을 교부할 때에는 법령이나 조례에서 정하는 경우와 국가 정책상 부득이한 경우 외에는 재원 부담 지시를 할 수 없다.
제24조 【국고보조금의 신청 등】 지방자치단체의 장이 「보조금 관리에 관한 법률」에 따라 중앙관서(「국가재정법」 제6조제2항에 따른 중앙관서를 말한다. 이하 같다)의 장에게 보조금의 예산 계상을 신청하였을 때에는 그 내용을 해당 회계연도의 전년도 4월 30일까지 행정안전부장관에게 보고하여야 한다. 이 경우 시장·군수 및 자치구의 구청장은 특별시장·광역시장·특별자치시장·도지사 및 특별자치도지사(이하 "시·도지사"라 한다)를 거쳐 행정안전부장관에게 보고하여야 한다.(2017.7.26 본조개정)
제25조 【지방자치단체의 부담을 수반하는 법령안】 중앙관서의 장은 그 소관 사무로서 지방자치단체의 경비부담을 수반하는 사무에 관한 법령을 제정하거나 개정하려면 미리 행정안전부장관의 의견을 들어야 한다.(2017.7.26 본조개정)
제26조 【지방자치단체의 부담을 수반하는 경비】 중앙관서의 장은 그 소관에 속하는 세입·세출 및 국고채무 부담행위의 요구안 중 지방자치단체의 부담을 수반하는 사항에 대하여는 「국가재정법」 제31조에 따른 서류 또는 같은 법 제51조제2항에 따른 명세서를 기획재정부장관에게 제출하기 전에 행정안전부장관과 협의하여야 한다.(2017.7.26 본조개정)
제27조 【지방자치단체의 부담을 수반하는 국고 보조】 중앙관서의 장은 그 소관에 속하는 세출예산 중에서 지방자치단체의 재정적 부담을 수반하는 보조금 등을 지방자치단체에 교부하기로 결정·통지하였을 때에는 즉시 기획재정부장관과 행정안전부장관에게 통지하여야 한다. 다만, 보조금 등의 교부결정에 있어서 제26조에 따라 행정안전부장관과 협의를 거치지 아니한 부분에 대하여는 그 교부결정을 통지하기 전에 미리 행정안전부장관과 협의하여야 한다.(2017.7.26 본조개정)
제27조의2 【지방재정관리위원회】 ① 지방자치단체의 재정부담 및 재정위기관리에 관한 다음 각 호의 사항을 심의하기 위하여 행정안전부장관 소속으로 지방재정관리위원회(이하 "위원회"라 한다)를 둔다.
1. 지방자치단체의 재정부담에 관한 다음 각 목의 사항
 가. 제26조에 따라 지방자치단체의 재정부담을 수반하는 사항 중 주요 경비에 관한 사항
 나. 국가와 지방자치단체 간 세목 조정 사항 중 지방재정상 부담이 되는 중요 사항
 다. 국고보조사업 중 국가와 지방자치단체 간, 시·도와 시·군·자치구 간 재원분담 비율 조정에 관한 사항
 라. 지방자치단체의 재원분담과 관련된 법령 또는 정책 입안 사항 중 행정안전부장관이 필요하다고 인정하여 부의하는 사항
 마. 지방세 특례 및 세율 조정 등 지방세 수입에 중대한 영향을 미치는 지방세 관계 법령의 제정·개정·폐지에 관한 사항 중 행정안전부장관이 필요하다고 인정하여 부의하는 사항
 바. 그 밖에 지방자치단체의 재정부담에 관한 사항으로 행정안전부장관이 필요하다고 인정하여 부의하는 사항
2. 지방자치단체의 재정위기관리에 관한 다음 각 목의 사항
 가. 제55조제3항에 따른 재정진단에 관한 사항
 나. 제55조의2제1항 및 제2항에 따른 재정위기단체 또는 재정주의단체의 지정 및 지정 해제에 관한 사항
 다. 제55조의3제8항에 따른 재정건전화계획의 수립 및 이행 권고에 관한 사항
 라. 제60조의3에 따른 긴급재정관리단체의 지정 및 지정 해제에 관한 사항
 마. 제60조의4에 따른 긴급재정관리인의 선임에 관한 사항
 바. 제60조의5에 따른 긴급재정관리계획의 승인 및 변경 승인에 관한 사항
 사. 제60조의6제4항에 따른 긴급재정관리계획의 이행상황 평가 및 권고에 관한 사항
 아. 그 밖에 지방자치단체의 재정위기관리에 관한 사항으로 행정안전부장관이 필요하다고 인정하여 부의하는 사항
(2023.8.16 본항개정)
② 위원회는 위원장·부위원장을 포함하여 15명 이내의 위원으로 구성하되, 성별을 고려하여야 한다.(2023.8.16 본항개정)
③ 위원회의 위원장은 행정안전부장관이 되고, 부위원장은 행정안전부차관과 민간위원으로 하되, 민간위원인 부위원장은 위원회에서 호선하여 선정한다.(2023.8.16 본항개정)
④ 위원회의 위원은 다음 각 호의 사람이 된다.
1. 기획재정부, 국무조정실 등 대통령령으로 정하는 관계 중앙관서의 차관·차장 또는 이에 준하는 직위에 재직 중인 공무원(2023.8.16 본호개정)

2. 전국시도지사협의회 · 전국시장군수구청장협의회 · 전국시도의회의장협의회 · 전국시군구의회의장협의회에서 추천하는 각 1명. 이 경우 전국시도지사협의회 및 전국시장군수구청장협의회는 해당 협의회에 소속된 지방자치단체의 장 중에서 1명을 각각 추천하여야 한다.(2017.3.21 후단신설)
3. 그 밖에 지방재정에 대한 학식과 전문지식이 있는 사람으로서 행정안전부장관이 위촉하는 사람(2023.8.16 본호개정)
(2013.7.16 본항신설)
⑤ 위원회의 회의는 연 1회 이상 개최하고, 위원장이 소집한다. 다만, 다음 각 호의 경우에는 추가로 개최할 수 있다.
1. 위원장이 필요하다고 인정하는 때
2. 지방자치단체협의회의 소집요구가 있는 때
(2013.7.16 본항신설)
⑥ 행정안전부장관은 위원회에서 의결한 사항을 각 중앙관서의 장 및 지방자치단체의 장에게 즉시 통보하여야 하고, 중앙관서의 장 및 지방자치단체의 장은 소관 사무의 수행에 이를 반영하여야 한다. 다만, 중앙관서의 장 및 지방자치단체의 장이 불가피한 사유로 의결한 사항을 반영하지 못하는 경우에는 그 내용을 행정안전부장관에게 통보하여야 하고, 행정안전부장관은 이를 위원회에 보고하여야 한다.
(2017.7.26 본항개정)
⑦ 위원회를 효율적으로 운영하고 위원회의 심의사항을 전문적으로 검토하기 위하여 위원회에 분과위원회를 둘 수 있다.(2023.8.16 본항개정)
⑧ 그 밖에 위원회 및 분과위원회의 구성과 운영 등에 필요한 사항은 대통령령으로 정한다.(2023.8.16 본항개정)
(2023.8.16 본조제목개정)

제27조의3【국고보조사업에 대한 예산편성】 ① 국고보조금에 의한 사업 중 지방자치단체의 재정적 부담을 수반하는 경우 지방자치단체의 예산편성은 제26조 및 「보조금 관리에 관한 법률」 제7조에 따라 중앙관서의 장과 행정안전부장관이 협의한 보조사업계획에 의한다.
② 행정안전부장관은 제1항에 따른 보조사업계획을 해당 회계연도의 전년도 10월 15일까지 각 부처 및 지방자치단체의 장에게 통보한다.
(2017.7.26 본조개정)

제27조의4【국고보조금의 관리】 ① 중앙관서의 장은 지방자치단체에 지원한 국고보조금의 교부실적과 해당 지방자치단체의 보조금 집행실적을 대통령령으로 정하는 기한까지 행정안전부장관에게 통보하여야 한다.
② 행정안전부장관은 제1항에 따라 통보된 결과를 공표하여야 하고, 공표의 방법 및 내용 등에 필요한 사항은 대통령령으로 정한다.
③ 중앙관서의 장은 「보조금 관리에 관한 법률」 제25조에 따른 보조사업 수행 상황 점검 결과 중 지방자치단체에서 수행한 보조사업의 점검 결과를 다음 연도 3월말까지 행정안전부장관에게 제출하여야 한다.
④ 행정안전부장관은 제3항에 따라 제출된 결과를 통합하여 공개하여야 한다.
(2017.7.26 본조개정)

제27조의5【국고보조사업의 이력관리】 ① 행정안전부장관은 지방자치단체 국고보조사업의 신청 및 수행 상황을 점검하고 사업별로 이력을 관리하여야 한다.
② 지방자치단체의 장 및 중앙관서의 장은 제24조, 제27조의4 및 「보조금 관리에 관한 법률」 제12조제2항에 따라 행정안전부장관에게 보고 또는 통보를 할 때에는 지방자치단체 국고보조사업의 효율적인 관리를 위하여 행정안전부장관이 정하는 분류체계에 따라 제96조의2제1항에 따른 정보시스템을 통해서 하여야 한다.
③ 행정안전부장관은 지방자치단체 국고보조사업의 원활한 관리를 위하여 관계 중앙관서의 장과 협의하여 관련 정보시스템 간 정보공유체계를 구축하여야 한다.
(2017.7.26 본조개정)

제27조의6【지방재정영향평가】 ① 지방자치단체의 장은 대규모의 재정적 부담을 수반하는 국내 · 국제경기대회, 축제 · 행사, 공모사업 등의 유치를 신청하거나 응모를 하려면 미리 해당 지방자치단체의 재정에 미칠 영향을 평가하고 그 평가결과를 토대로 제37조의3에 따른 지방재정투자심사위원회의 심사를 거쳐야 한다. 이 경우 평가대상은 「지방자치법」 제2조에 규정된 지방자치단체의 종류, 사업의 유형과 성격, 재정부담의 규모 등을 고려하여 대통령령으로 정한다.
(2023.4.11 전단개정)
② 중앙관서의 장은 제25조 또는 제26조에 따라 의견을 듣거나 협의할 때에 대규모 지방재정 부담을 수반하는 사항에 대해서는 대통령령으로 정하는 바에 따라 지방재정에 미치는 영향을 평가한 결과(이하 제3항에서 "지방재정영향평가서"라 한다)를 행정안전부장관에게 제출하여야 한다. 이 경우 평가대상은 지방재정 부담의 소요기간, 소요금액 등을 고려하여 대통령령으로 정한다.(2017.7.26 전단개정)
③ 중앙관서의 장은 제2항에 따른 지방재정영향평가서를 다음 각 호의 시기에 따라 기획재정부장관에게도 제출하여야 한다.
1. 제25조에 따라 행정안전부장관의 의견을 들을 때에는 지방재정영향평가서를 행정안전부장관에게 제출할 때
2. 제26조에 따라 행정안전부장관과 협의할 때에는 기획재정부장관에게 같은 조에 따른 서류 또는 명세서를 제출할 때
(2017.7.26 1호~2호개정)
(2014.5.28 본조신설)

제27조의7【국고보조사무의 지방이양에 따른 사무 수행】 국고보조사무가 지방자치단체에 이양된 경우 중앙관서의 장은 해당 사무 수행에 대하여 지방자치단체 재정운용의 자율성을 해치거나 지방재정에 부당한 영향을 미치는 조치를 하여서는 아니 된다.(2014.5.28 본조신설)

제27조의8【국고보조사업 집행 관리 등】 ① 행정안전부장관은 지방자치단체에서 수행하는 국고보조사업에 대하여 지방자치단체 및 관계 중앙관서의 장에게 자료의 제출을 요구할 수 있다. 이 경우 요청을 받은 기관은 이에 따라야 한다.
② 행정안전부장관과 관계 중앙관서의 장은 국고보조사업의 효율적인 관리를 위하여 필요하다고 인정하는 경우 지방자치단체에서 수행하는 국고보조사업의 수행 상황을 조사하고 점검할 수 있다.
(2017.7.26 본조개정)

제28조【시 · 도의 사무위임에 수반하는 경비 부담】 시 · 도나 시 · 도지사가 시 · 군 및 자치구 또는 시장 · 군수 · 자치구의 구청장에게 그 사무를 집행하게 할 때에는 시 · 도는 그 사무 집행에 드는 경비를 부담하여야 한다.

제28조의2【지방세 감면의 제한 등】 ① 행정안전부장관은 대통령령으로 정하는 해당 연도의 지방세 징수결산액과 지방세 비과세 · 감면액을 합한 금액에서 지방세 비과세 · 감면액이 차지하는 비율이 대통령령으로 정하는 비율 이하가 되도록 노력하여야 한다.(2017.7.26 본항개정)
② 중앙관서의 장은 그 소관 사무로서 새로운 지방세 감면을 요청할 때에는 그 감면액을 보충하기 위한 대책으로 다음 각 호의 어느 하나에 해당하는 사항을 「지방세특례제한법」 제181조제2항에 따른 지방세 감면건의서에 포함하여 행정안전부장관에게 제출하여야 한다.(2017.7.26 본문개정)
1. 기존 지방세 감면의 축소 또는 폐지
2. 국고보조사업의 국고 부담비율 상향조정
3. 지방자치단체 예산지원 등 그 밖에 지방재정 보전을 위하여 필요한 사항
(2011.8.4 본조신설)

제29조【시 · 군 조정교부금】 ① 시 · 도지사(특별시장은 제외한다. 이하 이 조에서 같다)는 다음 각 호의 금액의 27퍼센트(인구 50만 이상의 시와 자치구가 아닌 구가 설치되어 있는 시의 경우에는 47퍼센트)에 해당하는 금액을 관할 시 · 군 간의 재정력 격차를 조정하기 위한 조정교부금의 재원으로 확보하여야 한다.(2014.5.28 본문개정)
1. 시 · 군에서 징수하는 광역시세 · 도세(화력발전 · 원자력발전에 대한 지역자원시설세, 소방분 지역자원시설세 및 지방교육세는 제외한다)의 총액(2019.12.31 본호개정)

2. 해당 시·도(특별시는 제외한다. 이하 이 조에서 같다)의 지방소비세액(「지방세법」 제71조제3항제3호가목 및 같은 항 제4호가목에 따라 시·도에 배분되는 금액은 해당 지방소비세액에서 제외한다)을 전년도 말의 해당 시·도의 인구로 나눈 금액에 전년도 말의 시·군의 인구를 곱한 금액
(2021.12.7 본호개정)
<2026.12.31까지 유효>

② 시·도지사는 제1항에 따른 조정교부금의 재원을 인구, 징수실적(지방소비세는 제외한다), 해당 시·군의 재정사정, 그 밖에 대통령령으로 정하는 기준에 따라 해당 시·도의 관할구역의 시·군에 배분한다.(2014.5.28 본항개정)

③ 시·도지사는 화력발전·원자력발전에 대한 각각의 지역자원시설세를 다음 각 호의 구분에 따라 관할 시·군에 각각 배분하여야 한다. 이 경우 제2호에 따른 금액은 같은 호에 따른 시·군 및 제29조의2제2항제2호에 따른 자치구에 균등 배분한다.

1. 화력발전·원자력발전에 대한 지역자원시설세의 100분의 65에 해당하는 금액(「지방세징수법」 제17조제2항에 따른 징수교부금을 교부한 경우에는 그 금액을 뺀 금액을 말한다) : 화력발전소·원자력발전소가 있는 시·군
2. 원자력발전에 대한 지역자원시설세의 100분의 20의 범위에서 조례로 정하는 비율에 해당하는 금액 : 「원자력시설 등의 방호 및 방사능 방재 대책법」 제2조제1항제9호에 따른 방사선비상계획구역의 전부 또는 일부를 관할하는 시·군(해당 원자력발전소가 있는 시·군은 제외한다)

(2024.2.20 본항개정)

④ 시·도지사는 「지방세법」 제43조제2호의 장외발매소(같은 법 같은 조 제1호의 경륜등의 사업장과 함께 있는 장외발매소는 제외한다)에서 발매한 같은 법 제42조에 따른 승자투표권, 승마투표권 등(이하 "승자투표권등"이라 한다)에 대하여 시·군에서 징수한 레저세의 100분의 20에 해당하는 금액을 그 장외발매소가 있는 시·군에 각각 배분하여야 한다.(2021.12.28 본항신설)
(2014.5.28 본조제목개정)

제29조의2【자치구 조정교부금】 ① 특별시장 및 광역시장은 대통령령으로 정하는 보통세 수입의 일정액을 조정교부금으로 확보하여 조례로 정하는 바에 따라 해당 지방자치단체 관할구역의 자치구 간 재정력 격차를 조정하여야 한다.

② 특별시장 및 광역시장은 화력발전·원자력발전에 대한 각각의 지역자원시설세를 다음 각 호의 구분에 따라 관할 자치구에 각각 배분하여야 한다. 이 경우 제2호에 따른 금액은 같은 호에 따른 자치구 및 제29조제3항제2호에 따른 시·군에 균등 배분한다.

1. 화력발전·원자력발전에 대한 지역자원시설세의 100분의 65에 해당하는 금액(「지방세징수법」 제17조제2항에 따른 징수교부금을 교부한 경우에는 그 금액을 뺀 금액을 말한다) : 화력발전소·원자력발전소가 있는 자치구
2. 원자력발전에 대한 지역자원시설세의 100분의 20의 범위에서 조례로 정하는 비율에 해당하는 금액 : 「원자력시설 등의 방호 및 방사능 방재 대책법」 제2조제1항제9호에 따른 방사선비상계획구역의 전부 또는 일부를 관할하는 자치구(해당 원자력발전소가 있는 자치구는 제외한다)

(2024.2.20 본항신설)

③ 특별시장 및 광역시장은 「지방세법」 제43조제2호의 장외발매소(같은 법 같은 조 제1호의 경륜등의 사업장과 함께 있는 장외발매소는 제외한다)에서 발매한 승자투표권등에 대하여 자치구에서 징수한 레저세의 100분의 20에 해당하는 금액을 그 장외발매소가 있는 자치구에 각각 배분하여야 한다.(2021.12.28 본항신설)
(2014.5.28 본조신설)

제29조의3【조정교부금의 종류와 용도】 제29조 및 제29조의2에 따른 조정교부금은 일반적 재정수요에 충당하기 위한 일반조정교부금과 특정한 재정수요에 충당하기 위한 특별조정교부금으로 구분하여 운영하되, 특별조정교부금은 민간에 지원하는 보조사업의 재원으로 사용할 수 없다.(2015.12.29 본조개정)

제29조의4【조정교부금 세부명세 등의 공개】 시·도지사(특별자치시장 및 제주특별자치도지사는 제외한다)는 제29조 및 제29조의2에 따라 산정된 일반조정교부금의 세부명세와 특별조정교부금 교부사업에 관한 정보를 매년 해당 시·도(특별자치시 및 제주특별자치도는 제외한다) 홈페이지 등에 공개하여야 한다.(2023.4.11 본조개정)

제30조 (2014.5.28 삭제)

제31조【국가의 공공시설에 관한 사용료】 ① 지방자치단체나 그 지방자치단체의 장이 관리하는 국가의 공공시설 중 지방자치단체가 그 관리에 드는 경비를 부담하는 공공시설에 대하여는 법령에 특별한 규정이 있는 경우를 제외하고는 그 지방자치단체나 지방자치단체의 장은 조례나 규칙으로 정하는 바에 따라 그 공공시설의 사용료를 징수할 수 있다.

② 제1항에 따라 징수한 사용료는 그 지방자치단체의 수입으로 한다.

제32조【사무 위임에 따른 과태료 등 수입의 귀속】 지방자치단체가 국가나 다른 지방자치단체의 위임사무에 대하여 법령에서 정하는 바에 따라 과태료 또는 과징금을 부과·징수한 경우 그 수입은 사무위임을 받은 지방자치단체의 수입으로 한다. 다만, 다른 법령에 특별한 규정이 있거나 「비송사건절차법」에서 정하는 바에 따라 부과·징수한 과태료의 경우에는 그러하지 아니하다.

제2장의2 지방보조금의 관리

제32조의2～제32조의11 (2021.1.12 삭제)

제3장 예 산

제33조【중기지방재정계획의 수립 등】 ① 지방자치단체의 장은 지방재정을 계획성 있게 운용하기 위하여 매년 다음 회계연도부터 5회계연도 이상의 기간에 대한 중기지방재정계획을 수립하여 예산안과 함께 지방의회에 제출하고, 회계연도 개시 30일 전까지 행정안전부장관에게 제출하여야 한다.(2017.7.26 본항개정)

② 지방자치단체의 장은 제1항에 따른 중기지방재정계획(이하 "중기지방재정계획"이라 한다)을 수립할 때에는 행정안전부장관이 정하는 계획수립 절차 등에 따라 그 중기지방재정계획이 관계 법령에 따른 국가계획 및 지역계획과 연계되도록 하여야 한다.(2017.7.26 본항개정)

③ 중기지방재정계획에는 다음 각 호의 사항이 포함되어야 한다.

1. 재정운용의 기본방향과 목표
2. 중장기 재정여건과 재정규모전망
3. 관련 국가계획 및 지역계획 중 해당 사항
4. 분야별 재원배분계획
5. 예산과 기금별 운용방향
6. 의무지출(법령 등에 따라 지출과 지출규모가 결정되는 지출 및 이자지출을 말하며 그 구체적인 범위는 대통령령으로 정한다. 이하 같다)의 증가율 및 산출내역과 재량지출(의무지출 외의 지출을 말한다. 이하 같다)의 증가율에 대한 분야별 전망과 근거 및 관리계획
7. 제59조에 따른 지역통합재정통계의 전망과 근거
8. 통합재정수지[일반회계, 특별회계 및 기금을 통합한 재정통계로서 순(純) 수입에서 순 지출을 뺀 금액을 말한다] 전망과 관리방안
9. 투자심사와 지방채 발행 대상사업
10. 그 밖에 대통령령으로 정하는 사항

(2014.5.28 본항신설)

④ 행정안전부장관은 매년 중기지방재정계획의 수립에 필요한 다음 각 호의 사항이 포함된 지침을 지방자치단체에 통보할 수 있다.(2017.7.26 본문개정)

1. 국가의 재정운용방향
2. 관련 국가계획 및 지역계획

3. 중기지방재정계획의 수립에 필요한 그 밖의 정보
4. 중기지방재정계획 수립의 기준
(2014.5.28 본항신설)
⑤ 행정안전부장관은 관계 중앙관서의 장에게 제4항에 따른 지침의 작성에 필요한 정보를 제공하도록 요청할 수 있다. 이 경우 요청을 받은 관계 중앙관서의 장은 이에 협조하여야 한다.(2017.7.26 전단개정)
⑥ 행정안전부장관은 제1항에 따른 각 지방자치단체의 중기지방재정계획을 기초로 매년 종합적인 중기지방재정계획을 수립하고, 국무회의에 보고하여야 한다. 이 경우 행정안전부장관은 지방자치단체의 의견을 최대한 반영하도록 노력하여야 한다.(2017.7.26 본항개정)
⑦ 행정안전부장관은 제6항에 따라 종합적인 중기지방재정계획을 수립할 때에는 「국가재정법」에 따른 국가재정운용계획과의 연계성을 높일 수 있도록 관계 중앙관서의 장과 협의하여야 한다.(2017.7.26 본항개정)
⑧ 중기지방재정계획을 변경하는 경우에는 제1항 · 제2항 · 제6항 및 제7항을 준용한다.(2014.5.28 본항개정)
⑨ 중기지방재정계획의 수립에 관한 지방자치단체의 장의 자문에 응하도록 하기 위하여 각 지방자치단체에 지방재정계획심의위원회를 둔다.
⑩ 제9항에 따른 지방재정계획심의위원회의 구성 및 운영 등에 필요한 사항은 해당 지방자치단체의 조례로 정한다.
(2014.5.28 본항개정)
⑪ 지방자치단체의 장은 중기지방재정계획에 반영되지 아니한 사업에 대해서는 제37조에 따른 투자심사나 지방채 발행의 대상으로 해서는 아니 된다. 다만, 중기지방재정계획을 수립할 때에 반영하지 못할 불가피한 사유가 있는 경우는 예외로 한다.(2014.5.28 본항신설)
(2011.8.4 본조개정)

제34조【예산총계주의의 원칙】 ① 한 회계연도의 모든 수입을 세입으로 하고 모든 지출을 세출로 한다.
② 세입과 세출은 모두 예산에 편입하여야 한다.
③ 지방자치단체가 현물로 출자하는 경우와 「지방자치단체 기금관리기본법」 제2조에 따른 기금을 운용하는 경우 또는 그 밖에 대통령령으로 정하는 사유로 보관할 의무가 있는 현금이나 유가증권이 있는 경우에는 제2항에도 불구하고 이를 세입 · 세출예산 외로 처리할 수 있다.(2017.10.24 본항개정)
(2011.8.4 본조개정)

제35조【세출의 재원】 지방자치단체의 세출은 지방채 외의 세입을 그 재원으로 하여야 한다. 다만, 부득이한 경우에는 제11조에 따른 지방채로 충당할 수 있다.(2011.8.4 본조개정)

제36조【예산의 편성】 ① 지방자치단체는 법령 및 조례로 정하는 범위에서 합리적인 기준에 따라 그 경비를 산정하여 예산에 계상하여야 한다.
② 지방자치단체는 모든 자료에 의하여 엄정하게 그 재원을 포착하고 경제 현실에 맞도록 그 수입을 산정하여 예산에 계상하여야 한다.
③ 지방자치단체는 세입 · 세출의 항목이 구체적으로 명시되도록 예산을 계상하여야 한다.(2014.5.28 본항신설)
④ 지방자치단체의 장이 예산을 편성할 때에는 제33조에 따른 중기지방재정계획과 제37조에 따른 투자심사 결과를 기초로 하여야 한다.(2014.5.28 본항개정)
(2011.8.4 본조개정)

제36조의2【성인지 예산서의 작성 · 제출】 ① 지방자치단체의 장은 예산이 여성과 남성에게 미칠 영향을 미리 분석한 보고서〔이하 "성인지 예산서"(性認知 豫算書)라 한다〕를 작성하여야 한다.
② 「지방자치법」 제142조에 따른 예산안에는 성인지 예산서가 첨부되어야 한다.(2021.1.12 본항개정)
③ 그 밖에 성인지 예산서의 작성에 관한 구체적인 사항은 대통령령으로 정한다.
(2011.3.8 본조신설)

제37조【투자심사】 ① 지방자치단체의 장은 다음 각 호의 사항에 대해서는 미리 그 필요성과 타당성에 대한 심사(이하 "투자심사"라 한다)를 직접 하거나 행정안전부장관 또는 시 · 도지사에게 의뢰하여 투자심사를 받아야 한다.
(2023.4.11 본문개정)
1. 재정투자사업에 관한 예산안 편성
2. 다음 각 목의 사항에 대한 지방의회 의결의 요청
  가. 채무부담행위
  나. 보증채무부담행위
  다. 「지방자치법」 제47조제1항제8호에 따른 예산 외의 의무부담(2021.1.12 본목개정)
② 제1항에 따른 투자심사 실시 주체별 투자심사 대상 사업의 범위는 지방자치단체의 종류, 총사업비, 사업의 유형 및 성격 등을 고려하여 대통령령으로 정한다.(2023.4.11 본항개정)
③ 제1항에도 불구하고 다음 각 호의 사업은 투자심사 대상에서 제외한다.
1. 재해복구 등 원상복구를 목적으로 하는 사업
2. 「국가유산수리 등에 관한 법률」 제2조제1호의 국가유산수리 사업(2023.8.8 본호개정)
3. 「지방공기업법」 제49조에 따른 지방공사 및 같은 법 제76조에 따른 지방공단 설립 사업
4. 「지역보건법」 제10조에 따른 보건소 및 「소방기본법」 제3조제1항에 따른 소방기관의 건축 사업
5. 그 밖에 재난예방 · 안전 사업, 다른 법률에 따라 투자심사와 유사한 심사를 거친 사업 등 대통령령으로 정하는 사업
(2023.4.11 본항개정)
④ 제1항에 따른 투자심사 결과는 적정, 조건부 추진, 재검토 및 부적정으로 구분한다.(2023.4.11 본항개정)
⑤ 지방자치단체의 장은 투자심사 결과가 재검토 또는 부적정인 경우에는 예산을 편성하여서는 아니 된다.(2023.4.11 본항신설)
⑥ 투자심사의 기준 및 절차, 투자심사의 사후평가 등 투자심사에 관하여 그 밖에 필요한 사항은 행정안전부령으로 정한다.(2023.4.11 본항신설)
(2014.5.28 본조개정)

제37조의2【타당성조사】 ① 지방자치단체의 장은 제37조제1항에 따른 투자심사 대상 중에서 총사업비 500억원 이상인 신규사업(같은 항 제2호 각 목에 따른 부담의 대상인 사업을 포함한다. 이하 같다)에 대해서는 투자심사를 하거나 받기 전에 행정안전부장관이 정하여 고시하는 전문기관에 의뢰하여 그 사업의 타당성을 객관적 기준에 따라 검증하는 조사(이하 "타당성조사"라 한다)를 실시하여야 한다. 다만, 다음 각 호의 어느 하나에 해당하는 경우에는 타당성조사를 받은 것으로 본다.
1. 「국가재정법」 제38조제1항에 따른 예비타당성조사를 실시한 경우
2. 「국가재정법」 제38조제5항에 따른 사업계획 적정성 검토를 받은 경우
3. 「공공기관의 운영에 관한 법률」 제40조제3항 각 호 외의 부분 본문에 따른 예비타당성조사를 실시한 경우
4. 「사회기반시설에 대한 민간투자법」 제9조제1항에 따라 제안된 사업으로서 해당 사업에 대한 제안내용을 다음 각 목의 어느 하나에 해당하는 기관에서 대통령령으로 정하는 바에 따라 검토 및 적격성 조사를 실시한 경우
  가. 「사회기반시설에 대한 민간투자법」 제23조제1항에 따른 공공투자관리센터
  나. 「국가재정법」 제38조제1항의 예비타당성조사를 수행하기 위하여 같은 법 제8조의2제1항에 따라 지정된 전문기관
5. 그 밖에 제1호부터 제4호까지에 따른 조사 또는 검토와 유사한 절차를 이미 거친 경우로서 대통령령으로 정하는 경우
② 지방자치단체의 장은 타당성조사를 위한 계약을 행정안전부장관에게 위탁하여 체결할 수 있다.

③ 타당성조사의 절차 · 방법과 비용의 납부절차 등에 필요한 사항은 행정안전부령으로 정한다.
(2023.4.11 본조신설)
제37조의3【지방재정투자심사위원회】 ① 투자심사에 관한 지방자치단체의 장의 자문에 응하기 위하여 지방자치단체의 장 소속으로 지방재정투자심사위원회를 둔다. 다만, 지방재정투자심사위원회의 기능을 담당하기에 적합한 다른 위원회가 있고 그 위원회의 위원이 지방재정 또는 투자심사에 관한 학식이나 전문성을 갖춘 경우에는 조례로 정하는 바에 따라 그 위원회가 지방재정투자심사위원회의 기능을 대신할 수 있다.
② 제1항에 따른 지방재정투자심사위원회는 위원장 1명을 포함한 15명 이내의 위원으로 구성하되, 성별을 고려하여야 한다.(2021.1.12 본항개정)
③ 제2항에 따른 위원은 민간위원(「고등교육법」에 따른 국공립학교의 교원을 포함한다)과 공무원(「지방공무원법」 제2조제2항제1호의 일반직공무원을 의미한다)으로 임명 또는 위촉하되, 공무원인 위원이 전체의 4분의 1을 초과하여서는 아니 된다.(2021.1.12 본항신설)
④ 위원장은 민간위원 중에서 호선한다.(2021.1.12 본항신설)
⑤ 민간위원의 임기는 3년 이내에서 조례로 정하며, 한 차례만 연임할 수 있다.(2021.1.12 본항신설)
⑥ 위원은 다음 각 호의 어느 하나에 해당하는 경우 해당 심의 대상 안건의 심의에서 제척된다.
1. 위원 또는 위원과 친족관계에 있는 자가 해당 심의 대상 안건에 관하여 이해관계가 있는 경우
2. 위원이 속한 기관이 해당 심의 대상 안건과 관련하여 용역 · 자문을 수행하는 등 이해관계가 있는 경우
(2021.1.12 본항신설)
⑦ 지방재정투자심사위원회 심의 대상 안건의 당사자는 위원에게 공정한 심의를 기대하기 어려운 사정이 있는 경우 지방재정투자심사위원회에 기피 신청을 할 수 있고, 지방재정투자심사위원회는 의결로 이를 결정한다. 이 경우 기피 신청의 대상인 위원은 그 의결에 참여하지 못한다.
(2021.1.12 본항신설)
⑧ 위원은 제6항 각 호에 따른 제척 사유에 해당하는 경우 스스로 해당 심의 대상 안건의 심의를 회피하여야 한다.
(2021.1.12 본항신설)
(2014.5.28 본조신설)
제37조의4【주요 사업의 공개】 지방자치단체의 장은 투자심사를 하거나 받는 사업 또는 지방채를 발행하여 시행하는 사업에 대해서는 대통령령으로 정하는 바에 따라 투자심사 결과, 추진상황 및 그 밖에 대통령령으로 정하는 사항을 공개하여야 한다.(2023.4.11 본조개정)
제38조【지방자치단체 재정운용 업무편람 등】 ① 행정안전부장관은 국가 및 지방 재정의 운용 여건, 지방재정제도의 개요 등 지방자치단체의 재정운용에 필요한 정보로 구성된 회계연도별 지방자치단체 재정운용 업무편람을 작성하여 지방자치단체에 보급할 수 있다.
② 지방재정의 건전한 운용과 지방자치단체 간 재정운용의 균형을 확보하기 위하여 필요한 회계연도별 지방자치단체 예산편성기준은 행정안전부령으로 정한다.
③ 행정안전부장관은 지방자치단체의 건전한 재정지출에 필요한 기준을 정하여 지방자치단체에 통보할 수 있다.
(2017.7.26 본조개정)
제39조【지방예산 편성 등 예산과정의 주민 참여】 ① 지방자치단체의 장은 대통령령으로 정하는 바에 따라 지방예산 편성 등 예산과정(「지방자치법」 제47조에 따른 지방의회의 의결사항은 제외한다. 이하 이 조에서 같다)에 주민이 참여할 수 있는 제도(이하 이 조에서 "주민참여예산제도"라 한다)를 마련하여 시행하여야 한다.(2021.1.12 본항개정)
② 지방예산 편성 등 예산과정의 주민 참여와 관련되는 다음 각 호의 사항을 심의하기 위하여 지방자치단체의 장 소속으로 주민참여예산위원회 등 주민참여예산기구(이하 "주민참여예산기구"라 한다)를 둘 수 있다.
1. 주민참여예산제도의 운영에 관한 사항
2. 제3항에 따라 지방의회에 제출하는 예산안에 첨부하여야 하는 의견서의 내용에 관한 사항
3. 그 밖에 지방자치단체의 장이 주민참여예산제도의 운영에 필요하다고 인정하는 사항
(2018.3.27 본항신설)
③ 지방자치단체의 장은 주민참여예산제도를 통하여 수렴한 주민의 의견서를 지방의회에 제출하는 예산안에 첨부하여야 한다.
④ 행정안전부장관은 지방자치단체의 재정적 · 지역적 여건 등을 고려하여 대통령령으로 정하는 바에 따라 지방자치단체별 주민참여예산제도의 운영에 대하여 평가를 실시할 수 있다.
⑤ 주민참여예산기구의 구성 · 운영과 그 밖에 필요한 사항은 해당 지방자치단체의 조례로 정한다.(2018.3.27 본항신설)
(2018.3.27 본조개정)
제40조【예산의 내용】 ① 예산은 예산총칙, 세입 · 세출예산, 계속비, 채무부담행위 및 명시이월비(明示移越費)를 총칭한다.
② 예산총칙에는 세입 · 세출예산, 계속비, 채무부담행위 및 명시이월비에 관한 총괄적 규정과 지방채 및 일시차입금의 한도액, 그 밖에 예산 집행에 필요한 사항을 정하여야 한다.
(2011.8.4 본조개정)
제41조【예산의 과목 구분】 ① 지방자치단체의 세입예산은 그 내용의 성질과 기능을 고려하여 장(章) · 관(款) · 항(項)으로 구분한다.
② 지방자치단체의 세출예산은 그 내용의 기능별 · 사업별 또는 성질별로 주요항목 및 세부항목으로 구분한다. 이 경우 주요항목은 분야 · 부문 · 정책사업으로 구분하고, 세부항목은 단위사업 · 세부사업 · 목으로 구분한다.
③ 제1항 및 제2항에 따른 각 과목의 구분과 설정 등 지방자치단체의 예산 과목 운용에 필요한 사항은 대통령령으로 정한다.
(2011.8.4 본조개정)
제42조【계속비 등】 ① 지방자치단체의 장은 공사나 제조, 그 밖의 사업으로서 그 완성에 수년을 요하는 것은 필요한 경비의 총액과 연도별 금액에 대하여 지방의회의 의결을 얻어 계속비로서 여러 해에 걸쳐 지출할 수 있다.
② 제1항에 따라 계속비로 지출할 수 있는 연한(年限)은 그 회계연도부터 5년 이내로 한다. 다만, 필요하다고 인정될 때에는 지방의회의 의결을 거쳐 다시 그 연한을 연장할 수 있다.
③ 지방자치단체는 완성하기까지 여러 해가 걸리는 공사 중 다음 각 호의 어느 하나에 해당하는 사업의 예산은 특별한 사유가 없으면 계속비로 편성하여야 한다.(2014.5.28 본문개정)
1. 시급하게 추진하여야 하는 사업으로서 「재난 및 안전관리 기본법」 제3조제1호의 재난(이하 "재난"이라 한다) 복구사업
2. 중단 없이 이행하여야 하는 사업
(2011.8.4 본조개정)
제43조【예비비】 ① 지방자치단체는 예측할 수 없는 예산 외의 지출 또는 예산 초과 지출에 충당하기 위하여 일반회계와 교육비특별회계의 경우에는 각 예산 총액의 100분의 1 이내의 금액을 예비비로 예산에 계상하여야 하고, 그 밖의 특별회계의 경우에는 각 예산 총액의 100분의 1 이내의 금액을 예비비로 예산에 계상할 수 있다.
(2020.6.9 본항개정)
② 제1항에도 불구하고 재해 · 재난 관련 목적 예비비는 별도로 예산에 계상할 수 있다.(2014.5.28 본항신설)
③ 지방자치단체의 장은 지방의회의 예산안 심의 결과 폐지되거나 감액된 지출항목에 대해서는 예비비를 사용할 수 없다.(2014.5.28 본항신설)
④ 지방자치단체의 장은 예비비로 사용한 금액의 명세서를 「지방자치법」 제150조제1항에 따라 지방의회의 승인을 받아야 한다.(2021.1.12 본항개정)

제44조【채무부담행위】 ① 지방자치단체의 장은 다음 각 호의 어느 하나에 해당하는 것을 제외하고는 지방자치단체에 채무부담의 원인이 될 계약의 체결이나 그 밖의 행위를 할 때에는 미리 예산으로 지방의회의 의결을 얻어야 한다. 이 경우 제11조제2항에 따른 지방채 발행 한도액 산정 시에는 채무부담행위에 의한 채무가 포함되어야 한다.
1. 법령이나 조례에 따른 것
2. 세출예산·명시이월비 또는 계속비 총액 범위의 것
② 지방자치단체의 장은 제1항에도 불구하고 지방의회를 소집할 시간적 여유가 없을 때에는 재난 복구를 위하여 시급히 추진할 필요가 있는 사업으로서 지방자치단체의 채무부담의 원인이 될 계약 중 총사업비가 10억원 이하의 범위에서 조례로 정하는 금액 이하인 계약을 지방의회의 의결을 거치지 아니하고 체결할 수 있다.
③ 지방자치단체의 장은 제2항에 따라 지방의회의 의결을 거치지 아니하고 계약을 체결하였을 때에는 즉시 지방의회에 보고하여야 한다.
④ 제1항부터 제3항까지의 규정에 따라 채무부담이 되는 행위를 하였을 때에는 늦어도 다음다음 회계연도 세출예산에 반드시 계상하여야 하며, 그 밖의 회계연도 세출예산에는 계상할 수 없다.(2014.5.28 본항개정)
⑤ 제1항부터 제3항까지의 규정에 따른 채무부담행위의 경우에는 해당 회계연도와 다음 회계연도에 걸쳐 지출하여야 할 지출원인행위를 할 수 있다.
(2011.8.4 본조개정)

제44조의2【예산안의 첨부서류】 ① 예산안에는 다음 각 호의 서류가 첨부되어야 한다. 다만, 수정예산안 또는 추가경정예산안을 제출하는 경우에는 그 일부 또는 전부를 생략할 수 있다.
1. 재정운용상황개요서
2. 세입·세출예산 사업별 설명서
3. 계속비사업에 대한 설명서, 지출상황 및 투자계획
4. 채무부담행위에 대한 설명서, 지출상황 및 전망금액
5. 「지방세특례제한법」 제5조에 따른 지방세지출보고서(추정액 기준)
6. 제59조에 따른 지역통합재정통계 보고서(예산액 기준)
7. 성인지 예산서
8. 성과계획서
9. 예산정원표 및 편성기준 단가
10. 명시이월 명세서
11. 중기지방재정계획서
12. 공유재산 관련 서류
13. 회계와 기금 간의 이전 관련 서류
14. 그 밖에 대통령령으로 정하는 서류
② 제1항제1호에 따른 재정운용상황개요서에는 다음 각 호의 사항이 포함되어야 한다.
1. 행정안전부령으로 정하는 재정지표(2017.7.26 본호개정)
2. 통합부채〔「지방공기업법」에 따른 지방공기업(이하 "지방공기업"이라 한다) 및 「지방자치단체 출자·출연 기관의 운영에 관한 법률」에 따른 출자기관·출연기관(이하 "지방자치단체 출자·출연기관"이라 한다)의 부채를 포함한 부채를 말한다. 이하 같다〕
3. 우발부채(보증·협약 등에 따라 지방자치단체의 부채로 바뀔 가능성이 있는 것을 말한다. 이하 같다)
4. 의무지출과 재량지출의 비중
5. 재정운용 관련 감사원 등의 감사결과
6. 지방교부세 감액사항
7. 재정분석 및 재정진단 내용
8. 지방세지출현황
9. 그 밖에 대통령령으로 정하는 사항
③ 제1항제6호에 따른 지역통합재정통계 보고서는 예산안을 지방의회에 제출한 후 10일 이내에 제출할 수 있다.
(2014.5.28 본조신설)

제45조【추가경정예산의 편성 등】 지방자치단체의 장은 이미 성립된 예산을 변경할 필요가 있을 때에는 추가경정예산(追加更正豫算)을 편성할 수 있다. 다만, 다음 각 호의 경비는 추가경정예산의 성립 전에 사용할 수 있으며, 이는 같은 회계연도의 차기 추가경정예산에 계상하여야 한다.
1. 시·도의 경우 국가로부터, 시·군 및 자치구의 경우 국가 또는 시·도로부터 그 용도가 지정되고 소요 전액이 교부된 경비
2. 시·도의 경우 국가로부터, 시·군 및 자치구의 경우 국가 또는 시·도로부터 재난구호 및 복구와 관련하여 복구계획이 확정·통보된 경우 그 소요 경비
(2011.8.4 본조개정)

제46조【예산 불성립 시의 예산 집행】 ① 지방의회에서 부득이한 사유로 회계연도가 시작될 때까지 예산안이 의결되지 못하였을 때에는 지방자치단체의 장은 「지방자치법」 제146조에 따라 예산을 집행하여야 한다.(2021.1.12 본항개정)
② 제1항에 따라 집행된 예산은 해당 회계연도의 예산이 성립되면 그 성립된 예산에 의하여 집행된 것으로 본다.
(2011.8.4 본조개정)

제47조【예산의 목적 외 사용금지】 지방자치단체의 장은 세출예산에서 정한 목적 외의 용도로 경비를 사용할 수 없다.(2020.6.9 본조개정)

제47조의2【예산의 이용·이체】 ① 지방자치단체의 장은 세출예산에서 정한 각 정책사업 간에 서로 이용할 수 없다. 다만, 예산 집행에 필요하여 미리 예산으로서 지방의회의 의결을 거쳤을 때에는 이용할 수 있다.
② 지방자치단체의 장은 지방자치단체의 기구·직제 또는 정원에 관한 법령이나 조례의 제정·개정 또는 폐지로 인하여 관계 기관 사이에 직무권한이나 그 밖의 사항이 변동되었을 때에는 그 예산을 상호 이체(移替)할 수 있다. 이 경우 지방자치단체의 장은 분기별로 분기만료일이 속하는 달의 다음 달 말일까지 그 내역을 지방의회에 제출하여야 한다.
(2020.6.9 본조신설)

제48조【예산 절약에 따른 성과금의 지급 등】 ① 지방자치단체의 장은 예산의 집행 방법이나 제도의 개선 등으로 예산이 절약되거나 수입이 늘어난 경우에는 절약한 예산 또는 늘어난 수입의 일부를 이에 기여한 자에게 성과금으로 지급하거나 다른 사업에 사용할 수 있다.
② 지방자치단체의 장은 제1항에 따른 성과금을 지급하거나 다른 사업에 사용하려면 예산성과금 심사위원회의 심사를 거쳐야 한다.
③ 제1항에 따른 성과금의 지급과 다른 사업에의 사용, 제2항에 따른 예산성과금 심사위원회의 구성 및 운영 등에 필요한 사항은 대통령령으로 정한다.
(2011.8.4 본조개정)

제48조의2【예산·기금의 불법지출·낭비에 대한 주민감시】 ① 지방자치단체의 예산 또는 기금을 집행하는 자, 재정지원을 받는 자, 지방자치단체의 장 또는 기금관리주체(법령 또는 조례에 따라 기금을 관리·운영하는 자를 말한다. 다만, 「국가재정법」 제9조제4항에 따른 기금관리주체는 제외한다. 이하 같다)와 계약 또는 그 밖의 거래를 하는 자가 법령을 위반함으로써 지방자치단체에 손해를 가하였음이 명백한 때에는 누구든지 집행에 책임이 있는 지방자치단체의 장 또는 기금관리주체에게 불법지출에 대한 증거를 제출하고 시정을 요구할 수 있다.(2021.12.21 단서개정)
② 지방자치단체의 예산절약 또는 수입증대와 관련한 의견이 있는 자는 해당 지방자치단체의 장 또는 기금관리주체에게 그 의견을 제안할 수 있다.
③ 제1항 및 제2항에 따라 시정요구 또는 제안을 받은 지방자치단체의 장 또는 기금관리주체는 대통령령으로 정하는 바에 따라 그 처리결과를 행정안전부장관에게 제출하고 시정요구 또는 제안을 한 자에게 통지하여야 한다.(2017.7.26 본항개정)
④ 지방자치단체의 장 또는 기금관리주체는 제1항의 시정요구에 대한 처리결과에 따라 수입이 증대되거나 지출이 절약된 때에는 시정요구를 한 자에게 제48조에 따른 성과금을 지급할 수 있다.
(2011.3.8 본조신설)

제49조【예산의 전용】 ① 지방자치단체의 장은 대통령령으로 정하는 바에 따라 각 정책사업 내의 예산액 범위에서 각 단위사업 또는 목의 금액을 전용(轉用)할 수 있다.
② 제1항에도 불구하고 지방자치단체의 장은 다음 각 호의 어느 하나에 해당하는 경우에는 전용할 수 없다.
1. 예산에 계상되지 아니한 사업을 추진하는 경우
2. 지방의회가 의결한 취지와 다르게 사업 예산을 집행하는 경우
3. 그 밖에 대통령령으로 정하는 경우
(2020.6.9 본항신설)
③ 지방자치단체의 장이 제1항에 따라 전용을 한 경우에는 분기별로 분기만료일이 속하는 달의 다음 달 말일까지 그 전용 내역을 지방의회에 제출하여야 한다.(2020.6.9 본항신설)
④ 제1항에 따라 전용한 경비의 금액은 세입·세출결산서에 명시하고, 그 이유를 적어야 한다.
(2011.8.4 본조개정)

제50조【세출예산의 이월】 ① 세출예산 중 경비의 성질상 그 회계연도에 그 지출을 마치지 못할 것으로 예상되어 명시이월비로서 세입·세출예산에 그 취지를 분명하게 밝혀 미리 지방의회의 의결을 얻은 금액은 다음 회계연도에 이월하여 사용할 수 있다.
② 세출예산 중 다음 각 호의 어느 하나에 해당하는 경비의 금액은 사고이월비(事故移越費)로서 다음 회계연도에 이월하여 사용할 수 있다.
1. 회계연도 내에 지출원인행위를 하고 불가피한 사유로 회계연도 내에 지출하지 못한 경비와 지출하지 아니한 그 부대 경비
2. 지출원인행위를 위하여 입찰공고를 한 경비 중 입찰공고 후 지출원인행위를 할 때까지 오랜 기간이 걸리는 경우로서 대통령령으로 정하는 경비
3. 공익·공공 사업의 시행에 필요한 손실보상비로서 대통령령으로 정하는 경비
4. 경상적 성격의 경비로서 대통령령으로 정하는 경비
③ 계속비의 회계연도별 필요경비 중 해당 회계연도에 지출하지 못한 금액은 그 계속비의 사업완성 연도까지 차례로 이월하여 사용할 수 있다.
④ 제1항부터 제3항까지의 규정에 따라 예산을 이월할 때에는 그 이월하는 과목별 금액은 이월 예산으로 배정된 것으로 본다.
(2011.8.4 본조개정)

제4장 결 산

제51조~제53조의2 (2016.5.29 삭제)

제5장 재정분석 및 공개

제53조의3 (2016.5.29 삭제)

제54조【재정 운용에 관한 보고 등】 지방자치단체의 장은 대통령령으로 정하는 바에 따라 예산, 결산, 출자, 통합부채, 우발부채, 그 밖의 재정 상황에 관한 재정보고서를 행정안전부장관에게 제출하여야 한다. 이 경우 시·군 및 자치구는 시·도지사를 거쳐 행정안전부장관에게 제출하여야 한다.
(2017.7.26 본조개정)

제55조【재정분석 및 재정진단 등】 ① 행정안전부장관은 대통령령으로 정하는 바에 따라 제54조에 따른 재정보고서의 내용을 분석하여야 한다.
② 행정안전부장관은 지방자치단체의 재정 상황 중 채무 등 대통령령으로 정하는 사항에 대하여 대통령령으로 정하는 바에 따라 재정위험 수준을 점검하여야 한다.(2018.3.27 본항개정)
③ 행정안전부장관은 다음 각 호의 어느 하나에 해당하는 지방자치단체에 대하여 위원회의 심의를 거쳐 대통령령으로 정하는 바에 따라 재정진단을 실시할 수 있다.(2023.8.16 본문개정)
1. 제1항에 따른 재정분석 결과 재정의 건전성과 효율성 등이 현저히 떨어지는 지방자치단체
2. 제2항에 따른 점검 결과 재정위험 수준이 대통령령으로 정하는 기준을 초과하는 지방자치단체
(2018.3.27 본항개정)
④ 행정안전부장관은 제1항 및 제3항에 따른 재정분석 결과와 재정진단 결과를 공개할 수 있다.(2018.3.27 본항개정)
⑤ 행정안전부장관은 제1항 및 제3항에 따른 재정분석 결과와 재정진단 결과의 중요 사항에 대해서는 매년 재정분석과 재정진단을 실시한 후 3개월 이내에 국회 소관 상임위원회 및 국무회의에 보고하여야 한다.(2018.3.27 본항신설)
⑥ 행정안전부장관은 제1항 및 제3항에 따른 재정분석과 재정진단의 객관성과 전문성을 확보하기 위하여 대통령령으로 정하는 전문기관에 그 분석과 진단을 위탁할 수 있다.
(2018.3.27 본항개정)
(2017.7.26 본조개정)

제55조의2【재정위기단체와 재정주의단체의 지정 및 해제】 ① 행정안전부장관은 제55조제1항에 따른 재정분석 결과와 같은 조 제3항에 따른 재정진단 결과 등을 토대로 위원회의 심의를 거쳐 다음 각 호의 구분에 따라 해당 지방자치단체를 재정위기단체 또는 재정주의단체(財政注意團體)로 지정할 수 있다.(2023.8.16 본문개정)
1. 재정위기단체 : 재정위험 수준이 심각하다고 판단되는 지방자치단체
2. 재정주의단체 : 재정위험 수준이 심각한 수준에 해당되지 아니하나 지방자치단체 재정의 건전성 또는 효율성 등이 현저하게 떨어졌다고 판단되는 지방자치단체
② 행정안전부장관은 제1항에 따라 지정된 재정위기단체 또는 재정주의단체의 지정사유가 해소된 경우에는 위원회의 심의를 거쳐 그 지정을 해제할 수 있다.(2023.8.16 본항개정)
③ 제1항 및 제2항에 따른 재정위기단체 또는 재정주의단체의 지정 및 지정 해제의 기준·절차, 그 밖에 재정위기단체 또는 재정주의단체의 지정 및 지정 해제에 필요한 사항은 대통령령으로 정한다.
(2018.3.27 본조개정)

제55조의3【재정위기단체 등의 의무 등】 ① 제55조의2제1항제1호에 따른 재정위기단체로 지정된 지방자치단체의 장(이하 "재정위기단체의 장"이라 한다)은 대통령령으로 정하는 바에 따라 재정건전화계획을 수립하여 행정안전부장관의 승인을 받아야 한다. 이 경우 시장·군수 및 자치구의 구청장은 시·도지사를 경유하여야 한다.(2018.3.27 전단개정)
② 재정위기단체의 장은 제1항에 따른 재정건전화계획에 대하여 지방의회의 의결을 얻어야 한다.
③ 재정위기단체의 장이 예산을 편성할 때에는 제2항에 따른 재정건전화계획을 기초로 하여야 한다.
④ 재정위기단체의 장은 재정건전화계획의 이행상황을 지방의회 및 행정안전부장관에게 보고하여야 한다. 이 경우 시장·군수 및 자치구의 구청장은 시·도지사를 경유하여야 한다.(2017.7.26 전단개정)
⑤ 행정안전부장관은 재정위기단체의 재정건전화계획 수립 및 이행상황에 대하여 필요한 사항을 권고하거나 지도할 수 있다.(2017.7.26 본항개정)
⑥ 재정위기단체의 장은 특별한 사유가 없는 한 제5항의 권고 또는 지도에 따라야 한다.
⑦ 재정위기단체의 장은 재정건전화계획 및 이행상황을 매년 2회 이상 주민에게 공개하여야 한다.
⑧ 행정안전부장관은 제55조의2제1항제2호에 따른 재정주의단체로 지정된 지방자치단체에 대하여 위원회의 심의를 거쳐 제1항에 따른 재정건전화계획의 수립 및 이행을 권고하거나 재정건전화에 필요한 사항을 지도할 수 있다.
(2023.8.16 본항개정)
(2018.3.27 본조제목개정)
(2011.3.8 본조신설)

제55조의4【재정위기단체의 지방채 발행 제한 등】 ① 재정위기단체의 장은 제11조부터 제13조까지, 제44조 및 「지

방회계법」 제24조에도 불구하고 행정안전부장관의 승인과 지방의회의 의결을 얻은 재정건전화계획에 의하지 아니하고는 지방채의 발행, 채무의 보증, 일시차입, 채무부담행위를 할 수 없다.
② 재정위기단체의 장은 제37조에도 불구하고 행정안전부장관의 승인과 지방의회의 의결을 얻은 재정건전화계획에 의하지 아니하고는 대통령령으로 정하는 규모 이상의 재정투자사업에 관한 예산을 편성할 수 없다.
(2017.7.26 본조개정)

제55조의5【재정건전화 이행 부진 지방자치단체에 대한 불이익 부여】 ① 행정안전부장관은 재정위기단체의 재정건전화계획 수립 및 이행 결과가 현저히 부진하다고 판단하는 경우에는 교부세를 감액하거나 그 밖의 재정상의 불이익을 부여할 수 있다.(2017.7.26 본항개정)
② 행정안전부장관은 제1항의 목적을 달성하기 위하여 필요한 경우에는 관계 중앙관서의 장 및 시·도지사에게 필요한 조치 등을 취하도록 협조를 요청할 수 있다.(2017.7.26 본항개정)
③ 제2항에 따라 협조를 요청받은 관계 중앙관서의 장 및 시·도지사는 특별한 사유가 없는 한 협조하여야 한다.
(2014.5.28 본항개정)

제56조 (2023.8.16 삭제)

제57조【지방재정분석 결과에 따른 조치 등】 행정안전부장관은 제55조제1항에 따른 재정분석 결과 재정의 건전성과 효율성 등이 우수한 지방자치단체에 대하여 「지방교부세법」 제9조에 따른 특별교부세를 별도로 교부할 수 있다.
(2018.3.27 본조개정)

제58조【지방재정에 대한 특별지원 등】 행정안전부장관은 현저하게 낙후된 지역의 개발이나 각종 재난으로 인하여 특별한 재정수요가 있다고 판단되는 지방자치단체 또는 전국에 걸쳐 시행하는 국가시책사업과 밀접한 이해관계가 있는 지방자치단체에 대하여 따로 재정지원계획을 수립하여 시행할 수 있다.(2017.7.26 본조개정)

제59조【지역통합재정통계의 작성】 ① 지방자치단체의 장은 회계연도마다 예산서와 결산서를 기준으로 다음 각 호의 상황을 종합적으로 나타내는 통계(이하 "지역통합재정통계"라 한다)를 작성하여야 한다. 다만, 시·도지사는 교육비특별회계에 관하여는 제2항과 제3항에 따라 교육감이 제출한 자료를 토대로 교육감과 협의하여 작성하여야 한다.
1. 일반회계, 특별회계(교육비특별회계를 포함한다) 및 기금
2. 지방공기업의 재정상황
3. 지방자치단체 출자·출연기관의 재정상황
② 지방자치단체의 장은 제1항에 따라 작성한 지역통합재정통계를 행정안전부장관에게 제출하여야 하며, 시·도지사는 교육부장관에게도 제출하여야 한다.(2017.7.26 본항개정)
③ 지방자치단체의 장 및 교육감은 지역통합재정통계의 작성에 필요한 정보를 관계 기관에 요청할 수 있다. 이 경우 요청을 받은 기관은 이에 따라야 한다.
④ 지역통합재정통계 작성의 방법, 기준, 절차 등은 교육부장관과 행정안전부장관이 협의하여 정한다.(2017.7.26 본항개정)
(2014.5.28 본조개정)

제60조【지방재정 운용상황의 공시 등】 ① 지방자치단체의 장은 예산 또는 결산의 확정 또는 승인 후 2개월 이내에 예산서와 결산서를 기준으로 다음 각 호의 사항을 주민에게 공시하여야 한다.
1. 세입·세출예산의 운용상황(성과계획서와 성과보고서를 포함한다)
2. 재무제표
3. 채권관리 현황
4. 기금운용 현황
5. 공유재산의 증감 및 현재액
6. 지역통합재정통계
7. 지방공기업 및 지방자치단체 출자·출연기관의 경영정보
8. 중기지방재정계획
9. 제36조의2 및 「지방회계법」 제18조에 따른 성인지 예산서 및 성인지 결산서(2016.5.29 본호개정)
10. 제38조에 따른 예산편성기준별 운영 상황
10의2. 제39조에 따른 주민참여예산제도의 운영현황 및 주민의견서(2020.1.29 본호신설)
11. 제44조의2제1항제1호에 따른 재정운용상황개요서
12. 제55조의3제1항에 따라 수립한 재정건전화계획 및 이행현황(2018.3.27 본호개정)
13. 제87조의3에 따른 재정건전성관리계획 및 이행현황
14. 투자심사사업, 지방채 발행사업, 민간자본 유치사업, 보증채무사업의 현황
15. 지방보조금 관련 다음 각 목의 현황
가. 교부현황
나. 성과평가 결과
다. 지방보조금으로 취득한 중요재산의 변동사항
라. 교부결정의 취소 등 중요 처분내용
16. 그 밖에 대통령령으로 정하는 재정 운용에 관한 중요 사항
② 제1항 각 호의 사항은 주민이 이해하기 쉽도록 행정안전부장관이 정하는 바에 따라 작성하여야 하며, 불가피한 사유가 있는 경우를 제외하고는 항상 보거나 자료를 내려 받을 수 있도록 인터넷 홈페이지 등을 통하여 공시하여야 한다.
(2017.7.26 본항개정)
③ 제1항에 따른 공시 내용의 적정성 등을 심의하기 위하여 지방자치단체의 장 소속으로 지방재정공시심의위원회를 둔다. 다만, 지방재정공시심의위원회의 기능을 담당하기에 적합한 다른 위원회가 있는 경우에는 조례로 정하는 바에 따라 그 위원회가 지방재정공시심의위원회의 기능을 대신할 수 있다.(2022.11.15 본항개정)
④ 지방재정공시심의위원회의 구성, 위원의 임기 및 제척·기피·회피 등에 관하여는 제37조의3제2항부터 제8항까지를 준용한다. 이 경우 "지방재정투자심사위원회"는 "지방재정공시심의위원회"로 본다.(2023.4.11 전단개정)
⑤ 제3항 및 제4항에서 규정한 사항 외에 지방재정공시심의위원회의 구성·운영에 필요한 사항은 해당 지방자치단체의 조례로 정한다.(2022.11.15 본항신설)
⑥ 지방자치단체의 장은 제1항에 따라 공시한 내용을 공시한 날부터 5일 이내에 지방의회와 시·군·자치구의 경우는 시·도지사에게, 시·도는 행정안전부장관에게 보고하여야 한다. 이 경우 시·도지사는 관할 시·군·자치구의 내용을 포함하여 보고하여야 한다.(2017.7.26 전단개정)
⑦ 지방자치단체의 장은 제1항에 따른 공시와는 별도로 해당 지방자치단체의 세입·세출예산 운용상황을 특별한 사유가 없으면 매일 주민에게 공개하여야 한다. 이 경우 주민이 인터넷 홈페이지를 통하여 세입·세출예산 운용상황을 세부사업별로 조회할 수 있도록 하여야 한다.(2015.5.13 본항신설)
⑧ 제1항, 제2항, 제6항 및 제7항에서 규정한 사항 외에 공시 및 공개에 필요한 사항은 대통령령으로 정한다.(2022.11.15 본항개정)
(2015.5.13 본조제목개정)
(2014.5.28 본조개정)

제60조의2【통합공시】 ① 행정안전부장관은 제60조제6항에 따라 보고받은 내용을 분석·평가하고, 그 결과를 토대로 필요한 항목에 대해서는 지방자치단체별로 구분하여 공시하되, 지방자치단체 간 비교공시를 할 수 있다.
② 행정안전부장관은 제60조제6항에 따라 보고받은 공시 내용이 잘못되었거나 적절하지 아니하게 작성된 경우에는 해당 지방자치단체의 장에게 수정공시를 하도록 요청할 수 있다. 이 경우 해당 지방자치단체의 장은 그 요청에 따라 수정공시를 하여야 하며, 해당 지방자치단체의 장이 수정공시를 하지 아니하는 경우에는 행정안전부장관이 직접 공시할 수 있다.
(2022.11.15 본조개정)

제5장의2　긴급재정관리
(2015.12.29 본장신설)

제60조의3【긴급재정관리단체의 지정 및 해제】 ① 행정안전부장관은 지방자치단체가 다음 각 호의 어느 하나에 해당하여 자력으로 그 재정위기상황을 극복하기 어렵다고 판단되는 경우에는 해당 지방자치단체를 긴급재정관리단체로 지정할 수 있다. 이 경우 행정안전부장관은 긴급재정관리단체로 지정하려는 지방자치단체의 장과 지방의회의 의견을 미리 들어야 한다.(2017.7.26 본문개정)

1. 제55조의2에 따라 재정위기단체로 지정된 지방자치단체가 제55조의3에 따른 재정건전화계획을 3년간 이행하였음에도 불구하고 재정위기단체로 지정된 때부터 3년이 지난 날 또는 그 이후의 지방자치단체의 재정위험 수준이 재정위기단체로 지정된 때보다 대통령령으로 정하는 수준 이하로 악화된 경우
2. 소속 공무원의 인건비를 30일 이상 지급하지 못한 경우
3. 상환일이 도래한 채무의 원금 또는 이자에 대한 상환을 60일 이상 이행하지 못한 경우

② 지방자치단체의 장은 해당 지방자치단체가 제1항 각 호의 어느 하나에 해당되거나 그에 준하는 재정위기에 직면하여 긴급재정관리가 필요하다고 판단하는 경우에는 지방의회의 의견을 들은 후 행정안전부장관에게 제1항에 따른 긴급재정관리단체의 지정을 신청할 수 있다.(2017.7.26 본항개정)

③ 행정안전부장관은 제1항에 따라 긴급재정관리단체를 지정하거나 제2항에 따라 지방자치단체의 장의 신청으로 긴급재정관리단체를 지정하려면 위원회의 심의를 거쳐야 한다.(2023.8.16 본항개정)

④ 제1항 또는 제2항에 따라 긴급재정관리단체로 지정된 지방자치단체(이하 "긴급재정관리단체"라 한다)의 장은 그 지정사유가 해소된 경우에는 지방의회의 의견을 들은 후 행정안전부장관에게 지정 해제를 신청할 수 있다.(2017.7.26 본항개정)

⑤ 행정안전부장관은 긴급재정관리단체의 지정사유가 해소된 경우 또는 제4항에 따른 지정 해제의 신청이 있는 경우에는 위원회의 심의를 거쳐 그 지정을 해제할 수 있다.(2023.8.16 본항개정)

⑥ 행정안전부장관은 시·도를 제1항 또는 제2항에 따라 긴급재정관리단체로 지정한 경우에는 지정한 날부터 60일 이내에 국무회의에 보고하여야 한다.(2017.7.26 본항개정)

⑦ 제1항부터 제6항까지에서 규정한 사항 외에 긴급재정관리단체의 지정 및 해제 등에 필요한 사항은 대통령령으로 정한다.

제60조의4【긴급재정관리인의 선임 및 파견】 ① 행정안전부장관은 국가기관 소속 공무원 또는 재정관리에 관한 업무지식과 경험이 풍부한 사람을 긴급재정관리인으로 선임하여 긴급재정관리단체에 파견하여야 한다.(2017.7.26 본항개정)

② 행정안전부장관은 제1항에 따라 긴급재정관리인을 선임하려면 미리 위원회의 심의·의결을 거쳐야 한다.(2023.8.16 본항개정)

③ 긴급재정관리인은 다음 각 호의 업무를 수행한다.

1. 제60조의5에 따른 긴급재정관리계획안의 작성 및 검토
2. 제60조의6에 따른 긴급재정관리계획의 이행상황에 대한 점검 및 보고·자료제출 요구
3. 그 밖에 긴급재정관리단체의 재정위기 극복을 위하여 필요한 업무

④ 제1항부터 제3항까지에서 규정한 사항 외에 긴급재정관리인의 선임 방법 및 절차, 긴급재정관리인의 업무 등에 필요한 사항은 대통령령으로 정한다.

제60조의5【긴급재정관리계획의 수립】 ① 긴급재정관리단체의 장은 다음 각 호의 사항이 포함된 긴급재정관리계획안을 작성하여 긴급재정관리인의 검토를 받아 지방의회의 의결을 거친 후 행정안전부장관의 승인을 받아야 한다. 다만, 긴급재정관리단체의 장은 직접 긴급재정관리계획안을 작성하는 것이 적절하지 아니한 경우로서 대통령령으로 정하는 경우에는 긴급재정관리인으로 하여금 긴급재정관리계획안을 작성하게 하여야 한다.(2017.7.26 본문개정)

1. 긴급재정관리단체의 채무 상환 및 감축 계획
2. 경상비 및 사업비 등의 세출구조조정 계획
3. 긴급재정관리단체의 수입 증대 계획
4. 그 밖에 긴급재정관리단체의 재정위기 극복을 위하여 대통령령으로 정하는 사항

② 긴급재정관리단체의 장은 제1항에 따라 행정안전부장관의 승인을 받은 긴급재정관리계획(이하 "긴급재정관리계획"이라 한다)을 지체 없이 지방의회에 보고하여야 한다.(2017.7.26 본항개정)

③ 긴급재정관리계획을 변경하는 경우에는 제1항 및 제2항을 준용한다.

제60조의6【긴급재정관리계획의 이행 등】 ① 긴급재정관리단체의 장은 긴급재정관리계획을 성실히 이행하여야 한다.

② 행정안전부장관 또는 긴급재정관리인은 긴급재정관리단체의 긴급재정관리계획의 이행상황을 점검하거나 보고 또는 자료제출을 요구할 수 있다. 이 경우 긴급재정관리단체의 장은 이에 성실히 따라야 한다.(2017.7.26 전단개정)

③ 긴급재정관리단체의 장은 긴급재정관리인의 직무활동에 필요한 사항을 지원하여야 한다.

④ 행정안전부장관은 제1항부터 제3항까지의 규정에 따른 이행 등에 대하여 평가를 실시할 수 있으며, 평가 결과에 따라 필요한 사항을 권고할 수 있다.(2017.7.26 본항개정)

⑤ 긴급재정관리단체의 장은 제4항에 따른 권고를 받은 경우에는 신속하게 조치하고 그 결과를 행정안전부장관에게 통보하여야 한다.(2017.7.26 본항개정)

⑥ 긴급재정관리단체의 장은 긴급재정관리계획 및 그 이행상황과 행정안전부장관의 이행평가 결과를 매년 2회 이상 주민에게 공개하여야 한다.(2017.7.26 본항개정)

⑦ 긴급재정관리계획의 이행이 부진한 긴급재정관리단체에 대한 불이익 부여에 대해서는 제55조의5를 준용한다. 이 경우 "재정위기단체"는 "긴급재정관리단체"로, "재정건전화계획"은 "긴급재정관리계획"으로 본다.

제60조의7【긴급재정관리단체의 예산안 편성 등】 ① 긴급재정관리단체의 장은 예산안을 편성하는 경우에는 긴급재정관리계획에 따라야 한다.

② 긴급재정관리단체의 장은 이미 성립된 예산을 긴급재정관리계획에 따라 변경하여야 하는 경우에는 제60조의5제1항에 따라 행정안전부장관이 긴급재정관리계획을 승인하여 통보한 날부터 60일 이내에 긴급재정관리계획에 따라 추가경정예산안을 편성하여 지방의회에 제출하여야 한다.(2017.7.26 본항개정)

③ 긴급재정관리단체의 장은 제1항 또는 제2항에 따라 예산안을 편성하여 지방의회에 제출하기 전에 예산안이 긴급재정관리계획에 적합한지 여부에 대하여 긴급재정관리인의 검토를 받아야 한다.

④ 긴급재정관리단체의 장은 제1항부터 제3항까지의 규정에 따라 작성된 예산안을 행정안전부장관에게 제출하여야 한다.(2017.7.26 본항개정)

⑤ 지방의회는 제2항에 따라 긴급재정관리단체의 장이 제출한 추가경정예산안에 대하여 제출한 날부터 15일 이내에 의결하여야 한다.

제60조의8【긴급재정관리단체의 지방채 발행 등의 제한 등】 ① 긴급재정관리단체의 장은 제11조, 제11조의2, 제12조, 제13조, 제44조 및 「지방회계법」 제24조에도 불구하고 긴급재정관리계획에 따르지 아니하고는 지방채의 발행, 채무의 보증, 일시차입, 채무부담행위를 할 수 없다.(2016.5.29 본항개정)

② 긴급재정관리단체의 장은 제37조에도 불구하고 긴급재정관리계획에 따르지 아니하고는 대통령령으로 정하는 규모 이상의 재정투자사업에 관한 예산을 편성할 수 없다.

제60조의9【국가 등의 지원】 ① 국가는 긴급재정관리단체가 긴급재정관리계획을 추진하는 데 필요한 행정적·재정적 사항을 지원할 수 있다.
② 긴급재정관리단체가 아닌 지방자치단체는 공무원 파견 등 긴급재정관리단체가 긴급재정관리계획을 추진하는 데 필요한 사항을 지원할 수 있다.

제6장 수 입

제61조~제66조 (2016.5.29 삭제)

제7장 지 출

제67조~제73조 (2016.5.29 삭제)
제74조 (2014.5.28 삭제)
제75조~제76조 (2016.5.29 삭제)

제8장 현금과 유가증권

제77조~제81조 (2016.5.29 삭제)

제9장 시 효
(2011.8.4 본장개정)

제82조【금전채권과 채무의 소멸시효】 ① 금전의 지급을 목적으로 하는 지방자치단체의 권리는 시효에 관하여 다른 법률에 특별한 규정이 있는 경우를 제외하고는 5년간 행사하지 아니하면 소멸시효가 완성한다.
② 금전의 지급을 목적으로 하는 지방자치단체에 대한 권리도 제1항과 같다.
제83조【소멸시효의 중단과 정지】 ① 금전의 지급을 목적으로 하는 지방자치단체의 권리에 관하여는 다른 법률에 특별한 규정이 있는 경우를 제외하고는 「민법」 중 소멸시효의 중단과 정지에 관한 규정을 준용한다.
② 금전의 지급을 목적으로 하는 지방자치단체에 대한 권리도 제1항과 같다.
제84조【납입 고지의 효력】 법령이나 조례에 따라 지방자치단체가 하는 납입 고지는 시효 중단의 효력이 있다.

제10장 채권의 관리
(2014.5.28 본장제목개정)

제85조【채권의 관리와 그 사무의 위임】 ① 지방자치단체의 장은 대통령령으로 정하는 바에 따라 그 소관의 채권을 관리하되, 소속 공무원에게 위임하여 관리하게 할 수 있다.
② 제1항에 따라 위임받은 공무원을 "채권관리관"이라 한다.
③ 채권관리관은 현금 수납의 직무를 겸할 수 없다. 다만, 정원이 지나치게 적어 동일인이 그 직무를 겸하여야 할 부득이한 사유가 있는 경우에는 그러하지 아니하다.(2014.5.28 본조개정)
제86조【채권의 보전】 지방자치단체는 법령이나 조례에 따르지 아니하고는 채권의 전부 또는 일부를 면제하거나 그 지방자치단체에 불리하게 효력을 변경할 수 없다.(2011.8.4 본조개정)
제87조【관리의 방법 등】 ① 채권 관리에 관한 사무는 채권의 발생 원인이나 채권의 내용에 따라 지방자치단체의 이익에 가장 부합하도록 처리하여야 한다.
② 지방자치단체의 장은 그 소관에 속하는 채권이 생겼을 때에는 지체 없이 채무자, 채권금액 및 이행기한, 그 밖에 관련되는 모든 사실을 확인하여 장부에 적고, 관리를 철저히 하여야 한다.
③ (2014.5.28 삭제)
④ 관리 대상이 되는 채권의 범위, 채권의 보전 및 그 밖에 채권 관리에 필요한 사항은 대통령령으로 정한다.(2014.5.28 본항개정)
(2011.8.4 본조개정)

제10장의2 부채의 관리
(2014.5.28 본장제목삽입)

제87조의2【부채의 관리】 ① 지방자치단체의 장은 대통령령으로 정하는 바에 따라 그 소관의 채무, 그 밖의 부채를 관리하되, 소속 공무원에게 위임하여 관리하게 할 수 있다.
② 제1항에 따라 위임받은 공무원을 "부채관리관"이라 한다.
③ 부채관리관은 현금 출납의 직무를 겸할 수 없다. 다만, 정원이 지나치게 적어 동일인이 그 직무를 겸하여야 할 부득이한 사유가 있는 경우에는 그러하지 아니하다.
④ 지방자치단체의 장은 이 법에 따라 채무를 계산하거나 관리할 때 어떠한 이유에서도 그 전부나 일부를 지방자치단체의 채무에서 제외하여서는 아니 된다.
⑤ 부채관리의 방법 등에 관하여는 제87조를 준용한다. 이 경우 "채권"은 "부채"로 본다.
(2014.5.28 본조신설)
제87조의3【지방재정건전성의 관리】 ① 지방자치단체의 장은 행정안전부장관이 정하는 바에 따라 매년 다음 각 호의 사항이 포함된 재정건전성관리계획을 수립하여 시행하여야 한다.(2017.7.26 본문개정)
1. 전전년도 및 전년도 통합부채와 우발부채의 변동 상황
2. 해당 회계연도의 통합부채와 우발부채의 추정액
3. 해당 회계연도부터 5회계연도 이상의 기간에 대한 통합부채와 우발부채의 변동 전망과 근거 및 관리계획
4. 그 밖에 대통령령으로 정하는 사항
② 행정안전부장관은 지방재정건전성 관리제도의 운영에 있어서 특별한 사유가 없으면 통합부채와 우발부채를 모두 고려하여야 한다.(2017.7.26 본항개정)
③ 행정안전부장관은 통합부채, 우발부채의 체계적 관리에 필요한 사항을 지방자치단체에 통보하여야 한다.(2017.7.26 본항개정)
(2014.5.28 본조개정)

제11장 복 권

제88조【복권기금으로부터의 전입금의 배분】 지방자치단체는 「지방자치법」 제169조에 따른 행정협의회를 구성하여 「복권 및 복권기금법」 제23조제1항에 따라 배분되는 복권수익금의 지방자치단체별 배분 비율을 정하고 이를 행정안전부장관의 승인을 받아 같은 법 제13조에 따른 복권위원회에 통보하여야 한다.(2021.1.12 본조개정)

제12장 회계관계공무원

제89조~제95조 (2016.5.29 삭제)

제13장 보 칙

제96조 (2016.5.29 삭제)
제96조의2【지방재정정보화】 ① 지방자치단체의 장은 대통령령으로 정하는 사유가 없으면 지방재정에 관한 업무 전반을 행정안전부장관이 정하는 정보시스템을 통하여 처리하여야 한다.
② 행정안전부장관은 지방재정 운용상황 공개와 제60조의2에 따른 통합공시 등에 필요한 정보시스템을 개발·운영하여야 한다. 이 경우 지방공기업 및 지방자치단체 출자·출연기관의 경영상황을 포함할 수 있다.
③ 행정안전부장관은 제2항에 따른 사무를 수행하기 위하여 필요한 정보를 관계 기관에 요청할 수 있다. 이 경우 요청을 받은 기관은 이에 따라야 한다.
(2017.7.26 본조개정)
제96조의3【지방재정 관계 공무원에 대한 교육】 행정안전부장관 및 지방자치단체의 장은 지방재정의 건전하고 효율적인 운용을 위하여 대통령령으로 정하는 바에 따라 지방재정 관계 공무원에 대한 교육을 실시할 수 있다.(2017.7.26 본조개정)

제14장 벌 칙

제97조~제98조 (2021.1.12 삭제)

부 칙 (2014.5.28)

제1조【시행일】 이 법은 공포 후 6개월이 경과한 날부터 시행한다. 다만, 제17조의2, 제27조의5제2항, 제32조의2부터 제32조의10까지, 제33조제11항, 제74조, 제87조의3, 제97조 및 제98조의 개정규정은 2015년 1월 1일부터 시행한다.
제2조【성과계획서 및 성과보고서에 관한 적용례】 제5조제2항의 개정규정에 따른 성과계획서 및 성과보고서의 작성은 2016회계연도 예산안 및 그 결산서부터 적용한다.
제3조【출납 폐쇄기한 및 출납사무 완결기한에 관한 적용례】 제8조의 개정규정은 2015회계연도의 출납부터 적용한다.
제4조【특별회계에 관한 적용례 등】 ① 제9조제2항 단서의 개정규정은 2016회계연도 예산안부터 적용한다.
② 이 법 시행 당시의 특별회계로서 제9조제3항의 개정규정에 따라 존속기한을 정하여야 하는 특별회계 중 해당 조례에 별도로 존속기한이 정하여지지 아니한 특별회계 및 존속기한이 2018년 12월 31일을 초과하여 정하여진 특별회계는 2018년 12월 31일을 그 존속기한으로 본다.
제5조【기부·보조의 제한에 관한 적용례】 제17조의 개정규정은 2016회계연도에 기부·보조, 그 밖의 공금 지출을 하는 경우부터 적용한다.
제6조【출자·출연의 제한에 관한 적용례】 제18조의 개정규정은 2016회계연도에 출자 또는 출연하는 경우부터 적용한다.
제7조【지방재정영향평가에 관한 적용례 등】 ① 제27조의6제1항의 개정규정은 이 법 시행 후 국내·국제경기대회, 축제·행사, 공모사업 등의 유치를 신청하거나 응모를 하는 경우부터 적용한다.
② 제27조의6제2항 및 제3항의 개정규정은 이 법 시행 후 협의 또는 의견을 듣는 절차를 개시하는 법령안이나 세입·세출 및 국고채무부담행위 요구안부터 적용한다.
제8조【중기지방재정계획에 관한 적용례】 제33조제3항제6호 및 제7호의 개정규정은 2015년에 작성하는 중기지방재정계획부터 적용한다.
제9조【민간위원의 연임제한에 관한 적용례】 제37조의2제2항 및 제60조제3항의 개정규정 중 민간위원의 연임제한에 관한 부분은 이 법 시행 후 최초로 위촉되는 위원부터 적용한다.
제10조【예비비 편성 및 사용에 관한 적용례】 제43조제1항 및 제2항의 개정규정은 2015회계연도 예산안부터 적용한다.
제11조【예산안 첨부서류에 관한 적용례】 제44조의2의 개정규정은 2015회계연도 예산안부터 적용한다. 다만, 제44조의2제1항제8호의 개정규정은 2016회계연도 예산안부터 적용한다.
제12조【결산서에 관한 적용례】 제51조 및 제51조의2의 개정규정과 제53조제4항 및 제5항의 개정규정 중 재무제표 작성에 관한 부분은 2014회계연도 결산부터 적용한다. 다만, 제51조제1항제4호의 개정규정은 2016회계연도 결산부터 적용한다.
제13조【지역통합재정통계의 작성 및 지방재정 운용상황 공시 등에 관한 적용례 등】 ① 제59조 및 제60조의 개정규정은 2015회계연도 예산부터 적용한다. 다만, 제60조제1항제1호의 개정규정의 성과계획서와 성과보고서는 2016회계연도 예산부터 적용한다.
② 제1항에도 불구하고 지방자치단체의 장은 종전의 규정에 따라 2014년도의 통합재정정보를 행정자치부장관에게 제출하여야 한다.(2014.11.19 본항개정)
③ 제1항에도 불구하고 지방자치단체의 장은 종전의 규정에 따라 2014년도의 재정 운용상황을 공시하여야 한다.
④ 행정자치부장관은 대통령령으로 정하는 바에 따라 2014회계연도의 지방자치단체별 지방재정 운용상황을 통합하여 공시할 수 있다.(2014.11.19 본항개정)
제14조【지방채 발행에 관한 경과조치】 제11조제1항의 개정규정에도 불구하고 이 법 시행 당시 지방의회의 의결을 받았거나 지방의회의 의결을 위하여 지방의회에 제출된 지방채 발행계획에 대해서는 종전의 규정에 따라 지방채를 발행할 수 있다.
제15조【지방보조금에 관한 경과조치】 제17조의2 및 제32조의4부터 제32조의10까지의 개정규정에도 불구하고 같은 개정규정 시행 전에 교부된 지방보조금에 대해서는 종전의 규정에 따른다.
제16조【재정보전금 등에 관한 경과조치】 제29조, 제29조의2 및 제29조의3의 개정규정에도 불구하고 2014년도에 지출되는 재정보전금 등에 대해서는 종전의 규정에 따른다.
제17조【시·도가 시행하는 토목 등의 건설사업에 대한 시·군 및 자치구의 부담에 관한 경과조치】 제30조의 개정규정에도 불구하고 이 법 시행 전에 시·군 및 자치구가 경비 부담에 동의한 사업에 대해서는 종전의 규정에 따른다.
제18조【타당성 조사에 관한 경과조치】 제37조제2항의 개정규정에도 불구하고 이 법 시행 당시 타당성 조사가 완료되거나 전문기관에의 타당성 조사가 의뢰된 사업에 대해서는 종전의 규정에 따른다.
제19조【채무부담행위에 관한 경과조치】 제44조제4항의 개정규정에도 불구하고 이 법 시행 당시 지방의회의 의결을 받았거나 지방의회의 의결을 받기 위하여 지방의회에 제출된 채무부담행위에 대해서는 종전의 규정에 따른다.
제20조【회계관계공무원의 명칭 변경에 관한 경과조치】 이 법 시행 당시 종전의 규정에 따라 경리관 또는 채무관리관으로 위임받은 자 또는 지정된 관직은 제67조, 제87조의2 및 제91조의 개정규정에 따라 재무관 또는 부채관리관으로 위임받거나 지정된 것으로 본다.
제21조【금고 수 제한에 관한 경과조치】 제77조제3항의 개정규정에도 불구하고 지방자치단체는 이 법 시행 당시 지정된 금고에 대해서는 해당 금고와의 계약기간이 유효할 때까지는 금고로 운영할 수 있다.
제22조【다른 법률의 개정】 ①~⑬ ※(해당 법령에 가제정리 하였음)

부 칙 (2015.5.13)

제1조【시행일】 이 법은 공포 후 6개월이 경과한 날부터 시행한다. 다만, 제11조제1항의 개정규정은 공포한 날부터 시행한다.
제2조【지방채의 발행에 관한 유효기간】 제11조제1항의 개정규정은 이 법 시행일부터 2017년 12월 31일까지 효력을 가진다.

부 칙 (2015.12.29)

제1조【시행일】 이 법은 공포 후 6개월이 경과한 날부터 시행한다. 다만, 제27조의2제6항부터 제8항까지, 제28조의2제2항, 제29조의3 및 제29조의4의 개정규정은 2016년 1월 1일부터 시행한다.
제2조【지방보조사업의 수행과 관련된 자료 보관에 관한 적용례】 제32조의5제5항의 개정규정은 이 법 시행 후 최초로 지방보조사업을 수행하는 지방보조사업자부터 적용한다.

부 칙 (2017.3.21)

제1조【시행일】 이 법은 공포한 날부터 시행한다.
제2조【지방재정부담심의위원회 구성에 관한 경과조치】 이 법 시행 당시 종전의 규정에 따라 위촉된 위원회의 위원은 제27조의2제4항의 개정규정에도 불구하고 종전의 규정에 따른다.

부 칙 (2018.3.27)

제1조【시행일】 이 법은 2019년 1월 1일부터 시행한다. 다만, 제39조의 개정규정은 공포 후 3개월이 경과한 날부터 시행한다.
제2조【재정진단에 따른 특별교부세 교부 등에 관한 경과조치】 이 법 시행 전에 종전의 제55조제2항에 따른 재정진단을 받은 지방자치단체에 대해서는 2020년 12월 31일까지 제57조 및 제60조제1항제12호의 개정규정에도 불구하고 종전의 규정에 따른다.

부 칙 (2019.12.31 법16857호)

제1조【시행일】 이 법은 2020년 1월 1일부터 시행한다.
제2조【적용시한】 제29조제1항제2호의 개정규정은 2026년 12월 31일까지 효력을 가진다.(2021.12.7 본조개정)

부 칙 (2020.1.29)

제1조【시행일】 이 법은 공포 후 3개월이 경과한 날부터 시행한다.
제2조【발행 한도액의 범위를 초과하는 지방채 발행에 관한 경과조치】 이 법 시행 전에 종전의 규정에 따라 지방채 발행 한도액의 범위를 초과하는 지방채 발행(제11조제3항 단서의 개정규정에 따른 범위를 초과하는 지방채 발행은 제외한다)에 관하여 행정안전부장관에게 승인을 신청하거나 행정안전부장관의 승인을 받은 경우에는 제11조제3항 본문의 개정규정에 따라 행정안전부장관에게 협의를 신청하거나 행정안전부장관과 협의를 한 것으로 본다.

부 칙 (2021.1.12 법17892호)

제1조【시행일】 이 법은 공포 후 6개월이 경과한 날부터 시행한다.(이하 생략)

부 칙 (2021.1.12 법17893호)

제1조【시행일】 이 법은 공포 후 1년이 경과한 날부터 시행한다.(이하 생략)

부 칙 (2021.12.7)

제1조【시행일】 이 법은 2022년 1월 1일부터 시행한다.
제2조【유효기간】 제29조제1항제2호의 개정규정은 2026년 12월 31일까지 효력을 가진다.

부 칙 (2021.12.21)

제1조【시행일】 이 법은 공포한 날부터 시행한다.(이하 생략)

부 칙 (2021.12.28)

제1조【시행일】 이 법은 2022년 1월 1일부터 시행한다.
제2조【세입재원의 배분에 관한 적용례】 제29조제4항 및 제29조의2제2항의 개정규정은 이 법 시행 이후 최초로 신고·납부한 레저세분부터 적용한다.

부 칙 (2022.11.15)

이 법은 공포 후 6개월이 경과한 날부터 시행한다.

부 칙 (2023.4.11)

제1조【시행일】 이 법은 공포 후 9개월이 경과한 날부터 시행한다.
제2조【타당성조사에 관한 경과조치】 이 법 시행 당시 지방자치단체의 장이 종전의 제37조제2항 본문에 따른 타당성조사 전문기관에 타당성조사를 의뢰한 사업에 대해서는 제37조의2제1항제2호부터 제5호까지의 개정규정에도 불구하고 타당성조사를 완료할 수 있다.

부 칙 (2023.8.8)

제1조【시행일】 이 법은 2024년 5월 17일부터 시행한다.(이하 생략)

부 칙 (2023.8.16)

제1조【시행일】 이 법은 공포 후 6개월이 경과한 날부터 시행한다.
제2조~제4조 (생략)
제5조【「지방재정법」의 개정에 따른 경과조치】 이 법 시행 전에 종전의 「지방재정법」 제27조의2제1항 및 제56조제1항에 따라 설치된 지방재정부담심의위원회 또는 지방재정위기관리위원회에 심의 요청된 사항은 같은 법 제27조의2의 개정규정에 따른 지방재정관리위원회에 심의 요청된 것으로 본다.
제6조~제7조 (생략)

부 칙 (2024.2.20)

제1조【시행일】 이 법은 2024년 4월 1일부터 시행한다.
제2조【지역자원시설세 조정교부금에 관한 적용례】 제29조제3항 및 제29조의2제2항의 개정규정은 이 법 시행 이후 납세의무가 성립하는 지역자원시설세분부터 적용한다.

주민투표법

(2004년 1월 29일
법 률 제7124호)

개정
2007. 5.11법 8423호(지방자치)
2008. 2.29법 8852호(정부조직)
2009. 2.12법 9468호
2013. 3.23법11690호(정부조직)
2014.11.19법12844호(정부조직)
2016. 5.29법14192호
2017. 7.26법14839호(정부조직)
2020. 1.29법16883호
2021. 1.12법17893호(지방자치)
2022. 4.26법18849호

제1장 총 칙

제1조【목적】 이 법은 지방자치단체의 주요결정사항에 관한 주민의 직접참여를 보장하기 위하여 「지방자치법」 제18조에 따른 주민투표의 대상·발의자·발의요건·투표절차 등에 관한 사항을 규정함으로써 지방자치행정의 민주성과 책임성을 제고하고 주민복리를 증진함을 목적으로 한다.
(2021.1.12 본조개정)

제2조【주민투표권행사의 보장】 ① 국가 및 지방자치단체는 주민투표권자가 주민투표권을 행사할 수 있도록 필요한 조치를 취하여야 한다.
② 국가 또는 지방자치단체는 제5조제1항에 따라 투표권을 부여받은 재외국민 또는 외국인이 주민투표에 참여할 수 있도록 외국어와 한국어를 함께 표기하여 관련 정보를 제공하는 등 필요한 조치를 취하여야 한다.(2009.2.12 본항신설)
③ 공무원·학생 또는 다른 사람에게 고용된 자가 투표인명부를 열람하거나 투표를 하기 위하여 필요한 시간은 보장되어야 하며, 이를 휴무 또는 휴업으로 보지 아니한다.

제3조【주민투표사무의 관리】 ① 주민투표사무는 이 법에 특별한 규정이 있는 경우를 제외하고는 특별시·광역시·특별자치시·도 또는 특별자치도(이하 "시·도"라 한다)는 시·도선거관리위원회가, 시·군 또는 구(자치구를 말하며, 이하 "시·군·구"라 한다)는 구·시·군선거관리위원회가 관리한다.(2022.4.26 본항개정)
② 행정기관 그 밖의 공공기관은 주민투표관리기관으로부터 주민투표사무에 관하여 필요한 협조를 요구받은 때에는 우선적으로 이에 응하여야 한다.

제4조【정보의 제공 등】 ① 지방자치단체의 장은 주민투표와 관련하여 주민이 정확하고 객관적인 판단과 합리적인 결정을 할 수 있도록 지방자치단체의 공보, 일간신문, 인터넷 등 다양한 수단을 통하여 주민투표에 관한 각종 정보와 자료를 제공하여야 한다.
② 제3조제1항에 따라 주민투표사무를 관리하는 선거관리위원회(이하 "관할선거관리위원회"라 한다)는 주민투표에 관한 정보를 제공하기 위하여 설명회·토론회 등을 개최하여야 한다.(2022.4.26 본항개정)
③ 제2항에 따른 설명회·토론회 등의 개최에 관하여 필요한 사항은 중앙선거관리위원회규칙으로 정한다.(2022.4.26 본항신설)
④ 관할선거관리위원회는 제2항의 규정에 의한 설명회·토론회 등을 개최하는 때에는 주민투표에 부쳐진 사항에 관하여 의견을 달리하는 자가 균등하게 참여할 수 있도록 하여야 한다.

제5조【주민투표권】 ① 18세 이상의 주민 중 제6조제1항에 따른 투표인명부 작성기준일 현재 다음 각 호의 어느 하나에 해당하는 사람에게는 주민투표권이 있다. 다만, 「공직선거법」 제18조에 따라 선거권이 없는 사람에게는 주민투표권이 없다.(2022.4.26 본문개정)
1. 그 지방자치단체의 관할 구역에 주민등록이 되어 있는 사람(2016.5.29 본호개정)
2. 출입국관리 관계 법령에 따라 대한민국에 계속 거주할 수 있는 자격(체류자격변경허가 또는 체류기간연장허가를 통하여 계속 거주할 수 있는 경우를 포함한다)을 갖춘 외국인으로서 지방자치단체의 조례로 정한 사람
(2009.2.12 본항개정)
② 주민투표권자의 연령은 투표일 현재를 기준으로 산정한다.

제6조【투표인명부의 작성 및 확정】 ① 주민투표를 실시하는 때에는 투표인명부 작성기준일(투표일 전 22일을 말한다)부터 5일 이내에 투표인명부를 작성하여야 한다.
② 제1항에 따른 투표인명부의 작성·확정 등에 관하여는 「공직선거법」 제5장(선상투표에 관한 사항은 제외한다)을 준용한다.(2022.4.26 본항개정)
③ (2016.5.29 삭제)
(2016.5.29 본조개정)

제2장 주민투표의 대상 및 절차

제7조【주민투표의 대상】 ① 주민에게 과도한 부담을 주거나 중대한 영향을 미치는 지방자치단체의 주요결정사항은 주민투표에 부칠 수 있다.(2022.4.26 본항개정)
② 제1항에도 불구하고 다음 각 호의 어느 하나에 해당하는 사항은 주민투표에 부칠 수 없다.(2022.4.26 본문개정)
1. 법령에 위반되거나 재판 중인 사항
2. 국가 또는 다른 지방자치단체의 권한 또는 사무에 속하는 사항
3. 지방자치단체가 수행하는 다음 각 목의 어느 하나에 해당하는 사무의 처리에 관한 사항
가. 예산 편성·의결 및 집행
나. 회계·계약 및 재산관리
(2022.4.26 본호개정)
3의2. 지방세·사용료·수수료·분담금 등 각종 공과금의 부과 또는 감면에 관한 사항(2022.4.26 본호신설)
4. 행정기구의 설치·변경에 관한 사항과 공무원의 인사·정원 등 신분과 보수에 관한 사항
5. 다른 법률에 의하여 주민대표가 직접 의사결정주체로서 참여할 수 있는 공공시설의 설치에 관한 사항. 다만, 제9조제5항의 규정에 의하여 지방의회가 주민투표의 실시를 청구하는 경우에는 그러하지 아니하다.
6. 동일한 사항(그 사항과 취지가 동일한 경우를 포함한다)에 대하여 주민투표가 실시된 후 2년이 경과되지 아니한 사항

제8조【국가정책에 관한 주민투표】 ① 중앙행정기관의 장은 지방자치단체를 폐지하거나 설치하거나 나누거나 합치는 경우 또는 지방자치단체의 구역을 변경하거나 주요시설을 설치하는 등 국가정책의 수립에 관하여 주민의 의견을 듣기 위하여 필요하다고 인정하는 때에는 주민투표의 실시구역을 정하여 관계 지방자치단체의 장에게 주민투표의 실시를 요구할 수 있다. 이 경우 중앙행정기관의 장은 미리 행정안전부장관과 협의하여야 한다.(2022.4.26 전단개정)
② 지방자치단체의 장은 제1항의 규정에 의하여 주민투표의 실시를 요구받은 때에는 지체없이 이를 공표하여야 하며, 공표일부터 30일 이내에 그 지방의회의 의견을 들어야 한다.
③ 제2항의 규정에 의하여 지방의회의 의견을 들은 지방자치단체의 장은 그 결과를 관계 중앙행정기관의 장에게 통지하여야 한다.
④ 제1항의 규정에 의한 주민투표에 관하여는 제7조, 제16조, 제24조제1항·제5항·제6항, 제25조 및 제26조의 규정을 적용하지 아니한다.

제9조【주민투표의 실시요건】 ① 지방자치단체의 장은 다음 각 호의 어느 하나에 해당하는 경우에는 주민투표를 실시할 수 있다. 이 경우 제1호 또는 제2호에 해당하는 경우에는 주민투표를 실시하여야 한다.

1. 주민이 제2항에 따라 주민투표의 실시를 청구하는 경우
2. 지방의회가 제5항에 따라 주민투표의 실시를 청구하는 경우
3. 지방자치단체의 장이 주민의 의견을 듣기 위하여 필요하다고 판단하는 경우

(2022.4.26 본항개정)

② 18세 이상 주민 중 제5조제1항 각 호의 어느 하나에 해당하는 사람(같은 항 각 호 외의 부분 단서에 따라 주민투표권이 없는 사람은 제외한다. 이하 "주민투표청구권자"라 한다)은 주민투표청구권자 총수의 20분의 1 이상 5분의 1 이하의 범위에서 지방자치단체의 조례로 정하는 수 이상의 서명으로 그 지방자치단체의 장에게 주민투표의 실시를 청구할 수 있다.(2022.4.26 본문개정)

1.~2. (2009.2.12 삭제)

③ 주민투표청구권자 총수는 전년도 12월 31일 현재의 주민등록표 및 외국인등록표에 따라 산정한다.(2016.5.29 본항개정)

④ 지방자치단체의 장은 매년 1월 10일까지 제3항의 규정에 의하여 산정한 주민투표청구권자 총수를 공표하여야 한다.

⑤ 지방의회는 재적의원 과반수의 출석과 출석의원 3분의 2 이상의 찬성으로 그 지방자치단체의 장에게 주민투표의 실시를 청구할 수 있다.

⑥ 지방자치단체의 장은 직권에 의하여 주민투표를 실시하고자 하는 때에는 그 지방의회 재적의원 과반수의 출석과 출석의원 과반수의 동의를 얻어야 한다.

제10조【청구인대표자의 선정과 서명의 요청 등】 ① 주민투표청구권자가 제9조제2항에 따라 주민투표청구를 하려는 경우에는 주민투표청구인대표자(이하 "청구인대표자"라 한다)를 선정하여야 하며, 선정된 청구인대표자는 인적사항과 주민투표청구의 취지 및 이유 등을 기재하여 그 지방자치단체의 장에게 청구인대표자증명서의 교부를 신청하여야 한다. 이 경우 청구인대표자는 청구인대표자증명서의 교부를 신청할 때 제4항에 따른 전자서명의 요청을 위하여 같은 항에 따른 정보시스템의 이용을 함께 신청할 수 있다.

(2022.4.26 본항개정)

② 제1항에 따라 청구인대표자증명서의 교부신청을 받은 지방자치단체의 장은 청구인대표자가 주민투표청구권자인지 여부를 확인한 후 청구인대표자증명서를 교부하고 그 사실을 공표하여야 한다. 이 경우 제1항 후단에 따라 정보시스템의 이용 신청을 받은 경우에는 제5항 각 호의 사항을 함께 공표하여야 한다.(2022.4.26 본항개정)

③ 청구인대표자와 서면에 의하여 청구인대표자로부터 서명요청권을 위임받은 자는 그 지방자치단체의 조례가 정하는 서명요청기간 동안 주민에게 청구인서명부에 서명할 것을 요청할 수 있다. 이 경우 제11조제1항의 규정에 의하여 서명이 제한되는 기간은 서명요청기간에 산입하지 아니한다.

④ 청구인대표자와 서면에 의하여 청구인대표자로부터 서명요청권을 위임받은 자는 제3항에 따른 서명을 갈음하여 행정안전부장관이 정하는 정보시스템을 이용하여 같은 항에 따른 서명요청기간 동안 주민에게 전자적 방식으로 생성된 청구인서명부(이하 "전자청구인서명부"라 한다)에 「전자서명법」 제2조제2호에 따른 전자서명을 할 것을 요청할 수 있다.

(2022.4.26 본항신설)

⑤ 청구인대표자와 서면에 의하여 청구인대표자로부터 서명요청권을 위임받은 자는 제4항에 따라 전자서명을 요청하는 경우에는 다음 각 호의 사항을 주민에게 알릴 수 있다.

1. 전자서명을 위한 정보시스템의 인터넷 주소
2. 전자서명을 하는 방법 및 제7항에 따른 전자서명의 철회 방법

(2022.4.26 본항신설)

⑥ 청구인서명부에 서명을 한 자가 그 서명을 철회하고자 하는 때에는 그 청구인서명부가 지방자치단체의 장에게 제출되기 전에 이를 철회하여야 한다. 이 경우 청구인대표자는 즉시 청구인서명부에서 그 서명을 삭제하여야 한다.

⑦ 제6항에도 불구하고 제4항에 따라 전자청구인서명부에 전자서명을 한 사람이 그 전자서명을 철회하려는 경우에는 제12조제1항에 따라 청구인대표자가 해당 지방자치단체의 장에게 전자청구인서명부 활용을 요청하기 전에 제4항에 따른 정보시스템을 통하여 직접 철회하여야 한다.(2022.4.26 본항신설)

⑧ 제1항부터 제7항까지에서 규정한 사항 외에 청구인대표자증명서의 교부, 서명(제4항에 따른 전자서명을 포함한다. 이하 제11조, 제12조, 제12조의2, 제29조 및 제30조에서 같다) 요청, 청구인서명부(전자청구인서명부를 포함한다. 이하 같다)의 작성 등에 관하여 필요한 사항은 해당 지방자치단체의 조례로 정한다.(2022.4.26 본항신설)

제11조【서명요청활동의 제한】 ① 지방자치단체의 관할구역의 전부 또는 일부에 대하여 「공직선거법」의 규정에 의한 선거가 실시되는 때에는 그 선거의 선거일전 60일부터 선거일까지 그 선거구에서는 서명을 요청할 수 없다.(2016.5.29 본항개정)

② 공무원(그 지방의회의 의원을 제외한다)은 청구인대표자가 될 수 없으며, 서명요청활동을 하거나 서명요청활동을 기획·주도하는 등 서명요청활동에 관여할 수 없다.

③ 청구인대표자 및 그로부터 서명요청권을 위임받은 자가 아닌 자는 서명을 요청할 수 없다.

제12조【청구인서명부의 심사·확인 등】 ① 청구인대표자는 제10조제3항에 따른 서명요청기간이 만료되는 날부터 시·도의 경우에는 10일 이내에, 시·군·구의 경우에는 5일 이내에 주민투표청구서와 청구인서명부를 지방자치단체의 장에게 제출(전자청구인서명부의 경우에는 청구인대표자가 지방자치단체의 장에게 전자청구인서명부를 직접 활용하도록 요청하는 것을 말한다)하여야 한다.(2022.4.26 본항개정)

② 다음 각 호의 어느 하나에 해당되는 서명은 이를 무효로 한다.(2016.5.29 본문개정)

1. 주민투표청구권자가 아닌 자의 서명
2. 누구의 서명인지 확인하기 어려운 서명
3. 서명요청권이 없는 자의 요청에 의하여 행하여진 서명
4. 동일인이 동일한 사안에 대하여 2 이상의 유효한 서명을 한 경우에는 그 중 하나의 서명을 제외한 나머지 서명
5. 제10조제3항의 규정에 의한 서명요청기간 외의 기간에 행하여졌거나 제11조제1항의 규정에 의하여 서명요청이 제한되는 기간에 행하여진 서명
6. 강요·속임수 그 밖의 부정한 방법에 의하여 행하여진 서명
7. 이 법의 위임에 의하여 그 지방자치단체의 조례가 정하는 방식과 절차에 위배되는 서명

③ 지방자치단체의 장은 제1항에 따라 주민투표청구서와 청구인서명부가 제출된 때에는 지체없이 주민투표청구사실을 공표하고, 청구인서명부(전자청구인서명부의 경우에는 그 출력물을 말한다) 또는 그 사본을 7일간 공개된 장소에 비치하여 주민이 열람할 수 있도록 하여야 한다.(2022.4.26 본항개정)

④ 청구인서명부의 서명에 대하여 이의가 있는 자는 제3항의 규정에 의한 공람기간내에 그 지방자치단체의 장에게 서면으로 이의를 신청할 수 있다.

⑤ 지방자치단체의 장은 제4항의 규정에 의한 이의신청이 있은 때에는 제3항의 규정에 의한 공람기간이 종료된 날부터 14일 이내에 이를 심사하고 그 결과를 지체없이 이의신청인과 청구인대표자에게 통지하여야 한다.

⑥ 지방자치단체의 장은 제5항의 규정에 의한 이의신청과 관련하여 필요하다고 인정하는 때에는 관계인의 의견진술 또는 증언을 요구할 수 있다.

⑦ 지방자치단체의 장은 제1항의 규정에 의하여 제출된 청구인서명부의 서명이 무효인 서명으로 판정되어 제9조제2항의 규정에 의한 요건에 미달하게 된 때에는 청구인대표자로 하여금 그 지방자치단체의 조례가 정하는 기간 이내에 이를 보정하게 할 수 있다.

⑧ 지방자치단체의 장은 제1항의 규정에 의한 주민투표청구가 다음 각 호의 어느 하나에 해당하는 경우에는 이를 각하

하여야 한다. 이 경우 지방자치단체의 장은 청구인대표자에게 그 사유를 통지하고 이를 공표하여야 한다.(2016.5.29 전단개정)
1. 유효한 서명의 총수(제7항의 규정에 의하여 보정을 요구한 때에는 그 보정된 서명을 포함한다)가 제9조제2항의 규정에 의한 요건에 미달되는 경우
2. 주민투표청구서와 청구인서명부가 제1항의 규정에 의한 기간을 경과하여 제출된 경우
3. 제7항의 규정에 의한 보정기간 이내에 보정하지 아니한 경우
⑨ 제1항부터 제8항까지에서 규정한 사항 외에 청구인서명부의 제출 방법 및 서명에 대한 심사·확인 등 주민에 의한 주민투표청구에 관하여 필요한 사항은 해당 지방자치단체의 조례로 정한다.(2022.4.26 본항개정)

제12조의2 【주민투표청구심의회】 ① 제9조에 따른 주민투표에 관한 다음 각 호의 사항을 심의하기 위하여 지방자치단체의 장 소속으로 주민투표청구심의회(이하 "심의회"라 한다)를 둔다. 다만, 해당 지방자치단체에 심의회와 성격·기능이 유사한 위원회가 설치되어 있는 경우에는 해당 지방자치단체의 조례로 정하는 바에 따라 그 위원회가 심의회의 기능을 대신할 수 있다.
1. 제12조제4항에 따른 청구인서명부의 서명에 대한 이의신청의 심사
2. 제12조제7항 및 제8항에 따른 청구인서명부에 기재된 유효서명의 확인
3. 제18조의2제1항에 따른 전자투표·전자개표의 실시
4. 그 밖에 심의회의 의장이 필요하다고 인정하여 심의에 부치는 사항
② 심의회의 의장은 시·도의 부시장·부지사, 시·군·구의 부시장·부군수·부구청장(이하 "부단체장"이라 한다)이 된다. 이 경우 부단체장이 2명 이상인 경우에는 해당 지방자치단체의 장이 지명하는 사람이 된다.
③ 심의회는 의장 및 부의장 각 1명을 포함하여 7명 이상의 위원으로 구성한다. 이 경우 공무원이 아닌 위원이 전체위원의 과반수가 되도록 하여야 한다.
④ 제1항부터 제3항까지에서 규정한 사항 외에 심의회의 구성 및 운영 등에 필요한 사항은 해당 지방자치단체의 조례로 정한다.
(2022.4.26 본조신설)

제13조 【주민투표의 발의】 ① 지방자치단체의 장은 다음 각 호의 어느 하나에 해당하는 경우에는 지체없이 그 요지를 공표하고 관할선거관리위원회에 통지하여야 한다.
(2016.5.29 본문개정)
1. 제8조제3항의 규정에 의하여 관계 중앙행정기관의 장에게 주민투표를 발의하겠다고 통지한 경우
2. 제9조제2항 또는 제5항의 규정에 의한 주민투표청구가 적법하다고 인정되는 경우
3. 제9조제6항의 규정에 의한 동의를 얻은 경우
② 지방자치단체의 장은 제1항에 따라 공표한 날부터 7일 이내(제3항에 따라 주민투표의 발의가 금지되는 기간은 산입하지 아니한다)에 투표일과 주민투표안을 공고함으로써 주민투표를 발의한다. 다만, 지방자치단체의 장 또는 지방의회가 주민투표청구의 목적을 수용하는 결정을 한 때에는 주민투표를 발의하지 아니한다.(2022.4.26 본문개정)
③ 지방자치단체의 관할구역의 전부 또는 일부에 대하여 「공직선거법」의 규정에 의한 선거가 실시되는 때에는 그 선거의 선거일전 60일부터 선거일까지의 기간동안에는 주민투표를 발의할 수 없다.(2016.5.29 본항개정)

제14조 【주민투표의 투표일】 ① 주민투표의 투표일은 제13조제2항에 따른 주민투표발의일부터 23일(제3항에 따라 투표일을 정할 수 없는 기간은 산입하지 아니한다) 이후 첫 번째 수요일로 한다.(2022.4.26 본항개정)
② 제1항에 따른 투표일이 국민생활과 밀접한 관련이 있는 민속절 또는 공휴일인 때와 투표일 전일이나 그 다음날이 공휴일인 때에는 그 다음주의 수요일로 한다.(2022.4.26 본항신설)
③ 지방자치단체의 관할구역의 전부 또는 일부에 대하여 「공직선거법」의 규정에 의한 선거가 실시되는 때에는 그 선거의 선거일전 60일부터 선거일까지의 기간은 투표일로 정할 수 없다.(2016.5.29 본항개정)
④ 동일한 사항에 대하여 둘 이상의 지방자치단체에서 주민투표를 실시하여야 하는 경우에는 관계 지방자치단체의 장이 협의하여 동시에 주민투표를 실시하여야 한다. 다만, 협의가 이루어지지 아니하는 경우에는 시·도는 행정안전부장관이, 시·군·구는 특별시장·광역시장 또는 도지사가 정하는 바에 따른다.(2022.4.26 본항개정)

제15조 【주민투표의 형식】 주민투표는 특정한 사항에 대하여 찬성 또는 반대의 의사표시를 하거나 두 가지 사항중 하나를 선택하는 형식으로 실시하여야 한다.

제16조 【주민투표실시구역】 ① 주민투표는 그 지방자치단체의 관할구역 전체를 대상으로 실시한다. 다만, 특정한 지역 또는 주민에게만 이해관계가 있는 사항인 경우 지방자치단체의 장은 그 지방자치단체의 관할구역 중 일부를 대상으로 지방의회의 동의를 얻어 주민투표를 실시할 수 있다.
(2022.4.26 단서개정)
② 청구인대표자는 제10조제1항에 따라 지방자치단체의 장에게 청구인대표자증명서의 교부를 신청할 때 제1항 단서에 따라 그 지방자치단체의 관할구역 중 일부를 주민투표실시구역으로 정할 것을 신청할 수 있다.(2022.4.26 본항신설)
③ 지방자치단체의 장은 제2항에 따른 신청을 받은 경우 제10조제2항에 따라 청구인대표자증명서를 교부하기 전에 지방의회의 동의를 받아 주민투표실시구역을 정하여야 한다.
(2022.4.26 본항신설)

제17조 【주민투표공보의 발행】 ① 관할선거관리위원회는 주민투표안의 내용, 주민투표에 부쳐진 사항에 관한 의견 및 그 이유, 투표절차 그 밖의 필요한 사항을 게재한 주민투표공보를 1회 이상 발행하여야 한다.
② 제1항의 규정에 의한 주민투표공보의 규격·작성방법·배부시기 그 밖의 필요한 사항은 중앙선거관리위원회규칙으로 정한다.

제18조 【투표방법 등】 ① 투표는 「공직선거법」 제159조의 규정에 의한 기표방법에 의한 투표로 한다.(2016.5.29 본항개정)
② 투표는 직접 또는 우편으로 하되, 1인 1표로 한다.
③ 투표 및 개표사무의 관리는 전산화하여 실시할 수 있다. 이 경우 전산화에 의한 투표·개표의 절차·방법 등에 관하여 필요한 사항은 중앙선거관리위원회규칙으로 정한다.
④ 투표를 하는 때에는 투표인의 성명 등 투표인을 추정할 수 있는 표시를 하여서는 아니된다.

제18조의2 【전자적 방법에 의한 투표·개표】 ① 제18조에도 불구하고 지방자치단체의 장은 다음 각 호의 어느 하나에 해당하는 경우에는 중앙선거관리위원회규칙으로 정하는 정보시스템을 사용하는 방법에 따른 투표(이하 이 조에서 "전자투표"라 한다) 및 개표(이하 이 조에서 "전자개표"라 한다)를 실시할 수 있다.
1. 청구인대표자가 요구하는 경우
2. 지방의회가 요구하는 경우
3. 지방자치단체의 장이 필요하다고 판단하는 경우
② 지방자치단체의 장은 제1항에 따른 전자투표·전자개표의 실시 여부 및 그 절차와 방법 등의 결정에 관하여 심의회의 심의 및 관할선거관리위원회와의 협의를 거쳐야 한다.
③ 제1항 및 제2항에 따라 전자투표를 실시하는 경우 지방자치단체의 장은 제13조제2항에 따라 주민투표를 발의할 때 다음 각 호의 사항을 포함하여 공고하여야 한다.
1. 전자투표를 할 수 있는 정보시스템의 인터넷 주소
2. 휴대전화 등을 통한 본인인증에 따른 본인 여부 확인 등 전자투표의 방법
3. 그 밖에 전자투표에 필요한 기술적인 사항
④ 관할선거관리위원회는 제1항 및 제2항에 따라 전자투표를 실시하는 경우에도 제19조에 따라 준용되는 「공직선거법」 제147조에 따른 투표소를 설치·운영하여야 한다.

⑤ 누구든지 다음 각 호의 어느 하나의 방법으로 전자투표를 하거나 전자투표의 결과에 영향을 미쳐서는 아니 된다.
1. 해킹, 컴퓨터바이러스, 논리폭탄, 메일폭탄, 서비스거부 또는 고출력 전자기파 등의 방법
2. 「정보통신망 이용촉진 및 정보보호 등에 관한 법률」 제2조제1항제1호에 따른 정보통신망(이하 "정보통신망"이라 한다)의 정상적인 보호·인증 절차를 우회하여 정보통신망에 접근할 수 있도록 하는 프로그램이나 기술적 장치 등을 정보통신망 또는 이와 관련된 정보시스템에 설치하는 방법
⑥ 제1항부터 제5항까지에서 규정한 사항 외에 전자투표·전자개표의 절차·방법 등에 관하여 필요한 사항은 중앙선거관리위원회규칙으로 정한다.
(2022.4.26 본조신설)
제19조【투표·개표절차 등】 투표시간, 투표용지, 투표구·개표구의 설치, 투표·개표의 절차 및 참관 등 투표·개표의 관리에 관하여는 「공직선거법」 제10장(투표) 및 제11장(개표)의 규정을 준용한다.(2016.5.29 본조개정)

제3장 주민투표에 관한 운동

제20조【투표운동의 원칙】 ① 이 법에서 "투표운동"이라 함은 주민투표에 부쳐진 사항에 관하여 찬성 또는 반대하게 하거나 주민투표에 부쳐진 두 가지 사항 중 하나를 지지하게 하는 행위를 말한다. 다만, 주민투표에 부쳐진 사항에 관한 단순한 의견개진 및 의사표시는 투표운동으로 보지 아니한다.
② 이 법 또는 다른 법률의 규정에 의하여 금지 또는 제한되는 경우를 제외하고는 누구든지 자유롭게 투표운동을 할 수 있다.
제21조【투표운동기간 및 투표운동을 할 수 없는 자】 ① 투표운동기간은 주민투표일 전 21일부터 주민투표일 전날까지로 한다.(2022.4.26 본항개정)
② 다음 각 호의 어느 하나에 해당하는 자는 투표운동을 할 수 없다.(2016.5.29 본문개정)
1. 주민투표권이 없는 자
2. 공무원(그 지방의회의 의원을 제외한다)
3. 각급 선거관리위원회의 위원
4. 방송법에 의한 방송사업(방송채널사용사업은 보도에 관한 전문편성을 행하는 방송채널사용사업에 한한다)을 경영하거나 이에 상시 고용되어 편집·제작·취재·집필 또는 보도의 업무에 종사하는 자
5. 「신문 등의 진흥에 관한 법률」 제9조에 따라 등록하여야 하는 신문, 인터넷신문 또는 인터넷뉴스서비스와 「잡지 등 정기간행물의 진흥에 관한 법률」 제15조 또는 제16조에 따라 등록 또는 신고하여야 하는 정기간행물(분기별 1회 이하 발행되거나 학보 그 밖에 전문분야에 관한 순수한 학술 및 정보지 등 정치에 관한 보도·논평 그 밖에 여론형성의 목적없이 발행되는 신문, 인터넷신문, 인터넷뉴스서비스 또는 정기간행물은 제외한다)을 발행 또는 경영하거나 이에 상시 고용되어 편집·취재·집필 또는 보도의 업무에 종사하는 자(2016.5.29 본호개정)
6. 통·리·반의 장(2022.4.26 본호신설)
제22조【투표운동의 제한】 ① 누구든지 다음 각 호의 어느 하나에 해당하는 방법으로 투표운동을 하여서는 아니된다.(2016.5.29 본문개정)
1. 야간호별방문 및 야간옥외집회
2. 투표운동을 목적으로 서명 또는 날인을 받는 행위
3. 「공직선거법」 제80조의 규정에 의한 연설금지장소에서의 연설행위(2016.5.29 본호개정)
4. 「공직선거법」 제91조에서 정하는 확성장치 및 자동차 등의 사용제한에 관한 규정에 위반되는 행위(2016.5.29 본호개정)
② 제1항제1호의 규정에 의하여 야간호별방문 및 야간옥외집회가 금지되는 시간은 그 지방자치단체의 조례로 정한다.
제23조【위법한 투표운동에 대한 중지·경고 등】 관할 선거관리위원회의 위원 및 직원은 이 법 및 이 법의 위임에 의한 중앙선거관리위원회규칙에 위반되는 행위를 발견한 때에는 중지·경고 또는 시정명령을 하여야 하며, 그 위반행위가 투표의 공정을 현저히 해치는 것이거나 중지·경고 또는 시정명령을 불이행하는 때에는 관할 수사기관에 수사를 의뢰하거나 고발하여야 한다.

제4장 주민투표의 효력 등

제24조【주민투표결과의 확정】 ① 주민투표에 부쳐진 사항은 주민투표권자 총수의 4분의 1 이상의 투표와 유효투표수 과반수의 득표로 확정된다. 다만, 다음 각 호의 어느 하나에 해당하는 경우에는 찬성과 반대 양자를 모두 수용하지 아니하거나, 양자택일의 대상이 되는 사항 모두를 선택하지 아니하기로 확정된 것으로 본다.(2022.4.26 본문개정)
1. 전체 투표수가 주민투표권자 총수의 4분의 1에 미달되는 경우(2022.4.26 본호개정)
2. 주민투표에 부쳐진 사항에 관한 유효득표수가 동수인 경우
② (2022.4.26 삭제)
③ 관할선거관리위원회는 개표가 끝나면 지체 없이 그 결과를 공표한 후 지방자치단체의 장에게 통지하여야 한다.(2022.4.26 본항개정)
④ 지방자치단체의 장은 제3항의 규정에 의하여 주민투표결과를 통지받은 때에는 지체없이 이를 지방의회에 보고하여야 하며, 제8조의 규정에 의한 국가정책에 관한 주민투표인 때에는 관계 중앙행정기관의 장에게 주민투표결과를 통지하여야 한다.
⑤ 지방자치단체의 장 및 지방의회는 주민투표결과 확정된 내용대로 행정·재정상의 필요한 조치를 하여야 한다.
⑥ 지방자치단체의 장 및 지방의회는 주민투표결과 확정된 사항에 대하여 2년 이내에는 이를 변경하거나 새로운 결정을 할 수 없다. 다만, 제1항 단서의 규정에 의하여 찬성과 반대 양자를 모두 수용하지 아니하거나 양자택일의 대상이 되는 사항 모두를 선택하지 아니하기로 확정된 때에는 그러하지 아니하다.
제25조【주민투표소송 등】 ① 주민투표의 효력에 관하여 이의가 있는 주민투표권자는 주민투표권자 총수의 100분의 1 이상의 서명으로 제24조제3항에 따라 주민투표결과가 공표된 날부터 14일 이내에 관할선거관리위원회 위원장을 피소청인으로 하여 시·군·구의 경우에는 시·도선거관리위원회에, 시·도의 경우에는 중앙선거관리위원회에 소청할 수 있다.(2022.4.26 본항개정)
② 소청인은 제1항에 따른 소청에 대한 결정에 불복하려는 경우 관할선거관리위원회 위원장을 피고로 하여 그 결정서를 받은 날(결정서를 받지 못한 때에는 결정기간이 종료된 날을 말한다)부터 10일 이내에 시·도의 경우에는 대법원에, 시·군·구의 경우에는 관할 고등법원에 소를 제기할 수 있다.(2022.4.26 본항개정)
③ 주민투표에 관한 소청 및 소송의 절차에 관하여는 이 법에 규정된 사항을 제외하고는 「공직선거법」 제219조부터 제229조까지의 규정 중 지방자치단체의 장 및 의원에 관한 규정을 준용한다.(2016.5.29 본항개정)
제26조【재투표 및 투표연기】 ① 지방자치단체의 장은 주민투표의 전부 또는 일부무효의 판결이 확정된 때에는 그 날부터 20일 이내에 무효로 된 투표구의 재투표를 실시하여야 한다. 이 경우 투표일은 늦어도 투표일전 7일까지 공고하여야 한다.
② 제1항의 규정에 의하여 재투표를 실시하는 때에는 그 판결에 특별한 명시가 없는 한 제6조의 규정에 불구하고 당초 투표에 사용된 투표인명부를 사용한다.

③ 지방자치단체의 장은 천재·지변 및 그 밖에 부득이한 사유로 인하여 투표를 실시할 수 없거나 실시하지 못한 때에는 관할선거관리위원회와 협의하여 투표를 연기하거나 다시 투표일을 지정하여야 한다.(2022.4.26 본항개정)
④ 지방자치단체의 장은 제3항에 따라 투표를 연기하는 경우에는 연기할 주민투표명과 연기사유 등을 공고하여야 하며, 다시 투표일을 지정하는 경우에는 해당 주민투표명, 재지정 사유와 투표일 등을 공고하여야 한다.(2022.4.26 본항신설)
⑤ 지방자치단체의 장은 제3항에 따라 연기된 투표를 다시 진행하는 경우에는 투표일을 다시 정하여 공고하여야 한다.(2022.4.26 본항신설)
⑥ 지방자치단체의 장은 제3항에 따라 투표를 연기한 경우에는 처음부터 투표절차를 다시 진행하여야 하며, 다시 투표일을 지정한 경우에는 이미 진행된 투표절차에 이어 계속하여야 한다.(2022.4.26 본항신설)
⑦ 제1항에 따른 재투표, 제3항에 따른 투표 연기 및 투표일 재지정에 필요한 사항은 중앙선거관리위원회규칙으로 정한다.(2022.4.26 본항신설)
제27조【주민투표경비】 ① 주민투표사무에 필요한 다음 각 호의 경비는 주민투표를 발의한 지방자치단체의 장이 속하는 지방자치단체(제8조의 규정에 의한 국가정책에 관한 주민투표인 경우에는 국가를 말한다)가 부담한다.(2016.5.29 본문개정)
1. 주민투표의 준비·관리 및 실시에 필요한 경비
2. 주민투표공보의 발행, 설명회 등의 개최 및 불법투표운동의 단속에 필요한 경비
3. 주민투표에 관한 소청 및 소송과 관련한 경비
4. 주민투표결과에 대한 자료의 정리 그 밖에 주민투표사무의 관리를 위한 관할선거관리위원회의 운영 및 사무처리에 필요한 경비
② 지방자치단체는 제1항의 규정에 의한 경비를 주민투표 발의일부터 3일 이내에 관할선거관리위원회에 납부하여야 한다.
③ 제1항의 규정에 의한 주민투표경비의 산출기준·납부절차·납부방법·집행·회계검사 및 반환 그 밖에 필요한 사항은 중앙선거관리위원회규칙으로 정한다.

제5장 벌 칙

제28조【벌칙】 다음 각 호의 어느 하나에 해당하는 자는 5년 이하의 징역 또는 5천만원 이하의 벌금에 처한다.(2020.1.29 본문개정)
1. 주민투표의 결과에 영향을 미치게 할 목적으로 투표인(투표인명부 작성전에는 그 투표인명부에 오를 자격이 있는 자를 포함한다. 이하 이 조에서 같다)에게 금전·물품·향응 그 밖의 재산상의 이익이나 공사(公私)의 직을 제공하거나 그 제공의 의사를 표시 또는 그 제공을 약속하거나 이러한 행위에 관하여 지시·권유·요구 또는 알선한 자
2. 투표인에 대하여 폭행·협박 또는 불법으로 체포·감금하거나 부정한 방법으로 투표의 자유를 방해한 자
3. 법령에 의하지 아니하고 투표함을 열거나 투표함(빈 투표함을 포함한다) 또는 투표함안의 투표지를 제거·파괴·훼손·은닉 또는 탈취한 자
4. 주민투표의 결과에 영향을 미칠 목적으로 허위사실을 유포한 자
5. 직업·종교·교육 그 밖의 특수관계 또는 지위를 이용하여 주민투표에 부당한 영향을 미친 자
6. 제18조의2제5항을 위반하여 전자투표를 하거나 전자투표의 결과에 영향을 미친 자(2022.4.26 본호신설)

제29조【벌칙】 다음 각 호의 어느 하나에 해당하는 자는 3년 이하의 징역 또는 3천만원 이하의 벌금에 처한다.(2020.1.29 본문개정)
1. 제28조제1항제1호에 규정된 이익이나 공사의 직을 제공받거나 그 제공의 의사표시를 승낙한 자
2. 성명의 사칭, 신분증명서의 위·변조 그 밖의 부정한 방법으로 투표하거나 투표를 하려고 한 자
3. 주민투표에 관한 서명요청 및 투표운동의 기회를 이용하여 특정 정당이나 「공직선거법」의 규정에 의한 공직선거에 후보자가 되고자 하는 자를 지지·추천 또는 반대하거나 그 밖에 선거운동에 이르는 행위를 한 자(2016.5.29 본호개정)

제30조【벌칙】 다음 각 호의 어느 하나에 해당되는 자는 1년 이하의 징역 또는 1천만원 이하의 벌금에 처한다.(2020.1.29 본문개정)
1. 제11조의 규정을 위반하여 서명요청을 한 자
2. 제21조의 규정을 위반하여 투표운동을 한 자
3. 제22조의 규정에 의한 투표운동의 제한을 위반하여 투표운동을 한 자

부 칙 (2016.5.29)

제1조【시행일】 이 법은 공포한 날부터 시행한다.
제2조【주민투표경비에 관한 적용례】 제27조제1항의 개정규정은 이 법 시행 후 최초로 지방자치단체의 장이 발의하는 주민투표부터 적용한다.
제3조【국내거소신고자의 주민투표권 등에 관한 경과조치】 이 법 시행 당시 법률 제12593호 재외동포의 출입국과 법적 지위에 관한 법률 일부개정법률 부칙 제2조에 따라 국내거소신고 및 국내거소신고증의 효력이 유지되는 재외국민에 대해서는 제5조제1항제1호 및 제9조제3항의 개정규정에도 불구하고 종전의 규정에 따른다.
제4조【진행 중인 주민투표의 투표인명부의 작성 등에 관한 경과조치】 이 법 시행 당시 발의되어 진행 중인 주민투표는 제6조제1항 및 제14조제1항의 개정규정에도 불구하고 종전의 규정에 따른다.

부 칙 (2020.1.29)

이 법은 공포한 날부터 시행한다.

부 칙 (2021.1.12)

제1조【시행일】 이 법은 공포 후 1년이 경과한 날부터 시행한다.(이하 생략)

부 칙 (2022.4.26)

제1조【시행일】 이 법은 공포한 날부터 시행한다. 다만, 다음 각 호의 개정규정은 각 호의 구분에 따른 날부터 시행한다.
1. 제4조제3항, 제7조제1항, 제12조의2, 제18조의2, 제26조제4항부터 제7항까지 및 제28조제6호의 개정규정 : 공포 후 6개월이 경과한 날
2. 제10조제1항 후단, 같은 조 제2항 후단, 같은 조 제4항부터 제8항까지, 제12조제1항(전자청구인서명부에 관한 부분으로 한정한다), 제3항(전자청구인서명부에 관한 부분으로 한정한다) 및 제9항의 개정규정 : 공포 후 1년이 경과한 날
제2조【전자서명에 의한 주민투표청구에 관한 적용례】 제10조제1항 후단, 같은 조 제2항 후단, 같은 조 제4항부터 제8항까지, 제12조제1항(전자청구인서명부에 관한 부분으로 한정한다), 제3항(전자청구인서명부에 관한 부분으로 한정한다) 및 제9항의 개정규정은 부칙 제1조제2호에 따른 시행일 이후 청구인대표자증명서의 교부를 신청하는 경우부터 적용한다.
제3조【주민투표실시구역의 신청에 관한 적용례】 제16조제2항 및 제3항의 개정규정은 이 법 시행 이후 청구인대표자증명서의 교부를 신청하는 경우부터 적용한다.
제4조【재투표 및 투표연기에 관한 적용례】 제26조제4항부터 제7항까지의 개정규정은 부칙 제1조제1호에 따른 시행일 이후 발의하는 주민투표부터 적용한다.

제5조【주민투표청구권자 총수의 공표에 관한 특례】 지방자치단체의 장은 제9조제4항에도 불구하고 이 법 시행일부터 7일 이내에 제5조제1항 각 호 외의 부분 본문 및 제9조제2항의 개정규정에 따라 산정한 서명인 수를 공표하여야 한다.
제6조【주민투표권자 및 주민투표청구권자의 연령 기준에 관한 경과조치】 다음 각 호의 어느 하나에 해당하는 경우에는 제5조제1항 각 호 외의 부분 본문 및 제9조제2항의 개정규정에도 불구하고 종전의 규정에 따른다.
1. 이 법 시행 전에 제8조제1항에 따라 주민투표의 실시를 요구한 경우
2. 이 법 시행 전에 제9조제5항에 따라 주민투표의 실시를 청구한 경우
3. 이 법 시행 전에 제9조제6항에 따른 동의를 얻은 경우
4. 이 법 시행 전에 제10조제1항에 따라 청구인대표자증명서의 교부를 신청한 경우

제7조【주민투표의 대상에 관한 경과조치】 다음 각 호의 어느 하나에 해당하는 경우에는 제7조제1항의 개정규정에도 불구하고 종전의 규정에 따른다.
1. 부칙 제1조제1호에 따른 시행일 전에 제9조제5항에 따라 주민투표의 실시를 청구한 경우
2. 부칙 제1조제1호에 따른 시행일 전에 제9조제6항에 따른 동의를 얻은 경우
3. 부칙 제1조제1호에 따른 시행일 전에 제10조제1항에 따라 청구인대표자증명서의 교부를 신청한 경우

제8조【진행 중인 주민투표에 관한 경과조치】 이 법 시행 당시 발의되어 진행 중인 주민투표에 대해서는 제14조제1항 및 제2항, 제16조제1항 단서, 제21조제1항, 같은 조 제2항제6호, 제24조제1항부터 제3항까지 및 제26조제3항의 개정규정에도 불구하고 종전의 규정에 따른다.
제9조【다른 법률의 개정】 ※(해당 법령에 가제정리 하였음)

교육기본법

(1997년 12월 13일 법 률 제5437호)

개정
2000. 1.28법 6214호
2001. 1.29법 6400호(정부조직)
2002.12. 5법 6738호
2004. 1.20법 7071호
2004.12.30법 7253호(지방교육양여금법폐지법)
2005. 3.24법 7399호
2005.11. 8법 7685호
2007. 5.11법 8415호
2007. 7.27법 8543호
2007.12.21법 8705호
2008. 2.29법 8852호(정부조직)
2008. 3.21법 8915호
2013. 3.23법11690호(정부조직)
2015. 1.20법13003호
2016. 5.29법14150호
2017. 3.21법14601호
2018.12.18법15950호
2021. 3.23법17954호(법률용어정비)
2021. 9.24법18456호
2023. 9.14법19697호
2023. 9.27법19736호
2024. 2.13법20251호
2024.12.20법20562호
2025. 1.21법20663호→2025년 7월 22일 시행

제1장 총 칙

(2007.12.21 본장개정)

제1조【목적】 이 법은 교육에 관한 국민의 권리·의무 및 국가·지방자치단체의 책임을 정하고 교육제도와 그 운영에 관한 기본적 사항을 규정함을 목적으로 한다.
제2조【교육이념】 교육은 홍익인간(弘益人間)의 이념 아래 모든 국민으로 하여금 인격을 도야(陶冶)하고 자주적 생활능력과 민주시민으로서 필요한 자질을 갖추게 함으로써 인간다운 삶을 영위하게 하고 민주국가의 발전과 인류공영(人類共榮)의 이상을 실현하는 데에 이바지하게 함을 목적으로 한다.
제3조【학습권】 모든 국민은 평생에 걸쳐 학습하고, 능력과 적성에 따라 교육 받을 권리를 가진다.
제4조【교육의 기회균등 등】 ① 모든 국민은 성별, 종교, 신념, 인종, 사회적 신분, 경제적 지위 또는 신체적 조건 등을 이유로 교육에서 차별을 받지 아니한다.
② 국가와 지방자치단체는 학습자가 평등하게 교육을 받을 수 있도록 지역 간의 교원 수급 등 교육 여건 격차를 최소화하는 시책을 마련하여 시행하여야 한다.
③ 국가는 교육여건 개선을 위한 학급당 적정 학생 수를 정하고 지방자치단체와 이를 실현하기 위한 시책을 수립·실시하여야 한다.(2021.9.24 본항신설)
(2021.9.24 본조제목개정)
제5조【교육의 자주성 등】 ① 국가와 지방자치단체는 교육의 자주성과 전문성을 보장하여야 하며, 국가는 지방자치단체의 교육에 관한 자율성을 존중하여야 한다.
(2021.9.24 본항신설)
② 국가와 지방자치단체는 관할하는 학교와 소관 사무에 대하여 지역 실정에 맞는 교육을 실시하기 위한 시책을 수립·실시하여야 한다.
③ 국가와 지방자치단체는 학교운영의 자율성을 존중하여야 하며, 교직원·학생·학부모 및 지역주민 등이 법령으로 정하는 바에 따라 학교운영에 참여할 수 있도록 보장하여야 한다.
(2021.9.24 본조개정)
제6조【교육의 중립성】 ① 교육은 교육 본래의 목적에 따라 그 기능을 다하도록 운영되어야 하며, 정치적·파당적 또는 개인적 편견을 전파하기 위한 방편으로 이용되어서는 아니 된다.
② 국가와 지방자치단체가 설립한 학교에서는 특정한 종교를 위한 종교교육을 하여서는 아니 된다.

제7조【교육재정】 ① 국가와 지방자치단체는 교육재정을 안정적으로 확보하기 위하여 필요한 시책을 수립·실시하여야 한다.
② 교육재정을 안정적으로 확보하기 위하여 지방교육재정교부금 등에 관하여 필요한 사항은 따로 법률로 정한다.
제8조【의무교육】 ① 의무교육은 6년의 초등교육과 3년의 중등교육으로 한다.
② 모든 국민은 제1항에 따른 의무교육을 받을 권리를 가진다.
제9조【학교교육】 ① 유아교육·초등교육·중등교육 및 고등교육을 하기 위하여 학교를 둔다.
② 학교는 공공성을 가지며, 학생의 교육 외에 학술 및 문화적 전통의 유지·발전과 주민의 평생교육을 위하여 노력하여야 한다.
③ 학교교육은 학생의 창의력 계발 및 인성(人性) 함양을 포함한 전인적(全人的) 교육을 중시하여 이루어져야 한다.
④ 학교의 종류와 학교의 설립·경영 등 학교교육에 관한 기본적인 사항은 따로 법률로 정한다.
제10조【평생교육】 ① 전 국민을 대상으로 하는 모든 형태의 평생교육은 장려되어야 한다.
② 평생교육의 이수(履修)는 법령으로 정하는 바에 따라 그에 상응하는 학교교육의 이수로 인정될 수 있다.
③ 평생교육시설의 종류와 설립·경영 등 평생교육에 관한 기본적인 사항은 따로 법률로 정한다.
(2021.9.24 본조개정)
제11조【학교 등의 설립】 ① 국가와 지방자치단체는 학교와 평생교육시설을 설립·경영한다.
② 법인이나 사인(私人)은 법률로 정하는 바에 따라 학교와 평생교육시설을 설립·경영할 수 있다.
(2021.9.24 본조개정)

제2장 교육당사자
(2007.12.21 본장개정)

제12조【학습자】 ① 학생을 포함한 학습자의 기본적 인권은 학교교육 또는 평생교육의 과정에서 존중되고 보호된다.(2021.9.24 본항개정)
② 교육내용·교육방법·교재 및 교육시설은 학습자의 인격을 존중하고 개성을 중시하여 학습자의 능력이 최대한으로 발휘될 수 있도록 마련되어야 한다.
③ 학생은 학습자로서의 윤리의식을 확립하고, 학교의 규칙을 지켜야 하며, 교원의 교육·연구활동을 방해하거나 학내의 질서를 문란하게 하여서는 아니 된다.(2023.9.27 본항개정)
제13조【보호자】 ① 부모 등 보호자는 보호하는 자녀 또는 아동이 바른 인성을 가지고 건강하게 성장하도록 교육할 권리와 책임을 가진다.
② 부모 등 보호자는 보호하는 자녀 또는 아동의 교육에 관하여 학교에 의견을 제시할 수 있으며, 학교는 그 의견을 존중하여야 한다.
③ 부모 등 보호자는 교원과 학교가 전문적인 판단으로 학생을 교육·지도할 수 있도록 협조하고 존중하여야 한다.
(2023.9.27 본항신설)
제14조【교원】 ① 학교교육에서 교원(敎員)의 전문성은 존중되며, 교원의 경제적·사회적 지위는 우대되고 그 신분은 보장된다.
② 학교교육에서 교원의 교육활동과 학생생활지도 권한은 법령으로 정하는 바에 따라 보장된다.(2025.1.21 본항신설)
③ 교원은 교육자로서 갖추어야 할 품성과 자질을 향상시키기 위하여 노력하여야 한다.
④ 교원은 교육자로서 지녀야 할 윤리의식을 확립하고, 이를 바탕으로 학생에게 학습윤리를 지도하고 지식을 습득하게 하며, 학생 개개인의 적성을 계발할 수 있도록 노력하여야 한다.(2021.3.23 본항개정)
⑤ 교원은 특정한 정당이나 정파를 지지하거나 반대하기 위하여 학생을 지도하거나 선동하여서는 아니 된다.
⑥ 교원은 법률로 정하는 바에 따라 다른 공직에 취임할 수 있다.
⑦ 교원의 임용·복무·보수 및 연금 등에 관하여 필요한 사항은 따로 법률로 정한다.
제15조【교원단체】 ① 교원은 상호 협동하여 교육의 진흥과 문화의 창달에 노력하며, 교원의 경제적·사회적 지위를 향상시키기 위하여 각 지방자치단체와 중앙에 교원단체를 조직할 수 있다.
② 제1항에 따른 교원단체의 조직에 필요한 사항은 대통령령으로 정한다.
제16조【학교 등의 설립자·경영자】 ① 학교와 평생교육시설의 설립자·경영자는 법령으로 정하는 바에 따라 교육을 위한 시설·설비·재정 및 교원 등을 확보하고 운용·관리한다.
② 학교의 장 및 평생교육시설의 설립자·경영자는 법령으로 정하는 바에 따라 학습자를 선정하여 교육하고 학습자의 학습성과 등 교육의 과정을 기록하여 관리한다.
③ 학교와 평생교육시설의 교육내용은 학습자에게 미리 공개되어야 한다.
(2021.9.24 본조개정)
제17조【국가 및 지방자치단체】 국가와 지방자치단체는 학교와 평생교육시설을 지도·감독한다.(2021.9.24 본조개정)

제3장 교육의 진흥
(2007.12.21 본장개정)

제17조의2【양성평등의식의 증진】 ① 국가와 지방자치단체는 양성평등의식을 보다 적극적으로 증진하고 학생의 존엄한 성(性)을 보호하며 학생에게 성에 대한 선량한 정서를 함양시키기 위하여 다음 각 호의 사항을 포함한 시책을 수립·실시하여야 한다.
1. 양성평등의식과 실천 역량을 고취하는 교육적 방안
2. 학생 개인의 존엄과 인격이 존중될 수 있는 교육적 방안
3. 체육·과학기술 등 여성의 활동이 취약한 분야를 중점 육성할 수 있는 교육적 방안
4. 성별 고정관념을 탈피한 진로선택과 이를 중점 지원하는 교육적 방안
5. 성별 특성을 고려한 교육·편의 시설 및 교육환경 조성 방안
② 국가 및 지방자치단체와 제16조에 따른 학교 및 평생교육시설의 설립자·경영자는 교육을 할 때 합리적인 이유 없이 성별에 따라 참여나 혜택을 제한하거나 배제하는 등의 차별을 하여서는 아니 된다.
③ 학교의 장은 양성평등의식의 증진을 위하여 교육부장관이 정하는 지침에 따라 성교육, 성인지교육, 성폭력예방교육 등을 포함한 양성평등교육을 체계적으로 실시하여야 한다.
④ 학교교육에서 양성평등을 증진하기 위한 학교교육과정의 기준과 내용 등 대통령령으로 정하는 사항에 관한 교육부장관의 자문에 응하기 위하여 양성평등교육심의회를 둔다.
⑤ 제4항에 따른 양성평등교육심의회 위원의 자격·구성·운영 등에 필요한 사항은 대통령령으로 정한다.
(2021.9.24 본조개정)
제17조의3【학습윤리의 확립】 국가와 지방자치단체는 모든 국민이 학업·연구·시험 등 교육의 모든 과정에 요구되는 윤리의식을 확립할 수 있도록 필요한 시책을 수립·실시하여야 한다.
제17조의4 (2021.9.24 삭제)
제17조의5【생명존중의식 함양】 국가와 지방자치단체는 모든 국민이 인간의 존엄성과 생명존중에 관한 건전한 의식을 함양할 수 있도록 필요한 시책을 수립·실시하여야 한다.
(2024.2.13 본조신설)

제17조의6【안전사고 예방】 국가와 지방자치단체는 학생 및 교직원의 안전을 보장하고 사고를 예방할 수 있도록 필요한 시책을 수립·실시하여야 한다.(2015.1.20 본조신설)

제17조의7【평화적 통일 지향】 국가 및 지방자치단체는 학생 또는 교원이 자유민주적 기본질서를 확립하고 평화적 통일을 지향하는 교육 또는 연수를 받을 수 있도록 필요한 시책을 수립·실시하여야 한다.(2016.5.29 본조신설)

제18조【특수교육】 국가와 지방자치단체는 신체적·정신적·지적 장애 등으로 특별한 교육적 배려가 필요한 사람을 위한 학교를 설립·경영하여야 하며, 이들의 교육을 지원하기 위하여 필요한 시책을 수립·실시하여야 한다.(2021.3.23 본조개정)

제19조【영재교육】 국가와 지방자치단체는 학문·예술 또는 체육 등의 분야에서 재능이 특히 뛰어난 사람의 교육에 필요한 시책을 수립·실시하여야 한다.(2021.3.23 본조개정)

제20조【유아교육】 국가와 지방자치단체는 유아교육을 진흥하기 위하여 필요한 시책을 수립·실시하여야 한다.

제21조【직업교육】 국가와 지방자치단체는 모든 국민이 학교교육과 평생교육을 통하여 직업에 대한 소양과 능력을 계발하기 위한 교육을 받을 수 있도록 필요한 시책을 수립·실시하여야 한다.(2021.9.24 본조개정)

제22조【과학·기술교육】 국가와 지방자치단체는 과학·기술교육을 진흥하기 위하여 필요한 시책을 수립·실시하여야 한다.

제22조의2【기후변화환경교육】 국가와 지방자치단체는 모든 국민이 기후변화 등에 대응하기 위하여 생태전환교육을 받을 수 있도록 필요한 시책을 수립·실시하여야 한다.
(2021.9.24 본조신설)

제22조의3【진로교육】 국가와 지방자치단체는 모든 국민이 자신의 소질과 적성을 바탕으로 진로를 탐색·설계할 수 있도록 진로교육에 필요한 시책을 수립·실시하여야 한다.
(2023.9.14 본조신설)

제22조의4【학교체육】 국가와 지방자치단체는 학생의 체력 증진과 체육활동 장려에 필요한 시책을 수립·실시하여야 한다.

제22조의5【스마트기기 사용 교육】 국가와 지방자치단체는 과도한 스마트기기 사용으로 인하여 발생하는 부작용을 예방하기 위하여 올바른 스마트기기 사용에 관한 소양교육 등 필요한 시책을 수립·실시하여야 한다.(2024.12.20 본조신설)

제23조【교육의 정보화】 ① 국가와 지방자치단체는 정보화교육 및 정보통신매체를 이용한 교육을 지원하고 교육정보산업을 육성하는 등 교육의 정보화에 필요한 시책을 수립·실시하여야 한다.
② 제1항에 따른 정보화교육에는 정보통신매체를 이용하는데 필요한 타인의 명예·생명·신체 및 재산상의 위해를 방지하기 위한 법적·윤리적 기준에 관한 교육이 포함되어야 한다.
(2018.12.18 본조개정)

제23조의2【학교 및 교육행정기관 업무의 전자화】 국가와 지방자치단체는 학교 및 교육행정기관의 업무를 전자적으로 처리할 수 있도록 필요한 시책을 마련하여야 한다.

제23조의3【학생정보의 보호원칙】 ① 학교생활기록 등의 학생정보는 교육적 목적으로 수집·처리·이용 및 관리되어야 한다.
② 부모 등 보호자는 자녀 등 피보호자에 대한 제1항의 학생정보를 제공받을 권리를 가진다.
③ 제1항에 따른 학생정보는 법률로 정하는 경우 외에는 해당 학생(학생이 미성년자인 경우에는 학생 및 학생의 부모 등 보호자)의 동의 없이 제3자에게 제공되어서는 아니 된다.

제24조【학술문화의 진흥】 국가와 지방자치단체는 학술문화를 연구·진흥하기 위하여 학술문화시설 설치 및 연구비 지원 등의 시책을 수립·실시하여야 한다.

제25조【사립학교의 육성】 국가와 지방자치단체는 사립학교를 지원·육성하여야 하며, 사립학교의 다양하고 특성있는 설립목적이 존중되도록 하여야 한다.

제26조【평가 및 인증제도】 ① 국가는 국민의 학습성과 등이 공정하게 평가되어 사회적으로 통용될 수 있도록 학력평가와 능력인증에 관한 제도를 수립·실시할 수 있다.
② 제1항에 따른 평가 및 인증제도는 학교의 교육과정 등 교육제도와 상호 연계되어야 한다.

제26조의2【교육 관련 정보의 공개】 ① 국가와 지방자치단체는 국민의 알 권리와 학습권을 보장하기 위하여 그 보유·관리하는 교육 관련 정보를 공개하여야 한다.
② 제1항에 따른 교육 관련 정보의 공개에 관한 기본적인 사항은 따로 법률로 정한다.

제26조의3【교육 관련 통계조사】 국가와 지방자치단체는 교육제도의 효율적인 수립·시행과 평가를 위하여 교육 관련 통계조사에 필요한 시책을 마련하여야 한다.
(2017.3.21 본조신설)

제27조【보건 및 복지의 증진】 ① 국가와 지방자치단체는 학생과 교직원의 건강 및 복지를 증진하기 위하여 필요한 시책을 수립·실시하여야 한다.
② 국가 및 지방자치단체는 학생의 안전한 주거환경을 위하여 학생복지주택의 건설에 필요한 시책을 수립·실시하여야 한다.(2008.3.21 본항신설)

제28조【장학제도 등】 ① 국가와 지방자치단체는 경제적 이유로 교육받기 곤란한 사람을 위한 장학제도(奬學制度)와 학비보조제도 등을 수립·실시하여야 한다.(2021.3.23 본항개정)
② 국가는 다음 각 호의 사람에게 학비나 그 밖에 필요한 경비의 전부 또는 일부를 보조할 수 있다.
1. 교원양성교육을 받는 사람
2. 국가에 특히 필요한 분야를 국내외에서 전공하거나 연구하는 사람
(2021.3.23 본항개정)
③ 제1항 및 제2항에 따른 장학금 및 학비보조금 등의 지급 방법 및 절차, 지급받을 자의 자격 및 의무 등에 관하여 필요한 사항은 대통령령으로 정한다.

제29조【국제교육】 ① 국가는 국민이 국제사회의 일원으로서 갖추어야 할 소양과 능력을 기를 수 있도록 국제화교육에 노력하여야 한다.
② 국가는 외국에 거주하는 동포에게 필요한 학교교육 또는 평생교육을 실시하기 위하여 필요한 시책을 마련하여야 한다.
(2021.9.24 본항개정)
③ 국가는 학문연구를 진흥하기 위하여 국외유학에 관한 시책을 마련하여야 하며, 국외에서 이루어지는 우리나라에 대한 이해와 우리 문화의 정체성 확립을 위한 교육·연구활동을 지원하여야 한다.
④ 국가는 외국정부 및 국제기구 등과의 교육협력에 필요한 시책을 마련하여야 한다.

부　칙 (2018.12.18)

이 법은 공포 후 6개월이 경과한 날부터 시행한다.

부　칙 (2021.3.23)

이 법은 공포한 날부터 시행한다.(이하 생략)

부　칙 (2021.9.24)

제1조【시행일】 이 법은 공포 후 6개월이 경과한 날부터 시행한다. 다만, 제5조, 제22조의2 및 제22조의3의 개정규정은 공포한 날부터 시행한다.

제2조【사회교육시설에 관한 경과조치】 이 법 시행 당시 종전의 규정에 따라 설립된 사회교육시설은 이 법에 따른 평생교육시설로 본다.

제3조【남녀평등교육심의회에 관한 경과조치】 이 법 시행 당시 종전의 규정에 따라 설치된 남녀평등교육심의회는 이 법에 따라 설치된 양성평등교육심의회로 본다.

부 칙 (2023.9.14)
(2023.9.27)

이 법은 공포한 날부터 시행한다.

부 칙 (2024.2.13)

이 법은 공포 후 6개월이 경과한 날부터 시행한다.

부 칙 (2024.12.20)

이 법은 공포한 날부터 시행한다.

부 칙 (2025.1.21)

이 법은 공포 후 6개월이 경과한 날부터 시행한다.

사립학교법

(1963년 6월 26일
법 률 제1362호)

개정
1963.12.16법 1621호 <중략>
2007. 7.19법 8529호 2007. 7.27법 8545호
2007.10.17법 8639호
2008. 2.29법 8852호(정부조직)
2008. 3.14법 8888호
2010. 4.15법10258호(성폭력범죄의처벌등에관한특례법)
2011. 4.12법10580호(부등)
2011. 5.19법10637호 2011. 7.21법10871호
2011. 7.25법10906호 2012. 1.26법11216호
2013. 1.23법11622호
2013. 3.23법11690호(정부조직)
2013.12.30법12125호 2015. 3.27법13224호
2015.12.22법13573호
2016. 2. 3법13936호(교원의지위향상및교육활동보호를위한특별법)
2016. 2. 3법13938호
2016. 5.29법14154호 2016.12.27법14468호
2017.10.31법15022호(주식회사등의외부감사에관한법)
2017.11.28법15040호 2018. 4.17법15555호
2018.12.18법15954호 2019. 1.15법16219호
2019. 4.16법16310호 2019. 8.20법16439호
2019.12. 3법16672호(초중교육)
2019.12. 3법16674호
2019.12. 3법16679호(고등교육)
2020. 1.29법16874호 2020. 3.24법17078호
2020.10.20법17493호 2020.12.22법17659호
2021. 8.10법18372호 2021. 9.24법18460호
2022.10.18법18990호(교육공무원)
2022.12.13법19066호
2024. 1. 9법19990호(벤처기업육성에관한특별법)
2024. 2.27법20350호 2025. 1.21법20666호

제1장 총 칙

제1조【목적】 이 법은 사립학교의 특수성에 비추어 그 자주성을 확보하고 공공성을 높임으로써 사립학교의 건전한 발달을 도모함을 목적으로 한다.(2020.12.22 본조개정)

제2조【정의】 이 법에서 사용하는 용어의 뜻은 다음과 같다.
1. "사립학교"란 학교법인, 공공단체 외의 법인 또는 그 밖의 사인(私人)이 설치하는 「유아교육법」 제2조제2호, 「초 · 중등교육법」 제2조 및 「고등교육법」 제2조에 따른 학교를 말한다.
2. "학교법인"이란 사립학교만을 설치 · 경영할 목적으로 이 법에 따라 설립되는 법인을 말한다.
3. "사립학교경영자"란 「유아교육법」, 「초 · 중등교육법」, 「고등교육법」 및 이 법에 따라 사립학교를 설치 · 경영하는 공공단체 외의 법인(학교법인은 제외한다) 또는 사인을 말한다.

4. "임용"이란 신규채용, 승진, 전보(轉補), 겸임, 파견, 강임(降任), 휴직, 직위해제, 정직(停職), 강등, 복직, 면직, 해임 및 파면을 말한다.(2021.8.10 본호개정)
(2016.2.3 본조개정)

제3조【학교법인이 아니면 설립할 수 없는 사립학교 등】 학교법인이 아닌 자는 다음 각 호의 어느 하나에 해당하는 사립학교를 설치·경영할 수 없다. 다만, 「초·중등교육법」 제52조제2항에 따라 산업체가 그 고용근로청소년의 교육을 위하여 중학교 또는 고등학교를 설치·경영하는 경우에는 그러하지 아니하다.
1. 초등학교·중학교·고등학교·특수학교·대학
2. 산업대학·사이버대학·전문대학·기술대학
3. 대학·산업대학·전문대학 또는 기술대학에 준하는 각종 학교
(2020.12.22 본조개정)

제4조【관할청】 ① 다음 각 호의 어느 하나에 해당하는 자는 그 주소지를 관할하는 특별시·광역시·특별자치시·도 및 특별자치도(이하 "시·도"라 한다) 교육감의 지도·감독을 받는다.
1. 사립의 초등학교·중학교·고등학교·고등기술학교·고등공민학교·특수학교·유치원 및 이들에 준하는 각종 학교
2. 제1호에 따른 사립학교를 설치·경영하는 학교법인 또는 사립학교경영자
② (1991.3.8 삭제)
③ 다음 각 호의 어느 하나에 해당하는 자는 교육부장관의 지도·감독을 받는다.
1. 사립의 대학·산업대학·사이버대학·전문대학·기술대학 및 이들에 준하는 각종학교(이하 "대학교육기관"이라 한다)
2. 제1호에 따른 사립학교를 설치·경영하는 학교법인
3. 제1호에 따른 사립학교와 그 밖의 사립학교를 아울러 설치·경영하는 학교법인
(2020.12.22 본조개정)

제2장 학교법인

제1절 통 칙

제5조【자산】 ① 학교법인은 그가 설치·경영하는 사립학교에 필요한 시설·설비와 그 학교의 경영에 필요한 재산을 갖추어야 한다.
② 제1항에 따른 사립학교에 필요한 시설·설비와 재산에 관한 기준은 대통령령으로 정한다.
(2020.12.22 본조개정)

제6조【사업】 ① 학교법인은 그가 설치한 사립학교의 교육에 지장이 없는 범위에서 그 수익을 사립학교의 경영에 충당하기 위하여 수익을 목적으로 하는 사업(이하 "수익사업"이라 한다)을 할 수 있다.
② (1999.8.31 삭제)
③ 학교법인이 수익사업을 할 때에는 지체 없이 다음 각 호의 사항을 공고하여야 한다.
1. 사업의 명칭과 그 사무소의 소재지
2. 사업의 종류
3. 사업 경영에 관한 자본금
4. 사업 경영의 대표자의 성명·주소
5. 사업의 시기(始期) 및 기간
6. 그 밖에 필요한 사항
④ 수익사업에 관한 회계는 해당 학교법인이 설치·경영하는 사립학교의 경영에 관한 회계와 구분하여 별도 회계로 경리하여야 한다.
(2020.12.22 본조개정)

제7조【주소】 학교법인의 주소는 그 주된 사무소의 소재지로 한다.(2020.12.22 본조개정)

제8조【설립등기】 ① 학교법인은 설립허가를 받았을 때에는 3주일 이내에 다음 각 호의 사항을 등기하여야 한다.
1. 목적
2. 명칭
3. 사무소
4. 설립허가 연월일
5. 존립 시기나 해산 사유를 정한 경우에는 그 시기 또는 사유
6. 자산 총액
7. 출자방법을 정한 경우에는 그 방법
8. 이사의 성명·주소
② 제1항에 따라 등기하여야 할 사항은 등기한 후가 아니면 제3자에게 대항할 수 없다.
③ 법원은 등기한 사항을 지체 없이 공고하여야 한다.
(2020.12.22 본조개정)

제8조의2【재산 이전의 보고】 제8조에 따라 등기한 학교법인은 지체 없이 재산출연을 증명할 수 있는 등기사항증명서 및 금융기관의 증명서 등 대통령령으로 정하는 서류를 첨부하여 관할청에 재산출연 결과를 보고하여야 한다.
(2020.12.22 본조개정)

제9조【학교법인의 권리능력 등】 학교법인의 권리능력과 불법행위능력에 관하여는 「민법」 제34조 및 제35조를 준용한다.(2020.12.22 본조개정)

제2절 설 립
(2020.12.22 본절개정)

제10조【설립허가】 ① 학교법인을 설립하려는 자는 일정한 재산을 출연하고, 다음 각 호의 사항을 적은 정관을 작성하여 대통령령으로 정하는 바에 따라 교육부장관의 허가를 받아야 한다. 이 경우 기술대학을 설치·경영하는 학교법인을 설립할 때에는 대통령령으로 정하는 바에 따라 미리 산업체가 일정한 재산을 출연하여야 한다.
1. 목적
2. 명칭
3. 설치·경영하려는 사립학교의 종류와 명칭
4. 사무소 소재지
5. 자산 및 회계에 관한 사항
6. 임원의 정원 및 그 임면(任免)에 관한 사항
7. 이사회에 관한 사항
8. 수익사업을 경영하려는 경우에는 그 사업의 종류, 그 밖에 사업에 관한 사항
9. 정관 변경에 관한 사항
10. 해산에 관한 사항
11. 공고에 관한 사항과 그 방법
12. 그 밖에 이 법에 따라 정관에 적어야 할 사항
② 학교법인의 설립 당초의 임원은 정관으로 정하여야 한다.
③ 제1항제6호의 사항을 정할 때 기술대학을 설치·경영하는 학교법인의 경우에는 대통령령으로 정하는 바에 따라 산업체에 근무하는 사람을 임원으로 포함하여야 한다.

제10조의2【출연자의 정관 기재】 ① 학교법인은 일정한 재산을 출연한 자의 출연 의사를 보호하고 그 명예를 기리기 위하여 제10조제1항 각 호의 사항 외에 다음 각 호의 사항을 정관에 적을 수 있다.
1. 출연자의 성명 및 생년월일
2. 출연재산의 명세와 평가기준·금액
3. 출연자의 출연 의사
② 제1항에 따른 출연자 외에 학교법인의 설립 이후 대통령령으로 정하는 일정 금액 이상의 재산을 출연하거나 기부한 자에 대해서도 당사자의 의사에 따라 제1항 각 호의 사항을 정관에 적을 수 있다.

제11조【정관의 보충】 ① 학교법인을 설립하려는 사람이 제10조제1항 각 호의 사항 중 그 목적과 자산에 관한 사항만을 정하고 사망한 경우 교육부장관은 이해관계인의 청구에 의하여 그 외의 사항을 정할 수 있다.
② 제1항의 경우에 이해관계인이 없거나 그 청구가 없을 때에는 교육부장관이 직권으로 제1항의 사항을 정할 수 있다.

제12조【설립 시기】 학교법인은 그 주된 사무소의 소재지에서 설립등기를 함으로써 성립한다.
제13조【「민법」의 준용】 학교법인의 설립에 관하여는 「민법」 제47조, 제48조, 제50조부터 제52조까지, 제52조의2, 제53조, 제54조 및 제55조제1항을 준용한다.

제3절 기 관
(2020.12.22 본절개정)

제14조【임원】 ① 학교법인에는 임원으로서 7명 이상의 이사와 2명 이상의 감사를 두어야 한다. 다만, 유치원만을 설치·경영하는 학교법인에는 임원으로서 5명 이상의 이사와 1명 이상의 감사를 둘 수 있다.
② 이사 중 1명은 정관으로 정하는 바에 따라 이사장이 된다.
③ 학교법인은 제1항에 따른 이사 정수(定數)의 4분의 1(소수점 이하는 올림한다)에 해당하는 이사(이하 "개방이사"라 한다)를 제4항에 따른 개방이사추천위원회에서 2배수 추천한 인사 중에서 선임하여야 한다.
④ 개방이사추천위원회(이하 "추천위원회"라 한다)는 제26조의2에 따른 대학평의원회(이하 "대학평의원회"라 한다) 또는 「초·중등교육법」 제31조에 따른 학교운영위원회(이하 "학교운영위원회"라 한다)에 두고 그 조직과 운영 및 구성은 정관으로 정하되, 위원 정수는 5명 이상 홀수로 하고 대학평의원회 또는 학교운영위원회에서 추천위원회 위원의 2분의 1을 추천하도록 한다. 다만, 대통령령으로 정하는 종교지도자 양성만을 목적으로 하는 대학 및 대학원 설치·경영 학교법인의 경우에는 해당 종교단체에서 2분의 1을 추천한다.
⑤ 제3항에 따라 추천위원회가 개방이사를 추천할 때에는 30일 이내에 추천을 완료하여야 하며, 그 기간에 추천하지 못하면 관할청이 추천한다.
⑥ 제3항부터 제5항까지의 규정에 따른 개방이사의 추천, 선임방법 및 자격요건과 기준에 관한 구체적인 사항은 대통령령으로 정하는 바에 따라 정관으로 정한다.
제15조【이사회】 ① 학교법인에 이사회를 둔다.
② 이사회는 이사로 구성한다.
③ 이사장은 이사회를 소집하고 그 의장이 된다.
④ 감사는 이사회에 출석하여 발언할 수 있다.
제16조【이사회의 기능】 ① 이사회는 다음 각 호의 사항을 심의·의결한다.
1. 학교법인의 예산·결산·차입금 및 재산의 취득·처분과 관리에 관한 사항
2. 정관 변경에 관한 사항
3. 학교법인의 합병 또는 해산에 관한 사항
4. 임원의 임면에 관한 사항
5. 학교법인이 설치한 사립학교의 장 및 교원의 임용에 관한 사항
6. 학교법인이 설치한 사립학교의 경영에 관한 중요 사항
7. 수익사업에 관한 사항
8. 그 밖에 법령이나 정관에 따라 그 권한에 속하는 사항
② 이사장 또는 이사가 학교법인과 이해관계가 상반될 때에는 그 이사장 또는 이사는 해당 사항에 관한 의결에 참여할 수 없다.
제17조【이사회의 소집】 ① 이사장은 필요하다고 인정할 때에는 이사회를 소집할 수 있다.
② 이사장은 다음 각 호의 어느 하나에 해당하는 소집요구가 있을 때에는 그 소집요구일부터 20일 이내에 이사회를 소집하여야 한다.
1. 재적이사 반수 이상이 회의의 목적을 제시하여 소집을 요구할 때
2. 제19조제4항제4호에 따라 감사가 소집을 요구할 때
③ 이사회를 소집할 때에는 늦어도 회의 7일 전까지 회의의 목적을 밝혀 각 이사에게 통지하여야 한다. 다만, 이사 전원이 모이고 또 그 전원이 이사회 개최를 요구하였을 때는 예외로 한다.
④ 이사회를 소집하여야 할 경우에 그 소집권자가 궐위(闕位)되거나 소집을 기피하여 7일 이상 이사회 소집이 불가능할 때에는 재적이사 과반수의 찬성으로 소집할 수 있다. 다만, 소집권자가 이사회 소집을 기피한 경우에는 관할청의 승인을 받아야 한다.
⑤ 이사장은 제1항 및 제2항에 따라 이사회를 소집할 때에는 미리 대통령령으로 정하는 바에 따라 학교법인이 운영하는 학교의 인터넷 홈페이지 등에 소집 일자, 장소 등을 공지하여야 한다.(2021.9.24 본항신설)
제18조【의사정족수와 의결정족수 등】 ① 이사회는 정관에 특별한 규정이 없으면 재적이사 과반수의 출석으로 개의(開議)하고, 정관으로 정한 이사 정수 과반수의 찬성으로 의결한다.
② 이사회의 회의는 이사가 동영상과 음성이 동시에 송수신되는 장치가 갖추어진 다른 장소에 출석하여 진행하는 원격영상회의의 방식으로 할 수 있다. 이 경우 해당 이사는 이사회에 출석한 것으로 본다.
제18조의2【회의록의 작성 및 공개 등】 ① 이사회는 다음 각 호의 사항을 적은 회의록을 작성하여야 한다. 다만, 이사회 개최 당일에 회의록을 작성하기 어려운 사정이 있을 때에는 안건별로 심의·의결 결과를 기록한 회의조서를 작성할 수 있다.
1. 개의, 회의 중지 및 산회(散會) 일시
2. 안건
3. 의사
4. 출석한 임원과 직원의 성명
5. 표결 수
6. 그 밖에 이사장이 필요하다고 인정하는 사항
② 회의록과 회의조서에는 출석 임원 모두가 그 성명을 알 수 있도록 자필로 서명하고, 그 회의록 또는 회의조서가 2장 이상인 경우에는 각 장 사이에 걸쳐서 서명하여야 한다. 다만, 이사회는 출석 임원 중 3명을 호선(互選)하여 대표로 회의록과 회의조서의 각 장 사이에 걸쳐서 서명하게 하거나 간인(間印)하게 할 수 있다.
③ 제1항 각 호 외의 부분 단서에 따라 회의조서를 작성한 경우에는 조속한 시일 내에 회의록을 작성하여야 한다. 다만, 긴급한 필요가 있을 때에는 회의록을 대신하여 회의조서를 관할청에 제출할 수 있다.
④ 회의록은 공개하여야 한다. 다만, 대통령령으로 정하는 사항에 대해서는 이사회의 의결로 공개하지 아니할 수 있다.
⑤ 회의록의 공개에 관한 기간·절차, 그 밖에 필요한 사항은 대통령령으로 정한다.
제19조【임원의 직무】 ① 이사장은 학교법인을 대표하고 이 법과 정관에 규정된 직무를 수행하며 그 밖에 학교법인 내부의 사무를 총괄한다.
② 이사장이 궐위되거나 부득이한 사유로 직무를 수행할 수 없을 때에는 정관으로 정하는 바에 따르고, 정관에 규정이 없으면 이사회에서 호선한 다른 이사가 이사장의 직무를 대행한다.
③ 이사는 이사회에 출석하여 학교법인의 업무에 관한 사항을 심의·결정하며, 이사회 또는 이사장으로부터 위임받은 사항을 처리한다.
④ 감사는 다음 각 호의 직무를 수행한다.
1. 학교법인의 재산 상황과 회계를 감사하는 일
2. 이사회의 운영과 그 업무에 관한 사항을 감사하는 일
3. 학교법인의 재산 상황과 회계 또는 이사회의 운영과 그 업무에 관한 사항을 감사한 결과 부정하거나 불비(不備)한 점을 발견하였을 때 이사회와 관할청에 보고하는 일
4. 제3호의 보고를 하기 위하여 필요한 경우에 이사회 소집을 요구하는 일
5. 학교법인의 재산 상황 또는 이사회의 운영과 그 업무에 관한 사항에 대하여 이사장 또는 이사에게 의견을 진술하는 일
제20조【임원의 선임과 임기】 ① 임원은 정관으로 정하는 바에 따라 이사회에서 선임한다.

② 임원은 관할청의 승인을 받아 취임한다. 이 경우 교육부장관이 정하는 바에 따라 인적사항을 공개하여야 한다.
③ 이사장·이사 및 감사의 임기는 정관으로 정하되, 이사는 5년을 초과할 수 없고 중임(重任)할 수 있으며, 감사는 3년을 초과할 수 없고 한 차례만 중임할 수 있다.
제20조의2【임원 취임의 승인취소】 ① 임원이 다음 각 호의 어느 하나에 해당하는 행위를 하였을 때에는 관할청은 그 취임 승인을 취소할 수 있다.
1. 이 법, 「초·중등교육법」 또는 「고등교육법」을 위반하거나 이에 따른 명령을 이행하지 아니하였을 때
2. 임원 간의 분쟁, 회계 부정 또는 현저히 부당한 행위 등으로 해당 학교 운영에 중대한 장애를 일으켰을 때
3. 학사행정에 관하여 해당 학교의 장의 권한을 침해하였을 때
4. 관할청의 학교의 장 및 교직원에 대한 징계요구에 따르지 아니하였을 때(2021.9.24 본호개정)
② 제1항에 따른 취임 승인의 취소는 관할청이 해당 학교법인에 그 사유를 들어 시정을 요구한 날부터 15일이 지나도 이에 따르지 아니한 경우에만 할 수 있다. 다만, 시정을 요구하여도 시정할 수 없는 것이 명백하거나 회계 부정, 횡령, 뇌물 수수 등 비리의 정도가 중대한 경우에는 시정요구 없이 임원 취임의 승인을 취소할 수 있으며, 그 세부적인 기준은 대통령령으로 정한다.
제20조의3【임원의 직무집행정지】 ① 관할청은 다음 각 호의 어느 하나에 해당하는 경우에는 60일의 범위에서 해당 임원의 직무를 정지시킬 수 있으며, 부득이한 사유가 있을 때에는 60일의 범위에서 그 기간을 연장할 수 있다.
1. 제20조의2제1항에 따른 임원 취임 승인의 취소를 위한 조사나 감사가 진행 중일 때
2. 제20조의2제2항에 따른 시정요구 기간 중 해당 임원이 계속 직무를 집행할 경우 법인 또는 학교 운영상 중대한 손해가 생길 우려가 있다고 인정될 때
② 관할청은 제1항에 따른 임원의 직무집행정지 사유가 소멸되었을 때에는 직무집행정지를 즉시 해제하여야 한다.
제21조【임원 선임의 제한】 ① 이사 정수의 반수 이상은 대한민국 국민이어야 한다. 다만, 대학교육기관 중 대통령령으로 정하는 학교를 설치·경영하는 학교법인으로서 대한민국 국민이 아닌 자가 학교법인 기본재산액의 2분의 1 이상에 해당하는 재산을 출연한 학교법인인 경우에는 이사 정수의 3분의 2 미만을 대한민국 국민이 아닌 사람으로 할 수 있다.
② 이사회를 구성할 때 서로 「민법」 제777조에 따른 친족관계인 이사들이 이사 정수의 4분의 1을 초과해서는 아니 된다.
③ 이사 중 적어도 3분의 1 이상은 다음 각 호의 어느 하나에 해당하는 교육경험 또는 합산한 교육경험이 3년 이상인 사람이어야 한다.
1. 「유아교육법」 제2조제2호에 따른 유치원에서 교원으로 근무한 경험
2. 「초·중등교육법」 제2조에 따른 학교에서 교원으로 근무한 경험
3. 「고등교육법」 제2조에 따른 학교에서 교원 또는 같은 법 제17조제1항의 명예교수·겸임교원 및 초빙교원 등으로 근무한 경험
4. 제1호부터 제3호까지의 근무경험에 준하는 것으로서 대통령령으로 정하는 교육경험
④ 감사와 감사 또는 감사와 이사는 서로 「민법」 제777조에 따른 친족이어서는 아니 된다.
⑤ 학교법인에 두는 감사 중 1명은 추천위원회에서 추천하는 사람을 선임한다.
⑥ 대통령령으로 정하는 기준 이상의 학교법인에 두는 감사 중 1명은 공인회계사 자격을 가진 사람이어야 한다.
⑦ 다음 각 호의 어느 하나에 해당하는 사람에 대하여 임원 취임의 승인을 요청하는 경우에는 재적이사 3분의 2 이상의 찬성을 받아야 한다.
1. 제20조의2에 따라 임원 취임 승인이 취소된 날부터 10년이 지난 사람(2021.9.24 본호개정)
2. 제54조의2에 따라 학교의 장의 직위에서 해임된 날부터 6년이 지난 사람(2021.9.24 본호개정)
3. 제61조에 따라 파면된 날부터 10년이 지난 사람(2021.9.24 본호개정)
제22조【임원의 결격사유】 다음 각 호의 어느 하나에 해당하는 사람은 학교법인의 임원이 될 수 없다.
1. 「국가공무원법」 제33조 각 호의 어느 하나에 해당하는 사람
2. 제20조의2에 따라 임원 취임의 승인이 취소된 후 10년이 지나지 아니한 사람(2021.9.24 본호개정)
3. 제54조의2에 따른 해임 요구에 의하여 해임된 후 6년이 지나지 아니한 사람(2021.9.24 본호개정)
4. 제61조에 따라 파면된 후 10년이 지나지 아니한 사람(2021.9.24 본호개정)
5. 4급 이상의 교육행정공무원 또는 4급 상당 이상의 교육공무원으로 재직하다 퇴직한 후 2년이 지나지 아니한 사람
제22조의2【임원의 당연퇴임 사유】 학교법인의 임원이 제22조 각 호의 어느 하나에 해당하는 경우에는 당연히 퇴임된다. 다만, 「국가공무원법」 제33조제5호는 「형법」 제129조부터 제132조까지 및 직무와 관련하여 같은 법 제355조 및 제356조에 규정된 죄를 범한 사람으로서 금고 이상의 형의 선고유예를 받은 경우만 해당하고, 「국가공무원법」 제33조제6호의2를 적용할 때 "공무원"은 "임원"으로 본다.(2021.9.24 본조신설)
제23조【임원의 겸직금지】 ① 이사장은 해당 학교법인이 설치·경영하는 사립학교의 장을 겸할 수 없다.
② 이사는 감사 또는 해당 학교법인이 설치·경영하는 사립학교의 교원이나 그 밖의 직원을 겸할 수 없다. 다만, 학교의 장은 예외로 한다.
③ 감사는 이사장, 이사 또는 학교법인의 직원(그 학교법인이 설치·경영하는 사립학교의 교원이나 그 밖의 직원을 포함한다)을 겸할 수 없다.
제24조【임원의 보충】 이사나 감사 중에 결원이 생겼을 때에는 2개월 이내에 보충하여야 한다.
제24조의2【사학분쟁조정위원회의 설치 및 기능】 ① 제25조에 따른 임시이사의 선임과 제25조의2에 따른 임시이사의 해임 및 제25조의3에 따른 임시이사가 선임된 학교법인의 정상화 등에 관한 중요 사항을 심의하기 위하여 교육부장관 소속으로 사학분쟁조정위원회(이하 "조정위원회"라 한다)를 둔다.
② 조정위원회는 다음 각 호의 사항을 심의한다.
1. 임시이사의 선임에 관한 사항
2. 임시이사의 해임에 관한 사항
3. 임시이사가 선임된 학교법인의 정상화 추진에 관한 사항
4. 그 밖에 관할청이 조정위원회에 심의를 요청한 사항
③ 조정위원회는 제2항 각 호의 사항에 대한 심의 결과를 지체 없이 관할청에 통보하여야 한다.
④ 관할청은 제3항에 따른 심의 결과에 따라야 한다. 다만, 심의 결과에 이의가 있는 경우에는 조정위원회에 재심을 요청할 수 있고, 그 재심 결과를 수용하여야 한다.
제24조의3【조정위원회의 구성 등】 ① 조정위원회는 대통령이 위촉하는 다음 각 호의 위원으로 구성하며, 위원장은 대법원장이 추천하는 사람 중에서 호선한다.
1. 대통령이 추천하는 사람 3명
2. 국회의장이 추천하는 사람 3명
3. 대법원장이 추천하는 사람 5명
② 위원의 임기는 2년으로 하며, 한 차례만 중임할 수 있다.
③ 조정위원회의 조직 및 운영 등에 필요한 사항은 대통령령으로 정한다.
제24조의4【조정위원회 위원의 자격 기준】 ① 위원은 다음 각 호의 어느 하나에 해당하는 사람이어야 한다.
1. 판사·검사·군법무관 또는 변호사로 15년 이상 재직한 사람
2. 대학의 총장·학장 또는 초·중등학교의 교장 경력이 있는 사람으로서 교육 경력이 15년 이상인 사람

3. 대학에서 부교수 이상의 직에 종사하는 사람으로서 교육경력이 15년 이상인 사람
4. 공인회계사로서 회계업무 경력이 15년 이상인 사람
5. 교육행정기관의 고위공무원 경력이 있는 사람으로서 공무원 경력이 15년 이상인 사람

② 제22조 각 호의 어느 하나에 해당하는 사람은 위원이 될 수 없다.

제25조【임시이사의 선임】 ① 관할청은 다음 각 호의 어느 하나에 해당하는 경우에는 이해관계인의 청구에 의하여 또는 직권으로 조정위원회의 심의를 거쳐 임시이사를 선임하여야 한다.
1. 학교법인이 이사의 결원을 보충하지 아니하여 학교법인의 정상적 운영이 어렵다고 판단되는 경우
2. 제20조의2에 따라 학교법인의 임원 취임 승인을 취소한 경우. 다만, 임원 취임 승인이 취소되어 제18조제1항에 따른 이사회 의결정족수를 충족하지 못하는 경우로 한정한다. (2021.8.10 단서개정)
3. 제25조의2에 따라 임시이사를 해임한 경우

② 임시이사는 조속한 시일 내에 제1항에 따른 사유를 해소할 수 있도록 노력하여야 한다.

③ 임시이사는 제1항에 따른 사유가 해소될 때까지 재임하되, 그 임기는 선임된 날부터 3년을 초과할 수 없다.

④ 임시이사는 제20조에 따른 임원으로 선임될 수 없다.

⑤ 관할청은 임시이사가 선임된 법인에 이사회 소집을 요구할 수 있다.

⑥ 국가나 지방자치단체는 임시이사가 선임된 학교법인 중 재정이 열악한 학교법인의 최소한의 이사회 운영경비, 사무직원 인건비 및 학교법인의 정상화를 위하여 소요되는 대통령령으로 정하는 소송비용을 지원할 수 있다.(2021.8.10 본항개정)

판례 교수협의회와 총학생회의 이해관계인 적격 여부 : 사립학교법의 임시이사제도는 위기사태에 빠진 학교법인을 조속한 시일 내에 정상화시킴으로써 학생들의 교육받을 권리가 침해되는 것을 방지하려는데 취지가 있고, 사립학교법과 그에 따른 학원 정관이 개방이사의 선임에 관한 규정을 두고 있는 것은, 교직원·학생 등이 갖는 학교운영에 참여할 권리를 보장하려는데 취지가 있다. 학생이나 교원의 법률상 이익을 보호하기 위한 위 법령의 규정들은 대학 자치나 학문의 자유를 실현하기 위한 수단으로서 기능하는 학생회나 교수회의 법률상 이익을 보호하는 역할도 함께 한다고 봐야 한다. 이와 같은 임시이사제도의 취지, 교직원·학생 등의 학교운영에 참여할 기회를 부여하기 위한 개방이사 제도에 관한 법의 규정 내용과 그 입법취지 등을 종합해 보면, 비록 관련 법규에 명시적으로 교원 단체 또는 학생 단체의 참여권을 인정하고 있는 규정은 없지만, 사립학교법은 헌법 제31조제4항에 정한 교육의 자주성과 대학의 자율성에 근거한 교수협의회와 총학생회의 학교운영참여권을 구체화해 이를 보호하고 있다고 해석된다. 따라서 교수협의회와 총학생회는 학원의 이사선임처분을 다툴 법률상 이익을 가진다. (대판 2015.7.23, 2012두19496,19502)

제25조의2【임시이사의 해임】 관할청은 임시이사가 다음 각 호의 어느 하나에 해당하는 경우에는 조정위원회의 심의를 거쳐 임시이사의 전부 또는 일부를 해임할 수 있다.
1. 「국가공무원법」 제33조 각 호의 어느 하나에 해당하게 된 경우
2. 그 직무를 현저히 게을리한 경우
3. 제20조의2제1항 각 호의 어느 하나에 해당하는 행위를 한 경우

제25조의3【임시이사가 선임된 학교법인의 정상화】 ① 관할청은 제20조에도 불구하고 제25조에 따라 선임된 임시이사의 선임 사유가 해소되었다고 인정할 때에는 조정위원회의 심의를 거쳐 지체 없이 임시이사를 해임하고 이사를 선임하여야 한다.

② 조정위원회는 제1항에 따른 심의를 하려는 경우 대통령령으로 정하는 바에 따라 다음 각 호에 해당하는 자로부터 이사 후보자 추천 의견을 청취하여야 한다.
1. 다음 각 목의 사람을 다음 각 목의 순서에 따라 포함하여 구성하고, 조정위원회의 인정을 받은 협의체. 이 경우 나목의 사람은 그 퇴직일이 가장 최근인 사람부터 순차적으로 포함하고, 협의체의 총인원수는 해당 학교법인 이사 정수의 과반수로 하되, 가목의 사람만으로 인원수가 초과되거나 나목의 사람 중 마지막으로 구성원으로 포함될 사람들의 퇴직일이 동일하여 인원수가 초과되는 경우에는 그 초과된 인원을 포함한 인원수를 협의체의 총인원수로 본다.
   가. 해당 학교법인의 이사(임시이사는 제외한다)
   나. 가목 외의 사람 중 해당 학교법인의 이사(임시이사는 제외한다)였던 사람
2. 다음 각 목의 어느 하나에 해당하는 기구로서 조정위원회가 인정하는 기구
   가. 해당 학교법인이 설치·경영하는 사립학교의 교직원 대표기구
   나. 해당 학교법인이 설치·경영하는 사립학교의 학생·학부모 대표기구
3. 추천위원회
4. 해당 학교법인(제14조제4항 단서에 해당하는 학교법인으로 한정한다)을 설립한 종교단체
5. 관할청
6. 그 밖에 조정위원회가 인정하는 이해관계인

(2025.1.21 본항신설)

③ 조정위원회는 제2항에 따라 이사 후보자 추천 의견을 청취하는 경우 다음 각 호의 기준을 지켜야 한다.
1. 제2항제1호에 따른 협의체의 구성원 중 다음 각 목의 어느 하나에 해당하는 사람이 있는 경우 : 제2항제1호에 따른 협의체에 추천하도록 하는 후보자의 수가 제2항에 따라 추천받는 전체 후보자 수(동일한 후보자가 있더라도 제2항 각 호에 따른 추천 주체가 다른 경우에는 별개로 계산한다)의 과반수 미만이 되도록 할 것
   가. 제20조의2에 따라 임원 취임의 승인이 취소(임원 간의 분쟁을 이유로 취임의 승인이 취소된 경우는 제외한다) 된 적이 있는 사람
   나. 제54조의2에 따라 해임된 적이 있는 사람
   다. 제61조에 따라 파면된 적이 있는 사람
   라. 그 밖에 해당 학교법인, 다른 학교법인 또는 해당 학교법인이나 다른 학교법인이 설치·경영하는 사립학교의 운영에 중대한 장애를 야기한 것으로 조정위원회가 인정한 사람
2. 제1호 외의 경우 : 제2항제1호에 따른 협의체에 추천하도록 하는 후보자의 수가 제2항에 따라 추천받는 전체 후보자 수(동일한 후보자가 있더라도 제2항 각 호에 따른 추천 주체가 다른 경우에는 별개로 계산한다)의 과반수가 되도록 할 것

(2025.1.21 본항신설)

④ 임시이사가 선임된 학교법인은 매년 1회 이상 조정위원회에 정상화 추진 실적을 보고하여야 한다.

⑤ 조정위원회는 제4항의 추진 실적을 평가하여 해당 학교법인의 임시이사 해임 및 정상화 여부에 관한 사항을 관할청에 통보한다.(2025.1.21 본항개정)

제26조【임원의 보수 제한】 ① 학교법인의 임원 중 정관으로 정한 상근(常勤) 임원을 제외한 임원에게는 보수를 지급하지 아니한다. 다만, 실비(實費)의 변상은 예외로 한다.

② 학교법인은 그 학교법인 기본재산액의 3분의 1 이상에 해당하는 재산을 그 법인의 기본재산으로 출연하거나 기증한 사람 중 생계가 곤란한 사람에게는 그 학교법인의 수익이 있는 범위에서 생계비·의료비·장례비를 지급할 수 있다. 다만, 제1항에 따라 보수를 받는 사람에 대해서는 그러하지 아니하다.

③ 제2항의 재산을 출연하거나 기증한 사람 중 생계가 곤란한 사람의 기준과 생계비·의료비·장례비의 범위는 대통령령으로 정한다.

제26조의2【대학평의원회】 ① 대학교육기관에 다음 각 호의 사항을 심의하게 하기 위하여 대학평의원회를 둔다. 다만, 제3호 및 제4호는 자문사항으로 한다.
1. 대학의 발전계획에 관한 사항
2. 학칙의 제정 또는 개정에 관한 사항
3. 대학헌장의 제정 또는 개정에 관한 사항

4. 대학교육과정의 운영에 관한 사항
5. 추천위원회 위원의 추천에 관한 사항
6. 그 밖에 교육에 관한 중요 사항으로서 정관으로 정하는 사항

② 대학평의원회의 조직 및 운영 등에 필요한 사항은 대통령령으로 정하는 바에 따라 정관으로 정한다.

제27조【「민법」의 준용】 학교법인의 이사장과 이사에 관하여는 「민법」 제59조제2항, 제61조, 제62조, 제64조 및 제65조를 준용한다. 이 경우 「민법」 제62조 중 "타인"은 "다른 이사"로 본다.

제4절 재산과 회계

(2020.12.22 본절개정)

제28조【재산의 관리 및 보호】 ① 학교법인이 그 기본재산에 대하여 매도·증여·교환·용도변경하거나 담보로 제공하려는 경우 또는 의무를 부담하거나 권리를 포기하려는 경우에는 관할청의 허가를 받아야 한다. 다만, 대통령령으로 정하는 경미한 사항은 관할청에 신고하여야 한다.

② 학교교육에 직접 사용되는 학교법인의 재산 중 대통령령으로 정하는 것은 매도하거나 담보로 제공할 수 없다.

③ 「초·중등교육법」 제10조 및 「고등교육법」 제11조에 따른 수업료와 그 밖의 납부금(입학금 또는 학교운영지원비를 말한다. 이하 같다)을 받을 권리와 제29조제2항에 따라 별도 계좌로 관리되는 수입에 대한 예금채권은 압류할 수 없다.

④ 관할청은 제1항 단서에 따른 신고를 받은 경우 그 내용을 검토하여 이 법에 적합하면 신고를 수리하여야 한다.

⑤ 학교법인은 기본재산에 관한 소송절차가 개시된 때와 완결된 때에는 대통령령으로 정하는 바에 따라 그 사실을 관할청에 신고하여야 한다.(2021.8.10 본항신설)

판례 사립학교법에 의하여 금지되는 '사립유치원 경영자의 재산으로서 매도하거나 담보에 제공할 수 없는 재산'의 범위 : 사립유치원의 경우에 동법 제28조 제2항, 제51조, 동법시행령 제12조 제1항에서 규정하고 있는 '학교교육에 직접 사용되는 사립학교경영자의 재산으로서 매도하거나 담보에 제공할 수 없는 재산' 중 교지·교사·체육장은 유치원 설립인가를 받을 당시의 원지·원사·유원장으로서 실제로 유치원 교육에 직접 사용되는 것 또는 설립인가 이후에 원지·원사·유원장의 변경인가를 받은 경우에는 그 변경인가를 받은 원지·원사·유원장으로서 실제로 유치원 교육에 직접 사용되는 것을 의미한다.(대판 2004.12.10, 2004도6261)

판례 학교법인의 재산 중 당해 학교법인이 설치·경영하는 사립학교의 교육에 직접 사용되는 교지 등의 재산은 매도 또는 담보에 제공할 수 없도록 규정하고 있는 취지는, 그것이 매매계약의 목적물이 될 수 없다는 데에 그치는 것이 아니고 매매로 인한 소유권이전 가능성을 전부 배제하는 것으로 국세징수법상 체납처분 절차에 의한 매도도 금지하는 것이어서, 이에 대하여는 국세징수법에 의한 압류가 허용되지 아니함이 명백하다.(대판 1996.11.15, 96누4947)

판례 학교법인이 양도되는 경우에 특별한 사정이 없는 한 계약체결인 이전에 해당 학교에 근무하다가 해임 또는 면직된 교직원으로서 그 해임 또는 면직처분의 효력을 다투는 교직원과의 근로관계까지 승계하는 것은 아니다.(대판 1994.5.10, 93다21606)

판례 학교법인의 대표자가 교육시설의 확장등 학교의 정상적인 유지운영을 위하여 타인으로부터 금원을 차용하고, 수표를 발행하는 행위는 법인의 대표자의 직무행위라 할 것이고, 또 이는 법인의 사무집행에 관한 행위로서의 객관적인 외형을 갖추었다 할 것이므로, 법인은 위 대표자가 타인으로부터 금원을 차용하고 수표를 발행함에 있어 사립학교법 제16조 및 제28조가 정하는 이사회의 결의를 거치지 아니하고, 감독관청의 허가를 받지 않은 잘못으로 인하여 타인이 입은 손해를 불법행위자로서 배상할 의무가 있다.
(대판 1975.8.19, 75다666)

제29조【회계의 구분 등】 ① 학교법인의 회계는 그가 설치·경영하는 학교에 속하는 회계와 법인의 업무에 속하는 회계로 구분한다.

② 제1항에 따른 학교에 속하는 회계는 교비회계(校費會計)와 부속병원회계(부속병원이 있는 경우로 한정한다)로 구분할 수 있고, 교비회계는 등록금회계와 비등록금회계로 구분하며, 각 회계의 세입·세출에 관한 사항은 대통령령으로 정하되 학교가 받은 기부금 및 수업료와 그 밖의 납부금은 교비회계의 수입으로 하여 별도 계좌로 관리하여야 한다.

③ 제1항에 따른 법인의 업무에 속하는 회계는 일반업무회계와 제6조에 따른 수익사업회계로 구분할 수 있다.

④ 제2항에 따른 학교에 속하는 회계의 예산은 해당 학교의 장이 편성하고, 다음 각 호의 구분에 따른 절차에 따라 확정·집행한다.

1. 대학교육기관 : 대학평의원회에 자문 및 「고등교육법」 제11조제3항에 따른 등록금심의위원회(이하 "등록금심의위원회"라 한다)의 심사·의결을 거친 후 이사회의 심사·의결로 확정하고 학교의 장이 집행한다.
2. 「초·중등교육법」 제2조에 따른 학교 : 학교운영위원회의 심의를 거친 후 이사회의 심사·의결로 확정하고 학교의 장이 집행한다.(2021.9.24 본호개정)
3. 유치원 : 「유아교육법」 제19조의3에 따른 유치원운영위원회에 자문을 거친 후 학교의 장이 집행한다. 다만, 유치원운영위원회를 두지 아니한 경우에는 학교의 장이 집행한다.

⑤ (2005.12.29 삭제)

⑥ 제2항에 따른 교비회계에 속하는 수입이나 재산은 다른 회계로 전출(轉出)·대여하거나 목적 외로 부정하게 사용할 수 없다. 다만, 다음 각 호의 어느 하나에 해당하는 경우에는 그러하지 아니하다.

1. 차입금의 원리금을 상환하는 경우
2. 공공 또는 교육·연구의 목적으로 교육용 기본재산을 국가, 지방자치단체 또는 연구기관에 무상으로 귀속하는 경우. 다만, 대통령령으로 정하는 기준을 충족하는 경우로 한정한다.

⑦ (2007.7.27 삭제)

판례 제29조는 어디까지나 당해 학교법인의 내부관계를 규율함에 불과하고, 대외관계에 있어서도 강행성을 갖는 효력규정이라고는 볼 수 없으므로, 학교회계에 속하지 않는 채무명의로 학교회계에 속하는 재산에 대한 강제집행은 유효하다.
(대판 1974.7.16, 73다1741)

제30조【회계연도】 학교법인의 회계연도는 그가 설치·경영하는 사립학교의 학년도에 따른다.

제31조【예산 및 결산의 제출】 ① 학교법인은 대통령령으로 정하는 바에 따라 매 회계연도가 시작되기 전에는 예산을, 매 회계연도가 끝난 후에는 결산을 관할청에 보고하고 공시하여야 한다.

② 관할청은 제1항의 예산이 회계 관계 법령 등을 위반하여 편성되었다고 인정할 때에는 그 시정을 지도할 수 있다.

③ 학교에 속하는 회계의 결산은 매 회계연도가 끝난 후 다음 각 호의 구분에 따른 절차를 거쳐야 한다. 다만, 유치원의 경우에는 그러하지 아니하다.

1. 대학교육기관 : 대학평의원회에 자문 및 등록금심의위원회의 심사·의결을 거쳐야 한다.
2. 「초·중등교육법」 제2조에 따른 학교 : 학교운영위원회의 심의를 거쳐야 한다.(2021.9.24 본호개정)

④ 학교법인은 제1항에 따라 결산서를 제출할 때에 그 학교법인의 감사 모두가 서명·날인한 감사보고서를 첨부하여야 한다. 이 경우 대학교육기관을 설치·경영하는 학교법인(제5항에 따른 학교법인은 제외한다)은 직접 선임한 학교법인과 독립한 외부감사인(「주식회사 등의 외부감사에 관한 법률」 제2조제7호의 감사인을 말한다. 이하 이 조에서 같다)의 감사보고서(이하 "외부감사보고서"라 한다) 및 부속서류(제4조제1항제1호에 따른 학교의 교비회계 결산은 제외한다)를 첨부하여야 한다.(2021.8.10 후단개정)

⑤ 대통령령으로 정하는 절차와 기준에 따라 교육부장관이 선정한 대학교육기관을 설치·경영하는 학교법인은 제1항에 따라 결산서를 제출할 때에 다음 각 호에 따른 외부감사인의 외부감사보고서 및 부속서류(제4조제1항제1호에 따른 학교의 교비회계 결산은 제외한다)를 첨부하여야 한다.

1. 연속하는 4개 회계연도 : 대학교육기관을 설치·경영하는 학교법인이 직접 선임한 학교법인과 독립한 외부감사인
2. 제1호에 따른 회계연도 다음 연속하는 2개 회계연도 : 대통령령으로 정하는 바에 따라 교육부장관이 지정하는 외부감사인. 이 경우 동일한 외부감사인으로 지정한다.

(2021.8.10 본항신설)

⑥ 제5항에 따른 학교법인은 같은 항 제2호에 따른 회계연도의 외부감사인을 해당 회계연도 이후 최초로 도래하는 회계연도의 외부감사인으로 선임할 수 없다.(2021.8.10 본항신설)
⑦ 교육부장관은 제5항제2호에 따른 외부감사인 지정 업무를 대통령령으로 정하는 법인이나 단체에 위탁할 수 있다.(2021.8.10 본항신설)
⑧ 제1항에 따른 공시와 관련하여 필요한 사항은 대통령령으로 정한다.

제31조의2【외부회계감사에 대한 감리】 ① 교육부장관은 필요한 경우 외부감사보고서 및 부속서류를 감리(監理)할 수 있다.(2021.8.10 본항개정)
② 교육부장관은 제1항에 따른 감리 업무의 전부 또는 일부를 대통령령으로 정하는 바에 따라 외부회계감사 및 감리에 관한 전문성을 갖춘 법인이나 단체에 위탁할 수 있다.
③ 제1항 및 제2항에서 규정한 사항 외에 감리 등에 필요한 사항은 대통령령으로 정한다.

제32조【재산목록 등의 비치】 ① 학교법인은 매 회계연도가 끝난 후 2개월 이내에 매 회계연도 말 현재의 재산목록, 재무상태표, 수입·지출 계산서, 그 밖에 필요한 장부나 서류를 작성하여 항상 그 사무소에 갖추어 두어야 한다.
② 제1항에 따라 갖추어 두어야 할 장부나 서류의 종류와 서식은 교육부령으로 정한다.

제32조의2【적립금】 ① 대학교육기관의 장 및 대학교육기관을 설치·경영하는 학교법인의 이사장은 교육시설의 신축·증축 및 개수(改修)·보수(補修), 학생의 장학금 지급 및 교직원의 연구 활동 지원 등에 충당하기 위하여 필요한 적립금(이하 "적립금"이라 한다)을 적립할 수 있다. 다만, 등록금회계로부터의 적립은 해당 연도 건물의 감가상각비 상당액을 교육시설의 신축·증축 및 개수·보수 목적으로 적립하는 경우에만 할 수 있다.
② 적립금은 원금보존적립금과 임의적립금으로 구분하고, 성격에 따라 연구적립금·건축적립금·장학적립금·퇴직적립금 및 그 밖에 구체적인 목적을 정하여 적립하는 특정목적적립금으로 구성한다.
③ 적립금은 기금으로 예치하여 관리하고, 그 적립 목적으로만 사용하여야 한다. 다만, 등록금회계에서 비등록금회계로 전출된 적립금 상당액을 제외한 적립금은 다음 각 호의 어느 하나의 방법으로 법인에 투자할 수 있다.
1. 적립금의 2분의 1 한도에서 「자본시장과 금융투자업에 관한 법률」 제4조제2항 각 호에 따른 증권의 취득
2. 적립금의 10분의 1 한도에서 해당 대학교육기관의 소속 교원 또는 학생이 개발한 신기술 또는 특허 등으로 창업한 「벤처기업육성에 관한 특별법」에 따른 벤처기업에 대한 투자(2024.1.9 본호개정)
④ 대학교육기관의 장 및 대학교육기관을 설치·경영하는 학교법인의 이사장은 제3항 본문에도 불구하고 「재난 및 안전관리 기본법」 제3조제1호에 따른 재난으로 인한 사유로 학생을 지원할 필요가 있는 경우에는 이사회의 의결로 기존 적립금을 학생지원 목적으로 변경하여 사용할 수 있다.(2020.10.20 본항신설)
⑤ 대학교육기관의 장 및 대학교육기관을 설치·경영하는 학교법인의 이사장은 제3항 단서에 따른 적립금 투자 대상이 해당 대학교육기관과 대통령령으로 정하는 특수한 관계에 있는 법인인 경우에는 그 투자결과를 교육부장관에게 보고하여야 한다.(2017.11.28 본항신설)
⑥ 대학교육기관의 장 및 대학교육기관을 설치·경영하는 학교법인의 이사장은 대통령령으로 정하는 바에 따라 성격에 따른 적립금별 적립 규모 및 사용내역을 공시하여야 한다.(2024.2.27 본항신설)
⑦ 교육부장관은 대학교육기관 및 대학교육기관을 설치·경영하는 학교법인의 적립금 현황 및 사용내역에 대하여 대통령령으로 정하는 바에 따라 실태점검을 하여야 한다.(2024.2.27 본항신설)
⑧ 교육부장관은 제7항에 따른 실태점검 결과 및 해당 대학교육기관과 대학교육기관을 설치·경영하는 학교법인의 재정상태 등을 고려하여 적립금의 적립 여부, 적립 규모, 적립 기간 및 투자 등에 필요한 조치를 할 수 있다.(2024.2.27 본항개정)
⑨ 제1항 단서의 감가상각비 산정방법과 제5항에 따른 투자결과의 보고 시기 및 방법 등은 교육부령으로 정한다.(2020.10.20 본항개정)
(2016.12.27 본조개정)

제32조의3【기금운용심의회의 설치 등】 ① 대학교육기관의 장 및 대학교육기관을 설치·경영하는 학교법인의 이사장은 제32조의2제3항에 따른 기금의 관리·운용에 관한 사항을 심의하기 위하여 기금운용심의회를 둔다.
② 기금운용심의회는 위원장 1명을 포함하여 15명 이내의 위원으로 구성하되, 다음 각 호의 사람으로 한다. 이 경우 제1호에 따른 교원, 직원 및 재학생은 각각 2명 이상, 제2호에 따른 외부 전문가는 1명 이상 포함하여야 한다.(2021.9.24 본문개정)
1. 해당 대학에 재직 중인 교원·직원 및 재학생
2. 회계 또는 재무 관련 외부 전문가
3. 그 밖에 동문 및 학교 발전에 도움이 될 수 있는 사람
(2021.9.24 1호~3호신설)
③ 기금운용심의회의 위원은 직무를 수행할 때 외부의 어떠한 지시나 간섭을 받지 아니한다.
④ 제1항부터 제3항까지에서 규정한 사항 외에 기금운용심의회의 구성 및 운영 등에 필요한 사항은 대통령령으로 정한다.

제32조의4【이월금】 ① 대학교육기관의 장 및 대학교육기관을 설치·경영하는 학교법인의 이사장은 해당 회계연도의 교비회계 예산을 편성·집행할 때에 이월금을 최소화하도록 노력하여야 한다.
② 교육부장관은 대학교육기관의 이월금이 재정 규모에 비하여 과다(過多)한 경우에는 이월금을 줄이기 위하여 시정요구 등 필요한 조치를 할 수 있다.

제33조【회계규칙 등】 학교법인의 회계규칙, 그 밖에 예산 또는 회계에 관하여 필요한 사항은 교육부장관이 정한다.

제5절 해산과 합병
(2020.12.22 본절개정)

제34조【해산 사유】 ① 학교법인은 다음 각 호의 어느 하나에 해당하는 사유로 해산한다.
1. 정관으로 정한 해산 사유의 발생
2. 목적 달성의 불가능
3. 다른 학교법인과의 합병
4. 파산
5. 제47조에 따른 교육부장관의 해산명령
② 제1항제2호의 사유로 인한 해산은 이사 정수의 3분의 2 이상의 동의를 받아 교육부장관의 인가를 받아야 한다.

제35조【잔여재산의 귀속】 ① 학교법인이 정관에 해산에 따른 잔여재산(殘餘財産)의 귀속자에 관한 규정을 두려는 경우 그 귀속자는 학교법인이나 그 밖에 교육사업을 경영하는 자 중에서 선정되도록 하여야 한다.
② 해산한 학교법인의 잔여재산은 합병 및 파산의 경우를 제외하고는 교육부장관에게 청산종결을 신고한 때에 제1항에 따라 정관으로 지정한 자에게 귀속된다.
③ 제1항 및 제2항에도 불구하고 학교법인의 임원 또는 해당 학교법인이 설립한 사립학교를 경영하는 자 등이 이 법 또는 교육 관계 법령을 위반하여 해당 학교법인이 관할청으로부터 회수 등 재정적 보전(補塡)을 필요로 하는 시정요구를 받았으나 이를 이행하지 아니하고 해산되는 경우 정관으로 지정한 자가 다음 각 호의 어느 하나에 해당하는 경우에는 그 지정이 없는 것으로 본다.
1. 해산한 학교법인의 설립자나 임원 또는 이들과 「민법」 제777조의 친족관계인 사람이 학교법인 해산일을 기준으로 10년 이내의 기간 중 정관으로 지정한 자 또는 정관으로 지정한 자가 설립한 사립학교의 다음 각 목의 어느 하나에 해당하는 보직에 있거나 있었던 경우
가. 대표자

나. 임원
다. 대학(「고등교육법」 제2조 각 호의 학교를 말한다)의 총장 또는 부총장
라. 초등학교 · 중학교 · 고등학교(「초 · 중등교육법」 제2조 각 호의 학교를 말한다)의 교장 또는 교감
마. 「유아교육법」 제2조제2호에 따른 유치원의 원장 또는 원감
2. 정관으로 지정한 자의 임원 또는 정관으로 지정한 자가 설립한 사립학교를 경영하는 자 등이 이 법 또는 교육 관계 법령을 위반하여 정관으로 지정한 자가 관할청으로부터 회수 등 재정적 보전을 필요로 하는 시정요구를 받았으나 이를 이행하지 아니한 경우
④ 제2항 및 제3항에 따라 처분되지 아니한 재산 중 대학교육기관을 설치 · 경영하는 학교법인의 재산은 「한국사학진흥재단법」 제17조제2항에 따른 사학진흥기금의 청산지원계정(이하 "청산지원계정"이라 한다)에 귀속되고, 제4조제1항제1호에 따른 학교를 설치 · 경영하는 학교법인의 재산은 해당 지방자치단체에 귀속된다.(2021.8.10 본항개정)
⑤ 지방자치단체는 제4항에 따라 지방자치단체에 귀속된 재산을 사립학교 교육의 지원을 위하여 다른 학교법인에 양여 · 무상대부 또는 보조금으로 지급하거나 그 밖의 교육사업에 사용한다.(2021.8.10 본항개정)
⑥ 제4항에 따라 청산지원계정에 귀속된 재산은 「한국사학진흥재단법」에 따른 한국사학진흥재단이 관리하고, 지방자치단체에 귀속된 재산은 해당 시 · 도 교육감이 관리하되, 제5항에 따른 처분을 할 때에는 시 · 도 교육감은 교육부장관의 동의를 받아야 한다.(2021.8.10 본항개정)

제35조의2【해산 및 잔여재산 귀속에 관한 특례】 ① 고등학교 이하 각급 학교를 설치 · 경영하는 학교법인은 학생 수가 크게 감소하여 그 목적을 달성하기 곤란한 경우에는 제34조제1항에도 불구하고 시 · 도 교육감의 인가를 받아 해산할 수 있다.
② 제1항에 따라 시 · 도 교육감의 인가를 받으려는 학교법인은 해산인가신청서에 잔여재산 처분계획서를 첨부하여 시 · 도 교육감에게 제출하여야 한다.
③ 제1항에 따른 해산과 제2항에 따른 잔여재산 처분계획은 이사 정수의 3분의 2 이상의 동의를 받아야 한다.
④ 국가 또는 지방자치단체는 제1항에 따라 해산하는 학교법인이 원활하게 해산할 수 있도록 다음 각 호의 어느 하나에 해당하는 지원을 할 수 있다.
1. 해산인가 신청 당시 학교법인이 보유하고 있는 기본재산 감정평가액의 100분의 30 이내의 범위에서 해산장려금의 지급
2. 해산인가 신청 당시 학교법인이 보유하고 있는 기본재산 중 학교교육에 직접 사용되었던 재산의 매입
⑤ 제1항에 따른 학교법인의 해산, 제2항에 따른 잔여재산의 처분 및 제4항에 따른 재정지원에 관한 사항을 심사하기 위하여 시 · 도 교육감 소속으로 사학정비심사위원회를 둔다.
⑥ 제5항에 따른 사학정비심사위원회의 구성 및 운영 등에 관한 사항은 대통령령으로 정한다.
⑦ 제1항부터 제5항까지의 규정에 따라 해산한 학교법인은 그 잔여재산의 전부 또는 일부를 제35조제1항에도 불구하고 제2항에 따른 잔여재산 처분계획서에서 정한 자에게 귀속시키거나 「공익법인의 설립 · 운영에 관한 법률」 제2조에 따른 공익법인을 설립하기 위한 재산으로 출연할 수 있다.

제36조【합병 절차】 ① 학교법인이 다른 학교법인과 합병하려는 경우에는 이사 정수의 3분의 2 이상의 동의가 있어야 한다.
② 제1항에 따른 합병은 교육부장관의 인가를 받아야 한다.
③ 제2항에 따른 인가를 받으려면 그 인가신청서에 합병 후 존속하는 학교법인 또는 합병으로 설립되는 학교법인의 정관과 그 밖에 대통령령으로 정하는 서류를 첨부하여야 한다.

제37조【합병 절차】 ① 학교법인은 제36조제2항의 인가를 받았을 때에는 그 인가 통지를 받은 날부터 15일 이내에 재산목록과 재무상태표를 작성하여야 한다.
② 학교법인은 제1항의 기간 내에 그 채권자에 대하여 이의가 있으면 일정한 기간 내에 이의를 제기할 것을 공고하고, 알고 있는 채권자에게는 각각 이를 최고(催告)하여야 한다. 이 경우 이의제기 기간은 2개월 이상이어야 한다.

제38조【합병 절차】 ① 채권자가 제37조제2항의 기간 내에 합병에 대하여 이의를 제기하지 아니하면 합병 후 존속하거나 합병으로 설립된 학교법인의 채무인수를 승인한 것으로 본다.
② 채권자가 제37조제2항의 기간 내에 이의를 제기하였을 때에는 학교법인은 채무를 갚거나 그에 상응하는 담보를 제공하여야 한다.

제39조【합병 절차】 합병에 의하여 학교법인을 설립할 경우 정관, 그 밖에 학교법인의 설립에 관한 사무는 각 학교법인이 선임한 자가 공동으로 수행하여야 한다.

제40조【합병의 효과】 합병 후 존속하는 학교법인 또는 합병으로 설립된 학교법인은 합병으로 소멸된 학교법인의 권리 · 의무(그 학교법인이 그가 경영하는 사업에 관하여 교육부장관의 인가나 그 밖의 처분으로 인하여 가지는 권리 · 의무를 포함한다)를 승계한다.

제41조【합병의 시기】 학교법인의 합병은 합병 후 존속하는 학교법인 또는 합병으로 설립되는 학교법인의 주된 사무소의 소재지에서 등기함으로써 그 효력이 생긴다.

제42조【「민법」 등의 준용】 ① 학교법인의 해산과 청산에 관하여는 「민법」 제79조 및 제81조부터 제95조까지의 규정을 준용한다. 이 경우 「민법」 제79조 중 "이사"는 "이사장"으로 본다.
② 학교법인의 청산인에 관하여는 제18조와 「민법」 제59조제2항, 제61조, 제62조, 제64조 및 제65조를 준용한다.

제6절 지원과 감독

제43조【지원】 ① 국가 또는 지방자치단체는 교육 진흥에 필요하다고 인정할 때에는 사립학교 교육을 지원하기 위하여 대통령령 또는 해당 지방자치단체의 조례로 정하는 바에 따라 보조를 신청한 학교법인 또는 사학지원단체에 보조금을 교부하거나 그 밖의 지원을 할 수 있다.
② 관할청은 제1항 또는 제35조제5항에 따라 지원을 받은 학교법인 또는 사학지원단체에 대하여 다음 각 호의 권한을 가진다.
1. 지원에 필요한 경우에는 해당 학교법인 또는 사학지원단체로부터 그 업무 또는 회계 상황에 관한 보고를 받을 권한
2. 해당 학교법인 또는 사학지원단체의 예산이 지원 목적에 비추어 적당하지 아니하다고 인정할 때에는 그 예산에 대하여 필요한 변경조치를 권고할 권한
③ 국가 또는 지방자치단체는 제1항 또는 제35조제5항에 따라 학교법인 또는 사학지원단체를 지원하는 경우 그 지원성과가 저조하여 계속 지원하는 것이 적당하지 아니하다고 인정하거나 학교법인 또는 사학지원단체가 제2항에 따른 관할청의 권고에 따르지 아니할 때에는 그 후의 지원을 중단할 수 있다.
(2020.12.22 본조개정)

제44조【실업교육의 우선적인 지원】 국가 또는 지방자치단체가 제35조제5항 또는 제43조제1항에 따라 학교법인을 지원하려는 경우에는 실업학교를 설치 · 경영하는 학교법인에 우선권을 주어야 한다.(2020.12.22 본조개정)

제45조【정관 변경 등】 ① 학교법인의 정관을 변경하려면 이사 정수의 3분의 2 이상의 찬성으로 이사회의 의결을 거쳐야 한다.
② 학교법인이 제1항에 따라 정관을 변경한 경우에는 교육부장관이 정하여 고시하는 서류를 갖추어 14일 이내에 교육부장관에게 보고하여야 한다.
③ 제2항에 따른 보고를 받은 교육부장관은 변경 사항이 법령에 위반된다고 판단하면 30일 이내에 해당 학교법인에 시정 또는 변경을 명할 수 있다.
④ 제3항에 따른 시정 또는 변경 명령을 받은 학교법인은 지

체 없이 이를 시정하거나 변경하고, 그 사실을 교육부장관에게 보고하여야 한다.
(2020.12.22 본조개정)

제46조 【수익사업의 정지명령】 관할청은 제6조제1항에 따라 수익사업을 하는 학교법인에 다음 각 호의 어느 하나에 해당하는 사유가 있다고 인정할 때에는 해당 학교법인에 그 사업의 정지를 명할 수 있다.
1. 해당 학교법인이 그 사업으로부터 생긴 수익을 그가 설치한 사립학교의 경영 외의 목적에 사용하였을 때
2. 해당 사업을 계속하는 것이 그 학교법인이 설치·경영하는 사립학교의 교육에 지장을 줄 때
(2020.12.22 본조개정)

제47조 【해산명령】 ① 교육부장관은 학교법인에 다음 각 호의 어느 하나에 해당하는 사유가 있다고 인정할 때에는 해당 학교법인에 해산을 명할 수 있다.
1. 설립허가 조건을 위반하였을 때
2. 목적 달성이 불가능할 때
② 제1항에 따른 학교법인의 해산명령은 다른 방법으로는 감독의 목적을 달성할 수 없을 때 또는 관할청이 시정을 지시한 후 6개월이 지나도 이에 따르지 아니하였을 때에만 한다.
(2020.12.22 본조개정)

제47조의2 【청문】 교육부장관은 제47조에 따라 학교법인의 해산을 명하려는 경우에는 청문을 하여야 한다.
(2020.12.22 본조개정)

제48조 【보고징수 등】 관할청은 감독상 필요할 때에는 학교법인 또는 사학지원단체에 보고서 제출을 명하거나, 장부·서류 등을 검사할 수 있으며 이에 따른 필요한 조치를 명할 수 있다.(2020.12.22 본조개정)

제48조의2 【해산된 학교법인 등에 대한 기록물 관리】 ① 해산된 학교법인과 폐지·폐쇄된 학교에 관한 효율적인 기록물 관리와 소속 임원, 교직원 및 학생의 권익보호를 위하여 다음 각 호의 자는 학적부, 조직·회계·예산 관련 자료 등 대통령령으로 정하는 보관 중인 기록물을 교육부장관에게 제출하여야 한다.
1. 제34조제2항 또는 제47조에 따라 해산된 학교법인
2. 「고등교육법」 제4조제3항에 따라 학교 폐지의 인가를 받은 학교
3. 「고등교육법」 제62조에 따라 학교 폐쇄의 명령을 받은 학교
② 교육부장관은 제1항에 따라 제출된 기록물을 효율적으로 관리하기 위하여 「한국사학진흥재단법」에 따른 한국사학진흥재단을 전담기관으로 지정할 수 있다.
③ 그 밖에 해산된 학교법인 등의 기록물 이관 및 관리의 방법·절차 등에 관하여 필요한 사항은 대통령령으로 정한다.
(2020.3.24 본조신설)

제3장 사립학교경영자
(2020.12.22 본장개정)

제49조 (1999.8.31 삭제)

제50조 【학교법인으로의 조직 변경】 사립학교경영자 중 「민법」에 따른 재단법인은 그 조직을 변경하여 학교법인이 될 수 있다.

제50조의2 (1977.12.31 삭제)

제51조 【준용규정】 사립학교경영자에 관하여는 제5조, 제28조제2항, 제29조, 제31조, 제31조의2, 제32조, 제32조의2부터 제32조의4까지, 제33조, 제43조, 제44조 및 제48조를 준용한다. 다만, 제31조, 제31조의2, 제32조, 제32조의2부터 제32조의4까지 및 제33조는 그가 설치·경영하는 사립학교에 관한 부분에 한정하여 준용한다.

제4장 사립학교 교원

제1절 자격·임용·복무
(2016.2.3 본절제목개정)

제52조 【자격】 사립학교 교원의 자격에 관하여는 국립학교·공립학교의 교원의 자격에 관한 규정에 따른다.
(2020.12.22 본조개정)

제53조 【학교의 장의 임용】 ① 각급 학교의 장은 해당 학교를 설치·경영하는 학교법인 또는 사립학교경영자가 임용한다.
② 제1항에 따라 학교법인이 대학교육기관의 장을 임기 중에 해임하려는 경우에는 이사 정수의 3분의 2 이상의 찬성에 의한 이사회의 의결을 거쳐야 한다.
③ 각급 학교의 장의 임기는 학교법인 및 법인인 사립학교경영자의 경우에는 정관으로 정하고, 사인인 사립학교경영자의 경우에는 규칙으로 정하되, 4년을 초과할 수 없으며, 중임할 수 있다. 다만, 초·중등학교 및 특수학교의 장은 한 차례만 중임할 수 있다.
(2020.12.22 본조개정)

제53조의2 【학교의 장이 아닌 교원의 임용】 ① 각급 학교의 교원은 해당 학교법인 또는 사립학교경영자가 임용하되, 다음 각 호의 구분에 따른 방법으로 하여야 한다.
1. 학교법인 및 법인인 사립학교경영자가 설치·경영하는 사립학교의 교원 : 해당 학교의 장의 제청으로 이사회의 의결을 거쳐 임용
2. 사인인 사립학교경영자가 설치·경영하는 사립학교의 교원 : 해당 학교의 장의 제청으로 임용
② 대학교육기관의 교원 임용권과 고등학교 이하 각급학교 교원의 휴직 및 복직에 관한 사항은 해당 학교법인의 정관으로 정하는 바에 따라 학교의 장에게 위임할 수 있다.
(2021.8.10 본항개정)
③ 대학교육기관의 교원은 정관으로 정하는 바에 따라 근무기간·급여·근무조건, 업적 및 성과약정 등 계약조건을 정하여 임용할 수 있다. 이 경우 근무기간에 관하여는 국립대학·공립대학의 교원에게 적용되는 관련 규정을 준용한다.
④ 제3항에 따라 임용된 교원의 임용권자는 해당 교원에게 임용기간 만료일 4개월 전까지 임용기간이 만료된다는 사실과 재임용 심의를 신청할 수 있음을 통지(문서에 의한 통지를 말한다. 이하 이 조에서 같다)하여야 한다.
⑤ 제4항에 따라 통지를 받은 교원이 재임용을 받으려는 경우에는 통지받은 날부터 15일 이내에 재임용 심의를 임용권자에게 신청하여야 한다.
⑥ 제5항에 따른 재임용 심의 신청을 받은 임용권자는 제53조의4에 따른 교원인사위원회의 재임용 심의를 거쳐 해당 교원을 재임용할지를 결정하고, 그 사실을 임용기간 만료일 2개월 전까지 해당 교원에게 통지하여야 한다. 이 경우 해당 교원을 재임용하지 아니하기로 결정하였을 때에는 재임용하지 아니하겠다는 의사와 재임용 거부 사유를 구체적으로 밝혀 통지하여야 한다.
⑦ 교원인사위원회가 제6항에 따라 해당 교원의 재임용 여부를 심의할 때에는 다음 각 호의 사항에 관한 평가 등 객관적인 사유로서 학칙에서 정하는 사유에 근거하여야 한다. 이 경우 심의 과정에서 15일 이상의 기간을 정하여 해당 교원에게 지정된 기일에 교원인사위원회에 출석하여 의견을 진술하거나 서면으로 의견을 제출할 기회를 주어야 한다.
1. 학생교육에 관한 사항
2. 학문연구에 관한 사항
3. 학생지도에 관한 사항
4. 「산업교육진흥 및 산학연협력촉진에 관한 법률」 제2조제6호에 따른 산학연협력에 관한 사항
⑧ 교원인사위원회는 교원의 재임용을 심의하는 경우 해당 교원의 평가 등에 제7항 각 호의 사항에 대한 실적과 성과가 「고등교육법」 제15조에 따른 해당 교원의 임무에 비추어 적정하게 반영될 수 있도록 필요한 조치를 하여야 한다.
⑨ 재임용이 거부된 교원이 재임용 거부처분에 대하여 불복하려는 경우에는 그 처분이 있음을 안 날부터 30일 이내에 「교원의 지위 향상 및 교육활동 보호를 위한 특별법」 제7조에 따른 교원소청심사위원회에 심사를 청구할 수 있다.
⑩ 고등학교 이하 각급 학교 교원의 신규채용은 공개전형으로 하며, 담당할 직무에 필요한 자격요건과 공개전형의 실시에 필요한 사항은 대통령령으로 정한다.

⑪ 「초 · 중등교육법」 제19조에 따른 교원의 임용권자는 제10항에 따른 공개전형을 실시할 때에는 필기시험을 포함하여야 하고, 필기시험은 시 · 도 교육감에게 위탁하여 실시하여야 한다. 다만, 대통령령으로 정하는 바에 따라 시 · 도 교육감의 승인을 받은 경우에는 필기시험을 포함하지 아니하거나 시 · 도 교육감에게 위탁하지 아니할 수 있다.(2021.9.24 본항신설)
(2020.12.22 본조개정)

판례 사립학교 교원의 임용계약에 있어 누구를 교원으로 임용할 것인지, 어떠한 기준과 방법으로 보수를 지급할 것인지 여부는 원칙적으로 학교법인의 자유의사 내지 판단에 달려 있다. 사립대학이 교원연봉계약제규정을 통해 신입생 모집인원 또는 충원율, 즉 신입생 모집실적을 교원 실적평가의 대상으로 삼았다고 하더라도 이를 두고 해당 사립학교의 정관이나 고등교육법, 사립학교법 등 관련 법령이 정한 강행규정에 위반되어 무효라고 보기 어렵다.
(대판 2018.11.29, 2018다207854)

판례 규정된 절차를 거치지 아니한 학교법인 또는 사립학교경영자의 교원 임면의 효력 : 제53조의2 제1항 제1호 규정은 학교법인 및 사립학교경영자의 교원 임면에 학교의 장 및 이사회가 관여하도록 함으로써 교원 임면의 적정성을 확보하려는 데 목적이 있다고 할 것이므로, 위와 같은 절차를 거치지 아니한 학교법인 또는 사립학교경영자의 교원의 임면은 무효이다.(대판 2005.12.22, 2005다44299)

제53조의3【부정행위자에 대한 조치】 제53조의2제10항에 따른 각급 학교 교원의 신규채용을 위한 공개전형 채용시험에서 부정한 행위를 한 사람에 관하여는 「교육공무원법」 제11조의2를 준용한다.(2020.12.22 본조개정)

제53조의4【교원인사위원회】 ① 각급 학교(고등기술학교 · 고등공민학교 · 유치원과 이들에 준하는 각종학교는 제외한다)의 교원(학교의 장은 제외한다)의 임용 등 인사에 관한 중요 사항을 심의하기 위하여 해당 학교에 교원인사위원회를 둔다.(2021.8.10 본항개정)
② 교원인사위원회의 조직 · 기능과 운영에 필요한 사항은 학교법인 및 법인인 사립학교경영자의 경우에는 정관으로 정하고, 사인인 사립학교경영자의 경우에는 규칙으로 정한다.
(2020.12.22 본조개정)

제53조의5【학교의 장이 아닌 대학교육기관 교원의 신규채용 등】 학교의 장이 아닌 대학교육기관 교원의 임용에 관하여는 「교육공무원법」 제11조의3을 준용한다.(2016.5.29 본조개정)

제54조【임용에 관한 보고 및 해임 등의 요구】 ① 각급 학교의 교원 임용권자는 교원을 임용(각급 학교의 장으로서 임기 만료로 해임된 경우는 제외한다)하였을 때에는 임용한 날부터 7일 이내에 관할청에 보고하여야 한다.
② (1990.4.7 삭제)
③ 관할청은 사립학교의 교원이 이 법에 규정된 면직 사유 및 징계 사유에 해당할 때에는 해당 교원의 임용권자에게 해임 또는 징계를 요구할 수 있다. 이 경우 해임 또는 징계를 요구받은 임용권자는 특별한 사유가 없으면 이에 따라야 한다.
(2020.12.22 본조개정)

제54조의2【해임 요구】 ① 관할청은 각급 학교의 장이 다음 각 호의 어느 하나에 해당할 때에는 임용권자에게 해당 학교의 장의 해임을 요구할 수 있다. 이 경우 해임을 요구받은 임용권자는 특별한 사유가 없으면 이에 따라야 한다.
1. 제58조제1항 각 호의 어느 하나에 해당할 때
2. 학생의 입학(편입학을 포함한다), 수업 및 졸업에 관한 해당 학교의 장의 권한에 속하는 사항으로서 교육 관계 법률 또는 그 법률에 따른 명령을 위반하였을 때
3. 이 법, 이 법에 따른 명령 또는 다른 교육 관계 법령을 위반하였을 때
4. 학교에 속하는 회계의 집행에 관하여 부정한 일을 하였거나 현저히 부당한 일을 하였을 때
② 제1항에 따른 해임 요구는 관할청이 해당 학교법인 또는 사립학교경영자에게 그 사유를 밝혀 시정을 요구한 날부터 15일이 지나도 이에 따르지 아니한 경우에만 한다.
(2020.12.22 본조개정)

제54조의3【임명의 제한】 ① 다음 각 호의 어느 하나에 해당하는 사람은 학교의 장에 임명될 수 없다.
1. 제20조의2에 따라 임원 취임의 승인이 취소된 후 5년이 지나지 아니한 사람
2. 제54조의2에 따른 해임 요구에 의하여 해임된 후 3년이 지나지 아니한 사람
3. 제61조에 따라 파면된 후 5년이 지나지 아니한 사람
4. 「교육공무원법」 제10조의4 각 호의 어느 하나에 해당하는 사람
② 제1항제1호부터 제3호까지에 해당하는 사람으로서 그 임명 제한 기간이 지난 사람이 학교의 장으로 취임하려면 재적이사 3분의 2 이상의 찬성이 있어야 한다.
③ 학교법인의 이사장과 다음 각 호의 어느 하나의 관계인 사람은 해당 학교법인이 설치 · 경영하는 학교의 장에 임명될 수 없다. 다만, 이사 정수의 3분의 2 이상의 찬성과 관할청의 승인을 받은 사람은 그러하지 아니하다.
1. 배우자
2. 직계존속 및 직계비속과 그 배우자
④ 학교의 장으로 임명되어 있는 사람이 학교법인의 이사장의 변경 또는 친족 관계의 변동 등으로 인하여 학교법인의 이사장과 제3항 각 호의 어느 하나의 관계가 된 경우에는 그 사유가 발생한 날부터 3개월 이내에 이사 정수의 3분의 2 이상의 찬성과 관할청의 승인을 받아야 한다.
⑤ 제1항제4호에 해당하는 사람은 교원으로 임명될 수 없다.
⑥ 이 법에 따른 교원(제54조의4에 따른 기간제교원을 포함한다), 국립학교 · 공립학교의 교원(「교육공무원법」 제32조에 따른 기간제교원을 포함한다), 「유아교육법」 제23조에 따른 강사 등 또는 「초 · 중등교육법」 제22조에 따른 산학겸임교사 등으로 재직하는 동안 다음 각 호의 어느 하나의 행위로 인하여 파면 · 해임되거나 금고 이상의 형을 선고받은 사람(집행유예의 형을 선고받은 후 그 집행유예기간이 지난 사람을 포함한다)은 고등학교 이하 각급 학교의 교원으로 임명될 수 없다. 다만, 제62조에 따른 교원징계위원회에서 해당 교원의 반성 정도 등을 고려하여 교원으로서 직무를 수행할 수 있다고 의결한 경우에는 그러하지 아니하다.
1. 금품수수 행위
2. 시험문제 유출 및 성적 조작 등 학생성적 관련 비위(非違) 행위
3. 학생에 대한 신체적 폭력 행위
⑦ 제6항 각 호 외의 부분 단서에 따른 교원징계위원회의 의결은 재적위원 3분의 2 이상의 출석과 출석위원 과반수의 찬성으로 한다.
(2020.12.22 본조개정)

제54조의4【기간제교원】 ① 각급 학교 교원의 임용권자는 다음 각 호의 어느 하나에 해당하는 사유가 있을 때에는 교원자격증을 가진 사람 중에서 기간을 정하여 임용하는 교원(이하 "기간제교원"이라 한다)을 임용할 수 있다. 이 경우 임용권자는 학교법인의 정관 등으로 정하는 바에 따라 그 권한을 학교의 장에게 위임할 수 있다.
1. 교원이 제59조제1항 각 호의 어느 하나에 해당하는 사유로 휴직하여 후임자의 보충이 불가피할 때
2. 교원이 파견 · 연수 · 정직 · 직위해제 또는 휴가 등으로 1개월 이상 직무에 종사할 수 없어 후임자의 보충이 불가피할 때
3. 파면 · 해임 또는 면직 처분을 받은 교원이 「교원의 지위 향상 및 교육활동 보호를 위한 특별법」 제9조제1항에 따라 교원소청심사위원회에 소청심사를 청구하여 후임자의 보충발령을 하지 못하게 되었을 때
4. 특정 교과를 한시적으로 담당할 교원이 필요할 때
② 기간제교원에 대해서는 제56조, 제58조제2항, 제58조의2, 제59조, 제61조, 제61조의2, 제62조, 제62조의2, 제63조, 제64조, 제64조의2, 제65조, 제66조, 제66조의2, 제66조의3제2항 · 제3항 및 제66조의4를 적용하지 아니하며, 임용기간이 만료되면 당연히 퇴직된다.
③ 기간제교원의 임용기간은 1년 이내로 하되, 필요한 경우 3년의 범위에서 그 기간을 연장할 수 있다.

④ 기간제교원의 임용에 관하여는 제54조의3제5항 및 제6항을 준용한다.
(2020.12.22 본조개정)
제54조의5 (2019.8.20 삭제)
제55조【복무】 ① 사립학교 교원의 복무에 관하여는 국립학교·공립학교 교원에 관한 규정을 준용한다.
② 제1항에 따라 준용되는 「국가공무원법」 제64조에도 불구하고 의학·한의학 또는 치의학에 관한 학과를 두는 대학의 소속 교원은 학생의 임상교육을 위하여 필요한 경우 대학의 장의 허가를 받아 대통령령으로 정하는 기준을 충족하는 병원에 겸직할 수 있다.
③ 제2항에 따른 겸직 허가의 기준과 절차, 겸직 교원의 직무와 보수 등에 관하여 필요한 사항은 대통령령으로 정한다.
(2020.12.22 본조개정)
제55조의2【연수의 기회균등】 사립학교의 교원에게는 「교육공무원법」 제39조제1항에 따른 연수기관에서 재교육을 받거나 연수할 기회가 균등하게 주어져야 한다.(2018.4.17 본조신설)
제55조의3【연수기관 및 근무장소 외에서의 연수】 사립학교의 교원은 수업에 지장을 주지 아니하는 범위에서 소속 학교의 장의 승인을 받아 연수기관이나 근무장소 외의 시설 또는 장소에서 연수를 받을 수 있다.(2018.4.17 본조신설)
제55조의4【연수 실적】 학교의 장은 정기적으로 또는 수시로 그 소속 사립학교의 교원의 재교육 및 연수 실적을 인사관리에 반영할 수 있다.(2018.4.17 본조신설)

제2절 신분보장 및 사회보장
(2020.12.22 본절개정)

제56조【의사에 반한 휴직·면직 등의 금지】 ① 사립학교 교원은 형(刑)의 선고, 징계처분 또는 이 법에서 정하는 사유에 의하지 아니하고는 본인의 의사에 반하여 휴직이나 면직 등 불리한 처분을 받지 아니한다. 다만, 학급이나 학과의 개편 또는 폐지로 인하여 직책이 없어지거나 정원이 초과된 경우에는 그러하지 아니하다.
② 사립학교 교원은 권고에 의하여 사직을 당하지 아니한다.
(2020.12.22 본조개정)
판례 학교법인 또는 사립학교경영자가 그가 채용하고 있는 교원에게 사립학교법 제56조의 규정에 의하지 아니하고, 그 의사에 반하여 부당한 처분을 한 경우에는 그 처분은 무효이다.
(대판 1973.7.24, 71다2508)
판례 담당과목의 교사자격증을 소지하지 못한 것만으로써, 사립학교법 제56조 단서를 적용할 수 없다.(대판 1973.2.28, 72다2099)
판례 사립학교의 교원의 징계처분을 다투는 민사소송에 있어서의 청구원인은 징계사유만으로 이루어져야 하며, 소송과정에서 들고 나온 다른 이유를 포함시킬 수 없다.(대판 1972.12.12, 71다2752)
제57조【당연퇴직의 사유】 ① 사립학교 교원이 「교육공무원법」 제10조의4 각 호의 어느 하나에 해당하게 되면 당연히 퇴직한다. 다만, 「국가공무원법」 제33조제5호는 「형법」 제129조부터 제132조까지 및 직무와 관련하여 같은 법 제355조 및 제356조에 규정된 죄를 범한 사람으로서 금고 이상의 형의 선고유예를 받은 경우만 해당하며, 「국가공무원법」 제33조제6호의2를 적용할 때 "공무원"은 "교원"으로 본다.
② 사립학교 교원 중 대학(「고등교육법」 제2조 각 호의 학교를 말한다)의 교수, 부교수 및 조교수가 교원으로 재직기간 중 직무와 관련하여 「형법」 제347조 또는 제351조(제347조의 상습범에 한정한다)에 규정된 죄를 저질러 300만원 이상의 벌금형을 선고받고 그 형이 확정된 경우에는 당연히 퇴직한다.(2022.12.13 본항신설)
제58조【면직의 사유】 ① 사립학교 교원이 다음 각 호의 어느 하나에 해당할 때에는 해당 교원의 임용권자는 그 교원을 면직시킬 수 있다.
1. 휴직 기간이 끝나거나 휴직 사유가 소멸된 후에도 직무에 복귀하지 아니하거나 직무를 감당할 수 없을 때
2. 근무성적이 매우 불량할 때
3. 정부 파괴를 목적으로 하는 단체에 가입하고 이를 방조(幇助)하였을 때
4. 정치운동을 하거나 집단적으로 수업을 거부하거나 어느 정당을 지지 또는 반대하기 위하여 학생을 지도·선동하였을 때
5. 인사기록에 있어서 부정한 채점·기재를 하거나 거짓 증명 또는 진술을 하였을 때
6. 거짓이나 그 밖의 부정한 방법으로 임용되었을 때
② 제1항제2호부터 제6호까지의 규정에 따른 사유로 면직시키는 경우에는 제62조에 따른 교원징계위원회의 동의를 받아야 한다.
판례 교사가 전교조에 가입한 뒤 탈퇴하지 않았다면 적극적인 활동 여부에 관계없이 면직처분은 정당하다.(대판 1997.5.7, 97다355)
제58조의2【직위의 해제】 ① 사립학교 교원이 다음 각 호의 어느 하나에 해당하는 경우에는 그 교원의 임용권자는 직위를 부여하지 아니할 수 있다.
1. 직무수행능력이 부족하거나 근무성적이 매우 불량하거나 교원으로서 근무태도가 매우 불성실한 경우
2. 징계의결이 요구 중인 경우
3. 형사사건으로 기소된 경우(약식명령이 청구된 경우는 제외한다)
4. 금품비위, 성범죄 등 대통령령으로 정하는 비위행위로 인하여 감사원 및 검찰·경찰 등 수사기관에서 조사나 수사 중인 경우로서 비위의 정도가 중대하고 이로 인하여 정상적인 업무수행을 기대하기 현저히 어려운 경우
② 제1항에 따라 직위를 부여하지 아니한 경우에 그 사유가 소멸되면 임용권자는 지체 없이 직위를 부여하여야 한다.
③ 임용권자는 제1항제1호에 따라 직위해제된 사람에게 3개월 이내의 기간대기를 명한다.
④ 임용권자는 제3항에 따라 대기명령을 받은 사람에게 능력 회복이나 태도 개선을 위한 연수 또는 특별한 연구과제의 부과 등 필요한 조치를 하여야 한다.
⑤ 사립학교 교원에게 제1항제1호와 같은 항 제2호·제3호 또는 제4호의 직위해제 사유가 함께 있는 경우에는 같은 항 제2호·제3호 또는 제4호를 사유로 직위해제 처분을 하여야 한다.
판례 [1] 오로지 교원을 학교에서 몰아내려는 의도하에 직위해제처분을 한 경우나, 징계의결이 요구된 사유가 사립학교법의 규정 등에 비추어 파면이나 해임 등을 할 만한 사유에 해당한다고 볼 수 없거나 기소된 형사사건에 대하여 당연퇴직의 사유가 될 정도가 아닌 판결이 선고될 것임이 객관적으로 명백하고, 직위해제처분이 우리의 건전한 사회통념이나 사회상규상 용인될 수 없음이 분명한 경우에는 그 직위해제처분은 재량권의 범위를 일탈하거나 재량권을 남용한 위법한 처분으로서 그 효력이 부정될 뿐만 아니라 위법하게 상대방에게 정신적 고통을 가하는 것으로서 그 교원에 대한 관계에서 불법행위를 구성한다.
[2] 학교법인이 교수에게 비전공과목으로 강의를 배정하여 결국 교수로 하여금 강의를 포기하게 한 것이 교수의 인격적 법익을 침해하는 것인지 여부(한정 적극) : 대학교수는 자신의 전공분야에 대해 강의하고 이를 통해 자신의 학문연구를 보다 발전시키는 것이 그 인격권 실현의 본질적 부분에 해당하므로, 학교법인이 오로지 소속 대학교수를 본연의 업무에서 배제하려는 의도하에 전공분야와 관련 없는 과목의 강의를 배정함으로써 결국 강의할 수 없게 하는 행위는 교원의 인격적 법익을 침해하는 것이 되고, 학교법인은 그로 인하여 그 대학교수가 입게 되는 정신적 고통에 대하여 배상할 의무를 부담한다.
(대판 2008.6.26, 2006다30730)
제59조【휴직의 사유】 ① 사립학교 교원이 다음 각 호의 어느 하나에 해당하는 사유로 휴직을 원하면 그 교원의 임용권자는 휴직을 명할 수 있다. 다만, 제1호부터 제4호까지 및 제11호의 경우에는 본인의 의사와 관계없이 휴직을 명하여야 하고, 제7호 및 제7호의2의 경우에는 본인이 원하면 휴직을 명하여야 한다.
1. 신체·정신상의 장애로 장기요양이 필요한 경우(불임·난임으로 인하여 장기간의 치료가 필요한 경우를 포함한다)
2. 「병역법」에 따른 병역의 복무를 위하여 징집되거나 소집된 경우
3. 천재지변이나 전시·사변 또는 그 밖의 사유로 생사나 소재(所在)를 알 수 없게 된 경우
4. 그 밖에 법률에 따른 의무를 수행하기 위하여 직무를 이탈하게 된 경우

5. 학위취득을 목적으로 해외 유학을 하거나 외국에서 1년 이상 연구 또는 연수를 하게 된 경우
6. 국제기구, 외국기관, 국내외의 대학·연구기관, 국가기관, 재외교육기관(「재외국민의 교육지원 등에 관한 법률」 제2조제2호의 재외교육기관을 말한다) 또는 정관으로 정하는 민간단체에 임시로 고용되는 경우
7. 만 8세 이하 또는 초등학교 2학년 이하의 자녀를 양육하기 위하여 필요하거나 여성 교원이 임신 또는 출산하게 된 경우
7의2. 만 19세 미만의 아동·청소년(제7호에 따른 육아휴직의 대상이 되는 아동은 제외한다)을 입양하는 경우
8. 교육부장관이 지정하는 국내의 연구기관이나 교육기관 등에서 연수하게 된 경우
9. 사고 또는 질병 등으로 장기간 요양이 필요한 부모, 배우자, 자녀 또는 배우자의 부모를 간호하기 위하여 필요한 경우
10. 배우자가 국외 근무를 하게 되거나 제5호에 해당하게 된 경우
11. 「교원의 노동조합 설립 및 운영 등에 관한 법률」 제5조에 따라 노동조합 전임자로 종사하게 된 경우
12. 「사립학교교직원 연금법」 제31조에 따라 계산한 재직기간이 10년 이상인 교원이 자기개발을 위하여 학습·연구 등을 하게 된 경우
13. 그 밖에 정관으로 정하는 사유가 있는 경우

② 제1항제7호의 사유로 인한 휴직기간은 자녀 1명에 대하여 3년 이내로 하되 분할하여 휴직할 수 있고, 같은 항 제7호의2의 사유로 인한 휴직기간은 입양자녀 1명에 대하여 6개월 이내로 한다.
③ 임용권자는 제1항제7호 및 제7호의2에 따른 휴직을 이유로 인사상 불리한 처우를 하여서는 아니 되고, 같은 호의 휴직기간은 근속기간에 포함하며, 그 밖에 같은 호에 따른 휴직자의 신분 및 처우 등에 관하여 필요한 사항은 대통령령으로 정한다.
④ 제1항부터 제3항까지에서 규정한 사항 외에 휴직기간과 휴직자의 신분 및 처우 등에 관하여는 정관(사립학교경영자의 경우에는 그가 정하는 교원의 신분보장 및 징계에 관한 규칙을 말한다. 이하 이 절에서 같다)으로 정한다.

제60조 【교원의 불체포특권】 사립학교 교원은 현행범인 경우를 제외하고는 소속 학교장의 동의 없이 학원(學園) 안에서 체포되지 아니한다.

제60조의2 【사회보장】 ① 사립학교의 교원 및 사무직원이 질병에 걸리거나 부상·장해 또는 재해를 입거나 퇴직 또는 사망하였을 때에는 본인이나 그 유족에게 법률에서 정하는 바에 따라 적절한 급여를 지급한다.
② 제1항의 법률에는 다음 각 호의 사항이 규정되어야 한다.
1. 상당한 기간 동안 근무하고 퇴직하거나 사망한 경우에 본인이나 그 유족에게 연금이나 일시금을 지급하는 사항
2. 직무로 인한 부상 또는 질병으로 사망하거나 퇴직한 경우에 본인이나 그 유족에게 연금이나 보상금을 지급하는 사항
3. 직무로 인한 부상 또는 질병으로 인한 요양기간 중 소득능력에 장애를 받을 경우에 본인이 받는 손실보상에 관한 사항
4. 직무로 인하지 아니한 사망·장해·부상·질병·출산, 그 밖의 사고에 대한 급여의 지급에 관한 사항

제60조의3 【명예퇴직】 ① 사립학교 교원으로서 20년 이상 근속한 사람이 정년 전에 스스로 퇴직하는 경우에는 예산의 범위에서 명예퇴직수당을 지급할 수 있다.
② 제1항의 명예퇴직수당의 지급대상 범위, 지급액, 지급 절차, 그 밖에 필요한 사항은 정관으로 정한다.

제3절 징 계

제61조 【징계의 사유 및 종류】 ① 사립학교 교원이 다음 각 호의 어느 하나에 해당할 때에는 해당 교원의 임용권자는 징계의결을 요구하여야 하고, 징계의결의 결과에 따라 징계처분을 하여야 한다.
1. 이 법과 그 밖의 교육 관계 법령을 위반하여 교원의 본분에 어긋나는 행위를 하였을 때
2. 직무상의 의무를 위반하거나 직무를 게을리하였을 때
3. 직무 관련 여부에 상관없이 교원으로서의 품위를 손상하는 행위를 하였을 때

② 징계는 파면, 해임, 강등, 정직, 감봉, 견책으로 한다. (2021.8.10 본항개정)
③ 강등은 동종의 직무 내에서 하위의 직위에 임명하고, 신분은 보유하나 3개월간 직무에 종사하지 못하며 그 기간 중 보수의 전액을 감한다. 다만, 「고등교육법」 제14조에 해당하는 교원 및 조교에 대하여는 강등을 적용하지 아니한다. (2021.8.10 본항신설)
④ 정직은 1개월 이상 3개월 이하의 기간으로 하고, 정직처분을 받은 사람은 그 기간 중 교원의 신분은 보유하나 직무에 종사할 수 없으며 보수의 전액을 감한다.
⑤ 감봉은 1개월 이상 3개월 이하의 기간으로 하고, 보수의 3분의 1을 감한다.
⑥ 견책은 전과(前過)에 대하여 훈계하고 뉘우치게 한다. (2020.12.22 본조개정)

판례 교육공무원 징계 기준을 사립학교 교원에게 적용할 수는 없지만 사립학교 교원징계위원회가 징계양정을 하거나 교원소청심사위원회가 징계양정의 적정 여부를 판단할 때 「교육공무원 징계양정 등에 관한 규칙」을 참작하거나 적어도 교육공무원에 대한 징계와의 형평을 고려하는 것은 충분히 가능하다. 또한 사회통념상 현저히 타당성을 잃은 경우가 아니라면 원칙적으로 징계권자의 재량을 존중해야 한다. 따라서 사립대학교 교수가 여학생들을 대상으로 여러 차례 성희롱과 강제추행을 하여 해임당한 사건에서, 교육공무원의 경우 강제추행은 파면 또는 해임 징계가 가능하다는 사실을 참작하여 사립학교 교원인 해당 교수에게 해임이라는 징계처분을 내린 것은 정당하다.(대판 2022.6.16, 2022두31136)

제61조의2 【의원면직을 신청한 교원의 징계 사유 확인 등】 ① 각급 학교 교원의 임용권자는 교원이 의원면직을 신청한 경우 다음 각 호의 사항을 감사원과 검찰·경찰, 그 밖의 수사기관에 확인하여야 한다.
1. 제61조제1항에 따른 징계 사유가 있는지 여부
2. 제4항에 따른 의원면직의 제한대상에 해당하는지 여부

② 제1항제1호에 따른 확인 결과 「국가공무원법」 제79조에 따른 파면·해임·강등·정직에 준하는 정도의 징계(이하 "중징계"라 한다)에 해당하는 징계 사유가 있는 경우 해당 교원의 임용권자는 지체 없이 제62조에 따른 교원징계위원회에 징계의결을 요구하여야 한다. 이 경우 임용권자는 제58조의2제1항제2호에 따라 해당 교원에게 직위를 부여하지 아니할 수 있다.
③ 제62조에 따른 교원징계위원회는 제2항에 따라 징계의결이 요구된 경우 다른 징계사건에 우선하여 징계의결을 하여야 한다.
④ 각급 학교 교원의 임용권자는 의원면직을 신청한 교원이 다음 각 호의 어느 하나에 해당하는 경우 의원면직을 허용해서는 아니 된다. 다만, 제1호·제3호 및 제4호의 경우에는 그 비위 정도가 중징계에 해당하는 경우로 한정한다.
1. 비위와 관련하여 형사사건으로 기소 중인 경우
2. 제62조에 따른 교원징계위원회에 중징계 의결을 요구 중인 경우
3. 감사원·검찰·경찰 및 그 밖의 수사기관에서 비위와 관련하여 조사 또는 수사 중인 경우
4. 관할청의 감사부서 등에서 비위와 관련하여 감사 또는 조사 중인 경우

⑤ 제4항에 따른 의원면직의 제한 및 제한대상의 확인에 필요한 사항은 대통령령으로 정한다.
(2020.12.22 본조개정)

제62조 【교원징계위원회의 설치 및 구성 등】 ① 사립학교 교원의 징계사건 및 제54조의3제6항 각 호 외의 부분 단서에 따른 교원의 임명에 관한 사항을 심의·의결하기 위하여 그 임용권자의 구분에 따라 학교법인·사립학교경영자 및 해당 학교에 교원징계위원회를 둔다. 다만, 사립유치원 교원의 징계사건은 「교육공무원법」 제50조에 따라 설치되는 교육공무원 징계위원회에서 심의·의결한다.

② 제1항에 따른 교원징계위원회는 위원장 1명을 포함한 5명 이상 11명 이하의 범위에서 학교의 규모 등을 고려하여 대통령령으로 정하는 수의 위원으로 구성한다.(2021.9.24 본항개정)
③ 교원징계위원회의 위원은 다음 각 호의 사람 중에서 해당 학교법인이나 사립학교경영자 또는 학교의 장(제53조의2제2항에 따라 교원의 임용권이 학교의 장에게 위임된 경우로 한정한다)이 임명하거나 위촉한다.
1. 해당 학교의 교원 또는 학교법인의 이사
2. 다음 각 목의 어느 하나에 해당하는 사람
가. 법관, 검사 또는 변호사로 5년 이상 근무한 경력이 있는 사람
나. 대학에서 법학, 행정학 또는 교육학을 담당하는 조교수 이상으로 재직 중인 사람
다. 공무원으로 20년 이상 근속하고 퇴직한 사람
라. 학교운영위원회의 학부모위원(「초·중등교육법」 제2조에 따른 학교에 두는 교원징계위원회의 경우로 한정한다)(2021.9.24 본목신설)
마. 그 밖에 교육이나 교육행정에 대한 전문지식과 경험이 풍부하다고 인정되는 사람
④ 교원징계위원회는 다음 각 호에서 정한 기준에 따라 구성한다.
1. 제3항제2호에 따라 위촉된 위원(이하 이 조 및 제62조의2에서 "외부위원"이라 한다)을 최소 2명 이상 포함할 것(2021.9.24 본호개정)
2. 외부위원은 해당 학교법인 또는 사립학교경영자가 설치·경영하는 학교에 소속된 사람이 아닐 것
3. 학교법인에 두는 교원징계위원회의 경우에는 해당 학교법인의 이사인 위원 수가 전체 위원 수의 2분의 1을 초과하지 아니할 것
4. 「초·중등교육법」 제2조에 따른 학교의 경우에는 외부위원에 제3항제2호라목에 따라 위촉된 위원을 최소 1명 이상 포함할 것(2021.9.24 본호신설)
5. 특정 성(性)이 위원장을 포함한 위원 수의 10분의 6을 초과하지 아니할 것(2021.9.24 본호신설)
⑤ 교원징계위원회의 조직, 권한 및 심의 절차 등에 관하여 필요한 사항은 대통령령으로 정한다.
(2020.12.22 본조개정)

제62조의2【외부위원의 임기 등】 ① 외부위원의 임기는 3년으로 하며, 한 차례만 연임할 수 있다.
② 학교법인이나 사립학교경영자 또는 학교의 장(제53조의2제2항에 따라 교원의 임용권이 학교의 장에게 위임된 경우에 한정한다)은 외부위원이 다음 각 호의 어느 하나에 해당하는 경우에는 해당 위원을 해촉(解囑)할 수 있다.
1. 심신장애로 직무를 수행할 수 없게 된 경우
2. 직무와 관련된 비위사실이 있는 경우
3. 직무태만, 품위손상이나 그 밖의 사유로 위원으로 적합하지 아니하다고 인정되는 경우
4. 위원 스스로 직무를 수행하는 것이 곤란하다고 의사를 밝히는 경우
5. 제66조의5에 따른 비밀누설금지의무를 위반한 경우
(2020.12.22 본조개정)

제62조의3【징계심의위원회의 설치 및 구성 등】 ① 제66조의2 및 제70조의6에 따른 재심의를 위하여 시·도 교육청에 징계심의위원회를 둔다.
② 제1항에 따른 징계심의위원회는 위원장 1명을 포함한 5명 이상 9명 이하의 위원으로 성별을 고려하여 구성한다.
③ 징계심의위원회의 위원은 다음 각 호의 사람 중에서 시·도 교육감이 위촉한다.
1. 법관, 검사 또는 변호사로 5년 이상 근무한 경력이 있는 사람
2. 대학에서 법학 또는 행정학을 담당하는 부교수 이상으로 재직 중인 사람
3. 공무원으로 20년 이상 근속하고 퇴직한 사람
4. 그 밖에 교육이나 교육행정에 대한 전문지식과 경험이 풍부하다고 인정되는 사람
④ 제3항에 따른 위원의 임기는 3년으로 하며, 한 차례만 연임할 수 있다.
⑤ 징계심의위원회의 조직·권한 및 심의 절차 등에 필요한 사항은 대통령령으로 정한다.
(2021.9.24 본조신설)

제63조【제척 사유】 교원징계위원회 위원은 본인이나 친족에 관한 징계사건의 심의에 관여할 수 없다.(2020.12.22 본조개정)

제64조【징계의결의 요구】 사립학교 교원의 임용권자는 소속 교원 중에 제61조제1항의 징계 사유에 해당하는 사람이 있을 때에는 미리 충분한 조사를 한 후 해당 징계사건을 관할하는 교원징계위원회에 징계의결을 요구하여야 한다.(2020.12.22 본조개정)

제64조의2【징계의결 요구 사유의 통지】 징계의결 요구권자가 제64조에 따라 징계의결을 요구할 때에는 징계의결 요구와 동시에 징계대상자에게 징계 사유를 적은 설명서를 보내야 한다.(2020.12.22 본조개정)

제65조【진상조사 및 의견진술】 ① 교원징계위원회는 징계사건을 심의할 때 진상을 조사하여야 하며, 징계의결을 하기 전에 본인의 진술을 들어야 한다. 다만, 2회 이상 서면으로 소환하여도 응하지 아니할 때에는 예외로 한다.
② 교원징계위원회는 필요하다고 인정하는 경우에는 관계인 또는 관계 전문가를 출석하게 하여 의견을 들을 수 있다.
(2020.12.22 본조개정)

제66조【징계의결】 ① 교원징계위원회는 제61조제1항 각 호의 어느 하나에 해당하는 행위의 유형, 정도 및 징계의결이 요구된 교원의 근무태도 등을 고려하여 대통령령으로 정하는 징계기준 및 징계의 감경기준 등에 따라 징계의결을 하여야 한다.(2019.4.16 본항신설)
② 교원징계위원회는 징계사건을 심의한 결과 징계를 의결하였을 때에는 주문(主文)과 이유를 적은 징계의결서를 작성하여 임용권자 및 관할청에 보내어 알려야 한다.(2021.9.24 본항개정)
③ 제1항의 징계의결은 재적위원 3분의 2 이상의 출석과 재적위원 과반수의 찬성으로 하여야 한다.
④ 임용권자가 제2항의 징계의결서를 받았을 때에는 제66조의2제2항에 따라 재심의를 요구받은 경우를 제외하고는 징계의결서를 받은 날부터 15일 이내에 그 의결 내용에 따라 징계처분을 하여야 한다. 이 경우 임용권자는 징계처분의 사유를 적은 결정서를 해당 교원에게 교부하여야 한다.
(2019.4.16 본항개정)
⑤ 임용권자는 「성폭력범죄의 처벌 등에 관한 특례법」 제2조에 따른 성폭력범죄 및 「양성평등기본법」 제3조제2호에 따른 성희롱에 해당하는 사유로 제4항에 따라 징계처분의 사유를 적은 결정서를 교부할 때에는 피해자가 요청하는 경우 그 징계처분 결과를 피해자에게 함께 통보하여야 한다.
(2021.8.10 본항신설)
(2015.3.27 본조개정)

제66조의2【징계의결의 재심의】 ① 사립학교 교원의 임용권자는 제54조제3항에 따라 징계를 요구받은 사항에 대하여 제66조제2항에 따른 징계의결서를 받았을 때에는 같은 조 제4항에 따라 징계처분을 하기 전에 그 내용을 관할청에 통보하여야 한다.
② 관할청은 제1항에 따라 통보받은 징계의결의 내용이 징계 사유에 비추어 가볍다고 인정되면 해당 교원의 임용권자에게 그 징계처분을 하기 전에 제4조제1항에 따른 관할청의 경우 제62조의3에 따른 징계심의위원회에, 제4조제3항에 따른 관할청의 경우 제62조에 따른 교원징계위원회에 재심의를 요구하도록 할 수 있다.(2021.9.24 본항개정)
③ 임용권자가 관할청으로부터 제2항에 따라 재심의를 요구받은 경우에는 지체 없이 해당 징계심의위원회 또는 교원징계위원회에 재심의를 요구하여야 한다.(2021.9.24 본항개정)
④ 제3항에 따라 재심의를 요구받은 징계심의위원회 또는 교원징계위원회는 징계사건을 재심의한 결과 징계를 의결하

였을 때에는 주문과 이유를 적은 징계의결서를 작성하여 관할청과 임용권자에게 각각 통보하여야 한다.(2021.9.24 본항신설)
⑤ 임용권자가 제4항에 따라 징계의결서를 받았을 때에는 징계의결서를 받은 날부터 15일 이내에 그 의결 내용에 따라 징계처분을 하여야 한다. 이 경우 임용권자는 징계처분의 사유를 적은 결정서를 해당 교원에게 교부하여야 한다.
(2021.9.24 본항신설)
⑥ 제4항에 따른 징계사건의 심리·의결에 관하여는 제63조·제65조 및 제66조제1항·제3항을 적용 또는 준용한다. 이 경우 "교원징계위원회"는 "징계심의위원회"로 본다.
(2021.9.24 본항신설)
(2021.9.24 본조제목개정)
(2020.12.22 본조개정)
제66조의3【감사원 조사와의 관계 등】 ① 감사원, 검찰·경찰, 그 밖의 수사기관은 사립학교 교원에 대한 조사나 수사를 시작하였을 때와 마쳤을 때에는 10일 이내에 해당 교원의 임용권자에게 그 사실을 통보하여야 한다.
② 감사원에서 조사 중인 사건에 대해서는 제1항에 따른 조사 개시 통보를 받은 날부터 징계의결의 요구나 그 밖의 징계 절차를 진행할 수 없다.
③ 검찰·경찰, 그 밖의 수사기관에서 수사 중인 사건에 대해서는 제1항에 따른 수사 개시 통보를 받은 날부터 징계의결의 요구나 그 밖의 징계 절차를 진행하지 아니할 수 있다.
(2020.12.22 본조개정)
제66조의4【징계 사유의 시효】 ① 사립학교 교원의 임용권자는 징계 사유가 발생한 날부터 3년이 지난 경우에는 제64조에 따른 징계의결을 요구할 수 없다. 다만, 징계 사유가 「국가공무원법」 제78조의2제1항 각 호의 어느 하나에 해당하는 경우에는 그 징계 사유가 발생한 날부터 5년 이내에, 「국가공무원법」 제83조의2제1항제1호 각 목 및 「교육공무원법」 제52조제5호의 어느 하나에 해당하는 경우에는 그 징계 사유가 발생한 날부터 10년 이내에 징계의결을 요구할 수 있다.(2022.10.18 단서개정)
② 제66조의3제2항 또는 제3항에 따라 징계 절차를 진행하지 못하여 제1항의 기간이 지나거나 그 남은 기간이 1개월 미만인 경우에는 제1항의 기간은 제66조의3제1항에 따른 조사나 수사의 종료 통보를 받은 날부터 1개월이 지난 날에 끝나는 것으로 본다.
③ 징계위원회의 구성, 징계의결, 그 밖에 절차상의 하자나 징계양정의 과다를 이유로 「교원의 지위 향상 및 교육활동 보호를 위한 특별법」에 따른 교원소청심사위원회 또는 법원에서 징계처분의 무효 또는 취소의 결정이나 판결을 하였을 때에는 제1항의 기간이 지나거나 그 남은 기간이 3개월 미만인 경우에도 그 결정 또는 판결이 확정된 날부터 3개월 이내에 다시 징계의결을 요구할 수 있다.
(2020.12.22 본조개정)
제66조의5【비밀누설의 금지】 교원징계위원회에 참석한 사람은 직무상 알게 된 비밀을 누설해서는 아니 된다.
(2016.5.29 본조신설)
제66조의6【보직 등 관리의 원칙】 ① 고등학교 이하 각급학교의 장은 교원에 대한 징계처분의 사유가 「국가공무원법」 제83조의2제1항제1호 각 목의 어느 하나에 해당하는 등 대통령령으로 정하는 사유에 해당하는 경우에는 해당 교원을 징계처분 이후 5년 이상 10년 이하의 범위에서 대통령령으로 정하는 기간 동안 학급을 담당하는 교원(이하 "학급담당교원"이라 한다)으로 배정할 수 없다.(2022.10.18 본항개정)
② 고등학교 이하 각급학교의 장은 제1항에 따른 기간 동안 해당 교원의 학급담당교원 배정 여부 등 제2조제4호에 따른 임용에 관한 사항을 관할청에 보고하여야 한다.
(2020.12.22 본조신설)
제67조【외국인학교에 대한 특례】 「초·중등교육법」 제60조의2에 따른 외국인학교에 대해서는 제52조, 제53조, 제53조의2부터 제53조의5까지, 제54조, 제54조의2부터 제54조의4까지, 제55조, 제55조의2부터 제55조의4까지, 제56조부터 제58조까지, 제58조의2, 제59조, 제60조, 제60조의2, 제60조의3, 제61조, 제61조의2, 제62조, 제62조의2, 제62조의3, 제63조, 제64조, 제64조의2, 제65조, 제66조, 제66조의2, 제66조의3제2항·제3항, 제66조의4, 제70조의3부터 제70조의7까지 및 제72조의3부터 제72조의5까지를 적용하지 아니한다.(2021.9.24 본조개정)
제67조의2~제69조 (1991.5.31 삭제)

제5장 보 칙

제70조【보고·조사 등】 관할청은 사립학교의 교육에 관하여 조사를 하거나 통계 또는 그 밖에 필요한 사항에 관한 보고를 하게 할 수 있으며, 소속 공무원으로 하여금 장부나 그 밖의 서류 등을 검사하게 하거나 교육의 실시상황을 조사하게 할 수 있다.(2020.12.22 본조개정)
제70조의2【사무기구 및 직원】 ① 학교법인 또는 사립학교경영자는 그의 사무와 그가 설치·경영하는 학교의 사무를 처리하기 위하여 필요한 사무기구를 두되, 그 설치·운영과 사무직원의 정원·임용·보수·복무 및 신분보장에 관하여는 학교법인 또는 법인인 사립학교경영자의 경우에는 정관으로 정하고, 사인인 사립학교경영자의 경우에는 규칙으로 정한다.
② 각급 학교 소속 사무직원은 학교의 장의 제청으로 학교법인 또는 사립학교경영자가 임용한다.
(2020.12.22 본조개정)
제70조의3【사무직원의 임용】 ① 제70조의2제1항에도 불구하고 「초·중등교육법」 제2조에 따른 학교에서 소속 사무직원을 신규채용하는 경우 공개전형에 의하도록 하며, 공개전형의 실시에 필요한 사항은 대통령령으로 정한다.
② 제1항에 따른 사무직원의 신규채용을 위한 공개전형 채용시험에서 부정한 행위를 한 사람에 대하여는 「지방공무원법」 제43조의2를 준용한다.
③ 「지방공무원법」 제31조 각 호의 어느 하나에 해당하는 자는 「초·중등교육법」 제2조에 따른 학교 소속 사무직원으로 임용될 수 없다.(2021.9.24 본항신설)
(2021.8.10 본조신설)
제70조의4【사무직원의 당연퇴직】 제70조의2제1항에도 불구하고 같은 조에 따라 임명된 사무직원의 당연퇴직에 관하여는 「지방공무원법」 제61조제1호를 준용한다. 이 경우 "공무원"은 "사무직원"으로 본다.(2021.9.24 본조개정)
제70조의5【사무직원에 대한 징계의결 요구】 ① 제70조의2에 따라 임명된 사무직원이 정관이나 규칙에서 정한 징계사유에 해당할 때에는 해당 사무직원의 임용권자는 미리 충분한 조사를 한 후 해당 징계사건을 관할하는 징계위원회에 징계의결을 요구하여야 한다. 다만, 사립유치원 사무직원의 징계를 관할하는 징계위원회가 없는 경우 해당 사무직원의 임용권자는 「지방공무원법」 제7조에 따라 설치되는 관할청의 인사위원회에 징계의결을 요구하여야 한다.
② 사무직원의 임용권자는 제1항에 따른 징계위원회의 징계의결 결과에 따라 징계처분을 하여야 한다. 이 경우 임용권자는 징계처분의 사유를 적은 결정서를 해당 사무직원에게 교부하여야 한다.
③ 관할청은 제70조의2제1항에도 불구하고 제48조 또는 제70조에 따른 검사·조사 결과 사무직원이 직무를 수행함에 있어 이 법이나 교육관계 법령 또는 해당 정관이나 규칙을 위반한 때에는 임용권자에게 제1항에 따른 관할 징계위원회에 해당 사무직원의 징계의결을 요구하도록 할 수 있다. 이 경우 요구받은 임용권자는 특별한 사유가 없으면 이에 따라야 한다.
(2021.9.24 본조신설)
제70조의6【사무직원 징계의결의 재심의 요구】 ① 사무직원의 임용권자는 제70조의5제3항에 따라 요구받은 사항에 대하여는 해당 처분을 하기 전에 그 내용을 관할청에 통보하여야 한다.
② 관할청은 제1항에 따라 통보받은 징계의결의 내용이 징계 사유에 비추어 가볍다고 인정되면 해당 사무직원의 임용

권자에게 제4조제1항에 따른 관할청의 경우 제62조의3에 따른 징계심의위원회에, 제4조제3항에 따른 관할청의 경우 제70조의5제1항에 따른 징계위원회에 재심의를 요구하도록 할 수 있다.
③ 사무직원의 임용권자가 관할청으로부터 제2항에 따라 재심의를 요구받은 경우에는 지체 없이 해당 징계심의위원회 또는 징계위원회에 재심의를 요구하여야 한다.
④ 사무직원의 임용권자는 제3항에 따른 징계심의위원회 또는 징계위원회의 재심의 결과를 관할청에 통보하여야 한다.
⑤ 제3항에 따른 징계심의위원회의 심리 · 의결 등에 관하여는 제63조, 제65조, 제66조제3항 및 제66조의2제4항 · 제5항을 준용한다. 이 경우 "교원"은 "사무직원"으로 본다.
(2021.9.24 본조신설)

제70조의7【사무직원에 대한 해임 요구】 ① 관할청은 제70조의2제1항에도 불구하고 같은 조에 따라 임명된 사무직원이 다음 각 호의 어느 하나에 해당할 때에는 임용권자에게 해당 사무직원의 해임을 요구할 수 있다. 이 경우 해임을 요구받은 임용권자는 특별한 사유가 없으면 이에 따라야 한다.
1. 직무를 수행함에 있어 부정한 일을 하였거나 현저히 부당한 일을 한 경우
2. 제20조의2제1항에 따라 취임 승인이 취소된 임원의 행위에 적극 가담한 경우
3. 제54조의2제1항에 따라 해임된 학교의 장의 행위에 적극 가담한 경우
4. 이 법, 이 법에 따른 명령 또는 다른 교육 관계 법령을 위반한 경우로서 비위의 정도가 중대한 경우
5. 제70조의4에 따른 당연퇴직 사유에 해당하는 법령위반 행위를 하였다고 확인된 경우

② 제1항에 따른 해임 요구는 관할청이 해당 학교법인 또는 사립학교경영자에게 그 사유를 밝혀 시정을 요구한 날부터 15일이 지나도 이에 따르지 아니한 경우에만 한다.
(2021.9.24 본조신설)

제71조【권한의 위임】 이 법에 따른 교육부장관의 권한은 그 일부를 대통령령으로 정하는 바에 따라 시 · 도 교육감에게 위임할 수 있다.(2020.12.22 본조개정)

제72조 (2000.1.28 삭제)

제72조의2【벌칙 적용에서의 공무원 의제】 조정위원회의 위원 중 공무원이 아닌 사람은 「형법」 제129조부터 제132조까지의 규정을 적용할 때에는 공무원으로 본다.(2016.5.29 본조신설)

제72조의3【임원의 친족 교직원 공개】 학교법인은 학교법인 임원과 「민법」 제777조에 따른 친족관계에 있는 교직원을 교육부장관이 정하는 바에 따라 공개하여야 한다.
(2021.9.24 본조신설)

제72조의4【청렴의무】 사립학교경영자, 학교법인의 임직원 및 사립학교의 장과 교직원(이하 "사학기관 종사자"라 한다)은 법령을 준수하고 일체의 부패행위와 품위를 손상하는 행위를 하여서는 아니 된다.(2021.9.24 본조신설)

제72조의5【사학기관 행동강령】 ① 제72조의4에 따른 청렴의무를 준수하기 위한 행동강령(이하 "사학기관 행동강령"이라 한다)은 학교법인과 법인인 사립학교경영자의 경우에는 정관으로, 사인인 사립학교경영자의 경우에는 규칙으로 정한다.
② 사학기관 행동강령은 다음 각 호의 사항을 포함하여야 한다.
1. 다음 각 목의 직무관련자로부터 향응 · 금품 등을 받는 행위의 금지 · 제한에 관한 사항
  가. 학교법인, 사립학교경영자 또는 학교의 장과 계약을 체결하거나 체결하려는 것이 명백한 개인 · 법인 또는 단체
  나. 학교법인 또는 사립학교경영자의 정책 · 사업 등의 결정 또는 집행으로 이익 또는 불이익을 직접적으로 받는 개인 · 법인 또는 단체
2. 직위를 이용한 인사관여 · 이권개입 · 알선 · 청탁행위의 금지 · 제한에 관한 사항
3. 사적 이해관계의 신고에 관한 사항. 이 경우 신고 대상의 범위는 대통령령으로 정한다.
4. 사학기관 행동강령 위반에 따른 징계 등의 제재 조치에 관한 사항
5. 그 밖에 사학기관 종사자가 청렴의무를 준수하기 위하여 필요한 사항

③ 사학기관 종사자가 사학기관 행동강령을 위반한 경우 임용권자는 징계 등의 제재 조치를 하여야 한다.
④ 관할청은 학교법인 또는 사립학교경영자가 다음 각 호의 어느 하나에 해당하는 경우에는 기간을 정하여 시정을 명할 수 있다.
1. 학교법인 또는 사립학교경영자가 정관 또는 규칙으로 정한 사학기관 행동강령에 제2항 각 호의 사항이 누락되어 있거나 그 내용이 현저히 미흡한 경우
2. 학교법인 또는 사립학교에 소속된 사학기관 종사자가 사학기관 행동강령을 위반하였음에도 불구하고 제3항에 따른 징계 등의 제재 조치를 하지 아니한 경우

(2021.9.24 본조신설)

제6장 벌 칙

(2020.12.22 본절개정)

제73조【벌칙】 학교법인의 이사장이나 사립학교경영자(법인인 경우에는 그 대표자 또는 이사) 또는 대학교육기관의 장이 제29조제6항(제51조에 따라 준용되는 경우를 포함한다)을 위반한 경우에는 3년 이하의 징역 또는 3천만원 이하의 벌금에 처한다.(2021.9.24 본조개정)

제73조의2【벌칙】 학교법인의 이사장 또는 사립학교경영자(법인인 경우에는 그 대표자 또는 이사)가 다음 각 호의 어느 하나에 해당하는 경우에는 2년 이하의 징역 또는 2천만원 이하의 벌금에 처한다.
1. 제28조제1항부터 제4항까지(제51조에 따라 준용되는 경우를 포함한다)를 위반한 경우(2021.8.10 본호개정)
2. 제46조에 따른 관할청의 명령을 위반하여 사업을 계속한 경우
3. 제48조(제51조에 따라 준용되는 경우를 포함한다)에 따른 관할청의 명령을 위반한 경우

제74조【과태료】 ① 사립학교 교원 또는 제70조의2에 따라 임명된 사무직원의 임용권자가 다음 각 호의 어느 하나에 해당하는 경우에는 1천만원 이하의 과태료를 부과한다.
(2021.9.24 본문개정)
1. 제54조제3항 후단을 위반하여 특별한 사유 없이 관할청의 해임 또는 징계 요구를 따르지 아니한 경우
2. 제54조의2제1항 후단을 위반하여 특별한 사유 없이 관할청의 해임 요구를 따르지 아니한 경우
3. 제66조의2제3항을 위반하여 재심의를 요구하지 아니한 경우
4. 제66조의2제5항 전단(제70조의6제5항에서 준용하는 경우를 포함한다)을 위반하여 의결 내용에 따라 징계처분을 하지 아니한 경우
5. 제70조의5제3항 후단을 위반하여 특별한 사유 없이 관할청의 징계의결 요구에 따르지 아니한 경우
6. 제70조의6제3항을 위반하여 재심의를 요구하지 아니한 경우
7. 제70조의7제1항 각 호 외의 부분 후단을 위반하여 특별한 사유 없이 관할청의 해임 요구를 따르지 아니한 경우
8. 제72조의5제4항제2호에 따른 관할청의 시정명령을 특별한 사유 없이 따르지 아니한 경우

(2021.9.24 4호~8호신설)
② 학교법인의 이사장, 감사 또는 청산인이나 사립학교경영자(법인인 경우에는 그 대표자 또는 이사)가 다음 각 호의 어느 하나에 해당하는 경우에는 500만원 이하의 과태료를 부과한다.
1. 이 법에 따른 등기를 하지 아니한 경우

2. 제6조제3항에 따른 공고를 하지 아니하거나 공고하여야 할 사항을 거짓으로 공고하거나 누락하여 공고한 경우
3. 제13조에 따라 준용되는 「민법」 제55조제1항에 따른 재산목록 또는 제32조(제51조에 따라 준용되는 경우를 포함한다) 및 제37조제1항에 따른 재산목록이나 그 밖의 서류를 갖추어 두지 아니하거나 이에 적을 사항을 거짓으로 적거나 누락하여 적은 경우
4. 제19조제4항제3호 또는 제48조(제51조에 따라 준용되는 경우를 포함한다)에 따른 보고를 하지 아니하거나 보고하여야 할 사항을 거짓으로 보고하거나 누락하여 보고한 경우
4의2. 제28조제5항에 따른 신고를 하지 아니한 경우 (2021.8.10 본호신설)
5. 제31조(제51조에 따라 준용되는 경우를 포함한다), 제37조제2항 또는 제38조제2항을 위반한 경우
6. 제42조에 따라 준용되는 「민법」 제79조 또는 제93조제1항에 따른 파산선고의 신청을 하지 아니한 경우
7. 제42조에 따라 준용되는 「민법」 제88조제1항 또는 제93조제1항에 따른 공고를 하지 아니하거나 공고할 사항을 거짓으로 공고하거나 누락하여 공고한 경우
8. 제42조에 따라 준용되는 「민법」 제86조 또는 제94조에 따른 신고를 게을리하거나 부실한 신고를 한 경우
9. 제42조에 따라 준용되는 「민법」 제90조를 위반한 경우
10. 제72조의3에 따른 공개를 하지 아니하거나 거짓으로 공개한 경우(2021.9.24 본호신설)

③ 대학교육기관의 장 및 대학교육기관을 설치 · 경영하는 학교법인의 이사장이 제32조의2제5항에 따른 보고를 하지 아니하거나 보고하여야 할 사항을 거짓으로 보고하거나 누락하여 보고한 경우에는 500만원 이하의 과태료를 부과한다.
④ 사립학교 교원의 임용권자가 제54조제1항에 따른 보고를 하지 아니하거나 거짓으로 보고한 경우에는 500만원 이하의 과태료를 부과한다.
⑤ 제1항부터 제4항까지의 규정에 따른 과태료는 대통령령으로 정하는 바에 따라 관할청이 부과 · 징수한다.

제74조의2 (1990.4.7 삭제)

부 칙 (2018.4.17)

제1조【시행일】 이 법은 공포 후 6개월이 경과한 날부터 시행한다. 다만, 제66조의4제1항의 개정규정은 공포한 날부터 시행한다.
제2조【징계사유의 시효 연장에 관한 적용례】 제66조의4제1항의 개정규정은 이 법 시행 전에 징계사유가 발생하였으나 종전의 규정에 따른 징계시효가 완성되지 아니한 사람에 대해서도 적용한다.

부 칙 (2018.12.18)

제1조【시행일】 이 법은 공포 후 3개월이 경과한 날부터 시행한다. 다만, 제60조의2제1항 및 같은 조 제2항제4호의 개정규정은 공포한 날부터 시행한다.
제2조【해임 또는 징계 요구에 관한 적용례】 제54조제3항의 개정규정은 이 법 시행 후 최초로 관할청이 임용권자에게 교원의 해임 또는 징계를 요구한 경우부터 적용한다.

부 칙 (2019.1.15)

제1조【시행일】 이 법은 공포한 날부터 시행한다.
제2조【잔여재산의 귀속에 관한 적용례】 제35조의 개정규정은 이 법 시행 당시 청산이 종결되지 아니한 학교법인에도 적용한다.

부 칙 (2019.4.16)

제1조【시행일】 이 법은 공포 후 6개월이 경과한 날부터 시행한다.
제2조【징계기준 및 징계의 감경기준 등에 관한 적용례】 제66조의 개정규정은 이 법 시행 후 최초로 임용권자가 교원징계위원회에 징계의결을 요구한 경우부터 적용한다.

부 칙 (2019.8.20)

제1조【시행일】 이 법은 공포 후 6개월이 경과한 날부터 시행한다.
제2조【정직처분의 효력에 관한 경과조치】 이 법 시행 전에 발생한 사유로 정직처분을 받는 사람에 대해서는 제61조제3항의 개정규정에도 불구하고 종전의 규정에 따른다.

부 칙 (2019.12.3 법16674호)

제1조【시행일】 이 법은 공포 후 6개월이 경과한 날부터 시행한다.
제2조【학교의 장의 임용에 관한 적용례】 제53조제3항의 개정규정은 이 법 시행 이후 임용되는 특수학교의 장부터 적용한다. 다만, 이 법 시행 이전에 특수학교의 장이었던 사람은 1회에 한하여 임용될 수 있고, 현재 재임 중인 특수학교의 장은 임기만료 후 1회에 한하여 중임할 수 있다.

부 칙 (2020.1.29)

제1조【시행일】 이 법은 공포 후 6개월이 경과한 날부터 시행한다.
제2조【임원의 겸직금지에 관한 경과조치】 이 법 시행 당시 유치원만을 설치 · 경영하는 학교법인의 이사장이 유치원장을 겸직하고 있는 경우에는 이 법 시행일부터 3개월 이내에 해당 유치원장의 직을 사직하여야 한다.

부 칙 (2020.3.24)

제1조【시행일】 이 법은 공포 후 6개월이 경과한 날부터 시행한다. 다만, 제59조의 개정규정 중 「유아교육법」 제2조제2호에 따른 유치원의 교원에 대한 부분은 공포 후 2년이 경과한 날부터 시행한다.
제2조【육아휴직에 관한 적용례】 제59조제3항의 개정규정은 이 법 시행 전에 휴직하였거나 이 법 시행 당시 휴직 중인 사람에 대해서도 적용한다.
제3조【이사회의 이사 구성에 관한 경과조치】 ① 이 법 시행 이후 이사를 선임할 당시 제21조제3항의 개정규정을 충족하지 못하는 경우에는 해당 개정규정의 구성요건이 충족될 때까지 같은 개정규정에 따른 교육경험에 관한 요건을 충족하는 사람을 이사로 우선 선임하여야 한다.
② 이사회의 이사 구성에 관하여는 제1항에 따라 제21조제3항의 개정규정을 충족할 때까지는 종전의 규정에 따른다.

부 칙 (2020.10.20)

이 법은 공포 후 6개월이 경과한 날부터 시행한다.

부 칙 (2020.12.22)

제1조【시행일】 이 법은 공포한 날부터 시행한다. 다만, 제66조의6의 개정규정은 공포 후 6개월이 경과한 날부터 시행하고, 제59조의 개정규정 중 법률 제17078호 사립학교법 일부개정법률 부칙 제1조 단서가 적용되는 부분은 2022년 3월 25일부터 시행하며, 법률 제17493호 사립학교법 일부개정법률 제74조의 개정규정은 2021년 4월 21일부터 시행한다.
제2조【징계사유의 시효 연장에 관한 적용례】 제66조의4제1항의 개정규정은 이 법 시행 전에 징계사유가 발생하였으나 종전의 규정에 따른 징계시효가 완성되지 아니한 사람에 대해서도 적용한다.

부 칙 (2021.8.10)

제1조【시행일】 이 법은 공포 후 6개월이 경과한 날부터 시행한다. 다만, 제31조제4항 · 제5항 · 제6항 · 제7항 · 제8항 및 제31조의2제1항의 개정규정은 공포 후 1년이 경과한 날부터 시행하고, 제35조제4항 · 제5항 · 제6항의 개정규정은 2022년 1월 1일부터 시행한다.
제2조【임시이사 선임에 관한 적용례】 제25조제1항제2호의 개정규정은 이 법 시행 이후 임원 취임 승인이 취소된 경우부터 적용한다.
제3조【기본재산의 소송절차 신고에 관한 적용례】 제28조제5항의 개정규정은 이 법 시행 이후 학교법인의 기본재산에 관한 소송절차가 개시되는 경우부터 적용한다.
제4조【외부회계감사에 관한 적용례】 제31조제5항 · 제6항 · 제7항의 개정규정은 같은 개정규정의 시행일이 속한 회계연도의 결산서를 제출하는 경우부터 적용하되, 연속하는 4개 회계연도의 산정은 같은 개정규정이 최초로 적용되기 이전의 회계연도를 포함하여 계산한다.
제5조【잔여재산 귀속에 관한 적용례】 제35조제4항의 개정규정은 같은 개정규정 시행 전에 해산되었으나 처분되지 아니한 학교법인의 재산에도 적용한다.

부 칙 (2021.9.24)

제1조【시행일】 이 법은 공포 후 6개월이 경과한 날부터 시행한다. 다만, 제20조의2제1항제4호, 제21조제7항, 제22조 및 제22조의2의 개정규정은 공포 후 3개월이 경과한 날부터 시행하고, 법률 제18372호 사립학교법 일부개정법률 제70조의3제3항, 제70조의4, 제73조 및 제73조의2의 개정규정은 2022년 2월 11일부터 시행하며, 제29조제4항 및 제31조제3항의 개정규정은 2022년 3월 1일부터 시행한다.
제2조【임원의 결격사유 등에 관한 적용례】 제21조제7항 및 제22조의 개정규정은 같은 개정규정 시행 이후 임원을 선임하는 경우부터 적용한다.
제3조【징계의결서 송부 및 징계의결의 재심의 요구에 관한 적용례】 제66조제2항 및 제66조의2의 개정규정은 이 법 시행 이후 제66조제1항에 따라 교원징계위원회가 징계의결을 하는 경우부터 적용한다.
제4조【공개전형 중 필기시험 위탁에 관한 적용례 및 경과조치】 ① 제53조의2제11항의 개정규정은 이 법 시행 이후 같은 조 제10항에 따라 교원의 신규채용을 위한 공개전형을 실시하는 경우부터 적용한다.
② 이 법 시행 당시 종전의 규정에 따라 공고된 교원의 신규채용에 관하여는 제53조의2제11항의 개정규정에도 불구하고 종전의 규정에 따른다.
제5조【임원의 당연퇴임에 관한 경과조치】 제22조의2의 개정규정 시행 당시 임원으로 재임 중인 사람에 대하여는 같은 개정규정에도 불구하고 임기가 종료할 때까지는 종전의 규정에 따른다.
제6조【기금운용심의회 구성에 관한 경과조치】 ① 이 법 시행 이후 기금운용심의회 위원을 위촉할 당시 제32조의3제2항의 개정규정을 충족하지 못하는 경우에는 같은 개정규정의 요건이 충족될 때까지는 교원, 직원 또는 재학생인 위원을 위촉하여야 한다.
② 기금운용심의회 위원의 구성은 제1항에 따라 제32조의3제2항의 개정규정을 충족할 때까지는 종전의 규정에 따른다.
제7조【교원징계위원회의 위원 구성에 관한 경과조치】 이 법 시행 이후 위원을 임명하거나 위촉할 당시 제62조제4항의 개정규정을 충족하지 못하는 경우(연임하는 경우는 제외한다)에는 같은 개정규정의 요건을 충족할 때까지는 특정 성(性)의 위원 또는 외부위원으로 임명하거나 위촉하여야 한다.

부 칙 (2022.10.18)

제1조【시행일】 이 법은 공포 후 6개월이 경과한 날부터 시행한다.(이하 생략)

부 칙 (2022.12.13)

제1조【시행일】 이 법은 공포 후 6개월이 경과한 날부터 시행한다.
제2조【당연퇴직에 관한 적용례】 제57조제2항의 개정규정은 이 법 시행 이후 발생한 범죄행위로 같은 개정규정에 따른 당연퇴직 사유에 해당하는 경우부터 적용한다.

부 칙 (2024.1.9)

제1조【시행일】 이 법은 공포 후 6개월이 경과한 날부터 시행한다.(이하 생략)

부 칙 (2024.2.27)

제1조【시행일】 이 법은 공포 후 6개월이 경과한 날부터 시행한다.
제2조【적립금 공시에 관한 적용례】 제32조의2제6항의 개정규정은 이 법 시행일이 속한 회계연도의 다음 회계연도의 적립금별 적립 규모 및 사용내역부터 적용한다.

부 칙 (2025.1.21)

제1조【시행일】 이 법은 공포한 날부터 시행한다.
제2조【이사 후보자 추천 의견 청취에 관한 적용례】 제25조의3제2항 및 제3항의 개정규정은 이 법 시행 당시 제25조의3제1항에 따른 조정위원회의 심의가 계속 중인 경우에도 적용한다.

학원의 설립·운영 및 과외교습에 관한 법률(약칭 : 학원법)

(1995년 8월 4일 전개법률 제4964호)

개정
1995.12.29법 5069호(교육) <중략>
2005. 3.31법 7428호(채무자회생파산)
2006. 9.22법 7974호
2007. 5.25법 8483호(장애인등에대한특수교육법)
2007.12.21법 8711호
2008. 2.29법 8852호(정부조직)
2008. 3.28법 8989호
2011. 7.25법10916호
2012. 1.26법11212호(고등교육)
2013. 3.23법11690호(정부조직)
2015. 2. 3법13120호
2015. 7.24법13426호(제주자치법)
2016. 1.19법13805호(주택법)
2016. 5.29법14164호
2016.12.20법14403호
2017.12.19법15235호
2018. 6.12법15625호
2018.12.18법15967호
2020. 5.26법17311호(도로교통)
2021. 3.23법17954호(법률용어정비)
2021. 8.17법18425호(국민평생직업능력개발법)
2023. 4.18법19347호

제1조【목적】 이 법은 학원의 설립과 운영에 관한 사항을 규정하여 학원의 건전한 발전을 도모함으로써 평생교육 진흥에 이바지함과 아울러 과외교습에 관한 사항을 규정함을 목적으로 한다.(2007.12.21 본조개정)

제2조【정의】 이 법에서 사용하는 용어의 뜻은 다음과 같다.

1. "학원"이란 사인(私人)이 대통령령으로 정하는 수 이상의 학습자 또는 불특정다수의 학습자에게 30일 이상의 교습과정(교습과정의 반복으로 교습일수가 30일 이상이 되는 경우를 포함한다. 이하 같다)에 따라 지식·기술(기능을 포함한다. 이하 같다)·예능을 교습(상급학교 진학에 필요한 컨설팅 등 지도를 하는 경우와 정보통신기술 등을 활용하여 원격으로 교습하는 경우를 포함한다. 이하 같다)하거나 30일 이상 학습장소로 제공되는 시설을 말한다. 다만, 다음 각 목의 어느 하나에 해당하는 시설은 제외한다.
(2011.7.25 본문개정)
가.「유아교육법」,「초·중등교육법」,「고등교육법」, 그 밖의 법령에 따른 학교
나. 도서관·박물관 및 과학관
다. 사업장 등의 시설로서 소속 직원의 연수를 위한 시설
라.「평생교육법」에 따라 인가·등록·신고 또는 보고된 평생교육시설
마.「국민 평생 직업능력 개발법」에 따른 직업능력개발훈련시설이나 그 밖에 평생교육에 관한 다른 법률에 따라 설치된 시설(2021.8.17 본목개정)
바.「도로교통법」에 따른 자동차운전학원
사.「주택법」 제2조제3호에 따른 공동주택에 거주하는 자가 공동으로 관리하는 시설로서「공동주택관리법」 제14조에 따른 입주자대표회의의 의결을 통하여 영리를 목적으로 하지 아니하고 입주민을 위한 교육을 하기 위하여 설치하거나 사용하는 시설(2023.4.18 본목개정)
2. "교습소"란 제4호에 따른 과외교습을 하는 시설로서 학원 및 제1호 각 목의 시설이 아닌 시설을 말한다.(2011.7.25 본호개정)
3. "개인과외교습자"란 다음 각 목의 시설에서 교습비등을 받고 과외교습을 하는 자를 말한다.
가. 학습자의 주거지 또는 교습자의 주거지로서「건축법」 제2조제2항에 따른 단독주택 또는 공동주택
나. 제1호사목에 따른 시설
(2011.7.25 본호개정)
4. "과외교습"이란 초등학교·중학교·고등학교 또는 이에 준하는 학교의 학생이나 학교 입학 또는 학력 인정에 관한 검정을 위한 시험 준비생에게 지식·기술·예능을 교습하는 행위를 말한다. 다만, 다음 각 목의 어느 하나에 해당하는 행위는 제외한다.
가. 제1호가목부터 바목까지의 시설에서 그 설치목적에 따라 행하는 교습행위(2011.7.25 본목개정)
나. 같은 등록기준지 내의 친족이 하는 교습행위
다. 대통령령으로 정하는 봉사활동에 속하는 교습행위
5. "학습자"란 다음 각 목의 자를 말한다.
가. 학원이나 교습소에서 교습을 받는 자
나. 30일 이상 학습장소로 제공되는 시설을 이용하는 자
다. 개인과외교습자로부터 교습을 받는 자
6. "교습비등"이란 학습자가 다음 각 목의 자에게 교습이나 학습장소 이용의 대가로 납부하는 수강료·이용료 또는 교습료 등(이하 "교습비"라 한다)과 그 외에 추가로 납부하는 모든 경비(이하 "기타경비"라 한다)를 말한다.
(2021.3.23 본문개정)
가. 학원을 설립·운영하는 자(이하 "학원설립·운영자"라 한다)
나. 교습소를 설립·운영하는 자(이하 "교습자"라 한다)
다. 개인과외교습자
(2011.7.25 본호신설)

(2007.12.21 본조개정)

제2조의2【학원의 종류】 ① 학원의 종류는 다음 각 호와 같다.
1. 학교교과교습학원 :「초·중등교육법」 제23조에 따른 학교교육과정을 교습하거나 다음 각 목의 사람을 대상으로 교습하는 학원
가.「유아교육법」 제2조제1호에 따른 유아
나.「장애인 등에 대한 특수교육법」 제15조제1항 각 호의 어느 하나에 해당하는 장애가 있는 사람
다.「초·중등교육법」 제2조에 따른 학교의 학생. 다만, 직업교육을 목적으로 하는 직업기술분야의 학원에서 취업을 위하여 학습하는 경우는 제외한다.
(2011.7.25 본호개정)
2. 평생직업교육학원 : 제1호에 따른 학원 외에 평생교육이나 직업교육을 목적으로 하는 학원

② 제1항에 따른 학원의 종류별 교습과정의 분류는 대통령령으로 정한다.
(2007.12.21 본조개정)

제3조【교원의 과외교습 제한】「초·중등교육법」 제2조,「고등교육법」 제2조, 그 밖의 법률에 따라 설립된 학교에 소속된 교원(「고등교육법」 제14조제2항에 따른 강사는 제외한다)은 과외교습을 하여서는 아니 된다.(2012.1.26 본조개정)

제4조【학원설립·운영자 등의 책무】 ① 학원설립·운영자는 자율과 창의로 학원을 운영하며, 학습자에 대한 편의제공, 적정한 교습비등의 징수를 통한 부담경감 및 교육기회의 균등한 제공 등을 위하여 노력하는 등 평생교육 담당자로서의 책무를 다하여야 한다.(2011.7.25 본항개정)

② 교습자와 개인과외교습자는 과외교습을 할 때 학습자에 대한 편의제공, 적정한 교습비등의 징수를 통한 부담경감 및 교육기회의 균등한 제공 등을 위하여 노력하는 등 교습을 담당하는 자로서의 책무를 다하여야 한다.(2011.7.25 본항개정)

③ 학원설립·운영자 및 교습자는 특별시·광역시·특별자치시·도 및 특별자치도(이하 "시·도"라 한다)의 조례로 정하는 바에 따라 학원·교습소의 운영과 관련하여 학원·교습소의 수강생에게 발생한 생명·신체상의 손해를 배상할 것을 내용으로 하는 보험이나 공제사업에 가입하는 등 필요한 안전조치를 취하여야 한다.(2016.12.20 본항개정)

판례 유치원이나 학교 교사 등의 보호·감독의무가 미치는 범위는 유치원과 학교에서의 교육활동 및 이와 밀접·불가분의 관계에 있는 생활관계로 한정되고, 또 보호·감독의무를 소홀히 하여 학생이 사고를 당한 경우에도 그 사고가 통상 발생할 수 있다고 예상할 수 있는 것에 한하여 교사 등의 책임을 인정할 수 있다. 이러한 법리는 학원의 설립·운영자 및 교습자의 경우라고 하여 다르지 않을 것인바, 대체로 나이가 어려 책임능력과 의사능력이 없거나 부족한 유치원생 또는 초등학교 저학년생에 대하여는 보호·감독의무가 미치는 생활관계의 범위와 사고발생에 대한 예견가능성이 더욱 넓게 인정되어야 한다.(대판 2008.1.17, 2007다40437)

제5조【교육환경의 정화 등】 ① 학원설립·운영자 또는 교습자는 학원이나 교습소의 교육환경과 위생시설을 깨끗하게 유지·관리하여야 한다.
② 학교교과교습학원을 설립·운영하는 자 또는 교습자는 교육환경을 해칠 우려가 있는 영업소(이하 "유해업소"라 한다)와 동일한 건축물 안에서 학교교과교습학원이나 교습소를 설립·운영하여서는 아니 된다.(2011.7.25 본항개정)
③ 학교교과교습학원이나 교습소와 동일한 건축물 안에 유해업소를 설치하는 경우 그 영업에 관하여 허가·인가 등을 하는 행정기관의 장은 미리 관할 교육감과 협의하여야 한다.(2011.7.25 본항개정)
④ 제2항 및 제3항에 따른 유해업소의 종류는「교육환경 보호에 관한 법률」제9조 각 호의 어느 하나에 해당하는 행위를 하거나 시설(「게임산업진흥에 관한 법률」제2조제7호에 따른 인터넷컴퓨터게임시설제공업을 하는 영업소 및 같은 조 제8호에 따른 복합유통게임제공업 중 인터넷컴퓨터게임시설제공업과「식품위생법」제36조제1항제3호의 식품접객업 가운데 음식류를 조리·판매하면서 음주행위가 허용되지 아니하는 영업 중 대통령령으로 정하는 영업을 동일한 장소에서 함께 영위하는 영업소에 한정하여 제외한다)을 갖춘 영업소를 말한다.(2023.4.18 본항개정)
⑤ 제2항 및 제3항은 연면적 1천650제곱미터 이상의 건축물에 대하여는 다음 각 호의 경우를 제외하고는 적용하지 아니한다.
1. 학원이 유해업소로부터 수평거리 20미터 이내의 같은 층에 있는 경우
2. 학원이 유해업소로부터 수평거리 6미터 이내의 바로 위층 또는 바로 아래 층에 있는 경우
(2011.7.25 본항신설)
(2007.12.21 본조개정)
제5조의2【감염병에 관한 조치】 학원설립·운영자는 의사의 진단 결과 감염병에 감염 또는 감염된 것으로 의심되거나 감염될 우려가 있는 학습자 및 강사를 교육부령으로 정하는 바에 따라 학원으로부터 격리시키는 등 필요한 조치를 할 수 있다.(2018.12.18 본조신설)
제6조【학원 설립·운영의 등록】 ① 학원을 설립·운영하려는 자는 제8조에 따른 시설과 설비를 갖추어 대통령령으로 정하는 바에 따라 설립자의 인적사항, 교습과정, 강사명단, 교습비등, 시설·설비 등을 학원설립·운영등록신청서에 기재하여 교육감에게 등록하여야 한다. 등록한 사항 중 교습과정, 강사명단, 교습비등, 그 밖에 대통령령으로 정하는 사항을 변경하려는 경우에도 또한 같다.(2011.7.25 본항개정)
② 숙박시설을 갖춘 학교교과교습학원의 등록은 대통령령으로 정하는 범위에서 관할 지역의 교육여건과 수강생의 안전 및 숙박시설의 필요성 등을 고려하여 시·도의 조례로 정하는 기준에 맞는 경우에만 할 수 있다.
③ 교육감은 제1항에 따라 등록한 자에게 교육부령으로 정하는 바에 따라 등록증명서를 발급하여야 한다.(2016.5.29 본항신설)
④ 학원설립·운영자는 제3항에 따라 발급받은 등록증명서를 학원에 게시하여야 한다.(2016.5.29 본항신설)
⑤ 학원설립·운영자가 제3항에 따라 발급받은 등록증명서를 잃어버리거나 그 등록증명서가 못 쓰게 된 경우에는 교육부령으로 정하는 바에 따라 교육감에게 재발급을 신청하여야 한다.(2016.5.29 본항신설)
⑥ 교육감은 다음 각 호의 어느 하나에 해당하는 경우 제1항에 따른 등록을 거부할 수 있다.
1. 제17조제1항에 따른 등록말소처분이 있은 날부터 1년 이내에 해당 장소에서 동일한 교습과정을 교습하는 학원의 설립·운영을 등록하려는 경우
2. 제17조제1항에 따른 교습정지처분의 정지 기간 내에 해당 장소에서 동일한 교습과정을 교습하는 학원의 설립·운영을 등록하려는 경우
(2016.5.29 본항신설)
(2007.12.21 본조개정)
제7조【조건부 설립등록】 ① 교육감은 제6조에 따른 학원 설립·운영의 등록을 수리(受理)할 때에 대통령령으로 정하는 기간에 제8조에 따른 시설과 설비를 갖출 것을 조건으로 하여 학원 설립·운영의 등록을 수리할 수 있다.
② 교육감은 제1항에 따라 등록을 한 자가 정당한 사유 없이 그 기간에 시설과 설비를 갖추지 아니하면 등록을 말소하여야 한다.
(2007.12.21 본조개정)
제8조【시설기준】 학원에는 교습과정별로 시·도의 조례로 정하는 단위시설별 기준에 따라 교습과 학습에 필요한 시설과 설비를 갖추고 유지하여야 한다. 다만, 학원의 소방시설은 소방 관계 법령으로 정하는 바에 따른다.(2007.12.21 본조개정)
제9조【결격사유 등】 ① 다음 각 호의 어느 하나에 해당하는 자는 제6조에 따른 학원 설립·운영의 등록을 할 수 없다.
1. 피성년후견인·피한정후견인(2018.6.12 본호개정)
2. 파산선고를 받은 자로서 복권되지 아니한 자
3. 금고 이상의 형을 선고받고 그 집행이 끝나거나 그 집행을 받지 아니하기로 확정된 후 3년이 지나지 아니한 자 또는 그 집행유예기간 중에 있는 자
4. 이 법을 위반하여 벌금형을 선고받은 후 1년이 지나지 아니한 자
5. 법원의 판결에 따라 자격이 정지되거나 상실된 자
6. 제17조제1항에 따라 학원 등록이 말소된 날부터 1년이 지나지 아니한 자(법인의 경우에는 그 대표자를 포함한다)(2016.5.29 본호개정)
6의2. 제17조제1항에 따라 교습정지처분을 받은 후 그 정지기간이 지나지 아니한 자(법인의 경우에는 그 대표자를 포함한다)(2016.5.29 본호신설)
7. 법인으로서 그 임원 중에 제1호부터 제6호까지, 제6호의2에 해당하는 자가 있는 경우(2016.5.29 본호개정)
② 학원설립·운영자가 제1항 각 호의 사유에 해당하게 되면 그 등록은 효력을 잃는다. 다만, 다음 각 호의 경우에는 그러하지 아니하다.(2018.6.12 단서개정)
1. 제1항제4호의 경우(2018.6.12 본호신설)
2. 제1항제7호의 경우로서 해당 법인이 그 사유가 발생한 날부터 3개월 이내에 해당 임원을 바꾸어 선임하는 경우(2018.6.12 본호신설)
(2007.12.21 본조개정)
제10조【휴원 및 폐원 등의 신고】 ① 학원설립·운영자는 그 학원을 1개월 이상 휴원(休院)하거나 폐원하려면 교육부령으로 정하는 바에 따라 지체 없이 교육감에게 신고하여야 한다.
② 교육감은 학원설립·운영자가「부가가치세법」제8조에 따라 관할 세무서장에게 폐업신고를 하거나 관할 세무서장이 사업자등록을 말소한 경우에는 등록 사항을 직권으로 말소할 수 있다.(2017.12.19 본항신설)
③ 교육감은 제2항의 직권 말소를 위하여 필요한 경우 관할 세무서장에게 학원설립·운영자의 폐업여부에 대한 정보 제공을 요청할 수 있다. 이 경우 요청을 받은 관할 세무서장은「전자정부법」제36조제1항에 따라 학원설립·운영자의 폐업여부에 대한 정보를 제공하여야 한다.(2017.12.19 본항신설)
④ 학원설립·운영자는 제17조제1항에 따른 행정처분 기간과 그 처분을 위한 절차가 진행 중인 기간(「행정절차법」제21조에 따른 처분의 사전 통지 시점부터 처분이 확정되기 전까지의 기간을 말한다) 중에는 제1항에 따른 폐원신고를 할 수 없다.(2023.4.18 본항신설)
(2013.3.23 본조개정)
제11조 (1999.1.18 삭제)
제12조【교습과정】 학원의 교습과정은 학원설립·운영자가 학습자의 필요와 실용성을 존중하여 정한다.(2007.12.21 본조개정)
제13조【강사 등】 ① 학원에서 교습을 담당하는 강사는 대통령령으로 정하는 자격을 갖춘 자이어야 한다.

② 학원설립·운영자는 강사의 연령·학력·전공과목 및 경력 등에 관한 인적 사항을 교육부령으로 정하는 바에 따라 게시하여야 한다.(2013.3.23 본항개정)
③ (2016.12.20 삭제)
(2007.12.21 본조개정)
제13조의2【외국인강사의 채용】 학원설립·운영자는 외국어교습을 담당하게 하기 위하여 외국인강사(대한민국 국민이 아닌 사람으로서 학원에서 교습을 담당하는 강사를 말한다. 이하 같다)를 채용하려는 경우에는 강사가 되고자 하는 사람으로부터 다음 각 호의 서류를 제출받아 그에 대한 검증 후 채용하여야 한다. 다만, 「출입국관리법」 제18조에 따라 취업활동을 할 수 있는 체류자격을 받은 사람 중 회화지도 체류자격을 받은 사람에 대하여는 제1호의 범죄경력조회서를 제출받지 아니할 수 있다.(2016.12.20 본문개정)
1. 범죄경력조회서
2. 건강진단서(1개월 이내에 받은 것으로서 대마 및 약물 검사 결과를 포함한다)
3. 학력증명서
4. 그 밖에 대통령령으로 정하는 서류
(2011.7.25 본조신설)
제14조【교습소 설립·운영의 신고 등】 ① 교습소를 설립·운영하려는 자는 대통령령으로 정하는 바에 따라 신고자 및 교습자의 인적사항, 교습소의 명칭 및 위치, 교습과목, 교습비등을 교습소설립·운영신고서에 기재하여 교육감에게 신고하여야 한다. 신고한 사항 중 교습자의 인적사항, 교습소의 명칭 및 위치, 교습과목, 교습비등, 그 밖에 대통령령으로 정하는 사항을 변경하려는 경우에도 또한 같다.
② 교육감은 제1항에 따른 신고 또는 변경신고를 받은 날부터 8일 이내에 신고수리 여부를 신고인에게 통지하여야 한다.(2018.12.18 본항신설)
③ 교육감이 제2항에서 정한 기간 내에 신고수리 여부 또는 민원 처리 관련 법령에 따른 처리기간의 연장 여부를 신고인에게 통지하지 아니하면 그 기간(민원 처리 관련 법령에 따라 처리기간이 연장 또는 재연장된 경우에는 해당 처리기간을 말한다)이 끝난 날의 다음 날에 신고를 수리한 것으로 본다.(2018.12.18 본항신설)
④ 교육감은 제1항에 따른 신고를 수리한 경우에는 교육부령으로 정하는 바에 따라 신고증명서를 발급하여야 한다.(2018.12.18 본항개정)
⑤ 교습자는 제4항에 따라 발급받은 신고증명서를 교습소에 게시하여야 한다.(2018.12.18 본항개정)
⑥ 교습자가 제4항에 따라 발급받은 신고증명서를 잃어버리거나 그 신고증명서가 못쓰게 된 경우에는 교육부령으로 정하는 바에 따라 교육감에게 재발급을 신청하여야 한다.(2018.12.18 본항개정)
⑦ 교습소는 교습자 1명이 한 장소에서 1과목만을 교습하여야 한다.
⑧ 교습자의 자격, 교습소의 장소·시설·설비, 학습자의 수, 그 밖에 필요한 사항은 대통령령으로 정한다.(2011.7.25 본항신설)
⑨ 교습자는 교습소를 폐소하거나 1개월 이상 휴소(休所)하려면 교육부령으로 정하는 바에 따라 지체 없이 교육감에게 신고하여야 한다.(2013.3.23 본항개정)
⑩ 제17조제2항에 따라 교습소의 폐지처분을 받은 자는 그 처분을 받은 날부터 1년 이내 또는 교습정지처분을 받은 자는 그 정지 기간이 지나지 아니한 경우에는 교육부령으로 정하는 바에 따라 같은 종류의 교습소를 신고할 수 없다.(2016.5.29 본항개정)
⑪ 교육감은 교습자가 「부가가치세법」 제8조에 따라 관할 세무서장에게 폐업신고를 하거나 관할 세무서장이 사업자등록을 말소한 경우에는 신고 사항을 직권으로 말소할 수 있다.(2017.12.19 본항신설)
⑫ 교육감은 제11항의 직권말소를 위하여 필요한 경우 관할 세무서장에게 교습자의 폐업여부에 대한 정보 제공을 요청할 수 있다. 이 경우 요청을 받은 관할 세무서장은 「전자정부법」 제36조제1항에 따라 교습자의 폐업여부에 대한 정보를 제공하여야 한다.(2018.12.18 전단개정)
⑬ 교습자는 제17조제2항에 따른 행정처분 기간과 그 처분을 위한 절차가 진행 중인 기간(「행정절차법」 제21조에 따른 처분의 사전 통지 시점부터 처분이 확정되기 전까지의 기간을 말한다) 중에는 제9항에 따른 폐소신고를 할 수 없다.(2023.4.18 본항신설)
(2011.7.25 본조개정)
제14조의2【개인과외교습자의 신고 등】 ① 개인과외교습을 하려는 자는 대통령령으로 정하는 바에 따라 주소지 관할 교육감에게 교습자의 인적 사항, 교습과목, 교습장소 및 교습비등을 신고하여야 한다. 신고한 사항 중 대통령령으로 정하는 사항을 변경하려는 경우에도 또한 같다. 다만, 「고등교육법」 제2조 또는 개별 법률에 따라 설립된 대학(대학원을 포함한다) 및 이에 준하는 학교에 재적(在籍) 중인 학생(휴학생은 제외한다)은 그러하지 아니하다.(2011.7.25 전단개정)
② 교육감은 제1항에 따른 신고 또는 변경신고를 받은 날부터 5일 이내에 신고수리 여부를 신고인에게 통지하여야 한다.(2018.12.18 본항신설)
③ 교육감이 제2항에서 정한 기간 내에 신고수리 여부 또는 민원 처리 관련 법령에 따른 처리기간의 연장 여부를 신고인에게 통지하지 아니하면 그 기간(민원 처리 관련 법령에 따라 처리기간이 연장 또는 재연장된 경우에는 해당 처리기간을 말한다)이 끝난 날의 다음 날에 신고를 수리한 것으로 본다.(2018.12.18 본항신설)
④ 교육감은 제1항에 따른 개인과외교습의 신고를 수리한 경우에는 교육부령으로 정하는 바에 따라 신고증명서를 발급하여야 한다.(2018.12.18 본항개정)
⑤ 교습장소가 개인과외교습자의 주거지인 경우 개인과외교습자는 신고증명서를 교습장소에 게시하여야 하고, 교습장소가 학습자의 주거지인 경우 학습자 또는 그 학부모가 요청하면 신고증명서를 제시하여야 한다.(2016.5.29 본항개정)
⑥ 개인과외교습자가 제4항에 따라 발급받은 신고증명서를 잃어버리거나 그 신고증명서가 못쓰게 된 경우에는 교육부령으로 정하는 바에 따라 교육감에게 재발급을 신청하여야 한다.(2018.12.18 본항개정)
⑦ 개인과외교습자가 과외교습을 하지 아니하면 그 사실을 교육감에게 통보하여야 한다.
⑧ 교육감은 제1항에 따른 신고나 변경신고를 수리한 경우(제3항에 따라 신고를 수리한 것으로 보는 경우를 포함한다)에 개인과외교습장소가 그 교육감의 관할 지역이 아니면 교습장소를 관할하는 교육감에게 그 사실을 통보하여야 한다.(2018.12.18 본항개정)
⑨ 제17조제3항에 따른 과외교습 중지명령을 받은 자는 그 중지기간이 지나지 아니한 경우에는 과외교습을 할 수 없다.(2016.5.29 본항개정)
⑩ 개인과외교습자가 그 주거지에서 과외교습하는 경우 교육부령으로 정하는 바에 따라 교습장소 외부에 개인과외교습을 하는 장소임을 알 수 있는 표지를 붙여야 한다.(2021.3.23 본항개정)
⑪ 개인과외교습자의 교습장소가 그 주거지인 경우 개인과외교습자를 1명만 신고할 수 있다. 다만, 같은 등록기준지 내의 친족인 경우 추가로 신고할 수 있다.(2016.5.29 본항신설)
⑫ 개인과외교습자는 제17조제3항에 따른 행정처분 기간과 그 처분을 위한 절차가 진행 중인 기간(「행정절차법」 제21조에 따른 처분의 사전 통지 시점부터 처분이 확정되기 전까지의 기간을 말한다) 중에는 제7항에 따른 통보를 할 수 없다.(2023.4.18 본항신설)
(2007.12.21 본조개정)
제15조【교습비등】 ① 학원설립·운영자, 교습자 또는 개인과외교습자는 학습자로부터 교습비등을 받을 수 있으며, 교습비등을 받는 경우 교육부령으로 정하는 바에 따른 영수증을 발급하여야 한다.(2013.3.23 본항개정)
② 학원설립·운영자, 교습자 또는 개인과외교습자는 교습내용과 교습시간 등을 고려하여 교습비를 정하고, 기타경비는 실비로 정한다.
③ 학원설립·운영자, 교습자 또는 개인과외교습자는 시·도의 교육규칙으로 정하는 바에 따라 제1항에 따른 교습비등과

그 반환에 관한 사항을 학습자가 보기 쉬운 장소에 게시하여야 하며, 학습자를 모집할 목적으로 인쇄물·인터넷 등을 통하여 광고를 하는 경우에는 교습비등, 등록증명서 또는 신고증명서 내용 중 대통령령으로 정하는 사항을 표시하여야 한다. 이 경우 학습자 또는 학부모의 요구가 있을 때에는 교육부령으로 정하는 바에 따라 게시 또는 표시된 교습비등의 내역을 서면으로 고지하여야 한다.(2016.5.29 전단개정)
④ 학원설립·운영자, 교습자 또는 개인과외교습자는 교습비등을 거짓으로 표시·게시·고지하거나, 표시·게시·고지한 교습비등 또는 교육감에게 등록·신고한 교습비등을 초과한 금액을 징수하여서는 아니 된다.(2016.5.29 본항개정)
⑤ (2016.5.29 삭제)
⑥ 교육감은 제2항에 따라 정한 학교교과교습학원, 교습소 또는 개인과외교습자의 교습비등이 과다하다고 인정하면 대통령령으로 정하는 바에 따라 교습비등의 조정을 명할 수 있다.(2016.5.29 본항개정)
(2011.7.25 본조개정)

제15조의2【학원 및 교습소의 명칭 표시】 ① 학원의 명칭은 고유명칭 다음에 "학원"을 붙여 표시한다.
② 교습소의 명칭은 고유명칭 다음에 교습과목과 "교습소"를 붙여 표시한다.
(2016.12.20 본조신설)

제15조의3【장부 또는 서류의 비치】 학원설립·운영자, 교습자 및 개인과외교습자는 학원 등의 운영 및 교습과 관련한 장부 또는 서류를 교육부령으로 정하는 바에 따라 비치·관리하여야 한다.(2016.12.20 본조신설)

제15조의4【학원설립·운영자 등에 대한 연수】 교육감은 학원설립·운영자, 강사 및 교습자가 갖추어야 할 사회교육담당자로서의 자질을 향상시키기 위하여 필요하면 대통령령으로 정하는 바에 따라 이들의 연수에 관한 계획을 수립·시행할 수 있다. 이 경우 외국인강사에 대해서는 한국 문화적응을 지원하고 사회교육 담당자로서의 자질을 향상시키기 위하여 입국 후 한 번 이상 연수를 실시하여야 한다.
(2016.12.20 본조신설)

제15조의5【정보의 공개】 ① 교육감은 국민의 알권리를 보장하고 학원과 교습소 운영의 투명성을 높이기 위하여 교육감에게 등록 또는 신고한 교습비등을 학원 종류별, 교습과정별, 지역교육청별 또는 시(「제주특별자치도 설치 및 국제자유도시 조성을 위한 특별법」 제10조제2항에 따른 행정시를 포함한다)·군·구별로 분류하여 시·도교육청 홈페이지 등에 공개하여야 한다.(2015.7.24 본항개정)
② 제1항에 따른 정보공개의 범위는 학원 또는 교습소의 명칭, 위치, 교습과정, 교습과목, 정원, 교습기간, 교습시간 및 교습비등에 관한 사항을 포함하여 대통령령으로 정한다.
(2011.7.25 본조신설)

제16조【지도·감독 등】 ① 교육감은 학원의 건전한 발전과 교습소 및 개인과외교습자가 하는 과외교습의 건전성을 확보하기 위하여 적절한 지도·감독을 하여야 한다.
② 교육감은 학교의 수업과 학생의 건강 등에 미치는 영향을 고려하여 시·도의 조례로 정하는 범위에서 학교교과교습학원, 교습소 또는 개인과외교습자의 교습시간을 정할 수 있다. 이 경우 교육감은 학부모 및 관련 단체 등의 의견을 들어야 한다.(2016.5.29 전단개정)
③ 교육감은 필요하다고 인정하면 학원설립·운영자 및 교습자에 대하여 시설·설비, 교습비등, 교습에 관한 사항과 「도로교통법」 제53조, 제53조의3 및 제53조의5 준수 여부에 관한 사항 또는 각종 통계자료를 보고하게 하거나 관계 공무원에게 해당 시설에 출입하여 그 시설·설비, 장부, 그 밖의 서류를 검사하게 할 수 있으며, 시설·설비의 개선명령이나 그 밖에 필요한 명령을 할 수 있다.(2020.5.26 본항개정)
④ 교육감은 필요하다고 인정하면 개인과외교습자의 교습비등 각종 신고사항을 확인하거나 그 밖에 필요한 조치를 취할 수 있다.(2011.7.25 본항개정)
⑤ 제3항에 따라 출입·검사를 하는 관계 공무원은 그 권한을 표시하는 증표를 지니고 관계인에게 내보여야 한다.
⑥ 교육감은 미등록·미신고 교습, 교습비등 초과 징수, 그 밖에 이 법을 위반한 사항에 대한 신고 접수 및 처리를 위하여 그 소속으로 불법사교육신고센터를 설치·운영할 수 있으며, 이러한 위반 사항을 신고한 사람에 대하여 대통령령으로 정하는 바에 따라 포상금을 지급할 수 있다.(2011.7.25 본항신설)
(2007.12.21 본조개정)

판례 학원법조항은 학원 등의 교습시간 지정에 관하여 조례의 시행을 예정하면서 교습시간 지정이 필요한지 여부부터 지정할 경우 교습시간의 범위 등에 이르기까지 교육감에게 재량권을 부여하고 있다. 청구인들이 주장하는 기본권 침해의 법률효과는 조례 또는 교육감의 교습시간 지정행위에 의하여 비로소 발생하는 것이지, 학원법조항에 의하여 곧바로 발생하는 것이 아니므로 학원법조항에 대한 기본권 침해의 직접성이 인정되지 않는다. 학원조례조항은 학원 심야교습을 제한함으로써 학생들의 건강과 안전을 지키면서 자습능력을 향상시키고 학교교육을 정상화하며, 비정상적인 과외교습경쟁으로 인한 학부모의 경제적 부담을 덜어주어 사교육기회의 차별을 최소화하고, 비정상적인 교육투자로 인한 인적, 물적 낭비를 줄이는 것을 그 목적으로 하므로 그 입법목적은 정당하다. 따라서 심판대상조항은 헌법에 위배되지 않는다.(헌재결 2016.5.26, 2014헌마374)

제17조【행정처분】 ① 교육감은 학원이 다음 각 호의 어느 하나에 해당하면 그 등록을 말소하거나 1년 이내의 기간을 정하여 교습과정의 전부 또는 일부에 대한 교습의 정지를 명할 수 있다. 다만, 제1호에 해당하는 경우에는 그 등록을 말소하여야 한다.
1. 거짓이나 그 밖의 부정한 방법으로 제6조에 따른 등록을 한 경우
2. 숙박시설을 갖춘 학교교과교습학원이 제6조제2항에 따른 기준에 미달하게 된 경우
3. 제8조에 따른 시설기준에 미달하게 된 경우
4. 정당한 사유 없이 개원(開院) 예정일부터 2개월이 지날 때까지 개원하지 아니한 경우
5. 정당한 사유 없이 계속하여 2개월 이상 휴원한 경우
6. 등록한 사항에 관하여 변경등록을 하지 아니하고 변경하는 등 부정한 방법으로 학원을 운영한 경우
7. 제15조제4항을 위반하여 교습비등을 징수한 경우
(2011.7.25 본호개정)
8. 제15조제6항에 따른 교습비등의 조정명령을 위반한 경우
(2011.7.25 본호신설)
8의2. 제15조의2제1항을 위반하여 명칭 표시를 할 경우
(2016.12.20 본호신설)
9. 학습자를 모집할 때 과대 또는 거짓 광고를 한 경우
10. 그 밖에 이 법 또는 이 법에 따른 명령을 위반한 경우
11. 「도로교통법」 제53조제3항을 위반하여 어린이통학버스(같은 법 제52조에 따른 신고를 하지 아니한 경우를 포함한다) 운행 중 발생한 교통사고로 해당 어린이통학버스에 탑승(승하차를 포함한다)한 어린이가 사망하거나 신체에 교육부령으로 정하는 중상해를 입은 경우(2023.4.18 본호개정)
12. 학습자에 대한 「아동복지법」 제3조제7호에 따른 아동학대 행위가 확인된 경우. 다만, 학원설립·운영자가 아동학대 행위를 방지하기 위하여 상당한 주의와 감독을 게을리하지 아니한 경우는 제외한다.(2016.5.29 본호신설)

② 교육감은 교습소가 다음 각 호의 어느 하나에 해당하면 그 교습소의 폐지를 명하거나 6개월 이내의 기간을 정하여 교습의 정지를 명할 수 있다. 다만, 제1호에 해당하는 경우에는 그 교습소의 폐지를 명하여야 한다.
1. 거짓이나 그 밖의 부정한 방법으로 제14조제1항에 따른 신고를 한 경우
2. 신고한 사항에 관하여 변경신고를 하지 아니하고 변경하는 등 부정한 방법으로 교습소를 운영한 경우
3. 제15조제4항을 위반하여 교습비등을 징수한 경우
(2011.7.25 본호신설)
4. 제15조제6항에 따른 교습비등의 조정명령을 위반한 경우
(2011.7.25 본호신설)
4의2. 제15조의2제2항을 위반하여 명칭 표시를 할 경우
(2016.12.20 본호신설)
5. 그 밖에 이 법 또는 이 법에 따른 명령을 위반한 경우

6. 학습자에 대한 「아동복지법」 제3조제7호에 따른 아동학대 행위가 확인된 경우. 다만, 교습자가 아동학대 행위를 방지하기 위하여 상당한 주의와 감독을 게을리하지 아니한 경우는 제외한다.(2016.5.29 본호신설)
7. 「도로교통법」 제53조제3항을 위반하여 어린이통학버스(같은 법 제52조에 따른 신고를 하지 아니한 경우를 포함한다) 운행 중 발생한 교통사고로 해당 어린이통학버스에 탑승(승하차를 포함한다)한 어린이가 사망하거나 신체에 교육부령으로 정하는 중상해를 입은 경우(2023.4.18 본호신설)
③ 교육감은 개인과외교습자가 다음 각 호의 어느 하나에 해당하는 경우 1년 이내의 기간을 정하여 과외교습 중지를 명할 수 있다. 다만, 제1호에 해당하는 경우에는 과외교습 중지를 명하여야 한다.(2016.5.29 본문개정)
1. 거짓이나 그 밖의 부정한 방법으로 제14조의2제1항에 따른 신고를 한 경우
2. 신고한 사항에 관하여 변경신고를 하지 아니하고 이를 변경하는 등 부정한 방법으로 과외교습을 한 경우
3. 제15조제4항을 위반하여 교습비등을 징수한 경우
4. 제15조제6항에 따른 교습비등의 조정명령을 위반한 경우
(2016.5.29 3호~4호개정)
5. 그 밖에 이 법 또는 이 법에 따른 명령을 위반한 경우
6. 학습자에 대한 「아동복지법」 제3조제7호에 따른 아동학대 행위를 한 경우
(2016.5.29 5호~6호신설)
(2008.3.28 본항신설)
④ 제1항부터 제3항까지에 따른 행정처분의 기준과 그 밖에 필요한 사항은 조례로 정한다.(2016.5.29 본항신설)
(2007.12.21 본조개정)

제18조【교습비등의 반환 등】 ① 학원설립·운영자, 교습자 및 개인과외교습자는 학습자가 수강을 계속할 수 없는 경우 또는 학원의 등록말소, 교습소 폐지 등으로 교습을 계속할 수 없는 경우에는 학습자로부터 받은 교습비등을 반환하는 등 학습자를 보호하기 위하여 필요한 조치를 하여야 한다.
② 제1항에 따른 교습비등의 반환사유, 반환금액, 그 밖에 필요한 사항은 대통령령으로 정한다.
(2011.7.25 본조개정)

제19조【학원 등에 대한 폐쇄 등】 ① 교육감은 다음 각 호의 어느 하나에 해당하면 학원이나 교습소를 폐쇄하거나 교습 등을 중지시킬 수 있다.
1. 제6조제1항 또는 제14조제1항에 따른 등록이나 신고를 하지 아니하고 학원이나 교습소를 설립·운영하는 경우
2. 제10조제2항 또는 제14조제11항에 따라 교육감이 등록 사항 또는 신고 사항을 직권으로 말소한 경우(2018.12.18 본호개정)
3. 제17조에 따라 교습의 정지 처분을 받은 학원설립·운영자 또는 교습자가 계속하여 교습하거나 학습장소를 제공하는 경우(2017.12.19 본호신설)
4. 제17조에 따라 학원의 등록말소 또는 교습소 폐지의 처분을 받은 경우(2017.12.19 본호신설)
(2017.12.19 본항개정)
② 교육감은 제1항에 따른 학원이나 교습소의 폐쇄 또는 교습 등의 중지를 위하여 관계 공무원에게 다음 각 호의 조치를 하게 할 수 있다.
1. 해당 학원이나 교습소의 간판 또는 그 밖의 표지물을 제거하거나 학습자의 출입을 제한하기 위한 시설물의 설치
2. 해당 학원이나 교습소가 등록 또는 신고를 하지 아니한 시설이거나 제17조에 따른 행정처분을 받은 시설임을 알리는 게시문의 부착
(2017.12.19 본항신설)
③ 제1항에 따른 조치는 그 목적을 달성하기 위하여 필요한 최소한의 범위에서 하여야 한다.
④ 제1항에 따른 조치를 하는 관계 공무원은 그 권한을 표시하는 증표를 지니고 관계인에게 내보여야 한다.
(2017.12.19 본조제목개정)
(2007.12.21 본조개정)

제20조【청문】 교육감은 다음 각 호의 어느 하나에 해당하는 처분을 하려면 청문을 하여야 한다.
1. 제17조제1항에 따른 학원의 등록말소
2. 제17조제2항에 따른 교습소의 폐지명령
(2007.12.21 본조개정)

제21조【권한의 위임·위탁】 ① 이 법에 따른 교육감의 권한은 대통령령으로 정하는 바에 따라 그 일부를 교육장에게 위임할 수 있다.
② (2001.1.26 삭제)
③ 교육감은 제15조의4에 따른 학원설립·운영자, 강사 및 교습자에 대한 연수계획의 시행에 관한 업무의 일부를 대통령령으로 정하는 바에 따라 학원 및 교습소와 관련된 기관 또는 법인에 위탁할 수 있다.(2016.12.20 본항개정)
(2007.12.21 본조개정)

제22조【벌칙】 ① 다음 각 호의 어느 하나에 해당하는 자는 1년 이하의 징역 또는 1천만원 이하의 벌금에 처한다.
(2016.5.29 본문개정)
1. 제6조에 따른 등록을 하지 아니하고 학원을 설립·운영한 자
2. 거짓이나 그 밖의 부정한 방법으로 제6조에 따른 등록을 한 자
3. 제14조제1항에 따른 신고를 하지 아니하고 교습소를 설립·운영하거나, 거짓이나 그 밖의 부정한 방법으로 신고하고 교습소를 설립·운영한 자(2011.7.25 본호개정)
4. 제14조의2제1항에 따른 신고를 하지 아니하거나 거짓이나 그 밖의 부정한 방법으로 신고하고 과외교습을 한 자
(2008.3.28 본호신설)
② 제3조를 위반하여 과외교습을 한 자는 1년 이하의 금고 또는 1천만원 이하의 벌금에 처한다.(2016.5.29 본항개정)
③ 제19조제2항 각 호에 따른 간판이나 그 밖의 표지물의 제거 또는 시설물의 설치를 거부·방해 또는 기피하거나 게시문을 허락받지 아니하고 제거하거나 못쓰게 만든 자는 200만원 이하의 벌금에 처한다.(2017.12.19 본항개정)
(2007.12.21 본조개정)

제23조【과태료】 ① 다음 각 호의 어느 하나에 해당하는 자에게는 300만원 이하의 과태료를 부과한다.(2011.7.25 본문개정)
1. 제4조제3항에 따른 안전조치를 취하지 아니한 자
1의2. 제6조제4항을 위반하여 등록증명서를 게시하지 아니한 자(2016.5.29 본호신설)
2. 제10조제1항 또는 제14조제9항에 따른 신고를 하지 아니한 자(2018.12.18 본호개정)
3. 제13조제2항에 따른 강사의 연령·학력·전공과목 및 경력 등에 관한 인적 사항을 게시하지 아니한 자
3의2. 제13조의2에 따른 검증을 하지 아니하고 외국인강사를 채용한 자(2011.7.25 본호신설)
4. 제14조제5항 또는 제14조의2제5항을 위반하여 신고증명서를 게시 또는 제시하지 아니한 자(2018.12.18 본호개정)
5. 제14조제6항 또는 제14조의2제6항의 사유가 발생한 날부터 1개월 이내에 신고증명서의 재발급을 신청하지 아니한 자(2018.12.18 본호개정)
6. (2016.5.29 삭제)
6의2. 제15조제1항에 따른 영수증을 발급하지 아니한 자
(2011.7.25 본호신설)
6의3. 제14조의2제10항에 따른 표지를 붙이지 아니한 자
(2021.3.23 본호개정)
7. 제15조제3항을 위반하여 교습비등과 그 반환에 관한 사항을 표시·게시·고지하지 아니하거나 같은 조 제4항을 위반하여 교습비등을 거짓으로 표시·게시·고지한 자
(2011.7.25 본호개정)
7의2. 제15조제4항을 위반하여 교습비등을 징수한 자
(2016.5.29 본호개정)
7의3. 제15조제6항에 따른 교습비등의 조정명령을 위반한 자(2016.5.29 본호신설)
7의4. 제15조의3을 위반하여 장부 또는 서류를 비치·관리하지 아니한 자(2016.12.20 본호신설)

8. 제16조제3항에 따른 보고를 하지 아니하거나 거짓으로 보고를 한 자
9. 제16조제3항에 따른 관계 공무원의 출입·검사를 거부·방해 또는 기피한 자
10. 제18조에 따른 교습비등을 반환하지 아니한 자 (2011.7.25 본호개정)

② 제1항에 따른 과태료는 대통령령으로 정하는 바에 따라 교육감이 부과·징수한다.

③~⑤ (2011.7.25 삭제)

(2007.12.21 본조개정)

제24조【적용의 배제】 제2조제1호에 따라 원격으로 교습하는 학원에 대하여는 제4조제3항, 제5조, 제7조, 제8조 및 제16조제2항을 적용하지 아니한다.(2016.12.20 본조개정)

부　칙 (2018.6.12)

제1조【시행일】 이 법은 공포한 날부터 시행한다.

제2조【금치산자 등의 결격사유에 관한 경과조치】 제9조제1항제1호의 개정규정에도 불구하고 이 법 시행 당시 법률 제10429호 민법 일부개정법률 부칙 제2조에 따라 금치산 또는 한정치산 선고의 효력이 유지되는 사람에 대하여는 종전의 규정에 따른다.

부　칙 (2018.12.18)

제1조【시행일】 이 법은 공포 후 1개월이 경과한 날부터 시행한다. 다만, 제5조의2의 개정규정은 공포 후 6개월이 경과한 날부터 시행한다.

제2조【교습소 설립·운영 등의 신고 또는 변경신고에 관한 적용례】 제14조제2항·제3항 또는 제14조의2제2항·제3항의 개정규정은 이 법 시행 후 제14조제1항 또는 제14조의2제1항에 따라 신고 또는 변경신고를 하는 경우부터 적용한다.

부　칙 (2021.3.23)

이 법은 공포한 날부터 시행한다.(이하 생략)

부　칙 (2021.8.17)

제1조【시행일】 이 법은 공포 후 6개월이 경과한 날부터 시행한다.(이하 생략)

부　칙 (2023.4.18)

제1조【시행일】 이 법은 공포 후 6개월이 경과한 날부터 시행한다. 다만, 제2조제1호사목의 개정규정은 공포한 날부터 시행한다.

제2조【폐원신고, 폐소신고 및 개인과외교습 중지 통보 제한에 관한 적용례】 제10조제4항, 제14조제13항 및 제14조의2제12항의 개정규정은 같은 개정규정 시행 이후 행정처분을 하는 경우부터 적용한다.

제3조【교습소의 행정처분에 관한 적용례】 제17조제2항제7호의 개정규정은 같은 개정규정 시행 이후 발생하는 교통사고로 어린이가 사망하거나 신체에 교육부령으로 정하는 중상해를 입은 경우부터 적용한다.

언론중재 및 피해구제 등에 관한 법률(약칭 : 언론중재법)

(2005년 1월 27일
법　률 제7370호)

개정
2008. 2.29법 8852호(정부조직)
2009. 2. 6법 9425호
2010. 3.22법10165호(방송통신발전기본법)
2011. 4.14법10587호　　2018.12.24법16060호
2023. 8. 8법19592호(법률용어정비)

제1장 총 칙

(2011.4.14 본장개정)

제1조【목적】 이 법은 언론사 등의 언론보도 또는 그 매개(媒介)로 인하여 침해되는 명예 또는 권리나 그 밖의 법익(法益)에 관한 다툼이 있는 경우 이를 조정하고 중재하는 등의 실효성 있는 구제제도를 확립함으로써 언론의 자유와 공적(公的) 책임을 조화함을 목적으로 한다.

제2조【정의】 이 법에서 사용하는 용어의 뜻은 다음과 같다.

1. "언론"이란 방송, 신문, 잡지 등 정기간행물, 뉴스통신 및 인터넷신문을 말한다.
2. "방송"이란 「방송법」 제2조제1호에 따른 텔레비전방송, 라디오방송, 데이터방송 및 이동멀티미디어방송을 말한다.
3. "방송사업자"란 「방송법」 제2조제3호에 따른 지상파방송사업자, 종합유선방송사업자, 위성방송사업자 및 방송채널사용사업자를 말한다.
4. "신문"이란 「신문 등의 진흥에 관한 법률」 제2조제1호에 따른 신문을 말한다.
5. "신문사업자"란 「신문 등의 진흥에 관한 법률」 제2조제3호에 따른 신문사업자를 말한다.
6. "잡지 등 정기간행물"이란 「잡지 등 정기간행물의 진흥에 관한 법률」 제2조제1호가목 및 라목에 따른 잡지 및 기타간행물을 말한다.
7. "잡지 등 정기간행물사업자"란 「잡지 등 정기간행물의 진흥에 관한 법률」 제2조제2호에 따른 정기간행물사업자 중 잡지 또는 기타간행물을 발행하는 자를 말한다.
8. "뉴스통신"이란 「뉴스통신 진흥에 관한 법률」 제2조제1호에 따른 뉴스통신을 말한다.
9. "뉴스통신사업자"란 「뉴스통신 진흥에 관한 법률」 제2조제3호에 따른 뉴스통신사업자를 말한다.
10. "인터넷신문"이란 「신문 등의 진흥에 관한 법률」 제2조제2호에 따른 인터넷신문을 말한다.
11. "인터넷신문사업자"란 「신문 등의 진흥에 관한 법률」 제2조제4호에 따른 인터넷신문사업자를 말한다.
12. "언론사"란 방송사업자, 신문사업자, 잡지 등 정기간행물사업자, 뉴스통신사업자 및 인터넷신문사업자를 말한다.
13. "언론사등의 대표자"란 제14조제1항에 따른 언론사등의 경영에 관하여 법률상 대표권이 있는 자 또는 그와 같은 지위에 있는 자를 말한다. 다만, 외국 신문 또는 외국 잡지 등 정기간행물로서 국내에 지사 또는 지국이 있는 경우에는 「신문 등의 진흥에 관한 법률」 제28조에 따라 등록을 한 자 또는 「잡지 등 정기간행물의 진흥에 관한 법률」 제29조에 따라 등록을 한 자를 말한다.
14. "사실적 주장"이란 증거에 의하여 그 존재 여부를 판단할 수 있는 사실관계에 관한 주장을 말한다.
15. "언론보도"란 언론의 사실적 주장에 관한 보도를 말한다.
16. "정정보도"란 언론의 보도 내용의 전부 또는 일부가 진실하지 아니한 경우 이를 진실에 부합되게 고쳐서 보도하는 것을 말한다.
17. "반론보도"란 언론의 보도 내용의 진실 여부와 관계없이 그와 대립되는 반박적 주장을 보도하는 것을 말한다.
(2023.8.8 본호개정)

18. "인터넷뉴스서비스"란 언론의 기사를 인터넷을 통하여 계속적으로 제공하거나 매개하는 전자간행물을 말한다. 다만, 인터넷신문 및 인터넷 멀티미디어 방송, 그 밖에 대통령령으로 정하는 것은 제외한다.
19. "인터넷뉴스서비스사업자"란 제18호에 따른 전자간행물을 경영하는 자를 말한다.
20. "인터넷 멀티미디어 방송"이란 「인터넷 멀티미디어 방송사업법」 제2조제1호에 따른 인터넷 멀티미디어 방송을 말한다.
21. "인터넷 멀티미디어 방송사업자"란 「인터넷 멀티미디어 방송사업법」 제2조제5호에 따른 인터넷 멀티미디어 방송사업자를 말한다.

제3조【언론의 자유와 독립】 ① 언론의 자유와 독립은 보장된다.
② 누구든지 언론의 자유와 독립에 관하여 어떠한 규제나 간섭을 할 수 없다.
③ 언론은 정보원(情報源)에 대하여 자유로이 접근할 권리와 그 취재한 정보를 자유로이 공표할 자유를 갖는다.
④ 제1항부터 제3항까지의 자유와 권리는 헌법과 법률에 의하지 아니하고는 제한받지 아니한다.

제4조【언론의 사회적 책임 등】 ① 언론의 보도는 공정하고 객관적이어야 하고, 국민의 알권리와 표현의 자유를 보호·신장하여야 한다.
② 언론은 인간의 존엄과 가치를 존중하여야 하고, 타인의 명예를 훼손하거나 타인의 권리나 공중도덕 또는 사회윤리를 침해하여서는 아니 된다.
③ 언론은 공적인 관심사에 대하여 공익을 대변하며, 취재·보도·논평 또는 그 밖의 방법으로 민주적 여론형성에 이바지함으로써 그 공적 임무를 수행한다.

제5조【언론등에 의한 피해구제의 원칙】 ① 언론, 인터넷뉴스서비스 및 인터넷 멀티미디어 방송(이하 "언론등"이라 한다)은 타인의 생명, 자유, 신체, 건강, 명예, 사생활의 비밀과 자유, 초상(肖像), 성명, 음성, 대화, 저작물 및 사적(私的) 문서, 그 밖의 인격적 가치 등에 관한 권리(이하 "인격권"이라 한다)를 침해하여서는 아니 되며, 언론등이 타인의 인격권을 침해한 경우에는 이 법에서 정한 절차에 따라 그 피해를 신속하게 구제하여야 한다.
② 인격권 침해가 사회상규(社會常規)에 반하지 아니하는 한도에서 다음 각 호의 어느 하나에 해당하는 경우에는 법률에 특별한 규정이 없으면 언론등은 그 보도 내용과 관련하여 책임을 지지 아니한다.
1. 피해자의 동의를 받아 이루어진 경우
2. 언론등의 보도가 공공의 이익에 관한 것으로서, 진실한 것이거나 진실하다고 믿는 데에 정당한 사유가 있는 경우

제5조의2【사망자의 인격권 보호】 ① 제5조제1항의 타인에는 사망한 사람을 포함한다.
② 사망한 사람의 인격권을 침해하였거나 침해할 우려가 있는 경우에는 이에 따른 구제절차를 유족이 수행한다.
③ 제2항의 유족은 다른 법률에 특별한 규정이 없으면 사망한 사람의 배우자와 직계비속으로 한정하되, 배우자와 직계비속이 모두 없는 경우에는 직계존속이, 직계존속도 없는 경우에는 형제자매가 그 유족이 되며, 같은 순위의 유족이 2명 이상 있는 경우에는 각자가 단독으로 청구권을 행사한다.
④ 사망한 사람에 대한 인격권 침해에 대한 동의는 제3항에 따른 같은 순위의 유족 전원이 하여야 한다.
⑤ 다른 법률에 특별한 규정이 없으면 사망 후 30년이 지났을 때에는 제2항에 따른 구제절차를 수행할 수 없다.

제6조【고충처리인】 ① 종합편성 또는 보도에 관한 전문편성을 하는 방송사업자, 일반일간신문(「신문 등의 진흥에 관한 법률」 제2조제1호가목에 따른 일반일간신문을 말한다)을 발행하는 신문사업자 및 뉴스통신사업자는 사내(社內)에 언론피해의 자율적 예방 및 구제를 위한 고충처리인을 두어야 한다.
② 고충처리인의 권한과 직무는 다음 각 호와 같다.
1. 언론의 침해행위에 대한 조사
2. 사실이 아니거나 타인의 명예, 그 밖의 법익을 침해하는 언론보도에 대한 시정권고
3. 구제가 필요한 피해자의 고충에 대한 정정보도, 반론보도 또는 손해배상의 권고
4. 그 밖에 독자나 시청자의 권익보호와 침해구제에 관한 자문
③ 제1항에 규정된 언론사는 고충처리인의 자율적 활동을 보장하여야 하고, 정당한 사유가 없으면 고충처리인의 권고를 받아들이도록 노력하여야 한다.
④ 제1항에 규정된 언론사는 취재 및 편집 또는 제작 종사자의 의견을 들어 고충처리인의 자격, 지위, 신분, 임기 및 보수 등에 관한 사항을 정하고, 이를 공표하여야 한다. 이를 변경할 때에도 또한 같다.
⑤ 제1항에 규정된 언론사는 고충처리인의 의견을 들어 고충처리인의 활동사항을 매년 공표하여야 한다.

제2장 언론중재위원회
(2011.4.14 본장개정)

제7조【언론중재위원회의 설치】 ① 언론등의 보도 또는 매개(이하 "언론보도등"이라 한다)로 인한 분쟁의 조정·중재 및 침해사항을 심의하기 위하여 언론중재위원회(이하 "중재위원회"라 한다)를 둔다.
② 중재위원회는 다음 각 호의 사항을 심의한다.
1. 중재부의 구성에 관한 사항
2. 중재위원회규칙의 제정·개정 및 폐지에 관한 사항
3. 제11조제2항에 따른 사무총장의 임명 동의
4. 제32조에 따른 시정권고의 결정 및 그 취소결정
5. 그 밖에 중재위원회 위원장이 회의에 부치는 사항
③ 중재위원회는 40명 이상 90명 이내의 중재위원으로 구성하며, 중재위원은 다음 각 호의 사람 중에서 문화체육관광부장관이 위촉한다. 이 경우 제1호부터 제3호까지의 위원은 각각 중재위원 정수의 5분의 1 이상이 되어야 한다.
1. 법관의 자격이 있는 사람 중에서 법원행정처장이 추천한 사람
2. 변호사의 자격이 있는 사람 중에서 「변호사법」 제78조에 따른 대한변호사협회의 장이 추천한 사람
3. 언론사의 취재·보도 업무에 10년 이상 종사한 사람
4. 그 밖에 언론에 관하여 학식과 경험이 풍부한 사람
④ 중재위원회에 위원장 1명과 2명 이내의 부위원장 및 2명 이내의 감사를 두며, 각각 중재위원 중에서 호선(互選)한다.
⑤ 위원장·부위원장·감사 및 중재위원의 임기는 각각 3년으로 하며, 한 차례만 연임할 수 있다.
⑥ 위원장은 중재위원회를 대표하고 중재위원회의 업무를 총괄한다.
⑦ 부위원장은 위원장을 보좌하며, 위원장이 부득이한 사유로 직무를 수행할 수 없을 때에는 중재위원회규칙으로 정하는 바에 따라 그 직무를 대행한다.
⑧ 감사는 중재위원회의 업무 및 회계를 감사한다.
⑨ 중재위원회의 회의는 재적위원 과반수의 출석과 출석위원 과반수의 찬성으로 의결한다.
⑩ 중재위원은 명예직으로 한다. 다만, 대통령령으로 정하는 바에 따라 수당과 실비보상을 받을 수 있다.
⑪ 중재위원회의 구성·조직 및 운영에 필요한 사항은 중재위원회규칙으로 정한다.

제8조【중재위원의 직무상 독립과 결격사유】 ① 중재위원은 법률과 양심에 따라 독립하여 직무를 수행하며, 직무상 어떠한 지시나 간섭도 받지 아니한다.
② 다음 각 호의 어느 하나에 해당하는 사람은 중재위원이 될 수 없다.
1. 「국가공무원법」 제2조 및 「지방공무원법」 제2조에 따른 공무원(법관의 자격이 있는 사람과 교육공무원은 제외한다)

2. 「정당법」에 따른 정당의 당원
3. 「공직선거법」에 따라 실시되는 선거에 후보자로 등록한 사람
4. 언론사의 대표자와 그 임직원(2018.12.24 본호개정)
5. 「국가공무원법」 제33조 각 호의 어느 하나에 해당하는 사람

③ 중재위원이 제2항 각 호의 어느 하나에 해당하게 된 때에는 당연히 그 직(職)에서 해촉(解囑)된다.

제9조【중재부】 ① 중재는 5명 이내의 중재위원으로 구성된 중재부에서 하며, 중재부의 장은 법관 또는 변호사의 자격이 있는 중재위원 중에서 중재위원회 위원장이 지명한다.

② 중재부는 중재부의 장을 포함한 과반수의 출석과 출석위원 과반수의 찬성으로 의결한다.

제10조【중재위원의 제척 등】 ① 중재위원회의 위원이 다음 각 호의 어느 하나에 해당하는 경우에는 그 직무의 집행에서 제척(除斥)된다.

1. 중재위원 또는 그 배우자나 배우자였던 사람이 해당 분쟁사건(이하 "사건"이라 한다)의 당사자가 되는 경우
2. 중재위원이 해당 사건의 당사자와 친족관계이거나 친족관계였던 경우
3. 중재위원이 해당 사건에 관하여 당사자의 대리인으로서 관여하거나 관여하였던 경우
4. 중재위원이 해당 사건의 원인인 보도 등에 관여한 경우

② 사건을 담당한 중재위원에게 제척의 원인이 있을 때에는 그 중재위원이 속한 중재부는 직권으로 또는 당사자의 신청을 받아 제척의 결정을 한다.

③ 당사자는 사건을 담당한 중재위원에게 공정한 직무집행을 기대하기 어려운 사정이 있는 경우에는 사건을 담당한 중재부에 기피신청을 할 수 있다.

④ 기피신청에 관한 결정은 중재위원회 위원장이 지명하는 중재부가 하고, 해당 중재위원 및 당사자 양쪽은 그 결정에 불복하지 못한다.

⑤ 중재위원은 제1항 또는 제3항의 사유에 해당하는 경우에는 해당 사건의 직무집행에서 회피하여야 한다. 이 경우 중재부의 허가를 필요로 하지 아니한다.

⑥ 제3항에 따른 기피신청이 있으면 해당 중재위원이 속한 중재부는 그 신청에 대한 결정이 있을 때까지 조정 또는 중재 절차를 중지하여야 한다.

⑦ 조정 또는 중재 절차에 관여하는 직원에 대하여는 제1항부터 제6항까지의 규정을 준용한다.

⑧ 제척·기피 또는 회피에 따라 중재부에 중재위원의 결원이 생긴 경우에는 중재위원회 위원장이 중재위원을 지명하여 그 중재부를 보충한다.

제11조【사무처】 ① 중재위원회의 사무를 지원하고, 피해구제제도에 관한 조사·연구 등을 하기 위하여 중재위원회에 사무처를 둔다.

② 사무처에 사무총장 1명을 두며, 사무총장은 중재위원회 위원장이 중재위원회의 동의를 받아 임명하고, 그 임기는 3년으로 한다.

③ (2009.2.6 삭제)

④ 사무처의 조직·운영에 관한 사항과 그 직원의 보수, 그 밖에 필요한 사항은 중재위원회규칙으로 정한다.

제11조의2【중재위원회의 활동 보고】 중재위원회는 매년 그 활동 결과를 다음 연도 2월 말까지 국회에 보고하여야 하며, 국회는 필요한 경우 중재위원회 위원장 또는 사무총장의 출석을 요구하여 그 의견을 들을 수 있다.

제12조【중재위원회의 운영 재원】 중재위원회의 운영 재원(財源)은 「방송통신발전 기본법」 제24조에 따른 방송통신발전기금으로 하되, 국가는 예산의 범위에서 중재위원회에 보조금을 지급할 수 있다.

제13조【벌칙 적용 시의 공무원 의제】 중재위원 및 직원은 「형법」이나 그 밖의 법률에 따른 벌칙을 적용할 때에는 공무원으로 본다.

제3장 침해에 대한 구제

(2011.4.14 본장개정)

제1절 언론사등에 대한 정정보도 청구 등

제14조【정정보도 청구의 요건】 ① 사실적 주장에 관한 언론보도등이 진실하지 아니함으로 인하여 피해를 입은 자(이하 "피해자"라 한다)는 해당 언론보도등이 있음을 안 날부터 3개월 이내에 언론사, 인터넷뉴스서비스사업자 및 인터넷 멀티미디어 방송사업자(이하 "언론사등"이라 한다)에게 그 언론보도등의 내용에 관한 정정보도를 청구할 수 있다. 다만, 해당 언론보도등이 있은 후 6개월이 지났을 때에는 그러하지 아니하다.

② 제1항의 청구에는 언론사등의 고의·과실이나 위법성을 필요로 하지 아니한다.

③ 국가·지방자치단체, 기관 또는 단체의 장은 해당 업무에 대하여 그 기관 또는 단체를 대표하여 정정보도를 청구할 수 있다.

④ 「민사소송법」상 당사자능력이 없는 기관 또는 단체라도 하나의 생활단위를 구성하고 보도 내용과 직접적인 이해관계가 있을 때에는 그 대표자가 정정보도를 청구할 수 있다.

제15조【정정보도청구권의 행사】 ① 정정보도 청구는 언론사등의 대표자에게 서면으로 하여야 하며, 청구서에는 피해자의 성명·주소·전화번호 등의 연락처를 적고, 정정의 대상인 언론보도등의 내용 및 정정을 청구하는 이유와 청구하는 정정보도문을 명시하여야 한다. 다만, 인터넷신문 및 인터넷뉴스서비스의 언론보도등의 내용이 해당 인터넷 홈페이지를 통하여 계속 보도 중이거나 매개 중인 경우에는 그 내용의 정정을 함께 청구할 수 있다.

② 제1항의 청구를 받은 언론사등의 대표자는 3일 이내에 그 수용 여부에 대한 통지를 청구인에게 발송하여야 한다. 이 경우 정정의 대상인 언론보도등의 내용이 방송이나 인터넷신문, 인터넷뉴스서비스 및 인터넷 멀티미디어 방송의 보도과정에서 성립한 경우에는 해당 언론사등이 그러한 사실이 없었음을 입증하지 아니하면 그 사실의 존재를 부인하지 못한다.

③ 언론사등이 제1항의 청구를 수용할 때에는 지체 없이 피해자 또는 그 대리인과 정정보도의 내용·크기 등에 관하여 협의한 후, 그 청구를 받은 날부터 7일 내에 정정보도문을 방송하거나 게재(인터넷신문 및 인터넷뉴스서비스의 경우 제1항 단서에 따른 해당 언론보도등 내용의 정정을 포함한다)하여야 한다. 다만, 신문 및 잡지 등 정기간행물의 경우 이미 편집 및 제작이 완료되어 부득이할 때에는 다음 발행호에 이를 게재하여야 한다.

④ 다음 각 호의 어느 하나에 해당하는 사유가 있는 경우에는 언론사등은 정정보도 청구를 거부할 수 있다.

1. 피해자가 정정보도청구권을 행사할 정당한 이익이 없는 경우
2. 청구된 정정보도의 내용이 명백히 사실과 다른 경우
3. 청구된 정정보도의 내용이 명백히 위법한 내용인 경우
4. 정정보도의 청구가 상업적인 광고만을 목적으로 하는 경우
5. 청구된 정정보도의 내용이 국가·지방자치단체 또는 공공단체의 공개회의와 법원의 공개재판절차의 사실보도에 관한 것인 경우

⑤ 언론사등이 하는 정정보도에는 원래의 보도 내용을 정정하는 사실적 진술, 그 진술의 내용을 대표할 수 있는 제목과 이를 충분히 전달하는 데에 필요한 설명 또는 해명을 포함하되, 위법한 내용은 제외한다.

⑥ 언론사등이 하는 정정보도는 공정한 여론형성이 이루어지도록 그 사실공표 또는 보도가 이루어진 같은 채널, 지면(紙面) 또는 장소에서 같은 효과를 발생시킬 수 있는 방법으로 하여야 하며, 방송의 정정보도문은 자막(라디오방송은 제외한다)과 함께 보통의 속도로 읽을 수 있게 하여야 한다.
(2023.8.8 본항개정)

⑦ 방송사업자, 신문사업자, 잡지 등 정기간행물사업자 및 뉴스통신사업자는 공표된 방송보도(재송신은 제외한다) 및 방송프로그램, 신문, 잡지 등 정기간행물, 뉴스통신 보도의 원본 또는 사본을 공표 후 6개월간 보관하여야 한다.
⑧ 인터넷신문사업자 및 인터넷뉴스서비스사업자는 대통령령으로 정하는 바에 따라 인터넷신문 및 인터넷뉴스서비스 보도의 원본이나 사본 및 그 보도의 배열에 관한 전자기록을 6개월간 보관하여야 한다.
제16조【반론보도청구권】 ① 사실적 주장에 관한 언론보도등으로 인하여 피해를 입은 자는 그 보도 내용에 관한 반론보도를 언론사등에 청구할 수 있다.
② 제1항의 청구에는 언론사등의 고의·과실이나 위법성을 필요로 하지 아니하며, 보도 내용의 진실 여부와 상관없이 그 청구를 할 수 있다.
③ 반론보도 청구에 관하여는 따로 규정된 것을 제외하고는 정정보도 청구에 관한 이 법의 규정을 준용한다.
제17조【추후보도청구권】 ① 언론등에 의하여 범죄혐의가 있거나 형사상의 조치를 받았다고 보도 또는 공표된 자는 그에 대한 형사절차가 무죄판결 또는 이와 동등한 형태로 종결되었을 때에는 그 사실을 안 날부터 3개월 이내에 언론사등에 이 사실에 관한 추후보도의 게재를 청구할 수 있다.
② 제1항에 따른 추후보도에는 청구인의 명예나 권리 회복에 필요한 설명 또는 해명이 포함되어야 한다.
③ 추후보도청구권에 관하여는 제1항 및 제2항에 규정된 것을 제외하고는 정정보도청구권에 관한 이 법의 규정을 준용한다.
④ 추후보도청구권은 특별한 사정이 있는 경우를 제외하고는 이 법에 따른 정정보도청구권이나 반론보도청구권의 행사에 영향을 미치지 아니한다.
제17조의2【인터넷뉴스서비스에 대한 특칙】 ① 인터넷뉴스서비스사업자는 제14조제1항에 따른 정정보도 청구, 제16조제1항에 따른 반론보도 청구 또는 제17조제1항에 따른 추후보도 청구(이하 "정정보도청구등"이라 한다)를 받은 경우 지체 없이 해당 기사에 관하여 정정보도청구등이 있음을 알리는 표시를 하고 해당 기사를 제공한 언론사등(이하 "기사제공언론사"라 한다)에 그 청구 내용을 통보하여야 한다.
② 제1항에 따라 정정보도청구등이 있음을 통보받은 경우에는 기사제공언론사도 같은 내용의 청구를 받은 것으로 본다.
③ 기사제공언론사가 제15조제2항(제16조제3항 및 제17조제3항에 따라 준용되는 경우를 포함한다)에 따라 청구에 대하여 그 청구의 수용 여부를 청구인에게 통지하는 경우에는 해당 기사를 매개한 인터넷뉴스서비스사업자에게도 통지하여야 한다.

제2절 조 정

제18조【조정신청】 ① 이 법에 따른 정정보도청구등과 관련하여 분쟁이 있는 경우 피해자 또는 언론사등은 중재위원회에 조정을 신청할 수 있다.
② 피해자는 언론보도등에 의한 피해의 배상에 대하여 제14조제1항의 기간 이내에 중재위원회에 조정을 신청할 수 있다. 이 경우 피해자는 손해배상액을 명시하여야 한다.
③ 정정보도청구등과 손해배상의 조정신청은 제14조제1항(제16조제3항에 따라 준용되는 경우를 포함한다) 또는 제17조제1항의 기간 이내에 서면 또는 구술이나 그 밖에 대통령령으로 정하는 바에 따라 전자문서 등으로 하여야 하며, 피해자가 먼저 언론사등에 정정보도청구등을 한 경우에는 피해자와 언론사등 사이에 협의가 불성립된 날부터 14일 이내에 하여야 한다.
④ 제3항에 따른 조정신청을 구술로 하려는 신청인은 중재위원회의 담당 직원에게 조정신청의 내용을 진술하고 이의 대상인 보도 내용과 정정보도청구등을 요청하는 정정보도문등을 제출하여야 하며, 담당 직원은 신청인의 조정신청 내용을 적은 조정신청조서를 작성하여 신청인에게 이를 확인하게 한 다음, 그 조정신청조서에 신청인 및 담당 직원이 서명 또는 날인하여야 한다.
⑤ 중재위원회는 중재위원회규칙으로 정하는 바에 따라 조정신청에 대하여 수수료를 징수할 수 있다.
⑥ 신청인은 조정절차 계속 중에 정정보도청구등과 손해배상청구 상호간의 변경을 포함하여 신청취지를 변경할 수 있고, 이들을 병합하여 청구할 수 있다.
제19조【조정】 ① 조정은 관할 중재부에서 한다. 관할구역을 같이 하는 중재부가 여럿일 경우에는 중재위원회 위원장이 중재부를 지정한다.
② 조정은 신청 접수일부터 14일 이내에 하여야 하며, 중재부의 장은 조정신청을 접수하였을 때에는 지체 없이 조정기일을 정하여 당사자에게 출석을 요구하여야 한다.
③ 제2항의 출석요구를 받은 신청인이 2회에 걸쳐 출석하지 아니한 경우에는 조정신청을 취하한 것으로 보며, 피신청 언론사등이 2회에 걸쳐 출석하지 아니한 경우에는 조정신청 취지에 따라 정정보도등을 이행하기로 합의한 것으로 본다.
④ 제2항의 출석요구를 받은 자가 천재지변이나 그 밖의 정당한 사유로 출석하지 못한 경우에는 그 사유가 소멸한 날부터 3일 이내에 해당 중재부에 이를 소명(疏明)하여 기일 속행신청을 할 수 있다. 중재부는 속행신청이 이유 없다고 인정하는 경우에는 이를 기각(棄却)하고, 이유 있다고 인정하는 경우에는 다시 조정기일을 정하고 절차를 속행하여야 한다.
⑤ 조정기일에 중재위원은 조정 대상인 분쟁에 관한 사실관계와 법률관계를 당사자들에게 설명·조언하거나 절충안을 제시하는 등 합의를 권유할 수 있다.
⑥ 변호사 아닌 자가 신청인이나 피신청인의 대리인이 되려는 경우에는 미리 중재부의 허가를 받아야 한다.
⑦ 신청인의 배우자·직계혈족·형제자매 또는 소속 직원은 신청인의 명시적인 반대의사가 없으면 제6항에 따른 중재부의 허가 없이도 대리인이 될 수 있다. 이 경우 대리인이 신청인과의 신분관계 및 수권관계(授權關係)를 서면으로 증명하거나 신청인이 중재부에 출석하여 대리인을 선임하였음을 확인하여야 한다.
⑧ 조정은 비공개를 원칙으로 하되, 참고인의 진술청취가 필요한 경우 등 필요하다고 인정되는 경우에는 중재위원회규칙으로 정하는 바에 따라 참석이나 방청을 허가할 수 있다.
⑨ 조정절차에 관하여는 이 법에서 규정한 것을 제외하고는 「민사조정법」을 준용한다.
⑩ 조정의 절차와 중재부의 구성방법, 그 관할, 구술신청의 방식과 절차, 그 밖에 필요한 사항은 중재위원회규칙으로 정한다.
제20조【증거조사】 ① 중재부는 정정보도청구등 또는 손해배상 분쟁의 조정에 필요하다고 인정하는 경우 당사자 양쪽에게 조정 대상 표현물이나 그 밖의 관련 자료의 제출을 명하거나 증거조사를 할 수 있다.
② 제1항의 증거조사에 관하여는 조정의 성질에 반하지 아니하는 한도에서 「민사소송법」 제2편제3장을 준용하며, 중재부는 필요한 경우 그 위원이나 사무처 직원으로 하여금 증거자료를 수집·보고하게 하고, 조정기일에 그에 관하여 진술을 하도록 명할 수 있다.
③ 중재부의 장은 신속한 조정을 위하여 필요한 경우 제1회 조정기일 전이라도 제1항 및 제2항에 따른 자료의 제출이나 증거자료의 수집·보고를 명할 수 있다.
④ 중재부는 증거조사에 필요한 비용을 당사자 어느 한쪽이나 양쪽에게 부담하게 할 수 있으며, 이에 관하여는 「민사소송비용법」을 준용한다. 이 경우 「민사소송비용법」의 규정 중 "법원"은 "중재부"로, "법관"은 "중재위원"으로, "법원서기"는 "중재위원회 직원"으로 본다.
제21조【결정】 ① 중재부는 조정신청이 부적법할 때에는 이를 각하(却下)하여야 한다.
② 중재부는 신청인의 주장이 이유 없음이 명백할 때에는 조정신청을 기각할 수 있다.
③ 중재부는 당사자 간 합의 불능 등 조정에 적합하지 아니한 현저한 사유가 있다고 인정될 때에는 조정절차를 종결하고 조정불성립결정을 하여야 한다.

제22조【직권조정결정】 ① 당사자 사이에 합의(제19조제3항에 따라 합의한 것으로 보는 경우를 포함한다)가 이루어지지 아니한 경우 또는 신청인의 주장이 이유 있다고 판단되는 경우 중재부는 당사자들의 이익이나 그 밖의 모든 사정을 고려하여 신청취지에 반하지 아니하는 한도에서 직권으로 조정을 갈음하는 결정(이하 "직권조정결정"이라 한다)을 할 수 있다. 이 경우 그 결정은 제19조제2항에도 불구하고 조정신청 접수일부터 21일 이내에 하여야 한다.
② 직권조정결정서에는 주문(主文)과 결정 이유를 적고 이에 관여한 중재위원 전원이 서명·날인하여야 하며, 그 정본을 지체 없이 당사자에게 송달하여야 한다.
③ 직권조정결정에 불복하는 자는 결정 정본을 송달받은 날부터 7일 이내에 불복 사유를 명시하여 서면으로 중재부에 이의신청을 할 수 있다. 이 경우 그 결정은 효력을 상실한다.
④ 제3항에 따라 직권조정결정에 관하여 이의신청이 있는 경우에는 그 이의신청이 있은 때에 제26조제1항에 따른 소(訴)가 제기된 것으로 보며, 피해자를 원고로 하고 상대방인 언론사등을 피고로 한다.

제23조【조정에 의한 합의 등의 효력】 다음 각 호의 어느 하나의 경우에는 재판상 화해와 같은 효력이 있다.
1. 조정 결과 당사자 간에 합의가 성립한 경우
2. 제19조제3항에 따라 합의가 이루어진 것으로 보는 경우
3. 제22조제1항에 따른 직권조정결정에 대하여 이의신청이 없는 경우

제3절 중 재

제24조【중재】 ① 당사자 양쪽은 정정보도청구등 또는 손해배상의 분쟁에 관하여 중재부의 종국적 결정에 따르기로 합의하고 중재를 신청할 수 있다.
② 제1항의 중재신청은 조정절차 계속 중에도 할 수 있다. 이 경우 조정절차에 제출된 서면 또는 주장·입증은 중재절차에서 제출한 것으로 본다.
③ 중재절차에 관하여는 그 성질에 반하지 아니하는 한도에서 조정절차에 관한 이 법의 규정과 「민사소송법」 제34조, 제35조, 제39조 및 제41조부터 제45조까지의 규정을 준용한다.

제25조【중재결정의 효력 등】 ① 중재결정은 확정판결과 동일한 효력이 있다.
② 중재결정에 대한 불복과 중재결정의 취소에 관하여는 「중재법」 제36조를 준용한다.

제4절 소 송

제26조【정정보도청구등의 소】 ① 피해자는 법원에 정정보도청구등의 소를 제기할 수 있다.
② 피해자는 정정보도청구등의 소를 병합하여 제기할 수 있고, 소송계속(訴訟繫屬) 중 정정보도청구등의 소 상호간에 이를 변경할 수 있다.
③ 제1항의 소는 제14조제1항(제16조제3항에 따라 준용되는 경우를 포함한다) 및 제17조제1항에 따른 기간 이내에 제기하여야 한다. 피해자는 제1항의 소와 동시에 그 인용(認容)을 조건으로 「민사집행법」 제261조제1항에 따른 간접강제의 신청을 병합하여 제기할 수 있다.
④ 제1항은 「민법」 제764조에 따른 권리의 행사에 영향을 미치지 아니한다.
⑤ 제1항에 따른 소에 대한 제1심 재판은 피고의 보통재판적(普通裁判籍)이 있는 곳의 지방법원 합의부가 관할한다.
⑥ 정정보도 청구의 소에 대하여는 「민사소송법」의 소송절차에 관한 규정에 따라 재판하고, 반론보도 청구 및 추후보도 청구의 소에 대하여는 「민사집행법」의 가처분절차에 관한 규정에 따라 재판한다. 다만, 「민사집행법」 제277조 및 제287조는 적용하지 아니한다.
⑦ 법원은 청구가 이유 있는 경우에는 제15조제3항·제5항·제6항에 따른 방법으로 정정보도·반론보도 또는 추후보도의 방송·게재 또는 공표를 명할 수 있다.
⑧ 정정보도청구등의 소의 재판에 필요한 사항은 대법원규칙으로 정한다.

판례 정정보도청구의 소에서, 승패의 관건인 "사실적 주장에 관한 언론보도가 진실하지 아니함"이라는 사실의 입증에 대하여, 통상의 본안절차에서 반드시 요구하고 있는 증명을 배제하고 그 대신 간이한 소명으로 이를 대체하는 것인데 이것은 소송을 당한 언론사의 방어권을 심각하게 제약하므로 공정한 재판을 받을 권리를 침해한다. 또한 정정보도청구를 가처분절차에 따라 소명만으로 인용할 수 있게 하는 것은 언론의 자유를 매우 위축시킨다. 진실에 부합하지 않을 개연성이 있다는 소명만으로 정정보도 책임을 지게 되므로 언론사로서는 사실주장에 관한 보도를 주저하게 될 것이다. 이러한 언론의 위축효과는 중요한 사회적 관심사에 대한 신속한 보도를 자제하는 결과를 초래하고 그로 인한 피해는 민주주의의 기초인 자유 언론의 공적 기능이 저하된다는 것이다. 이와 같이 피해자의 보호만을 우선하여 언론의 자유를 합리적인 이유 없이 지나치게 제한하는 것은 위헌이다.
(헌재결 2006.6.29, 2005헌마165·314·555·807,2006헌가3(병합) 전원재판부)

제27조【재판】 ① 정정보도청구등의 소는 접수 후 3개월 이내에 판결을 선고하여야 한다.
② 법원은 정정보도청구등이 이유 있다고 인정하여 정정보도·반론보도 또는 추후보도를 명할 때에는 방송·게재 또는 공표할 정정보도·반론보도 또는 추후보도의 내용, 크기, 시기, 횟수, 게재 위치 또는 방송 순서 등을 정하여 명하여야 한다.
③ 법원이 제2항의 정정보도·반론보도 또는 추후보도의 내용 등을 정할 때에는 청구취지에 적힌 정정보도문·반론보도문 또는 추후보도문을 고려하여 청구인의 명예나 권리를 최대한 회복할 수 있도록 정하여야 한다.

제28조【불복절차】 ① 정정보도청구등을 인용한 재판에 대하여는 항소하는 것 외에는 불복을 신청할 수 없다.
② 제1항의 불복절차에서 심리한 결과 정정보도청구등의 전부 또는 일부가 기각되었어야 함이 밝혀진 경우에는 이를 인용한 재판을 취소하여야 한다.(2023.8.8 본항개정)
③ 제2항의 경우 언론사등이 이미 정정보도·반론보도 또는 추후보도의 의무를 이행하였을 때에는 언론사등의 청구에 따라 취소재판의 내용을 보도할 수 있음을 선고하고, 언론사등의 청구에 따라 상대방으로 하여금 언론사등이 이미 이행한 정정보도·반론보도 또는 추후보도와 취소재판의 보도를 위하여 필요한 비용 및 일반적인 지면게재 사용료 또는 방송 사용료로서 적정한 손해의 배상을 하도록 명하여야 한다. 이 경우 배상액은 해당된 지면 사용료 또는 방송의 일반적인 광고비를 초과할 수 없다.(2023.8.8 본항개정)

제29조【언론보도등 관련 소송의 우선 처리】 법원은 언론보도등에 의하여 피해를 받았음을 이유로 하는 재판은 다른 재판에 우선하여 신속히 하여야 한다.

제30조【손해의 배상】 ① 언론등의 고의 또는 과실로 인한 위법행위로 인하여 재산상 손해를 입거나 인격권 침해 또는 그 밖의 정신적 고통을 받은 자는 그 손해에 대한 배상을 언론사등에 청구할 수 있다.
② 법원은 제1항에 따른 손해가 발생한 사실은 인정되나 손해액의 구체적인 금액을 산정(算定)하기 곤란한 경우에는 변론의 취지 및 증거조사의 결과를 고려하여 그에 상당하다고 인정되는 손해액을 산정하여야 한다.
③ 제1항에 따른 피해자는 인격권을 침해하는 언론사등에 침해의 정지를 청구할 수 있으며, 그 권리를 명백히 침해할 우려가 있는 언론사등에 침해의 예방을 청구할 수 있다.
④ 제1항에 따른 피해자는 제3항에 따른 청구를 하는 경우 침해행위에 제공되거나 침해행위에 의하여 만들어진 물건의 폐기나 그 밖에 필요한 조치를 청구할 수 있다.

판례 신문기사의 제목은 일반적으로 본문의 내용을 간략하게 단적으로 표시하여 독자의 주의를 환기시켜 본문을 읽게 하려는 의도로 붙여지는 것이므로, 신문기사의 명예훼손 여부를 판단함에 있어서는 제목이 본문의 내용으로부터 현저히 일탈하고 있어 그 자체만으로 별개의 독립된 기사로 보지 않을 수 없는 경우 등과 같은 특별한 사정이 없는 한 제목만을 따로 떼어 본문과 별개로 다루어서는 아니 되고, 제목과 본문을 포함한 기사 전체의 취지를 전체적으로 파악하여야 한다.(대판 2009.1.30, 2006다60908)

제31조【명예훼손의 경우의 특칙】 타인의 명예를 훼손한 자에 대하여는 법원은 피해자의 청구에 의하여 손해배상을 갈음하여 또는 손해배상과 함께, 정정보도의 공표 등 명예회복에 적당한 처분을 명할 수 있다.

제5절 시정권고

제32조【시정권고】 ① 중재위원회는 언론의 보도 내용에 의한 국가적 법익, 사회적 법익 또는 타인의 법익 침해사항을 심의하여 필요한 경우 해당 언론사에 서면으로 그 시정을 권고할 수 있다.
② 중재위원회는 시정권고의 기준을 정하여 공표하여야 한다.
③ 시정권고는 언론사에 대하여 권고적 효력을 가지는 데에 그친다.
④ 중재위원회는 각 언론사별로 시정권고한 내용을 외부에 공표할 수 있다.
⑤ 시정권고에 불복하는 언론사는 시정권고 통보를 받은 날부터 7일 이내에 중재위원회에 재심을 청구할 수 있다.
⑥ 언론사는 재심절차에 출석하여 발언하고 관련 자료를 제출할 수 있다.
⑦ 중재위원회는 재심 청구가 정당하다고 인정될 때에는 시정권고를 취소하여야 한다.
⑧ 제1항에 따른 시정권고의 방법·절차와 그 밖에 필요한 사항은 대통령령으로 정한다.
제33조 (2009.2.6 삭제)

제4장 벌 칙
(2011.4.14 본장개정)

제34조【과태료】 ① 다음 각 호의 어느 하나에 해당하는 자에게는 3천만원 이하의 과태료를 부과한다.
1. 제6조제1항 또는 제4항을 위반하여 고충처리인을 두지 아니하거나 고충처리인에 관한 사항을 제정하지 아니한 자
2. 제15조제3항(다른 규정에 따라 준용되는 경우를 포함한다)을 위반하여 정정보도문 등을 방송 또는 게재하지 아니한 자
3. 제15조제7항을 위반하여 공표된 보도의 원본 또는 사본을 보관하지 아니한 자
4. 제15조제8항을 위반하여 보도의 원본이나 사본 및 그 보도의 배열에 관한 전자기록을 보관하지 아니한 자

② 제1항에 따른 과태료는 대통령령으로 정하는 바에 따라 문화체육관광부장관이 부과·징수한다.

부 칙

제1조【시행일】 이 법은 공포 후 6월이 경과한 날부터 시행한다.
제2조【시행 전 언론보도에 관한 경과조치】 이 법은 이 법 시행 전에 행하여진 언론 보도에 대하여도 이를 적용한다. 다만, 언론사에 대한 정정보도·반론보도·추후보도의 청구기간, 언론중재위원회에 대한 조정 또는 중재 신청기간에 관한 제14조제1항, 제16조제3항, 제17조제1항 및 제18조제3항의 규정은 적용하지 아니하고 종전의 규정에 의한다.
판례 언론중재법 부칙 제2조 본문은 언론중재법의 시행 전에 행하여진 언론보도에 대하여도 동법을 적용하도록 규정하고 있다. 이에 따라 정정보도청구권의 성립요건과 정정보도청구소송의 심리절차에 관하여 언론중재법이 소급하여 적용됨으로써 언론사의 종전의 법적 지위가 새로이 변경되었다. 이것은 이미 종결된 과거의 법률관계를 소급하여 새로이 규율하는 것이기 때문에 소위 진정 소급입법에 해당한다. 진정 소급입법은 헌법적으로 허용되지 않는 것이 원칙이고 이를 예외적으로 허용할 특단의 사정도 이 부칙조항에 대해 인정되지 않으므로 부칙 제2조 중 '제14조 제2항, 제26조 제6항 본문 전단 중 정정보도청구 부분, 제31조 후문' 부분은 헌법에 위반된다.
(헌재결 2006.6.29, 2005헌마165·314·555·807,2006헌가3(병합) 전원재판부)

제3조【언론중재위회 및 법원에 계류 중인 사건에 관한 경과조치】 이 법 시행 전 종전의 정기간행물의등록등에관한법률의 규정에 따라 언론중재위원회 또는 법원에 계류 중인 사건에 대하여는 종전의 규정에 따른다.
제4조【중재위원회에 관한 경과조치】 ① 이 법 시행 당시 정기간행물의등록등에관한법률의 규정에 의한 언론중재위원회는 이 법에 의하여 설치된 것으로 본다.
② 이 법 시행 당시 정기간행물의등록등에관한법률에 의하여 위촉 또는 임명된 중재위원 및 언론중재위원회 사무총장은 그 임기만료시까지 이 법에 의하여 위촉 또는 임명된 것으로 본다.
제5조【다른 법률의 개정】 ※(해당 법령에 가제정리 하였음)
제6조【다른 법령과의 관계】 이 법 시행 당시 다른 법령에서 정기간행물의등록등에관한법률, 방송법의 규정 중 이 법에서 규정한 내용에 해당하는 규정을 인용한 경우에는 이 법 중 해당하는 규정을 인용한 것으로 본다.

부 칙 (2009.2.6)

① **【시행일】** 이 법은 공포 후 6개월이 경과한 날부터 시행한다.
② **【인터넷멀티미디어방송 및 인터넷뉴스서비스의 보도·매개에 대한 적용례】** 인터넷멀티미디어방송 및 인터넷뉴스서비스에 대한 이 법의 적용은 이 법 시행일 이후 최초로 보도·매개하는 것부터 적용한다.
③ **【다른 법률의 개정】** ※(해당 법령에 가제정리 하였음)

부 칙 (2018.12.24)

이 법은 공포 후 3개월이 경과한 날부터 시행한다.

부 칙 (2023.8.8)

이 법은 공포한 날부터 시행한다.

방송법

(2000年 1月 12日
法 律 第6139號)

改正
2002. 4.20法 6690號 <중략>
2011. 7.14法10856號 2012. 1.17法11199號
2012. 2.22法11373號(방송광고판매대행등에관한법)
2013. 3.23法11710號 2013. 8.13法12033號
2013. 8.13法12093號(한국교육방송공사법)
2014. 5.28法12677號
2014. 6. 3法12743號(지역방송발전지원특별법)
2015. 3.13法13220號 2015. 6.22法13341號
2015.12. 1法13519號(전파법)
2015.12.22法13580號 2016. 1.27法13821號
2016. 2. 3法13978號(한국수화언어법)
2017. 3.14法14598號
2017. 7.26法14839號(정부조직)
2018. 3.13法15468號 2018.12.24法16014號
2019.12.10法16750號
2020. 6. 9法17347號(법률용어정비)
2020.12. 8法17632號
2020.12.29法17799號(독점)
2021. 6. 8法18225號 2021.10.19法18516號
2021.12.28法18648號 2022. 1.11法18732號
2022. 6.10法18866號 2023. 4. 6法19326號
2024. 1.23法20059號 2024. 1.30法20147號
2024.10.22法20473號

第1章 總 則

第1條【目的】 이 法은 放送의 자유와 독립을 보장하고 放送의 公的 責任을 높임으로써 視聽者의 權益保護와 민주적 輿論形成 및 國民文化의 향상을 도모하고 放送의 발전과 公共福利의 증진에 이바지함을 목적으로 한다.

第2條【정의】 이 법에서 사용하는 용어의 뜻은 다음과 같다.(2022.1.11 본문개정)

1. "방송"이라 함은 방송프로그램을 기획·편성 또는 제작하여 이를 공중(개별계약에 의한 수신자를 포함하며, 이하 "시청자"라 한다)에게 전기통신설비에 의하여 송신하는 것으로서 다음 각목의 것을 말한다.
   가. 텔레비전방송 : 정지 또는 이동하는 사물의 순간적 영상과 이에 따르는 음성·음향 등으로 이루어진 방송프로그램을 송신하는 방송
   나. 라디오방송 : 음성·음향 등으로 이루어진 방송프로그램을 송신하는 방송
   다. 데이터방송 : 방송사업자의 채널을 이용하여 데이터(문자·숫자·도형·도표·이미지 그 밖의 정보체계를 말한다)를 위주로 하여 이에 따르는 영상·음성·음향 및 이들의 조합으로 이루어진 방송프로그램을 송신하는 방송(인터넷 등 통신망을 통하여 제공하거나 매개하는 경우는 제외한다. 이하 같다)(2020.6.9 본목개정)
   라. 이동멀티미디어방송 : 이동중 수신을 주목적으로 다채널을 이용하여 텔레비전방송·라디오방송 및 데이터방송을 복합적으로 송신하는 방송
   (2004.3.22 본호개정)
2. "放送事業"이라 함은 放送을 행하는 다음 各目의 事業을 말한다.
   가. 地上波放送事業 : 放送을 목적으로 하는 地上의 無線局을 관리·운영하며 이를 이용하여 방송을 행하는 사업
   나. 종합유선방송사업 : 종합유선방송국(다채널방송을 행하기 위한 유선방송국설비와 그 종사자의 총체를 말한다. 이하 같다)을 관리·운영하며 전송·선로설비를 이용하여 방송을 행하는 사업
   다. 衛星放送事業 : 人工衛星의 無線設備를 所有 또는 임차하여 無線局을 관리·운영하며 이를 이용하여 방송을 행하는 사업
   (2004.3.22 가목~다목개정)
   라. 放送채널使用事業 : 地上波放送事業者·綜合有線放送事業者 또는 衛星放送事業者와 특정채널의 전부 또는 일부 시간에 대한 專用使用契約을 체결하여 그 채널을 사용하는 事業
3. "放送事業者"라 함은 다음 各目의 者를 말한다.
   가. 地上波放送事業者 : 地上波放送事業을 하기 위하여 제9조제1항에 따라 許可를 받은 者(2020.6.9 본목개정)
   나. 綜合有線放送事業者 : 綜合有線放送事業을 하기 위하여 제9조제2항에 따라 許可를 받은 者(2020.6.9 본목개정)
   다. 衛星放送事業者 : 衛星放送事業을 하기 위하여 제9조제2항에 따라 許可를 받은 者(2013.3.23 본목개정)
   라. 放送채널使用事業者 : 放送채널使用事業을 하기 위하여 제9조제5항에 따라 등록 또는 신고를 하거나 승인을 받은 者(2024.10.22 본목개정)
   마. 공동체라디오방송사업자 : 안테나공급전력 10와트 이하로 공익목적으로 라디오방송을 하기 위하여 제9조제11항에 따라 허가를 받은 자(2020.6.9 본목개정)
4. "중계유선방송"이란 지상파방송(방송을 목적으로 하는 지상의 무선국을 이용하여 하는 방송을 말한다. 이하 같다) 등을 수신하여 중계송신(방송편성을 변경하지 아니하는 녹음·녹화를 포함한다. 이하 같다)하는 것을 말한다.(2015.3.13 본호개정)
5. "中繼有線放送事業"이라 함은 中繼有線放送을 행하는 事業을 말한다.
6. "中繼有線放送事業者"라 함은 中繼有線放送事業을 하기 위하여 제9조제2항에 따라 許可를 받은 者를 말한다.(2020.6.9 본호개정)
7. "音樂有線放送"이라 함은 「음악산업진흥에 관한 법률」에 따라 판매·배포되는 음반에 수록된 음악을 送信하는 것을 말한다.(2011.7.14 본호개정)
8. "音樂有線放送事業"이라 함은 音樂有線放送을 행하는 事業을 말한다.
9. "音樂有線放送事業者"라 함은 音樂有線放送事業을 하기 위하여 제9조제5항에 따라 登錄을 한 者를 말한다.(2020.6.9 본호개정)
10. "電光板放送"이라 함은 상시 또는 일정기간 계속하여 電光板에 報道를 포함하는 放送프로그램을 표출하는 것을 말한다.
11. "電光板放送事業"이라 함은 電光板放送을 행하는 事業을 말한다.
12. "電光板放送事業者"라 함은 電光板放送事業을 하기 위하여 제9조제5항에 따라 登錄을 한 者를 말한다.(2020.6.9 본호개정)
13. "傳送網事業"이라 함은 放送프로그램을 綜合有線放送局으로부터 視聽者에게 傳送하기 위하여 有·無線 傳送·線路設備를 설치·운영하는 事業을 말한다.
14. "傳送網事業者"라 함은 傳送網事業을 하기 위하여 제9조제10항에 따라 登錄을 한 者를 말한다.(2020.6.9 본호개정)
15. "放送編成"이라 함은 放送되는 사항의 종류·내용·분량·시각·배열을 정하는 것을 말한다.
16. "放送分野"라 함은 報道·敎養·娛樂 등으로 放送프로그램의 영역을 분류한 것을 말한다.
17. "放送프로그램"이라 함은 放送編成의 단위가 되는 放送내용물을 말한다.

18. "綜合編成"이라 함은 報道·敎養·娛樂 등 다양한 放送分野 상호간에 조화를 이루도록 放送프로그램을 編成하는 것을 말한다.
19. "專門編成"이라 함은 특정 放送分野의 放送프로그램을 전문적으로 編成하는 것을 말한다.
20. "유료방송"이란 시청자와의 계약에 따라 여러 개의 채널단위·채널별 또는 방송프로그램별로 대가를 받고 제공하는 방송을 말한다.(2022.1.11 본호개정)
20의2. "채널"이라 함은 동일한 주파수 대역을 통해서 연속적인 흐름 또는 정보체계의 형태로 제공되어지는 텔레비전방송, 라디오방송 또는 데이터방송의 단위를 말한다.(2004.3.22 본호신설)
21. "放送廣告"라 함은 廣告를 목적으로 하는 放送내용물을 말한다.
22. "協贊告知"라 함은 타인으로부터 放送프로그램의 製作에 직접적·간접적으로 필요한 경비·물품·용역·인력 또는 장소 등을 제공받고 그 타인의 명칭 또는 상호등을 告知하는 것을 말한다.
23. "放送編成責任者"라 함은 放送編成에 대하여 결정을 하고 責任을 지는 者를 말한다.
24. "보도"라 함은 국내외 정치·경제·사회·문화 등의 전반에 관하여 시사적인 취재보도·논평·해설 등의 방송프로그램을 편성하는 것을 말한다.(2006.10.27 본호신설)
25. "보편적 시청권"이라 함은 국민적 관심이 매우 큰 체육경기대회 그 밖의 주요행사 등에 관한 방송을 일반 국민이 시청할 수 있는 권리를 말한다.(2007.1.26 본호신설)
26. "기술결합서비스"란 지상파방송사업·종합유선방송사업 및 위성방송사업 상호간 또는 이들 방송사업과 「인터넷 멀티미디어 방송사업법」 제2조제4호가목에 따른 인터넷 멀티미디어 방송 제공사업 간의 전송방식을 혼합사용하여 제공하는 서비스를 말한다.(2015.12.22 본호신설)
27. "외주제작사"란 「문화산업진흥 기본법」 제2조제20호에 따른 방송영상독립제작사, 같은 조 제21호에 따른 문화산업전문회사 등 방송사업자에게 제공할 목적으로 방송프로그램을 제작하는 자를 말한다.(2016.1.27 본호신설)
(2022.1.11 본조제목개정)

판례 방송위원회의 승인을 얻어야 하는 방송채널사용사업자는 지상파방송사업자·종합유선방송사업자 또는 위성방송사업자의 특정채널을 사용하여 종합편성이나 보도 또는 상품소개와 판매에 관한 전문편성을 행하는 방송채널사용사업을 하고자 하는 자에 한정된다.(대판 2003.10.10, 2003도3982)

第3條【視聽者의 權益保護】 放送事業者는 視聽者가 放送프로그램의 企劃·編成 또는 製作에 관한 의사결정에 참여할 수 있도록 하여야 하고, 放送의 결과가 視聽者의 이익에 합치하도록 하여야 한다.

第4條【放送編成의 자유와 독립】 ① 放送編成의 자유와 독립은 보장된다.
② 누구든지 放送編成에 관하여 이 法 또는 다른 法律에 의하지 아니하고는 어떠한 규제나 간섭도 할 수 없다.
③ 放送事業者는 放送編成責任者를 선임하고, 그 姓名을 放送시간내에 매일 1회 이상 公表하여야 하며, 放送編成責任者의 자율적인 放送編成을 보장하여야 한다.
④ 綜合編成 또는 報道에 관한 專門編成을 행하는 放送事業者는 放送프로그램製作의 자율성을 보장하기 위하여 취재 및 製作 종사자의 의견을 들어 放送編成規約을 제정하고 이를 公表하여야 한다.

第5條【放送의 公的 責任】 ① 放送은 인간의 존엄과 가치 및 민주적 基本秩序를 존중하여야 한다.
② 放送은 國民의 화합과 조화로운 國家의 발전 및 민주적 輿論形成에 이바지하여야 하며 지역간·세대간·계층간·성별간의 갈등을 조장하여서는 아니된다.
③ 放送은 타인의 名譽를 훼손하거나 權利를 침해하여서는 아니된다.
④ 放送은 범죄 및 부도덕한 행위나 사행심을 조장하여서는 아니된다.
⑤ 放送은 건전한 가정생활과 아동 및 청소년의 선도에 나쁜 영향을 끼치는 음란·퇴폐 또는 폭력을 조장하여서는 아니된다.

第6條【放送의 공정성과 公益性】 ① 放送에 의한 報道는 공정하고 객관적이어야 한다.
② 放送은 성별·연령·직업·종교·신념·계층·지역·인종 등을 이유로 放送編成에 차별을 두어서는 아니된다. 다만, 종교의 선교에 관한 專門編成을 행하는 放送事業者가 그 放送分野의 범위 안에서 放送을 하는 경우에는 그러하지 아니하다.
③ 放送은 國民의 윤리적·정서적 감정을 존중하여야 하며, 國民의 기본권 옹호 및 국제친선의 증진에 이바지하여야 한다.
④ 放送은 國民의 알권리와 표현의 자유를 보호·신장하여야 한다.
⑤ 放送은 상대적으로 소수이거나 이익추구의 실현에 불리한 집단이나 계층의 이익을 충실하게 반영하도록 노력하여야 한다.
⑥ 放送은 지역사회의 균형있는 발전과 민족문화의 창달에 이바지하여야 한다.
⑦ 放送은 사회교육기능을 신장하고, 유익한 생활정보를 확산·보급하며, 國民의 문화생활의 질적 향상에 이바지하여야 한다.
⑧ 放送은 표준말의 보급에 이바지하여야 하며 언어순화에 힘써야 한다.
⑨ 放送은 政府 또는 특정 집단의 정책 등을 공표하는 경우 의견이 다른 집단에 균등한 기회가 제공되도록 노력하여야 하고, 또한 각 정치적 이해당사자에 관한 放送프로그램을 편성하는 경우에도 균형성이 유지되도록 하여야 한다.
(2020.6.9 본항개정)

第7條【적용범위】 放送에 관하여는 다른 法律에 특별한 規定이 있는 경우를 제외하고는 이 법에서 정하는 바에 의한다.(2020.6.9 본조개정)

第2章 放送事業者 등

第8條【소유제한 등】 ① 放送事業者가 株式을 발행하는 경우에는 記名式으로 하여야 한다.
② 누구든지 대통령령으로 정하는 특수한 관계에 있는 者(이하 "特殊關係者"라 한다)가 所有하는 株式 또는 持分을 포함하여 지상파방송사업자 및 종합편성 또는 보도에 관한 전문편성을 행하는 방송채널사용사업자의 株式 또는 持分 총수의 100분의 40을 초과하여 所有할 수 없다. 다만, 다음 각 호의 어느 하나에 해당하는 경우에는 그러하지 아니하다.
(2020.6.9 본문개정)
1. 國家 또는 地方自治團體가 放送事業者의 株式 또는 持分을 所有하는 경우
2. 「방송문화진흥회법」에 의하여 설립된 방송문화진흥회가 방송사업자의 주식 또는 지분을 소유하는 경우(2006.10.27 본호개정)
3. 종교의 선교를 목적으로 하는 放送事業者에 出資하는 경우

③ 제2항에도 불구하고 「독점규제 및 공정거래에 관한 법률」 제2조제11호에 따른 기업집단중 자산총액 등 대통령령으로 정하는 기준에 해당하는 기업집단에 속하는 회사(이하 "대기업"이라 한다)와 그 계열회사(특수관계자를 포함한다) 또는 「신문 등의 진흥에 관한 법률」에 따른 일간신문(이하 "일간신문"이라 한다)이나 「뉴스통신 진흥에 관한 법률」에 따른 뉴스통신(이하 "뉴스통신"이라 한다)을 경영하는 法人(特殊關係者를 포함한다)은 지상파방송사업자의 주식 또는 지분 총수의 100분의 10을 초과하여 소유할 수 없으며, 종합편성 또는 보도에 관한 전문편성을 행하는 방송채널사용사업자의 주식 또는 지분 총수의 100분의 30을 초과하여 소유할 수 없다.(2020.12.29 본항개정)

④ 지상파방송사업자, 종합편성 또는 보도에 관한 전문편성을 행하는 방송채널사용사업자의 주식 또는 지분을 소유하고자 하는 일간신문을 경영하는 법인(특수관계자를 포함한다)은 경영의 투명성을 위하여 대통령령으로 정하는 바에 따라 전체 발행부수, 유가 판매부수 등의 자료를 방송통신위원회에 제출하여 공개하여야 하며, 제3항에도 불구하고 일간신문의 구독률(대통령령으로 정하는 바에 따라 전체 가구 중 일정 기간 동안 특정 일간신문을 유료로 구독하는 가구가 차지하는 비율을 말한다. 이하 같다)이 100분의 20 이상인 경우에는 지상파방송사업 및 종합편성 또는 보도에 관한 전문편성을 행하는 방송채널사용사업을 겸영하거나 주식 또는 지분을 소유할 수 없다.(2009.7.31 본항신설)
⑤ 일간신문이나 뉴스통신을 경영하는 법인(각 특수관계자를 포함한다)은 종합유선방송사업자 및 위성방송사업자의 주식 또는 지분 총수의 100분의 49를 초과하여 소유할 수 없다.(2016.1.27 본항개정)
⑥ 地上波放送事業者·綜合有線放送事業者 및 衛星放送事業者는 市場占有率 또는 事業者數 등을 고려하여 대통령령으로 정하는 범위를 초과하여 상호 겸영하거나 그 株式 또는 持分을 所有할 수 없다.(2020.6.9 본항개정)
⑦ 지상파방송사업자·종합유선방송사업자·위성방송사업자·방송채널사용사업자 및 전송망사업자는 시장점유율, 방송분야 또는 事業者數 등을 고려하여 대통령령으로 정하는 범위를 초과하여 상호 겸영하거나 그 株式 또는 持分을 所有할 수 없다.(2020.6.9 본항개정)
⑧ 지상파방송사업자·종합유선방송사업자 또는 위성방송사업자는 시장점유율 또는 사업자수 등을 고려하여 대통령령으로 정하는 범위를 초과하여 지상파방송사업자는 다른 지상파방송사업, 종합유선방송사업자는 다른 종합유선방송사업, 위성방송사업자는 다른 위성방송사업을 겸영하거나 그 주식 또는 지분을 소유할 수 없다. 다만, 「방송문화진흥회법」에 따라 설립된 방송문화진흥회가 최다출자자인 지상파방송사업자가 이 법 시행 당시 계열회사 관계에 있는 다른 지상파방송사업자의 주식 또는 지분을 소유하는 경우에는 그러하지 아니하다.(2020.6.9 본문개정)
⑨ 放送채널使用事業者는 市場占有率 또는 事業者數 등을 고려하여 대통령령으로 정하는 범위를 초과하여 다른 放送채널使用事業을 겸영하거나 그 株式 또는 持分을 所有할 수 없다.(2020.6.9 본항개정)
⑩ 정당은 放送事業者의 株式 또는 持分을 所有할 수 없다.(2004.3.12 본항개정)
⑪ 제6항부터 제9항까지의 規定에 의한 겸영금지 및 所有制限 대상자에는 그의 特殊關係者를 포함한다.(2009.7.31 본항개정)
⑫ 제2항부터 제10항까지의 規定을 위반하여 株式 또는 持分을 所有한 者는 그 所有分 또는 超過分에 대한 議決權을 행사할 수 없다.(2020.6.9 본항개정)
⑬ 과학기술정보통신부장관 또는 방송통신위원회는 다음 각 호의 구분에 따라 해당 규정을 위반한 자에게 6개월 이내의 기간을 정하여 위반 사항을 시정할 것을 명할 수 있다.(2017.7.26 본문개정)
1. 과학기술정보통신부장관(2017.7.26 본문개정)
  가. 제5항을 위반한 자
  나. 제6항부터 제9항까지의 규정을 위반한 자(제14조제6항제2호에 해당하는 방송사업자 외의 방송사업자와 전송망사업자로 한정한다)
2. 방송통신위원회
  가. 제2항부터 제4항까지의 규정, 제10항, 제14항 및 제15항을 위반한 자
  나. 제6항부터 제9항까지의 규정을 위반한 자(제14조제6항제2호에 해당하는 방송사업자로 한정한다)
(2013.3.23 본항개정)
⑭ 다음 각 호의 어느 하나에 해당하는 자는 공동체라디오방송사업자가 될 수 없다.
1. 대한민국 정부
2. 지방자치단체
3. 종교단체
4. 정당
5. 영리를 목적으로 공동체라디오방송사업을 영위하려는 자
(2006.10.27 본항신설)
⑮ 공동체라디오방송사업자는 1개를 초과하여 방송국을 소유할 수 없다.(2006.10.27 본항신설)
⑯ 특정 종합유선방송사업자는 해당 사업자와 특수관계자인 다음 각 호의 방송사업자를 합산하여 종합유선방송, 위성방송, 「인터넷 멀티미디어 방송사업법」 제2조제1호에 따른 인터넷 멀티미디어 방송을 포함한 전체 유료방송사업 가입자 수의 3분의 1을 초과하여 서비스를 제공할 수 없다.
1. 종합유선방송사업자
2. 위성방송사업자<2018.6.27까지 유효>
3. 「인터넷 멀티미디어 방송사업법」 제2조제5호가목에 따른 인터넷 멀티미디어 방송 제공사업자<2018.6.27까지 유효>
(2015.6.22 본항신설)
⑰ 특정 위성방송사업자는 해당 사업자와 특수관계자인 다음 각 호의 방송사업자를 합산하여 종합유선방송, 위성방송, 「인터넷 멀티미디어 방송사업법」 제2조제1호에 따른 인터넷 멀티미디어 방송을 포함한 전체 유료방송사업 가입자 수의 3분의 1을 초과하여 서비스를 제공할 수 없다.
1. 종합유선방송사업자
2. 위성방송사업자
3. 「인터넷 멀티미디어 방송사업법」 제2조제5호에 따른 인터넷 멀티미디어 방송사업자
(2015.6.22 본항신설 : 2018.6.27까지 유효)
⑱ 과학기술정보통신부장관은 도서산간 등 위성방송 수신만 가능한 지역은 제16항 및 제17항에 따른 가입자 수 산정에서 배제할 수 있는 예외지역으로 지정할 수 있다.(2017.7.26 본항개정)
⑲ 제16항 및 제17항에 따른 가입자 수의 산정 및 검증 등에 필요한 사항은 대통령령으로 정한다.(2015.6.22 본항신설)
(2022.1.11 본조제목개정)

第9條【허가·승인·등록 등】 ① 지상파방송사업을 하고자 하는 자는 방송통신위원회의 허가를 받아야 한다. 이 경우 방송통신위원회는 과학기술정보통신부장관에게 「전파법」에 따른 무선국 개설과 관련된 기술적 심사를 의뢰하고, 과학기술정보통신부장관으로부터 송부 받은 심사 결과를 허가에 반영하여야 한다.(2017.7.26 후단개정)
② 위성방송사업을 하고자 하는 자는 「전파법」으로 정하는 바에 따라 과학기술정보통신부장관의 방송국 허가를 받아야 하고, 종합유선방송사업 또는 중계유선방송사업을 하고자 하는 자는 대통령령으로 정하는 기준에 적합하게 시설과 기술을 갖추어 과학기술정보통신부장관의 허가를 받아야 한다. 이 경우 과학기술정보통신부장관은 미리 방송통신위원회의 동의를 받아야 한다.(2017.7.26 본항개정)
③ 제2항에도 불구하고 대통령령으로 정하는 기준에 해당하는 中繼有線放送事業者가 綜合有線放送事業을 하고자 할 경우에는 과학기술정보통신부장관의 승인을 얻어야 한다.(2020.6.9 본항개정)
④ 제3항에 따라 승인을 얻은 者는 승인을 얻은 때부터 제2조제3호나목에 따른 綜合有線放送事業者로 許可를 받은 것으로 본다.(2020.6.9 본항개정)
⑤ 방송채널사용사업을 하려는 자는 다음 각 호의 구분에 따라 과학기술정보통신부장관에게 등록하거나 신고하여야 하고, 전광판방송사업 또는 음악유선방송사업을 하려는 자는 과학기술정보통신부장관에게 등록하여야 한다. 다만, 종합편성이나 보도에 관한 전문편성을 행하는 방송채널사용사업을 하려는 자는 방송통신위원회의 승인을 받아야 하고, 상품소개와 판매에 관한 전문편성을 행하는 방송채널사용사업을 하려는 자는 과학기술정보통신부장관의 승인을 받아야 한다.
1. 텔레비전방송(이 호에서만 시청자가 특정 시간 및 특정 방송프로그램을 선택하여 시청할 수 있도록 방송프로그램을 제공하는 것은 제외한다)을 하는 방송채널사용사업을 하려는 경우 : 등록

2. 다음 각 목의 방송채널사용사업을 하려는 경우 : 신고
가. 라디오방송을 하는 방송채널사용사업을 하려는 경우
나. 데이터방송을 하는 방송채널사용사업을 하려는 경우
다. 텔레비전방송 중 시청자가 특정 시간 및 특정 방송프로그램을 선택하여 시청할 수 있도록 방송프로그램을 제공하는 방송채널사용사업을 하려는 경우
(2024.10.22 본항개정)
⑥ 外國 人工衛星의 無線設備(國內에서 수신될 수 있는 것에 한정한다)를 이용하여 衛星放送을 행하는 事業을 하고자 하는 者는 과학기술정보통신부장관의 승인을 얻어야 한다.
(2020.6.9 본항개정)
⑦ 제6항에 따라 승인을 얻은 者에 대하여는 第2條第3號다目의 衛星放送事業者에 대하여 적용되는 規定을 準用한다.
(2020.6.9 본항개정)
⑧ 外國 人工衛星의 無線局(國內에서 수신될 수 있는 것에 한정한다)의 특정 채널의 전부 또는 일부 시간에 대한 전용사용계약을 체결하여 그 채널을 사용하고자 하는 者는 과학기술정보통신부장관의 승인을 얻어야 한다.(2020.6.9 본항개정)
⑨ 제8항에 따라 승인을 얻은 者에 대하여는 第2條第3號라目의 放送채널使用事業者에 대하여 적용되는 規定을 準用한다.
(2020.6.9 본항개정)
⑩ 전송망사업을 하려는 자는 과학기술정보통신부장관에게 등록하여야 한다. 이 경우 과학기술정보통신부장관은 등록신청이 다음 각 호의 어느 하나에 해당하는 경우를 제외하고는 등록을 거부하지 못한다.(2017.7.26 본문개정)
1. 재정능력 및 기술인력 등 대통령령으로 정하는 등록요건을 갖추지 못한 경우
2. 등록을 신청한 자가 제13조제1항에 위반되는 경우
3. 등록을 신청한 법인의 대표자가 제13조제3항제1호부터 제6호까지의 어느 하나에 해당하는 경우
4. 그 밖에 이 법 또는 다른 법령에 따른 제한에 위반되는 경우
(2015.3.13 본항개정)
⑪ 공동체라디오방송사업을 하고자 하는 자는 방송통신위원회의 허가를 받아야 한다. 이 경우 방송통신위원회는 과학기술정보통신부장관에게 「전파법」에 따른 무선국 개설과 관련된 기술적 심사를 의뢰하고, 과학기술정보통신부장관으로부터 송부 받은 심사 결과를 허가에 반영하여야 한다. 이 외의 공동체라디오방송사업자의 편성, 재원 등 운영에 필요한 세부사항은 대통령령으로 정한다.(2017.7.26 후단개정)
⑫ 과학기술정보통신부장관은 제5항제2호에 따라 방송채널사용사업의 신고를 받은 경우 그 내용을 검토하여 이 법에 적합하면 신고를 수리하여야 한다.(2024.10.22 본항신설)
⑬ 제1항부터 제12항까지의 규정에 따른 허가·승인·등록 및 신고의 절차 등에 관하여 필요한 사항은 大統領令으로 정한다.(2024.10.22 본항개정)
(2008.2.29 본조제목개정)

판례 방송법은 중계유선방송사업의 허가요건, 기준, 절차에 관하여 엄격하게 규정함으로써 중계유선방송사업의 합리적인 관리를 통하여 중계유선방송사업의 건전한 발전과 이용의 효율화를 기함으로써 공공복리를 증진하려는 목적과 함께 엄격한 요건을 통과한 사업자에 대하여는 사실상 독점적 지위에서 영업할 수 있는 지역사업권을 부여하여 무허가업자의 경업이나 허가를 받은 업자간 과당경쟁으로 인한 유선방송사업 경영의 불합리를 방지함으로써 사익을 보호하려는 목적도 있다고 할 것이므로, 허가를 받은 중계유선방송사업자의 사업상 이익은 단순한 반사적 이익에 그치는 것이 아니라 방송법에 의하여 보호되는 법률상 이익이라고 보아야 한다.
(대판 2007.5.11, 2004다11162)

판례 방송위원회가 중계유선방송사업자에게 한 종합유선방송사업으로의 전환승인처분은 재량권의 일탈·남용이라 할 수 없다.
(대판 2005.1.14, 2003두13045)

第9條의2【방송채널사용사업의 등록요건 및 신고요건】 ① 제9조제5항제1호에 따라 방송채널사용사업의 등록을 하려는 자는 다음 각 호의 요건을 갖추어야 한다.
(2024.10.22 본문개정)
1. 납입자본금과 실질자본금(해당 방송채널사용사업만을 위한 자본금을 말한다. 이하 이 조에서 같다)이 각각 5억원 이상일 것. 이 경우 "자본금"은 주식회사 외의 법인의 경우에는 "출자금"으로 본다.(2024.10.22 전단개정)
2. 주조정실(방송프로그램의 편성 및 송출 등을 종합조정하는 장소를 말한다. 이하 같다), 부조정실(개별 방송프로그램의 제작을 조정하는 장소를 말한다. 이하 같다), 종합편집실(음성·영상·음향 등을 편집하여 개별 방송프로그램을 완성하는 장소를 말한다. 이하 같다) 및 송출시설을 갖출 것(2024.10.22 본호개정)
3. 해당 방송채널사용사업을 영위할 수 있는 사무실을 보유할 것
4. 방송사업자가 사용하고 있는 다른 채널명과 동일한 채널명 또는 시청자가 동일한 채널로 오인할 수 있는 채널명을 사용하지 아니할 것
② 제9조제5항제2호에 따라 방송채널사용사업의 신고를 하려는 자는 다음 각 호의 요건을 갖추어야 한다.
1. 납입자본금과 실질자본금이 각각 3억원 이상일 것. 이 경우 "자본금"은 주식회사 외의 법인의 경우에는 "출자금"으로 본다.
2. 주조정실, 종합편집실 및 송출시설을 갖출 것
3. 방송사업자가 사용하고 있는 다른 채널명과 동일한 채널명 또는 시청자가 동일한 채널로 오인할 수 있는 채널명을 사용하지 아니할 것
(2024.10.22 본항신설)
③ 동일인이 여러 개의 방송채널사용사업을 겸영(兼營)하는 경우에 제1항제1호에 따른 자본금 요건의 적용 기준 등에 관하여 필요한 사항은 대통령령으로 정한다.
(2024.10.22 본조제목개정)
(2007.7.27 본조신설)

第9條의3【기술결합서비스의 신고 등】 ① 지상파방송사업자(공동체라디오방송사업자는 제외한다. 이하 제5항, 제18조제2항 및 제19조제2항에서 같다)·종합유선방송사업자·위성방송사업자 또는 「인터넷 멀티미디어 방송사업법」 제2조제5호가목에 따른 인터넷 멀티미디어 방송 제공사업자(이하 "인터넷 멀티미디어 방송 제공사업자"라 한다)는 기술결합서비스를 제공하려는 경우 다음 각 호의 구분에 따라 신고하여야 한다. 신고한 기술결합서비스의 내용을 변경하려는 경우에도 또한 같다.
1. 지상파방송사업자 : 방송통신위원회에 신고
2. 종합유선방송사업자·위성방송사업자 또는 인터넷 멀티미디어 방송 제공사업자 : 과학기술정보통신부장관에게 신고
② 과학기술정보통신부장관 또는 방송통신위원회는 제1항에 따른 신고를 받은 경우 그 내용이 시청자의 권익보호와 공정경쟁의 촉진 등 대통령령으로 정하는 기준을 충족하면 제1항에 따른 신고를 받은 날부터 대통령령으로 정하는 기한 이내에 신고를 수리하여야 한다.
③ 방송통신위원회는 제1항에 따른 신고를 받은 경우 과학기술정보통신부장관에게 「전파법」에 따른 무선국과 관련된 기술적 심사를 의뢰하고 과학기술정보통신부장관으로부터 송부받은 심사결과를 신고 수리에 반영하여야 한다.
④ 제1항·제2항에 따른 신고 및 수리에 관한 절차 등 세부사항은 대통령령으로 정한다.
⑤ 지상파방송사업자·종합유선방송사업자·위성방송사업자 또는 인터넷 멀티미디어 방송 제공사업자는 기술결합서비스의 제공을 중지하거나 중단하려는 경우 다음 각 호의 구분에 따라 신고하여야 한다.
1. 지상파방송사업자 : 방송통신위원회규칙으로 정하는 바에 따라 방송통신위원회에 신고
2. 종합유선방송사업자·위성방송사업자 또는 인터넷 멀티미디어 방송 제공사업자 : 과학기술정보통신부령으로 정하는 바에 따라 과학기술정보통신부장관에게 신고
⑥ 과학기술정보통신부장관 또는 방송통신위원회는 제5항에 따른 신고를 받은 경우 그 내용을 검토하여 이 법에 적합하면 해당 신고를 수리하여야 한다.
(2022.1.11 본조개정)

第9條의4【기술중립 서비스 제공을 위한 특례】 ① 종합유선방송사업자, 위성방송사업자 또는 인터넷 멀티미디어 방송 제공사업자는 과학기술정보통신부령으로 정하는 바에 따라 상호 간에 다른 사업자의 전송방식을 이용하여 서비스를 제공할 수 있다.
② 종합유선방송사업자, 위성방송사업자 또는 인터넷 멀티미디어 방송 제공사업자가 제1항에 따라 다른 사업자의 전송방식으로 서비스를 제공하려는 경우에는 과학기술정보통신부령으로 정하는 바에 따라 과학기술정보통신부장관에게 신고하여야 한다.
③ 과학기술정보통신부장관은 제2항에 따른 신고를 받은 경우 시청자의 권익보호와 공정경쟁의 촉진 등 대통령령으로 정하는 기준을 충족하면 신고를 수리하여야 한다.
(2022.6.10 본조신설)
第10條【審査基準·節次】 ① 과학기술정보통신부장관 또는 방송통신위원회는 제9조제1항, 제2항 및 제11항에 따른 허가, 같은 조 제3항, 제5항, 제6항 및 제8항에 따른 승인을 할 때에는 다음 各號의 사항을 審査하여 그 결과를 公表하여야 한다.(2017.7.26 본문개정)
1. 放送의 公的 責任·공정성·公益性의 실현 가능성
2. 放送프로그램의 企劃·編成 및 製作計劃의 적절성
3. 지역적·사회적·문화적 필요성과 타당성
4. 조직 및 인력운영 등 경영계획의 적정성
5. 재정 및 기술적 능력
6. 放送發展을 위한 지원계획
7. 그 밖에 사업수행에 필요한 사항(2020.6.9 본호개정)
② 과학기술정보통신부장관 또는 방송통신위원회는 제1항에 따른 審査를 할 때에는 視聽者의 의견을 공개적으로 청취하고, 그 의견의 반영 여부를 公表하여야 한다.
(2020.6.9 본항개정)
③ 과학기술정보통신부장관은 종합유선방송사업을 하고자 하는 자를 허가할 때에는 特別市長·廣域市長 또는 道知事(이하 "市·道知事"라 한다)의 의견을 들어야 한다.
(2017.7.26 본항개정)
第11條【放送分野 등의 告示】 과학기술정보통신부장관은 放送프로그램의 전문성과 채널의 다양성이 구현될 수 있도록 하기 위하여 專門編成의 放送分野와 放送프로그램의 종류에 따른 編成比率 등을 告示할 수 있다.(2017.7.26 본조개정)
第12條【地域事業權】 ① 과학기술정보통신부장관은 제9조제2항에 따라 종합유선방송사업 또는 중계유선방송사업을 허가할 때에는 일정한 放送區域안에서 事業을 운영하는 권리(이하 "地域事業權"이라 한다)를 부여할 수 있다. 제9조제3항에 따라 綜合有線放送事業을 승인할 때에도 또한 같다.
(2020.6.9 후단개정)
② 제1항에 따른 放送區域과 音樂有線放送의 事業區域은 行政區域을 중심으로 지역주민의 생활권 및 지리적 여건과 電氣通信設備 등을 참작하여 관계 中央行政機關의 長 및 市·道知事와 협의하여 과학기술정보통신부장관이 告示한다.
(2020.6.9 본항개정)
③ (2005.5.18 삭제)
第13條【결격사유】 ① 다음 각 호의 어느 하나에 해당하는 자는 방송사업 또는 전송망사업을 할 수 없다.
1. 국가·지방자치단체 또는 법인이 아닌 자
2. 제18조에 따라 허가·승인·등록 또는 신고수리가 취소(제3항제2호 또는 제3호에 해당하여 허가·승인·등록 또는 신고수리가 취소된 경우는 제외한다)된 후 3년이 지나지 아니한 법인(2024.10.22 본호개정)
② 다음 각 호의 어느 하나에 해당하는 자는 중계유선방송사업·음악유선방송사업을 할 수 없다.
1. 외국인 또는 외국의 정부나 단체
2. 미성년자 또는 피성년후견인
3. 파산선고를 받은 자로서 복권되지 아니한 자
4. 이 법을 위반하여 벌금 이상의 형을 선고받고 그 집행이 종료되거나 그 집행을 받지 아니하기로 확정된 후 3년이 지나지 아니한 자 또는 그 집행유예기간 중에 있는 자
5. 제18조에 따라 중계유선방송사업·음악유선방송사업의 허가 또는 등록이 취소(제13조제2항제2호 또는 제3호에 해당하여 허가 또는 등록이 취소된 경우는 제외한다)된 후 2년이 지나지 아니한 자
③ 다음 각 호의 어느 하나에 해당하는 자는 제9조제1항·제2항·제3항·제5항·제6항·제8항·제10항 또는 제11항에 따라 허가 또는 승인을 받거나 등록 또는 신고를 한 법인의 대표자나 방송편성책임자가 될 수 없다.(2024.10.22 본문개정)
1. 외국인
2. 미성년자 또는 피성년후견인
3. 파산선고를 받은 자로서 복권되지 아니한 자
4. 이 법을 위반하여 벌금 이상의 형을 선고받고 그 집행이 종료되거나 그 집행을 받지 아니하기로 확정된 후 3년이 지나지 아니한 자 또는 그 집행유예기간 중에 있는 자
5. 「형법」 제87조부터 제90조까지, 제92조, 제101조, 「군형법」 제5조부터 제8조까지, 제9조제2항, 제11조부터 제16조까지 또는 「국가보안법」 제3조부터 제9조까지의 규정에 따른 죄를 저질러 금고 이상의 실형의 선고를 받고 그 형의 집행이 종료되지 아니하거나 집행을 받지 아니하기로 확정되지 아니한 자 또는 그 집행유예기간 중에 있는 자
6. 「보안관찰법」에 따른 보안관찰처분, 종전의 「사회보호법」(법률 제7656호로 폐지되기 전의 것을 말한다)에 따른 보호감호 또는 「치료감호법」에 따른 치료감호의 집행 중에 있는 자
7. 외국의 법인 또는 단체의 대표자(전송망사업의 경우는 제외한다)
(2022.1.11 본조개정)
第14條【外國資本의 出資 및 出捐】 ① 지상파방송사업자 또는 공동체라디오방송사업자는 다음 各號에 해당하는 者로부터 재산상의 出資 또는 出捐을 받을 수 없다. 다만, 방송통신위원회의 승인을 얻은 경우에는 교육·체육·종교·자선이나 그 밖의 국제적 친선을 목적으로 하는 外國의 團體로부터 재산상의 出捐을 받을 수 있다.(2020.6.9 단서개정)
1. 外國의 政府나 團體
2. 外國人
3. 外國의 政府나 團體 또는 外國人이 대통령령으로 정하는 비율을 초과하여 株式 또는 持分을 所有하고 있는 法人
(2020.6.9 본호개정)
② 종합편성을 행하는 방송채널사용사업자 또는 중계유선방송사업자는 해당 법인의 주식 또는 지분 총수의 100분의 20을, 보도에 관한 전문편성을 행하는 방송채널사용사업자는 해당 법인의 주식 또는 지분 총수의 100분의 10을 초과하여 제1항 각 호에 해당하는 자로부터 재산상의 출자 또는 출연을 받을 수 없다.(2009.7.31 본항개정)
③ 종합유선방송사업자·위성방송사업자·방송채널사용사업자(종합편성 또는 보도에 관한 전문편성을 하는 자는 제외한다) 또는 전송망사업자는 해당 法人의 株式 또는 持分 총수의 100分의 49를 초과하여 第1項 各號에 해당하는 者로부터 재산상의 出資 또는 出捐을 받을 수 없다. 다만, 방송채널사용사업자(종합편성이나 보도에 관한 전문편성 또는 상품소개와 판매에 관한 전문편성을 하는 자는 제외한다)의 경우 대한민국이 외국과 양자간(兩者間) 또는 다자간(多者間)으로 체결하여 발효된 자유무역협정 중 과학기술정보통신부장관이 정하여 고시하는 자유무역협정 체결 상대국의 정부나 단체 또는 외국인이 주식 또는 지분을 소유하고 있는 법인은 제1항제3호의 요건을 갖춘 경우에도 같은 호에 해당하는 자로 보지 아니한다.(2020.6.9 본문개정)
④ 제2항 및 제3항을 적용할 때 제1항 각호에 해당하는 자가 소유하고 있는 주식 또는 지분을 합산한다.(2020.6.9 본항개정)
⑤ 방송사업자·중계유선방송사업자 또는 전송망사업자가 제1항부터 제3항까지의 규정을 위반하게 된 경우에 위반의 원인을 제공한 주식 또는 지분의 소유자는 그 소유분 또는 초과분에 대한 의결권을 행사할 수 없다.(2020.6.9 본항개정)

⑥ 과학기술정보통신부장관 또는 방송통신위원회는 방송사업자·중계유선방송사업자 또는 전송망사업자가 제1항부터 제3항까지의 규정을 위반하게 된 경우에는 다음 각 호의 구분에 따른 자에게 6개월 이내의 기간을 정하여 해당 사항을 시정할 것을 명할 수 있다.(2017.7.26 본문개정)

1. 과학기술정보통신부장관 : 제2호에 해당하는 방송사업자 외의 방송사업자, 중계유선방송사업자 또는 전송망사업자나 위반의 원인을 제공한 주식·지분의 소유자(2017.7.26 본호개정)
2. 방송통신위원회 : 지상파방송사업자, 공동체라디오방송사업자 또는 종합편성이나 보도에 관한 전문편성을 행하는 방송채널사용사업자나 위반의 원인을 제공한 주식·지분의 소유자(2013.3.23 본호신설)

第15條【變更許可 등】 ① 放送事業者·中繼有線放送事業者·音樂有線放送事業者 및 電光板放送事業者는 다음 各號의 사항을 변경하려는 때에는 과학기술정보통신부장관 또는 방송통신위원회로부터 변경허가 또는 변경승인을 받거나 변경등록 또는 변경신고를 하여야 한다. 이 경우 그 절차는 제9조제1항, 제2항, 제3항, 제5항, 제6항, 제8항, 제10항부터 제12항까지를 準用한다.(2024.10.22 본문개정)

1. 해당 法人의 합병 및 분할. 다만, 종합유선방송사업자 및 위성방송사업자가 「독점규제 및 공정거래에 관한 법률」 제2조제12호에 따른 계열회사인 법인을 합병하려는 경우에는 대통령령으로 정하는 바에 따라 과학기술정보통신부장관에게 신고하여야 한다.(2024.1.23 단서신설)
2. 개인이 영위하는 사업의 법인사업으로의 전환(2002.12.18 본호신설)
3. (2006.10.27 삭제)
4. 개인이 영위하는 사업의 양도(2002.12.18 본호신설)
5. 放送分野의 변경
6. 放送구역의 변경
7. 그 밖에 대통령령으로 정하는 중요한 시설의 변경(2020.6.9 본호개정)

② 지상파방송사업자 또는 공동체라디오방송사업자가 다음 각호의 사항을 변경한 때에는 이를 지체없이 방송통신위원회에 신고하여야 한다.(2013.3.23 본문개정)

1. 대표자
2. 방송편성책임자(2013.3.23 본호개정)
3. 법인명 또는 상호
4. 주된 사무소의 소재지

(2002.12.18 본항개정)

③ 방송사업자(지상파방송사업자 및 공동체라디오방송사업자는 제외한다)·중계유선방송사업자·음악유선방송사업자 또는 전광판방송사업자가 다음 각호의 사항을 변경한 때에는 이를 지체없이 과학기술정보통신부장관에게 신고하여야 한다. 다만, 종합편성이나 보도에 관한 전문편성을 행하는 방송채널사용사업자는 방송통신위원회에 신고하여야 한다.(2020.6.9 본문개정)

1. 대표자
2. 방송편성책임자(방송사업자에 한정한다)(2013.3.23 본호개정)
3. 법인명 또는 상호
4. 주된 사무소의 소재지

(2002.12.18 본항개정)

④ 과학기술정보통신부장관은 제1항제1호 단서에 따른 신고를 받은 경우 그 내용을 검토하여 신고 내용의 사실 여부 등 대통령령으로 정하는 기준에 부합하는 경우 해당 신고를 수리하여야 한다. 이 경우 수리에 관한 절차 등 세부사항은 대통령령으로 정한다.(2024.1.23 본항신설)

第15條의2【최다액출자자 등 변경승인 등】 ① 방송사업자 또는 중계유선방송사업자의 주식 또는 지분의 취득 등을 통하여 해당 사업자의 최다액출자자(해당 사업자의 출자자 본인과 그의 특수관계자의 주식 또는 지분을 합하여 의결권이 있는 주식 또는 지분의 비율이 가장 많은 자를 말한다. 이하 같다)가 되고자 하는 자와 경영권을 실질적으로 지배하고자 하는 자는 다음 각 호의 구분에 따라 과학기술정보통신부장관 또는 방송통신위원회의 승인을 받아야 한다. 다만, 제9조제5항 본문에 따라 등록 또는 신고를 한 방송채널사용사업자의 최다액출자자가 되고자 하는 자와 경영권을 실질적으로 지배하고자 하는 자는 이를 과학기술정보통신부장관에게 신고하여야 한다.(2024.10.22 본문개정)

1. 제14조제6항제1호에 해당하는 방송사업자와 중계유선방송사업자의 최다액 출자자가 되려는 자와 경영권을 실질적으로 지배하려는 자 : 과학기술정보통신부장관(2017.7.26 본호개정)
2. 제14조제6항제2호에 해당하는 방송사업자의 최다액 출자자가 되려는 자와 경영권을 실질적으로 지배하려는 자 : 방송통신위원회(2013.3.23 본호신설)

② 과학기술정보통신부장관 또는 방송통신위원회는 제1항 본문에 따른 승인을 하고자 할 때에는 다음 각 호의 사항을 심사하여야 한다.(2020.6.9 본문개정)

1. 방송의 공적 책임·공정성 및 공익성의 실현가능성
2. 사회적 신용 및 재정적 능력
3. 시청자의 권익보호
4. 그 밖에 사업수행에 필요한 사항

③ 제1항 본문에 따른 승인을 받지 아니하고 최다액출자자가 되거나 경영권을 실질적으로 지배하게 된 자는 승인을 받지 아니하고 취득한 주식 또는 지분에 대한 의결권을 행사할 수 없으며, 과학기술정보통신부장관 또는 방송통신위원회는 6개월 이내의 기간을 정하여 해당 주식 또는 지분을 취득한 자에 대하여 주식 또는 지분의 처분 등 시정에 필요한 명령을 할 수 있다.(2024.10.22 본항개정)

④ 과학기술정보통신부장관은 제1항 단서에 따른 신고를 받은 경우 그 내용을 검토하여 이 법에 적합하면 해당 신고를 수리하여야 한다. 이 경우 신고의 효력은 「행정기본법」 제34조에도 불구하고 해당 방송채널사용사업자의 주식 또는 지분의 취득 등 신고대상 행위가 있었던 날로 소급하여 발생한다.(2022.1.11 본항신설)

⑤ 제1항 및 제3항에 따른 경영권을 실질적으로 지배하는 자에 해당하는 경우와 승인 및 신고의 절차 등에 관하여 필요한 사항은 대통령령으로 정한다.(2020.6.9 본항개정)

(2022.1.11 본조제목개정)

(2006.10.27 본조신설)

第16條【허가 및 승인 유효기간】 제9조제2항의 규정에 따라 허가받은 종합유선방송사업 및 중계유선방송사업과 제9조제5항 단서의 규정에 따라 승인을 받은 방송채널사용사업의 허가 또는 승인의 유효기간은 7년을 초과하지 아니하는 범위 내에서 대통령령으로 정한다.(2024.10.22 본조개정)

第17條【再許可 등】 ① 放送事業者(放送채널使用事業者는 제외한다) 및 中繼有線放送事業者가 許可有效期間의 만료 후 계속 放送을 행하고자 하는 때에는 과학기술정보통신부장관 또는 방송통신위원회의 再許可를 받아야 한다. 이 경우 제9조제1항, 제2항 및 제11항을 준용한다.(2017.7.26 전단개정)

② 제9조제5항 단서에 따라 승인을 받은 放送채널使用事業者가 承認有效期間 만료 후 계속 放送을 행하고자 하는 때에는 과학기술정보통신부장관 또는 방송통신위원회의 再承認을 받아야 한다.(2024.10.22 본항개정)

③ 과학기술정보통신부장관 또는 방송통신위원회가 제1항 및 제2항에 따라 재허가 또는 再承認을 할 때에는 第10條第1項 各號 및 다음 各號의 사항을 審査하고 그 결과를 公表하여야 한다.(2020.6.9 본문개정)

1. 제31조제1항에 따른 방송평가(2013.3.23 본호개정)
2. 이 법에 따른 시정명령의 횟수와 시정명령에 대한 불이행 사례(2013.3.23 본호개정)

2의2. 방송의 공적 책임을 고려하여 대통령령으로 정하는 법령의 위반 여부(2018.12.24 본호신설)

3. 視聽者委員會의 放送프로그램 評價
4. 지역사회발전에 이바지한 정도
5. 放送發展을 위한 지원계획의 이행 여부

5의2. 「방송광고판매대행 등에 관한 법률」 제20조제2항에 따른 네트워크 지역지상파방송사업자와 중소지상파방송사업자에 대한 방송광고 판매 지원 이행 정도(2012.2.22 본호신설)
6. 그 밖에 許可 또는 승인 당시의 放送事業者 준수사항 이행 여부(2020.6.9 본호개정)
④ 第10條第2項 및 第3項의 規定은 第1項의 재허가 또는 제2항에 따른 再承認의 경우에 이를 準用한다.(2020.6.9 본항개정)

第18條【허가·승인·등록의 취소 등】 ① 방송사업자·중계유선방송사업자·음악유선방송사업자·전광판방송사업자 또는 전송망사업자가 다음 각 호의 어느 하나에 해당하는 경우에는 과학기술정보통신부장관 또는 방송통신위원회가 소관 업무에 따라 허가·승인·등록 또는 신고수리를 취소하거나 6개월 이내의 기간을 정하여 그 업무의 전부 또는 일부를 정지하거나 광고의 중단 또는 제16조에 따른 허가·승인의 유효기간 단축을 명할 수 있다. 다만, 제13조제3항의 각 호의 어느 하나에 해당하는 자가 법인의 대표자 또는 방송편성책임자가 된 경우로서 3개월 이내에 그 임원을 변경하는 때에는 허가·승인·등록 또는 신고수리의 취소, 업무정지, 광고의 중단 또는 허가·승인의 유효기간 단축을 명하지 아니한다.(2024.10.22 본문개정)
1. 거짓이나 그 밖의 부정한 방법으로 허가·변경허가·재허가 또는 승인·변경승인·재승인을 받거나 등록·변경등록 또는 신고·변경신고를 한 때(2024.10.22 본호개정)
2. 第8條의 規定에 위반하여 株式 또는 持分을 所有한 때
3. 第13條의 缺格事由에 해당하게 된 때
4. 第14條의 規定에 위반하여 재산상의 出資 또는 出捐을 받은 때
5. 이 法에 의한 허가 또는 승인을 받거나 등록 또는 신고한 날부터 2年 이내에 放送 또는 事業을 개시하지 아니한 때(2024.10.22 본호개정)
6. 제15조제1항을 위반하여 변경허가 또는 변경승인을 받지 아니하거나 변경등록 또는 변경신고를 하지 아니한 때(2024.10.22 본호개정)
7. 제77조제7항에 따른 약관변경명령 또는 재통지명령 등을 이행하지 아니한 때(2022.1.11 본호개정)
8. (2016.1.27 삭제)
8의2. 제91조의7제1항에 따른 방송의 유지·재개 명령을 이행하지 아니한 때(2015.12.22 본호신설)
9. 제99조제1항에 따른 시정명령을 이행하지 아니하거나 같은 조 제2항에 따른 시설개선명령을 이행하지 아니한 때(2007.7.27 본호신설)
10. 제100조제1항에 따른 제재조치명령을 이행하지 아니한 때(2007.7.27 본호신설)
11. 제69조의2제5항에 따른 명령을 이행하지 아니한 때(2009.7.31 본호신설)
12. 방송사업자가 내부·외부의 부당한 간섭으로 불공정하게 채널을 구성한 때(2013.3.23 본호신설)
13. 과학기술정보통신부장관이 제85조의2제2항 후단에 따라 방송통신위원회로부터 통보받은 때(2017.7.26 본호개정)
② 지상파방송사업자·종합유선방송사업자·위성방송사업자 또는 인터넷 멀티미디어 방송 제공사업자가 허위, 그 밖의 부정한 방법으로 제9조의3제2항에 따른 신고수리를 받은 경우에는 과학기술정보통신부장관 또는 방송통신위원회가 신고수리를 취소하거나 6개월 이내의 기간을 정하여 그 업무의 전부 또는 일부를 정지하거나 광고의 중단을 명할 수 있다.(2022.1.11 본항개정)
③ 과학기술정보통신부장관은 제9조제5항 본문에 따라 등록 또는 신고한 방송채널사용사업자가 다음 각 호의 어느 하나에 해당하는 경우에는 등록 또는 신고수리를 취소할 수 있다.(2024.10.22 본문개정)
1. 5년 이상 계속하여 방송을 행하지 아니한 경우
2. 제84조제2항에 따른 신고수리를 받지 아니하고 폐업한 경우(2022.1.11 본호개정)
(2019.12.10 본항신설)
④ 제1항 및 제2항에 따른 명령의 기준·절차, 제3항 각 호의 사항을 확인하기 위한 방법 등에 필요한 사항은 大統領令으로 정한다.(2019.12.10 본항개정)
⑤ 과학기술정보통신부장관 또는 방송통신위원회는 제1항에 따라 허가·승인·등록 또는 신고수리를 취소하는 경우 또는 제17조에 따른 재허가·재승인을 하지 아니하는 경우 대통령령으로 정하는 바에 따라 해당 사업자에 대하여 그 사업을 승계하는 자가 방송을 개시할 때까지 12개월의 범위 내에서 기간을 정하여 방송을 계속하도록 할 수 있다.
(2024.10.22 본항개정)
(2022.1.11 본조제목개정)

第19條【課徵金 처분】 ① 과학기술정보통신부장관 또는 방송통신위원회는 放送事業者·中繼有線放送事業者·音樂有線放送事業者·電光板放送事業者 또는 傳送網事業者가 第18條第1項 각 호의 어느 하나에 해당하여 업무정지처분을 하여야 할 경우로서 그 업무정지처분이 視聽者에게 심한 불편을 주거나 그 밖에 公益을 해할 우려가 있는 때에는 그 업무정지처분을 갈음하여 1億원 이하의 課徵金을 賦課할 수 있다.(2020.6.9 본항개정)
② 과학기술정보통신부장관 또는 방송통신위원회는 지상파방송사업자·종합유선방송사업자·위성방송사업자 또는 인터넷 멀티미디어 방송 제공사업자가 제18조제2항에 해당하여 업무정지처분을 하여야 할 경우로서 그 업무정지처분이 시청자에게 심한 불편을 주거나 그 밖에 공익을 해할 우려가 있는 때에는 그 업무정지처분을 갈음하여 1억원 이하의 과징금을 부과할 수 있다.(2017.7.26 본항개정)
③~④ (2006.10.27 삭제)

第3章 소속위원회 등
(2013.3.23 본장제목개정)

第20條~第30條 (2008.2.29 삭제)

第31條【放送評價委員會】 ① 방송통신위원회는 放送事業者의 放送프로그램 내용 및 編成과 운영 등에 관하여 종합적으로 評價할 수 있다.
② 방송통신위원회는 第1項의 評價業務를 효율적으로 수행하기 위하여 放送評價委員會를 둘 수 있다.
③ 放送評價委員會 委員은 방송통신위원회 委員長이 방송통신위원회의 同意를 얻어 위촉하며, 구성과 운영에 관하여 필요한 사항은 방송통신위원회규칙으로 정한다.
(2008.2.29 본조개정)

第32條【放送의 공정성 및 공공성 審議】 방송통신심의위원회는 放送·中繼有線放送 및 電光板放送의 내용과 그 밖에 電氣通信回線을 통하여 공개를 목적으로 유통되는 情報 중 放送과 유사한 것으로서 대통령령으로 정하는 情報의 내용이 공정성과 공공성을 유지하고 있는지의 여부와 公的 責任을 준수하고 있는지의 여부를 放送 또는 유통된 후 審議·議決한다. 이 경우 매체별·채널별 특성을 고려하여야 한다.(2020.6.9 전단개정)

第33條【審議規程】 ① 방송통신심의위원회는 放送의 공정성 및 공공성을 審議하기 위하여 放送審議에 관한 規程(이하 "審議規程"이라 한다)을 제정·公表하여야 한다.
(2008.2.29 본항개정)
② 第1項의 審議規程에는 다음 各號의 사항이 포함되어야 한다.
1. 憲法의 민주적 基本秩序의 유지와 인권존중에 관한 사항
2. 건전한 가정생활 보호에 관한 사항
3. 아동 및 청소년의 보호와 건전한 인격형성에 관한 사항
4. 공중도덕과 사회윤리에 관한 사항
5. 兩性平等에 관한 사항
6. 국제적 友誼 증진에 관한 사항
7. 장애인 등 放送소외계층의 권익증진에 관한 사항
8. 인종, 민족, 지역, 종교 등을 이유로 한 차별 금지에 관한 사항(2014.5.28 본호신설)
9. 민족문화의 창달과 민족의 주체성 함양에 관한 사항
10. 報道·論評의 공정성·공공성에 관한 사항

11. 언어순화에 관한 사항
12. 자연환경 보호에 관한 사항(2009.7.31 본호신설)
13. 건전한 소비생활 및 시청자의 권익보호에 관한 사항 (2009.7.31 본호신설)
14. 자살예방 및 생명존중문화 조성에 관한 사항(2019.12.10 본호신설)
15. 법령에 따라 방송광고가 금지되는 품목이나 내용에 관한 사항(2009.7.31 본호신설)
16. 방송광고 내용의 공정성·공익성에 관한 사항(2009.7.31 본호신설)
17. 그 밖에 이 法의 規定에 의한 방송통신심의위원회의 審議業務에 관한 사항(2020.6.9 본호개정)
③ 방송사업자·중계유선방송사업자·전광판방송사업자 및 외주제작사는 심의규정을 준수하여야 한다.(2016.1.27 본항신설)
④ 放送事業者는 아동과 청소년을 보호하기 위하여 放送프로그램의 폭력성 및 음란성 등의 유해정도, 視聽者의 연령 등을 고려하여 放送프로그램의 等級을 분류하고 이를 放送중에 표시하여야 한다.(2020.6.9 본항개정)
⑤ 방송통신심의위원회는 제4항에 따른 放送프로그램 等級分類와 관련하여 분류기준등 필요한 사항을 방송통신심의위원회규칙으로 정하여 公表하여야 한다. 이 경우 분류기준은 放送매체와 放送分野別 특성 등을 고려하여 차등을 둘 수 있다.(2016.1.27 전단개정)
⑥ 방송통신심의위원회는 제4항에 따라 방송사업자가 자율적으로 부여한 방송프로그램의 등급에 대하여 적절하지 아니하다고 판단되는 경우 해당 방송사업자에게 해당 방송프로그램의 등급분류를 조정하도록 요구할 수 있다.
(2019.12.10 본항개정)
第34條 (2008.2.29 삭제)
第35條【시청자권익보호위원회】 ① 방송통신위원회는 방송 및 「인터넷 멀티미디어 방송사업법」 제2조제1호에 따른 인터넷 멀티미디어 방송(이하 "인터넷 멀티미디어 방송"이라 한다)에 관한 시청자의 의견을 수렴하고 시청자의 정당한 권익 침해 등 시청자불만 및 청원사항에 관한 심의를 효율적으로 수행하기 위하여 시청자권익보호위원회를 둔다.
(2015.12.22 본항개정)
② 시청자권익보호위원회 委員은 방송통신위원회 委員長이 방송통신위원회의 同意를 얻어 위촉한다.
③ 시청자권익보호위원회의 구성과 운영, 시청자불만처리의 절차와 분쟁의 조정 등에 관하여 필요한 사항은 방송통신위원회규칙으로 정한다.(2015.12.22 본항개정)
(2011.7.14 본조개정)
第35條의2 (2010.3.22 삭제)
第35條의3【방송분쟁조정위원회 구성 및 운영】 ① 방송통신위원회는 다음 각 호에 해당하는 자들 사이에서 발생한 방송에 관한 분쟁을 효율적으로 조정하기 위하여 방송분쟁조정위원회를 둘 수 있다. 다만, 분쟁조정의 주된 대상이 저작권에 관련된 경우에는 「저작권법」에 따른다.
1. 방송사업자
2. 중계유선방송사업자
3. 음악유선방송사업자
4. 전광판방송사업자
5. 전송망사업자
6. 「인터넷 멀티미디어 방송사업법」 제2조제5호에 따른 인터넷 멀티미디어 방송사업자(이하 "인터넷 멀티미디어 방송사업자"라 한다)
7. 「전기통신사업법」 제2조제8호에 따른 전기통신사업자
8. 외주제작사
② 방송분쟁조정위원회는 방송통신위원회 위원장이 지명하는 위원장 1명을 포함한 5명 이상 7명 이하의 위원으로 구성한다.(2016.1.27 본항신설)
③ 방송분쟁조정위원회 위원은 다음 각 호의 어느 하나에 해당하는 사람 중에서 방송통신위원회위원장이 방송통신위원회의 동의를 얻어 위촉한다. 이 경우 문화체육관광부장관이 추천하는 1명이 포함되어야 한다.
1. 판사·검사 또는 변호사로 5년 이상 재직한 사람
2. 공인회계사로 5년 이상 재직한 사람
3. 법률·행정·경영·회계·신문방송 관련 학과의 대학 교수로 5년 이상 재직한 사람
4. 그 밖에 방송에 관한 지식과 경험이 풍부한 사람
④ 방송분쟁조정위원회 위원의 임기는 2년으로 하되, 한 차례만 연임할 수 있다. 다만, 보궐위원의 임기는 전임자 임기의 남은 기간으로 한다.(2016.1.27 본항신설)
⑤ 방송분쟁조정위원회 위원은 다음 각 호의 어느 하나에 해당하는 경우에는 방송분쟁조정위원회에 신청된 분쟁조정사건(이하 이 조에서 "사건"이라 한다)의 심의·의결에서 제척된다.
1. 방송분쟁조정위원회 위원 또는 그 배우자나 배우자였던 사람이 그 사건의 당사자가 되거나 그 사건에 관하여 공동의 권리자 또는 의무자의 관계에 있는 경우
2. 방송분쟁조정위원회 위원이 그 사건의 당사자와 친족관계에 있거나 있었던 경우
3. 방송분쟁조정위원회 위원이 그 사건에 관하여 당사자의 대리인으로서 관여하거나 관여하였던 경우
4. 방송분쟁조정위원회 위원이 그 사건에 관하여 증언, 감정, 법률자문을 한 경우
(2016.1.27 본항신설)
⑥ 분쟁당사자는 방송분쟁조정위원회 위원에게 공정한 심의·의결을 기대하기 어려운 사정이 있는 경우에는 방송분쟁조정위원회 위원장에게 기피신청을 할 수 있다. 이 경우 위원장은 기피신청에 대하여 방송분쟁조정위원회의 의결을 거치지 아니하고 결정한다.(2016.1.27 본항신설)
⑦ 방송분쟁조정위원회 위원이 제5항 또는 제6항의 사유에 해당하는 경우에는 스스로 그 사건의 심의·의결에서 회피할 수 있다.(2016.1.27 본항신설)
⑧ 외주제작사가 분쟁의 당사자인 경우에는 분쟁 당사자 일방 또는 쌍방의 신청에 따라 제1항에 따른 방송분쟁조정위원회 또는 「콘텐츠산업 진흥법」 제29조제1항 본문에 따른 콘텐츠분쟁조정위원회가 분쟁을 조정할 수 있다.(2016.1.27 본항신설)
⑨ 그 밖에 방송분쟁조정위원회의 구성과 운영, 분쟁의 조정 등에 관하여 필요한 사항은 대통령령으로 정한다.
(2016.1.27 본조개정)
第35條의4【미디어다양성위원회】 ① 방송통신위원회는 방송의 여론 다양성을 보장하기 위하여 미디어다양성위원회를 둔다.
② 미디어다양성위원회위원은 방송통신위원회위원장이 방송통신위원회의 의결을 거쳐 위촉한다.
③ 미디어다양성위원회의 직무는 다음 각 호와 같다.
1. 제69조의2에 따른 방송사업자의 시청점유율 조사 및 산정
2. 매체간 합산 영향력지수 개발
3. 여론 다양성 증진을 위한 조사·연구
4. 그 밖에 여론 다양성 보장을 위하여 필요한 사항으로서 대통령령으로 정하는 사항
④ 제3항제2호의 매체간 합산 영향력지수는 2012년 12월 31일까지 개발을 완료한다.
⑤ 미디어다양성위원회의 구성과 운영 등에 필요한 사항은 대통령령으로 정한다.
(2009.7.31 본조신설)
第35條의5【방송시장경쟁상황평가위원회】 ① 방송통신위원회는 방송시장(인터넷 멀티미디어 방송을 포함한다)의 효율적인 경쟁체제 구축과 공정한 경쟁 환경을 조성하기 위하여 방송시장경쟁상황평가위원회를 둔다.
② 방송시장경쟁상황평가위원회의 위원은 9명으로 하며, 방송통신위원회 위원장이 방송통신위원회의 동의를 받아 위촉한다.
③ 방송시장경쟁상황평가위원회는 방송사업자 및 「인터넷 멀티미디어 방송사업법」 제2조제5호에 따른 인터넷 멀티미디어 방송사업자(이하 "인터넷 멀티미디어 방송사업자"라 한다)에 대하여 제1항에 따른 경쟁상황 평가를 위하여 필요한 자료의 제출을 요청할 수 있다.(2015.12.22 본항개정)

④ 방송통신위원회는 매년 방송시장의 경쟁상황 평가를 실시하고 평가가 종료된 후 3개월 이내에 국회에 보고하여야 한다.
⑤ 경쟁상황 평가를 위한 구체적인 평가기준·절차·방법, 방송시장경쟁상황평가위원의 구성 및 운영 등에 관하여 필요한 사항은 대통령령으로 정한다.
(2011.7.14 본조신설)
第36條~第40條 (2010.3.22 삭제)
第41條~第42條 (2008.2.29 삭제)
第42條의2【지역방송발전위원회의 설치】 방송통신위원회에 지역방송발전위원회를 둔다.(2014.6.3 본조개정)
第42條의3~第42條의4 (2014.6.3 삭제)

第4章 韓國放送公社

第43條【設置 등】 ① 공정하고 건전한 放送文化를 정착시키고 國內外 放送을 효율적으로 실시하기 위하여 國家基幹放送으로서 韓國放送公社(이하 이 章에서 "公社"라 한다)를 설립한다.
② 公社는 法人으로 한다.
③ 公社의 주된 事務所의 소재지는 定款으로 정한다.
④ 公社는 업무수행을 위하여 필요한 때에는 理事會의 議決을 거쳐 地域放送局을 둘 수 있다.
⑤ 公社의 資本金은 3千億원으로 하고 그 전액을 政府가 出資한다.
⑥ 第5項의 資本金 납입의 시기와 방법은 기획재정부장관이 정하는 바에 따른다.(2008.2.29 본항개정)
⑦ 公社는 주된 事務所의 소재지에서 設立登記를 함으로써 성립한다.
⑧ 제7항에 따른 設立登記와 地域放送局의 設置登記, 移轉登記, 변경등기, 그 밖에 公社의 登記에 관하여 필요한 사항은 大統領令으로 정한다.(2020.6.9 본항개정)
第44條【公社의 公的 責任】 ① 公社는 放送의 목적과 公的責任, 放送의 공정성과 公益性을 실현하여야 한다.
② 公社는 國民이 지역과 주변 여건과 관계없이 양질의 放送서비스를 제공받을 수 있도록 노력하여야 한다.(2020.6.9 본항개정)
③ 公社는 視聽者의 公益에 기여할 수 있는 새로운 放送프로그램·放送서비스 및 放送기술을 연구하고 개발하여야 한다.
④ 公社는 國內外를 대상으로 민족문화를 창달하고, 민족의 동질성을 확보할 수 있는 放送프로그램을 개발하여 放送하여야 한다.
⑤ 공사는 방송의 지역적 다양성을 구현하고 지역사회의 균형 있는 발전에 이바지할 수 있는 양질의 방송프로그램을 개발하여 방송하여야 한다.(2022.1.11 본항신설)
第45條【定款의 기재사항】 ① 公社의 定款에는 다음 各號의 사항을 기재하여야 한다.
1. 목적
2. 명칭
3. 주된 사무소의 소재지
4. 公社의 조직과 理事長·理事·執行機關 및 職員에 관한 사항
5. 理事會의 운영에 관한 사항
6. 업무와 그 집행에 관한 사항
7. 視聽者불만처리 및 視聽者보호에 관한 사항
8. 定款의 변경에 관한 사항
9. 社債發行 및 차입에 관한 사항
10. 株式 또는 出資證券에 관한 사항
11. 損益金의 처리 등 會計에 관한 사항
12. 公告방법에 관한 사항
13. 그 밖에 대통령령으로 정하는 사항(2020.6.9 본호개정)
② 公社가 定款을 변경하고자 할 때에는 방송통신위원회의 認可를 받아야 한다.(2008.2.29 본항개정)
③ 방송통신위원회는 제2항에 따른 인가의 신청을 받은 날부터 30일 이내에 인가 여부를 공사에 통지하여야 한다.
(2020.12.8 본항신설)
④ 방송통신위원회가 제3항에서 정한 기간 내에 인가 여부 또는 민원 처리 관련 법령에 따른 처리기간의 연장을 공사에 통지하지 아니하면 그 기간(민원 처리 관련 법령에 따라 처리기간이 연장 또는 재연장된 경우에는 해당 처리기간을 말한다)이 끝난 날의 다음 날에 인가를 한 것으로 본다.
(2020.12.8 본항신설)
第46條【理事會의 設置 및 운영 등】 ① 公社는 公社의 독립성과 공공성을 보장하기 위하여 公社 경영에 관한 最高議決機關으로 理事會를 둔다.
② 理事會는 理事長을 포함한 이사 11人으로 구성한다.
③ 理事는 각 분야의 대표성을 고려하여 방송통신위원회에서 추천하고 大統領이 任命한다.(2008.2.29 본항개정)
④ 理事長은 理事會에서 互選한다.
⑤ 理事長을 포함한 理事는 非常任으로 한다.
⑥ 理事長은 理事會를 소집하고 그 會議의 議長이 된다.
⑦ 理事會는 在籍理事 過半數의 찬성으로 議決한다.
⑧ 理事長이 부득이한 사유로 직무를 수행할 수 없을 때에는 정관으로 정하는 바에 따라 다른 理事가 그 직무를 代行한다.(2020.6.9 본항개정)
⑨ 이사회의 회의는 공개한다. 다만, 다음 각 호의 어느 하나에 해당하는 경우에는 이사회의 의결로 공개하지 아니할 수 있다.
1. 다른 법령에 따라 비밀로 분류되거나 공개가 제한된 내용이 포함되어 있는 경우
2. 공개하면 개인·법인 및 단체의 명예를 훼손하거나 정당한 이익을 해칠 우려가 있다고 인정되는 경우
3. 감사·인사관리 등에 관한 사항으로 공개하면 공정한 업무수행에 현저한 지장을 초래할 우려가 있는 경우
(2014.5.28 본항신설)
(2014.5.28 본조제목개정)
第47條【理事의 任期】 ① 理事의 任期는 3年으로 한다.
② 理事의 결원이 생겼을 때에는 결원된 날부터 30日이내에 제46조에 따라 그 補闕理事를 任命하여야 하며, 補闕理事의 任期는 전임자 임기의 남은 기간으로 한다.(2020.6.9 본항개정)
③ 任期가 만료된 理事는 그 후임자가 任命될 때까지 그 직무를 행한다.
第48條【이사의 결격사유】 ① 다음 각 호의 어느 하나에 해당하는 사람은 공사의 이사가 될 수 없다.
1. 대한민국 국적을 가지지 아니한 사람
2. 「정당법」 제22조에 따른 당원 또는 당원의 신분을 상실한 날부터 3년이 지나지 아니한 사람(2020.6.9 본호개정)
3. 「국가공무원법」 제33조 각 호의 어느 하나에 해당하는 사람
4. 「공직선거법」 제2조에 따른 선거에 의하여 취임하는 공직에서 퇴직한 날부터 3년이 지나지 아니한 사람
5. 「공직선거법」 제2조에 따른 대통령선거에서 후보자의 당선을 위하여 방송, 통신, 법률, 경영 등에 대하여 자문이나 고문의 역할을 한 날부터 3년이 지나지 아니한 사람
6. 「대통령직 인수에 관한 법률」 제6조에 따른 대통령직인수위원회 위원의 신분을 상실한 날부터 3년이 지나지 아니한 사람
(2020.6.9 4호~6호개정)
② 제1항제5호에 따른 자문이나 고문의 역할을 한 사람의 구체적인 범위는 대통령령으로 정한다.
(2014.5.28 본조개정)
第49條【理事會의 機能】 ① 理事會는 다음 各號의 사항을 審議·議決한다.
1. 公社가 행하는 放送의 公的 責任에 관한 사항
2. 公社가 행하는 放送의 기본운영계획
3. 豫算·자금계획
4. 豫備費의 사용 및 豫算의 移越
5. 決算
6. 公社의 경영평가 및 公表
7. 社長·監事의 任命提請 및 副社長 任命同意
8. 地域放送局의 設置 및 폐지

9. 기본재산의 취득 및 처분
10. 長期借入金의 借入 및 사채의 발행과 그 償還計劃
11. 損益金의 처리
12. 다른 企業體에 대한 出資
13. 定款의 변경
14. 정관으로 정하는 規程의 제정·개정 및 폐지
15. 그 밖에 理事會가 특히 필요하다고 인정하는 사항
(2020.6.9 14호~15호개정)
② 理事會는 특히 필요하다고 인정하는 경우에는 監事에게 公社에 대한 監査를 요청할 수 있다.

第50條【執行機關】 ① 公社에 執行機關으로서 社長 1人, 2人이내의 副社長, 8人이내의 本部長 및 監事 1人을 둔다.
② 社長은 理事會의 提請으로 大統領이 任命한다. 이 경우 사장은 국회의 인사청문을 거쳐야 한다.(2014.5.28 후단신설)
③ 理事會가 제2항에 따라 社長을 提請하는 때에는 그 提請基準과 提請事由를 제시하여야 한다.(2020.6.9 본항개정)
④ 監事는 理事會의 提請으로 방송통신위원회에서 任命한다.(2008.2.29 본항개정)
⑤ 副社長과 本部長은 社長이 任命한다. 다만, 副社長을 任命할 경우에는 理事會의 同意를 얻어야 한다.
⑥ 執行機關의 任期 및 缺格事由에 대하여는 第47條 및 第48條의 理事에 관한 規定을 준용한다.

第51條【執行機關의 직무등】 ① 社長은 公社를 代表하고, 公社의 업무를 총괄하며, 경영성과에 대하여 責任을 진다.
② 社長이 부득이한 사유로 그 직무를 수행할 수 없을 때에는 副社長이 그 직무를 대행하고 副社長이 부득이한 사유로 그 직무를 수행할 수 없을 때에는 정관으로 정하는 者가 그 직무를 대행한다.(2020.6.9 본항개정)
③ 社長은 정관으로 정하는 바에 의하여 職員중에서 公社의 업무에 관한 모든 재판상 또는 재판외의 행위를 할 수 있는 권한을 가진 代理人을 선임할 수 있다.(2020.6.9 본항개정)
④ 監事는 公社의 업무 및 會計에 관한 사항을 監査한다.
⑤ 社長과 監事는 理事會에 출석하여 의견을 진술할 수 있다.

第52條【職員의 任免】 公社의 職員은 정관으로 정하는 바에 따라 社長이 任免한다.(2020.6.9 본조개정)

第53條【이사·집행기관과 職員의 직무상 의무】 ① 공사의 이사·집행기관은 공사와 거래를 할 수 없으며, 이사는 본인 또는 「민법」 제777조에 규정된 친족관계에 있는 자의 이해와 관련된 사항에 대하여는 이사회의 심의·의결에 관여할 수 없다.(2007.1.26 본항신설)
② 公社의 執行機關 및 職員은 그 직무외의 영리를 목적으로 하는 직무에 종사하지 못한다.
③ 公社의 執行機關 또는 職員이나 그 職에 있었던 사람은 그 직무상 알게 된 公社의 秘密을 누설하거나 도용하여서는 아니된다.(2020.6.9 본항개정)
(2007.1.26 본조제목개정)

第54條【業務】 ① 公社는 다음 各號의 업무를 행한다.
1. 라디오放送의 실시
2. 텔레비전放送의 실시
3. 衛星放送등 새로운 放送매체를 통한 放送의 실시
4. 放送施設의 設置·운영 및 관리
5. 국가에 필요한 對外放送(국제친선 및 이해증진과 문화·경제교류등을 목적으로 하는 放送)과 社會敎育放送(외국에 거주하는 한민족을 대상으로 민족의 동질성을 증진할 목적으로 하는 放送)의 실시(2020.6.9 본호개정)
6. 「한국교육방송공사법」에 의한 韓國敎育放送公社가 행하는 放送의 송신 지원(2013.8.13 본호개정)
7. 視聽者 불만처리와 視聽者 보호를 위한 기구의 設置 및 운영
8. 전속단체의 운영·관리
9. 放送文化行事의 수행 및 放送文化의 국제교류
10. 放送에 관한 조사·연구 및 발전
11. 제1호부터 제10호까지의 업무에 부대되는 收益事業
(2020.6.9 본호개정)
② 國家는 第1項第5號에 해당하는 업무에 대하여 補助金을 지원할 수 있다.
③ 公社는 理事會의 議決을 거쳐 第1項 各號에 해당하는 업무 또는 이와 유사한 업무를 행하는 法人에 대하여 그 資本金의 전부 또는 일부를 出資할 수 있다.

第55條【會計處理】 ① 公社의 會計年度는 政府의 會計年度에 의한다.
② 公社의 會計處理의 기준과 절차등에 관하여는 企業會計基準 및 「정부기업예산법」을 準用한다.(2008.12.31 본항개정)

第55條의2【이사·집행기관의 보수 등의 공개】 이사회는 다음 각 호의 사항을 대통령령으로 정하는 바에 따라 분기별로 홈페이지 등을 통하여 공개하여야 한다.
1. 이사·집행기관의 보수, 각종 수당 내역
2. 이사·집행기관의 업무추진비 수령 및 집행 내역
3. 그 밖에 대통령령으로 정하는 사항
(2021.10.19 본조신설)

第56條【財源】 公社의 경비는 제64조에 따른 텔레비전放送受信料로 충당하되, 목적업무의 적정한 수행을 위하여 필요한 경우에는 放送廣告收入 등 대통령령으로 정하는 수입으로 충당할 수 있다.(2020.6.9 본조개정)

第57條【豫算의 編成】 ① 公社의 豫算은 社長이 編成하고 理事會의 議決로 확정된다. 豫算이 확정된 후 발생한 운영계획의 변경, 그 밖의 불가피한 사유로 인하여 豫算을 변경하는 경우에도 또한 같다.
② 公社의 社長은 천재·지변이나 그 밖의 부득이한 사유로 會計年度 개시전까지 豫算이 확정되지 아니한 경우에는 前年度 豫算에 準하여 豫算을 운영할 수 있다. 이 경우 準豫算에 의하여 執行된 豫算은 이를 해당연도의 豫算에 의하여 執行된 것으로 본다.
(2020.6.9 본조개정)

第58條【運營計劃의 수립】 ① 公社의 社長은 제57조에 따라 豫算이 확정된 때에는 지체없이 理事會의 議決을 거쳐 해당연도의 豫算에 따른 운영계획을 수립하여야 한다.
② 公社의 社長은 제1항에 따라 수립한 해당연도의 운영계획을 豫算이 확정된 후 2개월 이내에 방송통신위원회에 제출하여야 한다.
(2020.6.9 본조개정)

第59條【決算書의 제출】 ① 公社의 社長은 매 會計年度 종료후 2개월 이내에 전 會計年度의 決算書를 방송통신위원회에 제출하여야 한다.(2020.6.9 본항개정)
② 第1項의 決算書에는 다음 各號의 書類를 첨부하여야 한다.
1. 재무제표와 그 부속서류
2. 그 밖에 決算의 내용을 명확하게 함에 필요한 서류로서 대통령령으로 정하는 서류(2013.8.13 본호개정)
③ 방송통신위원회는 매년 3월 31일까지 제1항에 따른 결산서와 제2항의 서류(이하 이 조에서 "결산서등"이라 한다)를 監査院에 제출하여야 한다.(2018.3.13 본항개정)
④ 감사원은 제3항에 따라 제출받은 결산서등을 검사하고 그 결과를 5월 20일까지 방송통신위원회에 송부하여야 한다.
(2018.3.13 본항개정)
⑤ 방송통신위원회는 제3항에 따른 결산서등에 제4항에 따른 감사원의 검사 결과를 첨부하여 5월 31일까지 국회에 제출하여야 한다.(2018.3.13 본항개정)
⑥ 공사의 결산은 국회의 승인을 받아 확정되고, 공사의 사장은 이를 공표하여야 한다.(2013.8.13 본항신설)
(2013.8.13 본조제목개정)

第60條【부동산의 취득 등의 보고】 公社가 부동산을 취득 또는 처분하거나 취득할 당시의 목적을 변경하였을 때에는 지체없이 방송통신위원회에 보고하여야 한다.
(2008.2.29 본조개정)

第61條【補助金 등】 國家는 豫算의 범위안에서 대통령령으로 정하는 바에 의하여 公社의 업무에 필요한 비용의 일부를 보조하거나 財政資金을 융자할 수 있으며 公社의 社債를 인수할 수 있다.(2020.6.9 본조개정)

第62條【物品購買 및 工事契約의 委託】 公社의 社長은 필요하다고 인정할 때에는 公社의 수요물자의 구매나 施設工事契約의 체결을 調達廳長에게 委託할 수 있다.

第63條【監査】 ① 公社의 監査는 內部監査와 外部監査로 구분한다.
② 內部監査는 정관으로 정하는 바에 따라 公社의 監事가 이를 실시한다.(2020.6.9 본항개정)
③ 公社의 外部監査는 「감사원법」에서 정하는 바에 따라 監査院이 이를 실시한다.(2020.6.9 본항개정)

第64條【텔레비전수상기의 登錄과 受信料 납부】 텔레비전放送을 수신하기 위하여 텔레비전수상기(이하 "수상기"라 한다)를 소지한 者는 대통령령으로 정하는 바에 따라 公社에 그 수상기를 登錄하고 텔레비전放送受信料(이하 "受信料"라 한다)를 납부하여야 한다. 다만, 대통령령으로 정하는 수상기에 대하여는 그 登錄을 면제하거나 受信料의 전부 또는 일부를 감면할 수 있다.(2020.6.9 본조개정)

판례 대한민국 공군 제11전투비행단은 군 영내에 관사, 독신자숙소, 외래자숙소를 비롯한 주거시설, 상업시설을 운영하면서 TV방송을 수신하기 위해 TV수상기(이하 '수상기')를 소지하고 있다. 한국전력은 해당 비행단 영내 독신자숙소 및 외래자숙소에 있는 수상기에 대하여 TV수신료를 부과했다. 그러나 방송법 제64조 단서와 방송법 시행령 제39조제10호에 따르면 군 및 의무경찰대 영내에 갖추고 있는 수상기는 등록이 면제된다. 이는 수상기가 위치한 장소만을 요건으로 구분해 규율하는 방식을 취하고 있으므로 군 영내에 있는 수상기라면 그 사용 목적과는 관계없이 등록의무가 면제된다. 따라서 군 영내 독신자숙소와 외래자숙소에 비치된 TV수상기에 관해 한국전력공사가 TV방송수신료를 부과할 수 없다.
(대판 2023.09.21, 2023두39724)

第65條【受信料의 決定】 受信料의 금액은 理事會가 審議·議決한 후 방송통신위원회를 거쳐 國會의 승인을 얻어 확정되고, 公社가 이를 賦課·徵收한다.(2008.2.29 본조개정)

第66條【受信料등의 徵收】 ① 公社는 제65조에 따라 受信料를 징수하는 경우 受信料를 납부하여야 할 者가 그 납부기간내에 이를 납부하지 아니할 때에는 그 受信料의 100分의 5의 범위안에서 대통령령으로 정하는 비율에 상당하는 금액을 가산금으로 徵收한다.
② 公社는 제64조에 따른 登錄을 하지 아니한 수상기의 소지자에 대하여 1年分의 受信料에 해당하는 追徵金을 賦課·徵收할 수 있다.
③ 公社는 第65條의 受信料와 第1項 및 第2項의 가산금 또는 追徵金을 징수할 때 체납이 있는 경우에는 방송통신위원회의 승인을 얻어 國稅滯納處分의 예에 의하여 이를 徵收할 수 있다.
(2020.6.9 본조개정)

판례 수신료는 재산권보장과 방송자유의 측면에서 국민의 기본권 실현에 관련된 영역에 속하는 것이고, 수신료 금액의 결정은 납부자의 범위, 징수절차 등과 함께 수신료에 관한 본질적이고도 중요한 사항이므로, 입법자인 국회가 스스로 행하여야 할 것이다.
(헌재결 1999.5.27, 98헌바70 전원재판부)

第67條【수상기 登錄 및 徵收의 委託】 ① 公社는 제66조에 따른 受信料의 徵收業務를 市·道知事에게 委託할 수 있다.
(2020.6.9 본항개정)
② 公社는 수상기의 생산자·판매인·수입판매인 또는 公社가 지정하는 者에게 수상기의 登錄業務 및 受信料의 徵收業務를 委託할 수 있다.
③ 公社가 第1項 및 제2항에 따라 受信料 徵收業務를 委託한 경우에는 대통령령으로 정하는 바에 따라 수수료를 지급하여야 한다.(2020.6.9 본항개정)

第68條【受信料의 사용】 公社는 第65條 및 제66조에 따라 徵收된 受信料를 대통령령으로 정하는 바에 따라 「한국교육방송공사법」에 의한 韓國敎育放送公社의 財源으로 지원할 수 있다.(2020.6.9 본조개정)

第5章 放送事業의 운영 등

第69條【放送프로그램의 編成 등】 ① 放送事業者는 放送프로그램을 편성할 때 공정성·공공성·다양성·균형성·사실성 등에 적합하도록 하여야 한다.(2020.6.9 본항개정)
② 綜合編成을 행하는 放送事業者는 정치·경제·사회·문화 등 각 분야의 사항이 균형있게 표현될 수 있도록 하여야 한다.
③ 綜合編成을 행하는 放送事業者는 방송프로그램을 편성할 때 대통령령으로 정하는 기준에 따라 報道·敎養 및 娛樂에 관한 放送프로그램을 포함하여야 하고, 그 放送프로그램 상호간에 조화를 이루도록 編成하여야 한다. 이 경우 대통령령으로 정하는 主視聽時間帶(이하 "主視聽時間帶"라 한다)에는 특정 放送分野의 放送프로그램이 편중되어서는 아니된다.
(2020.6.9 본항개정)
④ 전문편성을 하는 방송사업자는 허가 또는 승인을 받거나 등록 또는 신고를 한 주된 放送分野가 충분히 반영될 수 있도록 대통령령으로 정하는 기준에 따라 放送프로그램을 編成하여야 한다.(2024.10.22 본항개정)
⑤ 전문편성을 하는 방송사업자가 허가 또는 승인을 받거나 등록 또는 신고를 한 주된 방송분야 이외에 부수적으로 편성할 수 있는 방송프로그램의 범위와 종류는 대통령령으로 정한다.(2024.10.22 본항개정)
⑥ 韓國放送公社 및 特別法에 의한 放送事業者, 放送文化振興會法에 의한 放送文化振興會가 出資한 放送事業者 및 그 放送事業者가 出資한 放送事業者를 제외한 地上波放送事業者는 다른 한 放送事業者의 製作物을 대통령령으로 정하는 비율 이상 編成하여서는 아니된다.(2020.6.9 본항개정)
⑦ 韓國放送公社는 대통령령으로 정하는 바에 의하여 視聽者가 직접 製作한 視聽者 참여프로그램을 編成하여야 한다.
(2020.6.9 본항개정)
⑧ 방송사업자는 장애인의 시청을 도울 수 있도록 한국수어·폐쇄자막·화면해설 등을 이용한 방송(이하 "장애인방송"이라 한다)을 하여야 한다. 이 경우 방송통신위원회는 방송사업자가 장애인방송을 하는 데 필요한 경비 및 장애인방송을 시청하기 위한 수신기의 보급에 필요한 경비의 전부 또는 일부를 「방송통신발전 기본법」 제24조에 따른 방송통신발전기금에서 지원할 수 있다.(2016.2.3 전단개정)
⑨ 제8항에 따라 장애인방송을 하여야 하는 방송사업자의 범위, 장애인방송의 대상이 되는 방송프로그램의 종류와 그 이행에 필요한 사항은 대통령령으로 정한다.(2011.7.14 본항신설)
⑩ 공동체라디오방송사업자는 청취자 참여프로그램을 매월 전체 방송시간의 100분의 50 범위 안에서 대통령령으로 정하는 비율 이상 편성하여야 한다.(2020.6.9 본항개정)
⑪ 공동체라디오방송사업자가 다른 공동체라디오방송사업자의 제작물을 편성할 수 있는 방송시간은 매월 전체 방송시간의 100분의 50 범위에서 대통령령으로 정하는 비율 이상 편성하여서는 아니 된다.(2015.12.22 본항신설)
⑫ 방송사업자는 우리말의 보존과 보호를 위하여 외국어 영화·애니메이션 등의 방송프로그램을 방송할 때에는 외국어로 된 대사를 한국어 음성으로 제공하도록 노력하여야 한다. 이 경우 방송통신위원회는 이에 소요되는 경비를 「방송통신발전 기본법」 제24조에 따른 방송통신발전기금에서 지원할 수 있다.(2024.1.30 본항신설)

第69條의2【시청점유율 제한】 ① 방송사업자의 시청점유율(전체 텔레비전 방송에 대한 시청자의 총 시청시간 중 특정 방송채널에 대한 시청시간이 차지하는 비율을 말한다. 이하 같다)은 100분의 30을 초과할 수 없다. 다만, 정부 또는 지방자치단체가 전액 출자한 경우에는 그러하지 아니하다.
② 제1항에 따른 방송사업자의 시청점유율은 해당 방송사업자의 시청점유율에 특수관계자 등의 시청점유율(해당 방송사업자의 특수관계자의 시청점유율 및 해당 방송사업자가 주식 또는 지분을 소유하고 있는 다른 방송사업자의 시청점유율을 말한다. 이하 같다)을 합산하여 산정한다. 이 경우 특수관계자 등의 시청점유율은 가중치를 다르게 부여하여 산정할 수 있고, 일간신문을 경영하는 법인(특수관계자를 포함한다)이 방송사업을 겸영하거나 주식 또는 지분을 소유하는 경우에는 그 일간신문의 구독률을 대통령령으로 정하는 바에 따라 일정한 비율의 시청점유율로 환산하여 해당 방송사업자의 시청점유율에 합산한다.
③ 제1항 및 제2항에 따른 시청점유율 산정의 구체적인 기준·방법 등 필요한 사항은 대통령령으로 정하는 바에 따라

미디어다양성위원회의 심의를 거쳐 방송통신위원회가 고시로 정한다.
④ 과학기술정보통신부장관 또는 방송통신위원회는 제2항에 따라 산정한 시청점유율을 제9조에 따른 허가·승인, 제15조의2에 따른 변경승인, 제17조에 따른 재허가 등의 심사에 반영하여야 한다.(2017.7.26 본항개정)
⑤ 방송통신위원회는 제1항에 따른 시청점유율을 초과하는 사업자에 대하여는 방송사업 소유제한, 방송광고시간 제한, 방송시간의 일부양도 등 필요한 조치를 명할 수 있다. 이 경우 필요한 조치의 구체적인 내용은 대통령령으로 정한다.
(2009.7.31 본조신설)

第70條【채널의 구성과 運用】 ① 이동멀티미디어방송을 행하는 지상파방송사업자·종합유선방송사업자 및 위성방송사업자는 특정 放送分野에 편중되지 아니하고 다양성이 구현되도록 대통령령으로 정하는 바에 의하여 채널을 구성·운용하여야 한다.(2020.6.9 본항개정)
② 이동멀티미디어방송을 행하는 지상파방송사업자·종합유선방송사업자 및 위성방송사업자는 대통령령으로 정하는 범위를 초과하여 放送채널을 직접 사용하거나 해당 放送事業者의 特殊關係者 또는 특정 放送채널使用事業者에게 채널을 임대하여서는 아니된다.(2020.6.9 본항개정)
③ 綜合有線放送事業者 및 위성방송사업자(이동멀티미디어방송을 행하는 위성방송사업자는 제외한다)는 대통령령으로 정하는 바에 의하여 國家가 공공의 목적으로 이용할 수 있는 채널(이하 "공공채널"이라 한다), 종교의 선교목적을 지닌 채널 및 장애인의 복지를 위한 채널을 두어야 한다.
(2020.6.9 본항개정)
④ 綜合有線放送事業者는 대통령령으로 정하는 바에 의하여 지역정보 및 放送프로그램 안내와 공지사항 등을 製作·編成 및 送信하는 지역채널을 운용하여야 한다.(2023.4.6 단서삭제)
⑤ 中繼有線放送事業者는 과학기술정보통신부령으로 정하는 바에 의하여 放送프로그램 안내와 공지사항 등을 製作·編成 및 送信하는 공지채널을 운용할 수 있다. 다만, 공지채널의 경우에는 報道·논평 또는 廣告에 관한 사항은 송출할 수 없다.(2017.7.26 본문개정)
⑥ 중계유선방송사업자가 운용할 수 있는 채널은 다음 각 호의 방송을 중계송신하는 채널로 한정한다. 다만, 하나의 중계유선방송사업자가 운용하는 전체 채널은 31개를 초과할 수 없으며, 녹음·녹화채널은 전체 운용채널의 5분의 1을 초과할 수 없다.
1. 지상파방송(텔레비전방송만 해당한다)
2. 공공채널에서 하는 방송
3. 종교의 선교목적을 지닌 채널에서 하는 방송
4. 장애인의 복지를 위한 채널에서 하는 방송
5. 제8항에 따른 공익채널에서 하는 방송
6. 국가기관·공익법인 또는 비영리법인이 하는 방송으로서 해당 방송분야의 공익성 및 사회적 필요성을 고려하여 과학기술정보통신부장관이 방송통신위원회와 협의하여 고시하는 채널에서 하는 방송(2017.7.26 본호개정)
(2015.3.13 본항신설)
⑦ 綜合有線放送事業者 및 衛星放送事業者는 과학기술정보통신부령으로 정하는 바에 의하여 視聽者가 자체 製作한 放送프로그램의 放送을 요청하는 경우에는 특별한 사유가 없으면 이를 방송하여야 한다.(2020.6.9 본항개정)
⑧ 종합유선방송사업자, 위성방송사업자(이동멀티미디어방송을 행하는 위성방송사업자는 제외한다)는 해당 방송분야의 공익성 및 사회적 필요성을 고려하여 방송통신위원회가 고시한 방송분야에 속하는 채널(이하 "공익채널"이라 한다)을 운용하여야 한다. 이 경우 공익채널의 선정절차, 선정기준, 운용범위 그 밖의 필요한 사항은 대통령령으로 정한다.
(2019.12.10 전단개정)
⑨ 제4항에 따른 지역채널에서는 지역보도 외의 보도, 특정 사안에 대한 해설·논평을 금지한다. 다만, 공공채널의 보도나 해설·논평, 그 밖의 방송프로그램을 편성·송신하는 경우에는 그러하지 아니하다.(2023.4.6 본항신설)

第70條의2【디지털 방송프로그램의 음량기준 등】 ① 과학기술정보통신부장관은 방송사업자가 디지털 방송프로그램(방송광고를 포함한다. 이하 이 조에서 같다)의 음량을 일정하게 유지하여 채널을 운용하도록 표준 음량기준을 정하여 고시하여야 한다.
② 과학기술정보통신부장관은 디지털 방송프로그램의 음량이 제1항에 따른 표준 음량기준에 적합하지 아니한 경우에는 이의 시정이나 그 밖에 필요한 조치를 명할 수 있다.
(2017.7.26 본조개정)

第71條【國內 放送프로그램의 編成】 ① 放送事業者는 해당 채널의 전체 프로그램중 國內에서 製作된 放送프로그램을 대통령령으로 정하는 바에 따라 일정한 비율 이상 編成하여야 한다.(2020.6.9 본항개정)
② 放送事業者는 연간 放送되는 영화·애니메이션 및 대중음악중 國內에서 製作된 영화·애니메이션 및 대중음악을 대통령령으로 정하는 바에 따라 일정한 비율 이상 編成하여야 한다.(2020.6.9 본항개정)
③ 지상파방송사업자·종합편성을 행하는 방송채널사용사업자 및 연간 전체 방송시간 중 대통령령으로 정하는 비율 이상 애니메이션을 편성하는 방송채널사용사업자는 해당 채널에서 연간 방송되는 전체 프로그램 중 국내에서 제작된 애니메이션을 시청률, 매출액 등을 고려하여 대통령령으로 정하는 바에 따라 일정한 비율 이상 신규로 편성하여야 한다. 다만, 대통령령으로 정하는 지역을 방송구역으로 하는 지상파방송사업자는 제외한다.(2012.1.17 본항신설)
④ 放送事業者는 다양한 국제문화 수용을 보장하기 위하여 연간 방송되는 외국 수입 영화·애니메이션 및 대중음악중 한 國家에서 製作한 영화·애니메이션 및 대중음악이 대통령령으로 정하는 바에 따라 일정한 비율 이상을 초과하지 아니하도록 編成하여야 한다.(2020.6.9 본항개정)
⑤ 방송사업자가 국내에서 제작된 애니메이션을 주시청시간대에 편성한 경우 제2항에 따른 편성비율을 산정할 때 대통령령으로 정하는 바에 따라 가중치를 둘 수 있다.(2012.1.17 본항신설)
⑥ 제1항부터 제4항까지의 규정에 따른 국내에서 제작된 방송프로그램 등의 구별기준은 대통령령으로 정하고, 편성비율은 방송매체와 방송분야별 특성 등을 고려하여 차등을 둘 수 있다.(2012.1.17 본항개정)

第72條【순수외주제작 방송프로그램의 편성】 ① 放送事業者는 해당 채널의 전체 放送프로그램중 國內에서 해당 방송사업자나 그 특수관계자가 아닌 자가 製作한 放送프로그램(이하 "순수외주제작 방송프로그램"이라 한다)을 대통령령으로 정하는 바에 따라 일정한 비율 이상 編成하여야 한다.
② (2015.6.22 삭제)
③ 綜合編成을 행하는 放送事業者는 순수외주제작 방송프로그램을 主視聽時間帶에 대통령령으로 정하는 바에 따라 일정한 비율 이상 編成하여야 한다.
④ 제1항에 따른 순수외주제작 방송프로그램의 編成比率은 放送매체와 放送分野別 특성 등을 고려하여 차등을 둘 수 있다.
(2020.6.9 본조개정)

第73條【放送廣告 등】 ① 방송사업자는 방송광고와 방송프로그램이 혼동되지 아니하도록 명확하게 구분하여야 하며, 어린이를 주 시청대상으로 하는 방송프로그램의 방송광고시간 및 전후 토막광고시간에는 대통령령으로 정하는 바에 따라 반드시 광고임을 밝히는 자막을 표기하여 어린이가 방송프로그램과 방송광고를 구분할 수 있도록 하여야 한다.
(2020.6.9 본항개정)
② 방송광고의 종류는 다음 각 호와 같고, 방송광고의 허용범위·시간·횟수 또는 방법 등에 관하여 필요한 사항은 대통령령으로 정한다.
1. 방송프로그램광고 : 방송프로그램의 전후(방송프로그램 시작타이틀 고지 후부터 본방송프로그램 시작 전까지 및 본방송프로그램 종료 후부터 방송프로그램 종료타이틀 고지 전까지를 말한다)에 편성되는 광고

2. 중간광고 : 1개의 동일한 방송프로그램이 시작한 후부터 종료되기 전까지 사이에 그 방송프로그램을 중단하고 편성되는 광고
3. 토막광고 : 방송프로그램과 방송프로그램 사이에 편성되는 광고
4. 자막광고 : 방송프로그램과 관계없이 문자 또는 그림으로 나타내는 광고
5. 시보광고 : 현재시간 고지 시 함께 방송되는 광고
6. 가상광고 : 방송프로그램에 컴퓨터 그래픽을 이용하여 만든 가상의 이미지를 삽입하는 형태의 광고
(2009.7.31 본호신설)
7. 간접광고 : 방송프로그램 안에서 상품, 상표, 회사나 서비스의 명칭이나 로고 등을 노출시키는 형태의 광고
(2016.1.27 본호개정)
(2005.5.18 본항개정)
③ 상품소개 및 판매에 관한 專門編成을 행하는 放送의 경우에는 해당 상품소개 및 판매에 관한 放送내용물은 이를 放送廣告로 보지 아니한다.(2019.12.10 본항개정)
④ 放送事業者 및 電光板放送事業者는 공공의 이익을 증진시킬 목적으로 製作된 비상업적 公益廣告를 대통령령으로 정하는 비율 이상 編成하여야 한다.(2020.6.9 본항개정)
⑤ 외주제작사는 방송프로그램을 제작하는 경우에 간접광고를 판매할 수 있다.(2016.1.27 본항신설)
⑥ 방송사업자와 외주제작사는 제5항에 따른 간접광고가 제2항 및 제33조제1항의 심의규정과 제86조에 따른 자체심의 기준을 위반하는지에 관하여 대통령령으로 정한 절차 등에 따라 간접광고 판매 위탁 또는 판매 계약 체결 전까지 합의하고, 합의된 내용을 준수하여야 한다.(2016.1.27 본항신설)
⑦ 외주제작사는 제86조에 따른 방송사업자의 자체심의에 필요한 기간 전까지 방송사업자에게 간접광고가 포함된 방송프로그램을 제출하여야 한다.(2016.1.27 본항신설)
⑧ 외주제작사가 제작한 방송프로그램이 「방송광고판매대행 등에 관한 법률」 제5조제1항 및 제2항에 따른 방송광고판매대행사업자(이하 "광고판매대행자"라 한다)가 위탁하는 방송광고만 할 수 있는 방송사업자의 채널에 편성될 경우 외주제작사는 대통령령으로 정하는 바에 따라 광고판매대행자에게 간접광고 판매를 위탁하여야 한다.(2016.1.27 본항신설)

第73條의2【방송광고 매출현황 자료 제출】 방송통신위원회는 이 법 또는 「방송광고판매대행 등에 관한 법률」 위반 여부에 대한 조사 또는 제재를 위하여 방송사업자(광고판매대행자에게 방송광고 판매를 위탁한 방송사업자의 경우 광고판매대행자를 말한다)에게 다음 각 호의 내용을 포함하는 방송광고 매출현황 자료의 제출을 요구할 수 있다. 자료 제출 요구를 받은 방송사업자 및 광고판매대행자는 이에 따라야 한다.
1. 연간 방송광고 매출현황
2. 방송광고의 광고주별, 종류별, 방송프로그램별 연간 매출액
3. 그 밖에 방송통신위원회가 고시하는 사항
(2016.1.27 본조신설)

第74條【協贊告知】 ① 放送事業者는 대통령령으로 정하는 범위안에서 協贊告知를 할 수 있다.(2020.6.9 본항개정)
② 協贊告知의 세부기준 및 방법 등에 관하여 필요한 사항은 방송통신위원회규칙으로 정한다.(2008.2.29 본항개정)
③ 방송사업자와 외주제작사는 협찬고지 대상 방송프로그램을 제작하는 경우에는 제2항에 따른 협찬고지 규칙을 준수하여야 한다.(2016.1.27 본항신설)

第75條 (2010.3.22 삭제)

第76條【방송프로그램의 공급 및 보편적 시청권 등】 ① 放送事業者는 다른 放送事業者에게 放送프로그램을 공급할 때에는 공정하고 합리적인 市場價格으로 차별없이 제공하여야 한다.
② 방송통신위원회는 제76조의2의 규정에 따른 보편적시청권보장위원회의 심의를 거쳐 국민적 관심이 매우 큰 체육경기대회 그 밖의 주요 행사(이하 "국민관심행사등"이라고 한다)를 고시하여야 한다. 이 경우 방송통신위원회는 문화체육관광부장관, 방송사업자 및 시청자의 의견을 들어야 한다.
(2008.2.29 본항개정)
③ 국민관심행사등에 대한 중계방송권자 또는 그 대리인(이하 "중계방송권자등"이라 한다)은 일반국민이 이를 시청할 수 있도록 중계방송권을 다른 방송사업자에게도 공정하고 합리적인 가격으로 차별 없이 제공하여야 한다.(2007.1.26 본항신설)
④ 방송사업자는 제1항 및 제3항의 규정을 위반하는 행위에 관하여 방송통신위원회에 서면으로 신고할 수 있다.
(2008.2.29 본항개정)
⑤ 방송통신위원회는 제4항의 규정에 따른 신고를 접수한 경우에는 제35조의3의 규정에 따른 방송분쟁조정위원회의 심의를 거쳐 60일 이내에 그 결과를 통보하여야 한다.
(2008.2.29 본항개정)
(2007.1.26 본조제목개정)

第76條의2【보편적시청권보장위원회】 ① 제76조제2항의 규정에 따른 국민관심행사등의 고시 등에 관한 업무의 원활한 수행을 위하여 방송통신위원회에 보편적시청권보장위원회를 둔다.
② 보편적시청권보장위원회 위원은 방송통신위원회 위원장이 방송통신위원회의 동의를 얻어 7인 이내로 위촉한다.
③ 보편적시청권보장위원회의 구성과 운영에 관하여 필요한 사항은 방송통신위원회규칙으로 정한다.
(2008.2.29 본조개정)

第76條의3【보편적 시청권 보장을 위한 조치 등】 ① 방송사업자 및 중계방송권자등은 제76조제3항의 규정에 따른 일반국민의 보편적 시청권을 보장하기 위하여 다음 각 호의 어느 하나에 해당하는 행위(이하 이 조에서 "금지행위"라 한다)를 하거나 제3자로 하여금 이를 하도록 하여서는 아니 된다.
(2016.1.27 본문개정)
1. 중계방송권자등으로서 국민 전체가구 중 대통령령으로 정하는 비율 이상의 가구가 국민관심행사등을 시청할 수 있는 방송수단(이하 "보편적 방송수단"이라 한다)을 확보하지 아니하는 행위
2. 중계방송권을 확보하였음에도 불구하고 정당한 사유 없이 국민관심행사등을 보편적 방송수단을 통하여 실시간으로 방송하지 아니하는 행위
3. 정당한 사유 없이 중계방송권의 판매 또는 구매를 거부하거나 지연시키는 행위
4. 정당한 사유 없이 국민관심행사등에 대한 뉴스보도나 해설 등을 위한 자료화면을 방송사업자와 인터넷 멀티미디어 방송사업자 등에게 제공하지 아니하는 행위
(2016.1.27 1호~4호신설)
② 방송통신위원회는 금지행위를 하였거나 제3자로 하여금 이를 하도록 한 방송사업자 및 중계방송권자등에 대하여 금지행위의 중지 등 필요한 시정조치를 명할 수 있다. 이 경우 방송통신위원회는 시정조치를 명하기 전에 당사자에게 기간을 정하여 의견진술의 기회를 주어야 한다. 다만, 당사자가 정당한 사유 없이 이에 응하지 아니하는 때에는 그러하지 아니한다.(2016.1.27 전단개정)
③ 방송통신위원회는 금지행위를 하였거나 제3자로 하여금 이를 하도록 하였는지에 대한 사실관계의 조사를 위하여 필요한 경우 대통령령으로 정하는 바에 따라 방송사업자 및 중계방송권자등에게 자료제출을 요청할 수 있고, 소속 공무원으로 하여금 방송사업자 및 중계방송권자등의 사무소 또는 사업장에 출입하여 조사를 하게 할 수 있다.(2020.6.9 본항개정)
④ 방송통신위원회는 방송사업자 및 중계방송권자등이 정당한 사유 없이 제2항의 규정에 따른 시정조치를 이행하지 아니하는 때에는 해당 중계방송권의 총계약금액에 100분의 5를 곱한 금액을 초과하지 아니하는 범위 안에서 과징금을 부과할 수 있다.(2019.12.10 본항개정)
⑤ 제3항의 규정에 따라 조사를 하는 공무원은 그 권한을 표시하는 증표를 지니고 이를 관계인에게 내보여야 한다.
(2013.3.23 본항개정)

⑥ 금지행위의 세부적인 유형 및 기준에 관하여 필요한 사항은 대통령령으로 정한다.(2016.1.27 본항신설)

第76條의4【중계방송권의 공동계약 권고】 방송통신위원회는 국민관심행사등에 대한 보편적 시청권을 보장하고 중계방송권 확보에 따른 과도한 경쟁을 방지하기 위하여 중계방송권 계약과 관련하여 방송사업자 또는 중계방송권자등에게 공동계약을 권고할 수 있다.(2020.6.9 본조개정)

第76條의5【중계방송의 순차편성 권고 등】 ① 방송사업자는 국민관심행사등에 대한 중계방송권을 사용하는 경우 과다한 중복편성으로 인하여 시청자의 권익을 침해하지 아니하도록 하여야 하며, 채널별·매체별로 순차적으로 편성하기 위하여 노력하여야 한다.(2020.6.9 본항개정)

② 방송통신위원회는 제1항의 채널별·매체별 순차편성이 효율적으로 이루어질 수 있도록 방송사업자에 대하여 권고할 수 있다.(2008.2.29 본항개정)

第77條【유료방송의 이용약관 신고 등】 ① 유료방송을 하려는 방송사업자·중계유선방송사업자 및 음악유선방송사업자는 이용요금·이용조건에 관한 약관(이하 "이용약관"이라 한다)을 정하여 과학기술정보통신부장관에게 신고하여야 하며, 신고한 이용약관을 변경하려는 경우에도 또한 같다.

② 이용약관은 다음 각 호의 요건을 모두 갖추어야 한다.
1. 이용요금을 명확하게 규정할 것
2. 제85조의2제1항제3호 및 제4호를 위반하는 내용이 없을 것

③ 과학기술정보통신부장관은 제1항에 따른 이용약관의 신고 또는 변경신고를 받은 경우 그 내용을 검토하여 제2항 각 호에 따른 요건을 갖추었는지 확인한 후 해당 신고를 수리하여야 한다.

④ 제1항에도 불구하고 다음 각 호의 어느 하나에 해당하는 이용요금의 경우에는 해당 이용약관에 대하여 과학기술정보통신부장관의 승인을 받아야 하며, 승인을 받은 이용약관을 변경하려는 경우에도 또한 같다.
1. 이용약관에서 정하는 최소채널상품(방송사업자·중계유선방송사업자 및 음악유선방송사업자가 제공하는 여러 개의 채널단위로 대가를 받는 유료방송 상품 중 가장 낮은 요금의 상품을 말한다. 이하 같다)의 요금
2. 방송사업자·중계유선방송사업자 및 음악유선방송사업자가 유료방송과 「전기통신사업법」 제2조제11호에 따른 기간통신역무를 제공하는 서비스를 묶어서 판매하는 상품의 요금

⑤ 과학기술정보통신부장관은 제4항에 따른 이용약관의 승인 또는 변경승인을 하려는 경우에는 다음 각 호의 기준을 충족하는지를 고려하여야 한다.
1. 이용약관에서 정하는 최소채널상품이 특정 방송 분야에 편중되지 아니할 것
2. 이용요금이 공급비용, 수익, 서비스 제공방식에 따른 비용 절감, 공정한 경쟁 환경에 미치는 영향 등을 고려하여 합리적으로 산정되었을 것

⑥ 유료방송을 하는 방송사업자·중계유선방송사업자 및 음악유선방송사업자가 제1항 또는 제4항에 따라 이용약관을 변경한 경우에는 대통령령으로 정하는 바에 따라 변경된 사실을 이용자에게 통지하여야 한다.

⑦ 과학기술정보통신부장관은 이용약관이 현저히 부당하거나 제6항에 따른 이용약관 변경 통지를 소홀히 하여 시청자의 이익을 저해한다고 판단하는 경우에는 유료방송을 하는 방송사업자·중계유선방송사업자 및 음악유선방송사업자에게 상당한 기간을 정하여 그 이용약관의 변경 또는 재통지 등을 명할 수 있다.

⑧ 제1항부터 제7항까지의 규정에 따른 신고·변경신고·승인·변경승인의 절차·방법 및 기준 등에 관한 세부 사항은 대통령령으로 정한다.
(2022.1.11 본조개정)

第78條【再送信】 ① 綜合有線放送事業者·위성방송사업자(이동멀티미디어방송을 행하는 위성방송사업자는 제외한다) 및 中繼有線放送事業者는 韓國放送公社 및 「한국교육방송공사법」에 의한 韓國敎育放送公社가 행하는 地上波放送(라디오방송은 제외한다)을 수신하여 그 放送프로그램에 변경을 가하지 아니하고 그대로 동시에 再送信(이하 "同時再送信"이라 한다)하여야 한다. 다만, 地上波放送을 행하는 해당 放送事業者의 放送區域안에 해당 綜合有線放送事業者 및 中繼有線放送事業者의 放送區域이 포함되지 아니하는 경우에는 그러하지 아니하다.(2020.6.9 본문개정)

② 제1항에 따른 地上波放送事業者가 여러 개의 地上波放送채널을 운용하는 경우, 제1항 본문에도 불구하고 동시재송신하여야 하는 地上波放送은 과학기술정보통신부장관이 地上波放送事業者별로 방송편성 내용 등을 고려하여 지정·고시하는 1개의 地上波放送 채널에 한정한다.(2020.6.9 본항개정)

③ 제1항에 따른 同時再送信의 경우에는 「저작권법」 제85조의 同時中繼放送權에 관한 規定은 이를 적용하지 아니한다.
(2020.6.9 본항개정)

④ 종합유선방송사업자, 중계유선방송사업자 및 위성방송사업자는 다음 각 호의 구분에 따른 지상파방송 동시재송신을 하려면 과학기술정보통신부장관의 승인을 받아야 한다.
(2017.7.26 본문개정)
1. 종합유선방송사업자 및 중계유선방송사업자 : 해당 방송구역 외에서 허가받은 지상파방송사업자의 지상파방송 동시재송신
2. 위성방송사업자 : 지상파방송의 방송구역 외에서의 해당 지상파방송 동시재전송(제1항 및 제2항에 따른 동시재송신은 제외한다)

(2015.3.13 본항개정)

⑤ (2007.7.27 삭제)

⑥ 제4항에 따른 재송신의 유형 및 승인의 요건·절차·유효기간 등에 관하여 필요한 사항은 大統領令으로 정한다.
(2007.7.27 본항개정)

⑦ (2015.12.22 삭제)

第78條의2【외국방송사업자의 국내 재송신 승인 등】 ① 외국방송사업자(외국에 설치된 방송 송출설비 또는 외국 인공위성의 무선설비를 이용하여 국내에서 수신되는 방송을 행하는 외국인을 말하며, 조약에 따라 이 법에 따른 방송을 할 수 있는 외국인을 포함한다. 이하 같다)가 그가 행하는 방송을 국내에서 방송사업자를 통하여 재송신하려면 과학기술정보통신부장관의 승인을 받아야 한다. 이 경우 특정 방송프로그램을 일시적으로 중계 송신하는 등 대통령령으로 정하는 기준에 해당하는 경우에는 재송신으로 보지 아니한다.
(2017.7.26 전단개정)

② 과학기술정보통신부장관은 제1항에 따라 외국방송사업자의 승인 신청을 받은 경우에는 다음 각 호의 사항을 종합적으로 심사하여야 한다.(2017.7.26 본문개정)
1. 방송의 공정성·공익성의 실현 가능성
2. 국내 방송 및 영상산업에 미치는 영향
3. 국내 방송 및 영상산업 발전에 대한 기여 정도
4. 문화적 다양성 및 사회적 필요성
5. 국내 지사, 국내 사무소 또는 국내 대리인이 있는지 여부 및 그 국내 지사 등이 외국방송사업자로부터 재송신에 관하여 위임받은 권리와 의무에 관한 사항
6. 국제친선과 상호 이해 증진에 대한 기여 정도
7. 방송 내용이 제33조에 따른 심의규정, 그 밖에 「형법」, 「저작권법」 등 다른 법률의 규정에 위반될 가능성

③ 제1항에 따라 승인받은 외국방송사업자는 재송신하는 방송의 내용이 제33조에 따른 심의규정에 적합하게 하여야 한다.

④ 과학기술정보통신부장관은 직무수행을 위하여 필요하면 외국방송사업자(국내 지사, 국내 사무소 및 국내 대리인을 포함한다)에게 관련 자료의 제출을 요구할 수 있다.
(2017.7.26 본항개정)

⑤ 과학기술정보통신부장관은 제1항에 따라 승인을 받은 외국방송사업자가 다음 각 호의 어느 하나에 해당하면 제1항에 따른 승인을 취소할 수 있다.(2017.7.26 본문개정)
1. 방송 내용이 제3항에 위반되는 때
2. 승인조건을 이행하지 아니한 때

3. 방송 내용이 「형법」, 「저작권법」 등 다른 법률의 규정에 위반되는 때
⑥ 제1항에 따라 승인받은 외국방송사업자의 방송을 재송신하는 방송사업자를 제외하고는 누구든지 외국방송사업자의 방송을 재송신하여서는 아니 된다.
⑦ 방송사업자가 제1항에 따라 승인을 받은 외국방송사업자의 방송을 재송신할 수 있는 범위와 기준은 대통령령으로 정한다.
⑧ 제1항 및 제5항에 따른 승인과 승인 취소의 절차 등에 관하여 필요한 사항은 대통령령으로 정한다.
(2007.7.27 본조신설)

第79條【유선방송국설비 등에 관한 기술기준 등】 ① 과학기술정보통신부장관은 有線放送局設備(綜合有線放送局 및 中繼有線放送·音樂有線放送을 행하기 위한 設備를 포함한다. 이하 같다)의 設置 및 유지에 관한 사항과 傳送·線路設備의 분계점 등에 필요한 기술기준(이하 "기술기준"이라 한다)을 정하여 告示하여야 한다.(2017.7.26 본항개정)
② 종합유선방송사업자·중계유선방송사업자 및 음악유선방송사업자는 대통령령으로 정하는 기한까지 기술기준이 정하는 바에 따라 유선방송국설비를 설치하여야 한다.
(2022.1.11 본항개정)
③ 綜合有線放送事業者·中繼有線放送事業者 및 音樂有線放送事業者는 傳送·線路設備를 자체적으로 設置하거나 傳送網事業者의 傳送·線路設備 또는 「전기통신사업법」에 따른 基幹通信事業者의 電氣通信設備를 이용할 수 있으며, 綜合有線放送事業者와 中繼有線放送事業者는 傳送·線路設備를 상호 이용할 수 있다.(2010.3.22 본항개정)
④ 綜合有線放送事業者·中繼有線放送事業者 및 音樂有線放送事業者는 천재·지변이나 그 밖의 불가피한 사유로 대통령령으로 정하는 기한까지 有線放送局設備를 設置할 수 없는 때에는 대통령령으로 정하는 바에 의하여 과학기술정보통신부장관에게 設備設置期限의 연기를 요청할 수 있다.
(2020.6.9 본항개정)
(2022.1.11 본조제목개정)

第80條【傳送·線路設備 設置의 확인】 綜合有線放送事業者·中繼有線放送事業者 및 音樂有線放送事業者가 傳送·線路設備를 자체적으로 設置하는 때 또는 傳送網事業者나 基幹通信事業者가 綜合有線放送事業者나 中繼有線放送事業者와 傳送·線路設備의 이용계약을 체결한 때에는 기술기준이 정하는 바에 의하여 傳送·線路設備를 設置하고 과학기술정보통신부장관의 확인을 받아야 한다. 設置한 傳送·線路設備를 변경한 때에도 또한 같다.(2017.7.26 전단개정)

第81條~第82條 (2016.1.27 삭제)

第83條【放送內容의 記錄·보존】 ① 放送事業者·中繼有線放送事業者·電光板放送事業者 및 音樂有線放送事業者는 放送日誌에 방송내용(방송프로그램 및 방송광고를 포함한다)을 記錄하여 비치하여야 하며, 특별한 사유가 없으면 放送 실시결과를 放送후 1개월 이내에 다음 각 호의 구분에 따라 과학기술정보통신부장관 또는 방송통신위원회에 제출하여야 한다.(2020.6.9 본문개정)
1. 제14조제6항제1호에 해당하는 방송사업자·중계유선방송사업자·전광판방송사업자 및 음악유선방송사업자 : 과학기술정보통신부장관(2017.7.26 본호개정)
2. 제14조제6항제2호에 해당하는 방송사업자 : 방송통신위원회(2013.3.23 본호신설)

② 放送事業者는 放送(재송신은 제외한다)된 방송프로그램(예고방송을 포함한다. 이하 같다) 및 방송광고의 원본 또는 사본을 放送후 6개월간 보존하여야 한다.(2020.6.9 본항개정)
③ 제1항에 따른 放送日誌의 記錄 및 放送실시결과의 제출시기 등과 제2항에 따른 事業者別 방송프로그램 및 방송광고의 원본 또는 사본의 보존등에 관하여 필요한 사항은 소관 업무에 따라 과학기술정보통신부령 또는 방송통신위원회 규칙으로 정한다.(2020.6.9 본항개정)

第84條【폐업 및 휴업의 신고 등】 ① 放送事業者·중계유선방송사업자·음악유선방송사업자 및 전광판방송사업자가 그 업무를 廢業하거나 休業하고자 하는 때에는 다음 각 호의 구분에 따라 과학기술정보통신부장관 또는 방송통신위원회에 申告하여야 한다.(2017.7.26 본문개정)
1. 지상파방송사업자, 공동체라디오방송사업자 및 종합편성이나 보도에 관한 전문편성을 행하는 방송채널사용사업자 : 방송통신위원회(2013.3.23 본호신설)
2. 제1호의 방송사업자를 제외한 방송사업자, 중계유선방송사업자, 음악유선방송사업자 및 전광판방송사업자 : 과학기술정보통신부장관(2017.7.26 본호개정)

② 과학기술정보통신부장관 또는 방송통신위원회는 제1항에 따른 폐업신고 또는 휴업신고를 받은 경우 그 내용을 검토하여 이 법에 적합하면 해당 신고를 수리하여야 한다.
(2022.1.11 본항신설)
③ 放送事業者·中繼有線放送事業者 및 音樂有線放送事業者는 天災·地變 등 불가피한 사유가 있는 경우에만 休業할 수 있다.(2020.6.9 본항개정)
④ 제1항부터 제3항까지의 규정에 따른 폐업 및 휴업의 신고절차 등에 필요한 사항은 소관 업무에 따라 과학기술정보통신부령 또는 방송통신위원회규칙으로 정한다.(2022.1.11 본항개정)
(2022.1.11 본조제목개정)

第85條【放送프로그램별 有料放送등의 適用排除】 放送프로그램별 有料放送을 행하는 放送事業者에 대하여는 제71조부터 제74조까지의 규정을 적용하지 아니한다.(2010.3.22 본조개정)

第85條의2【금지행위】 ① 방송사업자·중계유선방송사업자·음악유선방송사업자·전광판방송사업자·전송망사업자(이하 "방송사업자등"이라 한다)는 사업자 간의 공정한 경쟁 또는 시청자의 이익을 저해하거나 저해할 우려가 있는 다음 각 호의 어느 하나에 해당하는 행위(이하 "금지행위"라 한다)를 하거나 제3자로 하여금 이를 하게 하여서는 아니 된다.
1. 정당한 사유 없이 채널·프로그램의 제공 또는 다른 방송사업자등의 서비스 제공에 필수적인 설비에 대한 접근을 거부·중단·제한하거나 채널 편성을 변경하는 행위
2. 다른 방송사업자등에게 적정한 수익배분을 거부·지연·제한하는 행위
3. 부당하게 다른 방송사업자등의 방송시청을 방해하거나 서비스 제공계약의 체결을 방해하는 행위
4. 부당하게 시청자를 차별하여 현저하게 유리하거나 불리한 요금 또는 이용조건으로 방송 서비스를 제공하는 행위
5. 이용약관을 위반하여 방송서비스를 제공하거나 이용계약과 다른 내용으로 이용요금을 청구하는 행위
6. 방송서비스의 제공 과정에서 알게 된 시청자의 정보를 부당하게 유용하는 행위
7. 상품소개와 판매에 관한 전문편성을 하는 방송채널사용사업자가 납품업자에 대하여 방송편성을 조건으로 상품판매방송의 일자, 시각, 분량 및 제작비용을 불공정하게 결정·취소 또는 변경하는 행위(2015.3.13 본호신설)
8. 방송사업자의 임직원 이외의 자의 요청에 의하여, 방송프로그램에 출연을 하려는 사람과 방송사업자 이외의 자 사이의 가처분 결정, 확정판결, 조정, 중재 등의 취지에 위반하여 방송프로그램 제작과 관계없는 사유로 방송프로그램에 출연을 하려는 사람을 출연하지 못하게 하는 행위
(2015.12.22 본호신설)

② 방송통신위원회는 방송사업자등이 금지행위를 한 경우 해당 사업자에게 금지행위의 중지, 계약조항의 삭제 또는 변경, 금지행위로 인하여 시정조치를 명령받은 사실의 공표 등 필요한 시정조치를 명할 수 있다. 이 경우 제1항제7호에 해당하는 때에는 과학기술정보통신부장관에게 그 사실을 통보하여야 한다.(2017.7.26 후단개정)
③ 방송통신위원회는 공정거래위원회와 협의하여 방송사업자등이 금지행위를 한 경우 해당 사업자에게 대통령령으로 정하는 매출액에 100분의 2를 곱한 금액을 초과하지 아니하는 범위에서 과징금을 부과할 수 있다. 다만, 사업의 미개시나 사업 중단 등으로 인하여 매출액이 없거나 매출액 산정이 어려운 경우로서 대통령령으로 정하는 경우에는 5억원 이하의 금액을 과징금으로 부과할 수 있다.

④ 방송통신위원회는 금지행위의 위반 여부에 관한 사실관계의 조사를 위하여 필요한 경우 대통령령으로 정하는 바에 따라 방송사업자등에게 자료의 제출을 요청할 수 있다.
⑤ 금지행위의 세부적인 유형 및 기준에 필요한 사항은 대통령령으로 정한다.
⑥ 제1항을 위반한 방송사업자등의 행위에 대하여 방송통신위원회가 제2항에 따라 시정조치를 명하였거나 제3항에 따라 과징금을 부과한 경우에는 그 방송사업자등의 동일한 행위에 대하여 동일한 사유로 「독점규제 및 공정거래에 관한 법률」 및 「대규모유통업에서의 거래 공정화에 관한 법률」에 따른 시정조치를 명하거나 과징금을 부과할 수 없다.
(2015.3.13 본항개정)
(2011.7.14 본조신설)

第6章 視聽者의 權益保護

第86條【자체심의】 ① 방송사업자는 자체적으로 방송프로그램을 심의할 수 있는 기구를 두고, 방송프로그램(보도에 관한 방송프로그램은 제외한다)이 방송되기 전에 이를 심의하여야 한다. 다만, 공동체라디오방송사업자의 경우에는 방송권역 청취자가 참여하는 방송평가회를 연 1회 이상 실시하여야 한다.(2020.6.9 본문개정)
② 방송사업자는 허위, 과장 등 시청자가 오인할 수 있는 내용이 담긴 방송광고를 방송하여서는 아니 된다.(2009.7.31 본항신설)
③ 방송사업자는 방송광고가 방송되기 전에 자체적으로 심의하거나 방송통신위원회에 신고한 방송 관련 기관 또는 단체에 위탁하여 심의할 수 있다.(2009.7.31 본항신설)
第87條【視聽者委員會】 ① 다음 각 호의 어느 하나에 해당하는 放送事業者는 視聽者의 권익을 보호하기 위하여 視聽者委員會를 두어야 한다.(2017.3.14 본문개정)
1. 종합편성을 행하는 방송사업자
2. 보도전문편성을 행하는 방송사업자
3. 상품소개와 판매에 관한 전문편성을 행하는 방송사업자
(2017.3.14 1호~3호신설)
② 제1항에 따른 放送事業者는 각계의 視聽者를 대표할 수 있는 者중에서 방송통신위원회규칙이 정하는 團體의 추천을 받아 視聽者委員會의 委員을 위촉한다.(2020.6.9 본항개정)
③ 視聽者委員會의 구성 및 운영에 관하여 필요한 사항은 大統領令으로 정한다.
第88條【視聽者委員會의 權限과 직무】 ① 視聽者委員會의 權限과 직무는 다음과 같다.
1. 放送編成에 관한 의견제시 또는 시정요구
2. 放送事業者의 自體審議規程 및 放送프로그램 내용에 관한 의견제시 또는 시정요구
3. 視聽者評價員의 선임
4. 그 밖에 視聽者의 權益保護와 침해구제에 관한 업무
(2020.6.9 본호개정)
② 視聽者委員會의 代表者는 방송통신위원회에 출석하여 의견을 진술할 수 있다.(2008.2.29 본항개정)
第89條【視聽者 評價프로그램】 ① 綜合編成 또는 報道專門編成을 행하는 放送事業者는 해당 放送事業者의 放送운영과 放送프로그램에 관한 視聽者의 의견을 수렴하여 週當 60分 이상의 視聽者 評價프로그램을 編成하여야 한다.
(2019.12.10 본항개정)
② 視聽者 評價프로그램에는 視聽者委員會가 선임하는 1人의 視聽者評價員이 직접 出演하여 의견을 진술할 수 있다.
③ 정부는 視聽者評價員의 원활한 업무수행을 위하여 「방송통신발전 기본법」 제24조에 따른 방송통신발전기금에서 경비를 지원할 수 있다.(2013.3.23 본항개정)
第90條【放送事業者의 義務】 ① 다음 각 호의 어느 하나에 해당하는 放送事業者는 第88條第1項第1號 및 제2호에 따른 視聽者委員會의 의견제시 또는 시정요구를 받은 경우에는 특별한 사유가 없으면 이를 수용하여야 한다.(2020.6.9 본문개정)
1. 종합편성을 행하는 방송사업자
2. 보도전문편성을 행하는 방송사업자
3. 상품소개와 판매에 관한 전문편성을 행하는 방송사업자
(2017.3.14 1호~3호신설)
② 視聽者委員會는 放送事業者가 視聽者委員會의 의견제시 또는 시정요구의 수용을 부당하게 거부하는 경우에는 방송통신위원회에 視聽者 불만처리를 요청할 수 있다.(2008.2.29 본항개정)
③ 제1항 각 호의 어느 하나에 해당하는 放送事業者는 視聽者委員會가 제88조제1항 각 호에 따른 직무를 수행하기 위하여 필요한 資料의 제출 또는 관계자의 출석·답변을 요청하는 경우에는 특별한 사유가 없으면 그 요청에 따라야 한다.
(2020.6.9 본항개정)
④ 제1항 각 호의 어느 하나에 해당하는 放送事業者는 視聽者委員會의 審議結果 및 그 처리에 관한 사항을 방송통신위원회에 보고하여야 한다. 이 경우 방송통신위원회는 상품소개와 판매에 관한 전문편성을 행하는 방송사업자로부터 보고받은 사항을 과학기술정보통신부장관에게 통지하여야 한다.
(2017.7.26 후단개정)
⑤ 제1항 각 호의 어느 하나에 해당하는 放送事業者는 대통령령으로 정하는 바에 의하여 視聽者가 요구하는 放送事業에 관한 정보를 공개하여야 한다.(2020.6.9 본항개정)
第90條의2【시청자미디어재단】 ① 방송통신위원회는 시청자의 방송참여와 권익증진 등을 위하여 시청자미디어재단을 설립한다.(2015.12.22 본문개정)
1.~4. (2014.5.28 삭제)
② 시청자미디어재단은 법인으로 한다.(2015.12.22 본항개정)
③ 시청자미디어재단은 정관으로 정하는 바에 따라 임원과 필요한 직원을 둔다.(2015.12.22 본항개정)
④ 시청자미디어재단은 다음 각 호의 사업을 한다.
(2015.12.22 본문개정)
1. 미디어에 관한 교육·체험 및 홍보
2. 시청자 제작 방송프로그램의 지원
3. 각종 방송제작 설비의 이용 지원
4. 그 밖에 시청자의 방송참여 및 권익증진을 위한 사업
5. 이 법이나 다른 법령에서 시청자미디어재단의 업무로 규정하거나 위탁한 사업(2015.12.22 본호개정)
6. 국가나 지방자치단체로부터 위탁받은 사업
(2014.5.28 본항신설)
⑤ 시청자미디어재단은 제4항에 따른 사업을 수행하기 위하여 정관으로 정하는 바에 따라 필요한 곳에 시청자미디어센터를 둘 수 있다.(2015.12.22 본항신설)
⑥ 시청자미디어재단에 관하여 이 법에서 규정한 것 외에는 「민법」 중 재단법인에 관한 규정을 준용한다.(2015.12.22 본항개정)
⑦ 국가 및 지방자치단체는 시청자미디어재단의 설립 및 운영에 필요한 경비의 전부 또는 일부를 출연할 수 있다.
(2015.12.22 본항개정)
⑧ 제1항에 따른 시청자미디어재단의 설립기준 및 운영 등에 필요한 사항은 대통령령으로 정한다.(2015.12.22 본항개정)
(2015.12.22 본조제목개정)
第90條의3【유료방송 서비스의 품질 평가】 ① 과학기술정보통신부장관은 유료방송 서비스의 품질을 개선하고 시청자의 편익을 증진하기 위하여 종합유선방송사업자 또는 위성방송사업자가 제공하는 유료방송 서비스의 품질(이하 "유료방송 서비스품질"이라 한다)을 평가할 수 있다.
② 과학기술정보통신부장관은 제1항에 따른 유료방송 서비스품질의 평가를 위하여 종합유선방송사업자 또는 위성방송사업자에게 필요한 자료의 제출을 요청할 수 있다. 이 경우 자료 제출 요청을 받은 종합유선방송사업자 또는 위성방송사업자는 특별한 사유가 없으면 그 요청에 따라야 한다.
③ 과학기술정보통신부장관은 제1항에 따라 유료방송 서비스품질을 평가한 경우 그 결과를 공개하여야 한다.
④ 제1항에 따른 유료방송 서비스품질의 평가, 제2항에 따른 자료의 제출 방법·절차 및 제3항에 따른 유료방송 서비스 품질 평가 결과의 공개에 관한 세부 사항은 대통령령으로 정한다.
(2022.1.11 본조신설)

第6章의2 방송분쟁의 해결
(2015.12.22 본장신설)

第1節 조정(調停)

第91條【조정의 개시】 ① 제35조의3제1항에 규정된 자들 상호 간에 다음 각 호의 어느 하나에 해당하는 분쟁이 발생한 경우 각 사업자는 제35조의3에 따른 방송분쟁조정위원회(이하 "방송분쟁조정위원회"라 한다)에 조정을 신청할 수 있다.
1. 방송프로그램, 채널 및 인터넷 멀티미디어 방송용 콘텐츠의 공급 및 수급과 관련된 분쟁
2. 방송 및 인터넷 멀티미디어 방송의 송출에 필요한 전기통신설비의 사용과 관련된 분쟁
3. 방송구역과 관련된 분쟁
4. 중계방송권 등 재산권적 이해와 관련된 분쟁
5. 방송사업자 또는 인터넷 멀티미디어 방송사업자의 공동사업에 관한 분쟁. 다만, 「독점규제 및 공정거래에 관한 법률」 제40조제1항 각 호의 어느 하나에 해당하는 사항은 제외한다.(2020.12.29 단서개정)
6. 그 밖에 방송사업 및 인터넷 멀티미디어 방송사업의 운영에 관한 분쟁

② 방송분쟁조정위원회는 제1항에 따른 조정 신청을 받은 날부터 조정절차를 개시한다.
③ 제1항에 따른 신청 시 신청서의 기재 사항은 대통령령으로 정한다.

第91條의2【합의 권고】 ① 방송분쟁조정위원회는 제91조제1항에 따라 조정이 개시되는 경우 일정한 기간을 정하여 당사자에게 합의를 권고할 수 있다.
② 제1항에 따른 권고는 조정절차의 진행에 영향을 미치지 아니한다.

第91條의3【조정의 거부 및 중지】 ① 방송분쟁조정위원회는 다음 각 호의 어느 하나에 해당하는 경우에는 제91조제1항에 따라 신청된 조정을 거부할 수 있다.
1. 제91조제1항에 해당하지 아니하는 사업자가 조정 신청을 한 경우
2. 제91조제1항 각 호의 조정 대상이 아닌 사안에 관하여 조정 신청을 한 경우
3. 신청인이 같은 사안에 대하여 같은 취지로 2회 이상 조정 신청을 한 경우
4. 신청의 내용이 부적법하거나 부당한 목적으로 신청하였다고 인정되는 경우
5. 그 밖에 이에 준하는 경우로서 대통령령으로 정하는 경우

② 방송분쟁조정위원회는 제91조제1항에 따라 개시된 조정절차의 진행 중에 한 쪽 당사자가 조정의 대상인 분쟁을 원인으로 하는 소를 제기하거나 조정 개시 전에 이미 소가 제기된 사실을 확인한 경우에는 조정절차를 중지하고 이를 당사자에게 통지하여야 한다. 다만, 소가 취하된 경우 방송분쟁조정위원회는 조정절차를 속개할 수 있다.

第91條의4【조정절차】 ① 방송분쟁조정위원회는 당사자 또는 이해관계인이 의견을 진술하려는 경우에는 특별한 사유가 없으면 의견진술의 기회를 주어야 한다.
② 방송분쟁조정위원회는 분쟁의 조정을 위하여 필요하다고 인정하는 경우에는 당사자, 이해관계인 및 관계 행정기관 등에 필요한 자료의 제출을 요구할 수 있다.
③ 방송분쟁조정위원회는 조정절차를 개시한 날부터 60일 이내에 조정사건을 심사하여 조정안을 작성하여야 한다. 다만, 부득이한 사정이 있는 경우에는 한 차례만 30일의 범위에서 분쟁조정위원회의 의결로 처리기간을 연장할 수 있다.
④ 방송분쟁조정위원회는 제3항에 따른 조정안을 작성한 후 지체 없이 당사자에게 통지하여야 한다.
⑤ 제1항부터 제4항까지에서 규정한 사항 외에 조정의 절차와 방법 등에 관하여 필요한 사항은 대통령령으로 정한다.

第91條의5【조정의 효력 등】 ① 제91조의4제4항에 따라 조정안의 통지를 받은 당사자는 통지를 받은 날부터 15일 이내에 조정안에 대한 수락 여부를 방송분쟁조정위원회에 통보하여야 한다. 이 경우 기간 내에 당사자가 수락의 의사를 표시하지 아니한 경우에는 조정을 거부한 것으로 본다.
② 조정은 제91조의4제4항에 따라 통지받은 조정안을 전원이 제1항에 따라 수락한 때에 성립하고 방송분쟁조정위원회 위원장이 지체 없이 조정조서를 작성하여 전원에게 송달하여야 한다.
③ 조정이 성립되면 재판상 화해와 같은 효력을 갖는다.

第91條의6【조정의 종결】 ① 조정은 다음 각 호의 어느 하나에 해당하는 경우에 종결된다.
1. 제91조의2에 따른 합의 권고를 통하여 합의가 이루어진 경우
2. 제91조의3제1항에 따라 방송분쟁조정위원회가 조정을 거부한 경우
3. 당사자가 제91조의5제1항 후단에 따라 지정 기간 내에 조정안에 대한 수락의 의사를 표시하지 아니하거나 수락 거부의 의사를 표시한 경우
4. 제91조의5제2항에 따라 조정이 성립된 경우
5. 조정의 대상인 분쟁을 원인으로 하는 소송의 판결이 확정된 경우

② 방송분쟁조정위원회는 제1항에 따라 조정이 종결되었을 때에는 종결 사실과 그 이유를 적시하여 당사자에게 통지하여야 한다.

第2節 그 밖의 조치

第91條의7【방송의 유지·재개 명령】 ① 방송통신위원회는 다음 각 호의 어느 하나에 해당하는 경우로서 시청자의 이익이 현저히 저해되거나 저해될 우려가 있는 때에는 방송사업자, 중계유선방송사업자 또는 인터넷 멀티미디어 방송사업자에게 30일 이내의 범위에서 방송통신위원회가 정하는 기간 동안 방송프로그램·채널의 공급 또는 송출을 유지하거나 재개할 것을 명할 수 있다. 다만, 그 기간이 지난 후에도 방송프로그램·채널의 공급 또는 송출을 유지하거나 재개할 필요가 있는 경우에는 한 차례만 30일 이내의 범위에서 그 기간을 연장할 수 있다.(2020.6.9 본문개정)
1. 제76조제2항에 따른 국민관심행사등에 관한 실시간 방송프로그램의 공급 또는 송출이 중단되거나 중단될 것으로 사업자 또는 시청자에게 통보된 경우
2. 제78조제1항 및 제2항에 따른 동시재송신 채널 외의 지상파방송 채널의 공급 또는 송출이 중단되거나 중단될 것으로 사업자 또는 시청자에게 통보된 경우

② 방송분쟁조정위원회는 조정절차 진행 중인 분쟁사건이 제1항에 해당한다고 판단되는 경우에는 방송통신위원회에 해당 사업자에 대하여 제1항에 따른 명령을 하도록 건의할 수 있다.
③ 제1항에 따른 명령은 제91조 및 제91조의2부터 제91조의6까지의 규정에 따른 조정 절차에 영향을 미치지 아니한다.

第7章 放送發展의 支援

第92條【放送發展의 지원】 ① 政府는 國民이 다양한 放送을 균등하게 향유할 수 있도록 하고, 放送문화의 발전 및 振興을 위하여 노력하여야 한다.
② 문화체육관광부장관은 放送映像産業의 振興을 위하여 필요한 정책을 수립·施行하여야 한다.(2008.2.29 본항개정)
③ 과학기술정보통신부장관은 放送技術 및 시설에 관하여 필요한 정책을 수립·施行하여야 한다.(2017.7.26 본항개정)

第92條의2【애니메이션 제작 세제지원】 정부는 방송사업자가 애니메이션 방송프로그램을 제작하는 경우에는 「조세특례제한법」 등 조세 관계 법률에서 정하는 바에 따라 조세를 감면할 수 있다.(2012.1.17 본조신설)

第92條의3【중소종합유선방송사업자의 지원】 정부는 지역 시청자의 권익보호와 다른 방송사업자와의 공정한 경쟁

을 위하여 「중소기업기본법」 제2조에 따른 중소기업에 해당하는 중소종합유선방송사업자에 대하여 대통령령으로 정하는 바에 따라 지역채널 등에 관하여 필요한 지원을 할 수 있다.(2021.12.28 본조신설)

第93條【放送프로그램의 보관 및 활용】 放送事業者는 放送프로그램의 효율적인 수집·보관·유통 및 활용 등을 위하여 放送프로그램보관소를 공동으로 설립·운영할 수 있다.

第94條【放送專門人力의 養成 등】 政府는 放送專門人力을 양성하기 위하여 전문교육기관 및 放送關聯學科 등에 대한 지원 등에 필요한 시책을 수립할 수 있다.

第95條【放送製作團地 造成·지원】 ① 政府는 放送事業者가 공동으로 放送製作團地를 조성하는 때에는 필요한 지원을 할 수 있다.

② 政府는 제1항에 따른 放送製作團地가 情報通信團地 또는 映像製作團地 등과 연계·운영되도록 할 수 있다.(2020.6.9 본항개정)

第96條【放送프로그램 유통 등 지원】 ① 문화체육관광부장관은 영상·비디오 등 영상물이 放送프로그램으로 製作되어 放送매체별로 다단계로 유통·활용 또는 수출될 수 있도록 지원할 수 있다.(2008.2.29 본항개정)

② 과학기술정보통신부장관은 放送技術 및 시설의 개발·활용 및 수출이 촉진될 수 있도록 지원할 수 있다.(2017.7.26 본항개정)

第97條【放送의 國際協力】 政府 또는 방송통신위원회는 外國의 放送관련기관·團體와의 국제교류, 放送프로그램의 공동製作, 放送전문인력의 상호교류 및 放送技術의 공동개발 등 국제협력을 촉진할 수 있는 事業을 지원할 수 있다.
(2008.2.29 본조개정)

第8章 補 則

第98條【資料提出】 ① 政府 또는 방송통신위원회는 직무수행을 위하여 필요한 경우에는 放送事業者·中繼有線放送事業者·電光板放送事業者·음악유선방송사업자·전송망사업자 또는 외주제작사에 관련자료의 제출을 요구할 수 있다.
(2016.1.27 본항개정)

② (2015.12.22 삭제)

③ 방송통신위원회는 시청률, 시청점유율 등의 조사 및 산정에 필요한 자료를 해당 개인, 법인·단체 또는 기관에 요청할 수 있다.(2009.7.31 본항신설)

第98條의2【재산상황의 공표】 ① 방송시장의 투명한 회계정보 제공을 위하여 매년 방송사업자 및 인터넷 멀티미디어 방송사업자는 해당 법인의 재산상황을 방송통신위원회에 제출하여야 한다. 다만, 직전 사업연도의 방송사업매출액이 1억원 미만인 사업자 중 대통령령으로 정하는 사업자는 그러하지 아니하다.

② 방송통신위원회는 제1항에 따른 사업자의 재산상황을 공표하여야 한다.

③ 재산상황 제출 자료 및 시기 등 제1항에 따른 사업자가 재산상황을 제출하기 위하여 필요한 구체적인 사항은 대통령령으로 정한다.
(2015.12.22 본조신설)

第99條【是正命令 등】 ① 과학기술정보통신부장관 또는 방송통신위원회는 소관 업무에 따라 放送事業者·中繼有線放送事業者·電光板放送事業者 또는 音樂有線放送事業者가 다음 각 호의 어느 하나에 해당하는 때에는 是正을 명할 수 있다.(2017.7.26 본문개정)

1. 정당한 사유 없이 방송을 중단하는 등 시청자의 이익을 현저히 저해하고 있다고 인정될 때(2007.7.27 본호개정)
2. 이 法 또는 허가조건·승인조건·등록요건 또는 신고수리요건을 위반하고 있다고 인정될 때(2024.10.22 본호개정)

② 과학기술정보통신부장관은 放送事業者(방송채널사용사업자는 제외한다)·傳送網事業者·中繼有線放送事業者 또는 音樂有線放送事業者가 設置한 시설이 이 法 또는 許可條件·登錄要件을 위반하고 있다고 인정될 때에는 그 시설의 개선을 명할 수 있다.(2020.6.9 본항개정)

第100條【제재조치 등】 ① 방송통신위원회는 放送事業者·중계유선방송사업자·전광판방송사업자 또는 외주제작사가 제33조의 심의규정 및 제74조제2항에 의한 협찬고지 규칙을 위반한 경우에는 5천만원 이하의 과징금을 부과하거나 위반의 사유, 정도 및 횟수 등을 고려하여 다음 各號의 제재조치를 명할 수 있다. 제35조에 따른 시청자불만처리의 결과에 따라 제재를 할 필요가 있다고 인정되는 경우에도 또한 같다. 다만, 방송통신심의위원회는 심의규정 등의 위반정도가 경미하여 제재조치를 명할 정도에 이르지 아니한 경우에는 해당 사업자·해당 방송프로그램 또는 해당 방송광고의 책임자나 관계자에 대하여 권고를 하거나 의견을 제시할 수 있다.(2016.1.27 본문개정)

1. (2013.3.23 삭제)
2. 해당 방송프로그램 또는 해당 방송광고의 정정·수정 또는 중지(2009.7.31 본호개정)
3. 방송편성책임자·해당 방송프로그램 또는 해당 방송광고의 관계자에 대한 懲戒(2009.7.31 본호개정)
4. 주의 또는 경고(2006.10.27 본호신설)

② 제1항에 따른 제재조치가 해당 방송프로그램의 출연자로 인하여 이루어진 경우 해당 방송사업자는 방송출연자에 대하여 경고, 출연제한 등의 적절한 조치를 취하여야 한다.
(2020.6.9 본항개정)

③ 제1항에도 불구하고 위반의 정도가 중대하다고 인정되는 다음 각 호의 경우에 한정하여 방송통신위원회는 1억원 이하의 과징금을 부과할 수 있다.(2020.6.9 본문개정)

1. 음란, 퇴폐 및 폭력 등에 관한 심의규정을 위반하는 경우
2. 「마약류관리에 관한 법률」 제2조제1호에 따른 마약류 복용·투약·흡입 및 음주 후 방송출연 등으로 인한 심의규정을 위반하는 경우(2020.6.9 본호개정)
3. 제1항제1호부터 제3호까지의 제재조치를 받았음에도 불구하고 대통령령으로 정하는 바에 따라 동일한 사유로 반복적으로 심의규정을 위반하는 경우(2020.6.9 본호개정)

(2006.10.27 본항신설)

④ 放送事業者·중계유선방송사업자·전광판방송사업자 및 외주제작사는 제1항 및 제3항에 따른 과징금처분 또는 제재조치명령을 받은 경우 지체 없이 그에 관한 방송통신위원회의 결정사항전문을 방송(외주제작사는 제외한다)하고, 제재조치명령은 이를 받은 날부터 7일 이내에 이행하여야 하며, 그 이행결과를 방송통신위원회에 보고하여야 한다.
(2016.1.27 본항개정)

⑤ 상품소개와 판매에 관한 전문편성을 행하는 방송채널사용사업자는 허위, 과장 등 시청자가 오인할 수 있는 내용으로서 제33조에 따른 심의규정으로 정하는 사항을 위반하여 제1항 및 제3항에 따른 과징금처분 또는 제재조치명령을 받은 경우 그에 관한 방송통신위원회의 결정사항전문을 대통령령으로 정하는 기준·방법에 따라 자사(自社)가 운영하는 인터넷 홈페이지에 게시하거나 우편, 전자우편 등을 통하여 해당 상품을 구매한 소비자에게 통지하여야 한다. 이 경우 상품소개와 판매에 관한 전문편성을 행하는 방송채널사용사업자는 이를 7일 이내에 이행하여야 하며, 그 이행결과를 방송통신위원회에 보고하여야 한다.(2018.3.13 본항신설)

⑥ 방송통신위원회는 제1항 및 제3항에 따라 과징금처분 또는 제재조치명령을 하는 경우 미리 당사자 또는 그 代理人에게 의견을 진술할 기회를 주어야 한다. 다만, 당사자 또는 그 代理人이 정당한 사유없이 이에 응하지 아니한 때에는 그러하지 아니하다.(2009.7.31 본문개정)

⑦ 제1항 및 제3항에 따른 과징금처분 또는 제재조치명령에 異議가 있는 者는 해당 제재조치명령을 받은 날부터 30日 이내에 방송통신위원회에 재심을 청구할 수 있다.
(2019.12.10 본항개정)

⑧ 방송통신위원회는 제7항에 따른 방송통신위원회의 재심결과를 당사자 또는 그 代理人에게 통지하여야 한다.
(2018.3.13 본항개정)

第101條【聽聞】 과학기술정보통신부장관 또는 방송통신위원회는 다음 각 호의 어느 하나에 해당하는 경우에는 聽聞을 실시하여야 한다.(2017.7.26 본문개정)

1. 제17조에 따른 재허가 또는 再承認을 거부하는 경우 (2020.6.9 본호개정)
2. 제18조에 따른 허가 · 승인 · 등록 또는 신고수리를 취소하는 경우(2024.10.22 본호개정)
3. 제78조의2제5항에 따라 승인을 취소하는 경우 (2007.7.27 본호신설)

第102條【수수료】 이 법에 따른 허가 · 승인 · 등록, 변경허가 · 변경승인 · 변경등록, 재허가 · 재승인의 신청을 하는 자는 대통령령으로 정하는 바에 따라 수수료를 납부하여야 한다.(2022.1.11 본조개정)

第103條【權限의 위임 · 委託】 ① 이 법에 따른 과학기술정보통신부장관 또는 방송통신위원회의 권한은 그 일부를 대통령령으로 정하는 바에 따라 그 소속 기관의 장 또는 시 · 도지사에게 위임할 수 있다.
② 이 법에 따른 과학기술정보통신부장관 또는 방송통신위원회의 업무는 그 일부를 대통령령으로 정하는 바에 따라 「전파법」에 따른 한국방송통신전파진흥원에 위탁할 수 있다. (2021.6.8 본조개정)

第103條의2【규제의 재검토】 과학기술정보통신부장관은 제90조의3제2항에 따른 유료방송 서비스품질의 평가를 위한 자료의 제출에 대하여 2021년 1월 1일부터 매 5년이 되는 시점까지 그 타당성을 검토하여 필요한 조치를 하여야 한다. (2022.1.11 본조신설)

第104條【벌칙 적용에서 공무원 의제】 ① 제35조의3제1항에 따른 방송분쟁조정위원회의 위원 중 공무원이 아닌 사람은 「형법」 제127조 및 제129조부터 제132조까지의 규정에 따른 벌칙을 적용할 때에는 공무원으로 본다.
② 제103조에 따라 권한을 위탁받은 사무에 종사하는 사람은 형법이나 그 밖의 법률에 따른 벌칙을 적용할 때에는 이를 공무원으로 본다.
(2020.6.9 본조개정)

第9章 罰 則

第105條【벌칙】 다음 각 호의 어느 하나에 해당하는 자는 2년 이하의 징역 또는 3천만원 이하의 벌금에 처한다. (2022.1.11 본문개정)
1. 第4條第2項의 規定에 위반하여 放送編成에 관하여 規制나 간섭을 한 者
2. 거짓이나 그 밖의 부정한 방법으로 제9조 또는 제17조에 따른 허가 또는 재허가를 받거나 승인 또는 재승인을 받거나 등록을 하여 방송사업 · 중계유선방송사업 · 음악유선방송사업 · 전광판방송사업 · 전송망사업을 한 자 (2022.1.11 본호개정)
3. 제9조 또는 제17조에 따른 허가 또는 재허가를 받지 아니하거나 승인 또는 재승인을 받지 아니하거나 등록을 하지 아니하고 방송사업 · 중계유선방송사업 · 음악유선방송사업 · 전광판방송사업 · 전송망사업을 한 자(2022.1.11 본호개정)
4. 제53조제3항을 위반하여 직무상 알게 된 공사의 비밀을 누설하거나 도용한 자(2014.5.28 본호신설)

(2022.1.11 본조제목개정)

第106條【罰則】 ① 다음 각 호의 어느 하나에 해당하는 者는 1年이하의 懲役 또는 3千萬원 이하의 罰金에 處한다. (2020.6.9 본문개정)
1. 第4條第4項의 規定에 위반하여 放送編成規約을 제정하지 아니하거나 公表하지 아니한 者
2. 제8조제13항에 따른 시정명령을 위반한 자
3. 제14조제6항에 따른 시정명령을 위반한 자
4. 거짓이나 그 밖의 부정한 방법으로 제15조제1항에 따른 變更許可를 받거나 변경승인을 얻거나 變更登錄을 한 者
5. 제15조제1항에 따른 變更許可를 받지 아니하거나 변경승인을 얻지 아니하거나 變更登錄을 하지 아니한 者

(2020.6.9 2호~5호개정)

6. 제15조의2제3항의 규정에 따른 시정명령을 위반한 자 (2006.10.27 본호신설)

② 다음 각 호의 어느 하나에 해당하는 者는 3千萬원 이하의 罰金에 處한다.
1. (2014.5.28 삭제)
2. 제100조제1항에 따른 방송통신위원회의 制裁措置命令을 이행하지 아니한 者

(2020.6.9 본항개정)

第107條【양벌규정】 법인의 대표자나 법인 또는 개인의 대리인, 사용인, 그 밖의 종업원이 그 법인 또는 개인의 업무에 관하여 제105조 또는 제106조의 위반행위를 하면 그 행위자를 벌하는 외에 그 법인 또는 개인에게도 해당 조문의 벌금형을 과(科)한다. 다만, 법인 또는 개인이 그 위반행위를 방지하기 위하여 해당 업무에 관하여 상당한 주의와 감독을 게을리하지 아니한 경우에는 그러하지 아니하다.(2010.6.8 본조개정)

第108條【과태료】 ① 다음 각 호의 어느 하나에 해당하는 자에게는 3천만원 이하의 과태료를 부과한다.(2015.12.22 본문개정)
1. 第4條第3項의 規定에 위반하여 放送編成責任者의 姓名을 放送시간내에 매일 1회 이상 公表하지 아니한 者

1의2. 제9조의3제2항에 따른 신고수리 또는 변경신고수리를 받지 아니하고 기술결합서비스를 제공한 자(2022.1.11 본호신설)

1의3. 제9조의3제6항에 따른 신고수리를 받지 아니하고 기술결합서비스를 중지하거나 중단한 자(2022.1.11 본호개정)

2. 제15조제1항제1호 단서에 따른 신고를 하지 아니한 자 (2024.1.23 본호신설)

2의2. 제15조제2항 및 제3항에 따른 申告를 하지 아니한 者 (2020.6.9 본호개정)

2의3. 제15조의2제1항 단서에 따른 신고를 하지 아니한 자 (2020.6.9 본호개정)

3. 제33조제4항을 위반하여 방송프로그램의 등급을 표시하지 아니한 자(2016.1.27 본호개정)

3의2. 제35조의5제3항에 따른 자료를 제출하지 아니한 자 (2011.7.14 본호신설)

4. 제69조제3항부터 제6항까지의 규정을 위반하여 放送프로그램을 編成한 者(2020.6.9 본호개정)
5. 제70조제1항부터 제4항까지 또는 제9항을 위반하여 채널을 구성 · 운용한 者(2023.4.6 본호개정)
6. 제70조제5항 단서 또는 같은 조 제6항을 위반하여 채널을 운용한 자(2015.3.13 본호개정)
7. 第70條第7項의 規定에 위반하여 특별한 이유없이 視聽者가 자체제작한 放送프로그램을 放送하지 아니한 者

7의2. 제70조제8항을 위반하여 채널을 구성 · 운용한 자 (2015.3.13 본호개정)

7의3. 제70조의2제2항에 따른 명령을 위반한 자(2015.3.13 본호신설)

8. 제71조제1항부터 제4항까지의 규정을 위반하여 放送프로그램을 編成한 者(2020.6.9 본호개정)
9. 제72조제1항 및 제3항에 따른 編成比率을 위반하여 放送프로그램을 編成한 者(2020.6.9 본호개정)
10. 제73조제1항 · 제2항 또는 제4항을 위반하여 방송광고를 한 자(2016.1.27 본호개정)

10의2. 제73조제6항에 따라 정당한 사유 없이 합의를 하지 아니한 방송사업자 또는 같은 항에 따른 합의 없이 간접광고를 판매한 외주제작사

10의3. 제73조제8항을 위반하여 간접광고를 판매한 자

10의4. 제73조의2를 위반하여 방송광고 매출현황 자료를 제출하지 아니하거나 거짓으로 제출한 자

(2016.1.27 10호의2~10호의4신설)

11. 제74조제1항 및 제2항의 規定에 위반하여 協贊告知를 한 者(2006.10.27 본호개정)

11의2. (2010.3.22 삭제)

12. 제77조제3항 또는 제4항을 위반하여 이용약관의 신고수리 또는 변경신고수리를 받지 아니하거나 이용약관의 승인 또는 변경승인을 받지 아니하고 유료방송을 한 자 (2022.1.11 본호개정)

12의2. 제77조제6항을 위반하여 이용자에게 약관 변경을 통지하지 아니한 자(2022.1.11 본호개정)
13. 第78條第1項의 規定에 위반하여 同時再送信을 하지 아니한 者
14. 제78조제4항에 위반하여 재송신을 한 자 및 放送事業者로부터 업무를 위탁받아 放送을 위한 설비를 설치·운용하는 자로서 제78조제4항에 위반한 재송신을 가능하게 한 자(2007.7.27 본호개정)
14의2. 외국방송사업자로서 다음 각 목의 어느 하나에 해당하는 자
가. 제78조의2제1항을 위반하여 승인받지 아니하고 재송신을 한 자
나. 제78조의2제3항을 위반하여 재송신을 한 자
다. 제78조의2제4항에 따른 자료제출 요구에 따르지 아니하거나 거짓으로 자료를 제출한 자(2020.6.9 본목개정)
(2007.7.27 본호신설)
14의3. 제78조의2제6항을 위반하여 재송신을 하거나 같은 조 제7항에 따른 재송신의 범위와 기준을 초과하여 재송신을 한 자(2007.7.27 본호신설)
15. 제80조를 위반하여 확인을 받지 아니한 자(2022.1.11 본호개정)
16. (2016.1.27 삭제)
17. 제83조제1항에 따른 放送日誌를 記錄하지 아니하거나 허위로 記錄한 者 또는 放送實施結果를 제출하지 아니한 者(2020.6.9 본호개정)
18. 第83條第2項의 規定에 위반하여 방송프로그램 및 방송광고의 원본 또는 사본을 보존하지 아니한 者(2009.7.31 본호개정)
19. 제84조제2항에 따른 신고수리를 받지 아니하고 폐업하거나 휴업한 자. 다만, 제9조제5항 본문에 따라 등록 또는 신고한 방송채널사용사업자는 제외한다.(2024.10.22 단서개정)
19의2. 제85조의2제4항을 위반하여 자료제출을 거부하거나 거짓자료를 제출한 자(2011.7.14 본호신설)
20. 제86조제1항의 規定에 위반하여 自體審議機構를 두지 아니하거나 放送프로그램을 審議하지 아니하거나 같은 조 제2항을 위반하여 허위, 과장 등 시청자가 오인할 수 있는 내용이 담긴 방송광고를 방송한 자(2009.7.31 본호개정)
21. 第87條第1項의 規定에 위반하여 視聽者委員會를 두지 아니한 者
22. 第89條第1項의 規定에 위반하여 視聽者 評價프로그램을 編成하지 아니한 者
23. 第90條第3項의 規定에 위반하여 필요한 資料의 제출 또는 관계자의 출석·답변을 거부한 者
24. 第90條第4項의 規定에 위반하여 視聽者委員會의 審議結果 및 그 처리에 관한 사항을 방송통신위원회에 보고하지 아니한 者(2008.2.29 본호개정)
25. (2005.1.27 삭제)
25의2. 제98조제1항의 규정을 위반하여 자료제출을 하지 아니하거나 거짓으로 자료를 제출한 자(2004.3.22 본호신설)
25의3. 제98조제3항에 따른 자료제출을 하지 아니하거나 거짓으로 자료를 제출한 자(2009.7.31 본호신설)
26. 제98조의2제1항을 위반하여 재산상황을 제출하지 아니하거나 거짓으로 재산상황을 제출한 자(2015.12.22 본호개정)
26의2. 제100조제2항의 규정을 위반한 방송출연자에 대한 경고, 출연제한 등의 조치를 취하지 아니한 자
(2006.10.27 본호신설)
27. 제100조제4항의 規定에 위반하여 방송통신위원회의 결정사항전문을 放送하지 아니하거나 그 결과를 방송통신위원회에 보고하지 아니한 者(2008.2.29 본호개정)
28. 제100조제5항을 위반하여 방송통신위원회의 결정사항전문을 자사가 운영하는 인터넷 홈페이지에 게시하지 아니하거나 해당 상품을 구매한 소비자에게 통지하지 아니한 자 또는 그 결과를 방송통신위원회에 보고하지 아니한 자
(2018.3.13 본호신설)

② 제90조의3제2항을 위반하여 특별한 사유 없이 자료를 제출하지 아니한 자에게는 1천만원 이하의 과태료를 부과한다.
(2022.1.11 본항신설)
③ 제1항 및 제2항에 따른 과태료는 대통령령으로 정하는 바에 따라 과학기술정보통신부장관 또는 방송통신위원회(이하 "부과권자"라 한다)가 부과·징수한다.(2022.1.11 본항개정)
④~⑤ (2015.12.22 삭제)
(2022.1.11 본조제목개정)

第109條【과징금 부과 및 징수】 ① 과학기술정보통신부장관 또는 방송통신위원회는 이 법의 규정에 의한 과징금을 부과하는 경우 다음 각 호의 사항을 참작하여야 한다.
(2020.6.9 본문개정)
1. 위반행위의 내용 및 정도
2. 위반행위의 기간 및 횟수
3. 위반행위로 인하여 취득한 이익의 규모 등
② 과학기술정보통신부장관 또는 방송통신위원회는 이 법의 규정을 위반한 방송사업자의 합병이 있는 경우에는 해당 법인이 행한 위반행위는 합병 후 존속하거나 합병에 의해 설립된 법인이 행한 행위로 보아 과징금을 부과·징수할 수 있다.(2019.12.10 본항개정)
③ 과징금을 부과받은 해당 방송사업자가 분할 또는 분할합병되는 경우(부과일에 분할 또는 분할합병되는 경우를 포함한다) 그 과징금은 다음 각 호의 법인이 연대하여 납부할 책임을 진다.(2019.12.10 본문개정)
1. 분할되는 법인
2. 분할 또는 분할합병으로 인하여 설립되는 법인
3. 분할되는 회사의 일부가 다른 회사와 합병하여 그 다른 회사가 존속하는 경우의 그 다른 법인
④ 과징금을 부과받은 방송사업자가 분할 또는 분할합병으로 인하여 해산되는 경우(부과일에 해산되는 경우를 포함한다) 그 과징금은 다음 각 호의 법인이 연대하여 납부할 책임을 진다.
1. 분할 또는 분할합병으로 인하여 설립되는 법인
2. 분할되는 법인의 일부가 다른 법인과 합병하여 그 다른 법인이 존속하는 경우의 그 다른 법인
⑤ 과학기술정보통신부장관 또는 방송통신위원회는 과징금 납부의무자가 납부기한까지 과징금을 납부하지 아니한 때에는 기간을 정하여 독촉을 하고, 그 지정한 기간 내에 과징금을 납부하지 아니한 때에는 국세체납처분의 예에 따라 이를 징수할 수 있다.(2020.6.9 본항개정)
⑥ 제1항에 따른 과징금의 부과기준 및 과징금의 징수에 관하여 필요한 사항은 대통령령으로 정한다.(2020.6.9 본항개정)
(2006.10.27 본조신설)

附　則

第1條【施行日】 이 法은 公布後 2月이 경과한 날부터 施行하되, 附則 第4條第2項의 規定은 公布한 날부터 施行한다.
第2條【다른 法律의 廢止】 다음 各號의 法律은 이를 廢止한다.
1. 放送法
2. 綜合有線放送法
3. 韓國放送公社法
4. 有線放送管理法
第3條【放送委員會등에 관한 經過措置】 ① 이 法 第20條의 規定에 의한 放送委員會는 이 法의 施行日 30日전까지 구성하여야 한다.
② 이 法에 의한 放送委員會가 구성된 경우에는 종전의 放送法에 의한 放送委員會 또는 綜合有線放送法에 의한 綜合有線放送委員會는 해체된 것으로 본다.
③ 이 法 公布 당시 종전의 放送法에 의한 放送委員會의 委員은 이 法 施行전에 任期가 만료되더라도 이 法에 의한 放送委員會가 구성될 때까지 그 직무를 행한다.

④ 第1項의 規定에 의한 放送委員會가 구성된 경우에는 이 法 施行日전까지 종전의 放送法에 의한 放送委員會 또는 종전의 綜合有線放送法에 의한 綜合有線放送委員會의 직무는 放送委員會가 행한다.

第4條【韓國放送公社의 定款등에 관한 經過措置】 ① 이 法 施行당시 종전의 韓國放送公社法에 의한 韓國放送公社는 이 法에 의한 韓國放送公社로 본다. 이 경우 이 法 施行후 3月 이내에 定款을 변경하여 放送委員會의 認可를 받아야 한다.
② 1999年 12月 31日 당시 종전의 韓國放送公社法에 의한 受信料의 금액은 2000年 1月 1日부터 이 法 第65條에 의한 國會의 승인을 얻은 것으로 본다.
③ 이 法에 의한 韓國放送公社는 종전의 韓國放送公社法에 의한 韓國放送公社의 모든 권리와 의무를 승계한다.

第5條【韓國放送公社의 理事會 · 執行機關의 구성에 관한 經過措置】 ① 韓國放送公社의 理事會 및 執行機關은 이 法 施行후 3月내에 이 法의 規定에 의하여 구성되어야 한다.
② 이 法 施行 당시의 韓國放送公社의 理事長을 포함한 理事는 이 法에 의한 후임자가 선임될 때까지 그 직무를 행한다.
③ 이 法 施行 당시의 韓國放送公社의 社長, 副社長 및 監事는 이 法에 의한 후임자가 선임 또는 임명될 때까지 그 직무를 행한다.

第6條【公益資金 및 公益資金管理委員會에 관한 經過措置】
① 이 法 施行 당시 韓國放送廣告公社法에 의한 韓國放送廣告公社가 조성 및 관리 · 운용하고 있는 公益資金은 이 法에 의하여 放送委員會가 조성 및 관리 · 운용하는 放送發展基金으로 본다.
② 이 法에 의한 放送發展基金管理委員會가 구성된 경우에는 종전의 韓國放送廣告公社法에 의한 公益資金管理委員會는 해체된 것으로 본다.

第7條【일반적 經過措置】 ① 이 法 施行 당시 종전의 放送法 · 綜合有線放送法 · 有線放送管理法 또는 韓國放送公社法에 의하여 行政處分등 行政機關 · 放送委員會 · 綜合有線放送委員會의 행위와 각종 申告등 行政機關 · 放送委員會 · 綜合有線放送委員會에 대한 행위는 이 法에 의한 행위로 본다.
② 放送委員會는 이 法 第9條第3項의 規定에 의한 綜合有線放送事業의 승인을 別表에서 정하는 기간동안 猶豫할 수 있다.
③ 綜合有線放送事業者는 第2項의 猶豫期間동안 地上波放送事業者가 행하는 放送을 녹음 · 녹화하여 再送信하여서는 아니된다.
④ 第9條第5項에 의한 登錄을 하여야 하는 放送채널使用事業者의 경우 2000年 12月 31日까지는 放送委員會의 승인을 얻어야 한다. 이 경우 승인의 요건과 절차에 관한 사항은 放送委員會規則으로 정한다.

第8條【放送事業 許可 등에 관한 經過措置】 ① 이 法 施行 당시 電波法에 의하여 放送局 許可를 받은 者는 이 法 第9條第1項의 規定에 의하여 許可를 받은 者로 본다.
② 이 法 施行 당시 종전의 綜合有線放送法에 의하여 綜合有線放送局 許可를 받은 者는 이 法 第9條第2項의 規定에 의하여 許可를 받은 者로, 프로그램공급업 許可를 받은 者는 이 法 第9條第5項의 規定에 의하여 승인을 얻거나 登錄을 한 者로, 傳送網事業 지정을 받은 者는 이 法 第9條第10項의 規定에 의하여 登錄한 者로 본다.
③ 이 法 施行 당시 종전의 有線放送管理法에 의하여 有線放送事業者로 許可를 받은 者는 이 法 第9條第2項의 規定에 의하여 中繼有線放送事業의 許可를 받은 者로, 音樂有線放送事業者로 許可를 받은 者는 第9條第5項의 規定에 의하여 音樂有線放送事業者로 登錄한 者로 본다.
④ 이 法 施行 당시 電光板放送을 행하고 있는 者는 이 法 第9條第5項의 規定에 의하여 電光板放送事業者로 登錄한 者로 본다. 다만, 이 法 施行후 6月 이내에 登錄證을 교부받아야 한다.

第9條【放送事業者의 所有制限에 관한 特例】 ① 이 法 施行 당시 定期刊行物登錄등에관한法律에 의한 日刊新聞을 경영하는 法人(特殊關係者를 포함한다)으로서 종전의 綜合有線放送法에 의한 報道프로그램공급업을 행하는 法人의 株式 또는 持分을 所有하고 있는 경우에는 이 法 第8條第3項의 規定에 불구하고 그 法人이 所有하고 있는 株式 또는 持分의 한도안에서 株式 또는 持分을 계속 所有할 수 있다.
② 이 法 施行 당시 종전의 放送法 또는 綜合有線放送法에 의하여 放送事業의 許可를 받거나 그 株式 또는 持分을 所有하고 있는 者가 大企業과 그 系列會社(特殊關係者를 포함한다)에 해당되게 되는 경우에는 이 法 第8條第3項 및 第4項의 規定에 불구하고 그 者가 所有하고 있는 株式 또는 持分의 한도안에서 株式 또는 持分을 계속 所有할 수 있다.
③ 이 法 施行 당시 法律 第5529號 放送法 附則 第3條의 規定에 의하여 이 法 第8條第2項의 規定에 의한 所有限度를 초과하여 放送事業者의 株式 또는 持分을 所有하고 있는 者는 그가 所有하고 있는 株式 또는 持分의 범위안에서 株式 또는 持分을 계속하여 所有할 수 있다.

第10條【衛星放送事業者에 대한 基金의 徵收】 이 法 第37條第3項의 規定에 의한 衛星放送事業者에 대한 基金의 徵收時期는 衛星放送事業者의 경영상황을 고려하여 大統領令으로 정한다.

第11條【罰則의 적용에 관한 經過措置】 이 法 施行전의 행위에 관한 罰則의 적용에 있어서는 종전의 放送法 · 綜合有線放送法 · 韓國放送公社法 또는 有線放送管理法의 規定에 의한다.

第12條【다른 法律의 改正】 ①~② ※(해당 법령에 가제정리 하였음)

第13條【다른 法律과의 관계】 이 法 施行 당시 다른 法律에서 종전의 放送法 · 綜合有線放送法 · 韓國放送公社法 또는 有線放送管理法의 규정을 인용하고 있는 경우에 이 法중 그에 해당하는 규정이 있는 경우에는 종전의 규정에 갈음하여 이 法의 해당규정을 인용한 것으로 본다.

附　則 (2014.5.28)

第1條【시행일】 이 법은 공포 후 3개월이 경과한 날부터 시행한다. 다만, 부칙 제2조는 공포한 날부터 시행하고, 제18조 · 제70조의2제1항 · 제77조 · 제90조의2 · 제108조제1항제12호의2의 개정규정은 공포 후 6개월이 경과한 날부터 시행하며, 제70조의2제2항 및 제108조제1항제7호의2의 개정규정은 공포 후 2년이 경과한 날부터 시행한다.

第2條【시청자미디어센터 설립을 위한 준비행위】 ① 방송통신위원회 위원장은 제90조의2의 개정규정에 따른 시청자미디어센터의 설립에 필요한 사무를 처리하기 위하여 시청자미디어센터 설립위원회(이하 "설립위원회"라 한다)를 설치한다.
② 설립위원회는 방송통신위원회 위원장이 위촉하는 5명 이내의 위원으로 구성하며, 설립위원회 위원장은 설립위원회 위원 중에서 방송통신위원회 위원장이 지명한다. 설립위원회 업무 보좌를 위하여 필요한 직원을 둘 수 있다.
③ 설립위원회는 시청자미디어센터의 정관을 작성하여 방송통신위원회 위원장의 인가를 받은 후 지체 없이 시청자미디어센터의 설립등기를 하여야 한다.
④ 설립위원회 설치에 필요한 경비는 국가가 부담한다.
⑤ 설립위원회는 시청자미디어센터의 설립등기 후 시청자미디어센터의 장에게 지체 없이 업무를 인계하여야 하며, 인계가 끝난 때에는 설립위원회는 해산되고 설립위원회 위원은 해촉된 것으로 본다.
⑥ 제3항에 따른 설립등기가 완료된 때에는 종전의 방송통신위원회와 한국방송통신전파진흥원 간에 체결된 시청자미디어센터 운영 등 시청자 지원 사업 관련 위탁 협약은 해약된 것으로 본다. 이 경우 협약 사업비 잔액과 그 협약에 따라 형성된 자산 및 인력 등에 대한 권리 · 의무는 시청자미디어센터가 승계한다.

第3條【공사의 이사 및 집행기관의 결격사유에 관한 경과조치】 이 법 시행 당시 공사의 이사 또는 집행기관인 사람이 이 법 시행 전에 발생한 사유로 제48조제1항의 개정규정 및 제50조제6항의 준용규정에 해당하게 된 경우에는 제48조

제1항의 개정규정 및 제50조제6항의 준용규정에도 불구하고 종전의 규정에 따른다.
第4條【사장의 국회 인사청문에 관한 적용례】 제50조제2항의 개정규정은 이 법 시행 후 최초로 임명되는 사장부터 적용한다.
第5條【다른 법률의 개정】 ①~② ※(해당 법령에 가제정리 하였음)

附　則 (2015.6.22)

第1條【시행일】 이 법은 공포 후 3개월이 경과한 날부터 시행한다. 다만, 제72조 및 제108조제1항제9호의 개정규정은 공포 후 9개월이 경과한 날부터 시행한다.
第2條【유효기간】 제8조제16항제2호 및 제3호, 같은 조 제17항은 2018년 6월 27일까지 효력을 가진다.

附　則 (2019.12.10)

第1條【시행일】 이 법은 공포한 날부터 시행한다. 다만, 제33조제2항제14호의 개정규정은 공포 후 3개월이 경과한 날부터 시행하고, 제18조제3항 및 제4항의 개정규정은 공포 후 6개월이 경과한 날부터 시행한다.
第2條【등록취소에 관한 적용례】 제18조제3항의 개정규정은 같은 개정규정 시행일부터 5년 이상 계속하여 방송을 행하지 아니하거나, 같은 개정규정 시행일 이후에 제84조제1항에 따른 신고를 하지 아니하고 폐업한 경우부터 적용한다.
第3條【방송사업자의 소유제한에 관한 특례】 제18조제3항의 개정규정 시행 당시 종전의 규정에 따라 다른 방송사업을 겸영하거나 그 주식 또는 지분을 소유하고 있는 방송사업자는 제8조제7항에도 불구하고 같은 개정규정 시행 당시 그가 소유하고 있는 주식 또는 지분의 범위에서 그 주식 또는 지분을 계속하여 소유할 수 있다.
第4條【과태료의 적용에 관한 경과조치】 이 법 시행 전의 위반행위에 대하여 과태료를 적용할 때에는 종전의 규정에 따른다.

附　則 (2020.6.9)

이 법은 공포한 날부터 시행한다.

附　則 (2020.12.8)

第1條【시행일】 이 법은 공포한 날부터 시행한다.
第2條【정관의 변경인가에 관한 적용례】 제45조제3항 및 제4항의 개정규정은 이 법 시행 이후 정관의 변경인가를 신청하는 경우부터 적용한다.

附　則 (2020.12.29)

第1條【시행일】 이 법은 공포 후 1년이 경과한 날부터 시행한다.(이하 생략)

附　則 (2021.6.8)
(2021.10.19)
(2021.12.28)

이 법은 공포 후 6개월이 경과한 날부터 시행한다.

附　則 (2022.1.11)

第1條【시행일】 이 법은 공포 후 6개월이 경과한 날부터 시행한다.
第2條【이용약관의 신고에 관한 적용례】 제77조제2항의 개정규정은 이 법 시행 이후 방송사업자 · 중계유선방송사업자 및 음악유선방송사업자가 이용약관을 신고하거나 변경신고하는 경우부터 적용한다.
第3條【유선방송국설비의 준공검사 제도 폐지에 관한 적용례】 제79조제2항의 개정규정은 이 법 시행 전에 유선방송국설비를 설치하여 준공검사를 받아야 하거나 준공검사 절차가 진행 중인 경우에도 적용한다.
第4條【기술결합서비스의 승인 등에 관한 경과조치】 ① 이 법 시행 전에 과학기술정보통신부장관 또는 방송통신위원회가 종전의 제9조의3제1항 또는 제5항에 따라 기술결합서비스의 승인 또는 재승인을 한 경우에는 제9조의3제2항의 개정규정에 따라 기술결합서비스의 신고를 수리한 것으로 본다.
② 이 법 시행 전에 지상파방송사업자 등이 종전의 제9조의3제1항 또는 제5항에 따라 기술결합서비스의 승인 또는 재승인을 신청하여 승인 · 재승인 절차가 진행 중인 경우에는 제9조의3제1항의 개정규정에 따라 이 법 시행일에 기술결합서비스의 신고를 한 것으로 보고, 그 수리여부를 결정한다.
③ 이 법 시행 전에 거짓이나 그 밖의 부정한 방법으로 종전의 제9조의3에 따른 승인 또는 재승인을 받아 기술결합서비스를 제공한 자에 대한 벌칙은 제105조제2호의 개정규정에도 불구하고 종전의 제105조제2호에 따른다.
④ 이 법 시행 전에 종전의 제9조의3에 따른 승인 또는 재승인을 받지 아니하고 기술결합서비스를 제공한 자에 대한 벌칙은 제105조제3호 및 제108조제1항제1호의2의 개정규정에도 불구하고 종전의 제105조제3호에 따른다.

附　則 (2022.6.10)

이 법은 공포 후 6개월이 경과한 날부터 시행한다.

附　則 (2023.4.6)

이 법은 공포한 날부터 시행한다.

附　則 (2024.1.23)

이 법은 공포 후 6개월이 경과한 날부터 시행한다.

附　則 (2024.1.30)

이 법은 공포 후 1년이 경과한 날부터 시행한다.

附　則 (2024.10.22)

第1條【시행일】 이 법은 공포 후 6개월이 경과한 날부터 시행한다.
第2條【방송채널사용사업의 등록에 관한 경과조치】 이 법 시행 당시 종전의 제9조제5항 본문에 따라 등록한 방송채널사용사업자로서 제9조제5항의 개정규정에 따라 신고의 대상이 되는 방송채널사용사업자는 제9조제5항의 개정규정에 따라 신고하여 같은 조 제12항의 개정규정에 따라 과학기술정보통신부장관이 신고를 수리한 것으로 본다.

〔별표〕 ➡ 「www.hyeonamsa.com」 참조

저작권법

(2006년 12월 28일
전부개정법률 제8101호)

개정
2008. 2.29법 8852호(정부조직)
2009. 3.25법 9529호 2009. 4.22법 9625호
2009. 7.31법 9785호(신문등의진흥에관한법)
2011. 6.30법10807호 2011.12. 2법11110호
2013. 7.16법11903호 2013.12.30법12137호
2016. 2. 3법13978호(한국수화언어법)
2016. 3.22법14083호 2016.12.20법14432호
2017. 3.21법14634호 2018.10.16법15823호
2019.11.26법16600호 2020. 2. 4법16933호
2020.12. 8법17588호
2020.12. 8법17592호(피후견인결격정비)
2021. 5.18법18162호
2021.12. 7법18547호(도서관법)
2023. 5.16법19410호(행정법제혁신을위한일부개정법령등)
2023. 8. 8법19592호(법률용어정비)
2023. 8. 8법19597호 2024. 2.27법20358호

제1장 총 칙

제1조【목적】 이 법은 저작자의 권리와 이에 인접하는 권리를 보호하고 저작물의 공정한 이용을 도모함으로써 문화 및 관련 산업의 향상발전에 이바지함을 목적으로 한다. (2009.4.22 본조개정)

제2조【정의】 이 법에서 사용하는 용어의 뜻은 다음과 같다.(2009.4.22 본문개정)
1. "저작물"은 인간의 사상 또는 감정을 표현한 창작물을 말한다.
2. "저작자"는 저작물을 창작한 자를 말한다.
3. "공연"은 저작물 또는 실연(實演)·음반·방송을 상연·연주·가창·구연·낭독·상영·재생 그 밖의 방법으로 공중에게 공개하는 것을 말하며, 동일인의 점유에 속하는 연결된 장소 안에서 이루어지는 송신(전송은 제외한다)을 포함한다.(2023.8.8 본호개정)
4. "실연자"는 저작물을 연기·무용·연주·가창·구연·낭독 그 밖의 예능적 방법으로 표현하거나 저작물이 아닌 것을 이와 유사한 방법으로 표현하는 실연을 하는 자를 말하며, 실연을 지휘, 연출 또는 감독하는 자를 포함한다.
5. "음반"은 음(음성·음향을 말한다. 이하 같다)이 유형물에 고정된 것(음을 디지털화한 것을 포함한다)을 말한다. 다만, 음이 영상과 함께 고정된 것은 제외한다.(2023.8.8 단서개정)
6. "음반제작자"는 음반을 최초로 제작하는 데 있어 전체적으로 기획하고 책임을 지는 자를 말한다.(2016.3.22 본호개정)
7. "공중송신"은 저작물, 실연·음반·방송 또는 데이터베이스(이하 "저작물등"이라 한다)를 공중이 수신하거나 접근하게 할 목적으로 무선 또는 유선통신의 방법에 의하여 송신하거나 이용에 제공하는 것을 말한다.
8. "방송"은 공중송신 중 공중이 동시에 수신하게 할 목적으로 음·영상 또는 음과 영상 등을 송신하는 것을 말한다.

8의2. "암호화된 방송 신호"란 방송사업자나 방송사업자의 동의를 받은 자가 정당한 권한 없이 방송(유선 및 위성 통신의 방법에 의한 방송으로 한정한다)을 수신하는 것을 방지하거나 억제하기 위하여 전자적으로 암호화한 방송 신호를 말한다.(2021.5.18 본호개정)

9. "방송사업자"는 방송을 업으로 하는 자를 말한다.
10. "전송(傳送)"은 공중송신 중 공중의 구성원이 개별적으로 선택한 시간과 장소에서 접근할 수 있도록 저작물등을 이용에 제공하는 것을 말하며, 그에 따라 이루어지는 송신을 포함한다.
11. "디지털음성송신"은 공중송신 중 공중으로 하여금 동시에 수신하게 할 목적으로 공중의 구성원의 요청에 의하여 개시되는 디지털 방식의 음의 송신을 말하며, 전송은 제외한다.(2023.8.8 본호개정)
12. "디지털음성송신사업자"는 디지털음성송신을 업으로 하는 자를 말한다.
13. "영상저작물"은 연속적인 영상(음의 수반여부는 가리지 아니한다)이 수록된 창작물로서 그 영상을 기계 또는 전자장치에 의하여 재생하여 볼 수 있거나 보고 들을 수 있는 것을 말한다.
14. "영상제작자"는 영상저작물의 제작에 있어 그 전체를 기획하고 책임을 지는 자를 말한다.
15. "응용미술저작물"은 물품에 동일한 형상으로 복제될 수 있는 미술저작물로서 그 이용된 물품과 구분되어 독자성을 인정할 수 있는 것을 말하며, 디자인 등을 포함한다.
16. "컴퓨터프로그램저작물"은 특정한 결과를 얻기 위하여 컴퓨터 등 정보처리능력을 가진 장치(이하 "컴퓨터"라 한다) 내에서 직접 또는 간접으로 사용되는 일련의 지시·명령으로 표현된 창작물을 말한다.(2009.4.22 본호개정)
17. "편집물"은 저작물이나 부호·문자·음·영상 그 밖의 형태의 자료(이하 "소재"라 한다)의 집합물을 말하며, 데이터베이스를 포함한다.
18. "편집저작물"은 편집물로서 그 소재의 선택·배열 또는 구성에 창작성이 있는 것을 말한다.
19. "데이터베이스"는 소재를 체계적으로 배열 또는 구성한 편집물로서 개별적으로 그 소재에 접근하거나 그 소재를 검색할 수 있도록 한 것을 말한다.
20. "데이터베이스제작자"는 데이터베이스의 제작 또는 그 소재의 갱신·검증 또는 보충(이하 "갱신등"이라 한다)에 인적 또는 물적으로 상당한 투자를 한 자를 말한다.
21. "공동저작물"은 2명 이상이 공동으로 창작한 저작물로서 각자의 이바지한 부분을 분리하여 이용할 수 없는 것을 말한다.(2021.5.18 본호개정)
22. "복제"는 인쇄·사진촬영·복사·녹음·녹화 그 밖의 방법으로 일시적 또는 영구적으로 유형물에 고정하거나

다시 제작하는 것을 말하며, 건축물의 경우에는 그 건축을 위한 모형 또는 설계도서에 따라 이를 시공하는 것을 포함한다.(2011.12.2 본호개정)
23. "배포"는 저작물등의 원본 또는 그 복제물을 공중에게 대가를 받거나 받지 아니하고 양도 또는 대여하는 것을 말한다.
24. "발행"은 저작물 또는 음반을 공중의 수요를 충족시키기 위하여 복제·배포하는 것을 말한다.
25. "공표"는 저작물을 공연, 공중송신 또는 전시 그 밖의 방법으로 공중에게 공개하는 경우와 저작물을 발행하는 경우를 말한다.
26. "저작권신탁관리업"은 저작재산권자, 배타적발행권자, 출판권자, 저작인접권자 또는 데이터베이스제작자의 권리를 가진 자를 위하여 그 권리를 신탁받아 이를 지속적으로 관리하는 업을 말하며, 저작물등의 이용과 관련하여 포괄적으로 대리하는 경우를 포함한다. (2011.12.2 본호개정)
27. "저작권대리중개업"은 저작재산권자, 배타적발행권자, 출판권자, 저작인접권자 또는 데이터베이스제작자의 권리를 가진 자를 위하여 그 권리의 이용에 관한 대리 또는 중개행위를 하는 업을 말한다.(2011.12.2 본호개정)
28. "기술적 보호조치"란 다음 각 목의 어느 하나에 해당하는 조치를 말한다.
가. 저작권, 그 밖에 이 법에 따라 보호되는 권리의 행사와 관련하여 이 법에 따라 보호되는 저작물등에 대한 접근을 효과적으로 방지하거나 억제하기 위하여 그 권리자나 권리자의 동의를 받은 자가 적용하는 기술적 조치
나. 저작권, 그 밖에 이 법에 따라 보호되는 권리에 대한 침해 행위를 효과적으로 방지하거나 억제하기 위하여 그 권리자나 권리자의 동의를 받은 자가 적용하는 기술적 조치
(2011.6.30 본호개정)
29. "권리관리정보"는 다음 각 목의 어느 하나에 해당하는 정보나 그 정보를 나타내는 숫자 또는 부호로서 각 정보가 저작권, 그 밖에 이 법에 따라 보호되는 권리에 의하여 보호되는 저작물등의 원본이나 그 복제물에 붙여지거나 그 공연·실행 또는 공중송신에 수반되는 것을 말한다.
(2023.8.8 본문개정)
가. 저작물등을 식별하기 위한 정보
나. 저작권, 그 밖에 이 법에 따라 보호되는 권리를 가진 자를 식별하기 위한 정보(2011.12.2 본목개정)
다. 저작물등의 이용 방법 및 조건에 관한 정보
30. "온라인서비스제공자"란 다음 각 목의 어느 하나에 해당하는 자를 말한다.
가. 이용자가 선택한 저작물등을 그 내용의 수정 없이 이용자가 지정한 지점 사이에서 정보통신망(「정보통신망 이용촉진 및 정보보호 등에 관한 법률」 제2조제1항제1호의 정보통신망을 말한다. 이하 같다)을 통하여 전달하기 위하여 송신하거나 경로를 지정하거나 연결을 제공하는 자
나. 이용자들이 정보통신망에 접속하거나 정보통신망을 통하여 저작물등을 복제·전송할 수 있도록 서비스를 제공하거나 그를 위한 설비를 제공 또는 운영하는 자
(2011.6.30 본호개정)
31. "업무상저작물"은 법인·단체 그 밖의 사용자(이하 "법인등"이라 한다)의 기획하에 법인등의 업무에 종사하는 자가 업무상 작성하는 저작물을 말한다.
32. "공중"은 불특정 다수인(특정 다수인을 포함한다)을 말한다.
33. "인증"은 저작물등의 이용허락 등을 위하여 정당한 권리자임을 증명하는 것을 말한다.
34. "프로그램코드역분석"은 독립적으로 창작된 컴퓨터프로그램저작물과 다른 컴퓨터프로그램과의 호환에 필요한 정보를 얻기 위하여 컴퓨터프로그램저작물코드를 복제 또는 변환하는 것을 말한다.(2009.4.22 본호신설)
35. "라벨"이란 그 복제물이 정당한 권한에 따라 제작된 것임을 나타내기 위하여 저작물등의 유형적 복제물·포장 또는 문서에 부착·동봉 또는 첨부되거나 그러한 목적으로 고안된 표지를 말한다.
36. "영화상영관등"이란 영화상영관, 시사회장, 그 밖에 공중에게 영상저작물을 상영하는 장소로서 상영자에 의하여 입장이 통제되는 장소를 말한다.
(2011.12.2 35호~36호신설)

판례 다수의 권리자로부터 저작물에 대한 이용허락뿐만 아니라 침해에 대한 민·형사상 조치에 대해서도 일체의 권한을 위임받고, 나아가 '독점적 이용허락'에 기대어 저작물에 대한 홍보·판매 및 가격 등을 스스로 결정하고 다수의 고객들로부터 사용료를 징수하며, 스스로 다수의 저작권침해자들을 상대로 민·형사상 법적조치를 취하고 합의금을 받아 사진공급업체나 저작권자에게 각 일정 부분을 송금하였다면 이러한 행위는 저작권법에서 규정한 '저작물 등의 이용과 관련하여 포괄적으로 대리하는 경우'에 해당한다. 따라서 허가 없이 이와 같은 행위를 하였다면 무허가 저작권신탁관리업을 운영하였다고 보아야 한다.(대판 2019.7.24, 2015도1885)

판례 인터넷 링크(Internet link)는 인터넷에서 링크하고자 하는 웹페이지나, 웹사이트 등의 서버에 저장된 개개의 저작물 등의 웹 위치 정보 내지 경로를 나타낸 것에 불과하여, 인터넷 이용자가 링크 부분을 클릭함으로써 링크된 웹페이지나 개개의 저작물에 직접 연결하더라도, 이는 저작권법 제2조 제22호에 규정된 '유형물에 고정하거나 유형물로 다시 제작하는 것'에 해당하지 아니하고, 같은 법 제19조에서 말하는 '유형물을 진열하거나 게시하는 것'에도 해당하지 아니한다. 또한 위와 같은 인터넷 링크의 성질에 비추어 보면 인터넷 링크는 링크된 웹페이지나 개개의 저작물에 새로운 창작성을 인정할 수 있을 정도로 수정·증감을 가하는 것에 해당하지 아니하므로 2차적저작물 작성에도 해당하지 아니한다. 이러한 법리는 모바일 애플리케이션(Mobile application)에서 인터넷 링크와 유사하게 제3자가 관리·운영하는 모바일 웹페이지로 이동하도록 연결하는 경우에도 마찬가지이다.(대판 2016.5.26, 2015도16701)

판례 이른바 인터넷 링크(Internet link)는 인터넷에서 링크하고자 하는 웹페이지나, 웹사이트 등의 서버에 저장된 개개의 저작물 등의 웹 위치 정보나 경로를 나타낸 것에 불과하여, 비록 인터넷 이용자가 링크 부분을 클릭함으로써 링크된 웹페이지나 개개의 저작물에 직접 연결된다 하더라도 링크를 하는 행위는 저작권법이 규정하는 복제 및 전송에 해당하지 아니한다.(대판 2015.3.12, 2012도13748)

판례 저작권법에 의하여 보호되는 저작물이기 위하여는 인간의 사상 또는 감정을 표현한 창작물이어야 할 것인바, 만화, 텔레비전, 영화, 신문, 잡지 등 대중이 접하는 매체를 통하여 등장하는 인물, 동물 등의 형상과 명칭을 뜻하는 캐릭터의 경우 그 인물, 동물 등의 생김새, 동작 등의 시각적 표현에 작성자의 창조적 개성이 드러나 있으면 원저작물과 별개로 저작권법에 의하여 보호되는 저작물이 될 수 있다.(대판 2010.2.11, 2007다63409)

제2조의2 【저작권 보호에 관한 시책 수립 등】 ① 문화체육관광부장관은 이 법의 목적을 달성하기 위하여 다음 각 호의 시책을 수립·시행할 수 있다.
1. 저작권의 보호 및 저작물의 공정한 이용 환경 조성을 위한 기본 정책에 관한 사항
2. 저작권 인식 확산을 위한 교육 및 홍보에 관한 사항
3. 저작물등의 권리관리정보 및 기술적보호조치의 정책에 관한 사항

② 제1항에 따른 시책의 수립·시행에 필요한 사항은 대통령령으로 정한다.
(2009.4.22 본조신설)

제3조 【외국인의 저작물】 ① 외국인의 저작물은 대한민국이 가입 또는 체결한 조약에 따라 보호된다.
② 대한민국 내에 상시 거주하는 외국인(무국적자 및 대한민국 내에 주된 사무소가 있는 외국법인을 포함한다)의 저작물과 맨 처음 대한민국 내에서 공표된 외국인의 저작물(외국에서 공표된 날부터 30일 이내에 대한민국 내에서 공표된 저작물을 포함한다)은 이 법에 따라 보호된다.(2023.8.8 본항개정)
③ 제1항 및 제2항에 따라 보호되는 외국인(대한민국 내에 상시 거주하는 외국인 및 무국적자는 제외한다. 이하 이 조에서 같다)의 저작물이라도 그 외국에서 대한민국 국민의 저작물을 보호하지 아니하는 경우에는 그에 상응하게 조약 및 이 법에 따른 보호를 제한할 수 있다.(2011.6.30 본항개정)
④ 제1항 및 제2항에 따라 보호되는 외국인의 저작물이라도 그 외국에서 보호기간이 만료된 경우에는 이 법에 따른 보호기간을 인정하지 아니한다.(2011.6.30 본항신설)

제2장 저작권

제1절 저작물

제4조【저작물의 예시 등】 ① 이 법에서 말하는 저작물을 예시하면 다음과 같다.
1. 소설·시·논문·강연·연설·각본 그 밖의 어문저작물
2. 음악저작물
3. 연극 및 무용·무언극 그 밖의 연극저작물
4. 회화·서예·조각·판화·공예·응용미술저작물 그 밖의 미술저작물
5. 건축물·건축을 위한 모형 및 설계도서 그 밖의 건축저작물
6. 사진저작물(이와 유사한 방법으로 제작된 것을 포함한다)
7. 영상저작물
8. 지도·도표·설계도·약도·모형 그 밖의 도형저작물
9. 컴퓨터프로그램저작물

② (2009.4.22 삭제)

제5조【2차적저작물】 ① 원저작물을 번역·편곡·변형·각색·영상제작 그 밖의 방법으로 작성한 창작물(이하 "2차적저작물"이라 한다)은 독자적인 저작물로서 보호된다.
② 2차적저작물의 보호는 그 원저작물의 저작자의 권리에 영향을 미치지 아니한다.

판례 '2차적 저작물'로서 보호받기 위한 요건 : 저작권법 제5조제1항 소정의 2차적 저작물로 보호받기 위하여는 원저작물을 기초로 하되 원저작물과 실질적 유사성을 유지하고 이것에 사회통념상 새로운 저작물이 될 수 있을 정도의 수정·증감을 가하여 새로운 창작성을 부가하여야 하는 것이며, 저작권법이 보호하는 것은 문학·학술 또는 예술에 관한 사상·감정을 말·문자·음·색 등에 의하여 구체적으로 외부에 표현하는 창작적인 표현형식이므로, 2차적 저작권의 침해 여부를 가리기 위하여 두 저작물 사이에 실질적 유사성이 있는가의 여부를 판단함에 있어서는 원저작물에 새롭게 부가한 창작적인 표현형식에 해당하는 것만을 가지고 대비하여야 한다. (대판 2004.7.8, 2004다18736)

제6조【편집저작물】 ① 편집저작물은 독자적인 저작물로서 보호된다.
② 편집저작물의 보호는 그 편집저작물의 구성부분이 되는 소재의 저작권 그 밖에 이 법에 따라 보호되는 권리에 영향을 미치지 아니한다.

판례 편집물이 저작물로서 보호받기 위한 요건 : 편집물이 저작물로서 보호를 받으려면 일정한 방침 혹은 목적을 가지고 소재를 수집·분류·선택하고 배열하여 편집물을 작성하는 행위에 창작성이 있어야 하는바, 그 창작성은 작품이 저자 자신의 작품으로서 남의 것을 복제한 것이 아니라는 것과 최소한도의 창작성이 있는 것을 의미하므로 반드시 작품의 수준이 높아야 하는 것은 아니지만 저작권법에 의한 보호를 받을 가치가 있는 정도의 최소한의 창작성은 있어야 하고, 누가 하더라도 같거나 비슷할 수밖에 없는 성질의 것이라면 거기에 창작성이 있다고 할 수 없다. 따라서 일지형태의 법조수첩은 그 소재의 선택 또는 배열에 창작성이 있는 편집물이라고 할 수 없다.(대판 2003.11.28, 2001다9359)

제7조【보호받지 못하는 저작물】 다음 각 호의 어느 하나에 해당하는 것은 이 법에 의한 보호를 받지 못한다.
1. 헌법·법률·조약·명령·조례 및 규칙
2. 국가 또는 지방자치단체의 고시·공고·훈령 그 밖에 이와 유사한 것
3. 법원의 판결·결정·명령 및 심판이나 행정심판절차 그 밖에 이와 유사한 절차에 의한 의결·결정 등
4. 국가 또는 지방자치단체가 작성한 것으로서 제1호부터 제3호까지에 규정된 것의 편집물 또는 번역물(2023.8.8 본호개정)
5. 사실의 전달에 불과한 시사보도

판례 '사실의 전달에 불과한 시사보도'를 저작권법의 보호대상에서 제외한 취지 : 저작권법 제7조제5호에 '사실의 전달에 불과한 시사보도'를 열거하고 있는바, 이는 원래 저작권법의 보호대상이 되는 것은 외부로 표현된 창작적인 표현 형식일 뿐 그 표현의 내용이 된 사상이나 사실 자체가 아니고, 시사보도는 여러 가지 정보를 정확하고 신속하게 전달하기 위하여 간결하고 정형적인 표현을 사용하는 것이 보통이어서 창작적인 요소가 개입될 여지가 적다는 점 등을 고려하여, 독창적이고 개성 있는 표현 수준에 이르지 않고 단순히 '사실의 전달에 불과한 시사보도'의 정도에 그친 것은 저작권법에 의한 보호대상에서 제외한 것이다.(대판 2006.9.14, 2004도5350)

제2절 저작자

제8조【저작자 등의 추정】 ① 다음 각 호의 어느 하나에 해당하는 자는 저작자로서 그 저작물에 대한 저작권을 가지는 것으로 추정한다.(2011.6.30 본문개정)
1. 저작물의 원본이나 그 복제물에 저작자로서의 실명 또는 이명(예명·아호·약칭 등을 말한다. 이하 같다)으로서 널리 알려진 것이 일반적인 방법으로 표시된 자
2. 저작물을 공연 또는 공중송신하는 경우에 저작자로서의 실명 또는 저작자의 널리 알려진 이명으로서 표시된 자

② 제1항 각 호의 어느 하나에 해당하는 저작자의 표시가 없는 저작물의 경우에는 발행자·공연자 또는 공표자로 표시된 자가 저작권을 가지는 것으로 추정한다.(2009.4.22 본항개정)

제9조【업무상저작물의 저작자】 법인등의 명의로 공표되는 업무상저작물의 저작자는 계약 또는 근무규칙 등에 다른 정함이 없는 때에는 그 법인등이 된다. 다만, 컴퓨터프로그램저작물(이하 "프로그램"이라 한다)의 경우 공표될 것을 요하지 아니한다.(2009.4.22 단서신설)

제10조【저작권】 ① 저작자는 제11조부터 제13조까지에 따른 권리(이하 "저작인격권"이라 한다)와 제16조부터 제22조까지에 따른 권리(이하 "저작재산권"이라 한다)를 가진다.(2023.8.8 본항개정)
② 저작권은 저작물을 창작한 때부터 발생하며 어떠한 절차나 형식의 이행을 필요로 하지 아니한다.

제3절 저작인격권

제11조【공표권】 ① 저작자는 그의 저작물을 공표하거나 공표하지 아니할 것을 결정할 권리를 가진다.
② 저작자가 공표되지 아니한 저작물의 저작재산권을 제45조에 따른 양도, 제46조에 따른 이용허락, 제57조에 따른 배타적발행권의 설정 또는 제63조에 따른 출판권의 설정을 한 경우에는 그 상대방에게 저작물의 공표를 동의한 것으로 추정한다.(2011.12.2 본항개정)
③ 저작자가 공표되지 아니한 미술저작물·건축저작물 또는 사진저작물(이하 "미술저작물등"이라 한다)의 원본을 양도한 경우에는 그 상대방에게 저작물의 원본의 전시방식에 의한 공표를 동의한 것으로 추정한다.
④ 원저작자의 동의를 얻어 작성된 2차적저작물 또는 편집저작물이 공표된 경우에는 그 원저작물도 공표된 것으로 본다.
⑤ 공표하지 아니한 저작물을 저작자가 제31조의 도서관등에 기증한 경우 별도의 의사를 표시하지 아니하면 기증한 때에 공표에 동의한 것으로 추정한다.(2023.8.8 본항개정)

제12조【성명표시권】 ① 저작자는 저작물의 원본이나 그 복제물에 또는 저작물의 공표 매체에 그의 실명 또는 이명을 표시할 권리를 가진다.
② 저작물을 이용하는 자는 그 저작자의 특별한 의사표시가 없는 때에는 저작자가 그의 실명 또는 이명을 표시한 바에 따라 이를 표시하여야 한다. 다만, 저작물의 성질이나 그 이용의 목적 및 형태 등에 비추어 부득이하다고 인정되는 경우에는 그러하지 아니하다.

제13조【동일성유지권】 ① 저작자는 그의 저작물의 내용·형식 및 제호의 동일성을 유지할 권리를 가진다.
② 저작자는 다음 각 호의 어느 하나에 해당하는 변경에 대하여는 이의(異議)할 수 없다. 다만, 본질적인 내용의 변경은 그러하지 아니하다.
1. 제25조의 규정에 따라 저작물을 이용하는 경우에 학교교육 목적을 위하여 부득이하다고 인정되는 범위 안에서의 표현의 변경(2023.8.8 본호개정)
2. 건축물의 증축·개축 그 밖의 변형

3. 특정한 컴퓨터 외에는 이용할 수 없는 프로그램을 다른 컴퓨터에 이용할 수 있도록 하기 위하여 필요한 범위에서의 변경(2009.4.22 본호신설)
4. 프로그램을 특정한 컴퓨터에 보다 효과적으로 이용할 수 있도록 하기 위하여 필요한 범위에서의 변경(2009.4.22 본호신설)
5. 그 밖에 저작물의 성질이나 그 이용의 목적 및 형태 등에 비추어 부득이하다고 인정되는 범위 안에서의 변경

제14조【저작인격권의 일신전속성】 ① 저작인격권은 저작자 일신에 전속한다.
② 저작자의 사망 후에 그의 저작물을 이용하는 자는 저작자가 생존하였더라면 그 저작인격권의 침해가 될 행위를 하여서는 아니 된다. 다만, 그 행위의 성질 및 정도에 비추어 사회통념상 그 저작자의 명예를 훼손하는 것이 아니라고 인정되는 경우에는 그러하지 아니하다.

제15조【공동저작물의 저작인격권】 ① 공동저작물의 저작인격권은 저작자 전원의 합의에 의하지 아니하고는 이를 행사할 수 없다. 이 경우 각 저작자는 신의에 반하여 합의의 성립을 방해할 수 없다.
② 공동저작물의 저작자는 그들 중에서 저작인격권을 대표하여 행사할 수 있는 자를 정할 수 있다.
③ 제2항의 규정에 따라 권리를 대표하여 행사하는 자의 대표권에 가하여진 제한이 있을 때에 그 제한은 선의의 제3자에게 대항할 수 없다.

제4절 저작재산권

제1관 저작재산권의 종류

제16조【복제권】 저작자는 그의 저작물을 복제할 권리를 가진다.

판례 대상 저작물이 기존의 저작물과 무관하게 독립적으로 창작되었다고 볼 여지가 있음에도 불구하고, 대상 저작물이 기존의 저작물에 의거하여 작성된 것인지의 여부에 관하여 심리·판단하지 아니한 채 양자가 실질적으로 유사하다는 이유만으로 복제권이 침해되었다고 보기는 어렵다.(대판 2007.12.13, 2005다35707)

제17조【공연권】 저작자는 그의 저작물을 공연할 권리를 가진다.

제18조【공중송신권】 저작자는 그의 저작물을 공중송신할 권리를 가진다.

제19조【전시권】 저작자는 미술저작물등의 원본이나 그 복제물을 전시할 권리를 가진다.

제20조【배포권】 저작자는 저작물의 원본이나 그 복제물을 배포할 권리를 가진다. 다만, 저작물의 원본이나 그 복제물이 해당 저작재산권자의 허락을 받아 판매 등의 방법으로 거래에 제공된 경우에는 그러하지 아니하다.(2009.4.22 단서개정)

제21조【대여권】 제20조 단서에도 불구하고 저작자는 상업적 목적으로 공표된 음반(이하 "상업용 음반"이라 한다)이나 상업적 목적으로 공표된 프로그램을 영리를 목적으로 대여할 권리를 가진다.(2016.3.22 본조개정)

제22조【2차적저작물작성권】 저작자는 그의 저작물을 원저작물로 하는 2차적저작물을 작성하여 이용할 권리를 가진다.

판례 회복저작물을 원저작물로 하는 2차적저작물 이용행위의 허용 범위 : 1975년 A사는 일본 출판사와 정식 계약 없이 일본 전국시대의 무장 도쿠가와 이에야스의 일대기를 그린 동명 소설을『대망』이라는 이름으로 번역해 국내에 출간했다. 이후 1995년 세계무역기구(WTO) 무역 관련 지적재산권협정(TRIPs)이 발효됨에 따라 국내 저작권법이 개정되었으나 "조약 발효일 이전에 발행된 외국인의 저작물(이하 회복저작물)을 원저작물로 하는 2차적저작물로서 1995년 1월 1일 이전에 작성된 것은 이 법 시행 후에도 이를 계속하여 이용할 수 있다"고 예외 규정을 두었기 때문에 A사의 1975년판『대망』은 여전히 판매가 가능했다. 2005년 A사는 1975년 판『대망』을 일부 수정해 재출간하였는데, 이러한 행위가 회복저작물인 소설『도쿠가와 이에야스』 일본어판 저작자의 저작권을 침해하였는지의 여부가 문제가 되었다. A사는 2005년 판『대망』에 대하여 1975년 판『대망』의 단순 오역이나 표기법, 맞춤법을 바로잡은 것에 불과해 새로운 저작물이 아니다로 주장하였다.『대망』 2005년판은 1975년판을 실질적으로 유사한 범위에서 이용했지만, 사회통념상 새로운 저작물로 볼 정도에 이르렀다고 단정하기 어려우므로, 원저작물의 2차적 저작물의 이용행위에 포함된다고 보아야 한다.
(대판 2020.12.10, 2020도6425)

제2관 저작재산권의 제한

제23조【재판 등에서의 복제】 다음 각 호의 어느 하나에 해당하는 경우에는 그 한도 안에서 저작물을 복제할 수 있다. 다만, 그 저작물의 종류와 복제의 부수 및 형태 등에 비추어 해당 저작재산권자의 이익을 부당하게 침해하는 경우에는 그러하지 아니하다.
1. 재판 또는 수사를 위하여 필요한 경우
2. 입법·행정 목적을 위한 내부 자료로서 필요한 경우
(2020.2.4 1호~2호신설)
(2020.2.4 본조개정)

제24조【정치적 연설 등의 이용】 공개적으로 행한 정치적 연설 및 법정·국회 또는 지방의회에서 공개적으로 행한 진술은 어떠한 방법으로도 이용할 수 있다. 다만, 동일한 저작자의 연설이나 진술을 편집하여 이용하는 경우에는 그러하지 아니하다.

제24조의2【공공저작물의 자유이용】 ① 국가 또는 지방자치단체가 업무상 작성하여 공표한 저작물이나 계약에 따라 저작재산권의 전부를 보유한 저작물은 허락 없이 이용할 수 있다. 다만, 저작물이 다음 각 호의 어느 하나에 해당하는 경우에는 그러하지 아니하다.
1. 국가안전보장에 관련되는 정보를 포함하는 경우
2. 개인의 사생활 또는 사업상 비밀에 해당하는 경우
3. 다른 법률에 따라 공개가 제한되는 정보를 포함하는 경우
4. 제112조에 따른 한국저작권위원회(이하 제111조까지 "위원회"라 한다)에 등록된 저작물로서 「국유재산법」에 따른 국유재산 또는 「공유재산 및 물품 관리법」에 따른 공유재산으로 관리되는 경우(2020.2.4 본호개정)
② 국가는 「공공기관의 운영에 관한 법률」 제4조에 따른 공공기관이 업무상 작성하여 공표한 저작물이나 계약에 따라 저작재산권의 전부를 보유한 저작물의 이용을 활성화하기 위하여 대통령령으로 정하는 바에 따라 공공저작물 이용활성화 시책을 수립·시행할 수 있다.
③ 국가 또는 지방자치단체는 제1항제4호의 공공저작물 중 자유로운 이용을 위하여 필요하다고 인정하는 경우 「국유재산법」 또는 「공유재산 및 물품 관리법」에도 불구하고 대통령령으로 정하는 바에 따라 사용하게 할 수 있다.
(2013.12.30 본조신설)

제25조【학교교육 목적 등에의 이용】 ① 고등학교 및 이에 준하는 학교 이하의 학교의 교육 목적을 위하여 필요한 교과용도서에는 공표된 저작물을 게재할 수 있다.(2023.8.8 본항개정)
② 교과용도서를 발행한 자는 교과용도서를 본래의 목적으로 이용하기 위하여 필요한 한도 내에서 제1항에 따라 교과용도서에 게재한 저작물을 복제·배포·공중송신할 수 있다.
(2020.2.4 본항신설)
③ 다음 각 호의 어느 하나에 해당하는 학교·교육기관 또는 교육훈련기관이 수업 목적으로 이용하는 경우에는 공표된 저작물의 일부분을 복제·배포·공연·전시 또는 공중송신(이하 이 조에서 "복제등"이라 한다)할 수 있다. 다만, 공표된 저작물의 성질이나 그 이용의 목적 및 형태 등에 비추어 해당 저작물의 전부를 복제등을 하는 것이 부득이한 경우에는 전부 복제등을 할 수 있다.(2024.2.27 본문개정)
1. 특별법에 따라 설립된 학교
2. 「유아교육법」, 「초·중등교육법」 또는 「고등교육법」에 따른 학교
3. 국가나 지방자치단체가 운영하는 교육기관

4. 「학점인정 등에 관한 법률」 제3조에 따라 평가인정을 받은 학습과정을 운영하는 교육훈련기관(정보통신매체를 이용한 원격수업기반 학습과정에 한정한다)(2024.2.27 본호신설)
(2020.2.4 본항개정)
④ 국가나 지방자치단체에 소속되어 제3항에 따른 학교 또는 교육기관의 수업을 지원하는 기관(이하 "수업지원기관"이라 한다)은 수업 지원을 위하여 필요한 경우에는 공표된 저작물의 일부분을 복제등을 할 수 있다. 다만, 공표된 저작물의 성질이나 그 이용의 목적 및 형태 등에 비추어 해당 저작물의 전부를 복제등을 하는 것이 부득이한 경우에는 전부 복제등을 할 수 있다.(2024.2.27 본문개정)
⑤ 제3항 각 호의 학교·교육기관 또는 교육훈련기관에서 교육을 받는 자는 수업 목적을 위하여 필요하다고 인정되는 경우에는 제3항의 범위 내에서 공표된 저작물을 복제하거나 공중송신할 수 있다.(2024.2.27 본항개정)
⑥ 제1항부터 제4항까지의 규정에 따라 공표된 저작물을 이용하려는 자는 문화체육관광부장관이 정하여 고시하는 기준에 따른 보상금을 해당 저작재산권자에게 지급하여야 한다. 다만, 고등학교 및 이에 준하는 학교 이하의 학교에서 복제등을 하는 경우에는 보상금을 지급하지 아니한다.(2020.2.4 본항개정)
⑦ 제6항에 따른 보상을 받을 권리는 다음 각 호의 요건을 갖춘 단체로서 문화체육관광부장관이 지정하는 단체를 통하여 행사되어야 한다. 문화체육관광부장관이 그 단체를 지정할 때에는 미리 그 단체의 동의를 받아야 한다.(2020.2.4 본문개정)
1. 대한민국 내에서 보상을 받을 권리를 가진 자(이하 "보상권리자"라 한다)로 구성된 단체
2. 영리를 목적으로 하지 아니할 것
3. 보상금의 징수 및 분배 등의 업무를 수행하기에 충분한 능력이 있을 것
⑧ 제7항에 따른 단체는 그 구성원이 아니라도 보상권리자로부터 신청이 있을 때에는 그 자를 위하여 그 권리행사를 거부할 수 없다. 이 경우 그 단체는 자기의 명의로 그 권리에 관한 재판상 또는 재판 외의 행위를 할 권한을 가진다.(2020.2.4 전단개정)
⑨ 문화체육관광부장관은 제7항에 따른 단체가 다음 각 호의 어느 하나에 해당하는 경우에는 그 지정을 취소할 수 있다.(2020.2.4 본문개정)
1. 제7항에 따른 요건을 갖추지 못한 때(2020.2.4 본호개정)
2. 보상관계 업무규정을 위배한 때
3. 보상관계 업무를 상당한 기간 정지하여 보상권리자의 이익을 해할 우려가 있을 때(2023.8.8 본호개정)
⑩ 제7항에 따른 단체는 보상금 분배 공고를 한 날부터 5년이 지난 미분배 보상금에 대하여 문화체육관광부장관의 승인을 받아 다음 각 호의 어느 하나에 해당하는 목적을 위하여 사용할 수 있다. 다만, 보상권리자에 대한 정보가 확인되는 경우 보상금을 지급하기 위하여 일정 비율의 미분배 보상금을 대통령령으로 정하는 바에 따라 적립하여야 한다.(2020.2.4 본문개정)
1. 저작권 교육·홍보 및 연구
2. 저작권 정보의 관리 및 제공
3. 저작물 창작 활동의 지원
4. 저작권 보호 사업
5. 창작자 권익옹호 사업
6. 보상권리자에 대한 보상금 분배 활성화 사업
7. 저작물 이용 활성화 및 공정한 이용을 도모하기 위한 사업
(2018.10.16 1호~7호신설)
⑪ 제7항·제9항 및 제10항에 따른 단체의 지정과 취소 및 업무규정, 보상금 분배 공고, 미분배 보상금의 사용 승인 등에 필요한 사항은 대통령령으로 정한다.(2020.2.4 본항개정)
⑫ 제2항부터 제4항까지의 규정에 따라 교과용도서를 발행한 자, 학교·교육기관·교육훈련기관 및 수업지원기관이 저작물을 공중송신하는 경우에는 저작권 그 밖에 이 법에 의하여 보호되는 권리의 침해를 방지하기 위하여 복제방지조치 등 대통령령으로 정하는 필요한 조치를 하여야 한다.(2024.2.27 본항개정)

제26조【시사보도를 위한 이용】 방송·신문 그 밖의 방법에 의하여 시사보도를 하는 경우에 그 과정에서 보이거나 들리는 저작물은 보도를 위한 정당한 범위 안에서 복제·배포·공연 또는 공중송신할 수 있다.

제27조【시사적인 기사 및 논설의 복제 등】 정치·경제·사회·문화·종교에 관하여 「신문 등의 진흥에 관한 법률」 제2조의 규정에 따른 신문 및 인터넷신문 또는 「뉴스통신진흥에 관한 법률」 제2조의 규정에 따른 뉴스통신에 게재된 시사적인 기사나 논설은 다른 언론기관이 복제·배포 또는 방송할 수 있다. 다만, 이용을 금지하는 표시가 있는 경우에는 그러하지 아니하다.(2009.7.31 본조개정)

제28조【공표된 저작물의 인용】 공표된 저작물은 보도·비평·교육·연구 등을 위하여는 정당한 범위 안에서 공정한 관행에 합치되게 이를 인용할 수 있다.

판례 학력평가시험의 출제, 시험, 채점 등의 업무를 하는 공공기관인 한국교육과정평가원이 고입선발고사, 수능 등 문제지에 한국문학예술저작권협회가 저작권을 위탁받아 관리하는 저작물을 지문이나 참고자료로 이용하고, 이후 시험 종료 후에도 문제지를 평가원 홈페이지에 올려 누구든지 내려받을 수 있도록 했다. 이와 같은 게시행위는 시장에서의 통상적인 이용 방법과는 달리 저작물의 이용허락을 받지 않은 채 저작물을 평가문제에 포함해 전송한 것으로, 저작물의 현재 시장 또는 가치나 잠재적인 시장 또는 가치에 영향을 미치는 행위에 해당한다. 평가원의 게시행위가 평가문제를 공중의 이용에 제공한다는 공익적·비영리적 측면이 있다는 점을 감안하더라도 저작물의 공정한 이용에 해당한다고 보기는 어렵다.
(대판 2024.7.11, 2021다272001)

제29조【영리를 목적으로 하지 아니하는 공연·방송】 ① 영리를 목적으로 하지 아니하고 청중이나 관중 또는 제3자로부터 어떤 명목으로든지 대가를 지급받지 아니하는 경우에는 공표된 저작물을 공연(상업용 음반 또는 상업적 목적으로 공표된 영상저작물을 재생하는 경우는 제외한다) 또는 방송할 수 있다. 다만, 실연자에게 일반적인 보수를 지급하는 경우에는 그러하지 아니하다.
② 청중이나 관중으로부터 해당 공연에 대한 대가를 지급받지 아니하는 경우에는 상업용 음반 또는 상업적 목적으로 공표된 영상저작물을 재생하여 공중에게 공연할 수 있다. 다만, 대통령령으로 정하는 경우에는 그러하지 아니하다.
(2023.8.8 본조개정)

제30조【사적이용을 위한 복제】 공표된 저작물을 영리를 목적으로 하지 아니하고 개인적으로 이용하거나 가정 및 이에 준하는 한정된 범위 안에서 이용하는 경우에는 그 이용자는 이를 복제할 수 있다. 다만, 공중의 사용에 제공하기 위하여 설치된 복사기기, 스캐너, 사진기 등 문화체육관광부령으로 정하는 복제기기에 의한 복제는 그러하지 아니하다.
(2020.2.4 단서개정)

제31조【도서관등에서의 복제 등】 ① 「도서관법」에 따른 도서관과 도서·문서·기록 그 밖의 자료(이하 "도서등"이라 한다)를 공중의 이용에 제공하는 시설 중 대통령령으로 정하는 시설(해당 시설의 장을 포함한다. 이하 "도서관등"이라 한다)은 다음 각 호의 어느 하나에 해당하는 경우에는 그 도서관등에 보관된 도서등(제1호의 경우에는 제3항에 따라 해당 도서관등이 복제·전송받은 도서등을 포함한다)을 사용하여 저작물을 복제할 수 있다. 다만, 제1호 및 제3호의 경우에는 디지털 형태로 복제할 수 없다.(2021.5.18 본문개정)
1. 조사·연구를 목적으로 하는 이용자의 요구에 따라 공표된 도서등의 일부분의 복제물을 1명당 1부에 한정하여 제공하는 경우(2023.8.8 본호개정)
2. 도서등의 자체보존을 위하여 필요한 경우
3. 다른 도서관등의 요구에 따라 절판 그 밖에 이에 준하는 사유로 구하기 어려운 도서등의 복제물을 보존용으로 제공하는 경우
② 도서관등은 컴퓨터를 이용하여 이용자가 그 도서관등의

안에서 열람할 수 있도록 보관된 도서등을 복제하거나 전송할 수 있다. 이 경우 동시에 열람할 수 있는 이용자의 수는 그 도서관등에서 보관하고 있거나 저작권 그 밖에 이 법에 따라 보호되는 권리를 가진 자로부터 이용허락을 받은 그 도서등의 부수를 초과할 수 없다.(2009.4.22 전단개정)
③ 도서관등은 컴퓨터를 이용하여 이용자가 다른 도서관등의 안에서 열람할 수 있도록 보관된 도서등을 복제하거나 전송할 수 있다. 다만, 그 전부 또는 일부가 판매용으로 발행된 도서등은 그 발행일부터 5년이 지나지 아니한 경우에는 그러하지 아니하다.(2023.8.8 단서개정)
④ 도서관등은 제1항제2호의 규정에 따른 도서등의 복제 및 제2항과 제3항의 규정에 따른 도서등의 복제의 경우에 그 도서등이 디지털 형태로 판매되고 있는 때에는 그 도서등을 디지털 형태로 복제할 수 없다.
⑤ 도서관등은 제1항제1호에 따라 디지털 형태의 도서등을 복제하는 경우 및 제3항에 따라 도서등을 다른 도서관등의 안에서 열람할 수 있도록 복제하거나 전송하는 경우에는 문화체육관광부장관이 정하여 고시하는 기준에 따른 보상금을 해당 저작재산권자에게 지급하여야 한다. 다만, 국가, 지방자치단체 또는 「고등교육법」 제2조에 따른 학교를 저작재산권자로 하는 도서등(그 전부 또는 일부가 판매용으로 발행된 도서등은 제외한다)의 경우에는 그러하지 아니하다.
(2021.5.18 본항개정)
⑥ 제5항의 보상금의 지급 등에 관하여는 제25조제7항부터 제11항까지의 규정을 준용한다.(2020.2.4 본항개정)
⑦ 제1항부터 제3항까지에 따라 도서등을 디지털 형태로 복제하거나 전송하는 경우에 도서관등은 저작권 그 밖에 이 법에 따라 보호되는 권리의 침해를 방지하기 위하여 복제방지조치 등 대통령령으로 정하는 필요한 조치를 하여야 한다.
(2023.8.8 본항개정)
⑧ 「도서관법」 제22조에 따라 국립중앙도서관이 온라인 자료의 보존을 위하여 수집하는 경우에는 해당 자료를 복제할 수 있다.(2021.12.7 본항개정)

제32조 【시험문제를 위한 복제 등】 학교의 입학시험이나 그 밖에 학식 및 기능에 관한 시험 또는 검정을 위하여 필요한 경우에는 그 목적을 위하여 정당한 범위에서 공표된 저작물을 복제·배포 또는 공중송신할 수 있다. 다만, 영리를 목적으로 하는 경우에는 그러하지 아니하다.(2020.2.4 본조개정)

제33조 【시각장애인등을 위한 복제 등】 ① 누구든지 공표된 저작물을 시각장애인과 독서에 장애가 있는 사람으로서 대통령령으로 정하는 사람(이하 "시각장애인등"이라 한다)을 위하여 「점자법」 제3조에 따른 점자로 변환하여 복제·배포할 수 있다.
② 시각장애인등의 복리증진을 목적으로 하는 시설 중 대통령령으로 정하는 시설(해당 시설의 장을 포함한다)은 영리를 목적으로 하지 아니하고 시각장애인등의 이용에 제공하기 위하여 공표된 저작물등에 포함된 문자 및 영상 등의 시각적 표현을 시각장애인등이 인지할 수 있는 대체자료로 변환하여 이를 복제·배포·공연 또는 공중송신할 수 있다.
③ 시각장애인등과 그의 보호자(보조자를 포함한다. 이하 이 조 및 제33조의2에서 같다)는 공표된 저작물등에 적법하게 접근하는 경우 시각장애인등의 개인적 이용을 위하여 그 저작물등에 포함된 문자 및 영상 등의 시각적 표현을 시각장애인등이 인지할 수 있는 대체자료로 변환하여 이를 복제할 수 있다.(2023.8.8 본항신설)
④ 제2항 및 제3항에 따른 대체자료의 범위는 대통령령으로 정한다.
(2023.8.8 본조개정)

제33조의2 【청각장애인 등을 위한 복제 등】 ① 누구든지 공표된 저작물을 청각장애인 등을 위하여 「한국수화언어법」 제3조제1호에 따른 한국수어로 변환할 수 있고, 이러한 한국수어를 복제·배포·공연 또는 공중송신할 수 있다.
② 청각장애인 등의 복리증진을 목적으로 하는 시설 중 대통령령으로 정하는 시설(해당 시설의 장을 포함한다)은 영리를 목적으로 하지 아니하고 청각장애인 등의 이용에 제공하기 위하여 필요한 범위에서 공표된 저작물등에 포함된 음성 및 음향 등을 자막 등 청각장애인 등이 인지할 수 있는 대체자료로 변환하여 이를 복제·배포·공연 또는 공중송신할 수 있다.
③ 청각장애인 등과 그의 보호자는 공표된 저작물등에 적법하게 접근하는 경우 청각장애인 등의 개인적 이용을 위하여 그 저작물등에 포함된 음성·음향 등을 자막 등 청각장애인 등이 인지할 수 있는 대체자료로 변환하여 이를 복제할 수 있다.(2023.8.8 본항신설)
④ 제1항부터 제3항까지에 따른 청각장애인 등의 범위와 제2항 및 제3항에 따른 대체자료의 범위는 대통령령으로 정한다.
(2023.8.8 본조개정)

제34조 【방송사업자의 일시적 녹음·녹화】 ① 저작물을 방송할 권한을 가지는 방송사업자는 자신의 방송을 위하여 자체의 수단으로 저작물을 일시적으로 녹음하거나 녹화할 수 있다.
② 제1항의 규정에 따라 만들어진 녹음물 또는 녹화물은 녹음일 또는 녹화일부터 1년을 초과하여 보존할 수 없다. 다만, 그 녹음물 또는 녹화물이 기록의 자료로서 대통령령으로 정하는 장소에 보존되는 경우에는 그러하지 아니하다.
(2023.8.8 본문개정)

제35조 【미술저작물등의 전시 또는 복제】 ① 미술저작물등의 원본의 소유자나 그의 동의를 얻은 자는 그 저작물을 원본에 의하여 전시할 수 있다. 다만, 가로·공원·건축물의 외벽 그 밖에 공중에게 개방된 장소에 항시 전시하는 경우에는 그러하지 아니하다.
② 제1항 단서의 규정에 따른 개방된 장소에 항시 전시되어 있는 미술저작물등은 어떠한 방법으로든지 이를 복제하여 이용할 수 있다. 다만, 다음 각 호의 어느 하나에 해당하는 경우에는 그러하지 아니하다.
1. 건축물을 건축물로 복제하는 경우
2. 조각 또는 회화를 조각 또는 회화로 복제하는 경우
3. 제1항 단서의 규정에 따른 개방된 장소 등에 항시 전시하기 위하여 복제하는 경우
4. 판매의 목적으로 복제하는 경우
③ 제1항의 규정에 따라 전시를 하는 자 또는 미술저작물등의 원본을 판매하고자 하는 자는 그 저작물의 해설이나 소개를 목적으로 하는 목록 형태의 책자에 이를 복제하여 배포할 수 있다.
④ 위탁에 의한 초상화 또는 이와 유사한 사진저작물의 경우에는 위탁자의 동의가 없는 때에는 이를 이용할 수 없다.

제35조의2 【저작물 이용과정에서의 일시적 복제】 컴퓨터에서 저작물을 이용하는 경우에는 원활하고 효율적인 정보처리를 위하여 필요하다고 인정되는 범위 안에서 그 저작물을 그 컴퓨터에 일시적으로 복제할 수 있다. 다만, 그 저작물의 이용이 저작권을 침해하는 경우에는 그러하지 아니하다.
(2011.12.2 본조신설)

제35조의3 【부수적 복제 등】 사진촬영, 녹음 또는 녹화(이하 이 조에서 "촬영등"이라 한다)를 하는 과정에서 보이거나 들리는 저작물이 촬영등의 주된 대상에 부수적으로 포함되는 경우에는 이를 복제·배포·공연·전시 또는 공중송신할 수 있다. 다만, 그 이용된 저작물의 종류 및 용도, 이용의 목적 및 성격 등에 비추어 저작재산권자의 이익을 부당하게 해치는 경우에는 그러하지 아니하다.(2019.11.26 본조신설)

제35조의4 【문화시설에 의한 복제 등】 ① 국가나 지방자치단체가 운영하는 문화예술 활동에 지속적으로 이용되는 시설 중 대통령령으로 정하는 문화시설(해당 시설의 장을 포함한다. 이하 이 조에서 "문화시설"이라 한다)은 대통령령으로 정하는 기준에 해당하는 상당한 조사를 하였어도 공표된 저작물(제3조에 따른 외국인의 저작물은 제외한다. 이하 이 조에서 같다)의 저작재산권자나 그의 거소를 알 수 없는 경우 그 문화시설에 보관된 자료를 수집·정리·분석·보존하여 공중에게 제공하기 위한 목적(영리를 목적으로 하는 경우는 제

외한다)으로 그 자료를 사용하여 저작물을 복제·배포·공연·전시 또는 공중송신할 수 있다.(2023.8.8 본항개정)
② 저작재산권자는 제1항에 따른 문화시설의 이용에 대하여 해당 저작물의 이용을 중단할 것을 요구할 수 있으며, 요구를 받은 문화시설은 지체 없이 해당 저작물의 이용을 중단하여야 한다.
③ 저작재산권자는 제1항에 따른 이용에 대하여 보상금을 청구할 수 있으며, 문화시설은 저작재산권자와 협의한 보상금을 지급하여야 한다.
④ 제3항에 따라 보상금 협의절차를 거쳤으나 협의가 성립되지 아니한 경우에는 문화시설 또는 저작재산권자는 문화체육관광부장관에게 보상금 결정을 신청하여야 한다.
⑤ 제4항에 따른 보상금 결정 신청이 있는 경우에 문화체육관광부장관은 저작물의 이용 목적·이용 형태·이용 범위 등을 고려하여 보상금 규모 및 지급 시기를 정한 후 이를 문화시설 및 저작재산권자에게 통보하여야 한다.
⑥ 제1항에 따라 문화시설이 저작물을 이용하고자 하는 경우에는 대통령령으로 정하는 바에 따라 이용되는 저작물의 목록·내용 등과 관련된 정보의 게시, 저작권 및 그 밖에 이 법에 따라 보호되는 권리의 침해를 방지하기 위한 복제방지조치 등 필요한 조치를 하여야 한다.
⑦ 제2항부터 제5항까지의 규정에 따른 이용 중단 요구 절차와 방법, 보상금 결정 신청 및 결정 절차 등에 관하여 필요한 사항은 대통령령으로 정한다.
(2019.11.26 본조신설)
제35조의5【저작물의 공정한 이용】 ① 제23조부터 제35조의4까지, 제101조의3부터 제101조의5까지의 경우 외에 저작물의 일반적인 이용 방법과 충돌하지 아니하고 저작자의 정당한 이익을 부당하게 해치지 아니하는 경우에는 저작물을 이용할 수 있다.(2023.8.8 본항개정)
② 저작물 이용 행위가 제1항에 해당하는지를 판단할 때에는 다음 각 호의 사항등을 고려하여야 한다.
1. 이용의 목적 및 성격(2016.3.22 본호개정)
2. 저작물의 종류 및 용도
3. 이용된 부분이 저작물 전체에서 차지하는 비중과 그 중요성
4. 저작물의 이용이 그 저작물의 현재 시장 또는 가치나 잠재적인 시장 또는 가치에 미치는 영향
(2011.12.2 본조신설)
제36조【번역 등에 의한 이용】 ① 제24조의2, 제25조, 제29조, 제30조, 제35조의3부터 제35조의5까지의 규정에 따라 저작물을 이용하는 경우에는 그 저작물을 번역·편곡 또는 개작하여 이용할 수 있다.(2019.11.26 본항개정)
② 제23조·제24조·제26조·제27조·제28조·제32조·제33조 또는 제33조의2에 따라 저작물을 이용하는 경우에는 그 저작물을 번역하여 이용할 수 있다.(2013.7.16 본항개정)
제37조【출처의 명시】 ① 이 관에 따라 저작물을 이용하는 자는 그 출처를 명시하여야 한다. 다만, 제26조, 제29조부터 제32조까지, 제34조 및 제35조의2부터 제35조의4까지의 경우에는 그러하지 아니하다.(2019.11.26 단서개정)
② 출처의 명시는 저작물의 이용 상황에 따라 합리적이라고 인정되는 방법으로 하여야 하며, 저작자의 실명 또는 이명이 표시된 저작물인 경우에는 그 실명 또는 이명을 명시하여야 한다.
판례 '저작자의 실명 또는 이명이 표시된 저작물인 경우에는 그 실명 또는 이명을 명시하여야 한다'는 문언은 저작물의 출처를 명시하는 방법을 예시한 것에 불과할 뿐 어떠한 경우라도 예외 없이 저작자의 실명 또는 이명을 명시하여야 한다는 것은 아니라고 해석함이 상당하고, 저작자의 성명을 포함하여 저작물의 출처가 합리적이라고 인정되는 방법으로 명시되었는지 여부는 저작물의 종류, 성질, 그 이용의 목적 및 형태 등 저작물의 이용상황을 종합적으로 고려하여 판단하여야 한다.(대판 2010.4.29, 2007도2202)
제37조의2【적용 제외】 프로그램에 대하여는 제23조·제25조·제30조 및 제32조를 적용하지 아니한다.(2009.4.22 본조신설)
제38조【저작인격권과의 관계】 이 관 각 조의 규정은 저작인격권에 영향을 미치는 것으로 해석되어서는 아니 된다.

제3관 저작재산권의 보호기간

제39조【보호기간의 원칙】 ① 저작재산권은 이 관에 특별한 규정이 있는 경우를 제외하고는 저작자가 생존하는 동안과 사망한 후 70년간 존속한다.
② 공동저작물의 저작재산권은 맨 마지막으로 사망한 저작자가 사망한 후 70년간 존속한다.
(2011.6.30 본조개정)
제40조【무명 또는 이명 저작물의 보호기간】 ① 무명 또는 널리 알려지지 아니한 이명이 표시된 저작물의 저작재산권은 공표된 때부터 70년간 존속한다. 다만, 이 기간 내에 저작자가 사망한지 70년이 지났다고 인정할만한 정당한 사유가 발생한 경우에는 그 저작재산권은 저작자가 사망한 후 70년이 지났다고 인정되는 때에 소멸한 것으로 본다.(2011.6.30 본항개정)
② 다음 각 호의 어느 하나에 해당하는 경우에는 제1항의 규정은 이를 적용하지 아니한다.
1. 제1항의 기간 이내에 저작자의 실명 또는 널리 알려진 이명이 밝혀진 경우
2. 제1항의 기간 이내에 제53조제1항의 규정에 따른 저작자의 실명등록이 있는 경우
제41조【업무상저작물의 보호기간】 업무상저작물의 저작재산권은 공표한 때부터 70년간 존속한다. 다만, 창작한 때부터 50년 이내에 공표되지 아니한 경우에는 창작한 때부터 70년간 존속한다.(2011.6.30 본조개정)
제42조【영상저작물의 보호기간】 영상저작물의 저작재산권은 제39조 및 제40조에도 불구하고 공표한 때부터 70년간 존속한다. 다만, 창작한 때부터 50년 이내에 공표되지 아니한 경우에는 창작한 때부터 70년간 존속한다.(2011.6.30 본조개정)
제43조【계속적간행물 등의 공표시기】 ① 제40조제1항 또는 제41조에 따른 공표시기는 책·호 또는 회 등으로 공표하는 저작물의 경우에는 매책·매호 또는 매회 등의 공표 시로 하고, 일부분씩 순차적으로 공표하여 완성하는 저작물의 경우에는 최종부분의 공표 시로 한다.(2011.6.30 본항개정)
② 일부분씩 순차적으로 공표하여 전부를 완성하는 저작물의 계속되어야 할 부분이 최근의 공표시기부터 3년이 지나도 공표되지 아니하는 경우에는 이미 공표된 맨 뒤의 부분을 제1항의 규정에 따른 최종부분으로 본다.(2023.8.8 본항개정)
제44조【보호기간의 기산】 이 관에 규정된 저작재산권의 보호기간을 계산하는 경우에는 저작자가 사망하거나 저작물을 창작 또는 공표한 다음 해부터 기산한다.

제4관 저작재산권의 양도·행사·소멸

제45조【저작재산권의 양도】 ① 저작재산권은 전부 또는 일부를 양도할 수 있다.
② 저작재산권의 전부를 양도하는 경우에 특약이 없는 때에는 제22조에 따른 2차적저작물을 작성하여 이용할 권리는 포함되지 아니한 것으로 추정한다. 다만, 프로그램의 경우 특약이 없으면 2차적저작물작성권도 함께 양도된 것으로 추정한다.(2023.8.8 단서개정)
제46조【저작물의 이용허락】 ① 저작재산권자는 다른 사람에게 그 저작물의 이용을 허락할 수 있다.
② 제1항의 규정에 따라 허락을 받은 자는 허락받은 이용 방법 및 조건의 범위 안에서 그 저작물을 이용할 수 있다.
③ 제1항의 규정에 따른 허락에 의하여 저작물을 이용할 수 있는 권리는 저작재산권자의 동의 없이 제3자에게 이를 양도할 수 없다.
제47조【저작재산권을 목적으로 하는 질권의 행사 등】 ① 저작재산권을 목적으로 하는 질권은 그 저작재산권의 양도

또는 그 저작물의 이용에 따라 저작재산권자가 받을 금전 그 밖의 물건(제57조에 따른 배타적발행권 및 제63조에 따른 출판권 설정의 대가를 포함한다)에 대하여도 행사할 수 있다. 다만, 이들의 지급 또는 인도 전에 이를 압류하여야 한다.(2011.12.2 본문개정)
② 질권의 목적으로 된 저작재산권은 설정행위에 특약이 없으면 저작재산권자가 이를 행사한다.(2023.8.8 본항개정)
(2009.4.22 본조제목개정)

제48조【공동저작물의 저작재산권의 행사】 ① 공동저작물의 저작재산권은 그 저작재산권자 전원의 합의에 의하지 아니하고는 이를 행사할 수 없으며, 다른 저작재산권자의 동의가 없으면 그 지분을 양도하거나 질권의 목적으로 할 수 없다. 이 경우 각 저작재산권자는 신의에 반하여 합의의 성립을 방해하거나 동의를 거부할 수 없다.
② 공동저작물의 이용에 따른 이익은 공동저작자 간에 특약이 없는 때에는 그 저작물의 창작에 이바지한 정도에 따라 각자에게 배분된다. 이 경우 각자의 이바지한 정도가 명확하지 아니한 때에는 균등한 것으로 추정한다.
③ 공동저작물의 저작재산권자는 그 공동저작물에 대한 자신의 지분을 포기할 수 있으며, 포기하거나 상속인 없이 사망한 경우에 그 지분은 다른 저작재산권자에게 그 지분의 비율에 따라 배분된다.
④ 제15조제2항 및 제3항의 규정은 공동저작물의 저작재산권의 행사에 관하여 준용한다.

제49조【저작재산권의 소멸】 저작재산권이 다음 각 호의 어느 하나에 해당하는 경우에는 소멸한다.
1. 저작재산권자가 상속인 없이 사망한 경우에 그 권리가 「민법」 그 밖의 법률의 규정에 따라 국가에 귀속되는 경우
2. 저작재산권자인 법인 또는 단체가 해산되어 그 권리가 「민법」 그 밖의 법률의 규정에 따라 국가에 귀속되는 경우

제5절 저작물 이용의 법정허락

제50조【저작재산권자 불명인 저작물의 이용】 ① 누구든지 대통령령으로 정하는 기준에 해당하는 상당한 노력을 기울였어도 공표된 저작물의 저작재산권자나 그의 거소를 알 수 없어 그 저작물의 이용허락을 받을 수 없는 경우에는 대통령령으로 정하는 바에 따라 문화체육관광부장관의 승인을 얻은 후 문화체육관광부장관이 정하는 기준에 의한 보상금을 위원회에 지급하고 이를 이용할 수 있다.(2020.2.4 본항개정)
② 제1항의 규정에 따라 저작물을 이용하는 자는 그 뜻과 승인연월일을 표시하여야 한다.
③ 제1항의 규정에 따라 법정허락된 저작물이 다시 법정허락의 대상이 되는 때에는 제1항의 규정에 따른 대통령령으로 정하는 기준에 해당하는 상당한 노력의 절차를 생략할 수 있다. 다만, 그 저작물에 대한 법정허락의 승인 이전에 저작재산권자가 대통령령으로 정하는 절차에 따라 이의를 제기하는 때에는 그러하지 아니하다.(2021.5.18 본항개정)
④ 문화체육관광부장관은 대통령령으로 정하는 바에 따라 법정허락 내용을 정보통신망에 게시하여야 한다.(2021.5.18 본항개정)
⑤ 제1항에 따른 보상을 받을 권리는 위원회를 통하여 행사되어야 한다.(2020.2.4 본항개정)
⑥ 위원회는 제1항에 따라 보상금을 지급받은 날부터 10년이 지난 미분배 보상금에 대하여 문화체육관광부장관의 승인을 얻어 제25조제10항 각 호의 어느 하나에 해당하는 목적을 위하여 사용할 수 있다.(2023.8.8 본항개정)
⑦ 제1항 및 제6항에 따른 보상금 지급 절차·방법 및 미분배 보상금의 사용 승인 등에 필요한 사항은 대통령령으로 정한다.(2019.11.26 본항신설)

제51조【공표된 저작물의 방송】 공표된 저작물을 공익을 위한 필요에 따라 방송하려는 방송사업자가 그 저작재산권자와 협의하였으나 협의가 성립되지 아니하는 경우에는 대통령령으로 정하는 바에 따라 문화체육관광부장관의 승인을 얻은 후 문화체육관광부장관이 정하는 기준에 따른 보상금을 해당 저작재산권자에게 지급하거나 공탁하고 이를 방송할 수 있다.(2023.8.8 본조개정)

제52조【상업용 음반의 제작】 상업용 음반이 우리나라에서 처음으로 판매되어 3년이 지난 경우 그 음반에 녹음된 저작물을 녹음하여 다른 상업용 음반을 제작하려는 자가 그 저작재산권자와 협의하였으나 협의가 성립되지 아니하는 때에는 대통령령으로 정하는 바에 따라 문화체육관광부장관의 승인을 얻은 후 문화체육관광부장관이 정하는 기준에 따른 보상금을 해당 저작재산권자에게 지급하거나 공탁하고 다른 상업용 음반을 제작할 수 있다.(2023.8.8 본조개정)

제6절 등록 및 인증

제53조【저작권의 등록】 ① 저작자는 다음 각 호의 사항을 등록할 수 있다.
1. 저작자의 실명·이명(공표 당시에 이명을 사용한 경우로 한정한다)·국적·주소 또는 거소(2021.5.18 본호개정)
2. 저작물의 제호·종류·창작연월일
3. 공표의 여부 및 맨 처음 공표된 국가·공표연월일
4. 그 밖에 대통령령으로 정하는 사항
② 저작자가 사망한 경우 저작자의 특별한 의사표시가 없는 때에는 그의 유언으로 지정한 자 또는 상속인이 제1항 각 호의 규정에 따른 등록을 할 수 있다.
③ 제1항 및 제2항에 따라 저작자로 실명이 등록된 자는 그 등록저작물의 저작자로, 창작연월일 또는 맨 처음의 공표연월일이 등록된 저작물은 등록된 연월일에 창작 또는 맨 처음 공표된 것으로 추정한다. 다만, 저작물을 창작한 때부터 1년이 지난 후에 창작연월일을 등록한 경우에는 등록된 연월일에 창작된 것으로 추정하지 아니한다.(2023.8.8 단서개정)

제54조【권리변동 등의 등록·효력】 다음 각 호의 사항은 이를 등록할 수 있으며, 등록하지 아니하면 제3자에게 대항할 수 없다.
1. 저작재산권의 양도(상속 그 밖의 일반승계의 경우는 제외한다) 또는 처분제한(2023.8.8 본호개정)
2. 제57조에 따른 배타적발행권 또는 제63조에 따른 출판권의 설정·이전·변경·소멸 또는 처분제한(2011.12.2 본호신설)
3. 저작재산권, 제57조에 따른 배타적발행권 및 제63조에 따른 출판권을 목적으로 하는 질권의 설정·이전·변경·소멸 또는 처분제한(2011.12.2 본호개정)

제55조【등록의 절차 등】 ① 제53조 및 제54조에 따른 등록은 위원회가 저작권등록부(프로그램의 경우에는 프로그램등록부를 말한다. 이하 같다)에 기록함으로써 한다.
② 위원회는 다음 각 호의 어느 하나에 해당하는 경우에는 신청을 반려할 수 있다. 다만, 신청의 흠결이 보정될 수 있는 경우에 신청인이 그 신청을 한 날에 이를 보정하였을 때에는 그러하지 아니하다.
1. 등록을 신청한 대상이 저작물이 아닌 경우
2. 등록을 신청한 대상이 제7조에 따른 보호받지 못하는 저작물인 경우
3. 등록을 신청할 권한이 없는 자가 등록을 신청한 경우
4. 등록신청에 필요한 자료 또는 서류를 첨부하지 아니한 경우
5. 제53조제1항 또는 제54조에 따라 등록을 신청한 사항의 내용이 문화체육관광부령으로 정하는 등록신청서 첨부서류의 내용과 일치하지 아니하는 경우
6. 등록신청이 문화체육관광부령으로 정한 서식에 맞지 아니한 경우
③ 제2항에 따라 등록신청이 반려된 경우에 그 등록을 신청한 자는 반려된 날부터 1개월 이내에 위원회에 이의를 신청할 수 있다.(2020.2.4 본항신설)
④ 위원회는 제3항에 따른 이의신청을 받았을 때에는 신청을 받은 날부터 1개월 이내에 심사하여 그 결과를 신청인에게 통지하여야 한다.(2020.2.4 본항신설)

⑤ 위원회는 제2항에 따른 반려처분에 대한 이의신청을 각하 또는 기각하는 결정을 한 때에는 신청인에게 행정심판 또는 행정소송을 제기할 수 있다는 취지를 이의신청 결과를 통지할 때 함께 알려야 한다.(2023.5.16 본항개정)
⑥ 위원회는 제1항에 따라 저작권등록부에 기록한 등록 사항에 대하여 등록공보를 발행하거나 정보통신망에 게시하여야 한다.
⑦ 위원회는 저작권등록부의 열람 또는 사본 발급을 신청하는 자가 있는 경우에는 이를 열람하게 하거나 그 사본을 내주어야 한다.(2020.2.4 본항신설)
⑧ 제1항부터 제7항까지에서 규정한 사항 외에 등록, 등록신청의 반려, 이의신청, 등록공보의 발행 또는 게시, 저작권등록부의 열람 및 사본의 발급 등에 필요한 사항은 대통령령으로 정한다.(2021.5.18 본항개정)
(2020.2.4 본조개정)

제55조의2【착오·누락의 통지 및 직권 경정】 ① 위원회는 저작권등록부에 기록된 사항에 착오가 있거나 누락된 것이 있음을 발견하였을 때에는 지체 없이 그 사실을 제53조 또는 제54조에 따라 등록을 한 자(이하 "저작권 등록자"라 한다)에게 알려야 한다.
② 제1항의 착오나 누락이 등록 담당 직원의 잘못으로 인한 것인 경우에는 지체 없이 그 등록된 사항을 경정(更正)하고 그 내용을 저작권 등록자에게 알려야 한다.
③ 위원회는 제1항 및 제2항에 따른 등록 사항의 경정에 이해관계를 가진 제3자가 있는 경우에는 그 제3자에게도 착오나 누락의 내용과 그에 따른 경정사실을 알려야 한다.
(2020.2.4 본조신설)

제55조의3【변경등록등의 신청 등】 ① 저작권 등록자는 다음 각 호의 어느 하나에 해당하는 경우에는 문화체육관광부령으로 정하는 바에 따라 해당 신청서에 이를 증명할 수 있는 서류를 첨부하여 위원회에 변경·경정·말소등록 또는 말소한 등록의 회복등록(이하 "변경등록등"이라 한다)을 신청할 수 있다.
1. 저작권등록부에 기록된 사항이 변경된 경우
2. 등록에 착오가 있거나 누락된 것이 있는 경우
3. 등록의 말소를 원하는 경우
4. 말소된 등록의 회복을 원하는 경우
② 위원회는 변경등록등 신청서에 적힌 내용이 이를 증명하는 서류의 내용과 서로 맞지 아니하는 경우에는 신청을 반려할 수 있다.
③ 제2항에 따라 등록신청이 반려된 경우에 그 등록을 신청한 자는 이의를 신청할 수 있다. 이 경우 이의신청에 관하여는 제55조제3항부터 제5항까지 및 제8항을 준용한다.
④ 위원회는 변경등록등의 신청을 받아들였을 때에는 그 내용을 저작권등록부에 기록하여야 한다.
⑤ 그 밖에 변경등록등의 신청, 신청의 반려 등에 필요한 사항은 대통령령으로 정한다.
(2020.2.4 본조신설)

제55조의4【직권 말소등록】 ① 위원회는 제53조 또는 제54조에 따른 등록이 제55조제2항제1호부터 제3호까지 및 제5호의 어느 하나에 해당하는 것을 알게 된 경우에는 그 등록을 직권으로 말소할 수 있다.
② 위원회는 제1항에 따라 등록을 말소하려면 청문을 하여야 한다. 다만, 제1항에 따른 말소 사유가 확정판결로 확인된 경우에는 그러하지 아니한다.
③ 위원회는 제2항 단서에 따라 청문을 하지 아니하고 등록을 말소하는 경우에는 그 말소의 사실을 저작권 등록자 및 이해관계가 있는 제3자에게 알려야 한다.
(2020.2.4 본조신설)

제55조의5【비밀유지의무】 제53조부터 제55조까지, 제55조의2부터 제55조의4까지의 규정에 따른 등록 업무를 수행하는 직에 재직하는 사람과 재직하였던 사람은 직무상 알게 된 비밀을 다른 사람에게 누설하여서는 아니 된다.(2020.2.4 본조개정)

제56조【권리자 등의 인증】 ① 문화체육관광부장관은 저작물등의 거래의 안전과 신뢰보호를 위하여 인증기관을 지정할 수 있다.(2008.2.29 본항개정)
② 제1항에 따른 인증기관의 지정과 지정취소 및 인증절차 등에 관하여 필요한 사항은 대통령령으로 정한다.(2009.4.22 본항개정)
③ 제1항의 규정에 따른 인증기관은 인증과 관련한 수수료를 받을 수 있으며 그 금액은 문화체육관광부장관이 정한다.(2008.2.29 본항개정)

제7절 배타적발행권
(2011.12.2 본절개정)

제57조【배타적발행권의 설정】 ① 저작물을 발행하거나 복제·전송(이하 "발행등"이라 한다)할 권리를 가진 자는 그 저작물을 발행등에 이용하고자 하는 자에 대하여 배타적 권리(이하 "배타적발행권"이라 하며, 제63조에 따른 출판권은 제외한다. 이하 같다)를 설정할 수 있다.
② 저작재산권자는 그 저작물에 대하여 발행등의 방법 및 조건이 중첩되지 않는 범위 내에서 새로운 배타적발행권을 설정할 수 있다.(2011.12.2 본항신설)
③ 제1항에 따라 배타적발행권을 설정받은 자(이하 "배타적발행권자"라 한다)는 그 설정행위에서 정하는 바에 따라 그 배타적발행권의 목적인 저작물을 발행등의 방법으로 이용할 권리를 가진다.
④ 저작재산권자는 그 저작물의 복제권·배포권·전송권을 목적으로 하는 질권이 설정되어 있는 경우에는 그 질권자의 허락이 있어야 배타적발행권을 설정할 수 있다.

제58조【배타적발행권자의 의무】 ① 배타적발행권자는 그 설정행위에 특약이 없는 때에는 배타적발행권의 목적인 저작물을 복제하기 위하여 필요한 원고 또는 이에 상응하는 물건을 받은 날부터 9개월 이내에 이를 발행등의 방법으로 이용하여야 한다.(2021.5.18 본항개정)
② 배타적발행권자는 그 설정행위에 특약이 없는 때에는 관행에 따라 그 저작물을 계속하여 발행등의 방법으로 이용하여야 한다.
③ 배타적발행권자는 특약이 없는 때에는 각 복제물에 대통령령으로 정하는 바에 따라 저작재산권자의 표지를 하여야 한다. 다만, 「신문 등의 진흥에 관한 법률」 제9조제1항에 따라 등록된 신문과 「잡지 등 정기간행물의 진흥에 관한 법률」 제15조 및 제16조에 따라 등록 또는 신고된 정기간행물의 경우에는 그러하지 아니하다.(2020.2.4 본항개정)

제58조의2【저작물의 수정증감】 ① 배타적발행권자가 배타적발행권의 목적인 저작물을 발행등의 방법으로 다시 이용하는 경우에 저작자는 정당한 범위 안에서 그 저작물의 내용을 수정하거나 증감할 수 있다.
② 배타적발행권자는 배타적발행권의 목적인 저작물을 발행등의 방법으로 다시 이용하고자 하는 경우에 특약이 없는 때에는 그때마다 미리 저작자에게 그 사실을 알려야 한다.

제59조【배타적발행권의 존속기간 등】 ① 배타적발행권은 그 설정행위에 특약이 없는 때에는 맨 처음 발행등을 한 날부터 3년간 존속한다. 다만, 저작물의 영상화를 위하여 배타적발행권을 설정하는 경우에는 5년으로 한다.(2023.8.8 본문개정)
② 저작재산권자는 배타적발행권 존속기간 중 그 배타적발행권의 목적인 저작물의 저작자가 사망한 때에는 제1항에도 불구하고 저작자를 위하여 저작물을 전집 그 밖의 편집물에 수록하거나 전집 그 밖의 편집물의 일부인 저작물을 분리하여 이를 따로 발행등의 방법으로 이용할 수 있다.

제60조【배타적발행권의 소멸통지】 ① 저작재산권자는 배타적발행권자가 제58조제1항 또는 제2항을 위반한 경우에는 6개월 이상의 기간을 정하여 그 이행을 최고하고 그 기간 내에 이행하지 아니하는 때에는 배타적발행권의 소멸을 통지할 수 있다.(2023.8.8 본항개정)

② 저작재산권자는 배타적발행권자가 그 저작물을 발행등의 방법으로 이용하는 것이 불가능하거나 이용할 의사가 없음이 명백한 경우에는 제1항에도 불구하고 즉시 배타적발행권의 소멸을 통지할 수 있다.(2023.8.8 본항개정)
③ 제1항 또는 제2항에 따라 배타적발행권의 소멸을 통지한 경우에는 출판권자가 통지를 받은 때에 배타적발행권이 소멸한 것으로 본다.(2023.8.8 본항개정)
④ 제3항의 경우에 저작재산권자는 배타적발행권자에 대하여 언제든지 원상회복을 청구하거나 발행등을 중지함으로 인한 손해의 배상을 청구할 수 있다.
(2023.8.8 본조제목개정)
제61조【배타적발행권 소멸 후의 복제물의 배포】 배타적발행권이 그 존속기간의 만료 그 밖의 사유로 소멸된 경우에는 그 배타적발행권을 가지고 있던 자는 다음 각 호의 어느 하나에 해당하는 경우를 제외하고는 그 배타적발행권의 존속기간 중 만들어진 복제물을 배포할 수 없다.
1. 배타적발행권 설정행위에 특약이 있는 경우
2. 배타적발행권의 존속기간 중 저작재산권자에게 그 저작물의 발행에 따른 대가를 지급하고 그 대가에 상응하는 부수의 복제물을 배포하는 경우
제62조【배타적발행권의 양도 · 제한 등】 ① 배타적발행권자는 저작재산권자의 동의 없이 배타적발행권을 양도하거나 또는 질권의 목적으로 할 수 없다.
② 배타적발행권의 목적으로 되어 있는 저작물의 복제 등에 관하여는 제23조, 제24조, 제25조제1항부터 제5항까지, 제26조부터 제28조까지, 제30조부터 제33조까지, 제35조제2항 및 제3항, 제35조의2부터 제35조의5까지, 제36조 및 제37조를 준용한다.(2020.2.4 본항개정)

제7절의2 출판에 관한 특례
(2011.12.2 본절신설)

제63조【출판권의 설정】 ① 저작물을 복제 · 배포할 권리를 가진 자(이하 "복제권자"라 한다)는 그 저작물을 인쇄 그 밖에 이와 유사한 방법으로 문서 또는 도화로 발행하고자 하는 자에 대하여 이를 출판할 권리(이하 "출판권"이라 한다)를 설정할 수 있다.
② 제1항에 따라 출판권을 설정받은 자(이하 "출판권자"라 한다)는 그 설정행위에서 정하는 바에 따라 그 출판권의 목적인 저작물을 원작 그대로 출판할 권리를 가진다.
③ 복제권자는 그 저작물의 복제권을 목적으로 하는 질권이 설정되어 있는 경우에는 그 질권자의 허락이 있어야 출판권을 설정할 수 있다.
제63조의2【준용】 제58조부터 제62조까지는 출판권에 관하여 준용한다. 이 경우 "배타적발행권"은 "출판권"으로, "저작재산권자"는 "복제권자"로 본다.

제3장 저작인접권

제1절 통 칙

제64조【보호받는 실연 · 음반 · 방송】 ① 다음 각 호 각 목의 어느 하나에 해당하는 실연 · 음반 및 방송은 이 법에 따른 보호를 받는다.(2021.5.18 본문개정)
1. 실연
가. 대한민국 국민(대한민국 법률에 따라 설립된 법인 및 대한민국 내에 주된 사무소가 있는 외국법인을 포함한다. 이하 같다)이 행하는 실연
나. 대한민국이 가입 또는 체결한 조약에 따라 보호되는 실연
다. 제2호 각 목의 음반에 고정된 실연
라. 제3호 각 목의 방송에 의하여 송신되는 실연(송신 전에 녹음 또는 녹화되어 있는 실연은 제외한다)(2023.8.8 본목개정)
2. 음반
가. 대한민국 국민을 음반제작자로 하는 음반
나. 음이 맨 처음 대한민국 내에서 고정된 음반
다. 대한민국이 가입 또는 체결한 조약에 따라 보호되는 음반으로서 조약체결국 내에서 최초로 고정된 음반
(2023.8.8 본목개정)
라. 대한민국이 가입 또는 체결한 조약에 따라 보호되는 음반으로서 조약체결국의 국민(해당 조약체결국의 법률에 따라 설립된 법인 및 해당 조약체결국 내에 주된 사무소가 있는 법인을 포함한다)을 음반제작자로 하는 음반
(2023.8.8 본목개정)
3. 방송
가. 대한민국 국민인 방송사업자의 방송
나. 대한민국 내에 있는 방송설비로부터 행하여지는 방송
다. 대한민국이 가입 또는 체결한 조약에 따라 보호되는 방송으로서 조약체결국의 국민인 방송사업자가 해당 조약체결국 내에 있는 방송설비로부터 행하는 방송
(2023.8.8 본목개정)
② 제1항에 따라 보호되는 외국인의 실연 · 음반 및 방송이라도 그 외국에서 보호기간이 만료된 경우에는 이 법에 따른 보호기간을 인정하지 아니한다.(2011.12.2 본항신설)
제64조의2【실연자 등의 추정】 이 법에 따라 보호되는 실연 · 음반 · 방송과 관련하여 실연자, 음반제작자 또는 방송사업자로서의 실명 또는 널리 알려진 이명이 일반적인 방법으로 표시된 자는 실연자, 음반제작자 또는 방송사업자로서 그 실연 · 음반 · 방송에 대하여 각각 실연자의 권리, 음반제작자의 권리 또는 방송사업자의 권리를 가지는 것으로 추정한다.(2011.6.30 본조신설)
제65조【저작권과의 관계】 이 장 각 조의 규정은 저작권에 영향을 미치는 것으로 해석되어서는 아니 된다.

제2절 실연자의 권리

제66조【성명표시권】 ① 실연자는 그의 실연 또는 실연의 복제물에 그의 실명 또는 이명을 표시할 권리를 가진다.
② 실연을 이용하는 자는 그 실연자의 특별한 의사표시가 없는 때에는 실연자가 그의 실명 또는 이명을 표시한 바에 따라 이를 표시하여야 한다. 다만, 실연의 성질이나 그 이용의 목적 및 형태 등에 비추어 부득이하다고 인정되는 경우에는 그러하지 아니하다.
제67조【동일성유지권】 실연자는 그의 실연의 내용과 형식의 동일성을 유지할 권리를 가진다. 다만, 실연의 성질이나 그 이용의 목적 및 형태 등에 비추어 부득이하다고 인정되는 경우에는 그러하지 아니한다.
제68조【실연자의 인격권의 일신전속성】 제66조 및 제67조에 규정된 권리(이하 "실연자의 인격권"이라 한다)는 실연자 일신에 전속한다.
제69조【복제권】 실연자는 그의 실연을 복제할 권리를 가진다.
제70조【배포권】 실연자는 그의 실연의 복제물을 배포할 권리를 가진다. 다만, 실연의 복제물이 실연자의 허락을 받아 판매 등의 방법으로 거래에 제공된 경우에는 그러하지 아니하다.
제71조【대여권】 실연자는 제70조 단서에도 불구하고 그의 실연이 녹음된 상업용 음반을 영리를 목적으로 대여할 권리를 가진다.(2021.5.18 본조개정)
제72조【공연권】 실연자는 그의 고정되지 아니한 실연을 공연할 권리를 가진다. 다만, 그 실연이 방송되는 실연인 경우에는 그러하지 아니하다.
제73조【방송권】 실연자는 그의 실연을 방송할 권리를 가진다. 다만, 실연자의 허락을 받아 녹음된 실연에 대하여는 그러하지 아니하다.
제74조【전송권】 실연자는 그의 실연을 전송할 권리를 가진다.

제75조【방송사업자의 실연자에 대한 보상】 ① 방송사업자가 실연이 녹음된 상업용 음반을 사용하여 방송하는 경우에는 상당한 보상금을 그 실연자에게 지급하여야 한다. 다만, 실연자가 외국인인 경우에 그 외국에서 대한민국 국민인 실연자에게 이 항의 규정에 따른 보상금을 인정하지 아니하는 때에는 그러하지 아니하다.(2016.3.22 본문개정)
② 제1항에 따른 보상금의 지급 등에 관하여는 제25조제7항부터 제11항까지의 규정을 준용한다.(2020.2.4 본항개정)
③ 제2항의 규정에 따른 단체가 보상권리자를 위하여 청구할 수 있는 보상금의 금액은 매년 그 단체와 방송사업자가 협의하여 정한다.
④ 제3항에 따른 협의가 성립되지 아니하는 경우에 그 단체 또는 방송사업자는 대통령령으로 정하는 바에 따라 위원회에 조정을 신청할 수 있다.(2020.2.4 본항개정)
제76조【디지털음성송신사업자의 실연자에 대한 보상】 ① 디지털음성송신사업자가 실연이 녹음된 음반을 사용하여 송신하는 경우에는 상당한 보상금을 그 실연자에게 지급하여야 한다.
② 제1항에 따른 보상금의 지급 등에 관하여는 제25조제7항부터 제11항까지의 규정을 준용한다.(2020.2.4 본항개정)
③ 제2항의 규정에 따른 단체가 보상권리자를 위하여 청구할 수 있는 보상금의 금액은 매년 그 단체와 디지털음성송신사업자가 대통령령으로 정하는 기간 내에 협의하여 정한다.(2021.5.18 본항개정)
④ 제3항의 규정에 따른 협의가 성립되지 아니한 경우에는 문화체육관광부장관이 정하여 고시하는 금액을 지급한다.(2008.2.29 본항개정)
제76조의2【상업용 음반을 사용하여 공연하는 자의 실연자에 대한 보상】 ① 실연이 녹음된 상업용 음반을 사용하여 공연을 하는 자는 상당한 보상금을 그 실연자에게 지급하여야 한다. 다만, 실연자가 외국인인 경우에 그 외국에서 대한민국 국민인 실연자에게 이 항의 규정에 따른 보상금을 인정하지 아니하는 때에는 그러하지 아니하다.(2016.3.22 본문개정)
② 제1항에 따른 보상금의 지급 및 금액 등에 관하여는 제25조제7항부터 제11항까지 및 제76조제3항·제4항을 준용한다.(2020.2.4 본항개정)
(2016.3.22 본조제목개정)
제77조【공동실연자】 ① 2명 이상이 공동으로 합창·합주 또는 연극등을 실연하는 경우에 이 절에 규정된 실연자의 권리(실연자의 인격권은 제외한다)는 공동으로 실연하는 자가 선출하는 대표자가 이를 행사한다. 다만, 대표자의 선출이 없는 경우에는 지휘자 또는 연출자 등이 이를 행사한다.(2021.5.18 본문개정)
② 제1항의 규정에 따라 실연자의 권리를 행사하는 경우에 독창 또는 독주가 함께 실연된 때에는 독창자 또는 독주자의 동의를 얻어야 한다.
③ 제15조의 규정은 공동실연자의 인격권 행사에 관하여 준용한다.

제3절 음반제작자의 권리

제78조【복제권】 음반제작자는 그의 음반을 복제할 권리를 가진다.
제79조【배포권】 음반제작자는 그의 음반을 배포할 권리를 가진다. 다만, 음반의 복제물이 음반제작자의 허락을 받아 판매 등의 방법으로 거래에 제공된 경우에는 그러하지 아니하다.
제80조【대여권】 음반제작자는 제79조 단서에도 불구하고 상업용 음반을 영리를 목적으로 대여할 권리를 가진다.(2021.5.18 본조개정)
제81조【전송권】 음반제작자는 그의 음반을 전송할 권리를 가진다.
제82조【방송사업자의 음반제작자에 대한 보상】 ① 방송사업자가 상업용 음반을 사용하여 방송하는 경우에는 상당한 보상금을 그 음반제작자에게 지급하여야 한다. 다만, 음반제작자가 외국인인 경우에 그 외국에서 대한민국 국민인 음반제작자에게 이 항의 규정에 따른 보상금을 인정하지 아니하는 때에는 그러하지 아니하다.(2016.3.22 본문개정)
② 제1항에 따른 보상금의 지급 및 금액 등에 관하여는 제25조제7항부터 제11항까지 및 제75조제3항·제4항을 준용한다.(2020.2.4 본항개정)
제83조【디지털음성송신사업자의 음반제작자에 대한 보상】 ① 디지털음성송신사업자가 음반을 사용하여 송신하는 경우에는 상당한 보상금을 그 음반제작자에게 지급하여야 한다.
② 제1항에 따른 보상금의 지급 및 금액 등에 관하여는 제25조제7항부터 제11항까지 및 제76조제3항·제4항을 준용한다.(2020.2.4 본항개정)
제83조의2【상업용 음반을 사용하여 공연하는 자의 음반제작자에 대한 보상】 ① 상업용 음반을 사용하여 공연을 하는 자는 상당한 보상금을 해당 음반제작자에게 지급하여야 한다. 다만, 음반제작자가 외국인인 경우에 그 외국에서 대한민국 국민인 음반제작자에게 이 항의 규정에 따른 보상금을 인정하지 아니하는 때에는 그러하지 아니하다.(2016.3.22 본문개정)
② 제1항에 따른 보상금의 지급 및 금액 등에 관하여는 제25조제7항부터 제11항까지 및 제76조제3항·제4항을 준용한다.(2020.2.4 본항개정)
(2016.3.22 본조제목개정)

제4절 방송사업자의 권리

제84조【복제권】 방송사업자는 그의 방송을 복제할 권리를 가진다.
제85조【동시중계방송권】 방송사업자는 그의 방송을 동시중계방송할 권리를 가진다.
제85조의2【공연권】 방송사업자는 공중의 접근이 가능한 장소에서 방송의 시청과 관련하여 입장료를 받는 경우에 그 방송을 공연할 권리를 가진다.(2011.6.30 본조신설)

제5절 저작인접권의 보호기간

제86조【보호기간】 ① 저작인접권은 다음 각 호의 어느 하나에 해당하는 때부터 발생하며, 어떠한 절차나 형식의 이행을 필요로 하지 아니한다.(2011.12.2 본문개정)
1. 실연의 경우에는 그 실연을 한 때
2. 음반의 경우에는 그 음을 맨 처음 음반에 고정한 때
3. 방송의 경우에는 그 방송을 한 때

② 저작인접권(실연자의 인격권은 제외한다. 이하 같다)은 다음 각 호의 어느 하나에 해당하는 때의 다음 해부터 기산하여 70년(방송의 경우에는 50년)간 존속한다.(2011.12.2 본문개정)
1. 실연의 경우에는 그 실연을 한 때. 다만, 실연을 한 때부터 50년 이내에 실연이 고정된 음반이 발행된 경우에는 음반을 발행한 때(2011.12.2 본호개정)
2. 음반의 경우에는 그 음반을 발행한 때. 다만, 음을 음반에 맨 처음 고정한 때의 다음 해부터 기산하여 50년이 지난 때까지 음반을 발행하지 아니한 경우에는 음을 음반에 맨 처음 고정한 때(2023.8.8 단서개정)
3. 방송의 경우에는 그 방송을 한 때

제6절 저작인접권의 제한·양도·행사 등

제87조【저작인접권의 제한】 ① 저작인접권의 목적이 된 실연·음반 또는 방송의 이용에 관하여는 제23조, 제24조, 제25조제1항부터 제5항까지, 제26조부터 제32조까지, 제33조제2항, 제34조, 제35조의2부터 제35조의5까지, 제36조 및 제37조를 준용한다.(2020.2.4 본항개정)
② 디지털음성송신사업자는 제76조제1항 및 제83조제1항에 따라 실연이 녹음된 음반을 사용하여 송신하는 경우에는 자체의 수단으로 실연이 녹음된 음반을 일시적으로 복제할 수

있다. 이 경우 복제물의 보존기간에 관하여는 제34조제2항을 준용한다.(2009.4.22 본항신설)

제88조【저작인접권의 양도·행사 등】 저작인접권의 양도에 관하여는 제45조제1항을, 실연·음반 또는 방송의 이용허락에 관하여는 제46조를, 저작인접권을 목적으로 하는 질권의 행사에 관하여는 제47조를, 저작인접권의 소멸에 관하여는 제49조를, 실연·음반 또는 방송의 배타적발행권의 설정 등에 관하여는 제57조부터 제62조까지의 규정을 각각 준용한다.(2011.12.2 본조개정)

제89조【실연·음반 및 방송이용의 법정허락】 제50조부터 제52조까지는 실연·음반 및 방송의 이용에 관하여 준용한다.(2023.8.8 본조개정)

제90조【저작인접권의 등록】 저작인접권 또는 저작인접권의 배타적발행권의 등록, 변경등록등에 관하여는 제53조부터 제55조까지 및 제55조의2부터 제55조의5까지의 규정을 준용한다. 이 경우 제55조, 제55조의2 및 제55조의3 중 "저작권등록부"는 "저작인접권등록부"로 본다.(2020.2.4 본조개정)

제4장 데이터베이스제작자의 보호

제91조【보호받는 데이터베이스】 ① 다음 각 호의 어느 하나에 해당하는 자의 데이터베이스는 이 법에 따른 보호를 받는다.
1. 대한민국 국민
2. 데이터베이스의 보호와 관련하여 대한민국이 가입 또는 체결한 조약에 따라 보호되는 외국인

② 제1항의 규정에 따라 보호되는 외국인의 데이터베이스라도 그 외국에서 대한민국 국민의 데이터베이스를 보호하지 아니하는 경우에는 그에 상응하게 조약 및 이 법에 따른 보호를 제한할 수 있다.

제92조【적용 제외】 다음 각 호의 어느 하나에 해당하는 데이터베이스에 대하여는 이 장의 규정을 적용하지 아니한다.
1. 데이터베이스의 제작·갱신등 또는 운영에 이용되는 컴퓨터프로그램
2. 무선 또는 유선통신을 기술적으로 가능하게 하기 위하여 제작되거나 갱신등이 되는 데이터베이스

제93조【데이터베이스제작자의 권리】 ① 데이터베이스제작자는 그의 데이터베이스의 전부 또는 상당한 부분을 복제·배포·방송 또는 전송(이하 이 조에서 "복제등"이라 한다)할 권리를 가진다.

② 데이터베이스의 개별 소재는 제1항에 따른 해당 데이터베이스의 상당한 부분으로 간주되지 아니한다. 다만, 데이터베이스의 개별 소재 또는 그 상당한 부분에 이르지 못하는 부분의 복제등이라 하더라도 반복적이거나 특정한 목적을 위하여 체계적으로 함으로써 해당 데이터베이스의 일반적인 이용과 충돌하거나 데이터베이스제작자의 이익을 부당하게 해치는 경우에는 해당 데이터베이스의 상당한 부분의 복제등으로 본다.(2023.8.8 단서개정)

③ 이 장에 따른 보호는 데이터베이스의 구성부분이 되는 소재의 저작권 그 밖에 이 법에 따라 보호되는 권리에 영향을 미치지 아니한다.

④ 이 장에 따른 보호는 데이터베이스의 구성부분이 되는 소재 그 자체에는 미치지 아니한다.

제94조【데이터베이스제작자의 권리제한】 ① 데이터베이스제작자의 권리의 목적이 되는 데이터베이스의 이용에 관하여는 제23조, 제28조부터 제34조까지, 제35조의2, 제35조의4, 제35조의5, 제36조 및 제37조를 준용한다.(2019.11.26 본항개정)

② 다음 각 호의 어느 하나에 해당하는 경우에는 누구든지 데이터베이스의 전부 또는 그 상당한 부분을 복제·배포·방송 또는 전송할 수 있다. 다만, 해당 데이터베이스의 일반적인 이용과 저촉되는 경우에는 그러하지 아니하다.
(2023.8.8 단서개정)
1. 교육·학술 또는 연구를 위하여 이용하는 경우. 다만, 영리를 목적으로 하는 경우에는 그러하지 아니하다.
2. 시사보도를 위하여 이용하는 경우

제95조【보호기간】 ① 데이터베이스제작자의 권리는 데이터베이스의 제작을 완료한 때부터 발생하며, 그 다음 해부터 기산하여 5년간 존속한다.

② 데이터베이스의 갱신등을 위하여 인적 또는 물적으로 상당한 투자가 이루어진 경우에 해당 부분에 대한 데이터베이스제작자의 권리는 그 갱신등을 한 때부터 발생하며, 그 다음 해부터 기산하여 5년간 존속한다.(2021.5.18 본항개정)

제96조【데이터베이스제작자의 권리의 양도·행사 등】 데이터베이스의 거래제공에 관하여는 제20조 단서를, 데이터베이스제작자의 권리의 양도에 관하여는 제45조제1항을, 데이터베이스의 이용허락에 관하여는 제46조를, 데이터베이스제작자의 권리를 목적으로 하는 질권의 행사에 관하여는 제47조를, 공동데이터베이스의 데이터베이스제작자의 권리행사에 관하여는 제48조를, 데이터베이스제작자의 권리의 소멸에 관하여는 제49조를, 데이터베이스의 배타적발행권의 설정 등에 관하여는 제57조부터 제62조까지의 규정을 각각 준용한다.(2011.12.2 본조개정)

제97조【데이터베이스 이용의 법정허락】 제50조 및 제51조의 규정은 데이터베이스의 이용에 관하여 준용한다.

제98조【데이터베이스제작자의 권리의 등록】 데이터베이스제작자의 권리 및 데이터베이스제작자 권리의 배타적발행권 등록, 변경등록등에 관하여는 제53조부터 제55조까지 및 제55조의2부터 제55조의5까지의 규정을 준용한다. 이 경우 제55조, 제55조의2 및 제55조의3 중 "저작권등록부"는 "데이터베이스제작자권리등록부"로 본다.(2020.2.4 본조개정)

제5장 영상저작물에 관한 특례

제99조【저작물의 영상화】 ① 저작재산권자가 저작물의 영상화를 다른 사람에게 허락한 경우에 특약이 없는 때에는 다음 각 호의 권리를 포함하여 허락한 것으로 추정한다.
1. 영상저작물을 제작하기 위하여 저작물을 각색하는 것
2. 공개상영을 목적으로 한 영상저작물을 공개상영하는 것
3. 방송을 목적으로 한 영상저작물을 방송하는 것
4. 전송을 목적으로 한 영상저작물을 전송하는 것
5. 영상저작물을 그 본래의 목적으로 복제·배포하는 것
6. 영상저작물의 번역물을 그 영상저작물과 같은 방법으로 이용하는 것

② 저작재산권자는 그 저작물의 영상화를 허락한 경우에 특약이 없는 때에는 허락한 날부터 5년이 지난 때에 그 저작물을 다른 영상저작물로 영상화하는 것을 허락할 수 있다.
(2023.8.8 본항개정)

제100조【영상저작물에 대한 권리】 ① 영상제작자와 영상저작물의 제작에 협력할 것을 약정한 자가 그 영상저작물에 대하여 저작권을 취득한 경우 특약이 없으면 그 영상저작물의 이용을 위하여 필요한 권리는 영상제작자가 이를 양도받은 것으로 추정한다.(2023.8.8 본항개정)

② 영상저작물의 제작에 사용되는 소설·각본·미술저작물 또는 음악저작물 등의 저작재산권은 제1항의 규정으로 인하여 영향을 받지 아니한다.

③ 영상제작자와 영상저작물의 제작에 협력할 것을 약정한 실연자의 그 영상저작물의 이용에 관한 제69조의 규정에 따른 복제권, 제70조의 규정에 따른 배포권, 제73조의 규정에 따른 방송권 및 제74조의 규정에 따른 전송권은 특약이 없으면 영상제작자가 이를 양도 받은 것으로 추정한다.
(2023.8.8 본항개정)

제101조【영상제작자의 권리】 ① 영상제작물의 제작에 협력할 것을 약정한 자로부터 영상제작자가 양도 받는 영상저작물의 이용을 위하여 필요한 권리는 영상저작물을 복제·배포·공개상영·방송·전송 그 밖의 방법으로 이용할 권리로 하며, 이를 양도하거나 질권의 목적으로 할 수 있다.

② 실연자로부터 영상제작자가 양도 받는 권리는 그 영상저작물을 복제·배포·방송 또는 전송할 권리로 하며, 이를 양도하거나 질권의 목적으로 할 수 있다.

제5장의2 프로그램에 관한 특례
(2009.4.22 본장신설)

제101조의2【보호의 대상】 프로그램을 작성하기 위하여 사용하는 다음 각 호의 사항에는 이 법을 적용하지 아니한다.
1. 프로그램 언어 : 프로그램을 표현하는 수단으로서 문자·기호 및 그 체계
2. 규약 : 특정한 프로그램에서 프로그램 언어의 용법에 관한 특별한 약속
3. 해법 : 프로그램에서 지시·명령의 조합방법

제101조의3【프로그램의 저작재산권의 제한】 ① 다음 각 호의 어느 하나에 해당하는 경우에는 그 목적을 위하여 필요한 범위에서 공표된 프로그램을 복제 또는 배포할 수 있다. 다만, 프로그램의 종류·용도, 프로그램에서 복제된 부분이 차지하는 비중 및 복제의 부수 등에 비추어 프로그램의 저작재산권자의 이익을 부당하게 해치는 경우에는 그러하지 아니하다.(2023.8.8 본문개정)
1. 재판 또는 수사를 위하여 복제하는 경우
1의2. 제119조제1항제2호에 따른 감정을 위하여 복제하는 경우(2020.2.4 본호신설)
2. 「유아교육법」, 「초·중등교육법」, 「고등교육법」에 따른 학교 및 다른 법률에 따라 설립된 교육기관(초등학교·중학교 또는 고등학교를 졸업한 것과 같은 수준의 학력이 인정되거나 학위를 수여하는 교육기관으로 한정한다)에서 교육을 담당하는 자가 수업과정에 제공할 목적으로 복제 또는 배포하는 경우(2020.2.4 본호개정)
3. 「초·중등교육법」에 따른 학교 및 이에 준하는 학교의 교육목적을 위한 교과용 도서에 게재하기 위하여 복제하는 경우
4. 가정과 같은 한정된 장소에서 개인적인 목적(영리를 목적으로 하는 경우는 제외한다)으로 복제하는 경우(2023.8.8 본호개정)
5. 「초·중등교육법」, 「고등교육법」에 따른 학교 및 이에 준하는 학교의 입학시험이나 그 밖의 학식 및 기능에 관한 시험 또는 검정을 목적(영리를 목적으로 하는 경우는 제외한다)으로 복제 또는 배포하는 경우(2023.8.8 본호개정)
6. 프로그램의 기초를 이루는 아이디어 및 원리를 확인하기 위하여 프로그램의 기능을 조사·연구·시험할 목적으로 복제하는 경우(정당한 권한에 따라 프로그램을 이용하는 자가 해당 프로그램을 이용 중인 경우로 한정한다)(2021.5.18 본호개정)

② 컴퓨터의 유지·보수를 위하여 그 컴퓨터를 이용하는 과정에서 프로그램(정당하게 취득한 경우로 한정한다)을 일시적으로 복제할 수 있다.(2021.5.18 본항개정)
③ 제1항제3호에 따라 프로그램을 교과용 도서에 게재하려는 자는 문화체육관광부장관이 정하여 고시하는 기준에 따른 보상금을 해당 저작재산권자에게 지급하여야 한다. 이 경우 보상금 지급에 관하여는 제25조제7항부터 제11항까지의 규정을 준용한다.(2020.2.4 후단개정)

제101조의4【프로그램코드역분석】 ① 정당한 권한에 의하여 프로그램을 이용하는 자 또는 그의 허락을 받은 자는 호환에 필요한 정보를 쉽게 얻을 수 없고 그 획득이 불가피한 경우에는 해당 프로그램의 호환에 필요한 부분에 한정하여 프로그램의 저작재산권자의 허락을 받지 아니하고 프로그램코드역분석을 할 수 있다.(2023.8.8 본항개정)
② 제1항에 따른 프로그램코드역분석을 통하여 얻은 정보는 다음 각 호의 어느 하나에 해당하는 경우에는 이를 이용할 수 없다.
1. 호환 목적 외의 다른 목적을 위하여 이용하거나 제3자에게 제공하는 경우
2. 프로그램코드역분석의 대상이 되는 프로그램과 표현이 실질적으로 유사한 프로그램을 개발·제작·판매하거나 그 밖에 프로그램의 저작권을 침해하는 행위에 이용하는 경우

제101조의5【정당한 이용자에 의한 보존을 위한 복제 등】 ① 프로그램의 복제물을 정당한 권한에 의하여 소지·이용하는 자는 그 복제물의 멸실·훼손 또는 변질 등에 대비하기 위하여 필요한 범위에서 해당 복제물을 복제할 수 있다.
② 프로그램의 복제물을 소지·이용하는 자는 해당 프로그램의 복제물을 소지·이용할 권리를 상실한 때에는 그 프로그램의 저작재산권자의 특별한 의사표시가 없으면 제1항에 따라 복제한 것을 폐기하여야 한다. 다만, 프로그램의 복제물을 소지·이용할 권리가 해당 복제물이 멸실됨으로 인하여 상실된 경우에는 그러하지 아니하다.(2023.8.8 본문개정)

제101조의6 (2011.12.2 삭제)

제101조의7【프로그램의 임치】 ① 프로그램의 저작재산권자와 프로그램의 이용허락을 받은 자는 대통령령으로 정하는 자(이하 이 조에서 "수치인"이라 한다)와 서로 합의하여 프로그램의 원시코드 및 기술정보 등을 수치인에게 임치할 수 있다.
② 프로그램의 이용허락을 받은 자는 제1항에 따른 합의에서 정한 사유가 발생한 때에 수치인에게 프로그램의 원시코드 및 기술정보 등의 제공을 요구할 수 있다.

제6장 온라인서비스제공자의 책임 제한

제102조【온라인서비스제공자의 책임 제한】 ① 온라인서비스제공자는 다음 각 호의 행위와 관련하여 저작권, 그 밖에 이 법에 따라 보호되는 권리가 침해되더라도 그 호의 분류에 따라 각 목의 요건을 모두 갖춘 경우에는 그 침해에 대하여 책임을 지지 아니한다.
1. 내용의 수정 없이 저작물등을 송신하거나 경로를 지정하거나 연결을 제공하는 행위 또는 그 과정에서 저작물등을 그 송신을 위하여 합리적으로 필요한 기간 내에서 자동적·중개적·일시적으로 저장하는 행위
 가. 온라인서비스제공자가 저작물등의 송신을 시작하지 아니한 경우
 나. 온라인서비스제공자가 저작물등이나 그 수신자를 선택하지 아니한 경우
 다. 저작권, 그 밖에 이 법에 따라 보호되는 권리를 반복적으로 침해하는 자의 계정(온라인서비스제공자가 이용자를 식별·관리하기 위하여 사용하는 이용권한 계좌를 말한다. 이하 이 조, 제103조의2, 제133조의2 및 제133조의3에서 같다)을 해지하는 방침을 채택하고 이를 합리적으로 이행한 경우(2011.12.2 본목신설)
 라. 저작물등을 식별하고 보호하기 위한 기술조치로서 대통령령으로 정하는 조건을 충족하는 표준적인 기술조치를 권리자가 이용한 때에는 이를 수용하고 방해하지 아니한 경우(2011.12.2 본목신설)
2. 서비스이용자의 요청에 따라 송신된 저작물등을 후속 이용자들이 효율적으로 접근하거나 수신할 수 있게 할 목적으로 그 저작물등을 자동적·중개적·일시적으로 저장하는 행위
 가. 제1호 각 목의 요건을 모두 갖춘 경우
 나. 온라인서비스제공자가 그 저작물등을 수정하지 아니한 경우
 다. 제공되는 저작물등에 접근하기 위한 조건이 있는 경우에는 그 조건을 지킨 이용자에게만 임시저장된 저작물등의 접근을 허용한 경우
 라. 저작물등을 복제·전송하는 자(이하 "복제·전송자"라 한다)가 명시한, 컴퓨터나 정보통신망에 대하여 그 업계에서 일반적으로 인정되는 데이터통신규약에 따른 저작물등의 현행화에 관한 규칙을 지킨 경우. 다만, 복제·전송자가 그러한 저장을 불합리하게 제한할 목적으로 현행화에 관한 규칙을 정한 경우에는 그러하지 아니한다.
 마. 저작물등이 있는 본래의 사이트에서 그 저작물등의 이용에 관한 정보를 얻기 위하여 적용한, 그 업계에서 일반적으로 인정되는 기술의 사용을 방해하지 아니한 경우

바. 제103조제1항에 따른 복제 · 전송의 중단요구를 받은 경우, 본래의 사이트에서 그 저작물등이 삭제되었거나 접근할 수 없게 된 경우, 또는 법원, 관계 중앙행정기관의 장이 그 저작물등을 삭제하거나 접근할 수 없게 하도록 명령을 내린 사실을 실제로 알게 된 경우에 그 저작물등을 즉시 삭제하거나 접근할 수 없게 한 경우

3. 복제 · 전송자의 요청에 따라 저작물등을 온라인서비스제공자의 컴퓨터에 저장하는 행위 또는 정보검색도구를 통하여 이용자에게 정보통신망상 저작물등의 위치를 알 수 있게 하거나 연결하는 행위(2020.2.4 본문개정)

가. 제1호 각 목의 요건을 모두 갖춘 경우

나. 온라인서비스제공자가 침해행위를 통제할 권한과 능력이 있을 때에는 그 침해행위로부터 직접적인 금전적 이익을 얻지 아니한 경우

다. 온라인서비스제공자가 침해를 실제로 알게 되거나 제103조제1항에 따른 복제 · 전송의 중단요구 등을 통하여 침해가 명백하다는 사실 또는 정황을 알게 된 때에 즉시 그 저작물등의 복제 · 전송을 중단시킨 경우

라. 제103조제4항에 따라 복제 · 전송의 중단요구 등을 받을 자를 지정하여 공지한 경우

4. (2020.2.4 삭제)

② 제1항에도 불구하고 온라인서비스제공자가 제1항에 따른 조치를 취하는 것이 기술적으로 불가능한 경우에는 다른 사람에 의한 저작물등의 복제 · 전송으로 인한 저작권, 그 밖에 이 법에 따라 보호되는 권리의 침해에 대하여 책임을 지지 아니한다.

③ 제1항에 따른 책임 제한과 관련하여 온라인서비스제공자는 자신의 서비스 안에서 침해행위가 일어나는지를 모니터링하거나 그 침해행위에 관하여 적극적으로 조사할 의무를 지지 아니한다.(2011.6.30 본항신설)

(2011.6.30 본조개정)

제103조【복제 · 전송의 중단】 ① 온라인서비스제공자(제102조제1항제1호의 경우는 제외한다. 이하 이 조에서 같다)의 서비스를 이용한 저작물등의 복제 · 전송에 따라 저작권, 그 밖에 이 법에 따라 보호되는 자신의 권리가 침해됨을 주장하는 자(이하 이 조에서 "권리주장자"라 한다)는 그 사실을 소명하여 온라인서비스제공자에게 그 저작물등의 복제 · 전송을 중단시킬 것을 요구할 수 있다.(2011.6.30 본항개정)

② 온라인서비스제공자는 제1항에 따른 복제 · 전송의 중단요구를 받은 경우에는 즉시 그 저작물등의 복제 · 전송을 중단시키고 권리주장자에게 그 사실을 통보하여야 한다. 다만, 제102조제1항제3호의 온라인서비스제공자는 그 저작물등의 복제 · 전송자에게도 이를 통보하여야 한다.(2020.2.4 단서개정)

③ 제2항에 따른 통보를 받은 복제 · 전송자가 자신의 복제 · 전송이 정당한 권리에 의한 것임을 소명하여 그 복제 · 전송의 재개를 요구하는 경우 온라인서비스제공자는 재개요구사실 및 재개예정일을 권리주장자에게 지체 없이 통보하고 그 예정일에 복제 · 전송을 재개시켜야 한다. 다만, 권리주장자가 복제 · 전송자의 침해행위에 대하여 소를 제기한 사실을 재개예정일 전에 온라인서비스제공자에게 통보한 경우에는 그러하지 아니하다.(2011.12.2 본항개정)

④ 온라인서비스제공자는 제1항 및 제3항의 규정에 따른 복제 · 전송의 중단 및 그 재개의 요구를 받을 자(이하 이 조에서 "수령인"이라 한다)를 지정하여 자신의 설비 또는 서비스를 이용하는 자들이 쉽게 알 수 있도록 공지하여야 한다.

⑤ 온라인서비스제공자가 제4항에 따른 공지를 하고 제2항 및 제3항에 따라 그 저작물등의 복제 · 전송을 중단시키거나 재개시킨 경우에는 다른 사람에 의한 저작권 그 밖에 이 법에 따라 보호되는 권리의 침해에 대한 온라인서비스제공자의 책임 및 복제 · 전송자에게 발생하는 손해에 대한 온라인서비스제공자의 책임을 면제한다. 다만, 이 항의 규정은 온라인서비스제공자가 다른 사람에 의한 저작물등의 복제 · 전송으로 인하여 그 저작권 그 밖에 이 법에 따라 보호되는 권리가 침해된다는 사실을 안 때부터 제1항에 따른 중단을 요구받기 전까지 발생한 책임에는 적용하지 아니한다.

(2011.12.2 본항개정)

⑥ 정당한 권리 없이 제1항 및 제3항의 규정에 따른 그 저작물등의 복제 · 전송의 중단이나 재개를 요구하는 자는 그로 인하여 발생하는 손해를 배상하여야 한다.

⑦ 제1항부터 제4항까지의 규정에 따른 소명, 중단, 통보, 복제 · 전송의 재개, 수령인의 지정 및 공지 등에 관하여 필요한 사항은 대통령령으로 정한다. 이 경우 문화체육관광부장관은 관계 중앙행정기관의 장과 미리 협의하여야 한다.

(2011.6.30 전단개정)

미판 P2P 서비스 제공업체인 Grokster는 프로그램의 배포 과정에서 저작권침해를 유도할 의도가 있었으므로 저작권침해에 해당한다. (2005.6.27, MGM, et al v. Grokster)

제103조의2【온라인서비스제공자에 대한 법원 명령의 범위】 ① 법원은 제102조제1항제1호에 따른 요건을 충족한 온라인서비스제공자에게 제123조제3항에 따라 필요한 조치를 명하는 경우에는 다음 각 호의 조치만을 명할 수 있다.

1. 특정 계정의 해지
2. 특정 해외 인터넷 사이트에 대한 접근을 막기 위한 합리적 조치

② 법원은 제102조제1항제2호 및 제3호의 요건을 충족한 온라인서비스제공자에게 제123조제3항에 따라 필요한 조치를 명하는 경우에는 다음 각 호의 조치만을 명할 수 있다.

(2020.2.4 본문개정)

1. 불법복제물의 삭제
2. 불법복제물에 대한 접근을 막기 위한 조치
3. 특정 계정의 해지
4. 그 밖에 온라인서비스제공자에게 최소한의 부담이 되는 범위에서 법원이 필요하다고 판단하는 조치

(2011.12.2 본조신설)

제103조의3【복제 · 전송자에 관한 정보 제공의 청구】 ① 권리주장자가 민사상의 소제기 및 형사상의 고소를 위하여 해당 온라인서비스제공자에게 그 온라인서비스제공자가 가지고 있는 해당 복제 · 전송자의 성명과 주소 등 필요한 최소한의 정보 제공을 요청하였으나 온라인서비스제공자가 이를 거절한 경우 권리주장자는 문화체육관광부장관에게 해당 온라인서비스제공자에 대하여 그 정보의 제공을 명령하여 줄 것을 청구할 수 있다.

② 문화체육관광부장관은 제1항에 따른 청구가 있으면 제122조의6에 따른 저작권보호심의위원회의 심의를 거쳐 온라인서비스제공자에게 해당 복제 · 전송자의 정보를 제출하도록 명할 수 있다.(2016.3.22 본항개정)

③ 온라인서비스제공자는 제2항의 명령을 받은 날부터 7일 이내에 그 정보를 문화체육관광부장관에게 제출하여야 하며, 문화체육관광부장관은 그 정보를 제1항에 따른 청구를 한 자에게 지체 없이 제공하여야 한다.

④ 제3항에 따라 해당 복제 · 전송자의 정보를 제공받은 자는 해당 정보를 제1항의 청구 목적 외의 용도로 사용하여서는 아니 된다.

⑤ 그 밖에 복제 · 전송자에 관한 정보의 제공에 필요한 사항은 대통령령으로 정한다.

(2011.12.2 본조신설)

제104조【특수한 유형의 온라인서비스제공자의 의무 등】 ① 다른 사람들 상호 간에 컴퓨터를 이용하여 저작물등을 전송하도록 하는 것을 주된 목적으로 하는 온라인서비스제공자(이하 "특수한 유형의 온라인서비스제공자"라 한다)는 권리자의 요청이 있는 경우 해당 저작물등의 불법적인 전송을 차단하는 기술적인 조치 등 필요한 조치를 하여야 한다. 이 경우 권리자의 요청 및 필요한 조치에 관한 사항은 대통령령으로 정한다.(2009.4.22 전단개정)

② 문화체육관광부장관은 제1항의 규정에 따른 특수한 유형의 온라인서비스제공자의 범위를 정하여 고시할 수 있다.

(2008.2.29 본항개정)

③ 문화체육관광부장관은 제1항에 따른 기술적인 조치 등 필요한 조치의 이행 여부를 정보통신망을 통하여 확인하여야 한다.(2020.2.4 본항신설)
④ 문화체육관광부장관은 제3항에 따른 업무를 대통령령으로 정하는 기관 또는 단체에 위탁할 수 있다.(2020.2.4 본항신설)

제6장의2 기술적 보호조치의 무력화 금지 등
(2011.6.30 본장신설)

제104조의2【기술적 보호조치의 무력화 금지】 ① 누구든지 정당한 권한 없이 고의 또는 과실로 제2조제28호가목의 기술적 보호조치를 제거·변경하거나 우회하는 등의 방법으로 무력화하여서는 아니 된다. 다만, 다음 각 호의 어느 하나에 해당하는 경우에는 그러하지 아니하다.
1. 암호 분야의 연구에 종사하는 자가 저작물등의 복제물을 정당하게 취득하여 저작물등에 적용된 암호 기술의 결함이나 취약점을 연구하기 위하여 필요한 범위에서 행하는 경우. 다만, 권리자로부터 연구에 필요한 이용을 허락받기 위하여 상당한 노력을 하였으나 허락을 받지 못한 경우로 한정한다.(2021.5.18 단서개정)
2. 미성년자에게 유해한 온라인상의 저작물등에 미성년자가 접근하는 것을 방지하기 위하여 기술·제품·서비스 또는 장치에 기술적 보호조치를 무력화하는 구성요소나 부품을 포함하는 경우. 다만, 제2항에 따라 금지되지 아니하는 경우로 한정한다.(2021.5.18 단서개정)
3. 개인의 온라인상의 행위를 파악할 수 있는 개인 식별 정보를 비공개적으로 수집·유포하는 기능을 확인하고, 이를 무력화하기 위하여 필요한 경우. 다만, 다른 사람들이 저작물등에 접근하는 것에 영향을 미치는 경우는 제외한다.
4. 국가의 법집행, 합법적인 정보수집 또는 안전보장 등을 위하여 필요한 경우
5. 제25조제3항 및 제4항에 따른 학교·교육기관·교육훈련기관 및 수업지원기관, 제31조제1항에 따른 도서관(비영리인 경우로 한정한다) 또는 「공공기록물 관리에 관한 법률」에 따른 기록물관리기관이 저작물등의 구입 여부를 결정하기 위하여 필요한 경우. 다만, 기술적 보호조치를 무력화하지 아니하고는 접근할 수 없는 경우로 한정한다.
(2024.2.27 본문개정)
6. 정당한 권한을 가지고 프로그램을 사용하는 자가 다른 프로그램과의 호환을 위하여 필요한 범위에서 프로그램코드역분석을 하는 경우
7. 정당한 권한을 가진 자가 오로지 컴퓨터 또는 정보통신망의 보안성을 검사·조사 또는 보정하기 위하여 필요한 경우
8. 기술적 보호조치의 무력화 금지에 의하여 특정 종류의 저작물등을 정당하게 이용하는 것이 불합리하게 영향을 받거나 받을 가능성이 있다고 인정되어 대통령령으로 정하는 절차에 따라 문화체육관광부장관이 정하여 고시하는 경우. 이 경우 그 예외의 효력은 3년으로 한다.
② 누구든지 정당한 권한 없이 다음과 같은 장치, 제품 또는 부품을 제조, 수입, 배포, 전송, 판매, 대여, 공중에 대한 청약, 판매나 대여를 위한 광고, 또는 유통을 목적으로 보관 또는 소지하거나, 서비스를 제공하여서는 아니 된다.
1. 기술적 보호조치의 무력화를 목적으로 홍보, 광고 또는 판촉되는 것
2. 기술적 보호조치를 무력화하는 것 외에는 제한적으로 상업적인 목적 또는 용도만 있는 것
3. 기술적 보호조치를 무력화하는 것을 가능하게 하거나 용이하게 하는 것을 주된 목적으로 고안, 제작, 개조되거나 기능하는 것
③ 제2항에도 불구하고 다음 각 호의 어느 하나에 해당하는 경우에는 그러하지 아니하다.
1. 제2조제28호가목의 기술적 보호조치와 관련하여 제1항제1호·제2호·제4호·제6호 및 제7호에 해당하는 경우
2. 제2조제28호나목의 기술적 보호조치와 관련하여 제1항제4호 및 제6호에 해당하는 경우

제104조의3【권리관리정보의 제거·변경 등의 금지】 ① 누구든지 정당한 권한 없이 저작권, 그 밖에 이 법에 따라 보호되는 권리의 침해를 유발 또는 은닉한다는 사실을 알거나 과실로 알지 못하고 다음 각 호의 어느 하나에 해당하는 행위를 하여서는 아니 된다.
1. 권리관리정보를 고의로 제거·변경하거나 거짓으로 부가하는 행위(2011.12.2 본호개정)
2. 권리관리정보가 정당한 권한 없이 제거 또는 변경되었다는 사실을 알면서 그 권리관리정보를 배포하거나 배포할 목적으로 수입하는 행위(2011.12.2 본호신설)
3. 권리관리정보가 정당한 권한 없이 제거·변경되거나 거짓으로 부가된 사실을 알면서 해당 저작물등의 원본이나 그 복제물을 배포·공연 또는 공중송신하거나 배포를 목적으로 수입하는 행위(2011.12.2 본호개정)
② 제1항은 국가의 법집행, 합법적인 정보수집 또는 안전보장 등을 위하여 필요한 경우에는 적용하지 아니한다.

제104조의4【암호화된 방송 신호의 무력화 등의 금지】 누구든지 다음 각 호의 어느 하나에 해당하는 행위를 하여서는 아니 된다.
1. 암호화된 방송 신호를 방송사업자의 허락 없이 복호화(復號化)하는 데에 주로 사용될 것을 알거나 과실로 알지 못하고, 그러한 목적을 가진 장치·제품·주요부품 또는 프로그램 등 유·무형의 조치를 제조·조립·변경·수입·수출·판매·임대하거나 그 밖의 방법으로 전달하는 행위. 다만, 제104조의2제1항제1호·제2호 또는 제4호에 해당하는 경우에는 그러하지 아니하다.
2. 암호화된 방송 신호가 정당한 권한에 의하여 복호화된 경우 그 사실을 알고 그 신호를 방송사업자의 허락 없이 영리를 목적으로 다른 사람에게 공중송신하는 행위
3. 암호화된 방송 신호가 방송사업자의 허락없이 복호화된 것임을 알면서 그러한 신호를 수신하여 청취 또는 시청하거나 다른 사람에게 공중송신하는 행위
(2011.12.2 본조신설)

제104조의5【라벨 위조 등의 금지】 누구든지 정당한 권한 없이 다음 각 호의 어느 하나에 해당하는 행위를 하여서는 아니 된다.
1. 저작물등의 라벨을 불법복제물이나 그 문서 또는 포장에 부착·동봉 또는 첨부하기 위하여 위조하거나 그러한 사실을 알면서 배포 또는 배포할 목적으로 소지하는 행위
2. 저작물등의 권리자나 권리자의 동의를 받은 자로부터 허락을 받아 제작한 라벨을 그 허락 범위를 넘어 배포하거나 그러한 사실을 알면서 다시 배포 또는 다시 배포할 목적으로 소지하는 행위
3. 저작물등의 적법한 복제물과 함께 배포되는 문서 또는 포장을 불법복제물에 사용하기 위하여 위조하거나 그러한 사실을 알면서 위조된 문서 또는 포장을 배포하거나 배포할 목적으로 소지하는 행위
(2011.12.2 본조신설)

제104조의6【영상저작물 녹화 등의 금지】 누구든지 저작권으로 보호되는 영상저작물을 상영 중인 영화상영관등에서 저작재산권자의 허락 없이 녹화기기를 이용하여 녹화하거나 공중송신하여서는 아니 된다.(2011.12.2 본조신설)

제104조의7【방송전 신호의 송신 금지】 누구든지 정당한 권한 없이 방송사업자에게로 송신되는 신호(공중이 직접 수신하도록 할 목적의 경우에는 제외한다)를 제3자에게 송신하여서는 아니된다.(2011.12.2 본조신설)

제104조의8【침해의 정지·예방 청구 등】 저작권, 그 밖에 이 법에 따라 보호되는 권리를 가진 자는 제104조의2부터 제104조의4까지의 규정을 위반한 자에 대하여 침해의 정지·예방, 손해배상의 담보 또는 손해배상이나 이를 갈음하는 법정손해배상의 청구를 할 수 있으며, 고의 또는 과실 없이 제104조의2제1항의 행위를 한 자에 대하여는 침해의 정지·예방을 청구할 수 있다. 이 경우 제123조, 제125조, 제125조의2, 제126조 및 제129조를 준용한다.(2011.12.2 본조개정)

제7장 저작권위탁관리업

제105조【저작권위탁관리업의 허가 등】 ① 저작권신탁관리업을 하고자 하는 자는 대통령령으로 정하는 바에 따라 문화체육관광부장관의 허가를 받아야 하며, 저작권대리중개업을 하고자 하는 자는 대통령령으로 정하는 바에 따라 문화체육관광부장관에게 신고하여야 한다. 다만, 문화체육관광부장관은 「공공기관의 운영에 관한 법률」에 따른 공공기관을 저작권신탁관리단체로 지정할 수 있다.(2021.5.18 본문개정)

② 제1항에 따라 저작권신탁관리업을 하고자 하는 자는 다음 각 호의 요건을 갖추어야 하며, 대통령령으로 정하는 바에 따라 저작권신탁관리업무규정을 작성하여 이를 저작권신탁관리허가신청서와 함께 문화체육관광부장관에게 제출하여야 한다. 다만, 제1항 단서에 따른 공공기관의 경우에는 제1호의 요건을 적용하지 아니한다.(2020.2.4 본문개정)

1. 저작물등에 관한 권리자로 구성된 단체일 것
2. 영리를 목적으로 하지 아니할 것
3. 사용료의 징수 및 분배 등의 업무를 수행하기에 충분한 능력이 있을 것

③ 제1항 본문에 따라 저작권대리중개업의 신고를 하려는 자는 대통령령으로 정하는 바에 따라 저작권대리중개업무규정을 작성하여 저작권대리중개업 신고서와 함께 문화체육관광부장관에게 제출하여야 한다.(2020.2.4 본항신설)

④ 제1항에 따라 저작권신탁관리업의 허가를 받은 자가 문화체육관광부령으로 정하는 중요 사항을 변경하고자 하는 경우에는 문화체육관광부령으로 정하는 바에 따라 문화체육관광부장관의 변경허가를 받아야 하며, 저작권대리중개업을 신고한 자가 신고한 사항을 변경하려는 경우에는 문화체육관광부령으로 정하는 바에 따라 문화체육관광부장관에게 변경신고를 하여야 한다.(2020.2.4 본항신설)

⑤ 문화체육관광부장관은 제1항 본문에 따른 저작권대리중개업의 신고 또는 제4항에 따른 저작권대리중개업의 변경신고를 받은 날부터 문화체육관광부령으로 정하는 기간 내에 신고·변경신고 수리 여부를 신고인에게 통지하여야 한다.(2020.2.4 본항신설)

⑥ 문화체육관광부장관이 제5항에서 정한 기간 내에 신고·변경신고 수리 여부나 민원 처리 관련 법령에 따른 처리기간의 연장을 신고인에게 통지하지 아니하면 그 기간이 끝난 날의 다음 날에 신고·변경신고를 수리한 것으로 본다.(2020.2.4 본항신설)

⑦ 다음 각 호의 어느 하나에 해당하는 자는 제1항에 따른 저작권신탁관리업 또는 저작권대리중개업(이하 "저작권위탁관리업"이라 한다)의 허가를 받거나 신고를 할 수 없다.(2020.2.4 본문개정)

1. 피성년후견인(2020.12.8 본호개정)
2. 파산선고를 받고 복권되지 아니한 자
3. 금고 이상의 실형을 선고받고 그 집행이 종료(집행이 종료된 것으로 보는 경우를 포함한다)되거나 집행이 면제된 날부터 1년이 지나지 아니한 자(2020.2.4 본호개정)
4. 금고 이상의 형의 집행유예 선고를 받고 그 유예기간 중에 있는 자(2020.2.4 본호신설)
5. 이 법을 위반하거나 「형법」 제355조 또는 제356조를 위반하여 다음 각 목의 어느 하나에 해당하는 자
   가. 금고 이상의 형의 선고유예를 받고 그 유예기간 중에 있는 자
   나. 벌금형을 선고받고 1년이 지나지 아니한 자
   (2020.2.4 본호신설)
6. 대한민국 내에 주소를 두지 아니한 자
7. 제1호부터 제6호까지의 어느 하나에 해당하는 사람이 대표자 또는 임원으로 되어 있는 법인 또는 단체(2020.2.4 본호개정)

⑧ 제1항에 따라 저작권위탁관리업의 허가를 받거나 신고를 한 자(이하 "저작권위탁관리업자"라 한다)는 그 업무에 관하여 저작재산권자나 그 밖의 관계자로부터 수수료를 받을 수 있다.(2020.2.4 본항개정)

⑨ 제8항에 따른 수수료의 요율 또는 금액 및 저작권신탁관리업자가 이용자로부터 받는 사용료의 요율 또는 금액은 저작권신탁관리업자가 문화체육관광부장관의 승인을 받아 이를 정한다. 이 경우 문화체육관광부장관은 대통령령으로 정하는 바에 따라 이해관계인의 의견을 수렴하여야 한다.(2020.2.4 전단개정)

⑩ 문화체육관광부장관은 제9항에 따른 승인을 하려면 위원회의 심의를 거쳐야 하며, 필요한 경우에는 기간을 정하거나 신청된 내용을 수정하여 승인할 수 있다.(2020.2.4 본항개정)

⑪ 문화체육관광부장관은 제9항에 따른 사용료의 요율 또는 금액에 관하여 승인 신청을 받거나 승인을 한 경우에는 대통령령으로 정하는 바에 따라 그 내용을 공고하여야 한다.(2020.2.4 본항개정)

⑫ 문화체육관광부장관은 저작재산권자 그 밖의 관계자의 권익보호 또는 저작물등의 이용 편의를 도모하기 위하여 필요한 경우에는 제9항에 따른 승인 내용을 변경할 수 있다.(2020.2.4 본항개정)

제106조【저작권신탁관리업자의 의무】 ① 저작권신탁관리업자는 그가 관리하는 저작물등의 목록과 이용계약 체결에 필요한 정보를 대통령령으로 정하는 바에 따라 분기별로 도서 또는 전자적 형태로 작성하여 주된 사무소에 비치하고 인터넷 홈페이지를 통하여 공개하여야 한다.(2021.5.18 본항개정)

② 저작권신탁관리업자는 이용자가 서면으로 요청하는 경우에는 정당한 사유가 없으면 관리하는 저작물등의 이용계약을 체결하기 위하여 필요한 정보로서 대통령령으로 정하는 정보를 상당한 기간 이내에 서면으로 제공하여야 한다.(2023.8.8 본항개정)

③ 문화체육관광부장관은 음반을 사용하여 공연하는 자로부터 제105조제9항에 따른 사용료를 받는 저작권신탁관리업자 및 상업용 음반을 사용하여 공연하는 자로부터 제76조의2와 제83조의2에 따라 징수하는 보상금수령단체에 이용자의 편의를 위하여 필요한 경우 대통령령으로 정하는 바에 따라 통합 징수를 요구할 수 있다. 이 경우 그 요구를 받은 저작권신탁관리업자 및 보상금수령단체는 정당한 사유가 없으면 이에 따라야 한다.(2023.8.8 전단개정)

④ 저작권신탁관리업자 및 보상금수령단체는 제3항에 따라 사용료 및 보상금을 통합적으로 징수하기 위한 징수업무를 대통령령으로 정하는 자에게 위탁할 수 있다.(2016.3.22 본항신설)

⑤ 저작권신탁관리업자 및 보상금수령단체가 제4항에 따라 징수업무를 위탁한 경우에는 대통령령으로 정하는 바에 따라 위탁수수료를 지급하여야 한다.(2016.3.22 본항신설)

⑥ 제3항에 따라 징수한 사용료와 보상금의 정산 시기, 정산방법 등에 관하여 필요한 사항은 대통령령으로 정한다.(2016.3.22 본항신설)

⑦ 저작권신탁관리업자는 다음 각 호의 사항을 대통령령으로 정하는 바에 따라 누구든지 열람할 수 있도록 주된 사무소에 비치하고 인터넷 홈페이지를 통하여 공개하여야 한다.

1. 저작권 신탁계약 및 저작물 이용계약 약관, 저작권 사용료 징수 및 분배규정 등 저작권신탁관리 업무규정
2. 임원보수 등 대통령령으로 정하는 사항을 기재한 연도별 사업보고서
3. 연도별 저작권신탁관리업에 대한 결산서(재무제표와 그 부속서류를 포함한다)
4. 저작권신탁관리업에 대한 감사의 감사보고서
5. 그 밖에 권리자의 권익보호 및 저작권신탁관리업의 운영에 관한 중요한 사항으로서 대통령령으로 정하는 사항

(2019.11.26 본항신설)

제106조의2【이용허락의 거부금지】 저작권신탁관리업자는 정당한 이유가 없으면 관리하는 저작물등의 이용허락을 거부해서는 아니 된다.(2019.11.26 본조신설)

제107조【서류열람의 청구】 저작권신탁관리업자는 그가 신탁관리하는 저작물등을 영리목적으로 이용하는 자에게 해당 저작물등의 사용료 산정에 필요한 서류의 열람을 청구할

수 있다. 이 경우 이용자는 정당한 사유가 없으면 그 청구를 따라야 한다.(2023.8.8 후단개정)

제108조【감독】 ① 문화체육관광부장관은 저작권위탁관리업자에게 저작권위탁관리업의 업무에 관하여 필요한 보고를 하게 할 수 있다.

② 문화체육관광부장관은 저작자의 권익보호와 저작물의 이용편의를 도모하기 위하여 저작권위탁관리업자의 업무에 대하여 필요한 명령을 할 수 있다.

③ 문화체육관광부장관은 저작자의 권익보호와 저작물의 이용편의를 도모하기 위하여 필요한 경우 소속 공무원으로 하여금 대통령령으로 정하는 바에 따라 저작권위탁관리업자의 사무 및 재산상황을 조사하게 할 수 있다.(2019.11.26 본항신설)

④ 문화체육관광부장관은 저작권위탁관리업자의 효율적 감독을 위하여 공인회계사나 그 밖의 관계 전문기관으로 하여금 제3항에 따른 조사를 하게 할 수 있다.(2019.11.26 본항신설)

⑤ 문화체육관광부장관은 제2항부터 제4항까지의 명령 및 조사를 위하여 개인정보 등 필요한 자료를 요청할 수 있으며, 요청을 받은 저작권위탁관리업자는 이에 따라야 한다.(2019.11.26 본항신설)

(2008.2.29 본조개정)

제108조의2【징계의 요구】 문화체육관광부장관은 저작권신탁관리업자의 대표자 또는 임원이 직무와 관련하여 다음 각 호의 어느 하나에 해당하는 경우에는 저작권신탁관리업자에게 해당 대표자 또는 임원의 징계를 요구할 수 있다.

1. 이 법 또는 「형법」 제355조 또는 제356조를 위반하여 벌금형 이상을 선고받아(집행유예를 선고받은 경우를 포함한다) 그 형이 확정된 경우
2. 회계부정, 부당행위 등으로 저작재산권, 그 밖에 이 법에 따라 보호되는 재산적 권리를 가진 자에게 손해를 끼친 경우
3. 이 법에 따른 문화체육관광부장관의 감독업무 수행을 방해하거나 기피하는 경우

(2019.11.26 본조신설)

제109조【허가의 취소 등】 ① 문화체육관광부장관은 저작권위탁관리업자가 다음 각 호의 어느 하나에 해당하는 경우에는 6개월 이내의 기간을 정하여 업무의 정지를 명할 수 있다.(2020.2.4 본문개정)

1. 제105조제9항의 규정에 따라 승인된 수수료를 초과하여 받은 경우(2020.2.4 본호개정)
2. 제105조제9항의 규정에 따라 승인된 사용료 이외의 사용료를 받은 경우(2020.2.4 본호개정)
3. 제108조제1항에 따른 보고를 정당한 사유 없이 하지 아니하거나 거짓으로 한 경우(2021.5.18 본호개정)
4. 제108조제2항의 규정에 따른 명령을 받고 정당한 사유 없이 이를 이행하지 아니한 경우
5. 제106조제3항에 따른 통합 징수 요구를 받고 정당한 사유 없이 이에 따르지 아니한 경우(2016.3.22 본호신설)
6. 제106조제7항에 따라 공개하여야 하는 사항을 공개하지 않은 경우(2019.11.26 본호신설)
7. 제108조제3항부터 제5항까지의 규정에 따른 조사 및 자료 요청에 불응하거나 이를 거부·방해 또는 기피한 경우(2019.11.26 본호신설)
8. 제108조의2에 따른 징계의 요구를 받고 정당한 사유 없이 그 요구를 이행하지 아니한 경우(2019.11.26 본호신설)
9. 허가를 받거나 신고를 한 이후에 제105조제7항 각 호의 어느 하나의 사유에 해당하게 된 경우. 다만, 제105조제7항 제7호에 해당하는 경우로서 6개월 이내에 그 대표자 또는 임원을 바꾸어 임명한 경우에는 그러하지 아니하다.(2020.2.4 본호신설)

② 문화체육관광부장관은 저작권위탁관리업자가 다음 각 호의 어느 하나에 해당하는 경우에는 저작권위탁관리업의 허가를 취소하거나 영업의 폐쇄명령을 할 수 있다.(2008.2.29 본문개정)

1. 거짓이나 그 밖의 부정한 방법으로 허가를 받거나 신고를 한 경우(2023.8.8 본호개정)
2. 제1항의 규정에 따른 업무의 정지명령을 받고 그 업무를 계속한 경우

제110조【청문】 문화체육관광부장관은 제109조에 따라 저작권위탁관리업의 허가를 취소하거나 저작권위탁관리업자에 대하여 업무의 정지 또는 영업의 폐쇄를 명하려는 경우에는 청문을 실시하여야 한다.(2020.2.4 본조개정)

제111조【과징금 처분】 ① 문화체육관광부장관은 저작권위탁관리업자가 제109조제1항 각 호의 어느 하나에 해당하여 업무의 정지처분을 하여야 할 때에는 그 업무정지처분을 갈음하여 대통령령으로 정하는 바에 따라 직전년도 사용료 및 보상금 징수액의 100분의 1 이하의 과징금을 부과·징수할 수 있다. 다만, 징수금액을 산정하기 어려운 경우에는 10억원을 초과하지 아니하는 범위에서 과징금을 부과·징수할 수 있다.(2023.8.8 본문개정)

② 문화체육관광부장관은 제1항에 따라 과징금 부과처분을 받은 자가 과징금을 기한까지 납부하지 아니하는 때에는 국세 체납처분의 예에 의하여 이를 징수한다.(2023.8.8 본항개정)

③ 제1항 및 제2항에 따라 징수한 과징금은 징수주체가 건전한 저작물 이용 질서의 확립을 위하여 사용할 수 있다.

④ 제1항에 따라 과징금을 부과하는 위반행위의 종별·정도 등에 따른 과징금의 금액 및 제3항의 규정에 따른 과징금의 사용절차 등에 관하여 필요한 사항은 대통령령으로 정한다.

(2016.3.22 본조개정)

제8장 한국저작권위원회

(2009.4.22 본장제목개정)

제112조【한국저작권위원회의 설립】 ① 저작권과 그 밖에 이 법에 따라 보호되는 권리(이하 이 장에서 "저작권"이라 한다)에 관한 사항을 심의하고, 저작권에 관한 분쟁(이하 "분쟁"이라 한다)을 알선·조정하며, 저작권 등록 관련 업무를 수행하고, 권리자의 권익증진 및 저작물등의 공정한 이용에 필요한 사업을 수행하기 위하여 한국저작권위원회(이하 "위원회"라 한다)를 둔다.(2020.2.4 본항개정)

② 위원회는 법인으로 한다.

③ 위원회에 관하여 이 법에서 정하지 아니한 사항에 대하여는 「민법」의 재단법인에 관한 규정을 준용한다. 이 경우 위원회의 위원은 이사로 본다.

④ 위원회가 아닌 자는 한국저작권위원회의 명칭을 사용하지 못한다.

(2009.4.22 본조개정)

제112조의2【위원회의 구성】 ① 위원회는 위원장 1명, 부위원장 2명을 포함한 20명 이상 25명 이내의 위원으로 구성한다.

② 위원은 다음 각 호의 사람 중에서 문화체육관광부장관이 위촉하며, 위원장과 부위원장은 위원 중에서 호선한다. 이 경우 문화체육관광부장관은 이 법에 따라 보호되는 권리의 보유자와 그 이용자의 이해를 반영하는 위원의 수가 균형을 이루도록 하여야 하며, 분야별 권리자 단체 또는 이용자 단체 등에 위원의 추천을 요청할 수 있다.

1. 대학이나 공인된 연구기관에서 부교수 이상 또는 이에 상응하는 직위에 있거나 있었던 사람으로서 저작권 관련 분야를 전공한 사람(2023.8.8 본호개정)
2. 판사 또는 검사의 직에 있는 사람 및 변호사의 자격이 있는 사람(2023.8.8 본호개정)
3. 4급 이상의 공무원 또는 이에 상응하는 공공기관의 직에 있거나 있었던 사람으로서 저작권 또는 문화산업 분야에 실무경험이 있는 사람(2023.8.8 본호개정)
4. 저작권 또는 문화산업 관련 단체의 임원의 직에 있거나 있었던 사람(2023.8.8 본호개정)
5. 그 밖에 저작권 또는 문화산업 관련 업무에 관한 학식과 경험이 풍부한 사람(2023.8.8 본호개정)

③ 위원의 임기는 3년으로 하며, 한 차례만 연임할 수 있다. 다만, 직위를 지정하여 위촉하는 위원의 임기는 해당 직위에 재임하는 기간으로 한다.(2021.5.18 본문개정)

④ 위원에 결원이 생겼을 때에는 제2항에 따라 보궐위원을 위촉하여야 하며, 그 보궐위원의 임기는 전임자 임기의 나머지 기간으로 한다. 다만, 위원의 수가 20명 이상인 경우에는 보궐위원을 위촉하지 아니할 수 있다.
⑤ 위원회의 업무를 효율적으로 수행하기 위하여 분야별로 분과위원회를 둘 수 있다. 분과위원회가 위원회로부터 위임받은 사항에 관하여 의결한 때에는 위원회가 의결한 것으로 본다.
⑥ 제1항부터 제5항까지에서 규정한 사항 외에 위원회의 구성과 운영에 필요한 사항은 대통령령으로 정한다.(2021.5.18 본항신설)
(2009.4.22 본조신설)

제113조【업무】 위원회는 다음 각 호의 업무를 행한다.
1. 저작권 등록에 관한 업무(2020.2.4 본호신설)
2. 분쟁의 알선·조정(2009.4.22 본호개정)
3. 제105조제10항에 따른 저작권위탁관리업자의 수수료 및 사용료의 요율 또는 금액에 관한 사항 및 문화체육관광부장관 또는 위원 3명 이상이 공동으로 회의에 부치는 사항의 심의(2021.5.18 본호개정)
4. 저작물등의 이용질서 확립 및 저작물의 공정한 이용 도모를 위한 사업
5. 저작권 진흥 및 저작자의 권익 증진을 위한 국제협력(2020.12.8 본호개정)
6. 저작권 연구·교육 및 홍보
7. 저작권 정책의 수립 지원
8. 기술적보호조치 및 권리관리정보에 관한 정책 수립 지원
9. 저작권 정보 제공을 위한 정보관리 시스템 구축 및 운영
10. 저작권의 침해 등에 관한 감정(2009.4.22 본호개정)
11. (2016.3.22 삭제)
12. 법령에 따라 위원회의 업무로 정하거나 위탁하는 업무(2009.4.22 본호신설)
13. 그 밖에 문화체육관광부장관이 위탁하는 업무(2008.2.29 본호개정)

제113조의2【알선】 ① 분쟁에 관한 알선을 받으려는 자는 알선신청서를 위원회에 제출하여 알선을 신청할 수 있다.
② 위원회가 제1항에 따라 알선의 신청을 받은 때에는 위원장이 위원 중에서 알선위원을 지명하여 알선을 하게 하여야 한다.
③ 알선위원은 알선으로는 분쟁해결의 가능성이 없다고 인정되는 경우에 알선을 중단할 수 있다.
④ 알선 중인 분쟁에 대하여 이 법에 따른 조정의 신청이 있는 때에는 해당 알선은 중단된 것으로 본다.
⑤ 알선이 성립한 때에 알선위원은 알선서를 작성하여 관계당사자와 함께 기명날인하거나 서명하여야 한다.(2018.10.16 본항개정)
⑥ 알선의 신청 및 절차에 관하여 필요한 사항은 대통령령으로 정한다.
(2009.4.22 본조신설)

제114조【조정부】 ① 위원회의 분쟁조정업무를 효율적으로 수행하기 위하여 위원회에 1명 또는 3명 이상의 위원으로 구성된 조정부를 두되, 그 중 1명은 변호사의 자격이 있는 사람이어야 한다.(2023.8.8 본항개정)
② 제1항의 규정에 따른 조정부의 구성 및 운영 등에 관하여 필요한 사항은 대통령령으로 정한다.

제114조의2【조정의 신청 등】 ① 분쟁의 조정을 받으려는 자는 신청취지와 원인을 기재한 조정신청서를 위원회에 제출하여 그 분쟁의 조정을 신청할 수 있다.
② 제1항에 따른 분쟁의 조정은 제114조에 따른 조정부가 행한다.
(2009.4.22 본조신설)

제115조【비공개】 조정절차는 비공개를 원칙으로 한다. 다만, 조정부의 장은 당사자의 동의를 얻어 적당하다고 인정하는 자에게 방청을 허가할 수 있다.(2020.2.4 단서개정)

제116조【진술의 원용 제한】 조정절차에서 당사자 또는 이해관계인이 한 진술은 소송 또는 중재절차에서 원용하지 못한다.

제117조【조정의 성립】 ① 조정은 당사자 간에 합의된 사항을 조서에 기재함으로써 성립된다.
② 3명 이상의 위원으로 구성된 조정부는 다음 각 호의 어느 하나에 해당하는 경우 당사자들의 이익이나 그 밖의 모든 사정을 고려하여 신청 취지에 반하지 아니하는 한도에서 직권으로 조정을 갈음하는 결정(이하 "직권조정결정"이라 한다)을 할 수 있다. 이 경우 조정부의 장은 제112조의2제2항제2호에 해당하는 사람이어야 한다.
1. 조정부가 제시한 조정안을 어느 한쪽 당사자가 합리적인 이유 없이 거부한 경우
2. 분쟁조정 예정가액이 1천만원 미만인 경우
(2020.2.4 본항신설)
③ 조정부는 직권조정결정을 한 때에는 직권조정결정서에 주문(主文)과 결정 이유를 적고 이에 관여한 조정위원 모두가 기명날인하여야 하며, 그 결정서 정본을 지체 없이 당사자에게 송달하여야 한다.(2020.2.4 본항신설)
④ 직권조정결정에 불복하는 자는 결정서 정본을 송달받은 날부터 2주일 이내에 불복사유를 구체적으로 밝혀 서면으로 조정부에 이의신청을 할 수 있다. 이 경우 그 결정은 효력을 상실한다.(2020.2.4 본항신설)
⑤ 다음 각 호의 어느 하나에 해당하는 경우에는 재판상 화해와 같은 효력이 있다. 다만, 당사자가 임의로 처분할 수 없는 사항에 관한 것은 그러하지 아니하다.(2020.2.4 본문개정)
1. 조정 결과 당사자 간에 합의가 성립한 경우
2. 직권조정결정에 대하여 이의 신청이 없는 경우
(2020.2.4 1호~2호신설)

제118조【조정비용 등】 ① 조정비용은 신청인이 부담한다. 다만, 조정이 성립된 경우로서 특약이 없는 때에는 당사자 각자가 균등하게 부담한다.
② 조정의 신청 및 절차, 조정비용의 납부방법에 관하여 필요한 사항은 대통령령으로 정한다.(2009.4.22 본항신설)
③ 제1항의 조정비용의 금액은 위원회가 정한다.
(2009.4.22 본조제목개정)

제118조의2【「민사조정법」의 준용】 조정절차에 관하여 이 법에서 규정한 것을 제외하고는 「민사조정법」을 준용한다.
(2020.2.4 본조신설)

제119조【감정】 ① 위원회는 다음 각 호의 어느 하나에 해당하는 경우에는 감정을 실시할 수 있다.
1. 법원 또는 수사기관 등으로부터 재판 또는 수사를 위하여 저작권의 침해 등에 관한 감정을 요청받은 경우
2. 제114조의2에 따른 분쟁조정을 위하여 분쟁조정의 양 당사자로부터 프로그램 및 프로그램과 관련된 전자적 정보 등에 관한 감정을 요청받은 경우
(2009.4.22 본항개정)
② 제1항의 규정에 따른 감정절차 및 방법 등에 관하여 필요한 사항은 대통령령으로 정한다.
③ 위원회는 제1항의 규정에 따른 감정을 실시한 때에는 감정 수수료를 받을 수 있으며, 그 금액은 위원회가 정한다.

제120조【저작권정보센터】 ① 제113조제8호 및 제9호의 업무를 효율적으로 수행하기 위하여 위원회 내에 저작권정보센터를 둔다.(2020.2.4 본항개정)
② 저작권정보센터의 운영에 필요한 사항은 대통령령으로 정한다.(2009.4.22 본항신설)

제121조 (2009.4.22 삭제)

제122조【운영경비 등】 ① 위원회의 운영에 필요한 경비는 다음 각 호의 재원(財源)으로 충당한다.
1. 국가의 출연금 또는 보조금
2. 제113조 각 호의 업무 수행에 따른 수입금
3. 그 밖의 수입금
(2020.2.4 본항개정)
② 개인·법인 또는 단체는 제113조제4호·제6호 및 제9호에 따른 업무 수행을 지원하기 위하여 위원회에 금전이나 그 밖의 재산을 기부할 수 있다.(2020.2.4 본항개정)

③ 제2항의 규정에 따른 기부금은 별도의 계정으로 관리하여야 하며, 그 사용에 관하여는 문화체육관광부장관의 승인을 얻어야 한다.(2008.2.29 본항개정)
(2020.2.4 본조제목개정)

제8장의2 한국저작권보호원
(2016.3.22 본장신설)

제122조의2【한국저작권보호원의 설립】 ① 저작권 보호에 관한 사업을 하기 위하여 한국저작권보호원(이하 "보호원"이라 한다)을 둔다.
② 보호원은 법인으로 한다.
③ 정부는 보호원의 설립·시설 및 운영 등에 필요한 경비를 예산의 범위에서 출연 또는 지원할 수 있다.
④ 보호원에 관하여 이 법과 「공공기관의 운영에 관한 법률」에서 정한 것을 제외하고는 「민법」의 재단법인에 관한 규정을 준용한다.
⑤ 이 법에 따른 보호원이 아닌 자는 한국저작권보호원 또는 이와 비슷한 명칭을 사용하지 못한다.
제122조의3【보호원의 정관】 보호원의 정관에는 다음 각 호의 사항이 포함되어야 한다.
1. 목적
2. 명칭
3. 사무소 및 지사에 관한 사항(2020.12.8 본호개정)
4. 임직원에 관한 사항
5. 이사회의 운영에 관한 사항
6. 제122조의6에 따른 저작권보호심의위원회에 관한 사항
7. 직무에 관한 사항
8. 재산 및 회계에 관한 사항
9. 정관의 변경에 관한 사항
10. 내부규정의 제정 및 개정·폐지에 관한 사항
제122조의4【보호원의 임원】 ① 보호원에는 원장 1명을 포함한 9명 이내의 이사와 감사 1명을 두고, 원장을 제외한 이사 및 감사는 비상임으로 하며, 원장은 이사회의 의장이 된다.
② 원장은 문화체육관광부장관이 임면한다.
③ 원장의 임기는 3년으로 한다.
④ 원장은 보호원을 대표하고, 보호원의 업무를 총괄한다.
⑤ 원장이 부득이한 사유로 직무를 수행할 수 없을 때에는 정관으로 정하는 순서에 따라 이사가 그 직무를 대행한다.
⑥ 「국가공무원법」 제33조 각 호의 어느 하나에 해당하는 사람은 제1항에 따른 보호원의 임원이 될 수 없다.
제122조의5【업무】 보호원의 업무는 다음 각 호와 같다.
1. 저작권 보호를 위한 시책 수립지원 및 집행
2. 저작권 침해실태조사 및 통계 작성
3. 저작권 보호 기술의 연구 및 개발
3의2. 저작권 보호를 위한 국제협력(2020.12.8 본호신설)
3의3. 저작권 보호를 위한 연구·교육 및 홍보(2020.12.8 본호신설)
4. 「사법경찰관리의 직무를 수행할 자와 그 직무범위에 관한 법률」 제5조제26호에 따른 저작권 침해 수사 및 단속 사무 지원
5. 제133조의2에 따른 문화체육관광부장관의 시정명령에 대한 심의
6. 제133조의3에 따른 온라인서비스제공자에 대한 시정권고 및 문화체육관광부장관에 대한 시정명령 요청
7. 법령에 따라 보호원의 업무로 정하거나 위탁하는 업무
8. 그 밖에 문화체육관광부장관이 위탁하는 업무
제122조의6【심의위원회의 구성】 ① 제103조의3, 제133조의2 및 제133조의3에 따른 심의 및 저작권 보호와 관련하여 보호원의 원장이 요청하거나 심의위원회의 위원장이 회의에 부치는 사항의 심의를 위하여 보호원에 저작권보호심의위원회(이하 "심의위원회"라 한다)를 둔다.(2021.5.18 본항개정)
② 심의위원회는 위원장 1명을 포함한 15명 이상 20명 이내의 위원으로 구성하되, 이 법에 따라 보호되는 권리 보유자의 이해를 반영하는 위원의 수와 이용자의 이해를 반영하는 위원의 수가 균형을 이루도록 하여야 한다.(2019.11.26 본항개정)
③ 심의위원회의 위원장은 위원 중에서 호선한다.
④ 심의위원회의 위원은 다음 각 호의 사람 중에서 문화체육관광부장관이 위촉한다. 이 경우 문화체육관광부장관은 분야별 권리자 단체 또는 이용자 단체 등에 위원의 추천을 요청할 수 있다.(2019.11.26 본문개정)
1. 「고등교육법」 제2조에 따른 학교의 법학 또는 저작권 보호와 관련이 있는 분야의 학과에서 부교수 이상 또는 이에 상응하는 직위에 있거나 있었던 사람(2021.5.18 본호개정)
2. 판사 또는 검사의 직에 있는 사람 또는 변호사의 자격이 있는 사람(2019.11.26 본호신설)
3. 4급 이상의 공무원 또는 이에 상응하는 공공기관의 직에 있거나 있었던 사람으로서 저작권 보호와 관련이 있는 업무에 관한 경험이 있는 사람(2021.5.18 본호개정)
4. 저작권 또는 문화산업 관련 단체의 임원의 직에 있거나 있었던 사람(2019.11.26 본호신설)
5. 이용자 보호기관 또는 단체의 임원의 직에 있거나 있었던 사람(2019.11.26 본호신설)
6. 그 밖에 저작권 보호와 관련된 업무에 관한 학식과 경험이 풍부한 사람(2019.11.26 본호신설)
⑤ 심의위원회 위원의 임기는 3년으로 하며, 한 차례만 연임할 수 있다.(2021.5.18 본항개정)
⑥ 심의위원회의 업무를 효율적으로 수행하기 위하여 분과위원회를 둘 수 있다. 분과위원회가 심의위원회로부터 위임받은 사항에 관하여 의결한 때에는 심의위원회가 의결한 것으로 본다.(2019.11.26 본항신설)
⑦ 그 밖에 심의위원회의 구성과 운영에 필요한 사항은 대통령령으로 정한다.
제122조의7【사무소·지사의 설치 등】 보호원은 그 업무 수행을 위하여 필요하면 정관으로 정하는 바에 따라 국내외의 필요한 곳에 사무소·지사 또는 주재원을 둘 수 있다.
(2020.12.8 본조신설)

제9장 권리의 침해에 대한 구제

제123조【침해의 정지 등 청구】 ① 저작권 그 밖에 이 법에 따라 보호되는 권리(제25조·제31조·제75조·제76조·제76조의2·제82조·제83조 및 제83조의2의 규정에 따른 보상을 받을 권리는 제외한다. 이하 이 조에서 같다)를 가진 자는 그 권리를 침해하는 자에 대하여 침해의 정지를 청구할 수 있으며, 그 권리를 침해할 우려가 있는 자에 대하여 침해의 예방 또는 손해배상의 담보를 청구할 수 있다.(2023.8.8 본항개정)
② 저작권 그 밖에 이 법에 따라 보호되는 권리를 가진 자는 제1항의 규정에 따른 청구를 하는 경우에 침해행위에 의하여 만들어진 물건의 폐기나 그 밖의 필요한 조치를 청구할 수 있다.
③ 제1항 및 제2항의 경우 또는 이 법에 따른 형사의 기소가 있는 때에는 법원은 원고 또는 고소인의 신청에 따라 담보를 제공하거나 제공하지 아니하게 하고, 임시로 침해행위의 정지 또는 침해행위로 말미암아 만들어진 물건의 압류 그 밖의 필요한 조치를 명할 수 있다.
④ 제3항의 경우에 저작권 그 밖에 이 법에 따라 보호되는 권리의 침해가 없다는 뜻의 판결이 확정된 때에는 신청자는 그 신청으로 인하여 발생한 손해를 배상하여야 한다.
제124조【침해로 보는 행위】 ① 다음 각 호의 어느 하나에 해당하는 행위는 저작권 그 밖에 이 법에 따라 보호되는 권리의 침해로 본다.
1. 수입 시에 대한민국 내에서 만들어졌더라면 저작권 그 밖에 이 법에 따라 보호되는 권리의 침해로 될 물건을 대한민국 내에서 배포할 목적으로 수입하는 행위
2. 저작권 그 밖에 이 법에 따라 보호되는 권리를 침해하는 행위에 의하여 만들어진 물건(제1호의 수입물건을 포함한다)을 그 사실을 알고 배포할 목적으로 소지하는 행위

3. 프로그램의 저작권을 침해하여 만들어진 프로그램의 복제물(제1호에 따른 수입 물건을 포함한다)을 그 사실을 알면서 취득한 자가 이를 업무상 이용하는 행위(2009.4.22 본호신설)
② 저작자의 명예를 훼손하는 방법으로 저작물을 이용하는 행위는 저작인격권의 침해로 본다.(2011.6.30 본항개정)
③ (2011.6.30 삭제)

제125조【손해배상의 청구】 ① 저작재산권 그 밖에 이 법에 따라 보호되는 권리(저작인격권 및 실연자의 인격권은 제외한다)를 가진 자(이하 "저작재산권자등"이라 한다)가 고의 또는 과실로 권리를 침해한 자에 대하여 그 침해행위에 의하여 자기가 받은 손해의 배상을 청구하는 경우에 그 권리를 침해한 자가 그 침해행위에 의하여 이익을 받은 때에는 그 이익의 액을 저작재산권자등이 받은 손해의 액으로 추정한다.(2023.8.8 본항개정)
② 저작재산권자등이 고의 또는 과실로 그 권리를 침해한 자에게 그 침해행위로 자기가 받은 손해의 배상을 청구하는 경우에 그 권리의 행사로 일반적으로 받을 수 있는 금액에 상응하는 액을 저작재산권자등이 받은 손해의 액으로 하여 그 손해배상을 청구할 수 있다.(2023.8.8 본항개정)
③ 제2항에도 불구하고 저작재산권자등이 받은 손해의 액이 제2항에 따른 금액을 초과하는 경우에는 그 초과액에 대해서도 손해배상을 청구할 수 있다.(2021.5.18 본항개정)
④ 등록되어 있는 저작권, 배타적발행권(제88조 및 제96조에 따라 준용되는 경우를 포함한다), 출판권, 저작인접권 또는 데이터베이스제작자의 권리를 침해한 자는 그 침해행위에 과실이 있는 것으로 추정한다.(2011.12.2 본항개정)

제125조의2【법정손해배상의 청구】 ① 저작재산권자등은 고의 또는 과실로 권리를 침해한 자에 대하여 사실심(事實審)의 변론이 종결되기 전에는 실제 손해액이나 제125조 또는 제126조에 따라 정하여지는 손해액을 갈음하여 침해된 각 저작물등마다 1천만원(영리를 목적으로 고의로 권리를 침해한 경우에는 5천만원) 이하의 범위에서 상당한 금액의 배상을 청구할 수 있다.
② 둘 이상의 저작물을 소재로 하는 편집저작물과 2차적저작물은 제1항을 적용하는 경우에는 하나의 저작물로 본다.
③ 저작재산권자등이 제1항에 따른 청구를 하기 위해서는 침해행위가 일어나기 전에 제53조부터 제55조까지의 규정(제90조 및 제98조에 따라 준용되는 경우를 포함한다)에 따라 그 저작물등이 등록되어 있어야 한다.
④ 법원은 제1항의 청구가 있는 경우에 변론의 취지와 증거조사의 결과를 고려하여 제1항의 범위에서 상당한 손해액을 인정할 수 있다.
(2011.12.2 본조신설)

제126조【손해액의 인정】 법원은 손해가 발생한 사실은 인정되나 제125조의 규정에 따른 손해액을 산정하기 어려운 때에는 변론의 취지 및 증거조사의 결과를 참작하여 상당한 손해액을 인정할 수 있다.

제127조【명예회복 등의 청구】 저작자 또는 실연자는 고의 또는 과실로 저작인격권 또는 실연자의 인격권을 침해한 자에 대하여 손해배상을 갈음하거나 손해배상과 함께 명예회복을 위하여 필요한 조치를 청구할 수 있다.(2023.8.8 본조개정)

제128조【저작자의 사망 후 인격적 이익의 보호】 저작자가 사망한 후에 그 유족(사망한 저작자의 배우자·자·부모·손·조부모 또는 형제자매를 말한다)이나 유언집행자는 해당 저작물에 대하여 제14조제2항을 위반하거나 위반할 우려가 있는 자에 대해서는 제123조에 따른 청구를 할 수 있으며, 고의 또는 과실로 저작인격권을 침해하거나 제14조제2항을 위반한 자에 대해서는 제127조에 따른 명예회복 등의 청구를 할 수 있다.(2021.5.18 본조개정)

제129조【공동저작물의 권리침해】 공동저작물의 각 저작자 또는 각 저작재산권자는 다른 저작자 또는 다른 저작재산권자의 동의 없이 제123조의 규정에 따른 청구를 할 수 있으며 그 저작재산권의 침해에 관하여 자신의 지분에 관한 제125조의 규정에 따른 손해배상의 청구를 할 수 있다.

제129조의2【정보의 제공】 ① 법원은 저작권, 그 밖에 이 법에 따라 보호되는 권리의 침해에 관한 소송에서 당사자의 신청에 따라 증거를 수집하기 위하여 필요하다고 인정되는 경우에는 다른 당사자에 대하여 그가 보유하고 있거나 알고 있는 다음 각 호의 정보를 제공하도록 명할 수 있다.
1. 침해 행위나 불법복제물의 생산 및 유통에 관련된 자를 특정할 수 있는 정보
2. 불법복제물의 생산 및 유통 경로에 관한 정보
② 제1항에도 불구하고 다른 당사자는 다음 각 호의 어느 하나에 해당하는 경우에는 정보의 제공을 거부할 수 있다.
1. 다음 각 목의 어느 하나에 해당하는 자가 공소 제기되거나 유죄판결을 받을 우려가 있는 경우
가. 다른 당사자
나. 다른 당사자의 친족이거나 친족 관계가 있었던 자
다. 다른 당사자의 후견인
2. 영업비밀(「부정경쟁방지 및 영업비밀 보호에 관한 법률」 제2조제2호의 영업비밀을 말한다. 이하 같다) 또는 사생활을 보호하기 위한 경우이거나 그 밖에 정보의 제공을 거부할 수 있는 정당한 사유가 있는 경우
③ 다른 당사자가 정당한 이유 없이 정보제공 명령에 따르지 아니한 경우에는 법원은 정보에 관한 당사자의 주장을 진실한 것으로 인정할 수 있다.
④ 법원은 제2항제2호에 규정된 정당한 사유가 있는지를 판단하기 위하여 필요하다고 인정되는 경우에는 다른 당사자에게 정보를 제공하도록 요구할 수 있다. 이 경우 정당한 사유가 있는지를 판단하기 위하여 정보제공을 신청한 당사자 또는 그의 대리인의 의견을 특별히 들을 필요가 있는 경우 외에는 누구에게도 그 제공된 정보를 공개하여서는 아니 된다.
(2011.12.2 본조신설)

제129조의3【비밀유지명령】 ① 법원은 저작권, 그 밖에 이 법에 따라 보호되는 권리(제25조, 제31조, 제75조, 제76조, 제76조의2, 제82조, 제83조, 제83조의2 및 제101조의3에 따른 보상을 받을 권리는 제외한다. 이하 이 조에서 같다)의 침해에 관한 소송에서 그 당사자가 보유한 영업비밀과 대하여 다음 각 호의 사유를 모두 소명한 경우에는 그 당사자의 신청에 따라 결정으로 다른 당사자, 당사자를 위하여 소송을 대리하는 자, 그 밖에 해당 소송으로 인하여 영업비밀을 알게 된 자에게 해당 영업비밀을 해당 소송의 계속적인 수행 외의 목적으로 사용하거나 해당 영업비밀과 관계된 이 항에 따른 명령을 받은 자 외의 자에게 공개하지 아니할 것을 명할 수 있다. 다만, 그 신청 시까지 다른 당사자, 당사자를 위하여 소송을 대리하는 자, 그 밖에 해당 소송으로 인하여 영업비밀을 알게 된 자가 제1호에 따른 준비서면의 열람 및 증거조사 외의 방법으로 해당 영업비밀을 이미 취득한 경우에는 그러하지 아니하다.(2023.8.8 본문개정)
1. 이미 제출하였거나 제출하여야 할 준비서면 또는 이미 조사하였거나 조사하여야 할 증거(제129조의2제4항에 따라 제공된 정보를 포함한다)에 영업비밀이 포함되어 있다는 것
2. 제1호의 영업비밀이 해당 소송수행 외의 목적으로 사용되거나 공개되면 당사자의 영업에 지장을 줄 우려가 있어 이를 방지하기 위하여 영업비밀의 사용 또는 공개를 제한할 필요가 있다는 것
② 제1항에 따른 명령(이하 "비밀유지명령"이라 한다)의 신청은 다음 각 호의 사항을 적은 서면으로 하여야 한다.
1. 비밀유지명령을 받을 자
2. 비밀유지명령의 대상이 될 영업비밀을 특정하기에 충분한 사실
3. 제1항 각 호의 사유에 해당하는 사실
③ 비밀유지명령이 결정된 경우에는 그 결정서를 비밀유지명령을 받은 자에게 송달하여야 한다.
④ 비밀유지명령은 제3항의 결정서가 비밀유지명령을 받은 자에게 송달된 때부터 효력이 발생한다.
⑤ 비밀유지명령의 신청을 기각하거나 각하한 재판에 대하여는 즉시항고를 할 수 있다.
(2011.12.2 본조신설)

제129조의4【비밀유지명령의 취소】 ① 비밀유지명령을 신청한 자나 비밀유지명령을 받은 자는 제129조의3제1항에서 규정한 요건을 갖추지 못하였거나 갖추지 못하게 된 경우 소송기록을 보관하고 있는 법원(소송기록을 보관하고 있는 법원이 없는 경우에는 비밀유지명령을 내린 법원을 말한다)에 취소를 신청할 수 있다.
② 비밀유지명령의 취소신청에 대한 재판이 있는 경우에는 그 결정서를 그 신청인과 상대방에게 송달하여야 한다.
③ 비밀유지명령의 취소신청에 대한 재판에 대하여는 즉시항고를 할 수 있다.
④ 비밀유지명령을 취소하는 재판은 확정되어야 그 효력이 발생한다.
⑤ 비밀유지명령을 취소하는 재판을 한 법원은 비밀유지명령의 취소신청을 한 자와 상대방 외에 해당 영업비밀에 관한 비밀유지명령을 받은 자가 있는 경우에는 그 자에게 즉시 비밀유지명령의 취소재판을 한 취지를 통지하여야 한다.
(2011.12.2 본조신설)

제129조의5【소송기록 열람 등 신청의 통지 등】 ① 비밀유지명령이 내려진 소송(비밀유지명령이 모두 취소된 소송은 제외한다)에 관한 소송기록에 대하여 「민사소송법」 제163조제1항의 결정이 있었던 경우, 당사자가 같은 항에 규정하는 비밀 기재 부분의 열람 등을 해당 소송에서 비밀유지명령을 받지 아니한 자를 통하여 신청한 경우에는 법원서기관·법원사무관·법원주사 또는 법원주사보(이하 이 조에서 "법원사무관등"이라 한다)는 「민사소송법」 제163조제1항의 신청을 한 당사자(그 열람 등의 신청을 한 자는 제외한다)에게 그 열람 등의 신청 직후에 그 신청이 있었던 취지를 통지하여야 한다.
② 제1항의 경우 법원사무관등은 제1항의 신청이 있었던 날부터 2주일이 지날 때까지(그 신청 절차를 행한 자에 대한 비밀유지명령 신청이 그 기간 내에 행하여진 경우에 대하여는 그 신청에 대한 재판이 확정되는 시점까지를 말한다) 그 신청 절차를 행한 자에게 제1항의 비밀 기재 부분의 열람 등을 하게 하여서는 아니 된다.
③ 제2항은 제1항의 열람 등의 신청을 한 자에게 제1항의 비밀 기재 부분의 열람 등을 하게 하는 것에 대하여 「민사소송법」 제163조제1항의 신청을 한 당사자 모두의 동의가 있는 경우에는 적용하지 아니한다.
(2011.12.2 본조신설)

제10장 보 칙

제130조【권한의 위임 및 위탁】 문화체육관광부장관은 대통령령으로 정하는 바에 따라 이 법에 따른 권한의 일부를 특별시장·광역시장·특별자치시장·도지사·특별자치도지사에게 위임하거나 위원회, 보호원 또는 저작권 관련 단체에 위탁할 수 있다.(2020.2.4 본조개정)

제130조의2【저작권 침해에 관한 단속 사무의 협조】 문화체육관광부장관은 「사법경찰관리의 직무를 수행할 자와 그 직무범위에 관한 법률」 제5조제26호에 따른 저작권 침해에 관한 단속 사무와 관련하여 기술적 지원이 필요할 때에는 보호원 또는 저작권 관련 단체에 협조를 요청할 수 있다.
(2020.2.4 본조신설)

제131조【벌칙 적용에서의 공무원 의제】 위원회의 위원·직원, 보호원의 임직원 및 심의위원회의 심의위원은 「형법」 제129조부터 제132조까지를 적용하는 경우에는 이를 공무원으로 본다.(2023.8.8 본조개정)

제132조【수수료】 ① 이 법에 따라 다음 각 호의 어느 하나에 해당하는 사항의 신청 등을 하는 자는 문화체육관광부령으로 정하는 바에 따라 수수료를 납부하여야 한다.
(2009.4.22 본문개정)
1. 제50조부터 제52조까지에 따른 법정허락 승인(제89조 및 제97조의 규정에 따라 준용되는 경우를 포함한다)을 신청하는 자(2023.8.8 본호개정)
2. 제53조부터 제55조까지, 제55조의2부터 제55조의4까지의 규정에 따른 등록(제90조 및 제98조에 따라 준용되는 경우를 포함한다) 및 이와 관련된 절차를 밟는 자(2020.2.4 본호개정)
3. 제105조의 규정에 따라 저작권위탁관리업의 허가를 신청하거나 신고하는 자
② 제1항에 따른 수수료는 문화체육관광부령으로 정하는 바에 따라 특별한 사유가 있으면 감액하거나 면제할 수 있다.
(2020.2.4 본항신설)

제133조【불법 복제물의 수거·폐기 및 삭제】 ① 문화체육관광부장관, 특별시장·광역시장·특별자치시장·도지사·특별자치도지사 또는 시장·군수·구청장(자치구의 구청장을 말한다)은 저작권이나 그 밖에 이 법에 따라 보호되는 권리를 침해하는 복제물(정보통신망을 통하여 전송되는 복제물은 제외한다) 또는 저작물등의 기술적 보호조치를 무력하게 하기 위하여 제작된 기기·장치·정보 및 프로그램을 발견한 때에는 대통령령으로 정한 절차 및 방법에 따라 관계 공무원으로 하여금 이를 수거·폐기 또는 삭제하게 할 수 있다.(2020.2.4 본항개정)
② 문화체육관광부장관은 제1항의 규정에 따른 업무를 대통령령으로 정한 단체에 위탁할 수 있다. 이 경우 이에 종사하는 자는 공무원으로 본다.(2021.5.18 전단개정)
③ 문화체육관광부장관은 제1항 및 제2항에 따라 관계 공무원 등이 수거·폐기 또는 삭제를 하는 경우 필요한 때에는 관련 단체에 협조를 요청할 수 있다.(2009.4.22 본항개정)
④ (2009.4.22 삭제)
⑤ 문화체육관광부장관은 제1항에 따른 업무를 위하여 필요한 기구를 설치·운영할 수 있다.(2009.4.22 본항개정)
⑥ 제1항부터 제3항까지의 규정이 다른 법률 규정과 경합하는 경우에는 이 법을 우선하여 적용한다.(2009.4.22 본항개정)

제133조의2【정보통신망을 통한 불법복제물등의 삭제명령 등】 ① 문화체육관광부장관은 정보통신망을 통하여 저작권이나 그 밖에 이 법에 따라 보호되는 권리를 침해하는 복제물 또는 정보, 기술적 보호조치를 무력하게 하는 프로그램 또는 정보(이하 "불법복제물등"이라 한다)가 전송되는 경우에 심의위원회의 심의를 거쳐 대통령령으로 정하는 바에 따라 온라인서비스제공자에게 다음 각 호의 조치를 할 것을 명할 수 있다.(2016.3.22 본문개정)
1. 불법복제물등의 복제·전송자에 대한 경고
2. 불법복제물등의 삭제 또는 전송 중단
② 문화체육관광부장관은 제1항제1호에 따른 경고를 3회 이상 받은 복제·전송자가 불법복제물등을 전송한 경우에는 심의위원회의 심의를 거쳐 대통령령으로 정하는 바에 따라 온라인서비스제공자에게 6개월 이내의 기간을 정하여 해당 복제·전송자의 계정(이메일 전용 계정은 제외하며, 해당 온라인서비스제공자가 부여한 다른 계정을 포함한다. 이하 같다)을 정지할 것을 명할 수 있다.(2016.3.22 본항개정)
③ 제2항에 따른 명령을 받은 온라인서비스제공자는 해당 복제·전송자의 계정을 정지하기 7일 전에 대통령령으로 정하는 바에 따라 해당 계정이 정지된다는 사실을 해당 복제·전송자에게 통지하여야 한다.
④ 문화체육관광부장관은 온라인서비스제공자의 정보통신망에 개설된 게시판(「정보통신망 이용촉진 및 정보보호 등에 관한 법률」 제2조제1항제9호의 게시판 중 상업적 이익 또는 이용 편의를 제공하는 게시판을 말한다. 이하 같다) 중 제1항제2호에 따른 명령이 3회 이상 내려진 게시판으로서 해당 게시판의 형태, 게시되는 복제물의 양이나 성격 등에 비추어 해당 게시판이 저작권 등의 이용질서를 심각하게 훼손한다고 판단되는 경우에는 심의위원회의 심의를 거쳐 대통령령으로 정하는 바에 따라 온라인서비스제공자에게 6개월 이내의 기간을 정하여 해당 게시판 서비스의 전부 또는 일부의 정지를 명할 수 있다.(2016.3.22 본항개정)
⑤ 제4항에 따른 명령을 받은 온라인서비스제공자는 해당 게시판의 서비스를 정지하기 10일 전부터 대통령령으로 정하는 바에 따라 해당 게시판의 서비스가 정지된다는 사실을

해당 온라인서비스제공자의 인터넷 홈페이지 및 해당 게시판에 게시하여야 한다.
⑥ 온라인서비스제공자는 제1항에 따른 명령을 받은 경우에는 명령을 받은 날부터 5일 이내에, 제2항에 따른 명령을 받은 경우에는 명령을 받은 날부터 10일 이내에, 제4항에 따른 명령을 받은 경우에는 명령을 받은 날부터 15일 이내에 그 조치결과를 대통령령으로 정하는 바에 따라 문화체육관광부장관에게 통보하여야 한다.
⑦ 문화체육관광부장관은 제1항, 제2항 및 제4항의 명령의 대상이 되는 온라인서비스제공자와 제2항에 따른 명령과 직접적인 이해관계가 있는 복제·전송자 및 제4항에 따른 게시판의 운영자에게 사전에 의견제출의 기회를 주어야 한다. 이 경우 「행정절차법」 제22조제4항부터 제6항까지 및 제27조를 의견제출에 관하여 준용한다.
⑧ 문화체육관광부장관은 제1항, 제2항 및 제4항에 따른 업무를 수행하기 위하여 필요한 기구를 설치·운영할 수 있다.
(2009.4.22 본조신설)

제133조의3【시정권고 등】 ① 보호원은 온라인서비스제공자의 정보통신망을 조사하여 불법복제물등이 전송된 사실을 발견한 경우에는 심의위원회의 심의를 거쳐 온라인서비스제공자에 대하여 다음 각 호에 해당하는 시정 조치를 권고할 수 있다.(2016.3.22 본문개정)
1. 불법복제물등의 복제·전송자에 대한 경고
2. 불법복제물등의 삭제 또는 전송 중단
3. 반복적으로 불법복제물등을 전송한 복제·전송자의 계정 정지
② 온라인서비스제공자는 제1항제1호 및 제2호에 따른 권고를 받은 경우에는 권고를 받은 날부터 5일 이내에, 제1항제3호의 권고를 받은 경우에는 권고를 받은 날부터 10일 이내에 그 조치결과를 보호원에 통보하여야 한다.(2016.3.22 본항개정)
③ 보호원은 온라인서비스제공자가 제1항에 따른 권고에 따르지 아니하는 경우에는 문화체육관광부장관에게 제133조의2제1항 및 제2항에 따른 명령을 하여 줄 것을 요청할 수 있다.(2016.3.22 본항개정)
④ 제3항에 따라 문화체육관광부장관이 제133조의2제1항 및 제2항에 따른 명령을 하는 경우에는 심의위원회의 심의가 필요하지 아니하다.(2023.8.8 본항개정)
(2009.4.22 본조신설)

제134조【건전한 저작물 이용 환경 조성 사업】 ① 문화체육관광부장관은 저작권이 소멸된 저작물등에 대한 정보 제공 등 저작물의 공정한 이용을 도모하기 위하여 필요한 사업을 할 수 있다.
② 제1항에 따른 사업에 관하여 필요한 사항은 대통령령으로 정한다.
③ (2009.4.22 삭제)
(2009.4.22 본조개정)

제135조【저작재산권 등의 기증】 ① 저작재산권자등은 자신의 권리를 문화체육관광부장관에게 기증할 수 있다.
(2008.2.29 본항개정)
② 문화체육관광부장관은 저작재산권자등으로부터 기증된 저작물등의 권리를 공정하게 관리할 수 있는 단체를 지정할 수 있다.(2008.2.29 본항개정)
③ 제2항에 따라 지정된 단체는 영리를 목적으로 또는 해당 저작재산권자등의 의사에 반하여 저작물등을 이용할 수 없다.(2021.5.18 본항개정)
④ 제1항과 제2항의 규정에 따른 기증 절차와 단체의 지정 등에 관하여 필요한 사항은 대통령령으로 정한다.

제11장 벌 칙

제136조【벌칙】 ① 다음 각 호의 어느 하나에 해당하는 자는 5년 이하의 징역 또는 5천만원 이하의 벌금에 처하거나 이를 병과(倂科)할 수 있다.(2021.5.18 본문개정)
1. 저작재산권, 그 밖에 이 법에 따라 보호되는 재산적 권리(제93조에 따른 권리는 제외한다)를 복제, 공연, 공중송신, 전시, 배포, 대여, 2차적저작물 작성의 방법으로 침해한 자(2011.12.2 본호신설)
2. 제129조의3제1항에 따른 법원의 명령을 정당한 이유 없이 위반한 자(2011.12.2 본호신설)
② 다음 각 호의 어느 하나에 해당하는 자는 3년 이하의 징역 또는 3천만원 이하의 벌금에 처하거나 이를 병과할 수 있다.
1. 저작인격권 또는 실연자의 인격권을 침해하여 저작자 또는 실연자의 명예를 훼손한 자
2. 제53조 및 제54조(제90조 및 제98조에 따라 준용되는 경우를 포함한다)에 따른 등록을 거짓으로 한 자
3. 제93조에 따라 보호되는 데이터베이스제작자의 권리를 복제·배포·방송 또는 전송의 방법으로 침해한 자
(2011.12.2 2호~3호개정)
3의2. 제103조의3제4항을 위반한 자(2011.12.2 본호신설)
3의3. 업으로 또는 영리를 목적으로 제104조의2제1항 또는 제2항을 위반한 자(2011.6.30 본호신설)
3의4. 업으로 또는 영리를 목적으로 제104조의3제1항을 위반한 자. 다만, 과실로 저작권 또는 이 법에 따라 보호되는 권리 침해를 유발 또는 은닉한다는 사실을 알지 못한 자는 제외한다.(2011.6.30 본호신설)
3의5. 제104조의4제1호 또는 제2호에 해당하는 행위를 한 자(2011.12.2 본호신설)
3의6. 제104조의5를 위반한 자(2011.12.2 본호신설)
3의7. 제104조의7을 위반한 자(2011.12.2 본호신설)
4. 제124조제1항에 따른 침해행위로 보는 행위를 한 자(2011.12.2 본호개정)
5.~6. (2011.6.30 삭제)
(2011.12.2 본조제목개정)

판례 피고인이 총 47회에 걸쳐 기계 항공 공학 박사인 피해자가 작성한 글을 마치 자신이 쓴 것처럼 자신의 페이스북에 게시하여 저작권법을 위반한 혐의로 기소된 사건에서, 피고인이 게시한 저작물은 불특정 다수의 사람에게 마치 피고인의 저작물처럼 인식될 수 있으므로 피해자로서는 진정한 저작자가 맞는지, 기존에 저작물을 통해 얻은 사회적 평판이 과연 정당하게 형성된 것인지 의심의 대상이 될 위험이 있다. 또한 저작자인 피해자의 전문성이나 식견 등에 대한 신망이 저하될 위험도 없지 않다. 피고인은 피해자의 저작인격권인 성명표시권과 동일성유지권을 침해해 피해자의 사회적 가치나 평가가 침해될 위험이 있는 상태를 야기함으로써 저작자인 피해자의 명예가 훼손되었다고 볼 수 있다.(대판 2023.11.30, 2020도10180)

제137조【벌칙】 ① 다음 각 호의 어느 하나에 해당하는 자는 1년 이하의 징역 또는 1천만원 이하의 벌금에 처한다.
1. 저작자 아닌 자를 저작자로 하여 실명·이명을 표시하여 저작물을 공표한 자
2. 실연자 아닌 자를 실연자로 하여 실명·이명을 표시하여 실연을 공연 또는 공중송신하거나 복제물을 배포한 자
3. 제14조제2항을 위반한 자(2011.12.2 본호개정)
3의2. 제104조의4제3호에 해당하는 행위를 한 자(2011.12.2 본호신설)
3의3. 제104조의6을 위반한 자(2011.12.2 본호신설)
4. 제105조제1항에 따른 허가를 받지 아니하고 저작권신탁관리업을 한 자
5. 제124조제2항에 따라 침해행위로 보는 행위를 한 자
6. 자신에게 정당한 권리가 없음을 알면서 고의로 제103조제1항 또는 제3항에 따른 복제·전송의 중단 또는 재개요구를 하여 온라인서비스제공자의 업무를 방해한 자
(2011.12.2 4호~6호개정)
7. 제55조의5(제90조 및 제98조에 따라 준용되는 경우를 포함한다)를 위반한 자(2020.2.4 본호개정)
② 제1항제3호의3의 미수범은 처벌한다.(2011.12.2 본항신설)
(2011.12.2 본조제목개정)

판례 대학교수가 자신이 쓴 대학 전공서적 등을 출간하면서 집필에 참가하지 않은 다른 교수들을 공저자로 표기하였다. 「저작권법」이 저작자 아닌 자를 저작자로 하여 저작물을 공표하는 것을 금지하는 데는 자신의 의사에 반해 타인의 저작물에 저작자로 표시된 자의 인격적 권리, 자신의 의사에 반해 자신의 저작물에 저작자 아닌 자가 저작자로 표시된 데 따른 실제 저작자의 인격적 권리뿐만 아니라 저

작자 명의에 관한 사회 일반의 신뢰도 보호하려는 데 그 목적이 있다. 따라서 이와 같은 경우 해당 전공서적을 직접 집필한 저작자 본인도 저작권법 위반에 해당한다.(대판 2021.7.15, 2018도144)

제138조【벌칙】 다음 각 호의 어느 하나에 해당하는 자는 500만원 이하의 벌금에 처한다.

1. 제35조제4항을 위반한 자
2. 제37조(제87조 및 제94조에 따라 준용되는 경우를 포함한다)를 위반하여 출처를 명시하지 아니한 자
3. 제58조제3항(제63조의2, 제88조 및 제96조에 따라 준용되는 경우를 포함한다)을 위반하여 저작재산권자의 표지를 하지 아니한 자
4. 제58조의2제2항(제63조의2, 제88조 및 제96조에 따라 준용되는 경우를 포함한다)을 위반하여 저작자에게 알리지 아니한 자
5. 제105조제1항에 따른 신고를 하지 아니하고 저작권대리중개업을 하거나, 제109조제2항에 따른 영업의 폐쇄명령을 받고 계속 그 영업을 한 자

(2011.12.2 1호~5호개정)
(2011.12.2 본조제목개정)

제139조【몰수】 저작권, 그 밖에 이 법에 따라 보호되는 권리를 침해하여 만들어진 복제물과 그 복제물의 제작에 주로 사용된 도구나 재료 중 그 침해자·인쇄자·배포자 또는 공연자의 소유에 속하는 것은 몰수한다.(2011.12.2 본조개정)

제140조【고소】 이 장의 죄에 대한 공소는 고소가 있어야 한다. 다만, 다음 각 호의 어느 하나에 해당하는 경우에는 그러하지 아니하다.

1. 영리를 목적으로 또는 상습적으로 제136조제1항제1호, 제136조제2항제3호 및 제4호(제124조제1항제3호의 경우에는 피해자의 명시적 의사에 반하여 처벌하지 못한다)에 해당하는 행위를 한 경우(2011.12.2 본호개정)
2. 제136조제2항제2호 및 제3호의2부터 제3호의7까지, 제137조제1항제1호부터 제4호까지, 제6호 및 제7호와 제138조제5호의 경우(2011.12.2 본호개정)
3. (2011.12.2 삭제)

판례 저작권법 제140조 본문에서는 저작재산권 침해로 인한 같은 법 제136조 제1항의 죄를 친고죄로 규정하면서, 같은 법 제140조 단서 제1호에서 영리를 위하여 상습적으로 위와 같은 범행을 한 경우에는 고소가 없어도 공소를 제기할 수 있다고 규정하고 있는데, 같은 법 제140조 단서 제1호가 규정한 '상습적으로'라는 것은 반복하여 저작권 침해행위를 하는 습벽으로서 행위자의 속성을 말하고, 이러한 습벽 유무를 판단할 때에는 동종 전과가 중요한 판단자료가 되나 범행의 횟수, 수단과 방법, 동기 등 제반 사정을 참작하여 저작권 침해행위를 하는 습벽이 인정되는 경우에는 상습성을 인정하여야 한다. 한편 같은 법 제141조의 양벌규정을 적용할 때에는 행위자인 법인의 대표자나 법인 또는 개인의 대리인·사용인 그 밖의 종업원의 위와 같은 습벽 유무에 따라 친고죄 해당 여부를 판단하여야 한다.(대판 2011.9.8, 2010도14475)

제141조【양벌규정】 법인의 대표자나 법인 또는 개인의 대리인·사용인 그 밖의 종업원이 그 법인 또는 개인의 업무에 관하여 이 장의 죄를 저지른 때에는 행위자를 벌하는 외에 그 법인 또는 개인에 대하여도 각 해당 조의 벌금형을 과한다. 다만, 법인 또는 개인이 그 위반행위를 방지하기 위하여 해당 업무에 관하여 상당한 주의와 감독을 게을리하지 아니한 경우에는 그러하지 아니하다.(2023.8.8 본문개정)

제142조【과태료】 ① 제104조제1항에 따른 필요한 조치를 하지 아니한 자에게는 3천만원 이하의 과태료를 부과한다.
② 다음 각 호의 어느 하나에 해당하는 자에게는 1천만원 이하의 과태료를 부과한다.

1. 제103조의3제2항에 따른 문화체육관광부장관의 명령을 이행하지 아니한 자(2011.12.2 본호신설)
2. 제106조에 따른 의무를 이행하지 아니한 자

2의2. 제106조의2를 위반하여 정당한 이유 없이 이용허락을 거부한 자(2019.11.26 본호신설)

3. 제112조제4항을 위반하여 한국저작권위원회의 명칭을 사용한 자

3의2. 제122조의2제5항을 위반하여 한국저작권보호원의 명칭을 사용한 자(2016.3.22 본호신설)

4. 제133조의2제1항·제2항 및 제4항에 따른 문화체육관광부장관의 명령을 이행하지 아니한 자
5. 제133조의2제3항에 따른 통지, 같은 조 제5항에 따른 게시, 같은 조 제6항에 따른 통보를 하지 아니한 자

③ 제1항 및 제2항에 따른 과태료는 대통령령으로 정하는 바에 따라 문화체육관광부장관이 부과·징수한다.
④~⑤ (2009.4.22 삭제)
(2009.4.22 본조개정)

부 칙

제1조【시행일】 이 법은 공포 후 6개월이 경과한 날부터 시행한다. 다만, 제133조제1항 및 제3항의 규정은 이 법을 공포한 날부터 시행한다.

제2조【적용 범위에 관한 경과조치】 ① 이 법 시행 전에 종전의 규정에 따라 저작권의 전부 또는 일부가 소멸하였거나 보호를 받지 못한 저작물등에 대하여는 그 부분에 대하여 이 법을 적용하지 아니한다.
② 이 법 시행 전에 행한 저작물등의 이용은 종전의 규정에 따른다.
③ 종전의 부칙 규정은 이 법의 시행 후에도 계속하여 적용한다. 다만, 법률 제4717호 저작권법중개정법률 부칙 제3항에 따른 저작인접권의 보호기간에 관한 경과조치 규정은 제외한다.(2011.12.2 단서신설)

제3조【음반제작자에 대한 경과조치】 종전의 규정에 따른 음반제작자는 이 법에 따른 음반제작자로 본다.

제4조【단체명의저작물의 저작자에 대한 경과조치】 이 법 시행 전에 종전의 제9조의 규정에 따라 작성된 저작물의 저작자에 관하여는 종전의 규정에 따른다.

제5조【단체 지정에 관한 경과조치】 이 법 시행 전에 종전의 규정에 따라 보상금을 받을 수 있도록 지정한 단체는 이 법에 따라 지정한 단체로 본다.

제6조【법정허락에 관한 경과조치】 이 법 시행 당시 종전의 규정에 따른 법정허락은 이 법에 따른 법정허락으로 본다.

제7조【등록에 관한 경과조치】 이 법 시행 당시 종전의 규정에 따른 등록은 이 법에 따른 등록으로 본다. 다만, 종전의 제51조의 규정에 따라 이루어진 저작재산권자의 성명 등의 등록은 종전의 규정에 따른다.

제8조【음반의 보호기간의 기산에 관한 경과조치】 이 법 시행 전에 고정되었으나 아직 발행되지 아니한 음반의 보호기간의 기산은 이 법에 따른다.

제9조【미분배 보상금에 관한 경과조치】 이 법 제25조제8항(제31조제6항·제75조제2항 및 제82조제2항의 규정에 따라 준용되는 경우를 포함한다)의 규정은 이 법 시행 전에 종전의 제23조제3항·제28조제5항·제65조 및 제68조의 규정에 따라 수령한 보상금에 대하여도 적용한다. 이 경우 각 보상금별 분배 공고일은 보상금지급단체로부터 권리자가 당해 보상금을 처음으로 지급받을 수 있는 날의 연도 말일로 본다.

제10조【실연자의 인격권에 관한 경과조치】 이 법 시행 전에 행한 실연에 관하여는 이 법 제66조 및 제67조의 규정을 적용하지 아니한다.

제11조【저작권위탁관리업자에 대한 경과조치】 이 법 시행 당시 종전의 규정에 따라 저작권위탁관리업의 허가를 받은 자는 저작권신탁관리업의 허가를 받은 자로, 저작권위탁관리업의 신고를 한 자는 저작권대리중개업의 신고를 한 자로 본다.

제12조【저작권신탁관리업자의 수수료 및 사용료에 관한 경과조치】 종전의 규정에 따라 승인한 저작권신탁관리업자의 수수료 및 사용료의 요율 또는 금액은 이 법에 따라 승인한 것으로 본다.

제13조【저작권위원회 등에 관한 경과조치】 종전의 규정에 따른 저작권심의조정위원회 및 그 심의조정위원은 이 법 제8장의 규정에 따른 저작권위원회 및 그 위원으로 본다.

제14조【벌칙 적용에 관한 경과조치】 이 법 시행 전의 행위에 대한 벌칙의 적용에서는 종전의 규정에 따른다.

제15조【다른 법률의 개정】 ①~② ※(해당 법령에 가제정리 하였음)
제16조【다른 법령과의 관계】 이 법 시행 당시 다른 법령에서 종전의 규정을 인용하고 있는 경우에는 이 법의 해당 조항을 인용한 것으로 본다.

부 칙 (2009.4.22)

제1조【시행일】 이 법은 공포 후 3개월이 경과한 날부터 시행한다.
제2조【「컴퓨터프로그램 보호법」의 폐지】 컴퓨터프로그램 보호법은 폐지한다.
제3조【위원회의 설립준비】 ① 이 법에 따라 위원회를 설립하기 위하여 행하는 준비행위는 이 법 시행 전에 할 수 있다.
② 문화체육관광부장관은 위원회의 설립에 관한 사무를 관장하게 하기 위하여 설립위원회를 구성한다.
③ 설립위원회는 문화체육관광부장관이 위촉하는 5명 이내의 설립위원으로 구성하되, 설립위원회의 위원장은 종전의 「저작권법」 제112조에 따른 저작권위원회의 위원장이 된다.
④ 설립위원회는 이 법 시행 전까지 정관을 작성하여 문화체육관광부장관의 인가를 받아야 한다.
⑤ 설립위원회는 제4항에 따른 인가를 받은 때에는 위원회의 설립등기를 하여야 한다.
⑥ 위원회의 설립에 관하여 필요한 경비는 국가가 부담한다.
⑦ 설립위원회는 제5항에 따른 위원회의 설립등기를 한 후에 지체 없이 위원회의 위원장에게 사무를 인계하여야 하며, 사무인계가 끝난 때에는 설립위원은 해촉된 것으로 본다.
제4조【저작권위원회 및 컴퓨터프로그램보호위원회의 소관사무, 권리·의무 및 고용관계 등에 관한 경과조치】 ① 이 법 시행 당시 종전의 「저작권법」 제112조부터 제122조까지 및 종전의 「컴퓨터프로그램 보호법」 제35조부터 제43조까지의 규정에 따른 저작권위원회와 컴퓨터프로그램보호위원회의 소관사무, 권리·의무와 재산 및 직원의 고용관계는 한국저작권위원회가 승계한다.
② 이 법 시행 당시 종전의 「저작권법」 제112조에 따른 저작권위원회의 위원장 및 위원은 한국저작권위원회의 위원장 및 위원으로 보고, 그 임기는 종전의 저작권위원회의 위원장 및 위원의 임기가 개시된 때부터 기산한다.
제5조【적용 범위에 관한 경과조치】 ① 이 법 시행 전에 종전의 「저작권법」 및 「컴퓨터프로그램 보호법」에 따라 보호되는 권리의 전부 또는 일부가 소멸하였거나 보호를 받지 못한 저작물등에 대하여는 그 부분에 대하여 이 법을 적용하지 아니한다.
② 이 법 시행 전에 행한 프로그램의 이용은 종전의 「컴퓨터프로그램 보호법」에 따른다.
제6조【법정허락 등에 관한 경과조치】 이 법 시행 전에 종전의 「컴퓨터프로그램 보호법」에 따른 다음 각 호의 행위는 이 법에 따른 것으로 본다.
1. 법정허락
2. 프로그램저작권 위탁관리기관 지정
3. 프로그램의 임치 및 수치인의 지정
4. 프로그램의 등록
5. 프로그램저작권의 이전등록
6. 부정복제물의 수거조치
7. 부정복제물 등에 대한 시정명령 및 시정권고
8. 분쟁의 알선·조정
9. 프로그램의 감정
제7조【벌칙 적용에 관한 경과조치】 이 법 시행 전의 행위에 대한 종전의 「컴퓨터프로그램 보호법」에 따른 벌칙의 적용에 있어서는 종전의 「컴퓨터프로그램 보호법」에 따른다.
제8조【다른 법률의 개정】 ①~⑤ ※(해당 법령에 가제정리 하였음)
제9조【다른 법령과의 관계】 이 법 시행 당시 다른 법령에서 종전의 「컴퓨터프로그램 보호법」 또는 그 규정을 인용하고 있는 경우에는 이 법 또는 이 법의 해당 규정을 인용한 것으로 본다.

부 칙 (2011.6.30)

제1조【시행일】 이 법은 「대한민국과 유럽연합 및 그 회원국 간의 자유무역협정」이 발효하는 날부터 시행한다. <2011.7.1 발효> 다만, 제39조부터 제42조까지의 개정규정은 「대한민국과 유럽연합 및 그 회원국 간의 자유무역협정」이 발효한 후 2년이 되는 날부터 시행한다.
제2조【적용 범위에 관한 경과조치】 이 법 시행 전에 종전의 규정에 따라 저작권, 그 밖에 이 법에 따라 보호되는 권리의 전부 또는 일부가 소멸하였거나 보호를 받지 못한 저작물등에 대하여는 그 부분에 대하여 이 법을 적용하지 아니한다.
제3조【온라인서비스제공자의 책임 제한에 관한 경과조치】 이 법 시행 전에 발생한 저작권, 그 밖에 이 법에 따라 보호되는 권리 침해에 대한 온라인서비스제공자의 책임 제한에 관하여는 제102조 및 제103조의 개정규정에도 불구하고 종전의 규정에 따른다.
제4조【벌칙 적용에 관한 경과조치】 이 법 시행 전의 행위에 대한 벌칙의 적용은 종전의 규정에 따른다.

부 칙 (2011.12.2)

제1조【시행일】 이 법은 「대한민국과 미합중국 간의 자유무역협정 및 대한민국과 미합중국 간의 자유무역협정에 관한 서한교환」이 발효되는 날부터 시행한다.<2012.3.15 발효> 다만, 제64조제2항 및 제86조의 개정규정은 2013년 8월 1일부터 시행한다.
제2조【적용례】 제103조의3, 제125조의2 및 제129조의2부터 제129조의5까지의 개정규정은 이 법 시행 후 최초로 권리침해가 발생하거나 의무위반이 발생한 것부터 적용한다.
제3조【적용 범위에 관한 경과조치】 이 법 시행 전에 종전의 규정에 따라 저작권, 그 밖에 이 법에 따라 보호되는 권리의 전부 또는 일부가 소멸하였거나 보호를 받지 못한 저작물등에 대하여는 그 부분에 대하여 이 법을 적용하지 아니한다.
제4조【저작인접권 보호기간의 특례】 ① 제3조에도 불구하고 법률 제8101호 저작권법 전부개정법률 부칙 제2조제3항의 개정규정에 따라 1987년 7월 1일부터 1994년 6월 30일 사이에 발생한 저작인접권은 1994년 7월 1일 시행된 법률 제4717호 저작권법중개정법률(이하 이 조에서 "같은 법"이라 한다) 제70조의 개정규정에 따라 그 발생한 때의 다음 해부터 기산하여 50년간 존속한다.
② 같은 법 부칙 제3항에 따라 1987년 7월 1일부터 1994년 6월 30일 사이에 발생한 저작인접권 중 이 법 시행 전에 종전 법(법률 제4717호 저작권법중개정법률 시행 전의 저작권법을 말한다. 이하 이 조에서 같다)에 따른 보호기간 20년이 경과되어 소멸된 저작인접권은 이 법 시행일부터 회복되어 저작인접권자에게 귀속된다. 이 경우 그 저작인접권은 처음 발생한 때의 다음 해부터 기산하여 50년간 존속하는 것으로 하여 보호되었더라면 인정되었을 보호기간의 잔여기간 동안 존속한다.
③ 제2항에 따라 저작인접권이 회복된 실연·음반·방송을 이 법 시행 전에 이용한 행위는 이 법에서 정한 권리의 침해로 보지 아니한다.
④ 제2항에 따른 저작인접권이 종전 법에 따라 소멸된 후에 해당 실연·음반·방송을 이용하여 이 법 시행 전에 제작한 복제물은 이 법 시행 후 2년 동안 저작인접권자의 허락 없이 계속 배포할 수 있다.
제5조【온라인서비스제공자의 책임 제한 등에 관한 경과조치】 이 법 시행 전에 발생한 저작권, 그 밖에 이 법에 따라 보호되는 권리 침해에 대한 온라인서비스제공자의 책임제한에 관하여는 제102조 및 제103조의2의 개정규정에도 불구하고 종전의 규정에 따른다.
제6조【프로그램배타적발행권에 관한 경과조치】 이 법 시행 전에 설정·등록된 프로그램배타적발행권에 관하여는 종전의 규정에 따른다.

제7조【벌칙 적용에 관한 경과조치】 이 법 시행 전의 행위에 대한 벌칙의 적용에 있어서는 종전의 규정에 따른다.
제8조【다른 법률의 개정】 ※(해당 법령에 가제정리 하였음)

부 칙 (2019.11.26)

제1조【시행일】 이 법은 공포 후 6개월이 경과한 날부터 시행한다.
제2조【저작권신탁관리업자의 징계의 요구 등에 관한 적용례】 제108조의2의 개정규정은 이 법 시행 이후 저작권신탁관리업자의 대표자 또는 임원이 직무와 관련하여 같은 조 각 호에 따른 징계 요구 사유에 해당하게 된 경우부터 적용한다.
제3조【심의위원회의 구성에 관한 적용례】 ① 제122조의6제2항의 개정규정은 이 법 시행 후 최초로 구성되는 심의위원회부터 적용한다.
② 제122조의6제4항 및 제5항의 개정규정은 이 법 시행 후 심의위원회의 위원을 위촉(연임하는 경우를 포함한다)하는 경우부터 적용한다.
③ 제2항에 따라 제122조의6제5항의 개정규정을 적용하는 경우에 이 법 시행 전에 1회 이상 연임하여 임기 중에 있는 위원은 그 임기 만료 후에는 연임할 수 없다.
제4조【심의위원회 위원에 관한 경과조치】 이 법 시행 당시 종전의 규정에 따라 위촉된 심의위원회 위원은 제122조의6의 개정규정에 따라 위촉된 위원으로 본다. 이 경우 위원의 임기는 잔여기간으로 한다.

부 칙 (2020.2.4)

제1조【시행일】 이 법은 공포 후 6개월이 경과한 날부터 시행한다.
제2조【저작권대리중개업의 신고 등에 관한 적용례】 제105조제5항 및 제6항의 개정규정은 이 법 시행 이후 신고 또는 변경신고를 하는 경우부터 적용한다.
제3조【저작권위탁관리업 허가 등의 결격사유에 관한 적용례】 제105조제7항의 개정규정은 이 법 시행 이후 최초로 저작권위탁관리업의 허가를 신청하거나 신고서를 제출한 자가 같은 항 각 호의 개정규정의 결격사유에 해당하게 된 경우부터 적용한다.
제4조【저작권위탁관리업자에 대한 업무의 정지명령에 관한 적용례】 제109조제1항제9호의 개정규정은 이 법 시행 당시 저작권신탁관리업의 허가를 받거나 허가를 신청한 자와 저작권대리중개업의 신고를 했거나 신고서를 제출한 자가 이 법 시행 이후 발생한 사유로 인하여 제105조제7항 각 호의 개정규정의 결격사유에 해당하게 된 경우부터 적용한다.
제5조【직권조정결정에 관한 적용례】 제117조의 개정규정은 이 법 시행 이후 위원회에 조정을 신청하는 경우부터 적용한다.
제6조【등록 관청의 변경에 관한 경과조치】 이 법 시행 당시 종전의 규정에 따라 문화체육관광부장관에게 등록 또는 변경등록등을 한 자는 제55조 및 제55조의2부터 제55조의4까지(제90조 또는 제98조에 따라 준용되는 경우를 포함한다)의 개정규정에 따라 위원회에 등록 또는 변경등록등을 한 것으로 본다.
제7조【등록신청 반려 등에 대한 이의신청에 관한 경과조치】 이 법 시행 당시 종전의 규정에 따라 등록 또는 변경등록등을 신청하여 그 신청이 반려된 자로서 반려된 날부터 1개월이 지나지 아니한 자는 제55조제3항 및 제55조의3제3항(제90조 또는 제98조에 따라 준용되는 경우를 포함한다)의 개정규정에도 불구하고 이 법 시행 이후 1개월 이내에 위원회에 이의를 신청할 수 있다.
제8조【온라인서비스제공자의 책임 제한에 관한 경과조치】 이 법 시행 전에 발생한 저작권, 그 밖에 이 법에 따라 보호되는 권리 침해에 대한 온라인서비스제공자의 책임 제한에 관하여는 제102조제1항의 개정규정에도 불구하고 종전의 규정에 따른다.

부 칙 (2020.12.8 법17588호)

이 법은 공포 후 6개월이 경과한 날부터 시행한다.

부 칙 (2020.12.8 법17592호)

이 법은 공포한 날부터 시행한다.

부 칙 (2021.5.18)

제1조【시행일】 이 법은 공포한 날부터 시행한다.
제2조【한국저작권위원회 위원의 연임에 관한 적용례】 제112조의2제3항 본문의 개정규정은 이 법 시행 이후 한국저작권위원회의 위원을 위촉하는 경우부터 적용한다. 이 경우 연임 횟수는 이 법 시행 전에 위원으로 위촉되어 개시된 임기를 제외하고 계산한다.

부 칙 (2021.12.7)

제1조【시행일】 이 법은 공포 후 1년이 경과한 날부터 시행한다.(이하 생략)

부 칙 (2023.5.16)

제1조【시행일】 이 법은 공포 후 6개월이 경과한 날부터 시행한다.
제2조【이의신청에 관한 일반적 적용례】 이의신청에 관한 개정규정은 이 법 시행 이후 하는 처분부터 적용한다.
제3조~제6조 (생략)

부 칙 (2023.8.8 법19592호)

이 법은 공포한 날부터 시행한다.

부 칙 (2023.8.8 법19597호)
(2024.2.27)

이 법은 공포 후 6개월이 경과한 날부터 시행한다.

병역법

(1993년 12월 31일 전개법률 제4685호)

개정
1994.12.31법 4840호 <중략>
2011. 5.24법10704호 2011. 7. 5법10814호
2011. 7.21법10866호(고등교육)
2011. 9.15법11042호(보훈보상대상자지원에관한법)
2011.11.22법11093호(농어업경영체육성및지원에관한법)
2012.12.11법11530호(국가공무원)
2013. 3.23법11690호(정부조직)
2013. 6. 4법11849호 2014. 5. 9법12560호
2014. 5.28법12684호
2014.11.19법12844호(정부조직)
2014.12.30법12906호
2015. 7.24법13425호(의무경찰대설치및운영에관한법)
2015.12.15법13566호 2016. 1.19법13778호
2016. 5.29법14170호(경비교도대폐지에따른보상등에관한법)
2016. 5.29법14183호
2016. 5.29법14184호(예비군법)
2017. 2. 8법14555호 2017. 3.21법14611호
2017. 7.26법14839호(정부조직)
2017.11.28법15054호
2017.12.19법15270호(장애인복지법)
2019. 1.15법16279호(비상사태등에대비하기위한해운및항만기능유지에관한법)
2019. 4.23법16356호 2019.12.31법16852호
2020. 2. 4법16928호(군인사법)
2020. 3.31법17163호(국방과학기술혁신촉진법)
2020. 3.31법17166호
2020. 5.19법17278호(후계농어업인및청년농어업인육성·지원에관한법)
2020.12. 8법17580호(국민체육진흥법)
2020.12.22법17684호 2021. 4.13법18003호
2021.12. 7법18540호 2022. 1. 4법18681호
2022. 1. 4법18682호(비상대비에관한법)
2022.12.13법19081호 2023. 6.20법19477호
2023. 8. 8법19584호 2023.10.31법19791호
2024. 1. 9법19950호 2024. 2. 6법20191호
2025. 1. 7법20643호→2025년 7월 8일 시행

제1장 총 칙

(2009.6.9 본장개정)

제1조【목적】 이 법은 대한민국 국민의 병역의무에 관하여 규정함을 목적으로 한다.

제2조【정의 등】 ① 이 법에서 사용되는 용어의 뜻은 다음과 같다.
1. "징집"이란 국가가 병역의무자에게 현역(現役)에 복무할 의무를 부과하는 것을 말한다.
2. "소집"이란 국가가 병역의무자 또는 지원에 의한 병역복무자(제3조제1항 후단에 따라 지원에 의하여 현역에 복무한 여성을 말한다) 중 예비역(豫備役), 보충역(補充役), 전시근로역 또는 대체역에 대하여 현역 복무 외의 군복무(軍服務)의무 또는 공익 분야에서의 복무의무를 부과하는 것을 말한다.(2019.12.31 본호개정)
3. "입영"이란 병역의무자가 징집(徵集)·소집(召集) 또는 지원(志願)에 의하여 군부대에 들어가는 것을 말한다.
4. "군간부후보생"이란 장교·준사관·부사관의 병적 편입을 위하여 군사교육기관 또는 수련기관 등에서 교육이나 수련 등을 받고 있는 사람을 말한다.(2016.5.29 본호개정)
5. "고용주"란 「근로기준법」의 적용을 받는 공·사 기업체나 공·사 단체의 장으로서 병역의무자를 고용하고 있는 자를 말한다.(2013.6.4 본호개정)
6. "병역판정검사전문의사"란 의사 또는 치과의사 자격을 가진 사람으로서 「국가공무원법」에 따라 대통령령으로 정하는 일반직공무원으로 채용되어 신체검사업무 등에 복무하는 사람을 말한다.(2016.5.29 본호개정)
7. "전환복무"란 현역병으로 복무 중인 사람이 의무경찰대원 또는 의무소방원의 임무에 복무하도록 군인으로서의 신분을 다른 신분으로 전환하는 것을 말한다.(2016.5.29 본호개정)
8. "상근예비역"이란 징집에 의하여 현역병으로 입영(入營)한 사람이 일정기간을 현역병으로 복무하고 예비역에 편입된 후 지역방위(地域防衛)와 이와 관련된 업무를 지원하기 위하여 소집되어 복무하는 사람을 말한다.(2021.4.13 본호개정)
9. "승선근무예비역"이란 「선박직원법」 제4조제2항제1호 및 제2호에 따른 항해사 또는 기관사로서 「비상대비에 관한 법률」 또는 「비상사태등에 대비하기 위한 해운 및 항만 기능 유지에 관한 법률」에 따라 전시·사변 또는 이에 준하는 비상시에 국민경제에 긴요한 물자와 군수물자를 수송하기 위한 업무 또는 이와 관련된 업무의 지원을 위하여 소집되어 승선근무하는 사람을 말한다.(2022.1.4 본호개정)
10. "사회복무요원"(社會服務要員)이란 다음 각 목의 기관 등의 공익목적 수행에 필요한 사회복지, 보건·의료, 교육·문화, 환경·안전 등의 사회서비스업무 및 행정업무 등의 지원을 위하여 소집되어 공익 분야에 복무하는 사람을 말한다.(2013.6.4 본문개정)
  가. 국가기관
  나. 지방자치단체
  다. 공공단체(公共團體)
  라. 「사회복지사업법」 제2조에 따라 설치된 사회복지시설(이하 "사회복지시설"이라 한다)

10의2. (2016.1.19 삭제)

10의3. "예술·체육요원"이란 예술·체육 분야의 특기를 가진 사람으로서 제33조의7에 따라 편입되어 문화창달과 국위선양을 위한 예술·체육 분야의 업무에 복무하는 사람을 말한다.(2016.5.29 본호개정)

11. "공중보건의사"란 의사·치과의사 또는 한의사 자격을 가진 사람으로서 「농어촌 등 보건의료를 위한 특별조치법」에서 정하는 바에 따라 공중보건업무에 복무하는 사람을 말한다.(2016.5.29 본호개정)
12. (2016.1.19 삭제)
13. "공익법무관"이란 변호사 자격을 가진 사람으로서 「공익법무관에 관한 법률」에서 정하는 바에 따라 법률구조업무 또는 국가·지방자치단체의 공공목적의 업무수행에 필요한 법률사무에 복무하는 사람을 말한다.
14. "병역판정검사전담의사"란 의사 또는 치과의사 자격을 가진 사람으로서 제34조에 따라 병역판정검사전담의사로 편입되어 신체검사업무 등에 복무하는 사람을 말한다.

15. "공중방역수의사"란 수의사 자격을 가진 사람으로서 「공중방역수의사에 관한 법률」에서 정하는 바에 따라 가축방역업무에 복무하는 사람을 말한다.
16. "전문연구요원"이란 학문과 기술의 연구를 위하여 제36조에 따라 전문연구요원(專門硏究要員)으로 편입되어 해당 전문 분야의 연구업무에 복무하는 사람을 말한다.
17. "산업기능요원"이란 산업을 육성하고 지원하기 위하여 제36조에 따라 산업기능요원(産業技能要員)으로 편입되어 해당 분야에 복무하는 사람을 말한다.
(2016.5.29 13호~17호개정)
17의2. "대체복무요원"이란 대체역으로 편입된 사람으로서 「대체역의 편입 및 복무 등에 관한 법률」에 따른 대체복무기관에 소집되어 공익 분야에 복무하는 사람을 말한다.
(2019.12.31 본호신설)
18. "병역지정업체"란 전문연구요원이나 산업기능요원이 복무할 업체로서 다음 각 목의 업체를 말한다.(2016.5.29 본문개정)
가. 제36조에 따라 병무청장이 선정한 연구기관, 기간산업체 및 방위산업체
나. 「농어업경영체 육성 및 지원에 관한 법률」 제19조에 따른 농업회사법인(이하 "농업회사법인"이라 한다)
다. 「농업기계화 촉진법」 제11조제2항에 따른 농업기계의 사후관리업체(이하 "사후관리업체"라 한다)
19. "공공단체"란 공익목적을 수행하기 위하여 법률에 따라 설치된 법인 또는 단체로서 대통령령으로 정하는 법인 또는 단체를 말한다.
② 이 법에서 병역의무의 이행시기를 연령으로 표시한 경우 "○○세부터"란 그 연령이 되는 해의 1월 1일부터를, "○○세까지"란 그 연령이 되는 해의 12월 31일까지를 말한다.
제3조【병역의무】 ① 대한민국 국민인 남성은 「대한민국헌법」과 이 법에서 정하는 바에 따라 병역의무를 성실히 수행하여야 한다. 여성은 지원에 의하여 현역 및 예비역으로만 복무할 수 있다.(2019.12.31 본항개정)
② 이 법에 따르지 아니하고는 병역의무에 대한 특례(特例)를 규정할 수 없다.
③ 제1항에 따른 병역의무 및 지원은 인종, 피부색 등을 이유로 차별하여서는 아니 된다.
④ 병역의무자로서 사형, 무기 또는 6년 이상의 징역이나 금고의 형(刑)을 선고받은 사람은 병역에 복무할 수 없으며 병적(兵籍)에서 제적된다.(2022.12.13 본항개정)
제4조【다른 법률과의 관계】 ① 징집 또는 소집되거나 지원에 의하여 입영한 사람의 복무 등에 관하여 이 법에서 규정된 것을 제외하고는 「군인사법」을 적용한다.
② 대체역의 편입 및 복무 등에 필요한 사항은 「대체역의 편입 및 복무 등에 관한 법률」에 따른다.(2019.12.31 본항신설)
(2019.12.31 본조제목개정)
제5조【병역의 종류】 ① 병역은 다음 각 호와 같이 구분한다.
1. 현역 : 다음 각 목의 어느 하나에 해당하는 사람
가. 징집이나 지원에 의하여 입영한 병(兵)
나. 이 법 또는 「군인사법」에 따라 현역으로 임용 또는 선발된 장교(將校)·준사관(準士官)·부사관(副士官) 및 군간부후보생(2016.5.29 본목개정)
2. 예비역 : 다음 각 목의 어느 하나에 해당하는 사람
가. 현역을 마친 사람
나. 그 밖에 이 법에 따라 예비역에 편입된 사람
3. 보충역 : 다음 각 목의 어느 하나에 해당하는 사람
가. 병역판정검사 결과 현역 복무를 할 수 있다고 판정된 사람 중에서 병력수급(兵力需給) 사정에 의하여 현역병입영 대상자로 결정되지 아니한 사람(2016.5.29 본목개정)
나. 다음의 어느 하나에 해당하는 사람으로 복무하고 있거나 그 복무를 마친 사람(2016.5.29 본문개정)
1) 사회복무요원
2) (2016.1.19 삭제)
3) 예술·체육요원
4) 공중보건의사
5) 병역판정검사전담의사(2016.5.29 개정)
6) (2016.1.19 삭제)
7) 공익법무관
8) 공중방역수의사
9) 전문연구요원
10) 산업기능요원
다. 그 밖에 이 법에 따라 보충역에 편입된 사람
4. 병역준비역 : 병역의무자로서 현역, 예비역, 보충역, 전시근로역 및 대체역이 아닌 사람(2019.12.31 본호개정)
5. 전시근로역 : 다음 각 목의 어느 하나에 해당하는 사람
가. 병역판정검사 또는 신체검사 결과 현역 또는 보충역 복무는 할 수 없으나 전시근로소집에 의한 군사지원업무는 감당할 수 있다고 결정된 사람
나. 그 밖에 이 법에 따라 전시근로역에 편입된 사람
(2016.5.29 본호개정)
6. 대체역 : 병역의무자 중 「대한민국헌법」이 보장하는 양심의 자유를 이유로 현역, 보충역 또는 예비역의 복무를 대신하여 병역을 이행하고 있거나 이행할 의무가 있는 사람으로서 「대체역의 편입 및 복무 등에 관한 법률」에 따라 대체역에 편입된 사람(2019.12.31 본호신설)
(2013.6.4 본항개정)
② 예비역에 편입된 사람은 예비역의 장교·준사관·부사관 또는 병으로, 보충역에 편입된 사람은 보충역의 장교·준사관·부사관 또는 병으로, 전시근로역에 편입된 사람은 전시근로역의 부사관 또는 병으로 구분한다.(2016.5.29 본항개정)
③ 병역의무자는 각각 그 병역의 병적에 편입되며, 병적 관리에 필요한 사항은 대통령령으로 정한다.
판례 병역 종류 조항이 규정하고 있는 병역들(현역, 예비역, 보충역, 병역 준비역, 전시 근로역의 다섯 가지로 한정) 모두 군사훈련을 전제하고 있으므로, 양심적 병역거부자에게 그러한 병역을 부과하는 것은 양심의 자유에 대한 과도한 제한이다. 따라서 양심적 병역거부자에 대한 대체복무제를 규정하지 아니한 병역법 제5조제1항은 헌법에 합치되지 아니한다.(헌재결 2018.6.28, 2011헌바379 등)
제6조【병역의무부과 통지서의 송달】 ① 지방병무청장(병무지청장을 포함한다. 이하 이 조에서 같다)은 병역의무자에게 병역의무를 부과하는 통지서(이하 "병역의무부과 통지서"라 한다)를 우편 또는 교부의 방법이나 정보통신망을 이용하여 송달(이하 "전자송달"이라 한다)하여야 한다.
(2010.1.25 본항개정)
② 병역의무부과 통지서는 병역의무를 이행하는 날부터 30일 전까지 송달되어야 한다. 다만, 병력동원훈련, 전시근로소집점검 등 대통령령으로 정하는 경우에는 7일 전까지 송달되어야 한다.(2017.11.28 본항신설)
③ 제2항에도 불구하고 천재지변이나 전시·사변, 그 밖에 불가피한 사유로 대통령령으로 정하는 경우에는 송달기한을 대통령령으로 달리 정할 수 있다.(2017.11.28 본항신설)
④ 지방병무청장은 제1항에 따라 병역의무부과 통지서를 송달한 경우에는 그 수령증을 받아야 한다. 다만, 병역의무부과 통지서를 등기우편으로 보낸 경우에는 수령사실의 확인으로, 전자송달인 경우에는 병역의무자가 지정한 전자우편주소에 입력하는 등 대통령령으로 정하는 방법으로 이를 갈음할 수 있다.(2017.11.28 단서개정)
⑤ 병역의무자가 없으면 같은 세대 내의 세대주, 가족 중 성년자, 본인의 고용주 또는 본인이 선정한 통지서 수령인(이하 "세대주등"이라 한다)에게 병역의무부과 통지서를 송달하여야 한다.(2025.1.7 본항개정)
⑥ 병역의무자가 제5항의 병역의무부과 통지서 수령인을 선정하고자 하는 경우에는 통지서 전달 전에 수령인에게 수령에 관한 동의를 받아야 한다.(2025.1.7 본항신설)
⑦ 제5항에 따라 병역의무부과 통지서를 송달받은 세대주등은 통지서를 지체 없이 병역의무자에게 직접 전달하거나 휴대전화 문자메시지 등 대통령령으로 정하는 방법으로 전달하여야 한다.(2025.1.7 본항신설)
⑧ 제5항에 따라 병역의무부과 통지서를 송달하는 경우 세대주등에게 송달된 때에 병역의무자에게 송달된 것으로 본다.(2025.1.7 본항신설)

⑨ 제1항부터 제8항까지에 따라 병역의무부과 통지서를 송달할 때에 특별히 필요하다고 인정되어 병무청장이 정하는 통지서와 반송된 통지서는 「민사소송법」 중 송달에 관한 규정을 준용하여 우편법령에 따른 특별한 송달의 방법으로 송달할 수 있다.(2025.1.7 본항개정)
⑩ 전자송달은 대통령령으로 정하는 바에 따라 병역의무부과 통지서의 송달을 받아야 할 자가 동의하는 경우에 한하여 송달한다.(2010.1.25 본항신설)
⑪ 제10항에도 불구하고 정보통신망의 장애로 전자송달이 불가능한 경우, 그 밖에 대통령령으로 정하는 사유가 있는 경우에는 우편 또는 교부의 방법으로 송달할 수 있다.
(2025.1.7 본항개정)
⑫ 제1항에 따른 병역의무부과 통지서의 전자송달 절차 등에 필요한 사항은 대통령령으로 정한다.(2010.1.25 본항신설)
제6조의2【병역변경 등의 통지】 ① 지방병무청장(병무지청장을 포함한다. 이하 이 조에서 같다)은 병역준비역으로 편입된 사람에게 해당 병역으로 편입되었다는 사실과 다음 각 호의 사항에 관한 절차 등을 통지하여야 한다. 다만, 국외에 거주하거나 행방을 알 수 없는 경우 등으로 통지가 불가능한 경우는 제외한다.
1. 제5조제1항제1호가목에 따른 현역, 같은 항 제3호나목에 따른 보충역 및 같은 항 제6호에 따른 대체역의 복무
2. 제11조에 따른 병역판정검사
3. 제60조에 따른 병역판정검사 및 입영 등의 연기
4. 제61조에 따른 의무이행일의 연기
5. 그 밖에 대통령령으로 정하는 사항
② 병무청장 또는 지방병무청장은 예비역으로 편입된 사람, 보충역·대체복무요원 복무를 마친 사람 등 대통령령으로 정하는 사람에게 해당 병역으로 편입되었다는 사실과 다음 각 호의 사항에 관한 절차 등을 통지하여야 한다. 다만, 국외에 거주하거나 행방을 알 수 없는 경우 등으로 통지가 불가능한 경우는 제외한다.
1. 제46조에 따른 병력동원소집 및 제50조에 따른 병력동원훈련소집
2. 제65조제1항 및 제4항에 따른 병역처분 변경
3. 제65조의2제1항에 따른 대체역의 병역처분 변경
4. 「예비군법」 제3조의2에 따른 예비군의 편성
5. 「대체역의 편입 및 복무 등에 관한 법률」 제26조에 따른 예비군대체복무
6. 그 밖에 대통령령으로 정하는 사항
③ 제1항 및 제2항에 따른 통지 내용·방식, 그 밖에 필요한 사항은 대통령령으로 정한다.
(2022.1.4 본조신설)
제7조【병역증·전역증】 ① 거주지지방병무청장은 병역의무자로서 병역판정검사를 받은 사람에게 병역증을 교부하고, 소속부대장은 전역(轉役)하는 사람에게 전역증을 교부한다.(2016.5.29 본항개정)
② 병역증이나 전역증의 교부시기, 교부절차 및 그 밖에 필요한 사항은 대통령령으로 정한다.

제2장 병역준비역 편입
(2016.5.29 본장개정)

제8조【병역준비역 편입】 대한민국 국민인 남성은 18세부터 병역준비역에 편입된다.
제9조【병역준비역 편입자의 조사】 ① 행정안전부장관은 매년 18세가 되는 남성에 대하여 병역준비역 편입자의 조사에 필요한 주민등록 정보화자료를 병무청장에게 통보하여야 한다.(2017.7.26 본항개정)
② 병무청장은 주민등록이 되어 있지 아니하거나 국적을 이탈·상실한 사람 등에 대한 병역준비역 편입자의 조사를 위하여 다음 각 호의 구분에 따른 자료의 제공을 해당 기관의 장에게 요청할 수 있다. 이 경우 자료의 제공을 요청받은 기관의 장은 특별한 사유가 없으면 그 요청에 따라야 한다.
1. 매년 18세가 되는 남성의 가족관계등록 정보화자료 : 법원행정처장
2. 「국적법」에 따라 국적을 이탈하거나 상실한 남성 등 대통령령으로 정하는 국적 변동에 관한 자료 : 법무부장관
(2024.1.9 본항개정)
③ 제1항 및 제2항에 따른 자료의 통보 범위 및 절차 등에 필요한 사항과 병역준비역 편입자로서 국외출생(國外出生) 등의 사유로 주민등록이 되어 있지 아니한 사람의 조사 등에 필요한 사항은 대통령령으로 정한다.(2024.1.9 본항개정)
④ 제1항에 따른 병역준비역 편입자의 조사에 필요한 사항은 병무청장이 정한다.

제3장 병역판정검사
(2016.5.29 본장제목개정)

제10조【병역판정검사 대상자의 조사】 ① 지방병무청장은 매년 다음 해에 제11조에 따른 병역판정검사를 받아야 할 사람을 조사하고, 병적 데이터베이스를 작성하여 병역판정검사를 받게 하여야 한다. 주민등록의 기재 내용이 명백하게 잘못된 사람 또는 주민등록이 정정(訂正)된 사람으로서 병역판정검사를 받아야 할 사람에 대하여도 또한 같다.
② 제1항에 따른 병역판정검사 대상자의 조사 및 병적 데이터베이스의 작성·관리에 필요한 사항은 병무청장이 정한다.
(2016.5.29 본조개정)
제11조【병역판정검사】 ① 병역의무자는 19세가 되는 해에 병역을 감당할 수 있는지를 판정받기 위하여 지방병무청장이 지정하는 일시(日時)·장소에서 병역판정검사를 받아야 한다. 다만, 군(軍)에서 필요로 하는 인원과 병역자원의 수급(需給) 상황 등을 고려하여 19세가 되는 사람 중 일부를 20세가 되는 해에 병역판정검사를 받게 할 수 있다.
(2016.5.29 본항개정)
② 병역판정검사를 받아야 하는데 받지 아니한 사람과 병역판정검사가 연기(延期)된 후 그 연기사유가 소멸된 사람은 그 해 또는 그 다음 해에 병역판정검사를 받아야 한다.
(2016.5.29 본항개정)
③ 병역판정검사는 신체검사와 심리검사로 구분한다.
(2016.5.29 본항개정)
④ 제3항에 따른 신체검사는 외과·내과 등 신체의 모든 부위를 검사하여야 하며, 필요한 경우에는 임상병리검사와 방사선촬영 등을 할 수 있다. 이 경우 질병 또는 심신장애의 정도를 확인하기 곤란한 경우에는 대통령령으로 정하는 바에 따라 「의료법」에 따른 의료기관에 검사를 위탁할 수 있다.
⑤ 제3항에 따른 심리검사는 언행관찰·면담 또는 서면검사 등을 통하여 개인의 정서, 성격 등을 평가하여야 하며, 필요한 경우에는 정신적, 심리적 상태 등을 구체적으로 확인하기 위한 정밀심리검사를 실시할 수 있다. 다만, 질병 또는 심신장애의 정도를 확인하기 곤란한 경우에는 대통령령으로 정하는 바에 따라 「의료법」에 따른 의료기관에 검사를 위탁할 수 있다.(2017.11.28 본항신설)
⑥ 병역판정검사를 받지 아니한 사람이 제20조제1항에 따라 병무청장이 실시하는 현역병지원 신체검사(이하 "현역병지원 신체검사"라 한다)를 받은 경우에는 제1항에 따른 병역판정검사를 받은 것으로 본다. 다만, 18세인 사람은 제12조제1항에 따른 신체등급의 판정결과가 5급이나 6급인 경우에만 해당한다.(2016.5.29 본항개정)
(2016.5.29 본조제목개정)
(2009.6.9 본조개정)
제11조의2【자료의 제출 요구 등】 ① 지방병무청장은 병역판정검사와 관련하여 병역판정검사전담의사, 병역판정검사전문의사 또는 제12조의2에 따라 신체검사를 위하여 파견된 군의관(軍醫官) 등이 질병이나 심신장애의 확인을 위하여 필요하다고 인정하는 경우 「의료법」에 따른 의료기관의 장, 「국민건강보험법」에 따른 국민건강보험공단의 장, 「초·중등교육법」에 따른 학교의 장 등에 대하여 병역판정검사 대상자의 진료기록·치료 관련 기록 내역, 학교생활기록부 및 학생건강기록부 등의 제출을 요구할 수 있다. 이 경우 자료 제출을 요구받은 사람은 특별한 사유가 없으면 요구에 따라야 한다.(2017.3.21 전단개정)

② 누구든지 제1항에 따라 취득한 병역판정검사 대상자에 대한 정보·자료를 공개 또는 누설하거나 다른 사람에게 제공하는 등 병역판정검사 외의 목적으로 사용하여서는 아니 된다.
(2016.5.29 본조개정)

제12조【신체등급의 판정】 ① 신체검사(현역병지원 신체검사를 포함한다)를 한 병역판정검사전담의사, 병역판정검사전문의사 또는 제12조의2에 따른 군의관은 다음 각 호와 같이 신체등급을 판정한다.(2016.5.29 본문개정)
1. 신체 및 심리상태가 건강하여 현역 또는 보충역 복무를 할 수 있는 사람 : 신체 및 심리상태의 정도에 따라 1급·2급·3급 또는 4급
2. 현역 또는 보충역 복무를 할 수 없으나 전시근로역 복무를 할 수 있는 사람 : 5급(2016.5.29 본호개정)
3. 질병이나 심신장애로 병역을 감당할 수 없는 사람 : 6급
4. 질병이나 심신장애로 제1호부터 제3호까지의 판정이 어려운 사람 : 7급

② 제1항에 따른 신체등급판정의 정확성을 심의하기 위하여 병무청·지방병무청과 신체등급판정 사무를 담당하는 병무청 소속기관에 신체등급판정 심의위원회를 둘 수 있다.
(2016.5.29 본항개정)
③ 지방병무청장은 제1항제4호에 따라 7급 판정을 받은 사람(현역병지원 신체검사를 받은 18세인 사람은 제외한다)에 대하여는 치유기간을 고려하여 다시 신체검사를 받게 하여야 한다. 이 경우 다시 신체검사를 받게 할 수 있는 기간은 신체검사 결과 7급 판정을 받은 날부터 2년 이내로 한다.
(2011.5.24 후단개정)
④ 제1항에 따른 신체등급의 판정기준은 국방부령으로 정한다.(2016.5.29 본항개정)
⑤ 제2항에 따른 신체등급판정 심의위원회의 구성·운영 등에 필요한 사항은 병무청장이 정한다.(2016.5.29 본항개정)
(2016.5.29 본조제목개정)
(2009.6.9 본조개정)

제12조의2【군의관의 파견】 ① 병무청장은 병역판정검사전담의사와 병역판정검사전문의사만으로 신체검사업무 등을 수행하기 어렵다고 인정하는 경우 신체검사업무 등에 필요한 군의관의 파견을 국방부장관에게 요청할 수 있다.
(2016.5.29 본항개정)
② 제1항에 따른 군의관의 파견 등에 필요한 사항은 대통령령으로 정한다.
(2009.6.9 본조개정)

제13조【적성의 분류·결정 등】 ① 지방병무청장은 신체검사(현역병지원 신체검사를 포함한다)의 결과 신체등급이 1급부터 4급까지로 판정된 사람에 대하여는 자격·면허·전공분야 등을 고려하여 군복무에 필요한 적성(適性)을 분류·결정하고, 각 군 참모총장은 적성에 적합한 병과(兵科)를 부여한다.(2017.3.21 본항개정)
② 제1항에 따른 적성의 분류·결정 등에 필요한 사항은 대통령령으로 정한다.
(2009.6.9 본조개정)

제13조의2【자격·면허 등 자료의 제출 요구 등】 ① 지방병무청장은 제13조에 따른 적성의 분류·결정과 관련하여 제11조에 따른 병역판정검사를 받아야 할 사람의 자격·면허 취득 또는 취소에 관한 자료의 제출을 다음 각 호의 자에게 요구할 수 있다. 이 경우 자료 제출을 요구받은 자는 특별한 사유가 없으면 이에 따라야 한다.
1. 국가기관 및 지방자치단체
2. 「공공기관의 운영에 관한 법률」 제4조제1항 각 호에 따른 공공기관의 장
3. 「자격기본법」 제19조제1항에 따라 주무부장관이 공인한 민간자격을 관리하는 법인

② 누구든지 제1항에 따라 취득한 정보·자료를 공개 또는 누설하거나 다른 사람에게 제공하는 등 적성 분류·결정 외의 목적으로 사용해서는 아니 된다.
(2017.3.21 본조신설)

제14조【병역처분】 ① 지방병무청장은 병역판정검사를 받은 사람(군병원에서 신체검사를 받은 사람을 포함한다) 또는 현역병지원 신체검사를 받은 사람에 대하여 다음 각 호와 같이 병역처분을 한다. 이 경우 현역병지원 신체검사를 받은 18세인 사람에 대하여는 신체등급 5급 또는 6급의 판정을 받은 경우에만 병역처분을 한다.
1. 신체등급이 1급부터 4급까지인 사람 : 학력·연령 등 자질을 고려하여 현역병입영 대상자, 보충역 또는 전시근로역
2. 신체등급이 5급인 사람 : 전시근로역
3. 신체등급이 6급인 사람 : 병역면제
4. 신체등급이 7급인 사람 : 재신체검사(再身體檢査)
(2016.5.29 본항개정)

② 제1항제4호에 따라 재신체검사의 처분을 받은 사람으로서 제12조제3항에 따라 다시 신체검사를 받고도 신체등급이 7급으로 판정된 사람은 대통령령으로 정하는 바에 따라 전시근로역으로 처분한다. 다만, 제65조제1항제2호 및 제3호의 전시근로역 편입에 해당하는 사람의 경우에는 다시 신체검사를 하지 아니하고 전시근로역에 편입할 수 있다.(2016.5.29 본항개정)
③ 제1항제1호에 규정된 사람 중 현역병입영 대상자 또는 보충역처분의 기준은 병무청장이 정한다.
④ 병무청장은 병역자원(兵役資源)의 수급(需給), 입영계획(入營計劃)의 변경 등에 따라 필요한 경우에는 제1항제1호에 따라 처분된 사람 중 현역병입영 대상자를 보충역으로 병역처분을 변경할 수 있다.
(2009.6.9 본조개정)

제14조의2【재병역판정검사】 ① 지방병무청장은 현역병입영 대상자 또는 보충역으로 병역처분을 받은 사람이 그 처분을 받은 다음 해부터 4년이 되는 해의 12월 31일까지 징집 또는 소집되지 아니한 경우에는 5년이 되는 해에 재병역판정검사를 한다.
② 재병역판정검사 제외 대상과 재병역판정검사 시기 등에 필요한 사항은 대통령령으로 정한다.
③ 재병역판정검사의 절차와 방법에 관하여는 제10조부터 제14조까지의 규정을 준용한다.
④ 재병역판정검사 결과 현역병입영 대상자나 보충역으로 병역처분을 받은 사람이 제60조제2항 또는 제61조제1항에 해당하는 경우에는 징집·소집 연기 또는 의무이행일 연기가 계속된 것으로 본다.
(2016.5.29 본조개정)

제14조의3【입영판정검사】 ① 지방병무청장은 현역병입영 또는 군사교육소집 통지서를 교부받은 사람(제55조제1항 단서 또는 같은 조 제2항에 따른 군사교육소집대상자는 제외한다)에 대하여 그 입영일 전 대통령령으로 정하는 일자에 다음 각 호에 해당하는 검사(이하 "입영판정검사"라 한다)를 실시하여야 하고, 입영판정검사를 받아야 할 사람에게 입영판정검사 통지서를 송달하여야 한다.(2024.1.9 본문개정)
1. 신체검사
2. 심리검사
3. 「마약류 관리에 관한 법률」 제2조제1호에 따른 마약류 투약·흡연·섭취 여부에 관한 검사
(2024.1.9 1호~3호신설)

② 제1항에 따른 입영판정검사 통지서를 받은 사람은 지방병무청장이 지정하는 일시 및 장소에서 입영판정검사를 받아야 한다.
③ 입영판정검사의 결과 신체 및 심리상태가 현역 복무 또는 군사교육에 적합하지 아니하다고 인정되는 사람에 대해서는 제12조 및 제14조에 따라 신체등급 또는 병역처분을 변경할 수 있다.
④ 입영판정검사의 결과 질병 또는 심신장애로 인하여 치료기간이 필요한 사람에 대해서는 대통령령으로 정하는 바에 따라 재신체검사를 한 후 신체등급에 따라 병역처분을 변경할 수 있다.
⑤ 입영판정검사의 절차와 방법에 관하여는 제6조, 제11조, 제11조의2, 제12조, 제12조의2, 제13조, 제13조의2 및 제14조를 준용한다.

⑥ 제1항에 따른 입영판정검사의 시기, 연기 및 제외 대상 등 그 밖에 필요한 사항은 대통령령으로 정한다.
⑦ 병무청장은 제1항에도 불구하고 병역판정검사장 수용 능력 초과 등 대통령령으로 정한 사유로 지방병무청장이 입영판정검사를 실시하기 어렵다고 인정하는 경우에는 입영부대의 장이 입영신체검사(제1항제3호에 따른 검사를 포함한다. 이하 이 항에서 같다)를 하도록 국방부장관에게 요청할 수 있다. 이 경우 국방부장관은 입영부대의 장으로 하여금 입영신체검사를 실시하도록 하여야 한다.(2024.1.9 전단개정)
(2020.12.22 본조신설)

제4장 현역병 등의 복무

(2009.6.9 본장개정)

제1절 현역병입영

제15조【현역병 징집순서의 결정】 ① 지방병무청장은 병역판정검사 결과 현역병입영 대상자로 처분된 사람에 대하여 시(구가 설치되지 아니한 시를 말한다. 이하 같다)·군·구별로 징집순서를 정한다.
② 제1항에 따른 징집순서 결정의 기준은 신체등급·학력·연령 등 자질을 고려하여 병무청장이 정한다.
(2016.5.29 본조개정)
제16조【현역병입영】 ① 병무청장 또는 지방병무청장은 현역병 징집순서가 결정된 사람에 대하여는 병역판정검사를 받은 해 또는 그 다음 해에 입영하게 하되, 입영시기를 정하는 경우에는 군(軍)별·적성별로 입영할 사람 간에 자질의 균형이 유지되도록 하여야 한다.(2017.3.21 본항개정)
② 병무청장 또는 지방병무청장은 현역병입영이 연기된 사람으로서 그 사유가 소멸되는 사람 등 대통령령으로 정하는 사람에 대하여는 제1항에도 불구하고 따로 입영하게 할 수 있다.(2017.3.21 본항개정)
③ 현역병입영 대상자로 처분되어 징집순서가 결정된 사람이 다른 시·군·구로 거주지를 이동한 경우에도 병역판정검사 당시의 거주지인 시·군·구에서 입영하게 한다. 다만, 제60조제2항에 따라 입영이 연기된 사람의 경우에는 그러하지 아니하다.(2016.5.29 본문개정)
제17조 (2020.12.22 삭제)
제18조【현역의 복무】 ① 현역은 입영한 날부터 군부대에서 복무한다. 다만, 국방부장관이 허가한 사람은 군부대 밖에서 거주할 수 있다.
② 현역병(지원에 의하지 아니하고 임용된 하사를 포함한다. 이하 같다)의 복무기간은 다음과 같다.
1. 육군 : 2년
2. 해군 : 2년 2개월. 다만, 해병은 2년으로 한다.
3. 공군 : 2년 3개월(2020.3.31 본호개정)
③ 현역병이 징역·금고·구류의 형이나 군기교육처분을 받은 경우 또는 복무를 이탈한 경우에는 그 형의 집행일수, 군기교육처분일수 또는 복무이탈일수는 현역 복무기간에 산입(算入)하지 아니한다.(2020.2.4 본항개정)
④ 다음 각 호의 어느 하나에 해당하는 경우에는 현역병의 전역을 보류할 수 있다.
1. 형사사건으로 구속 중에 복무기간이 끝난 때에는 불기소처분 또는 재판 등으로 석방된 후 전역조치에 필요한 경우
2. 전상·공상 또는 공무상 질병으로 인하여 의학적으로 계속 입원치료할 필요가 있고 본인이 원하는 경우
3. 중요한 작전이나 훈련·연습 등의 수행으로 인하여 본인이 원하는 경우(2016.5.29 본호신설)
⑤ 제4항제2호에 따른 전역 보류기간은 의무복무 만료일 이후 6개월 이내로 하되, 6개월이 경과한 후에도 계속 입원치료가 필요하다는 의학적 소견이 있는 경우에는 6개월 이하의 기간 단위로 전역 보류기간을 계속 연장할 수 있다. 다만, 의사가 치료중지 판정을 하거나 본인이 다시 전역을 희망하는 경우에는 전역조치를 하여야 한다.(2020.12.22 본항개정)
⑥ 제4항제3호에 따른 전역 보류기간은 의무복무 만료일 이후 3개월 이내로 한다. 다만, 전역 보류기간과 사유를 본인에게 통지하고 그 사유가 없어지는 즉시 전역조치를 하여야 한다.(2016.5.29 본항신설)
⑦ 국방부장관은 제4항제3호에 따른 전역 보류에 관한 권한을 각 군 참모총장에게 위임할 수 있다.(2016.5.29 본항신설)
⑧ 제4항에 따른 현역병의 전역 보류에 필요한 사항은 대통령령으로 정한다.
제19조【현역 복무기간의 조정】 ① 국방부장관은 현역의 복무기간을 다음 각 호와 같이 조정할 수 있다. 이 경우 제1호와 제3호의 경우에는 미리 국무회의의 심의를 거쳐 대통령의 승인을 받아야 한다.
1. 전시·사변에 준하는 사태가 발생한 경우, 「재난 및 안전관리 기본법」 제60조제1항에 따라 특별재난지역이 선포된 경우, 군부대가 증편·창설된 경우 또는 병역자원이 부족하여 병력 충원이 곤란할 경우에는 6개월 이내에서 연장
2. 항해 중이거나 파병 중인 경우에는 3개월 이내에서 연장(2016.5.29 본호개정)
3. 정원(定員) 조정의 경우 또는 병 지원율 저하로 복무기간의 조정이 필요한 경우에는 6개월 이내에서 단축
② 국방부장관은 제1항제2호에 따라 복무기간을 연장하려면 그 기간과 사유를 본인에게 통지하여야 하며, 연장사유가 없어지면 즉시 복무기간 연장조치를 해제하여야 한다.
③ 국방부장관은 제2항에 따른 복무기간의 연장 및 해제에 관한 권한을 각 군 참모총장에게 위임할 수 있다.
④ 국방부장관은 제1항제1호 및 제3호에 따라 복무기간을 연장하거나 단축하려면 미리 그 기간과 사유, 대책방안 등을 국회 소관 상임위원회에 보고하여야 한다. 다만, 전시·사변, 특별재난지역 선포 등의 경우에는 추후 보고할 수 있다.
(2017.11.28 본항신설)
제20조【현역병의 모집】 ① 병무청장이나 각 군 참모총장은 18세 이상으로서 군에 복무할 것을 지원한 사람에 대하여 대통령령으로 정하는 바에 따라 병무청장이나 각 군 참모총장이 실시하는 현역병지원 신체검사(제14조의3제1항제3호에 따른 검사를 포함한다)를 거쳐 육군·해군 또는 공군의 현역병으로 선발할 수 있다. 이 경우 병무청장은 각 군 참모총장과 협의하여 체력검사·면접·필기·실기 등의 전형을 실시할 수 있다.(2024.1.9 전단개정)
② 병무청장이나 각 군 참모총장은 제1항에 따라 현역병으로 선발한 사람에 대하여는 날짜를 정하여 입영하게 한다. 이 경우 현역병으로 선발된 사람이 입영 전에 그 선발 취소를 원하면 대통령령으로 정하는 사유가 있는 경우에만 허가할 수 있다.
제20조의2【임기제부사관제의 운영】 ① 병무청장이나 각 군 참모총장은 우수한 숙련인력을 확보하기 위하여 필요하다고 인정하는 경우에는 본인의 지원에 의하여 현역병의 복무를 마친 후 4년의 범위에서 정하여진 기간을 임기로 하는 부사관(이하 "임기제부사관"이라 한다)으로 복무할 사람을 선발할 수 있다.(2020.12.22 본항개정)
② 임기제부사관으로 복무할 사람은 다음 각 호의 어느 하나에 해당하는 사람 중에서 선발한다.(2020.12.22 본문개정)
1. 병역준비역에 편입된 사람(2016.5.29 본호개정)
2. 현역병으로 복무 중인 사람
③ 임기제부사관에게는 대통령령으로 정하는 바에 따라 보수를 지급한다.(2020.12.22 본항개정)
④ 제2항제1호에 따라 임기제부사관으로 선발된 사람의 입영에 관하여는 제20조제2항을 준용한다.(2020.12.22 본항개정)
⑤ 각 군 참모총장은 임기제부사관이 복무의 중단을 원하는 경우에는 질병·심신장애 등 대통령령으로 정하는 사유로 현역 복무에 적합하지 아니하다고 인정되는 경우에만 허가할 수 있다.(2020.12.22 본항개정)
⑥ 임기제부사관의 선발, 선발 취소 및 복무 등에 필요한 사항은 대통령령으로 정한다.(2020.12.22 본항개정)
(2020.12.22 본조제목개정)
제20조의3【임기제부사관 전문인력 양성기관의 지정 등】 ① 국방부장관은 임기제부사관을 안정적으로 확보하기 위하여 「초·중등교육법」에 따른 고등학교 중 특정분야의 인재양성을 목적으로 하는 교육을 전문적으로 실시하는 고등학

교를 대통령령으로 정하는 바에 따라 임기제부사관 전문인력 양성기관(이하 "전문인력 양성기관"이라 한다)으로 지정할 수 있다.
② 국방부장관은 전문인력 양성기관에 대하여 임기제부사관의 교육·훈련 등에 필요한 비용의 전부 또는 일부를 지원할 수 있다.
③ 국방부장관은 전문인력 양성기관의 운영성과를 대통령령으로 정하는 바에 따라 평가할 수 있다.
④ 국방부장관은 전문인력 양성기관이 다음 각 호의 어느 하나에 해당하는 경우에는 그 지정을 취소할 수 있다. 다만, 제1호에 해당하는 경우에는 그 지정을 취소하여야 한다.
1. 거짓이나 그 밖의 부정한 방법으로 지정받은 경우
2. 제3항에 따른 운영성과 평가 결과가 대통령령으로 정하는 기준에 미치지 못한 경우
⑤ 국방부장관은 제4항에 따라 전문인력 양성기관의 지정을 취소하려면 청문을 하여야 한다.
⑥ 제1항부터 제5항까지에서 규정한 사항 외에 전문인력 양성기관의 지정 및 지원, 운영성과 평가, 지정 취소 등에 필요한 사항은 대통령령으로 정한다.
(2021.4.13 본조신설)
제20조의4【학교생활기록부의 제출요구 등】 ① 병무청장은 제20조와 제20조의2에 따라 군에 복무할 것을 지원한 사람의 전형 및 선발을 위하여 지원자의 동의를 받아 「초·중등교육법」에 따른 학교의 장에게 정보시스템을 통하여 지원자의 최종학교 학교생활기록부 제출을 요구할 수 있다. 이 경우 자료의 제출을 요구받은 사람은 특별한 사유가 없으면 요구에 따라야 한다.
② 누구든지 제1항에 따라 취득한 정보·자료를 공개 또는 누설하거나 다른 사람에게 제공하는 등 현역병 선발을 위한 전형 외의 목적으로 사용하여서는 아니 된다.
(2009.6.9 본조신설)

제2절 상근예비역소집 대상자의 입영·소집 및 승선근무예비역의 편입·복무

제21조【상근예비역소집의 대상 및 선발】 ① 상근예비역(常勤豫備役)소집은 징집에 의하여 상근예비역소집 대상으로 입영하여 1년의 기간 내에서 대통령령으로 정하는 현역 복무기간을 마치고 예비역에 편입된 사람과 제65조제3항에 따라 예비역에 편입된 사람을 대상으로 한다.(2011.5.24 본항개정)
② 지방병무청장은 현역병으로 입영할 사람 중에서 징집에 의하여 상근예비역소집 대상자를 거주지별로 선발한다.
③ 제2항에 따른 상근예비역소집 대상자 선발기준은 거주지와 신체등급·학력·연령 등 자질을 고려하여 병무청장이 정한다.(2016.5.29 본항개정)
④ 지방병무청장은 제2항에 따라 상근예비역소집 대상자로 선발된 사람 중 신상변동 등으로 인하여 처음 선발된 지역에서 상근예비역으로 근무할 수 없는 사람에 대하여는 상근예비역소집 대상자의 선발을 취소할 수 있다. 다만, 제2항에 따라 상근예비역소집 대상자로 선발된 사람이 현역병으로 입영한 후에는 그 선발의 취소는 각 군 참모총장이 한다.
⑤ 제4항 본문에 따른 취소의 요건 및 절차 등에 필요한 사항은 병무청장이 정한다. 다만, 같은 항 단서의 경우에는 각 군 참모총장이 정한다.
제21조의2【승선근무예비역의 편입 등】 ① 다음 각 호의 어느 하나에 해당하는 사람으로서 「선박직원법」 제4조제2항 제1호 및 제2호에 따른 항해사·기관사 면허가 있는 사람은 지원에 의하여 승선근무예비역(乘船勤務豫備役)에 편입할 수 있다.
1. 제57조제2항에 따른 고등학교 이상의 학교에 설치된 학생군사교육단 사관후보생 또는 부사관후보생 과정(해군만 해당한다)을 마치고 현역의 장교 또는 부사관의 병적에 편입되지 아니한 사람(2010.1.25 본호개정)
2. 현역병입영 대상자로서 「선박직원법」의 관련 규정에 따라 해양수산부장관이 지정하는 교육기관에서 정규교육과정을 마친 사람(2013.3.23 본호개정)
② 제1항에 따라 승선근무예비역에 편입된 사람은 다음 각 호의 구분에 따른 병적에 편입된다.
1. 예비역 장교의 병적 : 제1항제1호 중 학생군사교육단 사관후보생 과정을 마치고 현역 장교의 병적에 편입되지 아니한 사람
2. 예비역 부사관의 병적 : 제1항제1호 중 학생군사교육단 부사관후보생 과정을 마치고 현역 부사관의 병적에 편입되지 아니한 사람
3. 예비역 병의 병적 : 제1항제2호에 해당하는 사람
(2010.1.25 본항신설)
③ 병무청장은 군에서 필요로 하는 인원의 충원에 지장이 없는 범위에서 승선근무예비역으로 편입할 수 있는 인원을 결정하고 승선근무예비역이 복무할 수 있는 업체별 배정인원을 결정한다.(2010.1.25 본항신설)
④ 제1항 및 제3항에 따른 승선근무예비역의 편입 기준 및 절차, 필요인원의 통보 및 업체별 배정 기준 등에 필요한 사항은 대통령령으로 정한다.(2010.1.25 본항개정)
(2010.1.25 본조제목개정)
제22조【상근예비역소집 대상자의 입영 및 소집】 ① 지방병무청장은 상근예비역으로 소집될 사람을 거주지별 필요인원에 따라 현역병으로 입영하게 한다.
② 각 군 참모총장은 제1항에 따라 입영한 사람이 제21조제1항에서 정한 현역 복무기간을 마친 다음 날에 예비역에 편입시켜야 한다.(2011.5.24 본항개정)
③ 각 군 참모총장은 제2항 또는 제65조제3항에 따라 예비역에 편입된 사람을 예비역에 편입된 날부터 상근예비역으로 소집하여야 한다.(2011.5.24 본항신설)
제23조【상근예비역의 복무】 ① 상근예비역으로 소집된 사람의 복무기간은 2년 6개월 이내로 하며, 다음 각 호의 기간을 상근예비역의 복무기간에 산입한다.(2011.5.24 본문개정)
1. 제21조제1항에 따른 현역 복무기간(2011.5.24 본호신설)
2. 제65조제3항에 따라 예비역에 편입되기 전에 현역병(제25조에 따라 복무 중인 사람을 포함한다)으로 복무한 기간(2016.5.29 본호개정)
② 상근예비역으로 소집된 사람이 제1항에 따른 복무기간을 마친 경우에는 징집에 의하여 입영한 현역병의 복무기간을 마친 것으로 본다.
③ 상근예비역의 복무에 관하여는 이 법 또는 「군인사법」에 따른 현역병의 복무에 관한 규정을 준용한다.
④ 각 군 참모총장은 상근예비역으로 소집된 사람에 대하여 지역방위업무를 수행하는 군부대 또는 이를 지원하는 기관에 파견하여 근무하게 한다.(2021.4.13 본항개정)
⑤ 국방부장관은 상근예비역으로 소집된 사람에 대하여 군부대 밖에서 거주하게 할 수 있으며, 예산의 범위에서 급식 또는 실비 지급 등을 할 수 있다.
⑥ 상근예비역으로 소집된 사람이 징역·금고·구류의 형이나 군기교육처분을 받은 경우 또는 복무를 이탈한 경우에는 그 형의 집행일수, 군기교육처분일수 또는 복무이탈일수는 복무기간에 산입하지 아니한다.(2020.2.4 본항개정)
⑦ 상근예비역의 소집해제 보류에 관하여는 현역병 전역 보류에 관한 제18조제4항부터 제8항까지의 규정을 준용한다.(2016.5.29 본항개정)
⑧ 제1항에 따른 상근예비역의 복무기간과 소집해제 등에 필요한 사항은 대통령령으로 정한다.
제23조의2【승선근무예비역의 복무】 ① 제21조의2에 따라 승선근무예비역에 편입된 사람은 대통령령으로 정하는 바에 따라 항해사·기관사로서 3년간 승선근무하여야 하며, 그 기간을 마친 경우에는 현역의 복무를 마친 것으로 본다.
(2010.1.25 본항개정)
② 제21조의2제1항제2호에 해당하는 사람으로서 승선근무예비역에 편입된 사람에 대하여는 제55조에 따른 군사교육소집을 하며, 그 군사교육소집 기간은 제1항에 따른 승선근무기간에 산입한다.(2016.5.29 본항개정)
③ 승선근무예비역으로 편입될 사람은 제1항의 의무복무기간 중 성실히 복무하겠다는 서약서를 관할 지방병무청장에게 제출하여야 한다.(2020.3.31 본항신설)

④ 승선근무예비역의 소집, 승선근무기간의 계산, 소집해제, 서약, 그 밖에 복무에 필요한 사항은 대통령령으로 정한다.
(2020.3.31 본항개정)

제23조의3【승선근무예비역의 신상변동 통보】 승선근무예비역이 복무하고 있는 해운업 또는 수산업 분야의 업체(이하 이 절에서 "해운업체등"이라 한다)의 장은 승선근무예비역 또는 그 해운업체등이 다음 각 호의 어느 하나에 해당하는 경우에는 해당 사유가 발생한 날부터 14일 이내에 관할 지방병무청장(해운업체등의 주된 사무소가 있는 행정구역을 관할하는 지방병무청장 또는 병무지청장을 말한다. 이하 이 절에서 같다)에게 통보하여야 한다.
1. 승선하여 복무하고 있던 업체에서 해고되거나 퇴직한 경우(2016.5.29 본호개정)
2. 승선하거나 하선한 경우
3. 항해사·기관사 면허가 취소되거나 정지된 경우
4. 본인이 승선근무예비역의 편입취소를 원하는 경우
5. 승선근무예비역 편입일부터 5년 이내에 제23조의2제1항에 따른 3년간의 승선근무기간(이하 "승선근무기간"이라 한다)을 마칠 수 없는 경우
6. 30세까지 승선근무기간을 마칠 수 없는 경우
7. 복무 중인 업체가 휴업·영업정지·직장폐쇄 또는 폐업한 경우(2016.5.29 본호개정)
8. 그 밖에 대통령령으로 정하는 사유가 발생한 경우
(2016.5.29 본조제목개정)
(2010.1.25 본조신설)

제23조의4【승선근무예비역의 편입취소 및 의무부과】 ① 관할 지방병무청장은 승선근무예비역이 다음 각 호의 어느 하나에 해당하는 경우에는 그 편입을 취소하여야 한다.
1. 항해사·기관사의 면허가 취소된 경우
2. 본인이 승선근무예비역의 편입취소를 원하는 경우
3. 승선근무예비역 편입일부터 5년 이내에 승선근무기간을 마칠 수 없는 경우
4. 30세까지 승선근무기간을 마칠 수 없는 경우

② 제1항에 따라 승선근무예비역의 편입이 취소된 사람은 승선근무예비역에 편입되기 전의 신분으로 복귀하여 대통령령으로 정하는 기준에 따른 남은 복무기간을 현역병으로 입영하게 하거나 사회복무요원으로 소집하여야 한다. 이 경우 현역병으로 입영하게 하여야 할 사람 중 대통령령으로 정하는 기준에 따른 남은 복무기간이 6개월 미만인 사람에 대해서는 사회복무요원으로 소집하여 복무하게 할 수 있다.
(2020.12.22 본항개정)
③ (2020.12.22 삭제)
④ 제1항에 따라 승선근무예비역의 편입이 취소된 사람은 승선근무예비역으로 다시 편입하여 병역의무를 이행하게 할 수 없다.(2020.12.22 본항신설)
(2010.1.25 본조신설)

제23조의5【승선근무예비역의 실태조사 등】 ① 해양수산부장관은 승선근무예비역 제도의 체계적인 운영을 위하여 대통령령으로 정하는 바에 따라 매년 운영계획을 수립하고 시행하여야 한다.(2021.4.13 본항신설)
② 관할 지방병무청장은 해운업체등과 승선근무예비역에 대하여 대통령령으로 정하는 바에 따라 복무관리 및 인권침해 등에 관한 실태조사를 연 1회 이상 실시하여야 한다. 이 경우 승선근무예비역이 해외 근무 등으로 실태조사가 어려운 경우에는 정보통신망 등을 이용한 방법으로 조사할 수 있다.
③ 관할 지방병무청장은 승선근무예비역이 제2항의 실태조사 등 대통령령으로 정하는 바에 따라 확인한 결과 인권침해를 입었다고 인정되는 경우에는 해당 승선근무예비역을 다른 해운업체등으로 이동하여 승선근무하게 할 수 있다.
(2024.1.9 본항신설)
④ 병무청장은 제21조의2제3항에 따라 다음 해 승선근무예비역으로 편입할 수 있는 인원을 결정하는 경우 제2항에 따른 실태조사 결과 승선근무예비역의 복무관리가 부실하거나 인권침해 등이 발생한 해운업체등에 대하여 그 인원을 배정하지 아니하거나 제한할 수 있다.(2021.4.13 본항개정)
(2020.3.31 본조개정)

제23조의6【해운업체등의 장의 서약서 제출 등】 ① 해운업체등의 장은 약정한 근로조건을 성실이 이행하겠다는 서약서를 대통령령으로 정하는 바에 따라 작성한 후 이를 관할 지방병무청장에게 제출하여야 한다.
② 해운업체등의 장은 제1항에 따른 서약서를 작성하는 경우 승선근무예비역에게 근로조건에 따른 권리와 권리 침해시 신고방법 등에 대하여 고지하여야 한다.
(2020.3.31 본조신설)

제3절 전환복무(轉換服務)

제24조 (2016.5.29 삭제)

제25조【추천에 의한 전환복무】 ① 국방부장관은 다음 각 호의 어느 하나에 해당할 경우에는 그 추천을 받은 사람을 현역병지원자로 보고 지방병무청장으로 하여금 이들을 입영하게 하여 정하여진 군사교육을 마치게 한 후 전환복무시킬 수 있다.
1. 소방청장으로부터 「의무소방대설치법」 제3조제2항에 따라 소방업무의 보조를 임무로 하는 의무소방원 임용예정자를 추천받은 경우(2017.7.26 본호개정)
2. 경찰청장 또는 해양경찰청장으로부터 「의무경찰대 설치 및 운영에 관한 법률」 제3조에 따라 대간첩작전 수행과 치안업무의 보조를 임무로 하는 의무경찰 임용예정자와 경찰대학 졸업예정자로서 의무경찰대에 복무할 사람을 추천받은 경우(2017.7.26 본호개정)

② 제1항에 따라 전환복무된 사람은 입영한 날부터 기산하여 현역병의 복무기간과 같은 기간 동안 복무를 하여야 한다.
③ 경찰청장, 소방청장 또는 해양경찰청장은 다음 각 호의 어느 하나에 해당하는 경우에는 제1항에 따라 전환복무된 사람의 복무기간을 6개월의 범위에서 연장할 수 있다. 이 경우 국방부장관과 협의하고 국무회의의 심의를 거쳐 대통령의 승인을 받아야 한다.(2017.7.26 전단개정)
1. 전시·사변에 준하는 사태
2. 「재난 및 안전관리기본법」 제60조제1항에 따라 특별재난지역이 선포된 경우
3. 전환복무 자원의 충원이 곤란한 경우

④ 제2항 및 제3항에 따른 전환복무기간과 연장된 전환복무기간은 현역병으로 복무한 기간으로 본다.
⑤ 국방부장관은 제1항에 따라 전환복무된 사람이 전환복무를 마친 경우 전환복무를 해제하고 예비역에 편입한다.
(2016.5.29 본항개정)
⑥ 경찰청장, 소방청장 또는 해양경찰청장은 제1항에 따라 전환복무된 사람으로서 제65조제1항 각 호의 어느 하나에 해당하는 사람에 대해서는 국방부장관에게 전환복무 해제를 요청할 수 있다.(2017.7.26 본항개정)
⑦ 국방부장관은 제6항에 따른 전환복무 해제의 요청을 받으면 해당되는 사람의 전환복무를 해제하고 전역 또는 병역면제의 처분을 하여야 한다.(2016.5.29 본항신설)
⑧ 제1항에 따른 추천인원 배정과 전환복무에 필요한 사항은 대통령령으로 정한다.

제5장 보충역의 복무
(2009.6.9 본장개정)

제1절 사회복무요원의 복무
(2013.6.4 본절제목개정)

제26조【사회복무요원의 업무 및 소집 대상】 ① 사회복무요원은 다음 각 호의 어느 하나에 해당하는 업무에 복무하게 하여야 한다.(2013.6.4 본문개정)
1. 국가기관·지방자치단체·공공단체 및 사회복지시설의 공익목적에 필요한 사회복지, 보건·의료, 교육·문화, 환경·안전 등 사회서비스업무의 지원업무
2. 국가기관·지방자치단체·공공단체의 공익목적에 필요한 행정업무 등의 지원업무
3.~4. (2013.6.4 삭제)

② (2013.6.4 삭제)
③ 사회복무요원이 복무하여야 할 분야의 분류 등에 필요한 사항은 대통령령으로 정한다.(2013.6.4 본항개정)
④ 제1항제1호에 따라 사회복지시설에서 복무하여야 할 사회복무요원은 지방병무청장이 선발하되, 선발의 기준 및 절차 등에 필요한 사항은 병무청장이 정한다.(2013.6.4 본항개정)
⑤ (2013.6.4 삭제)
(2013.6.4 본조제목개정)

제27조【사회복무요원의 배정인원 등 결정】 ① 지방병무청장은 사회복무요원을 필요로 하는 국가기관·지방자치단체 또는 공공단체의 장으로부터 다음 해에 필요한 인원의 배정을 요청받으면 복무기관·복무분야·복무형태 및 배정인원 등을 결정한다.
② (2013.6.4 삭제)
(2013.6.4 본조개정)

제28조【사회복무요원 소집 순서의 결정】 ① 지방병무청장은 사회복무요원 소집 대상자에 대하여 지역별로 소집순서를 결정한다.(2013.6.4 본항개정)
② 제1항에 따른 지역별 범위 및 소집순서의 결정기준은 신체등급·학력·연령 등의 자질을 고려하여 병무청장이 정한다.(2016.5.29 본항개정)
(2013.6.4 본조제목개정)

제29조【사회복무요원의 소집 등】 ① 지방병무청장은 사회복무요원 소집 순서가 결정된 사람을 대상으로 복무기관을 정하여 사회복무요원을 소집한다. 다만, 제26조제4항에 따라 선발한 사회복무요원은 복무기관과 복무분야를 정하여 따로 소집할 수 있다.
② 병무청장은 사회복무요원 소집이 연기된 사람으로서 그 사유가 없어진 사람 등 대통령령으로 정하는 사람에 대하여는 제1항에도 불구하고 지방병무청장으로 하여금 따로 사회복무요원 소집을 하게 할 수 있다.
③ 제1항과 제2항에 따라 사회복무요원으로 소집된 사람에 대하여는 제55조에 따른 군사교육소집을 하며, 그 군사교육 소집 기간은 복무기간에 산입한다.(2016.5.29 본항개정)
④ 지방병무청장은 복무기관의 장이 사회복무요원의 임무부여에 활용할 수 있도록 사회복무요원이 다음 각 호의 범죄로 인하여 형의 선고를 받은 경우 관련된 정보를 그 사회복무요원이 복무할 복무기관의 장에게 제공할 수 있으며, 정보 제공 절차 및 제공되는 정보의 범위는 병무청장이 정한다.
1.「아동·청소년의 성보호에 관한 법률」 제2조제2호, 제3호 및 제3호의2에 따른 범죄
2.「개인정보 보호법」 제70조부터 제73조까지에 따른 범죄
3.「특정강력범죄의 처벌에 관한 특례법」 제2조의 특정강력범죄
4.「형법」 제257조, 제258조, 제258조의2, 제259조부터 제265조까지에 따른 상해와 폭행의 죄, 제283조부터 제286조까지에 따른 협박의 죄
5.「마약류 관리에 관한 법률」 제58조, 제58조의2, 제59조부터 제64조까지, 제65조의2에 따른 범죄(2024.1.9 본호신설)
(2020.12.22 본항신설)
(2020.12.22 본조제목개정)
(2013.6.4 본조개정)

제30조【사회복무요원의 복무기간 등】 ① 사회복무요원의 복무기간은 2년 2개월로 한다.
② 사회복무요원이 징역·금고 또는 구류의 형을 받거나 복무를 이탈한 경우에는 그 형의 집행일수나 복무이탈일수는 복무기간에 산입하지 아니한다.
③ 사회복무요원 소집해제의 보류에 관하여는 현역병 전역 보류에 관한 제18조제4항제1호를 준용한다.
④ 사회복무요원 복무기간의 계산과 소집해제 등 사회복무요원의 복무에 필요한 사항은 대통령령으로 정한다.
(2013.6.4 본조개정)

제31조【사회복무요원의 복무 및 보수 등】 ① 사회복무요원을 배정받은 기관의 장은 복무분야를 지정하여 복무하게 하여야 하며, 그 복무에 필요한 사항은 이 법에서 정하는 사항을 제외하고는 대통령령으로 정한다. 이 경우 사회복무요원의 직무상 행위는 공무수행으로 본다.
② 제1항에 따라 사회복무요원을 배정받은 기관의 장이 사회복무요원의 복무분야를 지정하거나 변경할 때에는 미리 관할 지방병무청장과 협의하여야 한다.
③ (2013.6.4 삭제)
④ 사회복무요원은 출퇴근 근무하며, 소속기관장의 지휘·감독을 받는다. 다만, 출퇴근 근무가 곤란하거나 업무수행의 특수성 등으로 인하여 필요한 경우에는 합숙근무를 하게 할 수 있다.
⑤ 국가기관·지방자치단체 또는 공공단체의 장은 사회복무요원에게 보수 및 직무수행에 필요한 여비 등을 지급하여야 하며, 그 기준 등에 필요한 사항은 대통령령으로 정한다. 다만, 제26조제1항제1호에 따른 사회서비스업무에 복무하는 사회복무요원에 대한 보수 및 직무수행에 필요한 여비 등은 국고에서 부담할 수 있다.
⑥~⑦ (2013.6.4 삭제)
(2013.6.4 본조개정)

제31조의2【사회복무요원 복무 관리·감독 등】 ① 사회복무요원이 복무하는 국가기관·지방자치단체·공공단체 또는 사회복지시설의 장은 사회복무요원 복무관리 담당직원을 지정하여야 한다. 다만, 사회복지시설에서 복무하는 사회복무요원에 대하여는 지방병무청장이 소속 직원 중에서 복무관리 담당직원을 지정할 수 있다.
② 사회복무요원의 복무와 관련하여 병무청장은 대통령령으로 정하는 바에 따라 사회복무요원을 관리·감독할 수 있다. 이 경우 복무기관의 장은 이에 협조하여야 한다.
(2013.6.4 본조개정)

제31조의3【사회복무요원의 분할복무】 ① 지방병무청장은 사회복무요원으로 복무 중인 사람이 다음 각 호의 어느 하나에 해당하는 경우에는 일정기간 복무를 중단한 후 다시 복무하게 할 수 있다.(2021.12.7 단서삭제)
1. 본인의 질병치료가 필요한 경우
2. 가족의 간병을 위하여 필요한 경우
3. 재난이나 그 밖의 가사사정으로 본인의 지원이 필요한 경우
② 제1항에 따른 복무중단기간은 다음 각 호의 구분에 따른 기간을 초과할 수 없다.
1. 제1항제1호에 해당하는 경우 : 통틀어 2년. 다만, 지방병무청장 또는 병무지청장이 입원 또는 거동 불편 등의 사유로 복무가 어렵다고 인정하는 경우에는 치료기간만큼 추가하여 복무를 중단할 수 있다.
2. 제1항제2호 또는 제3호에 해당하는 경우 : 통틀어 6개월
(2021.12.7 본항신설)
③ 제1항에 따른 분할복무의 구체적인 기준 및 절차 등에 필요한 사항은 대통령령으로 정한다.
(2013.6.4 본조제목개정)

제31조의4【사회복무요원의 성실의무】 사회복무요원은 직무상 명령을 준수하고, 성실하게 그 직무를 수행하여야 한다.
(2023.10.31 본조신설)

제31조의5【복무기관 내 괴롭힘의 금지】 복무기관의 장 또는 소속 직원은 지위 또는 관계 등의 우위를 이용하여 업무상 적정범위를 넘어 사회복무요원에게 신체적·정신적 고통을 주거나 근무환경을 악화시키는 행위(이하 "복무기관 내 괴롭힘"이라 한다)를 하여서는 아니 된다.(2023.10.31 본조신설)

제31조의6【복무기관 내 괴롭힘 발생 시 조치】 ① 누구든지 복무기관 내 괴롭힘 발생 사실을 알게 된 경우 그 사실을 복무기관의 장 또는 지방병무청장에게 신고할 수 있으며, 지방병무청장이 신고를 접수한 경우에는 지체 없이 이를 복무기관의 장에게 알려야 한다.
② 복무기관의 장은 제1항에 따른 신고를 접수하거나 복무기관 내 괴롭힘 발생 사실을 인지한 경우에는 그 사실 확인을 위하여 지체 없이 당사자 등을 대상으로 객관적으로 조사를 실시하여야 한다. 다만, 복무기관의 장이 조사를 실시하지 아니하거나 복무기관의 장이 당사자로서 복무기관 내 괴롭힘을 한 경우에는 지방병무청장이 조사할 수 있다.

③ 제2항 단서에 따라 지방병무청장이 조사한 경우 그 결과를 복무기관의 장에게 알려야 한다.
④ 복무기관의 장은 제2항에 따른 조사 기간 동안 복무기관 내 괴롭힘과 관련하여 피해를 입은 사회복무요원 또는 피해를 입었다고 주장하는 사회복무요원(이하 "피해사회복무요원등"이라 한다)을 보호하기 위하여 필요한 경우 해당 피해사회복무요원등에 대하여 근무장소의 변경, 휴가 명령 등 적절한 조치를 하여야 한다. 이 경우 복무기관의 장은 피해사회복무요원등의 의사에 반하는 조치를 하여서는 아니 된다.
⑤ 복무기관의 장은 제2항에 따른 조사 결과 복무기관 내 괴롭힘 발생 사실이 확인된 때에는 피해사회복무요원등이 요청하면 근무장소의 변경, 휴가 명령 등 적절한 조치를 하여야 한다.
⑥ 복무기관의 장은 제2항에 따른 조사 결과 복무기관 내 괴롭힘 발생 사실이 확인된 때에는 지체 없이 행위자에 대하여 징계, 근무장소의 변경 등 필요한 조치를 하여야 한다. 이 경우 복무기관의 장은 징계 등의 조치를 하기 전에 그 조치에 대하여 피해사회복무요원등의 의견을 들어야 한다.
⑦ 제2항에 따라 복무기관 내 괴롭힘 발생 사실을 조사한 사람, 조사 내용을 보고받은 사람 및 그 밖에 조사 과정에 참여한 사람은 해당 조사 과정에서 알게 된 비밀을 피해사회복무요원등의 의사에 반하여 다른 사람에게 누설하여서는 아니 된다. 다만, 조사와 관련된 내용을 복무기관의 장 등에게 보고하거나 관계 기관의 요청에 따라 필요한 정보를 제공하는 경우는 제외한다.
⑧ 복무기관의 장은 제2항, 제4항부터 제6항까지에 따른 조사 및 조치결과를 지방병무청장에게 알려야 한다.
⑨ 복무기관의 장은 복무기관 내 괴롭힘 발생 사실을 신고한 사회복무요원 및 피해사회복무요원등에게 불리한 처우를 하여서는 아니 된다.
⑩ 복무기관 내 괴롭힘 조사절차 및 방법 등에 필요한 사항은 대통령령으로 정한다.
(2023.10.31 본조신설)

제32조【사회복무요원의 신상변동 통보】 ① 사회복무요원을 배정받은 국가기관·지방자치단체 또는 공공단체의 장은 사회복무요원이 다음 각 호의 어느 하나에 해당하게 된 경우에는 14일 이내에 지방병무청장에게 그 사실을 통보하여야 한다.(2013.6.4 본문개정)
1. 정당한 사유 없이 복무를 이탈하거나 해당 분야에 복무하지 아니한 경우
2. 정당한 근무명령을 따르지 아니하여 제33조제2항에 따라 경고처분된 경우(2013.6.4 본호개정)
3. 동거 가족의 전부나 일부가 거주지를 이동하여 출퇴근 근무가 불가능하다고 인정한 경우(2011.5.24 본호개정)
4. 복무하고 있는 기관이 폐쇄되거나 이동한 경우
5. 복무기간 중 징역 또는 금고의 형을 선고받은 경우로서 정상적인 근무가 불가능하다고 인정되는 경우
6. 복무기간 중 질병이나 심신장애의 발생 또는 악화로 인하여 복무하고 있는 기관에서 계속 근무하는 것이 불가능하다고 인정한 경우
② 사회복무요원을 배정받은 사회복지시설의 장은 제26조제1항제1호에 따른 사회복무요원이 제1항 각 호의 어느 하나에 해당하게 된 경우에는 시장(특별자치시장 및 특별자치도지사를 포함한다. 이하 이 절에서 같다)·군수·구청장(자치구의 구청장을 말한다. 이하 같다)을 거쳐 14일 이내에 관할 지방병무청장에게 통보하여야 한다.(2013.6.4 본항개정)
③ (2013.6.4 삭제)
④ 지방병무청장은 제1항제3호부터 제6호까지에 해당하는 사회복무요원의 신상변동을 통보받으면 대통령령으로 정하는 바에 따라 그 사회복무요원에 대하여 복무기관을 새로 지정할 수 있다. 이 경우 새로 지정된 복무기관의 장은 복무분야 및 근무지를 지정하여 복무하게 하고, 14일 이내에 관할 지방병무청장에게 그 사실을 통보하여야 한다.(2016.5.29 전단개정)
⑤ (2013.6.4 삭제)
(2016.5.29 본조제목개정)

제32조의2【수사기관의 수사 개시·종료 통보 등】 ① 수사기관은 사회복무요원의 제29조제4항 각 호의 범죄에 대하여 수사를 시작한 때와 이를 마친 때에는 10일 이내에 사회복무요원의 복무기관의 장 및 지방병무청장(병무지청장을 포함한다. 이하 이 조에서 같다)에게 해당 사실과 결과를 통보하여야 한다.
② 제1항에 따른 통보를 받은 복무기관의 장 및 지방병무청장은 그 내용을 임무부여 등 복무관리에 활용할 수 있다.
(2021.4.13 본조신설)

제32조의3【사회복무요원의 정치 운동 금지】 ① 사회복무요원은 정당의 결성에 관여하거나 이에 가입할 수 없다.
② 사회복무요원은 선거에서 특정 정당 또는 특정인을 지지 또는 반대하기 위한 다음의 행위를 하여서는 아니 된다.
1. 투표를 하거나 하지 아니하도록 권유 운동을 하는 것
2. 서명 운동을 기도(企圖)·주재(主宰)하거나 권유하는 것
3. 문서나 도서를 공공시설 등에 게시하거나 게시하게 하는 것
4. 기부금을 모집 또는 모집하게 하거나 공공자금을 이용 또는 이용하게 하는 것
5. 타인에게 정당에 가입하게 하거나 가입하지 아니하도록 권유 운동을 하는 것
③ 사회복무요원은 다른 사회복무요원에게 제1항 및 제2항에 위배되는 행위를 하도록 요구하거나 정치적 행위에 대한 보상 또는 보복으로서 이익 또는 불이익을 약속하여서는 아니 된다.
④ 제1항부터 제3항까지에서 규정한 사항 외에 정치적 행위의 금지에 관한 한계는 대통령령으로 정한다.
(2023.10.31 본조신설)

제33조【사회복무요원의 연장복무 등】 ① 사회복무요원이 정당한 사유 없이 복무를 이탈한 경우에는 그 이탈일수의 5배의 기간을 연장하여 복무하게 한다. 다만, 제89조의2제1호에 해당하는 사람의 경우에는 복무기간을 연장하지 아니한다.
② 사회복무요원이 다음 각 호의 어느 하나에 해당하는 경우에는 경고처분하되, 경고처분 횟수가 더하여질 때마다 5일을 연장하여 복무하게 한다. 다만, 제89조의3 각 호의 어느 하나에 해당하는 사람의 경우에는 복무기간을 연장하지 아니한다.
1. 다른 사람의 근무를 방해하거나 근무태만을 선동한 경우
2. 제32조의3에 따른 정치 운동 금지를 위반한 경우(2023.10.31 본호개정)
3. 다른 사회복무요원에게 가혹행위를 한 경우
3의2. 복무기관에서 제공하는 사회서비스를 이용하는 사람에게 신체적·정서적·성적 폭력행위나 가혹행위를 한 경우(2019.4.23 본호신설)
4. 복무와 관련하여 영리행위를 하거나 복무기관의 장의 허가 없이 다른 직무를 겸하는 행위를 한 경우
5. 근무시간 중 음주, 도박, 풍기문란, 그 밖에 근무기강 문란행위를 한 경우(2020.12.22 본호신설)
6. 정당한 권한 없이 다른 사람의 정보를 검색 또는 열람한 경우(2020.12.22 본호신설)
7. 정당한 사유 없이 맡은 임무를 수행하지 아니하거나 지연하게 하는 등 대통령령으로 정하는 사유에 해당하는 경우
③ (2013.6.4 삭제)
④ 사회복무요원으로서 제89조의2제1호 또는 제89조의3에 따라 형을 선고받은 사람에 대하여는 대통령령으로 정하는 바에 따라 남은 복무기간을 사회복무요원으로 복무하게 한다. 다만, 제65조제1항제2호 및 제3호에 해당하는 사람의 경우에는 사회복무요원으로 소집하지 아니한다.(2016.1.19 단서개정)
⑤ (2013.6.4 삭제)
(2013.6.4 본조개정)

판례 사회복무요원의 겸직행위를 원칙적으로 금지하고 복무기관의 장으로부터 허가받은 경우에만 예외적으로 허용하는 것은 사회복무요원이 자신의 직무에만 전념하도록 함으로써 공정한 직무 수행과 충실한 병역의무 이행을 담보하기 위한 것이다. 일정한 기간 동안 병

역의무 이행으로서 의무복무를 하는 사회복무요원의 특수한 지위를 감안할 때, 사회복무요원이 허가 없이 겸직행위를 한 경우 경고처분 및 복무기간 연장의 불이익을 부과하는 것이 과도한 제재라고 보기도 어렵다.(헌재결 2022.9.29, 2019헌마938)

제33조의2【복무기본교육 및 직무교육 등】 ① 병무청장 또는 지방병무청장은 사회복무요원에게 공무수행자로서 갖추어야 할 정신자세 확립을 위한 복무기본교육을 대통령령으로 정하는 바에 따라 실시할 수 있다.(2016.5.29 본항개정)

② 관계 중앙행정기관의 장은 사회복무요원에게 담당직무를 효과적으로 수행할 수 있는 능력을 배양하는 데 필요한 직무교육을 대통령령으로 정하는 바에 따라 실시하여야 한다. 다만, 관계 중앙행정기관의 장이 직무교육을 실시하기 곤란한 경우에는 병무청장과 협의하여 병무청장 또는 지방병무청장이 직무교육을 실시할 수 있다.

③ 다음 각 호의 어느 하나에 해당하여 병무청장이 복무지도교육이 필요하다고 인정한 사회복무요원에 대하여는 대통령령으로 정하는 바에 따라 병무청장 또는 지방병무청장이 복무지도교육을 실시할 수 있다.(2017.3.21 본문개정)

1. 정당한 사유 없이 복무를 이탈한 경우
2. 제33조제2항 각 호의 어느 하나에 해당하는 경우
3. 그 밖에 현역병 복무가 부적합하다고 판단되어 보충역으로 병역처분이 변경된 경우 등 대통령령으로 정하는 사유가 있는 경우

(2017.3.21 1호~3호신설)
(2016.5.29 본조제목개정)
(2013.6.4 본조개정)

제1절의2 예술·체육요원의 복무
(2016.1.19 본절제목개정)

제33조의3~제33조의6 (2016.1.19 삭제)

제33조의7【예술·체육요원의 편입】 ① 병무청장은 다음 각 호의 어느 하나에 해당하는 사람 중 대통령령으로 정하는 예술·체육 분야의 특기를 가진 사람으로서 문화체육관광부장관이 추천한 사람을 예술·체육요원으로 편입할 수 있다. 이 경우 제1호부터 제3호까지에 해당하는 사람은 보충역에 편입한다.

1. 현역병입영 대상자
2. 현역병으로 복무(제21조 및 제25조에 따라 복무 중인 사람을 포함한다) 중인 사람(2016.5.29 본호개정)
3. 승선근무예비역으로 복무 중인 사람
4. 사회복무요원 소집 대상인 보충역
5. 보충역으로 복무(사회복무요원, 공중보건의사, 병역판정검사전담의사, 공익법무관, 공중방역수의사, 전문연구요원 및 산업기능요원으로 복무하는 것을 말한다) 중인 사람(2016.5.29 본호개정)

(2016.1.19 본항개정)

② 예술·체육요원의 편입에 필요한 사항은 대통령령으로 정한다.

(2013.6.4 본조신설)

제33조의8【예술·체육요원의 의무복무기간 등】 ① 예술·체육요원의 의무복무기간은 2년 10개월로 하며, 그 기간을 마치면 사회복무요원의 복무를 마친 것으로 본다.(2016.5.29 본항개정)

② 예술·체육요원에 편입된 사람에 대하여는 제55조에 따른 군사교육소집을 하며, 그 군사교육소집 기간은 의무복무기간에 산입한다.(2016.5.29 본항개정)

③ 예술·체육요원이 징역·금고 또는 구류의 형을 선고받거나 해당 분야에 복무하지 아니한 경우에는 그 형의 집행일수나 해당 분야에 복무하지 아니한 일수는 의무복무기간에 산입하지 아니한다.(2016.5.29 본항개정)

④ 예술·체육요원은 해당 분야의 특기계발 및 의무복무에 관하여 문화체육관광부장관의 지휘·감독을 받아야 한다.

(2016.5.29 본항개정)

⑤ 예술·체육요원은 본인이 보유하고 있는 예술·체육 관련 특기를 활용하여 공익적인 업무에 복무(이하 "공익복무"라 한다)하여야 한다.(2021.4.13 본항개정)

⑥ 공익복무에 관한 다음 각 호의 사항은 대통령령으로 정한다.

1. 공익복무 시간
2. 공익복무 대상 및 기관
3. 분기별 공익복무 기준
4. 그 밖에 공익복무에 필요한 사항

(2021.4.13 본항신설)

⑦ 예술·체육요원 의무복무기간의 계산과 소집해제 등 예술·체육요원의 의무복무에 필요한 사항은 대통령령으로 정한다.(2016.5.29 본항개정)

(2016.5.29 본조제목개정)

제33조의9【예술·체육요원의 신상변동 통보】 문화체육관광부장관은 예술·체육요원이 해당 분야에 복무하지 아니한 경우에는 그 사유가 발생한 날부터 14일 이내에 병무청장에게 그 사실을 통보하여야 한다.(2016.5.29 본조개정)

제33조의10【예술·체육요원의 연장복무 및 편입취소 등】

① 예술·체육요원이 정당한 사유 없이 해당 분야에 복무하지 아니한 경우에는 그 복무하지 아니한 일수의 5배의 기간을 연장하여 복무하게 한다. 다만, 제89조의2제1호에 해당하여 형을 선고받은 사람의 경우에는 복무기간을 연장하지 아니한다.(2021.4.13 단서개정)

② 예술·체육요원이 다음 각 호의 어느 하나에 해당하는 경우에는 경고처분하되, 경고처분 횟수가 더하여질 때마다 5일을 연장하여 복무하게 한다. 다만, 제89조의3에 따라 형을 선고받은 사람의 경우에는 복무기간을 연장하지 아니한다.

(2021.4.13 단서개정)

1. 다른 사람의 근무를 방해하거나 근무태만을 선동한 경우
2. 정치 운동 금지를 위반한 경우(2023.10.31 본호개정)
3. 다른 예술·체육요원에게 가혹행위를 한 경우
4. 해당 분야의 복무와 관련하여 복무기관의 장의 허가 없이 다른 직무를 겸하는 행위를 한 경우(2016.5.29 본호개정)
5. 정당한 사유없이 제33조의8제6항제3호에 따른 분기별 공익복무 기준을 충족하지 못한 경우(2021.4.13 본호신설)
6. 허위로 공익복무 실적을 제출한 경우(2021.4.13 본호신설)
7. 제33조의11제1항 또는 제2항에 따른 복무기본교육이나 직무교육을 받지 않은 경우(2021.4.13 본호신설)
8. 정당한 사유 없이 맡은 임무를 수행하지 아니하거나 지연하게 하는 등 대통령령으로 정하는 사유에 해당하는 경우

③ 예술·체육요원이 제2항제5호 또는 제6호에 해당하는 경우에는 대통령령으로 정하는 바에 따라 공익복무 시간을 2배 연장하여야 하고, 의무복무기간까지 공익복무를 마치지 못한 경우에는 공익복무를 모두 마칠 때까지 의무복무기간을 연장하여야 한다.(2021.4.13 본항개정)

④ 예술·체육요원이 다음 각 호의 어느 하나에 해당하는 경우에는 예술·체육요원의 편입을 취소한다. 이 경우 편입이 취소된 사람은 다시 예술·체육요원으로 편입될 수 없다.

(2021.4.13 후단신설)

1. 제70조제1항 또는 제3항에 따른 국외여행허가 또는 기간연장허가를 받지 아니하고 출국하였거나 국외에 체류하고 있는 경우 또는 정당한 사유 없이 허가된 기간 내에 귀국하지 아니한 경우
2. 제83조제2항제10호에 따른 귀국명령을 위반하여 귀국하지 아니한 경우
3. 제89조의2제1호 또는 제89조의3에 따라 형을 선고받은 경우
4. 금품 수수 등 부정한 방법으로 편입된 경우
5. 승부조작 등 해당 분야 복무와 관련한 부정행위로 형을 선고받은 경우(2016.5.29 본호개정)
6. 의무복무기간 중의 범죄행위로 인하여 금고 이상의 실형을 선고받은 경우(제3호와 제5호에 해당하는 경우는 제외한다)(2017.3.21 본호신설)
7. 제3항에 따라 의무복무기간이 연장된 예술·체육요원이 정당한 사유 없이 연장된 날부터 1년 이내에 공익복무를 마치지 못한 경우(2021.4.13 본호신설)

⑤ 제4항에 따라 예술·체육요원으로의 편입이 취소된 사람은 편입되기 전의 신분으로 복귀하여 다음 각 호의 구분에 따른 복무기간을 현역병으로 입영하게 하거나 사회복무요원으로 소집하여야 한다. 이 경우 현역병으로 입영하게 하여야 할 사람 중 남은 복무기간이 6개월 미만인 사람에 대하여는 사회복무요원으로 소집하여 복무하게 할 수 있다.
1. 제4항제1호부터 제3호까지와 제5호부터 제7호까지의 사유로 편입취소된 경우 : 대통령령으로 정하는 기준에 따른 남은 복무기간
2. 제4항제4호의 사유로 편입취소된 경우 : 편입되기 전의 신분에 따른 복무기간에서 제55조제1항에 따른 군사교육을 받은 기간을 뺀 기간
(2024.1.9 본항개정)
⑥ 제2항제2호에 따른 정치 운동 금지에 관하여는 제32조의3을 준용한다. 이 경우 "사회복무요원"은 "예술·체육요원"으로 본다.(2023.10.31 본항신설)
(2013.6.4 본조신설)

제33조의11【예술·체육요원의 복무기본교육 등】 ① 병무청장은 예술·체육요원에게 대통령령으로 정하는 바에 따라 복무기본교육을 실시하여야 한다.
② 문화체육관광부장관은 예술·체육요원에게 해당 분야에서의 복무 및 공익복무에 필요한 직무교육을 실시하여야 한다.
③ 공익복무 기관의 장은 예술·체육요원 복무관리 담당직원을 지정하여야 한다.
(2021.4.13 본조신설)

제2절 공중보건의사 등의 복무

제34조【공중보건의사 등의 편입】 ① 병무청장은 의사·치과의사 또는 한의사 자격이 있는 사람으로서 다음 각 호의 어느 하나에 해당하는 사람이 원할 경우 공중보건의사 또는 병역판정검사전담의사(한의사 자격이 있는 사람은 제외한다. 이하 같다)로 편입할 수 있다. 이 경우 현역병입영 대상자는 보충역에 편입한다.(2016.5.29 전단개정)
1. 현역병입영 대상자로서 제58조제1항제1호에 따른 의무분야 현역장교의 병적 편입을 지원한 사람 중 편입이 되지 아니한 사람
2. 제58조제2항제1호에 따른 의무사관후보생의 병적에 편입된 사람으로서 의무 분야 현역장교 병적에 편입되지 아니한 사람
3. 의사·치과의사 또는 한의사 자격이 있는 사람으로서 사회복무요원 소집 대상인 보충역에 해당하는 사람(2013.6.4 본호개정)
② 제1항에 따라 공중보건의사 또는 병역판정검사전담의사로 편입된 사람은 해당 분야에 3년간 복무하여야 하며, 그 기간을 마치면 사회복무요원의 복무를 마친 것으로 본다.
(2016.5.29 본항개정)
③ 제1항에 따라 공중보건의사 또는 병역판정검사전담의사에 편입된 사람에 대하여는 제55조에 따른 군사교육소집을 하되, 군사교육소집 기간은 복무기간에 산입하지 아니한다.
(2016.5.29 본항개정)
④ 공중보건의사 또는 병역판정검사전담의사의 편입·복무 등에 필요한 사항은 대통령령으로 정한다.(2016.5.29 본항개정)

제34조의2【병역판정검사전담의사의 신분 및 보수 등】 ① 병역판정검사전담의사는 병무청에 소속된 「국가공무원법」 제26조의5에 따른 임기제공무원으로 하고, 군인보수의 범위에서 보수와 직무수행에 필요한 여비 등을 지급하며, 지급기준 등에 필요한 사항은 대통령령으로 정한다.
② 병무청장은 병역판정검사전담의사로 편입된 사람을 소집하여 직무에 필요한 교육 등을 하고 신체검사업무 등에 복무하게 하여야 하며, 병역판정검사를 하지 아니하는 기간 중 3개월의 범위에서 군병원 또는 병무청장이 지정하는 병원에서 직무와 관련된 수련을 실시할 수 있다.
③ 제2항에 따른 의무복무명령, 직무교육 및 수련 등에 필요한 사항은 대통령령으로 정한다.
④ 병역판정검사전담의사는 신체검사업무에 성실히 복무하여야 하며, 병무청장의 허가 또는 정당한 사유 없이 근무지를 이탈하여서는 아니 된다.
⑤ 병무청장은 병역판정검사전담의사의 복무에 대하여 지휘·감독한다.
⑥ 「국가공무원법」 제33조 각 호의 어느 하나에 해당하는 사람은 병역판정검사전담의사로 임용될 수 없고, 병역판정검사전담의사가 같은 법 제69조제1호에 해당하면 당연히 그 신분을 상실한다.
⑦ 병역판정검사전담의사의 복무에 관하여는 이 법에서 정한 것을 제외하고는 「국가공무원법」에 따른다.
(2016.5.29 본조개정)

제34조의3【병역판정검사전담의사의 신분 박탈】 병역판정검사전담의사가 다음 각 호의 어느 하나에 해당하는 경우에는 병무청장은 직권으로 그 신분을 박탈할 수 있다. 다만, 제1호부터 제3호까지의 어느 하나에 해당하는 경우에는 신분을 박탈하여야 한다.(2016.5.29 본문개정)
1. 의사·치과의사 면허가 취소되거나 자격이 정지된 경우
2. 병역판정검사전담의사로 임용된 사람이 정당한 사유 없이 임용 후의 직무교육소집명령에 응하지 아니한 경우(2016.5.29 본호개정)
3. 정당한 사유 없이 제34조의2제4항을 위반하여 통틀어 8일 이상 해당 직장을 이탈하거나 해당 분야의 업무에 복무하지 아니한 경우(2016.5.29 본호개정)
4. 신체 또는 정신상의 장애로 1년 이내 또는 생사(生死)나 행방을 알 수 없게 된 후 3개월 이내에 직무에 복귀할 수 없거나 직무를 감당할 수 없는 경우
5. 형사사건으로 기소되어 병역판정검사전담의사의 신분을 가지는 것이 부적당한 경우(2016.5.29 본호개정)
6. 신체등급판정 등 신체검사업무와 관련하여 부정행위를 한 경우(2016.5.29 본호개정)
7. 이 법 또는 이 법에 따른 명령이나 그 밖의 직무상 의무를 위반하거나 근무성적이 극히 불량하여 병역판정검사전담의사의 신분을 가지는 것이 부적당한 경우(2016.5.29 본호개정)
(2016.5.29 본조제목개정)

제34조의4【병역판정검사전담의사의 복무기간 연장 등】
① 병역판정검사전담의사는 복무기간 동안 제34조의2제2항에 따라 부여받은 신체검사업무 등 외의 업무에 종사해서는 아니 된다.(2017.3.21 본항신설)
② 병무청장은 병역판정검사전담의사가 제1항을 위반하여 신체검사업무 등 외의 업무에 종사하였을 때에는 그 업무에 종사한 일수의 5배의 기간을 연장하여 근무할 것을 명할 수 있다.(2017.3.21 본항신설)
③ 병무청장은 병역판정검사전담의사가 직무 외의 질병·부상 등의 사유로 인하여 1개월 이상 근무하지 못한 경우에는 그 기간에 상응하는 기간을 연장하여 복무하게 할 수 있다. 다만, 병역판정검사전담의사가 제34조의3제4호에 따른 사유로 신분을 박탈당한 경우에는 그러하지 아니하다.
④ 병무청장은 병역판정검사전담의사가 이 법 또는 이 법에 따른 명령이나 그 밖의 직무상 의무를 위반하거나 게을리한 경우에는 병무청장은 그 사유에 상응하는 기간을 연장하여 복무하게 하거나 봉급의 3분의 1 이하를 감액하거나 견책할 수 있다. 다만, 병역판정검사전담의사가 제34조의3제2호·제3호·제5호·제6호 및 제7호에 따른 사유로 신분을 박탈당한 경우와 정당한 사유 없이 통틀어 7일 이내의 기간 동안 해당 직장을 이탈하거나 해당 분야의 업무에 복무하지 아니하여 제35조제2항에 따라 연장근무를 하게 된 경우에는 그러하지 아니하다.
(2016.5.29 본조개정)

제34조의5【청문】 병무청장은 제34조의3에 따라 병역판정검사전담의사의 신분을 박탈하려면 청문을 하여야 한다.
(2016.5.29 본조개정)

제34조의6【공익법무관의 편입】 ① 병무청장은 변호사 자격이 있는 사람으로서 다음 각 호의 어느 하나에 해당하는 사람이 원할 경우 공익법무관으로 편입할 수 있다. 이 경우 현역병입영 대상자는 보충역에 편입한다.
1. 현역병입영 대상자로서 제58조제1항제2호에 따른 법무 분야 현역장교의 병적 편입을 지원한 사람 중 편입이 되지 아니한 사람
2. 제58조제2항제2호에 따른 법무사관후보생의 병적에 편입된 사람으로서 법무 분야 현역장교의 병적에 편입되지 아니한 사람
3. 변호사 자격이 있는 사람으로서 사회복무요원 소집 대상인 보충역에 해당하는 사람(2013.6.4 본호개정)
② 제1항에 따라 공익법무관에 편입된 사람은 해당 분야에서 3년간 복무하여야 하며, 그 기간을 마치면 사회복무요원의 복무를 마친 것으로 본다.(2016.5.29 본항개정)
③ 제1항에 따라 공익법무관에 편입된 사람에 대하여는 제55조에 따른 군사교육소집을 하되, 군사교육소집 기간은 복무기간에 산입하지 아니한다.(2016.5.29 본항개정)
④ 공익법무관으로의 편입 등에 필요한 사항은 대통령령으로 정한다.

제34조의7【공중방역수의사의 편입】 ① 병무청장은 수의사 자격을 가진 사람으로서 다음 각 호의 어느 하나에 해당하는 사람이 원할 경우 공중방역수의사로 편입시킬 수 있다. 이 경우 현역병입영 대상자는 보충역에 편입한다.(2010.1.25 전단개정)
1. 현역병입영 대상자로서 제58조제1항제4호에 따른 수의 분야 현역장교의 병적 편입을 지원한 사람 중 편입이 되지 아니한 사람
2. 제58조제2항제4호에 따른 수의사관후보생의 병적에 편입된 사람으로서 수의 분야 현역장교 병적에 편입되지 아니한 사람
3. 수의사 자격이 있는 사람으로서 사회복무요원 소집 대상인 보충역에 해당하는 사람(2013.6.4 본호개정)
② 제1항에 따라 공중방역수의사로 편입된 사람은 해당 분야에 3년간 복무하여야 하며, 그 기간을 마치면 사회복무요원의 복무를 마친 것으로 본다.(2016.5.29 본항개정)
③ 병무청장은 제1항에 따라 공중방역수의사로 편입된 사람에 대하여 제55조에 따른 군사교육소집을 한다. 이 경우 군사교육소집 기간은 제2항의 복무기간에 산입하지 아니한다.
(2016.5.29 본항개정)
④ 그 밖에 공중방역수의사로의 편입·복무 등에 필요한 사항은 대통령령으로 정한다.(2010.1.25 본항개정)
(2010.1.25 본조제목개정)

제35조【공중보건의사 등의 신상변동 통보 및 처리】 ① 보건복지부장관 또는 지방병무청장은 공중보건의사 또는 병역판정검사전담의사가 다음 각 호의 어느 하나에 해당하게 된 경우에는 14일 이내에 병무청장에게 통보하여야 한다.
(2016.5.29 본문개정)
1. 의사·치과의사 또는 한의사 면허가 취소되거나 정지된 경우
2. 「농어촌 등 보건의료를 위한 특별조치법」에 따른 직무교육명령에 응하지 아니한 경우(2016.1.19 본호개정)
3. 정당한 사유 없이 통틀어 8일 이상 근무지역을 이탈하거나 해당 분야의 업무에 복무하지 아니한 경우(2016.5.29 본호개정)
4. 정당한 사유 없이 통틀어 7일 이내의 기간 동안 근무지역을 이탈하거나 해당 분야의 업무에 복무하지 아니한 경우
(2016.5.29 본호개정)
5. (2016.1.19 삭제)
6. 「국가공무원법」 제33조 각 호의 어느 하나에 해당하게 된 경우. 다만, 「국가공무원법」 제33조제2호 및 제5호는 같은 법 제69조제1호 단서에 해당하는 경우에 한정한다.
(2016.5.29 단서신설)
② 병무청장은 공중보건의사 또는 병역판정검사전담의사가 제1항제1호·제2호·제3호 및 제6호의 어느 하나에 해당하는 경우와 제34조의3에 해당하는 경우에는 편입을 취소하고, 제1항제4호에 해당하는 경우에는 이탈일수 또는 해당 업무에 복무하지 아니한 일수의 5배의 기간을 연장하여 근무하게 한다.(2016.5.29 본항개정)
③ 제2항에 따라 공중보건의사 또는 병역판정검사전담의사로의 편입이 취소된 사람은 편입되기 전의 신분으로 복귀하여 대통령령으로 정하는 기준에 따른 남은 복무기간을 현역병으로 입영하게 하거나 사회복무요원으로 소집하여야 한다. 이 경우 현역병으로 입영하게 하여야 할 사람 중 대통령령으로 정하는 기준에 따른 남은 복무기간이 6개월 미만인 사람에 대하여는 사회복무요원으로 소집하여 복무하게 할 수 있다.(2016.5.29 전단개정)
④ (2014.12.30 삭제)
(2016.5.29 본조제목개정)

제35조의2【공익법무관의 신상변동 통보 및 처리】 ① 법무부장관은 공익법무관에 편입된 사람이 다음 각 호의 어느 하나에 해당하는 경우에는 14일 이내에 병무청장에게 통보하여야 한다.
1. 정당한 사유 없이 「공익법무관에 관한 법률」에 따른 직무교육을 받지 아니한 경우
2. 「공익법무관에 관한 법률」에 따라 공익법무관으로 임명되지 못한 경우
3. 정당한 사유 없이 통틀어 8일 이상 해당 직장을 이탈하거나 해당 분야의 업무에 복무하지 아니하는 등의 사유로 「공익법무관에 관한 법률」에 따라 공익법무관의 신분을 박탈당하거나 상실한 경우(2016.5.29 본호개정)
4. 정당한 사유 없이 통틀어 7일 이내의 기간 동안 해당 직장을 이탈하거나 해당 분야의 업무에 복무하지 아니한 경우
(2016.5.29 본호개정)
5. 「국가공무원법」 제33조 각 호의 어느 하나에 해당하게 된 경우. 다만, 「국가공무원법」 제33조제2호 및 제5호는 같은 법 제69조제1호 단서에 해당하는 경우에 한정한다.
(2016.5.29 본호신설)
② 병무청장은 공익법무관으로 편입된 사람이 제1항제1호부터 제3호까지 및 제5호의 어느 하나에 해당하는 경우에는 편입을 취소하고, 제1항제4호에 해당하는 경우에는 이탈일수 또는 해당 업무에 복무하지 아니한 일수의 5배의 기간을 연장하여 근무하게 한다.(2016.5.29 본항개정)
③ 제2항에 따라 공익법무관으로의 편입이 취소된 사람은 편입되기 전의 신분으로 복귀하여 대통령령으로 정하는 기준에 따른 남은 복무기간을 현역병으로 입영하게 하거나 사회복무요원으로 소집하여야 한다. 이 경우 현역병으로 입영하게 하여야 할 사람 중 대통령령으로 정하는 기준에 따른 남은 복무기간이 6개월 미만인 사람에 대하여는 사회복무요원으로 소집하여 복무하게 할 수 있다.(2013.6.4 본항개정)
④ (2014.12.30 삭제)
(2016.5.29 본조제목개정)

제35조의3【공중방역수의사의 신상변동 통보 및 처리】 ① 농림축산식품부장관은 공중방역수의사로 편입된 사람이 다음 각 호의 어느 하나에 해당하는 경우에는 해당사유가 발생한 날부터 14일 이내에 병무청장에게 통보하여야 한다.
(2013.3.23 본문개정)
1. 「수의사법」에 따라 수의사 면허가 취소되거나 효력이 정지된 경우
2. 정당한 사유 없이 「공중방역수의사에 관한 법률」에 따른 직무교육을 받지 아니한 경우(2010.1.25 본호개정)
3. 「공중방역수의사에 관한 법률」에 따라 공중방역수의사로 임용되지 아니한 경우(2010.1.25 본호개정)
4. 「공중방역수의사에 관한 법률」에 따라 공중방역수의사의 신분을 박탈당하거나 상실한 경우(2010.1.25 본호개정)
5. 「국가공무원법」 제33조 각 호의 어느 하나에 해당하게 된 경우. 다만, 「국가공무원법」 제33조제2호 및 제5호는 같은 법 제69조제1호 단서에 해당하는 경우에 한정한다.
(2016.5.29 단서신설)
6. 정당한 사유 없이 통틀어 7일 이내의 기간 동안 근무기관 또는 근무지역을 이탈한 경우

7. 정당한 사유 없이 통틀어 7일 이내의 기간 동안 해당 분야의 업무에 복무하지 아니한 경우(2016.5.29 본호개정)
② 병무청장은 공중방역수의사로 편입된 사람이 제1항제1호부터 제5호까지의 어느 하나에 해당하는 경우에는 편입을 취소하고, 편입되기 전의 신분으로 복귀하여 대통령령으로 정하는 기준에 따른 남은 복무기간을 현역병으로 입영하게 하거나 사회복무요원으로 소집하여야 한다. 이 경우 현역병으로 입영하게 하여야 할 사람 중 대통령령으로 정하는 기준에 따른 남은 복무기간이 6개월 미만인 사람에 대하여는 사회복무요원으로 소집하여 복무하게 할 수 있다.(2013.6.4 본항개정)
③ 병무청장은 공중방역수의사로 편입된 사람이 제1항제6호 또는 제7호에 해당하는 경우에는 이탈일수 또는 해당 업무에 복무하지 아니한 일수의 5배의 기간을 연장하여 근무하게 한다.(2016.5.29 본항개정)
④ (2014.12.30 삭제)
(2016.5.29 본조제목개정)

제3절 전문연구요원 및 산업기능요원 복무

제36조【병역지정업체의 선정 등】 ① 병무청장은 연구기관·기간산업체 및 방위산업체 중에서 전문연구요원이나 산업기능요원이 복무할 병역지정업체(농업회사법인과 사후관리업체는 제외한다)를 대통령령으로 정하는 기준에 따라 선정한다.(2016.5.29 본항개정)
② 병역지정업체로 선정되지 아니한 연구기관·기간산업체 및 방위산업체가 제1항에 따라 선정된 병역지정업체를 인수하는 등 대통령령으로 정하는 사유에 해당하게 되면 병역지정업체로 선정된 것으로 본다.(2016.5.29 본항개정)
③ 병무청장은 제1항에 따라 선정된 병역지정업체가 폐업 등 대통령령으로 정하는 사유에 해당하게 되면 병역지정업체의 선정을 취소할 수 있다.(2016.5.29 본항개정)
④ 병무청장은 군(軍)에서 필요로 하는 인원의 충원에 지장이 없는 범위에서 전문연구요원이나 산업기능요원으로 편입할 수 있는 인원을 결정하고 대통령령으로 정하는 바에 따라 병역지정업체별 배정인원을 결정한다. 이 경우 산업기능요원의 편입 인원 결정 및 병역지정업체별 배정인원 결정과 관련하여 합리적인 이유 없이 학력 및 출신학교 등을 이유로 차별을 하여서는 아니 된다.(2016.5.29 본항개정)
⑤ 관할 지방병무청장〔병역지정업체 또는 「후계농어업인 및 청년농어업인 육성·지원에 관한 법률」 제8조에 따른 후계농어업경영인등(이하 "후계농어업경영인"이라 한다)의 사업장이 있는 행정구역을 관할하는 지방병무청장을 말한다. 이하 이 절에서 같다〕은 다음 각 호의 어느 하나에 해당하는 사람으로서 제39조에 따른 의무복무기간을 35세(제37조제1항제3호에 해당하는 사람은 37세)까지 마칠 수 있는 사람에 대하여는 전문연구요원(제3호에 해당하는 사람은 제외한다) 또는 산업기능요원으로 편입시킬 수 있다. 이 경우 현역병입영 대상자는 보충역에 편입한다.(2020.5.19 전단개정)
1. 현역병입영 대상자
2. 사회복무요원 소집 대상인 보충역
3. 사회복무요원
(2013.6.4 2호~3호개정)
⑥ 병역지정업체의 장은 약정한 근로조건을 성실히 이행하겠다는 서약서를 지방병무청장(병무지청장을 포함한다)에게 제출하여야 한다.(2016.5.29 본항개정)
⑦ 제1항부터 제6항까지의 규정에 따른 병역지정업체의 선정·승계·선정취소, 전문연구요원 또는 산업기능요원으로의 편입 및 서약서의 제출에 필요한 사항은 대통령령으로 정한다.(2016.5.29 본항개정)
(2016.5.29 본조제목개정)
제37조【전문연구요원 편입 대상】 ① 다음 각 호의 어느 하나에 해당하는 사람은 원할 경우 제36조에 따른 전문연구요원으로 편입할 수 있다.
1. 석사 이상의 학위를 취득한 사람(석사학위 및 박사학위 과정이 통합된 과정을 수료한 사람을 포함한다)으로서 병역지정업체로 선정된 연구기관에 복무하고 있는 사람(사회복무요원 소집 대상인 보충역으로서 자연계 학사학위를 취득하고 병역지정업체로 선정된 연구기관 중 중소기업부설 연구기관에 복무하고 있는 사람을 포함한다)(2016.5.29 본호개정)
2. 병역지정업체로 선정된 자연계대학원에서 박사학위 과정(석사학위 및 박사학위 과정이 통합된 과정을 포함한다. 이하 이 조에서 같다)을 수료한 사람(2016.5.29 본호개정)
3. 의사, 치과의사 또는 한의사 자격이 있는 사람으로서 제58조제2항제1호에 따른 군전공의수련기관(軍專攻醫修鍊機關)에서 정하여진 과정을 마치고, 제2호의 자연계대학원에서 박사학위과정을 수료한 사람(2013.6.4 본호개정)
② 제1항제2호 또는 제3호에 따른 자연계대학원의 박사학위 과정을 수학 중인 사람의 경우에는 수료 전〔석사학위 및 박사학위 과정이 통합된 과정의 경우 「고등교육법」 제31조에 따른 석사학위 과정의 수업 연한(年限) 이상을 마치고 수학 중인 경우에 한한다〕에 미리 전문연구요원 편입 대상자로 선발할 수 있다.(2013.6.4 본항신설)
③ 제1항제2호 또는 제3호에 따라 전문연구요원으로 편입된 사람(이하 "박사과정 전문연구요원"이라 한다)은 편입된 날부터 2년 이내에 박사학위를 취득하여야 한다.(2021.4.13 본항신설)
④ 병무청장은 박사과정 전문연구요원이 편입된 날부터 2년 이내에 박사학위를 취득하지 못한 경우에는 3년의 범위에서 대통령령으로 정하는 바에 따라 박사학위 취득의 유예기간을 부여할 수 있다.(2021.4.13 본항신설)
⑤ 제4항에 따른 유예기간은 의무복무기간에 산입하지 아니하며, 그 기간 동안 다음 각 호의 사항은 적용하지 아니한다.
1. 제40조제2호 또는 제3호에 따른 신상변동 통보
2. 제40조제2호 또는 제3호의 사유로 인한 편입취소
3. 그 밖에 병무청장이 적용하는 것이 적절하지 아니하다고 인정하는 사항
(2021.4.13 본항신설)
제38조【산업기능요원 편입 대상】 ① 다음 각 호의 어느 하나에 해당하는 사람은 원할 경우 제36조에 따른 산업기능요원으로 편입할 수 있다. 이 경우 제1호와 제2호에 해당하는 사람(사회복무요원과 사회복무요원 소집 대상인 보충역은 제외한다)과 제5호에 해당하는 사람은 대통령령으로 정하는 기술자격이나 면허를 갖추어야 한다.(2013.6.4 후단개정)
1. 병역지정업체로 선정된 공업·광업·에너지산업·건설업·수산업 또는 해운업 분야의 기간산업체에 복무하고 있는 사람(수산업 또는 해운업 분야의 경우에는 승선하여 복무하고 있는 사람이나 승선하여 복무할 사람만 해당한다)(2016.5.29 본호개정)
2. 「방위사업법」 제3조제10호와 제35조에 따른 전문연구기관 및 방위산업체〔군정비부대(軍整備部隊)를 포함한다〕 중에서 병역지정업체로 선정된 전문연구기관 또는 방위산업체에 복무하고 있는 사람(2020.3.31 본호개정)
3. 국제적 수준의 기능을 가진 사람 중 국가이익을 위하여 특별히 필요하다고 인정하여 대통령령으로 정하는 사람
4. 후계농어업경영인으로서 관할 특별시장·광역시장·특별자치시장·도지사·특별자치도지사(특별시장·광역시장·도지사로부터 권한을 위임받은 시장·군수·구청장을 포함한다. 이하 이 절에서 같다)의 추천을 받은 사람(2013.6.4 본호개정)
5. 농업회사법인의 농업기계운전요원 및 사후관리업체에 복무하고 있는 사람으로서 관할 특별자치시장·특별자치도지사·시장·군수·구청장의 추천을 받은 사람(2016.5.29 본호개정)
② 제1항에도 불구하고 제1항제1호의 공업 분야 기간산업체 및 제1항제2호의 방위산업체에서 정보처리 직무 분야에 복무하는 사람은 병무청장이 정하는 관련학과의 전공, 기술훈련과정의 수료 또는 해당 분야의 복무경력이 있어야 한다.(2016.5.29 본항개정)
제38조의2【전문연구요원 및 산업기능요원 편입 등의 제한】 병역지정업체(병역지정업체가 기업부설 연구기관인 경

우에는 모기업을 말한다) 대표이사의 4촌 이내 혈족에 해당하는 사람은 그 병역지정업체에 제37조와 제38조에 따른 전문연구요원 또는 산업기능요원으로의 편입이나 제39조제3항 단서에 따른 전직을 할 수 없다.(2016.5.29 본조개정)

제39조【전문연구요원 및 산업기능요원의 복무】 ① 전문연구요원과 산업기능요원은 해당 분야에서 다음 각 호의 구분에 따른 기간 동안 의무복무를 하여야 하며, 그 기간을 마치면 사회복무요원의 복무를 마친 것으로 본다.(2016.5.29 본문개정)

1. 전문연구요원 : 3년
2. 산업기능요원 : 2년 10개월. 다만, 사회복무요원 소집 대상인 보충역에서 편입된 산업기능요원은 2년 2개월로 하고, 사회복무요원으로 복무하다가 편입된 사람은 대통령령으로 정하는 기준에 따라 산정한 남은 복무기간으로 한다.(2016.5.29 단서개정)

② 전문연구요원 및 산업기능요원에 대하여는 제55조에 따른 군사교육소집을 하며, 그 군사교육소집 기간은 의무복무기간에 산입한다.(2016.5.29 본항개정)

③ 전문연구요원이나 산업기능요원은 편입 당시 병역지정업체의 해당 분야에 복무하여야 한다. 다만, 제1호 또는 제2호에 해당하는 경우에는 기업 부설 연구소 등 대통령령으로 정하는 다른 병역지정업체로 옮겨 복무하여야 하고, 제3호에 해당하는 경우에는 관할 지방병무청장의 승인을 받아 다른 병역지정업체로 옮겨 복무할 수 있다.

1. 복무 중인 병역지정업체가 폐업하거나 병역지정업체의 선정이 취소되는 등 대통령령으로 정하는 사유가 발생한 경우
2. 박사과정 전문연구요원이 박사학위를 취득한 경우
3. 복무 중인 병역지정업체의 변경, 관련업무 수행을 위한 파견·교육훈련, 학문 및 기술의 지도, 그 밖에 부득이한 사유로 인하여 편입 당시 병역지정업체의 해당 분야에서 복무하는 것이 곤란한 경우

(2021.4.13 본항개정)

④ 전문연구요원과 산업기능요원으로 편입될 사람은 제1항의 의무복무기간 중 성실히 복무하겠다는 서약서를 제출하여야 한다.(2016.5.29 본항개정)

⑤ 전문연구요원과 산업기능요원이 복무하여야 할 해당 분야, 의무복무기간의 계산, 전직, 서약 등 복무에 필요한 사항은 대통령령으로 정한다.(2021.4.13 본항개정)

제40조【전문연구요원과 산업기능요원의 신상변동 통보】 병역지정업체의 장(병역지정업체의 장을 위하여 인사관리를 담당하고 있는 사람을 포함한다), 특별시장·광역시장·특별자치시장·도지사·특별자치도지사(후계농어업경영인의 경우만 해당한다)는 전문연구요원이나 산업기능요원 또는 그 병역지정업체가 다음 각 호의 어느 하나에 해당하는 경우에는 14일 이내에 관할 지방병무청장에게 통보하여야 한다. 다만, 농업 분야의 산업기능요원을 고용하고 있는 업체의 장은 관할 특별자치시장·특별자치도지사·시장·군수·구청장을 거쳐 관할 지방병무청장에게 통보하여야 한다.(2016.5.29 본문개정)

1. 복무하고 있는 병역지정업체에서 해고되거나 퇴직한 경우(2021.4.13 본호개정)
2. 편입 당시 병역지정업체(제39조제3항 단서에 따라 병역지정업체를 옮긴 경우에는 옮긴 후의 병역지정업체를 말한다)의 해당 분야에 복무하지 아니한 경우(2021.4.13 본호개정)
3. 의무복무기간 중 통틀어 8일 이상을 무단결근한 경우(2016.5.29 본호개정)
4. 해당 분야의 기술자격·면허가 취소되거나 정지된 경우 또는 후계농어업경영인의 자격이 상실된 경우(2011.11.22 본호개정)
5. 휴직하거나 정직된 경우 또는 다른 병역지정업체로부터 전입한 경우(2016.5.29 본호개정)
6. 복무 중인 병역지정업체가 휴업·영업정지·직장폐쇄 또는 폐업한 경우(2016.5.29 본호개정)
7. 박사과정 전문연구요원이 다음 각 목의 어느 하나에 해당하는 경우
   가. 휴학하거나 제적된 경우
   나. 박사학위 취득을 포기한 경우
   다. 제37조제3항에 따른 기간(같은 조 제4항에 따라 유예기간이 부여된 경우에는 그 기간을 포함한다)내에 박사학위를 취득하지 못한 경우

   (2021.4.13 본호신설)
8. 그 밖에 대통령령으로 정하는 사유가 발생한 경우

(2016.5.29 본조제목개정)

제41조【전문연구요원과 산업기능요원의 편입취소 및 의무부과】 ① 관할 지방병무청장은 전문연구요원이나 산업기능요원으로 편입된 사람이 다음 각 호의 어느 하나에 해당하는 경우에는 편입을 취소하여야 한다. 다만, 복무하고 있는 병역지정업체에서 해고된 사람이 「근로기준법」 제28조제1항에 따라 노동위원회에 구제신청을 하거나 법원에 해고의 효력을 다투는 소송을 제기하여 계류 중일 때에는 대통령령으로 정하는 바에 따라 그 결과가 확정될 때까지 편입의 취소를 유보할 수 있으며, 제40조제2호에 해당하는 사람이 대통령령으로 정하는 사유에 해당하는 경우에는 대통령령으로 정하는 바에 따라 편입을 취소하지 아니하고 해당 분야에 복무하지 아니한 기간만큼 의무복무기간을 연장하여 복무하게 할 수 있다.(2016.5.29 단서개정)

1. 거짓으로 진술하거나 자료를 제출하는 등 부정한 방법으로 제38조의2를 위반하여 편입하거나 전직한 경우
2. 금품 수수 등 부정한 방법으로 편입하거나 전직한 경우(제1호에 해당하는 경우는 제외한다)
3. 제39조제1항에 따른 의무복무기간을 35세(제37조제1항제3호에 해당하는 사람은 37세)까지 마칠 수 없는 경우(2016.5.29 본호개정)
4. 제40조제1호부터 제4호까지 및 제7호의 어느 하나에 해당한 경우(2021.4.13 본호개정)
5. 제55조에 따른 군사교육소집을 정당한 사유 없이 받지 아니한 경우(2016.5.29 본호개정)
6. 제39조제3항제1호 또는 제2호에 해당됨에도 불구하고 대통령령으로 정하는 기간 내에 다른 병역지정업체로 옮겨 복무하지 아니한 경우(2021.4.13 본호개정)
7. 제70조제1항 또는 제3항에 따른 국외여행허가 또는 기간연장허가를 받지 아니하고 출국하였거나 국외에 체류하고 있는 경우 또는 정당한 사유 없이 허가된 기간 이내에 귀국하지 아니한 경우
8. 제83조제2항제10호에 따른 귀국명령을 위반하여 귀국하지 아니한 경우

② 관할 지방병무청장은 전문연구요원이나 산업기능요원이 다음 각 호의 어느 하나에 해당하는 사유로 의무복무하지 아니한 기간은 대통령령으로 정하는 바에 따라 그 기간을 연장하여 복무하게 하여야 한다. 다만, 제3호에 해당하는 경우에는 그 기간의 5배의 기간을 연장하여 복무하게 하여야 한다.(2021.4.13 단서신설)

1. 병역지정업체의 휴업·영업정지 또는 직장폐쇄 등의 사유가 발생한 경우(2016.5.29 본호개정)
2. 휴직·정직 등 대통령령으로 정하는 사유가 발생한 경우
3. 통틀어 8일 미만 무단결근한 경우(2021.4.13 본호신설)

③ 제1항에 따라 전문연구요원이나 산업기능요원으로의 편입이 취소된 사람은 편입되기 전의 신분으로 복귀하여 다음 각 호의 구분에 따른 복무기간을 현역병으로 입영하게 하거나 사회복무요원으로 소집하여야 한다. 이 경우 현역병으로 입영하게 하여야 할 사람 중 남은 복무기간이 6개월 미만인 사람에 대해서는 사회복무요원으로 소집하여 복무하게 할 수 있다.(2023.8.8 본문개정)

1. 제1항제1호에 따른 부정한 방법으로 제38조의2를 위반하여 편입하거나 제1항제2호에 따른 부정한 방법으로 편입하여 편입취소된 경우 : 편입되기 전의 신분에 따른 복무기간에서 법 제55조제1항에 따른 군사교육을 받은 기간을 뺀 기간(2023.8.8 본호신설)

2. 제1항제1호에 따른 부정한 방법으로 제38조의2를 위반하여 전직하거나 제1항제2호에 따른 부정한 방법으로 전직하여 편입취소된 경우 및 제1항제3호부터 제8호까지에 해당하는 사유로 편입취소된 경우 : 대통령령으로 정하는 기준에 따른 남은 복무기간(2023.8.8 본호신설)

④ (2020.12.22 삭제)

제42조【사회복무요원 등의 복무기간 조정】 ① 국방부장관은 다음 각 호의 어느 하나에 해당하는 경우에는 병무청장의 요청에 따라 사회복무요원, 예술·체육요원, 전문연구요원 또는 산업기능요원의 복무기간을 1년의 범위에서 조정할 수 있다. 이 경우 사회복무요원 소집 대상인 보충역으로서 예술·체육요원, 전문연구요원 또는 산업기능요원으로 편입된 사람에 대하여는 그 복무기간의 조정 범위를 현역병입영 대상자로서 편입된 사람과 달리 정할 수 있다.(2016.5.29 본문개정)

1. 현역병의 복무기간 단축 또는 연장으로 복무기간의 조정이 필요한 경우(2016.5.29 본호개정)
2. 근무조건이나 작업환경이 나빠 복무기간의 단축이 필요한 경우(2016.5.29 본호개정)
3. 병역자원의 수급(需給)계획상 필요한 경우

② 국방부장관은 제1항에 따라 사회복무요원, 예술·체육요원, 전문연구요원 또는 산업기능요원의 복무기간을 조정하려면 미리 국무회의의 심의를 거쳐 대통령의 승인을 받아야 한다.(2016.5.29 본항개정)

③ 제33조의7제1항제2호·제3호·제5호에 따라 예술·체육요원에 편입된 사람과 제65조제1항에 따라 보충역에 편입된 사람에 대하여는 대통령령으로 정하는 기준에 따라 복무기간을 단축할 수 있다.(2016.1.19 본항개정)

(2013.6.4 본조제목개정)

제43조【사회복무요원 등의 실태조사 등】 ① 관계 중앙행정기관의 장은 전문연구요원 및 산업기능요원 제도의 체계적인 운영을 위하여 대통령령으로 정하는 바에 따라 매년 운영계획을 수립하고 시행하여야 한다.(2021.4.13 본항신설)

② 지방병무청장이나 관할 지방병무청장은 사회복무요원, 예술·체육요원, 전문연구요원 및 산업기능요원이 복무하고 있는 국가기관·지방자치단체·공공단체·사회복지시설 및 병역지정업체 등에 대하여 대통령령으로 정하는 바에 따라 복무 및 관리에 관한 실태조사를 할 수 있다.(2016.5.29 본항개정)

③ 병무청장은 관계 중앙행정기관의 장과 합동으로 공중보건의사, 공익법무관, 공중방역수의사 및 대체복무요원에 대하여 대통령령으로 정하는 바에 따라 복무에 관한 실태조사를 할 수 있다.(2019.12.31 본항개정)

(2021.4.13 본조제목개정)

제6장 병력동원소집 등 의무부과
(2009.6.9 본장개정)

제1절 병력동원소집

제44조【병력동원소집 대상】 병력동원소집은 전시·사변 또는 이에 준하는 국가비상사태에 부대편성이나 작전수요(作戰需要)를 위하여 다음 각 호의 사람(이하 "병력동원소집 대상자"라 한다)을 대상으로 한다.

1. 예비역
2. 군사교육소집을 마친 보충역(2016.5.29 본호개정)
3. 제66조에 따라 보충역에 편입된 사람

제45조【병력동원소집 대상자의 지정】 ① 지방병무청장은 병력동원소집 대상자에 대하여 입영부대별로 소집할 사람을 지정하여야 한다.

② 제1항에 따라 병력동원소집 대상자의 지정 등에 필요한 사항은 대통령령으로 정한다.

제46조【병력동원소집】 ① 지방병무청장은 전시·사변 또는 이에 준하는 국가비상사태에는 병력동원소집 대상자로 지정된 사람에 대하여 병력동원소집을 한다.

② 병무청장은 전시·사변 등의 긴급한 사태에 대비하여 지방병무청장으로 하여금 병력동원소집 통지서를 미리 송달하게 할 수 있다. 이 경우 병력동원소집 통지서를 미리 송달받은 사람은 병무청장이 신문·텔레비전 또는 라디오로 공고하는 일시에 입영하여야 한다.

제47조【병력동원소집 입영신체검사 및 귀가】 ① 입영부대의 장은 병력동원소집 대상자가 입영하면 입영한 날부터 2일 이내에 신체검사를 하여야 한다.

② 입영부대의 장은 입영신체검사의 결과 병력동원소집 복무에 적합하지 아니하거나 질병 또는 심신장애로 15일 이상의 치유기간이 필요하다고 인정되는 사람에 대하여는 신체등급 또는 치유기간을 명시하여 귀가시킬 수 있다.(2016.5.29 본항개정)

③ 지방병무청장은 제2항에 따라 귀가한 사람으로서 신체등급이 명시된 사람 중 병력동원소집 복무를 감당할 수 없는 사람은 보충역·전시근로역 또는 병역면제의 처분을 하고, 치유기간이 명시된 사람은 재소집하거나 재검사를 할 수 있다.(2016.5.29 본항개정)

제48조【병력동원소집된 사람의 복무 등】 ① 병력동원소집으로 입영한 사람의 복무와 처우는 현역과 같이 한다.

② 병력동원소집으로 입영한 사람에 대한 소집해제에 필요한 사항은 대통령령으로 정한다.

제2절 병력동원훈련소집

제49조【병력동원훈련소집 대상 등】 ① 병력동원훈련소집은 병력동원소집에 대비한 훈련이나 점검을 위하여 병력동원소집 대상자에 대하여 실시하며 기간은 연간 30일 이내로 한다. 다만, 「예비군법」 제3조의3에 따라 비상근 예비군으로 선발된 사람의 소집기간은 연간 180일 이내로 한다.
(2021.12.7 단서신설)

② 제1항에도 불구하고 제55조제2항에 따라 예비역 진급교육을 이수한 사람 또는 「재난 및 안전관리 기본법」 제60조에 따라 특별재난지역으로 선포된 지역에 거주하는 사람 등에 대하여는 대통령령으로 정하는 바에 따라 해당 연도 또는 다음 연도의 병력동원훈련소집을 면제할 수 있다.
(2016.1.19 본항신설)

제50조【병력동원훈련소집】 ① 지방병무청장은 병력동원소집 대상자로 지정된 사람에 대하여 병력동원훈련소집을 한다. 다만, 「예비군법」 제3조의3에 따른 비상근 예비군에 대하여는 입영부대의 장이 병력동원훈련소집을 한다.
(2021.12.7 단서신설)

② 병무청장은 필요하다고 인정하면 지방병무청장으로 하여금 병력동원훈련소집 통지서를 미리 송달하게 할 수 있다. 이 경우 제46조제2항 후단을 준용한다.

③ 병력동원훈련소집 통지서를 받은 사람은 지정된 일시·장소에 입영하여야 한다.

④ 지방병무청장은 전시·사변 등의 긴급한 사태에 대비하여 병력동원소집 절차를 점검하려면 병력동원소집 대상자에게 병력동원훈련소집 통지서를 교부하지 아니하고, 제46조제2항 전단에 따라 미리 송달한 병력동원소집 통지서에 의하여 병무청장이 신문·텔레비전 또는 라디오 등으로 공고하는 일시에 입영하도록 병력동원훈련소집을 할 수 있다.

⑤ 지방병무청장은 「비상대비에 관한 법률」 제14조에 따른 비상대비훈련을 위하여 예고 없이 실시하는 병력동원훈련소집에서 병력동원훈련소집 통지서의 교부와 그에 따른 입영의 독려를 위하여 시장(특별자치시장·특별자치도지사를 포함한다. 이하 이 조에서 같다)·군수 또는 구청장에게 협조를 요청할 수 있으며, 협조 요청을 받은 시장·군수 또는 구청장은 지원을 하여야 한다. 이 경우 지방병무청장은 시장·군수 또는 구청장과 협의하여 그 비용을 지원할 수 있다.(2022.1.4 전단개정)

제51조【병력동원훈련소집 입영신체검사 및 귀가】 ① 입영부대의 장은 병력동원훈련소집으로 입영한 사람에 대하여는 입영한 날부터 2일 이내에 신체검사를 하여야 한다.

② 입영부대의 장은 입영신체검사 결과 질병 또는 심신장애로 병력동원 훈련이 곤란하다고 인정되는 사람은 귀가시킬 수 있다.
③ 지방병무청장은 제2항에 따라 귀가한 사람에 대하여는 재소집하거나 그 해의 병력동원훈련소집을 면제할 수 있다.
제52조【병력동원훈련소집된 사람의 복무】 ① 병력동원훈련소집으로 입영한 사람은 현역에 준하여 복무하며, 예산의 범위에서 급식 또는 실비 지급 등을 할 수 있다.
② 병력동원훈련소집으로 입영한 사람이 복무 중 범죄로 인하여 구속되거나 정당한 사유 없이 복무기간의 3분의 1 이상의 일수를 초과하여 훈련을 받지 못한 경우에는 재소집할 수 있다.
③ 병력동원훈련소집의 해제에 필요한 사항은 대통령령으로 정한다.

제3절 전시근로소집

제53조【전시근로소집 대상 등】 ① 전시근로소집은 전시·사변 또는 이에 준하는 국가비상사태에 군사업무를 지원하기 위하여 다음 각 호의 어느 하나에 해당하는 사람을 대상으로 한다.
1. 제44조제2호의 보충역 중 병력동원소집 지정에서 제외된 사람
2. 전시근로역(「국가기술자격법」이나 그 밖의 다른 법령에 따라 면허나 자격을 취득한 사람 및 외국의 법령에 따라 기술면허나 자격을 취득한 사람으로서 행정안전부장관이 인정하는 사람은 제외한다)(2017.7.26 본호개정)
2의2. 대체역(대체복무요원은 제외한다)(2019.12.31 본호신설)
3. 제55조제3항에 따라 군사교육소집에서 제외된 사람 (2016.5.29 본호개정)
② 제1항에 따른 전시근로소집 대상자에 대하여는 전시근로소집에 대비한 점검을 할 수 있으며, 기간은 연간 2일 이내로 한다.
제54조【전시근로소집 및 입영신체검사 등】 ① 전시근로소집 대상자의 지정·소집·입영신체검사·귀가 및 복무 등에 관하여는 제45조부터 제48조까지의 규정을 준용한다. 이 경우 "병력동원소집"은 "전시근로소집"으로, "병력동원소집 복무"는 "전시근로소집 복무"로 본다.
② 국방부장관은 제53조제1항제2호의2에 따라 전시근로소집된 사람에 대해서는 「대체역의 편입 및 복무 등에 관한 법률」 제16조제2항 각 호에 따른 행위를 하도록 하여서는 아니 된다.(2019.12.31 본항신설)
③ 국방부장관은 전시근로소집된 사람에 대하여는 제1항에도 불구하고 군부대 밖에서 거주하게 할 수 있으며, 예산의 범위에서 급식 또는 실비 지급 등을 할 수 있다.

제4절 군사교육소집
(2016.5.29 본절개정)

제55조【군사교육소집 대상 등】 ① 군사교육소집은 군사교육을 위하여 보충역과 승선근무예비역에 대하여 60일 이내로 실시할 수 있으며, 그 시기·소집기간·소집해제 등에 필요한 사항은 대통령령으로 정한다. 다만, 전시근로역에 대하여는 군사교육이 필요한 경우 소집할 수 있다.
② 국방상 필요한 경우에는 대통령령으로 정하는 바에 따라 예비역·보충역 또는 전시근로역에 대하여 진급시키거나 장교 또는 부사관 임용에 필요한 자격을 부여하기 위하여 제1항의 소집을 할 수 있다. 이 경우 소집기간은 120일 이내로 한다.(2023.10.31 전단개정)
③ 제1항에도 불구하고 보충역에 대하여는 신체등급·학력·연령 등 자질을 고려하여 군사교육소집을 실시하지 아니할 수 있으며, 그 기준은 병무청장이 정한다.
제56조【입영신체검사 및 복무 등】 ① (2020.12.22 삭제)
② 제55조제1항 단서 또는 제2항에 따라 군사교육소집된 예비역·보충역 또는 전시근로역의 입영신체검사 및 귀가에 관하여는 제47조를 준용한다. 이 경우 "병력동원소집"은 "군사교육소집"으로, "15일 이상의 치유기간"은 "7일 이상의 치유기간"으로 본다.
③ 군사교육소집으로 입영한 사람의 복무와 처우는 현역의 경우와 같이 한다.

제7장 학생군사교육 및 의무장교 등의 병적 편입
(2009.6.9 본장개정)

제57조【학생군사교육 등】 ① 고등학교 이상의 학교에 다니는 학생에 대하여는 대통령령으로 정하는 바에 따라 일반 군사교육을 할 수 있으며, 그 군사교육을 받은 사람에 대하여는 현역병(제21조 및 제25조에 따라 복무 중인 사람을 포함한다) 또는 사회복무요원의 복무기간을 단축할 수 있다. (2016.5.29 본항개정)
② 고등학교 이상의 학교에 학생군사교육단 사관후보생 또는 부사관후보생과정을 둘 수 있으며 그 과정을 마친 사람은 현역의 장교 또는 부사관의 병적에 편입할 수 있다. (2016.5.29 본항개정)
③ 제1항과 제2항에 따른 군사교육을 받은 사람에 대하여는 대통령령으로 정하는 바에 따라 예산의 범위에서 보수, 급식 또는 실비 지급 등을 할 수 있다.
제58조【의무·법무·군종·수의장교 등의 병적 편입】 ① 현역병입영 대상자로서 다음 각 호의 어느 하나에 해당하는 사람은 원할 경우 의무·법무·군종 또는 수의(獸醫) 분야의 현역장교 병적에 편입할 수 있다. 이 경우 제3호에 따른 군종(軍宗) 분야의 병적편입 대상 종교의 선정기준과 군종분야의 현역장교 선발 기준 및 절차 등에 필요한 사항은 대통령령으로 정한다.(2013.6.4 후단개정)
1. 의사·치과의사 또는 한의사 자격이 있는 사람
2. 판사·검사 또는 변호사 자격이 있는 사람
3. 학사 이상의 학위를 가진 목사·신부·승려 또는 그 밖에 이와 동등한 직무를 수행하는 사람으로서 각 소속 종교단체에서 자격을 인정한 사람
4. 수의사 자격이 있는 사람
② 다음 각 호의 어느 하나에 해당하는 사람 중 의무·법무·군종·수의사관후보생을 지원한 사람은 의무·법무·군종·수의사관후보생의 병적에 편입할 수 있으며, 그 편입대상, 제한연령, 선발 기준 및 절차 등에 필요한 사항은 대통령령으로 정한다.(2013.6.4 본문개정)
1. 의사·치과의사 또는 한의사 자격이 있는 사람으로서 군전공의수련기관에서 정하여진 과정을 이수하고 있는 사람
2. 판사·검사 또는 변호사 자격을 얻기 위하여 해당 연수기관이나 법학전문대학원에서 정하여진 과정을 이수하고 있는 사람
3. 목사·신부·승려 또는 그 밖에 이와 동등한 직무를 수행하는 사람의 자격을 얻기 위하여 신학대학·불교대학 또는 그 밖에 성직자의 양성을 목적으로 하는 대학에 다니고 있는 사람
4. 수의사 자격을 얻기 위하여 수의과대학(수의학과가 설치된 대학의 수의학과를 포함한다)에 다니고 있는 사람
③ 제2항에 따라 의무·법무·군종·수의사관후보생의 병적에 편입된 사람은 35세까지 특수병과(特殊兵科)의 현역장교 병적에 편입할 수 있으며, 의무·법무·군종·수의사관후보생의 병적에서 제적된 사람은 그 신체등급에 따라 현역병으로 입영하게 하거나 사회복무요원으로 소집할 수 있다. (2016.5.29 본항개정)
④ 제1항·제3항 및 제59조에 따라 현역장교의 병적에 편입할 사람에 대하여는 군부대에 입영시켜 군사교육을 받게 할 수 있다.
⑤ 입영부대의 장은 제4항에 따른 사람이 군부대에 입영한 경우에는 입영한 날부터 7일(토요일 및 공휴일을 포함한다) 이내에 신체검사를 하여야 하며, 신체검사의 결과 질병 또는 심신장애로 인하여 현역 복무에 적합하지 아니하거나 15일 이상의 치유기간이 필요하다고 인정되는 사람에 대하여는

그 질병 또는 심신장애의 정도와 치유기간(치유기간을 알 수 있는 경우만 해당한다)을 명시하여 귀가시켜야 한다. 군사교육 중 질병 또는 심신장애로 15일 이상의 치유기간이 필요하다고 인정되는 사람에 대하여도 또한 같다.(2016.1.19 전단개정)
⑥ 병무청장은 제5항에 따라 귀가한 사람에 대하여는 대통령령으로 정하는 바에 따라 재신체검사를 한 후 신체등급에 따라 병역처분을 변경하거나 다시 입영시켜야 한다. 다만, 치유기간이 3개월 미만으로 명시되어 귀가한 사람에 대하여는 재신체검사를 하지 아니하고 다시 입영시킬 수 있다.
(2016.5.29 본문개정)
⑦ 제1항에 따른 군종 분야 병적편입 대상 종교의 선정 및 군종 분야 현역장교의 선발 등에 관한 사항을 심의하기 위하여 국방부에 군종장교운영심사위원회를 두며, 그 구성 및 운영 등에 필요한 사항은 대통령령으로 정한다.
⑧ 제2항에 따라 의무·법무·수의사관후보생의 병적에 편입된 사람에 대한 의무·법무·수의 분야의 현역장교 선발기준 및 절차 등에 필요한 사항은 대통령령으로 정한다.
(2013.6.4 본항개정)

제59조【5급 공개경쟁 채용시험 합격자 등의 기본병과장교 병적 편입】 현역병입영 대상자로서 다음 각 호의 어느 하나에 해당하는 사람은 원할 경우 기본병과(基本兵科) 분야의 현역장교 병적에 편입할 수 있다. 이 경우 제2호부터 제4호까지에 해당하는 사람의 편입은 29세까지로 한다.(2016.5.29 후단개정)
1. 다음 각 목의 어느 하나에 해당하는 사람으로서 법무 분야의 현역장교 병적에 편입되지 아니한 사람
 가. 제58조제1항제2호에 해당하는 사람
 나. 제58조제2항제2호에 해당하는 사람으로서 법무사관후보생 병적에 편입되어 법무사관후보생과정을 마친 사람
2. 「국가공무원법」에 따른 5급공무원 공개경쟁 채용시험에 합격한 사람
3. 「지방공무원법」에 따른 5급공무원 공개경쟁 임용시험에 합격한 사람
4. 「외무공무원법」 제10조제1항 단서에 따라 5등급 외무공무원으로 채용이 결정된 사람(2016.5.29 본호신설)
(2013.6.4 본조개정)

제8장 병역의무의 연기 및 감면
(2009.6.9 본장개정)

제60조【병역판정검사 및 입영 등의 연기】 ① 지방병무청장은 병역판정검사 또는 재병역판정검사 대상자로서 다음 각 호의 어느 하나에 해당하는 사람에 대하여는 병역판정검사 또는 재병역판정검사를 연기할 수 있다.(2016.5.29 본문개정)
1. 국외를 왕래하는 선박의 선원
2. 국외에 체재(滯在)하거나 거주하고 있는 사람
3. 범죄로 인하여 구속되거나 형의 집행 중에 있는 사람
② 지방병무청장은 병역판정검사 또는 재병역판정검사를 받은 사람으로서 다음 각 호의 어느 하나에 해당하는 사람과 제1항제1호부터 제3호까지에 해당하는 사람에 대하여는 징집이나 소집을 연기할 수 있다.(2016.5.29 본문개정)
1. 고등학교 이상의 학교에 다니고 있는 학생
2. 연수기관에서 정하여진 과정을 이수 중에 있는 사람
3. 국위선양을 위한 체육·대중문화예술 분야 우수자
 (2020.12.22 본호개정)
③ 제1항 또는 제2항에 따라 병역판정검사, 재병역판정검사, 징집 또는 소집이 연기된 사람으로서 병역판정검사, 재병역판정검사, 징집 또는 소집을 원하는 사람과 그 연기사유가 끝나는 사람에 대하여는 그 해 또는 그 다음 해에 병역판정검사 또는 재병역판정검사를 받게 하거나 징집 또는 소집한다.(2016.5.29 본항개정)
④ 제2항제3호에 해당하여 징집 또는 소집이 연기된 사람이 체육·대중문화예술 분야 우수자로서 품위를 손상하는 행위를 하는 등 대통령령으로 정하는 사유에 해당하게 된 경우에는 징집이나 소집의 연기를 취소할 수 있다.(2020.12.22 본항신설)
⑤ 제2항에 따라 징집이나 소집이 연기된 사람이 다시 징집되거나 소집될 때에는 그 징집되거나 소집되는 해의 병역처분기준에 따라 병역처분을 변경할 수 있다.
⑥ 제2항에 따른 학교·연수기관 및 체육·대중문화예술 분야 우수자의 범위와 연기의 제한 등에 필요한 사항은 대통령령으로 정한다.(2020.12.22 본항개정)
(2016.5.29 본조제목개정)

제61조【의무이행일의 연기】 ① 병역판정검사, 재병역판정검사, 징집 또는 소집 통지서를 받은 사람 또는 받을 사람으로서 질병·심신장애·재난 또는 취업(「공직선거법」 제2조에 따른 국회의원선거, 지방의회의원 및 지방자치단체의 장의 선거에 의하여 취임하는 경우를 포함한다) 등 대통령령으로 정하는 사유로 의무이행일에 의무를 이행하기 어려운 사람은 원할 경우 그 날짜를 연기할 수 있다. 다만, 병역판정검사 대상자, 재병역판정검사 대상자, 현역병입영 대상자, 사회복무요원 소집 대상자 및 대체복무요원 소집 대상자의 의무이행일 연기는 30세를 초과할 수 없다.(2023.6.20 본문개정)
② 제1항에 따라 의무이행일이 연기된 사람에 대하여는 다시 날짜를 정하여 통지서를 송달하여야 한다. 다만, 징집 또는 소집 통지서를 받은 사람이나 받을 사람으로서 질병 또는 심신장애로 병역을 감당할 수 없다고 인정되는 사람에 대하여는 신체검사를 받게 하여 병역처분을 변경할 수 있다.
③ 제1항에도 불구하고 다음 각 호의 어느 하나에 해당하는 경우에는 지방병무청장이 그 사유 해소 시까지 직권으로 의무이행일을 연기할 수 있다. 다만, 제3호에 따른 연기기간은 1년을 초과할 수 없다.
1. 행방을 알 수 없는 경우
2. 재난 등 대통령령으로 정하는 사유로 입영일 등의 연기원서를 제출하기 곤란한 경우
3. 금고 이상의 형으로 처벌될 수 있는 범죄행위로 인하여 수사가 진행 중인 사람에 대하여 관할 수사기관의 장이 입영일 등의 연기를 요청한 경우
(2021.4.13 본항개정)
(2016.5.29 본조개정)

제62조【가사사정으로 인한 전시근로역 편입 등】 ① 현역병입영 대상자로서 제1호에 해당하는 사람은 원할 경우 전시근로역으로, 제2호에 해당하는 사람은 원할 경우 보충역으로 처분할 수 있다.(2016.5.29 본문개정)
1. 본인이 아니면 가족의 생계를 유지할 수 없는 사람
2. 부모·배우자 또는 형제자매 중 전사자·순직자가 있거나 전상(戰傷)이나 공상(公傷)으로 인한 장애인이 있는 경우의 1명
② 보충역으로서 제1항제1호에 해당하는 사람은 원할 경우 전시근로역에 편입할 수 있다.(2016.5.29 본항개정)
③ 제1항에 따른 가족의 범위, 생계유지곤란의 기준·출원시기, 전사자·순직자의 범위 및 전상·공상으로 인한 장애인의 범위 등에 필요한 사항은 대통령령으로 정한다.
(2016.5.29 본조제목개정)

제63조【가사사정으로 인한 전역 등】 ① 현역병(제21조 및 제25조에 따라 복무 중인 사람을 포함한다. 이하 이 조에서 같다)으로서 제62조제1항제1호에 해당하는 사람은 원할 경우 전시근로역에 편입할 수 있다.(2016.5.29 본항개정)
② 현역병 또는 사회복무요원으로 복무 중인 사람으로서 제62조제1항제2호에 해당하는 사람은 원할 경우 복무기간을 6개월로 단축할 수 있으며, 복무기간을 마친 사람은 보충역에 편입하거나 소집을 해제한다.(2013.6.4 본항개정)
③ 병력동원소집이나 전시근로소집에 의하여 복무 중인 병(소집 통지서를 받은 사람을 포함한다)으로서 제62조제1항제1호에 해당하는 사람은 원할 경우 전시근로역에 편입하거나 소집을 해제 또는 연기할 수 있다.(2016.5.29 본항개정)

제63조의2【가사사정으로 인한 대체역의 소집해제 등】 ① 대체역으로서 제62조제1항제1호에 해당하는 사람은 원할 경우 대체복무요원 소집을 하기 전이면 대체복무요원 소집을

면제할 수 있으며, 대체복무요원 복무 중이면 소집을 해제할 수 있다.
② 대체복무요원으로서 제62조제1항제2호에 해당하는 사람은 원할 경우 복무기간을 6개월로 단축할 수 있으며, 복무기간을 마친 사람은 소집을 해제한다.
(2019.12.31 본조신설)

제64조【병역준비역의 병역면제 등】 ① 지방병무청장은 병역준비역으로서 제1호(신체등급이 6급에 해당하는 사람만 해당한다) 또는 제2호에 해당하는 사람은 원할 경우 병역판정검사를 하지 아니하고 병역을 면제할 수 있고, 제1호에 해당하는 사람 중에서 신체등급이 5급에 해당하는 사람과 제3호에 해당하는 사람은 원할 경우 병역판정검사를 하지 아니하고 전시근로역에 편입할 수 있다. 다만, 제1호에 따라 병역을 면제받은 사람 또는 전시근로역으로 편입된 사람 중 19세 이전에 장애상태가 변하여 「장애인복지법」 제2조에 따른 장애 정도가 조정되거나 같은 법 제32조에 따른 장애인등록증 반환사유가 발생한 경우에는 그 처분을 취소하고 병역판정검사를 받게 할 수 있다.(2017.12.19 단서개정)
1. 전신기형, 질병, 심신장애 등으로 인하여 병역을 감당할 수 없는 사람(2010.1.25 본호개정)
2. 군사분계선 이북지역에서 이주하여 온 사람
3. 제65조제1항제2호 및 제3호의 사유에 해당되는 사람 (2016.1.19 본호개정)

② 제1항에 해당하는 사람의 범위와 출원절차 등에 필요한 사항은 대통령령으로 정한다.(2010.1.25 본항개정)
(2016.5.29 본조제목개정)

제65조【병역처분 변경 등】 ① 현역병(제21조 및 제25조에 따라 복무 중인 사람과 현역병입영 대상자를 포함한다), 승선근무예비역 또는 보충역으로서 제1호에 해당하는 사람에 대하여는 신체검사를 거쳐 보충역 편입·전시근로역 편입 또는 병역면제 처분을 할 수 있고, 제2호 및 제3호에 해당하는 사람에 대하여는 보충역 편입 또는 전시근로역 편입을 할 수 있다.(2016.5.29 본문개정)
1. 전상·공상·질병 또는 심신장애로 인하여 병역을 감당할 수 없는 사람
2. 수형자(受刑者)로서 대통령령으로 정하는 사람(2016.1.19 본호개정)
3. 「국적법」에 따른 귀화 및 그 밖에 대통령령으로 정하는 사유로 병역에 적합하지 아니하다고 인정되는 사람 (2016.1.19 본호신설)

② 현역병(제21조 및 제25조에 따라 복무 중인 사람을 포함한다), 승선근무예비역 또는 보충역으로 복무 중인 사람이 가족과 같이 국외로 이주하는 경우에는 대통령령으로 정하는 바에 따라 보충역에 편입하거나 사회복무요원 소집을 해제할 수 있다.(2016.5.29 본항개정)
③ 현역병(제25조에 따라 복무 중인 사람을 포함한다)으로 복무하고 있는 사람 중 자녀 출산으로 인하여 상근예비역으로 복무하기를 원하는 경우에는 대통령령으로 정하는 바에 따라 예비역에 편입할 수 있다.(2016.5.29 본항개정)
④ 예비역 또는 전시근로역으로서 제1항제1호에 따른 사유로 병역을 감당할 수 없는 사람은 원할 경우 신체검사를 거쳐 보충역·전시근로역에 편입하거나 병역면제의 처분을 할 수 있다.(2016.5.29 본항개정)
⑤ 예비역의 병 중 수형자(受刑者)에 대하여는 대통령령으로 정하는 바에 따라 전시근로역에 편입할 수 있다.
(2016.5.29 본항개정)
⑥ 제2항에 따라 가족과 같이 국외이주하는 사유로 보충역에 편입되거나 사회복무요원 소집이 해제된 사람이 국내에서 영주할 목적으로 귀국하는 등 대통령령으로 정하는 사유에 해당하는 경우에는 그 처분을 취소하고 병역의무를 부과할 수 있다.(2013.6.4 본항개정)
⑦ 지방병무청장은 사회복무요원 소집 대상인 보충역이면서 제60조제1항제1호에 따른 사유로 국외를 왕래하는 선박의 선원으로서 대통령령으로 정하는 날부터 3년 이상 사회복무요원 소집이 연기된 사람에 대하여는 제55조에 따른 군사교육소집을 하며, 그 군사교육소집을 마치면 사회복무요원의 복무를 마친 것으로 본다.(2016.5.29 본항개정)
⑧ 지방병무청장은 다음 각 호의 어느 하나에 해당하는 사람이 현역 또는 사회복무요원의 복무를 원하는 경우에는 대통령령으로 정하는 바에 따라 처분을 취소하고 병역처분을 변경할 수 있다.
1. 보충역(사회복무요원과 사회복무요원 소집 대상인 보충역만 해당하며, 제1항제2호에 따라 보충역으로 편입되거나 제11항 전단에 따라 병역처분이 변경된 사람은 제외한다) (2021.4.13 본호신설)
2. 전시근로역으로서 질병 또는 심신장애가 치유되었거나 학력이 변동된 사람(2021.4.13 본호개정)
3. 제64조제1항제2호에 해당되어 병역이 면제된 사람
(2017.3.21 본항개정)
⑨ 지방병무청장은 사회복무요원 소집 대상자가 제27조에 따라 결정된 사회복무요원 배정인원보다 많은 경우에는 소집 대상자의 학력 또는 보충역 편입연도 등을 고려하여 대통령령으로 정하는 기준에 따라 그 중 일부를 전시근로역에 편입할 수 있다.(2016.5.29 본항개정)
⑩ 지방병무청장은 사회복무요원 소집 대상인 보충역이 대통령령으로 정하는 기간 내에 학력(「초·중등교육법」 제2조에 따른 학교를 졸업한 사람과 동등한 학력으로 인정받는 경우를 포함한다)이 변동되는 경우 변동되는 해의 병역처분기준에 따라 병역처분을 변경할 수 있다.(2017.3.21 본항신설)
⑪ 제1항 또는 제4항에도 불구하고 신체등급 판정이 곤란한 질병이 있거나 정신적 장애 등으로 인하여 계속 복무하는 것이 적합하지 아니하다고 인정되는 사람(현역병, 전환복무에 따라 복무 중인 사람, 상근예비역 또는 사회복무요원에 한정한다)과 외관상 명백한 신체적 장애가 있는 사람에 대하여는 신체검사를 거치지 아니하고 병역처분을 변경할 수 있다. 이 경우 처분변경의 기준, 방법, 절차 등에 필요한 사항은 대통령령으로 정한다.(2016.5.29 본항개정)
⑫ 제2항에 따른 가족의 범위에 관하여는 대통령령으로 정한다.
⑬ 사회복무요원으로 복무 중 제8항에 따라 병역처분이 변경되어 현역병으로 입영한 사람에 대해서는 대통령령으로 정하는 기준에 따라 복무기간을 단축할 수 있다.(2017.3.21 본항신설)
(2013.6.4 본조제목개정)

제65조의2【대체역의 병역처분 변경 등】 ① 대체역으로서 제65조제1항제1호에 해당하는 사람에 대해서는 신체검사를 거쳐 소집을 면제 또는 해제하거나 병역면제 처분을 할 수 있으며, 같은 항 제3호에 해당하는 사람에 대해서는 소집을 면제하거나 해제할 수 있다.
② 대체복무요원으로 복무 중인 사람이 가족과 같이 국외로 이주하는 경우에는 대통령령으로 정하는 바에 따라 대체복무요원 소집을 해제할 수 있다.
③ 제2항에 따라 대체복무요원 소집이 해제된 사람이 국내에서 영주할 목적으로 귀국하는 등 대통령령으로 정하는 사유에 해당하는 경우에는 그 처분을 취소하고 병역의무를 부과할 수 있다.
④ 제2항에 따른 가족의 범위는 대통령령으로 정한다.
(2019.12.31 본조신설)

제66조【장교 등의 보충역 편입 및 취소】 ① 현역 및 예비역의 장교·준사관 또는 부사관이 「군인사법」에 따른 임용결격사유에 해당하여 제적되거나 그 신분이 상실된 경우에는 보충역의 장교·준사관 또는 부사관에 편입한다.
② 의무·법무·군종 및 수의 분야의 예비역장교는 그 자격을 상실하거나 면허가 취소된 경우에는 그 신분이 상실되며, 보충역에 편입한다.
③ 제1항과 제2항에 따라 보충역에 편입된 사람 중 보충역 편입사유가 소멸된 사람으로서 다음 각 호에 해당하는 사람에 대하여는 그 사람이 원할 경우 보충역 편입처분을 취소할 수 있다. 이 경우 그 취소처분의 효력은 소급하지 아니한다.
1. 사상이 건전할 것
2. 품행이 단정할 것

3. 체력이 강건할 것(제4항에 따른 퇴역(退役) 또는 면역(免役) 대상자의 경우는 제외한다)
④ 제3항에 따라 보충역 편입처분이 취소된 사람으로서 그 취소된 날에 보충역 편입 당시 계급이 「군인사법」의 연령정년을 초과하지 아니한 사람은 그 계급의 예비역에 편입하되, 심신장애로 인하여 예비역을 감당할 수 없는 사람과 연령정년을 초과한 사람은 퇴역시킨다.
⑤ 제3항에 따른 보충역 편입처분의 취소와 제4항에 따른 예비역 편입 등의 절차에 필요한 사항은 대통령령으로 정한다.
제67조【병력동원소집 또는 전시근로소집 순위의 후순위 조정】 ① 지방병무청장은 병력동원소집 또는 전시근로소집 대상자로서 전시 국가동원기능을 수행하는 국가기관이나 방위산업체 등에 복무하는 사람 중 특별히 필요하다고 인정되는 사람에 대하여는 대통령령으로 정하는 바에 따라 소집순위를 후순위로 조정할 수 있다.(2016.5.29 본항개정)
② 고용주(고용주를 위하여 인사관리를 담당하는 사람을 포함한다. 이하 같다)는 제1항에 따라 소집 순위가 후순위로 조정된 사람이 퇴직 또는 보직변경 등으로 후순위 조정 대상에서 제외된 경우에는 14일 이내에 관할 지방병무청장에게 통보하여야 한다.
제68조【병역의무의 연기 및 감면의 제한】 제86조부터 제88조까지 또는 제94조에 규정된 죄를 지은 사람, 징집 또는 소집 후 복무를 이탈한 사람과 고의로 병역의무의 연기 또는 감면사유를 발생하게 한 사람에 대하여는 다음 각 호의 처분을 하지 아니한다. 다만, 본인이 아니면 가족의 생계를 유지할 수 없는 사람의 경우에는 고의로 그 사유를 발생하게 한 사람을 제외하고는 그러하지 아니하다.
1. 제21조의2, 제33조의7 및 제36조에 따른 승선근무예비역, 예술·체육요원, 전문연구요원 및 산업기능요원 편입(2016.1.19 본호개정)
2. 제60조제1항제1호·제2호 및 같은 조 제2항에 따른 병역판정검사, 재병역판정검사 및 징집 또는 소집의 연기(2016.5.29 본호개정)
3. 제62조에 따른 가사사정으로 인한 전시근로역 편입 또는 보충역 편입(2016.5.29 본호개정)
4. 제63조에 따른 가사사정으로 인한 현역병 또는 사회복무요원의 복무기간 단축(2013.6.4 본호개정)
5. 제63조의2에 따른 대체역의 소집면제, 소집해제 또는 복무기간 단축(2019.12.31 본호신설)

제9장 병역의무자의 거주지이동 및 국외여행
(2009.6.9 본장개정)

제69조【거주지이동 신고 등】 ① 병역의무자(현역 및 대체복무요원은 제외한다. 이하 이 조에서 같다)가 거주지를 이동한 경우에는 14일 이내에 「주민등록법」 제16조에 따라 전입신고를 하여야 한다.(2019.12.31 본항개정)
② 행정안전부장관은 병역의무자의 관리를 위하여 제1항에 따른 거주지이동 등 병역의무자의 신상변동사항을 병무청장에게 통보하여야 한다.(2017.7.26 본항개정)
③ 제2항에 따른 통보절차 등에 필요한 사항은 대통령령으로 정한다.
제69조의2【병역처분사항 등의 통보】 ① 병무청장은 병역의무자의 병역처분사항(변경처분사항을 포함한다. 이하 같다)과 입영·전역 또는 소집해제 등 주민등록표의 정리에 필요한 신상변동사항에 관한 자료를 행정안전부장관에게 통보하여야 한다.(2017.7.26 본항개정)
② 제1항에 따라 통보하는 자료의 내용·범위 및 절차 등에 필요한 사항은 대통령령으로 정한다.
제70조【국외여행의 허가 및 취소】 ① 병역의무자로서 다음 각 호의 어느 하나에 해당하는 사람이 국외여행을 하려면 병무청장의 허가를 받아야 한다.
1. 25세 이상인 병역준비역, 보충역 또는 대체역으로서 소집되지 아니한 사람(2019.12.31 본호개정)
2. 승선근무예비역, 보충역 또는 대체복무요원으로 복무 중인 사람(2019.12.31 본호개정)
② 병무청장은 정당한 사유 없이 병역판정검사, 재병역판정검사, 확인신체검사나 입영을 기피한 사실이 있거나 기피하고 있는 사람 등 대통령령으로 정하는 사람에 대하여는 다음 각 호의 기준에 따라 처리하여야 한다. 다만, 가족의 사망 등 불가피한 사유로서 대통령령으로 정하는 경우에는 그러하지 아니하다.(2016.5.29 본문개정)
1. 제1항에 따른 국외여행허가 대상자인 경우에는 국외여행허가를 하여서는 아니 된다.
2. 25세 미만으로 병역준비역, 보충역 또는 대체역으로서 소집되지 아니한 사람인 경우에는 국외여행이 제한되도록 필요한 조치를 취하여야 한다.(2019.12.31 본호개정)
③ 국외여행의 허가를 받은 사람이 허가기간에 귀국하기 어려운 경우에는 기간만료 15일 전까지, 25세가 되기 전에 출국한 사람은 25세가 되는 해의 1월 15일까지 병무청장의 기간연장허가 또는 국외여행허가를 받아야 한다.
④ 제1항 및 제3항에 따른 국외여행허가 또는 기간연장허가의 범위 및 절차에 관하여는 대통령령으로 정한다.
⑤ 병무청장은 국외여행허가 또는 기간연장허가를 한 경우에는 그 사실을 법무부장관에게 통보하여야 한다.
⑥ 병무청장은 제33조의10제3항에 따라 의무복무기간이 연장된 예술·체육요원에 대해서는 제1항에 따른 국외여행허가 및 제3항에 따른 기간연장 허가를 하여서는 아니 된다.(2021.4.13 본항신설)
⑦ 제1항 및 제3항에 따라 국외여행허가 또는 기간연장허가를 받은 사람이 국내에서 영주할 목적으로 귀국하는 등 대통령령으로 정하는 사유에 해당하는 경우에는 국외여행허가 또는 기간연장허가를 취소하고 병역의무를 부과할 수 있다.

제10장 병역의무의 종료
(2009.6.9 본장개정)

제71조【입영의무 등의 감면】 ① 병역판정검사, 재병역판정검사, 확인신체검사, 현역병입영 또는 사회복무요원·대체복무요원 소집 의무는 36세부터 면제되며, 면제된 사람(대체복무요원 소집 의무가 면제된 사람은 제외한다)은 전시근로역에 편입한다. 다만, 다음 각 호의 어느 하나에 해당하는 사람은 38세부터 면제된다.(2019.12.31 본문개정)
1. 정당한 사유 없이 병역판정검사, 재병역판정검사, 확인신체검사, 현역병입영 또는 사회복무요원·대체복무요원 소집을 기피한 사실이 있거나 기피하고 있는 사람과 행방을 알 수 없었거나 알 수 없는 사람(2019.12.31 본호개정)
1의2. 제23조의4제1항에 따라 승선근무예비역의 편입이 취소된 사람(2010.1.25 본호신설)
2. 제33조의10제4항제3호부터 제7호까지의 규정에 따라 예술·체육요원의 편입이 취소된 사람(2021.4.13 본호개정)
3. 제35조제2항, 제35조의2제2항 또는 제35조의3제2항에 따라 공중보건의사·병역판정검사전담의사·공익법무관 또는 공중방역수의사의 편입이 취소된 사람(2016.5.29 본호개정)
4. 제41조제1항에 따라 전문연구요원 또는 산업기능요원의 편입이 취소된 사람
4의2. 「대체역의 편입 및 복무 등에 관한 법률」 제25조제1항에 따라 대체역 편입이 취소된 사람(2019.12.31 본호신설)
5. 제58조제3항에 따른 의무·법무·군종·수의사관후보생의 병적에서 제적된 사람
6. 제60조제1항제2호의 사유로 병역판정검사, 재병역판정검사 또는 입영 등이 연기된 사람(2016.5.29 본호개정)
7. 제65조제2항 또는 제65조의2제2항의 사유로 보충역에 편입되거나 사회복무요원·대체복무요원 소집이 해제된 사람(2019.12.31 본호개정)
8. 제65조제6항 또는 제65조의2제3항에 따라 보충역 편입처분이나 사회복무요원·대체복무요원 소집의 해제처분이 취소된 사람(2019.12.31 본호개정)
9. 제70조제1항 또는 제3항에 따른 허가를 받지 아니하고 출국한 사람, 국외에서 체류하고 있는 사람 또는 정당한 사유 없이 허가된 기간에 귀국하지 아니한 사람

10. 거짓이나 그 밖의 부정한 방법으로 병역면제 · 전시근로역 또는 보충역의 처분을 받고 그 처분이 취소된 사람(2016.5.29 본호개정)
11. 「국적법」 제9조에 따라 국적회복허가를 받아 대한민국의 국적을 취득한 사람. 다만, 귀화에 의하여 대한민국의 국적을 취득한 사람은 제외한다.
12. 29세 이후에 병무청장 또는 지방병무청장(병무지청장을 포함한다)을 피고로 행정소송을 제기하여 패소의 판결이 확정된 사람(2010.1.25 본호신설)

② 제1항 단서에 따라 현역병으로 입영하여야 할 사람 중 36세 이상인 사람은 사회복무요원으로 복무하게 할 수 있다.(2013.6.4 본항개정)

③ 제33조의10제4항제1호 · 제2호의 사유로 편입이 취소된 사람에 대하여는 제1항을 적용하지 아니한다.(2016.1.19 본항개정)

제72조【병역의무의 종료】 ① 현역 · 예비역 · 보충역의 병, 전시근로역 및 대체역의 병역의무는 40세까지로 하고, 예비역 · 보충역의 장교 · 준사관 및 부사관의 병역의무는 「군인사법」에 따른 그 계급의 연령정년이 되는 해까지로 한다.

② 제1항에 따른 병역의무기간을 마치면 장교 · 준사관 및 부사관의 경우는 퇴역이 되고, 병 및 대체역의 경우는 면역이 된다.

(2019.12.31 본조개정)

제11장 병역의무 이행자 등에 대한 권익보장

(2009.6.9 본장개정)

제73조【복학보장 및 군복무 중 학점취득 인정】 ① 고등학교 이상의 학교의 장은 징집 · 소집 또는 지원에 의하여 입영하거나 소집 등에 의한 승선근무예비역, 보충역 또는 대체복무요원 복무를 하는 학생에 대해서는 입영 또는 복무와 동시에 휴학하게 하고, 그 복무를 마쳤을 때에는 원할 경우 복학시켜야 한다. 등록기간이 지났어도 학사일정에 지장이 없는 사람은 원할 경우 복학시켜야 한다.(2019.12.31 전단개정)

② 제1항의 학교(고등학교 또는 이에 해당하는 학력인정을 받은 교육시설은 제외한다)의 장은 제1항에 따라 입영 또는 복무로 인하여 휴학 중인 사람이 방송 · 통신 또는 인터넷 등 정보통신망을 활용한 원격수업을 수강하여 학점을 취득하려는 경우 학칙으로 정하는 바에 따라 등록을 허용할 수 있다.

③ 입영부대 또는 복무기관의 장은 징집 또는 지원에 의한 복무로 휴학 중인 사람이 제2항에 따라 등록이 허용된 경우 복무에 지장이 없는 범위에서 원격수업을 수강할 수 있도록 하고, 원격수업의 수강에 필요한 통신장비 및 시설을 갖추도록 노력하여야 한다.(2013.6.4 본항신설)

④ 국방부장관은 교육부장관과 협의하여 병역의무를 이행 중인 사람의 학점취득 인정이 확대되도록 필요한 조치를 하여야 하고, 제2항에 따른 학교의 장과 협의하여 비용의 지원이나 그 밖에 학점취득 인정에 필요한 조치를 하도록 노력하여야 한다.(2014.5.9 본항신설)

제74조【복직보장 등】 ① 국가기관, 지방자치단체의 장 또는 고용주는 소속 공무원이나 임직원이 징집 · 소집 또는 지원에 의하여 입영하거나 소집 등에 의한 승선근무예비역, 보충역 또는 대체복무요원 복무(해당 기관 등에서 재직하면서 승선근무예비역 또는 보충역 복무를 하는 사람은 제외한다)를 하게 된 경우에는 휴직하게 하고, 그 복무를 마치면 복직시켜야 한다. 다만, 그 공무원이나 임직원이 복무 중 범죄행위로 인하여 제적 · 전역 또는 소집해제된 경우에는 그러하지 아니하다.(2019.12.31 본문개정)

② 국가기관, 지방자치단체의 장 또는 고용주는 제1항에 따라 휴직한 사람에 대하여는 승진에서 의무복무기간을 실제근무기간으로 산정(算定)하여야 하며, 군(軍)이나 의무복무기관에서 지급하는 보수와 입영 또는 소집 등에 의한 승선근무예비역, 보충역 또는 대체복무요원 복무 전(前) 보수의 차액의 범위에서 상당한 보수를 지급할 수 있다. 다만, 소집 등에 의한 승선근무예비역, 보충역 또는 대체복무요원의 의무복무기간을 마친 사람의 의무복무기간을 실제근무기간으로 산정하여야 할 기간은 징집에 의하여 입영한 육군 현역병의 복무기간의 범위에서 대통령령으로 정한다.(2019.12.31 본항개정)

③ 국가기관, 지방자치단체의 장 또는 고용주는 공무원이나 임직원의 임용 · 채용 및 승진에서 징집 · 소집 등 병역의무를 이행할 것, 이행하고 있는 것(재직하면서 승선근무예비역 또는 보충역 복무를 하는 사람만 해당한다) 또는 이행하였던 것을 이유로 불리한 처우를 하지 못한다.

(2010.1.25 본조개정)

제74조의2【채용 시의 우대 등】 ① 「국가유공자 등 예우 및 지원에 관한 법률」 제30조에 따른 취업지원 실시기관의 장은 소집 등에 의한 승선근무예비역, 보충역(사회복무요원은 제외한다. 이하 이 조에서 같다) 또는 대체복무요원 복무를 마친 사람이 채용시험에 응시하는 경우에는 대통령령으로 정하는 바에 따라 3세의 범위에서 응시상한연령을 연장하여야 한다.

② 승선근무예비역, 보충역 또는 대체복무요원 복무 중인 사람이 복무 만료 예정일 전 6개월 이내에 채용시험에 응시하는 경우에는 복무를 마친 사람으로 본다.

(2019.12.31 본조개정)

제74조의3【병력동원 및 훈련 관련 학업 보장】 고등학교 이상의 학교의 장은 다음 각 호에 따른 소집 등(이하 "병력동원소집등"이라 한다)에 응하여 의무를 이행하는 학생에 대해서는 그 소집된 기간을 결석으로 처리하거나 그 소집을 이유로 불리하게 처우하지 못한다.(2019.12.31 본문개정)
1. 제44조부터 제54조까지의 규정에 따른 병력동원소집, 병력동원훈련소집, 전시근로소집 또는 전시근로소집점검(2019.12.31 본호신설)
2. 「대체역의 편입 및 복무 등에 관한 법률」 제26조제1항에 따른 예비군대체복무(이하 "예비군대체복무"라 한다) 소집(2019.12.31 본호신설)

제74조의4【병력동원 및 훈련 관련 직장 보장】 국가기관 · 지방자치단체의 장 또는 고용주는 소속 공무원 또는 소속 임직원이 병력동원소집등에 응하여 그 의무를 이행하는 때에는 그 소집된 기간을 휴무로 처리하거나 그 소집을 이유로 불리하게 처우하지 못한다.(2015.12.15 본조신설)

제75조【보상 및 치료】 ① 다음 각 호의 어느 하나에 해당하는 사람은 「국가유공자 등 예우 및 지원에 관한 법률」 또는 「보훈보상대상자 지원에 관한 법률」에서 정하는 바에 따라 보상을 받을 수 있다.
1. 군복무(징집 · 소집되어 입영 중인 사람을 포함한다) 중 전사 · 순직한 사람의 유족과 전상 · 공상 또는 공무상 질병으로 인하여 전역하거나 병역이 면제된 사람 및 그 가족
2. 병력동원소집등(예비군대체복무 소집은 제외한다. 이하 이 호에서 같다)으로 임무수행 또는 훈련 중(병력동원소집등에 응하여 지정된 장소로 이동 중이거나 병력동원소집등의 해제 후 귀가 중인 경우를 포함한다. 이하 이 조와 제75조의2에서 같다)에 부상을 입거나 사망(부상으로 인하여 사망한 경우를 포함한다. 이하 이 조와 제75조의2에서 같다)한 사람 및 그 가족(2019.12.31 본호개정)

(2015.12.15 본항개정)

② 사회복무요원 또는 대체복무요원으로 복무하거나 예비군대체복무로 임무수행 또는 훈련 중(예비군대체복무 소집에 응하여 지정된 장소로 이동 중이거나 예비군대체복무 소집이 해제된 후 귀가 중인 경우를 포함한다) 순직한 사람(공상 또는 공무상 질병으로 사망한 사람을 포함한다. 이하 같다)의 유족과 공상(공무상 질병을 포함한다)을 입고 소집해제된 사람(전시근로역에 편입되거나 병역이 면제된 사람을 포함한다) 및 그 가족은 「국가유공자 등 예우 및 지원에 관한 법률」 또는 「보훈보상대상자 지원에 관한 법률」에서 정하는 바에 따라 보상을 받을 수 있다.(2019.12.31 본항개정)

③ 제2항의 경우 순직한 사람의 유족은 「국가유공자 등 예우 및 지원에 관한 법률」 제4조제1항제5호에 따른 순직군경의 유족 또는 「보훈보상대상자 지원에 관한 법률」 제2조제1항제1호에 따른 재해사망군경의 유족으로 보고, 공상(공무

상 질병을 포함한다)을 입고 소집해제된 사람(전시근로역에 편입되거나 병역이 면제된 사람을 포함한다) 및 그 가족은 「국가유공자 등 예우 및 지원에 관한 법률」 제4조제1항제6호에 따른 공상군경과 그 가족 또는 「보훈보상대상자 지원에 관한 법률」 제2조제1항제2호에 따른 재해부상군경과 그 가족으로 본다.(2016.5.29 본항개정)
④ 사회복무요원 또는 대체복무요원으로 복무 중에 공상 또는 공무상 질병을 얻은 사람에 대하여는 대통령령으로 정하는 바에 따라 국가 · 지방자치단체 또는 공공단체 등의 부담으로 군의료시설이나 국가 · 지방자치단체 또는 민간 의료시설에서 치료한다.(2019.12.31 본항개정)
⑤ 제55조제1항에 따른 군사교육소집이나 제57조제1항 또는 제2항에 따른 학생군사교육 중 그 군사교육이 직접적인 원인이 되어 사망하거나 부상한 사람에 대하여는 제1항과 제4항을 준용한다.(2016.5.29 본항개정)
⑥ 다음 각 호의 어느 하나에 해당하는 사람에 대하여는 대통령령으로 정하는 바에 따라 국가의 부담으로 군의료시설이나 국가 · 지방자치단체의 의료시설 또는 민간의료시설에서 치료할 수 있다. 다만, 제3호에 해당하는 사람은 「예비군법」 제9조를 준용한다.(2016.5.29 단서개정)
1. 제11조, 제14조, 제14조의2, 제14조의3, 제20조제1항 또는 제77조의2에 따른 병역판정검사, 재병역판정검사, 입영판정검사, 신체검사(재신체검사를 포함한다), 체력검사 또는 확인신체검사(이하 "병역판정검사등"이라 한다)가 직접적인 원인이 되어 치료 등이 필요하게 된 사람(2023.6.20 본호개정)
2. 징집 · 소집되어 입영 중에 부상을 입은 사람
3. 병력동원소집등으로 임무수행 또는 훈련 중에 부상을 입은 사람
4. 병역판정검사등에 응하여 지정된 장소로 직접 이동 중이거나 검사 후 지체 없이 귀가 중에 부상을 입은 사람
(2023.6.20 본호신설)
(2015.12.15 본항개정)

제75조의2 【재해 등에 대한 보상】 ① 사회복무요원 또는 대체복무요원으로 복무 중에 순직(공상 또는 공무상 질병으로 사망한 경우를 포함한다)하거나 공상 또는 공무상 질병을 얻은 경우에는 재해보상금을 지급한다. 다만, 다른 법령에 따라 국가 · 지방자치단체 또는 공공단체가 부담하는 같은 종류의 보상금을 받은 사람에 대하여는 그 보상금에 상당하는 금액은 지급하지 아니한다.(2019.12.31 본문개정)
② 제1항에 따른 보상금은 국가 · 지방자치단체 또는 공공단체가 부담한다.
③ 제1항과 제2항에 따른 보상금의 액수와 지급 등에 필요한 사항은 대통령령으로 정한다.
④ 병력동원소집등으로 임무수행 또는 훈련 중에 부상을 입거나 사망한 사람에게는 재해보상금을 지급하고, 제75조제6항제3호에 따른 사람에게는 치료로 인하여 생업에 종사하지 못한 기간 동안의 휴업 보상금을 지급한다. 다만, 다른 법률에 따라 국가나 지방자치단체가 부담하는 같은 종류의 보상금을 받은 사람에게는 그 보상금에 상당하는 금액은 지급하지 아니한다.(2015.12.15 본항신설)
⑤ 제4항에 따른 재해보상금 및 휴업 보상금에 관하여는 「예비군법」 제8조의2를 준용한다.(2016.5.29 본항개정)

제75조의3 【보험가입 등】 ① 국가 · 지방자치단체 또는 공공단체 등은 제75조제4항에 따른 치료비 또는 제75조의2제1항에 따른 재해보상금의 지급을 위한 보험에 가입할 수 있다.
② 국방부장관은 다음 각 호의 어느 하나에 해당하는 사람이 복무기간 동안 교육훈련 또는 업무수행 등으로 질병에 걸리거나 상해를 입은 경우 치료비 지급 등 적절한 치료를 지원하기 위하여 보험에 가입할 수 있다.
1. 상근예비역
2. 현역병
(2020.12.22 본항신설)
③ 국방부장관은 제2항의 보험가입과 관련하여 필요한 경우 「개인정보 보호법」 제19조에 불구하고 병무청 등 관계 행정기관에 성명, 주민등록번호, 병적번호, 입영일자 등을 포함한 개인정보의 제공을 요청할 수 있다. 이 경우 요청을 받은 자는 특별한 사유가 없으면 그 요청에 따라야 한다.
(2020.12.22 본항신설)
④ 국방부장관은 제2항 및 제3항에 따른 보험가입 등 업무의 일부를 대통령령으로 정하는 관계 전문기관에 위탁할 수 있다.(2020.12.22 본항신설)
(2020.12.22 본조제목개정)
(2014.5.9 본조신설)

제76조 【병역의무 불이행자에 대한 제재】 ① 국가기관, 지방자치단체의 장 또는 고용주는 다음 각 호의 어느 하나에 해당하는 사람을 공무원이나 임직원으로 임용하거나 채용할 수 없으며, 재직 중인 경우에는 해직하여야 한다.
1. 병역판정검사, 재병역판정검사 또는 확인신체검사를 기피하고 있는 사람(2016.5.29 본호개정)
2. 징집 · 소집을 기피하고 있는 사람
3. 군복무 및 사회복무요원 또는 대체복무요원 복무를 이탈하고 있는 사람(2019.12.31 본호개정)
② 국가기관 또는 지방자치단체의 장은 제1항 각 호의 어느 하나에 해당하는 사람에 대하여는 각종 관허업(官許業)의 특허 · 허가 · 인가 · 면허 · 등록 또는 지정 등(이하 이 조에서 "특허등"이라 한다)을 하여서는 아니 되며, 이미 이를 받은 사람에 대하여는 취소하여야 한다.(2017.2.8 본항개정)
③ 병무청장은 제1항 각 호의 어느 하나에 해당하는 사람에 대하여 제2항에 따른 관허업(官許業)의 특허등의 소유 여부를 확인할 수 있도록 하기 위하여 국세청장에게 사업자등록증명 정보의 제공을 요청할 수 있다. 이 경우 국세청장은 「전자정부법」 제39조에 따라 해당 정보를 제공한다.
(2017.2.8 본항신설)
④ 병무청장은 제3항에 따라 국세청장으로부터 제공받은 정보와 병역의무 불이행 사실을 제2항에 따른 국가기관 또는 지방자치단체의 장에게 통보한다.(2017.2.8 본항신설)
⑤ 제70조제1항 또는 제3항에 따른 허가를 받지 아니하고 출국한 사람, 국외에 체류하고 있는 사람 또는 정당한 사유 없이 허가된 기간에 귀국하지 아니한 사람에 대하여는 40세까지 제1항과 제2항을 준용한다. 다만, 귀국하여 병역의무를 마친 경우에는 그러하지 아니하다.

제12장 병무행정

(2009.6.9 본장개정)

제77조 【병무행정의 주관】 ① 징집 · 소집과 그 밖의 병무행정은 병무청장이 관장한다.
② 병무청장은 지방병무청장의 명령이나 처분이 위법 또는 부당하다고 인정할 때에는 그 명령이나 처분을 중지하거나 취소할 수 있다.

제77조의2 【확인신체검사 등】 ① 지방병무청장(병무지청장을 포함한다. 이하 이 조에서 같다)은 다음 각 호의 어느 하나에 해당하는 사람이 병역의무를 감면받을 목적으로 속임수를 썼다고 인정할 만한 사유 등 대통령령으로 정하는 사유가 있는 경우에는 진료기록이나 치료내역 등 사실관계를 조사하고 확인신체검사를 할 수 있다.
1. 제12조제1항에 따른 신체등급 판정에서 질병 또는 심신장애로 4급부터 7급까지로 판정되어 병역처분을 받은 사람
(2016.5.29 본호개정)
2. 제65조제1항제1호, 같은 조 제4항 및 제65조의2제1항에 따라 병역처분이 변경되거나 병역면제 처분을 받은 사람
(2019.12.31 본호개정)
② 지방병무청장은 제1항에 따른 확인신체검사 결과 병역처분이 잘못되었다고 판단하면 대통령령으로 정하는 바에 따라 병역처분을 변경하여야 한다.
③ 제1항에 따른 확인신체검사의 방법 및 절차 등에 관하여 필요한 사항은 대통령령으로 정한다.
(2011.5.24 본조신설)

제77조의3 【국민건강보험료의 정부지원】 ① 국가는 제21조제1항에 따라 소집된 상근예비역, 제26조에 따라 소집된 사회복무요원 및 「대체역의 편입 및 복무 등에 관한 법률」

제17조제1항에 따라 소집된 대체복무요원 중 다음 각 호에 해당하는 사람에 대하여 「국민건강보험법」 제69조에 따라 부담하여야 하는 보험료를 대통령령으로 정하는 범위에서 지원할 수 있다.
1. 「국민건강보험법」 제6조제1항에 따른 직장가입자(같은 법 제70조제2항에 따른 휴직이나 그 밖의 사유로 보수의 전부 또는 일부가 지급되지 아니하는 가입자인 경우로 한정한다)인 상근예비역, 사회복무요원 및 대체복무요원
2. 「국민건강보험법」 제6조제1항에 따른 지역가입자인 상근예비역, 사회복무요원 및 대체복무요원
(2019.12.31 본항개정)
② 제1항에 따른 보험료의 지원 대상에 대하여는 상근예비역, 사회복무요원 및 대체복무요원으로 소집된 날부터 해제되는 날까지 다음 각 호의 구분에 따른 보험료를 지원할 수 있다.(2019.12.31 본문개정)
1. 직장가입자의 경우 : 「국민건강보험법」 제69조제4항제1호에 따른 보수월액보험료
2. 지역가입자의 경우 : 「국민건강보험법」 제69조제5항에 따른 월별 보험료
(2017.2.8 본항신설)
③ 제1항 및 제2항에 따른 보험료의 지원에 필요한 사항은 대통령령으로 정한다.
④ 제1항부터 제3항까지에 따라 연간 소요될 것으로 예상되는 보험료 지원비용의 정산방법 등은 국민건강보험 관계 법령에서 정한 절차에 따른다.
(2017.2.8 본조개정)
제77조의4【공직자 등의 병적 관리 등】 ① 제5조제3항에 따라 병적에 편입된 사람 중 다음 각 호의 어느 하나에 해당하는 사람에 대하여는 병무청장 또는 지방병무청장(병무지청장을 포함한다)이 병역준비역에 편입된 때부터 현역·보충역·대체역 복무를 마치거나, 전시근로역 편입 또는 병역면제될 때까지 병적을 따로 분류하여 관리할 수 있다. 이 경우 입영 후 제65조에 따라 병역처분이 변경된 사람에 대해서는 해당 병적 관리 기관의 장으로부터 병적 및 관련 자료를 송부 받아 관리할 수 있다.(2019.12.31 전단개정)
1. 「공직자 등의 병역사항 신고 및 공개에 관한 법률」 제2조에 해당하는 신고의무자와 그 자녀(2017.3.21 본호신설)
2. 다음 각 목의 어느 하나에 해당하는 사람
가. 「국민체육진흥법」 제33조에 따른 대한체육회 또는 같은 법 제34조에 따른 대한장애인체육회(이하 "대한체육회등"이라 한다)에 가맹된 법인이나 단체에 선수로 등록된 사람
나. 문화체육관광부장관이 지정하는 프로스포츠 단체에 선수로 등록된 사람
다. 가목과 나목에 해당하는 경기종목에서 스포츠 활동을 하는 사람으로서 병무청장이 정하는 법인이나 단체에 선수로 등록된 사람
라. 「국민체육진흥법」 제2조제4호의2에 따른 국가대표선수와 국가대표선수였던 사람 중 해외에서 활동하는 사람
(2024.2.6 본호개정)
3. 「대중문화예술산업발전법」 제2조제3호에 따른 대중문화예술인 중 대중문화예술용역을 제공할 의사를 가지고 대중문화예술사업자와 대중문화예술용역 계약을 맺은 사람
(2017.3.21 본호신설)
4. 「소득세법」 제55조에 따라 종합소득과세표준별로 적용되는 세율 중 최고 세율 또는 최고 세율 다음으로 높은 세율을 적용받는 납세의무자로서 대통령령으로 정하는 사람 및 그 자녀(2023.6.20 본호개정)
② 병무청장 또는 지방병무청장은 제1항에 따른 병적 관리 대상자를 확인하기 위하여 필요한 경우에는 다음 각 호의 구분에 따라 자료의 제공을 해당 기관 또는 단체의 장에게 요청할 수 있다. 이 경우 자료의 제공을 요청받은 기관 또는 단체의 장은 정당한 사유가 없으면 그 요청에 따라야 한다.
1. 제1항제1호에 해당하는 신고의무자와 그 자녀 명단 : 신고의무자의 소속 기관의 장. 다만, 「공직자 등의 병역사항 신고 및 공개에 관한 법률」 제4조제3항에 따라 통보받은 자료로 확인할 수 있는 경우에는 그 자료로 갈음할 수 있다.
2. 제1항제2호에 해당하는 선수 명단 : 소속 경기단체의 장 또는 「국민체육진흥법」 제33조에 따른 대한체육회의 장
(2020.12.8 본호개정)
3. 제1항제3호에 해당하는 대중문화예술인 및 대중문화예술사업자 명단 : 「대중문화예술산업발전법」 제2조제8호에 따른 대중문화예술사업자 및 문화체육관광부장관
(2021.4.13 본호개정)
4. 제1항제4호에 해당하는 납세의무자 명단 및 병역의무자와 그 부모의 주민등록정보화 자료 : 국세청장 및 행정안전부장관(2021.4.13 본호개정)
(2017.3.21 본항신설)
③ 대중문화예술사업자는 제1항제3호에 따른 대중문화예술인과 새로이 계약을 맺거나 계약이 종료된 경우에는 병무청장에게 그 사유가 발생한 날부터 14일 이내에 그 변동사항을 통보하여야 한다.(2021.4.13 본항신설)
④ 병무청장은 제1항제2호다목에 따라 정하는 법인이나 단체를 문화체육관광부장관에게 통보하여야 한다.(2024.2.6 본항신설)
⑤ 누구든지 제1항에 따라 관리하는 정보·자료를 공개·누설하거나 다른 사람에게 제공하여서는 아니 되며, 목적 외의 용도로 사용하여서는 아니 된다.
⑥ 제1항부터 제5항까지에서 규정한 사항 외에 병적의 관리, 자료의 제출방법 등에 관하여 필요한 사항은 대통령령으로 정한다.(2024.2.6 본항개정)
(2015.12.15 본조신설)
제77조의5【병역 정보의 기록·관리 등】 ① 병무청장 또는 지방병무청장(병무지청장을 포함한다)은 다음 각 호의 병역 정보를 기록하거나 관리하여야 한다.
1. 병역의무자의 병역준비역 편입, 병역판정검사, 보충역과 대체역의 편입·복무, 입영, 전시근로역 편입과 병역면제 등에 관한 사항(2019.12.31 본호개정)
2. 의무복무를 마친 병역의무자의 복무와 교육·수련 기록 등의 관리에 관한 사항
② 병무청장은 제1항에 따른 병역 정보의 체계적인 기록·관리를 위하여 전자정보처리프로그램을 구축·운영하여야 한다.
③ 제1항에 따른 병역 정보의 기록·관리 및 확인·출력·증명과 제2항에 따른 전자정보처리프로그램의 구축·운영 등에 필요한 사항은 대통령령으로 정한다.
(2016.1.19 본조신설)
제77조의6【병역판정검사 결과 등의 공개】 ① 병무청장은 매년 6월 30일까지 전년도의 병역판정검사 결과, 병역처분 결과, 연도별 병역판정검사 대상자의 병역의무 이행현황 및 병역처분 변경 현황(이하 "병역판정검사 결과 등"이라 한다)에 관한 통계를 작성하여 공개하여야 한다.
② 제1항에 따른 병역판정검사 결과 등에 관한 통계에는 다음 각 호의 사항이 포함되어야 한다.
1. 병역판정검사 대상자 수
2. 병역판정검사를 받은 총 인원
3. 각 신체등급 판정자 수
4. 각 신체등급 판정에 따른 병역처분 인원 수
5. 연도별 병역판정검사를 받은 사람의 병역의무 이행 현황
6. 연도별 병역판정검사를 받은 사람의 병역처분 변경 현황
7. 연도별 병역판정검사 대상자 중 사유별 전시근로역, 대체역으로 병역처분을 받은 사람의 수 및 병역 면제자 수
③ 제1항의 통계작성 및 공개절차 등에 관하여 필요한 사항은 병무청장이 정한다.
(2021.4.13 본조신설)
제78조【병무행정사무의 위임】 ① 제20조, 제31조의2제2항, 제34조의2제5항, 제70조제1항·제3항, 제81조 및 제95조에 따른 병무청장의 권한은 대통령령으로 정하는 바에 따라 지방병무청장이나 지방병무청장 소속기관의 장에게 위임할 수 있다.

② 이 법에 따른 지방병무청장의 권한은 대통령령으로 정하는 바에 따라 그 일부를 소속기관의 장에게 위임할 수 있다.
③ 제70조제3항에 따른 병무청장의 권한과 제60조제1항제2호에 따른 지방병무청장의 권한은 대통령령으로 정하는 바에 따라 그 일부를 재외공관(在外公館)의 장에게 위임할 수 있다.

제79조【여비 등의 국고부담】 ① 다음 각 호의 비용은 국고에서 부담한다.
1. 병역판정검사, 재병역판정검사, 입영판정검사, 현역병지원 신체검사, 확인신체검사 및 대통령령으로 정하는 재신체검사·재검사를 받는 사람의 여비와 병무용진단서 및 신체검사 과정에서 필요한 의무·수술 기록지 등 보완서류 발급비용(2020.12.22 본호개정)
2. 제11조제4항 후단 또는 제5항 단서에 따른 위탁검사에 필요한 비용(2017.11.28 본호개정)
3. 제20조제1항 후단에 따른 체력검사·면접·필기·실기 등의 전형에 응시하는 사람의 여비(2014.5.28 본호신설)
4. 징집·소집에 의하여 또는 현역병을 지원하여 입영하거나 귀가하는 사람의 여비
② 제1항에 따른 비용의 지급 횟수 및 지급 기준 등에 필요한 사항은 대통령령으로 정한다.(2014.5.28 본항개정)
③ 지방병무청장, 병무지청장 또는 신체등급판정 사무를 담당하는 병무청 소속기관의 장은 제1항에 따른 비용을 받은 사람이 다음 각 호의 어느 하나에 해당하는 경우에는 그 비용의 전부 또는 일부를 환수하여야 한다.
1. 거짓이나 그 밖의 부정한 방법으로 비용을 지급받은 경우
2. 비용이 잘못 지급된 경우
3. 여비를 받은 후 입영통지가 취소되거나 입영일이 연기되거나 입영기피의 사유로 입영하지 아니한 경우
(2016.5.29 본항신설)
④ 제3항에 따른 환수의 구체적인 기준 및 환수절차 등 환수에 필요한 사항은 대통령령으로 정한다.(2016.5.29 본항신설)
(2013.6.4 본조개정)

제79조의2【적금의 정부지원】 ① 국가는 현역병, 상근예비역, 사회복무요원, 대체복무요원 및 제25조에 따라 전환복무를 하는 사람이 「조세특례제한법」 제91조의19에 따른 장병내일준비적금에 가입하는 경우 예산의 범위에서 재정지원을 할 수 있다.
② 제1항에 따른 재정지원에 필요한 사항은 대통령령으로 정한다.
(2021.4.13 본조신설)

제80조【병무행정에 대한 협조】 ① 병무행정관서의 장은 직무를 수행할 때 필요하면 국가기관, 지방자치단체의 장 또는 정보처리·통신시설을 보유하는 기관의 장에게 병무행정에 대한 협조를 요청할 수 있다.
② 제1항의 요청을 받은 기관의 장은 이에 협조하여야 하며, 정당한 사유 없이 거부하지 못한다.

제80조의2【가족관계등록 전산정보의 공동이용】 병무청장, 지방병무청장 및 병무지청장은 대통령령으로 정하는 병무행정에 관한 사무를 수행하기 위하여 「전자정부법」에 따라 「가족관계의 등록 등에 관한 법률」 제11조제4항에 따른 전산정보자료를 공동이용(「개인정보 보호법」 제2조제2호에 따른 처리를 포함한다)할 수 있다.(2014.5.9 본조신설)

제81조【병무사범의 예방 및 단속】 ① 병무청장은 병무사범의 예방과 단속을 위하여 필요하다고 인정하면 병역의무자의 병역이행사항 확인·점검 및 병역법령 위반사실 확인을 위한 자료를 수집할 수 있다.
② 병무청장은 국가기관·지방자치단체 및 공공기관에 대하여 제1항에 따른 병역이행사항 확인·점검에 필요한 자료의 제공을 대통령령으로 정하는 바에 따라 요청할 수 있다. 이 경우 자료제공을 요청받은 기관의 장은 특별한 사유가 없으면 그 요청에 따라야 한다.
③ 병무청장은 병역의무자를 고용하고 있는 고용주에 대하여 제1항에 따른 병역법령 위반사실 확인에 필요한 자료의 제출을 요구하거나 사실에 관하여 질문할 수 있다.
④ 병무청장은 제2항과 제3항에 따라 취득한 자료를 병무사범의 예방 및 단속 외의 목적으로 사용하거나 다른 기관에 제공하여서는 아니 된다.

제81조의2【병역의무 기피자의 인적사항 등의 공개】 ① 병무청장은 다음 각 호의 어느 하나에 해당하는 사람에 대해서는 인적사항과 병역의무 미이행 사항 등을 인터넷 홈페이지 등에 공개할 수 있다. 다만, 질병, 수감 등 대통령령으로 정하는 사유가 있는 경우에는 그러하지 아니하다.
1. 제70조제1항 또는 제3항에 따른 허가를 받지 아니하고 출국한 사람, 국외에 체류하고 있는 사람 또는 정당한 사유 없이 허가된 기간에 귀국하지 아니한 사람(제83조제2항제10호에 따른 귀국명령을 위반하여 귀국하지 아니한 사람을 포함한다)
2. 정당한 사유 없이 병역판정검사, 재병역판정검사, 신체검사, 확인신체검사를 받지 아니하는 사람(2016.5.29 본호개정)
3. 정당한 사유 없이 현역 입영 또는 사회복무요원·대체복무요원 소집이나 군사교육소집에 응하지 아니하는 사람(2019.12.31 본호개정)
② 제1항에 따라 공개하는 인적사항과 병역의무 기피·면탈 및 감면 사항 등에 대한 공개 여부를 심의하기 위하여 관할 지방병무청(지방병무청지청을 포함한다. 이하 이 조에서 같다)에 병역의무기피공개심의위원회(이하 이 조에서 "위원회"라 한다)를 둔다.
③ 관할 지방병무청장은 위원회의 심의를 거친 잠정 공개 대상자에게 제1항에 따른 인적사항 등의 공개 대상자임을 통지하여 소명 기회를 주어야 하며, 통지일부터 6개월이 지난 후 위원회로 하여금 잠정 공개 대상자의 병역의무 이행 상황을 고려하여 공개 여부를 재심의하게 한 후 공개 대상자를 결정한다.
④ 제1항부터 제3항까지의 규정에 따른 공개 사항, 공개 방법, 공개 절차 및 위원회의 구성·운영에 필요한 사항은 대통령령으로 정한다.
(2014.12.30 본조신설)

제81조의3【병역의무 기피·감면 등 관련 정보의 게시·유통금지】 ① 누구든지 「정보통신망 이용촉진 및 정보보호 등에 관한 법률」 제2조제1항제1호에 따른 정보통신망을 통하여 제86조 및 제87조제1항에 해당하는 행위를 조장하는 정보를 게시·유통하여서는 아니 된다.
② 제1항에 따라 게시·유통금지되는 정보의 종류 등 그 밖에 필요한 사항은 대통령령으로 정한다.
(2023.10.31 본조신설)

제82조【병역의무 이행의 장려】 병무청장은 자발적으로 병역의무를 이행하는 사회분위기를 조성하기 위한 홍보 및 교육을 실시하고 병역의무를 이행한 사람을 선양(宣揚)하는 사업 등을 할 수 있다.(2013.6.4 본조신설)

제82조의2 (2002.12.5 삭제)

제82조의3【병역명문가 선정 등】 ① 병무청장은 3대(1대부터 3대까지의 직계비속 남성)가 모두 대통령령으로 정하는 현역복무 등을 성실히 마친 가문을 병역명문가로 선정할 수 있다. 다만, 3대째 가족 중 남성이 없고 「군인사법」 제7조에 따른 군 의무복무기간을 마친 여성이 있는 가문의 경우를 포함한다.
② 병무청장은 제1항에 따른 병역명문가 선정대상 가문에 병역판정검사의 기피 등 대통령령으로 정하는 사항에 해당하는 사람이 있는 경우에는 병역명문가 선정에서 제외하며, 이미 병역명문가로 선정된 가문에 대해서는 그 선정을 취소할 수 있다.
③ 제1항 및 제2항에 따른 병역명문가 선정 및 선정 취소 절차 등에 필요한 사항은 대통령령으로 정한다.
(2023.10.31 본조신설)

제82조의4【병역명문가 포상 및 예우】 ① 병무청장 또는 지방병무청장(병무지청장을 포함한다)은 제82조의3제1항에 따라 선정된 병역명문가에 대해 포상할 수 있으며 국가기관, 지방자치단체, 공공기관 및 민간단체 등의 장에게 병역명문가 예우에 필요한 지원 및 협조를 요청할 수 있다.

② 제1항에 따른 포상의 기준 및 절차 등에 필요한 사항은 대통령령으로 정한다.
(2023.10.31 본조신설)

제13장 전시특례
(2009.6.9 본장개정)

제83조【전시특례】 ① 국방부장관은 전시·사변이나 동원령이 선포된 경우에는 다음 각 호의 조치를 할 수 있으며, 국방상 필요한 경우에는 제6호의 조치를 할 수 있다.
1. 제18조제2항에 따른 현역병 복무기간의 연장
2. 제21조에 따른 상근예비역소집 대상자의 전역정지(轉役停止) 및 상근예비역으로 소집된 사람의 현역병으로의 전역(轉役)
3. 제23조의2에 따라 승선근무예비역의 복무를 마친 사람 중 40세 이하인 사람의 예비역장교 또는 부사관 병적 편입
4. 제25조에 따른 의무경찰대원 및 의무소방원으로의 전환복무의 정지 또는 해제(2016.5.29 본호개정)
5. 제34조·제34조의6 및 제34조의7에 따른 공중보건의사·공익법무관 또는 공중방역수의사로의 편입의 정지 및 병력동원소집 대상으로의 전환(제55조제3항에 따라 군사교육소집을 받지 아니한 사람은 전시근로소집 대상으로의 전환을 말한다)(2016.5.29 본호개정)
6. 제38조제1항제1호에 따른 기간산업체 중 수산업 및 해운업 분야의 산업기능요원으로서 의무복무기간을 마친 사람 중 40세 이하인 사람의 예비역장교 또는 부사관 병적 편입
(2016.5.29 본호개정)
7. 제58조제1항 각 호에 따른 의무·법무·군종·수의 분야의 자격을 가진 40세 이하인 사람의 예비역장교 병적 편입
7의2. 대체역 편입신청 접수 등 「대체역의 편입 및 복무 등에 관한 법률」에 따른 대체역 편입절차의 정지 및 대체복무요원 소집의 정지(2021.12.7 본호개정)
8. 제65조, 제65조의2 및 제66조제1항에 따른 병역처분변경 및 제적(除籍)의 정지(2019.12.31 본호개정)
9. 제72조제1항에 따른 현역·예비역·보충역의 병, 전시근로역 및 대체역의 병역의무기간을 45세까지로 연장
(2019.12.31 본호개정)
② 병무청장은 전시·사변 또는 동원령이 선포된 경우에는 다음 각 호의 조치를 할 수 있다.
1. 제6조에 따른 병역의무부과 통지서의 송달방법을 신문·텔레비전 또는 라디오에 의한 공고의 방법으로 갈음하는 행위
2. 제11조에 따른 병역판정검사의 실시 대상자의 연령 변경, 심리검사 생략 및 외과·내과 위주의 신체검사 실시
(2016.5.29 본호개정)
3. 제14조제1항제1호에 따른 보충역 및 제36조에 따른 전문연구요원 또는 산업기능요원인 보충역 중 제55조에 따른 군사교육소집을 받지 아니한 사람을 현역병입영 대상으로의 전환, 군사교육소집을 마친 사람을 병력동원소집 대상으로의 전환(제55조제3항에 따라 군사교육소집을 받지 아니한 사람을 전시근로소집 대상으로의 전환을 말한다)
(2016.5.29 본호개정)
4. 제26조, 제33조의7 및 제36조에 따른 사회복무요원, 예술·체육요원, 전문연구요원 및 산업기능요원의 소집 또는 편입의 정지(2016.1.19 본호개정)
5. 제60조제1항 및 제2항에 따른 병역판정검사 또는 재병역판정검사 연기 및 징집·소집 연기의 정지
6. 제61조제1항에 따른 의무이행일 연기의 제한
(2016.5.29 5호~6호개정)
7. 제69조에 따른 거주지이동 신고기간을 7일 이내로 단축
8. 예비역, 보충역, 병역준비역, 전시근로역 및 대체역 중 18세부터 45세까지의 사람을 국외여행허가 대상자로 변경
(2019.12.31 본호개정)
9. 제71조제1항에 따른 병역판정검사, 재병역판정검사, 확인신체검사 및 현역병입영 의무를 37세까지로 연장
(2016.5.29 본호개정)
10. 국외체재 중인 병역의무자에 대한 귀국명령
11. 전시·사변 또는 동원령이 선포되기 전에 허가한 국외여행허가의 취소
③ 지방병무청장(병무지청장을 포함한다. 이하 이 조에서 같다)은 전시·사변 또는 동원령이 선포된 경우에는 다음 각 호의 전시업무를 특별시장·광역시장·특별자치시장 또는 도지사·특별자치도지사(이하 "시·도지사"라 한다) 및 시장·군수 또는 구청장에게 위임한다.(2014.5.9 본문개정)
1. 병역판정검사 통지서, 현역병입영 통지서, 병력동원소집 통지서 및 전시근로소집 통지서의 교부와 교부 결과의 통보
2. 병역판정검사 독려, 현역병입영, 병력동원소집 및 전시근로소집 대상자에 대한 입영의 독려
3. 병역판정검사, 현역병입영, 병력동원소집 및 전시근로소집 기피자에 대한 고발·색출 및 단속의 지원
(2016.5.29 1호~3호개정)
4. 병력동원에 따른 차량·급식 및 수용시설 등에 대한 지원
5. 그 밖에 병역자원 관리와 관련하여 지방병무청장이 지원을 요청하는 업무(2014.5.9 본호개정)
④ 제3항에 따라 권한을 위임받은 특별자치시장·특별자치도지사·시장·군수 또는 구청장은 거주지이동 등 병역의무자의 신상변동사항을 지방병무청장에게 지체 없이 통보하여야 한다.(2014.5.9 본항신설)
⑤ 시·도지사(제3항제4호만 해당한다) 및 시장·군수 또는 구청장은 전시업무를 전담하는 병무담당 직원을 두되, 평시에 임명하여야 한다.(2014.5.9 본항신설)
⑥ 지방병무청장은 시·도지사 및 시장·군수 또는 구청장이 제5항에 따라 임명한 병무담당 직원에 대하여 전시업무 수행능력 배양을 위한 교육을 평시에 실시하여야 한다.
(2014.5.9 본항신설)
⑦ 제5항에 따라 임명된 병무담당 직원은 제6항에 따른 전시업무 수행능력 배양을 위한 교육을 이수하여야 하고, 시·도지사 및 시장·군수 또는 구청장은 소속 병무담당 직원이 해당 교육을 이수할 수 있도록 필요한 조치를 하여야 한다.(2025.1.7 본항신설)
⑧ 병무청장은 제7항에 따른 병무담당 직원의 교육 이수 여부에 대한 점검을 실시하고, 그 점검 결과를 「정부업무평가 기본법」 제18조제1항에 따른 지방자치단체의 자체평가에 반영하도록 지방자치단체의 장에게 요구할 수 있다.(2025.1.7 본항신설)
⑨ 시·도지사 및 시장·군수 또는 구청장에게 위임한 전시업무 수행 및 병무담당 직원에게 드는 경비는 국고에서 부담한다.(2014.5.9 본항신설)
⑩ 제6항에 따른 교육의 내용·방법·절차, 제7항에 따른 교육 이수시간 및 교육 이수에 필요한 조치, 제8항에 따른 점검 등에 필요한 사항은 대통령령으로 정한다.(2025.1.7 본항신설)

제83조의2【병무사범방지대책위원회】 ① 전시·사변이나 동원령이 선포된 경우에는 제84조부터 제89조까지, 제89조의2, 제89조의3, 제90조부터 제92조까지, 제92조의2, 제93조 및 제94조에 규정된 죄를 지은 병역기피자, 행방불명자, 그 밖의 병무사범의 발생예방과 단속 등에 관련된 다음 각 호의 사항을 심의하기 위하여 병무청에 중앙병무사범방지대책위원회를 두고, 특별시·광역시 또는 도·특별자치도에 지방병무사범방지대책위원회를 둔다.
1. 병역기피 및 면탈행위(免脫行爲)의 예방과 단속
2. 병역의무자 중 행방불명자의 조사 및 처리
3. 전문연구요원 및 산업기능요원의 편입·복무의무 위반 등의 단속 및 점검(2016.5.29 본호개정)
4. 고용금지 및 복직보장 위반 등의 단속 및 지도
5. 병역의무와 관련되는 가족관계등록 및 주민등록에 관한 사항
6. 그 밖의 병무사범 예방·단속에 관한 사항
② 국가기관·지방자치단체의 장 또는 고용주는 제1항에 따른 병무사범방지대책위원회의 활동에 적극 협조하여야 한다.
③ 제1항에 따른 병무사범방지대책위원회의 구성과 운영 등에 필요한 사항은 대통령령으로 정한다.

제83조의3【병역증·전역증 소지의무】 전시·사변이나 동원령이 선포되면 병역의무자는 병역증 또는 전역증을 지니고 다녀야 한다.

제14장 벌 칙

(2009.6.9 본장개정)

제84조【신상변동 통보 불이행 등】 ① 다음 각 호의 어느 하나에 해당하는 경우에는 6개월 이하의 징역 또는 2천만원 이하의 벌금에 처한다.

1. 고용주가 정당한 사유 없이 제23조의3, 제40조 또는 제67조제2항에 따른 신상변동 통보를 하지 아니하거나 거짓으로 통보한 경우
2. 공공단체의 장 또는 사회복지시설의 장이 정당한 사유 없이 제32조제1항 또는 제2항에 따른 신상변동 통보를 하지 아니하거나 거짓으로 통보한 경우

(2016.5.29 1호~2호개정)

② 제69조제1항에 따른 전입신고를 정당한 사유 없이 하지 아니하거나 거짓으로 신고한 사람은 200만원 이하의 벌금 또는 구류에 처한다.

(2016.5.29 본조제목개정)

제85조【병역의무부과 통지서 수령 거부】 병역의무자가 정당한 사유 없이 제6조에 따라 송달된 병역의무부과 통지서의 수령을 거부한 경우에는 6개월 이하의 징역 또는 500만원 이하의 벌금에 처한다.(2025.1.7 본조개정)

제86조【도망·신체손상 등】 병역의무를 기피하거나 감면받을 목적으로 도망가거나 행방을 감춘 경우 또는 신체를 손상하거나 속임수를 쓴 사람은 1년 이상 5년 이하의 징역에 처한다.

제87조【병역판정검사의 기피 등】 ① 병역판정검사, 재병역판정검사, 입영판정검사, 신체검사 또는 확인신체검사를 받을 사람을 대리(代理)하여 병역판정검사, 재병역판정검사, 입영판정검사, 신체검사 또는 확인신체검사를 받은 사람은 1년 이상 3년 이하의 징역에 처한다.

② (2017.3.21 삭제)

③ 병역판정검사 통지서, 재병역판정검사 통지서, 입영판정검사 통지서, 신체검사 통지서 또는 확인신체검사 통지서를 받은 사람이 정당한 사유 없이 의무이행일에 병역판정검사, 재병역판정검사, 입영판정검사, 신체검사 또는 확인신체검사를 받지 아니하면 6개월 이하의 징역에 처한다.

(2020.12.22 본조개정)

제87조의2【병역의무 기피·감면 등 관련 정보의 게시·유통금지 위반】 제81조의3제1항을 위반한 사람은 2년 이하의 징역 또는 2천만원 이하의 벌금에 처한다.(2023.10.31 본조신설)

제88조【입영의 기피 등】 ① 현역입영 또는 소집 통지서(모집에 의한 입영 통지서를 포함한다)를 받은 사람이 정당한 사유 없이 입영일이나 소집일부터 다음 각 호의 기간이 지나도 입영하지 아니하거나 소집에 응하지 아니한 경우에는 3년 이하의 징역에 처한다. 다만, 제53조제2항에 따라 전시근로소집에 대비한 점검통지서를 받은 사람이 정당한 사유 없이 지정된 일시의 점검에 참석하지 아니한 경우에는 6개월 이하의 징역이나 500만원 이하의 벌금 또는 구류에 처한다.(2016.5.29 본문개정)

1. 현역입영은 3일
2. 사회복무요원·대체복무요원 소집은 3일(2019.12.31 본호개정)
3. 군사교육소집은 3일(2016.5.29 본호개정)
4. 병력동원소집 및 전시근로소집은 2일

② 제1항에 따른 통지서를 받고 입영할 사람 또는 소집될 사람을 대리하여 입영한 사람 또는 소집에 응한 사람은 1년 이상 3년 이하의 징역에 처한다. 다만, 제53조제2항에 따라 전시근로소집에 대비한 점검을 받아야 할 사람을 대리하여 출석한 사람은 1년 이하의 징역에 처한다.

③ (2017.3.21 삭제)

판례 양심적 병역 거부를 이유로 입영하지 않아 1심에서 유죄가 인정된 피고인이 항소심 진행 중 대체역 편입 신청이 가능해져 편입 신청을 했고, 상고심이 진행되는 가운데 대체역 편입 결정이 났다. 그러나 추후에 대체역 편입 결정이 났다고 하여 이와 같은 사실이 기존의 유죄 판결에 영향을 미치지는 않는다.(대판 2024.1.11, 2021도6908)

판례 장기간 치료가 필요한 정신질환 때문에 제대로 판단을 하지 못해 군사교육 소집통지를 받은 당시 안내받은 병역처분 변경 신청을 거부하고 군사교육 소집에 응하지 않은 사건에서, 이와 같이 장기간 치료를 요하는 정신질환은 입영이나 소집을 기피·거부할 수 있는 '정당한 사유'에 해당한다.(대판 2021.9.30, 2020도16680)

판례 종교적 신념을 이유로 하는 병역거부자들에게 현역 입영을 강제함으로써 그들에게 종교적 신념상 감당하기 어려운 과도한 부담을 지우는 것은 헌법상 기본권 제한에 있어 최소침해의 원칙에 어긋난다. 따라서 진정한 종교적 신념에 따른 병역 거부는 병역법 제88조 제1항이 규정하는 정당한 사유에 해당한다고 보아야 한다.(대판 2018.11.1, 2016도10912 전원합의체)

제88조의2【대체역 편입의 허위】 대체역으로 편입될 목적으로 서류를 거짓으로 작성하여 제출하거나 거짓으로 진술한 사람은 1년 이상 5년 이하의 징역에 처한다.

(2019.12.31 본조신설)

제89조【사회복무요원 등의 대리복무】 사회복무요원, 예술·체육요원 또는 대체복무요원으로 복무할 사람을 대리하여 복무한 사람은 1년 이상 3년 이하의 징역에 처한다.

(2019.12.31 본조개정)

제89조의2【사회복무요원 등의 복무이탈】 다음 각 호의 어느 하나에 해당하는 사람은 3년 이하의 징역에 처한다.

1. 사회복무요원, 예술·체육요원 또는 대체복무요원으로서 정당한 사유 없이 통틀어 8일 이상 복무를 이탈하거나 해당 분야에 복무하지 아니한 사람(2019.12.31 본호개정)
2. 공중보건의사 또는 병역판정검사전담의사로서 정당한 사유 없이 통틀어 8일 이상 근무지역을 이탈하거나 해당 분야의 업무에 복무하지 아니한 사람(2016.5.29 본호개정)
3. 공익법무관으로서 정당한 사유 없이 통틀어 8일 이상 직장을 이탈하거나 해당 분야의 업무에 복무하지 아니한 사람(2016.5.29 본호개정)
4. 공중방역수의사로서 정당한 사유 없이 통틀어 8일 이상 근무기관 또는 근무지역을 이탈하거나 해당 분야의 업무에 복무하지 아니한 사람(2016.5.29 본호개정)
5. 전문연구요원 또는 산업기능요원으로서 제40조제2호에 따른 편입 당시 병역지정업체(제39조제3항 단서에 따라 병역지정업체를 옮긴 경우에는 옮긴 후의 병역지정업체를 말한다)의 해당 분야에 복무하지 아니하여 편입이 취소된 사람 또는 같은 조 제3호의 의무복무기간 중 통틀어 8일 이상 무단결근하여 편입이 취소된 사람(2021.4.13 본호개정)

(2013.6.4 본조제목개정)

제89조의3【사회복무요원 등의 복무의무 위반】 사회복무요원, 예술·체육요원 또는 대체복무요원이 다음 각 호의 어느 하나에 해당하는 경우에는 1년 이하의 징역에 처한다.

1. 제33조제2항제6호에 해당하는 사유로 통틀어 2회 이상 경고처분을 받은 경우(2020.12.22 본호신설)
2. 제33조제2항제1호부터 제3호까지, 제3호의2, 제4호, 제33조의10제2항제1호부터 제5호까지, 제7호 및 「대체역의 편입 및 복무 등에 관한 법률」 제24조제2항제1호부터 제4호까지의 어느 하나에 해당하는 사유로 통틀어 4회 이상 경고처분을 받은 경우. 다만, 경고처분을 받은 사유에 제33조제2항제3호의2가 포함되는 경우에는 3회로 한다.(2024.2.6 단서신설)
3. 제33조제2항제7호, 제33조의10제2항제8호 및 「대체역의 편입 및 복무 등에 관한 법률」 제24조제2항제5호에 해당하는 사유 중 정당한 사유 없이 일과 개시시간 후에 출근하거나, 허가 없이 무단으로 조퇴하거나 근무장소를 이탈한 사유로 통틀어 8회 이상 경고처분을 받은 경우(2021.4.13 본호개정)
4. 제33조의10제2항제6호에 해당하는 사유로 경고처분을 받은 경우(2021.4.13 본호신설)

(2019.12.31 본조개정)

제89조의4【사회복무요원의 개인정보 유출 또는 이용】 사회복무요원이 복무 중 취득한 다른 사람의 정보를 무단으로 유출 또는 이용한 경우에는 5년 이하의 징역 또는 5천만원 이하의 벌금에 처한다.(2020.12.22 본조신설)

제90조【병력동원훈련소집 등의 기피】 ① 다음 각 호의 어느 하나에 해당하는 사람은 1년 이하의 징역 또는 1천만원 이하의 벌금이나 구류에 처한다.

1. 병력동원훈련소집 통지서를 받고 정당한 사유 없이 제50조제3항에 따라 지정된 일시에 입영하지 아니하거나 점검에 참석하지 아니한 사람
2. 예비군대체복무 소집 통지서를 받고 정당한 사유 없이 「대체역의 편입 및 복무 등에 관한 법률」 제26조제3항을 위반하여 지정된 일시에 소집에 응하지 아니한 사람

② 다음 각 호의 어느 하나에 해당하는 사람은 2년 이하의 징역에 처한다.

1. 병력동원훈련소집 통지서를 받고 제50조제3항에 따라 입영하거나 점검을 받아야 할 사람을 대리하여 입영하거나 점검을 받은 사람
2. 예비군대체복무 소집 통지서를 받고 「대체역의 편입 및 복무 등에 관한 법률」 제26조제3항에 따른 소집에 응하여야 할 사람을 대리하여 소집에 응한 사람

(2019.12.31 본조개정)

제90조의2【예비군대체복무 소집된 사람의 복무의무 위반】 예비군대체복무 소집된 사람이 다음 각 호의 어느 하나에 해당하는 경우에는 1년 이하의 징역, 1천만원 이하의 벌금, 구류 또는 과료에 처한다.

1. 정당한 사유 없이 복무를 이탈하거나 허가 없이 무단으로 근무장소를 이탈한 경우
2. 다른 사람의 근무를 방해하거나 근무태만을 선동한 경우
3. 복무 중 조직적인 정치운동에 관여한 경우
4. 정당한 사유 없이 맡은 대체업무를 수행하지 아니하거나 지연시키는 경우

(2021.12.7 본조신설)

제91조【허위증명서 등의 발급】 공무원·의사 또는 치과의사로서 병역의무를 연기 또는 면제시키거나 이 법에 따른 복무기간을 단축시킬 목적으로 거짓 서류·증명서 또는 진단서를 발급한 사람은 1년 이상 10년 이하의 징역에 처한다. 이 경우 10년 이하의 자격정지를 함께 과(科)할 수 있다.

제91조의2【대체역의 허위증명서 등의 발급】 ① 공무원·의사·변호사 또는 종교인 등으로서 다른 사람을 대체역으로 편입시킬 목적으로 증명서·진단서·확인서 등 서류를 거짓으로 발급하거나 거짓으로 진술한 사람은 1년 이상 10년 이하의 징역에 처한다. 이 경우 10년 이하의 자격정지를 함께 부과할 수 있다.

② 증인 또는 참고인 등으로서 다른 사람을 대체역으로 편입시킬 목적으로 서류를 거짓으로 작성하거나 거짓으로 진술한 사람은 1년 이상 5년 이하의 징역 또는 3천만원 이하의 벌금에 처한다.

(2019.12.31 본조신설)

제92조【전문연구요원 등의 편입 및 복무의무위반 등】 ① 고용주가 제38조의2를 위반하여 병역지정업체 대표이사의 4촌 이내 혈족에 해당하는 사람을 전문연구요원 또는 산업기능요원으로 편입하거나 전직하도록 한 경우와 제39조제3항을 위반하여 전문연구요원 또는 산업기능요원으로 의무복무 중인 사람을 그 병역지정업체의 해당 분야에 복무하게 하지 아니한 경우에는 200만원 이상 2천만원 이하의 벌금에 처한다.(2016.5.29 본항개정)

② 고용주나 국가기능검정 또는 면허사무를 취급하는 사람이 제67조에 따른 병력동원소집 또는 전시근로소집 순위의 후순위 조정에 관련하여 부정한 행위를 한 경우에는 3년 이하의 징역에 처한다.

③ 병역지정업체의 장이 제36조에 따른 전문연구요원 또는 산업기능요원의 편입을 목적으로 특정인이 복무할 수 있도록 청탁을 받고 그 대가로 금품 또는 재산상의 이익을 취득하는 등 부정한 행위를 한 경우에는 3년 이하의 징역에 처한다.
(2016.5.29 본항개정)

④ 병역지정업체의 장이 아닌 사람이 제36조에 따른 전문연구요원 또는 산업기능요원의 편입을 목적으로 병역지정업체에 특정인이 복무할 수 있도록 청탁을 받고 그 대가로 금품 또는 재산상의 이익을 취득하는 등 부정한 행위를 한 경우에는 3년 이하의 징역 또는 3천만원 이하의 벌금에 처한다.
(2016.5.29 본항개정)

⑤ 제3항과 제4항에 따른 금품 또는 재산상의 이익을 제공한 사람은 1년 이하의 징역 또는 1천만원 이하의 벌금에 처한다.

⑥ 제3항과 제4항에 따라 취득한 금품 또는 재산상의 이익은 몰수한다. 몰수할 수 없는 경우에는 그 가액을 추징한다.
(2016.5.29 본조제목개정)

제92조의2【복무기관의 복무관리 위반】 공공단체의 장 또는 사회복지시설의 장(법인의 대표자를 포함한다)이 정당한 사유 없이 사회복무요원을 공익목적 외의 분야에 복무하게 한 경우에는 6개월 이하의 징역 또는 2천만원 이하의 벌금에 처한다.(2013.6.4 본조개정)

제93조【고용금지 및 복직보장 위반 등】 ① 고용주가 제76조제1항 또는 제5항을 위반하여 병역의무를 이행하지 아니한 사람을 임직원으로 채용하거나 재직 중인 사람을 해직하지 아니한 경우에는 6개월 이하의 징역 또는 200만원 이상 2천만원 이하의 벌금에 처한다.(2017.2.8 본항개정)

② 학교의 장 또는 고용주가 정당한 사유 없이 제73조 또는 제74조제1항을 위반하여 복학 또는 복직을 거부한 경우에도 제1항과 같은 형에 처한다.

③ 고용주가 정당한 사유 없이 제74조제2항 또는 제3항을 위반하여 의무복무기간을 실제근무기간으로 산정하지 아니하거나 징집·소집 등에 의한 병역의무를 이행할 것, 이행하고 있는 것(재직하면서 승선근무예비역 또는 보충역 복무를 하는 사람만 해당한다) 또는 이행하였던 것을 이유로 불리한 처우를 한 경우에는 300만원 이상 3천만원 이하의 벌금에 처한다.(2017.3.21 본항개정)

제93조의2【병력동원 및 훈련 관련 학업 및 직장 보장의 위반】 학교의 장 또는 고용주 등이 정당한 사유 없이 제74조의3 또는 제74조의4를 위반하여 불리한 처우를 한 경우에는 2년 이하의 징역 또는 2천만원 이하의 벌금에 처한다.
(2015.12.15 본조신설)

제94조【국외여행허가 의무 위반】 ① 병역의무를 기피하거나 감면받을 목적으로 제70조제1항 또는 제3항에 따른 허가를 받지 아니하고 출국한 사람 또는 국외에 체류하고 있는 사람(제83조제2항제10호에 따른 귀국명령을 위반하여 귀국하지 아니한 사람을 포함한다)은 1년 이상 5년 이하의 징역에 처한다.

② 제70조제1항 또는 제3항에 따른 허가를 받지 아니하고 출국한 사람, 국외에 체류하고 있는 사람 또는 정당한 사유 없이 허가된 기간에 귀국하지 아니한 사람(제83조제2항제10호에 따른 귀국명령을 위반하여 귀국하지 아니한 사람을 포함한다)은 3년 이하의 징역에 처한다.
(2016.1.19 본조개정)

제95조【과태료】 ① 제37조제1항제2호 및 제3호에 따라 전문연구요원으로 편입된 사람을 관리하는 병역지정업체의 장(고용주는 제외한다)이 다음 각 호의 어느 하나에 해당하는 경우에는 2천만원 이하의 과태료를 부과한다.

1. 제39조제3항을 위반하여 전문연구요원으로 의무복무중인 사람을 그 병역지정업체의 해당 분야에 복무하게 하지 아니한 경우
2. 정당한 사유 없이 제40조에 따른 신상변동 통보를 하지 아니하거나 거짓으로 통보한 경우

(2016.5.29 본항개정)

② 복무기관의 장이 제31조의5를 위반하여 사회복무요원에게 복무기관 내 괴롭힘을 한 경우에는 1천만원 이하의 과태료를 부과한다.(2023.10.31 본항신설)

③ 다음 각 호의 어느 하나에 해당하는 자에게는 500만원 이하의 과태료를 부과한다.

1. 제31조의6제2항·제5항·제6항·제7항·제9항을 위반한 자

2. 제77조의4제2항 또는 제3항을 위반하여 정당한 사유 없이 자료제공을 거부하거나 기한까지 변동사항을 통보하지 아니한 자
(2023.10.31 본항개정)
④ 고용주가 정당한 사유 없이 제81조제3항에 따른 자료제출 요구나 질문에 응하지 아니하는 경우에는 300만원 이하의 과태료를 부과한다.
⑤ 제6조제7항을 위반하여 세대주등이 정당한 사유 없이 송달된 병역의무부과 통지서를 병역의무자에게 전달하지 아니하거나 그 전달을 지체한 경우에는 100만원 이하의 과태료를 부과한다.(2025.1.7 본항신설)
⑥ 제1항부터 제5항까지에 따른 과태료는 대통령령으로 정하는 바에 따라 병무청장이 부과·징수한다.(2025.1.7 본항개정)
⑦ 병무청장은 과태료를 부과받은 사람이 「질서위반행위규제법」에 따라 이의를 제기하지 아니하고 과태료를 납부하지 아니한 경우에는 관할 세무서장에게 위탁하여 징수한다.

제96조【양벌규정】 고용주나 병역지정업체의 장, 공공단체 또는 사회복지시설의 장이 법인의 업무에 관하여 다음 각 호의 어느 하나에 해당하면 그 행위자를 벌하는 외에 그 법인도 300만원 이상 3천만원 이하의 벌금에 처한다. 다만, 법인이 그 위반행위를 방지하기 위하여 해당 업무에 관하여 상당한 주의와 감독을 게을리하지 아니한 경우에는 그러하지 아니하다.(2016.5.29 본문개정)
1. 고용주나 병역지정업체의 장이 제84조제1항제1호, 제92조제1항부터 제3항까지 또는 제93조의 위반행위를 한 경우
(2016.5.29 본호개정)
2. 공공단체 또는 사회복지시설의 장이 제84조제1항제2호 또는 제92조의2의 위반행위를 한 경우

제97조【전시 등에서의 형의 가중】 전시·사변 또는 동원령이 선포된 경우에 이 법에 규정된 죄를 지은 사람에 대하여는 각 해당 조문에서 정한 형의 기간 중 장기(長期)의 2분의 1까지 가중한다. 다만, 전시·사변 또는 동원령이 선포된 경우에 제88조제1항 본문에 규정된 죄를 지은 사람에 대해서는 7년 이하의 징역에 처한다.(2016.5.29 단서신설)

부　칙 (2010.1.25 법9946호)

제1조【시행일】 이 법은 공포 후 6개월이 경과한 날부터 시행한다. 다만, 제61조제1항, 제65조제1항, 제71조제1항 각 호 외의 부분 및 제2항의 개정규정은 2011년 1월 1일부터 시행한다.

제2조【편입취소된 승선근무예비역의 복무기간 단축에 관한 적용례】 제23조의4제3항의 개정규정은 이 법 시행 전에 승선근무예비역의 편입이 취소되어 현역병으로 입영하였거나 공익근무요원으로 소집된 사람에 대하여도 적용한다.

제3조【인종·피부색 등으로 인한 보충역 또는 제2국민역 편입에 관한 적용례】 제65조제1항제3호의 개정규정은 1992년 1월 1일 이후 출생한 사람부터 적용한다.

제4조【국위선양 등에 따른 병역처분변경에 관한 적용례】 제42조제3항 및 제65조제9항의 개정규정은 이 법 시행 전에 대통령령으로 정하는 바에 따라 문화창달과 국위선양을 한 사람에 대하여도 적용한다.

제5조【입영의무 등의 면제 연령의 조정에 관한 적용례】
① 제71조제1항제1호의2의 개정규정은 이 법 시행 후 최초로 승선근무예비역에 편입된 사람부터 적용한다.
② 제71조제1항제12호의 개정규정은 이 법 시행 후 최초로 행정소송을 제기한 사람부터 적용한다.

제6조【입영의무 등의 감면 등에 관한 경과조치】 1979년 12월 31일 이전에 출생한 사람에 대하여는 제71조의 개정규정에도 불구하고 종전의 규정에 따른다.

부　칙 (2011.5.24 법10704호)

제1조【시행일】 이 법은 공포 후 6개월이 경과한 날부터 시행한다. 다만, 제2조제1항제2호 및 제4호, 제3조제1항, 제8조, 제9조제1항 및 제2항의 개정규정은 공포한 날부터 시행한다.

제2조【신체등위 7급 판정에 관한 적용례】 제12조제3항의 개정규정은 2012년 1월 1일 이후 최초로 신체등위 7급 판정을 받은 사람부터 적용한다.

제3조【공익근무요원 복무의무 위반 등에 관한 적용례】 제89조의3제2호의 개정규정은 이 법 시행 후 최초로 정당한 사유 없이 일과 개시시간 후에 출근하거나, 허가 없이 무단으로 조퇴하거나 근무장소를 이탈한 사유로 받은 경고처분부터 적용한다.

부　칙 (2011.7.5)

제1조【시행일】 이 법은 공포한 날부터 시행한다.

제2조【공중보건의사 등에 대한 적용특례】 ① 제33조제3항 및 제5항, 제35조제3항, 제35조의2제3항 및 제35조의3제2항의 개정규정은 이 법 시행 전에 종전의 규정에 따라 소집·편입이 취소된 공익근무요원, 공중보건의사, 징병검사전담의사, 국제협력의사, 공익법무관 및 공중방역수의사에 대하여도 적용한다.
② 이 법 시행 당시 공익근무요원, 공중보건의사, 징병검사전담의사, 국제협력의사, 공익법무관 및 공중방역수의사의 소집·편입이 취소되어 현역병 또는 공익근무요원으로 근무하고 있는 사람 중 제33조제3항 및 제5항, 제35조제3항, 제35조의2제3항 및 제35조의3제2항의 개정규정에 따른 남은 복무기간을 초과하여 근무 중인 사람은 이 법 시행일에 전역하거나 소집해제된 것으로 본다.

부　칙 (2013.6.4)

제1조【시행일】 이 법은 공포 후 6개월이 경과한 날부터 시행한다. 다만, 제3조, 제23조의4제3항, 제32조제2항(사회복무요원에 관한 부분은 제외한다), 제36조제5항 각 호 외의 부분, 제38조제1항제4호·제5호, 제40조, 제41조제1항제3호 및 같은 조 제4항, 제50조제5항, 제60조, 제61조, 제68조제2호, 제70조, 제71조제1항 각 호 외의 부분 본문(재징병검사 및 확인신체검사에 관한 부분만 해당한다) 및 같은 항 제1호·제6호, 제73조제3항, 제75조제3항, 제76조제1항제1호, 제82조, 제83조제2항제2호·제5호·제9호, 같은 조 제3항 및 제87조제1항·제3항의 개정규정은 공포한 날부터 시행하고, 제37조제1항제2호·제3호, 같은 조 제2항, 제39조제1항 각 호 외의 부분 후단 및 제77조의3의 개정규정은 2014년 1월 1일부터 시행한다.

제2조【승선근무예비역 등의 복무기간 단축에 관한 적용례】 제23조의4제3항 및 제41조제4항의 개정규정은 같은 개정규정 시행 전에 승선근무예비역, 전문연구요원 또는 산업기능요원의 편입이 취소되어 현역병 또는 사회복무요원으로 복무 중인 사람에 대하여도 적용한다.

제3조【예술·체육요원의 편입취소에 관한 적용례】 제33조의10제3항제4호·제5호의 개정규정은 이 법 시행 후 위반행위를 한 경우부터 적용한다.

제4조【건강보험료 지원에 관한 적용례】 제77조의3의 개정규정은 이 법 시행 전에 소집되어 복무하고 있는 상근예비역 및 공익근무요원에게도 적용한다.

제5조【공익근무요원에 관한 경과조치】 ① 이 법 시행 당시 종전의 제26조제1항제1호 또는 제2호의 업무에 소집되거나 복무 중인 공익근무요원은 같은 규정에 따라 사회복무요원으로 소집되거나 복무 중인 것으로 본다.
② 이 법 시행 당시 종전의 제26조제1항제3호 또는 제4호의 업무에 소집되거나 복무 중인 공익근무요원은 제33조의3 및 제33조의7의 개정규정에 따라 국제협력봉사요원 또는 예술·체육요원에 편입되거나 의무종사 중인 것으로 본다.

제6조【전문연구요원의 의무종사기간에 관한 경과조치】 이 법 시행 전에 종전의 제37조제2호·제3호에 따라 전문연구요원으로 편입한 사람의 박사학위과정 수학기간의 의무종사기간 산입에 관하여는 제39조의 개정규정에도 불구하고 종전의 규정에 따른다.

제7조【다른 법률의 개정】 ①~⑲ ※(해당 법령에 가제정리 하였음)

부 칙 (2014.12.30)

제1조【시행일】 이 법은 공포 후 6개월이 경과한 날부터 시행한다.
제2조【예술·체육요원의 의무종사기간 중 특기 활용 봉사활동에 관한 적용례】 제33조의8 및 제33조의10의 개정규정은 이 법 시행 후 최초로 예술·체육요원으로 편입되는 사람부터 적용한다.
제3조【병역의무 기피자의 인적사항 등의 공개에 관한 적용례】 제81조의2의 개정규정은 이 법 시행 후 최초로 병역의무를 기피한 사람부터 적용한다.

부 칙 (2015.12.15)

제1조【시행일】 이 법은 공포 후 3개월이 경과한 날부터 시행한다. 다만, 제43조, 제75조제6항제2호, 제77조의4의 개정규정은 공포 후 6개월이 경과한 날부터 시행한다.
제2조【보상·치료 등에 관한 적용례】 제75조 및 제75조의2의 개정규정은 이 법 시행 당시 징집·소집되거나 병력동원소집등이 된 사람부터 적용한다.
제3조【벌칙에 관한 경과조치】 이 법 시행 전의 행위에 대한 벌칙을 적용할 때에는 종전의 규정에 따른다.

부 칙 (2016.1.19)

제1조【시행일】 이 법은 공포한 날부터 시행한다. 다만, 제17조·제58조 및 제94조의 개정규정은 공포 후 3개월이 경과한 날부터 시행하고, 제14조, 제33조, 제33조의7제1항, 제33조의10, 제42조제3항, 제49조, 제64조, 제65조제1항·제10항 및 제77조의5의 개정규정은 공포 후 6개월이 경과한 날부터 시행하며, 법률 제13566호 병역법 일부개정법률 제43조제2항의 개정규정은 2016년 6월 16일부터 시행한다.
제2조【예술·체육요원으로 편입된 사람의 복무기간 조정에 관한 적용례】 제42조제3항의 개정규정은 이 법 시행 당시 예술·체육요원으로 편입되어 복무 중인 사람에 대하여도 적용한다.
제3조【예비역 진급 관련 병력동원훈련소집에 관한 적용례】 제49조제2항의 개정규정은 이 법 시행 후 최초로 병력동원훈련에 소집되는 사람부터 적용한다.
제4조【국외여행허가 의무 위반에 관한 적용례】 제94조의 개정규정은 이 법 시행 후 최초로 발생되는 위반행위부터 적용한다.
제5조【국제협력봉사요원 또는 국제협력의사에 대한 경과조치】 이 법 시행 당시 국제협력봉사요원 또는 국제협력의사로 근무 중인 사람의 복무 등에 관하여는 종전의 규정에 따른다.

부 칙 (2016.5.29 법14183호)

제1조【시행일】 이 법은 공포 후 6개월이 경과한 날부터 시행한다. 다만, 제18조제4항제3호 및 같은 조 제6항, 제19조제1항제2호의 개정규정은 공포 후 3개월이 경과한 날부터 시행한다.
제2조【여비 등의 환수에 관한 적용례】 제79조제3항 및 제4항의 개정규정은 이 법 시행 후 같은 조 제1항 각 호에 따른 비용을 받는 사람부터 적용한다.
제3조【제1국민역 등의 용어변경에 따른 경과조치】 ① 이 법 시행 전에 종전의 규정에 따른 다음 표의 왼쪽 난에 적혀 있는 사항에 대한 처분은 각각 이 법에 따른 다음 표의 오른쪽 난에 적혀 있는 사항에 대한 처분으로 본다.

교육소집	군사교육소집
신체등위	신체등급
제1국민역	병역준비역
제2국민역	전시근로역
징병검사	병역판정검사
재징병검사	재병역판정검사

② 이 법 시행 당시 종전의 규정에 따른 징병검사전문의사 및 징병검사전담의사는 각각 이 법에 따른 병역판정검사전문의사 및 병역판정검사전담의사로 본다.
제4조【산업기능요원의 복무기간에 관한 경과조치】 이 법 시행 전에 사회복무요원으로 소집된 사람은 제39조제1항제2호 단서의 개정규정에도 불구하고 종전의 규정에 따른다.
제5조【다른 법률의 개정】 ①~㉒ ※(해당 법령에 가제정리 하였음)

부 칙 (2017.3.21)

제1조【시행일】 이 법은 공포 후 6개월이 경과한 날부터 시행한다.
제2조【예술·체육요원의 편입취소에 관한 적용례】 제33조의10제4항제6호의 개정규정은 이 법 시행 후 위반행위를 한 경우부터 적용한다.
제3조【병역판정검사전담의사의 병역복무 연장에 관한 적용례】 제34조의4제1항 및 제2항의 개정규정은 이 법 시행 후 병역판정검사전담의사가 신체검사업무 등 외의 업무에 종사하는 경우부터 적용한다.
제4조【보충역의 학력변동에 따른 병역처분변경에 관한 적용례】 제65조제10항의 개정규정은 사회복무요원 소집 대상인 보충역으로 병역처분을 받은 사람이 이 법 시행 후 「초·중등교육법」 제2조에 따른 학교를 졸업한 사람과 같은 수준의 학력이 있다고 인정받는 등 학력이 변동된 경우부터 적용한다.
제5조【의무·수술 기록지 등 보완서류의 발급비용에 관한 적용례】 제79조제1항제1호의 개정규정은 이 법 시행 후 신체검사 과정에서 필요한 의무·수술 기록지 등 보완서류를 발급받아 제출하는 경우부터 적용한다.

부 칙 (2020.3.31 법17166호)

제1조【시행일】 이 법은 공포한 날부터 시행한다. 다만, 제23조의2제3항·제4항, 제23조의5 및 제23조의6의 개정규정은 공포 후 6개월이 경과한 날부터 시행한다.
제2조【공군 현역병의 복무기간에 관한 적용례】 제18조제2항제3호의 개정규정에 따른 공군 현역병의 복무기간은 이 법 시행 후 최초로 입영하는 사람부터 적용한다.
제3조【복무 중인 공군 현역병의 복무기간에 관한 특례】 이 법 시행 이전에 입영한 공군 현역병의 복무기간은 제18조제2항제3호의 개정규정과 병력수급사정 등을 고려하여 단축하되, 입영시기별 구체적인 단축기간은 국방부장관이 정하는 바에 따른다.

부 칙 (2020.12.8)

제1조【시행일】 이 법은 공포 후 6개월이 경과한 날부터 시행한다.(이하 생략)

부 칙 (2020.12.22)

제1조【시행일】 이 법은 공포한 날부터 시행한다. 다만, 제14조의3, 제17조, 제23조의4, 제41조, 제56조, 제60조, 제79조, 제87조의 개정규정은 공포 후 6개월이 경과한 날부터 시행한다.
제2조【입영판정검사에 대한 적용례】 제14조의3 및 제17조의 개정규정은 이 법 시행 이후 입영판정검사 통지서를 교부받은 사람부터 적용한다.
제3조【전역 보류기간 연장에 관한 적용례】 제18조제5항의 개정규정은 이 법 시행 당시 전상·공상 또는 공무상 질병으로 인하여 전역을 보류하고 있는 현역병에게도 적용한다.
제4조【임기제부사관제의 운영에 관한 적용례】 제20조의2제1항의 개정규정은 이 법 시행 전에 유급지원병으로 선발된 사람(복무 중인 유급지원병을 포함한다)에 대해서도 적용한다.

제5조【승선근무예비역, 전문연구요원 및 산업기능요원의 편입취소 및 의무부과에 관한 적용례】 제23조의4 및 제41조의 개정규정은 이 법 시행 이후 승선근무예비역, 전문연구요원 및 산업기능요원의 편입이 취소된 사람부터 적용한다.
제6조【범죄경력 정보 제공에 관한 적용례】 제29조제4항의 개정규정은 이 법 시행 이후 복무기관에 소집되는 사회복무요원부터 적용한다.
제7조【징집 또는 소집의 연기 취소에 관한 적용례】 제60조제4항의 개정규정은 이 법 시행 이후 징집 또는 소집이 연기된 체육 · 대중문화예술 분야 우수자부터 적용한다.
제8조【입영신체검사에 대한 경과조치】 제14조의3제7항의 개정규정에 따라 입영부대의 장이 입영신체검사를 실시하는 경우에는 종전의 제17조 및 제56조제1항의 규정에 따른다.
제9조【다른 법률의 개정】 ①~② ※(해당 법령에 가제정리 하였음)

부 칙 (2021.4.13)

제1조【시행일】 이 법은 공포 후 6개월이 경과한 날부터 시행한다. 다만, 제2조제1항, 제23조제4항, 제33조의10제4항, 제33조의11, 제41조제2항의 개정규정은 공포한 날부터 시행하고, 제61조제3항의 개정규정은 3개월이 경과한 날부터 시행한다.
제2조【사회복무요원의 수사 통보 등에 관한 적용례】 제32조의2의 개정규정은 이 법 시행 후 수사기관이 사회복무요원에 대한 수사를 시작한 때부터 적용한다.
제3조【예술 · 체육요원으로의 재편입 금지에 관한 적용례】 제33조의10제4항 각 호 외의 부분 후단의 개정규정은 부칙 제1조 단서에 따른 시행일 이후에 예술 · 체육요원의 편입이 취소된 사람부터 적용한다.
제4조【전문연구요원의 박사학위 취득 등에 관한 적용례】 제37조제3항부터 제5항까지, 제39조제3항제2호, 제40조제7호나목 · 다목의 개정규정은 2023년 1월 1일 이후에 전문연구요원으로 편입되는 사람부터 적용한다.
제5조【전문연구요원 등의 복무기간 연장에 관한 적용례】 제41조제2항 각 호 외의 부분 단서 및 같은 항 제3호의 개정규정은 부칙 제1조 단서에 따른 시행일 이후 전문연구요원이나 산업기능요원이 무단결근하는 경우부터 적용한다.
제6조【직권연기에 관한 적용례】 제61조제3항제3호의 개정규정은 이 법 시행 이후 금고 이상의 형으로 처벌될 수 있는 범죄 행위를 행한 사람부터 적용한다.
제7조【병역판정검사 결과 등 공개에 관한 적용례】 제77조의6의 개정규정은 이 법 시행일이 속한 연도의 다음 연도부터 적용한다.
제8조【적금 지원에 관한 적용례】 ① 제79조의2의 개정규정에 따른 재정지원은 이 법 시행 당시 장병내일준비적금에 가입한 사람에 대해서도 적용한다.
② 이 법 시행 당시 장병내일준비적금에 가입한 사람에 대한 제79조의2의 개정규정에 따른 재정지원은 최초 가입일부터 적용한다.
제9조【예술 · 체육요원의 편입취소 기산점에 관한 특례】 제33조의10제4항제7호의 개정규정에도 불구하고 부칙 제1조 단서에 따른 시행일 전에 종전의 제33조의10제3항에 따라 특기 활용 봉사활동을 마치지 못하여 의무복무기간이 연장된 예술 · 체육요원이 정당한 사유 없이 부칙 제1조 단서에 따른 시행일부터 1년 이내에 공익복무를 마치지 못하는 경우에는 예술 · 체육요원의 편입을 취소한다.
제10조【전문인력 양성기관 지정에 관한 경과조치】 이 법 시행 전에 국방부장관으로부터 전문인력 양성기관으로 지정받은 기관은 제20조의3의 개정규정에 따라 전문인력 양성기관으로 지정받은 것으로 본다.
제11조【예술 · 체육요원의 공익복무에 관한 경과조치】 이 법 시행 전에 종전의 규정에 따라 예술 · 체육요원이 한 봉사활동은 제33조의8제5항의 개정규정에 따른 공익복무로 본다.

부 칙 (2021.12.7)

제1조【시행일】 이 법은 공포한 날부터 시행한다. 다만, 제49조제1항 단서 및 제50조제1항 단서의 개정규정은 공포 후 3개월이 경과한 날부터 시행하고, 제31조의3의 개정규정은 공포 후 6개월이 경과한 날부터 시행한다.
제2조【사회복무요원의 분할복무에 관한 적용례】 제31조의3제2항의 개정규정은 이 법 시행 이후 본인의 질병치료를 위하여 복무를 중단하는 경우부터 적용한다.

부 칙 (2022.1.4 법18681호)

이 법은 공포 후 6개월이 경과한 날부터 시행한다.

부 칙 (2022.1.4 법18682호)

제1조【시행일】 이 법은 공포 후 6개월이 경과한 날부터 시행한다.(이하 생략)

부 칙 (2022.12.13)

이 법은 공포한 날부터 시행한다.

부 칙 (2023.6.20)

제1조【시행일】 이 법은 공포 후 6개월이 경과한 날부터 시행한다.
제2조【「공직선거법」에 따른 선거에 의하여 취임하는 자의 의무이행일 연기에 관한 적용례】 제61조제1항의 개정규정은 이 법 시행 당시 「공직선거법」 제2조에 따른 국회의원선거, 지방의회의원 및 지방자치단체의 장의 선거에 의하여 취임하여 재임 중인 사람에게도 적용한다.
제3조【국가부담 치료에 관한 적용례】 ① 제75조제6항제1호의 개정규정은 이 법 시행 이후 실시한 병역판정검사등이 직접적인 원인이 되어 치료 등이 필요한 사람부터 적용한다.
② 제75조제6항제4호의 개정규정은 이 법 시행 이후 병역판정검사등에 응하여 지정된 장소로 이동 중이거나 귀가 중에 부상을 입은 사람부터 적용한다.

부 칙 (2023.8.8)

제1조【시행일】 이 법은 공포 후 6개월이 경과한 날부터 시행한다.
제2조【편입취소된 예술 · 체육요원, 전문연구요원 및 산업기능요원의 의무부과에 관한 적용례】 제33조의10제5항 및 제41조제3항의 개정규정은 이 법 시행 이후 예술 · 체육요원, 전문연구요원 또는 산업기능요원의 편입이 취소되는 사람부터 적용한다.

부 칙 (2023.10.31)

제1조【시행일】 이 법은 공포 후 6개월이 경과한 날부터 시행한다. 다만, 제32조의3, 제33조제2항제2호, 제33조의10제2항제2호 및 같은 조 제6항의 개정규정은 3개월이 경과한 날부터 시행한다.
제2조【복무기관 내 괴롭힘 조치 등에 관한 적용례】 제31조의5, 제31조의6 및 제95조제2항 및 같은 조 제3항제1호의 개정규정은 이 법 시행 이후 복무기관 내 괴롭힘이 발생한 경우부터 적용한다.
제3조【사회복무요원 등의 정치 운동 금지에 관한 적용례】 제32조의3, 제33조제2항제2호, 제33조의10제2항제2호 및 같은 조 제6항의 개정규정은 부칙 제1조 단서에 따른 시행 이후 사회복무요원 또는 예술 · 체육요원이 정치 운동 금지를 위반한 경우부터 적용한다.

제4조【병역의무 기피 · 감면 등 관련 정보의 게시 · 유통금지 위반 등에 관한 적용례】 제81조의3 및 제87조의2의 개정규정은 이 법 시행 이후 병역의무 기피 · 감면 등 관련 정보의 게시 · 유통금지를 위반한 경우부터 적용한다.

부 칙 (2024.1.9)

제1조【시행일】 이 법은 공포 후 6개월이 경과한 날부터 시행한다. 다만, 제29조제4항제5호의 개정규정은 3개월이 경과한 날부터 시행한다.
제2조【입영판정검사 등에 관한 적용례】 제14조의3제1항 · 제7항 및 제20조제1항의 개정규정은 이 법 시행 이후 제14조의3제1항 · 제7항에 따른 현역병입영 또는 군사교육소집 통지서를 교부받거나 제20조제1항에 따라 군에 복무할 것을 지원한 사람부터 적용한다.
제3조【사회복무요원의 범죄 관련 정보 제공에 관한 적용례】 제29조제4항제5호의 개정규정은 같은 개정규정 시행 이후 형의 선고를 받은 경우부터 적용한다.
제4조【사회복무요원의 수사 개시 등 통보에 관한 적용례】 제29조제4항제5호의 개정규정에 따른 제32조의2의 수사 개시 · 종료 통보는 같은 개정규정 시행 이후 수사기관이 사회복무요원에 대한 수사를 시작한 때부터 적용한다.
제5조【예술 · 체육요원의 편입취소에 관한 적용례】 제33조의10제5항의 개정규정은 이 법 시행 이후 예술 · 체육요원이 제33조의10제4항 각 호의 어느 하나에 해당하는 경우부터 적용한다.

부 칙 (2024.2.6)

제1조【시행일】 이 법은 공포 후 6개월이 경과한 날부터 시행한다. 다만, 제89조의3제2호의 개정규정은 3개월이 경과한 날부터 시행한다.
제2조【사회복무요원 등의 복무의무 위반에 관한 적용례】 제89조의3제2호의 개정규정은 같은 개정규정 시행 이후 최초로 제33조제2항제1호부터 제3호까지, 제3호의2, 제4호, 제33조의10제2항제1호부터 제5호까지, 제7호 및 「대체역의 편입 및 복무 등에 관한 법률」 제24조제2항제1호부터 제4호까지의 어느 하나에 해당하는 사유로 경고처분을 받은 사람부터 적용한다.

부 칙 (2025.1.7)

제1조【시행일】 이 법은 공포 후 6개월이 경과한 날부터 시행한다.
제2조【전시업무 수행능력 배양 교육 이수 및 점검 등에 관한 적용례】 제83조제7항, 제8항 및 제10항의 개정규정은 이 법 시행 이후 실시하는 전시업무 수행능력 배양을 위한 교육부터 적용한다.
제3조【병역의무부과 통지서 수령 거부에 관한 적용례】 제85조의 개정규정은 이 법 시행 이후 병역의무부과 통지서의 수령을 거부한 경우부터 적용한다.
제4조【통지서 수령 거부 및 전달의무 태만에 대한 벌칙에 관한 경과조치】 이 법 시행 전의 위반행위에 대하여 벌칙을 적용할 때에는 제85조 및 제95조제5항의 개정규정에도 불구하고 종전의 규정에 따른다.

군법무관 임용 등에 관한 법률

(약칭 : 군법무관법)

(2000년 12월 26일 전개법률 제6291호)

개정
2001. 3.28법 6436호(사법시험법)
2012. 1.17법11165호

제1조【목적】 이 법은 군법무관(軍法務官)으로 임용될 사람의 자격 및 임용시험과 군법무관의 보수 및 변호사 자격 등에 관하여 필요한 사항을 규정함을 목적으로 한다.
(2012.1.17 본조개정)
제2조【정의】 이 법에서 "군법무관"이란 육군 · 해군 · 공군의 법무과(法務科) 장교를 말한다.(2012.1.17 본조개정)
제3조【임용 자격】 군법무관은 다음 각 호의 어느 하나에 해당하는 사람 중에서 임용한다.
1. 군법무관 임용시험에 합격하여 사법연수원의 정하여진 과정을 마친 사람
2. 판사, 검사 또는 변호사 자격이 있는 사람
3. 사법시험에 합격하여 사법연수원의 정하여진 과정을 마친 사람
(2012.1.17 본조개정)
제4조【결격사유】 다음 각 호의 어느 하나에 해당하는 사람은 군법무관으로 임용될 수 없다.
1. 「군인사법」 제10조제2항 각 호의 어느 하나에 해당하는 사람
2. 금고 이상의 형을 선고받은 사람
(2012.1.17 본조개정)
제5조【군법무관 임용시험 등】 ① 군법무관 임용시험은 사법시험에 관한 법령에서 정하는 바에 따라 실시하되, 연령의 제한 및 신체검사에 필요한 사항은 대통령령으로 정한다.
② 군법무관 시보(試補)는 군법무관 임용시험에 합격한 사람 중에서 임명하고, 군법무관 시보의 임명 등에 필요한 사항은 대통령령으로 정한다.
(2012.1.17 본조개정)
제6조【군법무관의 보수】 군법무관의 봉급과 그 밖의 보수는 법관 및 검사의 예에 준하여 대통령령으로 정한다.
(2012.1.17 본조개정)
제7조【군법무관의 변호사 자격】 군법무관은 군법무관으로 임용된 때부터 「변호사법」 제4조에 따른 변호사의 자격이 있다. 다만, 제3조제1호에 따라 군법무관으로 임용된 사람이 군법무관 시보로 임용된 날부터 10년을 복무하지 아니하고 전역(轉役)한 때(현역 복무에 부적합한 사람으로서 「군인사법」 제37조제1항제1호에 해당하여 각군 전역심사위원회의 심의를 거쳐 현역에서 전역하는 경우로서, 공무상 질병 · 부상으로 인한 전역임을 국방부장관이 확인한 경우는 제외한다)에는 그 때부터 그 자격을 상실한다.(2012.1.17 본조개정)

부 칙

① **【시행일】** 이 법은 공포후 3월이 경과한 날부터 시행한다.
② **【다른 법률의 개정】** ※(해당 법령에 가제정리 하였음)
③ **【다른 법령과의 관계】** 이 법 시행당시 다른 법령에서 군법무관임용법을 인용한 경우에는 군법무관임용등에관한법률을 인용한 것으로 본다.

부 칙 (2012.1.17)

이 법은 공포한 날부터 시행한다.

군형법

(1962년 1월 20일
법 률 제1003호)

개정
1963.12.16법 1620호
1970.12.31법 2261호
1973. 2.17법 2538호
1975. 4. 4법 2749호
1981. 4.17법 3443호
1983.12.31법 3696호(병역)
1983.12.31법 3699호(방위산업에관한특별조치법)
1987.12. 4법 3993호(군사법원)
1993.12.31법 4685호(병역)
1994. 1. 5법 4703호
1999. 2. 5법 5757호(병역)
2000.12.26법 6290호(군인사법)
2006. 1. 2법 7845호(방위사업법)
2009.11. 2법 9820호
2013. 4. 5법11734호
2014. 1.14법12232호
2016. 5.29법14181호
2016. 5.29법14183호(병역)
2021. 9.24법18465호(군사법원)

제1편 총 칙

(2009.11.2 본편개정)

제1조【적용대상자】 ① 이 법은 이 법에 규정된 죄를 범한 대한민국 군인에게 적용한다.

② 제1항에서 "군인"이란 현역에 복무하는 장교, 준사관, 부사관 및 병(兵)을 말한다. 다만, 전환복무(轉換服務) 중인 병은 제외한다.

③ 다음 각 호의 어느 하나에 해당하는 사람에 대하여는 군인에 준하여 이 법을 적용한다.

1. 군무원
2. 군적(軍籍)을 가진 군(軍)의 학교의 학생·생도와 사관후보생·부사관후보생 및 「병역법」 제57조에 따른 군적을 가지는 재영(在營) 중인 학생
3. 소집되어 복무하고 있는 예비역·보충역 및 전시근로역인 군인(2016.5.29 본호개정)

④ 다음 각 호의 어느 하나에 해당하는 죄를 범한 내국인·외국인에 대하여도 군인에 준하여 이 법을 적용한다.

1. 제13조제2항 및 제3항의 죄
2. 제42조의 죄
3. 제54조부터 제56조까지, 제58조, 제58조의2부터 제58조의6까지 및 제59조의 죄
4. 제66조부터 제71조까지의 죄
5. 제75조제1항제1호의 죄
6. 제77조의 죄
7. 제78조의 죄
8. 제87조부터 제90조까지의 죄
9. 제13조제2항 및 제3항의 미수범
10. 제58조의2부터 제58조의4까지의 미수범
11. 제59조제1항의 미수범
12. 제66조부터 제70조까지 및 제71조제1항·제2항의 미수범
13. 제87조부터 제90조까지의 미수범

⑤ 제1항부터 제3항까지에 규정된 사람이 군복무 중이나 재학 또는 재영 중에 이 법에서 정한 죄를 범한 경우에는 전역·소집해제·퇴직 또는 퇴교나 퇴영 후에도 이 법을 적용한다.

참조 [형법피적용자]형2-6, [형법총칙의 적용]형8, [다른 법의 적용례]4, [본법피적용자에 대한 신분적 재판권]군사법원2, [군인]국군조직4, [현역]병역2①·15이하, [군무원]국군조직16, [소집되어 실역에 복무중인 군인]병역15이하, 헌11·25, [간첩]13, [유해 음식물 공급]42, [초병에 대한 죄]54-59, [초소침범]78, [포로에 관한 죄]87-91

판례 현역병입영대상자로의 병역처분에 흠이 있는 경우, 현역병입영자가 군형법의 적용 대상이 되는지 여부 : 동조와 병역법 제2조제1항 제1호·제3호, 제5조 제1항 제1호 등을 종합해 보면, 병역의무자가 소정의 절차에 따라 현역병입영대상자로 병역처분을 받고 징집되어 군부대에 들어갔다면, 설령 그 병역처분에 흠이 있다고 하더라도 그 흠이 당연무효에 해당하는 것이 아닌 이상, 그 사람은 입영한 때부터 현역의 군인으로서 군형법의 적용대상이 되는 것으로 보아야 한다.(대판 2002.4.26, 2002도740)

제1조의2【장소적 적용범위】 이 법은 제1조에 규정된 사람이 대한민국의 영역 밖에서 이 법에 규정된 죄(제1조제4항의 적용을 받는 사람에 대하여는 같은 항 각 호에 정한 죄만 해당한다)를 범한 경우에도 적용한다.(2009.11.2 본조신설)

제2조【용어의 정의】 이 법에서 사용하는 용어의 뜻은 다음과 같다.

1. "상관"이란 명령복종 관계에서 명령권을 가진 사람을 말한다. 명령복종 관계가 없는 경우의 상위 계급자와 상위 서열자는 상관에 준한다.
2. "지휘관"이란 중대 이상 단위부대의 장과 함선(艦船)부대의 장 또는 함정(艦艇) 및 항공기를 지휘하는 사람을 말한다.
3. "초병(哨兵)"이란 경계를 그 고유의 임무로 하여 지상, 해상 또는 공중에 책임 범위를 정하여 배치된 사람을 말한다.
4. "부대"란 군대, 군의 기관 및 학교와 전시(戰時) 또는 사변 시에 이에 준하여 특별히 설치하는 기관을 말한다.
5. "적전(敵前)"이란 적에 대하여 공격·방어의 전투행동을 개시하기 직전과 개시 후의 상태 또는 적과 직접 대치하여 적의 습격을 경계하는 상태를 말한다.
6. "전시"란 상대국이나 교전단체에 대하여 선전포고나 대적(對敵)행위를 한 때부터 그 상대국이나 교전단체와 휴전협정이 성립된 때까지의 기간을 말한다.
7. "사변"이란 전시에 준하는 동란(動亂)상태로서 전국 또는 지역별로 계엄이 선포된 기간을 말한다.

제3조【사형 집행】 사형은 소속 군 참모총장이 지정한 장소에서 총살로써 집행한다.(2021.9.24 본조개정)

참조 [사형의 집행]군사법원506-512, 군에서의형의집행및군수용자의처우에관한법78, 형의집행수용자91, [형법의 경우]형66

제4조【다른 법의 적용례】 제1조에 따른 이 법의 적용대상자가 범한 죄에 관하여 이 법에 특별한 규정이 없으면 다른 법령에서 정하는 바에 따른다.

제2편 각 칙

제1장 반란의 죄

(2009.11.2 본장개정)

제5조【반란】 작당(作黨)하여 병기를 휴대하고 반란을 일으킨 사람은 다음 각 호의 구분에 따라 처벌한다.

1. 수괴(首魁) : 사형
2. 반란 모의에 참여하거나 반란을 지휘하거나 그 밖에 반란에서 중요한 임무에 종사한 사람과 반란 시 살상, 파괴 또는 약탈 행위를 한 사람 : 사형, 무기 또는 7년 이상의 징역이나 금고
3. 반란에 부화뇌동(附和雷同)하거나 단순히 폭동에만 관여한 사람 : 7년 이하의 징역이나 금고

참조 [특례]헌정질서파괴범죄의공소시효등에관한특례법4, [미수범]7, [예비·음모·선동·선전]8, [동맹국에 대한 행위]10, [내란죄]형87

판례 군형법상 반란죄는 군인이 작당하여 병기를 휴대하고 군 지휘계통이나 국가기관에 반항하는 경우에 성립하는 범죄이고, 군 지휘계통에 대한 반란은 군의 지휘통수계통에서 군의 일부가 이탈하여 지휘통수권에 반항하는 것을 그 본질로 하고 있다 할 것이므로, 5·18내란 과정에서 군의 최고통수권자인 대통령의 재가나 승인 혹은 묵인 하에 내란행위자들에 의하여 이루어진 병력의 배치·이동은 군형법상의 반란죄에 해당하지 아니한다.
(대판 1997.4.17, 96도3376)

제6조【반란 목적의 군용물 탈취】 반란을 목적으로 작당하여 병기, 탄약 또는 그 밖에 군용에 공(供)하는 물건을 탈취한 사람은 제5조의 예에 따라 처벌한다.

참조 [반란]5, [미수범]7, [예비·음모·선동·선전]8, [동맹국에 대한 행위]10

제7조【미수범】 제5조와 제6조의 미수범은 처벌한다.

참조 [미수범]형25, [동맹국에 대한 행위]10

제8조【예비, 음모, 선동, 선전】 ① 제5조 또는 제6조의 죄를 범할 목적으로 예비 또는 음모를 한 사람은 5년 이상의 유기징역이나 유기금고에 처한다. 다만, 그 목적한 죄의 실행에 이르기 전에 자수한 경우에는 그 형을 감경하거나 면제한다.
② 제5조 또는 제6조의 죄를 범할 것을 선동하거나 선전한 사람도 제1항의 형에 처한다.

참조 [음모·예비]형28, [자수절차]군사법원279, [자수감면]형52①, [동맹국에 대한 행위]10, [자수 준용규정]군사법원282

제9조【반란 불보고】 ① 반란을 알고도 이를 상관 또는 그 밖의 관계관에게 지체 없이 보고하지 아니한 사람은 2년 이하의 징역이나 금고에 처한다.
② 제1항의 경우에 적을 이롭게 할 목적으로 보고하지 아니한 사람은 7년 이하의 징역이나 금고에 처한다.

참조 [반란]5, [동맹국에 대한 행위]10

제10조【동맹국에 대한 행위】 이 장의 규정은 대한민국의 동맹국에 대한 행위에도 적용한다.

참조 [동맹국에 대한 행위]17

제2장 이적(利敵)의 죄
(2009.11.2 본장개정)

제11조【군대 및 군용시설 제공】 ① 군대 요새(要塞), 진영(陣營) 또는 군용에 공하는 함선이나 항공기 또는 그 밖의 장소, 설비 또는 건조물을 적에게 제공한 사람은 사형에 처한다.
② 병기, 탄약 또는 그 밖에 군용에 공하는 물건을 적에게 제공한 사람도 제1항의 형에 처한다.

참조 [미수범]15, [예비·음모·선동·선전]16, [동맹국에 대한 행위]17, [외환죄]형95

제12조【군용시설 등 파괴】 적을 위하여 제11조에 규정된 군용시설 또는 그 밖의 물건을 파괴하거나 사용할 수 없게 한 사람은 사형에 처한다.

참조 [미수범]15, [예비·음모·선동·선전]16, [동맹국에 대한 행위]17, [외환죄]형96

제13조【간첩】 ① 적을 위하여 간첩행위를 한 사람은 사형에 처하고, 적의 간첩을 방조한 사람은 사형 또는 무기징역에 처한다.
② 군사상 기밀을 적에게 누설한 사람도 제1항의 형에 처한다.
③ 다음 각 호의 어느 하나에 해당하는 지역 또는 기관에서 제1항 및 제2항의 죄를 범한 사람도 제1항의 형에 처한다.
1. 부대·기지·군항(軍港)지역 또는 그 밖에 군사시설 보호를 위한 법령에 따라 고시되거나 공고된 지역
2. 부대이동지역·부대훈련지역·대간첩작전지역 또는 그 밖에 군이 특수작전을 수행하는 지역
3. 「방위사업법」에 따라 지정되거나 위촉된 방위산업체와 연구기관

참조 [제3항의 죄와 군형법피적용자]1④, [군사상 기밀]군사기밀2, [미수범]15, [예비·음모·선동·선전]16, [동맹국에 대한 행위]17, [외환죄]형98, [재범자의 특수가중]국가보안13

제14조【일반이적】 제11조부터 제13조까지의 행위 외에 다음 각 호의 어느 하나에 해당하는 행위를 한 사람은 사형, 무기 또는 5년 이상의 징역에 처한다.
1. 적을 위하여 진로를 인도하거나 지리를 알려준 사람
2. 적에게 항복하게 하기 위하여 지휘관에게 이를 강요한 사람
3. 적을 숨기거나 비호(庇護)한 사람
4. 적을 위하여 통로, 교량, 등대, 표지 또는 그 밖의 교통시설을 손괴하거나 불통하게 하거나 그 밖의 방법으로 부대 또는 군용에 공하는 함선, 항공기 또는 차량의 왕래를 방해한 사람
5. 적을 위하여 암호 또는 신호를 사용하거나 명령, 통보 또는 보고의 내용을 고쳐서 전달하거나 전달을 게을리하거나 거짓 명령, 통보나 보고를 한 사람
6. 적을 위하여 부대, 함대(艦隊), 편대(編隊) 또는 대원을 해산시키거나 혼란을 일으키게 하거나 그 연락이나 집합을 방해한 사람
7. 군용에 공하지 아니하는 병기, 탄약 또는 전투용에 공할 수 있는 물건을 적에게 제공한 사람
8. 그 밖에 대한민국의 군사상 이익을 해하거나 적에게 군사상 이익을 제공한 사람

참조 [미수범]15, [예비·음모·선동·선전]16, [동맹국에 대한 행위]17, [외환죄]형99

제15조【미수범】 제11조부터 제14조까지의 미수범은 처벌한다.

참조 [미수범]형25, [동맹국에 대한 행위]17, [재범자의 특수가중]국가보안13

제16조【예비, 음모, 선동, 선전】 ① 제11조부터 제14조까지의 죄를 범할 목적으로 예비 또는 음모를 한 사람은 3년 이상의 유기징역에 처한다. 다만, 그 목적한 죄의 실행에 이르기 전에 자수한 경우에는 그 형을 감경하거나 면제한다.
② 제11조부터 제14조까지의 죄를 범할 것을 선동하거나 선전한 사람도 제1항의 형에 처한다.

참조 [음모·예비]형28, [자수 준용규정]군사법원282, [자수감면]형52①, [동맹국에 대한 행위]17

제17조【동맹국에 대한 행위】 이 장의 규정은 대한민국의 동맹국에 대한 행위에도 적용한다.

참조 [동맹국에 대한 행위]10

제3장 지휘권 남용의 죄
(2009.11.2 본장개정)

제18조【불법 전투 개시】 지휘관이 정당한 사유 없이 외국에 대하여 전투를 개시한 경우에는 사형에 처한다.

참조 [지휘관]2, [미수범]21

제19조【불법 전투 계속】 지휘관이 휴전 또는 강화(講和)의 고지를 받고도 정당한 사유 없이 전투를 계속한 경우에는 사형에 처한다.

참조 [지휘관]2, [미수범]21

제20조【불법 진퇴】 전시, 사변 시 또는 계엄지역에서 지휘관이 권한을 남용하여 부득이한 사유 없이 부대, 함선 또는 항공기를 진퇴(進退)시킨 경우에는 사형, 무기 또는 7년 이상의 징역이나 금고에 처한다.

참조 [전시]2, [사변]2, [계엄지역]계엄2·3, [지휘관]2, [부대]2, [미수범]21

제21조【미수범】 이 장의 미수범은 처벌한다.

참조 [미수범]형25

제4장 지휘관의 항복과 도피의 죄
(2009.11.2 본장개정)

제22조【항복】 지휘관이 그 할 바를 다하지 아니하고 적에게 항복하거나 부대, 요새, 진영, 함선 또는 항공기를 적에게 방임(放任)한 경우에는 사형에 처한다.

참조 [지휘관]2, [부대]2, [미수범]25, [예비·음모]26

제23조【부대 인솔 도피】 지휘관이 적전에서 그 할 바를 다하지 아니하고 부대를 인솔하여 도피한 경우에는 사형에 처한다.

참조 [지휘관]2, [적전]2, [부대]2, [미수범]25, [예비·음모]26

제24조【직무유기】 지휘관이 정당한 사유 없이 직무수행을 거부하거나 직무를 유기(遺棄)한 경우에는 다음 각 호의 구분에 따라 처벌한다.

1. 적전의 경우 : 사형
2. 전시, 사변 시 또는 계엄지역인 경우 : 5년 이상의 유기징역 또는 유기금고
3. 그 밖의 경우 : 3년 이하의 징역 또는 금고

참조 [지휘관]2, (1)[적전]2, (2)[전시]2, [사변]2, [계엄지역]계엄2·3, [공무원의 직무유기죄]형122

판례 지휘관의 직무유기죄가 성립하려면 주관적으로는 직무를 버린다는 인식과 객관적으로는 직무 또는 직장을 유기하는 행위가 있어야 하며 다만, 직무집행의 내용이 적정하지 못하였기 때문에 부당한 결과가 초래되었다 하여 그 사유만으로 직무유기죄의 성립을 인정할 수는 없다.(대판 1983.4.26, 83도188)

제25조【미수범】 제22조 및 제23조의 미수범은 처벌한다.

참조 [미수범]형25

제26조【예비, 음모】 제22조 또는 제23조의 죄를 범할 목적으로 예비 또는 음모를 한 사람은 3년 이상의 유기징역에 처한다.

참조 [예비·음모]형28

제5장 수소(守所) 이탈의 죄
(2009.11.2 본장개정)

제27조【지휘관의 수소 이탈】 지휘관이 정당한 사유 없이 부대를 인솔하여 수소를 이탈하거나 배치구역에 임하지 아니한 경우에는 다음 각 호의 구분에 따라 처벌한다.

1. 적전인 경우 : 사형
2. 전시, 사변 시 또는 계엄지역인 경우 : 사형, 무기 또는 5년 이상의 징역 또는 금고
3. 그 밖의 경우 : 3년 이하의 징역 또는 금고

참조 [지휘관]2, [부대]2, [미수범]29, [초병의 수소이탈]28

제28조【초병의 수소 이탈】 초병이 정당한 사유 없이 수소를 이탈하거나 지정된 시간까지 수소에 임하지 아니한 경우에는 다음 각 호의 구분에 따라 처벌한다.

1. 적전인 경우 : 사형, 무기 또는 10년 이상의 징역
2. 전시, 사변 시 또는 계엄지역인 경우 : 1년 이상의 유기징역
3. 그 밖의 경우 : 2년 이하의 징역

참조 [미수범]29, [지휘관의 수소이탈]27

판례 초병의 수소이탈죄에서 말하는 초병의 의미 : 군형법 제28조 초병의 수소이탈죄에서 말하는 초병에는 실제로 수소에 배치되어 근무하는 자는 물론이고, 초병근무명령을 받아 경계근무감독자에게 신고하고 근무시간에 임박하여 경계근무의 복장을 갖춘 자도 포함된다.(대판 2006.6.30, 2005도8933)

제29조【미수범】 이 장의 미수범은 처벌한다.

참조 [미수범]형25

제6장 군무 이탈의 죄
(2009.11.2 본장개정)

제30조【군무 이탈】 ① 군무를 기피할 목적으로 부대 또는 직무를 이탈한 사람은 다음 각 호의 구분에 따라 처벌한다.

1. 적전인 경우 : 사형, 무기 또는 10년 이상의 징역
2. 전시, 사변 시 또는 계엄지역인 경우 : 5년 이상의 유기징역
3. 그 밖의 경우 : 1년 이상 10년 이하의 징역

② 부대 또는 직무에서 이탈된 사람으로서 정당한 사유 없이 상당한 기간 내에 부대 또는 직무에 복귀하지 아니한 사람도 제1항의 형에 처한다.

참조 [부대]23, [미수범]34, [특수군무이탈]31

판례 군무이탈죄가 군무를 기피할 목적이 있음을 요하는 목적범임은 논하는 바와 같으나, 군인이 소속 부대에서 무단이탈하였다면 다른 사정이 없는 한 그에게 군무기피의 목적이 있었던 것으로 추정된다 할 것이고, 군무이탈죄는 그 이탈행위가 있음과 동시에 완성되는 것이므로, 그 이후의 사정 여하는 범죄의 성립 여부에 영향이 없다 할 것이다.(대판 1995.7.11, 95도910)

제31조【특수 군무 이탈】 위험하거나 중요한 임무를 회피할 목적으로 배치지 또는 직무를 이탈한 사람도 제30조의 예에 따른다.

참조 [미수범]34

제32조【이탈자 비호】 제30조 또는 제31조의 죄를 범한 사람을 숨기거나 비호한 사람은 다음 각 호의 구분에 따라 처벌한다.

1. 전시, 사변 시 또는 계엄지역인 경우 : 5년 이하의 징역
2. 그 밖의 경우 : 3년 이하의 징역

참조 [미수범]34

제33조【적진으로의 도주】 적진으로 도주한 사람은 사형에 처한다.

참조 [미수범]34

제34조【미수범】 이 장의 미수범은 처벌한다.

참조 [미수범]형25

제7장 군무 태만의 죄
(2009.11.2 본장개정)

제35조【근무 태만】 근무를 게을리하여 다음 각 호의 어느 하나에 해당하는 사람은 무기 또는 1년 이상의 징역에 처한다.

1. 지휘관 또는 이에 준하는 장교로서 그 임무를 수행하면서 적과의 교전이 예측되는 경우에 전투준비를 게을리한 사람
2. 장교로서 부대 또는 병원(兵員)을 인솔하여 그 임무를 수행하면서 적을 만나거나 그 밖의 위난(危難)에 처하여 정당한 사유 없이 부대 또는 병원을 유기한 사람
3. 직무상 공격하여야 할 적을 정당한 사유 없이 공격하지 아니하거나 직무상 당연히 감당하여야 할 위난으로부터 이탈한 사람
4. 군사기밀인 문서 또는 물건을 보관하는 사람으로서 위급한 경우에 있어서 부득이한 사유 없이 적에게 이를 방임한 사람
5. 전시, 사변 시 또는 계엄지역에서 병기, 탄약, 식량, 피복 또는 그 밖에 군용에 공하는 물건을 운반 또는 공급하는 사람으로서 부득이한 사유 없이 이를 없애거나 모자라게 한 사람

판례 제1호의 전투준비태만죄는 작전에 실패하였다는 결과에 의하여 성립하는 것이 아니고 통상적인 능력을 갖춘 지휘관으로서 마땅히 하여야 할 전투준비를 태만히 한 경우에 성립하는 것이므로 불가능한 전투준비 또는 부적당한 전투준비를 태만히 한 경우는 성립되지 아니한다.(대판 1980.3.11, 80도141)

제36조【비행군기 문란】 비행(飛行)에 관한 법규 또는 명령을 위반하여 항공기를 조종함으로써 비행군기를 문란하게 한 사람은 다음 각 호의 구분에 따라 처벌한다.

1. 적전인 경우 : 1년 이상의 유기징역 또는 유기금고
2. 전시, 사변 시 또는 계엄지역인 경우 : 3년 이하의 징역 또는 금고
3. 그 밖의 경우 : 1년 이하의 징역 또는 금고

제37조【위계로 인한 항행 위험】 거짓 신호를 하거나 그 밖의 방법으로 군용에 공하는 함선 또는 항공기의 항행(航行)에 위험을 발생시킨 사람은 다음 각 호의 구분에 따라 처벌한다.

1. 전시, 사변 시 또는 계엄지역인 경우 : 사형, 무기 또는 5년 이상의 징역
2. 그 밖의 경우 : 무기 또는 2년 이상의 징역

제38조【거짓 명령, 통보, 보고】 ① 군사(軍事)에 관하여 거짓 명령, 통보 또는 보고를 한 사람은 다음 각 호의 구분에 따라 처벌한다.

1. 적전인 경우 : 사형, 무기 또는 5년 이상의 징역
2. 전시, 사변 시 또는 계엄지역인 경우 : 7년 이하의 징역
3. 그 밖의 경우 : 1년 이하의 징역

② 군사에 관한 명령, 통보 또는 보고를 할 의무가 있는 사람이 제1항의 죄를 범한 경우에는 제1항 각 호에서 정한 형의 2분의 1까지 가중한다.

판례 군인 사이에 구타로 인하여 상해가 발생하였음에도 불구하고 그 상해의 원인이 물건에 부딪혀 일어난 것이라고 허위로 보고한 것은 병력에 대한 관리 작용에 해당하는 군행정절차를 방해하는 결과를 초래한 것으로서 군 본연의 임무수행에 중대한 장애가 초래되거나 이를 예견할 수 있는 사안에 관한 것이므로, 군형법 제38조의 '군사에 관한' 허위의 보고에 해당한다.(대판 2006.8.25, 2006도620)

제39조【명령 등의 거짓 전달】 전시, 사변 시 또는 계엄지역에서 군사에 관한 명령, 통보 또는 보고를 전달하는 사람이 거짓으로 전달하거나 전달하지 아니한 경우에는 제38조의 예에 따른다.

참조 [사변]27, [계엄지역]계엄2·3

제40조【초령 위반】 ① 정당한 사유 없이 정하여진 규칙에 따르지 아니하고 초병을 교체하게 하거나 교체한 사람은 다음 각 호의 구분에 따라 처벌한다.
1. 적전인 경우 : 사형, 무기 또는 2년 이상의 징역
2. 전시, 사변 시 또는 계엄지역인 경우 : 5년 이하의 징역
3. 그 밖의 경우 : 2년 이하의 징역

② 초병이 잠을 자거나 술을 마신 경우에도 제1항의 형에 처한다.

참조 [초병]28

제41조【근무 기피 목적의 사술】 ① 근무를 기피할 목적으로 신체를 상해한 사람은 다음 각 호의 구분에 따라 처벌한다.
1. 적전인 경우 : 사형, 무기 또는 5년 이상의 징역
2. 그 밖의 경우 : 3년 이하의 징역

② 근무를 기피할 목적으로 질병을 가장하거나 그 밖의 위계(僞計)를 한 사람은 다음 각 호의 구분에 따라 처벌한다.
1. 적전인 경우 : 10년 이하의 징역
2. 그 밖의 경우 : 1년 이하의 징역

제42조【유해 음식물 공급】 ① 독성이 있는 음식물을 군에 공급한 사람은 10년 이하의 징역에 처한다.
② 제1항의 죄를 범하여 사람을 사망 또는 상해에 이르게 한 사람은 사형, 무기 또는 5년 이상의 징역에 처한다.
③ 과실로 인하여 제1항의 죄를 범한 사람은 5년 이하의 징역이나 금고에 처한다.
④ 적을 이롭게 하기 위하여 제1항의 죄를 범한 사람은 사형, 무기 또는 5년 이상의 징역에 처한다.

참조 [본조의 죄와 군형법 피적용자]1④

제43조【출병 거부】 지휘관이 출병(出兵)을 요구할 수 있는 권한을 가진 사람으로부터 그 요구를 받고 상당한 이유 없이 이에 응하지 아니한 경우에는 7년 이하의 징역이나 금고에 처한다.

참조 [지휘관]22-24·27·35

제8장 항명의 죄
(2009.11.2 본장개정)

제44조【항명】 상관의 정당한 명령에 반항하거나 복종하지 아니한 사람은 다음 각 호의 구분에 따라 처벌한다.
1. 적전인 경우 : 사형, 무기 또는 10년 이상의 징역
2. 전시, 사변 시 또는 계엄지역인 경우 : 1년 이상 7년 이하의 징역
3. 그 밖의 경우 : 3년 이하의 징역

참조 [집단항명]45, [명령위반]47

판례 국군병원장이 그 병원에 입원한 사병인 피고인에게 한 골종을 제거하는 수술을 받으라는 명령은, 피고인이 그 수술 없이도 군복무를 지장 없이 수행할 수 있다는 특단의 사정이 없는 한, 소속대 지휘관인 병원장이 질병이 있거나 부상당한 군인을 치료하여 원대로 복귀시킴으로써 군의 전투력을 보호함을 임무로 하고 있는 자신의 권한 범위 내에서 발한 것으로서, 군의 사기, 군기 및 피지휘자의 유용성을 보호 내지 증진하기 위해 적합하고 필요하며 군의 질서를 유지하는데 직접적으로 연관된 행동, 즉 군사상의 의무를 부과하는 것을 내용으로 하고 있는 명령으로서, 그 명령이 군사상의 필요성을 넘어 지나치게 개인의 기본권을 침해하는 것이라고 볼 수 없으므로, 이는 군형법 제44조 소정의 상관의 정당한 명령에 해당한다. (대판 1996.10.25, 96도2233)

제45조【집단 항명】 집단을 이루어 제44조의 죄를 범한 사람은 다음 각 호의 구분에 따라 처벌한다.
1. 적전인 경우 : 수괴는 사형, 그 밖의 사람은 사형 또는 무기징역
2. 전시, 사변 시 또는 계엄지역인 경우 : 수괴는 무기 또는 7년 이상의 징역, 그 밖의 사람은 1년 이상의 유기징역
3. 그 밖의 경우 : 수괴는 3년 이상의 유기징역, 그 밖의 사람은 7년 이하의 징역

제46조【상관의 제지 불복종】 폭행을 하는 사람이 상관의 제지에 복종하지 아니한 경우에는 3년 이하의 징역에 처한다.

제47조【명령 위반】 정당한 명령 또는 규칙을 준수할 의무가 있는 사람이 이를 위반하거나 준수하지 아니한 경우에는 2년 이하의 징역이나 금고에 처한다.

참조 [항명]44

판례 동조 '정당한 명령 또는 규칙'의 의미 : 죄형법정주의와 군통수권의 특수성에 비추어 볼 때 '정당한 명령 또는 규칙'이라 함은, 통수권을 담당하는 기관이, 입법기관인 국회가 동조에 위임한 것으로 해석되는 군통수작용상 중요하고도 구체성 있는 특정의 사항에 관하여 발하는, 본질적으로는 입법사항인 형벌의 실질적 내용에 해당하는 사항에 관한 명령을 뜻하고, 군인의 일상행동의 준칙을 정하는 사항 등은 이에 해당하지 아니하는 바, 휴전선 20km 이내 부대에서 개인이동전화의 사용을 금지한 군사보안업무시행규칙에 위반하여 개인이동전화를 사용한 경우 동조의 명령위반죄에 해당하지 않는다.(대판 2002.6.14, 2002도1282)

판례 통문개폐에 관한 지.오.피(G.O.P) 근무지침은 적과 대치하고 있는 상황하에서 통문개폐관리를 신중히 하고 엄격히 하여 적의 침투와 아군의 병력손실을 예방하기 위한 군통수 작전상 중요하고도 구체성있는 특정상황에 관한 것으로서 군형법 제47조 소정의 "정당한 명령"에 해당한다.(대판 1984.10.10, 84도239)

판례 군형법 제47조에 규정된 "정당한 명령 또는 규칙"이라 함은 통수권을 담당하는 기관이 법률의 위임에 따라 통수작용상 필요한 중요하고도 구체성있는 특정의 사항에 관하여 제정하는 것으로서 본질상 입법사항에 속하는 형벌의 실질적 내용에 해당하는 명령 또는 규칙을 말하므로 예비군보급지원규정, 총기안전관리규정, 예비군교육 및 훈련장관관리내규 등은 이에 해당한다고 볼 수 없다. (대판 1984.3.27, 83도3260)

제9장 폭행, 협박, 상해 및 살인의 죄
(2009.11.2 본장개정)

제48조【상관에 대한 폭행, 협박】 상관을 폭행하거나 협박한 사람은 다음 각 호의 구분에 따라 처벌한다.
1. 적전인 경우 : 1년 이상 10년 이하의 징역
2. 그 밖의 경우 : 5년 이하의 징역

참조 [상관에 대한 집단폭행·협박]49, [상관에 대한 특수폭행·협박]50, [상관에 대한 폭행치사상]52, [초병에 대한 폭행·협박]54·60①, [특수폭행]형261, [폭행치사상]형262

판례 상관에 대한 폭행죄는 범인이 폭행의 상대자가 자기의 상관인 정을 알고 이에 대하여 폭행을 가함으로써 성립되는 것이고 그 폭행의 장소가 공무집행의 장소임을 필요로 하지 아니한다. (대판 1970.11.30, 70도2034)

제49조【상관에 대한 집단 폭행, 협박 등】 ① 집단을 이루어 제48조의 죄를 범한 사람은 다음 각 호의 구분에 따라 처벌한다.
1. 적전인 경우 : 수괴는 무기 또는 10년 이상의 징역, 그 밖의 사람은 3년 이상의 유기징역
2. 그 밖의 경우 : 수괴는 무기 또는 5년 이상의 징역, 그 밖의 사람은 1년 이상의 유기징역

② 집단을 이루지 아니하고 2명 이상이 공동하여 제48조의 죄를 범한 경우에는 제48조에서 정한 형의 2분의 1까지 가중한다.

참조 [상관에 대한 폭행치사상]52, [초병에 대한 집단 폭행·협박]55·60②, [협박]형283

제50조【상관에 대한 특수 폭행, 협박】 흉기나 그 밖의 위험한 물건을 휴대하고 제48조의 죄를 범한 사람은 다음 각 호의 구분에 따라 처벌한다.
1. 적전인 경우 : 사형, 무기 또는 5년 이상의 징역
2. 그 밖의 경우 : 무기 또는 2년 이상의 징역

참조 [상관에 대한 폭행치사상]52, [초병에 대한 특수 폭행·협박]56·60②, [특수폭행]형261, [특수협박]형284

제51조 (2009.11.2 삭제)

제52조【상관에 대한 폭행치사상】 ① 제48조부터 제50조까지의 죄를 범하여 상관을 사망에 이르게 한 사람은 다음 각 호의 구분에 따라 처벌한다.

1. 적전인 경우 : 사형, 무기 또는 10년 이상의 징역
2. 전시, 사변 시 또는 계엄지역인 경우 : 사형, 무기 또는 5년 이상의 징역
3. 그 밖의 경우 : 무기 또는 5년 이상의 징역

② 제48조 또는 제49조의 죄를 범하여 상관을 상해에 이르게 한 사람(제49조제1항 각 호의 죄를 범한 사람 중 수괴는 제외한다)은 다음 각 호의 구분에 따라 처벌한다.

1. 적전인 경우 : 무기 또는 3년 이상의 징역
2. 그 밖의 경우 : 1년 이상의 유기징역

참조 [상관에 대한 중상해]52의5, [초병에 대한 폭행치사상]58, [폭행치사상]형262

판례 군형법 제52조 소정의 상관에 대한 폭행치사상죄는 결과적 가중책임에 관한 규정이니만큼, 폭행과 치사상과의 사이에 상당인 과관계가 인정되는 경우라면, 폭행에 관한 인식이 있는 행위자로서는 치사상의 결과발생에 대한 예견유무를 불문하고 발생된 그 결과에 대한 책임을 지게 되는 것이라고 할 것이다.
(대판 1968.4.30, 68도365)

제52조의2【상관에 대한 상해】 상관의 신체를 상해한 사람은 다음 각 호의 구분에 따라 처벌한다.

1. 적전인 경우 : 무기 또는 3년 이상의 징역
2. 그 밖의 경우 : 1년 이상의 유기징역

참조 [미수범]63, [상관에 대한 중상해]52의5, [상관에 대한 상해치사]52의6, [초병에 대한 상해]58의2, [직무수행 중인 군인등에 대한 상해]60의2

제52조의3【상관에 대한 집단상해 등】 ① 집단을 이루어 제52조의2의 죄를 범한 사람은 다음 각 호의 구분에 따라 처벌한다.

1. 적전인 경우 : 수괴는 무기 또는 10년 이상의 징역, 그 밖의 사람은 무기 또는 5년 이상의 징역
2. 그 밖의 경우 : 수괴는 무기 또는 7년 이상의 징역, 그 밖의 사람은 3년 이상의 유기징역

② 집단을 이루지 아니하고 2명 이상이 공동하여 제52조의2의 죄를 범한 경우에는 제52조의2에서 정한 형의 2분의 1까지 가중한다.
(2009.11.2 본조신설)

참조 [초병에 대한 집단상해]58의3, [직무수행 중인 군인등에 대한 집단상해 등]60의3

제52조의4【상관에 대한 특수상해】 흉기나 그 밖의 위험한 물건을 휴대하고 제52조의2의 죄를 범한 사람은 다음 각 호의 구분에 따라 처벌한다.

1. 적전인 경우 : 사형, 무기 또는 10년 이상의 징역
2. 그 밖의 경우 : 무기 또는 3년 이상의 징역

(2009.11.2 본조신설)

참조 [초병에 대한 특수상해]58의4, [직무수행 중인 군인등에 대한 집단상해 등]60의3

제52조의5【상관에 대한 중상해】 제52조제2항 및 제52조의2부터 제52조의4까지의 죄를 범하여 상관의 생명에 위험을 발생하게 하거나 불구 또는 불치나 난치의 질병에 이르게 한 사람은 다음 각 호의 구분에 따라 처벌한다.

1. 적전인 경우 : 사형, 무기 또는 10년 이상의 징역
2. 전시, 사변 시 또는 계엄지역인 경우 : 사형, 무기 또는 3년 이상의 징역. 다만, 제52조의3제1항제2호의 죄를 범한 사람 중 수괴는 사형, 무기 또는 7년 이상의 징역에 처한다.
3. 그 밖의 경우(제52조의3제1항제2호의 죄를 범한 사람 중 수괴는 제외한다) : 무기 또는 3년 이상의 징역

참조 [상관에 대한 상해치사]52의6, [초병에 대한 중상해]58의5, [중상해]형258

제52조의6【상관에 대한 상해치사】 제52조의2부터 제52조의5까지의 죄를 범하여 상관을 사망에 이르게 한 사람은 다음 각 호의 구분에 따라 처벌한다.

1. 적전인 경우 : 사형, 무기 또는 10년 이상의 징역
2. 전시, 사변 시 또는 계엄지역인 경우 : 사형, 무기 또는 5년 이상의 징역
3. 그 밖의 경우(제52조의3제1항제2호의 죄를 범한 사람 중 수괴는 제외한다) : 무기 또는 5년 이상의 징역

참조 [초병에 대한 상해치사]58의6, [상해치사]형259

제53조【상관 살해와 예비, 음모】 ① 상관을 살해한 사람은 사형 또는 무기징역에 처한다.

② 제1항의 죄를 범할 목적으로 예비 또는 음모를 한 사람은 1년 이상의 유기징역에 처한다.

참조 [미수범]63, [예비·음모]형28, [초병살해]59

제54조【초병에 대한 폭행, 협박】 초병에게 폭행 또는 협박을 한 사람은 다음 각 호의 구분에 따라 처벌한다.

1. 적전인 경우 : 7년 이하의 징역
2. 그 밖의 경우 : 5년 이하의 징역

참조 [본조의 죄와 군형법 피적용자]1④, [초병에 대한 집단 폭행·협박 등]55, [초병에 대한 특수 폭행·협박]56, [초병에 대한 폭행치사상]58, [상관에 대한 폭행·협박]48, [직무수행 중인 군인등에 대한 폭행·협박]60

제55조【초병에 대한 집단 폭행, 협박 등】 ① 집단을 이루어 제54조의 죄를 범한 사람은 다음 각 호의 구분에 따라 처벌한다.

1. 적전인 경우 : 수괴는 5년 이상의 유기징역, 그 밖의 사람은 3년 이상의 유기징역
2. 그 밖의 경우 : 수괴는 2년 이상의 유기징역, 그 밖의 사람은 1년 이상의 유기징역

② 집단을 이루지 아니하고 2명 이상이 공동하여 제54조의 죄를 범한 경우에는 제54조에서 정한 형의 2분의 1까지 가중한다.

참조 [본조의 죄와 군형법 피적용자]1④, [초병에 대한 폭행치사상]58, [상관에 대한 집단 폭행·협박]49, [직무수행 중인 군인등에 대한 집단상해 등]60의3

제56조【초병에 대한 특수 폭행, 협박】 흉기나 그 밖의 위험한 물건을 휴대하고 제54조의 죄를 범한 사람은 다음 각 호의 구분에 따라 처벌한다.

1. 적전인 경우 : 사형, 무기 또는 3년 이상의 징역
2. 그 밖의 경우 : 1년 이상의 유기징역

참조 [본조의 죄와 군형법 피적용자]1④, [초병에 대한 폭행치사상]58, [상관에 대한 특수폭행·협박]50, [직무수행 중인 자에 대한 특수폭행·협박]60②, [특수폭행]형261

제57조 (2009.11.2 삭제)

제58조【초병에 대한 폭행치사상】 ① 제54조부터 제56조까지의 죄를 범하여 초병을 사망에 이르게 한 사람은 다음 각 호의 구분에 따라 처벌한다.

1. 적전인 경우 : 사형, 무기 또는 5년 이상의 징역
2. 전시, 사변 시 또는 계엄지역인 경우 : 제54조의 죄를 범한 사람은 사형, 무기 또는 3년 이상의 징역, 제55조 또는 제56조의 죄를 범한 사람은 사형, 무기 또는 5년 이상의 징역
3. 그 밖의 경우 : 제54조의 죄를 범한 사람은 무기 또는 3년 이상의 징역, 제55조 또는 제56조의 죄를 범한 사람은 무기 또는 5년 이상의 징역

② 제54조 또는 제55조의 죄를 범하여 초병을 상해에 이르게 한 사람은 다음 각 호의 구분에 따라 처벌한다.

1. 적전인 경우 : 무기 또는 3년 이상의 징역. 다만, 제55조제1항제1호의 죄를 범한 사람 중 수괴는 무기 또는 5년 이상의 징역에 처한다.
2. 그 밖의 경우(제55조제1항제2호의 죄를 범한 사람 중 수괴는 제외한다) : 1년 이상의 유기징역

참조 [본조의 죄와 군형법 피적용자]1④, [초병에 대한 중상해]58의5, [상관에 대한 폭행치사상]52, [직무수행 중인 군인등에 대한 상해치사]60의5, [폭행치사상]형262

제58조의2【초병에 대한 상해】 초병의 신체를 상해한 사람은 다음 각 호의 구분에 따라 처벌한다.

1. 적전인 경우 : 무기 또는 3년 이상의 징역
2. 그 밖의 경우 : 1년 이상의 유기징역

참조 [본조의 죄와 군형법 피적용자]1④, [미수범]63, [초병에 대한 중상해]58의5, [초병에 대한 상해치사]58의6, [상관에 대한 상해]52의2, [직무수행 중인 군인등에 대한 상해]60의2

제58조의3【초병에 대한 집단상해 등】 ① 집단을 이루어 제58조의2의 죄를 범한 사람은 다음 각 호의 구분에 따라 처벌한다.

1. 적전인 경우 : 수괴는 무기 또는 7년 이상의 징역, 그 밖의 사람은 무기 또는 5년 이상의 징역
2. 그 밖의 경우 : 수괴는 5년 이상의 유기징역, 그 밖의 사람은 3년 이상의 유기징역

② 집단을 이루지 아니하고 2명 이상이 공동하여 제58조의2의 죄를 범한 경우에는 제58조의2에서 정한 형의 2분의 1까지 가중한다.

(2009.11.2 본조신설)

참조 [상관에 대한 집단상해]52의3, [직무수행 중인 군인등에 대한 집단상해 등]60의3

제58조의4【초병에 대한 특수상해】 흉기나 그 밖의 위험한 물건을 휴대하고 제58조의2의 죄를 범한 사람은 다음 각 호의 구분에 따라 처벌한다.

1. 적전인 경우 : 사형, 무기 또는 5년 이상의 징역
2. 그 밖의 경우 : 3년 이상의 유기징역

(2009.11.2 본조신설)

참조 [상관에 대한 특수상해]52의4, [직무수행 중인 군인등에 대한 집단상해 등]60의3

제58조의5【초병에 대한 중상해】 제58조제2항, 제58조의2 및 제58조의3제2항의 죄를 범하여 초병의 생명에 대한 위험을 발생하게 하거나 불구 또는 불치나 난치의 질병에 이르게 한 사람은 다음 각 호의 구분에 따라 처벌한다.

1. 적전인 경우 : 무기 또는 5년 이상의 징역
2. 그 밖의 경우 : 2년 이상의 유기징역

참조 [본조의 죄와 군형법 피적용자]1④, [초병에 대한 상해치사]58의6, [상관에 대한 중상해]52의5, [직무수행 중인 군인등에 대한 중상해]60의4, [중상해]형258

제58조의6【초병에 대한 상해치사】 제58조의2부터 제58조의5까지의 죄를 범하여 초병을 사망에 이르게 한 사람은 다음 각 호의 구분에 따라 처벌한다.

1. 적전인 경우 : 사형, 무기 또는 5년 이상의 징역
2. 전시, 사변 시 또는 계엄지역인 경우 : 제58조의2의 죄를 범한 사람은 사형, 무기 또는 3년 이상의 징역, 제58조의3부터 제58조의5까지의 죄를 범한 사람은 사형, 무기 또는 5년 이상의 징역
3. 그 밖의 경우 : 제58조의2의 죄를 범한 사람은 무기 또는 3년 이상의 징역, 제58조의3부터 제58조의5까지의 죄를 범한 사람은 무기 또는 5년 이상의 징역

참조 [본조의 죄와 군형법 피적용자]1④, [상관에 대한 상해치사]52의6, [직무수행 중인 군인등에 대한 상해치사]60의5, [상해치사]형259

제59조【초병살해와 예비, 음모】 ① 초병을 살해한 사람은 사형 또는 무기징역에 처한다.

② 제1항의 죄를 범할 목적으로 예비 또는 음모를 한 사람은 1년 이상 10년 이하의 징역에 처한다.

참조 [본조의 죄와 군형법 피적용자]1④, [미수범]63, [예비·음모]형28, [상관살해]53

제60조【직무수행 중인 군인등에 대한 폭행, 협박 등】 ① 상관 또는 초병 외의 직무수행 중인 사람(군인 또는 제1조제3항 각 호의 어느 하나에 해당하는 사람에 한한다. 이하 "군인등"이라 한다)에게 폭행 또는 협박을 한 사람은 다음 각 호의 구분에 따라 처벌한다.

1. 적전인 경우 : 7년 이하의 징역
2. 그 밖의 경우 : 5년 이하의 징역 또는 1천만원 이하의 벌금

② 집단을 이루거나 흉기나 그 밖의 위험한 물건을 휴대하고 제1항의 죄를 범한 사람은 다음 각 호의 구분에 따라 처벌한다.

1. 적전인 경우 : 3년 이상의 유기징역
2. 그 밖의 경우 : 1년 이상의 유기징역

③ 집단을 이루지 아니하고 2명 이상이 공동하여 제1항의 죄를 범한 경우에는 제1항에서 정한 형의 2분의 1까지 가중한다.

④ 제1항부터 제3항까지의 죄를 범하여 상관 또는 초병 외의 직무수행 중인 군인등을 사망에 이르게 한 사람은 다음 각 호의 구분에 따라 처벌한다.

1. 적전인 경우 : 사형, 무기 또는 5년 이상의 징역
2. 전시, 사변 시 또는 계엄지역인 경우 : 제1항의 죄를 범한 사람은 사형, 무기 또는 3년 이상의 징역, 제2항 또는 제3항의 죄를 범한 사람은 사형, 무기 또는 5년 이상의 징역
3. 그 밖의 경우 : 제1항의 죄를 범한 사람은 무기 또는 3년 이상의 징역, 제2항 또는 제3항의 죄를 범한 사람은 무기 또는 5년 이상의 징역

⑤ 제1항부터 제3항까지의 죄를 범하여 상관 또는 초병 외의 직무수행 중인 군인등을 상해에 이르게 한 사람은 다음 각 호의 구분에 따라 처벌한다.

1. 적전인 경우 : 무기 또는 3년 이상의 징역
2. 그 밖의 경우 : 1년 이상의 유기징역

참조 [직무수행 중인 군인등에 대한 중상해]60의4, [상관에 대한 폭행·협박등]48-52, [초병에 대한 폭행·협박 등]54-58

제60조의2【직무수행 중인 군인등에 대한 상해】 상관 또는 초병 외의 직무수행 중인 군인등의 신체를 상해한 사람은 다음 각 호의 구분에 따라 처벌한다.

1. 적전인 경우 : 무기 또는 3년 이상의 징역
2. 그 밖의 경우 : 1년 이상의 유기징역

참조 [미수범]63, [직무수행 중인 군인등에 대한 중상해]60의4, [직무수행 중인 군인등에 대한 상해치사]60의5, [상관에 대한 상해]52의2, [초병에 대한 상해]58의2

제60조의3【직무수행 중인 군인등에 대한 집단상해 등】

① 집단을 이루거나 흉기나 그 밖의 위험한 물건을 휴대하고 제60조의2의 죄를 범한 사람은 다음 각 호의 구분에 따라 처벌한다.

1. 적전인 경우 : 무기 또는 5년 이상의 징역
2. 그 밖의 경우 : 3년 이상의 유기징역

② 집단을 이루지 아니하고 2명 이상이 공동하여 제60조의2의 죄를 범한 경우에는 제60조의2에서 정한 형의 2분의 1까지 가중한다.

(2009.11.2 본조신설)

참조 [직무수행 중인 군인등에 대한 중상해]60의4, [직무수행 중인 군인등에 대한 상해치사]60의5, [상관에 대한 집단상해]52의3, [초병에 대한 집단상해]58의3

제60조의4【직무수행 중인 군인등에 대한 중상해】 제60조제5항, 제60조의2 및 제60조의3제2항의 죄를 범하여 상관 또는 초병 외의 직무수행 중인 군인등의 생명에 대한 위험을 발생하게 하거나 불구 또는 불치나 난치의 질병에 이르게 한 사람은 다음 각 호의 구분에 따라 처벌한다.

1. 적전인 경우 : 무기 또는 5년 이상의 징역
2. 그 밖의 경우 : 2년 이상의 유기징역

참조 [직무수행 중인 군인등에 대한 상해치사]60의5, [상관에 대한 중상해]52의5, [초병에 대한 중상해]58의5, [중상해]형258

제60조의5【직무수행 중인 군인등에 대한 상해치사】 제60조의2부터 제60조의4까지의 죄를 범하여 상관 또는 초병 외의 직무수행 중인 군인등을 사망에 이르게 한 사람은 다음 각 호의 구분에 따라 처벌한다.

1. 적전인 경우 : 사형, 무기 또는 5년 이상의 징역
2. 전시, 사변 시 또는 계엄지역인 경우 : 제60조의2의 죄를 범한 사람은 사형, 무기 또는 3년 이상의 징역, 제60조의3 또는 제60조의4의 죄를 범한 사람은 사형, 무기 또는 5년 이상의 징역
3. 그 밖의 경우 : 제60조의2의 죄를 범한 사람은 무기 또는 3년 이상의 징역, 제60조의3 또는 제60조의4의 죄를 범한 사람은 무기 또는 5년 이상의 징역

참조 [상관에 대한 상해치사]52의6, [초병에 대한 상해치사]58의6, [상해치사]형259

제60조의6【군인등에 대한 폭행죄, 협박죄의 특례】 군인등이 다음 각 호의 어느 하나에 해당하는 장소에서 군인등을 폭행 또는 협박한 경우에는 「형법」 제260조제3항 및 제283조제3항을 적용하지 아니한다.

1. 「군사기지 및 군사시설 보호법」 제2조제1호의 군사기지
2. 「군사기지 및 군사시설 보호법」 제2조제2호의 군사시설
3. 「군사기지 및 군사시설 보호법」 제2조제5호의 군용항공기
4. 군용에 공하는 함선

(2016.5.29 본조신설)

판례 「군사기지 및 군사시설 보호법」 제2조제1호는 군사기지에 대하여 대한민국의 영토 내일 것을 요한다거나 외국군의 군사기지여서는 안 된다고 규정하고 있지 않다. 주한미군 기지도 대한민국의 국군이 군사작전을 수행하기 위한 근거지가 되는 이상 이는 군사기지에 해당된다. 따라서 주한미군 기지에서 발생한 대한민국 군인 등 사이의 폭행에도 군형법이 적용되어야 하며 형법 제260조제3항(반의사불벌죄)의 적용이 배제되어야 한다.(대판 2023.6.15, 2020도927)

제61조【특수소요】 집단을 이루어 흉기나 그 밖의 위험한 물건을 휴대하고 폭행, 협박 또는 손괴의 행위를 한 사람은 다음 각 호의 구분에 따라 처벌한다.
1. 수괴 : 3년 이상의 유기징역
2. 다른 사람을 지휘하거나, 세력을 확장 또는 유지하는 데 솔선한 사람 : 1년 이상 10년 이하의 징역
3. 부화뇌동한 사람 : 2년 이하의 징역

참조 [소요죄]형115

제62조【가혹행위】 ① 직권을 남용하여 학대 또는 가혹한 행위를 한 사람은 5년 이하의 징역에 처한다.
② 위력을 행사하여 학대 또는 가혹한 행위를 한 사람은 3년 이하의 징역 또는 700만원 이하의 벌금에 처한다.

제63조【미수범】 제52조의2부터 제52조의4까지, 제53조제1항, 제58조의2부터 제58조의4까지, 제59조제1항, 제60조의2 및 제60조의3의 미수범은 처벌한다.

참조 [미수범]형25, [상관에 대한 상해]52의2, [상관살해]53①, [초병에 대한 상해]58의2, [초병살해]59①, [직무수행 중인 군인등에 대한 상해]60의2

제10장 모욕의 죄
(2009.11.2 본장개정)

제64조【상관 모욕 등】 ① 상관을 그 면전에서 모욕한 사람은 2년 이하의 징역이나 금고에 처한다.
② 문서, 도화(圖畵) 또는 우상(偶像)을 공시(公示)하거나 연설 또는 그 밖의 공연(公然)한 방법으로 상관을 모욕한 사람은 3년 이하의 징역이나 금고에 처한다.
③ 공연히 사실을 적시하여 상관의 명예를 훼손한 사람은 3년 이하의 징역이나 금고에 처한다.
④ 공연히 거짓 사실을 적시하여 상관의 명예를 훼손한 사람은 5년 이하의 징역이나 금고에 처한다.

참조 [모욕죄]형311, [명예훼손죄]형307

판례 전화를 통하여 상관을 모욕한 경우 상관면전모욕죄가 성립하는지 여부 : 동조 제1항의 상관면전모욕죄의 구성요건은 '상관을 면전에서 모욕하는' 것인데, 여기에서 '면전에서'라 함은 얼굴을 마주 대한 상태를 의미하는 것이므로, 전화 통화를 면전에서의 대화라고는 할 수 없다.(대판 2002.12.27, 2002도2539)

제65조【초병 모욕】 초병을 그 면전에서 모욕한 사람은 1년 이하의 징역이나 금고에 처한다.

제11장 군용물에 관한 죄
(2009.11.2 본장개정)

제66조【군용시설 등에 대한 방화】 ① 불을 놓아 군의 공장, 함선, 항공기 또는 전투용으로 공하는 시설, 기차, 전차, 자동차, 교량을 소훼(燒燬)한 사람은 사형, 무기 또는 10년 이상의 징역에 처한다.
② 불을 놓아 군용에 공하는 물건을 저장하는 창고를 소훼한 사람은 다음 각 호의 구분에 따라 처벌한다.
1. 군용에 공하는 물건이 현존하는 경우 : 사형, 무기 또는 7년 이상의 징역
2. 군용에 공하는 물건이 현존하지 아니하는 경우 : 무기 또는 5년 이상의 징역

참조 [미수범]72, [과실범]73, [예비·음모]76, [외국의 군용시설 또는 군용물에 대한 행위]77

제67조【노적 군용물에 대한 방화】 불을 놓아 노적(露積)한 병기, 탄약, 차량, 장구(裝具), 기재(器材), 식량, 피복 또는 그 밖에 군용에 공하는 물건을 소훼한 사람은 다음 각 호의 구분에 따라 처벌한다.
1. 전시, 사변 시 또는 계엄지역인 경우 : 사형, 무기 또는 7년 이상의 징역
2. 그 밖의 경우 : 무기 또는 3년 이상의 징역

참조 [미수범]72, [과실범]73, [예비·음모]76, [외국의 군용시설 또는 군용물에 대한 행위]77

제68조【폭발물 파열】 화약, 기관(汽罐) 또는 그 밖의 폭발성 있는 물건을 파열하게 하여 제66조와 제67조에 규정된 물건을 손괴한 사람도 제66조 및 제67조의 예에 따른다.

참조 [미수범]72, [과실범]73, [예비·음모]76, [외국의 군용시설 또는 군용물에 대한 행위]77

제69조【군용시설 등 손괴】 제66조에 규정된 물건 또는 군용에 공하는 철도, 전선 또는 그 밖의 시설이나 물건을 손괴하거나 그 밖의 방법으로 그 효용을 해한 사람은 무기 또는 2년 이상의 징역에 처한다.

참조 [미수범]72, [과실범]73, [예비·음모]76, [외국의 군용시설 또는 군용물에 대한 행위]77

제70조【노획물 훼손】 적과 싸워서 얻은 물건을 횡령하거나 소훼 또는 손괴한 사람은 1년 이상 10년 이하의 징역에 처한다.

참조 [미수범]72, [과실범]73, [외국의 군용시설 또는 군용물에 대한 행위]77

제71조【함선·항공기의 복몰 또는 손괴】 ① 취역(就役) 중에 있는 함선을 충돌 또는 좌초시키거나 위험한 곳을 항행하게 하여 함선을 복몰(覆沒) 또는 손괴한 사람은 사형, 무기 또는 5년 이상의 징역에 처한다.
② 취역 중에 있는 항공기를 추락시키거나 손괴한 사람도 제1항의 형에 처한다.
③ 제1항 또는 제2항의 죄를 범하여 사람을 사망 또는 상해에 이르게 한 사람은 사형, 무기 또는 10년 이상의 징역에 처한다.

참조 [미수범]72, [과실범]73, [예비·음모]76, [외국의 군용시설 또는 군용물에 대한 행위]77

제72조【미수범】 제66조부터 제70조까지 및 제71조제1항·제2항의 미수범은 처벌한다.

참조 [미수범]형25, [외국의 군용시설 또는 군용물에 대한 행위]77

제73조【과실범】 ① 과실로 인하여 제66조부터 제71조까지의 죄를 범한 사람은 5년 이하의 징역 또는 300만원 이하의 벌금에 처한다.
② 업무상 과실 또는 중대한 과실로 인하여 제1항의 죄를 범한 사람은 7년 이하의 징역 또는 500만원 이하의 벌금에 처한다.

참조 [과실]형14, [외국의 군용시설 또는 군용물에 대한 행위]77

제74조【군용물 분실】 총포, 탄약, 폭발물, 차량, 장구, 기재, 식량, 피복 또는 그 밖에 군용에 공하는 물건을 보관할 책임이 있는 사람으로서 이를 분실한 사람은 5년 이하의 징역 또는 300만원 이하의 벌금에 처한다.

제75조【군용물 등 범죄에 대한 형의 가중】 ① 총포, 탄약, 폭발물, 차량, 장구, 기재, 식량, 피복 또는 그 밖에 군용에 공하는 물건 또는 군의 재산상 이익에 관하여 「형법」 제2편제38장부터 제41장까지의 죄를 범한 경우에는 다음 각 호의 구분에 따라 처벌한다.
1. 총포, 탄약 또는 폭발물의 경우 : 사형, 무기 또는 5년 이상의 징역
2. 그 밖의 경우 : 사형, 무기 또는 1년 이상의 징역
② 제1항의 경우에는 「형법」에 정한 형과 비교하여 중한 형으로 처벌한다.
③ 제1항의 죄에 대하여는 3천만원 이하의 벌금을 병과(倂科)할 수 있다.

참조 [절도와 강도의 죄, 사기와 공갈의 죄, 횡령과 배임의 죄, 장물에 관한 죄]형38장–41장(329–365), [외국의 군용시설 또는 군용물에 대한 행위]77

판례 직무상 보관하고 있던 군용물을 임의로 매도처분한 이상, 그 대금의 일부를 부대의 경비로 사용하였다 하여 부정영득의 의사가 없었다 할 수 없다.(대판 1970.2.10, 69도2356)

판례 군용물에 관한 횡령죄에 있어서는 업무상횡령이든 단순횡령이든 간에 그 법정형이 동일하게 되어 양죄 사이에 형의 경중이 없게 되었으므로, 법률적용에 있어서 형법 제33조 단서의 적용을 받지 않는다.(대판 1965.8.24, 65도493)

제76조【예비, 음모】 제66조부터 제69조까지와 제71조의 죄를 범할 목적으로 예비 또는 음모를 한 사람은 7년 이하의

징역이나 금고에 처한다. 다만, 그 목적한 죄의 실행에 이르기 전에 자수한 경우에는 그 형을 감경하거나 면제한다.

참조 [예비·음모]형28, [외국의 군용시설 또는 군용물에 대한 행위]77

제77조【외국의 군용시설 또는 군용물에 대한 행위】 이 장의 규정은 국군과 공동작전에 종사하고 있는 외국군의 군용시설 또는 군용에 공하는 물건에 대한 행위에도 적용한다.

참조 [동맹국에 대한 행위]10·17

제12장 위령(違令)의 죄

(2009.11.2 본장개정)

제78조【초소 침범】 초병을 속여서 초소를 통과하거나 초병의 제지에 불응한 사람은 다음 각 호의 구분에 따라 처벌한다.

1. 적전인 경우 : 1년 이상 5년 이하의 징역 또는 금고
2. 전시, 사변 시 또는 계엄지역인 경우 : 3년 이하의 징역 또는 금고
3. 그 밖의 경우 : 1년 이하의 징역 또는 금고

참조 [본조의 죄와 군형법 피적용자]1④, [초병]28

제79조【무단 이탈】 허가 없이 근무장소 또는 지정장소를 일시적으로 이탈하거나 지정한 시간까지 지정한 장소에 도달하지 못한 사람은 1년 이하의 징역이나 금고 또는 300만원 이하의 벌금에 처한다.

참조 [군무이탈]30

판례 군형법 제79조에 규정된 무단이탈죄는 즉시범으로서 허가없이 근무장소 또는 지정장소를 일시 이탈함과 동시에 완성되고 그 후의 사정인 이탈 기간의 장단 등은 무단이탈죄의 성립에 아무런 영향이 없다.(대판 1983.11.8, 83도2450)

제80조【군사기밀 누설】 ① 군사상 기밀을 누설한 사람은 10년 이하의 징역이나 금고에 처한다.

② 업무상 과실 또는 중대한 과실로 인하여 제1항의 죄를 범한 경우에는 3년 이하의 징역이나 금고 또는 700만원 이하의 벌금에 처한다.

참조 [군사상의 기밀]군사기밀2, [누설]군사기밀12, [업무상 누설]군사기밀13, [과실 누설]군사기밀14, [국제연합군 및 외국에서 제공받은 기밀등에 대한 적용]군사기밀21

판례 군사상의 기밀이란 반드시 법령에 의하여 기밀사항으로 규정되었거나 기밀로 분류 명시된 사항에 한하지 아니하고, 객관적, 일반적인 입장에서 외부에 알려지지 않는 것에 상당한 이익이 있는 사항도 포함한다고 할 것이나, 그 이익 여부는 자료의 작성 경위 및 과정, 누설된 자료의 구체적인 내용, 자료가 외부에 알려질 경우 군사목적상 위해한 결과를 초래할 가능성, 자료가 실무적으로 활용되고 있는 현황, 자료가 외부에 공개된 정도, 국민의 알권리와의 관계 등을 종합적으로 고려하여 판단하여야 한다.
(대판 2007.12.13, 2007도3450,99도4022)

제81조【암호 부정사용】 다음 각 호의 어느 하나에 해당하는 사람은 2년 이상의 유기징역이나 유기금고에 처한다.

1. 암호를 허가 없이 발신한 사람
2. 암호를 수신(受信)할 자격이 없는 사람에게 수신하게 한 사람
3. 자기가 수신한 암호를 전달하지 아니하거나 거짓으로 전달한 사람

제13장 약탈의 죄

(2009.11.2 본장개정)

제82조【약탈】 ① 전투지역 또는 점령지역에서 군의 위력 또는 전투의 공포를 이용하여 주민의 재물을 약취(掠取)한 사람은 무기 또는 3년 이상의 징역에 처한다.

② 전투지역에서 전사자 또는 전상병자의 의류나 그 밖의 재물을 약취한 사람은 1년 이상의 유기징역에 처한다.

참조 [미수범]85, [치사상]83

제83조【약탈로 인한 치사상】 ① 제82조의 죄를 범하여 사람을 살해하거나 사망에 이르게 한 사람은 사형 또는 무기징역에 처한다.

② 제82조의 죄를 범하여 사람을 상해하거나 상해에 이르게 한 사람은 무기 또는 7년 이상의 징역에 처한다.

참조 [미수범]85

제84조【전지 강간】 ① 전투지역 또는 점령지역에서 사람을 강간한 사람은 사형에 처한다.(2013.4.5 본항개정)

② (2013.4.5 삭제)

참조 [미수범]85, [강간죄]형297, [공소]군사법원382, [고소]군사법원265-275·278-281

판례 전지(戰地) 강간행위는 폭행 또는 협박을 사용하는 경우뿐만 아니라, 심신상실이나 항거불능의 상태를 이용하는 행위도 포함한다.(대판 1970.4.28, 70도449)

제85조【미수범】 이 장의 미수범은 처벌한다.

참조 [미수범]형25

제14장 포로에 관한 죄

(2009.11.2 본장개정)

제86조【포로】 적에게 포로가 된 사람이 우군(友軍)부대 또는 진지로 귀환할 수 있는데도 귀환할 적절한 행동을 하지 아니하거나 다른 우군포로가 귀환하지 못하게 한 사람은 2년 이하의 징역에 처한다.

제87조【간수자의 포로 도주 원조】 포로를 간수 또는 호송하는 사람이 그 포로를 도주하게 한 경우에는 3년 이상의 유기징역에 처한다.

참조 [본조의 죄와 군형법 피적용자]1④, [미수범]91

제88조【포로 도주 원조】 ① 포로를 도주하게 한 사람은 10년 이하의 징역에 처한다.

② 포로를 도주시킬 목적으로 포로에게 기구를 제공하거나 그 밖에 그 도주를 용이하게 하는 행위를 한 사람은 7년 이하의 징역에 처한다.

참조 [본조의 죄와 군형법 피적용자]1④, [미수범]91

제89조【포로 탈취】 포로를 탈취한 사람은 2년 이상의 유기징역에 처한다.

참조 [본조의 죄와 군형법 피적용자]1④, [미수범]91

제90조【도주포로 비호】 도주한 포로를 숨기거나 비호한 사람은 5년 이하의 징역에 처한다.

참조 [본조의 죄와 군형법 피적용자]1④, [미수범]91, [이탈자 비호]32

제91조【미수범】 제87조부터 제90조까지의 미수범은 처벌한다.

참조 [본조의 죄와 군형법 피적용자]1④, [미수범]형25

제15장 강간과 추행의 죄

(2009.11.2 본장제목개정)

제92조【강간】 폭행이나 협박으로 제1조제1항부터 제3항까지에 규정된 사람을 강간한 사람은 5년 이상의 유기징역에 처한다.(2013.4.5 본조개정)

제92조의2【유사강간】 폭행이나 협박으로 제1조제1항부터 제3항까지에 규정된 사람에 대하여 구강, 항문 등 신체(성기는 제외한다)의 내부에 성기를 넣거나 성기, 항문에 손가락 등 신체(성기는 제외한다)의 일부 또는 도구를 넣는 행위를 한 사람은 3년 이상의 유기징역에 처한다.(2013.4.5 본조신설)

제92조의3【강제추행】 폭행이나 협박으로 제1조제1항부터 제3항까지에 규정된 사람에 대하여 추행을 한 사람은 1년 이상의 유기징역에 처한다.(2009.11.2 본조신설)

제92조의4【준강간, 준강제추행】 제1조제1항부터 제3항까지에 규정된 사람의 심신상실 또는 항거불능 상태를 이용하여 간음 또는 추행을 한 사람은 제92조, 제92조의2 및 제92조의3의 예에 따른다.(2013.4.5 본조개정)

제92조의5【미수범】 제92조, 제92조의2부터 제92조의4까지의 미수범은 처벌한다.(2013.4.5 본조개정)

제92조의6【추행】 제1조제1항부터 제3항까지에 규정된 사람에 대하여 항문성교나 그 밖의 추행을 한 사람은 2년 이하의 징역에 처한다.(2013.4.5 본조개정)

판례 동성인 군인들이 영외의 사적 공간에서 자발적 의사 합치에 따라 항문성교를 비롯한 성행위를 한 경우, 군인의 성적자기결정권이라는 법익은 물론, 군이라는 공동사회의 건전한 생활과 군기를 직접적·구체적으로 침해한 것으로 볼 수 없다.
(대판 2022.4.21, 2019도3047 전원합의체)

제92조의7【강간 등 상해·치상】 제92조 및 제92조의2부터 제92조의5까지의 죄를 범한 사람이 제1조제1항부터 제3항까지에 규정된 사람을 상해하거나 상해에 이르게 한 때에는 무기 또는 7년 이상의 징역에 처한다.(2013.4.5 본조개정)
제92조의8【강간 등 살인·치사】 제92조 및 제92조의2부터 제92조의5까지의 죄를 범한 사람이 제1조제1항부터 제3항까지에 규정된 사람을 살해한 때에는 사형 또는 무기징역에 처하고, 사망에 이르게 한 때에는 사형, 무기 또는 10년 이상의 징역에 처한다.(2013.4.5 본조개정)

제16장 그 밖의 죄

(2009.11.2 본장제목삽입)

제93조【부하범죄 부진정】 부하가 다수 공동하여 죄를 범함을 알고도 그 진정(鎭定)을 위하여 필요한 방법을 다하지 아니한 사람은 3년 이하의 징역이나 금고에 처한다.
(2009.11.2 본조개정)
제94조【정치 관여】 ① 정당이나 정치단체에 가입하거나 다음 각 호의 어느 하나에 해당하는 행위를 한 사람은 5년 이하의 징역과 5년 이하의 자격정지에 처한다.
1. 정당이나 정치단체의 결성 또는 가입을 지원하거나 방해하는 행위
2. 그 직위를 이용하여 특정 정당이나 특정 정치인에 대하여 지지 또는 반대 의견을 유포하거나, 그러한 여론을 조성할 목적으로 특정 정당이나 특정 정치인에 대하여 찬양하거나 비방하는 내용의 의견 또는 사실을 유포하는 행위
3. 특정 정당이나 특정 정치인을 위하여 기부금 모집을 지원하거나 방해하는 행위 또는 국가·지방자치단체 및 「공공기관의 운영에 관한 법률」에 따른 공공기관의 자금을 이용하거나 이용하게 하는 행위
4. 특정 정당이나 특정인의 선거운동을 하거나 선거 관련 대책회의에 관여하는 행위
5. 「정보통신망 이용촉진 및 정보보호 등에 관한 법률」에 따른 정보통신망을 이용한 제1호부터 제4호에 해당하는 행위
6. 제1조제1항부터 제3항까지에 규정된 사람이나 다른 공무원에 대하여 제1호부터 제5호까지의 행위를 하도록 요구하거나 그 행위와 관련한 보상 또는 보복으로서 이익 또는 불이익을 주거나 이를 약속 또는 고지(告知)하는 행위
② 제1항에 규정된 죄에 대한 공소시효의 기간은 「군사법원법」 제291조제1항에도 불구하고 10년으로 한다.
(2014.1.14 본조개정)

부 칙 (2013.4.5)

제1조【시행일】 이 법은 2013년 6월 19일부터 시행한다.
제2조【친고죄에 관한 경과조치】 이 법 시행 전에 행하여진 종전의 제92조 및 제92조의2부터 제92조의4까지의 죄에 대하여는 종전의 제92조의8을 적용한다.

부 칙 (2016.5.29 법14181호)

제1조【시행일】 이 법은 공포 후 6개월이 경과한 날부터 시행한다.
제2조【군인등에 대한 폭행죄, 협박죄의 특례에 관한 적용례】 이 법 시행 전에 행하여진 군인등의 군인등에 대한 폭행 또는 협박행위에 대하여는 「형법」 제260조제3항 및 제283조제3항을 적용한다.

부 칙 (2016.5.29 법14183호)

제1조【시행일】 이 법은 공포 후 6개월이 경과한 날부터 시행한다.(이하 생략)

부 칙 (2021.9.24)

제1조【시행일】 이 법은 2022년 7월 1일부터 시행한다.(이하 생략)

군사법원법

(1987년 12월 4일 전개법률 제3993호)

개정
1993.12.27법 4616호(군사기밀)
1994. 1. 5법 4704호
1999. 1.21법 5681호(국가안전기획부법)
1999.12.28법 6037호
1999.12.31법 6082호(형사소송비용법)
2000.12.26법 6290호(군인사법)
2002. 1.26법 6627호(민사집행법)
2004. 1.20법 7078호(검찰)
2004.10.16법 7229호
2004.12.31법 7289호(디자인보호)
2005. 3.31법 7427호(민법)
2007. 5.17법 8435호(가족관계등록)
2008. 1.17법 8842호
2009. 6. 9법 9765호(아동·청소년의성보호에관한법)
2009.12.29법 9841호
2011. 8. 4법11002호(아동)
2012.12.18법11572호(아동·청소년의성보호에관한법)
2013. 4. 5법11731호(형법)
2014. 1. 7법12199호 2015. 2. 3법13126호
2016. 1. 6법13722호
2017. 3.21법14609호(군인사법)
2017.12.12법15165호 2018.12.18법15983호
2020. 2. 4법16926호 2020. 6. 9법17367호
2020.12.15법17646호(국가정보원법)
2021. 9.24법18465호 2023.10.24법19744호
2023.12.26법19839호(전북특별자치도설치및글로벌생명경제도시조성을위한특별법)
2025. 1.31법20736호→2025년 8월 1일 시행

제1편 군사법원 및 군검찰

제1장 총 칙
(2009.12.29 본장개정)

제1조【목적】 이 법은 「대한민국헌법」 제110조에 따라 군사재판을 관할할 군사법원의 조직, 권한, 재판관의 자격 및 심판절차와 군검찰의 조직, 권한 및 수사절차를 정함을 목적으로 한다.

참조 [군사재판]헌27·110

제2조【신분적 재판권】 ① 군사법원은 다음 각 호의 어느 하나에 해당하는 사람이 범한 죄에 대하여 재판권을 가진다.

1. 「군형법」 제1조제1항부터 제4항까지에 규정된 사람. 다만, 「군형법」 제1조제4항에 규정된 사람 중 다음 각 목의 어느 하나에 해당하는 내국인·외국인은 제외한다.(2015.2.3 단서신설)
   가. 군의 공장, 전투용으로 공하는 시설, 교량 또는 군용에 공하는 물건을 저장하는 창고에 대하여 「군형법」 제66조의 죄를 범한 내국인·외국인
   나. 군의 공장, 전투용으로 공하는 시설, 교량 또는 군용에 공하는 물건을 저장하는 창고에 대하여 「군형법」 제68조의 죄를 범한 내국인·외국인
   다. 군의 공장, 전투용으로 공하는 시설, 교량, 군용에 공하는 물건을 저장하는 창고, 군용에 공하는 철도, 전선 또는 그 밖의 시설에 대하여 「군형법」 제69조의 죄를 범한 내국인·외국인
   라. 가목부터 다목까지의 규정에 따른 죄의 미수범인 내국인·외국인
   마. 국군과 공동작전에 종사하고 있는 외국군의 군용시설에 대하여 가목부터 다목까지의 규정에 따른 죄를 범한 내국인·외국인
   (2015.2.3 가목~마목신설)
2. 국군부대가 관리하고 있는 포로

② 제1항에도 불구하고 법원은 다음 각 호에 해당하는 범죄 및 그 경합범 관계에 있는 죄에 대하여 재판권을 가진다. 다만, 전시·사변 또는 이에 준하는 국가비상사태 시에는 그러하지 아니하다.

1. 「군형법」 제1조제1항부터 제3항까지에 규정된 사람이 범한 「성폭력범죄의 처벌 등에 관한 특례법」 제2조의 성폭력범죄 및 같은 법 제15조의2의 죄, 「아동·청소년의 성보호에 관한 법률」 제2조제2호의 죄
2. 「군형법」 제1조제1항부터 제3항까지에 규정된 사람이 사망하거나 사망에 이른 경우 그 원인이 되는 범죄
3. 「군형법」 제1조제1항부터 제3항까지에 규정된 사람이 그 신분취득 전에 범한 죄

(2021.9.24 본항개정)

③ 군사법원은 공소(公訴)가 제기된 사건에 대하여 군사법원이 재판권을 가지지 아니하게 되었거나 재판권을 가지지 아니하였음이 밝혀진 경우에는 결정으로 사건을 재판권이 있는 같은 심급의 법원으로 이송(移送)한다. 이 경우 이송 전에 한 소송행위는 이송 후에도 그 효력에 영향이 없다.
(2021.9.24 전단개정)

④ 국방부장관은 제2항에 해당하는 죄의 경우에도 국가안전보장, 군사기밀보호, 그 밖에 이에 준하는 사정이 있는 때에는 해당 사건을 군사법원에 기소하도록 결정할 수 있다. 다만, 해당 사건이 법원에 기소된 이후에는 그러하지 아니하다.
(2021.9.24 본항신설)

⑤ 검찰총장 및 고소권자는 제4항 본문의 결정에 대하여 7일 이내에 대법원에 그 취소를 구하는 신청을 할 수 있다.
(2021.9.24 본항신설)

⑥ 제5항의 신청에 따른 심리와 절차에 관하여는 그 성질에 반하지 아니하는 범위에서 제3조의2부터 제3조의7까지의 규정을 준용한다.(2021.9.24 본항신설)

참조 [군형법 피적용자]군형1, [사건의 군사법원 이송]형소16의2

판례 군인으로서 군법회의에서 군용물특수절도죄로 확정판결을 받고 군에서 제적된 자에 대하여 군법회의는 재판권이 없으므로, 그 자가 제기한, 보통군법회의 판결에 대한 재심청구에 대하여는 그에 대응하는 심급으로서 피고인의 현재지를 관할하는 일반법원이 재판권 및 재심관할권을 갖는다.(대판 1981.11.24, 81초69)

제3조【그 밖의 재판권】 ① 군사법원은 「계엄법」에 따른 재판권을 가진다.

② 군사법원은 「군사기밀보호법」 제13조의 죄와 그 미수범에 대하여 재판권을 가진다.

참조 [계엄과 군사재판]헌27·77·110, 계엄10

제3조의2【재판권 쟁의에 대한 재정의 신청】 ① 법원과 군사법원 사이에서 재판권에 대한 쟁의(爭議)가 발생한 때에는 해당 사건이 계속(繫屬)되어 있는 법원 또는 군사법원이나 이 법과 「형사소송법」에 따른 해당 사건의 상소권자는 대법원에 재판권의 유무에 대한 재정(裁定)을 신청할 수 있다.
(2021.9.24 본항개정)

② 사건이 계속된 법원 또는 군사법원은 제1항의 신청을 하는 경우에 이유를 갖춘 신청서와 해당 사건의 기록을 대법원에 제출한다.

③ 상소권자가 제1항의 신청을 할 때에는 그 이유를 갖춘 신청서를 해당 사건이 계속되어 있는 법원 또는 군사법원에 제출하고, 신청서를 받은 법원 또는 군사법원은 이를 받은 날부터 7일 이내에 신청서와 해당 사건의 기록을 대법원에 보내야 한다.

④ 재판권 쟁의에 대한 재정의 신청이 있을 때에는 해당 사건에 대한 소송절차는 그 신청에 대한 대법원의 재정이 있을 때까지 정지된다.

⑤ 제2항 및 제3항의 절차를 마친 법원 또는 군사법원은 그 사실을 7일 이내에 검찰총장에게 통보하여야 한다.
(2009.12.29 본조신설)

제3조의3【재판권 쟁의에 대한 재정의 심리】 ① 대법원은 「공직선거법」 제270조에도 불구하고 제3조의2에 따른 재판권 쟁의에 대한 재정신청사건을 다른 사건에 우선하여 심리하여야 한다.

② 재판권의 유무는 해당 사건의 공소장에 적힌 공소사실과 소송기록에 근거하여 판단한다.
(2009.12.29 본조신설)

제3조의4【검찰총장의 의견서 제출】 검찰총장은 제3조의2에 따른 재판권 쟁의에 대한 의견서를 제출할 수 있다.
(2009.12.29 본조신설)

제3조의5【재정서의 송부 등】 ① 제3조의2에 따른 재판권 쟁의에 대한 대법원의 재정서의 정본과 해당 사건의 기록은 결정일부터 2일 이내에 해당 사건이 계속된 법원 또는 군사법원에 보내야 한다.

② 계속되어 있는 해당 사건에 대하여 재판권이 없다는 재정서의 정본과 해당 사건의 기록을 받은 법원 또는 군사법원은 3일 이내에 해당 사건에 관한 기록과 증거물을 재판권이 있는 관할 법원 또는 군사법원에 보내야 한다.
(2009.12.29 본조신설)

제3조의6【재정신청 전 소송행위의 효력】 재판권이 없다는 재정결정은 해당 사건이 계속된 법원 또는 군사법원에서 제3조의2제1항의 재정이 신청되기 전에 행하여진 모든 소송행위의 효력을 상실시키지 아니한다.(2009.12.29 본조신설)

제3조의7【피고인의 구속에 대한 처분】 재판권 쟁의에 대한 재정으로 인하여 경과되는 기간 중 피고인의 구속에 대한 처분은 해당 사건의 기록이 있는 대법원, 그 밖의 법원 또는 군사법원이 결정을 하여야 한다.(2009.12.29 본조신설)

제4조【대법원의 규칙제정권】 대법원은 제4조의2에 따른 군사법원운영위원회의 의결을 거쳐 군사법원의 재판에 관한 내부규율과 사무처리에 관한 사항을 군사법원규칙으로 정한다.(2021.9.24 본조개정)

참조 [대법원의 규칙 제정권]헌108, [군사법원운영위원회]4의2

제4조의2【군사법원운영위원회】 ① 군사법원 운영에 관한 다음 각 호의 사항을 심의·의결하기 위하여 국방부에 군사법원운영위원회를 둔다.

1. 군판사의 임명 및 연임 동의에 관한 사항
2. 제4조에 따른 군사법원규칙의 제정과 개정 등에 관한 사항
3. 판례의 수집·간행에 관한 사항
4. 다른 법령에 따라 군사법원운영위원회의 권한에 속하는 사항
5. 군사법원 운영과 관련하여 특히 중요하다고 인정되는 사항으로서 국방부장관이 회의에 부치는 사항

② 제1항에 따른 군사법원운영위원회(이하 "군사법원운영위원회"라 한다)의 위원장은 국방부장관이 되고, 군사법원운영위원회의 위원은 다음 각 호의 사람이 된다.
1. 국방부장관이 지정하는 변호사 자격이 있는 고위공무원 1명
2. 군사법원장 5명
3. 「군인사법」 제21조에 따라 각 군 참모총장이 임명한 법무병과장 각 1명

③ 군사법원운영위원회는 재적위원 3분의 2 이상의 출석으로 개의(開議)하고, 출석위원 과반수의 찬성으로 의결한다.
④ 제1항부터 제3항까지에서 규정한 사항 외에 군사법원운영위원회의 운영에 필요한 사항은 대통령령으로 정한다.
(2021.9.24 본조신설)

제2장 군사법원의 설치 및 관할
(2009.12.29 본장개정)

제5조 (2021.9.24 삭제)
제6조【군사법원의 설치 및 관할구역】 ① 군사법원은 국방부장관 소속으로 하며, 중앙지역군사법원·제1지역군사법원·제2지역군사법원·제3지역군사법원 및 제4지역군사법원으로 구분하여 설치하되, 그 소재지는 별표1과 같다.
② 군사법원의 관할구역은 별표2와 같다.
(2021.9.24 본조개정)
제6조의2【행정구역의 변경과 관할구역】 군사법원의 관할구역의 기준이 되는 행정구역이 변경된 경우에는 이 법에 따라 군사법원의 관할구역이 정하여질 때까지 그 변경으로 인한 관할구역을 대통령령으로 정할 수 있다.(2021.9.24 본조신설)
제7조【군사법원장】 ① 군사법원에 군사법원장을 둔다.
② 군사법원장은 군판사로 한다.
③ 중앙지역군사법원장은 국방부장관의 명을 받아 군사법원의 사법행정사무를 총괄하고, 각 군사법원의 사법행정사무에 관하여 직원을 지휘·감독한다.
④ 군사법원장은 그 군사법원의 사법행정사무를 관장하며, 소속 직원을 지휘·감독한다.
⑤ 군사법원장이 궐위되거나 부득이한 사유로 직무를 수행할 수 없을 때에는 그 군사법원의 선임(先任) 군판사의 순서로 그 권한을 대행한다.
(2021.9.24 본조개정)
제8조【부의 설치】 ① 군사법원에 부(部)를 둔다.
② 부에 부장(部長)군판사를 둔다. 이 경우 군사법원장은 부장군판사를 겸할 수 있다.
③ 부장군판사는 그 부의 재판에서 재판장이 되며, 군사법원장의 지휘에 따라 그 부의 사무를 감독한다.
(2021.9.24 본조개정)
제9조【대법원의 심판사항】 대법원은 고등법원(제11조에 따라 군사법원에 재판권이 있는 사건을 심판하는 고등법원으로 한정한다. 이하 같다) 판결의 상고사건 및 결정·명령에 대한 재항고사건에 대하여 심판한다.(2021.9.24 본조개정)
참조 [상고심의 관할]헌110
제10조【고등법원의 심판사항】 ① 고등법원은 군사법원의 재판에 대한 항소사건, 항고사건 및 그 밖에 다른 법률에 따라 고등법원의 권한에 속하는 사건에 대하여 심판한다.
② 제1항의 고등법원은 「각급 법원의 설치와 관할구역에 관한 법률」 별표1에 따른 서울고등법원에 둔다.
(2021.9.24 본조개정)
제11조【군사법원의 심판사항】 군사법원은 다음 각 호의 사건을 제1심으로 심판한다.
1. 제2조 또는 제3조에 따라 군사법원이 재판권을 가지는 사건
2. 그 밖에 다른 법률에 따라 군사법원의 권한에 속하는 사건

(2021.9.24 본조개정)
제12조【계엄지역의 관할】 계엄지역에서는 국방부장관이 지정하는 군사법원이 「계엄법」에 따른 재판권을 가진다.
참조 계엄10
제12조의2【관할의 직권조사】 군사법원은 직권으로 관할을 조사하여야 한다.(2021.9.24 본조신설)
제12조의3【관할구역 밖에서의 직무 수행】 ① 군사법원은 사실발견을 위하여 필요하거나 긴급을 요하는 때에는 관할구역 밖에서 직무를 행하거나 사실조사에 필요한 처분을 할 수 있다.
② 제1항은 수명군판사(受命軍判事)에게 준용한다.
(2021.9.24 본조신설)
제12조의4【군사법원의 관할】 ① 군사법원의 관할은 범죄지, 피고인의 근무지나 피고인이 소속된 부대 또는 기관[국방부, 국방부 직할부대, 각 군 본부나 편제상 장성급(將星級) 장교가 지휘하는 부대 또는 기관을 말한다. 이하 "부대"라 한다]의 소재지, 피고인의 현재지로 한다.
② 국외에 있는 대한민국 선박 내에서 범한 죄에 관하여는 제1항에서 규정한 관할 외에 선적지 또는 범죄 후의 선착지도 관할로 한다.
③ 국외에 있는 대한민국 항공기 내에서 범한 죄에 관하여는 제2항을 준용한다.
④ 중앙지역군사법원은 제1항에도 불구하고 장성급 장교가 피고인인 사건과 그 밖의 중요 사건을 심판할 수 있다.
(2021.9.24 본조신설)
제13조【관련사건 관할의 병합과 예외】 관할을 달리하는 여러 개의 사건이 관련된 경우 1개의 사건에 관하여 관할권이 있는 군사법원은 다른 사건까지 관할할 수 있다. 다만, 제12조에 따른 사건은 관련되었다는 이유로 병합관할할 수 없다.
(2021.9.24 본조개정)
참조 [관련사건의 정의]16
제14조【관련사건의 심리분리】 관할을 달리하는 여러 개의 관련사건이 같은 군사법원에 계속된 경우 병합심리할 필요가 없을 때에는 그 군사법원은 군검사의 신청에 따라 결정으로 이를 분리하여 관할권이 있는 다른 군사법원에 이송할 수 있다.(2021.9.24 본조개정)
제14조의2【사건의 직권이송】 군사법원은 피고인이 그 관할구역 내에 현재(現在)하지 아니하는 경우에 특별한 사정이 있으면 결정으로 사건을 피고인의 현재지를 관할하는 군사법원에 이송할 수 있다.(2021.9.24 본조신설)
제15조【관련사건의 병합심리】 관련사건이 각각 다른 군사법원에 계속된 경우 중앙지역군사법원은 군검사 또는 피고인의 신청에 따라 결정으로 해당 사건을 1개 군사법원이 병합심리하게 할 수 있다.(2021.9.24 본조개정)
제16조【관련사건의 정의】 이 법에서 "관련사건"이란 다음 각 호의 어느 하나에 해당하는 것을 말한다.
1. 1명이 범한 여러 건의 죄
2. 여러 사람이 공동으로 범한 죄
3. 여러 사람이 동시에 같은 장소에서 범한 죄
4. 범인은닉죄, 증거인멸죄, 위증죄, 허위의 감정이나 통역 및 번역죄, 장물에 관한 죄, 반란불보고죄 및 이탈자비호죄와 그 본범(本犯)의 죄

참조 [관련사건과 관할]13－15, [수죄]형37, [공동으로 범한 죄]형30－34, [범인은닉죄]형151, [증거인멸죄]형155, [위증죄]형152, [허위감정, 통역·번역죄]형154, [장물죄]형362, [반란불보고죄]군형9, [이탈자비호죄]군형32
제17조【관할의 경합】 같은 사건이 여러 개의 군사법원에 계속된 경우에는 먼저 공소를 받은 군사법원이 심판한다. 다만, 중앙지역군사법원은 군검사 또는 피고인의 신청에 따라 결정으로 나중에 공소를 받은 군사법원으로 하여금 심판하게 할 수 있다.(2021.9.24 단서개정)
참조 [본조와 공소기각]383

제18조 (2021.9.24 삭제)

제19조【관할이전의 신청】 ① 군검사는 다음 각 호의 어느 하나에 해당할 때에는 중앙지역군사법원에 관할이전을 신청할 수 있다.(2021.9.24 본문개정)

1. 관할 군사법원이 법률상 이유 또는 특별한 사정으로 재판권을 행사할 수 없을 때
2. 범죄의 성질, 피고인의 지위, 피고인의 소속 부대의 실정, 소송의 상황 및 그 밖의 사정으로 인하여 재판의 공정성을 유지하기 어렵거나 공공의 안녕과 질서를 해칠 우려가 있을 때(2021.9.24 본호개정)

② 제1항제2호의 경우에는 피고인도 관할이전을 신청할 수 있다.

③ 제1항 및 제2항에 따른 신청을 받은 중앙지역군사법원은 지체 없이 이에 대한 결정을 하여야 한다.(2021.9.24 본항개정)

제19조의2【관할지정의 신청】 군검사는 다음 각 호의 어느 하나에 해당할 때에는 중앙지역군사법원에 관할지정을 신청하여야 한다.

1. 군사법원의 관할이 명확하지 아니할 때
2. 관할위반을 선고한 재판이 확정된 사건에 관하여 다른 관할 군사법원이 없을 때

(2021.9.24 본조신설)

제19조의3【관할의 지정 또는 이전 신청의 방식】 ① 관할의 지정 또는 이전을 신청하는 경우에는 그 사유를 기재한 신청서를 중앙지역군사법원에 제출하여야 한다.

② 공소를 제기한 후 관할의 지정 또는 이전을 신청하는 경우에는 즉시 공소를 접수한 군사법원에 통지하여야 한다.

(2021.9.24 본조신설)

참조 [관할이전의 신청]19, [관할지정의 신청]19의2

제20조【관할위반과 소송행위의 효력】 소송행위는 관할위반인 경우에도 효력에 영향을 받지 아니한다.

참조 [군사법원 이송 전의 소송행위의 효력]형소16의2

제3장 군사법원의 심판기관 및 직원
(2009.12.29 본장개정)

제21조【재판관의 독립】 ① 군사법원의 재판관은 헌법과 법률에 의하여 그 양심에 따라 독립하여 심판한다.

② 재판관은 재판에 관한 직무상의 행위로 인하여 징계나 그 밖의 어떠한 불리한 처분도 받지 아니한다.(2021.9.24 본항개정)

참조 헌103 · 107

제22조【군사법원의 재판관】 ① 군사법원에서는 군판사 3명을 재판관으로 한다.

② 제1항에도 불구하고 약식절차에서는 군판사 1명을 재판관으로 한다.

(2021.9.24 본조개정)

참조 [군판사의 임명]23, [서기 · 법정경위 · 통역 · 기사]32-35

판례 심리에 관여하지 아니한 재판관이 판결에 관여함은 형사소송법상 직접심리주의에 위배될 뿐 아니라 판결법원의 구성이 법률에 위반한 것이라 할 것이다.(대판 1963.7.25, 63도73)

제22조의2【군판사인사위원회】 ① 군판사의 인사에 관한 중요한 사항을 심의하기 위하여 국방부에 군판사인사위원회를 둔다.

② 제1항에 따른 군판사인사위원회(이하 "군판사인사위원회"라 한다)는 다음 각 호의 사항을 심의한다.

1. 군판사의 인사에 관한 기본계획의 수립에 관한 사항
2. 제23조에 따른 군판사의 임명에 관한 사항
3. 제27조에 따른 군판사의 연임에 관한 사항
4. 제28조에 따른 군판사의 해임에 관한 사항
5. 제29조에 따른 군판사에 대한 징계의결 요구에 관한 사항
6. 제30조에 따른 군판사에 대한 본인의 의사에 따르지 아니한 전역에 관한 사항
7. 군판사에 대한 진급 추천에 관한 사항
8. 그 밖에 군판사 인사에 관하여 국방부장관이 중요하다고 인정하여 회의에 부치는 사항

③ 군판사인사위원회는 위원장 1명을 포함한 11명의 위원으로 구성한다.

④ 군판사인사위원회의 위원은 다음 각 호에 해당하는 사람을 국방부장관이 임명하거나 위촉한다.

1. 군판사 1명
2. 대법원장이 추천하는 법관 1명
3. 법무부장관이 추천하는 검사 1명
4. 대한변호사협회의 장이 추천하는 변호사 1명
5. 사단법인 한국법학교수회 회장과 사단법인 법학전문대학원협의회 이사장이 각각 1명씩 추천하는 법학교수 2명
6. 각 군 참모총장이 각각 1명씩 추천하는 장교 3명
7. 학식과 덕망이 있고 각계 전문 분야에서 경험이 풍부한 사람으로서 변호사의 자격이 없는 사람 2명. 이 경우 1명 이상은 여성이어야 한다.

⑤ 군판사인사위원회의 위원장은 위원 중에서 국방부장관이 임명하거나 위촉한다.

⑥ 군판사인사위원회는 재적위원 과반수의 출석으로 개의하고, 출석위원 과반수의 찬성으로 의결한다.

⑦ 제1항부터 제6항까지에서 규정한 사항 외에 군판사인사위원회의 구성과 운영 등에 필요한 사항은 대통령령으로 정한다.

(2021.9.24 본조신설)

제23조【군판사의 임명 및 소속】 ① 군판사는 군판사인사위원회의 심의를 거치고 군사법원운영위원회의 동의를 받아 국방부장관이 임명한다.

② 군판사의 소속은 국방부로 한다.

(2021.9.24 본조개정)

참조 [군사법원운영위원회]4의2

제24조【군판사의 임용자격】 ① 군사법원장은 군법무관으로서 15년 이상 복무한 영관급 이상의 장교 중에서 임명한다.

② 군판사는 군법무관으로서 10년 이상 복무한 영관급 이상의 장교 중에서 임명한다. 이 경우 「군인사법」 제33조에 따른 임시계급을 포함한다.

(2021.9.24 본조개정)

제25조【군판사의 결격사유】 다음 각 호의 어느 하나에 해당하는 사람은 군판사로 임용할 수 없다.

1. 「군인사법」 제10조제2항의 결격사유에 해당하는 사람
2. 금고 이상의 형을 선고받은 사람

(2021.9.24 본조개정)

제26조【군판사의 임기 · 연임 · 정년 등】 ① 군사법원장의 임기는 2년으로 하며, 연임할 수 있다.

② 군사법원장이 아닌 군판사의 임기는 5년으로 하며, 연임할 수 있다.

③ 군판사의 정년은 다음 각 호의 구분에 따른다. 이 경우 「군인사법」 제8조제1항에 따른 정년은 적용하지 아니하되, 군판사가 제27조에 따라 연임되지 아니하거나 제28조에 따라 해임된 경우에는 그러하지 아니한다.

1. 군사법원장 : 58세
2. 군사법원장이 아닌 군판사 : 56세

④ 군판사는 군검사 등 군사법원 외의 다른 부대의 직위로 보직되지 아니한다.

(2021.9.24 본조개정)

제27조【군판사의 연임】 ① 국방부장관은 임기가 끝난 군판사를 군판사인사위원회의 심의를 거치고 군사법원운영위원회의 동의를 받아 연임발령한다.

② 군판사는 다음 각 호의 어느 하나에 해당하는 경우에는 연임할 수 없다.

1. 신체상 또는 정신상의 장해로 군판사로서 정상적인 직무를 수행할 수 없는 경우
2. 근무성적이 현저히 불량하여 군판사로서 정상적인 직무를 수행할 수 없는 경우
3. 군판사로서의 품위를 유지하는 것이 현저히 곤란한 경우

③ 군판사의 연임절차에 관하여 필요한 사항은 대통령령으로 정한다.

(2021.9.24 본조개정)

제27조의2 (2021.9.24 삭제)

제28조【군판사 직에서의 해임】 ① 국방부장관은 군판사가 스스로 직무를 수행하는 것이 곤란하다고 의사를 밝히는 경우 군판사인사위원회의 심의를 거쳐 해당 군판사의 직에서 해임할 수 있다.
② 국방부장관은 군판사가 제27조제2항 각 호의 어느 하나에 해당한다고 인정하는 경우에는 군판사인사위원회의 심의를 거쳐 해당 군판사의 직에서 해임할 수 있다.
③ 「군인사법」 제17조는 군판사에 대해서는 적용하지 아니한다.
(2021.9.24 본조개정)

제29조【군판사에 대한 징계】 군판사에 대한 징계는 군판사인사위원회의 심의를 거친 후 「군인사법」에 따라 국방부장관이 한다.(2021.9.24 본조개정)

제30조【군판사에 대한 본인의 의사에 따르지 아니한 전역】 군판사에 대한 본인의 의사에 따르지 아니한 전역은 군판사인사위원회의 심의를 거친 후 「군인사법」에 따라 국방부장관이 한다.(2021.9.24 본조개정)

제30조의2【「군인사법」의 적용】 군판사의 인사관리에 대하여 이 법에 규정이 없는 경우에는 「군인사법」을 적용한다.
(2021.9.24 본조신설)

제30조의3【군판사의 정원】 ① 군판사의 정원은 대통령령으로 정한다.
② 각 군사법원에 배치할 군판사의 계급과 수는 대통령령으로 정한다.
(2021.9.24 본조신설)

제31조【직원】 ① 군사법원에 서기와 법정경위를 둔다.
(2021.9.24 본항개정)
② 군사법원에 통역인과 기사(技士)를 둘 수 있다.
③ 제1항 및 제2항의 직원은 국방부 소속으로 한다.
(2021.9.24 본항신설)

제32조【서기】 ① 서기는 국방부장관이 장교, 준사관, 부사관 및 군무원 중에서 임명한다.(2021.9.24 본항개정)
② 서기는 재판에 참여하여 재판기록과 그 밖의 서류를 작성·보관하고 법령에 따른 직무를 집행하며 상관(上官)의 명령을 받아 군사법원의 서무에 종사한다.

제33조【법정경위】 ① 법정경위는 군무원, 부사관 또는 병(兵) 중에서 국방부장관이 임명한다.
② 법정경위는 재판장의 명령을 받아 소송관계자의 인도, 법정의 정돈 및 그 밖에 소송진행에 필요한 사무를 집행한다.
(2021.9.24 본조개정)

제34조【통역인】 ① 통역인은 장교 또는 군무원 중에서 군사법원장이 임명한다. 다만, 특히 필요하다고 인정하면 장교 또는 군무원 외의 사람 중에서 임명할 수 있다.(2021.9.24 본문개정)
② 통역인은 재판장의 명령을 받아 통역과 번역에 관한 사무에 종사한다.

제35조【기사】 ① 기사는 장교 또는 군무원 중에서 국방부장관이 임명한다.(2021.9.24 본항개정)
② 기사는 재판장의 명령을 받아 기술에 관한 사무에 종사한다.

제35조의2【위임규정】 제2장 및 제3장에서 규정한 사항 외에 군사법원의 조직과 운영에 필요한 사항은 대통령령으로 정한다.(2021.9.24 본조신설)

제4장 검찰기관

(2009.12.29 본장개정)

제36조【군검찰단】 ① 군검사의 사무를 관장하기 위하여 국방부장관과 각 군 참모총장 소속으로 검찰단을 설치한다.
② 국방부검찰단 및 각 군 검찰단에 각각 고등검찰부와 보통검찰부를 설치하고, 보통검찰부는 제6조에 따른 군사법원에 대응하여 둔다. 다만, 필요한 경우 보통검찰부를 통합하여 둘 수 있다.
③ 국방부검찰단장은 국방부장관이 장성급 장교인 군법무관 중에서 임명한다.
④ 고등검찰부의 관할은 보통검찰부의 관할사건에 대한 항소사건·항고사건 및 그 밖에 법률에 따라 고등검찰부의 권한에 속하는 사건으로 한다. 다만, 각 군 검찰단 고등검찰부는 필요한 경우 그 권한의 일부를 국방부검찰단 고등검찰부에 위탁할 수 있다.
⑤ 국방부검찰단 및 각 군 검찰단의 보통검찰부의 관할은 다음 각 호와 같다.
1. 국방부검찰단 : 국방부 본부, 국방부 직할부대 소속의 군인 또는 군무원이 피의자인 사건. 다만, 국방부검찰단장은 필요한 경우 관할의 일부를 각 군 검찰단에 위임할 수 있다.
2. 각 군 검찰단 : 다음 각 목의 사건
  가. 각 군 본부, 각 군 직할부대 소속의 군인, 군무원이 피의자인 사건
  나. 각 군 부대의 작전지역·관할지역 또는 경비지역에 있는 자군(自軍)부대에 속하는 사람과 그 부대의 장의 감독을 받는 사람이 피의자인 사건
  다. 각 군 부대의 작전지역·관할지역 또는 경비지역에 현존하는 사람과 그 지역에서 죄를 범한 「군형법」 제1조에 해당하는 사람이 피의자인 사건
⑥ 제5항에도 불구하고 국방부검찰단장은 범죄의 성질, 피의자의 지위 또는 소속 부대의 실정, 수사의 상황 및 그 밖의 사정으로 인하여 수사의 공정을 유지하기 어렵다고 판단되는 경우에는 직권으로 또는 각 군 검찰단 소속의 군검사의 신청에 의하여 국방부검찰단으로 그 사건의 관할을 이전할 수 있다.
⑦ 국방부검찰단은 제5항 및 제6항에도 불구하고 장성급 장교가 피의자인 사건과 그 밖의 중요 사건을 관할할 수 있다.
⑧ 국방부검찰단 및 각 군 검찰단의 조직 및 운영 등에 필요한 사항은 대통령령으로 정한다.
(2021.9.24 본조개정)

참조 [군사법원의 심판사항]11, 군검찰단의조직에관한규정, 군검찰사무운영규정2의2, 군검찰사건사무규칙2

제37조【군검사의 직무】 ① 군검사는 다음 각 호의 직무와 권한이 있다.(2021.9.24 본문개정)
1. 범죄 수사(재판권이 군사법원에 있지 아니한 범죄를 인지하여 이첩하는 과정을 포함한다)와 공소제기 및 그 유지(항소심을 포함한다)에 필요한 행위(2025.1.31 본호개정)
1의2. 군사법원 및 고등법원에 대한 법령의 정당한 적용 청구(2021.9.24 본호신설)
2. 군사법원 및 고등법원 재판집행의 지휘·감독(2021.9.24 본호개정)
3. 다른 법령에 따라 그 권한에 속하는 사항
② 군검사는 그 직무를 수행할 때에는 국민 전체에 대한 봉사자로서 정치적 중립을 지켜야 하며, 부여된 권한을 남용하여서는 아니 된다.(2021.9.24 본항신설)
(2016.1.6 본조제목개정)

참조 [공소제기]289, [재판집행지휘]503, [검사의 직무]검찰4

제38조【국방부장관의 군검찰사무 지휘·감독】 국방부장관은 군검찰사무의 최고감독자로서 일반적으로 군검사를 지휘·감독한다. 다만, 구체적 사건에 관하여는 각 군 참모총장과 국방부검찰단장만을 지휘·감독한다.(2021.9.24 단서개정)

참조 [법무부장관의 검찰사무지휘·감독]검찰8

제39조【각 군 참모총장의 검찰사무 지휘·감독】 각 군 참모총장은 각 군 검찰사무의 지휘·감독자로서 일반적으로 소속 군검사를 지휘·감독한다. 다만, 구체적 사건에 관하여는 소속 검찰단장만을 지휘·감독한다.(2021.9.24 본조개정)

제39조의2【지휘·감독의 원칙】 ① 제38조 단서와 제39조 단서에 따라 국방부장관, 각 군 참모총장이 구체적 사건에 관하여 각 군 참모총장과 국방부검찰단장 또는 소속 검찰단장을 각각 지휘·감독하는 때에는 목적, 내용, 이유를 기재하고 서명날인한 서면으로 한다. 다만, 긴급한 때에는 구두나 전자적 방법으로 할 수 있고 이 경우 지휘·감독한 때부터 24시간 이내에 서면을 교부하여야 한다.

② 국방부장관과 각 군 참모총장은 수사와 공판 진행의 공정성을 위하여 소속 군검사가 제37조제1항의 직무를 수행할 때 독립성을 보장하여야 한다.
(2025.1.31 본조신설)

제40조 【군검찰사무에 대한 지휘 · 감독】 ① 군검사는 군검찰사무에 관하여 소속 상급자의 지휘 · 감독에 따른다.
② 군검사는 구체적인 사건과 관련하여 제1항에 따른 지휘 · 감독의 적법성 또는 정당성 여부에 대하여 이견이 있는 때에는 이의를 제기할 수 있다.
③ 검찰단장은 소속 군검사로 하여금 그 권한에 속하는 직무의 일부를 처리하게 할 수 있다.
④ 검찰단장은 소속 군검사의 직무를 자신이 처리하거나 다른 군검사로 하여금 처리하게 할 수 있다.
(2021.9.24 본조개정)

제41조 【군검사의 임명】 ① 군검사는 각 군 참모총장이 소속 군법무관 중에서 임명한다. 다만, 국방부검찰단의 군검사는 국방부장관이 소속 군법무관 중에서 임명한다.(2021.9.24 단서개정)
② 국방부장관은 제1항 본문에도 불구하고 각 군 참모총장의 의견을 들어 각 군 소속 군법무관 중에서 국방부와 각 군의 군검사를 임명할 수 있다.
(2016.1.6 본조개정)

참조 [군법무관과 그 임용자격]군법무관임용등에관한법2 · 3, [군판사의 임명]23

제41조의2 【군검사의 정원】 ① 군검사의 정원은 대통령령으로 정한다.
② 각 검찰단에 배치할 군검사의 계급과 수는 대통령령으로 정한다.
(2021.9.24 본조신설)

제42조 【군검사 직무대행】 각 군 참모총장은 군법무관시보로 하여금 군검사의 직무를 대행하게 할 수 있다.
(2016.1.6 본조개정)

참조 [군법무관시보]군법무관임용등에관한법5②, [검사직무대리]검찰32

제43조 【군사법경찰관】 다음 각 호의 어느 하나에 해당하는 사람은 군사법경찰관으로서 범죄를 수사한다.
1. 「군인사법」 제5조제2항에 따른 기본병과 중 수사 및 교정 업무 등을 주로 담당하는 병과(이하 "군사경찰과"라 한다)의 장교, 준사관 및 부사관과 법령에 따라 범죄수사업무를 관장하는 부대에 소속된 군무원 중 국방부장관 또는 각 군 참모총장이 군사법경찰관으로 임명하는 사람(2021.9.24 본호개정)
2. 「국군조직법」 제2조제3항에 따라 설치된 부대 중 군사보안 업무 등을 수행하는 부대로서 국군조직 관련 법령으로 정하는 부대(이하 "군사안보지원부대"라 한다)에 소속된 장교, 준사관 및 부사관과 군무원 중 국방부장관이 군사법경찰관으로 임명하는 사람(2021.9.24 본호개정)
3. (2020.12.15 삭제)
4. 검찰수사관

참조 [사법경찰관리]형소197

제44조 【군사법경찰관의 직무범위】 군사법경찰관은 군사법원 관할사건을 다음 각 호의 구분에 따라 수사(재판권이 군사법원에 있지 아니한 범죄를 인지하여 이첩하는 과정을 포함한다)한다.(2025.1.31 본문개정)
1. 제43조제1호에 규정된 사람 : 제2호 및 제3호에 규정하는 죄 외의 죄
2. 제43조제2호에 규정된 사람 : 「형법」 제2편제1장 및 제2장의 죄, 「군형법」 제2편제1장 및 제2장의 죄, 「군형법」 제80조 및 제81조의 죄와 「국가보안법」, 「군사기밀보호법」, 「남북교류협력에 관한 법률」 및 「집회 및 시위에 관한 법률」(「국가보안법」에 규정된 죄를 범한 사람이 「집회 및 시위에 관한 법률」에 규정된 죄를 범한 경우만 해당된다)에 규정된 죄
3. (2020.12.15 삭제)
(2021.9.24 본조제목개정)

제45조 【군사법경찰관과 상관의 명령】 군사법경찰관은 범죄 수사에 관하여 직무상 상관의 명령에 복종하여야 한다.

제46조 【군사법경찰리】 다음 각 호의 어느 하나에 해당하는 사람은 군사법경찰리(軍司法警察吏)로서 군검사 또는 군사법경찰관의 명령을 받아 수사를 보조한다.(2016.1.6 본문개정)
1. 군사경찰과의 부사관과 법령에 따라 범죄수사업무를 관장하는 부대에 소속된 군무원 중 국방부장관 또는 각 군 참모총장이 군사법경찰리로 임명하는 사람(2021.9.24 본호개정)
2. 군사안보지원부대에 소속된 부사관과 군무원 중 국방부장관이 군사법경찰리로 임명하는 사람(2021.9.24 본호개정)
3. 국가정보원장이 군사법경찰리로 지명하는 국가정보원 직원

참조 [사법경찰관리]형소197

제47조 【군검찰단 직원 · 직무】 ① 군검찰단에 검찰수사관과 검찰서기를 둔다.(2021.9.24 본항개정)
② 검찰수사관 및 검찰서기는 각 군 참모총장이 소속 장교, 준사관, 부사관 및 군무원 중에서 임명한다. 다만, 국방부검찰단의 검찰수사관 및 검찰서기는 국방부장관이 임명한다.
(2021.9.24 본항개정)
③ 검찰수사관은 군검사를 보좌하며, 군검사의 지휘를 받아 범죄를 수사한다.(2016.1.6 본항개정)
④ 검찰서기는 군검사의 명령을 받아 다음 각 호의 사무에 종사한다.(2016.1.6 본문개정)
1. 수사에 관한 사무
2. 형사기록의 작성과 보존
3. 재판집행에 관한 사무
4. 그 밖의 검찰행정에 관한 사무
(2021.9.24 본조제목개정)

제2편 소송절차

제1장 총 칙

제1절 제척 · 기피 · 회피
(2009.12.29 본절개정)

제48조 【제척의 원인】 재판관이 다음 각 호의 어느 하나에 해당하는 경우에는 그 직무집행에서 제척된다.
1. 재판관이 피해자인 경우
2. 재판관이 피고인이나 피해자의 친족이거나 친족이었던 경우
3. 재판관이 피고인이나 피해자의 법정대리인이거나 후견감독인인 경우(2021.9.24 본호개정)
4. 재판관이 해당 사건에 관하여 증인, 감정인, 피해자의 대리인이 된 경우
5. 재판관이 해당 사건에 관하여 피고인의 대리인, 변호인, 보조인이 된 경우
6. 재판관이 해당 사건에 관하여 군검사, 검사, 군사법경찰관 또는 사법경찰관의 직무를 수행한 경우
7. 재판관이 해당 사건에 관하여 전심(前審)재판 또는 그 기초가 되는 조사, 심리에 관여한 경우
(2021.9.24 6호~7호개정)

참조 [제척재판관의 심판관여와 항소이유]414, [친족]민767이하, [가족]민779, [법정대리인]민911 · 938, [증인]187이하, [감정인]210이하, [변호인]59－62 · 466, [보조인]66

판례 환송판결전의 재판관이 환송후의 재판관으로 관여하였다 하여 위법하다 할 수 없다.(대판 1968.12.6, 67도1112)

제49조 【기피의 원인과 신청권자】 ① 군검사나 피고인은 다음 각 호의 어느 하나의 경우에 재판관의 기피를 신청할 수 있다.(2016.1.6 본문개정)
1. 재판관이 제48조 각 호의 어느 하나에 해당될 때
2. 재판관이 불공평한 재판을 할 우려가 있을 때
② 변호인은 피고인이 명시한 의사에 반하지 아니할 때에만 재판관에 대한 기피를 신청할 수 있다.

제50조 (2020.6.9 삭제)

제51조【기피신청의 관할】 ① 재판관에 대한 기피는 그 재판관이 소속된 군사법원에 신청하고 수명재판관(受命裁判官) 또는 수탁재판관(受託裁判官)에 대한 기피는 해당 재판관에게 신청하여야 한다.

② 기피사유는 신청한 날부터 3일 이내에 서면으로 소명하여야 한다.(2020.6.9 본항개정)

제52조【기피신청 기각과 처리】 ① 기피신청이 소송 지연을 목적으로 함이 명백하거나 제51조에 위반되는 때에는 신청을 받은 군사법원 또는 재판관은 결정으로 이를 기각한다.(2020.6.9 본항개정)

② 기피를 당한 재판관은 제1항의 경우를 제외하고는 지체 없이 기피신청에 대한 의견서를 제출하여야 한다.

③ 제2항의 경우에 기피를 당한 재판관이 기피신청을 이유 있다고 인정하면 그 신청이 이유 있다는 결정이 있는 것으로 본다.

제53조【기피신청에 대한 재판】 ① 기피신청에 대한 재판은 기피를 당한 재판관의 소속 군사법원에서 결정으로 하여야 한다.

② 기피를 당한 재판관은 제1항에 따른 결정에 관여하지 못한다.

③ 기피를 당한 재판관의 소속 군사법원이 군사법원을 구성하지 못할 때에는 중앙지역군사법원이 아닌 군사법원의 경우에는 중앙지역군사법원이, 중앙지역군사법원의 경우에는 고등법원이 결정하여야 한다.(2021.9.24 본항개정)

제54조【기피신청과 소송의 정지】 기피신청을 받으면 제52조제1항의 경우를 제외하고는 소송진행을 정지하여야 한다. 다만, 긴급히 진행하여야 하는 경우에는 그러하지 아니하다.

제55조【기피신청 기각과 즉시항고】 ① 기피신청을 기각한 결정에 대하여는 즉시항고(卽時抗告)를 할 수 있다.

② 제52조제1항의 기각결정에 대한 즉시항고는 재판의 집행을 정지하는 효력이 없다.

참조 454-456

제56조 (2021.9.24 삭제)

제57조【회피의 원인 등】 ① 재판관은 제49조제1항 각 호의 어느 하나에 해당하는 사유가 있다고 생각할 때에는 회피하여야 한다.

② 회피는 소속 군사법원에 서면으로 신청하여야 한다.

③ 회피의 결정에 관하여는 제53조를 준용한다.(2021.9.24 본항신설)

(2021.9.24 본조개정)

제58조【서기 등에 대한 제척·기피·회피】 ① 군사법원의 서기와 통역인에 관하여는 이 절의 규정(제48조제7호는 제외한다)을 준용한다.

② 제1항에 따른 서기와 통역인에 대한 기피의 재판은 그 소속 군사법원이 결정으로 하여야 한다.

참조 [제척]48

제2절 변호와 보조
(2009.12.29 본절개정)

제59조【변호인 선임권자】 ① 피고인이나 피의자는 변호인을 선임(選任)할 수 있다.

② 피고인이나 피의자의 법정대리인, 배우자, 직계친족 및 형제자매는 독립하여 변호인을 선임할 수 있다.

참조 [변호인선임권]헌12, [선임권의 고지]112·127·128·246, [변호인의 권한]64·134·204·205, [선임절차]130·246, [구속이유를 가족에 통지]헌12

제60조【변호인의 자격과 특별변호인】 변호인은 변호사 중에서 선임하여야 한다. 다만, 특별한 사정이 있을 때에는 관할 군사법원의 허가를 받아 변호사가 아닌 사람을 변호인으로 선임할 수 있다.

참조 [변호사]변호사3-5·7

제61조【변호인 선임의 효력】 ① 변호인의 선임은 심급마다 변호인과 연명(連名)하여 날인한 서면으로 제출하여야 한다.

② 공소제기 전의 변호인 선임은 제1심에도 그 효력이 있다.

참조 [공소제기]289·296

판례 환송전 원심에서 선임된 변호인의 변호권은 사건이 환송된 뒤에는 항소심에서 다시 생긴다.(대판 1968.2.27, 68도64)

제61조의2【대표변호인】 ① 재판장은 변호인이 여러 명일 때에는 피고인, 피의자 또는 변호인의 신청에 따라 대표변호인을 지정할 수 있고 그 지정을 철회하거나 변경할 수 있다.

② 재판장은 제1항의 신청이 없을 때에는 직권으로 대표변호인을 지정할 수 있고 그 지정을 철회하거나 변경할 수 있다.

③ 대표변호인은 3명을 초과할 수 없다.

④ 대표변호인에 대한 통지 또는 서류의 송달은 모든 변호인에게 효력이 있다.

⑤ 피의자에게 변호인이 여러 명일 때에 군검사가 대표변호인을 지정하는 경우에는 제1항부터 제4항까지의 규정을 준용한다.(2016.1.6 본항개정)

제62조【국선변호인】 ① 피고인에게 변호인이 없을 때에는 군사법원 또는 상소법원은 직권으로 변호인을 선정하여야 한다.

② 제1항에 따라 선정하는 변호인은 변호사나 변호사 자격이 있는 장교 또는 군법무관시보로서 해당 사건에 관여하지 아니한 사람 중에서 선정하여야 한다.

(2021.9.24 본조개정)

참조 [변호인선임]59, [국선변호인]헌12, [변호사]변호사3-5·7, [변호사자격]변호사4, [군법무관시보]군법무관임용등에관한법5②

판례 고등군법회의에서 변호인이 출석하지 않은 채 공판을 열고 그 변론을 듣지도 않고 피고인에게 유죄판결을 선고한 것은 위법하다 할 것이다.(대판 1963.7.25, 63도185)

제63조【피고인·피의자와의 접견 등】 변호인 또는 변호인이 되려는 사람은 구속을 당한 피고인 또는 피의자와 접견하고 서류나 물건을 주고받을 수 있으며 의사로 하여금 진료하게 할 수 있다.

참조 [구속을 당한 피고인]110, [피의자]238·247, [피고인과의 접견·서신수수·의사진료]129, 군에서의형의집행및군수용자의처우에관한법73, [접견등의 제한]131

제64조【서류·증거물의 열람 및 복사】 ① 피고인과 변호인은 소송계속 중의 관계 서류 또는 증거물을 열람하거나 복사할 수 있다.

② 피고인의 법정대리인, 제60조에 따른 특별변호인, 제66조에 따른 보조인 또는 피고인의 배우자·직계친족·형제자매로서 피고인의 위임장과 신분관계를 증명하는 문서를 제출한 사람도 제1항과 같다.

③ 재판장은 피해자, 증인 등 사건관계인의 생명 또는 신체의 안전을 현저히 해칠 우려가 있는 경우에는 제1항 및 제2항에 따른 열람·복사에 앞서 사건관계인의 성명 등 개인정보가 공개되지 아니하도록 보호조치를 할 수 있다.(2020.6.9 본항신설)

④ 제3항에 따른 개인정보 보호조치의 방법과 절차, 그 밖에 필요한 사항은 대법원규칙으로 정한다.(2020.6.9 본항신설)

참조 [증거보전·열람 등]226·227

제65조【변호인의 독립소송행위권】 변호인은 독립하여 소송행위를 할 수 있다. 다만, 법률에 다른 규정이 있을 때에는 그러하지 아니하다.

참조 [독립행위권]49·63·64·133·134·162·186·204·218·226·227·313·337·350·398

제66조【보조인】 ① 피고인 또는 피의자의 법정대리인, 배우자, 직계친족 및 형제자매는 보조인이 될 수 있다.

② 보조인이 될 수 있는 사람이 없거나 장애 등의 사유로 보조인으로서 역할을 할 수 없는 경우에는 피고인 또는 피의자와 신뢰관계가 있는 사람이 보조인이 될 수 있다.(2020.6.9 본항신설)

③ 보조인이 되려는 사람은 심급별로 그 취지를 신고하여야 한다.

④ 보조인은 독립하여 피고인 또는 피의자가 명시한 의사에 반하지 아니하는 소송행위를 할 수 있다. 다만, 법률에 다른 규정이 있을 때에는 그러하지 아니하다.

참조 [다른 규정]408

제3절 재 판
(2009.12.29 본절개정)

제67조【재판의 공개】 ① 재판의 심리와 판결은 공개한다. 다만, 공공의 안녕과 질서를 해칠 우려가 있을 때 또는 군사기밀을 보호할 필요가 있을 때에는 군사법원의 결정으로 재판의 심리만은 공개하지 아니할 수 있다.
② 제1항 단서의 결정은 구체적인 이유를 밝혀 선고한다.(2021.9.24 본항개정)
③ 제1항 단서에도 불구하고 재판장은 적당한 사람이 법정에 있도록 허가할 수 있다.
참조 [재판공개의 원칙]헌109, 법원조직57
제67조의2【개정의 장소】 ① 공판은 법정에서 한다.
② 공판은 해당 사건이 계속되어 있는 군사법원의 관할구역 안에 설치된 법정 중에서 군사법원장이 정하는 곳을 순회하여 한다.(2021.9.24 본항신설)
③ 제2항에도 불구하고 군사법원장은 필요에 따라 관할구역 밖이나 법정 외의 장소에서 개정하게 할 수 있다.(2021.9.24 본항개정)
④ 제1항부터 제3항까지에 따른 순회재판에 관한 사항은 국방부장관이 정한다.(2021.9.24 본항신설)
(2016.1.6 본조신설)
제68조【법정의 질서유지】 ① 법정의 질서유지는 재판장이 한다.
② 재판장은 법정의 존엄과 질서를 해칠 우려가 있는 사람의 입정(入廷)을 금지하거나 퇴정(退廷)을 명령하며 그 밖에 법정의 질서유지에 필요한 명령을 할 수 있다.
참조 [일반법원의 법정질서]법원조직58
제68조의2【녹화 등의 금지】 누구든지 법정에서는 재판장의 허가 없이 녹화, 촬영, 중계방송 등의 행위를 하지 못한다.(2009.12.29 본조신설)
제68조의3【군사경찰의 파견요구】 ① 재판장은 법정에 있어서의 질서유지를 위하여 필요하다고 인정할 때에는 개정 전후를 불문하고 관할 군사경찰부대의 장에게 군사경찰과에 속하는 군인(이하 "군사경찰"이라 한다)의 파견을 요구할 수 있다.(2021.9.24 본항개정)
② 제1항의 요구에 의하여 파견된 군사경찰은 법정 내외의 질서유지에 관하여 재판장의 지휘를 받는다.(2020.2.4 본조개정)
제68조의4【감치 등】 ① 군사법원은 직권으로 법정 내외에서 제68조제2항의 금지 및 명령 또는 제68조의2를 위반하는 행위를 하거나 폭언, 소란 등의 행위로 법원의 심리를 방해하거나 재판의 위신을 현저하게 훼손한 사람에 대하여 결정으로 20일 이내의 감치에 처하거나 100만원 이하의 과태료를 부과하거나 이를 병과할 수 있다.
② 군사법원은 제1항의 감치를 위하여 군사법원 직원, 법정경위 또는 군사경찰로 하여금 즉시 행위자를 구속하게 할 수 있으며, 구속한 때부터 24시간 이내에 감치에 처하는 재판을 하여야 하고 이를 하지 아니하면 즉시 석방을 명령하여야 한다.(2021.9.24 본항개정)
③ 감치는 군교도소 또는 군미결수용실에 유치하여 집행한다.
④ 감치는 피감치인에 대한 다른 사건으로 인한 구속 및 형에 우선하여 집행하며, 감치의 집행 중에는 피감치인에 대한 다른 사건으로 인한 구속 및 형의 집행이 정지되고 피감치인이 당사자로 되어 있는 본래의 심판사건의 소송절차는 정지된다. 다만, 군사법원은 상당한 이유가 있는 때에는 소송절차의 속행을 명령할 수 있다.
⑤ 제1항의 재판에 대하여는 항고 또는 특별항고를 할 수 있다.
⑥ 제1항의 재판에 관한 절차와 그 밖에 필요한 사항은 대법원규칙으로 정한다.
(2009.12.29 본조신설)
제69조【재판의 합의】 ① 재판의 합의는 공개하지 아니한다.
② 재판의 합의는 법률에 다른 규정이 없으면 재판관 과반수의 의견에 따른다.
③ 재판관의 의견이 3설(說) 이상 나누어져 각각 과반수에 이르지 못하는 경우에는 과반수에 이르기까지 피고인에게 가장 불리한 의견의 수에 차례로 유리한 의견을 더하여 그 중 가장 유리한 의견에 따른다.
참조 [일반법원의 합의 방법]법원조직66
제70조【의견진술의무 등】 ① 재판관은 재판할 사항에 관한 자신의 의견진술을 거부할 수 없다.
② 재판관이 의견을 진술하는 순서는 계급이 낮은 재판관부터 한다. 다만, 재판할 사항에 따라 특별한 필요가 있을 때에는 재판장이 따로 정할 수 있다.
제71조【판결 · 결정 · 명령】 ① 판결은 법률에 다른 규정이 없으면 구두변론(口頭辯論)을 거쳐 하여야 한다.
② 결정 또는 명령은 구두변론을 거치지 아니하고 할 수 있다.
③ 결정 또는 명령을 하는 경우 필요하면 사실을 조사할 수 있다.
④ 제3항에 따른 조사는 군판사에게 명할 수 있고 다른 군사법원의 군판사 또는 지방법원의 판사에게 촉탁할 수 있다.
참조 [다른 규정]325 · 357 · 385 · 426 · 446 · 447 · 452, [결정]137 · 140 · 145 · 174 · 175 · 357 · 383 · 404 · 405 · 417 · 422 · 438
제72조【재판서의 방식】 재판은 재판관인 군판사가 작성한 재판서(裁判書)로 하여야 한다. 다만, 결정 또는 명령을 고지하는 경우에는 재판서를 작성하지 아니하고 조서에만 적을 수 있다.
제73조【재판의 이유】 재판에는 이유를 구체적으로 밝혀야 한다. 다만, 상소가 허용되지 아니하는 결정 또는 명령은 그러하지 아니하다.
참조 [유죄판결의 이유]377, [이유를 붙이지 아니한 때]414, [상소를 불허하는 결정 · 명령]454 · 464 · 466
제73조의2【대법원 양형기준의 효력 등】 ① 재판관은 형의 종류를 선택하고 형량을 정함에 있어서 「법원조직법」 제8편에 따른 양형기준을 존중하여야 한다. 다만, 양형기준은 법적 구속력을 갖지 아니한다.
② 군사법원이 양형기준을 벗어난 판결을 하는 경우에는 판결서에 양형의 이유를 기재하여야 한다. 다만, 약식절차 및 즉결심판절차에 따라 심판하는 경우에는 그러하지 아니하다.
(2016.1.6 본조신설)
제74조【재판서의 기재요건】 ① 재판서에는 법률에 다른 규정이 없으면 재판을 받는 사람의 성명, 연령, 계급, 군번, 주민등록번호, 소속 또는 직업 및 주거(住居)를 적어야 한다.
② 판결서에는 기소한 군검사와 공판에 관여한 군검사의 관직, 계급 및 성명과 변호인의 성명을 적어야 한다.(2021.9.24 본항개정)
참조 [공판정의 심리]322
제75조【재판서의 서명 등】 ① 재판서에는 재판한 재판관이 서명날인하여야 한다.
② 재판장이 서명날인할 수 없을 때에는 다른 재판관이 그 사유를 부기(附記)하고 서명날인하여야 하고, 재판장 외의 재판관이 서명날인할 수 없을 때에는 재판장이 그 사유를 부기하고 서명날인하여야 한다.
③ 판결서와 그 밖에 대법원규칙으로 정하는 재판서를 제외한 재판서에는 제1항과 제2항의 서명날인을 갈음하여 기명날인할 수 있다.
판례 재판장의 서명날인이 누락되어 있고 재판장이 서명날인을 할 수 없는 사유의 부기도 없는 재판서에 의한 판결은 형사소송법 제383조 제1호 소정의 판결에 영향을 미친 법률위반으로서 파기사유가 된다.(대판 1990.2.27, 90도145)
제76조【재판의 선고 · 고지의 방식】 재판의 선고 또는 고지는 공판정에서는 재판서로 하여야 하고, 그 밖의 경우에는 재판서 등본의 송달 또는 다른 적당한 방법으로 하여야 한다. 다만, 법률에 다른 규정이 있을 때에는 그러하지 아니하다.
참조 [공판정]322, [송달]94이하
제77조【재판의 선고 · 고지】 ① 재판의 선고 또는 고지는 재판장이 한다.
② 판결을 선고할 때에는 주문(主文)을 낭독하고 이유의 요지를 설명하여야 한다.
제78조【군검사의 집행 지휘가 필요한 사건】 군검사의 집행 지휘가 필요한 재판은 재판서 또는 재판을 적은 조서의

등본이나 초본을 재판의 선고 또는 고지를 한 때부터 10일 이내에 군검사에게 보내야 한다. 다만, 법률에 다른 규정이 있을 때에는 그러하지 아니하다.(2016.1.6 본조개정)

참조 [군검사의 집행지휘]37

제79조【재판서 등의 등본·초본의 청구】 피고인과 그 밖의 소송관계인은 비용을 내고 재판서 또는 재판을 적은 조서의 등본이나 초본의 발급을 청구할 수 있다.

제80조【재판서 등의 등본·초본의 작성】 재판서 또는 재판을 적은 조서의 등본이나 초본은 원본에 따라 작성하여야 한다. 다만, 부득이한 사유가 있을 때에는 등본에 따라 작성할 수 있다.

제4절 서 류

(2009.12.29 본절제목개정)

제81조【소송서류의 비공개】 소송에 관한 서류는 공판의 개정(開廷) 전에는 공익상 필요하거나 그 밖의 상당한 이유가 없으면 공개하지 못한다.(2009.12.29 본조개정)

참조 [공개의 금지]헌126, 형소47

제82조【조서의 작성방법】 ① 피고인, 피의자, 증인, 감정인, 통역인 또는 번역인을 신문(訊問)하는 때에는 참여한 서기가 조서를 작성하여야 한다.

② 조서에는 다음 각 호의 사항을 적어야 한다.

1. 피고인, 피의자, 증인, 감정인, 통역인 또는 번역인의 진술
2. 증인, 감정인, 통역인 또는 번역인이 선서를 하지 아니한 경우에는 그 이유

③ 조서는 진술자에게 읽어주거나 열람하게 하여 적힌 내용이 정확한지 물어야 한다.

④ 진술자가 진술 내용의 증감·변경을 청구하면 그 진술을 조서에 적어야 한다.

⑤ 신문에 참여한 군검사, 피고인, 피의자 또는 변호인이 조서에 적힌 내용의 정확성에 대하여 이의를 진술하면 그 진술의 요지를 조서에 적어야 한다.(2016.1.6 본항개정)

⑥ 제5항의 경우 재판장이나 신문한 군판사는 그 진술에 대한 의견을 적게 할 수 있다.(2021.9.24 본항개정)

⑦ 조서에는 진술자가 간인(間印)한 후 서명날인하도록 하여야 한다. 다만, 진술자가 서명날인을 거부할 때에는 그 사유를 적어야 한다.

(2009.12.29 본조개정)

참조 [피고인신문]332, [피의자신문]233-236, [증인신문]187이하, [감정]210이하, [통역·번역]222이하, [공무원의 서류]91·92, [조서의 기재요건]84, [공판조서 작성상의 특례]86

제83조【검증 등의 조서】 ① 검증, 압수 또는 수색에 관하여는 조서를 작성하여야 한다.

② 검증조서에는 검증목적물의 현상(現狀)을 명확하게 하기 위하여 그림, 도면 또는 사진을 첨부할 수 있다.

③ 압수조서에는 품종, 외형상의 특징 및 수량을 적어야 한다.

(2009.12.29 본조개정)

참조 [검증]180이하, [압수·수색]146이하

제84조【각종 조서의 기재요건】 제82조와 제83조에 따른 조서에는 조사나 처분을 한 연월일시와 장소를 적고 그 조사 또는 처분을 한 사람과 참여한 서기가 기명날인하거나 서명하여야 한다. 다만, 공판기일(公判期日)이 아닌 날에 군사법원이 조사나 처분을 한 때에는 재판장 또는 군판사와 참여한 서기가 기명날인하거나 서명하여야 한다.(2009.12.29 본조개정)

제85조【공판조서의 기재요건】 ① 공판기일의 소송절차에 관하여는 참여한 서기가 공판조서를 작성하여야 한다.

② 공판조서에는 다음 각 호의 사항과 그 밖의 모든 소송절차를 적어야 한다.

1. 공판을 한 일시와 군사법원
2. 재판관, 군검사 및 서기의 관직, 계급 및 성명
(2016.1.6 본호개정)
3. 피고인, 대리인, 변호인, 보조인 및 통역인의 성명
4. 피고인의 출석 여부
5. 공개 여부와 공개를 금지한 경우에는 그 이유
6. 공소사실의 진술 또는 그를 변경하는 서면의 낭독
7. 피고인에게 그 권리 보호에 필요한 진술의 기회를 준 사실과 그 진술 사실
8. 제82조제2항 각 호에 규정된 사항
9. 증거조사를 한 경우에는 증거가 될 서류, 증거물 및 증거조사의 방법
10. 공판정에서 한 검증 또는 압수
11. 변론의 요지
12. 재판장 또는 군판사가 적도록 명령한 사항 또는 소송관계인의 청구를 받아 적도록 허가한 사항
13. 피고인이나 변호인에게 최종진술할 기회를 준 사실과 그 진술한 사실
14. 판결이나 그 밖의 재판을 선고 또는 고지한 사실

(2009.12.29 본조개정)

참조 [공판기일]310, [공판정의 구성]322, [대리인]325단서, [변호인]59·62, [보조인]66, [번역인·통역인]222-224, [출석여부]325·326·357·426, [공개여부]헌109, 법원조직57, [공소사실의 진술]330, [피고인의 진술권]331, [증거조사]334이하, [검증]180이하, [압수]146이하, [변론]353·354·356·445, [최종진술]354, [선고·고지]76·77

제86조【공판조서 작성상의 특례】 공판조서 및 공판기일 외의 증인신문조서를 작성할 때에는 제82조제3항부터 제7항까지의 규정에 따르지 아니한다. 다만, 진술자의 청구가 있을 때에는 그 진술에 관한 부분을 읽어주고, 증감·변경의 청구가 있을 때에는 그 진술을 적어야 한다.(2009.12.29 본조개정)

판례 검찰관의 공소장변경신청서는 공판기일에 낭독되어야 그 신청의 효력이 있는 것이다.(대판 1969.4.22, 69도355)

판례 검찰관과 변호인의 출석여부는 공판조서의 기재요건이 아니다.(대판 1968.11.5, 68도1208)

판례 공판조서와 판결선고조서가 간인으로 연결되어 있는 경우에는 사실심리조서와 판결선고조서가 한 통의 조서로 되어 있다고 볼 수 있으므로 재판장 및 서기의 서명날인이 공판조서에만 있고 판결선고조서에 없다 하여 위법하다 할 수 없다.(대판 1964.9.22, 64도290)

제87조【공판조서의 서명 등】 ① 공판조서에는 재판장, 군판사 및 참여한 서기가 기명날인하거나 서명하여야 한다.

② 재판장 또는 군판사가 기명날인하거나 서명할 수 없을 때에는 다른 재판관이 그 사유를 부기하고 기명날인하거나 서명하여야 하며, 재판관 전원이 기명날인하거나 서명할 수 없을 때에는 참여한 서기가 그 사유를 부기하고 기명날인하거나 서명하여야 한다.

③ 서기가 기명날인하거나 서명할 수 없을 때에는 제1항과 제2항에 따라 기명날인하거나 서명하는 사람이 그 사유를 부기하고 기명날인하거나 서명하여야 한다.

(2009.12.29 본조개정)

참조 [재판서의 서명날인]75

판례 공판조서에 서명날인할 재판장은 당해 공판기일에 열석한 재판장이어야 하므로 당해 공판기일에 열석하지 아니한 판사가 재판장으로서 서명날인한 공판조서는 적식의 공판조서라고 할 수 없어 이와 같은 공판조서는 소송법상 무효라 할 것이므로 공판기일에 있어서의 소송절차를 증명할 공판조서로서의 증명력이 없다.(대판 1983.2.8, 82도2940)

제87조의2【공판조서의 정리 등】 ① 공판조서는 각 공판기일 후 신속히 정리하여야 한다.

② 다음 회의 공판기일에는 전회(前回)의 공판심리에 관한 주요 사항의 요지를 조서에 따라 고지하여야 한다. 다만, 다음 회의 공판기일까지 전회의 공판조서가 정리되지 아니한 경우에는 조서에 따르지 아니하고 고지할 수 있다.

③ 군검사, 피고인 또는 변호인은 공판조서에 적힌 내용에 대하여 변경을 청구하거나 이의를 제기할 수 있다.(2016.1.6 본항개정)

④ 제3항에 따른 청구나 이의가 있을 때에는 그 취지와 이에 대한 재판장의 의견을 적은 조서를 그 공판조서에 첨부하여야 한다.

(2009.12.29 본조개정)

제87조의3【공판정에서의 속기·녹음 및 영상녹화】 ① 군사법원은 군검사, 피고인 또는 변호인의 신청이 있는 때에

는 특별한 사정이 없는 한 공판정에서의 심리의 전부 또는 일부를 속기사로 하여금 속기하게 하거나 녹음장치 또는 영상녹화장치를 사용하여 녹음 또는 영상녹화(녹음이 포함된 것을 말한다. 이하 같다)하여야 하며, 필요하다고 인정하는 때에는 직권으로 이를 명할 수 있다.(2016.1.6 본항개정)
② 군사법원은 속기록 · 녹음물 또는 영상녹화물을 공판조서와 별도로 보관하여야 한다.
③ 군검사, 피고인 또는 변호인은 비용을 부담하고 제2항에 따른 속기록 · 녹음물 또는 영상녹화물의 사본을 청구할 수 있다.(2016.1.6 본항개정)
(2008.1.17 본조신설)
제88조 (2020.6.9 삭제)
제88조의2【피고인의 공판조서 열람권 등】 ① 피고인은 공판조서의 열람 또는 복사를 청구할 수 있다.
② 피고인이 공판조서를 읽지 못할 때에는 공판조서의 낭독을 청구할 수 있다.
③ 제1항과 제2항의 청구에 따르지 아니한 때에는 그 공판조서를 유죄의 증거로 할 수 없다.
(2009.12.29 본조개정)
제89조【공판조서의 증명력】 공판기일의 소송절차로서 공판조서에 적힌 것은 그 조서만으로 증명한다.(2009.12.29 본조개정)
제90조 (2020.6.9 삭제)
제91조【공무원의 서류 작성 시 기명날인 등】 ① 공무원이 작성하는 서류에는 법률에 다른 규정이 없으면 작성 연월일과 소속 관공서를 적고 기명날인하거나 서명하여야 한다.
② 서류에는 간인하거나 이에 준하는 조치를 하여야 한다.
(2009.12.29 본조개정)
제92조【공무원의 서류 작성】 ① 공무원은 서류를 작성할 때 글자를 고치지 못한다.
② 삽입 또는 삭제를 하거나 난을 벗어나 적은 때에는 그 곳에 날인하고 그 글자 수를 적어야 한다. 다만, 삭제한 부분은 알아볼 수 있도록 글자를 그대로 두어야 한다.
(2009.12.29 본조개정)
제93조【공무원 아닌 사람의 서류 작성】 공무원이 아닌 사람이 작성하는 서류에는 작성 연월일을 적고 기명날인 또는 서명하여야 한다. 도장이 없으면 손도장으로 한다.
(2018.12.18 전단개정)
참조 [외국인의 경우]외국인의서명날인에관한법
제93조의2【재판확정기록의 열람 · 복사】 ① 누구든지 권리구제, 학술연구 또는 공익적 목적으로 재판이 확정된 사건의 소송기록을 보관하고 있는 군검찰부에 그 소송기록의 열람 또는 복사를 신청할 수 있다.
② 군검사는 다음 각 호의 어느 하나에 해당하는 경우에는 소송기록의 전부 또는 일부의 열람 또는 복사를 제한할 수 있다. 다만, 소송관계인이나 이해관계 있는 제3자가 열람 또는 복사를 할 정당한 사유가 있다고 인정되는 경우에는 그러하지 아니하다.(2016.1.6 본문개정)
1. 심리가 비공개로 진행된 경우
2. 소송기록을 공개하면 국가의 안전보장, 선량한 풍속, 공공의 질서유지 또는 공공복리를 현저히 해칠 우려가 있는 경우
3. 소송기록을 공개하면 사건관계인의 명예, 사생활의 비밀, 생명 · 신체의 안전이나 생활의 평온을 현저히 해칠 우려가 있는 경우
4. 소송기록을 공개하면 공범관계에 있는 사람 등의 증거인멸 또는 도주를 쉽게 하거나 관련 사건의 재판에 중대한 영향을 미칠 우려가 있는 경우
5. 소송기록을 공개하면 피고인의 개선이나 갱생에 현저한 지장을 줄 우려가 있는 경우
6. 소송기록을 공개하면 사건관계인의 영업비밀(「부정경쟁방지 및 영업비밀보호에 관한 법률」 제2조제2호의 영업비밀을 말한다)이 크게 침해될 우려가 있는 경우
7. 소송기록의 공개에 해당 소송관계인이 동의하지 아니하는 경우
③ 군검사는 제2항에 따라 소송기록의 열람 또는 복사를 제한하는 경우에는 신청인에게 그 사유를 밝혀 통지하여야 한다.(2016.1.6 본항개정)
④ 군검사는 소송기록의 보존을 위하여 필요하다고 인정하면 그 소송기록의 등본을 열람하거나 복사하게 할 수 있다. 다만, 원본의 열람 또는 복사가 필요한 경우에는 그러하지 아니하다.(2016.1.6 본문개정)
⑤ 소송기록을 열람하거나 복사한 사람은 열람 또는 복사를 통하여 알게 된 사항을 이용하여 다음 각 호의 행위를 하여서는 아니 된다.
1. 공공의 질서 또는 선량한 풍속을 해치는 행위
2. 피고인의 개선 및 갱생을 방해하는 행위
3. 사건관계인의 명예 또는 생활의 평온을 해치는 행위
⑥ 제1항에 따라 소송기록의 열람 또는 복사를 신청한 사람이 열람 또는 복사에 관한 군검사의 처분에 불복할 때에는 중앙지역군사법원 또는 제1지역군사법원에 그 처분의 취소 또는 변경을 신청할 수 있다.(2021.9.24 본항개정)
⑦ 제6항의 불복신청에 관하여는 제467조와 제468조를 준용한다.
(2009.12.29 본조개정)
제93조의3【확정 판결서 등의 열람 · 복사】 ① 누구든지 판결이 확정된 사건의 판결서 또는 그 등본, 증거목록 또는 그 등본, 그 밖에 군검사 · 피고인 또는 변호인이 군사법원에 제출한 서류 · 물건의 명칭 · 목록 또는 이에 해당하는 정보(이하 "판결서등"이라 한다)를 보관하고 있는 군사법원에서 판결서등을 열람 및 복사(인터넷이나 그 밖의 전산정보처리시스템을 통한 전자적 방법의 열람 및 복사를 포함한다. 이하 이 조에서 같다)할 수 있다. 다만, 군사법원은 다음 각 호의 어느 하나에 해당하는 경우에는 판결서등의 열람 및 복사를 제한할 수 있다.(2016.1.6 본문개정)
1. 심리가 비공개로 진행된 경우
2. 「소년법」 제2조에 따른 소년에 관한 사건인 경우
3. 판결서등을 공개하면 공범관계에 있는 사람 등의 증거인멸 또는 도주를 쉽게 하거나 관련 사건의 재판에 중대한 영향을 미칠 우려가 있는 경우
4. 판결서등을 공개하면 국가의 안전보장을 현저히 해칠 우려가 명백하게 있는 경우
5. 소송관계인이 공개 제한신청을 한 경우로서 다음 각 목의 어느 하나에 해당하는 경우
가. 판결서등을 공개하면 사건관계인의 명예, 사생활의 비밀, 생명 · 신체의 안전이나 생활의 평온을 현저히 해칠 우려가 있는 경우
나. 판결서등을 공개하면 사건관계인의 영업비밀(「부정경쟁방지 및 영업비밀보호에 관한 법률」 제2조제2호의 영업비밀을 말한다)이 크게 침해될 우려가 있는 경우
② 열람 및 복사에 관하여 정당한 사유가 있는 소송관계인이나 이해관계가 있는 제3자는 제1항 단서에도 불구하고 판결서등을 보관하고 있는 군사법원의 서기에게 그 열람 및 복사를 신청할 수 있다.
③ 제2항에 따라 판결서등의 열람 및 복사를 신청한 사람이 열람 및 복사에 관한 서기의 처분에 불복하는 경우에는 판결서등을 보관하고 있는 군사법원에 서면으로 그 처분의 취소 또는 변경을 신청할 수 있다.
④ 제3항의 불복신청에 관하여는 제466조 및 제467조를 준용한다.
⑤ 서기는 제1항 및 제2항에 따른 열람 및 복사에 앞서 판결서등에 기재된 성명 등 개인정보가 공개되지 아니하도록 대법원규칙으로 정하는 보호조치를 하여야 한다.
⑥ 제5항에 따른 개인정보 보호조치를 한 서기는 고의 또는 중대한 과실이 없으면 제1항 및 제2항에 따른 열람 및 복사에 관하여 민사상 또는 형사상 책임을 지지 아니한다.
⑦ 판결서등의 열람 및 복사의 방법과 절차, 소송관계인의 공개 제한신청의 방법과 절차, 개인정보 보호조치의 방법과 절차, 그 밖에 필요한 사항은 대법원규칙으로 정한다.
(2014.1.7 본조신설)

제5절 송 달
(2009.12.29 본절개정)

제94조【서기에 의한 송달】 송달에 관한 사무는 서기가 처리하며, 군사법경찰리에게 촉탁할 수 있다. 다만, 군사법경찰관이 발송하는 서류는 그 서류를 작성한 사람이 송달하게 한다.

참조 [서기]32, [군사법경찰관리]43 · 46

제95조【우편에 의한 송달】 송달은 우편으로 할 수 있다. 이 경우 서류가 도달한 때 송달된 것으로 본다.

참조 [민사소송법의 준용]102, 민소187

제96조【송달의 촉탁】 송달은 이를 시행할 지역을 관할하는 군사법원의 서기, 법원의 법원서기관 · 법원사무관 · 법원주사 또는 법원주사보(이하 "법원사무관등"이라 한다)에게 촉탁하여 할 수 있다.(2020.6.9 본조개정)

제97조【병영 등에 있는 사람에 대한 송달】 ① 병영이나 그 밖의 군사용 청사나 함선에 있는 사람에 대한 송달은 그 병영, 청사 또는 함선의 장이나 그를 대리하는 사람에게 촉탁하여야 한다.
② 제2조제1항에 규정된 사람 중 제1항에 규정된 장소 외의 장소에 있는 사람에 대한 송달은 그 소속의 장, 감독자 또는 이에 준하는 사람에게 촉탁하여 할 수 있다.
③ 제1항과 제2항에 따른 송달은 서류를 본인에게 전달하였음을 표시한 증서로 증명한다.

제98조【송달을 받기 위한 신고】 ① 제2조제1항에 규정된 사람 외의 사람이 피고인, 대리인, 변호인 또는 보조인인 경우에 군사법원 소재지에 서류를 송달받을 수 있는 주거나 사무소가 없을 때에는 군사법원 소재지에 주거나 사무소가 있는 사람을 송달영수인으로 선임하여 연명한 서면으로 신고하여야 한다.
② 송달영수인은 송달에 관하여 본인으로 보고 그 주거나 사무소는 본인의 주거나 사무소로 본다.
③ 제1항과 제2항은 신체를 구속당한 사람에게는 적용하지 아니한다.

제99조【군검사에 대한 송달】 군검사에게 송달하는 서류는 소속 검찰부에 보내야 한다.(2021.9.24 본조개정)

참조 [소속검찰부]36

제100조【공시송달의 원인】 ① 피고인의 주거, 사무소 및 현재지를 알 수 없을 때에는 공시송달을 할 수 있다.
② 피고인이 재판권이 미치지 아니하는 장소에 있는 경우에 다른 방법으로 송달할 수 없을 때에도 제1항과 같다.

제101조【공시송달의 방법】 ① 공시송달은 군사법원이 명령한 경우에만 할 수 있다.
② 공시송달은 서기가 송달할 서류를 보관하고 그 사유를 군사법원 게시장에 공시하여야 한다.
③ 군사법원은 제2항에 따른 사유를 일간신문 또는 관보에 공고할 수 있다.
④ 최초의 공시송달은 제2항에 따른 공시를 한 날부터 2주일이 지나면 효력이 생긴다. 다만, 제2회 이후의 공시송달은 5일이 지나면 효력이 생긴다.

제102조【「민사소송법」의 준용】 서류의 송달에 관하여 법률에 다른 규정이 없을 때에는 「민사소송법」을 준용한다.

참조 [준용규정]민소174이하

제6절 기 간
(2009.12.29 본절개정)

제103조【기간의 계산】 ① 기간을 계산할 때에는 시(時)로 계산하는 것은 즉시부터 기산(起算)하고, 일 · 월 또는 연(年)으로 계산하는 것은 첫 날을 산입(算入)하지 아니한다. 다만, 시효와 구속기간을 계산할 때에는 첫 날은 시간을 계산하지 아니하고 1일로 계산한다.
② 연 또는 월로 정한 기간은 역(曆)에 따라 계산한다.
③ 기간이 끝나는 날이 공휴일 또는 토요일에 해당할 때에는 그 날은 기간에 산입하지 아니한다. 다만, 시효와 구속기간을 계산할 때에는 기간에 산입한다.

참조 [시효]291－293, [공휴일]관공서의공휴일에관한규정

제104조【법정기간의 연장】 법정기간은 소송행위를 할 사람의 주거 또는 사무소의 소재지와 군사법원 소재지 간의 거리 및 교통통신이 불편한 정도에 따라 대법원규칙으로 연장할 수 있다.

제7절 피고인의 소환 · 구속
(2009.12.29 본절개정)

제105조【소환】 군사법원은 피고인을 소환할 수 있다.

제106조【소환장의 발부】 피고인을 소환할 때에는 소환장을 발부하여야 한다.

참조 [소환장의 방식 · 송달]107 · 108, [구속영장의 발부]113, [긴급처분]118

제107조【소환장의 방식】 소환장에는 피고인의 성명, 소속, 계급, 군번, 주민등록번호, 주거, 죄명, 출석일시 및 장소와 정당한 사유 없이 출석하지 아니할 때에는 도주할 우려가 있다고 인정하여 구속영장을 발부할 수 있음을 적고 재판장, 군판사, 수탁군판사 또는 수탁판사가 기명날인 또는 서명하여야 한다.(2018.12.18 본조개정)

참조 [구속영장]113 · 114

제108조【소환장의 송달】 ① 소환장은 송달하여야 한다.
② 피고인이 기일에 출석한다는 서면을 제출하거나 출석한 피고인에게 다음 번 기일을 정하여 출석을 명령한 경우에는 소환장을 송달한 것과 같은 효력이 있다.
③ 제2항에 따른 출석을 명령한 경우에는 그 요지를 조서에 적어야 한다.
④ 병영이나 그 밖의 군사용 청사 또는 함선에 있는 피고인은 그 병영, 청사 또는 함선의 장이나 그를 대리하는 사람에게 통지하여 소환한다.
⑤ 구속된 피고인은 교도관에게 통지하여 소환한다.
⑥ 제4항과 제5항의 경우 피고인이 그 병영, 청사 또는 함선의 장이나 그를 대리하는 사람 또는 교도관으로부터 소환통지를 받은 경우에는 소환장을 송달받은 것과 동일한 효력이 있다.

참조 [송달]94이하, [긴급처분]118

제109조【구속의 정의】 이 법에서 "구속"이란 구인(拘引)과 구금(拘禁)을 포함한다.

참조 [구인의 효력]111, [구속]헌12

제110조【구속의 사유】 ① 군사법원은 피고인이 죄를 범하였다고 의심할 만한 상당한 이유가 있고 다음 각 호의 어느 하나의 사유가 있을 때에는 피고인을 구속할 수 있다.
1. 피고인에게 일정한 주거가 없을 때
2. 피고인이 증거를 없앨 우려가 있을 때
3. 피고인이 도주하거나 도주할 우려가 있을 때
② 군사법원이 제1항의 구속사유를 심사할 때에는 범죄의 중대성, 재범의 위험성 및 피해자와 중요 참고인 등에 대한 위해(危害) 우려 등을 고려하여야 한다.
③ 다액 50만원 이하의 벌금, 구류 또는 과료에 해당하는 사건에서는 제1항제1호의 경우를 제외하고는 구속할 수 없다.

참조 [긴급처분]118, [피의자의 구속]238, [기간의 계산]103, [구속이유의 통지]헌12⑤

제111조【구인의 효력】 구인한 피고인을 군사법원에 인치(引致)한 경우 구금할 필요가 없다고 인정하면 인치한 때부터 24시간 이내에 석방하여야 한다.

참조 [인치]123, [긴급처분]118

제111조의2【구인 후의 유치】 군사법원은 인치한 피고인을 유치할 필요가 있을 때에는 군교도소 또는 군미결수용실에 유치(留置)할 수 있다. 이 경우 유치기간은 인치한 때부터 24시간을 초과할 수 없다.

제112조【구속과 이유의 고지 등】 피고인에게 범죄사실의 요지, 구속이유 및 변호인을 선임할 수 있음을 말하고 변명할 기회를 주기 전에는 구속할 수 없다. 다만, 피고인이 도주한 경우에는 구속할 수 있다.

참조 [변호인의 선임]59 · 130, [긴급처분]118

제112조의2【수명군판사】 군사법원은 군판사로 하여금 제112조의 절차를 이행하게 할 수 있다.(2020.6.9 본조신설)

제113조【구속영장의 발부】 피고인을 구인하거나 구금할 때에는 구속영장을 발부하여야 한다.

참조 [구인·구금]109, [구속영장]119·123, 헌12③, [긴급처분]118

제114조【구속영장의 방식】 ① 구속영장에는 피고인의 성명, 소속, 계급, 직업, 군번, 주민등록번호, 주거, 죄명, 공소사실의 요지, 인치하거나 구금할 장소, 발부 연월일 및 유효기간과 그 기간이 지나면 집행을 시작하지 못하며 영장을 반환하여야 한다는 취지를 적고 재판장이나 군판사가 서명날인하여야 한다.

② 피고인의 성명이 분명하지 아니할 때에는 인상, 체격, 그 밖에 피고인을 특정할 수 있는 사항으로 피고인을 표시할 수 있다.

③ 피고인의 주거가 분명하지 아니할 때에는 주거를 적지 아니할 수 있다.

제115조【구속의 촉탁】 ① 군사법원은 피고인의 현재지의 군사법원 군판사 또는 지방법원 판사에게 피고인의 구속을 촉탁할 수 있다.

② 수탁군판사 또는 수탁판사는 피고인이 관할구역에 현재하지 아니할 때에는 그 현재지의 군사법원 군판사 또는 지방법원 판사에게 다시 촉탁할 수 있다.(2021.9.24 본항개정)

③ 수탁군판사 또는 수탁판사는 구속영장을 발부하여야 한다.

④ 제3항의 구속영장에 관하여는 제114조를 준용한다.

제116조【촉탁에 따른 구속절차】 ① 제115조의 경우 촉탁을 받아 구속영장을 발부한 군판사 또는 지방법원 판사는 피고인을 인치한 때부터 24시간 이내에 그 피고인임이 틀림없는지 조사하여야 한다.

② 피고인임이 틀림없을 때에는 신속히 지정된 장소에 송치하여야 한다.

참조 [인치]123, [인정신문]329

제117조【출석 또는 동행명령】 군사법원은 필요하면 피고인에게 지정한 장소에 출석하거나 동행할 것을 명령할 수 있다.

참조 [동행명령]207

제118조【긴급처분】 재판장 또는 군판사는 긴급한 경우에는 제105조·제106조·제108조·제110조·제111조·제111조의2·제113조·제115조 및 제117조에 규정된 처분을 할 수 있다.(2020.6.9 본조개정)

참조 [소환]105, [소환장의 발부]106, [소환장의 송달]108, [구속의 사유, 구인의 효력]110-113, [구속과 이유의 고지]112, [구속영장의 발부]113, [구속의 촉탁]115, [출석·동행명령]117

제119조【구속영장의 집행】 ① 구속영장은 군검사의 지휘에 따라 군사법경찰관리가 집행한다. 다만, 긴급한 경우에는 재판장, 군판사, 수탁군판사 또는 수탁판사가 집행을 지휘할 수 있다.(2016.1.6 본문개정)

② 제1항 단서의 경우 재판장, 군판사 또는 수탁군판사는 군사법원의 서기에게, 수탁판사는 법원사무관등에게 집행을 명령할 수 있다. 이 경우 군사법원의 서기나 법원사무관등은 그 집행을 위하여 필요하면 군사법경찰관리 또는 사법경찰관리에게 보조를 요구할 수 있으며 관할구역 밖에서도 집행할 수 있다.

③ 교도소에 있는 피고인에 대하여 발부된 구속영장은 군검사의 지휘에 따라 교도관리가 집행한다.(2016.1.6 본항개정)

④ 구속영장은 필요하면 사법경찰관리로 하여금 집행하게 할 수 있다.

참조 [구속영장]113, [집행]123·178·179·255, [지휘]503·504, [군사법경찰관리]43·46

제120조【여러 통의 구속영장의 작성】 ① 구속영장은 여러 통을 작성하여 군사법경찰관리 또는 사법경찰관리 여러 명에게 줄 수 있다.

② 제1항의 경우 그 사유를 구속영장에 적어야 한다.

제121조【관할구역 밖에서의 구속영장 집행과 그 촉탁】 ① 군검사는 필요하면 관할구역 밖에서 구속영장 집행을 지휘할 수 있고, 그 구역을 관할하는 군검사 또는 지방검찰청 검사에게 집행 지휘를 촉탁할 수 있다.(2016.1.6 본항개정)

② 군사법경찰관리 또는 사법경찰관리는 필요하면 관할구역 밖에서 구속영장을 집행할 수 있고, 그 구역을 관할하는 군사법경찰관리 또는 사법경찰관리에게 집행을 촉탁할 수 있다.

제122조【검사장에 대한 수사 등 촉탁】 피고인의 현재지가 분명하지 아니할 때에는 재판장이나 군판사는 고등검찰청 검사장 또는 지방검찰청 검사장에게 그 수사와 구속영장의 집행을 촉탁할 수 있다.

참조 [검찰사무 지휘·감독]검찰7, [구속영장의 집행]119

제123조【구속영장의 집행절차】 ① 구속영장을 집행할 때에는 피고인에게 반드시 구속영장을 제시하여야 하며 신속히 지정된 군사법원이나 그 밖의 장소에 인치하여야 한다.

② 제115조제3항에 따른 구속영장을 집행하였을 때에는 구속영장을 발부한 군판사 또는 지방법원 판사에게 인치하여야 한다.

③ 구속영장을 지니지 아니한 경우 긴급할 때에는 피고인에 대하여 공소사실의 요지와 영장이 발부되었음을 말하고 집행할 수 있다.

④ 제3항에 따른 집행을 마친 후에는 신속히 구속영장을 제시하여야 한다.

참조 [지정된 장소]116, [수탁군판사·수탁판사에 의한 발부]115③

제124조【병영 등에 있는 사람에 대한 영장의 집행절차】 ① 병영이나 그 밖의 군사용 청사나 함선에 있는 사람에 대하여 구속영장을 집행하는 경우에는 그 병영·청사 또는 함선의 장이나 그를 대리하는 사람에게 구속영장을 제시하고 인도를 요구하여야 한다.

② 군사용 청사나 함선 밖에 있는 사람이라도 현재 근무 중인 사람에 대하여 구속영장을 집행할 때에는 그 소속의 장 또는 그를 대리하는 사람에게 구속영장을 제시하고 인도를 요구하여야 한다.

③ 제1항과 제2항의 요구를 받은 사람은 지체 없이 이에 협조하여야 한다.

제125조【호송 중의 임시유치】 구속영장의 집행을 받은 피고인을 호송할 경우 필요하면 가장 가까운 교도소에 임시로 유치할 수 있다.

제126조【피고인의 이감】 군검사는 군사법원(항소심의 경우에는 고등법원을 말한다)의 허가를 받아 구속된 피고인을 다른 교도소에 이감(移監)할 수 있다.(2021.9.24 본조개정)

제127조【구속의 통지】 ① 피고인을 구속한 경우에는 소속 부대장과 변호인이 있으면 변호인에게, 변호인이 없으면 제59조제2항에 규정된 사람 중 피고인이 지정하는 사람에게 피고사건명, 구속일시, 장소, 범죄사실의 요지 및 구속이유와 변호인을 선임할 수 있음을 알려야 한다.

② 제1항의 통지는 지체 없이 서면으로 하여야 한다.

참조 [변호인의 선임]59·130, 헌12

제128조【구속과 공소사실 등의 고지】 피고인을 구속한 경우에는 즉시 공소사실의 요지와 변호인을 선임할 수 있음을 알려야 한다.

참조 [변호인의 선임]59·130, 헌12, [가족에의 통지]헌12⑤

제129조【구속된 피고인과의 접견 등】 구속된 피고인은 법률에서 정하는 범위에서 다른 사람과 접견하고 서류 또는 물건을 주고받으며 의사의 진료를 받을 수 있다.

참조 [접견·서신수수]군에서의형의집행및군수용자의처우에관한법42·44

제130조【변호인의 의뢰】 ① 구속된 피고인은 군판사, 교도소장 또는 그 대리인에게 변호사를 지정하여 변호인의 선임을 의뢰할 수 있다.

② 제1항의 의뢰를 받은 군판사, 교도소장 또는 그 대리인은 지체 없이 피고인이 지정한 변호사에게 그 요지를 통지하여야 한다.

참조 [변호인의 선임]59

제131조【변호인 아닌 사람과의 접견 등의 제한】 군사법원은 도주하거나 범죄증거를 없애거나 군사상 기밀을 누설할 우려가 있다고 인정할 만한 상당한 이유가 있을 때에는 직권으로 또는 군검사의 청구에 따라 결정으로 구속된 피고인과 제63조에 규정된 사람 외의 사람과의 접견을 금하거나

주고받을 서류나 그 밖의 물건의 검열, 주고받는 행위의 금지 또는 압수를 할 수 있다. 다만, 의류·양식 또는 의료품은 주고받는 행위를 금지하거나 압수할 수 없다.(2016.1.6 본문개정)

참조 [피고인·피의자와의 접견 등]63

제132조【구속기간과 갱신】 ① 구속기간은 2개월로 한다.
② 제1항에도 불구하고 특히 구속을 계속할 필요가 있을 때에는 심급마다 2개월 단위로 두 차례만 결정으로 갱신할 수 있다. 다만, 상소심은 피고인이나 변호인이 신청한 증거의 조사, 상소이유를 보충하는 서면의 제출 등으로 추가 심리가 필요한 부득이한 경우에는 세 차례까지 갱신할 수 있다.
③ 제54조, 제355조제4항 및 제357조제1항·제2항에 따라 공판절차가 정지된 기간과 공소제기 전에 체포·구인·구금된 기간은 제1항과 제2항의 기간에 산입하지 아니한다.

참조 [기간의 계산]103, [상소와 갱신]145, [공판절차의 정지]357

판례 군법회의법 제132조의 제한을 넘어 구속기간을 갱신한 경우에 있어서도 불법구속한 자에 대한 형법상 민법상 책임은 별문제로 하고 구속영장의 효력이 당연히 실효되는 것은 아니다.
(대판 1964.11.17, 64도428)

판례 제1, 2심 군법회의에서 군법회의법 제132조, 제145조 소정의 제한을 넘어 구속기간을 갱신하여 불법구속을 하였다 하더라도 그 구속자에 대하여 민형사상 책임을 묻거나 불법구속기간중에 수집한 증거의 증거능력을 부인함은 모르되 동법 제110조 소정의 구속사유가 있는 이상 동법 제133조의 구속취소사유에 해당하지 아니한다.
(대판 1963.9.24, 63도256)

제133조【구속의 취소】 구속의 사유가 없거나 소멸된 경우에는 군사법원은 직권으로 또는 군검사, 피고인, 변호인이나 제59조제2항에 규정된 사람의 청구에 따라 결정으로 구속을 취소하여야 한다.(2016.1.6 본조개정)

참조 [구속의 사유]110, [변호인선임권자]59, [즉시항고]454·455, [상소와 구속의 취소]145

제134조【보석의 청구】 피고인과 피고인의 변호인, 법정대리인, 배우자, 직계친족, 형제자매, 가족, 동거인 또는 고용주는 군사법원에 구속된 피고인의 보석을 청구할 수 있다.

참조 [변호인선임권자]59, [필요적 보석]135, [임의적 보석]136, [상소와 구속]145

제135조【필요적 보석】 군사법원은 보석 청구가 있을 때에는 다음 각 호의 경우를 제외하고는 보석을 허가하여야 한다.
1. 피고인이 사형, 무기 또는 장기 10년이 넘는 징역이나 금고에 해당하는 죄를 범한 경우(2020.6.9 본호개정)
2. 피고인이 누범에 해당하거나 상습범인 경우
3. 피고인이 범죄증거를 없애거나 없앨 우려가 있다고 믿을 만한 충분한 이유가 있는 경우
4. 피고인이 도주하거나 도주할 우려가 있다고 믿을만한 충분한 이유가 있는 경우
5. 피고인의 주거가 분명하지 아니한 경우
6. 피고인이 피해자, 해당 사건의 재판에 필요한 사실을 알고 있다고 인정되는 사람 또는 그 친족의 생명·신체나 재산에 해를 끼치거나 그럴 우려가 있다고 믿을 만한 충분한 이유가 있는 경우

참조 [보석의 청구]134, [임의적 보석]136, [상소와 구속]145, [보석의 취소]142

제136조【임의적 보석】 군사법원은 제135조에도 불구하고 상당한 이유가 있을 때에는 직권으로 또는 제134조에 규정된 사람의 청구에 따라 결정으로 보석을 허가할 수 있다.

참조 [변호인선임권자]59, [상소와 구속]145, [보석의 취소]142

제137조【보석, 구속의 취소와 군검사의 의견】 ① 보석에 관한 결정을 할 때에는 군검사의 의견을 물어야 한다.
② 구속의 취소에 관한 결정을 할 때에도 제1항과 같다. 다만, 군검사의 청구가 있거나 긴급한 경우는 제외한다.
③ 군검사는 제1항과 제2항에 따른 의견요청에 대하여 지체 없이 의견을 표명하여야 한다.
④ 구속을 취소하는 결정에 대하여는 군검사는 즉시항고를 할 수 있다.
(2016.1.6 본조개정)

참조 [보석에 관한 결정]135·136, [구속의 취소]133, [즉시항고]454·455

제138조【보석조건의 결정 시 고려사항】 ① 군사법원은 제139조의 조건을 정할 때 다음 각 호의 사항을 고려하여야 한다.
1. 범죄의 성질·죄상(罪狀)
2. 증거의 증명력
3. 피고인의 전과·성격·환경 및 자산
4. 피해자에 대한 배상 등 범행 후의 정황에 관련된 사항
② 군사법원은 피고인의 자금 능력 또는 자산 정도로는 이행할 수 없는 조건을 정할 수 없다.

참조 [보증금의 몰취]253의2, [보증금의 환부]144, [보증서]140

제139조【보석의 조건】 군사법원은 보석을 허가하는 경우에는 필요하고 상당한 범위에서 다음 각 호의 조건 중 하나 이상의 조건을 정하여야 한다.
1. 군사법원이 지정하는 일시·장소에 출석하고 증거를 없애지 아니하겠다는 서약서를 제출할 것
2. 군사법원이 정하는 보증금에 상당하는 금액을 낼 것을 약속하는 약정서를 제출할 것
3. 군사법원이 지정하는 장소로 주거를 제한하고 이를 변경할 필요가 있을 때에는 군사법원의 허가를 받는 등 도주를 방지하기 위하여 하는 조치를 받아들일 것
4. 피해자, 해당 사건의 재판에 필요한 사실을 알고 있다고 인정되는 사람 또는 그 친족의 생명·신체·재산에 해를 끼치지 아니하고 주거·직장 등 그 주변에 접근하지 아니할 것
5. 피고인이 아닌 사람이 작성한 출석보증서를 제출할 것
6. 군사법원의 허가 없이 외국으로 출국하지 아니할 것을 서약할 것
7. 군사법원이 지정하는 방법으로 피해자의 권리회복에 필요한 금전을 공탁하거나 그에 상당하는 담보를 제공할 것
8. 피고인 또는 군사법원이 지정하는 사람이 보증금을 내거나 담보를 제공할 것
9. 그 밖에 피고인의 출석을 보증하기 위하여 군사법원이 정하는 적당한 조건을 이행할 것

참조 [보석허가]135·136, [조건의 변경과 이행 유예]142①

제140조【보석의 집행절차】 ① 제139조제1호·제2호·제5호·제7호 및 제8호의 조건을 이행하지 아니하면 보석허가결정을 집행하지 못하며, 군사법원은 필요하다고 인정하면 다른 조건에 관하여도 그 이행 이후 보석허가결정을 집행하도록 정할 수 있다.
② 군사법원은 보석청구자가 아닌 사람에게 보증금의 납입을 허가할 수 있다.
③ 군사법원은 유가증권 또는 피고인이 아닌 사람이 제출한 보증서로 보증금을 갈음함을 허가할 수 있다.
④ 제3항의 보증서에는 그 보증금을 언제든지 낼 것을 적어야 한다.
⑤ 군사법원은 보석허가결정에 따라 석방된 피고인이 보석조건을 지키기 위하여 필요한 범위에서 관공서나 그 밖의 공사단체(公私團體)에 대하여 적절한 조치를 할 것을 요구할 수 있다.

제140조의2【출석보증인에 대한 과태료】 ① 군사법원은 제139조제5호의 조건을 정한 보석허가결정에 따라 석방된 피고인이 정당한 사유 없이 기일에 출석하지 아니하는 경우에는 결정으로 출석보증인에게 500만원 이하의 과태료를 부과할 수 있다.
② 제1항의 결정에 대하여는 즉시항고를 할 수 있다.

제141조【구속의 집행정지】 ① 군사법원은 상당한 이유가 있을 때에는 결정으로 구속된 피고인에 대하여 구속 집행을 정지할 수 있다.
② 제1항의 경우 피고인이 영내거주자이면 그 소속 부대장에게 부탁하고, 영내거주자가 아니면 친족, 보호단체, 그 밖의 적당한 사람에게 부탁하거나 피고인의 주거를 제한하여 구속 집행을 정지하여야 한다.
③ 제1항의 결정을 할 때에는 군검사의 의견을 물어야 한다. 다만, 긴급한 경우에는 그러하지 아니하다.(2016.1.6 본문개정)
④ (2020.6.9 삭제)

⑤ 「대한민국헌법」 제44조에 따라 구속된 국회의원에 대한 석방요구가 있으면 당연히 구속영장의 집행이 정지된다.
⑥ 제5항의 석방요구를 통고받은 고등검찰부 군검사는 즉시 석방을 지휘하고 그 사유를 수소(受訴) 군사법원에 통지하여야 한다.(2016.1.6 본항개정)

참조 [상소와 구속의 집행정지]145, [집행정지의 취소]142, [주거제한 위반의 경우]142, [즉시항고]454 · 455, [국회의원의 불체포특권]헌44

제142조 【보석조건의 변경과 취소 등】 ① 군사법원은 직권으로 또는 제134조에 규정된 사람의 신청에 따라 결정으로 피고인의 보석조건을 변경하거나 일정 기간 동안 그 조건의 이행을 유예할 수 있다.
② 피고인이 다음 각 호의 어느 하나에 해당하는 경우에는 군사법원은 직권으로 또는 군검사의 청구에 따라 결정으로 보석 또는 구속의 집행정지를 취소할 수 있다. 다만, 제141조 제5항에 따른 구속영장의 집행정지는 그 회기(會期) 중에는 취소하지 못한다.(2016.1.6 본문개정)
1. 도주한 경우
2. 도주하거나 범죄증거를 없앨 우려가 있다고 믿을 만한 충분한 이유가 있는 경우
3. 소환을 받고 정당한 사유 없이 출석하지 아니한 경우
4. 피해자, 해당 사건의 재판에 필요한 사실을 알고 있다고 인정되는 사람 또는 그 친족의 생명 · 신체나 재산에 해를 끼치거나 그럴 우려가 있다고 믿을 만한 충분한 이유가 있는 경우
5. 주거의 제한이나 그 밖에 군사법원이 정한 조건을 위반한 경우

③ 군사법원은 피고인이 정당한 사유 없이 보석조건을 위반한 경우에는 결정으로 피고인에게 1천만원 이하의 과태료를 부과하거나 20일 이내의 감치에 처할 수 있다.
④ 제3항의 결정에 대하여는 즉시항고를 할 수 있다.

참조 [보석]135 · 136, [구속의 집행정지]141, [주거제한 기타 조건]139 · 141, [보증금]139, [상소와 구속의 집행정지의 취소]145

제143조 【보증금 등의 몰취】 ① 군사법원은 보석을 취소하는 때에는 직권으로 또는 군검사의 청구에 따라 결정으로 보증금이나 담보의 전부 또는 일부를 몰취(沒取)할 수 있다.
② 군사법원은 보증금 납입 또는 담보제공을 조건으로 석방된 피고인이 같은 범죄사실에 관하여 형을 선고받고 그 판결이 확정된 후 집행하기 위한 소환을 받고도 정당한 사유 없이 출석하지 아니하거나 도주한 경우에는 직권으로 또는 군검사의 청구에 따라 결정으로 보증금이나 담보의 전부 또는 일부를 몰취하여야 한다.
(2016.1.6 본조개정)

참조 [보석]135 · 136, [형의 선고]375, [집행하기 위한 소환]515

제144조 【보증금의 반환】 구속 또는 보석을 취소하거나 구속영장의 효력이 소멸된 경우에는 몰취하지 아니한 보증금 또는 담보는 청구한 날부터 7일 이내에 이를 반환하여야 한다.

참조 [구속의 취소]133, [보석의 취소]142, [구속영장의 효력소멸]114 · 388

제144조의2 【보석조건의 효력상실 등】 ① 구속영장의 효력이 소멸하면 보석조건은 즉시 그 효력을 상실한다.
② 보석이 취소된 경우에도 제1항과 같다. 다만, 제139조제8호의 조건은 예외로 한다.

제145조 【상소와 구속에 관한 결정】 상소기간 중이거나 상소 중인 사건에 관한 구속기간 갱신, 구속의 취소, 보석, 구속의 집행정지 및 그 정지의 취소에 대한 결정은 소송기록이 원심군사법원(상고의 경우에는 고등법원을 말한다. 이하 이 조에서 같다)에 있을 때에는 원심군사법원이 하여야 한다.(2021.9.24 본조개정)

참조 [상소제기기간]400 · 415 · 444, [구속기간의 갱신]132, [구속의 취소]133, [보석]135 · 136, [구속의 집행정지]141, [구속의 집행정지의 취소]142

제8절 압수와 수색
(2009.12.29 본절개정)

제146조 【압수 등】 ① 군사법원은 필요한 때에는 피고사건과 관계가 있다고 인정할 수 있는 것에 한정하여 증거물 또는 몰수될 것으로 생각되는 물건을 압수할 수 있다. 다만, 법률에 다른 규정이 있을 때에는 그러하지 아니하다.
(2017.12.12 본문개정)
② 군사법원은 압수할 물건을 지정하여 소유자 · 소지자 또는 보관자에게 제출을 명령할 수 있다.
③ 군사법원은 압수의 목적물이 컴퓨터용 디스크, 그 밖에 이와 비슷한 정보저장매체(이하 "정보저장매체등"이라 한다)인 경우에는 기억된 정보의 범위를 정하여 출력하거나 복제하여 제출받아야 한다. 다만, 범위를 정하여 출력 또는 복제하는 방법이 불가능하거나 압수의 목적을 달성하기에 현저히 곤란하다고 인정되는 때에는 정보저장매체등을 압수할 수 있다.(2017.12.12 본항신설)
④ 군사법원은 제3항에 따라 정보를 제공받은 경우 「개인정보 보호법」 제2조제3호에 따른 정보주체에게 해당 사실을 지체 없이 알려야 한다.(2017.12.12 본항신설)

참조 [압수]헌12, [증거물]347 · 348, [몰수할 물건]형48, [몰수선고 없는 압수물]389, [다른 규정]150－152

제147조 【우편물의 압수】 ① 군사법원은 우체물 또는 「통신비밀보호법」 제2조제3호에 따른 전기통신(이하 "전기통신"이라 한다)에 관한 것으로서 필요한 때에는 피고사건과 관계가 있다고 인정할 수 있는 것에 한정하여 체신관서나 그 밖의 관계 기관 등이 지니거나 보관하는 물건의 제출을 명령하거나 압수를 할 수 있다.
② (2017.12.12 삭제)
③ 제1항에 따른 처분을 할 때에는 발신인이나 수신인에게 그 취지를 통지하여야 한다. 다만, 심리에 방해가 될 우려가 있는 경우에는 그러하지 아니하다.
(2017.12.12 본조개정)

제148조 【임의제출물 등의 압수】 소유자, 소지자 또는 보관자가 임의로 제출한 물건 또는 유류(遺留)한 물건은 영장 없이 압수할 수 있다.

제149조 【수색】 ① 군사법원은 필요한 때에는 피고사건과 관계가 있다고 인정할 수 있는 것에 한정하여 피고인의 신체, 물건 또는 주거나 그 밖의 장소를 수색할 수 있다.
(2017.12.12 본항개정)
② 피고인 아닌 사람의 신체, 물건 또는 주거나 그 밖의 장소에 관하여는 압수할 물건이 있음을 인정할 수 있는 경우에만 수색할 수 있다.

참조 [수색]153 · 178, 헌12, [여자의 신체수색]165, [수색의 제한]166 · 167, [명예의 보전]158

제150조 【군사상 기밀과 압수 · 수색】 ① 군사상 기밀이 요구되는 장소에는 그 장 또는 그를 대리하는 사람의 승낙 없이는 압수하거나 수색할 수 없다.
② 제1항에 따른 책임자는 국가의 중대한 이익을 해치는 경우를 제외하고는 승낙을 거부하지 못한다.

참조 [군사상 기밀]군사기밀2

제151조 【공무상 비밀과 압수】 ① 공무원이거나 공무원이었던 사람이 지니거나 보관하는 물건에 관하여는 본인 또는 해당 관공서의 장이 직무상 비밀에 관한 것임을 신고한 경우에는 그 소속 관공서 또는 그 감독 관공서의 장의 승낙 없이는 압수하지 못한다.
② 제1항에 따른 소속 관공서 또는 감독 관공서의 장은 국가의 중대한 이익을 해치는 경우를 제외하고는 승낙을 거부하지 못한다.

참조 [직무상의 비밀]국가공무원60

제152조 【업무상 비밀과 압수】 변호사, 변리사, 공증인, 공인회계사, 세무사, 관세사, 감정평가사, 법무사, 행정사, 의사, 약종상, 한약사, 치과의사, 약사, 한약업사, 조산사, 간호사, 종교의 직에 있는 사람 또는 이러한 직에 있었던 사람이 그 업무상 위탁을 받아 지니거나 보관하는 물건으로서 타인의 비밀에 관한 것은 압수를 거부할 수 있다. 다만, 그 타인의 승낙이 있거나 중대한 공익상 필요가 있을 때에는 그러하지 아니하다.

참조 [업무상의 비밀]형317

제153조【압수·수색영장】 공판정 밖에서의 압수 또는 수색은 영장을 발부하여 하여야 한다.

참조 [압수]146−148, 헌12, [수색]149·178, [영장의 방식]154, [예외]255

제154조【영장의 방식】 ① 압수·수색영장에는 피고인의 성명, 죄명, 압수할 물건, 수색할 장소·신체·물건, 발부 연월일 및 유효기간과 그 기간이 지나면 집행을 시작하지 못하며 영장을 반환하여야 한다는 취지를 적고 재판장이나 군판사가 서명날인하여야 한다.

② 제1항의 압수·수색영장에 관하여는 제114조제2항을 준용한다.

참조 [압수·수색]146−149, [성명불명의 경우]114②

제155조 (2020.6.9 삭제)

제156조【영장과 집행】 ① 압수·수색영장은 군검사의 지휘에 따라 군사법경찰관리가 집행한다. 다만, 필요할 때에는 재판장이나 군판사는 서기에게 집행을 명령할 수 있다. (2016.1.6 본문개정)

② 압수·수색영장의 집행에 관하여는 제121조를 준용한다.

③ 압수·수색영장은 필요할 때에는 사법경찰관리로 하여금 집행하게 할 수 있다.

참조 [지휘]503·504, [군사법경찰관리]43·46, [군판사 임명과 자격]24, [관할구역]121, [사법경찰관리]형소197

제157조【집행의 보조】 서기는 압수·수색영장의 집행에 필요할 때에는 군사법경찰관리에게 보조를 요구할 수 있다.

제158조【집행상의 주의】 압수·수색영장을 집행할 때에는 타인의 비밀을 지켜야 하며 처분받는 사람의 명예를 해치지 아니하도록 주의하여야 한다.

제159조【영장의 제시】 압수·수색영장은 처분을 받는 사람에게 반드시 제시하여야 한다.

제160조【집행 중의 출입금지】 ① 압수·수색영장의 집행 중에는 다른 사람의 출입을 금지할 수 있다.

② 제1항을 위반한 사람에 대하여는 퇴거하게 하거나 집행을 마칠 때까지 감시인을 붙일 수 있다.

참조 [집행중지와 필요한 처분]168, [본조의 준용]179

제161조【집행과 필요한 처분】 ① 압수·수색영장을 집행할 때에는 자물쇠를 열거나 개봉, 그 밖에 필요한 처분을 할 수 있다.

② 제1항의 처분은 압수물에 대하여도 할 수 있다.

참조 [본조의 준용]179

제162조【당사자의 참여】 군검사, 피고인 또는 변호인은 압수·수색영장의 집행에 참여할 수 있다.(2016.1.6 본조개정)

참조 [압수·수색영장의 집행]156, [참여권자에의 통지]163, [증인신문의 참여]204

제163조【영장집행과 참여권자에 대한 통지】 압수·수색영장을 집행할 때에는 미리 집행일시와 장소를 제162조에 규정된 사람에게 통지하여야 한다. 다만, 제162조에 규정된 사람이 참여하지 아니한다는 의사를 표명하거나 긴급한 경우에는 그러하지 아니하다.

제164조【영장의 집행과 책임자의 참여】 ① 관공서나 병영, 그 밖의 군사용 청사, 항공기 또는 함선에서 압수·수색영장을 집행할 때에는 그 장 또는 그를 대리하는 사람에게 참여할 것을 통지하여야 한다.

② 제1항에 규정된 장소가 아닌 다른 사람의 주거나 관리자가 있는 가옥, 건조물, 항공기, 선박 또는 차량에서 압수·수색영장을 집행할 때에는 주거주(住居主)·관리자 또는 이에 준하는 사람을 참여하게 하여야 한다.

③ 제2항의 사람이 참여하지 못할 때에는 이웃사람 또는 지방공공단체의 직원을 참여하게 하여야 한다.

참조 [본조의 준용]179

제165조【여자의 수색과 참여】 여자의 신체에 대하여 수색할 때에는 성년 여자를 참여하게 하여야 한다.

참조 [신체의 수색]149, [신체검사의 참여]182

제166조【야간집행의 제한】 일출 전과 일몰 후에는 압수·수색영장에 야간집행을 할 수 있다고 적혀있지 아니하면 그 영장을 집행하기 위하여 다른 사람의 주거나 관리자 있는 가옥, 건조물, 항공기, 선박 또는 차량에 들어가지 못한다.

참조 [예외]167, [검증의 제한]184

제167조【야간집행 제한의 예외】 다음 각 호의 어느 하나에 해당하는 장소에서 압수·수색영장을 집행할 때에는 제166조의 제한을 받지 아니한다.

1. 도박이나 그 밖에 풍속을 해치는 행위에 상시 이용된다고 인정되는 장소
2. 여관, 음식점, 그 밖에 야간에 일반인이 출입할 수 있는 장소. 다만, 공개된 시간에만 집행할 수 있다.

참조 [도박]형246·247

제168조【집행중지와 필요한 처분】 압수·수색영장의 집행을 중지한 경우 필요하면 집행이 끝날 때까지 그 장소를 폐쇄하거나 감시인을 둘 수 있다.

참조 [집행 중의 출입금지]160, [본조의 준용]179

제169조【증명서의 발급】 수색한 경우에 증거물 또는 몰수할 물건이 없을 때에는 그 취지의 증명서를 발급하여야 한다.

제170조【압수목록의 발급】 압수한 경우에는 목록을 작성하여 소유자, 소지자, 보관자 또는 그 밖에 이에 준하는 사람에게 주어야 한다.

제171조【압수물의 보관과 폐기】 ① 운반하거나 보관하기 불편한 압수물에 관하여는 관리자를 두거나 소유자 또는 적당한 사람의 승낙을 받아 보관하게 할 수 있다.

② 위험이 발생할 우려가 있는 압수물은 폐기하거나 그 밖에 필요한 처분을 할 수 있다.

③ 법령상 생산·제조·소지·소유 또는 유통이 금지된 압수물로서 부패할 우려가 있거나 보관하기 어려운 것은 소유자 등 권한 있는 사람의 동의를 받아 폐기할 수 있다.

제172조【압수물 상실 등의 방지】 압수물에 대하여는 그 상실 또는 파손 등의 방지를 위하여 적절한 조치를 하여야 한다.

제173조【압수물의 대가보관】 ① 몰수하여야 할 압수물이 멸실, 파손, 부패 또는 현저한 가치 감소의 우려가 있거나 보관하기 어려운 경우에는 매각하여 대가(代價)를 보관할 수 있다.

② 환부하여야 할 압수물 중 환부받을 자가 누구인지 알 수 없거나 그 소재가 분명하지 아니한 경우로서 멸실, 파손, 부패 또는 현저한 가치 감소의 우려가 있거나 보관하기 어려운 것은 매각하여 대가를 보관할 수 있다.

참조 [당사자에의 통지]176

제174조【압수물의 환부·가환부】 ① 압수를 계속할 필요가 없다고 인정되는 압수물은 피고사건이 종결되기 전이라도 결정으로 환부하여야 하며, 증거로 제공할 압수물은 소유자, 소지자, 보관자 또는 제출인의 청구에 따라 가환부(假還付)할 수 있다.

② 증거에만 제공할 목적으로 압수한 물건으로서 그 소유자 또는 소지자가 계속 사용하여야 할 물건은 사진촬영 또는 그 밖의 원형보존 조치를 하고 지체 없이 결정으로 가환부하여야 한다.

참조 [사건종결후의 환부]390, [당사자에의 통지]176

제175조【피해자에 대한 압수장물 환부】 압수장물은 피해자에게 환부할 이유가 명백할 때에는 피고사건이 종결되기 전이라도 결정으로 피해자에게 환부할 수 있다.

참조 [사건종결후의 환부]390, [당사자에의 통지]176

제176조【압수물 처분과 당사자에 대한 통지】 제173조부터 제175조까지의 결정을 할 때에는 군검사, 피해자, 피고인 또는 변호인에게 미리 통지하고 의견을 물어야 한다. (2016.1.6 본조개정)

제177조【수명군판사 등에 대한 압수·수색 촉탁】 ① 군사법원은 압수 또는 수색을 군판사에게 명령할 수 있고 그 목적물이 있는 곳을 관할하는 군사법원의 군판사 또는 지방법원의 판사에게 촉탁할 수 있다.

② 수탁군판사 또는 수탁판사는 압수 또는 수색의 목적물이 그 관할구역에 없을 때에는 그 목적물이 있는 곳을 관할하는 군사법원의 군판사 또는 지방법원의 판사에게 다시 촉탁할 수 있다.

③ 수명군판사 · 수탁군판사 또는 수탁판사가 하는 압수 또는 수색에 관하여는 군사법원이 하는 압수 또는 수색에 관한 규정을 준용한다.

제178조【구속영장 집행과 수색】 군검사, 지방검찰청 검사, 군사법경찰관리, 사법경찰관리와 제119조제2항에 따른 군사법원의 서기, 법원사무관등이 구속영장을 집행할 경우 필요하면 다른 사람의 주거나 관리자가 있는 가옥, 건조물, 항공기, 선박 또는 차량에 들어가 피고인을 수색할 수 있다.
(2016.1.6 본조개정)

참조 [구속영장의 집행]119 · 123, [야간집행의 제한]166 · 167, [집행현장에서의 수색]255

제179조【준용규정】 제178조에 따른 군검사, 지방검찰청 검사, 군사법경찰관리, 사법경찰관리, 군사법원의 서기, 법원사무관등의 수색에 관하여는 제160조 · 제161조 · 제164조 및 제168조를 준용한다.(2016.1.6 본조개정)

참조 [집행 중의 출입금지]160, [집행과 필요한 처분]161, [책임자의 참여]164, [집행중지와 필요한 처분]168

제9절 검 증
(2009.12.29 본절개정)

제180조【검증】 군사법원은 사실 발견을 위하여 필요하면 검증을 할 수 있다.

참조 [검증물의 제한]150 · 186, [군검사 · 군사법경찰관의 검증]254－256

판례 수명법무사의 서증검증에 있어 각 서증일부의 기재부분만을 중점으로 발췌하고 위 법무사의 의견판단의 요지를 기재한 것은 적법한 검증조서로서의 증거능력이 없다.(대판 1969.9.23, 69도1235)

제181조【검증과 필요한 처분】 검증을 할 때에는 신체 검사, 사체 해부, 무덤 발굴, 물건 파괴 또는 그 밖에 필요한 처분을 할 수 있다.

참조 [신체의 검사]182 · 183, [사체의 해부]시체해부및보존에관한법2, [분묘의 발굴]형160 · 161, [물건의 파괴]215, [수사에의 준용]258

제182조【신체 검사에 관한 주의】 ① 신체를 검사할 때에는 검사를 받는 사람의 성별, 연령 및 건강상태와 그 밖의 사정을 고려하여 그 사람의 건강과 명예를 해치지 아니하도록 주의하여야 한다.
② 피고인이 아닌 사람의 신체 검사는 증거 흔적의 존재를 확인할 수 있는 현저한 사유가 있는 경우에만 할 수 있다.
③ 여자의 신체를 검사하는 경우에는 의사나 성년 여자를 참여하게 하여야 한다.
④ 사체 해부 또는 무덤 발굴을 할 때에는 예(禮)를 잃지 아니하도록 주의하고 미리 유족에게 통지하여야 한다.

참조 [여자의 수색과 참여]165, [성년]민4, [수사에의 준용]258

제183조【신체 검사와 소환】 군사법원은 신체를 검사하기 위하여 피고인이 아닌 사람을 군사법원이나 그 밖의 지정된 장소에 소환할 수 있다.

제184조【시각의 제한】 ① 일출 전과 일몰 후에는 집주인, 관리자 또는 이에 준하는 사람의 승낙이 없으면 검증을 하기 위하여 다른 사람의 주거나 관리자가 있는 가옥, 건조물, 항공기, 선박 또는 차량에 들어가지 못한다. 다만, 일출 후에는 검증의 목적을 달성할 수 없을 우려가 있는 경우에는 그러하지 아니하다.
② 일몰 전에 검증을 시작한 경우에는 일몰 후라도 검증을 계속할 수 있다.
③ 제167조 각 호에 규정된 장소에서는 제1항의 제한을 받지 아니한다.

참조 [압수 · 수색의 제한]166

제185조【검증의 보조】 검증을 할 때 필요하면 군사법경찰관리에게 보조를 명령할 수 있다.

참조 [군사법경찰관리]43 · 46

제186조【준용규정】 검증에 관하여는 제150조, 제160조부터 제164조까지, 제168조 및 제177조를 준용한다.

참조 [군사상 기밀과 압수 · 수색]150, [집행 중의 출입금지, 집행과 필요한 처분, 당사자의 참여, 참여권자에의 통지, 책임자의 참여]160－164, [집행중지와 필요한 처분]168, [수명 · 수탁법무사등]177

제10절 증인신문
(2009.12.29 본절제목개정)

제187조【증인의 자격】 군사법원은 법률에 다른 규정이 없으면 누구든지 증인으로 신문할 수 있다.(2009.12.29 본조개정)

제188조【공무상 비밀과 증인자격】 ① 공무원이거나 공무원이었던 사람이 그 직무에 관하여 알게 된 사실에 관하여 본인 또는 해당 관공서가 직무상 비밀에 속한 사항임을 신고한 경우에는 그 소속 관공서 또는 그 감독 관공서의 장의 승낙 없이는 증인으로 신문하지 못한다.
② 제1항에 따른 소속 관공서 또는 감독 관공서의 장은 국가의 중대한 이익을 해치는 경우를 제외하고는 승낙을 거부하지 못한다.
(2009.12.29 본조개정)

참조 [직무상의 비밀]국가공무원60

제189조【근친자의 형사책임과 증언거부】 누구든지 자기나 다음 각 호의 어느 하나에 해당하는 관계가 있는 사람이 형사소추 또는 공소제기를 당하거나 유죄판결을 받을 사실이 드러날 우려가 있는 증언을 거부할 수 있다.
1. 친족이거나 친족이었던 사람
2. 법정대리인, 후견인
(2009.12.29 본조개정)

참조 [증언거부사유의 소명]191

제190조【업무상 비밀과 증언거부】 제152조에 규정된 사람이 그 업무상 위탁을 받은 관계로 알게 된 사실로서 타인의 비밀에 관한 것은 증언을 거부할 수 있다. 다만, 본인의 승낙이 있거나 중대한 공익상 필요가 있을 때에는 그러하지 아니하다.(2009.12.29 본조개정)

참조 [업무상의 비밀]형317

제191조【증언거부사유의 소명】 증언을 거부하는 사람은 거부사유를 소명하여야 한다.(2009.12.29 본조개정)

제192조【증인의 소환】 ① 군사법원은 소환장의 송달, 전화, 전자우편, 그 밖의 적절한 방법으로 증인을 소환한다. 다만, 증인이 군사법원의 구내에 있을 때에는 소환하지 아니하고 신문할 수 있다.
② 증인의 소환에 관하여는 제106조부터 제108조까지의 규정을 준용한다.
③ 증인을 신청한 사람은 증인이 출석하도록 합리적인 노력을 할 의무가 있다.
(2009.12.29 본조개정)

참조 [소환장의 발부 · 방식 · 송달]106－108

제193조【증인이 출석하지 아니한 경우의 과태료 등】 ① 군사법원은 소환장을 송달받은 증인이 정당한 사유 없이 출석하지 아니하면 결정으로 그 불출석으로 인한 소송비용을 증인이 부담하도록 명령하고, 500만원 이하의 과태료를 부과할 수 있다. 제192조제2항에 따라 준용되는 제108조제2항 · 제6항에 따라 소환장의 송달과 같은 효력이 있는 경우에도 또한 같다.
② 군사법원은 증인이 제1항에 따른 과태료 재판을 받고도 정당한 사유 없이 다시 출석하지 아니하면 결정으로 증인을 7일 이내의 감치(監置)에 처한다.
③ 군사법원은 감치재판기일에 증인을 소환하여 제2항에 따른 정당한 사유가 있는지 심리하여야 한다.
④ 감치는 그 재판을 한 군사법원의 재판장의 명령에 따라 군사법경찰관리, 교도관, 법정경위 또는 법원서기 등이 군교도소 또는 군미결수용실에 유치하여 집행한다.(2021.9.24 본항개정)
⑤ 감치에 처하는 재판을 받은 증인이 제4항에 따른 감치시설에 유치된 경우 그 감치시설의 장은 즉시 그 사실을 군사법원에 통보하여야 한다.
⑥ 군사법원은 제5항의 통보를 받으면 지체 없이 증인신문기일을 열어야 한다.
⑦ 군사법원은 감치의 재판을 받은 증인이 감치의 집행 중

에 증언을 한 경우에는 즉시 감치결정을 취소하고 그 증인을 석방하도록 명령하여야 한다.
⑧ 제1항과 제2항의 결정에 대하여는 즉시항고를 할 수 있다. 이 경우 제459조는 적용하지 아니한다.
(2009.12.29 본조개정)
참조 [결정]71, [과태료]520, [즉시항고]454·455, [준항고]465

제194조【소환불응과 구인】 정당한 사유 없이 소환에 따르지 아니하는 증인은 구인할 수 있다.(2009.12.29 본조개정)

제195조【준용규정】 증인의 구인에 관하여는 제113조부터 제116조까지, 제119조부터 제121조까지, 제123조제1항·제2항 및 제124조를 준용한다.(2009.12.29 본조개정)
참조 [구속영장의 발부·방식, 구속의 촉탁]113-116, [구속영장의 집행, 관할구역 외에서의 집행]119-121, [구속영장의 집행절차]123, [재영자등에 대한 집행]124

제196조【증인의 선서】 증인에게는 신문 전에 선서하게 하여야 한다. 다만, 법률에 다른 규정이 있는 경우에는 그러하지 아니하다.(2009.12.29 본조개정)
참조 [선서거부의 제재]201, [위증죄]형152

제197조【선서의 방식】 ① 선서는 선서서(宣誓書)에 따라 하여야 한다.
② 선서서에는 「양심에 따라 숨김과 보탬이 없이 사실대로 말하고 만일 거짓말이 있으면 위증의 벌을 받기로 맹세합니다」라고 적어야 한다.
③ 재판장은 증인으로 하여금 선서서를 낭독하고 서명날인하게 하여야 한다. 다만, 증인이 선서서를 낭독하지 못하거나 서명을 하지 못하는 경우에는 참여한 서기가 대행한다.
④ 선서는 일어서서 엄숙하게 하여야 한다.
(2009.12.29 본조개정)
참조 [위증의 죄]형152

제198조【선서할 증인에 대한 경고】 재판장이나 군판사는 선서할 증인에게 선서 전에 위증의 벌에 대하여 경고하여야 한다.(2009.12.29 본조개정)
참조 [위증의 벌]형152

제199조【선서무능력】 증인이 다음 각 호의 어느 하나에 해당할 때에는 선서하게 하지 아니하고 신문하여야 한다.
1. 16세 미만인 사람
2. 선서의 취지를 이해하지 못하는 사람
(2009.12.29 본조개정)

제200조【증언거부권의 고지】 증인이 제189조나 제190조에 해당하는 경우에는 재판장 또는 군판사는 신문 전에 증언을 거부할 수 있음을 설명하여야 한다.(2009.12.29 본조개정)
참조 [근친자의 형사책임과 증언거부]189, [업무상 비밀과 증언거부]190

제201조【선서·증언의 거부와 과태료】 ① 증인이 정당한 사유 없이 선서나 증언을 거부하면 결정으로 50만원 이하의 과태료를 부과할 수 있다.
② 제1항의 결정에 대하여는 즉시항고를 할 수 있다.
(2009.12.29 본조개정)
참조 [결정]71·73, [즉시항고]454·455, [준항고]465

제202조【증인신문의 방식】 ① 증인신문은 증인을 신청한 군검사, 변호인 또는 피고인이 먼저 하고 다음에 다른 군검사, 변호인 또는 피고인이 한다.(2016.1.6 본항개정)
② 재판장은 제1항의 신문이 끝난 다음에 신문한다.
③ 재판장은 필요하다고 인정하면 제1항과 제2항에도 불구하고 어느 때나 신문할 수 있으며 제1항의 신문순서를 변경할 수 있다.
④ 군사법원이 직권으로 신문할 증인이나 제338조제1항에 따라 증인으로 신문할 피해자등에 대한 신문방식은 재판장이 정하는 바에 따른다.
⑤ 다른 재판관은 재판장에게 말하고 증인을 직접 신문할 수 있다.
(2009.12.29 본조개정)
참조 [피고인신문의 방식]332

제203조【개별신문과 대질】 ① 증인은 개인별로 신문하여야 한다.
② 신문하지 아니한 증인이 법정에 있을 때에는 퇴정을 명령하여야 한다.
③ 신문에 필요할 때에는 증인과 다른 증인 또는 피고인을 대질하게 할 수 있다.
(2009.12.29 본조개정)
참조 [피고인등의 퇴정]352

제204조【당사자의 참여권】 ① 군검사, 피고인 또는 변호인은 증인신문에 참여할 수 있다.(2016.1.6 본항개정)
② 증인신문의 일시와 장소는 제1항에 따라 참여할 수 있는 사람에게 미리 통지하여야 한다. 다만, 참여하지 아니한다는 의사를 표명한 경우에는 그러하지 아니하다.
(2009.12.29 본조개정)
참조 [압수·수색과 당사자참여]162·163

제204조의2【신뢰관계에 있는 사람의 동석】 ① 군사법원은 범죄의 피해자를 증인으로 신문하는 경우 증인의 연령, 심신 상태, 그 밖의 사정을 고려하여 증인이 현저하게 불안 또는 긴장을 느낄 우려가 있다고 인정하면 직권으로 또는 피해자·법정대리인·군검사의 신청에 따라 피해자와 신뢰관계에 있는 사람을 동석하게 할 수 있다.(2016.1.6 본항개정)
② 군사법원은 범죄의 피해자가 13세 미만이거나 신체적 또는 정신적 장애로 사물을 변별하거나 의사를 결정할 능력이 미약한 경우에 재판에 지장을 줄 우려가 있는 등 부득이한 경우가 아니면 피해자와 신뢰관계에 있는 사람을 동석하게 하여야 한다.
③ 제1항이나 제2항에 따라 동석한 사람은 군사법원·소송관계인의 신문 또는 증인의 진술을 방해하거나 그 진술의 내용에 부당한 영향을 미칠 수 있는 행위를 하여서는 아니된다.
④ 제1항이나 제2항에 따라 동석할 수 있는 신뢰관계에 있는 사람의 범위, 동석의 절차 및 방법 등에 필요한 사항은 대법원규칙으로 정한다.
(2009.12.29 본조개정)

제205조【신문의 청구】 ① 군검사, 피고인 또는 변호인이 증인신문에 참여하지 아니할 때에는 군사법원에 필요한 사항의 신문을 청구할 수 있다.(2016.1.6 본항개정)
② 피고인이나 변호인의 참여 없이 증인을 신문할 때 피고인에게 예기하지 아니한 불이익한 증언이 진술된 경우에는 반드시 진술내용을 피고인 또는 변호인에게 알려주어야 한다.
(2009.12.29 본조개정)

제206조【법정이 아닌 곳에서의 증인신문】 군사법원은 증인의 연령, 직업 및 건강상태와 그 밖의 사정을 고려하여 군검사·피고인 또는 변호인의 의견을 묻고 법정이 아닌 곳에 소환하거나 현재지에서 신문할 수 있다.(2016.1.6 본조개정)
참조 [군사법원의 구내에 있을 때 증인 신문]192

제206조의2【비디오 등 중계장치 등에 의한 증인신문】 군사법원은 다음 각 호의 어느 하나에 해당하는 자를 증인으로 신문하는 경우 상당하다고 인정하는 때에는 군검사와 피고인 또는 변호인의 의견을 들어 비디오 등 중계장치에 의한 중계시설을 통하여 신문하거나 차폐(遮蔽)시설 등을 설치하고 신문할 수 있다.(2016.1.6 본문개정)
1. 「아동복지법」 제71조제1항제1호부터 제3호까지의 규정에 해당하는 죄의 피해자(2011.8.4 본호개정)
2. 「아동·청소년의 성보호에 관한 법률」 제7조, 제8조, 제11조부터 제15조까지 및 제17조제1항의 규정에 해당하는 죄의 대상이 되는 아동·청소년 또는 피해자(2012.12.18 본호개정)
3. 범죄의 성질, 증인의 연령, 심신의 상태, 피고인과의 관계, 그 밖의 사정으로 인하여 피고인 등과 대면하여 진술하는 경우 심리적인 부담으로 정신의 평온을 현저하게 잃을 우려가 있다고 인정되는 자
(2008.1.17 본조신설)

제207조【동행명령과 구인】 ① 군사법원은 필요할 때에는 결정으로 지정된 장소에 증인의 동행을 명령할 수 있다.
② 증인이 정당한 사유 없이 동행을 거부할 때에는 구인할 수 있다.
(2009.12.29 본조개정)
참조 [구인]195

제208조【수명군판사 등에 대한 증인신문 촉탁】 ① 군사법원은 군판사에게 법정이 아닌 곳에서 증인을 신문할 것을 명령할 수 있고 또한 증인의 현재지를 관할하는 군사법원의 군판사 또는 지방법원의 판사에게 그 신문을 촉탁할 수 있다.
② 수탁군판사 또는 수탁판사는 증인이 관할구역에 있지 아니한 경우에는 증인의 현재지를 관할하는 군사법원의 군판사 또는 지방법원의 판사에게 다시 촉탁할 수 있다.
③ 수명군판사, 수탁군판사 또는 수탁판사는 증인의 신문에 관하여 군사법원의 재판장 또는 군판사의 권한에 속하는 처분을 할 수 있다.
(2009.12.29 본조개정)

참조 [법정 외의 증인신문]206

제209조【증인의 여비·일당·숙박료】 소환받은 증인은 법률에서 정하는 바에 따라 여비, 일당 및 숙박료를 청구할 수 있다. 다만, 정당한 사유 없이 선서 또는 증언을 거부한 사람은 그러하지 아니하다.(2009.12.29 본조개정)

참조 [법률]형사소송비용등에관한법3-5, [선서·증언거부]201

제11절 감 정
(2009.12.29 본절개정)

제210조【감정】 군사법원은 학식과 경험이 있는 사람에게 감정을 명령할 수 있다.

참조 [감정보고]212, [군검사 등의 감정위촉]260

제211조【선서】 ① 감정인에게는 감정 전에 선서하게 하여야 한다.
② 선서는 선서서에 따라 하여야 한다.
③ 선서서에는 「양심에 따라 성실히 감정하고 만일 거짓이 있으면 허위감정의 벌을 받기로 맹세합니다」라고 적어야 한다.
④ 감정인의 선서에 관하여는 제197조제3항·제4항 및 제198조를 준용한다.

참조 [허위감정의 벌]형154

제212조【감정결과의 보고】 ① 감정 결과에 관한 보고는 감정인이 서면으로 제출하게 하여야 한다.
② 감정인이 여러 사람인 때에는 각각 또는 공동으로 제1항의 보고를 제출하게 할 수 있다.
③ 감정 결과에 관한 보고에는 그 판단의 이유를 밝혀야 한다.
④ 필요할 때에는 감정인에게 설명하게 할 수 있다.

제213조【법정이 아닌 곳에서의 감정】 ① 군사법원은 필요할 때에는 감정인에게 법정이 아닌 곳에서 감정하게 할 수 있다.
② 제1항의 경우 감정이 필요한 물건을 감정인에게 내줄 수 있다.
③ 군사법원은 피고인의 정신 또는 신체에 관한 감정에 필요할 때에는 기간을 정하여 병원이나 그 밖의 적당한 장소에 피고인을 유치하게 할 수 있고 감정이 끝나면 즉시 유치를 해제하여야 한다.
④ 제3항의 유치를 할 때에는 감정유치장(鑑定留置狀)을 발부하여야 한다.
⑤ 제3항의 유치를 할 때 필요하면 군사법원은 직권으로 또는 피고인을 수용할 병원, 그 밖의 장소의 관리자의 신청에 따라 군사법경찰관리에게 피고인을 감시하도록 명령할 수 있다.
⑥ 군사법원은 필요할 때에는 유치기간을 연장하거나 단축할 수 있다.
⑦ 이 법에 특별한 규정이 없으면 제3항의 유치에 관하여는 구속에 관한 규정을 준용한다. 다만, 보석에 관한 규정은 그러하지 아니하다.
⑧ 제3항의 유치는 미결구금일수를 계산할 때 구속으로 본다.

참조 [법정 외의 증언]206, [준항고]465, [구속에 관한 규정]110-133, [미결구금일수의 산입]524, 형57

제214조【감정유치와 구속】 ① 구속 중인 피고인에 대하여 감정유치장이 집행되었을 때에는 피고인이 유치되어 있는 기간 동안 구속의 집행이 정지된 것으로 본다.
② 제1항의 경우 제213조제3항의 유치처분이 취소되거나 유치기간이 끝나면 구속의 집행정지가 취소된 것으로 본다.

참조 [구속의 집행정지]141

제215조【감정에 필요한 처분】 ① 감정인은 감정에 필요하면 군사법원의 허가를 받아 다른 사람의 주거나 관리자가 있는 가옥, 건조물, 항공기, 선박 또는 차량에 들어갈 수 있고, 신체 검사, 사체 해부, 무덤 발굴 또는 물건 파괴를 할 수 있다.
② 제1항의 허가를 할 때에는 피고인의 성명, 죄명, 들어갈 장소, 검사할 신체, 해부할 사체, 발굴할 무덤, 파괴할 물건, 감정인의 성명 및 유효기간을 적은 허가장을 발급하여야 한다.
③ 감정인은 제1항의 처분을 받는 사람에게 허가장을 보여주어야 한다.
④ 제2항과 제3항은 감정인이 공판정에서 하는 제1항의 처분에는 적용하지 아니한다.
⑤ 제1항의 경우에는 제182조 및 제184조를 준용한다.

참조 [신체검사상의 주의]182, [시각의 제한]184

제216조【감정인의 참여권·신문권】 ① 감정인은 감정에 필요하면 재판장이나 군판사의 허가를 받아 서류와 증거물을 열람하거나 복사하고 피고인 또는 증인의 신문에 참여할 수 있다.
② 감정인은 피고인이나 증인의 신문을 요구하거나 재판장의 허가를 받아 직접 신문할 수 있다.

제217조【수명군판사】 군사법원은 군판사로 하여금 감정에 필요한 처분을 하게 할 수 있다.

제218조【당사자의 참여】 ① 군검사, 피고인 또는 변호인은 감정에 참여할 수 있다.(2016.1.6 본항개정)
② 제1항의 경우에는 제163조를 준용한다.

제219조【준용규정】 감정에 관하여는 이 장 제10절 증인신문에 관한 규정(구인에 관한 규정은 제외한다)을 준용한다.

참조 [구인에 관한 규정]194·195·207

제220조【여비·감정료 등】 감정인은 법률에서 정하는 바에 따라 여비, 일당, 숙박료 외에 감정료와 체당금(替當金)의 지급을 청구할 수 있다.

참조 [법률]형사소송비용등에관한법3-5·7

제221조【감정증인】 특별한 지식을 통하여 알게 된 과거의 사실을 신문하는 경우에는 이 절의 규정에 따르지 아니하고 이 장 제10절 증인신문에 관한 규정에 따른다.

참조 [증인과 감정인의 취급상의 차이]219, [감정료·체당금의 청구]220

제221조의2【감정의 촉탁】 ① 군사법원은 필요하다고 인정하면 관공서, 학교, 병원, 그 밖에 적당한 설비가 있는 단체 또는 기관에 감정을 촉탁할 수 있다. 이 경우 선서에 관한 규정은 적용하지 아니한다.
② 제1항의 경우 군사법원은 해당 관공서, 학교, 병원, 단체 또는 기관이 정한 사람이 감정서를 설명하게 할 수 있다.

제12절 통역과 번역
(2009.12.29 본절개정)

제222조【통역】 국어가 통하지 아니하는 사람의 진술은 통역인이 통역하게 하여야 한다.

참조 [국어]법원조직62

제223조【청각 또는 언어 장애인의 통역】 듣지 못하거나 말하지 못하는 사람의 진술은 통역인이 통역하게 할 수 있다.

제224조【번역】 국어 아닌 문자 또는 부호는 번역하게 하여야 한다.

참조 [국어]법원조직62

제225조【준용규정】 통역과 번역에 관하여는 이 장 제11절 감정에 관한 규정을 준용한다.

제13절 증거보전
(2009.12.29 본절개정)

제226조【증거보전의 청구와 그 절차】 ① 군검사, 피고인, 피의자 또는 변호인은 미리 증거를 보전하지 아니하면 그

증거를 사용하기 어려운 사정이 있을 때에는 제1회 공판기일 전이라도 군판사에게 압수, 수색, 검증, 증인신문 또는 감정을 청구할 수 있다.(2016.1.6 본항개정)
② 제1항의 청구를 받은 군판사는 그 처분에 관하여 군사법원이나 재판장과 동일한 권한이 있다.
③ 제1항의 청구를 할 때에는 서면으로 그 사유를 소명하여야 한다.
④ 제1항의 청구를 기각하는 결정에 대하여는 3일 이내에 항고할 수 있다.
제227조【서류의 열람 등】 군검사, 피고인, 피의자 또는 변호인은 군판사의 허가를 받아 제226조에 따른 처분에 관한 서류와 증거물을 열람하거나 복사할 수 있다.(2016.1.6 본조개정)

제14절 소송비용
(2009.12.29 본절개정)

제227조의2【피고인의 소송비용 부담】 ① 형을 선고할 때에는 피고인에게 소송비용의 전부 또는 일부를 부담하게 할 수 있다. 다만, 피고인이 경제적 사정으로 소송비용을 낼 수 없을 때에는 그러하지 아니하다.
② 피고인이 책임질 사유로 발생된 비용은 형을 선고하지 아니하는 경우에도 피고인에게 부담하게 할 수 있다.
제227조의3【공범의 소송비용】 공범의 소송비용은 공범들이 연대부담하게 할 수 있다.
제227조의4【고소인 등의 소송비용 부담】 고소 또는 고발에 따라 공소를 제기한 사건에 관하여 피고인이 무죄 또는 면소(免訴)의 판결을 받은 경우에 고소인 또는 고발인에게 고의 또는 중대한 과실이 있으면 그 고소인 또는 고발인에게 소송비용의 전부 또는 일부를 부담하게 할 수 있다.
제227조의5【군검사의 상소 취하 등과 소송비용 부담】 군검사만이 상소 또는 재심청구를 한 경우에 상소 또는 재심청구가 기각되거나 취하되면 피고인에게 소송비용을 부담하게 하지 못한다.(2016.1.6 본조개정)
제227조의6【제3자의 소송비용 부담】 ① 군검사가 아닌 사람이 상소 또는 재심청구를 한 경우에 상소 또는 재심청구가 기각되거나 취하되면 그 사람에게 소송비용을 부담하게 할 수 있다.(2016.1.6 본항개정)
② 피고인이 아닌 사람이 피고인이 제기한 상소 또는 재심청구를 취하한 경우에도 제1항과 같다.
제227조의7【소송비용 부담의 재판】 ① 재판으로 소송절차가 끝나는 경우 피고인에게 소송비용을 부담하게 할 때에는 직권으로 재판하여야 한다.
② 제1항의 재판에 대하여는 본안의 재판에 관하여 상소하는 경우에만 불복할 수 있다.
제227조의8【제3자 부담의 재판】 ① 재판으로 소송절차가 끝나는 경우 피고인이 아닌 사람에게 소송비용을 부담하게 할 때에는 직권으로 결정하여야 한다.
② 제1항의 결정에 대하여는 즉시항고를 할 수 있다.
제227조의9【재판 외의 사유에 따른 절차 종료】 ① 재판 외의 사유로 소송절차가 끝나는 경우 소송비용을 부담하게 할 때에는 사건이 최종 계속된 군사법원 또는 상소법원이 직권으로 결정하여야 한다.(2021.9.24 본항개정)
② 제1항의 결정에 대하여는 즉시항고를 할 수 있다.
제227조의10【부담액의 산정】 소송비용의 부담을 명령하는 재판에 그 금액이 표시되지 아니한 경우에는 집행을 지휘하는 군검사가 금액을 계산하여 정한다.(2016.1.6 본조개정)
제227조의11【무죄판결과 비용보상】 ① 국가는 무죄판결이 확정된 경우에는 해당 사건의 피고인이었던 사람에게 그 재판에 사용된 비용을 보상하여야 한다.
② 다음 각 호의 어느 하나에 해당하는 경우에는 제1항에 따른 비용의 전부 또는 일부를 보상하지 아니할 수 있다.
1. 피고인이었던 사람이 수사 또는 재판을 그르칠 목적으로 거짓 자백을 하거나 다른 유죄의 증거를 만들어 기소된 것으로 인정된 경우
2. 1개의 재판으로써 경합범의 일부에 대하여 무죄판결이 확정되고 다른 부분에 대하여 유죄판결이 확정된 경우
3. 「형법」 제9조 및 제10조제1항의 사유에 따른 무죄판결이 확정된 경우
4. 그 비용이 피고인이었던 사람이 책임질 사유로 발생한 경우
제227조의12【비용보상의 절차 등】 ① 제227조의11제1항에 따른 비용의 보상은 피고인이었던 사람의 청구에 따라 무죄판결을 선고한 군사법원에서 결정으로 한다.
② 제1항에 따른 청구는 무죄판결이 확정된 사실을 안 날부터 3년, 무죄판결이 확정된 날부터 5년 이내에 하여야 한다.(2020.6.9 본항개정)
③ 제1항의 결정에 대하여는 즉시항고를 할 수 있다.
제227조의13【비용보상의 범위】 ① 제227조의11에 따른 비용보상의 범위는 피고인이었던 사람 또는 그 변호인이었던 사람이 공판준비 및 공판기일에 출석하기 위하여 사용한 여비, 일당, 숙박료와 변호인이었던 사람에 대한 보수로 한정한다. 이 경우 보상금액에 관하여는 「형사소송비용 등에 관한 법률」을 준용하되, 피고인이었던 사람에게는 증인에 관한 규정을 준용하고, 변호인이었던 사람에게는 국선변호인에 관한 규정을 준용한다.
② 군사법원은 공판준비 또는 공판기일에 출석한 변호인이 2명 이상이었던 경우에는 사건의 성질, 심리 상황, 그 밖의 사정을 고려하여 변호인이었던 사람의 여비, 일당 및 숙박료를 대표변호인이나 그 밖의 일부 변호인의 비용만으로 한정할 수 있다.
제227조의14【준용규정】 비용보상청구, 비용보상절차, 비용보상과 다른 법률에 따른 손해배상과의 관계, 보상을 받을 권리의 양도·압류 또는 피고인이었던 사람의 상속인에 대한 비용보상에 관하여 이 법에서 규정한 것을 제외하고는 「형사보상 및 명예회복에 관한 법률」에 따른 보상의 예를 따른다.(2016.1.6 본조개정)

제2장 제1심

제1절 수 사
(2009.12.29 본절제목개정)

제228조【군검사, 군사법경찰관의 수사】 ① 군검사와 군사법경찰관은 범죄 혐의가 있다고 생각될 때에는 범인, 범죄사실 및 증거를 수사하여야 한다.(2016.1.6 본항개정)
② 군사법경찰관이 수사를 시작하여 입건하였거나 입건된 사건을 이첩받은 경우에는 정당한 사유가 없으면 48시간 이내에 관할 검찰단에 통보하여야 한다.(2021.9.24 본항개정)
③~⑤ (2025.1.31 삭제)
참조 [군사법경찰관]43-45, [군사법경찰리]46
제228조의2【군검사와 군사법경찰관의 협조 의무】 ① 군검사와 군사법경찰관은 구체적 사건의 범죄수사 및 공소유지를 위하여 상호 간에 성실히 협력하여야 한다.
② 군검사와 군사법경찰관의 협조 의무에 관한 구체적인 사항은 대통령령으로 정한다.
(2021.9.24 본조신설)
제228조의3【재판권이 군사법원에 있지 아니한 범죄의 처리】 ① 군검사와 군사법경찰관은 제286조에도 불구하고 범죄를 수사하는 과정에서 재판권이 군사법원에 있지 아니한 범죄를 인지한 경우 지체 없이 그 사건을 대검찰청, 고위공직자범죄수사처, 경찰청 또는 해양경찰청에 이첩하여야 한다.
② 대검찰청, 고위공직자범죄수사처, 경찰청 또는 해양경찰청은 각 수사기관이 관할하는 사건으로서 재판권이 군사법원에 있지 아니한 범죄를 인지한 경우 그 사건의 이첩을 군검사 또는 군사법경찰관에게 요구할 수 있고, 군검사 또는 군사법경찰관은 지체 없이 이에 따라야 한다.
③ 제1항 또는 제2항에 따라 이첩받은 사건에 관하여 검사 또는 사법경찰관은 다음 각 호의 어느 하나에 해당하는 경우에 군검사 또는 군사법경찰관에게 수사 및 영장의 집행 또는 집행지휘를 촉탁할 수 있다.

1. 공소제기 여부 결정 또는 공소의 유지에 관하여 필요한 경우
2. 영장의 신청·청구 여부 결정이나 영장의 집행을 위하여 필요한 경우
④ 군검사 또는 군사법경찰관은 제3항의 촉탁이 있는 때에는 정당한 사유가 없으면 지체 없이 이를 이행하고, 그 결과를 통보하여야 한다.
(2025.1.31 본조신설)

제229조【준수사항】 ① 피의자에 대한 수사는 불구속 상태에서 함을 원칙으로 한다.
② 군검사, 군사법경찰관리, 그 밖에 직무상 수사와 관계있는 사람은 비밀을 엄수하며 피의자 또는 다른 사람의 인권을 존중하고 수사에 방해되는 일이 없도록 주의하여야 한다.(2016.1.6 본항개정)
③ 군검사·군사법경찰관리와 그 밖에 직무상 수사에 관계있는 사람은 수사과정에서 수사와 관련하여 작성하거나 취득한 서류 또는 물건에 대한 목록을 빠짐없이 작성하여야 한다.(2020.6.9 본항신설)
(2009.12.29 본조개정)

제230조【군검사의 체포·구속장소 감찰】 ① 군검사는 불법체포·구속 여부를 조사하기 위하여 매월 1회 이상 관하 수사기관의 피의자 체포·구속장소를 감찰하여야 한다. 감찰하는 군검사는 체포되거나 구속된 사람을 심문(審問)하고 관련 서류를 조사하여야 한다.
② 군검사는 적법한 절차에 따르지 아니하고 체포되거나 구속된 것이라고 의심할 만한 상당한 이유가 있는 경우에는 즉시 체포되거나 구속된 사람을 석방하거나 사건을 검찰기관에 송치할 것을 명령하여야 한다.
(2016.1.6 본조개정)

제231조【수사와 필요한 조사】 ① 수사의 목적을 달성하기 위하여 필요한 조사를 할 수 있다. 다만, 강제처분은 이 법에 특별한 규정이 있는 경우에만 하며, 필요한 최소한도의 범위에서만 하여야 한다.
② 수사를 할 때에는 관공서나 그 밖의 공사단체에 수사에 필요한 사항을 조회하여 보고를 요구할 수 있다.
(2009.12.29 본조개정)
참조 [특별한 규정]238－240·248·251·254·261·263, [조회]315

제232조【피의자의 출석 요구】 군검사나 군사법경찰관은 수사에 필요할 때에는 피의자의 출석을 요구하여 진술을 들을 수 있다.(2016.1.6 본조개정)
참조 [피고인의 진술거부권의 고지]331

제232조의2【영장에 의한 체포】 ① 피의자가 죄를 범하였다고 의심할 만한 상당한 이유가 있고, 정당한 사유 없이 제232조에 따른 출석 요구에 따르지 아니하거나 그러할 우려가 있을 때에는 군검사는 관할 군사법원 군판사에게 청구하여 체포영장을 발부받아 피의자를 체포할 수 있고, 군사법경찰관은 군검사에게 신청하여 군검사의 청구로 관할 군사법원 군판사의 체포영장을 발부받아 피의자를 체포할 수 있다. 다만, 다액 50만원 이하의 벌금, 구류 또는 과료에 해당하는 사건에 관하여는 피의자가 일정한 주거가 없는 경우 또는 정당한 사유 없이 제232조에 따른 출석 요구에 따르지 아니한 경우로 한정한다.(2021.9.24 본문개정)
② 제1항의 청구를 받은 군사법원 군판사는 타당하다고 인정하면 체포영장을 발부한다. 다만, 체포의 필요가 명백히 인정되지 아니하는 경우에는 그러하지 아니하다.(2021.9.24 본문개정)
③ 제1항의 청구를 받은 군사법원 군판사가 체포영장을 발부하지 아니할 때에는 청구서에 그 취지와 이유를 적고 서명날인하여 청구한 군검사에게 준다.(2021.9.24 본항개정)
④ 군검사는 제1항의 청구를 할 때 같은 범죄사실에 관하여 그 피의자에 대하여 전에 체포영장을 청구하였거나 발부받은 사실이 있을 때에는 다시 체포영장을 청구하는 취지와 이유를 적어야 한다.(2016.1.6 본항개정)
⑤ 체포한 피의자를 구속하려면 체포한 때부터 48시간 이내에 제238조에 따라 구속영장을 청구하여야 하고, 그 기간에 구속영장을 청구하지 아니할 때에는 피의자를 즉시 석방하여야 한다.
(2009.12.29 본조개정)

제232조의3【긴급체포】 ① 군검사나 군사법경찰관은 피의자가 사형, 무기 또는 장기 3년 이상의 징역이나 금고에 해당하는 죄를 범하였다고 의심할 만한 상당한 이유가 있고, 다음 각 호의 어느 하나에 해당하는 사유가 있을 때 상황이 긴급하여 군사법원 군판사의 체포영장을 받을 수 없을 때에는 그 사유를 알리고 영장 없이 피의자를 체포할 수 있다. 이 경우 "상황이 긴급하여"란 피의자를 우연히 발견한 경우 등과 같이 체포영장을 받을 시간적 여유가 없는 경우를 말한다.(2021.9.24 전단개정)
1. 피의자가 증거를 없앨 우려가 있을 때
2. 피의자가 도주하거나 도주할 우려가 있을 때
② 군사법경찰관은 제1항에 따라 피의자를 체포한 경우에는 즉시 군검사의 승인을 받아야 한다.(2016.1.6 본항개정)
③ 군검사나 군사법경찰관은 제1항에 따라 피의자를 체포한 경우에는 즉시 긴급체포서를 작성하여야 한다.(2016.1.6 본항개정)
④ 제3항에 따른 긴급체포서에는 범죄사실의 요지, 긴급체포의 사유 등을 적어야 한다.
(2009.12.29 본조개정)

제232조의4【긴급체포와 영장청구기간】 ① 군검사나 군사법경찰관은 제232조의3에 따라 피의자를 체포한 경우 피의자를 구속하려면 지체 없이 군검사는 관할 군사법원 군판사에게 구속영장을 청구하여야 하고, 군사법경찰관은 군검사에게 신청하여 군검사의 청구로 관할 군사법원 군판사에게 구속영장을 청구하여야 한다. 이 경우 구속영장은 피의자를 체포한 때부터 48시간 이내에 청구하여야 하며, 제232조의3 제3항에 따른 긴급체포서를 첨부하여야 한다.(2021.9.24 전단개정)
② 제1항에 따라 구속영장을 청구하지 아니하거나 발부받지 못하였을 때에는 피의자를 즉시 석방하여야 한다.
③ 제2항에 따라 석방된 사람은 영장 없이는 같은 범죄사실로 체포하지 못한다.
④ 군검사는 제1항에 따른 구속영장을 청구하지 아니하고 피의자를 석방한 경우에는 석방한 날부터 30일 이내에 서면으로 다음 각 호의 사항을 군사법원에 통지하여야 한다. 이 경우 긴급체포서의 사본을 첨부하여야 한다.(2016.1.6 전단개정)
1. 긴급체포 후 석방된 사람의 인적사항
2. 긴급체포의 일시·장소와 긴급체포하게 된 구체적 이유
3. 석방의 일시·장소 및 사유
4. 긴급체포 및 석방한 군검사 또는 군사법경찰관의 성명
(2016.1.6 본호개정)
⑤ 긴급체포 후 석방된 사람 또는 그 변호인, 법정대리인, 배우자, 직계친족, 형제자매는 통지서와 관련 서류를 열람하거나 복사할 수 있다.
⑥ 군사법경찰관은 긴급체포한 피의자에 대하여 구속영장을 신청하지 아니하고 석방한 경우에는 즉시 군검사에게 보고하여야 한다.(2016.1.6 본항개정)
(2009.12.29 본조개정)

제232조의5【체포와 피의사실 등의 고지】 군검사나 군사법경찰관은 피의자를 체포하는 경우 피의사실의 요지, 체포의 이유 및 변호인을 선임할 수 있음을 말하고 변명할 기회를 주어야 한다.(2016.1.6 본조개정)

제232조의6【준용규정】 군검사 또는 군사법경찰관이 피의자를 체포하는 경우에는 제114조, 제119조제1항 본문, 같은 조 제3항, 제120조, 제121조, 제123조제1항·제3항·제4항, 제124조부터 제127조까지, 제129조부터 제131조까지, 제133조, 제141조제5항 및 제142조제2항 단서를 준용한다. 이 경우 "구속"은 "체포"로, "구속영장"은 "체포영장"으로, "피고인"은 "피의자"로 본다.(2016.1.6 전단개정)

제233조【피의자신문】 군검사나 군사법경찰관은 피의자를 신문할 때 먼저 그 성명, 연령, 등록기준지, 소속, 계급, 군번, 주민등록번호, 주거 및 직업을 물어 피의자임이 틀림없는지 확인하여야 한다.(2016.1.6 본조개정)

제234조【피의자신문사항】 군검사나 군사법경찰관은 피의자에 대하여 범죄사실과 정상(情狀)에 관한 사항을 신문하여야 하며 그 이익이 되는 사실을 진술할 기회를 주어야 한다.(2016.1.6 본조개정)

제235조【피의자신문과 참여자】 군검사가 피의자를 신문할 때에는 군검찰부의 검찰수사관 또는 검찰서기를 참여하게 하여야 하고, 군사법경찰관이 피의자를 신문할 때에는 군사법경찰관리를 참여하게 하여야 한다.(2016.1.6 본조개정)

제235조의2【변호인의 참여 등】 ① 군검사나 군사법경찰관은 피의자 또는 그 변호인, 법정대리인, 배우자, 직계친족, 형제자매의 신청에 따라 변호인을 피의자와 접견하게 하거나 정당한 사유가 없으면 피의자신문에 참여하게 하여야 한다.(2016.1.6 본항개정)

② 신문에 참여하려는 변호인이 2명 이상일 때에는 피의자가 신문에 참여할 변호인 1명을 지정한다. 피의자가 지정하지 아니하는 경우에는 군검사나 군사법경찰관이 지정할 수 있다.(2016.1.6 후단개정)

③ 신문에 참여한 변호인은 신문 후 의견을 진술할 수 있다. 다만, 신문 중이라도 부당한 신문방법에 대하여 이의를 제기할 수 있고, 군검사나 군사법경찰관의 승인을 받아 의견을 진술할 수 있다.(2016.1.6 단서개정)

④ 제3항에 따른 변호인의 의견이 적힌 피의자신문조서는 변호인에게 열람 후 기명날인 또는 서명하도록 하여야 한다.

⑤ 군검사나 군사법경찰관은 변호인의 신문참여 및 그 제한에 관한 사항을 피의자신문조서에 적어야 한다.(2016.1.6 본항개정)

(2009.12.29 본조개정)

제236조【피의자신문조서의 작성】 ① 피의자의 진술은 조서에 적어야 한다.

② 제1항의 조서는 피의자에게 열람하게 하거나 읽어주어야 하며, 진술한 대로 적지 아니한 부분이나 사실과 다른 부분이 있는지 물어 피의자가 증감 또는 변경의 청구 등 이의를 제기하거나 의견을 진술하였을 때에는 조서에 추가로 적어야 한다. 이 경우 피의자가 이의를 제기한 부분은 읽을 수 있도록 남겨두어야 한다.

③ 피의자가 조서에 대하여 이의나 의견이 없음을 진술하였을 때에는 피의자에게 그 취지를 자필로 적게 하고 조서에 간인한 후 기명날인 또는 서명하게 한다.

(2009.12.29 본조개정)

참조 [조서의 작성]82·84, [조서의 증거력]365·371·372

제236조의2【피의자진술의 영상녹화】 ① 피의자의 진술은 영상녹화할 수 있다. 이 경우 미리 영상녹화사실을 알려주어야 하며, 조사의 개시부터 종료까지의 전 과정 및 객관적 정황을 영상녹화하여야 한다.

② 제1항에 따른 영상녹화가 완료된 때에는 피의자 또는 변호인 앞에서 지체 없이 그 원본을 봉인하고 피의자로 하여금 기명날인 또는 서명하게 하여야 한다.

③ 제2항의 경우에 피의자 또는 변호인의 요구가 있는 때에는 영상녹화물을 재생하여 시청하게 하여야 한다. 이 경우 그 내용에 대하여 이의를 진술하는 때에는 그 취지를 기재한 서면을 첨부하여야 한다.

(2008.1.17 본조신설)

제236조의3【진술거부권 등의 고지】 ① 군검사나 군사법경찰관은 피의자를 신문하기 전에 다음 각 호의 사항을 알려주어야 한다.(2016.1.6 본문개정)

1. 어떤 진술도 하지 아니하거나 각각의 질문에 대하여 진술하지 아니할 수 있다는 것
2. 진술하지 아니하더라도 불이익을 받지 아니한다는 것
3. 진술을 거부할 권리를 포기하고 한 진술은 법정에서 유죄의 증거로 사용될 수 있다는 것
4. 신문을 받을 때에는 변호인을 참여하게 하는 등 변호인의 도움을 받을 수 있다는 것

② 군검사나 군사법경찰관은 제1항에 따라 알려준 후 피의자가 진술을 거부할 권리와 변호인의 도움을 받을 권리를 행사할 것인지를 묻고, 이에 대한 피의자의 답변을 조서에 적어야 한다. 이 경우 피의자의 답변은 피의자에게 자필로 적게 하거나 군검사 또는 군사법경찰관이 피의자의 답변을 적고 그 부분에 피의자가 기명날인 또는 서명하게 하여야 한다.(2016.1.6 본항개정)

(2009.12.29 본조개정)

제236조의4【수사과정의 기록】 ① 군검사나 군사법경찰관은 피의자가 조사장소에 도착한 시각, 조사를 시작하고 마친 시각, 그 밖에 조사과정의 진행경과를 확인하기 위하여 필요한 사항을 피의자신문조서에 적거나 별도의 서면에 적은 후 수사기록에 철하여야 한다.(2016.1.6 본항개정)

② 제1항의 조서 또는 서면에 관하여는 제236조제2항과 제3항을 준용한다.

③ 피의자가 아닌 사람을 조사하는 경우에는 제1항과 제2항을 준용한다.

(2009.12.29 본조개정)

제236조의5【장애인 등 특별히 보호하여야 할 사람에 대한 특칙】 군검사나 군사법경찰관은 피의자를 신문하는 경우 다음 각 호의 어느 하나에 해당할 때에는 직권으로 또는 피의자·법정대리인의 신청에 따라 피의자와 신뢰관계에 있는 사람을 동석하게 할 수 있다.(2016.1.6 본문개정)

1. 피의자가 신체적 또는 정신적 장애로 사물을 변별하거나 의사를 결정·전달할 능력이 미약할 때
2. 피의자의 연령·성별·국적 등의 사정을 고려하여 심리적 안정과 원활한 의사소통을 위하여 필요할 때

(2009.12.29 본조개정)

제237조【참고인과의 대질】 군검사나 군사법경찰관은 사실 발견을 위하여 필요할 때에는 피의자와 다른 피의자 또는 피의자 아닌 사람을 대질하게 할 수 있다.(2016.1.6 본조개정)

참조 [대질]203

제238조【구속】 ① 피의자가 죄를 범하였다고 의심할 만한 상당한 이유가 있고 제110조제1항 각 호의 어느 하나에 해당하는 사유가 있을 때에 군검사는 관할 군사법원 군판사에게 청구하여 구속영장을 받아 피의자를 구속할 수 있고, 군사법경찰관은 군검사에게 신청하여 군검사의 청구로 관할 군사법원 군판사의 구속영장을 받아 피의자를 구속할 수 있다. 다만, 다액 50만원 이하의 벌금, 구류 또는 과료에 해당하는 범죄의 경우에는 피의자가 일정한 주거가 없는 경우로 한정한다.(2021.9.24 본문개정)

② 구속영장을 청구할 때에는 구속의 필요를 인정할 수 있는 자료를 제출하여야 한다.

③ (2021.9.24 삭제)

④ 제1항의 청구를 받은 관할 군사법원 군판사는 신속히 구속영장 발부 여부를 결정하여야 한다.(2021.9.24 본항개정)

⑤ 군검사로부터 제1항의 청구를 받은 관할 군사법원 군판사는 상당하다고 인정하면 구속영장을 발부한다. 구속영장을 발부하지 아니할 때에는 청구서에 그 취지 및 이유를 적고 서명날인하여 청구한 군검사에게 준다.(2021.9.24 전단개정)

⑥ 군검사가 제1항의 청구를 할 때 같은 범죄사실에 관하여 그 피의자에 대하여 전에 구속영장을 청구하거나 발부받은 사실이 있으면 다시 구속영장을 청구하는 취지 및 이유를 적어야 한다.(2016.1.6 본항개정)

(2009.12.29 본조개정)

참조 [구속의 사유]110, [구속영장]113·114, [구속의 경우의 압수등]255

제238조의2【구속영장청구와 피의자심문】 ① 제232조의2·제232조의3 또는 제248조에 따라 체포된 피의자에 대하여 구속영장을 청구받은 군사법원 군판사는 지체 없이 피의자를 심문하여야 한다. 이 경우 특별한 사정이 없으면 구속영장이 청구된 날의 다음 날까지 심문하여야 한다.(2021.9.24 전단개정)

② 제1항 외의 피의자에 대하여 구속영장을 청구받은 군사법원 군판사는 피의자가 죄를 범하였다고 의심할 만한 이유가 있는 경우에 구인을 위한 구속영장을 발부하여 피의자를 구인한 후 심문하여야 한다. 다만, 피의자가 도주하는 등의 사유로 심문할 수 없는 경우에는 그러하지 아니하다.(2021.9.24 본문개정)

③ 군사법원 군판사는 제1항의 경우에는 즉시, 제2항의 경우에는 피의자를 인치한 후 즉시 군검사, 피의자 및 변호인에게 심문기일과 장소를 통지하여야 한다. 이 경우 군검사는 피의자가 체포되어 있으면 심문기일에 피의자를 출석시켜야 한다.(2021.9.24 전단개정)
④ 군검사와 변호인은 제3항의 심문기일에 출석하여 의견을 진술할 수 있다.(2016.1.6 본항개정)
⑤ 군사법원 군판사는 제1항 또는 제2항에 따라 심문할 때에는 공범의 분리심문이나 그 밖에 수사상의 비밀보호를 위한 적절한 조치를 하여야 한다.(2021.9.24 본항개정)
⑥ 제1항 또는 제2항에 따라 피의자를 심문하는 경우 서기는 심문의 요지 등을 조서로 작성하여야 한다.
⑦ 피의자심문을 하는 경우 군사법원이 구속영장청구서 · 수사 관계 서류 및 증거물을 접수한 날부터 구속영장을 발부하여 군검찰부에 반환한 날까지의 기간은 제239조와 제240조를 적용할 때 구속기간에 산입하지 아니한다.
⑧ 심문할 피의자에게 변호인이 없을 때에는 군사법원 군판사는 직권으로 변호인을 선정하여야 한다. 이 경우 변호인 선정은 피의자에 대한 구속영장 청구가 기각되어 효력이 소멸한 경우를 제외하고는 제1심까지 효력이 있다.(2021.9.24 전단개정)
⑨ 군사법원은 변호인의 사정이나 그 밖의 사유로 변호인 선정결정이 취소되어 변호인이 없게 되었을 때에는 직권으로 변호인을 다시 선정할 수 있다.
⑩ 제2항에 따라 구인을 하는 경우에는 제111조, 제111조의2, 제114조, 제119조부터 제121조까지, 제123조제1항 · 제3항 · 제4항, 제124조, 제125조, 제127조제1항, 제129조부터 제131조까지 및 제232조의5를 준용하고, 피의자를 심문하는 경우에는 제82조 · 제85조 · 제87조 · 제87조의3 및 제326조의2를 준용한다.
(2009.12.29 본조개정)

제238조의3【소속 부대장의 의견진술권】 피의자가 소속된 부대의 장은 제238조에 따른 구속영장이 청구되었을 경우 구속에 대한 의견을 서면으로 군판사에게 제출할 수 있다.
(2021.9.24 본조신설)

제239조【군사법경찰관의 구속기간】 군사법경찰관은 피의자를 구속한 경우 10일 이내에 피의자를 군검사에게 인치하지 아니하면 석방하여야 한다.(2016.1.6 본조개정)

제240조【군검사의 구속기간】 군검사는 피의자를 구속하거나 군사법경찰관으로부터 피의자의 인치를 받았을 때에는 10일 이내에 공소를 제기하지 아니하면 석방하여야 한다.
(2016.1.6 본조개정)

참조 [기간]103, [공소의 제기]289 · 296

제240조의2【구속기간의 계산】 피의자가 제232조의2, 제232조의3, 제238조의2제2항 또는 제248조에 따라 체포 또는 구인된 경우에는 제239조 또는 제240조의 구속기간은 피의자를 체포 또는 구인한 날부터 기산한다.(2009.12.29 본조개정)

제241조【영장발부와 군사법원에 대한 통지】 군검사는 체포영장 또는 구속영장의 발부를 받은 후 피의자를 체포 또는 구속하지 아니하거나 체포 또는 구속한 피의자를 석방하였을 때에는 지체 없이 영장을 발부한 군사법원에 그 사유를 서면으로 통지하여야 한다.(2016.1.6 본조개정)

참조 [구속영장의 발부]238, [피의자의 석방]239 · 240

제242조【구속기간의 연장】 ① 군사법원 군판사는 군검사의 신청에 따라 수사를 계속할 상당한 이유가 있다고 인정하면 10일을 초과하지 아니하는 범위에서 제240조의 구속기간의 연장을 한 차례만 허가할 수 있다.(2021.9.24 본항개정)
② 제1항의 신청을 할 때에는 구속기간 연장의 필요를 인정할 수 있는 자료를 제출하여야 한다.
③ (2021.9.24 삭제)
(2009.12.29 본조개정)

참조 [자료의 제출]238

제243조~제244조 (1999.12.28 삭제)

제245조【재구속의 제한】 ① 군검사나 군사법경찰관에게 구속되었다가 석방된 사람은 다른 중요한 증거를 발견한 경우를 제외하고는 같은 범죄사실로 다시 구속하지 못한다.
(2016.1.6 본항개정)
② 제1항의 경우 1개의 목적을 위하여 동시 또는 수단 · 결과의 관계에서 한 행위는 같은 범죄사실로 본다.
(2009.12.29 본조개정)

참조 [피의자의 석방]239 · 240

제246조【준용규정】 군검사 또는 군사법경찰관의 피의자 구속에 관하여는 제110조제2항, 제111조, 제114조, 제119조제1항 본문, 같은 조 제3항 · 제4항, 제120조부터 제127조까지, 제129조부터 제131조까지, 제133조, 제141조제1항 · 제2항, 제142조제2항 본문(보석의 취소에 관한 부분은 제외한다) 및 제232조의5를 준용하되, 제122조에 따른 수사와 구속영장집행의 촉탁은 군검사만이 할 수 있다.(2016.1.6 본조개정)

제247조【현행범과 준현행범】 ① 범죄 실행 중이거나 실행 직후의 사람을 현행범이라 한다.
② 다음 각 호의 어느 하나에 해당하는 사람은 현행범으로 본다.
1. 범인으로 불리어 추적되고 있는 사람
2. 장물이나 범죄에 사용되었다고 인정하기에 충분한 흉기 또는 그 밖의 물건을 지니고 있는 사람
3. 신체 또는 의복류에 뚜렷한 증거 흔적이 있는 사람
4. 누구인지 물었더니 도주하려는 사람
(2009.12.29 본조개정)

참조 [현행범인의 체포]248, 헌12③

제248조【현행범 체포】 현행범은 누구든지 영장 없이 체포할 수 있다.(2009.12.29 본조개정)

참조 [체포의 경우의 압수 · 수색 · 검증]255, [체포후의 절차]249

제249조【체포된 현행범의 인도】 ① 군검사 또는 군사법경찰관리가 아닌 사람이 현행범을 체포한 경우에는 즉시 군검사나 군사법경찰관리에게 인도하여야 한다.(2016.1.6 본항개정)
② 군사법경찰관리는 현행범을 인도받았을 때에는 체포한 사람의 성명 · 주거 및 체포의 사유를 물어야 하고 필요하면 체포한 사람에게 군사법경찰관서에 동행할 것을 요구할 수 있다.
(2009.12.29 본조개정)

제250조【준용규정】 군검사나 군사법경찰관리가 현행범을 체포하거나 현행범을 인도받은 경우에는 제127조, 제129조, 제130조, 제232조의2제5항 및 제232조의5를 준용한다.
(2016.1.6 본조개정)

제251조【경미한 사건과 현행범의 체포】 다액 50만원 이하의 벌금, 구류 또는 과료에 해당하는 죄의 현행범에 대하여는 범인의 주거가 분명하지 아니할 때에만 제248조부터 제250조까지의 규정을 적용한다.(2009.12.29 본조개정)

참조 [현행범인]247, [구속에 관한 제한]110

제252조【체포와 구속의 적부심사】 ① 체포되거나 구속된 피의자 또는 그 변호인, 법정대리인, 배우자, 직계친족, 형제자매, 가족, 동거인 또는 고용주는 관할 군사법원에 체포 또는 구속의 적부심사를 청구할 수 있다.(2021.9.24 본항개정)
② 피의자를 체포하거나 구속한 군검사 또는 군사법경찰관은 체포되거나 구속된 피의자와 제1항에 규정된 사람 중에서 피의자가 지정하는 사람에게 제1항에 따른 적부심사를 청구할 수 있음을 알려야 한다.(2016.1.6 본항개정)
③ 군사법원은 제1항에 따른 청구가 다음 각 호의 어느 하나에 해당할 때에는 제4항에 따른 심문 없이 결정으로 청구를 기각할 수 있다.
1. 청구권자가 아닌 사람이 청구하거나 같은 체포영장 또는 구속영장의 발부에 대하여 재청구하였을 때
2. 공범 또는 공동피의자가 차례로 청구한 것이 수사를 방해할 목적임이 명백할 때
④ 제1항의 청구를 받은 군사법원은 청구서가 접수된 때부터 48시간 이내에 체포 또는 구속된 피의자를 심문하고 수사 관계 서류 및 증거물을 조사하여 그 청구가 이유 없다고 인정하면 결정으로 기각하고, 이유 있다고 인정하면 결정으로 체포 또는 구속된 피의자의 석방을 명령하여야 한다. 심사청구 후 피의자에 대하여 공소가 제기된 경우에도 또한 같다.
⑤ 군사법원은 구속된 피의자(심사청구 후 공소제기된 사람을 포함한다)에 대하여 피의자의 출석을 보증할 만한 보증

금의 납입을 조건으로 하여 결정으로 제4항의 석방을 명령할 수 있다. 다만, 다음 각 호의 어느 하나에 해당하는 경우에는 그러하지 아니하다.

1. 범죄증거를 없앨 우려가 있다고 믿을 만한 충분한 이유가 있는 경우
2. 피해자, 해당 사건의 재판에 필요한 사실을 알고 있다고 인정되는 사람 또는 그 친족의 생명·신체·재산에 해를 끼치거나 그럴 우려가 있다고 믿을 만한 충분한 이유가 있는 경우

⑥ 제5항의 석방결정을 하는 경우에는 주거의 제한, 군사법원 또는 군검사가 지정하는 일시·장소에 출석할 의무, 그 밖의 적당한 조건을 부가할 수 있다.(2016.1.6 본항개정)
⑦ 제5항에 따라 보증금 납입을 조건으로 석방하는 경우에는 제138조와 제140조를 준용한다.
⑧ 제3항과 제4항의 결정에 대하여는 항고하지 못한다.
⑨ 군검사, 변호인 또는 청구인은 제4항의 심문기일에 출석하여 의견을 진술할 수 있다.(2016.1.6 본항개정)
⑩ 체포되거나 구속된 피의자에게 변호인이 없을 때에는 제62조를 준용한다.
⑪ 군사법원은 제4항의 심문을 하는 경우 공범의 분리심문이나 그 밖에 수사상의 비밀 보호를 위한 적절한 조치를 하여야 한다.
⑫ 체포영장이나 구속영장을 발부한 군판사는 제4항부터 제6항까지의 규정에 따른 심문, 조사 및 결정에 관여하지 못한다. 다만, 체포영장이나 구속영장을 발부한 군판사 외에는 심문, 조사 및 결정을 할 군판사가 없는 경우에는 그러하지 아니하다.
⑬ 군사법원이 수사 관계 서류와 증거물을 접수한 때부터 결정 후 군검찰부에 반환할 때까지의 기간은 제232조의2제5항(제250조에 따라 준용되는 경우를 포함한다) 및 제232조의4제1항을 적용할 때에는 그 제한기간에 산입하지 아니하고, 제239조·제240조 및 제242조를 적용할 때에는 그 구속기간에 산입하지 아니한다.
⑭ 제4항에 따라 피의자를 심문하는 경우에는 제238조의2제6항을 준용한다.
(2009.12.29 본조개정)

제253조【재체포 및 재구속의 제한】 ① 제252조제4항에 따른 체포 또는 구속적부심사 결정에 따라 석방된 피의자가 도주하거나 범죄증거를 없애는 경우를 제외하고는 같은 범죄사실로 다시 체포하거나 구속하지 못한다.
② 제252조제5항에 따라 석방된 피의자에게 다음 각 호의 어느 하나에 해당하는 사유가 있는 때를 제외하고는 같은 범죄사실로 다시 체포하거나 구속하지 못한다.

1. 도주한 때
2. 도주하거나 범죄증거를 없앨 우려가 있다고 믿을 만한 충분한 이유가 있는 때
3. 출석요구를 받고 정당한 사유 없이 출석하지 아니한 때
4. 주거의 제한 또는 그 밖에 군사법원이 정한 조건을 위반한 때

(2009.12.29 본조개정)

제253조의2【보증금의 몰취】 ① 군사법원은 다음 각 호의 어느 하나에 해당하는 경우 직권으로 또는 군검사의 청구에 따라 결정으로 제252조제5항에 따라 납입된 보증금의 전부 또는 일부를 몰취할 수 있다.(2016.1.6 본문개정)

1. 제252조제5항에 따라 석방된 사람을 제253조제2항에 열거된 사유로 다시 구속할 때
2. 공소가 제기된 후 군사법원이 제252조제5항에 따라 석방된 사람을 같은 범죄사실로 다시 구속할 때

② 군사법원은 제252조제5항에 따라 석방된 사람이 같은 범죄사실로 형을 선고받고 그 판결이 확정된 후, 집행하기 위한 소환을 받고 정당한 사유 없이 출석하지 아니하거나 도주한 경우에는 직권으로 또는 군검사의 청구에 따라 결정으로 보증금의 전부 또는 일부를 몰취하여야 한다.(2016.1.6 본항개정)
(2009.12.29 본조개정)

제254조【압수·수색·검증】 ① 군검사는 범죄수사에 필요할 때에는 피의자가 죄를 범하였다고 의심할 만한 정황이 있고 해당 사건과 관계가 있다고 인정할 수 있는 것에 한정하여 관할 군사법원 군판사가 발부한 영장에 따라 압수·수색 또는 검증을 할 수 있다.
② 군사법경찰관은 범죄수사에 필요할 때에는 피의자가 죄를 범하였다고 의심할 만한 정황이 있고 해당 사건과 관계가 있다고 인정할 수 있는 것에 한정하여 군검사에게 신청하여 군검사의 청구로 관할 군사법원 군판사가 발부한 압수·수색영장에 따라 압수·수색 또는 검증을 할 수 있다.
(2021.9.24 본조개정)

참조 [영장의 제시]159, [영장의 방식]154

제255조【영장 없이 하는 강제처분】 ① 군검사나 군사법경찰관은 제232조의2·제232조의3·제238조 또는 제248조에 따라 피의자를 체포하거나 구속하는 경우에 필요하면 영장 없이 다음 각 호의 처분을 할 수 있다.(2016.1.6 본문개정)

1. 다른 사람의 주거나 다른 사람이 관리하는 가옥, 건조물, 항공기, 선박 또는 차량에서의 피의자 수사
2. 체포현장에서의 압수·수색·검증

② 군검사나 군사법경찰관이 피고인에 대한 구속영장을 집행하는 경우에는 제1항제2호를 준용한다.(2016.1.6 본항개정)
③ 범행 중 또는 범행 직후의 범죄장소에서 상황이 긴급하여 관할 군사법원 군판사의 영장을 받을 수 없을 때에는 영장 없이 압수·수색 또는 검증을 할 수 있다. 이 경우에는 사후에 지체 없이 영장을 발부받아야 한다.(2021.9.24 전단개정)
(2009.12.29 본조개정)

참조 [대질]237, [현행범인의 체포]248, [구속영장의 집행]119·123

제256조【영장 없이 하는 강제처분】 ① 군검사나 군사법경찰관은 제232조의3에 따라 체포된 사람이 소유·소지 또는 보관하는 물건을 긴급히 압수할 필요가 있는 경우에는 체포한 때부터 24시간 이내에만 영장 없이 압수·수색 또는 검증을 할 수 있다.
② 군검사나 군사법경찰관은 제1항 또는 제255조제1항제2호에 따라 압수한 물건을 계속 압수할 필요가 있으면 지체 없이 압수수색영장을 청구하여야 한다. 이 경우 압수수색영장의 청구는 체포한 때부터 48시간 이내에 하여야 한다.
③ 군검사나 군사법경찰관은 제2항에 따라 청구한 압수수색영장을 발부받지 못하였을 때에는 압수한 물건을 즉시 반환하여야 한다.(2020.6.9 본항개정)
(2016.1.6 본조개정)

제257조【영장 없이 하는 압수】 군검사나 군사법경찰관은 피의자 또는 그 밖의 사람의 유류품이나 소유자, 소지자 또는 보관자가 임의로 제출한 물건을 영장 없이 압수할 수 있다.(2016.1.6 본조개정)

참조 [영장에 의하지 아니한 압수]148

제257조의2【압수물의 환부, 가환부】 ① 군검사는 사본을 확보한 경우 등 압수를 계속할 필요가 없다고 인정되는 압수물 및 증거에 사용할 압수물에 대하여 공소제기 전이라도 소유자, 소지자, 보관자 또는 제출인의 청구가 있는 때에는 환부 또는 가환부하여야 한다.
② 제1항의 청구에 대하여 군검사가 이를 거부하는 경우에는 신청인은 해당 군검사의 소속 보통검찰부에 대응한 군사법원에 압수물의 환부 또는 가환부 결정을 청구할 수 있다.
③ 제2항의 청구에 대하여 군사법원이 환부 또는 가환부를 결정하면 군검사는 신청인에게 압수물을 환부 또는 가환부하여야 한다.
④ 군사법경찰관의 환부 또는 가환부 처분에 관하여는 제1항부터 제3항까지의 규정을 준용한다. 이 경우 군사법경찰관은 군검사의 동의를 받아야 한다.
(2020.6.9 본조신설)

제258조【준용규정】 군검사나 군사법경찰관이 이 장의 규정에 따라 압수·수색 또는 검증을 하는 경우에는 제146조, 제147조, 제149조부터 제152조까지, 제154조, 제156조제1항 본문, 같은 조 제2항·제3항, 제159조부터 제173조까지, 제175조, 제176조, 제181조, 제182조, 제390조제2항 및 제528조를 준용한다. 다만, 군사법경찰관이 제171조, 제173조 및

제175조에 따른 처분을 할 때에는 군검사의 동의를 받아야 한다.(2020.6.9 본조개정)

참조 [압수와 수색]146 · 147 · 149-152 · 154 · 156 · 159-176, [검증과 필요한 처분]181, [신체검사상의 주의]182, [압수 · 수색영장의 방식]154, [압수물의 대가보관, 압수물의 환부 · 가환부, 압수장물의 피해자에의 환부]173-175

제259조【긴급처분】 제255조에 따른 처분을 할 때에 긴급한 경우에는 제164조제2항과 제166조에 따르지 아니할 수 있다.(2009.12.29 본조개정)

참조 [영장에 의하지 아니한 강제처분]255, [영장의 집행과 주거주 · 간수자등의 참여]164②, [야간집행의 제한]166

제260조【제3자의 출석요구 등】 ① 군검사나 군사법경찰관은 수사에 필요할 때에는 피의자 아닌 사람의 출석을 요구하여 진술을 들을 수 있다. 이 경우 그의 동의를 받아 영상녹화할 수 있다.

② 군검사 또는 군사법경찰관은 수사에 필요할 때에는 감정, 통역 또는 번역을 위촉할 수 있다.

③ 군검사나 군사법경찰관이 범죄의 피해자를 조사하는 경우에는 제204조의2제1항부터 제3항까지의 규정을 준용한다.

(2016.1.6 본조개정)

참조 [감정유치의 요구]262, [감정에 필요한 처분]263

제260조의2【군인 등 사이에 발생한 범죄의 피해군인 등에 대한 변호사 선임의 특례】 ① 「군형법」 제1조제1항부터 제3항까지에 규정된 사람 사이에 발생한 범죄의 피해자 및 그 법정대리인(이하 이 조에서 "피해자등"이라 한다)은 형사절차상 입을 수 있는 피해를 방어하고 법률적 조력을 보장하기 위하여 변호사를 선임할 수 있다.

② 제1항에 따른 변호사는 군검사 또는 군사법경찰관의 피해자등에 대한 조사에 참여하여 의견을 진술할 수 있다. 다만, 조사 도중에는 군검사 또는 군사법경찰관의 승인을 받아 의견을 진술할 수 있다.

③ 제1항에 따른 변호사는 피의자에 대한 구속 전 피의자심문, 증거보전절차, 공판준비기일 및 공판절차에 출석하여 의견을 진술할 수 있다. 이 경우 필요한 절차에 관한 구체적 사항은 대법원규칙으로 정한다.

④ 제1항에 따른 변호사는 증거보전 후 관계 서류나 증거물, 소송계속 중의 관계 서류나 증거물을 열람하거나 등사할 수 있다.

⑤ 제1항에 따른 변호사는 형사절차에서 피해자등의 대리가 허용될 수 있는 모든 소송행위에 대한 포괄적인 대리권을 가진다.

⑥ 군검사는 피해자(「군형법」 제1조제1항부터 제3항까지에 규정된 사람으로 한정한다)에게 변호사가 없는 경우 국선변호사를 선정하여 형사절차에서 피해자의 권익을 보호할 수 있다.

(2020.6.9 본조신설)

제261조【증인신문의 청구】 ① 범죄 수사에 없어서는 아니 될 사실을 안다고 명백히 인정되는 사람이 제260조에 따른 출석 또는 진술을 거부한 경우 군검사는 제1회 공판기일 전까지만 군판사에게 그에 대한 증인신문을 청구할 수 있다.(2016.1.6 본항개정)

② 제1항의 청구를 할 때에는 서면으로 그 사유를 소명하여야 한다.

③ 제1항의 청구를 받은 군판사는 증인신문에 관하여 군사법원과 같은 권한이 있다.

④ 군판사는 제1항의 청구에 따라 증인신문기일을 정한 경우에는 피고인, 피의자 또는 변호인에게 통지하여 증인신문에 참여할 수 있도록 하여야 한다.

⑤ 군판사는 제1항의 청구에 따른 증인신문을 하였을 때에는 지체 없이 이에 관한 서류를 군검사에게 보내야 한다.(2016.1.6 본항개정)

(2009.12.29 본조개정)

참조 [본조에 의하여 작성한 조서의 증거능력]364, [피고인등의 참여권]204

제262조【감정의 위촉과 감정유치의 청구】 ① 군검사는 제260조에 따라 감정을 위촉하는 경우 제213조제3항의 유치처분이 필요하면 군판사에게 청구하여야 한다.(2016.1.6 본항개정)

② 군판사는 제1항의 청구가 상당하다고 인정하면 유치처분을 하여야 한다. 이 경우 제213조와 제214조를 준용한다.

(2009.12.29 본조개정)

참조 [제3자의 출석요구]260, [감정유치와 구속]213③ · 214

제263조【감정에 필요한 처분허가장】 ① 제260조에 따라 감정을 위촉받은 사람은 군판사의 허가를 받아 제215조제1항에 규정된 처분을 할 수 있다.

② 제1항의 허가의 청구는 군검사가 하여야 한다.(2016.1.6 본항개정)

③ 군판사는 제2항의 청구가 상당하다고 인정하면 허가장을 발급하여야 한다.

④ 제3항의 허가장에 관하여는 제215조제2항 · 제3항 및 제5항을 준용한다.

(2009.12.29 본조개정)

참조 [제3자의 출석요구]260, [감정에 필요한 처분]215①

제264조【변사자의 검시】 ① 변사자 또는 변사한 것으로 의심되는 사체가 제2조에 해당하는 사람의 사체일 때에는 군검사가 검시(檢視)하여야 한다.(2016.1.6 본항개정)

② 변사자 또는 변사한 것으로 의심되는 사체가 제2조에 해당하지 아니하는 사람의 사체일지라도 병영이나 그 밖의 군사용 청사, 차량, 함선 또는 항공기에서 발견되었을 때에는 군검사가 검시하여야 한다.(2016.1.6 본항개정)

③ 제1항 또는 제2항의 검시로 범죄의 혐의가 인정되고 긴급할 때에는 영장 없이 검증을 할 수 있다.

④ 군검사는 군사법경찰관이나 사법경찰관에게 제1항부터 제3항까지의 처분을 하게 할 수 있다.(2016.1.6 본항개정)

(2009.12.29 본조개정)

참조 [검시]형163

제265조【고소권자】 범죄의 피해자는 고소할 수 있다.

(2009.12.29 본조개정)

참조 [고소의 제한]266, [피해자 아닌 고소권자]267-269, [고소의 절차]278-281

제266조【고소의 제한】 자기 자신이나 배우자의 직계존속을 고소하지 못한다.(2009.12.29 본조개정)

참조 [고발에의 준용]277

제267조【피해자 아닌 고소권자】 ① 피해자의 법정대리인은 독립하여 고소할 수 있다.

② 피해자가 사망하였을 때에는 그 배우자, 직계친족 또는 형제자매는 고소할 수 있다. 다만, 피해자가 명시한 의사에 반하여 고소하지 못한다.

(2009.12.29 본조개정)

참조 [법정대리인]민911 · 938, [고소의 방식]279

제268조【피해자 아닌 고소권자】 피해자의 법정대리인이나 법정대리인의 친족이 피의자일 때에는 피해자의 친족은 독립하여 고소할 수 있다.(2009.12.29 본조개정)

참조 [법정대리인]민911 · 938, [고소의 방식]279

제269조【피해자 아닌 고소권자】 죽은 사람의 명예를 훼손한 범죄에 대하여는 그 친족 또는 자손은 고소할 수 있다.

(2009.12.29 본조개정)

참조 [사자의 명예훼손죄]형308

제270조【고소권자의 지정】 친고죄에 대하여 고소할 사람이 없는 경우 이해관계인의 신청이 있을 때에는 군검사는 10일 이내에 고소할 수 있는 사람을 지정하여야 한다.(2016.1.6 본조개정)

참조 [친고죄]형308 · 311 · 312 · 316-318 · 323 · 328-332 · 344 · 347-352 · 354-357 · 359-365

제271조 (2016.1.6 삭제)

제272조【고소기간】 ① 친고죄에 대하여는 범인을 알게 된 날부터 6개월이 지나면 고소하지 못한다. 다만, 고소할 수 없는 불가항력의 사유가 있을 때에는 그 사유가 없어진 날부터 기산한다.

② (2013.4.5 삭제)

(2009.12.29 본조개정)

참조 [친고죄]제270조 참조조문, [기간]103, [결혼을 위한 약취 · 유인]형291, [혼인의 무효 · 취소]민815-825

제273조【여러 명의 고소권자】 고소할 수 있는 사람이 여러 명인 경우 1명이 고소기간을 지키지 못하더라도 다른 사람의 고소에 영향이 없다.(2009.12.29 본조개정)

참조 [고소권자]265·267-270, [기간의 계산]103

제274조【고소의 취소】 ① 고소는 제1심판결 선고 전까지 취소할 수 있다.

② 고소를 취소한 사람은 다시 고소하지 못한다.

③ 피해자가 명시한 의사에 반하여 죄를 물을 수 없는 사건에서 처벌을 희망하는 의사표시의 철회에 관하여도 제1항과 제2항을 준용한다.

(2009.12.29 본조개정)

참조 [취소의 절차]278·281, [고소취소의 불가분]275, [제1심판결선고]375·376·380-382, [피해자의 명시한 의사]형110·260③·266②·283③·312②

제275조【고소의 불가분】 친고죄의 공범 중 1명 또는 여러 명에 대한 고소 또는 그 취소는 다른 공범에 대하여도 효력이 있다.(2009.12.29 본조개정)

참조 [친고죄]제270조 참조조문, [공범]형30-34

제276조【고발】 ① 누구든지 범죄가 있다고 생각될 때에는 고발할 수 있다.

② 공무원은 그 직무를 수행할 때 범죄가 있다고 생각되면 고발하여야 한다.

(2009.12.29 본조개정)

제277조【고발의 제한】 고발에 관하여는 제266조를 준용한다.(2009.12.29 본조개정)

참조 [고소의 제한]266

제278조【대리고소】 고소 또는 그 취소는 대리인이 하도록 할 수 있다.(2009.12.29 본조개정)

참조 [고소권자]265·267-270, [고소의 취소]274

제279조【고소·고발의 방식】 ① 고소나 고발은 서면 또는 말로 군검사나 군사법경찰관에게 하여야 한다.

② 군검사나 군사법경찰관은 말로 한 고소 또는 고발을 받았을 때에는 조서를 작성하여야 한다.

(2016.1.6 본조개정)

참조 [피의자신문과 참여자]235, [피의자신문조서작성]236, [고소·고발의 취소에의 준용]281, [자수 준용규정]282

제280조【고소·고발과 군사법경찰관의 조치】 군사법경찰관은 고소나 고발을 받으면 신속히 조사하여 관계 서류와 증거물을 군검사에게 보내야 한다.(2016.1.6 본조개정)

참조 [고소·고발의 취소에의 준용]281, [자수 준용규정]282

제281조【고소·고발 취소와 준용규정】 고소나 고발의 취소에 관하여는 제279조와 제280조를 준용한다.(2009.12.29 본조개정)

참조 [고소의 취소]274·278

제282조【자수와 준용규정】 자수(自首)에 관하여는 제279조와 제280조를 준용한다.(2009.12.29 본조개정)

참조 [고소·고발의 방식]279, [고소·고발과 군사법경찰관의 조치]280, [자수]형52

제283조【군사법경찰관의 사건송치】 ① 군사법경찰관은 수사를 하였을 때에는 서류와 증거물을 첨부하여 군검사에게 사건을 송치하여야 한다.

② 군검사는 다음 각 호의 어느 하나에 해당하는 경우 군사법경찰관에게 보완수사를 요구할 수 있다.

1. 송치사건의 공소제기 여부 결정 또는 공소의 유지에 관하여 필요한 경우
2. 군사법경찰관이 신청한 영장의 청구 여부 결정에 관하여 필요한 경우

(2021.9.24 본항신설)

③ 군사법경찰관은 제2항의 요구가 있는 때에는 정당한 사유가 없으면 지체 없이 이를 이행하고, 그 결과를 군검사에게 통보하여야 한다.(2021.9.24 본항신설)

(2016.1.6 본조개정)

제284조【군검사의 사건통보】 군검사는 수사를 하였거나 제283조에 따라 사건의 송치를 받았을 때에는 의견을 붙여 해당 피의자의 소속 부대의 장에게 사건의 내용을 통보하여야 한다.(2021.9.24 본조개정)

제285조【군검사의 사건처리】 군검사는 사건의 수사를 마쳤을 때에는 다음 각 호의 어느 하나에 해당하는 처분을 하여야 한다.(2016.1.6 본문개정)

1. 공소를 제기함이 상당하다고 인정할 때에는 공소의 제기
2. 범인이 체포되지 아니하였거나 공소권 또는 범죄혐의가 없다고 인정될 때 또는 「형법」 제51조 각 호의 사항을 참작하여 공소를 제기하지 아니하는 것이 상당하다고 인정할 때에는 불기소의 처분
3. 그 군검찰부에 대응하는 군사법원에 관할권이 있지 아니하거나 관할권이 있더라도 다른 관할 군사법원에서 심리하는 것이 상당하다고 인정할 때에는 관할 군사법원에 대응하는 군검찰부에 송치

(2016.1.6 본조제목개정)

(2009.12.29 본조개정)

참조 [공소제기]289·296, [이송의 통지]299

제286조【검사 또는 사법경찰관에의 사건송치】 군검사는 사건에 대한 재판권이 군사법원에 있지 아니할 때에는 사건을 서류·증거물과 함께 재판권을 가진 관할 법원에 대응하는 검찰청의 검사, 고위공직자범죄수사처의 수사처검사, 경찰청 또는 해양경찰청의 사법경찰관에게 송치하여야 한다. 이 경우 송치 전에 한 소송행위의 효력은 송치 후에도 영향이 없다.(2023.10.24 전단개정)

참조 [검사]검찰4

제287조【사건처리 결과의 통지】 군검사는 군사법경찰관으로부터 송치받은 사건의 처리 결과를 해당 군사법경찰관에게 통지하여야 한다.(2016.1.6 본조개정)

참조 [송치받은 사건]283

제288조【피의자 석방과 압수물 반환】 군검사는 불기소처분을 하였을 때에는 지체 없이 구금된 피의자를 석방하고 압수된 물건을 환부하여야 한다. 다만, 필요한 경우에는 공소시효가 완성될 때까지 압수한 물건을 환부하지 아니할 수 있다.(2016.1.6 본문개정)

참조 [불기소처분]285, [피의자의 석방]239·240, [압수물의 환부]174, [공소시효의 완성]291

제2절 공 소

(2009.12.29 본절제목개정)

제289조【국가소추주의】 공소는 군검사가 제기하여 수행한다.(2016.1.6 본조개정)

참조 [군검사의 직무]37, [공소제기의 방식]296, [예외]304-306

제289조의2【기소편의주의】 군검사는 「형법」 제51조의 사항을 참작하여 공소를 제기하지 아니할 수 있다.

(2016.1.6 본조개정)

제290조【공소의 효력】 ① 공소는 군검사가 피고인으로 지정한 사람 외의 사람에게는 효력이 미치지 아니한다.

(2016.1.6 본항개정)

② 범죄사실의 일부에 대한 공소는 그 효력이 전부에 미친다.

(2009.12.29 본조개정)

참조 [피고인의 지정, 범죄사실]296, [공범과의 관계]295, [공동피고인과의 관계]432·450

제291조【공소시효의 기간】 ① 공소시효는 다음 각 호의 기간이 지나면 완성된다.

1. 사형에 해당하는 범죄 : 25년
2. 무기징역 또는 무기금고에 해당하는 범죄 : 15년
3. 장기 10년 이상의 징역 또는 금고에 해당하는 범죄 : 10년
4. 장기 10년 미만의 징역 또는 금고에 해당하는 범죄 : 7년
5. 장기 5년 미만의 징역 또는 금고, 장기 10년 이상의 자격정지 또는 벌금에 해당하는 범죄 : 5년(2020.6.9 본호개정)
6. 장기 5년 이상의 자격정지에 해당하는 범죄 : 3년
7. 장기 5년 미만의 자격정지, 구류, 과료 또는 몰수에 해당하는 범죄 : 1년(2020.6.9 본호개정)

② 공소가 제기된 범죄는 판결이 확정되지 아니하고 공소를 제기한 때부터 25년이 지나면 공소시효가 완성된 것으로 본다.

(2009.12.29 본조개정)

참조 [특례]헌정질서파괴범죄의공소시효등에관한특례법, [적용의 기준]292·293, [기간의 계산]103, [시효완성과 면소]227의4

제292조【둘 이상의 형과 시효기간】 둘 이상의 형을 병과(倂科)하거나 둘 이상의 형에서 하나를 과할 범죄에는 무거운 형에 따라 제291조를 적용한다.(2009.12.29 본조개정)

참조 [형의 종류]형41, [형의 병과]형38·44·117·131·204·209·220·237·238·249·256·265·270·282·295·345·353·358·363, [중한 형]형50

제293조【형의 가중·감경과 시효기간】 「형법」에 따라 형을 가중하거나 감경할 경우에는 가중하거나 감경하지 아니한 형에 따라 제291조를 적용한다.(2009.12.29 본조개정)

참조 [가중]형34·35·38·42·135·144·203·264·278·279·285·305의2·332·351, [감경]형21-23·25-27·32·39·52-56·90·101·111·114·120·153·157·175·213·259의2·324의6·365

제294조【시효의 기산점】 ① 시효는 범죄행위가 끝난 때부터 진행한다.
② 공범의 경우에는 최종행위가 끝난 때부터 모든 공범에 대한 시효기간을 기산한다.
(2009.12.29 본조개정)

참조 [시효의 기간]103·291, [공범]295, 형30-34

제295조【시효의 정지와 효력】 ① 시효는 공소의 제기로 진행이 정지되고 관할위반 또는 공소기각의 재판이 확정된 때부터 진행한다.
② 공범 중 1명에 대한 제1항의 시효정지는 다른 공범에게 효력이 미치고 그 재판이 확정된 때부터 진행한다.
③ 범인이 형사처분을 면할 목적으로 국외에 있는 경우 그 기간 동안 공소시효는 정지된다.
(2009.12.29 본조개정)

참조 [공소제기]289·296, [관할위반]20·373, [공소기각]382·383, [공범]형30-34

제295조의2【공소시효의 적용 배제】 사람을 살해한 범죄(종범은 제외한다)로 사형에 해당하는 범죄에 대하여는 제291조부터 제295조까지에 규정된 공소시효를 적용하지 아니한다.(2016.1.6 본조신설)

제296조【공소제기의 방식과 공소장】 ① 공소를 제기할 때에는 공소장을 관할 군사법원에 제출하여야 한다.
② 공소장에는 피고인의 수에 맞추어 부본을 첨부하여야 한다.
③ 공소장에는 다음 각 호의 사항을 적어야 한다.
1. 피고인의 성명이나 그 밖에 피고인을 특정할 수 있는 사항
2. 죄명
3. 공소사실
4. 적용법조
④ 공소사실은 범죄의 일시, 장소와 방법을 구체적으로 밝혀 사실을 특정할 수 있도록 적어야 한다.
⑤ 여러 개의 범죄사실과 적용법조를 예비적 또는 택일적으로 적을 수 있다.
⑥ 공소장에는 재판관에게 예단(豫斷)을 하게 할 우려가 있는 서류나 그 밖의 물건을 첨부하거나 그 내용을 인용하지 못한다.
(2009.12.29 본조개정)

참조 [공소제기]289, [공소장부본의 송달]308, [공소사실·적용법조의 추가·철회·변경]355, [범죄될 사실]377, [예단의 방지]335

판례 공소사실의 기재에 있어서 범죄의 일시, 장소, 방법을 명시하여 공소사실을 특정하도록 한 법의 취지는 법원에 대하여 심판의 대상을 한정하고 피고인에게 방어의 범위를 특정하여 그 방어권 행사를 쉽게 해 주기 위한 데에 있는 것이므로, 공소사실은 이러한 요소를 종합하여 구성요건 해당사실을 다른 사실과 구별할 수 있을 정도로 기재하면 족하고, 공소장에 범죄의 일시, 장소, 방법 등이 구체적으로 지적되지 않았더라도 위와 같이 공소사실을 특정하도록 한 법의 취지에 반하지 아니하고, 공소범죄의 성격에 비추어 그 개괄적 표시가 부득이한 경우에는, 그 공소내용이 특정되지 않아 공소제기가 위법하다고 할 수 없으며, 포괄일죄에 있어서는 그 전체 범행의 시기와 종기, 범행방법, 피해자나 상대방, 범행횟수나 피해액의 합계 등을 명시하면 이로써 그 범죄사실은 특정되는 것이다.
(대판 2006.10.12, 2004도4896)

판례 공소장에 적용법조를 기재하는 이유는 공소사실의 법률적 평가를 명확히 하여 피고인의 방어권을 보장하고자 함에 있는 것이므로, 적용법조의 기재에 오기나 누락이 있는 경우라 할지라도 이로 인하여 피고인의 방어에 실질적인 불이익을 주지 않는 한 공소제기의 효력에는 영향이 없고, 법원으로서도 공소장 변경의 절차를 거침이 없이 곧바로 공소장에 기재되어 있지 않은 법조를 적용할 수 있다.(대판 2006.4.28, 2005도4085)

제297조【공소의 취소】 ① 공소는 제1심판결이 선고되기 전까지 취소할 수 있다.
② 공소의 취소는 이유를 적은 서면으로 하여야 한다. 다만, 공판정에서는 말로 할 수 있다.
(2009.12.29 본조개정)

참조 [제1심판결선고]375·376·380-382, [공소취소와 공소기각]383, [고소인·고발인에 대한 통지]299, [재기소]384

제298조【고소 등에 따른 사건의 처리】 군검사는 고소나 고발에 따라 범죄를 수사할 때에는 고소나 고발을 접수한 날부터 3개월 이내에 수사를 마치고 공소제기 여부를 결정하여야 한다.(2016.1.6 본조개정)

참조 [고소·고발]265-270·276, [군검사의 사건처리]285, [기간의 계산]103

제299조【고소인 등에 대한 처분통지】 ① 군검사는 고소 또는 고발이 된 사건에 관하여 공소를 제기하거나 제기하지 아니하는 처분을 한 경우, 공소를 취소한 경우 또는 제285조제3호의 송치를 한 경우에는 그 처분을 한 날부터 7일 이내에 서면으로 고소인이나 고발인에게 그 취지를 통지하여야 한다.
② 군검사는 불기소 또는 제285조제3호의 송치를 한 경우에는 피의자에게 즉시 그 취지를 통지하여야 한다.
(2016.1.6 본조개정)

참조 [공소제기·불제기]285·289, [공소의 취소]297, [관할군사법원에의 이송]285, [고소인·고발인]265-270·276

제300조【고소인 등에 대한 불기소 이유 설명】 군검사는 고소 또는 고발이 된 사건에 관하여 공소를 제기하지 아니하는 처분을 한 경우에 고소인 또는 고발인의 청구를 받으면 7일 이내에 고소인 또는 고발인에게 그 이유를 서면으로 설명하여야 한다.(2016.1.6 본조개정)

참조 [공소를 제기하지 아니하는 처분]285, [고소인·고발인]265-270·276

제300조의2【피해자 등에 대한 통지】 군검사는 범죄의 피해자 또는 그 법정대리인(피해자가 사망한 경우에는 그 배우자, 직계친족, 형제자매를 포함한다)의 신청을 받으면 해당 사건의 공소제기 여부, 공판의 일시·장소, 재판 결과, 피의자·피고인의 구속·석방 등 구금에 관한 사실 등을 신속하게 통지하여야 한다.(2016.1.6 본조개정)

제301조【재정신청】 ① 고소나 고발을 한 사람은 군검사의 불기소처분에 불복할 때에는 고등법원에 그 당부(當否)에 관한 재정을 신청할 수 있다.(2021.9.24 본항개정)
② 제1항의 신청은 제299조제1항에 따른 통지를 받은 날부터 30일 이내에 서면으로 그 군검사가 소속된 보통검찰부의 장에게 제출하여야 한다.(2021.9.24 본항개정)
③ 재정신청서에는 재정신청의 대상이 되는 사건의 범죄사실 및 증거 등 재정신청을 이유 있게 하는 사유를 적어야 한다.
(2009.12.29 본조개정)

참조 [공소를 제기하지 아니하는 처분]285, [고등법원의 권한]10, [고소인·고발인에 대한 처분통지]299, [기간의 계산]103, [재정신청의 취소]302, [재정신청에 대한 결정]304

제302조【대리인의 신청과 1명의 신청의 효력 및 취소】 ① 재정신청은 대리인이 할 수 있고, 공동신청권자 중 1명의 신청은 모두에게 효력이 있다.
② 재정신청은 제304조제2항에 따른 결정이 있을 때까지 취소할 수 있고, 취소한 사람은 다시 재정신청을 할 수 없다.
③ 제2항에 따른 취소는 다른 공동신청권자에게는 효력을 미치지 아니한다.
(2009.12.29 본조개정)

제303조【군검사 소속 군검찰부의 장의 처리】 ① 재정신청을 접수한 군검사 소속 보통검찰부의 장은 군검사의 의견을 듣고 다음 각 호와 같이 처리한다.
1. 신청이 이유 있는 것으로 인정할 때 : 즉시 공소제기를 명령하고 그 취지를 고등법원과 재정신청인에게 통지하여야 한다.

2. 신청이 이유 없는 것으로 인정할 때 : 그 기록에 의견서를 첨부하여 7일 이내에 고등검찰부의 장에게 송치한다.
② 제1항제2호에 따른 기록을 접수한 고등검찰부의 장은 다음 각 호와 같이 처리한다.
1. 신청이 이유 있는 것으로 인정할 때 : 그 기록에 공소제기명령서를 첨부하여 공소를 제기하지 아니한 군검사 소속 보통검찰부의 장에게 송치하고 그 취지를 고등법원과 재정신청인에게 통지하여야 한다.
2. 신청이 이유 없는 것으로 인정할 때 : 30일 이내에 그 기록을 고등법원에 송치한다.
(2021.9.24 본조개정)
참조 [공소제기]289, [재정신청인]301, [기간]103

제304조【심리와 결정】 ① 고등법원은 재정신청서를 받으면 받은 날부터 10일 이내에 피의자에게 그 사실을 통지하여야 한다.(2021.9.24 본항개정)
② 고등법원은 재정신청서를 받은 날부터 3개월 이내에 항고의 절차에 준하여 다음 각 호의 구분에 따라 결정한다. 이 경우 필요할 때에는 증거를 조사할 수 있다.(2021.9.24 전단개정)
1. 신청이 법률상의 방식에 위배되거나 이유 없을 때 : 신청을 기각한다.
2. 신청이 이유 있을 때 : 해당 사건에 대한 공소제기를 결정한다.
③ 재정신청사건의 심리는 특별한 사정이 없으면 공개하지 아니한다.
④ 제2항제1호의 결정에 대하여는 제464조에 따른 즉시항고를 할 수 있고, 제2항제2호의 결정에 대하여는 불복할 수 없다. 제2항제1호의 결정이 확정된 사건에 대하여는 다른 중요한 증거를 발견한 경우를 제외하고는 소추(訴追)할 수 없다.(2016.1.6 본항개정)
⑤ 고등법원은 제2항의 결정을 하였을 때에는 즉시 그 정본을 재정신청인, 피의자 및 관할 군검사 소속 보통검찰부의 장에게 보내야 한다. 이 경우 제2항제2호의 결정을 하였을 때에는 군검사 소속 보통검찰부의 장에게 사건기록을 함께 보내야 한다.(2021.9.24 본항개정)
⑥ 제2항제2호의 결정에 따른 재정결정서를 받은 군검사 소속 보통검찰부의 장은 지체 없이 담당 군검사를 지정하고, 지정받은 군검사는 공소를 제기하여야 한다.(2021.9.24 본항개정)
(2009.12.29 본조개정)
참조 [법률상의 방식]301, [공소제기의 의제]305, [공소장기재사항]296, [재판서의 등본]80, [공소시효의 정지]295

제305조【공소시효의 정지 등】 ① 제301조에 따른 재정신청이 있으면 제304조에 따른 재정결정이 확정될 때까지 공소시효의 진행이 정지된다.(2016.1.6 본항개정)
② 제304조제2항제2호의 결정을 하였을 때에는 공소시효에 관하여 그 결정을 한 날에 공소가 제기된 것으로 본다.
(2009.12.29 본조개정)
참조 [공소제기]289

제306조【공소취소의 제한】 군검사가 제304조제2항제2호의 결정에 따라 공소를 제기한 경우에는 공소를 취소할 수 없다.(2016.1.6 본조개정)

제306조의2【재정신청사건 기록의 열람·복사 제한】 재정신청사건의 심리 중에는 관련 서류 및 증거물을 열람하거나 복사할 수 없다. 다만, 고등법원은 제304조제2항 각 호 외의 부분 후단에 따른 증거조사 과정에서 작성된 서류의 전부 또는 일부의 열람이나 복사를 허가할 수 있다.(2021.9.24 단서개정)

제306조의3【비용부담 등】 ① 고등법원은 제304조제2항제1호의 결정 또는 제302조제2항의 취소가 있는 경우에는 결정으로 재정신청인에게 신청절차에 따라 생긴 비용의 전부 또는 일부를 부담하게 할 수 있다.(2021.9.24 본항개정)
② 고등법원은 직권으로 또는 피의자의 신청에 따라 재정신청인에게 피의자가 재정신청절차에서 부담하였거나 부담할 변호인 선임료 등 비용의 전부 또는 일부를 지급할 것을 명령할 수 있다.(2021.9.24 본항개정)
③ 제1항과 제2항의 결정에 대하여는 즉시항고를 할 수 있다.
④ 제1항과 제2항에 따른 비용의 지급 범위와 절차 등에 관하여는 대법원규칙으로 정한다.
(2009.12.29 본조개정)

제307조【군검사의 서류·증거물의 열람 및 복사】 군검사는 공소를 제기한 후에는 공소에 관한 서류나 증거물을 열람하거나 복사할 수 있다.(2016.1.6 본조개정)
참조 [공소제기]289, [변호인의 권리]64

제3절 공 판
(2009.12.29 본절제목개정)

제1관 공판준비와 공판절차
(2009.12.29 본관제목개정)

제308조【공소장 부본의 송달】 군사법원은 공소가 제기되었을 때에는 제1회 공판기일 5일 전까지 공소장 부본을 피고인과 변호인에게 송달하여야 한다.(2009.12.29 본조개정)
참조 [공소제기]289·296, [공소장의 부본]296, [송달]102

제309조【변호인 선임에 관한 고지】 군판사는 공소가 제기되었을 때에는 지체 없이 피고인에게 변호인을 선임할 수 있다는 취지와 변호인을 선임하지 아니하면 군사법원이 변호인을 선임한다는 취지를 고지하여야 한다. 다만, 피고인에게 변호인이 있을 때에는 그러하지 아니하다.(2009.12.29 본조개정)
참조 [변호인선임권]헌12·59, [국선변호인]62

제309조의2【의견서의 제출】 ① 피고인이나 변호인은 공소장 부본을 송달받은 날부터 7일 이내에 공소사실에 대한 인정 여부, 공판준비절차에 관한 의견 등을 적은 의견서를 군사법원에 제출하여야 한다. 다만, 피고인이 진술을 거부하는 경우에는 그 취지를 적은 의견서를 제출할 수 있다.
② 군사법원은 제1항의 의견서를 받으면 군검사에게 보내야 한다.(2016.1.6 본항개정)
(2009.12.29 본조개정)

제309조의3【공소제기 후 군검사가 보관하고 있는 서류 등의 열람·복사】 ① 피고인이나 변호인은 군검사에게 공소가 제기된 사건에 관한 서류 또는 물건(이하 "서류등"이라 한다)의 목록과 공소사실의 인정 또는 양형(量刑)에 영향을 미칠 수 있는 다음 각 호의 서류등의 열람, 복사 또는 서면의 발급을 신청할 수 있다. 다만, 피고인에게 변호인이 있는 경우에는 피고인은 열람만을 신청할 수 있다.(2016.1.6 본문개정)
1. 군검사가 증거로 신청할 서류등(2016.1.6 본호개정)
2. 군검사가 증인으로 신청할 사람의 성명, 사건과의 관계 등을 적은 서면 또는 그 사람이 공판기일 전에 한 진술을 적은 서류등(2016.1.6 본호개정)
3. 제1호나 제2호의 서면 또는 서류등의 증명력과 관련된 서류등
4. 피고인이나 변호인이 한 법률상·사실상 주장과 관련된 서류등(관련 형사재판 확정기록, 불기소처분기록 등을 포함한다)
② 군검사는 국가안보, 증인보호의 필요성, 증거인멸의 우려, 관련 사건의 수사에 장애가 될 것으로 예상되는 구체적인 사유 등 상당한 이유가 있다고 인정하면 열람·복사 또는 서면의 발급을 거부하거나 그 범위를 제한할 수 있다.
(2016.1.6 본항개정)
③ 군검사는 열람·복사 또는 서면의 발급을 거부하거나 그 범위를 제한할 때에는 지체 없이 그 이유를 서면으로 통지하여야 한다.(2016.1.6 본항개정)
④ 피고인이나 변호인은 군검사가 제1항의 신청을 받은 때부터 48시간 이내에 제3항의 통지를 하지 아니하면 제309조의4제1항의 신청을 할 수 있다.(2016.1.6 본항개정)
⑤ 군검사는 제2항에도 불구하고 서류등의 목록의 열람 또는 복사는 거부할 수 없다.(2016.1.6 본항개정)
⑥ 서류등은 도면, 사진, 녹음테이프, 비디오테이프, 컴퓨터용 디스크, 그 밖에 정보를 담기 위하여 만들어진 물건으로

서 문서가 아닌 특수매체를 포함한다. 이 경우 특수매체에 대한 복사는 필요 최소한의 범위로 한정한다.
(2016.1.6 본조제목개정)
(2009.12.29 본조개정)

제309조의4【군사법원의 열람·복사 등에 관한 결정】 ① 피고인이나 변호인은 군검사가 서류등의 열람·복사 또는 서면의 발급을 거부하거나 그 범위를 제한하였을 때에는 군사법원에 그 서류등의 열람·복사 또는 서면의 발급을 허용하도록 할 것을 신청할 수 있다.
② 군사법원은 제1항의 신청을 받으면 열람·복사 또는 서면의 발급을 허용하는 경우에 생길 폐해의 유형·정도, 피고인의 방어 또는 재판의 신속한 진행을 위한 필요성 및 해당 서류등의 중요성 등을 고려하여 군검사에게 열람·복사 또는 서면의 발급을 허용할 것을 명령할 수 있다. 이 경우 열람 또는 복사의 시기와 방법을 지정하거나 조건 또는 의무를 부과할 수 있다.
③ 군사법원은 제2항의 결정을 할 때에는 군검사에게 의견을 제시할 수 있는 기회를 주어야 한다.
④ 군사법원은 필요하다고 인정하면 군검사에게 해당 서류등의 제시를 요구할 수 있고, 피고인이나 그 밖의 이해관계인을 심문할 수 있다.
⑤ 군검사는 제2항의 열람·복사 또는 서면의 발급에 관한 군사법원의 결정을 지체 없이 이행하지 아니하면 해당 증인 및 서류등에 대한 증거신청을 할 수 없다.
(2016.1.6 본조개정)

제309조의5【공판준비절차】 ① 재판장은 효율적이고 집중적인 심리를 위하여 사건을 공판준비절차에 부칠 수 있다.
② 공판준비절차는 주장 및 입증계획 등을 서면으로 준비하게 하거나 공판준비기일을 열어 진행한다.
③ 군검사, 피고인 또는 변호인은 증거를 미리 수집·정리하는 등 공판준비절차가 원활하게 진행될 수 있도록 협력하여야 한다.(2016.1.6 본항개정)
(2009.12.29 본조개정)

제309조의6【공판준비를 위한 서면의 제출】 ① 군검사, 피고인 또는 변호인은 법률상·사실상 주장의 요지 및 입증취지 등을 적은 서면을 군사법원에 제출할 수 있다.(2016.1.6 본항개정)
② 재판장은 군검사, 피고인 또는 변호인에게 제1항에 따른 서면의 제출을 명령할 수 있다.(2016.1.6 본항개정)
③ 군사법원은 제1항 또는 제2항에 따라 서면이 제출된 경우 그 부본을 상대방에게 송달하여야 한다.
④ 재판장은 군검사, 피고인 또는 변호인에게 공소장 등 군사법원에 제출된 서면에 대한 설명을 요구하거나 그 밖에 공판준비에 필요한 명령을 할 수 있다.(2016.1.6 본항개정)
(2009.12.29 본조개정)

제309조의7【공판준비기일】 ① 군사법원은 군검사, 피고인 또는 변호인의 의견을 들어 공판준비기일을 지정할 수 있다.(2016.1.6 본항개정)
② 군검사, 피고인 또는 변호인은 군사법원에 대하여 공판준비기일의 지정을 신청할 수 있다. 이 경우 그 신청에 관한 군사법원의 결정에 대하여는 불복할 수 없다.(2016.1.6 전단개정)
③ 군사법원은 합의부원으로 하여금 공판준비기일을 진행하게 할 수 있다. 이 경우 수명재판관은 공판준비기일에 관하여 군사법원이나 재판장과 같은 권한이 있다.
④ 공판준비기일은 공개한다. 다만, 공개하면 절차의 진행이 방해될 우려가 있을 때에는 공개하지 아니할 수 있다.
(2009.12.29 본조개정)

제309조의8【군검사와 변호인 등의 출석】 ① 공판준비기일에는 군검사와 변호인이 출석하여야 한다.(2016.1.6 본항개정)
② 공판준비기일에는 서기가 참여한다.
③ 군사법원은 군검사, 피고인 및 변호인에게 공판준비기일을 통지하여야 한다.(2016.1.6 본항개정)
④ 군사법원은 공판준비기일이 지정된 사건에 관하여 변호인이 없을 때에는 직권으로 변호인을 선정하여야 한다.
⑤ 군사법원은 필요하다고 인정하면 피고인을 소환할 수 있으며, 피고인은 군사법원에서 소환하지 아니하더라도 공판준비기일에 출석할 수 있다.
⑥ 재판장은 출석한 피고인에게 진술을 거부할 수 있음을 알려주어야 한다.
(2016.1.6 본조제목개정)
(2009.12.29 본조개정)

제309조의9【공판준비에 관한 사항】 ① 군사법원은 공판준비절차에서 다음 각 호의 행위를 할 수 있다.
1. 공소사실 또는 적용법조를 명확하게 하는 행위
2. 공소사실 또는 적용법조의 추가·철회 또는 변경을 허가하는 행위
3. 공소사실과 관련하여 주장할 내용을 명확히 하여 사건의 쟁점을 정리하는 행위
4. 계산이 어렵거나 그 밖의 복잡한 내용에 관하여 설명하도록 하는 행위
5. 증거신청을 하도록 하는 행위
6. 신청된 증거와 관련하여 입증취지 및 내용 등을 명확하게 하는 행위
7. 증거신청에 관한 의견을 확인하는 행위
8. 증거 채택 여부를 결정하는 행위
9. 증거조사의 순서 및 방법을 정하는 행위
10. 서류등의 열람 또는 복사와 관련된 신청이 타당한지를 결정하는 행위
11. 공판기일을 지정하거나 변경하는 행위
12. 그 밖에 공판절차의 진행에 필요한 사항을 정하는 행위

② 공판준비절차에 관하여는 제350조를 준용한다.
(2009.12.29 본조개정)

제309조의10【공판준비기일 결과의 확인】 ① 군사법원은 공판준비기일을 종료할 때에는 군검사, 피고인 또는 변호인에게 쟁점 및 증거에 관한 정리 결과를 고지하고, 이의가 있는지를 확인하여야 한다.(2016.1.6 본항개정)
② 군사법원은 쟁점 및 증거에 관한 정리 결과를 공판준비기일조서에 적어야 한다.
(2009.12.29 본조개정)

제309조의11【피고인이나 변호인이 보관하고 있는 서류등의 열람·복사 등】 ① 군검사는 피고인 또는 변호인이 공판기일 또는 공판준비절차에서 현장부재, 심신상실 또는 심신미약 등 법률상·사실상의 주장을 하였을 때에는 피고인이나 변호인에게 다음 각 호의 서류등의 열람·복사 또는 서면의 제출을 요구할 수 있다.(2016.1.6 본문개정)
1. 피고인이나 변호인이 증거로 신청할 서류등
2. 피고인이나 변호인이 증인으로 신청할 사람의 성명, 사건과의 관계 등을 적은 서면
3. 제1호의 서류등 또는 제2호의 서면의 증명력과 관련된 서류등
4. 피고인이나 변호인이 한 법률상·사실상의 주장과 관련된 서류등

② 피고인이나 변호인은 군검사가 제309조의3제1항에 따른 서류등의 열람·복사 또는 서면의 발급을 거부하면 제1항에 따른 서류등의 열람·복사 또는 서면의 제출을 거부할 수 있다. 다만, 군사법원이 제309조의4제1항에 따른 신청을 기각하는 결정을 하였을 때에는 그러하지 아니하다.(2016.1.6 본문개정)
③ 군검사는 피고인이나 변호인이 제1항에 따른 요구를 거부하면 군사법원에 그 서류등의 열람·복사 또는 서면의 제출을 허용할 것을 신청할 수 있다.(2016.1.6 본항개정)
④ 제3항의 신청이 있는 경우에는 제309조의4제2항부터 제5항까지의 규정을 준용한다.
⑤ 제1항에 따른 서류등에 관하여는 제309조의3제6항을 준용한다.
(2009.12.29 본조개정)

제309조의12【공판준비절차의 종결 사유】 군사법원은 다음 각 호의 어느 하나에 해당하는 사유가 있을 때에는 공판준비절차를 종결하여야 한다. 다만, 제2호 또는 제3호에 해

당하는 경우로서 공판의 준비를 계속하여야 할 상당한 이유가 있을 때에는 그러하지 아니하다.
1. 쟁점 및 증거의 정리가 끝났을 때
2. 사건을 공판준비절차에 부친 뒤 3개월이 지났을 때
3. 군검사, 변호인 또는 소환된 피고인이 출석하지 아니하였을 때(2016.1.6 본호개정)
(2009.12.29 본조개정)

제309조의13【공판준비기일 종결의 효과】 ① 공판준비기일에 신청하지 못한 증거는 다음 각 호의 어느 하나에 해당하는 경우에만 공판기일에 신청할 수 있다.
1. 그 신청으로 소송이 현저히 지연되지 아니할 때
2. 중대한 과실 없이 공판준비기일에 제출하지 못하는 등 부득이한 사유를 소명하였을 때
② 제1항에도 불구하고 군사법원은 직권으로 증거를 조사할 수 있다.
(2009.12.29 본조개정)

제309조의14【준용규정】 공판준비기일의 재개에 관하여는 제356조를 준용한다.(2009.12.29 본조개정)

제309조의15【기일 간 공판준비절차】 군사법원은 쟁점과 증거를 정리하기 위하여 필요하면 제1회 공판기일 후에도 사건을 공판준비절차에 부칠 수 있다. 이 경우 기일 전 공판준비절차에 관한 규정을 준용한다.
(2009.12.29 본조개정)

제309조의16【열람 · 복사된 서류등의 남용 금지】 ① 피고인이나 변호인(피고인이나 변호인이었던 사람을 포함한다. 이하 이 조에서 같다)은 군검사가 열람 또는 복사하도록 한 서류등의 사본을 해당 사건 또는 관련 소송의 준비에 사용할 목적이 아닌 다른 목적으로 다른 사람에게 주거나 제시(전기통신설비를 이용하여 제공하는 것을 포함한다)하여서는 아니 된다.(2016.1.6 본항개정)
② 피고인이나 변호인이 제1항을 위반하면 1년 이하의 징역 또는 1천만원 이하의 벌금에 처한다.(2014.1.7 본항개정)

제310조【공판기일의 지정】 ① 재판장은 공판기일을 정하여야 한다.
② 공판기일에는 피고인이나 대리인을 소환하여야 한다.
③ 공판기일은 군검사, 변호인 및 보조인에게 통지하여야 한다.(2016.1.6 본항개정)
(2009.12.29 본조개정)

참조 [제1회공판기일]312, [공판기일의 변경]313, [피고인의 소환]106 · 107 · 311 · 312, [보조인]66

제310조의2【집중심리】 ① 공판기일의 심리는 집중되어야 한다.
② 심리에 2일 이상이 필요한 경우에는 부득이한 사정이 없으면 매일 계속 개정하여야 한다.
③ 재판장은 여러 공판기일을 일괄하여 지정할 수 있다.
④ 재판장은 부득이한 사정으로 매일 계속 개정하지 못하는 경우에도 특별한 사정이 없으면 전회의 공판기일부터 14일 이내로 다음 공판기일을 지정하여야 한다.
⑤ 소송관계인은 기일을 준수하고 심리에 지장을 주지 아니하도록 하여야 하며, 재판장은 이에 필요한 조치를 할 수 있다.
(2009.12.29 본조개정)

제311조【소환장 송달의 의제】 군사법원 구내에 있는 피고인에게 공판기일을 통지하면 소환장 송달의 효력이 있다.(2009.12.29 본조개정)

참조 [소환장의 송달과 동일한 효력이 있는 경우]108

제312조【제1회 공판기일과 유예기간】 ① 제1회 공판기일은 소환장 송달 후 5일 이상의 유예기간을 두어야 한다.
② 피고인의 이의가 없으면 제1항의 유예기간을 두지 아니할 수 있다.
(2009.12.29 본조개정)

참조 [소환장의 송달]108, [공판기일의 지정]310

제313조【공판기일의 변경】 ① 재판장은 직권으로 또는 군검사, 피고인이나 변호인의 신청을 받아 공판기일을 변경할 수 있다.(2016.1.6 본항개정)
② 공판기일의 변경은 직권으로 하는 경우에는 군검사, 피고인 또는 변호인의 의견을 물어야 하고, 신청에 따라 하는 경우에는 상대방이나 변호인의 의견을 물어야 한다. 다만, 긴급히 변경하여야 하는 경우에는 그러하지 아니하다.
(2016.1.6 본문개정)
③ 공판기일 변경신청을 기각하는 명령은 송달하지 아니한다.
(2009.12.29 본조개정)

참조 [공판기일의 지정]310

제314조【불출석과 자료의 제출】 소환이나 통지서를 받은 사람이 질병이나 그 밖의 이유로 공판기일에 출석하지 못할 때에는 의사의 진단서나 그 밖의 자료를 제출하여야 한다.
(2009.12.29 본조개정)

참조 [피고인이 질병으로 출정할 수 없는 경우의 조치]357

제315조【관공서 등에 대한 조회】 ① 군사법원은 직권으로 또는 군검사, 피고인이나 변호인의 신청에 따라 관공서나 공사단체에 조회하여 필요한 사항을 보고하거나 보관 서류를 보낼 것을 요구할 수 있다.(2016.1.6 본항개정)
② 제1항의 신청의 기각은 결정으로 하여야 한다.
(2009.12.29 본조개정)

참조 [수사상 필요한 보고]231②

제316조【공판기일 전의 증거조사】 ① 군사법원은 군검사, 피고인 또는 변호인의 신청을 받고 공판준비에 필요하다고 인정하면 공판기일 전에 피고인 또는 증인의 신문이나 검증을 할 수 있고 감정 또는 번역을 명령할 수 있다.(2016.1.6 본항개정)
② 군사법원은 군판사로 하여금 제1항의 행위를 하게 할 수 있다.
③ 제1항의 신청의 기각은 결정으로 하여야 한다.
(2009.12.29 본조개정)

참조 [공판기일]310 · 313, [피고인신문]332, [증인신문]202, [검증]180, [감정]210, [번역]224

제316조의2【당사자의 공판기일 전 증거 제출】 군검사, 피고인 또는 변호인은 공판기일 전에 서류나 물건을 증거로 군사법원에 제출할 수 있다.(2020.6.9 본조신설)

제317조~제321조 (2008.1.17 삭제)

제322조【공판정의 심리】 ① 공판기일에서의 심리는 공판정에서 한다.
② 공판정은 재판관, 군검사, 변호인 및 서기가 출석하여 개정한다.(2016.1.6 본항개정)
③ 군검사의 좌석과 피고인 및 변호인의 좌석은 대등하게 법대(法臺)의 좌우측에 마주보고 있어야 하고, 증인의 좌석은 법대의 정면에 있어야 한다. 다만, 피고인 신문을 할 때에 피고인은 증인석에 앉는다.(2016.1.6 본문개정)
(2009.12.29 본조개정)

참조 [공판기일]310 · 313, [서기]32, [군검사]37, [변호인]59 · 62 · 65

제323조【피고인의 무죄추정】 피고인은 유죄의 판결이 확정될 때까지는 무죄로 추정된다.(2009.12.29 본조개정)

제323조의2【구두변론주의】 공판정에서의 변론은 구두로 하여야 한다.(2008.1.17 본조신설)

제324조【재판장의 소송지휘권】 공판기일에 소송의 지휘는 재판장이 한다.(2009.12.29 본조개정)

참조 [재판장]22, [불필요한 신문 · 진술의 제한]353

제325조【경미사건 등과 피고인의 불출석】 다음 각 호의 어느 하나에 해당하는 사건에 관하여는 피고인이 출석할 필요가 없다. 이 경우 피고인은 대리인을 출석하게 할 수 있다.
1. 다액 500만원 이하의 벌금 또는 과료에 해당하는 사건
2. 공소기각 또는 면소의 재판을 할 것이 명백한 사건
3. 장기 3년 이하의 징역 또는 금고, 다액 500만원을 초과하는 벌금 또는 구류에 해당하는 사건에서 피고인이 불출석 허가신청을 하였고 군사법원이 피고인이 출석하지 아니하여도 그의 권리 보호에 지장이 없다고 인정하여 불출석을 허가한 사건. 다만, 제329조에 따른 절차를 진행하거나 판결을 선고하는 공판기일에는 출석하여야 한다.
4. 제501조의7에 따라 피고인만이 정식재판을 청구하여 판결을 선고하는 사건
(2009.12.29 본조개정)

제325조의2【피고인의 출석 거부와 공판절차】 ① 피고인이 출석하지 아니하면 개정하지 못하는 경우에 구속된 피고인이 정당한 사유 없이 출석을 거부하고 교도관에 의한 인치가 불가능하거나 현저히 곤란하다고 인정될 때에는 피고인의 출석 없이 공판절차를 진행할 수 있다.
② 제1항에 따라 공판절차를 진행하는 경우에는 출석한 군검사와 변호인의 의견을 들어야 한다.(2016.1.6 본항개정)
(2009.12.29 본조개정)

제326조【피고인의 출석과 개정】 제325조의 경우를 제외하고는 피고인이 공판기일에 출석하지 아니하면 개정하지 못한다.(2009.12.29 본조개정)

참조 [피고인의 출석을 요하지 아니하는 경우]325 · 357 · 385 · 426 · 488, [피고인이 출정할 수 없는 때]357, [공판조서에의 기재]85②

제326조의2【장애인 등 특별히 보호하여야 할 사람에 대한 특칙】 ① 재판장이나 재판관이 피고인을 신문할 때 다음 각 호의 어느 하나에 해당하는 경우에는 직권으로 또는 피고인, 법정대리인이나 군검사의 신청에 따라 피고인과 신뢰관계에 있는 사람을 동석하게 할 수 있다.(2016.1.6 본문개정)
1. 피고인이 신체적 또는 정신적 장애로 사물을 변별하거나 의사를 결정하고 전달할 능력이 미약한 경우
2. 피고인의 연령 · 성별 · 국적 등의 사정을 고려하여 그 심리적 안정의 도모와 원활한 의사소통을 위하여 필요한 경우
② 제1항에 따라 동석할 수 있는 신뢰관계에 있는 사람의 범위, 동석의 절차 및 방법 등에 필요한 사항은 대법원규칙으로 정한다.
(2009.12.29 본조개정)

제326조의3【군검사의 불출석】 군검사가 공판기일의 통지를 2회 이상 받고 출석하지 아니하거나 판결만을 선고하는 때에는 군검사의 출석 없이 개정할 수 있다.(2020.6.9 본조신설)

제327조【공판정에서의 신체구속 금지】 ① 공판정에서는 피고인의 신체를 구속하지 못한다. 다만, 피고인이 폭행을 하거나 도주하려고 한 경우에는 그러하지 아니하다.
② 피고인의 신체를 구속하지 아니하는 경우에도 감시인을 붙일 수 있다.
(2009.12.29 본조개정)

제328조【피고인의 재정의무, 법정경찰권】 ① 피고인은 재판장의 허가 없이 퇴정하지 못한다.
② 재판장은 피고인의 퇴정을 제지하거나 법정 질서를 유지하기 위하여 필요한 처분을 할 수 있다.
(2009.12.29 본조개정)

참조 [피고인의 퇴정]352 · 385, [처분에 대한 이의의 신청]350

제328조의2【피고인의 진술거부권 등】 ① 피고인은 진술하지 아니하거나 각각의 질문에 대하여 진술을 거부할 수 있다.
② 재판장은 피고인에게 제1항과 같이 진술을 거부할 수 있음과 그 밖에 피고인의 권리 보호에 필요한 사항을 고지하고 피고인이나 변호인에게 유리한 사실을 진술할 기회를 주어야 한다.
(2009.12.29 본조개정)

제329조【인정신문】 재판장은 피고인의 성명, 연령, 등록기준지, 주거, 직업, 소속 및 계급 등을 물어 피고인이 틀림없는지 확인하여야 한다.(2009.12.29 본조개정)

제330조【군검사의 모두진술】 군검사는 공소장에 따라 공소사실, 죄명 및 적용법조를 낭독하여야 한다. 다만, 재판장은 필요하다고 인정하면 군검사에게 공소의 요지를 진술하게 할 수 있다.(2016.1.6 본조개정)

제331조【피고인의 모두진술】 ① 피고인은 군검사의 모두진술(冒頭陳述)이 끝난 뒤에 공소사실을 인정하는지를 진술하여야 한다. 다만, 피고인이 진술거부권을 행사하는 경우에는 그러하지 아니하다.(2016.1.6 본문개정)
② 피고인과 변호인은 유리한 사실 등을 진술할 수 있다.
(2009.12.29 본조개정)

참조 [피고인의 진술거부권]328의2, [피의자의 진술거부권의 고지]232, [공판조서에의 기재]85

제332조【재판장의 쟁점 정리 및 군검사 · 변호인의 증거관계 등에 대한 진술】 ① 재판장은 피고인의 모두진술이 끝난 다음에 피고인이나 변호인에게 쟁점 정리를 위하여 필요한 질문을 할 수 있다.
② 재판장은 증거조사를 하기에 앞서 군검사와 변호인으로 하여금 공소사실 등의 증명과 관련된 주장 및 입증계획 등을 진술하게 할 수 있다. 다만, 증거로 할 수 없거나 증거로 신청할 의사가 없는 자료를 바탕으로 군사법원에 사건에 대한 예단 또는 편견을 발생하게 할 우려가 있는 사항은 진술할 수 없다.(2016.1.6 본문개정)
(2016.1.6 본조제목개정)
(2009.12.29 본조개정)

참조 [공소사실]296, [양형]형51

제333조 (2008.1.17 삭제)

제334조【증거조사】 증거조사는 제332조에 따른 절차가 끝난 후에 한다.(2009.12.29 본조개정)

제335조【군검사의 입증사항 제시】 증거조사에 즈음하여 군검사는 증거에 따라 증명할 사실을 밝혀야 한다. 다만, 증거조사를 신청할 수 없거나 증거조사를 신청할 의사가 없는 자료로서 재판관에게 사건에 대한 편견이나 예단을 가지게 할 우려가 있는 사항은 진술하지 못한다.(2016.1.6 본조개정)

참조 [예단의 방지]296 · 332, [피고인측의 입증사항 제시]336

제336조【피고인측의 입증사항 제시】 ① 피고인이나 변호인은 군검사의 모두진술이 끝난 후 증거에 따라 증명할 사실을 밝힐 수 있다.(2016.1.6 본항개정)
② 제1항의 진술에 관하여는 제335조 단서를 준용한다.
(2009.12.29 본조개정)

참조 [모두진술]330, [군검사의 입증사항 제시]335

제337조【당사자의 증거신청】 ① 군검사, 피고인 또는 변호인은 서류나 물건을 증거로 제출할 수 있고 증인, 감정인, 통역인 또는 번역인의 신문을 신청할 수 있다.
② 군사법원은 군검사, 피고인 또는 변호인이 고의로 증거를 뒤늦게 신청함으로써 공판의 완결을 지연하는 것으로 인정하면 직권으로 또는 상대방의 신청에 따라 결정으로 신청을 각하할 수 있다.
(2016.1.6 본조개정)

참조 [신청의 순서]339, [신청방식]340 · 341, [증거조사결정]343, [직권에 의한 증거조사]344

제338조【피해자등의 진술권】 ① 군사법원은 범죄의 피해자 또는 그 법정대리인(피해자가 사망한 경우에는 배우자, 직계친족, 형제자매를 포함한다. 이하 이 조에서 "피해자등"이라 한다)의 신청을 받았을 때에는 그 피해자등을 증인으로 신문하여야 한다. 다만, 다음 각 호의 어느 하나에 해당하는 경우에는 그러하지 아니하다.
1. 피해자등이 이미 해당 사건에 관하여 공판절차에서 충분히 진술하여 다시 진술할 필요가 없다고 인정되는 경우
2. 피해자등의 진술로 인하여 공판절차가 현저하게 지연될 우려가 있는 경우
② 군사법원은 제1항에 따라 피해자등을 신문하는 경우에는 피해의 정도 및 결과, 피고인의 처벌에 관한 의견, 그 밖에 해당 사건에 관한 의견을 진술할 기회를 주어야 한다.
③ 군사법원은 같은 범죄사실에서 제1항에 따른 신청인이 여러 명인 경우에는 진술할 사람의 수를 제한할 수 있다.
④ 제1항에 따른 신청인이 출석통지를 받고도 정당한 사유 없이 출석하지 아니한 경우에는 그 신청을 철회한 것으로 본다.
(2009.12.29 본조개정)

제338조의2【피해자 진술의 비공개】 ① 군사법원은 범죄의 피해자를 증인으로 신문하는 경우 그 피해자, 법정대리인 또는 군검사의 신청에 따라 피해자의 사생활의 비밀이나 신변 보호를 위하여 필요하다고 인정하면 결정으로 심리를 공개하지 아니할 수 있다.(2016.1.6 본항개정)
② 제1항의 결정은 이유를 붙여 고지한다.
③ 군사법원은 제1항의 결정을 한 경우에도 적당하다고 인정되는 사람이 법정에 있도록 허가할 수 있다.
(2009.12.29 본조개정)

제338조의3【피해자 등의 공판기록 열람·복사】 ① 소송이 계속되어 있는 사건의 피해자(피해자가 사망하거나 심신에 중대한 장애가 있는 경우에는 배우자, 직계친족 및 형제자매를 포함한다), 피해자 본인의 법정대리인 또는 이들로부터 위임을 받은 피해자 본인의 배우자·직계친족·형제자매·변호사는 소송기록의 열람 또는 복사를 재판장에게 신청할 수 있다.
② 재판장은 제1항의 신청을 받으면 지체 없이 군검사, 피고인 또는 변호인에게 그 취지를 통지하여야 한다.(2016.1.6 본항개정)
③ 재판장은 피해자 등의 권리구제를 위하여 필요하다고 인정되거나 그 밖에 정당한 사유가 있는 경우에 범죄의 성질, 심리(審理) 상황, 그 밖의 사정을 고려하여 타당하다고 인정하면 열람 또는 복사를 허가할 수 있다.
④ 재판장은 제3항에 따라 복사를 허가하는 경우 복사한 소송기록의 사용 목적을 제한하거나 적당하다고 인정하는 조건을 붙일 수 있다.
⑤ 제1항에 따라 소송기록을 열람하거나 복사한 사람은 열람 또는 복사를 통하여 알게 된 사항을 사용할 때 부당하게 관계인의 명예나 생활의 평온을 해치거나 수사와 재판에 지장을 주지 아니하도록 하여야 한다.
⑥ 제3항과 제4항에 관한 재판에 대하여는 불복할 수 없다.
(2009.12.29 본조개정)

제339조【증거조사 신청의 순서】 ① 군검사는 먼저 사건의 심판에 필요하다고 인정하는 모든 증거의 조사를 신청하여야 한다.(2016.1.6 본항개정)
② 피고인이나 변호인은 제1항의 신청이 끝난 후 사건의 심판에 필요하다고 인정하는 증거의 조사를 신청할 수 있다.
(2009.12.29 본조개정)

제340조【증거조사 신청방식】 ① 증거조사를 신청할 때에는 증거와 증명할 사실의 관계를 구체적으로 밝혀야 한다.
② 증거물이 서류인 경우 조사를 신청할 때에는 특히 조사할 부분을 명확하게 하여야 한다.(2009.12.29 본조개정)

참조 [증거물의 제시]348

제341조【증거조사 신청방식】 군검사, 피고인 또는 변호인이 증거물 또는 증거 될 서류의 조사를 신청할 때에는 미리 상대방에게 열람할 기회를 주어야 한다. 다만, 상대방의 이의가 없을 때에는 그러하지 아니하다.(2016.1.6 본문개정)

제342조【자백과 증거조사 신청의 제한】 피고인의 자백을 내용으로 하는 서류는 범죄사실에 관한 다른 증거를 조사하지 아니하였을 때에는 조사를 신청할 수 없다.(2009.12.29 본조개정)

참조 [자백]361·362

제343조【증거조사의 결정】 증거조사의 결정 또는 증거조사 신청의 기각은 상대방 또는 그 변호인의 의견을 물은 후 군판사가 정한다.(2009.12.29 본조개정)

참조 [증거조사신청]337

제344조【직권에 의한 증거조사】 ① 군사법원은 필요하다고 인정하면 직권으로 증거조사를 할 수 있다.
② 제1항의 증거조사의 결정을 할 때에는 군검사, 피고인 또는 변호인의 의견을 물어야 한다.(2016.1.6 본항개정)
(2009.12.29 본조개정)

참조 [신청에 의한 증거조사]337·343

제345조【증거조사의 순서】 ① 증거조사는 군검사가 신청한 증거를 조사한 후에 피고인이나 변호인이 신청한 증거를 조사하여야 한다.(2016.1.6 본항개정)
② 제1항의 증거조사가 끝난 후에 군사법원은 필요하다고 인정하는 증거조사를 할 수 있다.
③ 군사법원은 직권으로 또는 군검사, 피고인이나 변호인의 신청에 따라 제1항과 제2항의 순서를 변경할 수 있다.
(2016.1.6 본항개정)
(2009.12.29 본조개정)

참조 [당사자가 신청한 증거]337, [직권에 의한 증거조사]344

제346조【공판준비의 결과와 증거조사의 필요】 군사법원은 공판준비절차에서 한 피고인 또는 피고인이 아닌 사람에 대한 신문·검증·감정·번역·압수 또는 수색의 결과를 적은 서류와 제315조제1항에 따라 보내온 서류 또는 압수물에 대하여는 공판정에서 증거가 된 서류나 증거물로서 조사하여야 한다.(2009.12.29 본조개정)

참조 [검증]180, [감정]210, [번역]224, [압수]146－148, [수색]149, [공무소등에 대한 조회]308, [공판정]322, [증거서류의 조사]347, [증거물의 조사]348

제347조【증거서류에 대한 조사방식】 ① 군검사, 피고인 또는 변호인의 신청에 따라 증거서류를 조사할 때에는 신청인이 증거서류를 낭독하여야 한다.(2016.1.6 본항개정)
② 군사법원이 직권으로 증거서류를 조사할 때에는 소지인 또는 재판장이 증거서류를 낭독하여야 한다.
③ 피고인이 청구하였을 때에는 재판장은 증거서류를 열람 또는 복사하게 하거나 서기로 하여금 낭독하게 할 수 있다.
④ 재판장은 필요하다고 인정하면 제1항과 제2항에도 불구하고 내용을 고지하는 방법으로 조사할 수 있다.
⑤ 재판장은 서기로 하여금 제1항부터 제4항까지의 규정에 따른 낭독이나 고지를 하게 할 수 있다.
⑥ 재판장은 다른 방법보다 열람이 적절하다고 인정하면 증거서류를 제시하여 열람하게 하는 방법으로 조사할 수 있다.
(2009.12.29 본조개정)

참조 [증거조사신청]337, [직권에 의한 증거조사]344

제348조【증거물에 대한 조사방식】 ① 군검사, 피고인 또는 변호인의 신청에 따라 증거물을 조사할 때에는 신청한 사람이 증거물을 제시하여야 한다.(2016.1.6 본항개정)
② 군사법원이 직권으로 증거물을 조사할 때에는 소지인 또는 재판장이 증거물을 제시하여야 한다.
③ 재판장은 서기로 하여금 제1항과 제2항에 따른 제시를 하게 할 수 있다.
(2009.12.29 본조개정)

참조 [증거조사신청]337, [직권에 의한 증거조사]344

제348조의2【그 밖의 증거에 대한 조사방식】 도면, 사진, 녹음테이프, 비디오테이프, 컴퓨터용 디스크, 그 밖에 정보를 담기 위하여 만들어진 물건으로서 문서가 아닌 증거의 조사에 필요한 사항은 대법원규칙으로 정한다.(2009.12.29 본조개정)

제348조의3【증거조사 결과와 피고인의 의견】 재판장은 피고인에게 각 증거조사의 결과에 대한 의견을 묻고 권리를 보호하는 데 필요한 증거조사를 신청할 수 있음을 고지하여야 한다.(2020.6.9 본조신설)

제349조【증명력을 다투는 권리】 군판사는 군검사, 피고인 또는 변호인에게 반증(反證)의 조사신청, 그 밖의 방법으로 증거의 증명력을 다투기 위하여 필요하다고 인정하는 적당한 기회를 주어야 한다.(2016.1.6 본조개정)

참조 [증명력을 다투기 위한 증거]372

제350조【이의신청의 사유】 ① 군검사, 피고인 또는 변호인은 증거조사에 대하여 법령위반 또는 부당함을 이유로 이의를 신청할 수 있다. 다만, 증거조사에 관한 결정에 대하여는 부당함을 이유로 이의신청을 할 수 없다.(2016.1.6 본문개정)
② 군검사, 피고인 또는 변호인은 제1항의 경우 외에 재판장 또는 군판사의 처분에 대하여 법령위반을 이유로 이의를 신청할 수 있다.(2016.1.6 본항개정)
③ 군사법원은 제1항과 제2항의 이의신청에 대하여 결정을 하여야 한다.
(2009.12.29 본조개정)

참조 [증거조사결정]343·344

제351조【증거의 제출】 증거조사가 끝난 증거 된 서류 또는 증거물은 지체 없이 군사법원에 제출하여야 한다. 다만, 군사법원의 허가를 받은 경우에는 등본을 제출할 수 있다.
(2009.12.29 본조개정)

참조 [증거서류·증거물의 증거조사]347·348, [압수증거물의 환부]174·175·389·390

제351조의2【피고인 신문】 ① 군검사나 변호인은 증거조사가 끝난 후에 차례로 피고인에게 공소사실 및 정상에 관한 사항을 신문할 수 있다. 다만, 재판장은 필요하다고 인정하면 증거조사가 끝나기 전이라도 신문을 허가할 수 있다.
(2016.1.6 본문개정)

② 재판장은 필요하다고 인정하면 피고인을 신문할 수 있다.
③ 제1항의 신문에 관하여는 제202조제1항부터 제3항까지 및 제5항을 준용한다.
(2009.12.29 본조개정)

제352조【피고인 등의 퇴정】 ① 재판장은 직권으로 또는 군검사, 피고인이나 변호인의 신청에 따라 피고인, 증인, 감정인 또는 통역인이 어떤 방청인의 면전에서 충분한 진술을 할 수 없다고 인정하면 그를 퇴정시킨 후 진술하게 할 수 있다.(2016.1.6 본항개정)
② 재판장은 직권으로 또는 군검사, 피고인이나 변호인의 신청에 따라 피고인이 다른 피고인의 면전에서 또는 증인이 피고인의 면전에서 충분한 진술을 할 수 없다고 인정하면 그 피고인을 퇴정시킨 후 진술하게 할 수 있다.(2016.1.6 본항개정)
③ 제2항에 따라 피고인을 퇴정하게 한 경우 피고인 또는 증인의 진술이 끝나면 퇴정한 피고인을 입정하게 한 후 서기로 하여금 진술의 요지를 고지하게 하여야 한다. 이 경우 피고인은 재판장에게 말한 후 그 증인 또는 다른 피고인을 신문할 수 있다.
(2009.12.29 본조개정)
참조 [증인신문]187, [피고인의 재정의무]328

제353조【불필요한 신문·진술의 제한】 재판장이나 군판사는 소송관계인의 신문 또는 진술이 중복되거나 그 사건에 관계없는 사항인 경우나 그 밖에 적절하지 아니한 경우에는 소송관계인의 본질적 권리를 해치지 아니하는 한도에서 제한할 수 있다.(2009.12.29 본조개정)
참조 [소송지휘권]324

제354조【변론】 ① 군검사는 피고인 신문과 증거조사가 끝난 후 사실과 법률 적용에 관하여 의견을 진술하여야 한다. 다만, 제326조의3의 경우에는 공소장의 기재사항에 의하여 군검사의 의견진술이 있는 것으로 본다.(2020.6.9 단서신설)
② 피고인과 변호인은 의견을 진술할 수 있고 최종적으로 진술할 기회를 가진다.
(2009.12.29 본조개정)
참조 [진술의 제한]353, [공판조서에의 기재]85

제355조【공소장의 변경】 ① 군검사는 군사법원의 허가를 받아 공소장에 적은 공소사실 또는 적용법조의 추가·철회 또는 변경을 할 수 있다. 이 경우 군사법원은 공소사실의 동일성을 해치지 아니하는 한도에서 허가하여야 한다.
(2016.1.6 전단개정)
② 군사법원은 심리의 경과에 비추어 상당하다고 인정하면 공소사실 또는 적용법조의 추가 또는 변경을 요구하여야 한다.
③ 군사법원은 공소사실 또는 적용법조의 추가·철회 또는 변경을 할 때에는 그 사유를 신속히 피고인이나 변호인에게 고지하여야 한다.
④ 군사법원은 제1항부터 제3항까지의 규정에 따른 공소사실 또는 적용법조의 추가·철회 또는 변경이 피고인의 불이익을 증가시킬 우려가 있다고 인정하면 직권으로 또는 피고인이나 변호인의 청구에 따라 피고인이 필요한 방어 준비를 하게 하기 위하여 결정으로 필요한 기간 동안 공판절차를 정지할 수 있다.
(2009.12.29 본조개정)
참조 [공소장]296, [공판절차의 정지]357

제356조【변론의 분리·병합·재개】 군사법원은 필요하다고 인정하면 직권으로 또는 군검사, 피고인이나 변호인의 신청에 따라 결정으로 변론을 분리 또는 병합하거나 종결한 변론을 재개할 수 있다.(2016.1.6 본조개정)

제357조【공판절차의 정지】 ① 피고인이 사물식별능력 또는 의사결정 능력이 없는 상태에 있을 때에는 군사법원은 군검사와 변호인의 의견을 들어 결정으로 그 상태가 계속되는 동안 공판절차를 정지하여야 한다.(2016.1.6 본항개정)
② 피고인이 질병으로 인하여 공판기일에 출석할 수 없을 때에는 군사법원은 군검사와 변호인의 의견을 들어 결정으로 출석할 수 있을 때까지 공판절차를 정지하여야 한다.
(2016.1.6 본항개정)
③ 제2항에 따라 공판절차를 정지할 때에는 의사의 의견을 들어야 한다.
④ 피고사건에 대하여 무죄, 면소, 형의 면제 또는 공소기각의 재판을 할 것이 명백할 때에는 제1항이나 제2항의 사유가 있는 경우에도 피고인의 출석 없이 재판할 수 있다.
⑤ 제325조 각 호 외의 부분 후단에 따라 대리인이 출석할 수 있는 경우에는 제1항이나 제2항을 적용하지 아니한다.
(2009.12.29 본조개정)
참조 [심신장애인]형10, [피고인의 출정]326, [무죄]380, [면소]381, [형의 면제]형21－23·26·27·52·90·101·111·120·153·157·175·213, 군형8①·16①, [공소기각]382·383

제358조【공판절차의 갱신】 공판개정 후 재판관이 바뀌었을 때에는 공판절차를 갱신하여야 한다. 다만, 판결의 선고만을 하는 경우에는 그러하지 아니하다.(2009.12.29 본조개정)

제2관 증 거
(2009.12.29 본관개정)

제359조【증거재판주의】 ① 사실의 인정은 증거에 따라야 한다.
② 범죄사실의 인정은 합리적인 의심이 없는 정도로 증명되어야 한다.
참조 [사실]296·377, [증거]361－372

제359조의2【위법수집 증거의 배제】 적법한 절차에 따르지 아니하고 수집한 증거는 증거로 할 수 없다.

제360조【자유심증주의】 증거의 증명력은 재판관의 자유판단에 따른다.
참조 [증명력을 다투는 권리]349, [예외]362

제361조【강제 등 자백의 증거능력】 피고인의 자백이 고문, 폭행, 협박, 구속의 부당한 장기화 또는 속임수, 그 밖의 방법에 따라 임의로 진술한 것이 아니라고 의심할 만한 이유가 있을 때에는 유죄의 증거로 하지 못한다.
참조 [진술의 임의성]370

제362조【불리한 자백의 증거능력】 피고인의 자백이 피고인에게 불리한 유일한 증거일 때에는 유죄의 증거로 하지 못한다.

제363조【전문증거와 증거능력의 제한】 제364조부터 제369조까지에 규정된 것 외에는 공판준비기일 또는 공판기일의 진술을 갈음하여 진술을 기록한 서류나 공판준비기일 또는 공판기일 외에서의 다른 사람의 진술을 내용으로 하는 진술은 증거로 할 수 없다.

제364조【군사법원 또는 군판사의 조서】 공판준비기일 또는 공판기일에 피고인이나 피고인이 아닌 사람의 진술을 적은 조서와 군사법원 또는 군판사의 검증 결과를 적은 조서는 증거로 할 수 있다. 제226조와 제261조에 따라 작성한 조서도 또한 같다.
참조 [조서]82·83, [증거보전의 청구와 그 절차]226, [증인신문의 청구]261

제365조【군검사 또는 군사법경찰관의 조서】 ① 군검사가 피고인이 된 피의자의 진술을 적은 조서는 적법한 절차와 방식에 따라 작성된 것으로서 피고인이 진술한 내용과 같게 적혀 있음이 공판준비기일 또는 공판기일에 피고인이 한 진술에 따라 인정되고, 그 조서에 적힌 진술이 특히 신빙(信憑)할 수 있는 상태에서 이루어졌음이 증명되었을 때에만 증거로 할 수 있다.(2016.1.6 본항개정)
② 제1항에도 불구하고 피고인이 그 조서 성립의 진정(眞正)을 부인하는 경우에는 그 조서에 적힌 진술이 피고인이 진술한 내용과 같게 적혀 있음이 영상녹화물이나 그 밖의 객관적인 방법으로 증명되고, 그 조서에 적힌 진술이 특히 신빙할 수 있는 상태에서 이루어졌음이 증명되었을 때에만 증거로 할 수 있다.
③ 군검사 외의 수사기관이 작성한 피의자신문조서는 적법한 절차와 방식에 따라 작성된 것으로서 공판준비기일 또는 공판기일에 피의자였던 피고인이나 변호인이 그 내용을 인정할 때에만 증거로 할 수 있다.(2016.1.6 본항개정)
④ 군검사나 군사법경찰관이 피고인이 아닌 사람의 진술을

적은 조서는 적법한 절차와 방식에 따라 작성된 것으로서 그 조서가 군검사나 군사법경찰관 앞에서 진술한 내용과 같게 적혀 있음이 원진술자가 공판준비기일 또는 공판기일에 한 진술이나 영상녹화물 또는 그 밖의 객관적인 방법으로 증명되고, 피고인이나 변호인이 공판준비기일 또는 공판기일에 그 적힌 내용에 관하여 원진술자를 신문할 수 있었던 경우에는 증거로 할 수 있다. 다만, 그 조서에 적힌 진술이 특별히 신빙할 수 있는 상태에서 이루어졌음이 증명된 경우로 한정한다.(2016.1.6 본문개정)
⑤ 피고인 또는 피고인이 아닌 사람이 수사과정에서 작성한 진술서에 관하여는 제1항부터 제4항까지의 규정을 준용한다.
⑥ 군검사나 군사법경찰관이 검증 결과를 적은 조서는 적법한 절차와 방식에 따라 작성된 것으로서 공판준비기일 또는 공판기일에 작성자가 한 진술에 따라 성립의 진정이 증명된 경우에는 증거로 할 수 있다.(2016.1.6 본항개정)
(2016.1.6 본조제목개정)

참조 [조서]82 · 83, [증거능력에 대한 예외]367, [신빙할 수 있는 상태하의 진술]367 · 369

제366조【진술서 등】 ① 제364조 및 제365조 외에 피고인 또는 피고인이 아닌 사람이 작성한 진술서나 그 진술을 적은 서류로서 작성자나 진술자의 자필이거나 서명 또는 날인이 있는 것(피고인 또는 피고인이 아닌 자가 작성하였거나 진술한 내용이 포함된 문자 · 사진 · 영상 등의 정보로서 정보저장매체등에 저장된 것을 포함한다. 이하 이 조에서 같다)은 공판준비기일 또는 공판기일에 작성자 또는 진술자가 한 진술에 따라 성립의 진정이 증명된 경우에는 증거로 할 수 있다. 다만, 피고인의 진술을 적은 서류는 공판준비기일 또는 공판기일에 작성자가 한 진술에 따라 성립의 진정이 증명되고 그 진술이 특히 신빙할 수 있는 상태에서 이루어진 경우에만 피고인이 공판준비기일 또는 공판기일에 한 진술에도 불구하고 증거로 할 수 있다.
② 제1항 본문에도 불구하고 진술서의 작성자가 공판준비기일 또는 공판기일에 그 성립의 진정을 부인하는 경우 과학적 분석결과에 기초한 디지털포렌식 자료, 감정 등 객관적 방법으로 성립의 진정함이 증명되는 때에는 증거로 할 수 있다. 다만, 피고인이 아닌 자가 작성한 진술서는 피고인 또는 변호인이 공판준비기일 또는 공판기일에 그 기재 내용에 관하여 작성자를 신문할 수 있었을 때에만 증거로 할 수 있다.(2017.12.12 본항신설)
③ 감정의 경과와 결과를 기재한 서류도 제1항 및 제2항과 같다.
(2017.12.12 본조개정)

참조 [증거능력에 대한 예외]367, [신빙할 수 있는 상태하의 진술]365 ① · 367 · 369

제367조【증거능력에 대한 예외】 제365조와 제366조의 경우 공판준비기일 또는 공판기일에 진술을 하여야 할 사람이 사망, 질병, 국외거주, 소재불명, 그 밖에 이에 준하는 사유로 인하여 진술할 수 없을 때에는 그 조서나 그 밖의 서류(피고인 또는 피고인이 아닌 자가 작성하였거나 진술한 내용이 포함된 문자 · 사진 · 영상 등의 정보로서 정보저장매체등에 저장된 것을 포함한다. 이하 이 조에서 같다)를 증거로 할 수 있다. 다만, 그 조서나 서류는 진술 또는 작성이 특별히 신빙할 수 있는 상태에서 이루졌을 때에만 증거로 할 수 있다.
(2017.12.12 본문개정)

참조 [신빙할 수 있는 상태하의 진술]365① · 369

제368조【당연히 증거능력이 있는 서류】 다음 각 호의 서류는 증거로 할 수 있다.
1. 가족관계기록사항에 관한 증명서, 공정증서등본, 그 밖에 공무원이나 외국공무원이 직무상 증명할 수 있는 사항에 관하여 작성한 문서
2. 상업장부, 항해일지, 그 밖에 업무상 필요로 작성한 통상문서
3. 그 밖에 특히 신빙할 만한 정황에 따라 작성된 문서

참조 [전문증거금지의 원칙]363, [증명서의 종류]가족관계등록15, [공정증서등본]공증50 · 51, [상업장부]상29-33, [항해일지]선원20

제369조【전문의 진술】 ① 피고인이 아닌 사람(공소제기 전에 피고인을 피의자로 조사하였거나 그 조사에 참여하였던 사람을 포함한다. 이하 이 조 및 제372조에서 같다)이 공판준비기일 또는 공판기일에 한 진술이 피고인의 진술을 내용으로 하는 것일 때에는 그 진술이 특별히 신빙할 수 있는 상태에서 이루어졌을 때에만 증거로 할 수 있다.
② 피고인이 아닌 사람이 공판준비기일 또는 공판기일에 한 진술이 피고인이 아닌 다른 사람의 진술을 그 내용으로 하는 것일 때에는 원진술자가 사망, 질병, 국외거주, 소재불명, 그 밖에 이에 준하는 사유로 진술할 수 없고 그 진술이 특별히 신빙할 수 있는 상태에서 이루어졌을 때에만 증거로 할 수 있다.

참조 [전문증거금지의 원칙]363, [신빙할 수 있는 상태하의 진술]365 ① · 367

제370조【진술의 임의성】 ① 피고인 또는 피고인이 아닌 사람의 진술이 임의로 된 것이 아닌 것은 증거로 할 수 없다.
② 제1항의 진술을 적은 서류는 그 작성 또는 내용인 진술이 임의로 되었다는 것이 증명된 것이 아니면 증거로 할 수 없다.
③ 검증조서의 일부가 피고인 또는 피고인이 아닌 사람의 진술을 적은 것일 때에는 그 부분에만 제1항과 제2항을 적용한다.

참조 [임의의 진술]361, [검증조서]83

제371조【당사자의 동의와 증거능력】 ① 군검사와 피고인이 증거로 할 수 있음에 동의한 서류나 물건은 진정한 것으로 인정하였을 때에는 증거로 할 수 있다.(2020.6.9 본항개정)
② 피고인의 출석 없이 증거조사를 할 수 있는 경우에 피고인이 출석하지 아니하면 제1항의 동의가 있는 것으로 본다. 다만, 대리인 또는 변호인이 출석하였을 때에는 그러하지 아니하다.

참조 [전문증거금지의 원칙]363, [피고인의 출정불요]325 · 357 · 426 · 488

제372조【증명력을 다투기 위한 증거】 ① 제365조부터 제369조까지의 규정에 따라 증거로 할 수 없는 서류나 진술이라도 공판준비기일 또는 공판기일에 피고인 또는 피고인이 아닌 사람이 한 진술의 증명력을 다투기 위한 증거로는 할 수 있다.
② 제1항에도 불구하고 피고인 또는 피고인이 아닌 사람의 진술을 내용으로 하는 영상녹화물은 공판준비기일 또는 공판기일에 피고인 또는 피고인이 아닌 사람이 진술할 때 기억이 명백하지 아니한 사항에 관하여 기억을 환기시켜야 할 필요가 있다고 인정될 때에만 피고인 또는 피고인이 아닌 사람에게 재생하여 시청하게 할 수 있다.

참조 [증명력을 다투는 권리]349

제3관 공판의 재판
(2009.12.29 본관개정)

제372조의2【판결선고기일】 ① 판결의 선고는 변론을 종결한 기일에 하여야 한다. 다만, 특별한 사정이 있을 때에는 따로 선고기일을 지정할 수 있다.
② 변론을 종결한 기일에 판결을 선고하는 경우에는 판결 선고 후에 판결서를 작성할 수 있다.
③ 제1항 단서의 선고기일은 변론 종결 후 14일 이내로 지정되어야 한다.

제373조【관할위반의 재판】 피고사건에 대한 관할권이 그 군사법원에 있지 아니할 때에는 판결로 관할위반의 선고를 하여야 한다.

참조 [관할위반과 소송행위의 효력]20, [관할위반선고의 제한]374, [항소사유]414, [재판의 확정과 시효의 진행]295

제374조【관할위반의 예외】 ① 군사법원은 피고인의 신청이 없으면 다른 군사법원에 관할권이 있는 사건에 대하여 관할위반의 선고를 하지 못한다.(2021.9.24 본항개정)
② 관할위반의 신청은 피고사건에 대한 진술 전에 하여야 한다.

제375조【형의 선고와 동시에 선고될 사항】 ① 피고사건에 대하여 범죄가 증명되었을 때에는 형의 면제 또는 선고유예의 경우를 제외하고는 판결로 형을 선고하여야 한다.
② 형의 집행유예, 판결 전 구금의 산입일수 및 노역장의 유치기간은 형의 선고와 동시에 판결로 선고하여야 한다.

참조 [범죄의 증명]359 · 360 · 362, [형의 면제 · 선고유예의 판결]376, [형의 선고]388, [판결]71① · 73 · 377, [면소의 판결]381, [형의 집행유예]형62, [판결전구금의 산입일수]형57, [노역장의 유치기간]형70

제376조【형의 면제 또는 선고유예의 판결】 피고사건에 대하여 형의 면제 또는 선고유예를 할 때에는 판결로 선고하여야 한다.

참조 [형의 면제]형21－23 · 26 · 27 · 52 · 90 · 101 · 111 · 120 · 153 · 157 · 175 · 213, 군형16①, [선고유예]형59, [형의 면제 선고와 구속영장의 실효]388

제377조【유죄판결에 밝힐 이유】 ① 형을 선고할 때에는 판결이유에 범죄가 될 사실, 증거의 요지 및 법령의 적용을 밝혀야 한다.
② 법률상 범죄의 성립을 조각(阻却)하는 이유 또는 형의 가중 · 감면의 이유가 되는 사실이 진술되었을 때에는 이에 대한 판단을 밝혀야 한다.

참조 [형의 선고]375, [범죄될 사실]296 · 355, [기피원인과 신청권자]49, [법령의 적용]296 · 355, [범죄의 불성립]형9 · 10 · 12－17 · 20－24, [형의 가중]형34 · 35 · 38 · 42 · 135 · 144 · 203 · 264 · 278 · 279 · 285 · 305의2 · 332 · 351, 군형38 · 39 · 49 · 52의3 · 55 · 58의3 · 60 · 60의3, [형의 감경]형21－23 · 29 · 32 · 52－56 · 90 · 101 · 111 · 114 · 120 · 153 · 157 · 175 · 213 · 295의2 · 324의6 · 365, 군형8 · 16 · 76, [형의 면제]형21－23 · 26 · 27 · 52 · 90 · 101 · 111 · 120 · 153 · 157 · 175 · 213, 군형8 · 16 · 76

판례 판결에 범죄사실에 대한 증거를 설시함에 있어 어느 증거의 어느 부분에 의하여 어느 범죄사실을 인정한다고 구체적으로 설시하지 아니하였다 하더라도 그 적시한 증거들에 의하여 판시 범죄사실을 인정할 수 있으면 이를 위법한 증거설시라고 할 수 없다.
(대판 2001.7.27, 2000도4298)

판례 군법회의법 제368조제2항에서 말하는 법률상 형의 감면이유라 함은 필요적 감면사유만을 의미하는 것이고 자수의 경우처럼 그 감면이 임의적으로 되어 있는 경우는 이에 포함되지 않는다.
(대판 1964.5.12, 64도126)

제378조【상소에 대한 고지】 형을 선고하는 경우에는 재판장은 피고인에게 상소할 기간과 상소할 법원을 고지하여야 한다.(2021.9.24 본조개정)

제379조 (2021.9.24 삭제)

제380조【무죄의 판결】 피고사건이 범죄가 되지 아니하거나 범죄사실이 증명되지 아니할 때에는 판결로 무죄를 선고하여야 한다.

참조 [공소장기재사실이 범죄로 되지 아니할 때]383①(4), [피고인에게 거증책임이 있는 경우]형263 · 310, [상소고지]378, [보상]형사보상및명예회복에관한법1

판례 항소심이 제1심 유죄판결을 파기하고 그 중 일부 사실에 대하여 무죄라는 판단을 하면서 주문에 이에 대한 아무런 표시를 하지 않은 것은 위법이다.(대판 1963.2.7, 62도270)

제381조【면소의 판결】 다음 각 호의 어느 하나에 해당할 때에는 판결로 면소를 선고하여야 한다.
1. 확정판결이 있은 때
2. 사면이 있은 때
3. 공소시효가 완성되었을 때
4. 범죄 후에 법령의 개정 · 폐지로 형이 폐지되었을 때

참조 [면소와 구속영장의 실효]388, [보상]형사보상및명예회복에관한법25, [판결]375 · 376 · 380, [재판의 확정]415 · 444, [사면]헌79, 사면3 · 5, [시효]291－295, [형의 면제]형1

판례 병역법 부칙 제30조에 의하여 공소권이 소멸한 경우에 군법회의법 제371조에 의하여 면소판결을 하였음은 적법하다.
(대판 1963.3.21, 63도22)

제382조【공소기각의 판결】 다음 각 호의 어느 하나에 해당하는 경우에는 판결로 공소기각을 선고하여야 한다.
1. 피고인에 대하여 재판권이 없을 때
2. 공소제기의 절차가 법률의 규정을 위반하여 무효일 때
3. 공소가 제기된 사건에 대하여 다시 공소가 제기되었을 때
4. 제384조를 위반하여 공소가 제기되었을 때
5. 고소가 있어야 공소를 제기할 수 있는 사건에 대하여 고소가 취소되었을 때
6. 피해자가 명시한 의사에 반하여 공소를 제기할 수 없는 사건에 대하여 처벌을 희망하지 아니하는 의사 표시가 있거나 처벌을 희망하는 의사 표시가 철회되었을 때

참조 [공소기각과 구속영장의 실효]388, [시효]295, [보상]형사보상및명예회복에관한법25, [재판권]2 · 3, [공소제기의 절차]296, [일사부재리]헌13, [고소가 있어야 죄를 논할 사건]형312① · 318 · 328 · 344 · 354 · 361 · 365, [고소의 취소]274, [피해자의 의사]형110 · 260 · 266 · 283 · 312, [처벌을 희망하는 의사표시의 철회]274

제383조【공소기각의 결정】 ① 다음 각 호의 어느 하나에 해당할 때에는 결정으로 공소를 기각하여야 한다.
1. 공소가 취소되었을 때
2. 피고인이 사망하였을 때
3. 제17조에 따라 재판할 수 없을 때
4. 공소장에 적힌 사실이 진실하다 하더라도 범죄가 될 만한 사실이 포함되지 아니하였을 때
② 제1항의 결정에 대하여는 즉시항고를 할 수 있다.

참조 [결정]71 · 73, [보상]형사보상및명예회복에관한법25, [구속영장의 실효]388, [확정과 공소시효의 진행]295, [공소의 취소]297, [피고인의 사망]473, [관할의 경합]17, [공소장의 기재]296, [즉시항고]454 · 455

제384조【공소취소와 재기소】 공소취소에 따른 공소기각의 결정이 확정되었을 때에는 공소취소 후 그 범죄사실에 대한 다른 중요한 증거를 발견한 경우에만 다시 공소를 제기할 수 있다.

참조 [공소의 취소]297 · 383

제385조【피고인의 진술 없이 하는 판결】 피고인이 진술하지 아니하거나 재판장의 허가 없이 퇴정하거나 재판장의 질서유지를 위한 퇴정명령을 받았을 때에는 피고인의 진술 없이 판결할 수 있다.

참조 [판결의 원칙]71①, [퇴정의 허가]328

제386조～제387조 (2020.6.9 삭제)

제388조【무죄 등 선고와 구속영장의 효력】 무죄, 면소, 형의 면제, 형의 선고유예, 형의 집행유예, 공소기각 또는 벌금이나 과료를 과하는 판결이 선고되거나 형의 집행이 면제된 경우에는 구속영장은 효력을 잃는다.

참조 [무죄]380, [면소]381, [형의 면제등]376, [형의 집행유예]375, [공소기각]382 · 383, [구속영장]113 · 114

제389조【몰수의 선고와 압수물】 압수한 서류 또는 물품에 대하여 몰수가 선고되지 아니하였을 때에는 압수를 해제한 것으로 본다.

참조 [압수]146, [몰수]형48

제390조【압수장물의 환부】 ① 압수한 장물로서 피해자에게 환부할 이유가 명백한 것은 판결로 피해자에게 환부하는 선고를 하여야 한다.
② 제1항의 경우 장물을 처분하였을 때에는 판결로 그 대가로 취득한 것을 피해자에게 교부하는 선고를 하여야 한다.
③ 가환부한 장물에 대하여 별도의 선고가 없을 때에는 환부를 선고한 것으로 본다.
④ 제1항부터 제3항까지의 규정은 이해관계인이 민사소송절차에 따라 그 권리를 주장할 때 영향을 미치지 아니한다.

참조 [장물의 환부]175, [가환부]174

판례 형사소송법 제333조 제2항의 규정취지는 범인이 장물을 처분하여 버림으로써 피해자가 장물의 반환을 받을 수 없게 되는 경우, 그 대가로 취득한 것을 피해자에게 교부함으로써 전부 또는 일부의 피해회복을 받도록 하고자하는 피해자보호의 견지에서 제정된 것이라 할 것이므로 이미 장물을 환부받은 피해자에게 그 장물의 처분대가마저 교부할 수는 없다.(대판 1985.1.29, 84도2941)

제391조【재산형의 가납판결】 ① 군사법원은 벌금, 과료 또는 추징(追徵)을 선고하는 경우 판결 확정 후에는 집행할 수 없거나 집행하기 곤란할 우려가 있다고 인정하면 직권으로 또는 군검사의 청구에 따라 피고인에게 벌금, 과료 또는 추징에 상당한 금액의 가납(假納)을 명령할 수 있다.
(2016.1.6 본항개정)
② 제1항의 재판은 형의 선고와 동시에 판결로 선고하여야 한다.
③ 제2항의 판결은 즉시 집행할 수 있다.

참조 [재판의 집행]502, [가납의 집행]520 · 522 · 523

제392조【형의 집행유예의 취소절차】 ① 형의 집행유예를 취소할 경우에는 군검사가 피고인의 현재지나 소속 부대의 소재지를 관할하는 군사법원에 청구하여야 한다. 다만, 고등법원에서 형을 선고한 사건의 경우 관할 고등검찰부 군검사가 고등법원에 청구하여야 한다.(2021.9.24 본항개정)
② 제1항의 청구를 받은 군사법원 또는 고등법원은 피고인이나 대리인의 의견을 물은 후에 결정하여야 한다.(2021.9.24 본항개정)
③ 제2항의 결정에 대하여는 즉시항고를 할 수 있다.
④ 유예한 형을 선고하는 경우에는 제2항과 제3항을 준용한다.

참조 [집행유예의 취소]형64, [즉시항고]454·455

제393조【경합범 중 다시 형을 정하는 절차】 ①「형법」 제36조, 제39조제3항 또는 제61조에 따라 형을 정할 경우에는 군검사는 그 범죄사실에 대한 최종판결을 한 군사법원에 청구하여야 한다. 다만,「형법」 제61조에 따라 유예한 형을 선고할 때에는 제377조에 따라야 하고 선고유예를 해제하는 이유를 밝혀야 한다.(2016.1.6 본문개정)
② 제1항의 경우에는 제392조제2항을 준용한다.

참조 [판결선고후의 누범발각]형36, [경합범과 사면등]형39③, [선고유예의 실효]형61, [유죄판결에 명시될 이유]377

제394조【형의 소멸의 재판】 ①「형법」 제81조 또는 제82조에 따른 선고는 그 사건에 관한 기록이 보관되어 있는 군사법원에 신청하여야 한다.
② 제1항의 신청에 대한 선고는 결정으로 한다.
③ 제1항의 신청을 기각하는 결정에 대하여는 즉시항고를 할 수 있다.

참조 [형의 실효]형81, [복권]형82, [결정]71·73, [즉시항고]454·455

제3장 상 소
(2009.12.29 본장제목개정)

제1절 통 칙
(2009.12.29 본절개정)

제395조【상소권자】 군검사나 피고인은 상소를 할 수 있다.(2016.1.6 본조개정)

참조 [다른 상소권자]396-398, [상소의 종류]414·442·454, [재소자의 상소]401

제396조【항고권자】 군검사 또는 피고인이 아닌 사람이 결정을 받았을 때에는 항고를 할 수 있다.(2016.1.6 본조개정)

참조 [결정]71·73, [항고할 수 있는 재판]454, [상대방에의 통지]413

제397조【당사자 외의 상소권자】 피고인의 법정대리인은 피고인을 위하여 상소할 수 있다.

제398조【당사자 외의 상소권자】 ① 피고인의 배우자, 직계친족, 형제자매 또는 원심의 대리인이나 변호인은 피고인을 위하여 상소할 수 있다.
② 제1항의 상소는 피고인이 명시한 의사에 반하여 하지 못한다.

참조 [대리인]325후단, [불이익변경의 금지]437, [상대방에의 통지]413

제399조【일부상소】 ① 상소는 재판의 일부에 대하여 할 수 있다.
② 일부에 대한 상소는 그 일부와 불가분의 관계에 있는 부분에 대하여도 효력이 미친다.
③ 부분을 한정하지 아니하고 상소하였을 때에는 재판의 전부에 대하여 한 것으로 본다.

제400조【상소 제기기간】 ① 상소의 제기는 그 기간 내에 서면으로 한다.
② 상소 제기기간은 재판을 선고하거나 고지한 날부터 진행된다.(2021.9.24 단서삭제)

참조 [항소제기기간]415, [상고제기기간]444, [항고제기기간]455, [준항고]465, [기간의 계산]103, [상소권회복]402·404

제401조【재소자에 대한 특칙】 ① 교도소에 있는 피고인이 상소 제기기간 내에 상소장을 교도소장 또는 그 직무를 대리하는 사람에게 제출하였을 때에는 상소 제기기간 내에 상소한 것으로 본다.
② 제1항의 경우 피고인이 상소장을 작성할 수 없을 때에는 교도소장 또는 그 직무를 대리하는 사람은 이를 대서(代書)하거나 소속 공무원으로 하여금 대서하게 한다.
③ 교도소장 또는 그 직무를 대리하는 사람은 상소장을 원심군사법원(상고의 경우에는 고등법원을 말한다. 이하 이 절에서 같다)에 보내고, 상소장을 접수한 연월일을 원심군사법원에 통지하여야 한다.(2021.9.24 본항개정)

참조 [상소제기기간]400, [항소제기기간]415, [상고제기기간]444, [항고제기기간]455, [준항고]465

제402조【상소권회복 청구권자】 제395조부터 제398조까지의 규정에 따라 상소할 수 있는 사람은 본인 또는 대리인이 책임질 수 없는 사유로 상소 제기기간 내에 상소하지 못하였을 때에는 상소권회복 청구를 할 수 있다.

참조 [상소제기기간]400, [항소제기기간]415, [상고제기기간]444, [항고제기기간]455, [준항고]465, [청구절차]403·412, [청구에 대한 결정]404, [상대방에의 통지]413

제403조【상소권회복 청구의 방식】 ① 상소권회복 청구는 그 사유가 소멸한 날부터 상소 제기기간에 해당하는 기간 내에 서면으로 원심군사법원에 제출하여야 한다.
② 상소권회복의 청구를 할 때에는 원인이 된 사유를 소명하여야 한다.
③ 상소권회복의 청구를 한 사람은 청구와 동시에 상소를 제기하여야 한다.

참조 [상소제기기간]400, [항소제기기간]415, [상고제기기간]444, [항고제기기간]455, [준항고]465, [재소자의 상소권 회복청구]412

제404조【상소권회복 청구에 대한 결정】 ① 상소권회복 청구를 받은 군사법원 또는 고등법원은 청구 허가 여부에 관한 결정을 하여야 한다.(2021.9.24 본항개정)
② 제1항의 결정에 대하여는 즉시항고를 할 수 있다.

참조 [즉시항고]454·455

제405조【상소권회복 청구와 집행정지】 ① 군사법원 또는 고등법원은 상소권회복 청구를 받으면 제404조제1항의 결정을 할 때까지 재판의 집행을 정지하는 결정을 하여야 한다.(2021.9.24 본항개정)
② 제1항의 집행정지 결정을 한 경우에 피고인을 구금할 필요가 있을 때에는 구속영장을 발부하여야 한다. 다만, 제110조의 요건이 갖추어졌을 때에만 발부한다.

참조 [구속영장]113·114·124, [구속사유]110

제406조【상소의 포기·취하】 군검사, 피고인 또는 제396조에 규정된 사람은 상소의 포기 또는 취하를 할 수 있다. 다만, 피고인 또는 제398조에 규정된 사람은 사형, 무기징역 또는 무기금고가 선고된 판결에 대하여 상소의 포기를 할 수 없다.(2020.6.9 단서개정)

참조 [포기·취하절차]409, [재소자의 포기·취하]412, [포기·취하의 관할]410, [포기·취하의 효력]411, [상대방에의 통지]413

제407조【상소의 포기 등과 법정대리인의 동의】 법정대리인이 있는 피고인이 상소의 포기 또는 취하를 할 때에는 법정대리인의 동의를 받아야 한다. 다만, 법정대리인의 사망, 그 밖의 사유로 인하여 동의를 받을 수 없을 때에는 그러하지 아니하다.

제408조【상소의 취하와 피고인의 동의】 피고인의 법정대리인 또는 제398조에 규정된 사람은 피고인의 동의를 받아 상소를 취하할 수 있다.

참조 [당사자 외의 상소권자]398, [취하절차]409, [상대방에의 통지]413

제409조【상소포기 등의 방식】 ① 상소의 포기 또는 취하는 서면으로 하여야 한다. 다만, 공판정에서는 말로 할 수 있다.
② 말로 상소의 포기 또는 취하를 한 경우에는 그 사유를 조서에 적어야 한다.

제410조【상소포기 등의 관할】 상소의 포기는 원심군사법원에, 상소의 취하는 상소법원에 하여야 한다. 다만, 소송기록을 상소법원에 보내지 아니하였을 때에는 상소의 취하를 원심군사법원에 할 수 있다.(2021.9.24 본조개정)

제411조【상소포기 후의 재상소 금지】 상소를 포기하거나 취하한 사람 또는 상소의 포기나 취하에 동의한 사람은 그 사건에 대하여 다시 상소를 하지 못한다.

참조 [포기·취하한 자]406·408, [동의한 자]407·408

제412조【재소자에 대한 특칙】 교도소에 있는 피고인이 상소권회복의 청구 또는 상소의 포기나 취하를 하는 경우에는 제401조를 준용한다.

참조 [재소자의 상소]401, [상소권회복의 청구]402, [상소의 포기·취하]406

제413조【상소포기 등의 상대방에의 통지】 상소, 상소의 포기나 취하 또는 상소권회복의 청구가 있을 때에는 군사법원 또는 상소법원은 지체 없이 상대방에게 그 사실을 통지하여야 한다.(2021.9.24 본조개정)

참조 [상소]395-398, [상소의 포기·취하]406, [상소권회복의 청구]402

제2절 항 소
(2009.12.29 본절개정)

제414조【항소할 수 있는 판결】 군사법원의 판결에 대해서는 다음 각 호의 어느 하나에 해당하는 사유가 있음을 이유로 고등법원에 항소할 수 있다.(2021.9.24 본문개정)

1. 헌법·법률·명령 또는 규칙의 위반이 판결에 영향을 미쳤을 때
2. (2020.6.9 삭제)
3. 판결 후 형의 폐지나 변경 또는 사면이 있을 때
4. 관할 또는 관할위반의 인정이 법률을 위반하였을 때
5. 판결을 한 군사법원의 구성이 법률을 위반하였을 때
6. 법률상 그 재판에 관여하지 못할 재판관이 그 사건의 심판에 관여하였을 때
7. 사건의 심리에 관여하지 아니한 재판관이 그 사건의 판결에 관여하였을 때
8. 공판의 공개에 관한 규정을 위반하였을 때
9. 판결에 이유를 붙이지 아니하거나 이유에 모순이 있을 때
10. 재심청구의 사유가 있을 때
11. 사실의 오인(誤認)이 있어 판결에 영향을 미쳤을 때
12. 형의 양정(量定)이 부당하다고 인정할 사유가 있을 때

참조 [상소권자]395·397·398, [군사법원]11, [고등법원]10, [본조의 사유가 없는 때의 항소기각]430, [본조의 사유가 있는 때의 원심판결파기]431, [상고이유]442, [형의 면제·변경]형1, [사면]헌79·89, 사면3·5, [관할위반]373·374, [군사법원의 구성]29-33·322, [제척·기피·회피]48·49·57, [공판의 공개]헌109, [이유]73·377, [재심청구의 사유]469·470, [판결이유에 범죄가 될 사실]377, [형의 양정]형51이하

제415조【항소 제기기간】 항소의 제기기간은 7일로 한다.

참조 [기간의 계산]103, [기산점]409, [상고제기기간]444, [구속에 관한 결정]145

제416조【항소 제기방식】 항소를 할 때에는 항소장을 원심군사법원에 제출하여야 한다.

참조 [재소자의 항소]401, [소송기록의 송부]418

제417조【원심군사법원에서의 기각결정】 ① 항소의 제기가 법률상의 방식을 위반하거나 항소권 소멸 후인 것이 명백할 때 원심군사법원은 결정으로 항소를 기각하여야 한다.
② 제1항의 결정에 대하여는 즉시항고를 할 수 있다.

참조 [법률상 방식]416, [항소권소멸]411·415, [결정]71·73, [고등법원에서의 기각결정]422, [즉시항고]454·455

제418조【소송기록과 증거물의 송부】 제417조의 경우를 제외하고 원심군사법원은 항소장을 받은 날부터 14일 이내에 소송기록과 증거물을 고등법원에 보내야 한다.(2021.9.24 본조개정)

제419조【소송기록 등의 접수와 통지】 ① 고등법원은 소송기록과 증거물을 받으면 즉시 항소인과 상대방에게 그 사실을 통지하여야 한다.
② 제1항의 통지 전에 변호인이 선임되었을 때에는 변호인에게도 제1항의 통지를 하여야 하며, 변호인이 선임되지 아니하였을 때에는 고등법원은 지체 없이 국선변호인을 선정하고 제1항의 통지를 하여야 한다.
(2021.9.24 본조개정)

참조 [항소인]395·397·398, [국선변호인]62, 헌12

제420조【항소이유서】 ① 항소인이나 변호인은 제419조에 따른 통지를 받은 날부터 20일 이내에 항소이유서를 고등법원에 제출하여야 한다. 이 경우 제401조를 준용한다.
(2021.9.24 전단개정)
② 항소이유서에는 다음 각 호의 구분에 따라 항소의 이유를 밝혀야 한다.

1. 제414조제1호를 이유로 항소한 경우 : 그 사유가 있음을 구체적으로 표시
2. (2020.6.9 삭제)
3. 제414조제3호·제10호를 이유로 항소한 경우 : 그 사유가 있음을 증명할 수 있는 자료를 첨부
4. 제414조제4호·제9호·제11호·제12호를 이유로 항소한 경우 : 소송기록과 원심군사법원의 증거조사에 표시된 사실을 인용
5. 제414조제5호부터 제8호까지를 이유로 항소한 경우 : 그 사유가 있음을 충분히 증명할 수 있다는 취지의 군검사 또는 변호인의 보증서를 첨부(2016.1.6 본호개정)

참조 [항소이유서]425·427·428, [기간의 계산]103, [본조위반의 항소기각]422, [답변서]421

판례 형사소송법 제361조의4, 제361조의3, 제361조의2에 의하면, 항소인이나 변호인이 항소법원으로부터 소송기록송부통지를 받은 때로부터 20일 이내에 항소이유서를 제출하지 아니하고 항소장에 항소이유의 기재가 없는 경우에는 결정으로 항소를 기각할 수 있도록 규정되어 있으나, 이와 같이 항소이유서 부제출을 이유로 항소기각의 결정을 할 수 있기 위하여는 항소인이 적법한 소송기록송부통지를 받고도 정당한 이유 없이 20일 이내에 항소이유서를 제출하지 아니한 경우이어야 한다.(대결 2002.8.16, 2002모99)

판례 항소이유서는 적법한 기간 내에 항소법원에 도달하면 되는 것으로, 그 도달은 항소법원의 지배권 안에 들어가 사회통념상 일반적으로 알 수 있는 상태에 있으면 되고 나아가 항소법원의 내부적인 업무처리에 따른 문서의 접수, 결재과정 등을 필요로 하는 것은 아니다.(대판 1997.4.25, 96도3325)

제421조【답변서】 ① 항소이유서를 받은 고등법원은 지체 없이 그 부본 또는 등본을 상대방에게 송달하여야 한다.
② 상대방은 제1항의 송달을 받은 날부터 10일 이내에 답변서를 고등법원에 제출할 수 있다.
③ 답변서를 받은 고등법원은 지체 없이 그 부본 또는 등본을 항소인이나 변호인에게 송달하여야 한다.
(2021.9.24 본조개정)

제422조【항소기각의 결정】 ① 다음 각 호의 어느 하나에 해당할 때에는 고등법원은 결정으로 항소를 기각하여야 한다.(2021.9.24 본문개정)

1. 제417조에 해당하는 경우에 원심군사법원이 항소기각의 결정을 하지 아니할 때
2. 제420조제1항의 기간 내에 항소이유서를 제출하지 아니할 때. 다만, 항소장에 이유가 적혀 있거나 직권조사의 사유가 있을 때에는 그러하지 아니하다.

② 제1항의 결정에 대하여는 즉시항고를 할 수 있다.

참조 [결정]71·73, [항소장]416, [직권조사사유]428, [즉시항고]454·455

제423조【변호인의 자격과 변론능력】 ① 항소심에는 변호사 또는 변호사 자격이 있는 장교가 아니면 변호인으로 선임할 수 없다.
② 항소심에서는 변호인이 아니면 피고인을 위하여 변론하지 못한다.

참조 [변호인의 자격]60, [변호사]변호사2·3·7, [변호사의 자격]변호사3·5, [변호인의 선임]59·60

제424조 (2021.9.24 삭제)

제425조【변론방식】 군검사와 변호인은 항소이유서에 따라 변론하여야 한다.(2016.1.6 본조개정)

참조 [항소이유서]420, [상고심의 변론방식]445

제426조【피고인의 출석】 ① 피고인이 공판기일에 출석하지 아니하면 다시 기일을 정하여야 한다.
② 피고인이 정당한 사유 없이 다시 정한 기일에 출석하지 아니하면 피고인의 진술 없이 판결할 수 있다.

제427조【조사범위】 고등법원은 항소이유서에 포함된 사유에 관하여 조사하여야 한다.(2021.9.24 본조개정)

참조 [항소이유서]420, [사실의 조사]429, [직권조사사유]428

제428조【직권조사 사유】 고등법원은 판결에 영향을 미친 사유가 항소이유서에 포함되어 있지 아니한 경우에도 직권으로 그 사유를 조사할 수 있다.(2021.9.24 본조개정)

참조 [항소이유서]420, [사실의 조사]429, [조사범위]427

제429조【사실의 조사】 ① 고등법원은 제427조와 제428조의 조사를 할 때 필요하면 직권으로 또는 군검사, 피고인이나 변호인의 신청에 따라 사실을 조사할 수 있다. 다만, 제1심의 변론 종결 전에 조사를 신청하지 못한 증거로서 그 사유가 소명된 것에 관하여는 형의 양정의 부당함 또는 사실의 오인이 판결에 영향을 미쳤음을 증명하는데 필요할 때에만 조사하여야 한다.
② 제1항의 조사는 합의부원이 하게 하거나 다른 군사법원의 군판사 또는 다른 지방법원의 판사에게 촉탁할 수 있다. 이 경우 수명법관 또는 수탁군판사, 수탁판사는 고등법원 또는 재판장과 같은 권한을 가진다.
(2021.9.24 본조개정)

참조 [형의 양정의 부당, 사실의 오인]414

제430조【항소기각의 판결】 ① 제414조 각 호의 어느 하나에 해당하는 사유가 없을 때에는 판결로 항소를 기각하여야 한다.
② 항소이유가 없음이 명백할 때에는 항소장, 항소이유서, 그 밖의 항소기록에 따라 변론 없이 판결로 항소를 기각할 수 있다.

참조 [항소할 수 있는 판결, 항소이유]414, [항소장]416, [항소이유서]420, [소송기록]418, [변론 없이 하는 판결]446

제431조【파기의 판결】 제414조 각 호의 어느 하나에 해당하는 사유가 있을 때에는 판결로 원심판결을 파기하여야 한다.

참조 [항소할 수 있는 판결]414, [파기의 경우의 조치]433-436, [공동피고인을 위한 파기]432, [공소기각]438

판례 고등군법회의가 항소이유있다고 인정하면서 징역 1년을 선고한 제1심판결을 파기하지 않고 면소의 판결을 선고한 것은 군법회의법 제421조, 형사소송법 제364조 제6항에 저촉되므로 타당하다고 볼 수 없으나 유죄선고를 한 제1심판결이 있음에도 불구하고 면소의 선고를 한 것은 제1심판결을 파기한 취지로 인정할 수 있으므로 이를 이유로 하여 원판결을 파기할 것은 아니라 할 것이다.
(대판 1963.5.9, 63도24)

제432조【공동피고인을 위한 파기】 피고인의 이익을 위하여 원심판결을 파기하는 경우에 파기의 사유가 항소한 공동피고인에게 공통될 때에는 공동피고인에 대하여도 원심판결을 파기하여야 한다.

제433조【파기환송】 적법한 공소를 기각하였거나 관할위반의 인정이 법률을 위반하였음을 이유로 원심판결을 파기할 때에는 판결로 사건을 원심군사법원에 돌려보내야 한다.

참조 [관할위반]414, [원심판결의 파기]431, [항소심 재판의 기속력]440

제434조【파기이송】 관할 인정이 법률을 위반하였음을 이유로 원심판결을 파기할 때에는 판결로 사건을 관할 군사법원에 이송하여야 한다.

참조 [위법된 관할인정]414, [원심판결의 파기]431, [항소심 재판의 기속력]440

제435조【파기자판】 고등법원은 원심판결을 파기하는 경우에 그 소송기록과 원심군사법원 또는 고등법원에서 조사한 증거에 따라 판결하기 충분하다고 인정하면 피고사건에 대하여 직접 판결할 수 있다.(2021.9.24 본조개정)

참조 [원심판결의 파기]431, [조사한 증거]429, [준용규정]441

판례 군법회의법에 있어서의 항소심은 사후심이므로 항소심이 구 군법회의법(1987.12.4 법률 제3993호 전면개정 전) 제425조에 의하여 파기자판하는 경우에 있어서도 1심공판에 관한 규정을 준용하여 사실심리, 증거조사등 변론을 되풀이하고 피고인 또는 변호인에게 최종으로 진술할 기회를 반드시 주어야 할 필요는 없다.
(대판 1963.10.10, 63도256)

제436조【환송 또는 이송】 제433조부터 제435조까지의 경우 외에 원심판결을 파기한 경우에는 판결로 사건을 원심군사법원에 돌려보내거나 관할권이 있는 다른 군사법원에 이송하여야 한다.(2021.9.24 본조개정)

참조 [원심판결의 파기]431, [환송·이송]433·434

제437조【불이익변경의 금지】 피고인이 항소한 사건과 피고인을 위하여 항소한 사건에 대하여는 원심판결의 형보다 무거운 형을 선고하지 못한다.

참조 [피고인의 항소]395, [피고인을 위한 항소]388·397·398, [형의 경중]형50

제438조【공소기각의 결정】 ① 제383조제1항 각 호의 어느 하나에 해당하는 사유가 있을 때에는 고등법원은 결정으로 공소를 기각하여야 한다.(2021.9.24 본항개정)
② 제1항의 결정에 대하여는 즉시항고를 할 수 있다.

참조 [공소기각]383, [즉시항고]454·455

제439조【재판서의 기재방법】 재판서에는 항소의 이유에 관한 판단을 적어야 하며 원심판결에 적힌 사실과 증거를 인용(引用)할 수 있다.

참조 [재판서]72, [항소이유]414, [사실과 증거의 명시]377

제440조【항소심 재판의 기속력】 사건의 환송 또는 이송을 받은 군사법원은 그 사건에 관하여 고등법원의 심판에서 판시된 법령의 해석에 기속된다.(2021.9.24 본조개정)

참조 [환송·이송]433·434·436

제441조【준용규정】 ① 이 절에 특별한 규정이 없으면 항소의 심판에 관하여는 제2편제2장제3절 공판에 관한 규정을 준용한다. 이 경우 "군사법원"은 "법원"으로, "재판관"은 "법관"으로, "군판사"는 "판사"로 본다.(2021.9.24 본항개정)
② 항소심의 절차에 관하여 이 절에 특별한 규정이 없으면 「형사소송법」 중 항소심에 관한 규정에 따른다.(2021.9.24 본항신설)

참조 [특별한 규정]426

판례 형사소송법 제298조 제4항은 공소사실의 변경 등이 피고인의 불이익을 증가할 염려가 있다고 인정될 때에는 피고인으로 하여금 필요한 방어의 준비를 하게 하기 위하여 공판절차를 정지할 수 있도록 규정하고 있는바, 공소사실의 일부 변경이 있고 법원이 그 변경을 이유로 공판절차를 정지하지 않았다고 하더라도 공판절차의 진행상황에 비추어 그 변경이 피고인의 방어권 행사에 실질적 불이익을 주지 않는 것으로 인정되는 경우에는 이를 위법하다고 할 수는 없다.(대판 2005.12.23, 2005도6402)

제3절 상 고
(2009.12.29 본절개정)

제442조【상고할 수 있는 판결】 고등법원의 판결에 대해서는 다음 각 호의 어느 하나에 해당하는 사유가 있음을 이유로 대법원에 상고할 수 있다.(2021.9.24 본문개정)
1. 헌법·법률·명령 또는 규칙의 위반이 판결에 영향을 미쳤을 때
2.~3. (2020.6.9 삭제)
4. 판결 후 형의 폐지나 변경 또는 사면이 있을 때
5. 재심청구의 사유가 있을 때
6. (2021.9.24 삭제)
7. 사형, 무기 또는 10년 이상의 징역이나 금고가 선고된 사건에서 중대한 사실의 오인이 있어 판결에 영향을 미쳤을 때 또는 형의 양정이 매우 부당하다고 인정할 현저한 사유가 있을 때

참조 [고등법원]10, [대법원]9, 헌110, [상고권자]395·397·398, [대법원이 판시한 법령해석의 기속력]법원조직8, [형의 면제·변경]형1, [사면]헌79, 사면3·5, [재심청구사유]469·470

판례 군사법원법 제442조 제7호의 해석상 검찰관은 원심의 형의 양정이 가볍다는 사유를 상고이유로 주장할 수 없다.
(대판 2006.5.26, 2005도7528)

제443조【비약적 상고】 ① 다음 각 호의 어느 하나에 해당하는 경우에는 군사법원의 판결에 대하여 항소를 제기하지 아니하고 상고를 할 수 있다.
1. 군사법원이 인정한 사실에 대하여 법령을 적용하지 아니하였거나 법령의 적용에 착오가 있을 때
2. 군사법원의 판결 후 형의 폐지나 변경 또는 사면이 있을 때
3. 군사법원에 대한 재판권의 인정이 법률을 위반하였을 때
(2021.9.24 본항개정)
② 제1심판결에 대한 제1항의 상고를 한 사람이 그 사건에 대하여 항소를 하면 그 상고는 효력을 잃는다. 다만, 항소의 취하 또는 항소기각의 결정이 있을 때에는 그러하지 아니하다.

참조 [대법원]9, 헌110, [항소의 취하]406·408, [항소기각의 결정]417·422

판례 군사법원법 제443조 제1항 제1호에 정한 비약적 상고이유의 내용 : 군사법원법 제443조 제1항 제1호는 보통군사법원의 판결에 대하여 비약적 상고를 제기할 수 있는 사유의 하나로 "보통군사법원이 인정한 사실에 대하여 법령을 적용하지 아니하였거나 법령의 적용에 착오가 있는 때"를 규정하고 있는바, 이는 원심이 인정한 사실이 옳은 것을 전제로 하여 볼 때 그에 대한 법령을 적용하지 아니하였거나 법령의 적용을 잘못한 경우를 뜻한다.
(대판 2006.10.27, 2006도619)

제444조【상고의 제기 기간】 상고의 제기 기간은 7일로 한다.

참조 [기간의 계산]103, [기산점]390②, [구속에 관한 결정]145

제445조【변론방식】 ① 검사와 변호인은 상고이유서와 답변서에 따라 변론하여야 한다.
② 대법원은 필요하다고 인정하면 직권으로 또는 검사, 피고인이나 변호인의 신청에 따라 군검사 또는 원심 변호인에게 의견을 진술하게 할 수 있다.(2021.9.24 본항개정)

참조 [상고이유서·답변서]450, 형소379

제446조【서면심리에 의한 판결】 ① 대법원은 상고장, 상고이유서, 그 밖의 소송기록에 따라 변론 없이 판결할 수 있다.
② 대법원은 필요한 경우에는 특정한 사항에 관하여 변론을 열어 참고인의 진술을 들을 수 있다.

참조 [상고장·상고이유서]450, 형소375·379④⑤, [소송기록]418·450, [구두변론에 의거한 판결]71①

제447조【상고기각의 판결】 상고이유가 없는 것이 명백할 때에는 변론 없이 판결로 상고를 기각할 수 있다.

참조 [상고이유]442·443, [구두변론에 의거한 판결]71①

제448조【원심판결의 파기】 대법원은 제442조 각 호와 제443조제1항 각 호에 규정된 사유가 있을 때에는 판결로 원심판결을 파기하여야 한다.(2020.6.9 본조개정)

참조 [상고할 수 있는 판결]442, [비약적 상고]443, [파기이송·환송]449, [판례의 변경]법원조직7①

제449조【파기이송·환송】 ① 제443조제1항 각 호에 규정된 사유가 있음을 이유로 원심판결을 파기하는 경우에는 판결로 사건을 재판권이 있는 관할 군사법원 또는 관할 법원에 이송하여야 한다.
② 제1항에 규정된 이유 외의 이유로 원심판결을 파기하는 경우에는 판결로 사건을 원심법원에 돌려보내야 한다.
(2021.9.24 본조개정)

참조 [비약적 상고]443, [원심판결의 파기]448

제450조【준용규정】 ① 이 절에 특별한 규정이 없으면 상고의 심판에 관하여는 이 장 제2절 항소에 관한 규정을 준용한다.
② 상고심의 절차에 관하여 이 절에 특별한 규정이 없으면 「형사소송법」 중 상고심에 관한 규정에 따른다.

참조 [상고심에 관한 규정]형소371－401

제451조【판결정정의 신청】 ① 대법원은 그 판결의 내용에 오류가 있음을 발견하였을 때에는 직권으로 또는 검사, 상고인이나 변호인의 신청에 따라 판결로 오류를 정정(訂正)할 수 있다.
② 제1항의 신청은 판결이 선고된 날부터 10일 이내에 하여야 한다.
③ 제1항의 신청은 이유를 적은 서면으로 하여야 한다.

제452조【정정판결】 ① 정정의 판결은 변론 없이 할 수 있다.
② 정정할 필요가 없다고 인정하면 지체 없이 결정으로 신청을 기각하여야 한다.

참조 [구두변론에 의거한 판결]71①, [결정]71·73

제453조【소송기록 등의 환송】 대법원은 상고기각의 판결 또는 결정을 하였을 때에는 소송기록과 증거물을 원심법원에 돌려보내야 한다.(2021.9.24 본조개정)

참조 [상고기각]447·450, 형소380－382, [소송기록·증거물]418·450

제4절 항 고

(2009.12.29 본절개정)

제454조【항고할 수 있는 재판】 군사법원의 결정에 대하여 불복할 때에는 항고를 할 수 있다. 다만, 이 법에 특별한 규정이 있는 경우에는 그러하지 아니하다.(2020.6.9 본조개정)

참조 [결정]71·73, [즉시항고의 규정이 있는 경우]55·137·140의2·383·392·394·404·417·422·438·457·464·486, [항고 제기 기간]455

제454조의2【판결 전의 결정에 대한 항고】 ① 군사법원의 관할 또는 판결 전의 소송절차에 관한 결정에 대해서는 특히 즉시항고를 할 수 있는 경우 외에는 항고하지 못한다.
② 제1항은 구금, 보석, 압수나 압수물의 환부에 관한 결정 또는 감정하기 위한 피고인의 유치에 관한 결정에 적용하지 아니한다.
(2020.6.9 본조신설)

제454조의3【보통항고의 시기】 항고는 즉시항고 외에는 언제든지 할 수 있다. 다만, 원심결정을 취소하여도 실익이 없게 된 때에는 예외로 한다.(2020.6.9 본조신설)

제455조【즉시항고 제기 기간】 즉시항고의 제기 기간은 7일로 한다.(2020.2.4 본조개정)
(2020.6.9 본조제목개정)

참조 [기간의 계산]103

제456조【항고의 절차】 항고를 할 때에는 항고장을 원심군사법원에 제출하여야 한다.

제457조【원심군사법원의 항고기각결정】 ① 항고의 제기가 법률상의 방식을 위반하거나 항고권 소멸 후인 것이 명백할 때 원심군사법원은 결정으로 항고를 기각하여야 한다.
② 제1항의 결정에 대하여는 즉시항고를 할 수 있다.

참조 [법률상의 방식]456, [항고권소멸]411·455, [결정]71·73, [항고법원 항고기각 결정]462, [즉시항고]455·456

제458조【원심군사법원의 경정결정】 ① 원심군사법원은 항고가 이유 있다고 인정하면 결정을 경정하여야 한다.
② 항고의 전부 또는 일부가 이유 없다고 인정하면 항고장을 받은 날부터 3일 이내에 의견서를 첨부하여 항고법원에 보내야 한다.(2021.9.24 본항개정)

참조 [결정]71·73, [항고장]456

제459조【즉시항고와 집행정지】 즉시항고의 제기 기간 내와 그 제기가 있는 때에는 재판의 집행은 정지된다.
(2020.6.9 본조개정)

참조 [즉시항고제기기간]455

제459조의2【보통항고와 집행정지】 항고는 즉시항고 외에는 재판의 집행을 정지하는 효력이 없다. 다만, 원심군사법원 또는 항고법원은 결정으로 항고에 대한 결정이 있을 때까지 집행을 정지할 수 있다.(2021.9.24 단서개정)

제460조【소송기록 등의 송부】 ① 원심군사법원은 필요하다고 인정하면 소송기록과 증거물을 항고법원에 보내야 한다.
② 항고법원은 소송기록과 증거물의 송부를 요구할 수 있다.
③ 제1항 및 제2항의 경우에 항고법원이 소송기록과 증거물의 송부를 받은 날부터 5일 이내에 당사자에게 그 사유를 통지하여야 한다.
(2021.9.24 본조개정)

제461조【군검사의 의견진술】 군검사는 항고사건에 대하여 의견을 진술할 수 있다.(2016.1.6 본조개정)

제462조【항고기각의 결정】 제457조에 해당하는 경우 원심군사법원이 항고기각의 결정을 하지 아니할 때에는 항고법원은 결정으로 항고를 기각하여야 한다.(2021.9.24 본조개정)

참조 [원심군사법원의 항고기각결정]457, [본조의 준용]468

제463조【항고기각과 항고이유 인정】 ① 항고가 이유 없다고 인정하면 결정으로 항고를 기각하여야 한다.
② 항고가 이유 있다고 인정하면 결정으로 원심결정을 취소하고 필요하면 항고사건에 대하여 직접 재판을 하여야 한다.

참조 [본조의 준용]468

제464조【재항고】 항고법원이나 고등법원의 결정에 대해서는 헌법, 법률, 명령 또는 규칙의 위반이 재판에 영향을 미쳤음을 이유로 할 때에만 대법원에 즉시항고를 할 수 있다.(2021.9.24 본조개정)

참조 [재판에 영향을 미친 법령위반]414·442, [즉시항고]454·455, [본조의 준용]468

제465조【준항고】 ① 재판장이나 수명재판관·수명법관이 다음 각 호의 어느 하나에 해당하는 재판을 고지한 경우에 불복이 있으면 그 재판관 소속의 군사법원 또는 법원에 재판의 취소 또는 변경을 청구할 수 있다.(2021.9.24 본문개정)

1. 기피신청을 기각한 재판
2. 구류, 보석, 압수 또는 압수물 환부에 관한 재판
3. 감정하기 위하여 피고인의 유치를 명령한 재판
4. 증인, 감정인 또는 통역인에게 과태료 또는 비용의 배상을 명령한 재판

② 군사법원 또는 법원은 제1항의 청구를 받으면 결정을 하여야 한다.(2021.9.24 본항개정)

③ 제1항의 청구는 재판이 고지된 날부터 7일 이내에 하여야 한다.(2020.2.4 본항개정)

④ 제1항제4호의 경우 제3항의 청구기간 내와 그 청구가 있는 때에는 재판의 집행은 정지된다.(2020.6.9 본항개정)

제466조【준항고】 군검사나 군사법경찰관의 구금, 압수 또는 압수물 환부에 관한 처분과 제235조의2에 따른 변호인의 참여 등에 관한 처분에 불복할 때에는 그 직무집행지의 관할 군사법원 또는 군검사 소속 보통검찰부에 대응하는 군사법원에 그 처분의 취소 또는 변경을 청구할 수 있다.(2021.9.24 본조개정)

참조 [재판의 고지]76·77, [청구절차]457·458, [압수]146－148·177, [압수물환부]174·175·177

제467조【준항고의 방식】 제465조와 제466조에 따른 청구는 서면으로 관할 군사법원 또는 법원에 제출하여야 한다.(2021.9.24 본조개정)

제468조【준용규정】 제465조와 제466조에 따른 청구가 있는 경우에는 제459조의2 및 제462조부터 제464조까지의 규정을 준용한다.(2020.6.9 본조개정)

제3편 특별소송절차

(2009.12.29 본편개정)

제1장 재 심

제469조【재심이유】 재심은 다음 각 호의 어느 하나에 해당하는 사유가 있을 때에 유죄의 확정판결에 대하여 그 선고를 받은 사람의 이익을 위하여 청구할 수 있다.

1. 원판결의 증거가 된 서류 또는 증거물이 확정판결에 따라 위조 또는 변조된 것이 증명되었을 때
2. 원판결의 증거가 된 증언·감정·통역 또는 번역이 확정판결에 따라 거짓인 것이 증명되었을 때
3. 무고(誣告)로 인하여 유죄를 선고받은 경우에 그 무고의 죄가 확정판결에 따라 증명되었을 때
4. 원판결의 증거가 된 재판이 확정재판에 따라 변경되었을 때
5. 유죄를 선고받은 사람에게 무죄 또는 면소를, 형을 선고받은 사람에게 형의 면제 또는 원판결이 인정한 죄보다 가벼운 죄를 인정할 명백한 증거가 새로 발견되었을 때
6. 저작권, 특허권, 실용신안권, 디자인권 또는 상표권을 침해한 죄로 유죄를 선고받은 사건에 관하여 그 권리에 대한 무효의 심결 또는 무효의 판결이 확정되었을 때
7. 원판결, 전심판결 또는 그 판결의 기초가 된 조사에 관여한 재판관이나 법관, 공소의 제기 또는 그 공소의 기초가 된 수사에 관여한 군검사, 검사, 군사법경찰관 또는 사법경찰관이 그 직무에 관한 죄를 범한 것이 확정판결에 따라 증명되었을 때. 다만, 원판결의 선고 전에 재판관, 법관, 군검사, 검사, 군사법경찰관 또는 사법경찰관에 대하여 공소가 제기된 경우에는 원판결을 한 군사법원이나 상소법원이 그 사유를 알지 못하였을 때에만 재심을 청구할 수 있다.(2021.9.24 단서개정)

제470조【재심사유】 ① 항소나 상고를 기각한 확정판결에 대하여는 제469조제1호·제2호 및 제7호의 사유가 있는 경우에만 그 선고를 받은 사람의 이익을 위하여 재심을 청구할 수 있다.

② 제1심 확정판결에 대한 재심청구사건의 판결이 있은 후에는 항소기각의 판결에 대하여 다시 재심을 청구하지 못한다.

③ 제1심 또는 제2심의 확정판결에 대한 재심청구사건의 판결이 있은 후에는 상고기각의 판결에 대하여 다시 재심을 청구하지 못한다.

참조 [재심청구권자]473, [항소기각판결]430, [상고기각판결]447·450, [재심청구의 기각]485

제471조【확정판결을 갈음하는 증명】 제469조와 제470조에 따라 확정판결로써 범죄가 증명됨을 재심청구의 이유로 할 경우 그 확정판결을 얻을 수 없을 때에는 그 사실을 증명하여 재심청구를 할 수 있다. 다만, 증거가 없다는 이유로 확정판결을 얻을 수 없을 때에는 그러하지 아니하다.

참조 [증거가 없다는 이유]380

제472조【재심의 관할】 재심청구는 원판결을 한 군사법원이나 상소법원이 관할한다.(2021.9.24 본조개정)

판례 재심심판절차는 물론 재심사유의 존부를 심사하여 다시 심판할 것인지를 결정하는 재심개시절차 역시 재판권 없이는 심리와 재판을 할 수 없는 것이므로, 재심청구를 받은 군사법원으로서는 먼저 재판권 유무를 심사하여 군사법원에 재판권이 없다고 판단되면 재심개시절차로 나아가지 말고 곧바로 사건을 군사법원법 제2조 제3항에 따라 같은 심급의 일반법원으로 이송하여야 한다. 이와 달리 군사법원이 재판권이 없음에도 재심개시결정을 한 후에 비로소 사건을 일반법원으로 이송한다면 이는 위법한 재판권의 행사이다. 다만 군사법원법 제2조 제3항 후문이 "이 경우 이송 전에 한 소송행위는 이송 후에도 그 효력에 영향이 없다."고 규정하고 있으므로, 사건을 이송받은 일반법원으로서는 다시 처음부터 재심개시절차를 진행할 필요는 없고 군사법원의 재심개시결정을 유효한 것으로 보아 후속 절차를 진행할 수 있다.(대판 2015.5.21, 2011도1932 전원합의체)

제473조【재심청구권자】 다음 각 호의 어느 하나에 해당하는 사람은 재심청구를 할 수 있다.

1. 대검찰청 검사·군검사(2016.1.6 본호개정)
2. 유죄를 선고받은 사람
3. 유죄를 선고받은 사람의 법정대리인
4. 유죄를 선고받은 사람이 사망하거나 심신장애가 있는 경우에는 그 배우자, 직계친족 또는 형제자매

참조 [군검사만이 청구할 수 있는 재심]474

제474조【군검사만이 청구할 수 있는 재심】 제469조제7호의 사유에 따른 재심청구는 유죄를 선고받은 사람이 그 죄를 범하게 한 경우에는 대검찰청 검사 또는 군검사가 아니면 하지 못한다.(2016.1.6 본조개정)

참조 [직무범죄]469, [여타의 경우의 재심청구권자]473

제475조【변호인의 선임】 ① 대검찰청 검사 또는 군검사가 아닌 사람이 재심청구를 하는 경우에는 변호인을 선임할 수 있다.(2016.1.6 본항개정)

② 제1항에 따른 변호인 선임은 재심의 판결이 있을 때까지 효력이 있다.

참조 [군검사 이외의 재심청구권자]473, [변호인의 선임]59·60

제476조【재심청구의 시기】 재심청구는 형의 집행이 끝나거나 형의 집행을 받지 아니하게 되었을 때에도 할 수 있다.

참조 [집행을 받지 아니하게 된 때]형77, 사면5①

제477조【재심청구와 집행부정지】 재심청구는 형의 집행을 정지하는 효력이 없다. 다만, 관할 군사법원에 대응하는 보통검찰부의 군검사는 재심청구에 대한 재판이 있을 때까지 형의 집행을 정지할 수 있다.(2021.9.24 단서개정)

참조 [재심청구에 대한 재판]482·484

제478조【재심청구의 취하】 ① 재심청구는 취하할 수 있다.

② 재심청구를 취하한 사람은 같은 이유로 다시 재심을 청구하지 못한다.

참조 [상소취하후의 재상소의 금지]411

제479조【재소자에 대한 특칙】 재심청구와 그 취하에 관하여는 제401조를 준용한다.

제480조【사실조사】 ① 재심청구를 받은 군사법원이나 상소법원은 필요하다고 인정하면 합의부원 또는 수명군판사에게 재심청구의 이유에 대한 사실조사를 명령하거나 다른 법

원의 판사 또는 다른 군사법원의 군판사에게 조사를 촉탁할 수 있다.(2021.9.24 본항개정)
② 제1항의 경우에 수명법관, 수명군판사, 수탁판사 또는 수탁군판사는 법원이나 군사법원 또는 재판장과 같은 권한이 있다.

제481조【재심에 대한 결정과 당사자의 의견】 재심청구에 대하여 결정을 할 때에는 청구한 사람과 상대방의 의견을 들어야 한다. 다만, 유죄를 선고받은 사람의 법정대리인이 청구한 경우에는 유죄를 선고받은 사람의 의견을 들어야 한다.

참조 [유죄의 선고]375 · 376

제482조【청구기각 결정】 재심청구가 법률상의 방식을 위반하거나 청구권 소멸 후인 것이 명백할 때에는 결정으로 기각하여야 한다.

참조 [청구권의 소멸]470 · 478 · 483, [의견의 청취]481, [즉시항고]486

제483조【청구기각 결정】 ① 재심청구가 이유 없다고 인정하면 결정으로 기각하여야 한다.
② 제1항의 결정이 있으면 누구든지 같은 이유로 다시 재심을 청구하지 못한다.

참조 [재심청구의 이유]469 · 470, [의견의 청취]481, [즉시항고]486

제484조【재심개시의 결정】 ① 재심청구가 이유 있다고 인정하면 재심개시의 결정을 하여야 한다.
② 제1항의 결정을 한 때에는 결정으로 형의 집행을 정지할 수 있다.

참조 [재심청구의 이유]469 · 470, [의견의 청취]481, [즉시항고]486

제485조【청구의 경합과 청구기각의 결정】 ① 항소기각의 확정판결과 그 판결에 따라 확정된 제1심판결에 대하여 재심이 청구된 경우에 제1심 군사법원이 재심판결을 하면 고등법원은 결정으로 재심청구를 기각하여야 한다.
② 제1심 또는 제2심의 판결에 대한 상고기각의 확정판결과 그 판결에 따라 확정된 제1심 또는 제2심의 판결에 대하여 재심이 청구된 경우에 제1심의 군사법원 또는 제2심의 고등법원이 재심판결을 하면 대법원은 결정으로 재심청구를 기각하여야 한다.
(2021.9.24 본조개정)

참조 [항소기각판결]430, [상고기각판결]447, [즉시항고]486

제486조【즉시항고】 제482조, 제483조제1항, 제484조제1항 및 제485조제1항의 결정에 대하여는 즉시항고를 할 수 있다.

참조 [즉시항고]454 · 455

제487조【국선변호인의 선정】 재심개시가 결정된 사건에 대하여 재심을 청구한 사람이 변호인을 선임하지 아니하였을 때에는 상소법원이나 관할 군사법원은 제62조에 따라 국선변호인을 선정한다.(2021.9.24 본조개정)

참조 [재심개시의 결정]484, [변호인의 선임]59, [국선변호인]62, 헌12

제488조【재심의 심판】 ① 재심개시 결정이 확정된 사건에 대하여는 제485조의 경우 외에는 군사법원이나 상소법원은 그 심급에 따라 다시 심판하여야 한다.(2021.9.24 본항개정)
② 다음 각 호의 어느 하나에 해당하는 경우에는 제357조제1항과 제383조제1항제2호를 제1항의 심판에 적용하지 아니한다.
1. 사망자나 회복할 수 없는 심신장애인을 위하여 재심이 청구되었을 때
2. 유죄를 선고받은 사람이 재심판결 전에 사망하거나 회복할 수 없는 심신장애인이 되었을 때
③ 제2항의 경우에는 피고인이 출석하지 아니하여도 심판할 수 있다. 다만, 변호인이 출석하지 아니하면 개정하지 못한다.

참조 [재심개시의 결정]484, [공판절차의 정지]357①, [피고인의 사망에 의한 공소기각]383①, [피고인의 출석]326, [변호인의 출석]322

제489조【불이익 변경의 금지】 재심에서는 원판결의 형보다 무거운 형을 선고하지 못한다.

참조 [불이익변경의 금지]437, [형의 경중]형50

제490조【무죄판결의 공시】 재심에서 무죄를 선고하였을 때에는 그 판결을 관보와 일간신문에 실어 공시하여야 한다. 다만, 다음 각 호의 어느 하나에 해당하는 사람이 이를 원하지 아니하는 의사를 표시한 경우에는 그러하지 아니하다.
(2018.12.18 단서신설)
1. 제473조제1호부터 제3호까지의 어느 하나에 해당하는 사람이 재심을 청구한 때에는 재심에서 무죄의 선고를 받은 사람(2018.12.18 본호신설)
2. 제473조제4호에 해당하는 사람이 재심을 청구한 때에는 재심을 청구한 그 사람(2018.12.18 본호신설)

참조 [무죄의 선고]380 · 435 · 441 · 450, [보상결정의 공시]형사보상및명예회복에관한법25

제491조【준용규정】 대법원이 이 장의 규정에 따른 재판을 하였을 경우에는 제453조를 준용한다.(2020.6.9 본조개정)

제2장 비상상고

제492조【비상상고 이유】 검찰총장은 군사법원의 판결 또는 이 법에 따른 상소법원의 판결이 확정된 후 그 사건의 심판이 법률을 위반한 것을 발견하였을 때에는 대법원에 비상상고를 할 수 있다.(2021.9.24 본조개정)

참조 [검찰총장]검찰6, [판결확정]415 · 444, [대법원]9, 헌101, 법원조직11이하

판례 기록에 의하면, 피고인이 2003.11.25. 사기죄로 수원지방법원에 기소된 후 피고인에 대하여 송달이 되지 아니하고 그 소재도 확인할 수 없게 되자 위 법원은 소송촉진 등에 관한 특례법에 의하여 공시송달로 공판을 진행하여 2005.12.14. 피고인이 불출석한 상태에서 징역 6월의 형을 선고하고 그 판결이 항소기간 도과로 확정된 사실, 그런데 피고인은 2005.11.29. 306보충대에 입영하여 위 판결 선고 당시 군복무 중이었던 사실이 인정된다. 그렇다면 피고인에 대하여는 공소가 제기된 후 군사법원법 제2조 제2항에 의하여 군사법원이 재판권을 가지게 되었으므로 위 법원으로서는 형사소송법 제16조의2에 의하여 사건을 관할군사법원에 이송하였어야 함에도 피고인에 대하여 재판권을 행사한 것은 위법하다 할 것이므로, 이 비상상고는 이유 있다.(대판 2006.4.14, 2006오1)

제493조【비상상고의 제기 청구】 고등검찰부 군검사는 제492조에 규정된 이유를 서면으로 제출하여 검찰총장에게 비상상고의 제기를 청구할 수 있다.(2016.1.6 본조개정)

제494조【비상상고의 방식】 비상상고를 제기할 때에는 그 이유를 적은 신청서를 대법원에 제출하여야 한다.

제495조【공판기일】 공판기일에는 검사나 고등검찰부 군검사는 신청서에 따라 진술하여야 한다.(2016.1.6 본조개정)

제496조【조사의 범위】 ① 대법원은 신청서에 포함된 사항에 대하여만 조사하여야 한다.
② 재판권, 공소의 수리(受理) 및 소송절차에 관하여는 사실조사를 할 수 있다.
③ 제2항의 경우에는 제480조를 준용한다.

참조 [신청서]494, [재심청구의 이유에 대한 사실조사]480

제497조【기각의 판결】 비상상고가 이유 없다고 인정하면 판결로 기각하여야 한다.

참조 [비상상고의 이유]492, [소송기록 등의 환송]453 · 501

제498조【파기의 판결】 비상상고가 이유 있다고 인정하면 다음 각 호의 구분에 따라야 한다.
1. 원판결이 법령을 위반한 경우에는 그 위반한 부분을 파기하여야 한다. 다만, 원판결이 피고인에게 불이익한 때에는 원판결을 파기하고 피고사건에 대하여 다시 판결을 한다.(2021.9.24 본호개정)
2. 원심소송절차가 법령을 위반한 경우에는 위반한 절차를 파기한다.

참조 [비상상고의 이유]492, [판결의 효력]500, [소송기록 등의 환송]453 · 501

판례 제1호 단서에 의하여 원판결을 파기하고 사건을 다시 고등군법회의에 환송 또는 이송한 경우에 환송 또는 이송을 받은 고등군법회의는 대법원이 판시한 법령의 해석에 따라야 하나, 사실의 점에 있어 변경이 생겼다면 이 점도 고려하여 판결하여야 한다.
(대판 1963.10.10, 63도224)

제499조 (2021.9.24 삭제)

제500조【판결의 효력】 제498조제1호 단서에 따른 판결을 제외한 비상상고의 판결은 그 효력이 피고인에게 미치지 아니한다.(2021.9.24 본조개정)

제501조【준용규정】 대법원이 제497조와 제498조제1호 본문 및 제2호의 판결을 하였을 경우에는 제453조를 준용한다.

참조 [소송기록 등의 환송]453

제3장 약식절차

제501조의2【약식명령을 할 수 있는 사건】 ① 군사법원은 그 관할에 속하는 사건에 대하여 군검사가 청구를 하였을 때에는 공판절차 없이 약식명령으로 피고인을 벌금, 과료 또는 몰수에 처할 수 있다.(2021.9.24 본항개정)
② 제1항의 경우에는 추징이나 그 밖의 부수적인 처분을 할 수 있다.
제501조의3【약식명령의 청구】 약식명령의 청구는 공소제기와 동시에 서면으로 하여야 한다.
제501조의4【보통의 심판】 약식명령의 청구가 있는 경우에 그 사건이 약식명령으로 할 수 없거나 약식명령으로 하는 것이 적당하지 아니하다고 인정하면 공판절차에 따라 심판하여야 한다.
제501조의5【약식명령의 방식】 약식명령에는 범죄사실, 적용법령, 주형(主刑), 부수 처분 및 약식명령을 고지받은 날부터 7일 이내에 정식재판을 청구할 수 있음을 밝혀야 한다.
제501조의6【약식명령의 고지】 약식명령의 고지는 군검사와 피고인에 대한 재판서의 송달로 하여야 한다.
(2016.1.6 본조개정)
제501조의7【정식재판의 청구】 ① 군검사나 피고인은 약식명령을 고지받은 날부터 7일 이내에 정식재판을 청구할 수 있다. 다만, 피고인은 정식재판의 청구를 포기할 수 없다.
(2016.1.6 본문개정)
② 정식재판의 청구는 약식명령을 한 군사법원에 서면으로 하여야 한다.
③ 정식재판의 청구가 있을 때에는 군사법원은 지체 없이 군검사나 피고인에게 그 사유를 통지하여야 한다.
(2016.1.6 본항개정)
제501조의8【정식재판 청구의 취하】 정식재판의 청구는 제1심판결 선고 전까지 취하할 수 있다.
제501조의9【기각의 결정】 ① 정식재판의 청구가 법령상의 방식을 위반하거나 청구권 소멸 후인 것이 명백할 때에는 결정으로 기각하여야 한다.
② 제1항의 결정에 대하여는 즉시항고를 할 수 있다.
③ 정식재판의 청구가 적법할 때에는 공판절차에 따라 심판하여야 한다.
제501조의10【약식명령의 실효】 약식명령은 정식재판의 청구에 따른 판결이 있을 때에는 효력을 잃는다.
제501조의11【약식명령의 효력】 약식명령은 정식재판의 청구기간이 지나거나 청구의 취하 또는 청구기각의 결정이 확정되었을 때에는 확정판결과 같은 효력이 있다.
제501조의12【불이익 변경의 금지】 피고인이 정식재판을 청구한 사건에 대하여는 약식명령의 형보다 무거운 형을 선고하지 못한다.
제501조의13【상소 규정의 준용】 ① 정식재판의 청구 또는 그 취하에 관하여는 제397조부터 제399조까지, 제402조부터 제409조까지 및 제411조를 준용한다.
② 정식재판을 청구한 피고인이 정식재판절차의 공판기일에 출석하지 아니한 경우에는 제426조를 준용한다.
③ 즉결심판을 청구할 때에는 사전에 피고인에게 즉결심판의 절차를 이해하는 데 필요한 사항을 서면 또는 구두로 알려주어야 한다.(2020.6.9 본항신설)

제4장 즉결심판절차

제501조의14【즉결심판의 대상】 군사법원 군판사(이하 "군판사"라 한다)는 범죄의 증거가 명백하고 죄질이 경미한 범죄사건을 신속·적정한 절차로 심판하기 위하여 이 장에서 정한 즉결심판절차에 따라 피고인에게 20만원 이하의 벌금 또는 과료에 처할 수 있다.(2021.9.24 본조개정)
제501조의15【즉결심판 청구】 ① 즉결심판은 국방부장관 또는 소속 군 참모총장의 승인을 받아 관할 군사법원에 청구한다.(2021.9.24 본항개정)
② 즉결심판을 청구할 때에는 즉결심판 청구서를 제출하여야 하며, 즉결심판 청구서에는 피고인의 성명이나 그 밖에 피고인을 특정할 수 있는 사항, 죄명, 범죄사실 및 적용법조를 적어야 한다.
③ 즉결심판을 청구할 때에는 사전에 피고인에게 즉결심판의 절차를 이해하는 데 필요한 사항을 서면 또는 구두로 알려주어야 한다.(2020.6.9 본항신설)
제501조의16【서류·증거물의 제출】 관할 군사경찰부대의 장은 즉결심판의 청구와 동시에 즉결심판에 필요한 서류 또는 증거물을 군판사에게 제출하여야 한다.(2020.2.4 본조개정)
제501조의17【청구의 기각 등】 ① 군판사는 사건이 즉결심판을 할 수 없거나 즉결심판절차에 따라 심판함이 적당하지 아니하다고 인정하면 결정으로 즉결심판의 청구를 기각하여야 한다.
② 제1항의 결정이 있을 때에는 관할 군사경찰부대의 장은 지체 없이 사건을 관할 보통검찰부에 송치하여야 한다.
(2020.2.4 본항개정)
제501조의18【심판】 즉결심판이 청구되었을 때에는 군판사는 제501조의17제1항의 경우를 제외하고 즉시 심판을 하여야 한다.
제501조의19【개정】 ① 즉결심판절차에 따른 심리와 재판의 선고는 공개된 법정에서 하되, 법정은 군사경찰부대 외의 장소에 설치하여야 한다.(2020.2.4 본항개정)
② 법정은 군판사와 서기가 참석하여 개정한다.
③ 제1항과 제2항에도 불구하고 군판사는 상당한 이유가 있는 경우에는 개정하지 아니하고 피고인의 진술서와 제501조의16의 서류 또는 증거물에 따라 심판할 수 있다.
제501조의20【피고인의 출석】 피고인이 기일에 출석하지 아니한 때에는 이 법 또는 다른 법률에 특별한 규정이 있는 경우를 제외하고는 개정할 수 없다.
제501조의21【불출석심판】 ① 피고인이나 즉결심판 출석통지서를 받은 사람(이하 "피고인등"이라 한다)은 군사법원에 불출석심판을 청구할 수 있고, 군사법원이 이를 허가하였을 때에는 피고인이 출석하지 아니하더라도 심판할 수 있다.
② 제1항에 따른 불출석심판의 청구와 그 허가절차에 필요한 사항은 대법원규칙으로 정한다.
제501조의22【기일의 심리】 ① 군판사는 피고인에게 피고사건의 내용과 제328조의2에 규정된 진술거부권이 있음을 알리고 변명할 기회를 주어야 한다.
② 군판사는 필요하다고 인정하면 적당한 방법으로 법정에 있는 증거만을 조사할 수 있다.
③ 변호인은 기일에 출석하여 제2항의 증거조사에 참여하고 의견을 진술할 수 있다.
제501조의23【증거능력】 즉결심판절차에 대하여는 제362조, 제365조제2항 및 제366조를 적용하지 아니한다.
제501조의24【즉결심판의 선고】 ① 즉결심판으로 유죄를 선고할 때에는 형, 범죄사실 및 적용법조를 밝히고 피고인은 7일 이내에 정식재판을 청구할 수 있다는 것을 고지하여야 한다.
② 참여한 서기는 제1항의 선고 내용을 기록하여야 한다.
③ 피고인이 군판사에게 정식재판을 청구할 의사를 표시하였을 때에는 제2항의 기록에 분명히 적어두어야 한다.
④ 제501조의19제3항 또는 제501조의21의 경우에는 서기는 7일 이내에 정식재판을 청구할 수 있음을 부기한 즉결심판서의 등본을 피고인에게 송달하여 고지한다. 다만, 제501조의21제1항의 경우에 피고인등이 미리 즉결심판서의 등본 송달이 필요하지 아니하다는 뜻을 표시하였을 때에는 송달하지 아니한다.
⑤ 군판사는 사건이 무죄, 면소 또는 공소기각을 함이 명백하다고 인정하면 이를 선고·고지할 수 있다.
제501조의25【즉결심판서】 ① 유죄의 즉결심판서에는 피고인의 성명이나 그 밖에 피고인을 특정할 수 있는 사항, 주문, 범죄사실 및 적용법조를 밝히고 군판사가 서명날인하여야 한다.

② 피고인이 범죄 사실을 자백하고 정식재판의 청구를 포기한 경우에는 제501조의24의 기록 작성을 생략하고 즉결심판서에 선고한 주문과 적용법조를 밝히고 군판사가 기명날인한다.

제501조의26【즉결심판서 등의 보존】 즉결심판의 판결이 확정되었을 때에는 즉결심판서 및 관계 서류와 증거는 관할 군사경찰부대가 보존한다.(2020.2.4 본조개정)

제501조의27【정식재판의 청구】 ① 정식재판을 청구하려는 피고인은 즉결심판의 선고·고지를 받은 날부터 7일 이내에 정식재판 청구서를 관할 군사경찰부대의 장에게 제출하여야 한다. 이 경우 군사경찰부대의 장은 지체 없이 정식재판 청구서를 군판사에게 보내야 한다.(2020.2.4 본항개정)
② 관할 군사경찰부대의 장은 제501조의24제5항의 경우 그 선고·고지를 한 날부터 7일 이내에 정식재판을 청구할 수 있다. 이 경우 군사경찰부대의 장은 관할 검찰부 군검사의의견을 물어 정식재판 청구서를 군판사에게 제출하여야 한다.(2020.2.4 본항개정)
③ 군판사는 정식재판 청구서를 받은 날부터 7일 이내에 관할 군사경찰부대의 장에게 정식재판 청구서를 첨부한 사건기록과 증거물을 보내고, 군사경찰부대의 장은 지체 없이 관할 검찰부에 이를 보내야 하며, 검찰부는 지체 없이 관할 군사법원에 이를 보내야 한다.(2020.2.4 본항개정)
④ 정식재판의 청구 또는 그 포기·취하에 관하여는 제397조부터 제399조까지, 제401조제1항·제2항, 제402조부터 제409조까지, 제411조, 제501조의8 및 제501조의9를 준용한다.

제501조의28【즉결심판의 실효】 즉결심판은 정식재판의 청구에 따른 판결이 있으면 효력을 잃는다.

제501조의29【즉결심판의 효력】 즉결심판은 정식재판의 청구기간의 경과, 정식재판 청구권의 포기 또는 그 청구의 취하에 따라 확정판결과 같은 효력이 생긴다. 정식재판 청구를 기각하는 재판이 확정되었을 때에도 같다.

제501조의30【가납명령】 군판사가 즉결심판으로 유죄를 선고할 때에는 제391조를 준용한다.

제501조의31【형의 집행】 ① 형의 집행은 관할 군사경찰부대의 장이 하고 그 집행 결과를 군검사에게 통보하여야 한다.(2020.2.4 본항개정)
② 벌금, 과료, 몰수는 그 집행을 마치면 지체 없이 군검사에게 이를 인계하여야 한다. 다만, 즉결심판 확정 후 상당 기간 내에 집행할 수 없을 때에는 군검사에게 통지하여야 하고, 통지를 받은 군검사는 제520조에 따라 집행할 수 있다.
(2016.1.6 본조개정)

제501조의32【즉결심판 처리결과의 통보】 관할 군사경찰부대의 장은 제501조의15에 따라 즉결심판을 청구한 사건에 대하여 그 처리 결과를 군검사에게 통보하여야 한다.
(2020.2.4 본조개정)

제501조의33 (2021.9.24 삭제)

제501조의34【준용】 즉결심판절차에 대하여 이 장에 특별한 규정이 없으면 그 성질에 반하지 아니한 것은 이 장 외의 규정을 준용한다.

제4편 재판의 집행

(2009.12.29 본편개정)

제502조【재판의 확정과 집행】 재판은 이 법에 특별한 규정이 없으면 확정된 후에 집행한다.

참조 [특별한 규정]391·520·522·524, [재판의 확정]415·444

제503조【집행 지휘】 ① 재판의 집행은 그 재판을 한 군사법원에 대응하는 보통검찰부의 군검사가 지휘한다. 다만, 재판의 성질상 군사법원이나 재판관이 지휘할 경우에는 그러하지 아니하다.
② 상소의 재판 또는 상소의 취하로 인하여 원심군사법원 또는 원심법원의 재판을 집행할 경우에는 관할 고등검찰부 군검사가 지휘한다. 다만, 소송기록이 군사법원에 있을 때에는 그 군사법원에 대응하는 보통검찰부의 군검사가 지휘한다.
③ 「군형법」 제1조제1항부터 제3항까지에 규정된 사람으로서 그 신분 취득 전에 법원에서 형을 선고받고 그 형이 집행되지 아니하고 있는 사람의 재판의 집행은 검사의 촉탁에 따라 군검사가 한다. 이 경우 검사는 판결서 등본을 군사법원에 대응하는 보통검찰부의 군검사에게 송달하여야 한다.
(2021.9.24 본조개정)

참조 [사형의 집행지휘]506, [상소의 재판]422－447·450·463①, [상소의 취하]406·408·411, [피적용자]군형1①③

제504조【집행 지휘의 방식】 재판의 집행 지휘는 재판서 또는 재판을 적은 조서의 등본이나 초본을 첨부한 서면으로 하여야 한다. 다만, 형의 집행을 지휘하는 경우가 아니면 재판서의 원본, 등본이나 초본 또는 조서의 등본이나 초본에 이를 인정하는 날인으로 할 수 있다.

참조 [재판서 또는 재판을 기재한 조서의 등본·초본]78

제505조【형 집행의 순서】 둘 이상의 형의 집행은 자격상실, 자격정지, 벌금, 과료 및 몰수 외에는 무거운 형을 먼저 집행한다. 다만, 군검사는 국방부장관 또는 소속 군 참모총장의 허가를 받아 무거운 형의 집행을 정지하고 다른 형의 집행을 할 수 있다.(2021.9.24 단서개정)

참조 [형의 종류]형41, [형의 경중]형50, [경합범의 형의 집행]형39, [형의 집행정지]형79

제506조【사형의 집행】 사형은 국방부장관의 명령에 따라 집행한다.

참조 [집행명령의 기간]508, [집행의 시기]509

제507조【사형판결 확정과 소송기록의 제출】 사형을 선고한 판결이 확정되었을 때에는 군검사는 지체 없이 소송기록을 국방부장관에게 제출하여야 한다.(2016.1.6 본조개정)

제508조【사형집행명령의 기간】 ① 사형집행의 명령은 판결이 확정된 날부터 6개월 이내에 하여야 한다.
② 상소권회복의 청구, 재심청구 또는 비상상고의 신청이 있을 때에는 그 절차가 끝날 때까지의 기간은 제1항의 기간에 산입하지 아니한다.

참조 [집행명령]506, [상소권회복청구]402, [재심청구]469·470, [비상상고신청]492·493

제509조【사형집행의 시기】 국방부장관이 사형의 집행을 명령하였을 때에는 5일 이내에 집행하여야 한다.

참조 [집행명령]506, [사형집행]형66

제510조【사형집행 참여】 ① 사형의 집행에는 군검사, 검찰서기, 군의관 및 교도소장이나 그 대리자가 참여하여야 한다.
② 군검사 또는 교도소장의 허가가 없으면 누구든지 형의 집행장소에 들어가지 못한다.
(2016.1.6 본조개정)

참조 [집행장소]군형3

제511조【사형집행조서】 사형의 집행에 참여한 검찰서기는 집행조서를 작성하고 군검사, 군의관 및 교도소장이나 그 대리인과 함께 기명날인 또는 서명하여야 한다.(2016.1.6 본조개정)

제512조【사형집행의 정지】 ① 사형을 선고받은 사람이 심신장애로 인하여 의사능력이 없는 상태에 있거나 임신 중인 여자일 때에는 국방부장관의 명령으로 집행을 정지한다.
② 제1항에 따라 형의 집행을 정지한 경우에는 심신장애의 회복 또는 출산 후 국방부장관의 명령에 따라 형을 집행한다.

참조 [집행정지와 시효]형79

제513조【자유형집행의 정지】 ① 징역, 금고 또는 구류를 선고받은 사람이 심신장애로 인하여 의사능력이 없는 상태에 있을 때에는 형을 선고한 군사법원(상소법원을 포함한다. 이하 이 편에서 같다)에 대응하는 군검찰부의 군검사 또는 형을 선고받은 사람의 현재지를 관할하는 군검찰부의 군검사의 지휘에 따라 심신장애가 회복될 때까지 형의 집행을 정지한다. 다만, 형을 선고받은 사람의 현재지를 관할하는 군검찰부가 여러 개 있는 경우에는 국방부장관이 지정하는 군검찰부의 군검사가 형 집행을 지휘한다.(2021.9.24 본항개정)
② 제1항에 따라 형의 집행을 정지한 경우에 군검사는 형을 선고받은 사람을 감호의무자, 지방공공단체 또는 군병원장에게 인도하여 병원이나 그 밖의 적당한 장소에 수용하게 할 수 있다.(2016.1.6 본항개정)
③ 형의 집행이 정지된 사람은 제2항의 처분이 있을 때까지 교도소에 구치하고 그 기간을 형기에 산입한다.

참조 [집행정지와 시효]형79

제514조【자유형집행의 정지】 ① 징역, 금고 또는 구류를 선고받은 사람에게 다음 각 호의 어느 하나에 해당하는 사유가 있을 때에는 형을 선고한 군사법원에 대응하는 군검찰부의 군검사 또는 형을 선고받은 사람의 현재지를 관할하는 군검찰부 군검사의 지휘에 따라 형의 집행을 정지할 수 있다.(2021.9.24 본문개정)

1. 형의 집행으로 인하여 건강을 현저히 해치거나 생명을 보전할 수 없을 우려가 있을 때
2. 70세 이상일 때
3. 임신 후 6개월 이상일 때
4. 출산 후 60일이 지나지 아니하였을 때
5. 직계존속이 70세 이상이거나 중병에 걸렸거나 신체장애인으로서 보호할 다른 친족이 없을 때
6. 직계비속이 어린아이로서 보호할 다른 친족이 없을 때
7. 그 밖에 중대한 사유가 있을 때

② 군검사는 제1항의 지휘를 할 때에는 소속 검찰단장의 허가를 받아야 한다.(2021.9.24 본항개정)

참조 [집행정지와 시효]형79, 군에서의형의집행및군수용자의처우에관한법99

제515조【집행하기 위한 소환】 ① 사형, 징역, 금고 또는 구류를 선고받은 사람이 구금되지 아니한 때에 군검사는 형집행을 위하여 소환하여야 한다. 다만, 형의 집행정지 중에 있는 사람의 형 집행을 위하여 소환할 때에는 해당 군검사 소속 검찰단장의 허가를 받아야 한다.(2021.9.24 단서개정)

② 소환에 따르지 아니할 때에는 군검사는 형집행장(刑執行狀)을 발부하여 구인하여야 한다.

③ 제1항의 경우 선고를 받은 사람이 도주하거나 도주할 우려가 있을 때 또는 현재지를 알 수 없을 때에는 군검사는 소환하지 아니하고 형집행장을 발부하여 구인할 수 있다.

(2016.1.6 본조개정)

참조 [집행을 위한 소환]143, [형집행장]516－518

제516조【형집행장의 방식】 제515조의 형집행장에는 형을 선고받은 사람의 성명, 소속, 계급, 군번, 주민등록번호, 주거, 연령, 형명, 형기 및 그 밖에 필요한 사항을 적어 군검사가 서명날인하여야 한다.(2016.1.6 본조개정)

제517조【형집행장의 효력】 형집행장은 구속영장과 같은 효력을 가진다.

참조 [구속영장]113 · 123 · 178

제518조【형집행장의 집행】 제515조와 제516조에 따른 형집행장의 집행에 관하여는 제2편제1장제7절 중 피고인의 구속에 관한 규정을 준용한다.

참조 [구속영장의 집행]119 · 121－125

제519조【자격형의 집행】 자격상실 또는 자격정지를 선고받은 사람에 대하여는 수형인명부에 그 사실을 적고 지체 없이 수형인명표를 형을 선고받은 사람의 등록기준지와 주거지의 시(구가 설치되지 아니한 시와 특별자치도의 행정시를 말한다) · 구 · 읍 · 면장(도농복합형태의 시에 있어서는 동지역인 경우에는 시 · 구의 장, 읍 · 면지역인 경우에는 읍 · 면의 장으로 한다)에게 보내야 한다.

참조 [자격상실 · 자격정지]형43 · 44

제520조【재산형 등의 집행】 ① 벌금, 과료, 몰수, 추징, 과태료 또는 가납의 재판은 군검사의 명령에 따라 집행한다.(2016.1.6 본항개정)

② 제1항의 집행에 관하여 강제집행을 할 필요가 있을 때에는 병영이나 그 밖의 군사용 청사, 함선 또는 항공기에서 하는 경우를 제외하고는 군검사의 촉탁에 따라 민사재판의 강제집행을 할 권한을 가진 기관이 한다.(2016.1.6 본항개정)

③ 제1항의 경우 군검사의 명령은 집행력 있는 채무명의와 같은 효력이 있다.(2016.1.6 본항개정)

④ 제2항에 따른 재판의 집행에 대하여는 「민사집행법」의 집행에 관한 규정을 준용한다. 다만, 집행 전에 재판의 송달을 할 필요는 없다.

⑤ 제4항에도 불구하고 제1항의 재판은 「국세징수법」에 따른 국세 체납처분의 예에 따라 집행할 수 있다.

⑥ 군검사는 제1항의 재판을 집행하기 위하여 필요한 조사를 할 수 있다. 이 경우 제231조제2항을 준용한다.(2016.1.6 전단개정)

참조 [벌금 · 과료 · 몰수 · 추징]형45 · 47－49, 벌금3, [과태료]193 · 201 · 219 · 225, [가납의 재판]391, [형의 시효의 중단]형80

제521조【상속재산에 대한 집행】 몰수 또는 조세, 전매, 그 밖의 공과(公課)에 관한 법령에 따라 재판한 벌금 또는 추징은 그 재판을 받은 사람이 재판 확정 후 사망한 경우에는 그 상속재산에 대하여 집행할 수 있다.

참조 [사망]민997, [상속재산]민1005 · 1006등

제522조【가납집행의 조정】 제1심의 가납재판을 집행한 후에 제2심의 가납재판이 있을 때에는 제1심 재판의 집행은 제2심의 가납 금액의 한도에서 제2심 재판의 집행으로 본다.

참조 [가납의 재판]391 · 441 · 520

제523조【가납집행과 본형의 집행】 가납의 재판을 집행한 후 벌금, 과료 또는 추징의 재판이 확정된 경우에는 그 금액의 한도에서 형이 집행된 것으로 본다.

참조 [가납의 재판]391 · 441 · 520

제524조【판결확정 전 구금일수 등의 산입】 ① 판결선고 후 판결확정 전 구금일수(판결선고 당일의 구금일수를 포함한다)는 전부를 본형에 산입한다.(2020.6.9 본항개정)

② (2020.6.9 삭제)

③ 상소기각 결정 시에 송달기간이나 즉시항고기간 중의 미결구금일수는 전부를 본형에 산입한다.

④ 제1항 및 제3항의 경우에는 구금일수의 1일을 형기의 1일 또는 벌금이나 과료에 관한 유치기간의 1일로 계산한다.(2020.6.9 본항개정)

⑤ (2020.6.9 삭제)

(2020.6.9 본조제목개정)

참조 [판결선고전 구금]110, [이의신청]530, [판결선고전 구금일수의 통산]형57, [군검사의 상소]395, [군검사가 아닌 자의 상소]395 · 397 · 398, [파기판결]431－436 · 448－450

제525조【몰수물의 처분】 몰수물은 군검사가 처분하여야 한다.(2016.1.6 본조개정)

참조 [몰수물]389 · 520, 형48 · 49

제526조【몰수물의 교부】 ① 몰수를 집행한 후 3개월 이내에 몰수물에 대하여 정당한 권리가 있는 사람이 몰수물을 내줄 것을 청구한 경우에는 군검사는 파괴하거나 폐기할 것이 아니면 내주어야 한다.

② 몰수물을 처분한 후 제1항의 청구를 받은 경우 군검사는 공매를 통하여 취득한 대가를 내주어야 한다.

(2016.1.6 본조개정)

참조 [몰수의 집행]520, [몰수물의 처분]525

제527조【위조 등의 표시】 ① 위조하거나 변조한 물건을 환부하는 경우에는 그 물건의 전부 또는 일부에 위조나 변조인 것을 표시하여야 한다.

② 위조하거나 변조한 물건이 압수되지 아니한 경우에는 그 물건을 제출하게 하여 제1항의 처분을 하여야 한다. 다만, 물건이 관공서에 속한 경우에는 위조나 변조의 사실을 관공서에 통지하여 적당한 처분을 하게 하여야 한다.

참조 [압수]146－148

제528조【환부 불능과 공고】 ① 압수물을 환부받을 사람의 소재가 분명하지 아니하거나 그 밖의 사유로 환부할 수 없는 경우에는 군검사는 그 사유를 관보에 공고하여야 한다.(2016.1.6 본항개정)

② 공고한 후 3개월 이내에 환부청구가 없을 때에는 그 물건은 국고에 귀속한다.

③ 제2항에 따른 기간 내라도 가치 없는 물건은 폐기할 수 있고 보관하기 곤란한 물건은 공매하여 그 대가를 보관할 수 있다.

참조 [압수의 해제 · 환부]174 · 175 · 389 · 390, [기간의 계산]103

제529조【의의신청】 형을 선고받은 사람은 집행에 관하여 재판의 해석에 의의(疑義)가 있을 때에는 재판을 선고한 군사법원에 의의신청을 할 수 있다.

참조 [형의 선고]375 · 435 · 441 · 450, [신청의 취하]531, [신청에 대한 결정]532

제530조【이의신청】 재판의 집행을 받은 사람, 그 법정대리인 또는 배우자는 집행에 관한 군검사의 처분이 부당함을 이유로 재판을 선고한 군사법원에 이의(異議)신청을 할 수 있다.(2016.1.6 본조개정)

참조 [신청에 대한 결정]532

제531조【신청의 취하】 ① 제529조와 제530조에 따른 신청은 군사법원의 결정이 있을 때까지 취하할 수 있다.
② 제529조와 제530조의 신청과 그 취하에 관하여는 제401조를 준용한다.

참조 [재소자에 대한 특칙]401

제532조【신청에 대한 결정】 제529조와 제530조에 따른 신청이 있을 때에는 군사법원은 결정을 하여야 한다.

참조 [결정]71 · 73

제533조【노역장 유치의 집행】 벌금 또는 과료를 다 내지 못한 사람에 대한 노역장 유치의 집행에는 형의 집행에 관한 규정을 준용한다.

참조 [노역장유치]형70, [형의 집행에 관한 규정]513－518

제5편 전시 · 사변 시의 특례
(2009.12.29 본편개정)

제534조【특례규정】 비상계엄이 선포된 지역에서는 다음 각 호의 어느 하나에 해당하는 사람에게는 제2편제3장 상소에 관한 규정을 적용하지 아니한다. 다만, 사형을 선고한 경우에는 그러하지 아니하다.
1. 「군형법」 제1조제1항부터 제3항까지에 규정된 사람
2. 「군형법」 제13조제3항의 죄를 범한 사람과 그 미수범
3. 「군형법」 제42조의 죄를 범한 사람
4. 「군형법」 제54조부터 제56조까지, 제58조, 제58조의2부터 제58조의6까지, 제59조 및 제78조의 죄를 범한 사람과 같은 법 제58조의2 및 제59조제1항의 미수범
5. 「군형법」 제87조부터 제90조까지의 죄를 범한 사람과 그 미수범

참조 [비상계엄]헌77, 계엄2, [피적용자]군형1①－③

제534조의2【전시 군사법원의 종류】 전시 · 사변 또는 이에 준하는 국가비상사태 시의 군사법원(이하 "전시 군사법원"이라 한다)은 다음 각 호의 두 종류로 한다.
1. 고등군사법원
2. 보통군사법원
(2021.9.24 본조신설)

제534조의3【전시 군사법원의 설치】 ① 고등군사법원은 국방부에 설치한다.
② 국방부장관은 제6조에도 불구하고 편제상 장성급 장교가 지휘하는 부대 또는 기관에 보통군사법원을 설치할 수 있다.
(2021.9.24 본조신설)

제534조의4【전시 군사법원의 관할관】 ① 전시 군사법원의 행정사무를 관장하는 관할관(이하 "관할관"이라 한다)을 둔다.
② 고등군사법원의 관할관은 국방부장관으로 한다.
③ 보통군사법원의 관할관은 그 설치되는 부대와 지역의 사령관, 장 또는 책임지휘관으로 한다. 다만, 국방부 보통군사법원의 관할관은 고등군사법원의 관할관이 겸임한다.
④ 고등군사법원의 관할관은 국방부와 각 군 본부 보통군사법원의 행정사무를 지휘 · 감독하고, 각 군 본부 보통군사법원의 관할관은 예하부대 보통군사법원의 행정사무를 지휘 · 감독한다.
(2021.9.24 본조신설)

제534조의5【전시 군사법원의 심판사항】 ① 보통군사법원은 다음 각 호의 사건을 제1심으로 심판한다.
1. 전시 군사법원이 설치되는 부대의 장의 직속부하와 직접 감독을 받는 사람이 피고인인 사건. 다만, 그 예하부대에 군사법원이 설치된 경우에는 그러하지 아니하다.
2. 전시 군사법원이 설치되는 부대의 작전지역 · 관할지역 또는 경비지역에 있는 자군부대에 속하는 사람과 그 부대의 장의 감독을 받는 사람이 피고인인 사건. 다만, 그 부대에 군사법원이 설치된 경우에는 그러하지 아니하다.
3. 전시 군사법원이 설치되는 부대의 작전지역 · 관할지역 또는 경비지역에 현존하는 사람과 그 지역에서 죄를 범한 「군형법」 제1조에 해당하는 사람이 피고인인 사건. 다만, 피고인의 소속 부대의 군사법원이 그 지역에 있거나 그 사건에 대한 관할권이 타군(他軍) 군사법원에 있는 경우에는 그러하지 아니하다.
② 국방부 또는 각 군 본부의 보통군사법원은 제1항에도 불구하고 장성급 장교가 피고인인 사건과 그 밖의 중요 사건을 심판할 수 있다.
③ 고등군사법원은 보통군사법원의 재판에 대한 항소사건, 항고사건 및 그 밖에 법률에 따라 고등군사법원의 권한에 속하는 사건에 대하여 심판한다.
(2021.9.24 본조신설)

제534조의6【전시 관련사건 관할의 병합과 예외】 ① 장성급 장교가 피고인인 사건 및 타군 전시 군사법원에 관할권이 있는 사건은 제13조에도 불구하고 서로 관련되었다는 이유로 병합관할할 수 없다.
② 고등군사법원 관할관은 제1항 및 제13조 단서에 해당하는 사건으로서 타군의 본부 보통군사법원 관할관으로부터 그 병합관할에 관한 신청을 받았을 때에는 제1항 및 제13조 단서에도 불구하고 관계 군의 본부 보통군사법원 관할관의 의견을 물어 1개의 전시 군사법원을 지정하여 병합관할하게 할 수 있다.
(2021.9.24 본조신설)

제534조의7【보통군사법원의 판결에 대한 관할관의 확인조치】 ① 관할관은 무죄, 면소, 공소기각, 형의 면제, 형의 선고유예, 형의 집행유예의 판결을 제외한 보통군사법원의 판결을 확인하여야 하며, 「형법」 제51조 각 호의 사항을 참작하여 형이 과중하다고 인정할 만한 사유가 있을 때에는 그 형을 감경할 수 있다.
② 제1항의 확인조치는 판결이 선고된 날부터 10일 이내에 하여야 하며, 확인조치 후 5일 이내에 피고인과 군검사에게 송달하여야 한다. 이 경우 확인조치 기간을 넘기면 선고한 판결대로 확인한 것으로 본다.
③ 제2항에 따른 관할관의 확인조치와 그 송달에 걸린 기간은 형집행기간에 산입한다.
④ 제1항에 따라 관할관이 확인하는 판결에 대한 상소제기 기간은 제400조제2항에도 불구하고 제2항에 따른 관할관의 확인조치서가 피고인 및 군검사에 대하여 송달된 날부터 각각 진행된다.
(2021.9.24 본조신설)

제534조의8【전시 군사법원의 구성】 ① 보통군사법원은 재판관 1명 또는 3명으로 구성한다.
② 고등군사법원은 재판관 3명 또는 5명으로 구성한다.
③ 재판관은 군판사와 심판관으로 하고, 재판장은 선임 군판사가 된다.
(2021.9.24 본조신설)

제534조의9【전시 군판사의 임명 및 소속】 ① 각 군의 군판사는 각 군 참모총장이 영관급 이상의 소속 군법무관 중에서 임명하고, 국방부의 군판사는 국방부장관이 영관급 이상의 소속 군법무관 중에서 임명한다. 이 경우 제23조제1항 및 제2항에 따른 군판사인사위원회의 심의 또는 군사법원운영위원회의 동의 등의 절차를 거치지 아니할 수 있다.
② 군판사의 소속은 국방부 또는 각 군 본부로 하고, 군판사의 파견 · 겸임 · 순회재판 등의 기준은 재판의 공정성 확보 및 군판사의 인력수급 사정 등을 고려하여 대통령령으로 정한다.
(2021.9.24 본조신설)

제534조의10【심판관의 임명과 자격】 ① 심판관은 다음 각 호의 자격을 갖춘 영관급 이상의 장교 중에서 관할관이 임명한다.
1. 법에 관한 소양이 있는 사람
2. 재판관으로서의 인격과 학식이 충분한 사람
② 관할관의 부하가 아닌 장교를 심판관으로 할 때에는 해당 군 참모총장이 임명한다.
(2021.9.24 본조신설)

제534조의11 【재판관의 지정】 ① 재판관은 관할관이 지정한다.
② 국방부장관, 각 군 참모총장 이외의 관할관이 심판관인 재판관을 지정하는 경우에는 각 군 참모총장의 승인을 받아야 하고, 각 군 참모총장인 관할관이 심판관인 재판관을 지정하는 경우에는 국방부장관의 승인을 받아야 한다.
(2021.9.24 본조신설)

제534조의12 【전시 군사법원의 재판관】 ① 보통군사법원에서는 군판사 3명을 재판관으로 한다. 다만, 관할관이 지정한 사건에서는 군판사 2명과 심판관 1명을 재판관으로 한다.
② 제1항에도 불구하고 약식절차에서는 군판사 1명을 재판관으로 한다.
③ 고등군사법원에서는 군판사 3명을 재판관으로 한다. 다만, 관할관이 지정한 사건의 경우 군판사 3명과 심판관 2명을 재판관으로 한다.
④ 관할관은 군판사인 재판관 중 1명을 주심군판사로 지정한다.
(2021.9.24 본조신설)

제534조의13 【관할관이 지정한 사건의 정의】 제534조의12제1항 단서 및 같은 조 제3항 단서에서 "관할관이 지정한 사건"이란 각각 관할관이 다음 각 호의 어느 하나에 해당하는 죄로만 공소제기 된 사건 중 고도의 군사적 전문지식과 경험이 필요한 사건으로서 심판관을 재판관으로 임명할 필요가 있다고 지정한 사건을 말한다.
1. 「군형법」에 규정된 죄(제2편제15장의 강간과 추행의 죄는 제외한다)
2. 「군사기밀 보호법」에 규정된 죄
(2021.9.24 본조신설)

제534조의14 【재판관의 계급】 ① 재판관은 피고인보다 동급(同級) 이상인 사람이어야 한다. 다만, 군판사인 재판관은 그러하지 아니하다.
② 피고인이 군무원일 때에는 그 등급에 따라 제1항에 준한다.
③ 피고인이 포로일 때에는 제1항 및 제2항에 준한다.
④ 계급 또는 등급을 달리하는 공동피고인에 대해서는 그 계급 또는 등급이 최상급인 사람을 기준으로 재판관의 계급을 정한다.
⑤ 재판관의 계급은 피고인의 신분이동으로 인하여 영향을 받지 아니한다.
⑥ 항소 또는 재심의 심판에서 재판장은 원심군사법원의 재판장보다 동급 이상인 사람이어야 한다. 다만, 재판관이 군판사만으로 구성되는 경우에는 그러하지 아니하다.
(2021.9.24 본조신설)

제534조의15 【전시의 서기 등】 ① 전시 군사법원서기는 각 군 참모총장이 소속 장교, 준사관, 부사관 및 군무원 중에서 임명한다. 다만, 국방부의 전시 군사법원서기는 국방부장관이 임명한다.
② 법정경위는 군무원, 부사관 또는 병 중에서 관할관이 임명한다.
③ 통역인과 기사는 장교 또는 군무원 중에서 관할관이 임명한다.
(2021.9.24 본조신설)

제534조의16 【전시 군검찰부】 ① 전시·사변 또는 이에 준하는 국가비상사태 시의 검찰사무를 관장하는 군검찰부(이하 "전시 군검찰부"라 한다)는 고등검찰부와 보통검찰부로 한다.
② 고등검찰부는 국방부와 각 군 본부에 설치하고, 보통검찰부는 보통군사법원이 설치되어 있는 부대와 편제상 장성급 장교가 지휘하는 부대에 설치한다. 다만, 국방부장관은 필요할 때에는 전시 군검찰부의 설치를 보류할 수 있다.
③ 보통검찰부의 관할은 대응하는 보통군사법원의 관할에 따른다. 다만, 전시 군사법원이 설치되어 있지 아니한 부대에 설치된 보통검찰부의 관할은 다음 각 호와 같다.
1. 전시 군검찰부가 설치되는 부대의 장의 직속부하와 직접 감독을 받는 사람이 피의자인 사건
2. 전시 군검찰부가 설치되는 부대의 작전지역·관할지역 또는 경비지역에 있는 자군부대에 속하는 사람과 그 부대의 장의 감독을 받는 사람이 피의자인 사건
3. 전시 군검찰부가 설치되는 부대의 작전지역·관할지역 또는 경비지역에 현존하는 사람과 그 지역에서 죄를 범한 「군형법」 제1조에 해당하는 사람이 피의자인 사건
(2021.9.24 본조신설)

제534조의17 【군검찰사무 지휘·감독】 ① 국방부장관은 군검찰사무의 최고감독자로서 일반적으로 군검사를 지휘·감독한다. 다만, 구체적 사건에 관하여는 각 군 참모총장만을 지휘·감독한다.
② 각 군 참모총장은 각 군 검찰사무의 지휘·감독자로서 예하부대 보통검찰부에 관할권이 있는 군검찰사무를 총괄하며, 소속 군검사를 지휘·감독한다.
③ 전시 군검찰부가 설치되어 있는 부대의 장은 소관 군검찰사무를 관장하고, 소속 군검사를 지휘·감독한다.
(2021.9.24 본조신설)

제534조의18 【전시 군판사·군검사의 정원과 수】 국방부장관은 전시·사변 또는 이에 준하는 국가비상사태 시에 군사법의 원활한 운영을 위하여 제30조의3 및 제41조의2에도 불구하고 군판사·군검사의 정원, 각 전시 군사법원과 전시 군검찰부에 배치할 군판사·군검사의 계급 및 그 수를 달리 정할 수 있다.(2021.9.24 본조신설)

제535조 【관할관의 조치권】 ① 제534조의 재판을 집행할 때에는 해당 군사법원 관할관의 확인을 받아야 한다.
② 제1항의 확인은 해당 소송기록을 심사하여 하되, 그 양형이 과중하다고 인정할 만한 사유가 있는 경우에는 그 형을 감경하거나 형의 집행을 면제할 수 있다.
참조 [관할관]7·8, [판결에 대한 확인]379, [양형]형51이하, [양형부당]379·414

제535조의2 【간주규정】 이 편에서는 이 법 중 "고등법원"은 "고등군사법원"으로, "군사법원"은 "보통군사법원"으로, "상소법원"은 "고등군사법원 또는 대법원"으로, "항고법원"은 "항고군사법원"으로, "관할 검찰단"·"군사법원에 대응하는 보통검찰부"는 "관할 군검찰부"·"전시 군사법원이 설치된 부대"로, "군사법원장"·"고등검찰부의 장" 및 "보통검찰부의 장"은 각 "관할관"·"국방부장관 또는 각 군 참모총장" 및 "관할 군검찰부가 설치되어 있는 부대의 장"으로, 제501조의15제1항·제505조·제513조제1항·제514조·제515조 중 "국방부장관 또는 소속 군 참모총장"·"검찰단장"은 각 "관할 군검찰부가 설치되어 있는 부대의 장"으로 간주한다.
(2021.9.24 본조신설)

제6편 보 칙
(2009.12.29 본편개정)

제536조 【준용】 군사법원에서의 국선변호인, 증인, 감정인 및 통역인에 대한 일당, 여비 및 그 밖의 급여 지급에 관하여는 「형사소송비용 등에 관한 법률」을 준용한다.
참조 [국선변호인]62, 헌12, [증인]187, [감정인]210, [통역인]222–224

부 칙 (2009.12.29)

제1조 【시행일】 이 법은 공포 후 6개월이 경과한 날부터 시행한다. 다만, 제238조의2제10항의 개정규정 중 제87조의3에 관한 사항은 2010년 1월 18일부터 시행한다.
제2조 【다른 법률의 폐지】 軍事法院의裁判權에關한法律은 폐지한다.
제3조 【재판권 쟁의에 관한 경과조치】 이 법 시행 당시 종전의 「군사법원의 재판권에 관한 법률」에 따라 재판권 쟁의에 관한 재정이 진행 중인 경우에는 종전의 규정에 따르되, 재판권이 결정된 경우에는 이 법에 따라 재판권이 결정된 것으로 본다.
제4조 【일반적 경과조치】 이 법은 이 법 시행 당시 수사 중이거나 군사법원에 계속 중인 사건에도 적용한다. 다만, 이

법 시행 전에 종전의 규정에 따라 행한 행위의 효력에는 영향을 미치지 아니한다.

부 칙 (2014.1.7)

제1조【시행일】 이 법은 공포 후 6개월이 경과한 날부터 시행한다. 다만, 제309조의16제2항의 개정규정은 공포한 날부터 시행하고, 제93조의3제1항 본문 및 같은 조 제2항의 개정규정에 따른 판결서등의 열람 및 복사의 방법 중 인터넷이나 그 밖의 전산정보처리시스템을 통한 전자적 방법에 의한 판결서등의 열람 및 복사에 관한 사항은 2016년 3월 1일부터 시행한다.

제2조【판결서등의 열람·복사에 관한 적용례】 제93조의3의 개정규정은 이 법 시행 후 판결이 확정되는 사건의 판결서등부터 적용한다.

부 칙 (2015.2.3)

제1조【시행일】 이 법은 공포한 날부터 시행한다.

제2조【재판권의 변경에 관한 적용례 등】 제2조제1항제1호의 개정규정은 이 법 시행 당시 수사 중이거나 군사법원에 계속 중인 사건에도 적용한다. 다만, 이 법 시행 전에 종전의 규정에 따라 행한 행위의 효력에는 영향을 미치지 아니한다.

부 칙 (2016.1.6)

제1조【시행일】 이 법은 공포 후 1년 6개월이 경과한 날부터 시행한다. 다만, 제295조의2의 개정규정은 공포한 날부터 시행한다.

제2조【재정신청사건에 관한 적용례】 제304조제4항 및 제305조제1항의 개정규정은 이 법 시행 후 최초로 제301조제2항의 개정규정에 따라 그 군검사가 소속된 부대의 장에게 재정신청서를 제출한 사건부터 적용한다.

제3조【군판사 임기에 관한 특례】 국방부장관은 제23조제4항의 개정규정 시행일부터 5년 동안 군의 인력수급 사정 등 대통령령으로 정하는 사유를 고려하여 같은 항의 개정규정에 따른 임기를 1년 이상 3년 이내 범위에서 달리 정할 수 있다.

제4조【계속사건에 관한 경과조치】 이 법 시행 당시 제6조제2항의 개정규정에 따라 폐지되는 보통군사법원에 계속(繫屬) 중인 사건은 상급부대·기관(제6조제2항의 개정규정에 따라 보통군사법원이 설치되는 부대·기관 중 폐지된 보통군사법원이 설치되었던 부대·기관의 상급부대·기관을 말한다)에 설치되는 보통군사법원으로 이관된 것으로 본다. 이 경우 이미 행하여진 소송행위는 영향을 받지 아니한다.

제5조【군검사 명칭에 관한 경과조치】 이 법 시행 당시 검찰관은 군검사로 본다.

제6조【군판사 임명에 관한 경과조치】 이 법 시행 당시 영관급 이상이 아닌 군판사 및 심판관에 대한 그 임명 및 지정은 효력을 잃는다. 다만, 이 법 시행 당시 이미 행하여진 소송행위는 영향을 받지 아니한다.

제7조【공소시효의 적용 배제에 관한 경과조치】 제295조의2의 개정규정은 같은 개정규정 시행 전에 범한 범죄로 아직 공소시효가 완성되지 아니한 범죄에 대하여도 적용한다.

제8조【판결에 대한 관할관의 확인조치에 관한 경과조치】 이 법 시행 전에 행하여진 죄에 대해서는 제379조의 개정규정에도 불구하고 종전의 규정에 따른다.

제9조【다른 법률의 개정】 ①~⑯ ※(해당 법령에 가제정리 하였음)

제10조【다른 법률과의 관계】 이 법 시행 당시 다른 법률에서 "검찰관"을 인용하는 경우에는 종전의 규정을 갈음하여 "군검사"를 인용한 것으로 본다.

부 칙 (2017.3.21)

제1조【시행일】 이 법은 공포 후 3개월이 경과한 날부터 시행한다. 다만, 법률 제13722호 군사법원법 일부개정법률 제6조제3항제1호, 같은 항 제2호, 제36조제3항 및 제8항은 2017년 7월 7일부터 시행한다.(이하 생략)

부 칙 (2017.12.12)

제1조【시행일】 이 법은 공포 후 3개월이 경과한 날부터 시행한다.

제2조【진술서 등의 증거능력에 관한 적용례】 제366조 및 제367조 본문의 개정규정은 이 법 시행 후 최초로 공소제기되는 사건부터 적용한다.

부 칙 (2018.12.18)

제1조【시행일】 이 법은 공포한 날부터 시행한다. 다만, 별표 중 개정 내용은 2019년 1월 1일부터 시행한다.

제2조【서명에 관한 적용례】 제93조 및 제107조의 개정규정은 이 법 시행 후 최초로 공무원 아닌 사람이 이 법에 따라 서류를 작성하거나 군사법원이 피고인에게 소환장을 발부하는 경우부터 적용한다.

제3조【사건 관할에 관한 경과조치】 이 법 시행 당시 종전의 규정에 따라 육군 제1야전군사령부 보통군사법원 및 육군 제3야전군사령부 보통군사법원에 계속 중인 사건은 각각 이 법에 따른 육군 지상작전사령부 보통군사법원에 계속된 것으로 본다.

부 칙 (2020.2.4)

제1조【시행일】 이 법은 공포한 날부터 시행한다.

제2조【즉시항고 및 준항고 제기 기간에 관한 적용례】 제455조 및 제465조제3항의 개정규정은 이 법 시행 당시 종전의 규정에 따른 즉시항고 및 준항고의 제기 기간이 지나지 아니한 경우에도 적용한다.

부 칙 (2020.6.9)

제1조【시행일】 이 법은 공포 후 6개월이 경과한 날부터 시행한다.

제2조【보상청구의 기간에 관한 적용례】 제227조의12제2항의 개정규정은 이 법 시행 이후 확정된 무죄판결부터 적용한다.

제3조【재정신청기한에 관한 적용례】 제301조제2항의 개정규정은 이 법 시행 이후 제299조제1항에 따라 통지를 한 사건부터 적용한다.

제4조【소송기록 등 송부에 관한 적용례】 제460조제3항의 개정규정은 이 법 시행 이후 항고가 제기된 사건부터 적용한다.

제5조【공소시효의 기간에 관한 경과조치】 이 법 시행 전에 범한 죄의 공소시효에 대하여는 제291조의 개정규정에도 불구하고 종전의 규정을 적용한다.

부 칙 (2020.12.15)

제1조【시행일】 이 법은 2024년 1월 1일부터 시행한다.(이하 생략)

부 칙 (2021.9.24)

제1조【시행일】 이 법은 2022년 7월 1일부터 시행한다.

제2조【법 시행을 위한 준비행위】 국방부장관은 군사법원운영위원회와 군판사인사위원회의 구성·운영, 군사법원장 및 군판사 임명 등을 위한 준비를 이 법 시행 전에 할 수 있다.

제3조【군사법원의 재판권 등에 관한 적용례】 제2조제2항의 개정규정은 이 법 시행 이후 저지른 범죄부터 적용한다.

제4조【군법무관인 군판사의 임명에 관한 특례】 국방부장관은 이 법 시행일부터 3년까지는 제24조제2항의 개정규정

에도 불구하고 군법무관으로 7년 이상 복무 중인 영관급 이상의 장교 중에서 군판사를 임명할 수 있다.

제5조【일반적 경과조치】 이 법 시행 전에 종전의 「군사법원법」의 규정에 따라 행한 처분·절차, 그 밖의 행위는 그에 해당하는 이 법의 규정에 따라 행한 것으로 본다.

제6조【계속사건에 대한 경과조치】 ① 이 법 시행 당시 종전의 「군사법원법」에 따라 고등군사법원에 계속 중인 사건은 제10조의 개정규정에 따른 고등법원에 이관한다. 이 경우 이미 행하여진 소송행위에는 영향을 미치지 아니한다.

② 이 법 시행 당시 종전의 「군사법원법」에 따라 보통군사법원에 계속 중인 사건은 제12조의4의 개정규정에서 정하고 있는 범죄지, 피고인의 근무지나 피고인이 소속된 부대의 소재지, 피고인의 현재지를 기준으로 제6조의 개정규정에 따른 군사법원에 이관한다. 이 경우 이미 행하여진 소송행위에는 영향을 미치지 아니한다.

③ 이 법 시행 당시 종전의 「군사법원법」에 따라 고등검찰부에 계속 중인 사건은 제36조의 개정규정에 따른 국방부검찰단 또는 각 군 검찰단 고등검찰부에 이관한다. 이 경우 이미 행하여진 검찰사무에는 영향을 미치지 아니한다.

④ 이 법 시행 당시 종전의 「군사법원법」에 따라 보통검찰부에 계속 중인 사건은 제12조의4의 개정규정에서 정하고 있는 범죄지, 피고인의 근무지나 피고인이 소속된 부대의 소재지, 피고인의 현재지를 기준으로 제36조의 개정규정에 따른 국방부검찰단 또는 각 군 검찰단 보통검찰부에 이관한다. 이 경우 이미 행하여진 검찰사무에는 영향을 미치지 아니한다.

제7조【군사법경찰관리 임명에 관한 경과조치】 ① 이 법 시행 당시 종전의 규정에 따라 임명된 군사법경찰관리를 제43조 및 제46조의 개정규정에 따라 군사법경찰관리로 임명하려는 경우 국방부장관 또는 각 군 참모총장은 이 법 시행 이후 30일 이내에 임명하여야 한다.

② 종전의 규정에 따라 임명된 군사법경찰관리 중 제1항에 따라 국방부장관 또는 각 군 참모총장의 임명을 받지 아니한 사람은 이 법 시행 이후 30일이 경과한 날에 군사법경찰관리에서 해임된 것으로 본다.

제8조【다른 법률의 개정】 ①~⑨ ※(해당 법령에 가제정리 하였음)

제9조【다른 법령과의 관계】 이 법 시행 당시 다른 법령에서 종전의 「군사법원법」의 규정을 인용한 경우 이 법 중 그에 해당하는 규정이 있는 때에는 종전의 규정을 갈음하여 이 법의 해당 규정을 인용한 것으로 본다.

부 칙 (2023.10.24)

이 법은 공포한 날부터 시행한다.

부 칙 (2023.12.26)

제1조【시행일】 이 법은 2024년 1월 18일부터 시행한다.(이하 생략)

부 칙 (2025.1.31)

이 법은 공포 후 6개월이 경과한 날부터 시행한다.

〔별표〕 ➡ 「www.hyeonamsa.com」 참조

계엄법

(1981년 4월 17일 전개법률 제3442호)

개정
1987.12. 4법 3993호(군사법원)
1997.12.13법 5454호(정부부처명)
2006.10. 4법 8021호
2008. 2.29법 8852호(정부조직)
2011. 6. 9법10791호
2013. 3.23법11690호(정부조직)
2014.11.19법12844호(정부조직)
2015. 1. 6법12960호(총포·도검·화약류등의안전관리에관한법)
2017. 3.21법14609호(군인사법)
2017. 7.26법14839호(정부조직)

제1조【목적】 이 법은 계엄(戒嚴)의 선포와 그 시행 및 해제 등에 필요한 사항을 정함을 목적으로 한다.(2011.6.9 본조개정)

제2조【계엄의 종류와 선포 등】 ① 계엄은 비상계엄과 경비계엄으로 구분한다.

② 비상계엄은 대통령이 전시·사변 또는 이에 준하는 국가비상사태 시 적과 교전(交戰) 상태에 있거나 사회질서가 극도로 교란(攪亂)되어 행정 및 사법(司法) 기능의 수행이 현저히 곤란한 경우에 군사상 필요에 따르거나 공공의 안녕질서를 유지하기 위하여 선포한다.

③ 경비계엄은 대통령이 전시·사변 또는 이에 준하는 국가비상사태 시 사회질서가 교란되어 일반 행정기관만으로는 치안을 확보할 수 없는 경우에 공공의 안녕질서를 유지하기 위하여 선포한다.

④ 대통령은 계엄의 종류, 시행지역 또는 계엄사령관을 변경할 수 있다.

⑤ 대통령이 계엄을 선포하거나 변경하고자 할 때에는 국무회의의 심의를 거쳐야 한다.

⑥ 국방부장관 또는 행정안전부장관은 제2항 또는 제3항에 해당하는 사유가 발생한 경우에는 국무총리를 거쳐 대통령에게 계엄의 선포를 건의할 수 있다.(2017.7.26 본항개정)

(2011.6.9 본조개정)

제3조【계엄 선포의 공고】 대통령이 계엄을 선포할 때에는 그 이유, 종류, 시행일시, 시행지역 및 계엄사령관을 공고하여야 한다.(2011.6.9 본조개정)

제4조【계엄 선포의 통고】 ① 대통령이 계엄을 선포하였을 때에는 지체 없이 국회에 통고(通告)하여야 한다.

② 제1항의 경우에 국회가 폐회 중일 때에는 대통령은 지체 없이 국회에 집회(集會)를 요구하여야 한다.

(2011.6.9 본조개정)

제5조【계엄사령관의 임명 및 계엄사령부의 설치 등】 ① 계엄사령관은 현역 장성급(將星級) 장교 중에서 국방부장관이 추천한 사람을 국무회의의 심의를 거쳐 대통령이 임명한다.(2017.3.21 본항개정)

② 계엄사령관의 계엄업무를 시행하기 위하여 계엄사령부를 둔다. 이 경우 계엄사령관은 계엄사령부의 장이 된다.

③ 계엄사령관은 계엄지역이 2개 이상의 도(특별시, 광역시 및 특별자치도를 포함한다)에 걸치는 경우에는 그 직무를 보조할 지구계엄사령부(地區戒嚴司令部)와 지구계엄사령부의 직무를 보조하는 지역계엄사령부를 둘 수 있다.

④ 계엄사령부의 직제는 대통령령으로 정한다.

(2011.6.9 본조개정)

제6조【계엄사령관에 대한 지휘·감독】 ① 계엄사령관은 계엄의 시행에 관하여 국방부장관의 지휘·감독을 받는다. 다만, 전국을 계엄지역으로 하는 경우와 대통령이 직접 지휘·감독을 할 필요가 있는 경우에는 대통령의 지휘·감독을 받는다.

② 제1항에 따라 계엄사령관을 지휘·감독할 때 국가 정책에 관계되는 사항은 국무회의의 심의를 거쳐야 한다.

(2011.6.9 본조개정)

제7조【계엄사령관의 관장사항】 ① 비상계엄의 선포와 동시에 계엄사령관은 계엄지역의 모든 행정사무와 사법사무를 관장한다.

② 경비계엄의 선포와 동시에 계엄사령관은 계엄지역의 군사에 관한 행정사무와 사법사무를 관장한다.
(2011.6.9 본조개정)

제8조【계엄사령관의 지휘·감독】 ① 계엄지역의 행정기관(정보 및 보안 업무를 관장하는 기관을 포함한다. 이하 같다) 및 사법기관은 지체 없이 계엄사령관의 지휘·감독을 받아야 한다.
② 계엄사령관이 계엄지역의 행정기관 및 사법기관을 지휘·감독할 때 그 지역이 1개의 행정구역에 국한될 때에는 그 구역의 최고책임자를 통하여 하고, 2개 이상의 행정구역에 해당될 때에는 해당 구역의 최고책임자 또는 주무부처의 장(법원의 경우에는 법원행정처장)을 통하여 하여야 한다.
(2011.6.9 본조개정)

제9조【계엄사령관의 특별조치권】 ① 비상계엄지역에서 계엄사령관은 군사상 필요할 때에는 체포·구금(拘禁)·압수·수색·거주·이전·언론·출판·집회·결사 또는 단체행동에 대하여 특별한 조치를 할 수 있다. 이 경우 계엄사령관은 그 조치내용을 미리 공고하여야 한다.
② 비상계엄지역에서 계엄사령관은 법률에서 정하는 바에 따라 동원(動員) 또는 징발을 할 수 있으며, 필요한 경우에는 군수(軍需)로 제공할 물품의 조사·등록과 반출금지를 명할 수 있다.
③ 비상계엄지역에서 계엄사령관은 작전상 부득이한 경우에는 국민의 재산을 파괴 또는 소각(燒却)할 수 있다.
④ 계엄사령관이 제3항에 따라 국민의 재산을 파괴 또는 소각하려는 경우에는 미리 그 사유, 지역, 대상 등 필요한 사항을 그 재산의 소재지를 관할하는 행정기관과 그 재산의 소유자, 점유자 또는 관리자에게 통보하거나 공고하여야 한다.
(2011.6.9 본조개정)

제9조의2【재산의 파괴 또는 소각에 대한 보상】 ① 제9조제3항에 따라 발생한 손실에 대하여는 정당한 보상을 하여야 한다. 다만, 그 손실이 교전 상태에서 발생한 경우에는 그러하지 아니하다.
② 국방부장관은 미리 보상청구의 기간 및 절차 등 보상청구에 필요한 사항을 10일 이상의 기간을 정하여 공고하여야 한다.
③ 국방부장관은 보상금 지급결정을 하였을 때에는 지체 없이 보상대상자에게 보상금 지급통지서를 송부하여야 한다.
④ 관할 행정기관의 장은 재산의 파괴 또는 소각으로 인한 손실액을 판단하는 데에 필요한 조사서, 확인서, 사진 등 증명자료를 기록·유지하여야 한다.
⑤ 이 법에서 규정한 사항 외에 보상금 지급 등에 필요한 사항은 대통령령으로 정한다.
(2011.6.9 본조개정)

제9조의3【보상기준 등】 ① 제9조의2제1항에 따른 손실보상은 다른 법률에 특별한 규정이 있는 경우를 제외하고는 현금으로 지급하여야 한다.
② 손실액의 산정은 파괴 또는 소각으로 인하여 재산이 멸실될 당시의 과세표준을 기준으로 한다.
③ 제2항에 따른 과세표준은 대통령령으로 정한다.
(2011.6.9 본조개정)

제9조의4【보상 제외】 파괴 또는 소각으로 인하여 멸실된 재산이 국유재산이거나 공유재산인 경우에는 제9조의2제1항에도 불구하고 보상을 하지 아니한다.(2011.6.9 본조개정)

제9조의5【공탁】 국방부장관은 다음 각 호의 어느 하나에 해당하게 되어 보상대상자에게 보상금을 지급할 수 없을 때에는 해당 보상금을 보상대상자의 주소지를 관할하는 지방법원 또는 그 지원(支院)에 공탁(供託)하여야 한다.
1. 보상대상자가 보상금의 수령을 거부하는 경우
2. 대통령령으로 정하는 기간 이내에 제9조의2제3항에 따른 보상금 지급통지서에 응답하지 아니한 경우
(2011.6.9 본조개정)

제9조의6【보상청구권의 소멸시효】 보상청구권은 제9조의2제2항에 따른 공고기간 만료일부터 5년간 행사하지 아니하면 시효의 완성으로 소멸한다. 다만, 공고 사실을 알지 못한 경우에는 그 사실을 안 날부터 계산한다.(2011.6.9 본조개정)

제10조【비상계엄하의 군사법원 재판권】 ① 비상계엄지역에서 제14조 또는 다음 각 호의 어느 하나에 해당하는 죄를 범한 사람에 대한 재판은 군사법원이 한다. 다만, 계엄사령관은 필요한 경우에는 해당 관할법원이 재판하게 할 수 있다.
1. 내란(內亂)의 죄
2. 외환(外患)의 죄
3. 국교(國交)에 관한 죄
4. 공안(公安)을 해치는 죄
5. 폭발물에 관한 죄
6. 공무방해(公務妨害)에 관한 죄
7. 방화(放火)의 죄
8. 통화(通貨)에 관한 죄
9. 살인의 죄
10. 강도의 죄
11. 「국가보안법」에 규정된 죄
12. 「총포·도검·화약류 등의 안전관리에 관한 법률」에 규정된 죄(2015.1.6 본호개정)
13. 군사상 필요에 의하여 제정한 법령에 규정된 죄
② 비상계엄지역에 법원이 없거나 해당 관할법원과의 교통이 차단된 경우에는 제1항에도 불구하고 모든 형사사건에 대한 재판은 군사법원이 한다.
(2011.6.9 본조개정)

제11조【계엄의 해제】 ① 대통령은 제2조제2항 또는 제3항에 따른 계엄 상황이 평상상태로 회복되거나 국회가 계엄의 해제를 요구한 경우에는 지체 없이 계엄을 해제하고 이를 공고하여야 한다.
② 대통령이 제1항에 따라 계엄을 해제하려는 경우에는 국무회의의 심의를 거쳐야 한다.
③ 국방부장관 또는 행정안전부장관은 제2조제2항 또는 제3항에 따른 계엄 상황이 평상상태로 회복된 경우에는 국무총리를 거쳐 대통령에게 계엄의 해제를 건의할 수 있다.
(2017.7.26 본항개정)
(2011.6.9 본조개정)

제12조【행정·사법 사무의 평상화】 ① 계엄이 해제된 날부터 모든 행정사무와 사법사무는 평상상태로 복귀한다.
② 비상계엄 시행 중 제10조에 따라 군사법원에 계속(係屬) 중인 재판사건의 관할은 비상계엄 해제와 동시에 일반법원에 속한다. 다만, 대통령이 필요하다고 인정할 때에는 군사법원의 재판권을 1개월의 범위에서 연기할 수 있다.
(2011.6.9 본조개정)

제13조【국회의원의 불체포특권】 계엄 시행 중 국회의원은 현행범인인 경우를 제외하고는 체포 또는 구금되지 아니한다.(2011.6.9 본조개정)

제14조【벌칙】 ① 거짓이나 그 밖의 부정한 방법으로 이 법에 따른 보상금을 받은 자 또는 그 사실을 알면서 보상금을 지급한 자는 5년 이하의 징역 또는 3천만원 이하의 벌금에 처한다. 다만, 해당 보상금의 3배의 금액이 3천만원을 초과할 때에는 그 초과 금액까지 벌금을 과(科)할 수 있다.
② 제8조제1항에 따른 계엄사령관의 지시나 제9조제1항 또는 제2항에 따른 계엄사령관의 조치에 따르지 아니하거나 이를 위반한 자는 3년 이하의 징역에 처한다.
③ 제1항에 규정된 죄의 미수범은 처벌한다.
④ 제1항의 징역형과 벌금형은 병과(倂科)할 수 있다.
(2011.6.9 본조개정)

부 칙 (2017.3.21)

제1조【시행일】 이 법은 공포 후 3개월이 경과한 날부터 시행한다.(이하 생략)

부 칙 (2017.7.26)

제1조【시행일】 ① 이 법은 공포한 날부터 시행한다.(이하 생략)

民法編

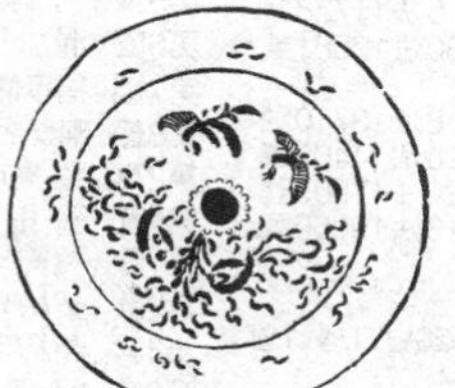

高麗 銅鏡(紋樣)

민 법

(1958年 2月 22日
法 律 第471號)

改正
1962.12.29法 1237號 1962.12.31法 1250號
1964.12.31法 1668號 1970. 6.18法 2200號
1977.12.31法 3051號 1984. 4.10法 3723號
1990. 1.13法 4199號
1997.12.13法 5431號(국적법)
1997.12.13法 5454號(정부부처명)
2001.12.29法 6544號 2002. 1.14法 6591號
2005. 3.31法 7427號
2005. 3.31法 7428號(채무자회생파산)
2005.12.29法 7765號
2007. 5.17法 8435號(가족관계등록)
2007.12.21法 8720號 2009. 5. 8法 9650號
2011. 3. 7法10429號 2011. 5.19法10645號
2012. 2.10法11300號 2013. 4. 5法11728號
2014.10.15法12777號 2014.12.30法12881號
2015. 2. 3法13124號(가족관계등록)
2015. 2. 3法13125號 2016. 1. 6法13710號
2016.12. 2法14278號 2016.12.20法14409號
2017.10.31法14965號 2020.10.20法17503號
2021. 1.26法17905號 2022.12.13法19069號
2022.12.27法19098號
2023. 5.16法19409號(국가유산기본법)
2024. 9.20法20432號→2025년 1월 31일 및 2026년 1월 1일 시행

第1編 總 則

第1章 通 則

第1條【法源】 民事에 관하여 法律에 規定이 없으면 慣習法에 의하고 慣習法이 없으면 條理에 의한다.

참조 [관습법]106 · 185, 상1

■ 법률의 선후와 우월관계

판례 동일사항에 대하여 법이 상호저촉되는 내용을 규정한 경우에 후법이 선법에 우월한다.(대판 1961.12.28, 4294행상56)

■ 관습법과 사실인 관습의 차이, 관습법의 제정법에 대한 열후적 · 보충적 성격

판례 [1] 관습법이란 사회의 거듭된 관행으로 생성한 사회생활규범이 사회의 법적 확신과 인식에 의하여 법적 규범으로 승인 · 강행되기에 이른 것을 말하고, 사실인 관습은 사회의 관행에 의하여 발생한 사회생활규범인 점에서 관습법과 같으나 사회의 법적 확신이나 인식에 의하여 법적 규범으로서 승인된 정도에 이르지 않은 것을 말하는 바, 관습법은 바로 법원(法源)으로서 법령과 같은 효력을 갖는 관습으로서 법령에 저촉되지 않는 한 법칙으로서의 효력이 있는 것이며, 이에 반하여 사실인 관습은 법령으로서의 효력이 없는 단순한 관행으로서 법률행위의 당사자의 의사를 보충함에 그친다.
[2] 가정의례준칙 13조의 규정과 배치되는 관습법의 효력을 인정하는 것은 관습법의 제정법에 대한 열후적, 보충적 성격에 비추어 민법 1조의 취지에 어긋나는 것이다.
(대판 1983.6.14, 80다3231)

■ 관습법의 의의와 효력

판례 관습법이란 사회의 거듭된 관행으로 생성한 사회생활규범이 사회의 법적 확신과 인식에 의하여 법적 규범으로 승인 · 강행되기에 이른 것을 말하고, 그러한 관습법은 법원으로서 법령에 저촉되지 아니하는 한 법칙으로서의 효력이 있는 것이며, 또 사회의 거듭된 관행으로 생성한 어떤 사회생활규범이 법적 규범으로 승인되기에 이르렀다고 하기 위하여는 헌법을 최상위 규범으로 하는 전체 법질서에 반하지 아니하는 것으로서 정당성과 합리성이 있다고 인정될 수 있는 것이어야 하고, 그렇지 아니한 사회생활규범은 비록 그것이 사회의 거듭된 관행으로 생성된 것이라고 할지라도 이를 법적 규범으로 삼아 관습법으로서의 효력을 인정할 수 없다.
(대판 2003.7.24, 2001다48781 전원합의체)

■ 종중의 구성, 관습법, 조리

판례 [1] 사회의 거듭된 관행으로 생성된 사회생활규범이 관습법으로 승인되었다고 하더라도 사회 구성원들이 그러한 관행의 법적 구속력에 대하여 확신을 갖지 않게 되었다거나, 사회를 지배하는 기본적 이념이나 사회질서의 변화로 인하여 그러한 관습법을 적용하여야 할 시점에 있어서의 전체 법질서에 부합하지 않게 되었다면 그러한 관습법은 법적 규범으로서의 효력이 부정될 수밖에 없다.
[2] 공동선조의 후손 중 성년 남자만을 종중의 구성원으로 하고 여성은 종중의 구성원이 될 수 없다는 종래의 관습은, 공동선조의 분묘수호와 봉제사 등 종중의 활동에 참여할 기회를 출생에서 비롯되는 성별만에 의하여 생래적으로 부여하거나 원천적으로 박탈하는 것으로서, 위와 같이 변화된 우리의 전체 법질서에 부합하지 아니하여 정당성과 합리성이 있다고 할 수 없으므로, 종중 구성원의 자격을 성년 남자만으로 제한하는 종래의 관습법은 이제 더 이상 법적 효력을 가질 수 없게 되었다.
[3] 종중이란 공동선조의 분묘수호와 제사 및 종원 상호간의 친목 등을 목적으로 하여 구성되는 자연발생적인 종족집단이므로, 종중의 이러한 목적과 본질에 비추어 볼 때 공동선조와 성과 본을 같이하는 후손은 성별의 구별 없이 성년이 되면 당연히 그 구성원이 된다고 보는 것이 조리에 합당하다.
(대판 2005.7.21, 2002다1178 전원합의체)

第2條【信義誠實】 ① 權利의 行使와 義務의 履行은 信義에 좇아 誠實히 하여야 한다.
② 權利는 濫用하지 못한다.

참조 [재산권의 행사]헌23②, [조건성취, 불성취에 대한 반신의행위]150, ①[채무의 이행과 내용]390 · 460, ②[권리남용과 불법행위]750, [친권의 남용과 친권상실]924

■ 신의성실의 원칙

판례 인접 토지에 건물 등이 건축되어 발생하는 시야 차단으로 인한 폐쇄감이나 압박감 등의 생활이익의 침해를 이유로 하는 소송에서 침해가 사회통념상 일반적으로 수인할 정도를 넘어서서 위법하다고 할 것인지 여부는, 피해 건물의 거실이나 창문의 안쪽으로 일정 거리 떨어져서 거실 등의 창문을 통하여 외부를 보았을 때 창문의 전체 면적 중 가해 건물 외에 하늘이 보이는 면적비율을 나타내는 이른바 천공률이나 그중 가해 건물이 외부 조망을 차단하는 면적비율을 나타내는 이른바 조망침해율 뿐만 아니라, 피해건물과 가해건물 사이의 이격거리와 가해 건물의 높이 및 이격거리와 높이 사이의 비율 등으로 나타나는 침해의 정도와 성질, 창과 거실 등의 위치와 크기 및 방향 등 건물 개구부 현황을 포함한 피해 건물의 전반적인 구조, 건축법령상의 이격거리 제한 규정 등 공법상 규제의 위반 여부, 나아가 피해건물이 입지하고 있는 지역에 있어서 건조물의 전체적 상황 등의 사정을 포함한 넓은 의미의 지역성, 가해건물 건축의 경위 및 공공성, 가해자의 방지조치와 손해회피의 가능성, 가해자 측이 해의를 가졌는지 유무 및 토지 이용의 선후관계 등 모든 사정을 종합적으로 고려하여 판단하여야 한다.(대판 2014.2.27, 2009다40462)

판례 보증인의 구상금 청구가 신의칙에 의해 제한되기 위한 요건 : 보증인이 채권자에 대하여 보증채무를 부담하지 아니함을 주장할 수 있었는데도 그 주장을 하지 아니한 채 보증채무의 전부를 이행하였다면 그 주장을 할 수 있는 범위 내에서는 신의칙상 그 보증채무의 이행으로 인한 구상금 채권에 대한 연대보증인들에 대하여도 그 구상금을 청구할 수 없다고 할 것이다.(대판 2006.3.10, 2002다1321)

판례 강행규정을 위반하였을 경우에 위반한 자 스스로가 무효를 주장하는 것이 신의칙에 위배되는 권리의 행사라는 이유로 이를 배척한다면 입법 취지를 몰각시키는 결과가 되므로 특별한 사정이 없는 한 그러한 주장이 신의칙에 위반된다고 볼 수는 없는 것이다.
(대판 2005.9.30, 2003다63937)

판례 신의성실의 원칙의 의의와 요건 : 민법상의 신의성실의 원칙은, 법률관계의 당사자는 상대방의 이익을 배려하여 형평에 어긋나거나 신뢰를 저버리는 내용 또는 방법으로 권리를 행사하거나 의무를 이행하여서는 아니된다는 추상적 규범을 말하는 것으로서, 신의성실의 원칙에 위배된다는 이유로 그 권리의 행사를 부정하기 위하여는 상대방에게 신의를 주었다거나 객관적으로 보아 상대방이 그러한 신의를 가짐이 정당한 상태에 이르러야 하고, 이와 같은 상대방의 신의에 반하여 권리를 행사하는 것이 정의 관념에 비추어 용인될 수 없는 정도의 상태에 이르러야 한다.(대판 1991.12.10, 91다3802)

판례 신의성실의 원칙 및 권리남용이 직권판단사항인지 여부(적극) : 신의성실의 원칙에 반하는 것 또는 권리남용은 강행규정에 위배되는 것이므로 당사자의 주장이 없더라도 법원은 직권으로 판단할 수 있다.(대판 1989.9.29, 88다카17181)

▶ 신의성실의 원칙상 보호의무

판례 병원이 입원환자에게 부담하는 보호의무 : 환자가 병원에 입원하여 치료를 받는 경우, 병원은 진료뿐만 아니라 환자에 대한 숙식의 제공을 비롯하여 간호, 보호 등 입원에 따른 포괄적 채무를 지는 것인데, 입원환자는 입원 중의 생활을 위하여 필수용품 등을 휴대하지 않을 수 없고 진료를 받기 위하여나 개인 용무를 위하여 병실을 비울 경우에 모든 휴대품을 소지할 수 없는 한편, 병실에는 여러 사람들이 비교적 자유롭게 출입하고 왕왕 병실에서의 도난사고가 발생하는 실정이므로, 병원은 병실에의 출입자를 통제·감독하든가 그것이 불가능하다면 최소한 입원환자에게 휴대품을 안전하게 보관할 수 있는 시정장치가 있는 사물함을 제공하는 등으로 입원환자의 휴대품 등의 도난을 방지함에 필요한 적절한 조치를 강구하여 줄 신의칙상의 보호의무가 있다.(대판 2003.4.11, 2002다63275)

판례 사용자가 피용자에게 부담하는 보호의무 : 사용자는 근로계약에 수반되는 신의칙상의 부수적 의무로서 피용자가 노무를 제공하는 과정에서 생명, 신체, 건강을 해치는 일이 없도록 물적 환경을 정비하는 등 필요한 조치를 강구하여야 할 보호의무를 부담한다.
(대판 1999.2.23, 97다12082)

▶ 사정변경의 원칙

판례 사정변경의 원칙의 인정기준 : 사정변경으로 인한 계약해제는, 계약성립 당시 당사자가 예견할 수 없었던 현저한 사정의 변경이 발생하였고 그러한 사정의 변경이 해제권을 취득하는 당사자에게 책임 없는 사유로 생긴 것으로서, 계약내용대로의 구속력을 인정한다면 신의칙에 현저히 반하는 결과가 생기는 경우에 계약준수 원칙의 예외로서 인정되는 것이고, 여기에서 말하는 사정이라 함은 계약의 기초가 되었던 객관적인 사정으로서, 일방당사자의 주관적 또는 개인적인 사정을 의미하는 것은 아니다. 또한, 계약의 성립에 기초가 되지 아니한 사정이 그 후 변경되어 일방당사자가 계약 당시 의도한 계약목적을 달성할 수 없게 됨으로써 손해를 입게 되었다 하더라도 특별한 사정이 없는 한 그 계약내용의 효력을 그대로 유지하는 것이 신의칙에 반한다고 볼 수도 없다.(대판 2007.3.29, 2004다31302)

판례 주채무 과다 발생시 계속적 보증계약의 해지 : 채권자와 주채무자 사이의 계속적인 거래관계에서 발생하는 불확정한 채무를 보증하는 이른바 '계속적 보증'의 경우에도 보증인은 주채무자가 이행하지 아니하는 채무를 전부 이행할 의무가 있는 것이 원칙이다. 다만 보증인이 보증을 할 당시 주채무의 범위를 예상하였거나 예상할 수 있었는데 주채무가 그 예상범위를 훨씬 초과하여 객관적인 상당성을 잃을 정도로 과다하게 발생하였고, 또 그와 같이 주채무가 과다하게 발생한 원인이 채권자가 주채무자의 자산상태가 현저히 악화된 사정을 잘 알고 있으면서도(중대한 과실로 알지 못한 경우도 마찬가지다) 그와 같은 사정을 알 수 없었던 보증인에게 아무런 통지나 의사타진도 하지 아니한 채 고의로 거래의 규모를 확대하였기 때문인 것으로 인정되는 등 채권자가 보증인에게 주채무의 전부이행을 청구하는 것이 신의칙에 반하는 것으로 판단될 만한 특별한 사정이 있는 경우에 한하여 보증인의 책임을 합리적인 범위 내로 제한할 수 있다.
(대판 1991.10.8, 91다14147)

▶ 금반언의 원칙

판례 선행행위에 반하여 강행법규 위반을 주장할 수 있는지 여부(적극) : 강행법규에 위반하여 무효인 수익보장약정이 위탁회사가 먼저 제의하여 체결된 것이라고 하더라도, 이러한 경우에 강행법규를 위반한 자가 스스로 그 약정의 무효를 주장함이 신의칙에 위반되는 권리의 행사라는 이유로 그 주장을 배척한다면, 이는 오히려 강행법규에 의하여 배제하려는 결과를 실현시키는 셈이 되어 입법취지를 완전히 몰각하게 되므로, 달리 특별한 사정이 없는 한 위와 같은 주장이 신의성실의 원칙에 반한다고 할 수 없다.(대판 1999.3.23, 99다4405)

▶ 실효의 원칙

판례 일반적으로 권리의 행사는 신의에 좇아 성실히 하여야 하고 권리는 남용하지 못하는 것이므로 권리자가 실제로 권리를 행사할 수 있는 기회가 있었음에도 불구하고 상당한 기간이 경과하도록 권리를 행사하지 아니하여 의무자인 상대방으로서도 이제는 권리자가 권리를 행사하지 아니할 것으로 신뢰할 만한 정당한 기대를 가지게 된 다음에 새삼스럽게 그 권리를 행사하는 것이 법질서 전체를 지배하는 신의성실의 원칙에 위반하는 것으로 인정되는 결과가 될 때에는 이른바 실효의 원칙에 따라 그 권리의 행사가 허용되지 않는다고 보아야 할 것이다.(대판 2005.10.28, 2005다45827)

판례 실효의 원칙을 적용하기 위한 요건 : 권리자가 장기간에 걸쳐 그 권리를 행사하지 아니하여 새삼스럽게 그 권리를 행사하는 것이 신의성실의 원칙에 위반되어 허용되지 아니한다고 하려면, 의무자인 상대방이 더 이상 권리자가 그 권리를 행사하지 아니할 것으로 믿을 만한 정당한 사유가 있어야 한다.(대판 2002.1.8, 2001다60019)

판례 소송법상 권리 : 실효의 원칙은 권리자가 장기간에 걸쳐 그 권리를 행사하지 아니함에 따라 그 의무자인 상대방이 더 이상 권리자가 권리를 행사하지 아니할 것으로 신뢰할 만한 정당한 기대를 가지게 된 경우에 새삼스럽게 권리자가 그 권리를 행사하는 것은 법질서 전체를 지배하는 신의성실의 원칙에 위반되어 허용되지 아니한다는 것을 의미하고, 항소권과 같은 소송법상의 권리에 대하여도 이러한 원칙은 적용될 수 있다.(대판 1996.7.30, 94다51840)

판례 해제권 행사 : 일반적으로 권리의 행사는 신의에 좇아 성실히 하여야 하고 권리는 남용하지 못하는 것이므로, 해제권을 갖는 자가 상당한 기간이 경과하도록 이를 행사하지 아니하여 상대방으로서도 이제는 그 권리가 행사되지 아니할 것이라고 신뢰할 만한 정당한 사유를 갖기에 이르러 그 후 새삼스럽게 이를 행사하는 것이 법질서 전체를 지배하는 신의성실의 원칙에 위반하는 것으로 인정되는 결과가 될 때에는 이른바 실효의 원칙에 따라 그 해제권의 행사가 허용되지 않는다.(대판 1994.11.25, 94다12234)

판례 실효의 원칙의 의의, 판단방법, 고용관계에 대한 적용 : [1] 일반적으로 권리의 행사는 신의에 좇아 성실히 하여야 하고 권리는 남용하지 못하는 것이므로, 권리자가 실제로 권리를 행사할 수 있는 기회가 있어서 그 권리행사의 기대가능성이 있었음에도 불구하고 상당한 기간이 경과하도록 권리를 행사하지 아니하여 의무자인 상대방으로서도 이제는 권리자가 권리를 행사하지 아니할 것으로 신뢰할 만한 정당한 기대를 가지게 된 다음에 새삼스럽게 그 권리를 행사하는 것이 법질서 전체를 지배하는 신의성실의 원칙에 위반하는 것으로 인정되는 결과가 될 때에는 이른바 실효의 원칙에 따라 그 권리의 행사가 허용되지 않는다고 보아야 한다.
[2] 실효의 원칙이 적용되기 위하여 필요한 요건으로서의 실효기간(권리를 행사하지 아니한 기간)의 길이와 의무자인 상대방이 권리가 행사되지 아니하리라고 신뢰할 만한 정당한 사유가 있었는지의 여부는 일률적으로 판단할 수 있는 것이 아니라 구체적인 경우마다 권리를 행사하지 아니한 기간의 장단과 함께 권리자측과 상대방측 쌍방의 사정 및 객관적으로 존재한 사정 등을 모두 고려하여 사회통념에 따라 합리적으로 판단하여야 한다.
[3] 사용자와 근로자 사이의 고용관계(근로자의 지위)의 존부를 둘러싼 노동분쟁은, 그 당시의 경제적 정세에 대처하여 최선의 설비와 조직으로 기업활동을 전개하여야 하는 사용자의 입장에서는 물론, 근로자로서의 임금수입에 의하여 자신과 가족의 생계를 유지하고 있는 근로자의 입장에서도 신속히 해결되는 것이 바람직하므로, 위와 같은 실효의 원칙이 다른 법률관계에 있어서 보다 더욱 적극적으로 적용되어야 할 필요가 있다.
(대판 1992.1.21, 91다30118)

▶ 권리남용금지의 원칙

판례 상속채무를 부담하게 된 상속인의 행위가 단순히 피상속인에 대한 사망신고 및 상속부동산에 대한 상속등기를 게을리 함으로써 채권자로 하여금 사망한 피상속인을 피신청인으로 하여 상속부동산에 대하여 당연 무효의 가압류를 하도록 방치하고 그 가압류에 대하여 이의를 제기하거나 피상속인의 사망 사실을 채권자에게 알리지 않은 정도에 그치고, 그 외 달리 채권자의 권리 행사를 저지·방해할 만한 행위에 나아간 바 없다면 위와 같은 소극적인 행위만을 문제 삼아 상속인의 소멸시효 완성 주장이 신의성실의 원칙에 반하여 권리남용으로서 허용될 수 없다고 볼 것은 아니다.
(대판 2006.8.24, 2004다26287,26294)

판례 소멸시효에 기한 항변권의 행사가 권리남용이 되기 위한 요건 : 채무자의 소멸시효에 기한 항변권의 행사도 우리 민법의 대원칙인 신의성실의 원칙과 권리남용금지의 원칙의 지배를 받는 것이어서, 채무자가 시효완성 전에 채권자의 권리행사나 시효중단을 불가능 또는 현저히 곤란하게 하였거나, 그러한 조치가 불필요하다고 믿게 하는 행동을 하였거나, 객관적으로 채권자가 권리를 행사할 수 없는 장애사유가 있었거나, 또는 일단 시효완성 후에 채무자가 시효를 원용하지 아니할 것 같은 태도를 보여 권리자로 하여금 그와 같이 신뢰하게 하였거나, 채권자보호의 필요성이 크고, 같은 조건의 다른 채권자가 채무의 변제를 수령하는 등의 사정이 있어 채무이행의 거절을 인정함이 현저히 부당하거나 불공평하게 되는 등의 특별한 사정이 있는 경우에는 채무자가 소멸시효의 완성을 주장하는 것이 신의성실의 원칙에 반하여 권리남용으로서 허용될 수 없다.
(대판 2005.5.13, 2004다71881)

판례 상계권 행사 : 상계권자의 지위가 법률상 보호를 받는 것은, 원래 상계제도가 서로 대립하는 채권, 채무를 간이한 방법에 의하여 결제함으로써 양자의 채권채무관계를 원활하고 공평하게 처리함을 목적으로 하고 있고, 상계권을 행사하려고 하는 자에 대하여는 수동채권의 존재가 사실상 자동채권에 대한 담보로서의 기능을 하는 것이어서 그 담보적 기능에 대한 당사자의 합리적 기대가 법적으로 보호받을 만한 가치가 있음에 근거하는 것이다. 당사자가 상계의 대상이

되는 채권이나 채무를 취득하게 된 목적과 경위, 상계권을 행사함에 이른 구체적·개별적 사정에 비추어, 그것이 위와 같은 상계 제도의 목적이나 기능을 일탈하고 법적으로 보호받을 만한 가치가 없는 경우에는 그 상계권의 행사는 신의칙에 반하거나 상계에 관한 권리를 남용하는 것으로서 허용되지 않는다고 봄이 상당하고, 상계권 행사를 제한하는 위와 같은 근거에 비추어 볼 때 일반적인 권리남용의 경우에 요구되는 주관적 요건을 필요로 하는 것은 아니다.
(대판 2003.4.11, 2002다59481)

판례 소멸시효 완성 주장 : 채무자가 시효 완성 전에 채권자의 권리행사나 시효 중단을 불가능 또는 현저히 곤란하게 하거나 그러한 조치가 불필요하다고 믿게 하는 행동을 하였거나, 객관적으로 채권자가 권리를 행사할 수 없는 장애사유가 있었거나, 또는 일단 시효 완성 후에 채무자가 시효를 원용하지 아니할 것 같은 태도를 보여 권리자로 하여금 그와 같이 신뢰하게 하였거나, 채권자 보호의 필요성이 크고 같은 조건의 다른 채권자가 채무의 변제를 수령하는 등의 사정이 있어 채무 이행의 거절을 인정함이 현저히 부당하거나 불공평하게 되는 등의 특별한 사정이 있는 경우에 한하여 채무자가 소멸시효의 완성을 주장하는 것이 신의성실의 원칙에 반하여 권리남용으로서 허용될 수 없다.(대판 1999.12.7, 98다42929)

판례 권리남용의 요건 : 권리행사가 권리의 남용에 해당한다고 할 수 있으려면, 주관적으로 그 권리행사의 목적이 오직 상대방에게 고통을 주고 손해를 입히려는 데 있을 뿐 행사하는 사람에게 아무런 이익이 없는 경우이어야 하고, 객관적으로는 그 권리행사가 사회질서에 위반된다고 볼 수 있어야 하는 것이며, 이와 같은 경우에 해당하지 않는 한 비록 그 권리의 행사에 의하여 권리행사자가 얻는 이익보다 상대방이 잃을 손해가 현저히 크다 하여도 그러한 사정만으로는 이를 권리남용이라 할 수 없고, 다만 이러한 주관적 요건은 권리자의 정당한 이익을 결여한 권리행사로 보여지는 객관적인 사정에 의하여 추인할 수 있다.(대판 1998.6.26, 97다42823)

판례 권리남용의 의의 : 권리남용이라 함은 권리자가 그 권리를 행사함으로 인하여 사회적·경제적으로 얻는 이익보다 상대방에게 과대한 손해를 입히는 결과가 됨에도 불구하고, 권리자가 권리행사라는 구실로 상대방에게 손해를 가할 것만을 목적으로 하거나 또는 객관적으로 우리의 통념상 도저히 용인될 수 없는 부당한 결과를 자아내는 등 공공복리를 위한 권리의 사회적 기능을 무시하고, 신의성실의 원칙과 국민의 건전한 권리의식에 반하는 행위를 하는 것을 뜻하므로 어느 권리행사가 권리남용이 되는가의 여부는 개별적이고 구체적인 사안에 따라 판단되어야 한다.(대판 1991.10.25, 91다27273)

第2章　人

第1節　能　力

第3條【權利能力의 存續期間】 사람은 生存한 동안 權利와 義務의 主體가 된다.

참조 [권리의 평등]헌11, [외국인의 권리]헌6②, 광업10의2, 부동산거래신고등에관한법7-9, [사권]헌21④, [손해배상청구권에 있어서의 태아의 지위]762, [태아의 상속능력]1000③, [유언과 태아]1064, [출생과 신고]가족관계등록44-54, [권리능력의 소멸]27, [사망과 실종]가족관계등록84-91

판례 태아의 수증능력 부정 : 조선민사령에 의한 의용민법이나 구관습 아래에서도 태아에게는 일반적으로 권리능력이 인정되지 아니하고 손해배상청구권 또는 상속 등 특별한 경우에 한하여 제한된 권리능력을 인정하였을 따름이어서 태아인 동안에는 법정대리인이 있을 수 없고, 따라서 법정대리인에 의한 수증행위도 불가능한 것이어서 태아의 수증능력을 인정할 수 없다.(대판 1982.2.9, 81다534)

판례 태어나지 않은 태아의 권리능력 : 특정한 권리에 있어서 태아가 이미 태어난 것으로 본다는 것은 설사 태아가 권리를 취득한다 하더라도 현행법상 이를 대행할 기관이 없으니 태아로 있는 동안은 권리능력을 취득할 수 없으니 태아가 모체와 같이 사망하여 태어나지 않은 이상 손해배상청구권을 논할 여지가 없다.
(대판 1976.9.14, 76다1365)

第4條【성년】 사람은 19세로 성년에 이르게 된다.
(2011.3.7 본조개정)

改前 "第4條【成年期】滿20歲로 成年이 된다."

참조 [연령의 계산]158-160·부칙27, [외국인의 능력]국제사법, [성년의 의제]826의2

판례 미성년자 행위능력의 판단 : 미성년자인 자의 법률행위에 대한 민법의 제한 규정은 사실상의 행위능력 등의 유무에 불구하고 형식적으로 적용되는 것이다.(대판 1978.4.11, 78다71)

第5條【未成年者의 能力】 ① 未成年者가 法律行爲를 함에는 法定代理人의 同意를 얻어야 한다. 그러나 權利만을 얻거나 義務만을 免하는 行爲는 그러하지 아니하다.
② 前項의 規定에 違反한 行爲는 取消할 수 있다.

참조 [성년]4·826의2, ①[미성년자의 법정대리인]911, [후견 개시]928-940, 1990.1.13부칙10, [약혼연령]801, [혼인]808, [성년후견과 협의 이혼]835, [입양]871, [유언]1061·1062, [친권대행]910·948, [법정대리인의 허락을 요하지 않는 경우]6·8, 상6-8, [제한능력자에 대한 의사표시의 효력]112, [미성년자와 소송]민소51·55·62, 가소2①(2)가, [미성년자의 대리행위]117, [법정대리인의 미성년자 대리]916·920-921·928·938·950이하, 근기67, [제3자가 무상으로 자에게 수여한 재산의 관리]918·956, ②[취소]140-146·950·951, [상대방의 최고권]15, [상대방의 철회권·거절권]16, [제한능력자의 속임수]17

판례 미성년자의 부양료 단독 청구 : 부양을 받을 미성년자라 하더라도 부양의무자인 친권자가 그를 부양하고 있지 않은 이상 그 부양료를 부양의무자인 친권자에게 직접 청구할 수 있다.(대판 1972.7.11, 72므5)

독판 법정대리인 소유의 가옥을 미성년자에게 증여하는 경우에 있어, 이러한 행위가 미성년자에게 권리만을 취득케 하는 것인지의 여부는 계약의 채권적·물권적 측면을 종합적으로 고려하여 판단되어야 한다. 채권계약상으로는 권리만을 취득하는 행위가 물권적 의무부담과 결부되어 있다면, 권리만을 취득하는 것으로 볼 수 없다.
(독·연방법원 1980.7.9 BZHZ 78, 28)

第6條【處分을 許諾한 財産】 法定代理人이 範圍를 정하여 處分을 許諾한 財産은 未成年者가 任意로 處分할 수 있다.

참조 [미성년자의 능력]5, [피성년후견인의 행위와 취소]10

第7條【同意와 許諾의 取消】 法定代理人은 未成年者가 아직 法律行爲를 하기 전에는 前2條의 同意와 許諾을 取消할 수 있다.

참조 [피성년후견인의 행위와 취소]10

第8條【營業의 許諾】 ① 未成年者가 法定代理人으로부터 許諾을 얻은 特定한 營業에 관하여는 成年者와 同一한 行爲能力이 있다.
② 法定代理人은 前項의 許諾을 取消 또는 制限할 수 있다. 그러나 善意의 第三者에게 對抗하지 못한다.

참조 [영업의 허락과 그 취소]상6, [후견인이 피후견인을 대리하여 영업하는 경우]950

第9條【성년후견개시의 심판】 ① 가정법원은 질병, 장애, 노령, 그 밖의 사유로 인한 정신적 제약으로 사무를 처리할 능력이 지속적으로 결여된 사람에 대하여 본인, 배우자, 4촌 이내의 친족, 미성년후견인, 미성년후견감독인, 한정후견인, 한정후견감독인, 특정후견인, 특정후견감독인, 검사 또는 지방자치단체의 장의 청구에 의하여 성년후견개시의 심판을 한다.
② 가정법원은 성년후견개시의 심판을 할 때 본인의 의사를 고려하여야 한다.
(2011.3.7 본조개정)

改前 "第9條【限定治産의 宣告】心神이 薄弱하거나 財産의 浪費로 自己나 家族의 生活을 窮迫하게 할 念慮가 있는 者에 대하여는 法院은 本人, 配偶者, 4寸이내의 親族, 後見人 또는 檢事의 請求에 의하여 限定治産을 宣告하여야 한다.(1990.1.13 본조개정)"

참조 [성년후견 개시의 심판 절차]가소2①(2)가, 가소규32이하, [선고의 취소]11·14, [친족]767·777, [후견인]928이하

판례 의사능력의 의미와 판단방법 : 의사능력이란 자신의 행위의 의미나 결과를 정상적인 인식력과 예기력을 바탕으로 합리적으로 판단할 수 있는 정신적 능력 내지는 지능을 말하는 것으로서, 의사능력의 유무는 구체적인 법률행위와 관련하여 개별적으로 판단되어야 하므로, 특히 어떤 법률행위가 그 일상적인 의미만을 이해하여서는 알기 어려운 특별한 법률적인 의미나 효과가 부여되어 있는 경우 의사능력이 인정되기 위하여는 그 행위의 일상적인 의미뿐만 아니라 법률적인 의미나 효과에 대하여도 이해할 수 있을 것을 요한다.
(대판 2009.1.15, 2008다58367)

第10條【피성년후견인의 행위와 취소】 ① 피성년후견인의 법률행위는 취소할 수 있다.
② 제1항에도 불구하고 가정법원은 취소할 수 없는 피성년후견인의 법률행위의 범위를 정할 수 있다.
③ 가정법원은 본인, 배우자, 4촌 이내의 친족, 성년후견인, 성년후견감독인, 검사 또는 지방자치단체의 장의 청구에 의하여 제2항의 범위를 변경할 수 있다.
④ 제1항에도 불구하고 일용품의 구입 등 일상생활에 필요하고 그 대가가 과도하지 아니한 법률행위는 성년후견인이 취소할 수 없다.
(2011.3.7 본조개정)

改前 "第10條【限定治産者의 能力】第5條 내지 第8條의 規定은 限定治産者에 準用한다."

참조 [한정후견]12-14

第11條【성년후견종료의 심판】 성년후견개시의 원인이 소멸된 경우에는 가정법원은 본인, 배우자, 4촌 이내의 친족, 성년후견인, 성년후견감독인, 검사 또는 지방자치단체의 장의 청구에 의하여 성년후견종료의 심판을 한다.(2011.3.7 본조개정)

改前 "第11條【限定治産宣告의 取消】限定治産의 原因이 消滅한 때에는 法院은 第9條에 規定한 者의 請求에 의하여 그 宣告를 取消하여야 한다."

참조 [한정후견]12-14, [취소절차]가소44이하, 가소규38, [능력회복과 추인]144

第12條【한정후견개시의 심판】 ① 가정법원은 질병, 장애, 노령, 그 밖의 사유로 인한 정신적 제약으로 사무를 처리할 능력이 부족한 사람에 대하여 본인, 배우자, 4촌 이내의 친족, 미성년후견인, 미성년후견감독인, 성년후견인, 성년후견감독인, 특정후견인, 특정후견감독인, 검사 또는 지방자치단체의 장의 청구에 의하여 한정후견개시의 심판을 한다.

② 한정후견개시의 경우에 제9조제2항을 준용한다.

(2011.3.7 본조개정)

改前 "第12條【禁治産의 宣告】心神喪失의 常態에 있는 者에 대하여는 法院은 第9條에 規定한 者의 請求에 의하여 禁治産을 宣告하여야 한다."

참조 [청구권자]9, [선고절차]가소2, 가소규32·35·36, [후견인]928-940, [선고의 취소]14

第13條【피한정후견인의 행위와 동의】 ① 가정법원은 피한정후견인이 한정후견인의 동의를 받아야 하는 행위의 범위를 정할 수 있다.

② 가정법원은 본인, 배우자, 4촌 이내의 친족, 한정후견인, 한정후견감독인, 검사 또는 지방자치단체의 장의 청구에 의하여 제1항에 따른 한정후견인의 동의를 받아야만 할 수 있는 행위의 범위를 변경할 수 있다.

③ 한정후견인의 동의를 필요로 하는 행위에 대하여 한정후견인이 피한정후견인의 이익이 침해될 염려가 있음에도 그 동의를 하지 아니하는 때에는가정법원은 피한정후견인의 청구에 의하여 한정후견인의 동의를 갈음하는 허가를 할 수 있다.

④ 한정후견인의 동의가 필요한 법률행위를 피한정후견인이 한정후견인의 동의 없이 하였을 때에는 그 법률행위를 취소할 수 있다. 다만, 일용품의 구입 등 일상생활에 필요하고 그 대가가 과도하지 아니한 법률행위에 대하여는 그러하지 아니하다.

(2011.3.7 본조개정)

改前 "第13條【禁治産者의 能力】禁治産者의 法律行爲는 取消할 수 있다."

참조 [취소와 추인]140-146, [피성년후견인의 혼인·이혼]802·808·835, [피성년후견인의 입양·파양]873·902, [피성년후견인의 인지·유언]856·1062·1063, [제한능력자에 대한 의사표시의 효력]112, [제한능력자와 소송]민소51·55, 가소2①(2)가, [피성년후견인의 대리행위]117, [성년후견인]929·930·936-940·950이하

第14條【한정후견종료의 심판】 한정후견개시의 원인이 소멸된 경우에는 가정법원은 본인, 배우자, 4촌 이내의 친족, 한정후견인, 한정후견감독인, 검사 또는 지방자치단체의 장의 청구에 의하여 한정후견종료의 심판을 한다.

(2011.3.7 본조개정)

改前 "第14條【禁治産宣告의 取消】第11條의 規定은 禁治産者에 準用한다."

참조 [성년후견종료의 심판]11, [한정후견개시]12

第14條의2【특정후견의 심판】 ① 가정법원은 질병, 장애, 노령, 그 밖의 사유로 인한 정신적 제약으로 일시적 후원 또는 특정한 사무에 관한 후원이 필요한 사람에 대하여 본인, 배우자, 4촌 이내의 친족, 미성년후견인, 미성년후견감독인, 검사 또는 지방자치단체의 장의 청구에 의하여 특정후견의 심판을 한다.

② 특정후견은 본인의 의사에 반하여 할 수 없다.

③ 특정후견의 심판을 하는 경우에는 특정후견의 기간 또는 사무의 범위를 정하여야 한다.

(2011.3.7 본조신설)

第14條의3【심판 사이의 관계】 ① 가정법원이 피한정후견인 또는 피특정후견인에 대하여 성년후견개시의 심판을 할 때에는 종전의 한정후견 또는 특정후견의 종료 심판을 한다.

② 가정법원이 피성년후견인 또는 피특정후견인에 대하여 한정후견개시의 심판을 할 때에는 종전의 성년후견 또는 특정후견의 종료 심판을 한다.

(2011.3.7 본조신설)

第15條【제한능력자의 상대방의 확답을 촉구할 권리】 ① 제한능력자의 상대방은 제한능력자가 능력자가 된 후에 그에게 1개월 이상의 기간을 정하여 그 취소할 수 있는 행위를 추인할 것인지 여부의 확답을 촉구할 수 있다. 능력자로 된 사람이 그 기간 내에 확답을 발송하지 아니하면 그 행위를 추인한 것으로 본다.

② 제한능력자가 아직 능력자가 되지 못한 경우에는 그의 법정대리인에게 제1항의 촉구를 할 수 있고, 법정대리인이 그 정하여진 기간 내에 확답을 발송하지 아니한 경우에는 그 행위를 추인한 것으로 본다.

③ 특별한 절차가 필요한 행위는 그 정하여진 기간 내에 그 절차를 밟은 확답을 발송하지 아니하면 취소한 것으로 본다.

(2011.3.7 본조개정)

改前 "第15條【無能力者의 相對方의 催告權】① 無能力者의 相對方은 無能力者가 能力者가 된 후에 이에 대하여 1月이상의 期間을 정하여 그 取消할 수 있는 行爲의 追認與否의 確答을 催告할 수 있다. 能力者로 된 者가 그 期間내에 確答을 發하지 아니한 때에는 그 行爲를 追認한 것으로 본다.

② 無能力者가 아직 能力者가 되지 못한 때에는 그 法定代理人에 대하여 前項의 催告를 할 수 있고 法定代理人이 그 期間내에 確答을 發하지 아니한 때에는 그 行爲를 追認한 것으로 본다.

③ 特別한 節次를 要하는 行爲에 관하여는 그 期間내에 그 節次를 밟은 確答을 發하지 아니하면 取消한 것으로 본다."

참조 [본조 준용]952, [제한능력자와 취소]5·10·13, [취소와 추인]17·111·140-146, [법정대리인]911·916·920·928·931·938·948①

第16條【제한능력자의 상대방의 철회권과 거절권】 ① 제한능력자가 맺은 계약은 추인이 있을 때까지 상대방이 그 의사표시를 철회할 수 있다. 다만, 상대방이 계약 당시에 제한능력자임을 알았을 경우에는 그러하지 아니하다.

② 제한능력자의 단독행위는 추인이 있을 때까지 상대방이 거절할 수 있다.

③ 제1항의 철회나 제2항의 거절의 의사표시는 제한능력자에게도 할 수 있다.

(2011.3.7 본조개정)

改前 "第16條【無能力者의 相對方의 撤回權과 拒絶權】① 無能力者의 契約은 追認있을 때까지 相對方이 그 意思表示를 撤回할 수 있다. 그러나 相對方이 契約당시에 無能力者임을 알았을 때에는 그러하지 아니하다.

② 無能力者의 單獨行爲는 追認있을 때까지 相對方이 拒絶할 수 있다.

③ 前2項의 撤回나 拒絶의 意思表示는 無能力者에 대하여도 할 수 있다."

참조 [제한능력자와 취소]5·10·13, [취소와 추인]17·111·140-146, [제한능력자에 대한 의사표시의 효력]112

第17條【제한능력자의 속임수】 ① 제한능력자가 속임수로써 자기를 능력자로 믿게 한 경우에는 그 행위를 취소할 수 없다.

② 미성년자나 피한정후견인이 속임수로써 법정대리인의 동의가 있는 것으로 믿게 한 경우에도 제1항과 같다.

(2011.3.7 본조개정)

改前 "第17條【無能力者의 詐術】① 無能力者가 詐術로써 能力者로 믿게 한 때에는 그 行爲를 取消하지 못한다.

② 未成年者나 限定治産者가 詐術로써 法定代理人의 同意있는 것으로 믿게 한 때에도 前項과 같다."

참조 [제한능력자]5·10·13, [사기, 강박에 의한 의사표시]110

판례 미성년자와 계약을 체결한 상대방이 미성년자의 취소권을 배제하기 위하여 민법 제17조 소정의 미성년자가 사술을 썼다고 주장하는 때에는 그 주장자인 상대방측에 그에 대한 입증책임이 있다.(대판 1971.12.14, 71다2045)

第2節 住 所

第18條【住所】 ① 生活의 根據되는 곳을 住所로 한다.
② 住所는 同時에 두 곳 이상 있을 수 있다.

참조 [법인의 주소]36, 상171, [주소지법]국제사법, [주소의 효과]수표2·8, 민소3·172·184, 가소규20·39·47·54·87·91·132, 비송2·9·32·60·68·247, 채무자회생파산3, 국적5-7

판례 주소와 거소의 판단 방법 : 주소는 생활의 근거가 되는 곳으로 국내에서 생계를 같이하는 가족 및 국내에 소재하는 자산의 유무 등 생활관계의 객관적 사실에 따라 판정할 것이며, 거소는 주소지 이외의 장소에 상당기간 거주하여도 주소와 같이 밀접한 일반적 생활관계가 발생하지 아니하는 장소라고 새길 것이다.(대판 1984.3.27, 83누548)

第19條【居所】 住所를 알 수 없으면 居所를 住所로 본다.

참조 [주소]18, [거소의 효과]민소3

第20條【居所】 國內에 住所없는 者에 대하여는 國內에 있는 居所를 住所로 본다.

참조 [주소]18

第21條【假住所】 어느 行爲에 있어서 假住所를 정한 때에는 그 行爲에 관하여는 이를 住所로 본다.

참조 [주소]18

第3節 不在와 失踪

第22條【不在者의 財産의 管理】 ① 從來의 住所나 居所를 떠난 者가 財産管理人을 정하지 아니한 때에는 法院은 利害關係人이나 檢事의 請求에 의하여 財産管理에 관하여 필요한 處分을 命하여야 한다. 本人의 不在 중 財産管理人의 權限이 消滅한 때에도 같다.
② 本人이 그 후에 財産管理人을 정한 때에는 法院은 本人, 財産管理人, 利害關係人 또는 檢事의 請求에 의하여 前項의 命令을 取消하여야 한다.

참조 [주소·거소]18-21, [부재자의 재산관리]가소2나(1), [법원이 선임한 관리인의 개임]23, [선임·개임의 권한]25, [선임·개임의 직무 권한]24·26, 가소44, 가소규39이하, ②[처분의 취소]가소2①(2)가, 가소규50

판례 이북에 잔류한 자로서 제적될 자 : 부재선고 등에 관한 특별 조치법의 규정에 의한 부재자가 아니고 이북에 잔류한 자로서 제적될 대상자에 해당한다 할지라도 이 사실만으로 그 자를 부재자로 한 본건 재산관리인 선임을 당연무효라고 할 수 없다.(대판 1971.10.22, 71다1636)

판례 부재자 사망시 재산관리인의 권한 소멸 여부(소극) : 부재자재산 관리인 선임결정이 있었던 이상 부재자가 사망한 것이 사실이라 하더라도 그 결정이 취소되지 않는 한 관리인의 권한이 당연히 소멸되는 것은 아니다.(대판 1967.2.21, 66다2352)

第23條【管理人의 改任】 不在者가 財産管理人을 정한 경우에 不在者의 生死가 分明하지 아니한 때에는 法院은 財産管理人, 利害關係人 또는 檢事의 請求에 의하여 財産管理人을 改任할 수 있다.

참조 [관리인의 선임·개임]가소규41-43

第24條【管理人의 職務】 ① 法院이 選任한 財産管理人은 管理할 財産目錄을 作成하여야 한다.
② 法院은 그 選任한 財産管理人에 대하여 不在者의 財産을 保存하기 위하여 필요한 處分을 命할 수 있다.
③ 不在者의 生死가 分明하지 아니한 경우에 利害關係人이나 檢事의 請求가 있는 때에는 法院은 不在者가 정한 財産管理人에게 前2項의 處分을 命할 수 있다.
④ 前3項의 경우에 그 費用은 不在者의 財産으로써 支給한다.

참조 [본조 준용]918④·1023②·1047②·1053②, [법원의 권한]가소규41이하, ①[관리인의 의무와 권한]25·26, [재산목록의 작성]가소규47, ②[담보제공]26①, 가소규45, [보고·계산]683, 가소규44

第25條【管理人의 權限】 法院이 選任한 財産管理人이 第118條에 規定한 權限을 넘는 行爲를 함에는 法院의 許可를 얻어야 한다. 不在者의 生死가 分明하지 아니한 경우에 不在者가 정한 財産管理人이 權限을 넘는 行爲를 할 때에도 같다.

참조 [본조 준용]918④·1023②·1047②·1053②

판례 법원의 초과행위허가결정에 추인의 효력이 있는지 여부(적극) : 법원의 재산관리인의 초과행위허가의 결정은 그 허가받은 재산에 대한 장래의 처분행위를 위한 경우뿐만 아니라 기왕의 처분행위를 추인하는 행위로도 할 수 있으므로 부재자의 재산관리인이 법원의 초과행위허가결정을 받아 그 허가결정등본을 매수인에게 교부한 때에는 그 이전에 한 부재자 소유의 주식매매계약을 추인한 것으로 볼 수 있다.(대판 1982.9.14, 80다3063)

판례 부재자로부터 위임된 재산관리인이 법원에 의해 다시 선임된 경우 재산관리인의 권한 : 부재자가 6.25사변 전부터 가사 일체와 재산의 관리 및 처분의 권한을 그 모에 위임하였다 가정하더라도 모가 부재자의 실종 후 법원에 신청하여 동 부재자의 재산관리인으로 선임된 경우, 부재자의 생사가 분명하지 아니하여 민법 23조의 규정에 의한 개임이라고 보지 못할바 아니므로 이때부터 부재자의 위임에 의한 모의 재산관리 처분권한은 종료되고, 따라서 그 후 모의 부재자 재산처분에 있어서는 민법 25조에 따른 권한 초과 행위 허가를 받아야 하며 그 허가를 받지 아니하고 한 부재자의 재산매각은 무효이다.(대판 1977.3.22, 76다1437)

第26條【管理人의 擔保提供, 報酬】 ① 法院은 그 選任한 財産管理人으로 하여금 財産의 管理 및 返還에 관하여 相當한 擔保를 提供하게 할 수 있다.
② 法院은 그 選任한 財産管理人에 대하여 不在者의 財産으로 相當한 報酬를 支給할 수 있다.
③ 前2項의 規定은 不在者의 生死가 分明하지 아니한 경우에 不在者가 정한 財産管理人에 準用한다.

참조 [본조 준용]전조와 같음, [법원이 선임한 관리인]22·23, [법원의 권한]24②③, [담보]가소규45

第27條【失踪의 宣告】 ① 不在者의 生死가 5年間 分明하지 아니한 때에는 法院은 利害關係人이나 檢事의 請求에 의하여 失踪宣告를 하여야 한다.
② 戰地에 臨한 者, 沈沒한 船舶 중에 있던 者, 墜落한 航空機 중에 있던 者 기타 死亡의 原因이 될 危難을 당한 者의 生死가 戰爭終止후 또는 船舶의 沈沒, 航空機의 墜落 기타 危難이 終了한 후 1年間 분명하지 아니한 때에도 第1項과 같다.(1984.4.10 본항개정)

참조 1984.4.10부칙③, [외국인과 실종선고]국제사법, [실종선고절차]가소2①(2)가, [실종선고와 가족등록부]가족관계등록92, [인정 사망]가족관계등록87, [미수복지구 잔류자에 대한 부재선고]부재선고에관한특별조치법3·4

판례 사망의 원인이 될 위난 : 민법 제27조의 문언이나 규정의 체계 및 취지 등에 비추어, 그 제2항에서 정하는 "사망의 원인이 될 위난"이라고 함은 화재·홍수·지진·화산 폭발 등과 같이 일반적·객관적으로 사람의 생명에 명백한 위험을 야기하여 사망의 결과를 발생시킬 가능성이 현저히 높은 외부적 사태 또는 상황을 가리킨다.(대결 2011.1.31, 2010스165)

판례 제2순위 상속인이 이해관계인인지 여부(소극) : 부재자의 자매로서 제2순위 상속인에 불과한 자는 부재자에 대한 실종선고의 여부에 따라 상속지분에 차이가 생긴다고 하더라도 이는 부재자의 사망간주시기에 따른 간접적인 영향에 불과하고 부재자의 실종선고 자체를 원인으로 한 직접적인 결과는 아니므로 부재자에 대한 실종선고를 청구할 이해관계인이 될 수 없다.(대결 1986.10.10, 86스20)

판례 이해관계인의 범위 : 본조 소정의 실종선고를 청구할 수 있는 이해관계인이라 함은 법률상뿐만 아니라 경제적, 신분적 이해관계인이어야 할 것이므로 부재자의 제1순위 재산상속인이 있는 경우에 제4순위의 재산상속인은 위 부재자에 대한 실종선고를 청구할 이해관계인이 될 수 없다.(대결 1980.9.8, 80스27)

第28條【失踪宣告의 效果】 失踪宣告를 받은 者는 前條의 期間이 滿了한 때에 死亡한 것으로 본다.

참조 [사망효과]127·690·717·729·997·1073, [부재선고의 효과]부재선고에관한특별조치법4, [선고의 기재사항]가족관계등록92, [선고효력 발생시기]가소40

판례 실종선고의 효과 : 민법 28조는 실종선고를 받은 자는 27조 1항 소정의 생사불명기간이 만료된 때에 사망한 것으로 본다고 규정하고 있으므로 실종선고가 취소되지 않는 한 반증을 들어 실종선고의 효과를 다툴 수는 없다.(대판 1995.2.17, 94다52751)

판례 실종에 의한 사망간주 시점이 소 제기 전으로 소급하는 경우 확정판결의 효력 : 실종선고의 효력이 발생하기 전에는 실종기간이 만료된 실종자라 하여도 소송상 당사자능력을 상실하는 것은 아니므로 실종선고 확정 전에는 실종기간이 만료된 실종자를 상대로 하여 제기된 소도 적법하고 실종자를 당사자로 하여 선고된 판결도 유효하며 이처럼 판결이 유효하게 확정되어 기판력이 발생한 경우 그 판결이 해제조건부로 선고되었다는 등의 특별한 사정이 없는 한 그 효력이 유지되어 당사자로서는 그 판결이 재심이나 추완항소 등에 의하여 취소되지 않는 한 그 기판력에 반하는 주장을 할 수 없는 것이 원칙이며, 비록 실종자를 당사자로 한 판결이 확정된 후 실종선고가 확정되어 그 사망간주의 시점이 소 제기 전으로 소급하는 경우에도 위 판결 자체가 소급하여 당사자능력이 없는 사망한 사람을 상대로 한 판결로서 무효가 된다고는 볼 수 없다.(대판 1992.7.14, 92다2455)

第29條【失踪宣告의 取消】 ① 失踪者의 生存한 事實 또는 前條의 規定과 相異한 때에 死亡한 事實의 證明이 있으면 法院은 本人, 利害關係人 또는 檢事의 請求에 依하여 失踪宣告를 取消하여야 한다. 그러나 失踪宣告후 그 取消전에 善意로 한 行爲의 效力에 影響을 미치지 아니한다.

② 失踪宣告의 取消가 있을 때에 失踪의 宣告를 直接原因으로 하여 財産을 取得한 者가 善意인 경우에는 그 받은 利益이 現存하는 限度에서 返還할 義務가 있고 惡意인 경우에는 그 받은 利益에 利子를 붙여서 返還하고 損害가 있으면 이를 賠償하여야 한다.

참조 [선고취소절차]가소2①(2)가, [선고취소와 가족등록부]가족관계등록92③, [재산의 반환의무]741, [부재선고의 취소]부재선고에관한특별조치법5

판례 실종선고 취소 사유의 존재만으로 실종선고의 효력이 번복되는지 여부(소극) : 실종선고를 받은 자는 실종기간이 만료한 때에 사망한 것으로 간주되는 것이므로, 실종기간 만료시를 기준으로 하여 상속이 개시된 이상 설사 이후 실종선고가 취소되어야 할 사유가 생겼다고 하더라도 실제로 실종선고가 취소되지 아니하는 한, 임의로 실종기간이 만료하여 사망한 때로 간주되는 시점과는 달리 사망시점을 정하여 이미 개시된 상속을 부정하고 이와 다른 상속관계를 인정할 수는 없다.(대판 1994.9.27, 94다21542)

第30條【同時死亡】 2人 이상이 同一한 危難으로 死亡한 경우에는 同時에 死亡한 것으로 推定한다.

참조 [동시사망의 효과]997 · 999 · 1001 · 1089

판례 추정의 의미 : 민법 30조의 추정은 법률상 추정으로서 이를 번복하기 위하여는 동일한 위난으로 사망하였다는 전제사실에 대하여 법원의 확신을 흔들리게 하는 반증을 제출하거나 또는 각자 다른 시각에 사망하였다는 점에 대하여 법원에 확신을 줄 수 있는 본증을 제출하여야 하는데, 이 경우 사망의 선후에 의하여 관계인들의 법적 지위에 중대한 영향을 미치는 점을 감안할 때 충분하고도 명백한 입증이 없는 한 위 추정은 깨어지지 아니한다.(대판 1998.8.21, 98다8974)

第3章 法 人

第1節 總 則

第31條【法人成立의 準則】 法人은 法律의 規定에 의함이 아니면 成立하지 못한다.

참조 [법인의 성립을 인정하는 법률]32, 지방자치3 · 176②, 한국은행법2, 한국산업은행법2①, 중소기업은행법3①, 중소기업협동4, 수협4, 한국해운조합법4, 농협4, 변호사40 · 58의2, 회계사23, 세무사16의3① · 18, 노노6, 약사11② · 12②, 상공회의소2

■ 비법인사단 일반

판례 비법인사단의 성립요건 : 종중 또는 문중과 같이 특별한 조직행위 없이도 자연적으로 성립하는 예외적인 사단이 아닌 한 법인 아닌 사단이 성립하려면 사단으로서의 실체를 갖추는 조직행위가 있어야 하는바, 만일 어떤 단체가 외형상 목적, 명칭, 사무소 및 대표자를 정하고 있다고 할지라도 사단의 실체를 인정할 만한 조직, 그 재정적 기초, 총회의 운영, 재산의 관리 기타 단체로서의 활동에 관한 입증이 없는 이상 이를 법인이 아닌 사단으로 볼 수 없다.
(대판 1997.9.12, 97다20908)

판례 조합과 비법인사단의 구별기준 : 민법상의 조합과 법인격은 없으나 사단성이 인정되는 비법인사단을 구별함에 있어서는 일반적으로 그 단체성의 강약을 기준으로 판단하여야 하는바, 조합은 어느 정도 단체성에서 오는 제약을 받게 되는 것이지만 구성원의 개인성이 강하게 드러나는 인적 결합체인 데 비하여 비법인사단은 구성원의 개인성과는 별개로 권리의무의 주체가 될 수 있는 독자적 존재로서의 단체적 조직을 가지는 특성이 있다. 민법상 조합의 명칭을 가지고 있는 단체라 하더라도 고유의 목적을 가지고 사단적 성격을 가지는 규약을 만들어 이에 근거하여 의사결정기관 및 집행기관인 대표자를 두는 등의 조직을 갖추고 있고, 기관의 의결이나 업무집행방법이 다수결의 원칙에 의하여 행해지며, 구성원의 가입, 탈퇴 등으로 인한 변경에 관계없이 단체 그 자체가 존속되고, 그 조직에 의하여 대표의 방법, 총회나 이사회 등의 운영, 자본의 구성, 재산의 관리 기타 단체로서의 주요사항이 확정되어 있는 경우에는 비법인사단으로서의 실체를 가진다고 할 것이다.(대판 1992.7.10, 92다2431)

■ 비법인사단에 대한 법인 규정의 유추적용

판례 청산인 : 비법인사단인 교회의 교인이 존재하지 않게 된 경우 그 교회는 해산하여 청산절차에 들어가서 청산의 목적범위 내에서 권리 · 의무의 주체가 되며, 이 경우 해산 당시 그 비법인사단의 총회에서 향후 업무를 수행할 자를 선정하였다면 민법 82조 1항을 유추하여 그 선임된 자가 청산인으로서 청산 중의 비법인사단을 대표하여 청산업무를 수행하게 된다.(대판 2003.11.14, 2001다32687)

판례 당사자능력소멸 : 법인 아닌 사단에 대하여는 사단법인에 관한 민법규정 가운데서 법인격을 전제로 하는 것을 제외하고는 이를 유추적용하여야 할 것인바, 사단법인에 있어서는 사원이 없게 된다고 하더라도 이는 해산사유가 될 뿐 막바로 권리능력이 소멸하는 것이 아니므로 법인 아닌 사단에 있어서도 구성원이 없게 되었다 하여 막바로 그 사단이 소멸하여 소송상의 당사자능력을 상실하였다고 할 수는 없고 청산사무가 완료되어야 비로소 그 당사자능력이 소멸하는 것이다.(대판 1992.10.9, 92다23087)

■ 종중

판례 종중 유사 비법인사단의 성립요건과 재산 귀속 : [1] 종중에 유사한 비법인사단은 반드시 총회를 열어 성문화된 규약을 만들고 정식의 조직체계를 갖추어야만 비로소 단체로서 성립하는 것이 아니고, 실질적으로 공동의 목적을 달성하기 위하여 공동의 재산을 형성하고 일을 주도하는 사람을 중심으로 계속적으로 사회적인 활동을 하여 온 경우 이미 그 무렵부터 단체로서의 실체가 존재한다고 하여야 한다.
[2] 계속적으로 공동의 일을 수행하여 오던 사람들이 어느 시점에 이르러 비로소 창립총회를 열어 조직체로서의 실체를 갖추었다면, 그 실체로서의 조직을 갖추기 이전부터 행한 행위나 또는 그때까지 형성한 재산은 다른 특별한 사정이 없는 한 모두 이 사회적 실체로서의 조직에게 귀속되는 것으로 봄이 타당하다.
(대판 1996.3.12, 94다56401)

판례 종중의 성립요건 : 종중이라 함은 원래 공동선조의 후손 중 성년 이상의 남자를 종원으로 하여 구성되는 종족의 자연발생적 집단이므로 성립을 위하여 특별한 조직행위를 필요로 하는 것이 아니며, 다만 그 목적인 공동선조의 분묘수호, 제사봉행, 종원 상호간의 친목을 규율하기 위하여 규약을 정하는 경우가 있고, 또 대외적인 행위를 할 때에는 대표자를 정할 필요가 있는 것에 지나지 아니하며 반드시 특정한 명칭의 사용 및 서면화된 종중규약이 있어야 하거나 종중의 대표자가 계속하여 선임되어 있는 등 조직을 갖추어야 하는 것은 아니다.
(대판 1991.6.14, 91다2946,2953(병합))

■ 교회 및 사찰

판례 교회가 법인 아닌 사단으로서 존재하는 이상 그 법률관계를 둘러싼 분쟁을 소송적인 방법으로 해결함에 있어서는 법인 아닌 사단에 관한 민법의 일반 이론에 따라 교회의 실체를 파악하고 교회의 재산 귀속에 대하여 판단하여야 하고, 그 교인들은 교회 재산을 총유의 형태로 소유하면서 사용 · 수익하게 된다.(대결 2007.6.29, 2007마224)

판례 비법인사단인 교회 분열의 인정여부(소극), 교인 탈퇴시 재산관계 : [1] 법인 아닌 사단의 구성원들의 집단적 탈퇴로써 사단이 2개로 분열되고 분열되기 전 사단의 재산이 분열된 각 사단들의 구성원들에게 각각 총유적으로 귀속되는 결과를 초래하는 형태의 법인 아닌 사단의 분열은 허용되지 않는다.
[2] 교인들은 교회 재산을 총유의 형태로 소유하면서 사용 · 수익할 것인데, 일부 교인들이 교회를 탈퇴하여 그 교회 교인으로서의 지위를 상실하게 되면 탈퇴가 개별적인 것이든 집단적인 것이든 이와 더불어 종전 교회의 총유 재산의 관리처분에 관한 의결에 참가할 수 있는 지위나 그 재산에 대한 사용 · 수익권을 상실하고, 종전 교회는 잔존 교인들을 구성원으로 하여 실체의 동일성을 유지하면서 존속하며 종전 교회의 재산은 그 교회에 소속된 잔존 교인들의 총유로 귀속됨이 원칙이다.
(대판 2006.4.20, 2004다37775 전원합의체)

판례 권리능력 없는 사단으로서 사찰, 사찰의 분열 인정여부(소극), 대표자 탈퇴시 재산관계 : [1] 기존의 사찰에서 이탈한 신도들과 승려가 조계종에 소속될 새로운 사찰의 건립이라는 공동 목적으로 사찰의 대표, 신도회장 등 체계적인 조직을 만들고 그들의 출재와 노력에 의하여 토지를 매수하여 그 지상에 불당을 완공한 경우, 불당의 완공 당시 위 단체는 그 명칭이나 특정 종단의 귀속 여부에 불구하고 독립된 사찰로서의 실체를 갖추게 된 것으로 그 실질은 권리능력 없는 사단이다.
[2] 사찰은 신도들이 사찰의 운영이나 재산의 관리 · 처분에 관여하는 정도에 의하여 재단 또는 사단인 사찰로 구분되기는 하지만 일반의 재단 또는 사단과는 달리 이념적 요소로서의 불교 교의, 행위적 요소로서의 법요 집행, 조직적 요소로서의 승려와 신도, 물적 요소로서의 토

지, 불당 등 시설이 결합되어 성립하는 것이므로, 일단 사찰이 성립한 이상 그 분열은 인정되지 않고 그 요소의 하나인 신도회도 분열될 수 없는 것이며, 일부 승려나 신도들이 사찰이 내세우는 종지(宗旨) 또는 사찰의 운영에 반대하여 탈종한다거나 신도회에서 탈퇴하였다 하더라도 이를 가리켜 사찰 또는 신도회가 분열되었다고 할 수는 없다. (대판 1997.12.9, 94다41249)

第32條【非營利法人의 設立과 許可】 學術, 宗敎, 慈善, 技藝, 社交 기타 營利아닌 事業을 目的으로 하는 社團 또는 財團은 主務官廳의 許可를 얻어 이를 法人으로 할 수 있다.

참조 [법인설립의 절차]공익설립4, 상172, 노노6·10, 농협15·121, 수협16·19, 변호사41-43, 상공회의소4-8, 약사11-13, [주무관청의 감독]37·42②·46, [설립허가의 취소]38·77①, [해산명령]상176

판례 비영리법인의 설립허가에 관한 구체적인 기준이 정하여져 있지 아니하므로, 비영리법인의 설립허가를 할 것인지 여부는 주무관청의 정책적 판단에 따른 재량에 맡겨져 있다.(대판 1996.9.10, 95누18437)

第33條【法人設立의 登記】 法人은 그 主된 事務所의 所在地에서 設立登記를 함으로써 成立한다.

참조 [등기사항]49②, 상317, [등기기간]49①·53·부칙6, [법인등기]비송60, [설립등기]상172, [변경등기]52, [사무소신설이전등기]50·51, 비송64, [청산인의 해산등기·신고]85·86, 비송65, [등기해태벌칙]97, [법인등기와 공고]54

판례 수임인이 위임 범위를 벗어나 설립한 재단법인의 설립 무효 여부(소극) : 공익사업을 목적으로 하는 재단법인을 설립하기 위하여 소유 임야를 출연하고 제3자 등과 합의하여 정관을 작성하고 주무관청의 인가를 받아 법인을 설립하였다면 위 제3자가 설립자의 위임을 받아 설립업무를 수행하는 과정에서 설립목적의 범위를 넓히고 또 임원구성을 함부로 하는 등 배임적인 행위를 하였다 하더라도 이미 재산의 출연과 정당한 절차를 밟아 설립되어 활동중인 재단법인의 설립행위 자체를 무효로 할 사유가 될 수는 없다.(대판 1993.4.13, 91다29064)

第34條【法人의 權利能力】 法人은 法律의 規定에 좇아 定款으로 정한 目的의 範圍내에서 權利와 義務의 主體가 된다.

참조 [사단법인의 정관]40, [재단법인의 정관]43, [회사의 권리능력제한]상173, [목적에 의한 권리능력 제한의 예]81, [본조 준용]사립학교9

◘ 목적범위 내의 행위로 본 사례

판례 어음배서 : 단기금융업을 영위하는 회사로서 회사의 목적인 어음의 발행, 할인, 매매, 인수, 보증, 어음매매의 중개를 함에 있어서 어음의 배서는 행위의 객관적 성질상 위 목적수행에 직접, 간접으로 필요한 행위라고 하여야 할 것이다.(대판 1987.9.8, 86다카1349)

◘ 목적범위 외의 행위로 본 사례

판례 타인 손해배상의무의 연대보증 : 주식회사 대표이사가 회사를 대표하여 타인의 극장위탁경영으로 인한 손해배상의무를 연대보증한 것은 회사의 사업목적범위에 속하지 아니하는 행위로서 회사를 위하여 효력이 있는 적법한 보증으로 되지 아니하고 주식회사의 주주 및 이사들이 위 보증의 결의를 하였다 하더라도 적법한 보증의 효력이 없다.(대판 1975.12.23, 75다1479)

第35條【法人의 不法行爲能力】 ① 法人은 理事 기타 代表者가 그 職務에 관하여 他人에게 加한 損害를 賠償할 責任이 있다. 理事 기타 代表者는 이로 인하여 自己의 損害賠償責任을 免하지 못한다.
② 法人의 目的範圍외의 行爲로 인하여 他人에게 損害를 加한 때에는 그 事項의 議決에 贊成하거나 그 議決을 執行한 社員, 理事 및 기타 代表者가 連帶하여 賠償하여야 한다.

참조 ①[법인의 기관]57-59·62-64·82·125·126, [불법행위와 손해배상책임]750, 상210, [사용자책임]756, ②[연대]413-427, [공동불법행위]760, [이사의 손해배상책임]상399·401·567, [본조 준용]사립학교9

판례 민법 제35조제1항의 '이사 기타 대표자'의 개념 : '이사 기타 대표자'는 법인의 대표기관을 의미하는 것이고 대표권이 없는 이사는 법인의 기관이기는 하지만 대표기관은 아니기 때문에 그들의 행위로 인하여 법인의 불법행위가 성립하지 않는다. (대판 2005.12.23, 2003다30159)

판례 주택조합과 같은 비법인사단의 대표자가 직무에 관하여 타인에게 손해를 입힌 경우, 그 행위가 대표자 개인의 사리를 도모하려고 한 것이거나 법령에 위배한 것이라도, 외관상 객관적으로 직무 관련 행위로 인정할 수 있으면 동조 제1항의 '직무에 관한 행위'에 해당한다. (대판 2003.7.25, 2002다27088)

판례 정당성 없는 쟁의행위에 대한 노동조합의 불법행위 : 노동쟁의조정법 8조(현행 노동조합 및 노동관계조정법 3조)에 의하여 민사상 배상책임이 면제되는 손해는 정당한 쟁의행위로 인한 손해에 국한된다 할 것으로 정당성이 없는 쟁의행위는 불법행위를 구성한다. 노동조합의 간부들이 불법쟁의행위를 기획, 지시, 지도하는 등으로 주도한 경우에 이와 같은 간부들의 행위는 조합의 집행기관으로서의 행위라 할 것이므로 이러한 경우 민법 35조 1항의 유추적용에 의하여 노동조합은 그 불법쟁의행위로 인하여 사용자가 입은 손해를 배상할 책임이 있다.(대판 1994.3.25, 93다32828,32835)

판례 과실상계의 적용 : 법인 대표기관의 고의적인 불법행위에 해당한다 하더라도 피해자들에게 그 불법행위 내지 손해발생에 과실이 있다면 법원은 과실상계의 법리에 좇아 손해배상의 책임 및 그 금액을 정함에 있어 이를 참작하여야 한다.(대판 1987.11.24, 86다카1834)

第36條【法人의 住所】 法人의 住所는 그 主된 事務所의 所在地에 있는 것으로 한다.

참조 [주소]18, [주사무소]40·43·49②·51, [회사의 주소]상171

第37條【法人의 事務의 檢査, 監督】 法人의 事務는 主務官廳이 檢査, 監督한다.

참조 [주무관청의 검사, 감독]37, [정관변경의 허가]42②·45②, [목적변경의 허가]46, [감사의 보고]67, [설립허가의 취소]38·77①, [잔여재산처분의 허가]80②, [해산·청산종결의 신고]86·94, 행정안전부및그소속청소관비영리법인의설립및감독에관한규칙, [법원의 감독]95, 비송118, 상176·298-300·366②·408①·467·481이하·490이하·531이하, 619·620, [공익법인의 감독]공익설립14·17

第38條【法人의 設立許可의 取消】 法人이 目的이외의 事業을 하거나 設立許可의 條件에 違反하거나 기타 公益을 害하는 行爲를 한 때에는 主務官廳은 그 許可를 取消할 수 있다.

참조 [설립허가]32, [법인의 감독]37, [해산명령등]77, 상176, 비송33·72·90이하, [공익법인의 허가취소]공익설립16

판례 공익을 해하는 행위의 의미 : 민법 38조에서 말하는 비영리법인이 '공익을 해하는 행위를 한 때'라 함은 법인의 기관이 공익을 침해하는 행위를 하거나 그 사원총회가 그러한 결의를 한 경우를 의미한다. (대판 1982.10.26, 81누363)

第39條【營利法人】 ① 營利를 目的으로 하는 社團은 商事會社設立의 條件에 좇아 이를 法人으로 할 수 있다.
② 前項의 社團法人에는 모두 商事會社에 관한 規定을 準用한다.

참조 [상사회사]상169, [상사회사설립의 조건]33, 상172

第2節 設 立

第40條【社團法人의 定款】 社團法人의 設立者는 다음 各號의 事項을 記載한 定款을 作成하여 記名捺印하여야 한다.

1. 目的
2. 名稱
3. 事務所의 所在地
4. 資産에 관한 規定
5. 理事의 任免에 관한 規定
6. 社員資格의 得失에 관한 規定
7. 存立時期나 解散事由를 정하는 때에는 그 時期 또는 事由

참조 [사단법인의 정관변경]42, [재단법인의 정관변경]44·45, [정관기재사항]58②·59·62·66·68·70②·71-73·75①·77①·78·80·82, [회사의 정관]상179·270·289·543, [공익법인의 정관]공익설립3

판례 법인의 정관에 이사의 해임사유에 관한 규정이 있는 경우, 정관에서 정하지 아니한 사유로 이사를 해임할 수 있는지 여부 : 법인과 이사의 법률관계는 신뢰를 기초로 하는 위임 유사의 관계이다. 민법 제689조제1항에 따르면 위임계약은 각 당사자가 언제든지 해지할 수 있다. 그러므로 법인은 원칙적으로 이사의 임기 만료 전에도 언제든지 이사를 해임할 수 있다. 다만 이러한 민법 규정은 임의규정이므로 법인이 자치법규인 정관으로 이사의 해임사유 및 절차 등에 관하여 별도 규정을 둘 수 있다. 이러한 규정은 법인과 이사의 관계를 명확히 하는 것 외에 이사의 신분을 보장하는 의미도 아울러 가지고 있으므로 이를 단순히 주의적 규정으로 볼 수는 없다. 따라서 법인의 정관에 이사의 해임사유에 관한 규정이 있는 경우 이사의 중대한 의무위반 또는 정상적인 사무집행 불능 등의 특별한 사정이 없는 이상 법인은 정관에서 정하지 아니한 사유로 이사를 해임할 수 없다. (대판 2024.1.4, 2023다263537)

판례 정관의 법적 성질 및 해석방법 : 사단법인의 정관은 이를 작성한 사원뿐만 아니라 그 후에 가입한 사원이나 사단법인의 기관 등도 구속하는 점에 비추어 보면 그 법적 성질은 계약이 아니라 자치법규로 보는 것이 타당하므로, 이는 어디까지나 객관적인 기준에 따라 그 규범적인 의미 내용을 확정하는 법규해석의 방법으로 해석되어야 하는 것이지, 작성자의 주관이나 해석 당시의 사원의 다수결에 의한 방법으로 자의적으로 해석될 수는 없다. 어느 시점의 사단법인의 사원들이 정관의 규범적인 의미 내용과 다른 해석을 사원총회의 결의라는 방법으로 표명하였다 하더라도 그 결의에 의한 해석은 그 사단법인의 구성원인 사원들이나 법원을 구속하는 효력이 없다.
(대판 2000.11.24, 99다12437)

第41條【理事의 代表權에 대한 制限】 理事의 代表權에 대한 制限은 이를 定款에 記載하지 아니하면 그 效力이 없다.

참조 [이사와 각자대표]59, [표현대리]125 · 126 · 129, [무권대리인의 책임]135, [대표권제한의 등기]49② · 60, [대표사원등]상209② · 269 · 389③ · 567

第42條【社團法人의 定款의 變更】 ① 社團法人의 定款은 總社員 3분의 2 이상의 同意가 있는 때에 限하여 이를 變更할 수 있다. 그러나 定數에 관하여 定款에 다른 規定이 있는 때에는 그 規定에 의한다.
② 定款의 變更은 主務官廳의 許可를 얻지 아니하면 그 效力이 없다.

참조 [정관]40, [사원의 결의권]73, [회사의 정관변경]상204 · 269 · 316 ① · 433 · 434 · 584 · 585, [변경등기]52

판례 특정 교단에 가입한 지교회가 교단이 정한 헌법을 지교회 자신의 자치규범으로 받아들인 경우에는 소속 교단에서의 탈퇴 내지 교단의 변경은 사단법인 정관변경에 준하여 의결권을 가진 교인 2/3 이상의 찬성에 의한 결의를 필요로 한다.
(대판 2006.4.20, 2004다37775 전원합의체)

第43條【財團法人의 定款】 財團法人의 設立者는 一定한 財産을 出捐하고 第40條第1號 내지 第5號의 事項을 記載한 定款을 作成하여 記名捺印하여야 한다.

참조 [법인과 인가]32, [법인등기]49, [설립자 사망의 경우]44, [정관기재사항]58② · 59 · 62 · 66 · 77① · 80 · 82, [정관의 보충]44, [정관의 변경]45 · 46, [공익법인의 정관]공익설립3

판례 신탁적 출연행위의 효력 : 재단법인 설립을 위한 재산의 기증(기부행위)에 있어 재산 기증자가 소유 명의만을 재단법인에 귀속시키고 소유권을 기증자에게 유보하는 따위의 부관을 붙여서 한 기증은 재단법인 설립의 취지에 어긋날 뿐 아니라 이와 같은 신탁계약이 당연히 설립된 재단법인에게 그 효력이 미친다고 할 수도 없다.
(대판 1971.8.31, 71다1176)

第44條【財團法人의 定款의 補充】 財團法人의 設立者가 그 名稱, 事務所所在地 또는 理事任免의 方法을 정하지 아니하고 死亡한 때에는 利害關係人 또는 檢事의 請求에 의하여 法院이 이를 정한다.

참조 [학교법인의 정관보충]사립학교11, [관할]비송32

第45條【財團法人의 定款變更】 ① 財團法人의 定款은 그 變更方法을 定款에 정한 때에 限하여 變更할 수 있다.
② 財團法人의 目的達成 또는 그 財産의 保全을 위하여 適當한 때에는 前項의 規定에 不拘하고 名稱 또는 事務所의 所在地를 變更할 수 있다.
③ 第42條第2項의 規定은 前2項의 경우에 準用한다.

참조 [재단법인의 정관]43, [공익법인의 정관변경]공익설립3 · 7, [학교법인의 정관변경]사립학교45

판례 재단법인의 정관변경 '허가'는 법률상의 표현이 허가로 되어 있기는 하나, 그 성질에 있어 법률행위의 효력을 보충해 주는 것이지 일반적 금지를 해제하는 것이 아니므로, 그 법적 성격은 인가라고 보아야 한다.(대판 1996.5.16, 95누4810 전원합의체)

第46條【財團法人의 目的 기타의 變更】 財團法人의 目的을 達成할 수 없는 때에는 設立者나 理事는 主務官廳의 許可를 얻어 設立의 趣旨를 參酌하여 그 目的 기타 定款의 規定을 變更할 수 있다.

참조 [재단법인의 정관]43, [재단법인의 정관변경]45

第47條【贈與, 遺贈에 관한 規定의 準用】 ① 生前處分으로 財團法人을 設立하는 때에는 贈與에 관한 規定을 準用한다.
② 遺言으로 財團法人을 設立하는 때에는 遺贈에 관한 規定을 準用한다.

참조 [본조 준용]사립학교13, [출연재산의 귀속시기]48, [증여]554-562, [유언]1060-1111, [유증]1074-1090

第48條【出捐財産의 歸屬時期】 ① 生前處分으로 財團法人을 設立하는 때에는 出捐財産은 法人이 成立된 때로부터 法人의 財産이 된다.
② 遺言으로 財團法人을 設立하는 때에는 出捐財産은 遺言의 效力이 發生한 때로부터 法人에 歸屬한 것으로 본다.

참조 [본조 준용]사립학교13, [공익법인의 재산]공익설립11, [물권의 변동] 전]186-188, [채권의 양도]449-452 · 508 · 523, [설립허가]32, [법인 성립]33, [유언에 의한 재단법인 설립]47, [유언의 효력발생시기]107

판례 유언으로 재단법인을 설립하는 경우에도 제3자에 대한 관계에서는 출연재산이 부동산인 경우는 그 법인에의 귀속에는 법인의 설립 외에 등기를 필요로 하는 것이므로, 재단법인이 그와 같은 등기를 마치지 아니하였다면 유언자의 한 사람으로부터 부동산의 지분을 취득하여 이전등기를 마친 선의의 제3자에게 대항할 수 없다.
(대판 1993.9.14, 93다8054)

판례 부동산인 출연재산의 재단법인 귀속시기 : 민법 48조는 재단법인 성립에 있어서 재산 출연자와 법인과의 관계를 상대적으로 결정하는 기준이 되는 규정으로서 출연재산이 부동산인 경우 당사자 사이에는 법인의 성립 외에 등기를 필요로 하는 것이 아니다. 그러나 제3자에 대한 관계에서는 출연행위가 법률행위이므로 출연재산의 법인에의 귀속에는 부동산의 권리에 관해서는 법인 성립 외에 등기를 필요로 한다.(대판 1979.12.11, 78다481,482 전원합의체)

第49條【法人의 登記事項】 ① 法人設立의 許可가 있는 때에는 3週間내에 主된 事務所所在地에서 設立登記를 하여야 한다.
② 前項의 登記事項은 다음과 같다.
1. 目的
2. 名稱
3. 事務所
4. 設立許可의 年月日
5. 存立時期나 解散理由를 정한 때에는 그 時期 또는 事由
6. 資産의 總額
7. 出資의 方法을 정한 때에는 그 方法
8. 理事의 姓名, 住所
9. 理事의 代表權을 制限한 때에는 그 制限

참조 ①[설립허가]32, [설립등기]33, 상180 · 271 · 317 · 549, [분사무소 설치등기]50, [사무소 이전등기]51, [변경등기]52, 상40 · 183, [해산등기]85, 비송65, [등기사항공고]54②, [등기절차]비송60-67, [등기기간의 기산]53 · 부칙6, [이사의 대표권에 대한 제한]41, [외국회사의 등기]상업등기법23③, [벌칙]97

第50條【분사무소(分事務所) 설치의 등기】 법인이 분사무소를 설치한 경우에는 주사무소(主事務所)의 소재지에서 3주일 내에 분사무소 소재지와 설치 연월일을 등기하여야 한다.(2024.9.20 본조개정)

改前 第50條【分事務所設置의 登記】 ① 法人이 分事務所를 設置한 때에는 主事務所所在地에서는 3週間내에 分事務所를 設置한 것을 登記하고 그 分事務所 所在地에서는 同期間내에 前條第2項의 事項을 登記하고 다른 分事務所所在地에서는 同期間내에 그 分事務所를 設置한 것을 登記하여야 한다.
② 主事務所 또는 分事務所의 所在地를 管轄하는 登記所의 管轄區域 내에 分事務所를 設置한 때에는 前項의 期間내에 그 事務所를 設置한 것을 登記하면 된다.

참조 [등기사항]49②, [등기기간]53 · 부칙6, [법인등기]비송60, [설립등기]비송63, [변경등기]52, [사무소신설이전등기]51 · 54, [등기절차]비송 64, [벌칙]97, [본조 준용]사립학교13

第51條【사무소 이전의 등기】 ① 법인이 주사무소를 이전한 경우에는 종전 소재지 또는 새 소재지에서 3주일 내에 새 소재지와 이전 연월일을 등기하여야 한다.
② 법인이 분사무소를 이전한 경우에는 주사무소 소재지에서 3주일 내에 새 소재지와 이전 연월일을 등기하여야 한다.
(2024.9.20 본조개정)

改前 第51條【事務所移轉의 登記】 ① 法人이 그 事務所를 移轉하는 때에는 舊所在地에서는 3週間내에 移轉登記를 하고 新所在地에서는 同期間내에 第49條第2項에 揭記한 事項을 登記하여야 한다.
② 同一한 登記所의 管轄區域내에서 事務所를 移轉한 때에는 그 移轉한 것을 登記하면 된다.

참조 [사무소]40 · 43 · 49②, [사무소이전등기]비송64, 상182 · 271 · 31 ③ · 549③, [사무소신설등기]50, [등기기간]53 · 부칙6, [등기해태의 벌칙]97, [본조 준용]사립학교13

第52條【變更登記】 第49條第2項의 事項중에 變更이 있는 때에는 3週間내에 變更登記를 하여야 한다.

참조 [등기사항]49, [등기기간]53 · 부칙6, [벌칙]97, [등기사항공고]54, [등기절차]비송64, [본조 준용]사립학교13

第52條의2【직무집행정지 등 가처분의 등기】 이사의 직무집행을 정지하거나 직무대행자를 선임하는 가처분을 하거나 그 가처분을 변경·취소하는 경우에는 주사무소가 있는 곳의 등기소에서 이를 등기하여야 한다. (2024.9.20 본조개정)

改前 …경우에는 "주사무소와 분사무소"가 있는 곳의 등기소에서 이를 등기하여야 한다.(2001.12.29 본조신설)

참조 [본조 준용]사립학교13

판례 임시이사 및 특별대리인과 직무대행자 선임 절차의 차이 : 임시이사와 특별대리인은 비송사건절차법에 의하여, 직무대행자는 민사소송법(민사집행법)상의 가처분 규정을 준용하여 선임하는 것으로 각 그 선임절차와 성질이 서로 다른 것이다.
(대결 1961.11.16, 4294민재항431)

第53條【登記期間의 起算】 前3條의 規定에 의하여 登記할 事項으로 官廳의 許可를 要하는 것은 그 許可書가 到着한 날로부터 登記의 期間을 起算한다.

참조 [등기사항]49②, [주무관청의 허가]32 · 42 · 46, [등기와 허가서, 인증있는 등본의 첨부]비송63 · 64, [등기기간]50 · 51 · 85 · 86, 상177, [본조 준용]사립학교13

第54條【設立登記 이외의 登記의 效力과 登記事項의 公告】 ① 設立登記 이외의 本節의 登記事項은 그 登記후가 아니면 第三者에게 對抗하지 못한다.
② 登記한 事項은 法院이 遲滯없이 公告하여야 한다.

참조 [설립등기사항]49②, [변경등기등]50–52, [등기사항공고]비송65의2–65의4, [회사등기]상37, [본조 준용]사립학교13

第55條【財産目錄과 社員名簿】 ① 法人은 成立한 때 및 每年 3月내에 財産目錄을 作成하여 事務所에 備置하여야 한다. 事業年度를 정한 法人은 成立한 때 및 그 年度末에 이를 作成하여야 한다.
② 社團法人은 社員名簿를 備置하고 社員의 變更이 있는 때에는 이를 記載하여야 한다.

참조 [벌칙]97, [성립시기]33, [재산목록]상30 · 사립학교32 · 공익법인11, [주주명부 · 사원명부]상352 · 396 · 557 · 566, [본조 준용]사립학교13

第56條【社員權의 讓渡, 相續禁止】 社團法人의 社員의 地位는 讓渡 또는 相續할 수 없다.

참조 [조합원의 지분양도]273① · 704, [합명회사사원의 지분양도]상197, [합자회사의 유한책임사원의 지분양도]상276, [주식의 양도]상335, [유한회사사원의 지분양도]상556

판례 규약이나 관행에 의한 사원권의 양도·상속 가부 : 사단법인의 사원의 지위는 양도 또는 상속할 수 없다고 규정한 민법 56조의 규정은 강행규정이라고 할 수 없으므로, 비법인사단에서도 사원의 지위는 규약이나 관행에 의하여 양도 또는 상속될 수 있다.
(대판 1997.9.26, 95다6205)

第3節 機 關

第57條【理事】 法人은 理事를 두어야 한다.

참조 [이사임면]40 · 43 · 49, 상382 · 383 · 567, [이사등기]49, [공익법인공익설립5, [이사결격자]형43, 사립학교22

판례 법원의 정관에 이사가 갖추어야 할 자격을 규정하고 있을 뿐 그 자격이 흠결된 경우의 효과 내지 취급에 관하여 아무런 규정도 두고 있지 않다면, 이사회의 적법한 결의를 거쳐 선임된 이사가 정관에서 정한 자격을 흠결한 것으로 사후에 밝혀졌다고 하더라도, 이를 이유로 그 이사를 해임함은 별론으로 하고, 그런 사정만으로는 그 이사선임결의가 무효로 되거나 이미 선임된 이사가 그 지위를 당연히 상실하게 되는 것이라고 할 수 없다.(대판 2007.12.28, 2007다31501)

판례 임기가 만료된 구 이사만이 직무수행권한을 가지는지 여부 : 후임 이사가 유효히 선임되었는데도 그 선임의 효력을 둘러싼 다툼이 있다고 하여 그 다툼이 해결되기 전까지는 후임 이사에게는 직무수행권한이 없고 임기가 만료된 구 이사만이 직무수행권한을 가진다고 할 수는 없다.(대판 2006.4.27, 2005도8875)

第58條【理事의 事務執行】 ① 理事는 法人의 事務를 執行한다.
② 理事가 數人인 경우에는 定款에 다른 規定이 없으면 法人의 事務執行은 理事의 過半數로써 決定한다.

참조 [이사와 법인대표]59, [공익법인의 이사회]공익설립6–9

판례 급박한 사정이 없는 한 아직 임기가 만료되지 않거나 사임하지 않은 다른 이사들로서 정상적인 법인의 활동을 할 수 있는 경우에는 구태여 임기가 만료되거나 사임한 이사로 하여금 이사로서의 직무를 계속 행사케 할 필요는 없고, 따라서 그와 같은 경우에는 그 이사는 임기만료나 사임으로 당연히 퇴임한다.(대판 1996.12.23, 95다40038)

판례 부적법한 소집절차에 의한 이사회 결의의 효력 : 민법상 비영리법인의 이사회 결의가 법령 또는 정관이 정하는 바에 따른 정당한 소집권자가 아닌 자에 의하여 소집되고 적법한 소집절차도 없이 개최되어 이루어진 것이라면 그 결과가 설사 적법한 소집통지를 받지 못한 이사가 출석하여 반대의 표결을 하였던들 이사회 결의의 성립에 영향이 없었다고 하더라도 그 이사회 결의는 당연 무효라 할 것이다.
(대판 1987.3.24, 85누973)

第59條【理事의 代表權】 ① 理事는 法人의 事務에 관하여 各自 法人을 代表한다. 그러나 定款에 規定한 趣旨에 違反할 수 없고 특히 社團法人은 總會의 議決에 의하여야 한다.
② 法人의 代表에 관하여는 代理에 관한 規定을 準用한다.

참조 [이사의 대표권]41 · 49② · 59 · 60–62 · 64, 상389 · 562 · 563 · 567 · 570, [사단법인과 사원총회]68, [대리에 관한 규정]114–136, [본조 준용]사립학교27 · 42

판례 재건축조합장의 업무와 대표권의 범위 : [1] 재건축조합의 조합장에 대하여 직무집행을 정지하고 직무대행자를 선임하는 가처분결정이 있은 후 그 직무대행자에 의하여 소집된 임시총회에서 직무집행이 정지된 종전 조합장이 다시 조합장으로 선임되었다 하더라도 위 가처분결정이 취소되지 아니한 이상 직무대행자만이 적법하게 조합을 대표할 수 있고, 다시 조합장으로 선임된 종전 조합장은 그 선임결의의 적법 여부에 관계없이 대표권을 가지지 못한다.
[2] 재건축조합이 이주를 거부하는 사업구역 내의 아파트 소유자 등과의 사이에 해당 아파트를 감정가에 의하여 매수하기로 한 합의가 조합장 직무대행자가 할 수 있는 조합의 통상업무의 범위 내에 속하는 행위라고 봄이 타당하다.
(대판 2000.2.22, 99다62890)

第60條【理事의 代表權에 대한 制限의 對抗要件】 理事의 代表權에 대한 制限은 登記하지 아니하면 第三者에게 對抗하지 못한다.

참조 [대표권제한]41, [표현대리]125 · 126 · 129, [무권대리인의 책임]135, [이사와 각자대표]59, [회사의 경우]상209 · 389③ · 567

판례 등기 없는 경우 대항할 수 있는 제3자의 범위 : 법인의 정관에 법인 대표권의 제한에 관한 규정이 있으나 그와 같은 취지가 등기되어 있지 않으면 법인은 제3자가 그와 같은 정관의 규정에 대하여 선의냐 악의냐에 관계없이 제3자에 대하여 이러한 절차의 흠결을 들어 계약의 효력을 부인할 수 없다.(대판 1992.2.14, 91다24564)

第60條의2【직무대행자의 권한】 ① 제52조의2의 직무대행자는 가처분명령에 다른 정함이 있는 경우 외에는 법인의 통상사무에 속하지 아니한 행위를 하지 못한다. 다만, 법원의 허가를 얻은 경우에는 그러하지 아니하다.
② 직무대행자가 제1항의 규정에 위반한 행위를 한 경우에도 법인은 선의의 제3자에 대하여 책임을 진다.
(2001.12.29 본조신설)

第61條【理事의 注意義務】 理事는 善良한 管理者의 注意로 그 職務를 行하여야 한다.

참조 [수임인의 선관의무]681, [회사와 이사의 관계]상382② · 567, [취임승인의 취소]공익설립14②, [본조 준용]사립학교27 · 42

판례 감독관청의 틀린 법률해석을 따른 임원의 선관주의의무 위반여부(소극) : 선량한 관리자의 주의라 함은 보통의 주의력을 가진 행위자가 구체적인 상황에서 통상 가져야 할 주의의 정도를 말하는 것이므로, 관할관청의 지휘감독을 받는 법인의 임원들은 감독관청의 법률해석을 신뢰하여 그 명령에 따를 수밖에 없고, 설사 감독관청의 법률해석이 틀린 것이라 하더라도 그 명령을 거부하거나 적법한 행위로 바꾸어 시행한다는 것은 보통의 주의력을 가진 법인의 임원에게는 기대하기 어려운 일이므로 임원들이 법률해석을 잘못한 감독관청의 명령을 따른 데에 선량한 관리자의 주의의무를 위반한 잘못이 없다.
(대판 1985.3.26, 84다카1923)

第62條【理事의 代理人 選任】 理事는 定款 또는 總會의 決議로 禁止하지 아니한 事項에 한하여 他人으로 하여금 特定한 行爲를 代理하게 할 수 있다.

참조 [복대리]120–122, [본조 준용]사립학교27 · 42

민법

판례 비법인사단 대표자가 행한 타인에 대한 업무의 포괄적 위임과 그에 따른 포괄적 수임인의 대행행위는 민법 제62조의 규정에 위반된 것이어서 비법인사단에 대하여는 그 효력이 미치지 아니한다.
(대판 1996.9.6, 94다18522)

第63條【臨時理事의 選任】 理事가 없거나 缺員이 있는 경우에 이로 인하여 損害가 생길 念慮 있는 때에는 法院은 利害關係人이나 檢事의 請求에 의하여 臨時理事를 選任하여야 한다.

참조 [이사]40·43·49②·57, [임시이사의 선임]비송33, [이사결원]상386·570

판례 임시이사 선임 신청할 수 있는 이해관계인의 범위 : 임시이사 선임신청을 할 수 있는 이해관계인이라는 것은 임시이사가 선임되는 것에 관하여 법률상의 이해관계가 있는 자, 즉 사건본인 법인의 다른 이사, 사원, 채권자 등을 포함하므로 사건본인 법인의 정당한 최후의 이사였다가 퇴임한 자이거나 이 사건 신청 당시 사건본인 법인의 등기부상의 이사로서 사건본인 법인의 업무처리를 담당해온 자는 이해관계인에 해당한다.(대결 1976.12.10, 76마394)

第64條【特別代理人의 選任】 法人과 理事의 利益이 相反하는 事項에 관하여는 理事는 代表權이 없다. 이 경우에는 前條의 規定에 의하여 特別代理人을 選任하여야 한다.

참조 [이사의 대표권]59, [쌍방대리]124, 상398·408의9, [이사에 대한 소]상394·564, [본조 준용]사립학교27·42

판례 민법 제64조의 규정은 상법상 회사에 적용된다 할 수 없다.
(대판 1962.1.11, 4294민상558)

第65條【理事의 任務懈怠】 理事가 그 任務를 懈怠한 때에는 그 理事는 法人에 대하여 連帶하여 損害賠償의 責任이 있다.

참조 [이사임무]58·59·61, [연대채무]413－427, [손해배상책임]750, [본조 준용]사립학교27·42

第66條【監事】 法人은 定款 또는 總會의 決議로 監事를 둘 수 있다.

참조 [감사의 직무·임기·권한등]67, 상409이하·568－570, [감사의 결격자]형43①, [공익법인 감사의 직무]공익설립10

第67條【監事의 職務】 監事의 職務는 다음과 같다.

1. 法人의 財産狀況을 監査하는 일
2. 理事의 業務執行의 狀況을 監査하는 일
3. 財産狀況 또는 業務執行에 관하여 不正, 不備한 것이 있음을 發見한 때에는 이를 總會 또는 主務官廳에 報告하는 일
4. 前號의 報告를 하기 위하여 必要있는 때에는 總會를 召集하는 일

참조 [감사]66, [감사의 권한]상412·413·569, [벌칙]97, [임시총회]70－76, [공익법인 감사의 직무]공익설립10

第68條【總會의 權限】 社團法人의 事務는 定款으로 理事 또는 기타 任員에게 委任한 事項외에는 總會의 決議에 의하여야 한다.

참조 [이사대표권과 총회의결]59, [총회]67·69·70, [총회의 결의권]72·73·75, [의사록]76

판례 당초 재건축조합 총회에서 임원선임결의가 있은 후 다시 개최된 총회에서 위 종전 결의를 그대로 인준하는 결의를 한 경우에는 설사 당초의 임원선임결의가 무효라고 할지라도 새로운 총회결의가 하자로 인하여 부존재 또는 무효임이 인정되거나 그 결의가 취소되는 등의 특별한 사정이 없는 한 종전 총회결의의 무효에 대한 확인을 구하는 것은 과거의 법률관계 내지 권리관계의 확인을 구하는 것에 불과하여 권리보호의 요건을 결여한 것이다.
(대판 2007.3.30, 2005다45698)

판례 그 실질이 비법인사단인 주택조합에서 최초임원은 총회에서 선출하되 결원임원은 임원회의 추천을 받아 조합장이 임명하고, 임원으로 구성된 운영위원회에서의 결의는 총회결의와 동일한 효력을 가지도록 하는 내용을 규약으로 정한 경우, 그 규약에 정한 바에 따른 조합장에 의한 결원임원의 임명 및 총회권한의 운영위원회에의 위임이 사단성의 본질에 반하는 것으로 볼 수 없다.
(대판 1997.1.24, 96다39721,39738)

第69條【通常總會】 社團法人의 理事는 每年 1回 이상 通常總會를 召集하여야 한다.

참조 [총회]68·71－76, [회사의 통상총회]상365·571·579

第70條【臨時總會】 ① 社團法人의 理事는 必要하다고 認定한 때에는 臨時總會를 召集할 수 있다.
② 總社員의 5分의 1 이상으로부터 會議의 目的事項을 提示하여 請求한 때에는 理事는 臨時總會를 召集하여야 한다. 이 定數는 定款으로 增減할 수 있다.
③ 前項의 請求있는 후 2週間내에 理事가 總會召集의 節次를 밟지 아니한 때에는 請求한 社員은 法院의 許可를 얻어 이를 召集할 수 있다.

참조 [감사의 총회소집]67, [총회]68·71－74, ①[회사의 임시총회]상365·578, ②[소수주주에 의한 총회 소집청구]상366·572, ③[법원의 허가]상366②

판례 선정당사자 선정이 무효인 경우 선정된 자에 의한 임시총회 소집허가신청의 적법여부(소극)(구법관계) : 토지구획정리조합의 조합원 2분의 1 이상이 선정한 선정당사자가 민법 70조 2항, 3항과 위 토지구획정리조합의 정관 20조 3항에 따라 조합원임시총회 소집허가신청을 한 경우, 선정당사자에 관한 민사소송법 49조(현행 민사소송법 53조)의 규정은 비송사건절차법이 적용되는 비송사건에는 준용되거나 유추적용되지 않으므로 위 조합원들이 선정당사자를 선정한 행위는 효력이 없고, 따라서 위 신청은 선정된 자가 단독으로 한 것에 불과하여 임시총회 소집허가신청의 정수에 미달하므로 부적법하다.
(대결 1990.12.7, 90마674,90마카11)

第71條【總會의 召集】 總會의 召集은 1週間전에 그 會議의 目的事項을 記載한 通知를 發하고 기타 定款에 정한 方法에 의하여야 한다.

참조 [회의목적사항과 결의]72, [회사의 총회소집방법]상362이하·571·573

판례 법인이나 법인 아닌 사단의 총회에 있어서, 소집된 총회가 개최되기 전에 당초 그 총회의 소집이 필요하거나 가능하였던 기초 사정에 변경이 생겼을 경우에는, 특별한 사정이 없는 한 그 소집권자는 소집된 총회의 개최를 연기하거나 소집을 철회·취소할 수 있다.
(대판 2007.4.12, 2006다77593)

판례 비법인사단의 재건축조합이 총회소집통지를 함에 있어서 회의의 목적사항을 열거한 다음 '기타 사항'이라고 기재한 경우, 총회소집통지에는 회의의 목적사항을 기재토록 한 민법 제71조 등 법규정의 입법취지에 비추어 볼 때, '기타 사항'이란 회의의 기본적인 목적사항과 관계가 되는 사항과 일상적인 운영을 위하여 필요한 사항에 국한된다고 보아야 한다.(대판 1996.10.25, 95다56866)

第72條【總會의 決議事項】 總會는 前條의 規定에 의하여 通知한 事項에 관하여서만 決議할 수 있다. 그러나 定款에 다른 規定이 있는 때에는 그 規定에 의한다.

참조 [소집방법]71

판례 해임결의요구 없이 이루어진 해임결의의 효력 : 정관상 요구되는 평의원 재적 3분의 2 이상의 임원 해임결의요구가 없었음에도 이사 및 평의원 연석회의에서 이루어진 그 해임결의는 무효이고, 그 해임결의를 가지고 위 해임결의 요구의 의사가 있었던 것과 같이 간주하거나 또는 그 요구흠결의 하자가 치유된 것으로 볼 수 없다.
(대판 1982.3.9, 81다614)

第73條【社員의 決議權】 ① 各 社員의 決議權은 平等으로 한다.
② 社員은 書面이나 代理人으로 決議權을 行使할 수 있다.
③ 前2項의 規定은 定款에 다른 規定이 있는 때에는 適用하지 아니한다.

참조 [결의권 없는 경우]74, ①[주주의 결의권]상369·575, ②[주주총회의 경우]상368③·579

第74條【社員이 決議權없는 경우】 社團法人과 어느 社員과의 關係事項을 議決하는 경우에는 그 社員은 決議權이 없다.

참조 [결의권]73, [주주총회의 경우]상368④·578, [유한회사사원 총회의 경우]상578

第75條【總會의 決議方法】 ① 總會의 決議는 本法 또는 定款에 다른 規定이 없으면 社員過半數의 出席과 出席社員의 決議權의 過半數로써 한다.
② 第73條第2項의 경우에는 당해 社員은 出席한 것으로 한다.

참조 [결의권]73, [본법의 다른 규정]42·78, [주주총회 결의방법]상368, [유한회사 결의방법]상574

第76條【總會의 議事錄】 ① 總會의 議事에 관하여는 議事錄을 作成하여야 한다.
② 議事錄에는 議事의 經過, 要領 및 結果를 記載하고 議長 및 出席한 理事가 記名捺印하여야 한다.

③ 理事는 議事錄을 主된 事務所에 備置하여야 한다.

참조 [통상총회]69, [임시총회]67 · 70, [벌칙]97, [주주총회 의사록]상373

판례 의사록에 의한 의사의 경과, 요령, 결과의 증명 : 법인의 총회 또는 이사회 등의 의사에는 의사록을 작성하여야 하고 의사록에는 의사의 경과, 요령 및 결과 등을 기재하고 이와 같은 의사의 경과, 요령 및 결과 등은 의사록을 작성하지 못하였다든가 또는 이를 분실하였다는 등의 특단의 사정이 없는 한 이 의사록에 의하여서만 증명된다. (대판 1984.5.15, 83다카1565)

第4節 解 散

第77條【解散事由】 ① 法人은 存立期間의 滿了, 法人의 目的의 達成 또는 達成의 不能 기타 定款에 정한 解散事由의 發生, 破産 또는 設立許可의 取消로 解散한다.

② 社團法人은 社員이 없게 되거나 總會의 決議로도 解散한다.

참조 [해산사유]상227 · 269 · 285 · 517 · 609, [해산과 등기]85 · 86, [등기와 해산원인]85, 비송65, [해산과 청산]81, [해산감독]95, ①[존립시기 기타 해산사유]40 · 49, [법인의 파산]79 · 93 · 97, 채무자회생파산306, [설립허가의 취소]38, [해산명령]상176, 비송33, ②[해산결의]78

판례 법인 아닌 사단에 대하여는 사단법인에 관한 민법규정 가운데서 법인격을 전제로 하는 것을 제외하고는 이를 유추적용하여야 할 것인바, 사단법인에 있어서는 사원이 없게 된다고 하더라도 이는 해산사유가 될 뿐 막바로 권리능력이 소멸하는 것이 아니므로 법인 아닌 사단에 있어서도 구성원이 없게 되었다 하여 막바로 그 사단이 소멸하여 소송상의 당사자능력을 상실하였다고 할 수는 없고 청산사무가 완료되어야 비로소 그 당사자능력이 소멸하는 것이다. (대판 1992.10.9, 92다23087)

第78條【社團法人의 解散決議】 社團法人은 總社員 4分의 3 이상의 同意가 없으면 解散을 決議하지 못한다. 그러나 定款에 다른 規定이 있는 때에는 그 規定에 의한다.

참조 [결의에 의한 해산]77②, 상227 · 517 · 518 · 609

第79條【破産申請】 法人이 債務를 完濟하지 못하게 된 때에는 理事는 遲滯없이 破産申請을 하여야 한다.

참조 채무자회생파산306, [파산과 해산]77①, 채무자회생파산314, [청산법인의 파산]93, [이사의 파산신청]채무자회생파산295 · 296, [벌칙]97, [본조 준용]사립학교42

第80條【殘餘財産의 歸屬】 ① 解散한 法人의 財産은 定款으로 指定한 者에게 歸屬한다.

② 定款으로 歸屬權利者를 指定하지 아니하거나 이를 指定하는 方法을 정하지 아니한 때에는 理事 또는 淸算人은 主務官廳의 許可를 얻어 그 法人의 目的에 類似한 目的을 위하여 그 財産을 處分할 수 있다. 그러나 社團法人에 있어서는 總會의 決議가 있어야 한다.

③ 前2項의 規定에 의하여 處分되지 아니한 財産은 國庫에 歸屬한다.

참조 [청산인 업무]87①, [조합의 경우]724②, [회사의 경우]상247 · 269 · 538 · 612, ②[주무관청의 감독]37, [총회의 결의]72－75, [상속재산의 국가귀속]1058

판례 민법상의 청산절차에 관한 규정은 모두 제3자의 이해관계에 중대한 영향을 미치기 때문에 이른바 강행규정이라고 해석되므로 이에 반하는 잔여재산의 처분행위는 특단의 사정이 없는 한 무효라고 보아야 한다.(대판 1995.2.10, 94다13473)

第81條【淸算法人】 解散한 法人은 淸算의 目的範圍내에서만 權利가 있고 義務를 負擔한다.

참조 [해산과 청산]77 · 82, [청산목적]87, [청산종결의 등기와 신고]94, [본조 준용]사립학교42

판례 파산절차 종료 후 적극재산이 잔존하는 경우 법인의 존속 : 법인에 대한 파산절차가 잔여 재산 없이 종료되면 청산종결의 경우와 마찬가지로 그 인격이 소멸한다고 할 것이나, 아직도 적극재산이 잔존하고 있다면 법인은 그 재산에 관한 청산목적의 범위 내에서는 존속한다.(대판 1989.11.24, 89다카2483)

第82條【淸算人】 法人이 解散한 때에는 破産의 경우를 除하고는 理事가 淸算人이 된다. 그러나 定款 또는 總會의 決議로 달리 정한 바가 있으면 그에 의한다.

참조 [청산인]상252 · 269 · 531 · 613, [법인의 파산]79 · 93, [법원에 의한 청산인선임]83, [청산인의 결격]형43, [청산절차등]비송117－128, [본조 준용]사립학교42

第83條【法院에 의한 淸算人의 選任】 前條의 規定에 의하여 淸算人이 될 者가 없거나 淸算人의 缺員으로 인하여 損害가 생길 念慮가 있는 때에는 法院은 職權 또는 利害關係人이나 檢事의 請求에 의하여 淸算人을 選任할 수 있다.

참조 [통상시의 청산인]82, [청산인]상252 · 269 · 531 · 613, [선임절차]비송36 · 119 · 121, [청산인의 결격]형43, [본조 준용]사립학교42

第84條【法院에 의한 淸算人의 解任】 重要한 事由가 있는 때에는 法院은 職權 또는 利害關係人이나 檢事의 請求에 의하여 淸算人을 解任할 수 있다.

참조 [청산인]82 · 83, [해산 · 청산과 법원의 감독]95, [청산인의 해임]비송119, 상261 · 269 · 539, [본조 준용]사립학교42

第85條【해산등기】 ① 청산인은 법인이 파산으로 해산한 경우가 아니면 취임 후 3주일 내에 다음 각 호의 사항을 주사무소 소재지에서 등기하여야 한다.

1. 해산 사유와 해산 연월일
2. 청산인의 성명과 주소
3. 청산인의 대표권을 제한한 경우에는 그 제한

② 제1항의 등기에 관하여는 제52조를 준용한다.

(2024.9.20 본조개정)

改前 第85條【解散登記】① 淸算人은 破産의 경우를 除하고는 그 就任후 3週間내에 解散의 事由 및 年月日, 淸算人의 姓名 및 住所와 淸算人의 代表權을 制限한 때에는 그 制限을 主된 事務所 및 分事務所 所在地에서 登記하여야 한다.
② 第52條의 規定은 前項의 登記에 準用한다.

참조 [법인파산]79 · 93, [해산신고]86, [청산인]82 · 83, [해산의 원인]77, [등기해태와 벌칙]97, [회사의 경우]상228 · 229③ · 233 · 269 · 285 · 530 · 613①, [변경등기]52, [본조 준용]사립학교42

第86條【解散申告】 ① 淸算人은 破産의 경우를 除하고는 그 就任후 3週間내에 前條第1項의 事項을 主務官廳에 申告하여야 한다.

② 淸算중에 就任한 淸算人은 그 姓名 및 住所를 申告하면 된다.

참조 [청산인]82 · 83, [해산원인]77, [등기해태와 벌칙]97, [해산등기]상228 · 233 · 238 · 243 · 285 · 528 · 530 · 603 · 613, [본조 준용]사립학교42

第87條【淸算人의 職務】 ① 淸算人의 職務는 다음과 같다.

1. 現存事務의 終結
2. 債權의 推尋 및 債務의 辨濟
3. 殘餘財産의 引渡

② 淸算人은 前項의 職務를 행하기 위하여 필요한 모든 行爲를 할 수 있다.

참조 [청산인]82 · 83, [잔여재산]80 · 92, [청산법인의 능력]81, [회사의 경우]상254 · 269 · 542① · 613①, [조합의 청산]724, [본조 준용]사립학교42

第88條【債權申告의 公告】 ① 淸算人은 就任한 날로부터 2月내에 3回 이상의 公告로 債權者에 대하여 一定한 期間내에 그 債權을 申告할 것을 催告하여야 한다. 그 期間은 2月 이상이어야 한다.

② 前項의 公告에는 債權者가 期間내에 申告하지 아니하면 淸算으로부터 除外될 것을 表示하여야 한다.

③ 第1項의 公告는 法院의 登記事項의 公告와 同一한 方法으로 하여야 한다.

참조 [벌칙]97, [청산으로부터 제외된 채권]92, [회사의 경우]상535 · 613① · 635, [본조 준용]1032② · 1040③ · 1046②, 사립학교42

第89條【債權申告의 催告】 淸算人은 알고 있는 債權者에게 대하여는 各各 그 債權申告를 催告하여야 한다. 알고 있는 債權者는 淸算으로부터 除外하지 못한다.

참조 [본조 준용]1032② · 1040③ · 1046②, 사립학교42

第90條【債權申告期間내의 辨濟禁止】 淸算人은 第88條第1項의 債權申告期間내에는 債權者에 대하여 辨濟하지 못한다. 그러나 法人은 債權者에 대한 遲延損害賠償의 義務를 免하지 못한다.

참조 [벌칙]97, [채권신고기간]88①, [이행기와 이행지체]387, [회사의 경우]상536, [본조 준용]사립학교42

第91條【債權辨濟의 特例】 ① 清算 중의 法人은 辨濟期에 이르지 아니한 債權에 대하여도 辨濟할 수 있다.
② 前項의 경우에는 條件있는 債權, 存續期間의 不確定한 債權 기타 價額의 不確定한 債權에 관하여는 法院이 選任한 鑑定人의 評價에 의하여 辨濟하여야 한다.

참조 [기한의 이익]153①, [조건부권리]148 · 149, [회사의 경우]상259①④, [이자계산]379, 상259②③ · 269 · 542 · 613, [본조 준용]사립학교42

第92條【清算으로부터 除外된 債權】 清算으로부터 除外된 債權者는 法人의 債務를 完濟한 후 歸屬權利者에게 引渡하지 아니한 財産에 대하여서만 辨濟를 請求할 수 있다.

참조 [잔여재산의 귀속 및 인도]80 · 87①, [회사의 경우]상267② · 537 · 613①, [본조 준용]사립학교42

第93條【清算중의 破産】 ① 清算중 法人의 財産이 그 債務를 完濟하기에 不足한 것이 分明하게 된 때에는 清算人은 遲滯없이 破産宣告를 申請하고 이를 公告하여야 한다.
② 清算人은 破産管財人에게 그 事務를 引繼함으로써 그 任務가 終了한다.
③ 第88條第3項의 規定은 第1項의 公告에 準用한다.

참조 [법인의 채무초과와 파산에 의한 해산]79, [파산신청권자]채무자회생파산295, [법인해산 후의 파산신청]채무자회생파산298, [본조 준용]사립학교42

第94條【清算終結의 登記와 申告】 清算이 終結한 때에는 清算人은 3週間내에 이를 登記하고 主務官廳에 申告하여야 한다.

참조 [청산인]82 · 83, [청산종결과 법인격의 소멸]81, [회사의 청산종결]상264 · 269 · 540 · 542① · 613①, [본조 준용]사립학교42

판례 법인의 권리능력 소멸시기 : 회사가 부채과다로 사실상 파산지경에 있어 업무도 수행하지 아니하고 대표이사나 그 외의 이사도 없는 상태에 있다고 하여도 적법한 해산절차를 거쳐 청산을 종결하기까지는 법인의 권리능력이 소멸한 것으로 볼 수 없다. (대판 1985.6.25, 84다카1954)

第95條【解散, 清算의 檢査, 監督】 法人의 解散 및 清算은 法院이 檢査, 監督한다.

참조 [주무관청의 감독]32 · 37 · 38 · 42 · 45 · 46 · 80 · 94, [법원의 감독]83 · 84, 비송33, [벌칙]97, [법원의 검사]비송35, [본조 준용]사립학교42

第96條【準用規定】 第58條第2項, 第59條 내지 第62條, 第64條, 第65條 및 第70條의 規定은 清算人에 이를 準用한다.

참조 [이사의 사무집행]58②, [이사의 대표권]59 · 60, [직무대행자]60의2, [이사의 주의의무]61, [대리인 선임]62, [특별대리인 선임]64, [이사의 임무해태]65, [임시총회의 소집방식]70

第5節 罰 則

第97條【罰則】 法人의 理事, 監事 또는 清算人은 다음 各號의 경우에는 500만원 이하의 過怠料에 처한다. (2007.12.21 본문개정)
1. 本章에 規定한 登記를 懈怠한 때
2. 第55條의 規定에 違反하거나 財産目錄 또는 社員名簿에 不正記載를 한 때
3. 第37條, 第95條에 規定한 檢査, 監督을 妨害한 때
4. 主務官廳 또는 總會에 대하여 事實 아닌 申告를 하거나 事實을 隱蔽한 때
5. 第76條와 第90條의 規定에 違反한 때
6. 第79條, 第93條의 規定에 違反하여 破産宣告의 申請을 懈怠한 때
7. 第88條, 第93條에 정한 公告를 懈怠하거나 不正한 公告를 한 때

改前 第97條【罰則】 法人의 理事, 監事 또는 清算人은 다음 各號의 경우에는 "5萬圜以下"의 過怠料에 처한다.

참조 [재산목록과 사원명부]55, [주무관청과 법원의 검사 · 감독]37 · 95, [의사록작성]76, [채권신고기간 내 변제금지]90, [파산신청]79 · 93, [파산공고]88 · 93

第4章 物 件

第98條【物件의 定義】 本法에서 物件이라 함은 有體物 및 電氣 기타 管理할 수 있는 自然力을 말한다.

참조 [동산 · 부동산]99, [재물간주]형346

판례 집합물이 하나의 재산권으로서 담보권이 설정되기 위한 요건 : 제강회사가 제품생산에 필요하여 반입하는 원자재를 일정기간 계속하여 채권담보의 목적으로 삼으려는 소위 집합물 양도담보권 설정계약에 있어서는 목적동산의 종류와 수량의 범위가 지정되고 그 소재장소가 특정되어 있으면 그 전부를 하나의 재산권으로 보아 담보권의 설정이 가능하다.(대판 1988.10.25, 85누941)

第99條【不動産, 動産】 ① 土地 및 그 定着物은 不動産이다.
② 不動産 이외의 物件은 動産이다.

참조 ①[부동산물권과 공시방법]186, 부등, 입목3, [부동산으로 보는 것]공장광업재단12 · 54, [부동산에 관한 규정의 준용]광업10, [토지에 관한 규정의 준용]수산16, ②[동산]민집188 · 189, [동산물권과 공시방법]188, 상743 · 787

판례 독립 부동산의 요건 : 독립된 부동산으로서의 건물이라고 하려면 최소한의 기둥과 지붕 그리고 주벽이 있으면 된다. (대판 2003.5.30, 2002다21592,21608)

판례 구분소유의 객체가 되기 위한 요건 : 법률상 1개의 부동산으로 등기된 기존 건물이 증축되어 증축 부분이 구분소유의 객체가 될 수 있는 구조상 및 이용상의 독립성을 갖추었다고 하더라도 이로써 곧바로 그 증축 부분이 법률상 기존 건물과 별개인 구분건물로 되는 것은 아니고, 구분건물이 되기 위하여는 증축 부분의 소유자의 구분소유 의사가 객관적으로 표시된 구분행위가 있어야 할 것인바, 기존 건물에 관하여 증축 후의 현존 건물의 현황에 맞추어 증축으로 인한 건물표시변경등기가 경료된 경우에는 특별한 사정이 없는 한 그 소유자는 증축 부분을 구분건물로 하지 않고 증축 후의 현존 건물 전체를 1개의 건물로 하려는 의사이다.(대판 1999.7.27, 98다32540)

판례 다른 특별한 사정이 없는 한 그 경계는 지적공부상의 등록, 즉 지적도상의 경계에 의하여 특정되는 것이므로 이러한 의미에서 토지의 경계는 공적으로 설정 인증된 것이고, 단순히 사적관계에 있어서의 소유권의 한계선과는 그 본질을 달리하는 것으로서, 경계확정소송의 대상이 되는 '경계'란 공적으로 설정 인증된 지번과 지번과의 경계선을 가리키는 것이고, 사적인 소유권의 경계선을 가리키는 것은 아니다. (대판 1997.7.8, 96다36517)

第100條【主物, 從物】 ① 物件의 所有者가 그 物件의 常用에 供하기 위하여 自己所有인 다른 物件을 이에 附屬하게 한 때에는 그 附屬物은 從物이다.
② 從物은 主物의 處分에 따른다.

참조 [종물의 추정]상742, [종물에 대한 효력]상787, [부속물과 저당권의 효력]358

판례 상용에 이바지함의 의미 : 종물은 주물의 상용에 이바지하는 관계에 있어야 하고, 주물의 상용에 이바지한다 함은 주물 그 자체의 경제적 효용을 다하게 하는 것을 말하는 것으로서 주물의 소유자나 이용자의 상용에 공여되고 있더라도 주물 그 자체의 효용과 직접 관계가 없는 물건은 종물이 아니다.(대판 1997.10.10, 97다3750)

第101條【天然果實, 法定果實】 ① 物件의 用法에 의하여 收取하는 産出物은 天然果實이다.
② 物件의 使用對價로 받는 金錢 기타의 物件은 法定果實로 한다.

참조 [천연과실의 귀속]102①, [법정과실의 취득]102②

판례 국립공원 입장료가 토지로부터 나오는 과실인지 여부(소극) : 국립공원의 입장료는 수익자 부담의 원칙에 따라 국립공원에 입장하는 자에게 국립공원의 유지 · 관리비의 일부를 징수하는 것이며, 공원의 관리와 공원 안에 있는 문화재의 관리 · 보수를 위한 비용에만 사용하여야 하는 것이므로, 민법상 과실이라고 볼 여지가 없으므로, 국립공원의 입장료를 국가 내지 국립공원관리공단의 수입으로 하도록 한 규정이 국립공원 내 토지의 소유자의 재산권을 침해하는 것이라 할 수 없다.(헌재결 2001.6.28, 2000헌바44)

第102條【果實의 取得】 ① 天然果實은 그 元物로부터 分離하는 때에 이를 收取할 權利者에게 屬한다.
② 法定果實은 收取할 權利의 存續期間 日數의 比率로 取得한다.

참조 [천연과실]101①, [수취권자]201① · 211 · 279 · 303 · 587 · 609 · 618 · 923② · 1079, [미분리과실의 압류]민집189②, [천연과실과 압류효력]민집194, [법정과실]101②

판례 양도담보 목적물로서 원물인 돼지가 출산한 새끼 돼지는 천연과실에 해당하고 그 천연과실의 수취권은 원물인 돼지의 사용·수익권을 가지는 양도담보설정자에게 귀속되므로, 다른 특별한 약정이 없는 한 천연과실인 새끼 돼지에 대하여는 양도담보의 효력이 미치지 않는다.(대판 1996.9.10, 96다25463)

第5章 法律行爲

第1節 總 則

第103條【反社會秩序의 法律行爲】 善良한 風俗 기타 社會秩序에 違反한 事項을 內容으로 하는 法律行爲는 無效로 한다.

참조 [재산권행사와 공공복리]헌23②, [기본권제한]헌37②, [선량한 풍속등]105·106·151①, [법률행위무효]137-139, [불법원인급여]746, [법률행위 준거법]국제사법19-22, [불공정거래의 금지]독점45-50

▶ 부정행위에 적극 가담

판례 공무원의 임무위배행위에 적극 가담 : 국유재산관리계획작성지침 소정의 매각 대상 부동산이 아님에도 매수인이 담당공무원과 공모하여 허위의 증빙서류를 제출하는 등 부정한 방법을 사용하여 그 지침을 위반하여 국유의 잡종재산인 부동산을 매수한 경우, 개인간의 거래의 객체가 되는 잡종재산인 그 부동산을 매수한 행위가 무효로 되는 것은 아니고, 그러한 사정만으로는 그 매수행위가 반사회적 법률행위에 해당하여 무효가 되는 것도 아니고, 단지 국유재산법 41조 2호 및 해당 매매계약에서 정한 특약에 의하여 해제의 대상이 될 뿐이어서, 국가가 그 부동산에 대한 매매계약을 해제하기 전에 그 부동산을 매수하고 소유권이전등기를 경료한 제3취득자에게 국가는 그 매매계약의 해제로써 대항할 수 없다.(대판 1999.9.7, 99다14877)

판례 부동산 매도 후 저당권 설정에의 적극 가담 : 이미 매도된 부동산에 관하여 체결한 저당권설정계약이 반사회적 법률행위로 무효가 되기 위하여는 매도인의 배임행위와 저당권자가 매도인의 배임행위에 적극 가담한 행위로 이루어진 것으로서, 그 적극 가담하는 행위는 저당권자가 다른 사람에게 목적물이 매도된 것을 안다는 것만으로는 부족하고, 적어도 매도사실을 알고도 저당권설정을 요청하거나 유도하여 계약에 이르는 정도가 되어야 한다.(대판 1997.7.25, 97다362)

▶ 부당한 대가 지급

판례 고율의 이자 약정의 효력(무효) : 금전 소비대차계약과 함께 이자의 약정을 하는 경우, 양쪽 당사자 사이의 경제력의 차이로 인하여 그 이율이 당시의 경제적·사회적 여건에 비추어 사회통념상 허용되는 한도를 초과하여 현저하게 고율로 정하여졌다면, 그와 같이 허용할 수 있는 한도를 초과하는 부분의 이자 약정은 대주가 그의 우월한 지위를 이용하여 부당한 이득을 얻고 차주에게는 과도한 반대급부 또는 기타의 부당한 부담을 지우는 것이므로 선량한 풍속 기타 사회질서에 위반한 사항을 내용으로 하는 법률행위로서 무효이다.(대판 2007.2.15, 2004다50426 전원합의체)

판례 진정 취하를 조건으로 한 금원 지급 약정 : 청원권 행사의 일환으로 이루어진 진정을 이용하여 원고가 피고를 궁지에 빠뜨린 다음 이를 취하하는 것을 조건으로 거액의 급부를 제공받기로 한 약정은 반사회질서적인 조건 또는 금전적 대가가 결부됨으로써 반사회질서적 성질을 띠게 되는 경우에 해당한다.(대판 2000.2.11, 99다56833)

▶ 반사회질서행위의 부정

판례 형사사건에 관하여 체결된 변호사 성공보수약정은 수사·재판의 결과를 금전적인 대가와 결부시킴으로써, 기본적 인권의 옹호와 사회정의의 실현을 그 사명으로 하는 변호사 직무의 공공성을 저해하고, 의뢰인과 일반 국민의 사법제도에 대한 신뢰를 현저히 떨어뜨릴 위험이 있으므로 선량한 풍속 기타 사회질서에 위반되는 것으로 평가할 수 있다.(대판 2015.7.23, 2015다200111 전원합의체)

판례 타인의 소송에서 사실을 증언하는 증인이 그 증언을 조건으로 그 소송의 일방 당사자 등으로부터 통상적으로 용인될 수 있는 수준(예컨대 증인에게 일당 및 여비가 지급되기는 하지만 증인이 증언을 위하여 법원에 출석함으로써 입게 되는 손해에는 미치지 못하는 경우 그러한 손해를 전보하여 주는 정도)을 넘어서는 대가를 제공받기로 하는 약정은 국민의 사법참여행위가 대가와 결부됨으로써 사법작용의 불가매수성 내지 대가무관성이 본질적으로 침해되는 경우로서 반사회적 법률행위에 해당하여 무효라고 할 것이다. 이는 증언거부권이 있는 증인이 그 증언거부권을 포기하고 증언을 하는 경우라고 하여 달리 볼 것이 아니다.(대판 2010.7.29, 2009다56283)

판례 '반사회질서의 법률행위'의 의미 : 법률행위의 목적인 권리의무의 내용이 선량한 풍속 기타 사회질서에 위반되는 경우뿐만 아니라, 그 내용 자체는 반사회질서적인 것이 아니라고 하여도 법적으로 이를 강제하거나 법률행위에 사회질서의 근간에 반하는 조건 또는 금전적인 대가가 결부됨으로써 그 법률행위가 반사회질서적 성질을 띠게 되는 경우 및 표시되거나 상대방에게 알려진 법률행위의 동기가 반사회질서적인 경우를 포함한다.(대판 2009.9.10, 2009다37251)

판례 국민의 기본권 침해의 경우 항상 반사회성이 인정되는지 여부(소극) : 국가기관이 헌법상 보장된 국민의 기본권을 침해하는 위헌적인 공권력을 행사한 결과 국민이 그 공권력의 행사에 외포되어 자유롭지 못한 의사표시를 하였다고 하더라도 그 의사표시의 효력은 의사표시의 하자에 관한 민법의 일반원리에 의하여 판단되어야 할 것이고, 그 강박행위의 주체가 국가 공권력이고 그 공권력 행사의 내용이 기본권을 침해하는 것이라고 하여 그 강박에 의한 의사표시가 항상 반사회성을 띠게 되어 당연히 무효로 된다고는 볼 수 없다.(대판 1996.12.23, 95다40038)

판례 양도소득세를 회피하기 위한 매매계약 : 양도소득세를 회피하기 위한 방법으로 매매계약을 체결하였더라도 그 때문에 매매계약이 민법 103조의 반사회적 법률행위로서 무효라고 할 수 없다.(대판 1992.12.22, 91다35540,35557)

▶ 기타

판례 산업재해로 사망한 근로자의 유족을 특별채용토록 한 단체협약 규정의 유효 여부 : 갑 주식회사 등이 노동조합과 체결한 단체협약에서 업무상 재해로 인해 조합원이 사망한 경우에 직계가족 등 1인을 특별채용하도록 규정한 이른바 '산재 유족 특별채용 조항'이 선량한 풍속 기타 사회질서에 위배되어 무효인지 문제가 된 사안에서, 산재 유족 특별채용 조항이 갑 회사 등의 채용의 자유를 과도하게 제한하는 정도에 이르거나 채용 기회의 공정성을 현저히 해하는 결과를 초래하였다고 볼 특별한 사정을 인정하기 어렵다. 또한 산재 유족 특별채용 조항은 업무상 재해에 대해 추가적인 보상을 정한 것으로 중요한 근로조건에 해당한다. 유족은 공개경쟁 채용 절차에서 우선채용되는 것이 아니라 별도의 절차에서 특별채용되기 때문에, 이와 같은 특별채용이 다른 구직희망자들의 채용 기회에 중대한 영향을 미친다고 볼 수도 없다.(대판 2020.8.27, 2016다248998 전원합의체)

판례 부부의 일방이 혼인 중 그의 단독 명의로 취득한 재산은 그 명의자의 특유재산으로 추정되는 것이고, 그 재산의 취득에 있어 다른 일방의 협력이 있었다거나 내조의 공이 있었다는 것만으로는 그 추정이 번복되지 아니하는 것이지만, 다른 일방이 실제로 당해 재산의 대가를 부담하여 취득하였음을 증명한 경우에는 그 추정이 번복되고, 그 대가를 부담한 다른 일방이 실질적인 소유자로서 편의상 명의자에게 이를 명의신탁한 것으로 인정할 수 있다.(대판 2007.4.26, 2006다79704)

판례 강제집행이 반사회질서행위인 경우 집행의 배제를 구할 수 있는지 여부(적극) : 가압류집행이 형식적으로는 채권 확보를 위한 집행절차라고 하더라도 그 자체가 법이 보호할 수 없는 반사회적 행위에 의하여 이루어진 것임이 분명한 경우 그 집행의 효력을 그대로 인정할 수 없으므로, 가압류집행 후 본집행으로 이행하기 전에 가압류 목적물의 소유권을 취득한 자는 그 가압류집행에 터잡은 강제집행절차에서 그 집행의 배제를 구할 수 있다.(대판 1997.8.29, 96다14470)

판례 부동산의 이중매매가 반사회적 법률행위에 해당하여 무효인 경우, 그에 터잡은 선의의 전득자 명의의 소유권이전등기의 효력 : 부동산의 이중매매가 반사회적 법률행위에 해당하는 경우에는 이중매매계약은 '절대적'으로 무효이므로, 당해 부동산을 제2매수인으로부터 다시 취득한 제3자는 설사 제2매수인이 당해 부동산의 소유권을 유효하게 취득한 것으로 믿었더라도 이중매매계약이 유효하다고 주장할 수 없다.(대판 1996.10.25, 96다29151)

독판 수급인이 불법으로 외국인 노동자를 사용하여 관련법규를 위반하고 있는 경우, 도급인이 이러한 사실을 알지 못하는 한, 도급계약 자체는 반사회질서를 이유로 무효화되지 않는다.(독·연방법원 1984.1.19 BGHZ 85, 39)

第104條【不公正한 法律行爲】 當事者의 窮迫, 輕率 또는 無經驗으로 인하여 顯著하게 公正을 잃은 法律行爲는 無效로 한다.

참조 [법률행위의 무효]137-139, [법률행위 준거법]국제사법19-22

▶ 요건

판례 궁박의 의의 및 판단기준 : '궁박'이라 함은 '급박한 곤궁'을 의미하는 것으로서 경제적 원인에 기인할 수도 있고, 정신적 또는 심리적 원인에 기인할 수도 있으며, 당사자가 궁박의 상태에 있었는지 여부는 그의 신분과 재산상태 및 그가 처한 상황의 절박성의 정도 등 제반 상황을 종합하여 구체적으로 판단하여야 한다.(대판 1996.6.14, 94다46374)

판례 불공정행위 요건 : 민법 104조의 불공정한 법률행위가 성립하기 위하여는 법률행위의 당사자 일방이 궁박, 경솔 또는 무경험의 상태에 있고, 상대방이 이러한 사정을 알고서 이를 이용하려는 의사가 있어야 하며, 나아가 급부와 반대급부 사이에 현저한 불균형이 있어야 하는바, 위 당사자 일방의 궁박, 경솔, 무경험은 모두 구비하여야 하는 요건이 아니고 그중 어느 하나만 갖추어져도 충분하다.(대판 1993.10.12, 93다19924)

▶ 적용범위

판례 증여가 불공정행위가 될 수 있는지 여부 : 민법 104조가 규정하는 현저히 공정을 잃은 법률행위라 함은 자기의 급부에 비하여 현저하게 균형을 잃은 반대급부를 하게 하여 부당한 재산적 이익을 얻는 행위를 의미하는 것이므로 증여와 같이 아무런 대가관계 없이 당사자 일방이 상대방에게 일방적인 급부를 하는 법률행위는 그 공정성 여부를 논의할 수 있는 성질의 법률행위가 아니다.
(대판 2000.2.11, 99다56833)

➡ 불공정행위에 해당하는 경우

판례 불법구금에 따른 손해배상의 추가지급 : 일반인이 수사기관에서 법관의 영장에 의하지 않고 30시간 이상 불법구금된 상태에서 구속을 면하고자 하는 상황에 처해 있었다면, 특별한 사정이 없는 한 정신적 또는 심리적 원인에 기인한 급박한 곤궁의 상태에 있었고, 토지지분을 편취한 데에 따른 손해배상으로 그 지분을 반환하는 외에 거액을 추가로 지급하기로 한 것은 특별한 사정이 없는 한 급부와 반대급부 사이에 현저한 불균형이 있다.(대판 1996.6.14, 94다46374)

판례 궁박 상태에서 고소를 취하시키기 위한 채권포기 : 계와 관련되어 사문서변조죄로 고소되어 수사를 받다가 15일간 삼청교육대의 교육을 받고 퇴소한 후 다시 계 관계로 고소되어 경찰서로부터 조사를 위한 소환을 받게 되었다면 또다시 삼청교육대에 갈지 모른다는 급박한 정신적 압박을 받고 있었을 것이고 따라서 이러한 궁박 상태 아래에서 고소를 취하시켜서 삼청교육대에 가는 것을 회피할 생각으로 경솔하게 청산합의에 응하였을 것으로 보지 못할바 아니며, 또 상대방에게 금 1,300만원 이상의 채권이 있었음에도 이것과 현금 45만원 및 부채 216만원을 인수시키고 그 나머지 금 1,000만원 이상의 채권을 포기하는 약정을 맺은 것은 일방적으로 불리한 것이어서 현저히 불공정한 법률행위에 해당된다.(대판 1992.4.14, 91다23660)

➡ 불공정행위에 해당하지 않는 경우

판례 폭리행위에 대한 악의의 존재가 불공정한 법률행위의 성립요건인지 여부 : 피해 당사자가 궁박, 경솔 또는 무경험의 상태에 있었다고 하더라도 그 상대방 당사자에게 위와 같은 피해 당사자측의 사정을 알면서 이를 이용하려는 의사, 즉 폭리행위의 악의가 없었다면 불공정 법률행위는 성립하지 않는다.(대판 2002.9.4, 2000다54406,54413)

판례 간통죄에 대해 고소하지 않기로 하면서 금전을 지급받기로 하는 합의 : 지역사회에서 상당한 사회적 지위와 명망을 가지고 있는 자가 유부녀와 통정한 후 상간자의 배우자로부터 고소를 당하게 되면 자신의 사회적 명예가 실추되고 구속될 여지도 있어 다소 궁박한 상태에 있었다고 볼 수는 있으나 상간자의 배우자가 상대방의 그와 같은 처지를 적극적으로 이용하여 폭리를 취하려 하였다고 볼 수 없는 경우, 고소를 하지 않기로 합의하면서 금 170,000,000원의 약속어음공정증서를 작성한 행위가 불공정한 법률행위에 해당한다고 볼 수 없다.(대판 1997.3.25, 96다47951)

판례 저가의 주식 매수 : 주식매매 가계약 체결 전 증권거래소에서의 거래정지 당시의 주식 1주당 종가가 금 160원이었고 거래정지 후 장외에서 1주당 금 100원 내지 금 200원에 거래되고 있었으나, 주식 1주의 객관적 가치가 부(負)였는데다가 주식 매수인이 위 주식 매수로 인하여 1주당 금 4,161원의 부채까지 부담하게 되었으므로 주식 1주당 가격을 1원으로 정하여 매매계약을 체결하였다고 하여 대가의 현저한 불균형이 있다고 할 수 없어 주식매매계약이 불공정행위라고 말할 수는 없다.(대판 1996.4.26, 94다34432)

第105條【任意規定】 法律行爲의 當事者가 法令 중의 善良한 風俗 기타 社會秩序에 關係없는 規定과 다른 意思를 表示한 때에는 그 意思에 의한다.

참조 [임의법규와 관습]106

➡ 강행법규

판례 일반적으로 계약의 당사자가 누구인지는 그 계약에 관여한 당사자의 의사해석의 문제에 해당한다. 의사표시의 해석은 당사자가 그 표시행위에 부여한 객관적인 의미를 명백하게 확정하는 것으로서, 계약당사자 사이에 어떠한 계약 내용을 처분문서인 서면으로 작성한 경우에는 그 서면에 사용된 문구에 구애받는 것은 아니지만 어디까지나 당사자의 내심적 의사의 여하에 관계없이 그 서면의 기재 내용에 의하여 당사자가 그 표시행위에 부여한 객관적 의미를 합리적으로 해석하여야 하며, 이 경우 문언의 객관적인 의미가 명확하다면, 특별한 사정이 없는 한 문언대로의 의사표시의 존재와 내용을 인정하여야 한다.(대판 2010.5.13, 2009다92487)

판례 계약의 성립을 위한 의사표시의 객관적 합치 여부를 판단함에 있어, 처분문서인 계약서가 있는 경우에는 특별한 사정이 없는 한 계약서에 기재된 대로의 의사표시의 존재 및 내용을 인정하여야 하고, 계약을 체결함에 있어 당해 계약으로 인한 법률효과에 관하여 제대로 알지 못하였다 하더라도 이는 계약체결에 관한 의사표시의 착오의 문제가 될 뿐이다.(대판 2009.4.23, 2008다96291,96307)

판례 의료법상 의료인 및 비영리법인 이외의 자의 의료기관 개설 금지 규정 : 의료법 30조 2항(현행 33조 2항)의 입법 취지는 의료기관 개설자격을 의료전문성을 가진 의료인이나 공적인 성격을 가진 자로 엄격히 제한함으로써 건전한 의료질서를 확립하고, 영리 목적으로 의료기관을 개설하는 경우에 발생할지도 모르는 국민 건강상의 위험을 미리 방지하고자 하는 데에 있다고 보이는 점, 의료인이나 의료법인 등이 아닌 자가 의료기관을 개설하여 운영하는 행위는 형사처벌의 대상이 되는 범죄행위에 해당할 뿐 아니라, 거기에 따를 수 있는 국민 보건상의 위험성에 비추어 사회통념상으로 도저히 용인될 수 없는 정도로 반사회성을 띠고 있다고 볼 수밖에 없는 점, 위와 같은 위반행위에 대하여 단순히 형사 처벌하는 것만으로는 의료법의 실효를 거둘 수 없다고 보이는 점 등을 종합하여 보면, 위 규정은 이른바 강행법규에 속하는 것으로서 이에 위반하여 이루어진 약정은 무효라고 할 것이다.(대판 2003.9.23, 2003두1493)

➡ 단속법규

판례 금융실명거래 및 비밀보장에 관한 법률 : 금융실명거래 및 비밀보장에 관한 긴급재정경제명령이 시행된 후에는 금융기관에 예금을 하고자 하는 자는 원칙적으로 직접 주민등록증과 인감을 지참하고 금융기관에 나가 자기 이름으로 예금을 하여야 하는 것이므로, 예금명의자를 예금주로 보아야 할 것이나, 특별한 사정으로 출연자와 금융기관 사이에 예금명의인이 아닌 출연자에게 예금반환채권을 귀속시키기로 하는 명시적 또는 묵시적 약정이 있는 경우에는 출연자를 예금주로 하는 금융거래계약이 성립하는 것이고, 위 긴급재정경제명령이나 금융실명거래 및 비밀보장에 관한 법률에서 비실명거래행위를 금지하고, 비실명거래자에게 실명전환의무를 부과하며, 이를 위반하는 경우 금융기관의 임원 또는 직원에 대하여 과태료 부과처분을 하고, 실명전환의무위반자에게 과징금 부과처분을 하도록 규정하고 있더라도 비실명금융거래계약의 사법상 효력에는 영향이 없다.
(대판 2001.12.28, 2001다17565)

➡ 임의규정

판례 회원 가입 시에 일정한 금액을 예탁하였다가 탈회 등의 경우에 예탁금을 반환받을 수 있는 이른바 예탁금회원제 컨트리클럽에 있어서의 법률관계는 회원과 컨트리클럽을 운영하는 골프장 경영 회사 사이의 계약상의 권리의무관계에 불과한 것이어서, 회사가 운영상의 필요에 따라 회칙을 둘 수는 있으나, 이러한 회칙이 회원과 회사 사이의 계약 내용으로 되기 위하여서는 회칙을 계약 내용으로 편입시키기 위한 명시적·묵시적 합의가 있어야 하고, 이러한 합의에 의하여 회칙이 일단 계약 내용으로 편입된 이후에 회사가 회칙을 일방적으로 개정하는 것은 종전 회칙에 따라 가입한 기존 회원들에 관한 한 계약 내용을 회사가 일방적으로 변경하는 것이어서, 기존 회원들에 대하여는 그들의 개별적인 승인이 없으면 개정 회칙이 적용될 수 없다. 따라서 이러한 경우 기존 회원의 계약상 지위는 개정된 회칙의 내용에 따라 정하여지는 것이 아니라 여전히 종전의 회칙에 따라 정하여지며, 회칙의 개정이 회원 자격의 종류나 내용의 변경과 같은 회원으로서의 기본적인 지위에 대하여 중요한 변경을 초래하는 내용인 경우에는 종전 회칙에 개정에 관한 근거 규정이 있다고 하더라도 이와 달리 볼 수 없다.(대판 2015.1.29, 2013다28339)

판례 토지 매수인이 그 토지에 사후 자신의 분묘를 설치하게 한 경우 토지 소유권의 귀속관계 및 이에 관한 법리가 토지 매수인이 부동산등기법 시행 이후 토지를 매수하여 소유권이전등기를 마쳤다가 생존 중에 자녀에게 소유권이전등기를 해 준 경우에까지 적용될 수 있는지 여부(소극) : 토지 매수인이 그 토지에 사후 자신의 분묘를 설치하게 한 경우에는 자신을 공동 선조로 하는 종중의 총유 재산으로 하여 자손들로 하여금 영구 보존하게 할 의사였다고 봄이 우리의 전통적 사고에 부합한다. 그러나 토지 매수인이 현행 부동산등기법이 시행된 이후에 토지를 매수하여 소유권이전등기를 마쳤다가 생존 중에 자녀에게 소유권이전등기를 해 준 경우에까지 적용될 수는 없다.
(대판 2008.10.23, 2008다43693)

판례 조합의 해산과 청산에 관한 민법규정 : 민법의 조합의 해산사유와 청산에 관한 규정은 그와 내용을 달리하는 당사자의 특약까지 배제하는 강행규정이 아니므로 당사자가 그 규정과 다른 내용의 특약을 한 경우 그 특약은 유효하다.(대판 1985.2.26, 84다카1921)

➡ 생명보험계약의 해지로 인한 해약환급금과 보험약관대출금 사이에서 상계의 법리 적용 여부

판례 생명보험계약의 약관에 보험계약자는 보험계약의 해약환급금의 범위 내에서 보험회사가 정한 방법에 따라 대출을 받을 수 있고, 이에 따라 대출이 된 경우에 보험계약자는 그 대출 원리금을 언제든지 상환할 수 있으며, 만약 상환하지 아니한 동안에 보험금이나 해약환급금의 지급사유가 발생한 때에는 위 대출 원리금을 공제하고 나머지 금액만을 지급한다는 취지로 규정되어 있다면, 그와 같은 약관에 따른 대출계약은 약관상의 의무의 이행으로 행하여지는 것으로서 보험계약과 별개의 독립된 계약이 아니라 보험계약과 일체를 이루는 하나의 계약이라고 보아야 하고, 보험약관대출금의 경제적 실질은 보험회사가 장차 지급하여야 할 보험금이나 해약환급금을 미리 지급하는 선급금과 같은 성격이라고 보아야 한다. 따라서 위와 같은 약관에서 비록 '대출'이라는 용어를 사용하고 있더라도 이는 일반적인 대출과는 달리 소비대차로서의 법적 성격을 가지는 것은 아니며, 보험금이나 해약환급금에서 대출 원리금을 공제하고 지급한다는 것은 보험금이나 해약환급금의 선급금의 성격을 가지는 위 대출 원리금을 제외한 나머지 금액만을 지급한다는 의미이므로 민법상의 상계와는 성격이 다르다. 따라서 생명보험계약의 해지로 인한 해약환급금과 보험약관대출금 사이에서는 상계의 법리가 적용되지 아니한다.
(대판 2007.9.28, 2005다15598 전원합의체)

판례 채무의 면제는 반드시 명시적인 의사표시만에 의하여야 하는 것은 아니고 채권자의 어떠한 행위 내지 의사표시의 해석에 의하여 그것이 채무의 면제라고 볼 수 있는 경우에도 이를 인정하여야 할 것

이기는 하나, 이와 같이 인정하기 위하여는 당해 권리관계의 내용에 따라 이에 관한 채권자의 행위 내지 의사표시의 해석을 엄격히 하여 그 적용 여부를 결정하여야 한다.
(대판 2007.2.15, 2004다50426 전원합의체)

판례 주된 채무와 부수적 채무의 구별 기준 : 계약상의 의무 가운데 주된 채무와 부수적 채무를 구별함에 있어서는 급부의 독립된 가치와는 관계없이 계약을 체결할 때 표명되었거나 그 당시 상황으로 보아 분명하게 객관적으로 나타난 당사자의 합리적 의사에 의하여 결정하되, 계약의 내용·목적·불이행의 결과 등의 여러 사정을 고려하여야 한다.(대판 2005.11.25, 2005다53705,53712)

第106條【事實인 慣習】 法令 중의 善良한 風俗 기타 社會秩序에 關係없는 規定과 다른 慣習이 있는 경우에 當事者의 意思가 明確하지 아니한 때에는 그 慣習에 의한다.

참조 [임의규정과 의사표시]105, [관습법]1·185, [민법상 관습에 의할 경우]224·229③·234·237③·242·290·302·319

판례 기업 내부에 존재하는 특정 관행이 근로계약의 내용을 이루고 있다고 하기 위하여는 그러한 관행이 기업 사회에서 일반적으로 근로관계를 규율하는 규범적인 사실로서 명확히 승인되거나 기업의 구성원에 의하여 일반적으로 아무도 이의를 제기하지 아니한 채 당연한 것으로 받아들여져서 기업 내에서 사실상의 제도로서 확립되어 있다고 할 수 있을 정도의 규범의식에 의하여 지지되고 있어야 한다.
(대판 2014.2.27, 2011다109531)

판례 관습법과 사실인 관습의 입증책임, 사실인 관습의 효력 범위, 가정의례준칙에 위반하는 사실인 관습의 효력 인정요건 : [1] 법령과 같은 효력을 갖는 관습법은 당사자의 주장 입증을 기다림이 없이 법원이 직권으로 이를 확정하여야 하고 사실인 관습은 그 존재를 당사자가 주장 입증하여야 하나, 관습은 그 존부자체도 명확하지 않을 뿐만 아니라 그 관습이 사회의 법적 확신이나 법적 인식에 의하여 법적 규범으로까지 승인되었는지의 여부를 가리기는 더욱 어려운 일이므로, 법원이 이를 알 수 없는 경우 결국은 당사자가 이를 주장입증할 필요가 있다.
[2] 사실인 관습은 사적 자치가 인정되는 분야, 즉 그 분야의 제정법이 주로 임의규정일 경우에는 법률행위의 해석기준으로서 또는 의사를 보충하는 기능으로서 이를 재판의 자료로 할 수 있을 것이나 이 이외의 분야, 즉 그 분야의 제정법이 주로 강행규정일 경우에는 그 강행규정 자체에 결함이 있거나 강행규정 스스로가 관습에 따르도록 위임한 경우 이외에는 법적 효력을 부여할 수 없다.
[3] 가정의례준칙 13조의 규정과 배치되는 사실인 관습의 효력을 인정하려면 그와 같은 관습을 인정할 수 있는 당사자의 주장과 입증이 있어야 할 뿐만 아니라 이 관습이 사적 자치가 인정되는 임의규정에 관한 것인지 여부를 심리판단하여야 한다.
(대판 1983.6.14, 80다3231)

第2節 意思表示

第107條【眞意 아닌 意思表示】 ① 意思表示는 表意者가 眞意아님을 알고 한 것이라도 그 效力이 있다. 그러나 相對方이 表意者의 眞意아님을 알았거나 이를 알 수 있었을 경우에는 無效로 한다.
② 前項의 意思表示의 無效는 善意의 第三者에게 對抗하지 못한다.

참조 [신분행위와 비진의표시]815·883, [대리행위와 비진의표시]116①, [법률행위의 무효]137-139, [인적항변]515·524, 어음17·77①, 수표22, [예외]상302③·425①

판례 비진의표시 규정이 사인의 공법행위에 적용되는지 여부(소극) : 공무원이 사직의 의사표시를 하여 의원면직처분을 하는 경우 그 사직의 의사표시는 그 법률관계의 특수성에 비추어 외부적·객관적으로 표시된 바를 존중하여야 할 것이므로, 비록 사직원제출자의 내심의 의사가 사직할 뜻이 아니었다고 하더라도 진의아닌 의사표시에 관한 민법 107조는 그 성질상 사직의 의사표시와 같은 사인의 공법행위에는 준용되지 아니하므로 그 의사가 외부에 표시된 이상 그 의사는 표시된 대로 효력을 발한다.(대판 1997.12.12, 97누13962)

판례 진의의 의미 : 비진의 의사표시에 있어서의 진의란 특정한 내용의 의사표시를 하고자 하는 표의자의 생각을 말하는 것이지 표의자가 진정으로 마음 속에서 바라는 사항을 뜻하는 것은 아니므로, 표의자가 의사표시의 내용을 진정으로 마음 속에서 바라지는 아니하였다고 하더라도 당시의 상황에서는 그것을 최선이라고 판단하여 그 의사표시를 하였을 경우에는 이를 내심의 효과의사가 결여된 비진의 의사표시라고 할 수 없다.(대판 1996.12.20, 95누16059)

第108條【通情한 虛僞의 意思表示】 ① 相對方과 通情한 虛僞의 意思表示는 無效로 한다.
② 前項의 意思表示의 無效는 善意의 第三者에게 對抗하지 못한다.

참조 [신분행위와 허위표시]815·883, [대리행위와 허위표시]116①, [법률행위의 무효]137-139

■ 일반

판례 은닉행위의 효력 : 매도인이 경영하던 기업이 부도가 나서 그가 주식을 매도할 경우 매매대금이 모두 채권자은행에 귀속될 상황에 처하자 이러한 사정을 잘 아는 매수인이 매매계약서상의 매매대금은 형식상 금 8,000원으로 하고 나머지 실질적인 매매대금은 매도인의 처와 상의하여 그에게 적절히 지급하겠다고 하여 매도인이 그와 같은 주식매매계약을 체결한 경우, 매매계약상의 대금 8,000원이 적극적 은닉행위를 수반하는 허위표시라 하더라도 실지 지급하여야 할 매매대금의 약정이 있는 이상 위 매매대금에 관한 외형행위가 아닌 내면적 은닉행위는 유효하고 따라서 실지매매대금에 의한 위 매매계약은 유효하다.(대판 1993.8.27, 93다12930)

■ 통정허위표시 인정

판례 형식상의 주채무자를 내세운 대출 : 동일인에 대한 대출액 한도를 제한한 법령이나 금융기관 내부규정의 적용을 회피하기 위하여 실질적인 주채무자가 실제 대출받고자 하는 채무액에 대하여 제3자를 형식상의 주채무자로 내세우고, 금융기관도 이를 양해하여 제3자에 대하여는 채무자로서의 책임을 지우지 않을 의도하에 제3자 명의로 대출관계서류를 작성받은 경우, 제3자 명의로 되어 있는 대출약정은 그 금융기관의 양해 하에 그에 따른 채무부담의 의사 없이 형식적으로 이루어진 것에 불과하여 통정허위표시에 해당하는 무효의 법률행위이다.(대판 2001.5.29, 2001다11765)

■ 통정허위표시 부정

판례 소유권보전을 위한 명의신탁 부동산에 대한 가등기 : 명의신탁자의 채권자들이 명의신탁 토지에 대하여 강제집행을 하거나 명의수탁자가 임의로 처분해 버릴 경우의 위험에 대비하기 위하여 명의신탁자 명의로 소유권이전등기청구권 보전을 위한 가등기를 경료한 경우, 위 가등기를 경료하기로 하는 명의신탁자와 명의수탁자 사이의 약정이 통정허위표시로서 무효라고 할 수는 없고, 나아가 원·피고 사이에 실제로 매매예약의 사실이 없었다고 하여 위 가등기가 무효가 되는 것도 아니다.(대판 1995.12.26, 95다29888)

■ 제3자의 범위

판례 통정허위표시에 의한 채권을 가압류한 자가 제3자에 해당하는지 여부 : 통정한 허위표시에 의하여 외형상 형성된 법률관계로 생긴 채권을 가압류한 경우, 그 가압류권자는 허위표시에 기초하여 새로운 법률상 이해관계를 가지게 되므로 민법 제108조제2항의 제3자에 해당한다고 봄이 상당하다.(대판 2004.5.28, 2003다70041)

판례 '제3자'에 해당하는지 여부에 대한 판단 기준 : 허위표시를 선의의 제3자에게 대항하지 못하게 한 취지는 이를 기초로 하여 별개의 법률원인에 의하여 고유한 법률상의 이익을 갖는 법률관계에 들어간 자를 보호하기 위한 것이므로, 제3자의 범위는 권리관계에 기초하여 형식적으로만 파악할 것이 아니라 허위표시행위를 기초로 하여 새로운 법률상 이해관계를 맺었는지 여부에 따라 실질적으로 파악하여야 한다.(대판 2000.7.6, 99다51258)

■ 입증책임

판례 제3자의 악의에 대한 입증책임 : 제3자는 특별한 사정이 없는 한 선의로 추정할 것이므로, 제3자가 악의라는 사실에 관한 주장·입증책임은 그 허위표시의 무효를 주장하는 자에게 있다.
(대판 2006.3.10, 2002다1321)

판례 선의의 제3자에 해당하기 위해서는 무과실이어야 하는지 여부 : 민법 제108조제2항에 규정된 통정허위표시에 있어서의 제3자는 그 선의 여부가 문제이지 이에 관한 과실 유무를 따질 것이 아니다.
(대판 2004.5.28, 2003다70041)

■ 효력

판례 채권의 추심이나 강제집행을 피하기 위한 약속어음 발행행위가 통정허위표시에 해당하는지 여부 : 어음행위에 민법 제108조가 적용됨을 전제로, 실제로 어음상의 권리를 취득하게 할 의사는 없이 단지 채권자들에 의한 채권의 추심이나 강제집행을 피하기 위한 약속어음 발행행위가 통정허위표시로서 무효이다.
(대판 2005.4.15, 2004다70024)

판례 통정한 허위표시의 효력 : 통정한 허위의 의사표시는 허위표시의 당사자와 포괄승계인 이외의 자로서 그 허위표시에 의하여 외형상 형성된 법률관계를 토대로 실질적으로 새로운 법률상 이해관계를 맺은 선의의 제3자를 제외한 누구에 대하여서나 무효이고, 또한 누구든지 그 무효를 주장할 수 있다.(대판 2003.3.28, 2002다72125)

第109條【錯誤로 인한 意思表示】 ① 意思表示는 法律行爲의 內容의 重要部分에 錯誤가 있는 때에는 取消할 수 있다. 그러나 그 錯誤가 表意者의 重大한 過失로 인한 때에는 取消하지 못한다.
② 前項의 意思表示의 取消는 善意의 第三者에게 對抗하지 못한다.

참조 [대리행위와 착오]116①, [법률행위의 취소]140-146, [변제와 착오]743·745, [매매와 목적물에 숨어 있는 하자]580, [화해와 착오]733, [주식인수와 착오]상320, [상호계산과 착오]상75, [보험과 고지의무]상651

민법

■ 일반

판례 착오를 이유로 의사표시를 취소하는 자는 법률행위의 내용에 착오가 있었다는 사실과 함께 그 착오가 의사표시에 결정적인 영향을 미쳤다는 점, 즉 만약 그 착오가 없었더라면 의사표시를 하지 않았을 것이라는 점을 증명하여야 한다.(대판 2008.1.17, 2007다74188)

판례 착오에 의한 의사표시와 사기에 의한 의사표시의 구분 : 사기에 의한 의사표시란 타인의 기망행위로 말미암아 착오에 빠지게 된 결과 어떠한 의사표시를 하게 되는 경우이므로 거기에는 의사와 표시의 불일치가 있을 수 없고, 단지 의사의 형성과정 즉 의사표시의 동기에 착오가 있는 것에 불과하며, 이 점에서 고유한 의미의 착오에 의한 의사표시와 구분되는데, 신원보증서류에 서명날인한다는 착각에 빠진 상태로 연대보증의 서면에 서명날인한 경우 이런 행위는 강학상 기명날인의 착오(또는 서명의 착오), 즉 어떤 사람이 자신의 의사와 다른 법률효과를 발생시키는 내용의 서면에 그것을 읽지 않거나 올바르게 이해하지 못한 채 기명날인을 하는 이른바 표시상의 착오에 해당하므로, 비록 위와 같은 착오가 제3자의 기망행위에 의하여 일어난 것이라 하더라도 그에 관하여는 사기에 의한 의사표시에 관한 법리, 특히 상대방이 그러한 제3자의 기망행위 사실을 알았거나 알 수 있었을 경우가 아닌 한 의사표시자가 취소권을 행사할 수 없다는 민법 110조 2항의 규정을 적용할 것이 아니라, 착오에 의한 의사표시에 관한 법리만을 적용하여 취소권 행사의 가부를 가려야 할 것이다.
(대판 2005.5.27, 2004다43824)

판례 상가를 분양하면서 그 운영방법 및 수익보장에 대하여 다소의 과장·허위 광고를 하더라도 기망행위에 해당하지 않는다고 본 사례 : 상품의 선전 광고에 있어서 거래의 중요한 사항에 관하여 구체적 사실을 신의성실의 의무에 비추어 비난받을 정도의 방법으로 허위로 고지한 경우에는 기망행위에 해당한다고 할 것이나, 그 선전 광고에 다소의 과장·허위가 수반되는 것은 그것이 일반 상거래의 관행과 신의칙에 비추어 시인될 수 있는 한 기망성이 결여된다고 할 것이고, 또한 용도가 특정된 특수시설을 분양 받을 경우 그 운영을 어떻게 하고, 그 수익은 얼마나 될 것인지와 같은 사항은 투자자들의 책임과 판단하에 결정될 성질의 것이므로, 상가를 분양하면서 그 곳에 첨단 오락타운을 조성하고 전문경영인에 의한 위탁경영을 통하여 일정 수익을 보장한다는 취지의 광고를 하였다고 하여 이로써 상대방을 기망하여 분양계약을 체결하게 하였다거나 상대방이 계약의 중요부분에 관하여 착오를 일으켜 분양계약을 체결하게 된 것이라 볼 수 없다.
(대판 2001.5.29, 99다55601,55618)

■ 중요부분의 착오를 인정한 경우

판례 중요부분의 착오의 판단기준 : 법률행위의 중요부분의 착오라 함은 표의자가 그러한 착오가 없었더라면 그 의사표시를 하지 않으리라고 생각될 정도로 중요한 것이어야 하고 보통 일반인도 표의자의 처지에 섰더라면 그러한 의사표시를 하지 않았으리라고 생각될 정도로 중요한 것이어야 한다.(대판 1996.3.26, 93다55487)

■ 중요부분의 착오를 인정하지 않은 경우

판례 착오로 인하여 표의자가 경제적 불이익을 입지 아니한 경우, 법률행위 내용의 중요부분의 착오라고 볼 수 있는지 여부(소극) : 착오가 법률행위 내용의 중요부분에 있다고 하기 위하여는 표의자에 의하여 추구된 목적을 고려하여 합리적으로 판단하여 볼 때 표시와 의사의 불일치가 객관적으로 현저하여야 하고, 만일 그 착오로 인하여 표의자가 무슨 경제적인 불이익을 입은 것이 아니라면 이를 법률행위 내용의 중요부분의 착오라고 할 수 없다.
(대판 2006.12.7, 2006다41457)

■ 동기의 착오

판례 동기에 관하여 매도인의 말을 믿고 계약 체결한 경우 내용의 착오가 있다는 사례 : 건물에 대한 매매계약 체결 직후 건물이 건축선을 침범하여 건축된 사실을 알았으나 매도인이 법률전문가의 자문에 의하면 준공검사가 난 건물이므로 행정소송을 통해 구청장의 철거지시를 취소할 수 있다고 하여 매수인이 그 말을 믿고 매매계약을 해제하지 않고 대금지급의무를 이행한 경우라면 매수인이 건물이 철거되지 않으리라고 믿은 것은 매매계약과 관련하여 동기의 착오라고 할 것이지만, 매수인과 매도인 사이에 매매계약의 내용으로 표시되었다고 볼 것이고, 나아가 매수인뿐만 아니라 일반인이면 누구라도 건물 중 건축선을 침범한 부분이 철거되는 것을 알았더라면 그 대지 및 건물을 매수하지 아니하였으리라는 사정이 엿보이므로, 그 내용의 중요부분에 착오가 있는 때에 해당한다.(대판 1997.9.30, 97다26210)

판례 공통의 동기의 착오 : 매도인의 대리인이, 매도인이 납부하여야 할 양도소득세 등의 세액이 매수인이 부담하기로 한 금액뿐이므로 매도인의 부담은 없을 것이라는 착오를 일으키지 않았더라면 매수인과 매매계약을 체결하지 않았거나 아니면 적어도 동일한 내용으로 계약을 체결하지는 않았을 것임이 명백하고, 나아가 매도인이 그와 같이 착오를 일으키게 된 계기를 제공한 원인이 매수인측에 있을 뿐만 아니라 매수인도 매도인이 납부하여야 할 세액에 관하여 매도인과 동일한 착오에 빠져 있었다면, 매도인의 위와 같은 착오는 매매계약의 내용의 중요부분에 관한 것에 해당하는데, 이 경우 매도인이 부담하여야 할 세금의 액수가 예상액을 초과한다는 사실을 알았더라면 매수인이 초과세액까지도 부담하기로 약정하였으리라는 특별한 사정이 인정될 수 있을 때에는 매도인으로서는 매수인에게 초과세액 상당의 청구를 할 수 있다고 해석함이 당사자의 진정한 의사에 합치할 것이므로 매도인에게 위와 같은 세액에 관한 착오가 있었다는 이유만으로 매매계약을 취소하는 것은 허용되지 않는다.
(대판 1994.6.10, 93다24810)

■ 중대한 과실

판례 도자기의 진품 여부에 대한 감정인의 감정을 거치지 않은 매수인 사례 : 도자기 매매계약을 체결하면서 자신의 식별 능력과 매매를 소개한 자를 과신한 나머지 도자기가 고려청자 진품이라고 믿고 소장자를 만나 그 출처를 물어 보지 아니하고 전문적 감정인의 감정을 거치지 아니한 채 도자기를 고가로 매수하고 도자기가 고려청자가 아닐 경우를 대비하여 필요한 조치를 강구하지 아니한 잘못이 있다고 하더라도 그와 같은 사정만으로는 매수인이 매매계약 체결시 요구되는 통상의 주의의무를 현저하게 결여하였다고 보기는 어렵다.
(대판 1997.8.22, 96다26657)

판례 '중대한 과실'의 의미 : 민법 109조 1항 단서에서 규정하고 있는 '중대한 과실'이라 함은 표의자의 직업, 행위의 종류, 목적 등에 비추어 보통 요구되는 주의를 현저하게 결여한 것을 말한다.
(대판 1992.11.24, 92다25830,25847)

第110條【詐欺, 强迫에 의한 意思表示】 ① 詐欺나 强迫에 의한 意思表示는 取消할 수 있다.

② 相對方 있는 意思表示에 관하여 第三者가 詐欺나 强迫을 行한 경우에는 相對方이 그 事實을 알았거나 알 수 있었을 경우에 한하여 그 意思表示를 取消할 수 있다.

③ 前2項의 意思表示의 取消는 善意의 第三者에게 對抗하지 못한다.

참조 [대리행위와 사기·강박]116①, [취소]140-146, [사기·강박으로 인한 혼인·입양의 취소]816·884, [사기·강박으로 인한 상속결격]1004, [사기·강박과 불법행위]750, [사기·강박과 형벌]형347·350, [주식의 인수와 사기·강박]상320, [보험과 고지의무]상651, [어음에 있어서의 인적항변]어음17·77①, 수표22

■ 사기에 의한 의사표시

판례 상품의 선전·광고에 있어 다소의 과장이나 허위가 수반되는 것은 그것이 일반 상거래의 관행과 신의칙에 비추어 시인될 수 있는 한 기망성이 결여된다고 하겠으나, 거래에 있어서 중요한 사항에 관하여 구체적 사실을 신의성실의 의무에 비추어 비난받을 정도의 방법으로 허위로 고지한 경우에는 기망행위에 해당한다.
(대판 2009.4.23, 2009다1313)

판례 신원보증서류에 서명날인한다는 착각에 빠진 상태로 연대보증의 서면에 서명날인한 경우, 결국 위와 같은 행위는 강학상 기명날인의 착오(또는 서명의 착오), 즉 어떤 사람이 자신의 의사와 다른 법률효과를 발생시키는 내용의 서면에, 그것을 읽지 않거나 올바르게 이해하지 못한 채 기명날인을 하는 이른바 표시상의 착오에 해당하므로, 비록 위와 같은 착오가 제3자의 기망행위에 의하여 일어난 것이라 하더라도 그에 관하여는 사기에 의한 의사표시에 관한 법리, 특히 상대방이 그러한 제3자의 기망행위 사실을 알았거나 알 수 있었을 경우가 아닌 한 의사표시자가 취소권을 행사할 수 없다는 이 조 2항의 규정을 적용할 것이 아니라, 착오에 의한 의사표시에 관한 법리만을 적용하여 취소권 행사의 가부를 가려야 한다.
(대판 2005.5.27, 2004다43824)

판례 사기를 이유로 손해배상을 청구하는 경우 의사표시 취소의 필요 여부(소극) : 제3자의 사기행위로 인하여 피해자가 주택건설사와 사이에 주택에 관한 분양계약을 체결하였다고 하더라도 제3자의 사기행위 자체가 불법행위를 구성하는 이상 제3자로서는 그 불법행위로 인하여 피해자가 입은 손해를 배상할 책임을 부담하는 것이므로, 피해자가 제3자를 상대로 손해배상청구를 하기 위하여 반드시 그 분양계약을 취소할 필요는 없다.(대판 1998.3.10, 97다55829)

■ 강박에 의한 의사표시

판례 강박에 의한 법률행위가 무효로 되기 위한 요건 : 강박에 의한 법률행위가 하자 있는 의사표시로서 취소에 그치지 않고 무효로 되려면, 강박의 정도가 단순한 불법적 해악의 고지로 상대방으로 하여금 공포를 느끼도록 하는 정도가 아니고, 의사표시자로 하여금 의사결정을 스스로 할 수 있는 여지를 완전히 박탈한 상태에서 의사표시가 이루어져 단지 법률행위의 외형만 만들어진 것에 불과한 정도이어야 한다.(대판 2003.5.13, 2002다73708,73715)

판례 강박행위의 위법성 유형 : 강박에 의한 의사표시라고 하려면 상대방이 불법으로 어떤 해악을 고지함으로 말미암아 공포를 느끼고 의사표시를 한 것이어야 하는바, 여기서 어떤 해악을 고지하는 강박행위가 위법하다고 하기 위하여는 강박행위 당시의 거래관념과 제반 사정에 비추어 해악의 고지로써 추구하는 이익이 정당하지 아니하거나 강박의 수단으로 상대방에게 고지하는 해악의 내용이 법 질서에 위배된 경우 또는 어떤 해악의 고지가 거래관념상 그 해악의 고지로써 추구하는 이익의 달성을 위한 수단으로 부적당한 경우 등에 해당하여야 한다.(대판 2000.3.23, 99다64049)

독판 채무인수가 채권자의 승낙을 통해 이루어진 경우에도, 채권자와 채무자 사이의 계약관계와 채무인수가 서로 불가분의 관계에 있다만, 인수자가 채무자의 사기를 이유로 의사표시의 취소를 함에 있어, 그 취소의 효력은 채권자에게까지도 직접 미친다할 것이다. 여기서 채권자가 사기의 사실을 알거나 알 수 있었는가의 여부는 요건이 되지 않는다.(독 · 연방법원 1959.12.8 BGHZ 31, 321)

第111條【의사표시의 효력발생시기】 ① 상대방이 있는 의사표시는 상대방에게 도달한 때에 그 효력이 생긴다.
② 의사표시자가 그 통지를 발송한 후 사망하거나 제한능력자가 되어도 의사표시의 효력에 영향을 미치지 아니한다.
(2011.3.7 본조개정)

改前 "第111條【意思表示의 效力發生時期】① 相對方 있는 意思表示는 그 通知가 相對方에 到達한 때로부터 그 效力이 생긴다.
② 表意者가 그 通知를 發한 후 死亡하거나 行爲能力을 喪失하여도 意思表示의 效力에 影響을 미치지 아니한다."

참조 ①[계약성립에 관한 특칙]530 · 531, 상53, [송달효력 발생시기]민소189 · 196, [전자문서의 수신]전자문서및전자거래기본법6, [수표의 경우]수표33

판례 법인의 대표이사가 사임하는 경우에는 그 사임의 의사표시가 대표이사의 사임으로 그 권한을 대행하게 될 자에게 도달한 때에 사임의 효력이 발생하고 그 의사표시가 효력을 발생한 후에는 마음대로 이를 철회할 수 없으나, 사임서 제출 당시 그 권한 대행자에게 사표의 처리를 일임한 경우에는 권한 대행자의 수리행위가 있어야 사임의 효력이 발생하고, 그 이전에 사임의사를 철회할 수 있다.
(대판 2007.5.10, 2007다7256)

판례 우편함의 구조를 비롯하여 수취인이 우편물을 수취하였음을 추인할 만한 특별한 사정에 대하여 심리를 다하지 아니한 채 아파트 경비원이 집배원으로부터 우편물을 수령한 후 이를 우편함에 넣어 둔 사실만으로 수취인이 그 우편물을 실제로 수취하였다고 추단할 수는 없다.(대판 2006.3.24, 2005다66411)

第112條【제한능력자에 대한 의사표시의 효력】 의사표시의 상대방이 의사표시를 받은 때에 제한능력자인 경우에는 의사표시자는 그 의사표시로써 대항할 수 없다. 다만, 그 상대방의 법정대리인이 의사표시가 도달한 사실을 안 후에는 그러하지 아니하다.(2011.3.7 본조개정)

改前 "第112條【意思表示의 受領能力】意思表示의 相對方이 이를 받은 때에 無能力者인 경우에는 그 意思表示로써 對抗하지 못한다. 그러나 法定代理人이 그 到達을 안 후에는 그러하지 아니하다."

참조 [미성년자]4 · 5, [피성년후견인]9–11, [피한정후견인]12–14, [법정대리인]911 · 938

第113條【意思表示의 公示送達】 表意者가 過失없이 相對方을 알지 못하거나 相對方의 所在를 알지 못하는 경우에는 意思表示는 民事訴訟法 公示送達의 規定에 의하여 送達할 수 있다.

참조 [공시송달]민소194–196

第3節 代 理

第114條【代理行爲의 效力】 ① 代理人이 그 權限내에서 本人을 위한 것임을 表示한 意思表示는 直接 本人에게 대하여 效力이 생긴다.
② 前項의 規定은 代理人에게 대한 第三者의 意思表示에 準用한다.

참조 [법정대리인]22–26 · 911 · 920 · 931 · 936 · 949 · 1047② · 1053, [임의대리인]120 · 128, 상11 · 749 · 765, 특허6–10, [법인과 대표]59, 상207–209 · 269 · 278 · 389 · 567, [대리인 능력]117, [대리권 범위]118, 특허6, [표현대리]125 · 126 · 129, [무권대리]130 · 136, [대리권 소멸]127 · 128, 상403, [소송과 대리]민소51 · 87–97, 형소26–28, [대리상]상87–92의3

판례 대리인을 통하여 계약을 체결하는 경우 계약 당사자의 확정 : 일방 당사자가 대리인을 통하여 계약을 체결하는 경우에 있어서 계약의 상대방이 대리인을 통하여 본인과 사이에 계약을 체결하려는 의사가 일치하였다면 대리인의 대리권 존부 문제와는 무관하게 상대방과 본인이 그 계약의 당사자이다.(대판 2003.12.12, 2003다44059)

판례 대리권 남용의 효과와 상대방의 악의 또는 과실의 판단 방법 : 진의 아닌 의사표시가 대리인에 의하여 이루어지고 그 대리인의 진의가 본인의 이익이나 의사에 반하여 자기 또는 제3자의 이익을 위한 배임적인 것임을 그 상대방이 알았거나 알 수 있었을 경우에도 민법 107조 1항 단서의 유추해석상 그 대리인의 행위에 대하여 본인은 아무런 책임을 지지 않고, 그 상대방이 대리인의 표시의사가 진의아님을 알았거나 알 수 있었는가의 여부는 표의자인 대리인과 상대방 사이에 있었던 의사표시 형성 과정과 그 내용 및 효과 등을 객관적인 사정에 따라 합리적으로 판단하여야 한다.
(대판 1998.2.27, 97다24382)

판례 대리권의 범위 판단 방법과 통상의 임의대리권 내에 수령대리권이 포함되는지 여부(적극), 매매계약체결 대리권과 중도금 및 잔금 수령 권한 : [1] 임의대리에 있어서 대리권의 범위는 수권행위에 의하여 정하여지는 것이므로 어느 행위가 대리권의 범위 내의 행위인지의 여부는 개별적인 수권행위의 내용이나 그 해석에 의하여 판단할 것이나 일반적으로 말하면 수권행위의 통상의 내용으로서의 임의대리권은 그 권한에 부수하여 필요한 한도에서 상대방의 의사표시를 수령하는 이른바 수령대리권을 포함한다.
[2] 부동산의 소유자로부터 매매계약을 체결할 대리권을 수여받은 대리인은 특별한 사정이 없는 한 그 매매계약에서 약정한 바에 따라 중도금이나 잔금을 수령할 권한도 있다.
(대판 1994.2.8, 93다39379)

第115條【本人을 위한 것임을 表示하지 아니한 行爲】 代理人이 本人을 위한 것임을 表示하지 아니한 때에는 그 意思表示는 自己를 위한 것으로 본다. 그러나 相對方이 代理人으로서 한 것임을 알았거나 알 수 있었을 때에는 前條第1項의 規定을 準用한다.

참조 [현명주의]114, [특칙]상48

판례 타인이 본인명의로 한 행위의 효력이 본인에게 미치는 경우 : 갑이 부동산을 농업협동조합중앙회에 담보로 제공함에 있어 을에게 그에 관한 대리권을 주었다면 을이 근저당권설정계약을 체결함에 있어 그 피담보채무를 동업관계의 채무로 특정하지 아니하고 또 대리관계를 표시함이 없이 마치 자신이 갑 본인인 양 행세하였다 하더라도 위 근저당권설정계약은 대리인인 을이 그의 권한범위 안에서 한 것인 이상 그 효력은 본인인 갑에게 미친다.
(대판 1987.6.23, 86다카1411)

판례 본인명의의 대리행위 : 대리인은 반드시 대리인임을 표시하여 의사표시를 하여야 하는 것이 아니고 본인명의로도 할 수 있다.
(대판 1963.5.9, 63다67)

第116條【代理行爲의 瑕疵】 ① 意思表示의 效力이 意思의 欠缺, 詐欺, 强迫 또는 어느 事情을 알았거나 過失로 알지 못한 것으로 인하여 影響을 받을 경우에 그 事實의 有無는 代理人을 標準하여 決定한다.
② 特定한 法律行爲를 委任한 경우에 代理人이 本人의 指示에 좇아 그 行爲를 한 때에는 本人은 自己가 안 事情 또는 過失로 인하여 알지 못한 事情에 관하여 代理人의 不知를 主張하지 못한다.

참조 [의사의 흠결]107–109, [사기 또는 강박으로 인한 의사표시]110

판례 대리인의 배임행위 가담시 본인의 선의로 인해 매매계약의 반사회성이 부정되는지 여부(소극) : 대리인이 본인을 대리하여 매매계약을 체결함에 있어서 매매대상 토지에 관한 사정을 잘 알고 그 배임행위에 가담하였다면, 대리행위의 하자 유무는 대리인을 표준으로 판단하여야 하므로, 설사 본인이 미리 그러한 사정을 몰랐거나 반사회성을 야기한 것이 아니라고 할지라도 그로 인하여 매매계약이 가지는 사회질서에 반한다는 장애사유가 부정되는 것은 아니다.
(대판 1998.2.27, 97다45532)

第117條【代理人의 行爲能力】 代理人은 行爲能力者임을 要하지 아니한다.

참조 [제한능력자]5 · 10 · 13

第118條【代理權의 範圍】 權限을 정하지 아니한 代理人은 다음 各號의 行爲만을 할 수 있다.
1. 保存行爲
2. 代理의 目的인 物件이나 權利의 性質을 變하지 아니하는 範圍에서 그 利用 또는 改良하는 行爲

참조 [대리행위]114, [권한을 넘는 행위의 예]25 · 1023② · 1047② · 1053②, [대리권 · 대표권]59 · 60 · 62–64 · 916 · 918–920의2, 상11 · 87 · 207–209 · 254 · 269 · 273 · 278 · 389 · 394 · 562 · 567 · 570 · 749–751 · 765 · 766

판례 대리권은 원인된 법률관계의 종료에 의하여 소멸하는 것이므로 특별한 사정이 없는 한, 매수명의자를 대리하여 매매계약을 체결하였다하여 곧바로 대리인이 매수인을 대리하여 매매계약의 해제 등 일체의 처분권과 상대방의 의사를 수령할 권한까지 가지고 있다고 볼 수는 없다.(대판 1997.3.25, 96다51271)

第119條【各自代理】 代理人이 數人인 때에는 各自가 本人을 代理한다. 그러나 法律 또는 授權行爲에 다른 정한 바가 있는 때에는 그러하지 아니하다.

참조 [각자 대표]상208② · 269 · 389③ · 562④, 형소27②

第120條【任意代理人의 復任權】 代理權이 法律行爲에 의하여 付與된 경우에는 代理人은 本人의 承諾이 있거나 不得已한 事由있는 때가 아니면 復代理人을 選任하지 못한다.

참조 [복대리]121 · 123, 상11③, [법정대리와 복대리]122, [복임권의 제한]682 · 701 · 1103②, [소송과 복대리]민소90 · 92

판례 복대리인 선임의 묵시적 승낙 인정 요건, 오피스텔 분양업무 대리에서 묵시적 승낙이 있는지 여부(소극) : [1] 대리의 목적인 법률행위의 성질상 대리인 자신에 의한 처리가 필요하지 아니한 경우에는 본인이 복대리 금지의 의사를 명시하지 아니하는 한 복대리인의 선임에 관하여 묵시적인 승낙이 있는 것으로 보는 것이 타당하다.
[2] 오피스텔의 분양업무는 그 성질상 분양을 위임받은 대리인이 분양사실을 널리 알리고, 사람들에게 청약을 유인함으로써 분양계약을 성사시키는 것으로서 대리인의 능력에 따라 본인의 분양사업의 성공 여부가 결정되는 것이므로, 사무처리의 주체가 별로 중요하지 아니한 경우에 해당한다고 보기 어렵다.
(대판 1996.1.26, 94다30690)

第121條【任意代理人의 復代理人選任의 責任】 ① 前條의 規定에 의하여 代理人이 復代理人을 選任한 때에는 本人에게 대하여 그 選任監督에 관한 責任이 있다.
② 代理人이 本人의 指名에 의하여 復代理人을 選任한 경우에는 그 不適任 또는 不誠實함을 알고 本人에게 대한 通知나 그 解任을 怠慢한 때가 아니면 責任이 없다.

참조 [본조 준용]682 · 701 · 1103, [해임]689 · 692, [법정대리의 경우]122

第122條【法定代理人의 復任權과 그 責任】 法定代理人은 그 責任으로 復代理人을 選任할 수 있다. 그러나 不得已한 事由로 인한 때에는 前條第1項에 정한 責任만이 있다.

참조 [임의대리의 경우]120 · 121

第123條【復代理人의 權限】 ① 復代理人은 그 權限내에서 本人을 代理한다.
② 復代理人은 本人이나 第三者에 대하여 代理人과 同一한 權利義務가 있다.

참조 [복대리]120–122, [대리인의 권리의무]114–118

판례 복대리에도 표현대리가 인정되는지 여부(적극) : 민법상 표현대리에 관한 법리는 대리의 경우와 복대리의 경우 사이에 차이가 있는 것이 아니다.(대판 1979.11.27, 79다1193)

第124條【自己契約, 雙方代理】 代理人은 本人의 許諾이 없으면 本人을 위하여 自己와 法律行爲를 하거나 同一한 法律行爲에 관하여 當事者雙方을 代理하지 못한다. 그러나 債務의 履行은 할 수 있다.

참조 [이익상반행위특칙]64 · 921 · 951, 상211 · 269 · 394 · 563, [유사규정]법무사20, 공인중개사법33, [사원 또는 이사의 자기거래]상199 · 269 · 398 · 613②

판례 원고 소송복대리인이 피고 소송복대리인으로 출석한 경우 소송행위의 효력 : 원고 소송복대리인으로서 변론기일에 출석하여 소송행위를 하였던 변호사가 피고 소송복대리인으로도 출석하여 변론한 경우라도, 당사자가 그에 대하여 아무런 이의를 제기하지 않았다면 그 소송행위는 소송법상 완전한 효력이 생긴다.
(대판 1995.7.28, 94다44903)

第125條【代理權授與의 表示에 의한 表見代理】 第三者에 대하여 他人에게 代理權을 授與함을 表示한 者는 그 代理權의 範圍내에서 行한 그 他人과 그 第三者間의 法律行爲에 대하여 責任이 있다. 그러나 第三者가 代理權없음을 알았거나 알 수 있었을 때에는 그러하지 아니하다.

참조 [기타 표현대리]126 · 129, 상14 · 16, [표현대리]상395 · 567

▶ 대리권수여의 표시

판례 도장과 보증용 과세증명서 소지가 대리권수여의 표시인지 여부와 이를 믿은 상대방에게 과실이 있는지 여부 : 갑이 주채무액을 알지 못한 상태에서 주채무자의 부탁으로 채권자와 보증계약 체결 여부를 교섭하는 과정에서 채권자에게 보증의사를 표시한 후 주채무가 거액인 사실을 알고서 보증계약 체결을 단념하였으나 갑의 도장과 보증용 과세증명서를 소지하게 된 주채무자가 임의로 갑을 대위하여 채권자와 사이에 보증계약을 체결한 경우, 갑이 채권자에 대하여 주채무자에게 보증계약 체결의 대리권을 수여하는 표시를 한 것이라 단정할 수 없고, 대리권 수여의 표시를 한 것으로 본다 하더라도 채권자에게는 주채무자의 대리권 없음을 알지 못한 데 과실이 있다.
(대판 2000.5.30, 2000다2566)

판례 대리권수여 표시에 의한 표현대리 성립요건 : [1] 민법 125조가 규정하는 대리권수여의 표시에 의한 표현대리는 본인과 대리행위를 한 자 사이의 기본적인 법률관계의 성질이나 그 효력의 유무와는 직접적인 관계가 없이 어떤 자가 본인을 대리하여 제3자와 법률행위를 함에 있어 본인이 그 자에게 대리권을 수여하였다는 표시를 제3자에게 한 경우에는 성립될 수가 있고, 또 본인에 의한 대리권수여의 표시는 반드시 대리권 또는 대리인이라는 말을 사용하여야 하는 것이 아니라 사회통념상 대리권을 추단할 수 있는 직함이나 명칭 등의 사용을 승낙 또는 묵인한 경우에도 대리권 수여의 표시가 있은 것으로 볼 수 있다.
[2] 호텔 등의 시설이용 우대회원 모집계약을 체결하면서 자신의 판매점, 총대리점 또는 연락사무소 등의 명칭을 사용하여 회원모집 안내를 하거나 입회계약을 체결하는 것을 승낙 또는 묵인하였다면 민법 125조의 표현대리가 성립할 여지가 있다.
(대판 1998.6.12, 97다53762)

第126條【權限을 넘은 表見代理】 代理人이 그 權限외의 法律行爲를 한 경우에 第三者가 그 權限이 있다고 믿을 만한 正當한 理由가 있는 때에는 本人은 그 行爲에 대하여 責任이 있다.

참조 [대리권 또는 대표권의 제한과 선의의 제3자]41 · 49②, [후견인]상8②, [지배인]상11③, [회사대표자]상209② · 269 · 389③ · 567, [선장]상750, [소송대리인]민소90 · 92 · 93

판례 성명모용에 대해 표현대리 법리가 유추적용되는 경우 : 민법 126조의 표현대리는 대리인이 본인을 위한다는 의사를 명시 혹은 묵시적으로 표시하거나 대리의사를 가지고 권한 외의 행위를 하는 경우에 성립하고, 사술을 써서 위와 같은 대리행위의 표시를 하지 아니하고 단지 본인의 성명을 모용하여 자기가 마치 본인인 것처럼 기망하여 본인 명의로 직접 법률행위를 한 경우에는 특별한 사정이 없는 한 위 법조 소정의 표현대리는 성립될 수 없는 것이나, 특별한 사정이 있는 경우에 한하여 민법 126조 소정의 표현대리의 법리를 유추적용할 수 있다고 할 것인데, 여기서 특별한 사정이란 본인을 모용한 사람에게 본인을 대리할 기본대리권이 있었고, 상대방으로서는 위 모용자가 본인 자신으로서 본인의 권한을 행사하는 것으로 믿은 데 정당한 사유가 있었던 사정을 의미한다.(대판 2002.6.28, 2001다49814)

판례 신용거래 불량자로서 등록대상자가 되는 주채무자에 관한 사례 : [1] '금융기관의 신용정보 교환 및 관리규약'에 의하여 신용거래 불량자 등록대상자로 되어 있는 '1,500만 원 미만의 대위변제금을 6개월 이상 계속하여 보유하고 있는 주채무자'라 함은 자신에게 신용을 부여한 금융기관의 기대를 저버린 채 변제책임을 다하지 아니한 자를 가리키는 것이므로, 직접 금융거래를 하지 아니하고 민법상 표현대리의 법리에 따라 그 금융거래로 인한 효과가 귀속됨에 불과한 자는 여기에 포함되지 않는다.
[2] 표현대리의 책임을 지는 데 불과한 자가 보증보험계약을 체결한 당사자가 아니라고 부인하는데도, 보증보험사가 사실관계를 제대로 조사하지 않은 채 신용거래불량자로 등록하여 그로 하여금 은행대출 등 경제활동을 하는 데 지장을 받게 하였다면 이는 불법행위를 구성하고, 보증보험사는 그로 인한 정신적 고통을 위자할 의무가 있다.
(대판 2001.3.23, 2000다57511)

第127條【대리권의 소멸사유】 대리권은 다음 각 호의 어느 하나에 해당하는 사유가 있으면 소멸된다.
1. 본인의 사망
2. 대리인의 사망, 성년후견의 개시 또는 파산
(2011.3.7 본조개정)

改前 "第127條【代理權의 消滅事由】 代理權은 다음 各號의 事由로 消滅한다.
1. 本人의 死亡
2. 代理人의 死亡, 禁治産 또는 破産"

참조 [사망]28, [상사대리와 본인의 사망]상50, [부재자의 재산관리인 개임에 의한 대리권 소멸]23, [청산인의 해임]84, [친권의 상실]924–927의2, [후견인의 사임 · 변경]939 · 940, [대리권의 소멸과 대항]129 · 692 · 919 · 959, 상13, [소송에 있어서의 대리권의 소멸]민소63 · 95–97

판례 부재자 사망시 법원이 선임한 부재자 재산관리인의 권한 소멸 여부(소극) : 법원이 선임한 부재자의 재산관리인은 그 부재자의 사망이 확인된 후라 할지라도 위 선임결정이 취소되지 않는 한 그 관리인으로서의 권한이 소멸되는 것은 아니다.(대판 1971.3.23, 71다189)

第128條【任意代理의 終了】 法律行爲에 의하여 授與된 代理權은 前條의 경우외에 그 原因된 法律關係의 終了에 의하여 消滅한다. 法律關係의 終了前에 本人이 授權行爲를 撤回한 경우에도 같다.

참조 [위임의 종료]689–692

第129條【代理權消滅後의 表見代理】 代理權의 消滅은 善意의 第三者에게 對抗하지 못한다. 그러나 第三者가

過失로 인하여 그 事實을 알지 못한 때에는 그러하지 아니하다.

참조 [대리권의 소멸]127·128, [친권자 및 후견인등의 관리권의 소멸과 선의의 상대방에의 대항불능]692·919·959, [대리권·대표권의 소멸과 등기]상13·37·180·317②·764②, [소송과 대리권의 소멸]민소63·95-97, [위임종료와 상대방대항]692

판례 대리권 소멸 후 선임된 복대리인의 대리행위에 대한 표현대리 성립 여부(적극) : 표현대리의 법리는 거래의 안전을 위하여 어떠한 외관적 사실을 야기한 데 원인을 준 자는 그 외관적 사실을 믿음에 정당한 사유가 있다고 인정되는 자에 대하여는 책임이 있다는 일반적인 권리외관 이론에 그 기초를 두고 있는 것인 점에 비추어 볼 때, 대리인이 대리권 소멸 후 직접 상대방과 사이에 대리행위를 하는 경우는 물론 대리인이 대리권 소멸 후 복대리인을 선임하여 복대리인으로 하여금 상대방과 사이에 대리행위를 하도록 한 경우에도, 상대방이 대리권 소멸 사실을 알지 못하여 복대리인에게 적법한 대리권이 있는 것으로 믿었고 그와 같이 믿은 데 과실이 없다면 민법 129조에 의한 표현대리가 성립할 수 있다.(대판 1998.5.29, 97다55317)

第130條【無權代理】 代理權없는 者가 他人의 代理人으로 한 契約은 本人이 이를 追認하지 아니하면 本人에 대하여 效力이 없다.

참조 [대리와 대리권의 존재]114, [표현대리]125·126·129, [무권대리행위의 취소]134·136, [추인]132·133, [무권대리인의 책임]135, [단독행위의 무권대리의 경우]136, [어음행위와 무권대리]어음8·77②, 수표11

판례 권리자가 무권리자의 처분을 추인하면 무권대리에 대해 본인이 추인을 한 경우와 당사자들 사이의 이익상황이 유사하므로, 무권대리의 추인에 관한 민법 제130조, 제133조 등을 무권리자의 추인에 유추 적용할 수 있다. 따라서 무권리자의 처분이 계약으로 이루어진 경우에 권리자가 이를 추인하면 원칙적으로 계약의 효과가 계약을 체결했을 때에 소급하여 권리자에게 귀속된다고 보아야 한다.
(대판 2017.6.8, 2017다3499)

판례 범죄인 무권대리에 대해 형사고소를 하지 않은 사실 : 무권대리가 범죄가 되는 경우 이를 알고도 장기간 형사고소를 하지 아니하였다 하더라도 그 사실만으로 묵시적인 추인이 있었다고 할 수는 없다.
(대판 1998.2.10, 97다31113)

판례 무권리자의 처분행위에 대하여 소유자가 무권리자를 상속한 이후 이행을 거절할 수 있는지 여부 : [1] 갑이 을 명의의 주식에 관하여 처분권한 없이 은행과 담보설정계약을 체결하였다 하더라도 이는 일종의 타인의 권리의 처분행위로서 유효하다 할 것이므로 갑은 을로부터 그 주식을 취득하여 이를 은행에게 인도하여야 할 의무를 부담한다 할 것인데, 갑의 사망으로 인하여 을이 갑을 상속한 경우 을은 원래 그 주식의 주주로서 타인의 권리에 대한 담보설정계약을 체결한 은행에 대하여 그 이행에 관한 아무런 의무가 없고 이행을 거절할 수 있는 자유가 있었던 것이므로, 을은 신의칙에 반하는 것으로 인정할 특별한 사정이 없는 한 원칙적으로는 위 계약에 따른 의무의 이행을 거절할 수 있다.
[2] 회사의 경영주인 갑과 가족관계에 있는 을이 자신의 주식을 담보로 제공하는 데 아무런 이의를 제기할 여지가 없었으며, 을은 자신들의 주식이 담보로 제공된 것을 알고 있었을 것으로 보이는데도 불구하고 갑의 사망 이후 상당기간 동안 아무런 이의를 제기하지 아니함으로써 은행으로 하여금 계약이 그대로 이행될 것이라고 신뢰하게 하였던 사정이 있었던 점에 비추어 보면, 을이 이제 와서 은행의 위와 같은 신뢰에 반하여 자신들 명의의 주식은 물론 당연히 계약 내용에 따라 인도해 주어야 할 갑 명의의 주식까지도 인도를 거절하고 있는 것은 신의칙에 어긋난다.
(대판 1994.8.26, 93다20191)

第131條【相對方의 催告權】 代理權없는 者가 他人의 代理人으로 契約을 한 경우에 相對方은 相當한 期間을 정하여 本人에게 그 追認與否의 確答을 催告할 수 있다. 本人이 그 期間내에 確答을 發하지 아니한 때에는 追認을 拒絶한 것으로 본다.

참조 [추인]133, [단독행위의 무권대리의 경우]136

第132條【追認, 拒絶의 相對方】 追認 또는 拒絶의 意思表示는 相對方에 대하여 하지 아니하면 그 相對方에 對抗하지 못한다. 그러나 相對方이 그 事實을 안 때에는 그러하지 아니하다.

참조 [취소할 수 있는 법률행위의 취소·추인]142·143

판례 추인의 상대방과 본조의 취지 : 무권대리행위의 추인은 무권대리인, 무권대리행위의 직접의 상대방 및 그 무권대리행위로 인한 권리 또는 법률관계의 승계인에 대하여도 할 수 있으며, 민법 132조는 본인이 무권대리인에게 무권대리행위를 추인한 경우에 상대방이 이를 알지 못하는 동안에는 본인은 상대방에게 추인의 효과를 주장하지 못한다는 취지이므로 상대방은 그때까지 민법 134조에 의한 철회를 하거나 무권대리인에의 추인이 있었음을 주장할 수 있다.
(대판 1981.4.14, 80다2314)

第133條【追認의 效力】 追認은 다른 意思表示가 없는 때에는 契約時에 遡及하여 그 效力이 생긴다. 그러나 第三者의 權利를 害하지 못한다.

참조 [단독행위와 무권대리]136, [무권대리와 추인]130, [추인할 수 있는 시기]134, [추인상대방]132, [추인방법, 효과]143

판례 민법 제133조 단서의 제3자라 함은 등기부상의 권리자만을 말한다 할 것이다.(대판 1963.4.18, 62다223)

第134條【相對方의 撤回權】 代理權없는 者가 한 契約은 本人의 追認이 있을 때까지 相對方은 本人이나 그 代理人에 대하여 이를 撤回할 수 있다. 그러나 契約 당시에 相對方이 代理權 없음을 안 때에는 그러하지 아니하다.

참조 [무권대리행위의 효력]130·136, [추인]133

第135條【상대방에 대한 무권대리인의 책임】 ① 다른 자의 대리인으로서 계약을 맺은 자가 그 대리권을 증명하지 못하고 또 본인의 추인을 받지 못한 경우에는 그는 상대방의 선택에 따라 계약을 이행할 책임 또는 손해를 배상할 책임이 있다.
② 대리인으로서 계약을 맺은 자에게 대리권이 없다는 사실을 상대방이 알았거나 알 수 있었을 때 또는 대리인으로서 계약을 맺은 사람이 제한능력자일 때에는 제1항을 적용하지 아니한다.
(2011.3.7 본조개정)

改前 "第135條【無權代理人의 相對方에 대한 責任】 ① 他人의 代理人으로 契約을 한 者가 그 代理權을 證明하지 못하고 또 本人의 追認을 얻지 못한 때에는 相對方의 選擇에 좇아 契約의 履行 또는 損害賠償의 責任이 있다.
② 相對方이 代理權없음을 알았거나 알 수 있었을 때 또는 代理人으로 契約한 者가 行爲能力이 없는 때에는 前項의 規定을 適用하지 아니한다."

참조 [단독행위와 무권대리]136, 상215, [어음행위의 경우]어음8·77②, 수표11, [상대방의 철회권]134

판례 상대방이 대리권 없음을 안 경우 무권대리행위로 인한 상대방 명의의 소유권이전등기의 무효 : 갑이 을과 상의하여 부 소유의 부동산에 관하여 부의 인감도장을 가지고 나와 을 명의로 소유권이전등기를 마쳤는데, 을이 이를 기화로 다시 병 명의로 소유권이전등기를 하여 준 경우 갑이 부 몰래 을에게 소유권이전등기를 하여 준 행위가 명의신탁계약의 무권대리행위로 법률상 평가될 수 있더라도 을이 그 대리권 없음을 알았다고 보여 위 명의신탁계약은 갑의 부에 대한 관계에서뿐만 아니라 갑에 대한 관계에서도 아무런 효력을 발생할 수 없는 것임이 명백하므로 갑이 그 후 부의 권리의무를 상속받았다고 하여 을 명의의 위 소유권이전등기가 갑의 상속분 범위 내에서 실체적 권리관계에 부합하는 유효한 등기로 전환되는 것은 아니라 할 것이다.(대판 1992.4.28, 91다30941)

第136條【單獨行爲와 無權代理】 單獨行爲에는 그 行爲당시에 相對方이 代理人이라 稱하는 者의 代理權없는 行爲에 同意하거나 그 代理權을 다투지 아니한 때에 限하여 前6條의 規定을 準用한다. 代理權없는 者에 대하여 그 同意를 얻어 單獨行爲를 한 때에도 같다.

참조 [무권대리의 책임]135

第4節 無效와 取消

第137條【法律行爲의 一部無效】 法律行爲의 一部分이 無效인 때에는 그 全部를 無效로 한다. 그러나 그 無效部分이 없더라도 法律行爲를 하였을 것이라고 認定될 때에는 나머지 部分은 無效가 되지 아니한다.

참조 138, [무효인 행위]103·107·108·151·815·883

판례 일부무효의 법리의 적용 범위 및 강행법규와의 관계 : 민법 제137조는 임의규정으로서 의사자치의 원칙이 지배하는 영역에서 적용된다고 할 것이므로, 법률행위의 일부가 강행법규인 효력규정에 위반되어 무효가 되는 경우 그 부분의 무효가 나머지 부분의 유효·무효에 영향을 미치는가의 여부를 판단함에 있어서는 개별 법령이 일부무효의 효력에 관한 규정을 두고 있는 경우에는 그에 따라야 하고, 그러한 규정이 없다면 원칙적으로 민법 제137조가 적용될 것이나 당해 효력규정 및 그 효력규정을 둔 법의 입법 취지를 고려하여 볼 때 나머지 부분을 무효로 한다면 당해 효력규정 및 그 법의 취지에 명백히 반하는 결과가 초래되는 경우에는 나머지 부분까지 무효가 된다고 할 수는 없다.(대판 2004.6.11, 2003다1601)

판례 무효인 법률행위는 그 법률행위가 성립한 당초부터 당연히 효력이 발생하지 않는 것이므로, 무효인 법률행위에 따른 법률효과를 침해하는 것처럼 보이는 위법행위나 채무불이행이 있다고 하여도 법률효과의 침해에 따른 손해는 없는 것이므로 그 손해배상을 청구할 수 없다.(대판 2003.3.28, 2002다72125)

第138條【無效行爲의 轉換】 無效인 法律行爲가 다른 法律行爲의 要件을 具備하고 當事者가 그 無效를 알았더라면 다른 法律行爲를 하는 것을 意慾하였으리라고 認定될 때에는 다른 法律行爲로서 效力을 가진다.

참조 [무효인 행위]103 · 107 · 108 · 151 · 815 · 883, [유언의 전환]1071

판례 타인의 자식 친생자 출생신고에 대한 입양의 효력 인정 : 당사자 사이에 양친자 관계를 창설하려는 명백한 의사가 있고 기타 입양의 성립요건이 모두 구비된 경우에는 요식성을 갖춘 입양신고 대신 친생자 출생신고가 있다 하더라도 입양의 효력이 있다.
(대판 1977.7.26, 77다492 전원합의체)

第139條【無效行爲의 追認】 無效인 法律行爲는 追認하여도 그 效力이 생기지 아니한다. 그러나 當事者가 그 無效임을 알고 追認한 때에는 새로운 法律行爲로 본다.

참조 [무효인 경우]103 · 107 · 108 · 151 · 815 · 883, [추인]143이하, [무권대리행위의 추인]130-133

판례 양도금지특약에 위반한 채권양도의 승낙 : 양도금지의 특약에 위반해서 채권을 양수받은 악의 또는 중과실의 채권양수인에게는 채권이전의 효과가 생기지 아니하나, 악의 또는 중과실로 채권양수를 받은 후 채무자가 그 양도에 대하여 승낙을 한 때에는 채무자의 사후 승낙에 의하여 무효인 채권양도행위가 추인되어 유효하게 되며, 이 경우 다른 약정이 없는 한 소급효가 인정되지 아니하고 양도의 효과는 승낙시부터 발생한다.(대판 2000.4.7, 99다52817)

판례 취소한 의사표시를 다시 추인할 수 있는지 여부 : 취소한 법률행위는 처음부터 무효인 것으로 간주되므로 취소할 수 있는 법률행위가 일단 취소된 이상 그 후에는 취소할 수 있는 법률행위의 추인에 의하여 이미 취소되어 무효인 것으로 간주된 당초의 의사표시를 다시 확정적으로 유효하게 할 수는 없고, 다만 무효인 법률행위의 추인의 요건과 효력으로서 추인할 수는 있으나, 무효행위의 추인은 그 무효 원인이 소멸한 후에 하여야 그 효력이 있는 것이고, 그 무효 원인이란 바로 위 증여의 의사표시의 취소사유라고 할 것이므로, 결국 무효 원인이 소멸한 후란 것은 당초의 증여의 의사표시의 성립 과정에 존재하였던 취소의 원인이 종료된 후, 즉 강박 상태에서 벗어난 후라고 보아야 할 것이다.(대판 1997.12.12, 95다38240)

第140條【법률행위의 취소권자】 취소할 수 있는 법률행위는 제한능력자, 착오로 인하거나 사기 · 강박에 의하여 의사표시를 한 자, 그의 대리인 또는 승계인만이 취소할 수 있다.(2011.3.7 본조개정)

改前 "第140條【法律行爲의 取消權者】取消할 수 있는 法律行爲는 無能力者, 瑕疵있는 意思表示를 한 者, 그 代理人 또는 承繼人에 한하여 取消할 수 있다."

참조 [제한능력에 의한 취소]5② · 10 · 13, [착오로 인한 취소]109, [의사표시의 하자로 인한 취소]110, [속임수를 쓴 경우]17, [취소]141-146

第141條【취소의 효과】 취소된 법률행위는 처음부터 무효인 것으로 본다. 다만, 제한능력자는 그 행위로 인하여 받은 이익이 현존하는 한도에서 상환(償還)할 책임이 있다.(2011.3.7 본조개정)

改前 "第141條【取消의 效果】取消한 法律行爲는 처음부터 無效인 것으로 본다. 그러나 無能力者는 그 行爲로 인하여 받은 利益이 現存하는 限度에서 償還할 責任이 있다."

참조 [취소방법]142, [취소로 보는 경우]15③, [취소효과의 제한]109② · 110③, [혼인 · 입양의 취소]816이하 · 884이하, [반환의무의 범위]741 · 748

판례 신용카드 이용계약 취소시 미성년자가 반환할 이익 : 미성년자가 신용카드 발행인과 사이에 신용카드 이용계약을 체결하여 신용카드 거래를 하다가 신용카드 이용계약을 취소하는 경우, 신용카드 이용계약이 취소됨에도 불구하고 신용카드회원과 해당 가맹점 사이에 체결된 개별적인 매매계약과 신용카드 발행인과 가맹점 사이에 체결된 가맹점 계약은 특별한 사정이 없는 한 신용카드 이용계약취소와 무관하게 유효하므로, 신용카드발행인의 가맹점에 대한 신용카드 이용대금의 지급으로써 신용카드회원은 자신의 가맹점에 대한 매매대금 지급채무를 법률상 원인 없이 면제받는 이익을 얻었으며, 이러한 이익은 금전상의 이득으로서 특별한 사정이 없는 한 현존하는 것으로 추정된다.(대판 2005.4.15, 2003다60297,60303,60310,60327)

판례 합의 쌍방이 모두 취소를 주장하였으나 취소사유가 없는 경우 합의의 효력 : 일방은 합의가 강박에 의하여 이루어졌다는 이유를 들어, 타방은 착오에 의하여 합의를 하였다는 이유를 들어 각기 위 합의를 취소하는 의사표시를 하였으나, 각각 주장하는 바와 같은 취소사유가 있다고 인정되지 아니하는 이상, 쌍방이 모두 위 합의를 취소하는 의사표시를 하였다는 사정만으로는 위 합의가 취소되어 그 효력이 상실되는 것은 아니다.(대판 1994.7.29, 93다58431)

第142條【取消의 相對方】 取消할 수 있는 法律行爲의 相對方이 確定한 경우에는 그 取消는 그 相對方에 대한 意思表示로 하여야 한다.

참조 [취소할 수 있는 행위]140

판례 취소를 전제로 한 소송상 이행청구나 이행거절 내에 취소의 의사표시 포함 여부(적극) : 법률행위의 취소는 상대방에 대한 의사표시로 하여야 하나, 그 취소의 의사표시는 특별히 재판상 행하여짐이 요구되는 경우 이외에는 특정한 방식이 요구되는 것이 아니고 취소의 의사가 상대방에 의하여 인식될 수 있다면 어떠한 방법에 의하더라도 무방하고, 법률행위의 취소를 당연한 전제로 한 소송상의 이행청구나 이를 전제로 한 이행거절 가운데는 취소의 의사표시가 포함되어 있다고 볼 수 있다.(대판 1993.9.14, 93다13162)

第143條【追認의 方法, 效果】 ① 取消할 수 있는 法律行爲는 第140條에 規定한 者가 追認할 수 있고 追認후에는 取消하지 못한다.
② 前條의 規定은 前項의 경우에 準用한다.

참조 [추인시기]144, [추인으로 볼 경우]15①② · 145, [무효행위의 추인]139, [추인의 효력]133, [무권대리행위의 추인]130-133

第144條【추인의 요건】 ① 추인은 취소의 원인이 소멸된 후에 하여야만 효력이 있다.
② 제1항은 법정대리인 또는 후견인이 추인하는 경우에는 적용하지 아니한다.
(2011.3.7 본조개정)

改前 "第144條【追認의 要件】① 追認은 取消의 原因이 終了한 후에 하지 아니하면 效力이 없다.
② 前項의 規定은 法定代理人이 追認하는 경우에는 適用하지 아니한다."

참조 [추인]142 · 143, [법정대리인의 추인]140, [취소원인]미성년자의 능력5② · 10 · 13, [착오]109, [사기 · 강박]110, ②[미성년자의 법정대리인]911, [후견인]938

판례 강박상태에서 벗어나지 않은 상태에서 한 추인의 효력 : 강박에 의하여 채무인수의 의사표시를 하고 그 상태를 벗어나지 못한 상태에서 한 근저당권설정 계약서작성 및 교부행위는 취소의 원인이 종료되기 전에 한 추인에 불과하여 추인으로서의 효력이 없다.
(대판 1982.6.8, 81다107)

第145條【法定追認】 取消할 수 있는 法律行爲에 관하여 前條의 規定에 의하여 追認할 수 있는 후에 다음 各號의 事由가 있으면 追認한 것으로 본다. 그러나 異議를 保留한 때에는 그러하지 아니하다.

1. 全部나 一部의 履行
2. 履行의 請求
3. 更改
4. 擔保의 提供
5. 取消할 수 있는 行爲로 取得한 權利의 全部나 一部의 讓渡
6. 强制執行

참조 [추인]142-144, [경개]500, [강제집행]민집24-263

판례 취소할 수 있는 법률행위로부터 발생한 채무의 의미와 당좌수표 발행행위에서 매수표의 발행행위를 독립된 별개의 법률행위로 볼 것인지 여부(적극) : 취소권자가 상대방에게 취소할 수 있는 법률행위로부터 생긴 채무의 전부 또는 일부를 이행한 것은 민법 145조 1호 소정의 법정추인 사유에 해당하여 취소할 수 없게 되는 것이나, 여기서 말하는 취소할 수 있는 법률행위로부터 생긴 채무란 취소권자가 취소권을 행사한 채무 그 자체를 말하는 것이고, 일시에 여러 장의 당좌수표를 발행하는 경우 매수표의 발행행위는 각각 독립된 별개의 법률행위이고 수표마다 별개의 채무가 되는 것이므로, 발행 · 교부한 당좌수표 중 일부가 거래은행에서 지급되게 하였다고 하여 나머지 당좌수표의 발행행위를 추인하였다거나 법정추인 사유에 해당한다고 볼 수 없다.(대판 1996.2.23, 94다58438)

第146條【取消權의 消滅】 取消權은 追認할 수 있는 날로부터 3年내에 法律行爲를 한 날로부터 10年내에 行使하여야 한다.

참조 [추인을 할 수 있는 시기]144, [소멸시효]162이하, [채권자취소권]406

판례 취소할 수 있는 법률행위에 대해 제소전화해가 존재하는 경우 취소기간 진행의 기산점 : 계엄사령부 합동조사본부 수사관들의 강박에 의하여 부동산에 관한 증여계약이 이루어진 후 증여를 원인으로 한 소유권이전등기를 하기로 제소전화해를 하여 그 화해조서에 기하여 소유권이전등기가 경료된 경우, 비상계엄령의 해제로 강박상태에서 벗어난 후 위 증여계약을 취소한다 하더라도 위 제소전화해조서의 기판력이 존속하는 동안에는 재산권을 원상회복하는 실효를 거둘 수 없어 강박에 의하여 이루어진 부동산에 관한 증여계약을 취소하는 데 법률상 장애가 존속되고 있다고 보아야 하고, 따라서 제소전화해조서를 취소하는 준재심사건 판결이 확정되어 위 제소전화해조서의 기판력이 소멸된 때부터 민법 146조 전단에 규정한 3년의 취소기간이 진행된다.(대판 1998.11.27, 98다7421)

第5節 條件과 期限

第147條【條件成就의 效果】 ① 停止條件있는 法律行爲는 條件이 成就한 때로부터 그 效力이 생긴다.
② 解除條件있는 法律行爲는 條件이 成就한 때로부터 그 效力을 잃는다.
③ 當事者가 條件成就의 效力을 그 成就前에 遡及하게 할 意思를 表示한 때에는 그 意思에 의한다.

참조 [조건을 붙이지 못하는 법률행위(상계)]493①, [어음행위]어음12①·26①·75·77①, 수표12·15①, [조건부법률행위]148-151, [정지조건부유언]1073②

판례 법률행위에 부관이 붙은 경우, 부관에 표시된 사실이 발생하지 아니하면 채무를 이행하지 아니하여도 된다고 보아야 하는 때에는 정지조건으로 정한 것으로 보아야 하고, 표시된 사실이 발생한 때는 물론이고 반대로 발생하지 아니하는 것이 확정된 때에도 그 채무를 이행하여야 한다고 보는 것이 타당한 경우에는 표시된 사실의 발생 여부가 확정되는 것을 불확정기한으로 정한 것으로 보아야 한다.(대판 2011.4.28, 2010다89036)

판례 혼인중 부부의 협의이혼을 전제(조건으)로 한 재산분할약정을 한 경우, 혼인관계가 존속하거나 재판상이혼(화해나 조정에 의한 이혼도 포함)이 이루어지면 위 재산분할약정은 조건의 불성취로 효력이 발생하지 않는다.(대판 2003.8.19, 2001다14061)

판례 법률행위의 부관으로서 조건의 의미 및 성립 요건 : 조건은 법률행위의 효력의 발생 또는 소멸을 장래의 불확실한 사실의 성부에 의존케 하는 법률행위의 부관으로서 당해 법률행위를 구성하는 의사표시의 일체적인 내용을 이루는 것이므로, 의사표시의 일반원칙에 따라 조건을 붙이고자 하는 의사 즉 조건의사와 그 표시가 필요하며, 조건의사가 있더라도 그것이 외부에 표시되지 않으면 법률행위의 동기에 불과할 뿐이고 그것만으로는 법률행위의 부관으로서의 조건이 되는 것은 아니다.(대판 2003.5.13, 2003다10797)

판례 동산에 대한 소유권유보부 매매계약의 효력 : 동산의 매매계약을 체결하면서, 매도인이 대금을 모두 지급받기 전에 목적물을 매수인에게 인도하지만 대금이 모두 지급될 때까지는 목적물의 소유권은 매도인에게 유보되며 대금이 모두 지급된 때에 그 소유권이 매수인에게 이전된다는 내용의 이른바 소유권유보의 특약을 한 경우, 목적물의 소유권을 이전한다는 당사자 사이의 물권적 합의는 매매계약을 체결하고 목적물을 인도한 때에 이미 성립하지만 대금이 모두 지급되는 것을 정지조건으로 하므로, 목적물이 매수인에게 인도되었다고 하더라도 특별한 사정이 없는 한 매도인은 대금이 모두 지급될 때까지 매수인뿐만 아니라 제3자에 대하여도 유보된 목적물의 소유권을 주장할 수 있다.(대판 1996.6.28, 96다14807)

第148條【條件附權利의 侵害禁止】 條件있는 法律行爲의 當事者는 條件의 成否가 未定한 동안에 條件의 成就로 인하여 생길 相對方의 利益을 害하지 못한다.

참조 [조건부권리의 효력]149·150, [권리침해와 손해배상]750

第149條【條件附權利의 處分 등】 條件의 成就가 未定한 權利義務는 一般規定에 의하여 處分, 相續, 保存 또는 擔保로 할 수 있다.

참조 148·150, [보존]부등3, [정지조건부 유증과 상속]1089②, [조건부권리의 효력]1035②, 채무자회생파산138·417-419·427·516·519·523·524

第150條【條件成就, 不成就에 대한 反信義行爲】 ① 條件의 成就로 인하여 不利益을 받을 當事者가 信義誠實에 反하여 條件의 成就를 妨害한 때에는 相對方은 그 條件이 成就한 것으로 主張할 수 있다.
② 條件의 成就로 인하여 利益을 받을 當事者가 信義誠實에 反하여 條件을 成就시킨 때에는 相對方은 그 條件이 成就하지 아니한 것으로 主張할 수 있다.

참조 2, [조건부권리의 불가침]148

판례 조건성취의제 시점 : 조건의 성취로 인하여 불이익을 받을 당사자가 신의성실에 반하여 조건의 성취를 방해한 경우, 조건이 성취된 것으로 의제되는 시점은 이러한 신의성실에 반하는 행위가 없었더라면 조건이 성취되었으리라고 추산되는 시점이다.(대판 1998.12.22, 98다42356)

第151條【不法條件, 既成條件】 ① 條件이 善良한 風俗 기타 社會秩序에 違反한 것인 때에는 그 法律行爲는 無效로 한다.
② 條件이 法律行爲의 당시 이미 成就한 것인 경우에는 그 條件이 停止條件이면 條件없는 法律行爲로 하고 解除條件이면 그 法律行爲는 無效로 한다.
③ 條件이 法律行爲의 當時에 이미 成就할 수 없는 것인 경우에는 그 條件이 解除條件이면 條件없는 法律行爲로 하고 停止條件이면 그 法律行爲는 無效로 한다.

참조 [조건성취의 효과]147, [불법]103·746·750

판례 조건부 법률행위에 있어 조건의 내용 자체가 불법적인 것이어서 무효일 경우 또는 조건을 붙이는 것이 허용되지 아니하는 법률행위에 조건을 붙인 경우 그 조건만을 분리하여 무효로 할 수는 없고 그 법률행위 전부가 무효로 된다.(대결 2005.11.8, 2005마541)

第152條【期限到來의 效果】 ① 始期있는 法律行爲는 期限이 到來한 때로부터 그 效力이 생긴다.
② 終期있는 法律行爲는 期限이 到來한 때로부터 그 效力을 잃는다.

참조 [기한]153·388, [기한의 불허]493①, [이행기]387·585

판례 '불확정기한'으로 보는 부관 : 이미 부담하고 있는 채무의 변제에 관하여 일정한 사실이 부관으로 붙여진 경우에는 특별한 사정이 없는 한 그것은 변제기를 유예한 것으로, 그 사실이 발생한 때 또는 발생하지 아니하는 것으로 확정된 때에 기한이 도래한다.(대판 2003.8.19, 2003다24215)

第153條【期限의 利益과 그 抛棄】 ① 期限은 債務者의 利益을 위한 것으로 推定한다.
② 期限의 利益은 이를 抛棄할 수 있다. 그러나 相對方의 利益을 害하지 못한다.

참조 468·603②·661·689·698, 상259·542①·613①, 어음40②, [기한이익의 상실]388

第154條【期限附權利와 準用規定】 第148條와 第149條의 規定은 期限있는 法律行爲에 準用한다.

참조 [권리침해와 손해배상]750

第6章 期 間

第155條【本章의 適用範圍】 期間의 計算은 法令, 裁判上의 處分 또는 法律行爲에 다른 정한 바가 없으면 本章의 規定에 의한다.

참조 [다른 정한 바]상64, 어음36·72-74·77①, 수표30·60·62, 민소170-173, 비송10, 형83-86, 형소66·67, 특허14

第156條【期間의 起算點】 期間을 時, 分, 秒로 정한 때에는 卽時로부터 起算한다.

참조 157·158, 형소66①

第157條【期間의 起算點】 期間을 日, 週, 月 또는 年으로 정한 때에는 期間의 初日은 算入하지 아니한다. 그러나 그 期間이 午前 零時로부터 始作하는 때에는 그러하지 아니하다.

참조 160, [기산점]156·158, 어음73·77①, 수표61, 형소66①

第158條【나이의 계산과 표시】 나이는 출생일을 산입하여 만(滿) 나이로 계산하고, 연수(年數)로 표시한다. 다만, 1세에 이르지 아니한 경우에는 월수(月數)로 표시할 수 있다.(2022.12.27 본조개정)

改前 "第158條【年齡의 起算點】年齡計算에는 出生日을 算入한다."

참조 4·156·157, 부칙27

第159條【期間의 滿了點】 期間을 日, 週, 月 또는 年으로 정한 때에는 期間末日의 終了로 期間이 滿了한다.

참조 [기간의 만료]158·160②·161, 상63

판례 정년이 53세라 함은 만 53세에 달하는 날을 말하는 것이지만 53세가 만료되는 날을 의미하지 아니한다.(대판 1973.6.12, 71다2669)

第160條【曆에 의한 計算】 ① 期間을 週, 月 또는 年으로 정한 때에는 曆에 의하여 計算한다.

② 週, 月 또는 年의 처음으로부터 期間을 起算하지 아니하는 때에는 最後의 週, 月 또는 年에서 그 起算日에 해당한 날의 前日로 期間이 滿了한다.
③ 月 또는 年으로 정한 경우에 最終의 月에 해당일이 없는 때에는 그 月의 末日로 期間이 滿了한다.

참조 157－159・161, 어음36, 민소170, 형소66②

第161條【공휴일 등과 期間의 滿了點】 期間의 末日이 토요일 또는 공휴일에 해당한 때에는 期間은 그 翌日로 滿了한다.(2007.12.21 본조개정)

改前 第161條【"公休日"과 期間의 滿了點】期間의 末日이 "公休日"에 해당한 때에는 期間은 그 翌日로 滿了한다.

참조 국경일에관한법, [관습]106, [특별규정]상63, 어음72・77①, 수표60, 민소170, 형소66②

第7章 消滅時效

第162條【債權, 財産權의 消滅時效】 ① 債權은 10年間 行使하지 아니하면 消滅時效가 完成한다.
② 債權 및 所有權 이외의 財産權은 20年間 行使하지 아니하면 消滅時效가 完成한다.

참조 부칙8, ①[예외]163－165, 상64, 어음70・77①, 수표51, 국가재정법96, 징발법23, ②[특별규정]369, [지역권의 소멸시효]296

판례 채권의 소멸시효가 완성된 경우 이를 원용할 수 있는 자는 시효로 인하여 채무가 소멸되는 결과 직접적인 이익을 받는 자에 한정되고, 그 채무자에 대한 채권자는 자기의 채권을 보전하기 위하여 필요한 한도 내에서 채무자를 대위하여 이를 원용할 수 있을 뿐이므로 채무자에 대하여 무슨 채권이 있는 것도 아닌 자는 소멸시효 주장을 대위 원용할 수 없다.(대판 2007.3.30, 2005다11312)

판례 상행위인 외국환거래약정에 따른 손해배상의 부당이득반환청구권 : 외국환거래약정을 체결하면서 손해배상금의 지급약정을 하고 이에 따라 손해배상금을 지급하였지만 그 지급약정이 약관의 규제에 관한 법률에 의해 무효로 될 경우, 피고인 금융기관에 이미 손해배상금을 지급했던 원고가 갖는 부당이득반환채권은 상행위인 계약에 기하여 급부가 이루어짐으로써 발생한 것으로서 근본적으로 상행위에 해당하고 그 채권발생의 경위나 원인 등에 비추어 그로 인한 거래관계를 신속하게 해결할 필요가 있으므로 그 소멸시효기간에는 상법 64조가 적용되어 5년의 소멸시효에 걸린다고 봐야 한다.
(대판 2002.6.14, 2001다47825)

第163條【3年의 短期消滅時效】 다음 各號의 債權은 3年間 行使하지 아니하면 消滅時效가 完成한다.

1. 利子, 扶養料, 給料, 使用料 기타 1年 이내의 期間으로 정한 金錢 또는 物件의 支給을 目的으로 한 債權
2. 醫師, 助産師, 看護師 및 藥師의 治療, 勤勞 및 調劑에 관한 債權(1997.12.13 본호개정)
3. 都給받은 者, 技師 기타 工事의 設計 또는 監督에 從事하는 者의 工事에 관한 債權
4. 辯護士, 辨理士, 公證人, 公認會計士 및 法務士에 대한 職務上 保管한 書類의 返還을 請求하는 債權 (1997.12.13 본호개정)
5. 辯護士, 辨理士, 公證人, 公認會計士 및 法務士의 職務에 관한 債權(1997.12.13 본호개정)
6. 生産者 및 商人이 販賣한 生産物 및 商品의 代價
7. 手工業者 및 製造者의 業務에 관한 債權

참조 부칙8, [일반채권의 소멸시효]162, [판결 등에 의하여 확정된 채권의 소멸시효]165

판례 '리스료' 채권이 단기 소멸시효 대상인지 여부 : 이른바 금융리스에 있어서 리스료는, 리스회사가 리스이용자에게 제공하는 취득자금의 금융편의에 대한 원금의 분할변제 및 이자・비용 등의 변제의 기능을 갖는 것은 물론이거니와 그 외에도 리스회사가 리스이용자에게 제공하는 이용상의 편익을 포함하여 거래관계 전체에 대한 대가로서의 의미를 지닌다. 따라서 리스료 채권은, 그 채권관계가 일시에 발생하여 확정되고 다만 그 변제방법만이 일정 기간마다의 분할변제로 정하여진 것에 불과하기 때문에(기본적 정기금채권에 기하여 발생하는 지분적 채권이 아니다) 3년의 단기 소멸시효가 적용되는 채권이라고 할 수 없고, 한편 매회분의 리스료가 각 시점별 취득원가 분할액과 그 잔존액의 이자조로 계산된 금액과를 합한 금액으로 구성되어 있다 하더라도, 이는 리스료액의 산출을 위한 계산방법에 지나지 않는 것이므로 그 중 이자부분만이 따로 3년의 단기 소멸시효에 걸린다고 할 것도 아니다.(대판 2001.6.12, 99다1949)

판례 제6호 소정의 '상인이 판매한 상품의 대가'란 상품의 매매로 인한 대금 그 자체의 채권만을 말하는 것으로서, 상품의 공급 자체와 등가성 있는 청구권에 한한다.(대판 1996.1.23, 95다39854)

第164條【1年의 短期消滅時效】 다음 各號의 債權은 1年間 行使하지 아니하면 消滅時效가 完成한다.

1. 旅館, 飮食店, 貸席, 娛樂場의 宿泊料, 飮食料, 貸席料, 入場料, 消費物의 代價 및 替當金의 債權
2. 衣服, 寢具, 葬具 기타 動産의 使用料의 債權
3. 勞役人, 演藝人의 賃金 및 그에 供給한 物件의 代金債權
4. 學生 및 修業者의 敎育, 衣食 및 留宿에 관한 校主, 塾主, 敎師의 債權

참조 부칙8, [일반채권의 소멸시효]162, [판결 등에 의하여 확정된 채권의 소멸시효]165

판례 상행위로 인한 채권의 소멸시효에 관하여도 다른 법령에 상사시효보다 단기의 시효의 규정이 있는 때에는 그 규정에 의하는 것이므로 원고의 본소 청구채권이 1년의 단기시효에 의하여 소멸되는 것이라면 상사시효에 관한 규정을 적용할 것이 아니라 민법상 1년의 단기시효의 규정을 적용하여야 할 것이다.(대판 1966.6.28, 66다790)

第165條【判決 등에 의하여 確定된 債權의 消滅時效】
① 判決에 의하여 確定된 債權은 短期의 消滅時效에 해당한 것이라도 그 消滅時效는 10年으로 한다.
② 破産節次에 의하여 確定된 債權 및 裁判上의 和解, 調停 기타 判決과 同一한 效力이 있는 것에 의하여 確定된 債權도 前項과 같다.
③ 前2項의 規定은 判決確定 당시에 辨濟期가 到來하지 아니한 債權에 適用하지 아니한다.

참조 부칙8, [단기소멸시효]163・164, 어음70・77①, 수표51

판례 유치권이 성립된 부동산의 매수인은 피담보채권의 소멸시효가 완성되면 시효로 인하여 채무가 소멸되는 결과 직접적인 이익을 받는 자에 해당하므로 소멸시효의 완성을 원용할 수 있는 지위에 있다고 할 것이나, 매수인은 유치권자에게 채무자의 채무와는 별개의 독립된 채무를 부담하는 것이 아니라 단지 채무자의 채무를 변제할 책임을 부담하는 점 등에 비추어 보면, 유치권의 피담보채권의 소멸시효기간이 확정판결 등에 의하여 10년으로 연장된 경우 매수인은 그 채권의 소멸시효기간이 연장된 효과를 부정하고 종전의 단기소멸시효기간을 원용할 수는 없다.(대판 2009.9.24, 2009다39530)

第166條【消滅時效의 起算點】 ① 消滅時效는 權利를 行使할 수 있는 때로부터 進行한다.
② 不作爲를 目的으로 하는 債權의 消滅時效는 違反行爲를 한 때로부터 進行한다.
<2018.8.30 헌법재판소 단순위헌결정으로 이 조 제1항 중「진실・화해를 위한 과거사정리 기본법」제2조제1항제3호, 제4호에 규정된 사건에 적용되는 부분은 헌법에 위반>

참조 부칙8, [권리를 행사할 수 있는 때]조건의 성취147①, [기한의 도래]152①, [시효의 기산일]167・247, [소유권과 소멸시효]162②, [유치권의 행사와 채권의 소멸시효]326, [시기부, 정지조건부권리]147・152

판례 일반적인 국가배상청구권에 적용되는 소멸시효 기산점과 시효기간에 합리적 이유가 인정된다 하더라도, 과거사정리법 제2조제1항제3호에 규정된 '민간인 집단희생사건', 제4호에 규정된 '중대한 인권침해・조작의혹사건'의 특수성을 고려하지 아니한 채 민법 제166조제1항, 제766조제2항의 '객관적 기산점'이 그대로 적용되도록 규정하는 것은 소멸시효제도를 통한 법적 안정성과 가해자 보호만을 지나치게 중시한 나머지 합리적 이유 없이 위 사건 유형에 관한 국가배상청구권 보장 필요성을 외면한 것으로서 입법형성의 한계를 일탈하여 청구인들의 국가배상청구권을 침해한다.
(헌재결 2018.8.30, 2014헌바148)

판례 소유권이전등기 말소등기의무의 이행불능으로 인한 전보배상청구권의 소멸시효의 기산점 : 소유권이전등기 말소등기의무의 이행불능으로 인한 전보배상청구권의 소멸시효는 말소등기의무가 이행불능 상태에 돌아간 때로부터 진행된다.
(대판 2005.9.15, 2005다29474)

판례 소멸시효가 진행하지 않는 '권리를 행사할 수 없는' 경우의 의미 : 소멸시효는 객관적으로 권리가 발생하여 그 권리를 행사할 수 있는 때로부터 진행하고 그 권리를 행사할 수 없는 동안만은 진행하지 않는바, '권리를 행사할 수 없는' 경우라 함은 그 권리행사에 법률상의 장애사유, 예컨대 기간의 미도래나 조건불성취 등이 있는 경우를 말하는 것이고, 사실상 권리의 존재나 권리행사 가능성을 알지 못하였고 알지 못함에 과실이 없다고 하여도 이러한 사유는 법률상 장애사유에 해당하지 않는다.(대판 2004.4.27, 2003두10763)

판례 법인의 내부적인 법률관계가 개입된 권리의 소멸시효 기산점 : 소멸시효의 진행은 당해 청구권이 성립한 때로부터 발생하고 원칙적으로 권리의 존재나 발생을 알지 못하였다고 하더라도 소멸시효의 진행에 장애가 되지 않지만, 법인의 이사회결의가 부존재함에 따라 발생하는 제3자의 부당이득반환청구권처럼 법인이나 회사의 내부적인 법률관계가 개입되어 있어 청구권자가 권리의 발생 여부를 객관적으로 알기 어려운 상황에 있고 청구권자가 과실 없이 이를 알지 못한 경우에는 이사회결의부존재확인판결의 확정과 같이 객관적으로 청구권의 발생을 알 수 있게 된 때로부터 소멸시효가 진행된다고 보는 것이 타당하다.(대판 2003.4.8, 2002다64957,64964)

第167條【消滅時效의 遡及效】 消滅時效는 그 起算日에 遡及하여 效力이 생긴다.

참조 부칙8, [시효소멸의 채권과 상계]495, [기산일]166, [취득시효의 소급효]247①

판례 채무불이행에 따른 해제의 의사표시가 효력을 발생하기 전에 이미 채무불이행의 대상이 되는 본래 채권이 시효가 완성되어 소멸되었다면 특별한 사정(채무자가 소멸시효의 완성을 주장하는 것이 신의성실의 원칙에 반하여 권리남용으로서 허용될 수 없다는 등)이 없는 한 채무자는 채권자의 해제권 행사 이후에도 소멸시효항변으로 대항할 수 있고, 결국 시효완성 전까지 해제권을 행사하지 않은 채권자는 채무자의 채무불이행 시점(해제권 발생 시점)이 본래 채권의 시효완성 전인지 후인지를 불문하고 그 해제권 및 이에 기한 원상회복청구권을 행사할 수 없다.(대판 2022.9.29, 2019다204593)

일판 무단전대를 이유로 한 토지임대차계약의 해제권의 소멸시효는 전차인이 전대차계약에 기인하여 그 토지의 사용수익을 개시한 때로부터 진행한다.(日・最高 1987.10.8)

第168條【消滅時效의 中斷事由】 消滅時效는 다음 各號의 事由로 인하여 中斷된다.

1. 請求
2. 押留 또는 假押留, 假處分
3. 承認

참조 부칙8, [기타중단사유]어음80①, 수표64①, 국가재정법96, 채무자회생파산32・115⑤・352⑤, [중단효력]169, [중단한 시효진행]178, [청구]170－174・178・416・440, 민소265, [압류, 가압류, 가처분]175・176, [승인]177

판례 가압류를 시효중단사유로 정하고 있는 것은 가압류에 의하여 채권자가 권리를 행사하였다고 할 수 있기 때문인데 가압류에 의한 집행보전의 효력이 존속하는 동안은 가압류채권자에 의한 권리행사가 계속되고 있다고 보아야 할 것이므로 가압류에 의한 시효중단의 효력은 가압류 집행보전의 효력이 존속하는 동안은 계속된다. 따라서 유체동산에 대한 가압류결정을 집행한 경우 가압류에 의한 시효중단 효력은 가압류 집행보전의 효력이 존속하는 동안 계속된다. 그러나 유체동산에 대한 가압류 집행절차에 착수하지 않은 경우에는 시효중단 효력이 없고, 집행절차를 개시하였으나 가압류할 동산이 없기 때문에 집행불능이 된 경우에는 집행절차가 종료된 때로부터 시효가 새로이 진행된다.(대판 2011.5.13, 2011다10044)

판례 사망한 사람을 피신청인으로 한 가압류신청은 부적법하고 그 신청에 따른 가압류결정이 내려졌다고 하여도 그 결정은 당연 무효로서 그 효력이 상속인에게 미치지 않으며, 이러한 당연 무효의 가압류는 민법 제168조제1호에 정한 소멸시효의 중단사유에 해당하지 않는다.(대판 2006.8.24, 2004다26287,26294)

판례 청구대상 채권 중 일부만을 청구한 경우, 시효중단의 효력발생범위 : 청구의 대상으로 삼은 채권 중 일부만을 청구한 경우에도 그 취지로 보아 채권 전부에 관하여 판결을 구하는 것으로 해석되는 경우에는 그 동일성의 범위 내에서 그 전부에 관하여 시효중단의 효력이 발생한다.(대판 2006.1.26, 2005다60017,60024)

판례 채권양도는 비록 대항요건을 갖추지 못하여 채무자에게 대항하지 못한다고 하더라도 채권의 양수인이 채무자를 상대로 재판상의 청구를 하였다면 이는 소멸시효 중단사유인 재판상의 청구에 해당한다고 보아야 한다.(대판 2005.11.10, 2005다41818)

판례 가압류에 의한 시효중단의 효력에 관한 법리 : 동조에서 가압류를 시효중단사유로 정하고 있는 것은 가압류에 의하여 채권자가 권리를 행사하였다고 할 수 있기 때문인데 가압류에 의한 집행보전의 효력이 존속하는 동안은 가압류채권자에 의한 권리행사가 계속되고 있다고 보아야 할 것이므로 가압류에 의한 시효중단의 효력은 가압류의 집행보전의 효력이 존속하는 동안은 계속된다고 하여야 할 것이며, 또한 위 조항에서 가압류와 재판상의 청구를 별도의 시효중단사유로 규정하고 있는데 비추어 보면, 가압류의 피보전채권에 관하여 본안의 승소판결이 확정되었다고 하더라도 가압류에 의한 시효중단의 효력이 이에 흡수되어 소멸된다고 할 수도 없다.
(대판 2000.4.25, 2000다11102)

판례 시효중단사유의 주장・입증책임은 시효완성을 다투는 당사자가 지며, 그 주장책임의 정도는 취득시효가 중단되었다는 명시적인 주장을 필요로 하는 것이 아니라 중단사유에 속하는 사실만 주장하면 주장책임을 다한 것으로 보아야 한다.(대판 1997.4.25, 96다46484)

第169條【時效中斷의 效力】 時效의 中斷은 當事者 및 그 承繼人間에만 效力이 있다.

참조 부칙8, [지역권의 예외]295②・296, [연대채무・보증채무등의 예외]416・440, [특칙]어음71・77①, 수표52

판례 당사자라 함은 중단행위에 관하여 당사자를 가리키고 시효의 대상인 권리 또는 청구권의 당사자는 아니며, 승계인이라 함은, '시효중단에 관여한 당사자로부터 중단의 효과를 받는 권리를 그 중단효과 발생 이후에 승계한 자'를 뜻하고, 포괄승계인은 물론 특정승계인도 이에 포함된다.(대판 1997.4.25, 96다46484)

第170條【裁判上의 請求와 時效中斷】 ① 裁判上의 請求는 訴訟의 却下, 棄却 또는 取下의 경우에는 時效中斷의 效力이 없다.

② 前項의 경우에 6月내에 裁判上의 請求, 破産節次參加, 押留 또는 假押留, 假處分을 한 때에는 時效는 最初의 裁判上 請求로 인하여 中斷된 것으로 본다.

참조 부칙8, [시효중단의 효력발생시기]민소81・265, [청구]168, [재판상의 청구]민소226, [소송고지]어음80, 수표64, [소송의 각하]민소219, [소송의 취하]민소266－268, [시효의 재진행]165・178②

판례 '재판상의 청구'라 함은, 통상적으로는 권리자가 원고로서 시효를 주장하는 자를 피고로 하여 소송물인 권리를 소의 형식으로 주장하는 경우를 가르키지만, 이와 반대로 시효를 주장하는 자가 원고가 되어 소를 제기한 데 대하여 피고로서 응소하여 그 소송에서 적극적으로 권리를 주장하고 그것이 받아들여진 경우도 마찬가지로 이에 포함되는 것으로 해석함이 타당하다.
(대판 1993.12.21, 92다47861 전원합의체)

第171條【破産節次參加와 時效中斷】 破産節次參加는 債權者가 이를 取消하거나 그 請求가 却下된 때에는 時效中斷의 效力이 없다.

참조 부칙8, [청구]168, [파산절차참가]채무자회생파산424・447이하

판례 채권조사기일에서 파산관재인이 신고채권에 대하여 이의를 제기하거나 채권자가 법정기간 내에 파산채권 확정의 소를 제기하지 아니하여 배당에서 제척되었다고 하더라도 그것이 민법 제171조 규정에서 말하는 '그 청구가 각하된 때'에 해당한다고 볼 수는 없다 할 것이고, 따라서 파산절차참가로 인한 시효중단의 효력은 파산절차가 종결될 때까지 계속 존속한다.(대판 2005.10.28, 2005다28273)

第172條【支給命令과 時效中斷】 支給命令은 債權者가 法定期間내에 假執行申請을 하지 아니함으로 인하여 그 效力을 잃은 때에는 時效中斷의 效力이 없다.

참조 [청구]168, [지급명령]민소462

第173條【和解를 위한 召喚, 任意出席과 時效中斷】 和解를 위한 召喚은 相對方이 出席하지 아니하거나 和解가 成立되지 아니한 때에는 1月내에 訴를 提起하지 아니하면 時效中斷의 效力이 없다. 任意出席의 경우에 和解가 成立되지 아니한 때에도 그러하다.

참조 부칙8, [청구]168・170－176

第174條【催告와 時效中斷】 催告는 6月내에 裁判上의 請求, 破産節次參加, 和解를 위한 召喚, 任意出席, 押留 또는 假押留, 假處分을 하지 아니하면 時效中斷의 效力이 없다.

참조 부칙8, [청구]168・170－176, [압류, 가압류, 가처분]민집188이하・276이하

판례 압류・추심명령의 송달에 최고로서의 효력 인정 여부(적극) : 최고는 채무자에 대하여 채무이행을 구한다는 채권자의 의사통지(준법률행위)로서, 이에는 특별한 형식이 요구되지 아니할 뿐 아니라 행위 당시 당사자가 시효중단의 효과를 발생시킨다는 점을 알거나 의욕하지 않았다 하더라도 권리 행사의 주장을 하는 취지임이 명백하다면 최고에 해당하므로, 채권자가 확정판결에 기한 채권의 실현을 위하여 채무자의 제3채무자에 대한 채권에 관하여 압류 및 추심명령을 받아 그 결정이 제3채무자에게 송달이 되었다면 거기에 소멸시효 중단사유인 최고로서의 효력을 인정하여야 한다.
(대판 2003.5.13, 2003다16238)

판례 재산관계명시절차의 시효중단의 효력 : 재산관계명시절차는 압류 또는 가압류, 가처분과 달리 어디까지나 집행 목적물을 탐지하여 강제집행을 용이하게 하기 위한 강제집행의 보조절차 또는 강제집행의 준비행위와 강제집행 사이의 중간적 단계의 절차에 불과하므로, 민법 168조 2호 소정의 소멸시효 중단사유인 압류 또는 가압류, 가처분에 준하는 효력까지 인정될 수는 없고, 재산관계명시결정에 의한 소멸시효 중단의 효력은 그로부터 6월 내에 다시 소를 제기하거나 압류 또는 가압류, 가처분을 하는 등 민법 174조에 규정된 절차를 속행하지 아니하는 한 상실되는 것으로 보는 것이 옳다.
(대판 2001.5.29, 2000다32161)

第175條【押留, 假押留, 假處分과 時效中斷】 押留, 假押留 및 假處分은 權利者의 請求에 의하여 또는 法律의 規定에 따르지 아니함으로 인하여 取消된 때에는 時效中斷의 效力이 없다.

참조 168·176, 부칙8, [가압류]민집276, [가처분]민집300, [압류등의 취소]민집50

판례 금전채권의 보전을 위하여 채무자의 금전채권에 대하여 가압류가 행하여진 경우에 그 후 채권자의 신청에 의하여 그 집행이 취소되었다면, 다른 특별한 사정이 없는 한 가압류에 의한 소멸시효 중단의 효과는 소급적으로 소멸된다. 민법 제175조는 가압류가 '권리자의 청구에 의하여 취소된 때에는' 소멸시효 중단의 효력이 없다고 정한다. 가압류의 집행 후에 행하여진 채권자의 집행취소 또는 집행해제의 신청은 실질적으로 집행신청의 취하에 해당하고, 이는 다른 특별한 사정이 없는 한 가압류 자체의 신청을 취하하는 것과 마찬가지로 그에게 권리행사의 의사가 없음을 객관적으로 표명하는 행위로서 위 법 규정에 의하여 시효중단의 효력이 소멸한다고 봄이 상당하다. 이러한 점은 위와 같은 집행취소의 경우 그 취소의 효력이 단지 장래에 대하여만 발생한다는 것에 의하여 달라지지 아니한다.
(대판 2010.10.14, 2010다53273)

第176條【押留, 假押留, 假處分과 時效中斷】 押留, 假押留 및 假處分은 時效의 利益을 받은 者에 대하여 하지 아니한 때에는 이를 그에게 通知한 후가 아니면 時效中斷의 效力이 없다.

참조 168·175, 부칙8, [시효중단의 당사자]169

第177條【承認과 時效中斷】 時效中斷의 效力있는 承認에는 相對方의 權利에 관한 處分의 能力이나 權限있음을 要하지 아니한다.

참조 부칙8, [승인]168

판례 시효완성 전에 채무의 일부를 변제한 경우에는, 그 수액에 관하여 다툼이 없는 한 채무승인으로서의 효력이 있어 시효중단의 효과가 발생한다.(대판 1996.1.23, 95다39854)

第178條【中斷後에 時效進行】 ① 時效가 中斷된 때에는 中斷까지에 經過한 時效期間은 이를 算入하지 아니하고 中斷事由가 終了한 때로부터 새로이 進行한다.
② 裁判上의 請求로 인하여 中斷한 時效는 前項의 規定에 의하여 裁判이 確定된 때로부터 새로이 進行한다.

참조 부칙8, 어음80, 수표64, [시효중단]168·169, [재판상의 청구]170, 173

판례 채권액이 외국통화로 지정된 금전채권인 외화채권을 채권자가 대용급부의 권리를 행사하여 우리나라 통화로 환산하여 청구하는 경우 법원이 채무자에게 그 이행을 명함에 있어서는 채무자가 현실로 이행할 때에 가장 가까운 사실심 변론종결 당시의 외국환시세를 우리나라 통화로 환산하는 기준시로 삼아야 하고, 그와 같은 제1심 이행판결에 대하여 채무자만이 불복·항소한 경우, 항소심은 속심이므로 채무자가 항소이유로 삼거나 심리 과정에서 내세운 주장이 이유 없다고 하더라도 법원으로서는 항소심 변론종결 당시의 외국환시세를 기준으로 채권액을 다시 환산해 본 후 불이익변경금지 원칙에 반하지 않는 한 채무자의 항소를 일부 인용하여야 한다.
(대판 2007.4.12, 2006다72765)

第179條【제한능력자의 시효정지】 소멸시효의 기간만료 전 6개월 내에 제한능력자에게 법정대리인이 없는 경우에는 그가 능력자가 되거나 법정대리인이 취임한 때부터 6개월 내에는 시효가 완성되지 아니한다.
(2011.3.7 본조개정)

改前 "第179條【無能力者와 時效停止】 消滅時效의 期間滿了전 6月내에 無能力者의 法定代理人이 없는 때에는 그가 能力者가 되거나 法定代理人이 就任한 때로부터 6月내에는 時效가 完成하지 아니한다."

참조 부칙8, [미성년자, 피성년후견인]4-6·8·12·13·826의2, [친권자]911, [후견인]938

第180條【재산관리자에 대한 제한능력자의 권리, 부부 사이의 권리와 시효정지】 ① 재산을 관리하는 아버지, 어머니 또는 후견인에 대한 제한능력자의 권리는 그가 능력자가 되거나 후임 법정대리인이 취임한 때부터 6개월 내에는 소멸시효가 완성되지 아니한다.
② 부부 중 한쪽이 다른 쪽에 대하여 가지는 권리는 혼인관계가 종료된 때부터 6개월 내에는 소멸시효가 완성되지 아니한다.
(2011.3.7 본조개정)

改前 "第180條【財産管理者에 대한 無能力者의 權利, 夫婦間의 權利와 時效停止】 ① 財産을 管理하는 父, 母 또는 後見人에 대한 無能力者의 權利는 그가 能力者가 되거나 後任의 法定代理人이 就任한 때로부터 6月내에는 消滅時效가 完成하지 아니한다.
② 夫婦의 一方의 他方에 대한 權利는 婚姻關係의 終了한 때로부터 6月내에는 消滅時效가 完成하지 아니한다."

참조 부칙8, ①[제한능력자의 재산을 관리하는 자]909·916·920·924-927·946·949, ②[부부간의 재산관계]829이하, [혼인관계의 종료]834·840이하

第181條【相續財産에 관한 權利와 時效停止】 相續財産에 속한 權利나 相續財産에 대한 權利는 相續人의 確定, 管理人의 選任 또는 破産宣告가 있는 때로부터 6月내에는 消滅時效가 完成하지 아니한다.

참조 부칙8, [상속인의 확정]1019·1025·1028, [관리인의 선임]1053, [파산선고]채무자회생파산299-300

第182條【天災 기타 事變과 時效停止】 天災 기타 事變으로 인하여 消滅時效를 中斷할 수 없을 때에는 그 事由가 終了한 때로부터 1月내에는 時效가 完成하지 아니한다.

참조 부칙8, [시효중단]168, [불가항력으로 인한 기간의 연장]어음54, 수표47

第183條【從屬된 權利에 대한 消滅時效의 效力】 主된 權利의 消滅時效가 完成한 때에는 從屬된 權利에 그 效力이 미친다.

참조 369·440

판례 공동불법행위자 1인의 손해배상채무 시효완성의 효력이 다른 공동불법행위자의 구상권에도 미치는지 여부(소극) : 공동불법행위자의 다른 공동불법행위자에 대한 구상권은 피해자의 다른 공동불법행위자에 대한 손해배상채권과는 그 발생원인 및 성질을 달리하는 별개의 권리이므로, 공동불법행위자 중 1인의 손해배상채무가 시효로 소멸한 후에 다른 공동불법행위자 1인이 피해자에게 자기의 부담 부분을 넘는 손해를 배상하였을 경우에도 그 공동불법행위자는 다른 공동불법행위자에게 구상권을 행사할 수 있다.(대판 1997.12.23, 97다42830)

第184條【時效의 利益의 抛棄 기타】 ① 消滅時效의 利益은 미리 抛棄하지 못한다.
② 消滅時效는 法律行爲에 의하여 이를 排除, 延長 또는 加重할 수 없으나 이를 短縮 또는 輕減할 수 있다.

참조 부칙8, [시효의 완성]162-165

판례 소멸시효 이익의 포기는 상대적 효과가 있을 뿐이어서 다른 사람에게는 영향을 미치지 아니함이 원칙이나, 소멸시효 이익의 포기 당시에는 권리의 소멸에 의하여 직접 이익을 받을 수 있는 이해관계를 맺은 적이 없다가 나중에 시효이익을 이미 포기한 자와의 법률관계를 통하여 비로소 시효이익을 원용할 이해관계를 형성한 자는 이미 이루어진 시효이익 포기의 효력을 부정할 수 없다. 왜냐하면, 시효이익의 포기에 대하여 상대적인 효과만을 부여하는 이유는 포기 당시에 시효이익을 원용할 다수의 이해관계인이 존재하는 경우 그들의 의사와는 무관하게 채무자 등 어느 일방의 포기 의사만으로 시효이익을 원용할 권리를 박탈당하게 되는 부당한 결과의 발생을 막으려는 데 있는 것이지, 시효이익을 이미 포기한 자와의 법률관계를 통하여 비로소 시효이익을 원용할 이해관계를 형성한 자에게 이미 이루어진 시효이익 포기의 효력을 부정할 수 있게 하여 시효완성을 둘러싼 법률관계를 사후에 불안정하게 만들자는 데 있는 것은 아니기 때문이다.(대판 2015.6.11, 2015다200227)

판례 국유재산을 점유하여 취득시효가 완성된 후 국가와 국유재산 대부계약을 체결하고 대부료를 납부한 사실만으로는 취득시효 완성의 이익을 포기하는 적극적인 의사표시를 한 것으로 보기는 어렵지만, 그러한 대부계약이 아무런 하자 없이 여러 차례에 걸쳐 체결되었다거나, 단순히 대부계약의 체결에 그치지 않고 그 계약 전에 밀린 점용료를 변상금이란 명목으로 납부하는 데까지 나아갔다면 그러한 대부계약 체결이나 변상금 납부는 국가의 소유권을 인정하고 취득시효 완성의 이익을 포기한다는 적극적인 의사표시를 한 것으로 봄이 상당하다.(대판 2007.4.13, 2006다62546)

판례 특정한 채무의 이행을 청구할 수 있는 기간을 제한하고 그 기간을 도과할 경우 채무가 소멸하도록 하는 약정은 민법 또는 상법에 의한 소멸시효기간을 단축하는 약정으로서 특별한 사정이 없는 한 민법 제184조제2항에 의하여 유효하다.(대판 2006.4.14, 2004다70253)

판례 소멸시효가 완성된 채무를 피담보채무로 하는 근저당권이 실행되어 채무자 소유의 부동산이 경락되고 그 대금이 배당되어 채무의 일부 변제에 충당될 때까지 채무자가 아무런 이의를 제기하지 아니하였다면, 경매절차의 진행을 채무자가 알지 못하였다는 등 다른 특별한 사정이 없는 한 채무자는 시효완성의 사실을 알고 그 채무를 묵시적으로 승인하여 시효의 이익을 포기한 것으로 보아야 한다.
(대판 2001.6.12, 2001다3580)

第2編 物 權

第1章 總 則

第185條【物權의 種類】 物權은 法律 또는 慣習法에 의하는 外에는 任意로 創設하지 못한다.

참조 [물권의 준거법]국제사법, [관습]1, [점유권]192, [소유권]211, [지상권]279, [지역권]291, [전세권]303, [유치권]320, [질권]329·345, [저당권]356, 공장광업재단3·4, 자동차특정동산4·5, [상사유치권]상91·104·111·120·147·807, [선박우선특권]상777, [선박저당권]상787, [광업권]광업10, [어업권]수산16, [댐사용권]댐건설·관리및주변지역지원등에관한법24

판례 토지소유자의 승낙을 얻어 분묘가 설치된 경우 분묘소유자는 분묘기지권을 취득하고, 분묘기지권의 존속기간에 관하여는 당사자 사이에 약정이 있는 등 특별한 사정이 있으면 그에 따를 것이나, 그러한 사정이 없는 경우에는 권리자가 분묘의 수호와 봉사를 계속하며 그 분묘가 존속하고 있는 동안 존속한다고 해석함이 타당하다. 또, 분묘가 멸실된 경우라고 하더라도 유골이 존재하여 분묘의 원상회복이 가능하여 일시적인 멸실에 불과하다면 분묘기지권은 소멸하지 않고 존속하고 있다고 해석함이 상당하다.(대판 2007.6.28, 2005다44114)

판례 분묘기지권의 설정 : 분묘의 기지인 토지가 분묘소유권자 아닌 다른 사람의 소유인 경우에 그 토지 소유자가 분묘소유자에 대하여 분묘의 설치를 승낙한 때에는 그 분묘의 기지에 대하여 분묘소유자를 위한 지상권에 유사한 물권(분묘기지권)을 설정한 것으로 보아야 하므로, 이러한 경우 그 토지소유자는 분묘의 수호·관리에 필요한 상당한 범위 내에서는 분묘기지가 된 토지부분에 대한 소유권의 행사가 제한될 수밖에 없다.(대판 2000.9.26, 99다14006)

第186條【不動產物權變動의 效力】 不動產에 관한 法律行爲로 인한 物權의 得失變更은 登記하여야 그 效力이 생긴다.

참조 [부동산]99①, [등기를 요하는 권리]592·부등3, [등기를 요하지 않는 권리]187·192·271·275·302·320

▣ 등기의 추정력

판례 일반적으로 부동산에 관한 등기의 지번표시에 다소의 착오 또는 오류가 있다 할지라도 적어도 그것이 실질상의 권리관계를 표시함에 족한 정도로 동일 혹은 유사성이 있다고 인정되는 경우에 한하여 그 등기를 유효시하고 그 경정등기도 허용되고, 만일 이 표시상의 착오 또는 오류가 중대하여 그 실질관계와 동일성 혹은 유사성조차 인정할 수 없는 경우에는 그 등기는 마치 없는 것과 같은 외관을 가지므로 그 등기의 공시의 기능도 발휘할 수 없으니 이런 등기의 경정을 무제한으로 인정한다면 제3자에게 뜻밖의 손해를 가져 올 경우도 있을 것이므로 이와 같은 경우에는 경정등기를 허용할 수 없고, 그 등기는 무효이다.(대판 2007.7.26, 2007다19006,19013)

판례 토지를 사정받은 자가 따로 있는 경우, 소유권보존등기의 추정력 : 토지에 관한 소유권보존등기의 추정력은 그 토지를 사정받은 사람이 따로 있음이 밝혀진 경우에는 깨어지고 등기명의인이 구체적으로 그 승계취득 사실을 주장·입증하지 못하는 한 그 등기는 원인무효이다.(대판 2005.5.26, 2002다43417)

판례 등기의 추정력 : 부동산에 관한 등기부상 소유권이전등기가 경료되어 있는 이상 그 절차와 원인이 정당한 것이라는 추정을 받게 되고, 그 절차와 원인의 부당을 주장하는 당사자에게 (추정을 깨는) 입증책임이 있다.(대판 2003.2.28, 2002다46256)

판례 소유권이전등기의 추정력이 전소유자에 대하여도 미치는지 여부 : 부동산에 관하여 소유권이전등기가 마쳐져 있는 경우에는 그 등기명의자는 제3자에 대하여 뿐 아니라 그 전소유자에 대하여서도 적법한 등기원인에 의하여 소유권을 취득한 것으로 추정되는 것이므로 이를 다투는 측에서 그 무효사유를 주장·입증하여야 한다.
(대판 1994.9.13, 94다10160)

▣ 등기의 효력

판례 토지등기부의 표제부에 토지의 면적이 실제와 다르게 등재된 경우, 그 등기가 해당 토지를 표상하는 등기로서 유효한지 여부 : 물권의 객체인 토지 1필지의 공간적 범위를 특정하는 것은 지적도나 임야도의 경계이지 등기부의 표제부나 임야대장·토지대장에 등재된 면적이 아니므로, 토지등기부의 표제부에 토지의 면적이 실제와 다르게 등재되어 있다 하여도, 이러한 등기는 해당 토지를 표상하는 등기로서 유효하다.(대판 2005.12.23, 2004다1691)

판례 동일 부동산에 관하여 등기명의인을 달리하여 중복된 소유권보존등기가 경료된 경우에는 먼저 이루어진 소유권보존등기가 원인무효로 되지 않는 한 뒤에 된 소유권보존등기는 그것이 비록 실체관계에 부합한다고 하더라도 1부동산 1등기용지주의의 법리에 비추어 무효이고, 이러한 법리는 뒤에 된 소유권보존등기의 명의인에 당해 부동산의 소유권을 원시취득한 경우에도 그대로 적용된다.
(대판 1996.9.20, 93다20177,20184)

▣ 중간생략등기

판례 중간생략등기의 합의가 있으면 최초의 매도인이 중간 매수인에 대하여 갖고 있는 매매대금청구권의 행사가 제한되는지 여부 : 중간생략등기의 합의란 부동산이 전전 매도된 경우 각 매매계약이 유효하게 성립함을 전제로 그 이행의 편의상 최초의 매도인으로부터 최종의 매수인 앞으로 소유권이전등기를 경료하기로 한다는 당사자 사이의 합의에 불과할 뿐이므로, 이러한 합의가 있다고 하여 최초의 매도인이 자신이 당사자가 된 매매계약상의 매수인인 중간자에 대하여 갖고 있는 매매대금청구권의 행사가 제한되는 것은 아니다.
(대판 2005.4.29, 2003다66431)

▣ 등기청구권

판례 진정명의 회복을 위한 소유권이전등기청구의 요건 : 진정한 등기명의의 회복을 위한 소유권이전등기청구는 자기 명의로 소유권을 표상하는 등기가 되어 있었거나 법률에 의하여 소유권을 취득한 진정한 소유자가 그 등기명의를 회복하기 위한 방법으로 그 소유권에 기하여 현재의 등기명의인을 상대로 진정한 등기명의의 회복을 원인으로 한 소유권이전등기절차의 이행을 구하는 것이다.
(대판 2001.8.21, 2000다36484)

▣ 건축물관계

판례 건축허가는 일정한 건축행위를 하여도 좋다는 자유를 회복시켜 주는 행정처분일 뿐 수허가자에게 어떤 새로운 권리나 능력을 부여하는 것이 아니고, 추정력도 없으므로 건축허가서에 건축주로 기재된 자가 건물의 소유권을 취득하는 것은 아니다.
(대판 1997.3.28, 96다10638)

▣ 명의신탁

판례 타인 명의로 부동산을 매수하기로 하는 약정을 한 경우의 매매당사자 : 어떤 사람이 타인을 통하여 부동산을 매수함에 있어 매수인 명의 및 소유권이전등기 명의를 그 타인 명의로 하기로 하였다면 이와 같은 매수인 및 등기 명의의 신탁관계는 그들 사이의 내부적인 관계에 불과한 것이므로 특별한 사정이 없는 한 대외적으로는 그 타인을 매매 당사자로 보아야 한다.(대판 2003.9.5, 2001다32120)

▣ 등기명의와 계약자가 다른 경우

판례 어떤 사람이 타인을 통하여 부동산을 매수한 경우…(중략)…그 사실을 알고 그 매수인의 지위 이전에 동의 내지 승낙을 하였다면 매수를 의뢰한 사람에게 매수인의 지위가 승계된다.
(대판 1997.5.16, 95다29116)

第187條【登記를 要하지 아니하는 不動產物權取得】 相續, 公用徵收, 判決, 競賣 기타 法律의 規定에 의한 不動產에 관한 物權의 取得은 登記를 요하지 아니한다. 그러나 登記를 하지 아니하면 이를 處分하지 못한다.

참조 186·188, [토지수용]공토법19, [토지수용의 판결]민소205·216, [변제자대위로 인한 부동산 담보권의 이전]482①, [기타 취득]305①·320·366·649

판례 건축주의 사정으로 건축공사가 중단된 미완성의 건물을 인도받아 나머지 공사를 하게 된 경우에는 그 공사의 중단 시점에 이미 사회통념상 독립한 건물이라고 볼 수 있는 정도의 형태와 구조를 갖춘 경우가 아닌 한 이를 인도받아 자기의 비용과 노력으로 완공한 자가 그 건물의 원시취득자가 된다.(대판 2006.5.12, 2005다68783)

판례 건축업자가 타인의 대지를 매수하여 그 대금을 전혀 지급하지 않은 상태에서 자신의 노력과 재료를 들여 건물을 건축하면서 건축허가 명의를 대지소유자로 한 경우의 법률관계 : 건축업자가 타인의 대지를 매수하여 계약금만 지급하거나 대금을 전혀 지급하지 아니한 채 그 지상에 자기의 노력과 재료를 들여 건물을 건축하면서 건축허가 명의를 대지소유자로 하는 경우에는 그 목적이 대지대금채무를 담보하기 위한 경우가 일반적이고, 채무의 담보를 위하여 채무자가 자기의 비용과 노력으로 신축하는 건물의 건축허가 명의를 채권자 명의로 하였다면 이는 완성될 건물을 담보로 제공하기로 하는 합의로서 법률행위에 의한 담보권의 설정이라 할 것이므로, 완성된 건물의 소유권은 일단 이를 건축한 채무자가 원시적으로 취득한 후 채권자 명의로 소유권보존등기를 마침으로써 담보목적의 범위 내에서 채권자에게 그 소유권이 이전된다고 보아야 한다.
(대판 2001.3.13, 2000다48517 : 가등기담보등에관한법률 제1조 참조)

판례 채무의 담보를 위하여 채무자가 자기 비용과 노력으로 신축하는 건물의 건축허가 명의를 채권자 명의로 하였다면 이는 완성될 건물을 담보로 제공하기로 하는 합의로서 법률행위에 의한 담보물권의 설정에 다름 아니므로, 완성된 건물의 소유권은 일단 이를 건축한 채무자가 원시적으로 취득한 후 채권자 명의로 소유권보존등기를 마침으로써 담보목적의 범위 내에서 채권자에게 그 소유권이 이전된다.
(대판 1997.5.30, 97다8601)

第188條【動產物權讓渡의 效力, 簡易引渡】 ① 動產에 관한 物權의 讓渡는 그 動產을 引渡하여야 效力이 생긴다.

② 讓受人이 이미 그 動產을 占有한 때에는 當事者의 意思表示만으로 그 效力이 생긴다.

참조 187, [동산]99②, [인도]189·190·196, [선박과 등기]상743·787③, [인도와 효력발생요건]330, [특별한 경우]상133·157·861, [의사표시]107이하, [점유권의 취득]192, [점유권의 양도]189·190·196

판례 현실의 인도가 이루어졌는지 여부의 판단기준 : 물건의 인도가 이루어졌는지 여부는 사회관념상 목적물에 대한 양도인의 사실상 지배인 점유가 동일성을 유지하면서 양수인의 지배로 이전되었다고 평가할 수 있는지 여부에 달려있는 것인바, 현실의 인도가 있었다고 하려면 양도인의 물건에 대한 사실상의 지배가 동일성을 유지한 채 양수인에게 완전히 이전되어 양수인은 목적물에 대한 지배를 계속하여 확고하게 취득하여야 하고, 양도인은 물건에 대한 점유를 완전히 종결하여야 한다.(대판 2003.2.11, 2000다66454)

판례 소유권 유보부 매매 : 동산의 매매계약을 체결하면서, 매도인이 대금을 모두 지급받기 전에 목적물을 매수인에게 인도하지만 대금이 모두 지급될 때까지는 목적물의 소유권은 매도인에게 유보되며 대금이 모두 지급된 때에 그 소유권이 매수인에게 이전된다는 내용의 소위 소유권유보의 특약을 한 경우, 목적물의 소유권을 이전한다는 당사자 사이의 물권적 합의는 매매계약을 체결하고 목적물을 인도한 때 이미 성립하지만 대금이 모두 지급되는 것을 정지조건으로 하므로, 목적물이 매수인에게 인도되었다고 하더라도 특별한 사정이 없는 한 매도인은 대금이 모두 지급될 때까지 매수인뿐만 아니라 제3자에 대하여도 유보된 목적물의 소유권을 주장할 수 있고, 다만 대금이 모두 지급되었을 때에는 그 정지조건이 완성되어 별도의 의사표시 없이 목적물의 소유권이 매수인에게 이전된다.
(대판 1996.6.28, 96다14807)

第189條【占有改定】 動産에 관한 物權을 讓渡하는 경우에 當事者의 契約으로 讓渡人이 그 動産의 占有를 繼續하는 때에는 讓受人이 引渡받은 것으로 본다.

참조 188, [점유권의 취득]192, [점유권의 양도]190·196, [물권변동과 의사표시 및 대항요건]186-188, [간접점유]194

판례 돈사에서 대량으로 사육되는 돼지를 집합물에 대한 양도담보의 목적물로 삼은 경우, 그 돼지는 번식, 사망, 판매, 구입 등의 요인에 의하여 증감 변동하기 마련이므로 양도담보권자가 그 때마다 별도의 양도담보권설정계약을 맺거나 점유개정의 표시를 하지 않더라도 하나의 집합물로서 동일성을 잃지 아니한 채 양도담보권의 효력은 항상 현재의 집합물 위에 미치게 된다.(대판 2007.2.22, 2006도8649)

판례 동산에 대하여 이중양도담보를 설정시 처음의 양도담보권자가 배타적으로 담보권을 주장할 수 있는지 여부(적극) : 동산에 대하여 점유개정의 방법으로 이중양도담보를 설정한 경우 원래의 양도담보권자는 뒤의 양도담보권자에 대하여 배타적으로 자기의 담보권을 주장할 수 있다.(대판 2000.6.23, 99다65066)

第190條【目的物返還請求權의 讓渡】 第三者가 占有하고 있는 動産에 관한 物權을 讓渡하는 경우에는 讓渡人이 그 第三者에 대한 返還請求權을 讓受人에게 讓渡함으로써 動産을 引渡한 것으로 본다.

참조 188·190, [점유권의 취득]192, [점유권의 양도]189·196, [물권의 변동과 의사표시 및 대항요건]186-188, [간접점유]194

第191條【混同으로 인한 物權의 消滅】 ① 同一한 物件에 대한 所有權과 다른 物權이 同一한 사람에게 歸屬한 때에는 다른 物權은 消滅한다. 그러나 그 物權이 第三者의 權利의 目的이 된 때에는 消滅하지 아니한다.

② 前項의 規定은 所有權이외의 物權과 그를 目的으로 하는 다른 權利가 同一한 사람에게 歸屬한 경우에 準用한다.

③ 占有權에 관하여는 前2項의 規定을 適用하지 아니한다.

참조 광업12, [승역지의 위기]299, [채권의 혼동]507

판례 채권은 채권과 채무가 동일한 주체에 귀속한 때에 한하여 혼동으로 소멸하는 것이 원칙이고, 어느 특정의 물건에 관한 채권을 가지는 자가 그 물건의 소유자가 되었다는 사정만으로는 채권과 채무가 동일한 주체에 귀속한 경우에 해당한다고 할 수 없어 그 물건에 관한 채권이 혼동으로 소멸하는 것은 아닌바, 매매계약에 따른 소유권이전등기청구권 보전을 위하여 가등기가 경료된 경우 그 가등기권자가 가등기설정자에게 가지는 가등기에 기한 본등기청구권은 채권으로서 가등기권자가 가등기설정자를 상속하거나 그의 가등기에 기한 본등기절차 이행의 의무를 인수하지 아니하는 이상, 가등기권자가 가등기에 기한 본등기절차에 의하지 아니하고 가등기설정자로부터 별도의 소유권이전등기를 경료받았다고 하여 혼동의 법리에 의하여 가등기권자의 가등기에 기한 본등기청구권이 소멸하지는 않는다 할 것이다.
(대판 2007.2.22, 2004다59546)

第2章 占有權

第192條【占有權의 取得과 消滅】 ① 物件을 事實上 支配하는 者는 占有權이 있다.

② 占有者가 物件에 대한 事實上의 支配를 喪失한 때에는 占有權이 消滅한다. 그러나 第204條의 規定에 의하여 占有를 回收한 때에는 그러하지 아니하다.

참조 [물건]98·99, [점유]형355, 민집189·245, [간접점유]194, [점유권의 양도]196①, [점유물의 간이인도]188②·196②, [점유개정]189·196②, [반환청구권 양도에 의한 인도]190·196②, [제3자의 점유동산]190, [상속으로 인한 점유권의 이전]193, ②[점유의 회수]204, [점유의 상실과 유치권소멸]328

판례 택지를 분할 매각하고 남은 부분이 자연 발생적으로 주변의 도로와 연결되어 일반의 통행에 제공되어 오던 중 인근 주민들이 자조사업의 일환으로 비용을 출연하여 포장 및 하수도 공사를 한 후,…(중략)…그러한 사정만으로는 사회관념상 토지를 사실상 지배하기 시작하였다고 보기 어렵고 더욱이 사실상의 지배가 성립하기 위하여 필요한 그 토지에 관한 점유설정의사가 생겼다고 보기도 어렵다는 이유로, 지방자치단체가 사실상의 지배주체로서 토지를 점유·관리하고 있음을 전제로 토지 소유자의 임료 상당의 부당이득 청구를 인정한 원심판결을 파기한다.(대판 1997.7.11, 97다14040)

판례 사실상 지배가 있다고 하기 위하여는 반드시 물건을 물리적, 현실적으로 지배하는 것만을 의미하는 것은 아니고 물건과 사람과의 시간적, 공간적 관계와 본권관계, 타인지배의 가능성 등을 고려하여 사회관념에 따라 합목적적으로 판단하여야 한다.
(대판 1996.12.23, 95다31317)

第193條【相續으로 인한 占有權의 移轉】 占有權은 相續人에 移轉한다.

참조 [점유권의 취득]192①, [점유권의 양도]196, [상속과 권리의무의 승계]1005, [간접점유]194, [점유보조자]195

판례 선대의 점유가 타주점유인 경우 선대로부터 상속에 의하여 점유를 승계한 자의 점유도 상속 전과 그 성질 내지 태양을 달리 하는 것이 아니어서, 특별한 사정이 없는 한 그 점유가 자주점유로는 될 수 없다.(대판 1997.12.12, 97다40100)

第194條【間接占有】 地上權, 傳貰權, 質權, 使用貸借, 賃貸借, 任置 기타의 關係로 타인으로 하여금 物件을 占有하게 한 者는 間接으로 占有權이 있다.

참조 [점유권의 취득]192①, [점유보조자]195, [간접점유의 양도]190·196②, [상속으로 인한 점유권의 이전]193

판례 토지에 대한 취득시효완성으로 인한 소유권이전등기청구권은 그 토지에 대한 점유가 계속 되는 한 시효로 소멸하지 아니하고, 여기서 말하는 점유에는 직접점유뿐만 아니라 간접점유도 포함한다고 해석하여야 한다.(대판 1995.2.10, 94다28468)

第195條【占有補助者】 家事上, 營業上 기타 類似한 關係에 의하여 他人의 指示를 받어 物件에 대한 事實上의 支配를 하는 때에는 그 他人만을 占有者로 한다.

참조 192·194

第196條【占有權의 讓渡】 ① 占有權의 讓渡는 占有物의 引渡로 그 效力이 생긴다.

② 前項의 占有權의 讓渡에는 第188條第2項, 第189條, 第190條의 規定을 準用한다.

참조 [점유권의 취득]192, [동산물권의 양도와 인도]188-190, [물권변동과 의사표시 및 대항요건]186-188, [상속으로 인한 점유권의 이전]193, [점유개정]189, [간접점유]194, [제3자의 점유 동산]190

판례 임야에 대한 점유의 이전과 계속의 판단 기준 : 임야에 대한 점유의 이전이나 점유의 계속은 반드시 물리적이고 현실적인 지배를 요한다고 볼 것은 아니고 관리나 이용의 이전이 있으면 인도가 있었다고 보아야 하고, 임야에 대한 소유권을 양도하는 경우라면 그에 대한 지배권도 넘겨지는 것이 거래에 있어서 통상적인 형태라고 할 것이며, 점유의 계속은 추정되는 것이고, 임야를 매수하여 그 전부에 대한 이전등기를 마치고 인도받았다면 특별한 사정이 없는 한 그 임야 전부에 대한 인도와 점유가 있었다고 보는 것이 상당하다.
(대판 1996.9.10, 96다19512)

第197條【占有의 態樣】 ① 占有者는 所有의 意思로 善意, 平穩 및 公然하게 占有한 것으로 推定한다.

② 善意의 占有者라도 本權에 관한 訴에 敗訴한 때에는 그 訴가 提起된 때로부터 惡意의 占有者로 본다.

참조 [점유와 권리의 추정]200, [소유의 의사]202·245·246·252①, [점유의 의사]192, [예외]202, [선의·평온·공연한 점유]249, [본권의 소]208, [악의 점유자의 책임]201②③·202, [본권에 기인한 과실취득]211·323·343·609·618·923·1079

■ 자주점유

판례 타주점유자가 그 명의로 소유권보존등기를 경료한 것만으로는 소유자에 대하여 소유의 의사를 표시하여 자주점유로 전환되었다고 볼 수 없다.(대판 1997.5.30, 97다2344)

판례 주택을 매도하면서 부지를 매도하지 않은 특별한 사정에 대하여 더 심리하여 보지 않고서는 토지소유자의 건물의 부지 부분 토지에 대한 점유가 그 점유권원이 분명하지 아니한 때에 해당하여 자주점유로 추정된다고 볼 수는 없다.(대판 1997.4.25, 96다53420)

판례 자주점유의 추정은 국가나 지방자치단체가 점유하는 도로의 경우에도 적용되고, 그 도로 개설 당시 도로법이나 도시계획법 등 관계 법령에 규정된 절차에 따라 적법하게 점유권원을 취득하였는지 여부가 증명되지 않았다고 하더라도 이런 사실만으로 그 점유권원의 성질상 타주점유라고 볼 수 없다.(대판 1997.3.14, 96다55211)

■ 자주점유 추정의 번복

판례 민법 제197조제1항에 의하면 물건의 점유자는 소유의 의사로 점유한 것으로 추정되므로 점유자가 취득시효를 주장하는 경우에 있어서 스스로 소유의 의사를 입증할 책임은 없고, 오히려 그 점유자의 점유가 소유의 의사가 없는 점유임을 주장하여 점유자의 취득시효의 성립을 부정하는 자에게 그 입증책임이 있는 것이고, 부동산 점유취득시효에 있어서 점유자의 점유가 소유의 의사 있는 자주점유인지 아니면 소유의 의사 없는 타주점유인지 여부는 점유자의 내심의 의사에 의하여 결정되는 것이 아니라 점유 취득의 원인이 된 권원의 성질이나 점유와 관계가 있는 모든 사정에 의하여 외형적·객관적으로 결정되어야 하는 것이기 때문에 점유자가 성질상 소유의 의사가 없는 것으로 보이는 권원에 바탕을 두고 점유를 취득한 사실이 증명되었거나, 점유자가 타인의 소유권을 배제하여 자기의 소유물처럼 배타적 지배를 행사하는 의사를 가지고 점유하는 것으로 볼 수 없는 객관적 사정, 즉 점유자가 진정한 소유자라면 통상 취하지 아니할 태도를 나타내거나 소유자라면 당연히 취했을 것으로 보이는 행동을 취하지 아니한 경우 등 외형적·객관적으로 보아 점유자가 타인의 소유권을 배척하고 점유할 의사를 갖고 있지 아니하였던 것이라고 볼 만한 사정이 증명된 경우에도 그 추정은 깨어지는 것이다.
(대판 2007.4.13, 2006다22944)

판례 취득시효에 있어서 자주점유의 추정이 번복되는 경우 : 부동산 취득시효에 있어서 외형적·객관적으로 보아 점유자가 타인의 소유권을 배척하고 점유할 의사를 갖고 있지 아니하였던 것이라고 볼 만한 사정이 증명된 경우에 비로소 소유의 의사로 점유한 것이라는 위의 추정이 깨어지는 것이다.(대판 2006.1.26, 2005다36045)

판례 지방자치단체나 국가가 권원 없이 사유토지를 도로부지에 편입시킨 경우 지방자치단체나 국가가 자신의 부담이나 기부의 채납 등 지방재정법 또는 국유재산법 등에 정한 공공용 재산의 취득절차를 밟거나 그 소유자들의 사용승낙을 받는 등 토지를 점유할 수 있는 일정한 권원 없이 사유토지를 도로부지에 편입시킨 경우에도 자주점유의 추정은 깨어진다고 보아야 할 것이다.(대판 2001.3.27, 2000다64472)

■ 타주점유

판례 어느 토지의 소유자가 스스로 그 토지를 점유하고 있다가 그 토지의 전부 또는 일부를 다른 사람에게 매도하는 등으로 소유권을 이전하고서도 계속하여 그 토지를 점유하고 있는 경우에 있어서, 다른 사람에게 소유권을 이전한 부분에 대한 점유는, 새로이 그 부분에 대한 소유권취득의 원인이 될 수 있는 법률행위 기타 법률요건을 구비하는 등의 특별한 사정이 없는 한, 성질상 타주점유에 해당한다고 할 것이다.(대판 2007.3.30, 2007다1555)

판례 매매나 증여 대상 토지의 실제 면적이 공부상 면적을 상당히 초과하는 경우, 그 초과 부분에 대한 점유의 성질은 '타주점유'에 해당한다.(대판 2004.5.14, 2003다61054)

판례 공동상속인의 1인이 상속재산인 부동산을 전부 점유한다고 하더라도 달리 특별한 사정이 없는 한 다른 공유자의 지분비율의 범위에서는 타주점유로 보아야 한다.(대판 1997.6.24, 97다2993)

第198條【占有繼續의 推定】 前後兩時에 占有한 事實이 있는 때에는 그 占有는 繼續한 것으로 推定한다.

참조 192②, [점유계속과 취득시효]245·246, [질권과 계속점유]341

第199條【占有의 承繼의 主張과 그 效果】 ① 占有者의 承繼人은 自己의 占有만을 主張하거나 自己의 占有와 前占有者의 占有를 아울러 主張할 수 있다.

② 前占有者의 占有를 아울러 主張하는 경우에는 그 瑕疵도 繼承한다.

참조 [점유의 승계]196, [점유의 하자]197①

판례 점유자의 점유승계가 상속에 의한 경우 피상속인의 점유의 성질에 관하여 심리하여 점유자의 점유가 자주점유인가의 여부를 판단하여야 할 것임에도 불구하고, 피상속인의 점유의 성질을 밝히지 아니한 채 상속인의 점유만을 따로 분리하여 자주점유라고 판단한 원심을 파기한다.(대판 1996.9.20, 96다25319)

第200條【權利의 適法의 推定】 占有者가 占有物에 대하여 行使하는 權利는 適法하게 保有한 것으로 推定한다.

참조 [물건]98·99, [점유의 태양에 관한 추정]197·198

第201條【占有者와 果實】 ① 善意의 占有者는 占有物의 果實을 取得한다.

② 惡意의 占有者는 收取한 果實을 返還하여야 하며 消費하였거나 過失로 인하여 毁損 또는 收取하지 못한 경우에는 그 果實의 代價를 補償하여야 한다.

③ 前項의 規定은 暴力 또는 隱秘에 의한 占有者에 準用한다.

참조 [선의의 추정]197①, [과실]101·102, [선의점유자의 책임]202, [악의점유자]197②·202·203·748, [악의점유와 불법행위]750

판례 민법 748조 2항과 201조 2항의 반환범위의 관계 : 타인 소유물을 권원 없이 점유함으로써 얻은 사용이익을 반환하는 경우 민법은 선의 점유자를 보호하기 위하여 201조 1항을 두어 선의 점유자에게 과실수취권을 인정함에 대하여, 이러한 보호의 필요성이 없는 악의 점유자에 관하여는 민법 201조 2항을 두어 과실수취권이 인정되지 않는다는 취지를 규정하는 것으로 해석되는바, 따라서 악의 수익자가 반환하여야 할 범위는 민법 748조 2항에 따라 정하여지는 결과 그는 받은 이익에 이자를 붙여 반환하여야 하며, 위 이자의 이행지체로 인한 지연손해금도 지급하여야 한다.(대판 2003.11.14, 2001다61869)

第202條【占有者의 回復者에 대한 責任】 占有物이 占有者의 責任있는 事由로 인하여 滅失 또는 毁損한 때에는 惡意의 占有者는 그 損害의 全部를 賠償하여야 하며 善意의 占有者는 利益이 現存하는 限度에서 賠償하여야 한다. 所有의 意思가 없는 占有者는 善意인 경우에도 損害의 全部를 賠償하여야 한다.

참조 [선의의 추정]197①, [선의점유자의 책임]197②·201①·203, [악의점유자의 책임]201②③·203·750, [소유의 의사]197①, [특정물채무자의 책임]374

第203條【占有者의 償還請求權】 ① 占有者가 占有物을 返還할 때에는 回復者에 대하여 占有物을 保存하기 위하여 支出한 金額 기타 必要費의 償還을 請求할 수 있다. 그러나 占有者가 果實을 取得한 경우에는 通常의 必要費는 請求하지 못한다.

② 占有者가 占有物을 改良하기 위하여 支出한 金額 기타 有益費에 관하여는 그 價額의 增加가 現存한 경우에 한하여 回復者의 選擇에 좇아 그 支出金額이나 增加額의 償還을 請求할 수 있다.

③ 前項의 경우에 法院은 回復者의 請求에 의하여 相當한 償還期間을 許與할 수 있다.

참조 [과실의 취득]197②·201, [사무관리의 경우]739, [사용대차의 경우]617, [위임의 경우]688, [유증의무자의 경우]1081, [임대차의 경우]626·654, [임치의 경우]701, [유치권자의 경우]325, [환매로 인한 매수인이나 전득자의 경우]594

판례 점유자가 유익비를 지출할 당시 계약관계 등 적법한 점유권원을 가진 경우, 계약관계 등의 상대방이 아닌 점유회복 당시의 상대방에 대하여 동조 제2항에 따른 지출비용의 상환을 청구할 수 없다.
(대판 2003.7.25, 2001다64752)

판례 도급관계에서 비용지출자 : 유효한 도급계약에 기하여 수급인이 도급인으로부터 제3자 소유 물건의 점유를 이전받아 이를 수리한 결과 그 물건의 가치가 증가한 경우, 도급인이 그 물건을 간접점유하면서 궁극적으로 자신의 계산으로 비용지출과정을 관리한 것이므로, 도급인만이 소유자에 대한 관계에 있어서 민법 203조에 의한 비용상환청구권을 행사할 수 있는 비용지출자라고 할 것이고, 수급인은 그러한 비용지출자에 해당하지 않는다고 보아야 한다.
(대판 2002.8.23, 99다66564,66571)

第204條【占有의 回收】 ① 占有者가 占有의 侵奪을 당한 때에는 그 物件의 返還 및 損害의 賠償을 請求할 수 있다.

② 前項의 請求權은 侵奪者의 特別承繼人에 대하여는 行使하지 못한다. 그러나 承繼人이 惡意인 때에는 그러하지 아니하다.

③ 第1項의 請求權은 侵奪을 당한 날로부터 1年내에 行使하여야 한다.

참조 [본권의 소와의 관계]208, [점유회수의 소의 제기와 점유권의 계속]192②, [손해배상청구]750, [손해배상청구권의 소멸시효]766

판례 점유보호청구권 행사기간이 출소기간인지 여부(적극) : 민법 204조 3항과 205조 2항에 의하면 점유를 침탈당하거나 방해를 받은 자의 침탈자 또는 방해자에 대한 청구권은 그 점유를 침탈당한 날 또는 점유의 방해행위가 종료된 날로부터 1년 내에 행사하여야 하는 것으로 규정되어 있는데, 여기에서 제척기간의 대상이 되는 권리는 형성권이 아니라 통상의 청구권인 점과 점유의 침탈 또는 방해의 상태가 일정한 기간을 지나게 되면 그대로 사회의 평온한 상태가 되고 이를 복구하는 것이 오히려 평화질서의 교란으로 볼 수 있게 되므로 일정한 기간을 지난 후에는 원상회복을 허용하지 않는 것이 점유제도의 이상에 맞고 여기에 점유의 회수 또는 방해제거 등의 청구권에 단기의 제척기간을 두는 이유가 있는 점 등에 비추어 볼 때, 위의 제척기간은 재판 외에서 권리행사하는 것으로 족한 기간이 아니라 반드시 그 기간 내에 소를 제기하여야 하는 이른바 출소기간으로 해석함이 상당하다.(대판 2002.4.26, 2001다8097,8103)

第205條【占有의 保有】 ① 占有者가 占有의 妨害를 받은 때에는 그 妨害의 除去 및 損害의 賠償을 請求할 수 있다.
② 前項의 請求權은 妨害가 終了한 날로부터 1年내에 行使하여야 한다.
③ 工事로 인하여 占有의 妨害를 받은 경우에는 工事着手후 1年을 經過하거나 그 工事가 完成한 때에는 妨害의 除去를 請求하지 못한다.

참조 [본권의 소와의 관계]208, [손해배상]750·766, [점유보전의 소]197·206·207

판례 도로에서 발생하는 소음으로 말미암아 생활에 고통을 받는(이하 '생활방해'라 한다) 정도가 사회통념상 일반적으로 참아내야 할 정도(이하 '참을 한도'라 한다)를 넘는지는 피해의 성질과 정도, 피해이익의 공공성, 가해행위의 태양, 가해행위의 공공성, 가해자의 방지조치 또는 손해 회피의 가능성, 공법상 규제기준의 위반 여부, 지역성, 토지이용의 선후관계 등 모든 사정을 종합적으로 고려하여 판단하여야 한다. 특히 고속국도는 자동차 전용의 고속교통에 공용되는 도로로서 도로소음의 정도가 일반 도로보다 높은 반면, 자동차 교통망의 중요한 축을 이루고 있고, 지역경제뿐 아니라 국민경제 전반의 기반을 공고히 하며 전체 국민 생활의 질을 향상시키는 데 중요한 역할을 담당하고 있는 점 등을 더하여 보면, 이미 운영 중인 또는 운영이 예정된 고속국도에 근접하여 주거를 시작한 경우의 '참을 한도' 초과 여부는 보다 엄격히 판단하여야 한다.(대판 2015.9.24, 2011다91784)

第206條【占有의 保全】 ① 占有者가 占有의 妨害를 받을 念慮가 있는 때에는 그 妨害의 豫防 또는 損害賠償의 擔保를 請求할 수 있다.
② 工事로 인하여 占有의 妨害를 받을 念慮가 있는 경우에는 前條第3項의 規定을 準用한다.

참조 [본권의 소와의 관계]208, [부작위를 목적으로 하는 채무]389, 민집260, [손해배상청구]750

第207條【間接占有의 保護】 ① 前3條의 請求權은 第194條의 規定에 의한 間接占有者도 이를 行使할 수 있다.
② 占有者가 占有의 侵奪을 당한 경우에 間接占有者는 그 物件을 占有者에게 返還할 것을 請求할 수 있고 占有者가 그 物件의 返還을 받을 수 없거나 이를 願하지 아니하는 때에는 自己에게 返還할 것을 請求할 수 있다.

참조 [점유의 소]192②·204-206·208

第208條【占有의 訴와 本權의 訴와의 關係】 ① 占有權에 基因한 訴와 本權에 基因한 訴는 서로 影響을 미치지 아니한다.
② 占有權에 基因한 訴는 本權에 관한 理由로 裁判하지 못한다.

참조 [점유의 소]204-206, [소에 있어서의 청구의 병합]민소25·253

第209條【自力救濟】 ① 占有者는 그 占有를 不正히 侵奪 또는 妨害하는 行爲에 대하여 自力으로써 이를 防衛할 수 있다.
② 占有物이 侵奪되었을 경우에 不動産일 때에는 占有者는 侵奪후 直時 加害者를 排除하여 이를 奪還할 수 있고 動産일 때에는 占有者는 現場에서 또는 追跡하여 加害者로부터 이를 奪還할 수 있다.

참조 [점유자]192·194, [점유의 소]204·206

판례 직시의 의미 : 민법 209조 1항에 규정된 점유자의 자력방위권은 점유의 침탈 또는 방해의 위험이 있는 때에 인정되는 것인 한편, 2항에 규정된 점유자의 자력탈환권은 점유가 침탈되었을 때 시간적으로 좁게 제한된 범위 내에서 자력으로 점유를 회복할 수 있다는 것으로서, 위 규정에서 말하는 '직시'란 '객관적으로 가능한 한 신속히' 또는 '사회관념상 가해자를 배제하여 점유를 회복하는 데 필요하다고 인정되는 범위 안에서 되도록 속히'라는 뜻으로 해석할 것이다.(대판 1993.3.26, 91다14116)

第210條【準占有】 本章의 規定은 財産權을 事實上 行使하는 경우에 準用한다.

참조 [채권의 준점유]470

第3章 所有權

第1節 所有權의 限界

第211條【所有權의 內容】 所有者는 法律의 範圍내에서 그 所有物을 使用, 收益, 處分할 權利가 있다.

참조 [재산권의 보장]헌23①, [재산권과 공공성]헌23②, [권리행사의 기준과 남용금지]헌23②, [소유권의 제한·통제·인용의 의무]헌23③, 도로법82·83, 사방사업법9-13, 광업67·68·70-72, 수산55-58, [상린관계에 의한 소유권 제한]215-244·290, [소지·양도·사용·수익의 제한·금지]약사44이하, 마약3-5, 감염병49, 총포·도검·화약류등의안전관리에관한법10이하, 문화유산35·39·42·60·65, [인용·작위의무 기타의 부담]하천법75, 공간정보구축관리101

판례 영어조합법인이 양식을 위하여 바다에 살포한 바지락 종패에 대하여 배타적 지배권을 계속하여 갖고 있다고 보기 어렵다.(대판 2007.2.22, 2006다75788)

第212條【土地所有權의 範圍】 土地의 所有權은 正當한 利益있는 範圍내에서 土地의 上下에 미친다.

참조 [제한]광업2·7

판례 지적공부에 등록된 토지의 소유권의 범위 : 어떤 특정한 토지가 지적공부에 의하여 일필의 토지로 등록되었다면 그 토지의 소재, 지번, 지목, 지적 및 경계는 다른 특별한 사정이 없는 한 이 등록으로써 특정되었다고 할 것이므로 그 토지의 소유권의 범위는 지적공부상의 경계에 의하여 확정하여야 한다.(대판 1989.1.24, 88다카8194)

第213條【所有物返還請求權】 所有者는 그 所有에 속한 物件을 占有한 者에 대하여 返還을 請求할 수 있다. 그러나 占有者가 그 物件을 占有할 權利가 있는 때에는 返還을 拒否할 수 있다.

참조 [소유권]211, [점유물반환청구권]204, [지상권]279, [전세권]303, [유치권]320, [동산질권]329, [사용임차]609, [임대차]618

第214條【所有物妨害除去, 妨害豫防請求權】 所有者는 所有權을 妨害하는 者에 대하여 妨害의 除去를 請求할 수 있고 所有權을 妨害할 念慮 있는 行爲를 하는 者에 대하여 그 豫防이나 損害賠償의 擔保를 請求할 수 있다.

참조 [소유권]211, [점유물방해제거, 방해예방청구권]205·206

판례 소유권에 기한 방해배제청구권에서 '방해'의 의미 : 여기서 '방해'라 함은 현재에도 지속되고 있는 침해를 의미하고, 법익 침해가 과거에 일어나서 이미 종결된 경우에 해당하는 '손해'의 개념과는 다르다 할 것이어서, 소유권에 기한 방해배제청구권은 방해결과의 제거를 내용으로 하여서는 안되고(이는 손해배상의 영역에 해당한다), 현재 계속되고 있는 방해의 원인을 제거하는 것을 내용으로 한다.(대판 2003.3.28, 2003다5917)

판례 명의신탁에 있어서 대외적으로는 수탁자가 소유자라고 할 것이고, 명의신탁재산에 대한 침해배제를 구하는 것은 대외적 소유권자인 수탁자만이 가능한 것이며, 신탁자는 수탁자를 대위하여 그 침해에 대한 배제를 구할 수 있을 뿐이므로, 명의신탁사실이 인정된다고 할지라도 신탁자는 제3자에 대하여 진정한 등기명의의 회복을 원인으로 한 소유권이전등기청구를 할 수 있는 진정한 소유자의 지위에 있다고 볼 수 없다.(대판 2001.8.21, 2000다36484)

第215條【建物의 區分所有】 ① 數人이 한 채의 建物을 區分하여 各各 그 一部分을 所有한 때에는 建物과 그 附屬物중 共用하는 部分은 그의 共有로 推定한다.
② 共用部分의 保存에 관한 費用 기타의 負擔은 各者의 所有部分의 價額에 比例하여 分擔한다.

참조 [공유]262-270, [분할청구의 금지]268③, [구분의 등기]부등40·41·46, [공용부분]집합건물3

판례 건물의 일부분이 구분소유권의 객체가 되기 위한 요건 : 건물의 일부분이 구분소유권의 객체가 될 수 있으려면 그 부분이 구조상으로나 이용상으로 다른 부분과 구분되는 독립성이 있어야 하고, 건물의 주택, 점포, 차고 등으로의 이용상황 내지 이용형태에 따라 구조상의 독립성 판단의 엄격성에 차이가 있을 수 있으나 구조상의 독립성은 주로 소유권의 목적이 되는 객체에 대한 물적 지배의 범위를 명확히 할 필요성 때문에 요구된다고 할 것이므로 구조상의 구분에 의하여 구분소유권의 객체범위를 확정할 수 없는 경우에는 구조상의 독립성이 있다고 할 수 없다.(대판 1993.3.9, 92다41214)

第216條【隣地使用請求權】 ① 土地所有者는 境界나 그 近傍에서 담 또는 建物을 築造하거나 修繕하기 위하여 필요한 範圍내에서 이웃 土地의 使用을 請求할 수 있다. 그러나 이웃 사람의 承諾이 없으면 그 住居에 들어가지 못한다.

② 前項의 경우에 이웃 사람이 損害를 받은 때에는 補償을 請求할 수 있다.

참조 [지상권에의 준용]290, [전세권에의 준용]319, [주거침입죄]형319

第217條【煤煙 등에 의한 隣地에 대한 妨害禁止】 ① 土地所有者는 煤煙, 熱氣體, 液體, 音響, 振動 기타 이에 유사한 것으로 이웃 土地의 使用을 妨害하거나 이웃 居住者의 生活에 苦痛을 주지 아니하도록 適當한 措處를 할 義務가 있다.

② 이웃 居住者는 前項의 事態가 이웃 土地의 通常의 用途에 適當한 것인 때에는 이를 忍容할 義務가 있다.

참조 [지상권에의 준용]290, [전세권에의 준용]319, [불법행위]750, [소유물방해제거청구권]214

第218條【水道 등 施設權】 ① 土地所有者는 他人의 土地를 通過하지 아니하면 必要한 水道, 疏水管, 까스管, 電線등을 施設할 수 없거나 過多한 費用을 요하는 경우에는 他人의 土地를 通過하여 이를 施設할 수 있다. 그러나 이로 인한 損害가 가장 적은 場所와 方法을 選擇하여 이를 施設할 것이며 他土地의 所有者의 要請에 의하여 損害를 補償하여야 한다.

② 前項에 의한 施設을 한 후 事情의 變更이 있는 때에는 他土地의 所有者는 그 施設의 變更을 請求할 수 있다. 施設變更의 費用은 土地所有者가 負擔한다.

참조 [지상권에의 준용]290, [전세권에의 준용]319

第219條【周圍土地通行權】 ① 어느 土地와 公路사이에 그 土地의 用途에 필요한 通路가 없는 경우에 그 土地所有者는 周圍의 土地를 通行 또는 通路로 하지 아니하면 公路에 出入할 수 없거나 過多한 費用을 요하는 때에는 그 周圍의 土地를 通行할 수 있고 必要한 경우에는 通路를 開設할 수 있다. 그러나 이로 인한 損害가 가장 적은 場所와 方法을 選擇하여야 한다.

② 前項의 通行權者는 通行地所有者의 損害를 補償하여야 한다.

참조 [분할·일부 양도와 주위통행권]220, [지상권에의 준용]290, [전세권에의 준용]319

판례 주위토지통행권을 주장할 수 있는 자의 범위 : 주위토지통행권은 인접한 토지의 상호이용의 조절에 기한 권리로서 토지의 소유자 또는 지상권자, 전세권자 등 토지사용권을 가진 자에게 인정되는 권리이다. 따라서 명의신탁자에게는 주위토지통행권이 인정되지 아니한다.(대판 2008.5.8, 2007다22767)

판례 주위토지통행권자가 피통행지의 소유자 이외의 제3자를 상대로 통행권의 확인 및 방해금지 청구를 할 수 있는 경우 : 통상 주위토지통행권에 관한 분쟁은 통행권자와 피통행지의 소유자 사이에 발생하나, 피통행지의 소유자 이외의 제3자가 일정한 지위나 이해관계에서 통행권을 부인하고 그 행사를 방해할 때에는 그 제3자를 상대로 통행권의 확인 및 방해금지 청구를 하는 것이 통행권자의 지위나 권리를 보전하는 데에 유효·적절한 수단이 될 수 있다.
(대판 2005.7.14, 2003다18661)

판례 토지 소유자의 주위대지 소유자에 대한 통행료 청구가 신의칙에 위반된다고 한 사례 : 토지의 원 소유자가 토지의 일부를 통행로로 무상 제공함으로써 이에 대한 독점적이고 배타적인 사용수익권을 포기하고 이에 따라 인근 주민들이 그 토지를 무상으로 통행하게 된 이후에 그 토지의 소유권을 특정승계한 자가 그와 같은 사용·수익의 제한이라는 부담이 있다는 사정을 알고 이를 취득한 경우라면 통행로 주위대지를 매수한 이래 줄곧 통행로 부분을 무상으로 통행해 온 주위대지 소유자에 대하여 단지 통행로의 소유자라는 이유만으로 통행료를 청구하는 것은 신의칙에 위배되어 허용될 수 없다.
(대판 2000.8.22, 99다63503)

第220條【分割, 一部讓渡와 周圍通行權】 ① 分割로 인하여 公路에 通하지 못하는 土地가 있는 때에는 그 土地所有者는 公路에 出入하기 위하여 다른 分割者의 土地를 通行할 수 있다. 이 경우에는 補償의 義務가 없다.

② 前項의 規定은 土地所有者가 그 土地의 一部를 讓渡한 경우에 準用한다.

참조 [주위토지통행권]219, [지상권, 전세권에의 준용]290·319

판례 무상 주위토지통행권에 관한 민법 220조의 적용범위 : 동일인 소유의 토지의 일부가 양도되어 공로에 통하지 못하는 토지가 생긴 경우에 포위된 토지를 위한 주위토지통행권은 일부 양도 전의 양도인 소유의 종전 토지에 대하여만 생기고 다른 사람 소유의 토지에 대하여는 인정되지 아니하며, 또 무상의 주위토지통행권이 발생하는 토지의 일부 양도라 함은 1필의 토지의 일부가 양도된 경우뿐만 아니라 일단으로 되어 있던 동일인 소유의 수필의 토지 중 일부가 양도된 경우도 포함된다.(대판 2005.3.10, 2004다65589,65596)

第221條【自然流水의 承水義務와 權利】 ① 土地所有者는 이웃 土地로부터 自然히 흘러오는 물을 막지 못한다.

② 高地所有者는 이웃 低地에 自然히 흘러 내리는 이웃 低地에서 必要한 물을 自己의 正當한 使用範圍를 넘어서 이를 막지 못한다.

참조 [지상권, 전세권에의 준용]290·319, [물에 대한 상린관계]222-226·229, [인공적 소수(疏水 : 땅을 파서 만든 수로를 통해 보내는 물)]226·227, [긴급피난]761②

판례 '자연히 흘러오는 물'의 의미 : 민법 221조 1항 소정의 '자연히 흘러오는 물'이라 함은 인공(人工)에 의하여 지상에 떨어지거나 지상으로 분출되는 물이 아닌 우수도 여기에 포함된다.
(대판 1995.10.13, 94다31488)

第222條【疏通工事權】 흐르는 물이 低地에서 閉塞된 때에는 高地所有者는 自費로 疏通에 필요한 工事를 할 수 있다.

참조 [지상권, 전세권에의 준용]290·319, [자연적 배수]221, [인공적 배수]226·227, [비용부담과 관습]224

第223條【貯水, 排水, 引水를 위한 工作物에 대한 工事請求權】 土地所有者가 貯水, 排水 또는 引水하기 위하여 工作物을 設置한 경우에 工作物의 破損 또는 閉塞으로 他人의 土地에 損害를 加하거나 加할 念慮가 있는 때에는 他人은 그 工作物의 補修, 閉塞의 疏通 또는 豫防에 必要한 請求를 할 수 있다.

참조 [지상권, 전세권에의 준용]290·319, [점유물방해에 대한 청구권]206, [비용부담과 관습]224, [공작물에 의한 책임]758

第224條【慣習에 의한 費用負擔】 前2條의 경우에 費用負擔에 관한 慣習이 있으면 그 慣習에 의한다.

참조 [지상권, 전세권에의 준용]290·319, [관습법]1·185, [사실인 관습]106

第225條【처마물에 대한 施設義務】 土地所有者는 처마물이 이웃에 直接 落下하지 아니하도록 適當한 施設을 하여야 한다.

참조 223, [지상권, 전세권에의 준용]290·319, [자연배수의 수인]221

第226條【餘水疏通權】 ① 高地所有者는 浸水地를 乾燥하기 위하여 또는 家用이나 農, 工業用의 餘水를 疏通하기 위하여 公路, 公流 또는 下水道에 달하기까지 低地에 물을 通過하게 할 수 있다.

② 前項의 경우에는 低地의 損害가 가장 적은 場所와 方法을 選擇하여야 하며 損害를 補償하여야 한다.

참조 [지상권, 전세권에의 준용]290·319, [물의 통과와 타인의 유수용 공작물의 사용]227, [자연적 배수와 소통공사]221·222

판례 동조 '여수소통권'의 적용 요건 : 동조는 고지소유자에게 여수소통을 위하여 공로, 공류 또는 하수도에 달하기까지의 저지에 물을 소통할 권리를 인정하면서 동시에 고지소유자에게 그에 따른 저지소유자의 손해를 보상할 의무가 있음을 정하고 있으므로, 이 규정을 적용하려면 고지소유자가 여수소통을 위하여 저지소유자의 토지를 통과하여 사용하여야 하다.(대판 2003.4.11, 2000다11645)

第227條【流水用工作物의 使用權】 ① 土地所有者는 그 所有地의 물을 疏通하기 위하여 이웃 土地所有者의 施設한 工作物을 使用할 수 있다.

② 前項의 工作物을 使用하는 者는 그 利益을 받는 比率로 工作物의 設置와 保存의 費用을 分擔하여야 한다.

참조 [지상권, 전세권에의 준용]290·319, [여수소통권]226, [자연적 배수와 소통공사]221·222, [승역지의 소유자]300

판례 동조 '공작물 시설자'의 의미 : 여기서 말하는 '공작물 시설자'란 이웃 토지소유자로 한정되지 않으나 단순히 공작물을 시설한 것만으로는 부족하고 이에 대한 정당한 권리를 갖는 자를 의미한다.
(대판 2003.4.11, 2000다11645)

第228條【餘水給與請求權】 土地所有者는 過多한 費用이나 勞力을 요하지 아니하고는 家用이나 土地利用에 必要한 물을 얻기 困難한 때에는 이웃 土地所有者에게 補償하고 餘水의 給與를 請求할 수 있다.

참조 [재산권의 공공성]헌23②, [권리남용]2②, [지상권, 전세권에의 준용]290 · 319

第229條【水流의 變更】 ① 溝渠 기타 水流地의 所有者는 對岸의 土地가 他人의 所有인 때에는 그 水路나 水流의 幅을 變更하지 못한다.
② 兩岸의 土地가 水流地所有者의 所有인 때에는 所有者는 水路와 水流의 幅을 變更할 수 있다. 그러나 下流는 自然의 水路와 一致하도록 하여야 한다.
③ 前2項의 規定은 다른 慣習이 있으면 그 慣習에 의한다.

참조 [지상권, 전세권에의 준용]290 · 319, [언의 설치, 이용]230, [구거와 공유의 추정]239 · 244①, ③[관습법]1 · 185, [사실인 관습]106

第230條【堰의 設置, 利用權】 ① 水流地의 所有者가 堰을 設置할 必要가 있는 때에는 그 堰을 對岸에 接觸하게 할 수 있다. 그러나 이로 인한 損害를 補償하여야 한다.
② 對岸의 所有者는 水流地의 一部가 自己所有인 때에는 그 堰을 使用할 수 있다. 그러나 그 利益을 받는 比率로 堰의 設置, 保存의 費用을 分擔하여야 한다.

참조 [지상권, 전세권에의 준용]290 · 319, [수류의 변경]229

第231條【公有河川用水權】 ① 公有河川의 沿岸에서 農, 工業을 經營하는 者는 이에 利用하기 위하여 他人의 用水를 妨害하지 아니하는 範圍내에서 必要한 引水를 할 수 있다.
② 前項의 引水를 하기 위하여 必要한 工作物을 設置할 수 있다.

참조 [지상권, 전세권에의 준용]290 · 319, [용수권의 보호]232, [용수권의 승계]233, [관습]1 · 234

第232條【下流沿岸의 用水權保護】 前條의 引水나 工作物로 인하여 下流沿岸의 用水權을 妨害하는 때에는 그 用水權者는 妨害의 除去 및 損害의 賠償을 請求할 수 있다.

참조 [지상권, 전세권에의 준용]290 · 319, [공유하천용수권]231, [용수권의 승계]233, [방해제거청구권]214, [관습]1 · 234

第233條【用水權의 承繼】 農, 工業의 經營에 利用하는 水路 기타 工作物의 所有者나 蒙利者의 特別承繼人은 그 用水에 관한 前所有者나 蒙利者의 權利義務를 承繼한다.

第234條【用水權에 관한 다른 慣習】 前3條의 規定은 다른 慣習이 있으면 그 慣習에 의한다.

판례 온천에 관한 권리는 관습상의 물권이나 준물권이라 할 수 없고 온천수는 공용수 또는 생활상 필요한 용수에 해당되지 아니한다.
(대판 1972.8.29, 72다1243)

第235條【共用水의 用水權】 相隣者는 그 共用에 속하는 源泉이나 水道를 各 需要의 程度에 응하여 他人의 用水를 妨害하지 아니하는 範圍내에서 各各 用水할 權利가 있다.

참조 [공유하천용수권]231, [준공동소유]262－270 · 278, [지상권, 전세권에의 준용]290 · 319

第236條【用水障害의 工事와 損害賠償, 原狀回復】 ① 필요한 用途나 收益이 있는 源泉이나 水道가 他人의 建築 기타 工事로 인하여 斷水, 減水 기타 用途에 障害가 생긴 때에는 用水權者는 損害賠償을 請求할 수 있다.
② 前項의 工事로 인하여 飮料水 기타 生活上 필요한 用水에 障害가 있을 때에는 原狀回復을 請求할 수 있다.

참조 [용수권자]231－234, [손해배상의 청구]750, [지상권, 전세권에의 준용]290 · 319

第237條【境界標, 담의 設置權】 ① 隣接하여 土地를 所有한 者는 共同費用으로 通常의 境界標나 담을 設置할 수 있다.
② 前項의 費用은 雙方이 折半하여 負擔한다. 그러나 測量費用은 土地의 面積에 比例하여 負擔한다.
③ 前2項의 規定은 다른 慣習이 있으면 그 慣習에 의한다.

참조 [담]238, [경계표의 설치, 보존]265, [경계표, 담의 공유추정]239, [관습법]1 · 185, [지상권, 전세권에의 준용]290 · 319

판례 상린관계에 있는 토지 소유자 일방의 경계표 또는 담장 설치 요구에 인접 토지 소유자가 응하지 않는 경우, 그 협력 의무의 이행을 소구할 수 있는지 여부(적극) : 토지의 경계에 경계표나 담이 설치되어 있지 아니하다면 특별한 사정이 없는 한 어느 한쪽 토지의 소유자는 인접한 토지의 소유자에 대하여 공동비용으로 통상의 경계표나 담을 설치하는 데에 협력할 것을 요구할 수 있고, 인접 토지 소유자는 그에 협력할 의무가 있다고 보아야 하므로, 한쪽 토지 소유자의 요구에 대하여 인접 토지 소유자가 응하지 아니하는 경우에는 한쪽 토지 소유자는 민사소송으로 인접 토지 소유자에 대하여 그 협력 의무의 이행을 구할 수 있으며, 법원은 당해 토지들의 이용 상황, 그 소재 지역의 일반적인 관행, 설치 비용 등을 고려하여 새로 설치할 경계표나 담장의 위치(특별한 사정이 없는 한 원칙적으로 새로 설치할 경계표나 담장의 중심 또는 중심선이 양 토지의 경계선 상에 위치하도록 해야 한다), 재질, 모양, 크기 등 필요한 사항을 심리하여 인접 토지 소유자에 대하여 협력 의무의 이행을 명할 수 있다.
(대판 1997.8.26, 97다6063)

第238條【담의 特殊施設權】 隣地所有者는 自己의 費用으로 담의 材料를 通常보다 良好한 것으로 할 수 있으며 그 높이를 通常보다 높게 할 수 있고 또는 防火壁 기타 特殊施設을 할 수 있다.

참조 [담]237, [시설의 처분, 변경]264, [지상권, 전세권에의 준용]290 · 319

第239條【境界標 등의 共有推定】 境界에 設置된 境界標, 담, 溝渠등은 相隣者의 共有로 推定한다. 그러나 境界標, 담, 溝渠등이 相隣者一方의 單獨費用으로 設置되었거나 담이 建物의 一部인 경우에는 그러하지 아니하다.

참조 [경계표 · 담 등]216 · 237 · 238, [지하시설]229 · 244①, [공유]262－270, [분할청구의 금지]268③, [건물의 구분소유와 공유의 추정]215 · 268, [지상권, 전세권에의 준용]290 · 319

第240條【樹枝, 木根의 除去權】 ① 隣接地의 樹木가지가 境界를 넘은 때에는 그 所有者에 대하여 가지의 除去를 請求할 수 있다.
② 前項의 請求에 應하지 아니한 때에는 請求者가 그 가지를 除去할 수 있다.
③ 隣接地의 樹木뿌리가 境界를 넘은 때에는 任意로 除去할 수 있다.

참조 [지상권, 전세권에의 준용]290 · 319

第241條【土地의 深掘禁止】 土地所有者는 隣接地의 地盤이 崩壞할 程度로 自己의 土地를 深掘하지 못한다. 그러나 充分한 防禦工事를 한 때에는 그러하지 아니하다.

참조 [소유물방해제거 · 방해예방청구권]214, [지상권, 전세권에의 준용]290 · 319

第242條【境界線附近의 建築】 ① 建物을 築造함에는 特別한 慣習이 없으면 境界로부터 半미터 이상의 距離를 두어야 한다.
② 隣接地所有者는 前項의 規定에 違反한 者에 대하여 建物의 變更이나 撤去를 請求할 수 있다. 그러나 建築에 着手한 후 1年을 經過하거나 建物이 完成된 후에는 損害賠償만을 請求할 수 있다.

참조 [특별한 규정]국토이용, 건축46 · 47, [건축의 폐지 · 변경의 청구]389②③, [불법행위와 손해배상청구권]750, [지상권, 전세권에의 준용]290 · 319

第243條【遮面施設義務】 境界로부터 2미터 이내의 距離에서 이웃 住宅의 內部를 觀望할 수 있는 窓이나 마루를 設置하는 경우에는 適當한 遮面施設을 하여야 한다.

참조 [지상권, 전세권에의 준용]290 · 319

第244條【地下施設 등에 대한 制限】 ① 우물을 파거나 用水, 下水 또는 汚物 등을 貯置할 地下施設을 하는 때

에는 境界로부터 2미터 이상의 距離를 두어야 하며 貯水池, 溝渠 또는 地下室工事에는 境界로부터 그 깊이의 半 이상의 距離를 두어야 한다.
② 前項의 工事를 함에는 土砂가 崩壞하거나 下水 또는 汚液이 이웃에 흐르지 아니하도록 適當한 措處를 하여야 한다.

참조 [지상권, 전세권에의 준용]290 · 319

第2節 所有權의 取得

第245條【占有로 인한 不動産所有權의 取得期間】 ① 20年間 所有의 意思로 平穩, 公然하게 不動産을 占有하는 者는 登記함으로써 그 所有權을 取得한다.
② 不動産의 所有者로 登記한 者가 10年間 所有의 意思로 平穩, 公然하게 善意이며 過失없이 그 不動産을 占有한 때에는 所有權을 取得한다.

참조 [점유]192 · 194, [소유의 의사]197①, [점유와 평온 · 공연 · 선의 · 계속의 추정]197① · 198, [중단]247②, [국유재산의 경우]국유재산5②, [소유권 이외의 재산권의 취득]248, [선의취득]249, [무주물선점]252

판례 자기 소유의 부동산에 대하여 시효취득이 가능한지 여부(적극) : 취득시효는 당해 부동산을 오랫동안 계속하여 점유한다는 사실상태를 일정한 경우에 권리관계로 높이려고 하는 데에 그 존재이유가 있는 점에 비추어 보면, 시효취득의 목적물은 타인의 부동산임을 요하지 않고 자기 소유의 부동산이라도 시효취득의 목적물이 될 수 있다고 할 것이고, 취득시효를 규정한 민법 245조가 '타인의 물건인 점'을 규정에서 빼놓은 것도 같은 취지에서라고 할 것이다. (대판 2001.7.13, 2001다17572)

판례 타인의 권리매매와 자주점유 : 토지의 매수인이 매매계약에 의하여 목적 토지의 점유를 취득한 경우 설사 그것이 타인의 토지의 매매에 해당하여 그에 의하여 곧바로 소유권을 취득할 수 없다고 하더라도 그것만으로 매수인이 점유권원의 성질상 소유의 의사가 없는 것으로 보이는 권원에 바탕을 두고 점유를 취득한 사실이 증명되었다고 단정할 수 없을 뿐만 아니라, 매도인에게 처분권한이 없다는 것을 잘 알면서 이를 매수하였다는 등의 다른 특별한 사정이 입증되지 않는 한, 그 사실만으로 바로 그 매수인의 점유가 소유의 의사가 있는 점유라는 추정이 깨어지는 것이라고 할 수 없고, 민법 197조 1항이 규정하고 있는 점유자에게 추정되는 소유의 의사는 사실상 소유할 의사가 있는 것으로 충분한 것이지 반드시 등기를 수반하여야 하는 것은 아니므로 등기를 수반하지 아니한 점유임이 밝혀졌다고 하여 이 사실만 가지고 바로 점유권원의 성질상 소유의 의사가 결여된 타주점유라고 할 수 없다.(대판 2000.3.16, 97다37661 전원합의체)

판례 자기 소유의 부동산을 점유하고 있는 상태에서 다른 사람 명의로 소유권이전등기가 경료된 경우, 취득시효의 기산점 : 자기 소유의 부동산을 점유하고 있는 상태에서 다른 사람 명의로 소유권이전등기가 된 경우 자기 소유 부동산을 점유하는 것은 취득시효의 기초로서의 점유라고 할 수 없고, 그 소유권의 변동이 있는 경우에 비로소 취득시효의 기초로서의 점유가 개시되는 것이므로, 취득시효의 기산점은 소유권의 변동일, 즉 소유권이전등기가 경료된 날이다. (대판 1997.3.14, 96다55860)

판례 부동산의 점유자가 전점유자의 등기기간을 합하여 10년간 그 부동산의 소유자로 등기되어 있는 경우 등기부취득시효의 완성여부(적극) : 등기부취득시효에 관한 민법 245조 2항의 규정에 의하여 소유권을 취득하는 자는 10년간 반드시 그의 명의로 등기되어 있어야 하는 것은 아니고 앞 사람의 등기까지 아울러 그 기간 동안 부동산의 소유자로 등기되어 있으면 된다.(대판 1989.12.26, 87다카2176 전원합의체)

第246條【占有로 인한 動産所有權의 取得期間】 ① 10年間 所有의 意思로 平穩, 公然하게 動産을 占有한 者는 그 所有權을 取得한다.
② 前項의 占有가 善意이며 過失없이 開始된 경우에는 5年을 經過함으로써 그 所有權을 取得한다.

第247條【所有權取得의 遡及效, 中斷事由】 ① 前2條의 規定에 의한 所有權取得의 效力은 占有를 開始한 때에 遡及한다.
② 消滅時效의 中斷에 관한 規定은 前2條의 所有權取得期間에 準用한다.

참조 ①[점유의 개시]192 · 194, [소멸시효의 소급효]167, ②[시효의 중단]168－178, [시효의 정지]179－182

판례 타인의 토지를 20년간 소유의 의사로 평온 · 공연하게 점유한 자는 등기를 함으로써 비로소 그 소유권을 취득하게 되므로 점유자가 소유권이전등기청구를 하는 등 그 권리행사를 하거나 원소유자가 취득시효완성 사실을 알고 점유자의 권리취득을 방해하려고 하는 등의 특별한 사정이 없는 한 원소유자는 점유자 명의로 소유권이전등기가 마쳐지기까지는 소유자로서 그 토지에 관한 적법한 권리를 행사할 수 있다.(대판 2006.5.12, 2005다75910)

판례 제2항에 의하여 취득시효에 준용되는 같은 법 제168조제1호, 제170조제1항에서 시효 중단사유의 하나로 규정하고 있는 재판상의 청구라 함은, 통상적으로는 권리자가 원고로서 시효를 주장하는 자를 피고로 하여 소송물인 권리를 소의 형식으로 주장하는 경우를 가리키지만, 시효를 주장하는 자가 원고가 되어 소를 제기한 데 대하여 피고로서 응소하여 그 소송에서 적극적으로 권리를 주장하고 그것이 받아들여진 경우도 마찬가지로 이에 포함된다. (대판 1996.9.24, 96다11334)

第248條【所有權 이외의 財産權의 取得時效】 前3條의 規定은 所有權 이외의 財産權의 取得에 準用한다.

참조 [재산권의 점유]210, [중단]247②, [지역권의 시효취득]294 · 295, [선의취득]249

판례 금전채권의 일부만이 압류되었음에도 그 채권 전액을 공탁한 경우, 그 공탁의 성격 : 민사집행법 제248조제1항에서 "제3채무자는 압류에 관련된 금전채권의 전액을 공탁할 수 있다"고 규정한 것에 따라, 금전채권의 일부만이 압류되었음에도 그 채권 전액을 공탁한 경우에는 공탁금 중 압류의 효력이 미치는 금전채권액은 그 성질상 당연히 집행공탁으로 보아야 하나, 압류금액을 초과하는 부분은 압류의 효력이 미치지 않으므로 집행공탁이 아니라 변제공탁으로 보아야 한다. (대판 2008.5.15, 2006다74693)

판례 타인 소유의 토지에 소유자의 승낙 없이 분묘를 설치한 경우에는 20년간 평온, 공연하게 그 분묘의 기지를 점유함으로써 분묘기지권을 시효로 취득한다.(대판 1995.2.28, 94다37912)

第249條【善意取得】 平穩, 公然하게 動産을 讓受한 者가 善意이며 過失없이 그 動産을 占有한 경우에는 讓渡人이 정당한 所有者가 아닌 때에도 卽時 그 動産의 所有權을 取得한다.

참조 [동산]99②, [점유승계]194－196, [평온 · 공연 · 선의]197① · 198, [예외]250 · 251, [유가증권의 선의취득]514 · 524, 어음16② · 77①, 수표21, 상65 · 359, [본조등을 적용하는 경우]공장광업재단7, [동산질권에 대한 준용]343

판례 동산 선의취득제도의 취지 및 효과 : 민법 249조의 동산 선의취득제도는 동산을 점유하는 자의 권리외관을 중시하여 이를 신뢰한 자의 소유권 취득을 인정하고 진정한 소유자의 추급을 방지함으로써 거래의 안전을 확보하기 위하여 법이 마련한 제도이므로, 위 법조 소정의 요건이 구비되어 동산을 선의취득한 자는 권리를 취득하는 반면 종전 소유자는 소유권을 상실하게 되는 법률효과가 법률의 규정에 의하여 발생되므로, 선의취득자가 임의로 이와 같은 선의취득 효과를 거부하고 종전 소유자에게 동산을 반환받아 갈 것을 요구할 수 없다.(대판 1998.6.12, 98다6800)

第250條【盜品, 遺失物에 대한 特例】 前條의 경우에 그 動産이 盜品이나 遺失物인 때에는 被害者 또는 遺失者는 盜難 또는 遺失한 날로부터 2年내에 그 物件의 返還을 請求할 수 있다. 그러나 盜品이나 遺失物이 金錢인 때에는 그러하지 아니하다.

참조 [유실물]253, 유실물, 수상에서의수색 · 구조등에관한법, [유가증권의 경우]514 · 524, 어음16② · 77①, 수표21, 상65 · 359, [본조등을 적용하는 경우]공장광업재단7, [동산질권에 대한 준용]343

第251條【盜品, 遺失物에 대한 特例】 讓受人이 盜品 또는 遺失物을 競賣나 公開市場에서 또는 同種類의 物件을 販賣하는 商人에게서 善意로 買受한 때에는 被害者 또는 遺失者는 讓受人이 支給한 代價를 辨償하고 그 物件의 返還을 請求할 수 있다.

참조 249 · 250, [본조등을 적용하는 경우]공장광업재단7, [동산질권에 대한 적용]343

第252條【無主物의 歸屬】 ① 無主의 動産을 所有의 意思로 占有한 者는 그 所有權을 取得한다.
② 無主의 不動産은 國有로 한다.
③ 野生하는 動物은 無主物로 하고 飼養하는 野生動物도 다시 野生狀態로 돌아가면 無主物로 한다.

참조 [동산]99②, [소유의 의사]197①, [점유권의 취득]192, [특칙]255, 수산15, [분리 광물과 무주의 동산]광업5, [부동산]99①, [무주의 상속재산]1058, [미채굴의 광물]212, 광업2 · 7

판례 부동산 소유자가 행방불명된 경우 : 특정인 명의로 사정된 토지는 특별한 사정이 없는 한 사정명의자나 그 상속인의 소유로 추정되고, 토지의 소유자가 행방불명되어 생사 여부를 알 수 없다 하더라도 그가 사망하고 상속인도 없다는 점이 입증되거나 그 토지에 대하여 민법 1053조 내지 1058조에 의한 국가귀속 절차가 이루어지지 아니한 이상 그 토지가 바로 무주부동산이 되어 국가 소유로 귀속되는 것이 아니며, 무주부동산이 아닌 한 국유재산법 8조에 의한 무주부동산의 처리절차를 밟아 국유재산으로 등록되었다 하여 국가 소유로 되는 것도 아니다.(대판 1999.2.23, 98다59132)

第253條【遺失物의 所有權取得】 遺失物은 法律에 정한 바에 의하여 公告한 후 6개월 내에 그 所有者가 權利를 主張하지 아니하면 拾得者가 그 所有權을 取得한다.(2013.4.5 본조개정)

改前 …정한 바에 의하여 公告한 후 "1年내에" 그 所有者가 權利를 主張하지…

참조 [특별법]유실물, [유실물과 선의취득]202 · 203 · 250 · 251, [범죄자가 놓고간 것으로 인정되는 물건]유실물11, [착오로 점유한 물건, 타인이 놓고 간 물건, 일실한 가축]유실물12, [국가유산에 관한 특칙]255, [표류물, 침몰품]수상에서의수색 · 구조등에관한법2, [유실물등의 횡령]형360, 유실물9

第254條【埋藏物의 所有權取得】 埋藏物은 法律에 정한 바에 의하여 公告한 후 1年내에 그 所有者가 權利를 主張하지 아니하면 發見者가 그 所有權을 取得한다. 그러나 他人의 土地 기타 物件으로부터 發見한 埋藏物은 그 土地 기타 物件의 所有者와 發見者가 折半하여 取得한다.

참조 [특별법]유실물13-15, [국가유산에 관한 특칙]255

第255條【「국가유산기본법」 제3조에 따른 국가유산의 國有】 ① 學術, 技藝 또는 考古의 重要한 材料가 되는 物件에 대하여는 第252條第1項 및 前2條의 規定에 의하지 아니하고 國有로 한다.

② 前項의 경우에 拾得者, 發見者 및 埋藏物이 發見된 土地 기타 物件의 所有者는 國家에 대하여 適當한 報償을 請求할 수 있다.

(2023.5.16 본조제목개정)

改前 第255條【"文化財"의 國有】 ① 學術, 技藝 또는 考古의…

참조 매장유산보호및조사에관한법18-23

第256條【不動産에의 附合】 不動産의 所有者는 그 不動産에 附合한 物件의 所有權을 取得한다. 그러나 他人의 權原에 의하여 附屬된 것은 그러하지 아니하다.

참조 100②, [물건, 부동산]99①, [동산의 부합]257, [부합의 효과]260 · 261 · 283 · 285 · 615 · 654, [부합물과 저당권]358, [본조 준용]신탁28

판례 어떠한 동산이 민법 제256조에 의하여 부동산에 부합된 것으로 인정되기 위해서는 그 동산을 훼손하거나 과다한 비용을 지출하지 않고서는 분리할 수 없을 정도로 부착 · 합체되었는지 여부 및 그 물리적 구조, 용도와 기능면에서 기존 부동산과는 독립한 경제적 효용을 가지고 거래상 별개의 소유권의 객체가 될 수 있는지 여부 등을 종합하여 판단하여야 하고, 이러한 부동산에의 부합에 관한 법리는 건물의 증축의 경우는 물론 건물의 신축의 경우에도 그대로 적용될 수 있다.(대판 2009.9.24, 2009다15602)

판례 [1] 부동산에 부합된 물건이 사실상 분리복구가 불가능하여 거래상 독립한 권리의 객체성을 상실하고 그 부동산과 일체를 이루는 부동산의 구성부분이 된 경우에는 타인이 권원에 의하여 이를 부합시켰더라도 그 물건의 소유권은 부동산의 소유자에게 귀속된다.

[2] 저당권의 실행으로 부동산이 경매된 경우에 그 부동산에 부합된 물건은 그것이 부합될 당시에 그 부동산을 낙찰 받은 사람이 소유권을 취득하지만, 그 부동산의 상용에 공하여진 물건일지라도 부동산의 소유자가 아닌 다른 사람의 소유인 때에는 이를 종물이라고 할 수 없으므로 부동산의 낙찰자가 그 소유권을 취득하는 것은 아니며, 낙찰자가 그 물건을 선의취득하였다고 할 수 있으려면 물건이 경매의 목적물로 되었고 낙찰자가 선의이며 과실 없이 물건을 점유하는 등으로 선의취득의 요건을 구비하여야 한다.

(대판 2008.5.8, 2007다36933,36940)

第257條【動産間의 附合】 動産과 動産이 附合하여 毁損하지 아니하면 分離할 수 없거나 그 分離에 過多한 費用을 要할 경우에는 그 合成物의 所有權은 主된 動産의 所有者에게 屬한다. 附合한 動産의 主從을 區別할 수 없는 때에는 動産의 所有者는 附合당시의 價額의 比率로 合成物을 共有한다.

참조 [동산]99②, [주물 · 종물]100, [부동산의 부합]256, [부합의 효과]260 · 261, [공유]262-270, [본조 준용]신탁28

第258條【混和】 前條의 規定은 動産과 動産이 混和하여 識別할 수 없는 경우에 準用한다.

참조 [동산]99②, [혼화의 효과]260 · 261, [본조 준용]신탁28

第259條【加工】 ① 他人의 動産에 加工한 때에는 그 物件의 所有權은 原材料의 所有者에게 속한다. 그러나 加工으로 인한 價額의 增加가 原材料의 價額보다 顯著히 多額인 때에는 加工者의 所有로 한다.

② 加工者가 材料의 一部를 提供하였을 때에는 그 價額은 前項의 增加額에 加算한다.

참조 [동산]99②, [가공의 효과]260 · 261, [본조 준용]신탁28

第260條【添附의 效果】 ① 前4條의 規定에 의하여 動産의 所有權이 消滅한 때에는 그 動産을 目的으로 한 다른 權利도 消滅한다.

② 動産의 所有者가 合成物, 混和物 또는 加工物의 單獨所有者가 된 때에는 前項의 權利는 合成物, 混和物 또는 加工物에 存續하고 그 共有者가 된 때에는 그 持分에 存續한다.

참조 [첨부]256-259, [첨부로 인한 구상권]261, [특칙]342 · 370, [본조 준용]신탁28

第261條【添附로 인한 求償權】 前5條의 경우에 損害를 받은 者는 不當利得에 관한 規定에 의하여 補償을 請求할 수 있다.

참조 [첨부]256-259, [첨부로 인한 소유권의 귀속]260, [본조 준용]신탁28

독판 盜品인 황소를 선의로 구입한 후, 이를 가공하여 新物에 대한 소유권을 취득한 자에 대해 원소유권자가 부당이득반환을 청구할 경우, 가공자는 현존이익에서 盜品의 구입을 위해 지출한 매매대금을 공제할 수 없다.(독 · 연방법원 1971.1.11 BGHZ 55, 176)

第3節 共同所有

第262條【物件의 共有】 ① 物件이 持分에 의하여 數人의 所有로 된 때에는 共有로 한다.

② 共有者의 持分은 均等한 것으로 推定한다.

참조 [소유자와 사용수익자]211, [특수공유]215 · 239 · 268③ · 704 · 711 · 1006 · 1012이하 · 1078, 상756-768, 광업17, 수산23, 특허33② · 37③, [준공유]278, [합유]271-274, 신탁50, [총유]275-277, [공유물의 관리]265 · 266, [공유물의 처분 · 변경]264, [지분과 등기]부등48④, [지분비율에 관한 규정]254단서 · 257 · 258 · 1009이하, [지분처분의 제한]상756, 특허37③

판례 수인이 부동산을 공동으로 매수한 경우 매수인들 사이의 법률관계 : 수인이 부동산을 공동으로 매수한 경우 매수인들 사이의 법률관계는 공유관계로서 매도인은 그 지분에 대한 소유권이전등기의무를 부담하는 경우도 있을 수 있고, 그 수인을 조합원으로 하는 조합체에서 매수한 것으로서 매도인이 소유권 전부의 이전의무를 그 조합체에 대하여 부담하는 경우도 있을 수 있다.

(대판 2006.4.13, 2003다25256)

第263條【共有持分의 處分과 共有物의 使用, 收益】 共有者는 그 持分을 處分할 수 있고 共有物 全部를 持分의 比率로 使用, 收益할 수 있다.

판례 일부 공유자가 공유 토지의 전부를 배타적으로 점유 · 사용하고 있는 경우, 공유 토지를 전혀 사용 · 수익하지 않고 있는 다른 공유자에 대하여 그 지분에 상응하는 부당이득 반환의무가 있는지 여부(적극) : 토지의 공유자는 각자의 지분 비율에 따라 토지 전체를 사용 · 수익할 수 있지만, 그 구체적인 사용 · 수익 방법에 관하여 공유자들 사이에 지분 과반수의 합의가 없는 이상, 1인이 그 전부를 배타적으로 점유 · 사용할 수 없는 것이므로, 공유자 중의 일부가 그 전부를 배타적으로 점유 · 사용하고 있다면, 다른 공유자들 중 지분은 있으나 사용 · 수익은 전혀 하지 않고 있는 자에 대하여는 그 자의 지분에 상응하는 부당이득을 하고 있다.(대판 2002.10.11, 2000다17803)

第264條【共有物의 處分, 變更】 共有者는 다른 共有者의 同意없이 共有物을 處分하거나 變更하지 못한다.

참조 [공유물의 관리]265 · 266, [특칙]238 · 293 · 295 · 296, [합유물의 처분 · 변경]272, [총유물의 처분]276①

판례 과반수 공유지분권자가 그 공유물의 특정 부분을 배타적으로 사용 · 수익할 경우의 한계 사용 · 수익의 내용은 공유물의 기존의 모습에 본질적 변화를 일으켜 '관리' 아닌 '처분'이나 '변경'의 정도에 이르는 것이어서는 안 될 것이고, 예컨대 다수지분권자라 하여 나대지에 새로이 건물을 건축한다든지 하는 것은 '관리'의 범위를 넘는 것이 될 것이다.(대판 2001.11.27, 2000다33638,33645)

第265條【共有物의 管理, 保存】 共有物의 管理에 관한 事項은 共有者의 持分의 過半數로써 決定한다. 그러나 保存行爲는 各自가 할 수 있다.

참조 706, [관리비용]266, [지분의 비율]262②, [공유물의 사용수익]263, [공유물의 처분·변경]264, [특칙]상756·761, [합유물의 관리보존]272, [총유물관리]276

판례 진정명의회복을 원인으로 한 소유권이전등기청구권과 무효등기의 말소청구권은 진정한 소유자의 등기명의를 회복하기 위한 것으로서 그 목적이 동일하고 두 청구권 모두 소유권에 기한 방해배제청구권으로서 그 법적 근거와 성질이 동일하므로, 공유자 중 한 사람은 공유물에 경료된 원인무효의 등기에 관하여 각 공유자에게 해당 지분별로 진정명의회복을 원인으로 한 소유권이전등기를 이행할 것을 단독으로 청구할 수 있다.(대판 2005.9.29, 2003다40651)

판례 공유지분이 과반수에 미달하는 공유자도 공유물의 보존행위로서 다른 공유자와의 협의 없이 공유물을 배타적으로 점유, 사용하고 있는 공유자에 대하여 공유물의 인도나 명도를 구할 수 있다.(대판 1996.12.23, 95다48308)

第266條【共有物의 負擔】 ① 共有者는 그 持分의 比率로 共有物의 管理費用 기타 義務를 負擔한다.

② 共有者가 1年 이상 前項의 義務履行을 遲滯한 때에는 다른 共有者는 相當한 價額으로 持分을 買受할 수 있다.

참조 706, [지분의 비율]262②, [공유물의 관리]265, [공유에 관한 채권]262, [특칙]상757·761

第267條【持分抛棄등의 경우의 歸屬】 共有者가 그 持分을 抛棄하거나 相續人없이 死亡한 때에는 그 持分은 다른 共有者에게 各 持分의 比率로 歸屬한다.

참조 [지분]262②, [상속인의 부존재]1053이하

第268條【共有物의 分割請求】 ① 共有者는 共有物의 分割을 請求할 수 있다. 그러나 5年내의 期間으로 分割하지 아니할 것을 約定할 수 있다.

② 前項의 契約을 更新한 때에는 그 期間은 更新한 날로부터 5年을 넘지 못한다.

③ 前2項의 規定은 第215條, 第239條의 共有物에는 適用하지 아니한다.

참조 [분할의 제한]215·239·1012, 상756이하, [분할금지규정과 공유자의 파산]채무자회생파산344, [합유물의 분할금지]273②, [분할방법]269, [분할금지계약의 효력]부등52⑻·67, [유산의 분할금지]1012, [분할금지기간]1012

판례 구분소유적 공유관계의 성립요건 : 구분소유적 공유관계는 어떤 토지에 관하여 그 위치와 면적을 특정하여 여러 사람이 구분소유하기로 하는 약정이 있어야만 적법하게 성립할 수 있고, 공유자들 사이에 그 공유물을 분할하기로 약정하고 그 때부터 각자의 소유로 분할된 부분을 특정하여 각자 점유·사용하여 온 경우에도 구분소유적 공유관계가 성립할 수 있지만, 공유자들 사이에서 특정 부분을 각각의 공유자들에게 배타적으로 귀속시키려는 의사의 합치가 이루어지지 아니한 경우에는 이러한 관계가 성립할 여지가 없다.(대판 2005.4.29, 2004다71409)

판례 공유물분할의 대상 : 민법 268조가 규정하는 공유물의 분할은 공유자 상호간의 지분의 교환 또는 매매를 통하여 공유의 객체를 단독 소유권의 대상으로 하여 그 객체에 대한 공유관계를 해소하는 것을 말하므로 분할의 대상이 되는 것은 어디까지나 공유물에 한한다.(대판 2002.4.12, 2002다4580)

第269條【分割의 方法】 ① 分割의 方法에 관하여 協議가 成立되지 아니한 때에는 共有者는 法院에 그 分割을 請求할 수 있다.

② 現物로 分割할 수 없거나 分割로 인하여 顯著히 그 價額이 減損될 念慮가 있는 때에는 法院은 物件의 競賣를 命할 수 있다.

참조 [분할]268①, [유산분할의 방법]1012

판례 재판에 의하여 공유물을 분할하는 경우에 현물로 분할할 수 없거나 현물로 분할하게 되면 그 가액이 현저히 감손될 염려가 있는 때에는 물건의 경매를 명하여 대금분할을 할 수 있는 것이고, 여기에서 '현물로 분할할 수 없다'는 요건은 이를 물리적으로 엄격하게 해석할 것은 아니고, 공유물의 성질, 위치나 면적, 이용상황, 분할 후의 사용가치 등에 비추어 보아 현물분할을 하는 것이 곤란하거나 부적당한 경우를 포함한다 할 것이고, '현물로 분할을 하게 되면 현저히 그 가액이 감손될 염려가 있는 경우'라는 것은 공유자의 한 사람이라도 현물분할에 의하여 단독으로 소유하게 될 부분의 가액이 분할 전의 소유지분 가액보다 현저하게 감손될 염려가 있는 경우도 포함하는 것이다. 재판에 의하여 공유물을 분할하는 경우에 법원은 현물로 분할하는 것이 원칙이므로, 불가피하게 대금분할을 할 수밖에 없는 요건에 관한 객관적·구체적인 심리 없이 단순히 공유자들 사이에 분할의 방법에 관하여 의사가 합치하고 있지 않다는 등의 주관적·추상적인 사정에 터잡아 함부로 대금분할을 명하는 것은 허용될 수 없다.(대판 2009.9.10, 2009다40219,40226)

판례 공유물을 공유자 중의 1인 단독소유 또는 수인의 공유로 하고 다른 공유자에 대하여는 가격배상만 하는 방법의 공유물분할이 가능한지 여부(적극) : 공유관계의 발생원인과 공유지분의 비율 및 분할된 경우의 경제적 가치, 분할 방법에 관한 공유자의 희망 등의 사정을 종합적으로 고려하여 당해 공유물을 특정한 자에게 취득시키는 것이 상당하다고 인정되고, 다른 공유자에게는 그 지분의 가격을 취득시키는 것이 공유자 간의 실질적인 공평을 해치지 않는다고 인정되는 특별한 사정이 있는 때에는 공유물을 공유자 중의 1인의 단독소유 또는 수인의 공유로 하되 현물을 소유하게 되는 공유자로 하여금 다른 공유자에 대하여 그 지분의 적정하고도 합리적인 가격을 배상시키는 방법에 의한 분할도 현물분할의 하나로 허용된다.(대판 2004.10.14, 2004다30583)

第270條【分割로 인한 擔保責任】 共有者는 다른 共有者가 分割로 인하여 取得한 物件에 대하여 그 持分의 比率로 賣渡人과 同一한 擔保責任이 있다.

참조 [지분의 비율]262②, [매도인의 담보책임]567-584, [유산분할과 담보책임]1016, [분할의 소급효]1015

第271條【物件의 合有】 ① 法律의 規定 또는 契約에 의하여 數人이 組合體로서 物件을 所有하는 때에는 合有로 한다. 合有者의 權利는 合有物 全部에 미친다.

② 合有에 관하여는 前項의 規定 또는 契約에 의하는 外에 다음 3條의 規定에 의한다.

참조 [조합]703-724, [합유의 예]704, 신탁28, [공유]262, [총유]275, [합유물의 처분, 변경, 보존]272, [합유지분의 처분과 합유물의 분할금지]273, [합유의 종료]274

판례 매수인들이 상호 출자하여 공동사업을 경영할 것을 목적으로 하는 조합이 조합재산으로서 부동산의 소유권을 취득하였다면 민법 제271조제1항의 규정에 의하여 당연히 그 조합체의 합유물이 되고, 다만 그 조합체가 합유등기를 하지 아니하고 그 대신 조합원 1인의 명의로 소유권이전등기를 하였다면 이는 조합체가 그 조합원에게 명의신탁한 것으로 보아야 한다.(대판 2002.6.14, 2000다30622)

판례 합유자 중 일부가 사망한 경우 소유권의 귀속 : 부동산의 합유자 중 일부가 사망한 경우 합유자 사이에 특별한 약정이 없는 한 사망한 합유자의 상속인은 합유자로서의 지위를 승계하는 것이 아니므로 해당 부동산은 잔존 합유자가 2인 이상일 경우에는 잔존 합유자의 합유로 귀속되고 잔존 합유자가 1인인 경우에는 잔존 합유자의 단독소유로 귀속된다.(대판 1996.12.10, 96다23238)

第272條【合有物의 處分, 變更과 保存】 合有物을 處分 또는 變更함에는 合有者 全員의 同意가 있어야 한다. 그러나 保存行爲는 各自가 할 수 있다.

참조 [합유]271, [합유지분의 처분과 합유물의 분할금지]273, [공유물의 관리, 보존, 처분, 변경]264·265, [총유물의 관리, 처분]276①

판례 업무집행조합원이 수인 있는 경우, 특별사무에 관한 업무집행으로서의 조합재산 처분·변경의 방법 : 조합재산의 처분·변경에 관한 행위는 다른 특별한 사정이 없는 한 조합의 특별사무에 해당하는 업무집행이며, 업무집행조합원이 수인 있는 경우에는 조합의 통상사무의 범위에 속하지 아니하는 특별사무에 관한 업무집행은 민법 706조 2항에 따라 원칙적으로 업무집행조합원의 과반수로써 결정한다.(대판 2000.10.10, 2000다28506,28513)

第273條【合有持分의 處分과 合有物의 分割禁止】 ① 合有者는 全員의 同意없이 合有物에 대한 持分을 處分하지 못한다.

② 合有者는 合有物의 分割을 請求하지 못한다.

참조 [합유]271, [합유물의 처분, 변경, 보존]272, [공유물의 처분, 변경, 분할]264·268, [총유물의 관리, 처분]276①

第274條【合有의 終了】 ① 合有는 組合體의 解散 또는 合有物의 讓渡로 인하여 終了한다.

② 前項의 경우에 合有物의 分割에 관하여는 共有物의 分割에 관한 規定을 準用한다.

참조 [합유]271, [합유물의 분할금지]273②, [공유물분할]268·270

第275條【物件의 總有】 ① 法人이 아닌 社團의 社員이 集合體로서 物件을 所有할 때에는 總有로 한다.

② 總有에 관하여는 社團의 定款 기타 契約에 의하는 외에 다음 2條의 規定에 의한다.

참조 [공유]262, [합유]271, [총유물의 관리, 처분, 사용, 수익]276, [총유물에 관한 권리득실]277, [총유부동산의 등기]부등26, 부등규48

판례 기독교 단체인 교회에 있어서 교인들의 연보, 헌금 기타 교회의 수입으로 이루어진 재산은 특별한 사정이 없는 한 그 교회 소속 교인들의 총유에 속한다. 따라서 그 재산의 처분은 그 교회의 정관 기타 규약에 의하거나 그것이 없는 경우에는 그 교회 소속 교인들로 구성된 총회의 결의에 따라야 한다.(대판 2009.2.12, 2006다23312)

판례 교인들은 교회 재산을 총유의 형태로 소유하면서 사용·수익할 것인데, 일부 교인들이 교회를 탈퇴하는 경우 탈퇴가 개별적인 것이든 집단적인 것이든 이와 더불어 종전 교회의 총유 재산의 관리처분에 관한 의결에 참가할 수 있는 지위나 그 재산에 대한 사용·수익권을 상실하고, 종전 교회는 잔존 교인들을 구성원으로 하여 실체의 동일성을 유지하면서 존속하며 종전 교회의 재산은 잔존 교인들의 총유로 귀속됨이 원칙이다. 그러나 사단법인 정관변경에 준하여 소속 교단에서의 탈퇴하거나 교단을 변경하는 경우 종전 교회의 실체는 교단을 탈퇴한 교회로서 존속하고 종전 교회 재산은 위 탈퇴한 교회 소속 교인들의 총유로 귀속된다.(대판 2006.4.20, 2004다37775 전원합의체)

판례 주택건설촉진법상의 재건축조합의 재산소유관계 및 그 재산의 처분방법 : 주택건설촉진법에 의하여 설립된 재건축조합은 민법상의 비법인사단에 해당하고, 재건축조합의 실체가 비법인사단이라면 재건축조합이 주체가 되어 신축 완공한 상가건물은 조합원 전원의 총유에 속하며, 총유물의 관리 및 처분에 관하여 재건축조합의 정관이나 규약에 정한 바가 있으면 이에 따라야 하고, 그에 관한 정관이나 규약이 없으면 조합원 총회의 결의에 의하여야 한다.
(대판 2001.5.29, 2000다10246)

第276條【總有物의 管理, 處分과 使用, 收益】 ① 總有物의 管理 및 處分은 社員總會의 決議에 의한다.
② 各社員은 定款 기타의 規約에 좇아 總有物을 使用, 收益할 수 있다.

참조 [총유]275, [공유물의 사용, 수익]263, [공유물의 처분, 변경, 관리, 보존]264·265, [합유물의 처분, 변경, 보존, 분할금지]272·273

판례 비법인사단의 채무보증행위와 총유물의 관리·처분행위 : 민법 275조, 276조 1항에서 말하는 총유물의 관리 및 처분은 총유물 그 자체에 관한 이용·개량행위나 법률적·사실적 처분행위를 의미하는 것이므로, 비법인사단이 타인 간의 금전채무를 보증하는 행위는 총유물 그 자체의 관리·처분이 따르지 아니하는 단순한 채무부담행위에 불과하여 이를 총유물의 관리·처분행위라고 볼 수는 없다. 따라서 비법인사단인 재건축조합의 조합장이 채무보증계약을 체결하면서 조합규약에서 정한 조합 임원회의 결의를 거치지 아니하였다거나 조합원총회 결의를 거치지 않았다고 하더라도 그것만으로 바로 그 보증계약이 무효라고 할 수는 없다. 다만, 이와 같은 경우에 조합 임원회의의 결의 등을 거치도록 한 조합규약은 조합장의 대표권을 제한하는 규정에 해당하는 것이므로, 거래 상대방이 그와 같은 대표권 제한 및 그 위반 사실을 알았거나 과실로 인하여 이를 알지 못한 때에는 그 거래행위가 무효로 된다고 봄이 상당하며, 이 경우 그 거래 상대방이 대표권 제한 및 그 위반 사실을 알았거나 알지 못한 데에 과실이 있다는 사정은 그 거래의 무효를 주장하는 측이 이를 주장·입증하여야 한다.(대판 2007.4.19, 2004다60072,60089 전원합의체)

第277條【總有物에 관한 權利義務의 得喪】 總有物에 관한 社員의 權利義務는 社員의 地位를 取得喪失함으로써 取得喪失된다.

참조 [총유]275, [총유물에 관한 사원의 권리의무]276, [사원의 지위]73, [합유의 종료]274

판례 어촌계의 계원으로 있을 당시 어촌계가 취득한 보상금이라 하더라도 그 분배결의 당시 계원의 신분이 상실하였다면 그 결의의 효력을 다툴 법률상의 이해관계가 없다.(대판 1996.12.10, 95다57159)

第278條【準共同所有】 本節의 規定은 所有權이외의 財産權에 準用한다. 그러나 다른 法律에 特別한 規定이 있으면 그에 의한다.

참조 [특별한 규정]293·295·296·408·544·547·704·706, 상333·558, 광업21, 특허33②·37③, 저작48

판례 공동명의 예금채권자 중 1인에 대한 채권자로서는 그 1인의 지분에 상응하는 예금채권에 대한 압류 및 추심명령 등을 얻어 이를 집행할 수 있고, 한편 이러한 압류 등을 송달받은 은행으로서는 압류채권자의 압류 명령 등에 기초한 단독 예금반환청구에 대하여 공동명의 예금채권자들과 사이의 공동반환특약을 들어 그 지급을 거절할 수는 없다고 보아야 할 것이다.(대판 2005.9.9, 2003다7319)

판례 은행에 공동명의로 예금을 하고 은행에 대하여 그 권리를 함께 행사하기로 한 경우에 만일 동업자금을 공동명의로 예금한 경우라면 채권의 준합유관계에 있다고 볼 것이나, 단독으로 예금을 인출할 수 없도록 방지·감시하고자 하는 목적으로 공동명의로 예금을 개설한 경우라면 하나의 예금채권이 분량적으로 분할되어 각 공동명의 예금채권자들에게 공동으로 귀속되고, 각자의 지분에 대한 관리처분권은 각자에게 귀속된다.(대판 2004.10.14, 2002다55908)

第4章 地上權

第279條【地上權의 內容】 地上權者는 他人의 土地에 建物 기타 工作物이나 樹木을 所有하기 위하여 그 土地를 使用하는 權利가 있다.

참조 [토지에 부합한 물건의 소유권]256단서, [지상권과 등기]부등69, [법정지상권]305·366, [지상권을 목적으로 하는 권리]345·354·371①, [타인의 토지를 사용하는 권리]303·609·618

판례 舊「장사 등에 관한 법률」의 시행일 이전에 타인의 토지에 분묘를 설치하여 20년간 평온·공연하게 분묘의 기지를 점유함으로써 분묘기지권을 시효로 취득한 경우, 분묘기지권자는 토지소유자가 지료를 청구하면 그 청구한 날부터의 지료를 지급할 의무가 있다. 취득시효형 분묘기지권은 당사자의 합의에 의하지 않고 성립하는 지상권 유사의 권리이고, 그로 인하여 토지 소유권이 사실상 영구적으로 제한될 수 있다. 따라서 시효로 분묘기지권을 취득한 사람은 일정한 범위에서 토지소유자에게 토지 사용의 대가를 지급할 의무를 부담한다고 보는 것이 형평에 부합한다.(대판 2021.4.29, 2017다228007)

판례 근저당권 등 담보권 설정의 당사자들이 그 목적이 된 토지 위에 차후 용익권이 설정되거나 건물 또는 공작물이 축조·설치되는 등으로써 그 목적물의 담보가치가 저감하는 것을 막는 것을 주요한 목적으로 하여 채권자 앞으로 아울러 지상권을 설정하였다면, 그 피담보채권이 변제 등으로 만족을 얻어 소멸한 경우는 물론이고 시효소멸한 경우에도 그 지상권은 피담보채권에 부종하여 소멸한다.
(대판 2011.4.14, 2011다6342)

판례 환지처분과 관습상의 법정지상권 : 환지로 인하여 새로운 분할지적선이 그어진 결과 환지 전에는 동일인에게 속하였던 토지와 그 지상건물의 소유자가 달라진 경우에 환지의 성질상 건물의 부지에 관하여 소유권을 상실한 건물소유자가 그 환지된 토지(건물부지)에 대하여 건물을 위한 관습상의 법정지상권을 취득한다거나 그 환지된 토지의 소유자가 그 건물을 위한 관습상 법정지상권의 부담을 안게 된다고는 할 수 없다.(대판 2001.5.8, 2001다4101)

판례 효력이 미치는 지역의 범위내라고 할지라도 기존의 분묘외에 새로운 분묘를 신설할 권능은 포함되지 아니하기에 부부중 일방이 먼저 사망하여 이미 그 분묘가 설치되고 그 분묘기지권이 미치는 범위내에서 그 후에 사망한 다른 일방의 합장을 위하여 쌍분형태의 분묘를 설치하는 것도 허용되지 않는다.
(대판 1997.5.23, 95다29086,29093)

第280條【存續期間을 約定한 地上權】 ① 契約으로 地上權의 存續期間을 정하는 경우에는 그 期間은 다음 年限보다 短縮하지 못한다.
1. *石造, 石灰造, 煉瓦造* 또는 이와 類似한 堅固한 建物이나 樹木의 所有를 目的으로 하는 때에는 30年
2. 前號이외의 建物의 所有를 目的으로 하는 때에는 15年
3. 建物이외의 工作物의 所有를 目的으로 하는 때에는 5年
② 前項의 期間보다 短縮한 期間을 정한 때에는 前項의 期間까지 延長한다.

참조 [전세권의 존속기간]312, [존속기간의 등기]부등69, [기간의 약정이 없는 경우]281, [기간의 갱신]283①·284, [본조에 위반하는 계약의 효력]289

판례 동조 1항 1호 '견고한 건물'의 판단 기준 : 동조 1항 1호가 정하는 견고한 건물인지의 여부는 그 건물이 갖고 있는 물리적·화학적 외력 또는 화재에 대한 저항력 및 건물해체의 난이도 등을 종합하여 판단하여야 하는 바, 건물이 목재기둥으로 세워졌다 하더라도 벽체가 벽돌과 시멘트블록으로, 지붕이 슬레이트로 이루어져 있어 상당기간 내구력을 지니고 있고 용이하게 해체할 수 없는 것이면 여기서 말하는 '견고한 건물'에 해당한다.(대판 2003.10.10, 2003다33165)

第281條【存續期間을 約定하지 아니한 地上權】 ① 契約으로 地上權의 存續期間을 정하지 아니한 때에는 그 期間은 前條의 最短存續期間으로 한다.
② 地上權設定當時에 工作物의 種類와 構造를 정하지 아니한 때에는 地上權은 前條第2號의 建物의 所有를 目的으로 한 것으로 본다.

참조 [지상권과 존속기간]280, 부등69, [전세권의 존속기간]312

第282條【地上權의 讓渡, 賃貸】 地上權者는 他人에게 그 權利를 讓渡하거나 그 權利의 存續期間내에서 그 土地를 賃貸할 수 있다.

참조 [부동산물권변동의 효력]186, [다른 제한물권의 양도, 임대성]292·306·336·361, [임차권의 양도, 전대의 제한]629

第283條【地上權者의 更新請求權, 買受請求權】 ① 地上權이 消滅한 경우에 建物 기타 工作物이나 樹木이 現存한 때에는 地上權者는 契約의 更新을 請求할 수 있다.
② 地上權設定者가 契約의 更新을 願하지 아니하는 때에는 地上權者는 相當한 價額으로 前項의 工作物이나 樹木의 買受를 請求할 수 있다.

참조 [공작물등 수거의무, 매수청구권]285, [건물임차인·전차인의 부속물매수청구권]646·647, [토지임대차에의 준용]643·644

판례 임차인의 채무불이행을 이유로 토지임대차 계약이 해지된 경우 지상물매수청구권의 인정 여부 : 공작물의 소유 등을 목적으로 하는 토지임대차에 있어서 임차인의 채무불이행을 이유로 계약이 해지된 경우, 임차인은 임대인에 대하여 동조 및 제643조에 의한 매수청구권을 가지지 아니한다.(대판 2003.4.22, 2003다7685)

第284條【更新과 存續期間】 當事者가 契約을 更新하는 경우에는 地上權의 存續期間은 更新한 날로부터 第280條의 最短存續期間보다 短縮하지 못한다. 그러나 當事者는 이보다 長期의 期間을 정할 수 있다.

참조 [지상권]279, [존속기간]280・281

第285條【收去義務, 買受請求權】 ① 地上權이 消滅한 때에는 地上權者는 建物 기타 工作物이나 樹木을 收去하여 土地를 原狀에 回復하여야 한다.

② 前項의 경우에 地上權設定者가 相當한 價額을 提供하여 그 工作物이나 樹木의 買受를 請求한 때에는 地上權者는 正當한 理由없이 이를 拒絶하지 못한다.

참조 [지상권]279, [사용대차, 임대차의 경우]615・654, [매수청구권]283②

第286條【地料增減請求權】 地料가 土地에 관한 租稅 기타 負擔의 增減이나 地價의 變動으로 인하여 相當하지 아니하게 된 때에는 當事者는 그 增減을 請求할 수 있다.

참조 [법정지상권과 지료]305①・366, [차임의 증감청구권]628

판례 법원에 의해 결정된 특정 기간에 대한 지료가 그 후의 기간에 대하여도 적용되는지 여부(적극) : 지료 증감청구권에 관한 민법 제286조의 규정에 비추어 볼 때, 특정 기간에 대한 지료가 법원에 의하여 결정되었다면 당해 당사자 사이에서는 그 후 민법 규정에 의한 지료증감의 효과가 새로 발생하는 등의 특별한 사정이 없는 한 그 후의 기간에 대한 지료 역시 종전 기간에 대한 지료와 같은 액수로 결정된 것이라고 보아야 한다.(대판 2003.12.26. 2002다61934)

第287條【地上權消滅請求權】 地上權者가 2年 이상의 地料를 支給하지 아니한 때에는 地上權設定者는 地上權의 消滅을 請求할 수 있다.

참조 [지료와 등기]366단서, 부등69, [소멸청구와 등기]186, [차임연체와 해지]640・641

판례 종전 소유자에 대한 연체 기간 합산 가부 : 지상권자가 그 권리의 목적이 된 토지의 특정한 소유자에 대하여 2년분 이상의 지료를 지불하지 아니한 경우에 그 특정의 소유자는 선택에 따라 지상권의 소멸을 청구할 수 있으나, 지상권자의 지료 지급 연체가 토지소유권의 양도 전후에 걸쳐 이루어진 경우 토지양수인에 대한 연체기간이 2년이 되지 않는다면 양수인은 지상권소멸청구를 할 수 없다.(대판 2001.3.13, 99다17142)

第288條【地上權消滅請求와 抵當權者에 대한 通知】 地上權이 抵當權의 目的인 때 또는 그 土地에 있는 建物, 樹木이 抵當權의 目的이 된 때에는 前條의 請求는 抵當權者에게 通知한 후 相當한 期間이 經過함으로써 그 效力이 생긴다.

참조 642

第289條【强行規定】 第280條 내지 第287條의 規定에 違反되는 契約으로 地上權者에게 不利한 것은 그 效力이 없다.

참조 608・654

第289條의2【區分地上權】 ① 地下 또는 地上의 空間은 上下의 범위를 정하여 建物 기타 工作物을 所有하기 위한 地上權의 目的으로 할 수 있다. 이 경우 設定行爲로써 地上權의 行使를 위하여 土地의 사용을 제한할 수 있다.

② 第1項의 規定에 의한 區分地上權은 第3者가 土地를 사용・收益할 權利를 가진 때에도 그 權利者 및 그 權利를 目的으로 하는 權利를 가진 者 全員의 承諾이 있으면 이를 設定할 수 있다. 이 경우 土地를 사용・收益할 權利를 가진 第3者는 그 地上權의 行使를 방해하여서는 아니된다.

(1984.4.10 본조신설)

참조 [등기]부등69, [공용부분]집합건물10-19

第290條【準用規定】 ① 第213條, 第214條, 第216條 내지 第244條의 規定은 地上權者間 또는 地上權者와 隣地所有者間에 이를 準用한다.

② 第280條 내지 第289條 및 第1項의 規定은 第289條의2의 規定에 의한 區分地上權에 관하여 이를 準用한다.

(1984.4.10 본항신설)

판례 저당권과 함께 지상권을 취득하는 경우 당해 지상권의 효용 및 방해배제청구권의 내용 : 토지에 관하여 저당권을 취득함과 아울러 그 저당권의 담보가치를 확보하기 위하여 지상권을 취득하는 경우, 특별한 사정이 없는 한 당해 지상권은 저당권이 실행될 때까지 제3자가 용익권을 취득하거나 목적 토지의 담보가치를 하락시키는 침해행위를 하는 것을 배제함으로써 저당 부동산의 담보가치를 확보하는 데에 그 목적이 있다고 할 것이므로, 그와 같은 경우 제3자가 비록 토지소유자로부터 신축중인 지상 건물에 관한 건축주 명의를 변경받았다 하더라도, 그 지상권자에게 대항할 수 있는 권원이 없는 한 지상권자로서는 제3자에 대하여 목적 토지 위에 건물을 축조하는 것을 중지하도록 요구할 수 있다.(대결 2004.3.29, 2003마1753)

第5章 地役權

第291條【地役權의 內容】 地役權者는 一定한 目的을 위하여 他人의 土地를 自己土地의 便益에 利用하는 權利가 있다.

참조 [지역권과 등기]부등70・71, [지역권의 소멸, 변경]293・299

판례 지역권 설정 합의 : 피고가 피고 소유의 토지에 도로를 개설하여 원고로 하여금 영구히 사용케 한다고 약정하고 그 대금을 수령한 경우 위 약정은 지역권 설정에 관한 합의라고 봄이 상당하다.(대판 1980.1.29, 79다1704)

第292條【附從性】 ① 地役權은 要役地所有權에 附從하여 移轉하며 또는 要役地에 대한 所有權이외의 權利의 目的이 된다. 그러나 다른 約定이 있는 때에는 그 約定에 의한다.

② 地役權은 要役地와 分離하여 讓渡하거나 다른 權利의 目的으로 하지 못한다.

참조 [본조 준용]공장광업재단24②

第293條【共有關係, 一部讓渡와 不可分性】 ① 土地共有者의 1人은 持分에 관하여 그 土地를 위한 地役權 또는 그 土地가 負擔한 地役權을 消滅하게 하지 못한다.

② 土地의 分割이나 土地의 一部讓渡의 경우에는 地役權은 要役地의 各 部分을 위하여 또는 그 承役地의 各 部分에 存續한다. 그러나 地役權이 土地의 一部分에만 관한 것인 때에는 다른 部分에 대하여는 그러하지 아니하다.

참조 [지역권의 불가분성]295・296, [지역권의 준공유]278

第294條【地役權取得期間】 地役權은 繼續되고 表現된 것에 限하여 第245條의 規定을 準用한다.

참조 [취득기간]248・295

판례 통행지역권의 시효취득 요건 : 민법 294조는 지역권은 계속되고 표현된 것에 한하여 같은 법 245조의 규정을 준용한다고 규정하고 있으므로 점유로 인한 지역권 취득기간의 만료로 통행지역권을 시효취득하려면 요역지의 소유자가 타인의 소유인 승역지 위에 통로를 개설하여 그 통로를 사용하는 상태가 위 245조에 규정된 기간 동안 계속되어야 한다.(대판 1991.10.22, 90다16283)

第295條【取得과 不可分性】 ① 共有者의 1人이 地役權을 取得한 때에는 다른 共有者도 이를 取得한다.

② 占有로 인한 地役權取得期間의 中斷은 地役權을 行使하는 모든 共有者에 대한 事由가 아니면 그 效力이 없다.

참조 [공유]262-270, [지역권의 불가분성]293・296, ①[취득기간]248・294, ②[취득기간의 중단]168・169・247②

第296條【消滅時效의 中斷, 停止와 不可分性】 要役地가 數人의 共有인 경우에 그 1人에 의한 地役權消滅時效의 中斷 또는 停止는 다른 共有者를 위하여 效力이 있다.

참조 [공유]262-270, [지역권의 불가분성]293・295, [시효중단]168, [시효정지]179-182

第297條【用水地役權】 ① 用水承役地의 水量이 要役地 및 承役地의 需要에 不足한 때에는 그 需要程度에 의하여 먼저 家用에 供給하고 다른 用途에 供給하여야 한다. 그러나 設定行爲에 다른 約定이 있는 때에는 그 約定에 의한다.

② 承役地에 數個의 用水地役權이 設定된 때에는 後順位의 地役權者는 先順位의 地役權者의 用水를 妨害하지 못한다.

참조 ①[다른 약정과 등기]부등37, ②[권리의 순위]부등4

第298條【承役地所有者의 義務와 承繼】 契約에 의하여 承役地所有者가 自己의 費用으로 地役權의 行使를 위하여 工作物의 設置 또는 修繕의 義務를 負擔한 때에는 承役地所有者의 特別承繼人도 그 義務를 負擔한다.

참조 [다른 약정과 등기]부등37, [위기에 의한 부담의 면제]299, [공작물의 사용]300

第299條【委棄에 의한 負擔免除】 承役地의 所有者는 地役權에 필요한 部分의 土地所有權을 地役權者에게 委棄하여 前條의 負擔을 免할 수 있다.

第300條【工作物의 共同使用】 ① 承役地의 所有者는 地役權의 行使를 妨害하지 아니하는 範圍내에서 地役權者가 地役權의 行使를 위하여 承役地에 設置한 工作物을 使用할 수 있다.

② 前項의 경우에 承役地의 所有者는 受益程度의 比率로 工作物의 設置, 保存의 費用을 分擔하여야 한다.

참조 [상린관계로 인한 공작물사용권]227 · 230②, [공작물의 수선]298

第301條【準用規定】 第214條의 規定은 地役權에 準用한다.

第302條【特殊地役權】 어느 地域의 住民이 集合體의 關係로 各自가 他人의 土地에서 草木, 野生物 및 土砂의 採取, 放牧 기타의 收益을 하는 權利가 있는 경우에는 慣習에 의하는 외에 本章의 規定을 準用한다.

참조 [총유]275－277, [준총유]278, [입어(入漁)]수산39

第6章 傳貰權

第303條【傳貰權의 內容】 ① 傳貰權者는 傳貰金을 支給하고 他人의 不動産을 占有하여 그 不動産의 용도에 좇아 사용 · 收益하며, 그 不動産 全部에 대하여 後順位權利者 기타 債權者보다 傳貰金의 優先辨濟를 받을 權利가 있다.(1984.4.10 본항개정)

② 農耕地는 傳貰權의 目的으로 하지 못한다.

참조 [부동산]99①, ①[사용 · 수익]618 · 639, [타인의 부동산을 사용할 권리]279 · 609 · 618, [유지, 수선비]309, ②[농경지의 경우]농지23이하, [구관에 의한 전세권의 등기]부칙11, [국세의 우선권]국세35－37, [소액보증금의 경우]주택임대차8

판례 유치권자는 유치물 소유자의 승낙 없이 유치물을 보존에 필요한 범위를 넘어 사용할 수 없고, 유치권자가 유치물을 그와 같이 사용한 경우에는 그로 인한 이익을 부당이득으로 소유자에게 반환하여야 한다. 그 경우에 그 반환의무의 구체적인 내용은 다른 부당이득반환청구에서와 마찬가지로 의무자가 실제로 어떠한 구체적 이익을 얻었는지에 좇아 정하여진다. 따라서 유치권자가 유치물에 관하여 제3자와의 사이에 전세계약을 체결하여 전세금을 수령하였다면 전세금이 종국에는 전세입자에게 반환되어야 할 것임에 비추어 다른 특별한 사정이 없는 한 그가 얻은 구체적 이익은 그가 전세금으로 수령한 금전의 이용가능성이고, 그가 이와 같이 구체적으로 얻은 이익과 관계없이 추상적으로 산정된 차임 상당액을 부당이득으로 반환하여야 한다고 할 수 없다. 그리고 이러한 이용가능성은 그 자체 현물로 반환될 수 없는 성질의 것이므로 그 '가액'을 산정하여 반환을 명하여야 하는바, 그 가액은 결국 전세금에 대한 법정이자 상당액이다. (대판 2009.12.24, 2009다32324)

판례 전세권이 존속하는 동안에 전세권을 존속시키기로 하면서 전세금반환채권만을 전세권과 분리하여 확정적으로 양도할 수 있는지 여부 : 전세권 설정행위에서 금지하지 않는 한 전세권자는 전세권 자체를 처분하여 전세금으로 지출한 자본을 회수할 수 있도록 되어 있으므로 전세권이 존속하는 동안은 전세권을 존속시키기로 하면서 전세금반환채권만을 전세권과 분리하여 확정적으로 양도하는 것은 허용되지 않고, 다만 전세권 존속 중에는 장래에 그 전세권이 소멸하는 경우에 전세금반환채권이 발생하는 것을 조건으로 그 장래의 조건부 채권을 양도할 수 있을 뿐이다.(대판 2002.8.23, 2001다69122)

第304條【建物의 傳貰權, 地上權, 賃借權에 대한 效力】 ① 他人의 土地에 있는 建物에 傳貰權을 設定한 때에는 傳貰權의 效力은 그 建物의 所有를 目的으로 한 地上權 또는 賃借權에 미친다.

② 前項의 경우에 傳貰權設定者는 傳貰權者의 同意없이 地上權 또는 賃借權을 消滅하게 하는 行爲를 하지 못한다.

참조 [소유권과 타물권과의 혼동]191, [지상권, 임차권]279 · 618

판례 토지와 건물을 함께 소유하던 토지 · 건물의 소유자가 건물에 대하여 전세권을 설정하여 주었는데 그 후 토지가 타인에게 경락되어 민법 제305조제1항에 의한 법정지상권을 취득한 상태에서 다시 건물을 타인에게 양도한 경우, 그 건물을 양수하여 소유권을 취득한 자는 특별한 사정이 없는 한 법정지상권을 취득할 지위를 가지게 되고, 다른 한편으로는 전세권 관계도 이전받게 되는바, 민법 제304조 등에 비추어 건물 양수인이 토지 소유자와의 관계에서 전세권자의 동의 없이 법정지상권을 취득할 지위를 소멸시켰다고 하더라도, 그 건물 양수인은 물론 토지 소유자도 그 사유를 들어 전세권자에게 대항할 수 없다.(대판 2007.8.24, 2006다14684)

第305條【建物의 傳貰權과 法定地上權】 ① 垈地와 建物이 同一한 所有者에 속한 경우에 建物에 傳貰權을 設定한 때에는 그 垈地所有權의 特別承繼人은 傳貰權設定者에 대하여 地上權을 設定한 것으로 본다. 그러나 地料는 當事者의 請求에 의하여 法院이 이를 정한다.

② 前項의 경우에 垈地所有者는 他人에게 그 垈地를 賃貸하거나 이를 目的으로 한 地上權 또는 傳貰權을 設定하지 못한다.

참조 [지상권]279, [저당권과 법정지상권]366

第306條【傳貰權의 讓渡, 賃貸 등】 傳貰權者는 傳貰權을 他人에게 讓渡 또는 擔保로 提供할 수 있고 그 存續期間내에서 그 目的物을 他人에게 轉傳貰 또는 賃貸할 수 있다. 그러나 設定行爲로 이를 禁止한 때에는 그러하지 아니하다.

참조 [임차권의 경우]629, [전세권양도의 효력]307, [전전세등의 경우의 책임]308, [다른 제한물권(지상권)의 양도성, 임대성]282 · 289, [지역권]292, [전질]336, [저당권의 처분제한]361

판례 전세권설정등기를 마친 민법상의 전세권을 존속기간 만료 후에 양도할 수 있는지 여부(적극) : 전세권설정등기를 마친 민법상의 전세권은 그 성질상 용익물권적 성격과 담보물권적 성격을 겸비한 것으로서, 전세권의 존속기간이 만료되면 전세권의 용익물권적 권능은 전세권설정등기의 말소 없이도 당연히 소멸하고 단지 전세금반환채권을 담보하는 담보물권적 권능의 범위 내에서 전세금의 반환시까지 그 전세권설정등기의 효력이 존속하고 있다 할 것인데, 이와 같이 존속기간의 경과로서 본래의 용익물권적 권능이 소멸하고 담보물권적 권능만 남은 전세권에 대해서도 그 피담보채권인 전세금반환채권과 함께 제3자에게 이를 양도할 수 있다.(대판 2005.3.25, 2003다35659)

第307條【傳貰權讓渡의 效力】 傳貰權讓受人은 傳貰權設定者에 대하여 傳貰權讓渡人과 同一한 權利義務가 있다.

참조 306, [임차권의 경우]629

第308條【轉傳貰 등의 경우의 責任】 傳貰權의 目的物을 轉傳貰 또는 賃貸한 경우에는 傳貰權者는 轉傳貰 또는 賃貸하지 아니하였으면 免할 수 있는 不可抗力으로 인한 損害에 대하여 그 責任을 負擔한다.

참조 306, [질권의 경우]336

第309條【傳貰權者의 維持, 修繕義務】 傳貰權者는 目的物의 現狀을 유지하고 그 通常의 管理에 속한 修繕을 하여야 한다.

참조 [임대차의 경우]623 · 626, [보존행위등]118, [전세권자의 상환청구권]310

第310條【傳貰權者의 償還請求權】 ① 傳貰權者가 目的物을 改良하기 위하여 支出한 金額 기타 有益費에 관하여는 그 價額의 增加가 現存한 경우에 限하여 所有者의 選擇에 좇아 그 支出額이나 增加額의 償還을 請求할 수 있다.

② 前項의 경우에 法院은 所有者의 請求에 의하여 相當한 償還期間을 許與할 수 있다.

참조 309, [임대차의 경우]623 · 626, [보존, 개량등]118

판례 전세권이 성립한 후 목적물의 소유권이 이전되는 경우 전세권자와 구 소유자 간의 전세권 관계가 신 소유자에게 이전되는지 여부(적극) : 전세권이 성립한 후 목적물의 소유권이 이전되는 경우에 있어서 민법에 명시적인 규정은 없으나, 전세목적물의 소유권이 이전된 경우 민법이 전세권 관계로부터 생기는 상환청구, 소멸청구, 갱신청구, 전세금증감청구, 원상회복, 매수청구 등의 법률관계의 당사자로 규정하고 있는 전세권설정자 또는 소유자는 모두 목적물의 소유권을 취득한 신 소유자로 새길 수밖에 없다.(대판 2000.6.9, 99다15122)

第311條【傳貰權의 消滅請求】 ① 傳貰權者가 傳貰權設定契約 또는 그 目的物의 性質에 의하여 정하여진 用法으로 이를 使用, 收益하지 아니한 경우에는 傳貰權設定者는 傳貰權의 消滅을 請求할 수 있다.
② 前項의 경우에 傳貰權設定者는 傳貰權者에 대하여 原狀回復 또는 損害賠償을 請求할 수 있다.

참조 [사용, 수익]303, [선관의무]324③ · 343, [사용대차의 경우]610③, [소멸통고]313, [소멸의 효력]186, [불가항력으로 인한 멸실]314

第312條【傳貰權의 存續期間】 ① 傳貰權의 存續期間은 10年을 넘지 못한다. 當事者의 約定期間이 10年을 넘는 때에는 이를 10年으로 短縮한다.
② 建物에 대한 傳貰權의 存續期間을 1年 미만으로 정한 때에는 이를 1年으로 한다.(1984.4.10 본항신설)
③ 傳貰權의 設定은 이를 更新할 수 있다. 그 期間은 更新한 날로부터 10年을 넘지 못한다.
④ 建物의 傳貰權設定者가 傳貰權의 存續期間 만료전 6月부터 1月까지 사이에 傳貰權者에 대하여 更新拒絶의 통지 또는 條件을 변경하지 아니하면 更新하지 아니한다는 뜻의 통지를 하지 아니한 경우에는 그 期間이 만료된 때에 前傳貰權과 同一한 條件으로 다시 傳貰權을 設定한 것으로 본다. 이 경우 傳貰權의 存續期間은 그 정함이 없는 것으로 본다.(1984.4.10 본항신설)

참조 [지상권의 경우]280 · 281, [임대차의 경우]주택임대차4, [소멸통고]313, [전세권의 내용]303, [불가항력으로 인한 경우]314

第312條의2【傳貰金 增減請求權】 傳貰金이 目的 不動産에 관한 租稅 · 公課金 기타 負擔의 增減이나 經濟事情의 變動으로 인하여 상당하지 아니하게 된 때에는 當事者는 장래에 대하여 그 增減을 請求할 수 있다. 그러나 增額의 경우에는 大統領令이 정하는 基準에 따른 比率을 초과하지 못한다.(1984.4.10 본조신설)

참조 [임대차의 경우]주택임대차7

第313條【傳貰權의 消滅通告】 傳貰權의 存續期間을 約定하지 아니한 때에는 各 當事者는 언제든지 相對方에 대하여 傳貰權의 消滅을 通告할 수 있고 相對方이 이 通告를 받은 날로부터 6月이 經過하면 傳貰權은 消滅한다.

참조 [존속기간]312, [소멸청구와 효력]186 · 311, [기간의 약정이 없는 계약관계의 해지]603② · 613② · 635 · 660 · 699 · 716

第314條【不可抗力으로 인한 滅失】 ① 傳貰權의 目的物의 全部 또는 一部가 不可抗力으로 인하여 滅失된 때에는 그 滅失된 部分의 傳貰權은 消滅한다.
② 前項의 一部滅失의 경우에 傳貰權者가 그 殘存部分으로 傳貰權의 目的을 達成할 수 없는 때에는 傳貰權設定者에 대하여 傳貰權全部의 消滅을 通告하고 傳貰金의 返還을 請求할 수 있다.

참조 315, [일부멸실등과 감액청구, 해지권]627

第315條【傳貰權者의 損害賠償責任】 ① 傳貰權의 目的物의 全部 또는 一部가 傳貰權者에 責任있는 事由로 인하여 滅失된 때에는 傳貰權者는 損害를 賠償할 責任이 있다.
② 前項의 경우에 傳貰權設定者는 傳貰權이 消滅된 후 傳貰金으로써 損害의 賠償에 충당하고 剩餘가 있으면 返還하여야 하며 不足이 있으면 다시 請求할 수 있다.

참조 314 · 317

第316條【原狀回復義務, 買受請求權】 ① 傳貰權이 그 存續期間의 滿了로 인하여 消滅한 때에는 傳貰權者는 그 目的物을 原狀에 回復하여야 하며 그 目的物에 附屬시킨 物件은 收去할 수 있다. 그러나 傳貰權設定者가 그 附屬物件의 買受를 請求한 때에는 傳貰權者는 正當한 理由없이 拒絶하지 못한다.
② 前項의 경우에 그 附屬物件이 傳貰權設定者의 同意를 얻어 附屬시킨 것인 때에는 傳貰權者는 傳貰權設定者에 대하여 그 附屬物件의 買受를 請求할 수 있다. 그 附屬物件이 傳貰權設定者로부터 買受한 것인 때에도 같다.

참조 [전세권의 존속기간]312, [전세권의 소멸]186 · 311 · 313 · 314 · 317, [지상권자의 원상회복 · 매수청구권등]283 · 285, [사용대차의 원상회복의무]615, [임대차에 있어서의 임대청구권 · 매수청구권등]643－647 · 654

第317條【傳貰權의 消滅과 同時履行】 傳貰權이 消滅한 때에는 傳貰權設定者는 傳貰權者로부터 그 目的物의 引渡 및 傳貰權設定登記의 抹消登記에 필요한 書類의 交付를 받는 同時에 傳貰金을 返還하여야 한다.

참조 [전세권의 존속, 소멸]311－314, [동시이행의 항변권]536

판례 전세권이 성립한 후 전세목적물의 소유권이 이전된 경우 목적물의 신 소유자는 구 소유자와 전세권자 사이에 성립한 전세권의 내용에 따른 권리의무의 직접적인 당사자가 되어 전세권이 소멸하는 때에 전세권자에 대하여 전세권설정자의 지위에서 전세금 반환의무를 부담하게 된다.(대판 2006.5.11, 2006다6072)

第318條【傳貰權者의 競賣請求權】 傳貰權設定者가 傳貰金의 返還을 遲滯한 때에는 傳貰權者는 민사집행법의 정한 바에 의하여 傳貰權의 目的物의 競賣를 請求할 수 있다.(2001.12.29 본조개정)

참조 민집268

판례 건물 중 일부를 목적으로 한 전세권 경락의 효과 : 건물의 일부를 목적으로 하는 전세권은 그 목적물인 건물 부분에 한하여 그 효력을 미치므로 건물 중 일부를 목적으로 한 전세권이 경락으로 인하여 소멸한다고 하더라도 그 전세권보다 나중에 설정된 전세권이 건물의 다른 부분을 목적물로 하고 있었던 경우에는 그와 같은 사정만으로는 아직 존속기간이 남아 있는 후순위의 전세권까지 경락으로 인하여 함께 소멸한다고 볼 수 없다.(대판 2000.2.25, 98다50869)

第319條【準用規定】 第213條, 第214條, 第216條 내지 第244條의 規定은 傳貰權者間 또는 傳貰權者와 隣地所有者 및 地上權者間에 이를 準用한다.

第7章 留置權

第320條【留置權의 內容】 ① 他人의 物件 또는 有價證券을 占有한 者는 그 物件이나 有價證券에 관하여 생긴 債權이 辨濟期에 있는 경우에는 辨濟를 받을 때까지 그 物件 또는 有價證券을 留置할 權利가 있다.
② 前項의 規定은 그 占有가 不法行爲로 인한 경우에 適用하지 아니한다.

참조 ①[물건]98 · 99, [유치권의 유치적 효력]민집91 · 191 · 268, [상사유치권]상58 · 91 · 104 · 111 · 120 · 147 · 800, [유치권과 경매]민집91 · 268 · 271, [유치권과 우선변제권]323, [쌍무계약에 의한 채권과 동시이행의 항변권]536, ②[불법행위]750, [불법점유]197－199

판례 유치권은 목적물을 유치함으로써 채무자의 변제를 간접적으로 강제하는 것을 본체적 효력으로 하는 권리인 점 등에 비추어, 점유자가 채무자인 경우에는 유치권의 요건으로서의 점유에 해당하지 않는다.(대판 2008.4.11, 2007다27236)

판례 '그 물건에 관하여 생긴 채권'은 유치권 제도 본래의 취지인 공평의 원칙에 특별히 반하지 않는 한 채권이 목적물 자체로부터 발생한 경우는 물론이고 채권이 목적물의 반환청구권과 동일한 법률관계나 사실관계로부터 발생한 경우도 포함하고, 한편 민법 제321조는 "유치권자는 채권 전부의 변제를 받을 때까지 유치물 전부에 대하여 그 권리를 행사할 수 있다"고 규정하고 있으므로, 유치물은 그 각 부분으로써 피담보채권의 전부를 담보하며, 이와 같은 유치권의 불가분성은 그 목적물이 분할 가능하거나 수개의 물건인 경우에도 적용된다.(대판 2007.9.7, 2005다16942)

第321條【留置權의 不可分性】 留置權者는 債權全部의 辨濟를 받을 때까지 留置物全部에 대하여 그 權利를 行使할 수 있다.

참조 [법정지상권에 있어서의 담보물의 불가분성]366, [질권]343, [저당권]370

第322條【競賣, 簡易辨濟充當】 ① 留置權者는 債權의 辨濟를 받기 위하여 留置物을 競賣할 수 있다.
② 正當한 理由있는 때에는 留置權者는 鑑定人의 評價에 의하여 留置物로 直接 辨濟에 充當할 것을 法院에 請求할 수 있다. 이 경우에는 留置權者는 미리 債務者에게 通知하여야 한다.

참조 [경매]민집91 · 268 · 274, [질권 · 저당권의 경우]338

판례 유치물의 간이변제충당의 요건인 정당한 이유의 존부에 관한 판단 기준 : 유치물의 처분에 관하여 이해관계를 달리하는 다수의 권리자가 존재하거나 유치물의 공정한 가격을 쉽게 알 수 없는 등의 경우에는 민법 322조 2항에 의하여 유치권자에게 유치물의 간이변제충당을 허가할 정당한 이유가 있다고 할 수 없다.
(대결 2000.10.30, 2000마4002)

第323條【果實收取權】 ① 留置權者는 留置物의 果實을 收取하여 다른 債權보다 먼저 그 債權의 辨濟에 充當할 수 있다. 그러나 果實이 金錢이 아닌 때에는 競賣하여야 한다.
② 果實은 먼저 債權의 利子에 充當하고 그 剩餘가 있으면 元本에 充當한다.

참조 [과실]101・102, [법정변제충당]477－479

第324條【留置權者의 善管義務】 ① 留置權者는 善良한 管理者의 注意로 留置物을 占有하여야 한다.
② 留置權者는 債務者의 承諾없이 留置物의 使用, 貸與 또는 擔保提供을 하지 못한다. 그러나 留置物의 保存에 필요한 使用은 그러하지 아니하다.
③ 留置權者가 前2項의 規定에 違反한 때에는 債務者는 留置權의 消滅을 請求할 수 있다.

참조 [본조 준용]343, ①[특정물채무자의 주의의무]374, ②[전세권, 질권의 경우]308・336・343, ③[유치권의 소멸]327・328

판례 민법 제324조에 의하면, 유치권자는 선량한 관리자의 주의로 유치물을 점유하여야 하고, 소유자의 승낙 없이 유치물을 보존에 필요한 범위를 넘어 사용하거나 대여 또는 담보제공을 할 수 없으며, 소유자는 유치권자가 위 의무를 위반한 때에는 유치권의 소멸을 청구할 수 있다고 할 것인바, 공사대금채권에 기하여 유치권을 행사하는 자가 스스로 유치물인 주택에 거주하며 사용하는 것은 특별한 사정이 없는 한 유치물인 주택의 보존에 도움이 되는 행위로서 유치물의 보존에 필요한 사용에 해당한다고 할 것이다. 그리고 유치권자가 유치물의 보존에 필요한 사용을 한 경우에도 특별한 사정이 없는 한 차임에 상당한 이득을 소유자에게 반환할 의무가 있다.
(대판 2009.9.24, 2009다40684)

第325條【留置權者의 償還請求權】 ① 留置權者가 留置物에 관하여 必要費를 支出한 때에는 所有者에게 그 償還을 請求할 수 있다.
② 留置權者가 留置物에 관하여 有益費를 支出한 때에는 그 價額의 增加가 現存한 경우에 한하여 所有者의 選擇에 좇아 그 支出한 金額이나 增加額의 償還을 請求할 수 있다. 그러나 法院은 所有者의 請求에 의하여 相當한 償還期間을 許與할 수 있다.

참조 [점유자의 비용변상청구권]203, 유실물3, [본조 준용]343

第326條【被擔保債權의 消滅時效】 留置權의 行使는 債權의 消滅時效의 進行에 影響을 미치지 아니한다.

참조 [채권의 소멸시효]162－165・166①

第327條【他擔保提供과 留置權消滅】 債務者는 相當한 擔保를 提供하고 留置權의 消滅을 請求할 수 있다.

참조 [유치권의 소멸]324③・328

판례 담보의 상당성의 판단 기준 및 그 소멸청구권자 : 민법 327조에 의하여 제공하는 담보가 상당한가의 여부는 그 담보의 가치가 채권의 담보로서 상당한가, 태양에 있어 유치물에 의하였던 담보력을 저하시키지는 아니한가 하는 점을 종합하여 판단하여야 할 것인바, 유치물의 가격이 채권액에 비하여 과다한 경우에는 채권액 상당의 가치가 있는 담보를 제공하면 족하다고 할 것이고, 한편 당해 유치물에 관하여 이해관계를 가지고 있는 자인 채무자나 유치물의 소유자는 상당한 담보가 제공되어 있는 이상 유치권 소멸청구의 의사표시를 할 수 있다.(대판 2001.12.11, 2001다59866)

第328條【占有喪失과 留置權消滅】 留置權은 占有의 喪失로 인하여 消滅한다.

참조 [점유의 상실]192②・204, [점유의 계속]198

第8章 質 權

第1節 動産質權

第329條【動産質權의 內容】 動産質權者는 債權의 擔保로 債務者 또는 第三者가 提供한 動産을 占有하고 그 動産에 대하여 다른 債權者보다 自己債權의 優先辨濟를 받을 權利가 있다.

참조 [권리질권]345, [질권의 목적으로 할 수 없는 것]331, 상789, 광업11・66, 수산16, [점유]192－194・330・332, [질권의 효력]334－343, 민집191・271・273, 채무자회생파산411

第330條【設定契約의 要物性】 質權의 設定은 質權者에게 目的物을 引渡함으로써 그 效力이 생긴다.

참조 [물권행위의 기본원칙]186・188, [인도]194・196・332, 상129・132・133・157－159・557・559

일판 임차권에 질권을 설정함에는 질권자에게 임차지의 인도를 요하지 아니한다.(日・大審 1934.3.31)

第331條【質權의 目的物】 質權은 讓渡할 수 없는 物件을 目的으로 하지 못한다.

참조 355, [양도할 수 없는 물건]마약9, [질권의 설정을 금지하는 물건]상789, 자동차특정동산9

第332條【設定者에 의한 代理占有의 禁止】 質權者는 設定者로 하여금 質物의 占有를 하게 하지 못한다.

참조 [질권설정계약의 요물성]330, [간접・대리점유]194・196

第333條【動産質權의 順位】 數個의 債權을 擔保하기 위하여 同一한 動産에 數個의 質權을 設定한 때에는 그 順位는 設定의 先後에 의한다.

참조 335, [동산물권의 대항요건]188・523

第334條【被擔保債權의 範圍】 質權은 元本, 利子, 違約金, 質權實行의 費用, 質物保存의 費用 및 債務不履行 또는 質物의 瑕疵로 인한 損害賠償의 債權을 擔保한다. 그러나 다른 約定이 있는 때에는 그 約定에 의한다.

참조 [이자]379, [위약금]398④, [질권실행의 비용]338・353, [질물보존비용]325・343, [손해배상]390

第335條【留置的效力】 質權者는 前條의 債權의 辨濟를 받을 때까지 質物을 留置할 수 있다. 그러나 自己보다 優先權이 있는 債權者에게 對抗하지 못한다.

참조 [유치]321－325・343, [경매와 유치적 효력]민집91, [질권자에 대하여 우선권이 있는 채권자]333, 국세35, 국세징수40, 지방세기본법71

第336條【轉質權】 質權者는 그 權利의 範圍내에서 自己의 責任으로 質物을 轉質할 수 있다. 이 경우에는 轉質을 하지 아니하였으면 免할 수 있는 不可抗力으로 인한 損害에 대하여도 責任을 負擔한다.

참조 [승낙전질]324②・343, [질권자의 책임]324①・343, [특칙]담보부사채63

第337條【轉質의 對抗要件】 ① 前條의 경우에 質權者가 債務者에게 轉質의 事實을 通知하거나 債務者가 이를 承諾함이 아니면 轉質로써 債務者, 保證人, 質權設定者 및 그 承繼人에게 對抗하지 못한다.
② 債務者가 前項의 通知를 받거나 承諾을 한 때에는 轉質權者의 同意없이 質權者에게 債務를 辨濟하여도 이로써 轉質權者에게 對抗하지 못한다.

참조 346・349・352・450・451

第338條【競賣, 簡易辨濟充當】 ① 質權者는 債權의 辨濟를 받기 위하여 質物을 競賣할 수 있다.
② 正當한 理由있는 때에는 質權者는 鑑定人의 評價에 의하여 質物로 直接 辨濟에 充當할 것을 法院에 請求할 수 있다. 이 경우에는 質權者는 미리 債務者 및 質權設定者에게 通知하여야 한다.

참조 ①322・363, 민집271・273, ②[유질계약의 금지]339, [허가신청절차비송56・59, 담보부사채71, [채권질권자의 청구권]353

第339條【流質契約의 禁止】 質權設定者는 債務辨濟期前의 契約으로 質權者에게 辨濟에 갈음하여 質物의 所有權을 取得하게 하거나 法律에 정한 方法에 의하지 아니하고 質物을 處分할 것을 約定하지 못한다.
(2014.12.30 본조개정)

改前 …質權者에게 辨濟에 "가름하여" 質物의…

참조 [법률에 정한 방법]338・353・354, 민집271・273, [특칙]상59

第340條【質物 이외의 財産으로부터의 辨濟】 ① 質權者는 質物에 의하여 辨濟를 받지 못한 部分의 債權에 한하여 債務者의 다른 財産으로부터 辨濟를 받을 수 있다.
② 前項의 規定은 質物보다 먼저 다른 財産에 관한 配當을 實施하는 경우에는 適用하지 아니한다. 그러나 다른

債權者는 質權者에게 그 配當金額의 供託을 請求할 수 있다.

참조 [질권자의 우선변제권]329, [공탁사무의 처리]공탁2

第341條【物上保證人의 求償權】 他人의 債務를 擔保하기 위한 質權設定者가 그 債務를 辨濟하거나 質權의 實行으로 인하여 質物의 所有權을 잃은 때에는 保證債務에 관한 規定에 의하여 債務者에 대한 求償權이 있다.

참조 [물상보증]329, [물상보증인과 대위변제]482②, [보증채무에 관한 규정]441－447·469·481·482, [본조 준용]355·370

판례 물상보증인이 대위변제로 취득하는 채무자에 대한 구상권의 법적 성질 : 물상보증은 채무자 아닌 사람이 채무자를 위하여 담보물권을 설정하는 행위이고 채무자를 대신해서 채무를 이행하는 사무의 처리를 위탁받는 것이 아니므로, 물상보증인이 변제 등에 의하여 채무자를 면책시키는 것은 위임사무의 처리가 아니고 법적 의미에서는 의무 없이 채무자를 위하여 사무를 관리한 것에 유사하다. 따라서 물상보증인의 채무자에 대한 구상권은 그들 사이의 물상보증위탁계약의 법적 성질과 관계없이 민법에 의하여 인정된 별개의 독립한 권리이고, 그 소멸시효에 있어서는 민법상 일반채권에 관한 규정이 적용된다.(대판 2001.4.24, 2001다6237)

第342條【物上代位】 質權은 質物의 滅失, 毁損 또는 公用徵收로 인하여 質權設定者가 받을 金錢 기타 物件에 대하여도 이를 行使할 수 있다. 이 경우에는 그 支給 또는 引渡전에 押留하여야 한다.

참조 [압류]민집, 상858

판례 저당권자의 물상대위권 행사의 방법과 시한 : 민법 제370조, 제342조에 의한 저당권자의 물상대위권의 행사는 민사소송법 제733조에 의하여 담보권의 존재를 증명하는 서류를 집행법원에 제출하여 채권압류 및 전부명령을 신청하거나, 민사소송법 제580조에 의하여 배당요구를 하는 방법에 의하여 하는 것이고, 이는 늦어도 민사소송법 제580조제1항 각호 소정의 배당요구의 종기까지 하여야 하는 것으로 그 이후에는 물상대위권자로서의 우선변제권을 행사할 수 없다고 하여야 할 것이고, 위 물상대위권자로서의 권리행사의 방법과 시한을 위와 같이 제한하는 취지는 물상대위의 목적인 채권의 특정성을 유지하여 그 효력을 보전하고 평등배당을 기재한 다른 일반 채권자의 신뢰를 보호하는 등 제3자에게 불측의 손해를 입히지 아니함과 동시에 집행절차의 안정과 신속을 꾀하고자 함에 있다.
(대판 2000.5.12, 2000다4272)

第343條【準用規定】 第249條 내지 第251條, 第321條 내지 第325條의 規定은 動産質權에 準用한다.

第344條【他法律에 의한 質權】 本節의 規定은 다른 法律의 規定에 의하여 設定된 質權에 準用한다.

참조 [다른 법률의 규정에 의하여 설정된 질권]상59

第2節 權利質權

第345條【權利質權의 目的】 質權은 財産權을 그 目的으로 할 수 있다. 그러나 不動産의 使用, 收益을 目的으로 하는 權利는 그러하지 아니하다.

참조 [권리질의 예]상338이하·559, 어음19, 특허37, 저작47, [질권의 목적이 될 수 없는 재산권]311·331·449·610·629·657·979, [질권설정을 금지한 재산권]292②, 상789, 광업11, 수산16, 공장광업재단12·54, 저작48①

판례 구 신탁법(2011.7.25 법10924호로 전부개정되기 이전 법률) 42조에 규정하고 있는 수탁자의 비용상환청구권이 권리질의 목적이 될 수 있는지 여부(적극) : 구 신탁법 42조에서 규정하고 있는 수탁자의 비용상환청구권은 수탁자가 신탁사무의 처리에 있어서 정당하게 부담하게 되는 비용 또는 과실 없이 입게 된 손해에 관하여 신탁재산 또는 수익자에 대하여 보상을 청구할 수 있는 권리라고 할 것인바, 이는 수탁자가 개인적으로 갖는 권리로서 독립성을 인정할 수 있으므로 양도될 수도 있고 권리질의 목적도 될 수 있다.
(대판 2005.12.22, 2003다55059)

第346條【權利質權의 設定方法】 權利質權의 設定은 法律에 다른 規定이 없으면 그 權利의 讓渡에 관한 方法에 의하여야 한다.

참조 [권리양도의 방법]450·508·523

第347條【設定契約의 要物性】 債權을 質權의 目的으로 하는 경우에 債權證書가 있는 때에는 質權의 設定은 그 證書를 質權者에게 交付함으로써 그 效力이 생긴다.

참조 [대항요건]349·350, [증서의 점유]335, [무기명채권의 양도, 무기명채권의 질권설정]330·523, [주식의 질권설정]상338

第348條【抵當債權에 대한 質權과 附記登記】 抵當權으로 擔保한 債權을 質權의 目的으로 한 때에는 그 抵當權登記에 質權의 附記登記를 하여야 그 效力이 抵當權에 미친다.

참조 [부기등기]부등5·52·76·106

第349條【指名債權에 대한 質權의 對抗要件】 ① 指名債權을 目的으로 한 質權의 設定은 設定者가 第450條의 規定에 의하여 第三債務者에게 質權設定의 事實을 通知하거나 第三債務者가 이를 承諾함이 아니면 이로써 第三債務者 기타 第三者에게 對抗하지 못한다.
② 第451條의 規定은 前項의 경우에 準用한다.

참조 [효력발생]330·347

第350條【指示債權에 대한 質權의 設定方法】 指示債權을 質權의 目的으로 한 質權의 設定은 證書에 背書하여 質權者에게 交付함으로써 그 效力이 생긴다.

참조 [권리질권의 설정방법]346, [효력발생]330·347, [지시채권]508·515·518, 상130·157·861, 어음11①·19①·77①

第351條【無記名債權에 대한 質權의 設定方法】 無記名債權을 目的으로 한 質權의 設定은 證書를 質權者에게 交付함으로써 그 效力이 생긴다.

참조 [권리질권의 설정방법]346·347, [무기명채권의 양도방법]523

第352條【質權設定者의 權利處分制限】 質權設定者는 質權者의 同意없이 質權의 目的된 權利를 消滅하게 하거나 質權者의 利益을 害하는 變更을 할 수 없다.

참조 [저당권의 경우]362, [기한의 이익상실]388

판례 질권의 목적인 채권의 양도에 있어서 질권자의 동의가 필요한지 여부 : 질권의 목적인 채권의 양도행위는 민법 제352조 소정의 질권자의 이익을 해하는 변경에 해당되지 않으므로 질권자의 동의를 요하지 아니한다.(대판 2005.12.22, 2003다55059)

第353條【質權의 目的이 된 債權의 實行方法】 ① 質權者는 質權의 目的이 된 債權을 直接 請求할 수 있다.
② 債權의 目的物이 金錢인 때에는 質權者는 自己債權의 限度에서 直接 請求할 수 있다.
③ 前項의 債權의 辨濟期가 質權者의 債權의 辨濟期보다 먼저 到來한 때에는 質權者는 第三債務者에 대하여 그 辨濟金額의 供託을 請求할 수 있다. 이 경우에 質權은 그 供託金에 存在한다.
④ 債權의 目的物이 金錢 이외의 物件인 때에는 質權者는 그 辨濟를 받은 物件에 대하여 質權을 行使할 수 있다.

참조 [자기채권의 한도]334·355, [공탁]487－491

판례 채권질권의 효력 범위 및 그 실행 방법 : 질권의 목적이 된 채권이 금전채권인 때에는 질권자는 자기채권의 한도에서 질권의 목적이 된 채권을 직접 청구할 수 있고, 채권질권의 효력은 질권의 목적이 된 채권의 지연손해금 등과 같은 부대채권에도 미치므로 채권질권자는 질권의 목적이 된 채권과 그에 대한 지연손해금채권을 피담보채권의 범위에 속하는 자기채권액에 대한 부분에 한하여 직접 추심하여 자기채권의 변제에 충당할 수 있다.(대판 2005.2.25, 2003다40668)

第354條【同前】 質權者는 前條의 規定에 의하는 外에 민사집행법에 정한 執行方法에 의하여 質權을 實行할 수 있다.(2001.12.29 본조개정)

참조 [민사집행법에 정한 집행방법]민집210·229·233·242·251

第355條【準用規定】 權利質權에는 本節의 規定外에 動産質權에 관한 規定을 準用한다.

第9章 抵當權

第356條【抵當權의 內容】 抵當權者는 債務者 또는 第三者가 占有를 移轉하지 아니하고 債務의 擔保로 提供한 不動産에 대하여 다른 債權者보다 自己債權의 優先辨濟를 받을 權利가 있다.

참조 [저당권과 등기]부등75이하, [특별저당권]상787, 공장광업재단3·10·12·40, [저당권의 효력]358－368, 민집91·268

판례 목적 부동산 위에 근저당권자를 매도인이 지정하는 제3자로, 채무자를 매도인으로 하는 근저당권을 설정한 경우, 그 근저당권설정등기의 효력 : 제3자를 근저당권 명의인으로 하는 근저당권을 설정하는 경우 그 점에 대하여 채권자와 채무자 및 제3자 사이에 합의가 있고, 채권양도, 제3자를 위한 계약, 불가분적 채권관계의 형성 등 방법으로 채권이 그 제3자에게 실질적으로 귀속되었다고 볼 수 있는 특별한 사정이 있는 경우에는 제3자 명의의 근저당권설정등기도 유효하다고 보아야 할 것이고, 한편 부동산을 매수한 자가 소유권이전등기를 마치지 아니한 상태에서 매도인인 소유자의 승낙 아래 매수 부동산을 타에 담보로 제공하면서 당사자 사이의 합의로 편의상 매수인 대신 등기부상 소유자인 매도인을 채무자로 하여 마친 근저당권설정등기는 실제 채무자인 매수인의 근저당권자에 대한 채무를 담보하는 것으로서 유효하다고 볼 것인바, 위 양자의 형태가 결합된 근저당권이라 하여도 그 자체만으로는 부종성의 관점에서 근저당권이 무효라고 보아야 할 어떤 질적인 차이를 가져오는 것은 아니다.
(대판 2001.3.15, 99다48948 전원합의체)

일판 채무자가 담보로 제공했던 부동산을 매도하고 또 그 부동산에서 나오는 임대료수입권을 다른 사람에게 양도했다 하더라도 그 수입권 양도전에 설정된 저당권자가 원칙적으로 그 수입에 대해서도 우선권이 있다.(日·最高 1998.1.30)

第357條【根抵當】 ① 抵當權은 그 擔保할 債務의 最高額만을 정하고 債務의 確定을 將來에 保留하여 이를 設定할 수 있다. 이 경우에는 그 確定될 때까지의 債務의 消滅 또는 移轉은 抵當權에 影響을 미치지 아니한다.
② 前項의 경우에는 債務의 利子는 最高額중에 算入한 것으로 본다.

참조 [채무의 소멸]460－507, [채무의 이전]449·480·481, [이자]360

판례 근저당권자의 경매신청 등의 사유로 인하여 근저당권의 피담보채권이 확정되었을 경우, 확정 이후에 새로운 거래관계에서 발생한 원본채권은 그 근저당권에 의하여 담보되지 아니하지만, 확정 전에 발생한 원본채권에 관하여 확정 후에 발생하는 이자나 지연손해금 채권은 채권최고액의 범위 내에서 근저당권에 의하여 여전히 담보되는 것이다.(대판 2007.4.26, 2005다38300)

판례 근저당권설정행위와 별도로 근저당권의 피담보채권을 성립시키는 법률행위가 필요한지 여부(적극) : 근저당권은 그 담보할 채무의 최고액만을 정하고, 채무의 확정을 장래에 보류하여 설정하는 저당권으로서, 계속적인 거래관계로부터 발생하는 다수의 불특정채권을 장래의 결산기에서 일정한 한도까지 담보하기 위한 목적으로 설정되는 담보권이므로 근저당권설정행위와는 별도로 근저당권의 피담보채권을 성립시키는 법률행위가 있어야 한다.
(대판 2004.5.28, 2003다70041)

판례 근저당권자의 채권총액이 채권최고액을 초과하는 경우, 근저당권자와 채무자 겸 근저당권설정자 사이에서 근저당권의 효력이 미치는 범위 : 원래 저당권은 원본, 이자, 위약금, 채무불이행으로 인한 손해배상 및 저당권의 실행비용을 담보하는 것이며, 채권최고액의 정함이 있는 근저당권에 있어서 이러한 채권의 총액이 그 채권최고액을 초과하는 경우, 적어도 근저당권자와 채무자 겸 근저당권설정자와의 관계에 있어서는 위 채권 전액의 변제가 있을 때까지 근저당권의 효력은 채권최고액과는 관계없이 잔존채무에 여전히 미친다.
(대판 2001.10.12, 2000다59081)

第358條【抵當權의 效力의 範圍】 抵當權의 效力은 抵當不動産에 附合된 物件과 從物에 미친다. 그러나 法律에 特別한 規定 또는 設定行爲에 다른 約定이 있으면 그러하지 아니하다.

참조 [부동산]99①, [부합된 물건]256, 공장광업재단3·54, [종물과 저당권]100②·292, 상787, [과실]359, [법률에 특별한 규정]256단서·406

판례 본문은 '저당권의 효력은 저당부동산에 부합된 물건과 종물에 미친다'고 규정하고 있는바, 이 규정은 저당부동산에 종된 권리에도 유추적용된다.(대판 1995.8.22, 94다12722)

판례 공장건물이나 토지에 대하여 민법상의 일반저당권이 설정된 경우에는 공장저당법과는 상관이 없으므로 같은 법 제7조에 의한 목록의 작성이 없더라도 그 저당권의 효력은 민법 제358조에 의하여 당연히 그 공장건물이나 토지의 종물 또는 부합물에까지 미친다.
(대판 1995.6.29, 94다6345)

第359條【果實에 대한 效力】 抵當權의 效力은 抵當不動産에 대한 押留가 있은 후에 抵當權設定者가 그 不動産으로부터 收取한 果實 또는 收取할 수 있는 果實에 미친다. 그러나 抵當權者가 그 不動産에 대한 所有權, 地上權 또는 傳貰權을 取得한 第三者에 대하여는 押留한 事實을 通知한 후가 아니면 이로써 對抗하지 못한다.

참조 공장광업재단24①, [과실]101①, [압류]민집

第360條【被擔保債權의 範圍】 抵當權은 元本, 利子, 違約金, 債務不履行으로 인한 損害賠償 및 抵當權의 實行費用을 擔保한다. 그러나 遲延賠償에 대하여는 元本의 履行期日을 經過한 후의 1年分에 限하여 抵當權을 行使할 수 있다.

참조 [손해배상]387·397, [이자의 등기]부등75·76, [질권이 담보하는 채권의 범위]334

第361條【抵當權의 處分制限】 抵當權은 그 擔保한 債權과 分離하여 他人에게 讓渡하거나 다른 債權의 擔保로 하지 못한다.

참조 [저당권의 부종성]356·357·369

판례 저당권의 양도에 있어서 물권적 합의를 요하는 당사자의 범위 : 저당권은 피담보채권과 분리하여 양도하지 못하는 것이어서 저당권부채권의 양도는 언제나 저당권의 양도와 채권양도가 결합되어 행해지므로 저당권부채권의 양도는 민법 제186조의 부동산물권변동에 관한 규정과 민법 제449조 내지 제452조의 채권양도에 관한 규정에 의해 규율되므로 저당권의 양도에 있어서도 물권변동의 일반원칙에 따라 저당권을 이전할 것을 목적으로 하는 물권적 합의와 등기가 있어야 저당권이 이전된다고 할 것이나, 이 때의 물권적 합의는 저당권의 양도·양수받는 당사자 사이에 있으면 족하고 그 외에 그 채무자나 물상보증인 사이에 있어야 하는 것은 아니라 할 것이고, 단지 채무자에게 채권양도의 통지나 이에 대한 채무자의 승낙이 있으면 채권양도를 가지고 채무자에게 대항할 수 있게 되는 것이다.
(대판 2005.6.10, 2002다15412,15429)

판례 피담보채권의 처분에 따르지 않은 담보권의 소멸 여부 : 피담보채권의 처분이 있음에도 불구하고, 담보권의 처분이 따르지 않는 특별한 사정이 있는 경우에는 채권양수인은 담보권이 없는 무담보의 채권을 양수한 것이 되고 채권의 처분에 따르지 않은 담보권은 소멸한다.(대판 2004.4.28, 2003다61542)

第362條【抵當物의 補充】 抵當權設定者의 責任있는 事由로 인하여 抵當物의 價額이 顯著히 減少된 때에는 抵當權者는 抵當權設定者에 대하여 그 原狀回復 또는 相當한 擔保提供을 請求할 수 있다.

참조 [담보물의 손상·감소·멸실]388, [저당물의 방해제거·예방청구권]214·370

第363條【抵當權者의 競賣請求權, 競買人】 ① 抵當權者는 그 債權의 辨濟를 받기 위하여 抵當物의 競賣를 請求할 수 있다.
② 抵當物의 所有權을 取得한 第三者도 競買人이 될 수 있다.

참조 [저당권자의 우선변제권]356, ②[제3자]367, [경매인]민집113

第364條【第三取得者의 辨濟】 抵當不動産에 대하여 所有權, 地上權 또는 傳貰權을 取得한 第三者는 抵當權者에게 그 不動産으로 擔保된 債權을 辨濟하고 抵當權의 消滅을 請求할 수 있다.

참조 [부동산으로 담보된 채권]360, [제3취득자의 변제]369·481－485

판례 후순위근저당권자가 저당권 소멸청구권을 행사할 수 있는 제3취득자에 해당하는지 여부 : 근저당부동산의 후순위근저당권자는 제3취득자에 해당하지 아니하므로 선순위근저당권의 피담보채무가 확정된 이후에 그 확정된 피담보채무를 변제한 것은 민법 제469조의 규정에 의한 이해관계 있는 제3자의 변제로서 유효한 것인지 따져볼 수는 있을지언정 민법 제364조의 규정에 따라 선순위근저당권의 소멸을 청구할 수 있는 사유로는 삼을 수 없다.(대판 2006.1.26, 2005다17341)

第365條【抵當地上의 建物에 대한 競賣請求權】 土地를 目的으로 抵當權을 設定한 후 그 設定者가 그 土地에 建物을 築造한 때에는 抵當權者는 土地와 함께 그 建物에 대하여도 競賣를 請求할 수 있다. 그러나 그 建物의 競賣代價에 대하여는 優先辨濟를 받을 權利가 없다.

참조 공장광업재단24①·54, [토지상의 저당권과 건물]358

판례 저당권설정자로부터 저당토지에 대한 용익권을 설정받은 자에 의하여 축조된 건물의 소유권을 저당권설정자가 취득한 경우 일괄경매청구가 허용되는지 여부(적극) : 저당지상의 건물에 대한 일괄경매청구권은 저당권설정자가 건물을 축조한 경우뿐만 아니라 저당권설정자로부터 저당토지에 대한 용익권을 설정받은 자가 그 토지에 건물을 축조한 경우라도 그 후 저당권설정자가 그 건물의 소유권을 취득한 경우에는 저당권자는 토지와 함께 그 건물에 대하여 경매를 청구할 수 있다.(대판 2003.4.11, 2003다3850)

판례 일괄경매의 추가신청의 가부(적극) : 민법 365조에 기한 일괄경매청구권은 토지의 저당권자가 토지에 대하여 경매를 신청한 후에도 그 토지상의 건물에 대하여 토지에 관한 경매기일 공고시까지는 일괄경매의 추가신청을 할 수 있고, 이 경우에 집행법원은 두 개의 경매사건을 병합하여 일괄경매절차를 진행함이 상당하다.
(대결 2001.6.13, 2001마1632)

판례 토지와 건물에 대해 공동저당권을 설정한 후 건물을 철거하고 그 토지상의 새로이 건물을 축조하여 소유하고 있는 경우 : 토지와 건물에 대해 공동저당권을 설정한 후 건물을 철거하고 그 토지상의 새로이 건물을 축조하여 소유하고 있는 경우에는 건물이 없는 나대지상에 저당권을 설정한 후 그 설정자가 건물을 축조한 경우와 마찬가지로 저당권자는 민법 365조에 의해 그 토지와 신축건물에 일괄경매를 청구할 수 있다고 할 것이다.(대결 1998.4.28, 97마2935)

第366條【法定地上權】 抵當物의 競賣로 인하여 土地와 그 地上建物이 다른 所有者에 속한 경우에는 土地所有者는 建物所有者에 대하여 地上權을 設定한 것으로 본다. 그러나 地料는 當事者의 請求에 의하여 法院이 이를 정한다.

참조 [법정지상권의 다른 경우]305, 공장광업재단24①·54, [법정지상권의 효력]279이하, [존속기간]280·281

판례 토지에 관한 저당권 설정 당시 토지 소유자에 의하여 그 지상에 건물이 건축중이었던 경우, 법정지상권이 인정되기 위한 건물의 요건 및 그 건물이 미등기이더라도 법정지상권이 성립하는지 여부(적극) : 민법 366조의 법정지상권은 저당권 설정 당시 동일인의 소유에 속하던 토지와 건물이 경매로 인하여 양자의 소유자가 다르게 된 때에 건물의 소유자를 위하여 발생하는 것으로서, 토지에 관하여 저당권이 설정될 당시 토지 소유자에 의하여 그 지상에 건물을 건축중이었던 경우 그것이 사회관념상 독립된 건물로 볼 수 있는 정도에 이르지 않았다 하더라도 건물의 규모·종류가 외형상 예상할 수 있는 정도까지 건축이 진전되어 있었고, 그 후 경매절차에서 매수인이 매각대금을 다 낸 때까지 최소한의 기둥과 지붕 그리고 주벽이 이루어지는 등 독립된 부동산으로서 건물의 요건을 갖추면 법정지상권이 성립하며, 그 건물이 미등기라 하더라도 법정지상권의 성립에는 아무런 지장이 없는 것이다.(대판 2004.6.11, 2004다13533)

판례 미등기건물을 대지와 함께 매수하였으나 대지에 관하여만 소유권이전등기를 넘겨받고 대지에 대하여 저당권을 설정한 후 저당권이 실행된 경우 : 민법 366조의 법정지상권은 저당권 설정 당시에 동일인의 소유에 속하는 토지와 건물이 저당권의 실행에 의한 경매로 인하여 각기 다른 사람의 소유에 속하게 된 경우에 건물의 소유를 위하여 인정되는 것이므로, 미등기건물을 그 대지와 함께 매수한 사람이 그 대지에 관하여만 소유권이전등기를 넘겨받고 건물에 대하여는 그 등기를 이전받지 못하고 있다가, 대지에 대하여 저당권을 설정하고 그 저당권의 실행으로 대지가 경매되어 다른 사람의 소유로 된 경우에는, 그 저당권의 설정 당시에 이미 대지와 건물이 각각 다른 사람의 소유에 속하고 있었으므로 법정지상권이 성립될 여지가 없다.(대판 2002.6.20, 2002다9660 전원합의체)

第367條【第三取得者의 費用償還請求權】 抵當物의 第三取得者가 그 不動產의 保存, 改良을 위하여 必要費 또는 有益費를 支出한 때에는 第203條第1項, 第2項의 規定에 의하여 抵當物의 競賣代價에서 優先償還을 받을 수 있다.

판례 저당물에 관한 소유권을 취득한 자도 제3취득자에 해당하는지 여부(적극) : 민법 367조가 저당물의 제3취득자가 그 부동산에 관한 필요비 또는 유익비를 지출한 때에는 저당물의 경매대가에서 우선상환을 받을 수 있다고 규정한 취지는 저당권설정자가 아닌 제3취득자가 저당물에 관한 필요비 또는 유익비를 지출하여 저당물의 가치가 유지·증가된 경우, 매각대금 중 그로 인한 부분은 일종의 공익비용과 같이 보아 제3취득자가 경매대가에서 우선상환을 받을 수 있도록 한 것이므로 저당물에 관한 지상권, 전세권을 취득한 자만이 아니고 소유권을 취득한 자도 민법 367조 소정의 제3취득자에 해당한다.(대판 2004.10.15, 2004다36604)

第368條【共同抵當과 代價의 配當, 次順位者의 代位】 ① 同一한 債權의 擔保로 數個의 不動產에 抵當權을 設定한 경우에 그 不動產의 競賣代價를 同時에 配當하는 때에는 各 不動產의 競賣代價에 比例하여 그 債權의 分擔을 정한다.

② 前項의 抵當不動產중 一部의 競賣代價를 먼저 配當하는 경우에는 그 代價에서 그 債權全部의 辨濟를 받을 수 있다. 이 경우에 그 競賣한 不動產의 次順位抵當權者는 先順位抵當權者가 前項의 規定에 의하여 다른 不動產의 競賣代價에서 辨濟를 받을 수 있는 金額의 限度에서 先順位者를 代位하여 抵當權을 行使할 수 있다.

참조 부등78·80, [저당권의 불가분성]321·343, [저당권의 순위]333·370, [대위와 등기]187

판례 공동저당의 목적인 여러 부동산이 동시에 경매된 경우, 차순위저당권자의 대위권의 발생시기 : 민법 368조에 따른 차순위저당권자의 대위권은 일단 배당기일에 그 배당표에 따라 배당이 실시되어 배당기일이 종료되었을 때 발생하는 것이지 배당이의 소송의 확정 등 그 배당표가 확정되는 것을 기다려 그때에 비로소 발생하는 것은 아니다.(대판 2006.5.26, 2003다18401)

판례 민법 368조 1항의 '각 부동산의 경매대가'의 의미 : 민법 368조 1항에서 말하는 '각 부동산의 경매대가'라 함은 매각대금에서 당해 부동산이 부담할 경매비용과 선순위채권을 공제한 잔액을 말한다.(대판 2003.9.5, 2001다66291)

第369條【附從性】 抵當權으로 擔保한 債權이 時效의 完成 기타 事由로 인하여 消滅한 때에는 抵當權도 消滅한다.

참조 [소멸시효]162·166, [담보물권의 행사와 채권의 소멸시효]326

第370條【準用規定】 第214條, 第321條, 第333條, 第340條, 第341條 및 第342條의 規定은 抵當權에 準用한다.

판례 저당권자가 저당권에 기한 방해배제청구권을 행사하여 방해행위의 제거를 청구할 수 있는 경우 : 저당권자는 저당목적물의 소유자 또는 제3자가 저당목적물을 물리적으로 멸실·훼손하는 경우는 물론 그 밖의 행위로 저당부동산의 교환가치가 하락할 우려가 있는 등 저당권자의 우선변제청구권의 행사가 방해되는 결과가 발생한다면 저당권자는 저당권에 기한 방해배제청구권을 행사하여 방해행위의 제거를 청구할 수 있다.(대판 2006.1.27, 2003다58454)

판례 저당권자가 물상대위권을 행사하여 우선변제를 받기 위한 권리실행방법 : 민법 제370조, 제342조 단서가 저당권자는 물상대위권을 행사하기 위하여 저당권설정자가 받을 금전 기타 물건의 지급 또는 인도 전에 압류하여야 한다고 규정한 것은 물상대위의 목적인 채권의 특정성을 유지하여 그 효력을 보전함과 동시에 제3자에게 불측의 손해를 입히지 않으려는 데 있는 것으로, 물상대위권 행사의 요건으로서 담보권의 존재를 증명하는 서류를 집행법원에 제출하여 개시된 경우이어야 한다.(대판 1994.11.22, 94다25728)

第371條【地上權, 傳貰權을 目的으로 하는 抵當權】 ① 本章의 規定은 地上權 또는 傳貰權을 抵當權의 目的으로 한 경우에 準用한다.

② 地上權 또는 傳貰權을 目的으로 抵當權을 設定한 者는 抵當權者의 同意없이 地上權 또는 傳貰權을 消滅하게 하는 행위를 하지 못한다.

第372條【他法律에 의한 抵當權】 本章의 規定은 다른 法律에 의하여 設定된 抵當權에 準用한다.

참조 상787, 광업11, 입목3, 자동차특정동산3

판례 약한 의미의 양도담보가 된 경우 채무의 변제기가 도과된 후라고 하더라도 채권자가 담보권을 실행하여 청산절차를 마치기 전에는 채무자는 언제든지 채무를 변제하고 채권자에게 가등기 및 그 가등기에 기한 본등기의 말소를 청구할 수 있다.(대판 2006.8.24, 2005다61140)

판례 가등기담보 등에 관한 법률이 적용되지 않는 경우에도 채권자가 채권담보의 목적으로 부동산에 가등기를 경료하였다가 그 후 변제기까지 변제를 받지 못하여 위 가등기에 기한 소유권이전의 본등기를 경료한 경우에는 그 본등기도 채권담보의 목적으로 경료된 것으로서 정산절차를 예정하고 있는 이른바 '약한 의미의 양도담보'가 된다.(대판 2005.7.15, 2003다46963)

第3編 債 權

第1章 總 則

第1節 債權의 目的

第373條【債權의 目的】 金錢으로 價額을 算定할 수 없는 것이라도 債權의 目的으로 할 수 있다.

참조 [채무불이행과 금전배상]389②·394, [비금전채무와 파산]채무자회생파산426

第374條【特定物引渡債務者의 善管義務】 特定物의 引渡가 債權의 目的인 때에는 債務者는 그 物件을 引渡하기까지 善良한 管理者의 注意로 保存하여야 한다.

참조 [특정물채권]462·467·483·484·537, [인도]188②·189·190·196, [보존의무의 위반]390, [귀책사유로 인하지 아니한 멸실훼손]537, [물권자와 보관의무]308·324·336·343, [특칙]695

第375條【種類債權】 ① 債權의 目的을 種類로만 指定한 경우에 法律行爲의 性質이나 當事者의 意思에 의하여 品質을 정할 수 없는 때에는 債務者는 中等品質의 物件으로 履行하여야 한다.

② 前項의 경우에 債務者가 履行에 필요한 行爲를 完了하거나 債權者의 同意를 얻어 履行할 物件을 指定한 때에는 그때로부터 그 物件을 債權의 目的物로 한다.

참조 ①105·106, [법률행위의 성질로 정하여질 경우]598·604, ②[이행에 필요한 행위]460·467·487-491, [특정의 효과]374·537

판례 제한종류채권에 있어 급부목적물의 특정 방법 : 제한종류채권에 있어 급부목적물의 특정에는, 원칙적으로 종류채권의 급부목적물의 특정에 관한 민법 375조 2항이 적용된다.
(대판 2003.3.28, 2000다24856)

第376條【金錢債權】 債權의 目的이 어느 種類의 通貨로 支給할 것인 경우에 그 通貨가 辨濟期에 强制通用力을 잃은 때에는 債務者는 다른 通貨로 辨濟하여야 한다.

참조 604, 어음41, 수표36, [강제통용력]한국은행법47이하, [금전채무불이행에 관한 특칙]397

第377條【外貨債權】 ① 債權의 目的이 다른 나라 通貨로 支給할 것인 경우에는 債務者는 自己가 選擇한 그 나라의 各 種類의 通貨로 辨濟할 수 있다.

② 債權의 目的이 어느 種類의 다른 나라 通貨로 支給할 것인 경우에 그 通貨가 辨濟期에 强制通用力을 잃은 때에는 그 나라의 다른 通貨로 辨濟하여야 한다.

참조 [외화채권]378, 어음41, 수표36

판례 채권액이 외국통화로 정해진 금전채권인 외화채권을 채무자가 우리나라 통화로 변제하는 경우에 그 환산시기는 이행기가 아니라 현실로 이행하는 때, 즉 현실이행 시의 외국환시세에 의하여 환산한 우리나라 통화로 변제하여야 하고, 이와 같은 법리는 외화채권자가 경매절차를 통하여 변제를 받는 경우에도 동일하게 적용되어야 할 것이므로, 집행법원이 경매절차에서 외화채권자에 대하여 배당을 할 때에는 특별한 사정이 없는 한 배당기일 당시의 외국환시세를 우리나라 통화로 환산하는 기준으로 삼아야 한다.
(대판 2011.4.14, 2010다103642)

第378條【同前】 債權額이 다른 나라 通貨로 指定된 때에는 債務者는 支給할 때에 있어서의 履行地의 換金市價에 의하여 우리나라 通貨로 辨濟할 수 있다.

참조 [외화채권]377, 어음41, 수표36, [환율]외국환거래법5, [외국 금전채권과 파산]채무자회생파산426

판례 채권액이 외국통화로 지정된 금전채권인 외화채권의 경우 채권자의 대용급부청구권 행사 가부(적극)와 환산기준시기 : 채권액이 외국통화로 지정된 금전채권인 외화채권을 채무자가 우리나라 통화로 변제함에 있어서는 민법 378조가 그 환산시기에 관하여 외화채권에 관한 같은 법 376조, 377조 2항의 '변제기'라는 표현과는 다르게 '지급할 때'라고 규정한 취지에서 새겨 볼 때 그 이행기가 아니라 현실로 이행하는 때, 즉 현실이행시의 외국환시세에 의하여 환산한 우리나라 통화로 변제하여야 한다고 풀이함이 상당하므로 채권자가 위와 같은 외화채권을 대용급부의 권리를 행사하여 우리나라 통화로 환산하여 청구하는 경우에도 법원이 채무자에게 그 이행을 명함에 있어서는 채무자가 현실로 이행할 때에 가장 가까운 사실심 변론종결 당시를 우리나라 통화로 환산하는 기준시로 삼아야 한다.
(대판 1991.3.12, 90다2147 전원합의체)

第379條【法定利率】 利子있는 債權의 利率은 다른 法律의 規定이나 當事者의 約定이 없으면 年 5分으로 한다.

참조 [이자]425②·441②·448①·548②·567·587·685·688①·738·748②·958①, 상76, 어음5, [이율]397, 상54

판례 이미 발생한 이자에 관하여 채무자가 이행을 지체한 경우에는 그 이자에 대한 지연손해금을 청구할 수 있다.
(대판 1996.9.20, 96다25302)

第380條【選擇債權】 債權의 目的이 數個의 行爲중에서 選擇에 좇아 確定될 경우에 다른 法律의 規定이나 當事者의 約定이 없으면 選擇權은 債務者에게 있다.

참조 [법률의 규정에 의한 선택권자]383·384

第381條【選擇權의 移轉】 ① 選擇權行使의 期間이 있는 경우에 選擇權者가 그 期間내에 選擇權을 行使하지 아니하는 때에는 相對方은 相當한 期間을 정하여 그 選擇을 催告할 수 있고 選擇權者가 그 期間내에 選擇하지 아니하면 選擇權은 相對方에게 있다.

② 選擇權行使의 期間이 없는 경우에 債權의 期限이 到來한 후 相對方이 相當한 期間을 정하여 그 選擇을 催告하여도 選擇權者가 그 期間내에 選擇하지 아니할 때에도 前項과 같다.

참조 [선택채권]380, [제3자의 선택권의 이전]384

판례 제한종류채권에 있어 급부목적물의 특정 방법 : 제한종류채권에 있어 급부목적물의 특정에는, 원칙적으로 종류채권의 급부목적물의 특정에 관한 민법 375조 2항이 적용되므로, 채무자가 이행에 필요한 행위를 완료하거나 채권자의 동의를 얻어 이행할 물건을 지정한 때에는 그 물건이 채권의 목적물이 되는 것이나, 당사자 사이에 지정권의 부여 및 지정의 방법에 관한 합의가 없고, 채무자가 이행에 필요한 행위를 하지 아니하거나 지정권자로 된 채무자가 이행할 물건을 지정하지 아니하는 경우에는 선택채권의 선택권 이전에 관한 민법 381조를 준용하여 채권의 기한이 도래한 후 채권자가 상당한 기간을 정하여 지정권이 있는 채무자에게 그 지정을 최고하여도 채무자가 이행할 물건을 지정하지 아니하면 지정권이 채권자에게 이전한다.
(대판 2003.3.28, 2000다24856)

第382條【當事者의 選擇權의 行使】 ① 債權者나 債務者가 選擇하는 경우에는 그 選擇은 相對方에 대한 意思表示로 한다.

② 前項의 意思表示는 相對方의 同意가 없으면 撤回하지 못한다.

판례 채권의 양도 당시 이자채권에 대하여 양도한다는 의사표시가 없는 한 이자채권은 양도되지 않는다고 보아야 할 것이다.
(대판 1989.3.28, 88다카12803)

第383條【第三者의 選擇權의 行使】 ① 第三者가 選擇하는 경우에는 그 選擇은 債務者 및 債權者에 대한 意思表示로 한다.

② 前項의 意思表示는 債權者 및 債務者의 同意가 없으면 撤回하지 못한다.

참조 [선택권의 행사]382

第384條【第三者의 選擇權의 移轉】 ① 選擇할 第三者가 選擇할 수 없는 경우에는 選擇權은 債務者에게 있다.

② 第三者가 選擇하지 아니하는 경우에는 債權者나 債務者는 相當한 期間을 정하여 그 選擇을 催告할 수 있고 第三者가 그 期間내에 選擇하지 아니하면 選擇權은 債務者에게 있다.

참조 380·381

第385條【不能으로 인한 選擇債權의 特定】 ① 債權의 目的으로 選擇할 數個의 行爲중에 처음부터 不能한 것이나 또는 후에 履行不能하게 된 것이 있으면 債權의 目的은 殘存한 것에 存在한다.

② 選擇權없는 當事者의 過失로 인하여 履行不能이 된 때에는 前項의 規定을 適用하지 아니한다.

참조 ①[이행불능]390, ②[선택권 없는 당사자]380·381·383

第386條【選擇의 遡及效】 選擇의 效力은 그 債權이 發生한 때에 遡及한다. 그러나 第三者의 權利를 害하지 못한다.

참조 [선택]382①·383①

第2節 債權의 效力

第387條【履行期와 履行遲滯】 ① 債務履行의 確定한 期限이 있는 경우에는 債務者는 期限이 到來한 때로부터 遲滯責任이 있다. 債務履行의 不確定한 期限이 있는 경우에는 債務者는 期限이 到來함을 안 때로부터 遲滯責任이 있다.

② 債務履行의 期限이 없는 경우에는 債務者는 履行請求를 받은 때로부터 遲滯責任이 있다.

참조 [기한]152-154, [매매와 대금지불기한]585, [이행지체의 책임과 면책]390, [상대방의 해제권]544·545, [변제제공에 의한 면책]461, ①[기한있는 지시채권 또는 무기명채권과 지체]517·526, 어음38·77①, 수표28이하, [본항의 특칙]603②

판례 채무에 이행기의 정함이 없는 경우에는 채무자가 이행의 청구를 받은 다음 날부터 이행지체의 책임을 지는 것이나, 한편 지명채권이 양도된 경우 채무자에게 대한 대항요건이 갖추어질 때까지 채권양수인은 채무자에게 대항할 수 없으므로, 이행기의 정함이 없는 채권을 양수한 채권양수인이 채무자를 상대로 그 이행을 구하는 소를 제기하고 소송 계속 중 채무자에 대한 채권양도통지가 이루어진 경우에는 특별한 사정이 없는 한 채무자는 채권양도통지가 도달된 다음 날부터 이행지체의 책임을 진다.(대판 2014.4.10, 2012다29557)

판례 완공기한 내에 공사를 완성하지 못하여 도급계약이 해제된 경우, 그에 따른 지체상금 발생의 시기 및 종기 : 수급인이 완공기한 내에 공사를 완성하지 못한 채 완공기한을 넘겨 도급계약이 해제된 경우에 있어서 그 지체상금 발생의 시기(始期)는 완공기한 다음날이고, 종기(終期)는 수급인이 공사를 중단하거나 기타 해제사유가 있어 도급인이 이를 해제할 수 있었을 때를 기준으로 하여 도급인이 다른 업자에게 의뢰하여 같은 건물을 완공할 수 있었던 시점이다.
(대판 2001.1.30, 2000다56112)

판례 지급기일이 물품 공급일자 이후로 된 약속어음을 발행·교부한 경우 물품대금의 지급을 위하여 지급기일이 물품 공급일자 이후로 된 약속어음을 발행·교부한 경우, 물품대금 지급채무의 이행기는 약속어음의 지급기일이며 위 약속어음이 그 지급기일 이전에 지급거절된 경우라도, 그때에 물품대금 지급채무가 이행기에 도달하는 것은 아니다.(대판 2000.9.5, 2000다26333)

第388條【期限의 利益의 喪失】 債務者는 다음 各號의 경우에는 期限의 利益을 主張하지 못한다.
1. 債務者가 擔保를 損傷, 減少 또는 滅失하게 한 때
2. 債務者가 擔保提供의 義務를 履行하지 아니한 때

참조 [기한의 이익]153, [특칙]담보부사채69－71, 채무자회생파산425, [담보제공의무]431·432

第389條【强制履行】 ① 債務者가 任意로 債務를 履行하지 아니한 때에는 債權者는 그 强制履行을 法院에 請求할 수 있다. 그러나 債務의 性質이 强制履行을 하지 못할 것인 때에는 그러하지 아니하다.
② 前項의 債務가 法律行爲를 目的으로 한 때에는 債務者의 意思表示에 갈음할 裁判을 請求할 수 있고 債務者의 一身에 專屬하지 아니한 作爲를 目的으로 한 때에는 債務者의 費用으로 第三者에게 이를 하게 할 것을 法院에 請求할 수 있다.(2014.12.30 본항개정)
③ 그 債務가 不作爲를 目的으로 한 경우에 債務者가 이에 違反한 때는 債務者의 費用으로써 그 違反한 것을 除却하고 將來에 대한 適當한 處分을 法院에 請求할 수 있다.
④ 前3項의 規定은 損害賠償의 請求에 影響을 미치지 아니한다.

改前 ② …債務者의 意思表示에 "가름할" 裁判을 請求할 수…

참조 ①[강제집행]민집24－263, ②[대체집행]민집260, [법률행위를 목적으로 하는 채무의 집행]민집263, [간접강제]민집261, ③[부작위채무의 강제이행]민집263, ④[손해배상]390·393－398

판례 의사표시에 갈음하는 판결의 한계 : 채무자인 학교법인에 다른 재산이 없어 기본재산을 처분하지 않고서는 채무변제가 불가능하더라도 학교법인이 기본재산을 처분하기 위하여 관할관청의 허가를 신청할지의 여부는 특별한 사정이 없는 한 재단법인의 의사에 맡겨져 있기 때문에 금전채권자들에 불과한 자가 기본재산의 처분을 희망하지도 않는 학교법인을 상대로 관할관청에 대하여 기본재산에 대한 처분허가신청절차를 이행할 것을 청구할 수는 없다.
(대판 2001.12.28, 2001다24075)

第390條【債務不履行과 損害賠償】 債務者가 債務의 內容에 좇은 履行을 하지 아니한 때에는 債權者는 損害賠償을 請求할 수 있다. 그러나 債務者의 故意나 過失없이 履行할 수 없게 된 때에는 그러하지 아니하다.

참조 [이행]2①, 460이하, [이행지체]387, [이행불능의 기타의 효과]537·538·546, [손해배상]393－398, [이행보조자·운송주선인의 고의·과실]391, 상115, [운송인]상135·148, [공중접객업자]상152, [창고업자]상160, [선박소유자]상839·841, [특칙]상136·148·152·160·839·841

판례 광고주가 모델이나 유명 연예인, 운동선수 등과 광고모델계약을 체결하면서 출연하는 유명 연예인 등에게 일정한 수준의 명예를 유지할 의무를 부과하는 품위유지약정을 한 경우, 위와 같은 광고모델계약은 유명 연예인 등을 광고에 출연시킴으로써 유명 연예인 등이 일반인들에 대하여 가지는 신뢰성, 가치, 명성 등 긍정적인 이미지를 이용하여 광고되는 제품에 대한 일반인들의 구매 욕구를 불러일으키기 위한 목적으로 체결되는 것이므로, 위 광고에 출연하기로 한 모델은 위와 같이 일정한 수준의 명예를 유지하기로 한 품위유지약정에 따라 계약기간 동안 광고에 적합한 자신의 긍정적인 이미지를 유지함으로써 그것으로부터 발생하는 구매 유인 효과 등 경제적 가치를 유지하여야 할 계약상 의무, 이른바 품위유지의무가 있고, 이를 이행하지 않는 경우에는 광고모델계약에 관한 채무불이행으로 인한 손해배상채무를 면하지 못한다.(대판 2009.5.28, 2006다32354)

판례 채무자가 부담하는 채무불이행으로 인한 손해배상채무와 제3자가 부담하는 불법행위로 인한 손해배상채무의 원인이 동일한 사실관계에 기한 경우에는 하나의 동일한 급부에 관하여 수인의 채무자가 각자 독립해서 그 전부를 급부하여야 할 의무를 부담하는 경우로서 부진정연대채무관계에 있다.(대판 2006.9.8, 2004다55230)

◘ 이행불능의 경우

판례 임차인의 임차물반환채무가 이행불능이 된 경우 그 귀책사유에 관한 증명책임의 소재 : 임차인은 임차건물의 보존에 관하여 선량한 관리자의 주의의무를 다하여야 하고, 임차인의 임차물반환채무가 이행불능이 된 경우, 임차인이 그 이행불능으로 인한 손해배상책임을 면하려면 그 이행불능이 임차인의 귀책사유로 말미암은 것이 아님을 입증할 책임이 있다.(대판 2006.1.13, 2005다51013,51020)

판례 민법상 이행불능의 효과로서 채권자의 전보배상청구권과 계약해제권 외에 별도로 대상청구권을 규정하고 있지는 않으나 해석상 대상청구권을 부정할 이유는 없다.(대판 1996.12.10, 94다43825)

◘ 채무불이행으로 보지 않는 경우

판례 계약의 일방 당사자가 계약기간 중에 부도가 발생하였다는 사실만으로 당해 계약의 이행이 그의 귀책사유로 불가능하게 되었다고 단정할 수는 없고 그 부도 발생 전후의 계약의 이행정도, 부도에 이르게 된 원인, 부도 발생 후의 영업의 계속 혹은 재개 여부, 당해 계약을 이행할 자금사정 기타 여건 등 제반 사정을 종합하여 계약의 이행불능 여부를 판단하여야 한다.(대판 2006.4.28, 2004다16976)

판례 매매목적물의 하자로 인한 확대손해에 대하여 매도인에게 배상책임을 묻는 데 귀책사유가 필요한지 여부 : 매매목적물의 하자로 인한 확대손해에 대하여 매도인에게 배상책임을 지우기 위해서는 하자없는 목적물을 인도하지 못한 의무위반 사실 외에 그러한 의무위반에 대하여 매도인에게 귀책사유가 있어야 한다.
(대판 2003.7.22, 2002다35676)

◘ 손해배상액의 산정

판례 채무불이행의 손해액에 대한 입증이 불충분한 경우 법원이 취하여야 할 조치 : 손해액에 대한 입증이 불충분하다 하더라도 그 이유만으로 원고의 이 부분 청구를 배척할 것이 아니라 그 손해액에 관하여 적극적으로 석명권을 행사하고 입증을 촉구하여 이를 밝혀야 할 것이다.(대판 2006.1.27, 2005다52078,52085)

판례 대상청구권의 요건 : 대상청구권이 인정되기 위하여는 급부가 후발적으로 불능하게 되어야 하고, 급부를 불능하게 하는 사정의 결과로 채무자가 채권의 목적물에 관하여 '대신하는 이익'을 취득하여야 한다.(대판 2003.11.14, 2003다35482)

◘ 채권자의 정신적 고통

판례 도급인이 하자의 보수나 손해배상만으로는 회복될 수 없는 정신적 고통을 입었다는 특별한 사정이 있고 수급인이 이와 같은 사정을 알거나 알 수 있었을 경우에 한하여 정신적 고통에 대한 위자료를 인정할 수 있다.(대판 1993.11.9, 93다19115)

◘ 과실로 인한 불이행

독판 휘발유공급업자가 과실로 보통휘발유를 그의 계약상대방인 주유소측의 고급휘발유 탱크에 주입하여 그 주유소 고객의 엔진이 손상되는 확대손해가 발생하는 경우, 휘발유공급업자는 고객에 대해 적극적 채권침해에 따른 손해배상책임을 진다.
(독·연방법원 1989.4.26 BGHZ 107,249)

第391條【履行補助者의 故意, 過失】 債務者의 法定代理人이 債務者를 위하여 履行하거나 債務者가 他人을 使用하여 履行하는 경우에는 法定代理人 또는 被用者의 故意나 過失은 債務者의 故意나 過失로 본다.

참조 [운송주선인]상115, [운송인]상135·148·150, [공중접객업자]상152, [창고업자]상160, [선박소유자]상802·856, [법정대리인]5·10·911

판례 이행보조자로서 수급인 : 임대인이 임차인과의 임대차계약상의 약정에 따라 제3자에게 도급을 주어 임대차목적 시설물을 수선한 경우에는 그 수급인도 임대인에 대하여 종속적인지 여부를 불문하고 이행보조자로서의 피용자라고 보아야 할 것이고, 이러한 수급인이 시설물 수선 공사 등을 하던 중 수급인의 과실로 인하여 화재가 발생한 경우에는 임대인은 민법 391조에 따라 위 화재발생에 귀책사유가 있다 할 것이어서 임차인에 대한 채무불이행상의 손해배상책임이 있다.
(대판 2002.7.12, 2001다44338)

第392條【履行遲滯 중의 損害賠償】 債務者는 自己에게 過失이 없는 경우에도 그 履行遲滯 중에 생긴 損害를 賠償하여야 한다. 그러나 債務者가 履行期에 履行하여도 損害를 免할 수 없는 경우에는 그러하지 아니하다.

참조 [이행지체]387, [손해배상]390·391·393－398

第393條【損害賠償의 範圍】 ① 債務不履行으로 인한 損害賠償은 通常의 損害를 그 限度로 한다.
② 特別한 事情으로 인한 損害는 債務者가 그 事情을 알았거나 알 수 있었을 때에 限하여 賠償의 責任이 있다.

참조 [배상액]396·398, 상137·148, 어음45⑥, 수표41⑥, [손해배상의 방법]394·398, [금전채무의 특칙]397, [배상액의 예정]398, [불법행위와 손해배상]398⑤·399·404－406·750이하

◘ 손해배상의 범위

판례 불법행위로 상해를 입었지만 후유증 등으로 전혀 예상할 수 없었던 후발손해가 발생한 경우와 같이 사회통념상 후발손해가 판명된 때에 현실적으로 손해가 발생한 것으로 볼 수 있는 경우에는 후발손해 판명 시점에 불법행위로 인한 손해배상채권이 성립하고, 지연손해금도 그때부터 발생한다.(대판 2022.6.16, 2017다289538)

판례 분양계약서에서 수분양자인 갑의 분양대금 납입 지체에 따른 지연손해금의 납부책임과 금액만을 규정하고 분양자이자 매도인인 을 주식회사 등의 이행지체에 따른 지체상금에 관하여는 아무런 규정을 두지 않은 사안에서, 수분양자의 분양대금 납입 지체에 적용되는 지연손해금 조항이 당연히 매도인에게도 적용되어 동일한 내용의 지체상금 조항이 있는 것으로 간주될 수는 없으므로, 갑은 을 회사에 대하여 손해배상액의 예정으로서 지체상금의 지급을 구할 수는 없고 을 회사의 채무불이행으로 인하여 실제로 입은 손해만을 배상받을 수 있다.(대판 2012.3.29, 2010다590)

판례 우편역무종사자의 고의 또는 중과실에 의한 직무상 의무 위반으로 내용증명우편물이 도달되지 않거나 그 증명기능이 발휘되지 못하게 된 경우, 발송인 등이 그로 인하여 정신적 고통을 입었을 것임은 경험칙상 넉넉히 인정할 수 있고, 이러한 정신적 고통은 단순히 내용증명우편물의 발송비용을 전보받는 것만으로 회복된다고 볼 수 없으므로, 이러한 경우에는 당해 발송인 등은 그 정신적 고통에 대한 위자료를 통상손해로서 청구할 수 있다.(대판 2009.7.23, 2006다81325)

판례 수입통관을 마친 제품의 교환가치는 국내에서 유통되는 같은 제품의 교환가치인 국내 시가로 보아야 할 것이므로, 수입통관절차를 완료한 제품이 불법행위로 인하여 원상회복이 불가능할 뿐 아니라 남은 가치가 없을 정도로 훼손되었다면, 그로 인한 손해는 특별한 사정이 없는 한 같은 제품의 국내 시가를 기준으로 산정하여야 한다.(대판 2008.4.10, 2007다7751)

판례 **임대인의 귀책사유로 임대차계약이 종료된 경우 임대인이 배상하여야 할 손해의 범위** : 임대인의 방해행위로 임차인의 임대차 목적물에 대한 임차권에 기한 사용·수익이 사회통념상 불가능하게 됨으로써 임대차계약이 종료된 경우에 임차인으로서는 임대차보증금 반환청구권을 행사할 수 있고 그 이후의 차임 지급의무를 면하는 한편 다른 특별한 사정이 없는 한 휴업손해를 그에 대한 증명이 가능한 한 통상의 손해로서 배상을 받을 수 있을 뿐이며, 장래 그 목적물의 임대차기간 만료시까지 계속해서 그 목적물을 사용·수익할 수 없음으로 인한 일실수입 손해는 이를 별도의 손해로서 그 배상을 청구할 수 없다.(대판 2006.1.27, 2005다16591,16607)

판례 **소유권이전등기 말소등기의무의 이행불능으로 인한 손해액** : 소유권이전등기 말소등기의무가 이행불능이 됨으로 말미암아 그 권리자가 입는 손해액은 원칙적으로 그 이행불능이 될 당시의 목적물의 시가 상당액이다.(대판 2005.9.15, 2005다29474)

판례 **국가유공자등예우및지원에관한법률상의 연금을 받던 공상군경이 타인의 불법행위로 사망한 경우, 그 상속인에게 지급할 손해배상액을 산정함에 있어서 유족연금액의 범위와 공제 여부** : 국가유공자등예우및지원에관한법률상의 연금을 받던 공상군경이 타인의 불법행위로 사망한 경우, 공상군경의 유족이 지급받을 손해액을 산정할 때 공상군경의 연금액에서 유족연금액을 공제하는 취지가 동일한 목적과 내용의 급부가 이중으로 지급되는 것을 막는 데 있는 이상, 사망한 사람의 연금액에서 공제하여야 하는 유족연금액의 범위는 사망한 사람의 기대여명기간이 끝날 때까지 그 유족이 받을 금액에 한정되고, 그 뒤 유족이 불법행위로 인한 사망과 관계없이 받을 수 있는 유족연금액은 이에 포함되지 아니한다.(대판 2002.5.28, 2002다5019)

◘ 통상의 손해

판례 4세 유아가 수영장에서 사고로 사망하여, 유아의 가족들이 수영장의 설치운영자인 회사 등을 상대로 사망한 유아의 재산상 손해(일실수입, 기왕치료비, 장례비) 및 위자료 등을 배상하라는 손해배상청구소송을 제기한 사건에서, 법원이 일실수입 산정의 기초가 되는 가동연한을 인정할 때에는 국민의 평균여명, 경제수준, 고용조건 등의 사회적·경제적 여건 외에 연령별 근로자 인구수, 취업률 또는 근로참가율 및 직종별 근로조건과 정년 제한 등 제반 사정을 조사하여 이로부터 경험칙상 추정되는 가동연한을 도출하거나 피해자의 연령, 직업, 경력, 건강상태 등 구체적인 사정을 고려하여, 가동연한을 인정할 수 있다. 대법원은 종전 전원합의체 판결(1989.12.26, 대판88다카16867) 이래 일반육체노동을 하는 사람 또는 육체노동을 주로 생계활동으로 하는 사람의 가동연한을 경험칙상 만 60세로 보아야 한다는 견해를 유지하여 왔다. 그런데 우리나라의 사회적·경제적 구조와 생활여건이 급속하게 향상·발전하고 법제도가 정비·개선됨에 따라 종전 전원합의체 판결 당시 위 경험칙의 기초가 되었던 제반 사정들이 현저히 변하였기 때문에 위와 같은 견해는 더 이상 유지하기 어렵게 되었다. 이제는 특별한 사정이 없는 한 만 60세를 넘어 만 65세까지도 가동할 수 있다고 보는 것이 경험칙에 합당하다.(대판 2019.2.21, 2018다248909)

판례 불법행위로 인한 재산상 손해는 위법한 가해행위로 인하여 발생한 재산상 불이익, 즉 그 위법행위가 없었더라면 존재하였을 재산상태와 그 위법행위가 가해진 현재의 재산상태의 차이를 말하는 것이며, 그 손해액은 원칙적으로 불법행위시를 기준으로 산정하여야 한다. 즉, 여기에서 '현재'는 '기준으로 삼은 그 시점'이란 의미에서 '불법행위시'를 뜻하는 것이지 '지금의 시간'이란 의미로부터 '사실심 변론종결시'를 뜻하는 것은 아니다.(대판 2010.4.29, 2009다91828)

판례 불법행위로 인한 손해배상사건에서 피해자의 일실수입은 사고 당시 피해자의 실제소득을 기준으로 하여 산정할 수도 있고, 통계소득을 포함한 추정소득에 의하여 평가할 수도 있지만, 통계소득을 기준으로 삼아 피해자의 일실수입을 산정하기 위해서는 당해 통계의 조사목적이나 방법, 조사대상 및 범위, 표본설계의 방법 등을 두루 살펴 그 이용의 적합성 여부를 신중하게 판단하여야 한다.(대판 2007.3.15, 2006다79759)

판례 **두 가지 이상의 업무에 종사하는 자의 일실소득 산정 방법** : 불법행위의 피해자가 사고 당시 두 가지 이상의 수입원에 해당하는 업무에 동시에 종사하고 있는 경우 각 업무의 성격이나 근무 형태 등에 비추어 그들 업무가 서로 독립적이어서 양립 가능한 것이고, 또 실제로 피해자가 어느 한쪽의 업무에만 전념하고 있는 것이 아닌 경우에는 각 업종의 수입상실액을 모두 개별적으로 평가하여 합산하는 방법으로 피해자의 일실수입을 산정할 수 있는 것이다.(대판 1999.11.26, 99다18008)

◘ 특별사정의 손해

판례 법원이 불법행위로 인한 위자료를 산정함에 있어서는 피해자의 연령, 직업, 사회적 지위, 재산 및 생활상태, 피해로 입은 고통의 정도, 피해자의 과실 정도 등 피해자 측의 사정에 가해자의 고의, 과실의 정도, 가해행위의 동기, 원인, 가해자의 재산상태, 사회적 지위, 연령, 사고 후의 가해자의 태도 등 가해자 측의 사정까지 함께 참작하는 것이 손해의 공평부담이라는 손해배상의 원칙에 부합한다. 특히 항공기 사고로 인한 피해에 대한 위자료를 산정함에 있어서는, 항공기 사고는 피해 승객의 과실이 개입될 여지가 거의 없는 점, 항공기 사고로 인한 피해결과 및 고통의 정도가 자동차 사고 등 다른 사고보다 중한 점, 항공기 사고에 관한 책임의 소재, 범위, 배상액을 둘러싸고 항공운송인 측과 피해자 측의 견해 차이로 최종적인 피해보상에 장기간이 소요되는 경우가 많은 점, 항공기 사고는 사고지역 및 피해자의 국적분포에 있어서 국제성을 띠고 있어 동일 사고로 인한 피해배상에 관하여는 국적을 불문하고 피해자들 사이의 균형이 고려되어야 하는데, 항공기 사고의 위험에 대비한 항공보험 및 재보험 제도는 동일 항공기 사고의 피해자들에 대하여 유사한 피해배상이 이루어질 수 있는 기능을 수행하고 있는 점 등 항공기 사고의 손해배상에 있어서의 특수한 사정을 함께 고려하여야 한다.(대판 2009.12.24, 2007다77149)

판례 **증권회사 직원의 임의매매로 인하여 고객이 입은 재산상 손해액을 산정함에 있어서 주식의 평가 방법** : 임의매매 이전에 고객이 가지고 있던 주식의 평가는 임의매매 당시의 주식의 시가를 기준으로 결정하여야 하며, 그 후 주식의 가격이 올랐다고 하더라도 그로 인한 추가적 손해는 특별한 사정으로 인한 것이어서 불법행위자가 주식을 처분할 때 그와 같은 특별한 사정을 알았거나 알 수 있었고, 또 고객이 주식의 가격이 올랐을 때 주식을 매도하여 그로 인한 이익을 확실히 취득할 수 있었던 경우에 한하여 고객은 그와 같이 오른 가격에 의한 손해배상을 청구할 수 있다.(대판 2006.1.26, 2002다12659)

판례 불법행위의 피해자가 손해경감조치의무를 하지 않아 손해가 확대된 경우, 손해배상액을 정하는 데 손해확대에 기여한 피해자의 의무불이행을 참작할 수 있다.(대판 2003.7.25, 2003다22912)

판례 불법행위로 인하여 신체에 상해를 입어 노동능력을 상실한 피해자의 일실수입을 산정함에 있어서는 그 노동능력 상실 당시의 수익을 기준으로 함이 상당하나, 장차 그 수익이 증가될 고도의 개연성이 있는 경우에는 장차 증가될 수익도 마땅히 고려하여야 한다.(대판 1996.9.24, 96다11501)

第394條【損害賠償의 方法】 다른 意思表示가 없으면 損害는 金錢으로 賠償한다.

참조 [손해배상]392·393·395-398, [불법행위와 손해배상의 방법]763·764, [특칙]광업77

일판 손해배상청구권자가 소송상 일시금에 의한 배상의 지급을 구하는 취지의 신청을 하는 경우에 정기금에 의한 지급을 명하는 판결을 하는 것을 허용하지 아니한다.(日·最高 1987.2.6)

第395條【履行遲滯와 塡補賠償】 債務者가 債務의 履行을 遲滯한 경우에 債權者가 相當한 期間을 정하여 履行을 催告하여도 그 期間내에 履行하지 아니하거나 遲滯후의 履行이 債權者에게 利益이 없는 때에는 債權者는 受領을 拒絶하고 履行에 갈음한 損害賠償을 請求할 수 있다.(2014.12.30 본조개정)

改前 …拒絶하고 履行에 "가름한" 損害賠償을 請求할…

참조 [이행지체]387, [채무이행의 준칙]2①·460, [손해배상]392-394·396·398

第396條【過失相計】 債務不履行에 관하여 債權者에게 過失이 있는 때에는 法院은 損害賠償의 責任 및 그 金額을 정함에 이를 參酌하여야 한다.

참조 [불법행위와 과실상계]763, [손해배상의 범위]393

판례 의사의 의료행위에 주의의무 위반이 있어 불법행위로 인한 손해배상책임이 인정되더라도 손해가 의료행위의 과오와 피해자 측의 요인이 경합하여 손해가 발생하거나 확대된 경우에는 피해자 측의 요인이 체질적인 소인 또는 질병의 위험도와 같이 피해자 측의 귀책사유와 무관한 것이라고 할지라도, 질환의 태양·정도 등에 비추어 가해자에게 손해의 전부를 배상하게 하는 것이 공평의 이념에 반하는 경우에는 법원은 손해배상액을 정하면서 과실상계의 법리를 유추적용하여 손해의 발생 또는 확대에 기여한 피해자 측의 요인을 참작할 수 있다. 다만 책임제한에 관한 사실인정이나 비율을 정하는 것이 형평의 원칙에 비추어 현저하게 불합리하여서는 아니 된다. 그러나 질병의 특성, 치료방법의 한계 등으로 의료행위에 수반되는 위험을 감내해야 한다고 볼 만한 사정도 없이, 의료행위와 관련하여 일반적으로 요구되는 판단능력이나 의료기술 수준 등에 비추어 의사나 간호사 등에게 요구되는 통상적인 주의의무를 소홀히 하여 피해가 발생한 경우에는 단지 치료 과정에서 손해가 발생하였다는 등의 막연한 이유만으로 손해배상책임을 제한할 것은 아니다.
(대판 2016.6.23, 2015다55397)

판례 불법행위로 인한 손해배상 사건에서 피해자의 과실을 들어 과실상계를 함에 있어서는 피해자의 부주의를 이용하여 고의로 불법행위를 저지른 자가 바로 그 피해자의 부주의를 이유로 자신의 책임을 감하여 달라고 주장할 수 없으나, 그러한 사유가 없는 불법행위자는 과실상계의 주장을 할 수 있다.
(대판 2009.8.20, 2008다51120,51137,51144,51151)

판례 **과실상계에서의 '과실'의 의미 및 과실상계 사유의 유무와 정도에 대한 판단의 방법 및 한계** : 민법상 과실상계 제도는 채권자가 신의칙상 요구되는 주의를 다하지 아니한 경우 공평의 원칙에 따라 손해배상액을 산정함에 있어서 채권자의 그와 같은 부주의를 참작하게 하려는 것이므로 사회통념상 혹은 신의성실의 원칙상 혹은 공동생활상 요구되는 약한 부주의로 말미암아 손해가 발생하거나 확대된 원인을 이루었다면 채권자에게 과실이 있는 것으로 보아 과실상계를 할 수 있고, 채무불이행으로 인한 손해배상책임의 범위를 정함에 있어서의 과실상계 사유의 유무와 정도는 개별 사례에서 문제된 계약의 체결 및 이행 경위와 당사자 쌍방의 잘못을 비교하여 종합적으로 판단하여야 하며, 이때에 과실상계 사유에 관한 사실인정이나 그 비율을 정하는 것은 그것이 형평의 원칙에 비추어 현저히 불합리한 것이 아닌 한 사실심의 전권사항이라고 할 수 있다.(대판 2000.6.13, 98다35389)

第397條【金錢債務不履行에 대한 特則】 ① 金錢債務不履行의 損害賠償額은 法定利率에 의한다. 그러나 法令의 制限에 違反하지 아니한 約定利率이 있으면 그 利率에 의한다.
② 前項의 損害賠償에 관하여는 債權者는 損害의 證明을 요하지 아니하고 債務者는 過失없음을 抗辯하지 못한다.

참조 [손해배상액]393, [금전채무]376－378, [채무불이행]390, [법정이율]379, 상54, [위약금]398④, [배상액의 예정]398, [특칙]685·705·958②, 상196·269

판례 민법 제397조제1항은 본문에서 금전채무불이행의 손해배상액을 법정이율에 의할 것을 규정하고 그 단서에서 "그러나 법령의 제한에 위반하지 아니한 약정이율이 있으면 그 이율에 의한다"고 정한다. 이 단서규정은 약정이율이 법정이율 이상인 경우에만 적용되고, 약정이율이 법정이율보다 낮은 경우에는 그 본문으로 돌아가 법정이율에 의하여 지연손해금을 정할 것이다. 우선 금전채무에 관하여 아예 이자약정이 없어서 이자청구를 전혀 할 수 없는 경우에도 채무자의 이행지체로 인한 지연손해금은 법정이율에 의하여 청구할 수 있으므로, 이자를 조금이라도 청구할 수 있었던 경우에는 더욱이나 법정이율에 의한 지연손해금을 청구할 수 있다고 하여야 한다.
(대판 2009.12.24, 2009다85342)

판례 **금전채무의 확정된 지연손해금채무에 대하여 지체책임이 발생하는지 여부** : 금전채무의 지연손해금채무는 금전채무의 이행지체로 인한 손해배상채무로서 이행기의 정함이 없는 채무에 해당하므로, 채무자는 확정된 지연손해금채무에 대하여 채권자로부터 이행청구를 받은 때로부터 지체책임을 부담하게 된다.(대판 2004.7.9, 2004다11582)

第398條【賠償額의 豫定】 ① 當事者는 債務不履行에 관한 損害賠償額을 豫定할 수 있다.
② 損害賠償의 豫定額이 不當히 過多한 경우에는 法院은 適當히 減額할 수 있다.
③ 損害賠償額의 豫定은 履行의 請求나 契約의 解除에 影響을 미치지 아니한다.
④ 違約金의 約定은 損害賠償額의 豫定으로 推定한다.
⑤ 當事者가 金錢이 아닌 것으로써 損害의 賠償에 充當할 것을 豫定한 경우에도 前4項의 規定을 準用한다.

참조 [위약금, 배상예정의 금지]근기20, [손해배상의 범위]393·397, [손해배상의 방법]394, [이행의 청구]389, [해제]543이하, [위약금의 담보]334·429②

판례 건설사가 토지구획정리사업을 하면서 체비지를 수분양자에게 분양했으나 토지구획정리사업의 지연으로 분양계약서에서 정한 기한까지 체비지의 인도의무를 이행하지 못한 경우, 분양계약서에는 수분양자의 분양대금 납입 지체에 따른 지연손해금의 납부책임과 금액만을 규정하고, 분양자의 이행지체에 따른 지체상금에 관하여 아무런 규정을 두지 않았다면, 수분양자는 분양자에 대해 손해배상액의 예정으로서 지체상금의 지급을 구할 수는 없다.(대판 2012.3.29, 2010다590)

판례 **건설공사 도급계약에 있어서 지체상금 약정의 적용 범위를 결정하는 기준** : 건설공사 도급계약의 경우 지체상금 약정을 하는 것은 공사가 비교적 장기간에 걸쳐 시행되기 때문에 그 사이에 공사의 완성에 장애가 된 사정이 발생할 가능성이 많으므로 이러한 경우에 대비하여 도급인의 손해액에 대한 입증 곤란을 덜고 손해배상에 관한 법률관계를 간이화할 목적에서라는 점을 감안하여 당사자의 의사를 합리적으로 해석한 다음 그 적용 여부를 결정하여야 한다.
(대판 2005.8.19, 2002다59764)

판례 **하자보수보증금과 특수한 손배예정** : 도급계약서 또는 그 계약내용에 편입된 약관에 수급인이 하자담보책임 기간 중 도급인으로부터 하자보수요구를 받고 이에 불응한 경우 하자보수보증금은 도급인에게 귀속한다는 조항이 있을 때 이 하자보수보증금은 특별한 사정이 없는 한 손해배상액의 예정으로 볼 것이고, 다만 하자보수보증금의 특성상 실손해가 하자보수보증금을 초과하는 경우에는 그 초과액의 손해배상을 구할 수 있다는 명시 규정이 없다고 하더라도 도급인은 수급인의 하자보수의무 불이행을 이유로 하자보수보증금의 몰취 외에 그 실손해액을 입증하여 수급인으로부터 그 초과액 상당의 손해배상을 받을 수도 있는 특수한 손해배상액의 예정으로 봄이 상당하다.(대판 2002.7.12, 2000다17810)

판례 **수급인의 하자보수의무 불이행시 도급인에게 귀속하는 것으로 약정된 하자보수보증금의 성질을 판단하는 방법** : 도급계약의 내용으로 되어 있는 공사계약일반조건에 수급인이 하자보수의무를 이행하지 아니하는 경우 하자보수보증금이 도급인에게 귀속한다고만 규정되어 있을 뿐 이와 별도로 도급인이 입은 손해에 대하여는 별도로 배상하여야 한다는 취지의 규정이 있지도 아니하고, 오히려 도급계약상 도급인이 하자보수를 위하여 실제로 지출한 비용이 수급인이 예치한 하자보수보증금을 초과하더라도 그 이상의 책임을 수급인에게 물을 수 없다면, 위 하자보수보증금의 귀속규정은 수급인이 하자보수의무를 이행하지 아니하는 경우 그 보증금의 몰취로써 손해의 배상에 갈음한다는 취지로서, 하자보수보증금은 손해배상액의 예정으로서의 성질을 가진다.(대판 2001.9.28, 2001다14689)

第399條【損害賠償者의 代位】 債權者가 그 債權의 目的인 物件 또는 權利의 價額全部를 損害賠償으로 받은 때에는 債務者는 그 物件 또는 權利에 관하여 當然히 債權者를 代位한다.

참조 [권리 이전과 대항요건]186－188·450－452·508·515·518·524·525

판례 채권의 목적인 물건 또는 권리가 가분적인 것이라는 등의 특별한 사정이 있는 경우는 별론으로 하고 그 밖의 경우에는 성질상 채무자가 채권의 목적인 물건 또는 권리의 가액의 일부를 손해배상한 것만으로는 채권자를 대위할 수 없다.(대판 2007.10.12, 2006다42566)

第400條【債權者遲滯】 債權者가 履行을 받을 수 없거나 받지 아니한 때에는 履行의 提供있는 때로부터 遲滯責任이 있다.

참조 [이행의 제공]460·461, [수령지체의 효과]461·473·487－491, 공탁1·6

第401條【債權者遲滯와 債務者의 責任】 債權者遲滯중에는 債務者는 故意 또는 重大한 過失이 없으면 不履行으로 인한 모든 責任이 없다.

참조 [채권자지체]400·422, [채무불이행의 책임]390

第402條【同前】 債權者遲滯중에는 利子있는 債權이라도 債務者는 利子를 支給할 義務가 없다.

참조 [채권자지체]400·422, [이자있는 채권]379, 상54, [이행제공의 효과]461, [금전채무의 불이행]397

第403條【債權者遲滯와 債權者의 責任】 債權者遲滯로 인하여 그 目的物의 保管 또는 辨濟의 費用이 增加된 때에는 그 增加額은 債權者의 負擔으로 한다.

참조 [채권자지체]400·422, [변제비용의 부담]473

第404條【債權者代位權】 ① 債權者는 自己의 債權을 保全하기 위하여 債務者의 權利를 行使할 수 있다. 그러나 一身에 專屬한 權利는 그러하지 아니하다.
② 債權者는 그 債權의 期限이 到來하기 전에는 法院의 許可없이 前項의 權利를 行使하지 못한다. 그러나 保全行爲는 그러하지 아니하다.

참조 [대위등기]부등80, [환매권의 대위행사]593, [대위권행사의 통지]405, [강제집행에 의한 추심]민집232, ②[재판상의 대위]비송45－52

판례 채권자가 채권자대위권에 기하여 채무자의 권리를 행사하고 있다는 사실을 채무자가 알게 된 후에는 채무자가 그 권리를 처분하여도 이로써 채권자에게 대항하지 못하는 것인바, 채권자가 채무자와 제3채무자 사이에 체결된 부동산매매계약에 기한 소유권이전등기청구권을 보전하기 위해 채무자를 대위하여 제3채무자의 부동산에 대한 처분금지가처분을 신청하여 가처분결정을 받은 경우에는 피보전권리인 소유권이전등기청구권을 행사한 것과 같이 볼 수 있으므로, 채무자가 그러한 채권자대위권 행사 사실을 알게 된 후에 그 매매계약을 합의해제함으로써 채권자대위권의 객체인 부동산 소유권이전등기청구권을 소멸시켰다 하더라도 이로써 채권자에게 대항할 수 없고, 그 결과 제3채무자 또한 그 계약해제로써 채권자에게 대항할 수 없다.(대판 2007.6.28, 2006다85921)

판례 **채권자대위소송에 있어서 피대위자인 채무자에 대한 특정의 필요성 및 특정 여부의 판단 기준** : 채권자대위소송에서 피대위자인 채무자의 특정이 필요한 사항이기는 하나, 이는 피보전채권과 대위행사할 채권의 존부를 판단하고, 판결의 효력이 미칠 주관적 범위와 집행력이 미치는 범위를 정하며 채무자 본인이 제기할 소송이 중복소송에 해당하는지 여부를 판단하기 위하여 요구되는 것이므로, 그 특정한 정도가 위에서 든 목적들을 달성하는 데 충분한지 검토한 후 그 결과에 따라 구체적·개별적으로 결정하면 될 일이지 반드시 모든 경우에 일률적으로 채무자 개개인의 인적 사항을 통상의 소송당사자와 같은 정도로 상세히 특정하여야 하는 것은 아니다. 소유권이전등기의 말소등기를 구하는 채권자대위소송에 있어서 피대위자인 채무자들을 개인별로 상세히 특정하지 아니한 채 그 상속인들 또는 그 중 한 사람만을 채무자로 특정·제기하였으면 족하다.
(대판 2004.11.26, 2004다40986)

第405條【債權者代位權行使의 通知】 ① 債權者가 前條第1項의 規定에 의하여 保全行爲 이외의 權利를 行使한 때에는 債務者에게 通知하여야 한다.
② 債務者가 前項의 通知를 받은 후에는 그 權利를 處分하여도 이로써 債權者에게 對抗하지 못한다.

참조 [채권자대위권]404, [대위신청허가재판의 고지]비송49

판례 채무자가 채권자대위권행사의 통지를 받은 후에 채무를 불이행함으로써 통지 전에 체결된 약정에 따라 매매계약이 자동적으로 해제되거나, 채권자대위권행사의 통지를 받은 후에 채무자의 채무불이행을 이유로 제3채무자가 매매계약을 해제한 경우 제3채무자는 계약해제로써 대위권을 행사하는 채권자에게 대항할 수 있다. 다만 형식적으로는 채무자의 채무불이행을 이유로 한 계약해제인 것처럼 보이지만 실질적으로는 채무자와 제3채무자 사이의 합의에 따라 계약을 해제한 것으로 볼 수 있거나, 채무자와 제3채무자가 단지 대위채권자에게 대항할 수 있도록 채무자의 채무불이행을 이유로 하는 계약해제인 것처럼 외관을 갖춘 것이라는 등의 특별한 사정이 있는 경우에는 채무자가 피대위채권을 처분한 것으로 보아 제3채무자는 계약해제로써 대위권을 행사하는 채권자에게 대항할 수 없다.
(대판 2012.5.17, 2011다87235 전원합의체)

판례 **채권자대위권 행사통지 후 채무자의 제3채무자에 대한 채무불이행으로 인해 계약해제된 경우** : 甲이 乙로부터 매수한 부동산을 다시 甲으로부터 매수한 丙이 채무자인 甲, 乙에 대하여 순차 소유권이전등기절차의 이행을 구하는 소를 제기하여 그 중 乙에 대한 채권자대위소송이 상고심에 계속중 甲이 乙의 매매잔대금 지급 최고에 응하지 아니하여 乙로 하여금 매매계약을 해제할 수 있도록 한 경우, 이는 채무자가 채권자에 대한 소유권이전등기청구권을 처분하는 것에 해당하여 甲과 乙은 丙에게 그 계약해제로써 대항할 수 없다.
(대판 2003.1.10, 2000다27343)

第406條【債權者取消權】 ① 債務者가 債權者를 害함을 알고 財産權을 目的으로 한 法律行爲를 한 때에는 債權者는 그 取消 및 原狀回復을 法院에 請求할 수 있다. 그러나 그 行爲로 인하여 利益을 받은 者나 轉得한 者가 그 行爲 또는 轉得당시에 債權者를 害함을 알지 못한 경우에는 그러하지 아니하다.
② 前項의 訴는 債權者가 取消原因을 안 날로부터 1年, 法律行爲있은 날로부터 5年내에 提起하여야 한다.

참조 [채권자취소의 효력]358·407, [사해신탁]신탁8, [사해설립]상185·613①, [회사와 사해행위]상248·511, [국세체납자의 사해행위]국세징수25, [파산과 부인권]채무자회생파산391이하, [취소]146, 상186·552②

■ 채권자취소권의 요건

[1] 피보전채권

판례 무자력상태의 채무자가 기존채무에 관한 특정의 채권자로 하여금 채무자가 가지는 채권에 대하여 압류 및 추심명령을 받음으로써 강제집행절차를 통하여 사실상 우선변제를 받게 할 목적으로 그 기존채무에 관하여 강제집행을 승낙하는 취지가 기재된 공정증서를 작성하여 주어 채권자가 채무자의 그 채권에 관하여 압류 및 추심명령을 얻은 경우에는 그와 같은 공정증서 작성의 원인이 된 채권자와 채무자의 합의는 기존채무의 이행에 관한 별도의 계약인 이른바 채무변제계약에 해당하는 것으로서 다른 일반채권자의 이익을 해하여 사해행위가 된다고 할 것이다.(대판 2010.4.29, 2009다33884)

판례 채권자취소권은 채무자가 채권자를 해함을 알면서 자기의 일반재산을 감소시키는 행위를 한 경우에 그 행위를 취소하여 채무자의 재산을 원상회복시킴으로써 모든 채권자를 위하여 채무자의 책임재산을 보전하는 권리이나, 사해행위 이후에 채권을 취득한 채권자는 채권의 취득 당시에 사해행위취소에 의하여 회복되는 재산을 채권자의 공동담보로 파악하지 아니한 자로서 민법 제407조에 정한 사해행위취소와 원상회복의 효력을 받는 채권자에 포함되지 아니한다.
(대판 2009.6.23, 2009다18502)

판례 **소극재산의 범위** : 채무자의 무자력 여부를 판단함에 있어서 그 대상이 되는 소극재산은 실질적으로 변제의무를 지는 채무를 기준으로 하여야 할 것이므로 처분행위 당시에 가집행선고 있는 판결상의 채무가 존재하고 있었다고 하더라도 그것이 나중에 상급심의 판결에 의하여 감액된 경우에는 그 감액된 판결상의 채무만이 소극재산이라 할 것이다.(대판 2006.2.10, 2004다2564)

판례 **적극재산의 판단기준** : 채무자의 적극재산을 산정함에 있어서는 다른 특별한 사정이 없는 한 실질적으로 재산적 가치가 없어 채권의 공동담보로서의 역할을 할 수 없는 재산은 제외하여야 할 것이고, 특히 그 재산이 채권인 경우에는 그것이 용이하게 변제를 받을 수 있는 것인지 여부를 합리적으로 판정하여 그것이 긍정되는 경우에 한하여 적극재산에 포함시켜야 할 것이다.
(대판 2005.1.28, 2004다58963)

판례 **채권자취소권에 있어서의 피보전채권을 산정하는 기준시점과 그 범위** : 채권자가 채권자취소권을 행사할 때에는 원칙적으로 자신의 채권액을 초과하여 취소권을 행사할 수 없고, 이때 채권자의 채권액에는 사해행위 이후 사실심 변론종결시까지 발생한 이자나 지연손해금이 포함된다.(대판 2002.10.25, 2002다42711)

[2] 사해행위

판례 건축 중인 건물 외에 별다른 재산이 없는 채무자가 수익자에게 책임재산인 위 건물을 양도하기 위해 수익자 앞으로 건축주명의를 변경해주기로 약정하였다면 위 양도 약정이 포함되어 있다고 볼 수 있는 건축주명의변경 약정은 채무자의 재산감소 효과를 가져오는 행위로서 다른 일반채권자의 이익을 해하는 사해행위가 될 수 있다.
(대판 2017.4.27, 2016다279206)

판례 [1] 파산자의 채권에 기한 사해행위취소의 소에서 채무자의 사해행위를 알았는지 여부는 파산자를 기준으로 판단하여야 하나, 파산자가 사해행위의 취소 원인을 알지 못한 상태에서 파산관재인이 선임되었다면, 그 후로는 위 조항에 정한 채권자가 채무자의 사해행위를 알았는지 여부는 파산관재인을 기준으로 판단하여야 한다.
[2] 예금보험공사가 파산자 갑의 파산관재인으로서 채무자 을의 증여행위에 대한 사해행위취소권을 피보전권리로 하여 처분금지가처분결정을 받은 후 을의 또 다른 채권자인 파산자 병의 파산관재인으로도 선임된 경우, 위 가처분결정을 받음으로써 을의 증여행위가 병에 대하여도 사해행위가 된다는 사실을 알았다고 볼 수 없다.
(대판 2008.4.24, 2006다57001)

판례 수인의 채권자 중 특정 채권자에게 채무자의 유일한 부동산에 관하여 근저당권을 설정해 주는 행위는 다른 특별한 사정이 없는 한 사해행위에 해당하고, 그 특정 채권자로부터 차용한 금원의 사용처에 따라 사해행위의 범위가 달라지는 것은 아니다. 한편 사해행위로 경료된 근저당권설정등기가 사해행위취소소송의 변론종결시까지 존속하고 있는 경우 그 원상회복은 근저당권설정등기를 말소하는 방법에 의하여야 할 것이고, 사해행위 이전에 설정된 별개의 근저당권이 사해행위 이후에 말소되었다는 사정은 원상회복의 방법에 아무런 영향을 주지 아니한다.(대판 2007.10.11, 2007다45364)

판례 **채무자가 연속하여 수개의 재산처분행위를 한 경우, 그 처분행위의 사해성 판단 방법** : 채무자가 연속하여 수개의 재산처분행위를 한 경우에는 각 행위별로 그로 인하여 무자력이 초래되었는지 여부에 따라 사해성 여부를 판단하는 것이 원칙이지만, 그 일련의 행위를 하나의 행위로 볼 특별한 사정이 있는 때에는 이를 일괄하여 전체로서 사해성이 있는지 판단하게 되고, 이때 그러한 특별 사정이 있는지 여부를 판단함에 있어서는 처분의 상대방이 동일한지, 처분이 시간적으로 근접한지, 상대방과 채무자가 특별한 관계가 있는지, 처분의 동기 내지 기회가 동일한지 등이 구체적 기준이 되어야 한다.
(대판 2006.9.14, 2005다74900)

판례 **채무자의 대물변제와 채권자취소권** : 채무자의 재산이 채무의 전부를 변제하기에 부족한 경우에 채무자가 그의 유일한 재산을 어느 특정 채권자에게 대물변제로 제공하여 양도한 행위는 다른 특별한 사정이 없는 한 다른 채권자들에 대한 관계에서 사해행위가 된다.
(대판 2005.11.10, 2004다7873)

판례 채무자가 이혼을 하면서 배우자에게 재산분할로 일정한 재산을 양도하는 재산분할이 상당한 정도를 벗어나는 과대한 것이라고 인정할 만한 특별한 사정이 없는 한 사해행위로서 취소되어야 할 것은 아니고, 다만 상당한 정도를 벗어나는 초과부분에 대하여는 사해행위에 해당하여 취소의 대상으로 될 수 있을 것이나, 이 경우에도 취소되는 범위는 그 상당한 정도를 초과하는 부분에 한정하여야 하고, 이에 대한 입증책임은 채권자에게 있다.(대판 2000.9.29, 2000다25569)

일판 이혼에 의한 재산분할을 한 자가 이미 채무초과 상태에 있었다 하더라도 그 분할이 제769조 3항(우리 민법 제39조의2) 취지에 반하여 과다하지 않는 한 사해행위라 할 수 없다.(日·最高 1983.12.19)

[3] 채무자의 악의

판례 채무자가 자기의 유일한 재산인 부동산을 매각하여 소비하기 쉬운 금전으로 바꾸거나 타인에게 무상으로 이전하여 주는 행위는 특별한 사정이 없는 한 채권자에 대하여 사해행위가 된다고 볼 것이므로 채무자의 사해의 의사는 추정되는 것이고, 이를 매수하거나 이전받은 자가 악의가 없었다는 입증책임은 수익자에게 있다.
(대판 2001.4.24, 2000다41875)

판례 사해의사의 의미 : 채권자취소권의 주관적 요건인 채무자가 채권자를 해함을 안다는 이른바 채무자의 악의, 즉 사해의사는 채무자의 재산처분 행위에 의하여 채권자의 채권을 완전하게 만족시킬 수 없게 된다는 사실을 인식하는 것을 의미하고, 그러한 인식은 일반 채권자에 대한 관계에서 있으면 충분하고 특정의 채권자를 해한다는 인식이 있어야 하는 것은 아니다.(대판 1998.5.12, 97다57320)

[4] 수익자 또는 전득자의 악의

판례 수익자의 선의를 인정하기 위한 요건 : 그 사해행위 당시 수익자가 선의였음을 인정함에 있어서는 객관적이고도 납득할 만한 증거자료 등이 뒷받침되어야 할 것이고, 채무자의 일방적인 진술이나 제3자의 추측에 불과한 진술 등에만 터잡아 그 사해행위 당시 수익자가 선의였다고 선뜻 단정하여서는 안 된다.(대판 2006.4.14, 2006다5710)

판례 사해행위의 악의 추정과 선의에 대한 입증 책임 : 채무자의 제3자에 대한 담보제공행위가 객관적으로 사해행위에 해당하는 경우 수익자의 악의는 추정되는 것이므로 수익자가 그 법률행위 당시 선의였다는 입증을 하지 못하는 한 채권자는 그 법률행위를 취소하고 그에 따른 원상회복을 청구할 수 있다.(대판 2003.6.13, 2003다12526)

■ 채권자취소권의 행사

판례 채권자취소권의 요건을 갖춘 여러 명의 채권자가 동시에 또는 시기를 달리하여 사해행위취소 및 원상회복청구의 소를 제기한 경우, 중복제소에 해당하는지 여부(소극) 및 어느 한 채권자의 청구가 승소판결을 받아 확정되어도 다른 채권자의 청구가 권리보호의 이익이 있는지 여부(원칙적 적극) : 이들 소가 중복제소에 해당하지 않으며, 한 채권자가 동일한 사해행위에 관하여 사해행위취소 및 원상회복청구를 하여 승소판결을 받아 그 판결이 확정되었다는 것만으로는 그 후에 제기된 다른 채권자의 동일한 청구가 권리보호의 이익이 없게 되는 것은 아니고, 그에 기하여 재산이나 가액의 회복을 마친 경우에 비로소 다른 채권자의 사해행위취소 및 원상회복청구는 그와 중첩되는 범위 내에서 권리보호의 이익이 없게 된다.(대판 2008.4.24, 2007다84352)

판례 사해행위취소의 소에 있어 제소기간의 기준이 되는 '법률행위 있는 날'이라 함은 사해행위에 해당하는 법률행위가 실제로 이루어진 날을 의미한다.(대판 2002.7.26, 2001다73138,73145)

■ 취소의 범위와 효과

판례 채무자 소유 부동산에 담보권이 설정되어 있으면 그 피담보채권액을 공제한 나머지 부분만이 일반 채권자들의 공동담보로 제공되는 책임재산이 되므로 피담보채권액이 부동산의 가액을 초과하고 있는 때에는 그와 같은 부동산의 양도나 그에 대한 새로운 담보권의 설정은 사해행위에 해당한다고 할 수 없으나, 위와 같이 새로 설정된 담보권의 말소를 구하는 사해행위취소 청구에 앞서 선순위 담보권 설정행위가 사해행위로 인정되어 취소되고 그에 기한 등기가 말소되었거나 채권자가 선순위 담보권과 후순위 담보권에 대한 사해행위취소 및 등기말소를 구하는 소송에서 선순위 담보권 설정행위가 사해행위로 인정되는 경우에는 후순위 담보권 설정행위가 사해행위에 해당하는지 여부를 판단함에 있어 그 선순위 담보권의 피담보채무액을 당해 부동산에 설정된 담보권의 피담보채무액에 포함시켜서는 안 된다.
(대판 2007.7.26, 2007다23081)

판례 사해행위취소의 효력이 미치는 범위 : 사해행위취소의 효력은 상대적이기 때문에 소송당사자인 채권자와 수익자 또는 전득자 사이에만 발생할 뿐 소송의 상대방 아닌 제3자에게는 아무런 효력을 미치지 아니한다.(대판 2005.11.10, 2004다49532)

판례 [1] 채권자가 채권자취소권을 행사하려면 사해행위로 인하여 이익을 받은 자나 전득한 자를 상대로 그 법률행위의 취소를 청구하는 소송을 제기하여야 되는 것으로서 채무자를 상대로 그 소송을 제기할 수는 없다.

[2] 채권자가 전득자를 상대로 사해행위취소소송을 제기한 경우, 그 취소의 효과 및 취소의 대상이 되는 사해행위의 범위 : 채권자가 전득자를 상대로 하여 사해행위의 취소와 함께 책임재산의 회복을 구하는 사해행위취소의 소를 제기한 경우에 그 취소의 효과는 채권자와 전득자 사이의 상대적인 관계에서만 생기는 것이고 채무자 또는 채무자와 수익자 사이의 법률관계에는 미치지 않는 것이므로, 이 경우 취소의 대상이 되는 사해행위는 채무자와 수익자 사이에서 행하여진 법률행위에 국한되고, 수익자와 전득자 사이의 법률행위는 취소의 대상이 되지 않는다.
(대판 2004.8.30, 2004다21923)

판례 저당권이 설정되어 있는 부동산에 관하여 사해행위가 이루어진 경우에 사해행위 후 변제 등에 의하여 저당권설정등기가 말소된 경우 그 부동산의 가액에서 저당권의 피담보채무액을 공제한 잔액의 한도에서 사해행위를 취소하고 그 가액의 배상을 구할 수 있을 뿐이고, 그와 같은 가액 산정은 사실심 변론종결시를 기준으로 하여야 한다.
(대판 2001.12.27, 2001다33734)

■ 채권자취소권의 소멸

판례 채권자취소권 행사에 있어서 '제척기간'의 기산점인 채권자가 '취소원인을 안 날'의 의미 : 이는 채권자가 채권자취소권의 요건을 안 날, 즉 채무자가 채권자를 해함을 알면서 사해행위를 하였다는 사실을 알게 된 날을 의미하므로, 단순히 채무자가 재산의 처분행위를 하였다는 사실을 아는 것만으로는 부족하고, 그 법률행위가 채권자를 해하는 행위라는 것까지 알 것을 요한다.(대판 2003.7.11, 2003다19435)

第407條【債權者取消의 效力】 前條의 規定에 의한 取消와 原狀回復은 모든 債權者의 利益을 위하여 그 效力이 있다.

참조 [취소]141, [부인권의 행사]채무자회생파산391이하

판례 동일한 사해행위에 관하여 어느 한 채권자가 채권자취소 및 원상회복청구를 하여 승소판결을 받아 그 판결이 확정되면 그 후에 제기된 다른 채권자의 동일한 청구가 권리보호의 이익이 없어지는지 여부(한정소극) : 어느 한 채권자가 동일한 사해행위에 관하여 채권자취소 및 원상회복청구를 하여 승소판결을 받아 그 판결이 확정되었다는 것만으로 그 후에 제기된 다른 채권자의 동일한 청구가 권리보호의 이익이 없어지게 되는 것은 아니고, 그에 기하여 재산이나 가액의 회복을 마친 경우에 비로소 다른 채권자의 채권자취소 및 원상회복청구는 그와 중첩되는 범위 내에서 권리보호의 이익이 없게 된다.
(대판 2003.7.11, 2003다19558)

第3節 數人의 債權者 및 債務者

第1款 總 則

第408條【分割債權關係】 債權者나 債務者가 數人인 경우에 特別한 意思表示가 없으면 各 債權者 또는 各 債務者는 均等한 比率로 權利가 있고 義務를 負擔한다.

참조 [재산권의 공유]278, [공동보증과 분별의 이익]439, [불가분채권관계]409－412, [연대채무]413·414, [보증채무]428이하, [불가분공동보증]448, [조합채권자]712, [다수당사자채권관계와 공동소송]민소65, [해제권의 불가분]547

판례 채무가 공동상속된 경우 : 금전채무와 같이 급부의 내용이 가분인 채무가 공동상속된 경우, 이는 상속 개시와 동시에 당연히 법정상속분에 따라 공동상속인에게 분할되어 귀속되는 것이므로, 상속재산 분할의 대상이 될 여지가 없다.(대판 1997.6.24, 97다8809)

第2款 不可分債權과 不可分債務

第409條【不可分債權】 債權의 目的이 그 性質 또는 當事者의 意思表示에 의하여 不可分인 경우에 債權者가 數人인 때에는 各 債權者는 모든 債權者를 위하여 履行을 請求할 수 있고 債務者는 모든 債權者를 위하여 各 債權者에게 履行할 수 있다.

참조 408, [불가분채무]410－412

第410條【1人의 債權者에 생긴 事項의 效力】 ① 前條의 規定에 의하여 모든 債權者에게 效力이 있는 事項을 除外하고는 不可分債權者중 1人의 行爲나 1人에 관한 事項은 다른 債權者에게 效力이 없다.

② 不可分債權者중의 1人과 債務者間에 更改나 免除있는 경우에 債務全部의 履行을 받은 다른 債權者는 그 1人이 權利를 잃지 아니하였으면 그에게 分給할 利益을 債務者에게 償還하여야 한다.

참조 [불가분채무]409·412, [경개]500－505, [채무면제]506, [이익의 상환]741이하

第411條【不可分債務와 準用規定】 數人이 不可分債務를 負擔한 경우에는 第413條 내지 第415條, 第422條, 第424條 내지 第427條 및 前條의 規定을 準用한다.

판례 공동의 점유·사용으로 인한 부당이득 반환채무 : 여러 사람이 공동으로 법률상 원인 없이 타인의 재산을 사용한 경우의 부당이득 반환채무는 특별한 사정이 없는 한 불가분적 이득의 반환으로서 불

가분채무이고, 불가분채무는 각 채무자가 채무 전부를 이행할 의무가 있으며, 1인의 채무이행으로 다른 채무자도 그 의무를 면하게 된다. (대판 2001.12.11, 2000다13948)

第412條【可分債權, 可分債務에의 變更】 不可分債權이나 不可分債務가 可分債權 또는 可分債務로 變更된 때에는 各 債權者는 自己部分만의 履行을 請求할 權利가 있고 各 債務者는 自己負擔部分만을 履行할 義務가 있다.

참조 408 · 409

第3款 連帶債務

第413條【連帶債務의 內容】 數人의 債務者가 債務全部를 各自 履行할 義務가 있고 債務者 1人의 履行으로 다른 債務者도 그 義務를 免하게 되는 때에는 그 債務는 連帶債務로 한다.

참조 [불가분채무]411, [불법행위를 원인으로 하는 연대채무]35② · 760, [일상가사로 인한 채무]832, [상행위로 부담한 채무]상57, [손해배상]광업75, [합명회사의 사원책임]상212, [주식회사발기인의 납입담보책임]상321

第414條【各 連帶債務者에 대한 履行請求】 債權者는 어느 連帶債務者에 대하여 또는 同時나 順次로 모든 連帶債務者에 대하여 債務의 全部나 一部의 履行을 請求할 수 있다.

참조 [분할채권의 원칙]408, [법정연대채무]35② · 760, 상24 · 57 · 81 · 138 · 212①② · 226① · 269 · 322 · 323 · 332 · 399, 어음47 · 77①, 수표43, [연대의 면제]427

第415條【債務者에 생긴 無效, 取消】 어느 連帶債務者에 대한 法律行爲의 無效나 取消의 原因은 다른 連帶債務者의 債務에 影響을 미치지 아니한다.

참조 [무효]103 · 107① · 108①, [취소]5② · 10 · 13 · 109① · 110

第416條【履行請求의 絶對的 效力】 어느 連帶債務者에 대한 履行請求는 다른 連帶債務者에게도 效力이 있다.

참조 [효력의 상대성의 원칙]411 · 423, [이행청구]168 · 169 · 389②, [청구의 효과]169 · 387②

第417條【更改의 絶對的 效力】 어느 連帶債務者와 債權者間에 債務의 更改가 있는 때에는 債權은 모든 連帶債務者의 利益을 위하여 消滅한다.

참조 [효력의 상대성의 원칙]411 · 423, [경개]500－505

第418條【相計의 絶對的 效力】 ① 어느 連帶債務者가 債權者에 대하여 債權이 있는 경우에 그 債務者가 相計한 때에는 債權은 모든 連帶債務者의 利益을 위하여 消滅한다.

② 相計할 債權이 있는 連帶債務者가 相計하지 아니한 때에는 그 債務者의 負擔部分에 한하여 다른 連帶債務者가 相計할 수 있다.

참조 411 · 423, [상계]492－499

판례 부진정연대채무에는 적용되지 않으므로, 부진정연대채무자 중의 1인이 채권자에 대한 반대채권으로 채무를 대등액에서 상계하더라도 그 상계로 인한 채무소멸의 효력은 다른 부진정연대채무자에게 미치지 않는다.(대판 1996.12.10, 95다24364)

第419條【免除의 絶對的 效力】 어느 連帶債務者에 대한 債務免除는 그 債務者의 負擔部分에 한하여 다른 連帶債務者의 利益을 위하여 效力이 있다.

참조 [효력의 상대성의 원칙]423, [채무의 면제]506

판례 부진정연대채무자 중 1인에 대한 채무면제의 효력 : 채무자들 사이의 내부관계에 있어 1인이 피해자로부터 합의에 의하여 손해배상채무의 일부를 면제받고도 사후에 면제받은 채무액을 자신의 출재로 변제한 다른 채무자에 대하여 다시 그 부담 부분에 따라 구상의무를 부담하게 된다 하더라도 1인에 대한 채무면제의 의사표시는 다른 채무자에 대하여 효력이 미친다고 볼 수는 없다.(대판 2006.1.27, 2005다19378)

第420條【混同의 絶對的 效力】 어느 連帶債務者와 債權者間에 混同이 있는 때에는 그 債務者의 負擔部分에 限하여 다른 連帶債務者도 義務를 免한다.

참조 [효력의 상대성의 원칙]423, [혼동]507

第421條【消滅時效의 絶對的 效力】 어느 連帶債務者에 대하여 消滅時效가 完成한 때에는 그 負擔部分에 한하여 다른 連帶債務者도 義務를 免한다.

참조 [효력의 상대성의 원칙]423, [소멸시효]162이하

판례 공동불법행위자의 1인이 동시에 피해자이기도 한 경우에 제3자에 대해 지출한 손해배상금 중 피해자인 공동불법행위자의 부담 부분에 상응하는 금원에 대해 구상금채권을 가지는지 여부 : 공동불법행위자 중 1인이 자기의 부담 부분 이상을 변제하여 공동의 면책을 얻게 하였을 때에는 다른 공동불법행위자에게 그 부담 부분의 비율에 따라 구상권을 행사할 수 있고, 그 공동불법행위자의 1인이 동시에 피해자이기도 한 경우에도 다른 공동불법행위자가 당해 불법행위로 인해 손해를 입은 제3자에 대해 손해배상금을 지출한 때에는 그 중 피해자인 공동불법행위자의 부담 부분에 상응하는 금원에 대해 구상금채권을 가질 수 있다.(대판 2005.7.8, 2005다8125)

第422條【債權者遲滯의 絶對的 效力】 어느 連帶債務者에 대한 債權者의 遲滯는 다른 連帶債務者에게도 效力이 있다.

참조 423, [채권자지체]400－403

第423條【效力의 相對性의 原則】 前7條의 事項외에는 어느 連帶債務者에 관한 事項은 다른 連帶債務者에게 效力이 없다.

第424條【負擔部分의 均等】 連帶債務者의 負擔部分은 均等한 것으로 推定한다.

참조 413 · 414 · 432

第425條【出財債務者의 求償權】 ① 어느 連帶債務者가 辨濟 기타 自己의 出財로 共同 免責이 된 때에는 다른 連帶債務者의 負擔部分에 대하여 求償權을 行使할 수 있다.

② 前項의 求償權은 免責된 날 이후의 法定利子 및 避할 수 없는 費用 기타 損害賠償을 포함한다.

참조 [구상권의 대위]481－486, [출재와 통지]426 · 445, [구상권의 제한과 확장]426 · 427 · 445, [비용상환청구권]채무자회생파산469, [법정이자]379

판례 부진정연대채무자 상호간의 구상관계의 존부 : 부진정연대채무의 관계에 있는 복수의 책임주체 내부관계에 있어서는 형평의 원칙상 일정한 부담 부분이 있을 수 있으며, 그 부담 부분은 각자의 고의 및 과실의 정도에 따라 정하여지는 것으로서 부진정연대채무자 중 1인이 자기의 부담 부분 이상을 변제하여 공동의 면책을 얻게 하였을 때에는 다른 부진정연대채무자에게 그 부담 부분의 비율에 따라 구상권을 행사할 수 있다.(대판 2006.1.27, 2005다19378)

판례 일부보증을 한 경우 공동면책으로 다른 보증인에 대하여 구상할 수 있는 요건 : 일부보증을 한 경우에 보증인 중 1인이 채무의 전액이나 자기의 부담부분 이상을 변제함으로써 공동으로 면책이 되었다면 다른 보증인에 대하여 구상을 할 수 있고, 그 부담부분의 비율에 대하여는 그들 사이에 특약이 있으면 당연히 그에 따르되 그 특약이 없는 경우에는 각자 보증한도액의 비율로 부담하게 된다. (대판 2005.3.11, 2004다42104)

第426條【求償要件으로서의 通知】 ① 어느 連帶債務者가 다른 連帶債務者에게 通知하지 아니하고 辨濟 기타 自己의 出財로 共同免責이 된 경우에 다른 連帶債務者가 債權者에게 對抗할 수 있는 事由가 있었을 때에는 그 負擔部分에 한하여 이 事由로 免責行爲를 한 連帶債務者에게 對抗할 수 있고 그 對抗事由가 相計인 때에는 相計로 消滅할 債權은 그 連帶債務者에게 移轉된다.

② 어느 連帶債務者가 辨濟 기타 自己의 出財로 共同免責되었음을 다른 連帶債務者에게 通知하지 아니한 경우에 다른 連帶債務者가 善意로 債權者에게 辨濟 기타 有償의 免責行爲를 한 때에는 그 連帶債務者는 自己의 免責行爲의 有效를 主張할 수 있다.

참조 445 · 446, [변제]460이하, [공동의 면책과 구상권]425 · 427, [상계]492－499

第427條【償還無資力者의 負擔部分】 ① 連帶債務者중에 償還할 資力이 없는 者가 있는 때에는 그 債務者의 負擔部分은 求償權者 및 다른 資力이 있는 債務者가 그 負擔部分에 比例하여 分擔한다. 그러나 求償權者에게 過失이 있는 때에는 다른 連帶債務者에 대하여 分擔을 請求하지 못한다.

② 前項의 경우에 償還할 資力이 없는 債務者의 負擔部分을 分擔할 다른 債務者가 債權者로부터 連帶의 免除를 받은 때에는 그 債務者의 分擔할 部分은 債權者의 負擔으로 한다.

참조 408 · 425, [면제]506

第4款 保證債務

第428條【保證債務의 內容】 ① 保證人은 主債務者가 履行하지 아니하는 債務를 履行할 義務가 있다.
② 保證은 將來의 債務에 대하여도 할 수 있다.

참조 신원보증, [공동보증]434·440·448, [연대보증]437, 상57②, [일부보증]채무자회생파산431, [보증연대]437·448②, [상사보증]상57, [어음보증]어음30－32, 수표25－27, [채무를 이행하지 않은 경우]437·438, [보증인의 파산]채무자회생파산429

▶ 보증채무의 성립

판례 주채무 발생의 원인이 되는 기본계약이 반드시 보증계약보다 먼저 체결되어야만 하는 것은 아니고 보증계약 체결 당시 보증의 대상이 될 주채무의 발생원인과 그 내용이 어느 정도 확정되어 있다면 장래의 채무에 대해서도 유효하게 보증계약을 체결할 수 있다 할 것이다.(대판 2006.6.27, 2005다50041)

판례 대출절차상 편의를 위하여 명의를 대여한 형식상 주채무자의 보증책임 인정기준 : 대출절차상의 편의를 위하여 명의만을 대여한 것으로 인정되어 채무자로 볼 수 없는 경우, 그 형식상 주채무자가 실질적인 주채무자를 위하여 보증인이 될 의사가 있었다는 등의 특별한 사정이 없는 한 그 형식상의 주채무자에게 실질적 주채무자에 대한 보증의 의사가 있는 것으로 볼 수는 없다.(대판 2005.5.12, 2004다68366)

판례 회사의 이사라는 지위에서 부득이 회사의 제3자에 대한 계속적 거래로 인한 채무에 대하여 연대보증인이 된 자가 그 후 퇴사하여 이사의 지위를 떠난 때에는 보증계약 성립 당시의 사정에 현저한 변경이 생긴 경우에 해당하므로 이를 이유로 보증계약을 해지할 수 있다.(대판 1996.10.29, 95다17533)

▶ 보증채무의 효력

판례 계속적 보증의 경우뿐만 아니라 일반보증의 경우에 있어서도 채권자의 권리행사가 신의칙에 비추어 용납할 수 없는 경우 보증인의 책임을 제한하는 것이 예외적으로 허용될 수 있을 것이나, 일단 유효하게 성립된 보증계약에 따른 책임을 신의칙과 같은 일반원칙에 의하여 제한하는 것은 사적 자치의 원칙이나 법적 안정성에 대한 중대한 위협이 될 수 있으므로 신중을 기하여 극히 예외적으로 인정하여야 한다.(대판 2004.1.27, 2003다45410)

판례 보증채무에 대한 소멸시효가 중단되었다고 하더라도 이로써 주채무에 대한 소멸시효가 중단되는 것은 아니고, 주채무가 소멸시효 완성으로 소멸된 경우에는 보증채무도 그 채무 자체의 시효중단에 불구하고 부종성에 따라 당연히 소멸된다.(대판 2002.5.14, 2000다62476)

▶ 연대보증

판례 회사의 어음거래약정에 연대보증을 한 대표이사가 대표이사직을 사임한 경우, 채권자인 금융기관이 위와 같은 사정변경 사실을 알고 있었다는 사정만으로는 연대보증계약이 해지되었다고 볼 수 없다.(대판 2007.5.10, 2007다4691,4707)

판례 은행과 연대보증인 사이에 연대보증의 근저당권으로의 담보대체의 합의가 성립한 경우, 대체담보물의 가치가 피담보채무에 미달하더라도 일체의 보증책임의 면제를 허용하지 아니한다면 결과적으로 은행은 이중의 담보를 취득하게 되어 불합리하므로 은행의 대체담보물 취득으로 인하여 그 담보가치만큼 연대보증인의 보증책임도 소멸한다.(대판 2006.7.4, 2004다30675)

판례 금융기관이 주채무자의 연대보증인 변경요청을 승인했다 하더라도 새로운 연대보증계약을 체결하기도 전에 먼저 기존 연대보증인의 보증책임부터 면제해 주겠다는 의사로 보기는 어렵고, 따라서 위 승인만으로 기존 연대보증인이 확정적으로 보증책임을 면하게 되었다고 볼 수는 없다.(대판 2006.6.27, 2005다50041)

▶ 계속적 보증

판례 보증기간과 보증한도액을 정하지 않은 계속적 보증계약의 보증인이 사망한 경우, 그 상속인이 보증인의 지위를 승계하는지 여부 : 보증한도액이 정해진 계속적 보증계약의 경우 보증인이 사망하였다 하더라도 보증계약이 당연히 종료되는 것은 아니고 특별한 사정이 없는 한 상속인들이 보증인의 지위를 승계한다고 보아야 할 것이나, 보증기간과 보증한도액의 정함이 없는 계속적 보증계약의 경우에는 보증인이 사망하면 보증인의 지위가 상속인에게 상속된다고 할 수 없고, 다만 기왕에 발생된 보증채무만이 상속된다.(대판 2001.6.12, 2000다47187)

第428條의2【보증의 방식】 ① 보증은 그 의사가 보증인의 기명날인 또는 서명이 있는 서면으로 표시되어야 효력이 발생한다. 다만, 보증의 의사가 전자적 형태로 표시된 경우에는 효력이 없다.
② 보증채무를 보증인에게 불리하게 변경하는 경우에도 제1항과 같다.
③ 보증인이 보증채무를 이행한 경우에는 그 한도에서 제1항과 제2항에 따른 방식의 하자를 이유로 보증의 무효를 주장할 수 없다.
(2015.2.3 본조신설)

第428條의3【근보증】 ① 보증은 불확정한 다수의 채무에 대해서도 할 수 있다. 이 경우 보증하는 채무의 최고액을 서면으로 특정하여야 한다.
② 제1항의 경우 채무의 최고액을 제428조의2제1항에 따른 서면으로 특정하지 아니한 보증계약은 효력이 없다.
(2015.2.3 본조신설)

第429條【保證債務의 範圍】 ① 保證債務는 主債務의 利子, 違約金, 損害賠償 기타 主債務에 從屬한 債務를 포함한다.
② 保證人은 그 保證債務에 관한 違約金 기타 損害賠償額을 豫定할 수 있다.

참조 430, [이자]379, [손해배상]390·393, [위약금]398④, ②[배상의 예정]398

판례 연대보증인이 주채무자의 채무 중 일정 범위에 대하여 보증을 한 경우에 주채무자가 일부변제를 하면, 특별한 사정이 없는 한 일부변제금은 주채무자의 채무 전부를 대상으로 변제충당의 일반원칙에 따라 충당되고, 연대보증인은 변제충당 후 남은 주채무자의 채무 중 보증한 범위 내의 것에 대하여 보증책임을 부담한다.
(대판 2016.8.25, 2016다2840)

판례 계속적 보증계약에 있어서 보증인의 책임을 제한할 수 있는 경우 : 계속적 보증계약에 있어서 보증인의 부담으로 돌아갈 주채무의 액수가 보증인이 보증 당시에 예상하였거나 예상할 수 있었던 범위를 훨씬 상회하고, 그 같은 주채무 과다 발생의 원인이 채권자가 주채무자의 자산상태가 현저히 악화된 사실을 익히 알거나 중대한 과실로 알지 못한 탓으로 이를 알지 못하는 보증인에게 아무런 통보나 의사타진도 없이 고의로 거래규모를 확대함에 비롯되는 등 신의칙에 반하는 사정이 인정되는 경우에 한하여 보증인의 책임을 합리적인 범위 내로 제한할 수 있을 것이다.(대판 1995.6.30, 94다40444)

第430條【目的, 形態上의 附從性】 保證人의 負擔이 主債務의 目的이나 形態보다 重한 때에는 主債務의 限度로 減縮한다.

참조 [보증채무의 범위]429

판례 보증계약의 성립 후 보증인의 동의 없이 주채무의 부담내용이 확장, 가중된 경우 보증채무의 범위 : 보증계약이 성립한 후에 보증인이 알지도 못하는 사이에 주채무의 목적이나 형태의 변경으로 인하여 주채무의 실질적 동일성이 상실된 경우에는 당초의 주채무는 경개로 인하여 소멸하였다고 보아야 할 것이므로 보증채무도 당연히 소멸하고, 그 변경으로 인하여 주채무의 실질적 동일성이 상실되지 아니하고 동시에 주채무의 부담 내용이 축소·감경된 경우에는 보증인은 그와 같이 축소·감경된 주채무의 내용에 따라 보증책임을 질 것이지만, 그 변경으로 인하여 주채무의 실질적 동일성이 상실되지는 아니하고 주채무의 부담내용이 확장·가중된 경우에는 보증인은 그와 같이 확장·가중된 주채무의 내용에 따른 보증책임은 지지 아니하고, 다만 변경되기 전의 주채무의 내용에 따른 보증책임만을 진다.
(대판 2000.1.21, 97다1013)

第431條【保證人의 條件】 ① 債務者가 保證人을 세울 義務가 있는 경우에는 그 保證人은 行爲能力 및 辨濟資力이 있는 者로 하여야 한다.
② 保證人이 辨濟資力이 없게 된 때에는 債權者는 保證人의 變更을 請求할 수 있다.
③ 債權者가 保證人을 指名한 경우에는 前2項의 規定을 適用하지 아니한다.

참조 [조건을 구비한 보증인을 세울 수 없을 경우]388·432, [담보의 공여]26·327·443, [행위능력]4－14

第432條【他擔保의 提供】 債務者는 다른 相當한 擔保를 提供함으로써 保證人을 세울 義務를 免할 수 있다.

第433條【保證人과 主債務者 抗辯權】 ① 保證人은 主債務者의 抗辯으로 債權者에게 對抗할 수 있다.
② 主債務者의 抗辯拋棄는 保證人에게 效力이 없다.

참조 [항변]536, ②[유사규정]상214

第434條【保證人과 主債務者 相計權】 保證人은 主債務者의 債權에 의한 相計로 債權者에게 對抗할 수 있다.

참조 상76·214②, [상계]492－498, [동시이행의 항변권]536

第435條【保證人과 主債務者의 取消權 등】 主債務者가 債權者에 대하여 取消權 또는 解除權이나 解止權이 있는 동안은 保證人은 債權者에 대하여 債務의 履行을 拒絶할 수 있다.

참조 [취소권]5②·10·13·109①·110, [해지권]613·614·625, [유사규정]상214②

第436條 (2015.2.3 삭제)

改前 "第436條【取消할 수 있는 債務의 保證】 取消의 原因있는 債務를 保證한 者가 保證契約당시에 그 原因있음을 안 경우에 主債務의 不履行 또는 取消가 있는 때에는 主債務와 同一한 目的의 獨立債務를 負擔한 것으로 본다."

第436條의2【채권자의 정보제공의무와 통지의무 등】
① 채권자는 보증계약을 체결할 때 보증계약의 체결 여부 또는 그 내용에 영향을 미칠 수 있는 주채무자의 채무 관련 신용정보를 보유하고 있거나 알고 있는 경우에는 보증인에게 그 정보를 알려야 한다. 보증계약을 갱신할 때에도 또한 같다.
② 채권자는 보증계약을 체결한 후에 다음 각 호의 어느 하나에 해당하는 사유가 있는 경우에는 지체 없이 보증인에게 그 사실을 알려야 한다.
1. 주채무자가 원본, 이자, 위약금, 손해배상 또는 그 밖에 주채무에 종속한 채무를 3개월 이상 이행하지 아니하는 경우
2. 주채무자가 이행기에 이행할 수 없음을 미리 안 경우
3. 주채무자의 채무 관련 신용정보에 중대한 변화가 생겼음을 알게 된 경우

③ 채권자는 보증인의 청구가 있으면 주채무의 내용 및 그 이행 여부를 알려야 한다.
④ 채권자가 제1항부터 제3항까지의 규정에 따른 의무를 위반하여 보증인에게 손해를 입힌 경우에는 법원은 그 내용과 정도 등을 고려하여 보증채무를 감경하거나 면제할 수 있다.
(2015.2.3 본조신설)

第437條【保證人의 催告, 檢索의 抗辯】 債權者가 保證人에게 債務의 履行을 請求한 때에는 保證人은 主債務者의 辨濟資力이 있는 事實 및 그 執行이 容易할 것을 證明하여 먼저 主債務者에게 請求할 것과 그 財産에 대하여 執行할 것을 抗辯할 수 있다. 그러나 保證人이 主債務者와 連帶하여 債務를 負擔한 때에는 그러하지 아니하다.

참조 [보증채무의 내용]428·438, [상사보증의 특칙]상57, [어음보증의 특칙]어음32①, 수표27①, [주채무자의 파산의 경우]채무자회생파산305, [보증인이 파산한 경우]채무자회생파산429, [연대부담]448②, 상57

第438條【催告, 檢索의 懈怠의 效果】 前條의 規定에 의한 保證人의 抗辯에 不拘하고 債權者의 懈怠로 인하여 債務者로부터 全部나 一部의 辨濟를 받지 못한 경우에는 債權者가 懈怠하지 아니하였으면 辨濟받았을 限度에서 保證人은 그 義務를 免한다.

참조 [보증인의 의무]428, [대위변제와 채권자의 담보보존의무]485

第439條【共同保證의 分別의 利益】 數人의 保證人이 各自의 行爲로 保證債務를 負擔한 경우에도 第408條의 規定을 適用한다.

참조 [상사보증의 특칙]상57, [어음보증의 특칙]어음32①·77③, 수표27①, [공동보증인간의 구상권]448, [수인의 보증인과 보증연대]448, [공동보증인의 일부의 파산과 파산채권]채무자회생파산431

第440條【時效中斷의 保證人에 대한 效力】 主債務者에 대한 時效의 中斷은 保證人에 대하여 그 效力이 있다.

참조 416·430·434·458, [시효중단]168-178

판례 주채무자에 대한 소멸시효 중단사유 발생의 보증인에 대한 효력 : 민법 제440조는 민법 제169조의 예외 규정으로서 채권자 보호를 위해 주채무자에 대한 시효중단의 사유가 발생하였을 때는 그 보증인에 대한 별도의 중단조치가 이루어지지 아니하여도 동시에 시효중단의 효력이 생기도록 한 것이고, 그 시효중단사유가 압류, 가압류 및 가처분이라고 하더라도 이를 보증인에게 통지하여야 비로소 시효중단의 효력이 발생하는 것은 아니라 할 것이다.
(대판 2005.10.27, 2005다35554,35561)

第441條【受託保證人의 求償權】 ① 主債務者의 付託으로 保證人이 된 者가 過失없이 辨濟 기타의 出財로 主債務를 消滅하게 한 때에는 主債務者에 대하여 求償權이 있다.
② 第425條第2項의 規定은 前項의 경우에 準用한다.

참조 [부탁으로 보증인이 된 자의 구상권]442·443·445·446, [구상권과 변제자의 대위]481, [부탁]680, [수임인의 비용상환 및 손해배상청구권]688①③

판례 수탁보증인은 특별한 사정이 없는 한 그 주채무의 변제기 연장이 언제 이루어졌던지 간에 본래의 변제기가 도래한 후에는 민법 제442조제1항제4호에 의하여 주채무자에 대하여 사전구상권을 행사할 수 있고, 이 경우에는 민법 제442조제2항에 따라 보증계약 후에 채권자가 주채무자에게 허여한 기한으로 보증인에게 대항하지 못할 뿐만 아니라, 수탁보증인이 본래의 변제기가 도래한 후 과실 없이 변제 기타의 출재로 주채무를 소멸하게 한 후 이를 주채무자에게 통지하였다면, 민법 제445조제1항에 의하여 주채무자는 위 통지를 받은 후 채권자와 사이에 이루어진 변제기 연장에 관한 합의로서 사후구상권을 행사하는 수탁보증인에게 대항할 수는 없다고 할 것이다.
(대판 2007.4.26, 2006다22715)

第442條【受託保證人의 事前求償權】 ① 主債務者의 付託으로 保證人이 된 者는 다음 各號의 경우에 主債務者에 대하여 미리 求償權을 行使할 수 있다.
1. 保證人이 過失없이 債權者에게 辨濟할 裁判을 받은 때
2. 主債務者가 破産宣告를 받은 경우에 債權者가 破産財團에 加入하지 아니한 때
3. 債務의 履行期가 確定되지 아니하고 그 最長期도 確定할 수 없는 경우에 保證契約후 5年을 經過한 때
4. 債務의 履行期가 到來한 때

② 前項第4號의 경우에는 保證契約후에 債權者가 主債務者에게 許與한 期限으로 保證人에게 對抗하지 못한다.

참조 [수탁보증인]441①·443·446, [수임인의 비용선급청구권]687, [파산선고]채무자회생파산305이하, [구상권자의 파산절차참가]채무자회생파산430·431

第443條【主債務者의 免責請求】 前條의 規定에 의하여 主債務者가 保證人에게 賠償하는 경우에 主債務者는 自己를 免責하게 하거나 自己에게 擔保를 提供할 것을 保證人에게 請求할 수 있고 또는 賠償할 金額을 供託하거나 擔保를 提供하거나 保證人을 免責하게 함으로써 그 賠償義務를 免할 수 있다.

第444條【付託없는 保證人의 求償權】 ① 主債務者의 付託없이 保證人이 된 者가 辨濟 기타 自己의 出財로 主債務를 消滅하게 한 때에는 主債務者는 그 당시에 利益을 받은 限度에서 賠償하여야 한다.
② 主債務者의 意思에 反하여 保證人이 된 者가 辨濟 기타 自己의 出財로 主債務를 消滅하게 한 때에는 主債務者는 現存利益의 限度에서 賠償하여야 한다.
③ 前項의 경우에 主債務者가 求償한 날 이전에 相計原因이 있음을 主張한 때에는 그 相計로 消滅할 債權은 保證人에게 移轉된다.

참조 [구상권과 변제자의 대위]481, ①[사무관리자의 비용상환청구권]739①, ②[사무관리가 본인의 의사에 반하는 경우]739③, ③[상계]492

第445條【求償要件으로서의 通知】 ① 保證人이 主債務者에게 通知하지 아니하고 辨濟 기타 自己의 出財로 主債務를 消滅하게 한 경우에 主債務者가 債權者에게 對抗할 수 있는 事由가 있었을 때에는 이 事由로 保證人에게 對抗할 수 있고 그 對抗事由가 相計인 때에는 相計로 消滅할 債權은 保證人에게 移轉된다.
② 保證人이 辨濟 기타 自己의 出財로 免責되었음을 主債務者에게 通知하지 아니한 경우에 主債務者가 善意로 債權者에게 辨濟 기타 有償의 免責行爲를 한 때에는 主債務者는 自己의 免責行爲의 有效를 主張할 수 있다.

참조 ①441·444, [구상요건으로서의 통지]426, ②[상계]492

第446條【主債務者의 保證人에 대한 免責通知義務】 主債務者가 自己의 行爲로 免責하였음을 그 付託으로 保證人이 된 者에게 通知하지 아니한 경우에 保證人이 善意로 債權者에게 辨濟 기타 有償의 免責行爲를 한 때에는 保證人은 自己의 免責行爲의 有效를 主張할 수 있다.

참조 [구상요건으로서의 통지]426, [주채무자의 면책청구]443, [부탁]680, [수탁보증인의 구상권]441

第447條【連帶, 不可分債務의 保證人의 求償權】 어느 連帶債務者나 어느 不可分債務者를 위하여 保證人이 된 者는 다른 連帶債務者나 다른 不可分債務者에 대하여 그 負擔部分에 한하여 求償權이 있다.

참조 [연대채무]413 · 414, [불가분채무]411, [연대채무자의 구상]425, [보증인의 구상권]441 · 444, [구상권과 변제자의 대위]481

第448條【共同保證人間의 求償權】 ① 數人의 保證人이 있는 경우에 어느 保證人이 自己의 負擔部分을 넘은 辨濟를 한 때에는 第444條의 規定을 準用한다.

② 主債務가 不可分이거나 各 保證人이 相互連帶로 또는 主債務者와 連帶로 債務를 負擔한 경우에 어느 保證人이 自己의 負擔部分을 넘은 辨濟를 한 때에는 第425條 내지 第427條의 規定을 準用한다.

참조 [공동보증과 분별의 이익]439, 채무자회생파산431, [불가분채무]411

판례 보증인의 구상금 청구가 신의칙에 의해 제한되는 경우 : 보증인이 중대한 과실로 보증계약 체결 또는 보증금 지급과정에서 주채무가 통정허위표시로서 무효인 계약에 기한 것임을 알지 못하였고, 그래서 채권자에 대하여 보증채무를 부담하지 아니함을 주장할 수 있었는데도 그 주장을 하지 아니한 채 보증채무의 전부를 이행하였다면, 그 주장을 할 수 있는 범위 내에서는 신의칙상 연대보증인들에 대하여도 그 구상금을 청구할 수 없다.(대판 2006.3.10, 2002다1321)

판례 민간공사도급계약의 연대보증인의 책임 범위 : 민간공사도급계약의 연대보증인의 보증책임은 각종 보증서의 구비 여부, 도급계약의 내용, 보증경위 등을 참작하여 개별적으로 구체적인 사안에 따라 법률행위의 해석에 의하여 판단되어야 하는 것이지만, 특별한 약정이 없다면 수급인의 책임과 마찬가지로 금전채무보증과 시공보증을 포함한다고 보아야 한다.(대판 2005.3.25, 2003다55134)

第4節 債權의 讓渡

第449條【債權의 讓渡性】 ① 債權은 讓渡할 수 있다. 그러나 債權의 性質이 讓渡를 許容하지 아니하는 때에는 그러하지 아니하다.

② 債權은 當事者가 反對의 意思를 表示한 경우에는 讓渡하지 못한다. 그러나 그 意思表示로써 善意의 第三者에게 對抗하지 못한다.

참조 500, [부양청구권의 불양도성]979, [기명식선표]상818, [양도 · 압류 등에 제한이 있는 채권]공무원연금39, 근기86, 국민연금58, 국가유공자등예우19, 군인연금18, [양도에 채무자 승낙을 요하는 채권]610② · 629① · 657①, ②450 · 508 · 524 · 525

판례 당사자의 의사표시에 의한 채권양도금지 특약은 제3자가 악의인 경우는 물론 제3자가 채권양도금지 특약을 알지 못한 데에 중대한 과실이 있는 경우에도 채권양도금지 특약으로써 대항할 수 있고, 제3자의 악의 내지 중과실은 채권양도금지 특약으로 양수인에게 대항하려는 자가 이를 주장 · 증명하여야 한다. 그리고 민법 제449조 제2항 단서는 채권양도금지 특약으로써 대항할 수 없는 자를 '선의의 제3자'라고만 규정하고 있어 채권자로부터 직접 양수한 자만을 가리키는 것으로 해석할 이유는 없으므로, 악의의 양수인으로부터 다시 선의로 양수한 전득자도 위 조항에서의 선의의 제3자에 해당한다. 또한 선의의 양수인을 보호하고자 하는 위 조항의 입법 취지에 비추어 볼 때, 이러한 선의의 양수인으로부터 다시 채권을 양수한 전득자는 선의 · 악의를 불문하고 채권을 유효하게 취득한다.
(대판 2015.4.9, 2012다118020)

판례 양도금지특약부 채권에 대한 전부명령이 유효한 경우 그 전부채권자로부터 다시 그 채권을 양수한 자가 그 특약의 존재를 알았거나 중대한 과실로 알지 못하였다고 하더라도 채무자는 위 특약을 근거로 삼아 채권양도의 무효를 주장할 수 없다고 보아야 한다.
(대판 2003.12.11, 2001다3771)

판례 가압류된 채권을 양수받은 양수인은 그러한 가압류에 의하여 권리가 제한된 상태의 채권을 양수받는다고 보아야 할 것이고, 이는 채권을 양도받았으나 확정일자 있는 양도통지나 승낙에 의한 대항요건을 갖추지 아니하는 사이에 양도된 채권이 가압류된 경우에도 동일하다.(대판 2002.4.26, 2001다59033)

판례 채권양도는 구 채권자인 양도인과 신 채권자인 양수인 사이에 채권을 그 동일성을 유지하면서 전자로부터 후자에게로 이전시킬 것을 목적으로 하는 계약을 말한다 할 것이고, 채권양도에 의하여 채권은 그 동일성을 잃지 않고 양도인으로부터 양수인에게 이전된다 할 것이며, 가압류된 채권도 이를 양도하는데 아무런 제한이 없다.
(대판 2000.4.11, 99다23888)

第450條【指名債權讓渡의 對抗要件】 ① 指名債權의 讓渡는 讓渡人이 債務者에게 通知하거나 債務者가 承諾하지 아니하면 債務者 기타 第三者에게 對抗하지 못한다.

② 前項의 通知나 承諾은 確定日字있는 證書에 의하지 아니하면 債務者 이외의 第三者에게 對抗하지 못한다.

참조 상734, [대위변제에의 준용]480②, [지시금지의 어음, 수표의 양도]어음11② · 77①, 수표14②, [승낙의 효력]451, ②502

판례 확정일자 제도의 취지에 비추어 볼 때 원본이 아닌 사본에 확정일자를 갖추었다 하더라도 대항력의 판단에 있어서는 아무런 차이가 없다고 봄이 상당하다.(대판 2006.9.14, 2005다45537)

판례 채권양도통지의 권한을 위임받은 양수인이 무현명으로 한 채권양도통지의 효력 : 채권양도통지 권한을 위임받은 양수인이 양도인을 대리하여 채권양도통지를 함에 있어서는 민법 114조 1항의 규정에 따라 양도인 본인과 대리인을 표시하여야 하는 것이므로, 양수인이 서면으로 채권양도통지를 함에 있어 대리관계의 현명을 하지 아니한 채 양수인 명의로 된 채권양도통지서를 채무자에게 발송하여 도달되었다 하더라도 이는 효력이 없다고 할 것이다.
(대판 2004.2.13, 2003다43490)

판례 민법 450조 2항 소정의 '확정일자'의 의미 : 채권의 양도를 제3자에게 대항하기 위하여는 통지행위 또는 승낙행위 자체를 확정일자 있는 증서로 하여야 하는 것인데 여기서 확정일자란 증서에 대하여 그 작성한 일자에 관한 완전한 증거가 될 수 있는 것으로 법률상 인정되는 일자를 말하며 당사자가 나중에 변경하는 것이 불가능한 확정된 일자를 가리킨다.(대판 2000.4.11, 2000다2627)

第451條【承諾, 通知의 效果】 ① 債務者가 異議를 保留하지 아니하고 前條의 承諾을 한 때에는 讓渡人에게 對抗할 수 있는 事由로써 讓受人에게 對抗하지 못한다. 그러나 債務者가 債務를 消滅하게 하기 위하여 讓渡人에게 給與한 것이 있으면 이를 回收할 수 있고 讓渡人에 대하여 負擔한 債務가 있으면 그 成立되지 아니함을 主張할 수 있다.

② 讓渡人이 讓渡通知만을 한 때에는 債務者는 그 通知를 받은 때까지 讓渡人에 대하여 생긴 事由로써 讓受人에게 對抗할 수 있다.

참조 503, [채무양도의 승낙]450

판례 근저당권부 채권이 양도되었으나 근저당권의 이전등기가 경료되지 않은 경우 : 피담보채권과 근저당권을 함께 양도하는 경우에 채권양도는 당사자 사이의 의사표시만으로 양도의 효력이 발생하지만 근저당권 이전은 이전등기를 하여야 하므로 채권양도와 근저당권이전등기 사이에 어느 정도 시차가 불가피한 이상 피담보채권이 먼저 양도되어 일시적으로 피담보채권과 근저당권의 귀속이 달라진다고 하여 근저당권이 무효로 된다고 볼 수는 없으나, 위 근저당권은 그 피담보채권의 양수인에게 이전되어야 할 것에 불과하고, 근저당권의 명의인은 피담보채권을 양도하여 결국 피담보채권을 상실한 셈이므로 집행채무자로부터 변제를 받기 위하여 배당표에 자신에게 배당하는 것으로 배당표의 경정을 구할 수 있는 지위에 있다고 볼 수 없다.
(대판 2003.10.10, 2001다77888)

판례 채무자가 채권양도에 대하여 이의를 보류하지 않고 승낙하였다는 사정이 없거나 이의의 보류 없이 승낙하였다 하더라도 양수인에게 악의 또는 중과실이 있는 경우, 승낙 당시 이미 상계를 할 수 있는 원인이 있었고 그 후 상계적상이 생기면 채무자는 양수인에 대하여 상계로 대항할 수 있는지 여부(적극) : 채권양도에 있어서 채무자가 양도인에게 이의를 보류하지 아니하고 승낙을 하였다는 사정이 없거나 또는 이의를 보류하지 아니하고 승낙을 하였더라도 양수인이 악의 또는 중과실의 경우에 해당하는 한, 채무자의 승낙 당시까지 양도인에 대하여 생긴 사유로써 양수인에게 대항할 수 있다고 할 것인데, 승낙 당시 이미 상계를 할 수 있는 원인이 있었던 경우에는 아직 상계적상에 있지 아니하였다 하더라도 그 후에 상계적상이 생기면 채무자는 양수인에 대하여 상계로 대항할 수 있다.
(대판 1999.8.20, 99다18039)

第452條【讓渡通知와 禁反言】 ① 讓渡人이 債務者에게 債權讓渡를 通知한 때에는 아직 讓渡하지 아니하였거나 그 讓渡가 無效인 경우에도 善意인 債務者는 讓受人에게 對抗할 수 있는 事由로 讓渡人에게 對抗할 수 있다.

② 前項의 通知는 讓受人의 同意가 없으면 撤回하지 못한다.

참조 107 · 125, 상39

第5節 債務의 引受

第453條【債權者와의 契約에 의한 債務引受】 ① 第三者는 債權者와의 契約으로 債務를 引受하여 債務者의

債務를 免하게 할 수 있다. 그러나 債務의 性質이 引受를 許容하지 아니하는 때에는 그러하지 아니하다.
② 利害關係없는 第三者는 債務者의 意思에 反하여 債務를 引受하지 못한다.

참조 [영업양수인의 책임]상42－45, [이익없는 제3자의 변제]469②, [채무자 변경에 의한 경개]501

판례 계약 당사자로서의 지위 승계를 목적으로 하는 계약인수는 계약상 지위에 관한 양도인과 양수인 사이의 합의와 나머지 당사자가 이를 동의 내지 승낙하는 방법으로도 할 수 있으며, 나머지 당사자가 동의 내지 승낙을 함에 있어 양도인의 면책을 유보하였다는 등의 특별한 사정이 없는 한 양도인은 계약관계에서 탈퇴하고, 따라서 나머지 당사자와 양도인 사이에는 계약관계가 존재하지 아니하게 되어 그에 따른 채권채무관계도 소멸한다.(대판 2007.9.6, 2007다31990)

판례 부동산매매에서 채무인수의 성질 : 부동산의 매수인이 매매목적물에 관한 근저당권의 피담보채무, 가압류채무, 임대차보증금 반환채무를 인수하는 한편 그 채무액을 매매대금에서 공제하기로 약정한 경우, 다른 특별한 사정이 없는 한, 이는 매도인을 면책시키는 채무인수가 아니라 이행인수로 보아야 하고, 매수인이 그 채무를 현실적으로 변제할 의무를 부담한다고도 해석할 수 없으며, 매수인이 매매대금에서 그 채무액을 공제한 나머지를 지급함으로써 잔금지급의무를 다한 것으로 보아야 한다.(대판 2002.5.10, 2000다18578)

第454條【債務者와의 契約에 의한 債務引受】 ① 第三者가 債務者와의 契約으로 債務를 引受한 경우에는 債權者의 承諾에 의하여 그 效力이 생긴다.
② 債權者의 承諾 또는 拒絶의 相對方은 債務者나 第三者이다.

참조 [유사규정]539－541, [승낙의 효력]457, [채무인수의 철회・변경]456

판례 부동산의 매수인이 매매목적물에 관한 채무를 인수하는 한편 그 채무액을 매매대금에서 공제하기로 약정한 경우, 그 인수는 특별한 사정이 없는 한 매도인을 면책시키는 채무인수가 아니라 이행인수로 보아야 하고, 매수인은 매매계약시 인수한 채무를 현실적으로 변제할 의무를 부담하는 것은 아니며, 특별한 사정이 없는 한 매수인이 매매대금에서 그 채무액을 공제한 나머지를 지급함으로써 잔금지급의 의무를 다하였다 할 것이므로, 설사 매수인이 위 채무를 현실적으로 변제하지 아니하였다 하더라도 그와 같은 사정만으로는 매도인은 매매계약을 해제할 수 없는 것이지만, 매수인이 인수채무를 이행하지 아니함으로써 매매대금의 일부를 지급하지 아니한 것과 동일하다고 평가할 수 있는 특별한 사유가 있을 때에는 계약해제권이 발생한다. 그리고 위와 같은 '특별한 사정'이 있는지의 여부는, 매매계약의 당사자들이 그러한 내용의 매매계약에 이르게 된 경위, 매수인의 인수채무 불이행으로 인하여 매도인이 입게 되는 구체적인 불이익의 내용과 그 정도 등 제반 사정을 종합적으로 고려하여 '매매대금의 일부를 지급하지 아니한 것과 동일하다고 평가할 수 있는 경우'에 해당하는지 여부를 판단하여야 한다.(대판 2007.9.21, 2006다69479,69486)

판례 채무인수와 이행인수의 판별 기준 : 제3자를 위한 계약과 이행인수의 판별 기준은 계약 당사자에게 제3자 또는 채권자가 계약 당사자 일방 또는 인수인에 대하여 직접 채권을 취득케 할 의사가 있는지 여부에 달려 있다 할 것이고, 구체적으로는 계약 체결의 동기, 경위 및 목적, 계약에 있어서의 당사자의 지위, 당사자 사이 및 당사자와 제3자 사이의 이해관계, 거래 관행 등을 종합적으로 고려하여 그 의사를 해석하여야 한다.(대판 2006.1.26, 2005다54999)

판례 매매목적물에 관한 근저당권의 피담보채무를 인수한 매수인이 인수채무의 변제를 게을리한 경우, 매도인이 이를 이유로 매매계약을 해제할 수 있는지 여부(적극) : 매매목적물에 관한 근저당권의 피담보채무를 인수한 매수인이 인수채무의 일부인 근저당권의 피담보채무의 변제를 게을리함으로써 매매목적물에 관하여 근저당권의 실행으로 임의경매절차가 개시되고 매도인이 경매절차의 진행을 막기 위하여 피담보채무를 변제하였다면, 매도인은 채무인수인에 대하여 손해배상채권을 취득하는 이외에 이 사유를 들어 매매계약을 해제할 수 있다.(대판 2004.7.9, 2004다13083)

第455條【承諾與否의 催告】 ① 前條의 경우에 第三者나 債務者는 相當한 期間을 정하여 承諾與否의 確答을 債權者에게 催告할 수 있다.
② 債權者가 그 期間내에 確答을 發送하지 아니한 때에는 拒絶한 것으로 본다.

참조 [유사규정]131

第456條【債務引受의 撤回, 變更】 第三者와 債務者間의 契約에 의한 債務引受는 債權者의 承諾이 있을 때까지 當事者는 이를 撤回하거나 變更할 수 있다.

참조 [채무자와의 계약에 의한 채무인수]453・454, [승낙여부의 최고]455

第457條【債務引受의 遡及效】 債權者의 債務引受에 대한 承諾은 다른 意思表示가 없으면 債務를 引受한 때에 遡及하여 그 效力이 생긴다. 그러나 第三者의 權利를 侵害하지 못한다.

참조 [승낙]454

第458條【前債務者의 抗辯事由】 引受人은 前債務者의 抗辯할 수 있는 事由로 債權者에게 對抗할 수 있다.

참조 [인수]453・454, [동시이행의 항변권]536

第459條【債務引受와 保證, 擔保의 消滅】 前債務者의 債務에 대한 保證이나 第三者가 提供한 擔保는 債務引受로 인하여 消滅한다. 그러나 保證人이나 第三者가 債務引受에 同意한 경우에는 그러하지 아니하다.

참조 [보증]428이하, [질권의 물적담보]329이하, [저당권의 물적담보]356이하, [채무인수]453・454

판례 물상보증인이 근저당권의 피담보채무만을 면책적으로 인수하고 이를 원인으로 하여 근저당권 변경의 부기등기를 경료한 경우 : 물상보증인이 근저당권의 채무자의 계약상의 지위를 인수한 것이 아니라, 다만 그 채무만을 면책적으로 인수하고 이를 원인으로 하여 근저당권 변경의 부기등기가 경료된 경우, 특별한 사정이 없는 한 그 변경등기는 당초 채무자가 근저당권자에 대하여 부담하고 있던 것으로서 물상보증인이 인수한 채무만을 그 대상으로 하는 것이지, 그 후 채무를 인수한 물상보증인이 다른 원인으로 근저당권자에 대하여 부담하게 된 새로운 채무까지 담보하는 것으로 볼 수는 없다.
(대판 2002.11.26, 2001다73022)

第6節 債權의 消滅

第1款 辨 濟

第460條【辨濟提供의 方法】 辨濟는 債務內容에 좇은 現實提供으로 이를 하여야 한다. 그러나 債權者가 미리 辨濟받기를 拒絶하거나 債務의 履行에 債權者의 行爲를 要하는 경우에는 辨濟準備의 完了를 通知하고 그 受領을 催告하면 된다.

참조 [변제제공]461, [채무이행에 있어서의 신의성실의 원칙]2①, [채무불이행과 손해배상]390, [변제의 방법・비용등]462・467・473, [채권자의 수령거절]400・487

판례 기존 원인채무의 지급확보 또는 그 담보를 위하여 발행 또는 교부된 수표를 채권자가 타인에게 양도한 경우 : 수표가 기존 원인채무의 지급확보를 위하여 또는 그 담보를 위하여 발행 또는 교부된 경우에, 채권자가 그 수표를 유상 또는 무상으로 타인에게 양도하였다고 하더라도 그에 의하여 바로 기존 원인채무가 소멸하는 것이 아니고, 수표를 양도한 채권자가 수표상의 상환의무를 종국적으로 면하게 될 때 비로소 기존 원인채무가 소멸한다고 보아야 한다.
(대판 2002.12.24, 2001다3917)

판례 기존채무의 이행을 위하여 교부된 약속어음을 어음되막기 방법에 의하여 결제된 것으로 처리하는 경우 : 기존채무의 이행을 위하여 교부된 약속어음의 소지인인 은행이 어음되막기 방법에 의하여 그 약속어음을 결제된 것으로 처리하는 경우 은행은 이미 결제된 것으로 처리되어 소멸된 종전 어음 자체의 어음금청구는 할 수 없을 것이고, 새로운 어음에 기한 어음금청구만을 할 수 있을 것이나, 그 기존채무는 쌍방간의 약정에 따라 새로운 어음의 지급기일까지 그 지급을 유예해 준 것일 뿐 기존채무가 소멸되는 것은 아니고, 새로운 어음이 만기에 지급되어야만 기존채무가 소멸되는 것이다.
(대판 1992.2.25, 91다14192)

第461條【辨濟提供의 效果】 辨濟의 提供은 그때로부터 債務不履行의 責任을 免하게 한다.

참조 [채무불이행과 그 책임]387・390－398, [변제의 제공]460, [제공과 채권자의 불수령]400

第462條【特定物의 現狀引渡】 特定物의 引渡가 債權의 目的인 때에는 債務者는 履行期의 現狀대로 그 物件을 引渡하여야 한다.

참조 [특정물채권]374・467・537, [특칙]587

第463條【辨濟로서의 他人의 物件의 引渡】 債務의 辨濟로 他人의 物件을 引渡한 債務者는 다시 有效한 辨濟를 하지 아니하면 그 物件의 返還을 請求하지 못한다.

참조 [채권자의 선의소비]465, [타인 물건의 매매]569, [부당이득에 의한 채권발생]741, [수익자의 반환범위]748, [불법행위에 의한 채권발생]750

第464條【讓渡能力없는 所有者의 物件引渡】 讓渡할 能力없는 所有者가 債務의 辨濟로 物件을 引渡한 경우에는 그 辨濟가 取消된 때에도 다시 有效한 辨濟를 하지 아니하면 그 物件의 返還을 請求하지 못한다.

참조 [채권자의 선의소비]465, [양도의 능력과 취소]5·10·13·140-142

第465條【債權者의 善意消費, 讓渡와 求償權】 ① 前2條의 경우에 債權者가 辨濟로 받은 物件을 善意로 消費하거나 他人에게 讓渡한 때에는 그 辨濟는 效力이 있다.

② 前項의 경우에 債權者가 第三者로부터 賠償의 請求를 받은 때에는 債務者에 대하여 求償權을 行使할 수 있다.

참조 [채권자의 선의와 즉시취득]249, [배상의 청구]741·748

第466條【代物辨濟】 債務者가 債權者의 承諾을 얻어 本來의 債務履行에 갈음하여 다른 給與를 한 때에는 辨濟와 같은 效力이 있다.(2014.12.30 본조개정)

改前 …債務履行에 "가름하여" 다른 給與를…

참조 [경개의 요건 등]500

第467條【辨濟의 場所】 ① 債務의 性質 또는 當事者의 意思表示로 辨濟場所를 정하지 아니한 때에는 特定物의 引渡는 債權成立 당시에 그 物件이 있던 場所에서 하여야 한다.

② 前項의 경우에 特定物引渡 이외의 債務辨濟는 債權者의 現住所에서 하여야 한다. 그러나 營業에 관한 債務의 辨濟는 債權者의 現營業所에서 하여야 한다.

참조 [특칙]586·700, 어음38②·77①, 수표31, [특정물인도]374·462, [주소]18-21, [채무이행지와 재판관할]민소8

第468條【辨濟期前의 辨濟】 當事者의 特別한 意思表示가 없으면 辨濟期前이라도 債務者는 辨濟할 수 있다. 그러나 相對方의 損害는 賠償하여야 한다.

참조 [변제기]152·153·387·388, [착오로 인한 기한 전의 변제]743, [법정변제충당]477, [기한의 이익]153, [손해배상]394

판례 이행기의 약정이 있는 경우 이행기 전에 이행에 착수할 수 있는지 여부 : 이행기의 약정이 있는 경우라 하더라도 당사자가 채무의 이행기 전에는 착수하지 아니하기로 하는 특약을 하는 등 특별한 사정이 없는 한 이행기 전에 이행에 착수할 수 있다.
(대판 1993.1.19, 92다31323)

第469條【第三者의 辨濟】 ① 債務의 辨濟는 第三者도 할 수 있다. 그러나 債務의 性質 또는 當事者의 意思表示로 第三者의 辨濟를 許容하지 아니하는 때에는 그러하지 아니하다.

② 利害關係없는 第三者는 債務者의 意思에 反하여 辨濟하지 못한다.

참조 [변제제공의 방법]460, [변제공탁]487, [제3자의 변제와 대위]480·481, [어음과 참가지불]어음59·61·63③·77①, [제3자의 착오로 인한 변제]745, [채무자의 의사에 반한 보증]444②, [채무자의 의사에 반한 경개]501

판례 민법 제469조에 정한 바에 따라 채무의 변제는 제3자도 할 수 있는 것인바, 제3자가 타인의 채무를 변제하여 그 채무를 소멸시키기 위하여는 제3자가 타인의 채무를 변제한다는 의사를 가지고 있었음을 요건으로 하고 이러한 의사는 타인의 채무변제임을 나타내는 변제지정을 통하여 표시되어야 할 것이지만, 채권자가 변제를 수령하면서 제3자가 타인의 채무를 변제하는 것이라는 사실을 인식하였다면 타인의 채무변제라는 지정이 있었다고 볼 수 있다.
(대판 2010.2.11, 2009다71558)

판례 건물을 신축한 자가 건물을 매도함과 동시에 소유권이전등기 전까지 그 건물을 매수인에게 임대하기로 하였는데 그 건물의 건축공사수급인이 공사금 일부를 지급받지 못하였다는 이유로 건물의 매수인 겸 임차인의 입주를 저지하자 건물의 매수인 겸 임차인이 매도인에게 지급할 매매대금의 일부를 건축공사수급인에게 공사금채무 변제조로 지급한 경우, 매도인의 의사에 반하여도 효력이 있다.
(대판 1993.10.12, 93다9903,9910)

第470條【債權의 準占有者에 대한 辨濟】 債權의 準占有者에 대한 辨濟는 辨濟者가 善意이며 過失없는 때에 限하여 效力이 있다.

참조 [준점유]210, [채권자와 채권의 준점유자와의 관계]741이하, [지시채권의 변제]518, [무기명채권의 변제]524, [영업양수인]상43

판례 금융기관으로서는 대리인을 자처하는 자에게 예금계좌를 개설하여 주는 과정에서 위임장과 인감증명서를 제출받고 대리인의 신분증을 확인하는 등의 최소한의 확인조치를 취함으로써 그것이 불특정 다수의 잠재적 피해자에 대한 범죄행위에 이용될 가능성을 미연에 방지함으로써 타인의 불법행위에 도움을 주지 않아야 할 주의의무가 있다.(대판 2006.1.13, 2003다54599)

판례 동조에서 '채권의 준점유자'라 함은, 변제자의 입장에서 볼 때 일반의 거래관념상 채권을 행사할 정당한 권한을 가진 것으로 믿을 만한 외관을 가지는 사람을 말하므로 준점유자가 스스로 채권자라고 하여 채권을 행사하는 경우뿐만 아니라 채권자의 대리인이라고 하면서 채권을 행사하는 때에도 채권의 준점유자에 해당한다.
(대판 2004.4.23, 2004다5389)

판례 가압류로 인하여 채권의 추심 기타 처분행위에 제한을 받다가 가압류를 취소하는 가집행선고부 판결을 선고받아 다시 채권을 제한 없이 행사할 수 있을 듯한 외관을 가지게 된 채권자도 채권의 준점유자로 볼 수 있다.(대판 2003.7.22, 2003다24598)

第471條【領收證所持者에 대한 辨濟】 領收證을 所持한 者에 대한 辨濟는 그 所持者가 辨濟를 받을 權限이 없는 경우에도 效力이 있다. 그러나 辨濟者가 그 權限없음을 알았거나 알 수 있었을 경우에는 그러하지 아니하다.

참조 [채권자와 수령자와의 관계]741

第472條【權限없는 者에 대한 辨濟】 前2條의 경우외에 辨濟받을 權限없는 者에 대한 辨濟는 債權者가 利益을 받은 限度에서 效力이 있다.

참조 471

第473條【辨濟費用의 負擔】 辨濟費用은 다른 意思表示가 없으면 債務者의 負擔으로 한다. 그러나 債權者의 住所移轉 기타의 行爲로 인하여 辨濟費用이 增加된 때에는 그 增加額은 債權者의 負擔으로 한다.

참조 467, [주소]18-21, [계약의 비용]566

第474條【領收證請求權】 辨濟者는 辨濟를 받는 者에게 領收證을 請求할 수 있다.

참조 475, [집행관의 영수증교부와 본조의 권리]민집42, [변제자]469, [변제영수자]470, [영수증]471, 어음4·38②·50·51·77, 수표43·46, [영수증의 교부와 동시이행]536

第475條【債權證書返還請求權】 債權證書가 있는 경우에 辨濟者가 債務全部를 辨濟한 때에는 債權證書의 返還을 請求할 수 있다. 債權이 辨濟이외의 事由로 全部消滅한 때에도 같다.

참조 474, [채권증서]어음39·77, 수표34, [강제집행과 집행력 있는 정본의 교부]민집42, [대위변제와 채권에 관한 증서]484

판례 채권 일부만을 변제받고 담보물을 반환한 경우 나머지 채권의 포기 여부 : 채권자가 그 채권의 일부만을 변제받고 그 나머지 채권을 포기하지도 않으면서 담보물을 반환하는 일은 경험칙상 이례에 속하므로 그 담보물을 반환하여야 할 특별한 사정이 있었음이 인정되지 않는 한 나머지 채권이 포기되었다는 점에 관한 증거들의 신빙성을 부인할 수 없다.(대판 1982.2.9, 81다578)

第476條【指定辨濟充當】 ① 債務者가 同一한 債權者에 대하여 같은 種類를 目的으로 한 數個의 債務를 負擔한 경우에 辨濟의 提供이 그 債務全部를 消滅하게 하지 못하는 때에는 辨濟者는 그 當時 어느 債務를 指定하여 그 辨濟에 充當할 수 있다.

② 辨濟者가 前項의 指定을 하지 아니할 때에는 辨濟받는 者는 그 당시 어느 債務를 指定하여 辨濟에 充當할 수 있다. 그러나 辨濟者가 그 充當에 대하여 卽時 異議를 한 때에는 그러하지 아니하다.

③ 前2項의 辨濟充當은 相對方에 대한 意思表示로써 한다.

참조 [변제의 충당]477-479

第477條【法定辨濟充當】 當事者가 辨濟에 充當할 債務를 指定하지 아니한 때에는 다음 各號의 規定에 의한다.

1. 債務중에 履行期가 到來한 것과 到來하지 아니한 것이 있으면 履行期가 到來한 債務의 辨濟에 充當한다.
2. 債務全部의 履行期가 到來하였거나 到來하지 아니한 때에는 債務者에게 辨濟利益이 많은 債務의 辨濟에 充當한다.
3. 債務者에게 辨濟利益이 같으면 履行期가 먼저 到來한 債務나 먼저 到來할 債務의 辨濟에 充當한다.

4. 前2號의 事項이 같은 때에는 그 債務額에 比例하여 各 債務의 辨濟에 充當한다.

참조 [변제의 충당]476·478·479, [기한의 이익]153·743

■ 임대차계약이 종료되었으나 그 목적물이 명도되지 않은 경우, 임차인이 임대차보증금이 있음을 이유로 연체차임의 지급을 거절할 수 있는지 여부

판례 [1] 임대차보증금은 임대차계약이 종료된 후 임차인이 목적물을 인도할 때까지 발생하는 차임 및 기타 임차인의 채무를 담보하는 것으로서 그 피담보채무액은 임대차관계의 종료 후 목적물이 반환될 때에 특별한 사정이 없는 한 별도의 의사표시 없이 임대차보증금에서 당연히 공제되는 것이므로, 특별한 사정이 없는 한 임대차계약이 종료되었다 하더라도 목적물이 명도되지 않았다면 임차인은 임대차보증금이 있음을 이유로 연체차임의 지급을 거절할 수 없는 것이고, 또한 임대차보증금액보다도 임차인의 채무액이 많은 경우에는 민법 제477조에서 정하고 있는 법정충당순서에 따라야 하는 것이다.
[2] 임대차는 당사자 일방이 상대방에게 목적물을 사용·수익하게 할 것을 약정하고 상대방이 이에 대하여 차임을 지급할 것을 약정함으로써 그 효력이 생기는 것이므로, 임차인은 임대차계약이 종료된 경우 특별한 사정이 없는 한 임대인에게 그 목적물을 명도하고 임대차 종료일까지의 연체차임을 지급할 의무가 있음은 물론, 임대차 종료일 이후부터 목적물 명도 완료일까지 그 부동산을 점유·사용함에 따른 차임 상당의 부당이득금을 반환할 의무도 있다고 할 것인데, 이와 같은 법리는 임차인이 임차물을 전대하였다가 임대차 및 전대차가 모두 종료된 경우의 전차인에 대하여도 특별한 사정이 없는 한 그대로 적용된다.
(대판 2007.8.23, 2007다21856,21863)

판례 보증채무와 주채무간의 변제이익에 있어서의 우열 : 특별한 사정이 없는 한 변제자가 타인의 채무에 대한 보증인으로서 부담하는 보증채무(연대보증채무도 포함)는 변제자 자신의 채무에 비하여 변제자에게 그 변제의 이익이 적다고 보아야 한다.
(대판 2002.7.12, 99다68652)

第478條【不足辨濟의 充當】 1個의 債務에 數個의 給與를 要할 경우에 辨濟者가 그 債務全部를 消滅하게 하지 못한 給與를 한 때에는 前2條의 規定을 準用한다.

참조 [변제의 충당]476·477·479

第479條【費用, 利子, 元本에 대한 辨濟充當의 順序】
① 債務者가 1個 또는 數個의 債務의 費用 및 利子를 支給할 경우에 辨濟者가 그 全部를 消滅하게 하지 못한 給與를 한 때에는 費用, 利子, 元本의 順序로 辨濟에 充當하여야 한다.
② 前項의 경우에 第477條의 規定을 準用한다.

참조 [변제의 충당]476－478, [비용]473, [이자]379

판례 비용, 이자, 원본에 대한 변제충당에 있어서 충당의 순서 및 당사자 사이의 묵시적 합의에 의한 임의충당을 인정할 수 있는지 여부(적극) : 비용, 이자, 원본에 대한 변제충당에 있어서는 민법 479조에 그 충당 순서가 법정되어 있고 지정 변제충당에 관한 같은 법 476조는 준용되지 않으므로 당사자 사이에 특별한 합의가 없는 한 비용, 이자, 원본의 순서로 충당하여야 할 것이고, 채무자는 물론 채권자라고 할지라도 위 법정 순서와 다르게 일방적으로 충당의 순서를 지정할 수는 없다고 할 것이지만, 당사자의 일방적인 지정에 대하여 상대방이 지체없이 이의를 제기하지 아니함으로써 묵시적인 합의가 되었다고 보여지는 경우에는 그 법정충당의 순서와는 달리 충당의 순서를 인정할 수 있는 것이다.(대판 2002.5.10, 2002다12871,12888)

第480條【辨濟者의 任意代位】 ① 債務者를 위하여 辨濟한 者는 辨濟와 同時에 債權者의 承諾을 얻어 債權者를 代位할 수 있다.
② 前項의 경우에 第450條 내지 第452條의 規定을 準用한다.

참조 ①[제3자의 변제]469, [변제와 대위]481－486, [손해배상과 대위]399

판례 제3자가 채무자를 위하여 채권자에게 채무를 변제함으로써 채무자에 대하여 구상권을 취득하는 경우, 그 구상권의 범위 내에서 종래 채권자가 가지고 있던 채권 및 그 담보에 관한 권리는 법률상 당연히 변제자에게 이전되는 것이고, 여기서 말하는 '담보에 관한 권리'에는 질권, 저당권이나 보증인에 대한 권리 등과 같이 전형적인 물적·인적 담보뿐만 아니라, 채권자와 채무자 사이에 채무의 이행을 확보하기 위한 특약이 있는 경우에 그 특약에 기하여 채권자가 가지게 되는 권리도 포함된다.(대판 2007.3.16, 2005다10760)

第481條【辨濟者의 法定代位】 辨濟할 正當한 利益이 있는 者는 辨濟로 當然히 債權者를 代位한다.

참조 [제3자의 변제]469, [변제와 대위]408·482－486, 어음32③·63①·77①③, 수표27③, [손해배상과 대위]399

판례 변제자대위에 의한 원채권 및 담보권의 행사 범위 : 변제자대위는 주채무를 변제함으로써 주채무자 및 다른 연대보증인에 대하여 갖게 된 구상권의 효력을 확보하기 위한 제도여서 대위에 의한 원채권 및 담보권의 행사 범위는 구상권의 범위로 한정된다.
(대판 2005.10.13, 2003다24147)

판례 민법 제480조 내지 제481조 소정의 변제자대위가 성립하지 아니하는 한 제3자는 보증인에 대하여 부당이득반환청구 등의 어떠한 청구도 할 수 없게 되며, 또한 부당이득이라 함은 타인의 재산 또는 노무로 인하여 이익을 얻고 이로 인하여 타인에게 손해를 가한 경우에 성립한다.(대판 1996.9.20, 96다22655)

第482條【辨濟者代位의 效果, 代位者間의 關係】 ① 前2條의 規定에 의하여 債權者를 代位한 者는 自己의 權利에 의하여 求償할 수 있는 範圍에서 債權 및 그 擔保에 관한 權利를 行使할 수 있다.
② 前項의 權利行使는 다음 各號의 規定에 의하여야 한다.
1. 保證人은 미리 傳貰權이나 抵當權의 登記에 그 代位를 附記하지 아니하면 傳貰物이나 抵當物에 權利를 取得한 第三者에 대하여 債權者를 代位하지 못한다.
2. 第三取得者는 保證人에 대하여 債權者를 代位하지 못한다.
3. 第三取得者 중의 1人은 各 不動産의 價額에 比例하여 다른 第三取得者에 대하여 債權者를 代位한다.
4. 自己의 財産을 他人의 債務의 擔保로 提供한 者가 數人인 경우에는 前號의 規定을 準用한다.
5. 自己의 財産을 他人의 債務의 擔保로 提供한 者와 保證人間에는 그 人員數에 比例하여 債權者를 代位한다. 그러나 自己의 財産을 他人의 債務의 擔保로 提供한 者가 數人인 때에는 保證人의 負擔部分을 除外하고 그 殘額에 대하여 各 財産의 價額에 比例하여 代位한다. 이 경우에 그 財産이 不動産인 때에는 第1號의 規定을 準用한다.

참조 [연대채무자의 구상권]425－427, [보증인의 구상권]441②·444·448, ⑵[보증인]428, ⑷·⑸[물상보증인]341·370

판례 수인이 시기를 달리하여 채권의 일부를 대위변제하고 근저당권 일부이전의 부기등기를 각 경료한 경우 일부대위자들 간의 배당순위 : 수인이 시기를 달리하여 채권의 일부씩을 대위변제한 경우 그들은 각 일부 대위변제자로서 그 변제한 가액에 비례하여 근저당권을 준공유하고 있다고 보아야 하고, 그 근저당권을 실행하여 배당함에 있어서는 다른 특별한 사정이 없는 한 각 변제채권액에 비례하여 안분 배당하여야 한다.(대판 2001.1.19, 2000다37319)

일판 보증인 또는 물상보증인과 그 양자격을 겸한 자간의 변제에 의하는 대위의 비율은 양자격을 겸하는 자도 1인으로서 전원의 수에 응한 평등의 비율이다.(日·最高 1986.11.27)

第483條【一部의 代位】 ① 債權의 一部에 대하여 代位辨濟가 있는 때에는 代位者는 그 辨濟한 價額에 比例하여 債權者와 함께 그 權利를 行使한다.
② 前項의 경우에 債務不履行을 原因으로 하는 契約의 解止 또는 解除는 債權者만이 할 수 있고 債權者는 代位者에게 그 辨濟한 價額과 利子를 償還하여야 한다.

참조 [대위변제]480·481, [재산권의 공유]278, [일부대위와 채권자대위자간의 관계]484, [계약의 해지 또는 해제]543－553, [이자]379

판례 변제할 정당한 이익이 있는 자가 채무자를 위하여 근저당권의 피담보채무의 일부를 대위변제한 경우에는 대위할 범위에 관하여 종래 채권자가 이미 배당요구를 하였거나 배당요구 없이도 당연히 배당받을 수 있었던 경우에는 대위변제자는 따로 배당요구를 하지 않아도 배당을 받을 수 있다.(대판 2006.2.10, 2004다2762)

판례 근저당권을 가지고 있는 채권자에게 그 근저당권의 피담보채권이 확정되기 전에 채무의 일부를 대위변제한 자가 그 근저당권의 피담보채권 확정 후 그 근저당권 내지 그 실행으로 인한 경락대금에 대하여 취득하는 권리 범위 : 근저당권이라고 함은 거래가 종료하기까지 채권은 계속적으로 증감변동하는 것이므로, 근저당 거래관계가 계속중인 경우, 즉 근저당권의 피담보채권이 확정되기 전에 그 채권의 일부를 양도하거나 대위변제한 경우 근저당권이 양수인이나 대위변제자에게 이전할 여지는 없다 할 것이나, 그 근저당권에 의하여 담보되는 피담보채권이 확정되면, 그 피담보채권액이 그 근저당권의 채권최고액을 초과하지 않는 한 그 근저당권 내지 그 실행으로 인한 경락대금에 대한 권리 중 그 피담보채권액을 담보하고 남는 부분은 저당권의 일부이전의 부기등기의 경료 여부와 관계없이 대위변제자에게 법률상 당연히 이전된다.(대판 2002.7.26, 2001다53929)

第484條【代位辨濟와 債權證書, 擔保物】 ① 債權全部의 代位辨濟를 받은 債權者는 그 債權에 관한 證書 및 占有한 擔保物을 代位者에게 交付하여야 한다.
② 債權의 一部에 대한 代位辨濟가 있는 때에는 債權者는 債權證書에 그 代位를 記入하고 自己가 占有한 擔保物의 保存에 관하여 代位者의 監督을 받아야 한다.

참조 [변제와 대위]480·481, [변제와 채권증서의 반환]475, [일부대위]483, [채권자의 고의, 과실로 인한 담보의 상실감소]485

第485條【債權者의 擔保喪失, 減少行爲와 法定代位者의 免責】 第481條의 規定에 依하여 代位할 者가 있는 境遇에 債權者의 故意나 過失로 擔保가 喪失되거나 減少된 때에는 代位할 者는 그 喪失 또는 減少로 因하여 償還을 받을 수 없는 限度에서 그 責任을 免한다.

판례 채권자의 고의나 과실로 소구권이 상실된 경우 어음금지급채무에 대한 민사상 보증인의 보증책임 면책 여부(적극) : 민법 485조는 법정대위권자가 있는 경우에 채권자의 고의나 과실로 담보가 상실되거나 감소된 때에는 대위권자는 그 상실 또는 감소로 인하여 상환을 받을 수 없는 한도에서 그 책임을 면한다고 규정하고 있는바, 약속어음의 소지인이 배서인에 대하여 가지는 소구권은 약속어음이 지급거절된 경우 어음금 지급에 대한 배서인의 담보책임의 이행을 구하는 권리이므로 소구권은 어음금 지급채무에 대한 담보라고 할 수 있고, 어음금 지급채무에 대한 민사상 보증인이 변제를 하게 되면 민법 481조, 482조에 따라 채권자인 소지인을 대위하여 담보에 관한 권리인 소구권을 행사할 수 있으며, 만일 채권자의 고의나 과실로 소구권이 상실되면 특별한 사정이 없는 한 그로 인하여 상환받을 수 없는 한도에서 위 보증인은 보증책임을 면하게 된다.(대판 2003.1.24, 2000다37937)

판례 채권자의 고의나 과실로 담보가 상실된 경우 법정대위권자가 면책되는 범위(=담보 상실 당시의 교환가치 상당액) : 채권자의 고의나 과실로 담보가 상실된 경우 법정대위권자가 면책되는 범위는 채권자가 담보를 취득할 당시가 아니라, 그 담보 상실 당시의 교환가치 상당액이다.(대판 2001.10.9, 2001다36283)

第486條【辨濟이외의 方法에 의한 債務消滅과 代位】 第三者가 供託 기타 自己의 出財로 債務者의 債務를 免하게 한 境遇에도 前6條의 規定을 準用한다.

참조 [공탁]487이하

第2款 供 託

第487條【辨濟供託의 要件, 效果】 債權者가 辨濟를 받지 아니하거나 받을 수 없는 때에는 辨濟者는 債權者를 爲하여 辨濟의 目的物을 供託하여 그 債務를 免할 수 있다. 辨濟者가 過失없이 債權者를 알 수 없는 境遇에도 같다.

참조 [변제제공의 방법]460, [채권자의 수령거절 또는 불수령]400, [변제제공의 효과]461, [상사매매목적물의 공탁과 경매]상67, [운송물의 공탁과 경매]상142－145, [해상운송물의 공탁]상803, [변제 목적물의 공탁]488－491, 어음42·77①

판례 [1] '과실 없이 채권자를 알 수 없는 경우'라고 하여 변제공탁을 한 후 공탁원인사실에 같은 조 전단의 '채권자의 수령불능'을 추가하는 공탁서 정정이 허용되는지 여부(소극) : 공탁서의 정정은 공탁신청이 수리된 후 공탁서의 착오 기재가 발견된 때에 공탁의 동일성을 해하지 않는 범위 내에서만 허용되는 것이므로, '과실 없이 채권자를 알 수 없는 경우'라고 하여 변제공탁을 하였다가 공탁원인사실에 '채권자의 수령불능'을 추가하는 것은 단순한 착오 기재의 정정에 그치지 않고 공탁의 동일성을 해하는 내용의 정정이므로 허용될 수 없다.
[2] 상대적 불확지 변제공탁의 경우 피공탁자 중의 1인이 공탁물을 출급청구하기 위해서는 다른 피공탁자들의 승낙서나 그들을 상대로 받은 공탁물출급청구권확인 승소확정판결이 있으면 되므로, 위와 같은 경우에 피공탁자가 아닌 제3자를 상대로 공탁물출급청구권의 확인을 구하는 것은 확인의 이익이 없다.
(대판 2008.10.23, 2007다35596)

판례 변제공탁의 공탁물출급청구권자는 피공탁자 또는 그 승계인이고 피공탁자는 공탁서의 기재에 의하여 형식적으로 결정되므로, 실체법상의 채권자라고 하더라도 피공탁자로 지정되어 있지 않으면 공탁물출급청구권을 행사할 수 없다.(대판 2006.8.25, 2005다67476)

판례 확정일자 있는 채권양도 통지와 채권가압류명령을 동시에 송달받은 제3채무자의 변제공탁 가부(적극) : 확정일자 있는 채권양도 통지와 채권가압류명령이 제3채무자에게 동시에 도달된 경우에도 제3채무자는 송달의 선후가 불명한 경우에 준하여 채권자를 알 수 없다는 이유로 변제공탁을 할 수 있다.(대판 2004.9.3, 2003다22561)

판례 조건부 변제공탁의 효력 : 변제공탁에 있어서 채권자에게 반대급부 기타 조건의 이행의무가 없음에도 불구하고 채무자가 이를 조건으로 공탁한 때에는 채권자가 이를 수락하지 않는 한 그 변제공탁은 무효이다.(대판 2002.12.6, 2001다2846)

第488條【供託의 方法】 ① 供託은 債務履行地의 供託所에 하여야 한다.
② 供託所에 관하여 法律에 特別한 規定이 없으면 法院은 辨濟者의 請求에 依하여 供託所를 指定하고 供託物保管者를 選任하여야 한다.
③ 供託者는 遲滯없이 債權者에게 供託通知를 하여야 한다.

참조 [공탁통지]487, 공탁·공탁규칙, ①[공탁의 목적물]490, 상67, [채무이행지]467, ②[공탁소의 지정, 보관인의 선임]비송53

第489條【供託物의 回收】 ① 債權者가 供託을 承認하거나 供託所에 對하여 供託物을 받기를 通告하거나 供託有效의 判決이 確定되기까지는 辨濟者는 供託物을 回收할 수 있다. 이 境遇에는 供託하지 아니한 것으로 본다.
② 前項의 規定은 質權 또는 抵當權이 供託으로 因하여 消滅한 때에는 適用하지 아니한다.

참조 [공탁]487, [공탁물의 회수]공탁9, 공탁규칙, [질권]329, [저당권]356

第490條【自助賣却金의 供託】 辨濟의 目的物이 供託에 適當하지 아니하거나 滅失 또는 毁損될 念慮가 있거나 供託에 過多한 費用을 要하는 境遇에는 辨濟者는 法院의 許可를 얻어 그 物件을 競賣하거나 市價로 放賣하여 代金을 供託할 수 있다.

참조 [공탁의 목적물]487, [경매]민집, [매도인의 자조매각]상67

第491條【供託物受領과 相對義務履行】 債務者가 債權者의 相對義務履行과 同時에 辨濟할 境遇에는 債權者는 그 義務履行을 하지 아니하면 供託物을 受領하지 못한다.

참조 [수령과 반대급여]공탁9①·10, [반대급여와 동시이행]536

第3款 相 計

第492條【相計의 要件】 ① 雙方이 서로 같은 種類를 目的으로 한 債務를 負擔한 境遇에 그 雙方의 債務의 履行期가 到來한 때에는 各 債務者는 對等額에 관하여 相計할 수 있다. 그러나 債務의 性質이 相計를 許容하지 아니할 때에는 그러하지 아니하다.
② 前項의 規定은 當事者가 다른 意思를 表示한 境遇에는 適用하지 아니한다. 그러나 그 意思表示로써 善意의 第三者에게 對抗하지 못한다.

참조 [이행기]152·153·387·388, [타인의 채권에 의한 상계]418②·434, [타인에 대한 채권에 의한 상계]426①·445·451, [소송과 상계]민소216②, [상호계산]상72이하, [불법행위채권등에 대한 상계의 제한금지]496－498, [조합채무자의 조합원에 대한 채권]715, [주금등 납입채무]상421·548·596, [전차금과 임금]근기21, [출자금과 부과금]농협21⑤·25

판례 상계는 당사자 쌍방이 서로 같은 종류를 목적으로 한 채무를 부담한 경우에 서로 같은 종류의 급부를 현실로 이행하는 대신 어느 일방 당사자의 의사표시로 그 대등액에 관하여 채권과 채무를 동시에 소멸시키는 것이고, 이러한 상계제도의 취지는 서로 대립하는 두 당사자 사이의 채권·채무를 간이한 방법으로 원활하고 공평하게 처리하려는 데 있으므로, 수동채권으로 될 수 있는 채권은 상대방이 상계자에 대하여 가지는 채권이어야 하고, 상대방이 제3자에 대하여 가지는 채권과는 상계할 수 없다고 보아야 한다. 그렇지 않고 만약 상대방이 제3자에 대하여 가지는 채권을 수동채권으로 하여 상계할 수 있다고 한다면, 이는 상계의 당사자가 아닌 상대방과 제3자 사이의 채권채무관계에서 상대방이 제3자에게서 채무의 본지에 따른 현실급부를 받을 이익을 침해하게 될 뿐 아니라, 상대방의 채권자들 사이에서 상계자만 독점적인 만족을 얻게 되는 불합리한 결과를 초래하게 되므로, 상계의 담보적 기능과 관련하여 법적으로 보호받을 수 있는 당사자의 합리적 기대가 이러한 경우에까지 미친다고 볼 수는 없다.
(대판 2011.4.28, 2010다101394)

판례 동시이행관계에 있는 자동채권과 수동채권이 서로 현실적으로 이행하여야 할 필요가 없는 경우 상계의 허용 여부 : 상계의 대상이 될 수 있는 자동채권과 수동채권이 동시이행관계에 있다고 하더라도 서로 현실적으로 이행하여야 할 필요가 없는 경우라면 상계로 인한 불이익이 발생할 우려가 없고 오히려 상계를 허용하는 것이 동시이행관계에 있는 채권·채무 관계를 간명하게 해소할 수 있으므로 특별한 사정이 없는 한 상계가 허용된다.(대판 2006.7.28, 2004다54633)

판례 상계권 제한법리로서 '권리남용'의 요건 : 상계권의 행사가 상계제도의 목적이나 기능을 일탈하고 법적으로 보호받을 만한 가치가 없는 경우에는 신의칙에 반하거나 상계에 관한 권리를 남용하는 것으로 허용되지 않는다고 함이 상당하고, 상계권 행사를 제한하는 일반적인 권리남용의 경우에 요구되는 '주관적 요건'을 필요로 하지 않는다.(대판 2003.4.11, 2002다59481)

第493條【相計의 方法, 效果】 ① 相計는 相對方에 대한 意思表示로 한다. 이 意思表示에는 條件 또는 期限을 붙이지 못한다.

② 相計의 意思表示는 各 債務가 相計할 수 있는 때에 對等額에 관하여 消滅한 것으로 본다.

참조 [조건]147이하, [기한]152이하, [상계와 변제기]492

판례 상계적상의 시점 이전에 수동채권의 변제기가 이미 도래하여 지체가 발생한 경우, 상계 충당의 방법 : 상계의 의사표시가 있는 경우, 채무는 상계적상시에 소급하여 대등액에 관하여 소멸한 것으로 보게 되므로, 상계에 의한 양 채권의 차액 계산 또는 상계 충당은 상계적상의 시점을 기준으로 하게 되고, 따라서 그 시점 이전에 수동채권의 변제기가 이미 도래하여 지체가 발생한 경우에는 상계적상 시점까지의 수동채권의 약정이자 및 지연손해금을 계산한 다음 자동채권으로써 먼저 수동채권의 약정이자 및 지연손해금을 소각하고 잔액을 가지고 원본을 소각하여야 한다.
(대판 2005.7.8, 2005다8125 : 제479조 참조)

판례 채권의 일부 양도가 이루어진 경우, 채무자의 양도인에 대한 채권을 자동채권으로 하는 상계의 방법 및 효과 : 채권의 일부 양도가 이루어지면 특별한 사정이 없는 한 각 분할된 부분에 대하여 독립한 분할채권이 성립하므로 그 채권에 대하여 양도인에 대한 반대채권으로 상계하고자 하는 채무자로서는 양도인을 비롯한 각 분할채권자 중 어느 누구도 상계의 상대방으로 지정하여 상계할 수 있고, 그러한 채무자의 상계 의사표시를 수령한 분할채권자는 제3자에 대한 대항요건을 갖춘 양수인이라 하더라도 양도인 또는 다른 양수인에 귀속된 부분에 대하여 먼저 상계되어야 한다거나 각 분할채권액의 채권총액에 대한 비율에 따라 상계되어야 한다는 이의를 할 수 없다.
(대판 2002.2.8, 2000다50596)

第494條【履行地를 달리하는 債務의 相計】 各 債務의 履行地가 다른 경우에도 相計할 수 있다. 그러나 相計하는 當事者는 相對方에게 相計로 인한 損害를 賠償하여야 한다.

참조 [변제의 장소]467, [상계]492, [변제의 비용]473

第495條【消滅時效完成된 債權에 의한 相計】 消滅時效가 完成된 債權이 그 完成前에 相計할 수 있었던 것이면 그 債權者는 相計할 수 있다.

참조 [소멸시효]162이하, [상계]492

第496條【不法行爲債權을 受動債權으로 하는 相計의 禁止】 債務가 故意의 不法行爲로 인한 것인 때에는 그 債務者는 相計로 債權者에게 對抗하지 못한다.

참조 [고의의 불법행위]750, [상계]492

판례 손해배상채권에 대한 상계금지를 중과실의 불법행위에 인한 손해배상채권에까지 유추 또는 확장적용하여야 할 필요성이 있다고 할 수 없다.(대판 1994.8.12, 93다52808)

第497條【押留禁止債權을 受動債權으로 하는 相計의 禁止】 債權이 押留하지 못할 것인 때에는 그 債務者는 相計로 債權者에게 對抗하지 못한다.

참조 [상계]492, [채권의 압류금지]민집246, [재해보상청구권]근기86, 군인연금7

第498條【支給禁止債權을 受動債權으로 하는 相計의 禁止】 支給을 禁止하는 命令을 받은 第三債務者는 그 후에 取得한 債權에 의한 相計로 그 命令을 申請한 債權者에게 對抗하지 못한다.

참조 [상계]492

판례 제3채무자의 압류채무자에 대한 자동채권이 수동채권인 피압류채권과 동시이행의 관계에 있는 경우에는 그 채권에 의한 상계로 압류채권자에게 대항할 수 있는 것으로서, 이 경우에 자동채권이 발생한 기초가 되는 원인은 수동채권이 압류되기 전에 이미 성립하여 존재하고 있었던 것이므로, 민법 제498조의 '지급을 금지하는 명령을 받은 제3채무자가 그 후에 취득한 채권'에 해당하지 않는다고 봄이 상당하다.(대판 2005.11.10, 2004다37676)

第499條【準用規定】 第476條 내지 第479條의 規定은 相計에 準用한다.

第4款 更改

第500條【更改의 要件, 效果】 當事者가 債務의 重要한 部分을 變更하는 契約을 한 때에는 舊債務는 更改로 인하여 消滅한다.

참조 [중요한 부분]109, [불가분채권의 경우]410, [연대채무의 경우]417, [대물변제의 경우]466

판례 채권자가 채무자 발행의 전환사채를 인수하고 채무자는 그 인수대금으로 채권자에 대한 기존의 대출금채무를 변제한 경우 : 채권자가 채무자 발행의 전환사채를 인수하고 채무자는 그 인수대금으로 채권자에 대한 기존의 대출금채무를 변제한 경우 전환사채와 기존의 대출금채권 사이에 동일성을 인정할 수 없으므로 이 사채 인수계약을 준소비대차계약으로 볼 수 없고, 따라서 기존 대출금채권에 대한 담보의 효력이 위 전환사채에는 미치지 않는다.
(대판 2003.9.26, 2002다31803)

판례 대환의 법적 성질과 기존 채무에 대한 보증책임의 존속 여부(적극) : 현실적인 자금의 수수 없이 형식적으로만 신규 대출을 하여 기존 채무를 변제하는 이른바, 대환은 특별한 사정이 없는 한 형식적으로는 별도의 대출에 해당하나 실질적으로는 기존 채무의 변제기의 연장에 불과하므로 그 법률적 성질은 기존채무가 여전히 동일성을 유지한 채 존속하는 준소비대차로 보아야 하고, 이러한 경우 채권자와 보증인 사이에 있어서 사전에 신규대출형식에 의한 대환을 하는 경우 보증책임을 면하기로 약정하는 등의 특별한 사정이 없는 한 기존채무에 대한 보증은 존속한다.(대판 2002.9.24, 2000다49374)

第501條【債務者變更으로 인한 更改】 債務者의 變更으로 인한 更改는 債權者와 新債務者間의 契約으로 이를 할 수 있다. 그러나 舊債務者의 意思에 反하여 이를 하지 못한다.

참조 [채무자의 의사에 반한 변제 또는 보증]444② · 453② · 469②

第502條【債權者變更으로 인한 更改】 債權者의 變更으로 인한 更改는 確定日字 있는 證書로 하지 아니하면 이로써 第三者에게 對抗하지 못한다.

참조 [채권자의 변경과 채무자의 승낙]503, [확정일자]부칙3

第503條【債權者變更의 更改와 債務者承諾의 效果】 第451條第1項의 規定은 債權者의 變更으로 인한 更改에 準用한다.

참조 502

第504條【舊債務不消滅의 경우】 更改로 인한 新債務가 原因의 不法 또는 當事者가 알지 못한 事由로 인하여 成立되지 아니하거나 取消된 때에는 舊債務는 消滅되지 아니한다.

참조 [경개]500–502, [원인의 불법]103, [취소]5 · 10 · 13 · 110 · 141이하

第505條【新債務에의 擔保移轉】 更改의 當事者는 舊債務의 擔保를 그 目的의 限度에서 新債務의 擔保로 할 수 있다. 그러나 第三者가 提供한 擔保는 그 承諾을 얻어야 한다.

참조 [질권]329이하, [저당권]356이하

第5款 免除

第506條【免除의 要件, 效果】 債權者가 債務者에게 債務를 免除하는 意思를 表示한 때에는 債權은 消滅한다. 그러나 免除로써 正當한 利益을 가진 第三者에게 對抗하지 못한다.

참조 410 · 419, [면제의 특칙]상324 · 400 · 542 · 567 · 570, [연대의 면제]427②

第6款 混同

第507條【混同의 要件, 效果】 債權과 債務가 同一한 主體에 歸屬한 때에는 債權은 消滅한다. 그러나 그 債權이 第三者의 權利의 目的인 때에는 그러하지 아니하다.

참조 410 · 420, [채권이 제3자의 권리의 목적인 경우]345, [특칙]509①, 어음11③ · 77①, 수표14③, [물권의 혼동]191

판례 가해자의 직계비속 또는 배우자가 피해자의 운행자에 대한 손해배상청구권을 대습상속한 경우 : 가해자의 직계비속 또는 배우자가 피해자의 보험자에 대한 직접청구권의 전제가 되는 자동차손해배상법 3조에 의한 피해자의 운행자에 대한 손해배상청구권을 대습상속한 경우 '가해자가 피해자의 상속인이 되는 등 특별한 경우'에 해당한다고 할 수 없으므로, 피해자의 손해배상청구권은 상속에 의한 혼동에 의하여 소멸되지 않는다.(대판 2005.1.14, 2003다38573,38580)

第7節 指示債權

第508條【指示債權의 讓渡方式】 指示債權은 그 證書에 背書하여 讓受人에게 交付하는 方式으로 讓渡할 수 있다.

참조 [지시채권]상65 · 515 · 518, [지시증권과 그 양도]상65 · 130 · 156 · 157 · 861, 어음11① · 77①, 수표14①, [배서방식]510, [채권의 양도성]449, [지명채권의 양도]450

第509條【還背書】 ① 指示債權은 그 債務者에 대하여도 背書하여 讓渡할 수 있다.
② 背書로 指示債權을 讓受한 債務者는 다시 背書하여 이를 讓渡할 수 있다.

참조 508, [배서방식]510, 어음11③ · 77①, 수표14③, [채권혼동으로 인한 소멸]507

第510條【背書의 方式】 ① 背書는 證書 또는 그 補充紙에 그 뜻을 記載하고 背書人이 署名 또는 記名捺印함으로써 이를 한다.
② 背書는 被背書人을 指定하지 아니하고 할 수 있으며 또 背書人의 署名 또는 記名捺印만으로 할 수 있다.

참조 508, [특칙]어음13 · 77①, 수표16

第511條【略式背書의 處理方式】 背書가 前條第2項의 略式에 의한 때에는 所持人은 다음 各號의 方式으로 處理할 수 있다.
1. 自己나 他人의 名稱을 被背書人으로 記載할 수 있다.
2. 略式으로 또는 他人을 被背書人으로 表示하여 다시 證書에 背書할 수 있다.
3. 被背書人을 記載하지 아니하고 背書없이 證書를 第三者에게 交付하여 讓渡할 수 있다.

참조 508, [특칙]어음14② · 77①, 수표17②, 상65

第512條【所持人出給背書의 效力】 所持人出給의 背書는 略式背書와 같은 效力이 있다.

참조 508, [약식배서]510②, [특칙]어음11③ · 12③ · 77①, 수표15④, 상65

第513條【背書의 資格授與力】 ① 證書의 占有者가 背書의 連續으로 그 權利를 證明하는 때에는 適法한 所持人으로 본다. 最後의 背書가 略式인 경우에도 같다.
② 略式背書 다음에 다른 背書가 있으면 그 背書人은 略式背書로 證書를 取得한 것으로 본다.
③ 抹消된 背書는 背書의 連續에 관하여 그 記載가 없는 것으로 본다.

참조 508, [배서의 방식]510, [특칙]어음16①, 수표19, 상65, ③[말소된 배서]어음50② · 77①, 수표46②

第514條【同前-善意取得】 누구든지 證書의 適法한 所持人에 대하여 그 返還을 請求하지 못한다. 그러나 所持人이 取得한 때에 讓渡人이 權利없음을 알았거나 重大한 過失로 알지 못한 때에는 그러하지 아니하다.

참조 [적법한 소지인]510, [동산의 선의취득]249, [특칙]어음16② · 77①, 수표21, 상65 · 359, [본조 준용]524

第515條【移轉背書와 人的抗辯】 指示債權의 債務者는 所持人의 前者에 대한 人的關係의 抗辯으로 所持人에게 對抗하지 못한다. 그러나 所持人이 그 債務者를 害함을 알고 그 指示債權을 取得한 때에는 그러하지 아니하다.

참조 518 · 524, [특칙]어음17 · 77①, 수표22, [채권양도와 항변]451, [본조 준용]524

第516條【辨濟의 場所】 證書에 辨濟場所를 정하지 아니한 때에는 債務者의 現營業所를 辨濟場所로 한다. 營業所가 없는 때에는 現住所를 辨濟場所로 한다.

참조 [변제의 장소]467②, [주소]18 · 36, [본조 준용]524

第517條【證書의 提示와 履行遲滯】 證書에 辨濟期限이 있는 경우에도 그 期限이 到來한 후에 所持人이 證書를 提示하여 履行을 請求한 때로부터 債務者는 遲滯責任이 있다.

참조 [이행지체]387①, [채무불이행과 손해배상]390 · 392 · 395, [특칙]어음38 · 77①, 수표28 · 29, [본조 준용]524

第518條【債務者의 調査權利義務】 債務者는 背書의 連續與否를 調査할 義務가 있으며 背書人의 署名 또는 捺印의 眞僞나 所持人의 眞僞를 調査할 權利는 있으나 義務는 없다. 그러나 債務者가 辨濟하는 때에 所持人이 權利者아님을 알았거나 重大한 過失로 알지 못한 때에는 그 辨濟는 無效로 한다.

참조 [배서의 연속]510, [채권의 준점유자에 대한 변제]470 · 471, [어음 · 수표의 특칙]어음40③ · 77①, 수표35, [본조 준용]524

第519條【辨濟와 證書交付】 債務者는 證書와 交換하여서만 辨濟할 義務가 있다.

참조 [증서반환청구권]475, [특칙]어음39① · 77①, 수표34①, [본조 준용]524

第520條【領收의 記入請求權】 ① 債務者는 辨濟하는 때에 所持人에 대하여 證書에 領收를 證明하는 記載를 할 것을 請求할 수 있다.
② 一部辨濟의 경우에 債務者의 請求가 있으면 債權者는 證書에 그 뜻을 記載하여야 한다.

참조 [영수증청구권]474, [특칙]어음39① · 77①, 수표34①, [본조 준용]524

第521條【公示催告節次에 의한 證書의 失效】 滅失한 證書나 所持人의 占有를 離脫한 證書는 公示催告의 節次에 의하여 無效로 할 수 있다.

참조 [점유]192, [공시최고절차]민소492, [무효]173이하, [특칙]상360, [본조 준용]524

第522條【公示催告節次에 의한 供託, 辨濟】 公示催告의 申請이 있는 때에는 債務者로 하여금 債務의 目的物을 供託하게 할 수 있고 所持人이 相當한 擔保를 提供하면 辨濟하게 할 수 있다.

참조 521, [공시 최고의 신청]민소493, [채무의 목적물]373, [공탁목적물]487이하, 공탁, [본조 준용]524

第8節 無記名債權

第523條【無記名債權의 讓渡方式】 無記名債權은 讓受人에게 그 證書를 交付함으로써 讓渡의 效力이 있다.

참조 [동산물권의 양도]188①, [채권의 양도성]449①

第524條【準用規定】 第514條 내지 第522條의 規定은 無記名債權에 準用한다.

참조 [무기명채권]188, 수표5①

第525條【指名所持人出給債權】 債權者를 指定하고 所持人에게도 辨濟할 것을 附記한 證書는 無記名債權과 같은 效力이 있다.

참조 [기명식소지인출급채권]수표5②, 상65, [무기명채권]523

第526條【免責證書】 第516條, 第517條 및 第520條의 規定은 債務者가 證書所持人에게 辨濟하여 그 責任을 免할 目的으로 發行한 證書에 準用한다.

판례 출고지령서의 성격 : 피고회사가 갑회사에 대하여 경유를 출사하라는 출사지시서는 일종의 면책증서이므로 실질관계인 매매계약에 의하여 영향을 받는 유인증권이라 할 것이어서 위 지시서의 양수인은 증권을 양도받았다는 사실만으로는 그 물건의 인도청구권을 취득할 수 없으며 또 지령서의 양도는 그 표시물건의 양도와 같은 효력이 없다.(대판 1970.10.23, 70다1985)

第2章　契　約

第1節　總　則

第1款　契約의 成立

第527條【契約의 請約의 拘束力】 契約의 請約은 이를 撤回하지 못한다.

참조 528, [경매와 취소]민집93, [승낙기간을 정하지 아니한 계약의 청약]529, 상51

판례 청약의 의사표시의 방법과 내용 : 계약이 성립하기 위한 법률요건인 청약은 그에 응하는 승낙만 있으면 곧 계약이 성립하는 구체적·확정적 의사표시여야 하므로, 계약의 내용을 결정할 수 있을 정도의 사항을 포함시키는 것이 필요하다.(대판 2003.4.11, 2001다53059)

판례 청약의 유인 : 상가를 분양하면서 그 곳에 첨단 오락타운을 조성·운영하고 전문경영인에 의한 위탁경영을 통하여 분양계약자들에게 일정액 이상의 수익을 보장한다는 광고를 하고, 분양계약 체결시 이러한 광고내용을 계약상대방에게 설명하였더라도, 체결된 분양계약서에는 이러한 내용이 기재되지 않은 점과, 그 후의 위 상가 임대운영 경위 등에 비추어 볼 때, 위와 같은 광고 및 분양계약 체결시의 설명은 청약의 유인에 불과할 뿐 상가 분양계약의 내용으로 되었다고 볼 수 없고, 따라서 분양 회사는 위 상가를 첨단 오락타운으로 조성·운영하거나 일정한 수익을 보장할 의무를 부담하지 않는다.
(대판 2001.5.29, 99다55601,55618)

第528條【承諾期間을 정한 契約의 請約】 ① 承諾의 期間을 정한 契約의 請約은 請約者가 그 期間內에 承諾의 通知를 받지 못한 때에는 그 效力을 잃는다.

② 承諾의 通知가 前項의 期間후에 到達한 경우에 普通 그 期間내에 到達할 수 있는 發送인 때에는 請約者는 遲滯없이 相對方에게 그 延着의 通知를 하여야 한다. 그러나 그 到達전에 遲延의 通知를 發送한 때에는 그러하지 아니하다.

③ 請約者가 前項의 通知를 하지 아니한 때에는 承諾의 通知는 延着되지 아니한 것으로 본다.

참조 527, ①529, 상53, ②[지연된 통지]530, [변경을 가한 승낙]534

第529條【承諾期間을 정하지 아니한 契約의 請約】 承諾의 期間을 정하지 아니한 契約의 請約은 請約者가 相當한 期間내에 承諾의 通知를 받지 못한 때에는 그 效力을 잃는다.

참조 527－530·534, [승낙기간]528, [특칙]상51

第530條【延着된 承諾의 效力】 前2條의 경우에 延着된 承諾은 請約者가 이를 새 請約으로 볼 수 있다.

참조 [승낙의 통지]528①, [새로운 청약]534

第531條【隔地者間의 契約成立時期】 隔地者間의 契約은 承諾의 通知를 發送한 때에 成立한다.

참조 528·529, 상53, [계약의 성립, 효력의 준거법]국제사법, [의사표시의 효력발생시기]111①

영판 계약은 원고가 그 청약을 승낙한 순간에 성립한다고 보아야 할 것이다. 또 승낙장의 연착은 피고의 오기의 결과이므로 그것은 즉시 보낸 답장을 받은 것이라고 보지 않으면 안될 것이다.
(영·Adams vs. Lindsell <1818>, 1 Bam&Ald. 681)

第532條【意思實現에 의한 契約成立】 請約者의 意思表示나 慣習에 의하여 承諾의 通知가 필요하지 아니한 경우에는 契約은 承諾의 意思表示로 認定되는 事實이 있는 때에 成立한다.

판례 의사실현에 의한 예금계약의 성립 : 예금계약은 예금자가 예금의 의사를 표시하면서 금융기관에 돈을 제공하고 금융기관이 그 의사에 따라 그 돈을 받아 확인을 하면 그로써 성립하며, 금융기관의 직원이 그 받은 돈을 금융기관에 입금하지 아니하고 이를 횡령하였다고 하더라도 예금계약의 성립에는 아무런 소장이 없다.
(대판 1996.1.26, 95다26919)

第533條【交叉請約】 當事者間에 同一한 內容의 請約이 相互交叉된 경우에는 兩請約이 相對方에게 到達한 때에 契約이 成立한다.

참조 531, [상대방 있는 의사표시]111

第534條【變更을 加한 承諾】 承諾者가 請約에 대하여 條件을 붙이거나 變更을 加하여 承諾한 때에는 그 請約의 拒絶과 동시에 새로 請約한 것으로 본다.

참조 [조건]147, [새로운 청약]530

판례 매매계약 합의해제 청약에 대하여 상대방이 조건을 붙이거나 변경을 가하여 승낙한 경우의 효과 : 매매계약 당사자 중 매도인이 매수인에게 매매계약을 합의해제할 것을 청약하였다고 할지라도, 매수인이 그 청약에 대하여 조건을 붙이거나 변경을 가하여 승낙한 때에는 민법 534조의 규정에 비추어 보면 그 청약의 거절과 동시에 새로 청약한 것으로 보게 되는 것이고, 그로 인하여 종전의 매도인의 청약은 실효된다.(대판 2002.4.12, 2000다17834)

第535條【契約締結上의 過失】 ① 目的이 不能한 契約을 締結할 때에 그 不能을 알았거나 알 수 있었을 者는 相對方이 그 契約의 有效를 믿었음으로 인하여 받은 損害를 賠償하여야 한다. 그러나 그 賠償額은 契約이 有效함으로 인하여 생길 利益額을 넘지 못한다.

② 前項의 規定은 相對方이 그 不能을 알았거나 알 수 있었을 경우에는 適用하지 아니한다.

참조 [계약체결상의 준칙]2①, [목적이 일부불능인 유상계약의 책임]567·574·575, [채무불이행으로 인한 손해배상의 범위]393

판례 계약의 중도파기로 인한 불법행위책임 : 계약교섭의 부당한 중도파기가 불법행위를 구성하는 경우 그러한 불법행위로 인한 손해는 일방이 신의에 반하여 상당한 이유 없이 계약교섭을 파기함으로써 계약체결을 신뢰한 상대방이 입게 된 상당인과관계 있는 손해로서 계약이 유효하게 체결된다고 믿었던 것에 의하여 입었던 손해, 즉 신뢰손해에 한정된다고 할 것이고, 아직 계약체결에 관한 확고한 신뢰가 부여되기 이전 상태에서 계약교섭의 당사자가 계약체결이 좌절되더라도 어쩔 수 없다고 생각하고 지출한 비용, 예컨대 경쟁입찰에 참가하기 위하여 지출한 제안서, 견적서 작성비용 등은 여기에 포함되지 아니한다.(대판 2003.4.11, 2001다53059)

판례 계약의 원시적 이행불능으로 인한 손해배상의 범위 : 공사금의 지급에 갈음한 임야사용권 부여가 원시적으로 이행불능이라면 그 공사계약은 유효하게 성립할 수 없다 할 것이므로 상대방은 계약체결에 있어서의 과실을 이유로 하는 신뢰이익 손해배상을 구할 수 있을지언정 이행에 대신하는 전보배상을 구할 수는 없다.
(대판 1975.2.10, 74다584)

第2款　契約의 效力

第536條【同時履行의 抗辯權】 ① 雙務契約의 當事者 一方은 相對方이 그 債務履行을 提供할 때까지 自己의 債務履行을 拒絶할 수 있다. 그러나 相對方의 債務가 辨濟期에 있지 아니하는 때에는 그러하지 아니하다.

② 當事者 一方이 相對方에게 먼저 履行하여야 할 경우에 相對方의 履行이 困難할 顯著한 事由가 있는 때에는 前項本文과 같다.

참조 [이행의 제공]460, [변제기]152－154·387·388, [동시이행과 집행문부여]민집30, [해제에 있어서의 준용]549, [매도인의 담보책임]583, [수급인의 담보책임]667, [종신정기금의 해제]728

판례 매수인의 구상채무와 매도인의 소유권이전의무 : 부동산의 매수인이 매매목적물에 관한 근저당권의 피담보채무를 인수하는 한편 그 채무액을 매매대금에서 공제하기로 약정한 경우, 매수인의 구상채무와 매도인의 소유권이전의무는 대가적 의미가 있어 이행상 견련관계에 있다고 인정되고, 따라서 양자는 동시이행의 관계에 있다고 해석함이 공평의 관념 및 신의칙에 합당하다.
(대판 2007.6.14, 2007다3285)

판례 선이행의무자가 선이행을 거절할 수 있는 민법 536조 2항 소정의 '상대방의 이행이 곤란할 현저한 사유가 있는 때'의 판단기준 : 민법 536조 2항 소정의 선이행의무를 지고 있는 당사자가 상대방의 이행이 곤란한 현저한 사유가 있는 때에 자기의 채무이행을 거절할 수 있는 경우 이와 같은 사유는 당사자 쌍방의 사정을 종합하여 판단하여야 할 것이다.(대판 2005.6.24, 2005다17501)

판례 가압류등기가 있는 부동산의 매매계약에 있어서 매도인의 소유권이전등기 의무와 아울러 가압류등기의 말소의무도 매수인의 대금지급의무와 동시이행 관계에 있는지 여부(적극) : 부동산의 매매계약이 체결된 경우에는 매도인의 소유권이전등기의무, 인도의무와 매수인의 잔대금지급의무는 동시이행의 관계에 있는 것이 원칙이고, 매매목적 부동산에 가압류등기 등이 되어 있는 경우에는 매도인은 이와 같은 등기도 말소하여 완전한 소유권이전등기를 해 주어야 하는 것이고, 따라서 가압류등기 등이 있는 부동산의 매매계약에 있어서는 매도인의 소유권이전등기 의무와 아울러 가압류등기의 말소의무도 매수인의 대금지급의무와 동시이행 관계에 있다.
(대판 2000.11.28, 2000다8533)

판례 경매절차가 무효로 된 경우, 각 당사자의 반환의무가 동시이행 관계에 있는지 여부(적극) : 쌍무계약이 무효로 되어 각 당사자가 서로 취득한 것을 반환하여야 할 경우, 어느 일방의 당사자에게만 먼저 그 반환의무의 이행이 강제된다면 공평과 신의칙에 위배되는 결과가 되므로 각 당사자의 반환의무는 동시이행 관계에 있다고 보아 민법 536조를 준용함이 옳다고 해석되고, 이러한 법리는 경매절차가 무효로 된 경우에도 마찬가지이다.(대판 1995.9.15, 94다55071)

第537條【債務者危險負擔主義】 雙務契約의 當事者 一方의 債務가 當事者 雙方의 責任없는 事由로 履行할 수 없게 된 때에는 債務者는 相對方의 履行을 請求하지 못한다.

참조 [특칙]상134, [채권자 귀책사유로 인한 이행불능]538, [채무자 귀책사유로 인한 이행불능]390

판례 민법 제537조는 채무자위험부담주의를 채택하고 있는바, 쌍무계약에서 당사자 쌍방의 귀책사유 없이 채무가 이행불능된 경우 채무자는 급부의무를 면함과 더불어 반대급부도 청구하지 못하므로, 쌍방 급부가 없었던 경우에는 계약관계는 소멸하고 이미 이행한 급부는 법률상 원인 없는 급부가 되어 부당이득의 법리에 따라 반환청구할 수 있다.(대판 2009.5.28, 2008다98655,98662)

第538條【債權者歸責事由로 인한 履行不能】 ① 雙務契約의 當事者 一方의 債務가 債權者의 責任있는 事由로 履行할 수 없게 된 때에는 債務者는 相對方의 履行을 請求할 수 있다. 債權者의 受領遲滯중에 當事者雙方의 責任없는 事由로 履行할 수 없게 된 때에도 같다.

② 前項의 경우에 債務者는 自己의 債務를 免함으로써 利益을 얻은 때에는 이를 債權者에게 償還하여야 한다.

참조 [수령지체]400–403, [채무자의 위험부담주의]537, [이익의 상환]741·748, [특칙]근기45

판례 민법 538조 1항 소정의 '채권자의 책임 있는 사유'의 의미 및 민법 538조 1항 소정의 '채권자의 수령지체 중에 당사자 쌍방의 책임 없는 사유로 이행할 수 없게 된 때'에 해당하기 위하여 현실 제공이나 구두 제공이 필요한지 여부(적극) : [1] 민법 538조 1항 소정의 '채권자의 책임 있는 사유'라고 함은 채권자의 어떤 작위나 부작위가 채무자의 이행의 실현을 방해하고 그 작위나 부작위는 채권자가 이를 피할 수 있었다는 점에서 신의칙상 비난받을 수 있는 경우를 의미한다.
[2] 민법 400조 소정의 채권자지체가 성립하기 위해서는 민법 460조 소정의 채무자의 변제 제공이 있어야 하고, 변제 제공은 원칙적으로 현실 제공으로 하여야 하며 다만 채권자가 미리 변제받기를 거절하거나 채무의 이행에 채권자의 행위를 요하는 경우에는 구두의 제공으로 하더라도 무방하고, 채권자가 변제를 받지 아니할 의사가 확고한 경우(이른바, 채권자의 영구적 불수령)에는 구두의 제공조차 필요 없다고 할 것이지만, 이는 채무자가 채무불이행책임을 면한다는 것에 불과하고, 민법 538조 1항 2문 소정의 '채권자의 수령지체 중에 당사자 쌍방의 책임 없는 사유로 이행할 수 없게 된 때'에 해당하기 위해서는 현실 제공이나 구두 제공이 필요하다.(다만, 그 제공의 정도는 그 시기와 구체적인 상황에 따라 신의성실의 원칙에 어긋나지 않게 합리적으로 정하여야 한다)
(대판 2004.3.12, 2001다79013)

판례 사용자의 근로자에 대한 퇴직처분이 무효인 경우, 근로자의 임금청구권의 범위 : 사용자의 근로자에 대한 퇴직처분이 무효인 경우에는 근로자가 사용자의 귀책사유로 말미암아 근로를 제공하지 못한 것이므로 근로자는 계속 근로하였을 경우에 받을 수 있는 임금 전부의 지급을 청구할 수 있다.(대판 2002.5.31, 2000다18127)

第539條【第三者를 위한 契約】 ① 契約에 의하여 當事者 一方이 第三者에게 履行할 것을 約定한 때에는 그 第三者는 債務者에게 直接 그 履行을 請求할 수 있다.

② 前項의 경우에 第三者의 權利는 그 第三者가 債務者에 대하여 契約의 利益을 받을 意思를 表示한 때에 생긴다.

참조 540–542, [제3자를 위한 보험계약]상639, [운송계약과 수하인의 권리]상140

판례 제3자를 위한 채무면제계약 : 제3자를 위한 계약이 성립하기 위하여는 일반적으로 그 계약의 당사자가 아닌 제3자로 하여금 직접 권리를 취득하게 하는 조항이 있어야 할 것이지만, 계약의 당사자가 제3자에 대하여 가진 채권에 관하여 그 채무를 면제하는 계약도 제3자를 위한 계약에 준하는 것으로서 유효하다.
(대판 2004.9.3, 2002다37405)

판례 요약자와 제3자 사이의 법률관계의 효력이 요약자와 낙약자 사이의 법률관계에 영향을 미치는지 여부(소극) : 제3자를 위한 계약의 체결 원인이 된 요약자와 제3자(수익자) 사이의 법률관계(이른바 대가관계)의 효력은 제3자를 위한 계약 자체는 물론 그에 기한 요약자와 낙약자 사이의 법률관계(이른바 기본관계)의 성립이나 효력에 영향을 미치지 아니하므로 낙약자는 요약자와 수익자 사이의 법률관계에 기한 항변으로 수익자에게 대항하지 못하고, 요약자도 대가관계의 부존재나 효력의 상실을 이유로 자신이 기본관계에 기하여 낙약자에게 부담하는 채무의 이행을 거부할 수 없다.(대판 2003.12.11, 2003다49771)

판례 수익자의 계약해제권 또는 손해배상청구권 : [1] 제3자를 위한 계약의 당사자가 아닌 수익자는 계약의 해제권이나 해제를 원인으로 한 원상회복청구권이 있다고 볼 수 없다.
[2] 제3자를 위한 계약에 있어서 수익의 의사표시를 한 수익자는 낙약자에게 직접 그 이행을 청구할 수 있을 뿐만 아니라 요약자가 계약을 해제한 경우에는 낙약자에게 자기가 입은 손해의 배상을 청구할 수 있는 것이므로, 수익자가 완성된 목적물의 하자로 인하여 손해를 입었다면 수급인은 그 손해를 배상할 의무가 있다.
(대판 1994.8.12, 92다41559)

第540條【債務者의 第三者에 대한 催告權】 前條의 경우에 債務者는 相當한 期間을 정하여 契約의 利益의 享受與否의 確答을 第三者에게 催告할 수 있다. 債務者가 그 期間내에 確答을 받지 못한 때에는 第三者가 契約의 利益을 받을 것을 拒絶한 것으로 본다.

第541條【第三者의 權利의 確定】 第539條의 規定에 의하여 第三者의 權利가 생긴 후에는 當事者는 이를 變更 또는 消滅시키지 못한다.

판례 제3자를 위한 계약에 있어 제3자의 권리를 변경·소멸시키는 행위의 효력 : 제3자를 위한 계약에 있어서, 제3자가 민법 539조 2항에 따라 수익의 의사표시를 함으로써 제3자에게 권리가 확정적으로 귀속된 경우에는, 요약자와 낙약자의 합의에 의하여 제3자의 권리를 변경·소멸시킬 수 있음을 미리 유보하였거나, 제3자의 동의가 있는 경우가 아니면 계약의 당사자인 요약자와 낙약자는 제3자의 권리를 변경·소멸시키지 못하고, 만일 계약의 당사자가 제3자의 권리를 임의로 변경·소멸시키는 행위를 한 경우 이는 제3자에 대하여 효력이 없다.(대판 2002.1.25, 2001다30285)

第542條【債務者의 抗辯權】 債務者는 第539條의 契約에 基한 抗辯으로 그 契約의 利益을 받을 第三者에게 對抗할 수 있다.

참조 [계약에 기인한 항변의 예]536

독판 항공사와 여행사 사이의 전세항공기(charter)계약은 여행자를 제3자로 하는 제3자를 위한 계약을 구성한다. 보상관계에 있어서의 諾約者의 要約者에 대한 항변은 이를 제3자에 대해서도 주장할 수 있음이 원칙이지만, 항공사는 여행사로부터 약속한 대금을 지급받지 못했음을 이유로 동시이행의 항변을 제3자에 대해서 주장할 수 없다. 이는 보상관계의 성질상 제3자에 대해 주장할 수 없는 항변에 속하기 때문이다. 항공사측은 자기의 전세항공기를 이용할 여행자들이 이미 여행개시 전에 항공료를 포함한 여행경비의 전액을 여행사에 지급한다는 사실을 잘 알고 있음으로 해서, 여행자들이 항공사에 대해서도 항변에 걸리지 않는 권리주장을 할 수 있을 것으로 신뢰하고 있음을 항공사측도 충분히 인식하고 있는 한, 위의 항변은 제3자인 여행자들에 대해서 주장될 수 없다. 여행자들이 여행사에 지급한 항공운임이 항공사에 전달될 수 있도록 하는 것은 항공사측 고유의 위험영역에 속한다 할 것이다.(독·연방법원 1985.1.17 BGHZ 93,271)

第3款 契約의 解止, 解除

第543條【解止, 解除權】 ① 契約 또는 法律의 規定에 의하여 當事者의 一方이나 雙方이 解止 또는 解除의 權利가 있는 때에는 그 解止 또는 解除는 相對方에 대한 意思表示로 한다.

② 前項의 意思表示는 撤回하지 못한다.

참조 [계약의 해지·해제]544–553, [계약에 의한 해지·해제권]565·590이하, [법률의 규정에 의한 해지·해제권]544–546·570–578·580·581·590·613②·614·625·627②·629·635·637·640·657–661·668·673·674·689·698·699·727, 상68–70·83·92, 신원보증법5, [여행계약의 해제]674의3, [파산과 쌍무계약의 해제]채무자회생파산335·337

판례 계약의 합의해제에 있어 민법 548조 1항 단서의 적용 여부(적극) : 계약의 합의해제에 있어서도 민법 548조의 계약해제의 경우와 같이 이로써 제3자의 권리를 해할 수 없다. 계약해제시 계약은 소급하여 소멸하게 되어 해약당사자는 각 원상회복의 의무를 부담하게 되나 이 경우 원상회복등기 등이 이루어지기 이전에 해약당사자와 양립되지 아니하는 법률관계를 가지게 되었고 계약해제 사실을 몰랐던 제3자에 대하여는 계약해제를 주장할 수 없고, 제3자가 악의라는 사실의 주장·입증책임은 계약해제를 주장하는 자에게 있다.
(대판 2005.6.9, 2005다6341)

판례 일방당사자의 계약위반을 이유로 계약이 해제된 경우, 계약을 위반한 당사자도 계약해제의 효과를 주장할 수 있는지 여부(적극) : 계약의 해제권은 일종의 형성권으로서 당사자의 일방에 의한 계약해제의 의사표시가 있으면 그 효과로서 새로운 법률관계가 발생하고 각 당사자는 그에 구속되는 것이므로, 일방 당사자의 계약위반을 이유로 한 상대방의 계약해제 의사표시에 의하여 계약이 해제되었음에도 상대방이 계약이 존속함을 전제로 계약상 의무의 이행을 구하는 경우 계약을 위반한 당사자도 당해 계약이 상대방의 해제로 소멸되었음을 들어 그 이행을 거절할 수 있다.
(대판 2001.6.29, 2001다21441,21458)

판례 계약의 묵시적 합의해제를 인정하기 위한 요건 : 계약의 합의해제는 기존 계약의 효력을 장래에 향하여 소멸시키기로 하는 내용의 청약과 승낙이라는 서로 대립하는 의사표시가 합치될 것을 그 요건으로 하는 것이고, 이러한 합의가 성립하기 위하여는 쌍방 당사자의 표시행위에 나타난 의사의 내용이 서로 객관적으로 일치하여야 하고, 또 묵시적 합의해지는 계약에 따른 채무의 이행이 시작된 후에 당사자 쌍방의 계약실현 의사의 결여 또는 포기로 인하여 계약을 실현하지 아니할 의사가 일치되어야만 한다.(대판 2000.3.10, 99다70884)

第544條【履行遲滯와 解除】 當事者 一方이 그 債務를 履行하지 아니하는 때에는 相對方은 相當한 期間을 정하여 그 履行을 催告하고 그 期間내에 履行하지 아니한 때에는 契約을 解除할 수 있다. 그러나 債務者가 미리 履行하지 아니할 意思를 表示한 경우에는 催告를 要하지 아니한다.

참조 [채무불이행]387 · 390 · 395 · 536, [이행]460 · 461, [최고]545, [동시이행]536

판례 채무자가 채무를 이행하지 아니할 의사를 명백히 표시한 경우에 채권자는 신의성실의 원칙상 이행기 전이라도 이행의 최고 없이 채무자의 이행거절을 이유로 계약을 해제하거나 채무자를 상대로 손해배상을 청구할 수 있고, 채무자가 채무를 이행하지 아니할 의사를 명백히 표시하였는지 여부는 채무 이행에 관한 당사자의 행동과 계약 전후의 구체적인 사정 등을 종합적으로 살펴서 판단하여야 한다.
(대판 2007.9.20, 2005다63337)

판례 부수적 채무의 불이행을 이유로 계약을 해제할 수 있는지 여부 : 채무불이행을 이유로 계약을 해제하려면, 당해 채무가 계약의 목적 달성에 있어 필요불가결하고 이를 이행하지 아니하면 계약의 목적이 달성되지 아니하여 채권자가 그 계약을 체결하지 아니하였을 것이라고 여겨질 정도의 주된 채무이어야 하고 그렇지 아니한 부수적 채무를 불이행한 데에 지나지 아니한 경우에는 계약을 해제할 수 없다.
(대판 2005.11.25, 2005다53705,53712)

판례 과다최고의 효력 : 채권자가 본래 급부하여야 할 수량보다 과다하게 청구하였다 하여도 급부할 수량과의 차이가 비교적 적고 채권자가 급부의 수량을 잘못 알고 과다하게 최고한 진의가 본래 급부할 수량을 청구한 것이라면 그 최고는 본래 급부하여야 할 수량의 범위 내에서 유효하다 할 것이나, 채권자의 이행최고가 본래 이행하여야 할 채무액을 초과하는 금액의 이행을 요구하는 내용일 때에는, 그 과다한 정도가 현저하고 채권자가 청구한 금액을 제공하지 않으면 그것을 수령하지 않을 것이라는 의사가 분명한 경우에는 그 최고는 부적법하고, 이러한 최고에 터잡은 계약 해제는 그 효력이 없다.
(대판 1995.9.5, 95다19898 ; 대판 2004.7.9, 2004다13083)

第545條【定期行爲와 解除】 契約의 性質 또는 當事者의 意思表示에 의하여 一定한 時日 또는 一定한 期間내에 履行하지 아니하면 契約의 目的을 達成할 수 없을 경우에 當事者 一方이 그 時期에 履行하지 아니한 때에는 相對方은 前條의 催告를 하지 아니하고 契約을 解除할 수 있다.

참조 [상사매매인 정기행위의 경우]상68

第546條【履行不能과 解除】 債務者의 責任있는 事由로 履行이 不能하게 된 때에는 債權者는 契約을 解除할 수 있다.

참조 [채무불이행]390, [채무자귀책사유로 인한 이행불능]537

판례 소유권이전등기의무의 이행불능을 이유로 매매계약을 해제함에 있어서 잔대금지급의무의 이행제공이 필요한지 여부(소극) : 매도인의 매매계약상의 소유권이전등기의무가 이행불능이 되어 이를 이유로 매매계약을 해제함에 있어서는 상대방의 잔대금지급의무가 매도인의 소유권이전등기의무와 동시이행관계에 있다고 하더라도 그 이행의 제공을 필요로 하는 것이 아니다.
(대판 2003.1.24, 2000다22850)

판례 매수인의 귀책사유에 의하여 매도인의 매매목적물에 관한 소유권이전의무가 이행불능이 된 경우, 매수인은 그 이행불능을 이유로 계약을 해제할 수 있는지 여부(소극) : 이행불능을 이유로 계약을 해제하기 위해서는 그 이행불능이 채무자의 귀책사유에 의한 경우여야만 할 것이므로(민법 546조), 매도인의 매매목적물에 관한 소유권이전의무가 이행불능이 되었다고 할지라도, 그 이행불능이 매수인의 귀책사유에 의한 경우에는 매수인은 그 이행불능을 이유로 계약을 해제할 수 없다.(대판 2002.4.26, 2000다50497)

第547條【解止, 解除權의 不可分性】 ① 當事者의 一方 또는 雙方이 數人인 경우에는 契約의 解止나 解除는 그 全員으로부터 또는 全員에 대하여 하여야 한다.
② 前項의 경우에 解止나 解除의 權利가 當事者 1人에 대하여 消滅한 때에는 다른 當事者에 대하여도 消滅한다.

참조 [해지, 해제권]543, [해제권의 소멸]483② · 552② · 553

第548條【解除의 效果, 原狀回復義務】 ① 當事者 一方이 契約을 解除한 때에는 各 當事者는 그 相對方에 대하여 原狀回復의 義務가 있다. 그러나 第三者의 權利를 害하지 못한다.
② 前項의 경우에 返還할 金錢에는 그 받은 날로부터 利子를 加하여야 한다.

참조 546 · 549, ①[부당이득의 효과]748, [해약고지의 효과]550, [해제와 손해배상]390 - 398 · 537 · 551 · 565② · 570 · 572③ · 574 · 576③ · 727, [고지와 손해배상]637 · 661 · 663 · 674②, ②[이자]379

판례 상속재산 분할협의가 합의해제된 경우에도 동조 제1항 단서가 적용되는지 여부 : 상속재산 분할협의가 합의해제되면 그 협의에 따른 이행으로 변동이 생겼던 물권은 당연히 그 분할협의가 없었던 원상태로 복귀하지만, 동조 제1항 단서의 규정상 이러한 합의해제를 가지고서는, 그 해제 전의 분할협의로부터 생긴 법률효과를 기초로 하여 새로운 이해관계를 가지게 되고 등기 · 인도 등으로 완전한 권리를 취득한 제3자의 권리를 해하지 못한다.(대판 2004.7.8, 2002다73203)

판례 동조 제2항 '이자 반환'의 법적 성질 : 여기서 '이자의 반환'은 원상회복의무의 범위에 속하는 것으로 일종의 '부당이득반환'의 성질을 가지는 것이지 반환의무의 이행지체로 인한 손해배상은 아니다.
(대판 2003.7.22, 2001다76298)

판례 동조 제1항 단서 '제3자'의 의미 : 동조 제1항 단서에서 규정하는 '제3자'라 함은 그 해제된 계약으로부터 생긴 법률적 효과를 기초로 하여 새로운 이해관계를 가졌을 뿐 아니라 등기 · 인도 등으로 완전한 권리를 취득한 자를 말하는 것이고, 해제에 의하여 소멸되는 계약상의 채권을 양도받은 양수인이나 그 채권의 가압류채권자는 이에 포함되지 않는다고 할 것이다.(대판 2000.4.11, 99다51685)

第549條【原狀回復義務와 同時履行】 第536條의 規定은 前條의 경우에 準用한다.

第550條【解止의 效果】 當事者 一方이 契約을 解止한 때에는 契約은 將來에 대하여 그 效力을 잃는다.

참조 [여행계약의 해지]674의4 · 674의7

第551條【解止, 解除와 損害賠償】 契約의 解止 또는 解除는 損害賠償의 請求에 影響을 미치지 아니한다.

참조 [본조의 부적용]565②, [해지 · 해제의 효과]548 - 550, [해제와 손해배상]390 - 398 · 537 · 570 · 572③ · 574 · 576③ · 727, [고지와 손해배상]637 · 661 · 663 · 674②

판례 채무불이행을 이유로 계약해제와 아울러 손해배상을 청구하는 경우, 신뢰이익의 배상을 구할 수 있는지 여부(적극) 및 그 신뢰이익의 배상범위 : 채무불이행을 이유로 계약해제와 아울러 손해배상을 청구하는 경우에 이행이익의 배상을 구하는 것이 원칙이지만, 그에 갈음하여 그 계약이 이행되리라고 믿고 채권자가 지출한 비용, 즉 신뢰이익의 배상을 구할 수도 있다고 할 것이고, 그 신뢰이익 중 계약의 체결과 이행을 위하여 통상적으로 지출되는 비용은 통상의 손해로서 상대방이 알았거나 알 수 있었는지의 여부와는 관계없이 그 배상을 구할 수 있고, 이를 초과하여 지출되는 비용은 특별한 사정으로 인한 손해로서 상대방이 이를 알았거나 알 수 있었던 경우에 한하여 그 배상을 구할 수 있다. 다만, 그 신뢰이익은 과잉배상금지의 원칙에 비추어 이행이익의 범위를 초과할 수 없다.(대판 2003.10.23, 2001다75295)

第552條【解除權行使與否의 催告權】 ① 解除權의 行使의 期間을 정하지 아니한 때에는 相對方은 相當한 期間을 정하여 解除權行使與否의 確答을 解除權者에게 催告할 수 있다.
② 前項의 期間내에 解除의 通知를 받지 못한 때에는 解除權은 消滅한다.

참조 [해제권의 소멸]547② · 553

판례 민법 552조에 의하여 해제권이 소멸된 경우, 그 후 새로운 사유에 의하여 발생한 해제권도 행사할 수 없게 되는지 여부(소극) : 민법 552조에 의하여, 해제권의 행사의 기간을 정하지 아니한 때에는 상대방은 상당한 기간을 정하여 해제권 행사 여부의 확답을 해제권자에게 최고할 수 있고, 그 기간 내에 해제의 통지를 받지 못한 때에는 해제권은 소멸하는 것이지만, 이로 인하여 그 후 새로운 사유에 의하여 발생한 해제권까지 행사할 수 없게 되는 것은 아니다.
(대판 2005.12.8, 2003다41463)

第553條【毁損 등으로 인한 解除權의 消滅】 解除權者의 故意나 過失로 인하여 契約의 目的物이 顯著히 毁損되거나 이를 返還할 수 없게 된 때 또는 加工이나 改造로 인하여 다른 種類의 物件으로 變更된 때에는 解除權은 消滅한다.

第2節 贈 與

第554條【贈與의 意義】 贈與는 當事者 一方이 無償으로 財産을 相對方에 授與하는 意思를 表示하고 相對方이 이를 承諾함으로써 그 效力이 생긴다.

참조 562, [무상행위의 부인]채무자회생파산391

판례 아직 형성되지 아니한 종중 또는 친족공동체에 대한 증여의 의사표시의 효력 유무(소극) : 증여는 증여자와 수증자 간의 계약으로서 수증자의 승낙을 요건으로 하므로 아직 형성되지도 아니한 종중 또는 친족공동체에 대한 증여의 의사표시는 아무런 효력이 없다.
(대판 1992.2.25, 91다28344)

第555條【書面에 의하지 아니한 贈與와 解除】 贈與의 意思가 書面으로 表示되지 아니한 경우에는 各 當事者는 이를 解除할 수 있다.

참조 [해제]543이하, [해제와 이행완료부분]558

판례 수증자가 부담의 이행을 완료한 서면 없는 부담부증여 계약 : A는 마을회에 마을회관 부지를 증여하고, 마을회는 이에 따라 그 부근에서 농사를 짓지 못하게 된 A의 숙모에게 300만 원을 지급하기로 하는 부담부증여계약을 체결했다. 계약 체결 당시 A의 증여의사가 서면에 의해 표시되지 않았고, 증여계약 이행 역시 완료되지 않았지만 마을회는 A의 숙모에게 300만 원을 지급하기로 하는 부담을 모두 이행했다. 그러나 이후 A는 증여의 의사가 서면으로 표시되지 않았다며 마을회에 토지사용대차계약 해지에 따른 토지 인도 및 건물 철거를 청구하였다. 증여의 의사가 서면으로 표시되지 않은 경우 부담부증여계약도 부담 없는 증여계약과 마찬가지로 민법 제555조에 따라 해제할 수 있다. 그러나 이 사안에서와 같이 수증자가 부담 이행을 이미 완료하였다면 해제권을 주장할 수 없다.
(대판 2022.9.29, 2021다299976,299983)

판례 민법 555조 소정의 해제의 법적 성질(=철회) 및 제척기간의 적용 여부(소극) : 서면의 문언 자체는 증여계약서로 되어 있지 않더라도 그 서면의 작성에 이르게 된 경위를 아울러 고려할 때 그 서면이 바로 증여의사를 표시한 서면이라고 인정되면 이를 민법 555조에서 말하는 서면에 해당한다고 보아야 한다. 민법 555조에서 말하는 해제는 일종의 특수한 철회일 뿐 민법 543조 이하에서 규정한 본래 의미의 해제와는 다르다고 할 것이어서 형성권의 제척기간의 적용을 받지 않는다.(대판 2003.4.11, 2003다1755)

第556條【受贈者의 行爲와 贈與의 解除】 ① 受贈者가 贈與者에 대하여 다음 各號의 事由가 있는 때에는 贈與者는 그 贈與를 解除할 수 있다.
1. 贈與者 또는 그 配偶者나 直系血族에 대한 犯罪行爲가 있는 때
2. 贈與者에 대하여 扶養義務있는 경우에 이를 履行하지 아니하는 때
② 前項의 解除權은 解除原因있음을 안 날로부터 6月을 經過하거나 贈與者가 受贈者에 대하여 容恕의 意思를 表示한 때에는 消滅한다.

참조 [해제]543이하·558, [직계혈족]768, [부양의무]974이하

第557條【贈與者의 財産狀態變更과 贈與의 解除】 贈與契約후에 贈與者의 財産狀態가 顯著히 變更되고 그 履行으로 인하여 生計에 重大한 影響을 미칠 경우에는 贈與者는 贈與를 解除할 수 있다.

참조 [해제]543이하·558

第558條【解除와 履行完了部分】 前3條의 規定에 의한 契約의 解除는 이미 履行한 部分에 대하여는 影響을 미치지 아니한다.

참조 [해제]543이하

第559條【贈與者의 擔保責任】 ① 贈與者는 贈與의 目的인 物件 또는 權利의 瑕疵나 欠缺에 대하여 責任을 지지 아니한다. 그러나 贈與者가 그 瑕疵나 欠缺을 알고 受贈者에게 告知하지 아니한 때에는 그러하지 아니하다.
② 相對負擔있는 贈與에 대하여는 贈與者는 그 負擔의 限度에서 賣渡人과 같은 擔保의 責任이 있다.

참조 561·567·1088, [매도인의 담보책임]570-584

第560條【定期贈與와 死亡으로 인한 失效】 定期의 給與를 目的으로 한 贈與는 贈與者 또는 受贈者의 死亡으로 인하여 그 效力을 잃는다.

참조 [종신정기금계약]725, [실종선고에 의한 사망간주]28

第561條【負擔附贈與】 相對負擔있는 贈與에 대하여는 本節의 規定외에 雙務契約에 관한 規定을 適用한다.

참조 [부담부증여]559②, [쌍무계약에 관한 규정]536-553, [부담부사인증여]562·1088

판례 부담부증여에 있어 부담의무 불이행에 따른 증여계약의 해제요건 : 상대부담 있는 증여에 대하여는 민법 561조에 의하여 쌍무계약에 관한 규정이 준용되어 부담의무 있는 상대방이 자신의 의무를 이행하지 아니할 때에는 비록 증여계약이 이미 이행되어 있다 하더라도 증여자는 계약을 해제할 수 있고, 그 경우 민법 555조와 558조는 적용되지 아니한다.(대판 1997.7.8, 97다2177)

第562條【死因贈與】 贈與者의 死亡으로 인하여 效力이 생길 贈與에는 遺贈에 관한 規定을 準用한다.

참조 [실종선고에 의한 사망간주]28, [준용규정]1073·1078이하·1093이하

판례 사망한 부모가 생전에 유언하는 모습을 촬영한 차남이 다른 상속인인 형제들을 상대로 소유권이전등기를 청구하였다. 이 사건에서 망인이 단독행위로서 유증을 하였으나 유언의 요건을 갖추지 못하여 효력이 없는 경우 이를 '사인증여'로서 효력을 인정하려면 증여자와 수증자 사이에 청약과 승낙에 의한 의사합치가 이루어져야 한다. 유언자인 망인이 자신의 상속인인 여러 명의 자녀들에게 재산을 분배하는 내용의 유언을 하였으나 민법상 요건을 갖추지 못하여 유언의 효력이 부정되는 경우 유언을 하는 자리에 동석하였던 일부 자녀에게만 사인증여로서의 효력을 인정한다면, 자신의 재산을 배우자와 자녀들에게 모두 배분하고자 하는 망인의 의사에 부합하지 않고 그 자리에 참석하지 않았던 나머지 상속인들과의 형평에도 맞지 않는 결과가 초래된다. 따라서 이러한 경우 유언자인 망인과 일부 상속인 사이에서만 사인증여로서의 효력을 인정하여야 할 특별한 사정이 없는 이상 그와 같은 효력을 인정하는 판단에는 신중을 기해야 한다.
(대판 2023.9.27, 2022다302237)

판례 유류분반환청구에 있어 사인증여를 유증으로 볼 수 있는지 여부(적극) : 유류분반환청구의 목적인 증여나 유증이 병존하고 있는 경우에는 유류분권리자는 먼저 유증을 받은 자를 상대로 유류분침해액의 반환을 구하여야 하고, 그 이후에도 여전히 유류분침해액이 남아 있는 경우에 한하여 증여를 받은 자에 대하여 그 부족분을 청구할 수 있는 것이며, 사인증여의 경우에는 유증의 규정이 준용될 뿐만 아니라 그 실제적 기능도 유증과 달리 볼 필요가 없으므로 유증과 같이 보아야 할 것이다.(대판 2001.11.30, 2001다6947)

第3節 賣 買

第1款 總 則

第563條【賣買의 意義】 賣買는 當事者 一方이 財産權을 相對方에게 移轉할 것을 約定하고 相對方이 그 代金을 支給할 것을 約定함으로써 그 效力이 생긴다.

참조 [상사매매]상67-71

판례 매매계약에 있어서 그 목적물과 대금은 반드시 계약체결 당시에 구체적으로 특정될 필요는 없고 이를 사후에라도 구체적으로 특정할 수 있는 방법과 기준이 정해져 있으면 족하다.
(대판 1997.1.24, 96다26176)

第564條【賣買의 一方豫約】 ① 賣買의 一方豫約은 相對方이 賣買를 完結할 意思를 表示하는 때에 賣買의 效力이 생긴다.
② 前項의 意思表示의 期間을 정하지 아니한 때에는 豫約者는 相當한 期間을 정하여 賣買完結與否의 確答을 相對方에게 催告할 수 있다.
③ 豫約者가 前項의 期間내에 確答을 받지 못한 때에는 豫約은 그 效力을 잃는다.

참조 567·599

판례 매매예약완결권의 행사기간과 기산점 : 매매의 일방예약에서 예약자의 상대방이 매매예약 완결의 의사표시를 하여 매매의 효력을 생기게 하는 권리, 즉 매매예약의 완결권은 일종의 형성권으로서 당사자

사이에 그 행사기간을 약정한 때에는 그 기간 내에, 그러한 약정이 없는 때에는 그 예약이 성립한 때로부터 10년 내에 이를 행사하여야 하고, 그 기간이 지나면 예약완결권은 제척기간의 경과로 소멸한다.
(대판 2003.1.10, 2000다26425)

第565條【解約金】 ① 賣買의 當事者 一方이 契約當時에 金錢 기타 物件을 契約金, 保證金등의 名目으로 相對方에게 交付한 때에는 當事者間에 다른 約定이 없는 限 當事者의 一方이 履行에 着手할 때까지 交付者는 이를 拋棄하고 受領者는 그 倍額을 償還하여 賣買契約을 解除할 수 있다.
② 第551條의 規定은 前項의 경우에 이를 適用하지 아니한다.

참조 567, [계약해제]543

판례 제1항에서 정한 '이행에 착수할 때'의 의미 및 매도인이 매수인에게 매매계약의 이행을 최고하고 매매잔대금의 지급을 구하는 소송을 제기한 것만으로 이행에 착수하였다고 볼 수 있는지 여부(소극) : 여기에서 이행에 착수한다는 것은 객관적으로 외부에서 인식할 수 있는 정도로 채무의 이행행위의 일부를 하거나 또는 이행을 하기 위하여 필요한 전제행위를 하는 경우를 말하는 것으로서 단순히 이행의 준비를 하는 것만으로는 부족하고, 반드시 계약내용에 들어맞는 이행제공의 정도에까지 이르러야 하는 것은 아니지만, 매도인이 매수인에 대하여 매매계약의 이행을 최고하고 매매잔대금의 지급을 구하는 소송을 제기한 것만으로는 이행에 착수하였다고 볼 수 없다.
(대판 2008.10.23, 2007다72274,72281)

판례 해제권 행사의 시기를 당사자의 일방이 이행에 착수할 때까지로 제한한 취지 : 민법 제565조가 해제권 행사의 시기를 당사자의 일방이 이행에 착수할 때까지로 제한한 것은 당사자의 일방이 이미 이행에 착수한 때에는 그 당사자는 그에 필요한 비용을 지출하였을 것이고, 또 그 당사자는 계약이 이행될 것으로 기대하고 있는데 만일 이러한 단계에서 상대방으로부터 계약이 해제된다면 예측하지 못한 손해를 입게 될 우려가 있으므로 이를 방지하고자 함에 있다.
(대판 2006.2.10, 2004다11599)

판례 계약금의 성질 및 계약해제시의 귀속관계 : 유상계약을 체결함에 있어서 계약금이 수수된 경우 특약이 없는 이상 계약이 당사자 일방의 귀책사유로 인하여 해제되었다 하더라도 상대방은 계약불이행으로 입은 실제 손해만을 배상받을 수 있을 뿐 계약금이 위약금으로서 상대방에게 당연히 귀속된다고 할 수 없다.
(대판 1992.11.27, 92다23209)

第566條【賣買契約의 費用의 負擔】 賣買契約에 관한 費用은 當事者 雙方이 均分하여 負擔한다.

참조 567, [채무변제의 비용]473

第567條【有償契約에의 準用】 本節의 規定은 賣買이외의 有償契約에 準用한다. 그러나 그 契約의 性質이 이를 許容하지 아니하는 때에는 그러하지 아니하다.

참조 [공유물분할과 담보책임]270, [부담부증여와 담보책임]559②

第2款 賣買의 效力

第568條【賣買의 效力】 ① 賣渡人은 買受人에 대하여 賣買의 目的이 된 權利를 移轉하여야 하며 買受人은 賣渡人에게 그 代金을 支給하여야 한다.
② 前項의 雙方義務는 特別한 約定이나 慣習이 없으면 同時에 履行하여야 한다.

참조 [매매]563, [동시이행의 항변권]536

판례 매매 목적 부동산에 처분금지가처분등기 및 소유권말소예고등기가 기입되어 있는 경우, 매도인은 매수인에게 이와 같은 등기를 말소하여 완전한 소유권이전등기를 해 주어야 할 의무가 있는지 여부(적극) : 부동산 매매계약이 체결된 경우에는 매도인은 특별한 사정이 없는 한 제한이나 부담이 없는 소유권이전등기의무를 지는 것이므로, 매매 목적 부동산에 처분금지가처분등기와 소유권말소예고등기가 기입되어 있는 경우에는 매도인은 이와 같은 등기를 말소하여 완전한 소유권이전등기를 해 주어야 할 의무가 있다.
(대판 1999.7.9, 98다13754,13761)

판례 부동산의 매매계약에 있어서 매도인이 목적 부동산의 소유권이전에 필요한 서류들 일체를 매수인에게 교부하여 주었다면 특별한 사정이 없는 한 그로써 소유권이전의무의 이행은 완료되었다고 보아야 할 것이므로 제3채무자가 소유권이전등기서류를 모두 교부한 후 그에게 송달된 소유권이전등기청구권 가압류결정은 효력이 없고, 위 가압류결정 송달 후 제3채무자가 소유권이전등기 의사를 철회하고 이미 교부한 등기서류를 반환받는 등 소유권이전등기를 하지 못하도록 하는 조치를 취하지 아니하였다 하더라도 가압류결정에 위배된다고 할 수 없다.(대판 1998.5.26, 98다8172)

第569條【他人의 權利의 賣買】 賣買의 目的이 된 權利가 他人에게 속한 경우에는 賣渡人은 그 權利를 取得하여 買受人에게 移轉하여야 한다.

참조 570-573, [담보책임면제의 특약]584, [변제로서의 타인의 물건의 인도]463·465, [상속재산에 속하지 아니하는 권리의 유증]1087

판례 타인권리매매를 한 자를 그 타인이 상속한 경우 : 채권자가 채무자 소유의 부동산에 대하여 강제경매신청을 하여 자녀들 명의로 이를 경락받았다면 그 소유자는 경락인인 자녀들이라 할 것이므로, 채권자가 그 후 채무자와 사이에 채권액의 일부를 지급받고 자녀들 명의의 소유권이전등기를 말소하여 주기로 합의하였다 하더라도 채권자의 사망으로 인하여 자녀들이 상속지분에 따라 채권자의 의무를 상속하게 되었다고 하더라도 그들은 신의칙에 반하는 것으로 인정할 만한 특별한 사정이 없는 한 원칙적으로 위 합의에 따른 의무의 이행을 거절할 수 있다.(대판 2001.9.25, 99다19698)

第570條【同前-賣渡人의 擔保責任】 前條의 경우에 賣渡人이 그 權利를 取得하여 買受人에게 移轉할 수 없는 때에는 買受人은 契約을 解除할 수 있다. 그러나 買受人이 契約 當時 그 權利가 賣渡人에게 속하지 아니함을 안 때에는 損害賠償을 請求하지 못한다.

참조 571-573·580, [계약해제]543, [손해배상]393-396, [담보책임]270·278·559·1016-1018·1087

판례 타인의 권리매매에 있어서 매도인의 귀책사유로 이행불능이 된 경우 매도인의 손해배상책임 : 타인의 권리를 매매의 목적으로 한 경우에 있어서 그 권리를 취득하여 매수인에게 이전하여야 할 매도인의 의무가 매도인의 귀책사유로 인하여 이행불능이 되었다면 매수인이 매도인의 담보책임에 관한 민법 570조 단서의 규정에 의해 손해배상을 청구할 수 없다 하더라도 채무불이행 일반의 규정(민법 546조, 390조)에 좇아서 계약을 해제하고 손해배상을 청구할 수 있다.
(대판 1993.11.23, 93다37328)

第571條【同前-善意의 賣渡人의 擔保責任】 ① 賣渡人이 契約 當時에 賣買의 目的이 된 權利가 自己에게 속하지 아니함을 알지 못한 경우에 그 權利를 取得하여 買受人에게 移轉할 수 없는 때에는 賣渡人은 損害를 賠償하고 契約을 解除할 수 있다.
② 前項의 경우에 買受人이 契約 當時 그 權利가 賣渡人에게 속하지 아니함을 안 때에는 賣渡人은 買受人에 대하여 그 權利를 移轉할 수 없음을 通知하고 契約을 解除할 수 있다.

참조 569·570, [담보책임면제의 특약]584, [계약해제]543, ①[손해배상]393-396, ②[매수인이 악의인 경우의 담보책임]570

판례 수개의 권리를 일괄하여 매매의 목적으로 정하였으나 그 중 일부의 권리를 이전할 수 없는 경우, 민법 571조 1항의 적용 가부(소극) : 민법 571조 1항은 선의의 매도인이 매매의 목적인 권리의 전부를 이전할 수 없는 경우에 적용될 뿐 매매의 목적인 권리의 일부를 이전할 수 없는 경우에는 적용될 수 없고, 마찬가지로 수개의 권리를 일괄하여 매매의 목적으로 정하였으나 그 중 일부의 권리를 이전할 수 없는 경우에도 위 조항은 적용될 수 없다.(대판 2004.12.9, 2002다33557)

第572條【權利의 一部가 他人에게 속한 경우와 賣渡人의 擔保責任】 ① 賣買의 目的이 된 權利의 一部가 他人에게 속함으로 인하여 賣渡人이 그 權利를 取得하여 買受人에게 移轉할 수 없는 때에는 買受人은 그 部分의 比率로 代金의 減額을 請求할 수 있다.
② 前項의 경우에 殘存한 部分만이면 買受人이 이를 買受하지 아니하였을 때에는 善意의 買受人은 契約全部를 解除할 수 있다.
③ 善意의 買受人은 減額請求 또는 契約解除외에 損害賠償을 請求할 수 있다.

참조 574·576, [동시이행의 항변권]536·583, [권리행사의 기간]573, [특약이 있는 경우]584, [상인간의 매매와 목적물의 하자]상69, ②[계약해제]543, ③[손해배상]393-396

판례 매매계약에서 건물과 그 대지가 계약의 목적물인데 건물의 일부가 경계를 침범하여 이웃 토지 위에 건립되어 있는 경우에 매도인이 그 경계 침범의 건물부분에 관한 대지부분을 취득하여 매수인에게 이전하지 못하는 때에는 매수인은 매도인에 대하여 민법 제572조를 유추적용하여 담보책임을 물을 수 있다. 그리고 그 경우에 이웃 토지의 소유자가 소유권에 기하여 그와 같은 방해상태의 배제를 구하는 소를 제기하여 승소의 확정판결을 받았으면, 다른 특별한 사정이 없는 한 매도인은 그 대지부분을 취득하여 매수인에게 이전할 수 없게 되었다고 봄이 상당하다.(대판 2009.7.23, 2009다33570)

第573條【前條의 權利行使의 期間】 前條의 權利는 買受人이 善意인 경우에는 事實을 안 날로부터, 惡意인 경우에는 契約한 날로부터 1年내에 行使하여야 한다.

판례 '사실을 안 날'이라 함은 단순히 권리의 일부가 타인에게 속한 사실을 안 날이 아니라 그 때문에 매도인이 이를 취득하여 매수인에게 이전할 수 없게 되었음이 확실하게 된 사실을 안 날을 말한다.(대판 1997.6.13, 96다15596)

第574條【數量不足, 一部滅失의 경우와 賣渡人의 擔保責任】 前2條의 規定은 數量을 指定한 賣買의 目的物이 不足되는 경우와 賣買目的物의 一部가 契約當時에 이미 滅失된 경우에 買受人이 그 不足 또는 滅失을 알지 못한 때에 準用한다.

참조 [동시이행의 항변권]536·583, [담보책임면제의 특약]584, [상인간의 매매와 수량부족]상69

판례 동조에서 규정하는 '수량을 지정한 매매'의 의미 : 여기서 '수량을 지정한 매매'라 함은 당사자가 매매의 목적인 특정물이 일정한 수량을 가지고 있다는 데 주안을 두고 대금도 그 수량을 기준으로 하여 정한 경우를 말하는 것이므로, 토지의 매매에 있어 목적물을 등기부상의 면적에 따라 특정한 경우라도 당사자가 그 지정된 구획을 전체로서 평가하였고, 면적에 의한 계산이 하나의 표준에 지나지 아니하여 그것이 당사자들 사이에 대상토지를 특정하고 그 대금을 결정하기 위한 방편이었다고 보일 때에는 이를 가리켜 수량을 지정한 매매라 할 수 없다.(대판 2003.1.24, 2002다65189)

第575條【制限物權있는 경우와 賣渡人의 擔保責任】 ① 賣買의 目的物이 地上權, 地役權, 傳貰權, 質權 또는 留置權의 目的이 된 경우에 買受人이 이를 알지 못한 때에는 이로 인하여 契約의 目的을 達成할 수 없는 경우에 限하여 買受人은 契約을 解除할 수 있다. 기타의 경우에는 損害賠償만을 請求할 수 있다.

② 前項의 規定은 賣買의 目的이 된 不動産을 위하여 存在할 地役權이 없거나 그 不動産에 登記된 賃貸借契約이 있는 경우에 準用한다.

③ 前2項의 權利는 買受人이 그 事實을 안 날로부터 1年내에 行使하여야 한다.

참조 [동시이행의 항변권]536·583, [담보책임면제의 특약]584, ①[계약의 해제]543, [손해배상]393-396, ②[등기한 임차권]621②, [등기 있는 건물의 차지권의 대항력]622

第576條【抵當權, 傳貰權의 行使와 賣渡人의 擔保責任】 ① 賣買의 目的이 된 不動産에 設定된 抵當權 또는 傳貰權의 行使로 인하여 買受人이 그 所有權을 取得할 수 없거나 取得한 所有權을 잃은 때에는 買受人은 契約을 解除할 수 있다.

② 前項의 경우에 買受人의 出財로 그 所有權을 保存한 때에는 賣渡人에 대하여 그 償還을 請求할 수 있다.

③ 前2項의 경우에 買受人이 損害를 받은 때에는 그 賠償을 請求할 수 있다.

참조 [담보책임면제특약]584, ①[계약해제]543, ②[매수인의 소유권보존]364, [변제에 의한 대위]481, ③[손해배상]393-396

판례 임대차계약에 기한 임차권(임대차보증금반환청구권을 포함한다)을 그 목적물로 한 매매계약이 성립한 경우, 매도인이 임대인의 임대차계약상의 의무이행을 담보한다는 특별한 약정을 하지 아니한 이상, 임차권 매매계약 당시 임대차 목적물에 이미 설정되어 있던 근저당권이 임차권 매매계약 이후에 실행되어 낙찰인이 임대차 목적물의 소유권을 취득함으로써 임대인의 목적물을 사용·수익하게 할 의무가 이행불능으로 되었다거나, 임대인의 무자력으로 인하여 임대차보증금반환의무가 사실상 이행되지 않고 있다고 하더라도, 임차권 매도인에게 민법 제576조에 따른 담보책임이 있다고 할 수 없고, 이러한 법리는 임차권을 교환계약의 목적물로 한 경우에도 마찬가지이다.(대판 2007.4.26, 2005다34018,34025)

第577條【抵當權의 目的이 된 地上權, 傳貰權의 賣買와 賣渡人의 擔保責任】 前條의 規定은 抵當權의 目的이 된 地上權 또는 傳貰權이 賣買의 目的이 된 경우에 準用한다.

참조 [지상권, 전세권을 목적으로 하는 저당권]371, [담보책임면제의 특약]584

第578條【競賣와 賣渡人의 擔保責任】 ① 競賣의 경우에는 競落人은 前8條의 規定에 의하여 債務者에게 契約의 解除 또는 代金減額의 請求를 할 수 있다.

② 前項의 경우에 債務者가 資力이 없는 때에는 競落人은 代金의 配當을 받은 債權者에 대하여 그 代金全部나 一部의 返還을 請求할 수 있다.

③ 前2項의 경우에 債務者가 物件 또는 權利의 欠缺을 알고 告知하지 아니하거나 債權者가 이를 알고 競賣를 請求한 때에는 競落人은 그 欠缺을 안 債務者나 債權者에 대하여 損害賠償을 請求할 수 있다.

참조 584, [강제경매]민집80-162, [손해배상]393-396

판례 강제경매의 채무자가 낙찰대금지급기일 직전에 선순위 근저당권을 소멸시켜 후순위 임차권의 대항력을 존속시키고도 이를 낙찰자에게 고지하지 아니하여 낙찰자가 대항력 있는 임차권의 존재를 알지 못한 채 낙찰대금을 지급한 경우 채무자의 손해배상책임 : 선순위 근저당권의 존재로 후순위 임차권이 소멸하는 것으로 알고 부동산을 낙찰받았으나, 그 후 채무자가 후순위 임차권의 대항력을 존속시킬 목적으로 선순위 근저당권의 피담보채무를 모두 변제하고 그 근저당권을 소멸시키고도 이 점에 대하여 낙찰자에게 아무런 고지도 하지 않아 낙찰자가 대항력 있는 임차권이 존속하게 된다는 사정을 알지 못한 채 대금지급기일에 낙찰대금을 지급하였다면, 채무자는 민법 578조 3항의 규정에 의하여 낙찰자가 입게 된 손해를 배상할 책임이 있다.(대판 2003.4.25, 2002다70075)

第579條【債權賣買와 賣渡人의 擔保責任】 ① 債權의 賣渡人이 債務者의 資力을 擔保한 때에는 賣買契約 當時의 資力을 擔保한 것으로 推定한다.

② 辨濟期에 到達하지 아니한 債權의 賣渡人이 債務者의 資力을 擔保한 때에는 辨濟期의 資力을 擔保한 것으로 推定한다.

참조 584, [상속재산분할의 경우의 자력담보책임]1017, [채권출자사원의 담보책임]상196

第580條【賣渡人의 瑕疵擔保責任】 ① 賣買의 目的物에 瑕疵가 있는 때에는 第575條第1項의 規定을 準用한다. 그러나 買受人이 瑕疵있는 것을 알았거나 過失로 인하여 이를 알지 못한 때에는 그러하지 아니하다.

② 前項의 規定은 競賣의 경우에 適用하지 아니한다.

참조 583·584, [상인간의 매매의 특칙]상69, [소비대차와 목적물의 하자]602, [강제경매]민집80-162

판례 종묘업자가 생산한 씨앗에 하자가 있는지의 판단 기준 : 종묘업자가 생산한 종자가 현재의 기술수준과 경제성에 비추어 합리적으로 예견할 수 있는 재배조건에서 재배될 경우 소비자인 농민이 정상적인 생육과정을 통하여 적정한 수확량을 거둘 수 있는 품질을 갖추고 있는 경우라면, 특수한 품질을 그 품종특성으로 등록하거나 설명하는 등 이를 보증하고 공급하지 아니한 이상 종자에 하자가 있다고 할 수 없다.(대판 2001.4.10, 99다70945)

판례 건축을 목적으로 매매된 토지에 대하여 건축허가를 받을 수 없어 건축이 불가능하다는 법률적 장애가 매매목적물의 하자에 해당하는지 여부(적극) 및 그 하자의 존부에 관한 판단 기준시(=매매계약 성립시) : 매매의 목적물이 거래통념상 기대되는 객관적 성질·성능을 결여하거나, 당사자가 예정 또는 보증한 성질을 결여한 경우에 매도인은 매수인에 대하여 그 하자로 인한 담보책임을 부담한다 할 것이고, 한편 건축을 목적으로 매매된 토지에 대하여 건축허가를 받을 수 없어 건축이 불가능한 경우, 위와 같은 법률적 제한 내지 장애 역시 매매목적물의 하자에 해당한다 할 것이나, 다만 위와 같은 하자의 존부는 매매계약 성립시를 기준으로 판단하여야 할 것이다.(대판 2000.1.18, 98다18506)

독판 글리콜(Glykol)이라는 유해물질을 함유하고 있는 포도주는 하자 있는 포도주로 볼 수 없다. 따라서 글리콜을 함유하고 있는 포도주를 납품하는 행위는 하자있는 포도주를 인도하는 것이 아니라, 계약상의 매매목적물로 명시된 '포도주'가 아닌 전혀 다른 물건을 인도하는 것으로, 아직 본래의 채무에 대한 이행은 이루어지지 않았다 할 것이다.(독·연방법원 1988.11.23 BGH NJW 1989,218)

第581條【種類賣買와 賣渡人의 擔保責任】 ① 賣買의 目的物을 種類로 指定한 경우에도 그 후 特定된 目的物에 瑕疵가 있는 때에는 前條의 規定을 準用한다.

② 前項의 경우에 買受人은 契約의 解除 또는 損害賠償의 請求를 하지 아니하고 瑕疵없는 物件을 請求할 수 있다.

참조 583·584, [종류채권]375, [특칙]상69, [계약의 해제]543, [손해배상]393-396

第582條【前2條의 權利行使期間】 前2條에 의한 權利는 買受人이 그 事實을 안 날로부터 6月내에 行使하여야 한다.

참조 575③

판례 민법 582조 소정의 매수인의 권리행사기간의 성질 및 재판 외에서의 권리행사방법 : 민법 582조 소정의 매수인의 권리행사 기간은 재판상 또는 재판 외에서의 권리행사에 관한 기간이므로 매수인은 소정 기간 내에 재판 외에서 권리행사를 함으로써 그 권리를 보존할 수 있고, 재판 외에서의 권리행사는 특별한 형식을 요구하는 것이 아니므로 매수인이 매도인에 대하여 적당한 방법으로 물건에 하자가 있음을 통지하고, 계약의 해제나 하자의 보수 또는 손해배상을 구하는 뜻을 표시함으로써 충분하다.(대판 2003.6.27, 2003다20190)

第583條【擔保責任과 同時履行】 第536條의 規定은 第572條 내지 第575條, 第580條 및 第581條의 경우에 準用한다.

참조 584

第584條【擔保責任免除의 特約】 賣渡人은 前15條에 의한 擔保責任을 免하는 特約을 한 경우에도 賣渡人이 알고 告知하지 아니한 事實 및 第三者에게 權利를 設定 또는 讓渡한 行爲에 대하여는 責任을 免하지 못한다.

참조 599, [면책의 특약]672

第585條【同一期限의 推定】 賣買의 當事者 一方에 대한 義務履行의 期限이 있는 때에는 相對方의 義務履行에 대하여도 同一한 期限이 있는 것으로 推定한다.

참조 [기한]152-154·388, [목적물인도와 대금지급]536·586

第586條【代金支給場所】 賣買의 目的物의 引渡와 同時에 代金을 支給할 경우에는 그 引渡場所에서 이를 支給하여야 한다.

참조 [변제의 장소]467, [목적물인도와 대금지급]536·585

第587條【果實의 歸屬, 代金의 利子】 賣買契約 있은 후에도 引渡하지 아니한 目的物로부터 생긴 果實은 賣渡人에게 속한다. 買受人은 目的物의 引渡를 받은 날로부터 代金의 利子를 支給하여야 한다. 그러나 代金의 支給에 대하여 期限이 있는 때에는 그러하지 아니하다.

참조 [특정물인도채무와 현상인도의 원칙]462, [과실]101·102, [이자]379, [대금지급의 기한]585

第588條【權利主張者가 있는 경우와 代金支給拒絶權】 賣買의 目的物에 대하여 權利를 主張하는 者가 있는 경우에 買受人이 買受한 權利의 全部나 一部를 잃을 念慮가 있는 때에는 買受人은 그 危險의 限度에서 代金의 全部나 一部의 支給을 拒絶할 수 있다. 그러나 賣渡人이 相當한 擔保를 提供한 때에는 그러하지 아니하다.

참조 589, [매매의 목적물과 타인의 권리]570-573·576·577

판례 매도인이 말소하여야 할 매매목적물상의 근저당권을 말소하지 못한 경우, 매수인이 대금지급을 거절할 수 있는 범위 : 매도인이 말소할 의무를 부담하고 있는 매매목적물상의 근저당권을 말소하지 못하고 있다면 매수인은 그 위험의 한도에서 매매대금의 지급을 거절할 수 있고, 그 결과 민법 587조 단서에 의하여 매수인이 매매목적물을 인도받았다고 하더라도 미지급 대금에 대한 인도일 이후의 이자를 지급할 의무가 없으나, 매수인이 근저당권의 피담보채무액을 확인하여 이를 알고 있는 경우와 같은 특별한 사정이 있는 경우에는 지급을 거절할 수 있는 매매대금은 확인된 피담보채무액에 한정된다.(대판 1996.5.10, 96다6554)

第589條【代金供託請求權】 前條의 경우에 賣渡人은 買受人에 대하여 代金의 供託을 請求할 수 있다.

참조 [공탁]487·488·491

第3款 還 買

第590條【還買의 意義】 ① 賣渡人이 賣買契約과 同時에 還買할 權利를 保留한 때에는 그 領收한 代金 및 買受人이 負擔한 賣買費用을 返還하고 그 目的物을 還買할 수 있다.

② 前項의 還買代金에 관하여 特別한 約定이 있으면 그 約定에 의한다.

③ 前2項의 경우에 目的物의 果實과 代金의 利子는 特別한 約定이 없으면 이를 相計한 것으로 본다.

참조 [환매특약과 등기]592, 부등52(6)·53, [계약의 비용]566, [환매와 대금·계약비용의 제공]594, [계약해제]543·548, [이자]379, [과실]101, [상계]492

第591條【還買期間】 ① 還買期間은 不動産은 5年, 動産은 3年을 넘지 못한다. 約定期間이 이를 넘는 때에는 不動産은 5年, 動産은 3年으로 短縮한다.

② 還買期間을 정한 때에는 다시 이를 延長하지 못한다.

③ 還買期間을 정하지 아니한 때에는 그 期間은 不動産은 5年, 動産은 3年으로 한다.

참조 [부동산]99①, [동산]99②, [환매의 실행]594

第592條【還買登記】 賣買의 目的物이 不動産인 경우에 賣買登記와 同時에 還買權의 保留를 登記한 때에는 第三者에 대하여 그 效力이 있다.

참조 [부동산]99①, [환매특약등기]부등53, [계약해제와 제3자]548

第593條【還買權의 代位行使와 買受人의 權利】 賣渡人의 債權者가 賣渡人을 代位하여 還買하고자 하는 때에는 買受人은 法院이 選定한 鑑定人의 評價額에서 賣渡人이 返還할 金額을 控除한 殘額으로 賣渡人의 債務를 辨濟하고 剩餘額이 있으면 이를 賣渡人에게 支給하여 還買權을 消滅시킬 수 있다.

참조 [감정인]비송57

第594條【還買의 實行】 ① 賣渡人은 期間내에 代金과 賣買費用을 買受人에게 提供하지 아니하면 還買할 權利를 잃는다.

② 買受人이나 轉得者가 目的物에 대하여 費用을 支出한 때에는 賣渡人은 第203條의 規定에 의하여 이를 償還하여야 한다. 그러나 有益費에 대하여는 法院은 賣渡人의 請求에 의하여 相當한 償還期間을 許與할 수 있다.

참조 ①[환매기간]591, [제공]460, [환매대금]590, ②[기간]155이하

第595條【共有持分의 還買】 共有者의 1人이 還買할 權利를 保留하고 그 持分을 賣渡한 후 그 目的物의 分割이나 競賣가 있는 때에는 賣渡人은 買受人이 받은 또는 받을 部分이나 代金에 대하여 還買權을 行使할 수 있다. 그러나 賣渡人에게 通知하지 아니한 買受人은 그 分割이나 競賣로써 賣渡人에게 對抗하지 못한다.

참조 [공유물의 분할]268·269·1012이하

第4節 交 換

第596條【交換의 意義】 交換은 當事者 雙方이 金錢 이외의 財産權을 相互移轉할 것을 約定함으로써 그 效力이 생긴다.

참조 [매매규정의 준용]567

판례 교환계약의 성립에 필요한 청약과 승낙의 의사표시 방법 : 교환계약은 당사자간에 청약의 의사표시와 그에 대한 승낙의 의사표시의 합치로 성립하는 이른바 낙성계약으로서 서면의 작성을 필요로 하지 아니하고, 그 청약의 의사표시는 그 내용이 이에 대한 승낙만 있으면 곧 계약이 성립될 수 있을 정도로 구체적이어야 하고, 승낙은 이와 같은 구체적인 청약에 대한 것이어야 할 것이며, 이 경우에 그 승낙의 의사표시는 특별한 사정이 없는 한 그 방법에 아무런 제한이 없고 반드시 명시적임을 요하는 것도 아니다.(대판 1992.10.13, 92다29696)

第597條【金錢의 補充支給의 경우】 當事者 一方이 前條의 財産權移轉과 金錢의 補充支給을 約定한 때에는 그 金錢에 대하여는 賣買代金에 관한 規定을 準用한다.

참조 [매매규정의 준용]567, [매매대금에 관한 규정]572-574·583·584, [대금지급]585-589

第5節 消費貸借

第598條【消費貸借의 意義】 消費貸借는 當事者 一方이 金錢 기타 代替物의 所有權을 相對方에게 移轉할 것을 約定하고 相對方은 그와 같은 種類, 品質 및 數量으로 返還할 것을 約定함으로써 그 效力이 생긴다.

참조 [반환]196, [소비대차와 이자]602①, 상55①, [준소비대차]605, [소비임치]702, [종류채권]375, [반환불능의 경우]604, [금전채권]376-378

판례 수표할인이 이루어진 경우 거래의 실태에 따라서는 당사자 사이에 수표금 상당의 소비대차계약이 체결되고 그 수표는 소비대차상의 채무를 담보하기 위하여 교부된 것이라고 해석하여야 한다.(대판 1997.4.25, 97다6636)

第599條【破産과 消費貸借의 失效】 貸主가 目的物을 借主에게 引渡하기 전에 當事者 一方이 破産宣告를 받은 때에는 消費貸借는 그 效力을 잃는다.

参조 [파산선고 등]채무자회생파산305－327

第600條【利子計算의 始期】 利子있는 消費貸借는 借主가 目的物의 引渡를 받은 때로부터 利子를 計算하여야 하며 借主가 그 責任있는 事由로 受領을 遲滯할 때에는 貸主가 履行을 提供한 때로부터 利子를 計算하여야 한다.

참조 601·606－608, [이자]379, 상54, [수령지체]400－403, [이행제공]460·461

판례 약정이자 및 약정지연이자의 정함이 있는 경우 소송촉진등에관한특례법 3조 1항의 적용 여부(적극) : 당사자간에 약정이자 또는 약정지연이자의 정함이 있는 경우라 할지라도 소송상 청구하는 경우 당사자의 일방은 소송촉진등에관한특례법 3조 1항의 규정에 따라 소장 등이 송달된 날 다음날부터는 이자제한법상 대통령령으로 정하는 이율의 범위 안에서 지연손해금의 지급을 구할 수 있다.
(대판 1992.12.22, 92다4307)

第601條【無利子消費貸借와 解除權】 利子없는 消費貸借의 當事者는 目的物의 引渡前에는 언제든지 契約을 解除할 수 있다. 그러나 相對方에게 생긴 損害가 있는 때에는 이를 賠償하여야 한다.

참조 600, [계약해제]543이하, [손해배상]393·394

第602條【貸主의 擔保責任】 ① 利子있는 消費貸借의 目的物에 瑕疵가 있는 경우에는 第580條 내지 第582條의 規定을 準用한다.

② 利子없는 消費貸借의 경우에는 借主는 瑕疵있는 物件의 價額으로 返還할 수 있다. 그러나 貸主가 그 瑕疵를 알고 借主에게 告知하지 아니한 때에는 前項과 같다.

참조 600·601, [이자]379, [유상계약과 담보책임]567·584

第603條【返還時期】 ① 借主는 約定時期에 借用物과 같은 種類, 品質 및 數量의 物件을 返還하여야 한다.

② 返還時期의 約定이 없는 때에는 貸主는 相當한 期間을 정하여 返還을 催告하여야 한다. 그러나 借主는 언제든지 返還할 수 있다.

참조 598, [기한의 이익]153, ②[기한의 약정없는 채무의 이행기]387②

第604條【返還不能으로 인한 市價償還】 借主가 借用物과 같은 種類, 品質 및 數量의 物件을 返還할 수 없는 때에는 그때의 市價로 償還하여야 한다. 그러나 第376條 및 第377條第2項의 경우에는 그러하지 아니하다.

참조 [채무불이행과 손해배상]390

第605條【準消費貸借】 當事者 雙方이 消費貸借에 의하지 아니하고 金錢 기타의 代替物을 支給할 義務가 있는 경우에 當事者가 그 目的物을 消費貸借의 目的으로 할 것을 約定한 때에는 消費貸借의 效力이 생긴다.

참조 [소비대차]598

판례 준소비대차계약의 당사자는 기존 채무의 당사자이어야 하는지 여부(적극) : 준소비대차는 기존 채무의 당사자가 그 채무의 목적물을 소비대차의 목적물로 한다는 합의를 할 것을 요건으로 하므로 준소비대차계약의 당사자는 기초가 되는 기존 채무의 당사자이어야 한다.
(대판 2002.12.6, 2001다2846)

第606條【代物貸借】 金錢貸借의 경우에 借主가 金錢에 갈음하여 有價證券 기타 物件의 引渡를 받은 때에는 그 引渡時의 價額으로써 借用額으로 한다.(2014.12.30 본조개정)

改前 …金錢에 "가름하여" 有價證券 기타…

참조 600·608, [소비대차]598

第607條【代物返還의 豫約】 借用物의 返還에 관하여 借主가 借用物에 갈음하여 다른 財産權을 移轉할 것을 豫約한 경우에는 그 財産의 豫約當時의 價額이 借用額 및 이에 붙인 利子의 合算額을 넘지 못한다.(2014.12.30 본조개정)

改前 …借主가 借用物에 "가름하여" 다른…

참조 600·608, [소비대차]598·603①, [이자]379, 상54, [대물변제]466

판례 대물변제예약 완결의 의사표시는 특별한 방식을 요하는 것이 아니고 예약 의무자에 대한 의사표시로 할 수 있다.
(대판 1997.6.27, 97다12488)

第608條【借主에 不利益한 約定의 禁止】 前2條의 規定에 違反한 當事者의 約定으로서 借主에 不利한 것은 還買 기타 如何한 名目이라도 그 效力이 없다.

참조 [환매]590이하, [반사회적, 불공정한 법률행위]103·104

第6節 使用貸借

第609條【使用貸借의 意義】 使用貸借는 當事者 一方이 相對方에게 無償으로 使用, 收益하게 하기 위하여 目的物을 引渡할 것을 約定하고 相對方은 이를 使用, 收益한 후 그 物件을 返還할 것을 約定함으로써 그 效力이 생긴다.

참조 [사용, 수익]610·617, [특정물채권]374

第610條【借主의 使用, 收益權】 ① 借主는 契約 또는 그 目的物의 性質에 의하여 정하여진 用法으로 이를 使用, 收益하여야 한다.

② 借主는 貸主의 承諾이 없으면 第三者에게 借用物을 使用, 收益하게 하지 못한다.

③ 借主가 前2項의 規定에 違反한 때에는 貸主는 契約을 解止할 수 있다.

참조 [임대차에의 준용]654, [계약의 해지]543·550, [계약위반과 손해배상]617

第611條【費用의 負擔】 ① 借主는 借用物의 通常의 必要費를 負擔한다.

② 기타의 費用에 대하여는 第594條第2項의 規定을 準用한다.

참조 [점유회복과 비용상환]203, [비용상환]617, [비용과 유치권]320

第612條【準用規定】 第559條, 第601條의 規定은 使用貸借에 準用한다.

第613條【借用物의 返還時期】 ① 借主는 約定時期에 借用物을 返還하여야 한다.

② 時期의 約定이 없는 경우에는 借主는 契約 또는 目的物의 性質에 의한 使用, 收益이 終了한 때에 返還하여야 한다. 그러나 使用, 收益에 족한 期間이 經過한 때에는 貸主는 언제든지 契約을 解止할 수 있다.

참조 [기한의 이익]153, [기한을 정하지 아니한 채무]387②, [계약의 해지]543·550·551

판례 존속기간 약정 없는 사용대차와 대주의 해지권 : [1] 민법 613조 2항에 의하면, 사용대차에 있어서 그 존속기간을 정하지 아니한 경우에는, 차주는 계약 또는 목적물의 성질에 의한 사용수익이 종료한 때에 목적물을 반환하여야 하나, 현실로 사용수익이 종료하지 아니한 경우라도 사용수익에 충분한 기간이 경과한 때에는 대주는 언제든지 계약을 해지하고 그 차용물의 반환을 청구할 수 있는 것인바, 민법 613조 2항 소정의 사용수익에 충분한 기간이 경과하였는지의 여부는 사용대차계약 당시의 사정, 차주의 사용기간 및 이용상황, 대주가 반환을 필요로 하는 사정 등을 종합적으로 고려하여 공평의 입장에서 대주에게 해지권을 인정하는 것이 타당한가의 여부에 의하여 판단하여야 할 것이다.
[2] 무상으로 사용을 계속한 기간이 40년 이상의 장기간에 이르렀고 최초의 사용대차계약 당시의 대주가 이미 사망하여 대주와 차주간의 친분 관계의 기초가 변하였을 뿐더러, 쌍방의 신뢰관계 내지 우호관계가 허물어진 경우, 공평의 견지에서 대주의 상속인에게 사용대차의 해지권을 인정한다.
(대판 2001.7.24, 2001다23669)

第614條【借主의 死亡, 破産과 解止】 借主가 死亡하거나 破産宣告를 받은 때에는 貸主는 契約을 解止할 수 있다.

참조 [사망으로 보는 경우]28, [파산선고]채무자회생파산305이하, [계약의 해지]543·550

판례 일반적으로 건물의 소유를 목적으로 하는 토지 사용대차에 있어서는, 당해 토지의 사용수익의 필요는 당해 지상건물의 사용수익의 필요가 있는 한 그대로 존속하는 것이고, 이는 특별한 사정이 없는 한 차주 본인이 사망하더라도 당연히 상실되는 것이 아니다.
(대판 1993.11.26, 93다36806)

第615條【借主의 原狀回復義務와 撤去權】 借主가 借用物을 返還하는 때에는 이를 原狀에 回復하여야 한다. 이에 附屬시킨 物件은 撤去할 수 있다.

참조 [임대차에의 준용]654, [수거의무, 매수청구권]285, [특정물채권과 변제의 목적물]462

第616條【共同借主의 連帶義務】 數人이 共同하여 物件을 借用한 때에는 連帶하여 그 義務를 負擔한다.

참조 [연대채무]413, [임대차에의 준용]654

第617條【損害賠償, 費用償還請求의 期間】 契約 또는 目的物의 性質에 違反한 使用, 收益으로 인하여 생긴 損害賠償의 請求와 借主가 支出한 費用의 償還請求는 貸主가 物件의 返還을 받은 날로부터 6月내에 하여야 한다.

참조 [사용, 수익]610, [손해배상]390－396, [비용상환]611, [임대차에의 준용]654

第7節 賃貸借

第618條【賃貸借의 意義】 賃貸借는 當事者 一方이 相對方에게 目的物을 使用, 收益하게 할 것을 約定하고 相對方이 이에 대하여 借賃을 支給할 것을 約定함으로써 그 效力이 생긴다.

참조 [사용, 수익]610①·654, 주택임대차1·2, [영업의 임대차]상374·576

판례 임대차보증금에서 그 피담보채무 등을 공제하려면 임대인으로서는 그 피담보채무인 연체차임, 연체관리비 등을 임대차보증금에서 공제하여야 한다는 주장을 하여야 하고 나아가 그 임대차보증금에서 공제될 차임채권, 관리비채권 등의 발생원인에 관하여 주장·입증을 하여야 하는 것이며, 다만 그 발생한 채권이 변제 등의 이유로 소멸하였는지에 관하여는 임차인이 주장·입증책임을 부담한다.
(대판 2005.9.28, 2005다8323,8330)

판례 임대차계약에 있어 임대차보증금은 임대차계약 종료 후 목적물을 임대인에게 명도할 때까지 발생하는 임대차에 따른 임차인의 모든 채무를 담보하는 것으로서, 그 피담보채무 상당액은 임대차관계의 종료 후 목적물이 반환될 때에 특별한 사정이 없는 한 별도의 의사표시 없이 보증금에서 당연히 공제되는 것이므로, 임대인은 임대차보증금에서 그 피담보채무를 공제한 나머지만을 임차인에게 반환할 의무가 있다고 할 것이다.(대판 2004.12.23, 2004다56554)

第619條【處分能力, 權限없는 者의 할 수 있는 短期賃貸借】 處分의 能力 또는 權限없는 者가 賃貸借를 하는 경우에는 그 賃貸借는 다음 各號의 期間을 넘지 못한다.

1. 植木, 採鹽 또는 石造, 石灰造, 煉瓦造 및 이와 類似한 建築을 目的으로 한 土地의 賃貸借는 10年
2. 기타 土地의 賃貸借는 5年
3. 建物 기타 工作物의 賃貸借는 3年
4. 動産의 賃貸借는 6月

참조 620·부칙15, [처분능력 없는 자]5·10·13, [부재자의 재산관리인의 권한]25, [권한을 정하지 아니한 대리인]118, [후견인의 대리권의 제한]950, [상속재산관리인]1023②·1047②·1053②

第620條【短期賃貸借의 更新】 前條의 期間은 更新할 수 있다. 그러나 期間滿了전 土地에 대하여는 1年, 建物 기타 工作物에 대하여는 3月, 動産에 대하여는 1月내에 更新하여야 한다.

참조 [기간의 갱신]639

第621條【賃貸借의 登記】 ① 不動産賃借人은 當事者間에 反對約定이 없으면 賃貸人에 대하여 그 賃貸借登記節次에 協力할 것을 請求할 수 있다.
② 不動産賃貸借를 登記한 때에는 그때부터 第三者에 대하여 效力이 생긴다.

참조 [등기한 임차권의 효력]186·575②, [선박임대차의 등기]상764, [등기없이 동일효력있는 경우]622, [임차권의 등기]부등74, 주택임대차3의3

판례 등기된 임차권이 침해된 경우 방해배제(적극) : 등기된 임차권에는 용익권적 권능 외에 임차보증금반환채권에 대한 담보권적 권능이 있고, 임대차기간이 종료되면 용익권적 권능은 임차권등기의 말소등기 없이도 곧바로 소멸하나 담보권적 권능은 곧바로 소멸하지 않는다고 할 것이어서, 임차권자는 임대차기간이 종료한 후에도 임차보증금을 반환받기까지는 임대인이나 그 승계인에 대하여 임차권등기의 말소를 거부할 수 있다고 할 것이고, 따라서 임차권등기가 원인없이 말소된 때에는 그 방해를 배제하기 위한 청구를 할 수 있다.
(대판 2002.2.26, 99다67079)

第622條【建物登記있는 借地權의 對抗力】 ① 建物의 所有를 目的으로 한 土地賃貸借는 이를 登記하지 아니한 경우에도 賃借人이 그 地上建物을 登記한 때에는 第三者에 대하여 賃貸借의 效力이 생긴다.
② 建物이 賃貸借期間滿了前에 滅失 또는 朽廢한 때에는 前項의 效力을 잃는다.

참조 621, [건물등기]부등40이하, [토지의 임대차기간]619·620, [대항력]주택임대차3

판례 임차인의 건물등기 전 제3자가 토지에 물권취득의 등기를 한 경우 : 민법 622조 1항은 '건물의 소유를 목적으로 하는 토지임대차는 이를 등기하지 아니한 경우에도 임차인이 그 지상건물을 등기한 때에는 제3자에 대하여 임대차의 효력이 생긴다'고 규정하고 있는바, 임차인이 그 지상건물을 등기하기 전에 제3자가 그 토지에 관하여 물권취득의 등기를 한 때에는 임차인이 그 지상건물을 등기하더라도 그 제3자에 대하여 임대차의 효력이 생기지 아니한다.
(대판 2003.2.28, 2000다65802,65819)

第623條【賃貸人의 義務】 賃貸人은 目的物을 賃借人에게 引渡하고 契約存續중 그 使用, 收益에 必要한 狀態를 維持하게 할 義務를 負擔한다.

참조 618·624·625, [사용, 수익]610①·654, [담보책임]567·570－578·580－584, [수선을 요하는 경우와 임차인의 통지의무]634

판례 상가임대인이 입점주들로부터 지급받은 장기임대료 등을 적절히 집행하여 상가 활성화와 상권 형성을 위해 노력하고 이를 위해 입점주들과 협력할 의무가 있다고 볼 수는 있을지언정, 나아가 전반적인 경기의 변동이나 소비성향의 변화 등과 상관없이 상가임대인이 전적으로 책임지고 상가가 활성화되고 상권이 형성된 상태를 조성하여야 할 의무까지 부담한다고 볼 수는 없다.
(대판 2009.8.20, 2008다94769)

판례 임대인의 방해행위로 사용수익이 불가능한 경우 임대인의 배상범위 : 임대인의 방해행위로 임차인의 임대차 목적물에 대한 임차권에 기한 사용·수익이 사회통념상 불가능하게 됨으로써 임대차계약이 종료되었다고 하는 경우에도, 임차인으로서는 임대인에 대하여 그 임대차보증금 반환청구권을 행사할 수 있고 그 이후의 차임 지급의무를 면하는 한편, 다른 특별한 사정이 없는 한 그 임대차 목적물을 대신할 다른 목적물을 마련하기 위하여 합리적으로 필요한 기간 동안 그 목적물을 이용하여 영업을 계속하였더라면 얻을 수 있었던 이익, 즉 휴업손해를 그에 대한 증명이 가능한 한 통상의 손해로서 배상을 받을 수 있을 뿐이며(그 밖에 다른 대체 건물로 이전하는 데에 필요한 부동산중개료, 이사비용 등은 별론으로 한다), 더 나아가 장래 그 목적물의 임대차기간 만료시까지 계속해서 그 목적물을 사용·수익할 수 없음으로 인한 일실수입 손해는 이를 별도의 손해로서 그 배상을 청구할 수 없다.(대판 2006.1.27, 2005다16591,16607)

第624條【賃貸人의 保存行爲, 忍容義務】 賃貸人이 賃貸物의 保存에 필요한 行爲를 하는 때에는 賃借人은 이를 拒絶하지 못한다.

참조 623·625, [임차인의 선관의무]374

第625條【賃借人의 意思에 反하는 保存行爲와 解止權】 賃貸人이 賃借人의 意思에 反하여 保存行爲를 하는 경우에 賃借人이 이로 인하여 賃借의 目的을 達成할 수 없는 때에는 契約을 解止할 수 있다.

참조 [보존행위]624, [해지]543·550·551

第626條【賃借人의 償還請求權】 ① 賃借人이 賃借物의 保存에 관한 必要費를 支出한 때에는 賃貸人에 대하여 그 償還을 請求할 수 있다.
② 賃借人이 有益費를 支出한 경우에는 賃貸人은 賃貸借終了時에 그 價額의 增加가 現存한 때에 限하여 賃借人의 支出한 金額이나 그 增加額을 償還하여야 한다. 이 경우에 法院은 賃貸人의 請求에 의하여 相當한 償還期間을 許與할 수 있다.

참조 617·654, ①[보존비와 유치권]320, [점유회복과 비용변상]203, ②[임차인의 부속물매수청구권]646, [상환기간등]152·153·388

판례 임대차계약에서 '임차인은 임대인의 승인하에 개축 또는 변조할 수 있으나 부동산의 반환기일 전에 임차인의 부담으로 원상복구키로 한다'라고 약정한 경우, 이는 임차인이 임차 목적물에 지출한 각종 유익비의 상환청구권을 미리 포기하기로 한 취지의 특약이라고 봄이 상당하다.(대판 1995.6.30, 95다12927)

第627條【一部滅失 등과 減額請求, 解止權】 ① 賃借物의 一部가 賃借人의 過失없이 滅失 기타 事由로 인하여 使用, 收益할 수 없는 때에는 賃借人은 그 部分의 比率에 의한 借賃의 減額을 請求할 수 있다.
② 前項의 경우에 그 殘存部分으로 賃借의 目的을 達成할 수 없는 때에는 賃借人은 契約을 解止할 수 있다.

참조 652, ①[사용, 수익과 유지]623, [채무자위험부담주의]537, ②[해지]543·550·551

第628條【借賃增減請求權】 賃貸物에 대한 公課負擔의 增減 기타 經濟事情의 變動으로 인하여 約定한 借賃이 相當하지 아니하게 된 때에는 當事者는 將來에 대한 借賃의 增減을 請求할 수 있다.

참조 652·653, [차임]주택임대차3의2·7·8

판례 출판허락계약상 약정 인세의 감액청구소송에 민법 제628조 소정의 차임증감청구에 관한 규정을 유추적용할 수 없다. (대판 2000.5.26, 2000다2375,2382)

판례 임대차계약에 있어서 차임불증액의 특약이 있더라도 그 약정 후 그 특약을 그대로 유지시키는 것이 신의칙에 반한다고 인정될 정도의 사정변경이 있다고 보여지는 경우에는 형평의 원칙상 임대인에게 차임증액청구를 인정하여야 한다.(대판 1996.11.12, 96다34061)

第629條【賃借權의 讓渡, 轉貸의 制限】 ① 賃借人은 賃貸人의 同意없이 그 權利를 讓渡하거나 賃借物을 轉貸하지 못한다.

② 賃借人이 前項의 規定에 違反한 때에는 賃貸人은 契約을 解止할 수 있다.

참조 630－632, ②[계약의 해지]543·550·551

판례 점포 임차인이 그 영업을 양도하면서 점포도 넘겨주기로 한 계약이 점포에 대한 전대차계약이 아니라 임차권 양도계약이라고 한 사례 : 의류판매대리점 영업을 하던 점포 임차인이 그 영업을 양도하면서 점포도 넘겨주기로 한 계약이 영업양도 계약에 부수하여 이루어졌고, 임대차계약서 양식이 아니라 매매계약서 양식을 이용하여 위 계약을 체결하였으며, 양수인과 임차인이 함께 임대인을 찾아가 영업양수인과 새로운 임대차계약을 체결하여 줄 것을 요구하였고, 영업을 양도한 이후 위 점포에 관한 임차권의 권리관계에서 임차인의 지위를 유지시켜야 할 이익을 인정할 수 없다면 양수인과 임차인 사이에서 위 점포를 넘겨주기로 한 계약은 전대차계약이 아니라 임차권의 양도계약이다.(대판 2001.9.28, 2001다10960)

第630條【轉貸의 效果】 ① 賃借人이 賃貸人의 同意를 얻어 賃借物을 轉貸한 때에는 轉借人은 直接 賃貸人에 대하여 義務를 負擔한다. 이 경우에 轉借人은 轉貸人에 대한 借賃의 支給으로써 賃貸人에게 對抗하지 못한다.

② 前項의 規定은 賃貸人의 賃借人에 대한 權利行使에 影響을 미치지 아니한다.

참조 626·631·632, [전차인의 임대청구권, 매수청구권]644·647

판례 전차인이 임대인에게 대항할 수 없는 차임의 범위는 전대차계약상의 차임지급시기를 기준으로 하여 그 전에 전대인에게 지급한 차임에 한정되고, 그 이후에 지급한 차임으로는 임대인에게 대항할 수 있다.(대판 2008.3.27, 2006다45459)

第631條【轉借人의 權利의 確定】 賃借人이 賃貸人의 同意를 얻어 賃借物을 轉貸한 경우에는 賃貸人과 賃借人의 合意로 契約을 終了한 때에도 轉借人의 權利는 消滅하지 아니한다.

참조 629·630·632·652

第632條【賃借建物의 小部分을 他人에게 使用케 하는 경우】 前3條의 規定은 建物의 賃借人이 그 建物의 小部分을 他人에게 使用하게 하는 경우에 適用하지 아니한다.

第633條【借賃支給의 時期】 借賃은 動産, 建物이나 垈地에 대하여는 每月末에, 기타 土地에 대하여는 每年末에 支給하여야 한다. 그러나 收穫期있는 것에 대하여는 그 收穫後 遲滯없이 支給하여야 한다.

第634條【賃借人의 通知義務】 賃借物의 修理를 要하거나 賃借物에 대하여 權利를 主張하는 者가 있는 때에는 賃借人은 遲滯없이 賃貸人에게 이를 通知하여야 한다. 그러나 賃貸人이 이미 이를 안 때에는 그러하지 아니하다.

참조 [임차물의 수리]623－625, [특정물채무자의 주의의무]374

第635條【期間의 約定없는 賃貸借의 解止通告】 ① 賃貸借期間의 約定이 없는 때에는 當事者는 언제든지 契約解止의 通告를 할 수 있다.

② 相對方이 前項의 通告를 받은 날로부터 다음 各號의 期間이 經過하면 解止의 效力이 생긴다.

1. 土地, 建物 기타 工作物에 대하여는 賃貸人이 解止를 通告한 경우에는 6月, 賃借人이 解止를 通告한 경우에는 1月
2. 動産에 대하여는 5日

참조 636－639·652

第636條【期間의 約定있는 賃貸借의 解止通告】 賃貸借期間의 約定이 있는 경우에도 當事者 一方 또는 雙方이 그 期間내에 解止할 權利를 保留한 때에는 前條의 規定을 準用한다.

참조 [해지, 해제권]543, [해지의 비소급효]550

第637條【賃借人의 破産과 解止通告】 ① 賃借人이 破産宣告를 받은 경우에는 賃貸借期間의 約定이 있는 때에도 賃貸人 또는 破産管財人은 第635條의 規定에 의하여 契約解止의 通告를 할 수 있다.

② 前項의 경우에 各 當事者는 相對方에 대하여 契約解止로 인하여 생긴 損害의 賠償을 請求하지 못한다.

참조 [파산선고]채무자회생파산305이하, [해지 또는 이행청구의 최고]채무자회생파산335·339, [파산관재인]채무자회생파산355－365, [임대인의 파산의 경우]채무자회생파산340, [임대차의 해지와 손해배상]채무자회생파산337

第638條【解止通告의 轉借人에 대한 通知】 ① 賃貸借契約이 解止의 通告로 인하여 終了된 경우에 그 賃貸物이 適法하게 轉貸되었을 때에는 賃貸人은 轉借人에 대하여 그 事由를 通知하지 아니하면 解止로써 轉借人에게 對抗하지 못한다.

② 轉借人이 前項의 通知를 받은 때에는 第635條第2項의 規定을 準用한다.

참조 630·631·635－637·652·653, [계약의 해지]543·550·551

第639條【묵시의 更新】 ① 賃貸借期間이 滿了한 후 賃借人이 賃借物의 使用, 收益을 繼續하는 경우에 賃貸人이 相當한 期間내에 異議를 하지 아니한 때에는 前賃貸借와 同一한 條件으로 다시 賃貸借한 것으로 본다. 그러나 當事者는 第635條의 規定에 의하여 解止의 通告를 할 수 있다.

② 前項의 경우에 前賃貸借에 대하여 第三者가 提供한 擔保는 期間의 滿了로 인하여 消滅한다.

참조 주택임대차6·6의2, [계약에 의한 갱신]620, [질권]329·345, [저당권]356

판례 동조 1항의 묵시의 갱신은 임차인의 신뢰를 보호하기 위하여 인정되는 것이고, 이 경우 동조 2항에 의하여 제3자가 제공한 담보는 소멸한다고 규정한 것은 담보를 제공한 자의 예상하지 못한 불이익을 방지하기 위한 것이라 할 것이므로, 동조 2항은 당사자들의 합의에 따른 임대차 기간연장의 경우에는 적용되지 않는다. (대판 2005.4.14, 2004다63293)

第640條【借賃延滯와 解止】 建物 기타 工作物의 賃貸借에는 賃借人의 借賃延滯額이 2期의 借賃額에 달하는 때에는 賃貸人은 契約을 解止할 수 있다.

참조 641·652·653, [차임지급시기]633, [이행지체]387, [계약의 해지]543·550·551, [지료를 지급하지 아니한 때의 지상권소멸청구권]287

第641條【同前】 建物 기타 工作物의 所有 또는 植木, 採鹽, 牧畜을 目的으로 한 土地賃貸借의 경우에도 前條의 規定을 準用한다.

참조 [해지]543이하, 550

第642條【土地賃貸借의 解止와 地上建物등에 대한 擔保物權者에의 通知】 前條의 경우에 그 地上에 있는 建物 기타 工作物이 擔保物權의 目的이 된 때에는 第288條의 規定을 準用한다.

참조 [담보물권]356

第643條【賃借人의 更新請求權, 買受請求權】 建物 기타 工作物의 所有 또는 植木, 採鹽, 牧畜을 目的으로 한 土地賃貸借의 期間이 滿了한 경우에 建物, 樹木 기타 地上施設이 現存한 때에는 第283條의 規定을 準用한다.

참조 [임대차의 기간]619, [강행법규성]652

판례 임대주택법의 적용을 받는 경우의 갱신거절 : 임대주택법의 적용을 받는 임대주택에 관해서는 건설교통부령이 정하는 표준임대차계약서 10조 1항 각호 중 하나에 해당하는 사유가 있는 경우라야 임대인이 그 임대차계약을 해지하거나 임대계약의 갱신을 거절할 수 있고, 그렇지 아니한 경우에는 임차인이 임대차계약의 갱신을 원하는 이상 특별한 사정이 없는 한 임대인이 임대차계약의 갱신을 거절할 수 없다.(대판 2005.4.29, 2005다8002)

판례 경제적 가치 존부가 매수청구권의 행사요건인지 여부 : 민법 643조, 283조에 규정된 임차인의 매수청구권은, 건물의 소유를 목적으로 한 토지 임대차의 기간이 만료되어 그 지상에 건물이 현존하고 임대인이 계약의 갱신을 원하지 아니하는 경우에 임차인에게 부여된 권리로서 그 지상 건물이 객관적으로 경제적 가치가 있는지 여부나 임대인에게 소용이 있는지 여부가 그 행사요건이라고 볼 수 없다. (대판 2002.5.31, 2001다42080)

第644條【轉借人의 賃貸請求權, 買受請求權】 ① 建物 기타 工作物의 所有 또는 植木, 採鹽, 牧畜을 目的으로 한 土地賃借人이 適法하게 그 土地를 轉貸한 경우에 賃貸借 및 轉貸借의 期間이 同時에 滿了되고 建物, 樹木 기타 地上施設이 現存한 때에는 轉借人은 賃貸人에 대하여 前轉貸借와 同一한 條件으로 賃貸할 것을 請求할 수 있다.
② 前項의 경우에 賃貸人이 賃貸할 것을 願하지 아니하는 때에는 第283條第2項의 規定을 準用한다.

참조 642·643·645·647, [적법한 전대]630·631

第645條【地上權目的土地의 賃借人의 賃貸請求權, 買受請求權】 前條의 規定은 地上權者가 그 土地를 賃貸한 경우에 準用한다.

참조 652, [지상권 목적 토지의 임대]282·289

第646條【賃借人의 附屬物買受請求權】 ① 建物 기타 工作物의 賃借人이 그 使用의 便益을 위하여 賃貸人의 同意를 얻어 이에 附屬한 物件이 있는 때에는 賃貸借의 終了時에 賃貸人에 대하여 그 附屬物의 買受를 請求할 수 있다.
② 賃貸人으로부터 買受한 附屬物에 대하여도 前項과 같다.

참조 647·652·653, [임대인의 상환청구권]626, [임차인의 매수청구권]283·643, [전세권자의 부속물매수청구권]316②

第647條【轉借人의 附屬物買受請求權】 ① 建物 기타 工作物의 賃借人이 適法하게 轉貸한 경우에 轉借人이 그 使用의 便益을 위하여 賃貸人의 同意를 얻어 이에 附屬한 物件이 있는 때에는 轉貸借의 終了時에 賃貸人에 대하여 그 附屬物의 買受를 請求할 수 있다.
② 賃貸人으로부터 買受하였거나 그 同意를 얻어 賃借人으로부터 買受한 附屬物에 대하여도 前項과 같다.

참조 646·652·653, [적법한 전대]630·631, [전차인의 매수청구권]283②·644②

第648條【賃借地의 附屬物, 果實 등에 대한 法定質權】 土地賃貸人이 賃貸借에 관한 債權에 의하여 賃借地에 附屬 또는 그 使用의 便益에 供用한 賃借人의 所有動産 및 그 土地의 果實을 押留한 때에는 質權과 同一한 效力이 있다.

참조 649·650·653, [동산]99②, [과실]101·102

第649條【賃借地上의 建物에 대한 法定抵當權】 土地賃貸人이 辨濟期를 經過한 最後 2年의 借賃債權에 의하여 그 地上에 있는 賃借人所有의 建物을 押留한 때에는 抵當權과 同一한 效力이 있다.

참조 648·650, [차임지급의 시기]633, [저당권]356

第650條【賃借建物등의 附屬物에 대한 法定質權】 建物 기타 工作物의 賃貸人이 賃貸借에 관한 債權에 의하여 그 建物 기타 工作物에 附屬한 賃借人所有의 動産을 押留한 때에는 質權과 同一한 效力이 있다.

참조 648·649·653, [동산]99②, [질권]329

第651條 (2016.1.6 삭제)

改前 "第651條【賃貸借存續期間】① 石造, 石灰造, 煉瓦造 또는 이와 類似한 堅固한 建物 기타 工作物의 所有를 目的으로 하는 土地賃貸借나 植木, 採鹽을 目的으로 하는 土地賃貸借의 경우를 除한 외에는 賃貸借의 存續期間은 20年을 넘지 못한다. 當事者의 約定期間이 20年을 넘는 때에는 이를 20年으로 短縮한다.
② 前項의 期間은 이를 更新할 수 있다. 그 期間은 更新한 날로부터 10年을 넘지 못한다."

第652條【强行規定】 第627條, 第628條, 第631條, 第635條, 第638條, 第640條, 第641條, 第643條 내지 第647條의 規定에 違反하는 約定으로 賃借人이나 轉借人에게 不利한 것은 그 效力이 없다.

참조 653

第653條【一時使用을 위한 賃貸借의 特例】 第628條, 第638條, 第640條, 第646條 내지 第648條, 第650條 및 前條의 規定은 一時使用하기 위한 賃貸借 또는 轉貸借인 것이 明白한 경우에는 適用하지 아니한다.

참조 주택임대차11

第654條【準用規定】 第610條第1項, 第615條 내지 第617條의 規定은 賃貸借에 이를 準用한다.

판례 임대차가 장기간 계속되었고 화재의 원인이 된 전기배선을 임차인이 직접 하였으며 임차인이 전기배선의 이상을 미리 알았거나 알 수 있었던 경우에는 위와 같은 전기배선의 하자로 인한 화재는 특별한 사정이 없는 한 임차인이 임차목적물의 보존에 관한 선량한 관리자의 주의의무를 다하지 아니한 결과 발생한 것으로 보아야 한다. (대판 2006.1.13, 2005다51013,51020)

第8節 雇 傭

第655條【雇傭의 意義】 雇傭은 當事者 一方이 相對方에 대하여 勞務를 提供할 것을 約定하고 相對方이 이에 대하여 報酬를 支給할 것을 約定함으로써 그 效力이 생긴다.

참조 [매매규정의 준용]567, [근로의 권리의무]헌32, [강제노역을 받지 않을 자유]헌12①, 근기7, [근로조건의 준칙]헌32③, 국가공무원, 선원, [여자 및 연소자의 보호]헌32④⑤, 근기64이하, 선원90~93, [근로자의 단결 및 단체행동]헌33, 노노1, [근로조건의 결정, 명시 등]근기4·17·97, 선원27, [균등대우와 남녀의 동일임금]근기6, 남녀고용평등과일·가정양립지원에관한법

판례 기업이 경력 있는 전문 인력을 채용하기 위한 방법으로 근로계약 등을 체결하면서 일회성의 인센티브 명목으로 지급하는 이른바 사이닝보너스가 이직에 따른 보상이나 근로계약 등의 체결에 대한 대가로서의 성격만 가지는지, 더 나아가 의무근무기간 동안의 이직금지 내지 전속근무 약속에 대한 대가 및 임금 선급으로서의 성격도 함께 가지는지는 해당 계약이 체결된 동기 및 경위, 당사자가 계약에 의하여 달성하려고 하는 목적과 진정한 의사, 계약서에 특정 기간 동안의 전속근무를 조건으로 사이닝보너스를 지급한다거나 기간의 중간에 퇴직하거나 이직할 경우 이를 반환한다는 등의 문언이 기재되어 있는지 및 거래의 관행 등을 종합적으로 고려하여 판단하여야 한다. 만약 해당 사이닝보너스가 이직에 따른 보상이나 근로계약 등의 체결에 대한 대가로서의 성격에 그칠 뿐이라면 계약 당사자 사이에 근로계약 등이 실제로 체결된 이상 근로자 등이 약정근무기간을 준수하지 아니하였더라도 사이닝보너스가 예정하는 대가적 관계에 있는 반대급부는 이행된 것으로 볼 수 있다. (대판 2015.6.11, 2012다55518)

第656條【報酬額과 그 支給時期】 ① 報酬 또는 報酬額의 約定이 없는 때에는 慣習에 의하여 支給하여야 한다.
② 報酬는 約定한 時期에 支給하여야 하며 時期의 約定이 없으면 慣習에 의하고 慣習이 없으면 約定한 勞務를 終了한 후 遲滯없이 支給하여야 한다.

참조 686②, [보수]근기43~49, 선원2·52~59, 국가공무원46~49, [보수지급시기]근기38·43②, 선원52, [보수청구권의 보호]근기21·22, 선원32·33, 민집246, [미성년자의 독자적 임금청구]근기68, [보수와 시효]164·165, 근기49

第657條【權利義務의 專屬性】 ① 使用者는 勞務者의 同意없이 그 權利를 第三者에게 讓渡하지 못한다.
② 勞務者는 使用者의 同意없이 第三者로 하여금 自己에 갈음하여 勞務를 提供하게 하지 못한다.(2014.12.30 본항개정)
③ 當事者 一方이 前2項의 規定에 違反한 때에는 相對方은 契約을 解止할 수 있다.

改前 ② …하여금 自己에 "가름하여" 勞務를…

참조 ①[채권의 양도성]449①, [기업주체의 변경과 고용관계의 승계]선원37, ②상748, [제3자의 이행]120~123·469, ③[해지]543·550

일판 고용계약상의 신분을 보유시키면서 제3자의 지휘 감독하에 노무를 제공케 하는 형태의 소위 재적파견을 명하고 있는 경우는 그 파견관계를 해소시켜 복귀를 명하기 위해서는 특단의 사정이 없는 한 당해 노동자의 동의를 얻는 것을 필요로 하지 않는다. (日·最高 1985.4.5)

第658條【勞務의 內容과 解止權】 ① 使用者가 勞務者에 대하여 約定하지 아니한 勞務의 提供을 要求한 때에는 勞務者는 契約을 解止할 수 있다.
② 約定한 勞務가 特殊한 技能을 要하는 경우에 勞務者가 그 技能이 없는 때에는 使用者는 契約을 解止할 수 있다.

참조 [근로조건]근기17·18, [해지]543·550, [해고의 제한]근기23

第659條【3年 이상의 經過와 解止通告權】 ① 雇傭의 約定期間이 3年을 넘거나 當事者의 一方 또는 第三者의 終身까지로 된 때에는 各 當事者는 3年을 經過한 후 언제든지 契約解止의 通告를 할 수 있다.
② 前項의 경우에는 相對方이 解止의 通告를 받은 날로부터 3月이 經過하면 解止의 效力이 생긴다.

참조 [고용기간]근기16, [고용]660·661, 선원26이하, [해지]543·550

第660條【期間의 約定이 없는 雇傭의 解止通告】 ① 雇傭期間의 約定이 없는 때에는 當事者는 언제든지 契約解止의 通告를 할 수 있다.
② 前項의 경우에는 相對方이 解止의 通告를 받은 날로부터 1月이 經過하면 解止의 效力이 생긴다.
③ 期間으로 報酬를 정한 때에는 相對方이 解止의 通告를 받은 當期後의 1期를 經過함으로써 解止의 效力이 생긴다.

참조 [해고의 제한]근기23－24, [해지]543·550

第661條【不得已한 事由와 解止權】 雇傭期間의 約定이 있는 경우에도 不得已한 事由있는 때에는 各 當事者는 契約을 解止할 수 있다. 그러나 그 事由가 當事者 一方의 過失로 인하여 생긴 때에는 相對方에 대하여 損害를 賠償하여야 한다.

참조 [고용기간]근기16, [본조의 특칙]근기23②, [해지]543·550, [손해배상]390·551

판례 동조 '부득이한 사유'의 의미와 그 범위 : 여기서 '부득이한 사유'라 함은 고용계약을 계속하여 존속시켜 그 이행을 강제하는 것이 사회통념상 불가능한 경우를 말하고, 고용은 계속적 계약으로 당사자 사이의 특별한 신뢰관계를 전제로 하므로 고용관계를 계속하여 유지하는 데 필요한 신뢰관계를 파괴하거나 해치는 사실도 부득이한 사유에 포함되며, 따라서 고용계약상 의무의 중대한 위반이 있는 경우에도 부득이한 사유에 포함된다.(대판 2004.2.27, 2003다51675)

第662條【묵시의 更新】 ① 雇傭期間이 滿了한 후 勞務者가 繼續하여 그 勞務를 提供하는 경우에 使用者가 相當한 期間내에 異議를 하지 아니한 때에는 前雇傭과 同一한 條件으로 다시 雇傭한 것으로 본다. 그러나 當事者는 第660條의 規定에 의하여 解止의 通告를 할 수 있다.
② 前項의 경우에는 前雇傭에 대하여 第三者가 提供한 擔保는 期間의 滿了로 인하여 消滅한다.

참조 [고용기간]근기16, [근로계약의 연장]선원35, [신원보증]신원보증법, [신원보증금]상468·583②

第663條【使用者破産과 解止通告】 ① 使用者가 破産宣告를 받은 경우에는 雇傭期間의 約定이 있는 때에도 勞務者 또는 破産管財人은 契約을 解止할 수 있다.
② 前項의 경우에는 各 當事者는 契約解止로 인한 損害의 賠償을 請求하지 못한다.

참조 [파산선고]채무자회생파산305이하, [해제 또는 청구의 최고]채무자회생파산335·339, [파산관재인]채무자회생파산355－366, [해지와 손해배상]채무자회생파산337

第9節 都 給

第664條【都給의 意義】 都給은 當事者 一方이 어느 일을 完成할 것을 約定하고 相對方이 그 일의 結果에 대하여 報酬를 支給할 것을 約定함으로써 그 效力이 생긴다.

참조 [도급과 매매규정의 준용]567, [도급과 상행위]상46, [도급의 예(운송)]상125이하·791·792·811·813·832·833

판례 수급인이 스스로 또는 도급인과 서로 의사를 같이 하여 타인의 일조권을 방해하려는 목적으로 건물을 건축한 경우나 당해 건물이 건축법규에 위반되었고 그로 인하여 타인의 일조권을 방해하게 된다는 것을 알거나 알 수 있었는데도 건물을 건축한 경우에 수급인도 도급인과 사실상 공동 사업주체로서 이해관계를 같이 하면서 건물을 건축한 경우 등 특별한 사정이 있는 때에는 일조방해에 대하여 손해배상책임을 진다.(대판 2005.3.24, 2004다38792)

판례 건물 건축 도급계약에 있어서 건물 소유권의 귀속관계 : 일반적으로 자기의 노력과 재료를 들여 건물을 건축한 사람이 그 건물의 소유권을 원시취득하는 것이지만, 도급계약에 있어서는 수급인이 자기의 노력과 재료를 들여 건물을 완성하더라도 도급인과 수급인 사이에 도급인 명의로 건축허가를 받아 소유권보존등기를 하기로 하는 등 완성된 건물의 소유권을 도급인에게 귀속시키기로 합의한 것으로 보일 경우에는 그 건물의 소유권은 도급인에게 '원시적'으로 귀속된다.(대판 2003.12.18, 98다43601 전원합의체)

판례 유효한 도급계약에 기하여 수급인이 도급인으로부터 제3자 소유 물건의 점유를 이전받아 이를 수리한 결과 그 물건의 가치가 증가한 경우, 도급인이 그 물건을 간접점유하면서 궁극적으로 자신의 계산으로 비용지출과정을 관리한 것이므로, 도급인만이 소유자에 대한 관계에 있어서 민법 203조에 의한 비용상환청구권을 행사할 수 있는 비용지출자라 할 것이고, 수급인은 그러한 비용지출자에 해당하지 않는다.(대판 2002.8.23, 99다66564,66571)

第665條【報酬의 支給時期】 ① 報酬는 그 完成된 目的物의 引渡와 同時에 支給하여야 한다. 그러나 目的物의 引渡를 要하지 아니하는 경우에는 그 일을 完成한 후 遲滯없이 支給하여야 한다.
② 前項의 報酬에 관하여는 第656條第2項의 規定을 準用한다.

참조 567·585, [쌍무계약과 동시이행]536, [보수]664·674, [보수와 유치권]320, [보수의 소멸시효]163

第666條【受給人의 目的不動産에 대한 抵當權設定請求權】 不動産工事의 受給人은 前條의 報酬에 관한 債權을 擔保하기 위하여 그 不動産을 目的으로 한 抵當權의 設定을 請求할 수 있다.

참조 [부동산]99①, [저당권]356

第667條【受給人의 擔保責任】 ① 完成된 目的物 또는 完成前의 成就된 部分에 瑕疵가 있는 때에는 都給人은 受給人에 대하여 相當한 期間을 정하여 그 瑕疵의 補修를 請求할 수 있다. 그러나 瑕疵가 重要하지 아니한 경우에 그 補修에 過多한 費用을 要할 때에는 그러하지 아니하다.
② 都給人은 瑕疵의 補修에 갈음하여 또는 補修와 함께 損害賠償을 請求할 수 있다.(2014.12.30 본항개정)
③ 前項의 경우에는 第536條의 規定을 準用한다.

改前 ② …補修에 "가름하여" 또는 補修와…

참조 [유상계약과 하자담보책임]567·580, [수급인의 담보책임]668－673, [선택채권]380, [손해배상]390

판례 수급인에 대한 하자담보책임의 범위를 정함에 있어서 도급인의 과실을 참작할 수 있는지 여부 : 수급인의 하자담보책임은 법이 특별히 인정한 '무과실책임'으로서 여기에 민법 396조의 과실상계 규정이 준용될 수는 없다 하더라도 담보책임이 민법의 지도이념인 공평의 원칙에 입각한 것인 이상 하자발생 및 그 확대에 가공한 도급인의 잘못을 참작할 수 있다.(대판 2004.8.20, 2001다70337)

第668條【同前－都給人의 解除權】 都給人이 完成된 目的物의 瑕疵로 인하여 契約의 目的을 達成할 수 없는 때에는 契約을 解除할 수 있다. 그러나 建物 기타 土地의 工作物에 대하여는 그러하지 아니하다.

참조 [수급인의 담보책임]667·669－672, [해제]543·548, [토지의 공작물]671

판례 공사완공이 불가능하다는 것이 명백하여진 경우에는 계약을 해제할 수 있지만, 그에 앞서 수급인에 대하여 위 공사기한으로부터 상당한 기간 내에 완공할 것을 최고하여야 하고, 다만 예외적으로 수급인이 미리 이행하지 아니할 의사를 표시한 때에는 위와 같은 최고 없이도 계약을 해제할 수 있다.(대판 1996.10.25, 96다21393,21409)

第669條【同前－瑕疵가 都給人의 提供한 材料 또는 指示에 基因한 경우의 免責】 前2條의 規定은 目的物의 瑕疵가 都給人이 提供한 材料의 性質 또는 都給人의 指示에 基因한 때에는 適用하지 아니한다. 그러나 受給人이 그 材料 또는 指示의 不適當함을 알고 都給人에게 告知하지 아니한 때에는 그러하지 아니하다.

참조 670

판례 도급인의 지시에 따른 경우 : 건축 도급계약의 수급인이 설계도면의 기재대로 시공한 경우, 이는 도급인의 지시에 따른 것과 같아서 수급인이 그 설계도면이 부적당함을 알고 도급인에게 고지하지 아니한 것을 제외하고, 그로 인하여 목적물에 하자가 생겼다 하더라도 수급인에게 하자담보책임을 지울 수는 없다.(대판 1996.5.14, 95다24975)

第670條【擔保責任의 存續期間】 ① 前3條의 規定에 의한 瑕疵의 補修, 損害賠償의 請求 및 契約의 解除는 目的物의 引渡를 받은 날로부터 1年내에 하여야 한다.
② 目的物의 引渡를 要하지 아니하는 경우에는 前項의 期間은 일의 終了한 날로부터 起算한다.

第671條【受給人의 擔保責任－土地, 建物 등에 대한 特則】 ① 土地, 建物 기타 工作物의 受給人은 目的物 또는 地盤工事의 瑕疵에 대하여 引渡후 5年間 擔保의 責任이 있다. 그러나 目的物이 石造, 石灰造, 煉瓦造, 金屬 기타 이와 類似한 材料로 造成된 것인 때에는 그 期間을 10년으로 한다.
② 前項의 瑕疵로 인하여 目的物이 滅失 또는 毁損된 때에는 都給人은 그 滅失 또는 毁損된 날로부터 1年내에 第667條의 權利를 行使하여야 한다.

참조 [공작물]668, [공작물에 의한 불법행위책임]758③

第672條【擔保責任免除의 特約】 受給人은 第667條, 第668條의 擔保責任이 없음을 約定한 경우에도 알고 告知하지 아니한 事實에 대하여는 그 責任을 免하지 못한다.

참조 [면책의 특약]584

第673條【完成前의 都給人의 解除權】 受給人이 일을 完成하기 전에는 都給人은 損害를 賠償하고 契約을 解除할 수 있다.

참조 674, [운송의 중지]상139, [도급인의 파산의 경우]채무자회생파산335·339·341, [손해배상]393·394, [계약의 해제]543·548

판례 동조에 의하여 도급계약이 해제된 경우, 도급인이 수급인에 대한 손해배상에 있어서 과실상계나 손해배상예정액 감액을 주장할 수 있는지 여부 : 동조가 도급인이 자유로운 해제권을 행사할 수 있는 대신 수급인이 입은 손해를 배상하도록 규정하고 있는 것은 도급인의 일방적인 의사에 기한 도급계약 해제를 인정하는 대신, 도급인의 일방적인 계약해제로 인하여 수급인이 입게 될 손해, 즉 수급인이 이미 지출한 비용과 일을 완성하였더라면 얻었을 이익을 합한 금액을 전부 배상하게 하는 것이라 할 것이므로, 위 규정에 의하여 도급계약을 해제한 이상 특별한 사정이 없는 한 도급인은 수급인에 대한 손해배상에 있어서 과실상계나 손해배상예정액 감액을 주장할 수 없다. (대판 2002.5.10, 2000다37296,37302)

第674條【都給人의 破産과 解除權】 ① 都給人이 破産宣告를 받은 때에는 受給人 또는 破産管財人은 契約을 解除할 수 있다. 이 경우에는 受給人은 일의 完成된 部分에 대한 報酬 및 報酬에 包含되지 아니한 費用에 대하여 破産財團의 配當에 加入할 수 있다.
② 前項의 경우에는 各 當事者는 相對方에 대하여 契約解除로 인한 損害의 賠償을 請求하지 못한다.

참조 [파산선고]채무자회생파산305이하, [파산관재인]채무자회생파산355－366, [해제 또는 이행청구의 최고]채무자회생파산335·339, [도급인의 파산의 경우]채무자회생파산335·339·341, ②[해제]543·550, [손해배상]채무자회생파산337

第9節의2 여행계약
(2015.2.3 본절신설)

第674條의2【여행계약의 의의】 여행계약은 당사자 한쪽이 상대방에게 운송, 숙박, 관광 또는 그 밖의 여행 관련 용역을 결합하여 제공하기로 약정하고 상대방이 그 대금을 지급하기로 약정함으로써 효력이 생긴다.

第674條의3【여행 개시 전의 계약 해제】 여행자는 여행을 시작하기 전에는 언제든지 계약을 해제할 수 있다. 다만, 여행자는 상대방에게 발생한 손해를 배상하여야 한다.

참조 [해제권]543

第674條의4【부득이한 사유로 인한 계약 해지】 ① 부득이한 사유가 있는 경우에는 각 당사자는 계약을 해지할 수 있다. 다만, 그 사유가 당사자 한쪽의 과실로 인하여 생긴 경우에는 상대방에게 손해를 배상하여야 한다.
② 제1항에 따라 계약이 해지된 경우에도 계약상 귀환운송(歸還運送) 의무가 있는 여행주최자는 여행자를 귀환운송할 의무가 있다.
③ 제1항의 해지로 인하여 발생하는 추가 비용은 그 해지 사유가 어느 당사자의 사정에 속하는 경우에는 그 당사자가 부담하고, 누구의 사정에도 속하지 아니하는 경우에는 각 당사자가 절반씩 부담한다.

참조 [해지권]543, [해지의 효과]550

第674條의5【대금의 지급시기】 여행자는 약정한 시기에 대금을 지급하여야 하며, 그 시기의 약정이 없으면 관습에 따르고, 관습이 없으면 여행의 종료 후 지체 없이 지급하여야 한다.

第674條의6【여행주최자의 담보책임】 ① 여행에 하자가 있는 경우에는 여행자는 여행주최자에게 하자의 시정 또는 대금의 감액을 청구할 수 있다. 다만, 그 시정에 지나치게 많은 비용이 들거나 그 밖에 시정을 합리적으로 기대할 수 없는 경우에는 시정을 청구할 수 없다.
② 제1항의 시정 청구는 상당한 기간을 정하여 하여야 한다. 다만, 즉시 시정할 필요가 있는 경우에는 그러하지 아니하다.
③ 여행자는 시정 청구, 감액 청구를 갈음하여 손해배상을 청구하거나 시정 청구, 감액 청구와 함께 손해배상을 청구할 수 있다.

第674條의7【여행주최자의 담보책임과 여행자의 해지권】 ① 여행자는 여행에 중대한 하자가 있는 경우에 그 시정이 이루어지지 아니하거나 계약의 내용에 따른 이행을 기대할 수 없는 경우에는 계약을 해지할 수 있다.
② 계약이 해지된 경우에는 여행주최자는 대금청구권을 상실한다. 다만, 여행자가 실행된 여행으로 이익을 얻은 경우에는 그 이익을 여행주최자에게 상환하여야 한다.
③ 여행주최자는 계약의 해지로 인하여 필요하게 된 조치를 할 의무를 지며, 계약상 귀환운송 의무가 있으면 여행자를 귀환운송하여야 한다. 이 경우 상당한 이유가 있는 때에는 여행주최자는 여행자에게 그 비용의 일부를 청구할 수 있다.

참조 [해지권]543, [해지의 효과]550

第674條의8【담보책임의 존속기간】 제674조의6과 제674조의7에 따른 권리는 여행 기간 중에도 행사할 수 있으며, 계약에서 정한 여행 종료일부터 6개월 내에 행사하여야 한다.

第674條의9【강행규정】 제674조의3, 제674조의4 또는 제674조의6부터 제674조의8까지의 규정을 위반하는 약정으로서 여행자에게 불리한 것은 효력이 없다.

第10節 懸賞廣告

第675條【懸賞廣告의 意義】 懸賞廣告는 廣告者가 어느 行爲를 한 者에게 一定한 報酬를 支給할 意思를 表示하고 이에 應한 者가 그 廣告에 정한 行爲를 完了함으로써 그 效力이 생긴다.

참조 [도급]664이하, [현상광고의 철회]679, [보수수령권자]676, [우수현상광고]678

판례 현상광고상의 지정행위 완료에 조건이나 기한을 붙일 수 있는지 여부(적극) : 민법 675조에 정하는 현상광고라 함은, 광고자가 어느 행위를 한 자에게 일정한 보수를 지급할 의사를 표시하고 이에 응한 자가 그 광고에 정한 행위를 완료함으로써 그 효력이 생기는 것으로서, 그 광고에 정한 행위의 완료에 조건이나 기한을 붙일 수 있다. (대판 2000.8.22, 2000다3675)

第676條【報酬受領權者】 ① 廣告에 정한 行爲를 完了한 者가 數人인 경우에는 먼저 그 行爲를 完了한 者가 報酬를 받을 權利가 있다.

② 數人이 同時에 完了한 경우에는 各各 均等한 比率로 報酬를 받을 權利가 있다. 그러나 報酬가 그 性質上 分割할 수 없거나 廣告에 1人만이 報酬를 받을 것으로 定한 때에는 抽籤에 의하여 決定한다.

참조 675 · 677 · 678⑤

第677條【廣告不知의 行爲】 前條의 規定은 廣告있음을 알지 못하고 廣告에 정한 行爲를 完了한 경우에 準用한다.

第678條【優秀懸賞廣告】 ① 廣告에 정한 行爲를 完了한 者가 數人인 경우에 그 優秀한 者에 限하여 報酬를 支給할 것을 정하는 때에는 그 廣告에 應募期間을 정한 때에 限하여 그 效力이 생긴다.

② 前項의 경우에 優秀의 判定은 廣告중에 정한 者가 한다. 廣告중에 判定者를 정하지 아니한 때에는 廣告者가 判定한다.

③ 優秀한 者 없다는 判定은 이를 할 수 없다. 그러나 廣告중에 다른 意思表示가 있거나 廣告의 性質上 判定의 標準이 정하여져 있는 때에는 그러하지 아니하다.

④ 應募者는 前2項의 判定에 대하여 異議를 하지 못한다.

⑤ 數人의 行爲가 同等으로 判定된 때에는 第676條第2項의 規定을 準用한다.

참조 675, [응모의 기간]679①

第679條【懸賞廣告의 撤回】 ① 廣告에 그 指定한 行爲의 完了期間을 정한 때에는 그 期間滿了전에 廣告를 撤回하지 못한다.

② 廣告에 行爲의 完了期間을 정하지 아니한 때에는 그 行爲를 完了한 者 있기 전에는 그 廣告와 同一한 方法으로 廣告를 撤回할 수 있다.

③ 前廣告와 同一한 方法으로 撤回할 수 없는 때에는 그와 類似한 方法으로 撤回할 수 있다. 이 撤回는 撤回한 것을 안 者에 대하여만 그 效力이 있다.

참조 [계약의 청약의 구속력]527, [승낙기간을 정하지 아니한 계약의 청약]529

第11節 委 任

第680條【委任의 意義】 委任은 當事者 一方이 相對方에 대하여 事務의 處理를 委託하고 相對方이 이를 承諾함으로써 그 效力이 생긴다.

참조 [복위임]120 · 121 · 123, [위임과 대리]120 · 121 · 128, [대리상, 중개업]상87 · 93, [사무관리]734, [회사의 임원과 위임관계]상195 · 265 · 269 · 382② · 415 · 542 · 567, [위임관계로 인정되는 경우]707, 상112, [소송의 위임]변호사3, [배임죄]형355②

판례 공사감리계약의 성격과 내용 : 공사감리계약의 성격은 그 감리의 대상이 된 공사의 완성여부, 진척정도와는 독립된 별개의 용역을 제공하는 것을 본질적 내용으로 하는 위임계약의 성격을 갖고 있다고 봄이 상당하다.(대판 2000.8.22, 2000다19342)

第681條【受任人의 善管義務】 受任人은 委任의 本旨에 따라 善良한 管理者의 注意로써 委任事務를 處理하여야 한다.

참조 680 · 956, 상382②, [상사위임과 수임자의 권한]상49, [수임자의 책임]390－394, [본조 준용]956 · 1103

판례 소송대리를 위임받은 변호사의 위임사무 종료단계에서의 선관주의의무의 내용 : 소송대리를 위임받은 변호사는 그 수임사무를 수행함에 있어 전문적인 법률지식과 경험에 기초하여 성실하게 의뢰인의 권리를 옹호할 의무가 있으며, 구체적인 위임사무의 범위는 변호사와 의뢰인 사이의 위임계약의 내용에 의하여 정하여지는 것이지만, 위임사무의 종료단계에서 패소판결이 있었던 경우에는 의뢰인으로부터 상소에 관하여 특별한 수권이 없는 때에도 그 판결을 점검하여 의뢰인에게 불이익한 계산상의 잘못이 있다면 의뢰인에게 그 판결의 내용과 상소하는 때의 승소가능성 등에 대하여 구체적으로 설명하고 조언하여야 할 의무가 있다.(대판 2004.5.14, 2004다7354)

第682條【復任權의 制限】 ① 受任人은 委任人의 承諾이나 不得已한 事由없이 第三者로 하여금 自己에 갈음하여 委任事務를 處理하게 하지 못한다.(2014.12.30 본항개정)

② 受任人이 前項의 規定에 의하여 第三者에게 委任事務를 處理하게 한 경우에는 第121條, 第123條의 規定을 準用한다.

改前 ① …하여금 自己에 "가름하여" 委任事務를…

참조 [본조 준용]1103, [임의대리인의 복임권]120, [제3자의 변제]469

第683條【受任人의 報告義務】 受任人은 委任人의 請求가 있는 때에는 委任事務의 處理狀況을 報告하고 委任이 終了한 때에는 遲滯없이 그 顚末을 報告하여야 한다.

참조 상88 · 104 · 755, [본조 준용]738 · 1048② · 1103②, [위임의 종료]689 · 690

第684條【受任人의 取得物 등의 引渡, 移轉義務】 ① 受任人은 委任事務의 處理로 인하여 받은 金錢 기타의 物件 및 그 收取한 果實을 委任人에게 引渡하여야 한다.

② 受任人이 委任人을 위하여 自己의 名義로 取得한 權利는 委任人에게 移轉하여야 한다.

참조 738, [과실]101

第685條【受任人의 金錢消費의 責任】 受任人이 委任人에게 引渡할 金錢 또는 委任人의 利益을 위하여 使用할 金錢을 自己를 위하여 消費한 때에는 消費한 날 이후의 利子를 支給하여야 하며 그 외에 損害가 있으면 賠償하여야 한다.

참조 738 · 958 · 1048 · 1103, [이자]379, [손해배상]390 · 393① · 394

第686條【受任人의 報酬請求權】 ① 受任人은 特別한 約定이 없으면 委任人에 대하여 報酬를 請求하지 못한다.

② 受任人이 報酬를 받을 경우에는 委任事務를 完了한 후가 아니면 이를 請求하지 못한다. 그러나 期間으로 報酬를 정한 때에는 그 期間이 經過한 후에 이를 請求할 수 있다.

③ 受任人이 委任事務를 處理하는 중에 受任人의 責任없는 事由로 인하여 委任이 終了된 때에는 受任人은 이미 處理한 事務의 比率에 따른 報酬를 請求할 수 있다.

참조 [본조 준용]상61 · 388 · 567, ②[보수액과 지급시기]656, ③[위임의 종료]689 · 690

판례 소송위임사무에 대하여 변호사가 청구할 수 있는 보수액 : 변호사의 소송위임사무처리에 대한 보수에 관하여 의뢰인과의 사이에 약정이 있는 경우에 위임사무를 완료한 변호사는 특별한 사정이 없는 한 약정된 보수액을 전부 청구할 수 있는 것이 원칙이기는 하지만, 의뢰인과의 평소부터의 관계, 사건 수임의 경위, 착수금의 액수, 사건처리의 경과와 난이도, 노력의 정도, 소송물의 가액, 의뢰인이 승소로 인하여 얻게 된 구체적 이익과 소속변호사회의 보수규정, 기타 변론에 나타난 제반 사정을 고려하여 약정된 보수액이 부당하게 과다하여 신의성실의 원칙이나 형평의 원칙에 반한다고 볼 만한 특별한 사정이 있는 경우에는 예외적으로 상당하다고 인정되는 범위 내의 보수액만을 청구할 수 있다고 보아야 한다.
(대판 2002.4.12, 2000다50190)

第687條【受任人의 費用先給請求權】 委任事務의 處理에 費用을 要하는 때에는 委任人은 受任人의 請求에 의하여 이를 先給하여야 한다.

참조 688①, [본조 준용]1103

판례 변호사가 소송사건을 수임하면서 지급받는 착수금의 성질 및 소송위임계약이 해지된 경우, 착수금의 반환 범위 : 변호사가 의뢰인으로부터 받는 착수금은 일반적으로 위임사무의 처리비용과 보수금 일부의 선급금조의 성격을 갖는다고 할 것이므로 소송위임계약이 해지된 경우 수임인인 변호사는 사무처리의 정도 등에 비추어 일부 착수금을 반환할 의무가 있다.
(서울중앙지법 2005.9.16, 2005가합28940)

第688條【受任人의 費用償還請求權 등】 ① 受任人이 委任事務의 處理에 관하여 必要費를 支出한 때에는 委任人에 대하여 支出한 날 이후의 利子를 請求할 수 있다.

② 受任人이 委任事務의 處理에 必要한 債務를 負擔한 때에는 委任人에게 自己에 갈음하여 이를 辨濟하게 할 수 있고 그 債務가 辨濟期에 있지 아니한 때에는 相當한 擔保를 提供하게 할 수 있다.(2014.12.30 본항개정)

③ 受任人이 委任事務의 處理를 위하여 過失없이 損害를 받은 때에는 委任人에 대하여 그 賠償을 請求할 수 있다.

改前 ② …自己에 "가름하여" 이를 辨濟하게…
참조 687 · 739, [상인과 금전의 체당]상55②, [본조 준용]1048 · 1104, [이자]379, ③[손해배상청구권의 범위]393

第689條【委任의 相互解止의 自由】 ① 委任契約은 各 當事者가 언제든지 解止할 수 있다.
② 當事者 一方이 不得已한 事由없이 相對方의 不利한 時期에 契約을 解止한 때에는 그 損害를 賠償하여야 한다.

참조 550 · 691 · 692, 상92, [해지]543 · 550, ①[회사임원등의 해임, 사임]상385 · 386 · 567 · 745, ②[손해배상]상385① · 393 · 567
판례 위임계약의 해지로 인한 손해배상책임 : 민법상 위임계약은 그것이 유상계약이든 무상계약이든 당사자 쌍방의 특별한 대인적 신뢰관계를 기초로 하는 위임계약의 본질상 각 당사자는 언제든지 이를 해지할 수 있고 이로 인해 상대방이 손해를 입는 일이 있어도 그것을 배상할 의무를 부담하지 않는 것이 원칙이다.
(대판 2005.11.24, 2005다39136)
판례 위임계약은 불리한 시기에 부득이한 사유 없이 해지한 경우에 한하여 상대방에게 그로 인한 손해배상책임을 질뿐이나, 위임인의 이익과 함께 수임인의 이익도 목적으로 하고 있는 위임의 경우에는 위임인으로서는 해지 자체는 정당한 이유 유무에 관계없이 할 수 있다 하더라도 정당한 이유 없이 해지한 경우에는 상대방인 수임인에게 그로 인한 손해를 배상할 책임이 있다.(대판 2000.4.25, 98다47108)
일판 세무사고문계약에 있어서 고문료지급의 특약이 있는 것만으로는 수임자의 이익만을 목적으로 하여 체결된 위임계약이라고는 할 수 없으며, 위임자는 그 이유를 고지하지 아니하고 언제라도 그 계약을 해약을 할 수가 있다.(日 · 最高 1983.9.20)

第690條【사망 · 파산 등과 위임의 종료】 위임은 당사자 한쪽의 사망이나 파산으로 종료된다. 수임인이 성년후견개시의 심판을 받은 경우에도 이와 같다.
(2011.3.7 본조개정)

改前 "第690條【死亡, 破産등과 委任의 終了】委任은 當事者 一方의 死亡 또는 破産으로 인하여 終了한다. 受任人이 禁治産宣告를 받은 때에도 같다."
참조 691 · 692, [특칙]상50, 채무자회생파산342, [사망]28, [파산선고]채무자회생파산305이하, [성년후견개시]9, [대리권의 소멸]127, [위임의 종료와 대리권소멸]128

第691條【委任終了時의 緊急處理】 委任終了의 경우에 急迫한 事情이 있는 때에는 受任人, 그 相續人이나 法定代理人은 委任人, 그 相續人이나 法定代理人이 委任事務를 處理할 수 있을 때까지 그 事務의 處理를 繼續하여야 한다. 이 경우에는 委任의 存續과 同一한 效力이 있다.

참조 737, 채무자회생파산366, [본조 준용]919 · 959 · 1103, [위임의 종료]689 · 690 · 692, [친권자]909-911, [후견인]931-936 · 938, [상속재산관리인]1023② · 1047② · 1053, [파산관재인]채무자회생파산355-366, [이사퇴임의 경우]상386 · 567
판례 민법상 법인의 이사나 감사의 임기가 만료된 경우, 구 이사나 감사가 종전 직무를 계속 수행할 수 있는지 여부 및 후임 이사가 유효하게 선임되었으나 선임의 효력을 둘러싼 다툼이 있는 경우, 임기가 만료된 구 이사만이 직무수행권한을 가지는지 여부 : 민법상 법인의 이사나 감사 전원 또는 그 일부의 임기가 만료되었음에도 불구하고 그 후임 이사나 감사의 선임이 없거나 또는 그 후임 이사나 감사의 선임이 있었다고 하더라도 그 선임결의가 무효이고, 임기가 만료되지 아니한 다른 이사나 감사만으로는 정상적인 법인의 활동을 할 수 없는 경우, 임기가 만료된 구 이사나 감사로 하여금 법인의 업무를 수행케 함이 부적당하다고 인정할 만한 특별한 사정이 없는 한, 구 이사나 감사는 후임 이사나 감사가 선임될 때까지 종전의 직무를 수행할 수 있다 할 것이나, 후임 이사가 유효히 선임되었는데도 그 선임의 효력을 둘러싼 다툼이 있다고 하여 그 다툼이 해결되기 전까지는 후임 이사에게는 직무수행권한이 없고 임기가 만료된 구 이사만이 직무수행권한을 가진다고 할 수는 없다.(대판 2006.4.27, 2005도8875)

第692條【委任終了의 對抗要件】 委任終了의 事由는 이를 相對方에게 通知하거나 相對方이 이를 안 때가 아니면 이로써 相對方에게 對抗하지 못한다.

참조 [본조 준용]919 · 959 · 1103, [위임종료의 사유]689 · 690, [위임종료와 대리권소멸]128, [파산과 대항력]채무자회생파산342, [대리권소멸과 대항]129, 민소63, 상13 · 37

第12節 任 置

第693條【任置의 意義】 任置는 當事者 一方이 相對方에 대하여 金錢이나 有價證券 기타 物件의 保管을 委託하고 相對方이 이를 承諾함으로써 效力이 생긴다.

참조 [물건의 인도]196②, [소비임치]702, [상사임치]상46 · 108 · 152-154, [창고업]상155-168, [신탁관계]신탁, [공탁물의 보관]487이하, 비송53 · 54, 공탁
판례 선하증권상 통지처인 화주의 의뢰를 받은 하역회사가 화물을 지정장치장에 입고시킨 경우, 운송인 등과 지정장치장 화물관리인 사이의 법률관계 : 선하증권이 발행된 화물의 해상운송에 있어서 운송인 또는 그 선박대리점은 선하증권과 상환하여 화물을 인도함으로써 그 의무의 이행을 다하는 것이므로, 선하증권상의 통지처에 불과한 화주의 의뢰를 받은 하역회사가 화물을 양하하여 통관을 위해 지정장치장에 입고시켰다면, 화물이 운송인 등의 지배를 떠나 화주에게 인도된 것으로 볼 수는 없고, 운송인 등과 지정장치장 화물관리인 사이에는 화물에 관하여 묵시적인 임치계약관계가 성립하게 되며, 지정장치장 화물관리인은 운송인 등의 지시에 따라서 임치물을 인도할 의무가 있게 된다.(대판 2006.12.21, 2003다47362)

第694條【受置人의 任置物使用禁止】 受置人은 任置人의 同意없이 任置物을 使用하지 못한다.

참조 695, [유상수치인의 주의의무]374, [공탁물보관인]비송53이하

第695條【無償受置人의 注意義務】 報酬없이 任置를 받은 者는 任置物을 自己財産과 同一한 注意로 保管하여야 한다.

참조 694 · 696, [유상수치인의 주의의무]374, [상사임치와 주의의무]상108 · 152-154 · 160, [보수]686 · 701, [자기재산과 동일한 주의]1022 · 1048, [공탁물보관인에 준용]비송54

第696條【受置人의 通知義務】 任置物에 대한 權利를 主張하는 第三者가 受置人에 대하여 訴를 提起하거나 押留한 때에는 受置人은 遲滯없이 任置人에게 이를 通知하여야 한다.

참조 [공탁물보관인에 준용]비송54, [보관상의 주의의무]374 · 695, [압류]민집

第697條【任置物의 性質, 瑕疵로 인한 任置人의 損害賠償義務】 任置人은 任置物의 性質 또는 瑕疵로 인하여 생긴 損害를 受置人에게 賠償하여야 한다. 그러나 受置人이 그 性質 또는 瑕疵를 안 때에는 그러하지 아니하다.

참조 688③, [창고업자와 임치물의 점검]상161, [손해배상의 범위]393

第698條【期間의 約定있는 任置의 解止】 任置期間의 約定이 있는 때에는 受置人은 不得已한 事由없이 그 期間滿了전에 契約을 解止하지 못한다. 그러나 任置人은 언제든지 契約을 解止할 수 있다.

참조 699, [반환]상129-133 · 157, [기한의 이익]152 · 153 · 388, [소비임치와 반환청구]702, [창고업자와 수치물의 반환]상163 · 164, [해지]543 · 550

第699條【期間의 約定없는 任置의 解止】 任置期間의 約定이 없는 때에는 各 當事者는 언제든지 契約을 解止할 수 있다.

참조 [임치인의 반환청구권]698, [창고업자와 수치물의 반환]상163 · 164, [해지의 효과]543 · 550

第700條【任置物의 返還場所】 任置物은 그 保管한 場所에서 返還하여야 한다. 그러나 受置人이 正當한 事由로 인하여 그 物件을 轉置한 때에는 現存하는 場所에서 返還할 수 있다.

참조 [공탁물보관인에 준용]비송54, [보관장소]상156②, [변제의 장소]467

第701條【準用規定】 第682條, 第684條 내지 第687條 및 第688條第1項, 第2項의 規定은 任置에 準用한다.

第702條【消費任置】 受置人이 契約에 의하여 任置物을 消費할 수 있는 경우에는 消費貸借에 관한 規定을 準用한다. 그러나 返還時期의 約定이 없는 때에는 任置人은 언제든지 그 返還을 請求할 수 있다.

참조 [소비대차]598-608, [임치와 반환청구]603 · 604 · 698
판례 예금계약의 성립 시기 : 예금계약은 예금자가 예금의 의사를 표시하면서 금융기관에 돈을 제공하고 금융기관이 그 의사에 따라 그 돈을 받아 확인을 하면 그로써 성립하며, 금융기관의 직원이 그 받은 돈을 금융기관에 실제로 입금하였는지 여부는 예금계약의 성립에는 아무런 영향을 미치지 아니한다.(대판 1984.8.14, 84도1139)

第13節 組 合

第703條【組合의 意義】 ① 組合은 2人 이상이 相互出

資하여 共同事業을 經營할 것을 約定함으로써 그 效力이 생긴다.
② 前項의 出資는 金錢 기타 財産 또는 勞務로 할 수 있다.

참조 [유상계약]567, [금전출자]705, [출자액과 손익 및 잔여재산의 분배]711 · 724②, [조합관계]상759-768, [회사의 내부관계와 조합에 관한 규정]상195 · 269, [익명조합]상78이하

판례 수인이 전매차익을 목적으로 부동산을 공동으로 매수한 경우, 그 수인을 조합원으로 하는 동업체에서 매수한 것으로 인정하기 위한 요건 : [1] 민법상 조합계약은 2인 이상이 상호 출자하여 공동으로 사업을 경영할 것을 약정하는 계약으로서, 특정한 사업을 공동경영하는 약정에 한하여 이를 조합계약이라 할 수 있고, 공동의 목적 달성이라는 정도만으로는 조합의 성립요건을 갖추었다고 할 수 없다. [2] 수인이 부동산을 공동으로 매수한 경우, 공동매수의 목적이 전매차익의 획득에 있을 경우 그것이 공동사업을 위해 동업체에서 매수한 것이 되려면, 적어도 공동매수인들 사이에서 그 매수한 토지를 공유가 아닌 동업체의 재산으로 귀속시키고 공동매수인 전원의 의사에 기해 전원의 계산으로 처분한 후 그 이익을 분배하기로 하는 명시적 또는 묵시적 의사의 합치가 있어야만 할 것이고, 이와 달리 공동매수 후 매수인별로 토지에 관하여 공유에 기한 지분권을 가지고 각자 자유롭게 그 지분권을 처분하여 대가를 취득할 수 있도록 한 것이라면 이를 동업체에서 매수한 것으로 볼 수는 없다.
(대판 2007.6.14, 2005다5140)

판례 연립주택 소유자들과 공사업자 사이의 동업계약 : 연립주택의 소유자들이 재건축을 함에 있어 주택 소유자들은 부지를 제공하고 공사업자는 그의 책임으로 공사비 등을 투자하여 연립주택을 신축하되 신축 주택 1세대씩은 기존 소유자들에게 제공하고 잔여 주택은 공사업자가 처분하기로 하는 내용의 계약을 체결한 경우, 위 계약을 연립주택 소유자들과 공사업자 사이의 동업계약이라고 볼 수 있다.
(대판 2002.4.23, 2000두5852)

第704條【組合財産의 合有】 組合員의 出資 기타 組合財産은 組合員의 合有로 한다.

참조 [합유]271-274, [공유]262, [출자]703 · 705, [익명조합의 특칙]상79, [조합재산]719

판례 공동이행방식의 공동수급체는 기본적으로 민법상 조합의 성질을 가지는 것이므로 구성원 중 1인이 도급인에 대하여 급부를 청구할 수는 없지만, 구성원별로 청구된 금액에 따라 각자 자기 명의의 계좌로 공사대금을 지급받기로 약정한 내용이 담긴 협정서가 환경관리공단에 제출되어 공사도급계약이 체결되었으므로 공동수급체와 환경관리공단은 공동수급체 구성원 각자로 하여금 공사대금채권에 관해 출자지분의 비율에 따라 직접 권리를 취득하게 하는 묵시적인 약정을 했다고 보는 것이 타당하다.(대판 2012.5.17, 2009다105406 전원합의체)

판례 조합재산과 사해행위 : 동업 목적의 조합체가 부동산을 조합재산으로 취득하였으나 합유등기가 아닌 조합원들 명의로 공유등기를 하였다면 그 공유등기는 조합체가 조합원들에게 각 지분에 관하여 명의신탁한 것에 불과하므로 부동산실권리자명의등기에관한법률 4조 2항 본문이 적용되어 명의수탁자인 조합원들 명의의 소유권이전등기는 무효이어서 그 부동산 지분은 조합원들의 소유가 아니기 때문에 이를 일반채권자들의 공동담보에 공하여지는 책임재산이라고 볼 수 없고, 따라서 조합원들 중 1인이 조합에서 탈퇴하면서 나머지 조합원들에게 그 지분에 관한 소유권이전등기를 경료하여 주었다 하더라도 그로써 채무자인 그 해당 조합원의 책임재산에 감소를 초래한 것이라고 할 수 없으므로, 이를 들어 일반채권자를 해하는 사해행위라고 볼 수는 없으며, 그에게 사해의 의사가 있다고 볼 수도 없다.
(대판 2002.6.14, 2000다30622)

第705條【金錢出資遲滯의 責任】 金錢을 出資의 目的으로 한 組合員이 出資時期를 遲滯한 때에는 延滯利子를 支給하는 외에 損害를 賠償하여야 한다.

참조 703, 상196, [담보책임]567, [이자]379, [손해배상]393 · 397

판례 건설공동수급체는 기본적으로 민법상 조합의 성질을 가지는 것인데, 건설공동수급체의 구성원인 조합원이 그 출자의무를 불이행하였더라도 그 조합원을 조합에서 제명하지 않는 한 건설공동수급체는 조합원에 대한 출자금채권과 그 연체이자채권, 그 밖의 손해배상채권으로 조합원의 이익분배청구권과 직접 상계할 수 있을 뿐이고, 조합계약에서 출자의무의 이행과 이익분배를 직접 연계시키는 특약을 두지 않는 한 출자의무의 불이행을 이유로 이익분배 자체를 거부할 수는 없다.(대판 2006.8.25, 2005다16959)

第706條【事務執行의 方法】 ① 組合契約으로 業務執行者를 정하지 아니한 경우에는 組合員의 3分의 2 이상의 贊成으로써 이를 選任한다.
② 組合의 業務執行은 組合員의 過半數로써 決定한다. 業務執行者數人인 때에는 그 過半數로써 決定한다.
③ 組合의 通常事務는 前項의 規定에 不拘하고 各 組合員 또는 各 業務執行者가 專行할 수 있다. 그러나 그 事務의 完了전에 다른 組合員 또는 다른 業務執行者의 異議가 있는 때에는 即時 中止하여야 한다.

참조 707 · 708, ②[청산인의 선임]721②, [제명결의]718, [선박공유와 선박이용의 결정방법]상759 · 768, [업무집행자가 수인인 경우]상202 · 203 · 391 · 564, [청산인의 업무집행방법]722

판례 제706조에서는 조합원 3분의 2 이상의 찬성으로 조합의 업무집행자를 선임하고 조합원 과반수의 찬성으로 조합의 업무집행방법을 결정하도록 규정하고 있는바, 여기서 말하는 조합원은 조합원의 출자가액이나 지분이 아닌 조합원의 인원수를 뜻한다. 다만, 위와 같은 민법의 규정은 임의규정이므로, 당사자 사이의 약정으로 업무집행자의 선임이나 업무집행방법의 결정을 조합원의 인원수가 아닌 그 출자가액 내지 지분의 비율에 의하도록 하는 등 그 내용을 달리 정할 수 있고, 그와 같은 약정이 있는 경우에는 그 정한 바에 따라 업무집행자를 선임하거나 업무집행방법을 결정하여야만 유효하다.
(대판 2009.4.23, 2008다4247)

第707條【準用規定】 組合業務를 執行하는 組合員에는 第681條 내지 第688條의 規定을 準用한다.

第708條【業務執行者의 辭任, 解任】 業務執行者인 組合員은 正當한 事由없이 辭任하지 못하며 다른 組合員의 一致가 아니면 解任하지 못한다.

참조 [조합원중 청산인의 사임, 해임]723, [임원의 해임]상385 · 567

第709條【業務執行者의 代理權推定】 組合의 業務를 執行하는 組合員은 그 業務執行의 代理權있는 것으로 推定한다.

참조 [업무를 집행하는 조합원]706 · 707, [대리권]114이하

판례 업무집행조합원의 조합원 대리권에 관하여 제한약정이 있는 경우, 그 약정의 존재 및 이행에 대한 주장 · 입증책임의 소재 : 민법 709조에 의하면, 조합계약으로 업무집행자를 정하였거나 또는 선임한 때에는 그 업무집행조합원은 조합의 목적을 달성하는 데 필요한 범위에서 조합을 위하여 모든 행위를 할 대리권이 있는 것으로 추정되지만, 위 규정은 임의규정이라고 할 것이므로 약정이 있는 경우에는 조합의 업무집행은 조합원 전원의 동의가 있는 때에만 유효하다 할 것이어서, 조합의 구성원이 위와 같은 약정의 존재를 주장 · 입증하면 조합의 업무집행자가 조합원을 대리할 권한이 있다는 추정은 깨어지고 업무집행자와 사이에 법률행위를 한 상대방이 나머지 조합원에게 그 법률행위의 효력을 주장하기 위하여는 그와 같은 약정에 따른 조합원 전원의 동의가 있었다는 점을 주장 · 입증할 필요가 있다.
(대판 2002.1.25, 99다62838)

第710條【組合員의 業務, 財産狀態檢査權】 各 組合員은 언제든지 組合의 業務 및 財産狀態를 檢査할 수 있다.

참조 [업무집행의 위임]706②, [수임인과 보고의무]683 · 706, [조합재산]704

第711條【損益分配의 比率】 ① 當事者가 損益分配의 比率을 정하지 아니한 때에는 各 組合員의 出資價額에 比例하여 이를 정한다.
② 利益 또는 損失에 대하여 分配의 比率을 정한 때에는 그 比率은 利益과 損失에 共通된 것으로 推定한다.

참조 [출자가액과 잔여재산의 분배비율]72② · 703, [손실분담의 비율]712, [조합채무자의 변제]713, [출자의 합유와 지분균등의 추정]262② · 274② · 704

판례 건설공동수급체가 구성원에 대하여 출자의무의 불이행을 이유로 이익분배를 거부할 수 있는지 여부 : 건설공동수급체는 기본적으로 민법상 조합의 성질을 가지는 것인데, 건설공동수급체의 구성원인 조합원이 그 출자의무를 불이행하였더라도 그 조합원을 조합에서 제명하지 않는 한 건설공동수급체는 조합원에 대한 출자금채권과 그 연체이자채권, 그 밖의 손해배상채권으로 조합원의 이익분배청구권과 직접 상계할 수 있을 뿐이고, 조합계약에서 출자의무의 이행과 이익분배를 직접 연계시키는 특약을 두지 않는 한 출자의무의 불이행을 이유로 이익분배 자체를 거부할 수는 없다.
(대판 2006.8.25, 2005다16959)

第712條【組合員에 대한 債權者의 權利行使】 組合債權者는 그 債權發生 當時에 組合員의 損失負擔의 比率을 알지 못한 때에는 各 組合員에게 均分하여 그 權利를 行使할 수 있다.

참조 711 · 713, [다수당사자의 채권관계]408

판례 2인 조합에서 1인이 탈퇴한 경우, 조합채권자가 잔존 조합원에 대한 조합채무 전부의 이행청구 : 조합채무는 조합원들이 조합재산에 의하여 합유적으로 부담하는 채무이고, 두 사람으로 이루어진 조

합관계에 있어 그 중 1인이 탈퇴하면 탈퇴자와의 사이에 조합관계는 종료된다 할 것이나 특별한 사정이 없는 한 조합은 해산되지 아니하고, 조합원들의 합유에 속한 조합재산은 남은 조합원에게 귀속하게 되므로, 이 경우 조합채권자는 잔존 조합원에게 여전히 그 조합채무 전부에 대한 이행을 청구할 수 있다.(대판 1999.5.11, 99다1284)

第713條【無資力組合員의 債務와 他組合員의 辨濟責任】 組合員중에 辨濟할 資力없는 者가 있는 때에는 그 辨濟할 수 없는 部分은 다른 組合員이 均分하여 辨濟할 責任이 있다.

참조 711 · 712, [변제]460

판례 음식점시설제공자의 이익여부에 관계없이 정기적으로 일정액을 지급할 것을 약정하되 대외적 거래관계는 경영자가 그 명의로 단독으로 하여 그 권리의무가 그에게만 귀속되는 동업관계는 상법상 익명조합도 아니고 민법상 조합도 아니어서 대외적으로는 오로지 경영자만이 권리를 취득하고 채무를 부담하는 것이고 그가 변제자력이 없거나 부족하다는 등의 특별한 사정이 있더라도 민법 제713조가 유추적용될 여지는 없다.(대판 1983.5.10, 81다650)

第714條【持分에 대한 押留의 效力】 組合員의 持分에 대한 押留는 그 組合員의 將來의 利益配當 및 持分의 返還을 받을 權利에 대하여 效力이 있다.

참조 [압류]민집, [지분의 반환]719, [이익배당]711, [특칙]상223

第715條【組合債務者의 相計의 禁止】 組合의 債務者는 그 債務와 組合員에 대한 債權으로 相計하지 못한다.

참조 [상계]492이하

第716條【任意脫退】 ① 組合契約으로 組合의 存續期間을 정하지 아니하거나 組合員의 終身까지 存續할 것을 정한 때에는 各 組合員은 언제든지 脫退할 수 있다. 그러나 不得已한 事由없이 組合의 不利한 時期에 脫退하지 못한다.

② 組合의 存續期間을 정한 때에도 組合員은 不得已한 事由가 있으면 脫退할 수 있다.

참조 상217, [탈퇴]719

판례 부득이한 사유에 해당하는지 여부는 조합원 일신상의 주관적인 사유 및 조합원 개개인의 이익뿐만 아니라 단체로서의 조합의 성격과 조합원 전체의 이익 등을 종합적으로 고려하여 판단하여야 한다. (대판 1997.1.24, 96다26305)

第717條【비임의 탈퇴】 제716조의 경우 외에 조합원은 다음 각 호의 어느 하나에 해당하는 사유가 있으면 탈퇴된다.

1. 사망
2. 파산
3. 성년후견의 개시
4. 제명(除名)

(2011.3.7 본조개정)

改前 "第717條【非任意脫退】 前條의 경우외에 組合員은 다음 各號의 事由로 인하여 脫退된다.
1. 死亡
2. 破産
3. 禁治産
4. 除名"

참조 상218, [탈퇴]719, [사망]28, [파산]127, [성년후견]12, [제명]718

第718條【除名】 ① 組合員의 除名은 正當한 事由있는 때에 限하여 다른 組合員의 一致로써 이를 決定한다.

② 前項의 除名決定은 除名된 組合員에게 通知하지 아니하면 그 組合員에게 對抗하지 못한다.

참조 717, [제명의 효과]679 · 719, [업무집행과 다수결]706

第719條【脫退組合員의 持分의 計算】 ① 脫退한 組合員과 다른 組合員間의 計算은 脫退당시의 組合財産狀態에 의하여 한다.

② 脫退한 組合員의 持分은 그 出資의 種類如何에 不拘하고 金錢으로 返還할 수 있다.

③ 脫退당시에 完結되지 아니한 事項에 대하여는 完結후에 計算할 수 있다.

참조 상221 · 222, [탈퇴]716-718, [조합재산]704 · 724②, [출자의 종류]703②

판례 탈퇴자와 잔존자 사이의 탈퇴로 인한 계산의 방법 : 계산은 사업의 계속을 전제로 하는 것이므로 조합재산의 가액은 단순한 매매가격이 아닌 '영업권의 가치를 포함하는 영업가격'에 의하여 평가하되, 당해 조합원의 지분비율은 조합청산의 경우에 실제 출자한 자산가액의 비율에 의하는 것과는 달리 '조합내부의 손익분배 비율'을 기준으로 계산하여야 하는 것이 원칙이다.
(대판 2006.3.9, 2004다49693,49709)

판례 탈퇴한 조합원과 다른 조합원 간의 계산은 민법 제719조제1항에 의하여 탈퇴 당시의 조합 재산상태에 의하여 하는 것이므로 그 지분계산에 있어서 자산평가의 기준 시기는 탈퇴 당시라고 보아야 한다.
(대판 1996.9.6, 96다19208)

第720條【不得已한 事由로 인한 解散請求】 不得已한 事由가 있는 때에는 各 組合員은 組合의 解散을 請求할 수 있다.

참조 [해산]543 · 550 · 721, [회사의 해산청구]상241

第721條【清算人】 ① 組合이 解散한 때에는 清算은 總組合員 共同으로 또는 그들이 選任한 者가 그 事務를 執行한다.

② 前項의 清算人의 選任은 組合員의 過半數로써 決定한다.

참조 [해산]550 · 720, [청산인]722-724, [업무집행과 다수결]706

판례 조합의 해산결의 이후 조합원의 자동제명 사유가 발생하였다 하더라도 그 조합원은 해산결의에서 정한 청산방법에 따라 출자지분에 비례한 잔여재산의 분배를 구할 수 있다고 한다.
(대판 2007.2.9, 2006다3486)

第722條【清算人의 業務執行方法】 清算人이 數人인 때에는 第706條第2項 後段의 規定을 準用한다.

참조 상254 · 613①, [청산인]721 · 723

第723條【組合員인 清算人의 辭任, 解任】 組合員중에서 清算人을 정한 때에는 第708條의 規定을 準用한다.

참조 [청산인의 선임]721②

第724條【清算人의 職務, 權限과 殘餘財産의 分配】 ① 清算人의 職務 및 權限에 관하여는 第87條의 規定을 準用한다.

② 殘餘財産은 各 組合員의 出資價額에 比例하여 이를 分配한다.

참조 [법인의 청산]80 · 87, 상254 · 260 · 613①, [출자]703, [손익의 분배]711

第14節 終身定期金

第725條【終身定期金契約의 意義】 終身定期金契約은 當事者 一方이 自己, 相對方 또는 第三者의 終身까지 定期로 金錢 기타의 物件을 相對方 또는 第三者에게 支給할 것을 約定함으로써 그 效力이 생긴다.

참조 703, [사망]27 · 28, [정기금채권의 존속]729, [제3자를 위한 계약]539-542

第726條【終身定期金의 計算】 終身定期金은 日數로 計算한다.

第727條【終身定期金契約의 解除】 ① 定期金債務者가 定期金債務의 元本을 받은 경우에 그 定期金債務의 支給을 解怠하거나 기타 義務를 履行하지 아니한 때에는 定期金債權者는 元本의 返還을 請求할 수 있다. 그러나 이미 支給을 받은 債務額에서 그 元本의 利子를 控除한 殘額을 定期金債務者에게 返還하여야 한다.

② 前項의 規定은 損害賠償의 請求에 影響을 미치지 아니한다.

참조 728 · 729②, [계약의 해제]543 · 548, [계약해제와 손해배상]390-397 · 551

第728條【解除와 同時履行】 第536條의 規定은 前條의 경우에 準用한다.

第729條【債務者歸責事由로 인한 死亡과 債權存續宣告】 ① 死亡이 定期金債務者의 責任있는 事由로 인한 때에는 法院은 定期金債權者 또는 그 相續人의 請求에 의하여 相當한 期間 債權의 存續을 宣告할 수 있다.

② 前項의 경우에도 第727條의 權利를 行使할 수 있다.

참조 [사망과 종신정기금]725

第730條【遺贈에 의한 終身定期金】 本節의 規定은 遺贈에 의한 終身定期金債權에 準用한다.

참조 [유증]1073이하

第15節 和 解

第731條【和解의 意義】 和解는 當事者가 相互讓步하여 當事者間의 紛爭을 終止할 것을 約定함으로써 그 效力이 생긴다.

참조 [재판상의 화해]민소145·220, [화해와 유상쌍무계약]567·570-580

판례 불확정기한부 화해계약 : 지방자치단체와 분쟁이 있던 은행이 분쟁해결을 위하여 지방자치단체가 청구권을 행사하지 않는 대신 지방자치단체의 문화시설 건립 비용을 부담하기로 하되 그 비용의 지급방법은 상호 협의에 의하여 정하기로 한 경우, 그 약정은 불확정기한부 화해계약에 해당한다.(대판 2002.3.29, 2001다41766)

第732條【和解의 創設的 效力】 和解契約은 當事者 一方이 讓步한 權利가 消滅되고 相對方이 和解로 인하여 그 權利를 取得하는 效力이 있다.

판례 불법행위로 인한 손해배상에 관한 합의의 해석 : 불법행위로 인한 손해배상에 관하여 가해자와 피해자 사이에 피해자가 일정한 금액을 지급받고 그 나머지 청구를 포기하기로 합의가 이루어진 때에는 그 후 그 이상의 손해가 발생하였다 하여 다시 그 배상을 청구할 수 없는 것이지만, 그 합의가 손해의 범위를 정확히 확인하기 어려운 상황에서 이루어진 것이고, 후발손해가 합의 당시의 사정으로 보아 예상이 불가능한 것으로서, 당사자가 후발손해를 예상하였더라면 사회통념상 그 합의금액으로는 화해하지 않았을 것이라고 보는 것이 상당할 만큼 그 손해가 중대한 것일 때에는 당사자의 의사가 이러한 손해에 대해서까지 그 배상청구권을 포기한 것이라고 볼 수 없으므로 다시 그 배상을 청구할 수 있다고 보아야 한다.
(대판 2001.9.4, 2001다9496)

第733條【和解의 效力과 錯誤】 和解契約은 錯誤를 理由로 하여 取消하지 못한다. 그러나 和解當事者의 資格 또는 和解의 目的인 紛爭 이외의 事項에 錯誤가 있는 때에는 그러하지 아니하다.

참조 [착오]109, [취소]140-146

판례 착오를 이유로 취소할 수 있는 '화해의 목적인 분쟁 이외의 사항'의 의미 : 민법상의 화해계약을 체결한 경우 당사자는 착오를 이유로 취소하지 못하고, 다만 화해 당사자의 자격 또는 화해의 목적인 분쟁 이외의 사항에 착오가 있는 때에 한하여 이를 취소할 수 있으며, 여기서 '화해의 목적인 분쟁 이외의 사항'이라 함은 분쟁의 대상이 아니라 분쟁의 전제 또는 기초가 된 사항으로서 쌍방 당사자가 예정한 것이어서 상호 양보의 내용으로 되지 않고 다툼이 없는 사실로 양해된 사항을 말한다.(대판 2004.6.25, 2003다32797)

第3章 事務管理

第734條【事務管理의 內容】 ① 義務없이 他人을 위하여 事務를 管理하는 者는 그 事務의 性質에 좇아 가장 本人에게 利益 되는 方法으로 이를 管理하여야 한다.
② 管理者가 本人의 意思를 알거나 알 수 있는 때에는 그 意思에 適合하도록 管理하여야 한다.
③ 管理者가 前2項의 規定에 違反하여 事務를 管理한 경우에는 過失없는 때에도 이로 인한 損害를 賠償할 責任이 있다. 그러나 그 管理行爲가 公共의 利益에 適合한 때에는 重大한 過失이 없으면 賠償할 責任이 없다.

참조 유실물, [해난구조]상882이하, 선원11-13, [계약에 의한 사무관리]680이하, [본인의 의사]739, [주채무자의 부탁을 받지 아니한 보증]444, [타인의 채무의 변제]469②, ①[관리자의 주의의무]735, ②[본인의 의사와 관리 계속]737단서, ③[손해배상, 보상]390·393·394·740

판례 사무관리의 성립요건 : 사무관리가 성립하기 위하여는 우선 그 사무가 타인의 사무이고 타인을 위하여 사무를 처리하는 의사, 즉 관리의 사실상의 이익을 타인에게 귀속시키려는 의사가 있어야 함은 물론 나아가 그 사무의 처리가 본인에게 불리하거나 본인의 의사에 반한다는 것이 명백하지 아니할 것을 요한다.
(대판 1997.10.10, 97다26326)

판례 사무관리자의 사무관리상 부주의로 인하여 화재가 발생한 경우, 손해배상책임을 인정한다.(대판 1995.9.29, 94다13008)

第735條【緊急事務管理】 管理者가 他人의 生命, 身體, 名譽 또는 財産에 대한 急迫한 危害를 免하게 하기 위하여 그 事務를 管理한 때에는 故意나 重大한 過失이 없으면 이로 인한 損害를 賠償할 責任이 없다.

참조 734③

第736條【管理者의 通知義務】 管理者가 管理를 開始한 때에는 遲滯없이 本人에게 通知하여야 한다. 그러나 本人이 이미 이를 안 때에는 그러하지 아니하다.

참조 734①, [보고의무]683·738

第737條【管理者의 管理繼續義務】 管理者는 本人, 그 相續人이나 法定代理人이 그 事務를 管理하는 때까지 管理를 繼續하여야 한다. 그러나 管理의 繼續이 本人의 意思에 反하거나 本人에게 不利함이 明白한 때에는 그러하지 아니하다.

참조 [법정대리인]909-911·931-936·938, [위임과 응급처리의 무]691, [사무관리와 본인의 의사]734②·739③

第738條【準用規定】 第683條 내지 第685條의 規定은 事務管理에 準用한다.

第739條【管理者의 費用償還請求權】 ① 管理者가 本人을 위하여 必要費 또는 有益費를 支出한 때에는 本人에 대하여 그 償還을 請求할 수 있다.
② 管理者가 本人을 위하여 必要 또는 有益한 債務를 負擔한 때에는 第688條第2項의 規定을 準用한다.
③ 管理者가 本人의 意思에 反하여 管理한 때에는 本人의 現存利益의 限度에서 前2項의 規定을 準用한다.

참조 [사무관리와 보수]유실물4, 수상에서의수색·구조등에관한법39, 상882, [사무관리와 본인의 의사]734②, 737단서

第740條【管理者의 無過失損害補償請求權】 管理者가 事務管理를 함에 있어서 過失없이 損害를 받은 때에는 本人의 現存利益의 限度에서 그 損害의 補償을 請求할 수 있다.

참조 734③, [사무관리와 보수의 특칙]유실물4, 수상에서의수색·구조등에관한법39, 상882이하

第4章 不當利得

第741條【不當利得의 內容】 法律上 原因없이 他人의 財産 또는 勞務로 인하여 利益을 얻고 이로 인하여 他人에게 損害를 加한 者는 그 利益을 返還하여야 한다.

참조 [취소와 이익의 상환]141, [계약과 원상회복]548①, [기타 이익의 상환 또는 원상회복]201-203·261·444·451①·470·472·748, 어음79, 수표63, 상648

판례 법률상 원인 없이 타인의 재산 또는 노무로 이익을 얻고 그로 인하여 타인에게 손해를 가한 경우, 그 취득한 것이 금전상의 이득인 때에는 그 금전은 이를 취득한 자가 소비하였는가의 여부를 불문하고 현존하는 것으로 추정되고, 그 취득한 것이 성질상 계속적으로 반복하여 거래되는 물품으로서 곧바로 판매되어 환가될 수 있는 금전과 유사한 대체물인 경우에도 마찬가지다.
(대판 2009.5.28, 2007다20440,20457)

판례 사유지를 국가 또는 지방자치단체가 점유하여 사실상의 도로로서 일반 공중의 교통에 제공함으로써 그 토지 소유자의 독점적·배타적인 사용수익이 제한되고 있는 경우에는 그 소유자가 그 토지에 대한 독점적·배타적인 사용수익권을 포기하였다는 등의 특별한 사정이 없는 한, 국가 또는 지방자치단체는 그 토지를 점유하여 사용·수익하는 이득을 얻고 토지소유자는 그만큼의 손해를 입고 있는 것으로 보아야 한다.(대판 2008.2.1, 2007다8914)

판례 토지소유자의 무상통행권의 부여 또는 사용수익권의 포기 여부에 관한 판단 기준 : 어느 사유지가 사실상 일반 공중의 교통에 공용되는 도로로 사용되고 있는 경우 무상통행권의 부여 또는 사용수익권을 포기한 것으로 의사해석을 함에 있어서는 그가 당해 토지를 소유하게 된 경위나 보유기간, 나머지 토지들을 분할하여 매도한 경위와 그 규모, 도로로 사용되는 당해 토지의 위치나 성상, 인근의 다른 토지들과의 관계, 주위 환경 등 여러 가지 사정과 아울러 분할·매도된 나머지 토지들의 효과적인 사용·수익을 위하여 당해 토지가 기여하고 있는 정도 등을 종합적으로 고찰하여 판단하여야 한다.
(대판 2006.5.12, 2005다31736)

판례 확정된 배당표에 의해 배당을 실시한 경우, 배당을 받지 못한 채권자에게 부당이득반환청구권이 있는지 여부(적극) : 확정된 배당표에 의하여 배당을 실시하는 것은 실체법상의 권리를 확정하는 것이 아니므로 배당을 받아야 할 자가 배당을 받지 못하고 배당을 받지 못할 자가 배당을 받은 경우에는 배당에 관하여 이의를 한 여부 또는 형식상 배당절차가 확정되었는지 여부에 관계없이 배당을 받지 못한 채권자는 배당받은 자에 대하여 부당이득반환을 청구할 수 있다. (대판 2004.4.9, 2003다32681)

판례 채무자가 피해자로부터 횡령한 금전을 채권자에 대한 채무변제에 사용한 경우 : 채무자가 피해자로부터 횡령한 금전을 그대로 채권자에 대한 채무변제에 사용하는 경우 피해자의 손실과 채권자의 이득 사이에 인과관계가 있음이 명백하고, 채권자가 그 변제를 수령함에 있어 악의 또는 중대한 과실이 있는 경우에는 채권자의 금전 취득은 피해자에 대한 관계에 있어서 법률상 원인을 결여한 것으로 봄이 상당하나, 채권자가 그 변제를 수령함에 있어 단순히 과실이 있는 경우에는 그 변제는 유효하고 채권자의 금전 취득이 피해자에 대한 관계에 있어서 법률상 원인을 결여한 것이라고 할 수 없다. (대판 2003.6.13, 2003다8862)

판례 정당한 권원 없이 타인의 토지 일부분 위에 시설물을 설치·소유함으로써 토지소유자가 나머지 토지까지 사용할 수 없게 된 경우, 그 시설물 보유자가 반환할 부당이득의 범위 : 타인의 토지 위에 정당한 권원 없이 시설물을 설치·소유함으로써 그 시설물에 관련된 법규에 의하여 이격 거리를 두어야 하는 바, 그로 인하여 나머지 토지 부분이 과소 토지로 남게 되어 사실상 소유자가 그 과소 토지 부분을 자신이 원하는 용도로 사용할 수 없게 된 경우에, 그 토지의 소유자는 당해 토지 전부에 대한 사용불능으로 인한 손해를 입게 되었다 할 것이고 그 사용불능은 당해 시설물의 설치로 인하여 발생한 것이므로 사회통념상 그 과소 토지 부분도 당해 시설물을 설치·소유한 자가 사용·수익하고 있다고 봄이 부당이득제도의 이념인 공평의 원칙에도 부합하므로, 타인의 토지 위에 정당한 권원 없이 시설물을 설치·소유한 자는 사용이 불가능하게 된 그 과소 토지 부분을 포함한 당해 토지 전부에 대한 임료 상당의 이득을 소유자에게 반환할 의무를 진다. (대판 2001.3.9, 2000다70828)

판례 부당이득의 의미 : 법률상의 원인 없이 이득하였음을 이유로 한 부당이득의 반환에 있어 '이득'이라 함은 실질적인 이익을 의미하므로, 임차인이 임대차계약관계가 소멸된 이후에도 임차건물 부분을 계속 점유하기는 하였으나 이를 본래의 임대차계약상의 목적에 따라 사용·수익하지 아니하여 실질적인 이득을 얻은 바 없는 경우에는 그로 인하여 임대인에게 손해가 발생하였다 하더라도 임차인의 부당이득반환의무는 성립되지 않는다.(대판 1995.3.28, 94다50526)

독판 국내선 승객이 공항청사내의 허점을 이용하여 국제선 승객에 몰래 합류하여, 항공권이 없이 국제선을 이용하는 경우, 승객의 재산에 적극적 증가는 없다 하더라도, 지출했어야 하는 비용을 지출하지 않음으로 해서 부당이득이 생겼으므로 이를 항공사측에 반환하여야 한다.(독·연방법원 1971.1.7 BGHZ 55,128)

第742條【非債辨濟】 債務없음을 알고 이를 辨濟한 때에는 그 返還을 請求하지 못한다.

참조 [변제]460이하, [특칙]상648, [타인의 채무의 변제]745

판례 자유로운 의사에 반한 비채변제 : 지급자가 채무 없음을 알면서도 임의로 지급한 경우에는 민법 742조 소정의 비채변제로서 수령자에게 그 반환을 구할 수 없으나, 그 변제가 자유로운 의사에 반하여 이루어진 것으로 볼 수 있는 사정이 있는 때에는 지급자가 그 반환청구권을 상실하지 않는다. 부동산에 대한 임의경매절차가 진행되던 중에 피담보채무액을 초과하여 변제한 행위가 자유로운 의사에 반한 비채변제라고 볼 수 없다.(대판 2004.1.27, 2003다46451)

第743條【期限전의 辨濟】 辨濟期에 있지 아니한 債務를 辨濟한 때에는 그 返還을 請求하지 못한다. 그러나 債務者가 錯誤로 인하여 辨濟한 때에는 債權者는 이로 인하여 얻은 利益을 返還하여야 한다.

참조 741, [변제]460이하, [변제기]152·153·387·388, [변제기전의 변제]468·477, [착오]109, [기한의 이익]153

판례 중간퇴직이 무효인 경우 착오로 인한 기한전 변제인지 여부 : 사용자가 근로자에 대하여 중간퇴직처리를 하면서 퇴직금을 지급하였으나 그 퇴직처리가 무효로 된 경우 이는 착오로 인하여 변제기에 있지 아니한 채무를 변제한 경우에 해당한다고 할 수 없으므로, 이미 지급한 퇴직금에 대한 지급일 다음날부터 최종퇴직시까지의 연 5푼의 비율에 의한 법정이자 상당액은 부당이득에 해당하지 않는다. (대판 2001.4.24, 99다9370)

第744條【道義觀念에 適合한 非債辨濟】 債務없는 者가 錯誤로 인하여 辨濟한 경우에 그 辨濟가 道義觀念에 適合한 때에는 그 返還을 請求하지 못한다.

참조 741·742, [착오]109, [변제]460이하

第745條【他人의 債務의 辨濟】 ① 債務者아닌 者가 錯誤로 인하여 他人의 債務를 辨濟한 경우에 債權者가 善意로 證書를 毁滅하거나 擔保를 抛棄하거나 時效로 인하여 그 債權을 잃은 때에는 辨濟者는 그 返還을 請求하지 못한다.

② 前項의 경우에 辨濟者는 債務者에 대하여 求償權을 行使할 수 있다.

참조 [제3자의 변제]469, [비채변제]742, ①[채권증서의 반환]475, [소멸시효]162①·163-165, ②[부당이득의 반환의무]741, [제3자의 변제와 구상]480이하

第746條【不法原因給與】 不法의 原因으로 인하여 財產을 給與하거나 勞務를 提供한 때에는 그 利益의 返還을 請求하지 못한다. 그러나 그 不法原因이 受益者에게만 있는 때에는 그러하지 아니하다.

참조 [불법원인]103, [불법점유와 유치권]320, [불법행위로 인한 채무와 상계]496

판례 무효인 명의신탁약정에 기하여 경료된 타인 명의의 등기가 불법원인급여에 해당하는지 여부 : 부동산실권리자명의등기에관한법률이 반사회적 행위를 방지하는 것 등을 목적으로 제정되었다고 하더라도 무효인 명의신탁약정에 기하여 타인 명의의 등기가 마쳐졌다는 이유만으로 그것이 당연히 불법원인급여에 해당한다고 볼 수 없다. (대판 2003.11.27, 2003다41722)

판례 불법원인급여의 요건으로서의 불법의 의미 : 부당이득의 반환청구가 금지되는 사유로 민법 746조가 규정하는 불법원인이라 함은 그 원인되는 행위가 선량한 풍속 기타 사회질서에 위반하는 경우를 말하는 것으로서, 법률의 금지에 위반하는 경우라 할지라도 그것이 선량한 풍속 기타 사회질서에 위반하지 않는 경우에는 이에 해당하지 않는다.(대판 2001.5.29, 2001다1782)

第747條【原物返還不能한 경우와 價額返還, 轉得者의 責任】 ① 受益者가 그 받은 目的物을 返還할 수 없는 때에는 그 價額을 返還하여야 한다.

② 受益者가 그 利益을 返還할 수 없는 경우에는 受益者로부터 無償으로 그 利益의 目的物을 讓受한 惡意의 第三者는 前項의 規定에 의하여 返還할 責任이 있다.

참조 741·748

판례 일반적으로 수익자가 법률상 원인 없이 이득한 재산을 처분함으로 인하여 원물반환이 불가능한 경우에 있어서 반환하여야 할 가액은 특별한 사정이 없는 한 그 처분 당시의 대가이나, 이 경우에 수익자가 그 법률상 원인 없는 이득을 얻기 위하여 지출한 비용은 수익자가 반환하여야 할 이득의 범위에서 공제되어야 하고, 수익자가 자신의 노력 등으로 부당이득한 재산을 이용하여 남긴 이른바 운용이익도 그것이 사회통념상 수익자의 행위가 개입되지 아니하였더라도 부당이득된 재산으로부터 손실자가 당연히 취득하였으리라고 생각되는 범위 내의 것이 아닌 한 수익자가 반환하여야 할 이득의 범위에서 공제되어야 한다.(대판 1995.5.12, 94다25551)

第748條【受益者의 返還範圍】 ① 善意의 受益者는 그 받은 利益이 現存한 限度에서 前條의 責任이 있다.

② 惡意의 受益者는 그 받은 利益에 利子를 붙여 返還하고 損害가 있으면 이를 賠償하여야 한다.

참조 741·749, [특칙]저작125②, [이자]379, [손해배상]750, [수익자의 의무]201②·202

판례 손실자의 손실이 이익보다 적어서 이득자가 손실이상의 이익을 얻은 경우에는 그 손실상당의 이익만을 반환할 의무가 있다 할 것이다. (대판 1974.7.26, 73다1637)

독판 금융리스계약이 해제되어 리스이용자가 리스회사에 이미 지급한 리스료에 대해 부당이득반환을 청구하는 경우, 리스회사는 그의 이익에서 계약소요비용이나 공급업자에 대해 지급한 물건의 매매대금을 공제하지 못한다.(독·연방법원 1989.10.25 BGHZ 109,139)

第749條【受益者의 惡意認定】 ① 受益者가 利益을 받은 후 法律上 原因없음을 안 때에는 그때부터 惡意의 受益者로서 利益返還의 責任이 있다.

② 善意의 受益者가 敗訴한 때에는 그 訴를 提起한 때부터 惡意의 受益者로 본다.

참조 741·748②, [소의 제기]민소248이하, [악의의 수익자의 의무]201②·202

판례 행정청이 부과처분에 의하여 어떠한 급부를 받은 후 사후에 그 부과처분의 전부 또는 일부를 직권으로 취소한 경우, 악의의 수익자로서 부당이득반환의무를 지는 시기 : 부당이득의 수익자가 이익을 받은 후 그 이익이 법률상 원인 없음을 안 때에는 그 때부터 받은 이익에 민법 소정의 연 5%의 이자를 붙여 반환하여야 하고, 이와 같은 수익자의 악의는 구체적인 사건에서 증거에 의하여 개별적으로 인정할 성질의 것이라고 할 것이나, 행정청이 부과처분에 의하여 어떠한 급부를

받은 후 사후에 그 부과처분의 전부 또는 일부를 직권으로 취소하였다면 그 행정청이 속한 행정주체는 특별한 사정이 없는 한 적어도 그 부과처분의 취소 당시에는 그 처분에 의하여 받은 이익이 법률상 원인이 없음을 알았다고 보아야 할 것이다.(대판 2000.4.11, 99다4238)

第5章 不法行爲

第750條【不法行爲의 內容】 故意 또는 過失로 인한 違法行爲로 他人에게 損害를 加한 者는 그 損害를 賠償할 責任이 있다.

참조 204-208, [공무원의 가해행위]헌29①, 국가배상, [법인의 불법행위책임]35, 상210·395·401①·567, [특칙]헌28·29, 상802, 실화책임, 저작123-129, 광업75-82, 우편법38이하, 형사보상및명예회복에관한법, [손해배상]393·394·763, [배상액의 범위]763, 상148②, [노동관계와 재해보상]근기78-92, 광업82, [명예훼손의 경우의 특칙]764, [불법행위소송과 재판적]민소18, [불법행위채권의 특수성]496, [무과실책임]원자력3, [타인의 범죄로 인한 피해구조]헌30

▶ 고의, 과실

판례 놀이공원 내 경사지에 설치된 자동보행기(moving way)에 유모차를 몰고 탑승한 탑승자가 출구에서 제대로 내리지 못하는 바람에 뒤따르던 탑승자들이 차례로 겹치면서 피해자가 상해를 입은 사안에서, 유모차 등의 승차를 제한하거나 그 하차를 돕기 위하여 안전요원을 배치하지 않는 등 놀이시설 운영자가 안전사고 예방과 이용객 보호를 위하여 필요한 주의의무를 다하지 못하였다고 볼 여지가 충분하다.(대판 2010.1.14, 2009다73332)

판례 집행법원의 과실로 채권가압류결정정본이 제3채무자에게 송달되지 아니한 경우 손해의 발생여부 : 집행법원의 과실로 채권가압류결정정본이 제3채무자에게 송달되지 아니하여 가압류의 효력이 생기지 아니하였다고 하더라도, 특별한 사정이 없는 한 가압류채권자로서는 채권가압류결정정본이 제3채무자에게 송달되지 아니하였다는 사유만으로는 가압류의 효력이 생기지 아니한 채권액 상당의 손해가 현실적으로 발생하였다고 할 수 없고, 그러한 손해가 현실적으로 발생하였다는 점에 대하여는 피해자인 가압류채권자가 이를 증명하여야 한다.(대판 2003.4.8, 2000다53038)

판례 불법행위의 고의와 위법성의 인식 : 객관적으로 위법이라고 평가되는 일정한 결과의 발생이라는 사실의 인식만 있으면 되고 그 외에 그것이 위법한 것으로 평가된다는 것까지 인식하는 것을 필요로 하는 것은 아니다.(대판 2002.7.12, 2001다46440)

▶ 위법성

판례 증권회사 임직원의 투자권유로 인한 불법행위책임 : 증권회사의 임직원이 고객에게 적극적으로 투자를 권유하였으나 투자 결과 손실을 본 경우에 투자가에 대한 불법행위책임이 성립되기 위하여는, 이익보장 여부에 대한 적극적 기망행위의 존재까지 요구하는 것은 아니라 하더라도, 당해 권유행위가 경험이 부족한 일반 투자가에게 거래행위에 필연적으로 수반되는 위험성에 관한 올바른 인식형성을 방해하거나 또는 고객의 투자상황에 비추어 과대한 위험성을 수반하는 거래를 적극적으로 권유한 경우에 해당하여, 결국 고객에 대한 보호의무를 저버려 위법성을 띤 행위인 것으로 평가될 수 있는 경우라야 한다.(대판 2003.1.10, 2000다50312)

판례 채권자의 채무자에 대한 상계권의 불행사와 불법행위 : 채권자의 부작위가 제3자에 대하여 불법행위를 구성하려면 그 부작위가 위법하여야 하므로 그 전제로서 채권자는 제3자에 대하여 작위의무를 지고 있어야 하는바, 특별한 사정이 없는 한 제3자의 이익을 위하여 상계를 하여야 할 작위의무를 부담한다고 할 수는 없으므로, 채권자가 상계권을 행사하지 아니한 것이 제3자에 대하여 불법행위를 구성한다고 할 수 없다.(대판 2002.2.26, 2001다74353)

▶ 인격권 침해

판례 인터넷 종합 정보제공 장소는 특정 기사에 대한 댓글들, 지식검색란에서의 특정 질문에 대한 답변들, 특정 사적 인터넷 게시공간 등과 같이 일정한 주제나 운영 주체에 따라 정보를 게시할 수 있는 개별 인터넷 게시공간으로 나누어져서 그 각 개별 인터넷 게시공간별로 운영 및 관리가 이루어지고 있고, 위와 같은 개별 인터넷 게시공간 내에서의 게시물들은 서로 관련을 맺고 게시되므로, 불법 게시물의 삭제 및 차단 의무는 위 개별 인터넷 게시공간별로 그 의무의 발생 당시 대상으로 된 불법 게시물뿐만 아니라 그 후 이와 관련되어 게시되는 불법 게시물에 대하여도 함께 문제될 수 있다. 따라서 그 의무 위반으로 인한 불법행위책임은 개별 인터넷 게시공간별로 포괄적으로 평가될 수 있다.(대판 2009.4.16, 2008다53812)

판례 출판물에 의한 명예훼손 행위의 위법성 조각사유 및 그 입증책임의 소재 : 도서·잡지에 의하여 사실을 적시하여 개인의 명예를 훼손하는 행위를 한 경우에도 행위자가 그것을 진실이라고 믿었고 또 그렇게 믿을 상당한 이유가 있으면 위법성이 없다고 보아야 할 것이나, 그에 대한 입증책임은 어디까지나 명예훼손 행위를 한 도서·잡지의 집필자 또는 발행인에게 있고, 피해자가 종교단체라 하여 입증책임이 바뀌는 것은 아니다.(대판 1999.4.27, 98다16203)

판례 공익성의 판단 : 행위자의 주요한 목적이나 동기가 공공의 이익을 위한 것이라면 부수적으로 다른 사익적 동기가 내포되어 있었다고 하더라도 공공의 이익을 위한 것으로 보아야 할 것이다.(대판 1996.10.11, 95다36329)

▶ 개인정보 유출

판례 개인정보를 처리하는 자가 수집한 개인정보를 피용자가 정보주체의 의사에 반하여 유출한 경우, 그로 인하여 정보주체에게 위자료로 배상할 만한 정신적 손해가 발생하였는지는 유출된 개인정보의 종류와 성격이 무엇인지, 개인정보 유출로 정보주체를 식별할 가능성이 발생하였는지, 제3자가 유출된 개인정보를 열람하였는지 또는 제3자의 열람 여부가 밝혀지지 않았다면 제3자의 열람 가능성이 있었거나 앞으로 열람 가능성이 있는지, 유출된 개인정보가 어느 범위까지 확산되었는지, 개인정보 유출로 추가적인 법익침해 가능성이 발생하였는지, 개인정보를 처리하는 자가 개인정보를 관리해온 실태와 개인정보가 유출된 구체적인 경위는 어떠한지, 개인정보 유출로 인한 피해 발생 및 확산을 방지하기 위하여 어떠한 조치가 취하여졌는지 등 여러 사정을 종합적으로 고려하여 구체적 사건에 따라 개별적으로 판단하여야 한다.(대판 2012.12.26, 2011다59834,59841)

▶ 의료관계

판례 의료행위에서 주의의무의 판단기준 : 의사가 진찰·치료 등의 의료행위를 함에 있어서는 사람의 생명·신체·건강을 관리하는 업무의 성질에 비추어 환자의 구체적인 증상이나 상황에 따라 위험을 방지하기 위하여 요구되는 최선의 조치를 취하여야 할 주의의무가 있고, 의사의 이와 같은 주의의무는 의료행위를 할 당시 의료기관 등 임상의학 분야에서 실천되고 있는 의료행위의 수준을 기준으로 삼되, 진료환경 및 조건, 의료행위의 특수성 등을 고려하여 규범적인 수준으로 파악되어야 한다.(대판 1998.7.24, 98다12270)

판례 의료과오에서 인과관계에 관한 입증책임 : 원래 의료행위에 있어서 주의의무 위반으로 인한 불법행위 또는 채무불이행으로 인한 책임이 있다고 하기 위하여는 의료행위상의 주의의무의 위반과 손해의 발생과의 사이의 인과관계의 존재가 전제되어야 하나, 의료행위가 고도의 전문적 지식을 필요로 하는 분야이고, 그 의료의 과정은 대개의 경우 환자 본인이 그 일부를 알 수 있는 외에 의사만이 알 수 있을 뿐이며, 치료의 결과를 달성하기 위한 의료 기법은 의사의 재량에 달려 있기 때문에 손해발생의 직접적인 원인이 의료상의 과실로 말미암은 것인지 여부는 전문가인 의사가 아닌 보통인으로서는 도저히 밝혀낼 수 없는 특수성이 있어서 환자에게 의료행위 이전에 그러한 결과의 원인이 될 만한 건강상의 결함이 없었다는 사정을 증명한 경우에 있어서는, 의료행위를 한 측이 그 결과가 의료상의 과실로 말미암은 것이 아니라 전혀 다른 원인으로 말미암은 것이라는 입증을 하지 아니하는 이상, 의료상 과실과 결과 사이의 인과관계를 추정하여 손해배상책임을 지울 수 있도록 입증책임을 완화하는 것이 손해의 공평·타당한 부담을 그 지도원리로 하는 손해배상제도의 이상에 맞는다고 하지 않을 수 없다.(대판 1995.2.10, 93다52402)

▶ 제조물책임

판례 설계상의 결함 등에 관한 판단기준 : 안전성을 갖추지 못한 결함으로 인하여 그 사용자에게 손해가 발생한 경우에는 불법행위로 인한 배상책임을 부담하게 되는 것인바, 설계상의 결함이 있는지 여부는 제품의 특성 및 용도, 제조물에 대한 사용자의 기대의 내용, 예상되는 위험의 내용, 위험에 대한 사용자의 인식, 사용자에 의한 위험회피의 가능성, 대체설계의 가능성 및 경제적 비용, 채택된 설계와 대체설계의 상대적 장단점 등의 여러 사정을 종합적으로 고려하여 사회통념에 비추어 판단하여야 할 것이다.(대판 2003.9.5, 2002다17333)

판례 제조물의 결함으로 인한 불법행위책임 : 물품을 제조하여 판매하는 제조자는 안전성과 내구성을 갖추지 못한 결함 내지 하자로 인하여 소비자에게 손해가 발생한 경우에는 계약상의 배상의무와는 별개로 불법행위로 인한 배상의무를 부담한다.
(대판 1992.11.24, 92다18139)

▶ 공해소송

판례 자연력과 가해자의 과실행위가 경합되어 손해가 발생한 경우 가해자의 배상범위 : [1] 불법행위에 기한 손해배상 사건에 있어서 피해자가 입은 손해가 자연력과 가해자의 과실행위가 경합되어 발생된 경우 손해발생에 대하여 자연력이 기여하였다고 인정되는 부분을 공제한 나머지 부분으로 제한하여야 함이 상당하고, 다만 피해자가 입은 손해가 통상의 손해와는 달리 특수한 자연적 조건 아래 발생한 것이라 하더라도 사고방지 조치를 소홀히 하여 발생한 사고로 인한 손해배상의 범위를 정함에 있어서 자연력의 기여분을 인정하여 가해자의 배상범위를 제한할 것은 아니다. 자연력과 가해자의 과실행위가 경합되어 손해가 발생한 경우 가해자의 배상범위를 제한함에 있어서 자연력의 기여도에 관한 비율의 결정은 그것이 형평의 원칙에 비추어 현저히 불합리하다고 인정되지 아니하는 한 사실심의 전권사항에 속한다.
[2] 특수한 이상고온 상태에서 단기간에 폐사한 어류의 폐사 당시의 객관적 교환가치에 기초한 손해배상을 구하는 것이지 어류의 양식으로 인하여 얻을 수 있는 장래의 수익 상실에 관한 손해의 배상을 구하는 것이 아닌 경우, 특수상황에서의 자연폐사율이 얼마나가 문제될 뿐인데 그 특수한 상황에서의 자연폐사율을 인정할 증거가 없는 이상 이러한 사정은 자연력의 기여도를 참작하여 합리적으로 고려하여야 한다.
(대판 2003.6.27, 2001다734)

■ 일조권 기타

판례 토지의 소유자 등이 종전부터 향유하던 일조이익이 객관적인 생활이익으로서 가치가 있다고 인정되면 법적인 보호의 대상이 될 수 있는데, 그 인근에서 건물이나 구조물 등이 신축됨으로 인하여 햇빛이 차단되어 생기는 그늘, 즉 일영이 증가함으로써 해당 토지에서 종래 향유하던 일조량이 감소하는 일조방해가 발생한 경우, 그 일조방해의 정도, 피해이익의 법적 성질, 가해 건물의 용도, 지역성, 토지이용의 선후관계, 가해 방지 및 피해 회피의 가능성, 공법적 규제의 위반 여부, 교섭 경과 등 모든 사정을 종합적으로 고려하여 사회통념상 일반적으로 해당 토지 소유자의 수인한도를 넘게 되면 그 건축행위는 정당한 권리행사의 범위를 벗어나 사법상 위법한 가해행위로 평가된다. 그리고 일조방해행위가 수인한도를 넘었는지 여부를 판단하기 위한 지역성은 그 지역의 토지이용 현황과 실태를 바탕으로 지역의 변화 가능성과 변화의 속도 그리고 지역주민들의 의식 등을 감안하여 결정하여야 할 것이고, 바람직한 지역 정비로 토지의 경제적·효율적 이용과 공공의 복리증진을 도모하기 위한 '국토의 계획 및 이용에 관한 법률' 등 공법에 의한 지역의 지정은 그 변화 가능성 등을 예측하는 지역성 판단의 요소가 된다고 할 것이다.
(대판 2011.2.24, 2010다13107)

판례 조망이익 침해의 판단기준 : 조망의 대상과 그에 대한 조망의 이익을 누리는 건물 사이에 타인 소유의 토지가 있지만 그 토지 위에 건물이 건축되어 있지 않거나 저층의 건물만이 건축되어 있어 그 결과 타인의 토지를 통한 조망의 향수가 가능하였던 경우, 그 타인은 자신의 토지에 대한 소유권을 자유롭게 행사하여 그 토지 위에 건물을 건축할 수 있고, 권리의 남용에 이를 정도가 아닌 한 인접한 토지에서 조망의 이익을 누리던 자라도 이를 함부로 막을 수는 없으며, 따라서 조망의 이익은 주변에 있는 객관적 상황의 변화에 의하여 저절로 변용 내지 제약을 받을 수밖에 없고, 그 이익의 향수자가 이러한 변화를 당연히 제약할 수 있는 것도 아니다.(대판 2007.6.28, 2004다54282)

판례 **건축공사의 수급인이 일조방해에 대하여 손해배상책임을 지는 경우** : 수급인이 스스로 또는 도급인과 서로 의사를 같이하여 타인이 향수하는 일조를 방해하려는 목적으로 건물을 건축한 경우, 당해 건물이 건축법규에 위반되었고 그로 인하여 타인이 향수하는 일조를 방해하게 된다는 것을 알거나 알 수 있었는데도 과실로 이를 모른 채 건물을 건축한 경우, 도급인과 사실상 공동 사업주체로서 이해관계를 같이하면서 건물을 건축한 경우 등 특별한 사정이 있는 때에는 수급인도 일조방해에 대하여 손해배상책임을 진다.
(대판 2005.3.24, 2004다38792)

■ 부당제소등

판례 확정판결에 기한 강제집행이 불법행위가 되기 위한 요건 판결이 확정되면 기판력에 의하여 대상이 된 청구권의 존재가 확정되고 그 내용에 따라 집행력이 발생하는 것이므로, 그에 따른 집행이 불법행위를 구성하기 위하여는 확정판결의 내용이 단순히 실체적 권리관계에 배치되어 부당하고, 또한 확정판결에 기한 집행 채권자가 이를 알고 있었다는 것만으로는 그 집행행위가 불법행위를 구성한다고 할 수 없는바, 편취된 판결에 기한 강제집행이 불법행위로 되는 경우가 있다고 하더라도 당사자의 법적 안정성을 위해 확정판결에 기판력을 인정한 취지나 확정판결의 효력을 배제하기 위하여는 당사자의 절차적 기본권이 근본적으로 침해된 상태에서 판결이 선고되었거나 확정판결에 재심사유가 존재하는 등 확정판결의 효력을 존중하는 것이 정의에 반함이 명백하여 이를 묵과할 수 없는 경우로 한정하여야 한다.
(대판 2001.11.13, 99다32899)

■ 책임능력

판례 **책임능력 있는 미성년자의 행위에 대한 부모의 보호감독의무** : 책임능력 있는 미성년자의 불법행위로 인하여 손해가 발생한 경우 그 손해가 미성년자의 감독의무자의 의무위반과 상당인과관계가 있는 경우 감독의무자는 일반불법행위자로서 손해배상의무가 있다.
(대판 1997.3.28, 96다15374)

■ 손해의 발생

판례 장애아의 출산과 손해 : 인간 생명의 존엄성과 그 가치의 무한함에 비추어 볼 때, 어떠한 인간 또는 인간이 되려고 하는 존재가 타인에 대하여 자신의 출생을 막아 줄 것을 요구할 권리를 가진다고 보기 어렵고, 장애를 갖고 출생한 것 자체를 인공임신중절로 출생하지 않은 것과 비교해서 법률적으로 손해라고 단정할 수도 없으며, 그로 인하여 치료비 등 여러 가지 비용이 정상인에 비하여 더 소요된다고 하더라도 그 장애 자체가 의사나 다른 누구의 과실로 말미암은 것이 아닌 이상 이를 선천적으로 장애를 지닌 채 태어난 아이 자신이 청구할 수 있는 손해라고 할 수는 없다.(대판 1999.6.11, 98다22857)

■ 적극적 손해

판례 치료비와 일실수익손해의 산정방식 : 불법행위로 입은 상해의 후유장애로 인하여 장래에 계속적으로 치료비나 개호비 등을 지출하여야 할 손해를 입은 피해자가 그 손해의 배상을 정기금에 의한 지급과 일시금에 의한 지급 중 어느 방식에 의하여 청구할 것인지는 원칙적으로 손해배상청구권자인 그 자신이 임의로 선택할 수 있는 것이나, 다만 향후 치료비와 개호비 손해를 산정함에 있어서 피해자의 여명 예측이 불확실한 경우에는 피해자가 확실히 생존하고 있으리라고 인정되는 기간 동안의 손해는 일시금의 지급을 명하고 그 이후의 기간은 피해자의 생존을 조건으로 정기금의 지급을 명할 수밖에 없으므로 그와 같은 산정방식을 두고 법원의 재량의 범위를 넘어섰다고 할 수는 없다.(대판 2000.7.28, 2000다11317)

■ 소극적 손해

판례 위자료 산정 : 불법행위로 입은 정신적 고통에 대한 위자료 액수에 관하여는 사실심 법원이 제반 사정을 참작하여 그 직권에 속하는 재량에 의하여 이를 확정할 수 있다.
(대판 2006.1.26, 2005다47014,47021,47038)

판례 위법소득 여부의 판단기준 : 위법소득인지 여부는 법이 금하고 있다고 하여 일률적으로 이를 위법소득으로 볼 것이 아니고 그 법규의 입법취지와 법률행위에 대한 비난 가능성의 정도, 특히 그 위반행위가 가지는 위법성의 강도 등을 종합하여 구체적·개별적으로 판단하여야 할 것이므로 수산업법상의 무면허 어업행위에 의한 수입이라는 이유만으로 그것이 곧 위법소득에 해당된다고는 볼 수 없다.
(대판 2004.4.28, 2001다36733)

■ 정신적 손해

판례 재산권 관련 민사소송에서 위증으로 인한 위자료 : 재산권에 관한 민사소송에서 증인의 증언내용 그 자체가 소송당사자 등의 명예 또는 신용을 훼손하거나 기타 인격적 이익을 침해하는 것이 아닌 한, 증인의 위증으로 인하여 재산적 손해의 발생 여부나 그 회복 여부에 상관없는 정신적인 손해가 발생하였다고 볼 만한 특별한 사정이 있고, 나아가 가해자가 그러한 사정을 알았거나 알 수 있었을 경우에 한하여 그 정신적 손해에 대한 위자료를 인정할 수 있을 것이다.
(대판 2004.4.28, 2004다4386)

■ 과실상계

판례 피해자의 손해경감조치와 과실상계 : 불법행위의 피해자에게는 그로 인한 손해의 확대를 방지하거나 감경하기 위하여 노력하여야 할 일반적인 의무가 있으며 피해자가 합리적인 이유 없이 손해경감조치의무를 이행하지 않을 경우에는 법원이 그 손해배상액을 정함에 있어 민법 763조, 396조를 유추적용하여 그 손해확대에 기여한 피해자의 의무불이행의 점을 참작할 수 있고, 한편 손해의 확대를 방지하거나 경감하는 데 적절한 법적 조치가 존재하는 경우 이는 손해경감조치에 해당될 수 있고, 피해자가 그 법적 조치를 취함에 있어 합리적인 이유 없이 그 법적 조치를 취하지 아니한 경우에는 그 손해확대에 기여한 피해자의 의무불이행의 점을 손해배상액을 정함에 있어 참작할 수 있다.(대판 2003.7.25, 2003다22912)

第751條【財産 이외의 損害의 賠償】 ① 他人의 身體, 自由 또는 名譽를 害하거나 기타 精神上 苦痛을 加한 者는 財産 이외의 損害에 대하여도 賠償할 責任이 있다.
② 法院은 前項의 損害賠償을 定期金債務로 支給할 것을 命할 수 있고 그 履行을 確保하기 위하여 相當한 擔保의 提供을 命할 수 있다.

참조 752, [명예훼손]764, 형307－312, [손해배상]393·394·763

■ 신체·생명

판례 의사의 설명은 모든 의료과정 전반을 대상으로 하는 것이 아니라 수술등 침습을 과하는 과정 및 그 후에 나쁜 결과 발생의 개연성이 있는 의료행위를 하는 경우 또는 사망등의 중대한 결과발생이 예측되는 의료행위를 하는 경우 등과 같이 환자에게 자기결정에 의한 선택이 요구되는 경우만을 대상으로 하여야 하고, 따라서 환자에게 발생한 중대한 결과가 의사의 침습행위로 인한 것이 아니거나 또는 환자의 자기결정권이 문제되지 아니하는 사항에 관한 것은 위자료 지급대상으로서의 설명의무 위반이 문제 될 여지는 없다고 봄이 상당하다.(대판 1995.4.25, 94다27151)

■ 정조·성

판례 이혼하기로 하면서 위자료 등을 청구하지 않기로 일시 합의한 사실이 있다는 사정은 남편의 폭행과 폭언이 처가 감당할 수 없는 정도이었음을 가늠케 하는 자료가 될 수 있을 뿐 위자료의 액수를 감액할 사정으로 참작할 것이 아니다.(대판 1996.3.22, 95므1314)

■ 자유·정신 고통, 위자료 산정

판례 불법행위로 입은 비재산적 손해에 대한 위자료 액수에 관하여는 사실심법원이 여러 사정을 참작하여 그 직권에 속하는 재량에 의하여 이를 확정할 수 있고, 법원이 그 위자료 액수 결정의 근거가 되는 제반 사정을 판결 이유 중에 빠짐없이 명시해야만 하는 것은 아니나, 이것이 위자료의 산정에 법관의 자의가 허용된다는 것을 의미하는 것은 물론 아니다. 위자료의 산정에도 그 시대와 일반적인 법감정에 부합될 수 있는 액수가 산정되어야 한다는 한계가 당연히 존재하고, 따라서 그 한계를 넘어 손해의 공평한 분담이라는 이념과 형평의 원칙에 현저히 반하는 위자료를 산정하는 것은 사실심법원이 갖는 재량의 한계를 일탈한 것이 된다. 또한 '진실·화해를 위한 과거사정리 기본법'(이하 '과거사정리법'이라 한다)에 의한 진실규명결정을 거친 한국전쟁 전후 희생사건은 그 피해가 발생한 때로부터 무려 약 60년이 경과되었고, 과거사정리법도 그 피해의 일률적인 회복을 지향하고 있으며, 피해자의 숫자도 매우 많을 뿐 아니라 전국적으로 분포되어 있는 등 특수한 사정이 있다. 따라서 그에 대한 위자료의 액수를 정할 때는 피해자들 상호 간의 형평도 중요하게 고려하여야 하고 손해배상을 청구하는 희생자 유족의 숫자 등에 따른 적절한 조정도 필요하다.(대판 2013.5.16, 2012다202819 전원합의체)

일판 회사가 직원 등을 통해서 행한 특정 정당의 당원 또는 그에 동조자인 종업원을 감시하여 고립되게 하는 행위는 그 종업원의 인격적 이익을 침해하는 불법행위에 해당한다.(日・大審 1995.9.5)

▶ 생활방해

판례 불법행위로 입은 정신적 고통에 대한 위자료 수액 결정이 사실심 법원의 직권에 속하는 재량 사항인지 여부 : 불법행위로 입은 정신적 고통에 대한 위자료 액수에 관하여는 사실심 법원이 제반 사정을 참작하여 그 직권에 속하는 재량에 의하여 이를 확정할 수 있다.(대판 1999.4.23, 98다41377)

▶ 명예・신용

판례 언론매체가 보도한 수개의 기사가 타인의 명예를 훼손하였는지 여부를 판단함에 있어서 그 기사들이 연재기사로 기획되어 게재되었다는 등의 특별한 사정이 없는 한 각 기사별로 불법행위의 성립 여부를 판단하여야 한다.(대판 2009.4.9, 2005다65494)

판례 인터넷에서 무료로 입수한 정보만을 근거로 한 사실적시의 명예훼손 성립 여부 : 인터넷에서 무료로 취득한 공개 정보는 그 내용의 진위가 불명확하고 궁극적 출처도 특정하기 어려우므로, 특정한 사안에 관하여 관심이 있는 사람들이 접속하는 인터넷상의 가상공동체(cyber community)의 자료실이나 게시판 등에 게시・저장된 자료를 보고 그에 터잡아 달리 사실관계의 조사나 확인이 없이 다른 사람의 사회적 평판을 저하할 만한 사실의 적시를 하였다면, 가사 행위자가 그 내용이 진실이라 믿었다 한들, 그렇게 믿을 만한 상당한 이유가 있다고 보기 어렵다.(대판 2006.1.27, 2003다66806)

판례 인격권으로서의 명예권에 기초하여 가해자에 대해 현재의 침해행위의 배제 또는 장래의 침해행위의 금지를 청구할 수 있는지 여부 : 명예는 생명, 신체와 함께 매우 중대한 보호법익이고 인격권으로서의 명예권은 물권의 경우와 마찬가지로 배타성을 가지는 권리라고 할 것이므로 사람의 품성, 덕행, 명성, 신용 등의 인격적 가치에 관하여 사회로부터 받는 객관적인 평가인 명예를 위법하게 침해당한 자는 손해배상 또는 명예회복을 위한 처분을 구할 수 있는 이외에 인격권으로서 명예권에 기초하여 가해자에 대하여 현재 이루어지고 있는 침해행위를 배제하거나 장래에 생길 침해를 예방하기 위하여 침해행위의 금지를 구할 수도 있다.(대결 2005.1.17, 2003마1477)

판례 언론보도에 의한 명예훼손에 있어서 '사실의 적시'의 정도 : 언론의 보도에 의한 명예훼손이 성립하려면 피해자의 사회적 평가를 저하시킬 만한 구체적인 사실의 적시가 있어야 하는데, 여기에서 말하는 사실의 적시란 반드시 사실을 직접적으로 표현한 경우에 한정할 것은 아니고, 간접적이고 우회적인 표현에 의하더라도 그 표현의 전취지에 비추어 그와 같은 사실의 존재를 암시하고, 또 이로써 특정인의 사회적 가치 내지 평가가 침해될 가능성이 있을 정도의 구체성이 있으면 족하다.(대판 2004.2.27, 2001다53387)

판례 집단표시에 의한 명예훼손적 사실적시가 집단 구성원 개개인에 대한 명예훼손으로 인정되기 위한 기준 : 이른바 집단표시에 의한 명예훼손은 그러한 방송 등이 그 집단에 속한 특정인에 대한 것이라고는 해석되기 힘들고 집단표시에 의한 비난이 개별구성원에 이르러서는 비난의 정도가 희석되어 구성원의 사회적 평가에 영향을 미칠 정도에 이르지 않으므로 구성원 개개인에 대한 명예훼손은 성립되지 않는다고 봄이 원칙이지만, 다만 예외적으로 구성원 개개인에 대하여 방송하는 것으로 여겨질 정도로 구성원 수가 적거나 방송 등 당시의 주위 정황 등으로 보아 집단 내 개별구성원을 지칭하는 것으로 여겨질 수 있는 때에는 집단 내 개별구성원이 피해자로서 특정된다고 보아야 하고, 그 구체적 기준으로는 집단의 크기, 집단의 성격과 집단 내에서의 피해자의 지위 등을 들 수 있다.
(대판 2003.9.2, 2002다63558)

판례 인터넷상 게시판 관리자가 타인의 명예를 훼손하는 내용의 게시물을 방치하여 명예훼손에 대한 손해배상책임을 지기 위한 요건 : [1] 운영자에게 게시물을 삭제할 의무가 있음에도 정당한 사유 없이 이를 삭제하지 않고, [2] 운영자에게 삭제의무가 있는지는 게시의 목적, 내용, 게시기간과 방법, 그로 인한 피해 정도, 게시자와 피해자의 관계, 반론이나 삭제 요구의 유무 등 게시에 관련한 쌍방의 대응태도, 당해 사이트의 성격 및 규모・영리 목적의 유무, 개방정도, 운영자가 게시물의 내용을 알았거나 알 수 있었던 시점, 삭제의 기술적・경제적 난이도 등을 종합하여 판단하여야 하는 바, [3] 특별한 사정이 없다면 단지 홈페이지 운영자가 제공하는 게시판에 다른 사람에 의하여 제3자의 명예를 훼손하는 글이 게시되고 그 운영자가 이를 알았거나 알 수 있었다는 사정만으로 항상 운영자가 그 글을 즉시 삭제할 의무를 지게 된다고 할 수는 없다.(대판 2003.6.27, 2002다72194)

판례 수사기관이 피의자의 자백을 받아 기자들에게 보도자료를 배포하는 방법으로 피의사실을 공표함으로써 피의자의 명예가 훼손된 사안에서, 피의사실이 진실이라고 믿은 데에 상당한 이유가 없다는 이유로, 보도자료의 작성・배포에 관여한 경찰서장과 수사경찰관 및 국가의 연대배상책임을 인정한다.(대판 1996.8.20, 94다29928)

第752條【生命侵害로 인한 慰藉料】 他人의 生命을 害한 者는 被害者의 直系尊屬, 直系卑屬 및 配偶者에 대하여는 財産上의 損害없는 경우에도 損害賠償의 責任이 있다.

참조 751, [친족과 부양]974–979, [태아와 손해배상청구권]762

판례 불법행위로 사람의 생명을 침해한 경우에 그 생명을 침해당한 피해자 본인의 정신적 고통에 대한 위자료청구와 그 피해자의 직계비속 등의 정신적 고통에 대한 위자료청구는 각각 별개의 소송물이다.(대판 2008.3.27, 2008다1576)

第753條【未成年者의 責任能力】 未成年者가 他人에게 損害를 加한 경우에 그 行爲의 責任을 辨識할 智能이 없는 때에는 賠償의 責任이 없다.

참조 [미성년자]4・8①・826의2, [미성년자에 책임없는 경우]755, [소년과 범죄]형9, 소년

판례 사고가 학교생활에서 통상 발생할 수 있다고 하는 것이 예측되거나 또는 예측가능성(사고발생의 구체적 위험성)이 있는 경우에 한하여 교장이나 교사는 보호・감독의무가 위반에 대한 책임을 진다.(대판 1997.6.13, 96다44433)

第754條【心神喪失者의 責任能力】 心神喪失중에 他人에게 損害를 加한 者는 賠償의 責任이 없다. 그러나 故意 또는 過失로 인하여 心神喪失을 招來한 때에는 그러하지 아니하다.

참조 755, [심신상실]12, [심신장애자와 형사책임]형10・11

第755條【감독자의 책임】 ① 다른 자에게 손해를 가한 사람이 제753조 또는 제754조에 따라 책임이 없는 경우에는 그를 감독할 법정의무가 있는 자가 그의 손해를 배상할 책임이 있다. 다만, 감독의무를 게을리하지 아니한 경우에는 그러하지 아니하다.

② 감독의무자를 갈음하여 제753조 또는 제754조에 따라 책임이 없는 사람을 감독하는 자도 제1항의 책임이 있다.

(2011.3.7 본조개정)

改前 "第755條【責任無能力者의 監督者의 責任】① 前2條의 規定에 의하여 無能力者에게 責任없는 경우에는 이를 監督할 法定義務있는 者가 그 無能力者의 第三者에게 加한 損害를 賠償할 責任이 있다. 그러나 監督義務를 懈怠하지 아니한 때에는 그러하지 아니하다.
② 監督義務者에 가름하여 無能力者를 監督하는 者도 前項의 責任이 있다."

참조 [법정감독의무자]910・913・945・947・948

판례 학생의 폭행에 대한 교사의 예측가능성 : 만 14세 4개월의 중학교 2년생이 체육시간에 피해자의 잘못으로 체육교사로부터 단체기합을 받았다는 이유로 그 직후의 휴식기간에 피해자를 폭행하여 상해를 가한 경우, 가해자의 성행, 피해자와의 관계, 단체기합의 정도 등에 비추어 체육교사 또는 담임교사 등에게 사고에 대한 예측가능성이 없다.(대판 2000.4.11, 99다44205)

第756條【使用者의 賠償責任】 ① 他人을 使用하여 어느 事務에 從事하게 한 者는 被用者가 그 事務執行에 관하여 第三者에게 加한 損害를 賠償할 責任이 있다. 그러나 使用者가 被用者의 選任 및 그 事務監督에 相當한 注意를 한 때 또는 相當한 注意를 하여도 損害가 있을 경우에는 그러하지 아니하다.

② 使用者에 갈음하여 그 事務를 監督하는 者도 前項의 責任이 있다.(2014.12.30 본항개정)

③ 前2項의 경우에 使用者 또는 監督者는 被用者에 대하여 求償權을 行使할 수 있다.

改前 ② 使用者에 "가름하여" 그 事務를 監督하는…

참조 [고용]655, [법인의 기관의 행위]35, 상210・395・401・567, [공무원의 불법행위와 국가 또는 공공단체의 책임]헌29, 국가배상2・5–7, [특칙]상115・135・148①・160, ③국가배상2②・5②・6②

판례 피용자의 불법행위가 외관상 사무집행의 범위 내에 속하는 것으로 보이는 경우에도 피용자의 행위가 사용자나 사용자에 갈음하여 그 사무를 감독하는 자의 사무집행행위에 해당하지 않음을 피해자 자신이 알았거나 또는 중대한 과실로 알지 못한 경우에는 사용자 또는 사용자에 갈음하여 그 사무를 감독하는 자에 대하여 사용자책임을 물을 수 없다.(대판 2007.9.20, 2004다43886)

판례 수급인은 도급인으로부터 독립하여 사무를 처리하기 때문에 민법 756조 소정의 피용자에 해당되지 아니하므로 예외적으로 도급인이 수급인의 일의 진행 및 방법에 관하여 구체적인 지휘・감독권을 유보한 경우가 아닌 한 도급인이 수급인의 행위에 대하여 사용자책임을 부담하지 않는다.(대판 1993.5.27, 92다48109)

▶ 사용자관계의 성립 여부

판례 일반적으로 도급인과 수급인 사이에는 지휘・감독의 관계가 없으므로 도급인은 수급인이나 수급인의 피용자의 불법행위에 대하여 사용자로서의 배상책임이 없는 것이지만, 도급인이 수급인에 대하여

특정한 행위를 지휘하거나 특정한 사업을 도급시키는 경우 비록 도급인이라고 하더라도 사용자로서의 배상책임이 있다.
(대판 2005.11.10, 2004다37676)

판례 명의대여자가 사용자책임을 지기 위한 요건으로서의 사용관계의 판단 기준 : 명의대여관계의 경우 사용자책임의 요건으로서의 사용관계가 있느냐 여부는 실제적으로 지휘·감독을 하였느냐의 여부에 관계없이 객관적·규범적으로 보아 사용자가 그 불법행위자를 지휘·감독해야 할 지위에 있었느냐의 여부를 기준으로 결정하여야 한다.
(대판 2001.8.21, 2001다3658)

판례 사용자와 피용자의 관계의 의미 : 민법 756조의 사용자와 피용자의 관계는 반드시 유효한 고용관계가 있는 경우에 한하는 것이 아니고, 사실상 어떤 사람이 다른 사람을 위하여 그 지휘·감독 아래 그 의사에 따라 사업을 집행하는 관계에 있을 때에도 그 두 사람 사이에 사용자, 피용자의 관계가 있다고 할 수 있다.
(대판 1996.10.11, 96다30182)

▶ 피용자의 범위

판례 사용자는 퇴직한 직원의 불법행위에 대해서 손해배상책임을 지는지 여부 : 동조의 사용자책임이 성립하려면 사용자가 불법행위자인 피용자를 실질적으로 지휘·감독하는 관계에 있어야 하므로, 피용자가 퇴직한 후에는 퇴직에도 불구하고 사용자의 실질적인 지휘·감독 아래에 있었다고 볼 수 있는 특별한 사정이 없다면 그의 행위에 대하여 원칙적으로 종전의 사용자에게 사용자책임을 물을 수 없다.
(대판 2001.9.4, 2000다26128)

판례 피용자의 범위 : 타인에게 위탁하여 계속적으로 사무를 처리하여 온 경우 객관적으로 보아 그 타인의 행위가 위탁자의 지휘·감독의 범위 내에 속한다고 보이는 경우 그 타인은 민법 756조에 규정한 피용자에 해당한다.(대판 1998.8.21, 97다13702)

▶ 사무집행에 관한 행위

판례 '사무집행에 관하여'의 의미 : 사용자책임의 요건인 '사무집행에 관하여'라는 뜻은 피용자의 불법행위가 외형상 객관적으로 사용자의 사업활동 내지 사무집행 행위 또는 그와 관련된 것이라고 보여질 때에는 주관적 사정을 고려함이 없이 이를 사무집행에 관하여 한 행위로 본다는 것이다.(대판 2003.1.10, 2000다34426)

판례 '사무집행에 관하여'의 판단 기준 : 외형상 객관적으로 사용자의 사무집행에 관련된 것인지의 여부는 피용자의 본래 직무와 불법행위와의 관련 정도 및 사용자에게 손해발생에 대한 위험 창출과 방지조치 결여의 책임이 어느 정도 있는지를 고려하여 판단할 것이다.
(대판 1992.2.25, 91다39146)

▶ 주의의무 위반과 면책사유

판례 사용자책임의 면책 : 피용자의 불법행위가 외관상 사무집행의 범위 내에 속하는 것으로 보이더라도 그것이 사용자의 사무집행행위에 해당하지 않음을 피해자가 알았거나 중대한 과실로 알지 못한 때에는 사용자에 대하여 그 책임을 물을 수 없다.
(대판 1999.3.9, 97다7721)

판례 '피해자의 중대한 과실'의 의미 : 중대한 과실이라 함은 거래의 상대방이 조금만 주의를 기울였더라면 피용자의 행위가 그 직무권한 내에서 적법하게 행하여진 것이 아니라는 사정을 알 수 있었음에도 만연히 이를 직무권한 내의 행위라고 믿음으로써 일반인에게 요구되는 주의의무에 현저히 위반하는 것으로 거의 고의에 가까운 정도의 주의를 결여하고, 공평의 관점에서 상대방을 구태여 보호할 필요가 없다고 봄이 상당하다고 인정되는 상태를 말한다.
(대판 1998.7.24, 97다49978)

▶ 배상책임

판례 사용자의 손해배상책임은 피용자의 배상책임에 대한 대체적 책임이어서 사용자도 제3자와 부진정연대관계에 있다고 보아야 할 것이므로, 사용자는 피용자와 제3자의 책임비율에 의하여 정해진 피용자의 부담 부분을 초과하여 피해자에게 손해를 배상한 경우에는 사용자는 제3자에 대하여도 구상권을 행사할 수 있다.
(대판 2006.2.9, 2005다28426)

판례 동일한 가해자를 지휘·감독하는 복수의 사용자가 각각 손해배상책임을 부담하는 경우에 그 구상의 전제로 되는 각 사용자의 책임비율은 피용자인 가해자의 가해행위의 태양 및 각 사용자의 사업의 집행과의 관계 정도, 가해자에 대한 각 사용자의 지휘·감독의 강약 등을 고려하여 정하여야 하는 것이고, 사용자의 일방은 다른 사용자에 대한 위 책임의 비율에 따라 정해진 부담부분의 한도에서 구상할 수 있다고 하는 것이 상당하다.(대판 1994.12.27, 94다4974)

▶ 다른 법규와 본조

판례 헌법 29조 1항 본문과 단서 및 국가배상법 2조를 그 입법취지에 조화되도록 해석하면 공무원이 직무 수행 중 불법행위로 타인에게 손해를 입힌 경우에 국가나 지방자치단체가 국가배상책임을 부담하는 외에 공무원 개인도 고의 또는 중과실이 있는 경우에는 불법행위로 인한 손해배상책임을 지고, 공무원에게 경과실뿐인 경우에만 공무원 개인은 손해배상책임을 부담하지 아니한다.
(대판 1997.2.11, 95다5110)

판례 학교법인의 대표자였던 자에 의한 차금행위가 불법행위가 된다면 이는 민법상 사용자의 배상책임이 아니고 민법 35조에 의한 법인 자체의 불법행위가 되어 배상책임이 있다.(대판 1978.3.14, 78다132)

▶ 피용자의 범위, '제3자'의 뜻

판례 이삿짐센터와 고용관계에 있지는 않았으나, 오랫동안 그 이삿짐센터의 이삿짐 운반에 종사해 온 작업원들은 사용자의 손해배상책임에 있어서 피용자이다.(대판 1996.10.11, 96다30182)

第757條【都給人의 責任】 都給人은 受給人이 그 일에 관하여 第三者에게 加한 損害를 賠償할 責任이 없다. 그러나 都給 또는 指示에 관하여 都給人에게 重大한 過失이 있는 때에는 그러하지 아니하다.

참조 [도급]664이하, [도급인의 지시]669

판례 민법 757조에 의한 도급인의 책임과 민법 758조 1항에 의한 공작물 점유자의 책임은 그 법률요건과 효과를 달리하는 것이어서 공작물의 점유자가 그 공작물의 설치 또는 보존의 하자로 인하여 타인에게 손해를 가한 경우 민법 758조 1항에 의한 손해배상책임을 인정하는데 있어 민법 757조 본문이 장애가 되는 것은 아니다.
(대판 2006.4.27, 2006다4564)

第758條【工作物등의 占有者, 所有者의 責任】 ① 工作物의 設置 또는 保存의 瑕疵로 인하여 他人에게 損害를 加한 때에는 工作物占有者가 損害를 賠償할 責任이 있다. 그러나 占有者가 損害의 防止에 必要한 注意를 懈怠하지 아니한 때에는 그 所有者가 損害를 賠償할 責任이 있다.

② 前項의 規定은 樹木의 栽植 또는 保存에 瑕疵있는 경우에 準用한다.

③ 前2項의 경우 占有者 또는 所有者는 그 損害의 原因에 대한 責任있는 者에 대하여 求償權을 行使할 수 있다.(2022.12.13 본항개정)

改前 ③ "前二項의 境遇에" 占有者 또는 所有者는 그 損害의 原因에 대한 責任있는 者에 대하여 求償權을 行使할 수 있다.

참조 [점유자]192－194, [광해의 배상]광업75－82, [공공영조물의 설치 또는 관리의 하자]국가배상5①이하

판례 최저 속도의 제한이 있는 고속도로의 도로관리자에게는 도로의 구조, 기상예보 등을 고려하여 사전에 충분한 인적·물적 설비를 갖추어 강설시 신속한 제설작업을 하고 나아가 필요한 경우 제때에 교통통제 조치를 취함으로써 고속도로로서의 기본적인 기능을 유지하거나 신속히 회복할 수 있도록 하는 관리의무가 있다.
(대판 2008.3.13, 2007다29287,29294)

판례 '공작물의 설치 또는 보존의 하자'의 의미 : 공작물의 설치·보존상의 하자라 함은 공작물이 그 용도에 따라 통상 갖추어야 할 안전성을 갖추지 못한 상태에 있음을 말하는 것이다.
(대판 2006.1.26, 2004다21053)

판례 화재가 어떤 공작물의 하자 자체로 인하여 직접 발생된 경우에는 민법 758조 1항에 의하여 그 공작물의 점유자 또는 소유자는 그 화재로 입은 타인의 손해를 배상할 책임이 있다.
(대판 1996.10.25, 96다30113)

第759條【動物의 占有者의 責任】 ① 動物의 占有者는 그 動物이 他人에게 加한 損害를 賠償할 責任이 있다. 그러나 動物의 種類와 性質에 따라 그 保管에 相當한 注意를 懈怠하지 아니한 때에는 그러하지 아니하다.

② 占有者에 갈음하여 動物을 保管한 者도 前項의 責任이 있다.(2014.12.30 본항개정)

改前 ② 占有者에 "가름하여" 動物을 保管한…

참조 [점유자]192－194

第760條【共同不法行爲者의 責任】 ① 數人이 共同의 不法行爲로 他人에게 損害를 加한 때에는 連帶하여 그 損害를 賠償할 責任이 있다.

② 共同아닌 數人의 行爲중 어느 者의 行爲가 그 損害를 加한 것인지를 알 수 없는 때에도 前項과 같다.

③ 敎唆者나 幇助者는 共同行爲者로 본다.

참조 ①[연대채무]413이하, [광해책임의 연대]광업75, ②[교사자]형31, [방조자]형32, [공범]형30－34

판례 민사법의 영역에서 과실에 의한 방조가 가능한지 여부 : 굴삭기 판매 희망자(피고)에게 보이스피싱 범인이 접촉하여 물건 정보를 요구, 그 정보를 이용하여 굴삭기 구매 희망자인 원고에게 판매대금을 피고에게 송금하게 하여 이를 받고 잠적한 사건에서, 비록 굴삭기의 거래 방법이 이례적이고, 차명계좌로 송금을 요구하기는 하였으나 피고는 이에 대하여 탈법적 세금신고를 통한 세금 탈루라고 지레 짐작하였고, 이것만으로 사기범의 범행의도를 의심할 수 있는 정황이 있었다고 인정하기 어렵다. 원고는 사기범에게 속아 피고에게 대금을 송금함으로써 이미 해당 금원을 처분한 것이라 피고가 이 돈을 보이스피싱 범인에게 이체한 행위가 원고에 대한 의무위반이라고 보기 어렵다.(대판 2024.1.25, 2023다288703)

판례 수인이 공동하여 타인에게 손해를 가하는 민법 760조의 공동불법행위에 있어서 행위자 상호간의 공모는 물론 공동의 인식을 필요로 하지 아니하고, 다만 객관적으로 그 공동행위가 관련 공동되어 있으면 족하고 그 관련 공동성 있는 행위에 의하여 손해가 발생함으로써 그에 대한 배상책임을 지는 공동불법행위가 성립하는바, 재건축조합이 재건축조합원들을 위법하게 제명하여 그 수분양권을 박탈한 상태에서 시공사가 재건축조합과 함께 일반분양을 강행하는 경우에는 제명된 조합원들에 대하여 공동불법행위가 성립할 수 있다.
(대판 2009.9.10, 2008다37414)

판례 교사자나 방조자는 공동행위자로 본다고 규정하여 교사자나 방조자에게 공동불법행위자로서 책임을 부담시키고 있는바, 방조라 함은 불법행위를 용이하게 하는 직접, 간접의 모든 행위를 가리키는 것으로서 작위에 의한 경우뿐만 아니라 작위의무 있는 자가 그것을 방지하여야 할 여러 조치를 취하지 아니하는 부작위로 인하여 불법행위자의 실행행위를 용이하게 하는 경우도 포함하고, 이러한 불법행위의 방조는 형법과 달리 손해의 전보를 목적으로 하여 과실을 원칙적으로 고의와 동일시하는 민법의 해석으로서는 과실에 의한 방조도 가능하며, 이 경우의 과실의 내용은 불법행위에 도움을 주지 말아야 할 주의의무가 있음을 전제로 하여 이 의무에 위반하는 것을 말하고, 방조자에게 공동불법행위자로서의 책임을 지우기 위해서는 방조행위와 피방조자의 불법행위 사이에 상당인과관계가 있어야 한다.
(대판 2007.6.14, 2005다32999)

판례 공동불법행위로 인한 손해배상책임의 범위는 피해자에 대한 관계에서 가해자들 전원의 행위를 전체적으로 함께 평가하여 정하여야 하고, 그 손해배상액에 대하여는 가해자 각자가 그 금액의 전부에 대한 책임을 부담하는 것이며, 가해자 1인이 다른 가해자에 비하여 불법행위에 가공한 정도가 경미하다고 하더라도 피해자에 대한 관계에서 그 가해자의 책임 범위를 정하여진 손해배상액의 일부로 제한하여 인정할 수는 없다.(대판 2005.11.10, 2003다66066)

판례 공동불법행위의 성립요건 : 공동불법행위는 행위자 상호간의 공모는 물론 공동의 인식을 필요로 하지 아니하고 객관적으로 그 공동행위가 '관련공동'되어 있으면 족하며, 그 관련공동성 있는 행위에 의하여 손해가 발생함으로써 성립한다.(대판 2003.1.10, 2002다35850)

판례 공동불법행위에서 방조의 의미 : 공동불법행위에서 방조라 함은 불법행위를 용이하게 하는 직접·간접의 모든 행위를 가리키는 것이다.(대판 2000.9.29, 2000다13900)

판례 공동불법행위자 중 1인이 다른 공동불법행위자에 대하여 구상권을 행사하기 위한 요건 : 공동불법행위자 중 1인이 다른 공동불법행위자에 대하여 구상권을 행사하기 위하여는 자기의 부담 부분 이상을 변제하여 공동의 면책을 얻었음을 주장·입증하여야 하며, 위와 같은 법리는 피해자의 다른 공동불법행위자에 대한 손해배상청구권이 시효소멸한 후에 구상권을 행사하는 경우라고 하여 달리 볼 것이 아니다.(대판 1997.12.12, 96다50896)

독판 여러 명의 운전자가 각자의 책임으로 1개의 교통사고손해를 발생시킨다 하더라도 이는 공동불법행위에 해당되지 않는다. 따라서 손해배상에 있어 부진정연대채무의 법리의 적용이 없다.
(독·연방법원 1959.6.16 BGHZ 30,203)

第761條【正當防衛, 緊急避難】 ① 他人의 不法行爲에 대하여 自己 또는 第三者의 利益을 防衛하기 위하여 不得已 他人에게 損害를 加한 者는 賠償할 責任이 없다. 그러나 被害者는 不法行爲에 대하여 損害의 賠償을 請求할 수 있다.
② 前項의 規定은 急迫한 危難을 避하기 위하여 不得已 他人에게 損害를 加한 경우에 準用한다.

참조 [정당방위]형21, [긴급피난]형22

第762條【損害賠償請求權에 있어서의 胎兒의 地位】 胎兒는 損害賠償의 請求權에 관하여는 이미 出生한 것으로 본다.

참조 [부모의 생명침해와 자의 배상청구권]752, [태아와 권리의 향유]3·1064, [태아와 인지]857

第763條【準用規定】 第393條, 第394條, 第396條, 第399條의 規定은 不法行爲로 인한 損害賠償에 準用한다.

참조 [본조의 특칙]764·765, 광업77·78, 상879①

판례 불법행위로 인한 손해배상청구소송에서 재산적 손해의 발생사실은 인정되나 구체적인 손해의 액수를 증명하는 것이 사안의 성질상 곤란한 경우, 법원은 증거조사의 결과와 변론 전체의 취지에 의하여 밝혀진 당사자들 사이의 관계, 불법행위와 그로 인한 재산적 손해가 발생하게 된 경위, 손해의 성격, 손해가 발생한 이후의 제반 정황 등 관련된 모든 간접사실들을 종합하여 손해의 액수를 판단할 수 있지만, 그 경우에도 불법행위와 재산적 손해 사이에는 상당인과관계가 있어야 한다.(대판 2006.9.8, 2006다21880)

판례 불법행위로 물건이 멸실·훼손된 경우, 통상손해의 범위 : 일반적으로 불법행위로 인한 손해는 물건이 멸실되었을 때에는 멸실 당시의 시가를, 물건이 훼손되었을 때에는 수리 또는 원상회복이 가능한 경우에는 수리비 또는 원상회복에 드는 비용을, 수리 또는 원상회복이 불가능하거나 그 비용이 과다한 경우에는 훼손으로 인하여 교환가치가 감소된 부분을 통상의 손해로 보아야 한다.
(대판 2006.4.28, 2005다44633)

판례 형사합의금이 보험자가 보상해야 할 손해의 범위에 포함되는지 여부 : 재산상 손해금의 성격을 띤 형사합의금은 그 지급 목적이 형사상 처벌을 원하지 아니한다는 의사표시를 얻어내기 위한 형사상 합의에 있었다 하더라도 보험자는 그 보험계약에 따라 보험금으로 형사합의금으로 지급한 금액 상당을 피보험자에게 지급할 의무가 있다.
(대판 1996.9.20, 95다53942)

판례 수사 또는 형사재판과정에서 형사합의금 명목으로 지급받은 금원의 성격 : 불법행위의 피해자가 가해자로부터 합의금 명목의 금원을 지급받고 가해자에 대한 처벌을 원치 않는다는 내용의 합의를 한 경우에 그 합의 당시 지급받은 금원을 특히 위자료 명목으로 지급받는 것임을 명시하였다는 등의 특별한 사정이 없는 한 그 금원은 재산상 손해배상금의 일부로 지급되었다고 봄이 상당하다.
(대판 1994.10.14, 94다14018)

第764條【名譽毁損의 경우의 特則】 他人의 名譽를 毁損한 者에 대하여는 法院은 被害者의 請求에 의하여 損害賠償에 갈음하거나 損害賠償과 함께 名譽回復에 適當한 處分을 命할 수 있다.(2014.12.30 본조개정)
<1991.4.1 헌법재판소 한정위헌결정으로 이 조의 "명예회복에 적당한 처분"에 사죄광고를 포함시키는 것은 헌법에 위반>

改前 …의하여 損害賠償에 "가름하거나" 損害賠償과 함께…

참조 763, [명예훼손]751, 형307－312, [광해(鑛害)와 원상회복]광업77

판례 민법 764조의 '명예'의 의미 : 민법 764조에서 말하는 명예라 함은 사람의 품성, 덕행, 명예, 신용 등 세상으로부터 받는 객관적인 평가를 말하는 것이고, 특히 법인의 경우에는 그 사회적 명예, 신용을 가리키는 데 다름없는 것으로 명예를 훼손한다는 것은 그 사회적 평가를 침해하는 것을 말하고 이와 같은 법인의 명예가 훼손된 경우에 그 법인은 상대방에 대하여 불법행위로 인한 손해배상과 함께 명예 회복에 적당한 처분을 청구할 수 있고, 종중과 같이 소송상 당사자능력이 있는 비법인사단 역시 마찬가지이다.(대판 1997.10.24, 96다17851)

판례 '명예회복에 적당한 처분'에 사죄광고를 포함시키는 것은, 헌법 19조 양심의 자유를 국가가 강제하는 것이 됨으로 위헌이다.
(헌재결 1991.4.1, 89헌마160)

第765條【賠償額의 輕減請求】 ① 本章의 規定에 의한 賠償義務者는 그 損害가 故意 또는 重大한 過失에 의한 것이 아니고 그 賠償으로 인하여 賠償者의 生計에 重大한 影響을 미치게 될 경우에는 法院에 그 賠償額의 輕減을 請求할 수 있다.
② 法院은 前項의 請求가 있는 때에는 債權者 및 債務者의 經濟狀態와 損害의 原因 등을 參酌하여 賠償額을 輕減할 수 있다.

참조 [손해배상액의 범위]393①, [증여자의 재산상태 변경과 증여의 해제]557

第766條【損害賠償請求權의 消滅時效】 ① 不法行爲로 인한 損害賠償의 請求權은 被害者나 그 法定代理人이 그 損害 및 加害者를 안 날로부터 3年間 이를 行使하지 아니하면 時效로 인하여 消滅한다.
② 不法行爲를 한 날로부터 10年을 經過한 때에도 前項과 같다.
③ 미성년자가 성폭력, 성추행, 성희롱, 그 밖의 성적(性的) 침해를 당한 경우에 이로 인한 손해배상청구권의 소멸시효는 그가 성년이 될 때까지는 진행되지 아니한다.
(2020.10.20 본항신설)
<2018.8.30 헌법재판소 단순위헌결정으로 이 조 제2항 중 「진실·화해를 위한 과거사정리 기본법」 제2조제1항 제3호, 제4호에 규정된 사건에 적용되는 부분은 헌법에 위반>

참조 [친권자의 법정대리]909, [후견인]931－936, [시효]162이하·421, [특칙]광업80

판례 갑 은행 등이 수출계약서 등 근거서류를 확인하지 않은 채 을 회사 등에 구매승인서를 발급해 주었고, 병 회사 등이 위 구매승인서에 의하여 을 회사 등에 물품을 공급하였는데, 관할 세무서장이 구매승인서에 하자가 있다는 등의 이유로 병 회사 등에 위 거래에 관한 부가가치세 부과처분을 하였으나 그에 대한 취소판결이 확정되어 부가가치세를 부과·징수할 수 없게 되었고, 이에 국가가 갑 은행 등을 상대로 부가가치세를 부과·징수할 수 없게 된 것에 대한 손해배상을 구한 사안에서, 갑 은행 등이 수출계약서 등 근거서류를 확인하지 않은 채 을 회사 등에 구매승인서를 발급해 준 것 때문에 국가가 입은 손해는 을 회사 등에 물품을 공급한 병 회사 등으로부터 부가가치세를 부과 징수할 수 없게 됨으로써 발생한 것인데, 국가가 부가가치세를 부과·징수할 수 없는지는 을 회사 등이 구매승인서 내용대로 물품을 수출하지 않고 불법으로 내수 유통시킨다는 것을 병 회사 등이 알았거나 중대한 과실로 알지 못하였는지에 달려 있고, 이는 병 회사 등에 대하여 부가가치세 부과처분이 된 후 그 처분에 대한 취소소송에서 패소 여부가 확정된 후에야 비로소 가려지는 것이므로 부가가치세를 부과·징수할 수 없다는 손해의 결과 발생이 현실화된 시점은 부과처분을 한 세무서장이 취소소송에서 패소한 판결이 확정된 때이고, 국가의 갑 은행 등에 대한 손해배상청구권의 소멸시효 기산점 역시 위 판결 확정일이라고 보아야 한다.(대판 2012.8.30, 2010다54566)

판례 불법행위로 인한 손해배상청구권의 단기소멸시효의 기산점이 되는 민법 제766조제1항의 '손해 및 가해자를 안 날'이라고 함은 손해의 발생, 위법한 가해행위의 존재, 가해행위와 손해의 발생과의 사이에 상당인과관계가 있다는 사실 등 불법행위의 요건사실에 대하여 현실적이고도 구체적으로 인식하였을 때를 의미한다. 나아가 피해자 등이 언제 위와 같은 불법행위의 요건사실을 현실적이고도 구체적으로 인식한 것으로 볼 것인지는 개별적 사건에 있어서의 여러 객관적 사정을 참작하고 손해배상청구가 사실상 가능하게 된 상황을 고려하여 합리적으로 판단하여야 한다.(대판 2010.5.27, 2010다7577)

판례 불법행위의 피해자가 미성년자로 행위능력이 제한된 자인 경우에는 다른 특별한 사정이 없는 한 그 법정대리인이 손해 및 가해자를 알아야 민법 제766조제1항의 소멸시효가 진행한다고 할 것이다.
(대판 2010.2.11, 2009다79897)

판례 불법행위로 인한 손해배상청구권에 대하여 단기소멸시효기간을 정한 민법 766조 1항은 민사상의 법률관계를 조속히 확정함으로써 법적 안정성을 도모하기 위한 것으로 합리적인 이유가 있고, 3년간의 단기시효기간도 입법자가 입법형성권을 현저히 자의적으로 행사하여 지나치게 짧게 정한 것으로 볼 수 없으므로, 위 법률조항이 피해자의 재산권을 합리적인 이유 없이 지나치게 제한함으로써 헌법 37조 2항의 기본권제한에 관한 입법적 한계를 일탈하였다고 볼 수 없다.
(헌재결 2005.5.26, 2004헌바90)

판례 가해행위와 손해의 발생 사이에 시간적 간격이 있는 불법행위에 따른 손해배상채권의 소멸시효 기산점이 되는 '불법행위를 안 날'은 손해가 그 후 현실화된 것을 구체적으로 안 날을 의미 : [1] '가해행위와 이로 인한 현실적인 손해의 발생 사이에 시간적 간격이 있는 불법행위에 기한 손해배상채권에 있어서 소멸시효의 기산점이 되는 불법행위를 안 날'이라 함은 단지 관념적이고 부동적인 상태에서 잠재하고 있던 손해에 대한 인식이 있었다는 정도만으로는 부족하고 그러한 손해가 그 후 현실화된 것을 안 날을 의미한다.
[2] 사고 당시 피해자는 만 2세 남짓한 유아로서 좌족부의 성장판을 다쳐 의학적으로 뼈가 성장을 멈추는 만 18세가 될 때까지는 위 좌족부가 어떻게 변형될지 모르는 상태였던 경우, 피해자가 고등학교 1학년 재학 중에 담당의사에게 진찰을 받은 결과 비로소 피해자의 좌족부 변형에 따른 후유장해의 잔존 및 그 정도 등을 가늠할 수 있게 되었다면 피해자의 법정대리인도 그때서야 현실화된 손해를 구체적으로 알았다고 보아 그 무렵을 기준으로 소멸시효의 기산점을 산정한 원심의 판단을 수긍한 사례이다.
(대판 2001.1.19, 2000다11836)

第4編 親 族

第1章 總 則

第767條【親族의 定義】 配偶者, 血族 및 姻戚을 親族으로 한다.

참조 [친족관계의 준거법]국제사법, [친족의 범위]777, [혈족]768 · 770 · 776 · 878, [법정혈족]772, [인척]769 · 771 · 775, [배우자]812, [친족과 부양의무]974-979, [친족간 특례]형151② · 155④, [친족간 범죄]형250② · 251 · 257② · 258③ · 259② · 260② · 271② · 272 · 273② · 276② · 277② · 283② · 328 · 344 · 354 · 361 · 365

第768條【血族의 定義】 自己의 直系尊屬과 直系卑屬을 直系血族이라 하고 自己의 兄弟姉妹와 兄弟姉妹의 直系卑屬, 直系尊屬의 兄弟姉妹 및 그 兄弟姉妹의 直系卑屬을 傍系血族이라 한다.(1990.1.13 본조개정)

참조 [친족]767 · 777, [존수의 계산]770

第769條【姻戚의 系源】 血族의 配偶者, 配偶者의 血族, 配偶者의 血族의 配偶者를 姻戚으로 한다.
(1990.1.13 본조개정)

참조 [배우자]812, [인척관계소멸]775, [존수의 계산]771

판례 자동차종합보험약관에서 정하고 있는 부모에 계모가 포함되는지 여부 : 민법의 개정으로 인하여 계모는 더 이상 법률상의 모가 아닌 것으로 되었으나, 피보험자의 계모가 부의 배우자로 실질적으로 가족의 구성원으로 가족공동체를 이루어 생계를 같이하고 피보험자의 어머니의 역할을 하면서 피보험자동차를 이용하고 있다면, 위 특별약관조항을 둔 취지에 비추어 볼 때 이러한 경우의 계모는 자동차종합보험의 가족운전자 한정운전 특별약관상의 모에 포함한다.
(대판 1997.2.28, 96다53857)

第770條【血族의 寸數의 計算】 ① 直系血族은 自己로부터 直系尊屬에 이르고 自己로부터 直系卑屬에 이르러 그 世數를 정한다.
② 傍系血族은 自己로부터 同源의 直系尊屬에 이르는 世數와 그 同源의 直系尊屬으로부터 그 直系卑屬에 이르는 世數를 通算하여 그 寸數를 정한다.

참조 [혈족]768 · 776 · 878, [준혈족의 존수계산]772

第771條【姻戚의 寸數의 計算】 姻戚은 配偶者의 血族에 대하여는 配偶者의 그 血族에 대한 寸數에 따르고, 血族의 配偶者에 대하여는 그 血族에 대한 寸數에 따른다.
(1990.1.13 본조개정)

참조 [인척]769, [혈족의 존수계산]770

第772條【養子와의 親系와 寸數】 ① 養子와 養父母 및 그 血族, 姻戚사이의 親系와 寸數는 入養한 때로부터 婚姻중의 出生子와 同一한 것으로 본다.
② 養子의 配偶者, 直系卑屬과 그 配偶者는 前項의 養子의 親系를 基準으로 하여 寸數를 정한다.

참조 [혈족]768, [인척]769 · 771 · 775, [양자]776 · 866-908, [입양의 효력발생]878, [입양으로 인한 친족관계의 소멸]776, [배우자]812, [친족의 존수계산]770 · 771

第773條~第774條 (1990.1.13 삭제)

第775條【姻戚關係 등의 消滅】 ① 姻戚關係는 婚姻의 取消 또는 離婚으로 인하여 終了한다.
② 夫婦의 一方이 死亡한 경우 生存 配偶者가 再婚한 때에도 第1項과 같다.
(1990.1.13 본조개정)

참조 [인척관계]769 · 771, [친족관계]767 · 777, [혼인의 성립]812, [혼인의 취소]816이하, [이혼]834이하, [중혼의 금지]810

第776條【入養으로 인한 親族關係의 消滅】 入養으로 인한 親族關係는 入養의 取消 또는 罷養으로 인하여 終了한다.

참조 [입양으로 인한 친족관계]772, [입양으로 인한 친족관계의 종료와 혼인장애]809, [파양]898이하 · 905이하, [입양의 취소]884이하

第777條【親族의 범위】 親族關係로 인한 法律上 效力은 이 法 또는 다른 法律에 특별한 規定이 없는 한 다음 各號에 해당하는 者에 미친다.
1. 8寸 이내의 血族
2. 4寸 이내의 姻戚
3. 配偶者
(1990.1.13 본조개정)

참조 [친족관계의 준거법]국제사법, [친족의 정의]767, [혈족 · 인척]768 · 769 · 775, [존수의 계산]770 · 771, [준혈족]772, [배우자]812, [가족]779, [양자와 친계의 존수]772 · 776, [친족과 부양의무]974이하, [부부간의 부양 · 협조]826, [친족간 특례]형151② · 155④, [친족간 범죄]형250② · 251 · 257② · 258③ · 259② · 260② · 271② · 272 · 273② · 276② · 277② · 283② · 328 · 344 · 354 · 361 · 365

판례 이성동복(異姓同腹)의 형제자매도 상속인의 범위에 포함되는지 여부 : 민법 1000조 1항 3호의 '피상속인의 형제자매'라 함은, 민법 개정시 친족의 범위에서 부계와 모계의 차별을 없애고, 상속의 순위나 상속분에 관하여도 남녀 간 또는 부계와 모계 간의 차별을 없앤 점 등에 비추어 볼 때, 부계 및 모계의 형제자매를 모두 포함하는 것으로 해석하는 것이 상당하다.(대판 1997.11.28, 96다5421)

第2章 가족의 범위와 자의 성과 본
(2005.3.31 본장제목개정)
改前 "戶主와 家族"

第778條 (2005.3.31 삭제)
改前 "第778條【戶主의 定義】 一家의 系統을 繼承한 者, 分家한 者 또는 기타 事由로 인하여 一家를 創立하거나 復興한 者는 戶主가 된다."

第779條【가족의 범위】 ① 다음의 자는 가족으로 한다.
1. 배우자, 직계혈족 및 형제자매
2. 직계혈족의 배우자, 배우자의 직계혈족 및 배우자의 형제자매
② 제1항제2호의 경우에는 생계를 같이 하는 경우에 한한다.
(2005.3.31 본조개정)
改前 "第779條【家族의 範圍】戶主의 配偶者, 血族과 그 配偶者 기타 本法의 規定에 의하여 그 家에 入籍한 者는 家族이 된다."
第780條 (2005.3.31 삭제)
改前 "第780條【戶主의 變更과 家族】戶主의 變更이 있는 경우에는 前戶主의 家族은 新戶主의 家族이 된다."
第781條【자의 성과 본】 ① 자는 부의 성과 본을 따른다. 다만, 부모가 혼인신고시 모의 성과 본을 따르기로 협의한 경우에는 모의 성과 본을 따른다.
② 부가 외국인인 경우에는 자는 모의 성과 본을 따를 수 있다.
③ 부를 알 수 없는 자는 모의 성과 본을 따른다.
④ 부모를 알 수 없는 자는 법원의 허가를 받아 성과 본을 창설한다. 다만, 성과 본을 창설한 후 부 또는 모를 알게 된 때에는 부 또는 모의 성과 본을 따를 수 있다.
⑤ 혼인외의 출생자가 인지된 경우 자는 부모의 협의에 따라 종전의 성과 본을 계속 사용할 수 있다. 다만, 부모가 협의할 수 없거나 협의가 이루어지지 아니한 경우에는 자는 법원의 허가를 받아 종전의 성과 본을 계속 사용할 수 있다.
⑥ 자의 복리를 위하여 자의 성과 본을 변경할 필요가 있을 때에는 부, 모 또는 자의 청구에 의하여 법원의 허가를 받아 이를 변경할 수 있다. 다만, 자가 미성년자이고 법정대리인이 청구할 수 없는 경우에는 제777조의 규정에 따른 친족 또는 검사가 청구할 수 있다.
(2005.3.31 본조개정)
改前 "第781條【子의 入籍, 姓과 本】① 子는 父의 姓과 本을 따르고 父家에 入籍한다. 다만, 父가 外國人인 때에는 母의 姓과 本을 따를 수 있고 母家에 入籍한다.(1997.12.13 단서개정)
② 父를 알 수 없는 子는 母의 姓과 本을 따르고 母家에 入籍한다.
③ 父母를 알 수 없는 子는 法院의 許可를 얻어 姓과 本을 創設하고 一家를 創立한다. 그러나 姓과 本을 創設한 후 父 또는 母를 알게 된 때에는 父 또는 母의 姓과 本을 따른다."
判例 아버지의 성과 본을 따라 출생신고가 되었으나 성년이 된 후 가정법원에 성·본 변경 허가 신청을 내어 어머니의 성과 본을 따르게 된 자녀는 어머니가 속한 종중의 구성원이 된다. 종중의 목적과 본질에 비추어 볼 때 공동선조와 성과 본을 같이 하는 후손이라면 아버지의 성·본을 따른 후손과 어머니의 성·본을 따른 후손의 종원 자격이 다르다고 볼 수 없다. 출생 후에 성과 본을 변경한 경우에도 마찬가지이다. 또한 법원의 허가를 받아 어머니의 성과 본을 따르도록 변경한 자녀는 아버지가 속한 종중에서 탈퇴하게 되는데, 어머니가 속한 종중의 구성원이 될 수 없다고 본다면 종중의 구성원 자격을 박탈하는 것이 되어 헌법상 평등의 원칙에도 반한다.
(대판 2022.5.26, 2017다260940)
判例 민법 781조 6항에 정한 '자의 복리를 위하여 자의 성과 본을 변경할 필요가 있을 때'에 해당하는지 여부는 자의 나이와 성숙도를 감안하여 자 또는 친권자·양육자의 의사를 고려하되, 먼저 자의 성·본 변경이 이루어지지 아니할 경우에 내부적으로 가족 사이의 정서적 통합에 방해가 되고 대외적으로 가족 구성원에 관련된 편견이나 오해 등으로 학교생활이나 사회생활에서 겪게 되는 불이익의 정도를 심리하고, 다음으로 성·본 변경이 이루어질 경우에 초래되는 정체성의 혼란이나 자와 성·본을 함께 하고 있는 친부나 형제자매 등과의 유대 관계의 단절 및 부양의 중단 등으로 인하여 겪게 되는 불이익의 정도를 심리한 다음, 자의 입장에서 위 두 가지 불이익의 정도를 비교형량하여 자의 행복과 이익에 도움이 되는 쪽으로 판단하여야 한다. 이와 같이 자의 주관적·개인적인 선호의 정도를 넘어 자의 복리를 위하여 성·본의 변경이 필요하다고 판단되고, 범죄를 기도 또는 은폐하거나 법령에 따른 각종 제한을 회피하려는 불순한 의도나 목적이 개입되어 있는 등 성·본 변경권의 남용으로 볼 수 있는 경우가 아니라면, 원칙적으로 성·본 변경을 허가함이 상당하다.
(대결 2010.3.3, 2009스133)
第782條 (2005.3.31 삭제)
改前 "第782條【婚姻외의 子의 入籍】① 家族이 婚姻외의 子를 出生한 때에는 그 家에 入籍하게 할 수 있다.
② 婚姻외의 出生子가 父家에 入籍할 수 없는 때에는 母家에 入籍할 수 있고 母家에 入籍할 수 없는 때에는 一家를 創立한다."
第783條 (2005.3.31 삭제)
改前 "第783條【養子와 그 配偶者등의 入籍】養子의 配偶者, 直系卑屬과 그 配偶者는 養子와 함께 養家에 入籍한다."
第784條 (2005.3.31 삭제)
改前 "第784條【父의 血族아닌 妻의 直系卑屬의 入籍】① 妻가 夫의 血族 아닌 直系卑屬이 있는 때에는 夫의 同意를 얻어 그 家에 入籍하게 할 수 있다.(1990.1.13 본항개정)
② 前項의 경우에 그 直系卑屬이 他家의 家族인 때에는 그 戶主의 同意를 얻어야 한다."
第785條 (2005.3.31 삭제)
改前 "第785條【戶主의 直系血族의 入籍】戶主는 他家의 戶主아닌 自己의 直系尊屬이나 直系卑屬을 그 家에 入籍하게 할 수 있다."
第786條 (2005.3.31 삭제)
改前 "第786條【養子와 그 配偶者등의 復籍】① 養子와 그 配偶者, 直系卑屬 및 그 配偶者는 入養의 取消 또는 罷養으로 인하여 그 生家에 復籍한다.
② 前項의 경우에 그 生家가 廢家 또는 無後된 때에는 生家를 復興하거나 一家를 創立할 수 있다."
第787條 (2005.3.31 삭제)
改前 "第787條【妻등의 復籍과 一家創立】① 妻와 夫의 血族아닌 그 直系卑屬은 婚姻의 取消 또는 離婚으로 인하여 그 親家에 復籍하거나 一家를 創立한다.
② 夫가 死亡한 경우에는 妻와 夫의 血族아닌 直系卑屬은 그 親家에 復籍하거나 一家를 創立할 수 있다.
③ 前2項의 경우에 그 親家가 廢家 또는 無後되었거나 기타 事由로 인하여 復籍할 수 없는 때에는 親家를 復興할 수 있다.
(1990.1.13 본조개정)"
第788條 (2005.3.31 삭제)
改前 "第788條【分家】① 家族은 分家할 수 있다.(1990.1.13 단서삭제)
② 未成年者가 分家함에는 法定代理人의 同意를 얻어야 한다."
第789條 (2005.3.31 삭제)
改前 "第789條【法定分家】家族은 婚姻하면 당연히 分家된다. 그러나 戶主의 直系卑屬長男子는 그러하지 아니하다.(1990.1.13 본조개정)"
第790條 (1990.1.13 삭제)
第791條 (2005.3.31 삭제)
改前 "第791條【分家戶主와 그 家族】① 分家戶主의 配偶者, 直系卑屬과 그 配偶者는 그 分家에 入籍한다.
② 本家戶主의 血族아닌 分家戶主의 直系尊屬은 分家에 入籍할 수 있다."
第792條 (1990.1.13 삭제)
第793條 (2005.3.31 삭제)
改前 "第793條【戶主의 入養과 廢家】一家創立 또는 分家로 인하여 戶主가 된 者는 他家에 入養하기 위하여 廢家할 수 있다."
第794條 (2005.3.31 삭제)
改前 "第794條【女戶主의 婚姻과 廢家】女戶主는 婚姻하기 위하여 廢家할 수 있다."
第795條 (2005.3.31 삭제)
改前 "第795條【他家에 入籍한 戶主와 그 家族】① 戶主가 廢家하고 他家에 入籍한 때에는 家族도 그 他家에 入籍한다.
② 前項의 경우에 그 他家에 入籍할 수 없거나 원하지 아니하는 家族은 一家를 創立한다.(1990.1.13 본항개정)"
第796條 (2005.3.31 삭제)
改前 "第796條【家族의 特有財産】① 家族이 自己의 名義로 取得한 財産은 그 特有財産으로 한다.
② 家族의 누구에게 속한 것인지 분명하지 아니한 財産은 家族의 共有로 推定한다.(1990.1.13 본항개정)"
第797條～第799條 (1990.1.13 삭제)

第3章 婚 姻

第1節 約 婚

第800條【約婚의 自由】 成年에 달한 者는 自由로 約婚할 수 있다.
参조 헌36, [성년]4, [동의를 요하는 약혼]801·802, [혼인적령]807, [약혼의 강제이행금지]803, [약혼해제]804-806, [자유혼인연령]808
判例 한쪽이 제3자와 혼인의 의사로 실질적인 혼인생활을 하고 있다고 하더라도, 특별한 사정이 없는 한, 이를 사실혼으로 인정하여 법률혼에 준하는 보호를 허여할 수는 없다.(대판 1995.9.26, 94므1638)

第801條【약혼 나이】 18세가 된 사람은 부모나 미성년후견인의 동의를 받아 약혼할 수 있다. 이 경우 제808조를 준용한다.
(2022.12.27 본조제목개정)
(2011.3.7 본조개정)

改前 第801條【"약혼연령"】만 18세가 된 사람은…

참조 헌36, [자유약혼연령]800, [자유혼인연령]807, [연령계산]158 · 160

第802條【성년후견과 약혼】 피성년후견인은 부모나 성년후견인의 동의를 받아 약혼할 수 있다. 이 경우 제808조를 준용한다.(2011.3.7 본조개정)

改前 "第802條【禁治産者의 約婚】禁治産者는 父母 또는 後見人의 同意를 얻어 約婚할 수 있다. 이 경우에는 第808條의 規定을 準用한다."

참조 헌36, [약혼의 자유]800, [후견인]929 · 936이하, [성년후견과 약혼의 해제]804, [피성년후견인의 법률행위]10, [피성년후견인의 입양]873, [피성년후견인의 파양]902, [피성년후견인의 유언]1062, [동의가 필요한 혼인]808

第803條【約婚의 强制履行禁止】 約婚은 强制履行을 請求하지 못한다.

참조 [약혼의 자유]800, [강제이행]389, [약혼해제와 손해배상청구]806

第804條【약혼해제의 사유】 당사자 한쪽에 다음 각 호의 어느 하나에 해당하는 사유가 있는 경우에는 상대방은 약혼을 해제할 수 있다.
1. 약혼 후 자격정지 이상의 형을 선고받은 경우
2. 약혼 후 성년후견개시나 한정후견개시의 심판을 받은 경우
3. 성병, 불치의 정신병, 그 밖의 불치의 병질(病疾)이 있는 경우
4. 약혼 후 다른 사람과 약혼이나 혼인을 한 경우
5. 약혼 후 다른 사람과 간음(姦淫)한 경우
6. 약혼 후 1년 이상 생사(生死)가 불명한 경우
7. 정당한 이유 없이 혼인을 거절하거나 그 시기를 늦추는 경우
8. 그 밖에 중대한 사유가 있는 경우

(2011.3.7 본조개정)

改前 "第804條【約婚解除의 事由】當事者의 一方에 다음 各號의 事由가 있는 때에는 相對方은 約婚을 解除할 수 있다.
1. 約婚後 資格停止이상의 刑의 宣告를 받은 때
2. 約婚後 禁治産 또는 限定治産의 宣告를 받은 때
3. 性病, 不治의 精神病 기타 不治의 惡疾이 있는 때(1990.1.13 본호개정)
4. 約婚後 他人과 約婚 또는 婚姻을 한 때
5. 約婚後 他人과 姦淫한 때
6. 約婚後 1年이상 그 生死가 不明한 때(1990.1.13 본호개정)
7. 正當한 理由없이 婚姻을 拒絶하거나 그 時期를 遲延하는 때
8. 기타 重大한 事由가 있는 때"

참조 [약혼]800－802, [약혼의 강제이행금지]803, [약혼해제의 방법]805, [약혼해제와 손해배상]393－395 · 806, (1)[자격정지이상의 형]형41, (2)[성년후견개시]9, [한정후견개시]12

판례 약혼은 혼인할 것을 목적으로 하는 혼인의 예약이므로 당사자 일방은 자신의 학력, 경력 및 직업과 같은 혼인의사를 결정하는 데 있어 중대한 영향을 미치는 사항에 관하여 이를 상대방에게 사실대로 고지할 신의성실의 원칙상의 의무가 있다.
(대판 1995.12.8, 94므1676,1683)

第805條【約婚解除의 方法】 約婚의 解除는 相對方에 대한 意思表示로 한다. 그러나 相對方에 대하여 意思表示를 할 수 없는 때에는 그 解除의 原因있음을 안 때에 解除된 것으로 본다.

참조 [약혼]800－802, [약혼해제의 사유]804, [의사표시]107이하, [약혼해제와 손해배상]393－395 · 806, [계약의 해제]543이하

第806條【約婚解除와 損害賠償請求權】 ① 約婚을 解除한 때에는 當事者 一方은 過失있는 相對方에 대하여 이로 인한 損害의 賠償을 請求할 수 있다.
② 前項의 경우에는 財産上 損害외에 精神上 苦痛에 대하여도 損害賠償의 責任이 있다.
③ 精神上 苦痛에 대한 賠償請求權은 讓渡 또는 承繼하지 못한다. 그러나 當事者間에 이미 그 賠償에 관한 契約이 成立되거나 訴를 提起한 후에는 그러하지 아니하다.

참조 [약혼해제의 사유 및 방법]804 · 805, [손해배상]750 · 751, 가소2①(1)다, [혼인취소와 손해배상청구]825, [본조 준용]843 · 897 · 908

판례 원 · 피고 사이의 사실혼관계가 불과 1개월만에 파탄된 경우, 혼인생활에 사용하기 위하여 결혼 전후에 원고 자신의 비용으로 구입한 가재도구 등을 피고가 점유하고 있다고 하더라도 이는 여전히 원고의 소유에 속한다고 할 것이어서, 원고가 소유권에 기하여 그 반환을 구하거나 원상회복으로 반환을 구하는 것은 별론으로 하고, 이로 인하여 원고에게 어떠한 손해가 발생하였다고 할 수 없다.
(대판 2003.11.14, 2000므1257(본소),1264(반소))

판례 사실혼 배우자의 일방이 민법 826조 1항의 의무를 포기한 경우 손해배상책임의 존부 : 사실혼관계에 있어서도 부부는 민법 826조 1항 소정의 동거하며 서로 부양하고 협조하여야 할 의무가 있으므로 사실혼 배우자의 일방이 정당한 이유 없이 서로 동거, 부양, 협조하여야 할 부부로서의 의무를 포기한 경우에는 그 배우자는 악의의 유기에 의하여 사실혼관계를 부당하게 파기한 것이므로 상대방 배우자에게 재판상 이혼원인에 상당하는 귀책사유 있음이 밝혀지지 아니하는 한 원칙적으로 사실혼관계 부당파기로 인한 손해배상책임을 면할 수 없다.(대판 1998.8.21, 97므544,551)

第2節 婚姻의 成立

第807條【혼인적령】 18세가 된 사람은 혼인할 수 있다.
(2022.12.27 본조개정)

改前 第807條【혼인적령】"만 18세"가 된 사람은 혼인할 수 있다.
(2007.12.21 본조개정)

참조 [혼인성립요건의 준거법]국제사법, [약혼연령]801, [연령계산]158 · 160, [동의가 필요한 혼인]808, [혼인금지]809 · 810, [혼인의 성립 및 신고]812－814, 가족관계등록32 · 33 · 37 · 38 · 71이하, [본조위반과 취소]817 · 824 · 825

第808條【동의가 필요한 혼인】 ① 미성년자가 혼인을 하는 경우에는 부모의 동의를 받아야 하며, 부모 중 한쪽이 동의권을 행사할 수 없을 때에는 다른 한쪽의 동의를 받아야 하고, 부모가 모두 동의권을 행사할 수 없을 때에는 미성년후견인의 동의를 받아야 한다.
② 피성년후견인은 부모나 성년후견인의 동의를 받아 혼인할 수 있다.
(2011.3.7 본조개정)

改前 "第808條【同意를 要하는 婚姻】① 未成年者가 婚姻을 할 때에는 父母의 同意를 얻어야 하며, 父母중 一方이 同意權을 行使할 수 없는 때에는 다른 一方의 同意를 얻어야 하고, 父母가 모두 同意權을 行使할 수 없는 때에는 後見人의 同意를 얻어야 한다.
② 禁治産者는 父母 또는 後見人의 同意를 얻어 婚姻할 수 있다.
③ 第1項 및 第2項의 경우에 父母 또는 後見人이 없거나 또는 同意할 수 없는 때에는 親族會의 同意를 얻어 婚姻할 수 있다.
(1977.12.31 본조개정)"

참조 [혼인과 양성의 평등]헌36, [준거법]국제사법, [약혼]800 · 801, [신고와 동의서의 첨부]가족관계등록32 · 33, [본조위반의 신고 불수리]813, [본조위반과 혼인취소]816(1) · 824 · 825, [동의없는 혼인의 취소청구권의 소멸]819, [혼인적령]807, [혼인의 성립]812, [미성년자의 혼인과 성년]826의2, [미성년자와 법률행위]4 · 5, [미성년자의 부모와 친권자]909이하 · 924－927, [미성년자와 후견인]928이하, [피성년후견인의 법률행위]10, [후견인]936이하, [성년후견과 협의상 이혼]835

第809條【근친혼 등의 금지】 ① 8촌 이내의 혈족(친양자의 입양 전의 혈족을 포함한다) 사이에서는 혼인하지 못한다.
② 6촌 이내의 혈족의 배우자, 배우자의 6촌 이내의 혈족, 배우자의 4촌 이내의 혈족의 배우자인 인척이거나 이러한 인척이었던 자 사이에서는 혼인하지 못한다.
③ 6촌 이내의 양부모계(養父母系)의 혈족이었던 자와 4촌 이내의 양부모계의 인척이었던 자 사이에서는 혼인하지 못한다.
(2005.3.31 본조개정)

改前 "第809條【同姓婚등의 禁止】① 同姓同本인 血族사이에서는 婚姻하지 못한다.
<1997.7.16 憲法裁判所 不合致決定으로 本條 第1項 憲法에 不合致>
② 男系血族의 配偶者, 夫의 血族 및 기타 8寸이내의 姻戚이거나 이러한 姻戚이었던 者 사이에서는 婚姻하지 못한다."

참조 [준거법]국제사법, [혼인과 양성의 평등]헌36, [혈족]768 · 770, [인척]769 · 771 · 775, [혼인의 무효]815, [본조위반의 신고 불수리]813, [본조위반의 취소]816 · 824 · 825, [본조위반의 혼인의 취소청구권의 소멸]820

第810條【重婚의 禁止】 配偶者 있는 者는 다시 婚姻하지 못한다.

참조 [준거법]국제사법, [본조위반의 신고 불수리]813, [본조위반의 혼인취소]816 · 818 · 824 · 825, [실종취소와 취소전의 혼인]29①, [민법시행으로 인한 혼인의 무효 · 취소]부칙18

판례 법률혼이 존속중인 부부 중 일방이 제3자와 맺은 사실혼의 보호 가부 : 사실혼이란 당사자 사이에 주관적으로 혼인의 의사가 있고, 객관적으로도 사회관념상 가족질서적인 면에서 부부공동생활을 인정할 만한 혼인생활의 실체가 있는 경우라야 하고, 법률상 혼인을 한 부부가 별거하고 있는 상태에서 그 다른 한 쪽이 제3자와 혼인의 의사로 실질적인 부부생활을 하고 있다고 하더라도, 특별한 사정이 없는 한, 이를 사실혼으로 인정하여 법률혼에 준하는 보호를 할 수는 없다.(대판 2001.4.13, 2000다52943)

판례 중혼자의 사망 후 중혼 취소를 구할 이익 : 중혼자가 사망한 후에라도 그 사망에 의하여 중혼으로 인하여 형성된 신분관계가 소멸하는 것은 아니므로 전혼의 배우자가 생존한 중혼의 일방 당사자를 상대로 제기한 혼인취소청구가 오로지 피청구인을 괴롭히기 위한 소송으로 권리남용에 해당하거나 신의칙에 반하여 위법하다고 할 수 없다.(대판 1991.12.10, 91므535)

第811條 (2005.3.31 삭제)

改前 "第811條【再婚禁止期間】女子는 婚姻關係의 終了한 날로부터 6月을 經過하지 아니하면 婚姻하지 못한다. 그러나 婚姻關係의 終了後 解産한 때에는 그러하지 아니하다."

第812條【婚姻의 成立】 ① 婚姻은 「가족관계의 등록 등에 관한 법률」에 정한 바에 의하여 申告함으로써 그 效力이 생긴다.(2007.5.17 본항개정)

② 前項의 申告는 當事者 雙方과 成年者인 證人 2人의 連署한 書面으로 하여야 한다.

改前 ① 婚姻은 "戶籍法"에 정한 바에 의하여 申告…

참조 [혼인성립요건의 준거법]국제사법, [혼인신고]가족관계등록71－73, [신고의 심사 · 수리]813, [외국에서의 혼인신고]814, 가족관계등록34－36, [증인]가족관계등록28

판례 사실혼관계에 있는 당사자 사이의 혼인의사의 추정 : 혼인의 합의란 법률혼주의를 채택하고 있는 우리나라 법제하에서는 법률상 유효한 혼인을 성립하게 하는 합의를 말하므로 비록 사실혼관계에 있는 당사자 일방이 혼인신고를 한 경우에도 상대방에게 혼인의사가 결여되었다고 인정되는 한 그 혼인의사를 명백히 철회하였다거나 당사자 사이에 사실혼관계를 해소하기로 합의하였다는 등의 사정이 인정되지 아니하는 경우에는 그 혼인을 무효라고 할 수 없다.(대판 2000.4.11, 99므1329)

第813條【婚姻申告의 審査】 婚姻의 申告는 그 婚姻이 第807條 내지 제810조 및 제812조제2항의 規定 기타 法令에 違反함이 없는 때에는 이를 受理하여야 한다.(2005.3.31 본조개정)

改前 第813條【婚姻申告의 審査】…第807條 내지 "第811條 및 前條第2項"의 規定 기타…

참조 812, [위반된 신고와 혼인의 취소]816－820 · 822－825, [신고 불수리와 불복]가족관계등록109

第814條【外國에서의 婚姻申告】 ① 外國에 있는 本國民사이의 婚姻은 그 外國에 駐在하는 大使, 公使 또는 領事에게 申告할 수 있다.

② 제1항의 申告를 受理한 大使, 公使 또는 領事는 遲滯없이 그 申告書類를 本國의 재외국민 가족관계등록사무소에 送付하여야 한다.(2015.2.3 본항개정)

改前 ② 제1항의 申告를 受理한…本國의 "등록기준지를 관할하는 가족관계등록관서에" 送付하여야 한다.(2007.5.17 본항개정)

참조 [혼인성립요건의 준거법]국제사법, [외국에 있는 한국인의 신고]가족관계등록34－36, [본적지에서의 신고]가족관계등록20

판례 혼인거행지인 외국에서 외국법에 의한 혼인신고를 마친 경우 우리나라 법에 의한 별도의 혼인신고의 여부 : 섭외사법 15조 1항의 규정은 우리나라 사람들 사이 또는 우리나라 사람과 외국인 사이의 혼인이 외국에서 거행되는 경우 그 혼인의 방식 즉 형식적 성립요건은 그 혼인거행지의 법에 따라 정하여야 한다는 취지라고 해석되므로, 그 나라의 법이 정하는 방식에 따른 혼인절차를 마친 경우에는 혼인이 유효하게 성립하고 별도로 우리나라의 법에 따른 혼인신고를 하지 않더라도 혼인의 성립에 영향이 없으며, 당사자가 호적법 39조, 40조에 의하여 혼인신고를 한다 하더라도 이는 창설적 신고가 아니라 이미 유효하게 성립한 혼인에 관한 보고적 신고에 불과하다.(대판 1994.6.28, 94므413)

第3節 婚姻의 無效와 取消

第815條【婚姻의 無效】 婚姻은 다음 각 호의 어느 하나의 경우에는 無效로 한다.(2005.3.31 본문개정)

1. 當事者間에 婚姻의 合意가 없는 때
2. 혼인이 제809조제1항의 규정을 위반한 때(2005.3.31 본호개정)
3. 당사자간에 직계인척관계(直系姻戚關係)가 있거나 있었던 때(2005.3.31 본호개정)
4. 당사자간에 양부모계의 직계혈족관계가 있었던 때(2005.3.31 본호신설)

<2022.10.27 헌법재판소 헌법불합치결정으로 이 조 제2호는 2024.12.31을 시한으로 입법자가 개정할 때까지 계속 적용>

改前 【婚姻의 無效】婚姻은 "다음 各號의" 경우에는 無效로…
"2. 當事者間에 直系血族, 8寸이내의 傍系血族 및 그 配偶者인 親族關係가 있거나 또는 있었던 때
3. 當事者間에 直系姻戚, 夫의 8寸이내의 血族인 姻戚關係가 있거나 또는 있었던 때"

참조 [혼인성립요건의 준거법]국제사법, [민법시행전의 혼인의 무효]부칙18, [합의]107 · 108, [착오]109, [혈족]768 · 770, [인척]769 · 771, [법률행위의 무효]137 · 139, [혼인무효의 소송]가소2① · 22－25, [재판에 의한 혼인]가족관계등록72, [혼인의 무효와 출생자]855①, [혼인취소의 사유]816

판례 근친혼을 금지하는 이유는 가까운 혈족 사이의 관계와 역할, 지위와 관련한 혼란을 막고 가족제도의 기능을 유지하기 위한 것이다. 그러나 이미 근친혼이 이루어져 부부 사이 권리와 의무 이행이 이뤄지고 있는 경우 일률적으로 효력을 소급해 상실시키면 근친혼 당사자 사이에 태어난 자녀는 혼인 외 자녀가 됨으로써 법적 지위가 불안정해질 수 있고, 혼인 당사자는 배우자로서 누리거나 기대할 수 있던 사회보장수급권, 상속권을 상실해 예측하기 어려운 궁박한 상황에 처할 수 있다. 따라서 8촌 이내 근친혼을 혼인 무효 사유로 정한 것은 헌법에 합치되지 않는다.(헌재결 2022.10.27, 2018헌바115)

판례 외국인 을이 갑과의 사이에 참다운 부부관계를 설정하려는 의사 없이 단지 한국에 입국하여 취업하기 위한 방편으로 혼인신고에 이르렀다고 봄이 상당한 사안에서, 설령 을이 한국에 입국한 후 한 달 동안 갑과 계속 혼인생활을 해왔다고 하더라도 이는 을이 진정한 혼인의사 없이 위와 같은 다른 목적의 달성을 위해 일시적으로 혼인생활의 외관을 만들어 낸 것이라고 보일 뿐이므로, 갑과 을 사이에는 혼인의사의 합치가 없어 그 혼인은 무효로 보아야 한다.(대판 2010.6.10, 2010므574)

판례 법률상의 부부라는 신분관계를 설정할 의사는 있었다고 인정되는 경우라도 그것이 단지 다른 목적을 달성하기 위한 방편에 불과한 것으로서 그들간에 참다운 부부관계의 설정을 바라는 효과의사가 없을 때에는 그 혼인은 민법 815조 1호의 규정에 따라 그 효력이 없다고 해석하여야 한다.(대판 1996.11.22, 96도2049)

판례 사실혼관계의 해소 후 혼인신고의 효력 : 사실혼관계가 해소된 상태에서 혼인신고가 일방적으로 이루어졌다면 이는 당사자간에 혼인의 합의가 없는 경우에 해당하여 무효이다.(대판 1989.1.24, 88므795)

第816條【婚姻取消의 事由】 婚姻은 다음 각 호의 어느 하나의 경우에는 法院에 그 取消를 請求할 수 있다.(2005.3.31 본문개정)

1. 婚姻이 제807조 내지 제809조(제815조의 규정에 의하여 혼인의 무효사유에 해당하는 경우를 제외한다. 이하 제817조 및 제820조에서 같다) 또는 제810조의 規定에 違反한 때(2005.3.31 본호개정)
2. 婚姻당시 當事者 一方에 夫婦生活을 繼續할 수 없는 惡疾 기타 重大事由있음을 알지 못한 때
3. 詐欺 또는 强迫으로 인하여 婚姻의 意思表示를 한 때

改前 【婚姻取消의 事由】婚姻은 "다음 各號의" 경우에는…
1. 婚姻이 "第807條 내지 第811條"의 規定에…

참조 [준거법]국제사법, [민법시행전의 혼인의 취소]부칙18, [혼인신고의 심사]813, [법률행위의 취소]140이하, [취소청구권자]817 · 818, [취소청구권의 소멸]819－823, [혼인취소의 효과]824 · 825, [약혼해제의 사유]804, [사기 또는 강박에 의한 의사표시]110, [혼인의 무효]815, [혼인취소와 손해배상청구권]825, [혼인취소의 소송 및 심판]가소2①⑵ · 22－25, [특례]혼인신고특례법

판례 당사자가 성장과정에서 본인의 의사와 무관하게 아동성폭력범죄 등의 피해를 당해 임신을 하고 출산까지 하였으나 이후 자녀와의 관계가 단절되고 상당한 기간 동안 양육이나 교류 등이 전혀 이루어지지 않은 경우라면, 출산의 경력이나 경위는 개인의 내밀한 영역에 속하는 것으로서 당사자의 명예 또는 사생활 비밀의 본질적 부분에 해당하고, 나아가 사회통념상 당사자나 제3자에게 그에 대한 고지를 기대할 수 있다거나 이를 고지하지 아니한 것이 신의성실 의무에 비추어 비난받을 정도라고 단정할 수도 없으므로, 단순히 출산의 경력

을 고지하지 않았다고 하여 그것이 곧바로 민법 제816조 제3호에서 정한 혼인취소사유에 해당한다고 보아서는 아니 된다. 그리고 이는 국제결혼의 경우에도 마찬가지이다.(대판 2016.2.18, 2015므654,661)

판례 혼인은 남녀가 일생의 공동생활을 목적으로 하여 도덕 및 풍속상 정당시되는 결합을 이루는 법률상, 사회생활상 중요한 의미를 가지는 신분상의 계약으로서 본질은 양성 간의 애정과 신뢰에 바탕을 둔 인격적 결합에 있다고 할 것이고, 특별한 사정이 없는 한 임신가능 여부는 민법 제816조 제2호의 부부생활을 계속할 수 없는 악질 기타 중대한 사유에 해당한다고 볼 수 없다. 그리고 '혼인을 계속하기 어려운 중대한 사유'에 관한 민법 제840조 제6호의 이혼사유와는 다른 문언내용 등에 비추어 민법 제816조 제2호의 '부부생활을 계속할 수 없는 중대한 사유'는 엄격히 제한하여 해석함으로써 그 인정에 신중을 기하여야 한다.(대판 2015.2.26, 2014므4734,4741)

第817條【나이위반 혼인 등의 취소청구권자】 婚姻이 第807條, 第808條의 規定에 違反한 때에는 當事者 또는 그 法定代理人이 그 取消를 請求할 수 있고 第809條의 規定에 違反한 때에는 當事者, 그 直系尊屬 또는 4촌 이내의 傍系血族이 그 取消를 請求할 수 있다.
(2022.12.27 본조제목개정)
(2005.3.31 본조개정)

改前 第817條【"年齡違反婚姻 등의 取消請求權者"】婚姻이 第807條…

참조 816·819·820·824·825, [법정대리인]911·932·938, [혈족]768·770

第818條【중혼의 취소청구권자】 당사자 및 그 배우자, 직계혈족, 4촌 이내의 방계혈족 또는 검사는 제810조를 위반한 혼인의 취소를 청구할 수 있다.(2012.2.10 본조개정)

改前 "第818條【중혼의 취소청구권자】혼인이 제810조의 규정을 위반한 때에는 당사자 및 그 배우자, 직계존속, 4촌 이내의 방계혈족 또는 검사가 그 취소를 청구할 수 있다.(2005.3.31 본조개정)"

참조 816·821·824·825

판례 중혼자가 사망한 경우, 잔존배우자의 중혼취소청구가 가능한지 여부 : 중혼자가 사망한 후에라도 그 사망에 의하여 중혼으로 인하여 형성된 신분관계가 소멸하는 것은 아니므로 전혼의 배우자는 생존한 중혼의 일방 당사자를 상대로 중혼의 취소를 구할 이익이 있다.(대판 1991.12.10, 91므535)

第819條【동의 없는 혼인의 취소청구권의 소멸】 제808조를 위반한 혼인은 그 당사자가 19세가 된 후 또는 성년후견종료의 심판이 있은 후 3개월이 지나거나 혼인 중에 임신한 경우에는 그 취소를 청구하지 못한다.
(2011.3.7 본조개정)

改前 "第819條【同意없는 婚姻의 取消請求權의 消滅】第808條의 規定에 違反한 婚姻은 그 當事者가 20세에 달한 후 또는 禁治産宣告의 取消있은 후 3月을 經過하거나 婚姻중 胞胎한 때에는 그 取消를 請求하지 못한다.(2005.3.31 본조개정)"

참조 816·817·824·825, [혼인연령]807, [성년후견개시와 그 취소]9－10

第820條【근친혼 등의 취소청구권의 소멸】 第809條의 規定에 違反한 婚姻은 그 當事者間에 婚姻중 포태(胞胎)한 때에는 그 取消를 請求하지 못한다.(2005.3.31 본조개정)

改前 【"同姓婚등에 대한 取消請求權의 消滅"】…當事者間에 婚姻중 "子를 出生한" 때에는 그 取消를…

참조 816·817·824·825

第821條 (2005.3.31 삭제)

改前 "第821條【再婚禁止期間違反婚姻取消請求權의 消滅】第811條의 規定에 違反한 婚姻은 前婚姻關係의 終了한 날로부터 6月을 經過하거나 再婚後 胞胎한 때에는 그 取消를 請求하지 못한다."

第822條【惡疾 등 事由에 의한 婚姻取消請求權의 消滅】 第816條第2號의 規定에 해당하는 事由있는 婚姻은 相對方이 그 事由있음을 안 날로부터 6月을 經過한 때에는 그 取消를 請求하지 못한다.

참조 816·824·825

第823條【詐欺, 强迫으로 인한 婚姻取消請求權의 消滅】 詐欺 또는 强迫으로 인한 婚姻은 詐欺를 안 날 또는 强迫을 免한 날로부터 3月을 經過한 때에는 그 取消를 請求하지 못한다.

참조 [혼인의사 흠결과 혼인무효]815·816·824·825, [사기·강박에 의한 의사표시]110, [본조 준용]839·897·904

第824條【婚姻取消의 效力】 婚姻의 取消의 效力은 旣往에 遡及하지 아니한다.

참조 [혼인의 취소]816－823, [혼인취소와 신고]가족관계등록104－108, [혼인취소와 인척관계의 소멸]775, [혼인의 취소와 친권자]909, [법률행위의 취소의 효과]141, [혼인취소와 손해배상]825, [본조 준용]897

판례 혼인의 취소와 상속관계에 대한 소급효 : 민법 824조는 '혼인의 취소의 효력은 기왕에 소급하지 아니한다'고 규정하고 있을 뿐 재산상속 등에 관해 소급효를 인정할 별도의 규정이 없는바, 혼인 중에 부부 일방이 사망하여 상대방이 배우자로서 망인의 재산을 상속받은 후에 그 혼인이 취소되었다는 사정만으로 그 전에 이루어진 상속관계가 소급하여 무효라거나 또는 그 상속재산이 법률상 원인 없이 취득한 것이라고는 볼 수 없다.(대판 1996.12.23, 95다48308)

第824條의2【혼인의 취소와 자의 양육 등】 제837조 및 제837조의2의 규정은 혼인의 취소의 경우에 자의 양육책임과 면접교섭권에 관하여 이를 준용한다.
(2005.3.31 본조신설)

第825條【婚姻取消와 損害賠償請求權】 第806條의 規定은 婚姻의 無效 또는 取消의 경우에 準用한다.

참조 [혼인의 취소]816－823, [취소의 효력]824, [손해배상]393－395·750·751

第4節 婚姻의 效力

第1款 一般的 效力

第826條【夫婦間의 義務】 ① 夫婦는 同居하며 서로 扶養하고 協助하여야 한다. 그러나 正當한 理由로 一時的으로 同居하지 아니하는 경우에는 서로 忍容하여야 한다.
② 夫婦의 同居場所는 夫婦의 協議에 따라 정한다. 그러나 協議가 이루어지지 아니하는 경우에는 當事者의 請求에 의하여 家庭法院이 이를 정한다.(1990.1.13 본항개정)
③～④ (2005.3.31 삭제)

改前 "③ 妻는 夫의 家에 入籍한다. 그러나 妻가 親家의 戶主 또는 戶主承繼人인 때에는 夫가 妻의 家에 入籍할 수 있다.(1990.1.13 본항개정)
④ 前項但書의 경우에 夫婦間의 子는 母의 姓과 本을 따르고 母의 家에 入籍한다."

참조 [혼인의 효력의 준거법]국제사법, [부부]812, ①[생활비부담]833, [부부간의 가사대리권]827, [가사로 인한 채무의 연대책임]832, [악의의 유기와 이혼]840, [친족의 부양의무]974－979, ②[주소·거소]18－21

第826條의2【成年擬制】 未成年者가 婚姻을 한 때에는 成年者로 본다.(1977.12.31 본조신설)

참조 [혼인의 효력의 준거법]국제사법, [미성년자의 혼인]807·808, [성년]4, [성년의 효과]5·866·909·928·937·948

第827條【夫婦間의 家事代理權】 ① 夫婦는 日常의 家事에 관하여 서로 代理權이 있다.
② 前項의 代理權에 加한 制限은 善意의 第三者에게 對抗하지 못한다.

참조 [부부간의 의무]826, [대리]114이하, [생활비용부담]833, [가사로 인한 채무의 연대책임]832

판례 부부의 일방이 의식불명의 상태에 있는 경우 배우자의 대리권 : 부부의 경우에도 일상의 가사가 아닌 법률행위를 배우자를 대리하여 행함에 있어서는 별도로 대리권을 수여하는 수권행위가 필요한 것이지, 부부의 일방이 의식불명의 상태에 있어 사회통념상 대리관계를 인정할 필요가 있다는 사정만으로 그 배우자가 당연히 채무의 부담행위를 포함한 모든 법률행위에 관하여 대리권을 갖는다고 볼 것은 아니다.(대판 2000.12.8, 99다37856)

판례 '일상가사에 관한 법률행위'의 범위 및 그 판단 기준 : [1] 민법 832조에서 말하는 일상의 가사에 관한 법률행위라 함은 부부가 공동생활을 영위하는데 통상 필요한 법률행위를 말하므로 문제가 된 구체적인 법률행위가 당해 부부의 일상의 가사에 관한 것인지를 판단함에 있어서는 그 법률행위의 종류·성질 등 객관적 사정과 함께 가사처리자의 주관적 의사와 목적, 부부의 사회적 지위·직업·재산·수입능력 등 현실적 생활상태를 종합적으로 고려하여 사회통념에 따라 판단하여야 한다.
[2] 금전차용행위도 금액, 차용 목적, 실제의 지출용도, 기타의 사정 등을 고려하여 그것이 부부의 공동생활에 필요한 자금조달을 목적으로 하는 것이라면 일상가사에 속한다고 볼 수 있다.

[3] 부인이 남편 명의로 분양받은 45평형 아파트의 분양금을 납입하기 위한 명목으로 금전을 차용하여 분양금을 납입하였고, 그 아파트가 남편의 유일한 부동산으로서 가족들이 거주하고 있는 경우, 그 금전차용행위는 일상가사에 해당한다.
(대판 1999.3.9, 98다46877)

第828條 (2012.2.10 삭제)

改前 "第828條【夫婦間의 契約의 取消】 夫婦間의 契約은 婚姻중 언제든지 夫婦의 一方이 이를 取消할 수 있다. 그러나 第三者의 權利를 害하지 못한다."

第2款 財産上 效力

第829條【夫婦財産의 約定과 그 變更】 ① 夫婦가 婚姻成立前에 그 財産에 관하여 따로 約定을 하지 아니한 때에는 그 財産關係는 本款중 다음 各條에 정하는 바에 의한다.
② 夫婦가 婚姻成立전에 그 財産에 관하여 約定한 때에는 婚姻중 이를 變更하지 못한다. 그러나 正當한 事由가 있는 때에는 法院에 許可를 얻어 變更할 수 있다.
③ 前項의 約定에 의하여 夫婦의 一方이 다른 一方의 財産을 管理하는 경우에 不適當한 管理로 인하여 그 財産을 危殆하게 한 때에는 다른 一方은 自己가 管理할 것을 法院에 請求할 수 있고 그 財産이 夫婦의 共有인 때에는 그 分割을 請求할 수 있다.
④ 夫婦가 그 財産에 관하여 따로 約定을 한 때에는 婚姻成立까지에 그 登記를 하지 아니하면 이로써 夫婦의 承繼人 또는 第三者에게 對抗하지 못한다.
⑤ 第2項, 第3項의 規定이나 約定에 의하여 管理者를 變更하거나 共有財産을 分割하였을 때에는 그 登記를 하지 아니하면 이로써 夫婦의 承繼人 또는 第三者에게 對抗하지 못한다.

參照 ①[부부재산제의 준거법]국제사법, [혼인의 성립]812·814, 가족관계등록32·33·71－73·104, ②[법원의 허가]가소2①(2)가, ③[공유와 분할]268－270, 가소2①, ④[등기]비송68·70·71, [법정재산]830－833, ⑤[관리자변경 또는 공유재산분할의 등기]비송68

第830條【特有財産과 歸屬不明財産】 ① 夫婦의 一方이 婚姻전부터 가진 固有財産과 婚姻중 自己의 名義로 取得한 財産은 그 特有財産으로 한다.
② 夫婦의 누구에게 속한 것인지 分明하지 아니한 財産은 夫婦의 共有로 推定한다.(1977.12.31 본항개정)

參照 829·831－833, [공유]262이하, [공유재산의 분할]829③

判例 [1] 부부의 일방이 혼인 중 단독 명의로 취득한 부동산은 그 명의자의 특유재산으로 추정되므로 당해 부동산의 취득자금의 출처가 명의자가 아닌 다른 일방 배우자인 사실이 밝혀졌다면 일단 그 명의자가 배우자로부터 취득자금을 증여받은 것으로 추정할 수 있고, 이 경우 당해 부동산이 명의자의 특유재산이 아니고 다른 일방 배우자로부터 명의신탁된 것이기 때문에 그 취득자금을 증여받은 것으로 볼 수 없다는 점에 대하여는 납세자가 이를 주장·입증하여야 한다.
[2] 부부의 일방이 혼인 중 단독 명의로 취득한 부동산에 관하여 '특유재산의 추정'을 번복하여 다른 일방 배우자의 명의신탁 재산으로 인정하기 위한 요건 : 다른 일방 배우자가 실제로 당해 부동산의 대가를 부담하여 그 부동산을 자신이 실질적으로 소유하기 위해 취득하였음을 증명하여야 하므로, 관련 증거들을 통하여 나타난 모든 사정을 종합하여 다른 일방 배우자가 당해 부동산을 실질적으로 소유하기 위하여 그 대가를 부담하였는지 여부를 개별적·구체적으로 가려 명의신탁 여부를 판단하여야 한다.
(대판 2008.9.25, 2006두8068)

判例 부부의 일방이 혼인중 단독 명의로 취득한 부동산을 다른 일방의 명의신탁 재산으로 인정하기 위한 요건 : 부부의 일방이 혼인중 단독 명의로 취득한 부동산은 그 명의자의 특유재산으로 추정되므로, 다른 일방이 명의신탁한 것이라고 인정받기 위하여는 자신이 실질적으로 당해 재산의 대가를 부담하여 취득하였음을 증명하여야 하고, 단지 그 부동산을 취득함에 있어서 자신의 협력이 있었다거나 혼인생활에 있어서 내조의 공이 있었다는 것만으로는 위 추정이 번복되지 아니한다.(대판 1998.6.12, 97누7707)

判例 부부의 일방이 혼인 중 자기 명의로 취득한 재산에 관한 특유재산 추정이 번복되는 경우 및 그 소유관계 : 부부의 일방이 혼인 중에 자기 명의로 취득한 재산은 그 명의자의 특유재산으로 추정되지만, 실질적으로 다른 일방 또는 쌍방이 그 재산의 대가를 부담하여 취득한 것이 증명된 때에는 특유재산의 추정은 번복되어 다른 일방의 소유이거나 쌍방의 공유라고 보아야 한다.(대판 1995.10.12, 95다25695)

第831條【特有財産의 管理 등】 夫婦는 그 特有財産을 各自 管理, 使用, 收益한다.

參照 830①

第832條【家事로 인한 債務의 連帶責任】 夫婦의 一方이 日常의 家事에 관하여 第三者와 法律行爲를 한 때에는 다른 一方은 이로 인한 債務에 대하여 連帶責任이 있다. 그러나 이미 第三者에 대하여 다른 一方의 責任없음을 明示한 때에는 그러하지 아니하다.

參照 833, [부부간의 가사대리권]827, [연대채무]413이하

判例 '일상의 가사에 관한 법률행위'의 판단 기준 : 구체적인 법률행위가 일상의 가사에 관한 법률행위인지 여부를 판단함에 있어서는 그 법률행위를 한 부부공동체의 내부 사정이나 그 행위의 개별적인 목적만을 중시할 것이 아니라 그 법률행위의 객관적인 종류나 성질 등도 충분히 고려하여 판단하여야 한다.(대판 2000.4.25, 2000다8267)

判例 '일상의 가사에 관한 법률행위'의 의미 : 민법 832조에서 말하는 일상의 가사에 관한 법률행위라 함은 부부의 공동생활에서 필요로 하는 통상의 사무에 관한 법률행위를 말하는 것으로 그 구체적인 범위는 부부공동체의 사회적 지위·재산·수입 능력 등 현실적 생활 상태뿐만 아니라 그 부부의 생활장소인 지역사회의 관습 등에 의하여 정해야 한다.(대판 1997.11.28, 97다31229)

第833條【生活費用】 夫婦의 共同生活에 필요한 費用은 當事者間에 특별한 約定이 없으면 夫婦가 共同으로 負擔한다.(1990.1.13 본조개정)

參照 830－832, [부부간의 의무]826①, [부부간의 가사대리]827

第5節 離 婚

第1款 協議上 離婚

第834條【協議上 離婚】 夫婦는 協議에 의하여 離婚할 수 있다.

參照 [이혼의 준거법]국제사법, [협의이혼의 성립과 신고]836, 가족관계등록74, [협의이혼에 대한 동의]835, [재판상 이혼]840이하, [이혼과 자의 양육책임]837, [이혼과 친권자]909④, [이혼의 무효]가소2①·23·24, [협의이혼의 취소와 그 소송 및 심판]838·839, 가소2①·23·24, [이혼의 효과]837, [이혼과 인척관계의 소멸]775, [이혼과 혼인장애의 존속]809②·815

第835條【성년후견과 협의상 이혼】 피성년후견인의 협의상 이혼에 관하여는 제808조제2항을 준용한다.
(2011.3.7 본조개정)

改前 "第835條【禁治産者의 協議上 離婚】 第808條第2項 및 第3項의 規定은 禁治産者의 協議上 離婚에 이를 準用한다.(1990.1.13 본조개정)"

第836條【離婚의 成立과 申告方式】 ① 協議上 離婚은 家庭法院의 確認을 받아 「가족관계의 등록 등에 관한 법률」의 정한 바에 의하여 申告함으로써 그 效力이 생긴다.(2007.5.17 본항개정)
② 前項의 申告는 當事者 雙方과 成年者인 證人 2人의 連署한 書面으로 하여야 한다.

改前 ① …家庭法院의 確認을 받아 "戶籍法"의 정한 바에 의하여 申告함으로써…

參照 [협의이혼]834·835, [신고사항 및 동의를 요하는 신고]가족관계등록32·74, [당사자가 미성년자 또는 피성년후견인일 경우의 신고의 무자]가족관계등록26·27, ②[간주규정]가족관계등록76

判例 협의이혼의사의 철회 : 부부가 이혼하기로 협의하고 가정법원의 협의이혼의사 확인을 받았다고 하더라도 호적법에 정한 바에 의하여 신고함으로써 협의이혼의 효력이 생기기 전에는 부부의 일방이 언제든지 협의이혼의사를 철회할 수 있어서, 설사 호적공무원이 착오로 협의이혼의사 철회신고서가 제출된 사실을 간과한 나머지 그 후에 제출된 협의이혼신고서를 수리하였다고 하더라도 협의상 이혼의 효력이 생길 수 없다.(대판 1994.2.8, 93도2869)

第836條의2【이혼의 절차】 ① 협의상 이혼을 하려는 자는 가정법원이 제공하는 이혼에 관한 안내를 받아야 하고, 가정법원은 필요한 경우 당사자에게 상담에 관하여 전문적인 지식과 경험을 갖춘 전문상담인의 상담을 받을 것을 권고할 수 있다.
② 가정법원에 이혼의사의 확인을 신청한 당사자는 제1항의 안내를 받은 날부터 다음 각 호의 기간이 지난 후에 이혼의사의 확인을 받을 수 있다.

1. 양육하여야 할 자(포태 중인 자를 포함한다. 이하 이 조에서 같다)가 있는 경우에는 3개월
2. 제1호에 해당하지 아니하는 경우에는 1개월
③ 가정법원은 폭력으로 인하여 당사자 일방에게 참을 수 없는 고통이 예상되는 등 이혼을 하여야 할 급박한 사정이 있는 경우에는 제2항의 기간을 단축 또는 면제할 수 있다.
④ 양육하여야 할 자가 있는 경우 당사자는 제837조에 따른 자(子)의 양육과 제909조제4항에 따른 자(子)의 친권자결정에 관한 협의서 또는 제837조 및 제909조제4항에 따른 가정법원의 심판정본을 제출하여야 한다.
⑤ 가정법원은 당사자가 협의한 양육비부담에 관한 내용을 확인하는 양육비부담조서를 작성하여야 한다. 이 경우 양육비부담조서의 효력에 대하여는 「가사소송법」 제41조를 준용한다.(2009.5.8 본항신설)
(2007.12.21 본조신설)

第837條【離婚과 子의 養育責任】 ① 當事者는 그 子의 養育에 관한 事項을 協議에 의하여 정한다.
② 제1항의 협의는 다음의 사항을 포함하여야 한다.
1. 양육자의 결정
2. 양육비용의 부담
3. 면접교섭권의 행사 여부 및 그 방법
(2007.12.21 본항개정)
③ 제1항에 따른 협의가 자(子)의 복리에 반하는 경우에는 가정법원은 보정을 명하거나 직권으로 그 자(子)의 의사(意思)·나이와 부모의 재산상황, 그 밖의 사정을 참작하여 양육에 필요한 사항을 정한다.(2022.12.27 본항개정)
④ 양육에 관한 사항의 협의가 이루어지지 아니하거나 협의할 수 없는 때에는 가정법원은 직권으로 또는 당사자의 청구에 따라 이에 관하여 결정한다. 이 경우 가정법원은 제3항의 사정을 참작하여야 한다.(2007.12.21 본항신설)
⑤ 가정법원은 자(子)의 복리를 위하여 필요하다고 인정하는 경우에는 부·모·자(子) 및 검사의 청구 또는 직권으로 자(子)의 양육에 관한 사항을 변경하거나 다른 적당한 처분을 할 수 있다.(2007.12.21 본항신설)
⑥ 제3항부터 제5항까지의 규정은 양육에 관한 사항 외에는 부모의 권리의무에 변경을 가져오지 아니한다.
(2007.12.21 본항신설)
(1990.1.13 본조개정)

改前 ③ 제1항에 따른 협의가 자(子)의 복리에 반하는 경우에는 가정법원은 보정을 명하거나 직권으로 그 자(子)의 "의사(意思)·연령과" 부모의 재산상황, 그 밖의 사정을 참작하여 양육에 필요한 사항을 정한다.(2007.12.21 본항개정)

참조 [이혼]834·840, [친권자의 결정]909④, [양육비용의 계산]923②, [자의 보호교양]913-914·974, [보호교양의 범위외의 부모의 권리의무]801·808·835·870·911·916·923, [법원의 처분]가소2①(2)나, [재판상 이혼의 경우에의 준용]843

판례 외국인이 대한민국 국민과 혼인을 한 후 입국하여 체류자격을 취득하고 거주하다가 한국어를 습득하기 충분하지 않은 기간에 이혼에 이르게 된 경우, 한국어 소통능력이 부족한 외국인보다는 대한민국 국민인 상대방이 미성년 자녀의 양육에 더 적합하다는 추상적이고 막연한 판단으로 해당 외국인 배우자가 미성년 자녀의 양육자로 지정되기에 부적합하다고 평가하는 것은 옳지 않다.
(대판 2021.9.30, 2021므12320)

판례 양육자가 상대방에 대하여 자녀 양육비의 지급을 구할 권리는 당초에는 기본적으로 친족관계를 바탕으로 하여 인정되는 하나의 추상적인 법적 지위이었던 것이 당사자 사이의 협의 또는 당해 양육비의 내용 등을 재량적·형성적으로 정하는 가정법원의 심판에 의하여 구체적인 청구권으로 전환됨으로써 비로소 보다 뚜렷하게 독립한 재산적 권리로서의 성질을 가지게 된다. 이와 같이 당사자의 협의 또는 가정법원의 심판에 의하여 구체적인 지급청구권으로서 성립하기 전에는 과거의 양육비에 관한 권리는 양육자가 그 권리를 행사할 수 있는 재산권에 해당한다고 할 수 없고, 따라서 이에 대하여는 소멸시효가 진행할 여지가 없다고 보아야 한다.(대결 2011.7.29, 2008스67)

판례 자의 양육을 포함한 친권은 부모의 권리이자 의무로서 미성년인 자의 복지에 직접적인 영향을 미치므로 부모가 이혼하는 경우에 부모 중 누구를 미성년인 자의 친권을 행사할 자 및 양육자로 지정할 것인가를 정함에 있어서는, 미성년인 자의 성별과 연령, 그에 대한 부모의 애정과 양육의사의 유무는 물론, 양육에 필요한 경제적 능력의 유무, 부 또는 모와 미성년인 자 사이의 친밀도, 미성년인 자의 의사 등의 모든 요소를 종합적으로 고려하여 미성년인 자의 성장과 복지에 가장 도움이 되고 적합한 방향으로 판단하여야 한다.
(대판 2010.5.13, 2009므1458,1465)

판례 민법 837조 2항의 규정에 의하여 가정법원이 일단 결정한 양육에 필요한 사항을 그 후 변경하는 것은 당초의 결정 후에 특별한 사정변경이 있는 경우뿐만 아니라, 당초의 결정이 위 법률규정 소정의 제반 사정에 비추어 부당하게 되었다고 인정될 경우에도 가능한 것이며, 당사자가 조정을 통하여 그 자의 양육에 관한 사항을 정한 후 그 사항의 변경을 청구한 경우에 있어서도 가정법원은 심리를 거쳐서 그 조정조항에서 정한 사항이 부당하다고 인정되는 경우에는 언제든지 그 사항을 변경할 수 있고 조정의 성립 이후에 특별한 사정변경이 있는 때에 한하여 이를 변경할 수 있는 것은 아니다.
(대결 2006.4.17, 2005스18,19)

第837條의2【面接交涉權】 ① 자(子)를 직접 양육하지 아니하는 부모의 일방과 자(子)는 상호 면접교섭할 수 있는 권리를 가진다.(2007.12.21 본항개정)
② 자(子)를 직접 양육하지 아니하는 부모 일방의 직계존속은 그 부모 일방이 사망하였거나 질병, 외국거주, 그 밖에 불가피한 사정으로 자(子)를 면접교섭할 수 없는 경우 가정법원에 자(子)와의 면접교섭을 청구할 수 있다. 이 경우 가정법원은 자(子)의 의사(意思), 면접교섭을 청구한 사람과 자(子)의 관계, 청구의 동기, 그 밖의 사정을 참작하여야 한다.(2016.12.2 본항신설)
③ 家庭法院은 子의 福利를 위하여 필요한 때에는 當事者의 청구 또는 직권에 의하여 面接交涉을 제한·배제·변경할 수 있다.(2016.12.2 본항개정)

改前 "②" 家庭法院은 子의 福利를 위하여 필요한 때에는 當事者의 청구 또는 직권에 의하여 面接交涉을 "제한하거나 排除할" 수 있다.(2005.3.31 본항개정)

참조 [처분·제한·배제·변경 심판의 당사자]가소규99②

第838條【詐欺, 强迫으로 인한 離婚의 取消請求權】 詐欺 또는 强迫으로 인하여 離婚의 意思表示를 한 者는 그 取消를 家庭法院에 請求할 수 있다.(1990.1.13 본조개정)

참조 [사기·강박으로 인한 의사표시]110, [사기·강박으로 인한 혼인과 취소]816, [취소의 소송 및 심판]가소2①(1)나, [취소청구권의 소멸]823·839

판례 협의이혼의사확인절차는 확인당시에 당사자들이 이혼을 할 의사를 가지고 있는가를 밝히는데 그치는 것이고 그들이 의사결정의 정확한 능력을 가졌는지 또는 어떠한 과정을 거쳐 협의이혼 의사를 결정하였는지 하는 점에 관하여서는 심리하지 않는다.
(대판 1987.1.20, 86므86)

第839條【準用規定】 第823條의 規定은 協議上 離婚에 準用한다.

참조 [사기·강박으로 인한 이혼의 취소청구권]838

第839條의2【財産分割請求權】 ① 協議上 離婚한者의 一方은 다른 一方에 대하여 財産分割을 請求할 수 있다.
② 第1項의 財産分割에 관하여 協議가 되지 아니하거나 協議할 수 없는 때에는 家庭法院은 當事者의 請求에 의하여 當事者 雙方의 協力으로 이룩한 財産의 額數 기타 事情을 참작하여 分割의 額數와 方法을 정한다.
③ 第1項의 財産分割請求權은 離婚한 날부터 2年을 經過한 때에는 消滅한다.
(1990.1.13 본조신설)

판례 이혼소송에서 배우자에게 재산분할로 임대수익 분배 약정에 따른 임대수익금 지급을 주장했지만 배척된 뒤 판결이 확정됐더라도, 이혼소송에서의 재산분할청구는 민사청구가 아니기 때문에 앞선 이혼소송 판결의 기판력이 민사소송에는 미치지 않는다. 따라서 별도의 민사소송을 통해 해당 임대수익금의 지급을 청구할 수 있다.
(대판 2021.6.24, 2018다243089)

판례 민법 제839조의2에 따른 재산분할 청구사건은 마류 가사비송사건으로서 즉시항고의 대상에 해당하기는 하지만, 재산분할은 부부가 혼인 중에 취득한 실질적인 공동재산을 청산 분배하는 것을 주된 목적으로 하고, 법원이 당사자 쌍방의 협력으로 이룩한 재산의 액수 기타 사정을 참작하여 분할의 액수와 방법을 정하는 것이므로, 재산분

할로 금전의 지급을 명하는 경우에도 판결 또는 심판이 확정되기 전에는 금전지급의무의 이행기가 도래하지 아니할 뿐만 아니라 금전채권의 발생조차 확정되지 아니한 상태에 있다고 할 것이어서, 재산분할의 방법으로 금전의 지급을 명한 부분은 가집행선고의 대상이 될 수 없다. 그리고 이는 이혼이 먼저 성립한 후에 재산분할로 금전의 지급을 명하는 경우라고 하더라도 마찬가지이다.
(대판 2014.9.4, 2012므1656)

판례 이혼소송의 사실심 변론종결 당시에 부부 중 일방이 공무원 퇴직연금을 실제로 수령하고 있는 경우에, 위 공무원 퇴직연금에는 사회보장적 급여로서의 성격 외에 임금의 후불적 성격이 불가분적으로 혼재되어 있으므로, 혼인기간 중의 근무에 대하여 상대방 배우자의 협력이 인정되는 이상 공무원 퇴직연금수급권 중 적어도 그 기간에 해당하는 부분은 부부 쌍방의 협력으로 이룩한 재산으로 볼 수 있다. 따라서 재산분할제도의 취지에 비추어 허용될 수 없는 경우가 아니라면, 이미 발생한 공무원 퇴직연금수급권도 부동산 등과 마찬가지로 재산분할의 대상에 포함될 수 있다고 봄이 상당하다. 그리고 구체적으로는 연금수급권자인 배우자가 매월 수령할 퇴직연금액 중 일정 비율에 해당하는 금액을 상대방 배우자에게 정기적으로 지급하는 방식의 재산분할도 가능하다.(대판 2014.7.16, 2012므2888 전원합의체)

판례 근로자퇴직급여보장법, 공무원연금법, 군인연금법, 사립학교교직원연금법이 각 규정하고 있는 퇴직급여는 사회보장적 급여로서의 성격 외에 임금의 후불적 성격과 성실한 근무에 대한 공로보상적 성격도 지닌다. 그리고 이러한 퇴직급여를 수령하기 위하여는 일정기간 근무할 것이 요구되는바, 그와 같이 근무함에 있어 상대방 배우자의 협력이 기여한 것으로 인정된다면 그 퇴직급여 역시 부부 쌍방의 협력으로 이룩한 재산으로서 재산분할의 대상이 될 수 있다. 비록 이혼 당시 부부 일방이 아직 재직 중이어서 실제 퇴직급여를 수령하지 않았더라도 이혼소송의 사실심 변론종결 시에 이미 잠재적으로 존재하여 경제적 가치의 현실적 평가가 가능한 재산인 퇴직급여채권은 재산분할의 대상에 포함시킬 수 있으며, 구체적으로는 이혼소송의 사실심 변론종결 시를 기준으로 그 시점에서 퇴직할 경우 수령할 수 있을 것으로 예상되는 퇴직급여 상당액의 채권이 그 대상이 된다.
(대판 2014.7.16, 2013므2250 전원합의체)

판례 이혼 당사자 각자가 보유한 적극재산에서 소극재산을 공제하는 등으로 재산상태를 따져 본 결과 재산분할 청구의 상대방이 그에게 귀속되어야 할 몫보다 더 많은 적극재산을 보유하고 있거나 소극재산의 부담이 더 적은 경우에는 적극재산을 분배하거나 소극재산을 분담하도록 하는 재산분할은 어느 것이나 가능하다고 보아야 하고, 후자의 경우라고 하여 당연히 재산분할 청구가 배척되어야 한다고 할 것은 아니다. 그러므로 소극재산의 총액이 적극재산의 총액을 초과하여 재산분할을 한 결과가 결국 채무의 분담을 정하는 것이 되는 경우에도 법원은 그 채무의 성질, 채권자와의 관계, 물적 담보의 존부 등 일체의 사정을 참작하여 이를 분담하게 하는 것이 적합하다고 인정되면 그 구체적인 분담의 방법 등을 정하여 재산분할 청구를 받아들일 수 있다 할 것이다. 그것이 부부가 혼인 중 형성한 재산관계를 이혼에 즈음하여 청산하는 것을 본질로 하는 재산분할 제도의 취지에 맞고, 당사자 사이의 실질적 공평에도 부합한다.
(대판 2013.6.20, 2010므4071,4088 전원합의체)

판례 부부의 일방이 실질적으로 혼자서 지배하고 있는 주식회사(이른바 '1인 회사')라고 하더라도 그 회사 소유의 재산을 바로 그 개인의 재산으로 평가하여 재산분할의 대상에 포함시킬 수는 없다. 주식회사와 같은 기업의 재산은 다양한 자산 및 부채 등으로 구성되는 것으로서, 그 회사의 재산에 대하여는 일반적으로 이를 종합적으로 평가한 후에야 1인 주주에 개인적으로 귀속되고 있는 재산가치를 산정할 수 있을 것이다. 따라서 그의 이혼에 있어서 재산분할에 의한 청산을 함에 있어서는 특별한 사정이 없는 한 회사의 개별적인 적극재산의 가치가 그대로 1인 주주의 적극재산으로서 재산분할의 대상이 된다고 할 수 없다.(대판 2011.3.10, 2010므4699,4705,4712)

판례 재산분할제도는 혼인 중에 취득한 실질적인 공동재산을 청산분배하는 것을 주된 목적으로 하는 것이므로, 부부가 이혼을 할 때 쌍방의 협력으로 이룩한 재산이 있는 한, 법원으로서는 당사자의 청구에 의하여 그 재산의 형성에 기여한 정도 등 당사자 쌍방의 일체의 사정을 참작하여 분할의 액수와 방법을 정하여야 하는 것이고, 재산분할액 산정의 기초가 되는 재산의 가액은 객관성과 합리성이 있는 자료에 의하여 평가하여야 한다.(대결 2009.6.9, 2008스111)

판례 **혼인중 부부의 협의이혼을 전제로 한 재산분할약정의 성질과 효력** : 이혼하지 않은 당사자가 장차 협의상 이혼할 것을 약정하면서 이를 전제로 하여 위 재산분할에 관한 협의를 하는 경우에 있어서는, 특별한 사정이 없는 한, 장차 당사자 사이에 협의상 이혼이 이루어질 것을 조건으로 하여 조건부 의사표시가 행하여지는 것이므로, 그 협의 후 당사자가 약정한 대로 협의상 이혼이 이루어진 경우에 한하여 그 협의의 효력이 발생하는 것이지, 어떠한 원인으로든지 협의상 이혼이 이루어지지 아니하고 혼인관계가 존속하게 되거나 당사자 일방이 제기한 이혼청구의 소에 의하여 재판상이혼(화해 또는 조정에 의한 이혼을 포함한다)이 이루어진 경우에는, 위 협의는 조건의 불성취로 인하여 효력이 발생하지 않는다.(대판 2003.8.19, 2001다14061)

판례 이혼에 따른 재산분할과 사해행위 : 채무초과 상태에 있는 채무자가 이혼을 함에 있어 자신의 배우자에게 재산분할로 일정한 재산을 양도함으로써 결과적으로 일반 채권자에 대한 공동담보를 감소시키는 결과로 되어도, 민법 839조의2 2항 규정의 취지에 따른 상당한 정도를 벗어나는 과대한 것이라고 인정할 만한 특별한 사정이 없는 한 사해행위로서 채권자에 의한 취소의 대상으로 되는 것은 아니고, 다만 위와 같은 상당한 정도를 벗어나는 초과부분에 관한 한 적법한 재산분할이라고 할 수 없기 때문에 그 취소의 대상으로 될 수 있는바, 특별한 사정이 있다는 점에 관한 입증책임은 채권자에게 있다.
(대판 2000.7.28, 2000다14101)

第839條의3【재산분할청구권 보전을 위한 사해행위취소권】 ① 부부의 일방이 다른 일방의 재산분할청구권 행사를 해함을 알면서도 재산권을 목적으로 하는 법률행위를 한 때에는 다른 일방은 제406조제1항을 준용하여 그 취소 및 원상회복을 가정법원에 청구할 수 있다.
② 제1항의 소는 제406조제2항의 기간 내에 제기하여야 한다.
(2007.12.21 본조신설)

第2款 裁判上 離婚

第840條【裁判上 離婚原因】 夫婦의 一方은 다음 各號의 事由가 있는 경우에는 家庭法院에 離婚을 請求할 수 있다.(1990.1.13 본문개정)
1. 配偶者에 不貞한 行爲가 있었을 때
2. 配偶者가 惡意로 다른 一方을 遺棄한 때
3. 配偶者 또는 그 直系尊屬으로부터 甚히 不當한 待遇를 받았을 때
4. 自己의 直系尊屬이 配偶者로부터 甚히 不當한 待遇를 받았을 때
5. 配偶者의 生死가 3年 이상 分明하지 아니한 때
6. 기타 婚姻을 繼續하기 어려운 重大한 事由가 있을 때

참조 [이혼관계의 준거법]국제사법, [민법시행에 관한 경과규정]부칙19, [부부동거협조의무]826, [직계존속]768, [생사불명과 실종]27·28, [기간의 계산]157·160, [이혼소송]가소2①·23·24·25, [재판상의 이혼과 신고]가족관계등록78, [이혼소송청구권의 소멸]841·842, [재판상이혼과 손해배상청구권 및 자녀양육책임]806·837·843

판례 민법 제840조 제6호 이혼사유에 관하여 유책배우자의 이혼청구를 허용할 것인지 여부 : 유책배우자의 이혼청구를 허용하지 아니하는 것은 혼인제도가 요구하는 도덕성에 배치되고 신의성실의 원칙에 반하는 결과를 방지하려는 데 있으므로, 혼인제도가 추구하는 이상과 신의성실의 원칙에 비추어 보더라도 책임이 반드시 이혼청구를 배척해야 할 정도로 남아 있지 아니한 경우에는 그러한 배우자의 이혼청구는 혼인과 가족제도를 형해화할 우려가 없고 사회의 도덕관·윤리관에도 반하지 아니하므로 허용될 수 있다. 그리하여 상대방 배우자도 혼인을 계속할 의사가 없어 일방의 의사에 따른 이혼 내지 축출이혼의 염려가 없는 경우는 물론, 나아가 이혼을 청구하는 배우자의 유책성을 상쇄할 정도로 상대방 배우자 및 자녀에 대한 보호와 배려가 이루어진 경우, 세월의 경과에 따라 혼인파탄 당시 현저하였던 유책배우자의 유책성과 상대방 배우자가 받은 정신적 고통이 점차 약화되어 쌍방의 책임의 경중을 엄밀히 따지는 것이 더 이상 무의미할 정도가 된 경우 등과 같이 혼인생활의 파탄에 대한 유책성이 이혼청구를 배척해야 할 정도로 남아 있지 아니한 특별한 사정이 있는 경우에는 예외적으로 유책배우자의 이혼청구를 허용할 수 있다. 유책배우자의 이혼청구를 예외적으로 허용할 수 있는지 판단할 때에는, 유책배우자 책임의 태양·정도, 상대방 배우자의 혼인계속의사 및 유책배우자에 대한 감정, 당사자의 연령, 혼인생활의 기간과 혼인 후의 구체적인 생활관계, 별거기간, 부부간의 별거 후에 형성된 생활관계, 혼인생활의 파탄 후 여러 사정의 변경 여부, 이혼이 인정될 경우의 상대방 배우자의 정신적·사회적·경제적 상태와 생활보장의 정도, 미성년 자녀의 양육·교육·복지의 상황, 그 밖의 혼인관계의 여러 사정을 두루 고려하여야 한다.(대판 2015.9.15, 2013므568 전원합의체)

판례 민법 840조 6호에 정한 이혼사유인 '혼인을 계속하기 어려운 중대한 사유가 있을 때'라 함은 부부간의 애정과 신뢰가 바탕이 되어야 할 혼인의 본질에 상응하는 부부공동생활관계가 회복할 수 없을 정도로 파탄되고 그 혼인생활의 계속을 강제하는 것이 일방 배우자에게 참을 수 없는 고통이 되는 경우를 말하며, 이를 판단함에 있어서는 혼인계속의사의 유무, 파탄의 원인에 관한 당사자의 책임 유무, 혼인생활의 기간, 자녀의 유무, 당사자의 연령, 이혼 후의 생활보장, 기타 혼인관계의 여러 사정을 두루 고려하여야 한다. 그리고 이와 같은 여러 사정을 고려하여 보아 부부의 혼인관계가 돌이킬 수 없을 정도로 파탄되었다고 인정된다면 그 파탄의 원인에 대한 원고의 책임이 피

고의 책임보다 더 무겁다고 인정되지 않는 한 이혼청구는 인용되어야 한다.(대판 2010.7.15, 2010므1140)

판례 혼인을 계속하기 어려운 중대한 사유의 의미(1) : 민법 840조 6호에 정한 이혼사유인 '혼인을 계속하기 어려운 중대한 사유가 있을 때'라 함은 부부간의 애정과 신뢰가 바탕이 되어야 할 혼인의 본질에 상응하는 부부공동생활관계가 회복할 수 없을 정도로 파탄되고 그 혼인생활의 계속을 강제하는 것이 일방 배우자에게 참을 수 없는 고통이 되는 경우를 말한다.(대판 2005.12.23, 2005므1689)

판례 혼인을 계속하기 어려운 중대한 사유의 의미(2) : 부부가 크고 작은 문제로 자주 다투며 서로 폭행하고, 부부간 문제를 감정적 차원에서 대응하여 도리어 갈등을 증폭시키고, 한차례 이혼소송 파동을 겪은 후에도 서로 애정과 신뢰를 쌓을 노력을 등한시 한 채 불화가 계속되어 별거에 이르게 되고, 상대방에 대한 이해부족과 불신을 그대로 유지한 채 부부간의 갈등을 일시적으로 참고 있는 상태라면 혼인을 계속하기 어려운 중대한 사유가 있다고 볼 여지가 있다.
(대판 2004.8.20, 2004므955)

판례 '배우자로부터 심히 부당한 대우를 받았을 때'의 의미 : 민법 840조 3호의 이혼사유인 '배우자로부터 심히 부당한 대우를 받았을 때'라 함은 혼인관계의 지속을 강요하는 것이 참으로 가혹하다고 여겨질 정도의 폭행이나 학대 또는 모욕을 받았을 경우를 말한다.
(대판 2004.2.27, 2003므1890)

판례 유책배우자의 이혼청구 : 유책배우자의 이혼청구에 대하여 상대방이 그 주장사실을 다투면서 오히려 다른 사실을 내세워 반소로 이혼청구를 한다 하더라도 그러한 사정만으로 곧바로 상대방은 혼인을 계속할 의사가 없으면서도 오기나 보복적 감정에서 유책배우자의 이혼청구에 응하지 아니하는 것이라고 단정할 수 없다.
(대판 1998.6.23, 98므15,22)

판례 '혼인을 계속하기 어려운 중대한 사유가 있을 때'에 해당하지 않는다고 본 경우 : 혼인생활 중 부부가 일시 이혼에 합의하고 위자료 명목의 금전을 지급하거나 재산분배를 하였다고 하더라도 그것으로 인하여 부부관계가 돌이킬 수 없을 정도로 파탄되어 부부 쌍방이 이혼의 의사로 사실상 부부관계의 실체를 해소한 채 생활하여 왔다는 등의 특별한 사정이 없다면 그러한 이혼 합의사실의 존재만으로는 이를 민법 840조 6호의 재판상 이혼사유인 혼인을 계속할 수 없는 중대한 사유에 해당한다고 할 수 없다.(대판 1996.4.26, 96므226)

第841條【不貞으로 인한 離婚請求權의 消滅】 前條第1號의 事由는 다른 一方이 事前同意나 事後 容恕를 한 때 또는 이를 안 날로부터 6月, 그 事由있은 날로부터 2年을 經過한 때에는 離婚을 請求하지 못한다.

참조 [기간의 계산]157·160, [이혼소송]가소2①·23-25

판례 민법 841조의 배우자로서의 권리침해를 원인으로 한 위자료 청구사건에 대한 적용 여부 : 민법 841조 소정의 제척기간은 부정행위를 원인으로 한 이혼청구권의 소멸에 관한 규정으로서 이는 부권침해를 원인으로 하여 그 정신상 고통에 대한 위자료를 청구하고 있는 경우에는 적용될 수 없다.(대판 1985.6.25, 83므18)

第842條【기타 原因으로 인한 離婚請求權의 消滅】 第840條第6號의 事由는 다른 一方이 이를 안 날로부터 6月, 그 事由있은 날로부터 2年을 經過하면 離婚을 請求하지 못한다.

참조 [기간의 계산]157·160, [이혼소송]가소2①·23-25

판례 제소기간의 적용 범위 : 민법 840조 6호의 '기타 혼인을 계속하기 어려운 중대한 사유'가 이혼청구 당시까지도 계속 존재하는 경우에는 이혼청구권의 제척기간에 관한 민법 842조가 적용되지 아니한다.
(대판 2001.2.23, 2000므1561)

第843條【준용규정】 재판상 이혼에 따른 손해배상책임에 관하여는 제806조를 준용하고, 재판상 이혼에 따른 자녀의 양육책임 등에 관하여는 제837조를 준용하며, 재판상 이혼에 따른 면접교섭권에 관하여는 제837조의2를 준용하고, 재판상 이혼에 따른 재산분할청구권에 관하여는 제839조의2를 준용하며, 재판상 이혼에 따른 재산분할청구권 보전을 위한 사해행위취소권에 관하여는 제839조의3을 준용한다.(2012.2.10 본조개정)

改前 "第843條【準用規定】 第806條, 第837條, 第837條의2 및 第839條의2의 規定은 裁判上離婚의 경우에 準用한다.(1990.1.13 본조개정)"

판례 재판상 이혼을 전제로 한 재산분할에 있어 분할의 대상과 그 액수 산정의 기준시기 : 재판상 이혼을 전제로 한 재산분할에 있어 분할의 대상이 되는 재산과 그 액수는 이혼소송의 사실심 변론종결일을 기준으로 하여 정하여야 한다. 이혼소송의 사실심 변론종결일 당시 직장에 근무하는 부부 일방의 퇴직과 퇴직금이 확정된 바 없으면 장래의 퇴직금을 분할의 대상이 되는 재산으로 삼을 수 없음이 원칙이지만, 그 뒤에 부부 일방이 퇴직하여 퇴직금을 수령하였고 재산분할청구권의 행사기간이 경과하지 않았으면 수령한 퇴직금 중 혼인한 때로부터 위 기준일까지의 기간 중에 제공한 근로의 대가에 해당하는 퇴직금 부분은 분할의 대상인 재산이 된다.(대결 2000.5.2, 2000스13)

第4章 父母와 子

第1節 親生子

第844條【남편의 친생자의 추정】 ① 아내가 혼인 중에 임신한 자녀는 남편의 자녀로 추정한다.
② 혼인이 성립한 날부터 200일 후에 출생한 자녀는 혼인 중에 임신한 것으로 추정한다.
③ 혼인관계가 종료된 날부터 300일 이내에 출생한 자녀는 혼인 중에 임신한 것으로 추정한다.
(2017.10.31 본조개정)

改前 "第844條【夫의 親生子의 推定】 ① 妻가 婚姻 중에 胞胎한 子는 夫의 子로 推定한다.
② 婚姻成立의 날로부터 200日後 또는 婚姻關係終了의 날로부터 300日내에 出生한 子는 婚姻중에 胞胎한 것으로 推定한다."

참조 [친생자에 관한 준거법]국제사법, [출생신고]가족관계등록44-54, [친생부인]846-853, [법원에 의한 부의 결정]845, 가소2①·26-29, [부모혼인으로 인한 친생자의 신분취득]855②, [친생자의 입적]781, [친생자의 신고]가족관계등록55, [혼인과 부부의 동거 및 부정]826·840, [혼인의 성립]812, [이혼]834·840, [혼인취소]816이하

판례 아내가 무정자증인 남편의 동의를 얻어 제3자의 정자로 인공수정을 하거나 다른 남자와의 관계에서 임신을 하여 남편과 혈연관계가 없는 피고들을 출산하였다. 이후 시일이 지나 남편이 아내와 이혼하고 자녀들을 상대로 친생자관계부존재 확인을 구한 사안에서, 남편과의 합의 하에 아내가 혼인 중 남편이 아닌 제3자의 정자를 제공받아 인공수정으로 자녀를 출산한 경우, 그 자녀는 남편의 자녀로 추정된다고 보는 것이 타당하다. 또한 혼인 중 아내가 다른 남자와의 관계에서 임신하여 출산한 자녀의 경우, 남편은 해당 자녀가 자신의 친자가 아니라는 사실을 예상했으면서도 이 소를 제기할 무렵까지 해당 자녀가 친생자로 출생신고된 사실에 관하여 문제 삼지 않은 채 동거하면서 아버지로서 해당 자녀를 보호·교양해 왔다. 이후 유전자 검사를 통하여 해당 자녀가 남편과 혈연관계가 없다는 점이 밝혀졌더라도 여전히 친생추정이 미친다고 보아야 한다.(대판 2019.10.23, 2016므2510)

판례 민법 제정 이후 사회적·의학적·법률적 사정변경을 전혀 반영하지 아니한 채 아무런 예외 없이 일률적으로 300일의 기준만 강요함으로써 가족 구성원이 겪는 구체적이고 심각한 불이익에 대한 해결책을 마련하지 아니하고 있는 민법 제844조 제2항 중 "혼인관계종료의 날로부터 300일 내에 출생한 자"에 관한 부분은 입법형성의 한계를 벗어난 것으로서 모(母)가 가정생활과 신분관계에서 누려야 할 인격권 및 행복추구권, 개인의 존엄과 양성의 평등에 기초한 혼인과 가족생활에 관한 기본권을 침해하여 헌법에 합치되지 아니한다.
(헌재결 2015.4.30, 2013헌마623)

판례 친생추정이 미치는 범위 : 민법 844조는 부부가 동거하여 처가 부의 자를 포태할 수 있는 상태에서 자를 포태한 경우에 적용되고 부부의 한쪽이 장기간에 걸쳐 해외에 나가 있거나 사실상의 이혼으로 부부가 별거하고 있는 경우 등 동거의 결여로 처가 부의 자를 포태할 수 없는 것이 외관상 명백한 사정이 있는 경우에는 그 추정이 미치지 않는다.(대판 1983.7.12, 82므59 전원합의체)

第845條【法院에 의한 父의 決定】 재혼한 여자가 解産한 경우에 제844조의 規定에 의하여 그 子의 父를 정할 수 없는 때에는 法院이 當事者의 請求에 의하여 이를 정한다.(2005.3.31 본조개정)

改前 第845條【法院에 의한 父의 決定】 "第811條의 規定에 違反하여 再婚한 女子"가 解産한 경우에 "前條"의 規定에…

참조 [부를 정하는 사건의 소송]가소2①나·26-29

第846條【子의 親生否認】 부부의 일방은 第844條의 경우에 그 子가 親生子임을 否認하는 訴를 提起할 수 있다.
(2005.3.31 본조개정)

改前 第846條【子의 親生否認】 "夫는" 第844條의 경우에…

참조 [부인권행사]847·848·852·854, 가소2①·26·28, [부인의 소를 제기할 수 있는 자]가소23·28, [부인소송계속중의 부의 사망과 소송의 승계]가소16·28, [본조의 경우의 출생신고]가족관계등록47

第847條【친생부인의 소】 ① 친생부인(親生否認)의 소(訴)는 부(夫) 또는 처(妻)가 다른 일방 또는 자(子)를 상대로 하여 그 사유가 있음을 안 날부터 2년내에 이를 제기하여야 한다.
② 제1항의 경우에 상대방이 될 자가 모두 사망한 때에는 그 사망을 안 날부터 2년내에 검사를 상대로 하여 친생부인의 소를 제기할 수 있다.
(2005.3.31 본조개정)

[改前] "第847條【親生否認의 訴】① 否認의 訴는 子 또는 그 親權者인 母를 相對로 하여 그 出生을 안 날로부터 1年내에 提起하여야 한다.
② 親權者인 母가 없는 때에는 法院은 特別代理人을 選任하여야 한다."
<1997.3.27 憲法裁判所違憲決定으로 本條 第1項중 "그 出生을 안 날로부터 1年內" 부분은 憲法에 합치되지 아니함>

[참조] [친생부인의 소]846, 가소2①·26·28, [친권자인 모]909·924이하, [본조의 경우의 출생신고]가족관계등록47

[판례] 친생추정을 번복하기 위하여 친생자관계부존재확인의 소를 제기할 수 있는지 여부 : 민법 844조 1항의 친생추정은 반증을 허용하지 않는 강한 추정이므로, 처가 혼인 중에 포태한 이상 예외적인 사유가 없는 한 누구라도 그 자가 부의 친생자가 아님을 주장할 수 없어서, 이와 같은 추정을 번복하기 위하여는 부가 민법 846조, 847조에서 규정하는 친생부인의 소를 제기하여 그 확정판결을 받아야 하고, 이러한 친생부인의 소가 아닌 민법 865조의 친생자관계부존재확인의 소에 의하여 그 친생자관계의 부존재확인을 구하는 것은 부적법하다. (대판 2000.8.22, 2000므292)

第848條【성년후견과 친생부인의 소】 ① 남편이나 아내가 피성년후견인인 경우에는 그의 성년후견인이 성년후견감독인의 동의를 받아 친생부인의 소를 제기할 수 있다. 성년후견감독인이 없거나 동의할 수 없을 때에는 가정법원에 그 동의를 갈음하는 허가를 청구할 수 있다.
② 제1항의 경우 성년후견인이 친생부인의 소를 제기하지 아니하는 경우에는 피성년후견인은 성년후견종료의 심판이 있은 날부터 2년 내에 친생부인의 소를 제기할 수 있다.
(2011.3.7 본조개정)

[改前] "第848條【禁治産者의 親生否認의 訴】① 부(夫) 또는 처(妻)가 禁治産者인 때에는 그 後見人은 親族會의 同意를 얻어 친생부인의 소를 提起할 수 있다.
② 제1항의 경우에 後見人이 친생부인의 소를 提起하지 아니한 때에는 禁治産者는 禁治産宣告의 取消있은 날로부터 2년내에 친생부인의 소를 提起할 수 있다.
(2005.3.31 본조개정)"

[참조] 847, [성년후견]9-11·929, [부의 피성년후견과 후견인의 소제기]가소23·28, [후견인이 친족회의 동의를 얻어야 하는 경우]950

第849條【子死亡후의 親生否認】 子가 死亡한 후에도 그 直系卑屬이 있는 때에는 그 母를 相對로, 母가 없으면 檢事를 相對로 하여 否認의 訴를 提起할 수 있다.

[참조] 846·847

第850條【遺言에 의한 親生否認】 부(夫) 또는 처(妻)가 遺言으로 否認의 意思를 表示한 때에는 遺言執行者는 친생부인의 소를 提起하여야 한다.(2005.3.31 본조개정)

[改前] 第850條【遺言에 의한 親生否認】"夫"가 遺言으로…遺言執行者는 "否認의 訴"를 제기하여야 한다.

[참조] 846·847·851, [유언의 집행]1091이하

第851條【부의 자 출생 전 사망 등과 친생부인】 부(夫)가 자(子)의 출생 전에 사망하거나 부(夫) 또는 처(妻)가 제847조제1항의 기간내에 사망한 때에는 부(夫) 또는 처(妻)의 직계존속이나 직계비속에 한하여 그 사망을 안 날부터 2년내에 친생부인의 소를 제기할 수 있다.
(2005.3.31 본조개정)

[改前] "第851條【夫의 子 出生前 死亡과 親生否認】夫가 子의 出生前 또는 第847條第1項의 期間내에 死亡한 때에는 夫의 直系尊屬이나 直系卑屬에 한하여 그 死亡을 안 날로부터 1年내에 否認의 訴를 提起할 수 있다."

[참조] 846·847·850, 가소26·28

第852條【친생부인권의 소멸】 자의 출생 후에 친생자(親生子)임을 승인한 자는 다시 친생부인의 소를 제기하지 못한다.(2005.3.31 본조개정)

[改前] "第852條【親生否認權의 消滅】夫가 그 子의 出生후에 親生子임을 承認한 때에는 다시 否認의 訴를 提起하지 못한다."

[참조] 846

第853條 (2005.3.31 삭제)

[改前] "第853條【訴訟終結후의 親生承認】夫는 否認訴訟의 終結후에도 그 親生子임을 承認할 수 있다."

第854條【詐欺, 强迫으로 인한 承認의 取消】 제852조의 承認이 詐欺 또는 强迫으로 인한 때에는 이를 取消할 수 있다.(2005.3.31 본조개정)

[改前] …取消】"前2條"의 承認이 詐欺 또는…

[참조] 852·853, [사기·강박으로 인한 의사표시]110, [취소]140·146

第854條의2【친생부인의 허가 청구】 ① 어머니 또는 어머니의 전(前) 남편은 제844조제3항의 경우에 가정법원에 친생부인의 허가를 청구할 수 있다. 다만, 혼인 중의 자녀로 출생신고가 된 경우에는 그러하지 아니하다.
② 제1항의 청구가 있는 경우에 가정법원은 혈액채취에 의한 혈액형 검사, 유전인자의 검사 등 과학적 방법에 따른 검사결과 또는 장기간의 별거 등 그 밖의 사정을 고려하여 허가 여부를 정한다.
③ 제1항 및 제2항에 따른 허가를 받은 경우에는 제844조제1항 및 제3항의 추정이 미치지 아니한다.
(2017.10.31 본조신설)

第855條【認知】 ① 婚姻외의 出生子는 그 生父나 生母가 이를 認知할 수 있다. 父母의 婚姻이 無效인 때에는 出生子는 婚姻외의 出生子로 본다.
② 婚姻외의 出生子는 그 父母가 婚姻한 때에는 그때로부터 婚姻중의 出生子로 본다.

[참조] ①국제사법, [친생자]844, [인지]856-864, [인지의 효력]859·860, [인지와 자의 입적]781, 가족관계등록55이하, [혼인외의 출생자의 신고]가족관계등록46②, [혼인외의 출생자의 친권자]909④, [혼인]812, [인지의무효]가소2①가·26·28, [인지의 취소]109·110·861·862

[판례] 인지청구권을 포기하기로 하는 재판상화해의 효력 : 인지청구권은 본인의 일신 전속적인 신분관계상의 권리로서 포기할 수 없고 포기하였다 하더라도 그 효력이 발생할 수 없으므로 비록 인지청구권을 포기하기로 하는 화해가 재판상 이루어지고 그것이 화해조항에 표시되었다 할지라도 동 화해는 그 효력이 없다.(대판 1987.1.20, 85므70)

第855條의2【인지의 허가 청구】 ① 생부(生父)는 제844조제3항의 경우에 가정법원에 인지의 허가를 청구할 수 있다. 다만, 혼인 중의 자녀로 출생신고가 된 경우에는 그러하지 아니하다.
② 제1항의 청구가 있는 경우에 가정법원은 혈액채취에 의한 혈액형 검사, 유전인자의 검사 등 과학적 방법에 따른 검사결과 또는 장기간의 별거 등 그 밖의 사정을 고려하여 허가 여부를 정한다.
③ 제1항 및 제2항에 따라 허가를 받은 생부가 「가족관계의 등록 등에 관한 법률」 제57조제1항에 따른 신고를 하는 경우에는 제844조제1항 및 제3항의 추정이 미치지 아니한다.
(2017.10.31 본조신설)

第856條【피성년후견인의 인지】 아버지가 피성년후견인인 경우에는 성년후견인의 동의를 받아 인지할 수 있다.(2011.3.7 본조개정)

[改前] "第856條【禁治産者의 認知】父가 禁治産者인 때에는 後見人의 同意를 얻어 認知할 수 있다."

[참조] [성년후견]9·929, [인지]855·859-862, [성년후견과 친생부인의 소]848

第857條【死亡子의 認知】 子가 死亡한 후에도 그 直系卑屬이 있는 때에는 이를 認知할 수 있다.

[참조] 855·859-862, 가족관계등록55①(2), [사망한 자의 유언에 의한 인지]가족관계등록59, [인지된 태아의 사산]가족관계등록60

第858條【胞胎중인 子의 認知】 父는 胞胎중에 있는 子에 대하여도 이를 認知할 수 있다.

[참조] 855·859-862, [태아의 인지신고]가족관계등록56, [인지된 태아의 사산]가족관계등록60, [인지된 태아의 지위]762·1000③·1064

第859條【認知의 效力發生】 ① 認知는 「가족관계의 등록 등에 관한 법률」의 정하는 바에 의하여 申告함으로써 그 效力이 생긴다.(2007.5.17 본항개정)
② 認知는 遺言으로도 이를 할 수 있다. 이 경우에는 遺言執行者가 이를 申告하여야 한다.

[改前] ① 認知는 "戶籍法"의 정하는 바에 의하여…

[참조] 855-858, [인지의 신고]가족관계등록57, [유언]1060이하·1073·1093이하·1108, [유언에 의한 인지의 신고]가족관계등록59

第860條【認知의 遡及效】 認知는 그 子의 出生時에 遡及하여 效力이 생긴다. 그러나 第三者의 取得한 權利를 害하지 못한다.

[참조] [인지]855·859, [유언에 의한 인지]859②·1073·1108, [상속개시후의 인지와 유산분할청구]1014

판례 인지의 소급효가 친족상도례 규정에 미치는지 여부 : 형법 344조, 328조 1항의 친족간의 범행에 관한 규정이 적용되기 위한 친족관계는 원칙적으로 범행 당시에 존재하여야 하지만, 부가 혼인 외의 출생자를 인지하는 경우에는 민법 860조에 의하여 그 자의 출생시에 소급하여 인지의 효력이 생기며, 이와 같은 인지의 소급효는 친족상도례에 관한 규정의 적용에도 미친다고 보아야 하므로, 인지가 범행 후에 이루어진 경우라고 하더라도 그 소급효에 따라 형성되는 친족관계를 기초로 하여 친족상도례의 규정이 적용된다.(대판 1997.1.24, 96도1731)

第861條【認知의 取消】 詐欺, 强迫 또는 重大한 錯誤로 인하여 認知를 한 때에는 詐欺나 錯誤를 안 날 또는 强迫을 免한 날로부터 6月내에 가정법원에 그 취소를 청구할 수 있다.(2005.3.31 본조개정)

改前 …6月내에 "法院의 許可를 얻어 이를 取消할 수 있다."

参조 [인지]855·859, [사기·강박으로 인한 의사표시]110, [착오로 인한 의사표시]109, [기간의 계산]157·160, [인지취소의 소]가소2①·26·28

第862條【認知에 대한 異議의 訴】 子 기타 利害關係人은 認知의 申告있음을 안 날로부터 1年내에 認知에 대한 異議의 訴를 提起할 수 있다.

参조 861·864, [인지에 대한 이의]가소2①·26·28, [가족관계등록의 정정]가족관계등록107

第863條【認知請求의 訴】 子와 그 直系卑屬 또는 그 法定代理人은 父 또는 母를 相對로 하여 認知請求의 訴를 提起할 수 있다.

参조 855·864, [직계비속의 인지청구]857, [법정대리인]909·931-936, [인지청구의 소]가소2①·26·28, [인지의 재판과 신고]가족관계등록55·58, [인지와 입적]781

판례 인지소송에서 혈연상 친자관계를 증명하는 방법 : 친자관계를 증명하는 방법 중 혈액형검사나 유전자검사 등 과학적 증명방법의 사실이 모두 진실임이 증명되고 그 추론의 방법이 과학적으로 정당하여 오류의 가능성이 전무하거나 무시할 정도로 극소한 것으로 인정되는 경우라면, 이러한 증명방법이 가장 유력한 간접증명의 방법이 된다.(대판 2002.6.14, 2001므1537)

第864條【父母의 死亡과 認知請求의 訴】 제862조 및 제863조의 경우에 父 또는 母가 死亡한 때에는 그 死亡을 안 날로부터 2년내에 檢事를 相對로 하여 認知에 대한 異議 또는 認知請求의 訴를 提起할 수 있다.
(2005.3.31 본조개정)

改前 第864條【父母의 死亡과 認知請求의 訴】"前2條"의 경우에… 안 날로부터 "1年내"에 檢事를 상대로 하여 인지에…

参조 862·863, [기간의 계산]157·160

판례 민법 864조의 부모의 사망을 안 날로부터 1년내에 인지청구등의 소를 제기할 수 있다는 것은 그 청구인이 자인 경우 그 연령이나 능력 여하를 불문하는 것이 아니고, 자기의 신분행위를 할 수 있는 의사능력이 있는 자가 사망사실을 안 때로부터 1년내에 인지청구등의 소를 제기할 수 있는 뜻으로 해석함이 타당하다.(대판 1977.5.24, 77므7)

第864條의2【인지와 자의 양육책임 등】 제837조 및 제837조의2의 규정은 자가 인지된 경우에 자의 양육책임과 면접교섭권에 관하여 이를 준용한다.(2005.3.31 본조신설)

第865條【다른 事由를 原因으로 하는 親生關係存否確認의 訴】 ① 第845條, 第846條, 第848條, 第850條, 第851條, 第862條와 第863條의 規定에 의하여 訴를 提起할 수 있는 者는 다른 事由를 原因으로 하여 親生子關係存否의 確認의 訴를 提起할 수 있다.

② 제1항의 경우에 當事者 一方이 死亡한 때에는 그 死亡을 안 날로부터 2년내에 檢事를 相對로 하여 訴를 提起할 수 있다.(2005.3.31 본항개정)

改前 ② "前項"의 경우에…안 날로부터 "1年내"에 檢事를…

参조 [친생관계존부확인의 소]가소2①·26·28, [기간의 계산]157·160

판례 친생자관계존부확인의 소에서 당사자 쌍방이 모두 사망한 경우의 출소기간 : 친생자관계존부확인의 소의 경우 민법 777조 소정의 친족은 이해관계인으로서 친생자관계존부의 확인이 필요한 당사자 쌍방을 상대로 친생자관계존부확인의 소를 구할 수 있고, 상대방이 될 당사자 쌍방이 사망한 때에는 검사를 상대로 친생자관계존부확인의 소를 구할 수 있으며, 이 경우 민법 865조 2항을 유추적용하여 그 제소기간을 준수하여야 하므로 결국 민법 865조 2항에서 규정하고 있는 '당사자 일방이 사망한 때에는 그 사망을 안 날로부터 1년 내에'라고 함은 제3자가 친생자관계존부확인의 소를 제기하는 경우는 당사자 일방이 사망하는 경우 남은 생존자를 상대로 친생자관계존부확인의 소를 제기할 수 있고, 그 생존자도 사망하여 상대방 될 자 모두가 사망한 경우는 검사를 상대로 할 수 있다는 가사소송법 24조의 규정에 비추어, 친생자관계존부확인의 대상이 되는 당사자 쌍방이 모두 사망한 경우에는 '당사자 쌍방 모두가 사망한 사실을 안 날로부터 1년 내에'라는 의미라고 하여야 한다.(대판 2004.2.12, 2003므2503)

第2節 양자(養子)
(2012.2.10 본절제목개정)

第1款 입양의 요건과 효력
(2012.2.10 본관제목개정)

改前 "入養의 要件"

第866條【입양을 할 능력】 성년이 된 사람은 입양(入養)을 할 수 있다.(2012.2.10 본조개정)

改前 "第866條【養子를 할 能力】成年에 達한 者는 養子를 할 수 있다."

参조 국제사법, [성년]4·826의2, [입양]878·897, [입양과 신고]가족관계등록61이하, [입양의 무효와 취소]883이하·897, [양자와 국적]국적6-7, [양친될 자격의 특례]국내입양에관한특별법18

第867條【미성년자의 입양에 대한 가정법원의 허가】
① 미성년자를 입양하려는 사람은 가정법원의 허가를 받아야 한다.
② 가정법원은 양자가 될 미성년자의 복리를 위하여 그 양육 상황, 입양의 동기, 양부모(養父母)의 양육능력, 그 밖의 사정을 고려하여 제1항에 따른 입양의 허가를 하지 아니할 수 있다.
(2012.2.10 본조신설)

판례 미성년자에게 친생부모가 있는데도 그들이 자녀를 양육하지 않아 조부모가 손자녀에 대한 입양허가를 청구하는 경우 입양의 요건을 갖추고 입양이 자녀의 복리에 더 부합한다면 입양을 허가할 수 있다. 가정법원이 미성년자의 입양을 허가할 것인지 판단할 때에는 '입양될 자녀의 복리에 적합한지'를 최우선적으로 고려해야 하며, 조부모의 입양이 자녀에게 도움이 되는 사항과 우려되는 사항을 비교해 개별적·구체적인 사안에서 입양이 자녀의 복리에 적합한지를 판단해야 한다.(대결 2021.12.23, 2018스5)

第868條 (1990.1.13 삭제)

第869條【입양의 의사표시】 ① 양자가 될 사람이 13세 이상의 미성년자인 경우에는 법정대리인의 동의를 받아 입양을 승낙한다.
② 양자가 될 사람이 13세 미만인 경우에는 법정대리인이 그를 갈음하여 입양을 승낙한다.
③ 가정법원은 다음 각 호의 어느 하나에 해당하는 경우에는 제1항에 따른 동의 또는 제2항에 따른 승낙이 없더라도 제867조제1항에 따른 입양의 허가를 할 수 있다.
1. 법정대리인이 정당한 이유 없이 동의 또는 승낙을 거부하는 경우. 다만, 법정대리인이 친권자인 경우에는 제870조제2항의 사유가 있어야 한다.
2. 법정대리인의 소재를 알 수 없는 등의 사유로 동의 또는 승낙을 받을 수 없는 경우
④ 제3항제1호의 경우 가정법원은 법정대리인을 심문하여야 한다.
⑤ 제1항에 따른 동의 또는 제2항에 따른 승낙은 제867조제1항에 따른 입양의 허가가 있기 전까지 철회할 수 있다.
(2012.2.10 본조개정)

改前 "第869條【15歲未滿者의 入養承諾】養子가 될 者가 15歲미만인 때에는 法定代理人이 그에 갈음하여 入養의 승낙을 한다. 다만, 후견인이 입양을 승낙하는 경우에는 가정법원의 허가를 받아야 한다.(2005.3.31 단서신설)"

参조 [연령계산]158·160·부칙27, [입양의 동의]870·871·884·891, [본조위반과 무효]883, [본조위반과 입양신고의 불수리]881

판례 법정대리인의 승낙의 추정 여부 : 대낙권자가 존재하지 않거나 대낙권자를 알 수 없다고 하여 대낙권자인 법정대리인의 승낙이 있었다고 추정할 수는 없다.(대판 2004.11.26, 2004다40290)

第870條【미성년자 입양에 대한 부모의 동의】 ① 양자가 될 미성년자는 부모의 동의를 받아야 한다. 다만, 다

음 각 호의 어느 하나에 해당하는 경우에는 그러하지 아니하다.
1. 부모가 제869조제1항에 따른 동의를 하거나 같은 조 제2항에 따른 승낙을 한 경우
2. 부모가 친권상실의 선고를 받은 경우
3. 부모의 소재를 알 수 없는 등의 사유로 동의를 받을 수 없는 경우
② 가정법원은 다음 각 호의 어느 하나에 해당하는 사유가 있는 경우에는 부모가 동의를 거부하더라도 제867조제1항에 따른 입양의 허가를 할 수 있다. 이 경우 가정법원은 부모를 심문하여야 한다.
1. 부모가 3년 이상 자녀에 대한 부양의무를 이행하지 아니한 경우
2. 부모가 자녀를 학대 또는 유기(遺棄)하거나 그 밖에 자녀의 복리를 현저히 해친 경우
③ 제1항에 따른 동의는 제867조제1항에 따른 입양의 허가가 있기 전까지 철회할 수 있다.
(2012.2.10 본조개정)
改前 "第870條【入養의 同意】① 養子가 될 者는 父母의 同意를 얻어야 하며 父母가 死亡 기타 事由로 인하여 同意를 할 수 없는 경우에 다른 直系尊屬이 있으면 그 同意를 얻어야 한다.
② 第1項의 경우에 直系尊屬이 數人인 때에는 最近尊屬을 先順位로 하고, 同順位者가 數人인 때에는 年長者를 先順位로 한다.(1990.1.13 본항개정)"
참조 871, [입양의 의사표시]869, [입양신고 및 효력발생]878 · 881 · 882, [본조위반의 취소]884 · 886 · 894 · 897, [특례]국내입양에관한특별법16
第871條【성년자 입양에 대한 부모의 동의】 ① 양자가 될 사람이 성년인 경우에는 부모의 동의를 받아야 한다. 다만, 부모의 소재를 알 수 없는 등의 사유로 동의를 받을 수 없는 경우에는 그러하지 아니하다.
② 가정법원은 부모가 정당한 이유 없이 동의를 거부하는 경우에 양부모가 될 사람이나 양자가 될 사람의 청구에 따라 부모의 동의를 갈음하는 심판을 할 수 있다. 이 경우 가정법원은 부모를 심문하여야 한다.
(2012.2.10 본조개정)
改前 "第871條【未成年者入養의 同意】養子가 될 者가 成年에 達하지 못한 경우에 父母 또는 다른 直系尊屬이 없으면 後見人의 同意를 얻어야 한다. 그러나 後見人이 同意를 함에 있어서는 家庭法院의 許可를 얻어야 한다.(1990.1.13 단서신설)"
참조 881, [입양의 동의]870, [후견인]4 · 928 · 932, [본조위반의 취소]884 · 886 · 891 · 897, [미성년자의 파양]904 · 906 · 908
第872條 (2012.2.10 삭제)
改前 "第872條【後見人과 被後見人間의 入養】後見人이 被後見人을 養子로 하는 경우에는 家庭法院의 許可를 얻어야 한다.(1990.1.13 본조개정)"
第873條【피성년후견인의 입양】 ① 피성년후견인은 성년후견인의 동의를 받아 입양을 할 수 있고 양자가 될 수 있다.
② 피성년후견인이 입양을 하거나 양자가 되는 경우에는 제867조를 준용한다.
③ 가정법원은 성년후견인이 정당한 이유 없이 제1항에 따른 동의를 거부하거나 피성년후견인의 부모가 정당한 이유 없이 제871조제1항에 따른 동의를 거부하는 경우에 그 동의가 없어도 입양을 허가할 수 있다. 이 경우 가정법원은 성년후견인 또는 부모를 심문하여야 한다.
(2012.2.10 본조개정)
改前 "第873條【禁治産者의 入養】禁治産者는 後見人의 同意를 얻어 養子를 할 수 있고 養子가 될 수 있다."
참조 [양자를 할 능력]866, [후견인]929, [본조위반의 신고의 불수리]881, [본조위반의 취소]884 · 887 · 893 · 897, [피성년후견인의 파양]902 · 904 · 906 · 908
第874條【부부의 공동 입양 등】 ① 배우자가 있는 사람은 배우자와 공동으로 입양하여야 한다.
② 배우자가 있는 사람은 그 배우자의 동의를 받아야만 양자가 될 수 있다.
(2012.2.10 본조개정)
改前 "第874條【夫婦의 共同入養】① 配偶者 있는 者가 養子를 할 때에는 配偶者와 共同으로 하여야 한다.
② 配偶者 있는 者가 養子가 될 때에는 다른 一方의 同意를 얻어야 한다.
(1990.1.13 본조개정)"
참조 [본조위반과 신고의 불수리]881, [본조위반과 취소]884 · 888 · 894 · 897
第875條~第876條 (1990.1.13 삭제)
第877條【입양의 금지】 존속이나 연장자를 입양할 수 없다.(2012.2.10 본조개정)
改前 "第877條【養子의 禁止】① 尊屬 또는 年長者는 이를 養子로 하지 못한다.
② (1990.1.13 삭제)"
참조 [본조위반의 신고의 불수리]881, ①[본항위반과 무효]883
第878條【입양의 성립】 입양은 「가족관계의 등록 등에 관한 법률」에서 정한 바에 따라 신고함으로써 그 효력이 생긴다.(2012.2.10 본조개정)
改前 "第878條【入養의 效力發生】① 入養은 「가족관계의 등록 등에 관한 법률」에 정한 바에 의하여 申告함으로써 그 效力이 생긴다.(2007.5.17 본항개정)
② 前項의 申告는 當事者 雙方과 成年者인 證人 2人의 連署한 書面으로 하여야 한다."
참조 881, [신고]가족관계등록61이하, [외국에서의 신고]882, 가족관계등록34이하, [증인의 연서]가족관계등록28, [입양의 효과]772 · 781, [본조제2항의 준용]904, [특례]국내입양에관한특별법26 · 28
판례 당사자가 입양의 의사로 친생자 출생신고를 한 경우 : 당사자가 입양의 의사로 친생자 출생신고를 하거나 또는 양친이 될 자를 부 또는 모로 정정하는 호적정정신고를 하고 거기에 입양의 실질적 요건이 구비되어 있다면 그 형식에 다소 잘못이 있더라도 입양의 효력이 발생한다. 여기서 입양의 실질적 요건이 구비되어 있다고 하기 위하여는 입양의 합의가 있을 것, 15세 미만자는 법정대리인의 대낙이 있을 것, 양자는 양부모의 존속 또는 연장자가 아닐 것 등 민법 883조 각 호 소정의 입양의 무효사유가 없어야 함은 물론 감호 · 양육 등 양친자로서의 신분적 생활사실이 반드시 수반되어야 하는 것으로서, 위와 같은 요건을 갖추지 못한 경우에는 입양신고로서의 효력이 생기지 아니한다.(대판 2007.12.13, 2007므1676)
第879條~第880條 (1990.1.13 삭제)
第881條【입양 신고의 심사】 제866조, 제867조, 제869조부터 제871조까지, 제873조, 제874조, 제877조, 그 밖의 법령을 위반하지 아니한 입양 신고는 수리하여야 한다.
(2012.2.10 본조개정)
改前 "第881條【入養申告의 審査】入養申告는 그 入養이 第866條 내지 第877條, 第878條第2項의 規定 기타 法令에 違反함이 없는 때에는 이를 受理하여야 한다.(1990.1.13 본조개정)"
참조 878①, [입양신고]가족관계등록61이하
第882條【외국에서의 입양 신고】 외국에서 입양 신고를 하는 경우에는 제814조를 준용한다.(2012.2.10 본조개정)
改前 "第882條【外國에서의 入養申告】第814條의 規定은 入養의 경우에 準用한다."
참조 [외국에 있는 한국인의 신고]가족관계등록34-36
第882條의2【입양의 효력】 ① 양자는 입양된 때부터 양부모의 친생자와 같은 지위를 가진다.
② 양자의 입양 전의 친족관계는 존속한다.
(2012.2.10 본조신설)

第2款 입양의 무효와 취소
(2012.2.10 본관제목개정)

第883條【입양 무효의 원인】 다음 각 호의 어느 하나에 해당하는 입양은 무효이다.
1. 당사자 사이에 입양의 합의가 없는 경우
2. 제867조제1항(제873조제2항에 따라 준용되는 경우를 포함한다), 제869조제2항, 제877조를 위반한 경우
(2012.2.10 본조개정)
改前 "第883條【入養無效의 原因】入養은 다음 各號의 경우에는 無效로 한다.
1. 當事者間에 入養의 合意가 없는 때
2. 第869條, 第877條第1項의 規定에 違反한 때"

참조 878 · 882 · 부칙18, 국제사법, [비진의의사표시]107 · 108, [착오]109, [법률행위의 무효]137–139, [입양무효의 소송]가소2①(1)가 · 30 · 31, [입양무효와 신고]가족관계등록105이하

第884條【입양 취소의 원인】 ① 입양이 다음 각 호의 어느 하나에 해당하는 경우에는 가정법원에 그 취소를 청구할 수 있다.

1. 제866조, 제869조제1항, 같은 조 제3항제2호, 제870조제1항, 제871조제1항, 제873조제1항, 제874조를 위반한 경우
2. 입양 당시 양부모와 양자 중 어느 한쪽에게 악질(惡疾)이나 그 밖에 중대한 사유가 있음을 알지 못한 경우
3. 사기 또는 강박으로 인하여 입양의 의사표시를 한 경우

② 입양 취소에 관하여는 제867조제2항을 준용한다.
(2012.2.10 본조개정)

改前 "第884條【入養取消의 原因】 入養은 다음 各號의 경우에는 家庭法院에 그 取消를 請求할 수 있다.(1990.1.13 본문개정)
1. 入養이 第866條 및 第870條 내지 第874條의 規定에 違反한 때(1990.1.13 본호개정)
2. 入養당시 養親子의 一方에게 惡疾 기타 重大한 事由가 있음을 알지 못한 때(1990.1.13 본호개정)
3. 詐欺 또는 强迫으로 인하여 入養의 意思表示를 한 때"

참조 881 · 부칙18, 국제사법, [법률행위의 취소]140이하, [입양취소의 소]가소2① · 30 · 31, [입양취소의 효과]776 · 806 · 824 · 897, [입양취소청구권자]885–888, [취소권의 소멸]889–896, [사기 · 강박으로 인한 의사표시]110, [입양의 취소]국내입양에관한특별법28

第885條【입양 취소 청구권자】 양부모, 양자와 그 법정대리인 또는 직계혈족은 제866조를 위반한 입양의 취소를 청구할 수 있다.(2012.2.10 본조개정)

改前 "第885條【入養取消請求權者】 入養이 第866條의 規定에 違反한 때에는 養父母, 養子와 그 法定代理人 또는 直系血族이 그 取消를 請求할 수 있다.(1990.1.13 본조개정)"

참조 [입양취소]884, 가소30 · 31, [법정대리인]911 · 938, [취소권의 소멸]889, [직계혈족]768 · 770, [친생부모의 입양취소청구]국내입양에관한특별법28

第886條【입양 취소 청구권자】 양자나 동의권자는 제869조제1항, 같은 조 제3항제2호, 제870조제1항을 위반한 입양의 취소를 청구할 수 있고, 동의권자는 제871조제1항을 위반한 입양의 취소를 청구할 수 있다.
(2012.2.10 본조개정)

改前 "第886條【同前】 入養이 第870條의 規定에 違反한 때에는 同意權者가 그 取消를 請求할 수 있고 第871條의 規定에 違反한 때에는 그 양자 또는 동의권자가 그 取消를 請求할 수 있다.(2005.3.31 본조개정)"

참조 [입양취소]884, 가소2① · 30 · 31, [취소권의 소멸]891 · 894, [친생부모의 입양취소청구]국내입양에관한특별법28

第887條【입양 취소 청구권자】 피성년후견인이나 성년후견인은 제873조제1항을 위반한 입양의 취소를 청구할 수 있다.(2012.2.10 본조개정)

改前 "第887條【同前】 入養이 第872條의 規定에 違反한 때에는 被後見人 또는 親族會員이 그 取消를 請求할 수 있고 第873條의 規定에 違反한 때에는 禁治産者 또는 後見人이 그 取消를 請求할 수 있다."

참조 [입양취소]884, 가소2① · 30 · 31, [후견인]928이하, [성년후견]9 · 929, [취소권의 소멸]893, [친생부모의 입양취소청구]국내입양에관한특별법28

第888條【입양 취소 청구권자】 배우자는 제874조를 위반한 입양의 취소를 청구할 수 있다.(2012.2.10 본조개정)

改前 "第888條【同前】 入養이 第874條의 規定에 違反한 때에는 配偶者가 그 取消를 請求할 수 있다.(1990.1.13 본조개정)"

참조 [입양취소]884, 가소30 · 31, [혈족]768 · 770, [취소권의 소멸]894, [친생부모의 입양취소청구]국내입양에관한특별법28

第889條【입양 취소 청구권의 소멸】 양부모가 성년이 되면 제866조를 위반한 입양의 취소를 청구하지 못한다.
(2012.2.10 본조개정)

改前 "第889條【入養取消請求權의 消滅】 第866條의 規定에 違反한 入養은 養親이 成年에 達한 後에는 그 取消를 請求하지 못한다."

참조 [입양취소]884, 가소30 · 31, [성년]4, [취소권자]885

第890條 (1990.1.13 삭제)

第891條【입양 취소 청구권의 소멸】 ① 양자가 성년이 된 후 3개월이 지나거나 사망하면 제869조제1항, 같은 조 제3항제2호, 제870조제1항을 위반한 입양의 취소를 청구하지 못한다.
② 양자가 사망하면 제871조제1항을 위반한 입양의 취소를 청구하지 못한다.
(2012.2.10 본조개정)

改前 "第891條【同前】 第871條의 規定에 違反한 入養은 養子가 成年에 達한 후 3月을 經過하거나 死亡한 때에는 그 取消를 請求하지 못한다."

참조 [입양취소]884, 가소30 · 31, [취소권자]886, [기간의 계산]157 · 160, [성년]4 · 826의2

第892條 (2012.2.10 삭제)

改前 "第892條【同前】 第872條의 規定에 違反한 入養은 後見의 終了로 인한 管理計算의 終了후 6月을 經過하면 그 取消를 請求하지 못한다."

第893條【입양 취소 청구권의 소멸】 성년후견개시의 심판이 취소된 후 3개월이 지나면 제873조제1항을 위반한 입양의 취소를 청구하지 못한다.(2012.2.10 본조개정)

改前 "第893條【同前】 第873條의 規定에 違反한 入養은 禁治産宣告의 取消있은 후 3月을 經過한 때에는 그 取消를 請求하지 못한다."

참조 [입양취소]884, 가소30 · 31, [취소권자]887, [성년후견종료]11, [기간의 계산]157 · 160

第894條【입양 취소 청구권의 소멸】 제869조제1항, 같은 조 제3항제2호, 제870조제1항, 제871조제1항, 제873조제1항, 제874조를 위반한 입양은 그 사유가 있음을 안 날부터 6개월, 그 사유가 있었던 날부터 1년이 지나면 그 취소를 청구하지 못한다.(2012.2.10 본조개정)

改前 "第894條【同前】 第870條, 第874條의 規定에 違反한 入養은 그 事由있음을 안 날로부터 6月, 그 事由있은 날로부터 1年을 經過하면 그 取消를 請求하지 못한다."

참조 [입양취소]884, 가소30 · 31, [취소권자]886 · 888, [기간의 계산]157 · 160

第895條 (1990.1.13 삭제)

第896條【입양 취소 청구권의 소멸】 제884조제1항제2호에 해당하는 사유가 있는 입양은 양부모와 양자 중 어느 한 쪽이 그 사유가 있음을 안 날부터 6개월이 지나면 그 취소를 청구하지 못한다.(2012.2.10 본조개정)

改前 "第896條【同前】 第884條第2號의 規定에 該當한 事由있는 入養은 養親子의 一方이 그 事由있음을 안 날로부터 6月을 經過하면 그 取消를 請求하지 못한다.(1990.1.13 본조개정)"

참조 [양친]772 · 878, [입양취소]884, 가소30 · 31, [기간의 계산]157 · 160

第897條【준용규정】 입양의 무효 또는 취소에 따른 손해배상책임에 관하여는 제806조를 준용하고, 사기 또는 강박으로 인한 입양 취소 청구권의 소멸에 관하여는 제823조를 준용하며, 입양 취소의 효력에 관하여는 제824조를 준용한다.(2012.2.10 본조개정)

改前 "第897條【準用規定】 第823條, 第824條의 規定은 入養의 取消에 準用하고 第806條의 規定은 入養의 無效 또는 取消에 準用한다."

참조 [입양의 무효와 취소]883이하

第3款 파양(罷養)
(2012.2.10 본관제목개정)

第1項 협의상 파양
(2012.2.10 본항제목개정)

第898條【협의상 파양】 양부모와 양자는 협의하여 파양(罷養)할 수 있다. 다만, 양자가 미성년자 또는 피성년후견인인 경우에는 그러하지 아니하다.(2012.2.10 본조개정)

改前 "第898條【協議上 罷養】 ① 養親子는 協議에 의하여 罷養할 수 있다.
② (1990.1.13 삭제)"

참조 [파양의 준거법]국제사법, [피성년후견인의 파양]902, [재판상의 파양]905, [파양과 친족관계의 소멸]776, [파양의 소]가소2① · 30 · 31, [파양신고]903 · 904, 가족관계등록26 · 63–66

第899條 (2012.2.10 삭제)

改前 "第899條【15歲未滿者의 協議上 罷養】 ① 養子가 15歲未滿인 때에는 第869條의 規定에 의하여 入養을 承諾한 者가 이에 갈음하여 罷養의 協議를 하여야 한다. 그러나 入養을 承諾한 者가 死亡 기타 事由로 協議를 할 수 없는 때에는 生家의 다른 直系尊屬이 이를 하여야 한다.(2005.3.31 본문개정)
② 제1항의 규정에 의한 협의를 후견인 또는 생가(生家)의 다른 직계존속이 하는 때에는 가정법원의 허가를 받아야 한다.(2005.3.31 본항신설)"

第900條 (2012.2.10 삭제)

改前 "第900條【未成年者의 協議上罷養】 養子가 未成年者인 때에는 第871條의 規定에 의한 同意權者의 同意를 얻어 罷養의 協議를 할 수 있다."

第901條 (2012.2.10 삭제)

改前 "第901條【準用規定】 第899條 및 第900條의 경우 直系尊屬이 數人인 때에는 第870條第2項을 準用한다.(1990.1.13 본조개정)"

第902條【피성년후견인의 협의상 파양】 피성년후견인인 양부모는 성년후견인의 동의를 받아 파양을 협의할 수 있다.(2012.2.10 본조개정)

改前 "第902條【禁治産者의 協議上 罷養】 養親이나 養子가 禁治産者인 때에는 後見人의 同意를 얻어 罷養의 協議를 할 수 있다."

참조 898 · 906, [피성년후견인의 입양]873, [피성년후견인]9 · 10, [후견인]928이하, [파양신고]903, 가족관계등록26 · 63 – 66

第903條【파양 신고의 심사】 제898조, 제902조, 그 밖의 법령을 위반하지 아니한 파양 신고는 수리하여야 한다.(2012.2.10 본조개정)

改前 "第903條【罷養申告의 審査】 罷養의 申告는 그 罷養이 第878條第2項, 第898條 내지 前條의 規定 기타 法令에 違反함이 없으면 이를 受理하여야 한다."

참조 [파양신고]가족관계등록26 – 28 · 63 – 66

第904條【준용규정】 사기 또는 강박으로 인한 파양 취소 청구권의 소멸에 관하여는 제823조를 준용하고, 협의상 파양의 성립에 관하여는 제878조를 준용한다.(2012.2.10 본조개정)

改前 "第904條【準用規定】 第823條와 第878條의 規定은 協議上 罷養에 準用한다."

참조 898이하

第2項 재판상 파양
(2012.2.10 본항제목개정)

第905條【재판상 파양의 원인】 양부모, 양자 또는 제906조에 따른 청구권자는 다음 각 호의 어느 하나에 해당하는 경우에는 가정법원에 파양을 청구할 수 있다.
1. 양부모가 양자를 학대 또는 유기하거나 그 밖에 양자의 복리를 현저히 해친 경우
2. 양부모가 양자로부터 심히 부당한 대우를 받은 경우
3. 양부모나 양자의 생사가 3년 이상 분명하지 아니한 경우
4. 그 밖에 양친자관계를 계속하기 어려운 중대한 사유가 있는 경우

(2012.2.10 본조개정)

改前 "第905條【裁判上 罷養原因】 養親子의 一方은 다음 各號의 事由가 있는 경우에는 家庭法院에 罷養을 請求할 수 있다.
1. 家族의 名譽를 汚瀆하거나 財産을 傾倒한 중대한 過失이 있을 때(1990.1.13 본호개정)
2. 다른 一方 또는 그 直系尊屬으로부터 甚히 不當한 待遇를 받았을 때
3. 自己의 直系尊屬이 다른 一方으로부터 甚히 不當한 待遇를 받았을 때
4. 養子의 生死가 3年이상 分明하지 아니한 때
5. 기타 養親子關係를 繼續하기 어려운 重大한 事由가 있을 때"

참조 907, [파양의 준거법]국제사법, [민법시행과 파양원인]부칙19, [협의상 파양]898, [부당한 대우]974이하, [생사불명과 실종]27 · 28, [파양의 소]가소2① · 30 · 31, [파양신고]903, 가족관계등록26 – 28 · 63 – 66, [파양의 효과]776 · 806 · 908

판례 구 관습상 양친(養親)이 양자(養子)를 파양할 수 있는 사유 및 그 파양 절차 : 우리나라의 구 관습상 1921년 이전에는 양자가 가산을 탕진할 우려가 있을 때, 양친에 대하여 심히 불효한 행위가 있을 때 또는 중죄를 범하여 처벌을 받았을 때 등의 사유가 있는 경우에는 양친이 양자에 대하여 재판 외에서 파양의 의사표시만으로 파양하는 것이 인정되었으나, 그 이후에는 우리나라 사람들 사이에 파양에 관하여도 법원에 이를 청구할 수 있다고 하는 법적 신념이 생겨 양친이 일방적으로 재판 외에서의 의사표시로써 파양할 수 있다고 하는 구 관습은 폐멸(廢滅)되기에 이르렀고, 1922년 이후에는 파양을 청구할 수 있는 사유가 있는 때에는 당사자 일방이 소로써 법원에 파양의 재판을 구하고, 이에 대하여 법원이 파양을 선언하는 판결을 선고하여 그 판결이 확정된 때 파양의 효력이 생기는 것으로 하는 관습이 형성되었다고 할 것이다.(대판 1999.9.3, 98다34485)

第906條【파양 청구권자】 ① 양자가 13세 미만인 경우에는 제869조제2항에 따른 승낙을 한 사람이 양자를 갈음하여 파양을 청구할 수 있다. 다만, 파양을 청구할 수 있는 사람이 없는 경우에는 제777조에 따른 양자의 친족이나 이해관계인이 가정법원의 허가를 받아 파양을 청구할 수 있다.
② 양자가 13세 이상의 미성년자인 경우에는 제870조제1항에 따른 동의를 한 부모의 동의를 받아 파양을 청구할 수 있다. 다만, 부모가 사망하거나 그 밖의 사유로 동의할 수 없는 경우에는 동의 없이 파양을 청구할 수 있다.
③ 양부모나 양자가 피성년후견인인 경우에는 성년후견인의 동의를 받아 파양을 청구할 수 있다.
④ 검사는 미성년자나 피성년후견인인 양자를 위하여 파양을 청구할 수 있다.
(2012.2.10 본조개정)

改前 "第906條【準用規定】 第899條 내지 第902條의 規定은 裁判上 罷養의 請求에 準用한다.(1990.1.13 본조개정)"

第907條【파양 청구권의 소멸】 파양 청구권자는 제905조제1호 · 제2호 · 제4호의 사유가 있음을 안 날부터 6개월, 그 사유가 있었던 날부터 3년이 지나면 파양을 청구할 수 없다.(2012.2.10 본조개정)

改前 "第907條【罷養請求權의 消滅】 第905條第1號 내지 第3號와 第5號의 事由는 다른 一方이 이를 안 날로부터 6月, 그 事由있은 날로부터 3年을 經過하면 罷養을 請求하지 못한다."

참조 [기간의 계산]157 · 160

第908條【준용규정】 재판상 파양에 따른 손해배상책임에 관하여는 제806조를 준용한다.(2012.2.10 본조개정)

改前 "第908條【罷養과 損害賠償請求權】 第806條의 規定은 裁判上 罷養에 準用한다."

第4款 친양자
(2005.3.31 본관신설)

第908條의2【친양자 입양의 요건 등】 ① 친양자(親養子)를 입양하려는 사람은 다음 각 호의 요건을 갖추어 가정법원에 친양자 입양을 청구하여야 한다.
1. 3년 이상 혼인 중인 부부로서 공동으로 입양할 것. 다만, 1년 이상 혼인 중인 부부의 한쪽이 그 배우자의 친생자를 친양자로 하는 경우에는 그러하지 아니하다.
2. 친양자가 될 사람이 미성년자일 것
3. 친양자가 될 사람의 친생부모가 친양자 입양에 동의할 것. 다만, 부모가 친권상실의 선고를 받거나 소재를 알 수 없거나 그 밖의 사유로 동의할 수 없는 경우에는 그러하지 아니하다.
4. 친양자가 될 사람이 13세 이상인 경우에는 법정대리인의 동의를 받아 입양을 승낙할 것
5. 친양자가 될 사람이 13세 미만인 경우에는 법정대리인이 그를 갈음하여 입양을 승낙할 것

② 가정법원은 다음 각 호의 어느 하나에 해당하는 경우에는 제1항제3호 · 제4호에 따른 동의 또는 같은 항 제5호에 따른 승낙이 없어도 제1항의 청구를 인용할 수 있다. 이 경우 가정법원은 동의권자 또는 승낙권자를 심문하여야 한다.
1. 법정대리인이 정당한 이유 없이 동의 또는 승낙을 거부하는 경우. 다만, 법정대리인이 친권자인 경우에는 제2호 또는 제3호의 사유가 있어야 한다.

2. 친생부모가 자신에게 책임이 있는 사유로 3년 이상 자녀에 대한 부양의무를 이행하지 아니하고 면접교섭을 하지 아니한 경우
3. 친생부모가 자녀를 학대 또는 유기하거나 그 밖에 자녀의 복리를 현저히 해친 경우
③ 가정법원은 친양자가 될 사람의 복리를 위하여 그 양육상황, 친양자 입양의 동기, 양부모의 양육능력, 그 밖의 사정을 고려하여 친양자 입양이 적당하지 아니하다고 인정하는 경우에는 제1항의 청구를 기각할 수 있다.
(2012.2.10 본조개정)

改前 "第908條의2【친양자 입양의 요건 등】① 친양자(親養子)를 하려는 자는 다음 각 호의 요건을 갖추어 가정법원에 친양자 입양의 청구를 하여야 한다.
1. 3년 이상 혼인중인 부부로서 공동으로 입양할 것. 다만, 1년 이상 혼인중인 부부의 일방이 그 배우자의 친생자를 친양자로 하는 경우에는 그러하지 아니하다.
2. 친양자로 될 자가 15세 미만일 것
3. 친양자로 될 자의 친생부모가 친양자 입양에 동의할 것. 다만, 부모의 친권이 상실되거나 사망 그 밖의 사유로 동의할 수 없는 경우에는 그러하지 아니하다.
4. 제869조의 규정에 의한 법정대리인의 입양승낙이 있을 것
② 가정법원은 친양자로 될 자의 복리를 위하여 그 양육상황, 친양자 입양의 동기, 양친(養親)의 양육능력 그 밖의 사정을 고려하여 친양자 입양이 적당하지 아니하다고 인정되는 경우에는 제1항의 청구를 기각할 수 있다."

참조 [친양자의 입양신고]가족관계등록67 · 68

판례 혼인 중인 부부만 친양자 입양을 할 수 있도록 규정한 민법 제908조의2제1항제1호는 독신자의 평등권 및 가족생활의 자유를 침해하지 아니하므로, 헌법에 위반되지 아니한다는 결정을 선고하였다. 재판관 5인의 위헌의견은 심판대상조항이 독신자를 친양자 입양의 양친에서 배제하는 것은 독신자의 평등권 및 가족생활의 자유를 침해한다는 것이다. 이 결정은 민법상 친양자 입양의 양친 요건 중 '혼인 중인 부부일 것'에 대한 헌법재판소의 첫 번째 결정으로서 의의를 가진다.(헌재결 2013.9.26, 2011헌가42)

第908條의3【친양자 입양의 효력】 ① 친양자는 부부의 혼인중 출생자로 본다.
② 친양자의 입양 전의 친족관계는 제908조의2제1항의 청구에 의한 친양자 입양이 확정된 때에 종료한다. 다만, 부부의 일방이 그 배우자의 친생자를 단독으로 입양한 경우에 있어서의 배우자 및 그 친족과 친생자간의 친족관계는 그러하지 아니하다.

第908條의4【친양자 입양의 취소 등】 ① 친양자로 될 사람의 친생(親生)의 아버지 또는 어머니는 자신에게 책임이 없는 사유로 인하여 제908조의2제1항제3호 단서에 따른 동의를 할 수 없었던 경우에 친양자 입양의 사실을 안 날부터 6개월 안에 가정법원에 친양자 입양의 취소를 청구할 수 있다.
② 친양자 입양에 관하여는 제883조, 제884조를 적용하지 아니한다.
(2012.2.10 본조개정)

改前 "第908條의4【친양자 입양의 취소 등】① 친양자로 될 자의 친생(親生)의 부 또는 모는 자신에게 책임이 없는 사유로 인하여 제908조의2제1항제3호 단서의 규정에 의한 동의를 할 수 없었던 경우에는 친양자 입양의 사실을 안 날부터 6월내에 가정법원에 친양자 입양의 취소를 청구할 수 있다.
② 제883조 및 제884조의 규정은 친양자 입양에 관하여 이를 적용하지 아니한다."

第908條의5【친양자의 파양】 ① 양친, 친양자, 친생의 부 또는 모나 검사는 다음 각 호의 어느 하나의 사유가 있는 경우에는 가정법원에 친양자의 파양(罷養)을 청구할 수 있다.
1. 양친이 친양자를 학대 또는 유기(遺棄)하거나 그 밖에 친양자의 복리를 현저히 해하는 때
2. 친양자의 양친에 대한 패륜(悖倫)행위로 인하여 친양자관계를 유지시킬 수 없게 된 때
② 제898조 및 제905조의 규정은 친양자의 파양에 관하여 이를 적용하지 아니한다.

참조 [친양자의 파양신고]가족관계등록69

第908條의6【준용규정】 제908조의2제3항은 친양자 입양의 취소 또는 제908조의5제1항제2호에 따른 파양의 청구에 관하여 이를 준용한다.(2012.2.10 본조개정)

改前 第908條의6【준용규정】"제908조의2제2항의 규정"은 친양자 입양의 취소 또는 "제908조의5제1항제2호의 규정에 의한" 파양의 청구에 관하여 이를 준용한다.

第908條의7【친양자 입양의 취소 · 파양의 효력】 ① 친양자 입양이 취소되거나 파양된 때에는 친양자관계는 소멸하고 입양 전의 친족관계는 부활한다.
② 제1항의 경우에 친양자 입양의 취소의 효력은 소급하지 아니한다.

第908條의8【준용규정】 친양자에 관하여 이 관에 특별한 규정이 있는 경우를 제외하고는 그 성질에 반하지 아니하는 범위 안에서 양자에 관한 규정을 준용한다.

第3節 親 權

第1款 總 則

第909條【親權者】 ① 부모는 미성년자인 자의 친권자가 된다. 양자의 경우에는 양부모(養父母)가 친권자가 된다.(2005.3.31 본항개정)
② 親權은 父母가 婚姻중인 때에는 父母가 共同으로 이를 행사한다. 그러나 父母의 의견이 一致하지 아니하는 경우에는 當事者의 請求에 의하여 家庭法院이 이를 정한다.
③ 父母의 一方이 親權을 행사할 수 없을 때에는 다른 一方이 이를 행사한다.
④ 婚姻외의 子가 認知된 경우와 父母가 이혼하는 경우에는 父母의 協議로 친권자를 정하여야 하고, 協議할 수 없거나 協議가 이루어지지 아니하는 경우에는 가정법원은 직권으로 또는 당사자의 청구에 따라 친권자를 지정하여야 한다. 다만, 부모의 협의가 자(子)의 복리에 반하는 경우에는 가정법원은 보정을 명하거나 직권으로 친권자를 정한다.(2007.12.21 본항개정)
⑤ 가정법원은 혼인의 취소, 재판상 이혼 또는 인지청구의 소의 경우에는 직권으로 친권자를 정한다.(2005.3.31 본항개정)
⑥ 가정법원은 자의 복리를 위하여 필요하다고 인정되는 경우에는 자의 4촌 이내의 친족의 청구에 의하여 정하여진 친권자를 다른 일방으로 변경할 수 있다.
(2005.3.31 본항신설)
(1990.1.13 본조개정)

改前 "① 未成年者인 子는 父母의 親權에 복종한다."
④ 婚姻외의 子가 認知된 경우와 父母가 "離婚한" 경우에는 父母의 協議로 친권자를 정하여야 하고, 協議할 수 없거나 協議가 이루어지지 아니하는 경우에는 "당사자는 가정법원에 그 지정을 청구하여야 한다."(2005.3.31 본항개정)
"⑤ 養子는 養父母의 親權에 복종한다."

참조 [친자간의 법률관계의 준거법]국제사법, [친권의 효력]913이하, [친권의 상실]924－927, [후견의 개시]928 · 932 · 936, [친권 및 모의 친권행사에 관한 제한의 폐지]부칙20 · 21, ①[성년]4 · 826의2, [자의 입적]781, [양자의 친족]772, [친권대행]910 · 948, ④[양자의 신분]772, [미성년자의 입양]869 · 870 · 883 · 884 · 886 · 891, ⑤[부모의 이혼과 자의 양육권]837 · 843

미판 병원에서 바뀐 아이의 친부모가 친권을 청구하는 소송에서 아이가 '친부모를 만나고 싶지 않다'는 주장을 재판부가 받아 들여 친부모의 방문권을 인정하지 않은 예이다.(1993.8.18 미플로리다주법판)

第909條의2【친권자의 지정 등】 ① 제909조제4항부터 제6항까지의 규정에 따라 단독 친권자로 정하여진 부모의 일방이 사망한 경우 생존하는 부 또는 모, 미성년자, 미성년자의 친족은 그 사실을 안 날부터 1개월, 사망한 날부터 6개월 내에 가정법원에 생존하는 부 또는 모를 친권자로 지정할 것을 청구할 수 있다.
② 입양이 취소되거나 파양된 경우 또는 양부모가 모두 사망한 경우 친생부모 일방 또는 쌍방, 미성년자, 미성

년자의 친족은 그 사실을 안 날부터 1개월, 입양이 취소되거나 파양된 날 또는 양부모가 모두 사망한 날부터 6개월 내에 가정법원에 친생부모 일방 또는 쌍방을 친권자로 지정할 것을 청구할 수 있다. 다만, 친양자의 양부모가 사망한 경우에는 그러하지 아니하다.
③ 제1항 또는 제2항의 기간 내에 친권자 지정의 청구가 없을 때에는 가정법원은 직권으로 또는 미성년자, 미성년자의 친족, 이해관계인, 검사, 지방자치단체의 장의 청구에 의하여 미성년후견인을 선임할 수 있다. 이 경우 생존하는 부 또는 모, 친생부모 일방 또는 쌍방의 소재를 모르거나 그가 정당한 사유 없이 소환에 응하지 아니하는 경우를 제외하고 그에게 의견을 진술할 기회를 주어야 한다.
④ 가정법원은 제1항 또는 제2항에 따른 친권자 지정 청구나 제3항에 따른 후견인 선임 청구가 생존하는 부 또는 모, 친생부모 일방 또는 쌍방의 양육의사 및 양육능력, 청구 동기, 미성년자의 의사, 그 밖의 사정을 고려하여 미성년자의 복리를 위하여 적절하지 아니하다고 인정하면 청구를 기각할 수 있다. 이 경우 가정법원은 직권으로 미성년후견인을 선임하거나 생존하는 부 또는 모, 친생부모 일방 또는 쌍방을 친권자로 지정하여야 한다.
⑤ 가정법원은 다음 각 호의 어느 하나에 해당하는 경우에 직권으로 또는 미성년자, 미성년자의 친족, 이해관계인, 검사, 지방자치단체의 장의 청구에 의하여 제1항부터 제4항까지의 규정에 따라 친권자가 지정되거나 미성년후견인이 선임될 때까지 그 임무를 대행할 사람을 선임할 수 있다. 이 경우 그 임무를 대행할 사람에 대하여는 제25조 및 제954조를 준용한다.
1. 단독 친권자가 사망한 경우
2. 입양이 취소되거나 파양된 경우
3. 양부모가 모두 사망한 경우
⑥ 가정법원은 제3항 또는 제4항에 따라 미성년후견인이 선임된 경우라도 미성년후견인 선임 후 양육상황이나 양육능력의 변동, 미성년자의 의사, 그 밖의 사정을 고려하여 미성년자의 복리를 위하여 필요하면 생존하는 부 또는 모, 친생부모 일방 또는 쌍방, 미성년자의 청구에 의하여 후견을 종료하고 생존하는 부 또는 모, 친생부모 일방 또는 쌍방을 친권자로 지정할 수 있다.
(2011.5.19 본조신설)

第910條【子의 親權의 代行】 親權者는 그 親權에 따르는 자에 갈음하여 그 子에 대한 親權을 行使한다.
(2005.3.31 본조개정)
改前 …그 親權에 "服從하는 子에 가름하여" 그 子에 대한…
參照 909, [친권의 효력]913이하, [후견인의 친권대행]948

第911條【未成年者인 子의 法定代理人】 親權을 行使하는 父 또는 母는 未成年者인 子의 法定代理人이 된다.
參照 [미성년자]4·826의2, [법정대리인]5-8·15·180, [대리권의 상실]925, [후견인의 대리권]938·950

第912條【친권 행사와 친권자 지정의 기준】 ① 친권을 행사함에 있어서는 자의 복리를 우선적으로 고려하여야 한다.
② 가정법원이 친권자를 지정함에 있어서는 자(子)의 복리를 우선적으로 고려하여야 한다. 이를 위하여 가정법원은 관련 분야의 전문가나 사회복지기관으로부터 자문을 받을 수 있다.(2011.5.19 본항신설)
(2011.5.19 본조제목개정)
改前 "第912條【친권행사의 기준】 친권을 행사함에 있어서는 자의 복리를 우선적으로 고려하여야 한다.(2005.3.31 본조신설)"

第2款 親權의 效力

第913條【保護, 敎養의 權利義務】 親權者는 子를 保護하고 敎養할 權利義務가 있다.
參照 [친권자]909·910, [이혼과 자의 양육]837·843, [후견인의 친권행사]945, [보호와 교양]914-918, 헌31②, 교육기본13, [자의 불법행위와 친권자의 책임]755, [보호·교양의 비용]923, [친권의 남용]924

第914條【居所指定權】 子는 親權者의 指定한 場所에 居住하여야 한다.
參照 913, [거주이전의 자유]헌14, [거소지정권의 남용]924, [후견인과 친권자의 거소의 변경]945, [이혼과 자의 양육]837·843

第915條 (2021.1.26 삭제)
改前 "第915條【懲戒權】 親權者는 그 子를 保護 또는 敎養하기 위하여 必要한 懲戒를 할 수 있고 法院의 許可를 얻어 感化 또는 矯正機關에 委託할 수 있다."

第916條【子의 特有財産과 그 管理】 子가 自己의 名義로 取得한 財産은 그 特有財産으로 하고 法定代理人인 親權者가 이를 管理한다.
參照 [친권자의 법정대리권]911, [자의 친권대행]910, [친권 중 일부에 한정된 후견]946, [친권자의 관리권 상실선고 또는 사퇴]924-927의2, [후견인의 재산관리·대리권]938·946·949, [친권자의 관리권없는 재산]918, [미성년자와 재산의 자유처분]6·81①, [재산관리와 주의의무]922, [친권자의 응급처분의무]691·919, [관리권·대리권의 소멸과 상대방 대항]129·217·692·919, [복대리인선임권]122, [이해상반행위와 대리권]921, [근로계약과 대리금지]근기67, [친권자와 동의권]5-8, [미성년자의 신분행위와 친권자]863·869·870, [소송과 법정대리인]민소55·56

第917條 (1990.1.13 삭제)

第918條【第三者가 無償으로 子에게 授與한 財産의 管理】 ① 無償으로 子에게 財産을 授與한 第三者가 親權者의 管理에 反對하는 意思를 表示한 때에는 親權者는 그 財産을 管理하지 못한다.
② 前項의 경우에 第三者가 그 財産管理人을 指定하지 아니한 때에는 法院은 財産의 授與를 받은 子 또는 第777條의 規定에 의한 親族의 請求에 의하여 管理人을 選任한다.
③ 第三者의 指定한 管理人의 權限이 消滅하거나 管理人을 改任할 必要있는 경우에 第三者가 다시 管理人을 指定하지 아니한 때에도 前項과 같다.
④ 第24條第1項, 第2項, 第4項, 第25條 前段 및 第26條第1項, 第2項의 規定은 前2項의 경우에 準用한다.
參照 [본조 준용]956, [증여]554이하, [유증]1074, ①[친권자의 재산관리권]916·920, ②[관리인의권한]25, [관리인의의무]24·26·681·684·685·919, [관리권·대리권의 소멸과 상대방 대항]692·919, [관리인의 출연상환청구권]688

第919條【委任에 관한 規定의 準用】 第691條, 第692條의 規定은 前3條의 財産管理에 準用한다.
參照 [친권자의 재산관리권]916, [위임 관련 규정의 후견에의 준용]959

第920條【子의 財産에 관한 親權者의 代理權】 法定代理人인 親權者는 子의 財産에 관한 法律行爲에 대하여 그 子를 代理한다. 그러나 그 子의 行爲를 目的으로 하는 債務를 負擔할 경우에는 本人의 同意를 얻어야 한다.
參照 910·916-919, [법정대리인인 친권자]909·911, [친권 중 일부에 한정된 후견]946, [친권자의 관리권의 상실선고 또는 사퇴]924-927의2, [후견인의 재산관리대리권]938·946, [대리]114이하, [법정대리인의 복임권]122, [친권자의 관리권없는 재산]918, [미성년자와 재산의 자유처분]6·8①, [재산관리와 주의의무]922, [친권자의 응급처분의무]691·919, [관리권·대리권의 소멸과 상대방 대항]692·919, [복대리인선임권]122, [이해상반행위와 대리권]921, [근로계약과 대리금지]근기67, [친권자와 동의권]5-8, [미성년자의 신분행위와 친권자]863·869·870, [소송행위와 법정대리인]민소55·56

第920條의2【共同親權者의 一方이 共同名義로 한 行爲의 效力】 父母가 共同으로 親權을 행사하는 경우 父母의 一方이 共同名義로 子를 代理하거나 子의 法律行爲에 同意한 때에는 다른 一方의 意思에 反하는 때에도 그 效力이 있다. 그러나 相對方이 惡意인 때에는 그러하지 아니한다.(1990.1.13 본조신설)

第921條【親權者와 그 子間 또는 數人의 子間의 利害相反行爲】 ① 法定代理人인 親權者와 그 子 사이에 利害相反되는 行爲를 함에는 親權者는 法院에 그 子의 特別代理人의 選任을 請求하여야 한다.
② 法定代理人인 親權者가 그 親權에 따르는 數人의 子

사이에 利害相反되는 行爲를 함에는 法院에 그 子 一方의 特別代理人의 選任을 請求하여야 한다.(2005.3.31 본항개정)

改前 ② …그 親權에 "服從하는" 數人의 者 사이에…

참조 [자기계약 또는 쌍방대리의 금지]124, [이해상반행위에 대한 대표금지]64, [특별대리인선임청구]가소2①(2)가, 가소규68-68의2, [본조위반행위의 효력]130-136

판례 미성년자 명의의 부동산을 친권자에게 증여하는 이해상반의 경우에도 등기의 추정력이 미치는지 여부 : 어느 부동산에 관하여 등기가 경료되어 있는 경우 특별한 사정이 없는 한 그 원인과 절차에 있어서 적법하게 경료된 것으로 추정된다. 전 등기명의인이 미성년자이고 당해 부동산을 친권자에게 증여하는 행위가 이해상반행위라 하더라도 일단 친권자에게 이전등기가 경료된 이상, 특별한 사정이 없는 한, 그 이전등기에 관하여 필요한 절차를 적법하게 거친 것으로 추정된다.(대판 2002.2.5, 2001다72029)

판례 공동상속인인 친권자와 미성년인 수인의 자 사이의 상속재산 분할협의의 절차 : 공동상속재산 분할협의는 민법 921조 소정의 이해상반되는 행위에 해당하므로 공동상속인인 친권자와 미성년인 수인의 자 사이에 상속재산 분할협의를 하게 되는 경우에는 미성년자 각자마다 특별대리인을 선임하여 그 각 특별대리인이 각 미성년자인 자를 대리하여 상속재산분할의 협의를 하여야 하고, 만약 친권자가 수인의 미성년자의 법정대리인으로서 상속재산 분할협의를 한 것이라면 이는 민법 921조에 위반된 것으로서 이러한 대리행위에 의하여 성립된 상속재산 분할협의는 적법한 추인이 없는 한 무효이다.
(대판 2001.6.29, 2001다28299)

第922條【親權者의 注意義務】 親權者가 그 子에 대한 法律行爲의 代理權 또는 財産管理權을 行使함에는 自己의 財産에 관한 行爲와 同一한 注意를 하여야 한다.

참조 [친권자]909, [관리권]916·920, [관리권·대리권의 상실]925, [후견인의 주의의무]681·956, [무상수치인의 주의의무]695

第922條의2【친권자의 동의를 갈음하는 재판】 가정법원은 친권자의 동의가 필요한 행위에 대하여 친권자가 정당한 이유 없이 동의하지 아니함으로써 자녀의 생명, 신체 또는 재산에 중대한 손해가 발생할 위험이 있는 경우에는 자녀, 자녀의 친족, 검사 또는 지방자치단체의 장의 청구에 의하여 친권자의 동의를 갈음하는 재판을 할 수 있다.(2014.10.15 본조신설)

第923條【財産管理의 計算】 ① 法定代理人인 親權者의 權限이 消滅한 때에는 그 子의 財産에 대한 管理의 計算을 하여야 한다.

② 前項의 경우에 그 子의 財産으로부터 收取한 果實은 그 子의 養育, 財産管理의 費用과 相計한 것으로 본다. 그러나 無償으로 子에게 財産을 授與한 第三者가 反對의 意思를 表示한 때에는 그 財産에 관하여는 그러하지 아니하다.

참조 [친권행사자]909-911·948, [재산관리]916·920, [친권남용등과 친권상실]924, [재산관리권상실]925, [관리의 계산]683·685·688, ②[과실]101·102, [상계]492이하, [무상으로 자에 재산을 수여한 경우]918, [후견인과 후견의 계산]957-959, [친자간 채권의 소멸시효]180①

판례 친권자의 친권 종료 이후 자녀의 채권자에 의한 반환청구권 압류 : 친권자가 자녀에게 지급돼야 할 돈을 대신 수령한 경우 자녀가 성장하여 재산 관리 권한이 소멸하면 그 돈 중 정당하게 지출한 부분을 공제한 나머지를 자녀 또는 그 법정대리인에게 반환할 의무가 있다. 자녀의 친권자에 대한 이러한 반환청구권은 재산적 권리로서, 자녀의 채권자는 그 반환청구권을 압류할 수 있다.
(대판 2022.11.17, 2018다294179)

第3款 친권의 상실, 일시 정지 및 일부 제한

(2014.10.15 본관제목개정)

改前 親權의 喪失

第924條【친권의 상실 또는 일시 정지의 선고】 ① 가정법원은 부 또는 모가 친권을 남용하여 자녀의 복리를 현저히 해치거나 해칠 우려가 있는 경우에는 자녀, 자녀의 친족, 검사 또는 지방자치단체의 장의 청구에 의하여 그 친권의 상실 또는 일시 정지를 선고할 수 있다.

② 가정법원은 친권의 일시 정지를 선고할 때에는 자녀의 상태, 양육상황, 그 밖의 사정을 고려하여 그 기간을 정하여야 한다. 이 경우 그 기간은 2년을 넘을 수 없다.

③ 가정법원은 자녀의 복리를 위하여 친권의 일시 정지 기간의 연장이 필요하다고 인정하는 경우에는 자녀, 자녀의 친족, 검사, 지방자치단체의 장, 미성년후견인 또는 미성년후견감독인의 청구에 의하여 2년의 범위에서 그 기간을 한 차례만 연장할 수 있다.
(2014.10.15 본조개정)

改前 "第924條【親權喪失의 宣告】 父 또는 母가 親權을 濫用하거나 顯著한 非行 기타 親權을 行使시킬 수 없는 重大한 事由가 있는 때에는 法院은 第777條의 規定에 의한 子의 親族 또는 檢事의 請求에 의하여 그 親權의 喪失을 宣告할 수 있다."

참조 926, [친권의 내용]913-916·920, [친권행사의 기준]2②, [친권자의 주의의무]922, [친족]767·777, [친권상실선고]가소2①, [친권상실선고의 효과]180·909③·923·928·937, [실권선고의 신고]가족관계등록79, [관리권소멸과 응급처분의무 및 상대방 대항]919, [친권없는 부모의 지위]808, [실권과 후견인선임청구의무]928·936

판례 자녀들의 양육과 보호에 관한 의무를 소홀히 하지 아니한 모의 간통행위로 말미암아 부가 사망하는 결과가 초래한 사실만으로써는 모에 대한 친권상실선고사유에 해당한다고 볼 수 없다.
(대결 1993.3.4, 93스3)

第924條의2【친권의 일부 제한의 선고】 가정법원은 거소의 지정이나 그 밖의 신상에 관한 결정 등 특정한 사항에 관하여 친권자가 친권을 행사하는 것이 곤란하거나 부적당한 사유가 있어 자녀의 복리를 해치거나 해칠 우려가 있는 경우에는 자녀, 자녀의 친족, 검사 또는 지방자치단체의 장의 청구에 의하여 구체적인 범위를 정하여 친권의 일부 제한을 선고할 수 있다.(2021.1.26 본조개정)

改前 …가정법원은 거소의 "지정이나 징계," 그 밖의 신상에…

第925條【대리권, 재산관리권 상실의 선고】 가정법원은 법정대리인인 친권자가 부적당한 관리로 인하여 자녀의 재산을 위태롭게 한 경우에는 자녀의 친족, 검사 또는 지방자치단체의 장의 청구에 의하여 그 법률행위의 대리권과 재산관리권의 상실을 선고할 수 있다.
(2014.10.15 본조개정)

改前 第925條【대리권, 재산관리권 상실의 선고】 가정법원은 법정대리인인 친권자가 부적당한 관리로 인하여 자녀의 재산을 위태롭게 한 경우에는 "제777조에 따른 자녀의 친족 또는 검사의 청구에 따라" 그 법률행위의 대리권과 재산관리권의 상실을 선고할 수 있다.
(2012.2.10 본조개정)

참조 926·927, [관리권·대리권]916·920, [부적당한 관리]922, [친족]767·777, [대리권등 상실선고]가소2①(2)나, [관리권상실의 효과]180①·909③·923·928·936·937, [실권선고의 신고]가족관계등록79, [관리권소멸과 응급처분의무 및 상대방 대항]919

第925條의2【친권 상실 선고 등의 판단 기준】 ① 제924조에 따른 친권 상실의 선고는 같은 조에 따른 친권의 일시 정지, 제924조의2에 따른 친권의 일부 제한, 제925조에 따른 대리권·재산관리권의 상실 선고 또는 그 밖의 다른 조치에 의해서는 자녀의 복리를 충분히 보호할 수 없는 경우에만 할 수 있다.

② 제924조에 따른 친권의 일시 정지, 제924조의2에 따른 친권의 일부 제한 또는 제925조에 따른 대리권·재산관리권의 상실 선고는 제922조의2에 따른 동의를 갈음하는 재판 또는 그 밖의 다른 조치에 의해서는 자녀의 복리를 충분히 보호할 수 없는 경우에만 할 수 있다.
(2014.10.15 본조신설)

第925條의3【부모의 권리와 의무】 제924조와 제924조의2, 제925조에 따라 친권의 상실, 일시 정지, 일부 제한 또는 대리권과 재산관리권의 상실이 선고된 경우에도 부모의 자녀에 대한 그 밖의 권리와 의무는 변경되지 아니한다.(2014.10.15 본조신설)

第926條【실권 회복의 선고】 가정법원은 제924조, 제924조의2 또는 제925조에 따른 선고의 원인이 소멸된 경우에는 본인, 자녀, 자녀의 친족, 검사 또는 지방자치단체의 장의 청구에 의하여 실권(失權)의 회복을 선고할 수 있다.(2014.10.15 본조개정)

改前 "第926條【失權回復의 宣告】 前2條의 原因이 消滅한 때에는 法院은 本人 또는 第777條의 規定에 의한 親族의 請求에 의하여 失權의 回復을 宣告할 수 있다."

참조 924·925, [실권회복선고]가소2①(2)나

第927條【代理權, 管理權의 辭退와 回復】 ① 法定代理人인 親權者는 正當한 事由가 있는 때에는 法院의 許可를 얻어 그 法律行爲의 代理權과 財産管理權을 辭退할 수 있다.
② 前項의 事由가 消滅한 때에는 그 親權者는 法院의 許可를 얻어 辭退한 權利를 回復할 수 있다.

参조 925·926, [법원의 허가]가소2①(2)가, [사퇴의 효과]909③·923·928, [관리권소멸과 응급처분의무 및 상대방 대항]919, [친권자가 관리권 없는 경우]928·931·946, [친권 또는 관리권의 사퇴와 후견인선임청구의무]928·936

第927條의2【친권의 상실, 일시 정지 또는 일부 제한과 친권자의 지정 등】 ① 제909조제4항부터 제6항까지의 규정에 따라 단독 친권자가 된 부 또는 모, 양부모(친양자의 양부모를 제외한다) 쌍방에게 다음 각 호의 어느 하나에 해당하는 사유가 있는 경우에는 제909조의2제1항 및 제3항부터 제5항까지의 규정을 준용한다. 다만, 제1호의3·제2호 및 제3호의 경우 새로 정하여진 친권자 또는 미성년후견인의 임무는 제한된 친권의 범위에 속하는 행위에 한정된다.(2014.10.15 단서개정)
1. 제924조에 따른 친권상실의 선고가 있는 경우
1의2. 제924조에 따른 친권 일시 정지의 선고가 있는 경우(2014.10.15 본호신설)
1의3. 제924조의2에 따른 친권 일부 제한의 선고가 있는 경우(2014.10.15 본호신설)
2. 제925조에 따른 대리권과 재산관리권 상실의 선고가 있는 경우
3. 제927조제1항에 따라 대리권과 재산관리권을 사퇴한 경우
4. 소재불명 등 친권을 행사할 수 없는 중대한 사유가 있는 경우

② 가정법원은 제1항에 따라 친권자가 지정되거나 미성년후견인이 선임된 후 단독 친권자이었던 부 또는 모, 양부모 일방 또는 쌍방에게 다음 각 호의 어느 하나에 해당하는 사유가 있는 경우에는 그 부모 일방 또는 쌍방, 미성년자, 미성년자의 친족의 청구에 의하여 친권자를 새로 지정할 수 있다.
1. 제926조에 따라 실권의 회복이 선고된 경우
2. 제927조제2항에 따라 사퇴한 권리를 회복한 경우
3. 소재불명이던 부 또는 모가 발견되는 등 친권을 행사할 수 있게 된 경우

(2014.10.15 본조제목개정)
(2011.5.19 본조신설)

改前 第927條의2【"친권 상실과 친권자의 지정 등"】① 제909조제4항부터 제6항까지의 규정에 따라 단독 친권자가 된 부 또는 모, 양부모(친양자의 양부모를 제외한다) 쌍방에게 다음 각 호의 어느 하나에 해당하는 사유가 있는 경우에는 제909조의2제1항 및 제3항부터 제5항까지의 규정을 준용한다. 다만, "제2호와 제3호"의 경우 새로 정하여진 친권자 또는 미성년후견인의 임무는 "미성년자의 재산에 관한 행위"에 한정된다.

第5章 後見

第1節 미성년후견과 성년후견
(2011.3.7 본절제목개정)
改前 "後見人"

第1款 후견인
(2011.3.7 본관제목삽입)

第928條【미성년자에 대한 후견의 개시】 미성년자에게 친권자가 없거나 친권자가 제924조, 제924조의2, 제925조 또는 제927조제1항에 따라 친권의 전부 또는 일부를 행사할 수 없는 경우에는 미성년후견인을 두어야 한다.(2014.10.15 본조개정)

改前 …친권자가 없거나 "친권자가 법률행위의 대리권과 재산관리권을 행사할 수 없는 경우"에는 미성년후견인을 두어야 한다.(2011.3.7 본조개정)

参조 [후견관계의 준거법]국제사법, [미성년자]4·826의2, [후견인선임신고등]가족관계등록80-82, [친권자]909·910·948, [친권의 상실 또는 사퇴]924·925·927, [후견인]931-937

第929條【성년후견심판에 의한 후견의 개시】 가정법원의 성년후견개시심판이 있는 경우에는 그 심판을 받은 사람의 성년후견인을 두어야 한다.(2011.3.7 본조개정)

改前 "第929條【禁治産者등에 대한 後見의 開始】禁治産 또는 限定治産의 宣告가 있는 때에는 그 宣告를 받은 者의 後見人을 두어야 한다."

参조 928, [성년후견개시]9, [한정후견개시]12, [후견인선임신고등]가족관계등록80-82, [후견인의 요건]930·937

第930條【후견인의 수와 자격】 ① 미성년후견인의 수(數)는 한 명으로 한다.
② 성년후견인은 피성년후견인의 신상과 재산에 관한 모든 사정을 고려하여 여러 명을 둘 수 있다.
③ 법인도 성년후견인이 될 수 있다.
(2011.3.7 본조개정)

改前 "第930條【後見人의 數】後見人은 1人으로 한다."

参조 928·931-936

第931條【유언에 의한 미성년후견인의 지정 등】 ① 미성년자에게 친권을 행사하는 부모는 유언으로 미성년후견인을 지정할 수 있다. 다만, 법률행위의 대리권과 재산관리권이 없는 친권자는 그러하지 아니하다.
② 가정법원은 제1항에 따라 미성년후견인이 지정된 경우라도 미성년자의 복리를 위하여 필요하면 생존하는 부 또는 모, 미성년자의 청구에 의하여 후견을 종료하고 생존하는 부 또는 모를 친권자로 지정할 수 있다.
(2011.5.19 본조개정)

改前 "第931條【遺言에 의한 後見人의 指定】未成年者에 대하여 親權을 行使하는 父母는 遺言으로 未成年者의 後見人을 指定할 수 있다. 그러나 法律行爲의 代理權과 財産管理權없는 親權者는 이를 指定하지 못한다."

参조 932·936, [미성년자]4·826의2, [미성년자와 후견]928, [유언에 의한 후견인의 지정의 신고]가족관계등록82, [친권을 행사하는 부모]909·910·948, [대리권·관리권 없는 친권자]925·927①·928·948, [후견인의 요건]930·937, [후견인의 주의의무]681·956, [후견감독인에 관한 경과규정]부칙23

第932條【미성년후견인의 선임】 ① 가정법원은 제931조에 따라 지정된 미성년후견인이 없는 경우에는 직권으로 또는 미성년자, 친족, 이해관계인, 검사, 지방자치단체의 장의 청구에 의하여 미성년후견인을 선임한다. 미성년후견인이 없게 된 경우에도 또한 같다.
② 가정법원은 제924조, 제924조의2 및 제925조에 따른 친권의 상실, 일시 정지, 일부 제한의 선고 또는 법률행위의 대리권이나 재산관리권 상실의 선고에 따라 미성년후견인을 선임할 필요가 있는 경우에는 직권으로 미성년후견인을 선임한다.(2014.10.15 본항개정)
③ 친권자가 대리권 및 재산관리권을 사퇴한 경우에는 지체 없이 가정법원에 미성년후견인의 선임을 청구하여야 한다.
(2011.3.7 본조개정)

改前 ② 가정법원은 "친권상실의 선고나 대리권 및 재산관리권 상실의 선고"에 따라 미성년후견인을 선임할 필요가 있는….

参조 931, [혈족]768·770, [후견인의 요건]930·937, [후견개시의 신고]가족관계등록80, [후견인의 경질·사퇴·해임]936②·939·940, 가족관계등록81

第933條 (2011.3.7 삭제)

改前 "第933條【禁治産등의 後見人의 順位】禁治産 또는 限定治産의 宣告가 있는 때에는 그 宣告를 받은 者의 直系血族, 3寸이내의 傍系血族의 順位로 後見人이 된다.(1990.1.13 본조개정)"

第934條 (2011.3.7 삭제)

改前 "第934條【既婚者의 後見人의 順位】既婚者가 禁治産 또는 限定治産의 宣告를 받은 때에는 配偶者가 後見人이 된다. 그러나 配偶者도 禁治産 또는 限定治産의 宣告를 받은 때에는 第933條의 順位에 따른다.(1990.1.13 본조개정)"

第935條 (2011.3.7 삭제)

改前 "第935條【後見人의 順位】 ① 第932條 내지 第934條의 規定에 의한 直系血族 또는 傍系血族이 數人인 때에는 最近親을 先順位로 하고, 同順位者가 數人인 때에는 年長者를 先順位로 한다.
② 第1項의 規定에 不拘하고 養子의 親生父母와 養父母가 俱存한 때에는 養父母를 先順位로, 기타 生家血族과 養家血族의 寸數가 同順位인 때에는 養家血族을 先順位로 한다.
(1990.1.13 본조개정)"

第936條【성년후견인의 선임】 ① 제929조에 따른 성년후견인은 가정법원이 직권으로 선임한다.
② 가정법원은 성년후견인이 사망, 결격, 그 밖의 사유로 없게 된 경우에도 직권으로 또는 피성년후견인, 친족, 이해관계인, 검사, 지방자치단체의 장의 청구에 의하여 성년후견인을 선임한다.
③ 가정법원은 성년후견인이 선임된 경우에도 필요하다고 인정하면 직권으로 또는 제2항의 청구권자나 성년후견인의 청구에 의하여 추가로 성년후견인을 선임할 수 있다.
④ 가정법원이 성년후견인을 선임할 때에는 피성년후견인의 의사를 존중하여야 하며, 그 밖에 피성년후견인의 건강, 생활관계, 재산상황, 성년후견인이 될 사람의 직업과 경험, 피성년후견인과의 이해관계의 유무(법인이 성년후견인이 될 때에는 사업의 종류와 내용, 법인이나 그 대표자와 피성년후견인 사이의 이해관계의 유무를 말한다) 등의 사정도 고려하여야 한다.
(2011.3.7 본조개정)

改前 "第936條【法院에 의한 後見人의 選任】 ① 前4條의 規定에 의하여 後見人이 될 者가 없는 경우에는 法院은 第777條의 規定에 의한 被後見人의 親族 기타 利害關係人의 請求에 의하여 後見人을 選任하여야 한다.
② 後見人이 死亡, 缺格 기타 事由로 인하여 缺格된 때에 前4條의 規定에 의하여 後見人이 될 者가 없는 경우에도 前項과 같다."

참조 937 · 939 · 940, [친권 또는 관리권의 사퇴]927, [친권상실]924 · 925, [법원에 의한 선임]가소2①(2)가, 가소규65

第937條【후견인의 결격사유】 다음 각 호의 어느 하나에 해당하는 자는 후견인이 되지 못한다.
1. 미성년자
2. 피성년후견인, 피한정후견인, 피특정후견인, 피임의후견인
3. 회생절차개시결정 또는 파산선고를 받은 자
4. 자격정지 이상의 형의 선고를 받고 그 형기(刑期) 중에 있는 사람
5. 법원에서 해임된 법정대리인
6. 법원에서 해임된 성년후견인, 한정후견인, 특정후견인, 임의후견인과 그 감독인
7. 행방이 불분명한 사람
8. 피후견인을 상대로 소송을 하였거나 하고 있는 사람
(2016.12.20 본호개정)
9. 제8호에 정한 사람의 배우자와 직계혈족. 다만, 피후견인의 직계비속은 제외한다.(2016.12.20 본호신설)
(2011.3.7 본조개정)

改前 8. 피후견인을 상대로 소송을 하였거나 하고 있는 "자 또는 그 배우자와 직계혈족"

참조 (1)[미성년자]4 · 826의2, (2)[성년후견 · 한정후견]9 · 12 · 부칙4, (3)[파산자]채무자회생파산305, (4)[자격정지이상의 형]형41 · 43 · 44, (5)[해임된 법정대리인]23 · 84 · 924 · 925 · 940 · 1053 · 1105, (6)27, (7)940

第938條【후견인의 대리권 등】 ① 후견인은 피후견인의 법정대리인이 된다.
② 가정법원은 성년후견인이 제1항에 따라 가지는 법정대리권의 범위를 정할 수 있다.
③ 가정법원은 성년후견인이 피성년후견인의 신상에 관하여 결정할 수 있는 권한의 범위를 정할 수 있다.
④ 제2항 및 제3항에 따른 법정대리인의 권한의 범위가 적절하지 아니하게 된 경우에 가정법원은 본인, 배우자, 4촌 이내의 친족, 성년후견인, 성년후견감독인, 검사 또는 지방자치단체의 장의 청구에 의하여 그 범위를 변경할 수 있다.
(2011.3.7 본조개정)

改前 "第938條【後見人의 代理權】 後見人은 被後見人의 法定代理人이 된다."

참조 [친권자인 경우]911 · 916 · 920, [친권자가 관리권 없는 경우의 후견인의 권한]946, [후견인의 관리권 없는 재산]918, [미성년자와 재산의 자유처분]6 · 8, [재산관리등]681 · 923 · 949 · 951 · 955 · 956, [복대리]122 · 123, [후견의 종료와 관리의 계산]957－959, [이해상반행위와 대리권의 제한]921, [법정대리권과 동의권의 제한]950, [영업의 대리]상8, [근로계약과 대리금지]근기67 · 68, [피후견인의 신분행위와 후견인]863 · 869 · 885, [소송과 법정대리]민소55 · 56

第939條【후견인의 사임】 후견인은 정당한 사유가 있는 경우에는 가정법원의 허가를 받아 사임할 수 있다. 이 경우 그 후견인은 사임청구와 동시에 가정법원에 새로운 후견인의 선임을 청구하여야 한다.(2011.3.7 본조개정)

改前 "第939條【後見人의 辭退】 後見人은 正當한 事由있는 때에는 法院의 許可를 얻어 이를 辭退할 수 있다."

참조 936②, [법원의 허가]가소2①(2)가 · 44, [후견인경질과 신고]가족관계등록81, [친권자대리권 · 관리권의 사퇴]927①

第940條【후견인의 변경】 가정법원은 피후견인의 복리를 위하여 후견인을 변경할 필요가 있다고 인정하면 직권으로 또는 피후견인, 친족, 후견감독인, 검사, 지방자치단체의 장의 청구에 의하여 후견인을 변경할 수 있다.(2011.3.7 본조개정)

改前 "第940條【후견인의 변경】 ① 가정법원은 피후견인의 복리를 위하여 후견인을 변경할 필요가 있다고 인정되는 경우에는 피후견인의 친족이나 검사의 청구 또는 직권에 의하여 후견인을 변경할 수 있다.
② 제1항의 경우에는 제932조 내지 제935조에 규정된 후견인의 순위에 불구하고 4촌 이내의 친족 그 밖에 적합한 자를 후견인으로 정할 수 있다.
(2005.3.31 본조개정)"

참조 936② · 937, [후견인의 변경]가소2①(2)가 · 44, [후견인의 경질과 신고]가족관계등록81, [친권 · 대리권 · 관리권의 상실선고]924 · 925

판례 미성년자등의 후견인을 해임하고 선임하는 재판과 미성년자의 이익 : 가사비송사건, 특히 미성년자의 후견인을 해임하고 선임하는 재판을 함에 있어서는 그 재판이 미성년자의 이익에 직결되는 것이므로 이를 심리하는 법원은 무엇이 미성년자의 이익에 가장 도움이 되는가를 신중히 판단하여야 하고 그와 같은 판단을 하기 위하여서는 사전에 직권에 의하여 충분한 증거조사를 함으로써 성인들간의 재산 기타 이해관계를 둘러싼 분쟁에서 미성년자가 불측의 피해를 입는 일이 없도록 법원의 후견적 임무를 다하여야 한다.
(대결 1992.3.25, 91스11)

第2款 후견감독인
(2011.3.7 본관신설)

第940條의2【미성년후견감독인의 지정】 미성년후견인을 지정할 수 있는 사람은 유언으로 미성년후견감독인을 지정할 수 있다.

第940條의3【미성년후견감독인의 선임】 ① 가정법원은 제940조의2에 따라 지정된 미성년후견감독인이 없는 경우에 필요하다고 인정하면 직권으로 또는 미성년자, 친족, 미성년후견인, 검사, 지방자치단체의 장의 청구에 의하여 미성년후견감독인을 선임할 수 있다.
② 가정법원은 미성년후견감독인이 사망, 결격, 그 밖의 사유로 없게 된 경우에는 직권으로 또는 미성년자, 친족, 미성년후견인, 검사, 지방자치단체의 장의 청구에 의하여 미성년후견감독인을 선임한다.

第940條의4【성년후견감독인의 선임】 ① 가정법원은 필요하다고 인정하면 직권으로 또는 피성년후견인, 친족, 성년후견인, 검사, 지방자치단체의 장의 청구에 의하여 성년후견감독인을 선임할 수 있다.
② 가정법원은 성년후견감독인이 사망, 결격, 그 밖의 사유로 없게 된 경우에는 직권으로 또는 피성년후견인, 친족, 성년후견인, 검사, 지방자치단체의 장의 청구에 의하여 성년후견감독인을 선임한다.

第940條의5【후견감독인의 결격사유】 제779조에 따른 후견인의 가족은 후견감독인이 될 수 없다.

第940條의6【후견감독인의 직무】 ① 후견감독인은 후견인의 사무를 감독하며, 후견인이 없는 경우 지체 없이 가정법원에 후견인의 선임을 청구하여야 한다.
② 후견감독인은 피후견인의 신상이나 재산에 대하여 급박한 사정이 있는 경우 그의 보호를 위하여 필요한 행위 또는 처분을 할 수 있다.
③ 후견인과 피후견인 사이에 이해가 상반되는 행위에 관하여는 후견감독인이 피후견인을 대리한다.

第940條의7【위임 및 후견인 규정의 준용】 후견감독인에 대하여는 제681조, 제691조, 제692조, 제930조제2항·제3항, 제936조제3항·제4항, 제937조, 제939조, 제940조, 제947조의2제3항부터 제5항까지, 제949조의2, 제955조 및 제955조의2를 준용한다.

第3款 후견인의 임무
(2011.3.7 본관제목삽입)

第941條【재산조사와 목록작성】 ① 후견인은 지체 없이 피후견인의 재산을 조사하여 2개월 내에 그 목록을 작성하여야 한다. 다만, 정당한 사유가 있는 경우에는 법원의 허가를 받아 그 기간을 연장할 수 있다.
② 후견감독인이 있는 경우 제1항에 따른 재산조사와 목록작성은 후견감독인의 참여가 없으면 효력이 없다.
(2011.3.7 본조개정)

改前 "第941條【財産調査와 目錄作成】① 後見人은 遲滯없이 被後見人의 財産을 調査하여 2月내에 그 目錄을 作成하여야 한다. 그러나 正當한 事由있는 때에는 法院의 許可를 얻어 그 期間을 延長할 수 있다.
② 前項의 財産調査와 目錄作成은 親族會가 指定한 會員의 參與가 없으면 效力이 없다."

참조 944, [기간연장허가]가소2①(2)가·44, [본조 준용]948②, [피후견인의 신상에 관한 권한]947·948, [재산에 관한 권한]949이하, [목록작성전의 후견인의 권한]943, [후견의 계산]957이하

第942條【후견인의 채권·채무의 제시】 ① 후견인과 피후견인 사이에 채권·채무의 관계가 있고 후견감독인이 있는 경우에는 후견인은 재산목록의 작성을 완료하기 전에 그 내용을 후견감독인에게 제시하여야 한다.
② 후견인이 피후견인에 대한 채권이 있음을 알고도 제1항에 따른 제시를 게을리한 경우에는 그 채권을 포기한 것으로 본다.
(2011.3.7 본조개정)

改前 "第942條【後見人의 債權, 債務의 提示】① 後見人과 被後見人 사이에 債權, 債務의 關係가 있는 때에는 後見人은 財産目錄의 作成을 完了하기 전에 그 內容을 親族會 또는 親族會의 指定한 會員에게 提示하여야 한다.
② 後見人이 被後見人에 대한 債權있음을 알고 前項의 提示를 懈怠한 때에는 그 債權을 拋棄한 것으로 본다."

참조 941·944·948②

第943條【目錄作成前의 權限】 後見人은 財産調査와 目錄作成을 完了하기까지는 緊急 必要한 경우가 아니면 그 財産에 관한 權限을 行使하지 못한다. 그러나 이로써 善意의 第三者에게 對抗하지 못한다.

참조 941·944·948②

第944條【被後見人이 取得한 包括的 財産의 調査등】 前3條의 規定은 後見人의 就任후에 被後見人이 包括的 財産을 取得한 경우에 準用한다.

참조 948②, [포괄적 재산의 취득]1005·1078

第945條【미성년자의 신분에 관한 후견인의 권리·의무】 미성년후견인은 제913조 및 제914조에서 규정한 사항에 관하여는 친권자와 동일한 권리와 의무가 있다. 다만, 다음 각 호의 어느 하나에 해당하는 경우에는 미성년후견감독인이 있으면 그의 동의를 받아야 한다.
(2021.1.26 본문개정)
1. 친권자가 정한 교육방법, 양육방법 또는 거소를 변경하는 경우
2. (2021.1.26 삭제)
3. 친권자가 허락한 영업을 취소하거나 제한하는 경우
(2011.3.7 본조개정)

改前 第945條【미성년자의 신분에 관한 후견인의 권리·의무】 미성년후견인은 "제913조부터 제915조까지에" 규정한 사항에 관하여는 친권자와 동일한 권리와 의무가 있다. 다만,…
"2. 미성년자를 감화기관이나 교정기관에 위탁하는 경우"

참조 948②, [교양]913, [거소지정]914, [감화 또는 교정기관에의 위탁]소년4·32, [후견인과 영업허가]950, [재산관리에 한정된 후견]946

第946條【친권 중 일부에 한정된 후견】 미성년자의 친권자가 제924조의2, 제925조 또는 제927조제1항에 따라 친권 중 일부에 한정하여 행사할 수 없는 경우에 미성년후견인의 임무는 제한된 친권의 범위에 속하는 행위에 한정된다.(2014.10.15 본조개정)

改前 "第946條【재산관리에 한정된 후견】 미성년자의 친권자가 법률행위의 대리권과 재산관리권에 한정하여 친권을 행사할 수 없는 경우에 미성년후견인의 임무는 미성년자의 재산에 관한 행위에 한정된다.(2011.3.7 본조개정)"

참조 [친권을 행사할 수 없는 경우]924·925·927·928, [재산에 관한 권한]949이하

第947條【피성년후견인의 복리와 의사존중】 성년후견인은 피성년후견인의 재산관리와 신상보호를 할 때 여러 사정을 고려하여 그의 복리에 부합하는 방법으로 사무를 처리하여야 한다. 이 경우 성년후견인은 피성년후견인의 복리에 반하지 아니하면 피성년후견인의 의사를 존중하여야 한다.(2011.3.7 본조개정)

改前 "第947條【禁治産者의 療養, 監護】① 禁治産者의 後見人은 禁治産者의 療養, 監護에 日常의 注意를 懈怠하지 아니하여야 한다.
② 後見人이 禁治産者를 私宅에 監禁하거나 精神病院 기타 다른 場所에 監禁治療함에는 法院의 許可를 얻어야 한다. 그러나 緊急을 要할 狀態인 때에는 事後에 許可를 請求할 수 있다."

참조 ①[성년후견개시]9·929, [요양·감호의 비용]687·688, ②[법원의 허가]가소2①(2)가·44, 가소규32·35·36·38

第947條의2【피성년후견인의 신상결정 등】 ① 피성년후견인은 자신의 신상에 관하여 그의 상태가 허락하는 범위에서 단독으로 결정한다.
② 성년후견인이 피성년후견인을 치료 등의 목적으로 정신병원이나 그 밖의 다른 장소에 격리하려는 경우에는 가정법원의 허가를 받아야 한다.
③ 피성년후견인의 신체를 침해하는 의료행위에 대하여 피성년후견인이 동의할 수 없는 경우에는 성년후견인이 그를 대신하여 동의할 수 있다.
④ 제3항의 경우 피성년후견인이 의료행위의 직접적인 결과로 사망하거나 상당한 장애를 입을 위험이 있을 때에는 가정법원의 허가를 받아야 한다. 다만, 허가절차로 의료행위가 지체되어 피성년후견인의 생명에 위험을 초래하거나 심신상의 중대한 장애를 초래할 때에는 사후에 허가를 청구할 수 있다.
⑤ 성년후견인이 피성년후견인을 대리하여 피성년후견인이 거주하고 있는 건물 또는 그 대지에 대하여 매도, 임대, 전세권 설정, 저당권 설정, 임대차의 해지, 전세권의 소멸, 그 밖에 이에 준하는 행위를 하는 경우에는 가정법원의 허가를 받아야 한다.
(2011.3.7 본조신설)

第948條【미성년자의 친권의 대행】 ① 미성년후견인은 미성년자를 갈음하여 미성년자의 자녀에 대한 친권을 행사한다.
② 제1항의 친권행사에는 미성년후견인의 임무에 관한 규정을 준용한다.
(2011.3.7 본조개정)

改前 "第948條【未成年者의 親權의 代行】① 後見人은 被後見人에 가름하여 그 子에 대한 親權을 行使한다.
② 前項의 親權行使에는 後見人의 任務에 관한 規定을 準用한다."

참조 [미성년자와 친권]4·5·909①②③, [미성년자의 혼인과 성년]826의2, [친권자의 자의 친권대행]910, [친권의 효력]913이하, [후견인의 임무]941-945·950-955

第949條【財産管理權과 代理權】 ① 後見人은 被後見人의 財産을 管理하고 그 財産에 관한 法律行爲에 대하여 被後見人을 代理한다.
② 第920條 但書의 規定은 前項의 法律行爲에 準用한다.

참조 ①946·950-959, [친권자의 재산관리권·대리권]916·920, [후견인의 관리권 없는 재산]918·956, [미성년자와 재산의 자유처분]6·8②, [동의권]5-8, [재산관리와 주의의무]681·956, [복대리]122·123, [영업의 대리]상8, [피후견인의 신분행위와 후견인]863·869·885, [소송과 법정대리]민소55·56

第949條의2【성년후견인이 여러 명인 경우 권한의 행사 등】 ① 가정법원은 직권으로 여러 명의 성년후견인이 공동으로 또는 사무를 분장하여 그 권한을 행사하도록 정할 수 있다.
② 가정법원은 직권으로 제1항에 따른 결정을 변경하거나 취소할 수 있다.
③ 여러 명의 성년후견인이 공동으로 권한을 행사하여야 하는 경우에 어느 성년후견인이 피성년후견인의 이익이 침해될 우려가 있음에도 법률행위의 대리 등 필요한 권한행사에 협력하지 아니할 때에는 가정법원은 피성년후견인, 성년후견인, 후견감독인 또는 이해관계인의 청구에 의하여 그 성년후견인의 의사표시를 갈음하는 재판을 할 수 있다.
(2011.3.7 본조신설)

第949條의3【이해상반행위】 후견인에 대하여는 제921조를 준용한다. 다만, 후견감독인이 있는 경우에는 그러하지 아니하다.(2011.3.7 본조신설)

第950條【후견감독인의 동의를 필요로 하는 행위】 ① 후견인이 피후견인을 대리하여 다음 각 호의 어느 하나에 해당하는 행위를 하거나 미성년자의 다음 각 호의 어느 하나에 해당하는 행위에 동의를 할 때는 후견감독인이 있으면 그의 동의를 받아야 한다.
1. 영업에 관한 행위
2. 금전을 빌리는 행위
3. 의무만을 부담하는 행위
4. 부동산 또는 중요한 재산에 관한 권리의 득실변경을 목적으로 하는 행위
5. 소송행위
6. 상속의 승인, 한정승인 또는 포기 및 상속재산의 분할에 관한 협의

② 후견감독인의 동의가 필요한 행위에 대하여 후견감독인이 피후견인의 이익이 침해될 우려가 있음에도 동의를 하지 아니하는 경우에는 가정법원은 후견인의 청구에 의하여 후견감독인의 동의를 갈음하는 허가를 할 수 있다.
③ 후견감독인의 동의가 필요한 법률행위를 후견인이 후견감독인의 동의 없이 하였을 때에는 피후견인 또는 후견감독인이 그 행위를 취소할 수 있다.
(2011.3.7 본조개정)

改前 "第950條【法定代理權과 同意權의 制限】 ① 後見人이 被後見人에 가름하여 다음 各號의 行爲를 하거나 未成年者 또는 限定治産者의 다음 各號의 行爲에 同意를 함에는 親族會의 同意를 얻어야 한다.
1. 營業을 하는 일
2. 借財 또는 保證을 하는 일
3. 不動産 또는 重要한 財産에 관한 權利의 得失變更을 目的으로 하는 行爲를 하는 일
4. 訴訟行爲를 하는 일
② 前項의 規定에 違反한 行爲는 被後見人 또는 親族會가 이를 取消할 수 있다."

참조 948, ①[후견인의 대리권·동의권]5·8·938·949, [영업을 하거나 또는 동의하는 일]8·946, 상6·8, [차재·보증]428-448, 어음30-32·77③, 수표25-27, [부동산]99①, [동산]99②, [소송행위]민소56, ③[취소]141-146, [취소최고권]15

판례 한정치산자의 후견인이 친족회의 동의 없이 소를 제기한 경우 : 한정치산자의 후견인이 한정치산자의 이름으로 소송을 제기하는 등의 소송행위를 함에는 친족회의 동의를 얻어야 하며, 친족회의 동의를 얻지 아니한 채 제소하여 사실심의 변론종결시까지 그 동의가 보정되지 아니하였다면 그 제소 등 일련의 소송행위는 그에 필요한 수권이 흠결된 법정대리인에 의한 것으로서 절차적 안정이 요구되는 소송행위의 성격상 민법 950조 2항의 규정에도 불구하고 무효이다.(대판 2001.7.27, 2001다5937)

판례 민법 제966조에 의하면, 친족회는 본인 기타 이해관계인 등의 청구에 의하여 가정법원이 이를 소집하도록 규정되어 있으므로, 가정법원이 소집하지 아니한 친족회의 결의는 중대한 절차상의 하자가 있어서 부존재 내지는 무효이다.(대판 1997.6.27, 97다3828)

第951條【피후견인의 재산 등의 양수에 대한 취소】 ① 후견인이 피후견인에 대한 제3자의 권리를 양수(讓受)하는 경우에는 피후견인은 이를 취소할 수 있다.
② 제1항에 따른 권리의 양수의 경우 후견감독인이 있으면 후견인은 후견감독인의 동의를 받아야 하고, 후견감독인의 동의가 없는 경우에는 피후견인 또는 후견감독인이 이를 취소할 수 있다.
(2011.3.7 본조개정)

改前 "第951條【被後見人에 대한 權利의 讓受】 ① 後見人이 被後見人에 대한 第三者의 權利를 讓受함에는 親族會의 同意를 얻어야 한다.
② 前項의 규정에 違反한 行爲는 被後見人 또는 親族會가 이를 取消할 수 있다."

참조 948①·952, [취소]141-146, [후견인의 취소 최고권]15

第952條【상대방의 추인 여부 최고】 제950조 및 제951조의 경우에는 제15조를 준용한다.(2011.3.7 본조개정)

改前 "第952條【相對方의 追認與否催告】 第15條의 規定은 前2條의 경우에 相對方의 親族會에 대한 追認與否의 催告에 準用한다."

第953條【후견감독인의 후견사무의 감독】 후견감독인은 언제든지 후견인에게 그의 임무 수행에 관한 보고와 재산목록의 제출을 요구할 수 있고 피후견인의 재산상황을 조사할 수 있다.(2011.3.7 본조개정)

改前 "第953條【親族會의 後見事務의 監督】 親族會는 언제든지 後見人에 대하여 그 任務遂行에 관한 報告와 財産目錄의 提出을 要求할 수 있고 被後見人의 財産狀況을 調査할 수 있다."

참조 949, [수임인의 보고의무]683, [부재자의 재산관리]22①·24③, [재산목록]941

第954條【가정법원의 후견사무에 관한 처분】 가정법원은 직권으로 또는 피후견인, 후견감독인, 제777조에 따른 친족, 그 밖의 이해관계인, 검사, 지방자치단체의 장의 청구에 의하여 피후견인의 재산상황을 조사하고, 후견인에게 재산관리 등 후견임무 수행에 관하여 필요한 처분을 명할 수 있다.(2011.3.7 본조개정)

改前 "第954條【法院의 後見事務에 관한 處分】 法院은 被後見人 또는 第777條의 規定에 의한 親族 기타 利害關係人의 請求에 의하여 被後見人의 財産狀況을 調査하고 그 財産管理 기타 後見任務遂行에 관하여 必要한 處分을 命할 수 있다."

참조 949·953, [부재자의 재산관리]22·24, [법원의 처분]가소2①

第955條【後見人에 대한 報酬】 法院은 後見人의 請求에 의하여 被後見人의 財産狀態 기타 事情을 參酌하여 被後見人의 財産중에서 相當한 報酬를 後見人에게 授與할 수 있다.

참조 949, [후견인에 대한 보수의 수여]가소2①·44, [수임인의 보수청구]686①, [부재자 재산관리인의 보수]26②

第955條의2【지출금액의 예정과 사무비용】 후견인이 후견사무를 수행하는 데 필요한 비용은 피후견인의 재산 중에서 지출한다.(2011.3.7 본조신설)

第956條【委任과 親權의 規定의 準用】 第681條 및 第918條의 規定은 後見人에게 이를 準用한다.

第4款 후견의 종료
(2011.3.7 본관제목삽입)

第957條【후견사무의 종료와 관리의 계산】 ① 후견인의 임무가 종료된 때에는 후견인 또는 그 상속인은 1개월 내에 피후견인의 재산에 관한 계산을 하여야 한다. 다만, 정당한 사유가 있는 경우에는 법원의 허가를 받아 그 기간을 연장할 수 있다.

② 제1항의 계산은 후견감독인이 있는 경우에는 그가 참여하지 아니하면 효력이 없다.
(2011.3.7 본조개정)

改前 "第957條【後見事務의 終了와 管理의 計算】① 後見人의 任務가 終了한 때에는 後見人 또는 그 相續人은 1月내에 被後見人의 財産에 관한 計算을 하여야 한다. 그러나 正當한 事由있는 때에는 法院의 許可를 얻어 그 期間을 延長할 수 있다.
② 前項의 計算은 親族會가 指定한 會員의 參與가 없으면 效力이 없다."

참조 [친권자의 관리의 계산]923, ①[관리의 계산]958·959, [상속인·승계인]1000이하, [후견종료와 신고]가족관계등록83, [후견인경질의 신고]가족관계등록81, [법원의 허가]가소2①·44

第958條【利子의 附加와 金錢消費에 대한 責任】 ① 後見人이 被後見人에게 支給할 金額이나 被後見人이 後見人에게 支給할 金額에는 計算終了의 날로부터 利子를 附加하여야 한다.
② 後見人이 自己를 위하여 被後見人의 金錢을 消費한 때에는 그 消費한 날로부터 利子를 附加하고 被後見人에게 損害가 있으면 이를 賠償하여야 한다.

참조 957, [수임인의 금전소비의 책임]685, [이자]379, [후견인의 선관의무]681·956

第959條【委任規定의 準用】 第691條, 第692條의 規定은 後見의 終了에 이를 準用한다.

참조 919

第2節 한정후견과 특정후견
(2011.3.7 본절신설)

第959條의2【한정후견의 개시】 가정법원의 한정후견개시의 심판이 있는 경우에는 그 심판을 받은 사람의 한정후견인을 두어야 한다.

第959條의3【한정후견인의 선임 등】 ① 제959조의2에 따른 한정후견인은 가정법원이 직권으로 선임한다.
② 한정후견인에 대하여는 제930조제2항·제3항, 제936조제2항부터 제4항까지, 제937조, 제939조, 제940조 및 제949조의3을 준용한다.

第959條의4【한정후견인의 대리권 등】 ① 가정법원은 한정후견인에게 대리권을 수여하는 심판을 할 수 있다.
② 한정후견인의 대리권 등에 관하여는 제938조제3항 및 제4항을 준용한다.

第959條의5【한정후견감독인】 ① 가정법원은 필요하다고 인정하면 직권으로 또는 피한정후견인, 친족, 한정후견인, 검사, 지방자치단체의 장의 청구에 의하여 한정후견감독인을 선임할 수 있다.
② 한정후견감독인에 대하여는 제681조, 제691조, 제692조, 제930조제2항·제3항, 제936조제3항·제4항, 제937조, 제939조, 제940조, 제940조의3제2항, 제940조의5, 제940조의6, 제947조의2제3항부터 제5항까지, 제949조의2, 제955조 및 제955조의2를 준용한다. 이 경우 제940조의6제3항 중 "피후견인을 대리한다"는 "피한정후견인을 대리하거나 피한정후견인이 그 행위를 하는 데 동의한다"로 본다.

第959條의6【한정후견사무】 한정후견의 사무에 관하여는 제681조, 제920조 단서, 제947조, 제947조의2, 제949조, 제949조의2, 제949조의3, 제950조부터 제955조까지 및 제955조의2를 준용한다.

第959條의7【한정후견인의 임무의 종료 등】 한정후견인의 임무가 종료한 경우에 관하여는 제691조, 제692조, 제957조 및 제958조를 준용한다.

第959條의8【특정후견에 따른 보호조치】 가정법원은 피특정후견인의 후원을 위하여 필요한 처분을 명할 수 있다.

第959條의9【특정후견인의 선임 등】 ① 가정법원은 제959조의8에 따른 처분으로 피특정후견인을 후원하거나 대리하기 위한 특정후견인을 선임할 수 있다.
② 특정후견인에 대하여는 제930조제2항·제3항, 제936조제2항부터 제4항까지, 제937조, 제939조 및 제940조를 준용한다.

第959條의10【특정후견감독인】 ① 가정법원은 필요하다고 인정하면 직권으로 또는 피특정후견인, 친족, 특정후견인, 검사, 지방자치단체의 장의 청구에 의하여 특정후견감독인을 선임할 수 있다.
② 특정후견감독인에 대하여는 제681조, 제691조, 제692조, 제930조제2항·제3항, 제936조제3항·제4항, 제937조, 제939조, 제940조, 제940조의5, 제940조의6, 제949조의2, 제955조 및 제955조의2를 준용한다.

第959條의11【특정후견인의 대리권】 ① 피특정후견인의 후원을 위하여 필요하다고 인정하면 가정법원은 기간이나 범위를 정하여 특정후견인에게 대리권을 수여하는 심판을 할 수 있다.
② 제1항의 경우 가정법원은 특정후견인의 대리권 행사에 가정법원이나 특정후견감독인의 동의를 받도록 명할 수 있다.

第959條의12【특정후견사무】 특정후견의 사무에 관하여는 제681조, 제920조 단서, 제947조, 제949조의2, 제953조부터 제955조까지 및 제955조의2를 준용한다.

第959條의13【특정후견인의 임무의 종료 등】 특정후견인의 임무가 종료한 경우에 관하여는 제691조, 제692조, 제957조 및 제958조를 준용한다.

第3節 후견계약
(2011.3.7 본절신설)

第959條의14【후견계약의 의의와 체결방법 등】 ① 후견계약은 질병, 장애, 노령, 그 밖의 사유로 인한 정신적 제약으로 사무를 처리할 능력이 부족한 상황에 있거나 부족하게 될 상황에 대비하여 자신의 재산관리 및 신상보호에 관한 사무의 전부 또는 일부를 다른 자에게 위탁하고 그 위탁사무에 관하여 대리권을 수여하는 것을 내용으로 한다.
② 후견계약은 공정증서로 체결하여야 한다.
③ 후견계약은 가정법원이 임의후견감독인을 선임한 때부터 효력이 발생한다.
④ 가정법원, 임의후견인, 임의후견감독인 등은 후견계약을 이행·운영할 때 본인의 의사를 최대한 존중하여야 한다.

第959條의15【임의후견감독인의 선임】 ① 가정법원은 후견계약이 등기되어 있고, 본인이 사무를 처리할 능력이 부족한 상황에 있다고 인정할 때에는 본인, 배우자, 4촌 이내의 친족, 임의후견인, 검사 또는 지방자치단체의 장의 청구에 의하여 임의후견감독인을 선임한다.
② 제1항의 경우 본인이 아닌 자의 청구에 의하여 가정법원이 임의후견감독인을 선임할 때에는 미리 본인의 동의를 받아야 한다. 다만, 본인이 의사를 표시할 수 없는 때에는 그러하지 아니하다.
③ 가정법원은 임의후견감독인이 없게 된 경우에는 직권으로 또는 본인, 친족, 임의후견인, 검사 또는 지방자치단체의 장의 청구에 의하여 임의후견감독인을 선임한다.
④ 가정법원은 임의후견감독인이 선임된 경우에도 필요하다고 인정하면 직권으로 또는 제3항의 청구권자의 청구에 의하여 임의후견감독인을 추가로 선임할 수 있다.
⑤ 임의후견감독인에 대하여는 제940조의5를 준용한다.

第959條의16【임의후견감독인의 직무 등】 ① 임의후견감독인은 임의후견인의 사무를 감독하며 그 사무에 관하여 가정법원에 정기적으로 보고하여야 한다.

② 가정법원은 필요하다고 인정하면 임의후견감독인에게 감독사무에 관한 보고를 요구할 수 있고 임의후견인의 사무 또는 본인의 재산상황에 대한 조사를 명하거나 그 밖에 임의후견감독인의 직무에 관하여 필요한 처분을 명할 수 있다.
③ 임의후견감독인에 대하여는 제940조의6제2항 · 제3항, 제940조의7 및 제953조를 준용한다.

第959條의17【임의후견개시의 제한 등】 ① 임의후견인이 제937조 각 호에 해당하는 자 또는 그 밖에 현저한 비행을 하거나 후견계약에서 정한 임무에 적합하지 아니한 사유가 있는 자인 경우에는 가정법원은 임의후견감독인을 선임하지 아니한다.
② 임의후견감독인을 선임한 이후 임의후견인이 현저한 비행을 하거나 그 밖에 그 임무에 적합하지 아니한 사유가 있게 된 경우에는 가정법원은 임의후견감독인, 본인, 친족, 검사 또는 지방자치단체의 장의 청구에 의하여 임의후견인을 해임할 수 있다.

第959條의18【후견계약의 종료】 ① 임의후견감독인의 선임 전에는 본인 또는 임의후견인은 언제든지 공증인의 인증을 받은 서면으로 후견계약의 의사표시를 철회할 수 있다.
② 임의후견감독인의 선임 이후에는 본인 또는 임의후견인은 정당한 사유가 있는 때에만 가정법원의 허가를 받아 후견계약을 종료할 수 있다.

第959條의19【임의후견인의 대리권 소멸과 제3자와의 관계】 임의후견인의 대리권 소멸은 등기하지 아니하면 선의의 제3자에게 대항할 수 없다.

第959條의20【후견계약과 성년후견 · 한정후견 · 특정후견의 관계】 ① 후견계약이 등기되어 있는 경우에는 가정법원은 본인의 이익을 위하여 특별히 필요할 때에만 임의후견인 또는 임의후견감독인의 청구에 의하여 성년후견, 한정후견 또는 특정후견의 심판을 할 수 있다. 이 경우 후견계약은 본인이 성년후견 또는 한정후견개시의 심판을 받은 때 종료된다.
② 본인이 피성년후견인, 피한정후견인 또는 피특정후견인인 경우에 가정법원은 임의후견감독인을 선임함에 있어서 종전의 성년후견, 한정후견 또는 특정후견의 종료 심판을 하여야 한다. 다만, 성년후견 또는 한정후견 조치의 계속이 본인의 이익을 위하여 특별히 필요하다고 인정하면 가정법원은 임의후견감독인을 선임하지 아니한다.

판례 후견계약의 등기에 불구하고 한정후견 등의 심판을 할 수 있는 '본인의 이익을 위하여 특별히 필요할 때'란 후견계약의 내용, 후견계약에서 정한 임의후견인이 임무에 적합하지 아니한 사유가 있는지, 본인의 정신적 제약의 정도, 기타 후견계약과 본인을 둘러싼 제반 사정 등을 종합하여, 후견계약에 따른 후견이 본인의 보호에 충분하지 아니하여 법정후견에 의한 보호가 필요하다고 인정되는 경우를 말한다. (대결 2017.6.1, 2017스515)

第6章 親族會
(2011.3.7 삭제)

第960條 (2011.3.7 삭제)
改前 "第960條【親族會의 組織】本法 기타 法律의 規定에 의하여 親族會의 決議를 要할 事由가 있는 때에는 親族會를 組織한다."

第961條 (2011.3.7 삭제)
改前 "第961條【親族會員의 數】① 親族會員은 3人이상 10人이하로 한다.
② 親族會에 代表者 1人을 두고 親族會員중에서 互選한다.
③ 前項의 代表者는 訴訟行爲 기타 外部에 대한 行爲에 있어서 親族會를 代表한다."

第962條 (2011.3.7 삭제)
改前 "第962條【親權者의 親族會員 指定】後見人을 指定할 수 있는 親權者는 未成年者의 親族會員을 指定할 수 있다."

第963條 (2011.3.7 삭제)
改前 "第963條【親族會員의 選任】① 親族會員은 本人, 그 法定代理人 또는 第777條의 規定에 의한 親族이나 利害關係人의 請求에 의하여 法院이 第777條의 規定에 의한 그 親族 또는 본인과 특별한 연고가 있는 자 중에서 이를 選任한다. 그러나 前條의 規定에 의하여 親族會員이 指定된 때에는 그러하지 아니하다.(2005.3.31 본항개정)
② 前項의 規定에 의한 請求를 할 수 있는 者는 親族會의 員數와 그 選任에 관하여 法院에 意見書를 提出할 수 있다."

第964條 (2011.3.7 삭제)
改前 "第964條【親族會員의 缺格事由】① 後見人은 後見의 計算을 完了한 후가 아니면 被後見人의 親族會員이 되지 못한다.
② 第937條의 規定은 親族會員에 準用한다."

第965條 (2011.3.7 삭제)
改前 "第965條【無能力者를 위한 常設親族會】① 未成年者, 禁治産者 또는 限定治産者를 위한 親族會는 그 無能力의 事由가 終了할 때까지 繼續한다.
② 前項의 親族會에 缺員이 生한 때에는 法院은 職權 또는 請求에 의하여 이를 補充하여야 한다."

第966條 (2011.3.7 삭제)
改前 "第966條【親族會의 召集】親族會는 本人, 그 法定代理人, 配偶者, 직계혈족, 會員, 利害關係人 또는 檢事의 請求에 의하여 家庭法院이 이를 召集한다.(2005.3.31 본조개정)"

第967條 (2011.3.7 삭제)
改前 "第967條【親族會의 決議方法】① 親族會의 議事는 會員過半數의 贊成으로 決定한다.
② 前項의 議事에 관하여 利害關係있는 會員은 그 決議에 參加하지 못한다.
③ 親族會員過半數의 贊成으로 行한 書面決議로써 親族會의 決議에 가름한 경우에는 前條의 規定에 의하여 親族會의 召集을 請求할 수 있는 者는 2月내에 그 取消를 法院에 請求할 수 있다."

第968條 (2011.3.7 삭제)
改前 "第968條【親族會에서의 意見開陳】本人, 그 法定代理人, 配偶者, 直系血族, 4寸이내의 방계혈족은 親族會에 出席하여 意見을 開陳할 수 있다.(2005.3.31 본조개정)"

第969條 (2011.3.7 삭제)
改前 "第969條【親族會의 決議에 가름할 裁判】親族會가 決議를 할 수 없거나 決議를 하지 아니하는 때에는 親族會의 召集을 請求할 수 있는 者는 그 決議에 가름할 裁判을 法院에 請求할 수 있다."

第970條 (2011.3.7 삭제)
改前 "第970條【親族會員의 辭退】親族會員은 正當한 事由있는 때에는 法院의 許可를 얻어 이를 辭退할 수 있다."

第971條 (2011.3.7 삭제)
改前 "第971條【親族會員의 解任】① 親族會員에 그 任務에 관하여 不正行爲 기타 適當하지 아니한 事由가 있는 때에는 法院은 職權 또는 本人, 그 法定代理人, 第777條의 規定에 의한 本人의 親族이나 利害關係人의 請求에 의하여 그 親族會員을 改任 또는 解任할 수 있다.
② 法院은 適當하다고 認定할 때에는 職權 또는 本人, 그 法定代理人, 第777條의 規定에 의한 本人의 親族이나 利害關係人의 請求에 의하여 親族會員을 增員選任할 수 있다."

第972條 (2011.3.7 삭제)
改前 "第972條【親族會의 決議와 異議의 訴】親族會의 召集을 請求할 수 있는 者는 親族會의 決議에 대하여 2月내에 異議의 訴를 提起할 수 있다."

第973條 (2011.3.7 삭제)
改前 "第973條【親族會員의 善管義務】第681條의 規定은 親族會員에 準用한다."

第7章 扶 養

第974條【扶養義務】 다음 各號의 親族은 서로 扶養의 義務가 있다.
1. 直系血族 및 그 配偶者間
2. (1990.1.13 삭제)
3. 기타 親族間(生計를 같이 하는 경우에 限한다.)

참조 [부양의무의 준거법]국제사법, [친족]767이하, [부양]976-979, [부양의무의 해태]905, 형271 · 275, [직계혈족 및 그 배우자]767-769, [부부간의 협조와 부양]826①, [부양의무와 생활능력]975

판례 성년의 자에 대한 과거의 부양료의 구상청구를 가사비송사건으로 청구할 수 있는지 여부 : 청구인과 피청구인은 피부양자의 직계혈족으로서 그가 부양을 필요로 하는 경우에는 민법 974조 1호, 975조의 규정에 의하여 부양의무를 부담하고, 민법 976조, 977조는 부양을 할 자의 순위나 부양의 정도 또는 방법에 관하여 당사자 간에 협정이 없는 때에는 법원은 당사자의 청구에 의하여 이를 정한다고 규정하고, 978조는 이에 관한 당사자의 협정이나 법원의 판결이 있은 후 이에 관한 사정변경이 있는 때에는 법원은 당사자의 청구에 의하여 그 협정이나 판결을 취소 또는 변경할 수 있다고 규정하고 있으며, 가사소송법(1992. 11.30 법4505호) 2조 1항 나목(2) 8호는 위 민법규정에 의한 법원의 처분을 마류 가사비송사건으로 정하여 가정법원의 전속관할로 하고 있으므로, 성년에 달한 자녀의 부양에 관한 사항은 위 가사소송법의 규정에 의한 가사비송사건에 해당하고, 과거의 부양료의 구상청구도 위 규정에 의하여 가사비송사건으로서 청구할 수 있다.(대결 1994.6.2, 93스11)

第975條【扶養義務와 生活能力】 扶養의 義務는 扶養을 받을 者가 自己의 資力 또는 勤勞에 의하여 生活을 維持할 수 없는 경우에 限하여 이를 履行할 責任이 있다.

第976條【扶養의 順位】 ① 扶養의 義務있는 者가 數人인 경우에 扶養을 할 者의 順位에 관하여 當事者間에 協定이 없는 때에는 法院은 當事者의 請求에 의하여 이를 정한다. 扶養을 받을 權利者가 數人인 경우에 扶養義務者의 資力이 그 全員을 扶養할 수 없는 때에도 같다.

② 前項의 경우에 法院은 數人의 扶養義務者 또는 權利者를 選定할 수 있다.

참조 974, [부양 결정]가소2①, 46-48, [순서의 변경·취소]978

第977條【扶養의 程度, 方法】 扶養의 程度 또는 方法에 관하여 當事者間에 協定이 없는 때에는 法院은 當事者의 請求에 의하여 扶養을 받을 者의 生活程度와 扶養義務者의 資力 기타 諸般事情을 參酌하여 이를 정한다.

참조 975, [부양에 관한 결정]가소2①, 46-48, [부양정도·방법의 변경]978

판례 교육비의 부양료 해당여부 : 부양의 정도나 방법은 당사자간에 협정이 없는 한 부양을 받을 자의 생활정도와 부양의무자의 자력 기타 제반사정을 참작하여 정하게 되어 있는 바, 부양을 받을 자의 연령, 재능, 신분, 지위 등에 따른 교육을 받는데 필요한 비용도 부양료에 해당된다.(대판 1986.6.10, 86므46)

第978條【扶養關係의 變更 또는 取消】 扶養을 할 者 또는 扶養을 받을 者의 順位, 扶養의 程度 또는 方法에 관한 當事者의 協定이나 法院의 判決이 있은 후 이에 관한 事情變更이 있는 때에는 法院은 當事者의 請求에 의하여 그 協定이나 判決을 取消 또는 變更할 수 있다.

참조 974-977, [부양관계의 변경·취소]가소2①, 46-48

第979條【扶養請求權處分의 禁止】 扶養을 받을 權利는 이를 處分하지 못한다.

참조 [일신전속권과 채권양도]449①, [일신전속권과 상속]1005, [법률상의 부양료와 압류금지]민집246, 채무자회생파산383①②, [압류금지채권과 상계]497, [부양의무자의 파산과 부양료]채무자회생파산473·486·489

일판 기본적 양로금채권으로부터 파생한 개개의 채권은 유가 또는 무상으로 자유롭게 양도할 수 있다.(日·大審 1940.11.12)

第8章 戶主承繼
(2005.3.31 삭제)

第1節 總 則

第980條 (2005.3.31 삭제)

改前 "第980條【戶主承繼開始의 原因】 戶主承繼는 다음 各號의 事由로 인하여 開始된다.(1990.1.13 본문개정)
1. 戶主가 死亡하거나 國籍을 喪失한 때
2. 養子인 戶主가 入養의 無效 또는 取消로 인하여 離籍된 때
3. 女戶主가 親家에 復籍하거나 婚姻으로 인하여 他家에 入籍한 때
4. (1990.1.13 삭제)"

第981條 (2005.3.31 삭제)

改前 "第981條【戶主承繼開始의 場所】 戶主承繼는 被承繼人의 住所地에서 開始된다.(1990.1.13 본조개정)"

第982條 (2005.3.31 삭제)

改前 "第982條【戶主承繼回復의 訴】 ① 戶主承繼權이 僭稱戶主로 인하여 侵害된 때에는 承繼權者 또는 그 法定代理人은 戶主承繼回復의 訴를 提起할 수 있다.
② 前項의 戶主承繼回復請求權은 그 侵害를 안 날로부터 3年, 承繼가 開始된 날로부터 10年을 經過하면 消滅한다.
(1990.1.13 본조개정)"

第983條 (1990.1.13 삭제)

第2節 戶主承繼人

第984條 (2005.3.31 삭제)

改前 "第984條【戶主承繼의 順位】 戶主承繼에 있어서는 다음 順位로 承繼人이 된다.
1. 被承繼人의 直系卑屬男子
2. 被承繼人의 家族인 直系卑屬女子
3. 被承繼人의 妻
4. 被承繼人의 家族인 直系尊屬女子
5. 被承繼人의 家族인 直系卑屬의 妻
(1990.1.13 본조개정)"

第985條 (2005.3.31 삭제)

改前 "第985條【同前】 ① 前條의 規定에 의한 同順位의 直系卑屬이 數人인 때에는 最近親을 先順位로 하고 同親等의 直系卑屬중에서는 婚姻중의 出生子를 先順位로 한다.
② 前項의 規定에 의하여 順位同一한 者가 數人인 때에는 年長者를 先順位로 한다. 그러나 前條第5號에 該當한 直系卑屬의 妻가 數人인 때에는 그 夫의 順位에 의한다.
③ 養子는 入養한 때에 出生한 것으로 본다."

第986條 (2005.3.31 삭제)

改前 "第986條【同前】 第984條第4號의 直系尊屬이 數人인 때에는 最近親을 先順位로 한다."

第987條 (2005.3.31 삭제)

改前 "第987條【戶主承繼權없는 生母】 養子인 被承繼人의 生母나 被承繼人의 父와 婚姻關係없는 生母는 被承繼人의 家族인 경우에도 그 戶主承繼人이 되지 못한다. 그러나 被承繼人이 分家 또는 一家創立의 戶主인 때에는 그러하지 아니하다.(1990.1.13 본조개정)"

第988條 (1990.1.13 삭제)

第989條 (2005.3.31 삭제)

改前 "第989條【婚姻外出生子의 承繼順位】 第855條第2項의 規定에 의하여 婚姻중의 出生子가 된 者의 承繼順位에 관하여는 그 父母가 婚姻한 때에 出生한 것으로 본다.(1990.1.13 본조개정)"

第990條 (1990.1.13 삭제)

第991條 (2005.3.31 삭제)

改前 "第991條【戶主承繼權의 포기】 戶主承繼權은 이를 포기할 수 있다.(1990.1.13 본조개정)"

第992條 (2005.3.31 삭제)

改前 "第992條【承繼人의 缺格事由】 다음 各號에 해당한 者는 戶主承繼人이 되지 못한다.
1. 故意로 直系尊屬, 被承繼人, 그 配偶者 또는 戶主承繼의 先順位者를 殺害하거나 殺害하려한 者
2. 故意로 直系尊屬, 被承繼人과 그 配偶者에게 傷害를 加하여 死亡에 이르게 한 者
3.~5. (1990.1.13 삭제)
(1990.1.13 본조개정)"

第993條 (2005.3.31 삭제)

改前 "第993條【女戶主와 그 承繼人】 女戶主의 死亡 또는 離籍으로 인한 戶主承繼에는 第984條의 規定에 의한 直系卑屬이나 直系尊屬이 있는 경우에도 그 直系卑屬이 그 家의 系統을 繼承할 血族이 아니면 戶主承繼人이 되지 못한다. 그러나 被承繼人이 分家 또는 一家를 創立한 女戶主인 경우에는 그러하지 아니하다.(1990.1.13 본조개정)"

第994條 (2005.3.31 삭제)

改前 "第994條【承繼權爭訟과 財産管理에 관한 法院의 處分】 ① 承繼開始된 후 承繼權의 存否와 그 順位에 影響있는 爭訟이 法院에 繫屬된 때에는 法院은 被承繼人의 配偶者, 4寸이내의 親族 기타 利害關係人의 請求에 의하여 그 承繼財産의 管理에 필요한 處分을 하여야 한다.(1990.1.13 본항개정)
② 法院이 財産管理人을 選任한 경우에는 第24條 내지 第26條의 規定을 準用한다."

第3節 戶主承繼의 效力

第995條 (2005.3.31 삭제)

改前 "第995條【承繼와 權利義務의 承繼】 戶主承繼人은 承繼가 開始된 때로부터 戶主의 權利義務를 承繼한다. 그러나 前戶主의 一身에 專屬한 것은 그러하지 아니하다.(1990.1.13 본조개정)"

第996條 (1990.1.13 삭제)

第5編 相 續

第1章 相 續

第1節 總 則

第997條【相續開始의 原因】 相續은 死亡으로 인하여 開始된다.(1990.1.13 본조개정)

참조 [상속의 준거법]국제사법, [실종]27－29, 부재선고에관한특별조치법4, [사망·실종의 신고]가족관계등록84, [상속인]1000·1053, [상속의 효력]1005이하, [상속의 승인, 포기]1019이하

第998條【相續開始의 場所】 相續은 被相續人의 住所地에서 開始한다.(1990.1.13 본조개정)

참조 [상속개시지]민소22, 가소44

第998條의2【相續費用】 相續에 관한 費用은 相續財産 중에서 支給한다.(1990.1.13 본조신설)

판례 장례비용이 민법 998조의2 소정의 상속에 관한 비용에 해당하는지 여부(적극) : 상속에 관한 비용은 상속재산 중에서 지급하는 것이고, 상속에 관한 비용이라 함은 상속재산의 관리 및 청산에 필요한 비용을 의미하는바, 장례비용도 피상속인이나 상속인의 사회적 지위와 그 지역의 풍속 등에 비추어 합리적인 금액 범위 내라면 이를 상속비용으로 보아야 한다.(대판 2003.11.14, 2003다30968)

第999條【相續回復請求權】 ① 相續權이 僭稱相續權者로 인하여 侵害된 때에는 相續權者 또는 그 法定代理人은 相續回復의 訴를 提起할 수 있다.

② 第1項의 相續回復請求權은 그 侵害를 안 날부터 3年, 相續權의 침해행위가 있은 날부터 10년을 經過하면 消滅된다.(2002.1.14 본항개정)

(1990.1.13 본조개정)

<2024.6.27 헌법재판소 단순위헌결정으로 이 조 제2항의 '상속권의 침해행위가 있은 날부터 10년' 중 민법 제1014조에 관한 부분은 헌법에 위반>

판례 자신이 진정한 상속인임을 전제로 그 상속으로 인한 소유권 또는 지분권 등 재산권의 귀속을 주장하면서 참칭상속인 또는 참칭상속인으로부터 상속재산에 관한 권리를 취득하거나 새로운 이해관계를 맺은 제3자를 상대로 상속재산인 부동산에 관한 등기의 말소 또는 진정명의 회복을 위한 등기의 이전 등을 청구하는 경우에도, 그 소유권 또는 지분권이 귀속되었다는 주장이 상속을 원인으로 하는 것인 이상 그 청구원인 여하에 불구하고 이는 상속회복청구의 소라고 해석함이 상당하다.(대판 2007.4.26, 2004다5570)

판례 제3자에 대한 상속회복청구권의 제척기간 기산일 : 진정상속인이 참칭상속인의 최초 침해행위가 있은 날로부터 10년의 제척기간이 경과하기 전에 참칭상속인에 대한 상속회복청구 소송에서 승소의 확정판결을 받았다고 하더라도 위 제척기간이 경과한 후에는 제3자를 상대로 상속회복청구 소송을 제기하여 상속재산에 관한 등기의 말소 등을 구할 수 없다.(대판 2006.9.8, 2006다26694)

판례 제정민법 시행 전에 있었던 '상속회복청구권은 상속이 개시된 날부터 20년이 경과하면 소멸한다'는 관습에 관습법으로의 효력을 인정할 수 있는지 여부 : 제정민법 시행 전에 있었던 '상속회복청구권은 상속이 개시된 날부터 20년이 경과하면 소멸한다'는 관습을 적용하면, 20년 경과 후에 상속권침해가 있을 때에는 침해행위와 동시에 진정상속인은 권리를 잃고 구제를 받을 수 없게 되어 소멸시효에 걸리지 않는 소유권의 속성에 반할 뿐 아니라, 진정상속인으로 하여금 참칭상속인에 의한 재산권침해를 사실상 방어할 수 없게 하므로…(중략)…위 관습에 법적 규범인 관습법의 효력을 인정할 수 없다.(대판 2003.7.24, 2001다48781 전원합의체)

第2節 相續人

第1000條【相續의 順位】 ① 相續에 있어서는 다음 順位로 相續人이 된다.(1990.1.13 본문개정)

1. 被相續人의 直系卑屬
2. 被相續人의 直系尊屬
3. 被相續人의 兄弟姉妹
4. 被相續人의 4寸 이내의 傍系血族(1990.1.13 본호개정)

② 前項의 경우에 同順位의 相續人이 數人인 때에는 最近親을 先順位로 하고 同親等의 相續人이 數人인 때에는 共同相續人이 된다.

③ 胎兒는 相續順位에 관하여는 이미 出生한 것으로 본다.(1990.1.13 본항개정)

(1990.1.13 본조제목개정)

참조 [대습상속]1001, [상속결격자]1004, [상속분]1009－1011, ②[공동상속]1006·1007, ③[준용규정]1064

판례 피상속인의 배우자와 자녀들 중 자녀 전부가 상속을 포기하면 상속분은 배우자에게 귀속된다. 피상속인의 배우자와 자녀 중 자녀 전부가 상속을 포기하고 배우자가 단순승인 또는 한정승인하는 경우, 배우자가 단독상속인이 될 뿐 손자녀는 공동상속인이 되지 않는다.(대판 2023.3.23, 2020그42 전원합의체)

第1001條【代襲相續】 前條第1項第1號와 第3號의 規定에 의하여 相續人이 될 直系卑屬 또는 兄弟姉妹가 相續開始前에 死亡하거나 缺格者가 된 경우에 그 直系卑屬이 있는 때에는 그 直系卑屬이 死亡하거나 缺格된 者의 順位에 갈음하여 相續人이 된다.(2014.12.30 본조개정)

改前 …者의 順位에 "가름하여" 相續人이…

참조 1000②, [상속개시]997, [실종]27－29, [상속결격자]1004, [대습상속인의 상속분]1008·1010·1011, [본조 준용]1118

판례 피상속인의 사위가 피상속인의 형제자매보다 우선하여 단독으로 대습상속한다는 민법 1003조 2항이 위헌인지 여부(소극) : [1] 우리나라에서는 전통적으로 오랫동안 며느리의 대습상속이 인정되어 왔고, 1990.1.13. 개정된 민법에서 사위에게도 대습상속을 인정하는 것으로 개정한 점, [2] 헌법 11조 1항, 헌법 36조 1항의 규정, [3] 현대 사회에서 딸이나 사위가 친정 부모 내지 장인장모를 봉양, 간호하거나 경제적으로 지원하는 경우가 드물지 아니한 점, [4] 배우자의 대습상속은 혈족상속과 배우자상속이 충돌하는 부분인데 이와 관련한 상속순위와 상속분은 원칙적으로 입법자의 입법형성의 재량에 속한다고 할 것인 점 등을 종합하여 볼 때, 이를 이유로 곧바로 피상속인의 사위가 피상속인의 형제자매보다 우선하여 단독으로 대습상속할 수 있음이 규정된 민법 1003조 2항이 입법형성의 재량의 범위를 일탈하여 행복추구권이나 재산권보장 등에 관한 헌법규정에 위배되는 것이라고 할 수 없다.(대판 2001.3.9, 99다13157)

판례 본위상속과 대습상속 : 피상속인의 자녀가 상속개시 전에 전부 사망한 경우 피상속인의 손자녀는 본위상속이 아니라 대습상속을 한다.(대판 2001.3.9, 99다13157)

第1002條 (1990.1.13 삭제)

第1003條【配偶者의 相續順位】 ① 被相續人의 配偶者는 第1000條第1項第1號와 第2號의 規定에 의한 相續人이 있는 경우에는 그 相續人과 同順位로 共同相續人이 되고 그 相續人이 없는 때에는 單獨相續人이 된다.

② 第1001條의 경우에 相續開始前에 死亡 또는 缺格된 者의 配偶者는 同條의 規定에 의한 相續人과 同順位로 共同相續人이 되고 그 相續人이 없는 때에는 單獨相續人이 된다.

(1990.1.13 본조개정)

참조 1000·1006·1007, ②1001, [상속개시]997, [실종]27－29, [사망·실종의 신고]가족관계등록84, [상속결격자]1004

판례 사실혼 배우자에게 상속권을 인정하지 아니하는 것은 상속인에 해당하는 사람이 누구인지 여부를 객관적인 기준에 의하여 파악할 수 있도록 함으로써 상속을 둘러싼 분쟁을 방지하고, 상속으로 인한 법률관계를 조속히 확정시키며, 거래의 안전을 도모하기 위한 것이다. 사실혼 배우자는 혼인신고를 함으로써 상속권을 가질 수 있고, 증여나 유증을 받는 방법으로 상속에 준하는 효과를 얻을 수 있으며, 근로기준법, 국민연금법 등에 근거한 급여를 받을 권리 등이 인정된다. 나아가 법률혼주의를 채택한 취지에 비추어 볼 때 제3자에게 영향을 미쳐 명확성과 획일성이 요청되는 상속과 같은 법률관계에서는 사실혼을 법률혼과 동일하게 취급할 수 없으므로, 상속권 조항이 사실혼 배우자의 평등권을 침해한다고 보기 어렵다.
(헌재결 2024.3.28, 2020헌바494,2021헌바22(병합) 전원재판부)

판례 민법 제1003조제1항이 사실혼 배우자에게 상속권을 인정하지 아니하는 것은 상속인에 해당하는지 여부를 객관적인 기준에 의하여 파악할 수 있도록 함으로써 상속을 둘러싼 분쟁을 방지하고, 상속으로 인한 법률관계를 조속히 확정시키며, 거래의 안전을 도모하기 위한 것이다. 사실혼 부부에 대하여 획일적으로 법률이 정한 상속권을 인정하게 되면, 경우에 따라 당사자들의 의사에 반하게 될 수 있고, 사실혼관계인지 여부에 관하여 다툼이 생겨 상속을 둘러싼 법적 분쟁이 발생할 가능성이 매우 높다. 사실혼 배우자는 혼인신고를 함으로써 상속권을 가질 수 있고, 증여나 유증을 받는 방법으로 상속에 준하는 효과를 얻을 수 있으며, 근로기준법, 국민연금법 등에 근거한 급여를 받을 권리 등이 인정된다. 따라서 이 사건 법률조항이 사실혼 배우자인 청구인의 상속권을 침해한다고 할 수 없다.
(헌재결 2014.8.28, 2013헌바119)

第1004條【相續人의 缺格事由】 다음 각 호의 어느 하나에 해당한 者는 相續人이 되지 못한다.(2005.3.31 본문개정)

1. 故意로 直系尊屬, 被相續人, 그 配偶者 또는 相續의 先順位나 同順位에 있는 者를 殺害하거나 殺害하려 한 者
2. 故意로 直系尊屬, 被相續人과 그 配偶者에게 傷害를 加하여 死亡에 이르게 한 者
3. 詐欺 또는 强迫으로 被相續人의 상속에 관한 遺言 또는 遺言의 撤回를 방해한 者(2005.3.31 본호개정)
4. 詐欺 또는 强迫으로 被相續人의 상속에 관한 遺言을 하게 한 者(2005.3.31 본호개정)
5. 被相續人의 상속에 관한 遺言書를 僞造·變造·破棄 또는 은닉한 者(2005.3.31 본호개정)

(1990.1.13 본조개정)

改前 【相續人의 缺格事由】 "다음 各號에" 해당한 者는…
3. …被相續人의 "養子 기타 相續"에 관한 遺言 또는…
4. …被相續人의 "養子 기타 相續"에 관한 遺言을…
5. 被相續人의 "養子 기타 相續"에 관한 遺言書를…

參照 [상속의 순위]1000−1003·부칙25, [본조 준용]1064, ⑴[살해 및 그 미수]형250·254, ⑵[상해치사]형259, [유언·유언의 철회]1060·1108, [사기·강박에 의한 의사표시]110, [권리행사의 방해]형323·328②, [사문서의 위조·변조]형231·323·328②

判例 '상속에 관한 유언서를 은닉한 자'의 의미 : 상속인의 결격사유의 하나로 규정하고 있는 민법 1004조 5호의 '상속에 관한 유언서를 은닉한 자'라 함은 유언서의 소재를 불명하게 하여 그 발견을 방해하는 일체의 행위를 한 자를 의미하는 것이므로, 단지 공동상속인들 사이에 그 내용이 널리 알려진 유언서에 관하여 피상속인이 사망한 지 6개월이 경과한 시점에서 비로소 그 존재를 주장하였다고 하여 이를 두고 유언서의 은닉에 해당한다고 볼 수 없다.
(대판 1998.6.12, 97다38510)

第1004條의2【상속권 상실 선고】 ① 피상속인은 상속인이 될 사람이 피상속인의 직계존속으로서 다음 각 호의 어느 하나에 해당하는 경우에는 제1068조에 따른 공정증서에 의한 유언으로 상속권 상실의 의사를 표시할 수 있다. 이 경우 유언집행자는 가정법원에 그 사람의 상속권 상실을 청구하여야 한다.
1. 피상속인에 대한 부양의무(미성년자에 대한 부양의무로 한정한다)를 중대하게 위반한 경우
2. 피상속인 또는 그 배우자나 피상속인의 직계비속에게 중대한 범죄행위(제1004조의 경우는 제외한다)를 하거나 그 밖에 심히 부당한 대우를 한 경우

② 제1항의 유언에 따라 상속권 상실의 대상이 될 사람은 유언집행자가 되지 못한다.

③ 제1항에 따른 유언이 없었던 경우 공동상속인은 피상속인의 직계존속으로서 다음 각 호의 사유가 있는 사람이 상속인이 되었음을 안 날부터 6개월 이내에 가정법원에 그 사람의 상속권 상실을 청구할 수 있다.
1. 피상속인에 대한 부양의무(미성년자에 대한 부양의무로 한정한다)를 중대하게 위반한 경우
2. 피상속인에게 중대한 범죄행위(제1004조의 경우는 제외한다)를 하거나 그 밖에 심히 부당한 대우를 한 경우

④ 제3항의 청구를 할 수 있는 공동상속인이 없거나 모든 공동상속인에게 제3항 각 호의 사유가 있는 경우에는 상속권 상실 선고의 확정에 의하여 상속인이 될 사람이 이를 청구할 수 있다.

⑤ 가정법원은 상속권 상실을 청구하는 원인이 된 사유의 경위와 정도, 상속인과 피상속인의 관계, 상속재산의 규모와 형성 과정 및 그 밖의 사정을 종합적으로 고려하여 제1항, 제3항 또는 제4항에 따른 청구를 인용하거나 기각할 수 있다.

⑥ 상속개시 후에 상속권 상실의 선고가 확정된 경우 그 선고를 받은 사람은 상속이 개시된 때에 소급하여 상속권을 상실한다. 다만, 이로써 해당 선고가 확정되기 전에 취득한 제3자의 권리를 해치지 못한다.

⑦ 가정법원은 제1항, 제3항 또는 제4항에 따른 상속권 상실의 청구를 받은 경우 이해관계인 또는 검사의 청구에 따라 상속재산관리인을 선임하거나 그 밖에 상속재산의 보존 및 관리에 필요한 처분을 명할 수 있다.

⑧ 가정법원이 제7항에 따라 상속재산관리인을 선임한 경우 상속재산관리인의 직무, 권한, 담보제공 및 보수 등에 관하여는 제24조부터 제26조까지를 준용한다.

(2024.9.20 본조신설 : 2026.1.1 시행)

第3節 相續의 效力
(1990.1.13 본절제목개정)

第1款 一般的 效力

第1005條【相續과 包括的權利義務의 承繼】 相續人은 相續開始된 때로부터 被相續人의 財産에 관한 包括的權利義務를 承繼한다. 그러나 被相續人의 一身에 專屬한 것은 그러하지 아니하다.(1990.1.13 본문개정)

參照 1000−1005, [상속의 개시]997, [족보등의 권리의 예외]1008의3, [상속의 승인·포기]1019이하, [단순승인의 효과]1025, [한정승인의 효과]1028, [상속포기의 효과]1042, [일신전속의 권리의무]657·979, [상속인이 수인인 경우]1000②·1006, [포괄수증자의 권리의무]1064·1078

判例 민법 제1005조가 입법형성의 한계를 일탈하거나 기본권제한의 입법한계를 벗어난 것으로서 헌법에 위반되는지 여부 : 우리의 상속법제는 법적 안정성이라는 공익을 도모하기 위하여 포괄·당연승계주의를 채택하는 한편, 상속의 포기·한정승인제도를 두어 상속인으로 하여금 그의 의사에 따라 상속의 효과를 귀속시키거나 거절할 수 있는 자유를 주고 있으며, 상속인과 피상속인의 채권자 및 상속인의 채권자 등의 이해관계를 조절할 수 있는 다양한 제도적 장치도 마련하고 있으므로, 민법 1005조는 입법자가 입법형성권을 자의적으로 행사하였다거나 헌법상 보장된 재산권이나 사적 자치권 및 행복추구권을 과도하게 침해하여 기본권제한의 입법한계를 벗어난 것으로서 헌법에 위반된다고 할 수 없다.(헌재결 2004.10.28, 2003헌가13)

判例 상해보험에서 보험수익자가 지정되어 있지 않아 피보험자의 상속인이 보험수익자로 되는 경우 보험금청구권이 상속인의 고유재산인지 여부(적극) : 보험수익자의 지정에 관한 상법 733조는 상법 739조에 의하여 상해보험에도 준용되므로, 결국 상해의 결과로 사망한 때에 사망보험금이 지급되는 상해보험에 있어서 보험수익자가 지정되어 있지 않아 위 법률규정에 의하여 피보험자의 상속인이 보험수익자가 되는 경우에도 보험수익자인 상속인의 보험금청구권은 상속재산이 아니라 상속인의 고유재산으로 보아야 한다.
(대판 2004.7.9, 2003다29463)

第1006條【共同相續과 財産의 共有】 相續人이 數人인 때에는 相續財産은 그 共有로 한다.(1990.1.13 본조개정)

參照 1000②③·1003, [포괄수증자의 권리의무]1064·1078, [공동상속인의 권리의무의 승계]1007, [공유와 유산의 분할]263이하·271−274·1012이하, [상속재산분할의 소급효]1015, [공동상속인과 한정승인]1029·1040·1043, [공동상속과 포기]1043

判例 공동상속인들이 택지개발예정지구 내의 이주자택지에 관한 공급계약을 체결할 수 있는 청약권을 공동상속한 경우 그 행사방법 : 한국토지공사가 택지개발예정지구 내의 이주자택지 공급대상자의 선정기준에 따라 이주자택지 공급대상자를 확정하고 청약신청을 하도록 통지하여 청약권이 발생하였는데, 그 공급대상자가 사망하여 공동상속인들이 청약권을 공동으로 상속하는 경우에는 공동상속인들이 그 상속지분비율에 따라 피상속인의 청약권을 준공유하게 되며, 공동상속인들은 단독으로 청약권 전부는 물론 그 상속지분에 관하여도 이를 행사할 수 없고, 그 청약권을 준공유하고 있는 공동상속인들 전원이 공동으로만 이를 행사할 수 있는 것이므로 위 청약권에 기하여 청약의 의사표시를 하고, 그에 대한 승낙의 의사표시를 구하는 소송은 청약권의 준공유자 전원이 원고가 되어야 하는 고유필수적 공동소송이다.(대판 2003.12.26, 2003다11738)

第1007條【共同相續人의 權利義務承繼】 共同相續人은 各自의 相續分에 應하여 被相續人의 權利義務를 承繼한다.

參照 1006, [상속분]1009−1011, [포괄수증자의 권리의무]1078, [다수당사자의 채권관계]408·409·411

第1008條【特別受益者의 相續分】 共同相續人중에 被相續人으로부터 財産의 贈與 또는 遺贈을 받은 者가 있

는 경우에 그 受贈財産이 自己의 相續分에 達하지 못한 때에는 그 不足한 部分의 限度에서 相續分이 있다.
(1977.12.31 단서삭제)

참조 [증여]554이하, [유증]1064·1074이하, [상속분]1009-1011, [본조 준용]1118

판례 공동상속인 중에 특별수익자가 있는 경우의 계산의 기초가 되는 "피상속인이 상속개시 당시에 가지고 있던 재산의 가액"은 상속재산 가운데 적극재산의 전액을 가리키는 것으로 보아야 옳다.
(대판 1995.3.10, 94다16571)

第1008條의2【寄與分】 ① 共同相續人 중에 상당한 기간 동거·간호 그 밖의 방법으로 피상속인을 특별히 부양하거나 피상속인의 재산의 유지 또는 증가에 특별히 기여한 자가 있을 때에는 相續開始 당시의 被相續人의 財産價額에서 共同相續人의 協議로 정한 그 者의 寄與分을 控除한 것을 相續財産으로 보고 第1009條 및 第1010條에 의하여 算定한 相續分에 寄與分을 加算한 額으로써 그 者의 相續分으로 한다.(2005.3.31 본항개정)
② 第1項의 協議가 되지 아니하거나 協議할 수 없는 때에는 家庭法院은 第1項에 規定된 寄與者의 請求에 의하여 기여의 時期·방법 및 정도와 相續財産의 額 기타의 事情을 參酌하여 寄與分을 정한다.
③ 寄與分은 相續이 開始된 때의 被相續人의 財産價額에서 遺贈의 價額을 控除한 額을 넘지 못한다.
④ 第2項의 規定에 의한 請求는 第1013條第2項의 規定에 의한 請求가 있을 경우 또는 第1014條에 規定하는 경우에 할 수 있다.
(1990.1.13 본조신설)

改前 ① 共同相續人중에 "被相續人의 財産의 維持 또는 增加에 관하여 특별히 寄與한 者(被相續人을 특별히 扶養한 者를 포함한다)"가 있을 때에는 相續開始 당시의…

第1008條의3【墳墓 등의 承繼】 墳墓에 속한 1町步 이내의 禁養林野와 600坪 이내의 墓土인 農地, 族譜와 祭具의 所有權은 祭祀를 主宰하는 者가 이를 承繼한다.
(1990.1.13 본조신설)

판례 제사의 주재자로서 금양임야를 승계할 자 : 민법 1008조의3에 의한 금양임야의 승계자는 제사를 주재하는 자로서 공동상속인 중 종손이 있다면 통상 종손이 제사의 주재자가 되나, 종손에게 제사를 주재하는 자의 지위를 유지할 수 없는 특별한 사정이 있는 경우에는 그렇지 않다고 할 것이다. 선대의 제사 및 부모의 부양을 소홀히 하여 가족간 불화를 일으켜 왔으며 부모의 사후에도 제사를 지내지 않은 경우에는 종손이라 하더라도 제사를 주재하는 자에 해당하지 않는다.
(대판 2004.1.16, 2001다79037)

第2款 相續分

第1009條【法定相續分】 ① 同順位의 相續人이 數人인 때에는 그 相續分은 均分으로 한다.
② 被相續人의 配偶者의 相續分은 直系卑屬과 共同으로 相續하는 때에는 直系卑屬의 相續分의 5割을 加算하고, 直系尊屬과 共同으로 相續하는 때에는 直系尊屬의 相續分의 5割을 加算한다.
③ (1990.1.13 삭제)
(1990.1.13 본조개정)

참조 [상속의 순위]1000·1003, [포괄수증자의 권리의무]1078, [대습상속분]1010, [공동상속분]1011

第1010條【代襲相續分】 ① 第1001條의 規定에 의하여 死亡 또는 缺格된 者에 갈음하여 相續人이 된 者의 相續分은 死亡 또는 缺格된 者의 相續分에 의한다.
(2014.12.30 본항개정)
② 前項의 경우에 死亡 또는 缺格된 者의 直系卑屬이 數人인 때에는 그 相續分은 死亡 또는 缺格된 者의 相續分의 限度에서 第1009條의 規定에 의하여 이를 정한다. 第1003條第2項의 경우에도 또한 같다.

改前 ① …缺格된 者에 "가름하여" 相續人이…

참조 1003②, [법정상속분]1009, [대습상속]1001, [본조 준용]1118

第1011條【共同相續分의 讓受】 ① 共同相續人 중에 그 相續分을 第三者에게 讓渡한 者가 있는 때에는 다른 共同相續人은 그 價額과 讓渡費用을 償還하고 그 相續分을 讓受할 수 있다.
② 前項의 權利는 그 事由를 안 날로부터 3月, 그 事由있은 날로부터 1年내에 行使하여야 한다.

참조 1012이하, [상속분의 양도]273①·1006, [포괄수증자의 권리의무]1078

판례 '상속분의 양도'의 의미 : '상속분의 양도'란 상속재산분할 전에 적극재산과 소극재산을 모두 포함한 상속재산 전부에 관하여 공동상속인이 가지는 포괄적 상속분, 즉 상속인 지위의 양도를 의미하므로, 상속재산을 구성하는 개개의 물건 또는 권리에 대한 개개의 물권적 양도는 이에 해당하지 아니한다.(대판 2006.3.24, 2006다2179)

第3款 相續財産의 分割

第1012條【遺言에 의한 分割方法의 指定, 分割禁止】 被相續人은 遺言으로 相續財産의 分割方法을 정하거나 이를 定할 것을 第三者에게 委託할 수 있고 相續開始의 날로부터 5年을 超過하지 아니하는 期間내의 그 分割을 禁止할 수 있다.

참조 1006·1013·1015, [공유물의 분할]268-270, [유언]1060이하, [분할의 기준]1009, [상속개시]997, [기간의 계산]157·160

第1013條【協議에 의한 分割】 ① 前條의 경우외에는 共同相續人은 언제든지 그 協議에 의하여 相續財産을 分割할 수 있다.
② 第269條의 規定은 前項의 相續財産의 分割에 準用한다.

판례 순차적으로 이루어진 상속재산 협의분할의 효력 : 상속재산의 협의분할은 공동상속인 간의 일종의 계약으로서 공동상속인 전원이 참여하여야 하고 일부 상속인만으로 한 협의분할은 무효라고 할 것이나, 반드시 한 자리에서 이루어질 필요는 없고 순차적으로 이루어질 수도 있으며, 상속인 중 한사람이 만든 분할 원안을 다른 상속인이 후에 돌아가며 승인하여도 무방하다.
(대판 2004.10.28, 2003다65438,65445)

第1014條【分割후의 被認知者 등의 請求權】 相續開始후의 認知 또는 裁判의 確定에 의하여 共同相續人이 된 者가 相續財産의 分割을 請求할 경우에 다른 共同相續人이 이미 分割 기타 處分을 한 때에는 그 相續分에 相當한 價額의 支給을 請求할 權利가 있다.

참조 [상속개시]997, [인지와 그 소급효]855·860·863, [상속개시후의 인지]859②·864, [심리·재판]가소규2①(2)

판례 가액의 산정 기준시점 : 민법 1014조의 가액은 다른 공동상속인들이 상속재산을 실제처분한 때의 시가가 아니라 사실심 변론종결시의 시가를 의미한다.(대판 1993.8.24, 93다12)

第1015條【分割의 遡及效】 相續財産의 分割은 相續開始된 때에 遡及하여 그 效力이 있다. 그러나 第三者의 權利를 害하지 못한다.

참조 [상속개시]997

판례 상속재산분할에서 제3자 보호의 범위 : 민법 제1015조 단서에서 이야기하는 제3자는 일반적으로 상속재산분할의 대상이 된 상속재산에 관하여 상속재산분할 전에 새로운 이해관계를 가졌을 뿐만 아니라 등기, 인도 등으로 권리를 취득한 사람을 말한다.
(대판 2020.8.13, 2019다249312)

第1016條【共同相續人의 擔保責任】 共同相續人은 다른 共同相續人이 分割로 인하여 取得한 財産에 대하여 그 相續分에 응하여 賣渡人과 같은 擔保責任이 있다.

참조 1017·1018, [상속분]1009-1011, [매도인의 담보책임]568이하, [공유분할과 담보책임]270

第1017條【相續債務者의 資力에 대한 擔保責任】 ① 共同相續人은 다른 相續人이 分割로 인하여 取得한 債權에 대하여 分割당시의 債務者의 資力을 擔保한다.
② 辨濟期에 達하지 아니한 債權이나 停止條件있는 債權에 대하여는 辨濟를 請求할 수 있는 때의 債務者의 資力을 擔保한다.

참조 [상속분]1009·1010, [담보책임]1016·1018, [자력의 담보]579, [정지조건]147①

第1018條【無資力共同相續人의 擔保責任의 分擔】 擔保責任있는 共同相續人 중에 償還의 資力이 없는 者가 있는 때에는 그 負擔部分은 求償權者와 資力 있는 다른 共同相續人이 그 相續分에 응하여 分擔한다. 그러나 求償權者의 過失로 인하여 償還을 받지 못한 때에는 다른 共同相續人에게 分擔을 請求하지 못한다.

참조 1016, [상환무자력자의 부담부분]427, [상속분]1009 · 1010

第4節 相續의 承認 및 拋棄

第1款 總 則

第1019條【承認, 拋棄의 期間】 ① 相續人은 相續開始있음을 안 날로부터 3月내에 單純承認이나 限定承認 또는 拋棄를 할 수 있다. 그러나 그 期間은 利害關係人 또는 檢事의 請求에 의하여 家庭法院이 이를 延長할 수 있다.(1990.1.13 본항개정)

② 相續人은 제1항의 承認 또는 拋棄를 하기 前에 相續財産을 調査할 수 있다.(2002.1.14 본항개정)

③ 제1항에도 불구하고 상속인은 상속채무가 상속재산을 초과하는 사실(이하 이 조에서 "상속채무 초과사실"이라 한다)을 중대한 과실 없이 제1항의 기간 내에 알지 못하고 단순승인(제1026조제1호 및 제2호에 따라 단순승인한 것으로 보는 경우를 포함한다. 이하 이 조에서 같다)을 한 경우에는 그 사실을 안 날부터 3개월 내에 한정승인을 할 수 있다.(2022.12.13 본항개정)

④ 제1항에도 불구하고 미성년자인 상속인이 상속채무가 상속재산을 초과하는 상속을 성년이 되기 전에 단순승인한 경우에는 성년이 된 후 그 상속의 상속채무 초과사실을 안 날부터 3개월 내에 한정승인을 할 수 있다. 미성년자인 상속인이 제3항에 따른 한정승인을 하지 아니하였거나 할 수 없었던 경우에도 또한 같다. (2022.12.13 본항신설)

改前 "③ 제1항의 규정에 불구하고 상속인은 상속채무가 상속재산을 초과하는 사실을 중대한 과실없이 제1항의 기간내에 알지 못하고 단순승인(제1026조제1호 및 제2호의 규정에 의하여 단순승인한 것으로 보는 경우를 포함한다)을 한 경우에는 그 사실을 안 날부터 3월내에 한정승인을 할 수 있다.(2002.1.14 본항신설)"

참조 1020 · 1021, [상속인]1000이하, [상속개시]997, [단순승인]1025이하, [한정승인]1028이하, [상속의 포기]1041이하, [상속의 효력]1005이하, [제한능력자의 상속 승인 · 포기]5 · 10 · 13 · 929 · 950, [유증의 승인과 포기]1074이하

판례 특별한정승인의 인정 기준 : 미성년자의 법정대리인이 상속받을 재산보다 빚이 많다는 것을 알면서도 채무 상속을 막지 못했다면 미성년자가 성인이 됐더라도 상속은 유효하므로 책임을 져야 한다. 특별한정승인 인정 여부는 미성년자가 아니라 그 법정대리인을 기준으로 해야 한다.(대판 2020.11.19, 2019다232918)

판례 한정승인의 제척기간 : 상속개시 후 1,2순위 상속권자가 상속을 포기하자, 채권자가 제3순위 상속권자에게 내용증명을 보내 그 사실을 알렸더라도, 그 내용증명 자체에서도 채권자가 제1순위 상속권자와 상속포기를 둘러싸고 소송중임을 밝힌 경우라면 그 제3순위 상속권자가 위 내용증명을 수령한 뒤 3개월이 지난 뒤에 한정승인을 하였더라도 무효라 할 수 없다.(대판 2012.10.11, 2012다59367)

판례 일반인의 입장에서 피상속인의 처와 자녀가 상속을 포기한 경우 피상속인의 손자녀가 이로써 자신들이 상속인이 되었다는 사실까지 안다는 것은 오히려 이례에 속한다고 할 것이고, 따라서 피상속인의 손자녀가 상속인이 된 경우에는 상속인이 상속개시의 원인사실을 아는 것만으로 자신이 상속인이 된 사실을 알기 어려운 특별한 사정이 있다고 보는 것이 상당하다.(대판 2006.2.10, 2004다33865,33872)

판례 상속개시의 원인사실을 아는 것만으로는 바로 자신의 상속인이 된 사실까지 알기 어려운 특별한 사정이 존재하는 경우도 있으므로, 이러한 때에는 법원으로서는 '상속개시 있음을 안 날'을 확정함에 있어 상속개시의 원인사실뿐 아니라 더 나아가 그로써 자신의 상속인이 된 사실을 안 날이 언제인지까지도 심리, 규명하여야 마땅할 것이다.(대판 2005.7.22, 2003다43681)

第1020條【제한능력자의 승인 · 포기의 기간】 상속인이 제한능력자인 경우에는 제1019조제1항의 기간은 그의 친권자 또는 후견인이 상속이 개시된 것을 안 날부터 기산(起算)한다.(2011.3.7 본조개정)

改前 "第1020條【無能力者의 承認, 拋棄의 期間】 相續人이 無能力者인 때에는 前條第1項의 期間은 그 法定代理人이 相續開始있음을 안 날로부터 起算한다."

참조 [제한능력자]5 · 10 · 13, [법정대리인]911 · 938, [제한능력자의 상속의 승인 · 포기]5 · 10 · 929 · 950, [상속개시]997

第1021條【承認, 拋棄期間의 計算에 관한 特則】 相續人이 承認이나 拋棄를 하지 아니하고 第1019條第1項의 期間내에 死亡한 때에는 그의 相續人이 그 自己의 相續開始있음을 안 날로부터 第1019條第1項의 期間을 起算한다.

참조 [상속개시]997

第1022條【相續財産의 管理】 相續人은 그 固有財産에 대하는 것과 同一한 注意로 相續財産을 管理하여야 한다. 그러나 單純承認 또는 拋棄한 때에는 그러하지 아니하다.

참조 [상속재산의 파산과 관리]채무자회생파산299 · 300 · 307 · 309 · 384 · 385 · 389, [동일한 주의]695, [상속의 한정승인 · 포기 또는 단순승인후의 재산분리의 청구가 있을 경우의 상속재산의 관리]1019 · 1040 · 1044 · 1048 · 1050, [본조 준용]1040③ · 1044②

第1023條【相續財産保存에 필요한 處分】 ① 法院은 利害關係人 또는 檢事의 請求에 의하여 相續財産의 保存에 필요한 處分을 命할 수 있다.

② 法院이 財産管理人을 選任한 경우에는 第24條 내지 第26條의 規定을 準用한다.

참조 1022 · 1040③ · 1044②, [관리인의 담보제공의무]29, [선관의무]681, [인도이전의무]684, [이자지급 · 손해배상의무]685, [비용상환청구권]688, [법원의 처분]가소2①(2)가 · 44

第1024條【承認, 拋棄의 取消禁止】 ① 相續의 承認이나 拋棄는 第1019條第1項의 期間내에도 이를 取消하지 못한다.(1990.1.13 본항개정)

② 前項의 規定은 總則編의 規定에 의한 取消에 影響을 미치지 아니한다. 그러나 그 取消權은 追認할 수 있는 날로부터 3月, 承認 또는 拋棄한 날로부터 1年내에 行使하지 아니하면 時效로 인하여 消滅된다.

참조 1019①, [제2항의 준용]1075②, [제한능력으로 인한 취소]5 · 10 · 13, [사기 · 강박으로 인한 취소]110, [후견인이 친족회의 동의를 얻지 않았을 경우]948 · 950, [취소의 효과]146

第2款 單純承認

第1025條【單純承認의 效果】 相續人이 單純承認을 한 때에는 制限없이 被相續人의 權利義務를 承繼한다.(1990.1.13 본조개정)

참조 [단순승인]1019 · 1026 · 1027, [상속의 효력]1005–1008의3, [파산자의 단순승인과 파산재단에 대한 효력]채무자회생파산385 · 387

第1026條【法定單純承認】 다음 各號의 事由가 있는 경우에는 相續人이 單純承認을 한 것으로 본다.

1. 相續人이 相續財産에 대한 處分行爲를 한 때
2. 상속인이 제1019조제1항의 기간내에 한정승인 또는 포기를 하지 아니한 때(2002.1.14 본호신설)
3. 相續人이 限定承認 또는 拋棄를 한 후에 相續財産을 隱匿하거나 不正消費하거나 故意로 財産目錄에 記入하지 아니한 때

참조 1025, [상속인의 상속재산관리의무]1022, [보존행위]25 · 1181, [한정승인]1028, [승인 또는 포기등의 기간]1019①, [상속의 포기]1041이하, [공동상속인과 한정승인 또는 포기]1029 · 1043, [한정승인자의 재산목록작성의무]1030, [상속포기자의 상속재산관리의무]1044

판례 민법 제1026조 제1호는 상속인이 상속재산에 대한 처분행위를 한 때에는 단순승인을 한 것으로 본다고 규정하고 있다. 그런데 상속의 한정승인이나 포기의 효력이 생긴 이후에는 더 이상 단순승인으로 간주할 여지가 없으므로, 이 규정은 한정승인이나 포기의 효력이 생기기 전에 상속재산을 처분한 경우에만 적용된다. 한편 상속의 한정승인이나 포기는 상속인의 의사표시만으로 효력이 발생하는 것이 아니라 가정법원에 신고를 하여 가정법원의 심판을 받아야 하며, 심판은 당사자가 이를 고지받음으로써 효력이 발생한다. 이는 한정승인이나 포기의 의사표시의 존재를 명확히 하여 상속으로 인한 법률관계가 획일적으로 처리되도록 함으로써, 상속재산에 이해관계를 가지

는 공동상속인이나 차순위 상속인, 상속채권자, 상속재산의 처분 상대방 등 제3자의 신뢰를 보호하고 법적 안정성을 도모하고자 하는 것이다. 따라서 상속인이 가정법원에 상속포기의 신고를 하였더라도 이를 수리하는 가정법원의 심판이 고지되기 이전에 상속재산을 처분하였다면, 이는 상속포기의 효력 발생 전에 처분행위를 한 것이므로 민법 제1026조 제1호에 따라 상속의 단순승인을 한 것으로 보아야 한다. (대판 2016.12.29, 2013다73520)

판례 동조 제3호 '상속재산의 부정소비'라 함은 정당한 사유 없이 상속재산을 써서 없앰으로써 그 재산적 가치를 상실시키는 행위를 의미하는 바, 상속인이 상속재산을 처분하여 그 처분대금 전액을 우선변제권자에게 귀속시킨 행위는 상속재산의 부정소비에 해당한다고 할 수 없다.(대판 2004.3.12, 2003다63586)

판례 '고의로 재산목록에 기입하지 아니한 때'의 의미 : 법정단순승인 사유인 민법 1026조 3호 소정의 '고의로 재산목록에 기입하지 아니한 때'라는 것은 한정승인을 함에 있어 상속재산을 은닉하여 상속채권자를 사해할 의사로써 상속재산을 재산목록에 기입하지 않는 것을 의미한다.(대판 2003.11.14, 2003다30968)

第1027條【法定單純承認의 例外】 相續人이 相續을 拋棄함으로 인하여 次順位相續人이 相續을 承認한 때에는 前條第3號의 事由는 相續의 承認으로 보지 아니한다.

참조 1026, [상속의 포기]1041이하, [상속순위]1000－1003, [상속포기자의 상속재산관리의무]1044

第3款 限定承認

第1028條【限定承認의 效果】 相續人은 相續으로 인하여 取得할 財産의 限度에서 被相續人의 債務와 遺贈을 辨濟할 것을 條件으로 相續을 承認할 수 있다. (1990.1.13 본조개정)

참조 1045, [한정승인의 기간]1019·1026, [한정승인의 방식]1030, [상속의 효력]1005－1007, [파산선고와 한정승인]채무자회생파산346, [단순승인 또는 포기와 상속재산에 대한 한정승인의 효력]채무자회생파산385－387, [한정승인일지라도 단순승인으로 보는 경우]1026

판례 한정승인 항변을 하지 않음으로 인해 책임의 범위에 관한 유보가 없는 판결이 확정된 경우 청구에 관한 이의의 소 제기 가부(적극) : 채무자(상속인)가 한정승인을 하고도 채권자가 제기한 소송의 사실심 변론종결시까지 그 사실을 주장하지 아니하여 책임의 범위에 관한 유보가 없는 판결이 선고되어 확정되었다고 하더라도, 채무자는 그 후 위 한정승인 사실을 내세워 청구에 관한 이의의 소를 제기할 수 있다.(대판 2006.10.13, 2006다23138)

판례 가정법원의 한정승인신고수리의 심판 : 가정법원의 한정승인신고수리의 심판은 일응 한정승인의 요건을 구비한 것으로 인정한다는 것일 뿐 그 효력을 확정하는 것이 아니고 상속의 한정승인의 효력이 있는지 여부의 최종적인 판단은 실체법에 따라 민사소송에서 결정될 문제이다.(대판 2002.11.8, 2002다21882)

第1029條【共同相續人의 限定承認】 相續人이 數人인 때에는 各 相續人은 그 相續分에 응하여 取得할 財産의 限度에서 그 相續分에 의한 被相續人의 債務와 遺贈을 辨濟할 것을 條件으로 相續을 承認할 수 있다.

참조 [공동상속인의 일부의 법정단순승인 또는 포기]1006·1007·1043, [전원의 한정승인과 상속재산관리인의 선임]1040, [포괄수증자]1078

第1030條【限定承認의 方式】 ① 相續人이 한정승인을 할 때에는 제1019조제1항·제3항 또는 제4항의 期間 내에 相續財産의 目錄을 添附하여 法院에 限定承認의 申告를 하여야 한다.

② 제1019조제3항 또는 제4항에 따라 한정승인을 한 경우 상속재산 중 이미 처분한 재산이 있는 때에는 그 목록과 가액을 함께 제출하여야 한다.

(2022.12.13 본조개정)

改前 ① 相續人이 "限定承認을 함에는 제1019조제1항 또는 제3항"의 期間 내에…

② "제1019조제3항의 규정에 의하여" 한정승인을 한 경우…

참조 [신고의 수리]가소2①(2)가, 가소규75·76, [기간내에 한정승인을 하지 않는 경우]1026, [기간의 연장]1019①, [한정승인 전의 재산조사]1019②

第1031條【限定承認과 財産上 權利義務의 不消滅】 相續人이 限定承認을 한 때에는 被相續人에 대한 相續人의 財産上 權利義務는 消滅하지 아니한다.

참조 1050, [상속과 혼동]191·507, [파산과 상속인의 피상속인에 대한 채권]채무자회생파산389

第1032條【債權者에 대한 公告, 催告】 ① 限定承認者는 限定承認을 한 날로부터 5日내에 一般相續債權者와 遺贈받은 者에 대하여 限定承認의 事實과 一定한 期間 내에 그 債權 또는 受贈을 申告할 것을 公告하여야 한다. 그 期間은 2月 이상이어야 한다.

② 第88條第2項, 第3項과 第89條의 規定은 前項의 경우에 準用한다.

참조 1030·1050, [공고비용의 부담]998의2, [기간의 계산]157·160, [공고 또는 최고의 해태]1038, [신고하지 않은 채권자등]1039, [상속인이 수인인 경우의 관리자]1040

第1033條【催告期間 중의 辨濟拒絕】 限定承認者는 前條第1項의 期間滿了前에는 相續債權의 辨濟를 拒絕할 수 있다.

참조 1050·1056②, [채권신고기간내의 변제금지]90, [기간내의 변제의 책임등]1038, [상속인이 수인인 경우]1040

第1034條【配當辨濟】 ① 限定承認者는 第1032條第1項의 期間滿了후에 相續財産으로서 그 期間내에 申告한 債權者와 限定承認者가 알고 있는 債權者에 대하여 各 債權額의 比率로 辨濟하여야 한다. 그러나 優先權있는 債權者의 權利를 害하지 못한다.

② 제1019조제3항 또는 제4항에 따라 한정승인을 한 경우에는 그 상속인은 상속재산 중에서 남아있는 상속재산과 함께 이미 처분한 재산의 가액을 합하여 제1항의 변제를 하여야 한다. 다만, 한정승인을 하기 전에 상속채권자나 유증받은 자에 대하여 변제한 가액은 이미 처분한 재산의 가액에서 제외한다.(2022.12.13 본문개정)

改前 ② "제1019조제3항의 규정에 의하여" 한정승인을 한 경우에는…

참조 1033·1035－1039·1050·1056②, [우선권 있는 채권]329·356, [상속인이 수인인 경우]1040

第1035條【辨濟期前의 債務 등의 辨濟】 ① 限定承認者는 辨濟期에 이르지 아니한 債權에 대하여도 前條의 規定에 의하여 辨濟하여야 한다.

② 條件있는 債權이나 存續期間의 不確定한 債權은 法院의 選任한 鑑定人의 評價에 의하여 辨濟하여야 한다.

참조 1038·1050·1051③·1056②, [기한전의 변제]153·743, [상속인이 수인인 경우]1040

第1036條【受贈者에의 辨濟】 限定承認者는 前2條의 規定에 의하여 相續債權者에 대한 辨濟를 完了한 후가 아니면 遺贈받은 者에게 辨濟하지 못한다.

참조 1038·1050·1051③·1056②, [수증자]1078, [상속인이 수인인 경우]1040

第1037條【相續財産의 競賣】 前3條의 規定에 의한 辨濟를 하기 위하여 相續財産의 全部나 一部를 賣却할 必要가 있는 때에는 민사집행법에 의하여 競賣하여야 한다.(2001.12.29 본조개정)

참조 1050·1051③·1056②, [상속인이 수인인 경우]1040

第1038條【부당변제 등으로 인한 책임】 ① 限定承認者가 第1032條의 規定에 의한 公告나 催告를 懈怠하거나 第1033條 내지 第1036條의 規定에 違反하여 어느 相續債權者나 遺贈받은 者에게 辨濟함으로 인하여 다른 相續債權者나 遺贈받은 者에 대하여 辨濟할 수 없게 된 때에는 限定承認者는 그 損害를 賠償하여야 한다. 제1019조제3항의 규정에 의하여 한정승인을 한 경우 그 이전에 상속채무가 상속재산을 초과함을 알지 못한 데 과실이 있는 상속인이 상속채권자나 유증받은 자에게 변제한 때에도 또한 같다.

② 제1항 전단의 경우에 辨濟를 받지 못한 相續債權者나 遺贈받은 者는 그 事情을 알고 辨濟를 받은 相續債權者나 遺贈받은 者에 대하여 求償權을 行使할 수 있다. 제1019조제3항 또는 제4항에 따라 한정승인을 한경우 그 이전에 상속채무가 상속재산을 초과함을 알고 변제받은 상속채권자나 유증받은 자가 있는 때에도 또한 같다. (2022.12.13 후단개정)

③ 第766條의 規定은 제1항 및 제2항의 경우에 準用한다. (2005.3.31 본조개정)

改前 ② 제1항 전단의 경우…있다. "제1019조제3항의 규정에 의하여" 한정승인을 한 경우 그 이전에…

참조 1050 · 1051③ · 1056②, [채권자 또는 수증자에 대한 변제]1033-1036, [상속인이 수인인 경우]1040

第1039條【申告하지 않은 債權者 등】 第1032條第1項의 期間내에 申告하지 아니한 相續債權者 및 遺贈받은 者로서 限定承認者가 알지 못한 者는 相續財産의 殘餘가 있는 경우에 限하여 그 辨濟를 받을 수 있다. 그러나 相續財産에 대하여 特別擔保權있는 때에는 그러하지 아니하다.

참조 1056②, [청산으로부터 제외된 채권]92, [상속인이 수인인 경우]1040, [특별담보]329 · 356

第1040條【共同相續財産과 그 管理人의 選任】 ① 相續人이 數人인 경우에는 法院은 各 相續人 기타 利害關係人의 請求에 의하여 共同相續人중에서 相續財産管理人을 選任할 수 있다.

② 法院이 選任한 管理人은 共同相續人을 代表하여 相續財産의 管理와 債務의 辨濟에 관한 모든 行爲를 할 權利義務가 있다.

③ 第1022條, 第1032條 내지 前條의 規定은 前項의 管理人에 準用한다. 그러나 第1032條의 規定에 의하여 公告할 5日의 期間은 管理人이 그 選任을 안 날로부터 起算한다.

참조 [관리인의 선임]가소2①(2)가, [공동상속과 한정승인]1006 · 1007 · 1029, [한정승인을 한 상속인의 임무]1032-1039, [관리인과 대리권]114-116 · 122 · 123 · 709

第4款 抛 棄

第1041條【抛棄의 方式】 相續人이 相續을 抛棄할 때에는 第1019條第1項의 期間내에 家庭法院에 抛棄의 申告를 하여야 한다.(1990.1.13 본조개정)

참조 [상속포기의 기간]1019①, [기간내에 포기하지 않는 경우]1026, [포기전의 재산조사]1019②

판례 상속포기는 상속이 개시된 후 일정한 기간 내에 법원에 신고하는등 일정한 절차와 방식에 따라야만 그 효력이 있는 것이므로 피상속인이 사망하기 전에 상속인중 일부가 상속권을 포기하기로 약정하였다고 하더라도 상속포기로서의 효력이 없다.
(대판 1998.7.24, 98다9021)

판례 포기 당시 첨부된 재산 목록에 포함되어 있지 않은 재산의 경우에도 상속포기의 효력은 미친다.(대판 1995.11.14, 95다27554)

第1042條【抛棄의 遡及效】 相續의 抛棄는 相續開始된 때에 遡及하여 그 效力이 있다.

참조 [상속개시의 시기]997, [공동상속인과 한정승인]1029

판례 상속포기와 양도소득세 납부의무의 승계 : 상속인들이 적법하게 상속포기를 한 경우, 피상속인이 납부하여야 할 양도소득세를 승계하여 납부할 의무는 없다.(대판 2006.6.29, 2004두3335)

第1043條【抛棄한 相續財産의 歸屬】 相續人이 數人인 경우에 어느 相續人이 相續을 抛棄한 때에는 그 相續分은 다른 相續人의 相續分의 比率로 그 相續人에게 歸屬된다.

참조 1041 · 1042 · 1044, [상속분]1009이하, [포괄수증자]1078

第1044條【抛棄한 相續財産의 管理繼續義務】 ① 相續을 抛棄한 者는 그 抛棄로 인하여 相續人이 된 者가 相續財産을 管理할 수 있을 때까지 그 財産의 管理를 繼續하여야 한다.

② 第1022條와 第1023條의 規定은 前項의 財産管理에 準用한다.

참조 [주의의무]695

第5節 財産의 分離

第1045條【相續財産의 分離請求權】 ① 相續債權者나 遺贈받은 者 또는 相續人의 債權者는 相續開始된 날로부터 3月내에 相續財産과 相續人의 固有財産의 分離를 法院에 請求할 수 있다.

② 相續人이 相續의 承認이나 抛棄를 하지 아니한 동안은 前項의 期間經過후에도 財産의 分離를 請求할 수 있다.(1990.1.13 본항개정)

참조 1051, [재산분리의 청구]가소2①(2)가, [재산분리와 재산의 불혼합]1031 · 1050, [상속인 또는 상속재산에 대한 파산과 재산분리]채무자회생파산299 · 300 · 307 · 346, [상속개시]997, [상속의 승인 및 포기]1025이하 · 1041이하

第1046條【分離命令과 債權者 등에 대한 公告, 催告】 ① 法院이 前條의 請求에 의하여 財産의 分離를 命한 때에는 그 請求者는 5日내에 一般相續債權者와 遺贈받은 者에 대하여 財産分離의 命令있은 事實과 一定한 期間내에 그 債權 또는 受贈을 申告할 것을 公告하여야 한다. 그 期間은 2月이상이어야 한다.

② 第88條第2項, 第3項과 第89條의 規定은 前項의 경우에 準用한다.

참조 1045 · 1051, [한정승인자의 채권신고의 공고 · 최고]1032

第1047條【分離후의 相續財産의 管理】 ① 法院이 財産의 分離를 命한 때에는 相續財産의 管理에 관하여 必要한 處分을 命할 수 있다.

② 法院이 財産管理人을 選任한 경우에는 第24條 내지 第26條의 規定을 準用한다.

참조 1045, [상속인의 상속재산관리]1022 · 1044 · 1048, [관리를 위한 처분]가소2①(2)가, [주의의무]695

第1048條【分離후의 相續人의 管理義務】 ① 相續人이 單純承認을 한 후에도 財産分離의 命令이 있는 때에는 相續財産에 대하여 自己의 固有財産과 同一한 注意로 管理하여야 한다.

② 第683條 내지 第685條 및 第688條第1項, 第2項의 規定은 前項의 財産管理에 準用한다.

참조 695

第1049條【財産分離의 對抗要件】 財産의 分離는 相續財産인 不動産에 관하여는 이를 登記하지 아니하면 第三者에게 對抗하지 못한다.

第1050條【財産分離와 權利義務의 不消滅】 財産分離의 命令이 있는 때에는 被相續人에 대한 相續人의 財産上權利義務는 消滅하지 아니한다.

참조 1045 · 1047, [한정승인과 재산상 권리의무의 불소멸]1031, [상속인 또는 상속재산에 대한 파산과 재산분리]채무자회생파산299 · 300 · 307 · 308

第1051條【辨濟의 拒絶과 配當辨濟】 ① 相續人은 第1045條 및 第1046條의 期間滿了前에는 相續債權者와 遺贈받은 者에 대하여 辨濟를 拒絶할 수 있다.

② 前項의 期間滿了후에 相續人은 相續財産으로써 財産分離의 請求 또는 그 期間내에 申告한 相續債權者, 遺贈받은 者와 相續人이 알고 있는 相續債權者, 遺贈받은 者에 대하여 各 債權額 또는 受贈額의 比率로 辨濟하여야 한다. 그러나 優先權있는 債權者의 權利를 害하지 못한다.

③ 第1035條 내지 第1038條의 規定은 前項의 경우에 準用한다.

참조 1038, [한정승인자의 배당거절과 배당변제]1033 · 1034, [재산분리의 청구 · 상속채권등]1045② · 1052, [우선권 있는 채권자]329 · 356 · 371①, [변제기전의 채무등의 변제]1035, [수증자에의 변제]1036, [상속재산의 경매]1037

第1052條【固有財産으로부터의 辨濟】 ① 前條의 規定에 의한 相續債權者와 遺贈받은 者는 相續財産으로써 全額의 辨濟를 받을 수 없는 경우에 限하여 相續人의 固有財産으로부터 그 辨濟를 받을 수 있다.

② 前項의 경우에 相續人의 債權者는 그 相續人의 固有財産으로부터 優先辨濟를 받을 權利가 있다.

참조 1045 · 1046 · 1051②

第6節 相續人의 不存在
(1990.1.13 본절제목개정)

第1053條【相續人없는 財産의 管理人】 ① 相續人의 存否가 分明하지 아니한 때에는 法院은 第777條의 規定에 의한 被相續人의 親族 기타 利害關係人 또는 檢事의 請求에 의하여 相續財産管理人을 選任하고 遲滯없이 이를 公告하여야 한다.(1990.1.13 본항개정)
② 第24條 내지 第26條의 規定은 前項의 財産管理人에 準用한다.

참조 1055, [재산관리인]1000－1003, [재산관리인의 선임 및 공고]가소2①(2)가

第1054條【財産目錄提示와 狀況報告】 管理人은 相續債權者나 遺贈받은 者의 請求가 있는 때에는 언제든지 相續財産의 目錄을 提示하고 그 狀況을 報告하여야 한다.

참조 1053①, [상황보고의무]24 · 1053②

第1055條【相續人의 存在가 分明하여진 경우】 ① 管理人의 任務는 그 相續人이 相續의 承認을 한 때에 終了한다.
② 前項의 경우에는 管理人은 遲滯없이 그 相續人에 대하여 管理의 計算을 하여야 한다.

참조 ①[관리인의 권한]25 · 1053②, [상속의 승인]1019 · 1025 · 1028, ②[관리인의 계산의무]684 · 685 · 1058②

第1056條【相續人없는 財産의 淸算】 ① 第1053條第1項의 公告있은 날로부터 3月내에 相續人의 存否를 알 수 없는 때에는 管理人은 遲滯없이 一般相續債權者와 遺贈받은 者에 대하여 一定한 期間내에 그 債權 또는 受贈을 申告할 것을 公告하여야 한다. 그 期間은 2月이상이어야 한다.
② 第88條第2項, 第3項, 第89條, 第1033條 내지 第1039條의 規定은 前項의 경우에 準用한다.

참조 1053① · 1057 · 1058

第1057條【相續人搜索의 公告】 제1056조제1항의 期間이 經過하여도 相續人의 存否를 알 수 없는 때에는 法院은 管理人의 請求에 의하여 相續人이 있으면 一定한 期間내에 그 權利를 主張할 것을 公告하여야 한다. 그 期間은 1년 이상이어야 한다.(2005.3.31 본조개정)

改前 【相續人搜索의 公告】 "前條第1項"의 期間이…그 期間은 "2年 이상"이어야 한다.

참조 1053① · 1058 · 1059, [공고]가소2①(2)가

第1057條의2【特別緣故者에 대한 分與】 ① 제1057조의 期間내에 相續權을 主張하는 者가 없는 때에는 家庭法院은 被相續人과 生計를 같이 하고 있던 者, 被相續人의 療養看護를 한 者 기타 被相續人과 특별한 緣故가 있던 者의 請求에 의하여 相續財産의 전부 또는 일부를 分與할 수 있다.
② 第1項의 請求는 제1057조의 期間의 만료후 2月이내에 하여야 한다.
(2005.3.31 본조개정)

改前 ① "第1056條"의 期間내에 相續權을…
② 第1項의 請求는 "第1056條"의 期間의 만료후 2月…

第1058條【相續財産의 國家歸屬】 ① 제1057조의2의 규정에 의하여 분여(分與)되지 아니한 때에는 相續財産은 國家에 歸屬한다.
② 第1055條第2項의 規定은 제1항의 경우에 準用한다.
(2005.3.31 본조개정)

改前 ① "前條의 期間내에 相續權을 主張하는 者가 없는" 때에는 相續財産은…
② …의 規定은 "前項"의 경우에 準用한다.

참조 [본조의 특칙]저작49, [관리인의 계산의무]684 · 685

판례 상속인의 존부를 알 수 없는 때에는 민법 1057조의 공고절차를 거쳐 같은 법 1058조에 의하여 비로소 국가에 귀속된다.
(대판 1997.4.25, 96다53420)

第1059條【國家歸屬財産에 대한 辨濟請求의 禁止】 前條第1項의 경우에는 相續財産으로 辨濟를 받지 못한 相續債權者나 遺贈을 받은 者가 있는 때에도 國家에 대하여 그 辨濟를 請求하지 못한다.

참조 1058

第2章 遺 言

第1節 總 則

第1060條【遺言의 要式性】 遺言은 本法의 정한 方式에 의하지 아니하면 效力이 생하지 아니한다.

참조 [준거법]국제사법, [보통방식]1065－1069, [특별방식]1070, [유언의 철회]1108, [유언에 의한 재단설립]47② · 48②, [유언에 의한 인지]859②, [유언에 의한 후견인의 지정]931, [유산분할에 관한 지정]1012, [유언집행자의 지정]1093 · 1094, [신탁]신탁3①(2), [유언의 효력]1073 이하, [유언의 집행]1091이하

판례 유언자의 진정한 의사에 합치하나 민법에 정해진 요건과 방식에 어긋나는 유언의 효력 : 민법 1065조 내지 1070조가 유언의 방식을 엄격하게 규정한 것은 유언자의 진의를 명확히 하고 그로 인한 법적 분쟁과 혼란을 예방하기 위한 것이므로, 법정된 요건과 방식에 어긋난 유언은 그것이 유언자의 진정한 의사에 합치하더라도 무효라고 하지 않을 수 없다.(대판 2006.3.9, 2005다57899)

第1061條【遺言適齡】 17세에 達하지 못한 者는 遺言을 하지 못한다.(2022.12.27 본조개정)

改前 第1061條【遺言適齡】"滿17歲"에 達하지 못한 者는…

참조 [연령계산]158 · 160, [법정대리인의 동의 불요]5 · 1062, [피성년후견인의 유언능력]1063

第1062條【제한능력자의 유언】 유언에 관하여는 제5조, 제10조 및 제13조를 적용하지 아니한다.(2011.3.7 본조개정)

改前 "第1062條【無能力者와 遺言】 第5條, 第10條와 第13條의 規定은 遺言에 관하여는 이를 適用하지 아니한다."

第1063條【피성년후견인의 유언능력】 ① 피성년후견인은 의사능력이 회복된 때에만 유언을 할 수 있다.
② 제1항의 경우에는 의사가 심신회복의 상태를 유언서에 부기(附記)하고 서명날인하여야 한다.
(2011.3.7 본조개정)

改前 "第1063條【禁治産者의 遺言能力】 ① 禁治産者는 그 意思能力이 回復된 때에 限하여 遺言을 할 수 있다.
② 前項의 경우에는 醫師가 心神回復의 狀態를 遺言書에 附記하고 署名捺印하여야 한다."

참조 12이하 · 1062 · 1070③

第1064條【遺言과 胎兒, 相續缺格者】 第1000條第3項, 第1004條의 規定은 受贈者에 準用한다.(1990.1.13 본조개정)

第2節 遺言의 方式

第1065條【遺言의 普通方式】 遺言의 方式은 自筆證書, 錄音, 公正證書, 秘密證書와 口授證書의 5種으로 한다.

참조 [준거법]국제사법, [유언의 요식성]1060, [유언의 철회와 그 방식]1108, [자필증서에 의한 유언]1066 · 1071, [녹음에 의한 유언]1067 · 1072, [공정증서에 의한 유언]1068 · 1072, [비밀증서에 의한 유언]1069 · 1071 · 1072, [구수증서에 의한 유언]1070 · 1072, [특별방식에 의한 유언]1070

판례 민법 제1065조 내지 제1070조가 유언의 방식을 엄격하게 규정한 것은 유언자의 진의를 명확히 하고 그로 인한 법적 분쟁과 혼란을 예방하기 위한 것이므로, 법정된 요건과 방식에 어긋난 유언은 그것이 유언자의 진정한 의사에 합치하더라도 무효라고 하지 않을 수 없는바, 민법 제1070조제1항이 구수증서에 의한 유언은 질병 기타 급박한 사유로 인하여 민법 제1066조 내지 제1069조 소정의 자필증서, 녹음, 공정증서 및 비밀증서의 방식에 의하여 할 수 없는 경우에 허용되는 것으로 규정하고 있는 이상, 유언자가 질병 기타 급박한 사유에 있는지 여부를 판단함에 있어서는 유언자의 진의를 존중하기 위하여 유언자의 주관적 입장을 고려할 필요가 있을지 모르지만, 자필증서, 녹음, 공정증서 및 비밀증서의 방식에 의한 유언이 객관적으로 가능한 경우까지 구수증서에 의한 유언을 허용하여야 하는 것은 아니다.
(대판 1999.9.3, 98다17800)

第1066條【自筆證書에 의한 遺言】 ① 自筆證書에 의한 遺言은 遺言者가 그 全文과 年月日, 住所, 姓名을 自書하고 捺印하여야 한다.
② 前項의 證書에 文字의 挿入, 削除 또는 變更을 함에는 遺言者가 이를 自書하고 捺印하여야 한다.

참조 1063, [유언의 방식]1060·1065, [비밀증서에 의한 유언의 전환]1071, [유언증서·녹음의 검인·개봉]1091·1092

판례 민법 제1065조 내지 제1070조가 유언의 방식을 엄격하게 규정한 것은 유언자의 진의를 명확히 하고 그로 인한 법적 분쟁과 혼란을 예방하기 위한 것이므로, 법정된 요건과 방식에 어긋난 유언은 그것이 유언자의 진정한 의사에 합치하더라도 무효이다. 따라서 자필증서에 의한 유언은 민법 제1066조제1항의 규정에 따라 유언자가 전문과 연월일, 주소, 성명을 모두 자서하고 날인하여야만 효력이 있고, 유언자가 주소를 자서하지 않았다면 이는 법정된 요건과 방식에 어긋난 유언으로서 효력을 부정하지 않을 수 없으며, 유언자의 특정에 지장이 없다고 하여 달리 볼 수 없다. 여기서 자서가 필요한 주소는 반드시 주민등록법에 의하여 등록된 곳일 필요는 없으나, 적어도 민법 제18조에서 정한 생활의 근거되는 곳으로서 다른 장소와 구별되는 정도의 표시를 갖추어야 한다.(대판 2014.9.26, 2012다71688)

판례 "자필증서에 의한 유언은 유언자가 그 전문과 연월일, 주소, 성명을 자서하고 날인하여야 한다"고 규정하고 있으므로, 연월일의 기재가 없는 자필유언증서는 효력이 없다. 그리고 자필유언증서의 연월일은 이를 작성한 날로서 유언능력의 유무를 판단하거나 다른 유언증서와 사이에 유언 성립의 선후를 결정하는 기준일이 되므로 그 작성일을 특정할 수 있게 기재하여야 한다. 따라서 연·월만 기재하고 일의 기재가 없는 자필유언증서는 그 작성일을 특정할 수 없으므로 효력이 없다.(대판 2009.5.14, 2009다9768)

판례 유언자의 날인이 없는 유언장 : 민법 1065조 내지 1070조가 유언의 방식을 엄격하게 규정한 것은 유언자의 진의를 명확히 하고 그로 인한 법적 분쟁과 혼란을 예방하기 위한 것이므로, 법정된 요건과 방식에 어긋난 유언은 그것이 유언자의 진정한 의사에 합치하더라도 무효라고 하지 않을 수 없고, 민법 1066조 1항은 '자필증서에 의한 유언은 유언자가 그 전문과 연월일, 주소, 성명을 자서하고 날인하여야 한다'라고 규정하고 있으므로, 유언자의 날인이 없는 유언장은 자필증서에 의한 유언으로서의 효력이 없다.
(대판 2006.9.8, 2006다25103,25110)

第1067條【錄音에 의한 遺言】 錄音에 의한 遺言은 遺言者가 遺言의 趣旨, 그 姓名과 年月日을 口述하고 이에 參與한 證人이 遺言의 正確함과 그 姓名을 口述하여야 한다.

참조 1060·1063·1065, [녹음의 검인]1091

第1068條【公正證書에 의한 遺言】 公正證書에 의한 遺言은 遺言者가 證人 2人이 參與한 公證人의 面前에서 遺言의 趣旨를 口授하고 公證人이 이를 筆記朗讀하여 遺言者와 證人이 그 正確함을 承認한 후 各自署名 또는 記名捺印하여야 한다.

참조 1063, [유언의 방식]1060·1065, [공증인]공증2·11, [공정증서에 의한 유언의 작성]56, [증인]1072, [공정증서와 참여인]공증29, [공증인의 진술녹취·증서작성방법등]공증34이하, [유언서·녹음의 검인 불요]1091②

일판 맹인은 공정증서 유언에 입회증인으로서 적격하다.
(日·最高 1980.12.4)

第1069條【秘密證書에 의한 遺言】 ① 秘密證書에 의한 遺言은 遺言者가 筆者의 姓名을 記入한 證書를 嚴封捺印하고 이를 2人 이상의 證人의 面前에 提出하여 自己의 遺言書임을 表示한 후 그 封書表面에 提出年月日을 記載하고 遺言者와 證人이 各自署名 또는 記名捺印하여야 한다.
② 前項의 方式에 의한 遺言封書는 그 表面에 記載된 날로부터 5日내에 公證人 또는 法院書記에게 提出하여 그 封印上에 確定日字印을 받아야 한다.

참조 [유언서 중 가제변경]1066②

第1070條【口授證書에 의한 遺言】 ① 口授證書에 의한 遺言은 疾病 기타 急迫한 事由로 인하여 前4條의 方式에 의할 수 없는 경우에 遺言者가 2人 이상의 證人의 參與로 그 1人에게 遺言의 趣旨를 口授하고 그 口授를 받은 者가 이를 筆記朗讀하여 遺言者의 證人이 그 正確함을 承認한 후 各自署名 또는 記名捺印하여야 한다.
② 前項의 方式에 의한 遺言은 그 證人 또는 利害關係人이 急迫한 事由의 終了한 날로부터 7日내에 法院에 그 檢認을 申請하여야 한다.
③ 第1063條第2項의 規定은 口授證書에 의한 遺言에 適用하지 아니한다.

참조 1068조 참조문 참조, [유언의 검인]가소2①

판례 증인이 제3자에 의하여 미리 작성된 유언의 취지가 적혀 있는 서면에 따라 유언자에게 질문을 하고 유언자가 동작이나 간략한 답변으로 긍정하는 방식은 유언 당시 유언자의 의사능력이나 유언에 이르게 된 경위 등에 비추어 그 서면이 유언자의 진의에 따라 작성되었음이 분명하다고 인정되는 등의 특별한 사정이 없는 한 민법 1070조 소정의 유언취지의 구수에 해당한다고 볼 수 없다 할 것이다.
(대판 2006.3.9, 2005다57899)

第1071條【秘密證書에 의한 遺言의 轉換】 秘密證書에 의한 遺言이 그 方式에 欠缺이 있는 경우에 그 證書가 自筆證書의 方式에 適合한 때에는 自筆證書에 의한 遺言으로 본다.

참조 [자필증서에 의한 유언]1066

第1072條【증인의 결격사유】 ① 다음 각 호의 어느 하나에 해당하는 사람은 유언에 참여하는 증인이 되지 못한다.
1. 미성년자
2. 피성년후견인과 피한정후견인
3. 유언으로 이익을 받을 사람, 그의 배우자와 직계혈족
② 공정증서에 의한 유언에는 「공증인법」에 따른 결격자는 증인이 되지 못한다.
(2011.3.7 본조개정)

改前 "第1072條【證人의 缺格事由】 ① 다음 各號의 事項에 해당하는 者는 遺言에 參與하는 證人이 되지 못한다.
1. 未成年者
2. 禁治産者와 限定治産者
3. 遺言에 의하여 利益을 받을 者, 그 配偶者와 直系血族
② 公正證書에 의한 遺言에는 公證人法에 의한 缺格者는 證人이 되지 못한다."

참조 ①[유언의 증인]1067~1070①, ⑴[미성년자]4~8·826의2, ⑵[성년후견·한정후견]9~14, ⑶[혈족]768, [배우자]812, ②[유언결격자와 참여인 등]공증29·33·56

第3節 遺言의 效力

第1073條【遺言의 效力發生時期】 ① 遺言은 遺言者가 死亡한 때로부터 그 效力이 생긴다.
② 遺言에 停止條件이 있는 경우에 그 條件이 遺言者의 死亡후에 成就한 때에는 그 條件成就한 때로부터 遺言의 效力이 생긴다.

참조 [준거법]국제사법, ①[사망]28, [유언의 무효]1087·1089, [유언에 의한 인지의 소급효]859②·860, [유언에 의한 재단설립의 효력발생]48②, [유언철회의 효력발생시기]1108, [유증포기의 효력발생시기]1074②, ②[정지조건]147①③

第1074條【遺贈의 承認, 抛棄】 ① 遺贈을 받을 者는 遺言者의 死亡후에 언제든지 遺贈을 承認 또는 抛棄할 수 있다.
② 前項의 承認이나 抛棄는 遺言者의 死亡한 때에 遡及하여 그 效力이 있다.

참조 [포기의 최고]1077, [포기의 취소]1075, [포기의 효과]1090, [포괄수증자의 포기]1019·1041·1042·1078, [후견인과 유증의 포기]950①, [유증의 승인·포기와 수증자의 파산]채무자회생파산387·388

第1075條【遺贈의 承認, 抛棄의 取消禁止】 ① 遺贈의 承認이나 抛棄는 取消하지 못한다.
② 第1024條第2項의 規定은 遺贈의 承認과 抛棄에 準用한다.

참조 [포괄수증자의 승인·포기의 취소]1024·1078

第1076條【受贈者의 相續人의 承認, 抛棄】 受贈者가 承認이나 抛棄를 하지 아니하고 死亡한 때에는 그 相續人은 相續分의 限度에서 承認 또는 抛棄할 수 있다. 그러나 遺言者가 遺言으로 다른 意思를 表示한 때에는 그 意思에 의한다.

참조 [공동상속과 상속분]1009, [포괄수증자의 승인·포기]1024·1078

第1077條【遺贈義務者의 催告權】 ① 遺贈義務者나 利害關係人은 相當한 期間을 정하여 그 期間내에 承認 또는 抛棄를 確答할 것을 受贈者 또는 그 相續人에게 催告할 수 있다.
② 前項의 期間내에 受贈者 또는 相續人이 遺贈義務者에 대하여 催告에 대한 確答을 하지 아니한 때에는 遺贈을 承認한 것으로 본다.
참조 [제한능력자의 상대방의 최고권]15, [유증의무자]1000－1003, [포괄유증의 경우]1019이하·1026·1078, [특정수증자가 파산하였을 경우]채무자회생파산388

第1078條【包括的 受贈者의 權利義務】 包括的 遺贈을 받은 者는 相續人과 同一한 權利義務가 있다.
(1990.1.13 본조개정)
참조 [상속인의 권리의무]1005이하, [사인증여]562
판례 포괄적 유증과 특정유증의 구별기준 : 유증이 포괄적 유증인가 특정유증인가는 유언에 사용한 문언 및 그 외 제반 사정을 종합적으로 고려하여 탐구된 유언자의 의사에 따라 결정되어야 하고, 통상은 상속재산에 대한 비율의 의미로 유증이 된 경우는 포괄적 유증, 그렇지 않은 경우는 특정유증이라고 할 수 있지만, 유언공정증서 등에 유증한 재산이 개별적으로 표시되었다는 사실만으로는 특정유증이라고 단정할 수는 없고 상속재산이 모두 얼마나 되는지를 심리하여 다른 재산이 없다고 인정되는 경우에는 이를 포괄적 유증이라고 볼 수도 있다.(대판 2003.5.27, 2000다73445)

第1079條【受贈者의 果實取得權】 受贈者는 遺贈의 履行을 請求할 수 있는 때로부터 그 目的物의 果實을 取得한다. 그러나 遺言者가 遺言으로 다른 意思를 表示한 때에는 그 意思에 의한다.
참조 [유언의 효력발생과 이행기]147①·152·1073, [과실]101·102, [매매와 과실취득]587, [사인증여]562

第1080條【果實收取費用의 償還請求權】 遺贈義務者가 遺言者의 死亡후에 그 目的物의 果實을 收取하기 위하여 必要費를 支出한 때에는 그 果實의 價額의 限度에서 果實을 取得한 受贈者에게 償還을 請求할 수 있다.
참조 [유증의무자]1000－1003, [필요비의 상환청구권]203①·325①·367·594②·626①, [유언의 효력발생시기]1073, [사인증여]562

第1081條【遺贈義務者의 費用償還請求權】 遺贈義務者가 遺贈者의 死亡후에 그 目的物에 대하여 費用을 支出한 때에는 第325條의 規定을 準用한다.
참조 [유증의무자]1000－1003, [비용상환청구권]203·367·594②·626, [유언의 효력발생시기]1073, [사인증여]562

第1082條【不特定物遺贈義務者의 擔保責任】 ① 不特定物을 遺贈의 目的으로 한 경우에는 遺贈義務者는 그 目的物에 대하여 賣渡人과 같은 擔保責任이 있다.
② 前項의 경우에 目的物에 瑕疵가 있는 때에는 遺贈義務者는 瑕疵없는 物件으로 引渡하여야 한다.
참조 1085, [불특정물채권]375, [유증의무자]1000－1003, [매도인의 담보책임]569－573·575·580, [사인증여]562

第1083條【遺贈의 物上代位性】 遺贈者가 遺贈目的物의 滅失, 毁損 또는 占有의 侵害로 인하여 第三者에게 損害賠償을 請求할 權利가 있는 때에는 그 權利를 遺贈의 目的으로 한 것으로 본다.
참조 1084·1086, [멸실·훼손등으로 인한 배상청구권]204·261·390·750, 상638, [유증목적물의 파훼]1110, [사인증여]562

第1084條【債權의 遺贈의 物上代位性】 ① 債權을 遺贈의 目的으로 한 경우에 遺言者가 그 辨濟를 받은 物件이 相續財産중에 있는 때에는 그 物件을 遺贈의 目的으로 한 것으로 본다.
② 前項의 債權이 金錢을 目的으로 한 경우에는 그 辨濟받은 債權額에 相當한 金錢이 相續財産중에 없는 때에도 그 金額을 遺贈의 目的으로 한 것으로 본다.
참조 1083·1086·1087, [유언의 저촉]1109, [유증목적물의 파훼]1110, [사인증여]562

第1085條【第三者의 權利의 目的인 物件 또는 權利의 遺贈】 遺贈의 目的인 物件이나 權利가 遺言者의 死亡당시에 第三者의 權利의 目的인 경우에는 受贈者는 遺贈義務者에 대하여 그 第三者의 權利를 消滅시킬 것을 請求하지 못한다.
참조 1082·1086·1087, [유언자의 사망]1073①, [사인증여]562

第1086條【遺言者가 다른 意思表示를 한 경우】 前3條의 경우에 遺言者가 遺言으로 다른 意思를 表示한 때에는 그 意思에 의한다.
참조 [유언의 효력발생시기]1073, [유언의 요식성]1060·1065－1071, [사인증여]562

第1087條【相續財産에 속하지 아니한 權利의 遺贈】
① 遺言의 目的이 된 權利가 遺言者의 死亡當時에 相續財産에 속하지 아니한 때에는 遺言은 그 效力이 없다. 그러나 遺言者가 自己의 死亡當時에 그 目的物이 相續財産에 속하지 아니한 경우에도 遺言의 效力이 있게 할 意思인 때에는 遺贈義務者는 그 權利를 取得하여 受贈者에게 移轉할 義務가 있다.
② 前項 但書의 경우에 그 權利를 取得할 수 없거나 그 取得에 過多한 費用을 要할 때에는 그 價額으로 辨償할 수 있다.
참조 1085·1090단서, [유증의무자]1000－1003, [유증의무자의 담보책임]1082, [매매와 타인의 권리]569, [유언의 효력발생시기]1073, [사인증여]562

第1088條【負擔있는 遺贈과 受贈者의 責任】 ① 負擔있는 遺贈을 받은 者는 遺贈의 目的의 價額을 超過하지 아니한 限度에서 負擔한 義務를 履行할 責任이 있다.
② 遺贈의 目的의 價額이 限定承認 또는 財産分離로 인하여 減少된 때에는 受贈者는 그 減少된 限度에서 負擔할 義務를 免한다.
참조 [부담부증여]561, [포괄적수증자의 권리의무]1078, [수증자의 의무불이행]1111, [부담있는 유증과 당사자의 항변권]536, [한정승인]1028이하, [재산분리]1045이하

第1089條【遺贈效力發生前의 受贈者의 死亡】 ① 遺贈은 遺言者의 死亡前에 受贈者가 死亡한 때에는 그 效力이 생기지 아니한다.
② 停止條件있는 遺贈은 受贈者가 그 條件成就前에 死亡한 때에는 그 效力이 생기지 아니한다.
참조 1090, [유언자의 사망]1073, [조건부법률행위의 효력]147①②, [사인증여]562

第1090條【遺贈의 無效, 失效의 경우와 目的財産의 歸屬】 遺贈이 그 效力이 생기지 아니하거나 受贈者가 이를 抛棄한 때에는 遺贈의 目的인 財産은 相續人에게 歸屬한다. 그러나 遺言者가 遺言으로 다른 意思를 表示한 때에는 그 意思에 의한다.
참조 [유증의 효력불발생]1004·1064·1089, [유증의 포기]1074－1078, [상속인]1000이하, [포괄유증의 포기의 효력]1043·1078, [사인증여]562

第4節 遺言의 執行

第1091條【遺言證書, 錄音의 檢認】 ① 遺言의 證書나 錄音을 保管한 者 또는 이를 發見한 者는 遺言者의 死亡후 遲滯없이 法院에 提出하여 그 檢認을 請求하여야 한다.
② 前項의 規定은 公正證書나 口授證書에 의한 遺言에 適用하지 아니한다.
참조 [유언의 방식]1065이하, [법원의 검인]가소2①, 가소규85－90, [구술증서에 의한 유언]1070

第1092條【遺言證書의 開封】 法院이 封印된 遺言證書를 開封할 때에는 遺言者의 相續人, 그 代理人 기타 利害關係人의 參與가 있어야 한다.
참조 1091

第1093條【遺言執行者의 指定】 遺言者는 遺言으로 遺言執行者를 指定할 수 있고 그 指定을 第三者에게 委託할 수 있다.
참조 1094－1097, [유언집행자의 지정, 위탁의 방식]1060·1065－1071, [유언집행자와 상속인]1103①, [유언집행결격자]1098, [유언집행자의

직무권한 및 지위]1100−1103, [유언집행자의 보수]1104, [유언집행자의 사퇴·해임]1105·1106, [유언대용신탁]신탁59, [수인의 유언집행자]1102, [유언집행자의 취임]1096·1097·1099

第1094條【委託에 의한 遺言執行者의 指定】 ① 前條의 委託을 받은 第三者는 그 委託있음을 안 후 遲滯없이 遺言執行者를 指定하여 相續人에게 通知하여야 하며 그 委託을 辭退할 때에는 이를 相續人에게 通知하여야 한다.
② 相續人 기타 利害關係人은 相當한 期間을 정하여 그 期間내에 遺言執行者를 指定할 것을 委託받은 者에게 催告할 수 있다. 그 期間내에 指定의 通知를 받지 못한 때에는 그 指定의 委託을 辭退한 것으로 본다.

第1095條【指定遺言執行者가 없는 경우】 前2條의 規定에 의하여 指定된 遺言執行者가 없는 때에는 相續人이 遺言執行者가 된다.

第1096條【法院에 의한 遺言執行者의 選任】 ① 遺言執行者가 없거나 死亡, 缺格 기타 事由로 인하여 없게 된 때에는 法院은 利害關係人의 請求에 의하여 遺言執行者를 選任하여야 한다.
② 法院이 遺言執行者를 選任한 경우에는 그 任務에 관하여 必要한 處分을 命할 수 있다.

참조 1093−1095, [법원에 의한 선임]가소2①, 가소규84, [유언집행자의 사퇴·해임]1105·1106

판례 누구를 유언집행자로 선임하느냐는 문제는 민법 1098조 소정의 유언집행자의 결격사유에 해당하지 않는 한 당해 법원의 재량에 속하는 것이다.(대결 1995.12.4, 95스32)

第1097條【遺言執行者의 承諾, 辭退】 ① 指定에 의한 遺言執行者는 遺言者의 死亡후 遲滯없이 이를 承諾하거나 辭退할 것을 相續人에게 通知하여야 한다.
② 選任에 의한 遺言執行者는 選任의 通知를 받은 후 遲滯없이 이를 承諾하거나 辭退할 것을 法院에 通知하여야 한다.
③ 相續人 기타 利害關係人은 相當한 期間을 정하여 그 期間내에 承諾與否를 確答할 것을 指定 또는 選任에 의한 遺言執行者에게 催告할 수 있다. 그 期間내에 催告에 대한 確答을 받지 못한 때에는 遺言執行者가 그 就任을 承諾한 것으로 본다.

참조 1093·1094·1096·1099, [법원에 대한 통지]가소2①, [취임후의 사퇴]1105

第1098條【유언집행자의 결격사유】 제한능력자와 파산선고를 받은 자는 유언집행자가 되지 못한다.
(2011.3.7 본조개정)

改前 "第1098條【遺言執行者의 缺格事由】無能力者와 파산선고를 받은 자는 遺言執行者가 되지 못한다.(2005.3.31 본조개정)"

참조 1093−1096, [제한능력자]5·10·13, [대리인의 능력]117·1103

第1099條【遺言執行者의 任務着手】 遺言執行者가 그 就任을 承諾한 때에는 遲滯없이 그 任務를 履行하여야 한다.

참조 [유언집행자의 지정과 취임의 최고]1093·1097, [유언집행자의 임무]1100−1103, [임무의 해태와 해임]1106, [집행자의 보수등]1104·1107

第1100條【財産目錄作成】 ① 遺言이 財産에 관한 것인 때에는 指定 또는 選任에 의한 遺言執行者는 遲滯없이 그 財産目錄을 作成하여 相續人에게 交付하여야 한다.
② 相續人의 請求가 있는 때에는 前項의 財産目錄作成에 相續人을 參與하게 하여야 한다.

참조 1093−1096, [목록작성비용]1107, [선급청구권]687·1103②, [상속인]1000이하

第1101條【遺言執行者의 權利義務】 遺言執行者는 遺贈의 目的인 財産의 管理 기타 遺言의 執行에 必要한 行爲를 할 權利義務가 있다.

참조 [유언집행자와 상속인]1103, [재산의 관리]1022·1040②·1044·1048, [기타의무]859②·1100, [파산신청의 의무]채무자회생파산299②, [임무해태와 해임]1106, [주의의무]683, [인도이전의무]684, [이자지급·손해배상의무]685, [비용등상환의무]688, [응급처리의무]691, [임무종료와 상대방 대항]692

第1102條【共同遺言執行】 遺言執行者가 數人인 경우에는 任務의 執行은 그 過半數의 贊成으로써 決定한다. 그러나 保存行爲는 各自가 이를 할 수 있다.

참조 [유언집행자의 지정·선임]1093−1096, [보존행위]1181

第1103條【遺言執行者의 地位】 ① 指定 또는 選任에 의한 遺言執行者는 相續人의 代理人으로 본다.
② 第681條 내지 第685條, 第687條, 第691條와 第692條의 規定은 遺言執行者에 準用한다.

참조 ①1093−1096·1101

第1104條【遺言執行者의 報酬】 ① 遺言者가 遺言으로 그 執行者의 報酬를 정하지 아니한 경우에는 法院은 相續財産의 狀況 기타 事情을 參酌하여 指定 또는 選任에 의한 遺言執行者의 報酬를 정할 수 있다.
② 遺言執行者가 報酬를 받는 경우에는 第686條第2項, 第3項의 規定을 準用한다.

참조 1093−1096, [유언집행의 비용]1107, [유언집행자의 선급청구권]687·1103②, [법원에 의한 결정]가소2①

第1105條【遺言執行者의 辭退】 指定 또는 選任에 의한 遺言執行者는 正當한 事由있는 때에는 法院의 許可를 얻어 그 任務를 辭退할 수 있다.

참조 1096①②, [법원의 허가]가소2①(2)가, 가소규84, [사퇴시의 긴급처리의무]691·1103②, [사퇴와 대항요건]692·1103②

第1106條【遺言執行者의 解任】 指定 또는 選任에 의한 遺言執行者에 그 任務를 懈怠하거나 適當하지 아니한 事由가 있는 때에는 法院은 相續人 기타 利害關係人의 請求에 의하여 遺言執行者를 解任할 수 있다.

참조 [지정 또는 선임된 집행자]1093·1094·1096, [집행자의 재산관리 임무]1022·1040②·1044·1048, [집행자의 기타 임무]859②·1100, 채무자회생파산299②, [법원에 의한 해임]가소2①(2)가, 가소규84, [임무종료와 위임의 규정 준용]1103②

第1107條【遺言執行의 費用】 遺言의 執行에 관한 費用은 相續財産중에서 이를 支給한다.

참조 [상속재산에 관한 비용]998의2, [선급청구권]687·1103②

第5節 遺言의 撤回

第1108條【遺言의 撤回】 ① 遺言者는 언제든지 遺言 또는 生前行爲로써 遺言의 全部나 一部를 撤回할 수 있다.
② 遺言者는 그 遺言을 撤回할 權利를 拋棄하지 못한다.

참조 [준거법]국제사법, [유언의 방식]1065이하, [유언의 효력발생시기]1073, [유언철회로 보는 경우]1109·1110

第1109條【遺言의 抵觸】 前後의 遺言이 抵觸되거나 遺言후의 生前行爲가 遺言과 抵觸되는 경우에는 그 抵觸된 部分의 前遺言은 이를 撤回한 것으로 본다.

참조 1105·1108·1110

第1110條【破毁로 인한 遺言의 撤回】 遺言者가 故意로 遺言證書 또는 遺贈의 目的物을 破毁한 때에는 그 破毁한 部分에 관한 遺言은 이를 撤回한 것으로 본다.

참조 1083·1084·1108·1109, [유언서 중의 가제변경]1066②

第1111條【負擔있는 遺言의 取消】 負擔있는 遺贈을 받은 者가 그 負擔義務를 履行하지 아니한 때에는 相續人 또는 遺言執行者는 相當한 期間을 정하여 履行할 것을 催告하고 그 期間내에 履行하지 아니한 때에는 法院에 遺言의 取消를 請求할 수 있다. 그러나 第三者의 利益을 害하지 못한다.

참조 544−546·1103, [부담있는 유증과 수증자의 책임]1088, [취소의 청구]가소2①·44, 가소규89, [취소의 효과]141

第3章 遺留分
(1977.12.31 본장신설)

第1112條【유류분의 권리자와 유류분】 상속인의 유류분은 다음 각 호에 의한다.(2024.9.20 본문개정)

1. 被相續人의 直系卑屬은 그 法定相續分의 2分의 1
2. 被相續人의 配偶者는 그 法定相續分의 2分의 1
3. 被相續人의 直系尊屬은 그 法定相續分의 3分의 1
4. (2024.9.20 삭제)
(2024.9.20 본조제목개정)
<2024.4.25 헌법재판소 헌법불합치결정으로 이 조 제1호부터 제3호는 2025.12.31을 시한으로 입법자가 개정할 때까지 계속 적용>
改前 "第1112條【遺留分의 權利者와 遺留分】相續人의 遺留分은 다음 各號에 의한다."
"4. 被相續人의 兄弟姉妹는 그 法定相續分의 3分의 1"
참조 [피상속인의 재산]1005 · 1113, [대습상속인의 유류분]1001 · 1118, [유류분의 산정]1113 · 1114, [유류분의 보전]1115

第1113條【遺留分의 算定】 ① 遺留分은 被相續人의 相續開始時에 있어서 가진 財産의 價額에 贈與財産의 價額을 加算하고 債務의 全額을 控除하여 이를 算定한다.
② 條件附의 權利 또는 存續期間이 不確定한 權利는 家庭法院이 選任한 鑑定人의 評價에 의하여 그 價格을 정한다.
참조 [상속개시시]997, [피상속인의 재산]1005, [증여의 산입]1114, [각 공동상속인이 받은 증여 또는 유증]1008 · 1118
판례 유류분반환범위는 상속개시 당시 피상속인의 순재산과 문제된 증여재산을 합한 재산을 평가하여 그 재산액에 유류분청구권자의 유류분비율을 곱하여 얻은 유류분액을 기준으로 하는 것인바, 그 유류분액을 산정함에 있어 반환의무자가 증여받은 재산의 시가는 상속개시 당시를 기준으로 하여 산정하여야 한다. 따라서 그 증여받은 재산이 금전일 경우에는 그 증여받은 금액을 상속개시 당시의 화폐가치로 환산하여 이를 증여재산의 가액으로 봄이 상당하고, 그러한 화폐가치의 환산은 증여 당시부터 상속개시 당시까지 사이의 물가변동률을 반영하는 방법으로 산정하는 것이 합리적이다.
(대판 2009.7.23, 2006다28126)
판례 공동상속인 및 공동상속인이 아닌 제3자가 피상속인으로부터 각각 증여 또는 유증을 받은 경우, 각자의 유류분반환의무의 범위 : 유류분권리자가 유류분반환청구를 함에 있어 증여 또는 유증을 받은 다른 공동상속인이 수인일 때에는 각자 증여 또는 유증을 받은 재산 등의 가액이 자기 고유의 유류분액을 초과하는 상속인에 대하여 그 유류분액을 초과한 가액의 비율에 따라서 반환을 청구할 수 있고, 공동상속인과 공동상속인 아닌 제3자가 있는 경우에는 그 제3자에게는 유류분이 없으므로 공동상속인에 대하여는 자기 고유의 유류분액을 초과한 가액을 기준으로 하여, 제3자에 대하여는 그 증여 또는 유증받은 재산의 가액을 기준으로 하여 그 각 가액의 비율에 따라 반환청구를 할 수 있다.(대판 2006.11.10, 2006다46346)

第1114條【算入될 贈與】 贈與는 相續開始전의 1年間에 행한 것에 限하여 第1113條의 規定에 의하여 그 價額을 算定한다. 當事者 雙方이 遺留分 權利者에 損害를 加할 것을 알고 贈與를 한 때에는 1年전에 한 것도 같다.
참조 [증여]554, [증여의 산입]1113, [유류분 권리자]1112, [공동상속인이 받은 증여의 산입]1008 · 1118
판례 유류분 제도가 생기기 전 피상속인이 상속인이나 제3자에게 재산을 증여하고 이행을 완료해 소유권이 수증자에게 이전된 때에는 피상속인이 1977년 12월 31일 개정된 민법 시행 이후 사망해 상속이 개시되더라도 소급해 증여재산이 유류분 제도에 의한 반환청구의 대상이 되지 않고, 따라서 유류분 산정을 위한 기초재산에 포함될 수 없다.(대판 2021.10.14, 2021다237497)
판례 유류분 산정시 산입될 '증여재산'에 아직 이행되지 아니한 증여계약의 목적물이 포함되는지 여부(적극) : 유류분 산정의 기초가 되는 재산의 범위에 관한 민법 1113조 1항에서의 '증여재산'이란 상속개시 전에 이미 증여계약이 이행되어 소유권이 수증자에게 이전된 재산을 가리키는 것이고, 아직 증여계약이 이행되지 아니하여 소유권이 피상속인에게 남아 있는 상태로 상속이 개시된 재산은 당연히 '피상속인의 상속개시시에 있어서 가진 재산'에 포함되는 것이므로, 수증자가 공동상속인이든 제3자이든 가리지 아니하고 모두 유류분 산정의 기초가 되는 재산을 구성한다.(대판 1996.8.20, 96다13682)

第1115條【遺留分의 保全】 ① 遺留分 權利者가 被相續人의 第1114條에 規定된 贈與 및 遺贈으로 인하여 그 遺留分에 不足이 생긴 때에는 不足한 限度에서 그 財産의 返還을 請求할 수 있다.
② 第1項의 경우에 贈與 및 遺贈을 받은 者가 數人인 때에는 各者가 얻은 遺贈價額의 比例로 返還하여야 한다.
참조 [유류분의 권리자와 유류분]1112, [유류분의 산정]1113 · 1114, [증여 및 유증의 반환]1116 · 1117
판례 유류분의 반환방법 : 유류분의 반환방법은 증여 또는 유증대상 재산 그 자체를 반환하는 것이 통상적인 반환방법이라고 할 것이므로, 유류분 권리자가 원물반환의 방법에 의하여 유류분 반환을 청구하고 그와 같은 원물반환이 가능하다면 달리 특별한 사정이 없는 이상 법원은 유류분 권리자가 청구하는 방법에 따라 원물반환을 명하여야 한다.(대판 2006.5.26, 2005다71949)

第1116條【返還의 順序】 贈與에 대하여는 遺贈을 返還받은 후가 아니면 이것을 請求할 수 없다.
참조 [유류분의 보전]1115, [소멸시효]1117, [사인증여]562

第1117條【消滅時效】 返還의 請求權은 遺留分 權利者가 相續의 開始와 返還하여야 할 贈與 또는 遺贈을 한 事實을 안 때로부터 1年내에 하지 아니하면 時效에 의하여 消滅한다. 相續이 開始한 때로부터 10年을 經過한 때도 같다.
참조 [반환청구권]1115 · 1116, [유류분 권리자]1112, [상속개시시]997, [반환할 증여 또는 유증]1114 · 1115, [일반채권의 소멸시효]162① · 166①
판례 유류분반환청구권의 행사방법과 그로 인한 소멸시효의 중단 : 유류분반환청구의 의사표시는 침해를 받은 유증 또는 증여행위를 지정하여 이에 대한 반환청구의 의사를 표시하면 그것으로 족하고 그로 인하여 생긴 목적물의 이전등기청구권이나 인도청구권 등을 행사하는 것과는 달리 그 목적물을 구체적으로 특정하여야 하는 것은 아니며, 민법 1117조 소정의 소멸시효의 진행도 위와 같은 의사표시로 중단된다.(대판 2001.9.14, 2000다66430,66447)

第1118條【準用規定】 第1001條, 第1008條, 第1010條의 規定은 遺留分에 이를 準用한다.
<2024.4.25 헌법재판소 헌법불합치결정으로 이 조는 2025.12.31을 시한으로 입법자가 개정할 때까지 계속 적용>
참조 [대습상속]1001, [특별수익자의 상속분]1008, [대습상속분]1010

附 則

第1條【舊法의 定義】 附則에서 舊法이라 함은 本法에 의하여 廢止되는 法令 또는 法令중의 條項을 말한다.
참조 부칙27

第2條【本法의 遡及效】 本法은 特別한 規定있는 경우외에는 本法施行日前의 事項에 대하여도 이를 適用한다. 그러나 이미 舊法에 의하여 생긴 效力에 影響을 미치지 아니한다.
참조 [소급효를 인정하지 않는 사항]부칙4이하

第3條【公證力있는 文書와 그 作成】 ① 公證人 또는 法院書記의 確定日字印있는 私文書는 그 作成日字에 대한 公證力이 있다.
② 日字確定의 請求를 받은 公證人 또는 法院書記는 確定日字簿에 請求者의 住所, 姓名 및 文書名目을 記載하고 그 文書에 記簿番號를 記入한 후 日字印을 찍고 帳簿와 文書에 契印을 하여야 한다.
③ 日字確定을 公證人에게 請求하는 者는 法務部令이, 法院書記에게 請求하는 者는 大法院規則이 각각 정하는 바에 의하여 手數料를 納付하여야 한다.(1970.6.18 본항개정)
④ 公正證書에 記入한 日字 또는 公務所에서 私文書에 어느 事項을 證明하고 記入한 日字는 確定日字로 한다.
참조 [확정일자 있는 증서]450② · 502

第4條【舊法에 의한 限定治産者】 ① 舊法에 의하여 心身耗弱者 또는 浪費者로 準禁治産宣告를 받은 者는 本法施行日로부터 本法의 規定에 의한 限定治産者로 본다.
② 舊法에 의하여 聾者, 啞者 또는 盲者로 準禁治産宣告를 받은 者는 本法施行日로부터 能力을 回復한다.
참조 부칙2, [한정후견]12－14

第5條【夫의 取消權에 관한 經過規定】 舊法에 의하여 妻가 夫의 許可를 要할 事項에 관하여 許可없이 그 行爲를 한 경우에도 本法施行日 후에는 이를 取消하지 못한다.
참조 부칙2

第6條【法人의 登記期間】 法人의 登記事項에 관한 登記期間은 本法施行日前의 事項에 대하여도 本法의 規定에 의한다.

참조 부칙2, [등기기간]49-52 · 94

第7條【罰則에 관한 不遡及】 ① 舊法에 의하여 過料에 處할 行爲로 本法施行당시 裁判을 받지 아니한 者에 대하여는 本法에 의하여 過怠料에 處할 경우에 限하여 이를 裁判한다.
② 前項의 過怠料는 舊法의 過料額을 超過하지 못한다.

참조 부칙2, [과태료에 처할 경우]97

第8條【時效에 관한 經過規定】 ① 本法施行當時에 舊法의 規定에 의한 時效期間을 經過한 權利는 本法의 規定에 의하여 取得 또는 消滅한 것으로 본다.
② 本法施行당시에 舊法에 의한 消滅時效의 期間을 經過하지 아니한 權利에는 本法의 時效에 관한 規定을 適用한다.
③ 本法施行당시에 舊法에 의한 取得時效의 期間을 經過하지 아니한 權利에는 本法의 所有權取得에 관한 規定을 適用한다.
④ 第1項과 第2項의 規定은 時效期間이 아닌 法定期間에 이를 準用한다.

참조 부칙10③

第9條【效力을 喪失할 物權】 舊法에 의하여 規定된 物權이라도 本法에 規定한 物權이 아니면 本法施行日로부터 物權의 效力을 잃는다. 그러나 本法 또는 다른 法律에 特別한 規定이 있는 경우에는 그러하지 아니하다.

참조 [존속하는 물권]부칙14, [선취특권의 실효]부칙16

第10條【所有權移轉에 관한 經過規定】 ① 本法 施行日前의 法律行爲로 인한 不動産에 관한 物權의 得失變更은 이 法 施行日로부터 6年내에 登記하지 아니하면 그 效力을 잃는다.(1964.12.31 본항개정)
② 本法 施行日前의 動産에 관한 物權의 讓渡는 本法 施行日로부터 1年내에 引渡를 받지 못하면 그 效力을 잃는다.
③ 本法 施行日前의 時效完成으로 인하여 物權을 取得한 경우에도 第1項과 같다.

참조 245, 부칙12 · 14 · 16

第11條【舊慣에 의한 傳貰權의 登記】 本法 施行日전에 慣習에 의하여 取得한 傳貰權은 本法 施行日로부터 1年내에 登記함으로써 物權의 效力을 갖는다.

第12條【判決에 의한 所有權移轉의 경우】 訴訟으로 附則 第10條의 規定에 의한 登記 또는 引渡를 請求한 경우에는 그 判決確定의 날로부터 6月내에 登記를 하지 아니하거나 3月내에 引渡를 받지 못하거나 强制執行의 節次를 取하지 아니한 때에는 物權變動의 效力을 잃는다.

참조 부칙10

第13條【地上權存續期間에 관한 經過規定】 本法 施行日前에 地上權設定行爲로 정한 存續期間이 本法 施行當時에 滿了하지 아니한 경우에는 그 存續期間에는 本法의 規定을 適用한다. 設定行爲로 地上權의 存續期間을 定하지 아니한 경우에도 같다.

第14條【存續되는 物權】 本法 施行日前에 設定한 永小作權 또는 不動産質權에 관하여는 舊法의 規定을 適用한다. 그러나 本法 施行日후에는 이를 更新하지 못한다.

참조 부칙9

第15條【賃貸借期間에 관한 經過規定】 本法 施行日前의 賃貸借契約에 約定期間이 있는 경우에도 그 期間이 本法 施行當時에 滿了하지 아니한 때에는 그 存續期間에는 本法의 規定을 適用한다.

참조 619

第16條【先取特權의 失效】 本法 施行日前에 舊法에 의하여 取得한 先取特權은 本法 施行日로부터 그 效力을 잃는다.

참조 부칙2 · 9

第17條【妻의 財産에 대한 夫의 權利】 本法 施行日前의 婚姻으로 인하여 夫가 妻의 財産을 管理, 使用 또는 收益하는 경우에도 本法 施行日로부터 夫는 그 權利를 잃는다.

참조 829 · 831

第18條【婚姻, 入養의 無效, 取消에 관한 經過規定】 ① 本法 施行日前의 婚姻 또는 入養에 本法에 의하여 無效의 原因이 되는 事由가 있는 때에는 이를 無效로 하고 取消의 原因이 되는 事由가 있는 때에는 本法의 規定에 의하여 이를 取消할 수 있다. 이 경우에 取消期間이 있는 때에는 그 期間은 本法 施行日로부터 起算한다.
② 本法 施行日前의 婚姻 또는 入養에 舊法에 의한 取消의 原因이 되는 事由가 있는 경우에도 本法의 規定에 의하여 取消의 原因이 되지 아니할 때에는 本法 施行日후에는 이를 取消하지 못한다.

참조 부칙2, 815이하 · 883이하

第19條【離婚, 罷養에 관한 經過規定】 ① 本法 施行日前의 婚姻 또는 入養에 本法에 의하여 離婚 또는 罷養의 原因이 되는 事由가 있는 때에는 本法의 規定에 의하여 裁判上의 離婚 또는 罷養의 請求를 할 수 있다. 이 경우에 그 請求期間이 있는 때에는 그 期間은 本法施行日로부터 起算한다.
② 本法 施行日前의 婚姻 또는 入養에 舊法에 의하여 離婚 또는 罷養의 原因이 되는 事由가 있는 경우에도 本法의 規定에 의하여 離婚 또는 罷養의 原因이 되지 아니하는 때에는 本法 施行日후에는 裁判上의 離婚 또는 罷養의 請求를 하지 못한다.

참조 부칙2, 840이하 · 905이하

第20條【親權】 成年에 達한 子는 本法 施行日로부터 親權에 服從하지 아니한다.

참조 909

第21條【母의 親權行使에 관한 制限의 廢止】 舊法에 의하여 親權者인 母가 親族會의 同意를 要할 事項에 관하여 그 同意없이 未成年者를 代理한 行爲나 未成年者의 行爲에 대한 同意를 한 경우에도 本法 施行日후에는 이를 取消하지 못한다.

참조 909

第22條【後見人에 관한 經過規定】 ① 舊法에 의하여 未成年者 또는 禁治産者에 대한 後見이 開始된 경우에도 그 後見人의 順位, 選任, 任務 및 缺格에 관한 事項에는 本法 施行日로부터 本法의 規定을 適用한다.
② 舊法에 의하여 準禁治産宣告를 받은 者에 대하여도 그 後見에 관한 事項은 前項과 같다.

참조 부칙2, 929 · 931이하

第23條【保佐人등에 관한 經過規定】 舊法에 의한 保佐人, 後見監督人 및 親族會員은 本法 施行日로부터 그 地位를 잃는다. 그러나 本法 施行日前에 舊法의 規定에 의한 保佐人, 後見監督人 또는 親族會가 行한 同意는 그 效力을 잃지 아니한다.

第24條【扶養義務에 관한 本法適用】 舊法에 의하여 扶養義務가 開始된 경우에도 그 順位, 選任 및 方法에 관한 事項에는 本法 施行日로부터 本法의 規定을 適用한다.

참조 974 · 978 · 부칙2

第25條【相續에 관한 經過規定】 ① 本法 施行日前에 開始된 相續에 관하여는 本法 施行日후에도 舊法의 規定을 適用한다.

② 失踪宣告로 인하여 戶主 또는 財産相續이 開始되는 경우에 그 失踪期間이 舊法 施行期間중에 滿了하는 때에도 그 失踪이 本法 施行日후에 宣告된 때에는 그 相續順位, 相續分 기타 相續에 관하여는 本法의 規定을 適用한다.

참조 부칙2, 1000－1004

第26條【遺言에 관한 經過規定】 本法 施行日前의 慣習에 의한 遺言이 本法에 規定한 方式에 適合하지 아니한 경우에라도 遺言者가 本法 施行日로부터 遺言의 效力發生日까지 그 意思表示를 할 수 없는 狀態에 있는 때에는 그 效力을 잃지 아니한다.

第27條【廢止法令】 다음 各號의 法令은 이를 廢止한다.

1. 朝鮮民事令 第1條의 規定에 의하여 依用된 民法, 民法施行法, 年齡計算에 관한 法律
2. 朝鮮民事令과 同令 第1條에 의하여 依用된 法令중 本法의 規定과 抵觸되는 法條
3. 軍政法令중 本法의 規定과 抵觸되는 法條

참조 부칙2

第28條【施行日】 本法은 檀紀4293年(西紀 1960年) 1月 1日부터 施行한다.

附 則 (1962.12.29)

本法은 1963年 3月 1日부터 施行한다.

附 則 (1962.12.31)

本法은 1963年 1月 1日부터 施行한다.

附 則 (1964.12.31)

이 法은 1965年 1月 1日부터 施行한다.

附 則 (1970.6.18)

이 法은 公布한 날로부터 施行한다.

附 則 (1977.12.31)

① 이 法은 公布후 1年이 경과한 날로부터 施行한다.
② 이 法은 종전의 法律에 의하여 생긴 效力에 대하여 影響을 미치지 아니한다.
③ 이 法 施行日전에 婚姻한 者가 20歲에 達한 때에는 그 婚姻이 종전의 法 第808條第1項의 規定에 違反한 때에도 그 取消를 請求할 수 없다.
④ 이 法 施行日전에 婚姻한 者가 未成年者인 때에는 이 法 施行日로부터 成年者로 한다.
⑤ 이 法 施行日전에 開始된 相續에 관하여는 이 法 施行日 후에도 종전의 規定을 適用한다.
⑥ 失踪宣告로 인하여 相續이 開始되는 경우에 그 失踪期間이 이 法 施行日 후에 滿了된 때에는 그 相續에 관하여 이 法의 規定을 適用한다.

附 則 (1984.4.10)

①**【施行日】** 이 法은 1984年 9月 1日부터 施行한다.
②**【經過措置의 原則】** 이 法은 특별한 規定이 있는 경우를 제외하고는 이 法 施行전에 생긴 事項에 대하여도 이를 適用한다. 그러나 종전의 規定에 의하여 생긴 效力에는 影響을 미치지 아니한다.
③**【失踪宣告에 관한 經過措置】** 第27條第2項의 改正規定은 이 法 施行전에 死亡의 原因이 될 危難이 발생한 경우에도 이를 適用한다.
④**【傳貰權에 관한 經過措置】** 第303條第1項, 第312條第2項·第4項 및 第312條의2의 改正規定은 이 法 施行전에 성립한 傳貰權으로서 이 法 施行당시 存續期間이 3月이상 남아 있는 傳貰權과 存續期間을 정하지 아니한 傳貰權에도 이를 適用한다. 그러나 이 法 施行전에 傳貰金의 增額請求가 있은 경우에는 第312條의2 但書의 改正規定은 이를 適用하지 아니한다.

附 則 (1990.1.13)

第1條【施行日】 이 法은 1991年 1月 1日부터 施行한다.

第2條【이 法의 效力의 不遡及】 이 法에 특별한 規定이 있는 경우를 제외하고는 이미 舊法(民法중 이 法에 의하여 改正 또는 廢止되는 종전의 條項을 말한다. 이하 같다)에 의하여 생긴 效力에 영향을 미치지 아니한다.

第3條【親族에 관한 經過措置】 舊法에 의하여 親族이었던 者가 이 法에 의하여 親族이 아닌 경우에는 이 法 施行日부터 親族으로서의 地位를 잃는다.

第4條【母와 自己의 出生아닌 子에 관한 經過措置】 이 法 施行日전에 발생한 前妻의 出生子와 繼母 및 그 血族·姻戚 사이의 親族關係와 婚姻外의 出生子와 父의 配偶者 및 그 血族·姻戚사이의 親族關係는 이 法 施行日부터 消滅한다.

第5條【約婚의 解除에 관한 經過措置】 ① 이 法 施行日전의 約婚에 이 法에 의하여 解除의 原因이 되는 事由가 있는 때에는 이 法의 規定에 의하여 이를 解除할 수 있다.
② 이 法 施行日전의 約婚에 舊法에 의하여 解除의 原因이 되는 事由가 있는 경우에도 이 法의 規定에 의하여 解除의 原因이 되지 아니할 때에는 이 法 施行日후에는 解除를 하지 못한다.

第6條【夫婦間의 財産關係에 관한 이 法의 適用】 이 法 施行日전의 婚姻으로 인하여 인정되었던 夫婦間의 財産關係에 관하여는 이 法 施行日부터 이 法의 規定을 適用한다.

第7條【入養의 取消에 관한 經過措置】 이 法 施行日전의 入養에 舊法에 의하여 取消의 原因이 되는 事由가 있는 경우에도 이 法의 規定에 의하여 取消의 原因이 되지 아니할 때에는 이 法 施行日후에는 取消를 請求하지 못한다.

第8條【罷養에 관한 經過措置】 ① 이 法 施行日전의 入養에 이 法에 의하여 罷養의 原因이 되는 事由가 있는 때에는 이 法의 規定에 의하여 裁判上 罷養의 請求를 할 수 있다.
② 이 法 施行日전의 入養에 舊法에 의하여 罷養의 原因이 되는 事由가 있는 경우에도 이 法의 規定에 의하여 罷養의 原因이 되지 아니할 때에는 이 法 施行日 후에는 裁判上 罷養의 請求를 하지 못한다.

第9條【親權에 관한 이 法의 適用】 舊法에 의하여 開始된 親權에 관하여도 이 法 施行日부터 이 法의 規定을 適用한다.

第10條【後見人에 관한 이 法의 適用】 舊法에 의하여 未成年者나 限定治産者 또는 禁治産者에 대한 後見이 開始된 경우에도 그 後見人의 順位 및 選任에 관한 事項에는 이 法 施行日부터 이 法의 規定을 適用한다.

第11條【扶養義務에 관한 이 法의 適用】 舊法에 의하여 扶養義務가 開始된 경우에도 이 法 施行日부터 이 法의 規定을 適用한다.

第12條【相續에 관한 經過措置】 ① 이 法 施行日전에 開始된 相續에 관하여는 이 法 施行日후에도 舊法의 規定을 適用한다.
② 失踪宣告로 인하여 相續이 開始되는 경우에 그 失踪期間이 舊法 施行 期間 중에 滿了되는 때에도 그 失踪이 이 法 施行日후에 宣告된 때에는 相續에 관하여는 이 法의 規定을 適用한다.
第13條【다른 法令과의 관계】 이 法 施行당시 다른 法令에서 戶主相續 또는 戶主相續人을 引用한 경우에는 戶主承繼 또는 戶主承繼人을, 財産相續 또는 財産相續人을 引用한 경우에는 相續 또는 相續人을 각 引用한 것으로 본다.

附　則（1997.12.13 法5431號）

第1條【施行日】 이 法은 公布후 6月이 경과한 날부터 施行한다.(이하 생략)

附　則（1997.12.13 法5454號）

이 法은 1998年 1月 1日부터 施行한다.(이하 생략)

附　則（2001.12.29）

이 법은 2002년 7월 1일부터 시행한다.

附　則（2002.1.14）

① **【시행일】** 이 법은 공포한 날부터 시행한다.
② **【이 법의 효력의 불소급】** 이 법은 종전의 규정에 의하여 생긴 효력에 영향을 미치지 아니한다.
③ **【한정승인에 관한 경과조치】** 1998년 5월 27일부터 이 법 시행전까지 상속개시가 있음을 안 자중 상속채무가 상속재산을 초과하는 사실을 중대한 과실없이 제1019조제1항의 기간내에 알지 못하다가 이 법 시행전에 그 사실을 알고도 한정승인 신고를 하지 아니한 자는 이 법 시행일부터 3월내에 제1019조제3항의 개정규정에 의한 한정승인을 할 수 있다. 다만, 당해 기간내에 한정승인을 하지 아니한 경우에는 단순승인을 한 것으로 본다.
④ **【한정승인에 관한 특례】** 1998년 5월 27일 전에 상속개시가 있음을 알았으나 상속채무가 상속재산을 초과하는 사실(이하 "상속채무 초과사실"이라 한다)을 중대한 과실 없이 제1019조제1항의 기간 이내에 알지 못하다가 1998년 5월 27일 이후 상속채무 초과사실을 안 자는 다음 각 호의 구분에 따라 제1019조제3항의 규정에 의한 한정승인을 할 수 있다. 다만, 각 호의 기간 이내에 한정승인을 하지 아니한 경우에는 단순승인을 한 것으로 본다.
1. 법률 제7765호 민법 일부개정법률(이하 "개정법률"이라 한다) 시행 전에 상속채무 초과사실을 알고도 한정승인을 하지 아니한 자는 개정법률 시행일부터 3월 이내
2. 개정법률 시행 이후 상속채무 초과사실을 알게 된 자는 그 사실을 안 날부터 3월 이내
(2005.12.29 본항신설)

판례 1998.5.27 전에 상속개시가 있음을 알았으나 그 후에 상속채무 초과사실을 알게 된 상속인의 한정승인신고 : 상속인이 1998.5.27. 이후 상속개시 사실을 알게 되었음에도 개정민법 시행 후에야 중대한 과실 없이 상속채무 초과사실을 알게 된 경우에는 개정민법 1019조 3항의 규정에 따라 3월 내에 한정승인을 할 수 있다.
(대판 2005.4.14, 2004다56912)

판례 민법 1019조 3항의 소급적용 범위를 '1998.5.27부터 이 법 시행(2002.1.14) 전까지 상속개시가 있음을 안 자'로 제한한 부칙 3항에 대한 헌법불합치결정 : 1998.5.27 이전에 상속개시가 있음을 알았으나 그 이후에 상속채무 초과시실을 안 사람을 부칙(2002.1.14) 3항의 적용 대상에서 제외한 것은 평등원칙 등에 위배되므로, 부칙(2002.1.14) 3항 중 '1998.5.27부터 이 법 시행 전까지 상속개시가 있음을 안 자 중' 부분은 헌법불합치결정을 하되, 입법자가 개정할 때까지 그 적용을 중지한다.
(헌재결 2004.1.29, 2002헌가22,2002헌바40,2003헌바19・46(병합))

附　則（2005.3.31 法7427號）

第1條【시행일】 이 법은 공포한 날부터 시행한다. 다만, 제4편제2장(제778조 내지 제789조, 제791조 및 제793조 내지 제796조), 제826조제3항 및 제4항, 제908조의2 내지 제908조의8, 제963조, 제966조, 제968조, 제4편제8장(제980조 내지 제982조, 제984조 내지 제987조, 제989조 및 제991조 내지 제995조)의 개정규정과 부칙 제7조(제2항 및 제29항을 제외한다)의 규정은 2008년 1월 1일부터 시행한다.
第2條【이 법의 효력의 불소급】 이 법은 종전의 규정에 의하여 생긴 효력에 영향을 미치지 아니한다.
第3條【친생부인의 소에 관한 경과조치】 ① 제847조제1항의 개정규정에 의한 기간이 이 법 시행일부터 30일 이내에 만료되는 경우에는 이 법 시행일부터 30일 이내에 친생부인의 소를 제기할 수 있다.
② 제847조제1항의 개정규정이 정한 기간을 계산함에 있어서는 1997년 3월 27일부터 이 법 시행일 전일까지의 기간은 이를 산입하지 아니한다.
第4條【혼인의 무효・취소에 관한 경과조치】 이 법 시행 전의 혼인에 종전의 규정에 의하여 혼인의 무효 또는 취소의 원인이 되는 사유가 있는 경우에도 이 법의 규정에 의하여 혼인의 무효 또는 취소의 원인이 되지 아니하는 경우에는 이 법 시행 후에는 혼인의 무효를 주장하거나 취소를 청구하지 못한다.
第5條【친양자에 관한 경과조치】 종전의 규정에 의하여 입양된 자를 친양자로 하려는 자는 제908조의2제1항제1호 내지 제4호의 요건을 갖춘 경우에는 가정법원에 친양자 입양을 청구할 수 있다.
第6條【기간에 관한 경과조치】 이 법에 의하여 기간이 변경된 경우에 이 법 시행 당시 종전의 규정에 의한 기간이 경과되지 아니한 때에는 이 법의 개정규정과 종전의 규정 중 그 기간이 장기인 규정을 적용한다.
第7條【다른 법률의 개정】 ①~㉙ ※(해당 법령에 가제정리 하였음)

附　則（2005.3.31 法7428號）

第1條【시행일】 이 법은 공포 후 1년이 경과한 날부터 시행한다.(이하 생략)

附　則（2005.12.29）

① **【시행일】** 이 법은 공포한 날부터 시행한다.
② **【한정승인에 관한 경과조치】** 이 법의 한정승인에 관한 특례대상에 해당하는 자가 이 법 시행 전에 한정승인 신고를 하여 법원에 계속 중이거나 수리된 경우 그 신고 또는 법원의 수리결정은 효력이 있다.

附　則（2007.5.17）

第1條【시행일】 이 법은 2008년 1월 1일부터 시행한다.(이하 생략)

附　則 (2007.12.21)

第1條【시행일】 이 법은 공포한 날부터 시행한다. 다만, 제97조 및 제161조의 개정규정은 공포 후 3개월이 경과한 날부터 시행하고, 제836조의2, 제837조제2항부터 제6항까지 및 제909조제4항의 개정규정은 공포 후 6개월이 경과한 날부터 시행한다.
第2條【효력의 불소급】 이 법은 종전의 규정에 따라 생긴 효력에 영향을 미치지 아니한다.
第3條【경과조치】 ① 이 법 시행 당시 법원에 계속 중인 사건에 관하여는 이 법(제837조의 개정규정을 제외한다)을 적용하지 아니한다.
② 이 법 시행 전의 행위에 대한 과태료의 적용에 있어서는 종전의 규정에 따른다.
③ 이 법 시행 당시 만 16세가 된 여자는 제801조 및 제807조의 개정규정에도 불구하고 약혼 또는 혼인할 수 있다.

附　則 (2009.5.8)

① **【시행일】** 이 법은 공포 후 3개월이 경과한 날부터 시행한다.
② **【양육비부담조서 작성의 적용례】** 제836조의2제5항의 개정규정은 이 법 시행 당시 계속 중인 협의이혼사건에도 적용한다.

附　則 (2011.3.7)

第1條【시행일】 이 법은 2013년 7월 1일부터 시행한다.
第2條【금치산자 등에 관한 경과조치】 ① 이 법 시행 당시 이미 금치산 또는 한정치산의 선고를 받은 사람에 대하여는 종전의 규정을 적용한다.
② 제1항의 금치산자 또는 한정치산자에 대하여 이 법에 따라 성년후견, 한정후견, 특정후견이 개시되거나 임의후견감독인이 선임된 경우 또는 이 법 시행일부터 5년이 경과한 때에는 그 금치산 또는 한정치산의 선고는 장래를 향하여 그 효력을 잃는다.
第3條【다른 법령과의 관계】 이 법 시행 당시 다른 법령에서 "금치산" 또는 "한정치산"을 인용한 경우에는 성년후견 또는 한정후견을 받는 사람에 대하여 부칙 제2조제2항에 따른 5년의 기간에 한정하여 "성년후견" 또는 "한정후견"을 인용한 것으로 본다.

附　則 (2011.5.19)

이 법은 2013년 7월 1일부터 시행한다.

附　則 (2012.2.10)

第1條【시행일】 이 법은 2013년 7월 1일부터 시행한다. 다만, 제818조, 제828조, 제843조 및 제925조의 개정규정은 공포한 날부터 시행한다.
第2條【이 법의 효력의 불소급】 이 법은 종전의 규정에 따라 생긴 효력에 영향을 미치지 아니한다.
第3條【종전의 규정에 따른 입양 및 파양에 관한 경과조치】 이 법 시행 전에 제878조 또는 제904조에 따라 입양 또는 파양의 신고가 접수된 입양 또는 파양에 관하여는 종전의 규정에 따른다.
第4條【재판상 파양 원인에 관한 경과조치】 제905조의 개정규정에도 불구하고 이 법 시행 전에 종전의 규정에 따라 가정법원에 파양을 청구한 경우에 재판상 파양 원인에 관하여는 종전의 규정에 따른다.
第5條【친양자 입양의 요건에 관한 경과조치】 제908조의2제1항 및 제2항의 개정규정에도 불구하고 이 법 시행 전에 종전의 규정에 따라 가정법원에 친양자 입양을 청구한 경우에 친양자 입양의 요건에 관하여는 종전의 규정에 따른다.

附　則 (2013.4.5)

이 법은 2013년 7월 1일부터 시행한다.

附　則 (2014.10.15)

第1條【시행일】 이 법은 공포 후 1년이 경과한 날부터 시행한다.
第2條【친권 상실의 선고 및 친권의 상실 선고 등의 판단 기준에 관한 경과조치】 이 법 시행 당시 가정법원에 진행 중인 친권의 상실 선고 청구 사건에 대해서는 제924조 및 제925조의2의 개정규정에도 불구하고 종전의 규정에 따른다.

附　則 (2014.12.30)

이 법은 공포한 날부터 시행한다.

附　則 (2015.2.3 法13124號)

第1條【시행일】 이 법은 2015년 7월 1일부터 시행한다. (이하 생략)

附　則 (2015.2.3 法13125號)

第1條【시행일】 이 법은 공포 후 1년이 경과한 날부터 시행한다.
第2條【효력의 불소급】 이 법은 종전의 규정에 따라 생긴 효력에 영향을 미치지 아니한다.
第3條【보증의 방식 등에 관한 적용례】 제428조의2, 제428조의3 및 제436조의2의 개정규정은 이 법 시행 후 체결하거나 기간을 갱신하는 보증계약부터 적용한다.
第4條【여행계약의 효력 · 해제 등에 관한 적용례】 제3편제2장제9절의2(제674조의2부터 제674조의9까지)의 개정규정은 이 법 시행 후 체결하는 여행계약부터 적용한다.
第5條【다른 법률의 개정】 ※(해당 법령에 가제정리 하였음)
第6條【「보증인 보호를 위한 특별법」의 개정에 따른 경과조치】 부칙 제5조에 따라 개정되는 「보증인 보호를 위한 특별법」의 개정규정에도 불구하고 이 법 시행 전에 체결되거나 기간이 갱신된 「보증인 보호를 위한 특별법」의 적용 대상인 보증계약에 대해서는 종전의 「보증인 보호를 위한 특별법」 제3조에 따른다.

附　則 (2016.1.6)

이 법은 공포한 날부터 시행한다.

附 則 (2016.12.2)

第1條【시행일】 이 법은 공포 후 6개월이 경과한 날부터 시행한다.
第2條【다른 법률의 개정】 ※(해당 법령에 가제정리하였음)

附 則 (2016.12.20)

第1條【시행일】 이 법은 공포한 날부터 시행한다.
第2條【적용례】 제937조제9호의 개정규정은 이 법 시행 당시 법원에 계속 중인 사건에도 적용한다.

附 則 (2017.10.31)

第1條【시행일】 이 법은 공포 후 3개월이 경과한 날부터 시행한다.
第2條【남편의 친생자의 추정에 관한 적용례】 제854조의2 및 제855조의2의 개정규정은 이 법 시행 전에 발생한 부모와 자녀의 관계에 대해서도 적용한다. 다만, 이 법 시행 전에 판결에 따라 생긴 효력에는 영향을 미치지 아니한다.

附 則 (2020.10.20)

第1條【시행일】 이 법은 공포한 날부터 시행한다.
第2條【성적 침해를 당한 미성년자의 손해배상청구권의 소멸시효에 관한 적용례】 제766조제3항의 개정규정은 이 법 시행 전에 행하여진 성적 침해로 발생하여 이 법 시행 당시 소멸시효가 완성되지 아니한 손해배상청구권에도 적용한다.

附 則 (2021.1.26)

第1條【시행일】 이 법은 공포한 날부터 시행한다.
第2條【감화 또는 교정기관 위탁에 관한 경과조치】 이 법 시행 전에 법원의 허가를 받아 이 법 시행 당시 감화 또는 교정기관에 위탁 중인 경우와 이 법 시행 전에 감화 또는 교정기관 위탁에 대한 허가를 신청하여 이 법 시행 당시 법원에 사건이 계속 중인 경우에는 제915조 및 제945조의 개정규정에도 불구하고 종전의 규정에 따른다.
第3條【다른 법률의 개정】 ※(해당 법령에 가제정리하였음)
第4條【「가사소송법」의 개정에 관한 경과조치】 이 법 시행 전에 법원에 감화 또는 교정기관 위탁에 대한 허가를 신청하여 이 법 시행 당시 법원에 계속 중인 사건에 관하여는 부칙 제3조에 따라 개정되는 「가사소송법」 제2조제1항제2호가목14)의 개정규정에도 불구하고 종전의 규정에 따른다.

附 則 (2022.12.13)

第1條【시행일】 이 법은 공포한 날부터 시행한다.
第2條【미성년자인 상속인의 한정승인에 관한 적용례 및 특례】 ① 제1019조제4항의 개정규정은 이 법 시행 이후 상속이 개시된 경우부터 적용한다.
② 제1항에도 불구하고 이 법 시행 전에 상속이 개시된 경우로서 다음 각 호의 어느 하나에 해당하는 경우에는 제1019조제4항의 개정규정에 의한 한정승인을 할 수 있다.
1. 미성년자인 상속인으로서 이 법 시행 당시 미성년자인 경우
2. 미성년자인 상속인으로서 이 법 시행 당시 성년자이나 성년이 되기 전에 제1019조제1항에 따른 단순승인(제1026조제1호 및 제2호에 따라 단순승인을 한 것으로 보는 경우를 포함한다)을 하고, 이 법 시행 이후에 상속채무가 상속재산을 초과하는 사실을 알게 된 경우에는 그 사실을 안 날부터 3개월 내

附 則 (2022.12.27)

이 법은 공포 후 6개월이 경과한 날부터 시행한다.

附 則 (2023.5.16)

第1條【시행일】 이 법은 공포 후 1년이 경과한 날부터 시행한다.(이하 생략)

附 則 (2024.9.20)

第1條【시행일】 이 법은 2025년 1월 31일부터 시행한다. 다만, 제1004조의2의 개정규정 및 부칙 제4조는 2026년 1월 1일부터 시행한다.
第2條【상속권 상실 선고에 관한 적용례】 제1004조의2의 개정규정은 2024년 4월 25일 이후 상속이 개시되는 경우로서 같은 개정규정 시행 전에 같은 조 제1항 또는 제3항 각 호에 해당하는 행위가 있었던 경우에 대해서도 적용한다.
第3條【상속권 상실 선고에 관한 특례】 2024년 4월 25일 이후 제1004조의2의 개정규정의 시행일인 2026년 1월 1일 전에 상속이 개시된 경우로서 제1004조의2제3항 각 호의 사유가 있는 사람이 상속인이 되었음을 같은 개정규정 시행 전에 안 공동상속인은 같은 조 제3항 각 호 외의 부분에도 불구하고 같은 개정규정 시행일부터 6개월 이내에 상속권 상실 청구를 할 수 있다. 같은 조 제4항에 따라 상속인이 될 사람 또한 같다.
第4條【다른 법률의 개정】 ※(해당 법령에 가제정리하였음)

민법제312조의2단서의시행에 관한규정

(1984년 9월 1일 대통령령 제11493호)

제1조【목적】 이 영은 민법 제312조의2 단서의 규정에 의하여 전세금의 증액을 청구하는 경우 그 증액청구의 기준에 관한 사항을 정함을 목적으로 한다.

제2조【증액청구의 비율】 전세금의 증액청구의 비율은 약정한 전세금의 20분의 1을 초과하지 못한다.

제3조【증액청구의 제한】 전세금의 증액청구는 전세권설정계약이 있은 날 또는 약정한 전세금의 증액이 있은 날로부터 1년이내에는 이를 하지 못한다.

부 칙

이 영은 1984년 9월 1일부터 시행한다.

국제사법

(2022년 1월 4일 전부개정법률 제18670호)

제1장 총 칙

제1절 목 적

제1조【목적】 이 법은 외국과 관련된 요소가 있는 법률관계에 관하여 국제재판관할과 준거법(準據法)을 정함을 목적으로 한다.

제2절 국제재판관할

제2조【일반원칙】 ① 대한민국 법원(이하 "법원"이라 한다)은 당사자 또는 분쟁이 된 사안이 대한민국과 실질적 관련이 있는 경우에 국제재판관할권을 가진다. 이 경우 법원은 실질적 관련의 유무를 판단할 때에 당사자 간의 공평, 재판의 적정, 신속 및 경제를 꾀한다는 국제재판관할 배분의 이념에 부합하는 합리적인 원칙에 따라야 한다.
② 이 법이나 그 밖의 대한민국 법령 또는 조약에 국제재판관할에 관한 규정이 없는 경우 법원은 국내법의 관할 규정을 참작하여 국제재판관할권의 유무를 판단하되, 제1항의 취지에 비추어 국제재판관할의 특수성을 충분히 고려하여야 한다.

제3조【일반관할】 ① 대한민국에 일상거소(habitual residence)가 있는 사람에 대한 소(訴)에 관하여는 법원에 국제재판관할이 있다. 일상거소가 어느 국가에도 없거나 일상거소를 알 수 없는 사람의 거소가 대한민국에 있는 경우에도 또한 같다.
② 제1항에도 불구하고 대사(大使)·공사(公使), 그 밖에 외국의 재판권 행사대상에서 제외되는 대한민국 국민에 대한 소에 관하여는 법원에 국제재판관할이 있다.
③ 주된 사무소·영업소 또는 정관상의 본거지나 경영의 중심지가 대한민국에 있는 법인 또는 단체와 대한민국 법에 따라 설립된 법인 또는 단체에 대한 소에 관하여는 법원에 국제재판관할이 있다.

제4조【사무소·영업소 소재지 등의 특별관할】 ① 대한민국에 사무소·영업소가 있는 사람·법인 또는 단체에 대한 대한민국에 있는 사무소 또는 영업소의 업무와 관련된 소는 법원에 제기할 수 있다.
② 대한민국에서 또는 대한민국을 향하여 계속적이고 조직적인 사업 또는 영업활동을 하는 사람·법인 또는 단체에 대하여 그 사업 또는 영업활동과 관련이 있는 소는 법원에 제기할 수 있다.

제5조【재산소재지의 특별관할】 재산권에 관한 소는 다음 각 호의 어느 하나에 해당하는 경우 법원에 제기할 수 있다.
1. 청구의 목적 또는 담보의 목적인 재산이 대한민국에 있는 경우
2. 압류할 수 있는 피고의 재산이 대한민국에 있는 경우. 다만, 분쟁이 된 사안이 대한민국과 아무런 관련이 없거나 근소한 관련만 있는 경우 또는 그 재산의 가액이 현저하게 적은 경우는 제외한다.

제6조【관련사건의 관할】 ① 상호 밀접한 관련이 있는 여러 개의 청구 가운데 하나에 대하여 법원에 국제재판관할이 있으면 그 여러 개의 청구를 하나의 소로 법원에 제기할 수 있다.
② 공동피고 가운데 1인의 피고에 대하여 법원이 제3조에 따른 일반관할을 가지는 때에는 그 피고에 대한 청구와 다른 공동피고에 대한 청구 사이에 밀접한 관련이 있어서 모순된 재판의 위험을 피할 필요가 있는 경우에만 공동피고에 대한 소를 하나의 소로 법원에 제기할 수 있다.
③ 다음 각 호의 사건의 주된 청구에 대하여 제56조부터 제

61조까지의 규정에 따라 법원에 국제재판관할이 있는 경우에는 친권자·양육자 지정, 부양료 지급 등 해당 주된 청구에 부수되는 부수적 청구에 대해서도 법원에 소를 제기할 수 있다.
1. 혼인관계 사건
2. 친생자관계 사건
3. 입양관계 사건
4. 부모·자녀 간 관계 사건
5. 부양관계 사건
6. 후견관계 사건
④ 제3항 각 호에 따른 사건의 주된 청구에 부수되는 부수적 청구에 대해서만 법원에 국제재판관할이 있는 경우에는 그 주된 청구에 대한 소를 법원에 제기할 수 없다.
제7조【반소관할】 본소(本訴)에 대하여 법원에 국제재판관할이 있고 소송절차를 현저히 지연시키지 아니하는 경우 피고는 본소의 청구 또는 방어방법과 밀접한 관련이 있는 청구를 목적으로 하는 반소(反訴)를 본소가 계속(係屬)된 법원에 제기할 수 있다.
제8조【합의관할】 ① 당사자는 일정한 법률관계로 말미암은 소에 관하여 국제재판관할의 합의(이하 이 조에서 "합의"라 한다)를 할 수 있다. 다만, 합의가 다음 각 호의 어느 하나에 해당하는 경우에는 효력이 없다.
1. 합의에 따라 국제재판관할을 가지는 국가의 법(준거법의 지정에 관한 법규를 포함한다)에 따를 때 그 합의가 효력이 없는 경우
2. 합의를 한 당사자가 합의를 할 능력이 없었던 경우
3. 대한민국의 법령 또는 조약에 따를 때 합의의 대상이 된 소가 합의로 정한 국가가 아닌 다른 국가의 국제재판관할에 전속하는 경우
4. 합의의 효력을 인정하면 소가 계속된 국가의 선량한 풍속이나 그 밖의 사회질서에 명백히 위반되는 경우
② 합의는 서면〔전보(電報), 전신(電信), 팩스, 전자우편 또는 그 밖의 통신수단에 의하여 교환된 전자적(電子的) 의사표시를 포함한다〕으로 하여야 한다.
③ 합의로 정해진 관할은 전속적인 것으로 추정한다.
④ 합의가 당사자 간의 계약 조항의 형식으로 되어 있는 경우 계약 중 다른 조항의 효력은 합의 조항의 효력에 영향을 미치지 아니한다.
⑤ 당사자 간에 일정한 법률관계로 말미암은 소에 관하여 외국법원을 선택하는 전속적 합의가 있는 경우 법원에 그 소가 제기된 때에는 법원은 해당 소를 각하하여야 한다. 다만, 다음 각 호의 어느 하나에 해당하는 경우에는 그러하지 아니하다.
1. 합의가 제1항 각 호의 사유로 효력이 없는 경우
2. 제9조에 따라 변론관할이 발생하는 경우
3. 합의에 따라 국제재판관할을 가지는 국가의 법원이 사건을 심리하지 아니하기로 하는 경우
4. 합의가 제대로 이행될 수 없는 명백한 사정이 있는 경우
제9조【변론관할】 피고가 국제재판관할이 없음을 주장하지 아니하고 본안에 대하여 변론하거나 변론준비기일에서 진술하면 법원에 그 사건에 대한 국제재판관할이 있다.
제10조【전속관할】 ① 다음 각 호의 소는 법원에만 제기할 수 있다.
1. 대한민국의 공적 장부의 등기 또는 등록에 관한 소. 다만, 당사자 간의 계약에 따른 이전이나 그 밖의 처분에 관한 소로서 등기 또는 등록의 이행을 청구하는 경우는 제외한다.
2. 대한민국 법령에 따라 설립된 법인 또는 단체의 설립 무효, 해산 또는 그 기관의 결의의 유효 또는 무효에 관한 소
3. 대한민국에 있는 부동산의 물권에 관한 소 또는 부동산의 사용을 목적으로 하는 권리로서 공적 장부에 등기나 등록이 된 것에 관한 소
4. 등록 또는 기탁에 의하여 창설되는 지식재산권이 대한민국에 등록되어 있거나 등록이 신청된 경우 그 지식재산권의 성립, 유효성 또는 소멸에 관한 소
5. 대한민국에서 재판의 집행을 하려는 경우 그 집행에 관한 소
② 대한민국의 법령 또는 조약에 따른 국제재판관할의 원칙상 외국법원의 국제재판관할에 전속하는 소에 대해서는 제3조부터 제7조까지 및 제9조를 적용하지 아니한다.
③ 제1항 각 호에 따라 법원의 전속관할에 속하는 사항이 다른 소의 선결문제가 되는 경우에는 제1항을 적용하지 아니한다.
제11조【국제적 소송경합】 ① 같은 당사자 간에 외국법원에 계속 중인 사건과 동일한 소가 법원에 다시 제기된 경우에 외국법원의 재판이 대한민국에서 승인될 것으로 예상되는 때에는 법원은 직권 또는 당사자의 신청에 의하여 결정으로 소송절차를 중지할 수 있다. 다만, 다음 각 호의 어느 하나에 해당하는 경우에는 그러하지 아니하다.
1. 전속적 국제재판관할의 합의에 따라 법원에 국제재판관할이 있는 경우
2. 법원에서 해당 사건을 재판하는 것이 외국법원에서 재판하는 것보다 더 적절함이 명백한 경우
② 당사자는 제1항에 따른 법원의 중지 결정에 대해서는 즉시항고를 할 수 있다.
③ 법원은 대한민국 법령 또는 조약에 따른 승인 요건을 갖춘 외국의 재판이 있는 경우 같은 당사자 간에 그 재판과 동일한 소가 법원에 제기된 때에는 그 소를 각하하여야 한다.
④ 외국법원이 본안에 대한 재판을 하기 위하여 필요한 조치를 하지 아니하는 경우 또는 외국법원이 합리적인 기간 내에 본안에 관하여 재판을 선고하지 아니하거나 선고하지 아니할 것으로 예상되는 경우에 당사자의 신청이 있으면 법원은 제1항에 따라 중지된 사건의 심리를 계속할 수 있다.
⑤ 제1항에 따라 소송절차의 중지 여부를 결정하는 경우 소의 선후(先後)는 소를 제기한 때를 기준으로 한다.
제12조【국제재판관할권의 불행사】 ① 이 법에 따라 법원에 국제재판관할이 있는 경우에도 법원이 국제재판관할권을 행사하기에 부적절하고 국제재판관할이 있는 외국법원이 분쟁을 해결하기에 더 적절하다는 예외적인 사정이 명백히 존재할 때에는 피고의 신청에 의하여 법원은 본안에 관한 최초의 변론기일 또는 변론준비기일까지 소송절차를 결정으로 중지하거나 소를 각하할 수 있다. 다만, 당사자가 합의한 국제재판관할이 법원에 있는 경우에는 그러하지 아니하다.
② 제1항 본문의 경우 법원은 소송절차를 중지하거나 소를 각하하기 전에 원고에게 진술할 기회를 주어야 한다.
③ 당사자는 제1항에 따른 법원의 중지 결정에 대해서는 즉시항고를 할 수 있다.
제13조【적용 제외】 제24조, 제56조부터 제59조까지, 제61조, 제62조, 제76조제4항 및 제89조에 따라 국제재판관할이 정하여지는 사건에는 제8조 및 제9조를 적용하지 아니한다.
제14조【보전처분의 관할】 ① 보전처분에 대해서는 다음 각 호의 어느 하나에 해당하는 경우 법원에 국제재판관할이 있다.
1. 법원에 본안에 관한 국제재판관할이 있는 경우
2. 보전처분의 대상이 되는 재산이 대한민국에 있는 경우
② 제1항에도 불구하고 당사자는 긴급히 필요한 경우에는 대한민국에서만 효력을 가지는 보전처분을 법원에 신청할 수 있다.
제15조【비송사건의 관할】 ① 비송사건의 국제재판관할에 관하여는 성질에 반하지 아니하는 범위에서 제2조부터 제14조까지의 규정을 준용한다.
② 비송사건의 국제재판관할은 다음 각 호의 구분에 따라 해당 규정에서 정한 바에 따른다.
1. 실종선고 등에 관한 사건 : 제24조
2. 친족관계에 관한 사건 : 제56조부터 제61조까지
3. 상속 및 유언에 관한 사건 : 제76조
4. 선박소유자 등의 책임제한에 관한 사건 : 제89조
③ 제2항 각 호에서 규정하는 경우 외에 개별 비송사건의 관할에 관하여 이 법에 다른 규정이 없는 경우에는 제2조에 따른다.

제3절 준거법

제16조【본국법】 ① 당사자의 본국법에 따라야 하는 경우에 당사자가 둘 이상의 국적을 가질 때에는 그와 가장 밀접한 관련이 있는 국가의 법을 그 본국법으로 정한다. 다만, 국적 중 하나가 대한민국일 경우에는 대한민국 법을 본국법으로 한다.
② 당사자가 국적을 가지지 아니하거나 당사자의 국적을 알 수 없는 경우에는 그의 일상거소가 있는 국가의 법[이하 "일상거소지법"(日常居所地法)이라 한다]에 따르고, 일상거소를 알 수 없는 경우에는 그의 거소가 있는 국가의 법에 따른다.
③ 당사자가 지역에 따라 법을 달리하는 국가의 국적을 가질 경우에는 그 국가의 법 선택규정에 따라 지정되는 법에 따르고, 그러한 규정이 없는 경우에는 당사자와 가장 밀접한 관련이 있는 지역의 법에 따른다.
제17조【일상거소지법】 당사자의 일상거소지법에 따라야 하는 경우에 당사자의 일상거소를 알 수 없는 경우에는 그의 거소가 있는 국가의 법에 따른다.
제18조【외국법의 적용】 법원은 이 법에 따라 준거법으로 정해진 외국법의 내용을 직권으로 조사·적용하여야 하며, 이를 위하여 당사자에게 협력을 요구할 수 있다.
제19조【준거법의 범위】 이 법에 따라 준거법으로 지정되는 외국법의 규정은 공법적 성격이 있다는 이유만으로 적용이 배제되지 아니한다.
제20조【대한민국 법의 강행적 적용】 입법목적에 비추어 준거법에 관계없이 해당 법률관계에 적용되어야 하는 대한민국의 강행규정은 이 법에 따라 외국법이 준거법으로 지정되는 경우에도 적용한다.
제21조【준거법 지정의 예외】 ① 이 법에 따라 지정된 준거법이 해당 법률관계와 근소한 관련이 있을 뿐이고, 그 법률관계와 가장 밀접한 관련이 있는 다른 국가의 법이 명백히 존재하는 경우에는 그 다른 국가의 법에 따른다.
② 당사자가 합의에 따라 준거법을 선택하는 경우에는 제1항을 적용하지 아니한다.
제22조【외국법에 따른 대한민국 법의 적용】 ① 이 법에 따라 외국법이 준거법으로 지정된 경우에 그 국가의 법에 따라 대한민국 법이 적용되어야 할 때에는 대한민국의 법(준거법의 지정에 관한 법규는 제외한다)에 따른다.
② 다음 각 호의 어느 하나에 해당하는 경우에는 제1항을 적용하지 아니한다.
1. 당사자가 합의로 준거법을 선택하는 경우
2. 이 법에 따라 계약의 준거법이 지정되는 경우
3. 제73조에 따라 부양의 준거법이 지정되는 경우
4. 제78조제3항에 따라 유언의 방식의 준거법이 지정되는 경우
5. 제94조에 따라 선적국법이 지정되는 경우
6. 그 밖에 제1항을 적용하는 것이 이 법의 준거법 지정 취지에 반하는 경우
제23조【사회질서에 반하는 외국법의 규정】 외국법에 따라야 하는 경우에 그 규정의 적용이 대한민국의 선량한 풍속이나 그 밖의 사회질서에 명백히 위반될 때에는 그 규정을 적용하지 아니한다.

제2장 사 람

제1절 국제재판관할

제24조【실종선고 등 사건의 특별관할】 ① 실종선고에 관한 사건에 대해서는 다음 각 호의 어느 하나에 해당하는 경우 법원에 국제재판관할이 있다.
1. 부재자가 대한민국 국민인 경우
2. 부재자의 마지막 일상거소가 대한민국에 있는 경우
3. 부재자의 재산이 대한민국에 있거나 대한민국 법에 따라야 하는 법률관계가 있는 경우. 다만, 그 재산 및 법률관계에 관한 부분으로 한정한다.
4. 그 밖에 정당한 사유가 있는 경우
② 부재자 재산관리에 관한 사건에 대해서는 부재자의 마지막 일상거소 또는 재산이 대한민국에 있는 경우 법원에 국제재판관할이 있다.
제25조【사원 등에 대한 소의 특별관할】 법원이 제3조제3항에 따른 국제재판관할을 가지는 경우 다음 각 호의 소는 법원에 제기할 수 있다.
1. 법인 또는 단체가 그 사원 또는 사원이었던 사람에 대하여 소를 제기하는 경우로서 그 소가 사원의 자격으로 말미암은 것인 경우
2. 법인 또는 단체의 사원이 다른 사원 또는 사원이었던 사람에 대하여 소를 제기하는 경우로서 그 소가 사원의 자격으로 말미암은 것인 경우
3. 법인 또는 단체의 사원이었던 사람이 법인·단체의 사원에 대하여 소를 제기하는 경우로서 그 소가 사원의 자격으로 말미암은 것인 경우

제2절 준거법

제26조【권리능력】 사람의 권리능력은 그의 본국법에 따른다.
제27조【실종과 부재】 ① 실종선고 및 부재자 재산관리는 실종자 또는 부재자의 본국법에 따른다.
② 제1항에도 불구하고 외국인에 대하여 법원이 실종선고나 그 취소 또는 부재자 재산관리의 재판을 하는 경우에는 대한민국 법에 따른다.
제28조【행위능력】 ① 사람의 행위능력은 그의 본국법에 따른다. 행위능력이 혼인에 의하여 확대되는 경우에도 또한 같다.
② 이미 취득한 행위능력은 국적의 변경에 의하여 상실되거나 제한되지 아니한다.
제29조【거래보호】 ① 법률행위를 한 사람과 상대방이 법률행위의 성립 당시 동일한 국가에 있는 경우에 그 행위자가 그의 본국법에 따르면 무능력자이더라도 법률행위가 있었던 국가의 법에 따라 능력자인 때에는 그의 무능력을 주장할 수 없다. 다만, 상대방이 법률행위 당시 그의 무능력을 알았거나 알 수 있었을 경우에는 그러하지 아니하다.
② 제1항은 친족법 또는 상속법의 규정에 따른 법률행위 및 행위지 외의 국가에 있는 부동산에 관한 법률행위에는 이를 적용하지 아니한다.
제30조【법인 및 단체】 법인 또는 단체는 그 설립의 준거법에 따른다. 다만, 외국에서 설립된 법인 또는 단체가 대한민국에 주된 사무소가 있거나 대한민국에서 주된 사업을 하는 경우에는 대한민국 법에 따른다.

제3장 법률행위

제31조【법률행위의 방식】 ① 법률행위의 방식은 그 행위의 준거법에 따른다.
② 행위지법에 따라 한 법률행위의 방식은 제1항에도 불구하고 유효하다.
③ 당사자가 계약체결 시 서로 다른 국가에 있을 때에는 그 국가 중 어느 한 국가의 법에서 정한 법률행위의 방식에 따를 수 있다.
④ 대리인에 의한 법률행위의 경우에는 대리인이 있는 국가를 기준으로 행위지법을 정한다.
⑤ 제2항부터 제4항까지의 규정은 물권이나 그 밖에 등기하여야 하는 권리를 설정하거나 처분하는 법률행위의 방식에는 적용하지 아니한다.
제32조【임의대리】 ① 본인과 대리인 간의 관계는 당사자 간의 법률관계의 준거법에 따른다.

② 대리인의 행위로 인하여 본인이 제3자에 대하여 의무를 부담하는지 여부는 대리인의 영업소가 있는 국가의 법에 따르며, 대리인의 영업소가 없거나 영업소가 있더라도 제3자가 알 수 없는 경우에는 대리인이 실제로 대리행위를 한 국가의 법에 따른다.
③ 대리인이 본인과 근로계약 관계에 있고, 그의 영업소가 없는 경우에는 본인의 주된 영업소를 그의 영업소로 본다.
④ 본인은 제2항 및 제3항에도 불구하고 대리의 준거법을 선택할 수 있다. 다만, 준거법의 선택은 대리권을 증명하는 서면에 명시되거나 본인 또는 대리인이 제3자에게 서면으로 통지한 경우에만 그 효력이 있다.
⑤ 대리권이 없는 대리인과 제3자 간의 관계에 관하여는 제2항을 준용한다.

제4장 물 권

제33조【물권】 ① 동산 및 부동산에 관한 물권 또는 등기하여야 하는 권리는 그 동산·부동산의 소재지법에 따른다.
② 제1항에 규정된 권리의 취득·상실·변경은 그 원인된 행위 또는 사실의 완성 당시 그 동산·부동산의 소재지법에 따른다.
제34조【운송수단】 항공기에 관한 물권은 그 항공기의 국적이 소속된 국가의 법에 따르고, 철도차량에 관한 물권은 그 철도차량의 운행을 허가한 국가의 법에 따른다.
제35조【무기명증권】 무기명증권에 관한 권리의 취득·상실·변경은 그 원인된 행위 또는 사실의 완성 당시 그 무기명증권의 소재지법에 따른다.
제36조【이동 중인 물건】 이동 중인 물건에 관한 물권의 취득·상실·변경은 그 목적지가 속하는 국가의 법에 따른다.
제37조【채권 등에 대한 약정담보물권】 채권·주식, 그 밖의 권리 또는 이를 표창하는 유가증권을 대상으로 하는 약정담보물권은 담보대상인 권리의 준거법에 따른다. 다만, 무기명증권을 대상으로 하는 약정담보물권은 제35조에 따른다.

제5장 지식재산권

제1절 국제재판관할

제38조【지식재산권 계약에 관한 소의 특별관할】 ① 지식재산권의 양도, 담보권 설정, 사용허락 등의 계약에 관한 소는 다음 각 호의 어느 하나에 해당하는 경우 법원에 제기할 수 있다.
1. 지식재산권이 대한민국에서 보호되거나 사용 또는 행사되는 경우
2. 지식재산권에 관한 권리가 대한민국에서 등록되는 경우
② 제1항에 따른 국제재판관할이 적용되는 소에는 제41조를 적용하지 아니한다.
제39조【지식재산권 침해에 관한 소의 특별관할】 ① 지식재산권 침해에 관한 소는 다음 각 호의 어느 하나에 해당하는 경우 법원에 제기할 수 있다. 다만, 이 경우 대한민국에서 발생한 결과에 한정한다.
1. 침해행위를 대한민국에서 한 경우
2. 침해의 결과가 대한민국에서 발생한 경우
3. 침해행위를 대한민국을 향하여 한 경우
② 제1항에 따라 소를 제기하는 경우 제6조제1항을 적용하지 아니한다.
③ 제1항 및 제2항에도 불구하고 지식재산권에 대한 주된 침해행위가 대한민국에서 일어난 경우에는 외국에서 발생하는 결과를 포함하여 침해행위로 인한 모든 결과에 관한 소를 법원에 제기할 수 있다.
④ 제1항 및 제3항에 따라 소를 제기하는 경우 제44조를 적용하지 아니한다.

제2절 준거법

제40조【지식재산권의 보호】 지식재산권의 보호는 그 침해지법에 따른다.

제6장 채 권

제1절 국제재판관할

제41조【계약에 관한 소의 특별관할】 ① 계약에 관한 소는 다음 각 호의 어느 하나에 해당하는 곳이 대한민국에 있는 경우 법원에 제기할 수 있다.
1. 물품공급계약의 경우에는 물품인도지
2. 용역제공계약의 경우에는 용역제공지
3. 물품인도지와 용역제공지가 복수이거나 물품공급과 용역제공을 함께 목적으로 하는 계약의 경우에는 의무의 주된 부분의 이행지
② 제1항에서 정한 계약 외의 계약에 관한 소는 청구의 근거인 의무가 이행된 곳 또는 그 의무가 이행되어야 할 곳으로 계약당사자가 합의한 곳이 대한민국에 있는 경우 법원에 제기할 수 있다.
제42조【소비자계약의 관할】 ① 소비자가 자신의 직업 또는 영업활동 외의 목적으로 체결하는 계약으로서 다음 각 호의 어느 하나에 해당하는 경우 대한민국에 일상거소가 있는 소비자는 계약의 상대방(직업 또는 영업활동으로 계약을 체결하는 자를 말한다. 이하 "사업자"라 한다)에 대하여 법원에 소를 제기할 수 있다.
1. 사업자가 계약체결에 앞서 소비자의 일상거소가 있는 국가(이하 "일상거소지국"이라 한다)에서 광고에 의한 거래 권유 등 직업 또는 영업활동을 행하거나 소비자의 일상거소지국 외의 지역에서 소비자의 일상거소지국을 향하여 광고에 의한 거래의 권유 등 직업 또는 영업활동을 행하고 그 계약이 사업자의 직업 또는 영업활동의 범위에 속하는 경우
2. 사업자가 소비자의 일상거소지국에서 소비자의 주문을 받은 경우
3. 사업자가 소비자로 하여금 소비자의 일상거소지국이 아닌 국가에 가서 주문을 하도록 유도한 경우
② 제1항에 따른 계약(이하 "소비자계약"이라 한다)의 경우에 소비자의 일상거소가 대한민국에 있는 경우에는 사업자가 소비자에 대하여 제기하는 소는 법원에만 제기할 수 있다.
③ 소비자계약의 당사자 간에 제8조에 따른 국제재판관할의 합의가 있을 때 그 합의는 다음 각 호의 어느 하나에 해당하는 경우에만 효력이 있다.
1. 분쟁이 이미 발생한 후 국제재판관할의 합의를 한 경우
2. 국제재판관할의 합의에서 법원 외에 외국법원에도 소비자가 소를 제기할 수 있도록 한 경우
제43조【근로계약의 관할】 ① 근로자가 대한민국에서 일상적으로 노무를 제공하거나 최후로 일상적 노무를 제공한 경우에는 사용자에 대한 근로계약에 관한 소를 법원에 제기할 수 있다. 근로자가 일상적으로 대한민국에서 노무를 제공하지 아니하거나 아니하였던 경우에 사용자가 그를 고용한 영업소가 대한민국에 있거나 있었을 때에도 또한 같다.
② 사용자가 근로자에 대하여 제기하는 근로계약에 관한 소는 근로자의 일상거소가 대한민국에 있거나 근로자가 대한민국에서 일상적으로 노무를 제공하는 경우에는 법원에만 제기할 수 있다.
③ 근로계약의 당사자 간에 제8조에 따른 국제재판관할의 합의가 있을 때 그 합의는 다음 각 호의 어느 하나에 해당하는 경우에만 효력이 있다.
1. 분쟁이 이미 발생한 경우
2. 국제재판관할의 합의에서 법원 외에 외국법원에도 근로자가 소를 제기할 수 있도록 한 경우

제44조【불법행위에 관한 소의 특별관할】 불법행위에 관한 소는 그 행위가 대한민국에서 행하여지거나 대한민국을 향하여 행하여지는 경우 또는 대한민국에서 그 결과가 발생하는 경우 법원에 제기할 수 있다. 다만, 불법행위의 결과가 대한민국에서 발생할 것을 예견할 수 없었던 경우에는 그러하지 아니하다.

제2절 준거법

제45조【당사자 자치】 ① 계약은 당사자가 명시적 또는 묵시적으로 선택한 법에 따른다. 다만, 묵시적인 선택은 계약내용이나 그 밖의 모든 사정으로부터 합리적으로 인정할 수 있는 경우로 한정한다.
② 당사자는 계약의 일부에 관하여도 준거법을 선택할 수 있다.
③ 당사자는 합의에 의하여 이 조 또는 제46조에 따른 준거법을 변경할 수 있다. 다만, 계약체결 후 이루어진 준거법의 변경은 계약 방식의 유효 여부와 제3자의 권리에 영향을 미치지 아니한다.
④ 모든 요소가 오로지 한 국가와 관련이 있음에도 불구하고 당사자가 그 외의 다른 국가의 법을 선택한 경우에 관련된 국가의 강행규정은 적용이 배제되지 아니한다.
⑤ 준거법 선택에 관한 당사자 간 합의의 성립 및 유효성에 관하여는 제49조를 준용한다.
제46조【준거법 결정 시의 객관적 연결】 ① 당사자가 준거법을 선택하지 아니한 경우에 계약은 그 계약과 가장 밀접한 관련이 있는 국가의 법에 따른다.
② 당사자가 계약에 따라 다음 각 호의 어느 하나에 해당하는 이행을 하여야 하는 경우에는 계약체결 당시 그의 일상거소가 있는 국가의 법(당사자가 법인 또는 단체인 경우에는 주된 사무소가 있는 국가의 법을 말한다)이 가장 밀접한 관련이 있는 것으로 추정한다. 다만, 계약이 당사자의 직업 또는 영업활동으로 체결된 경우에는 당사자의 영업소가 있는 국가의 법이 가장 밀접한 관련이 있는 것으로 추정한다.
1. 양도계약의 경우에는 양도인의 이행
2. 이용계약의 경우에는 물건 또는 권리를 이용하도록 하는 당사자의 이행
3. 위임·도급계약 및 이와 유사한 용역제공계약의 경우에는 용역의 이행
③ 부동산에 대한 권리를 대상으로 하는 계약의 경우에는 부동산이 있는 국가의 법이 가장 밀접한 관련이 있는 것으로 추정한다.
제47조【소비자계약】 ① 소비자계약의 당사자가 준거법을 선택하더라도 소비자의 일상거소가 있는 국가의 강행규정에 따라 소비자에게 부여되는 보호를 박탈할 수 없다.
② 소비자계약의 당사자가 준거법을 선택하지 아니한 경우에는 제46조에도 불구하고 소비자의 일상거소지법에 따른다.
③ 소비자계약의 방식은 제31조제1항부터 제3항까지의 규정에도 불구하고 소비자의 일상거소지법에 따른다.
제48조【근로계약】 ① 근로계약의 당사자가 준거법을 선택하더라도 제2항에 따라 지정되는 준거법 소속 국가의 강행규정에 따라 근로자에게 부여되는 보호를 박탈할 수 없다.
② 근로계약의 당사자가 준거법을 선택하지 아니한 경우 근로계약은 제46조에도 불구하고 근로자가 일상적으로 노무를 제공하는 국가의 법에 따르며, 근로자가 일상적으로 어느 한 국가 안에서 노무를 제공하지 아니하는 경우에는 사용자가 근로자를 고용한 영업소가 있는 국가의 법에 따른다.
제49조【계약의 성립 및 유효성】 ① 계약의 성립 및 유효성은 그 계약이 유효하게 성립하였을 경우 이 법에 따라 적용되어야 하는 준거법에 따라 판단한다.
② 제1항에 따른 준거법에 따라 당사자의 행위의 효력을 판단하는 것이 모든 사정에 비추어 명백히 부당한 경우에는 그 당사자는 계약에 동의하지 아니하였음을 주장하기 위하여 그의 일상거소지법을 원용할 수 있다.
제50조【사무관리】 ① 사무관리는 그 관리가 행하여진 곳의 법에 따른다. 다만, 사무관리가 당사자 간의 법률관계에 근거하여 행하여진 경우에는 그 법률관계의 준거법에 따른다.
② 다른 사람의 채무를 변제함으로써 발생하는 청구권은 그 채무의 준거법에 따른다.
제51조【부당이득】 부당이득은 그 이득이 발생한 곳의 법에 따른다. 다만, 부당이득이 당사자 간의 법률관계에 근거한 이행으로부터 발생한 경우에는 그 법률관계의 준거법에 따른다.
제52조【불법행위】 ① 불법행위는 그 행위를 하거나 그 결과가 발생하는 곳의 법에 따른다.
② 불법행위를 한 당시 동일한 국가 안에 가해자와 피해자의 일상거소가 있는 경우에는 제1항에도 불구하고 그 국가의 법에 따른다.
③ 가해자와 피해자 간에 존재하는 법률관계가 불법행위에 의하여 침해되는 경우에는 제1항 및 제2항에도 불구하고 그 법률관계의 준거법에 따른다.
④ 제1항부터 제3항까지의 규정에 따라 외국법이 적용되는 경우에 불법행위로 인한 손해배상청구권은 그 성질이 명백히 피해자의 적절한 배상을 위한 것이 아니거나 그 범위가 본질적으로 피해자의 적절한 배상을 위하여 필요한 정도를 넘을 때에는 인정하지 아니한다.
제53조【준거법에 관한 사후적 합의】 당사자는 제50조부터 제52조까지의 규정에도 불구하고 사무관리·부당이득·불법행위가 발생한 후 합의에 의하여 대한민국 법을 그 준거법으로 선택할 수 있다. 다만, 그로 인하여 제3자의 권리에 영향을 미치지 아니한다.
제54조【채권의 양도 및 채무의 인수】 ① 채권의 양도인과 양수인 간의 법률관계는 당사자 간의 계약의 준거법에 따른다. 다만, 채권의 양도가능성, 채무자 및 제3자에 대한 채권양도의 효력은 양도되는 채권의 준거법에 따른다.
② 채무인수에 관하여는 제1항을 준용한다.
제55조【법률에 따른 채권의 이전】 ① 법률에 따른 채권의 이전은 그 이전의 원인이 된 구(舊)채권자와 신(新)채권자 간의 법률관계의 준거법에 따른다. 다만, 이전되는 채권의 준거법에 채무자 보호를 위한 규정이 있는 경우에는 그 규정이 적용된다.
② 제1항과 같은 법률관계가 존재하지 아니하는 경우에는 이전되는 채권의 준거법에 따른다.

제7장 친 족

제1절 국제재판관할

제56조【혼인관계에 관한 사건의 특별관할】 ① 혼인관계에 관한 사건에 대해서는 다음 각 호의 어느 하나에 해당하는 경우 법원에 국제재판관할이 있다.
1. 부부 중 한쪽의 일상거소가 대한민국에 있고 부부의 마지막 공동 일상거소가 대한민국에 있었던 경우
2. 원고와 미성년 자녀 전부 또는 일부의 일상거소가 대한민국에 있는 경우
3. 부부 모두가 대한민국 국민인 경우
4. 대한민국 국민으로서 대한민국에 일상거소를 둔 원고가 혼인관계 해소만을 목적으로 제기하는 사건의 경우
② 부부 모두를 상대로 하는 혼인관계에 관한 사건에 대해서는 다음 각 호의 어느 하나에 해당하는 경우 법원에 국제재판관할이 있다.
1. 부부 중 한쪽의 일상거소가 대한민국에 있는 경우
2. 부부 중 한쪽이 사망한 때에는 생존한 다른 한쪽의 일상거소가 대한민국에 있는 경우
3. 부부 모두가 사망한 때에는 부부 중 한쪽의 마지막 일상거소가 대한민국에 있었던 경우
4. 부부 모두가 대한민국 국민인 경우

제57조【친생자관계에 관한 사건의 특별관할】 친생자관계의 성립 및 해소에 관한 사건에 대해서는 다음 각 호의 어느 하나에 해당하는 경우 법원에 국제재판관할이 있다.
1. 자녀의 일상거소가 대한민국에 있는 경우
2. 자녀와 피고가 되는 부모 중 한쪽이 대한민국 국민인 경우

제58조【입양관계에 관한 사건의 특별관할】 ① 입양의 성립에 관한 사건에 대해서는 양자가 되려는 사람 또는 양친이 되려는 사람의 일상거소가 대한민국에 있는 경우 법원에 국제재판관할이 있다.
② 양친자관계의 존부확인, 입양의 취소 또는 파양(罷養)에 관한 사건에 관하여는 제57조를 준용한다.

제59조【부모·자녀 간의 법률관계 등에 관한 사건의 특별관할】 미성년인 자녀 등에 대한 친권, 양육권 및 면접교섭권에 관한 사건에 대해서는 다음 각 호의 어느 하나에 해당하는 경우 법원에 국제재판관할이 있다.
1. 자녀의 일상거소가 대한민국에 있는 경우
2. 부모 중 한쪽과 자녀가 대한민국 국민인 경우

제60조【부양에 관한 사건의 관할】 ① 부양에 관한 사건에 대해서는 부양권리자의 일상거소가 대한민국에 있는 경우 법원에 국제재판관할이 있다.
② 당사자가 부양에 관한 사건에 대하여 제8조에 따라 국제재판관할의 합의를 하는 경우 다음 각 호의 어느 하나에 해당하면 합의의 효력이 없다.
1. 부양권리자가 미성년자이거나 피후견인인 경우. 다만, 해당 합의에서 미성년자이거나 피후견인인 부양권리자에게 법원 외에 외국법원에도 소를 제기할 수 있도록 한 경우는 제외한다.
2. 합의로 지정된 국가가 사안과 아무런 관련이 없거나 근소한 관련만 있는 경우
③ 부양에 관한 사건이 다음 각 호의 어느 하나에 해당하는 경우에는 제9조를 적용하지 아니한다.
1. 부양권리자가 미성년자이거나 피후견인인 경우
2. 대한민국이 사안과 아무런 관련이 없거나 근소한 관련만 있는 경우

제61조【후견에 관한 사건의 특별관할】 ① 성년인 사람의 후견에 관한 사건에 대해서는 다음 각 호의 어느 하나에 해당하는 경우 법원에 국제재판관할이 있다.
1. 피후견인(피후견인이 될 사람을 포함한다. 이하 같다)의 일상거소가 대한민국에 있는 경우
2. 피후견인이 대한민국 국민인 경우
3. 피후견인의 재산이 대한민국에 있고 피후견인을 보호하여야 할 필요가 있는 경우
② 미성년자의 후견에 관한 사건에 대해서는 다음 각 호의 어느 하나에 해당하는 경우 법원에 국제재판관할이 있다.
1. 미성년자의 일상거소가 대한민국에 있는 경우
2. 미성년자의 재산이 대한민국에 있고 미성년자를 보호하여야 할 필요가 있는 경우

제62조【가사조정사건의 관할】 제56조부터 제61조까지의 규정에 따라 법원에 국제재판관할이 있는 사건의 경우에는 그 조정사건에 대해서도 법원에 국제재판관할이 있다.

제2절 준거법

제63조【혼인의 성립】 ① 혼인의 성립요건은 각 당사자에 관하여 그 본국법에 따른다.
② 혼인의 방식은 혼인을 한 곳의 법 또는 당사자 중 한쪽의 본국법에 따른다. 다만, 대한민국에서 혼인을 하는 경우에 당사자 중 한쪽이 대한민국 국민인 때에는 대한민국 법에 따른다.

제64조【혼인의 일반적 효력】 혼인의 일반적 효력은 다음 각 호의 법의 순위에 따른다.
1. 부부의 동일한 본국법
2. 부부의 동일한 일상거소지법
3. 부부와 가장 밀접한 관련이 있는 곳의 법

제65조【부부재산제】 ① 부부재산제에 관하여는 제64조를 준용한다.
② 부부가 합의에 의하여 다음 각 호의 어느 하나에 해당하는 법을 선택한 경우 부부재산제는 제1항에도 불구하고 그 법에 따른다. 다만, 그 합의는 날짜와 부부의 기명날인 또는 서명이 있는 서면으로 작성된 경우에만 그 효력이 있다.
1. 부부 중 한쪽이 국적을 가지는 법
2. 부부 중 한쪽의 일상거소지법
3. 부동산에 관한 부부재산제에 대해서는 그 부동산의 소재지법
③ 대한민국에서 행한 법률행위 및 대한민국에 있는 재산에 관하여는 외국법에 따른 부부재산제로써 선의의 제3자에게 대항할 수 없다. 이 경우 외국법에 따를 수 없을 때에 제3자와의 관계에서 부부재산제는 대한민국 법에 따른다.
④ 제3항에도 불구하고 외국법에 따라 체결된 부부재산계약을 대한민국에서 등기한 경우에는 제3자에게 대항할 수 있다.

제66조【이혼】 이혼에 관하여는 제64조를 준용한다. 다만, 부부 중 한쪽이 대한민국에 일상거소가 있는 대한민국 국민인 경우 이혼은 대한민국 법에 따른다.

제67조【혼인 중의 부모·자녀관계】 ① 혼인 중의 부모·자녀관계의 성립은 자녀의 출생 당시 부부 중 한쪽의 본국법에 따른다.
② 제1항의 경우에 남편이 자녀의 출생 전에 사망한 때에는 남편의 사망 당시 본국법을 그의 본국법으로 본다.

제68조【혼인 외의 부모·자녀관계】 ① 혼인 외의 부모·자녀관계의 성립은 자녀의 출생 당시 어머니의 본국법에 따른다. 다만, 아버지와 자녀 간의 관계의 성립은 자녀의 출생 당시 아버지의 본국법 또는 현재 자녀의 일상거소지법에 따를 수 있다.
② 인지는 제1항에서 정하는 법 외에 인지 당시 인지자의 본국법에 따를 수 있다.
③ 제1항의 경우에 아버지가 자녀의 출생 전에 사망한 때에는 사망 당시 본국법을 그의 본국법으로 보고, 제2항의 경우에 인지자가 인지 전에 사망한 때에는 사망 당시 본국법을 그의 본국법으로 본다.

제69조【혼인 외의 출생자】 ① 혼인 외의 출생자가 혼인 중의 출생자로 그 지위가 변동되는 경우에 관하여는 그 요건인 사실의 완성 당시 아버지 또는 어머니의 본국법 또는 자녀의 일상거소지법에 따른다.
② 제1항의 경우에 아버지 또는 어머니가 그 요건인 사실이 완성되기 전에 사망한 때에는 아버지 또는 어머니의 사망 당시 본국법을 그의 본국법으로 본다.

제70조【입양 및 파양】 입양 및 파양은 입양 당시 양부모의 본국법에 따른다.

제71조【동의】 제68조부터 제70조까지의 규정에 따른 부모·자녀관계의 성립에 관하여 자녀의 본국법이 자녀 또는 제3자의 승낙이나 동의 등을 요건으로 할 때에는 그 요건도 갖추어야 한다.

제72조【부모·자녀 간의 법률관계】 부모·자녀 간의 법률관계는 부모와 자녀의 본국법이 모두 동일한 경우에는 그 법에 따르고, 그 외의 경우에는 자녀의 일상거소지법에 따른다.

제73조【부양】 ① 부양의 의무는 부양권리자의 일상거소지법에 따른다. 다만, 그 법에 따르면 부양권리자가 부양의무자로부터 부양을 받을 수 없을 때에는 당사자의 공통 본국법에 따른다.
② 대한민국에서 이혼이 이루어지거나 승인된 경우에 이혼한 당사자 간의 부양의무는 제1항에도 불구하고 그 이혼에 관하여 적용된 법에 따른다.
③ 방계혈족 간 또는 인척 간의 부양의무와 관련하여 부양의무자는 부양권리자의 청구에 대하여 당사자의 공통 본국법에 따라 부양의무가 없다는 주장을 할 수 있으며, 그러한 법이 없을 때에는 부양의무자의 일상거소지법에 따라 부양의무가 없다는 주장을 할 수 있다.

④ 부양권리자와 부양의무자가 모두 대한민국 국민이고, 부양의무자가 대한민국에 일상거소가 있는 경우에는 대한민국 법에 따른다.

제74조【그 밖의 친족관계】 친족관계의 성립 및 친족관계에서 발생하는 권리의무에 관하여 이 법에 특별한 규정이 없는 경우에는 각 당사자의 본국법에 따른다.

제75조【후견】 ① 후견은 피후견인의 본국법에 따른다.

② 법원이 제61조에 따라 성년 또는 미성년자인 외국인의 후견사건에 관한 재판을 하는 때에는 제1항에도 불구하고 다음 각 호의 어느 하나에 해당하는 경우 대한민국 법에 따른다.

1. 피후견인의 본국법에 따른 후견개시의 원인이 있더라도 그 후견사무를 수행할 사람이 없거나, 후견사무를 수행할 사람이 있더라도 후견사무를 수행할 수 없는 경우
2. 대한민국에서 후견개시의 심판(임의후견감독인선임 심판을 포함한다)을 하였거나 하는 경우
3. 피후견인의 재산이 대한민국에 있고 피후견인을 보호하여야 할 필요가 있는 경우

제8장 상 속

제1절 국제재판관할

제76조【상속 및 유언에 관한 사건의 관할】 ① 상속에 관한 사건에 대해서는 다음 각 호의 어느 하나에 해당하는 경우 법원에 국제재판관할이 있다.

1. 피상속인의 사망 당시 일상거소가 대한민국에 있는 경우. 피상속인의 일상거소가 어느 국가에도 없거나 이를 알 수 없고 그의 마지막 일상거소가 대한민국에 있었던 경우에도 또한 같다.
2. 대한민국에 상속재산이 있는 경우. 다만, 그 상속재산의 가액이 현저하게 적은 경우에는 그러하지 아니하다.

② 당사자가 상속에 관한 사건에 대하여 제8조에 따라 국제재판관할의 합의를 하는 경우에 다음 각 호의 어느 하나에 해당하면 합의의 효력이 없다.

1. 당사자가 미성년자이거나 피후견인인 경우. 다만, 해당 합의에서 미성년자이거나 피후견인인 당사자에게 법원 외에 외국법원에도 소를 제기하는 것을 허용하는 경우는 제외한다.
2. 합의로 지정된 국가가 사안과 아무런 관련이 없거나 근소한 관련만 있는 경우

③ 상속에 관한 사건이 다음 각 호의 어느 하나에 해당하는 경우에는 제9조를 적용하지 아니한다.

1. 당사자가 미성년자이거나 피후견인인 경우
2. 대한민국이 사안과 아무런 관련이 없거나 근소한 관련만 있는 경우

④ 유언에 관한 사건은 유언자의 유언 당시 일상거소가 대한민국에 있거나 유언의 대상이 되는 재산이 대한민국에 있는 경우 법원에 국제재판관할이 있다.

⑤ 제1항에 따라 법원에 국제재판관할이 있는 사건의 경우에는 그 조정사건에 관하여도 법원에 국제재판관할이 있다.

제2절 준거법

제77조【상속】 ① 상속은 사망 당시 피상속인의 본국법에 따른다.

② 피상속인이 유언에 적용되는 방식에 의하여 명시적으로 다음 각 호의 어느 하나에 해당하는 법을 지정할 때에는 상속은 제1항에도 불구하고 그 법에 따른다.

1. 지정 당시 피상속인의 일상거소지법. 다만, 그 지정은 피상속인이 사망 시까지 그 국가에 일상거소를 유지한 경우에만 효력이 있다.
2. 부동산에 관한 상속에 대해서는 그 부동산의 소재지법

제78조【유언】 ① 유언은 유언 당시 유언자의 본국법에 따른다.

② 유언의 변경 또는 철회는 그 당시 유언자의 본국법에 따른다.

③ 유언의 방식은 다음 각 호의 어느 하나의 법에 따른다.

1. 유언자가 유언 당시 또는 사망 당시 국적을 가지는 국가의 법
2. 유언자의 유언 당시 또는 사망 당시 일상거소지법
3. 유언 당시 행위지법
4. 부동산에 관한 유언의 방식에 대해서는 그 부동산의 소재지법

제9장 어음·수표

제1절 국제재판관할

제79조【어음·수표에 관한 소의 특별관할】 어음·수표에 관한 소는 어음·수표의 지급지가 대한민국에 있는 경우 법원에 제기할 수 있다.

제2절 준거법

제80조【행위능력】 ① 환어음, 약속어음 및 수표에 의하여 채무를 부담하는 자의 능력은 그의 본국법에 따른다. 다만, 그 국가의 법이 다른 국가의 법에 따르도록 정한 경우에는 그 다른 국가의 법에 따른다.

② 제1항에 따르면 능력이 없는 자라 할지라도 다른 국가에서 서명을 하고 그 국가의 법에 따라 능력이 있을 때에는 그 채무를 부담할 수 있는 능력이 있는 것으로 본다.

제81조【수표지급인의 자격】 ① 수표지급인이 될 수 있는 자의 자격은 지급지법에 따른다.

② 지급지법에 따르면 지급인이 될 수 없는 자를 지급인으로 하여 수표가 무효인 경우에도 동일한 규정이 없는 다른 국가에서 한 서명으로부터 생긴 채무의 효력에는 영향을 미치지 아니한다.

제82조【방식】 ① 환어음·약속어음의 어음행위 및 수표행위의 방식은 서명지법에 따른다. 다만, 수표행위의 방식은 지급지법에 따를 수 있다.

② 제1항에서 정한 법에 따를 때 행위가 무효인 경우에도 그 후 행위지법에 따라 행위가 적법한 때에는 그 전 행위의 무효는 그 후 행위의 효력에 영향을 미치지 아니한다.

③ 대한민국 국민이 외국에서 한 환어음·약속어음의 어음행위 및 수표행위의 방식이 행위지법에 따르면 무효인 경우에도 대한민국 법에 따라 적법한 때에는 다른 대한민국 국민에 대하여 효력이 있다.

제83조【효력】 ① 환어음의 인수인과 약속어음의 발행인의 채무는 지급지법에 따르고, 수표로부터 생긴 채무는 서명지법에 따른다.

② 제1항에 규정된 자 외의 자의 환어음·약속어음에 의한 채무는 서명지법에 따른다.

③ 환어음, 약속어음 및 수표의 상환청구권을 행사하는 기간은 모든 서명자에 대하여 발행지법에 따른다.

제84조【원인채권의 취득】 어음의 소지인이 그 발행의 원인이 되는 채권을 취득하는지 여부는 어음의 발행지법에 따른다.

제85조【일부인수 및 일부지급】 ① 환어음의 인수를 어음금액의 일부로 제한할 수 있는지 여부 및 소지인이 일부지급을 수락할 의무가 있는지 여부는 지급지법에 따른다.

② 약속어음의 지급에 관하여는 제1항을 준용한다.

제86조【권리의 행사·보전을 위한 행위의 방식】 환어음, 약속어음 및 수표에 관한 거절증서의 방식, 그 작성기간 및 환어음, 약속어음 및 수표상의 권리의 행사 또는 보전에 필요한 그 밖의 행위의 방식은 거절증서를 작성하여야 하는 곳 또는 그 밖의 행위를 행하여야 하는 곳의 법에 따른다.

제87조 【상실 · 도난】 환어음, 약속어음 및 수표의 상실 또는 도난의 경우에 수행하여야 하는 절차는 지급지법에 따른다.

제88조 【수표의 지급지법】 수표에 관한 다음 각 호의 사항은 수표의 지급지법에 따른다.

1. 수표가 일람출급(一覽出給)이 필요한지 여부, 일람 후 정기출급으로 발행할 수 있는지 여부 및 선일자수표(先日字手標)의 효력
2. 제시기간
3. 수표에 인수, 지급보증, 확인 또는 사증을 할 수 있는지 여부 및 그 기재의 효력
4. 소지인이 일부지급을 청구할 수 있는지 여부 및 일부지급을 수락할 의무가 있는지 여부
5. 수표에 횡선을 표시할 수 있는지 여부 및 수표에 "계산을 위하여"라는 문구 또는 이와 동일한 뜻이 있는 문구의 기재의 효력. 다만, 수표의 발행인 또는 소지인이 수표면에 "계산을 위하여"라는 문구 또는 이와 동일한 뜻이 있는 문구를 기재하여 현금의 지급을 금지한 경우에 그 수표가 외국에서 발행되고 대한민국에서 지급하여야 하는 것은 일반횡선수표의 효력이 있다.
6. 소지인이 수표자금에 대하여 특별한 권리를 가지는지 여부 및 그 권리의 성질
7. 발행인이 수표의 지급위탁을 취소할 수 있는지 여부 및 지급정지를 위한 절차를 수행할 수 있는지 여부
8. 배서인, 발행인, 그 밖의 채무자에 대한 상환청구권 보전을 위하여 거절증서 또는 이와 동일한 효력을 가지는 선언이 필요한지 여부

제10장 해 상

제1절 국제재판관할

제89조 【선박소유자등의 책임제한사건의 관할】 선박소유자 · 용선자(傭船者) · 선박관리인 · 선박운항자, 그 밖의 선박사용인(이하 "선박소유자등"이라 한다)의 책임제한사건에 대해서는 다음 각 호의 어느 하나에 해당하는 곳이 대한민국에 있는 경우에만 법원에 국제재판관할이 있다.

1. 선박소유자등의 책임제한을 할 수 있는 채권(이하 "제한채권"이라 한다)이 발생한 선박의 선적(船籍)이 있는 곳
2. 신청인인 선박소유자등에 대하여 제3조에 따른 일반관할이 인정되는 곳
3. 사고발생지(사고로 인한 결과 발생지를 포함한다)
4. 사고 후 사고선박이 최초로 도착한 곳
5. 제한채권에 의하여 선박소유자등의 재산이 압류 또는 가압류된 곳(압류에 갈음하여 담보가 제공된 곳을 포함한다. 이하 "압류등이 된 곳"이라 한다)
6. 선박소유자등에 대하여 제한채권에 근거한 소가 제기된 곳

제90조 【선박 또는 항해에 관한 소의 특별관할】 선박소유자등에 대한 선박 또는 항해에 관한 소는 선박이 압류등이 된 곳이 대한민국에 있는 경우 법원에 제기할 수 있다.

제91조 【공동해손에 관한 소의 특별관할】 공동해손(共同海損)에 관한 소는 다음 각 호의 어느 하나에 해당하는 곳이 대한민국에 있는 경우 법원에 제기할 수 있다.

1. 선박의 소재지
2. 사고 후 선박이 최초로 도착한 곳
3. 선박이 압류등이 된 곳

제92조 【선박충돌에 관한 소의 특별관할】 선박의 충돌이나 그 밖의 사고에 관한 소는 다음 각 호의 어느 하나에 해당하는 곳이 대한민국에 있는 경우 법원에 제기할 수 있다.

1. 가해 선박의 선적지 또는 소재지
2. 사고 발생지
3. 피해 선박이 사고 후 최초로 도착한 곳
4. 가해 선박이 압류등이 된 곳

제93조 【해난구조에 관한 소의 특별관할】 해난구조에 관한 소는 다음 각 호의 어느 하나에 해당하는 곳이 대한민국에 있는 경우 법원에 제기할 수 있다

1. 해난구조가 있었던 곳
2. 구조된 선박이 최초로 도착한 곳
3. 구조된 선박이 압류등이 된 곳

제2절 준거법

제94조 【해상】 해상에 관한 다음 각 호의 사항은 선적국법에 따른다.

1. 선박의 소유권 및 저당권, 선박우선특권, 그 밖의 선박에 관한 물권
2. 선박에 관한 담보물권의 우선순위
3. 선장과 해원(海員)의 행위에 대한 선박소유자의 책임범위
4. 선박소유자등이 책임제한을 주장할 수 있는지 여부 및 그 책임제한의 범위
5. 공동해손
6. 선장의 대리권

제95조 【선박충돌】 ① 개항(開港) · 하천 또는 영해에서의 선박충돌에 관한 책임은 그 충돌지법에 따른다.
② 공해에서의 선박충돌에 관한 책임은 각 선박이 동일한 선적국에 속하는 경우에는 그 선적국법에 따르고, 각 선박이 선적국을 달리하는 경우에는 가해선박의 선적국법에 따른다.

제96조 【해난구조】 해난구조로 인한 보수청구권은 그 구조행위가 영해에서 있는 경우에는 행위지법에 따르고, 공해에서 있는 때에는 구조한 선박의 선적국법에 따른다.

부 칙

제1조 【시행일】 이 법은 공포 후 6개월이 경과한 날부터 시행한다.

제2조 【계속 중인 사건의 관할에 관한 경과조치】 이 법 시행 당시 법원에 계속 중인 사건의 관할에 대해서는 종전의 규정에 따른다.

제3조 【준거법 적용에 관한 경과조치】 이 법 시행 전에 생긴 사항에 적용되는 준거법에 대해서는 종전의 규정에 따른다. 다만, 이 법 시행 전후에 계속(繼續)되는 법률관계에 대해서는 이 법 시행 이후의 법률관계에 대해서만 이 법의 규정을 적용한다.

부재선고에 관한 특별조치법

(약칭 : 부재선고법)

(1967년 1월 16일
법 률 제1867호)

개정
1968. 3.18법1998호 2001. 3.28법6437호
2005. 3.31법7427호(민법)
2007. 5.17법8435호(가족관계등록)
2009.12.29법9837호

제1조【목적】 이 법은 대한민국의 군사분계선 이북(以北) 지역에서 그 이남(以南) 지역으로 옮겨 새로 가족관계등록을 창설한 사람 중 군사분계선 이북 지역의 잔류자(殘留者)에 대한 부재선고(不在宣告)의 절차에 관한 특례를 규정함을 목적으로 한다.(2009.12.29 본조개정)

제2조【정의】 이 법에서 "잔류자"란 가족관계등록부에 군사분계선 이북 지역에 거주하는 것으로 표시된 사람을 말한다.(2009.12.29 본조개정)

제3조【부재선고】 법원은 잔류자임이 분명한 사람에 대하여는 가족이나 검사의 청구에 의하여 부재선고를 하여야 한다.(2009.12.29 본조개정)

제4조【부재선고의 효과】 부재선고를 받은 사람은 가족관계등록부를 폐쇄한다. 이 경우 「민법」 제997조의 적용 및 혼인에 관하여는 실종선고를 받은 것으로 본다.(2009.12.29 본조개정)

제5조【부재선고의 취소】 ① 법원은 다음 각 호의 어느 하나에 해당하는 경우에는 본인, 가족 또는 검사의 청구에 의하여 부재선고를 취소하여야 한다. 이 경우 부재선고의 취소는 그 선고가 있은 후부터 선고가 취소되기 전까지 선의(善意)로 한 행위의 효력에는 영향을 미치지 아니한다.

1. 부재선고를 받은 사람이 사망한 사실이 증명된 경우
2. 부재선고를 받은 사람이 군사분계선 이북 지역이 아닌 곳에 거주하고 있는 사실이 증명된 경우
3. 잔류자가 거주하는 군사분계선 이북 지역이 그 이남 지역의 행정구역으로 편입된 경우

② 부재선고 취소의 경우에는 「민법」 제29조제2항을 준용한다.

(2009.12.29 본조개정)

제6조【부재선고의 관할 법원】 부재선고 또는 그 취소에 관한 사건은 잔류자의 등록기준지의 가정법원이 관할한다.
(2009.12.29 본조개정)

제7조【부재선고의 청구】 부재선고의 청구서에는 가족관계등록부의 증명서 및 원본적지(原本籍地) 관할 도지사가 발행하는 잔류자 확인서를 첨부하여야 한다.(2009.12.29 본조개정)

제8조【공시최고】 ① 부재선고를 할 때에는 공시최고(公示催告)를 하여야 하며, 그 기간은 1개월 이상으로 한다.

② 공시최고에는 다음 각 호의 사항을 기재하여야 한다.

1. 심판 청구인의 성명 및 주소
2. 잔류자의 성명, 생년월일, 등록기준지 및 원본적(原本籍)
3. 잔류자는 공시최고일까지 군사분계선 이북 지역이 아닌 곳에 거주하고 있는 사실을 신고하여야 하며, 그 신고를 하지 아니하면 부재선고를 받는다는 것
4. 잔류자가 국내 또는 군사분계선 이북 지역이 아닌 곳에 거주하고 있는 사실을 아는 사람은 공시최고일까지 그 사실을 신고할 것
5. 공시최고일

③ 제1항과 제2항에 따른 공시최고의 공고는 가정법원의 게시판에 게시하여야 한다.

(2009.12.29 본조개정)

제9조【준용규정】 이 법에 규정한 것 외에 부재선고 또는 그 취소의 심판절차에 관하여는 「가사소송법」 중 실종에 관한 규정을 준용한다. 다만, 부재선고와 그 취소의 공고는 하지 아니한다.(2009.12.29 본조개정)

제10조【부재선고 등의 신고】 부재선고 또는 부재선고 취소의 신고에 관하여는 「가족관계의 등록 등에 관한 법률」 중 실종에 관한 규정을 준용한다.(2009.12.29 본조개정)

제11조~제13조 (2009.12.29 삭제)

제14조【비용 부담의 면제】 이 법에 따른 부재선고 비용은 면제한다.(2009.12.29 본조개정)

제15조【벌칙】 다음 각 호의 어느 하나에 해당하는 사람은 1년 이상의 유기징역에 처한다.

1. 거짓이나 부정한 방법으로 제7조의 잔류자 확인서를 발급받은 사람
2. 행사할 목적으로 제7조의 잔류자 확인서를 위조하거나 변조한 사람
3. 행사할 목적으로 제7조의 잔류자 확인서를 거짓으로 작성하거나 변작(變作)한 사람
4. 제1호부터 제3호까지의 문서를 행사한 사람

(2009.12.29 본조개정)

제16조 (2001.3.28 삭제)

부 칙 (2009.12.29)

이 법은 공포한 날부터 시행한다.

이자제한법

(2007년 3월 29일
법 률 제8322호)

개정
2009. 1.21법 9344호(대부업등의등록및금융이용자보호에관한법)
2011. 7.25법10925호 2014. 1.14법12227호
2025. 1.21법20714호(대부업등의등록및금융이용자보호에관한법)
→2025년 7월 22일 시행

제1조 【목적】 이 법은 이자의 적정한 최고한도를 정함으로써 국민경제생활의 안정과 경제정의의 실현을 목적으로 한다.

제2조 【이자의 최고한도】 ① 금전대차에 관한 계약상의 최고이자율은 연 25퍼센트를 초과하지 아니하는 범위 안에서 대통령령으로 정한다.(2014.1.14 본항개정)

② 제1항에 따른 최고이자율은 약정한 때의 이자율을 말한다.

③ 계약상의 이자로서 제1항에서 정한 최고이자율을 초과하는 부분은 무효로 한다.

④ 채무자가 최고이자율을 초과하는 이자를 임의로 지급한 경우에는 초과 지급된 이자 상당금액은 원본에 충당되고, 원본이 소멸한 때에는 그 반환을 청구할 수 있다.

⑤ 대차원금이 10만원 미만인 대차의 이자에 관하여는 제1항을 적용하지 아니한다.

제3조 【이자의 사전공제】 선이자를 사전공제한 경우에는 그 공제액이 채무자가 실제 수령한 금액을 원본으로 하여 제2조제1항에서 정한 최고이자율에 따라 계산한 금액을 초과하는 때에는 그 초과부분은 원본에 충당한 것으로 본다.

제4조 【간주이자】 ① 예금(禮金), 할인금, 수수료, 공제금, 체당금(替當金), 그 밖의 명칭에도 불구하고 금전의 대차와 관련하여 채권자가 받은 것은 이를 이자로 본다.

② 채무자가 금전대차와 관련하여 금전지급의무를 부담하기로 약정하는 경우 의무 발생의 원인 및 근거법령, 의무의 내용, 거래상 일반원칙 등에 비추어 그 의무가 원래 채권자가 부담하여야 할 성질인 때에는 이를 이자로 본다.
(2011.7.25 본항신설)

제5조 【복리약정제한】 이자에 대하여 다시 이자를 지급하기로 하는 복리약정은 제2조제1항에서 정한 최고이자율을 초과하는 부분에 해당하는 금액에 대하여는 무효로 본다.

제6조 【배상액의 감액】 법원은 당사자가 금전을 목적으로 한 채무의 불이행에 관하여 예정한 배상액을 부당하다고 인정한 때에는 상당한 액까지 이를 감액할 수 있다.

제7조 【적용범위】 다른 법률에 따라 인가·허가·등록을 마친 금융업 및 대부업과 「대부업 등의 등록 및 금융이용자 보호에 관한 법률」 제2조제7호에 따른 불법사금융업자에 대하여는 이 법을 적용하지 아니한다.(2025.1.21 본조개정)

제8조 【벌칙】 ① 제2조제1항에서 정한 최고이자율을 초과하여 이자를 받은 자는 1년 이하의 징역 또는 1천만원 이하의 벌금에 처한다.

② 제1항의 징역형과 벌금형은 병과(倂科)할 수 있다.
(2011.7.25 본조신설)

판례 사금융의 자금조달 과정에서 이뤄지는 과도한 이자약정은 영세한 자영업자·서민이 쉽게 신용불량자가 되는 주요한 원인 중 하나이고 고금리와 관련한 이자제한법 위반 등 불법사금융 피해 상담·신고 접수 건수가 나날이 증가하는 현실을 고려할 때, 최고이자율 초과 부분을 무효로 하는 것만으로는 그 폐해를 막을 수 없다는 것을 알 수 있다. 따라서 이자제한법의 실효성을 확보하기 위해 최고이자율 상한을 위반하는 행위에 대해 형사처벌하는 것은 입법자의 입법재량의 범위 내의 일이다.(헌재결 2023.2.23, 2022헌바22)

부 칙 (2014.1.14)

제1조 【시행일】 이 법은 공포 후 6개월이 경과한 날부터 시행한다.

제2조 【적용례】 제2조제1항의 개정규정은 이 법 시행 후 최초로 계약을 체결하거나 갱신하는 분부터 적용한다.

부 칙 (2025.1.21)

제1조 【시행일】 이 법은 공포 후 6개월이 경과한 날부터 시행한다.(이하 생략)

이자제한법 제2조제1항의 최고이자율에 관한 규정

(2007년 6월 28일
대통령령 제20118호)

개정
2014. 6.11영25376호 2017.11. 7영28413호
2021. 4. 6영31593호

「이자제한법」 제2조제1항에 따른 금전대차에 관한 계약상의 최고이자율은 연 20퍼센트로 한다.(2021.4.6 개정)

부 칙 (2017.11.7)
(2021.4.6)

제1조 【시행일】 이 영은 공포 후 3개월이 경과한 날부터 시행한다.

제2조 【적용례】 이 영은 이 영 시행 이후 계약을 체결하거나 갱신하는 분부터 적용한다.

부동산등기법

(2011년 4월 12일 전부개정법률 제10580호)

개정
2011. 5.19법10693호(주택저당채권유동화회사법)
2011. 7.25법10924호(신탁법)
2013. 3.23법11690호(정부조직)
2013. 5.28법11826호
2014. 3.18법12420호(공익신탁법)
2014. 3.18법12421호(출입국)
2014. 6. 3법12738호(공간정보구축관리)
2015. 7.24법13426호(제주자치법)
2015. 7.24법13435호(주택법)
2016. 1.19법13797호(부동산거래신고등에관한법)
2016. 2. 3법13953호(법무사법)
2017.10.13법14901호 2020. 2. 4법16912호
2024. 9.20법20435호

제1장 총 칙

제1조【목적】 이 법은 부동산등기(不動産登記)에 관한 사항을 규정함을 목적으로 한다.

제2조【정의】 이 법에서 사용하는 용어의 뜻은 다음과 같다.
1. "등기부"란 전산정보처리조직에 의하여 입력·처리된 등기정보자료를 대법원규칙으로 정하는 바에 따라 편성한 것을 말한다.
2. "등기부부본자료"(登記簿副本資料)란 등기부와 동일한 내용으로 보조기억장치에 기록된 자료를 말한다.
3. "등기기록"이란 1필의 토지 또는 1개의 건물에 관한 등기정보자료를 말한다.
4. "등기필정보"(登記畢情報)란 등기부에 새로운 권리자가 기록되는 경우에 그 권리자를 확인하기 위하여 제11조제1항에 따른 등기관이 작성한 정보를 말한다.

제3조【등기할 수 있는 권리 등】 등기는 부동산의 표시(表示)와 다음 각 호의 어느 하나에 해당하는 권리의 보존, 이전, 설정, 변경, 처분의 제한 또는 소멸에 대하여 한다.
1. 소유권(所有權)
2. 지상권(地上權)
3. 지역권(地役權)
4. 전세권(傳貰權)
5. 저당권(抵當權)
6. 권리질권(權利質權)
7. 채권담보권(債權擔保權)
8. 임차권(賃借權)

제4조【권리의 순위】 ① 같은 부동산에 관하여 등기한 권리의 순위는 법률에 다른 규정이 없으면 등기한 순서에 따른다.
② 등기의 순서는 등기기록 중 같은 구(區)에서 한 등기 상호간에는 순위번호에 따르고, 다른 구에서 한 등기 상호간에는 접수번호에 따른다.

제5조【부기등기의 순위】 부기등기(附記登記)의 순위는 주등기(主登記)의 순위에 따른다. 다만, 같은 주등기에 관한 부기등기 상호간의 순위는 그 등기 순서에 따른다.

제6조【등기신청의 접수시기 및 등기의 효력발생시기】 ① 등기신청은 대법원규칙으로 정하는 등기신청정보가 전산정보처리조직에 저장된 때 접수된 것으로 본다.
② 제11조제1항에 따른 등기관이 등기를 마친 경우 그 등기는 접수한 때부터 효력을 발생한다.

제2장 등기소와 등기관

제7조【관할 등기소】 ① 등기사무는 부동산의 소재지를 관할하는 지방법원, 그 지원(支院) 또는 등기소(이하 "등기소"라 한다)에서 담당한다.
② 부동산이 여러 등기소의 관할구역에 걸쳐 있을 때에는 대법원규칙으로 정하는 바에 따라 각 등기소를 관할하는 상급법원의 장이 관할 등기소를 지정한다.

제7조의2【관련 사건의 관할에 관한 특례】 ① 제7조에도 불구하고 관할 등기소가 다른 여러 개의 부동산과 관련하여 등기목적과 등기원인이 동일하거나 그 밖에 대법원규칙으로 정하는 등기신청이 있는 경우에는 그 중 하나의 관할 등기소에서 해당 신청에 따른 등기사무를 담당할 수 있다.
② 제7조에도 불구하고 제11조제1항에 따른 등기관이 당사자의 신청이나 직권에 의한 등기를 하고 제71조, 제78조제4항(제72조제2항에서 준용하는 경우를 포함한다) 또는 대법원규칙으로 정하는 바에 따라 다른 부동산에 대하여 등기를 하여야 하는 경우에는 그 부동산의 관할 등기소가 다른 때에도 해당 등기를 할 수 있다.
③ 제1항의 등기를 신청하는 경우의 신청정보 제공방법과 같은 항 및 제2항에 따른 등기사무의 처리 절차 및 방법 등에 관하여 필요한 사항은 대법원규칙으로 정한다.
(2024.9.20 본조신설)

제7조의3【상속·유증 사건의 관할에 관한 특례】 ① 제7조에도 불구하고 상속 또는 유증으로 인한 등기신청의 경우에는 부동산의 관할 등기소가 아닌 등기소도 그 신청에 따른 등기사무를 담당할 수 있다.
② 제1항에 따른 등기신청의 유형과 등기사무의 처리 절차 및 방법 등에 관하여 필요한 사항은 대법원규칙으로 정한다.
(2024.9.20 본조신설)

제8조【관할의 위임】 대법원장은 어느 등기소의 관할에 속하는 사무를 다른 등기소에 위임하게 할 수 있다.

제9조【관할의 변경】 어느 부동산의 소재지가 다른 등기소의 관할로 바뀌었을 때에는 종전의 관할 등기소는 전산정보처리조직을 이용하여 그 부동산에 관한 등기기록의 처리권한을 다른 등기소로 넘겨주는 조치를 하여야 한다.

제10조【등기사무의 정지 등】 ① 대법원장은 다음 각 호의 어느 하나에 해당하는 경우로서 등기소에서 정상적인 등기사무의 처리가 어려운 경우에는 기간을 정하여 등기사무의 정지를 명령하거나 대법원규칙으로 정하는 바에 따라 등기사무의 처리를 위하여 필요한 처분을 명령할 수 있다.
1. 「재난 및 안전관리 기본법」 제3조제1호의 재난이 발생한 경우
2. 정전 또는 정보통신망의 장애가 발생한 경우
3. 그 밖에 제1호 또는 제2호에 준하는 사유가 발생한 경우
② 대법원장은 대법원규칙으로 정하는 바에 따라 제1항의 정지명령에 관한 권한을 법원행정처장에게, 제1항의 처분명령에 관한 권한을 법원행정처장 또는 지방법원장에게 위임할 수 있다.
(2024.9.20 본조개정)

제11조【등기사무의 처리】 ① 등기사무는 등기소에 근무하는 법원서기관·등기사무관·등기주사 또는 등기주사보(법원사무관·법원주사 또는 법원주사보 중 2001년 12월 31일 이전에 시행한 채용시험에 합격하여 임용된 사람을 포함한다) 중에서 지방법원장(등기소의 사무를 지원장이 관장하는 경우에는 지원장을 말한다. 이하 같다)이 지정하는 자[이하 "등기관"(登記官)이라 한다]가 처리한다.
② 등기관은 등기사무를 전산정보처리조직을 이용하여 등기부에 등기사항을 기록하는 방식으로 처리하여야 한다.
③ 등기관은 접수번호의 순서에 따라 등기사무를 처리하여야 한다.
④ 등기관이 등기사무를 처리한 때에는 등기사무를 처리한 등기관이 누구인지 알 수 있는 조치를 하여야 한다.
제12조【등기관의 업무처리의 제한】 ① 등기관은 자기, 배우자 또는 4촌 이내의 친족(이하 "배우자등"이라 한다)이 등기신청인인 때에는 그 등기소에서 소유권등기를 한 성년자로서 등기관의 배우자등이 아닌 자 2명 이상의 참여가 없으면 등기를 할 수 없다. 배우자등의 관계가 끝난 후에도 같다.
② 등기관은 제1항의 경우에 조서를 작성하여 참여인과 같이 기명날인 또는 서명을 하여야 한다.
제13조【재정보증】 법원행정처장은 등기관의 재정보증(財政保證)에 관한 사항을 정하여 운용할 수 있다.

제3장 등기부 등

제14조【등기부의 종류 등】 ① 등기부는 토지등기부(土地登記簿)와 건물등기부(建物登記簿)로 구분한다.
② 등기부는 영구(永久)히 보존하여야 한다.
③ 등기부는 대법원규칙으로 정하는 장소에 보관·관리하여야 하며, 전쟁·천재지변이나 그 밖에 이에 준하는 사태를 피하기 위한 경우 외에는 그 장소 밖으로 옮기지 못한다.
④ 등기부의 부속서류는 전쟁·천재지변이나 그 밖에 이에 준하는 사태를 피하기 위한 경우 외에는 등기소 밖으로 옮기지 못한다. 다만, 신청서나 그 밖의 부속서류에 대하여는 법원의 명령 또는 촉탁(囑託)이 있거나 법관이 발부한 영장에 의하여 압수하는 경우에는 그러하지 아니하다.
제15조【물적 편성주의】 ① 등기부를 편성할 때에는 1필의 토지 또는 1개의 건물에 대하여 1개의 등기기록을 둔다. 다만, 1동의 건물을 구분한 건물에 있어서는 1동의 건물에 속하는 전부에 대하여 1개의 등기기록을 사용한다.
② 등기기록에는 부동산의 표시에 관한 사항을 기록하는 표제부와 소유권에 관한 사항을 기록하는 갑구(甲區) 및 소유권 외의 권리에 관한 사항을 기록하는 을구(乙區)를 둔다.
제16조【등기부부본자료의 작성】 등기관이 등기를 마쳤을 때에는 등기부부본자료를 작성하여야 한다.
제17조【등기부의 손상과 복구】 ① 등기부의 전부 또는 일부가 손상되거나 손상될 염려가 있을 때에는 대법원장은 대법원규칙으로 정하는 바에 따라 등기부의 복구·손상방지 등 필요한 처분을 명령할 수 있다.
② 대법원장은 대법원규칙으로 정하는 바에 따라 제1항의 처분명령에 관한 권한을 법원행정처장 또는 지방법원장에게 위임할 수 있다.
제18조【부속서류의 손상 등 방지처분】 ① 등기부의 부속서류가 손상·멸실(滅失)의 염려가 있을 때에는 대법원장은 그 방지를 위하여 필요한 처분을 명령할 수 있다.
② 제1항에 따른 처분명령에는 제17조제2항을 준용한다.
제19조【등기사항의 열람과 증명】 ① 누구든지 수수료를 내고 대법원규칙으로 정하는 바에 따라 등기기록에 기록되어 있는 사항의 전부 또는 일부의 열람(閱覽)과 이를 증명하는 등기사항증명서의 발급을 청구할 수 있다. 다만, 등기기록의 부속서류에 대하여는 이해관계 있는 부분만 열람을 청구할 수 있다.
② 제1항에 따른 등기기록의 열람 및 등기사항증명서의 발급 청구는 관할 등기소가 아닌 등기소에 대하여도 할 수 있다.
③ 제1항에 따른 수수료의 금액과 면제의 범위는 대법원규칙으로 정한다.
제20조【등기기록의 폐쇄】 ① 등기관이 등기기록에 등기된 사항을 새로운 등기기록에 옮겨 기록한 때에는 종전 등기기록을 폐쇄(閉鎖)하여야 한다.
② 폐쇄한 등기기록은 영구히 보존하여야 한다.
③ 폐쇄한 등기기록에 관하여는 제19조를 준용한다.
제21조【중복등기기록의 정리】 ① 등기관이 같은 토지에 관하여 중복하여 마쳐진 등기기록을 발견한 경우에는 대법원규칙으로 정하는 바에 따라 중복등기기록 중 어느 하나의 등기기록을 폐쇄하여야 한다.
② 제1항에 따라 폐쇄된 등기기록의 소유권의 등기명의인 또는 등기상 이해관계인은 대법원규칙으로 정하는 바에 따라 그 토지가 폐쇄된 등기기록의 소유권의 등기명의인의 소유임을 증명하여 폐쇄된 등기기록의 부활을 신청할 수 있다.

제4장 등기절차

제1절 총 칙

제22조【신청주의】 ① 등기는 당사자의 신청 또는 관공서의 촉탁에 따라 한다. 다만, 법률에 다른 규정이 있는 경우에는 그러하지 아니하다.
② 촉탁에 따른 등기절차는 법률에 다른 규정이 없는 경우에는 신청에 따른 등기에 관한 규정을 준용한다.
③ 등기를 하려고 하는 자는 대법원규칙으로 정하는 바에 따라 수수료를 내야 한다.
제23조【등기신청인】 ① 등기는 법률에 다른 규정이 없는 경우에는 등기권리자(登記權利者)와 등기의무자(登記義務者)가 공동으로 신청한다.
② 소유권보존등기(所有權保存登記) 또는 소유권보존등기의 말소등기(抹消登記)는 등기명의인으로 될 자 또는 등기명의인이 단독으로 신청한다.
③ 상속, 법인의 합병, 그 밖에 대법원규칙으로 정하는 포괄승계에 따른 등기는 등기권리자가 단독으로 신청한다.
④ 등기절차의 이행 또는 인수를 명하는 판결에 의한 등기는 승소한 등기권리자 또는 등기의무자가 단독으로 신청하고, 공유물을 분할하는 판결에 의한 등기는 등기권리자 또는 등기의무자가 단독으로 신청한다.(2020.2.4 본항개정)
⑤ 부동산표시의 변경이나 경정(更正)의 등기는 소유권의 등기명의인이 단독으로 신청한다.
⑥ 등기명의인표시의 변경이나 경정의 등기는 해당 권리의 등기명의인이 단독으로 신청한다.
⑦ 신탁재산에 속하는 부동산의 신탁등기는 수탁자(受託者)가 단독으로 신청한다.(2013.5.28 본항신설)
⑧ 수탁자가 「신탁법」 제3조제5항에 따라 타인에게 신탁재산에 대하여 신탁을 설정하는 경우 해당 신탁재산에 속하는 부동산에 관한 권리이전등기에 대하여는 새로운 신탁의 수탁자를 등기권리자로 하고 원래 신탁의 수탁자를 등기의무자로 한다. 이 경우 해당 신탁재산에 속하는 부동산의 신탁등기는 제7항에 따라 새로운 신탁의 수탁자가 단독으로 신청한다.(2013.5.28 본항신설)
제24조【등기신청의 방법】 ① 등기는 다음 각 호의 어느 하나에 해당하는 방법으로 신청한다.
1. 방문신청 : 신청인 또는 그 대리인(代理人)이 등기소에 출석하여 신청정보 및 첨부정보를 적은 서면을 제출하는 방법. 다만, 대리인이 변호사[법무법인, 법무법인(유한) 및 법무조합을 포함한다. 이하 같다]나 법무사[법무사법인 및 법무사법인(유한)을 포함한다. 이하 같다]인 경우에는 대법원규칙으로 정하는 사무원을 등기소에 출석하게 하여 그 서면을 제출할 수 있다.(2024.9.20 본문개정)

2. 전자신청 : 전산정보처리조직을 이용〔이동통신단말장치에서 사용되는 애플리케이션(Application)을 통하여 이용하는 경우를 포함한다〕하여 신청정보 및 첨부정보를 보내는 방법. 전자신청이 가능한 등기유형에 관한 사항과 전자신청의 방법은 대법원규칙으로 정한다.(2024.9.20 본호개정)

② 신청인이 제공하여야 하는 신청정보 및 첨부정보는 대법원규칙으로 정한다.

제25조【신청정보의 제공방법】 등기의 신청은 1건당 1개의 부동산에 관한 신청정보를 제공하는 방법으로 하여야 한다. 다만, 등기목적과 등기원인이 동일하거나 그 밖에 대법원규칙으로 정하는 경우에는 여러 개의 부동산에 관한 신청정보를 일괄하여 제공하는 방법으로 할 수 있다.(2024.9.20 단서개정)

제26조【법인 아닌 사단 등의 등기신청】 ① 종중(宗中), 문중(門中), 그 밖에 대표자나 관리인이 있는 법인 아닌 사단(社團)이나 재단(財團)에 속하는 부동산의 등기에 관하여는 그 사단이나 재단을 등기권리자 또는 등기의무자로 한다.

② 제1항의 등기는 그 사단이나 재단의 명의로 그 대표자나 관리인이 신청한다.

제27조【포괄승계인에 의한 등기신청】 등기원인이 발생한 후에 등기권리자 또는 등기의무자에 대하여 상속이나 그 밖의 포괄승계가 있는 경우에는 상속인이나 그 밖의 포괄승계인이 그 등기를 신청할 수 있다.

제28조【채권자대위권에 의한 등기신청】 ① 채권자는 「민법」 제404조에 따라 채무자를 대위(代位)하여 등기를 신청할 수 있다.

② 등기관이 제1항 또는 다른 법령에 따른 대위신청에 의하여 등기를 할 때에는 대위자의 성명 또는 명칭, 주소 또는 사무소 소재지 및 대위원인을 기록하여야 한다.

제29조【신청의 각하】 등기관은 다음 각 호의 어느 하나에 해당하는 경우에만 이유를 적은 결정으로 신청을 각하(却下)하여야 한다. 다만, 신청의 잘못된 부분이 보정(補正)될 수 있는 경우로서 신청인이 등기관이 보정을 명한 날의 다음 날까지 그 잘못된 부분을 보정하였을 때에는 그러하지 아니하다.

1. 사건이 그 등기소의 관할이 아닌 경우
2. 사건이 등기할 것이 아닌 경우
3. 신청할 권한이 없는 자가 신청한 경우
4. 제24조제1항제1호에 따라 등기를 신청할 때에 당사자나 그 대리인이 출석하지 아니한 경우
5. 신청정보의 제공이 대법원규칙으로 정한 방식에 맞지 아니한 경우
6. 신청정보의 부동산 또는 등기의 목적인 권리의 표시가 등기기록과 일치하지 아니한 경우
7. 신청정보의 등기의무자의 표시가 등기기록과 일치하지 아니한 경우. 다만, 다음 각 목의 어느 하나에 해당하는 경우는 제외한다.(2024.9.20 단서개정)
   가. 제27조에 따라 포괄승계인이 등기신청을 하는 경우(2024.9.20 본목신설)
   나. 신청정보와 등기기록의 등기의무자가 동일인임을 대법원규칙으로 정하는 바에 따라 확인할 수 있는 경우(2024.9.20 본목신설)
8. 신청정보와 등기원인을 증명하는 정보가 일치하지 아니한 경우
9. 등기에 필요한 첨부정보를 제공하지 아니한 경우
10. 취득세(「지방세법」 제20조의2에 따라 분할납부하는 경우에는 등기하기 이전에 분할납부하여야 할 금액을 말한다), 등록면허세(등록에 대한 등록면허세만 해당한다) 또는 수수료를 내지 아니하거나 등기신청과 관련하여 다른 법률에 따라 부과된 의무를 이행하지 아니한 경우
11. 신청정보 또는 등기기록의 부동산의 표시가 토지대장 · 임야대장 또는 건축물대장과 일치하지 아니한 경우

제30조【등기완료의 통지】 등기관이 등기를 마쳤을 때에는 대법원규칙으로 정하는 바에 따라 신청인 등에게 그 사실을 알려야 한다.

제31조【행정구역의 변경】 행정구역 또는 그 명칭이 변경되었을 때에는 등기기록에 기록된 행정구역 또는 그 명칭에 대하여 변경등기가 있는 것으로 본다.

제32조【등기의 경정】 ① 등기관이 등기를 마친 후 그 등기에 착오(錯誤)나 빠진 부분이 있음을 발견하였을 때에는 지체 없이 그 사실을 등기권리자와 등기의무자에게 알려야 하고, 등기권리자와 등기의무자가 없는 경우에는 등기명의인에게 알려야 한다. 다만, 등기권리자, 등기의무자 또는 등기명의인이 각 2인 이상인 경우에는 그 중 1인에게 통지하면 된다.

② 등기관이 등기의 착오나 빠진 부분이 등기관의 잘못으로 인한 것임을 발견한 경우에는 지체 없이 그 등기를 직권으로 경정하여야 한다. 다만, 등기상 이해관계 있는 제3자가 있는 경우에는 제3자의 승낙이 있어야 한다.

③ 등기관이 제2항에 따라 경정등기를 하였을 때에는 그 사실을 등기권리자, 등기의무자 또는 등기명의인에게 알려야 한다. 이 경우 제1항 단서를 준용한다.

④ 채권자대위권에 의하여 등기가 마쳐진 때에는 제1항 및 제3항의 통지를 그 채권자에게도 하여야 한다. 이 경우 제1항 단서를 준용한다.

제33조【새 등기기록에의 이기】 등기기록에 기록된 사항이 많아 취급하기에 불편하게 되는 등 합리적 사유로 등기기록을 옮겨 기록할 필요가 있는 경우에 등기관은 현재 효력이 있는 등기만을 새로운 등기기록에 옮겨 기록할 수 있다.

제2절 표시에 관한 등기

제1관 토지의 표시에 관한 등기

제34조【등기사항】 등기관은 토지 등기기록의 표제부에 다음 각 호의 사항을 기록하여야 한다.

1. 표시번호
2. 접수연월일
3. 소재와 지번(地番)
4. 지목(地目)
5. 면적
6. 등기원인

제35조【변경등기의 신청】 토지의 분할, 합병이 있는 경우와 제34조의 등기사항에 변경이 있는 경우에는 그 토지 소유권의 등기명의인은 그 사실이 있는 때부터 1개월 이내에 그 등기를 신청하여야 한다.

제36조【직권에 의한 표시변경등기】 ① 등기관이 지적(地籍)소관청으로부터 「공간정보의 구축 및 관리 등에 관한 법률」 제88조제3항의 통지를 받은 경우에 제35조의 기간 이내에 등기명의인으로부터 등기신청이 없을 때에는 그 통지서의 기재내용에 따른 변경의 등기를 직권으로 하여야 한다.(2014.6.3 본항개정)

② 제1항의 등기를 하였을 때에는 등기관은 지체 없이 그 사실을 지적소관청과 소유권의 등기명의인에게 알려야 한다. 다만, 등기명의인이 2인 이상인 경우에는 그 중 1인에게 통지하면 된다.

제37조【합필 제한】 ① 합필(合筆)하려는 토지에 다음 각 호의 등기 외의 권리에 관한 등기가 있는 경우에는 합필의 등기를 할 수 없다.

1. 소유권 · 지상권 · 전세권 · 임차권 및 승역지(承役地 : 편익제공지)에 하는 지역권의 등기
2. 합필하려는 모든 토지에 있는 등기원인 및 그 연월일과 접수번호가 동일한 저당권에 관한 등기
3. 합필하려는 모든 토지에 있는 제81조제1항 각 호의 등기사항이 동일한 신탁등기

(2020.2.4 본항개정)

② 등기관이 제1항을 위반한 등기의 신청을 각하하면 지체 없이 그 사유를 지적소관청에 알려야 한다.

제38조【합필의 특례】 ①「공간정보의 구축 및 관리 등에 관한 법률」에 따른 토지합병절차를 마친 후 합필등기(合筆登記)를 하기 전에 합병된 토지 중 어느 토지에 관하여 소유권이전등기가 된 경우라 하더라도 이해관계인의 승낙이 있으면 해당 토지의 소유권의 등기명의인들은 합필 후의 토지를 공유(共有)로 하는 합필등기를 신청할 수 있다.

②「공간정보의 구축 및 관리 등에 관한 법률」에 따른 토지합병절차를 마친 후 합필등기를 하기 전에 합병된 토지 중 어느 토지에 관하여 제37조제1항에서 정한 합필등기의 제한 사유에 해당하는 권리에 관한 등기가 된 경우라 하더라도 이해관계인의 승낙이 있으면 해당 토지의 소유권의 등기명의인은 그 권리의 목적물을 합필 후의 토지에 관한 지분으로 하는 합필등기를 신청할 수 있다. 다만, 요역지(要役地 : 편익필요지)에 하는 지역권의 등기가 있는 경우에는 합필 후의 토지 전체를 위한 지역권으로 하는 합필등기를 신청하여야 한다.

(2014.6.3 본조개정)

제39조【멸실등기의 신청】 토지가 멸실된 경우에는 그 토지 소유권의 등기명의인은 그 사실이 있는 때부터 1개월 이내에 그 등기를 신청하여야 한다.

제2관 건물의 표시에 관한 등기

제40조【등기사항】 ① 등기관은 건물 등기기록의 표제부에 다음 각 호의 사항을 기록하여야 한다.

1. 표시번호
2. 접수연월일
3. 소재, 지번, 건물명칭(건축물대장에 건물명칭이 기재되어 있는 경우만 해당한다. 이하 이 조에서 같다) 및 번호. 다만, 같은 지번 위에 1개의 건물만 있는 경우에는 건물번호는 기록하지 아니한다.(2024.9.20 본문개정)
4. 건물의 종류, 구조와 면적. 부속건물이 있는 경우에는 부속건물의 종류, 구조와 면적도 함께 기록한다.
5. 등기원인
6. 도면의 번호〔같은 지번 위에 여러 개의 건물이 있는 경우와 「집합건물의 소유 및 관리에 관한 법률」 제2조제1호의 구분소유권(區分所有權)의 목적이 되는 건물(이하 "구분건물"이라 한다)인 경우로 한정한다〕

② 등기할 건물이 구분건물(區分建物)인 경우에 등기관은 1동 건물의 등기기록의 표제부에는 소재와 지번, 건물명칭 및 번호를 기록하고 전유부분의 등기기록의 표제부에는 건물번호를 기록하여야 한다.(2024.9.20 본항개정)

③ 구분건물에 「집합건물의 소유 및 관리에 관한 법률」 제2조제6호의 대지사용권(垈地使用權)으로서 건물과 분리하여 처분할 수 없는 것〔이하 "대지권"(垈地權)이라 한다〕이 있는 경우에는 등기관은 제2항에 따라 기록하여야 할 사항 외에 1동 건물의 등기기록의 표제부에 대지권의 목적인 토지의 표시에 관한 사항을 기록하고 전유부분의 등기기록의 표제부에는 대지권의 표시에 관한 사항을 기록하여야 한다.

④ 등기관이 제3항에 따라 대지권등기를 하였을 때에는 직권으로 대지권의 목적인 토지의 등기기록에 소유권, 지상권, 전세권 또는 임차권이 대지권이라는 뜻을 기록하여야 한다.

제41조【변경등기의 신청】 ① 건물의 분할, 구분, 합병이 있는 경우와 제40조의 등기사항에 변경이 있는 경우에는 그 건물 소유권의 등기명의인은 그 사실이 있는 때부터 1개월 이내에 그 등기를 신청하여야 한다.

② 구분건물로서 표시등기만 있는 건물에 관하여는 제65조 각 호의 어느 하나에 해당하는 자가 제1항의 등기를 신청하여야 한다.

③ 구분건물로서 그 대지권의 변경이나 소멸이 있는 경우에는 구분건물의 소유권의 등기명의인은 1동의 건물에 속하는 다른 구분건물의 소유권의 등기명의인을 대위하여 그 등기를 신청할 수 있다.

④ 건물이 구분건물인 경우에 그 건물의 등기기록 중 1동 표제부에 기록하는 등기사항에 관한 변경등기는 그 구분건물과 같은 1동의 건물에 속하는 다른 구분건물에 대하여도 변경등기로서의 효력이 있다.

제42조【합병 제한】 ① 합병하려는 건물에 다음 각 호의 등기 외의 권리에 관한 등기가 있는 경우에는 합병의 등기를 할 수 없다.

1. 소유권 · 전세권 및 임차권의 등기
2. 합병하려는 모든 건물에 있는 등기원인 및 그 연월일과 접수번호가 동일한 저당권에 관한 등기
3. 합병하려는 모든 건물에 있는 제81조제1항 각 호의 등기사항이 동일한 신탁등기

(2020.2.4 본항개정)

② 등기관이 제1항을 위반한 등기의 신청을 각하하면 지체 없이 그 사유를 건축물대장 소관청에 알려야 한다.

제43조【멸실등기의 신청】 ① 건물이 멸실된 경우에는 그 건물 소유권의 등기명의인은 그 사실이 있는 때부터 1개월 이내에 그 등기를 신청하여야 한다. 이 경우 제41조제2항을 준용한다.

② 제1항의 경우 그 소유권의 등기명의인이 1개월 이내에 멸실등기를 신청하지 아니하면 그 건물대지의 소유자가 건물 소유권의 등기명의인을 대위하여 그 등기를 신청할 수 있다.

③ 구분건물로서 그 건물이 속하는 1동 전부가 멸실된 경우에는 그 구분건물의 소유권의 등기명의인은 1동의 건물에 속하는 다른 구분건물의 소유권의 등기명의인을 대위하여 1동 전부에 대한 멸실등기를 신청할 수 있다.

제44조【건물의 부존재】 ① 존재하지 아니하는 건물에 대한 등기가 있을 때에는 그 소유권의 등기명의인은 지체 없이 그 건물의 멸실등기를 신청하여야 한다.

② 그 건물 소유권의 등기명의인이 제1항에 따라 등기를 신청하지 아니하는 경우에는 제43조제2항을 준용한다.

③ 존재하지 아니하는 건물이 구분건물인 경우에는 제43조제3항을 준용한다.

제45조【등기상 이해관계인이 있는 건물의 멸실】 ① 소유권 외의 권리가 등기되어 있는 건물에 대한 멸실등기의 신청이 있는 경우에 등기관은 그 권리의 등기명의인에게 1개월 이내의 기간을 정하여 그 기간까지 이의(異議)를 진술하지 아니하면 멸실등기를 한다는 뜻을 알려야 한다. 다만, 건축물대장에 건물멸실의 뜻이 기록되어 있거나 소유권 외의 권리의 등기명의인이 멸실등기에 동의한 경우에는 그러하지 아니하다.

② 제1항 본문의 경우에는 제58조제2항부터 제4항까지를 준용한다.

제46조【구분건물의 표시에 관한 등기】 ① 1동의 건물에 속하는 구분건물 중 일부만에 관하여 소유권보존등기를 신청하는 경우에는 나머지 구분건물의 표시에 관한 등기를 동시에 신청하여야 한다.

② 제1항의 경우에 구분건물의 소유자는 1동에 속하는 다른 구분건물의 소유자를 대위하여 그 건물의 표시에 관한 등기를 신청할 수 있다.

③ 구분건물이 아닌 건물로 등기된 건물에 접속하여 구분건물을 신축한 경우에 그 신축건물의 소유권보존등기를 신청할 때에는 구분건물이 아닌 건물을 구분건물로 변경하는 건물의 표시변경등기를 동시에 신청하여야 한다. 이 경우 제2항을 준용한다.

제47조【규약상 공용부분의 등기와 규약폐지에 따른 등기】 ①「집합건물의 소유 및 관리에 관한 법률」 제3조제4항에 따른 공용부분(共用部分)이라는 뜻의 등기는 소유권의 등기명의인이 신청하여야 한다. 이 경우 공용부분인 건물에 소유권 외의 권리에 관한 등기가 있을 때에는 그 권리의 등기명의인의 승낙이 있어야 한다.

② 공용부분이라는 뜻을 정한 규약을 폐지한 경우에 공용부분의 취득자는 지체 없이 소유권보존등기를 신청하여야 한다.

제3절 권리에 관한 등기

제1관 통 칙

제48조【등기사항】 ① 등기관이 갑구 또는 을구에 권리에 관한 등기를 할 때에는 다음 각 호의 사항을 기록하여야 한다.
1. 순위번호
2. 등기목적
3. 접수연월일 및 접수번호
4. 등기원인 및 그 연월일
5. 권리자

② 제1항제5호의 권리자에 관한 사항을 기록할 때에는 권리자의 성명 또는 명칭 외에 주민등록번호 또는 부동산등기용등록번호와 주소 또는 사무소 소재지를 함께 기록하여야 한다.
③ 제26조에 따라 법인 아닌 사단이나 재단 명의의 등기를 할 때에는 그 대표자나 관리인의 성명, 주소 및 주민등록번호를 함께 기록하여야 한다.
④ 제1항제5호의 권리자가 2인 이상인 경우에는 권리자별 지분을 기록하여야 하고 등기할 권리가 합유(合有)인 때에는 그 뜻을 기록하여야 한다.

제49조【등록번호의 부여절차】 ① 제48조제2항에 따른 부동산등기용등록번호(이하 "등록번호"라 한다)는 다음 각 호의 방법에 따라 부여한다.
1. 국가·지방자치단체·국제기관 및 외국정부의 등록번호는 국토교통부장관이 지정·고시한다.(2013.3.23 본호개정)
2. 주민등록번호가 없는 재외국민의 등록번호는 대법원 소재지 관할 등기소의 등기관이 부여하고, 법인의 등록번호는 주된 사무소(회사의 경우에는 본점, 외국법인의 경우에는 국내에 최초로 설치 등기를 한 영업소나 사무소를 말한다) 소재지 관할 등기소의 등기관이 부여한다.
3. 법인 아닌 사단이나 재단 및 국내에 영업소나 사무소의 설치 등기를 하지 아니한 외국법인의 등록번호는 시장(「제주특별자치도 설치 및 국제자유도시 조성을 위한 특별법」 제10조제2항에 따른 행정시의 시장을 포함하며, 「지방자치법」 제3조제3항에 따라 자치구가 아닌 구를 두는 시의 시장은 제외한다), 군수 또는 구청장(자치구가 아닌 구의 구청장을 포함한다)이 부여한다.(2015.7.24 본호개정)
4. 외국인의 등록번호는 체류지(국내에 체류지가 없는 경우에는 대법원 소재지에 체류지가 있는 것으로 본다)를 관할하는 지방출입국·외국인관서의 장이 부여한다.(2014.3.18 본호개정)

② 제1항제2호에 따른 등록번호의 부여절차는 대법원규칙으로 정하고, 제1항제3호와 제4호에 따른 등록번호의 부여절차는 대통령령으로 정한다.

제50조【등기필정보】 ① 등기관이 새로운 권리에 관한 등기를 마쳤을 때에는 등기필정보를 작성하여 등기권리자에게 통지하여야 한다. 다만, 다음 각 호의 어느 하나에 해당하는 경우에는 그러하지 아니하다.
1. 등기권리자가 등기필정보의 통지를 원하지 아니하는 경우
2. 국가 또는 지방자치단체가 등기권리자인 경우
3. 제1호 및 제2호에서 규정한 경우 외에 대법원규칙으로 정하는 경우

② 등기권리자와 등기의무자가 공동으로 권리에 관한 등기를 신청하는 경우에 신청인은 그 신청정보와 함께 제1항에 따라 통지받은 등기의무자의 등기필정보를 등기소에 제공하여야 한다. 승소한 등기의무자가 단독으로 권리에 관한 등기를 신청하는 경우에도 또한 같다.

제51조【등기필정보가 없는 경우】 제50조제2항의 경우에 등기의무자의 등기필정보가 없을 때에는 등기의무자 또는 그 법정대리인(이하 "등기의무자등"이라 한다)이 등기소에 출석하여 등기관으로부터 등기의무자등임을 확인받아야 한다. 다만, 등기신청인의 대리인(변호사나 법무사만을 말한다)이 등기의무자등으로부터 위임받았음을 확인한 경우 또는 신청서(위임에 의한 대리인이 신청하는 경우에는 그 권한을 증명하는 서면을 말한다) 중 등기의무자등의 작성부분에 관하여 공증(公證)을 받은 경우에는 그러하지 아니하다.

판례 등기필증을 제출하여야 하는 등기신청에서 그 등기필증이 멸실되어 위하여 등기의무자의 본인 확인이 필요한 경우, 등기의무자 또는 그 법정대리인의 등기소 출석의무를 갈음하는 '공증'이란 등기의무자가 그 부동산의 등기명의인임을 확인하는 서면에 대한 공증이 아니고, 신청서 또는 위임장에 표시된 등기의무자의 작성 부분(기명날인 등)이 등기의무자 본인이 작성한 것임을 공증하는 것을 의미하고, 등기의무자의 위임을 받은 대리인이 출석하여 공증을 받을 수는 없다.
(대판 2012.9.13, 2012다47098)

제52조【부기로 하는 등기】 등기관이 다음 각 호의 등기를 할 때에는 부기로 하여야 한다. 다만, 제5호의 등기는 등기상 이해관계 있는 제3자의 승낙이 없는 경우에는 그러하지 아니하다.
1. 등기명의인표시의 변경이나 경정의 등기
2. 소유권 외의 권리의 이전등기
3. 소유권 외의 권리를 목적으로 하는 권리에 관한 등기
4. 소유권 외의 권리에 대한 처분제한 등기
5. 권리의 변경이나 경정의 등기
6. 제53조의 환매특약등기
7. 제54조의 권리소멸약정등기
8. 제67조제1항 후단의 공유물 분할금지의 약정등기
9. 그 밖에 대법원규칙으로 정하는 등기

제53조【환매특약의 등기】 등기관이 환매특약의 등기를 할 때에는 다음 각 호의 사항을 기록하여야 한다. 다만, 제3호는 등기원인에 그 사항이 정하여져 있는 경우에만 기록한다.
1. 매수인이 지급한 대금
2. 매매비용
3. 환매기간

제54조【권리소멸약정의 등기】 등기원인에 권리의 소멸에 관한 약정이 있을 경우 신청인은 그 약정에 관한 등기를 신청할 수 있다.

제55조【사망 등으로 인한 권리의 소멸과 말소등기】 등기명의인인 사람의 사망 또는 법인의 해산으로 권리가 소멸한다는 약정이 등기되어 있는 경우에 사람의 사망 또는 법인의 해산으로 그 권리가 소멸하였을 때에는, 등기권리자는 그 사실을 증명하여 단독으로 해당 등기의 말소를 신청할 수 있다.

제56조【등기의무자의 소재불명과 말소등기】 ① 등기권리자가 등기의무자의 소재불명으로 인하여 공동으로 등기의 말소를 신청할 수 없을 때에는 「민사소송법」에 따라 공시최고(公示催告)를 신청할 수 있다.
② 제1항의 경우에 제권판결(除權判決)이 있으면 등기권리자가 그 사실을 증명하여 단독으로 등기의 말소를 신청할 수 있다.

제57조【이해관계 있는 제3자가 있는 등기의 말소】 ① 등기의 말소를 신청하는 경우에 그 말소에 대하여 등기상 이해관계 있는 제3자가 있을 때에는 제3자의 승낙이 있어야 한다.
② 제1항에 따라 등기를 말소할 때에는 등기상 이해관계 있는 제3자 명의의 등기는 등기관이 직권으로 말소한다.

제58조【직권에 의한 등기의 말소】 ① 등기관이 등기를 마친 후 그 등기가 제29조제1호 또는 제2호에 해당된 것임을 발견하였을 때에는 등기권리자, 등기의무자와 등기상 이해관계 있는 제3자에게 1개월 이내의 기간을 정하여 그 기간에 이의를 진술하지 아니하면 등기를 말소한다는 뜻을 통지하여야 한다.
② 제1항의 경우 통지를 받을 자의 주소 또는 거소(居所)를 알 수 없으면 제1항의 통지를 갈음하여 제1항의 기간 동안 등기소 게시장에 이를 게시하거나 대법원규칙으로 정하는 바에 따라 공고하여야 한다.
③ 등기관은 제1항의 말소에 관하여 이의를 진술한 자가 있으면 그 이의에 대한 결정을 하여야 한다.

④ 등기관은 제1항의 기간 이내에 이의를 진술한 자가 없거나 이의를 각하한 경우에는 제1항의 등기를 직권으로 말소하여야 한다.

제59조【말소등기의 회복】 말소된 등기의 회복(回復)을 신청하는 경우에 등기상 이해관계 있는 제3자가 있을 때에는 그 제3자의 승낙이 있어야 한다.

제60조【대지사용권의 취득】 ① 구분건물을 신축한 자가 「집합건물의 소유 및 관리에 관한 법률」 제2조제6호의 대지사용권을 가지고 있는 경우에 대지권에 관한 등기를 하지 아니하고 구분건물에 관하여만 소유권이전등기를 마쳤을 때에는 현재의 구분건물의 소유명의인과 공동으로 대지사용권에 관한 이전등기를 신청할 수 있다.

② 구분건물을 신축하여 양도한 자가 그 건물의 대지사용권을 나중에 취득하여 이전하기로 약정한 경우에는 제1항을 준용한다.

③ 제1항 및 제2항에 따른 등기는 대지권에 관한 등기와 동시에 신청하여야 한다.

제61조【구분건물의 등기기록에 대지권등기가 되어 있는 경우】 ① 대지권을 등기한 후에 한 건물의 권리에 관한 등기는 대지권에 대하여 동일한 등기로서 효력이 있다. 다만, 그 등기에 건물만에 관한 것이라는 뜻의 부기가 되어 있을 때에는 그러하지 아니하다.

② 제1항에 따라 대지권에 대한 등기로서의 효력이 있는 등기와 대지권의 목적인 토지의 등기기록 중 해당 구에 한 등기의 순서는 접수번호에 따른다.

③ 대지권이 등기된 구분건물의 등기기록에는 건물만에 관한 소유권이전등기 또는 저당권설정등기, 그 밖에 이와 관련이 있는 등기를 할 수 없다.

④ 토지의 소유권이 대지권인 경우에 대지권이라는 뜻의 등기가 되어 있는 토지의 등기기록에는 소유권이전등기, 저당권설정등기, 그 밖에 이와 관련이 있는 등기를 할 수 없다.

⑤ 지상권, 전세권 또는 임차권이 대지권인 경우에는 제4항을 준용한다.

제62조【소유권변경 사실의 통지】 등기관이 다음 각 호의 등기를 하였을 때에는 지체 없이 그 사실을 토지의 경우에는 지적소관청에, 건물의 경우에는 건축물대장 소관청에 각각 알려야 한다.

1. 소유권의 보존 또는 이전
2. 소유권의 등기명의인표시의 변경 또는 경정
3. 소유권의 변경 또는 경정
4. 소유권의 말소 또는 말소회복

제63조【과세자료의 제공】 등기관이 소유권의 보존 또는 이전의 등기〔가등기(假登記)를 포함한다〕를 하였을 때에는 대법원규칙으로 정하는 바에 따라 지체 없이 그 사실을 부동산 소재지 관할 세무서장에게 통지하여야 한다.

제2관 소유권에 관한 등기

제64조【소유권보존등기의 등기사항】 등기관이 소유권보존등기를 할 때에는 제48조제1항제4호에도 불구하고 등기원인과 그 연월일을 기록하지 아니한다.

제65조【소유권보존등기의 신청인】 미등기의 토지 또는 건물에 관한 소유권보존등기는 다음 각 호의 어느 하나에 해당하는 자가 신청할 수 있다.

1. 토지대장, 임야대장 또는 건축물대장에 최초의 소유자로 등록되어 있는 자 또는 그 상속인, 그 밖의 포괄승계인
2. 확정판결에 의하여 자기의 소유권을 증명하는 자
3. 수용(收用)으로 인하여 소유권을 취득하였음을 증명하는 자
4. 특별자치도지사, 시장, 군수 또는 구청장(자치구의 구청장을 말한다)의 확인에 의하여 자기의 소유권을 증명하는 자(건물의 경우로 한정한다)

제66조【미등기부동산의 처분제한의 등기와 직권보존】 ① 등기관이 미등기부동산에 대하여 법원의 촉탁에 따라 소유권의 처분제한의 등기를 할 때에는 직권으로 소유권보존등기를 하고, 처분제한의 등기를 명하는 법원의 재판에 따라 소유권의 등기를 한다는 뜻을 기록하여야 한다.

② 등기관이 제1항에 따라 건물에 대한 소유권보존등기를 하는 경우에는 제65조를 적용하지 아니한다. 다만, 그 건물이 「건축법」상 사용승인을 받아야 할 건물임에도 사용승인을 받지 아니하였다면 그 사실을 표제부에 기록하여야 한다.

③ 제2항 단서에 따라 등기된 건물에 대하여 「건축법」상 사용승인이 이루어진 경우에는 그 건물 소유권의 등기명의인은 1개월 이내에 제2항 단서의 기록에 대한 말소등기를 신청하여야 한다.

제67조【소유권의 일부이전】 ① 등기관이 소유권의 일부에 관한 이전등기를 할 때에는 이전되는 지분을 기록하여야 한다. 이 경우 등기원인에 「민법」 제268조제1항 단서의 약정이 있을 때에는 그 약정에 관한 사항도 기록하여야 한다.

② 제1항 후단의 약정의 변경등기는 공유자 전원이 공동으로 신청하여야 한다.

제68조【거래가액의 등기】 등기관이 「부동산 거래신고 등에 관한 법률」 제3조제1항에서 정하는 계약을 등기원인으로 한 소유권이전등기를 하는 경우에는 대법원규칙으로 정하는 바에 따라 거래가액을 기록한다.(2016.1.19 본조개정)

제3관 용익권(用益權)에 관한 등기

제69조【지상권의 등기사항】 등기관이 지상권설정의 등기를 할 때에는 제48조에서 규정한 사항 외에 다음 각 호의 사항을 기록하여야 한다. 다만, 제3호부터 제5호까지는 등기원인에 그 약정이 있는 경우에만 기록한다.

1. 지상권설정의 목적
2. 범위
3. 존속기간
4. 지료와 지급시기
5. 「민법」 제289조의2제1항 후단의 약정
6. 지상권설정의 범위가 토지의 일부인 경우에는 그 부분을 표시한 도면의 번호

제70조【지역권의 등기사항】 등기관이 승역지의 등기기록에 지역권설정의 등기를 할 때에는 제48조제1항제1호부터 제4호까지에서 규정한 사항 외에 다음 각 호의 사항을 기록하여야 한다. 다만, 제4호는 등기원인에 그 약정이 있는 경우에만 기록한다.

1. 지역권설정의 목적
2. 범위
3. 요역지
4. 「민법」 제292조제1항 단서, 제297조제1항 단서 또는 제298조의 약정
5. 승역지의 일부에 지역권설정의 등기를 할 때에는 그 부분을 표시한 도면의 번호

제71조【요역지지역권의 등기사항】 ① 등기관이 승역지에 지역권설정의 등기를 하였을 때에는 직권으로 요역지의 등기기록에 다음 각 호의 사항을 기록하여야 한다.

1. 순위번호
2. 등기목적
3. 승역지
4. 지역권설정의 목적
5. 범위
6. 등기연월일

②~③ (2024.9.20 삭제)

④ 등기관이 승역지에 지역권변경 또는 말소의 등기를 하였을 때에는 직권으로 요역지의 등기기록에 변경 또는 말소의 등기를 하여야 한다.(2024.9.20 본항개정)

제72조【전세권 등의 등기사항】 ① 등기관이 전세권설정이나 전전세(轉傳貰)의 등기를 할 때에는 제48조에서 규정한 사항 외에 다음 각 호의 사항을 기록하여야 한다. 다만, 제3호부터 제5호까지는 등기원인에 그 약정이 있는 경우에만 기록한다.
1. 전세금 또는 전전세금
2. 범위
3. 존속기간
4. 위약금 또는 배상금
5. 「민법」 제306조 단서의 약정
6. 전세권설정이나 전전세의 범위가 부동산의 일부인 경우에는 그 부분을 표시한 도면의 번호

② 여러 개의 부동산에 관한 권리를 목적으로 하는 전세권설정의 등기를 하는 경우에는 제78조를 준용한다.

제73조【전세금반환채권의 일부양도에 따른 전세권 일부이전등기】 ① 등기관이 전세금반환채권의 일부 양도를 원인으로 한 전세권 일부이전등기를 할 때에는 양도액을 기록한다.
② 제1항의 전세권 일부이전등기의 신청은 전세권의 존속기간의 만료 전에는 할 수 없다. 다만, 존속기간 만료 전이라도 해당 전세권이 소멸하였음을 증명하여 신청하는 경우에는 그러하지 아니하다.

제74조【임차권 등의 등기사항】 등기관이 임차권 설정 또는 임차물 전대(轉貸)의 등기를 할 때에는 제48조에서 규정한 사항 외에 다음 각 호의 사항을 기록하여야 한다. 다만, 제3호부터 제6호까지는 등기원인에 그 사항이 있는 경우에만 기록한다.(2020.2.4 단서개정)
1. 차임(借賃)
2. 범위(2020.2.4 본호신설)
3. 차임지급시기
4. 존속기간. 다만, 처분능력 또는 처분권한 없는 임대인에 의한 「민법」 제619조의 단기임대차인 경우에는 그 뜻도 기록한다.
5. 임차보증금
6. 임차권의 양도 또는 임차물의 전대에 대한 임대인의 동의
7. 임차권설정 또는 임차물전대의 범위가 부동산의 일부인 때에는 그 부분을 표시한 도면의 번호

제4관 담보권에 관한 등기

제75조【저당권의 등기사항】 ① 등기관이 저당권설정의 등기를 할 때에는 제48조에서 규정한 사항 외에 다음 각 호의 사항을 기록하여야 한다. 다만, 제3호부터 제8호까지는 등기원인에 그 약정이 있는 경우에만 기록한다.
1. 채권액
2. 채무자의 성명 또는 명칭과 주소 또는 사무소 소재지
3. 변제기(辨濟期)
4. 이자 및 그 발생기 · 지급시기
5. 원본(元本) 또는 이자의 지급장소
6. 채무불이행(債務不履行)으로 인한 손해배상에 관한 약정
7. 「민법」 제358조 단서의 약정
8. 채권의 조건

② 등기관은 제1항의 저당권의 내용이 근저당권(根抵當權)인 경우에는 제48조에서 규정한 사항 외에 다음 각 호의 사항을 기록하여야 한다. 다만, 제3호 및 제4호는 등기원인에 그 약정이 있는 경우에만 기록한다.
1. 채권의 최고액
2. 채무자의 성명 또는 명칭과 주소 또는 사무소 소재지
3. 「민법」 제358조 단서의 약정
4. 존속기간

제76조【저당권부채권에 대한 질권 등의 등기사항】 ① 등기관이 「민법」 제348조에 따라 저당권부채권(抵當權附債權)에 대한 질권의 등기를 할 때에는 제48조에서 규정한 사항 외에 다음 각 호의 사항을 기록하여야 한다.
1. 채권액 또는 채권최고액
2. 채무자의 성명 또는 명칭과 주소 또는 사무소 소재지
3. 변제기와 이자의 약정이 있는 경우에는 그 내용

② 등기관이 「동산 · 채권 등의 담보에 관한 법률」 제37조에서 준용하는 「민법」 제348조에 따른 채권담보권의 등기를 할 때에는 제48조에서 정한 사항 외에 다음 각 호의 사항을 기록하여야 한다.
1. 채권액 또는 채권최고액
2. 채무자의 성명 또는 명칭과 주소 또는 사무소 소재지
3. 변제기와 이자의 약정이 있는 경우에는 그 내용

제77조【피담보채권이 금액을 목적으로 하지 아니하는 경우】 등기관이 일정한 금액을 목적으로 하지 아니하는 채권을 담보하기 위한 저당권설정의 등기를 할 때에는 그 채권의 평가액을 기록하여야 한다.

제78조【공동저당의 등기】 ① 등기관이 동일한 채권에 관하여 여러 개의 부동산에 관한 권리를 목적으로 하는 저당권설정의 등기를 할 때에는 각 부동산의 등기기록에 그 부동산에 관한 권리가 다른 부동산에 관한 권리와 함께 저당권의 목적으로 제공된 뜻을 기록하여야 한다.
② 등기관은 제1항의 경우에 부동산이 5개 이상일 때에는 공동담보목록을 작성하여야 한다.
③ 제2항의 공동담보목록은 등기기록의 일부로 본다.
④ 등기관이 1개 또는 여러 개의 부동산에 관한 권리를 목적으로 하는 저당권설정의 등기를 한 후 동일한 채권에 대하여 다른 1개 또는 여러 개의 부동산에 관한 권리를 목적으로 하는 저당권설정의 등기를 할 때에는 그 등기와 종전의 등기에 각 부동산에 관한 권리가 함께 저당권의 목적으로 제공된 뜻을 기록하여야 한다. 이 경우 제2항 및 제3항을 준용한다.
⑤ (2024.9.20 삭제)

제79조【채권일부의 양도 또는 대위변제로 인한 저당권 일부이전등기의 등기사항】 등기관이 채권의 일부에 대한 양도 또는 대위변제(代位辨濟)로 인한 저당권 일부이전등기를 할 때에는 제48조에서 규정한 사항 외에 양도액 또는 변제액을 기록하여야 한다.

제80조【공동저당의 대위등기】 ① 등기관이 「민법」 제368조제2항 후단의 대위등기를 할 때에는 제48조에서 규정한 사항 외에 다음 각 호의 사항을 기록하여야 한다.
1. 매각 부동산(소유권 외의 권리가 저당권의 목적일 때에는 그 권리를 말한다)
2. 매각대금
3. 선순위 저당권자가 변제받은 금액

② 제1항의 등기에는 제75조를 준용한다.

제5관 신탁에 관한 등기

제81조【신탁등기의 등기사항】 ① 등기관이 신탁등기를 할 때에는 다음 각 호의 사항을 기록한 신탁원부(信託原簿)를 작성하고, 등기기록에는 제48조에서 규정한 사항 외에 그 신탁원부의 번호 및 신탁재산에 속하는 부동산의 거래에 관한 주의사항을 기록하여야 한다.(2024.9.20 본문개정)
1. 위탁자(委託者), 수탁자 및 수익자(受益者)의 성명 및 주소(법인인 경우에는 그 명칭 및 사무소 소재지를 말한다)
2. 수익자를 지정하거나 변경할 수 있는 권한을 갖는 자를 정한 경우에는 그 자의 성명 및 주소(법인인 경우에는 그 명칭 및 사무소 소재지를 말한다)
3. 수익자를 지정하거나 변경할 방법을 정한 경우에는 그 방법
4. 수익권의 발생 또는 소멸에 관한 조건이 있는 경우에는 그 조건
5. 신탁관리인이 선임된 경우에는 신탁관리인의 성명 및 주소(법인인 경우에는 그 명칭 및 사무소 소재지를 말한다)
6. 수익자가 없는 특정의 목적을 위한 신탁인 경우에는 그 뜻

7. 「신탁법」 제3조제5항에 따라 수탁자가 타인에게 신탁을 설정하는 경우에는 그 뜻
8. 「신탁법」 제59조제1항에 따른 유언대용신탁인 경우에는 그 뜻
9. 「신탁법」 제60조에 따른 수익자연속신탁인 경우에는 그 뜻
10. 「신탁법」 제78조에 따른 수익증권발행신탁인 경우에는 그 뜻
11. 「공익신탁법」에 따른 공익신탁인 경우에는 그 뜻 (2014.3.18 본호개정)
12. 「신탁법」 제114조제1항에 따른 유한책임신탁인 경우에는 그 뜻
13. 신탁의 목적
14. 신탁재산의 관리, 처분, 운용, 개발, 그 밖에 신탁 목적의 달성을 위하여 필요한 방법
15. 신탁종료의 사유
16. 그 밖의 신탁 조항

② 제1항제5호, 제6호, 제10호 및 제11호의 사항에 관하여 등기를 할 때에는 수익자의 성명 및 주소를 기재하지 아니할 수 있다.
③ 제1항의 신탁원부는 등기기록의 일부로 본다.
④ 제1항 각 호 외의 부분에 따른 주의사항의 내용 및 등기방법 등에 관하여 필요한 사항은 대법원규칙으로 정한다. (2024.9.20 본항신설)
(2013.5.28 본조개정)

제82조【신탁등기의 신청방법】 ① 신탁등기의 신청은 해당 부동산에 관한 권리의 설정등기, 보존등기, 이전등기 또는 변경등기의 신청과 동시에 하여야 한다.
② 수익자나 위탁자는 수탁자를 대위하여 신탁등기를 신청할 수 있다. 이 경우 제1항은 적용하지 아니한다.
③ 제2항에 따른 대위등기의 신청에 관하여는 제28조제2항을 준용한다.
(2013.5.28 본조개정)

제82조의2【신탁의 합병·분할 등에 따른 신탁등기의 신청】 ① 신탁의 합병 또는 분할로 인하여 하나의 신탁재산에 속하는 부동산에 관한 권리가 다른 신탁의 신탁재산에 귀속되는 경우 신탁등기의 말소등기 및 새로운 신탁등기의 신청은 신탁의 합병 또는 분할로 인한 권리변경등기의 신청과 동시에 하여야 한다.
② 「신탁법」 제34조제1항제3호 및 같은 조 제2항에 따라 여러 개의 신탁을 인수한 수탁자가 하나의 신탁재산에 속하는 부동산에 관한 권리를 다른 신탁의 신탁재산에 귀속시키는 경우 신탁등기의 신청방법에 관하여는 제1항을 준용한다.
(2013.5.28 본조신설)

제83조【수탁자의 임무 종료에 의한 등기】 다음 각 호의 어느 하나에 해당하여 수탁자의 임무가 종료된 경우 신수탁자는 단독으로 신탁재산에 속하는 부동산에 관한 권리이전등기를 신청할 수 있다.
1. 「신탁법」 제12조제1항 각 호의 어느 하나에 해당하여 수탁자의 임무가 종료된 경우
2. 「신탁법」 제16조제1항에 따라 수탁자를 해임한 경우
3. 「신탁법」 제16조제3항에 따라 법원이 수탁자를 해임한 경우
4. 「공익신탁법」 제27조에 따라 법무부장관이 직권으로 공익신탁의 수탁자를 해임한 경우(2014.3.18 본호개정)

(2013.5.28 본조개정)

제84조【수탁자가 여러 명인 경우】 ① 수탁자가 여러 명인 경우 등기관은 신탁재산이 합유인 뜻을 기록하여야 한다.
② 여러 명의 수탁자 중 1인이 제83조 각 호의 어느 하나의 사유로 그 임무가 종료된 경우 다른 수탁자는 단독으로 권리변경등기를 신청할 수 있다. 이 경우 다른 수탁자가 여러 명일 때에는 그 전원이 공동으로 신청하여야 한다.
(2013.5.28 본조개정)

제84조의2【신탁재산에 관한 등기신청의 특례】 다음 각 호의 어느 하나에 해당하는 경우 수탁자는 단독으로 해당 신탁재산에 속하는 부동산에 관한 권리변경등기를 신청할 수 있다.
1. 「신탁법」 제3조제1항제3호에 따라 신탁을 설정하는 경우
2. 「신탁법」 제34조제2항 각 호의 어느 하나에 해당하여 다음 각 목의 어느 하나의 행위를 하는 것이 허용된 경우
  가. 수탁자가 신탁재산에 속하는 부동산에 관한 권리를 고유재산에 귀속시키는 행위
  나. 수탁자가 고유재산에 속하는 부동산에 관한 권리를 신탁재산에 귀속시키는 행위
  다. 여러 개의 신탁을 인수한 수탁자가 하나의 신탁재산에 속하는 부동산에 관한 권리를 다른 신탁의 신탁재산에 귀속시키는 행위
3. 「신탁법」 제90조 또는 제94조에 따라 수탁자가 신탁을 합병, 분할 또는 분할합병하는 경우

(2013.5.28 본조신설)

제85조【촉탁에 의한 신탁변경등기】 ① 법원은 다음 각 호의 어느 하나에 해당하는 재판을 한 경우 지체 없이 신탁원부 기록의 변경등기를 등기소에 촉탁하여야 한다.
1. 수탁자 해임의 재판
2. 신탁관리인의 선임 또는 해임의 재판
3. 신탁 변경의 재판

② 법무부장관은 다음 각 호의 어느 하나에 해당하는 경우 지체 없이 신탁원부 기록의 변경등기를 등기소에 촉탁하여야 한다.(2014.3.18 본문개정)
1. 수탁자를 직권으로 해임한 경우
2. 신탁관리인을 직권으로 선임하거나 해임한 경우
3. 신탁내용의 변경을 명한 경우

③ 등기관이 제1항제1호 및 제2항제1호에 따라 법원 또는 주무관청의 촉탁에 의하여 수탁자 해임에 관한 신탁원부 기록의 변경등기를 하였을 때에는 직권으로 등기기록에 수탁자 해임의 뜻을 부기하여야 한다.
(2013.5.28 본조개정)

제85조의2【직권에 의한 신탁변경등기】 등기관이 신탁재산에 속하는 부동산에 관한 권리에 대하여 다음 각 호의 어느 하나에 해당하는 등기를 할 경우 직권으로 그 부동산에 관한 신탁원부 기록의 변경등기를 하여야 한다.
1. 수탁자의 변경으로 인한 이전등기
2. 여러 명의 수탁자 중 1인의 임무 종료로 인한 변경등기
3. 수탁자인 등기명의인의 성명 및 주소(법인인 경우에는 그 명칭 및 사무소 소재지를 말한다)에 관한 변경등기 또는 경정등기

(2013.5.28 본조신설)

제86조【신탁변경등기의 신청】 수탁자는 제85조 및 제85조의2에 해당하는 경우를 제외하고 제81조제1항 각 호의 사항이 변경되었을 때에는 지체 없이 신탁원부 기록의 변경등기를 신청하여야 한다.(2013.5.28 본조개정)

제87조【신탁등기의 말소】 ① 신탁재산에 속한 권리가 이전, 변경 또는 소멸됨에 따라 신탁재산에 속하지 아니하게 된 경우 신탁등기의 말소신청은 신탁된 권리의 이전등기, 변경등기 또는 말소등기의 신청과 동시에 하여야 한다.
② 신탁종료로 인하여 신탁재산에 속한 권리가 이전 또는 소멸된 경우에는 제1항을 준용한다.
③ 신탁등기의 말소등기는 수탁자가 단독으로 신청할 수 있다.
④ 신탁등기의 말소등기의 신청에 관하여는 제82조제2항 및 제3항을 준용한다.
(2013.5.28 본조개정)

제87조의2【담보권신탁에 관한 특례】 ① 위탁자가 자기 또는 제3자 소유의 부동산에 채권자가 아닌 수탁자를 저당권자로 하여 설정한 저당권을 신탁재산으로 하고 채권자를 수익자로 지정한 신탁의 경우 등기관은 그 저당권에 의하여

담보되는 피담보채권이 여럿이고 각 피담보채권별로 제75조에 따른 등기사항이 다를 때에는 제75조에 따른 등기사항을 각 채권별로 구분하여 기록하여야 한다.
② 제1항에 따른 신탁의 신탁재산에 속하는 저당권에 의하여 담보되는 피담보채권이 이전되는 경우 수탁자는 신탁원부 기록의 변경등기를 신청하여야 한다.
③ 제1항에 따른 신탁의 신탁재산에 속하는 저당권의 이전등기를 하는 경우에는 제79조를 적용하지 아니한다.
(2013.5.28 본조신설)

제87조의3【신탁재산관리인이 선임된 신탁의 등기】「신탁법」 제17조제1항 또는 제18조제1항에 따라 신탁재산관리인이 선임된 신탁의 경우 제23조제7항·제8항, 제81조, 제82조, 제82조의2, 제84조제1항, 제84조의2, 제85조제1항·제2항, 제85조의2제3호, 제86조, 제87조 및 제87조의2를 적용할 때에는 "수탁자"는 "신탁재산관리인"으로 본다.
(2013.5.28 본조신설)

제6관 가등기

제88조【가등기의 대상】 가등기는 제3조 각 호의 어느 하나에 해당하는 권리의 설정, 이전, 변경 또는 소멸의 청구권(請求權)을 보전(保全)하려는 때에 한다. 그 청구권이 시기부(始期附) 또는 정지조건부(停止條件附)일 경우나 그 밖에 장래에 확정될 것인 경우에도 같다.

제89조【가등기의 신청방법】 가등기권리자는 제23조제1항에도 불구하고 가등기의무자의 승낙이 있거나 가등기를 명하는 법원의 가처분명령(假處分命令)이 있을 때에는 단독으로 가등기를 신청할 수 있다.

제90조【가등기를 명하는 가처분명령】 ① 제89조의 가등기를 명하는 가처분명령은 부동산의 소재지를 관할하는 지방법원이 가등기권리자의 신청으로 가등기 원인사실의 소명이 있는 경우에 할 수 있다.
② 제1항의 신청을 각하한 결정에 대하여는 즉시항고(卽時抗告)를 할 수 있다.
③ 제2항의 즉시항고에 관하여는 「비송사건절차법」을 준용한다.

제91조【가등기에 의한 본등기의 순위】 가등기에 의한 본등기(本登記)를 한 경우 본등기의 순위는 가등기의 순위에 따른다.

제92조【가등기에 의하여 보전되는 권리를 침해하는 가등기 이후 등기의 직권말소】 ① 등기관은 가등기에 의한 본등기를 하였을 때에는 대법원규칙으로 정하는 바에 따라 가등기 이후에 된 등기로서 가등기에 의하여 보전되는 권리를 침해하는 등기를 직권으로 말소하여야 한다.
② 등기관이 제1항에 따라 가등기 이후의 등기를 말소하였을 때에는 지체 없이 그 사실을 말소된 권리의 등기명의인에게 통지하여야 한다.

제93조【가등기의 말소】 ① 가등기명의인은 제23조제1항에도 불구하고 단독으로 가등기의 말소를 신청할 수 있다.
② 가등기의무자 또는 가등기에 관하여 등기상 이해관계 있는 자는 제23조제1항에도 불구하고 가등기명의인의 승낙을 받아 단독으로 가등기의 말소를 신청할 수 있다.

제7관 가처분에 관한 등기

제94조【가처분등기 이후의 등기 등의 말소】 ①「민사집행법」 제305조제3항에 따라 권리의 이전, 말소 또는 설정등기청구권을 보전하기 위한 처분금지가처분등기가 된 후 가처분채권자가 가처분채무자를 등기의무자로 하여 권리의 이전, 말소 또는 설정의 등기를 신청하는 경우에는, 대법원규칙으로 정하는 바에 따라 그 가처분등기 이후에 된 등기로서 가처분채권자의 권리를 침해하는 등기의 말소를 단독으로 신청할 수 있다.
② 등기관이 제1항의 신청에 따라 가처분등기 이후의 등기를 말소할 때에는 직권으로 그 가처분등기도 말소하여야 한다. 가처분등기 이후의 등기가 없는 경우로서 가처분채무자를 등기의무자로 하는 권리의 이전, 말소 또는 설정의 등기만을 할 때에도 또한 같다.(2020.2.4 후단신설)
③ 등기관이 제1항의 신청에 따라 가처분등기 이후의 등기를 말소하였을 때에는 지체 없이 그 사실을 말소된 권리의 등기명의인에게 통지하여야 한다.
(2020.2.4 본조제목개정)

제95조【가처분에 따른 소유권 외의 권리 설정등기】 등기관이 제94조제1항에 따라 가처분채권자 명의의 소유권 외의 권리 설정등기를 할 때에는 그 등기가 가처분에 기초한 것이라는 뜻을 기록하여야 한다.

제8관 관공서가 촉탁하는 등기 등

제96조【관공서가 등기명의인 등을 갈음하여 촉탁할 수 있는 등기】 관공서가 체납처분(滯納處分)으로 인한 압류등기(押留登記)를 촉탁하는 경우에는 등기명의인 또는 상속인, 그 밖의 포괄승계인을 갈음하여 부동산의 표시, 등기명의인의 표시의 변경, 경정 또는 상속, 그 밖의 포괄승계로 인한 권리이전(權利移轉)의 등기를 함께 촉탁할 수 있다.

제97조【공매처분으로 인한 등기의 촉탁】 관공서가 공매처분(公賣處分)을 한 경우에 등기권리자의 청구를 받으면 지체 없이 다음 각 호의 등기를 등기소에 촉탁하여야 한다.
1. 공매처분으로 인한 권리이전의 등기
2. 공매처분으로 인하여 소멸한 권리등기(權利登記)의 말소
3. 체납처분에 관한 압류등기 및 공매공고등기의 말소
(2020.2.4 본호개정)

제98조【관공서의 촉탁에 따른 등기】 ① 국가 또는 지방자치단체가 등기권리자인 경우에는 국가 또는 지방자치단체는 등기의무자의 승낙을 받아 해당 등기를 지체 없이 등기소에 촉탁하여야 한다.
② 국가 또는 지방자치단체가 등기의무자인 경우에는 국가 또는 지방자치단체는 등기권리자의 청구에 따라 지체 없이 해당 등기를 등기소에 촉탁하여야 한다.

제99조【수용으로 인한 등기】 ① 수용으로 인한 소유권이전등기는 제23조제1항에도 불구하고 등기권리자가 단독으로 신청할 수 있다.
② 등기권리자는 제1항의 신청을 하는 경우에 등기명의인이나 상속인, 그 밖의 포괄승계인을 갈음하여 부동산의 표시 또는 등기명의인의 표시의 변경, 경정 또는 상속, 그 밖의 포괄승계로 인한 소유권이전의 등기를 신청할 수 있다.
③ 국가 또는 지방자치단체가 제1항의 등기권리자인 경우에는 국가 또는 지방자치단체는 지체 없이 제1항과 제2항의 등기를 등기소에 촉탁하여야 한다.
④ 등기관이 제1항과 제3항에 따라 수용으로 인한 소유권이전등기를 하는 경우 그 부동산의 등기기록 중 소유권, 소유권 외의 권리, 그 밖의 처분제한에 관한 등기가 있으면 그 등기를 직권으로 말소하여야 한다. 다만, 그 부동산을 위하여 존재하는 지역권의 등기 또는 토지수용위원회의 재결(裁決)로써 존속(存續)이 인정된 권리의 등기는 그러하지 아니하다.
⑤ 부동산에 관한 소유권 외의 권리의 수용으로 인한 권리이전등기에 관하여는 제1항부터 제4항까지의 규정을 준용한다.

제5장 이 의

제100조【이의신청과 그 관할】 등기관의 결정 또는 처분에 이의가 있는 자는 그 결정 또는 처분을 한 등기관이 속한 지방법원(이하 이 장에서 "관할 지방법원"이라 한다)에 이의신청을 할 수 있다.(2024.9.20 본조개정)

판례 등기관이 등기신청인의 신청 또는 관공서의 촉탁에 따라 그 등기절차를 완료한 적극적인 처분을 하였을 때에는 비록 그 처분이 부당한 것이었다 하더라도 그 등기가 부동산등기법 제29조제1호 및 제2호에 해당하는 것이 아니라면 등기관의 처분에 대한 이의신청으로는 다툴 수 없다.(대결 2012.5.10, 2012마180)

제101조【이의신청의 방법】 제100조에 따른 이의신청(이하 이 장에서 "이의신청"이라 한다)은 대법원규칙으로 정하는 바에 따라 결정 또는 처분을 한 등기관이 속한 등기소에 이의신청서를 제출하거나 전산정보처리조직을 이용하여 이의신청정보를 보내는 방법으로 한다.(2024.9.20 본조개정)

제102조【새로운 사실에 의한 이의 금지】 새로운 사실이나 새로운 증거방법을 근거로 이의신청을 할 수는 없다.

제103조【등기관의 조치】 ① 등기관은 이의가 이유 있다고 인정하면 그에 해당하는 처분을 하여야 한다.
② 등기관은 이의가 이유 없다고 인정하면 이의신청일부터 3일 이내에 의견을 붙여 이의신청서 또는 이의신청정보를 관할 지방법원에 보내야 한다.(2024.9.20 본항개정)
③ 등기를 마친 후에 이의신청이 있는 경우에는 3일 이내에 의견을 붙여 이의신청서 또는 이의신청정보를 관할 지방법원에 보내고 등기상 이해관계 있는 자에게 이의신청 사실을 알려야 한다.(2024.9.20 본항개정)

제104조【집행 부정지】 이의에는 집행정지(執行停止)의 효력이 없다.

제105조【이의에 대한 결정과 항고】 ① 관할 지방법원은 이의에 대하여 이유를 붙여 결정을 하여야 한다. 이 경우 이의가 이유 있다고 인정하면 등기관에게 그에 해당하는 처분을 명령하고 그 뜻을 이의신청인과 등기상 이해관계 있는 자에게 알려야 한다.
② 제1항의 결정에 대하여는 「비송사건절차법」에 따라 항고할 수 있다.

제106조【처분 전의 가등기 및 부기등기의 명령】 관할 지방법원은 이의신청에 대하여 결정하기 전에 등기관에게 가등기 또는 이의가 있다는 뜻의 부기등기를 명령할 수 있다.

제107조【관할 법원의 명령에 따른 등기】 등기관이 관할 지방법원의 명령에 따라 등기를 할 때에는 명령을 한 지방법원, 명령의 연월일 및 명령에 따라 등기를 한다는 뜻을 기록하여야 한다.(2020.2.4 본조개정)

제108조【송달】 송달에 대하여는 「민사소송법」을 준용하고, 이의의 비용에 대하여는 「비송사건절차법」을 준용한다.

제6장 보 칙

제109조【등기사무의 처리에 필요한 전산정보자료의 제공요청】 법원행정처장은 「전자정부법」 제2조제2호에 따른 행정기관 및 같은 조 제3호에 따른 공공기관(이하 "행정기관등"이라 한다)의 장에게 등기사무의 처리에 필요한 전산정보자료의 제공을 요청할 수 있다.(2020.2.4 본조개정)

제109조의2【등기정보자료의 제공 등】 ① 행정기관등의 장은 소관업무의 처리를 위하여 필요한 경우에 관계 중앙행정기관의 장의 심사를 거치고 법원행정처장의 승인을 받아 등기정보자료의 제공을 요청할 수 있다. 다만, 중앙행정기관의 장은 법원행정처장과 협의를 하여 협의가 성립되는 때에 등기정보자료의 제공을 요청할 수 있다.
② 행정기관등의 장이 아닌 자는 수수료를 내고 대법원규칙으로 정하는 바에 따라 등기정보자료를 제공받을 수 있다. 다만, 등기명의인별로 작성되어 있거나 그 밖에 등기명의인을 알아볼 수 있는 사항을 담고 있는 등기정보자료는 다른 법률에 특별한 규정이 있는 경우를 제외하고는 해당 등기명의인이나 그 포괄승계인만이 제공받을 수 있다.
③ 제1항 및 제2항에 따른 등기정보자료의 제공 절차, 제2항에 따른 수수료의 금액 및 그 면제 범위는 대법원규칙으로 정한다.
(2020.2.4 본조신설)

제110조【등기필정보의 안전확보】 ① 등기관은 취급하는 등기필정보의 누설·멸실 또는 훼손의 방지와 그 밖에 등기필정보의 안전관리를 위하여 필요하고도 적절한 조치를 마련하여야 한다.
② 등기관과 그 밖에 등기소에서 부동산등기사무에 종사하는 사람이나 그 직에 있었던 사람은 그 직무로 인하여 알게 된 등기필정보의 작성이나 관리에 관한 비밀을 누설하여서는 아니 된다.
③ 누구든지 부실등기를 하도록 등기의 신청이나 촉탁에 제공할 목적으로 등기필정보를 취득하거나 그 사정을 알면서 등기필정보를 제공하여서는 아니 된다.

제111조【벌칙】 다음 각 호의 어느 하나에 해당하는 사람은 2년 이하의 징역 또는 1천만원 이하의 벌금에 처한다.
1. 제110조제2항을 위반하여 등기필정보의 작성이나 관리에 관한 비밀을 누설한 사람
2. 제110조제3항을 위반하여 등기필정보를 취득한 사람 또는 그 사정을 알면서 등기필정보를 제공한 사람
3. 부정하게 취득한 등기필정보를 제2호의 목적으로 보관한 사람

제112조 (2017.10.13 삭제)

제113조【대법원규칙에의 위임】 이 법 시행에 필요한 사항은 대법원규칙으로 정한다.

부 칙

제1조【시행일】 이 법은 공포 후 6개월이 경과한 날부터 시행한다. 다만, 제3조제7호 및 제76조제2항의 개정규정과 부칙 제4조제17항은 2012년 6월 11일부터 시행한다.

제2조【등기필증에 관한 경과조치】 이 법 시행 전에 권리취득의 등기를 한 후 종전의 제67조제1항에 따라 등기필증을 발급받거나 종전의 제68조제1항에 따라 등기완료의 통지를 받은 자는 이 법 시행 후 등기의무자가 되어 제24조제1항제1호의 개정규정에 따라 등기신청을 할 때에는 제50조제2항의 개정규정에 따른 등기필정보의 제공을 갈음하여 신청서에 종전의 제67조제1항에 따른 등기필증 또는 종전의 제68조제1항에 따른 등기완료통지서를 첨부할 수 있다.

제3조【예고등기에 관한 경과조치】 ① 이 법 시행 당시 마쳐져 있는 예고등기의 말소절차에 관하여는 종전의 규정에 따른다.
② 제1항에도 불구하고 법률 제16912호 부동산등기법 일부개정법률의 시행일까지 말소되지 아니한 예고등기는 등기관이 직권으로 말소한다.(2020.2.4 본항신설)

제4조【다른 법률의 개정】 ①~㊷ ※(해당 법령에 가제정리 하였음)

제5조【다른 법령과의 관계】 ① 이 법 시행 당시 다른 법령에서 등기부등본 또는 초본을 인용한 경우에는 등기사항증명서를 인용한 것으로, 등기필증을 인용한 경우에는 등기필증 외에 등기완료통지서나 등기필정보통지서도 인용한 것으로 본다.
② 이 법 시행 당시 다른 법령에서 종전의 「부동산등기법」의 규정을 인용한 경우에 이 법 가운데 그에 해당하는 규정이 있을 때에는 종전의 규정을 갈음하여 이 법의 해당 규정을 인용한 것으로 본다.

부 칙 (2013.5.28)

제1조【시행일】 이 법은 공포 후 3개월이 경과한 날부터 시행한다.

제2조【적용례】 이 법은 이 법 시행 후 접수된 등기사건부터 적용한다.

제3조【경과조치】 ① 이 법 시행 당시 종전의 규정에 따라 한 신탁에 관한 등기는 이 법에 따라 한 것으로 본다.

② 이 법 시행 당시 종전의 규정에 따라 편성한 신탁에 관한 등기부는 이 법 시행 후 그대로 사용한다.

부 칙 (2017.10.13)

제1조【시행일】 이 법은 공포한 날부터 시행한다.
제2조【과태료에 관한 경과조치】 이 법 시행 전의 행위에 대한 과태료의 적용에 있어서는 종전의 규정에 따른다.

부 칙 (2020.2.4)

제1조【시행일】 이 법은 공포 후 6개월이 경과한 날부터 시행한다.
제2조【임차권 등의 등기사항에 관한 적용례】 제74조의 개정규정은 이 법 시행 이후 접수되는 임차권 등의 등기부터 적용한다.
제3조【법원의 명령에 따른 등기에 관한 적용례】 제107조의 개정규정은 이 법 시행 이후 접수되는 등기부터 적용한다.
제4조【다른 법률의 개정】 ①~⑦ ※(해당 법령에 가제정리 하였음)

부 칙 (2024.9.20)

제1조【시행일】 이 법은 2025년 1월 31일부터 시행한다. 다만, 제81조제1항 및 제4항의 개정규정은 공포 후 3개월이 경과한 날부터 시행한다.
제2조【관련 사건 및 상속 · 유증 사건의 관할 등에 관한 적용례】 제7조의2제1항 · 제3항, 제7조의3 및 제25조의 개정규정은 이 법 시행 이후 접수되는 등기신청부터 적용한다.
제3조【등기신청의 각하에 관한 적용례】 제29조제7호나목의 개정규정은 이 법 시행 전에 접수되어 이 법 시행 당시 처리 중인 등기신청에 대해서도 적용한다.
제4조【건물의 등기사항에 관한 적용례】 제40조제1항제3호의 개정규정은 이 법 시행 이후 접수되는 건물의 등기부터 적용한다.
제5조【신탁등기의 등기사항에 관한 적용례 등】 ① 제81조제1항 및 제4항의 개정규정은 같은 개정규정 시행 전에 접수되어 부칙 제1조 단서에 따른 시행일 당시 처리 중인 등기신청에 대해서도 적용한다.
② 등기관은 제81조제1항 및 제4항의 개정규정 시행 전에 한 신탁등기로서 그 시행일 이후 말소되지 아니한 것에 대하여 제81조제1항 각 호 외의 부분의 개정규정에 따른 주의사항의 등기를 대법원규칙으로 정하는 기간 이내에 직권으로 하여야 한다.
③ 제2항에도 불구하고 제81조제1항 및 제4항의 개정규정 시행일부터 1년 이내에는 대법원장이 지정하는 사람이 등기관을 갈음하여 그 등기사무를 처리할 수 있다.
제6조【시범사업의 특례】 ① 법원행정처장은 제24조제1항제2호의 개정규정에 따른 전자신청의 원활한 시행과 전산정보처리조직의 적정한 운영을 위하여 이 법 시행 전에 특정 등기소에서 시범사업을 실시할 수 있다.
② 제1항에 따른 시범사업 등기소의 지정 및 시범사업의 실시에 필요한 사항은 법원행정처장이 정한다.
제7조【다른 법률의 개정】 ①~④ ※(해당 법령에 가제정리 하였음)

부동산등기규칙

(2011년 9월 28일
전부개정대법원규칙 제2356호)

개정
2013. 8.12대법원규칙2483호
2014.10. 2대법원규칙2560호(상업등기규)
2014.11.27대법원규칙2571호
2016. 6.27대법원규칙2668호(법무사규)
2016.12.29대법원규칙2706호 2017. 5.25대법원규칙2741호
2017.11. 6대법원규칙2759호 2018. 8.31대법원규칙2801호
2018.12. 4대법원규칙2815호(토지개발등기규)
2020. 6.26대법원규칙2910호 2020.11.26대법원규칙2931호
2021. 5.27대법원규칙2986호 2022. 2.25대법원규칙3043호
2024.11.29대법원규칙3169호→시행일 부칙 참조

제1장 총 칙

제1조【목적】 이 규칙은 「부동산등기법」(이하 "법"이라 한다)에서 위임한 사항과 그 시행에 필요한 사항을 규정함을 목적으로 한다.
제1조의2【정의】 이 규칙에서 사용하는 용어의 뜻은 다음과 같다.
1. "전산정보처리조직"이란 법에 따른 절차에 필요한 전자문서의 작성 · 제출 · 통지 · 관리, 등기부의 보관 · 관리 및 등기자료의 제공 · 활용 등 등기사무처리를 지원할 수 있도록 하드웨어 · 소프트웨어 · 데이터베이스 · 네트워크 · 보안요소 등을 결합시켜 구축 · 운영하는 정보처리능력을 가진 전자적 장치 또는 체계로서 법원행정처에 둔 등기전산정보시스템을 말한다.
2. "인터넷등기소"란 이 규칙에서 정한 바에 따라 등기사항의 증명과 열람, 전자문서를 이용한 등기신청 등을 할 수 있도록 전산정보처리조직에 의하여 구축된 인터넷 활용공간을 말한다.
3. "등기전자서명"이란 「전자정부법」 제2조제9호의 행정전

자서명으로서 등기관이 등기사무의 처리를 위하여 사용하는 것을 말한다.
(2024.11.29 본조신설)

제2조【부기등기의 번호 기록】 등기관이 부기등기를 할 때에는 그 부기등기가 어느 등기에 기초한 것인지 알 수 있도록 주등기 또는 부기등기의 순위번호에 가지번호를 붙여서 하여야 한다.

제3조【등기신청의 접수시기】 ① 법 제6조제1항에서 "대법원규칙으로 정하는 등기신청정보"란 해당 부동산이 다른 부동산과 구별될 수 있게 하는 정보를 말한다.
② 같은 토지 위에 있는 여러 개의 구분건물에 대한 등기를 동시에 신청하는 경우에는 그 건물의 소재 및 지번에 관한 정보가 전산정보처리조직에 저장된 때 등기신청이 접수된 것으로 본다.

제4조【등기관이 등기를 마친 시기】 법 제6조제2항에서 "등기관이 등기를 마친 경우"란 법 제11조제4항에 따라 등기사무를 처리한 등기관이 누구인지 알 수 있는 조치를 하였을 때를 말한다.

제2장 등기소와 등기관

제5조【관할등기소의 지정】 ① 부동산이 여러 등기소의 관할구역에 걸쳐 있는 경우 그 부동산에 대한 최초의 등기신청을 하고자 하는 자는 각 등기소를 관할하는 상급법원의 장에게 관할등기소의 지정을 신청하여야 한다.
② 제1항의 신청은 해당 부동산의 소재지를 관할하는 등기소 중 어느 한 등기소에 신청서를 제출하는 방법으로 한다.
③ 제2항에 따른 신청서를 받은 등기소는 그 신청서를 지체 없이 상급법원의 장에게 송부하여야 하고, 상급법원의 장은 부동산의 소재지를 관할하는 등기소 중 어느 한 등기소를 관할등기소로 지정하여야 한다.
④ 관할등기소의 지정을 신청한 자가 제3항에 따라 지정된 관할등기소에 등기신청을 할 때에는 관할등기소의 지정이 있었음을 증명하는 정보를 첨부정보로서 등기소에 제공하여야 한다.
⑤ 등기관이 제4항에 따라 등기를 하였을 때에는 지체없이 그 사실을 다른 등기소에 통지하여야 한다.
⑥ 제5항에 따른 통지를 받은 등기소는 전산정보처리조직으로 관리되고 있는 관할지정에 의한 등기부목록에 통지받은 사항을 기록하여야 한다.
⑦ 단지를 구성하는 여러 동의 건물 중 일부 건물의 대지가 다른 등기소의 관할에 속하는 경우에는 제1항부터 제6항까지의 규정을 준용한다.

제6조【관할의 변경】 ① 부동산의 소재지가 다른 등기소의 관할로 바뀌었을 때에는 종전의 관할등기소는 전산정보처리조직을 이용하여 그 부동산에 관한 등기기록과 신탁원부, 공동담보(전세)목록, 도면 및 매매목록의 처리권한을 다른 등기소로 넘겨주는 조치를 하여야 한다.
② 제1항에 따라 처리권한을 넘겨받은 등기소는 해당 등기기록의 표제부에 관할이 변경된 뜻을 기록하여야 한다.

제6조의2【등기사무정지명령】 ① 대법원장은 법 제10조제1항 각 호의 어느 하나에 해당하는 경우로서 제6조의3제1항에 따른 처분으로 정상적인 등기사무의 처리가 어려운 때에는 기간을 정하여 등기사무의 정지를 명할 수 있다.
② 대법원장은 법 제10조제2항에 따라 제1항의 등기사무의 정지명령에 관한 권한을 법원행정처장에게 위임한다.
(2024.11.29 본조신설)

제6조의3【등기사무 처리를 위하여 필요한 처분】 ① 대법원장은 법 제10조제1항 각 호의 어느 하나에 해당하는 사유로 등기소에서 전산정보처리조직을 이용한 등기사무의 처리가 어려운 경우에는 그 등기소(이하 "비상등기소"라 한다)에서 정상적인 등기사무의 처리를 위해 필요한 시간 등을 고려하여 다음 각 호의 처분을 명할 수 있다.
1. 법 제8조에 따라 다른 등기소에 비상등기소의 관할에 속하는 사무의 위임
2. 법 제7조에도 불구하고 법원행정처 또는 다른 등기소에 비상등기소의 접수사무 등 등기사무의 일부를 처리할 수 있는 권한의 부여
3. 비상등기소 관할 구역에 임시청사의 설치
4. 전자문서를 이용하여 등기신청을 할 수 있도록 인터넷등기소 운영시간을 연장하는 처분
5. 그 밖에 비상등기소의 정상적인 등기사무의 처리를 위하여 필요한 처분

② 대법원장은 법 제10조제2항에 따라 제1항 각 호의 처분에 관한 권한을 다음 각 호의 구분에 따라 위임한다.
1. 제1항제1호 및 제4호의 처분에 관한 권한 : 법원행정처장
2. 제1항제2호 및 제5호의 처분에 관한 권한 : 법원행정처장 또는 비상등기소의 사법행정사무를 담당하는 지방법원장(해당 지방법원 관할구역에 속하는 등기소를 대상으로 하는 처분만 해당한다. 이하 이 조에서 같다)
3. 제1항제3호의 처분에 관한 권한 : 비상등기소의 사법행정사무를 담당하는 지방법원장

③ 지방법원장은 제2항에 따라 해당 처분을 한 경우에는 지체 없이 그 사실을 법원행정처장에게 보고하여야 한다.
④ 법원행정처장은 제6조의2제1항의 정지명령 및 이 조제1항의 처분이 있을 때에는 지체 없이 그 사실을 공고하여야 한다. 법 제10조제1항 각 호의 사유가 해소되어 정상적인 등기사무가 가능하게 된 경우에도 또한 같다.
⑤ 제1항에 따른 처분, 제2항에 따른 위임의 절차·방법 및 제3항의 공고방법 등에 관하여 필요한 사항은 대법원예규로 정한다.
(2024.11.29 본조신설)

제7조【등기전자서명 등】 ① 등기관이 등기사무를 처리하는 때에는 「법원 행정전자서명 인증업무에 관한 규칙」 제2조제2항에 따라 설치된 '법원 행정전자서명 인증관리센터'에서 발급받은 행정전자서명 인증서에 의한 등기전자서명을 하여야 한다.
② 법 제11조제4항의 등기사무를 처리한 등기관이 누구인지 알 수 있도록 하는 조치는 각 등기관이 제1항의 등기전자서명을 하여 미리 부여받은 식별부호를 기록하는 방법으로 한다.
(2024.11.29 본조개정)

제8조【참여조서의 작성방법】 등기관이 법 제12조제2항의 조서(이하 "참여조서"라 한다)를 작성할 때에는 그 조서에 다음 각 호의 사항을 적어야 한다.
1. 신청인의 성명과 주소
2. 업무처리가 제한되는 사유
3. 등기할 부동산의 표시 및 등기의 목적
4. 신청정보의 접수연월일과 접수번호
5. 참여인의 성명, 주소 및 주민등록번호
6. 참여인이 그 등기소에서 등기를 한 부동산의 표시

제9조【전산정보처리조직의 운영】 ① 전산정보처리조직에 의한 등기사무처리의 지원, 등기부의 보관·관리 및 등기정보의 효율적인 활용을 위하여 법원행정처에 등기정보중앙관리소(이하 "중앙관리소"라 한다)를 둔다.
② 법원행정처장은 중앙관리소에 전산운영책임관을 두어 전산정보처리조직을 종합적으로 관리·운영하여야 한다.
③ 법원행정처장은 중앙관리소의 출입자 및 전산정보처리조직 사용자의 신원을 관리하는 등 필요한 보안조치를 하여야 한다.
④ 법원행정처장은 전산정보처리조직을 점검하기 위하여 필요한 경우에는 전산정보처리조직의 이용시간을 일시적으로 제한할 수 있다.(2024.11.29 본항신설)
(2024.11.29 본조제목개정)

제3장 등기부 등

제1절 등기부 및 부속서류

제10조【등기부의 보관·관리】 ① 법 제14조제3항에서 규정한 등기부의 보관·관리 장소는 중앙관리소로 한다.
② 폐쇄등기부에 대하여도 제1항을 준용한다.

제11조【신청서나 그 밖의 부속서류의 이동 등】 ① 등기관이 전쟁·천재지변 그 밖에 이에 준하는 사태를 피하기 위하여 신청서나 그 밖의 부속서류를 등기소 밖으로 옮긴 경우에는 지체없이 그 사실을 지방법원장(등기소의 사무를 지원장이 관장하는 경우에는 지원장을 말한다. 제58조를 제외하고는 이하 같다)에게 보고하여야 한다.
② 등기관이 법원으로부터 신청서나 그 밖의 부속서류의 송부명령 또는 촉탁을 받았을 때에는 그 명령 또는 촉탁과 관계가 있는 부분만 법원에 송부하여야 한다.
③ 제2항의 서류가 전자문서(제67조의2제1항 각 호의 전자문서를 말한다. 이하 같다)로 작성된 경우에는 해당 문서를 출력한 후 인증하여 송부하거나 전자문서로 송부한다.
(2024.11.29 본항개정)

제12조【부동산고유번호】 ① 등기기록을 개설할 때에는 1필의 토지 또는 1개의 건물마다 부동산고유번호를 부여하고 이를 등기기록에 기록하여야 한다.
② 구분건물에 대하여는 전유부분마다 부동산고유번호를 부여한다.

제13조【등기기록의 양식】 ① 토지등기기록의 표제부에는 표시번호란, 접수란, 소재지번란, 지목란, 면적란, 등기원인 및 기타사항란을 두고, 건물등기기록의 표제부에는 표시번호란, 접수란, 소재지번·건물명칭 및 건물번호란, 건물내역란, 등기원인 및 기타사항란을 둔다.(2024.11.29 본항개정)
② 갑구와 을구에는 순위번호란, 등기목적란, 접수란, 등기원인란, 권리자 및 기타사항란을 둔다.
③ 토지등기기록은 별지 제1호 양식, 건물등기기록은 별지 제2호 양식에 따른다.

제14조【구분건물등기기록의 양식】 ① 법 제15조제1항 단서에 해당하는 구분건물등기기록에는 1동의 건물에 대한 표제부를 두고 전유부분마다 표제부, 갑구, 을구를 둔다.
② 제1항의 등기기록 중 1동의 건물의 표제부에는 표시번호란, 접수란, 소재지번·건물명칭 및 번호란, 건물내역란, 등기원인 및 기타사항란을 두고, 전유부분의 표제부에는 표시번호란, 접수란, 건물번호란, 건물내역란, 등기원인 및 기타사항란을 둔다. 다만, 구분한 각 건물 중 대지권이 있는 건물이 있는 경우에는 1동의 건물의 표제부에는 대지권의 목적인 토지의 표시를 위한 표시번호란, 소재지번란, 지목란, 면적란, 등기원인 및 기타사항란을 두고, 전유부분의 표제부에는 대지권의 표시를 위한 표시번호란, 대지권종류란, 대지권비율란, 등기원인 및 기타사항란을 둔다.
③ 구분건물등기기록은 별지 제3호 양식에 따른다.

제15조【등기부부본자료의 보관 등】 ① 법 제16조의 등기부부본자료는 전산정보처리조직으로 작성하여야 한다.
② 등기부부본자료는 법원행정처장이 지정하는 장소에 보관하여야 한다.
③ 등기부부본자료는 등기부와 동일하게 관리하여야 한다.

제16조【등기부 복구 등의 처분명령에 관한 권한 위임】 ① 대법원장은 법 제17조에 따라 등기부의 손상방지 또는 손상된 등기부의 복구 등의 처분명령에 관한 권한을 법원행정처장에게 위임한다.
② 대법원장은 법 제18조에 따라 전자문서로 작성된 등기부 부속서류의 멸실방지 등의 처분명령에 관한 권한은 법원행정처장에게, 신청서나 그 밖의 부속서류의 멸실방지 등의 처분명령에 관한 권한은 지방법원장에게 위임한다.

제17조【등기부의 손상과 복구】 ① 등기부의 전부 또는 일부가 손상되거나 손상될 염려가 있을 때에는 전산운영책임관은 지체없이 그 상황을 조사한 후 처리방법을 법원행정처장에게 보고하여야 한다.
② 등기부의 전부 또는 일부가 손상된 경우에 전산운영책임관은 제15조의 등기부부본자료에 의하여 그 등기부를 복구하여야 한다.
③ 제2항에 따라 등기부를 복구한 경우에 전산운영책임관은 지체없이 그 경과를 법원행정처장에게 보고하여야 한다.

제18조【신탁원부 등의 보존】 신탁원부, 공동담보(전세)목록, 도면 및 매매목록은 보조기억장치(자기디스크, 자기테이프 그 밖에 이와 유사한 방법으로 일정한 등기사항을 기록·보관할 수 있는 전자적 정보저장매체를 말한다. 이하 같다)에 저장하여 영구적으로 보존하여야 한다. 이 경우 제63조 단서에 따라 서면으로 작성되어 등기소에 제출된 도면은 이를 전자적 이미지정보로 변환하여 보존한다.(2024.11.29 본조개정)

제19조【신청정보 등의 보존】 ① 법 제24조제1항제2호에 따라 등기가 이루어진 경우 그 신청정보 및 첨부정보는 보조기억장치에 저장하여 보존하여야 한다.
② 법 제24조제1항제2호에 따른 등기신청이 취하된 경우 그 취하정보는 보조기억장치에 저장하여 보존하여야 한다.
③ 제1항 및 제2항에 따라 보조기억장치에 저장한 정보의 보존기간은 5년으로 하고, 해당 연도의 다음 해부터 기산한다.
(2024.11.29 본항신설)
④ 보존기간이 만료된 제1항 및 제2항의 정보는 법원행정처장의 인가를 받아 보존기간이 만료되는 해의 다음 해 3월 말까지 삭제한다.(2024.11.29 본항신설)
⑤ 제4항에도 불구하고 전자문서의 특징 및 전자문서의 삭제 방법의 확립, 등기원인정보의 보존 필요성 등을 고려하여 대법원예규로 정하는 바에 따라 보존기간이 만료된 정보의 삭제를 유예할 수 있다.(2024.11.29 본항신설)

제20조 (2024.11.29 삭제)

제2절 등기에 관한 장부

제21조【장부의 비치】 ① 등기소에는 다음 각 호의 장부를 갖추어 두어야 한다.
1. 부동산등기신청서 접수장
2. 기타 문서 접수장
3. 결정원본 편철장
4. 이의신청서류 편철장
5. 사용자등록신청서류 등 편철장
6. 신청서 기타 부속서류 편철장
7. 신청서 기타 부속서류 송부부
8. 각종 통지부
9. 열람신청서류 편철장
10. 제증명신청서류 편철장
11. 그 밖에 대법원예규로 정하는 장부

② 제1항의 장부는 매년 별책으로 하여야 한다. 다만, 필요에 따라 분책할 수 있다.
③ 제1항의 장부는 전자적으로 작성할 수 있다.

제22조【접수장】 ① 부동산등기신청서 접수장에는 다음 각 호의 사항을 적어야 한다.
1. 접수연월일과 접수번호
2. 등기의 목적
3. 신청인의 성명 또는 명칭
4. 부동산의 개수
5. 등기신청수수료
6. 취득세 또는 등록면허세와 국민주택채권매입금액
7. 법 제7조의2 및 제7조의3에 따른 신청 해당 여부
(2024.11.29 본호신설)

② 제1항제1호의 접수번호는 대법원예규에서 정하는 바에 따라 전국 모든 등기소를 통합하여 부여하되, 매년 새로 부여하여야 한다.(2024.11.29 본항개정)
③ 등기권리자 또는 등기의무자가 여러 명인 경우 부동산등기신청서 접수장에 신청인의 성명 또는 명칭을 적을 때에는 신청인 중 1명의 성명 또는 명칭과 나머지 인원을 적는 방법으로 할 수 있다.
④ 등기신청 외의 등기사무에 관한 문서를 접수할 때에는 기타문서 접수장에 등재한다.
제23조【신청서 기타 부속서류 편철장】 신청서, 촉탁서, 통지서, 허가서, 참여조서, 확인조서, 취하서 그 밖의 부속서류는 접수번호의 순서에 따라 대법원예규에서 정하는 방식으로 신청서 기타 부속서류 편철장에 편철하여야 한다.
(2024.11.29 본조개정)
제24조【각종 통지부】 각종 통지부에는 법 및 이 규칙에서 정하고 있는 통지사항, 통지를 받을 자 및 통지서를 발송하는 연월일을 적어야 한다.
제25조【장부의 보존기간】 ① 등기소에 갖추어 두어야 할 장부의 보존기간은 다음 각 호와 같다.
1. 부동산등기신청서 접수장 : 5년
2. 기타 문서 접수장 : 10년
3. 결정원본 편철장 : 10년
4. 이의신청서류 편철장 : 10년
5. 사용자등록신청서류 등 편철장 : 10년
6. 신청서 기타 부속서류 편철장 : 5년
7. 신청서 기타 부속서류 송부부 : 신청서 그 밖의 부속서류가 반환된 날부터 5년
8. 각종 통지부 : 1년
9. 열람신청서류 편철장 : 1년
10. 제증명신청서류 편철장 : 1년
② 장부의 보존기간은 해당 연도의 다음해부터 기산한다.
③ 보존기간이 만료된 장부 또는 서류는 지방법원장의 인가를 받아 보존기간이 만료되는 해의 다음해 3월말까지 폐기한다.

제3절 등기사항의 증명과 열람

제26조【등기사항증명 등의 신청】 ① 등기소를 방문하여 등기사항의 전부 또는 일부에 대한 증명서(이하 "등기사항증명서"라 한다)를 발급받거나 등기기록 또는 신청서나 그 밖의 부속서류를 열람하고자 하는 사람은 신청서를 제출하여야 한다.
② 대리인이 신청서나 그 밖의 부속서류의 열람을 신청할 때에는 신청서에 그 권한을 증명하는 서면을 첨부하여야 한다.
③ 전자문서로 작성된 신청서나 그 밖의 부속서류의 열람 신청은 관할 등기소가 아닌 다른 등기소에서도 할 수 있다.
제27조【무인발급기에 의한 등기사항증명】 ① 법원행정처장은 신청인이 발급에 필요한 정보를 스스로 입력하여 등기사항증명서를 발급받을 수 있게 하는 장치(이하 "무인발급기"라 한다)를 이용하여 등기사항증명서의 발급업무를 처리하게 할 수 있다.
② 무인발급기는 등기소 이외의 장소에도 설치할 수 있다.
③ 제2항에 따른 설치장소는 법원행정처장이 정한다.
④ 법원행정처장의 지정을 받은 국가기관이나 지방자치단체 그 밖의 자는 그가 관리하는 장소에 무인발급기를 설치하여 등기사항증명서를 발급할 수 있다.
⑤ 무인발급기 설치·관리의 절차 및 비용의 부담 등 필요한 사항은 대법원예규로 정한다.
제28조【인터넷에 의한 등기사항증명 등】 ① 등기사항증명서의 발급 또는 등기기록의 열람업무는 법원행정처장이 정하는 바에 따라 인터넷을 이용하여 처리할 수 있다.
② 제1항에 따른 업무는 중앙관리소에서 처리하며, 전산운영책임관이 그 업무를 담당한다.
③ 제1항에 따른 발급과 열람의 범위, 절차 및 방법 등 필요한 사항은 대법원예규로 정한다.
제28조의2【인터넷에 의한 신청서나 그 밖의 부속서류의 열람 등】 ① 신청서나 그 밖의 부속서류의 열람 업무는 법원행정처장이 정하는 바에 따라 인터넷을 이용하여 처리할 수 있다.
② 제1항에 따라 신청서나 그 밖의 부속서류의 열람을 신청할 수 있는 자는 다음 각 호와 같다.
1. 해당 등기신청의 당사자
2. 제1호의 당사자로부터 열람을 위임받은 변호사나 법무사〔법무법인·법무법인(유한)·법무조합 또는 법무사법인·법무사법인(유한)을 포함한다. 이하 "자격자대리인"이라 한다〕
③ 제1항에 따른 열람의 절차 및 방법 등 그 밖에 필요한 사항은 대법원예규로 정한다.
(2024.11.29 본조신설)
제29조【등기사항증명서의 종류】 등기사항증명서의 종류는 다음 각 호로 한다. 다만, 폐쇄한 등기기록 및 대법원예규로 정하는 등기기록에 대하여는 제1호로 한정한다.
(2014.11.27 단서개정)
1. 등기사항전부증명서(말소사항 포함)
2. 등기사항전부증명서(현재 유효사항)
3. 등기사항일부증명서(특정인 지분)
4. 등기사항일부증명서(현재 소유현황)
5. 등기사항일부증명서(지분취득 이력)
6. 그 밖에 대법원예규로 정하는 증명서(2014.11.27 본호신설)
제30조【등기사항증명서의 발급방법】 ① 등기사항증명서를 발급할 때에는 등기사항증명서의 종류를 명시하고, 등기기록의 내용과 다름이 없음을 증명하는 내용의 증명문을 기록하며, 발급연월일과 중앙관리소 전산운영책임관의 직명을 적은 후 전자이미지관인을 기록하여야 한다. 이 경우 등기사항증명서가 여러 장으로 이루어진 경우에는 연속성을 확인할 수 있는 조치를 하여 발급하고, 그 등기기록 중 갑구 또는 을구의 기록이 없을 때에는 증명문에 그 뜻을 기록하여야 한다.
② 신탁원부, 공동담보(전세)목록, 도면 또는 매매목록은 그 사항의 증명도 함께 신청하는 뜻의 표시가 있는 경우에만 등기사항증명서에 이를 포함하여 발급한다.
③ 구분건물에 대한 등기사항증명서의 발급에 관하여는 1동의 건물의 표제부와 해당 전유부분에 관한 등기기록을 1개의 등기기록으로 본다.
④ 등기신청이 접수된 부동산에 관하여는 등기관이 그 등기를 마칠 때까지 등기사항증명서를 발급하지 못한다. 다만, 그 부동산에 등기신청사건이 접수되어 처리 중에 있다는 뜻을 등기사항증명서에 표시하여 발급할 수 있다.
제31조【열람의 방법】 ① 등기기록의 열람은 등기기록에 기록된 등기사항을 전자적 방법으로 그 내용을 보게 하거나 그 내용을 기록한 서면을 교부하는 방법으로 한다. 이 경우 제30조제2항 및 제3항을 준용한다.
② 신청서나 그 밖의 부속서류의 열람은 등기관 또는 그가 지정하는 직원이 보는 앞에서 하여야 한다. 다만, 인터넷을 이용하여 열람하는 경우 또는 등기소에 방문하여 전자문서를 열람하는 경우에는 제1항 전단의 방법에 따른다.
(2024.11.29 단서개정)
제32조【등기사항 등의 공시제한】 ① 등기사항증명서를 발급하거나 등기기록 또는 신청서나 그 밖의 부속서류를 열람하게 할 때에는 등기명의인의 표시에 관한 사항 중 주민등록번호 또는 부동산등기용등록번호의 일부를 공시하지 아니할 수 있으며, 그 범위와 방법 및 절차는 대법원예규로 정한다.
② 법원행정처장은 등기기록의 분량과 내용에 비추어 무인발급기나 인터넷에 의한 열람 또는 발급이 적합하지 않다고 인정되는 때에는 이를 제한할 수 있다. 신청서나 그 밖의 부속서류의 인터넷에 의한 열람의 경우에도 또한 같다.
(2024.11.29 본조개정)

제4절 중복등기기록의 정리

제33조【중복등기기록의 정리】 ① 법 제21조에 따른 중복등기기록의 정리는 제34조부터 제41조까지의 규정에서 정한 절차에 따른다.
② 제1항에 따른 중복등기기록의 정리는 실체의 권리관계에 영향을 미치지 아니한다.

제34조【소유권의 등기명의인이 같은 경우의 정리】 중복등기기록의 최종 소유권의 등기명의인이 같은 경우에는 나중에 개설된 등기기록(이하 "후등기기록"이라 한다)을 폐쇄한다. 다만, 후등기기록에 소유권 외의 권리 등에 관한 등기가 있고 먼저 개설된 등기기록(이하 "선등기기록"이라 한다)에는 그와 같은 등기가 없는 경우에는 선등기기록을 폐쇄한다.

제35조【소유권의 등기명의인이 다른 경우의 정리】 중복등기기록 중 어느 한 등기기록의 최종 소유권의 등기명의인이 다른 등기기록의 최종 소유권의 등기명의인으로부터 직접 또는 전전하여 소유권을 이전받은 경우로서, 다른 등기기록이 후등기기록이거나 소유권 외의 권리 등에 관한 등기가 없는 선등기기록일 때에는 그 다른 등기기록을 폐쇄한다.

제36조【소유권의 등기명의인이 다른 경우의 정리】 ① 중복등기기록의 최종 소유권의 등기명의인이 다른 경우로서 어느 한 등기기록에만 원시취득사유 또는 분배농지의 상환완료를 등기원인으로 한 소유권이전등기가 있을 때에는 그 등기기록을 제외한 나머지 등기기록을 폐쇄한다.
② 소유권보존등기가 원시취득사유 또는 분배농지의 상환완료에 따른 것임을 당사자가 소명하는 경우에도 제1항과 같다.
③ 제1항 및 제2항의 경우에는 법 제58조에 따른 직권에 의한 등기의 말소 절차를 이행한다.

제37조【소유권의 등기명의인이 다른 경우의 정리】 ① 중복등기기록의 최종 소유권의 등기명의인이 다른 경우로서 제35조와 제36조에 해당하지 아니할 때에는 각 등기기록의 최종 소유권의 등기명의인과 등기상 이해관계인에 대하여 1개월 이상의 기간을 정하여 그 기간 내에 이의를 진술하지 아니하면 그 등기기록을 폐쇄할 수 있다는 뜻을 통지하여야 한다.
② 제1항의 통지를 받고 어느 등기기록의 최종 소유권의 등기명의인과 등기상 이해관계인이 이의를 진술하지 아니하였을 때에는 그 등기기록을 폐쇄한다. 다만, 모든 중복등기기록의 최종 소유권의 등기명의인과 등기상 이해관계인이 이의를 진술하지 아니하였을 때에는 그러하지 아니하다.
③ 제1항과 제2항에 따라 등기기록을 정리할 수 있는 경우 외에는 대장과 일치하지 않는 등기기록을 폐쇄한다.
④ 제1항부터 제3항까지 규정에 따른 정리를 한 경우 등기관은 그 뜻을 폐쇄된 등기기록의 최종 소유권의 등기명의인과 등기상 이해관계인에게 통지하여야 한다.

제38조【지방법원장의 허가가 필요한 중복등기기록 정리】 등기관이 제36조와 제37조에 따라 중복등기기록을 정리하려고 하는 경우에는 지방법원장의 허가를 받아야 한다.

제39조【당사자의 신청에 의한 정리】 ① 중복등기기록 중 어느 한 등기기록의 최종 소유권의 등기명의인은 자기 명의의 등기기록을 폐쇄하여 중복등기기록을 정리하도록 신청할 수 있다. 다만, 등기상 이해관계인이 있을 때에는 그 승낙이 있음을 증명하는 정보를 첨부정보로서 등기소에 제공하여야 한다.
② 등기관은 제1항에 따른 중복등기기록의 정리신청이 있는 경우에는 제34조부터 제37조까지의 규정에도 불구하고 그 신청에 따라 등기기록을 폐쇄하여야 한다.

제40조【중복등기기록의 해소를 위한 직권분필】 ① 등기된 토지의 일부에 관하여 별개의 등기기록이 개설되어 있는 경우에 등기관은 직권으로 분필등기를 한 후 이 절에서 정하는 절차에 따라 정리를 하여야 한다.
② 제1항에 따른 분필등기를 하는데 필요할 때에는 등기관은 지적소관청에 지적공부의 내용이나 토지의 분할, 합병 과정에 대한 사실조회를 하거나 등기명의인에게 해당 토지에 대한 지적공부 등본 등을 제출하게 할 수 있다.

제41조【폐쇄된 등기기록의 부활】 ① 이 절에서 정하는 절차에 따라 폐쇄된 등기기록의 소유권의 등기명의인 또는 등기상 이해관계인은 폐쇄되지 아니한 등기기록의 최종 소유권의 등기명의인과 등기상 이해관계인을 상대로 하여 그 토지가 폐쇄된 등기기록의 소유권의 등기명의인의 소유임을 확정하는 판결(판결과 동일한 효력이 있는 조서를 포함한다)이 있음을 증명하는 정보를 등기소에 제공하여 폐쇄된 등기기록의 부활을 신청할 수 있다.
② 제1항에 따른 신청이 있을 때에는 폐쇄된 등기기록을 부활하고 다른 등기기록을 폐쇄하여야 한다.

제4장 등기절차

제1절 총 칙

제1관 통 칙

제42조【포괄승계에 따른 등기】 법 제23조제3항에서 "그 밖에 대법원규칙으로 정하는 포괄승계"란 다음 각 호의 경우를 말한다.
1. 법인의 분할로 인하여 분할 전 법인이 소멸하는 경우
2. 법령에 따라 법인이나 단체의 권리 · 의무를 포괄승계하는 경우

제43조【신청정보의 내용】 ① 등기를 신청하는 경우에는 다음 각 호의 사항을 신청정보의 내용으로 등기소에 제공하여야 한다.
1. 다음 각 목의 구분에 따른 부동산의 표시에 관한 사항
  가. 토지 : 법 제34조제3호부터 제5호까지의 규정에서 정하고 있는 사항
  나. 건물 : 법 제40조제1항제3호와 제4호에서 정하고 있는 사항
  다. 구분건물 : 1동의 건물의 표시로서 소재지번 · 건물명칭 및 번호 · 구조 · 종류 · 면적, 전유부분의 건물의 표시로서 건물번호 · 구조 · 면적, 대지권이 있는 경우 그 권리의 표시. 다만, 1동의 건물의 구조 · 종류 · 면적은 건물의 표시에 관한 등기나 소유권보존등기를 신청하는 경우로 한정한다.
2. 신청인의 성명(또는 명칭), 주소(또는 사무소 소재지) 및 주민등록번호(또는 부동산등기용등록번호)
3. 신청인이 법인인 경우에는 그 대표자의 성명과 주소
4. 대리인에 의하여 등기를 신청하는 경우에는 그 성명과 주소
5. 등기원인과 그 연월일
6. 등기의 목적
7. 등기필정보. 다만, 공동신청 또는 승소한 등기의무자의 단독신청에 의하여 권리에 관한 등기를 신청하는 경우로 한정한다.
8. 등기소의 표시
9. 신청연월일

② 법 제26조의 법인 아닌 사단이나 재단이 신청인인 경우에는 그 대표자나 관리인의 성명, 주소 및 주민등록번호를 신청정보의 내용으로 등기소에 제공하여야 한다.

제44조【취득세 등을 납부하는 경우의 신청정보】 ① 등기를 신청하는 경우에는 제43조에서 규정하는 사항 외에 취득세나 등록면허세 등 등기와 관련하여 납부하여야 할 세액 및 과세표준액을 신청정보의 내용으로 등기소에 제공하여야 한다.
② 다른 법률에 의하여 부과된 의무사항이 있을 때에도 제1항을 준용한다.

제45조【여러 개의 부동산에 관한 등록면허세 등의 납부】 ①「지방세법」 제28조제1항제1호다목 및 라목에 따라 등록면허세를 납부할 경우에 등기원인 및 등기목적이 동일한 것으로서 여러 개의 등기소의 관할에 걸쳐 있는 여러 개의 부동산에 관한 권리의 등기를 신청할 때에는 최초의 등기를 신청하면서 등록면허세의 전액을 납부하여야 한다.
② 제1항에 따른 등기신청을 받은 등기관은 신청인이 등록면허세의 전액을 납부한 사실에 관한 정보를 전산정보처리조직에 의하여 작성하여야 한다.
③ 신청인이 다른 등기소에 등기를 신청할 때에는 최초의 등기를 신청하면서 등록면허세의 전액을 납부한 사실, 최초의 등기를 신청한 등기소의 표시와 그 신청정보의 접수연월일 및 접수번호를 신청정보의 내용으로 등기소에 제공하여야 한다.
④ 제3항에 따른 등기신청을 받은 다른 등기소의 등기관은 전산정보처리조직을 이용하여 신청인이 최초의 등기를 신청하면서 등록면허세의 전액을 납부한 사실을 확인하여야 한다.
⑤ 등록면허세 외의 등기신청과 관련하여 납부하여야 할 세액 및 다른 법률에 의하여 부과된 의무사항에 관하여는 제1항부터 제4항까지의 규정을 준용한다.

제46조【첨부정보】 ① 등기를 신청하는 경우에는 다음 각 호의 정보를 그 신청정보와 함께 첨부정보로서 등기소에 제공하여야 한다.
1. 등기원인을 증명하는 정보
2. 등기원인에 대하여 제3자의 허가, 동의 또는 승낙이 필요한 경우에는 이를 증명하는 정보
3. 등기상 이해관계 있는 제3자의 승낙이 필요한 경우에는 이를 증명하는 정보 또는 이에 대항할 수 있는 재판이 있음을 증명하는 정보
4. 신청인이 법인인 경우에는 그 대표자의 자격을 증명하는 정보
5. 대리인에 의하여 등기를 신청하는 경우에는 그 권한을 증명하는 정보
6. 등기권리자(새로 등기명의인이 되는 경우로 한정한다)의 주소(또는 사무소 소재지) 및 주민등록번호(또는 부동산등기용등록번호)를 증명하는 정보. 다만, 소유권이전등기를 신청하는 경우 또는 제52조의2제1항에 따라 등기의무자의 동일성 확인이 필요한 경우에는 등기의무자의 주소(또는 사무소 소재지)를 증명하는 정보도 제공하여야 한다.
(2024.11.29 단서개정)
7. 소유권이전등기를 신청하는 경우에는 토지대장 · 임야대장 · 건축물대장 정보나 그 밖에 부동산의 표시를 증명하는 정보
8. 자격자대리인이 다음 각 목의 등기를 신청하는 경우, 자격자대리인(법인의 경우에는 담당 변호사 · 법무사를 의미한다)이 주민등록증 · 인감증명서 · 본인서명 사실확인서 등 법령에 따라 작성된 증명서의 제출이나 제시, 그 밖에 이에 준하는 확실한 방법으로 위임인이 등기의무자인지 여부를 확인하고 대법원예규로 정하는 방법에 따라 자필서명한 정보(2024.11.29 본문개정)
가. 공동으로 신청하는 권리에 관한 등기
나. 승소한 등기의무자가 단독으로 신청하는 권리에 관한 등기
(2022.2.25 본호신설)

② 구분건물에 대하여 대지권의 등기를 신청할 때 다음 각 호의 어느 하나에 해당되는 경우에는 해당 규약이나 공정증서를 첨부정보로서 등기소에 제공하여야 한다.
1. 대지권의 목적인 토지가「집합건물의 소유 및 관리에 관한 법률」 제4조에 따른 건물의 대지인 경우
2. 각 구분소유자가 가지는 대지권의 비율이「집합건물의 소유 및 관리에 관한 법률」 제21조제1항 단서 및 제2항에 따른 비율인 경우
3. 건물의 소유자가 그 건물이 속하는 1동의 건물이 있는「집합건물의 소유 및 관리에 관한 법률」 제2조제5호에 따른 건물의 대지에 대하여 가지는 대지사용권이 대지권이 아닌 경우
③ 등기원인을 증명하는 정보가 집행력 있는 판결인 경우에는 제1항제2호의 정보를 제공할 필요가 없다. 다만, 등기원인에 대하여 행정관청의 허가, 동의 또는 승낙을 받을 것이 요구되는 때에는 그러하지 아니하다.
④ 법 제60조제1항 및 제2항의 등기를 신청할 때에는 제1항제1호 및 제6호를 적용하지 아니한다.
⑤ 첨부정보가「상업등기법」 제15조(「비송사건절차법」 제66조 및 제67조에 따라 준용되는 경우를 포함한다)에 따른 등기사항증명정보로서 해당 법인의 본점(또는 주사무소) 또는 지점(또는 분사무소) 소재지와 부동산 소재지가 동일한 경우에는 그 제공을 생략할 수 있다.(2024.11.29 본항개정)
⑥ 제1항 및 그 밖의 법령에 따라 등기소에 제공하여야 하는 첨부정보 중 법원행정처장이 지정하는 첨부정보는「전자정부법」 제36조제1항에 따른 행정정보 공동이용을 통하여 등기관이 직접 확인하고 신청인에게는 해당 첨부정보를 제공한 것으로 본다. 다만, 그 첨부정보가 개인정보를 포함하고 있는 경우에는 그 정보주체의 동의가 있음을 증명하는 정보를 등기소에 제공하여야 한다.(2024.11.29 본항개정)
⑦ 제6항의 경우 등기신청이 접수된 이후에 행정기관의 시스템 장애, 행정정보 공동이용망의 장애 또는 등기소의 전산정보처리조직의 장애 등으로 인하여 등기관이 그 행정정보를 확인할 수 없는 경우에는 대법원예규로 정하는 방법에 따라 신청인에게 그 행정정보를 등기소에 제공할 것을 명할 수 있다.(2024.11.29 본항개정)
⑧ 첨부정보가 외국어로 작성된 경우에는 그 번역문을 붙여야 한다.
⑨ 첨부정보가 외국 공문서이거나 외국 공증인이 공증한 문서(이하 "외국 공문서 등"이라 한다)인 경우에는「재외공관 공증법」 제30조제1항에 따라 공증담당영사로부터 문서의 확인을 받거나「외국공문서에 대한 인증의 요구를 폐지하는 협약」에서 정하는 바에 따른 아포스티유(Apostille)를 붙여야 한다. 다만, 외국 공문서 등의 발행국이 대한민국과 수교하지 아니한 국가이면서 위 협약의 가입국이 아닌 경우와 같이 부득이한 사유로 문서의 확인을 받거나 아포스티유를 붙이는 것이 곤란한 경우에는 그러하지 아니하다.(2017.5.25 본항신설)

제47조【일괄신청과 동시신청】 ① 법 제25조 단서에 따라 다음 각 호의 경우에는 1건의 신청정보로 일괄하여 신청하거나 촉탁할 수 있다.
1. 같은 채권의 담보를 위하여 소유자가 다른 여러 개의 부동산에 대한 저당권설정등기를 신청하는 경우
2. 법 제97조 각 호의 등기를 촉탁하는 경우
3.「민사집행법」 제144조제1항 각 호의 등기를 촉탁하는 경우
② 같은 등기소에 동시에 여러 건의 등기신청을 하는 경우에 첨부정보의 내용이 같은 것이 있을 때에는 먼저 접수되는 신청에만 그 첨부정보를 제공하고, 다른 신청에는 먼저 접수된 신청에 그 첨부정보를 제공하였다는 뜻을 신청정보의 내용으로 등기소에 제공하는 것으로 그 첨부정보의 제공을 갈음할 수 있다.

제48조【법인 아닌 사단이나 재단의 등기신청】 법 제26조의 종중, 문중, 그 밖에 대표자나 관리인이 있는 법인 아닌 사단이나 재단이 등기를 신청하는 경우에는 다음 각 호의 정보를 첨부정보로서 등기소에 제공하여야 한다.
1. 정관이나 그 밖의 규약
2. 대표자나 관리인임을 증명하는 정보. 다만, 등기되어 있는 대표자나 관리인이 신청하는 경우에는 그러하지 아니하다.
3.「민법」 제276조제1항의 결의가 있음을 증명하는 정보(법인 아닌 사단이 등기의무자인 경우로 한정한다)
4. 대표자나 관리인의 주소 및 주민등록번호를 증명하는 정보

제49조【포괄승계인에 의한 등기신청】 법 제27조에 따라 상속인 그 밖의 포괄승계인이 등기를 신청하는 경우에는 가족관계등록에 관한 정보 또는 법인등기사항에 관한 정보 등 상속 그 밖의 포괄승계가 있었다는 사실을 증명하는 정보를 첨부정보로서 등기소에 제공하여야 한다.

제50조【대위에 의한 등기신청】 법 제28조에 따라 등기를 신청하는 경우에는 다음 각 호의 사항을 신청정보의 내용으로 등기소에 제공하고, 대위원인을 증명하는 정보를 첨부정보로서 등기소에 제공하여야 한다.
1. 피대위자의 성명(또는 명칭), 주소(또는 사무소 소재지) 및 주민등록번호(또는 부동산등기용등록번호)
2. 신청인이 대위자라는 뜻
3. 대위자의 성명(또는 명칭)과 주소(또는 사무소 소재지)
4. 대위원인

제51조【등기신청의 취하】 ① 등기신청의 취하는 등기관이 등기를 마치기 전까지 할 수 있다.
② 제1항의 취하는 다음 각 호의 구분에 따른 방법으로 하여야 한다.
1. 방문신청 : 신청인 또는 그 대리인이 등기신청을 한 등기소에 출석하여 취하서를 제출하는 방법
2. 전자신청 : 전산정보처리조직을 이용하여 취하정보를 전자문서로 등기신청을 한 등기소에 송신하는 방법
(2024.11.29 1호~2호개정)

제52조【사건이 등기할 것이 아닌 경우】 법 제29조제2호에서 "사건이 등기할 것이 아닌 경우"란 다음 각 호의 어느 하나에 해당하는 경우를 말한다.
1. 등기능력 없는 물건 또는 권리에 대한 등기를 신청한 경우
2. 법령에 근거가 없는 특약사항의 등기를 신청한 경우
3. 구분건물의 전유부분과 대지사용권의 분리처분 금지에 위반한 등기를 신청한 경우
4. 농지를 전세권설정의 목적으로 하는 등기를 신청한 경우
5. 저당권을 피담보채권과 분리하여 양도하거나, 피담보채권과 분리하여 다른 채권의 담보로 하는 등기를 신청한 경우
6. 일부지분에 대한 소유권보존등기를 신청한 경우
7. 공동상속인 중 일부가 자신의 상속지분만에 대한 상속등기를 신청한 경우
8. 관공서 또는 법원의 촉탁으로 실행되어야 할 등기를 신청한 경우
9. 이미 보존등기된 부동산에 대하여 다시 보존등기를 신청한 경우
10. 그 밖에 신청취지 자체에 의하여 법률상 허용될 수 없음이 명백한 등기를 신청한 경우

제52조의2【등기의무자의 동일성 판단 기준】 ① 신청정보의 등기의무자의 표시에 관한 사항 중 주민등록번호(또는 부동산등기용등록번호)는 등기기록과 일치하고 주소(또는 사무소 소재지)가 일치하지 아니하는 경우에도 주소를 증명하는 정보에 의해 등기의무자의 등기기록상 주소가 신청정보상의 주소로 변경된 사실이 확인되어 등기의무자의 동일성이 인정되는 경우에는 법 제29조제7호나목에 따라 신청을 각하하지 아니한다.
② 등기의무자가 외국인, 국내에 영업소나 사무소의 설치 등기를 하지 아니한 외국법인, 법인 아닌 사단이나 재단인 경우에는 제1항을 적용하지 아니한다.
③ 등기의무자의 등기기록상의 주소가 신청에 따른 등기가 마쳐질 당시에 잘못 기록되는 등 등기명의인의 표시에 경정 사유가 존재하는 경우에는 제1항을 적용하지 아니한다.
(2024.11.29 본조신설)

제53조【등기완료통지】 ① 법 제30조에 따른 등기완료통지는 신청인 및 다음 각 호의 어느 하나에 해당하는 자에게 하여야 한다.
1. 법 제23조제4항에 따른 승소한 등기의무자의 등기신청에 있어서 등기권리자
2. 법 제28조에 따른 대위자의 등기신청에서 피대위자
3. 법 제51조에 따른 등기신청에서 등기의무자
4. 법 제66조에 따른 직권 소유권보존등기에서 등기명의인
5. 공유자 중 일부가 「민법」 제265조 단서에 따른 공유물의 보존행위로서 공유자 전원을 등기권리자로 하여 권리에 관한 등기를 신청한 경우 그 나머지 공유자(2024.11.29 본호신설)
6. 관공서가 촉탁하는 등기에서 관공서
② 제1항의 통지는 대법원예규로 정하는 방법으로 한다.

제54조【행정구역 등 변경의 직권등기】 행정구역 또는 그 명칭이 변경된 경우에 등기관은 직권으로 부동산의 표시변경등기 또는 등기명의인의 주소변경등기를 할 수 있다.

제55조【새 등기기록에의 이기】 ① 등기관이 법 제33조에 따라 등기를 새로운 등기기록에 옮겨 기록한 경우에는 옮겨 기록한 등기의 끝부분에 같은 규정에 따라 등기를 옮겨 기록한 뜻과 그 연월일을 기록하고, 종전 등기기록을 폐쇄하여야 한다.
② 등기기록을 폐쇄할 때에는 표제부의 등기를 말소하는 표시를 하고, 등기원인 및 기타사항란에 폐쇄의 뜻과 그 연월일을 기록하여야 한다.
③ 이 규칙이나 그 밖의 다른 법령에 따라 등기기록을 폐쇄하는 경우에는 제2항을 준용한다.

제2관 방문신청

제56조【방문신청의 방법】 ① 방문신청을 하는 경우에는 등기신청서에 제43조 및 그 밖의 법령에 따라 신청정보의 내용으로 등기소에 제공하여야 하는 정보를 적고 신청인 또는 그 대리인이 기명날인하거나 서명하여야 한다.
② 신청서가 여러 장일 때에는 신청인 또는 그 대리인이 간인을 하여야 하고, 등기권리자 또는 등기의무자가 여러 명일 때에는 그 중 1명이 간인하는 방법으로 한다. 다만, 신청서에 서명을 하였을 때에는 각 장마다 연결되는 서명을 함으로써 간인을 대신한다.
③ 제1항의 경우에는 그 등기신청서에 제46조 및 그 밖의 법령에 따라 첨부정보로서 등기소에 제공하여야 하는 정보를 담고 있는 서면을 첨부하여야 한다.

제57조【신청서 등의 문자】 ① 신청서나 그 밖의 등기에 관한 서면을 작성할 때에는 자획(字劃)을 분명히 하여야 한다.
② 제1항의 서면에 적은 문자의 정정, 삽입 또는 삭제를 한 경우에는 그 글자 수를 난외(欄外)에 적으며 문자의 앞뒤에 괄호를 붙이고 이에 날인 또는 서명하여야 한다. 이 경우 삭제한 문자는 해독할 수 있게 글자체를 남겨두어야 한다.

제58조【등기소에 출석하여 등기신청서를 제출할 수 있는 자격자대리인의 사무원】 ① 법 제24조제1항제1호 단서에 따라 등기소에 출석하여 등기신청서를 제출할 수 있는 자격자대리인의 사무원은 자격자대리인의 사무소 소재지를 관할하는 지방법원장이 허가하는 1명으로 한다. 다만, 법무법인·법무법인(유한)·법무조합 또는 법무사법인·법무사법인(유한)의 경우에는 그 구성원 및 구성원이 아닌 변호사나 법무사 수만큼의 사무원을 허가할 수 있다.(2022.2.25 본항개정)
② 자격자대리인이 제1항의 허가를 받으려면 지방법원장에게 허가신청서를 제출하여야 한다.
③ 지방법원장이 제1항의 허가를 하였을 때에는 해당 자격자대리인에게 등기소 출입증을 발급하여야 한다.
④ 지방법원장은 상당하다고 인정되는 경우 제1항의 허가를 취소할 수 있다.

제59조【첨부서면의 원본 환부의 청구】 신청서에 첨부한 서류의 원본의 환부를 청구하는 경우에 신청인은 그 원본과 같다는 뜻을 적은 사본을 첨부하여야 하고, 등기관이 서류의 원본을 환부할 때에는 그 사본에 원본 환부의 뜻을 적고 기명날인하여야 한다. 다만, 다음 각 호의 서류에 대하여는 환부를 청구할 수 없다.

1. 등기신청위임장, 제46조제1항제8호, 제111조제2항의 확인정보를 담고 있는 서면 등 해당 등기신청만을 위하여 작성한 서류(2022.2.25 본호개정)
2. 인감증명, 법인등기사항증명서, 주민등록표등본·초본, 가족관계등록사항별증명서 및 건축물대장·토지대장·임야대장 등본 등 별도의 방법으로 다시 취득할 수 있는 서류

제60조【인감증명의 제출】 ① 방문신청을 하는 경우에는 다음 각 호의 인감증명을 제출하여야 한다. 이 경우 해당 신청서(위임에 의한 대리인이 신청하는 경우에는 위임장을 말한다)나 첨부서면에는 그 인감을 날인하여야 한다.
1. 소유권의 등기명의인이 등기의무자로서 등기를 신청하는 경우 등기의무자의 인감증명
2. 소유권에 관한 가등기명의인이 가등기의 말소등기를 신청하는 경우 가등기명의인의 인감증명
3. 소유권 외의 권리의 등기명의인이 등기의무자로서 법 제51조에 따라 등기를 신청하는 경우 등기의무자의 인감증명(2018.8.31 본호개정)
4. 제81조제1항에 따라 토지소유자들의 확인서를 첨부하여 토지합필등기를 신청하는 경우 그 토지소유자들의 인감증명
5. 제74조에 따라 권리자의 확인서를 첨부하여 토지분필등기를 신청하는 경우 그 권리자의 인감증명
6. 협의분할에 의한 상속등기를 신청하는 경우 상속인 전원의 인감증명
7. 등기신청서에 제3자의 동의 또는 승낙을 증명하는 서면을 첨부하는 경우 그 제3자의 인감증명
8. 법인 아닌 사단이나 재단의 등기신청에서 대법원예규로 정한 경우

② 제1항제1호부터 제3호까지 및 제6호에 따라 인감증명을 제출하여야 하는 자가 다른 사람에게 권리의 처분권한을 수여한 경우에는 그 대리인의 인감증명을 함께 제출하여야 한다.(2018.8.31 본항신설)
③ 제1항에 따라 인감증명을 제출하여야 하는 자가 국가 또는 지방자치단체인 경우에는 인감증명을 제출할 필요가 없다.(2018.8.31 본항개정)
④ 제1항제4호부터 제7호까지의 규정에 해당하는 서면이 공정증서이거나 당사자가 서명 또는 날인하였다는 뜻의 공증인의 인증을 받은 서면인 경우에는 인감증명을 제출할 필요가 없다.(2018.8.31 본항개정)

제60조의2【본인서명사실확인서 또는 전자본인서명확인서 발급증의 제출】 제60조에 따라 인감증명을 제출하여야 하는 자는 인감증명을 제출하는 대신 신청서 등에 서명을 하고 본인서명사실확인서를 제출하거나 전자본인서명확인서의 발급증을 제출할 수 있다.(2024.11.29 본조신설)

제61조【법인 등의 인감증명의 제출】 ① 제60조에 따라 인감증명을 제출하여야 하는 자가 법인 또는 국내에 영업소나 사무소의 설치등기를 한 외국법인인 경우에는 등기소의 증명을 얻은 그 대표자의 인감증명을, 법인 아닌 사단이나 재단인 경우에는 그 대표자나 관리인의 인감증명을 제출하여야 한다.
② 법정대리인이 제60조제1항제1호부터 제3호까지의 규정에 해당하는 등기신청을 하거나, 제4호부터 제7호까지의 서류를 작성하는 경우에는 법정대리인의 인감증명을 제출하여야 한다.
③ 제60조에 따라 인감증명을 제출하여야 하는 자가 재외국민인 경우에는 위임장이나 첨부서면에 본인이 서명 또는 날인하였다는 뜻의 「재외공관 공증법」에 따른 인증을 받음으로써 인감증명의 제출을 갈음할 수 있다.(2018.8.31 본항신설)
④ 제60조에 따라 인감증명을 제출하여야 하는 자가 외국인인 경우에는 「인감증명법」에 따른 인감증명 또는 본국의 관공서가 발행한 인감증명을 제출하여야 한다. 다만, 본국에 인감증명제도가 없고 또한 「인감증명법」에 따른 인감증명을 받을 수 없는 자는 신청서나 위임장 또는 첨부서면에 본인이 서명 또는 날인하였다는 뜻의 본국 관공서의 증명이나 본국 또는 대한민국 공증인의 인증(「재외공관 공증법」에 따른 인증을 포함한다)을 받음으로써 인감증명의 제출을 갈음할 수 있다.(2018.8.31 단서개정)

제61조의2【법인 등의 전자인감발급증의 제출】 제61조제1항에 따라 인감증명을 제출하여야 하는 자가 「상업등기규칙」 제1조의2제5호의 전자인감증명서를 발급받은 경우에는 인감증명을 제출하는 대신 같은 규칙 제42조의3제1항에 따른 전자인감증명서 발급증을 제출할 수 있다.(2024.11.29 본조신설)

제62조【인감증명 등의 유효기간】 등기신청서에 첨부하는 인감증명, 법인등기사항증명서, 주민등록표등본·초본, 가족관계등록사항별증명서 및 건축물대장·토지대장·임야대장 등본은 발행일부터 3개월 이내의 것이어야 한다.

제63조【도면의 제출방법】 방문신청을 하는 경우라도 등기소에 제공하여야 하는 도면은 전자문서로 작성하여야 하며, 그 제공은 전산정보처리조직을 이용하여 등기소에 송신하는 방법으로 하여야 한다. 다만, 다음 각 호의 어느 하나에 해당하는 경우에는 그 도면을 서면으로 작성하여 등기소에 제출할 수 있다.
1. 자연인 또는 법인 아닌 사단이나 재단이 직접 등기신청을 하는 경우
2. 자연인 또는 법인 아닌 사단이나 재단이 자격자대리인이 아닌 사람에게 위임하여 등기신청을 하는 경우

제64조【전자표준양식에 의한 신청】 방문신청을 하고자 하는 신청인은 신청서를 등기소에 제출하기 전에 전산정보처리조직에 신청정보를 입력하고, 그 입력한 신청정보를 서면으로 출력하여 등기소에 제출하는 방법으로 할 수 있다.

제65조【등기신청서의 접수】 ① 등기신청서를 받은 등기관은 전산정보처리조직에 접수연월일, 접수번호, 등기의 목적, 신청인의 성명 또는 명칭, 부동산의 표시, 등기신청수수료, 취득세 또는 등록면허세, 국민주택채권매입금액 및 그 밖에 대법원예규로 정하는 사항을 입력한 후 신청서에 접수번호표를 붙여야 한다.
② 같은 부동산에 관하여 동시에 여러 개의 등기신청이 있는 경우에는 같은 접수번호를 부여하여야 한다.
③ 등기관이 신청서를 접수하였을 때에는 신청인의 청구에 따라 그 신청서의 접수증을 발급하여야 한다.

제66조【등기원인증서의 반환】 ① 신청서에 첨부된 제46조제1항제1호의 정보를 담고 있는 서면이 법률행위의 성립을 증명하는 서면이거나 그 밖에 대법원예규로 정하는 서면일 때에는 등기관이 등기를 마친 후에 이를 신청인에게 돌려주어야 한다.
② 신청인이 제1항의 서면을 등기를 마친 때부터 3개월 이내에 수령하지 아니할 경우에는 이를 폐기할 수 있다.

제3관 전자신청

제67조【전자신청의 방법】 ① 전자신청은 당사자가 직접 하거나 자격자대리인이 당사자를 대리하여 한다. 다만, 법인 아닌 사단이나 재단은 전자신청을 할 수 없으며, 외국인의 경우에는 다음 각 호의 어느 하나에 해당하는 요건을 갖추어야 한다.
1. 「출입국관리법」 제31조에 따른 외국인등록
2. 「재외동포의 출입국과 법적 지위에 관한 법률」 제6조, 제7조에 따른 국내거소신고

② 제1항에 따라 전자신청을 하는 경우에는 제43조 및 그 밖의 법령에 따라 신청정보의 내용으로 등기소에 제공하여야 하는 정보를 전자문서로 등기소에 송신하여야 한다. 이 경우 사용자등록번호도 함께 송신하여야 하고, 사용자등록번호 및 제43조제1항제7호의 등기필정보를 제공하지 아니한 때에는 신청정보를 송신할 수 없다.(2024.11.29 후단개정)

③ 제2항의 경우에는 제46조 및 그 밖의 법령에 따라 첨부정보로서 등기소에 제공하여야 하는 정보를 전자문서로 등기소에 송신하거나 대법원예규로 정하는 바에 따라 등기소에 제공하여야 한다.
④ 제2항과 제3항에 따라 전자문서를 송신할 때에는 다음 각 호의 구분에 따른 신청인 또는 문서작성자의 전자서명정보(이하 "인증서등"이라 한다)를 함께 송신하여야 한다.
(2020.11.26 본문개정)
1. 개인 : 「전자서명법」 제2조제6호에 따른 인증서(서명자의 실지명의를 확인할 수 있는 것으로서 법원행정처장이 지정·공고하는 인증서를 말한다)(2021.5.27 본호개정)
2. 법인 : 「상업등기법」의 전자증명서. 이 경우 「상업등기규칙」 제1조의2제7호의 추가인증을 하여야 한다.
(2024.11.29 본호개정)<후단은 2025년 8월 1일부터 시행하되, 그 이전에 보안매체를 발급받은 법인에 대하여는 발급받은 즉시 시행>
3. 관공서 : 대법원예규로 정하는 전자인증서
⑤ 제4항제1호의 공고는 인터넷등기소에 하여야 한다.
(2021.5.27 본항신설)

제67조의2 【전자신청이 가능한 등기유형의 기준】 ① 법 제24조제1항제2호에 따라 전자신청이 가능한 등기유형은 제46조 및 그 밖의 법령에 따른 첨부정보를 다음 각 호에 규정된 전자문서로 등기소에 제공할 수 있는 경우로 한다.
1. 컴퓨터 등 정보처리능력을 가진 장치에 의하여 전자적인 형태로 작성되어 송신·수신 또는 저장되는 정보
2. 전자적 형태로 작성되지 아니한 문서를 정보처리능력을 가진 장치가 처리할 수 있는 형태로 변환한 정보. 다만, 행정기관의 적법한 발급 여부를 확인할 필요가 있거나 진위 여부에 대하여 확인할 필요가 있는 문서의 경우에는 그러하지 아니하다.
② 제1항에 따라 전자신청이 가능한 구체적인 등기유형과 제1항제2호 본문에 따른 변환의 구체적인 요건 및 방법 등에 관한 사항은 대법원예규로 정한다.
(2024.11.29 본조신설)

제67조의3 【정보주체 본인에 관한 행정정보의 제공요구 절차 등】 ① 정보주체는 「전자정부법」 제2조제2호의 행정기관이 보유하고 있는 본인에 관한 행정정보를 제46조제1항 및 그 밖의 법령에서 정한 첨부정보로 등기소에 제공하기 위하여 「전자정부법」 제43조의2에 따라 본인에 관한 행정정보를 보유하고 있는 행정기관의 장에게 인터넷등기소를 통하여 제공받을 수 있도록 요구할 수 있다.
② 자격자대리인이 다음 각 호의 요건을 모두 갖춘 경우에는 위임사무의 수행을 위하여 제1항의 제공요구를 대리할 수 있다.
1. 제68조에 따라 사용자등록을 하였을 것
2. 정보주체 본인으로부터 등기신청의 위임을 받았을 것
3. 제46조제1항 및 그 밖의 법령에 따라 등기소에 제공하여야 하는 첨부정보의 제공을 위하여 정보주체 본인으로부터 행정정보의 정보제공 요구에 관한 사항 및 이용에 관한 동의를 받았을 것
③ 정보주체 본인으로부터 위임을 받은 자격자대리인이 제2항의 제공요구를 하기 위해서는 인터넷등기소를 통하여 제2항제3호의 정보를 작성하고 정보주체 본인의 인증서등을 함께 전산정보처리조직에 송신하여야 한다.
④ 제1항에 따른 정보주체 본인에 관한 행정정보를 첨부정보로 등기소에 송신하는 경우에는 제67조제4항에도 불구하고 인증서등을 송신하지 아니한다.
⑤ 제2항에 따라 위임사무를 수행하면서 정보주체에 관한 개인정보의 내용을 알게 된 자격자대리인은 「개인정보 보호법」 제19조에 따라 해당 행정정보를 위임사무를 수행하기 위한 목적 외의 용도로 이용하거나 이를 제3자에게 제공하여서는 아니 된다.
⑥ 제1항 및 제2항에 따른 제공요구 절차, 행정정보의 범위·열람 및 이용에 관한 사항 등 그 밖에 필요한 사항은 대법원예규로 정한다.
(2024.11.29 본조신설)

제67조의4 【신청인이 다른 여러 건의 신청정보의 송신】 ① 같은 부동산에 관하여 선행 등기신청을 전제로 후행 등기를 신청하는 경우로서 후행 등기를 신청하는 자격자대리인이 선행 등기신청정보의 송신 권한을 위임받은 경우에 한하여 선행 등기신청정보를 후행 등기신청정보와 함께 송신할 수 있다.
② 제1항에 따라 여러 건의 등기신청정보가 송신된 경우 각 등기신청에는 전산정보처리조직에 의하여 연속하여 생성한 접수번호를 부여한다.
③ 제1항의 선행 등기신청을 전제로 후행 등기를 신청할 수 있는 등기유형의 범위 및 구체적인 절차 등은 대법원예규로 정한다.
(2024.11.29 본조신설)

제68조 【사용자등록】 ① 전자신청을 하기 위해서는 그 등기신청을 하는 당사자 또는 등기신청을 대리할 수 있는 자격자대리인이 최초의 등기신청 전에 사용자등록을 하여야 한다.
② 사용자등록을 신청하는 당사자 또는 자격자대리인은 등기소에 출석하여 대법원예규로 정하는 사항을 적은 신청서를 제출하여야 한다.
③ 제2항의 사용자등록 신청서에는 「인감증명법」에 따라 신고한 인감을 날인하고, 그 인감증명과 함께 주소를 증명하는 서면을 첨부하여야 한다.
④ 신청인이 자격자대리인인 경우에는 제3항의 서면 외에 그 자격을 증명하는 서면의 사본도 첨부하여야 한다.
⑤ 법인이 「상업등기규칙」 제46조에 따라 전자증명서의 이용등록을 한 경우에는 사용자등록을 한 것으로 본다.
(2014.10.2 본항개정)

제69조 【사용자등록의 유효기간】 ① 사용자등록의 유효기간은 3년으로 한다. 다만, 자격자대리인 외의 자의 경우에는 대법원예규로 정하는 바에 따라 그 기간을 단축할 수 있다.
(2024.11.29 단서신설)
② 제1항의 유효기간이 지난 경우에는 사용자등록을 다시 하여야 한다.
③ 사용자등록의 유효기간 만료일 3개월 전부터 만료일까지는 그 유효기간의 연장을 신청할 수 있으며, 그 연장기간은 제1항에 따른 기간으로 한다.(2024.11.29 본항개정)
④ 제3항의 유효기간 연장은 전자문서로 신청할 수 있다.

제70조 【사용자등록의 효력정지 등】 ① 사용자등록을 한 사람은 사용자등록의 효력정지, 효력회복 또는 해지를 신청할 수 있다.
② 제1항에 따른 사용자등록의 효력정지 및 해지의 신청은 전자문서로 할 수 있다.
③ 등기소를 방문하여 제1항에 따른 사용자등록의 효력정지, 효력회복 또는 해지를 신청하는 경우에는 신청서에 기명날인 또는 서명을 하여야 한다.

제71조 【사용자등록정보 변경 등】 ① 사용자등록 후 사용자등록정보가 변경된 경우에는 대법원예규로 정하는 바에 따라 그 변경된 사항을 등록하여야 한다.
② 사용자등록번호를 분실하였을 때에는 제68조에 따라 사용자등록을 다시 하여야 한다.

제2절 표시에 관한 등기

제1관 토지의 표시에 관한 등기

제72조 【토지표시변경등기의 신청】 ① 법 제35조에 따라 토지의 표시변경등기를 신청하는 경우에는 그 토지의 변경 전과 변경 후의 표시에 관한 정보를 신청정보의 내용으로 등기소에 제공하여야 한다.

② 제1항의 경우에는 그 변경을 증명하는 토지대장 정보나 임야대장 정보를 첨부정보로서 등기소에 제공하여야 한다.
제73조【토지표시변경등기】 법 제34조의 토지표시에 관한 사항을 변경하는 등기를 할 때에는 종전의 표시에 관한 등기를 말소하는 표시를 하여야 한다.
제74조【토지분필등기의 신청】 1필의 토지의 일부에 지상권·전세권·임차권이나 승역지(承役地 : 편익제공지)의 일부에 관하여 하는 지역권의 등기가 있는 경우에 분필등기를 신청할 때에는 권리가 존속할 토지의 표시에 관한 정보를 신청정보의 내용으로 등기소에 제공하고, 이에 관한 권리자의 확인이 있음을 증명하는 정보를 첨부정보로서 등기소에 제공하여야 한다. 이 경우 그 권리가 토지의 일부에 존속할 때에는 그 토지부분에 관한 정보도 신청정보의 내용으로 등기소에 제공하고, 그 부분을 표시한 지적도를 첨부정보로서 등기소에 제공하여야 한다.
제75조【토지분필등기】 ① 갑 토지를 분할하여 그 일부를 을 토지로 한 경우에 등기관이 분필등기를 할 때에는 을 토지에 관하여 등기기록을 개설하고, 그 등기기록 중 표제부에 토지의 표시와 분할로 인하여 갑 토지의 등기기록에서 옮겨 기록한 뜻을 기록하여야 한다.
② 제1항의 절차를 마치면 갑 토지의 등기기록 중 표제부에 남은 부분의 표시를 하고, 분할로 인하여 다른 부분을 을 토지의 등기기록에 옮겨 기록한 뜻을 기록하며, 종전의 표시에 관한 등기를 말소하는 표시를 하여야 한다.
제76조【토지분필등기】 ① 제75조제1항의 경우에는 을 토지의 등기기록 중 해당 구에 갑 토지의 등기기록에서 소유권과 그 밖의 권리에 관한 등기를 전사(轉寫)하고, 분할로 인하여 갑 토지의 등기기록에서 전사한 뜻, 신청정보의 접수연월일과 접수번호를 기록하여야 한다. 이 경우 소유권 외의 권리에 관한 등기에는 갑 토지가 함께 그 권리의 목적이라는 뜻도 기록하여야 한다.
② 갑 토지의 등기기록에서 을 토지의 등기기록에 소유권 외의 권리에 관한 등기를 전사하였을 때에는 갑 토지의 등기기록 중 그 권리에 관한 등기에 을 토지가 함께 그 권리의 목적이라는 뜻을 기록하여야 한다.
③ 소유권 외의 권리의 등기명의인이 을 토지에 관하여 그 권리의 소멸을 승낙한 것을 증명하는 정보 또는 이에 대항할 수 있는 재판이 있음을 증명하는 정보를 첨부정보로서 등기소에 제공한 경우에는 갑 토지의 등기기록 중 그 권리에 관한 등기에 을 토지에 대하여 그 권리가 소멸한 뜻을 기록하여야 한다.
④ 소유권 외의 권리의 등기명의인이 갑 토지에 관하여 그 권리의 소멸을 승낙한 것을 증명하는 정보 또는 이에 대항할 수 있는 재판이 있음을 증명하는 정보를 첨부정보로서 등기소에 제공한 경우에는 을 토지의 등기기록 중 해당 구에 그 권리에 관한 등기를 전사하고, 신청정보의 접수연월일과 접수번호를 기록하여야 한다. 이 경우 갑 토지의 등기기록 중 그 권리에 관한 등기에는 갑 토지에 대하여 그 권리가 소멸한 뜻을 기록하고 그 등기를 말소하는 표시를 하여야 한다.
⑤ 제3항 및 제4항의 권리를 목적으로 하는 제3자의 권리에 관한 등기가 있는 경우에는 그 자의 승낙이 있음을 증명하는 정보 또는 이에 대항할 수 있는 재판이 있음을 증명하는 정보를 첨부정보로서 등기소에 제공하여야 한다.
⑥ 제5항의 정보를 등기소에 제공한 경우 그 제3자의 권리에 관한 등기에 관하여는 제3항 및 제4항을 준용한다.
제77조【토지분필등기】 ① 제74조의 경우에 갑 토지에만 해당 권리가 존속할 때에는 제76조제3항을 준용하고, 을 토지에만 해당 권리가 존속할 때에는 제76조제4항을 준용한다.
② 제74조 후단의 경우 분필등기를 할 때에는 갑 토지 또는 을 토지의 등기기록 중 지상권·지역권·전세권 또는 임차권의 등기에 그 권리가 존속할 부분을 기록하여야 한다.
제78조【토지의 분필·합필등기】 ① 갑 토지의 일부를 분할하여 이를 을 토지에 합병한 경우에 등기관이 분필 및 합필의 등기를 할 때에는 을 토지의 등기기록 중 표제부에 합병 후의 토지의 표시와 일부합병으로 인하여 갑 토지의 등기기록에서 옮겨 기록한 뜻을 기록하고, 종전의 표시에 관한 등기를 말소하는 표시를 하여야 한다.
② 제1항의 경우에는 을 토지의 등기기록 중 갑구에 갑 토지의 등기기록에서 소유권의 등기(법 제37조제1항제3호의 경우에는 신탁등기를 포함한다. 이하 이 조부터 제80조까지에서 같다)를 전사하고, 일부합병으로 인하여 갑 토지의 등기기록에서 전사한 뜻, 신청정보의 접수연월일과 접수번호를 기록하여야 한다.(2020.6.26 본항개정)
③ 갑 토지의 등기기록에 지상권·지역권·전세권 또는 임차권의 등기가 있을 때에는 을 토지의 등기기록 중 을구에 그 권리에 관한 등기를 전사하고, 일부합병으로 인하여 갑 토지의 등기기록에서 전사한 뜻, 합병한 부분만이 갑 토지와 함께 그 권리의 목적이라는 뜻, 신청정보의 접수연월일과 접수번호를 기록하여야 한다.
④ 소유권·지상권·지역권 또는 임차권의 등기를 전사하는 경우에 등기원인과 그 연월일, 등기목적과 접수번호가 같을 때에는 전사를 갈음하여 을 토지의 등기기록에 갑 토지에 대하여 같은 사항의 등기가 있다는 뜻을 기록하여야 한다.
⑤ 제1항의 경우에 모든 토지에 관하여 등기원인과 그 연월일, 등기목적과 접수번호가 같은 저당권이나 전세권의 등기가 있을 때에는 을 토지의 등기기록 중 그 등기에 해당 등기가 합병 후의 토지 전부에 관한 것이라는 뜻을 기록하여야 한다.
⑥ 제1항의 경우에는 제75조제2항, 제76조제2항부터 제6항까지 및 제77조를 준용한다.
제79조【토지합필등기】 ① 갑 토지를 을 토지에 합병한 경우에 등기관이 합필등기를 할 때에는 을 토지의 등기기록 중 표제부에 합병 후의 토지의 표시와 합병으로 인하여 갑 토지의 등기기록에서 옮겨 기록한 뜻을 기록하고 종전의 표시에 관한 등기를 말소하는 표시를 하여야 한다.
② 제1항의 절차를 마치면 갑 토지의 등기기록 중 표제부에 합병으로 인하여 을 토지의 등기기록에 옮겨 기록한 뜻을 기록하고, 갑 토지의 등기기록 중 표제부의 등기를 말소하는 표시를 한 후 그 등기기록을 폐쇄하여야 한다.
제80조【토지합필등기】 ① 제79조의 경우에 을 토지의 등기기록 중 갑구에 갑 토지의 등기기록에서 소유권의 등기를 옮겨 기록하고, 합병으로 인하여 갑 토지의 등기기록에서 옮겨 기록한 뜻, 신청정보의 접수연월일과 접수번호를 기록하여야 한다.
② 갑 토지의 등기기록에 지상권·지역권·전세권 또는 임차권의 등기가 있을 때에는 을 토지의 등기기록 중 을구에 그 권리의 등기를 옮겨 기록하고, 합병으로 인하여 갑 토지의 등기기록에서 옮겨 기록한 뜻, 갑 토지이었던 부분만이 그 권리의 목적이라는 뜻, 신청정보의 접수연월일과 접수번호를 기록하여야 한다.
③ 제1항과 제2항의 경우에는 제78조제4항을 준용하고, 모든 토지에 관하여 등기원인과 그 연월일, 등기목적과 접수번호가 같은 저당권이나 전세권의 등기가 있는 경우에는 제78조제5항을 준용한다.
제81조【토지합필의 특례에 따른 등기신청】 ① 법 제38조에 따른 합필등기를 신청하는 경우에는 종전 토지의 소유권이 합병 후의 토지에서 차지하는 지분을 신청정보의 내용으로 등기소에 제공하고, 이에 관한 토지소유자들의 확인이 있음을 증명하는 정보를 첨부정보로서 등기소에 제공하여야 한다.
② 제1항의 경우에 이해관계인이 있을 때에는 그 이해관계인의 승낙이 있음을 증명하는 정보를 첨부정보로서 등기소에 제공하여야 한다.

제82조【토지합필의 특례에 따른 등기】 ① 법 제38조에 따라 합필의 등기를 할 때에는 제79조 및 제80조에 따른 등기를 마친 후 종전 토지의 소유권의 등기를 공유지분으로 변경하는 등기를 부기로 하여야 하고, 종전 등기의 권리자에 관한 사항을 말소하는 표시를 하여야 한다.
② 제1항의 경우에 이해관계인이 있을 때에는 그 이해관계인 명의의 등기를 제1항의 공유지분 위에 존속하는 것으로 변경하는 등기를 부기로 하여야 한다.
제83조【토지멸실등기의 신청】 법 제39조에 따라 토지멸실등기를 신청하는 경우에는 그 멸실을 증명하는 토지대장 정보나 임야대장 정보를 첨부정보로서 등기소에 제공하여야 한다.
제84조【토지멸실등기】 ① 등기관이 토지의 멸실등기를 할 때에는 등기기록 중 표제부에 멸실의 뜻과 그 원인을 기록하고 표제부의 등기를 말소하는 표시를 한 후 그 등기기록을 폐쇄하여야 한다.
② 제1항의 경우에 멸실등기한 토지가 다른 부동산과 함께 소유권 외의 권리의 목적일 때에는 그 다른 부동산의 등기기록 중 해당 구에 멸실등기한 토지의 표시를 하고, 그 토지가 멸실인 뜻을 기록하며, 그 토지와 함께 소유권 외의 권리의 목적이라는 뜻을 기록한 등기 중 멸실등기한 토지의 표시에 관한 사항을 말소하는 표시를 하여야 한다.
③ 제2항에 따른 등기는 공동전세목록이나 공동담보목록이 있는 경우에는 그 목록에 하여야 한다.
④~⑤ (2024.11.29 삭제)
제85조 (2018.12.4 삭제)

제2관 건물의 표시에 관한 등기

제86조【건물표시변경등기의 신청】 ① 법 제41조에 따라 건물의 표시변경등기를 신청하는 경우에는 그 건물의 변경 전과 변경 후의 표시에 관한 정보를 신청정보의 내용으로 등기소에 제공하여야 한다.
② 대지권의 변경·경정 또는 소멸의 등기를 신청하는 경우에는 그에 관한 규약이나 공정증서 또는 이를 증명하는 정보를 첨부정보로서 등기소에 제공하여야 한다.
③ 제2항의 경우 외에는 그 변경을 증명하는 건축물대장 정보를 첨부정보로서 등기소에 제공하여야 한다.
제87조【건물표시변경등기】 ① 법 제40조의 건물표시에 관한 사항을 변경하는 등기를 할 때에는 종전의 표시에 관한 등기를 말소하는 표시를 하여야 한다.
② 신축건물을 다른 건물의 부속건물로 하는 등기를 할 때에는 주된 건물의 등기기록 중 표제부에 부속건물 신축을 원인으로 한 건물표시변경등기를 하고, 종전의 표시에 관한 등기를 말소하는 표시를 하여야 한다.
제88조【대지권의 등기】 ① 건물의 등기기록에 대지권의 등기를 할 때에는 1동의 건물의 표제부 중 대지권의 목적인 토지의 표시란에 표시번호, 대지권의 목적인 토지의 일련번호·소재지번·지목·면적과 등기연월일을, 전유부분의 표제부 중 대지권의 표시란에 표시번호, 대지권의 목적인 토지의 일련번호, 대지권의 종류, 대지권의 비율, 등기원인 및 그 연월일과 등기연월일을 각각 기록하여야 한다. 다만, 부속건물만이 구분건물인 경우에는 그 부속건물에 대한 대지권의 표시는 표제부 중 건물내역란에 부속건물의 표시에 이어서 하여야 한다.
② 부속건물에 대한 대지권의 표시를 할 때에는 대지권의 표시의 끝부분에 그 대지권이 부속건물에 대한 대지권이라는 뜻을 기록하여야 한다.
제89조【대지권이라는 뜻의 등기】 ① 대지권의 목적인 토지의 등기기록에 법 제40조제4항의 대지권이라는 뜻의 등기를 할 때에는 해당 구에 어느 권리가 대지권이라는 뜻과 그 대지권을 등기한 1동의 건물을 표시할 수 있는 사항 및 그 등기연월일을 기록하여야 한다.
②~③ (2024.11.29 삭제)
제90조【별도의 등기가 있다는 뜻의 기록】 ① 제89조에 따라 대지권의 목적인 토지의 등기기록에 대지권이라는 뜻의 등기를 한 경우로서 그 토지 등기기록에 소유권보존등기나 소유권이전등기 외의 소유권에 관한 등기 또는 소유권 외의 권리에 관한 등기가 있을 때에는 등기관은 그 건물의 등기기록 중 전유부분 표제부에 토지 등기기록에 별도의 등기가 있다는 뜻을 기록하여야 한다. 다만, 그 등기가 소유권 이외의 대지권의 등기인 경우 또는 제92조제2항에 따라 말소하여야 하는 저당권의 등기인 경우에는 그러하지 아니하다.
② 토지 등기기록에 대지권이라는 뜻의 등기를 한 후에 그 토지 등기기록에 관하여만 새로운 등기를 한 경우에는 제1항을 준용한다.
③ 토지 등기기록에 별도의 등기가 있다는 뜻의 기록의 전제가 된 등기가 말소되었을 때에는 등기관은 그 뜻의 기록도 말소하여야 한다.
제91조【대지권의 변경 등】 ① 대지권의 변경, 경정 또는 소멸의 등기를 할 때에는 제87조제1항을 준용한다.
② 대지권의 변경 또는 경정으로 인하여 건물 등기기록에 대지권의 등기를 한 경우에는 그 권리의 목적인 토지의 등기기록 중 해당 구에 대지권이라는 뜻의 등기를 하여야 한다. 이 경우 제89조 및 제90조를 준용한다.
③ 제1항의 등기 중 대지권인 권리가 대지권이 아닌 것으로 변경되거나 대지권인 권리 자체가 소멸하여 대지권 소멸의 등기를 한 경우에는 대지권의 목적인 토지의 등기기록 중 해당 구에 그 뜻을 기록하고 대지권이라는 뜻의 등기를 말소하여야 한다.
제92조【대지권의 변경 등】 ① 제91조제2항의 등기를 하는 경우에 건물에 관하여 소유권보존등기와 소유권이전등기 외의 소유권에 관한 등기 또는 소유권 외의 권리에 관한 등기가 있을 때에는 그 등기에 건물만에 관한 것이라는 뜻을 기록하여야 한다. 다만, 그 등기가 저당권에 관한 등기로서 대지권에 대한 등기와 등기원인, 그 연월일과 접수번호가 같은 것일 때에는 그러하지 아니하다.
② 제1항 단서의 경우에는 대지권에 대한 저당권의 등기를 말소하여야 한다.
③ 제2항에 따라 말소등기를 할 때에는 같은 항에 따라 말소한다는 뜻과 그 등기연월일을 기록하여야 한다.
제93조【대지권의 변경 등】 ① 대지권인 권리가 대지권이 아닌 것으로 변경되어 제91조제3항의 등기를 한 경우에는 그 토지의 등기기록 중 해당 구에 대지권인 권리와 그 권리자를 표시하고, 같은 항의 등기를 함에 따라 등기하였다는 뜻과 그 연월일을 기록하여야 한다.
② 제1항의 등기를 하는 경우에 대지권을 등기한 건물 등기기록에 법 제61조제1항에 따라 대지권에 대한 등기로서의 효력이 있는 등기 중 대지권의 이전등기 외의 등기가 있을 때에는 그 건물의 등기기록으로부터 제1항의 토지 등기기록 중 해당 구에 이를 전사하여야 한다.
③ 제1항의 토지 등기기록 중 해당 구에 제2항에 따라 전사하여야 할 등기보다 나중에 된 등기가 있을 때에는 제2항에 따라 전사할 등기를 전사한 후 그 전사한 등기와 나중에 된 등기에 대하여 권리의 순서에 따라 순위번호를 경정하여야 한다.
④ 제2항 및 제3항의 절차를 취하는 경우에는 제76조를 준용한다.
⑤~⑥ (2024.11.29 삭제)
제94조【대지권의 변경 등】 ① 대지권이 아닌 것을 대지권으로 한 등기를 경정하여 제91조제3항의 등기를 한 경우에 대지권을 등기한 건물 등기기록에 법 제61조제1항에 따라 대지권의 이전등기로서의 효력이 있는 등기가 있을 때에는 그 건물의 등기기록으로부터 토지의 등기기록 중 해당 구에 그 등기를 전부 전사하여야 한다.
② 제1항의 경우에는 제93조제2항부터 제4항까지의 규정을 준용한다.(2024.11.29 본항개정)

제94조의2【대지권이 있는 구분건물에 대한 직권에 의한 표시변경등기 등】 ① 등기관이 구분건물의 대지권의 목적인 토지의 등기기록에 법 제34조의 등기사항에 관한 변경이나 경정의 등기를 마쳤을 때에는 1동의 건물의 표제부 중 대지권의 목적인 토지의 표시에 관하여 변경 또는 경정된 사항의 등기를 직권으로 하여야 한다.
② 등기관이 구분건물의 대지권의 목적인 토지의 등기기록에 분필, 합필등기를 마치거나 그 등기가 토지대장이나 임야대장과 일치하지 않아 이를 경정하기 위한 등기를 마쳤을 때에는 직권으로 1동의 건물의 표제부 중 대지권의 목적인 토지의 표시와 전유부분의 표제부 중 대지권의 표시에 관하여 변경 또는 경정된 사항의 등기를 하여야 한다.
③ 등기관은 구분건물에 대한 소유권이전등기를 할 때에 구분건물의 등기기록 중 대지권의 목적인 토지의 표시와 토지 등기기록의 부동산의 표시가 일치하지 아니한 경우 먼저 직권으로 제1항 또는 제2항에 따른 표시의 변경 또는 경정등기를 하여야 한다.
④ 제1항부터 제3항까지의 규정에 따라 직권에 의한 표시의 변경이나 경정등기가 되어 있지 않은 건물에 대하여 멸실등기의 신청이 있는 경우 등기관은 먼저 직권으로 제1항부터 제3항까지의 규정에 따른 표시의 변경 또는 경정등기를 하여야 한다.
(2024.11.29 본조신설)

제95조【건물분할 또는 건물구분등기의 신청】 건물의 일부에 전세권이나 임차권의 등기가 있는 경우에 그 건물의 분할이나 구분의 등기를 신청할 때에는 제74조를 준용한다.

제96조【건물분할등기】 ① 갑 건물로부터 그 부속건물을 분할하여 이를 을 건물로 한 경우에 등기관이 분할등기를 할 때에는 을 건물에 관하여 등기기록을 개설하고, 그 등기기록 중 표제부에 건물의 표시와 분할로 인하여 갑 건물의 등기기록에서 옮겨 기록한 뜻을 기록하여야 한다.
② 제1항의 절차를 마치면 갑 건물의 등기기록 중 표제부에 남은 부분의 표시를 하고, 분할로 인하여 다른 부분을 을 건물의 등기기록에 옮겨 기록한 뜻을 기록하며, 종전의 표시에 관한 등기를 말소하는 표시를 하여야 한다.
③ 제1항의 경우에는 제76조 및 제77조를 준용한다.

제97조【건물구분등기】 ① 구분건물이 아닌 갑 건물을 구분하여 갑 건물과 을 건물로 한 경우에 등기관이 구분등기를 할 때에는 구분 후의 갑 건물과 을 건물에 대하여 등기기록을 개설하고, 각 등기기록 중 표제부에 건물의 표시와 구분으로 인하여 종전의 갑 건물의 등기기록에서 옮겨 기록한 뜻을 기록하여야 한다.
② 제1항의 절차를 마치면 종전의 갑 건물의 등기기록 중 표제부에 구분으로 인하여 개설한 갑 건물과 을 건물의 등기기록에 옮겨 기록한 뜻을 기록하고, 표제부의 등기를 말소하는 표시를 한 후 그 등기기록을 폐쇄하여야 한다.
③ 제1항의 경우에는 개설한 갑 건물과 을 건물의 등기기록 중 해당 구에 종전의 갑 건물의 등기기록에서 소유권과 그 밖의 권리에 관한 등기를 옮겨 기록하고, 구분으로 인하여 종전의 갑 건물의 등기기록에서 옮겨 기록한 뜻, 신청정보의 접수연월일과 접수번호를 기록하여야 하며, 소유권 외의 권리에 관한 등기에는 다른 등기기록에 옮겨 기록한 건물이 함께 그 권리의 목적이라는 뜻도 기록하여야 한다. 이 경우 제76조제3항부터 제6항까지의 규정을 준용한다.
④ 구분건물인 갑 건물을 구분하여 갑 건물과 을 건물로 한 경우에는 등기기록 중 을 건물의 표제부에 건물의 표시와 구분으로 인하여 갑 건물의 등기기록에서 옮겨 기록한 뜻을 기록하여야 한다.
⑤ 제4항의 절차를 마치면 갑 건물의 등기기록 중 표제부에 남은 부분의 표시를 하고, 구분으로 인하여 다른 부분을 을 건물의 등기기록에 옮겨 기록한 뜻을 기록하며, 종전의 표시에 관한 등기를 말소하는 표시를 하여야 한다.
⑥ 제4항의 경우에는 제76조 및 제77조를 준용한다.

제98조【건물의 분할합병등기】 ① 갑 건물로부터 그 부속건물을 분할하여 을 건물의 부속건물로 한 경우에 등기관이 분할 및 합병의 등기를 할 때에는 을 건물의 등기기록 중 표제부에 합병 후의 건물의 표시와 일부합병으로 인하여 갑 건물의 등기기록에서 옮겨 기록한 뜻을 기록하고, 종전의 표시에 관한 등기를 말소하는 표시를 하여야 한다.
② 제1항의 경우에는 제96조제2항 및 제78조제2항부터 제6항(제6항 중 제75조제2항을 준용하는 부분은 제외한다)까지의 규정을 준용한다.

제99조【건물의 구분합병등기】 ① 갑 건물을 구분하여 을 건물 또는 그 부속건물에 합병한 경우에 등기관이 구분 및 합병의 등기를 할 때에는 제98조제1항을 준용한다.
② 제1항의 경우에는 제97조제5항 및 제78조제2항부터 제6항(제6항 중 제75조제2항을 준용하는 부분은 제외한다)까지의 규정을 준용한다.

제100조【건물합병등기】 ① 갑 건물을 을 건물 또는 그 부속건물에 합병하거나 을 건물의 부속건물로 한 경우에 등기관이 합병등기를 할 때에는 제79조 및 제80조를 준용한다. 다만, 갑 건물이 구분건물로서 같은 등기기록에 을 건물 외에 다른 건물의 등기가 있을 때에는 그 등기기록을 폐쇄하지 아니한다.
② 합병으로 인하여 을 건물이 구분건물이 아닌 것으로 된 경우에 그 등기를 할 때에는 합병 후의 건물에 대하여 등기기록을 개설하고, 그 등기기록의 표제부에 합병 후의 건물의 표시와 합병으로 인하여 갑 건물과 을 건물의 등기기록에서 옮겨 기록한 뜻을 기록하여야 한다.
③ 제2항의 절차를 마치면 갑 건물과 을 건물의 등기기록 중 표제부에 합병으로 인하여 개설한 등기기록에 옮겨 기록한 뜻을 기록하고, 갑 건물과 을 건물의 등기기록 중 표제부의 등기를 말소하는 표시를 한 후 그 등기기록을 폐쇄하여야 한다.
④ 제2항의 경우에는 제80조를 준용한다.
⑤ 대지권을 등기한 건물이 합병으로 인하여 구분건물이 아닌 것으로 된 경우에 제2항의 등기를 할 때에는 제93조를 준용한다.

제101조【건물구분등기 또는 건물합병등기의 준용】 구분건물이 아닌 건물이 건물구분 외의 사유로 구분건물로 된 경우에는 제97조를 준용하고, 구분건물이 건물합병 외의 사유로 구분건물이 아닌 건물로 된 경우에는 제100조제2항부터 제5항까지의 규정을 준용한다.

제102조【건물멸실등기의 신청】 법 제43조 및 법 제44조에 따라 건물멸실등기를 신청하는 경우에는 그 멸실이나 부존재를 증명하는 건축물대장 정보나 그 밖의 정보를 첨부정보로서 등기소에 제공하여야 한다.

제103조【건물멸실등기】 ① 등기관이 건물의 멸실등기를 할 때에는 등기기록 중 표제부에 멸실의 뜻과 그 원인 또는 부존재의 뜻을 기록하고 표제부의 등기를 말소하는 표시를 한 후 그 등기기록을 폐쇄하여야 한다. 다만, 멸실한 건물이 구분건물인 경우에는 그 등기기록을 폐쇄하지 아니한다.
② 대지권을 등기한 건물의 멸실등기로 인하여 그 등기기록을 폐쇄한 경우에는 제93조를 준용한다.
③ 제1항의 경우에는 제84조제2항부터 제5항까지의 규정을 준용한다.

제104조【공용부분이라는 뜻의 등기】 ① 법 제47조제1항에 따라 소유권의 등기명의인이 공용부분이라는 뜻의 등기를 신청하는 경우에는 그 뜻을 정한 규약이나 공정증서를 첨부정보로서 등기소에 제공하여야 한다. 이 경우 그 건물에 소유권의 등기 외의 권리에 관한 등기가 있을 때에는 그 등기명의인의 승낙이 있음을 증명하는 정보 또는 이에 대항할 수 있는 재판이 있음을 증명하는 정보를 첨부정보로서 등기소에 제공하여야 한다.
② 제1항의 경우에 그 공용부분이 다른 등기기록에 등기된 건물의 구분소유자가 공용하는 것일 때에는 그 뜻과 그 구분소유자가 소유하는 건물의 번호를 신청정보의 내용으로

등기소에 제공하여야 한다. 다만, 다른 등기기록에 등기된 건물의 구분소유자 전원이 공용하는 것일 때에는 그 1동 건물의 번호만을 신청정보의 내용으로 등기소에 제공한다.
③ 제1항의 등기신청이 있는 경우에 등기관이 그 등기를 할 때에는 그 등기기록 중 표제부에 공용부분이라는 뜻을 기록하고 각 구의 소유권과 그 밖의 권리에 관한 등기를 말소하는 표시를 하여야 한다. 이 경우 제2항에 따른 사항이 신청정보의 내용 중에 포함되어 있을 때에는 그 사항도 기록하여야 한다.
④ 공용부분이라는 뜻을 정한 규약을 폐지함에 따라 공용부분의 취득자가 법 제47조제2항에 따라 소유권보존등기를 신청하는 경우에는 규약의 폐지를 증명하는 정보를 첨부정보로서 등기소에 제공하여야 한다.
⑤ 등기관이 제4항에 따라 소유권보존등기를 하였을 때에는 공용부분이라는 뜻의 등기를 말소하는 표시를 하여야 한다.
⑥「집합건물의 소유 및 관리에 관한 법률」제52조에 따른 단지공용부분이라는 뜻의 등기에는 제1항부터 제5항까지의 규정을 준용한다.

제3절 권리에 관한 등기

제1관 통 칙

제105조【등기할 권리자가 2인 이상인 경우】 ① 등기할 권리자가 2인 이상일 때에는 그 지분을 신청정보의 내용으로 등기소에 제공하여야 한다.
② 제1항의 경우에 등기할 권리가 합유일 때에는 합유라는 뜻을 신청정보의 내용으로 등기소에 제공하여야 한다.
제106조【등기필정보의 작성방법】 ① 법 제50조제1항의 등기필정보는 아라비아 숫자와 그 밖의 부호의 조합으로 이루어진 일련번호와 비밀번호로 구성한다.
② 제1항의 등기필정보는 부동산 및 등기명의인별로 작성한다. 다만, 대법원예규로 정하는 바에 따라 등기명의인별로 작성할 수 있다.
제107조【등기필정보의 통지방법】 ① 등기필정보는 다음 각 호의 구분에 따른 방법으로 통지한다.
1. 방문신청의 경우 : 등기필정보를 적은 서면(이하 "등기필정보통지서"라 한다)을 교부하는 방법. 다만, 신청인이 등기신청서와 함께 대법원예규에 따라 등기필정보통지서 송부용 우편봉투를 제출한 경우에는 등기필정보통지서를 우편으로 송부한다.
2. 전자신청의 경우 : 전산정보처리조직을 이용하여 송신하는 방법
② 제1항제2호에도 불구하고, 관공서가 등기권리자를 위하여 등기를 촉탁한 경우 그 관공서의 신청으로 등기필정보통지서를 교부 할 수 있다.
③ 제1항에 따라 등기필정보를 통지할 때에는 그 통지를 받아야 할 사람 외의 사람에게 등기필정보가 알려지지 않도록 하여야 한다.
제108조【등기필정보 통지의 상대방】 ① 등기관은 등기를 마치면 등기필정보를 등기명의인이 된 신청인에게 통지한다. 다만, 관공서가 등기권리자를 위하여 등기를 촉탁한 경우에는 대법원예규로 정하는 바에 따라 그 관공서 또는 등기권리자에게 등기필정보를 통지한다.
② 법정대리인이 등기를 신청한 경우에는 그 법정대리인에게, 법인의 대표자나 지배인이 신청한 경우에는 그 대표자나 지배인에게, 법인 아닌 사단이나 재단의 대표자나 관리인이 신청한 경우에는 그 대표자나 관리인에게 등기필정보를 통지한다.
제109조【등기필정보를 작성 또는 통지할 필요가 없는 경우】 ① 법 제50조제1항제1호의 경우에는 등기신청할 때에 그 뜻을 신청정보의 내용으로 하여야 한다.
② 법 제50조제1항제3호에서 "대법원규칙으로 정하는 경우"란 다음 각 호의 어느 하나에 해당하는 경우를 말한다.
1. 등기필정보를 전산정보처리조직으로 통지받아야 할 자가 수신이 가능한 때부터 3개월 이내에 전산정보처리조직을 이용하여 수신하지 않은 경우
2. 등기필정보통지서를 수령할 자가 등기를 마친 때부터 3개월 이내에 그 서면을 수령하지 않은 경우
3. 법 제23조제4항에 따라 승소한 등기의무자가 등기신청을 한 경우
4. 법 제28조에 따라 등기권리자를 대위하여 등기신청을 한 경우
5. 법 제66조제1항에 따라 등기관이 직권으로 소유권보존등기를 한 경우
6. 공유자 중 일부가「민법」제265조 단서에 따른 공유물의 보존행위로서 공유자 전원을 등기권리자로 하여 권리에 관한 등기를 신청한 경우(등기권리자가 그 나머지 공유자인 경우로 한정한다)(2024.11.29 본호신설)
제110조【등기필정보의 실효신고】 ① 등기명의인 또는 그 상속인 그 밖의 포괄승계인은 등기필정보의 실효신고를 할 수 있다.
② 제1항의 신고는 다음 각 호의 방법으로 한다.
1. 전산정보처리조직을 이용하여 신고정보를 제공하는 방법
2. 신고정보를 적은 서면을 제출하는 방법
③ 제2항에 따라 등기필정보의 실효신고를 할 때에는 대법원예규로 정하는 바에 따라 본인확인절차를 거쳐야 한다.
④ 제2항제2호의 신고를 대리인이 하는 경우에는 신고서에 본인의 인감증명을 첨부하여야 한다.
⑤ 등기관은 등기필정보의 실효신고가 있는 경우에 해당 등기필정보를 실효시키는 조치를 하여야 한다.
제111조【등기필정보를 제공할 수 없는 경우】 ① 법 제51조 본문의 경우에 등기관은 주민등록증, 외국인등록증, 국내거소신고증, 여권 또는 운전면허증(이하 "주민등록증등"이라 한다)에 의하여 본인 여부를 확인하고 조서를 작성하여 이에 기명날인하여야 한다. 이 경우 주민등록증등의 사본을 조서에 첨부하여야 한다.
② 법 제51조 단서에 따라 자격자대리인이 등기의무자 또는 그 법정대리인으로부터 위임받았음을 확인한 경우에는 그 확인한 사실을 증명하는 서면(이하 "확인서면"이라 한다)을 첨부서면으로서 등기소에 제공하여야 한다.(2024.11.29 본항개정)
③ 자격자대리인이 제2항의 확인서면을 등기소에 제공하는 경우에는 제1항을 준용한다.(2024.11.29 본항개정)
제112조【권리의 변경 등의 등기】 ① 등기관이 권리의 변경이나 경정의 등기를 할 때에는 변경이나 경정 전의 등기사항을 말소하는 표시를 하여야 한다. 다만, 등기상 이해관계 있는 제3자의 승낙이 없어 변경이나 경정을 주등기로 할 때에는 그러하지 아니하다.
② 등기관이 등기명의인표시의 변경이나 경정의 등기를 할 때에는 제1항 본문을 준용한다.
③ 등기관이 소유권 외의 권리의 이전등기를 할 때에는 종전 권리자의 표시에 관한 사항을 말소하는 표시를 하여야 한다. 다만, 이전되는 지분이 일부일 때에는 그러하지 아니하다.
제113조【환매특약등기의 신청】 환매특약의 등기를 신청하는 경우에는 법 제53조의 등기사항을 신청정보의 내용으로 등기소에 제공하여야 한다.
제114조【환매특약등기 등의 말소】 ① 환매에 따른 권리취득의 등기를 하였을 때에는 법 제53조의 환매특약의 등기를 말소하여야 한다.
② 권리의 소멸에 관한 약정의 등기에 관하여는 제1항을 준용한다.
제115조【토지 일부에 대한 등기의 말소 등을 위한 분필】 ① 제76조제1항의 경우에 토지 중 일부에 대한 등기의 말소

또는 회복을 위하여 분필의 등기를 할 때에는 그 등기의 말소 또는 회복에 필요한 범위에서 해당 부분에 대한 소유권과 그 밖의 권리에 관한 등기를 모두 전사하여야 한다.
② 제1항에 따라 분필된 토지의 등기기록에 해당 등기사항을 전사한 경우에는 분필 전 토지의 등기기록에 있는 그 등기사항에 대하여는 그 뜻을 기록하고 이를 말소하여야 한다.
제116조【등기의 말소】 ① 등기를 말소할 때에는 말소의 등기를 한 후 해당 등기를 말소하는 표시를 하여야 한다.
② 제1항의 경우에 말소할 권리를 목적으로 하는 제3자의 권리에 관한 등기가 있을 때에는 등기기록 중 해당 구에 그 제3자의 권리의 표시를 하고 어느 권리의 등기를 말소함으로 인하여 말소한다는 뜻을 기록하여야 한다.
제117조【직권에 의한 등기의 말소】 ① 법 제58조제1항의 통지는 등기를 마친 사건의 표시와 사건이 등기소의 관할에 속하지 아니한 사실 또는 등기할 것이 아닌 사실을 적은 통지서로 한다.
② 법 제58조제2항에 따른 공고는 대법원 인터넷등기소에 게시하는 방법에 의한다.
③ 법 제58조제4항에 따라 말소등기를 할 때에는 그 사유와 등기연월일을 기록하여야 한다.
제118조【말소회복등기】 법 제59조의 말소된 등기에 대한 회복 신청을 받아 등기관이 등기를 회복할 때에는 회복의 등기를 한 후 다시 말소된 등기와 같은 등기를 하여야 한다. 다만, 등기전체가 아닌 일부 등기사항만 말소된 것일 때에는 부기에 의하여 말소된 등기사항만 다시 등기한다.
제119조【대지권이 있는 건물에 관한 등기】 ① 대지권을 등기한 건물에 관하여 등기를 신청하는 경우에는 대지권의 표시에 관한 사항을 신청정보의 내용으로 등기소에 제공하여야 한다. 다만, 건물만에 관한 등기를 신청하는 경우에는 그러하지 아니하다.
② 제1항 단서에 따라 건물만에 관한 등기를 할 때에는 그 등기에 건물만에 관한 것이라는 뜻을 기록하여야 한다.
제120조【소유권변경사실 통지 및 과세자료의 제공】 법 제62조의 소유권변경사실의 통지나 법 제63조의 과세자료의 제공은 전산정보처리조직을 이용하여 할 수 있다.

제2관 소유권에 관한 등기

제121조【소유권보존등기의 신청】 ① 법 제65조에 따라 소유권보존등기를 신청하는 경우에는 법 제65조 각 호의 어느 하나에 따라 등기를 신청한다는 뜻을 신청정보의 내용으로 등기소에 제공하여야 한다. 이 경우 제43조제1항제5호에도 불구하고 등기원인과 그 연월일은 신청정보의 내용으로 등기소에 제공할 필요가 없다.
② 제1항의 경우에 토지의 표시를 증명하는 토지대장 정보나 임야대장 정보 또는 건물의 표시를 증명하는 건축물대장 정보나 그 밖의 정보를 첨부정보로서 등기소에 제공하여야 한다.
③ 건물의 소유권보존등기를 신청하는 경우에 그 대지 위에 여러 개의 건물이 있을 때에는 그 대지 위에 있는 건물의 소재도를 첨부정보로서 등기소에 제공하여야 한다. 다만, 건물의 표시를 증명하는 정보로서 건축물대장 정보를 등기소에 제공한 경우에는 그러하지 아니하다.
④ 구분건물에 대한 소유권보존등기를 신청하는 경우에는 1동의 건물의 소재도, 각 층의 평면도와 전유부분의 평면도를 첨부정보로서 등기소에 제공하여야 한다. 이 경우 제3항 단서를 준용한다.
제122조【주소변경의 직권등기】 등기관이 소유권이전등기를 할 때에 등기명의인의 주소변경으로 신청정보 상의 등기의무자의 표시가 등기기록과 일치하지 아니하는 경우라도 첨부정보로서 제공된 주소를 증명하는 정보에 등기의무자의 등기기록 상의 주소가 신청정보 상의 주소로 변경된 사실이 명백히 나타나면 직권으로 등기명의인표시의 변경등기를 하여야 한다. 다만, 제52조의2제1항에 해당하는 경우에는 그러하지 아니하다.(2024.11.29 단서신설)
제123조【소유권의 일부이전등기 신청】 소유권의 일부에 대한 이전등기를 신청하는 경우에는 이전되는 지분을 신청정보의 내용으로 등기소에 제공하여야 한다. 이 경우 등기원인에 「민법」 제268조제1항 단서의 약정이 있을 때에는 그 약정에 관한 사항도 신청정보의 내용으로 등기소에 제공하여야 한다.
제124조【거래가액과 매매목록】 ① 법 제68조의 거래가액이란 「부동산 거래신고 등에 관한 법률」 제3조에 따라 신고한 금액을 말한다.
② 「부동산 거래신고 등에 관한 법률」 제3조제1항에서 정하는 계약을 등기원인으로 하는 소유권이전등기를 신청하는 경우에는 거래가액을 신청정보의 내용으로 등기소에 제공하고, 시장·군수 또는 구청장으로부터 제공받은 거래계약신고필증정보를 첨부정보로서 등기소에 제공하여야 한다. 이 경우 대법원예규로 정하는 바에 따라 거래부동산이 2개 이상인 경우 또는 거래부동산이 1개라 하더라도 여러 명의 매도인과 여러 명의 매수인 사이의 매매계약인 경우에는 매매목록도 첨부정보로서 등기소에 제공하여야 한다.
(2024.11.29 후단개정)
(2016.12.29 본조개정)
제125조【거래가액의 등기방법】 등기관이 거래가액을 등기할 때에는 다음 각 호의 구분에 따른 방법으로 한다.
1. 매매목록의 제공이 필요 없는 경우 : 등기기록 중 갑구의 권리자 및 기타사항란에 거래가액을 기록하는 방법
2. 매매목록이 제공된 경우 : 거래가액과 부동산의 표시를 기록한 매매목록을 전자적으로 작성하여 번호를 부여하고 등기기록 중 갑구의 권리자 및 기타사항란에 그 매매목록의 번호를 기록하는 방법

제3관 용익권에 관한 등기

제126조【지상권설정등기의 신청】 ① 지상권설정의 등기를 신청하는 경우에는 법 제69조제1호부터 제5호까지의 등기사항을 신청정보의 내용으로 등기소에 제공하여야 한다.
② 지상권설정의 범위가 부동산의 일부인 경우에는 그 부분을 표시한 지적도를 첨부정보로서 등기소에 제공하여야 한다.
제127조【지역권설정등기의 신청】 ① 지역권설정의 등기를 신청하는 경우에는 법 제70조제1호부터 제4호까지의 등기사항을 신청정보의 내용으로 등기소에 제공하여야 한다.
② 지역권 설정의 범위가 승역지의 일부인 경우에는 제126조제2항을 준용한다.
제128조【전세권설정등기의 신청】 ① 전세권설정 또는 전전세(轉傳貰)의 등기를 신청하는 경우에는 법 제72조제1항제1호부터 제5호까지의 등기사항을 신청정보의 내용으로 등기소에 제공하여야 한다.
② 전세권설정 또는 전전세의 범위가 부동산의 일부인 경우에는 그 부분을 표시한 지적도나 건물도면을 첨부정보로서 등기소에 제공하여야 한다.
③ 여러 개의 부동산에 관한 전세권의 등기에는 제133조부터 제136조까지의 규정을 준용한다.
제129조【전세금반환채권의 일부 양도에 따른 등기신청】 ① 전세금반환채권의 일부양도를 원인으로 한 전세권의 일부이전등기를 신청하는 경우에는 양도액을 신청정보의 내용으로 등기소에 제공하여야 한다.
② 전세권의 존속기간 만료 전에 제1항의 등기를 신청하는 경우에는 전세권이 소멸하였음을 증명하는 정보를 첨부정보로서 등기소에 제공하여야 한다.
제130조【임차권설정등기의 신청】 ① 임차권설정 또는 임차물 전대의 등기를 신청하는 경우에는 법 제74조제1호부터 제6호까지의 등기사항을 신청정보의 내용으로 등기소에 제공하여야 한다.(2020.6.26 본항개정)

② 임차권설정 또는 임차물 전대의 범위가 부동산의 일부인 경우에는 제128조제2항을 준용한다.
③ 임차권의 양도 또는 임차물의 전대에 대한 임대인의 동의가 있다는 뜻의 등기가 없는 경우에 임차권의 이전 또는 임차물의 전대의 등기를 신청할 때에는 임대인의 동의가 있음을 증명하는 정보를 첨부정보로서 등기소에 제공하여야 한다.

제4관 담보권에 관한 등기

제131조【저당권설정등기의 신청】 ① 저당권 또는 근저당권(이하 "저당권"이라 한다) 설정의 등기를 신청하는 경우에는 법 제75조의 등기사항을 신청정보의 내용으로 등기소에 제공하여야 한다.
② 저당권설정의 등기를 신청하는 경우에 그 권리의 목적이 소유권 외의 권리일 때에는 그 권리의 표시에 관한 사항을 신청정보의 내용으로 등기소에 제공하여야 한다.
③ 일정한 금액을 목적으로 하지 않는 채권을 담보하기 위한 저당권설정등기를 신청하는 경우에는 그 채권의 평가액을 신청정보의 내용으로 등기소에 제공하여야 한다.
제132조【저당권에 대한 권리질권등기 등의 신청】 ① 저당권에 대한 권리질권의 등기를 신청하는 경우에는 질권의 목적인 채권을 담보하는 저당권의 표시에 관한 사항과 법 제76조제1항의 등기사항을 신청정보의 내용으로 등기소에 제공하여야 한다.
② 저당권에 대한 채권담보권의 등기를 신청하는 경우에는 담보권의 목적인 채권을 담보하는 저당권의 표시에 관한 사항과 법 제76조제2항의 등기사항을 신청정보의 내용으로 등기소에 제공하여야 한다.
제133조【공동담보】 ① 여러 개의 부동산에 관한 권리를 목적으로 하는 저당권설정의 등기를 신청하는 경우에는 각 부동산에 관한 권리의 표시를 신청정보의 내용으로 등기소에 제공하여야 한다.
② 법 제78조제2항의 공동담보목록은 전자적으로 작성하여야 하며, 1년마다 그 번호를 새로 부여하여야 한다.
③ 공동담보목록에는 신청정보의 접수연월일과 접수번호를 기록하여야 한다.
제134조【추가공동담보】 1개 또는 여러 개의 부동산에 관한 권리를 목적으로 하는 저당권설정의 등기를 한 후 같은 채권에 대하여 다른 1개 또는 여러 개의 부동산에 관한 권리를 목적으로 하는 저당권설정의 등기를 신청하는 경우에는 종전의 등기를 표시하는 사항으로서 공동담보목록의 번호 또는 부동산의 소재지번(건물에 번호가 있는 경우에는 그 번호도 포함한다)을 신청정보의 내용으로 등기소에 제공하여야 한다.
제135조【공동담보라는 뜻의 기록】 ① 법 제78조제1항에 따른 공동담보라는 뜻의 기록은 각 부동산의 등기기록 중 해당 등기의 끝부분에 하여야 한다.
② 법 제78조제2항의 경우에는 각 부동산의 등기기록에 공동담보목록의 번호를 기록한다.
③ 법 제78조제4항의 경우 공동담보 목적으로 새로 추가되는 부동산의 등기기록에는 그 등기의 끝부분에 공동담보라는 뜻을 기록하고 종전에 등기한 부동산의 등기기록에는 해당 등기에 부기등기로 그 뜻을 기록하여야 한다.
제136조【공동담보의 일부의 소멸 또는 변경】 ① 여러 개의 부동산에 관한 권리가 저당권의 목적인 경우에 그 중 일부의 부동산에 관한 권리를 목적으로 한 저당권의 등기를 말소할 때에는 다른 부동산에 관한 권리에 대하여 법 제78조제1항 및 제4항에 따라 한 등기에 그 뜻을 기록하고 소멸된 사항을 말소하는 표시를 하여야 한다. 일부의 부동산에 관한 권리의 표시에 대하여 변경의 등기를 한 경우에도 또한 같다.
② (2024.11.29 삭제)
③ 제1항에 따라 등기를 할 때 공동담보목록이 있으면 그 목록에 하여야 한다.
제137조【저당권 이전등기의 신청】 ① 저당권의 이전등기를 신청하는 경우에는 저당권이 채권과 같이 이전한다는 뜻을 신청정보의 내용으로 등기소에 제공하여야 한다.
② 채권일부의 양도나 대위변제로 인한 저당권의 이전등기를 신청하는 경우에는 양도나 대위변제의 목적인 채권액을 신청정보의 내용으로 등기소에 제공하여야 한다.
제138조【공동저당 대위등기의 신청】 공동저당 대위등기를 신청하는 경우에는 법 제80조의 등기사항을 신청정보의 내용으로 등기소에 제공하고, 배당표 정보를 첨부정보로서 등기소에 제공하여야 한다.

제5관 신탁에 관한 등기

제139조【신탁등기】 ① 신탁등기의 신청은 해당 신탁으로 인한 권리의 이전 또는 보존이나 설정등기의 신청과 함께 1건의 신청정보로 일괄하여 하여야 한다.
②「신탁법」제27조에 따라 신탁재산에 속하는 부동산 또는 같은 법 제43조에 따라 신탁재산으로 회복 또는 반환되는 부동산의 취득등기와 신탁등기를 동시에 신청하는 경우에는 제1항을 준용한다.(2013.8.12 본항개정)
③ 신탁등기를 신청하는 경우에는 법 제81조제1항 각 호의 사항을 첨부정보로서 등기소에 제공하여야 한다.
④ 제3항의 첨부정보를 등기소에 제공할 때에는 방문신청을 하는 경우라도 이를 전자문서로 작성하여 전산정보처리조직을 이용하여 등기소에 송신하는 방법으로 하여야 한다. 다만, 제63조 각 호의 어느 하나에 해당하는 경우에는 이를 서면으로 작성하여 등기소에 제출할 수 있다.
⑤ 제4항 본문의 경우에는 신청인 또는 그 대리인의 인증서 등을 함께 송신하여야 한다.(2020.11.26 본항개정)
⑥ 제4항 단서에 따른 서면에는 신청인 또는 그 대리인이 기명날인하거나 서명하여야 한다.
⑦ 등기관이 제1항 및 제2항에 따라 권리의 이전 또는 보존이나 설정등기와 함께 신탁등기를 할 때에는 하나의 순위번호를 사용하여야 한다.
제139조의2【위탁자의 신탁선언에 의한 신탁 등의 등기신청】 ①「신탁법」제3조제1항제3호에 따른 신탁등기를 신청하는 경우에는 공익신탁을 제외하고는 신탁설정에 관한 공정증서를 첨부정보로서 등기소에 제공하여야 한다.
②「신탁법」제3조제5항에 따른 신탁등기를 신청하는 경우에는 수익자의 동의가 있음을 증명하는 정보를 첨부정보로서 등기소에 제공하여야 한다.
③「신탁법」제114조제1항에 따른 유한책임신탁의 목적인 부동산에 대하여 신탁등기를 신청하는 경우에는 유한책임신탁등기가 되었음을 증명하는 정보를 첨부정보로서 등기소에 제공하여야 한다.
(2013.8.12 본조신설)
제139조의3【위탁자의 지위이전에 따른 신탁변경등기의 신청】 위탁자의 지위이전에 따른 신탁원부 기록의 변경등기를 신청하는 경우에 위탁자의 지위이전의 방법이 신탁행위로 정하여진 때에는 이를 증명하는 정보, 신탁행위로 정하여지지 아니한 때에는 수탁자와 수익자의 동의가 있음을 증명하는 정보를 첨부정보로서 등기소에 제공하여야 한다. 이 경우 위탁자가 여럿일 때에는 다른 위탁자의 동의를 증명하는 정보도 첨부정보로서 제공하여야 한다.(2013.8.12 본조신설)
제139조의4【신탁재산에 속하는 부동산의 거래에 관한 주의사항의 등기】 ① 신탁재산이 소유권인 경우 등기관은 법 제81조제1항에 따라 신탁재산에 속하는 부동산의 거래에 관한 주의사항을 신탁등기에 부기등기로 기록하여야 한다.
② 제1항에 따른 부기등기에는 "이 부동산에 관하여 임대차 등의 법률행위를 하는 경우에는 등기사항증명서 뿐만 아니라 등기기록의 일부인 신탁원부를 통하여 신탁의 목적, 수익자, 신탁재산의 관리 및 처분에 관한 신탁 조항 등을 확인할 필요가 있음"이라고 기록하여야 한다.
(2024.11.29 본조신설)
제140조【신탁원부의 작성】 ① 등기관은 제139조제4항 본문에 따라 등기소에 제공된 전자문서에 번호를 부여하고 이

를 신탁원부로서 전산정보처리조직에 등록하여야 한다.
② 등기관은 제139조제4항 단서에 따라 서면이 제출된 경우에는 그 서면을 전자적 이미지정보로 변환하여 그 이미지정보에 번호를 부여하고 이를 신탁원부로서 전산정보처리조직에 등록하여야 한다.
③ 제1항 및 제2항의 신탁원부에는 1년마다 그 번호를 새로 부여하여야 한다.

제140조의2【신탁의 합병 · 분할 등에 따른 신탁등기의 신청】 ① 신탁의 합병등기를 신청하는 경우에는 위탁자와 수익자로부터 합병계획서의 승인을 받았음을 증명하는 정보(다만, 합병계획서 승인에 관하여 신탁행위로 달리 정한 경우에는 그에 따른 것임을 증명하는 정보), 합병계획서의 공고 및 채권자보호절차를 거쳤음을 증명하는 정보를 첨부정보로서 등기소에 제공하여야 한다.
② 신탁의 분할등기를 신청하는 경우에는 위탁자와 수익자로부터 분할계획서의 승인을 받았음을 증명하는 정보(다만, 분할계획서 승인에 관하여 신탁행위로 달리 정한 경우에는 그에 따른 것임을 증명하는 정보), 분할계획서의 공고 및 채권자보호절차를 거쳤음을 증명하는 정보를 첨부정보로서 등기소에 제공하여야 한다.
(2013.8.12 본조신설)

제140조의3【신탁의 합병 · 분할 등에 따른 등기】 ① 법 제82조의2의 신탁의 합병 · 분할 등에 따른 신탁등기를 하는 경우에는 합병 또는 분할 전의 신탁등기를 말소하고, 신탁의 합병 또는 분할 등의 신청에 따른 신탁등기를 하여야 한다.
② 「신탁법」 제94조제2항에 따른 신탁의 분할합병의 경우에는 제1항을 준용한다.
(2013.8.12 본조신설)

제141조【수탁자 해임에 따른 등기】 법 제85조제3항에 따라 등기기록에 수탁자 해임의 뜻을 기록할 때에는 수탁자를 말소하는 표시를 하지 아니한다. 다만, 여러 명의 수탁자 중 일부 수탁자만 해임된 경우에는 종전의 수탁자를 모두 말소하는 표시를 하고 나머지 수탁자만 다시 기록한다.

제142조【신탁재산의 일부 처분 등에 따른 등기】 신탁재산의 일부가 처분되었거나 신탁의 일부가 종료되어 권리이전등기와 함께 신탁등기의 변경등기를 할 때에는 하나의 순위번호를 사용하고, 처분 또는 종료 후의 수탁자의 지분을 기록하여야 한다.

제143조【신탁재산이 수탁자의 고유재산으로 된 경우】 신탁재산이 수탁자의 고유재산이 되었을 때에는 그 뜻의 등기를 주등기로 하여야 한다.

제144조【신탁등기의 말소】 ① 신탁등기의 말소등기신청은 권리의 이전 또는 말소등기나 수탁자의 고유재산으로 된 뜻의 등기신청과 함께 1건의 신청정보로 일괄하여 하여야 한다.
② 등기관이 제1항에 따라 권리의 이전 또는 말소등기나 수탁자의 고유재산으로 된 뜻의 등기와 함께 신탁등기의 말소등기를 할 때에는 하나의 순위번호를 사용하고, 종전의 신탁등기를 말소하는 표시를 하여야 한다.
③ 등기관이 제2항에 따라 신탁등기의 말소등기를 할 때에는 제139조의4에 따라 마쳐진 부기등기를 직권으로 말소하고, 신탁등기를 말소함으로 인하여 말소한다는 뜻을 기록하여야 한다.(2024.11.29 본항신설)

제144조의2【담보권신탁의 등기】 법 제87조의2에 따라 담보권신탁의 등기를 신청하는 경우에 그 저당권에 의하여 담보되는 피담보채권이 여럿이고 피담보채권별로 등기사항이 다를 때에는 법 제75조에 따른 등기사항을 채권별로 구분하여 신청정보의 내용으로 등기소에 제공하여야 한다.
(2013.8.12 본조신설)

제6관 가등기

제145조【가등기의 신청】 ① 가등기를 신청하는 경우에는 그 가등기로 보전하려고 하는 권리를 신청정보의 내용으로 등기소에 제공하여야 한다.
② 법 제89조에 따라 가등기권리자가 단독으로 가등기를 신청하는 경우에는 가등기의무자의 승낙이나 가처분명령이 있음을 증명하는 정보를 첨부정보로서 등기소에 제공하여야 한다.

제146조【가등기에 의한 본등기】 가등기를 한 후 본등기의 신청이 있을 때에는 가등기의 순위번호를 사용하여 본등기를 하여야 한다.

제147조【본등기와 직권말소】 ① 등기관이 소유권이전등기청구권보전 가등기에 의하여 소유권이전의 본등기를 한 경우에는 법 제92조제1항에 따라 가등기 후 본등기 전에 마쳐진 등기 중 다음 각 호의 등기를 제외하고는 모두 직권으로 말소한다.
1. 해당 가등기상 권리를 목적으로 하는 가압류등기나 가처분등기
2. 가등기 전에 마쳐진 가압류에 의한 강제경매개시결정등기
3. 가등기 전에 마쳐진 담보가등기, 전세권 및 저당권에 의한 임의경매개시결정등기
4. 가등기권자에게 대항할 수 있는 주택임차권등기, 주택임차권설정등기, 상가건물임차권등기, 상가건물임차권설정등기(이하 "주택임차권등기등"이라 한다)

② 등기관이 제1항과 같은 본등기를 한 경우 그 가등기 후 본등기 전에 마쳐진 체납처분으로 인한 압류등기에 대하여는 직권말소대상통지를 한 후 이의신청이 있으면 대법원예규로 정하는 바에 따라 직권말소 여부를 결정한다.

제148조【본등기와 직권말소】 ① 등기관이 지상권, 전세권 또는 임차권의 설정등기청구권보전 가등기에 의하여 지상권, 전세권 또는 임차권의 설정의 본등기를 한 경우 가등기 후 본등기 전에 마쳐진 다음 각 호의 등기(동일한 부분에 마쳐진 등기로 한정한다)는 법 제92조제1항에 따라 직권으로 말소한다.
1. 지상권설정등기
2. 지역권설정등기
3. 전세권설정등기
4. 임차권설정등기
5. 주택임차권등기등. 다만, 가등기권자에게 대항할 수 있는 임차인 명의의 등기는 그러하지 아니하다. 이 경우 가등기에 의한 본등기의 신청을 하려면 먼저 대항력 있는 주택임차권등기등을 말소하여야 한다.

② 지상권, 전세권 또는 임차권의 설정등기청구권보전 가등기에 의하여 지상권, 전세권 또는 임차권의 설정의 본등기를 한 경우 가등기 후 본등기 전에 마쳐진 다음 각 호의 등기는 직권말소의 대상이 되지 아니한다.
1. 소유권이전등기 및 소유권이전등기청구권보전 가등기
2. 가압류 및 가처분 등 처분제한의 등기
3. 체납처분으로 인한 압류등기
4. 저당권설정등기
5. 가등기가 되어 있지 않은 부분에 대한 지상권, 지역권, 전세권 또는 임차권의 설정등기와 주택임차권등기등

③ 저당권설정등기청구권보전 가등기에 의하여 저당권설정의 본등기를 한 경우 가등기 후 본등기 전에 마쳐진 등기는 직권말소의 대상이 되지 아니한다.

제149조【직권말소한 뜻의 등기】 가등기에 의한 본등기를 한 다음 가등기 후 본등기 전에 마쳐진 등기를 등기관이 직권으로 말소할 때에는 가등기에 의한 본등기로 인하여 그 등기를 말소한다는 뜻을 기록하여야 한다.

제150조【가등기의 말소등기신청】 법 제93조제2항에 따라 가등기의무자 또는 등기상 이해관계인이 단독으로 가등기의 말소등기를 신청하는 경우에는 가등기명의인의 승낙이나 이에 대항할 수 있는 재판이 있음을 증명하는 정보를 첨부정보로서 등기소에 제공하여야 한다.

제7관 가처분에 관한 등기

제151조【가처분등기】 ① 등기관이 가처분등기를 할 때에

는 가처분의 피보전권리와 금지사항을 기록하여야 한다.
② 가처분의 피보전권리가 소유권 이외의 권리설정등기청구권으로서 소유명의인을 가처분채무자로 하는 경우에는 그 가처분등기를 등기기록 중 갑구에 한다.

제152조【가처분등기 이후의 등기의 말소】 ① 소유권이전등기청구권 또는 소유권이전등기말소등기(소유권보존등기말소등기를 포함한다. 이하 이 조에서 같다)청구권을 보전하기 위한 가처분등기가 마쳐진 후 그 가처분채권자가 가처분채무자를 등기의무자로 하여 소유권이전등기 또는 소유권말소등기를 신청하는 경우에는, 법 제94조제1항에 따라 가처분등기 이후에 마쳐진 제3자 명의의 등기의 말소를 단독으로 신청할 수 있다. 다만, 다음 각 호의 등기는 그러하지 아니하다.

1. 가처분등기 전에 마쳐진 가압류에 의한 강제경매개시결정등기
2. 가처분등기 전에 마쳐진 담보가등기, 전세권 및 저당권에 의한 임의경매개시결정등기
3. 가처분채권자에게 대항할 수 있는 주택임차권등기등

② 가처분채권자가 제1항에 따른 소유권이전등기말소등기를 신청하기 위하여는 제1항 단서 각 호의 권리자의 승낙이나 이에 대항할 수 있는 재판이 있음을 증명하는 정보를 첨부정보로서 등기소에 제공하여야 한다.

제153조【가처분등기 이후의 등기의 말소】 ① 지상권, 전세권 또는 임차권의 설정등기청구권을 보전하기 위한 가처분등기가 마쳐진 후 그 가처분채권자가 가처분채무자를 등기의무자로 하여 지상권, 전세권 또는 임차권의 설정등기를 신청하는 경우에는, 그 가처분등기 이후에 마쳐진 제3자 명의의 지상권, 지역권, 전세권 또는 임차권의 설정등기(동일한 부분에 마쳐진 등기로 한정한다)의 말소를 단독으로 신청할 수 있다.
② 저당권설정등기청구권을 보전하기 위한 가처분등기가 마쳐진 후 그 가처분채권자가 가처분채무자를 등기의무자로 하여 저당권설정등기를 신청하는 경우에는 그 가처분등기 이후에 마쳐진 제3자 명의의 등기라 하더라도 그 말소를 신청할 수 없다.

제154조【가처분등기 이후의 등기의 말소신청】 제152조 및 제153조제1항에 따라 가처분등기 이후의 등기의 말소를 신청하는 경우에는 등기원인을 "가처분에 의한 실효"라고 하여야 한다. 이 경우 제43조제1항제5호에도 불구하고 그 연월일은 신청정보의 내용으로 등기소에 제공할 필요가 없다.

제8관 관공서가 촉탁하는 등기

제155조【등기촉탁서 제출방법】 ① 관공서가 촉탁정보 및 첨부정보를 적은 서면을 제출하는 방법으로 등기촉탁을 하는 경우에는 우편으로 그 촉탁서를 제출할 수 있다.
② 관공서가 등기촉탁을 하는 경우로서 소속 공무원이 직접 등기소에 출석하여 촉탁서를 제출할 때에는 그 소속 공무원임을 확인할 수 있는 신분증명서를 제시하여야 한다.

제156조【수용으로 인한 등기의 신청】 ① 수용으로 인한 소유권이전등기를 신청하는 경우에 토지수용위원회의 재결로써 존속이 인정된 권리가 있으면 이에 관한 사항을 신청정보의 내용으로 등기소에 제공하여야 한다.
② 수용으로 인한 소유권이전등기를 신청하는 경우에는 보상이나 공탁을 증명하는 정보를 첨부정보로서 등기소에 제공하여야 한다.

제157조【등기를 말소한 뜻의 통지】 ① 법 제99조제4항에 따라 등기관이 직권으로 등기를 말소하였을 때에는 수용으로 인한 등기말소통지서에 다음 사항을 적어 등기명의인에게 통지하여야 한다.

1. 부동산의 표시
2. 말소한 등기의 표시
3. 등기명의인
4. 수용으로 인하여 말소한 뜻

② 말소의 대상이 되는 등기가 채권자의 대위신청에 따라 이루어진 경우 그 채권자에게도 제1항의 통지를 하여야 한다.

제5장 이 의

제158조【이의신청서의 제출】 ① 법 제101조에 따라 등기소에 제출하는 이의신청서에는 이의신청인의 성명과 주소, 이의신청의 대상인 등기관의 결정 또는 처분, 이의신청의 취지와 이유, 그 밖에 대법원예규로 정하는 사항을 적고 신청인이 기명날인 또는 서명하여야 한다.
② 법 제101조에 따라 전산정보처리조직을 이용하여 이의신청을 하는 경우에는 제1항에서 정하는 사항을 작성하고 이의신청인의 인증서등을 함께 송신하여야 한다.(2024.11.29 본항신설)

제159조【이미 마쳐진 등기에 대한 이의】 ① 이미 마쳐진 등기에 대하여 법 제29조제1호 및 제2호의 사유로 이의한 경우 등기관은 그 이의가 이유 있다고 인정하면 법 제58조의 절차를 거쳐 그 등기를 직권으로 말소한다.
② 제1항의 경우 등기관은 그 이의가 이유 없다고 인정하면 전산정보처리조직을 이용하여 이의신청서 또는 이의신청정보를 결정 또는 처분을 한 등기관이 속한 지방법원(이하 "관할 지방법원"이라 한다)에 보내야 한다.(2024.11.29 본항개정)
③ 이미 마쳐진 등기에 대하여 법 제29조제1호 및 제2호 외의 사유로 이의한 경우 등기관은 전산정보처리조직을 이용하여 이의신청서 또는 이의신청정보를 관할 지방법원에 보내야 한다.(2024.11.29 본항개정)
④ 제2항 및 제3항에서 이의신청서를 전산정보처리조직을 이용하여 관할 지방법원에 송신하는 절차와 방법은 대법원예규로 정한다.(2024.11.29 본항신설)

제160조【등본에 의한 통지】 법 제105조제1항의 통지는 결정서 등본에 의하여 한다.

제161조【기록명령에 따른 등기를 할 수 없는 경우】 ① 등기신청의 각하결정에 대한 이의신청에 따라 관할 지방법원이 그 등기의 기록명령을 하였더라도 다음 각 호의 어느 하나에 해당하는 경우에는 그 기록명령에 따른 등기를 할 수 없다.

1. 권리이전등기의 기록명령이 있었으나, 그 기록명령에 따른 등기 전에 제3자 명의로 권리이전등기가 되어 있는 경우
2. 지상권, 전세권 또는 임차권의 설정등기의 기록명령이 있었으나, 그 기록명령에 따른 등기 전에 동일한 부분에 지상권, 전세권 또는 임차권의 설정등기가 되어 있는 경우
3. 말소등기의 기록명령이 있었으나 그 기록명령에 따른 등기 전에 등기상 이해관계인이 발생한 경우
4. 등기관이 기록명령에 따른 등기를 하기 위하여 신청인에게 첨부정보를 다시 등기소에 제공할 것을 명령하였으나 신청인이 이에 응하지 아니한 경우

② 제1항과 같이 기록명령에 따른 등기를 할 수 없는 경우에는 그 뜻을 관할 지방법원과 이의신청인에게 통지하여야 한다.

제162조【가등기 또는 부기등기의 말소】 법 제106조에 따른 가등기 또는 부기등기는 등기관이 관할 지방법원으로부터 이의신청에 대한 기각결정(각하, 취하를 포함한다)의 통지를 받았을 때에 말소한다.

제6장 관할의 특례에 따른 등기절차
(2024.11.29 본장제목개정)

제163조【관련 신청사건의 범위】 ① 법 제7조의2제1항에 따라 관할 등기소가 다른 여러 개의 부동산과 관련하여 그 중 하나의 관할 등기소에 그 등기를 신청할 수 있는 "등기목적과 등기원인이 동일한 등기신청"은 다음 각 호의 신청으로 한다.

1. 동일한 채권에 관하여 여러 개의 부동산에 관한 권리를 목적으로 하는 저당권설정(이하 "공동저당"이라 한다)등기의 신청

2. 여러 개의 부동산에 관한 전세권설정 또는 전전세 등기의 신청
3. 제1호 및 제2호의 등기에 대한 이전・변경・말소등기의 신청
4. 그 밖에 동일한 등기원인을 증명하는 정보에 따라 등기목적과 등기 원인이 동일한 등기의 신청

② 법 제7조의2제1항에 따라 관할 등기소가 다른 여러 개의 부동산과 관련하여 그 중 하나의 관할 등기소에 그 등기를 신청할 수 있는 "그 밖에 대법원규칙으로 정하는 등기신청"이란 다음 각 호의 신청을 말한다.
1. 소유자가 다른 여러 부동산에 대한 제1항제1호 및 제2호 등기의 신청
2. 제1호의 등기에 대한 이전・변경・말소등기의 신청
3. 공동저당 목적으로 새로 추가되는 부동산이 종전에 등기한 부동산과 다른 등기소의 관할에 속하는 경우에는 종전의 등기소에 추가되는 부동산에 대한 저당권설정등기의 신청

③ 공동저당 일부의 소멸 또는 변경의 신청은 소멸 또는 변경되는 부동산의 관할 등기소 중 한 곳에 신청할 수 있다.
(2024.11.29 본조신설)

제163조의2【관련 신청사건의 신청정보 제공 방법 등】 ① 법 제7조의2제1항에 따라 등기신청을 하는 경우에는 제43조 및 제44조에서 규정하는 사항 외에 법 제7조의2제1항에 관한 등기신청임을 신청정보의 내용으로 등기소에 제공하여야 한다.
② 법 제7조의2제1항에 따라 등기신청을 할 때에는 여러 개의 부동산에 관한 신청정보를 법 제25조 단서에 따른 방법으로 제공하여야 한다.
③ 법 제7조의2제1항에 따라 공동저당의 등기를 신청하는 경우에는 해당 부동산 전부에 관한 사항을 신청정보의 내용으로 등기소에 제공하여야 한다.
(2024.11.29 본조신설)

제163조의3【관련 처리 사건의 범위】 법 제7조의2제2항에 따라 등기관이 다른 부동산에 대하여 처리하여야 하는 등기사건은 다음 각 호와 같다.
1. 법 제71조제1항 및 제4항에 따른 승역지와 다른 등기소의 관할에 속하는 요역지에 대한 등기
2. 법 제78조제4항(법 제72조제2항에서 준용하는 경우를 포함한다)에 따라 다른 등기소의 관할에 속하는 종전 부동산에 대한 등기
3. 멸실한 토지와 다른 등기소의 관할에 속하는 부동산이 함께 소유권 외의 권리의 목적인 경우로서 제84조제2항 또는 제3항에 따른 등기
4. 대지권의 목적인 토지가 다른 등기소의 관할에 속하는 경우로서 제89조 및 제93조에 따른 등기
5. 공동담보의 일부 소멸 또는 변경의 등기를 하는 부동산과 다른 등기소의 관할에 속하는 종전 부동산에 대한 제136조제1항에 따른 등기
6. 그 밖에 제1호부터 제5호까지와 유사한 경우로서 신청 또는 직권에 의한 등기를 하고 다른 등기소의 관할에 속하는 부동산에 대해서도 하여야 하는 등기

(2024.11.29 본조신설)

제163조의4【관련 사건이라는 뜻의 기록】 ① 등기관이 법 제7조의2에 따라 등기를 한 경우에는 갑구 또는 을구의 권리자 및 기타사항란에 법 제7조의2에 따라 사건을 접수받은 등기소에서 그 등기를 하였다는 뜻을 기록하여야 한다.
② 제1항에도 불구하고 해당 등기를 한 등기소의 관할에 속한 부동산에 대해서는 같은 항을 적용하지 아니한다.
(2024.11.29 본조신설)

제163조의5【관련 사건의 보정 및 취하】 법 제7조의2에 따라 등기신청을 한 경우 등기신청이 잘못된 부분의 보정이나 이 규칙 제51조에 따른 취하는 등기를 신청한 등기소에 하여야 한다.(2024.11.29 본조신설)

제163조의6【관련 사건에 관한 등기의 경정】 ① 법 제7조의2에 따라 마쳐진 등기에 대한 법 제32조에 따른 경정등기의 신청은 그 등기를 처리한 등기소에 하여야 한다.
② 등기의 착오나 빠진 부분이 법 제7조의2에 따라 등기를 마친 등기관의 잘못으로 인한 경우에는 그 등기소의 등기관이 직권으로 그 등기를 경정하여야 한다.
③ 제2항에도 불구하고 등기기록에 오기나 빠진 부분이 명백한 경우에는 부동산 소재지 관할 등기소의 등기관도 직권으로 경정할 수 있다.
(2024.11.29 본조신설)

제164조【상속・유증 사건의 범위】 ① 법 제7조의3제1항에 따라 부동산의 관할 등기소가 아닌 등기소에도 그 등기를 신청할 수 있는 경우는 다음 각 호와 같다.
1. 상속 또는 유증으로 인한 소유권이전등기를 신청하는 경우
2. 상속으로 인한 소유권이전등기가 마쳐진 후 다음 각 목에 해당하는 사유가 있는 경우 그 사유를 원인으로 해당 등기를 신청하는 경우
   가. 법정상속분에 따라 상속등기를 마친 후에 상속재산 협의분할(조정분할・심판분할을 포함한다)등이 있는 경우
   나. 상속재산 협의분할에 따라 상속등기를 마친 후에 그 협의를 해제(다시 새로운 협의분할을 한 경우를 포함한다)한 경우
   다. 상속포기신고를 수리하는 심판 또는 상속재산 협의분할계약을 취소하는 재판 등이 있는 경우

② 관공서가 법 제96조 및 제99조제2항에 따른 등기를 촉탁하는 경우에는 법 제7조의3제1항을 적용하지 아니한다.
(2024.11.29 본조신설)

제164조의2【상속・유증 사건의 신청정보】 법 제7조의3제1항에 따라 등기신청을 하는 경우에는 제43조 및 제44조에서 규정하는 사항 외에 법 제7조의3제1항에 관한 등기신청임을 신청정보의 내용으로 등기소에 제공하여야 한다.
(2024.11.29 본조신설)

제164조의3【관련 사건에 관한 규정의 준용】 법 제7조의3에 따른 상속・유증 사건이라는 뜻의 기록, 보정 및 취하, 상속・유증 사건이 마쳐진 등기의 경정에 관하여는 제163조의4부터 제163조의6까지의 규정을 준용한다.(2024.11.29 본조신설)

제7장 보 칙

(2024.11.29 본장제목신설)

제165조【인터넷등기소】 등기사항의 열람, 전자문서를 이용한 등기신청 등 그 밖에 대법원예규가 정하는 사항은 법원행정처장이 정하는 이동통신단말장치에서 사용되는 애플리케이션(Application)을 통하여서도 할 수 있다.(2024.11.29 본조신설)

제166조【통지의 방법】 법 또는 이 규칙에 따른 통지는 우편이나 그 밖의 편리한 방법으로 한다. 다만, 별도의 규정이 있는 경우에는 그러하지 아니하다.

제167조【대법원예규에의 위임】 부동산등기 절차와 관련하여 필요한 사항 중 이 규칙에서 정하고 있지 아니한 사항은 대법원예규로 정할 수 있다.

부 칙

제1조【시행일】 이 규칙은 2011년 10월 13일부터 시행한다. 다만, 제30조제4항 단서는 2012년 3월 1일부터, 제132조제2항은 2012년 6월 11일부터 시행한다.

제2조【등기의 전산이기에 관한 경과조치】 이 규칙 시행 당시까지 전산이기되지 아니한 등기용지에 대하여는 종전의 규정에 따라 전산이기하여야 한다.

제3조【멸실된 등기부에 관한 경과조치】 종이형태로 작성된 등기부의 전부 또는 일부가 폐쇄되지 아니한 상태에서

멸실되었으나 이 규칙 시행 당시까지 종전의 규정에 따른 멸실회복등기절차가 이루어지지 아니한 경우의 그 회복에 관한 절차는 종전의 규정에 따른다.

제4조【폐쇄등기부의 보존】 ① 종이형태로 작성된 등기부를 폐쇄한 경우 그 등기부는 전자적 이미지정보로 변환하여 그 정보를 보존하여야 한다.

② 제1항에 따라 폐쇄등기부를 전자적 이미지정보로 변환하였을 때에는 그 폐쇄등기부를 30년간 법원행정처장이 지정하는 장소에 보관하여야 한다.

제5조【다른 규칙의 개정】 ①~⑫ ※(해당 법령에 가제정리 하였음)

제6조【다른 법령과의 관계】 이 규칙 시행 당시 다른 법령에서 종전의 「부동산등기규칙」을 인용한 경우에 이 규칙 중 그에 해당하는 규정이 있는 경우에는 이 규칙의 해당 규정을 인용한 것으로 본다.

부 칙 (2017.5.25)

제1조【시행일】 이 규칙은 2017년 10월 1일부터 시행한다.

제2조【외국공문서 등에 관한 적용례】 이 규칙은 이 규칙 시행 전에 발행 또는 공증된 외국 공문서 등에 대하여도 적용된다.

제3조【등기사건에 관한 경과조치】 이 규칙 시행 전에 접수한 등기사건은 종전의 규정에 의한다.

부 칙 (2017.11.6)

제1조【시행일】 이 규칙은 공포한 날부터 시행한다.

제2조【과태료 통지에 관한 경과조치】 「부동산등기법」 부칙 제2조에 따라 과태료의 통지를 할 때에는 종전의 규정에 따른다.

부 칙 (2018.8.31)

제1조【시행일】 이 규칙은 2019년 1월 1일부터 시행한다. 다만, 제31조제2항의 개정규정은 공포한 날부터 시행한다.

제2조【등기신청사건에 관한 경과조치】 이 규칙 시행 전에 접수된 등기신청사건은 종전의 규정에 따라 처리한다.

부 칙 (2020.6.26)

① **【시행일】** 이 규칙은 2020년 8월 5일부터 시행한다.

② **【등기신청사건에 관한 경과조치】** 이 규칙 시행 전에 접수된 등기신청사건은 종전의 규정에 따라 처리한다.

부 칙 (2020.11.26)

제1조【시행일】 이 규칙은 2020년 12월 10일부터 시행한다.

제2조【적용례】 이 규칙은 이 규칙 시행 당시 접수되어 계속 중인 사건에 대하여도 적용한다.

제3조【다른 규칙의 개정】 ①~④ ※(해당 법령에 가제정리 하였음)

부 칙 (2021.5.27)

제1조【시행일】 이 규칙은 2021년 6월 10일부터 시행한다.

제2조【적용례】 이 규칙은 이 규칙 시행 당시 접수되어 계속 중인 사건에 대하여도 적용한다.

제3조【다른 규칙의 개정】 ①~④ ※(해당 법령에 가제정리 하였음)

부 칙 (2022.2.25)

제1조【시행일】 이 규칙은 2022년 7월 1일부터 시행한다.

제2조【적용례】 이 규칙은 이 규칙 시행 후 접수된 등기사건부터 적용한다.

부 칙 (2024.11.29)

제1조【시행일】 이 규칙은 2025년 1월 31일부터 시행한다. 다만, 다음 각 호의 개정규정은 각 호의 구분에 따른 날부터 시행한다.

1. 제139조의4 및 제144조의 개정규정 : 2024년 12월 21일
2. 제67조제4항제2호 후단의 개정규정 : 2025년 8월 1일부터 시행하되, 그 이전에 보안매체를 발급받은 법인에 대하여는 발급받은 즉시 시행한다.
3. 제69조제1항 단서 및 제3항의 개정규정 : 2025년 8월 1일

제2조【종전의 신탁등기에 대한 주의사항의 등기기간】 법률 제20435호 부동산등기법 일부개정법률(이하 "개정부동산등기법"이라 한다) 부칙 제5조제2항에 따른 "대법원규칙으로 정하는 기간"이란 부칙 제1조제1호에 따른 시행일부터 1년이 되는 날까지를 말한다. 다만, 이 기간 내에 종전 신탁등기에 대한 주의사항의 등기가 완료되지 않은 경우에는 대법원예규로 정하는 바에 따라서 6개월 이내에서 그 기간을 한차례 연장할 수 있다.

제3조【등기전자서명에 관한 적용례】 제7조의 개정규정은 이 규칙 시행 전에 접수되어 이 규칙 시행 당시 처리 중인 등기신청에 대해서도 적용된다.

제4조【접수번호 부여에 관한 적용례】 제22조제2항의 개정규정은 이 규칙 시행 이후 접수되는 등기신청부터 적용한다.

제5조【등기완료통지에 관한 적용례】 제53조제1항제5호와 제109조제1항제6호의 개정규정은 이 규칙 시행 전에 접수되어 이 규칙 시행 당시 처리 중인 사건에 대해서도 적용한다.

제6조【사용자등록의 유효기간 단축에 관한 적용례】 제69조제3항의 개정규정은 이 규칙 시행 이후 사용자등록의 유효기간이 만료되어 그 연장을 신청하는 자부터 적용한다.

제7조【공동담보 등기기록 등의 정비에 관한 특례】 ① 이 규칙 시행 전에 종전의 법(개정부동산등기법으로 개정되기 전의 것을 말한다)에 따라 관할 등기소가 다른 여러 부동산에 대하여 각 관할 등기소별로 공동담보의 등기가 마쳐진 경우로서 이 규칙 시행일 이후에 법 제78조제4항 또는 이 규칙 제136조제1항의등기를 하는 등기관은 먼저 종전 공동담보의 내역이나 공동담보목록을 말소하고 대법원예규로 정하는 바에 따라 그 내역이나 목록을 새로이 작성하여 등기하여야 한다.

② 제1항에 따른 등기는 종전 공동담보 등기에 부기로 하여야 하고, 제1항에 따라 해당 등기관이 속한 등기소에서 그 등기를 하였다는 뜻을 함께 기록하여야 한다.

③ 이 규칙 시행 전에 관할 등기소가 동일한 여러 부동산에 대하여 공동담보의 등기가 마쳐진 경우로서 이 규칙 시행일 이후에 법 제78조제4항에 따라 관할 등기소가 다른 부동산을 공동담보의 목적으로 새로 추가하는 등기를 하는 경우에도 제1항 및 제2항을 준용한다.

제8조【시범사업의 특례】 개정부동산등기법 부칙 제6조에 따라 시범사업을 실시하는 경우, 제7조, 제23조, 제46조제1항제8호, 제67조제4항제2호, 제67조의2부터 제67조의4까지, 제94조의2의 개정규정은 부칙 제1조 본문에도 불구하고 2024년 12월 2일부터 법원행정처장이 지정하는 시범사업 등기소에 한하여 적용한다.

〔별지서식〕 ➡ 「www.hyeonamsa.com」 참조

부동산등기 특별조치법

(1990年 8月 1日
法 律 第4244號)

개정
1991.12.14法 4423號(비송)
1995. 3.30法 4944號(부동산실권리자명의등기에관한법)
1998.12.28法 5592號(부등)
1999. 3.31法 5958號　　2000. 1.21法 6183號
2009.12.29法 9835號
2010. 3.31法10221號(지방세)
2010.12.27法10416號(지방세)
2011. 4.12法10580號(부등)
2012.12.18法11599號(한국토지주택공사법)
2014. 1. 1法12153號(지방세)
2014.11.19法12844號(정부조직)
2017. 7.26法14839號(정부조직)
2018. 3.20法15491號
2021.12.28法18655號(지방세)

第1條【目的】 이 法은 不動産去來에 대한 實體的權利關係에 符合하는 登記를 申請하도록 하기 위하여 不動産登記에 관한 特例 등에 관한 사항을 정함으로써 건전한 不動産 去來秩序를 확립함을 目的으로 한다.

第2條【所有權移轉登記등 申請義務】 ① 不動産의 所有權移轉을 내용으로 하는 契約을 체결한 者는 다음 各號의 1에 정하여진 날부터 60日 이내에 所有權移轉登記를 申請하여야 한다. 다만, 그 契約이 取消・解除되거나 無效인 경우에는 그러하지 아니하다.

1. 契約의 當事者가 서로 對價的인 債務를 부담하는 경우에는 反對給付의 이행이 완료된 날
2. 契約當事者의 一方만이 債務를 부담하는 경우에는 그 契約의 效力이 발생한 날

② 第1項의 경우에 不動産의 所有權을 移轉받을 것을 내용으로 하는 契約을 체결한 者가 第1項 各號에 정하여진 날 이후 그 不動産에 대하여 다시 第3者와 所有權移轉을 내용으로 하는 契約이나 第3者에게 契約當事者의 地位를 移轉하는 契約을 체결하고자 할 때에는 그 第3者와 契約을 체결하기 전에 먼저 체결된 契約에 따라 所有權移轉登記를 申請하여야 한다.

③ 第1項의 경우에 不動産의 所有權을 移轉받을 것을 내용으로 하는 契約을 체결한 者가 第1項 各號에 정하여진 날 전에 그 不動産에 대하여 다시 第3者와 所有權移轉을 내용으로 하는 契約을 체결한 때에는 먼저 체결된 契約의 反對給付의 이행이 완료되거나 契約의 效力이 발생한 날부터 60日 이내에 먼저 체결된 契約에 따라 所有權移轉登記를 申請하여야 한다.

④ 國家・地方自治團體・한국토지주택공사・韓國水資源公社 또는 土地區劃整理組合(1999年 5月 1日 전에 조합설립의 인가를 받아 土地區劃整理事業의 施行者인 土地區劃整理事業法에 의한 土地區劃整理組合에 한한다)이 宅地開發促進法에 의한 宅地開發事業, 土地區劃整理事業法에 의한 土地區劃整理事業 또는 産業立地및開發에관한法律에 의한 特殊地域開發事業(住居施設用 土地에 한한다)의 施行者인 경우에 당해 施行者와 不動産의 所有權을 移轉받을 것을 내용으로 하는 契約을 최초로 締結한 者가 破産 기타 이와 유사한 사유로 所有權移轉登記를 할 수 없는 때에는 地方自治團體의 條例로 정하는 者에 대하여 第2項 및 第3項의 規定을 適用하지 아니한다.(2012.12.18 본항개정)
<2000.6.30까지 유효>

⑤ 所有權保存登記가 되어 있지 아니한 不動産에 대하여 所有權移轉을 내용으로 하는 契約을 체결한 者는 다음 各號의 1에 정하여진 날부터 60日 이내에 所有權保存登記를 申請하여야 한다.

1. 「부동산등기법」 제65조에 따라 所有權保存登記를 申請할 수 있음에도 이를 하지 아니한 채 契約을 체결한 경우에는 그 契約을 체결한 날(2011.4.12 본호개정)
2. 契約을 체결한 후에 「부동산등기법」 제65조에 따라 所有權保存登記를 申請할 수 있게 된 경우에는 所有權保存登記를 申請할 수 있게 된 날(2011.4.12 본호개정)

판례 [1] 부동산의 소유권이전을 내용으로 하는 계약을 체결한 자가 반대급부의 이행이 완료되기 전에 제3자에게 계약당사자의 지위를 이전하는 계약을 체결한 경우에는 먼저 체결된 계약에 따라 소유권이전등기신청을 하여야 할 의무가 없고, 따라서 부동산등기 특별조치법 제8조제1호, 제2조제3항 위반죄가 성립할 수 없다.
[2] 부동산등기 특별조치법 소정의 '계약당사자의 지위를 이전하는 계약'은 계약당사자 중 일방이 당사자로서의 지위를 포괄적으로 제3자에게 이전하여 계약관계에서 탈퇴하고 제3자가 그 지위를 승계하는 것을 목적으로 하는 계약을 말하는 것으로, 승계되는 계약관계상의 대금 등과는 별도로 지위이전에 따른 대가로서 웃돈 내지 프리미엄의 명목으로 금원이 수수되고, 약정의 경제적 동기가 이러한 이익 등을 누리려는 데 있었다고 하더라도 그러한 사정만으로 계약의 성격이 달라지는 것은 아니다.
[3] 공매절차에서 부동산을 낙찰받아 미등기 전매함에 있어서 공고된 매매조건과 이에 부합하게 마련된 절차에 따라 매수인을 변경하고 새로운 매수인과 권리의무 승계신청서를 작성하여 제출하였음에도 권리의무 승계신청서 등의 객관적인 문언 내용을 배척하고 이와 달리 위 계약이 실질적으로 소유권이전을 내용으로 하는 계약이라고 판단하여 부동산등기특별조치법 위반죄를 인정한 원심판결을 파기한다.
[4] 부동산등기 특별조치법 소정의 소유권이전등기 신청의무가 있는 자로서 부동산등기 특별조치법 위반의 범죄주체가 되는 '소유권이전을 내용으로 하는 계약을 체결한 자'는 매매・교환・증여 등 소유권이전을 내용으로 하는 계약의 당사자를 가리키는바, 어떤 사람이 타인을 통하여 부동산을 매수함에 있어 매수인 명의를 그 타인 명의로 하기로 하였다면 이와 같은 매수인 명의의 신탁관계는 그들 사이의 내부적인 관계에 불과한 것이어서 대외적으로는 그 타인을 매매당사자로 보아야 하므로, 달리 특별한 사정이 없는 한 그 본인은 소유권이전을 내용으로 하는 계약을 체결한 자라고 볼 수 없다.
(대판 2007.5.11, 2006도5560)

第3條【契約書등의 檢印에 대한 特例】 ① 契約을 원인으로 所有權移轉登記를 申請할 때에는 다음 各號의 사항이 기재된 契約書에 檢印申請人을 표시하여 不動産의 所在地를 관할하는 市長(區가 設置되어 있는 市에 있어서는 區廳長)・郡守(이하 "市長등"이라 한다) 또는 그 權限의 委任을 받은 者의 檢印을 받아 管轄登記所에 이를 제출하여야 한다.

1. 當事者
2. 目的不動産
3. 契約年月日
4. 代金 및 그 支給日字등 支給에 관한 사항 또는 評價額 및 그 差額의 精算에 관한 사항
5. 不動産仲介業者가 있을 때에는 不動産仲介業者
6. 契約의 조건이나 期限이 있을 때에는 그 조건 또는 期限

② 第1項의 경우에 登記原因을 증명하는 書面이 執行力있는 判決書 또는 判決과 같은 效力을 갖는 調書(이하 "判決書등"이라 한다)인 때에는 判決書등에 第1項의 檢印을 받아 제출하여야 한다.

③ 市長등 또는 그 權限의 委任을 받은 者가 第1項, 第2項 또는 第4條의 規定에 의한 檢印을 한 때에는 그 契約書 또는 判決書등의 寫本 2통을 작성하여 1통은 보관하고 1통은 不動産의 所在地를 관할하는 稅務署長에게 송부하여야 한다.

④ 契約書등의 檢印에 관하여 필요한 사항은 大法院規則으로 정한다.

第4條【檢印申請에 대한 特例】 不動産의 所有權을 移轉받을 것을 내용으로 第2條第1項 各號의 契約을 체결한 者는 그 不動産에 대하여 다시 第3者와 所有權移轉을 내용으로

하는 契約이나 第3者에게 契約當事者의 地位를 移轉하는 契約을 체결하고자 할 때에는 먼저 체결된 契約의 契約書에 第3條의 規定에 의한 檢印을 받아야 한다.

第5條【許可등에 대한 特例】 ① 登記原因에 대하여 行政官廳의 許可, 同意 또는 승낙을 받을 것이 요구되는 때에는 소유권이전등기를 申請할 때에 그 許可, 同意 또는 승낙을 증명하는 書面을 제출하여야 한다.(2011.4.12 본항개정)

② 登記原因에 대하여 行政官廳에 신고할 것이 요구되는 때에는 所有權移轉登記를 申請할 때에 申告를 증명하는 書面을 제출하여야 한다.

第6條【登記原因 허위기재등의 금지】 第2條의 規定에 의하여 所有權移轉登記를 申請하여야 할 者는 그 登記를 申請함에 있어서 登記申請書에 登記原因을 허위로 기재하여 申請하거나 所有權移轉登記외의 登記를 申請하여서는 아니된다.

第7條 (1995.3.30 삭제)

第8條【罰則】 다음 各號의 1에 해당하는 者는 3年 이하의 懲役이나 1億원 이하의 罰金에 處한다.

1. 租稅賦課를 免하려 하거나 다른 時點間의 價格變動에 따른 利得을 얻으려 하거나 所有權등 權利變動을 規制하는 法令의 制限을 회피할 목적으로 第2條第2項 또는 第3項의 規定에 위반한 때
2. 第6條의 規定에 위반한 때
3. (1995.3.30 삭제)

판례 국토의 계획 및 이용에 관한 법률상 허가구역 내의 토지를 소유권이전등기를 마치지 아니하고 전매하는 경우 처음부터 토지거래허가를 배제할 의도였음이 명백하여 매매계약이 확정적으로 무효이므로 부동산등기 특별조치법 제8조제1호, 제2조제3항 위반죄는 성립하지 않는다.(대판 2005.12.22, 2005도6557)

第9條【罰則】 다음 各號의 1에 해당하는 者는 1年 이하의 懲役이나 3千萬원 이하의 罰金에 處한다.

1. 第8條第1號에 해당하지 아니한 者로서 第4條의 規定에 위반한 때
2. (1995.3.30 삭제)

第10條【양벌규정】 법인의 대표자나 법인 또는 개인의 대리인, 사용인, 그 밖의 종업원이 그 법인 또는 개인의 업무에 관하여 제8조 또는 제9조의 위반행위를 하면 그 행위자를 벌하는 외에 그 법인 또는 개인에게도 해당 조문의 벌금형을 과(科)한다. 다만, 법인 또는 개인이 그 위반행위를 방지하기 위하여 해당 업무에 관하여 상당한 주의와 감독을 게을리하지 아니한 경우에는 그러하지 아니하다.(2009.12.29 본조개정)

第11條【過怠料】 ① 登記權利者가 상당한 사유없이 第2條各項의 規定에 의한 登記申請을 해태한 때에는 그 해태한 날 당시의 부동산에 대하여 「지방세법」 제10조 및 제10조의2부터 제10조의6까지의 과세표준에 같은 법 제11조제1항의 표준세율(같은 법 제14조에 따라 조례로 세율을 달리 정하는 경우에는 그 세율을 말한다)에서 1천분의 20을 뺀 세율(같은 법 제11조제1항제8호의 경우에는 1천분의 20의 세율)을 적용하여 산출한 금액(같은 법 제13조제2항·제3항·제6항 또는 제7항에 해당하는 경우에는 그 금액의 100분의 300)의 5배 이하에 상당하는 금액의 過怠料에 處한다. 다만, 不動産實權利者名義登記에관한法律 第10條第1項의 規定에 의하여 課徵金을 부과한 경우에는 그러하지 아니하다.
(2021.12.28 본문개정)

② 第1項의 規定에 의한 過怠料의 금액을 정함에 있어서 해태기간, 해태사유, 目的不動産의 價額등을 참작하여야 한다.

第12條【過怠料의 賦課·徵收】 ① 第11條의 規定에 의한 과태료는 행정안전부령으로 정하는 바에 따라 그 不動産의 所在地를 관할하는 市長등이 부과·징수한다.(2018.3.20 본항개정)

②~⑥ (2018.3.20 삭제)

⑦ 登記官은 第11條의 規定에 의한 過怠料에 處할 사유가 있다고 인정된 때에는 지체없이 目的不動産의 所在地를 관할하는 市長등에게 이를 통지하여야 한다.(1998.12.28 본항개정)

⑧ (2018.3.20 삭제)

附 則 (2000.1.21)

① **【施行日】** 이 法은 公布한 날부터 施行한다.

② **【所有權移轉登記申請에 관한 經過措置】** 이 法 施行전에 第2條第4項의 改正規定에 의한 事業의 施行者로부터 부동산의 소유권을 移轉받을 것을 내용으로 하는 契約을 최초로 締結한 者가 이 法 施行 당시 所有權移轉登記를 하지 아니한 경우의 登記申請에 대하여는 이 法을 적용한다.

附 則 (2018.3.20)

이 법은 공포한 날부터 시행한다.

附 則 (2021.12.28)

第1條【시행일】 이 법은 2022년 1월 1일부터 시행한다.(이하 생략)

부동산 실권리자명의 등기에 관한 법률(약칭 : 부동산실명법)

(1995년 3월 30일
법 률 제4944호)

개정
1996.12.30법 5193호(상속세)
1997. 8.22법 5371호(금융부실)
1997.12.13법 5453호(행정절차)
1998.12.28법 5582호(상속세)
1998.12.28법 5592호(부등)
1999.12.31법 6073호(금융부실)
2002. 3.30법 6683호
2007. 5.11법 8418호
2007. 8. 3법 8635호(자본시장금융투자업)
2010. 3.31법10203호
2011. 5.19법10682호(금융부실)
2013. 7.12법11884호
2013. 8. 6법11998호(지방세외수입금의징수등에관한법)
2016. 1. 6법13713호
2019.11.26법16652호(자산관리)
2020. 3.24법17091호(지방행정제재 · 부과금의징수등에관한법)

제1조【목적】 이 법은 부동산에 관한 소유권과 그 밖의 물권을 실체적 권리관계와 일치하도록 실권리자 명의(名義)로 등기하게 함으로써 부동산등기제도를 악용한 투기 · 탈세 · 탈법행위 등 반사회적 행위를 방지하고 부동산 거래의 정상화와 부동산 가격의 안정을 도모하여 국민경제의 건전한 발전에 이바지함을 목적으로 한다.(2010.3.31 본조개정)

제2조【정의】 이 법에서 사용하는 용어의 뜻은 다음과 같다.
1. "명의신탁약정"(名義信託約定)이란 부동산에 관한 소유권이나 그 밖의 물권(이하 "부동산에 관한 물권"이라 한다)을 보유한 자 또는 사실상 취득하거나 취득하려고 하는 자〔이하 "실권리자"(實權利者)라 한다〕가 타인과의 사이에서 대내적으로는 실권리자가 부동산에 관한 물권을 보유하거나 보유하기로 하고 그에 관한 등기(가등기를 포함한다. 이하 같다)는 그 타인의 명의로 하기로 하는 약정〔위임 · 위탁매매의 형식에 의하거나 추인(追認)에 의한 경우를 포함한다〕을 말한다. 다만, 다음 각 목의 경우는 제외한다.
가. 채무의 변제를 담보하기 위하여 채권자가 부동산에 관한 물권을 이전(移轉)받거나 가등기하는 경우
나. 부동산의 위치와 면적을 특정하여 2인 이상이 구분소유하기로 하는 약정을 하고 그 구분소유자의 공유로 등기하는 경우
다. 「신탁법」 또는 「자본시장과 금융투자업에 관한 법률」에 따른 신탁재산인 사실을 등기한 경우
2. "명의신탁자"(名義信託者)란 명의신탁약정에 따라 자신의 부동산에 관한 물권을 타인의 명의로 등기하게 하는 실권리자를 말한다.
3. "명의수탁자"(名義受託者)란 명의신탁약정에 따라 실권리자의 부동산에 관한 물권을 자신의 명의로 등기하는 자를 말한다.
4. "실명등기"(實名登記)란 법률 제4944호 부동산실권리자명의등기에관한법률 시행 전에 명의신탁약정에 따라 명의수탁자의 명의로 등기된 부동산에 관한 물권을 법률 제4944호 부동산실권리자명의등기에관한법률 시행일 이후 명의신탁자의 명의로 등기하는 것을 말한다.

(2010.3.31 본조개정)

제3조【실권리자명의 등기의무 등】 ① 누구든지 부동산에 관한 물권을 명의신탁약정에 따라 명의수탁자의 명의로 등기하여서는 아니 된다.
② 채무의 변제를 담보하기 위하여 채권자가 부동산에 관한 물권을 이전받는 경우에는 채무자, 채권금액 및 채무변제를 위한 담보라는 뜻이 적힌 서면을 등기신청서와 함께 등기관에게 제출하여야 한다.
(2010.3.31 본조개정)

판례 실권리자명의 등기의무를 위반한 명의신탁자에 대하여 부과하는 과징금의 감경에 관한 '부동산 실권리자명의 등기에 관한 법률 시행령' 제3조의2 단서는 임의적 감경규정임이 명백하므로, 그 감경사유가 존재하더라도 과징금 부과관청이 감경사유까지 고려하고도 과징금을 감경하지 않은 채 과징금 전액을 부과하는 처분을 한 경우에는 이를 위법하다고 단정할 수는 없으나, 위 감경사유가 있음에도 이를 전혀 고려하지 않았거나 감경사유에 해당하지 않는다고 오인한 나머지 과징금을 감경하지 않았다면 그 과징금 부과처분은 재량권을 일탈 · 남용한 위법한 처분이라고 할 수밖에 없다.
(대판 2010.7.15, 2010두7031)

제4조【명의신탁약정의 효력】 ① 명의신탁약정은 무효로 한다.
② 명의신탁약정에 따른 등기로 이루어진 부동산에 관한 물권변동은 무효로 한다. 다만, 부동산에 관한 물권을 취득하기 위한 계약에서 명의수탁자가 어느 한쪽 당사자가 되고 상대방 당사자는 명의신탁약정이 있다는 사실을 알지 못한 경우에는 그러하지 아니하다.
③ 제1항 및 제2항의 무효는 제3자에게 대항하지 못한다.
(2010.3.31 본조개정)

제5조【과징금】 ① 다음 각 호의 어느 하나에 해당하는 자에게는 해당 부동산 가액(價額)의 100분의 30에 해당하는 금액의 범위에서 과징금을 부과한다.
1. 제3조제1항을 위반한 명의신탁자
2. 제3조제2항을 위반한 채권자 및 같은 항에 따른 서면에 채무자를 거짓으로 적어 제출하게 한 실채무자(實債務者)
② 제1항의 부동산 가액은 과징금을 부과하는 날 현재의 다음 각 호의 가액에 따른다. 다만, 제3조제1항 또는 제11조제1항을 위반한 자가 과징금을 부과받은 날 이미 명의신탁관계를 종료하였거나 실명등기를 하였을 때에는 명의신탁관계 종료 시점 또는 실명등기 시점의 부동산 가액으로 한다.
1. 소유권의 경우에는 「소득세법」 제99조에 따른 기준시가
2. 소유권 외의 물권의 경우에는 「상속세 및 증여세법」 제61조제5항 및 제66조에 따라 대통령령으로 정하는 방법으로 평가한 금액
③ 제1항에 따른 과징금의 부과기준은 제2항에 따른 부동산 가액(이하 "부동산평가액"이라 한다), 제3조를 위반한 기간, 조세를 포탈하거나 법령에 따른 제한을 회피할 목적으로 위반하였는지 여부 등을 고려하여 대통령령으로 정한다.
④ 제1항에 따른 과징금이 대통령령으로 정하는 금액을 초과하는 경우에는 그 초과하는 부분은 대통령령으로 정하는 바에 따라 물납(物納)할 수 있다.
⑤ 제1항에 따른 과징금은 해당 부동산의 소재지를 관할하는 특별자치도지사 · 특별자치시장 · 시장 · 군수 또는 구청장이 부과 · 징수한다. 이 경우 과징금은 위반사실이 확인된 후 지체 없이 부과하여야 한다.(2016.1.6 전단개정)
⑥ 제1항에 따른 과징금을 납부기한까지 내지 아니하면 「지방행정제재 · 부과금의 징수 등에 관한 법률」에 따라 징수한다.(2020.3.24 본항개정)
⑦ 제1항에 따른 과징금의 부과 및 징수 등에 필요한 사항은 대통령령으로 정한다.
(2010.3.31 본조개정)

제5조의2【과징금 납부기한의 연장 및 분할 납부】 ① 특별자치도지사 · 특별자치시장 · 시장 · 군수 또는 구청장은 제5조제1항에 따른 과징금을 부과받은 자(이하 이 조에서 "과징금 납부의무자"라 한다)가 과징금의 금액이 대통령령으로 정하는 기준을 초과하는 경우로서 다음 각 호의 어느 하나에 해당하여 과징금의 전액을 일시에 납부하기가 어렵다고 인정할 때에는 그 납부기한을 연장하거나 분할 납부하게 할 수 있다. 이 경우 필요하다고 인정할 때에는 대통령령으로 정하는 바에 따라 담보를 제공하게 할 수 있다.
1. 재해 또는 도난 등으로 재산에 현저한 손실을 입은 경우
2. 사업 여건의 악화로 사업이 중대한 위기에 처한 경우
3. 과징금을 일시에 내면 자금사정에 현저한 어려움이 예상되는 경우

4. 과징금 납부의무자 또는 동거 가족이 질병이나 중상해(重傷害)로 장기 치료가 필요한 경우
5. 그 밖에 제1호부터 제4호까지의 규정에 준하는 사유가 있는 경우

② 과징금 납부의무자가 제1항에 따른 과징금 납부기한의 연장 또는 분할 납부를 신청하려는 경우에는 과징금 납부를 통지받은 날부터 30일 이내에 특별자치도지사·특별자치시장·시장·군수 또는 구청장에게 신청하여야 한다.

③ 특별자치도지사·특별자치시장·시장·군수 또는 구청장은 제1항에 따라 납부기한이 연장되거나 분할 납부가 허용된 과징금 납부의무자가 다음 각 호의 어느 하나에 해당하게 된 때에는 그 납부기한의 연장 또는 분할 납부 결정을 취소하고 일시에 징수할 수 있다.

1. 납부기한의 연장 또는 분할 납부 결정된 과징금을 그 납부기한 내에 납부하지 아니한 때
2. 담보의 변경, 그 밖에 담보 보전에 필요한 특별자치도지사·특별자치시장·시장·군수 또는 구청장의 요구를 이행하지 아니한 때
3. 강제집행, 경매의 개시, 파산선고, 법인의 해산, 국세 또는 지방세의 체납처분을 받은 때 등 과징금의 전부 또는 잔여분을 징수할 수 없다고 인정되는 때

④ 제1항부터 제3항까지의 규정에 따른 과징금 납부기한의 연장, 분할 납부 또는 담보의 제공 등에 필요한 사항은 대통령령으로 정한다.

(2016.1.6 본조신설)

제6조 【이행강제금】 ① 제5조제1항제1호에 따른 과징금을 부과받은 자는 지체 없이 해당 부동산에 관한 물권을 자신의 명의로 등기하여야 한다. 다만, 제4조제2항 단서에 해당하는 경우에는 그러하지 아니하며, 자신의 명의로 등기할 수 없는 정당한 사유가 있는 경우에는 그 사유가 소멸된 후 지체 없이 자신의 명의로 등기하여야 한다.

② 제1항을 위반한 자에 대하여는 과징금 부과일(제1항 단서 후단의 경우에는 등기할 수 없는 사유가 소멸한 때를 말한다)부터 1년이 지난 때에 부동산평가액의 100분의 10에 해당하는 금액을, 다시 1년이 지난 때에 부동산평가액의 100분의 20에 해당하는 금액을 각각 이행강제금으로 부과한다.

③ 이행강제금에 관하여는 제5조제4항부터 제7항까지의 규정을 준용한다.

(2010.3.31 본조개정)

제7조 【벌칙】 ① 다음 각 호의 어느 하나에 해당하는 자는 5년 이하의 징역 또는 2억원 이하의 벌금에 처한다.
(2016.1.6 본문개정)

1. 제3조제1항을 위반한 명의신탁자
2. 제3조제2항을 위반한 채권자 및 같은 항에 따른 서면에 채무자를 거짓으로 적어 제출하게 한 실채무자

② 제3조제1항을 위반한 명의수탁자는 3년 이하의 징역 또는 1억원 이하의 벌금에 처한다.(2016.1.6 본항개정)

③ (2016.1.6 삭제)

(2010.3.31 본조개정)

제8조 【종중, 배우자 및 종교단체에 대한 특례】 다음 각 호의 어느 하나에 해당하는 경우로서 조세 포탈, 강제집행의 면탈(免脫) 또는 법령상 제한의 회피를 목적으로 하지 아니하는 경우에는 제4조부터 제7조까지 및 제12조제1항부터 제3항까지를 적용하지 아니한다.(2013.7.12 본문개정)

1. 종중(宗中)이 보유한 부동산에 관한 물권을 종중(종중과 그 대표자를 같이 표시하여 등기한 경우를 포함한다) 외의 자의 명의로 등기한 경우
2. 배우자 명의로 부동산에 관한 물권을 등기한 경우
3. 종교단체의 명의로 그 산하 조직이 보유한 부동산에 관한 물권을 등기한 경우(2013.7.12 본호신설)

(2013.7.12 본조제목개정)
(2010.3.31 본조개정)

제9조 【조사 등】 ① 특별자치도지사·특별자치시장·시장·군수 또는 구청장은 필요하다고 인정하는 경우에는 제3조, 제10조부터 제12조까지 및 제14조를 위반하였는지를 확인하기 위한 조사를 할 수 있다.(2016.1.6 본항개정)

② 국세청장은 탈세 혐의가 있다고 인정하는 경우에는 제3조, 제10조부터 제12조까지 및 제14조를 위반하였는지를 확인하기 위한 조사를 할 수 있다.

③ 공무원이 그 직무를 수행할 때에 제3조, 제10조부터 제12조까지 및 제14조를 위반한 사실을 알게 된 경우에는 국세청장과 해당 부동산의 소재지를 관할하는 특별자치도지사·특별자치시장·시장·군수 또는 구청장에게 그 사실을 통보하여야 한다.(2016.1.6 본항개정)

(2010.3.31 본조개정)

제10조 【장기미등기자에 대한 벌칙 등】 ①「부동산등기 특별조치법」 제2조제1항, 제11조 및 법률 제4244호 부동산등기특별조치법 부칙 제2조를 적용받는 자로서 다음 각 호의 어느 하나에 해당하는 날부터 3년 이내에 소유권이전등기를 신청하지 아니한 등기권리자(이하 "장기미등기자"라 한다)에게는 부동산평가액의 100분의 30의 범위에서 과징금(「부동산등기 특별조치법」 제11조에 따른 과태료가 이미 부과된 경우에는 그 과태료에 상응하는 금액을 뺀 금액을 말한다)을 부과한다. 다만, 제4조제2항 본문 및 제12조제1항에 따라 등기의 효력이 발생하지 아니하여 새로 등기를 신청하여야 할 사유가 발생한 경우와 등기를 신청하지 못할 정당한 사유가 있는 경우에는 그러하지 아니하다.

1. 계약당사자가 서로 대가적(代價的)인 채무를 부담하는 경우에는 반대급부의 이행이 사실상 완료된 날
2. 계약당사자의 어느 한쪽만이 채무를 부담하는 경우에는 그 계약의 효력이 발생한 날

② 제1항에 따른 과징금의 부과기준은 부동산평가액, 소유권이전등기를 신청하지 아니한 기간, 조세를 포탈하거나 법령에 따른 제한을 회피할 목적으로 하였는지 여부,「부동산등기 특별조치법」 제11조에 따른 과태료가 부과되었는지 여부 등을 고려하여 대통령령으로 정한다.

③ 제1항의 과징금에 관하여는 제5조제4항부터 제7항까지 및 제5조의2를 준용한다.(2016.1.6 본항개정)

④ 장기미등기자가 제1항에 따라 과징금을 부과받고도 소유권이전등기를 신청하지 아니하면 제6조제2항 및 제3항을 준용하여 이행강제금을 부과한다.

⑤ 장기미등기자(제1항 단서에 해당하는 자는 제외한다)는 5년 이하의 징역 또는 2억원 이하의 벌금에 처한다.
(2016.1.6 본항개정)

(2010.3.31 본조개정)

제11조 【기존 명의신탁약정에 따른 등기의 실명등기 등】
① 법률 제4944호 부동산실권리자명의등기에관한법률 시행 전에 명의신탁약정에 따라 부동산에 관한 물권을 명의수탁자의 명의로 등기하거나 등기하도록 한 명의신탁자(이하 "기존 명의신탁자"라 한다)는 법률 제4944호 부동산실권리자명의등기에관한법률 시행일부터 1년의 기간(이하 "유예기간"이라 한다) 이내에 실명등기하여야 한다. 다만, 공용징수, 판결, 경매 또는 그 밖에 법률에 따라 명의수탁자로부터 제3자에게 부동산에 관한 물권이 이전된 경우(상속에 의한 이전은 제외한다)와 종교단체, 향교 등이 조세 포탈, 강제집행의 면탈을 목적으로 하지 아니하고 명의신탁한 부동산으로서 대통령령으로 정하는 경우는 그러하지 아니하다.

② 다음 각 호의 어느 하나에 해당하는 경우에는 제1항에 따라 실명등기를 한 것으로 본다.

1. 기존 명의신탁자가 해당 부동산에 관한 물권에 대하여 매매나 그 밖의 처분행위를 하고 유예기간 이내에 그 처분행위로 인한 취득자에게 직접 등기를 이전한 경우
2. 기존 명의신탁자가 유예기간 이내에 다른 법률에 따라 해

당 부동산의 소재지를 관할하는 특별자치도지사 · 특별자치시장 · 시장 · 군수 또는 구청장에게 매각을 위탁하거나 대통령령으로 정하는 바에 따라 「한국자산관리공사 설립 등에 관한 법률」에 따라 설립된 한국자산관리공사에 매각을 의뢰한 경우. 다만, 매각위탁 또는 매각의뢰를 철회한 경우에는 그러하지 아니하다.(2019.11.26 본문개정)

③ 실권리자의 귀책사유 없이 다른 법률에 따라 제1항 및 제2항에 따른 실명등기 또는 매각처분 등을 할 수 없는 경우에는 그 사유가 소멸한 때부터 1년 이내에 실명등기 또는 매각처분 등을 하여야 한다.

④ 법률 제4944호 부동산실권리자명의등기에관한법률 시행 전 또는 유예기간 중에 부동산물권에 관한 쟁송이 법원에 제기된 경우에는 그 쟁송에 관한 확정판결(이와 동일한 효력이 있는 경우를 포함한다)이 있은 날부터 1년 이내에 제1항 및 제2항에 따른 실명등기 또는 매각처분 등을 하여야 한다.

(2010.3.31 본조개정)

판례 부동산물권에 관한 쟁송의 의미 : 명의신탁자가 당사자로서 해당 부동산에 관하여 자신이 실권리자임을 주장하여 이를 공적으로 확인받기 위한 쟁송이면 족하고, 또한 쟁송제기 주체가 명의신탁자가 아닌 명의신탁자의 채권자가 명의신탁자를 대위하여 명의수탁자를 상대로 소송을 제기한 경우에도 이에 해당하며, 그 결과에 의하여 곧바로 실명등기를 할 수 있어야 하는 쟁송으로 제한되는 것도 아니지만, 적어도 다툼의 대상인 권리관계가 확정되기 전까지는 실명등기를 할 수 없는 쟁송이어야 한다고 해석하여야 한다.
(대판 2011.5.26, 2010다21214)

제12조 【실명등기의무 위반의 효력 등】 ① 제11조에 규정된 기간 이내에 실명등기 또는 매각처분 등을 하지 아니한 경우 그 기간이 지난 날 이후의 명의신탁약정 등의 효력에 관하여는 제4조를 적용한다.

② 제11조를 위반한 자에 대하여는 제3조제1항을 위반한 자에 준하여 제5조, 제5조의2 및 제6조를 적용한다.(2016.1.6 본항개정)

③ 법률 제4944호 부동산실권리자명의등기에관한법률 시행 전에 명의신탁약정에 따른 등기를 한 사실이 없는 자가 제11조에 따른 실명등기를 가장하여 등기한 경우에는 5년 이하의 징역 또는 2억원 이하의 벌금에 처한다.

(2010.3.31 본조개정)

제12조의2 【양벌규정】 법인 또는 단체의 대표자나 법인 · 단체 또는 개인의 대리인 · 사용인 및 그 밖의 종업원이 그 법인 · 단체 또는 개인의 업무에 관하여 제7조, 제10조제5항 또는 제12조제3항의 위반행위를 하면 그 행위자를 벌하는 외에 그 법인 · 단체 또는 개인에게도 해당 조문의 벌금형을 과한다. 다만, 법인 · 단체 또는 개인이 그 위반행위를 방지하기 위하여 해당 업무에 관하여 상당한 주의와 감독을 게을리하지 아니한 경우에는 그러하지 아니하다.(2016.1.6 본조신설)

제13조 【실명등기에 대한 조세부과의 특례】 ① 제11조에 따라 실명등기를 한 부동산이 1건이고 그 가액이 5천만원 이하인 경우로서 다음 각 호의 어느 하나에 해당하는 경우에는 이미 면제되거나 적게 부과된 조세 또는 부과되지 아니한 조세는 추징(追徵)하지 아니한다. 이 경우 실명등기를 한 부동산의 범위 및 가액의 계산에 대하여는 대통령령으로 정한다.

1. 종전의 「소득세법」(법률 제4803호로 개정되기 전의 법률을 말한다) 제5조제6호에 따라 명의신탁자 및 그와 생계를 같이 하는 1세대(世帶)가 법률 제4944호 부동산실권리자명의등기에관한법률 시행 전에 1세대1주택 양도에 따른 비과세를 받은 경우로서 실명등기로 인하여 해당 주택을 양도한 날에 비과세에 해당하지 아니하게 되는 경우
2. 종전의 「상속세법」(법률 제5193호로 개정되기 전의 법률을 말한다) 제32조의2에 따라 명의자에게 법률 제4944호 부동산실권리자명의등기에관한법률 시행 전에 납세의무가 성립된 증여세를 부과하는 경우

② 실명등기를 한 부동산이 비업무용 부동산에 해당하는 경우로서 유예기간(제11조제3항 및 제4항의 경우에는 그 사유가 소멸한 때부터 1년의 기간을 말한다) 종료 시까지 해당 법인의 고유업무에 직접 사용할 때에는 법률 제6312호 지방세법중개정법률 부칙 제10조에도 불구하고 종전의 「지방세법」(법률 제6312호로 개정되기 전의 법률을 말한다) 제112조제2항의 세율을 적용하지 아니한다.

(2010.3.31 본조개정)

제14조 【기존 양도담보권자의 서면 제출 의무 등】 ① 법률 제4944호 부동산실권리자명의등기에관한법률 시행 전에 채무의 변제를 담보하기 위하여 채권자가 부동산에 관한 물권을 이전받은 경우에는 법률 제4944호 부동산실권리자명의등기에관한법률 시행일부터 1년 이내에 채무자, 채권금액 및 채무변제를 위한 담보라는 뜻이 적힌 서면을 등기관에게 제출하여야 한다.

② 제1항을 위반한 채권자 및 제1항에 따른 서면에 채무자를 거짓으로 적어 제출하게 한 실채무자에 대하여는 해당 부동산평가액의 100분의 30의 범위에서 과징금을 부과한다.

③ 제2항에 따른 과징금의 부과기준은 부동산평가액, 제1항을 위반한 기간, 조세를 포탈하거나 법령에 따른 제한을 회피할 목적으로 위반하였는지 여부 등을 고려하여 대통령령으로 정한다.

④ 제2항에 따른 과징금에 관하여는 제5조제4항부터 제7항까지 및 제5조의2를 준용한다.(2016.1.6 본항개정)

(2010.3.31 본조개정)

제15조 (1997.12.13 삭제)

부 칙 (2007.5.11)

① **【시행일】** 이 법은 공포한 날부터 시행한다.

② **【적용례】** 제5조제2항(제12조제2항의 규정에 따라 적용되는 경우를 포함한다)의 개정규정은 이 법 시행 후 최초로 과징금을 부과하는 분부터 적용한다. 다만, 종전의 규정에 따라 부과된 과징금처분(행정심판 또는 행정소송이 제기되어 그 절차가 종료되지 아니한 것에 한한다)에 대하여도 이를 적용한다.

부 칙 (2013.7.12)

제1조 【시행일】 이 법은 공포한 날부터 시행한다.

제2조 【종교단체에 대한 특례 규정의 적용례】 제8조제3호의 개정규정은 이 법 시행 전에 종교단체의 명의로 그 산하조직이 보유한 부동산에 관한 물권을 등기한 경우로서 조세포탈, 강제집행의 면탈 또는 법령상 제한의 회피를 목적으로 하지 아니하는 경우에는 법률 제4944호 부동산실권리자명의등기에관한법률의 시행일로 소급하여 적용한다.

부 칙 (2019.11.26)
(2020.3.24)

제1조 【시행일】 이 법은 공포한 날부터 시행한다.(이하 생략)

축사의 부동산등기에 관한 특례법(약칭 : 축사등기법)

(2009년 10월 21일
법 률 제9805호)

개정
2019. 8.20법16446호

제1조【목적】 이 법은 개방형 축사의 부동산등기에 관한 특례를 규정하여 개방형 축사에 대한 재산권 보장과 거래의 안전을 목적으로 한다.

제2조【정의】 이 법에서 "개방형 축사"란 소(牛)의 질병을 예방하고 통기성(通氣性)을 확보할 수 있도록 둘레에 벽을 갖추지 아니하고 소를 사육하는 용도로 사용할 수 있는 건축물을 말한다.

제3조【등기 요건】 다음 각 호의 요건을 모두 갖춘 개방형 축사는 건물로 본다.
1. 토지에 견고하게 정착되어 있을 것
2. 소를 사육할 용도로 계속 사용할 수 있을 것
3. 지붕과 견고한 구조를 갖출 것
4. 건축물대장에 축사로 등록되어 있을 것
5. 연면적이 100제곱미터를 초과할 것(2019.8.20 본호개정)

제4조【부동산등기】 제3조 각 호의 요건을 모두 갖춘 개방형 축사는 「부동산등기법」에서 정하는 절차에 따라 건물등기부에 등기할 수 있다.

제5조【대법원규칙】 이 법의 시행에 필요한 사항은 대법원규칙으로 정한다.

부 칙 (2019.8.20)

이 법은 공포 후 3개월이 경과한 날부터 시행한다.

축사의 부동산등기에 관한 특례규칙

(2009년 12월 31일
대법원규칙 제2266호)

제1조【목적】 이 규칙은 「축사의 부동산등기에 관한 특례법」(이하 "법"이라 한다)의 위임에 따라 그 시행에 필요한 사항을 규정함을 목적으로 한다.

제2조【축사의 보존등기】 ① 법 제4조에 따라 개방형 축사의 소유권보존등기를 신청하는 경우에는 신청서에 법에 따라 등기를 신청한다는 뜻을 적어야 한다.
② 제1항에 따라 등기를 할 경우 등기관은 등기기록 중 표제부에 법에 따른 등기임을 기록한다.

제3조【제출서면】 ① 제2조제1항의 등기를 신청하는 경우에는 신청서에 건물의 표시를 증명하는 건축물대장등본을 첨부하여야 한다.
② 법 제3조제2호의 "소를 사육할 용도로 계속 사용할 수 있을 것"을 소명하기 위하여 다음 각호의 어느 하나를 제출하여야 한다. 다만, 건축물대장등본에 의하여 등기할 건축물의 용도가 개방형 축사임을 알 수 있는 경우에는 그러하지 아니하다.
1. 건축허가신청서나 건축신고서의 사본(건축사가 작성한 축사 설계도 또는 「건축법」 제23조제4항 및 「표준설계도서등의운영에관한규칙」 제3조에 따른 축사 표준설계도서가 첨부된 것에 한한다)
2. 그 밖에 건축물의 용도가 개방형 축사임을 알 수 있는 시·구·읍·면의 장이 작성한 서면

제4조【준용규정】 이 규칙에 특별한 규정이 없는 경우에는 성질에 반하지 아니하는 한 「부동산등기규칙」을 준용한다.

부 칙

이 규칙은 2010년 1월 22일부터 시행한다.

후견등기에 관한 법률

(약칭 : 후견등기법)

(2013년 4월 5일 법 률 제11732호)

개정
2017.10.31법14976호

제1장 총 칙

제1조 【목적】 이 법은 「민법」에서 규정한 성년후견, 한정후견, 특정후견 및 후견계약의 등기에 관한 사항을 규정함을 목적으로 한다.

제2조 【정의】 이 법에서 사용하는 용어의 뜻은 다음과 같다.

1. "후견등기부"란 전산정보처리조직에 의하여 입력·처리된 다음 각 목의 등기(이하 "후견등기"라 한다)에 관한 정보자료를 대법원규칙으로 정하는 바에 따라 편성한 것을 말한다.
   가. 성년후견에 관한 등기
   나. 한정후견에 관한 등기
   다. 특정후견에 관한 등기
   라. 후견계약에 관한 등기
2. "후견등기부 부본자료"란 후견등기부와 같은 내용으로 보조기억장치에 기록된 자료를 말한다.
3. "후견등기기록"이란 한 사람의 피성년후견인, 피한정후견인, 피특정후견인(이하 "피성년후견인등"이라 한다) 또는 후견계약의 위임인(이하 "후견계약의 본인"이라 한다)에 관한 등기정보자료를 말한다.
4. "후견등기관"이란 후견등기사무를 처리하는 사람으로서, 가정법원에 근무하는 법원서기관, 법원사무관, 법원주사 또는 법원주사보 중에서 가정법원장이 지정하는 사람을 말한다.

제3조 【등기신청의 접수 시기 및 효력발생 시기】 ① 등기신청은 대법원규칙으로 정하는 등기신청정보가 전산정보처리조직에 저장된 때 접수된 것으로 본다. 이 경우 접수번호는 그 저장된 순서에 따라 부여된다.
② 후견등기관이 등기를 마친 경우 그 등기는 접수한 때부터 효력을 발생한다.

제2장 관할 법원과 후견등기관

제4조 【후견등기의 관할】 후견등기사무는 대법원규칙으로 정하는 가정법원에서 담당한다.

제5조 【관할의 위임】 대법원장은 천재지변, 화재로 인한 소실, 그 밖에 이에 준하는 사유가 있을 경우 어느 가정법원의 관할에 속하는 사무를 다른 가정법원에 위임하게 할 수 있다.

제6조 【관할의 변경】 후견등기사무의 관할 법원이 다른 법원으로 바뀌었을 때에는 종전의 관할 법원은 전산정보처리조직을 이용하여 그 피성년후견인등 또는 후견계약의 본인에 관한 후견등기기록의 처리권한을 다른 법원으로 넘겨주는 조치를 하여야 한다.

제7조 【후견등기사무의 정지】 대법원장은 천재지변, 화재로 인한 소실, 그 밖에 이에 준하는 사유로 가정법원에서 후견등기사무를 정지하여야 하는 사유가 발생하면 기간을 정하여 후견등기사무의 정지를 명령할 수 있다.

제8조 【후견등기사무의 처리】 ① 후견등기사무는 관할 가정법원에 근무하는 후견등기관이 처리한다.
② 후견등기관은 후견등기사무를 전산정보처리조직을 이용하여 후견등기부에 등기사항을 기록하는 방식으로 처리하여야 한다.
③ 후견등기관이 전산정보처리조직에 의하여 후견등기사무를 처리하였을 때에는 대법원규칙으로 정하는 바에 따라 후견등기관의 식별부호를 기록하는 등 후견등기사무를 처리한 후견등기관을 확인할 수 있는 조치를 하여야 한다.
④ 후견등기관, 후견등기부 등을 관리하는 사람 또는 그 직에 있었던 사람은 정당한 이유 없이 그 직무 수행 중 알게 된 후견등기에 관한 비밀을 누설하여서는 아니 된다.
⑤ 후견등기관은 접수번호의 순서에 따라 등기를 하여야 한다.

제9조 【후견등기관의 업무처리의 제한】 ① 후견등기관은 자신이나 그의 배우자 또는 4촌 이내의 친족이 피성년후견인등 또는 후견계약의 본인인 경우에는 그의 배우자 또는 4촌 이내의 친족이 아닌 성년자 2명 이상의 참여가 없으면 등기를 할 수 없다. 그 친족관계가 끝난 후에도 또한 같다.
② 제1항의 경우에 후견등기관은 조서를 작성하여 그 등기에 참여한 사람과 함께 기명날인 또는 서명을 하여야 한다.

제10조 【재정보증】 법원행정처장은 후견등기관의 재정보증에 관한 사항을 정하여 운용할 수 있다.

제3장 후견등기부 등

제11조 【후견등기부】 ① 후견등기부는 전산정보처리조직에 의하여 입력·처리된 전산정보자료를 피성년후견인등 또는 후견계약의 본인 개인별로 구분하여 작성한다.
② 후견등기부는 영구히 보존하여야 한다.
③ 후견등기부는 대법원규칙으로 정하는 장소에 보관·관리하여야 하며, 전쟁·천재지변이나 그 밖에 이에 준하는 사태를 피하기 위한 경우 외에는 그 장소 밖으로 옮기지 못한다.
④ 등기신청서, 등기촉탁서 또는 그 밖의 부속서류(이하 "등기신청서등"이라 한다)는 전쟁·천재지변이나 그 밖에 이에 준하는 사태를 피하기 위한 경우 외에는 가정법원 밖으로 옮기지 못한다. 다만, 법원의 명령 또는 촉탁이 있거나 법관이 발부한 영장에 의하여 압수하는 경우에는 그러하지 아니하다.

제12조 【후견등기부 부본자료의 작성】 후견등기관은 등기를 마쳤을 때에는 후견등기부 부본자료를 작성하여야 한다.

제13조 【후견등기부의 손상과 복구】 ① 후견등기부의 전부 또는 일부가 손상되거나 손상될 우려가 있을 때에는 대법원장은 대법원규칙으로 정하는 바에 따라 후견등기부의 복구·손상방지 등 필요한 처분을 명령할 수 있다.
② 대법원장은 대법원규칙으로 정하는 바에 따라 제1항의 처분명령에 관한 권한을 법원행정처장 또는 가정법원장에게 위임할 수 있다.

제14조 【등기신청서등의 손상 등의 방지】 ① 등기신청서등이 손상되거나 멸실(滅失)될 우려가 있을 때에는 대법원장은 이를 방지하기 위하여 필요한 처분을 명령할 수 있다.
② 제1항에 따른 처분명령에 관하여는 제13조제2항을 준용한다.

제15조 【등기사항증명서의 발급 등】 ① 다음 각 호에 규정된 자는 후견등기관에게 사용 목적을 지정하여 후견등기부에 기록되어 있는 사항의 전부 또는 일부를 증명하는 서면(기록이 없는 경우에는 그러한 취지를 증명하는 서면을 포함하며, 이하 "등기사항증명서"라 한다)의 발급을 청구할 수 있다.

1. 피성년후견인등 또는 후견계약의 본인
2. 제1호에 규정된 사람의 배우자 또는 4촌 이내의 친족(이하 "배우자등"이라 한다)

3. 성년후견인, 한정후견인 또는 특정후견인(이하 "성년후견인등"이라 한다)
4. 성년후견감독인, 한정후견감독인 또는 특정후견감독인(이하 "성년후견감독인등"이라 한다)
5. 임의후견인, 임의후견감독인, 미성년후견인 또는 미성년후견감독인
6. 제3호부터 제5호까지의 규정에 따른 각 직(職)에서 퇴임한 자(자기와 관련된 기록사항으로 한정한다)
7. 유언집행자, 상속재산관리인 등 제1호에 규정된 사람의 「민법」상 법정대리인
8. 국가 또는 지방자치단체(그 직무수행을 위하여 필요한 경우로 한정한다)
9. 소송·비송사건·민사집행의 각 절차에서 등기사항증명서를 제출할 필요가 있는 자(법원의 보정명령서, 사실조회서 등 등기사항증명서를 제출하도록 하는 취지의 법원 문서가 있는 경우로 한정한다)
10. 다른 법령의 규정에 따라 등기사항증명서를 제출할 필요가 있는 자
11. 그 밖에 대법원규칙으로 정하는 정당한 이해관계가 있는 자

② 제27조에 따른 사전처분에 관한 등기사항증명서에 대한 발급청구권자는 대법원규칙으로 정한다.
③ 후견등기관은 제1항 및 제2항의 청구가 후견등기부에 기록된 자에 대한 사생활의 비밀을 침해하는 등 부당한 목적에 의한 것이 분명하다고 인정할 때에는 등기사항증명서의 발급을 거부할 수 있다.
④ 등기사항증명서를 발급받거나 제출받은 자는 이를 그 사용 목적 외의 용도로 사용하여서는 아니 된다.
⑤ 등기사항증명서의 발급청구는 관할 가정법원이 아닌 가정법원에 대하여도 할 수 있다.

제15조의2【인터넷에 의한 등기사항부존재증명서 발급】
① 등기사항부존재증명서("후견등기부에 현재 효력이 있는 후견등기사항이 없다는 취지를 증명하는 서면"을 말한다)의 발급업무는 인터넷을 이용하여 처리할 수 있다.
② 제1항에 따른 발급은 본인만 신청할 수 있다.
③ 제1항에 따른 발급의 절차 및 방법 등 필요한 사항은 대법원규칙으로 정한다.
(2017.10.31 본조신설)

제16조【등기사항증명서의 기재사항】 ① 등기사항증명서에는 제25조부터 제27조까지의 규정에서 정하는 사항을 적는다.
② 등기사항증명서의 종류와 구체적인 기재사항은 대법원규칙으로 정한다.

제17조【등기신청서등의 열람】 등기사항증명서의 발급을 청구할 수 있는 자는 특별한 사유가 있는 경우 대법원규칙으로 정하는 바에 따라 등기신청서등의 열람을 청구할 수 있다.

제18조【수수료】 등기사항증명서의 발급 또는 등기신청서등의 열람을 청구하는 자는 대법원규칙으로 정하는 수수료를 내야 한다.

제19조【후견등기기록의 폐쇄】 ① 후견등기관은 종료등기를 마쳤을 때 또는 그 밖에 대법원규칙으로 정하는 사유가 발생하였을 때에는 그 해당 부분의 후견등기기록을 폐쇄하고, 법령에 다른 규정이 있는 경우를 제외하고는 이를 보조기억장치에 따로 기록하여 보관한다.
② 폐쇄한 후견등기기록은 영구히 보존하여야 한다.
③ 폐쇄한 후견등기기록에 관하여는 제15조부터 제18조까지의 규정을 준용한다.

제4장 등기절차 및 후견등기부 기록사항

제20조【촉탁 또는 신청에 의한 등기】 ① 후견등기는 법률에 다른 규정이 있는 경우를 제외하고는 촉탁 또는 신청이 없으면 하지 못한다.
② 이 법 또는 다른 법률에 다른 규정이 있는 경우를 제외하고는 성년후견, 한정후견 또는 특정후견(이하 "성년후견등"이라 한다)에 관한 등기는 성년후견인등이 신청하고, 후견계약에 관한 등기는 임의후견인이 신청한다.
③ 촉탁에 따른 등기절차에 관하여는 법률에 다른 규정이 있는 경우를 제외하고는 신청에 의한 등기에 관한 규정을 준용한다.

제21조【등기신청 방법】 ① 등기의 신청은 대법원규칙으로 정하는 바에 따라 서면 또는 전산정보처리조직을 이용한 전자문서로 할 수 있다.
② 신청인이 제공하여야 하는 신청정보 및 첨부정보는 대법원규칙으로 정한다.

제22조【신청의 각하】 후견등기관은 다음 각 호의 어느 하나에 해당하는 경우에는 이유를 적은 결정으로 신청을 각하하여야 한다. 다만, 후견등기관이 기간을 정하여 보정(補正)을 명한 경우에 신청인이 그 기간 내에 잘못된 부분을 보정하였을 때에는 그러하지 아니하다.
1. 사건이 그 가정법원의 관할이 아닌 경우
2. 사건이 등기할 것이 아닌 경우
3. 사건이 이미 등기되어 있는 경우
4. 신청할 권한이 없는 자가 신청한 경우
5. 신청정보의 제공이 대법원규칙이나 그 밖의 법령으로 정한 방식에 맞지 아니한 경우
6. 신청정보와 등기원인을 증명하는 정보가 일치하지 아니한 경우
7. 등기에 필요한 첨부정보를 제공하지 아니한 경우
8. 신청정보와 후견등기부에 기록된 사항이 일치하지 아니한 경우

제23조【행정구역의 변경】 행정구역 또는 그 명칭이 변경되었을 때에는 후견등기기록에 기록된 행정구역 또는 그 명칭에 대하여 변경등기를 한 것으로 본다.

제24조【새 후견등기기록으로의 이기】 후견등기기록에 기록된 사항이 많아 취급하기가 불편해지는 등 합리적 사유로 후견등기기록을 옮겨 기록할 필요가 있는 경우에는 후견등기관은 현재 효력이 있는 등기만을 새로운 후견등기기록에 옮겨 기록할 수 있다.

제25조【성년후견등에 관한 기록사항】 ① 성년후견등에 관하여는 다음 사항을 기록한다.
1. 후견의 종류, 심판을 한 가정법원, 사건의 표시 및 재판 확정일
2. 피성년후견인등의 성명, 성별, 출생 연월일, 주민등록번호 및 등록기준지(외국인인 경우에는 주민등록번호 및 등록기준지를 갈음하여 국적 및 외국인등록번호를 기록한다)
3. 성년후견인등의 성명, 주민등록번호 및 주소 또는 사무소(법인인 경우에는 명칭, 법인등록번호 및 주된 사무소를 기록하고, 외국인인 경우에는 주민등록번호를 갈음하여 국적 및 외국인등록번호를 기록한다)
4. 성년후견감독인등이 선임된 경우에는 그 성명, 주민등록번호 및 주소 또는 사무소(법인인 경우에는 명칭, 법인등록번호 및 주된 사무소를 기록하고, 외국인인 경우에는 주민등록번호를 갈음하여 국적 및 외국인등록번호를 기록한다)
5. 가정법원이 성년후견과 관련하여 정한 다음 각 목의 사항
가. 취소할 수 없는 피성년후견인의 법률행위의 범위를 정한 경우에는 그 범위, 그 범위를 변경한 경우에는 그 변경된 범위
나. 성년후견인의 법정대리권의 범위를 정한 경우에는 그 범위, 그 범위를 변경한 경우에는 그 변경된 범위

다. 성년후견인이 피성년후견인의 신상에 관하여 결정할 수 있는 권한의 범위를 정한 경우에는 그 범위, 그 범위를 변경한 경우에는 그 변경된 범위
6. 가정법원이 한정후견과 관련하여 정한 다음 각 목의 사항
가. 한정후견인의 동의를 받아야 하는 행위의 범위를 정한 경우에는 그 행위의 범위, 그 범위를 변경한 경우에는 그 변경된 범위
나. 한정후견인에게 대리권을 수여한 경우에는 그 대리권의 범위, 그 범위를 변경한 경우에는 그 변경된 범위
다. 한정후견인이 피한정후견인의 신상에 관하여 결정할 수 있는 권한의 범위를 정한 경우에는 그 범위, 그 범위를 변경한 경우에는 그 변경된 범위
7. 가정법원이 특정후견과 관련하여 정한 다음 각 목의 사항
가. 특정후견의 기간 또는 사무의 범위
나. 피특정후견인의 후원을 위하여 필요한 처분을 명한 경우에는 그 내용
다. 특정후견인에게 대리권을 수여하는 심판을 한 경우에는 그 기간이나 범위
라. 특정후견인의 대리권 행사에 가정법원이나 특정후견감독인의 동의를 받도록 명한 경우에는 그 내용
8. 가정법원이 여러 명의 성년후견인등 또는 성년후견감독인등이 공동으로 또는 사무를 분장하여 그 권한을 행사하도록 정한 경우에는 그 취지
9. 성년후견등이 종료한 경우에는 그 사유 및 연월일
10. 그 밖에 대법원규칙으로 정하는 사항
② 후견등기관은 제1항제5호부터 제8호까지의 기록사항이 있을 때에는 목록을 작성하여야 한다.
③ 제2항의 목록은 후견등기기록의 일부로 본다.

제26조【후견계약에 관한 기록사항】 ① 후견계약에 관하여는 다음 사항을 기록한다.
1. 후견계약과 관련된 공정증서를 작성한 공증인의 성명, 소속, 그 증서의 번호 및 작성 연월일
2. 후견계약의 본인의 성명, 성별, 생년월일, 주민등록번호 및 등록기준지(외국인인 경우에는 주민등록번호 및 등록기준지를 갈음하여 국적 및 외국인등록번호를 기록한다)
3. 임의후견인의 성명, 주민등록번호 및 주소 또는 사무소(법인인 경우에는 명칭, 법인등록번호 및 주된 사무소를 기록하고, 외국인인 경우에는 주민등록번호를 갈음하여 국적 및 외국인등록번호를 기록한다)
4. 후견계약의 본인의 재산관리 및 신상보호에 관하여 임의후견인의 권한의 범위를 정한 경우에는 그 범위
5. 임의후견감독인이 선임된 경우에는 그 성명, 주민등록번호 및 주소 또는 사무소(법인인 경우에는 명칭, 법인등록번호 및 주된 사무소를 기록하고, 외국인인 경우에는 주민등록번호를 갈음하여 국적 및 외국인등록번호를 기록한다) 및 심판을 한 가정법원, 사건의 표시, 재판 확정일
6. 수인의 임의후견인 또는 임의후견감독인이 공동으로 또는 사무를 분장하여 권한을 행사하도록 정한 경우에는 그 취지
7. 후견계약이 종료한 경우에는 그 사유 및 연월일
8. 그 밖에 대법원규칙으로 정하는 사항
② 후견등기관은 제1항제4호 및 제6호의 기록사항이 있을 때에는 목록을 작성하여야 한다.
③ 제2항의 목록은 후견등기기록의 일부로 본다.

제27조【사전처분에 관한 기록사항】 성년후견등 또는 후견계약에 관하여 「가사소송법」 제62조에 따른 사전처분이 있는 경우에는 대법원규칙으로 정하는 바에 따라 그에 관한 사항을 기록한다.

제28조【변경등기의 신청】 ① 성년후견인등 또는 임의후견인은 제25조제1항 각 호 또는 제26조제1항 각 호에서 정한 사항이 변경된 것을 알았을 때에는 이를 안 날부터 3개월 이내에 변경등기를 신청하여야 한다. 다만, 촉탁에 의하여 등기가 이루어지는 경우에는 그러하지 아니하다.
② 피성년후견인등 또는 후견계약의 본인, 배우자등, 성년후견감독인등 또는 임의후견감독인은 제1항의 변경등기를 신청할 수 있다.
③ 제27조에 따른 사전처분에 관한 기록사항의 변경등기절차는 대법원규칙으로 정한다.

제29조【종료등기의 신청】 ① 성년후견인등 또는 임의후견인은 피성년후견인등 또는 후견계약의 본인의 사망이나 그 밖의 사유로 성년후견등 또는 후견계약이 종료되었음을 알았을 때에는 이를 안 날부터 3개월 이내에 종료등기를 신청하여야 한다. 다만, 촉탁에 의하여 등기가 이루어지는 경우에는 그러하지 아니하다.
② 피성년후견인등 또는 후견계약의 본인, 배우자등, 성년후견감독인등 또는 임의후견감독인은 제1항의 종료등기를 신청할 수 있다.
③ 제27조에 따라 사전처분에 관하여 기록이 되어 있는 경우 종료등기의 절차는 대법원규칙으로 정한다.

제30조【등기의 경정】 ① 제28조제1항 및 제2항에 규정된 자 또는 등기를 촉탁한 자는 등기에 착오가 있거나 빠진 부분이 있을 때에는 그 등기의 경정(更正)을 신청 또는 촉탁할 수 있다.
② 후견등기관은 등기를 마친 후 그 등기에 착오가 있거나 빠진 부분이 있음을 발견한 경우에는 지체 없이 등기를 신청한 자 또는 촉탁한 자에게 알려야 한다. 다만, 제4항의 경우에는 그러하지 아니하다.
③ 제2항에 따른 통지에도 불구하고 경정등기를 신청하는 자가 없고, 등기에 착오나 빠진 부분이 있음이 등기신청서등에 비추어 명백한 경우에는 후견등기관이 직권으로 이를 경정하고, 등기를 신청한 자 또는 촉탁한 자에게 그 뜻을 알려야 한다.
④ 후견등기관이 등기의 착오나 빠진 부분이 후견등기관의 잘못으로 인한 것임을 발견한 경우에는 지체 없이 그 등기를 직권으로 경정하고, 등기를 신청한 자 또는 촉탁한 자에게 그 뜻을 알려야 한다.

제31조【등기의 말소】 ① 제28조제1항 본문 및 같은 조 제2항에 규정된 자는 다음 각 호의 어느 하나에 해당하는 사유가 있을 때에는 그 등기의 말소를 신청할 수 있다.
1. 제22조제2호 또는 제3호에 해당하는 사유가 있을 때
2. 법원의 판결 등에 의하여 등기된 사항에 관하여 무효의 원인이 있음이 증명되었을 때
② 후견등기관이 등기를 마친 후 그 등기가 제22조제2호 또는 제3호에 해당하는 것임을 발견한 경우에는 제28조제1항 본문에 규정된 자에게 1개월 이내의 기간을 정하여 그 기간 이내에 서면으로 이의를 진술하지 아니하면 등기를 말소한다는 뜻을 통지하여야 한다.
③ 후견등기관은 제2항에 규정된 자의 주소 또는 거소를 알 수 없는 경우에는 제2항의 통지를 갈음하여 제2항에서 규정한 기간 동안 관할 가정법원 게시장에 이를 게시하거나 대법원규칙으로 정하는 바에 따라 공고하여야 한다.
④ 후견등기관은 제2항의 말소에 관하여 이의를 진술한 자가 있는 경우에는 그 이의에 대하여 결정을 하여야 한다. 이 경우 후견등기관은 그 이의가 이유 없다고 인정하면 그 등기를 직권으로 말소하여야 한다.
⑤ 후견등기관은 제2항에 따라 정한 기간 내에 이의를 진술한 자가 없는 경우에는 그 등기를 직권으로 말소하여야 한다.

제5장 이 의

제32조【이의신청과 그 관할】 후견등기관의 결정 또는 처분에 이의가 있는 자는 관할 가정법원에 이의신청을 할 수 있다.

제33조【이의절차】 이의신청은 대법원규칙으로 정하는 바에 따라 후견등기관에게 이의신청서를 제출하는 방법으로 한다.

제34조【새로운 사실에 의한 이의 금지】 누구든지 새로운 사실이나 새로운 증거방법을 근거로 이의신청을 할 수 없다.

제35조【후견등기관의 조치】 ① 후견등기관은 이의가 이유 있다고 인정하면 그에 해당하는 처분을 하여야 한다.

② 후견등기관은 이의가 이유 없다고 인정하면 이의신청일부터 3일 이내에 의견을 붙여 이의신청서를 관할 가정법원에 보내야 한다.

③ 등기를 마친 후에 이의신청이 있는 경우 후견등기관은 3일 이내에 의견을 붙여 이의신청서를 관할 가정법원에 보내고 제28조제1항 본문에 규정된 자에게 이의신청이 있다는 사실을 알려야 한다.

제36조【집행 부정지】 이의신청에는 집행정지의 효력이 없다.

제37조【이의에 대한 결정과 항고】 ① 관할 가정법원은 이의에 대하여 이유를 붙여 결정을 하여야 한다. 이 경우 이의가 이유 있다고 인정하면 후견등기관에게 그에 해당하는 처분을 명령하고, 그 뜻을 이의신청인과 제28조제1항 본문에 규정된 자에게 알려야 한다.

② 제1항의 결정에 대하여는 「비송사건절차법」에 따라 항고할 수 있다.

제38조【처분 전 부기등기의 명령】 관할 가정법원은 이의신청에 대하여 결정하기 전에 후견등기관에게 이의신청이 있다는 뜻의 부기등기를 명령할 수 있다.

제39조【관할 가정법원의 명령에 따른 등기】 후견등기관이 관할 가정법원의 명령에 따라 등기를 할 때에는 명령을 한 가정법원, 명령 연월일, 명령에 따라 등기를 한다는 뜻과 등기 연월일을 기록하여야 한다.

제40조【송달 등】 송달에 관하여는 「민사소송법」을 준용하고, 이의의 비용에 관하여는 「비송사건절차법」을 준용한다.

제6장 보 칙

제41조【등기전산정보자료의 이용 등】 ① 법원행정처장은 국가기관 또는 지방자치단체로부터 후견등기사무 처리와 관련된 전산정보자료를 제공받을 수 있다.

② 후견등기부에 기록된 사항에 관한 전산정보자료(이하 "등기전산정보자료"라 한다)를 이용 또는 활용하려는 자는 관계 중앙행정기관의 장의 심사를 거쳐 법원행정처장의 승인을 받아야 한다. 다만, 등기전산정보자료를 이용 또는 활용하려는 자가 중앙행정기관의 장인 경우에는 법원행정처장과 협의를 거쳐 등기전산정보를 이용하거나 활용할 수 있다.

③ 제2항에 따라 등기전산정보자료를 이용 또는 활용하려는 자는 승인받은 목적 외의 용도로 이용하거나 활용하여서는 아니 된다.

④ 등기전산정보자료의 이용 또는 활용과 그 사용료 등에 관하여 필요한 사항은 대법원규칙으로 정한다.

제42조【벌칙】 다음 각 호의 어느 하나에 해당하는 사람은 3년 이하의 징역 또는 2천만원 이하의 벌금에 처한다.

1. 제8조제4항을 위반하여 비밀을 누설한 사람
2. 거짓이나 그 밖의 부정한 방법으로 다른 사람의 등기사항증명서를 발급받거나 등기신청서등을 열람한 사람
3. 제41조제3항을 위반한 사람
4. 이 법에 따라 후견등기사무를 처리할 권한 없이 전산정보처리조직에 후견등기정보를 입력·변경하여 정보처리를 하거나 기술적 수단을 이용하여 후견등기정보를 알아낸 사람

제43조【양벌규정】 법인의 대표자나 법인 또는 개인의 대리인, 사용인, 그 밖의 종업원이 그 법인 또는 개인의 업무에 관하여 제42조 각 호의 위반행위를 하면 그 행위자를 벌하는 외에 그 법인 또는 개인에게도 제42조의 벌금형을 과(科)한다. 다만, 법인 또는 개인이 그 위반행위를 방지하기 위하여 해당 업무에 관하여 상당한 주의와 감독을 게을리하지 아니한 경우에는 그러하지 아니하다.

제44조【과태료】 ① 제28조제1항 본문 및 제29조제1항 본문에 따라 등기를 신청할 의무가 있는 자가 정당한 사유 없이 기간 내에 등기신청을 하지 아니하면 50만원 이하의 과태료를 부과한다.

② 제1항에 따른 과태료 재판은 과태료를 부과받을 자의 주소 또는 거소(법인의 경우 주된 사무소의 소재지를 말한다)를 관할하는 가정법원이 「비송사건절차법」에 따라 행한다.

제45조【대법원규칙에의 위임】 이 법 시행에 필요한 사항은 대법원규칙으로 정한다.

부 칙 (2017.10.31)

이 법은 2019년 1월 1일부터 시행한다.

후견등기에 관한 규칙

(2013년 6월 5일
대법원규칙 제2469호)

개정
2016. 4. 8대법원규칙2659호 2018.12. 4대법원규칙2813호
2021. 5.27대법원규칙2985호

제1장 총 칙

제1조【목적】 이 규칙은 「후견등기에 관한 법률」(이하 "법"이라 한다)에서 위임한 사항과 그 시행에 필요한 사항을 규정함을 목적으로 한다.

제2조【정의】 이 규칙에서 사용하는 용어의 뜻은 다음과 같다.

1. "특정사항"이란 피성년후견인등(피성년후견인, 피한정후견인, 피특정후견인을 말한다. 이하 같다), 후견계약의 본인(후견계약의 위임인을 말한다. 이하 같다) 또는 사전처분의 본인(임시후견인으로부터 성년후견, 한정후견, 특정후견을 받아야 할 사람을 말한다. 이하 같다)의 성명, 성별, 출생연월일, 주민등록번호 및 등록기준지에 관한 기록사항을 말한다. 다만, 피성년후견인등·후견계약의 본인·사전처분의 본인(이하 "사건본인"이라 한다)이 외국인인 경우에는 성명, 성별, 출생연월일, 외국인등록번호(외국인등록을 하지 아니한 외국국적동포의 경우에는 국내거소신고번호를 말한다. 이하 같다) 및 국적에 관한 기록사항을 말한다. (2016.4.8 본호개정)
2. "후견사항"이란 특정사항 및 특정사항의 변경·경정에 관한 사항 외의 후견에 관한 모든 기록사항을 말한다.

제3조【부기로 하는 등기】 후견등기관이 다음 각 호의 등기를 할 때에는 부기로 하여야 한다.

1. 제51조제1항에 따른 직무집행정지 및 그 직무대행자 선임에 관한 사전처분의 등기
2. 제56조제1항에 따른 특정사항을 변경하거나 경정한 등기사항에 대한 경정등기와 후견사항의 변경이나 경정의 등기
3. 제59조제3항 단서에 따른 말소회복등기
4. 법 제38조에 따른 처분 전 부기등기의 명령에 의한 등기

제4조【부기등기의 번호 기록】 후견등기관이 부기등기를 할 때에는 그 부기등기가 어느 등기에 기초한 것인지 알 수 있도록 주등기 또는 부기등기의 사항번호에 가지번호를 붙여서 하여야 한다.

제5조【등기신청의 접수 시기】 ① 법 제3조제1항의 "등기신청정보"란 사건본인의 성명, 주민등록번호 및 등록기준지와 등기의 목적에 관한 정보를 말한다.
② 제1항의 정보가 전산정보처리조직에 저장된 때 등기신청이 접수된 것으로 본다.

제6조【후견등기관이 등기를 마친 시기】 법 제3조제2항의 "후견등기관이 등기를 마친 경우"란 법 제8조제3항에 따라 등기사무를 처리한 후견등기관이 누구인지 확인할 수 있는 조치를 하였을 때를 말한다.

제7조【후견등기부 등에 사용할 문자】 ① 후견등기를 하거나 등기신청서, 그 밖의 등기에 관한 서면(「전자서명법」 제2조제1호의 전자문서를 포함한다)을 작성할 때에는 한글과 아라비아숫자를 사용하여야 한다.
② 제1항에도 불구하고 외국인의 성명 또는 외국법인의 명칭, 대리권등목록, 주소 등의 표기에는 대법원예규로 정하는 바에 따라 로마자나 부호를 사용할 수 있다.

제8조【문서의 양식】 법 및 이 규칙의 시행에 필요한 문서의 양식은 대법원예규로 정한다.

제2장 관할 법원과 후견등기관

제9조【관할 법원】 ① 후견등기사무는 사건본인의 주소지를 관할하는 가정법원에서 처리한다. 다만, 사건본인의 주소가 대한민국에 없거나 그 주소를 알 수 없을 때에는 거소지를 관할하는 가정법원에서 처리하고, 거소가 없거나 거소를 알 수 없을 때에는 마지막 주소지를 관할하는 가정법원에서 처리한다.
② 제1항에도 불구하고 법원의 심판에 따른 후견등기사무는 그 사건의 제1심 가정법원에서 처리한다.
③ 사건본인의 마지막 주소가 대한민국에 없거나 그 주소를 알 수 없을 때에는 대법원 소재지를 관할하는 가정법원에서 처리한다.

제10조【관할의 변경】 행정구역의 변경 등으로 인하여 후견등기사무가 다른 법원의 관할로 바뀌었을 때에는 종전의 관할 법원은 전산정보처리조직을 이용하여 그 사건본인에 관한 후견등기기록과 법 제25조제2항, 법 제26조제2항 및 이 규칙 제51조제3항에 따른 목록(이하 "대리권등목록"이라 한다)의 처리권한을 다른 법원으로 넘겨주는 조치를 하여야 한다.

제11조【후견등기관의 식별부호의 기록】 법 제8조제3항의 후견등기사무를 처리한 후견등기관을 확인할 수 있는 조치는 각 후견등기관이 미리 부여받은 식별부호를 기록하는 방법으로 한다.

제12조【참여조서의 작성방법】 후견등기관이 법 제9조제2항의 조서(이하 "참여조서"라 한다)를 작성할 때에는 그 조서에 다음 각 호의 사항을 적어야 한다.

1. 신청인의 성명과 주소
2. 업무처리가 제한되는 사유
3. 등기할 사건본인의 표시와 등기의 목적
4. 신청정보의 접수연월일과 접수번호
5. 참여인의 성명, 주소 및 주민등록번호

제13조【등기정보중앙관리소와 전산운영책임관】 ① 전산정보처리조직에 의한 후견등기사무처리의 지원, 후견등기부의 보관·관리 및 등기정보의 효율적인 활용을 위하여 법원행정처에 등기정보중앙관리소(이하 "중앙관리소"라 한다)를 둔다.
② 법원행정처장은 중앙관리소에 전산운영책임관을 두어 전산정보처리조직을 종합적으로 관리·운영하여야 한다.
③ 법원행정처장은 중앙관리소의 출입자 및 전산정보처리조직 사용자의 신원을 관리하는 등 필요한 보안조치를 하여야 한다.

제3장 후견등기부등

제1절 후견등기부 및 등기신청서등

제14조【후견등기부의 보관·관리】 ① 법 제11조제3항에서 규정한 후견등기부의 보관·관리 장소는 중앙관리소로 한다.
② 폐쇄등기부에 대하여도 제1항을 준용한다.

제15조【등기신청서등의 이동 등】 ① 후견등기관이 전쟁·천재지변 그 밖에 이에 준하는 사태를 피하기 위하여 등기신청서등(등기신청서, 등기촉탁서 또는 그 밖의 부속서류를 말한다. 이하 같다)을 가정법원 밖으로 옮긴 경우에는 지체 없이 그 사실을 가정법원장(가정법원의 사무를 지원장이 관장하는 경우에는 지원장을 말한다. 이하 같다)에게 보고하여야 한다.
② 후견등기관이 법원으로부터 등기신청서등의 송부명령 또는 촉탁을 받았을 때에는 그 명령 또는 촉탁과 관계가 있는 부분만 법원에 송부하여야 한다.

③ 제2항의 서류가 전자문서(「전자서명법」 제2조의 전자문서를 말한다. 이하 같다)로 작성된 경우에는 해당 문서를 출력한 후 인증하여 송부하거나 전자문서로 송부한다.

제16조【등기고유번호 등】 ① 후견등기기록을 작성할 때에는 사건본인마다 등기고유번호를 부여하고 이를 등기기록에 기록하여야 한다.

② 성년후견개시·한정후견개시·특정후견·임시후견인 선임에 따른 사전처분의 심판과 후견계약마다 각각 등기일련번호를 부여하고 이를 등기기록에 기록하여야 한다.

제17조【후견등기기록의 양식】 ① 후견등기기록에는 사건본인부와 후견사항부를 둔다.

② 사건본인부에는 사건본인에 관한 사항을 기록한다.

③ 후견사항부에는 후견개시 및 종료에 관한 사항, 후견인에 관한 사항, 후견감독인에 관한 사항을 기록한다.

④ 후견등기기록은 별지 양식에 따른다.

제18조【후견등기부 부본자료의 보관 등】 ① 법 제12조의 후견등기부 부본자료는 전산정보처리조직으로 작성하여야 한다.

② 후견등기부 부본자료는 법원행정처장이 지정하는 장소에 보관하여야 한다.

③ 후견등기부 부본자료는 후견등기부와 동일하게 관리하여야 한다.

제19조【후견등기부 복구 등의 처분명령에 관한 권한 위임】 ① 대법원장은 법 제13조제2항에 따라 후견등기부(폐쇄등기부를 포함한다. 이하 이 절에서 같다)의 손상방지 또는 손상된 후견등기부의 복구 등의 처분명령에 관한 권한을 법원행정처장에게 위임한다.

② 대법원장은 법 제14조제2항에 따라 전자문서로 작성된 등기신청서등의 손상방지 등의 처분명령에 관한 권한은 법원행정처장에게, 서면으로 작성된 등기신청서등의 멸실방지 등의 처분명령에 관한 권한은 가정법원장에게 위임한다.

제20조【후견등기부의 손상과 복구】 ① 후견등기부의 전부 또는 일부가 손상되거나 손상될 염려가 있을 때에는 전산운영책임관은 지체 없이 그 상황을 조사한 후 처리방법을 법원행정처장에게 보고하여야 한다.

② 후견등기부의 전부 또는 일부가 손상된 경우에 전산운영책임관은 제18조의 후견등기부 부본자료에 의하여 그 후견등기부를 복구하여야 한다.

③ 제2항에 따라 후견등기부를 복구한 경우에 전산운영책임관은 지체 없이 그 경과를 법원행정처장에게 보고하여야 한다.

제21조【대리권등목록의 작성】 ① 후견등기관은 대리권등목록이 전자문서로 작성되어 제공된 경우에는 그 전자문서에 번호를 부여하고 이를 대리권등목록으로서 전산정보처리조직에 등록하여야 한다.

② 후견등기관은 대리권등목록이 서면으로 작성되어 제출된 경우에는 그 서면을 전자정보 또는 전자적 이미지정보로 변환하여 그 정보에 번호를 부여하고 이를 대리권등목록으로서 전산정보처리조직에 등록하여야 한다.

③ 대리권등목록의 번호는 서기연수의 네 자리 아라비아숫자, 후견유형별 부호문자와 진행번호인 아라비아숫자로 표시한다.

제22조【대리권등목록의 보존】 대리권등목록은 보조기억장치(자기디스크, 자기테이프 그 밖에 이와 유사한 방법으로 일정한 등기사항을 기록·보관할 수 있는 전자적 정보저장매체를 말한다. 이하 같다)에 저장하여 보존하여야 한다.

제23조【신청정보 등의 보존】 ① 법 제21조제1항에 따라 전자문서에 의한 등기신청으로 후견등기가 이루어진 경우 그 신청정보 및 첨부정보는 보조기억장치에 저장하여 보존하여야 한다.

② 제1항에 따른 등기신청이 취하된 경우 그 취하정보는 보조기억장치에 저장하여 보존하여야 한다.

제24조【대리권등목록 등의 보존기간】 ① 제22조 및 제23조에 따라 보조기억장치에 저장한 정보는 다음 각 호의 구분에 따른 기간 동안 보존하여야 한다.

1. 대리권등목록 : 영구
2. 신청정보, 첨부정보 및 취하정보 : 10년

② 제1항제2호의 보존기간은 해당 연도의 다음 연도부터 기산한다.

③ 보존기간이 만료된 제1항제2호의 정보는 법원행정처장의 인가를 받아 보존기간이 만료되는 연도의 다음 연도 3월 말까지 삭제하는 방법으로 폐기한다.

제2절 후견등기에 관한 장부

제25조【장부의 비치】 ① 가정법원에는 다음 각 호의 장부를 갖추어 두어야 한다.

1. 후견등기신청서 접수장
2. 열람 및 증명 신청서 접수장
3. 기타 문서 접수장
4. 결정원본 편철장
5. 이의신청서류 편철장
6. 등기신청서등 편철장
7. 등기신청서등 송부부
8. 각종 통지부
9. 열람신청서류 편철장
10. 제증명신청서류 편철장
11. 그 밖에 대법원예규로 정하는 장부

② 제1항의 장부는 매년 별책으로 하여야 한다. 다만, 필요에 따라 분책 또는 합책할 수 있다.

③ 제1항의 장부는 전자적으로 작성할 수 있다.

제26조【접수장】 ① 후견등기신청서 접수장에는 다음 각 호의 사항을 적어야 한다.

1. 접수연월일과 접수번호
2. 등기의 목적
3. 신청인의 성명 또는 명칭
4. 사건본인의 성명

② 제1항제1호의 접수번호는 1년마다 새로 부여하여야 한다.

③ 등기신청서와 열람 및 증명 신청서 외의 후견등기사무에 관한 문서를 접수할 때에는 기타 문서 접수장에 등재한다.

제27조【등기신청서등 편철장】 등기신청서, 등기촉탁서, 통지서, 참여조서, 취하서 및 그 밖의 부속서류는 접수번호의 순서에 따라 등기신청서등 편철장에 편철하여야 한다.

제28조【각종 통지부】 각종 통지부에는 법 및 이 규칙에서 정하고 있는 통지사항, 통지를 받을 자 및 통지서를 발송하는 연월일을 적어야 한다.

제29조【장부의 보존기간】 ① 가정법원에 갖추어 두어야 할 장부의 보존기간은 다음 각 호와 같다.

1. 후견등기신청서 접수장 : 10년
2. 열람 및 증명 신청서 접수장 : 10년
3. 기타 문서 접수장 : 10년
4. 결정원본 편철장 : 10년
5. 이의신청서류 편철장 : 10년
6. 등기신청서등 편철장 : 10년
7. 등기신청서등 송부부 : 등기신청서등이 반환된 날부터 10년
8. 각종 통지부 : 2년
9. 열람신청서류 편철장 : 2년
10. 제증명신청서류 편철장 : 2년

② 장부의 보존기간은 해당 연도의 다음 연도부터 기산한다.

③ 보존기간이 만료된 장부 또는 서류는 가정법원장의 인가를 받아 보존기간이 만료되는 연도의 다음 연도 3월말까지 폐기한다.

제30조【전자적으로 작성한 장부 등의 보존】 ① 법 및 이 규칙에서 정하고 있는 장부와 서류를 전자적으로 작성한 경

우에는 그 전산기록을 보존하는 것으로 장부와 서류의 보존을 갈음할 수 있다.
② 제1항에 따라 장부와 서류를 보존하는 경우에는 제24조제3항을 준용한다.

제3절 등기사항의 증명과 등기신청서등 열람

제31조【등기사항증명서 등의 신청】 ① 등기사항부존재증명서의 발급 청구에 있어서는 신청대상자를 법 제15조제1항제1호의 자로 본다.
② 법 제15조제1항 및 제17조에 따라 등기사항증명서를 발급받거나 등기신청서등을 열람하고자 하는 자는 등기사항증명서의 사용목적 또는 열람하는 특별한 사유를 기재한 신청서를 제출하여야 한다. 다만, 등기신청서등은 이해관계가 있는 부분만 열람할 수 있다.
③ 법 제15조제1항제11호의 "정당한 이해관계가 있는 자"란 다음 각 호의 어느 하나에 해당하는 자를 말한다.
1. 법 제15조제1항제1호, 제3호부터 제6호까지 규정된 자의 상속인 또는 포괄승계인으로서 사건본인의 과거 어느 시점의 행위능력이나 피상속인 권한 등의 확인을 위하여 등기사항증명서의 발급이 필요한 자
2. 그 밖에 공익목적상 합리적 이유가 있는 경우로서 대법원예규가 정하는 자
④ 제2항의 신청서에는 대법원예규가 특별히 규정하고 있는 경우를 제외하고는 사건본인의 성명과 주민등록번호를 기재하여야 하고 다음 각 호에 해당하는 서류를 제출하여야 한다.
1. 법 제15조제1항제2호 및 제7호의 경우에는 이를 소명하는 가족관계등록사항별증명서 등
2. 법 제15조제1항제8호의 경우에는 그 근거법령과 사유를 기재한 신청기관의 공문 및 관계공무원의 신분증명서
3. 법 제15조제1항제9호의 경우에는 법원의 보정명령서, 사실조회서, 촉탁서 등 이를 소명하는 자료
4. 법 제15조제1항제10호의 경우에는 이를 소명하는 자료 및 관계법령에 의한 정당한 권한이 있는 사람임을 확인할 수 있는 자료
5. 법 제15조제1항제11호의 경우에는 그 근거와 사유를 기재한 신청서 및 정당한 이해관계를 소명하는 자료와 신청인의 신분증명서
⑤ 제1항부터 제4항까지에 관하여 필요한 사항은 대법원예규로 정한다.
⑥ 대리인이 등기사항증명서의 발급이나 등기신청서등의 열람을 신청할 때에는 신청서에 그 권한을 증명하는 서면과 위임자의 주민등록증·운전면허증·여권·외국인등록증·국내거소신고증 등의 신분증명서 사본을 첨부하여야 한다.
⑦ 전자문서로 작성된 등기신청서등의 열람 신청은 관할 가정법원이 아닌 다른 가정법원에서도 할 수 있다.

제32조【사전처분이 있는 경우 등기사항증명서의 발급】 법 제15조제2항에 따른 사전처분이 있는 경우에는 법 제15조제1항에 규정된 자와 다음 각 호에 규정된 자가 등기사항증명서의 발급을 청구할 수 있다.
1. 사전처분의 본인 또는 배우자등(배우자 또는 4촌 이내의 친족을 말한다. 이하 같다)
2. 성년후견인등(성년후견인, 한정후견인 또는 특정후견인을 말한다. 이하 같다)·성년후견감독인등(성년후견감독인, 한정후견감독인 또는 특정후견감독인을 말한다. 이하 같다)·임의후견인·임의후견감독인의 직무대행자
3. 임시후견인
4. 제2호, 제3호의 각 직(職)에서 퇴임한 자(자기와 관련된 기록사항에 한정한다)
5. 사전처분의 본인이나 제2호부터 제4호까지 규정된 자의 상속인 또는 포괄승계인으로서 사전처분의 본인의 과거 어느 시점의 권한이나 피상속인 권한 등의 확인을 위하여 등기사항증명서의 발급이 필요한 자

제32조의2【인터넷에 의한 등기사항부존재증명서 발급】 ① 등기사항부존재증명서("후견등기부에 현재 효력이 있는 후견등기사항이 없다는 취지를 증명하는 서면"을 말한다.)의 발급업무는 인터넷을 이용하여 처리할 수 있다.
② 제1항에 따른 업무는 중앙관리소에서 처리하고, 전산운영책임관이 이를 담당한다.
③ 제1항에 따른 발급은 본인만 신청할 수 있다. 이 경우 「전자서명법」 제2조제2호에 따른 전자서명(서명자의 실지명의를 확인할 수 있는 것으로서 법원행정처장이 지정하여 전자후견등기시스템에 공고한 인증서를 이용한 것을 말한다) 정보도 함께 송신하여야 한다.(2021.5.27 후단신설)
④ 제1항에 따른 발급의 범위, 절차 및 방법 등 필요한 사항은 대법원예규로 정한다.
(2018.12.4 본조신설)

제33조【등기사항증명서의 종류】 등기사항증명서의 종류는 다음 각 호로 한다.
1. 등기사항증명서(말소 및 폐쇄사항 포함)
2. 등기사항증명서(말소사항 포함)
3. 등기사항증명서(현재 유효사항)
4. 등기사항증명서(후견별)
5. 등기사항증명서(사전처분)
6. 등기사항증명서(퇴임전 사항)
7. 등기사항부존재증명서

제34조【등기사항증명서의 발급방법】 ① 등기사항증명서를 발급할 때에는 등기사항증명서의 종류를 명시하고, 후견등기기록의 내용과 다름이 없음을 증명하는 내용의 증명문을 기록하며, 발급연월일과 중앙관리소 전산운영책임관의 직명을 적은 후 전자이미지관인을 기록하여야 한다. 이 경우 등기사항증명서가 여러 장으로 이루어진 경우에는 연속성을 확인할 수 있는 조치를 하여 발급하고, 후견계약 등기기록 중 후견감독인에 관한 사항이 없을 때에는 그 뜻을 기록하여야 한다.
② 현재 유효한 대리권등목록은 그 사항의 증명을 제외하는 뜻의 표시가 없는 경우에는 등기사항증명서에 이를 포함하여 발급하고, 말소된 대리권등목록은 그 사항의 증명도 함께 신청하는 뜻의 표시가 있는 경우에만 등기사항증명서에 이를 포함하여 발급한다.
③ 등기신청이 접수된 후견등기기록에 관하여는 후견등기관이 그 등기를 마칠 때까지 등기사항증명서를 발급하지 못한다. 다만, 그 후견등기기록에 등기신청사건이 접수되어 처리 중에 있다는 뜻을 등기사항증명서에 표시하여 발급할 수 있다.

제35조【열람의 방법】 등기신청서등의 열람은 후견등기관이 보는 앞에서 하여야 한다. 다만, 등기신청서등이 전자문서로 작성된 경우에는 전자적 방법에 의하여 그 내용을 보게 하거나 그 내용을 기록한 서면을 교부하는 방법으로 한다.

제36조【등기사항 등의 공시제한】 등기사항증명서를 발급할 때에는 주민등록번호 또는 외국인등록번호의 일부를 공시하지 아니할 수 있으며, 그 범위와 방법 및 절차는 대법원예규로 정한다.

제37조【중복 후견등기의 정리】 동일한 사람에 대하여 2개 이상의 후견등기기록이 있음이 명백히 밝혀진 경우에는 후견등기관은 각 후견등기기록의 최종 관할 가정법원에 그 사실을 통지하여야 한다. 다만, 임의후견감독인이 선임되기 이전의 후견계약 등기의 경우에는 임의후견인에게 그 사실을 통지하여야 한다.

제38조【후견등기기록의 폐쇄와 부활】 ① 후견등기관이 어느 후견사항부에 대하여 종료등기를 하거나 그 전부를 말

소하였을 때에는 해당 부분의 후견등기기록을 폐쇄하고, 후견사항부의 후견개시 및 종료에 관한 사항 부분에 폐쇄의 뜻과 그 연월일을 기록하여야 한다.
② 제1항의 등기로 인하여 사건본인의 후견사항부가 모두 폐쇄된 경우에는 사건본인부에도 폐쇄의 뜻과 그 연월일을 기록하여야 한다. 다만, 어느 후견의 종료등기와 개시등기가 동시에 이루어진 경우에는 그러하지 아니하다.
③ 폐쇄한 후견등기기록에 다시 등기할 필요가 있는 때에는 그와 관련된 부분의 후견등기기록을 부활하여야 한다. 이 경우 부활하는 부분에 그 뜻과 연월일을 기록하고, 후견등기기록을 폐쇄한 뜻과 그 연월일을 말소하는 표시를 하여야 한다.
제39조【등기사항증명서 등의 수수료】 등기사항증명서의 발급 및 등기신청서등의 열람 수수료 · 등기전산정보자료 사용료의 금액, 수수료의 납부 및 면제에 관한 사항은 그 성질에 반하지 아니하는 범위에서 「등기사항증명서 등 수수료 규칙」을 준용한다. 다만, 인터넷에 의한 등기사항부존재증명서의 발급수수료는 무료로 한다.(2018.12.4 단서신설)

제4장 등기절차 및 후견등기부 기록사항

제40조【신청정보】 ① 등기를 신청하는 경우에는 다음 각 호의 사항을 신청정보의 내용으로 가정법원에 제공하여야 한다.
1. 사건본인의 성명, 성별, 출생연월일, 주민등록번호, 등록기준지 및 주소(외국인의 경우에는 주민등록번호 및 등록기준지를 갈음하여 국적 및 외국인등록번호)
2. 신청인의 성명, 주소 및 주민등록번호(법인의 경우에는 명칭, 법인등록번호 및 주된 사무소, 외국인의 경우에는 주민등록번호를 갈음하여 국적 및 외국인등록번호)
3. 신청인이 법인인 경우에는 그 대표자의 성명과 주소
4. 대리인에 의하여 등기를 신청하는 경우에는 그 성명과 주소
5. 등기원인과 그 연월일
6. 등기의 목적
7. 등기할 사항
8. 관할 가정법원의 표시
9. 신청연월일
② 등기의 신청은 1건당 하나의 후견등기기록에 관한 신청정보를 제공하는 방법으로 하여야 한다. 다만, 등기목적과 등기원인이 동일하거나 그 밖에 대법원예규로 정하는 경우에는 같은 관할 내에 있는 여러 후견등기기록에 관한 신청정보를 일괄하여 제공하는 방법으로 할 수 있다.
제41조【첨부정보】 ① 등기를 신청하는 경우에는 다음 각 호의 정보를 그 신청정보와 함께 첨부정보로서 관할 가정법원에 제공하여야 한다.
1. 관할 가정법원을 증명하는 정보
2. 등기원인 및 법 제25조부터 제27조까지의 기록사항을 증명하는 정보
3. 「민법」 제959조의18제1항에 따라 후견계약의 의사표시를 철회하는 경우에는 공증인의 인증을 받은 서면과 그 의사표시가 상대방에게 도달하였음을 증명하는 정보
4. 신청인이 법인인 경우에는 그 대표자의 자격을 증명하는 정보
5. 대리인에 의하여 등기를 신청하는 경우에는 그 권한을 증명하는 정보
② 제1항 및 그 밖의 법령에 따라 가정법원에 제공하여야 하는 첨부정보 중 법원행정처장이 지정하는 첨부정보는 「전자정부법」 제36조제1항에 따른 행정정보 공동이용을 통하여 후견등기관이 확인하고 신청인에게는 그 제공을 면제한다. 다만, 첨부정보가 개인정보를 포함하고 있어 이용에 그 정보주체의 동의가 필요한 경우에는 그 동의가 있음을 증명하는 정보를 가정법원에 제공한 경우에만 그 제공을 면제한다.
③ 첨부정보가 외국어로 작성된 경우에는 그 번역문을 붙여야 한다.
제42조【등기신청의 취하】 ① 등기신청의 취하는 후견등기관이 등기를 마치기 전까지 할 수 있다.
② 제1항의 취하는 신청인 또는 그 대리인이 가정법원에 취하서를 제출하는 방법으로 하여야 한다.
제43조【행정구역 등 변경의 직권등기】 ① 후견등기부에 기록된 행정구역 또는 그 명칭이 변경된 때에는 후견등기관은 직권으로 변경사항을 등기할 수 있다.
② 법령의 변경이나 그 밖의 사유로 제1항 이외의 후견등기부의 기록을 경정하는 경우에는 제1항을 준용한다.
③ 제1항과 제2항에 따라 후견등기부의 기록을 경정하는 경우에는 제56조를 준용한다.
제44조【새 후견등기기록으로의 이기】 ① 법 제28조제1항 및 제2항에 규정된 자가 법 제24조에 규정된 이기를 신청한 경우에 후견등기관은 가정법원장의 허가를 받아 새로운 후견등기기록에 옮겨 기록한다.
② 후견등기관이 법 제24조에 따라 등기를 새로운 후견등기기록에 옮겨 기록한 경우에는 옮겨 기록한 등기의 사건본인부에 같은 규정에 따라 등기를 옮겨 기록한 뜻과 그 연월일을 기록하고, 종전 후견등기기록을 폐쇄하여야 한다.
제45조【등기신청의 방법】 ① 등기신청을 하는 경우에는 등기신청서에 제40조 및 그 밖의 법령에 따라 신청정보의 내용으로 관할 가정법원에 제공하여야 하는 정보를 적고 신청인 또는 그 대리인이 기명날인하거나 서명하여야 한다.
② 등기신청서가 여러 장일 때에는 신청인 또는 그 대리인이 간인을 하여야 하고, 등기신청인이 여러 명일 때에는 그 중 1명이 간인하는 방법으로 한다. 다만, 등기신청서에 서명을 하였을 때에는 각 장마다 연결되는 서명을 함으로써 간인을 대신한다.
③ 제1항의 등기신청서에는 제41조 및 그 밖의 법령에 따라 첨부정보로서 관할 가정법원에 제공하여야 하는 정보를 담고 있는 서면을 첨부하여야 한다.
④ 촉탁에 의하여 등기가 이루어지는 경우에는 전산정보처리조직을 이용한 전자문서를 가정법원에 송신하는 방법으로 할 수 있다.
제46조【첨부서면의 원본 환부의 청구】 신청인이 신청서에 첨부한 서류의 원본에 대하여 환부를 청구하는 경우에 그 원본과 같다는 뜻을 적은 사본을 첨부하여야 하고, 후견등기관이 서류의 원본을 환부할 때에는 그 사본에 원본 환부의 뜻을 적고 기명날인하여야 한다. 다만, 다음 각 호의 서류에 대하여는 환부를 청구할 수 없다.
1. 등기신청 위임장 등 해당 등기신청만을 위하여 작성한 서류
2. 인감증명, 법인등기사항증명서, 주민등록표등본 · 초본, 가족관계등록사항별증명서 및 재판서등본 등 별도의 방법으로 다시 취득할 수 있는 서류
제47조【인감증명의 제출】 ① 다음 각 호의 어느 하나에 해당하는 경우에는 인감증명을 제출하여야 한다. 이 경우 해당 등기신청서(위임에 의한 대리인이 신청하는 경우에는 위임장을 말한다)나 첨부서면에는 그 인감을 날인하여야 한다.
1. 우편 또는 대리로 등기를 신청하는 경우 신청인 또는 위임인의 인감증명
2. 취하서를 제출하는 경우 신청인의 인감증명
3. 그 밖에 제출되는 서면에 대한 작성자의 의사를 확인하기 위하여 대법원예규로 정하는 경우 그 작성자의 인감증명
② 법정대리인이 제1항의 서면을 작성하는 경우에는 법정대리인의 인감증명을 제출하여야 한다.
③ 제1항 각 호의 어느 하나의 서면에 한 서명에 관하여 본인이 직접 작성하였다는 뜻을 공증하는 서면으로 제1항 또는 제2항의 인감증명을 갈음할 수 있다.

④ 인감증명을 제출하여야 하는 자가 외국인인 경우에는 본국의 관공서가 발행한 인감증명을 제출할 수 있다.
⑤ 제3항에도 불구하고 인감증명을 제출하여야 하는 자가 법인(국내에 영업소나 사무소의 설치등기를 하지 않은 외국법인을 제외한다)인 경우에는 「상업등기법」 제11조에 따른 인감증명을 제출하여야 한다.

제48조【인감증명 등의 유효기간】 등기신청서에 첨부하는 인감증명, 법인등기사항증명서, 주민등록표등본·초본, 가족관계등록사항별증명서 및 재판서등본 등은 발행일부터 3개월 이내의 것이어야 한다.

제49조【등기신청서의 접수】 ① 등기신청서를 받은 후견등기관은 전산정보처리조직에 접수연월일, 접수번호, 등기의 목적, 신청인의 성명, 사건본인의 표시 및 그 밖에 대법원예규로 정하는 사항을 입력한 후 등기신청서에 접수연월일과 접수번호를 적어야 한다.
② 후견등기관이 등기신청서를 접수하였을 때에는 신청인의 청구에 따라 그 등기신청서의 접수증을 발급하여야 한다.

제50조【후견등기부의 기록사항】 후견등기부에는 법 제25조부터 제27조까지 규정한 사항 외에 다음 사항도 기록하여야 한다.
1. 사항번호
2. 접수연월일 및 접수번호
3. 등기원인 및 그 연월일
4. 등기사건을 처리한 가정법원 및 등기연월일

제51조【사전처분에 관한 기록사항】 ① 직무집행정지 및 직무대행자 선임에 관한 사전처분의 기록사항은 다음 각 호로 한다.
1. 성년후견인등·임의후견인·성년후견감독인등·임의후견감독인의 직무집행의 전부 또는 일부를 정지하는 사전처분이 된 때는 그 내용
2. 성년후견인등·임의후견인·성년후견감독인등·임의후견감독인의 직무대행자를 선임하는 사전처분이 된 때는 그 직무대행자의 성명, 주민등록번호 및 주소 또는 사무소(법인인 경우에는 명칭, 법인등록번호 및 주된 사무소, 외국인인 경우에는 주민등록번호를 갈음하여 국적 및 외국인등록번호)
3. 직무대행자의 권한의 범위를 정한 경우에는 그 범위 및 제1호에 규정된 자 또는 직무대행자의 권한의 범위를 변경한 경우에는 그 변경된 범위(1호에 규정된 자의 직무집행의 일부를 정지하는 사전처분이 된 경우 그 범위를 포함)
4. 여러 명의 직무대행자가 공동으로 또는 사무를 분장하여 그 권한을 행사하도록 정한 경우에는 그 취지
5. 사전처분이 효력을 상실한 때에는 그 사유 및 연월일

② 임시후견인 선임에 관한 사전처분의 기록사항은 다음 각 호로 한다.
1. 사전처분의 종류, 심판을 한 가정법원, 사건의 표시 및 재판확정일
2. 사전처분 본인의 성명, 성별, 출생연월일, 주민등록번호 및 등록기준지(외국인의 경우에는 주민등록번호 및 등록기준지를 갈음하여 국적 및 외국인등록번호)
3. 임시후견인의 성명, 주민등록번호 및 주소 또는 사무소(법인의 경우에는 명칭, 법인등록번호 및 주된 사무소, 외국인인 경우에는 주민등록번호를 갈음하여 국적 및 외국인등록번호)
4. 임시후견인의 권한의 범위를 정한 경우에는 그 범위, 범위를 변경한 경우에는 그 변경된 범위
5. 여러 명의 임시후견인이 공동으로 또는 사무를 분장하여 그 권한을 행사하도록 정한 경우에는 그 취지
6. 사전처분이 효력을 상실한 때에는 그 사유 및 연월일

③ 후견등기관은 제1항제3호, 제4호, 제2항제4호 및 제5호의 기록사항이 있는 때에는 목록을 작성하여야 한다.
④ 제3항의 목록은 후견등기기록의 일부로 본다.

제52조【사전처분에 관한 변경등기】 ① 성년후견인등·임의후견인의 직무대행자 또는 임시후견인은 법 제25조, 법 제26조 또는 이 규칙 제51조에서 정한 사항이 변경된 것을 알았을 때에는 지체 없이 변경등기를 신청하여야 한다. 다만, 촉탁에 의하여 등기가 이루어지는 경우에는 그러하지 아니하다.
② 사전처분의 본인 또는 배우자등은 제1항의 변경등기를 신청할 수 있다.

제53조【사전처분에 관한 종료등기】 ① 성년후견인등·임의후견인의 직무대행자 또는 임시후견인은 사망이나 그 밖의 사유에 의하여 사전처분의 효력이 상실되었음을 알았을 때에는 지체 없이 종료등기를 신청하여야 한다. 다만, 촉탁에 의하여 등기가 이루어지는 경우에는 그러하지 아니하다.
② 사전처분의 본인 또는 배우자등은 제1항의 종료등기를 신청할 수 있다.

제54조【신청이 경합된 경우의 기록방법】 ① 동일한 등기를 목적으로 하는 수개의 신청이 접수된 경우에는 먼저 접수된 신청에 따라 후견등기부에 기록하여야 한다.
② 제1항의 경우에 뒤에 접수된 신청에 따라 기록한 때에는 먼저 접수된 신청에 맞추어 후견등기기록을 경정하여야 한다.

제55조【후견등기관의 조사】 ① 등기신청서가 접수된 때에는 후견등기관은 지체 없이 신청에 관한 모든 사항을 조사하여야 한다.
② 법 제22조 단서의 보정명령은 등기신청인에게 말로 하거나, 전화, 팩시밀리를 이용하여 할 수 있다.

제56조【후견등기기록의 변경 등의 등기】 ① 후견등기관이 후견등기기록의 변경이나 경정의 등기를 할 때에는 변경이나 경정 전의 등기사항을 말소하는 표시를 하여야 한다.
② 등기를 말소할 때에는 말소의 등기를 한 후 해당 등기를 말소하는 표시를 하여야 한다.

제57조【등기신청의 최고】 후견등기관은 등기신청을 게을리 한 사실을 안 때에는 상당한 기간을 정하여 성년후견인등 또는 임의후견인에 대하여 그 기간 내에 신청할 것을 최고할 수 있다.

제58조【직권에 의한 등기의 말소】 ① 법 제31조제2항의 통지는 등기를 마친 사건의 표시와 사건이 등기할 것이 아닌 사실 또는 이미 등기되어 있는 사실을 적은 통지서로 한다.
② 법 제31조제3항에 따른 공고는 법원 홈페이지에 게시하는 방법에 의한다.
③ 법 제31조제5항에 따라 말소등기를 할 때에는 그 사유와 등기연월일을 기록하여야 한다.

제59조【말소회복등기】 ① 법 제28조제1항 및 제2항에 규정된 자는 부적법하게 말소된 등기의 회복을 신청할 수 있다. 다만, 촉탁에 의하여 등기가 이루어진 경우에는 그 말소회복등기도 촉탁에 의한다.
② 후견등기관의 잘못으로 등기가 부적법하게 말소된 경우에는 지체 없이 그 등기를 직권으로 회복하고, 등기를 신청 또는 촉탁한 자에게 그 뜻을 알려야 한다.
③ 후견등기관이 등기를 회복할 때에는 회복의 등기를 한 후 다시 말소된 등기와 같은 등기를 하여야 한다. 다만, 등기전부가 아닌 일부 등기사항만 말소된 것일 때에는 부기에 의하여 말소된 등기사항만 다시 등기한다.

제5장 이 의

제60조【이의신청서의 제출】 법 제33조에 따라 후견등기관에게 제출하는 이의신청서에는 이의신청인의 성명과 주소, 이의신청의 대상인 후견등기관의 결정 또는 처분, 이의신청의 취지와 이유, 그 밖에 대법원예규로 정하는 사항을 적고 신청인이 기명날인 또는 서명하여야 한다.

제61조【이미 마쳐진 등기에 대한 이의】 ① 이미 마쳐진 등기에 대하여 법 제22조제2호 또는 제3호의 사유로 이의한 경우 후견등기관은 그 이의가 이유 있다고 인정하면 법 제31조제2항부터 제5항까지의 절차를 거쳐 그 등기를 직권으로 말소한다.
② 후견등기관은 제1항의 이의가 이유 없다고 인정하면 이의신청서를 관할 가정법원에 보내야 한다.
③ 이미 마쳐진 등기에 대하여 법 제22조제2호 또는 제3호 외의 사유로 이의한 경우 후견등기관은 이의신청서를 관할 가정법원에 보내야 한다.
제62조【등본에 의한 통지】 법 제37조제1항의 통지는 결정서 등본에 의하여 한다.
제63조【기록명령에 따른 등기를 할 수 없는 경우】 ① 등기신청의 각하결정에 대한 이의신청에 따라 관할 가정법원이 그 등기의 기록명령을 하였더라도 다음 각 호의 어느 하나에 해당하는 경우에는 그 기록명령에 따른 등기를 할 수 없다.
1. 기록명령이 있었으나 그 기록명령에 따른 등기 전에 양립할 수 없는 다른 등기가 되어 있는 경우
2. 후견등기관이 기록명령에 따른 등기를 하기 위하여 신청인에게 첨부정보를 다시 제공할 것을 명령하였으나 신청인이 이에 응하지 아니한 경우
② 제1항과 같이 기록명령에 따른 등기를 할 수 없는 경우에는 그 뜻을 관할 가정법원과 이의신청인에게 통지하여야 한다.
제64조【부기등기의 말소】 법 제38조에 따른 부기등기는 후견등기관이 관할 가정법원으로부터 이의신청에 대한 기각결정(각하결정, 취하를 포함한다)의 통지를 받았을 때에 말소한다.

제6장 보 칙

제65조【등기전산정보자료의 이용 등】 ① 법 제41조에 따라 등기전산정보자료를 이용 또는 활용하려고 하는 자는 관계 중앙행정기관의 장에게 다음 각 호의 사항을 적은 서면을 제출하고 그 심사를 신청하여야 한다. 이 경우 신청할 수 있는 등기전산정보자료는 필요한 최소한의 범위로 한정하여야 한다.
1. 자료의 이용 또는 활용 목적 및 법률의 근거
2. 자료의 범위
3. 자료의 제공방식 · 보관기관 · 보관기간 및 안전관리대책
② 제1항에 따른 신청을 받은 관계 중앙행정기관의 장은 다음 각 호의 사항을 심사한 후 그 심사결과를 신청인에게 통보하여야 한다.
1. 신청 내용의 타당성 · 적합성 · 공익성
2. 개인의 사생활 침해의 가능성 또는 위험성 여부
3. 자료의 목적 외 사용방지 및 안전관리대책
③ 등기전산정보자료를 이용 또는 활용하려고 하는 자는 제2항에 따른 심사결과를 첨부하여 법원행정처장에게 승인신청을 하여야 한다. 다만, 중앙행정기관의 장이 등기전산정보자료를 이용 또는 활용하려고 하는 경우에는 법원행정처장에게 제1항 각 호의 사항을 적은 서면을 제출하고 협의를 요청하여야 한다.
④ 법원행정처장이 제3항에 따른 승인신청 또는 협의요청을 받았을 때에는 다음 각 호의 사항을 심사하여야 한다.
1. 제2항 각 호의 사항
2. 신청한 사항의 처리가 전산정보처리조직으로 가능한지 여부
3. 신청한 사항의 처리가 등기사무처리에 지장이 없는지 여부
⑤ 제4항에 따른 심사결과 신청이 승인되었거나 협의가 성립되었을 때에는 법원행정처장은 등기전산정보자료제공대장에 그 내용을 기록 · 관리하여야 한다.
제66조【과태료의 통지】 후견등기관은 법 제44조에 따른 과태료에 처할 사유가 있다고 인정하면 지체 없이 과태료에 처할 사람의 주소 또는 거소를 관할하는 가정법원에 통지하여야 한다.
제67조【통지의 방법】 법 또는 이 규칙에 따른 통지는 우편이나 그 밖의 편리한 방법으로 한다. 다만, 별도의 규정이 있는 경우에는 그러하지 아니하다.
제68조【대법원예규에의 위임】 후견등기절차와 관련하여 필요한 사항 중 이 규칙에서 정하고 있지 아니한 사항은 대법원예규로 정할 수 있다.

부 칙 (2018.12.4)

이 규칙은 2019년 1월 1일부터 시행한다.

부 칙 (2021.5.27)

제1조【시행일】 이 규칙은 2021년 6월 10일부터 시행한다.
제2조【적용례】 이 규칙은 이 규칙 시행 당시 접수되어 계속 중인 사건에 대하여도 적용한다.

〔별지서식〕 ➡ 「www.hyeonamsa.com」 참조

농지법

(2007년 4월 11일
전부개정법률 제8352호)

개정
2007. 5.17법 8466호(수질수생태계보전) <중략>
2013. 3.23법11690호(정부조직)
2013. 3.23법11694호(농어업·농어촌및식품산업기본법)
2013. 8. 6법11998호(지방세외수입금의징수등에관한법)
2014.10.15법12812호 2015. 1.20법13022호
2015. 6.22법13383호(수산업·어촌발전기본법)
2015. 7.20법13405호
2016. 1.19법13782호(감정평가감정평가사)
2016. 1.19법13796호(부동산가격공시에관한법)
2016. 5.29법14209호
2016. 5.29법14242호(수협)
2017. 1.17법14532호(물환경보전법)
2017.10.31법14985호 2018.12.24법16073호
2019.11.26법16652호(자산관리)
2020. 2.11법16975호
2020. 3.24법17091호(지방행정제재·부과금의징수등에관한법)
2020. 4. 7법17219호(감정평가감정평가사)
2021. 4.13법18021호 2021. 8.17법18401호
2023. 5.16법19409호(국가유산기본법)
2023. 8. 8법19587호(매장유산보호및조사에관한법)
2023. 8.16법19639호 2024. 1. 2법19877호
2024. 1.23법20083호

제1장 총 칙

제1조【목적】 이 법은 농지의 소유·이용 및 보전 등에 필요한 사항을 정함으로써 농지를 효율적으로 이용하고 관리하여 농업인의 경영 안정과 농업 생산성 향상을 바탕으로 농업 경쟁력 강화와 국민경제의 균형 있는 발전 및 국토 환경 보전에 이바지하는 것을 목적으로 한다.

제2조【정의】 이 법에서 사용하는 용어의 뜻은 다음과 같다.

1. "농지"란 다음 각 목의 어느 하나에 해당하는 토지를 말한다.
  가. 전·답, 과수원, 그 밖에 법적 지목(地目)을 불문하고 실제로 농작물 경작지 또는 대통령령으로 정하는 다년생식물 재배지로 이용되는 토지. 다만, 「초지법」에 따라 조성된 초지 등 대통령령으로 정하는 토지는 제외한다. (2018.12.24 본문개정)
  나. 가목의 토지의 개량시설과 가목의 토지에 설치하는 농축산물 생산시설로서 대통령령으로 정하는 시설의 부지
2. "농업인"이란 농업에 종사하는 개인으로서 대통령령으로 정하는 자를 말한다.
3. "농업법인"이란 「농어업경영체 육성 및 지원에 관한 법률」 제16조에 따라 설립된 영농조합법인과 같은 법 제19조에 따라 설립되고 업무집행권을 가진 자 중 3분의 1 이상이 농업인인 농업회사법인을 말한다.(2009.5.27 본문개정)
  가.~나. (2009.5.27 삭제)
4. "농업경영"이란 농업인이나 농업법인이 자기의 계산과 책임으로 농업을 영위하는 것을 말한다.
5. "자경(自耕)"이란 농업인이 그 소유 농지에서 농작물 경작 또는 다년생식물 재배에 상시 종사하거나 농작업(農作業)의 2분의 1 이상을 자기의 노동력으로 경작 또는 재배하는 것과 농업법인이 그 소유 농지에서 농작물을 경작하거나 다년생식물을 재배하는 것을 말한다.
6. "위탁경영"이란 농지 소유자가 타인에게 일정한 보수를 지급하기로 약정하고 농작업의 전부 또는 일부를 위탁하여 행하는 농업경영을 말한다.

6의2. "농지개량"이란 농지의 생산성을 높이기 위하여 농지의 형질을 변경하는 다음 각 목의 어느 하나에 해당하는 행위를 말한다.
  가. 농지의 이용가치를 높이기 위하여 농지의 구획을 정리하거나 개량시설을 설치하는 행위
  나. 농지의 토양개량이나 관개, 배수, 농업기계 이용의 개선을 위하여 해당 농지에서 객토·성토 또는 절토하거나 암석을 채굴하는 행위
(2024.1.2 본호신설)

7. "농지의 전용"이란 농지를 농작물의 경작이나 다년생식물의 재배 등 농업생산 또는 농지개량 외의 용도로 사용하는 것을 말한다. 다만, 제1호나목에서 정한 용도로 사용하는 경우에는 전용(轉用)으로 보지 아니한다.(2024.1.2 본문개정)
8. "주말·체험영농"이란 농업인이 아닌 개인이 주말 등을 이용하여 취미생활이나 여가활동으로 농작물을 경작하거나 다년생식물을 재배하는 것을 말한다.(2021.8.17 본호신설)

제3조【농지에 관한 기본 이념】 ① 농지는 국민에게 식량을 공급하고 국토 환경을 보전(保全)하는 데에 필요한 기반이며 농업과 국민경제의 조화로운 발전에 영향을 미치는 한정된 귀중한 자원이므로 소중히 보전되어야 하고 공공복리에 적합하게 관리되어야 하며, 농지에 관한 권리의 행사에는 필요한 제한과 의무가 따른다.
② 농지는 농업 생산성을 높이는 방향으로 소유·이용되어야 하며, 투기의 대상이 되어서는 아니 된다.

제4조【국가 등의 의무】 ① 국가와 지방자치단체는 농지에 관한 기본 이념이 구현되도록 농지에 관한 시책을 수립하고 시행하여야 한다.
② 국가와 지방자치단체는 농지에 관한 시책을 수립할 때 필요한 규제와 조정을 통하여 농지를 보전하고 합리적으로 이용할 수 있도록 함으로써 농업을 육성하고 국민경제를 균형 있게 발전시키는 데에 이바지하도록 하여야 한다.

제5조【국민의 의무】 모든 국민은 농지에 관한 기본 이념을 존중하여야 하며, 국가와 지방자치단체가 시행하는 농지에 관한 시책에 협력하여야 한다.

제2장 농지의 소유

제6조【농지 소유 제한】 ① 농지는 자기의 농업경영에 이용하거나 이용할 자가 아니면 소유하지 못한다.
② 제1항에도 불구하고 다음 각 호의 어느 하나에 해당하는 경우에는 농지를 소유할 수 있다. 다만, 소유 농지는 농업경영에 이용되도록 하여야 한다(제2호 및 제3호는 제외한다).
(2021.4.13 단서신설)

1. 국가나 지방자치단체가 농지를 소유하는 경우
2. 「초·중등교육법」 및 「고등교육법」에 따른 학교, 농림축산식품부령으로 정하는 공공단체·농업연구기관·농업생산자단체 또는 종묘나 그 밖의 농업 기자재 생산자가 그 목적사업을 수행하기 위하여 필요한 시험지·연구지·실습지·종묘생산지 또는 과수 인공수분용 꽃가루 생산지로 쓰기 위하여 농림축산식품부령으로 정하는 바에 따라 농지를 취득하여 소유하는 경우(2016.5.29 본호개정)

3. 주말·체험영농을 하려고 제28조에 따른 농업진흥지역 외의 농지를 소유하는 경우(2021.8.17 본호개정)
4. 상속〔상속인에게 한 유증(遺贈)을 포함한다. 이하 같다〕으로 농지를 취득하여 소유하는 경우
5. 대통령령으로 정하는 기간 이상 농업경영을 하던 사람이 이농(離農)한 후에도 이농 당시 소유하고 있던 농지를 계속 소유하는 경우(2020.2.11 본호개정)
6. 제13조제1항에 따라 담보농지를 취득하여 소유하는 경우(「자산유동화에 관한 법률」 제3조에 따른 유동화전문회사등이 제13조제1항제1호부터 제4호까지에 규정된 저당권자로부터 농지를 취득하는 경우를 포함한다)
7. 제34조제1항에 따른 농지전용허가〔다른 법률에 따라 농지전용허가가 의제(擬制)되는 인가·허가·승인 등을 포함한다〕를 받거나 제35조 또는 제43조에 따른 농지전용신고를 한 자가 그 농지를 소유하는 경우
8. 제34조제2항에 따른 농지전용협의를 마친 농지를 소유하는 경우
9. 「한국농어촌공사 및 농지관리기금법」 제24조제2항에 따른 농지의 개발사업지구에 있는 농지로서 대통령령으로 정하는 1천500제곱미터 미만의 농지나 「농어촌정비법」 제98조제3항에 따른 농지를 취득하여 소유하는 경우(2009.6.9 본호개정)
9의2. 제28조에 따른 농업진흥지역 밖의 농지 중 최상단부부터 최하단부까지의 평균경사율이 15퍼센트 이상인 농지로서 대통령령으로 정하는 농지를 소유하는 경우(2012.1.17 본호개정)
10. 다음 각 목의 어느 하나에 해당하는 경우
  가. 「한국농어촌공사 및 농지관리기금법」에 따라 한국농어촌공사가 농지를 취득하여 소유하는 경우(2008.12.29 본목개정)
  나. 「농어촌정비법」 제16조·제25조·제43조·제82조 또는 제100조에 따라 농지를 취득하여 소유하는 경우(2009.6.9 본목개정)
  다. 「공유수면 관리 및 매립에 관한 법률」에 따라 매립농지를 취득하여 소유하는 경우(2017.10.31 본목개정)
  라. 토지수용으로 농지를 취득하여 소유하는 경우
  마. 농림축산식품부장관과 협의를 마치고 「공익사업을 위한 토지 등의 취득 및 보상에 관한 법률」에 따라 농지를 취득하여 소유하는 경우(2013.3.23 본목개정)
  바. 「공공토지의 비축에 관한 법률」 제2조제1호가목에 해당하는 토지 중 같은 법 제7조제1항에 따른 공공토지비축심의위원회가 비축이 필요하다고 인정하는 토지로서 「국토의 계획 및 이용에 관한 법률」 제36조에 따른 계획관리지역과 자연녹지지역 안의 농지를 한국토지주택공사가 취득하여 소유하는 경우. 이 경우 그 취득한 농지를 전용하기 전까지는 한국농어촌공사에 지체 없이 위탁하여 임대하거나 무상사용하게 하여야 한다.(2020.2.11 후단개정)

③ 제23조제1항제1호부터 제6호까지의 규정에 따라 농지를 임대하거나 무상사용하게 하는 경우에는 제1항 또는 제2항에도 불구하고 임대하거나 무상사용하게 하는 기간 동안 농지를 계속 소유할 수 있다.(2021.4.13 본항개정)
④ 이 법에서 허용된 경우 외에는 농지 소유에 관한 특례를 정할 수 없다.

제7조 【농지 소유 상한】 ① 상속으로 농지를 취득한 사람으로서 농업경영을 하지 아니하는 사람은 그 상속 농지 중에서 총 1만제곱미터까지만 소유할 수 있다.
② 대통령령으로 정하는 기간 이상 농업경영을 한 후 이농한 사람은 이농 당시 소유 농지 중에서 총 1만제곱미터까지만 소유할 수 있다.
③ 주말·체험영농을 하려는 사람은 총 1천제곱미터 미만의 농지를 소유할 수 있다. 이 경우 면적 계산은 그 세대원 전부가 소유하는 총 면적으로 한다.
④ 제23조제1항제7호에 따라 농지를 임대하거나 무상사용하게 하는 경우에는 제1항 또는 제2항에도 불구하고 임대하거나 무상사용하게 하는 기간 동안 소유 상한을 초과하는 농지를 계속 소유할 수 있다.
(2020.2.11 본조개정)

제7조의2 【금지 행위】 누구든지 다음 각 호의 어느 하나에 해당하는 행위를 하여서는 아니 된다.
1. 제6조에 따른 농지 소유 제한이나 제7조에 따른 농지 소유 상한에 대한 위반 사실을 알고도 농지를 소유하도록 권유하거나 중개하는 행위
2. 제9조에 따른 농지의 위탁경영 제한에 대한 위반 사실을 알고도 농지를 위탁경영하도록 권유하거나 중개하는 행위
3. 제23조에 따른 농지의 임대차 또는 사용대차 제한에 대한 위반 사실을 알고도 농지 임대차나 사용대차하도록 권유하거나 중개하는 행위
4. 제1호부터 제3호까지의 행위와 그 행위가 행하여지는 업소에 대한 광고 행위
(2021.8.17 본조신설)

제8조 【농지취득자격증명의 발급】 ① 농지를 취득하려는 자는 농지 소재지를 관할하는 시장(구를 두지 아니한 시의 시장을 말하며, 도농 복합 형태의 시는 농지 소재지가 동지역인 경우만을 말한다), 구청장(도농 복합 형태의 시의 구에서는 농지 소재지가 동지역인 경우만을 말한다), 읍장 또는 면장(이하 "시·구·읍·면의 장"이라 한다)에게서 농지취득자격증명을 발급받아야 한다. 다만, 다음 각 호의 어느 하나에 해당하면 농지취득자격증명을 발급받지 아니하고 농지를 취득할 수 있다.
1. 제6조제2항제1호·제4호·제6호·제8호 또는 제10호(같은 호 바목은 제외한다)에 따라 농지를 취득하는 경우(2009.5.27 본호개정)
2. 농업법인의 합병으로 농지를 취득하는 경우
3. 공유 농지의 분할이나 그 밖에 대통령령으로 정하는 원인으로 농지를 취득하는 경우

② 제1항에 따른 농지취득자격증명을 발급받으려는 자는 다음 각 호의 사항이 모두 포함된 농업경영계획서 또는 주말·체험영농계획서를 작성하고 농림축산식품부령으로 정하는 서류를 첨부하여 농지 소재지를 관할하는 시·구·읍·면의 장에게 발급신청을 하여야 한다. 다만, 제6조제2항제2호·제7호·제9호·제9호의2 또는 제10호바목에 따라 농지를 취득하는 자는 농업경영계획서 또는 주말·체험영농계획서를 작성하지 아니하고 농림축산식품부령으로 정하는 서류를 첨부하지 아니하여도 발급신청을 할 수 있다.(2023.8.16 단서개정)
1. 취득 대상 농지의 면적(공유로 취득하려는 경우 공유 지분의 비율 및 각자가 취득하려는 농지의 위치도 함께 표시한다)(2021.8.17 본호개정)
2. 취득 대상 농지에서 농업경영을 하는 데에 필요한 노동력 및 농업 기계·장비·시설의 확보 방안
3. 소유 농지의 이용 실태(농지 소유자에게만 해당한다)
4. 농지취득자격증명을 발급받으려는 자의 직업·영농경력·영농거리(2021.8.17 본호신설)

③ 시·구·읍·면의 장은 농지 투기가 성행하거나 성행할 우려가 있는 지역의 농지를 취득하려는 자 등 농림축산식품부령으로 정하는 자가 농지취득자격증명 발급을 신청한 경우 제44조에 따른 농지위원회의 심의를 거쳐야 한다.
(2021.8.17 본항신설)
④ 시·구·읍·면의 장은 제1항에 따른 농지취득자격증명의 발급 신청을 받은 때에는 그 신청을 받은 날부터 7일(제2항 단서에 따라 농업경영계획서 또는 주말·체험영농계획서를 작성하지 아니하고 농지취득자격증명의 발급신청을 할 수 있는 경우에는 4일, 제3항에 따른 농지위원회의 심의 대상의 경우에는 14일) 이내에 신청인에게 농지취득자격증명을 발급하여야 한다.(2023.8.16 본항개정)

⑤ 제1항 본문과 제2항에 따른 신청 및 발급 절차 등에 필요한 사항은 대통령령으로 정한다.
⑥ 제1항 본문과 제2항에 따라 농지취득자격증명을 발급받아 농지를 취득하는 자가 그 소유권에 관한 등기를 신청할 때에는 농지취득자격증명을 첨부하여야 한다.
⑦ 농지취득자격증명의 발급에 관한 민원의 처리에 관하여 이 조에서 규정한 사항을 제외하고 「민원 처리에 관한 법률」이 정하는 바에 따른다.(2021.8.17 본항신설)

제8조의2【농업경영계획서 등의 보존기간】 ① 시·구·읍·면의 장은 제8조제2항에 따라 제출되는 농업경영계획서 또는 주말·체험영농계획서를 10년간 보존하여야 한다.
② 농업경영계획서 또는 주말·체험영농계획서 외의 농지취득자격증명 신청서류의 보존기간은 대통령령으로 정한다.
(2023.8.16 본조개정)

제8조의3【농지취득자격증명의 발급제한】 ① 시·구·읍·면의 장은 농지취득자격증명을 발급받으려는 자가 제8조제2항에 따라 농업경영계획서 또는 주말·체험영농계획서에 포함하여야 할 사항을 기재하지 아니하거나 첨부하여야 할 서류를 제출하지 아니한 경우 농지취득자격증명을 발급하여서는 아니 된다.
② 시·구·읍·면의 장은 1필지를 공유로 취득하려는 자가 제22조제3항에 따른 시·군·구의 조례로 정한 수를 초과한 경우에는 농지취득자격증명을 발급하지 아니할 수 있다.
③ 시·구·읍·면의 장은 「농어업경영체 육성 및 지원에 관한 법률」 제20조의2에 따른 실태조사 등에 따라 영농조합법인 또는 농업회사법인이 같은 법 제20조의3제2항에 따른 해산명령 청구 요건에 해당하는 것으로 인정하는 경우에는 농지취득자격증명을 발급하지 아니할 수 있다.
(2021.8.17 본조신설)

제9조【농지의 위탁경영】 농지 소유자는 다음 각 호의 어느 하나에 해당하는 경우 외에는 소유 농지를 위탁경영할 수 없다.
1. 「병역법」에 따라 징집 또는 소집된 경우
2. 3개월 이상 국외 여행 중인 경우
3. 농업법인이 청산 중인 경우
4. 질병, 취학, 선거에 따른 공직 취임, 그 밖에 대통령령으로 정하는 사유로 자경할 수 없는 경우
5. 제17조에 따른 농지이용증진사업 시행계획에 따라 위탁경영하는 경우
6. 농업인이 자기 노동력이 부족하여 농작업의 일부를 위탁하는 경우

제10조【농업경영에 이용하지 아니하는 농지 등의 처분】
① 농지 소유자는 다음 각 호의 어느 하나에 해당하게 되면 그 사유가 발생한 날부터 1년 이내에 해당 농지(제6호의 경우에는 농지 소유 상한을 초과하는 면적에 해당하는 농지를 말한다)를 그 사유가 발생한 날 당시 세대를 같이 하는 세대원이 아닌 자, 그 밖에 농림축산식품부령으로 정하는 자에게 처분하여야 한다.(2023.8.16 본문개정)
1. 소유 농지를 자연재해·농지개량·질병 등 대통령령으로 정하는 정당한 사유 없이 자기의 농업경영에 이용하지 아니하거나 이용하지 아니하게 되었다고 시장(구를 두지 아니한 시의 시장을 말한다. 이하 이 조에서 같다)·군수 또는 구청장이 인정한 경우
2. 농지를 소유하고 있는 농업회사법인이 제2조제3호의 요건에 맞지 아니하게 된 후 3개월이 지난 경우(2009.5.27 본호개정)
3. 제6조제2항제2호에 따라 농지를 취득한 자가 그 농지를 해당 목적사업에 이용하지 아니하게 되었다고 시장·군수 또는 구청장이 인정한 경우
4. 제6조제2항제3호에 따라 농지를 취득한 자가 자연재해·농지개량·질병 등 대통령령으로 정하는 정당한 사유 없이 그 농지를 주말·체험영농에 이용하지 아니하게 되었다고 시장·군수 또는 구청장이 인정한 경우
4의2. 제6조제2항제4호에 따라 농지를 취득하여 소유한 자가 농지를 제23조제1항제1호에 따라 임대하거나 제23조제1항제6호에 따라 한국농어촌공사에 위탁하여 임대하는 등 대통령령으로 정하는 정당한 사유 없이 자기의 농업경영에 이용하지 아니하거나 이용하지 아니하게 되었다고 시장·군수 또는 구청장이 인정한 경우(2021.8.17 본호신설)
4의3. 제6조제2항제5호에 따라 농지를 소유한 자가 농지를 제23조제1항제1호에 따라 임대하거나 제23조제1항제6호에 따라 한국농어촌공사에 위탁하여 임대하는 등 대통령령으로 정하는 정당한 사유 없이 자기의 농업경영에 이용하지 아니하거나, 이용하지 아니하게 되었다고 시장·군수 또는 구청장이 인정한 경우(2021.8.17 본호신설)
5. 제6조제2항제7호에 따라 농지를 취득한 자가 취득한 날부터 2년 이내에 그 목적사업에 착수하지 아니한 경우
5의2. 제6조제2항제10호마목에 따른 농림축산식품부장관과의 협의를 마치지 아니하고 농지를 소유한 경우(2013.3.23 본호개정)
5의3. 제6조제2항제10호바목에 따라 소유한 농지를 한국농어촌공사에 지체 없이 위탁하지 아니한 경우(2009.5.27 본호신설)
6. 제7조에 따른 농지 소유 상한을 초과하여 농지를 소유한 것이 판명된 경우
7. 자연재해·농지개량·질병 등 대통령령으로 정하는 정당한 사유 없이 제8조제2항에 따른 농업경영계획서 또는 주말·체험영농계획서 내용을 이행하지 아니하였다고 시장·군수 또는 구청장이 인정한 경우(2023.8.16 본호개정)
② 시장·군수 또는 구청장은 제1항에 따라 농지의 처분의무가 생긴 농지의 소유자에게 농림축산식품부령으로 정하는 바에 따라 처분 대상 농지, 처분의무 기간 등을 구체적으로 밝혀 그 농지를 처분하여야 함을 알려야 한다.(2013.3.23 본항개정)

제11조【처분명령과 매수 청구】 ① 시장(구를 두지 아니한 시의 시장을 말한다)·군수 또는 구청장은 다음 각 호의 어느 하나에 해당하는 농지소유자에게 6개월 이내에 그 농지를 처분할 것을 명할 수 있다.(2021.8.17 본문개정)
1. 거짓이나 그 밖의 부정한 방법으로 제8조제1항에 따른 농지취득자격증명을 발급받아 농지를 소유한 것으로 시장·군수 또는 구청장이 인정한 경우
2. 제10조에 따른 처분의무 기간에 처분 대상 농지를 처분하지 아니한 경우
3. 농업법인이 「농어업경영체 육성 및 지원에 관한 법률」 제19조의5를 위반하여 부동산업을 영위한 것으로 시장·군수 또는 구청장이 인정한 경우
(2021.8.17 1호~3호신설)
② 농지 소유자는 제1항에 따른 처분명령을 받으면 「한국농어촌공사 및 농지관리기금법」에 따른 한국농어촌공사에 그 농지의 매수를 청구할 수 있다.(2008.12.29 본항개정)
③ 한국농어촌공사는 제2항에 따른 매수 청구를 받으면 「부동산 가격공시에 관한 법률」에 따른 공시지가(해당 토지의 공시지가가 없으면 같은 법 제8조에 따라 산정한 개별 토지 가격을 말한다. 이하 같다)를 기준으로 해당 농지를 매수할 수 있다. 이 경우 인근 지역의 실제 거래 가격이 공시지가보다 낮으면 실제 거래 가격을 기준으로 매수할 수 있다.
(2016.1.19 전단개정)
④ 한국농어촌공사가 제3항에 따라 농지를 매수하는 데에 필요한 자금은 「한국농어촌공사 및 농지관리기금법」 제35조제1항에 따른 농지관리기금에서 융자한다.(2008.12.29 본항개정)

제12조【처분명령의 유예】 ① 시장(구를 두지 아니한 시의 시장을 말한다. 이하 이 조에서 같다)·군수 또는 구청장은 제10조제1항에 따른 처분의무 기간에 처분 대상 농지를 처분하지 아니한 농지 소유자가 다음 각 호의 어느 하나에 해

당하면 처분의무 기간이 지난 날부터 3년간 제11조제1항에 따른 처분명령을 직권으로 유예할 수 있다.
1. 해당 농지를 자기의 농업경영에 이용하는 경우
2. 한국농어촌공사나 그 밖에 대통령령으로 정하는 자와 해당 농지의 매도위탁계약을 체결한 경우(2008.12.29 본호개정)
② 시장·군수 또는 구청장은 제1항에 따라 처분명령을 유예 받은 농지 소유자가 처분명령 유예 기간에 제1항 각 호의 어느 하나에도 해당하지 아니하게 되면 지체 없이 그 유예한 처분명령을 하여야 한다.
③ 농지 소유자가 처분명령을 유예 받은 후 제2항에 따른 처분명령을 받지 아니하고 그 유예 기간이 지난 경우에는 제10조제1항에 따른 처분의무에 대하여 처분명령이 유예된 농지의 그 처분의무만 없어진 것으로 본다.
제13조【담보 농지의 취득】 ① 농지의 저당권자로서 다음 각 호의 어느 하나에 해당하는 자는 농지 저당권 실행을 위한 경매기일을 2회 이상 진행하여도 경락인(競落人)이 없으면 그 후의 경매에 참가하여 그 담보 농지를 취득할 수 있다.
1. 「농업협동조합법」에 따른 지역농업협동조합, 지역축산업협동조합, 품목별·업종별협동조합 및 그 중앙회와 농협은행, 「수산업협동조합법」에 따른 지구별 수산업협동조합, 업종별 수산업협동조합, 수산물가공 수산업협동조합 및 그 중앙회와 수협은행, 「산림조합법」에 따른 지역산림조합, 품목별·업종별산림조합 및 그 중앙회(2016.5.29 본호개정)
2. 한국농어촌공사(2008.12.29 본호개정)
3. 「은행법」에 따라 설립된 은행이나 그 밖에 대통령령으로 정하는 금융기관(2010.5.17 본호개정)
4. 「한국자산관리공사 설립 등에 관한 법률」에 따라 설립된 한국자산관리공사(2019.11.26 본호개정)
5. 「자산유동화에 관한 법률」 제3조에 따른 유동화전문회사등
6. 「농업협동조합의 구조개선에 관한 법률」에 따라 설립된 농업협동조합자산관리회사
② 제1항제1호 및 제3호에 따른 농지 저당권자는 제1항에 따라 취득한 농지의 처분을 한국농어촌공사에 위임할 수 있다.(2008.12.29 본항개정)

제3장 농지의 이용

제1절 농지의 이용 증진 등

제14조 (2024.1.23 삭제)
제15조【농지이용증진사업의 시행】 시장·군수·자치구구청장, 한국농어촌공사, 그 밖에 대통령령으로 정하는 자(이하 "사업시행자"라 한다)는 농지 이용을 증진하기 위하여 다음 각 호의 어느 하나에 해당하는 사업(이하 "농지이용증진사업"이라 한다)을 시행할 수 있다.(2024.1.23 본문개정)
1. 농지의 매매·교환·분합 등에 의한 농지 소유권 이전을 촉진하는 사업
2. 농지의 장기 임대차, 장기 사용대차에 따른 농지 임차권(사용대차에 따른 권리를 포함한다. 이하 같다) 설정을 촉진하는 사업
3. 위탁경영을 촉진하는 사업
4. 농업인이나 농업법인이 농지를 공동으로 이용하거나 집단으로 이용하여 농업경영을 개선하는 농업 경영체 육성사업
제16조【농지이용증진사업의 요건】 농지이용증진사업은 다음 각 호의 모든 요건을 갖추어야 한다.
1. 농업경영을 목적으로 농지를 이용할 것
2. 농지 임차권 설정, 농지 소유권 이전, 농업경영의 수탁·위탁이 농업인 또는 농업법인의 경영규모를 확대하거나 농지이용을 집단화하는 데에 기여할 것
3. 기계화·시설자동화 등으로 농산물 생산 비용과 유통 비용을 포함한 농업경영 비용을 절감하는 등 농업경영 효율화에 기여할 것
제17조【농지이용증진사업 시행계획의 수립】 ① 시장·군수 또는 자치구구청장이 농지이용증진사업을 시행하려고 할 때에는 농림축산식품부령으로 정하는 바에 따라 농지이용증진사업 시행계획을 수립하여 「농업·농촌 및 식품산업 기본법」 제15조에 따른 시·군·구 농업·농촌및식품산업정책심의회(이하 "시·군·구 농업·농촌및식품산업정책심의회"라 한다)의 심의를 거쳐 확정하여야 한다. 수립한 계획을 변경하려고 할 때에도 또한 같다.(2024.1.23 전단개정)
② 시장·군수 또는 자치구구청장 외의 사업시행자가 농지이용증진사업을 시행하려고 할 때에는 농림축산식품부령으로 정하는 바에 따라 농지이용증진사업 시행계획을 수립하여 시장·군수 또는 자치구구청장에게 제출하여야 한다.(2013.3.23 본항개정)
③ 시장·군수 또는 자치구구청장은 제2항에 따라 제출받은 농지이용증진사업 시행계획이 보완될 필요가 있다고 인정하면 그 사유와 기간을 구체적으로 밝혀 사업시행자에게 그 계획을 보완하도록 요구할 수 있다.
④ 농지이용증진사업 시행계획에는 다음 각 호의 사항이 포함되어야 한다.
1. 농지이용증진사업의 시행 구역
2. 농지 소유권이나 임차권을 가진 자, 임차권을 설정받을 자, 소유권을 이전받을 자 또는 농업경영을 위탁하거나 수탁할 자에 관한 사항
3. 임차권이 설정되는 농지, 소유권이 이전되는 농지 또는 농업경영을 위탁하거나 수탁하는 농지에 관한 사항
4. 설정하는 임차권의 내용, 농업경영 수탁·위탁의 내용 등에 관한 사항
5. 소유권 이전 시기, 이전 대가, 이전 대가 지급 방법, 그 밖에 농림축산식품부령으로 정하는 사항(2021.4.13 본호개정)
제18조【농지이용증진사업 시행계획의 고시와 효력】 ① 시장·군수 또는 자치구구청장이 제17조제1항에 따라 농지이용증진사업 시행계획을 확정하거나 같은 조 제2항에 따라 그 계획을 제출받은 경우(같은 조 제3항에 따라 보완을 요구한 경우에는 그 보완이 끝난 때)에는 농림축산식품부령으로 정하는 바에 따라 지체 없이 이를 고시하고 관계인에게 열람하게 하여야 한다.(2013.3.23 본항개정)
② 사업시행자는 제1항에 따라 농지이용증진사업 시행계획이 고시되면 대통령령으로 정하는 바에 따라 농지이용증진사업 시행계획에 포함된 제17조제4항제2호에 규정된 자의 동의를 얻어 해당 농지에 관한 등기를 촉탁하여야 한다.
③ 사업시행자가 제2항에 따라 등기를 촉탁하는 경우에는 제17조제1항에 따른 농지이용증진사업 시행계획을 확정한 문서 또는 제1항에 따른 농지이용증진사업 시행계획이 고시된 문서와 제2항에 따른 동의서를 「부동산등기법」에 따른 등기원인을 증명하는 서면으로 본다.(2011.4.12 본항개정)
④ 농지이용증진사업 시행계획에 따른 등기의 촉탁에 대하여는 「부동산등기 특별조치법」 제3조를 적용하지 아니한다.
제19조【농지이용증진사업에 대한 지원】 국가와 지방자치단체는 농지이용증진사업을 원활히 실시하기 위하여 필요한 지도와 주선을 하며, 예산의 범위에서 사업에 드는 자금의 일부를 지원할 수 있다.
제20조【대리경작자의 지정 등】 ① 시장(구를 두지 아니한 시의 시장을 말한다. 이하 이 조에서 같다)·군수 또는 구청장은 유휴농지(농작물 경작이나 다년생식물 재배에 이용되지 아니하는 농지로서 대통령령으로 정하는 농지를 말한다. 이하 같다)에 대하여 대통령령으로 정하는 바에 따라 그 농지의 소유권자나 임차권자를 대신하여 농작물을 경작할 자(이하 "대리경작자"라 한다)를 직권으로 지정하거나 농림축산식품부령으로 정하는 바에 따라 유휴농지를 경작하려는 자의 신청을 받아 대리경작자를 지정할 수 있다.(2013.3.23 본항개정)

② 시장·군수 또는 구청장은 제1항에 따라 대리경작자를 지정하려면 농림축산식품부령으로 정하는 바에 따라 그 농지의 소유권자 또는 임차권자에게 예고하여야 하며, 대리경작자를 지정하면 그 농지의 대리경작자와 소유권자 또는 임차권자에게 지정통지서를 보내야 한다.(2013.3.23 본항개정)
③ 대리경작 기간은 따로 정하지 아니하면 3년으로 한다. (2012.1.17 본항개정)
④ 대리경작자는 수확량의 100분의 10을 농림축산식품부령으로 정하는 바에 따라 그 농지의 소유권자나 임차권자에게 토지사용료로 지급하여야 한다. 이 경우 수령을 거부하거나 지급이 곤란한 경우에는 토지사용료를 공탁할 수 있다. (2013.3.23 전단개정)
⑤ 대리경작 농지의 소유권자 또는 임차권자가 그 농지를 스스로 경작하려면 제3항의 대리경작 기간이 끝나기 3개월 전까지, 그 대리경작 기간이 끝난 후에는 대리경작자 지정을 중지할 것을 농림축산식품부령으로 정하는 바에 따라 시장·군수 또는 구청장에게 신청하여야 하며, 신청을 받은 시장·군수 또는 구청장은 신청을 받은 날부터 1개월 이내에 대리경작자 지정 중지를 그 대리경작자와 그 농지의 소유권자 또는 임차권자에게 알려야 한다.(2013.3.23 본항개정)
⑥ 시장·군수 또는 구청장은 다음 각 호의 어느 하나에 해당하면 대리경작 기간이 끝나기 전이라도 대리경작자 지정을 해지할 수 있다.
1. 대리경작 농지의 소유권자나 임차권자가 정당한 사유를 밝히고 지정 해지신청을 하는 경우
2. 대리경작자가 경작을 게을리하는 경우
3. 그 밖에 대통령령으로 정하는 사유가 있는 경우

제21조【토양의 개량·보전】 ① 국가와 지방자치단체는 농업인이나 농업법인이 환경보전적인 농업경영을 지속적으로 할 수 있도록 토양의 개량·보전에 관한 사업을 시행하여야 하고 토양의 개량·보전에 관한 시험·연구·조사 등에 관한 시책을 마련하여야 한다.
② 국가는 제1항의 목적을 달성하기 위하여 토양을 개량·보전하는 사업 등을 시행하는 지방자치단체, 농림축산식품부령으로 정하는 농업생산자단체, 농업인 또는 농업법인에 대하여 예산의 범위에서 필요한 자금의 일부를 지원할 수 있다.(2013.3.23 본항개정)

제22조【농지 소유의 세분화 방지】 ① 국가와 지방자치단체는 농업인이나 농업법인의 농지 소유가 세분화되는 것을 막기 위하여 농지를 어느 한 농업인 또는 하나의 농업법인이 일괄적으로 상속·증여 또는 양도받도록 필요한 지원을 할 수 있다.
② 「농어촌정비법」에 따른 농업생산기반정비사업이 시행된 농지는 다음 각 호의 어느 하나에 해당하는 경우 외에는 분할할 수 없다.
1. 「국토의 계획 및 이용에 관한 법률」에 따른 도시지역의 주거지역·상업지역·공업지역 또는 도시·군계획시설부지에 포함되어 있는 농지를 분할하는 경우(2011.4.14 본호개정)
2. 제34조제1항에 따라 농지전용허가(다른 법률에 따라 농지전용허가가 의제되는 인가·허가·승인 등을 포함한다)를 받거나 제35조나 제43조에 따른 농지전용신고를 하고 전용한 농지를 분할하는 경우(2009.5.27 본호개정)
3. 분할 후의 각 필지의 면적이 2천제곱미터를 넘도록 분할하는 경우
4. 농지의 개량, 농지의 교환·분합 등 대통령령으로 정하는 사유로 분할하는 경우
③ 시장·군수 또는 구청장은 농지를 효율적으로 이용하고 농업생산성을 높이기 위하여 통상적인 영농 관행 등을 감안하여 농지 1필지를 공유로 소유(제6조제2항제4호의 경우는 제외한다)하려는 자의 최대인원수를 7인 이하의 범위에서 시·군·구의 조례로 정하는 바에 따라 제한할 수 있다. (2021.8.17 본항신설)

제2절 농지의 임대차 등

제23조【농지의 임대차 또는 사용대차】 ① 다음 각 호의 어느 하나에 해당하는 경우 외에는 농지를 임대하거나 무상사용하게 할 수 없다.
1. 제6조제2항제1호·제4호부터 제9호까지·제9호의2 및 제10호의 규정에 해당하는 농지를 임대하거나 무상사용하게 하는 경우
2. 제17조에 따른 농지이용증진사업 시행계획에 따라 농지를 임대하거나 무상사용하게 하는 경우
3. 질병, 징집, 취학, 선거에 따른 공직취임, 그 밖에 대통령령으로 정하는 부득이한 사유로 인하여 일시적으로 농업경영에 종사하지 아니하게 된 자가 소유하고 있는 농지를 임대하거나 무상사용하게 하는 경우
4. 60세 이상인 사람으로서 대통령령으로 정하는 사람이 소유하고 있는 농지 중에서 자기의 농업경영에 이용한 기간이 5년이 넘은 농지를 임대하거나 무상사용하게 하는 경우
5. 제6조제1항에 따라 개인이 소유하고 있는 농지 중 3년 이상 소유한 농지를 주말·체험영농을 하려는 자에게 임대하거나 무상사용하게 하는 경우, 또는 주말·체험영농을 하려는 자에게 임대하는 것을 업(業)으로 하는 자에게 임대하거나 무상사용하게 하는 경우(2023.8.16 본호개정)
5의2. 제6조제1항에 따라 농업법인이 소유하고 있는 농지를 주말·체험영농을 하려는 자에게 임대하거나 무상사용하게 하는 경우(2023.8.16 본호신설)
6. 제6조제1항에 따라 개인이 소유하고 있는 농지 중 3년 이상 소유한 농지를 한국농어촌공사나 그 밖에 대통령령으로 정하는 자에게 위탁하여 임대하거나 무상사용하게 하는 경우(2023.8.16 본호개정)
7. 다음 각 목의 어느 하나에 해당하는 농지를 한국농어촌공사나 그 밖에 대통령령으로 정하는 자에게 위탁하여 임대하거나 무상사용하게 하는 경우
   가. 상속으로 농지를 취득한 사람으로서 농업경영을 하지 아니하는 사람이 제7조제1항에서 규정한 소유 상한을 초과하여 소유하고 있는 농지
   나. 대통령령으로 정하는 기간 이상 농업경영을 한 후 이농한 사람이 제7조제2항에서 규정한 소유 상한을 초과하여 소유하고 있는 농지
8. 자경 농지를 농림축산식품부장관이 정하는 이모작을 위하여 8개월 이내로 임대하거나 무상사용하게 하는 경우
9. 대통령령으로 정하는 농지 규모화, 농작물 수급 안정 등을 목적으로 한 사업을 추진하기 위하여 필요한 자경 농지를 임대하거나 무상사용하게 하는 경우(2020.2.11 본호신설)
(2020.2.11 본항개정)
② 제1항에도 불구하고 농지를 임차하거나 사용대차한 임차인 또는 사용대차인이 그 농지를 정당한 사유 없이 농업경영에 사용하지 아니할 때에는 시장·군수·구청장이 농림축산식품부령으로 정하는 바에 따라 임대차 또는 사용대차의 종료를 명할 수 있다.(2015.7.20 본항신설)

제24조【임대차·사용대차 계약 방법과 확인】 ① 임대차계약(농업경영을 하려는 자에게 임대하는 경우만 해당한다. 이하 이 절에서 같다)과 사용대차계약(농업경영을 하려는 자에게 무상사용하게 하는 경우만 해당한다)은 서면계약을 원칙으로 한다.(2020.2.11 본항개정)
② 제1항에 따른 임대차계약은 그 등기가 없는 경우에도 임차인이 농지소재지를 관할하는 시·구·읍·면의 장의 확인을 받고, 해당 농지를 인도(引渡)받은 경우에는 그 다음 날부터 제삼자에 대하여 효력이 생긴다.
③ 시·구·읍·면의 장은 농지임대차계약 확인대장을 갖추어 두고, 임대차계약증서를 소지한 임대인 또는 임차인의 확인 신청이 있는 때에는 농림축산식품부령으로 정하는 바

에 따라 임대차계약을 확인한 후 대장에 그 내용을 기록하여야 한다.(2013.3.23 본항개정)
(2012.1.17 본조개정)
제24조의2【임대차 기간】 ① 제23조제1항 각 호(제8호는 제외한다)의 임대차 기간은 3년 이상으로 하여야 한다. 다만, 다년생식물 재배지 등 대통령령으로 정하는 농지의 경우에는 5년 이상으로 하여야 한다.
② 임대차 기간을 정하지 아니하거나 제1항에 따른 기간 미만으로 정한 경우에는 제1항에 따른 기간으로 약정된 것으로 본다. 다만, 임차인은 제1항에 따른 기간 미만으로 정한 임대차 기간이 유효함을 주장할 수 있다.
③ 임대인은 제1항 및 제2항에도 불구하고 질병, 징집 등 대통령령으로 정하는 불가피한 사유가 있는 경우에는 임대차 기간을 제1항에 따른 기간 미만으로 정할 수 있다.
④ 제1항부터 제3항까지의 규정에 따른 임대차 기간은 임대차계약을 연장 또는 갱신하거나 재계약을 체결하는 경우에도 동일하게 적용한다.
(2020.2.11 본조개정)
제24조의3【임대차계약에 관한 조정 등】 ① 임대차계약의 당사자는 임대차 기간, 임차료 등 임대차계약에 관하여 서로 협의가 이루어지지 아니한 경우에는 농지소재지를 관할하는 시장·군수 또는 자치구구청장에게 조정을 신청할 수 있다.
② 시장·군수 또는 자치구구청장은 제1항에 따라 조정의 신청이 있으면 지체 없이 농지임대차조정위원회를 구성하여 조정절차를 개시하여야 한다.
③ 제2항에 따른 농지임대차조정위원회에서 작성한 조정안을 임대차계약 당사자가 수락한 때에는 이를 해당 임대차의 당사자 간에 체결된 계약의 내용으로 본다.
④ 제2항에 따른 농지임대차조정위원회는 위원장 1명을 포함한 3명의 위원으로 구성하며, 위원장은 부시장·부군수 또는 자치구의 부구청장이 되고, 위원은 시·군·구 농업·농촌및식품산업정책심의회의 위원으로서 조정의 이해당사자와 관련이 없는 사람 중에서 시장·군수·자치구구청장이 위촉한다.(2024.1.23 본항개정)
⑤ 제2항에 따른 농지임대차조정위원회의 구성·운영 등에 필요한 사항은 대통령령으로 정한다.
(2012.1.17 본조신설)
제25조【묵시의 갱신】 임대인이 임대차 기간이 끝나기 3개월 전까지 임차인에게 임대차계약을 갱신하지 아니한다는 뜻이나 임대차계약 조건을 변경한다는 뜻을 통지하지 아니하면 그 임대차 기간이 끝난 때에 이전의 임대차계약과 같은 조건으로 다시 임대차계약을 한 것으로 본다.
(2012.1.17 본조개정)
제26조【임대인의 지위 승계】 임대 농지의 양수인(讓受人)은 이 법에 따른 임대인의 지위를 승계한 것으로 본다.
제26조의2【강행규정】 이 법에 위반된 약정으로서 임차인에게 불리한 것은 그 효력이 없다.(2012.1.17 본조신설)
제27조【국유농지와 공유농지의 임대차 특례】 「국유재산법」과 「공유재산 및 물품 관리법」에 따른 국유재산과 공유재산인 농지에 대하여는 제24조, 제24조의2, 제24조의3, 제25조, 제26조 및 제26조의2를 적용하지 아니한다.
(2012.1.17 본조개정)

제4장 농지의 보전 등

제1절 농업진흥지역의 지정과 운용

제28조【농업진흥지역의 지정】 ① 특별시장·광역시장·특별자치시장·도지사 또는 특별자치도지사(이하 "시·도지사"라 한다)는 농지를 효율적으로 이용하고 보전하기 위하여 농업진흥지역을 지정한다.(2024.1.23 본항개정)
② 제1항에 따른 농업진흥지역은 다음 각 호의 용도구역으로 구분하여 지정할 수 있다.
1. 농업진흥구역 : 농업의 진흥을 도모하여야 하는 다음 각 목의 어느 하나에 해당하는 지역으로서 농림축산식품부장관이 정하는 규모로 농지가 집단화되어 농업 목적으로 이용할 필요가 있는 지역(2013.3.23 본문개정)
가. 농지조성사업 또는 농업기반정비사업이 시행되었거나 시행 중인 지역으로서 농업용으로 이용하고 있거나 이용할 토지가 집단화되어 있는 지역
나. 가목에 해당하는 지역 외의 지역으로서 농업용으로 이용하고 있는 토지가 집단화되어 있는 지역
2. 농업보호구역 : 농업진흥구역의 용수원 확보, 수질 보전 등 농업 환경을 보호하기 위하여 필요한 지역
제29조【농업진흥지역의 지정 대상】 제28조에 따른 농업진흥지역 지정은 「국토의 계획 및 이용에 관한 법률」에 따른 녹지지역·관리지역·농림지역 및 자연환경보전지역을 대상으로 한다. 다만, 특별시의 녹지지역은 제외한다.
제30조【농업진흥지역의 지정 절차】 ① 시·도지사는 「농업·농촌 및 식품산업 기본법」 제15조에 따른 시·도 농업·농촌및식품산업정책심의회(이하 "시·도 농업·농촌및식품산업정책심의회"라 한다)의 심의를 거쳐 농림축산식품부장관의 승인을 받아 농업진흥지역을 지정한다.(2015.6.22 본항개정)
② 시·도지사는 제1항에 따라 농업진흥지역을 지정하면 지체 없이 이 사실을 고시하고 관계 기관에 통보하여야 하며, 시장·군수 또는 자치구구청장으로 하여금 일반인에게 열람하게 하여야 한다.
③ 농림축산식품부장관은 「국토의 계획 및 이용에 관한 법률」에 따른 녹지지역이나 계획관리지역이 농업진흥지역에 포함되면 제1항에 따른 농업진흥지역 지정을 승인하기 전에 국토교통부장관과 협의하여야 한다.(2013.3.23 본항개정)
④ 농업진흥지역의 지정 절차나 그 밖에 지정에 필요한 사항은 대통령령으로 정한다.
제31조【농업진흥지역 등의 변경과 해제】 ① 시·도지사는 대통령령으로 정하는 사유가 있으면 농업진흥지역 또는 용도구역을 변경하거나 해제할 수 있다. 다만, 그 사유가 없어진 경우에는 원래의 농업진흥지역 또는 용도구역으로 환원하여야 한다.
② 제1항에 따른 농업진흥지역 또는 용도구역의 변경 절차, 해제 절차 또는 환원 절차 등에 관하여는 제30조를 준용한다. 다만, 제1항 단서에 따라 원래의 농업진흥지역 또는 용도구역으로 환원하거나 농업보호구역을 농업진흥구역으로 변경하는 경우 등 대통령령으로 정하는 사항의 변경은 대통령령으로 정하는 바에 따라 시·도 농업·농촌및식품산업정책심의회의 심의나 농림축산식품부장관의 승인 없이 할 수 있다.
(2018.12.24 본조개정)
제31조의2【주민의견청취】 시·도지사는 제30조 및 제31조에 따라 농업진흥지역을 지정·변경 및 해제하려는 때에는 대통령령으로 정하는 바에 따라 미리 해당 토지의 소유자에게 그 내용을 개별통지하고 해당 지역주민의 의견을 청취하여야 한다. 다만, 다음 각 호의 어느 하나에 해당하는 경우에는 그러하지 아니하다.
1. 다른 법률에 따라 토지소유자에게 개별 통지한 경우
2. 통지를 받을 자를 알 수 없거나 그 주소·거소, 그 밖에 통지할 장소를 알 수 없는 경우
(2012.1.17 본조신설)
제31조의3【실태조사】 ① 농림축산식품부장관은 효율적인 농지 관리를 위하여 매년 다음 각 호의 조사를 하여야 한다.
1. 제20조제1항에 따른 유휴농지 조사
2. 제28조에 따른 농업진흥지역의 실태조사
3. 제54조의2제3항에 따른 정보시스템에 등록된 농지의 현황에 대한 조사
4. 그 밖의 농림축산식품부령으로 정하는 사항에 대한 조사
(2021.8.17 본항개정)

② 농림축산식품부장관이 제1항제2호에 따른 농업진흥지역 실태조사 결과 제31조제1항에 따른 농업진흥지역 등의 변경 및 해제 사유가 발생했다고 인정하는 경우 시·도지사는 해당 농업진흥지역 또는 용도구역을 변경하거나 해제할 수 있다.(2021.8.17 본항개정)
③ 그 밖에 제1항에 따른 실태조사의 범위와 방법 등에 필요한 사항은 대통령령으로 정한다.
(2018.12.24 본조신설)

제32조【용도구역에서의 행위 제한】 ① 농업진흥구역에서는 농업 생산 또는 농지 개량과 직접적으로 관련된 행위로서 대통령령으로 정하는 행위 외의 토지이용행위를 할 수 없다. 다만, 다음 각 호의 토지이용행위는 그러하지 아니하다.
(2020.2.11 본문개정)
1. 대통령령으로 정하는 농수산물(농산물·임산물·축산물·수산물을 말한다. 이하 같다)의 가공·처리 시설의 설치 및 농수산업(농업·임업·축산업·수산업을 말한다. 이하 같다) 관련 시험·연구 시설의 설치
2. 어린이놀이터, 마을회관, 그 밖에 대통령령으로 정하는 농업인의 공동생활에 필요한 편의 시설 및 이용 시설의 설치
3. 대통령령으로 정하는 농업인 주택, 어업인 주택, 농업용 시설, 축산업용 시설 또는 어업용 시설의 설치(2018.12.24 본호개정)
4. 국방·군사 시설의 설치
5. 하천, 제방, 그 밖에 이에 준하는 국토 보존 시설의 설치
6. 「국가유산기본법」 제3조에 따른 국가유산의 보수·복원·이전, 매장유산의 발굴, 비석이나 기념탑, 그 밖에 이와 비슷한 공작물의 설치(2023.8.8 본호개정)
7. 도로, 철도, 그 밖에 대통령령으로 정하는 공공시설의 설치(2009.5.27 본호개정)
8. 지하자원 개발을 위한 탐사 또는 지하광물 채광(採鑛)과 광석의 선별 및 적치(積置)를 위한 장소로 사용하는 행위
9. 농어촌 소득원 개발 등 농어촌 발전에 필요한 시설로서 대통령령으로 정하는 시설의 설치
② 농업보호구역에서는 다음 각 호 외의 토지이용행위를 할 수 없다.
1. 제1항에 따라 허용되는 토지이용행위(2020.2.11 본호개정)
2. 농업인 소득 증대에 필요한 시설로서 대통령령으로 정하는 건축물·공작물, 그 밖의 시설의 설치
3. 농업인의 생활 여건을 개선하기 위하여 필요한 시설로서 대통령령으로 정하는 건축물·공작물, 그 밖의 시설의 설치
③ 농업진흥지역 지정 당시 관계 법령에 따라 인가·허가 또는 승인 등을 받거나 신고하고 설치한 기존의 건축물·공작물과 그 밖의 시설에 대하여는 제1항과 제2항의 행위 제한 규정을 적용하지 아니한다.
④ 농업진흥지역 지정 당시 관계 법령에 따라 다음 각 호의 행위에 대하여 인가·허가·승인 등을 받거나 신고하고 공사 또는 사업을 시행 중인 자(관계 법령에 따라 인가·허가·승인 등을 받거나 신고할 필요가 없는 경우에는 시행 중인 공사 또는 사업에 착수한 자를 말한다)는 그 공사 또는 사업에 대하여만 제1항과 제2항의 행위 제한 규정을 적용하지 아니한다.
1. 건축물의 건축
2. 공작물이나 그 밖의 시설의 설치
3. 토지의 형질변경
4. 그 밖에 제1호부터 제3호까지의 행위에 준하는 행위

제33조【농업진흥지역에 대한 개발투자 확대 및 우선 지원】 ① 국가와 지방자치단체는 농업진흥지역에 대하여 대통령령으로 정하는 바에 따라 농지 및 농업시설의 개량·정비, 농어촌도로·농산물유통시설의 확충, 그 밖에 농업 발전을 위한 사업에 우선적으로 투자하여야 한다.
② 국가와 지방자치단체는 농업진흥지역의 농지에 농작물을 경작하거나 다년생식물을 재배하는 농업인 또는 농업법인에게 자금 지원이나 「조세특례제한법」에 따른 조세 경감 등 필요한 지원을 우선 실시하여야 한다.

제33조의2【농업진흥지역의 농지매수 청구】 ① 농업진흥지역의 농지를 소유하고 있는 농업인 또는 농업법인은 「한국농어촌공사 및 농지관리기금법」에 따른 한국농어촌공사(이하 "한국농어촌공사"라 한다)에 그 농지의 매수를 청구할 수 있다.
② 한국농어촌공사는 제1항에 따른 매수 청구를 받으면 「감정평가 및 감정평가사에 관한 법률」에 따른 감정평가법인등이 평가한 금액을 기준으로 해당 농지를 매수할 수 있다.
(2020.4.7 본항개정)
③ 한국농어촌공사가 제2항에 따라 농지를 매수하는 데에 필요한 자금은 농지관리기금에서 융자한다.
(2012.1.17 본조신설)

제2절 농지의 전용

제34조【농지의 전용허가·협의】 ① 농지를 전용하려는 자는 다음 각 호의 어느 하나에 해당하는 경우 외에는 대통령령으로 정하는 바에 따라 농림축산식품부장관의 허가(다른 법률에 따라 농지전용허가가 의제되는 협의를 포함한다. 이하 같다)를 받아야 한다. 허가받은 농지의 면적 또는 경계 등 대통령령으로 정하는 중요 사항을 변경하려는 경우에도 또한 같다.(2023.8.16 전단개정)
1. (2023.8.16 삭제)
2. 「국토의 계획 및 이용에 관한 법률」에 따른 도시지역 또는 계획관리지역에 있는 농지로서 제2항에 따른 협의를 거친 농지나 제2항제1호 단서에 따라 협의 대상에서 제외되는 농지를 전용하는 경우(2009.5.27 본호개정)
3. 제35조에 따라 농지전용신고를 하고 농지를 전용하는 경우
4. 「산지관리법」 제14조에 따른 산지전용허가를 받지 아니하거나 같은 법 제15조에 따른 산지전용신고를 하지 아니하고 불법으로 개간한 농지를 산림으로 복구하는 경우
5. (2024.1.2 삭제)
② 주무부장관이나 지방자치단체의 장은 다음 각 호의 어느 하나에 해당하면 대통령령으로 정하는 바에 따라 농림축산식품부장관과 미리 농지전용에 관한 협의를 하여야 한다.
(2013.3.23 본문개정)
1. 「국토의 계획 및 이용에 관한 법률」에 따른 도시지역에 주거지역·상업지역·공업지역을 지정하거나 같은 법에 따른 도시지역에 도시·군계획시설을 결정할 때에 해당 지역 예정지 또는 시설 예정지에 농지가 포함되어 있는 경우. 다만, 이미 지정된 주거지역·상업지역·공업지역을 다른 지역으로 변경하거나 이미 지정된 주거지역·상업지역·공업지역에 도시·군계획시설을 결정하는 경우는 제외한다.(2024.1.2 본문개정)
1의2. 「국토의 계획 및 이용에 관한 법률」에 따른 계획관리지역에 지구단위계획구역을 지정할 때에 해당 구역 예정지에 농지가 포함되어 있는 경우(2011.4.14 본호개정)
2. 「국토의 계획 및 이용에 관한 법률」에 따른 도시지역의 녹지지역 및 개발제한구역의 농지에 대하여 같은 법 제56조에 따라 개발행위를 허가하거나 「개발제한구역의 지정 및 관리에 관한 특별조치법」 제12조제1항 각 호 외의 부분 단서에 따라 토지의 형질변경허가를 하는 경우

제35조【농지전용신고】 ① 농지를 다음 각 호의 어느 하나에 해당하는 시설의 부지로 전용하려는 자는 대통령령으로 정하는 바에 따라 시장·군수 또는 자치구구청장에게 신고하여야 한다. 신고한 사항을 변경하려는 경우에도 또한 같다.
(2009.5.27 전단개정)
1. 농업인 주택, 어업인 주택, 농축산업용 시설(제2조제1호나목에 따른 개량시설과 농축산물 생산시설은 제외한다), 농수산물 유통·가공 시설(2012.1.17 본호개정)
2. 어린이놀이터·마을회관 등 농업인의 공동생활 편의 시설
3. 농수산 관련 연구 시설과 양어장·양식장 등 어업용 시설

② 시장 · 군수 또는 자치구구청장은 제1항에 따른 신고를 받은 경우 그 내용을 검토하여 이 법에 적합하면 신고를 수리하여야 한다.(2020.2.11 본항신설)
③ 제1항에 따른 신고 대상 시설의 범위와 규모, 농업진흥지역에서의 설치 제한, 설치자의 범위 등에 관한 사항은 대통령령으로 정한다.

제36조【농지의 타용도 일시사용허가 등】 ① 농지를 다음 각 호의 어느 하나에 해당하는 용도로 일시 사용하려는 자는 대통령령으로 정하는 바에 따라 일정 기간 사용한 후 농지로 복구한다는 조건으로 시장 · 군수 또는 자치구구청장의 허가를 받아야 한다. 허가받은 사항을 변경하려는 경우에도 또한 같다. 다만, 국가나 지방자치단체의 경우에는 시장 · 군수 또는 자치구구청장과 협의하여야 한다.
1. 「건축법」에 따른 건축허가 또는 건축신고 대상시설이 아닌 간이 농수축산업용 시설(제2조제1호나목에 따른 개량시설과 농축산물 생산시설은 제외한다)과 농수산물의 간이 처리 시설을 설치하는 경우
2. 주(主)목적사업(해당 농지에서 허용되는 사업만 해당한다)을 위하여 현장 사무소나 부대시설, 그 밖에 이에 준하는 시설을 설치하거나 물건을 적치(積置)하거나 매설(埋設)하는 경우
3. 대통령령으로 정하는 토석과 광물을 채굴하는 경우
4. 「전기사업법」 제2조제1호의 전기사업을 영위하기 위한 목적으로 설치하는 「신에너지 및 재생에너지 개발 · 이용 · 보급 촉진법」 제2조제2호가목에 따른 태양에너지 발전설비(이하 "태양에너지 발전설비"라 한다)로서 다음 각 목의 요건을 모두 갖춘 경우
가. 「공유수면 관리 및 매립에 관한 법률」 제2조에 따른 공유수면매립을 통하여 조성한 토지 중 토양 염도가 일정 수준 이상인 지역 등 농림축산식품부령으로 정하는 지역에 설치하는 시설일 것
나. 설치 규모, 염도 측정방법 등 농림축산식품부장관이 별도로 정한 요건에 적합하게 설치하는 시설일 것
(2018.12.24 본호신설)
5. 「건축법」에 따른 건축허가 또는 건축신고 대상시설이 아닌 작물재배사(고정식온실 · 버섯재배사 및 비닐하우스는 제외한다) 중 농업생산성 제고를 위하여 정보통신기술을 결합한 시설로서 대통령령으로 정하는 요건을 모두 갖춘 시설을 설치하는 경우(2024.1.2 본호신설)
② 시장 · 군수 또는 자치구구청장은 주무부장관이나 지방자치단체의 장이 다른 법률에 따른 사업 또는 사업계획 등의 인가 · 허가 또는 승인 등과 관련하여 농지의 타용도 일시사용 협의를 요청하면, 그 인가 · 허가 또는 승인 등을 할 때에 해당 사업을 시행하려는 자에게 일정 기간 그 농지를 사용한 후 농지로 복구한다는 조건을 붙일 것을 전제로 협의할 수 있다.
③ 시장 · 군수 또는 자치구구청장은 제1항에 따른 허가를 하거나 제2항에 따른 협의를 할 때에는 대통령령으로 정하는 바에 따라 사업을 시행하려는 자에게 농지로의 복구계획을 제출하게 하고 복구비용을 예치하게 할 수 있다. 이 경우 예치된 복구비용은 사업시행자가 사업이 종료된 후 농지로의 복구계획을 이행하지 않는 경우 복구대행비로 사용할 수 있다.(2018.12.24 후단신설)
④ 시장 · 군수 · 자치구구청장은 제1항 및 제2항에 따라 최초 농지의 타용도 일시사용 후 목적사업을 완료하지 못하여 그 기간을 연장하려는 경우에는 대통령령으로 정하는 바에 따라 복구비용을 재산정하여 제3항에 따라 예치한 복구비용이 재산정한 복구비용보다 적은 경우에는 그 차액을 추가로 예치하게 하여야 한다.(2018.12.24 본항신설)
⑤ 제3항 및 제4항에 따른 복구비용의 산출 기준, 납부 시기, 납부 절차, 그 밖에 필요한 사항은 대통령령으로 정한다.
(2018.12.24 본항개정)

제36조의2【농지의 타용도 일시사용신고 등】 ① 농지를 다음 각 호의 어느 하나에 해당하는 용도로 일시사용하려는 자는 대통령령으로 정하는 바에 따라 지력을 훼손하지 아니하는 범위에서 일정 기간 사용한 후 농지로 원상복구한다는 조건으로 시장 · 군수 또는 자치구구청장에게 신고하여야 한다. 신고한 사항을 변경하려는 경우에도 또한 같다. 다만, 국가나 지방자치단체의 경우에는 시장 · 군수 또는 자치구구청장과 협의하여야 한다.
1. 썰매장, 지역축제장 등으로 일시적으로 사용하는 경우
2. 제36조제1항제1호 또는 제2호에 해당하는 시설을 일시적으로 설치하는 경우
② 시장 · 군수 또는 자치구구청장은 주무부장관이나 지방자치단체의 장이 다른 법률에 따른 사업 또는 사업계획 등의 인가 · 허가 또는 승인 등과 관련하여 농지의 타용도 일시사용 협의를 요청하면, 그 인가 · 허가 또는 승인 등을 할 때에 해당 사업을 시행하려는 자에게 일정 기간 그 농지를 사용한 후 농지로 복구한다는 조건을 붙일 것을 전제로 협의할 수 있다.
③ 시장 · 군수 또는 자치구구청장은 제1항에 따른 신고를 수리하거나 제2항에 따른 협의를 할 때에는 대통령령으로 정하는 바에 따라 사업을 시행하려는 자에게 농지로의 복구계획을 제출하게 하고 복구비용을 예치하게 할 수 있다. 이 경우 예치된 복구비용은 사업시행자가 사업이 종료된 후 농지로의 복구계획을 이행하지 않는 경우 복구대행비로 사용할 수 있다.(2018.12.24 후단신설)
④ 시장 · 군수 또는 자치구구청장은 제1항에 따른 신고를 받은 날부터 10일 이내에 신고수리 여부를 신고인에게 통지하여야 한다.
⑤ 시장 · 군수 또는 자치구구청장이 제4항에서 정한 기간 내에 신고수리 여부 또는 민원 처리 관련 법령에 따른 처리기간의 연장을 신고인에게 통지하지 아니하면 그 기간(민원 처리 관련 법령에 따라 처리기간이 연장 또는 재연장된 경우에는 해당 처리기간을 말한다)이 끝난 날의 다음 날에 신고를 수리한 것으로 본다.
⑥ 제1항에 따른 신고 대상 농지의 범위와 규모, 일시사용 기간, 제3항에 따른 복구비용의 산출 기준, 복구비용 납부 시기와 절차, 그 밖에 필요한 사항은 대통령령으로 정한다.
(2017.10.31 본조신설)

제37조【농지전용허가 등의 제한】 ① 농림축산식품부장관은 제34조제1항에 따른 농지전용허가를 결정할 경우 다음 각 호의 어느 하나에 해당하는 시설의 부지로 사용하려는 농지는 전용을 허가할 수 없다. 다만, 「국토의 계획 및 이용에 관한 법률」에 따른 도시지역 · 계획관리지역 및 개발진흥지구에 있는 농지는 다음 각 호의 어느 하나에 해당하는 시설의 부지로 사용하더라도 전용을 허가할 수 있다.(2013.3.23 본문개정)
1. 「대기환경보전법」 제2조제11호에 따른 대기오염물질배출시설로서 대통령령으로 정하는 시설(2024.1.2 본호개정)
2. 「물환경보전법」 제2조제10호에 따른 폐수배출시설로서 대통령령으로 정하는 시설(2017.1.17 본호개정)
3. 농업의 진흥이나 농지의 보전을 해칠 우려가 있는 시설로서 대통령령으로 정하는 시설
② 농림축산식품부장관, 시장 · 군수 또는 자치구구청장은 제34조제1항에 따른 농지전용허가 및 같은 조 제2항에 따른 협의를 하거나 제36조에 따른 농지의 타용도 일시사용허가 및 협의를 할 때 그 농지가 다음 각 호의 어느 하나에 해당하면 전용을 제한하거나 타용도 일시사용을 제한할 수 있다.
(2023.8.16 본문개정)
1. 전용하려는 농지가 농업생산기반이 정비되어 있거나 농업생산기반 정비사업 시행예정 지역으로 편입되어 우량농지로 보전할 필요가 있는 경우
2. 해당 농지를 전용하거나 다른 용도로 일시사용하면 일조 · 통풍 · 통작(通作)에 매우 크게 지장을 주거나 농지개

량시설의 폐지를 수반하여 인근 농지의 농업경영에 매우 큰 영향을 미치는 경우
3. 해당 농지를 전용하거나 타용도로 일시 사용하면 토사가 유출되는 등 인근 농지 또는 농지개량시설을 훼손할 우려가 있는 경우
4. 전용 목적을 실현하기 위한 사업계획 및 자금 조달계획이 불확실한 경우
5. 전용하려는 농지의 면적이 전용 목적 실현에 필요한 면적보다 지나치게 넓은 경우

제37조의2【둘 이상의 용도지역 · 용도지구에 걸치는 농지에 대한 전용허가 시 적용기준】 한 필지의 농지에 「국토의 계획 및 이용에 관한 법률」에 따른 도시지역 · 계획관리지역 및 개발진흥지구와 그 외의 용도지역 또는 용도지구(「국토의 계획 및 이용에 관한 법률」 제36조제1항 또는 제37조제1항에 따른 용도지역 또는 용도지구를 말한다. 이하 이 조에서 같다)가 걸치는 경우로서 해당 농지 면적에서 차지하는 비율이 가장 작은 용도지역 또는 용도지구가 대통령령으로 정하는 면적 이하인 경우에는 해당 농지 면적에서 차지하는 비율이 가장 큰 용도지역 또는 용도지구를 기준으로 제37조제1항을 적용한다.(2020.2.11 본조신설)

제37조의3【농지관리위원회의 설치 · 운영】 ① 농림축산식품부장관의 다음 각 호의 사항에 대한 자문에 응하게 하기 위하여 농림축산식품부에 농지관리위원회(이하 “위원회”라 한다)를 둔다.
1. 농지의 이용, 보전 등의 정책 수립에 관한 사항
2. 제34조에 따른 농지전용허가 및 협의 또는 제35조에 따른 농지전용신고 사항 중 대통령령으로 정하는 규모 이상의 농지전용에 관한 사항
3. 그 밖에 농림축산식품부장관이 필요하다고 인정하여 위원회에 부치는 사항

② 위원회는 위원장 1명을 포함한 20명 이내의 위원으로 구성한다.
③ 위원회의 위원은 관계 행정기관의 공무원, 농업 · 농촌 · 토지이용 · 공간정보 · 환경 등과 관련된 분야에 관한 학식과 경험이 풍부한 사람 중에서 농림축산식품부장관이 위촉하며, 위원장은 위원 중에서 호선한다.
④ 위원장 및 위원의 임기는 2년으로 한다.
⑤ 위원회의 구성 · 운영에 관하여 필요한 사항은 대통령령으로 정한다.
(2021.8.17 본조신설)

제38조【농지보전부담금】 ① 다음 각 호의 어느 하나에 해당하는 자는 농지의 보전 · 관리 및 조성을 위한 부담금(이하 “농지보전부담금”이라 한다)을 농지관리기금을 운용 · 관리하는 자에게 내야 한다.
1. 제34조제1항에 따라 농지전용허가를 받는 자
2. 제34조제2항제1호에 따라 농지전용협의를 거친 지역 예정지 또는 시설 예정지에 있는 농지(같은 호 단서에 따라 협의 대상에서 제외되는 농지를 포함한다)를 전용하려는 자
2의2. 제34조제2항제1호의2에 따라 농지전용에 관한 협의를 거친 구역 예정지에 있는 농지를 전용하려는 자(2009.5.27 본호신설)
3. 제34조제2항제2호에 따라 농지전용협의를 거친 농지를 전용하려는 자
4. (2023.8.16 삭제)
5. 제35조나 제43조에 따라 농지전용신고를 하고 농지를 전용하려는 자(2009.5.27 본호개정)

② 농림축산식품부장관은 다음 각 호의 어느 하나에 해당하는 사유로 농지보전부담금을 한꺼번에 내기 어렵다고 인정되는 경우에는 대통령령으로 정하는 바에 따라 농지보전부담금을 나누어 내게 할 수 있다.(2015.1.20 본문개정)
1. 「공공기관의 운영에 관한 법률」에 따른 공공기관과 「지방공기업법」에 따른 지방공기업이 산업단지의 시설용지로 농지를 전용하는 경우 등 대통령령으로 정하는 농지의 전용(2015.1.20 본호신설)
2. 농지보전부담금이 농림축산식품부령으로 정하는 금액 이상인 경우(2015.1.20 본호신설)

③ 농림축산식품부장관은 제2항에 따라 농지보전부담금을 나누어 내게 하려면 대통령령으로 정하는 바에 따라 농지보전부담금을 나누어 내려는 자에게 나누어 낼 농지보전부담금에 대한 납입보증보험증서 등을 미리 예치하게 하여야 한다. 다만, 농지보전부담금을 나누어 내려는 자가 국가나 지방자치단체, 그 밖에 대통령령으로 정하는 자인 경우에는 그러하지 아니하다.(2013.3.23 본문개정)
④ 농지를 전용하려는 자는 제1항 또는 제2항에 따른 농지보전부담금의 전부 또는 일부를 농지전용허가 · 농지전용신고(다른 법률에 따라 농지전용허가 또는 농지전용신고가 의제되는 인가 · 허가 · 승인 등을 포함한다) 전까지 납부하여야 한다.(2015.1.20 본항신설)
⑤ 농지관리기금을 운용 · 관리하는 자는 다음 각 호의 어느 하나에 해당하는 경우 대통령령으로 정하는 바에 따라 그에 해당하는 농지보전부담금을 환급하여야 한다.
1. 농지보전부담금을 낸 자의 허가가 제39조에 따라 취소된 경우
2. 농지보전부담금을 낸 자의 사업계획이 변경된 경우
2의2. 제4항에 따라 농지보전부담금을 납부하고 허가를 받지 못한 경우(2015.1.20 본호신설)
3. 그 밖에 이에 준하는 사유로 전용하려는 농지의 면적이 당초보다 줄어든 경우

⑥ 농림축산식품부장관은 다음 각 호의 어느 하나에 해당하면 대통령령으로 정하는 바에 따라 농지보전부담금을 감면할 수 있다.(2013.3.23 본문개정)
1. 국가나 지방자치단체가 공용 목적이나 공공용 목적으로 농지를 전용하는 경우
2. 대통령령으로 정하는 중요 산업 시설을 설치하기 위하여 농지를 전용하는 경우
3. 제35조제1항 각 호에 따른 시설이나 그 밖에 대통령령으로 정하는 시설을 설치하기 위하여 농지를 전용하는 경우

⑦ 농지보전부담금은 「부동산 가격공시에 관한 법률」에 따른 해당 농지의 개별공시지가의 범위에서 대통령령으로 정하는 부과기준을 적용하여 산정한 금액으로 하되, 농업진흥지역과 농업진흥지역 밖의 농지를 차등하여 부과기준을 적용할 수 있으며, 부과기준일은 다음 각 호의 구분에 따른다.(2018.12.24 본문개정)
1. 제34조제1항에 따라 농지전용허가를 받는 경우 : 허가를 신청한 날
2. 제34조제2항에 따라 농지를 전용하려는 경우 : 대통령령으로 정하는 날
3. 다른 법률에 따라 농지전용허가가 의제되는 협의를 거친 농지를 전용하려는 경우 : 대통령령으로 정하는 날
4. 제35조나 제43조에 따라 농지전용신고를 하고 농지를 전용하려는 경우 : 신고를 접수한 날
(2018.12.24 1호~4호신설)

⑧ 농림축산식품부장관은 농지보전부담금을 내야 하는 자가 납부기한까지 내지 아니하면 납부기한이 지난 후 10일 이내에 납부기한으로부터 30일 이내의 기간을 정한 독촉장을 발급하여야 한다.(2018.12.24 본항개정)
⑨ 농림축산식품부장관은 농지보전부담금을 내야 하는 자가 납부기한까지 부담금을 내지 아니한 경우에는 납부기한이 지난 날부터 체납된 농지보전부담금의 100분의 3에 상당하는 금액을 가산금으로 부과한다.(2018.12.24 본문개정)
1.~2. (2015.1.20 삭제)
⑩ 농림축산식품부장관은 농지보전부담금을 체납한 자가 체납된 농지보전부담금을 납부하지 아니한 때에는 납부기한이 지난 날부터 1개월이 지날 때마다 체납된 농지보전부담금의 1천분의 12에 상당하는 가산금(이하 “중가산금”이라

한다)을 제9항에 따른 가산금에 더하여 부과하되, 체납된 농지보전부담금의 금액이 100만원 미만인 경우는 중가산금을 부과하지 아니한다. 이 경우 중가산금을 가산하여 징수하는 기간은 60개월을 초과하지 못한다.(2015.1.20 본항신설)

⑪ 농림축산식품부장관은 농지보전부담금을 내야 하는 자가 독촉장을 받고 지정된 기한까지 부담금과 가산금 및 중가산금을 내지 아니하면 국세 또는 지방세 체납처분의 예에 따라 징수할 수 있다.(2015.1.20 본항개정)

⑫ 농림축산식품부장관은 다음 각 호의 어느 하나에 해당하는 사유가 있으면 해당 농지보전부담금에 관하여 결손처분을 할 수 있다. 다만, 제1호·제3호 및 제4호의 경우 결손처분을 한 후에 압류할 수 있는 재산을 발견하면 지체 없이 결손처분을 취소하고 체납처분을 하여야 한다.(2013.3.23 본문개정)

1. 체납처분이 종결되고 체납액에 충당된 배분금액이 그 체납액에 미치지 못한 경우
2. 농지보전부담금을 받을 권리에 대한 소멸시효가 완성된 경우
3. 체납처분의 목적물인 총재산의 추산가액(推算價額)이 체납처분비에 충당하고 남을 여지가 없는 경우
4. 체납자가 사망하거나 행방불명되는 등 대통령령으로 정하는 사유로 인하여 징수할 가능성이 없다고 인정되는 경우

⑬ 농림축산식품부장관은 제51조에 따라 권한을 위임받은 자 또는 「한국농어촌공사 및 농지관리기금법」 제35조제2항에 따라 농지관리기금 운용·관리 업무를 위탁받은 자에게 농지보전부담금 부과·수납에 관한 업무를 취급하게 하는 경우 대통령령으로 정하는 바에 따라 수수료를 지급하여야 한다.(2013.3.23 본항개정)

⑭ 농지관리기금을 운용·관리하는 자는 제1항에 따라 수납하는 농지보전부담금 중 제13항에 따른 수수료를 뺀 금액을 농지관리기금에 납입하여야 한다.(2015.1.20 본항개정)

⑮ 농지보전부담금의 납부기한, 납부 절차, 그 밖에 필요한 사항은 대통령령으로 정한다.

제39조【전용허가의 취소 등】 ① 농림축산식품부장관, 시장·군수 또는 자치구구청장은 제34조제1항에 따른 농지전용허가 또는 제36조에 따른 농지의 타용도 일시사용허가를 받았거나 제35조 또는 제43조에 따른 농지전용신고, 제36조의2에 따른 농지의 타용도 일시사용신고 또는 제41조의3에 따른 농지개량행위의 신고를 한 자가 다음 각 호의 어느 하나에 해당하면 농림축산식품부령으로 정하는 바에 따라 허가를 취소하거나 관계 공사의 중지, 조업의 정지, 사업규모의 축소 또는 사업계획의 변경, 그 밖에 필요한 조치를 명할 수 있다. 다만, 제7호에 해당하면 그 허가를 취소하여야 한다.(2024.1.2 본문개정)

1. 거짓이나 그 밖의 부정한 방법으로 허가를 받거나 신고한 것이 판명된 경우
2. 허가 목적이나 허가 조건을 위반하는 경우
3. 허가를 받지 아니하거나 신고하지 아니하고 사업계획 또는 사업 규모를 변경하는 경우
4. 허가를 받거나 신고를 한 후 농지전용 목적사업과 관련된 사업계획의 변경 등 대통령령으로 정하는 정당한 사유 없이 최초로 허가를 받거나 신고를 한 날부터 2년 이상 대지의 조성, 시설물의 설치 등 농지전용 목적사업에 착수하지 아니하거나 농지전용 목적사업에 착수한 후 1년 이상 공사를 중단한 경우(2024.1.2 본호개정)
5. 농지보전부담금을 내지 아니한 경우
6. 허가를 받은 자나 신고를 한 자가 허가취소를 신청하거나 신고를 철회하는 경우
7. 허가를 받은 자가 관계 공사의 중지 등 이 조 본문에 따른 조치명령을 위반한 경우

② 농림축산식품부장관은 다른 법률에 따라 농지의 전용이 의제되는 협의를 거쳐 농지를 전용하려는 자가 농지보전부담금 부과 후 농지보전부담금을 납부하지 아니하고 2년 이내에 농지전용의 원인이 된 목적사업에 착수하지 아니하는 경우 관계 기관의 장에게 그 목적사업에 관련된 승인·허가 등의 취소를 요청할 수 있다. 이 경우 취소를 요청받은 관계 기관의 장은 특별한 사유가 없으면 이에 따라야 한다.(2015.1.20 본항신설)

제40조【용도변경의 승인】 ① 다음 각 호의 어느 하나에 해당하는 절차를 거쳐 농지전용 목적사업에 사용되고 있거나 사용된 토지를 대통령령으로 정하는 기간 이내에 다른 목적으로 사용하려는 경우에는 농림축산식품부령으로 정하는 바에 따라 시장·군수 또는 자치구구청장의 승인을 받아야 한다.(2018.12.24 본문개정)

1. 제34조제1항에 따른 농지전용허가
2. 제34조제2항제2호에 따른 농지전용협의
3. 제35조 또는 제43조에 따른 농지전용신고

② 제1항에 따라 승인을 받아야 하는 자 중 농지보전부담금이 감면되는 시설의 부지로 전용된 토지를 농지보전부담금 감면 비율이 다른 시설의 부지로 사용하려는 자는 대통령령으로 정하는 바에 따라 그에 해당하는 농지보전부담금을 내야 한다.

제41조【농지의 지목 변경 제한】 ① 다음 각 호의 어느 하나에 해당하는 경우 외에는 농지를 전·답·과수원 외의 지목으로 변경하지 못한다.

1. 제34조제1항에 따라 농지전용허가를 받거나 같은 조 제2항에 따라 농지를 전용한 경우(2023.8.16 본호개정)
2. 제34조제1항제4호에 규정된 목적으로 농지를 전용한 경우(2024.1.2 본호개정)
3. 제35조 또는 제43조에 따라 농지전용신고를 하고 농지를 전용한 경우
4. 「농어촌정비법」 제2조제5호가목 또는 나목에 따른 농어촌용수의 개발사업이나 농업생산기반 개량사업의 시행으로 이 법 제2조제1호나목에 따른 토지의 개량 시설의 부지로 변경되는 경우
5. 시장·군수 또는 자치구구청장이 천재지변이나 그 밖의 불가항력(不可抗力)의 사유로 그 농지의 형질이 현저히 달라져 원상회복이 거의 불가능하다고 인정하는 경우

② 토지소유자는 제1항 각 호의 어느 하나에 해당하는 사유로 토지의 형질변경 등이 완료·준공되어 토지의 용도가 변경된 경우 그 사유가 발생한 날부터 60일 이내에 「공간정보의 구축 및 관리 등에 관한 법률」 제2조제18호에 따른 지적소관청에 지목변경을 신청하여야 한다.(2024.1.2 본항신설)

제41조의2【농지개량 기준의 준수】 ① 농지를 개량하려는 자는 농지의 생산성 향상 등 농지개량의 목적을 달성하고 농지개량행위로 인하여 주변 농업환경(인근 농지의 관개·배수·통풍 및 농작업을 포함한다)에 부정적인 영향을 미치지 아니하도록 농지개량의 기준(이하 "농지개량 기준"이라 한다)을 준수하여야 한다.

② 농지개량 기준에 관한 구체적인 사항은 다음 각 호의 사항을 포함하여 농림축산식품부령으로 정한다.

1. 농지개량에 적합한 토양의 범위
2. 농지개량 시 인근 농지 또는 시설 등의 피해 발생 방지 조치
3. 그 밖에 농지의 객토, 성토, 절토와 관련된 세부 기준

(2024.1.2 본조신설)

제41조의3【농지개량행위의 신고】 ① 농지를 개량하려는 자 중 성토 또는 절토를 하려는 자는 농림축산식품부령으로 정하는 바에 따라 시장·군수 또는 자치구구청장에게 신고하여야 하며, 신고한 사항을 변경하려는 경우에도 또한 같다. 다만, 다음 각 호의 어느 하나에 해당하는 경우에는 그러하지 아니하다.

1. 「국토의 계획 및 이용에 관한 법률」 제56조에 따라 개발행위의 허가를 받은 경우
2. 국가 또는 지방자치단체가 공익상의 필요에 따라 직접 시행하는 사업을 위하여 성토 또는 절토하는 경우

3. 재해복구나 재난수습에 필요한 응급조치를 위한 경우
4. 대통령령으로 정하는 경미한 행위인 경우
② 시장·군수 또는 자치구구청장은 제1항에 따라 신고를 받은 경우 그 내용을 검토하여 이 법에 적합하면 신고를 수리하여야 한다.
(2024.1.2 본조신설)

제42조【원상회복 등】 ① 농림축산식품부장관, 시장·군수 또는 자치구구청장은 다음 각 호의 어느 하나에 해당하면 그 행위를 한 자, 해당 농지의 소유자·점유자 또는 관리자에게 기간을 정하여 원상회복을 명할 수 있다.(2024.1.2 본문개정)
1. 제34조제1항에 따른 농지전용허가 또는 제36조에 따른 농지의 타용도 일시사용허가를 받지 아니하고 농지를 전용하거나 다른 용도로 사용한 경우
2. 제35조 또는 제43조에 따른 농지전용신고 또는 제36조의2에 따른 농지의 타용도 일시사용신고를 하지 아니하고 농지를 전용하거나 다른 용도로 사용한 경우(2017.10.31 본호개정)
3. 제39조에 따라 허가가 취소된 경우
4. 농지전용신고를 한 자가 제39조에 따른 조치명령을 위반한 경우
5. 제41조의2에 따른 농지개량 기준을 준수하지 아니하고 농지를 개량한 경우(2024.1.2 본호신설)
6. 제41조의3제1항에 따른 신고 또는 변경신고를 하지 아니하고 농지를 성토 또는 절토한 경우(2024.1.2 본호신설)
② 농림축산식품부장관, 시장·군수 또는 자치구구청장은 제1항에 따른 원상회복명령을 위반하여 원상회복을 하지 아니하면 대집행(代執行)으로 원상회복을 할 수 있다.
(2013.3.23 본항개정)
③ 제2항에 따른 대집행의 절차에 관하여는 「행정대집행법」을 적용한다.

제42조의2【시정명령】 ① 시장·군수 또는 자치구구청장은 제32조제1항 또는 제2항을 위반한 자, 해당 토지의 소유자·점유자 또는 관리자에게 기간을 정하여 시정을 명할 수 있다.
② 제1항에 따른 시정명령의 종류·절차 및 그 이행 등에 필요한 사항은 대통령령으로 정한다.
(2024.1.2 본조신설)

제43조【농지전용허가의 특례】 제34조제1항에 따른 농지전용허가를 받아야 하는 자가 제6조제2항제9호의2에 해당하는 농지를 전용하려면 제34조제1항 또는 제37조제1항에도 불구하고 대통령령으로 정하는 바에 따라 시장·군수 또는 자치구구청장에게 신고하고 농지를 전용할 수 있다.
(2009.5.27 본조개정)

제43조의2【농지에서의 구역 등의 지정 등】 ① 관계 행정기관의 장은 다른 법률에 따라 농지를 특정 용도로 이용하기 위하여 지역·지구 및 구역 등으로 지정하거나 결정하려면 대통령령으로 정하는 농지의 종류 및 면적 등의 구분에 따라 농림축산식품부장관과 미리 협의하여야 한다. 협의한 사항(대통령령으로 정하는 경미한 사항은 제외한다)을 변경하려는 경우에도 또한 같다.
② 제1항에 따른 협의의 범위, 기준 및 절차 등에 필요한 사항은 대통령령으로 정한다.
③ 국가나 지방자치단체는 불가피한 사유가 있는 경우가 아니면 농지를 농지의 보전과 관련되는 지역·지구·구역 등으로 중복하여 지정하거나 행위를 제한하여서는 아니 된다.
(2024.1.2 본조신설)

제3절 농지위원회
(2021.8.17 본절제목개정)

제44조【농지위원회의 설치】 농지의 취득 및 이용의 효율적인 관리를 위해 시·구·읍·면에 각각 농지위원회를 둔다. 다만, 해당 지역 내의 농지가 농림축산식품부령으로 정하는 면적 이하이거나, 농지위원회의 효율적 운영을 위하여 필요한 경우 시·군의 조례로 정하는 바에 따라 그 행정구역 안에 권역별로 설치할 수 있다.(2021.8.17 본조신설)

제45조【농지위원회의 구성】 ① 농지위원회는 위원장 1명을 포함한 10명 이상 20명 이하의 위원으로 구성하며 위원장은 위원 중에서 호선한다.
② 농지위원회의 위원은 다음 각 호의 어느 하나에 해당하는 사람으로 구성한다.
1. 해당 지역에서 농업경영을 하고 있는 사람
2. 해당 지역에 소재하는 농업 관련 기관 또는 단체의 추천을 받은 사람
3. 「비영리민간단체 지원법」 제2조에 따른 비영리민간단체의 추천을 받은 사람
4. 농업 및 농지정책에 대하여 학식과 경험이 풍부한 사람
③ 농지위원회의 효율적 운영을 위하여 필요한 경우에는 각 10명 이내의 위원으로 구성되는 분과위원회를 둘 수 있다.
④ 분과위원회의 심의는 농지위원회의 심의로 본다.
⑤ 위원의 임기·선임·해임 등 농지위원회 및 분과위원회의 운영에 필요한 사항은 대통령령으로 정한다.
(2021.8.17 본조신설)

제46조【농지위원회의 기능】 농지위원회는 다음 각 호의 기능을 수행한다.
1. 제8조제3항에 따른 농지취득자격증명 심사에 관한 사항
2. 제34조제1항에 따른 농지전용허가를 받은 농지의 목적사업 추진상황에 관한 확인
3. 제54조제1항에 따른 농지의 소유 등에 관한 조사 참여
4. 그 밖에 농지 관리에 관하여 농림축산식품부령으로 정하는 사항
(2021.8.17 본조신설)

제3절의2 농지 관리 기본방침 등
(2024.1.23 본절신설)

제47조【농지 관리 기본방침의 수립 등】 ① 농림축산식품부장관은 10년마다 농지의 관리에 관한 기본방침(이하 "기본방침"이라 한다)을 수립·시행하여야 하며, 필요한 경우 5년마다 그 내용을 재검토하여 정비할 수 있다.
② 기본방침에는 다음 각 호의 사항이 포함되어야 한다.
1. 농지 관리에 관한 시책의 방향
2. 농지 면적의 현황 및 장래예측
3. 관리하여야 하는 농지의 목표 면적
4. 특별시·광역시·특별자치시·도 또는 특별자치도에서 관리하여야 하는 농지의 목표 면적 설정 기준
5. 농업진흥지역의 지정 기준
6. 농지의 전용 등으로 인한 농지 면적 감소의 방지에 관한 사항
7. 그 밖에 농지의 관리를 위하여 필요한 사항으로서 대통령령으로 정하는 사항
③ 농림축산식품부장관은 기본방침을 수립하거나 변경하려면 미리 지방자치단체의 장의 의견을 수렴하고 관계 중앙행정기관의 장과 협의한 후 위원회의 심의를 거쳐야 한다. 다만, 대통령령으로 정하는 경미한 사항을 변경하는 경우에는 그러하지 아니하다.
④ 농림축산식품부장관은 기본방침의 수립을 위하여 관계 중앙행정기관의 장 및 지방자치단체의 장에게 필요한 자료의 제출을 요청할 수 있다. 이 경우 자료제출을 요청받은 중앙행정기관의 장 등은 특별한 사유가 없으면 이에 따라야 한다.
⑤ 제1항부터 제4항까지에서 규정한 사항 외에 기본방침의 수립·시행에 필요한 사항은 대통령령으로 정한다.

제48조【농지 관리 기본계획 및 실천계획의 수립 등】 ① 시·도지사는 기본방침에 따라 관할구역의 농지의 관리에 관한 기본계획(이하 "기본계획"이라 한다)을 10년마다 수립하여 농림축산식품부장관의 승인을 받아 시행하고, 필요한 경우 5년마다 그 내용을 재검토하여 정비할 수 있다. 기본계

획 중 대통령령으로 정하는 중요한 사항을 변경할 때에도 또한 같다.
② 시장·군수 또는 자치구구청장(그 관할구역에 농지가 없는 자치구구청장은 제외한다. 이하 이 조에서 같다)은 기본계획에 따라 관할구역의 농지의 관리에 관한 세부 실천계획(이하 "실천계획"이라 한다)을 5년마다 수립하여 시·도지사의 승인을 받아 시행하여야 한다. 실천계획 중 대통령령으로 정하는 중요한 사항을 변경할 때에도 또한 같다.
③ 기본계획 및 실천계획에는 다음 각 호의 사항이 포함되어야 한다.
1. 관할구역의 농지 관리에 관한 시책의 방향
2. 관할구역의 농지 면적 현황 및 장래예측
3. 관할구역별로 관리하여야 하는 농지의 목표 면적
4. 관할구역 내 농업진흥지역 지정 및 관리
5. 관할구역 내 농업진흥지역으로 지정하는 것이 타당한 지역의 위치 및 규모
6. 관할구역의 농지의 전용 등으로 인한 농지 면적 감소의 방지에 관한 사항
7. 그 밖에 관할구역의 농지 관리를 위하여 필요한 사항으로서 대통령령으로 정하는 사항
④ 시·도지사가 기본계획을 수립 또는 변경하려면 미리 관계 시장·군수 또는 자치구구청장과 전문가 등의 의견을 수렴하고 해당 지방의회의 의견을 들어야 한다. 다만, 대통령령으로 정하는 경미한 사항을 변경하는 경우에는 그러하지 아니하다.
⑤ 시·도지사는 기본계획의 수립을 위하여 시장·군수 또는 자치구구청장에게 필요한 자료의 제출을 요청할 수 있다. 이 경우 자료제출을 요청받은 시장·군수 또는 자치구구청장은 특별한 사유가 없으면 이에 따라야 한다.
⑥ 시장·군수 또는 자치구구청장이 실천계획을 수립 또는 변경하거나 제4항에 따라 기본계획에 대한 의견을 제시하려면 대통령령으로 정하는 바에 따라 미리 주민과 관계 전문가 등의 의견을 수렴하고 해당 지방의회의 의견을 들어야 한다. 다만, 대통령령으로 정하는 경미한 사항을 변경하는 경우에는 그러하지 아니하다.
⑦ 시·도지사, 시장·군수 또는 자치구구청장은 제1항 또는 제2항에 따라 기본계획 또는 실천계획의 수립 또는 변경에 대한 승인을 받으면 대통령령으로 정하는 바에 따라 그 내용을 공고한 후 일반인이 열람할 수 있도록 하여야 한다.
⑧ 제1항부터 제7항까지에서 규정한 사항 외에 기본계획 또는 실천계획의 수립·시행에 필요한 사항은 대통령령으로 정한다.

제4절 농지대장
(2021.8.17 본절제목삽입)

제49조【농지대장의 작성과 비치】 ① 시·구·읍·면의 장은 농지 소유 실태와 농지 이용 실태를 파악하여 이를 효율적으로 이용하고 관리하기 위하여 대통령령으로 정하는 바에 따라 농지대장(農地臺帳)을 작성하여 갖추어 두어야 한다.
② 제1항에 따른 농지대장에는 농지의 소재지·지번·지목·면적·소유자·임대차 정보·농업진흥지역 여부 등을 포함한다.(2021.8.17 본항신설)
③ 시·구·읍·면의 장은 제1항에 따른 농지대장을 작성·정리하거나 농지 이용 실태를 파악하기 위하여 필요하면 해당 농지 소유자에게 필요한 사항을 보고하게 하거나 관계 공무원에게 그 상황을 조사하게 할 수 있다.
④ 시·구·읍·면의 장은 농지대장의 내용에 변동사항이 생기면 그 변동사항을 지체 없이 정리하여야 한다.
⑤ 제1항의 농지대장에 적을 사항을 전산정보처리조직으로 처리하는 경우 그 농지대장 파일(자기디스크나 자기테이프, 그 밖에 이와 비슷한 방법으로 기록하여 보관하는 농지대장을 말한다)은 제1항에 따른 농지대장으로 본다.
⑥ 농지대장의 서식·작성·관리와 전산정보처리조직 등에 필요한 사항은 농림축산식품부령으로 정한다.
(2021.8.17 본조개정)

제49조의2【농지이용 정보 등 변경신청】 농지소유자 또는 임차인은 다음 각 호의 사유가 발생하는 경우 그 변경사유가 발생한 날부터 60일 이내에 시·구·읍·면의 장에게 농지대장의 변경을 신청하여야 한다.
1. 농지의 임대차계약과 사용대차계약이 체결·변경 또는 해제되는 경우
2. 제2조제1호나목에 따른 토지에 농축산물 생산시설을 설치하는 경우(2024.1.2 본호개정)
3. 그 밖에 농림축산식품부령으로 정하는 사유에 해당하는 경우
(2021.8.17 본조신설)

제50조【농지대장의 열람 또는 등본 등의 교부】 ① 시·구·읍·면의 장은 농지대장의 열람신청 또는 등본 교부신청을 받으면 농림축산식품부령으로 정하는 바에 따라 농지대장을 열람하게 하거나 그 등본을 내주어야 한다.(2021.8.17 본항개정)
② 시·구·읍·면의 장은 자경(自耕)하고 있는 농업인 또는 농업법인이 신청하면 농림축산식품부령으로 정하는 바에 따라 자경증명을 발급하여야 한다.
(2021.8.17 본조제목개정)
(2013.3.23 본조개정)

제5장 보 칙

제51조【권한의 위임과 위탁 등】 ① 이 법에 따른 농림축산식품부장관의 권한은 대통령령으로 정하는 바에 따라 그 일부를 소속기관의 장, 시·도지사 또는 시장·군수·자치구구청장에게 위임할 수 있다.(2021.8.17 본항개정)
② 농림축산식품부장관은 이 법에 따른 업무의 일부를 대통령령으로 정하는 바에 따라 그 일부를 한국농어촌공사, 농업 관련 기관 또는 농업 관련 단체에 위탁할 수 있다.
③ 농림축산식품부장관은 대통령령으로 정하는 바에 따라 「한국농어촌공사 및 농지관리기금법」 제35조에 따라 농지관리기금의 운용·관리업무를 위탁받은 자에게 제38조제1항 및 제40조제2항에 따른 농지보전부담금 수납 업무를 대행하게 할 수 있다.
(2013.3.23 본조개정)

제51조의2【벌칙 적용에서 공무원 의제】 위원회 및 제44조에 따른 농지위원회의 위원 중 공무원이 아닌 사람은 「형법」 제127조 및 제129조부터 제132조까지의 규정을 적용할 때에는 공무원으로 본다.(2021.8.17 본조신설)

제52조【포상금】 농림축산식품부장관은 다음 각 호의 어느 하나에 해당하는 자를 주무관청이나 수사기관에 신고하거나 고발한 자에게 대통령령으로 정하는 바에 따라 포상금을 지급할 수 있다.(2013.3.23 본문개정)
1. 제6조에 따른 농지 소유 제한이나 제7조에 따른 농지 소유 상한을 위반하여 농지를 소유할 목적으로 거짓이나 그 밖의 부정한 방법으로 제8조제1항에 따른 농지취득자격증명을 발급받은 자
2. 제32조제1항 또는 제2항을 위반한 자
3. 제34조제1항에 따른 농지전용허가를 받지 아니하고 농지를 전용한 자 또는 거짓이나 그 밖의 부정한 방법으로 제34조제1항에 따른 농지전용허가를 받은 자
4. 제35조 또는 제43조에 따른 신고를 하지 아니하고 농지를 전용한 자
5. 제36조제1항에 따른 농지의 타용도 일시사용허가를 받지 아니하고 농지를 다른 용도로 사용한 자
6. 제36조의2제1항에 따른 농지의 타용도 일시사용신고를 하지 아니하고 농지를 다른 용도로 사용한 자(2017.10.31 본호신설)

7. 제40조제1항을 위반하여 전용된 토지를 승인 없이 다른 목적으로 사용한 자

제53조【농업진흥구역과 농업보호구역에 걸치는 한 필지의 토지 등에 대한 행위 제한의 특례】 ① 한 필지의 토지가 농업진흥구역과 농업보호구역에 걸쳐 있으면서 농업진흥구역에 속하는 토지 부분이 대통령령으로 정하는 규모 이하이면 그 토지 부분에 대하여는 제32조에 따른 행위 제한을 적용할 때 농업보호구역에 관한 규정을 적용한다.

② 한 필지의 토지 일부가 농업진흥지역에 걸쳐 있으면서 농업진흥지역에 속하는 토지 부분의 면적이 대통령령으로 정하는 규모 이하이면 그 토지 부분에 대하여는 제32조제1항 및 제2항을 적용하지 아니한다.

제54조【농지의 소유 등에 관한 조사】 ① 농림축산식품부장관, 시장·군수 또는 자치구구청장은 농지의 소유·거래·이용 또는 전용 등에 관한 사실을 확인하기 위하여 소속 공무원에게 그 실태를 정기적으로 조사하게 하여야 한다. (2021.8.17 본문개정)

1.~6. (2021.8.17 삭제)

② 농림축산식품부장관, 시장·군수 또는 자치구구청장은 제1항에 따라 농지의 소유·거래·이용 또는 전용 등에 관한 사실을 확인하기 위하여 농지 소유자, 임차인 또는 사용대차인에게 필요한 자료의 제출 또는 의견의 진술을 요청할 수 있다. 이 경우 자료의 제출이나 의견의 진술을 요청받은 농지 소유자, 임차인 또는 사용대차인은 특별한 사유가 없으면 이에 협조하여야 한다.(2023.8.16 본항신설)

③ 제1항에 따른 조사는 일정기간 내에 제8조에 따른 농지취득자격증명이 발급된 농지 등 농림축산식품부령으로 정하는 농지에 대하여 매년 1회 이상 실시하여야 한다. (2021.8.17 본항신설)

④ 시장·군수 또는 자치구구청장은 제1항에 따른 조사를 실시하고 그 결과를 다음연도 3월 31일까지 시·도지사를 거쳐 농림축산식품부장관에게 보고하여야 한다.(2021.8.17 본항신설)

⑤ 농림축산식품부장관은 제4항에 따른 조사 결과를 농림축산식품부령으로 정하는 바에 따라 공개할 수 있다. (2023.8.16 본항개정)

⑥ 제1항에 따라 검사 또는 조사를 하는 공무원은 그 권한을 표시하는 증표를 지니고 이를 관계인에게 내보여야 한다.

⑦ 제1항과 제3항에 따른 검사·조사 및 증표에 관하여 필요한 사항은 농림축산식품부령으로 정한다.(2023.8.16 본항개정)

⑧ 농림축산식품부장관은 시장·군수 또는 자치구구청장이 제1항에 따른 조사를 실시하는 데 필요한 경비를 예산의 범위에서 지원할 수 있다.(2021.8.17 본항신설)

제54조의2【농지정보의 관리 및 운영】 ① 농림축산식품부장관과 시장·군수·구청장 등은 농지 관련 정책 수립, 농지대장 작성 등에 활용하기 위하여 주민등록전산자료, 부동산등기전산자료 등 대통령령으로 정하는 자료에 대하여 해당 자료를 관리하는 기관의 장에게 그 자료의 제공을 요청할 수 있으며, 요청을 받은 관리기관의 장은 특별한 사정이 없으면 이에 따라야 한다.(2021.8.17 본항개정)

② 농림축산식품부장관은 「농어업경영체 육성 및 지원에 관한 법률」 제4조에 따라 등록된 농업경영체의 농업경영정보와 이 법에 따른 농지 관련 자료를 통합적으로 관리할 수 있다.

③ 농림축산식품부장관은 농지업무에 필요한 각종 정보의 효율적 처리와 기록·관리 업무의 전자화를 위하여 정보시스템을 구축·운영할 수 있다.
(2021.4.13 본조개정)

제54조의3【농지정보의 제공】 시장·군수 또는 자치구구청장은 다른 법률에 따라 제10조제2항의 농지 처분통지, 제11조제1항에 따른 농지 처분명령, 제63조에 따른 이행강제금 부과 등에 관한 정보를 「은행법」에 따른 은행이나 그 밖에 대통령령으로 정하는 금융기관이 요청하는 경우 이를 제공할 수 있다.(2021.8.17 본조신설)

제54조의4【토지등에의 출입】 ① 농림축산식품부장관, 시장·군수·자치구구청장 또는 시·구·읍·면의 장은 다음 각 호의 조사를 위하여 필요한 경우에는 소속 공무원(제51조제2항에 따라 농림축산식품부장관이 다음 각 호의 업무를 한국농어촌공사, 농업 관련 기관 또는 농업 관련 단체에 위탁한 경우에는 그 기관 등의 임직원을 포함한다)으로 하여금 다른 사람의 토지 또는 건물 등(이하 이 조에서 "토지등"이라 한다)에 출입하게 할 수 있다.

1. 제31조의3제1항에 따른 실태조사
2. 제49조제3항에 따른 농지대장 작성·정리 또는 농지 이용 실태 파악을 위한 조사
3. 제54조제1항에 따른 농지의 소유·거래·이용 또는 전용 등에 관한 사실 확인을 위한 조사

② 제1항에 따라 다른 사람의 토지등에 출입하려는 사람은 해당 토지등의 소유자·점유자 또는 관리인(이하 이 조에서 "이해관계인"이라 한다)에게 그 일시와 장소를 우편, 전화, 전자메일 또는 문자전송 등을 통하여 통지하여야 한다. 다만, 이해관계인을 알 수 없는 때에는 그러하지 아니하다.

③ 해 뜨기 전이나 해가 진 후에는 이해관계인의 승낙 없이 택지나 담장 또는 울타리로 둘러싸인 해당 토지등에 출입할 수 없다.

④ 이해관계인은 정당한 사유 없이 제1항에 따른 출입을 거부하거나 방해하지 못한다.

⑤ 제1항에 따라 다른 사람의 토지등에 출입하려는 사람은 권한을 표시하는 증표를 지니고 이를 이해관계인에게 내보여야 한다.

⑥ 제5항에 따른 증표에 관하여 필요한 사항은 농림축산식품부령으로 정한다.
(2023.8.16 본조신설)

제55조【청문】 농림축산식품부장관, 시장·군수 또는 자치구구청장은 다음 각 호의 어느 하나에 해당하는 행위를 하려면 청문을 하여야 한다.(2013.3.23 본문개정)

1. 제10조제2항에 따른 농업경영에 이용하지 아니하는 농지 등의 처분의무 발생의 통지
2. 제39조에 따른 농지전용허가의 취소

제56조【수수료】 다음 각 호의 어느 하나에 해당하는 자는 대통령령으로 정하는 바에 따라 수수료를 내야 한다.

1. 제8조에 따라 농지취득자격증명 발급을 신청하는 자
2. 제34조나 제36조에 따른 허가를 신청하는 자
3. 제35조나 제43조에 따라 농지전용을 신고하는 자
4. 제40조에 따라 용도변경의 승인을 신청하는 자
5. 제50조에 따라 농지대장 등본 교부를 신청하거나 자경증명 발급을 신청하는 자(2021.8.17 본호개정)

제6장 벌 칙

제57조【벌칙】 제6조에 따른 농지 소유 제한이나 제7조에 따른 농지 소유 상한을 위반하여 농지를 소유할 목적으로 거짓이나 그 밖의 부정한 방법으로 제8조제1항에 따른 농지취득자격증명을 발급받은 자는 5년 이하의 징역 또는 해당 토지의 개별공시지가에 따른 토지가액(土地價額)〔이하 "토지가액"이라 한다〕에 해당하는 금액 이하의 벌금에 처한다. (2021.8.17 본조개정)

제58조【벌칙】 ① 농업진흥지역의 농지를 제34조제1항에 따른 농지전용허가를 받지 아니하고 전용하거나 거짓이나 그 밖의 부정한 방법으로 농지전용허가를 받은 자는 5년 이하의 징역 또는 해당 토지의 개별공시지가에 따른 토지가액에 해당하는 금액 이하의 벌금에 처한다.(2021.8.17 본항개정)

② 농업진흥지역 밖의 농지를 제34조제1항에 따른 농지전용허가를 받지 아니하고 전용하거나 거짓이나 그 밖의 부정한 방법으로 농지전용허가를 받은 자는 3년 이하의 징역 또는 해당 토지가액의 100분의 50에 해당하는 금액 이하의 벌금에 처한다.(2021.8.17 본항신설)
③ 제1항 및 제2항의 징역형과 벌금형은 병과(併科)할 수 있다.
(2021.8.17 본항신설)

제59조【벌칙】 다음 각 호의 어느 하나에 해당하는 자는 5년 이하의 징역 또는 5천만원 이하의 벌금에 처한다.
1. 제32조제1항 또는 제2항을 위반한 자
2. 제36조제1항에 따른 농지의 타용도 일시사용허가를 받지 아니하고 농지를 다른 용도로 사용한 자
3. 제40조제1항을 위반하여 전용된 토지를 승인 없이 다른 목적으로 사용한 자(2021.8.17 본호신설)

(2021.8.17 본조개정)

제60조【벌칙】 다음 각 호의 어느 하나에 해당하는 자는 3년 이하의 징역 또는 3천만원 이하의 벌금에 처한다.
1. 제7조의2에 따른 금지 행위를 위반한 자
2. 제35조 또는 제43조에 따른 신고를 하지 아니하고 농지를 전용(轉用)한 자
3. 제36조의2제1항에 따른 농지의 타용도 일시사용신고를 하지 아니하고 농지를 다른 용도로 사용한 자
4. 제41조의2에 따른 농지개량 기준을 준수하지 아니하고 농지를 개량한 자(2024.1.2 본호신설)
5. 제41조의3제1항에 따른 신고 또는 변경신고를 하지 아니하고 농지를 성토 또는 절토한 자(2024.1.2 본호신설)

(2021.8.17 본조신설)

제61조【벌칙】 다음 각 호의 어느 하나에 해당하는 자는 2천만원 이하의 벌금에 처한다.(2021.8.17 본문개정)
1. 제9조를 위반하여 소유 농지를 위탁경영한 자
2. 제23조제1항을 위반하여 소유 농지를 임대하거나 무상사용하게 한 자(2020.2.11 본호개정)
3. 제23조제2항에 따른 임대차 또는 사용대차의 종료 명령을 따르지 아니한 자(2015.7.20 본호신설)

제62조【양벌규정】 법인의 대표자나 법인 또는 개인의 대리인, 사용인, 그 밖의 종업원이 그 법인 또는 개인의 업무에 관하여 제57조부터 제61조까지의 어느 하나에 해당하는 위반행위를 하면 그 행위자를 벌하는 외에 그 법인 또는 개인에게도 해당 조문의 벌금형을 과(科)한다. 다만, 법인 또는 개인이 그 위반행위를 방지하기 위하여 해당 업무에 관하여 상당한 주의와 감독을 게을리하지 아니한 경우에는 그러하지 아니하다.(2021.8.17 본조개정)

제63조【이행강제금】 ① 시장(구를 두지 아니한 시의 시장을 말한다. 이하 이 조에서 같다)·군수 또는 구청장은 다음 각 호의 어느 하나에 해당하는 자에게 해당 농지의 「감정평가 및 감정평가사에 관한 법률」에 따른 감정평가법인등이 감정평가한 감정가격 또는 「부동산 가격공시에 관한 법률」 제10조에 따른 개별공시지가(해당 토지의 개별공시지가가 없는 경우에는 같은 법 제8조에 따른 표준지공시지가를 기준으로 산정한 금액을 말한다) 중 더 높은 가액의 100분의 25에 해당하는 이행강제금을 부과한다.(2023.8.16 본문개정)
1. 제11조제1항(제12조제2항에 따른 경우를 포함한다)에 따라 처분명령을 받은 후 제11조제2항에 따라 매수를 청구하여 협의 중인 경우 등 대통령령으로 정하는 정당한 사유 없이 지정기간까지 그 처분명령을 이행하지 아니한 자
2. 제42조에 따른 원상회복 명령을 받은 후 그 기간 내에 원상회복 명령을 이행하지 아니하여 시장·군수·구청장이 그 원상회복 명령의 이행에 필요한 상당한 기간을 정하였음에도 그 기한까지 원상회복을 아니한 자
3. 제42조의2에 따른 시정명령을 받은 후 그 기간 내에 시정명령을 이행하지 아니하여 시장·군수·구청장이 그 시정명령의 이행에 필요한 상당한 기간을 정하였음에도 그 기한까지 시정을 아니한 자(2024.1.2 본호신설)

(2021.8.17 본항개정)
② 시장·군수 또는 구청장은 제1항에 따른 이행강제금을 부과하기 전에 이행강제금을 부과·징수한다는 뜻을 미리 문서로 알려야 한다.
③ 시장·군수 또는 구청장은 제1항에 따른 이행강제금을 부과하는 경우 이행강제금의 금액, 부과사유, 납부기한, 수납기관, 이의제기 방법, 이의제기 기관 등을 명시한 문서로 하여야 한다.
④ 시장·군수 또는 구청장은 처분명령·원상회복 명령 또는 시정명령 이행기간이 만료한 다음 날을 기준으로 하여 그 처분명령·원상회복 명령 또는 시정명령이 이행될 때까지 제1항에 따른 이행강제금을 매년 1회 부과·징수할 수 있다.(2024.1.2 본항개정)
⑤ 시장·군수 또는 구청장은 제11조제1항(제12조제2항에 따른 경우를 포함한다)에 따른 처분명령·제42조에 따른 원상회복 명령 또는 제42조의2에 따른 시정명령을 받은 자가 처분명령·원상회복 명령 또는 시정명령을 이행하면 새로운 이행강제금의 부과는 즉시 중지하되, 이미 부과된 이행강제금은 징수하여야 한다.(2024.1.2 본항개정)
⑥ 제1항에 따른 이행강제금 부과처분에 불복하는 자는 그 처분을 고지받은 날부터 30일 이내에 시장·군수 또는 구청장에게 이의를 제기할 수 있다.
⑦ 제1항에 따른 이행강제금 부과처분을 받은 자가 제6항에 따른 이의를 제기하면 시장·군수 또는 구청장은 지체 없이 관할 법원에 그 사실을 통보하여야 하며, 그 통보를 받은 관할 법원은 「비송사건절차법」에 따른 과태료 재판에 준하여 재판을 한다.
⑧ 제6항에 따른 기간에 이의를 제기하지 아니하고 제1항에 따른 이행강제금을 납부기한까지 내지 아니하면 「지방행정제재·부과금의 징수 등에 관한 법률」에 따라 징수한다.
(2020.3.24 본항개정)

제64조【과태료】 ① 다음 각 호의 어느 하나에 해당하는 자에게는 500만원 이하의 과태료를 부과한다.
1. 제8조제2항에 따른 증명 서류 제출을 거짓 또는 부정으로 한 자
2. 제49조의2에 따른 신청을 거짓으로 한 자

② 다음 각 호의 어느 하나에 해당하는 자에게는 300만원 이하의 과태료를 부과한다.(2023.8.16 본문개정)
1. 제41조제2항을 위반하여 지목변경을 신청하지 아니한 자(2024.1.2 본호신설)
2. 제49조의2에 따른 신청을 하지 아니한 자(2023.8.16 본호신설)
3. 제54조제1항에 따른 조사를 거부, 기피 또는 방해한 자(2023.8.16 본호신설)
4. 제54조제2항 후단을 위반하여 특별한 사유 없이 자료의 제출 또는 의견의 진술을 거부하거나 거짓으로 제출 또는 진술한 자(2023.8.16 본호신설)
5. 제54조의4제4항을 위반하여 정당한 사유 없이 출입을 방해하거나 거부한 자(2023.8.16 본호신설)

③ 제1항 및 제2항에 따른 과태료는 대통령령으로 정하는 바에 따라 행정관청이 부과·징수한다.
(2021.8.17 본조신설)

부 칙

제1조【시행일】 이 법은 공포한 날부터 시행한다. 다만, 제2조제1호나목, 제2조제7호, 제8조제2항제2호, 제35조제1항제1호, 제36조제1항제1호, 부칙 제15조제28항·제35항 및 제66항의 개정규정은 2007년 7월 4일부터 시행한다.

제2조【시행일에 관한 경과조치】 부칙 제1조 단서에 따라 제2조제1호나목, 제2조제7호, 제8조제2항제2호, 제35조제1항제1호 및 제36조제1항제1호의 개정규정이 시행되기 전까지는 그에 해당하는 종전의 제2조제1호나목, 제2조제9호, 제8조제2항제2호, 제37조제1항제1호 및 제38조제1항제1호를 적용한다.
제3조【농업생산에 필요한 시설의 부지에 관한 경과조치】 법률 제4817호 농지법 시행일인 1996년 1월 1일 당시 종전의「농지의 보존 및 이용에 관한 법률」및「농지확대개발촉진법」에 따라 농지전용허가를 받거나「농어촌발전 특별조치법」에 따라 농지전용신고를 하고 설치한 제2조제1호나목에 따른 농업생산에 필요한 시설의 부지에 대하여는 종전의 규정에 따른다.
제4조【기존 농지소유자에 관한 경과조치】 ① 법률 제4817호 농지법 시행일인 1996년 1월 1일 당시 농지를 소유하고 있는 자에 대하여는 제6조제1항 · 제10조 · 제11조 · 제23조 및 제62조는 당해 농지 소유에 관하여 이를 적용하지 아니하되, 종전의「농어촌발전 특별조치법」제43조의3제2항에 따라 농지를 처분하여야 하는 자가 처분하지 아니한 처분대상 농지에 대한 처분기한 및 협의매수 등에 관하여는 종전의「농어촌발전 특별조치법」제43조의3에 따른다.
② 법률 제4817호 농지법 시행일인 1996년 1월 1일 당시 제7조에 따른 농지의 소유상한을 초과하여 농지를 소유하고 있는 자는 같은 조의 규정에도 불구하고 그 농지를 계속 소유할 수 있다.
제5조【농촌진흥지역의 지정에 관한 경과조치】 이 법 시행 당시 종전의「농어촌발전 특별조치법」에 따라 지정된 농업진흥지역은 이 법에 따라 지정된 것으로 본다.
제6조【농지전용허가 등에 관한 경과조치】 ① 법률 제4817호 농지법 시행일인 1996년 1월 1일 당시 종전의「농지의 보존 및 이용에 관한 법률」,「농어촌발전특별조치법」,「농지확대개발촉진법」에 따라 농지전용신고를 받은 자와 농지전용신고를 한 자는 이 법에 따라 농지전용허가 또는 농지의 타용도 일시사용허가를 받거나 농지전용신고를 한 것으로 본다.
② 법률 제4817호 농지법 시행일인 1996년 1월 1일 당시 종전의「농지의 보존 및 이용에 관한 법률」에 따라 농지전용에 관한 협의를 거치거나 동의 · 승인을 받은 농지는 이 법에 따라 농지전용에 관한 협의를 거친 것으로 본다.
③ 법률 제4817호 농지법 시행일인 1996년 1월 1일 당시 종전의「도시계획법」제17조제1항에 따른 주거지역 · 상업지역 · 공업지역으로 지정된 지역 안의 농지 및 도시계획시설의 예정지로 결정된 농지로서 종전의「농지의 보존 및 이용에 관한 법률」에 따라 농지전용에 관한 협의를 거치지 아니한 농지는 이 법 제34조제2항제1호에 따라 농지전용에 관한 협의를 거친 것으로 본다.
제7조【농지조성비 등에 관한 경과조치】 ① 법률 제4817호 농지법 시행일인 1996년 1월 1일 당시 종전의「농지의 보전 및 이용에 관한 법률」제4조제4항에 따른 농지의 조성에 드는 비용과 종전의「농지확대개발촉진법」제53조제3항에 따라 농지를 새로 개발하는 데에 필요한 금액을 낸 자는 이 법에 따라 농지보전부담금을 낸 것으로 본다.
② 법률 제4817호 농지법 시행일인 1996년 1월 1일 당시 종전의「농지의 보전 및 이용에 관한 법률」제4조제4항에 따른 농지의 조성에 드는 비용과 종전의「농지확대개발촉진법」제53조제3항에 따라 농지를 새로 개발하는 데에 필요한 금액의 납입고지를 받은 자는 이 법에 따라 농지보전부담금의 납입고지를 받은 것으로 본다.
③ 법률 제4817호 농지법 시행일인 1996년 1월 1일 당시 종전의「농지의 보전 및 이용에 관한 법률」제4조제5항에 따라 결정 · 고시된 농지의 조성에 드는 비용의 농지별 단위당 금액은 이 법에 따라 결정 · 고시된 것으로 본다.
④ 법률 제4817호 농지법 시행일인 1996년 1월 1일 이후「농지의 보전 및 이용에 관한 법률」제4조제2항에 따라 1981년 7월 29일 이전에 협의를 거쳐 주거지역 · 상업지역 · 공업지역으로 지정된 지역 안의 농지를 전용하는 경우에는 제38조제1항제2호는 이를 적용하지 아니한다.
제8조【농지매매증명에 관한 경과조치】 법률 제4817호 농지법 시행일인 1996년 1월 1일 당시 종전의「농지개혁법」제19조제2항 및「농지임대차관리법」제19조에 따라 농지매매증명을 발급받은 자는 이 법에 따라 농지취득자격증명을 발급받은 것으로 본다.
제9조【농지원부에 관한 경과조치】 이 법 시행 당시 종전의「농지의 보전 및 이용에 관한 법률」제14조에 따른 농지원부는 이 법에 따른 농지원부로 본다.
제10조【농지분할제한에 따른 경과조치】 법률 제6793호 농지법중개정법률 시행일인 2003년 1월 1일 당시 농지분할을 신청하였거나 관계 법령에 따라 농지분할을 수반하는 인 · 허가를 신청한 경우의 농지분할에 대하여는 제22조제2항의 개정규정을 적용하지 아니한다.
제11조【농업보호구역 안에서의 행위제한에 관한 경과조치】 법률 제7604호 농지법중개정법률 시행일인 2006년 1월 22일 당시 농업보호구역 안에서 제32조제2항의 개정규정에 따라 설치가 제한되는 건축물 · 공작물, 그 밖의 시설의 설치에 관하여 관계 법령의 규정에 따라 인가 · 허가 또는 승인 등을 받거나 신고한 자와 그 인가 · 허가 또는 승인 등의 신청을 한 자의 행위제한에 대하여는 종전의 규정에 따른다.
제12조【농지의 정의에서 농축산물 생산시설에 관한 경과조치】 법률 제8179호 농지법 일부개정법률의 시행일인 2007년 7월 4일 당시 종전의 규정에 따라 농지전용허가를 받거나 농지전용신고가 수리된 농축산물 생산시설의 부지에 대하여는 제2조제1호나목 및 같은 조 제7호의 개정규정에도 불구하고 종전의 규정에 따른다.
제13조【처분 등에 관한 일반적 경과조치】 이 법 시행 당시 종전의 규정에 따른 행정기관의 행위나 행정기관에 대한 행위는 그에 해당하는 이 법에 따른 행정기관의 행위나 행정기관에 대한 행위로 본다.
제14조【벌칙에 관한 경과조치】 이 법 시행 전의 행위에 대하여 벌칙 규정을 적용할 때에는 종전의 규정에 따른다.
제15조【다른 법률의 개정】 ①~⑰ ※(해당 법령에 가제정리 하였음)
제16조【다른 법령과의 관계】 이 법 시행 당시 다른 법령에서 종전의「농지법」또는 그 규정을 인용한 경우에 이 법 가운데 그에 해당하는 규정이 있으면 종전의 규정을 갈음하여 이 법 또는 이 법의 해당 규정을 인용한 것으로 본다.

부 칙 (2017.10.31)

제1조【시행일】 이 법은 공포 후 6개월이 경과한 날부터 시행한다.
제2조【농지의 타용도 일시사용신고에 관한 적용례】 제36조의2의 개정규정은 이 법 시행 후 최초로 농지의 타용도 일시사용신고를 하는 경우부터 적용한다.

부 칙 (2018.12.24)

제1조【시행일】 이 법은 2019년 7월 1일부터 시행한다.
제2조【타용도 일시사용허가 대상에 관한 적용례】 제36조제1항제4호의 개정규정은 이 법 시행 이후 최초로 농지의 타용도 일시사용허가(제36조제2항에 따른 농지의 타용도 일시사용 협의의 경우를 포함한다)를 신청한 경우부터 적용한다.
제3조【농지보전부담금 부과기준에 관한 적용례】 제38조제7항 각 호 외의 부분의 개정규정은 이 법 시행 이후 최초로 농지전용허가(다른 법률의 규정에 따라 농지전용허가가

의제된 경우를 포함한다)를 신청하거나 농지전용신고(다른 법률의 규정에 따라 농지전용신고가 의제된 경우를 포함한다)를 하는 경우부터 적용한다.

제4조【농지전용부담금 독촉장 발급에 관한 적용례】 제38조제8항의 개정규정은 이 법 시행 이후 최초로 농지보전부담금의 납부기한이 경과하여 독촉장을 발급하는 경우부터 적용한다.

부　칙 (2020.2.11)

제1조【시행일】 이 법은 공포 후 6개월이 경과한 날부터 시행한다. 다만, 제35조제2항의 개정규정은 공포한 날부터 시행한다.

제2조【농지 임대차 기간에 관한 적용례】 제24조의2의 개정규정은 이 법 시행 이후 체결되는 임대차계약(임대차 기간을 연장·갱신하거나 재계약을 체결하는 경우를 포함한다)부터 적용한다.

제3조【둘 이상의 용도지역·용도지구에 걸치는 농지의 전용허가 시 적용기준에 관한 적용례】 제37조의2의 개정규정은 이 법 시행 전에 제34조제1항에 따른 농지전용허가를 신청(다른 법률에 따른 농지전용허가 의제를 위한 협의를 포함한다)한 경우에 대하여도 적용한다.

제4조【농지 등의 처분에 관한 경과조치】 이 법 시행 전에 종전의 제10조제1항에 따라 농지 소유자가 농지를 처분하여야 할 사유가 발생한 경우에는 제10조제1항의 개정규정에도 불구하고 종전의 규정에 따른다.

부　칙 (2021.4.13)

이 법은 공포 후 6개월이 경과한 날부터 시행한다.

부　칙 (2021.8.17)

제1조【시행일】 이 법은 공포한 날부터 시행한다. 다만, 다음 각 호의 사항은 각 호의 구분에 의한 날부터 시행한다.

1. 제8조제2항, 제8조제4항, 제8조의3제1항, 제8조의3제2항, 제10조제1항제4호의2, 제10조제1항제4호의3, 제22조제3항, 제31조의3, 제37조의3, 제51조의2, 제54조, 제54조의3, 제64조제1항제1호, 제64조제3항의 개정규정은 이 법 공포 후 9개월이 경과한 날부터 시행한다.
2. 제8조제3항, 제44조, 제45조, 제46조, 제49조, 제49조의2, 제50조, 법률 제18021호 농지법 일부개정법률 제54조의2제1항, 제56조, 제64조제1항제2호, 제64조제2항의 개정규정은 이 법 공포 후 1년이 경과한 날부터 시행한다.

제2조【주말·체험영농 목적의 농지 소유 제한에 관한 경과조치】 이 법 시행 당시 종전의 규정에 따라 주말·체험영농 목적으로 제28조에 따른 농업진흥지역 내의 농지를 소유한 경우에는 제6조제2항제3호의 개정규정에도 불구하고 종전의 규정에 따른다.

제3조【농지취득자격증명 발급에 관한 경과조치】 이 법 시행 전에 신청하여 접수된 농지취득자격증명의 발급은 제8조 및 제8조의3의 개정규정에도 불구하고 종전의 규정에 따른다.

제4조【농업경영에 이용하지 아니하는 농지 등의 처분에 관한 경과조치】 이 법 시행 전에 거짓이나 그 밖의 부정한 방법으로 농지취득자격증명을 발급받아 농지를 소유한 경우 제11조제1항제1호의 개정규정에도 불구하고 종전의 규정에 따른다.

제5조【이행강제금에 관한 경과조치】 이 법 시행 전 종전의 규정에 따라 부과되고 있는 이행강제금에 대하여는 제63조제1항제1호의 개정규정에도 불구하고 종전의 규정에 따른다.

제6조【원상회복명령의 불이행에 따른 이행강제금에 관한 적용례】 제63조제1항제2호의 개정규정은 이 법 시행 이후 농림축산식품부장관, 시장·군수 또는 자치구구청장이 제42조에 따른 원상회복명령을 한 경우부터 적용한다.

부　칙 (2023.5.16)

제1조【시행일】 이 법은 공포 후 1년이 경과한 날부터 시행한다.(이하 생략)

부　칙 (2023.8.8)

제1조【시행일】 이 법은 2024년 5월 17일부터 시행한다.(이하 생략)

부　칙 (2023.8.16)

제1조【시행일】 이 법은 공포한 날부터 시행한다. 다만, 제10조제1항, 제54조의4 및 제64조제2항의 개정규정은 공포 후 6개월이 경과한 날부터 시행한다.

제2조【농지의 임대차 또는 사용대차에 관한 적용례】 제23조제1항의 개정규정은 이 법 시행 이후 임대차 또는 사용대차 계약을 체결하는 경우부터 적용한다.

제3조【원상회복명령의 불이행에 따른 이행강제금에 관한 적용례】 제63조제4항의 개정규정은 이 법 시행 이후 농림축산식품부장관, 시장·군수 또는 자치구구청장이 제42조에 따른 원상회복명령을 한 경우부터 적용한다.

제4조【농업경영에 이용하지 아니하는 농지 등의 처분에 관한 경과조치】 제10조제1항의 개정규정 시행 전에 종전의 제10조제1항에 따라 농지 소유자가 농지를 처분하여야 할 사유가 발생한 경우에는 같은 개정규정에도 불구하고 종전의 규정에 따른다.

부　칙 (2024.1.2)

이 법은 공포한 날부터 시행한다. 다만, 제36조제1항의 개정규정은 공포 후 6개월이 경과한 날부터 시행하고, 제2조, 제39조제1항 각 호 외의 부분 본문, 제41조제2항, 제41조의2, 제41조의3, 제42조, 제42조의2, 제43조의2, 제60조, 제63조 및 법률 제19639호 농지법 일부개정법률 제64조의 개정규정은 공포 후 1년이 경과한 날부터 시행한다.

부　칙 (2024.1.23)

이 법은 공포 후 1년이 경과한 날부터 시행한다.

부동산 가격공시에 관한 법률

(약칭 : 부동산공시법)

(2016년 1월 19일
전부개정법률 제13796호)

개정
2017. 7.26법14839호(정부조직)
2020. 4. 7법17219호(감정평가감정평가사)
2020. 4. 7법17233호
2020. 6. 9법17453호(법률용어정비)
2020. 6. 9법17459호(한국부동산원법)

제1장 총 칙

제1조【목적】 이 법은 부동산의 적정가격(適正價格) 공시에 관한 기본적인 사항과 부동산 시장·동향의 조사·관리에 필요한 사항을 규정함으로써 부동산의 적정한 가격형성과 각종 조세·부담금 등의 형평성을 도모하고 국민경제의 발전에 이바지함을 목적으로 한다.

제2조【정의】 이 법에서 사용하는 용어의 뜻은 다음과 같다.
1. "주택"이란 「주택법」 제2조제1호에 따른 주택을 말한다.
2. "공동주택"이란 「주택법」 제2조제3호에 따른 공동주택을 말한다.
3. "단독주택"이란 공동주택을 제외한 주택을 말한다.
4. "비주거용 부동산"이란 주택을 제외한 건축물이나 건축물과 그 토지의 전부 또는 일부를 말하며 다음과 같이 구분한다.
  가. 비주거용 집합부동산 : 「집합건물의 소유 및 관리에 관한 법률」에 따라 구분소유되는 비주거용 부동산
  나. 비주거용 일반부동산 : 가목을 제외한 비주거용 부동산
5. "적정가격"이란 토지, 주택 및 비주거용 부동산에 대하여 통상적인 시장에서 정상적인 거래가 이루어지는 경우 성립될 가능성이 가장 높다고 인정되는 가격을 말한다.

제2장 지가의 공시

제3조【표준지공시지가의 조사·평가 및 공시 등】 ① 국토교통부장관은 토지이용상황이나 주변 환경, 그 밖의 자연적·사회적 조건이 일반적으로 유사하다고 인정되는 일단의 토지 중에서 선정한 표준지에 대하여 매년 공시기준일 현재의 단위면적당 적정가격(이하 "표준지공시지가"라 한다)을 조사·평가하고, 제24조에 따른 중앙부동산가격공시위원회의 심의를 거쳐 이를 공시하여야 한다.
② 국토교통부장관은 표준지공시지가를 공시하기 위하여 표준지의 가격을 조사·평가할 때에는 대통령령으로 정하는 바에 따라 해당 토지 소유자의 의견을 들어야 한다.
③ 제1항에 따른 표준지의 선정, 공시기준일, 공시의 시기, 조사·평가 기준 및 공시절차 등에 필요한 사항은 대통령령으로 정한다.
④ 국토교통부장관이 제1항에 따라 표준지공시지가를 조사·평가하는 경우에는 인근 유사토지의 거래가격·임대료 및 해당 토지와 유사한 이용가치를 지닌다고 인정되는 토지의 조성에 필요한 비용추정액, 인근지역 및 다른 지역과의 형평성·특수성, 표준지공시지가 변동의 예측 가능성 등 제반사항을 종합적으로 참작하여야 한다.(2020.4.7 본항개정)
⑤ 국토교통부장관이 제1항에 따라 표준지공시지가를 조사·평가할 때에는 업무실적, 신인도(信認度) 등을 고려하여 둘 이상의 「감정평가 및 감정평가사에 관한 법률」에 따른 감정평가법인등(이하 "감정평가법인등"이라 한다)에게 이를 의뢰하여야 한다. 다만, 지가 변동이 작은 경우 등 대통령령으로 정하는 기준에 해당하는 표준지에 대해서는 하나의 감정평가법인등에 의뢰할 수 있다.(2020.4.7 본항개정)
⑥ 국토교통부장관은 제5항에 따라 표준지공시지가 조사·평가를 의뢰받은 감정평가업자가 공정하고 객관적으로 해당 업무를 수행할 수 있도록 하여야 한다.(2020.4.7 본항신설)
⑦ 제5항에 따른 감정평가법인등의 선정기준 및 업무범위는 대통령령으로 정한다.(2020.4.7 본항개정)
⑧ 국토교통부장관은 제10조에 따른 개별공시지가의 산정을 위하여 필요하다고 인정하는 경우에는 표준지와 산정대상 개별 토지의 가격형성요인에 관한 표준적인 비교표(이하 "토지가격비준표"라 한다)를 작성하여 시장·군수 또는 구청장에게 제공하여야 한다.

제4조【표준지공시지가의 조사협조】 국토교통부장관은 표준지의 선정 또는 표준지공시지가의 조사·평가를 위하여 필요한 경우에는 관계 행정기관에 해당 토지의 인·허가 내용, 개별법에 따른 등록사항 등 대통령령으로 정하는 관련 자료의 열람 또는 제출을 요구할 수 있다. 이 경우 관계 행정기관은 정당한 사유가 없으면 그 요구를 따라야 한다.
(2020.6.9 후단개정)

제5조【표준지공시지가의 공시사항】 제3조에 따른 공시에는 다음 각 호의 사항이 포함되어야 한다.
1. 표준지의 지번
2. 표준지의 단위면적당 가격
3. 표준지의 면적 및 형상
4. 표준지 및 주변토지의 이용상황
5. 그 밖에 대통령령으로 정하는 사항

제6조【표준지공시지가의 열람 등】 국토교통부장관은 제3조에 따라 표준지공시지가를 공시한 때에는 그 내용을 특별시장·광역시장 또는 도지사를 거쳐 시장·군수 또는 구청장(지방자치단체인 구의 구청장에 한정한다. 이하 같다)에게 송부하여 일반인이 열람할 수 있게 하고, 대통령령으로 정하는 바에 따라 이를 도서·도표 등으로 작성하여 관계 행정기관 등에 공급하여야 한다.

제7조【표준지공시지가에 대한 이의신청】 ① 표준지공시지가에 이의가 있는 자는 그 공시일부터 30일 이내에 서면(전자문서를 포함한다. 이하 같다)으로 국토교통부장관에게 이의를 신청할 수 있다.
② 국토교통부장관은 제1항에 따른 이의신청 기간이 만료된 날부터 30일 이내에 이의신청을 심사하여 그 결과를 신청인에게 서면으로 통지하여야 한다. 이 경우 국토교통부장관은 이의신청의 내용이 타당하다고 인정될 때에는 제3조에 따라 해당 표준지공시지가를 조정하여 다시 공시하여야 한다.
③ 제1항 및 제2항에서 규정한 것 외에 이의신청 및 처리절차 등에 필요한 사항은 대통령령으로 정한다.

제8조【표준지공시지가의 적용】 제1호 각 목의 자가 제2호 각 목의 목적을 위하여 지가를 산정할 때에는 그 토지와 이용가치가 비슷하다고 인정되는 하나 또는 둘 이상의 표준지의 공시지가를 기준으로 토지가격비준표를 사용하여 지가를 직접 산정하거나 감정평가법인등에 감정평가를 의뢰하여 산정할 수 있다. 다만, 필요하다고 인정할 때에는 산정된 지가를 제2호 각 목의 목적에 따라 가감(加減) 조정하여 적용할 수 있다.(2020.4.7 본문개정)
1. 지가 산정의 주체
  가. 국가 또는 지방자치단체
  나. 「공공기관의 운영에 관한 법률」에 따른 공공기관
  다. 그 밖에 대통령령으로 정하는 공공단체
2. 지가 산정의 목적
  가. 공공용지의 매수 및 토지의 수용·사용에 대한 보상
  나. 국유지·공유지의 취득 또는 처분
  다. 그 밖에 대통령령으로 정하는 지가의 산정

제9조【표준지공시지가의 효력】 표준지공시지가는 토지시장에 지가정보를 제공하고 일반적인 토지거래의 지표가 되며, 국가·지방자치단체 등이 그 업무와 관련하여 지가를 산정하거나 감정평가법인등이 개별적으로 토지를 감정평가하는 경우에 기준이 된다.(2020.6.9 본조개정)

제10조【개별공시지가의 결정·공시 등】 ① 시장·군수 또는 구청장은 국세·지방세 등 각종 세금의 부과, 그 밖의 다른 법령에서 정하는 목적을 위한 지가산정에 사용되도록 하기 위하여 제25조에 따른 시·군·구부동산가격공시위원회의 심의를 거쳐 매년 공시지가의 공시기준일 현재 관할 구역 안의 개별토지의 단위면적당 가격(이하 "개별공시지가"라 한다)을 결정·공시하고, 이를 관계 행정기관 등에 제공하여야 한다.
② 제1항에도 불구하고 표준지로 선정된 토지, 조세 또는 부담금 등의 부과대상이 아닌 토지, 그 밖에 대통령령으로 정하는 토지에 대하여는 개별공시지가를 결정·공시하지 아니할 수 있다. 이 경우 표준지로 선정된 토지에 대하여는 해당 토지의 표준지공시지가를 개별공시지가로 본다.
③ 시장·군수 또는 구청장은 공시기준일 이후에 분할·합병 등이 발생한 토지에 대하여는 대통령령으로 정하는 날을 기준으로 하여 개별공시지가를 결정·공시하여야 한다.
④ 시장·군수 또는 구청장이 개별공시지가를 결정·공시하는 경우에는 해당 토지와 유사한 이용가치를 지닌다고 인정되는 하나 또는 둘 이상의 표준지의 공시지가를 기준으로 토지가격비준표를 사용하여 지가를 산정하되, 해당 토지의 가격과 표준지공시지가가 균형을 유지하도록 하여야 한다.
⑤ 시장·군수 또는 구청장은 개별공시지가를 결정·공시하기 위하여 개별토지의 가격을 산정할 때에는 그 타당성에 대하여 감정평가법인등의 검증을 받고 토지소유자, 그 밖의 이해관계인의 의견을 들어야 한다. 다만, 시장·군수 또는 구청장은 감정평가법인등의 검증이 필요 없다고 인정되는 때에는 지가의 변동상황 등 대통령령으로 정하는 사항을 고려하여 감정평가법인등의 검증을 생략할 수 있다.(2020.4.7 본항개정)
⑥ 시장·군수 또는 구청장이 제5항에 따른 검증을 받으려는 때에는 해당 지역의 표준지의 공시지가를 조사·평가한 감정평가법인등 또는 대통령령으로 정하는 감정평가실적 등이 우수한 감정평가법인등에 의뢰하여야 한다.(2020.4.7 본항개정)
⑦ 국토교통부장관은 지가공시 행정의 합리적인 발전을 도모하고 표준지공시지가와 개별공시지가와의 균형유지 등 적정한 지가형성을 위하여 필요하다고 인정하는 경우에는 개별공시지가의 결정·공시 등에 관하여 시장·군수 또는 구청장을 지도·감독할 수 있다.
⑧ 제1항부터 제7항까지에서 규정한 것 외에 개별공시지가의 산정, 검증 및 결정, 공시기준일, 공시의 시기, 조사·산정의 기준, 이해관계인의 의견청취, 감정평가법인등의 지정 및 공시절차 등에 필요한 사항은 대통령령으로 정한다.
(2020.4.7 본항개정)

제11조【개별공시지가에 대한 이의신청】 ① 개별공시지가에 이의가 있는 자는 그 결정·공시일부터 30일 이내에 서면으로 시장·군수 또는 구청장에게 이의를 신청할 수 있다.
② 시장·군수 또는 구청장은 제1항에 따라 이의신청 기간이 만료된 날부터 30일 이내에 이의신청을 심사하여 그 결과를 신청인에게 서면으로 통지하여야 한다. 이 경우 시장·군수 또는 구청장은 이의신청의 내용이 타당하다고 인정될 때에는 제10조에 따라 해당 개별공시지가를 조정하여 다시 결정·공시하여야 한다.
③ 제1항 및 제2항에서 규정한 것 외에 이의신청 및 처리절차 등에 필요한 사항은 대통령령으로 정한다.

제12조【개별공시지가의 정정】 시장·군수 또는 구청장은 개별공시지가에 틀린 계산, 오기, 표준지 선정의 착오 그 밖에 대통령령으로 정하는 명백한 오류가 있음을 발견한 때에는 지체 없이 이를 정정하여야 한다.

제13조【타인토지에의 출입 등】 ① 관계 공무원 또는 부동산가격공시업무를 의뢰받은 자(이하 "관계공무원등"이라 한다)는 제3조제4항에 따른 표준지가격의 조사·평가 또는 제10조제4항에 따른 토지가격의 산정을 위하여 필요한 때에는 타인의 토지에 출입할 수 있다.
② 관계공무원등이 제1항에 따라 택지 또는 담장이나 울타리로 둘러싸인 타인의 토지에 출입하고자 할 때에는 시장·군수 또는 구청장의 허가(부동산가격공시업무를 의뢰 받은 자에 한정한다)를 받아 출입할 날의 3일 전에 그 점유자에게 일시와 장소를 통지하여야 한다. 다만, 점유자를 알 수 없거나 부득이한 사유가 있는 경우에는 그러하지 아니하다.
③ 일출 전·일몰 후에는 그 토지의 점유자의 승인 없이 택지 또는 담장이나 울타리로 둘러싸인 타인의 토지에 출입할 수 없다.
④ 제2항에 따라 출입을 하고자 하는 자는 그 권한을 표시하는 증표와 허가증을 지니고 이를 관계인에게 내보여야 한다.
⑤ 제4항에 따른 증표와 허가증에 필요한 사항은 국토교통부령으로 정한다.

제14조【개별공시지가의 결정·공시비용의 보조】 제10조에 따른 개별공시지가의 결정·공시에 소요되는 비용은 대통령령으로 정하는 바에 따라 그 일부를 국고에서 보조할 수 있다.

제15조【부동산 가격정보 등의 조사】 ① 국토교통부장관은 부동산의 적정가격 조사 등 부동산 정책의 수립 및 집행을 위하여 부동산 시장동향, 수익률 등의 가격정보 및 관련 통계 등을 조사·관리하고, 이를 관계 행정기관 등에 제공할 수 있다.
② 제1항에 따른 부동산 가격정보 등의 조사의 대상, 절차 등에 필요한 사항은 대통령령으로 정한다.
③ 제1항에 따른 조사를 위하여 관계 행정기관에 국세, 지방세, 토지, 건물 등 관련 자료의 열람 또는 제출을 요구하거나 타인의 토지 등에 출입하는 경우에는 제4조 및 제13조를 각각 준용한다.

제3장 주택가격의 공시

제16조【표준주택가격의 조사·산정 및 공시 등】 ① 국토교통부장관은 용도지역, 건물구조 등이 일반적으로 유사하다고 인정되는 일단의 단독주택 중에서 선정한 표준주택에 대하여 매년 공시기준일 현재의 적정가격(이하 "표준주택가격"이라 한다)을 조사·산정하고, 제24조에 따른 중앙부동산가격공시위원회의 심의를 거쳐 이를 공시하여야 한다.
② 제1항에 따른 공시에는 다음 각 호의 사항이 포함되어야 한다.
1. 표준주택의 지번
2. 표준주택가격
3. 표준주택의 대지면적 및 형상
4. 표준주택의 용도, 연면적, 구조 및 사용승인일(임시사용승인일을 포함한다)
5. 그 밖에 대통령령으로 정하는 사항
③ 제1항에 따른 표준주택의 선정, 공시기준일, 공시의 시기, 조사·산정 기준 및 공시절차 등에 필요한 사항은 대통령령으로 정한다.
④ 국토교통부장관은 제1항에 따라 표준주택가격을 조사·산정하고자 할 때에는 「한국부동산원법」에 따른 한국부동산원(이하 "부동산원"이라 한다)에 의뢰한다.(2020.6.9 본항개정)
⑤ 국토교통부장관이 제1항에 따라 표준주택가격을 조사·산정하는 경우에는 인근 유사 단독주택의 거래가격·임대료 및 해당 단독주택과 유사한 이용가치를 지닌다고 인정되는 단독주택의 건설에 필요한 비용추정액, 인근지역 및 다른 지역과의 형평성·특수성, 표준주택가격 변동의 예측 가능성 등 제반사항을 종합적으로 참작하여야 한다.(2020.4.7 본항개정)
⑥ 국토교통부장관은 제17조에 따른 개별주택가격의 산정을 위하여 필요하다고 인정하는 경우에는 표준주택과 산정대상 개별주택의 가격형성요인에 관한 표준적인 비교표(이하 "주택가격비준표"라 한다)를 작성하여 시장·군수 또는 구청장에게 제공하여야 한다.

⑦ 제3조제2항 · 제4조 · 제6조 · 제7조 및 제13조는 제1항에 따른 표준주택가격의 공시에 준용한다. 이 경우 제7조제2항 후단 중 "제3조"는 "제16조"로 본다.

제17조【개별주택가격의 결정 · 공시 등】 ① 시장 · 군수 또는 구청장은 제25조에 따른 시 · 군 · 구부동산가격공시위원회의 심의를 거쳐 매년 표준주택가격의 공시기준일 현재 관할 구역 안의 개별주택의 가격(이하 "개별주택가격"이라 한다)을 결정 · 공시하고, 이를 관계 행정기관 등에 제공하여야 한다.

② 제1항에도 불구하고 표준주택으로 선정된 단독주택, 그 밖에 대통령령으로 정하는 단독주택에 대하여는 개별주택가격을 결정 · 공시하지 아니할 수 있다. 이 경우 표준주택으로 선정된 주택에 대하여는 해당 주택의 표준주택가격을 개별주택가격으로 본다.

③ 제1항에 따른 개별주택가격의 공시에는 다음 각 호의 사항이 포함되어야 한다.

1. 개별주택의 지번
2. 개별주택가격
3. 그 밖에 대통령령으로 정하는 사항

④ 시장 · 군수 또는 구청장은 공시기준일 이후에 토지의 분할 · 합병이나 건축물의 신축 등이 발생한 경우에는 대통령령으로 정하는 날을 기준으로 하여 개별주택가격을 결정 · 공시하여야 한다.

⑤ 시장 · 군수 또는 구청장이 개별주택가격을 결정 · 공시하는 경우에는 해당 주택과 유사한 이용가치를 지닌다고 인정되는 표준주택가격을 기준으로 주택가격비준표를 사용하여 가격을 산정하되, 해당 주택의 가격과 표준주택가격이 균형을 유지하도록 하여야 한다.

⑥ 시장 · 군수 또는 구청장은 개별주택가격을 결정 · 공시하기 위하여 개별주택의 가격을 산정할 때에는 표준주택가격과의 균형 등 그 타당성에 대하여 대통령령으로 정하는 바에 따라 의 검증을 받고 토지소유자, 그 밖의 이해관계인의 의견을 들어야 한다. 다만, 시장 · 군수 또는 구청장은 부동산원의 검증이 필요 없다고 인정되는 때에는 주택가격의 변동상황 등 대통령령으로 정하는 사항을 고려하여 부동산원의 검증을 생략할 수 있다.(2020.6.9 본항개정)

⑦ 국토교통부장관은 공시행정의 합리적인 발전을 도모하고 표준주택가격과 개별주택가격과의 균형유지 등 적정한 가격형성을 위하여 필요하다고 인정하는 경우에는 개별주택가격의 결정 · 공시 등에 관하여 시장 · 군수 또는 구청장을 지도 · 감독할 수 있다.

⑧ 개별주택가격에 대한 이의신청 및 개별주택가격의 정정에 대하여는 제11조 및 제12조를 각각 준용한다. 이 경우 제11조제2항 후단 중 "제10조"는 "제17조"로 본다.

⑨ 제1항부터 제8항까지에서 규정한 것 외에 개별주택가격의 산정, 검증 및 결정, 공시기준일, 공시의 시기, 조사 · 산정의 기준, 이해관계인의 의견청취 및 공시절차 등에 필요한 사항은 대통령령으로 정한다.

제18조【공동주택가격의 조사 · 산정 및 공시 등】 ① 국토교통부장관은 공동주택에 대하여 매년 공시기준일 현재의 적정가격(이하 "공동주택가격"이라 한다)을 조사 · 산정하여 제24조에 따른 중앙부동산가격공시위원회의 심의를 거쳐 공시하고, 이를 관계 행정기관 등에 제공하여야 한다. 다만, 대통령령으로 정하는 바에 따라 국세청장이 국토교통부장관과 협의하여 공동주택가격을 별도로 결정 · 고시하는 경우는 제외한다.(2020.6.9 단서개정)

② 국토교통부장관은 공동주택가격을 공시하기 위하여 그 가격을 산정할 때에는 대통령령으로 정하는 바에 따라 공동주택소유자와 그 밖의 이해관계인의 의견을 들어야 한다.

③ 제1항에 따른 공동주택의 조사대상의 선정, 공시기준일, 공시의 시기, 공시사항, 조사 · 산정 기준 및 공시절차 등에 필요한 사항은 대통령령으로 정한다.

④ 국토교통부장관은 공시기준일 이후에 토지의 분할 · 합병이나 건축물의 신축 등이 발생한 경우에는 대통령령으로 정하는 날을 기준으로 하여 공동주택가격을 결정 · 공시하여야 한다.

⑤ 국토교통부장관이 제1항에 따라 공동주택가격을 조사 · 산정하는 경우에는 인근 유사 공동주택의 거래가격 · 임대료 및 해당 공동주택과 유사한 이용가치를 지닌다고 인정되는 공동주택의 건설에 필요한 비용추정액, 인근지역 및 다른 지역과의 형평성 · 특수성, 공동주택가격 변동의 예측 가능성 등 제반사항을 종합적으로 참작하여야 한다.(2020.4.7 본항개정)

⑥ 국토교통부장관이 제1항에 따라 공동주택가격을 조사 · 산정하고자 할 때에는 부동산원에 의뢰한다.(2020.6.9 본항개정)

⑦ 국토교통부장관은 제1항 또는 제4항에 따라 공시한 가격에 틀린 계산, 오기, 그 밖에 대통령령으로 정하는 명백한 오류가 있음을 발견한 때에는 지체 없이 이를 정정하여야 한다.

⑧ 공동주택가격의 공시에 대하여는 제4조 · 제6조 · 제7조 및 제13조를 각각 준용한다. 이 경우 제7조제2항 후단 중 "제3조"는 "제18조"로 본다.

제19조【주택가격 공시의 효력】 ① 표준주택가격은 국가 · 지방자치단체 등이 그 업무와 관련하여 개별주택가격을 산정하는 경우에 그 기준이 된다.

② 개별주택가격 및 공동주택가격은 주택시장의 가격정보를 제공하고, 국가 · 지방자치단체 등이 과세 등의 업무와 관련하여 주택의 가격을 산정하는 경우에 그 기준으로 활용될 수 있다.

제4장 비주거용 부동산가격의 공시

제20조【비주거용 표준부동산가격의 조사 · 산정 및 공시 등】 ① 국토교통부장관은 용도지역, 이용상황, 건물구조 등이 일반적으로 유사하다고 인정되는 일단의 비주거용 일반부동산 중에서 선정한 비주거용 표준부동산에 대하여 매년 공시기준일 현재의 적정가격(이하 "비주거용 표준부동산가격"이라 한다)을 조사 · 산정하고, 제24조에 따른 중앙부동산가격공시위원회의 심의를 거쳐 이를 공시할 수 있다.

② 제1항에 따른 비주거용 표준부동산가격의 공시에는 다음 각 호의 사항이 포함되어야 한다.

1. 비주거용 표준부동산의 지번
2. 비주거용 표준부동산가격
3. 비주거용 표준부동산의 대지면적 및 형상
4. 비주거용 표준부동산의 용도, 연면적, 구조 및 사용승인일(임시사용승인일을 포함한다)
5. 그 밖에 대통령령으로 정하는 사항

③ 제1항에 따른 비주거용 표준부동산의 선정, 공시기준일, 공시의 시기, 조사 · 산정 기준 및 공시절차 등에 필요한 사항은 대통령령으로 정한다.

④ 국토교통부장관은 제1항에 따라 비주거용 표준부동산가격을 조사 · 산정하려는 경우 감정평가법인등 또는 대통령령으로 정하는 부동산 가격의 조사 · 산정에 관한 전문성이 있는 자에게 의뢰한다.(2020.4.7 본항개정)

⑤ 국토교통부장관이 비주거용 표준부동산가격을 조사 · 산정하는 경우에는 인근 유사 비주거용 일반부동산의 거래가격 · 임대료 및 해당 비주거용 일반부동산과 유사한 이용가치를 지닌다고 인정되는 비주거용 일반부동산의 건설에 필요한 비용추정액 등을 종합적으로 참작하여야 한다.

⑥ 국토교통부장관은 제21조에 따른 비주거용 개별부동산가격의 산정을 위하여 필요하다고 인정하는 경우에는 비주거용 표준부동산과 산정대상 비주거용 개별부동산의 가격형성요인에 관한 표준적인 비교표(이하 "비주거용 부동산가격비준표"라 한다)를 작성하여 시장 · 군수 또는 구청장에게 제공하여야 한다.

⑦ 비주거용 표준부동산가격의 공시에 대하여는 제3조제2항·제4조·제6조·제7조 및 제13조를 각각 준용한다. 이 경우 제7조제2항 후단 중 "제3조"는 "제20조"로 본다.

제21조【비주거용 개별부동산가격의 결정·공시 등】 ① 시장·군수 또는 구청장은 제25조에 따른 시·군·구부동산가격공시위원회의 심의를 거쳐 매년 비주거용 표준부동산가격의 공시기준일 현재 관할 구역 안의 비주거용 개별부동산의 가격(이하 "비주거용 개별부동산가격"이라 한다)을 결정·공시할 수 있다. 다만, 대통령령으로 정하는 바에 따라 행정안전부장관 또는 국세청장이 국토교통부장관과 협의하여 비주거용 개별부동산의 가격을 별도로 결정·고시하는 경우는 제외한다.(2017.7.26 단서개정)
② 제1항에도 불구하고 비주거용 표준부동산으로 선정된 비주거용 일반부동산 등 대통령령으로 정하는 비주거용 일반부동산에 대하여는 비주거용 개별부동산가격을 결정·공시하지 아니할 수 있다. 이 경우 비주거용 표준부동산으로 선정된 비주거용 일반부동산에 대하여는 해당 비주거용 표준부동산가격을 비주거용 개별부동산가격으로 본다.
③ 제1항에 따른 비주거용 개별부동산가격의 공시에는 다음 각 호의 사항이 포함되어야 한다.
1. 비주거용 부동산의 지번
2. 비주거용 부동산가격
3. 그 밖에 대통령령으로 정하는 사항
④ 시장·군수 또는 구청장은 공시기준일 이후에 토지의 분할·합병이나 건축물의 신축 등이 발생한 경우에는 대통령령으로 정하는 날을 기준으로 하여 비주거용 개별부동산가격을 결정·공시하여야 한다.
⑤ 시장·군수 또는 구청장이 비주거용 개별부동산가격을 결정·공시하는 경우에는 해당 비주거용 일반부동산과 유사한 이용가치를 지닌다고 인정되는 비주거용 표준부동산가격을 기준으로 비주거용 부동산가격비준표를 사용하여 가격을 산정하되, 해당 비주거용 일반부동산의 가격과 비주거용 표준부동산가격이 균형을 유지하도록 하여야 한다.
⑥ 시장·군수 또는 구청장은 비주거용 개별부동산가격을 결정·공시하기 위하여 비주거용 일반부동산의 가격을 산정할 때에는 비주거용 표준부동산가격과의 균형 등 그 타당성에 대하여 제20조에 따른 비주거용 표준부동산가격의 조사·산정을 의뢰 받은 자 등 대통령령으로 정하는 자의 검증을 받고 비주거용 일반부동산의 소유자와 그 밖의 이해관계인의 의견을 들어야 한다. 다만, 시장·군수 또는 구청장은 비주거용 개별부동산가격에 대한 검증이 필요 없다고 인정하는 때에는 비주거용 부동산가격의 변동상황 등 대통령령으로 정하는 사항을 고려하여 검증을 생략할 수 있다.
⑦ 국토교통부장관은 공시행정의 합리적인 발전을 도모하고 비주거용 표준부동산가격과 비주거용 개별부동산가격과의 균형유지 등 적정한 가격형성을 위하여 필요하다고 인정하는 경우에는 비주거용 개별부동산가격의 결정·공시 등에 관하여 시장·군수 또는 구청장을 지도·감독할 수 있다.
⑧ 비주거용 개별부동산가격에 대한 이의신청 및 정정에 대하여는 제11조 및 제12를 각각 준용한다. 이 경우 제11조제2항 후단 중 "제10조"는 "제21조"로 본다.
⑨ 제1항부터 제8항까지에서 규정한 것 외에 비주거용 개별부동산가격의 산정, 검증 및 결정, 공시기준일, 공시의 시기, 조사·산정의 기준, 이해관계인의 의견청취 및 공시절차 등에 필요한 사항은 대통령령으로 정한다.

제22조【비주거용 집합부동산가격의 조사·산정 및 공시 등】 ① 국토교통부장관은 비주거용 집합부동산에 대하여 매년 공시기준일 현재의 적정가격(이하 "비주거용 집합부동산가격"이라 한다)을 조사·산정하여 제24조에 따른 중앙부동산가격공시위원회의 심의를 거쳐 공시할 수 있다. 이 경우 시장·군수 또는 구청장은 비주거용 집합부동산가격을 결정·공시한 경우에는 이를 관계 행정기관 등에 제공하여야 한다.
② 제1항에도 불구하고 대통령령으로 정하는 바에 따라 행정안전부장관 또는 국세청장이 국토교통부장관과 협의하여 비주거용 집합부동산의 가격을 별도로 결정·고시하는 경우에는 해당 비주거용 집합부동산의 비주거용 개별부동산가격을 결정·공시하지 아니한다.(2017.7.26 본항개정)
③ 국토교통부장관은 비주거용 집합부동산가격을 공시하기 위하여 비주거용 집합부동산의 가격을 산정할 때에는 대통령령으로 정하는 바에 따라 비주거용 집합부동산의 소유자와 그 밖의 이해관계인의 의견을 들어야 한다.
④ 제1항에 따른 비주거용 집합부동산의 조사대상의 선정, 공시기준일, 공시의 시기, 공시사항, 조사·산정 기준 및 공시절차 등에 필요한 사항은 대통령령으로 정한다.
⑤ 국토교통부장관은 공시기준일 이후에 토지의 분할·합병이나 건축물의 신축 등이 발생한 경우에는 대통령령으로 정하는 날을 기준으로 하여 비주거용 집합부동산가격을 결정·공시하여야 한다.
⑥ 국토교통부장관이 제1항에 따라 비주거용 집합부동산가격을 조사·산정하는 경우에는 인근 유사 비주거용 집합부동산의 거래가격·임대료 및 해당 비주거용 집합부동산과 유사한 이용가치를 지닌다고 인정되는 비주거용 집합부동산의 건설에 필요한 비용추정액 등을 종합적으로 참작하여야 한다.
⑦ 국토교통부장관은 제1항에 따라 비주거용 집합부동산가격을 조사·산정할 때에는 부동산원 또는 대통령령으로 정하는 부동산 가격의 조사·산정에 관한 전문성이 있는 자에게 의뢰한다.(2020.6.9 본항개정)
⑧ 국토교통부장관은 제1항 또는 제4항에 따라 공시한 가격에 틀린 계산, 오기, 그 밖에 대통령령으로 정하는 명백한 오류가 있음을 발견한 때에는 지체 없이 이를 정정하여야 한다.
⑨ 비주거용 집합부동산가격의 공시에 대해서는 제4조·제6조·제7조 및 제13조를 각각 준용한다. 이 경우 제7조제2항 후단 중 "제3조"는 "제22조"로 본다.

제23조【비주거용 부동산가격공시의 효력】 ① 제20조에 따른 비주거용 표준부동산가격은 국가·지방자치단체 등이 그 업무와 관련하여 비주거용 개별부동산가격을 산정하는 경우에 그 기준이 된다.
② 제21조 및 제22조에 따른 비주거용 개별부동산가격 및 비주거용 집합부동산가격은 비주거용 부동산시장에 가격정보를 제공하고, 국가·지방자치단체 등이 과세 등의 업무와 관련하여 비주거용 부동산의 가격을 산정하는 경우에 그 기준으로 활용될 수 있다.

제5장 부동산가격공시위원회

제24조【중앙부동산가격공시위원회】 ① 다음 각 호의 사항을 심의하기 위하여 국토교통부장관 소속으로 중앙부동산가격공시위원회(이하 이 조에서 "위원회"라 한다)를 둔다.
1. 부동산 가격공시 관계 법령의 제정·개정에 관한 사항 중 국토교통부장관이 심의에 부치는 사항(2020.6.9 본호개정)
2. 제3조에 따른 표준지의 선정 및 관리지침
3. 제3조에 따라 조사·평가된 표준지공시지가
4. 제7조에 따른 표준지공시지가에 대한 이의신청에 관한 사항
5. 제16조에 따른 표준주택의 선정 및 관리지침
6. 제16조에 따라 조사·산정된 표준주택가격
7. 제16조에 따른 표준주택가격에 대한 이의신청에 관한 사항
8. 제18조에 따른 공동주택의 조사 및 산정지침
9. 제18조에 따라 조사·산정된 공동주택가격
10. 제18조에 따른 공동주택가격에 대한 이의신청에 관한 사항
11. 제20조에 따른 비주거용 표준부동산의 선정 및 관리지침
12. 제20조에 따라 조사·산정된 비주거용 표준부동산가격

13. 제20조에 따른 비주거용 표준부동산가격에 대한 이의신청에 관한 사항
14. 제22조에 따른 비주거용 집합부동산의 조사 및 산정 지침
15. 제22조에 따라 조사·산정된 비주거용 집합부동산가격
16. 제22조에 따른 비주거용 집합부동산가격에 대한 이의신청에 관한 사항
17. 제26조의2에 따른 계획 수립에 관한 사항(2020.4.7 본호신설)
18. 그 밖에 부동산정책에 관한 사항 등 국토교통부장관이 심의에 부치는 사항(2020.6.9 본호개정)

② 위원회는 위원장을 포함한 20명 이내의 위원으로 구성한다.

③ 위원회의 위원장은 국토교통부 제1차관이 된다.

④ 위원회의 위원은 대통령령으로 정하는 중앙행정기관의 장이 지명하는 6명 이내의 공무원과 다음 각 호의 어느 하나에 해당하는 사람 중 국토교통부장관이 위촉하는 사람이 된다.

1. 「고등교육법」에 따른 대학에서 토지·주택 등에 관한 이론을 가르치는 조교수 이상으로 재직하고 있거나 재직하였던 사람
2. 판사, 검사, 변호사 또는 감정평가사의 자격이 있는 사람
3. 부동산가격공시 또는 감정평가 관련 분야에서 10년 이상 연구 또는 실무경험이 있는 사람

⑤ 공무원이 아닌 위원의 임기는 2년으로 하되, 한차례 연임할 수 있다.

⑥ 국토교통부장관은 필요하다고 인정하면 위원회의 심의에 부치기 전에 미리 관계 전문가의 의견을 듣거나 조사·연구를 의뢰할 수 있다.

⑦ 제1항부터 제6항까지에서 규정한 사항 외에 위원회의 조직 및 운영에 필요한 사항은 대통령령으로 정한다.

제25조【시·군·구부동산가격공시위원회】 ① 다음 각 호의 사항을 심의하기 위하여 시장·군수 또는 구청장 소속으로 시·군·구부동산가격공시위원회를 둔다.

1. 제10조에 따른 개별공시지가의 결정에 관한 사항
2. 제11조에 따른 개별공시지가에 대한 이의신청에 관한 사항
3. 제17조에 따른 개별주택가격의 결정에 관한 사항
4. 제17조에 따른 개별주택가격에 대한 이의신청에 관한 사항
5. 제21조에 따른 비주거용 개별부동산가격의 결정에 관한 사항
6. 제21조에 따른 비주거용 개별부동산가격에 대한 이의신청에 관한 사항
7. 그 밖에 시장·군수 또는 구청장이 심의에 부치는 사항(2020.6.9 본호개정)

② 제1항에 규정된 것 외에 시·군·구부동산가격공시위원회의 조직 및 운영에 필요한 사항은 대통령령으로 정한다.

제6장 보 칙

제26조【공시보고서의 제출 등】 ① 정부는 표준지공시지가, 표준주택가격 및 공동주택가격의 주요사항에 관한 보고서를 매년 정기국회의 개회 전까지 국회에 제출하여야 한다.

② 국토교통부장관은 제3조에 따른 표준지공시지가, 제16조에 따른 표준주택가격, 제18조에 따른 공동주택가격, 제20조에 따른 비주거용 표준부동산가격 및 제22조에 따른 비주거용 집합부동산가격을 공시하는 때에는 부동산의 시세 반영률, 조사·평가 및 산정 근거 등의 자료를 국토교통부령으로 정하는 바에 따라 인터넷 홈페이지 등에 공개하여야 한다.(2020.4.7 본항신설)

(2020.4.7 본조제목개정)

제26조의2【적정가격 반영을 위한 계획 수립 등】 ① 국토교통부장관은 부동산공시가격이 적정가격을 반영하고 부동산의 유형·지역 등에 따른 균형성을 확보하기 위하여 부동산의 시세 반영률의 목표치를 설정하고, 이를 달성하기 위하여 대통령령으로 정하는 바에 따라 계획을 수립하여야 한다.

② 제1항에 따른 계획을 수립하는 때에는 부동산 가격의 변동 상황, 지역 간의 형평성, 해당 부동산의 특수성 등 제반사항을 종합적으로 고려하여야 한다.

③ 국토교통부장관이 제1항에 따른 계획을 수립하는 때에는 관계 행정기관과의 협의를 거쳐 공청회를 실시하고, 제24조에 따른 중앙부동산가격공시위원회의 심의를 거쳐야 한다.

④ 국토교통부장관, 시장·군수 또는 구청장은 부동산공시가격을 결정·공시하는 경우 제1항에 따른 계획에 부합하도록 하여야 한다.

(2020.4.7 본조신설)

제27조【공시가격정보체계의 구축 및 관리】 ① 국토교통부장관은 토지, 주택 및 비주거용 부동산의 공시가격과 관련된 정보를 효율적이고 체계적으로 관리하기 위하여 공시가격정보체계를 구축·운영할 수 있다.

② 국토교통부장관은 제1항에 따른 공시가격정보체계를 구축하기 위하여 필요한 경우 관계 기관에 자료를 요청할 수 있다. 이 경우 관계 기관은 정당한 사유가 없으면 그 요청을 따라야 한다.(2020.6.9 후단개정)

③ 제1항 및 제2항에 따른 정보 및 자료의 종류, 공시가격정보체계의 구축·운영방법 등에 필요한 사항은 대통령령으로 정한다.

제27조의2【회의록의 공개】 제24조에 따른 중앙부동산가격공시위원회 및 제25조에 따른 시·군·구부동산가격공시위원회 심의의 일시·장소·안건·내용·결과 등이 기록된 회의록은 3개월의 범위에서 대통령령으로 정하는 기간이 지난 후에는 대통령령으로 정하는 바에 따라 인터넷 홈페이지 등에 공개하여야 한다. 다만, 공익을 현저히 해할 우려가 있거나 심의의 공정성을 침해할 우려가 있다고 인정되는 이름, 주민등록번호 등 대통령령으로 정하는 개인 식별 정보에 관한 부분의 경우에는 그러하지 아니하다.(2020.4.7 본조신설)

제28조【업무위탁】 ① 국토교통부장관은 다음 각 호의 업무를 부동산원 또는 국토교통부장관이 정하는 기관에 위탁할 수 있다.(2020.6.9 본문개정)

1. 다음 각 목의 업무 수행에 필요한 부대업무
   가. 제3조에 따른 표준지공시지가의 조사·평가
   나. 제16조에 따른 표준주택가격의 조사·산정
   다. 제18조에 따른 공동주택가격의 조사·산정
   라. 제20조에 따른 비주거용 표준부동산가격의 조사·산정
   마. 제22조에 따른 비주거용 집합부동산가격의 조사·산정
2. 제6조에 따른 표준지공시지가, 제16조제7항에 따른 표준주택가격, 제18조제8항에 따른 공동주택가격, 제20조제7항에 따른 비주거용 표준부동산가격 및 제22조제9항에 따른 비주거용 집합부동산가격에 관한 도서·도표 등 작성·공급
3. 제3조제8항, 제16조제6항 및 제20조제6항에 따른 토지가격비준표, 주택가격비준표 및 비주거용 부동산가격비준표의 작성·제공(2020.4.7 본호개정)
4. 제15조에 따른 부동산 가격정보 등의 조사
5. 제27조에 따른 공시가격정보체계의 구축 및 관리
6. 제1호부터 제5호까지의 업무와 관련된 업무로서 대통령령으로 정하는 업무

② 국토교통부장관은 제1항에 따라 그 업무를 위탁할 때에는 예산의 범위에서 필요한 경비를 보조할 수 있다.

제29조【수수료 등】 ① 부동산원 및 감정평가법인등은 이 법에 따른 표준지공시지가의 조사·평가, 개별공시지가의 검증, 부동산 가격정보·통계 등의 조사, 표준주택가격의 조사·산정, 개별주택가격의 검증, 공동주택가격의 조사·산정, 비주거용 표준부동산가격의 조사·산정, 비주거용 개별부동산가격의 검증 및 비주거용 집합부동산가격의 조사·산정 등의 업무수행을 위한 수수료와 출장 또는 사실 확인 등에 소요된 실비를 받을 수 있다.(2020.6.9 본항개정)

② 제1항에 따른 수수료의 요율 및 실비의 범위는 국토교통부장관이 정하여 고시한다.

제30조【벌칙 적용에서 공무원 의제】 다음 각 호의 어느 하나에 해당하는 사람은 「형법」 제129조부터 제132조까지의 규정을 적용할 때에는 공무원으로 본다.
1. 제28조제1항에 따라 업무를 위탁받은 기관의 임직원
2. 중앙부동산가격공시위원회의 위원 중 공무원이 아닌 위원

부 칙

제1조【시행일】 이 법은 2016년 9월 1일부터 시행한다.
제2조【일반적 경과조치】 이 법 시행 당시 종전의 「부동산 가격공시 및 감정평가에 관한 법률」에 따른 처분·절차와 그 밖의 행위로서 이 법에 그에 해당하는 규정이 있는 경우에는 이 법에 따라 한 것으로 본다.
제3조【다른 법률의 개정】 ①~㉗ ※(해당 법령에 가제정리 하였음)
제4조【다른 법령과의 관계】 이 법 시행 당시 다른 법령에서 종전의 「부동산 가격공시 및 감정평가에 관한 법률」 또는 그 규정을 인용하고 있는 경우에 이 법 가운데 그에 해당하는 규정이 있으면 종전의 「부동산 가격공시 및 감정평가에 관한 법률」 또는 그 규정을 갈음하여 이 법 또는 이 법의 해당 규정을 인용한 것으로 본다.

부 칙 (2020.4.7 법17219호)

제1조【시행일】 이 법은 공포 후 3개월이 경과한 날부터 시행한다.(이하 생략)

부 칙 (2020.4.7 법17233호)

이 법은 공포 후 6개월이 경과한 날부터 시행한다. 다만, 제3조, 제16조, 제18조 및 제28조제1항제3호의 개정규정은 공포한 날부터 시행한다.

부 칙 (2020.6.9 법17453호)

이 법은 공포한 날부터 시행한다.(이하 생략)

부 칙 (2020.6.9 법17459호)

제1조【시행일】 이 법은 공포 후 6개월이 경과한 날부터 시행한다.(이하 생략)

집합건물의 소유 및 관리에 관한 법률(약칭 : 집합건물법)

(1984년 4월 10일 법 률 제3725호)

개정
1986. 5.12법 3826호
1998.12.28법 5592호(부등)
2003. 7.18법 6925호
2005. 5.26법 7502호
2008.12.26법 9172호
2009. 5. 8법 9647호
2009. 6. 9법 9774호(측량·수로지적)
2010. 3.31법10204호
2011. 4.12법10580호(부등)
2012.12.18법11555호
2013. 3.23법11690호(정부조직)
2014. 6. 3법12738호(공간정보구축관리)
2015. 8.11법13474호(공동주택관리법)
2016. 1.19법13805호(주택법)
2020. 2. 4법16919호
2023. 3.28법19282호

제1장 건물의 구분소유
(2010.3.31 본장개정)

제1절 총 칙

제1조【건물의 구분소유】 1동의 건물 중 구조상 구분된 여러 개의 부분이 독립한 건물로서 사용될 수 있을 때에는 그 각 부분은 이 법에서 정하는 바에 따라 각각 소유권의 목적으로 할 수 있다.
제1조의2【상가건물의 구분소유】 ① 1동의 건물이 다음 각 호에 해당하는 방식으로 여러 개의 건물부분으로 이용상 구분된 경우에 그 건물부분(이하 "구분점포"라 한다)은 이 법에서 정하는 바에 따라 각각 소유권의 목적으로 할 수 있다.
1. 구분점포의 용도가 「건축법」 제2조제2항제7호의 판매시설 및 같은 항 제8호의 운수시설일 것(2020.2.4 본호개정)
2. (2020.2.4 삭제)
3. 경계를 명확하게 알아볼 수 있는 표지를 바닥에 견고하게 설치할 것
4. 구분점포별로 부여된 건물번호표지를 견고하게 붙일 것
② 제1항에 따른 경계표지 및 건물번호표지에 관하여 필요한 사항은 대통령령으로 정한다.
제2조【정의】 이 법에서 사용하는 용어의 뜻은 다음과 같다.
1. "구분소유권"이란 제1조 또는 제1조의2에 규정된 건물부분〔제3조제2항 및 제3항에 따라 공용부분(共用部分)으로 된 것은 제외한다〕을 목적으로 하는 소유권을 말한다.
2. "구분소유자"란 구분소유권을 가지는 자를 말한다.
3. "전유부분"(專有部分)이란 구분소유권의 목적인 건물부분을 말한다.
4. "공용부분"이란 전유부분 외의 건물부분, 전유부분에 속하지 아니하는 건물의 부속물 및 제3조제2항 및 제3항에 따라 공용부분으로 된 부속의 건물을 말한다.

5. "건물의 대지"란 전유부분이 속하는 1동의 건물이 있는 토지 및 제4조에 따라 건물의 대지로 된 토지를 말한다.
6. "대지사용권"이란 구분소유자가 전유부분을 소유하기 위하여 건물의 대지에 대하여 가지는 권리를 말한다.

판례 아파트 단지를 관리하는 단체가 외부차량의 아파트 단지 내 출입을 통제하는 행위가 아파트 단지 내 상가건물 구분소유자들의 대지사용권을 방해하는 침해행위가 되는지 여부는, 아파트 단지 내 상가건물과 그 부속주차장의 위치 및 이용관계, 아파트 단지 안으로의 출입 통제 방법, 아파트 및 상가건물 부근의 지리적 상황, 아파트 입주자들과 상가건물의 소유자 또는 이용자의 이해득실 기타 제반 사정을 참작하여 사회통념에 따라 판단하여야 한다.
(대판 2009.12.10, 2009다49971)

제2조의2【다른 법률과의 관계】 집합주택의 관리 방법과 기준, 하자담보책임에 관한 「주택법」 및 「공동주택관리법」의 특별한 규정은 이 법에 저촉되어 구분소유자의 기본적인 권리를 해치지 아니하는 범위에서 효력이 있다.
(2015.8.11 본조개정)

제3조【공용부분】 ① 여러 개의 전유부분으로 통하는 복도, 계단, 그 밖에 구조상 구분소유자 전원 또는 일부의 공용(共用)에 제공되는 건물부분은 구분소유권의 목적으로 할 수 없다.
② 제1조 또는 제1조의2에 규정된 건물부분과 부속의 건물은 규약으로써 공용부분으로 정할 수 있다.
③ 제1조 또는 제1조의2에 규정된 건물부분의 전부 또는 부속건물을 소유하는 자는 공정증서(公正證書)로써 제2항의 규약에 상응하는 것을 정할 수 있다.
④ 제2항과 제3항의 경우에는 공용부분이라는 취지를 등기하여야 한다.

제4조【규약에 따른 건물의 대지】 ① 통로, 주차장, 정원, 부속건물의 대지, 그 밖에 전유부분이 속하는 1동의 건물 및 그 건물이 있는 토지와 하나로 관리되거나 사용되는 토지는 규약으로써 건물의 대지로 할 수 있다.
② 제1항의 경우에는 제3조제3항을 준용한다.
③ 건물이 있는 토지가 건물이 일부 멸실함에 따라 건물이 있는 토지가 아닌 토지로 된 경우에는 그 토지는 제1항에 따라 규약으로써 건물의 대지로 정한 것으로 본다. 건물이 있는 토지의 일부가 분할로 인하여 건물이 있는 토지가 아닌 토지로 된 경우에도 같다.

제5조【구분소유자의 권리·의무 등】 ① 구분소유자는 건물의 보존에 해로운 행위나 그 밖에 건물의 관리 및 사용에 관하여 구분소유자 공동의 이익에 어긋나는 행위를 하여서는 아니 된다.
② 전유부분이 주거의 용도로 분양된 것인 경우에는 구분소유자는 정당한 사유 없이 그 부분을 주거 외의 용도로 사용하거나 그 내부 벽을 철거하거나 파손하여 증축·개축하는 행위를 하여서는 아니 된다.
③ 구분소유자는 그 전유부분이나 공용부분을 보존하거나 개량하기 위하여 필요한 범위에서 다른 구분소유자의 전유부분 또는 자기의 공유(共有)에 속하지 아니하는 공용부분의 사용을 청구할 수 있다. 이 경우 다른 구분소유자가 손해를 입었을 때에는 보상하여야 한다.
④ 전유부분을 점유하는 자로서 구분소유자가 아닌 자(이하 "점유자"라 한다)에 대하여는 제1항부터 제3항까지의 규정을 준용한다.

제6조【건물의 설치·보존상의 흠 추정】 전유부분이 속하는 1동의 건물의 설치 또는 보존의 흠으로 인하여 다른 자에게 손해를 입힌 경우에는 그 흠은 공용부분에 존재하는 것으로 추정한다.

제7조【구분소유권 매도청구권】 대지사용권을 가지지 아니한 구분소유자가 있을 때에는 그 전유부분의 철거를 청구할 권리를 가진 자는 그 구분소유자에 대하여 구분소유권을 시가(時價)로 매도할 것을 청구할 수 있다.

제8조【대지공유자의 분할청구 금지】 대지 위에 구분소유권의 목적인 건물이 속하는 1동의 건물이 있을 때에는 그 대지의 공유자는 그 건물 사용에 필요한 범위의 대지에 대하여는 분할을 청구하지 못한다.

제9조【담보책임】 ① 제1조 또는 제1조의2의 건물을 건축하여 분양한 자(이하 "분양자"라 한다)와 분양자와의 계약에 따라 건물을 건축한 자로서 대통령령으로 정하는 자(이하 "시공자"라 한다)는 구분소유자에 대하여 담보책임을 진다. 이 경우 그 담보책임에 관하여는 「민법」 제667조 및 제668조를 준용한다.
② 제1항에도 불구하고 시공자가 분양자에게 부담하는 담보책임에 관하여 다른 법률에 특별한 규정이 있으면 시공자는 그 법률에서 정하는 담보책임의 범위에서 구분소유자에게 제1항의 담보책임을 진다.(2012.12.18 본항신설)
③ 제1항 및 제2항에 따른 시공자의 담보책임 중 「민법」 제667조제2항에 따른 손해배상책임은 분양자에게 회생절차개시 신청, 파산 신청, 해산, 무자력(無資力) 또는 그 밖에 이에 준하는 사유가 있는 경우에만 지며, 시공자가 이미 분양자에게 손해배상을 한 경우에는 그 범위에서 구분소유자에 대한 책임을 면(免)한다.(2012.12.18 본항신설)
④ 분양자와 시공자의 담보책임에 관하여 이 법과 「민법」에 규정된 것보다 매수인에게 불리한 특약은 효력이 없다.
(2012.12.18 본조개정)

판례 분양전환가격을 결정할 때 아파트의 노후 정도는 이미 평가에 반영되었다고 하더라도 부실시공으로 인한 아파트 하자까지 모두 반영하여 가격을 결정하였다고 보기는 어려우며, 분양전환 전의 임차기간 동안 입주자들이 임대차계약에 기해 하자보수를 요구할 수 있다고는 하나 임차인의 지위에서 인정되는 하자보수청구권과 분양받은 소유자의 지위에서 인정되는 하자담보추급권은 법적 성질과 기능이 동일하다고 볼 수 없다. 따라서 분양전환된 임대아파트의 하자담보책임 기간은 최초 임차인들에게 인도된 때부터 10년간이라고 보아야 한다.
(대판 2012.4.13, 2011다72301,72318)

제9조의2【담보책임의 존속기간】 ① 제9조에 따른 담보책임에 관한 구분소유자의 권리는 다음 각 호의 기간 내에 행사하여야 한다.
1. 「건축법」 제2조제1항제7호에 따른 건물의 주요구조부 및 지반공사의 하자 : 10년
2. 제1호에 규정된 하자 외의 하자 : 하자의 중대성, 내구연한, 교체가능성 등을 고려하여 5년의 범위에서 대통령령으로 정하는 기간
② 제1항의 기간은 다음 각 호의 날부터 기산한다.
1. 전유부분 : 구분소유자에게 인도한 날
2. 공용부분 : 「주택법」 제49조에 따른 사용검사일(집합건물 전부에 대하여 임시 사용승인을 받은 경우에는 그 임시 사용승인일을 말하고, 「주택법」 제49조제1항 단서에 따라 분할 사용검사나 동별 사용검사를 받은 경우에는 분할 사용검사일 또는 동별 사용검사일을 말한다) 또는 「건축법」 제22조에 따른 사용승인일(2016.1.19 본호개정)
③ 제1항 및 제2항에도 불구하고 제1항 각 호의 하자로 인하여 건물이 멸실되거나 훼손된 경우에는 그 멸실되거나 훼손된 날부터 1년 이내에 권리를 행사하여야 한다.
(2012.12.18 본조신설)

판례 주요구조부와 지반공사의 하자 외의 하자는 표면적이고 소모되기 쉬운 부분에 해당하여 하자가 일찍 발현되고 그 하자를 인식하기도 비교적 용이하기 때문에 사용검사일 등부터 5년 이하의 제척기간이 지나치게 단기간이라고 할 수 없다. 따라서 아파트 등 집합건물 공유부분에 발생한 경미한 하자(건물의 주요구조부 및 지반공사의 하자 이외의 하자)의 경우 하자담보청구권을 행사할 수 있는 제척기간을 사용검사일 등부터 5년 이하로 제한한 집합건물의 소유 및 관리에 관한 법률 제9조의2제1항은 헌법에 어긋나지 않는다.
(헌재결 2022.10.27, 2020헌바368)

제9조의3【분양자의 관리의무 등】 ① 분양자는 제24조제3항에 따라 선임(選任)된 관리인이 사무를 개시(開始)할 때까지 선량한 관리자의 주의로 건물과 대지 및 부속시설을 관리하여야 한다.(2020.2.4 본항개정)
② 분양자는 제28조제4항에 따른 표준규약 및 같은 조 제5항에 따른 지역별 표준규약을 참고하여 공정증서로써 규약에 상응하는 것을 정하여 분양계약을 체결하기 전에 분양을 받을 자에게 주어야 한다.(2023.3.28 본항개정)

③ 분양자는 예정된 매수인의 2분의 1 이상이 이전등기를 한 때에는 규약 설정 및 관리인 선임을 위한 관리단집회(제23조에 따른 관리단의 집회를 말한다. 이하 같다)를 소집할 것을 대통령령으로 정하는 바에 따라 구분소유자에게 통지하여야 한다. 이 경우 통지받은 날부터 3개월 이내에 관리단집회를 소집할 것을 명시하여야 한다.(2020.2.4 본항개정)
④ 분양자는 구분소유자가 제3항의 통지를 받은 날부터 3개월 이내에 관리단집회를 소집하지 아니하는 경우에는 지체 없이 관리단집회를 소집하여야 한다.(2020.2.4 본항신설)
(2012.12.18 본조신설)

제2절 공용부분

제10조【공용부분의 귀속 등】 ① 공용부분은 구분소유자 전원의 공유에 속한다. 다만, 일부의 구분소유자만이 공용하도록 제공되는 것임이 명백한 공용부분(이하 "일부공용부분"이라 한다)은 그들 구분소유자의 공유에 속한다.
② 제1항의 공유에 관하여는 제11조부터 제18조까지의 규정에 따른다. 다만, 제12조, 제17조에 규정한 사항에 관하여는 규약으로써 달리 정할 수 있다.
제11조【공유자의 사용권】 각 공유자는 공용부분을 그 용도에 따라 사용할 수 있다.
제12조【공유자의 지분권】 ① 각 공유자의 지분은 그가 가지는 전유부분의 면적 비율에 따른다.
② 제1항의 경우 일부공용부분으로서 면적이 있는 것은 그 공용부분을 공용하는 구분소유자의 전유부분의 면적 비율에 따라 배분하여 그 면적을 각 구분소유자의 전유부분 면적에 포함한다.
제13조【전유부분과 공용부분에 대한 지분의 일체성】 ① 공용부분에 대한 공유자의 지분은 그가 가지는 전유부분의 처분에 따른다.
② 공유자는 그가 가지는 전유부분과 분리하여 공용부분에 대한 지분을 처분할 수 없다.
③ 공용부분에 관한 물권의 득실변경(得失變更)은 등기가 필요하지 아니하다.
제14조【일부공용부분의 관리】 일부공용부분의 관리에 관한 사항 중 구분소유자 전원에게 이해관계가 있는 사항과 제29조제2항의 규약으로써 정한 사항은 구분소유자 전원의 집회결의로써 결정하고, 그 밖의 사항은 그것을 공용하는 구분소유자만의 집회결의로써 결정한다.
제15조【공용부분의 변경】 ① 공용부분의 변경에 관한 사항은 관리단집회에서 구분소유자의 3분의 2 이상 및 의결권의 3분의 2 이상의 결의로써 결정한다. 다만, 다음 각 호의 어느 하나에 해당하는 경우에는 제38조제1항에 따른 통상의 집회결의로써 결정할 수 있다.(2020.2.4 본문개정)
1. 공용부분의 개량을 위한 것으로서 지나치게 많은 비용이 드는 것이 아닐 경우
2. 「관광진흥법」 제3조제1항제2호나목에 따른 휴양 콘도미니엄업의 운영을 위한 휴양 콘도미니엄의 공용부분 변경에 관한 사항인 경우
② 제1항의 경우에 공용부분의 변경이 다른 구분소유자의 권리에 특별한 영향을 미칠 때에는 그 구분소유자의 승낙을 받아야 한다.
제15조의2【권리변동 있는 공용부분의 변경】 ① 제15조에도 불구하고 건물의 노후화 억제 또는 기능 향상 등을 위한 것으로 구분소유권 및 대지사용권의 범위나 내용에 변동을 일으키는 공용부분의 변경에 관한 사항은 관리단집회에서 구분소유자의 5분의 4 이상 및 의결권의 5분의 4 이상의 결의로써 결정한다. 다만, 「관광진흥법」 제3조제1항제2호나목에 따른 휴양 콘도미니엄업의 운영을 위한 휴양 콘도미니엄의 권리변동 있는 공용부분 변경에 관한 사항은 구분소유자의 3분의 2 이상 및 의결권의 3분의 2 이상의 결의로써 결정한다.(2023.3.28 단서신설)
② 제1항의 결의에서는 다음 각 호의 사항을 정하여야 한다. 이 경우 제3호부터 제7호까지의 사항은 각 구분소유자 사이에 형평이 유지되도록 정하여야 한다.
1. 설계의 개요
2. 예상 공사 기간 및 예상 비용(특별한 손실에 대한 전보 비용을 포함한다)
3. 제2호에 따른 비용의 분담 방법
4. 변경된 부분의 용도
5. 전유부분 수의 증감이 발생하는 경우에는 변경된 부분의 귀속에 관한 사항
6. 전유부분이나 공용부분의 면적에 증감이 발생하는 경우에는 변경된 부분의 귀속에 관한 사항
7. 대지사용권의 변경에 관한 사항
8. 그 밖에 규약으로 정한 사항
③ 제1항의 결의를 위한 관리단집회의 의사록에는 결의에 대한 각 구분소유자의 찬반 의사를 적어야 한다.
④ 제1항의 결의가 있는 경우에는 제48조 및 제49조를 준용한다.
(2020.2.4 본조신설)
제16조【공용부분의 관리】 ① 공용부분의 관리에 관한 사항은 제15조제1항 본문 및 제15조의2의 경우를 제외하고는 제38조제1항에 따른 통상의 집회결의로써 결정한다. 다만, 보존행위는 각 공유자가 할 수 있다.(2020.2.4 본문개정)
② 구분소유자의 승낙을 받아 전유부분을 점유하는 자는 제1항 본문에 따른 집회에 참석하여 그 구분소유자의 의결권을 행사할 수 있다. 다만, 구분소유자와 점유자가 달리 정하여 관리단에 통지한 경우에는 그러하지 아니하며, 구분소유자의 권리·의무에 특별한 영향을 미치는 사항을 결정하기 위한 집회인 경우에는 점유자는 사전에 구분소유자에게 의결권 행사에 대한 동의를 받아야 한다.(2012.12.18 본항신설)
③ 제1항 및 제2항에 규정된 사항은 규약으로써 달리 정할 수 있다.(2012.12.18 본항개정)
④ 제1항 본문의 경우에는 제15조제2항을 준용한다.
제17조【공용부분의 부담·수익】 각 공유자는 규약에 달리 정한 바가 없으면 그 지분의 비율에 따라 공용부분의 관리비용과 그 밖의 의무를 부담하며 공용부분에서 생기는 이익을 취득한다.
제17조의2【수선적립금】 ① 제23조에 따른 관리단(이하 "관리단"이라 한다)은 규약에 달리 정한 바가 없으면 관리단 집회 결의에 따라 건물이나 대지 또는 부속시설의 교체 및 보수에 관한 수선계획을 수립할 수 있다.
② 관리단은 규약에 달리 정한 바가 없으면 관리단집회의 결의에 따라 수선적립금을 징수하여 적립할 수 있다. 다만, 다른 법률에 따라 장기수선을 위한 계획이 수립되어 충당금 또는 적립금이 징수·적립된 경우에는 그러하지 아니하다.
③ 제2항에 따른 수선적립금(이하 이 조에서 "수선적립금"이라 한다)은 구분소유자로부터 징수하며 관리단에 귀속된다.
④ 관리단은 규약에 달리 정한 바가 없으면 수선적립금을 다음 각 호의 용도로 사용하여야 한다.
1. 제1항의 수선계획에 따른 공사
2. 자연재해 등 예상하지 못한 사유로 인한 수선공사
3. 제1호 및 제2호의 용도로 사용한 금원의 변제
⑤ 제1항에 따른 수선계획의 수립 및 수선적립금의 징수·적립에 필요한 사항은 대통령령으로 정한다.
(2020.2.4 본조신설)
제18조【공용부분에 관하여 발생한 채권의 효력】 공유자가 공용부분에 관하여 다른 공유자에 대하여 가지는 채권은 그 특별승계인에 대하여도 행사할 수 있다.
제19조【공용부분에 관한 규정의 준용】 건물의 대지 또는 공용부분 외의 부속시설(이들에 대한 권리를 포함한다)을 구분소유자가 공유하는 경우에는 그 대지 및 부속시설에 관하여 제15조, 제15조의2, 제16조 및 제17조를 준용한다.
(2020.2.4 본조개정)

제3절 대지사용권

제20조【전유부분과 대지사용권의 일체성】 ① 구분소유자의 대지사용권은 그가 가지는 전유부분의 처분에 따른다.
② 구분소유자는 그가 가지는 전유부분과 분리하여 대지사용권을 처분할 수 없다. 다만, 규약으로써 달리 정한 경우에는 그러하지 아니하다.
③ 제2항 본문의 분리처분금지는 그 취지를 등기하지 아니하면 선의(善意)로 물권을 취득한 제3자에게 대항하지 못한다.
④ 제2항 단서의 경우에는 제3조제3항을 준용한다.

제21조【전유부분의 처분에 따르는 대지사용권의 비율】 ① 구분소유자가 둘 이상의 전유부분을 소유한 경우에는 각 전유부분의 처분에 따르는 대지사용권은 제12조에 규정된 비율에 따른다. 다만, 규약으로써 달리 정할 수 있다.
② 제1항 단서의 경우에는 제3조제3항을 준용한다.

제22조【「민법」 제267조의 적용 배제】 제20조제2항 본문의 경우 대지사용권에 대하여는 「민법」 제267조(같은 법 제278조에서 준용하는 경우를 포함한다)를 적용하지 아니한다.

제4절 관리단 및 관리단의 기관
(2012.12.18 본절제목개정)

제23조【관리단의 당연 설립 등】 ① 건물에 대하여 구분소유 관계가 성립되면 구분소유자 전원을 구성원으로 하여 건물과 그 대지 및 부속시설의 관리에 관한 사업의 시행을 목적으로 하는 관리단이 설립된다.
② 일부공용부분이 있는 경우 그 일부의 구분소유자는 제28조제2항의 규약에 따라 그 공용부분의 관리에 관한 사업의 시행을 목적으로 하는 관리단을 구성할 수 있다.

제23조의2【관리단의 의무】 관리단은 건물의 관리 및 사용에 관한 공동이익을 위하여 필요한 구분소유자의 권리와 의무를 선량한 관리자의 주의로 행사하거나 이행하여야 한다.
(2012.12.18 본조신설)

제24조【관리인의 선임 등】 ① 구분소유자가 10인 이상일 때에는 관리단을 대표하고 관리단의 사무를 집행할 관리인을 선임하여야 한다.(2012.12.18 본항개정)
② 관리인은 구분소유자일 필요가 없으며, 그 임기는 2년의 범위에서 규약으로 정한다.(2012.12.18 본항신설)
③ 관리인은 관리단집회의 결의로 선임되거나 해임된다. 다만, 규약으로 제26조의3에 따른 관리위원회의 결의로 선임되거나 해임되도록 정한 경우에는 그에 따른다.(2020.2.4 단서개정)
④ 구분소유자의 승낙을 받아 전유부분을 점유하는 자는 제3항 본문에 따른 관리단집회에 참석하여 그 구분소유자의 의결권을 행사할 수 있다. 다만, 구분소유자와 점유자가 달리 정하여 관리단에 통지하거나 구분소유자가 집회 이전에 직접 의결권을 행사할 것을 관리단에 통지한 경우에는 그러하지 아니하다.(2012.12.18 본항신설)
⑤ 관리인에게 부정한 행위나 그 밖에 그 직무를 수행하기에 적합하지 아니한 사정이 있을 때에는 각 구분소유자는 관리인의 해임을 법원에 청구할 수 있다.
⑥ 전유부분이 50개 이상인 건물(「공동주택관리법」에 따른 의무관리대상 공동주택 및 임대주택과 「유통산업발전법」에 따라 신고한 대규모점포등관리자가 있는 대규모점포 및 준대규모점포는 제외한다)의 관리인으로 선임된 자는 대통령령으로 정하는 바에 따라 선임된 사실을 특별자치시장, 특별자치도지사, 시장, 군수 또는 자치구의 구청장(이하 "소관청"이라 한다)에게 신고하여야 한다.(2020.2.4 본항신설)

제24조의2【임시관리인의 선임 등】 ① 구분소유자, 그의 승낙을 받아 전유부분을 점유하는 자, 분양자 등 이해관계인은 제24조제3항에 따라 선임된 관리인이 없는 경우에는 법원에 임시관리인의 선임을 청구할 수 있다.
② 임시관리인은 선임된 날부터 6개월 이내에 제24조제3항에 따른 관리인 선임을 위하여 관리단집회 또는 관리위원회를 소집하여야 한다.
③ 임시관리인의 임기는 선임된 날부터 제24조제3항에 따라 관리인이 선임될 때까지로 하되, 같은 조 제2항에 따라 규약으로 정한 임기를 초과할 수 없다.
(2020.2.4 본조신설)

제25조【관리인의 권한과 의무】 ① 관리인은 다음 각 호의 행위를 할 권한과 의무를 가진다.
1. 공용부분의 보존행위(2020.2.4 본호개정)
1의2. 공용부분의 관리 및 변경에 관한 관리단집회 결의를 집행하는 행위(2020.2.4 본호신설)
2. 공용부분의 관리비용 등 관리단의 사무 집행을 위한 비용과 분담금을 각 구분소유자에게 청구·수령하는 행위 및 그 금원을 관리하는 행위(2020.2.4 본호개정)
3. 관리단의 사업 시행과 관련하여 관리단을 대표하여 하는 재판상 또는 재판 외의 행위
3의2. 소음·진동·악취 등을 유발하여 공동생활의 평온을 해치는 행위의 중지 요청 또는 분쟁 조정절차 권고 등 필요한 조치를 하는 행위(2020.2.4 본호신설)
4. 그 밖에 규약에 정하여진 행위
② 관리인의 대표권은 제한할 수 있다. 다만, 이로써 선의의 제3자에게 대항할 수 없다.

제26조【관리인의 보고의무 등】 ① 관리인은 대통령령으로 정하는 바에 따라 매년 1회 이상 구분소유자 및 그의 승낙을 받아 전유부분을 점유하는 자에게 그 사무에 관한 보고를 하여야 한다.(2023.3.28 본항개정)
② 전유부분이 50개 이상인 건물의 관리인은 관리단의 사무 집행을 위한 비용과 분담금 등 금원의 징수·보관·사용·관리 등 모든 거래행위에 관하여 장부를 월별로 작성하여 그 증빙서류와 함께 해당 회계연도 종료일부터 5년간 보관하여야 한다.(2023.3.28 본항신설)
③ 이해관계인은 관리인에게 제1항에 따른 보고 자료, 제2항에 따른 장부나 증빙서류의 열람을 청구하거나 자기 비용으로 등본의 교부를 청구할 수 있다. 이 경우 관리인은 다음 각 호의 정보를 제외하고 이에 응하여야 한다.
1. 「개인정보 보호법」 제24조에 따른 고유식별정보 등 개인의 사생활의 비밀 또는 자유를 침해할 우려가 있는 정보
2. 의사결정 과정 또는 내부검토 과정에 있는 사항 등으로서 공개될 경우 업무의 공정한 수행에 현저한 지장을 초래할 우려가 있는 정보
(2023.3.28 본항개정)
④ 「공동주택관리법」에 따른 의무관리대상 공동주택 및 임대주택과 「유통산업발전법」에 따라 신고한 대규모점포등관리자가 있는 대규모점포 및 준대규모점포에 대해서는 제1항부터 제3항까지를 적용하지 아니한다.(2023.3.28 본항신설)
⑤ 이 법 또는 규약에서 규정하지 아니한 관리인의 권리의무에 관하여는 「민법」의 위임에 관한 규정을 준용한다.

판례 집합건물의 관리업무를 담당할 권한과 의무는 관리단과 관리인에게 있고, 공용부분 관리에 사용될 집합건물의 구분소유자에 대한 관리비 채권은 원칙적으로 집합건물 관리업무를 담당하는 관리단에 귀속한다. 다만 관리위탁계약에 따라 포괄적인 관리업무를 위탁받은 위탁관리업자의 경우 재판상 청구 권한을 포함한 관리비 부과·징수 권한을 부여받을 수 있다. 집합건물의 건물 관리단과 관리위탁계약을 체결한 위탁관리업자가 건물 구분소유자를 상대로 관리비청구 소송을 제기해 승소 확정판결을 받아 해당 구분소유자의 상속인들에 대해 승계집행문을 부여받은 상황에서 앞선 관리비청구 소송의 사실심 변론종결 후 관리단과 위탁관리업자의 관리위탁계약이 종료됐더라도 이는 집행을 저지할 이유가 되지 않는다.(대판 2024.9.12, 2023다225979)

판례 관리인의 선임·해임, 규약의 설정·변경 및 폐지는 관리단집회에서 하도록 되어 있고, 관리단집회의 종류 및 소집절차와 결의사항도 법정되어 있음에 비추어 볼 때, 특히 규약으로 달리 정할 수 있는 것들을 명시적으로 규정함으로써 적어도 관리인의 선임·해임 및

규약의 설정·변경·폐지는 관리단집회의 의결로써만 할 수 있도록 한 것이라고 해석된다. 공동사용의 제약을 벗어날 수 없는 구조적인 이유와 소유권 변동으로 관리단의 구성원이 수시로 변경될 수 있는 집합건물의 성격상 같은 법이 정한 위와 같은 요건은 강행규정으로서 규약 설정 당시의 구성원들이 이와 다른 규약을 제정하였다고 하더라도 그 효력을 인정할 수 없다. 제24조제2항의 규정과 달리 다른 결의요건에 의해 관리인을 선임하도록 규정한 규약에 따라 선임된 관리인의 대표권은 인정되지 아니한다.(서울지법 2003.6.17, 2001가합37809)

제26조의2【회계감사】 ① 전유부분이 150개 이상으로서 대통령령으로 정하는 건물의 관리인은 「주식회사 등의 외부감사에 관한 법률」 제2조제7호에 따른 감사인(이하 이 조에서 "감사인"이라 한다)의 회계감사를 매년 1회 이상 받아야 한다. 다만, 관리단집회에서 구분소유자의 3분의 2 이상 및 의결권의 3분의 2 이상이 회계감사를 받지 아니하기로 결의한 연도에는 그러하지 아니하다.

② 구분소유자의 승낙을 받아 전유부분을 점유하는 자는 제1항 단서에 따른 관리단집회에 참석하여 그 구분소유자의 의결권을 행사할 수 있다. 다만, 구분소유자와 점유자가 달리 정하여 관리단에 통지하거나 구분소유자가 집회 이전에 직접 의결권을 행사할 것을 관리단에 통지한 경우에는 그러하지 아니하다.

③ 전유부분이 50개 이상 150개 미만으로서 대통령령으로 정하는 건물의 관리인은 구분소유자의 5분의 1 이상이 연서(連署)하여 요구하는 경우에는 감사인의 회계감사를 받아야 한다. 이 경우 구분소유자의 승낙을 받아 전유부분을 점유하는 자가 구분소유자를 대신하여 연서할 수 있다.

④ 관리인은 제1항 또는 제3항에 따라 회계감사를 받은 경우에는 대통령령으로 정하는 바에 따라 감사보고서 등 회계감사의 결과를 구분소유자 및 그의 승낙을 받아 전유부분을 점유하는 자에게 보고하여야 한다.

⑤ 제1항 또는 제3항에 따른 회계감사의 기준·방법 및 감사인의 선정방법 등에 관하여 필요한 사항은 대통령령으로 정한다.

⑥ 제1항 또는 제3항에 따라 회계감사를 받는 관리인은 다음 각 호의 어느 하나에 해당하는 행위를 하여서는 아니 된다.

1. 정당한 사유 없이 감사인의 자료열람·등사·제출 요구 또는 조사를 거부·방해·기피하는 행위
2. 감사인에게 거짓 자료를 제출하는 등 부정한 방법으로 회계감사를 방해하는 행위

⑦ 「공동주택관리법」에 따른 의무관리대상 공동주택 및 임대주택과 「유통산업발전법」에 따라 신고한 대규모점포등관리자가 있는 대규모점포 및 준대규모점포에는 제1항부터 제6항까지의 규정을 적용하지 아니한다.

(2020.2.4 본조신설)

제26조의3【관리위원회의 설치 및 기능】 ① 관리단에는 규약으로 정하는 바에 따라 관리위원회를 둘 수 있다.

② 관리위원회는 이 법 또는 규약으로 정한 관리인의 사무 집행을 감독한다.

③ 제1항에 따라 관리위원회를 둔 경우 관리인은 제25조제1항 각 호의 행위를 하려면 관리위원회의 결의를 거쳐야 한다. 다만, 규약으로 달리 정한 사항은 그러하지 아니하다.

(2012.12.18 본조신설)

제26조의4【관리위원회의 구성 및 운영】 ① 관리위원회의 위원은 구분소유자 중에서 관리단집회의 결의에 의하여 선출한다. 다만, 규약으로 관리단집회의 결의에 관하여 달리 정한 경우에는 그에 따른다.

② 관리인은 규약에 달리 정한 바가 없으면 관리위원회의 위원이 될 수 없다.(2020.2.4 본항개정)

③ 관리위원회 위원의 임기는 2년의 범위에서 규약으로 정한다.(2020.2.4 본항신설)

④ 제1항부터 제3항까지에서 규정한 사항 외에 관리위원회의 구성 및 운영에 필요한 사항은 대통령령으로 정한다.

(2020.2.4 본항개정)

⑤ 구분소유자의 승낙을 받아 전유부분을 점유하는 자는 제1항 본문에 따른 관리단집회에 참석하여 그 구분소유자의 의결권을 행사할 수 있다. 다만, 구분소유자와 점유자가 달리 정하여 관리단에 통지하거나 구분소유자가 집회 이전에 직접 의결권을 행사할 것을 관리단에 통지한 경우에는 그러하지 아니하다.(2020.2.4 본항신설)

(2012.12.18 본조신설)

제26조의5【집합건물의 관리에 관한 감독】 ① 특별시장·광역시장·특별자치시장·도지사·특별자치도지사(이하 "시·도지사"라 한다) 또는 시장·군수·구청장(자치구의 구청장을 말하며, 이하 "시장·군수·구청장"이라 한다)은 집합건물의 효율적인 관리와 주민의 복리증진을 위하여 필요하다고 인정하는 경우에는 전유부분이 50개 이상인 건물의 관리인에게 다음 각 호의 사항을 보고하게 하거나 관련 자료의 제출을 명할 수 있다.

1. 제17조의2제2항에 따른 수선적립금의 징수·적립·사용 등에 관한 사항
2. 제24조에 따른 관리인의 선임·해임에 관한 사항
3. 제26조제1항에 따른 보고와 같은 조 제2항에 따른 장부의 작성·보관 및 증빙서류의 보관에 관한 사항
4. 제26조의2제1항 또는 제3항에 따른 회계감사에 관한 사항
5. 제32조에 따른 정기 관리단집회의 소집에 관한 사항
6. 그 밖에 집합건물의 관리에 관한 감독을 위하여 필요한 사항으로서 대통령령으로 정하는 사항

② 제1항에 따른 명령의 절차 등 필요한 사항은 해당 지방자치단체의 조례로 정한다.

(2023.3.28 본조신설)

제27조【관리단의 채무에 대한 구분소유자의 책임】 ① 관리단이 그의 재산으로 채무를 전부 변제할 수 없는 경우에는 구분소유자는 제12조의 지분비율에 따라 관리단의 채무를 변제할 책임을 진다. 다만, 규약으로써 그 부담비율을 달리 정할 수 있다.

② 구분소유자의 특별승계인은 승계 전에 발생한 관리단의 채무에 관하여도 책임을 진다.

제5절 규약 및 집회

제28조【규약】 ① 건물과 대지 또는 부속시설의 관리 또는 사용에 관한 구분소유자들 사이의 사항 중 이 법에서 규정하지 아니한 사항은 규약으로써 정할 수 있다.

② 일부공용부분에 관한 사항으로써 구분소유자 전원에게 이해관계가 있지 아니한 사항은 구분소유자 전원의 규약에 따로 정하지 아니하면 일부공용부분을 공용하는 구분소유자의 규약으로써 정할 수 있다.

③ 제1항과 제2항의 경우에 구분소유자 외의 자의 권리를 침해하지 못한다.

④ 법무부장관은 이 법을 적용받는 건물과 대지 및 부속시설의 효율적이고 공정한 관리를 위하여 표준규약을 마련하여야 한다.(2023.3.28 본항개정)

⑤ 시·도지사는 제4항에 따른 표준규약을 참고하여 대통령령으로 정하는 바에 따라 지역별 표준규약을 마련하여 보급하여야 한다.(2023.3.28 본항신설)

제29조【규약의 설정·변경·폐지】 ① 규약의 설정·변경 및 폐지는 관리단집회에서 구분소유자의 4분의 3 이상 및 의결권의 4분의 3 이상의 찬성을 얻어서 한다. 이 경우 규약의 설정·변경 및 폐지가 일부 구분소유자의 권리에 특별한 영향을 미칠 때에는 그 구분소유자의 승낙을 받아야 한다.

② 제28조제2항에 규정한 사항에 관한 구분소유자 전원의 규약의 설정·변경 또는 폐지는 그 일부공용부분을 공용하는 구분소유자의 4분의 1을 초과하는 자 또는 의결권의 4분의 1을 초과하는 의결권을 가진 자가 반대할 때에는 할 수 없다.

제30조【규약의 보관 및 열람】 ① 규약은 관리인 또는 구분소유자나 그 대리인으로서 건물을 사용하고 있는 자 중 1인이 보관하여야 한다.
② 제1항에 따라 규약을 보관할 구분소유자나 그 대리인은 규약에 다른 규정이 없으면 관리단집회의 결의로써 정한다.
③ 이해관계인은 제1항에 따라 규약을 보관하는 자에게 규약의 열람을 청구하거나 자기 비용으로 등본의 발급을 청구할 수 있다.
제31조【집회의 권한】 관리단의 사무는 이 법 또는 규약으로 관리인에게 위임한 사항 외에는 관리단집회의 결의에 따라 수행한다.
제32조【정기 관리단집회】 관리인은 회계연도 종료 후 3개월 이내에 정기 관리단집회를 소집하여야 한다.(2012.12.18 본조개정)
제33조【임시 관리단집회】 ① 관리인은 필요하다고 인정할 때에는 관리단집회를 소집할 수 있다.
② 구분소유자의 5분의 1 이상이 회의의 목적 사항을 구체적으로 밝혀 관리단집회의 소집을 청구하면 관리인은 관리단집회를 소집하여야 한다. 이 정수(定數)는 규약으로 감경할 수 있다.(2012.12.18 본항개정)
③ 제2항의 청구가 있은 후 1주일 내에 관리인이 청구일부터 2주일 이내의 날을 관리단집회일로 하는 소집통지 절차를 밟지 아니하면 소집을 청구한 구분소유자는 법원의 허가를 받아 관리단집회를 소집할 수 있다.(2012.12.18 본항개정)
④ 관리인이 없는 경우에는 구분소유자의 5분의 1 이상은 관리단집회를 소집할 수 있다. 이 정수는 규약으로 감경할 수 있다.(2012.12.18 본항개정)
제34조【집회소집통지】 ① 관리단집회를 소집하려면 관리단집회일 1주일 전에 회의의 목적사항을 구체적으로 밝혀 각 구분소유자에게 통지하여야 한다. 다만, 이 기간은 규약으로 달리 정할 수 있다.
② 전유부분을 여럿이 공유하는 경우에 제1항의 통지는 제37조제2항에 따라 정하여진 의결권을 행사할 자(그가 없을 때에는 공유자 중 1인)에게 통지하여야 한다.
③ 제1항의 통지는 구분소유자가 관리인에게 따로 통지장소를 제출하였으면 그 장소로 발송하고, 제출하지 아니하였으면 구분소유자가 소유하는 전유부분이 있는 장소로 발송한다. 이 경우 제1항의 통지는 통상적으로 도달할 시기에 도달한 것으로 본다.
④ 건물 내에 주소를 가지는 구분소유자 또는 제3항의 통지장소를 제출하지 아니한 구분소유자에 대한 제1항의 통지는 건물 내의 적당한 장소에 게시함으로써 소집통지를 갈음할 수 있음을 규약으로 정할 수 있다. 이 경우 제1항의 통지는 게시한 때에 도달한 것으로 본다.
⑤ 회의의 목적사항이 제15조제1항, 제29조제1항, 제47조제1항 및 제50조제4항인 경우에는 그 통지에 그 의안 및 계획의 내용을 적어야 한다.
제35조【소집절차의 생략】 관리단집회는 구분소유자 전원이 동의하면 소집절차를 거치지 아니하고 소집할 수 있다.
제36조【결의사항】 ① 관리단집회는 제34조에 따라 통지한 사항에 관하여만 결의할 수 있다.
② 제1항의 규정은 이 법에 관리단집회의 결의에 관하여 특별한 정수가 규정된 사항을 제외하고는 규약으로 달리 정할 수 있다.
③ 제1항과 제2항은 제35조에 따른 관리단집회에 관하여는 적용하지 아니한다.
제37조【의결권】 ① 각 구분소유자의 의결권은 규약에 특별한 규정이 없으면 제12조에 규정된 지분비율에 따른다.
② 전유부분을 여럿이 공유하는 경우에는 공유자는 관리단집회에서 의결권을 행사할 1인을 정한다.
③ 구분소유자의 승낙을 받아 동일한 전유부분을 점유하는 자가 여럿인 경우에는 제16조제2항, 제24조제4항, 제26조의2제2항 또는 제26조의4제5항에 따라 해당 구분소유자의 의결권을 행사할 1인을 정하여야 한다.(2020.2.4 본항개정)
제38조【의결 방법】 ① 관리단집회의 의사는 이 법 또는 규약에 특별한 규정이 없으면 구분소유자의 과반수 및 의결권의 과반수로써 의결한다.
② 의결권은 서면이나 전자적 방법(전자정보처리조직을 사용하거나 그 밖에 정보통신기술을 이용하는 방법으로서 대통령령으로 정하는 방법을 말한다. 이하 같다)으로 또는 대리인을 통하여 행사할 수 있다.(2012.12.18 본항개정)
③ 제34조에 따른 관리단집회의 소집통지나 소집통지를 갈음하는 게시를 할 때에는 제2항에 따라 의결권을 행사할 수 있다는 내용과 구체적인 의결권 행사 방법을 명확히 밝혀야 한다.(2012.12.18 본항신설)
④ 제1항부터 제3항까지에서 규정한 사항 외에 의결권 행사를 위하여 필요한 사항은 대통령령으로 정한다.(2012.12.18 본항신설)
제39조【집회의 의장과 의사록】 ① 관리단집회의 의장은 관리인 또는 집회를 소집한 구분소유자 중 연장자가 된다. 다만, 규약에 특별한 규정이 있거나 관리단집회에서 다른 결의를 한 경우에는 그러하지 아니하다.
② 관리단집회의 의사에 관하여는 의사록을 작성하여야 한다.
③ 의사록에는 의사의 경과와 그 결과를 적고 의장과 구분소유자 2인 이상이 서명날인하여야 한다.
④ 의사록에 관하여는 제30조를 준용한다.
제40조【점유자의 의견진술권】 ① 구분소유자의 승낙을 받아 전유부분을 점유하는 자는 집회의 목적사항에 관하여 이해관계가 있는 경우에는 집회에 출석하여 의견을 진술할 수 있다.
② 제1항의 경우 집회를 소집하는 자는 제34조에 따라 소집통지를 한 후 지체 없이 집회의 일시, 장소 및 목적사항을 건물 내의 적당한 장소에 게시하여야 한다.
제41조【서면 또는 전자적 방법에 의한 결의 등】 ① 이 법 또는 규약에 따라 관리단집회에서 결의할 것으로 정한 사항에 관하여 구분소유자의 4분의 3 이상 및 의결권의 4분의 3 이상이 서면이나 전자적 방법 또는 서면과 전자적 방법으로 합의하면 관리단집회를 소집하여 결의한 것으로 본다.
(2023.3.28 본항개정)
② 제1항에도 불구하고 다음 각 호의 경우에는 그 구분에 따른 의결정족수 요건을 갖추어 서면이나 전자적 방법 또는 서면과 전자적 방법으로 합의하면 관리단집회를 소집하여 결의한 것으로 본다.
1. 제15조제1항제2호의 경우 : 구분소유자의 과반수 및 의결권의 과반수
2. 제15조의2제1항 본문, 제47조제2항 본문 및 제50조제4항의 경우 : 구분소유자의 5분의 4 이상 및 의결권의 5분의 4 이상
3. 제15조의2제1항 단서 및 제47조제2항 단서의 경우 : 구분소유자의 3분의 2 이상 및 의결권의 3분의 2 이상
(2023.3.28 본항신설)
③ 구분소유자들은 미리 그들 중 1인을 대리인으로 정하여 관리단에 신고한 경우에는 그 대리인은 그 구분소유자들을 대리하여 관리단집회에 참석하거나 서면 또는 전자적 방법으로 의결권을 행사할 수 있다.
④ 제1항 및 제2항의 서면 또는 전자적 방법으로 기록된 정보에 관하여는 제30조를 준용한다.(2023.3.28 본항개정)
(2012.12.18 본조개정)
제42조【규약 및 집회의 결의의 효력】 ① 규약 및 관리단집회의 결의는 구분소유자의 특별승계인에 대하여도 효력이 있다.

② 점유자는 구분소유자가 건물이나 대지 또는 부속시설의 사용과 관련하여 규약 또는 관리단집회의 결의에 따라 부담하는 의무와 동일한 의무를 진다.

제42조의2【결의취소의 소】 구분소유자는 다음 각 호의 어느 하나에 해당하는 경우에는 집회 결의 사실을 안 날부터 6개월 이내에, 결의한 날부터 1년 이내에 결의취소의 소를 제기할 수 있다.

1. 집회의 소집 절차나 결의 방법이 법령 또는 규약에 위반되거나 현저하게 불공정한 경우
2. 결의 내용이 법령 또는 규약에 위배되는 경우

(2012.12.18 본조신설)

제6절 의무위반자에 대한 조치

제43조【공동의 이익에 어긋나는 행위의 정지청구 등】 ① 구분소유자가 제5조제1항의 행위를 한 경우 또는 그 행위를 할 우려가 있는 경우에는 관리인 또는 관리단집회의 결의로 지정된 구분소유자는 구분소유자 공동의 이익을 위하여 그 행위를 정지하거나 그 행위의 결과를 제거하거나 그 행위의 예방에 필요한 조치를 할 것을 청구할 수 있다.

② 제1항에 따른 소송의 제기는 관리단집회의 결의가 있어야 한다.

③ 점유자가 제5조제4항에서 준용하는 같은 조 제1항에 규정된 행위를 한 경우 또는 그 행위를 할 우려가 있는 경우에도 제1항과 제2항을 준용한다.

제44조【사용금지의 청구】 ① 제43조제1항의 경우에 제5조제1항에 규정된 행위로 구분소유자의 공동생활상의 장해가 현저하여 제43조제1항에 규정된 청구로는 그 장해를 제거하여 공용부분의 이용 확보나 구분소유자의 공동생활 유지를 도모함이 매우 곤란할 때에는 관리인 또는 관리단집회의 결의로 지정된 구분소유자는 소(訴)로써 적당한 기간 동안 해당 구분소유자의 전유부분 사용금지를 청구할 수 있다. (2020.2.4 본항개정)

② 제1항의 청구는 구분소유자의 4분의 3 이상 및 의결권의 4분의 3 이상의 관리단집회 결의가 있어야 한다.(2020.2.4 본항개정)

③ 제1항의 결의를 할 때에는 미리 해당 구분소유자에게 변명할 기회를 주어야 한다.

제45조【구분소유권의 경매】 ① 구분소유자가 제5조제1항 및 제2항을 위반하거나 규약에서 정한 의무를 현저히 위반한 결과 공동생활을 유지하기 매우 곤란하게 된 경우에는 관리인 또는 관리단집회의 결의로 지정된 구분소유자는 해당 구분소유자의 전유부분 및 대지사용권의 경매를 명할 것을 법원에 청구할 수 있다.

② 제1항의 청구는 구분소유자의 4분의 3 이상 및 의결권의 4분의 3 이상의 관리단집회 결의가 있어야 한다.

③ 제2항의 결의를 할 때에는 미리 해당 구분소유자에게 변명할 기회를 주어야 한다.

④ 제1항의 청구에 따라 경매를 명한 재판이 확정되었을 때에는 그 청구를 한 자는 경매를 신청할 수 있다. 다만, 그 재판확정일부터 6개월이 지나면 그러하지 아니하다.

⑤ 제1항의 해당 구분소유자는 제4항 본문의 신청에 의한 경매에서 경락인이 되지 못한다.

제46조【전유부분의 점유자에 대한 인도청구】 ① 점유자가 제45조제1항에 따른 의무위반을 한 결과 공동생활을 유지하기 매우 곤란하게 된 경우에는 관리인 또는 관리단집회의 결의로 지정된 구분소유자는 그 전유부분을 목적으로 하는 계약의 해제 및 그 전유부분의 인도를 청구할 수 있다.

② 제1항의 경우에는 제44조제2항 및 제3항을 준용한다.

③ 제1항에 따라 전유부분을 인도받은 자는 지체 없이 그 전유부분을 점유할 권원(權原)이 있는 자에게 인도하여야 한다.

제7절 재건축 및 복구

제47조【재건축 결의】 ① 건물 건축 후 상당한 기간이 지나 건물이 훼손되거나 일부 멸실되거나 그 밖의 사정으로 건물 가격에 비하여 지나치게 많은 수리비·복구비나 관리비용이 드는 경우 또는 부근 토지의 이용 상황의 변화나 그 밖의 사정으로 건물을 재건축하면 재건축에 드는 비용에 비하여 현저하게 효용이 증가하게 되는 경우에 관리단집회는 그 건물을 철거하여 그 대지를 구분소유권의 목적이 될 새 건물의 대지로 이용할 것을 결의할 수 있다. 다만, 재건축의 내용이 단지 내 다른 건물의 구분소유자에게 특별한 영향을 미칠 때에는 그 구분소유자의 승낙을 받아야 한다.

② 제1항의 결의는 구분소유자의 5분의 4 이상 및 의결권의 5분의 4 이상의 결의에 따른다. 다만, 「관광진흥법」 제3조제1항제2호나목에 따른 휴양 콘도미니엄업의 운영을 위한 휴양 콘도미니엄의 재건축 결의는 구분소유자의 3분의 2 이상 및 의결권의 3분의 2 이상의 결의에 따른다.(2023.3.28 단서신설)

③ 재건축을 결의할 때에는 다음 각 호의 사항을 정하여야 한다.

1. 새 건물의 설계 개요
2. 건물의 철거 및 새 건물의 건축에 드는 비용을 개략적으로 산정한 금액
3. 제2호에 규정된 비용의 분담에 관한 사항
4. 새 건물의 구분소유권 귀속에 관한 사항

④ 제3항제3호 및 제4호의 사항은 각 구분소유자 사이에 형평이 유지되도록 정하여야 한다.

⑤ 제1항의 결의를 위한 관리단집회의 의사록에는 결의에 대한 각 구분소유자의 찬반 의사를 적어야 한다.

제48조【구분소유권 등의 매도청구 등】 ① 재건축의 결의가 있으면 집회를 소집한 자는 지체 없이 그 결의에 찬성하지 아니한 구분소유자(그의 승계인을 포함한다)에 대하여 그 결의 내용에 따른 재건축에 참가할 것인지 여부를 회답할 것을 서면으로 촉구하여야 한다.

② 제1항의 촉구를 받은 구분소유자는 촉구를 받은 날부터 2개월 이내에 회답하여야 한다.

③ 제2항의 기간 내에 회답하지 아니한 경우 그 구분소유자는 재건축에 참가하지 아니하겠다는 뜻을 회답한 것으로 본다.

④ 제2항의 기간이 지나면 재건축 결의에 찬성한 각 구분소유자, 재건축 결의 내용에 따른 재건축에 참가할 뜻을 회답한 각 구분소유자(그의 승계인을 포함한다) 또는 이들 전원의 합의에 따라 구분소유권과 대지사용권을 매수하도록 지정된 자(이하 "매수지정자"라 한다)는 제2항의 기간 만료일부터 2개월 이내에 재건축에 참가하지 아니하겠다는 뜻을 회답한 구분소유자(그의 승계인을 포함한다)에게 구분소유권과 대지사용권을 시가로 매도할 것을 청구할 수 있다. 재건축 결의가 있은 후에 이 구분소유자로부터 대지사용권만을 취득한 자의 대지사용권에 대하여도 또한 같다.

⑤ 제4항에 따른 청구가 있는 경우에 재건축에 참가하지 아니하겠다는 뜻을 회답한 구분소유자가 건물을 명도(明渡)하면 생활에 현저한 어려움을 겪을 우려가 있고 재건축의 수행에 큰 영향이 없을 때에는 법원은 그 구분소유자의 청구에 의하여 대금 지급일 또는 제공일부터 1년을 초과하지 아니하는 범위에서 건물 명도에 대하여 적당한 기간을 허락할 수 있다.

⑥ 재건축 결의일부터 2년 이내에 건물 철거공사가 착수되지 아니한 경우에는 제4항에 따라 구분소유권이나 대지사용권을 매도한 자는 이 기간이 만료된 날부터 6개월 이내에 매수인이 지급한 대금에 상당하는 금액을 그 구분소유권이나 대지사용권을 가지고 있는 자에게 제공하고 이들의 권리를 매도할 것을 청구할 수 있다. 다만, 건물 철거공사가 착수되지 아니한 타당한 이유가 있을 경우에는 그러하지 아니하다.

⑦ 제6항 단서에 따른 건물 철거공사가 착수되지 아니한 타당한 이유가 없어진 날부터 6개월 이내에 공사에 착수하지 아니하는 경우에는 제6항 본문을 준용한다. 이 경우 같은 항 본문 중 "이 기간이 만료된 날부터 6개월 이내에"는 "건물 철거공사가 착수되지 아니한 타당한 이유가 없어진 것을 안 날부터 6개월 또는 그 이유가 없어진 날부터 2년 중 빠른 날까지"로 본다.

제49조【재건축에 관한 합의】 재건축 결의에 찬성한 각 구분소유자, 재건축 결의 내용에 따른 재건축에 참가할 뜻을 회답한 각 구분소유자 및 구분소유권 또는 대지사용권을 매수한 각 매수지정자(이들의 승계인을 포함한다)는 재건축 결의 내용에 따른 재건축에 합의한 것으로 본다.

제50조【건물이 일부 멸실된 경우의 복구】 ① 건물가격의 2분의 1 이하에 상당하는 건물 부분이 멸실되었을 때에는 각 구분소유자는 멸실한 공용부분과 자기의 전유부분을 복구할 수 있다. 다만, 공용부분의 복구에 착수하기 전에 제47조제1항의 결의나 공용부분의 복구에 대한 결의가 있는 경우에는 그러하지 아니하다.

② 제1항에 따라 공용부분을 복구한 자는 다른 구분소유자에게 제12조의 지분비율에 따라 복구에 든 비용의 상환을 청구할 수 있다.

③ 제1항 및 제2항의 규정은 규약으로 달리 정할 수 있다.

④ 건물이 일부 멸실된 경우로서 제1항 본문의 경우를 제외한 경우에 관리단집회는 구분소유자의 5분의 4 이상 및 의결권의 5분의 4 이상으로 멸실한 공용부분을 복구할 것을 결의할 수 있다.

⑤ 제4항의 결의가 있는 경우에는 제47조제5항을 준용한다.

⑥ 제4항의 결의가 있을 때에는 그 결의에 찬성한 구분소유자(그의 승계인을 포함한다) 외의 구분소유자는 결의에 찬성한 구분소유자(그의 승계인을 포함한다)에게 건물 및 그 대지에 관한 권리를 시가로 매수할 것을 청구할 수 있다.

⑦ 제4항의 경우에 건물 일부가 멸실한 날부터 6개월 이내에 같은 항 또는 제47조제1항의 결의가 없을 때에는 각 구분소유자는 다른 구분소유자에게 건물 및 그 대지에 관한 권리를 시가로 매수할 것을 청구할 수 있다.

⑧ 법원은 제2항, 제6항 및 제7항의 경우에 상환 또는 매수청구를 받은 구분소유자의 청구에 의하여 상환금 또는 대금의 지급에 관하여 적당한 기간을 허락할 수 있다.

제2장 단 지

(2010.3.31 본장개정)

제51조【단지관리단】 ① 한 단지에 여러 동의 건물이 있고 그 단지 내의 토지 또는 부속시설(이들에 관한 권리를 포함한다)이 그 건물 소유자(전유부분이 있는 건물에서는 구분소유자를 말한다)의 공동소유에 속하는 경우에는 이들 소유자는 그 단지 내의 토지 또는 부속시설을 관리하기 위한 단체를 구성하여 이 법에서 정하는 바에 따라 집회를 개최하고 규약을 정하며 관리인을 둘 수 있다.

② 한 단지에 여러 동의 건물이 있고 단지 내의 토지 또는 부속시설(이들에 관한 권리를 포함한다)이 그 건물 소유자(전유부분이 있는 건물에서는 구분소유자를 말한다) 중 일부의 공동소유에 속하는 경우에는 이들 소유자는 그 단지 내의 토지 또는 부속시설을 관리하기 위한 단체를 구성하여 이 법에서 정하는 바에 따라 집회를 개최하고 규약을 정하며 관리인을 둘 수 있다.

③ 제1항의 단지관리단은 단지관리단의 구성원이 속하는 각 관리단의 사업의 전부 또는 일부를 그 사업 목적으로 할 수 있다. 이 경우 각 관리단의 구성원의 4분의 3 이상 및 의결권의 4분의 3 이상에 의한 관리단집회의 결의가 있어야 한다.

제52조【단지에 대한 준용】 제51조의 경우에는 제3조, 제23조의2, 제24조, 제24조의2, 제25조, 제26조, 제26조의2부터 제26조의5까지, 제27조부터 제42조까지 및 제42조의2를 준용한다. 이 경우 전유부분이 없는 건물은 해당 건물의 수를 전유부분의 수로 한다.(2023.3.28 전단개정)

제2장의2 집합건물분쟁조정위원회

(2012.12.18 본장신설)

제52조의2【집합건물분쟁조정위원회】 ① 이 법을 적용받는 건물과 관련된 분쟁을 심의·조정하기 위하여 특별시·광역시·특별자치시·도 또는 특별자치도(이하 "시·도"라 한다)에 집합건물분쟁조정위원회(이하 "조정위원회"라 한다)를 둔다.

② 조정위원회는 분쟁 당사자의 신청에 따라 다음 각 호의 분쟁(이하 "집합건물분쟁"이라 한다)을 심의·조정한다.

1. 이 법을 적용받는 건물의 하자에 관한 분쟁. 다만, 「공동주택관리법」 제36조 및 제37조에 따른 공동주택의 담보책임 및 하자보수 등과 관련된 분쟁은 제외한다.(2015.8.11 단서개정)
2. 관리인·관리위원의 선임·해임 또는 관리단·관리위원회의 구성·운영에 관한 분쟁
3. 공용부분의 보존·관리 또는 변경에 관한 분쟁
4. 관리비의 징수·관리 및 사용에 관한 분쟁
5. 규약의 제정·개정에 관한 분쟁
6. 재건축과 관련된 철거, 비용분담 및 구분소유권 귀속에 관한 분쟁

6의2. 소음·진동·악취 등 공동생활과 관련된 분쟁 (2020.2.4 본호신설)

7. 그 밖에 이 법을 적용받는 건물과 관련된 분쟁으로서 대통령령으로 정한 분쟁

제52조의3【조정위원회의 구성과 운영】 ① 조정위원회는 위원장 1명과 부위원장 1명을 포함한 10명 이내의 위원으로 구성한다.

② 조정위원회의 위원은 집합건물분쟁에 관한 법률지식과 경험이 풍부한 사람으로서 다음 각 호의 어느 하나에 해당하는 사람 중에서 시·도지사가 임명하거나 위촉한다. 이 경우 제1호 및 제2호에 해당하는 사람이 각각 2명 이상 포함되어야 한다.

1. 법학 또는 조정·중재 등의 분쟁조정 관련 학문을 전공한 사람으로서 대학에서 조교수 이상으로 3년 이상 재직한 사람
2. 변호사 자격이 있는 사람으로서 3년 이상 법률에 관한 사무에 종사한 사람
3. 건설공사, 하자감정 또는 공동주택관리에 관한 전문적 지식을 갖춘 사람으로서 해당 업무에 3년 이상 종사한 사람
4. 해당 시·도 소속 5급 이상 공무원으로서 관련 업무에 3년 이상 종사한 사람

③ 조정위원회의 위원장은 해당 시·도지사가 위원 중에서 임명하거나 위촉한다.

④ 조정위원회에는 분쟁을 효율적으로 심의·조정하기 위하여 3명 이내의 위원으로 구성되는 소위원회를 둘 수 있다. 이 경우 소위원회에는 제2항제1호 및 제2호에 해당하는 사람이 각각 1명 이상 포함되어야 한다.

⑤ 조정위원회는 재적위원 과반수의 출석과 출석위원 과반수의 찬성으로 의결하며, 소위원회는 재적위원 전원 출석과 출석위원 과반수의 찬성으로 의결한다.

⑥ 제1항부터 제5항까지에서 규정한 사항 외에 조정위원회와 소위원회의 구성 및 운영에 필요한 사항과 조정 절차에 관한 사항은 대통령령으로 정한다.

제52조의4【위원의 제척 등】 ① 조정위원회의 위원이 다음 각 호의 어느 하나에 해당하는 경우에는 그 사건의 심의·조정에서 제척(除斥)된다.

1. 위원 또는 그 배우자나 배우자이었던 사람이 해당 집합건물분쟁의 당사자가 되거나 그 집합건물분쟁에 관하여 당사자와 공동권리자 또는 공동의무자의 관계에 있는 경우
2. 위원이 해당 집합건물분쟁의 당사자와 친족이거나 친족이었던 경우
3. 위원이 해당 집합건물분쟁에 관하여 진술이나 감정을 한 경우
4. 위원이 해당 집합건물분쟁에 당사자의 대리인으로서 관여한 경우
5. 위원이 해당 집합건물분쟁의 원인이 된 처분이나 부작위에 관여한 경우

② 조정위원회는 위원에게 제1항의 제척 원인이 있는 경우에는 직권이나 당사자의 신청에 따라 제척의 결정을 한다.
③ 당사자는 위원에게 공정한 직무집행을 기대하기 어려운 사정이 있으면 조정위원회에 해당 위원에 대한 기피신청을 할 수 있다.
④ 위원은 제1항 또는 제3항의 사유에 해당하면 스스로 그 집합건물분쟁의 심의·조정을 회피할 수 있다.

제52조의5【분쟁조정신청과 통지 등】 ① 조정위원회는 당사자 일방으로부터 분쟁의 조정신청을 받은 경우에는 지체 없이 그 신청내용을 상대방에게 통지하여야 한다.
② 제1항에 따라 통지를 받은 상대방은 그 통지를 받은 날부터 7일 이내에 조정에 응할 것인지에 관한 의사를 조정위원회에 통지하여야 한다.
③ 제1항에 따라 분쟁의 조정신청을 받은 조정위원회는 분쟁의 성질 등 조정에 적합하지 아니한 사유가 있다고 인정하는 경우에는 해당 조정의 불개시(不開始) 결정을 할 수 있다. 이 경우 조정의 불개시 결정 사실과 그 사유를 당사자에게 통보하여야 한다.

제52조의6【조정의 절차】 ① 조정위원회는 제52조의5제1항에 따른 조정신청을 받으면 같은 조 제2항에 따른 조정 불응 또는 같은 조 제3항에 따른 조정의 불개시 결정이 있는 경우를 제외하고는 지체 없이 조정 절차를 개시하여야 하며, 신청을 받은 날부터 60일 이내에 그 절차를 마쳐야 한다.
② 조정위원회는 제1항의 기간 내에 조정을 마칠 수 없는 경우에는 조정위원회의 의결로 그 기간을 30일의 범위에서 한 차례만 연장할 수 있다. 이 경우 그 사유와 기한을 분명히 밝혀 당사자에게 서면으로 통지하여야 한다.
③ 조정위원회는 제1항에 따른 조정의 절차를 개시하기 전에 이해관계인 등의 의견을 들을 수 있다.
④ 조정위원회는 제1항에 따른 절차를 마쳤을 때에는 조정안을 작성하여 지체 없이 각 당사자에게 제시하여야 한다.
⑤ 제4항에 따른 조정안을 제시받은 당사자는 제시받은 날부터 14일 이내에 조정안의 수락 여부를 조정위원회에 통보하여야 한다. 이 경우 당사자가 그 기간 내에 조정안에 대한 수락 여부를 통보하지 아니한 경우에는 조정안을 수락한 것으로 본다.

제52조의7【출석 및 자료제출 요구】 ① 조정위원회는 조정을 위하여 필요하다고 인정하는 경우 분쟁당사자, 분쟁 관련 이해관계인 또는 참고인에게 출석하여 진술하게 하거나 조정에 필요한 자료나 물건 등을 제출하도록 요구할 수 있다.
② 조정위원회는 해당 조정업무에 참고하기 위하여 시·도지사 및 관련기관에 해당 분쟁과 관련된 자료를 요청할 수 있다.(2020.2.4 본조신설)

제52조의8【조정의 중지 등】 ① 조정위원회는 당사자가 제52조의5제2항에 따라 조정에 응하지 아니할 의사를 통지하거나 제52조의6제5항에 따라 조정안을 거부한 경우에는 조정을 중지하고 그 사실을 상대방에게 서면으로 통보하여야 한다.
② 조정위원회는 당사자 중 일방이 소를 제기한 경우에는 조정을 중지하고 그 사실을 상대방에게 통보하여야 한다.
③ 조정위원회는 법원에 소송계속 중인 당사자 중 일방이 조정을 신청한 때에는 해당 조정 신청을 결정으로 각하하여야 한다.

제52조의9【조정의 효력】 ① 당사자가 제52조의6제5항에 따라 조정안을 수락하면 조정위원회는 지체 없이 조정서 3부를 작성하여 위원장 및 각 당사자로 하여금 조정서에 서명날인하게 하여야 한다.
② 제1항의 경우 당사자 간에 조정서와 같은 내용의 합의가 성립된 것으로 본다.

제52조의10【하자 등의 감정】 ① 조정위원회는 당사자의 신청으로 또는 당사자와 협의하여 대통령령으로 정하는 안전진단기관, 하자감정전문기관 등에 하자진단 또는 하자감정 등을 요청할 수 있다.
② 조정위원회는 당사자의 신청으로 또는 당사자와 협의하여 「공동주택관리법」 제39조에 따른 하자심사·분쟁조정위원회에 하자판정을 요청할 수 있다.(2015.8.11 본항개정)
③ 제1항 및 제2항에 따른 비용은 대통령령으로 정하는 바에 따라 당사자가 부담한다.

제3장 구분건물의 건축물대장
(2010.3.31 본장개정)

제53조【건축물대장의 편성】 ① 소관청은 이 법을 적용받는 건물에 대하여는 이 법에서 정하는 건축물대장과 건물의 도면 및 각 층의 평면도를 갖추어 두어야 한다.(2020.2.4 본항개정)
② 대장은 1동의 건물을 표시할 용지와 그 1동의 건물에 속하는 전유부분의 건물을 표시할 용지로 편성한다.
③ 1동의 건물에 대하여는 각 1용지를 사용하고 전유부분의 건물에 대하여는 구분한 건물마다 1용지를 사용한다.
④ 1동의 건물에 속하는 구분한 건물의 대장은 1책에 편철하고 1동의 건물을 표시할 용지 다음에 구분한 건물을 표시할 용지를 편철한다.
⑤ 제4항의 경우에 편철한 용지가 너무 많을 때에는 여러 책으로 나누어 편철할 수 있다.

제54조【건축물대장의 등록사항】 ① 1동의 건물을 표시할 용지에는 다음 각 호의 사항을 등록하여야 한다.
1. 1동의 건물의 소재지와 지번(地番)
2. 1동의 건물에 번호가 있을 때에는 그 번호
3. 1동의 건물의 구조와 면적(2020.2.4 본호개정)
4. 1동의 건물에 속하는 전유부분의 번호
5. 그 밖에 국토교통부령으로 정하는 사항(2013.3.23 본호개정)

② 전유부분을 표시할 용지에는 다음 각 호의 사항을 등록하여야 한다.
1. 전유부분의 번호
2. 전유부분이 속하는 1동의 건물의 번호
3. 전유부분의 종류, 구조와 면적
4. 부속건물이 있을 때에는 부속건물의 종류, 구조, 면적
5. 소유자의 성명 또는 명칭과 주소 또는 사무소. 이 경우 소유자가 둘 이상일 때에는 그 지분
6. 그 밖에 국토교통부령으로 정하는 사항(2013.3.23 본호개정)

③ 제2항제4호의 경우에 부속건물이 그 전유부분과 다른 별채의 건물이거나 별채인 1동의 건물을 구분한 것일 때에는 그 1동의 건물의 소재지, 지번, 번호, 종류, 구조 및 면적을 등록하여야 한다.
④ 제3항의 경우에 건물의 표시 및 소유자의 표시에 관한 사항을 등록할 때에는 원인 및 그 연월일과 등록연월일을 적어야 한다.
⑤ 제3조제2항 및 제3항에 따른 공용부분의 등록에 관하여는 제2항과 제4항을 준용한다. 이 경우 그 건물의 표시란에 공용부분이라는 취지를 등록한다.

⑥ 구분점포의 경우에는 전유부분 용지의 구조란에 경계벽이 없다는 뜻을 적어야 한다.

제55조【건축물대장의 등록절차】 건축물대장의 등록은 소유자 등의 신청이나 소관청의 조사결정에 의한다.

제56조【건축물대장의 신규 등록신청】 ① 이 법을 적용받는 건물을 신축한 자는 1개월 이내에 1동의 건물에 속하는 전유부분 전부에 대하여 동시에 건축물대장 등록신청을 하여야 한다.

② 제1항의 신청서에는 제54조에 규정된 사항을 적고 건물의 도면, 각 층의 평면도(구분점포의 경우에는 「건축사법」 제23조에 따라 신고한 건축사 또는 「공간정보의 구축 및 관리 등에 관한 법률」 제39조제2항에서 정한 측량기술자가 구분점포의 경계표지에 관한 측량성과를 적어 작성한 평면도를 말한다)와 신청인의 소유임을 증명하는 서면을 첨부하여야 하며, 신청서에 적은 사항 중 규약이나 규약에 상당하는 공정증서로써 정한 것이 있는 경우에는 그 규약이나 공정증서를 첨부하여야 한다.(2014.6.3 본항개정)

③ 이 법을 적용받지 아니하던 건물이 구분, 신축 등으로 인하여 이 법을 적용받게 된 경우에는 제1항과 제2항을 준용한다.

④ 제3항의 경우에 건물 소유자는 다른 건물의 소유자를 대위(代位)하여 제1항의 신청을 할 수 있다.

제57조【건축물대장의 변경등록신청】 ① 건축물대장에 등록한 사항이 변경된 경우에는 소유자는 1개월 이내에 변경등록신청을 하여야 한다.

② 1동의 건물을 표시할 사항과 공용부분의 표시에 관한 사항의 변경등록은 전유부분 소유자 중 1인 또는 여럿이 제1항의 기간까지 신청할 수 있다.

③ 제1항 및 제2항의 신청서에는 변경된 사항과 1동의 건물을 표시하기에 충분한 사항을 적고 그 변경을 증명하는 서면을 첨부하여야 하며 건물의 소재지, 구조, 면적이 변경되거나 부속건물을 신축한 경우에는 건물도면 또는 각 층의 평면도도 첨부하여야 한다.

④ 구분점포는 제1조의2제1항제1호의 용도 외의 다른 용도로 변경할 수 없다.

제58조【신청의무의 승계】 소유자가 변경된 경우에는 전 소유자가 하여야 할 제56조와 제57조제1항의 등록신청은 소유자가 변경된 날부터 1개월 이내에 새로운 소유자가 하여야 한다.

제59조【소관청의 직권조사】 ① 소관청은 제56조 또는 제57조의 신청을 받아 또는 직권으로 건축물대장에 등록할 때에는 소속 공무원에게 건물의 표시에 관한 사항을 조사하게 할 수 있다.

② 소관청은 구분점포에 관하여 제56조 또는 제57조의 신청을 받으면 신청 내용이 제1조의2제1항 각 호의 요건을 충족하는지와 건축물의 실제 현황과 일치하는지를 조사하여야 한다.

③ 제1항 및 제2항의 조사를 하는 경우 해당 공무원은 일출 후 일몰 전까지 그 건물에 출입할 수 있으며, 점유자나 그 밖의 이해관계인에게 질문하거나 문서의 제시를 요구할 수 있다. 이 경우 관계인에게 그 신분을 증명하는 증표를 보여 주어야 한다.

제60조【조사 후 처리】 ① 제56조의 경우에 소관청은 관계 공무원의 조사 결과 그 신고 내용이 부당하다고 인정할 때에는 그 취지를 적어 정정할 것을 명하고, 그 신고 내용을 정정하여도 그 건물의 상황이 제1조 또는 제1조의2의 규정에 맞지 아니하다고 인정할 때에는 그 등록을 거부하고 그 건물 전체를 하나의 건물로 하여 일반건축물대장에 등록하여야 한다.

② 제1항의 경우에는 일반건축물대장에 등록한 날부터 7일 이내에 신고인에게 그 등록거부 사유를 서면으로 통지하여야 한다.

제61조～제64조 (2011.4.12 삭제)

제4장 벌 칙

(2010.3.31 본장개정)

제65조【벌금】 ① 제1조의2제1항에서 정한 경계표지 또는 건물번호표지를 파손, 이동 또는 제거하거나 그 밖의 방법으로 경계를 알아볼 수 없게 한 사람은 3년 이하의 징역 또는 1천만원 이하의 벌금에 처한다.

② 건축사 또는 측량기술자가 제56조제2항에서 정한 평면도에 측량성과를 사실과 다르게 적었을 때에는 2년 이하의 징역 또는 500만원 이하의 벌금에 처한다.

제66조【과태료】 ① 다음 각 호의 어느 하나에 해당하는 자에게는 500만원 이하의 과태료를 부과한다.

1. 제26조의2제1항 또는 제3항(제52조에서 준용하는 경우를 포함한다)에 따른 회계감사를 받지 아니하거나 부정한 방법으로 받은 자
2. 제26조의2제6항(제52조에서 준용하는 경우를 포함한다)을 위반하여 회계감사를 방해하는 등 같은 항 각 호의 어느 하나에 해당하는 행위를 한 자

② 다음 각 호의 어느 하나에 해당하는 자에게는 300만원 이하의 과태료를 부과한다.

1. 제26조의2제4항(제52조에서 준용하는 경우를 포함한다)을 위반하여 회계감사 결과를 보고하지 아니하거나 거짓으로 보고한 자

1의2. 제26조의5제1항(제52조에서 준용하는 경우를 포함한다)에 따른 보고 또는 자료 제출 명령을 위반한 자(2023.3.28 본호신설)

2. 제59조제1항에 따른 조사를 거부·방해 또는 기피한 자
3. 제59조제3항에 따른 질문 및 문서 제시 요구에 응하지 아니하거나 거짓으로 응한 자

③ 다음 각 호의 어느 하나에 해당하는 자에게는 200만원 이하의 과태료를 부과한다.

1. 제9조의3제3항을 위반하여 통지를 하지 아니한 자
2. 제9조의3제4항을 위반하여 관리단집회를 소집하지 아니한 자
3. 제24조제6항(제52조에서 준용하는 경우를 포함한다)에 따른 신고를 하지 아니한 자
4. 제26조제1항(제52조에서 준용하는 경우를 포함한다)을 위반하여 보고를 하지 아니하거나 거짓으로 보고한 경우

4의2. 제26조제2항(제52조에서 준용하는 경우를 포함한다)을 위반하여 장부 또는 증빙서류를 작성·보관하지 아니하거나 거짓으로 작성한 자(2023.3.28 본호신설)

4의3. 제26조제3항 각 호 외의 부분 후단(제52조에서 준용하는 경우를 포함한다)을 위반하여 정당한 사유 없이 제26조제1항에 따른 보고 자료 또는 같은 조 제2항에 따른 장부나 증빙서류에 대한 열람 청구 또는 등본의 교부 청구에 응하지 아니하거나 거짓으로 응한 자(2023.3.28 본호신설)

5. 제30조제1항, 제39조제4항, 제41조제4항(이들 규정을 제52조에서 준용하는 경우를 포함한다)을 위반하여 규약, 의사록 또는 서면(전자적 방법으로 기록된 정보를 포함한다)을 보관하지 아니한 자(2023.3.28 본호개정)
6. 제30조제3항, 제39조제4항, 제41조제4항(이들 규정을 제52조에서 준용하는 경우를 포함한다)을 위반하여 정당한 사유 없이 규약, 의사록 또는 서면(전자적 방법으로 기록된 정보를 포함한다)의 열람이나 등본의 발급청구를 거부한 자(2023.3.28 본호개정)
7. 제39조제2항 및 제3항(이들 규정을 제52조에서 준용하는 경우를 포함한다)을 위반하여 의사록을 작성하지 아니하거나 의사록에 적어야 할 사항을 적지 아니하거나 거짓으로 적은 자

8. 제56조제1항, 제57조제1항, 제58조에 따른 등록신청을 게을리 한 자
④ 제1항부터 제3항까지의 규정에 따른 과태료는 대통령령으로 정하는 바에 따라 소관청(제2항제1호의2의 경우에는 시·도지사 또는 시장·군수·구청장을 말한다)이 부과·징수한다.(2023.3.28 본항개정)
(2020.2.4 본조개정)

부 칙

제1조【시행일】 이 법은 공포후 1년이 경과한 날로부터 시행한다.
제2조【현존 가옥대장의 개제등에 관한 경과조치】 ① 이 법 시행당시 현존하는 구분건물의 가옥대장은 이 법 시행후 1년이내에 이 법의 규정에 의한 양식의 대장으로 개제하여야 한다. 이 경우 가옥대장이 비치되지 아니한 때에는 건축법의 규정에 의한 건축물대장을 가옥대장으로 본다.
② 제1항 후단의 규정에 의하여 개제한 건축물대장은 이 법에 의한 가옥대장으로 본다.
제3조【공용부분의 지분에 관한 경과조치】 이 법 시행당시 현존하는 공용부분이 구분소유자 전원 또는 그 일부의 공유에 속하는 경우에 각 공유자의 지분이 제12조의 규정에 합당하지 아니할 때에는 그 지분은 제10조제2항 단서의 규정에 의하여 규약으로써 정한 것으로 본다.
제4조【경과조치】 이 법 시행당시 현존하는 전유부분과 이에 대한 대지사용권에 관한 제20조 내지 제22조의 규정은 이 법의 시행일로부터 2년이 경과한 날로부터 적용한다. 다만, 법률 제3726호 부동산등기법중개정법률 부칙 제2조제2항의 규정에 의한 등기를 완료한 건물에 대하여는 그 등기를 완료한 날의 다음날로부터 이 법 제20조 내지 제22조의 규정을 적용한다.(1986.5.12 단서신설)
제5조【공유지분등의 취득에 관한 경과조치】 ① 이 법 시행당시 구분건물로 등기된 건물이 제1조의 규정에 부합하지 아니하여 그 등기용지가 폐쇄된 때에는 그 건물의 소유자는 분양가 또는 분양가를 알 수 없을 때에는 감정업자의 감정가의 비율에 따라 그 건물이 속하는 1동의 건물의 공유지분을 취득한 것으로 본다.
② 제1항의 경우 그 구분건물에 등기된 소유권의 등기외의 권리에 관한 등기의 효력은 그 지분에 당연히 미친다.
제6조 (2012.12.18 삭제)

부 칙 (2009.5.8)

① **【시행일】** 이 법은 공포한 날부터 시행한다.
② **【벌칙 및 과태료에 관한 경과조치】** 이 법 시행 전의 행위에 대하여 벌칙 및 과태료를 적용할 때에는 종전의 규정에 따른다.
③ **【과태료재판에 관한 경과조치】** 이 법 시행 당시 법원에 계속 중인 과태료재판에 대하여는 종전의 규정에 따른다.

부 칙 (2012.12.18)

제1조【시행일】 이 법은 공포 후 6개월이 경과한 날부터 시행한다.
제2조【관리인 임기에 관한 적용례】 제24조제2항의 개정규정은 이 법 시행 후 최초로 선임되거나 임기가 새로 개시되는 관리인부터 적용한다.
제3조【담보책임에 관한 경과조치】 제2조의2, 제9조, 제9조의2, 법률 제3725호 集合建物의所有및管理에관한法律 부칙 제6조(법률 제7502호 集合建物의所有및管理에관한法律 일부개정법률에 따라 개정된 내용을 포함한다)의 개정규정 및 부칙 제4조에도 불구하고 이 법 시행 전에 분양된 건물의 담보책임에 관하여는 종전의 규정에 따른다.
제4조【다른 법률의 개정】 ※(해당 법령에 가제정리 하였음)

부 칙 (2020.2.4)

제1조【시행일】 이 법은 공포 후 1년이 경과한 날부터 시행한다.
제2조【분양자의 통지의무 등에 관한 적용례】 제9조의3의 개정규정은 이 법 시행 이후 분양하는 경우부터 적용한다.
제3조【관리인 선임 등 신고에 관한 적용례】 제24조제6항의 개정규정(제52조의 개정규정에서 준용하는 경우를 포함한다)은 이 법 시행 이후 관리인을 선임하는 경우부터 적용한다.
제4조【관리인의 회계감사에 관한 적용례】 제26조의2의 개정규정(제52조의 개정규정에서 준용하는 경우를 포함한다)은 이 법 시행 이후 개시되는 회계연도부터 적용한다.
제5조【관리위원회 구성에 관한 경과조치】 이 법 시행 당시 재직 중인 관리위원회 위원에 대해서는 잔여임기 동안 제26조의4제2항의 개정규정(제52조의 개정규정에서 준용하는 경우를 포함한다)에도 불구하고 종전의 규정에 따른다.

부 칙 (2023.3.28)

제1조【시행일】 이 법은 공포 후 6개월이 경과한 날부터 시행한다.
제2조【관리인의 장부 작성 및 보관 등에 관한 적용례】 제26조제2항 및 제3항(제2항에 관한 부분으로 한정한다)의 개정규정(제52조에서 준용하는 경우를 포함한다)은 이 법 시행일이 속하는 달의 다음 달의 회계부터 적용한다.

주택임대차보호법(약칭 : 주택임대차법)

(1981년 3월 5일 / 법 률 제3379호)

개정
1983.12.30법 3682호 1989.12.30법 4188호
1997.12.13법 5454호(정부부처명)
1999. 1.21법 5641호 2001.12.29법 6541호
2002. 1.26법 6627호(민사집행법)
2005. 1.27법 7358호(민사집행법)
2007. 8. 3법 8583호 2008. 3.21법 8923호
2009. 5. 8법 9653호
2010. 5.17법10303호(은행법)
2011. 4.12법10580호(부등)
2013. 3.23법11690호(정부조직)
2013. 8.13법12043호
2015. 1. 6법12989호(주택도시기금법)
2016. 5.29법14175호
2016. 5.29법14242호(수협)
2018.10.16법15791호(상가건물임대차보호법)
2020. 2. 4법16912호(부등)
2020. 6. 9법17363호 2020. 7.31법17470호
2023. 4.18법19356호 2023. 7.11법19520호

제1조【목적】 이 법은 주거용 건물의 임대차(賃貸借)에 관하여 「민법」에 대한 특례를 규정함으로써 국민 주거생활의 안정을 보장함을 목적으로 한다.(2008.3.21 본조개정)

판례 주택임대차보호법은 사회적 약자인 임차인을 보호하여 국민의 주거생활의 안정을 보장하기 위한 것이므로, 채권자가 채무자 소유의 주택에 관하여 채무자와 임대차계약을 체결하고 전입신고를 마친 다음 그곳에 거주하여 형식적으로 주택임대차로서의 대항력을 취득한 외관을 갖추었다고 하더라도 임대차계약의 목적이 주택을 사용수익하려는 것에 있는 것이 아니고, 대항력 있는 임차인으로 보호받아 후순위권리자 기타 채권자보다 우선하여 채권을 회수하려는 것에 있었던 경우에는 그러한 임차인에게 주택임대차보호법이 정하고 있는 대항력을 부여할 수 없다.(대판 2007.12.13, 2007다55088)

제2조【적용 범위】 이 법은 주거용 건물(이하 "주택"이라 한다)의 전부 또는 일부의 임대차에 관하여 적용한다. 그 임차주택(賃借住宅)의 일부가 주거 외의 목적으로 사용되는 경우에도 또한 같다.(2008.3.21 본조개정)

판례 주택임대차보호법이 적용되는 임대차는 반드시 임차인과 주택 소유자인 임대인 사이에 임대차계약이 체결된 경우에 한정되는 것은 아니고, 주택 소유자가 아니더라도 주택에 관하여 적법하게 임대차계약을 체결할 수 있는 권한을 가진 임대인과 임대차계약이 체결된 경우도 포함된다. 또한 임차인이 대항력과 확정일자를 갖춘 후에 임대차계약이 갱신되더라도 대항력과 확정일자를 갖춘 때를 기준으로 종전 임대차 내용에 따른 우선변제권을 행사할 수 있다.
(대판 2012.7.26, 2012다45689)

제3조【대항력 등】 ① 임대차는 그 등기(登記)가 없는 경우에도 임차인(賃借人)이 주택의 인도(引渡)와 주민등록을 마친 때에는 그 다음 날부터 제삼자에 대하여 효력이 생긴다. 이 경우 전입신고를 한 때에 주민등록이 된 것으로 본다.
② 주택도시기금을 재원으로 하여 저소득층 무주택자에게 주거생활 안정을 목적으로 전세임대주택을 지원하는 법인이 주택을 임차한 후 지방자치단체의 장 또는 그 법인이 선정한 입주자가 그 주택을 인도받고 주민등록을 마쳤을 때에는 제1항을 준용한다. 이 경우 대항력이 인정되는 법인은 대통령령으로 정한다.(2015.1.6 전단개정)
③ 「중소기업기본법」 제2조에 따른 중소기업에 해당하는 법인이 소속 직원의 주거용으로 주택을 임차한 후 그 법인이 선정한 직원이 해당 주택을 인도받고 주민등록을 마쳤을 때에는 제1항을 준용한다. 임대차가 끝나기 전에 그 직원이 변경된 경우에는 그 법인이 선정한 새로운 직원이 주택을 인도받고 주민등록을 마친 다음 날부터 제삼자에 대하여 효력이 생긴다.(2013.8.13 본항신설)
④ 임차주택의 양수인(讓受人)(그 밖에 임대할 권리를 승계한 자를 포함한다)은 임대인(賃貸人)의 지위를 승계한 것으로 본다.
⑤ 이 법에 따라 임대차의 목적이 된 주택이 매매나 경매의 목적물이 된 경우에는 「민법」 제575조제1항·제3항 및 같은 법 제578조를 준용한다.
⑥ 제5항의 경우에는 동시이행의 항변권(抗辯權)에 관한 「민법」 제536조를 준용한다.(2013.8.13 본항개정)
(2008.3.21 본조개정)

판례 주택임대차보호법 제3조 제1항에 의한 대항력 취득의 요건인 주민등록은 임차인 본인뿐 아니라 배우자나 자녀 등 가족의 주민등록도 포함되고, 이러한 법리는 구 재외동포의 출입국과 법적 지위에 관한 법률(2008.3.14. 법률 제8896호로 개정되기 전의 것)에 의한 재외국민이 임차인인 경우에도 마찬가지로 적용된다.
(대판 2016.10.13, 2014다218030,218047)

제3조의2【보증금의 회수】 ① 임차인(제3조제2항 및 제3항의 법인을 포함한다. 이하 같다)이 임차주택에 대하여 보증금반환청구소송의 확정판결이나 그 밖에 이에 준하는 집행권원(執行權原)에 따라서 경매를 신청하는 경우에는 집행개시(執行開始)요건에 관한 「민사집행법」 제41조에도 불구하고 반대의무(反對義務)의 이행이나 이행의 제공을 집행개시의 요건으로 하지 아니한다.(2013.8.13 본항개정)
② 제3조제1항·제2항 또는 제3항의 대항요건(對抗要件)과 임대차계약증서(제3조제2항 및 제3항의 경우에는 법인과 임대인 사이의 임대차계약증서를 말한다)상의 확정일자(確定日字)를 갖춘 임차인은 「민사집행법」에 따른 경매 또는 「국세징수법」에 따른 공매(公賣)를 할 때에 임차주택(대지를 포함한다)의 환가대금(換價代金)에서 후순위권리자(後順位權利者)나 그 밖의 채권자보다 우선하여 보증금을 변제(辨濟)받을 권리가 있다.(2013.8.13 본항개정)
③ 임차인은 임차주택을 양수인에게 인도하지 아니하면 제2항에 따른 보증금을 받을 수 없다.
④ 제2항 또는 제7항에 따른 우선변제의 순위와 보증금에 대하여 이의가 있는 이해관계인은 경매법원이나 체납처분청에 이의를 신청할 수 있다.(2013.8.13 본항개정)
⑤ 제4항에 따라 경매법원에 이의를 신청하는 경우에는 「민사집행법」 제152조부터 제161조까지의 규정을 준용한다.
⑥ 제4항에 따라 이의신청을 받은 체납처분청은 이해관계인이 이의신청일부터 7일 이내에 임차인 또는 제7항에 따라 우선변제권을 승계한 금융기관 등을 상대로 소(訴)를 제기한 것을 증명하면 해당 소송이 끝날 때까지 이의가 신청된 범위에서 임차인 또는 제7항에 따라 우선변제권을 승계한 금융기관 등에 대한 보증금의 변제를 유보(留保)하고 남은 금액을 배분하여야 한다. 이 경우 유보된 보증금은 소송의 결과에 따라 배분한다.(2013.8.13 전단개정)
⑦ 다음 각 호의 금융기관 등이 제2항, 제3조의3제5항, 제3조의4제1항에 따른 우선변제권을 취득한 임차인의 보증금반환채권을 계약으로 양수한 경우에는 양수한 금액의 범위에서 우선변제권을 승계한다.
1. 「은행법」에 따른 은행
2. 「중소기업은행법」에 따른 중소기업은행
3. 「한국산업은행법」에 따른 한국산업은행
4. 「농업협동조합법」에 따른 농협은행
5. 「수산업협동조합법」에 따른 수협은행(2016.5.29 본호개정)
6. 「우체국예금·보험에 관한 법률」에 따른 체신관서
7. 「한국주택금융공사법」에 따른 한국주택금융공사
8. 「보험업법」 제4조제1항제2호라목의 보증보험을 보험종목으로 허가받은 보험회사
9. 「주택도시기금법」에 따른 주택도시보증공사(2015.1.6 본호개정)
10. 그 밖에 제1호부터 제9호까지에 준하는 것으로서 대통령령으로 정하는 기관
(2013.8.13 본항신설)
⑧ 제7항에 따라 우선변제권을 승계한 금융기관 등(이하 "금융기관등"이라 한다)은 다음 각 호의 어느 하나에 해당하는 경우에는 우선변제권을 행사할 수 없다.

1. 임차인이 제3조제1항·제2항 또는 제3항의 대항요건을 상실한 경우
2. 제3조의3제5항에 따른 임차권등기가 말소된 경우
3. 「민법」 제621조에 따른 임대차등기가 말소된 경우
(2013.8.13 본항신설)
⑨ 금융기관등은 우선변제권을 행사하기 위하여 임차인을 대리하거나 대위하여 임대차를 해지할 수 없다.(2013.8.13 본항신설)
(2008.3.21 본조개정)
제3조의3【임차권등기명령】 ① 임대차가 끝난 후 보증금이 반환되지 아니한 경우 임차인은 임차주택의 소재지를 관할하는 지방법원·지방법원지원 또는 시·군 법원에 임차권등기명령을 신청할 수 있다.(2013.8.13 본항개정)
② 임차권등기명령의 신청서에는 다음 각 호의 사항을 적어야 하며, 신청의 이유와 임차권등기의 원인이 된 사실을 소명(疎明)하여야 한다.
1. 신청의 취지 및 이유
2. 임대차의 목적인 주택(임대차의 목적이 주택의 일부분인 경우에는 해당 부분의 도면을 첨부한다)
3. 임차권등기의 원인이 된 사실(임차인이 제3조제1항·제2항 또는 제3항에 따른 대항력을 취득하였거나 제3조의2제2항에 따른 우선변제권을 취득한 경우에는 그 사실)
(2013.8.13 본호개정)
4. 그 밖에 대법원규칙으로 정하는 사항
③ 다음 각 호의 사항 등에 관하여는 「민사집행법」 제280조제1항, 제281조, 제283조, 제285조, 제286조, 제288조제1항, 같은 조 제2항 본문, 제289조, 제290조제2항 중 제288조제1항에 대한 부분, 제291조, 제292조제3항 및 제293조를 준용한다. 이 경우 "가압류"는 "임차권등기"로, "채권자"는 "임차인"으로, "채무자"는 "임대인"으로 본다.(2023.4.18 전단개정)
1. 임차권등기명령의 신청에 대한 재판
2. 임차권등기명령의 결정에 대한 임대인의 이의신청 및 그에 대한 재판
3. 임차권등기명령의 취소신청 및 그에 대한 재판
4. 임차권등기명령의 집행
④ 임차권등기명령의 신청을 기각(棄却)하는 결정에 대하여 임차인은 항고(抗告)할 수 있다.
⑤ 임차인은 임차권등기명령의 집행에 따른 임차권등기를 마치면 제3조제1항·제2항 또는 제3항에 따른 대항력과 제3조의2제2항에 따른 우선변제권을 취득한다. 다만, 임차인이 임차권등기 이전에 이미 대항력이나 우선변제권을 취득한 경우에는 그 대항력이나 우선변제권은 그대로 유지되며, 임차권등기 이후에는 제3조제1항·제2항 또는 제3항의 대항요건을 상실하더라도 이미 취득한 대항력이나 우선변제권을 상실하지 아니한다.(2013.8.13 본항개정)
⑥ 임차권등기명령의 집행에 따른 임차권등기가 끝난 주택(임대차의 목적이 주택의 일부분인 경우에는 해당 부분으로 한정한다)을 그 이후에 임차한 임차인은 제8조에 따른 우선변제를 받을 권리가 없다.
⑦ 임차권등기의 촉탁(囑託), 등기관의 임차권등기 기입(記入) 등 임차권등기명령을 시행하는 데에 필요한 사항은 대법원규칙으로 정한다.(2011.4.12 본항개정)
⑧ 임차인은 제1항에 따른 임차권등기명령의 신청과 그에 따른 임차권등기와 관련하여 든 비용을 임대인에게 청구할 수 있다.
⑨ 금융기관등은 임차인을 대위하여 제1항의 임차권등기명령을 신청할 수 있다. 이 경우 제3항·제4항 및 제8항의 "임차인"은 "금융기관등"으로 본다.(2013.8.13 본항신설)
(2008.3.21 본조개정)
제3조의4【「민법」에 따른 주택임대차등기의 효력 등】 ① 「민법」 제621조에 따른 주택임대차등기의 효력에 관하여는 제3조의3제5항 및 제6항을 준용한다.
② 임차인이 대항력이나 우선변제권을 갖추고 「민법」 제621조제1항에 따라 임대인의 협력을 얻어 임대차등기를 신청하는 경우에는 신청서에 「부동산등기법」 제74조제1호부터 제6호까지의 사항 외에 다음 각 호의 사항을 적어야 하며, 이를 증명할 수 있는 서면(임대차의 목적이 주택의 일부분인 경우에는 해당 부분의 도면을 포함한다)을 첨부하여야 한다.(2020.2.4 본문개정)
1. 주민등록을 마친 날
2. 임차주택을 점유(占有)한 날
3. 임대차계약증서상의 확정일자를 받은 날
(2008.3.21 본조개정)
제3조의5【경매에 의한 임차권의 소멸】 임차권은 임차주택에 대하여 「민사집행법」에 따른 경매가 행하여진 경우에는 그 임차주택의 경락(競落)에 따라 소멸한다. 다만, 보증금이 모두 변제되지 아니한, 대항력이 있는 임차권은 그러하지 아니하다.(2008.3.21 본조개정)
제3조의6【확정일자 부여 및 임대차 정보제공 등】 ① 제3조의2제2항의 확정일자는 주택 소재지의 읍·면사무소, 동 주민센터 또는 시(특별시·광역시·특별자치시는 제외하고, 특별자치도는 포함한다)·군·구(자치구를 말한다)의 출장소, 지방법원 및 그 지원과 등기소 또는 「공증인법」에 따른 공증인(이하 이 조에서 "확정일자부여기관"이라 한다)이 부여한다.
② 확정일자부여기관은 해당 주택의 소재지, 확정일자 부여일, 차임 및 보증금 등을 기재한 확정일자부를 작성하여야 한다. 이 경우 전산처리정보조직을 이용할 수 있다.
③ 주택의 임대차에 이해관계가 있는 자는 확정일자부여기관에 해당 주택의 확정일자 부여일, 차임 및 보증금 등 정보의 제공을 요청할 수 있다. 이 경우 요청을 받은 확정일자부여기관은 정당한 사유 없이 이를 거부할 수 없다.
④ 임대차계약을 체결하려는 자는 임대인의 동의를 받아 확정일자부여기관에 제3항에 따른 정보제공을 요청할 수 있다.
⑤ 제1항·제3항 또는 제4항에 따라 확정일자를 부여받거나 정보를 제공받으려는 자는 수수료를 내야 한다.
⑥ 확정일자부에 기재하여야 할 사항, 주택의 임대차에 이해관계가 있는 자의 범위, 확정일자부여기관에 요청할 수 있는 정보의 범위 및 수수료, 그 밖에 확정일자부여사무와 정보제공 등에 필요한 사항은 대통령령 또는 대법원규칙으로 정한다.
(2013.8.13 본조신설)
제3조의7【임대인의 정보 제시 의무】 임대차계약을 체결할 때 임대인은 다음 각 호의 사항을 임차인에게 제시하여야 한다.
1. 제3조의6제3항에 따른 해당 주택의 확정일자 부여일, 차임 및 보증금 등 정보. 다만, 임대인이 임대차계약을 체결하기 전에 제3조의6제4항에 따라 동의함으로써 이를 갈음할 수 있다.
2. 「국세징수법」 제108조에 따른 납세증명서 및 「지방세징수법」 제5조제2항에 따른 납세증명서. 다만, 임대인이 임대차계약을 체결하기 전에 「국세징수법」 제109조제1항에 따른 미납국세와 체납액의 열람 및 「지방세징수법」 제6조제1항에 따른 미납지방세의 열람에 각각 동의함으로써 이를 갈음할 수 있다.
(2023.4.18 본조신설)
제4조【임대차기간 등】 ① 기간을 정하지 아니하거나 2년 미만으로 정한 임대차는 그 기간을 2년으로 본다. 다만, 임차인은 2년 미만으로 정한 기간이 유효함을 주장할 수 있다.
② 임대차기간이 끝난 경우에도 임차인이 보증금을 반환받을 때까지는 임대차관계가 존속되는 것으로 본다.
(2008.3.21 본조개정)
제5조 (1989.12.30 삭제)
제6조【계약의 갱신】 ① 임대인이 임대차기간이 끝나기 6개월 전부터 2개월 전까지의 기간에 임차인에게 갱신거절

(更新拒絶)의 통지를 하지 아니하거나 계약조건을 변경하지 아니하면 갱신하지 아니한다는 뜻의 통지를 하지 아니한 경우에는 그 기간이 끝난 때에 전 임대차와 동일한 조건으로 다시 임대차한 것으로 본다. 임차인이 임대차기간이 끝나기 2개월 전까지 통지하지 아니한 경우에도 또한 같다.(2020.6.9 본항개정)
② 제1항의 경우 임대차의 존속기간은 2년으로 본다.
(2009.5.8 본항개정)
③ 2기(期)의 차임액(借賃額)에 달하도록 연체하거나 그 밖에 임차인으로서의 의무를 현저히 위반한 임차인에 대하여는 제1항을 적용하지 아니한다.
(2008.3.21 본조개정)

제6조의2【묵시적 갱신의 경우 계약의 해지】 ① 제6조제1항에 따라 계약이 갱신된 경우 같은 조 제2항에도 불구하고 임차인은 언제든지 임대인에게 계약해지(契約解止)를 통지할 수 있다.(2009.5.8 본항개정)
② 제1항에 따른 해지는 임대인이 그 통지를 받은 날부터 3개월이 지나면 그 효력이 발생한다.
(2008.3.21 본조개정)

제6조의3【계약갱신 요구 등】 ① 제6조에도 불구하고 임대인은 임차인이 제6조제1항 전단의 기간 이내에 계약갱신을 요구할 경우 정당한 사유 없이 거절하지 못한다. 다만, 다음 각 호의 어느 하나에 해당하는 경우에는 그러하지 아니하다.
1. 임차인이 2기의 차임액에 해당하는 금액에 이르도록 차임을 연체한 사실이 있는 경우
2. 임차인이 거짓이나 그 밖의 부정한 방법으로 임차한 경우
3. 서로 합의하여 임대인이 임차인에게 상당한 보상을 제공한 경우
4. 임차인이 임대인의 동의 없이 목적 주택의 전부 또는 일부를 전대(轉貸)한 경우
5. 임차인이 임차한 주택의 전부 또는 일부를 고의나 중대한 과실로 파손한 경우
6. 임차한 주택의 전부 또는 일부가 멸실되어 임대차의 목적을 달성하지 못할 경우
7. 임대인이 다음 각 목의 어느 하나에 해당하는 사유로 목적 주택의 전부 또는 대부분을 철거하거나 재건축하기 위하여 목적 주택의 점유를 회복할 필요가 있는 경우
   가. 임대차계약 체결 당시 공사시기 및 소요기간 등을 포함한 철거 또는 재건축 계획을 임차인에게 구체적으로 고지하고 그 계획에 따르는 경우
   나. 건물이 노후·훼손 또는 일부 멸실되는 등 안전사고의 우려가 있는 경우
   다. 다른 법령에 따라 철거 또는 재건축이 이루어지는 경우
8. 임대인(임대인의 직계존속·직계비속을 포함한다)이 목적 주택에 실제 거주하려는 경우
9. 그 밖에 임차인이 임차인으로서의 의무를 현저히 위반하거나 임대차를 계속하기 어려운 중대한 사유가 있는 경우

② 임차인은 제1항에 따른 계약갱신요구권을 1회에 한하여 행사할 수 있다. 이 경우 갱신되는 임대차의 존속기간은 2년으로 본다.
③ 갱신되는 임대차는 전 임대차와 동일한 조건으로 다시 계약된 것으로 본다. 다만, 차임과 보증금은 제7조의 범위에서 증감할 수 있다.
④ 제1항에 따라 갱신되는 임대차의 해지에 관하여는 제6조의2를 준용한다.
⑤ 임대인이 제1항제8호의 사유로 갱신을 거절하였음에도 불구하고 갱신요구가 거절되지 아니하였더라면 갱신되었을 기간이 만료되기 전에 정당한 사유 없이 제3자에게 목적 주택을 임대한 경우 임대인은 갱신거절로 인하여 임차인이 입은 손해를 배상하여야 한다.
⑥ 제5항에 따른 손해배상액은 거절 당시 당사자 간에 손해배상액의 예정에 관한 합의가 이루어지지 않는 한 다음 각 호의 금액 중 큰 금액으로 한다.
1. 갱신거절 당시 월차임(차임 외에 보증금이 있는 경우에는 그 보증금을 제7조의2 각 호 중 낮은 비율에 따라 월 단위의 차임으로 전환한 금액을 포함한다. 이하 "환산월차임"이라 한다)의 3개월분에 해당하는 금액
2. 임대인이 제3자에게 임대하여 얻은 환산월차임과 갱신거절 당시 환산월차임 간 차액의 2년분에 해당하는 금액
3. 제1항제8호의 사유로 인한 갱신거절로 인하여 임차인이 입은 손해액

(2020.7.31 본조신설)

판례 임대인(임대인의 직계존·비속 포함)이 목적 주택에 실거주 목적으로 임차인의 계약갱신 요구를 거절할 경우, 이에 대한 증명책임은 임대인에게 있다. '실제 거주하려는 의사'의 존재는 임대인이 단순히 그러한 의사를 표명하는 것으로는 부족하고, 임대인의 의사가 진정하다는 것을 통상적으로 수긍할 수 있을 정도의 사정이 인정되어야 한다. 임대인 의사의 진정성을 판단할 때 고려할 사정으로는 ① 임대인의 주거 상황, ② 임대인이나 그의 가족의 직장이나 학교 등 사회적 환경, ③ 임대인이 실제 거주하려는 의사를 가지게 된 경위, ④ 임대차계약 갱신 요구 거절 전후 임대인의 사정, ⑤ 임대인의 실제 거주 의사와 배치·모순되는 언동의 유무, ⑥ 이러한 언동으로 계약갱신에 대해 형성된 임차인의 정당한 신뢰가 훼손될 여지가 있는지 여부, ⑦ 임대인이 기존 주거지에서 목적 주택으로 이사하기 위한 준비 유무와 내용 등이 있다.(대판 2023.12.7, 2022다279795)

제7조【차임 등의 증감청구권】 ① 당사자는 약정한 차임이나 보증금이 임차주택에 관한 조세, 공과금, 그 밖의 부담의 증감이나 경제사정의 변동으로 인하여 적절하지 아니하게 된 때에는 장래에 대하여 그 증감을 청구할 수 있다. 이 경우 증액청구는 임대차계약 또는 약정한 차임이나 보증금의 증액이 있은 후 1년 이내에는 하지 못한다.
② 제1항에 따른 증액청구는 약정한 차임이나 보증금의 20분의 1의 금액을 초과하지 못한다. 다만, 특별시·광역시·특별자치시·도 및 특별자치도는 관할 구역 내의 지역별 임대차 시장 여건 등을 고려하여 본문의 범위에서 증액청구의 상한을 조례로 달리 정할 수 있다.(2020.7.31 본항신설)
(2020.7.31 본조개정)

제7조의2【월차임 전환 시 산정률의 제한】 보증금의 전부 또는 일부를 월 단위의 차임으로 전환하는 경우에는 그 전환되는 금액에 다음 각 호 중 낮은 비율을 곱한 월차임(月借賃)의 범위를 초과할 수 없다.(2013.8.13 본문개정)
1. 「은행법」에 따른 은행에서 적용하는 대출금리와 해당 지역의 경제 여건 등을 고려하여 대통령령으로 정하는 비율
(2013.8.13 본호신설)
2. 한국은행에서 공시한 기준금리에 대통령령으로 정하는 이율을 더한 비율(2016.5.29 본호개정)

제8조【보증금 중 일정액의 보호】 ① 임차인은 보증금 중 일정액을 다른 담보물권자(擔保物權者)보다 우선하여 변제받을 권리가 있다. 이 경우 임차인은 주택에 대한 경매신청의 등기 전에 제3조제1항의 요건을 갖추어야 한다.
② 제1항의 경우에는 제3조의2제4항부터 제6항까지의 규정을 준용한다.
③ 제1항에 따라 우선변제를 받을 임차인 및 보증금 중 일정액의 범위와 기준은 제8조의2에 따른 주택임대차위원회의 심의를 거쳐 대통령령으로 정한다. 다만, 보증금 중 일정액의 범위와 기준은 주택가액(대지의 가액을 포함한다)의 2분의 1을 넘지 못한다.(2009.5.8 본항개정)
(2008.3.21 본조개정)

판례 [1] 주택임대차보호법의 입법목적과 소액임차인 보호제도의 취지 등을 고려할 때, 채권자가 채무자 소유의 주택에 관하여 채무자와 임대차계약을 체결하고 전입신고를 마친 다음 그곳에 거주하였다고 하더라도, 임대차계약의 주된 목적이 소액임차인으로 보호받아 선순위 담보권자에 우선하여 채권을 회수하려는 것에 있었던 경우에는, 그러한 임차인을 주택임대차보호법상 소액임차인으로 보호할 수 없다.
[2] 처음 임대차계약을 체결할 당시에는 보증금액이 많아 주택임대차보호법상 소액임차인에 해당하지 않았지만 그 후 새로운 임대차계약에 의하여 정당하게 보증금을 감액하여 소액임차인에 해당하게 되었다면, 그 임대차계약이 통정허위표시에 의한 계약이어서 무효라는 등의 특별한 사정이 없는 한 그러한 임차인은 같은 법상 소액임차인으로 보호받을 수 있다.
(대판 2008.5.15, 2007다23203)

제8조의2【주택임대차위원회】 ① 제8조에 따라 우선변제를 받을 임차인 및 보증금 중 일정액의 범위와 기준을 심의하기 위하여 법무부에 주택임대차위원회(이하 "위원회"라 한다)를 둔다.
② 위원회는 위원장 1명을 포함한 9명 이상 15명 이하의 위원으로 성별을 고려하여 구성한다.(2020.7.31 본항개정)
③ 위원회의 위원장은 법무부차관이 된다.
④ 위원회의 위원은 다음 각 호의 어느 하나에 해당하는 사람 중에서 위원장이 임명하거나 위촉하되, 제1호부터 제5호까지에 해당하는 위원을 각각 1명 이상 임명하거나 위촉하여야 하고, 위원 중 2분의 1 이상은 제1호·제2호 또는 제6호에 해당하는 사람을 위촉하여야 한다.(2020.7.31 본문개정)
1. 법학·경제학 또는 부동산학 등을 전공하고 주택임대차 관련 전문지식을 갖춘 사람으로서 공인된 연구기관에서 조교수 이상 또는 이에 상당하는 직에 5년 이상 재직한 사람
2. 변호사·감정평가사·공인회계사·세무사 또는 공인중개사로서 5년 이상 해당 분야에서 종사하고 주택임대차 관련 업무경험이 풍부한 사람
3. 기획재정부에서 물가 관련 업무를 담당하는 고위공무원단에 속하는 공무원
4. 법무부에서 주택임대차 관련 업무를 담당하는 고위공무원단에 속하는 공무원(이에 상당하는 특정직 공무원을 포함한다)
5. 국토교통부에서 주택사업 또는 주거복지 관련 업무를 담당하는 고위공무원단에 속하는 공무원(2013.3.23 본호개정)
6. 그 밖에 주택임대차 관련 학식과 경험이 풍부한 사람으로서 대통령령으로 정하는 사람
⑤ 그 밖에 위원회의 구성 및 운영 등에 필요한 사항은 대통령령으로 정한다.
(2009.5.8 본조신설)
제9조【주택 임차권의 승계】 ① 임차인이 상속인 없이 사망한 경우에는 그 주택에서 가정공동생활을 하던 사실상의 혼인관계에 있는 자가 임차인의 권리와 의무를 승계한다.
② 임차인이 사망한 때에 사망 당시 상속인이 그 주택에서 가정공동생활을 하고 있지 아니한 경우에는 그 주택에서 가정공동생활을 하던 사실상의 혼인 관계에 있는 자와 2촌 이내의 친족이 공동으로 임차인의 권리와 의무를 승계한다.
③ 제1항과 제2항의 경우에 임차인이 사망한 후 1개월 이내에 임대인에게 제1항과 제2항에 따른 승계 대상자가 반대의사를 표시한 경우에는 그러하지 아니하다.
④ 제1항과 제2항의 경우에 임대차 관계에서 생긴 채권·채무는 임차인의 권리의무를 승계한 자에게 귀속된다.
(2008.3.21 본조개정)
제10조【강행규정】 이 법에 위반된 약정(約定)으로서 임차인에게 불리한 것은 그 효력이 없다.(2008.3.21 본조개정)
제10조의2【초과 차임 등의 반환청구】 임차인이 제7조에 따른 증액비율을 초과하여 차임 또는 보증금을 지급하거나 제7조의2에 따른 월차임 산정률을 초과하여 차임을 지급한 경우에는 초과 지급된 차임 또는 보증금 상당금액의 반환을 청구할 수 있다.(2013.8.13 본조신설)
제11조【일시사용을 위한 임대차】 이 법은 일시사용하기 위한 임대차임이 명백한 경우에는 적용하지 아니한다.
(2008.3.21 본조개정)
제12조【미등기 전세에의 준용】 주택의 등기를 하지 아니한 전세계약에 관하여는 이 법을 준용한다. 이 경우 "전세금"은 "임대차의 보증금"으로 본다.(2008.3.21 본조개정)
제13조【「소액사건심판법」의 준용】 임차인이 임대인에 대하여 제기하는 보증금반환청구소송에 관하여는 「소액사건심판법」 제6조, 제7조, 제10조 및 제11조의2를 준용한다.
(2008.3.21 본조개정)
제14조【주택임대차분쟁조정위원회】 ① 이 법의 적용을 받는 주택임대차와 관련된 분쟁을 심의·조정하기 위하여 대통령령으로 정하는 바에 따라 「법률구조법」 제8조에 따른 대한법률구조공단(이하 "공단"이라 한다)의 지부, 「한국토지주택공사법」에 따른 한국토지주택공사(이하 "공사"라 한다)의 지사 또는 사무소 및 「한국감정원법」에 따른 한국감정원(이하 "감정원"이라 한다)의 지사 또는 사무소에 주택임대차분쟁조정위원회(이하 "조정위원회"라 한다)를 둔다. 특별시·광역시·특별자치시·도 및 특별자치도(이하 "시·도"라 한다)는 그 지방자치단체의 실정을 고려하여 조정위원회를 둘 수 있다.(2020.7.31 전단개정)
② 조정위원회는 다음 각 호의 사항을 심의·조정한다.
1. 차임 또는 보증금의 증감에 관한 분쟁
2. 임대차 기간에 관한 분쟁
3. 보증금 또는 임차주택의 반환에 관한 분쟁
4. 임차주택의 유지·수선 의무에 관한 분쟁
5. 그 밖에 대통령령으로 정하는 주택임대차에 관한 분쟁
③ 조정위원회의 사무를 처리하기 위하여 조정위원회에 사무국을 두고, 사무국의 조직 및 인력 등에 필요한 사항은 대통령령으로 정한다.
④ 사무국의 조정위원회 업무담당자는 「상가건물 임대차보호법」 제20조에 따른 상가건물임대차분쟁조정위원회 사무국의 업무를 제외하고 다른 직위의 업무를 겸직하여서는 아니 된다.(2018.10.16 본항개정)
(2016.5.29 본조신설)
제15조【예산의 지원】 국가는 조정위원회의 설치·운영에 필요한 예산을 지원할 수 있다.(2016.5.29 본조신설)
제16조【조정위원회의 구성 및 운영】 ① 조정위원회는 위원장 1명을 포함하여 5명 이상 30명 이하의 위원으로 성별을 고려하여 구성한다.(2020.7.31 본항개정)
② 조정위원회의 위원은 조정위원회를 두는 기관에 따라 공단 이사장, 공사 사장, 감정원 원장 또는 조정위원회를 둔 지방자치단체의 장이 각각 임명하거나 위촉한다.(2020.7.31 본항개정)
③ 조정위원회의 위원은 주택임대차에 관한 학식과 경험이 풍부한 사람으로서 다음 각 호의 어느 하나에 해당하는 사람으로 한다. 이 경우 제1호부터 제4호까지에 해당하는 위원을 각 1명 이상 위촉하여야 하고, 위원 중 5분의 2 이상은 제2호에 해당하는 사람이어야 한다.
1. 법학·경제학 또는 부동산학 등을 전공하고 대학이나 공인된 연구기관에서 부교수 이상 또는 이에 상당하는 직에 재직한 사람
2. 판사·검사 또는 변호사로 6년 이상 재직한 사람
3. 감정평가사·공인회계사·법무사 또는 공인중개사로서 주택임대차 관계 업무에 6년 이상 종사한 사람
4. 「사회복지사업법」에 따른 사회복지법인과 그 밖의 비영리법인에서 주택임대차분쟁에 관한 상담에 6년 이상 종사한 경력이 있는 사람
5. 해당 지방자치단체에서 주택임대차 관련 업무를 담당하는 4급 이상의 공무원
6. 그 밖에 주택임대차 관련 학식과 경험이 풍부한 사람으로서 대통령령으로 정하는 사람
④ 조정위원회의 위원장은 제3항제2호에 해당하는 위원 중에서 위원들이 호선한다.
⑤ 조정위원회위원장은 조정위원회를 대표하여 그 직무를 총괄한다.
⑥ 조정위원회위원장이 부득이한 사유로 직무를 수행할 수 없는 경우에는 조정위원회위원장이 미리 지명한 조정위원이 그 직무를 대행한다.
⑦ 조정위원의 임기는 3년으로 하되 연임할 수 있으며, 보궐위원의 임기는 전임자의 남은 임기로 한다.
⑧ 조정위원회는 조정위원회위원장 또는 제3항제2호에 해당하는 조정위원 1명 이상을 포함한 재적위원 과반수의 출석과 출석위원 과반수의 찬성으로 의결한다.

⑨ 그 밖에 조정위원회의 설치, 구성 및 운영 등에 필요한 사항은 대통령령으로 정한다.
(2016.5.29 본조신설)

제17조【조정부의 구성 및 운영】 ① 조정위원회는 분쟁의 효율적 해결을 위하여 3명의 조정위원으로 구성된 조정부를 둘 수 있다.
② 조정부에는 제16조제3항제2호에 해당하는 사람이 1명 이상 포함되어야 하며, 그 중에서 조정위원회위원장이 조정부의 장을 지명한다.
③ 조정부는 다음 각 호의 사항을 심의·조정한다.
1. 제14조제2항에 따른 주택임대차분쟁 중 대통령령으로 정하는 금액 이하의 분쟁
2. 조정위원회가 사건을 특정하여 조정부에 심의·조정을 위임한 분쟁
④ 조정부는 조정부의 장을 포함한 재적위원 과반수의 출석과 출석위원 과반수의 찬성으로 의결한다.
⑤ 제4항에 따라 조정부가 내린 결정은 조정위원회가 결정한 것으로 본다.
⑥ 그 밖에 조정부의 설치, 구성 및 운영 등에 필요한 사항은 대통령령으로 정한다.
(2016.5.29 본조신설)

제18조【조정위원의 결격사유】「국가공무원법」 제33조 각 호의 어느 하나에 해당하는 사람은 조정위원이 될 수 없다.
(2016.5.29 본조신설)

제19조【조정위원의 신분보장】 ① 조정위원은 자신의 직무를 독립적으로 수행하고 주택임대차분쟁의 심리 및 판단에 관하여 어떠한 지시에도 구속되지 아니한다.
② 조정위원은 다음 각 호의 어느 하나에 해당하는 경우를 제외하고는 그 의사에 반하여 해임 또는 해촉되지 아니한다.
1. 제18조에 해당하는 경우
2. 신체상 또는 정신상의 장애로 직무를 수행할 수 없게 된 경우
(2016.5.29 본조신설)

제20조【조정위원의 제척 등】 ① 조정위원이 다음 각 호의 어느 하나에 해당하는 경우 그 직무의 집행에서 제척된다.
1. 조정위원 또는 그 배우자나 배우자이었던 사람이 해당 분쟁사건의 당사자가 되는 경우
2. 조정위원이 해당 분쟁사건의 당사자와 친족관계에 있거나 있었던 경우
3. 조정위원이 해당 분쟁사건에 관하여 진술, 감정 또는 법률자문을 한 경우
4. 조정위원이 해당 분쟁사건에 관하여 당사자의 대리인으로서 관여하거나 관여하였던 경우
② 사건을 담당한 조정위원에게 제척의 원인이 있는 경우에는 조정위원회는 직권 또는 당사자의 신청에 따라 제척의 결정을 한다.
③ 당사자는 사건을 담당한 조정위원에게 공정한 직무집행을 기대하기 어려운 사정이 있는 경우 조정위원회에 기피신청을 할 수 있다.
④ 기피신청에 관한 결정은 조정위원회가 하고, 해당 조정위원 및 당사자 쌍방은 그 결정에 불복하지 못한다.
⑤ 제3항에 따른 기피신청이 있는 때에는 조정위원회는 그 신청에 대한 결정이 있을 때까지 조정절차를 정지하여야 한다.
⑥ 조정위원은 제1항 또는 제3항에 해당하는 경우 조정위원회의 허가를 받지 아니하고 해당 분쟁사건의 직무집행에서 회피할 수 있다.
(2016.5.29 본조신설)

제21조【조정의 신청 등】 ① 제14조제2항 각 호의 어느 하나에 해당하는 주택임대차분쟁의 당사자는 해당 주택이 소재하는 지역을 관할하는 조정위원회에 분쟁의 조정을 신청할 수 있다.(2020.7.31 본항개정)
② 조정위원회는 신청인이 조정을 신청할 때 조정 절차 및 조정의 효력 등 분쟁조정에 관하여 대통령령으로 정하는 사항을 안내하여야 한다.
③ 조정위원회의 위원장은 다음 각 호의 어느 하나에 해당하는 경우 신청을 각하한다. 이 경우 그 사유를 신청인에게 통지하여야 한다.
1. 이미 해당 분쟁조정사항에 대하여 법원에 소가 제기되거나 조정 신청이 있은 후 소가 제기된 경우
2. 이미 해당 분쟁조정사항에 대하여 「민사조정법」에 따른 조정이 신청된 경우나 조정신청이 있은 후 같은 법에 따른 조정이 신청된 경우
3. 이미 해당 분쟁조정사항에 대하여 이 법에 따른 조정위원회에 조정이 신청된 경우나 조정신청이 있은 후 조정이 성립된 경우
4. 조정신청 자체로 주택임대차에 관한 분쟁이 아님이 명백한 경우
5. 피신청인이 조정절차에 응하지 아니한다는 의사를 통지한 경우(2020.6.9 본호개정)
6. 신청인이 정당한 사유 없이 조사에 응하지 아니하거나 2회 이상 출석요구에 응하지 아니한 경우
(2016.5.29 본조신설)

제22조【조정절차】 ① 조정위원회의 위원장은 신청인으로부터 조정신청을 접수한 때에는 지체 없이 조정절차를 개시하여야 한다.(2020.6.9 본항개정)
② 조정위원회의 위원장은 제1항에 따라 조정신청을 접수하면 피신청인에게 조정신청서를 송달하여야 한다. 이 경우 제21조제2항을 준용한다.(2020.6.9 본항개정)
③ 조정서류의 송달 등 조정절차에 관하여 필요한 사항은 대통령령으로 정한다.
(2016.5.29 본조신설)

제23조【처리기간】 ① 조정위원회는 분쟁의 조정신청을 받은 날부터 60일 이내에 그 분쟁조정을 마쳐야 한다. 다만, 부득이한 사정이 있는 경우에는 조정위원회의 의결을 거쳐 30일의 범위에서 그 기간을 연장할 수 있다.
② 조정위원회는 제1항 단서에 따라 기간을 연장한 경우에는 기간 연장의 사유와 그 밖에 기간 연장에 관한 사항을 당사자에게 통보하여야 한다.
(2016.5.29 본조신설)

제24조【조사 등】 ① 조정위원회는 조정을 위하여 필요하다고 인정하는 경우 신청인, 피신청인, 분쟁 관련 이해관계인 또는 참고인에게 출석하여 진술하게 하거나 조정에 필요한 자료나 물건 등을 제출하도록 요구할 수 있다.
② 조정위원회는 조정을 위하여 필요하다고 인정하는 경우 조정위원 또는 사무국의 직원으로 하여금 조정 대상물 및 관련 자료에 대하여 조사하게 하거나 자료를 수집하게 할 수 있다. 이 경우 조정위원이나 사무국의 직원은 그 권한을 표시하는 증표를 지니고 이를 관계인에게 내보여야 한다.
③ 조정위원회위원장은 특별시장, 광역시장, 특별자치시장, 도지사 및 특별자치도지사(이하 "시·도지사"라 한다)에게 해당 조정업무에 참고하기 위하여 인근지역의 확정일자 자료, 보증금의 월차임 전환율 등 적정 수준의 임대료 산정을 위한 자료를 요청할 수 있다. 이 경우 시·도지사는 정당한 사유가 없으면 조정위원회위원장의 요청에 따라야 한다.
(2016.5.29 본조신설)

제25조【조정을 하지 아니하는 결정】 ① 조정위원회는 해당 분쟁이 그 성질상 조정을 하기에 적당하지 아니하다고 인정하거나 당사자가 부당한 목적으로 조정을 신청한 것으로 인정할 때에는 조정을 하지 아니할 수 있다.
② 조정위원회는 제1항에 따라 조정을 하지 아니하기로 결정하였을 때에는 그 사실을 당사자에게 통지하여야 한다.
(2016.5.29 본조신설)

제26조【조정의 성립】 ① 조정위원회가 조정안을 작성한 경우에는 그 조정안을 지체 없이 각 당사자에게 통지하여야 한다.
② 제1항에 따라 조정안을 통지받은 당사자가 통지받은 날부터 14일 이내에 수락의 의사를 서면으로 표시하지 아니한 경우에는 조정을 거부한 것으로 본다.(2020.6.9 본항개정)
③ 제2항에 따라 각 당사자가 조정안을 수락한 경우에는 조정안과 동일한 내용의 합의가 성립된 것으로 본다.
④ 제3항에 따른 합의가 성립한 경우 조정위원회위원장은 조정안의 내용을 조정서로 작성한다. 조정위원회위원장은 각 당사자 간에 금전, 그 밖의 대체물의 지급 또는 부동산의 인도에 관하여 강제집행을 승낙하는 취지의 합의가 있는 경우에는 그 내용을 조정서에 기재하여야 한다.
(2016.5.29 본조신설)

제27조【집행력의 부여】 제26조제4항 후단에 따라 강제집행을 승낙하는 취지의 내용이 기재된 조정서의 정본은 「민사집행법」 제56조에도 불구하고 집행력 있는 집행권원과 같은 효력을 가진다. 다만, 청구에 관한 이의의 주장에 대하여는 같은 법 제44조제2항을 적용하지 아니한다.(2016.5.29 본조신설)

제28조【비밀유지의무】 조정위원, 사무국의 직원 또는 그 직에 있었던 자는 다른 법률에 특별한 규정이 있는 경우를 제외하고는 직무상 알게 된 정보를 타인에게 누설하거나 직무상 목적 외에 사용하여서는 아니 된다.(2016.5.29 본조신설)

제29조【다른 법률의 준용】 조정위원회의 운영 및 조정절차에 관하여 이 법에서 규정하지 아니한 사항에 대하여는 「민사조정법」을 준용한다.(2016.5.29 본조신설)

제30조【주택임대차표준계약서 사용】 주택임대차계약을 서면으로 체결할 때에는 법무부장관이 국토교통부장관과 협의하여 정하는 주택임대차표준계약서를 우선적으로 사용한다. 다만, 당사자가 다른 서식을 사용하기로 합의한 경우에는 그러하지 아니하다.(2020.7.31 본문개정)

제31조【벌칙 적용에서 공무원 의제】 공무원이 아닌 주택임대차위원회의 위원 및 주택임대차분쟁조정위원회의 위원은 「형법」 제127조, 제129조부터 제132조까지의 규정을 적용할 때에는 공무원으로 본다.(2016.5.29 본조신설)

부 칙 (2013.8.13)

제1조【시행일】 이 법은 2014년 1월 1일부터 시행한다. 다만, 제3조의2제4항, 제6항부터 제9항까지, 제3조의3제1항 및 제9항, 제10조의2의 개정규정은 공포한 날부터 시행한다.

제2조【일반적 적용례】 이 법은 이 법 시행 후 최초로 체결되거나 갱신되는 임대차부터 적용한다.

제3조【중소기업 법인의 대항력에 관한 적용례 및 경과조치】 ① 제3조제3항의 개정규정은 법인(「중소기업기본법」 제2조에 따른 중소기업인 법인에 한정한다)이 임차인인 이 법 시행 당시 존속 중인 임대차에 대하여도 적용하되, 이 법 시행 전에 물권을 취득한 제3자에 대하여는 그 효력이 없다.
② 제1항에도 불구하고 이 법 시행 당시 존속 중인 임대차의 기간에 대하여는 종전의 규정에 따른다.

제4조【금융기관등의 우선변제권에 관한 적용례】 제3조의2제4항, 제6항부터 제9항까지, 제3조의3제1항 및 제9항의 개정규정은 같은 개정규정 시행 당시 존속 중인 임대차에 대하여도 적용하되, 같은 개정규정 시행 후 최초로 보증금반환채권을 양수한 경우부터 적용한다.

제5조【월차임 전환 시 산정률의 제한에 관한 적용례】 제7조의2의 개정규정은 이 법 시행 당시 존속 중인 임대차에 대하여도 적용하되, 이 법 시행 후 최초로 보증금의 전부 또는 일부를 월 단위 차임으로 전환하는 경우부터 적용한다.

부 칙 (2020.2.4)

제1조【시행일】 이 법은 공포 후 6개월이 경과한 날부터 시행한다.(이하 생략)

부 칙 (2020.6.9)

제1조【시행일】 이 법은 공포 후 6개월이 경과한 날부터 시행한다.

제2조【계약 갱신에 관한 적용례】 제6조제1항의 개정규정은 이 법 시행 후 최초로 체결되거나 갱신된 임대차부터 적용한다.

제3조【조정절차 등에 관한 적용례】 제21조제3항제5호, 제22조제1항 · 제2항 및 제26조제2항의 개정규정은 이 법 시행 후 최초로 주택임대차분쟁조정위원회에 접수되는 조정신청부터 적용한다.

부 칙 (2020.7.31)

제1조【시행일】 이 법은 공포한 날부터 시행한다. 다만, 제8조의2제2항 · 제4항, 제14조제1항, 제16조제1항 · 제2항, 제21조제1항 및 제30조의 개정규정은 공포 후 3개월이 경과한 날부터 시행한다.

제2조【계약갱신 요구 등에 관한 적용례】 ① 제6조의3 및 제7조의 개정규정은 이 법 시행 당시 존속 중인 임대차에 대하여도 적용한다.
② 제1항에도 불구하고 이 법 시행 전에 임대인이 갱신을 거절하고 제3자와 임대차계약을 체결한 경우에는 이를 적용하지 아니한다.

부 칙 (2023.4.18)

제1조【시행일】 이 법은 공포 후 3개월이 경과한 날부터 시행한다. 다만, 제3조의7의 개정규정은 공포한 날부터 시행한다.(2023.7.11 본문개정)

제2조【임차권등기명령의 집행에 관한 적용례】 제3조의3 제3항 각 호 외의 부분 전단의 개정규정은 이 법 시행 전에 내려져 이 법 시행 당시 임대인에게 송달되지 아니한 임차권등기명령에 대해서도 적용한다.

제3조【임대인의 정보 제시 의무에 관한 적용례】 제3조의7의 개정규정은 같은 개정규정 시행 이후 임대차계약을 체결하는 경우부터 적용한다.

부 칙 (2023.7.11)

이 법은 공포한 날부터 시행한다.

주택임대차보호법 시행령

(1984년 6월 14일 대통령령 제11441호)

개정
1987.12. 1영12283호 1990. 2.19영12930호
1995.10.19영14785호 2001. 9.15영17360호
2002. 6.19영17627호 2007.10.23영20334호
2008. 8.21영20971호 2009. 7.30영21650호
2009. 9.21영21744호(한국토지주택공사법시)
2010. 7.21영22284호
2012. 1. 6영23488호(민감정보고유식별정보)
2013. 3.23영24415호(직제)
2013.12.30영25035호
2016. 1.22영26922호(제주자치법시)
2016. 3.31영27078호 2016.11.29영27614호
2017. 5.29영28053호 2018. 9.18영29162호
2020. 9.29영31080호
2020.12. 8영31243호(한국부동산원법시)
2021. 4. 6영31614호(5·18민주유공자예우및단체설립에관한법시)
2021. 5.11영31673호 2022.12.20영33105호
2023. 2.21영33254호
2023. 9.26영33771호(한부모가족지원확대를위한일부개정령)
2024. 6. 4영34550호(강원특별자치도설치및미래산업글로벌도시조성을위한특별법시)
2024.12.24영35089호(전북특별자치도설치및글로벌생명경제도시조성을위한특별법시)
2024.12.31영35161호

제1조【목적】 이 영은 「주택임대차보호법」에서 위임된 사항과 그 시행에 관하여 필요한 사항을 정함을 목적으로 한다.
(2008.8.21 본조개정)

제2조【대항력이 인정되는 법인】 「주택임대차보호법」(이하 "법"이라 한다) 제3조제2항 후단에서 "대항력이 인정되는 법인"이란 다음 각 호의 법인을 말한다.
1. 「한국토지주택공사법」에 따른 한국토지주택공사(이하 "공사"라 한다)(2020.9.29 본호개정)
2. 「지방공기업법」 제49조에 따라 주택사업을 목적으로 설립된 지방공사

(2008.8.21 본조개정)

제2조의2 → 제9조로 이동

제3조【고유식별정보의 처리】 다음 각 호의 어느 하나에 해당하는 자는 법 제3조의6에 따른 확정일자 부여 및 임대차 정보제공 등에 관한 사무를 수행하기 위하여 불가피한 경우 「개인정보 보호법 시행령」 제19조제1호 및 제4호에 따른 주민등록번호 및 외국인등록번호를 처리할 수 있다.
1. 시장(「제주특별자치도 설치 및 국제자유도시 조성을 위한 특별법」 제11조에 따른 행정시장을 포함하며, 특별시장·광역시장·특별자치시장은 제외한다), 군수 또는 구청장(자치구의 구청장을 말한다)(2016.1.22 본호개정)
2. 읍·면·동의 장
3. 「공증인법」에 따른 공증인

(2013.12.30 본조개정)

제4조【확정일자부 기재사항 등】 ① 법 제3조의6제1항에 따른 확정일자부여기관(지방법원 및 그 지원과 등기소는 제외하며, 이하 "확정일자부여기관"이라 한다)이 같은 조 제2항에 따라 작성하는 확정일자부에 기재하여야 할 사항은 다음 각 호와 같다.
1. 확정일자번호
2. 확정일자 부여일
3. 임대인·임차인의 인적사항
   가. 자연인인 경우
   성명, 주소, 주민등록번호(외국인은 외국인등록번호)
   나. 법인이거나 법인 아닌 단체인 경우
   법인명·단체명, 법인등록번호·부동산등기용등록번호, 본점·주사무소 소재지
4. 주택 소재지
5. 임대차 목적물
6. 임대차 기간
7. 차임·보증금
8. 신청인의 성명과 주민등록번호 앞 6자리(외국인은 외국인등록번호 앞 6자리)

② 확정일자는 확정일자번호, 확정일자 부여일 및 확정일자 부여기관을 주택임대차계약증서에 표시하는 방법으로 부여한다.
③ 제1항 및 제2항에서 규정한 사항 외에 확정일자부 작성방법 및 확정일자 부여 시 확인사항 등 확정일자 부여 사무에 관하여 필요한 사항은 법무부령으로 정한다.
(2013.12.30 본조신설)

제5조【주택의 임대차에 이해관계가 있는 자의 범위】 법 제3조의6제3항에 따라 정보제공을 요청할 수 있는 주택의 임대차에 이해관계가 있는 자(이하 "이해관계인"이라 한다)는 다음 각 호의 어느 하나에 해당하는 자로 한다.
1. 해당 주택의 임대인·임차인
2. 해당 주택의 소유자
3. 해당 주택 또는 그 대지의 등기기록에 기록된 권리자 중 법무부령으로 정하는 자
4. 법 제3조의2제7항에 따라 우선변제권을 승계한 금융기관
5. 법 제6조의3제1항제8호의 사유로 계약의 갱신이 거절된 임대차계약의 임차인이었던 자(2020.9.29 본호신설)
6. 제1호부터 제5호까지의 규정에 준하는 지위 또는 권리를 가지는 자로서 법무부령으로 정하는 자(2020.9.29 본호개정)

(2013.12.30 본조신설)

제6조【요청할 수 있는 정보의 범위 및 제공방법】 ① 제5조제1호 또는 제5호에 해당하는 자는 법 제3조의6제3항에 따라 확정일자부여기관에 해당 임대차계약(제5조제5호에 해당하는 자의 경우에는 갱신요구가 거절되지 않았더라면 갱신되었을 기간 중에 존속하는 임대차계약을 말한다)에 관한 다음 각 호의 사항의 열람 또는 그 내용을 기록한 서면의 교부를 요청할 수 있다.(2020.9.29 본문개정)
1. 임대차목적물
2. 임대인·임차인의 인적사항(제5조제5호에 해당하는 자는 임대인·임차인의 성명, 법인명 또는 단체명으로 한정한다)(2020.9.29 본호개정)
3. 확정일자 부여일
4. 차임·보증금
5. 임대차기간

② 제5조제2호부터 제4호까지 또는 제6호의 어느 하나에 해당하는 자이거나 임대차계약을 체결하려는 자는 법 제3조의6제3항 또는 제4항에 따라 확정일자부여기관에 다음 각 호의 사항의 열람 또는 그 내용을 기록한 서면의 교부를 요청할 수 있다.(2020.9.29 본문개정)
1. 임대차목적물
2. 확정일자 부여일
3. 차임·보증금
4. 임대차기간

③ 제1항 및 제2항에서 규정한 사항 외에 정보제공 요청에 필요한 사항은 법무부령으로 정한다.
(2013.12.30 본조신설)

제7조【수수료】 ① 법 제3조의6제5항에 따라 확정일자부여기관에 내야 하는 수수료는 확정일자 부여에 관한 수수료와 정보제공에 관한 수수료로 구분하며, 그 구체적인 금액은 법무부령으로 정한다.
② 「국민기초생활 보장법」에 따른 수급자 등 법무부령으로 정하는 사람에 대해서는 제1항에 따른 수수료를 면제할 수 있다.
(2013.12.30 본조신설)

제8조【차임 등 증액청구의 기준 등】 ① 법 제7조에 따른 차임이나 보증금(이하 "차임등"이라 한다)의 증액청구는 약정한 차임등의 20분의 1의 금액을 초과하지 못한다.
② 제1항에 따른 증액청구는 임대차계약 또는 약정한 차임등의 증액이 있은 후 1년 이내에는 하지 못한다.
(2008.8.21 본조개정)

제9조【월차임 전환 시 산정률】 ① 법 제7조의2제1호에서 "대통령령으로 정하는 비율"이란 연 1할을 말한다.
② 법 제7조의2제2호에서 "대통령령으로 정하는 이율"이란 연 2퍼센트를 말한다.(2020.9.29 본항개정)
(2013.12.30 본조개정)

제10조【보증금 중 일정액의 범위 등】 ① 법 제8조에 따라 우선변제를 받을 보증금 중 일정액의 범위는 다음 각 호의 구분에 의한 금액 이하로 한다.
1. 서울특별시 : 5천500만원
2. 「수도권정비계획법」에 따른 과밀억제권역(서울특별시는 제외한다), 세종특별자치시, 용인시, 화성시 및 김포시 : 4천800만원
3. 광역시(「수도권정비계획법」에 따른 과밀억제권역에 포함된 지역과 군지역은 제외한다), 안산시, 광주시, 파주시, 이천시 및 평택시 : 2천800만원
4. 그 밖의 지역 : 2천500만원
(2023.2.21 1호~4호개정)
② 임차인의 보증금 중 일정액이 주택가액의 2분의 1을 초과하는 경우에는 주택가액의 2분의 1에 해당하는 금액까지만 우선변제권이 있다.
③ 하나의 주택에 임차인이 2명 이상이고, 그 각 보증금 중 일정액을 모두 합한 금액이 주택가액의 2분의 1을 초과하는 경우에는 그 각 보증금 중 일정액을 모두 합한 금액에 대한 각 임차인의 보증금 중 일정액의 비율로 그 주택가액의 2분의 1에 해당하는 금액을 분할한 금액을 각 임차인의 보증금 중 일정액으로 본다.
④ 하나의 주택에 임차인이 2명 이상이고 이들이 그 주택에서 가정공동생활을 하는 경우에는 이들을 1명의 임차인으로 보아 이들의 각 보증금을 합산한다.
(2008.8.21 본조개정)

제11조【우선변제를 받을 임차인의 범위】 법 제8조에 따라 우선변제를 받을 임차인은 보증금이 다음 각 호의 구분에 의한 금액 이하인 임차인으로 한다.
1. 서울특별시 : 1억6천500만원
2. 「수도권정비계획법」에 따른 과밀억제권역(서울특별시는 제외한다), 세종특별자치시, 용인시, 화성시 및 김포시 : 1억4천500만원
3. 광역시(「수도권정비계획법」에 따른 과밀억제권역에 포함된 지역과 군지역은 제외한다), 안산시, 광주시, 파주시, 이천시 및 평택시 : 8천500만원
4. 그 밖의 지역 : 7천500만원
(2023.2.21 1호~4호개정)
(2008.8.21 본조개정)

제12조【주택임대차위원회의 구성】 법 제8조의2제4항제6호에서 "대통령령으로 정하는 사람"이란 다음 각 호의 어느 하나에 해당하는 사람을 말한다.
1. 특별시·광역시·특별자치시·도 및 특별자치도(이하 "시·도"라 한다)에서 주택정책 또는 부동산 관련 업무를 담당하는 주무부서의 실·국장(2017.5.29 본호개정)
2. 법무사로서 5년 이상 해당 분야에서 종사하고 주택임대차 관련 업무 경험이 풍부한 사람
(2009.7.30 본조신설)

제13조【위원의 임기 등】 ① 법 제8조의2에 따른 주택임대차위원회(이하 "위원회"라 한다)의 위원의 임기는 2년으로 하되, 한 차례만 연임할 수 있다. 다만, 공무원인 위원의 임기는 그 직위에 재직하는 기간으로 한다.
② 위원장은 위촉된 위원이 다음 각 호의 어느 하나에 해당하는 경우에는 해당 위원을 해촉할 수 있다.
1. 심신장애로 인하여 직무를 수행할 수 없게 된 경우
2. 직무와 관련한 형사사건으로 기소된 경우
3. 직무태만, 품위손상, 그 밖의 사유로 인하여 위원으로 적합하지 아니하다고 인정되는 경우
4. 위원 스스로 직무를 수행하는 것이 곤란하다고 의사를 밝히는 경우
(2016.3.31 본조개정)

제14조【위원장의 직무】 ① 위원장은 위원회를 대표하고, 위원회의 업무를 총괄한다.
② 위원장이 부득이한 사유로 인하여 직무를 수행할 수 없을 때에는 위원장이 미리 지명한 위원이 그 직무를 대행한다.
(2009.7.30 본조신설)

제15조【간사】 ① 위원회에 간사 1명을 두되, 간사는 주택임대차 관련 업무에 종사하는 법무부 소속의 고위공무원단에 속하는 일반직 공무원(이에 상당하는 특정직·별정직 공무원을 포함한다) 중에서 위원회의 위원장이 지명한다.
② 간사는 위원회의 운영을 지원하고, 위원회의 회의에 관한 기록과 그 밖에 서류의 작성과 보관에 관한 사무를 처리한다.
③ 간사는 위원회에 참석하여 심의사항을 설명하거나 그 밖에 필요한 발언을 할 수 있다.
(2009.7.30 본조신설)

제16조【위원회의 회의】 ① 위원회의 회의는 매년 1회 개최되는 정기회의와 위원장이 필요하다고 인정하거나 위원 3분의 1 이상이 요구할 경우에 개최되는 임시회의로 구분하여 운영한다.
② 위원장은 위원회의 회의를 소집하고, 그 의장이 된다.
③ 위원회의 회의는 재적위원 과반수의 출석으로 개의하고, 출석위원 과반수의 찬성으로 의결한다.
④ 위원회의 회의는 비공개로 한다.
⑤ 위원장은 위원이 아닌 자를 회의에 참석하게 하여 의견을 듣거나 관계 기관·단체 등에게 필요한 자료, 의견 제출 등 협조를 요청할 수 있다.
(2009.7.30 본조신설)

제17조【실무위원회】 ① 위원회에서 심의할 안건의 협의를 효율적으로 지원하기 위하여 위원회에 실무위원회를 둔다.
② 실무위원회는 다음 각 호의 사항을 협의·조정한다.
1. 심의안건 및 이와 관련하여 위원회가 위임한 사항
2. 그 밖에 위원장 및 위원이 실무협의를 요구하는 사항
③ 실무위원회의 위원장은 위원회의 간사가 되고, 실무위원회의 위원은 다음 각 호의 사람 중에서 그 소속기관의 장이 지명하는 사람으로 한다.
1. 기획재정부에서 물가 관련 업무를 담당하는 5급 이상의 국가공무원
2. 법무부에서 주택임대차 관련 업무를 담당하는 5급 이상의 국가공무원
3. 국토교통부에서 주택사업 또는 주거복지 관련 업무를 담당하는 5급 이상의 국가공무원(2013.3.23 본호개정)
4. 시·도에서 주택정책 또는 부동산 관련 업무를 담당하는 5급 이상의 지방공무원
(2009.7.30 본조신설)

제18조【전문위원】 ① 위원회의 심의사항에 관한 전문적인 조사·연구업무를 수행하기 위하여 5명 이내의 전문위원을 둘 수 있다.
② 전문위원은 법학, 경제학 또는 부동산학 등에 학식과 경험을 갖춘 사람 중에서 법무부장관이 위촉하고, 임기는 2년으로 한다.
(2009.7.30 본조신설)

제19조【수당】 위원회 또는 실무위원회 위원에 대해서는 예산의 범위에서 수당을 지급할 수 있다. 다만, 공무원인 위원이 그 소관 업무와 직접적으로 관련되어 위원회에 출석하는 경우에는 그러하지 아니하다.(2009.7.30 본조신설)

제20조【운영세칙】 이 영에서 규정한 사항 외에 위원회의 운영에 필요한 사항은 법무부장관이 정한다.
(2009.7.30 본조신설)

제21조【주택임대차분쟁조정위원회의 설치】 법 제14조제1항에 따른 주택임대차분쟁조정위원회(이하 "조정위원회"라 한다)를 두는 「법률구조법」 제8조에 따른 대한법률구조공단(이하 "공단"이라 한다), 공사 및 「한국부동산원법」에 따른 한국부동산원(이하 "부동산원"이라 한다)의 지부, 지사 또는 사무소와 그 관할구역은 별표1과 같다.
(2020.12.8 본조개정)

제22조【조정위원회의 심의 · 조정 사항】 법 제14조제2항 제5호에서 "대통령령으로 정하는 주택임대차에 관한 분쟁"이란 다음 각 호의 분쟁을 말한다.
1. 임대차계약의 이행 및 임대차계약 내용의 해석에 관한 분쟁
2. 임대차계약 갱신 및 종료에 관한 분쟁
3. 임대차계약의 불이행 등에 따른 손해배상청구에 관한 분쟁
4. 공인중개사 보수 등 비용부담에 관한 분쟁
5. 「공인중개사법」 제30조에 따른 공인중개사의 손해배상책임(중개의뢰인이 같은 법 시행령 제26조제1항에 따라 보증기관에 손해배상금으로 공제금의 지급을 청구하는 경우를 포함한다)에 관한 분쟁(2024.12.31 본호신설)
6. 주택임대차표준계약서 사용에 관한 분쟁
7. 그 밖에 제1호부터 제6호까지의 규정에 준하는 분쟁으로서 조정위원회의 위원장(이하 "위원장"이라 한다)이 조정이 필요하다고 인정하는 분쟁(2024.12.31 본호개정)
(2017.5.29 본조신설)

제23조【공단의 지부 등에 두는 조정위원회 사무국】 ① 법 제14조제3항에 따라 공단, 공사 및 부동산원의 지부, 지사 또는 사무소에 두는 조정위원회 사무국(이하 "사무국"이라 한다)에는 사무국장 1명을 두며, 사무국장 밑에 심사관 및 조사관을 둔다.(2020.12.8 본항개정)
② 사무국장은 공단 이사장, 공사 사장 및 부동산원 원장이 각각 임명하며, 조정위원회의 위원(이하 "조정위원"이라 한다)을 겸직할 수 있다.(2020.12.8 본항개정)
③ 심사관 및 조사관은 공단 이사장, 공사 사장 및 부동산원 원장이 각각 임명한다.(2020.12.8 본항개정)
④ 사무국장은 사무국의 업무를 총괄하고, 소속 직원을 지휘 · 감독한다.
⑤ 심사관은 다음 각 호의 업무를 담당한다.
1. 분쟁조정신청 사건에 대한 쟁점정리 및 법률적 검토
2. 조사관이 담당하는 업무에 대한 지휘 · 감독
3. 그 밖에 위원장이 조정위원회의 사무 처리를 위하여 필요하다고 인정하는 업무
⑥ 조사관은 다음 각 호의 업무를 담당한다.
1. 조정신청의 접수
2. 분쟁조정 신청에 관한 민원의 안내
3. 조정당사자에 대한 송달 및 통지
4. 분쟁의 조정에 필요한 사실조사
5. 그 밖에 위원장이 조정위원회의 사무 처리를 위하여 필요하다고 인정하는 업무
⑦ 사무국장 및 심사관은 변호사의 자격이 있는 사람으로 한다.
(2020.9.29 본조제목개정)
(2017.5.29 본조신설)

제24조【시 · 도의 조정위원회 사무국】 시 · 도가 법 제14조제1항 후단에 따라 조정위원회를 두는 경우 사무국의 조직 및 운영 등에 관한 사항은 그 지방자치단체의 실정을 고려하여 해당 시 · 도 조례로 정한다.(2020.9.29 본조개정)

제25조【조정위원회 구성】 법 제16조제3항제6호에서 "대통령령으로 정하는 사람"이란 세무사 · 주택관리사 · 건축사로서 주택임대차 관계 업무에 6년 이상 종사한 사람을 말한다.
(2017.5.29 본조신설)

제26조【조정위원회 운영】 ① 조정위원회는 효율적인 운영을 위하여 필요한 경우에는 분쟁조정사건을 분리하거나 병합하여 심의 · 조정할 수 있다. 이 경우 당사자에게 지체없이 그 사실을 통보하여야 한다.
② 조정위원회 회의는 공개하지 아니한다. 다만, 필요하다고 인정되는 경우에는 조정위원회의 의결로 당사자 또는 이해관계인에게 방청을 허가할 수 있다.
③ 조정위원회에 간사를 두며, 사무국의 직원 중에서 위원장이 지명한다.
④ 조정위원회는 회의록을 작성하고, 참여한 조정위원으로 하여금 서명 또는 기명날인하게 하여야 한다.
(2017.5.29 본조신설)

제27조【조정위원에 대한 수당 등】 조정위원회 또는 조정부에 출석한 조정위원에 대해서는 예산의 범위에서 수당, 여비 및 그 밖에 필요한 경비를 지급할 수 있다.
(2017.5.29 본조신설)

제28조【조정부에서 심의 · 조정할 사항】 법 제17조제3항제1호에서 "대통령령으로 정하는 금액 이하의 분쟁"이란 다음 각 호의 어느 하나에 해당하는 분쟁을 말한다.
1. 임대차계약의 보증금이 다음 각 목에서 정하는 금액 이하의 분쟁
  가. 「수도권정비계획법」 제2조제1호에 따른 수도권 지역 : 5억원
  나. 가목에 따른 지역 외의 지역 : 3억원
2. 조정으로 주장하는 이익의 값(이하 "조정목적의 값"이라 한다)이 2억원 이하인 분쟁. 이 경우 조정목적의 값 산정은 「민사소송 등 인지법」에 따른 소송목적의 값에 관한 산정 방식을 준용한다.
(2017.5.29 본조신설)

제29조【조정부의 구성 및 운영】 ① 조정부의 위원은 조정위원 중에서 위원장이 지명한다.
② 둘 이상의 조정부를 두는 경우에는 위원장이 분쟁조정신청사건을 담당할 조정부를 지정할 수 있다.
③ 조정부의 운영에 관하여는 제26조를 준용한다. 이 경우 "조정위원회"는 "조정부"로, "위원장"은 "조정부의 장"으로 본다.
(2017.5.29 본조신설)

제30조【조정의 신청】 ① 조정의 신청은 서면(「전자문서 및 전자거래 기본법」 제2조제1호에 따른 전자문서를 포함한다. 이하 같다) 또는 구두로 할 수 있다.
② 구두로 조정을 신청하는 경우 조정신청인은 심사관 또는 조사관에게 진술하여야 한다. 이 경우 조정신청을 받은 심사관 또는 조사관은 조정신청조서를 작성하고 신청인으로 하여금 서명 또는 기명날인하도록 하여야 한다.
③ 조정신청서 또는 조정신청조서에는 당사자, 대리인, 신청의 취지와 분쟁의 내용 등을 기재하여야 한다. 이 경우 증거서류 또는 증거물이 있는 경우에는 이를 첨부하거나 제출하여야 한다.
(2017.5.29 본조신설)

제31조【조정신청인에게 안내하여야 할 사항】 ① 법 제21조제2항에서 "대통령령으로 정하는 사항"이란 다음 각 호의 사항을 말한다.
1. 법 제21조제3항 각 호에 따른 조정 신청의 각하 사유
2. 법 제22조제2항에 따른 조정절차의 개시 요건
3. 법 제23조의 처리기간
4. 법 제24조에 따라 필요한 경우 신청인, 피신청인, 분쟁 관련 이해관계인 또는 참고인에게 출석하여 진술하게 하거나 필요한 자료나 물건 등의 제출을 요구할 수 있다는 사실

5. 조정성립의 요건 및 효력
6. 당사자가 부담하는 비용
② 제1항에 따른 안내는 안내할 사항이 기재된 서면을 교부 또는 송달하는 방법으로 할 수 있다.
(2017.5.29 본조신설)

제32조【조정서류의 송달 등】 ① 위원장은 조정신청을 접수하면 지체 없이 조정신청서 또는 조정신청조서 부본(이하 이 조에서 "조정신청서등"이라 한다)을 피신청인에게 송달하여야 한다.
② 피신청인은 조정에 응할 의사가 있는 경우에는 조정신청서등을 송달받은 날부터 7일 이내에 그 의사를 조정위원회에 통지하여야 한다.
③ 위원장은 제2항에 따른 통지를 받은 경우 피신청인에게 기간을 정하여 신청내용에 대한 답변서를 제출할 것을 요구할 수 있다.
(2017.5.29 본조신설)

제33조【수수료】 ① 법 제21조제1항에 따라 조정을 신청하는 자는 별표2에서 정하는 수수료를 내야 한다.
② 신청인이 다음 각 호의 어느 하나에 해당하는 경우에는 제1항에 따른 수수료를 면제할 수 있다.
1. 법 제8조에 따라 우선변제를 받을 수 있는 임차인
2. 「국민기초생활 보장법」 제2조제2호에 따른 수급자
3. 「독립유공자예우에 관한 법률」 제6조에 따라 등록된 독립유공자 또는 그 유족(선순위자 1명만 해당된다. 이하 이 조에서 같다)
4. 「국가유공자 등 예우 및 지원에 관한 법률」 제6조에 따라 등록된 국가유공자 또는 그 유족
5. 「고엽제후유의증 등 환자지원 및 단체설립에 관한 법률」 제4조에 따라 등록된 고엽제후유증환자, 고엽제후유의증환자 또는 고엽제후유증 2세환자
6. 「참전유공자 예우 및 단체설립에 관한 법률」 제5조에 따라 등록된 참전유공자
7. 「5·18민주유공자예우 및 단체설립에 관한 법률」 제7조에 따라 등록 결정된 5·18민주유공자 또는 그 유족
(2021.4.6 본호개정)
8. 「특수임무유공자 예우 및 단체설립에 관한 법률」 제6조에 따라 등록된 특수임무유공자 또는 그 유족
9. 「의사상자 등 예우 및 지원에 관한 법률」 제5조에 따라 인정된 의상자 또는 의사자유족
10. 「한부모가족지원법」 제5조 및 제5조의2에 따른 지원대상자(2023.9.26 본호개정)
11. 그 밖에 제1호부터 제10호까지의 규정에 준하는 사람으로서 법무부장관과 국토교통부장관이 공동으로 정하여 고시하는 사람 또는 시·도 조례로 정하는 사람(2020.9.29 본호개정)
③ 신청인은 다음 각 호의 어느 하나에 해당하는 경우에는 수수료의 환급을 청구할 수 있다.
1. 법 제21조제3항제1호 및 제2호에 따라 조정신청이 각하된 경우. 다만, 조정신청 있은 후 신청인이 법원에 소를 제기하거나 「민사조정법」에 따른 조정을 신청한 경우는 제외한다.
2. 법 제21조제3항제3호 및 제5호에 따라 조정신청이 각하된 경우
3. 신청인이 조정위원회 또는 조정부의 회의가 소집되기 전에 조정신청을 취하한 경우. 이 경우 환급 금액은 납부한 수수료의 2분의 1에 해당하는 금액으로 한다.
④ 제1항에 따른 수수료의 납부방법 및 제3항에 따른 수수료의 환급절차 등에 관하여 필요한 사항은 법무부장관과 국토교통부장관이 공동으로 정하여 고시하거나 시·도의 조례로 정한다.(2020.9.29 본항개정)
(2017.5.29 본조신설)

제34조【조정서의 작성】 법 제26조제4항에 따른 조정서에는 다음 각 호의 사항을 기재하고, 위원장 및 조정에 참여한 조정위원이 서명 또는 기명날인하여야 한다.
1. 사건번호 및 사건명
2. 당사자의 성명, 생년월일 및 주소(법인의 경우 명칭, 법인등록번호 및 본점의 소재지를 말한다)
3. 임차주택 소재지
4. 신청의 취지 및 이유
5. 조정내용(법 제26조제4항에 따라 강제집행을 승낙하는 취지의 합의를 포함한다)
6. 작성일
(2017.5.29 본조신설)

제35조【조정결과의 통지】 ① 조정위원회는 조정절차가 종료되면 그 결과를 당사자에게 통지하여야 한다.
② 조정위원회는 법 제26조제4항에 따른 조정서가 작성된 경우 조정서 정본을 지체 없이 당사자에게 교부 또는 송달하여야 한다.
(2017.5.29 본조신설)

부 칙 (2013.12.30)

제1조【시행일】 이 영은 2014년 1월 1일부터 시행한다.
제2조【확정일자부여기관의 정보제공 범위에 관한 적용례】 제6조의 개정규정은 이 영 시행 후 작성된 확정일자부에 기재된 사항(다른 확정일자부여기관이 보유한 정보 중 전산처리정보조직을 이용하여 제공할 수 있는 정보를 포함한다)부터 적용한다.
제3조【월차임 전환 시 산정률의 제한에 관한 적용례】 제9조의 개정규정은 이 영 시행 당시 존속 중인 임대차계약에 대해서도 적용하되, 이 영 시행 후 보증금의 전부 또는 일부를 월 단위 차임으로 전환하는 경우부터 적용한다.
제4조【소액보증금 보호에 관한 적용례】 제10조 및 제11조의 개정규정은 이 영 시행 당시 존속 중인 임대차계약에 대해서도 적용하되, 이 영 시행 전에 임차주택에 대하여 담보물권을 취득한 자에 대해서는 종전의 규정에 따른다.
제5조【다른 법령의 개정】 ①~③ ※(해당 법령에 가제정리 하였음)

부 칙 (2016.3.31)

제1조【시행일】 이 영은 공포한 날부터 시행한다.
제2조【소액보증금 보호에 관한 적용례 등】 제10조 및 제11조의 개정규정은 이 영 시행 당시 존속 중인 임대차계약에 대해서도 적용하되, 이 영 시행 전에 임차주택에 대하여 담보물권을 취득한 자에 대해서는 종전의 규정에 따른다.
제3조【주택임대차위원회 위촉위원의 연임에 관한 적용례】 ① 제13조제1항의 개정규정은 이 영 시행 이후 주택임대차위원회의 위원으로 위촉되는 사람부터 적용한다.
② 제1항에 따라 제13조제1항의 개정규정을 적용하는 경우에 이 영 시행 전에 최초로 위촉되어 임기 중에 있는 위원은 그 임기 만료 후 한 차례 연임할 수 있고, 이 영 시행 전에 한 차례 이상 연임되어 임기 중에 있는 위원은 그 임기 만료 후에는 연임할 수 없다.

부 칙 (2018.9.18)

제1조【시행일】 이 영은 공포한 날부터 시행한다.
제2조【소액보증금 보호에 관한 적용례 등】 제10조제1항 및 제11조의 개정규정은 이 영 시행 당시 존속 중인 임대차계약에 대해서도 적용하되, 이 영 시행 전에 임차주택에 대하여 담보물권을 취득한 자에 대해서는 종전의 규정에 따른다.

부　칙 (2020.9.29)

제1조【시행일】 이 영은 공포한 날부터 시행한다. 다만, 제21조, 제23조제1항부터 제3항까지, 제33조제2항제11호, 같은 조 제4항 및 별표1의 개정규정은 2020년 11월 1일부터 시행한다.
제2조【월차임 전환 시 산정률의 제한에 관한 적용례】 제9조제2항의 개정규정은 이 영 시행 당시 존속 중인 임대차계약에 대해서도 적용하되, 이 영 시행 이후 보증금의 전부 또는 일부를 월 단위 차임으로 전환하는 경우부터 적용한다.

부　칙 (2020.12.8)

제1조【시행일】 이 영은 2020년 12월 10일부터 시행한다. (이하 생략)

부　칙 (2021.4.6)

제1조【시행일】 이 영은 2021년 4월 6일부터 시행한다.(이하 생략)

부　칙 (2021.5.11)

제1조【시행일】 이 영은 공포한 날부터 시행한다.
제2조【소액보증금 보호에 관한 적용례 등】 제10조제1항 및 제11조의 개정규정은 이 영 시행 당시 존속 중인 임대차계약에 대해서도 적용하되, 이 영 시행 전에 임차주택에 대하여 담보물권을 취득한 자에 대해서는 종전의 규정에 따른다.

부　칙 (2022.12.20)

제1조【시행일】 이 영은 2023년 1월 1일부터 시행한다.
제2조【공사의 인천지역본부 등에 설치된 조정위원회에 조정 신청된 사항에 관한 경과조치】 이 영 시행 당시 종전의 별표1에 따라 다음 표의 왼쪽 란에 기재된 지역본부에 설치된 조정위원회에 조정 신청된 사항은 별표1의 개정규정에 따라 다음 표의 오른쪽 란에 기재된 지사에 설치된 조정위원회에 조정 신청된 것으로 본다.

공사의 인천지역본부	부동산원의 인천지사
공사의 경남지역본부	부동산원의 창원지사
공사의 경기지역본부	부동산원의 성남지사
공사의 부산울산지역본부	부동산원의 울산지사

제3조【부동산원의 경기서부지사에 설치된 조정위원회에 관한 경과조치】 ① 이 영 시행 당시 종전의 별표1에 따라 부동산원의 경기서부지사에 설치된 조정위원회는 별표1의 개정규정에 따라 부동산원의 고양지사에 설치된 조정위원회로 본다.
② 이 영 시행 당시 종전의 별표1에 따라 부동산원의 경기서부지사에 설치된 조정위원회의 위원장 및 위원으로 호선 및 위촉된 사람은 별표1의 개정규정에 따라 부동산원의 고양지사에 설치된 조정위원회의 위원장 및 위원으로 호선 및 위촉된 것으로 본다. 이 경우 그 임기는 종전 임기의 남은 기간으로 한다.

부　칙 (2023.2.21)

제1조【시행일】 이 영은 공포한 날부터 시행한다.
제2조【소액보증금 보호에 관한 적용례 등】 제10조제1항 및 제11조의 개정규정은 이 영 시행 당시 존속 중인 임대차계약에 대해서도 적용하되, 이 영 시행 전에 임차주택에 대하여 담보물권을 취득한 자에 대해서는 종전의 규정에 따른다.

부　칙 (2023.9.26)

제1조【시행일】 이 영은 공포한 날부터 시행한다.
제2조【주택임대차분쟁 조정 수수료 면제에 관한 적용례】 「주택임대차보호법 시행령」 제33조제2항제10호의 개정규정은 이 영 시행 전에 주택임대차분쟁의 조정을 신청한 경우로서 이 영 시행 당시 조정절차가 진행 중인 경우에도 적용한다.

부　칙 (2024.6.4)

제1조【시행일】 이 영은 2024년 6월 8일부터 시행한다.(이하 생략)

부　칙 (2024.12.24)

제1조【시행일】 이 영은 2024년 12월 27일부터 시행한다. (이하 생략)

부　칙 (2024.12.31)

제1조【시행일】 이 영은 2025년 3월 1일부터 시행한다.
제2조【주택임대차분쟁조정위원회의 분쟁조정 대상에 관한 적용례】 제22조제5호 및 제7호의 개정규정은 이 영 시행 전에 공인중개사의 손해배상책임에 관한 분쟁이 발생한 경우로서 이 영 시행 이후 주택임대차분쟁조정위원회에 분쟁의 조정을 신청하는 경우에도 적용한다.

〔별표〕 ➡ 「www.hyeonamsa.com」 참조

상가건물 임대차보호법

(약칭 : 상가임대차법)

(2001년 12월 29일
법 률 제6542호)

개정
2002. 8.26법 6718호
2005. 1.27법 7358호(민사집행법)
2009. 1.30법 9361호 2009. 5. 8법 9649호
2010. 5.17법10303호(은행법)
2011. 4.12법10580호(부등)
2013. 6. 7법11873호(부가세)
2013. 8.13법12042호 2015. 5.13법13284호
2016. 5.29법14242호(수협)
2018.10.16법15791호
2020. 2. 4법16912호(부등)
2020. 7.31법17471호 2020. 9.29법17490호
2022. 1. 4법18675호

제1조【목적】 이 법은 상가건물 임대차에 관하여 「민법」에 대한 특례를 규정하여 국민 경제생활의 안정을 보장함을 목적으로 한다.(2009.1.30 본조개정)

제2조【적용범위】 ① 이 법은 상가건물(제3조제1항에 따른 사업자등록의 대상이 되는 건물을 말한다)의 임대차(임대차 목적물의 주된 부분을 영업용으로 사용하는 경우를 포함한다)에 대하여 적용한다. 다만, 제14조의2에 따른 상가건물임대차위원회의 심의를 거쳐 대통령령으로 정하는 보증금액을 초과하는 임대차에 대하여는 그러하지 아니하다.
(2020.7.31 단서개정)

② 제1항 단서에 따른 보증금액을 정할 때에는 해당 지역의 경제 여건 및 임대차 목적물의 규모 등을 고려하여 지역별로 구분하여 규정하되, 보증금 외에 차임이 있는 경우에는 그 차임액에 「은행법」에 따른 은행의 대출금리 등을 고려하여 대통령령으로 정하는 비율을 곱하여 환산한 금액을 포함하여야 한다.(2010.5.17 본항개정)

③ 제1항 단서에도 불구하고 제3조, 제10조제1항, 제2항, 제3항 본문, 제10조의2부터 제10조의9까지의 규정, 제11조의2 및 제19조는 제1항 단서에 따른 보증금액을 초과하는 임대차에 대하여도 적용한다.(2022.1.4 본항개정)

판례 어떠한 건물이 상가건물에 해당하는지 여부는 공부상의 표시가 아닌 건물의 현황·용도 등에 비추어 영업용으로 사용하느냐에 따라 실질적으로 판단하여야 한다. 단순히 상품의 보관·제조·가공 등 사실행위만이 이루어지는 공장·창고 등은 영업용으로 사용하는 경우라고 할 수 없으나 그곳에서 그러한 사실행위와 더불어 영리를 목적으로 하는 활동이 함께 이루어진다면 「상가건물 임대차보호법」의 적용대상인 상가건물에 해당한다. 용접회사의 공장과 영업용 사무실이 함께 운영되고 있는 같은 건물 안에서 용접 가공, 제조 및 납품뿐 아니라 제품 대금 수수와 계약 체결 등 영업 활동이 이루어졌다면 해당 건물은 상가건물에 해당한다.(대판 2024.11.14, 2024다264865)

판례 임차인 보호를 위해 사적자치원리에 수정을 가하여 임차인의 지위를 강화하는 것은 임대인 등 다른 권리주체의 법익과 충돌하므로 상충하는 법익 간의 균형을 이루기 위해 상가임대차법의 적용을 일정 범위의 임대차관계로 한정하는 것은 그 목적의 정당성이 인정된다. 또한 보증금이 소액일수록 그 임차인은 보호가 필요한 영세상인일 가능성이 크고, 보증금이 클수록 임대인 등 다른 권리주체의 재산권 제약이 커질 수 있다는 점을 고려할 때, 보증금의 액수를 상가임대차법의 적용 기준으로 선택한 입법자의 판단은 그 합리성이 충분히 인정될 수 있으므로 입법자가 재산권 형성에 있어서 입법자에게 주어진 재량을 일탈하였다고 보기 어렵다.(헌재결 2014.3.27, 2013헌바198)

제3조【대항력 등】 ① 임대차는 그 등기가 없는 경우에도 임차인이 건물의 인도와 「부가가치세법」 제8조, 「소득세법」 제168조 또는 「법인세법」 제111조에 따른 사업자등록을 신청하면 그 다음 날부터 제3자에 대하여 효력이 생긴다.
(2013.6.7 본항개정)

② 임차건물의 양수인(그 밖에 임대할 권리를 승계한 자를 포함한다)은 임대인의 지위를 승계한 것으로 본다.

③ 이 법에 따라 임대차의 목적이 된 건물이 매매 또는 경매의 목적물이 된 경우에는 「민법」 제575조제1항·제3항 및 제578조를 준용한다.

④ 제3항의 경우에는 「민법」 제536조를 준용한다.
(2009.1.30 본조개정)

제4조【확정일자 부여 및 임대차정보의 제공 등】 ① 제5조제2항의 확정일자는 상가건물의 소재지 관할 세무서장이 부여한다.

② 관할 세무서장은 해당 상가건물의 소재지, 확정일자 부여일, 차임 및 보증금 등을 기재한 확정일자부를 작성하여야 한다. 이 경우 전산정보처리조직을 이용할 수 있다.

③ 상가건물의 임대차에 이해관계가 있는 자는 관할 세무서장에게 해당 상가건물의 확정일자 부여일, 차임 및 보증금 등 정보의 제공을 요청할 수 있다. 이 경우 요청을 받은 관할 세무서장은 정당한 사유 없이 이를 거부할 수 없다.

④ 임대차계약을 체결하려는 자는 임대인의 동의를 받아 관할 세무서장에게 제3항에 따른 정보제공을 요청할 수 있다.

⑤ 확정일자부에 기재하여야 할 사항, 상가건물의 임대차에 이해관계가 있는 자의 범위, 관할 세무서장에게 요청할 수 있는 정보의 범위 및 그 밖에 확정일자 부여사무와 정보제공 등에 필요한 사항은 대통령령으로 정한다.(2015.5.13 본항개정)

제5조【보증금의 회수】 ① 임차인이 임차건물에 대하여 보증금반환청구소송의 확정판결, 그 밖에 이에 준하는 집행권원에 의하여 경매를 신청하는 경우에는 「민사집행법」 제41조에도 불구하고 반대의무의 이행이나 이행의 제공을 집행개시의 요건으로 하지 아니한다.

② 제3조제1항의 대항요건을 갖추고 관할 세무서장으로부터 임대차계약서상의 확정일자를 받은 임차인은 「민사집행법」에 따른 경매 또는 「국세징수법」에 따른 공매 시 임차건물(임대인 소유의 대지를 포함한다)의 환가대금에서 후순위권리자나 그 밖의 채권자보다 우선하여 보증금을 변제받을 권리가 있다.

③ 임차인은 임차건물을 양수인에게 인도하지 아니하면 제2항에 따른 보증금을 받을 수 없다.

④ 제2항 또는 제7항에 따른 우선변제의 순위와 보증금에 대하여 이의가 있는 이해관계인은 경매법원 또는 체납처분청에 이의를 신청할 수 있다.(2013.8.13 본항개정)

⑤ 제4항에 따라 경매법원에 이의를 신청하는 경우에는 「민사집행법」 제152조부터 제161조까지의 규정을 준용한다.

⑥ 제4항에 따라 이의신청을 받은 체납처분청은 이해관계인이 이의신청일부터 7일 이내에 임차인 또는 제7항에 따라 우선변제권을 승계한 금융기관 등을 상대로 소(訴)를 제기한 것을 증명한 때에는 그 소송이 종결될 때까지 이의가 신청된 범위에서 임차인 또는 제7항에 따라 우선변제권을 승계한 금융기관 등에 대한 보증금의 변제를 유보(留保)하고 남은 금액을 배분하여야 한다. 이 경우 유보된 보증금은 소송 결과에 따라 배분한다.(2013.8.13 전단개정)

⑦ 다음 각 호의 금융기관 등이 제2항, 제6조제5항 또는 제7조제1항에 따른 우선변제권을 취득한 임차인의 보증금반환채권을 계약으로 양수한 경우에는 양수한 금액의 범위에서 우선변제권을 승계한다.

1. 「은행법」에 따른 은행
2. 「중소기업은행법」에 따른 중소기업은행
3. 「한국산업은행법」에 따른 한국산업은행
4. 「농업협동조합법」에 따른 농협은행
5. 「수산업협동조합법」에 따른 수협은행(2016.5.29 본호개정)
6. 「우체국예금·보험에 관한 법률」에 따른 체신관서
7. 「보험업법」 제4조제1항제2호라목의 보증보험을 보험종목으로 허가받은 보험회사
8. 그 밖에 제1호부터 제7호까지에 준하는 것으로서 대통령령으로 정하는 기관

(2013.8.13 본항신설)

⑧ 제7항에 따라 우선변제권을 승계한 금융기관 등(이하 "금융기관등"이라 한다)은 다음 각 호의 어느 하나에 해당하는 경우에는 우선변제권을 행사할 수 없다.

1. 임차인이 제3조제1항의 대항요건을 상실한 경우
2. 제6조제5항에 따른 임차권등기가 말소된 경우
3. 「민법」 제621조에 따른 임대차등기가 말소된 경우
(2013.8.13 본항신설)
⑨ 금융기관등은 우선변제권을 행사하기 위하여 임차인을 대리하거나 대위하여 임대차를 해지할 수 없다.(2013.8.13 본항신설)
(2009.1.30 본조개정)

판례 상가건물을 임차하고 사업자등록을 마친 사업자가 임차 건물의 전대차 등으로 당해 사업을 개시하지 않거나 사실상 폐업한 경우에는 그 사업자등록은 상가임대차의 공시방법으로 요구하는 적법한 사업자등록이라고 볼 수 없고, 이 경우 임차인이 상가건물 임대차보호법상의 대항력 및 우선변제권을 유지하기 위해서는 건물을 직접 점유하면서 사업을 운영하는 전차인이 그 명의로 사업자등록을 하여야 한다. (대판 2006.1.13, 2005다64002)

제6조【임차권등기명령】 ① 임대차가 종료된 후 보증금이 반환되지 아니한 경우 임차인은 임차건물의 소재지를 관할하는 지방법원, 지방법원지원 또는 시·군법원에 임차권등기명령을 신청할 수 있다.(2013.8.13 본항개정)
② 임차권등기명령을 신청할 때에는 다음 각 호의 사항을 기재하여야 하며, 신청 이유 및 임차권등기의 원인이 된 사실을 소명하여야 한다.
1. 신청 취지 및 이유
2. 임대차의 목적인 건물(임대차의 목적이 건물의 일부분인 경우에는 그 부분의 도면을 첨부한다)
3. 임차권등기의 원인이 된 사실(임차인이 제3조제1항에 따른 대항력을 취득하였거나 제5조제2항에 따른 우선변제권을 취득한 경우에는 그 사실)
4. 그 밖에 대법원규칙으로 정하는 사항
③ 임차권등기명령의 신청에 대한 재판, 임차권등기명령의 결정에 대한 임대인의 이의신청 및 그에 대한 재판, 임차권등기명령의 취소신청 및 그에 대한 재판 또는 임차권등기명령의 집행 등에 관하여는 「민사집행법」 제280조제1항, 제281조, 제283조, 제285조, 제286조, 제288조제1항·제2항 본문, 제289조, 제290조제2항 중 제288조제1항에 대한 부분, 제291조, 제293조를 준용한다. 이 경우 "가압류"는 "임차권등기"로, "채권자"는 "임차인"으로, "채무자"는 "임대인"으로 본다.
④ 임차권등기명령신청을 기각하는 결정에 대하여 임차인은 항고할 수 있다.
⑤ 임차권등기명령의 집행에 따른 임차권등기를 마치면 임차인은 제3조제1항에 따른 대항력과 제5조제2항에 따른 우선변제권을 취득한다. 다만, 임차인이 임차권등기 이전에 이미 대항력 또는 우선변제권을 취득한 경우에는 그 대항력 또는 우선변제권이 그대로 유지되며, 임차권등기 이후에는 제3조제1항의 대항요건을 상실하더라도 이미 취득한 대항력 또는 우선변제권을 상실하지 아니한다.
⑥ 임차권등기명령의 집행에 따른 임차권등기를 마친 건물(임대차의 목적이 건물의 일부분인 경우에는 그 부분으로 한정한다)을 그 이후에 임차한 임차인은 제14조에 따른 우선변제를 받을 권리가 없다.
⑦ 임차권등기의 촉탁, 등기관의 임차권등기 기입 등 임차권등기명령의 시행에 관하여 필요한 사항은 대법원규칙으로 정한다.
⑧ 임차인은 제1항에 따른 임차권등기명령의 신청 및 그에 따른 임차권등기와 관련하여 든 비용을 임대인에게 청구할 수 있다.
⑨ 금융기관등은 임차인을 대위하여 제1항의 임차권등기명령을 신청할 수 있다. 이 경우 제3항·제4항 및 제8항의 "임차인"은 "금융기관등"으로 본다.(2013.8.13 본항신설)
(2009.1.30 본조개정)

제7조【「민법」에 따른 임대차등기의 효력 등】 ① 「민법」 제621조에 따른 건물임대차등기의 효력에 관하여는 제6조제5항 및 제6항을 준용한다.
② 임차인이 대항력 또는 우선변제권을 갖추고 「민법」 제621조제1항에 따라 임대인의 협력을 얻어 임대차등기를 신청하는 경우에는 신청서에 「부동산등기법」 제74조제1호부터 제6호까지의 사항 외에 다음 각 호의 사항을 기재하여야 하며, 이를 증명할 수 있는 서면(임대차의 목적이 건물의 일부분인 경우에는 그 부분의 도면을 포함한다)을 첨부하여야 한다.(2020.2.4 본문개정)
1. 사업자등록을 신청한 날
2. 임차건물을 점유한 날
3. 임대차계약서상의 확정일자를 받은 날
(2009.1.30 본조개정)

제8조【경매에 의한 임차권의 소멸】 임차권은 임차건물에 대하여 「민사집행법」에 따른 경매가 실시된 경우에는 그 임차건물이 매각되면 소멸한다. 다만, 보증금이 전액 변제되지 아니한 대항력이 있는 임차권은 그러하지 아니하다.
(2009.1.30 본조개정)

제9조【임대차기간 등】 ① 기간을 정하지 아니하거나 기간을 1년 미만으로 정한 임대차는 그 기간을 1년으로 본다. 다만, 임차인은 1년 미만으로 정한 기간이 유효함을 주장할 수 있다.
② 임대차가 종료한 경우에도 임차인이 보증금을 돌려받을 때까지는 임대차 관계는 존속하는 것으로 본다.
(2009.1.30 본조개정)

제10조【계약갱신 요구 등】 ① 임대인은 임차인이 임대차기간이 만료되기 6개월 전부터 1개월 전까지 사이에 계약갱신을 요구할 경우 정당한 사유 없이 거절하지 못한다. 다만, 다음 각 호의 어느 하나의 경우에는 그러하지 아니하다.
1. 임차인이 3기의 차임액에 해당하는 금액에 이르도록 차임을 연체한 사실이 있는 경우
2. 임차인이 거짓이나 그 밖의 부정한 방법으로 임차한 경우
3. 서로 합의하여 임대인이 임차인에게 상당한 보상을 제공한 경우
4. 임차인이 임대인의 동의 없이 목적 건물의 전부 또는 일부를 전대(轉貸)한 경우
5. 임차인이 임차한 건물의 전부 또는 일부를 고의나 중대한 과실로 파손한 경우
6. 임차한 건물의 전부 또는 일부가 멸실되어 임대차의 목적을 달성하지 못할 경우
7. 임대인이 다음 각 목의 어느 하나에 해당하는 사유로 목적 건물의 전부 또는 대부분을 철거하거나 재건축하기 위하여 목적 건물의 점유를 회복할 필요가 있는 경우
(2013.8.13 본문개정)
가. 임대차계약 체결 당시 공사시기 및 소요기간 등을 포함한 철거 또는 재건축 계획을 임차인에게 구체적으로 고지하고 그 계획에 따르는 경우
나. 건물이 노후·훼손 또는 일부 멸실되는 등 안전사고의 우려가 있는 경우
다. 다른 법령에 따라 철거 또는 재건축이 이루어지는 경우
(2013.8.13 가목~다목신설)
8. 그 밖에 임차인이 임차인으로서의 의무를 현저히 위반하거나 임대차를 계속하기 어려운 중대한 사유가 있는 경우
② 임차인의 계약갱신요구권은 최초의 임대차기간을 포함한 전체 임대차기간이 10년을 초과하지 아니하는 범위에서만 행사할 수 있다.(2018.10.16 본항개정)
③ 갱신되는 임대차는 전 임대차와 동일한 조건으로 다시 계약된 것으로 본다. 다만, 차임과 보증금은 제11조에 따른 범위에서 증감할 수 있다.
④ 임대인이 제1항의 기간 이내에 임차인에게 갱신 거절의 통지 또는 조건 변경의 통지를 하지 아니한 경우에는 그 기간이 만료된 때에 전 임대차와 동일한 조건으로 다시 임대차한 것으로 본다. 이 경우에 임대차의 존속기간은 1년으로 본다.(2009.5.8 본항개정)

⑤ 제4항의 경우 임차인은 언제든지 임대인에게 계약해지의 통고를 할 수 있고, 임대인이 통고를 받은 날부터 3개월이 지나면 효력이 발생한다.
(2009.1.30 본조개정)

판례 「상가건물 임대차보호법」 제10조제1항은 임차인의 계약갱신 요구권을 인정할 뿐이고, 임차인이 갱신거절의 통지를 할 수 있는 기간은 제한하지 않았다. 법률에 임차인의 갱신거절 통지기간에 대하여 명시적인 규정이 없는 이상 임차인의 갱신거절 통지기간은 제한이 없다고 봐야 한다.(대판 2024.6.27, 2023다307024)

제10조의2 【계약갱신의 특례】 제2조제1항 단서에 따른 보증금액을 초과하는 임대차의 계약갱신의 경우에는 당사자는 상가건물에 관한 조세, 공과금, 주변 상가건물의 차임 및 보증금, 그 밖의 부담이나 경제사정의 변동 등을 고려하여 차임과 보증금의 증감을 청구할 수 있다.(2013.8.13 본조신설)

제10조의3 【권리금의 정의 등】 ① 권리금이란 임대차 목적물인 상가건물에서 영업을 하는 자 또는 영업을 하려는 자가 영업시설·비품, 거래처, 신용, 영업상의 노하우, 상가건물의 위치에 따른 영업상의 이점 등 유형·무형의 재산적 가치의 양도 또는 이용대가로서 임대인, 임차인에게 보증금과 차임 이외에 지급하는 금전 등의 대가를 말한다.
② 권리금 계약이란 신규임차인이 되려는 자가 임차인에게 권리금을 지급하기로 하는 계약을 말한다.
(2015.5.13 본조신설)

제10조의4 【권리금 회수기회 보호 등】 ① 임대인은 임대차기간이 끝나기 6개월 전부터 임대차 종료 시까지 다음 각 호의 어느 하나에 해당하는 행위를 함으로써 권리금 계약에 따라 임차인이 주선한 신규임차인이 되려는 자로부터 권리금을 지급받는 것을 방해하여서는 아니 된다. 다만, 제10조제1항 각 호의 어느 하나에 해당하는 사유가 있는 경우에는 그러하지 아니하다.(2018.10.16 본문개정)
1. 임차인이 주선한 신규임차인이 되려는 자에게 권리금을 요구하거나 임차인이 주선한 신규임차인이 되려는 자로부터 권리금을 수수하는 행위
2. 임차인이 주선한 신규임차인이 되려는 자로 하여금 임차인에게 권리금을 지급하지 못하게 하는 행위
3. 임차인이 주선한 신규임차인이 되려는 자에게 상가건물에 관한 조세, 공과금, 주변 상가건물의 차임 및 보증금, 그 밖의 부담에 따른 금액에 비추어 현저히 고액의 차임과 보증금을 요구하는 행위
4. 그 밖에 정당한 사유 없이 임대인이 임차인이 주선한 신규임차인이 되려는 자와 임대차계약의 체결을 거절하는 행위

② 다음 각 호의 어느 하나에 해당하는 경우에는 제1항제4호의 정당한 사유가 있는 것으로 본다.
1. 임차인이 주선한 신규임차인이 되려는 자가 보증금 또는 차임을 지급할 자력이 없는 경우
2. 임차인이 주선한 신규임차인이 되려는 자가 임차인으로서의 의무를 위반할 우려가 있거나 그 밖에 임대차를 유지하기 어려운 상당한 사유가 있는 경우
3. 임대차 목적물인 상가건물을 1년 6개월 이상 영리목적으로 사용하지 아니한 경우
4. 임대인이 선택한 신규임차인이 임차인과 권리금 계약을 체결하고 그 권리금을 지급한 경우

③ 임대인이 제1항을 위반하여 임차인에게 손해를 발생하게 한 때에는 그 손해를 배상할 책임이 있다. 이 경우 그 손해배상액은 신규임차인이 임차인에게 지급하기로 한 권리금과 임대차 종료 당시의 권리금 중 낮은 금액을 넘지 못한다.
④ 제3항에 따라 임대인에게 손해배상을 청구할 권리는 임대차가 종료한 날부터 3년 이내에 행사하지 아니하면 시효의 완성으로 소멸한다.
⑤ 임차인은 임대인에게 임차인이 주선한 신규임차인이 되려는 자의 보증금 및 차임을 지급할 자력 또는 그 밖에 임차인으로서의 의무를 이행할 의사 및 능력에 관하여 자신이 알고 있는 정보를 제공하여야 한다.
(2015.5.13 본조신설)

판례 임차인이 임대차계약에 있어 가장 기본적이고 주된 의무인 차임의 지급을 3기의 차임액에 해당하는 금액에 이르도록 이행하지 않은 경우에는 임대인과 임차인 간의 신뢰 관계가 깨어졌다고 보아야 한다. 만일 이와 같은 경우에도 임대인이 임차인이 주선하는 신규임차인과 임대차계약을 체결해야 한다면 임대인 입장에서 이는 차임 지급을 성실히 이행하지 않아 신뢰를 잃은 임차인과 사실상 계약을 갱신하는 것과 크게 다르지 않을 수 있다. 따라서 임차인이 3기의 차임액에 해당하는 금액에 이르도록 차임을 연체한 사실이 있는 경우 임대인의 권리금 회수 기회 보호 의무가 발생하지 않는 것으로 규정한 상가건물 임대차보호법 제10조의4의 조항은 헌법에 어긋나지 않는다.(헌재결 2023.6.29, 2021헌바264)

제10조의5 【권리금 적용 제외】 제10조의4는 다음 각 호의 어느 하나에 해당하는 상가건물 임대차의 경우에는 적용하지 아니한다.
1. 임대차 목적물인 상가건물이 「유통산업발전법」 제2조에 따른 대규모점포 또는 준대규모점포의 일부인 경우(다만, 「전통시장 및 상점가 육성을 위한 특별법」 제2조제1호에 따른 전통시장은 제외한다)(2018.10.16 본호개정)
2. 임대차 목적물인 상가건물이 「국유재산법」에 따른 국유재산 또는 「공유재산 및 물품 관리법」에 따른 공유재산인 경우
(2015.5.13 본조신설)

제10조의6 【표준권리금계약서의 작성 등】 국토교통부장관은 법무부장관과 협의를 거쳐 임차인과 신규임차인이 되려는 자의 권리금 계약 체결을 위한 표준권리금계약서를 정하여 그 사용을 권장할 수 있다.(2020.7.31 본조개정)

제10조의7 【권리금 평가기준의 고시】 국토교통부장관은 권리금에 대한 감정평가의 절차와 방법 등에 관한 기준을 고시할 수 있다.(2015.5.13 본조신설)

제10조의8 【차임연체와 해지】 임차인의 차임연체액이 3기의 차임액에 달하는 때에는 임대인은 계약을 해지할 수 있다.(2015.5.13 본조신설)

제10조의9 【계약 갱신요구 등에 관한 임시 특례】 임차인이 이 법(법률 제17490호 상가건물 임대차보호법 일부개정법률을 말한다) 시행일부터 6개월까지의 기간 동안 연체한 차임액은 제10조제1항제1호, 제10조의4제1항 단서 및 제10조의8의 적용에 있어서는 차임연체액으로 보지 아니한다. 이 경우 연체한 차임액에 대한 임대인의 그 밖의 권리는 영향을 받지 아니한다.(2020.9.29 본조신설)

제11조 【차임 등의 증감청구권】 ① 차임 또는 보증금이 임차건물에 관한 조세, 공과금, 그 밖의 부담의 증감이나 「감염병의 예방 및 관리에 관한 법률」 제2조제2호에 따른 제1급감염병 등에 의한 경제사정의 변동으로 인하여 상당하지 아니하게 된 경우에는 당사자는 장래의 차임 또는 보증금에 대하여 증감을 청구할 수 있다. 그러나 증액의 경우에는 대통령령으로 정하는 기준에 따른 비율을 초과하지 못한다.
(2020.9.29 본문개정)
② 제1항에 따른 증액 청구는 임대차계약 또는 약정한 차임 등의 증액이 있은 후 1년 이내에는 하지 못한다.
③ 「감염병의 예방 및 관리에 관한 법률」 제2조제2호에 따른 제1급감염병에 의한 경제사정의 변동으로 차임 등이 감액된 후 임대인이 제1항에 따라 증액을 청구하는 경우에는 증액된 차임 등이 감액 전 차임 등의 금액에 달할 때까지는 같은 항 단서를 적용하지 아니한다.(2020.9.29 본항신설)
(2009.1.30 본조개정)

제11조의2 【폐업으로 인한 임차인의 해지권】 ① 임차인은 「감염병의 예방 및 관리에 관한 법률」 제49조제1항제2호에 따른 집합 제한 또는 금지 조치(같은 항 제2호의2에 따라 운영시간을 제한한 조치를 포함한다)를 총 3개월 이상 받음으로써 발생한 경제사정의 중대한 변동으로 폐업한 경우에는 임대차계약을 해지할 수 있다.
② 제1항에 따른 해지는 임대인이 계약해지의 통고를 받은 날부터 3개월이 지나면 효력이 발생한다.
(2022.1.4 본조신설)

제12조【월 차임 전환 시 산정률의 제한】 보증금의 전부 또는 일부를 월 단위의 차임으로 전환하는 경우에는 그 전환되는 금액에 다음 각 호 중 낮은 비율을 곱한 월 차임의 범위를 초과할 수 없다.(2013.8.13 본문개정)
1. 「은행법」에 따른 은행의 대출금리 및 해당 지역의 경제 여건 등을 고려하여 대통령령으로 정하는 비율
2. 한국은행에서 공시한 기준금리에 대통령령으로 정하는 배수를 곱한 비율
(2013.8.13 1호~2호신설)

제13조【전대차관계에 대한 적용 등】 ① 제10조, 제10조의2, 제10조의8, 제10조의9(제10조 및 제10조의8에 관한 부분으로 한정한다), 제11조 및 제12조는 전대인(轉貸人)과 전차인(轉借人)의 전대차관계에 적용한다.(2020.9.29 본항개정)
② 임대인의 동의를 받고 전대차계약을 체결한 전차인은 임차인의 계약갱신요구권 행사기간 이내에 임차인을 대위(代位)하여 임대인에게 계약갱신요구권을 행사할 수 있다.
(2009.1.30 본조개정)

제14조【보증금 중 일정액의 보호】 ① 임차인은 보증금 중 일정액을 다른 담보물권자보다 우선하여 변제받을 권리가 있다. 이 경우 임차인은 건물에 대한 경매신청의 등기 전에 제3조제1항의 요건을 갖추어야 한다.
② 제1항의 경우에 제5조제4항부터 제6항까지의 규정을 준용한다.
③ 제1항에 따라 우선변제를 받을 임차인 및 보증금 중 일정액의 범위와 기준은 임대건물가액(임대인 소유의 대지가액을 포함한다)의 2분의 1 범위에서 해당 지역의 경제 여건, 보증금 및 차임 등을 고려하여 제14조의2에 따른 상가건물임대차위원회의 심의를 거쳐 대통령령으로 정한다.
(2020.7.31 본항개정)
(2009.1.30 본조개정)

제14조의2【상가건물임대차위원회】 ① 상가건물 임대차에 관한 다음 각 호의 사항을 심의하기 위하여 법무부에 상가건물임대차위원회(이하 "위원회"라 한다)를 둔다.
1. 제2조제1항 단서에 따른 보증금액
2. 제14조에 따라 우선변제를 받을 임차인 및 보증금 중 일정액의 범위와 기준
② 위원회는 위원장 1명을 포함한 10명 이상 15명 이하의 위원으로 성별을 고려하여 구성한다.
③ 위원회의 위원장은 법무부차관이 된다.
④ 위원회의 위원은 다음 각 호의 어느 하나에 해당하는 사람 중에서 위원장이 임명하거나 위촉하되, 제1호부터 제6호까지에 해당하는 위원을 각각 1명 이상 임명하거나 위촉하여야 하고, 위원 중 2분의 1 이상은 제1호·제2호 또는 제7호에 해당하는 사람을 위촉하여야 한다.
1. 법학·경제학 또는 부동산학 등을 전공하고 상가건물 임대차 관련 전문지식을 갖춘 사람으로서 공인된 연구기관에서 조교수 이상 또는 이에 상당하는 직에 5년 이상 재직한 사람
2. 변호사·감정평가사·공인회계사·세무사 또는 공인중개사로서 5년 이상 해당 분야에서 종사하고 상가건물 임대차 관련 업무경험이 풍부한 사람
3. 기획재정부에서 물가 관련 업무를 담당하는 고위공무원단에 속하는 공무원
4. 법무부에서 상가건물 임대차 관련 업무를 담당하는 고위공무원단에 속하는 공무원(이에 상당하는 특정직공무원을 포함한다)
5. 국토교통부에서 상가건물 임대차 관련 업무를 담당하는 고위공무원단에 속하는 공무원
6. 중소벤처기업부에서 소상공인 관련 업무를 담당하는 고위공무원단에 속하는 공무원
7. 그 밖에 상가건물 임대차 관련 학식과 경험이 풍부한 사람으로서 대통령령으로 정하는 사람
⑤ 그 밖에 위원회의 구성 및 운영 등에 필요한 사항은 대통령령으로 정한다.
(2020.7.31 본조신설)

제15조【강행규정】 이 법의 규정에 위반된 약정으로서 임차인에게 불리한 것은 효력이 없다.(2009.1.30 본조개정)

제16조【일시사용을 위한 임대차】 이 법은 일시사용을 위한 임대차임이 명백한 경우에는 적용하지 아니한다.
(2009.1.30 본조개정)

제17조【미등기전세에의 준용】 목적건물을 등기하지 아니한 전세계약에 관하여 이 법을 준용한다. 이 경우 "전세금"은 "임대차의 보증금"으로 본다.(2009.1.30 본조개정)

제18조【「소액사건심판법」의 준용】 임차인이 임대인에게 제기하는 보증금반환청구소송에 관하여는 「소액사건심판법」 제6조·제7조·제10조 및 제11조의2를 준용한다.
(2009.1.30 본조개정)

제19조【표준계약서의 작성 등】 법무부장관은 국토교통부장관과 협의를 거쳐 보증금, 차임액, 임대차기간, 수선비 분담 등의 내용이 기재된 상가건물임대차표준계약서를 정하여 그 사용을 권장할 수 있다.(2020.7.31 본조개정)

제20조【상가건물임대차분쟁조정위원회】 ① 이 법의 적용을 받는 상가건물 임대차와 관련된 분쟁을 심의·조정하기 위하여 대통령령으로 정하는 바에 따라 「법률구조법」 제8조에 따른 대한법률구조공단의 지부, 「한국토지주택공사법」에 따른 한국토지주택공사의 지사 또는 사무소 및 「한국감정원법」에 따른 한국감정원의 지사 또는 사무소에 상가건물임대차분쟁조정위원회(이하 "조정위원회"라 한다)를 둔다. 특별시·광역시·특별자치시·도 및 특별자치도는 그 지방자치단체의 실정을 고려하여 조정위원회를 둘 수 있다.(2020.7.31 전단개정)
② 조정위원회는 다음 각 호의 사항을 심의·조정한다.
1. 차임 또는 보증금의 증감에 관한 분쟁
2. 임대차 기간에 관한 분쟁
3. 보증금 또는 임차상가건물의 반환에 관한 분쟁
4. 임차상가건물의 유지·수선 의무에 관한 분쟁
5. 권리금에 관한 분쟁
6. 그 밖에 대통령령으로 정하는 상가건물 임대차에 관한 분쟁
③ 조정위원회의 사무를 처리하기 위하여 조정위원회에 사무국을 두고, 사무국의 조직 및 인력 등에 필요한 사항은 대통령령으로 정한다.
④ 사무국의 조정위원회 업무담당자는 「주택임대차보호법」 제14조에 따른 주택임대차분쟁조정위원회 사무국의 업무를 제외하고 다른 직위의 업무를 겸직하여서는 아니 된다.
(2018.10.16 본조신설)

제21조【주택임대차분쟁조정위원회 준용】 조정위원회에 대하여는 이 법에 규정한 사항 외에는 주택임대차분쟁조정위원회에 관한 「주택임대차보호법」 제14조부터 제29조까지의 규정을 준용한다. 이 경우 "주택임대차분쟁조정위원회"는 "상가건물임대차위원회의 위원 및 상가건물임대차분쟁조정위원회"로 본다.(2020.7.31 본조개정)

제22조【벌칙 적용에서 공무원 의제】 공무원이 아닌 상가건물임대차위원회의 위원 및 상가건물임대차분쟁조정위원회의 위원은 「형법」 제127조, 제129조부터 제132조까지의 규정을 적용할 때에는 공무원으로 본다.(2020.7.31 본조신설)

부 칙

① **【시행일】** 이 법은 2002년 11월 1일부터 시행한다.
(2002.8.26 본항개정)
② **【적용례】** 이 법은 이 법 시행후 체결되거나 갱신된 임대차부터 적용한다. 다만, 제3조·제5조 및 제14조의 규정은

이 법 시행당시 존속 중인 임대차에 대하여도 이를 적용하되, 이 법 시행 전에 물권을 취득한 제3자에 대하여는 그 효력이 없다.
③ **【기존 임차인의 확정일자 신청에 대한 경과조치】** 이 법 시행당시의 임차인으로서 제5조의 규정에 의한 보증금 우선변제의 보호를 받고자 하는 자는 이 법 시행전에 대통령령이 정하는 바에 따라 건물의 소재지 관할 세무서장에게 임대차계약서상의 확정일자를 신청할 수 있다.

부 칙 (2013.8.13)

제1조 【시행일】 이 법은 공포한 날부터 시행한다. 다만, 제12조, 제14조제3항의 개정규정은 2014년 1월 1일부터 시행한다.
제2조 【일반적 적용례】 이 법은 이 법 시행 후 최초로 체결되거나 갱신되는 임대차부터 적용한다.
제3조 【금융기관등의 우선변제권에 관한 적용례】 제5조제4항, 같은 조 제6항부터 제9항까지, 제6조제1항 및 제9항의 개정규정은 이 법 시행 당시 존속 중인 임대차에 대하여도 적용하되, 이 법 시행 후 최초로 보증금반환채권을 양수한 경우부터 적용한다.
제4조 【월 차임 전환 시 산정률의 제한에 관한 적용례】 제12조의 개정규정은 같은 개정규정 시행 당시 존속 중인 임대차에 대하여도 적용하되, 같은 개정규정 시행 후 최초로 보증금의 전부 또는 일부를 월 단위 차임으로 전환하는 경우부터 적용한다.
제5조 【소액보증금 보호에 관한 적용례】 제14조제3항의 개정규정은 같은 개정규정 시행 당시 존속 중인 임대차에 대하여도 이를 적용하되, 같은 개정규정 시행 전에 물권을 취득한 제3자에 대하여는 그 효력이 없다.

부 칙 (2015.5.13)

제1조 【시행일】 이 법은 공포한 날부터 시행한다. 다만, 제4조의 개정규정은 공포 후 6개월이 경과한 날부터 시행한다.
제2조 【대항력에 관한 적용례】 제2조제3항의 개정규정 중 제3조 대항력에 관한 규정은 이 법 시행 후 최초로 계약이 체결되거나 갱신되는 임대차부터 적용한다.
제3조 【권리금 회수기회 보호 등에 관한 적용례】 제10조의4의 개정규정은 이 법 시행 당시 존속 중인 임대차부터 적용한다.

부 칙 (2018.10.16)

제1조 【시행일】 이 법은 공포한 날부터 시행한다. 다만, 제20조부터 제22조까지의 개정규정은 공포 후 6개월이 경과한 날부터 시행한다.
제2조 【계약갱신요구 기간의 적용례】 제10조제2항의 개정규정은 이 법 시행 후 최초로 체결되거나 갱신되는 임대차부터 적용한다.
제3조 【권리금 회수기회 보호 등에 관한 적용례】 제10조의4제1항의 개정규정은 이 법 시행 당시 존속 중인 임대차에 대하여도 적용한다.
제4조 【권리금 적용 제외에 관한 적용례】 제10조의5제1호의 개정규정은 이 법 시행 당시 존속 중인 임대차에 대하여도 적용한다.
제5조 【다른 법률의 개정】 ※(해당 법령에 가제정리 하였음)

부 칙 (2020.2.4)

제1조 【시행일】 이 법은 공포 후 6개월이 경과한 날부터 시행한다.(이하 생략)

부 칙 (2020.7.31)

제1조 【시행일】 이 법은 공포 후 3개월이 경과한 날부터 시행한다.
제2조 【위원회의 심의 사항에 관한 특례】 ① 이 법 시행 당시 종전의 제2조제1항 단서에 따라 대통령령으로 정한 보증금액은 같은 항 단서의 개정규정에 따라 위원회의 심의를 거쳐 대통령령으로 정하기 전까지는 같은 개정규정에 따라 위원회의 심의를 거쳐 대통령령으로 정한 보증금액으로 본다.
② 이 법 시행 당시 종전의 제14조제3항에 따라 대통령령으로 정한 우선변제를 받을 임차인 및 보증금 중 일정액의 범위와 기준은 같은 항의 개정규정에 따라 위원회의 심의를 거쳐 대통령령으로 정하기 전까지는 같은 개정규정에 따라 위원회의 심의를 거쳐 대통령령으로 정한 범위와 기준으로 본다.

부 칙 (2020.9.29)

제1조 【시행일】 이 법은 공포한 날부터 시행한다.
제2조 【계약 갱신요구 등의 임시 특례 등에 관한 적용례】 제2조제3항, 제10조의9, 제11조제1항·제3항 및 제13조제1항의 개정규정은 이 법 시행 당시 존속 중인 임대차에 대하여도 적용한다.

부 칙 (2022.1.4)

제1조 【시행일】 이 법은 공포한 날부터 시행한다.
제2조 【임차인의 해지권에 관한 적용례】 제11조의2의 개정규정은 이 법 시행 당시 존속 중인 임대차에 대해서도 적용한다.

상가건물 임대차보호법 시행령

(2002년 10월 14일 대통령령 제17757호)

개정
2006. 6.12영19507호(행정정보이용감축개정령)
2008. 8.21영20970호
2010. 1.11영21988호
2010. 5. 4영22151호(전자정부법시)
2010. 7.21영22283호
2012. 1. 6영23488호(민감정보고유식별정보)
2012. 5.23영23807호(개인정보보호일부개정령)
2013.12.30영25036호
2015.11.13영26637호
2018. 1.26영28611호
2019. 4. 2영29671호
2020.10.20영31117호
2020.12. 8영31243호(한국부동산원법시)
2022.12.20영33106호
2024. 6. 4영34550호(강원특별자치도설치및미래산업글로벌도시조성을위한특별법시)
2024.12.24영35089호(전북특별자치도설치및글로벌생명경제도시조성을위한특별법시)
2024.12.31영35162호

제1조【목적】 이 영은 「상가건물 임대차보호법」에서 위임된 사항과 그 시행에 관하여 필요한 사항을 정하는 것을 목적으로 한다.(2010.7.21 본조개정)

제2조【적용범위】 ① 「상가건물 임대차보호법」(이하 "법"이라 한다) 제2조제1항 단서에서 "대통령령으로 정하는 보증금액"이란 다음 각 호의 구분에 의한 금액을 말한다.
1. 서울특별시 : 9억원
2. 「수도권정비계획법」에 따른 과밀억제권역(서울특별시는 제외한다) 및 부산광역시 : 6억9천만원
3. 광역시(「수도권정비계획법」에 따른 과밀억제권역에 포함된 지역과 군지역, 부산광역시는 제외한다), 세종특별자치시, 파주시, 화성시, 안산시, 용인시, 김포시 및 광주시 : 5억4천만원
4. 그 밖의 지역 : 3억7천만원
(2019.4.2 본항개정)
② 법 제2조제2항의 규정에 의하여 보증금외에 차임이 있는 경우의 차임액은 월 단위의 차임액으로 한다.
③ 법 제2조제2항에서 "대통령령으로 정하는 비율"이라 함은 1분의 100을 말한다.(2010.7.21 본항개정)

제3조【확정일자부 기재사항 등】 ① 상가건물 임대차 계약증서 원본을 소지한 임차인은 법 제4조제1항에 따라 상가건물의 소재지 관할 세무서장에게 확정일자 부여를 신청할 수 있다. 다만, 「부가가치세법」 제8조제3항에 따라 사업자 단위 과세가 적용되는 사업자의 경우 해당 사업자의 본점 또는 주사무소 관할 세무서장에게 확정일자 부여를 신청할 수 있다.
② 확정일자는 제1항에 따라 확정일자 부여의 신청을 받은 세무서장(이하 "관할 세무서장"이라 한다)이 확정일자 번호, 확정일자 부여일 및 관할 세무서장을 상가건물 임대차 계약증서 원본에 표시하고 관인을 찍는 방법으로 부여한다.
③ 관할 세무서장은 임대차계약이 변경되거나 갱신된 경우 임차인의 신청에 따라 새로운 확정일자를 부여한다.
④ 관할 세무서장이 법 제4조제2항에 따라 작성하는 확정일자부에 기재하여야 할 사항은 다음 각 호와 같다.
1. 확정일자 번호
2. 확정일자 부여일
3. 임대인·임차인의 인적사항
  가. 자연인인 경우 : 성명, 주민등록번호(외국인은 외국인등록번호)
  나. 법인인 경우 : 법인명, 대표자 성명, 법인등록번호
  다. 법인 아닌 단체인 경우 : 단체명, 대표자 성명, 사업자등록번호·고유번호
4. 임차인의 상호 및 법 제3조제1항에 따른 사업자등록 번호
5. 상가건물의 소재지, 임대차 목적물 및 면적
6. 임대차기간
7. 보증금·차임

⑤ 제1항부터 제4항까지에서 규정한 사항 외에 확정일자 부여 사무에 관하여 필요한 사항은 법무부령으로 정한다.
(2015.11.13 본조개정)

제3조의2【이해관계인의 범위】 법 제4조제3항에 따라 정보의 제공을 요청할 수 있는 상가건물의 임대차에 이해관계가 있는 자(이하 "이해관계인"이라 한다)는 다음 각 호의 어느 하나에 해당하는 자로 한다.
1. 해당 상가건물 임대차계약의 임대인·임차인
2. 해당 상가건물의 소유자
3. 해당 상가건물 또는 그 대지의 등기부에 기록된 권리자 중 법무부령으로 정하는 자
4. 법 제5조제7항에 따라 우선변제권을 승계한 금융기관 등
5. 제1호부터 제4호까지에서 규정한 자에 준하는 지위 또는 권리를 가지는 자로서 임대차 정보의 제공에 관하여 법원의 판결을 받은 자
(2015.11.13 본조신설)

제3조의3【이해관계인 등이 요청할 수 있는 정보의 범위】 ① 제3조의2제1호에 따른 임대차계약의 당사자는 관할 세무서장에게 다음 각 호의 사항이 기재된 서면의 열람 또는 교부를 요청할 수 있다.
1. 임대인·임차인의 인적사항(제3조제4항제3호에 따른 정보를 말한다. 다만, 주민등록번호 및 외국인등록번호의 경우에는 앞 6자리에 한정한다)
2. 상가건물의 소재지, 임대차 목적물 및 면적
3. 사업자등록 신청일
4. 보증금·차임 및 임대차기간
5. 확정일자 부여일
6. 임대차계약이 변경되거나 갱신된 경우에는 변경·갱신된 날짜, 새로운 확정일자 부여일, 변경된 보증금·차임 및 임대차기간
7. 그 밖에 법무부령으로 정하는 사항
② 임대차계약의 당사자가 아닌 이해관계인 또는 임대차계약을 체결하려는 자는 관할 세무서장에게 다음 각 호의 사항이 기재된 서면의 열람 또는 교부를 요청할 수 있다.
1. 상가건물의 소재지, 임대차 목적물 및 면적
2. 사업자등록 신청일
3. 보증금 및 차임, 임대차기간
4. 확정일자 부여일
5. 임대차계약이 변경되거나 갱신된 경우에는 변경·갱신된 날짜, 새로운 확정일자 부여일, 변경된 보증금·차임 및 임대차기간
6. 그 밖에 법무부령으로 정하는 사항
③ 제1항 및 제2항에서 규정한 사항 외에 임대차 정보의 제공 등에 필요한 사항은 법무부령으로 정한다.
(2015.11.13 본조신설)

제4조【차임 등 증액청구의 기준】 법 제11조제1항의 규정에 의한 차임 또는 보증금의 증액청구는 청구당시의 차임 또는 보증금의 100분의 5의 금액을 초과하지 못한다.
(2018.1.26 본조개정)

제5조【월차임 전환 시 산정률】 ① 법 제12조제1호에서 "대통령령으로 정하는 비율"이란 연 1할2푼을 말한다.
② 법 제12조제2호에서 "대통령령으로 정하는 배수"란 4.5배를 말한다.
(2013.12.30 본조개정)

제6조【우선변제를 받을 임차인의 범위】 법 제14조의 규정에 의하여 우선변제를 받을 임차인은 보증금과 차임이 있는 경우 법 제2조제2항의 규정에 의하여 환산한 금액의 합계가 다음 각호의 구분에 의한 금액 이하인 임차인으로 한다.
1. 서울특별시 : 6천500만원
2. 「수도권정비계획법」에 따른 과밀억제권역(서울특별시는 제외한다) : 5천500만원
3. 광역시(「수도권정비계획법」에 따른 과밀억제권역에 포함된 지역과 군지역은 제외한다), 안산시, 용인시, 김포시 및 광주시 : 3천800만원

4. 그 밖의 지역 : 3천만원
(2013.12.30 1호~4호개정)

제7조【우선변제를 받을 보증금의 범위 등】 ① 법 제14조의 규정에 의하여 우선변제를 받을 보증금중 일정액의 범위는 다음 각호의 구분에 의한 금액 이하로 한다.
1. 서울특별시 : 2천200만원
2. 「수도권정비계획법」에 따른 과밀억제권역(서울특별시는 제외한다) : 1천900만원
3. 광역시(「수도권정비계획법」에 따른 과밀억제권역에 포함된 지역과 군지역은 제외한다), 안산시, 용인시, 김포시 및 광주시 : 1천300만원
4. 그 밖의 지역 : 1천만원
(2013.12.30 1호~4호개정)

② 임차인의 보증금중 일정액이 상가건물의 가액의 2분의 1을 초과하는 경우에는 상가건물의 가액의 2분의 1에 해당하는 금액에 한하여 우선변제권이 있다.(2013.12.30 본항개정)
③ 하나의 상가건물에 임차인이 2인 이상이고, 그 각 보증금중 일정액의 합산액이 상가건물의 가액의 2분의 1을 초과하는 경우에는 그 각 보증금중 일정액의 합산액에 대한 각 임차인의 보증금중 일정액의 비율로 그 상가건물의 가액의 2분의 1에 해당하는 금액을 분할한 금액을 각 임차인의 보증금중 일정액으로 본다.(2013.12.30 본항개정)

제7조의2【상가건물임대차위원회의 구성】 법 제14조의2제4항제7호에서 "대통령령으로 정하는 사람"이란 다음 각 호의 어느 하나에 해당하는 사람을 말한다.
1. 특별시 · 광역시 · 특별자치시 · 도 및 특별자치도(이하 "시 · 도"라 한다)에서 상가건물 정책 또는 부동산 관련 업무를 담당하는 주무부서의 실 · 국장
2. 법무사로서 5년 이상 해당 분야에서 종사하고 상가건물 임대차 관련 업무 경험이 풍부한 사람
(2020.10.20 본조신설)

제7조의3【위원의 임기 등】 ① 법 제14조의2에 따른 상가건물임대차위원회(이하 "위원회"라 한다)의 위원의 임기는 2년으로 하되, 한 차례만 연임할 수 있다. 다만, 공무원인 위원의 임기는 그 직위에 재직하는 기간으로 한다.
② 위원회의 위원장(이하 "위원장"이라 한다)은 위촉된 위원이 다음 각 호의 어느 하나에 해당하는 경우에는 해당 위원을 해촉할 수 있다.
1. 심신장애로 직무를 수행할 수 없게 된 경우
2. 직무와 관련한 형사사건으로 기소된 경우
3. 직무태만, 품위손상, 그 밖의 사유로 위원으로 적합하지 않다고 인정되는 경우
4. 위원 스스로 직무를 수행하는 것이 곤란하다고 의사를 밝히는 경우
(2020.10.20 본조신설)

제7조의4【위원장의 직무】 ① 위원장은 위원회를 대표하고, 위원회의 업무를 총괄한다.
② 위원장이 부득이한 사유로 직무를 수행할 수 없을 때에는 위원장이 미리 지명한 위원이 그 직무를 대행한다.
(2020.10.20 본조신설)

제7조의5【간사】 ① 위원회에 간사 1명을 두되, 간사는 상가건물 임대차 관련 업무에 종사하는 법무부 소속의 고위공무원단에 속하는 일반직 공무원(이에 상당하는 특정직 · 별정직 공무원을 포함한다) 중에서 위원장이 지명한다.
② 간사는 위원회의 운영을 지원하고, 위원회의 회의에 관한 기록과 그 밖에 서류의 작성 · 보관에 관한 사무를 처리한다.
③ 간사는 위원회에 참석하여 심의사항을 설명하거나 그 밖에 필요한 발언을 할 수 있다.
(2020.10.20 본조신설)

제7조의6【위원회의 회의】 ① 위원회의 회의는 매년 1회 개최되는 정기회의와 위원장이 필요하다고 인정하거나 위원 3분의 1 이상이 요구하는 경우에 개최되는 임시회의로 구분하여 운영한다.
② 위원장은 위원회의 회의를 소집하고, 그 의장이 된다.
③ 위원회의 회의는 재적위원 과반수의 출석으로 개의하고, 출석위원 과반수의 찬성으로 의결한다.
④ 위원회의 회의는 비공개로 한다.
⑤ 위원장은 위원이 아닌 사람을 회의에 참석하게 하여 의견을 듣거나 관계 기관 · 단체 등에 필요한 자료, 의견 제출 등 협조를 요청할 수 있다.
(2020.10.20 본조신설)

제7조의7【실무위원회】 ① 위원회에서 심의할 안건의 협의를 효율적으로 지원하기 위하여 위원회에 실무위원회를 둔다.
② 실무위원회는 다음 각 호의 사항을 협의 · 조정한다.
1. 심의안건 및 이와 관련하여 위원회가 위임한 사항
2. 그 밖에 위원장 및 위원이 실무협의를 요구하는 사항
③ 실무위원회의 위원장은 위원회의 간사가 되고, 실무위원회의 위원은 다음 각 호의 사람 중에서 그 소속기관의 장이 지명하는 사람으로 한다.
1. 기획재정부에서 물가 관련 업무를 담당하는 5급 이상의 국가공무원
2. 법무부에서 상가건물 임대차 관련 업무를 담당하는 5급 이상의 국가공무원
3. 국토교통부에서 상가건물 임대차 관련 업무를 담당하는 5급 이상의 국가공무원
4. 중소벤처기업부에서 소상공인 관련 업무를 담당하는 5급 이상의 국가공무원
5. 시 · 도에서 소상공인 또는 민생경제 관련 업무를 담당하는 5급 이상의 지방공무원
(2020.10.20 본조신설)

제7조의8【전문위원】 ① 위원회의 심의사항에 관한 전문적인 조사 · 연구업무를 수행하기 위하여 5명 이내의 전문위원을 둘 수 있다.
② 전문위원은 법학, 경제학 또는 부동산학 등에 학식과 경험을 갖춘 사람 중에서 법무부장관이 위촉하고, 임기는 2년으로 한다.
(2020.10.20 본조신설)

제7조의9【수당】 위원회 또는 실무위원회 위원에게는 예산의 범위에서 수당을 지급할 수 있다. 다만, 공무원인 위원이 그 소관 업무와 직접적으로 관련되어 위원회에 출석하는 경우는 제외한다.(2020.10.20 본조신설)

제7조의10【운영세칙】 이 영에서 규정한 사항 외에 위원회의 운영에 필요한 사항은 법무부장관이 정한다.
(2020.10.20 본조신설)

제8조【상가건물임대차분쟁조정위원회의 설치】 법 제20조제1항에 따른 상가건물임대차분쟁조정위원회(이하 "조정위원회"라 한다)를 두는 「법률구조법」 제8조에 따른 대한법률구조공단(이하 "공단"이라 한다), 「한국토지주택공사법」에 따른 한국토지주택공사(이하 "공사"라 한다) 및 「한국부동산원법」에 따른 한국부동산원(이하 "부동산원"이라 한다)의 지부, 지사 또는 사무소와 그 관할구역은 별표와 같다.
(2020.12.8 본조개정)

제9조【조정위원회의 심의 · 조정 사항】 법 제20조제2항제6호에서 "대통령령으로 정하는 상가건물 임대차에 관한 분쟁"이란 다음 각 호의 분쟁을 말한다.
1. 임대차계약의 이행 및 임대차계약 내용의 해석에 관한 분쟁
2. 임대차계약 갱신 및 종료에 관한 분쟁
3. 임대차계약의 불이행 등에 따른 손해배상청구에 관한 분쟁
4. 공인중개사 보수 등 비용부담에 관한 분쟁
5. 「공인중개사법」 제30조에 따른 공인중개사의 손해배상책임(중개의뢰인이 같은 법 시행령 제26조제1항에 따라 보증기관에 손해배상금으로 공제금의 지급을 청구하는 경우를 포함한다)에 관한 분쟁(2024.12.31 본호신설)
6. 법 제19조에 따른 상가건물임대차표준계약서의 사용에 관한 분쟁
7. 그 밖에 제1호부터 제6호까지의 규정에 준하는 분쟁으로서 조정위원회의 위원장이 조정이 필요하다고 인정하는

분쟁(2024.12.31 본호개정)
(2019.4.2 본조신설)

제10조【공단의 지부 등에 두는 조정위원회의 사무국】 ① 법 제20조제3항에 따라 공단, 공사 또는 부동산원의 지부, 지사 또는 사무소에 두는 조정위원회의 사무국(이하 "사무국"이라 한다)에는 사무국장 1명을 각각 두며, 사무국장 밑에 심사관 및 조사관을 각각 둔다.(2020.12.8 본항개정)
② 사무국장은 공단 이사장, 공사 사장 및 부동산원 원장이 각각 임명하며, 조정위원회의 위원을 겸직할 수 있다.
(2020.12.8 본항개정)
③ 심사관 및 조사관은 공단 이사장, 공사 사장 및 부동산원 원장이 각각 임명한다.(2020.12.8 본항개정)
④ 사무국장은 사무국의 업무를 총괄하고, 소속 직원을 지휘·감독한다.
⑤ 심사관은 다음 각 호의 업무를 담당한다.
1. 분쟁조정 신청 사건에 대한 쟁점정리 및 법률적 검토
2. 조사관이 담당하는 업무에 대한 지휘·감독
3. 그 밖에 조정위원회의 위원장이 조정위원회의 사무 처리를 위하여 필요하다고 인정하는 업무(2020.10.20 본호개정)
⑥ 조사관은 다음 각 호의 업무를 담당한다.
1. 분쟁조정 신청의 접수
2. 분쟁조정 신청에 관한 민원의 안내
3. 조정당사자에 대한 송달 및 통지
4. 분쟁의 조정에 필요한 사실조사
5. 그 밖에 조정위원회의 위원장이 조정위원회의 사무 처리를 위하여 필요하다고 인정하는 업무(2020.10.20 본호개정)
⑦ 사무국장 및 심사관은 변호사의 자격이 있는 사람으로 한다.
(2020.10.20 본조제목개정)
(2019.4.2 본조신설)

제11조【시·도의 조정위원회 사무국】 시·도가 법 제20조제1항 후단에 따라 조정위원회를 두는 경우 사무국의 조직 및 운영 등에 관한 사항은 그 지방자치단체의 실정을 고려하여 해당 지방자치단체의 조례로 정한다.(2020.10.20 본조개정)

제12조【고유식별정보의 처리】 관할 세무서장은 법 제4조에 따른 확정일자 부여에 관한 사무를 수행하기 위하여 불가피한 경우 「개인정보 보호법 시행령」 제19조제1호 및 제4호에 따른 주민등록번호 및 외국인등록번호가 포함된 자료를 처리할 수 있다.(2015.11.13 본조개정)

부 칙 (2013.12.30)

제1조【시행일】 이 영은 2014년 1월 1일부터 시행한다.
제2조【적용범위에 관한 적용례】 제2조의 개정규정은 이 영 시행 후 체결되거나 갱신되는 상가건물 임대차계약부터 적용한다.
제3조【월차임 전환 시 산정률의 제한에 관한 적용례】 제5조의 개정규정은 이 영 시행 당시 존속 중인 상가건물 임대차계약에 대해서도 적용하되, 이 영 시행 후 보증금의 전부 또는 일부를 월 단위 차임으로 전환하는 경우부터 적용한다.
제4조【소액보증금 보호에 관한 적용례】 제6조 및 제7조의 개정규정은 이 영 시행 당시 존속 중인 상가건물 임대차계약에 대해서도 적용하되, 이 영 시행 전에 담보물권을 취득한 자에 대해서는 종전의 규정에 따른다.

부 칙 (2018.1.26)

제1조【시행일】 이 영은 공포한 날부터 시행한다.
제2조【적용범위에 대한 적용례】 제2조의 개정규정은 이 영 시행 이후 체결되거나 갱신되는 상가건물 임대차계약부터 적용한다.
제3조【차임 등 증액청구 기준에 대한 적용례】 제4조의 개정규정은 이 영 시행 당시 존속 중인 상가건물 임대차계약에 대해서도 적용한다.

부 칙 (2019.4.2)

제1조【시행일】 이 영은 공포한 날부터 시행한다. 다만, 제8조부터 제11조까지의 개정규정은 2019년 4월 17일부터 시행한다.
제2조【적용범위에 대한 적용례】 제2조제1항의 개정규정은 이 영 시행 이후 체결되거나 갱신되는 상가건물 임대차계약부터 적용한다.

부 칙 (2020.10.20)

이 영은 2020년 11월 1일부터 시행한다.

부 칙 (2020.12.8)

제1조【시행일】 이 영은 2020년 12월 10일부터 시행한다.
(이하 생략)

부 칙 (2022.12.20)

제1조【시행일】 이 영은 2023년 1월 1일부터 시행한다.
제2조【공사의 인천지역본부 등에 설치된 조정위원회에 조정 신청된 사항에 관한 경과조치】 이 영 시행 당시 종전의 별표에 따라 다음 표의 왼쪽 란에 기재된 지역본부에 설치된 조정위원회에 조정 신청된 사항은 별표의 개정규정에 따라 다음 표의 오른쪽 란에 기재된 지사에 설치된 조정위원회에 조정 신청된 것으로 본다.

공사의 인천지역본부	부동산원의 인천지사
공사의 경남지역본부	부동산원의 창원지사
공사의 경기지역본부	부동산원의 성남지사
공사의 부산울산지역본부	부동산원의 울산지사

제3조【부동산원의 경기서부지사에 설치된 조정위원회에 관한 경과조치】 ① 이 영 시행 당시 종전의 별표에 따라 부동산원의 경기서부지사에 설치된 조정위원회는 별표의 개정규정에 따라 부동산원의 고양지사에 설치된 조정위원회로 본다.
② 이 영 시행 당시 종전의 별표에 따라 부동산원의 경기서부지사에 설치된 조정위원회의 위원장 및 위원으로 호선 및 위촉된 사람은 별표의 개정규정에 따라 부동산원의 고양지사에 설치된 조정위원회의 위원장 및 위원으로 호선 및 위촉된 것으로 본다. 이 경우 그 임기는 종전 임기의 남은 기간으로 한다.

부 칙 (2024.6.4)

제1조【시행일】 이 영은 2024년 6월 8일부터 시행한다.(이하 생략)

부 칙 (2024.12.24)

제1조【시행일】 이 영은 2024년 12월 27일부터 시행한다.
(이하 생략)

부 칙 (2024.12.31)

제1조【시행일】 이 영은 2025년 3월 1일부터 시행한다.
제2조【상가건물임대차분쟁조정위원회의 분쟁조정 대상에 관한 적용례】 제9조제5호 및 제7호의 개정규정은 이 영 시행 전에 공인중개사의 손해배상책임에 관한 분쟁이 발생한 경우로서 이 영 시행 이후 상가건물임대차분쟁조정위원회에 분쟁의 조정을 신청하는 경우에도 적용한다.

〔별표〕 ➡ 「www.hyeonamsa.com」 참조

〔별지서식〕 (2015.11.13 삭제)

보증인 보호를 위한 특별법

(약칭 : 보증인보호법)

(2008년 3월 21일
법 률 제8918호)

개정
2009. 2. 6법 9418호(채권의공정한추심에관한법)
2010. 3.24법10186호
2010. 5.17법10303호(은행법)
2011. 3.31법10522호(농협)
2011. 5.19법10689호(신용보증기금법)
2015. 2. 3법13125호(민법)
2016. 1. 6법13711호
2016. 5.29법14242호(수협)
2020. 2.11법16998호(벤처투자촉진에관한법)
2023. 6.20법19504호(벤처투자촉진에관한법)

제1조【목적】 이 법은 보증에 관하여 「민법」에 대한 특례를 규정함으로써 아무런 대가 없이 호의(好意)로 이루어지는 보증으로 인한 보증인의 경제적 · 정신적 피해를 방지하고, 금전채무에 대한 합리적인 보증계약 관행을 확립함으로써 신용사회 정착에 이바지함을 목적으로 한다.

제2조【정의】 이 법에서 사용하는 용어의 뜻은 다음과 같다.

1. "보증인"이란 「민법」 제429조제1항에 따른 보증채무(이하 "보증채무"라 한다)를 부담하는 자로서 다음 각 목에서 정하는 경우를 제외한 자를 말한다.
  가. 「신용보증기금법」 제2조제1호에 따른 기업(이하 "기업"이라 한다)이 영위하는 사업과 관련된 타인의 채무에 대하여 보증채무를 부담하는 경우(2011.5.19 본목개정)
  나. 기업의 대표자, 이사, 무한책임사원, 「국세기본법」 제39조제2항에 따른 과점주주(寡占株主) 또는 기업의 경영을 사실상 지배하는 자가 그 기업의 채무에 대하여 보증채무를 부담하는 경우
  다. 기업의 대표자, 이사, 무한책임사원, 「국세기본법」 제39조제2항에 따른 과점주주 또는 기업의 경영을 사실상 지배하는 자의 배우자, 직계 존속 · 비속 등 특수한 관계에 있는 자가 기업과 경제적 이익을 공유하거나 기업의 경영에 직접 · 간접적으로 영향을 미치면서 그 기업의 채무에 대하여 보증채무를 부담하는 경우
  라. 채무자와 동업 관계에 있는 자가 동업과 관련한 동업자의 채무를 부담하는 경우
  마. 나목부터 라목까지의 어느 하나에 해당하는 경우로서 기업의 채무에 대하여 그 기업의 채무를 인수한 다른 기업을 위하여 보증채무를 부담하는 경우
  바. 기업 또는 개인의 신용을 보증하기 위하여 법률에 따라 설치된 기금 또는 그 관리기관이 보증채무를 부담하는 경우
2. "보증계약"이란 그 형식이나 명칭에 관계없이 채무자가 채권자에 대한 금전채무를 이행하지 아니하는 경우에 보증인이 그 채무를 이행하기로 하는 채권자와 보증인 사이의 계약을 말한다.
3. "금융기관"이란 다음 각 목에서 정하는 것을 말한다.
  가. 「은행법」에 따른 인가를 받아 설립된 은행(같은 법 제59조에 따라 은행으로 보는 자를 포함한다)(2010.5.17 본목개정)
  나. 「한국산업은행법」에 따라 설립된 한국산업은행
  다. 「한국수출입은행법」에 따라 설립된 한국수출입은행
  라. 「중소기업은행법」에 따라 설립된 중소기업은행
  마. 「자본시장과 금융투자업에 관한 법률」에 따른 투자매매업자 · 투자중개업자 · 집합투자업자 · 증권금융회사 · 종합금융회사(2016.1.6 본목개정)
  바. 「상호저축은행법」에 따른 상호저축은행
  사. 「농업협동조합법」에 따른 조합과 농협은행(2011.3.31 본목개정)
  아. 「수산업협동조합법」에 따른 조합과 수협은행(2016.5.29 본목개정)
  자. 「산림조합법」에 따른 조합
  차. 「신용협동조합법」에 따른 신용협동조합
  카. 「새마을금고법」에 따른 금고 및 그 연합회
  타. (2016.1.6 삭제)
  파. 「보험업법」에 따른 보험회사
  하. 「여신전문금융업법」에 따른 여신전문금융회사(같은 법 제3조제3항제1호에 따라 허가를 받거나 등록을 한 자를 포함한다)
  거. (2016.1.6 삭제)
  너. 「벤처투자 촉진에 관한 법률」에 따른 벤처투자회사 및 벤처투자조합(2023.6.20 본목개정)
  더. 「우체국예금 · 보험에 관한 법률」에 따른 체신관서
  러. 「중소기업협동조합법」에 따른 중소기업협동조합
4. "채무관련 신용정보"란 대출정보, 채무보증정보, 연체정보, 대위변제(代位辨濟) · 대지급정보(代支給情報) 및 부도정보(不渡情報)를 말한다.

제3조 (2015.2.3 삭제)

제4조【보증채무 최고액의 특정】 보증계약을 체결할 때에는 보증채무의 최고액(最高額)을 서면으로 특정(特定)하여야 한다. 보증기간을 갱신할 때에도 또한 같다.

제5조【채권자의 통지의무 등】 ① 채권자는 주채무자가 원본, 이자 그 밖의 채무를 3개월 이상 이행하지 아니하는 경우 또는 주채무자가 이행기에 이행할 수 없음을 미리 안 경우에는 지체 없이 보증인에게 그 사실을 알려야 한다.
② 채권자로서 보증계약을 체결한 금융기관은 주채무자가 원본, 이자 그 밖의 채무를 1개월 이상 이행하지 아니하는 경우에는 지체 없이 그 사실을 보증인에게 알려야 한다.
③ 채권자는 보증인의 청구가 있으면 주채무의 내용 및 그 이행 여부를 보증인에게 알려야 한다.
④ 채권자가 제1항부터 제3항까지의 규정에 따른 의무를 위반한 경우에는 보증인은 그로 인하여 손해를 입은 한도에서 채무를 면한다.(2010.3.24 본항신설)

제6조【근보증】 ① 보증은 채권자와 주채무자 사이의 특정한 계속적 거래계약이나 그 밖의 일정한 종류의 거래로부터 발생하는 채무 또는 특정한 원인에 기하여 계속적으로 발생하는 채무에 대하여도 할 수 있다. 이 경우 그 보증하는 채무의 최고액을 서면으로 특정하여야 한다.
② 제1항의 경우 채무의 최고액을 서면으로 특정하지 아니한 보증계약은 효력이 없다.

제7조【보증기간 등】 ① 보증기간의 약정이 없는 때에는 그 기간을 3년으로 본다.
② 보증기간은 갱신할 수 있다. 이 경우 보증기간의 약정이 없는 때에는 계약체결 시의 보증기간을 그 기간으로 본다.(2010.3.24 후단개정)
③ 제1항 및 제2항에서 간주되는 보증기간은 계약을 체결하거나 갱신하는 때에 채권자가 보증인에게 고지하여야 한다.(2010.3.24 본항신설)
④ 보증계약 체결 후 채권자가 보증인의 승낙 없이 채무자에 대하여 변제기를 연장하여 준 경우에는 채권자나 채무자는 보증인에게 그 사실을 알려야 한다. 이 경우 보증인은 즉시 보증채무를 이행할 수 있다.

제8조【금융기관 보증계약의 특칙】 ① 금융기관이 채권자로서 보증계약을 체결할 때에는 「신용정보의 이용 및 보호에 관한 법률」에 따라 종합신용정보집중기관으로부터 제공받은 채무자의 채무관련 신용정보를 보증인에게 제시하고 그 서면에 보증인의 기명날인이나 서명을 받아야 한다. 보증기간을 갱신할 때에도 또한 같다.
② 금융기관이 제1항에 따라 채무자의 채무관련 신용정보를 보증인에게 제시할 때에는 채무자의 동의를 받아야 한다.
③ 금융기관이 제1항에 따라 보증인에게 채무관련 신용정보를 제시하지 아니한 경우에는 보증인은 금융기관에 대하여

보증계약 체결 당시 채무자의 채무관련 신용정보를 제시하여 줄 것을 요구할 수 있다.
④ 금융기관이 제3항에 따라 채무관련 신용정보의 제시요구를 받은 날부터 7일 이내에 그 요구에 응하지 아니하는 경우에는 보증인은 그 사실을 안 날부터 1개월 이내에 보증계약의 해지를 통고할 수 있다. 이 경우 금융기관이 해지통고를 받은 날부터 1개월이 경과하면 해지의 효력이 생긴다.
제9조~제10조 (2009.2.6 삭제)
제11조【편면적 강행규정】 이 법에 위반하는 약정으로서 보증인에게 불리한 것은 효력이 없다.

부 칙

① **【시행일】** 이 법은 공포 후 6개월이 경과한 날부터 시행한다.
② **【적용례】** 제3조부터 제8조까지 및 제11조는 이 법 시행 후 최초로 체결하거나 기간을 갱신하는 보증계약부터 적용한다.

부 칙 (2015.2.3)

제1조【시행일】 이 법은 공포 후 1년이 경과한 날부터 시행한다.
제2조~제5조 (생략)
제6조【「보증인 보호를 위한 특별법」의 개정에 따른 경과조치】 부칙 제5조에 따라 개정되는 「보증인 보호를 위한 특별법」의 개정규정에도 불구하고 이 법 시행 전에 체결되거나 기간이 갱신된 「보증인 보호를 위한 특별법」의 적용 대상인 보증계약에 대해서는 종전의 「보증인 보호를 위한 특별법」 제3조에 따른다.

부 칙 (2020.2.11)
(2023.6.20)

제1조【시행일】 이 법은 공포 후 6개월이 경과한 날부터 시행한다.(이하 생략)

가등기담보 등에 관한 법률

(약칭 : 가등기담보법)

(1983년 12월 30일
법 률 제3681호)

개정
1997.12.13법 5454호(정부부처명)
2002. 1.26법 6627호(민사집행법)
2005. 3.31법 7428호(채무자회생파산)
2008. 3.21법 8919호
2010. 3.31법10219호(지방세기본법)
2010. 6.10법10366호(동산·채권등의담보에관한법)
2016.12.27법14474호(지방세기본법)

제1조【목적】 이 법은 차용물(借用物)의 반환에 관하여 차주(借主)가 차용물을 갈음하여 다른 재산권을 이전할 것을 예약할 때 그 재산의 예약 당시 가액(價額)이 차용액(借用額)과 이에 붙인 이자를 합산한 액수를 초과하는 경우에 이에 따른 담보계약(擔保契約)과 그 담보의 목적으로 마친 가등기(假登記) 또는 소유권이전등기(所有權移轉登記)의 효력을 정함을 목적으로 한다.(2008.3.21 본조개정)

판례 [1] 가등기담보 등에 관한 법률이 매매잔대금 지급과 관련하여 다른 재산권을 이전하기로 약정한 경우에도 적용되는지 여부(소극) : 가등기담보 등에 관한 법률은 차용물의 반환에 관하여 다른 재산권을 이전할 것을 예약한 경우에만 적용되고, 매매잔대금 지급과 관련하여 다른 재산권을 이전하기로 약정한 경우에는 적용되지 않는다.
[2] 주택조합이 신축하여 일반인에게 분양하는 아파트의 소유관계(=조합원 전원의 총유)와 그 관리·처분 방법 : 주택조합이 주체가 되어 신축 완공한 건물로서 조합원 외의 일반인에게 분양되는 부분은 조합원 전원의 총유에 속하며, 총유물의 관리 및 처분에 관하여 주택조합의 정관이나 규약에 정한 바가 있으면 이에 따르고 그에 관한 정관이나 규약이 없으면 조합원 총회의 결의에 의하여야 하며, 그와 같은 절차를 거치지 않은 행위는 무효라고 할 것이다.
[3] 지역주택조합이 주택을 건축할 대지를 마련하기 위하여 토지를 매입하면서 매매대금에 대한 대물변제조로 토지 매도인과 신축될 주택에 관한 분양계약을 체결한 경우, 공동사업주체인 시공사에게도 분양계약상의 책임이 있다고 판단한다.
(대판 2007.12.13, 2005다52214)

판례 가등기담보 등에 관한 법률은 재산권 이전의 예약에 의한 가등기담보에 있어서 그 재산의 예약 당시의 가액이 차용액 및 이에 붙인 이자의 합산액을 초과하는 경우에 적용되는 것인바, 여기에서 말하는 재산의 가액은 원칙적으로 '통상적인 시장에서 충분한 기간 거래된 후 그 대상재산의 내용에 정통한 거래당사자 간에 성립한다고 인정되는 적정가격'이고, 그와 같은 적정가격을 확인하기 어려울 때에는 객관적이고 합리적인 방법으로 평가한 가액이라고 할 것이므로, 대상재산이 토지로서 법정지상권의 성립가능성이 있는 등 토지이용상 제한을 받는지 여부가 불분명한 경우에는 법정지상권의 성립에 관한 사정을 객관적이고 합리적으로 평가하여 그 성립 여부를 판단한 다음 그에 따라 평가한 토지의 가격을 가액으로 봄이 상당하다.
(대판 2007.6.15, 2006다5611)

판례 재산권 이전의 예약에 의한 가등기담보에 있어서 예약 당시 선순위 근저당권이 설정되어 있는 경우, '가등기담보 등에 관한 법률'의 적용 요건 : 가등기담보 등에 관한 법률은 재산권 이전의 예약에 의한 가등기담보에 있어서 재산의 예약 당시의 가액이 차용액 및 이에 붙인 이자의 합산액을 초과하는 경우에 적용되는바, 재산권 이전의 예약 당시 재산에 대하여 선순위 근저당권이 설정되어 있는 경우에는 재산의 가액에서 피담보채무액을 공제한 나머지 가액이 차용액 및 이에 붙인 이자의 합산액을 초과하는 경우에만 적용된다.
(대판 2006.8.24, 2005다61140)

판례 매매대금의 지급을 담보하기 위하여 가등기를 한 경우, 이 법의 적용여부 : 가등기담보등에관한법률은 차용물의 반환에 관하여 다른 재산권을 이전할 것을 예약한 경우에 적용되므로 매매대금채권을 담보하기 위하여 가등기를 한 경우에는 적용되지 않는다.(가등기의 주된 목적이 매매대금채권의 확보에 있고, 대여금채권의 확보는 부수적 목적인 경우 가등기담보등에관한법률이 적용되지 않는다고 본 사례)
(대판 2002.12.24, 2002다50484)

제2조【정의】 이 법에서 사용하는 용어의 뜻은 다음과 같다.
1. "담보계약"이란 「민법」 제608조에 따라 그 효력이 상실되는 대물반환(代物返還)의 예약[환매(還買), 양도담보(讓渡擔保) 등 명목(名目)이 어떠하든 그 모두를 포함한다]에 포함되거나 병존(竝存)하는 채권담보(債權擔保) 계약을 말한다.

2. "채무자등"이란 다음 각 목의 자를 말한다.
가. 채무자
나. 담보가등기목적 부동산의 물상보증인(物上保證人)
다. 담보가등기 후 소유권을 취득한 제삼자
3. "담보가등기(擔保假登記)"란 채권담보의 목적으로 마친 가등기를 말한다.
4. "강제경매등"이란 강제경매(強制競賣)와 담보권의 실행 등을 위한 경매를 말한다.
5. "후순위권리자(後順位權利者)"란 담보가등기 후에 등기된 저당권자·전세권자 및 담보가등기권리자를 말한다.
(2008.3.21 본조개정)

제3조【담보권 실행의 통지와 청산기간】 ① 채권자가 담보계약에 따른 담보권을 실행하여 그 담보목적부동산의 소유권을 취득하기 위하여는 그 채권(債權)의 변제기(辨濟期) 후에 제4조의 청산금(淸算金)의 평가액을 채무자등에게 통지하고, 그 통지가 채무자등에게 도달한 날부터 2개월(이하 "청산기간"이라 한다)이 지나야 한다. 이 경우 청산금이 없다고 인정되는 경우에는 그 뜻을 통지하여야 한다.
② 제1항에 따른 통지에는 통지 당시의 담보목적부동산의 평가액과 「민법」 제360조에 규정된 채권액을 밝혀야 한다. 이 경우 부동산이 둘 이상인 경우에는 각 부동산의 소유권 이전에 의하여 소멸시키려는 채권과 그 비용을 밝혀야 한다.
(2008.3.21 본조개정)

판례 귀속정산절차에 있어서 통지의 상대방 및 그 통지 흠결시 소유권의 취득 여부 : 동법에 의하면, 가등기담보권자가 담보권실행을 위하여 담보 목적 부동산의 소유권을 취득하기 위하여는 그 채권의 변제기 후에 소정의 청산금 평가액 또는 청산금이 없다고 하는 뜻을 채무자 등에게 통지하여야 하고(제3조제1항), 이 때의 채무자 등에는 채무자와 물상보증인뿐만 아니라 담보가등기 후 소유권을 취득한 제3취득자가 포함되는 것이므로(제2조제2호), 위 통지는 이들 모두에게 하여야 하는 것으로서 채무자 등의 전부 또는 일부에 대하여 위 통지를 하지 않으면 청산기간이 진행할 수 없게 되고, 따라서 가등기담보권자는 그 후 적절한 청산금을 지급하거나 실제 지급할 청산금이 없다고 하더라도 가등기에 기한 본등기를 청구할 수 없으며, 설령 편법으로 본등기를 마쳤다고 하더라도 그 소유권을 취득할 수 없다.
(대판 2002.4.23, 2001다81856)

제4조【청산금의 지급과 소유권의 취득】 ① 채권자는 제3조제1항에 따른 통지 당시의 담보목적부동산의 가액에서 그 채권액을 뺀 금액(이하 "청산금"이라 한다)을 채무자등에게 지급하여야 한다. 이 경우 담보목적부동산에 선순위담보권(先順位擔保權) 등의 권리가 있을 때에는 그 채권액을 계산할 때에 선순위담보 등에 의하여 담보된 채권액을 포함한다.
② 채권자는 담보목적부동산에 관하여 이미 소유권이전등기를 마친 경우에는 청산기간이 지난 후 청산금을 채무자등에게 지급한 때에 담보목적부동산의 소유권을 취득하며, 담보가등기를 마친 경우에는 청산기간이 지나야 그 가등기에 따른 본등기(本登記)를 청구할 수 있다.
③ 청산금의 지급채무와 부동산의 소유권이전등기 및 인도채무(引渡債務)의 이행에 관하여는 동시이행의 항변권(抗辯權)에 관한 「민법」 제536조를 준용한다.
④ 제1항부터 제3항까지의 규정에 어긋나는 특약(特約)으로서 채무자등에게 불리한 것은 그 효력이 없다. 다만, 청산기간이 지난 후에 행하여진 특약으로서 제삼자의 권리를 침해하지 아니하는 것은 그러하지 아니하다.
(2008.3.21 본조개정)

제5조【후순위권리자의 권리행사】 ① 후순위권리자는 그 순위에 따라 채무자등이 지급받을 청산금에 대하여 제3조제1항에 따라 통지된 평가액의 범위에서 청산금이 지급될 때까지 그 권리를 행사할 수 있고, 채권자는 후순위권리자의 요구가 있는 경우에는 청산금을 지급하여야 한다.
② 후순위권리자는 제1항의 권리를 행사할 때에는 그 피담보채권(被擔保債權)의 범위에서 그 채권의 명세와 증서를 채권자에게 교부하여야 한다.
③ 채권자가 제2항의 명세와 증서를 받고 후순위권리자에게 청산금을 지급한 때에는 그 범위에서 청산금채무는 소멸한다.
④ 제1항의 권리행사를 막으려는 자는 청산금을 압류(押留)하거나 가압류(假押留)하여야 한다.
⑤ 담보가등기 후에 대항력(對抗力) 있는 임차권(賃借權)을 취득한 자에게는 청산금의 범위에서 동시이행의 항변권에 관한 「민법」 제536조를 준용한다.
(2008.3.21 본조개정)

제6조【채무자등 외의 권리자에 대한 통지】 ① 채권자는 제3조제1항에 따른 통지가 채무자등에게 도달하면 지체 없이 후순위권리자에게 그 통지의 사실과 내용 및 도달일을 통지하여야 한다.
② 제3조제1항에 따른 통지가 채무자등에게 도달한 때에는 담보가등기 후에 등기한 제삼자(제1항에 따라 통지를 받을 자를 제외하고, 대항력 있는 임차권자를 포함한다)가 있으면 채권자는 지체 없이 그 제삼자에게 제3조제1항에 따른 통지를 한 사실과 그 채권액을 통지하여야 한다.
③ 제1항과 제2항에 따른 통지는 통지를 받을 자의 등기부상의 주소로 발송함으로써 그 효력이 있다. 그러나 대항력 있는 임차권자에게는 그 담보목적부동산의 소재지로 발송하여야 한다.
(2008.3.21 본조개정)

제7조【청산금에 대한 처분 제한】 ① 채무자가 청산기간이 지나기 전에 한 청산금에 관한 권리의 양도나 그 밖의 처분은 이로써 후순위권리자에게 대항하지 못한다.
② 채권자가 청산기간이 지나기 전에 청산금을 지급한 경우 또는 제6조제1항에 따른 통지를 하지 아니하고 청산금을 지급한 경우에도 제1항과 같다.
(2008.3.21 본조개정)

제8조【청산금의 공탁】 ① 청산금채권이 압류되거나 가압류된 경우에 채권자는 청산기간이 지난 후 이에 해당하는 청산금을 채무이행지(債務履行地)를 관할하는 지방법원이나 지원(支院)에 공탁(供託)하여 그 범위에서 채무를 면(免)할 수 있다.
② 제1항에 따라 공탁이 있는 경우에는 채무자등의 공탁금출급청구권(供託金出給請求權)이 압류되거나 가압류된 것으로 본다.
③ 채권자는 제14조에 따른 경우 외에는 공탁금의 회수(回收)를 청구할 수 없다.
④ 채권자는 제1항에 따라 공탁을 한 경우에는 채무자등과 압류채권자 또는 가압류채권자에게 지체 없이 공탁의 통지를 하여야 한다.
(2008.3.21 본조개정)

제9조【통지의 구속력】 채권자는 제3조제1항에 따라 그가 통지한 청산금의 금액에 관하여 다툴 수 없다.(2008.3.21 본조개정)

제10조【법정지상권】 토지와 그 위의 건물이 동일한 소유자에게 속하는 경우 그 토지나 건물에 대하여 제4조제2항에 따른 소유권을 취득하거나 담보가등기에 따른 본등기가 행하여진 경우에는 그 건물의 소유를 목적으로 그 토지 위에 지상권(地上權)이 설정된 것으로 본다. 이 경우 그 존속기간과 지료(地料)는 당사자의 청구에 의하여 법원이 정한다.
(2008.3.21 본조개정)

제11조【채무자등의 말소청구권】 채무자등은 청산금채권을 변제받을 때까지 그 채무액(반환할 때까지의 이자와 손해금을 포함한다)을 채권자에게 지급하고 그 채권담보의 목적으로 마친 소유권이전등기의 말소를 청구할 수 있다. 다만, 그 채무의 변제기가 지난 때부터 10년이 지나거나 선의의 제삼자가 소유권을 취득한 경우에는 그러하지 아니하다.
(2008.3.21 본조개정)

판례 가등기나 소유권이전등기가 금전소비대차나 준소비대차에 기한 차용금반환채무와 그 외의 원인으로 발생한 채무를 동시에 담보할 목적으로 경료되었으나 그 후 금전소비대차나 준소비대차에 기한 차용금반환채무만이 남게 된 경우, 그 가등기담보나 양도담보에 가등기담보등에관한법률이 적용된다.(대판 2004.4.27, 2003다29968)

제12조【경매의 청구】 ① 담보가등기권리자는 그 선택에 따라 제3조에 따른 담보권을 실행하거나 담보목적부동산의 경매를 청구할 수 있다. 이 경우 경매에 관하여는 담보가등기권리를 저당권으로 본다.
② 후순위권리자는 청산기간에 한정하여 그 피담보채권의 변제기 도래 전이라도 담보목적부동산의 경매를 청구할 수 있다.
(2008.3.21 본조개정)
제13조【우선변제청구권】 담보가등기를 마친 부동산에 대하여 강제경매등이 개시된 경우에 담보가등기권리자는 다른 채권자보다 자기채권을 우선변제 받을 권리가 있다. 이 경우 그 순위에 관하여는 그 담보가등기권리를 저당권으로 보고, 그 담보가등기를 마친 때에 그 저당권의 설정등기(設定登記)가 행하여진 것으로 본다.(2008.3.21 본조개정)
제14조【강제경매등의 경우의 담보가등기】 담보가등기를 마친 부동산에 대하여 강제경매등의 개시 결정이 있는 경우에 그 경매의 신청이 청산금을 지급하기 전에 행하여진 경우(청산금이 없는 경우에는 청산기간이 지나기 전)에는 담보가등기권리자는 그 가등기에 따른 본등기를 청구할 수 없다.
(2008.3.21 본조개정)
제15조【담보가등기권리의 소멸】 담보가등기를 마친 부동산에 대하여 강제경매등이 행하여진 경우에는 담보가등기권리는 그 부동산의 매각에 의하여 소멸한다.(2008.3.21 본조개정)
제16조【강제경매등에 관한 특칙】 ① 법원은 소유권의 이전에 관한 가등기가 되어 있는 부동산에 대한 강제경매등의 개시결정(開始決定)이 있는 경우에는 가등기권리자에게 다음 각 호의 구분에 따른 사항을 법원에 신고하도록 적당한 기간을 정하여 최고(催告)하여야 한다.
1. 해당 가등기가 담보가등기인 경우 : 그 내용과 채권[이자나 그 밖의 부수채권(附隨債權)을 포함한다]의 존부(存否)·원인 및 금액
2. 해당 가등기가 담보가등기가 아닌 경우 : 해당 내용
② 압류등기 전에 이루어진 담보가등기권리가 매각에 의하여 소멸되면 제1항의 채권신고를 한 경우에만 그 채권자는 매각대금을 배당받거나 변제금을 받을 수 있다. 이 경우 그 담보가등기의 말소에 관하여는 매수인이 인수하지 아니한 부동산의 부담에 관한 기입을 말소하는 등기의 촉탁에 관한 「민사집행법」 제144조제1항제2호를 준용한다.
③ 소유권의 이전에 관한 가등기권리자는 강제경매등 절차의 이해관계인으로 본다.
(2008.3.21 본조개정)
제17조【파산 등 경우의 담보가등기】 ① 파산재단(破産財團)에 속하는 부동산에 설정한 담보가등기권리에 대하여는 「채무자 회생 및 파산에 관한 법률」 중 저당권에 관한 규정을 적용한다.
② 파산재단에 속하지 아니하는 파산자의 부동산에 대하여 설정되어 있는 담보가등기권리자에 관하여는 준별제권자(準別除權者)에 관한 「채무자 회생 및 파산에 관한 법률」 제414조를 준용한다.
③ 담보가등기권리는 「국세기본법」, 「국세징수법」, 「지방세기본법」, 「지방세징수법」, 「채무자 회생 및 파산에 관한 법률」을 적용할 때에는 저당권으로 본다.(2016.12.27 본항개정)
(2008.3.21 본조개정)
제18조【다른 권리를 목적으로 하는 계약에의 준용】 등기 또는 등록할 수 있는 부동산소유권 외의 권리[질권(質權)·저당권 및 전세권은 제외한다]의 취득을 목적으로 하는 담보계약에 관하여는 제3조부터 제17조까지의 규정을 준용한다. 다만, 「동산·채권 등의 담보에 관한 법률」에 따라 담보등기를 마친 경우에는 그러하지 아니하다.(2010.6.10 단서신설)

부 칙 (2016.12.27)

제1조【시행일】 이 법은 공포 후 3개월이 경과한 날부터 시행한다.(이하 생략)

채권의 공정한 추심에 관한 법률(약칭 : 채권추심법)

(2009년 2월 6일 법 률 제9418호)

개정
2011. 3.29법10465호(개인정보보호법)
2012. 1.17법11164호
2012. 6. 1법11461호(전자문서및전자거래기본법)
2014. 1.14법12228호 2014. 5.20법12594호
2020. 2. 4법16957호(신용정보의이용및보호에관한법)
2025. 1.21법20714호(대부업등의등록및금융이용자보호에관한법)→2025년 7월 22일 시행

제1조【목적】 이 법은 채권추심자가 권리를 남용하거나 불법적인 방법으로 채권추심을 하는 것을 방지하여 공정한 채권추심 풍토를 조성하고 채권자의 정당한 권리행사를 보장하면서 채무자의 인간다운 삶과 평온한 생활을 보호함을 목적으로 한다.
제2조【정의】 이 법에서 사용하는 용어의 뜻은 다음과 같다.
1. "채권추심자"란 다음 각 목의 어느 하나에 해당하는 자를 말한다.
가. 「대부업 등의 등록 및 금융이용자 보호에 관한 법률」에 따른 대부업자, 대부중개업자, 불법사금융업자, 불법사금융중개업자, 여신금융기관 및 이들로부터 대부계약에 따른 채권을 양도받거나 재양도 받은 자(2025.1.21 본목개정)
나. 가목에 규정된 자 외의 금전대여 채권자 및 그로부터 채권을 양도받거나 재양도 받은 자
다. 「상법」에 따른 상행위로 생긴 금전채권을 양도받거나 재양도 받은 자(2014.5.20 본목신설)
라. 금전이나 그 밖의 경제적 이익을 대가로 받거나 받기로 약속하고 타인의 채권을 추심하는 자(채권추심을 목적으로 채권의 양수를 가장한 자를 포함한다)
마. 가목부터 라목까지에 규정된 자들을 위하여 고용, 도급, 위임 등 원인을 불문하고 채권추심을 하는 자
(2014.5.20 본목개정)
2. "채무자"란 채무를 변제할 의무가 있거나 채권추심자로부터 채무를 변제할 의무가 있는 것으로 주장되는 자연인(보증인을 포함한다)을 말한다.
3. "관계인"이란 채무자와 동거하거나 생계를 같이 하는 자, 채무자의 친족, 채무자가 근무하는 장소에 함께 근무하는 자를 말한다.
4. "채권추심"이란 채무자에 대한 소재파악 및 재산조사, 채권에 대한 변제 요구, 채무자로부터 변제 수령 등 채권의 만족을 얻기 위한 일체의 행위를 말한다.
5. "개인정보"란 「개인정보 보호법」 제2조제1호의 개인정보를 말한다.(2011.3.29 본호개정)
6. "신용정보"란 「신용정보의 이용 및 보호에 관한 법률」 제2조제1호의 신용정보를 말한다.
제3조【국가와 지방자치단체의 책무】 ① 국가와 지방자치단체는 공정한 채권추심 풍토가 정착되도록 제도와 여건을 마련하고 이를 위한 시책을 추진하여야 한다.
② 국가와 지방자치단체는 권리를 남용하거나 불법적인 채권추심행위를 하는 채권추심자로부터 채무자 또는 관계인을 보호하기 위하여 노력하여야 한다.
제4조【다른 법률과의 관계】 채권추심에 관하여 다른 법률에 특별한 규정이 있는 경우를 제외하고는 이 법에서 정하는 바에 따른다.
제5조【채무확인서의 교부】 ① 채권추심자(제2조제1호가목에 규정된 자에 한한다. 이하 이 조에서 같다)는 채무자로부터 원금, 이자, 비용, 변제기 등 채무를 증명할 수 있는 서류

(이하 "채무확인서"라 한다)의 교부를 요청받은 때에는 정당한 사유가 없는 한 이에 응하여야 한다.
② 채권추심자는 채무확인서 교부에 직접 사용되는 비용 중 대통령령으로 정하는 범위에서 채무자에게 그 비용을 청구할 수 있다.(2012.1.17 본항개정)

제6조【수임사실 통보】 ① 채권추심자(제2조제1호라목에 규정된 자 및 그 자를 위하여 고용, 도급, 위임 등 원인을 불문하고 채권추심을 하는 자를 말한다. 이하 이 조에서 같다)가 채권자로부터 채권추심을 위임받은 경우에는 채권추심에 착수하기 전까지 다음 각 호에 해당하는 사항을 채무자에게 서면(「전자문서 및 전자거래 기본법」 제2조제1호의 전자문서를 포함한다)으로 통지하여야 한다. 다만, 채무자가 통지가 필요 없다고 동의한 경우에는 그러하지 아니하다.(2014.5.20 본문개정)
1. 채권추심자의 성명·명칭 또는 연락처(채권추심자가 법인인 경우에는 채권추심담당자의 성명, 연락처를 포함한다)
2. 채권자의 성명·명칭, 채무금액, 채무불이행 기간 등 채무에 관한 사항
3. 입금계좌번호, 계좌명 등 입금계좌 관련 사항

② 제1항에도 불구하고 채무발생의 원인이 된 계약에 기한의 이익에 관한 규정이 있는 경우에는 채무자가 기한의 이익을 상실한 후 즉시 통지하여야 한다.
③ 제1항에도 불구하고 채무발생의 원인이 된 계약이 계속적인 서비스 공급 계약인 경우에는 서비스 이용료 납부지체 등 채무불이행으로 인하여 계약이 해지된 즉시 통지하여야 한다.

제7조【동일 채권에 관한 복수 채권추심 위임 금지】 채권추심자는 동일한 채권에 대하여 동시에 2인 이상의 자에게 채권추심을 위임하여서는 아니 된다.

제8조【채무불이행정보 등록 금지】 채권추심자(제2조제1호가목 및 라목에 규정된 자 및 그 자를 위하여 고용, 도급, 위임 등 원인을 불문하고 채권추심을 하는 자를 말한다. 이하 이 조에서 같다)는 채무자가 채무의 존재를 다투는 소를 제기하여 그 소송이 진행 중인 경우에 「신용정보의 보호 및 이용에 관한 법률」에 따른 신용정보집중기관이나 신용정보업자의 신용정보전산시스템에 해당 채무자를 채무불이행자로 등록하여서는 아니 된다. 이 경우 채무불이행자로 이미 등록된 때에는 채권추심자는 채무의 존재를 다투는 소가 제기되어 소송이 진행 중임을 안 날부터 30일 이내에 채무불이행자 등록을 삭제하여야 한다.(2014.5.20 전단개정)

제8조의2【대리인 선임 시 채무자에 대한 연락 금지】 다음 각 호를 제외한 채권추심자는 채무자가 「변호사법」에 따른 변호사·법무법인·법무법인(유한) 또는 법무조합을 채권추심에 응하기 위한 대리인으로 선임하고 이를 채권추심자에게 서면으로 통지한 경우 채무와 관련하여 채무자를 방문하거나 채무자에게 말·글·음향·영상 또는 물건을 도달하게 하여서는 아니 된다. 다만, 채무자와 대리인이 동의한 경우 또는 채권추심자가 대리인에게 연락할 수 없는 정당한 사유가 있는 경우에는 그러하지 아니하다.
1. 「대부업 등의 등록 및 금융이용자 보호에 관한 법률」에 따른 여신금융기관
2. 「신용정보의 이용 및 보호에 관한 법률」에 따른 채권추심회사(2020.2.4 본호개정)
3. 「자산유동화에 관한 법률」 제10조에 따른 자산관리자
4. 제2조제1호가목에 규정된 자를 제외한 일반 금전대여 채권자
5. 제1호부터 제4호까지에 규정된 자들을 위하여 고용되거나 같은 자들의 위임을 받아 채권추심을 하는 자(다만, 채권추심을 하는 자가 「대부업 등의 등록 및 금융이용자 보호에 관한 법률」에 따른 대부업자, 대부중개업자, 불법사금융업자 또는 불법사금융중개업자인 경우는 제외한다)(2025.1.21 본호개정)

(2014.1.14 본조신설)

제8조의3【관계인에 대한 연락 금지】 ① 채권추심자는 채권추심을 위하여 채무자의 소재, 연락처 또는 소재를 알 수 있는 방법 등을 문의하는 경우를 제외하고는 채무와 관련하여 관계인을 방문하거나 관계인에게 말·글·음향·영상 또는 물건을 도달하게 하여서는 아니 된다.
② 채권추심자는 제1항에 따라 관계인을 방문하거나 관계인에게 말·글·음향·영상 또는 물건을 도달하게 하는 경우 다음 각 호에 해당하는 사항을 관계인에게 밝혀야 하며, 관계인이 채무자의 채무 내용 또는 신용에 관한 사실을 알게 하여서는 아니 된다.
1. 채권추심자의 성명·명칭 및 연락처(채권추심자가 법인인 경우에는 업무담당자의 성명 및 연락처를 포함한다)
2. 채권자의 성명·명칭
3. 방문 또는 말·글·음향·영상·물건을 도달하게 하는 목적

(2014.1.14 본조신설)

제8조의4【소송행위의 금지】 변호사가 아닌 채권추심자(제2조제1호라목에 규정된 자로서 채권추심을 업으로 하는 자 및 그 자를 위하여 고용, 도급, 위임 등 원인을 불문하고 채권추심을 하는 자로 한정한다)는 채권추심과 관련한 소송행위를 하여서는 아니 된다.(2014.5.20 본조신설)

제9조【폭행·협박 등의 금지】 채권추심자는 채권추심과 관련하여 다음 각 호의 어느 하나에 해당하는 행위를 하여서는 아니 된다.
1. 채무자 또는 관계인을 폭행·협박·체포 또는 감금하거나 그에게 위계나 위력을 사용하는 행위
2. 정당한 사유 없이 반복적으로 또는 야간(오후 9시 이후부터 다음 날 오전 8시까지를 말한다. 이하 같다)에 채무자나 관계인을 방문함으로써 공포심이나 불안감을 유발하여 사생활 또는 업무의 평온을 심하게 해치는 행위
3. 정당한 사유 없이 반복적으로 또는 야간에 전화하는 등 말·글·음향·영상 또는 물건을 채무자나 관계인에게 도달하게 함으로써 공포심이나 불안감을 유발하여 사생활 또는 업무의 평온을 심하게 해치는 행위
4. 채무자 외의 사람(제2조제2호에도 불구하고 보증인을 포함한다)에게 채무에 관한 거짓 사실을 알리는 행위
5. 채무자 또는 관계인에게 금전의 차용이나 그 밖의 이와 유사한 방법으로 채무의 변제자금을 마련할 것을 강요함으로써 공포심이나 불안감을 유발하여 사생활 또는 업무의 평온을 심하게 해치는 행위
6. 채무를 변제할 법률상 의무가 없는 채무자 외의 사람에게 채무자를 대신하여 채무를 변제할 것을 요구함으로써 공포심이나 불안감을 유발하여 사생활 또는 업무의 평온을 심하게 해치는 행위(2014.1.14 본호개정)
7. 채무자의 직장이나 거주지 등 채무자의 사생활 또는 업무와 관련된 장소에서 다수인이 모여 있는 가운데 채무자 외의 사람에게 채무자의 채무금액, 채무불이행 기간 등 채무에 관한 사항을 공연히 알리는 행위(2014.5.20 본호신설)

제10조【개인정보의 누설 금지 등】 ① 채권추심자는 채권발생이나 채권추심과 관련하여 알게 된 채무자 또는 관계인의 신용정보나 개인정보를 누설하거나 채권추심의 목적 외로 이용하여서는 아니 된다.
② 채권추심자가 다른 법률에 따라 신용정보나 개인정보를 제공하는 경우는 제1항에 따른 누설 또는 이용으로 보지 아니한다.

제11조【거짓 표시의 금지 등】 채권추심자는 채권추심과 관련하여 채무자 또는 관계인에게 다음 각 호의 어느 하나에 해당하는 행위를 하여서는 아니 된다.
1. 무효이거나 존재하지 아니한 채권을 추심하는 의사를 표시하는 행위

2. 법원, 검찰청, 그 밖의 국가기관에 의한 행위로 오인할 수 있는 말·글·음향·영상·물건, 그 밖의 표지를 사용하는 행위
3. 채권추심에 관한 법률적 권한이나 지위를 거짓으로 표시하는 행위
4. 채권추심에 관한 민사상 또는 형사상 법적인 절차가 진행되고 있지 아니함에도 그러한 절차가 진행되고 있다고 거짓으로 표시하는 행위
5. 채권추심을 위하여 다른 사람이나 단체의 명칭을 무단으로 사용하는 행위

제12조【불공정한 행위의 금지】 채권추심자는 채권추심과 관련하여 다음 각 호의 어느 하나에 해당하는 행위를 하여서는 아니 된다.
1. 혼인, 장례 등 채무자가 채권추심에 응하기 곤란한 사정을 이용하여 채무자 또는 관계인에게 채권추심의 의사를 공개적으로 표시하는 행위
2. 채무자의 연락두절 등 소재파악이 곤란한 경우가 아님에도 채무자의 관계인에게 채무자의 소재, 연락처 또는 소재를 알 수 있는 방법 등을 문의하는 행위
3. 정당한 사유 없이 수화자부담전화료 등 통신비용을 채무자에게 발생하게 하는 행위
3의2.「채무자 회생 및 파산에 관한 법률」 제593조제1항제4호 또는 제600조제1항제3호에 따라 개인회생채권에 대한 변제를 받거나 변제를 요구하는 일체의 행위가 중지 또는 금지되었음을 알면서 법령으로 정한 절차 외에서 반복적으로 채무변제를 요구하는 행위(2014.5.20 본호신설)
4.「채무자 회생 및 파산에 관한 법률」에 따른 회생절차, 파산절차 또는 개인회생절차에 따라 전부 또는 일부 면책되었음을 알면서 법령으로 정한 절차 외에서 반복적으로 채무변제를 요구하는 행위
5. 엽서에 의한 채무변제 요구 등 채무자 외의 자가 채무사실을 알 수 있게 하는 행위(제9조제7호에 해당하는 행위는 제외한다)(2014.5.20 본호개정)

제13조【부당한 비용 청구 금지】 ① 채권추심자는 채무자 또는 관계인에게 지급할 의무가 없거나 실제로 사용된 금액을 초과한 채권추심비용을 청구하여서는 아니 된다.
② 채권추심자가 채무자 또는 관계인에게 청구할 수 있는 채권추심비용의 범위 등 제1항과 관련하여 필요한 사항은 대통령령으로 정한다.(2014.5.20 본항개정)

제13조의2【비용명세서의 교부】 ① 채무자 또는 관계인은 채권추심자가 사업자(제2조제1호가목 및 라목에 따른 자 및 그 자를 위하여 고용, 도급, 위임 등에 따라 채권추심을 하는 자를 말한다. 이하 같다)인 경우에는 그 사업자에게 채권추심비용을 항목별로 명시한 서류(이하 "비용명세서"라 한다)의 교부를 요청할 수 있다.
② 제1항에 따라 비용명세서의 교부를 요청받은 채권추심자는 정당한 사유가 없으면 지체 없이 이를 교부하여야 하고, 채무자 또는 관계인에게 그 교부에 따른 비용을 청구해서는 아니 된다.
(2014.5.20 본조신설)

제14조【손해배상책임】 채권추심자가 이 법을 위반하여 채무자 또는 관계인에게 손해를 입힌 경우에는 그 손해를 배상하여야 한다. 다만, 채권추심자가 사업자(제2조제1호가목 및 라목에 규정된 자 및 그 자를 위하여 고용, 도급, 위임 등에 따라 채권추심을 하는 자를 말한다. 이하 같다)인 경우에는 사업자가 자신에게 고의 또는 과실이 없음을 입증한 때에는 그러하지 아니하다.(2014.5.20 단서개정)

제15조【벌칙】 ① 제9조제1호를 위반하여 채무자 또는 관계인을 폭행·협박·체포 또는 감금하거나 그에게 위계나 위력을 사용하여 채권추심행위를 한 자는 5년 이하의 징역 또는 5천만원 이하의 벌금에 처한다.
② 다음 각 호의 어느 하나에 해당하는 자는 3년 이하의 징역 또는 3천만원 이하의 벌금에 처한다.
1. 제8조의4를 위반하여 변호사가 아니면서 채권추심과 관련하여 소송행위를 한 자(2014.5.20 본호신설)
2. 제9조제2호부터 제7호까지를 위반한 자(2014.5.20 본호개정)
3. 제10조제1항을 위반하여 채무자 또는 관계인의 신용정보나 개인정보를 누설하거나 채권추심의 목적 외로 이용한 자
4. 제11조제1호를 위반하여 채권을 추심하는 의사를 표시한 자
③ 다음 각 호의 어느 하나에 해당하는 자는 1년 이하의 징역 또는 1천만원 이하의 벌금에 처한다.
1. 제8조의3제1항을 위반한 자
2. 제11조제2호를 위반하여 말·글·음향·영상·물건, 그 밖의 표지를 사용한 자
(2014.1.14 본항개정)

제16조【양벌규정】 법인의 대표자나 법인 또는 개인의 대리인, 사용인, 그 밖의 종업원이 그 법인 또는 개인의 업무에 관하여 제15조의 위반행위를 하면 그 행위자를 벌하는 외에 그 법인 또는 개인에게도 해당 조문의 벌금형을 과(科)한다. 다만, 법인 또는 개인이 그 위반행위를 방지하기 위하여 해당 업무에 관하여 상당한 주의와 감독을 게을리하지 아니한 경우에는 그러하지 아니하다.

제17조【과태료】 ① 다음 각 호의 어느 하나에 해당하는 자에게는 2천만원 이하의 과태료를 부과한다.
1. 제5조제1항을 위반하여 채무확인서의 교부요청에 응하지 아니한 자
2. 제8조의2를 위반하여 채무자를 방문하거나 채무자에게 말·글·음향·영상 또는 물건을 도달하게 한 자
(2014.1.14 본호신설)
3. 제12조제1호 및 제2호를 위반한 자
② 다음 각 호의 어느 하나에 해당하는 자에게는 1천만원 이하의 과태료를 부과한다.
1. 제6조를 위반하여 채권자로부터 채권추심을 위임받은 사실을 서면(「전자문서 및 전자거래 기본법」 제2조제1호의 전자문서를 포함한다)으로 통지하지 아니한 자(2012.6.1 본호개정)
2. 제7조를 위반하여 동일 채권에 대하여 2인 이상의 자에게 채권추심을 위임한 자
3. 제8조를 위반하여 채무의 존재를 다투는 소송이 진행 중임에도 채무불이행자로 등록하거나 소송이 진행 중임을 알면서도 30일 이내에 채무불이행자 등록을 삭제하지 아니한 자
4. 제8조의3제2항을 위반한 자(2014.1.14 본호신설)
5. 제11조제3호부터 제5호까지를 위반한 자
6. 제13조를 위반하여 채권추심비용을 청구한 자
7. 제13조의2제2항을 위반하여 비용명세서를 교부하지 아니한 자(2014.5.20 본호신설)
③ 제12조제3호·제3호의2·제4호 또는 제5호를 위반한 자에게는 500만원 이하의 과태료를 부과한다.(2014.5.20 본항개정)
④ 제1항제3호, 제2항제2호·제5호 및 제6호, 제3항에 해당하는 자가 사업자가 아닌 경우에는 해당 규정이 정하는 과태료를 그 다액의 2분의 1로 감경한다.(2014.1.14 본항개정)

제18조【과태료의 부과·징수 및 권한의 위임】 ① 이 법에 따른 과태료는 대통령령으로 정하는 바에 따라 과태료 대상자에 대하여 다른 법률에 따른 인가·허가·등록 등을 한 감독기관이 있는 경우에는 그 감독기관이, 그 외의 경우에는 특별시장·광역시장·도지사 또는 특별자치도지사가 부과·징수한다.

② 제1항의 감독기관은 과태료의 부과 · 징수에 관한 권한의 일부를 대통령령으로 정하는 바에 따라 시장 · 군수 또는 구청장에게 위임할 수 있다.

부 칙

제1조【시행일】 이 법은 공포 후 6개월이 경과한 날부터 시행한다.
제2조【수임사실 통보에 관한 적용례】 제6조는 이 법 시행 후 채권자로부터 채권추심을 위임받은 것부터 적용한다.
제3조【동일 채권에 관한 복수 채권추심 위임 금지에 관한 적용례】 제7조는 이 법 시행 후 채권추심을 위임한 것부터 적용한다.
제4조【벌칙 및 과태료에 관한 경과조치】 이 법 시행 전의 행위에 대한 벌칙 및 과태료의 적용에 있어서는 종전의 규정에 따른다.
제5조【다른 법률의 개정】 ①~③ ※(해당 법령에 가제정리 하였음)

부 칙 (2020.2.4)
(2025.1.21)

제1조【시행일】 이 법은 공포 후 6개월이 경과한 날부터 시행한다.(이하 생략)

동산 · 채권 등의 담보에 관한 법률(약칭 : 동산채권담보법)

(2010년 6월 10일
법 률 제10366호)

개정
2011. 4.12법10580호(부등)
2011. 5.19법10629호(지식재산기본법)
2014. 5.20법12592호(상업등기법)
2016. 2. 3법13953호(법무사법)
2020.10.20법17502호

제1장 총 칙

제1조【목적】 이 법은 동산 · 채권 · 지식재산권을 목적으로 하는 담보권과 그 등기 또는 등록에 관한 사항을 규정하여 자금조달을 원활하게 하고 거래의 안전을 도모하며 국민경제의 건전한 발전에 이바지함을 목적으로 한다.
(2011.5.19 본조개정)
제2조【정의】 이 법에서 사용하는 용어의 뜻은 다음과 같다.
1. "담보약정"은 양도담보 등 명목을 묻지 아니하고 이 법에 따라 동산 · 채권 · 지식재산권을 담보로 제공하기로 하는 약정을 말한다.(2011.5.19 본호개정)
2. "동산담보권"은 담보약정에 따라 동산(여러 개의 동산 또는 장래에 취득할 동산을 포함한다)을 목적으로 등기한 담보권을 말한다.
3. "채권담보권"은 담보약정에 따라 금전의 지급을 목적으로 하는 지명채권(여러 개의 채권 또는 장래에 발생할 채권을 포함한다)을 목적으로 등기한 담보권을 말한다.
4. "지식재산권담보권"은 담보약정에 따라 특허권, 실용신안권, 디자인권, 상표권, 저작권, 반도체집적회로의 배치설계권 등 지식재산권[법률에 따라 질권(質權)을 설정할 수 있는 경우로 한정한다. 이하 같다]을 목적으로 그 지식재산권을 규율하는 개별 법률에 따라 등록한 담보권을 말한다.
(2011.5.19 본호개정)
5. "담보권설정자"는 이 법에 따라 동산 · 채권 · 지식재산권에 담보권을 설정한 자를 말한다. 다만, 동산 · 채권을 담보로 제공하는 경우에는 법인(상사법인, 민법법인, 특별법에 따른 법인, 외국법인을 말한다. 이하 같다) 또는 「부가가치세법」에 따라 사업자등록을 한 사람으로 한정한다.
(2020.10.20 단서개정)
6. "담보권자"는 이 법에 따라 동산 · 채권 · 지식재산권을 목적으로 하는 담보권을 취득한 자를 말한다.(2011.5.19 본호개정)
7. "담보등기"는 이 법에 따라 동산 · 채권을 담보로 제공하기 위하여 이루어진 등기를 말한다.
8. "담보등기부"는 전산정보처리조직에 의하여 입력 · 처리된 등기사항에 관한 전산정보자료를 담보권설정자별로 저장한 보조기억장치(자기디스크, 자기테이프, 그 밖에 이와 유사한 방법으로 일정한 등기사항을 기록 · 보존할 수 있는 전자적 정보저장매체를 포함한다. 이하 같다)를 말하고, 동산담보등기부와 채권담보등기부로 구분한다.
9. "채무자 등"은 채무자, 담보목적물의 물상보증인(物上保證人), 담보목적물의 제3취득자를 말한다.
10. "이해관계인"은 채무자 등과 담보목적물에 대한 권리자로서 담보등기부에 기록되어 있거나 그 권리를 증명한 자, 압류 및 가압류 채권자, 집행력 있는 정본(正本)에 의하여 배당을 요구한 채권자를 말한다.
11. "등기필정보"는 담보등기부에 새로운 권리자가 기록되는 경우 그 권리자를 확인하기 위하여 지방법원, 그 지원 또는 등기소에 근무하는 법원서기관, 등기사무관, 등기주

사 또는 등기주사보 중에서 지방법원장(등기소의 사무를 지원장이 관장하는 경우에는 지원장을 말한다)이 지정하는 사람(이하 "등기관"이라 한다)이 작성한 정보를 말한다.

제2장 동산담보권

제3조 【동산담보권의 목적물】 ① 법인 또는 「부가가치세법」에 따라 사업자등록을 한 사람(이하 "법인 등"이라 한다)이 담보약정에 따라 동산을 담보로 제공하는 경우에는 담보등기를 할 수 있다.(2020.10.20 본항개정)

② 여러 개의 동산(장래에 취득할 동산을 포함한다)이더라도 목적물의 종류, 보관장소, 수량을 정하거나 그 밖에 이와 유사한 방법으로 특정할 수 있는 경우에는 이를 목적으로 담보등기를 할 수 있다.

③ 제1항 및 제2항에도 불구하고 다음 각 호의 어느 하나에 해당하는 경우에는 이를 목적으로 하여 담보등기를 할 수 없다.

1. 「선박등기법」에 따라 등기된 선박, 「자동차 등 특정동산 저당법」에 따라 등록된 건설기계·자동차·항공기·소형선박, 「공장 및 광업재단 저당법」에 따라 등기된 기업재산, 그 밖에 다른 법률에 따라 등기되거나 등록된 동산
2. 화물상환증, 선하증권, 창고증권이 작성된 동산
3. 무기명채권증서 등 대통령령으로 정하는 증권

제4조 【담보권설정자의 사업자등록 말소와 동산담보권의 효력】 담보권설정자의 사업자등록이 말소된 경우에도 이미 설정된 동산담보권의 효력에는 영향을 미치지 아니한다.
(2020.10.20 본조개정)

제5조 【근담보권】 ① 동산담보권은 그 담보할 채무의 최고액만을 정하고 채무의 확정을 장래에 보류하여 설정할 수 있다. 이 경우 그 채무가 확정될 때까지 채무의 소멸 또는 이전은 이미 설정된 동산담보권에 영향을 미치지 아니한다.

② 제1항의 경우 채무의 이자는 최고액 중에 포함된 것으로 본다.

제6조 【동산담보권을 설정하려는 자의 명시의무】 동산담보권을 설정하려는 자는 담보약정을 할 때 다음 각 호의 사항을 상대방에게 명시하여야 한다.

1. 담보목적물의 소유 여부
2. 담보목적물에 관한 다른 권리의 존재 유무

제7조 【담보등기의 효력】 ① 약정에 따른 동산담보권의 득실변경(得失變更)은 담보등기부에 등기를 하여야 그 효력이 생긴다.

② 동일한 동산에 설정된 동산담보권의 순위는 등기의 순서에 따른다.

③ 동일한 동산에 관하여 담보등기부의 등기와 인도(「민법」에 규정된 간이인도, 점유개정, 목적물반환청구권의 양도를 포함한다)가 행하여진 경우에 그에 따른 권리 사이의 순위는 법률에 다른 규정이 없으면 그 선후(先後)에 따른다.

제8조 【동산담보권의 내용】 담보권자는 채무자 또는 제3자가 제공한 담보목적물에 대하여 다른 채권자보다 자기채권을 우선변제받을 권리가 있다.

제9조 【동산담보권의 불가분성】 담보권자는 채권 전부를 변제받을 때까지 담보목적물 전부에 대하여 그 권리를 행사할 수 있다.

제10조 【동산담보권 효력의 범위】 동산담보권의 효력은 담보목적물에 부합된 물건과 종물(從物)에 미친다. 다만, 법률에 다른 규정이 있거나 설정행위에 다른 약정이 있으면 그러하지 아니하다.

제11조 【과실에 대한 효력】 동산담보권의 효력은 담보목적물에 대한 압류 또는 제25조제2항의 인도 청구가 있은 후에 담보권설정자가 그 담보목적물로부터 수취한 과실(果實) 또는 수취할 수 있는 과실에 미친다.

제12조 【피담보채권의 범위】 동산담보권은 원본(原本), 이자, 위약금, 담보권실행의 비용, 담보목적물의 보존비용 및 채무불이행 또는 담보목적물의 흠으로 인한 손해배상의 채권을 담보한다. 다만, 설정행위에 다른 약정이 있는 경우에는 그 약정에 따른다.

제13조 【동산담보권의 양도】 동산담보권은 피담보채권과 분리하여 타인에게 양도할 수 없다.

제14조 【물상대위】 동산담보권은 담보목적물의 매각, 임대, 멸실, 훼손 또는 공용징수 등으로 인하여 담보권설정자가 받을 금전이나 그 밖의 물건에 대하여도 행사할 수 있다. 이 경우 그 지급 또는 인도 전에 압류하여야 한다.

제15조 【담보목적물이 아닌 재산으로부터의 변제】 ① 담보권자는 담보목적물로부터 변제를 받지 못한 채권이 있는 경우에만 채무자의 다른 재산으로부터 변제를 받을 수 있다.

② 제1항은 담보목적물보다 먼저 다른 재산을 대상으로 하여 배당이 실시되는 경우에는 적용하지 아니한다. 다만, 다른 채권자는 담보권자에게 그 배당금액의 공탁을 청구할 수 있다.

제16조 【물상보증인의 구상권】 타인의 채무를 담보하기 위한 담보권설정자가 그 채무를 변제하거나 동산담보권의 실행으로 인하여 담보목적물의 소유권을 잃은 경우에는 「민법」의 보증채무에 관한 규정에 따라 채무자에 대한 구상권이 있다.

제17조 【담보목적물에 대한 현황조사 및 담보목적물의 보충】 ① 담보권설정자는 정당한 사유 없이 담보권자의 담보목적물에 대한 현황조사 요구를 거부할 수 없다. 이 경우 담보목적물의 현황을 조사하기 위하여 약정에 따라 전자적으로 식별할 수 있는 표지를 부착하는 등 필요한 조치를 할 수 있다.

② 담보권설정자에게 책임이 있는 사유로 담보목적물의 가액(價額)이 현저히 감소된 경우에는 담보권자는 담보권설정자에게 그 원상회복 또는 적당한 담보의 제공을 청구할 수 있다.

제18조 【제3취득자의 비용상환청구권】 담보목적물의 제3취득자가 그 담보목적물의 보존·개량을 위하여 필요비 또는 유익비를 지출한 경우에는 「민법」 제203조제1항 또는 제2항에 따라 담보권자가 담보목적물을 실행하고 취득한 대가에서 우선하여 상환받을 수 있다.

제19조 【담보목적물 반환청구권】 ① 담보권자는 담보목적물을 점유한 자에 대하여 담보권설정자에게 반환할 것을 청구할 수 있다.

② 담보권자가 담보목적물을 점유할 권원(權原)이 있거나 담보권설정자가 담보목적물을 반환받을 수 없는 사정이 있는 경우에 담보권자는 담보목적물을 점유한 자에 대하여 자신에게 담보목적물을 반환할 것을 청구할 수 있다.

③ 제1항 및 제2항에도 불구하고 점유자가 그 물건을 점유할 권리가 있는 경우에는 반환을 거부할 수 있다.

제20조 【담보목적물의 방해제거청구권 및 방해예방청구권】 담보권자는 동산담보권을 방해하는 자에게 방해의 제거를 청구할 수 있고, 동산담보권을 방해할 우려가 있는 행위를 하는 자에게 방해의 예방이나 손해배상의 담보를 청구할 수 있다.

제21조 【동산담보권의 실행방법】 ① 담보권자는 자기의 채권을 변제받기 위하여 담보목적물의 경매를 청구할 수 있다.

② 정당한 이유가 있는 경우 담보권자는 담보목적물로써 직접 변제에 충당하거나 담보목적물을 매각하여 그 대금을 변제에 충당할 수 있다. 다만, 선순위권리자(담보등기부에 등기되어 있거나 담보권자가 알고 있는 경우로 한정한다)가 있는 경우에는 그의 동의를 받아야 한다.

제22조 【담보권 실행을 위한 경매절차】 ① 제21조제1항에 따른 경매절차는 「민사집행법」 제264조, 제271조 및 제272조를 준용한다.

② 담보권설정자가 담보목적물을 점유하는 경우에 경매절차는 압류에 의하여 개시한다.

제23조【담보목적물의 직접 변제충당 등의 절차】 ① 제21조제2항에 따라 담보권자가 담보목적물로써 직접 변제에 충당하거나 담보목적물을 매각하기 위하여는 그 채권의 변제기 후에 동산담보권 실행의 방법을 채무자 등과 담보권자가 알고 있는 이해관계인에게 통지하고, 그 통지가 채무자 등과 담보권자가 알고 있는 이해관계인에게 도달한 날부터 1개월이 지나야 한다. 다만, 담보목적물이 멸실 또는 훼손될 염려가 있거나 가치가 급속하게 감소될 우려가 있는 경우에는 그러하지 아니하다.

② 제1항의 통지에는 피담보채권의 금액, 담보목적물의 평가액 또는 예상매각대금, 담보목적물로써 직접 변제에 충당하거나 담보목적물을 매각하려는 이유를 명시하여야 한다.

③ 담보권자는 담보목적물의 평가액 또는 매각대금(이하 "매각대금 등"이라 한다)에서 그 채권액을 뺀 금액(이하 "청산금"이라 한다)을 채무자 등에게 지급하여야 한다. 이 경우 담보목적물에 선순위의 동산담보권 등이 있을 때에는 그 채권액을 계산할 때 선순위의 동산담보권 등에 의하여 담보된 채권액을 포함한다.

④ 담보권자가 담보목적물로써 직접 변제에 충당하는 경우 청산금을 채무자 등에게 지급한 때에 담보목적물의 소유권을 취득한다.

⑤ 다음 각 호의 구분에 따라 정한 기간 내에 담보목적물에 대하여 경매가 개시된 경우에는 담보권자는 직접 변제충당 등의 절차를 중지하여야 한다.

1. 담보목적물을 직접 변제에 충당하는 경우 : 청산금을 지급하기 전 또는 청산금이 없는 경우 제1항의 기간이 지나기 전
2. 담보목적물을 매각하여 그 대금을 변제에 충당하는 경우 : 담보권자가 제3자와 매매계약을 체결하기 전

⑥ 제1항 및 제2항에 따른 통지의 내용과 방식에 관하여는 대통령령으로 정한다.

제24조【담보목적물 취득자 등의 지위】 제21조제2항에 따른 동산담보권의 실행으로 담보권자나 매수인이 담보목적물의 소유권을 취득하면 그 담보권자의 권리와 그에 대항할 수 없는 권리는 소멸한다.

제25조【담보목적물의 점유】 ① 담보권자가 담보목적물을 점유한 경우에는 피담보채권을 전부 변제받을 때까지 담보목적물을 유치할 수 있다. 다만, 선순위권리자에게 대항하지 못한다.

② 담보권자가 담보권을 실행하기 위하여 필요한 경우에는 채무자 등에게 담보목적물의 인도를 청구할 수 있다.

③ 담보권자가 담보목적물을 점유하는 경우에 담보권자는 선량한 관리자의 주의로 담보목적물을 관리하여야 한다.

④ 제3항의 경우에 담보권자는 담보목적물의 과실을 수취하여 다른 채권자보다 먼저 그 채권의 변제에 충당할 수 있다. 다만, 과실이 금전이 아닌 경우에는 제21조에 따라 그 과실을 경매하거나 그 과실로써 직접 변제에 충당하거나 그 과실을 매각하여 그 대금으로 변제에 충당할 수 있다.

제26조【후순위권리자의 권리행사】 ① 후순위권리자는 제23조제3항에 따라 채무자 등이 받을 청산금에 대하여 그 순위에 따라 청산금이 지급될 때까지 그 권리를 행사할 수 있고, 담보권자는 후순위권리자가 요구하는 경우에는 청산금을 지급하여야 한다.

② 제21조제2항에 따른 동산담보권 실행의 경우에 후순위권리자는 제23조제5항 각 호의 구분에 따라 정한 기간 전까지 담보목적물의 경매를 청구할 수 있다. 다만, 그 피담보채권의 변제기가 되기 전에는 제23조제1항의 기간에만 경매를 청구할 수 있다.

③ 후순위권리자는 제1항의 권리를 행사할 때에는 그 피담보채권의 범위에서 그 채권의 명세와 증서를 담보권자에게 건네주어야 한다.

④ 담보권자가 제3항의 채권 명세와 증서를 받고 후순위권리자에게 청산금을 지급한 때에는 그 범위에서 채무자 등에 대한 청산금 지급채무가 소멸한다.

⑤ 제1항의 권리행사를 막으려는 자는 청산금을 압류하거나 가압류하여야 한다.

제27조【매각대금 등의 공탁】 ① 담보목적물의 매각대금 등이 압류되거나 가압류된 경우 또는 담보목적물의 매각대금 등에 관하여 권리를 주장하는 자가 있는 경우에 담보권자는 그 전부 또는 일부를 담보권설정자의 주소(법인인 경우에는 본점 또는 주된 사무소 소재지를 말한다. 이하 같다)를 관할하는 법원에 공탁할 수 있다. 이 경우 담보권자는 공탁사실을 즉시 담보등기부에 등기되어 있거나 담보권자가 알고 있는 이해관계인과 담보목적물의 매각대금 등을 압류 또는 가압류하거나 그에 관하여 권리를 주장하는 자에게 통지하여야 한다.(2020.10.20 본항개정)

② 담보목적물의 매각대금 등에 대한 압류 또는 가압류가 있은 후에 제1항에 따라 담보목적물의 매각대금 등을 공탁한 경우에는 채무자 등의 공탁금출급청구권이 압류되거나 가압류된 것으로 본다.

③ 담보권자는 공탁금의 회수를 청구할 수 없다.

제28조【변제와 실행 중단】 ① 동산담보권의 실행의 경우에 채무자 등은 제23조제5항 각 호의 구분에 따라 정한 기간까지 피담보채무액을 담보권자에게 지급하고 담보등기의 말소를 청구할 수 있다. 이 경우 담보권자는 동산담보권의 실행을 즉시 중지하여야 한다.

② 제1항에 따라 동산담보권의 실행을 중지함으로써 담보권자에게 손해가 발생하는 경우에 채무자 등은 그 손해를 배상하여야 한다.

제29조【공동담보와 배당, 후순위자의 대위】 ① 동일한 채권의 담보로 여러 개의 담보목적물에 동산담보권을 설정한 경우에 그 담보목적물의 매각대금을 동시에 배당할 때에는 각 담보목적물의 매각대금에 비례하여 그 채권의 분담을 정한다.

② 제1항의 담보목적물 중 일부의 매각대금을 먼저 배당하는 경우에는 그 대가에서 그 채권 전부를 변제받을 수 있다. 이 경우 경매된 동산의 후순위담보권자는 선순위담보권자가 다른 담보목적물의 동산담보권 실행으로 변제받을 수 있는 금액의 한도에서 선순위담보권자를 대위(代位)하여 담보권을 행사할 수 있다.

③ 담보권자가 제21조제2항에 따라 동산담보권을 실행하는 경우에는 제1항과 제2항을 준용한다. 다만, 제1항에 따라 각 담보목적물의 매각대금을 정할 수 없는 경우에는 제23조제2항에 따른 통지에 명시된 각 담보목적물의 평가액 또는 예상매각대금에 비례하여 그 채권의 분담을 정한다.

제30조【이해관계인의 가처분신청 등】 ① 이해관계인은 담보권자가 위법하게 동산담보권을 실행하는 경우에 담보권설정자의 주소를 관할하는 법원에 제21조제2항에 따른 동산담보권 실행의 중지 등 필요한 조치를 명하는 가처분을 신청할 수 있다.(2020.10.20 본항개정)

② 법원은 제1항의 신청에 대한 결정을 하기 전에 이해관계인에게 담보를 제공하게 하거나 제공하지 아니하고 집행을 일시 정지하도록 명하거나 담보권자에게 담보를 제공하고 그 집행을 계속하도록 명하는 등 잠정처분을 할 수 있다.

③ 담보권 실행을 위한 경매에 대하여 이해관계인은 「민사집행법」에 따라 이의신청을 할 수 있다.

제31조【동산담보권 실행에 관한 약정】 ① 담보권자와 담보권설정자는 이 법에서 정한 실행절차와 다른 내용의 약정

을 할 수 있다. 다만, 제23조제1항에 따른 통지가 없거나 통지 후 1개월이 지나지 아니한 경우에도 통지 없이 담보권자가 담보목적물을 처분하거나 직접 변제에 충당하기로 하는 약정은 효력이 없다.
② 제1항 본문의 약정에 의하여 이해관계인의 권리를 침해하지 못한다.
제32조【담보목적물의 선의취득】 이 법에 따라 동산담보권이 설정된 담보목적물의 소유권·질권을 취득하는 경우에는 「민법」 제249조부터 제251조까지의 규정을 준용한다.
제33조【준용규정】 동산담보권에 관하여는 「민법」 제331조 및 제369조를 준용한다.

제3장 채권담보권

제34조【채권담보권의 목적】 ① 법인 등이 담보약정에 따라 금전의 지급을 목적으로 하는 지명채권을 담보로 제공하는 경우에는 담보등기를 할 수 있다.
② 여러 개의 채권(채무자가 특정되었는지 여부를 묻지 아니하고 장래에 발생할 채권을 포함한다)이더라도 채권의 종류, 발생 원인, 발생 연월일을 정하거나 그 밖에 이와 유사한 방법으로 특정할 수 있는 경우에는 이를 목적으로 하여 담보등기를 할 수 있다.
제35조【담보등기의 효력】 ① 약정에 따른 채권담보권의 득실변경은 담보등기부에 등기한 때에 지명채권의 채무자(이하 "제3채무자"라 한다) 외의 제3자에게 대항할 수 있다.
② 담보권자 또는 담보권설정자(채권담보권 양도의 경우에는 그 양도인 또는 양수인을 말한다)는 제3채무자에게 제52조의 등기사항증명서를 건네주는 방법으로 그 사실을 통지하거나 제3채무자가 이를 승낙하지 아니하면 제3채무자에게 대항하지 못한다.
③ 동일한 채권에 관하여 담보등기부의 등기와 「민법」 제349조 또는 제450조제2항에 따른 통지 또는 승낙이 있는 경우에 담보권자 또는 담보의 목적인 채권의 양수인은 법률에 다른 규정이 없으면 제3채무자 외의 제3자에게 등기와 그 통지의 도달 또는 승낙의 선후에 따라 그 권리를 주장할 수 있다.
④ 제2항의 통지, 승낙에 관하여는 「민법」 제451조 및 제452조를 준용한다.
판례 동산·채권 등의 담보에 관한 법률에 의한 채권담보권자가 채권양수인보다 우선하고 담보권설정의 통지가 제3채무자에게 도달하였는데도, 그 통지보다 채권양도의 통지가 먼저 도달하였다는 등의 이유로 제3채무자가 채권양수인에게 채무를 변제한 경우에 채권담보권자가 무권한자인 채권양수인의 변제수령을 추인하였다면, 추인에 의하여 제3채무자의 채권양수인에 대한 변제는 유효하게 되는 한편 채권담보권자는 채권양수인에게 부당이득으로서 변제받은 것의 반환을 청구할 수 있다.(대판 2016.7.14, 2015다71856,71863)
제36조【채권담보권의 실행】 ① 담보권자는 피담보채권의 한도에서 채권담보권의 목적이 된 채권을 직접 청구할 수 있다.
② 채권담보권의 목적이 된 채권이 피담보채권보다 먼저 변제기에 이른 경우에는 담보권자는 제3채무자에게 그 변제금액의 공탁을 청구할 수 있다. 이 경우 제3채무자가 변제금액을 공탁한 후에는 채권담보권은 그 공탁금에 존재한다.
③ 담보권자는 제1항 및 제2항에 따른 채권담보권의 실행방법 외에 「민사집행법」에서 정한 집행방법으로 채권담보권을 실행할 수 있다.
제37조【준용규정】 채권담보권에 관하여는 그 성질에 반하지 아니하는 범위에서 동산담보권에 관한 제2장과 「민법」 제348조 및 제352조를 준용한다.

제4장 담보등기

제38조【등기할 수 있는 권리】 담보등기는 동산담보권이나 채권담보권의 설정, 이전, 변경, 말소 또는 연장에 대하여 한다.
제39조【관할 등기소】 ① 제38조의 등기에 관한 사무(이하 "등기사무"라 한다)는 대법원장이 지정·고시하는 지방법원, 그 지원 또는 등기소에서 취급한다.
② 등기사무에 관하여는 제1항에 따라 대법원장이 지정·고시한 지방법원, 그 지원 또는 등기소 중 담보권설정자의 주소를 관할하는 지방법원, 그 지원 또는 등기소를 관할 등기소로 한다.(2020.10.20 본문개정)
1.~2. (2020.10.20 삭제)
③ 대법원장은 어느 등기소의 관할에 속하는 사무를 다른 등기소에 위임할 수 있다.
제40조【등기사무의 처리】 ① 등기사무는 등기관이 처리한다.
② 등기관은 접수번호의 순서에 따라 전산정보처리조직에 의하여 담보등기부에 등기사항을 기록하는 방식으로 등기사무를 처리하여야 한다.
③ 등기관이 등기사무를 처리할 때에는 대법원규칙으로 정하는 바에 따라 등기관의 식별부호를 기록하는 등 등기사무를 처리한 등기관을 확인할 수 있는 조치를 하여야 한다.
제41조【등기신청인】 ① 담보등기는 법률에 다른 규정이 없으면 등기권리자와 등기의무자가 공동으로 신청한다.
② 등기명의인 표시의 변경 또는 경정(更正)의 등기는 등기명의인 단독으로 신청할 수 있다.
③ 판결에 의한 등기는 승소한 등기권리자 또는 등기의무자 단독으로 신청할 수 있고, 상속이나 그 밖의 포괄승계로 인한 등기는 등기권리자 단독으로 신청할 수 있다.
제42조【등기신청의 방법】 담보등기는 다음 각 호의 어느 하나에 해당하는 방법으로 신청한다.
1. 방문신청 : 신청인 또는 그 대리인이 등기소에 출석하여 서면으로 신청. 다만, 대리인이 변호사 또는 법무사〔법무법인, 법무법인(유한), 법무조합, 법무사법인 또는 법무사법인(유한)을 포함한다〕인 경우에는 대법원규칙으로 정하는 사무원을 등기소에 출석하게 하여 등기를 신청할 수 있다.(2016.2.3 단서개정)
2. 전자신청 : 대법원규칙으로 정하는 바에 따라 전산정보처리조직을 이용하여 신청
제43조【등기신청에 필요한 서면 또는 전자문서 및 신청서의 기재사항 및 방식】 ① 담보등기를 신청할 때에는 다음 각 호의 서면 또는 전자문서(이하 "서면 등"이라 한다)를 제출 또는 송신하여야 한다.
1. 대법원규칙으로 정하는 방식에 따른 신청서
2. 등기원인을 증명하는 서면 등
3. 등기원인에 대하여 제3자의 허가, 동의 또는 승낙이 필요할 때에는 이를 증명하는 서면 등
4. 대리인이 등기를 신청할 때에는 그 권한을 증명하는 서면 등
5. 그 밖에 당사자의 특정 등을 위하여 대법원규칙으로 정하는 서면 등
② 제1항제1호에 따른 신청서에는 다음 각 호의 사항을 기록하고 신청인이 기명날인하거나 서명 또는 「전자서명법」 제2조제2호에 따른 전자서명을 하여야 한다.
1. 제47조제2항제1호부터 제9호까지의 규정에서 정한 사항
2. 대리인이 등기를 신청할 경우 대리인의 성명〔대리인이 법무법인, 법무법인(유한), 법무조합, 법무사법인 또는 법무사법인(유한)인 경우에는 그 명칭을 말한다〕, 주소(법인이나 조합인 경우는 본점 또는 주된 사무소를 말한다)
(2016.2.3 본호개정)
3. 등기권리자와 등기의무자가 공동으로 신청하는 경우 및 승소한 등기의무자가 단독으로 등기를 신청하는 경우에 등기의무자의 등기필정보. 다만, 최초 담보권설정등기의 경우에는 기록하지 아니한다.

4. 등기소의 표시
5. 연월일

제44조【신청수수료】 담보등기부에 등기를 하려는 자는 대법원규칙으로 정하는 바에 따라 수수료를 내야 한다.

제45조【등기신청의 접수】 ① 등기신청은 등기의 목적, 신청인의 성명 또는 명칭, 그 밖에 대법원규칙으로 정하는 등기신청정보가 전산정보처리조직에 전자적으로 기록된 때에 접수된 것으로 본다.
② 등기관이 등기를 마친 경우 그 등기는 접수한 때부터 효력을 발생한다.

제46조【신청의 각하】 등기관은 다음 각 호의 어느 하나에 해당하는 경우에만 이유를 적은 결정으로써 신청을 각하하여야 한다. 다만, 신청의 잘못된 부분이 보정(補正)될 수 있는 경우에 신청인이 당일 이를 보정하였을 때에는 그러하지 아니하다.
1. 사건이 그 등기소의 관할이 아닌 경우
2. 사건이 등기할 것이 아닌 경우
3. 권한이 없는 자가 신청한 경우
4. 방문신청의 경우 당사자나 그 대리인이 출석하지 아니한 경우
5. 신청서가 대법원규칙으로 정하는 방식에 맞지 아니한 경우
6. 신청서에 기록된 사항이 첨부서면과 들어맞지 아니한 경우
7. 신청서에 필요한 서면 등을 첨부하지 아니한 경우
8. 신청의 내용이 이미 담보등기부에 기록되어 있던 사항과 일치하지 아니한 경우
9. 제44조에 따른 신청수수료를 내지 아니하거나 등기신청과 관련하여 다른 법률에 따라 부과된 의무를 이행하지 아니한 경우

제47조【등기부의 작성 및 기록사항】 ① 담보등기부는 담보목적물인 동산 또는 채권의 등기사항에 관한 전산정보자료를 전산정보처리조직에 의하여 담보권설정자별로 구분하여 작성한다.
② 담보등기부에 기록할 사항은 다음 각 호와 같다.
1. 담보권설정자의 성명, 주소 및 주민등록번호(법인인 경우에는 상호 또는 명칭, 본점 또는 주된 사무소 및 법인등록번호를 말한다)(2020.10.20 본호개정)
2. 채무자의 성명과 주소(법인인 경우에는 상호 또는 명칭 및 본점 또는 주된 사무소를 말한다)
3. 담보권자의 성명, 주소 및 주민등록번호(법인인 경우에는 상호 또는 명칭, 본점 또는 주된 사무소 및 법인등록번호를 말한다)
3의2. 담보권설정자나 담보권자가 주민등록번호가 없는 재외국민이거나 외국인인 경우에는 「부동산등기법」 제49조제1항제2호 또는 제4호에 따라 부여받은 부동산등기용등록번호(2020.10.20 본호신설)
4. 담보권설정자나 채무자 또는 담보권자가 외국법인인 경우 국내의 영업소 또는 사무소. 다만, 국내에 영업소 또는 사무소가 없는 경우에는 대법원규칙으로 정하는 사항
5. 담보등기의 등기원인 및 그 연월일
6. 담보등기의 목적물인 동산, 채권을 특정하는 데 필요한 사항으로서 대법원규칙으로 정한 사항
7. 피담보채권액 또는 그 최고액
8. 제10조 단서 또는 제12조 단서의 약정이 있는 경우 그 약정
9. 담보권의 존속기간
10. 접수번호
11. 접수연월일

제48조【등기필정보의 통지】 등기관이 담보권의 설정 또는 이전등기를 마쳤을 때에는 등기필정보를 등기권리자에게 통지하여야 한다. 다만, 최초 담보권설정등기의 경우에는 담보권설정자에게도 등기필정보를 통지하여야 한다.

제49조【담보권의 존속기간 및 연장등기】 ① 이 법에 따른 담보권의 존속기간은 5년을 초과할 수 없다. 다만, 5년을 초과하지 않는 기간으로 이를 갱신할 수 있다.
② 담보권설정자와 담보권자는 제1항의 존속기간을 갱신하려면 그 만료 전에 연장등기를 신청하여야 한다.
③ 제2항의 연장등기를 위하여 담보등기부에 다음 사항을 기록하여야 한다.
1. 존속기간을 연장하는 취지
2. 연장 후의 존속기간
3. 접수번호
4. 접수연월일

제50조【말소등기】 ① 담보권설정자와 담보권자는 다음 각 호의 어느 하나에 해당하는 경우에 말소등기를 신청할 수 있다.
1. 담보약정의 취소, 해제 또는 그 밖의 원인으로 효력이 발생하지 아니하거나 효력을 상실한 경우
2. 담보목적물인 동산이 멸실되거나 채권이 소멸한 경우
3. 그 밖에 담보권이 소멸한 경우
② 제1항의 말소등기를 하기 위하여 담보등기부에 다음 각 호의 사항을 기록하여야 한다.
1. 담보등기를 말소하는 취지. 다만, 담보등기의 일부를 말소하는 경우에는 그 취지와 말소등기의 대상
2. 말소등기의 등기원인 및 그 연월일
3. 접수번호
4. 접수연월일

제51조【등기의 경정 등】 ① 담보등기부에 기록된 사항에 오기(誤記)나 누락(漏落)이 있는 경우 담보권설정자 또는 담보권자는 경정등기를 신청할 수 있다. 다만, 오기나 누락이 등기관의 잘못으로 인한 경우에는 등기관이 직권으로 경정할 수 있다.
② 담보등기부에 기록된 담보권설정자의 법인등기부상 상호, 명칭, 본점 또는 주된 사무소(이하 "상호 등"이라 한다)가 변경된 경우 담보등기를 담당하는 등기관은 담보등기부의 해당 사항을 직권으로 변경할 수 있다.(2020.10.20 본항개정)
③ 제2항의 직권변경을 위하여 담보권설정자의 법인등기를 담당하는 등기관은 담보권설정자의 상호 등에 대한 변경등기를 마친 후 지체 없이 담보등기를 담당하는 등기관에게 이를 통지하여야 한다.(2020.10.20 본항개정)

제52조【담보등기부의 열람 및 증명서의 발급】 ① 누구든지 수수료를 내고 등기사항을 열람하거나 그 전부 또는 일부를 증명하는 서면의 발급을 청구할 수 있다.
② 제1항에 따른 등기부의 열람 또는 발급의 범위 및 방식, 수수료에 관하여는 대법원규칙으로 정한다.

제53조【이의신청 등】 ① 등기관의 결정 또는 처분에 이의가 있는 자는 관할 지방법원에 이의신청을 할 수 있다.
② 제1항에 따른 이의신청서는 등기소에 제출한다.
③ 제1항의 이의신청은 집행정지의 효력이 없다.

제54조【이의신청 사유의 제한】 새로운 사실이나 새로운 증거방법을 근거로 제53조에 따른 이의신청을 할 수 없다.

제55조【등기관의 조치】 ① 등기관은 이의가 이유 있다고 인정하면 그에 해당하는 처분을 하여야 한다.
② 등기관은 이의가 이유 없다고 인정하면 3일 이내에 의견서를 붙여 사건을 관할 지방법원에 송부하여야 한다.
③ 등기를 완료한 후에 이의신청이 있는 경우 등기관은 다음 각 호의 구분에 따른 당사자에게 이의신청 사실을 통지하고, 제2항의 조치를 하여야 한다.
1. 제3자가 이의신청한 경우 : 담보권설정자 및 담보권자
2. 담보권설정자 또는 담보권자가 이의신청한 경우 : 그 상대방

제56조【이의에 대한 결정과 항고】 ① 관할 지방법원은 이의에 대하여 이유를 붙인 결정을 하여야 한다. 이 경우 이의가 이유 있다고 인정하면 등기관에게 그에 해당하는 처분을 명하고 그 뜻을 이의신청인 및 제55조제3항의 당사자에게 통지하여야 한다.
② 제1항의 결정에 대하여는 「비송사건절차법」에 따라 항고할 수 있다.
제57조【준용규정】 담보등기에 관하여는 이 법에 특별한 규정이 있는 경우를 제외하고는 그 성질에 반하지 아니하는 범위에서 「부동산등기법」을 준용한다.

제5장 지식재산권의 담보에 관한 특례

(2011.5.19 본장개정)

제58조【지식재산권담보권 등록】 ① 지식재산권자가 약정에 따라 동일한 채권을 담보하기 위하여 2개 이상의 지식재산권을 담보로 제공하는 경우에는 특허원부, 저작권등록부 등 그 지식재산권을 등록하는 공적(公的) 장부(이하 "등록부"라 한다)에 이 법에 따른 담보권을 등록할 수 있다.
② 제1항의 경우에 담보의 목적이 되는 지식재산권은 그 등록부를 관장하는 기관이 동일하여야 하고, 지식재산권의 종류와 대상을 정하거나 그 밖에 이와 유사한 방법으로 특정할 수 있어야 한다.
제59조【등록의 효력】 ① 약정에 따른 지식재산권담보권의 득실변경은 그 등록을 한 때에 그 지식재산권에 대한 질권의 득실변경을 등록한 것과 동일한 효력이 생긴다.
② 동일한 지식재산권에 관하여 이 법에 따른 담보권 등록과 그 지식재산권을 규율하는 개별 법률에 따른 질권 등록이 이루어진 경우에 그 순위는 법률에 다른 규정이 없으면 그 선후에 따른다.
제60조【지식재산권담보권자의 권리행사】 담보권자는 지식재산권을 규율하는 개별 법률에 따라 담보권을 행사할 수 있다.
제61조【준용규정】 지식재산권담보권에 관하여는 그 성질에 반하지 아니하는 범위에서 동산담보권에 관한 제2장과 「민법」 제352조를 준용한다. 다만, 제21조제2항과 지식재산권에 관하여 규율하는 개별 법률에서 다르게 정한 경우에는 그러하지 아니하다.

제6장 보 칙

제62조【등기필정보의 안전 확보】 ① 등기관은 취급하는 등기필정보의 누설, 멸실 또는 훼손의 방지와 그 밖에 등기필정보의 안전관리에 필요한 적절한 조치를 마련하여야 한다.
② 등기관과 그 밖에 등기소에서 등기사무에 종사하는 사람이나 그 직(職)에 있었던 사람은 그 직무로 인하여 알게 된 등기필정보의 작성이나 관리에 관한 비밀을 누설하여서는 아니 된다.
③ 누구든지 등기를 신청하거나 촉탁하여 담보등기부에 불실등기(不實登記)를 하도록 할 목적으로 등기필정보를 취득하거나 그 사정을 알면서 등기필정보를 제공하여서는 아니 된다.
제63조【대법원규칙】 이 법에서 규정한 사항 외에 이 법의 시행에 필요한 사항은 대법원규칙으로 정한다.

제7장 벌 칙

제64조【벌칙】 다음 각 호의 어느 하나에 해당하는 사람은 2년 이하의 징역 또는 1천만원 이하의 벌금에 처한다.
1. 제62조제2항을 위반하여 등기필정보의 작성이나 관리에 관한 비밀을 누설한 사람
2. 제62조제3항을 위반하여 담보등기부에 불실등기를 하도록 할 목적으로 등기필정보를 취득한 사람 또는 그 사정을 알면서 등기필정보를 제공한 사람
3. 부정하게 취득한 등기필정보를 제2호의 목적으로 보관한 사람

부 칙

제1조【시행일】 이 법은 공포 후 2년이 경과한 날부터 시행한다.
제2조【적용례】 이 법은 이 법 시행 후 최초로 체결한 담보약정부터 적용한다.
제3조【다른 법률의 개정】 ①~⑤ ※(해당 법령에 가제정리 하였음)
⑥ (2011.4.12 삭제)
⑦~⑩ ※(해당 법령에 가제정리 하였음)
제4조【등기관 지정에 관한 경과조치】 이 법 시행 당시 법원에 재직 중인 법원사무직류의 일반직공무원(2002년 1월 1일 이후 시행한 채용시험에 합격하여 임용된 사람은 제외한다)은 제2조제11호에도 불구하고 등기관으로 지정될 수 있다.

부 칙 (2020.10.20)

제1조【시행일】 이 법은 공포 후 1년 6개월이 경과한 날부터 시행한다.
제2조【계속사건의 관할에 관한 경과조치】 이 법 시행 전에 접수한 사건의 관할에 대해서는 종전의 규정에 따른다.

공장 및 광업재단 저당법
(약칭 : 공장저당법)

(2009년 3월 25일
전부개정법률 제9520호)

개정
2011. 5.19법10629호(지식재산기본법)
2012. 2.10법11297호
2013. 3.23법11690호(정부조직)
2024. 9.20법20435호(부등)

제1장 총 칙

제1조【목적】 이 법은 공장재단 또는 광업재단의 구성, 각 재단에 대한 저당권의 설정 및 등기 등의 법률관계를 적절히 규율함으로써 공장 소유자 또는 광업권자가 자금을 확보할 수 있게 하여 기업의 유지와 건전한 발전 및 지하자원의 개발과 산업의 발달을 도모함을 목적으로 한다.

제2조【정의】 이 법에서 사용하는 용어의 뜻은 다음과 같다.
1. "공장"이란 영업을 하기 위하여 물품의 제조·가공, 인쇄, 촬영, 방송 또는 전기나 가스의 공급 목적에 사용하는 장소를 말한다.
2. "공장재단"이란 공장에 속하는 일정한 기업용 재산으로 구성되는 일단(一團)의 기업재산으로서 이 법에 따라 소유권과 저당권의 목적이 되는 것을 말한다.
3. "광업재단"이란 광업권(鑛業權)과 광업권에 기하여 광물(鑛物)을 채굴(採掘)·취득하기 위한 각종 설비 및 이에 부속하는 사업의 설비로 구성되는 일단의 기업재산으로서 이 법에 따라 소유권과 저당권의 목적이 되는 것을 말한다.

제2장 공장재단

제1절 공장 토지와 공장 건물의 저당

제3조【공장 토지의 저당권】 공장 소유자가 공장에 속하는 토지에 설정한 저당권의 효력은 그 토지에 부합된 물건과 그 토지에 설치된 기계, 기구, 그 밖의 공장의 공용물(供用物)에 미친다. 다만, 설정행위에 특별한 약정이 있는 경우와 「민법」 제406조에 따라 채권자가 채무자의 행위를 취소할 수 있는 경우에는 그러하지 아니하다.

제4조【공장 건물의 저당권】 공장 소유자가 공장에 속하는 건물에 설정한 저당권에 관하여는 제3조를 준용한다. 이 경우 "토지"는 "건물"로 본다.

제5조【특약의 등기】 등기관은 저당권설정등기를 할 때에 등기원인에 제3조 단서에 따른 특별한 약정이 있으면 그 사항을 기록하여야 한다.(2012.2.10 본조개정)

제6조【저당권 목적물의 목록】 ① 공장에 속하는 토지나 건물에 대한 저당권설정등기를 신청하려면 그 토지나 건물에 설치된 기계, 기구, 그 밖의 공장의 공용물로서 제3조 및 제4조에 따라 저당권의 목적이 되는 것의 목록을 제출하여야 한다.
② 제1항의 목록에 관하여는 제36조, 제42조 및 제43조를 준용한다.(2012.2.10 본항개정)

제7조【저당권의 추급력】 저당권자는 제3조와 제4조에 따라 저당권의 목적이 된 물건이 제3취득자에게 인도된 후에도 그 물건에 대하여 저당권을 행사할 수 있다. 다만, 「민법」 제249조부터 제251조까지의 규정을 적용할 때에는 그러하지 아니하다.

제8조【압류 등이 미치는 범위】 ① 저당권의 목적인 토지나 건물에 대한 압류, 가압류 또는 가처분은 제3조 및 제4조에 따라 저당권의 목적이 되는 물건에 효력이 미친다.
② 제3조 및 제4조에 따라 저당권의 목적이 되는 물건은 토지나 건물과 함께하지 아니하면 압류, 가압류 또는 가처분의 목적으로 하지 못한다.

제9조【저당권 목적물의 분리】 ① 공장 소유자가 저당권자의 동의를 받아 토지나 건물에 부합된 물건을 분리한 경우 그 물건에 관하여는 저당권이 소멸한다.
② 공장 소유자가 저당권자의 동의를 받아 토지나 건물에 설치한 기계, 기구, 그 밖의 공용물을 분리한 경우 그 물건에 관하여는 저당권이 소멸한다.
③ 공장 소유자가 저당권의 목적인 토지, 건물이나 제3조 또는 제4조에 따라 저당권의 목적이 되는 물건에 대한 압류, 가압류 또는 가처분이 있기 전에 저당권자의 이익을 위하여 정당한 사유를 들어 제1항 또는 제2항의 동의를 요구하면 저당권자는 그 동의를 거절하지 못한다.

제2절 공장재단의 저당

제10조【공장재단의 설정】 ① 공장 소유자는 하나 또는 둘 이상의 공장으로 공장재단을 설정하여 저당권의 목적으로 할 수 있다. 공장재단에 속한 공장이 둘 이상일 때 각 공장의 소유자가 다른 경우에도 같다.
② 공장재단의 구성물은 동시에 다른 공장재단에 속하게 하지 못한다.

제11조【공장재단의 소유권보존등기】 ① 공장재단은 공장재단등기부에 소유권보존등기를 함으로써 설정한다.
② 제1항에 따른 공장재단의 소유권보존등기의 효력은 소유권보존등기를 한 날부터 10개월 내에 저당권설정등기를 하지 아니하면 상실된다.

제12조【공장재단의 단일성 등】 ① 공장재단은 1개의 부동산으로 본다.
② 공장재단은 소유권과 저당권 외의 권리의 목적이 되지 못한다. 다만, 저당권자가 동의한 경우에는 임대차의 목적물로 할 수 있다.

제13조【공장재단의 구성물】 ① 공장재단은 다음 각 호에 열거하는 것의 전부 또는 일부로 구성할 수 있다.
1. 공장에 속하는 토지, 건물, 그 밖의 공작물
2. 기계, 기구, 전봇대, 전선(電線), 배관(配管), 레일, 그 밖의 부속물
3. 항공기, 선박, 자동차 등 등기나 등록이 가능한 동산
4. 지상권 및 전세권
5. 임대인이 동의한 경우에는 물건의 임차권
6. 지식재산권(2011.5.19 본호개정)
② 공장에 속하는 토지나 건물로서 미등기된 것이 있으면 공장재단을 설정하기 전에 그 토지나 건물의 소유권보존등기를 하여야 한다.
③ 다음 각 호의 물건은 공장재단의 구성물이 될 수 없다.
1. 타인의 권리의 목적인 물건
2. 압류, 가압류 또는 가처분의 목적인 물건

제14조【공장재단 구성물의 양도 등 금지】 공장재단의 구성물은 공장재단과 분리하여 양도하거나 소유권 외의 권리, 압류, 가압류 또는 가처분의 목적으로 하지 못한다. 다만, 저당권자가 동의한 경우에는 임대차의 목적물로 할 수 있다.

제15조【공장재단 구성 예정물의 양도 등 금지】 ① 등기 또는 등록되어 있는 것으로서 공장재단의 구성물로 예정된 것은 그 등기부나 등록부에 제32조제1항의 소유권보존등기

신청 사실이 기록된 후에는 양도하거나 소유권 외의 권리의 목적으로 하지 못한다.(2012.2.10 본항개정)
② 공장재단의 구성물로 예정된 동산은 제33조제1항의 권리신고의 공고가 된 후에는 양도하지 못하며 소유권 외의 권리의 목적으로 하지 못한다.
제16조【매각허가결정의 보류】 ① 등기 또는 등록되어 있는 것으로서 공장재단의 구성물로 예정된 것은 그 등기부나 등록부에 제32조제1항의 소유권보존등기 신청 사실이 기록된 후에는 공장재단의 소유권보존등기 신청이 각하되지 아니하는 동안과 그 소유권보존등기가 효력을 상실하지 아니하는 동안은 매각허가결정을 하지 못한다.(2012.2.10 본항개정)
② 공장재단의 구성물로 예정된 동산에 대하여 제33조제1항의 권리신고의 공고가 된 후에 그 동산이 압류된 경우에는 제1항을 준용한다.
제17조【보존등기 신청 후 압류 등의 효력】 ① 등기 또는 등록되어 있는 것으로서 공장재단의 구성물로 예정된 것에 관하여는 그 등기부나 등록부에 제32조제1항의 소유권보존등기 신청 사실이 기록된 후에 한 압류, 가압류 또는 가처분의 등기는 공장재단의 저당권설정등기가 있으면 효력을 상실한다.(2012.2.10 본항개정)
② 제1항에 따라 압류, 가압류 또는 가처분의 등기가 효력을 상실하면 법원은 이해관계인의 신청을 받거나 직권으로 그 압류, 가압류 또는 가처분 명령을 취소하여야 한다.
③ 공장재단의 구성물로 예정된 동산에 관하여 제33조제1항의 권리신고의 공고가 된 후에 한 압류, 가압류 또는 가처분은 공장재단의 저당권설정등기가 있으면 효력을 잃는다.
제18조【공장재단의 분할·합병】 ① 공장 소유자는 여러 개의 공장에 설정한 1개의 공장재단을 분할하여 여러 개의 공장재단으로 할 수 있다. 다만, 저당권의 목적인 공장재단은 그 저당권자가 동의한 경우에만 분할할 수 있다.
② 공장 소유자는 여러 개의 공장재단을 합병하여 하나의 공장재단으로 할 수 있다. 다만, 다음 각 호의 어느 하나에 해당하는 경우에는 하나의 공장재단으로 할 수 없다.
1. 합병하려는 공장재단의 등기기록에 소유권등기와 저당권등기 외의 등기가 있는 경우(2012.2.10 본호개정)
2. 합병하려는 여러 개의 공장재단 중 둘 이상의 공장재단에 이미 저당권이 설정되어 있는 경우
③ 제1항의 분할이나 제2항의 합병은 등기함으로써 효력이 생긴다.
제19조【분할·합병의 효력】 ① 저당권이 설정된 공장재단을 분할하여 그 일부를 다른 공장재단으로 하는 경우 그 다른 공장재단에 관하여는 저당권이 소멸한다.
② 여러 개의 공장재단을 합병한 경우 합병 전 공장재단의 저당권은 합병 후의 공장재단 전부에 효력이 미친다.
제20조【공장재단 구성물의 분리】 ① 공장 소유자가 저당권자의 동의를 받아 공장재단의 구성물을 공장재단에서 분리한 경우 그 분리된 구성물에 관하여는 저당권이 소멸한다.
② 제1항의 경우에는 제9조제3항을 준용한다.
제21조【공장재단의 소멸】 공장재단은 다음 각 호의 어느 하나에 해당하는 경우에는 소멸한다.
1. 공장재단에 설정된 저당권이 소멸한 후 10개월 내에 새로운 저당권을 설정하지 아니한 경우
2. 제48조에 따른 소멸등기를 한 경우
제22조【공장재단의 압류 등의 관할】 ① 공장재단의 압류, 가압류 또는 가처분은 공장 소재지의 지방법원이나 그 지원(支院)이 관할한다.
② 공장이 여러 개의 지방법원이나 지원의 관할 구역에 걸쳐 있거나 또는 공장재단을 구성하는 여러 개의 공장이 여러 개의 지방법원이나 지원의 관할 구역에 있는 경우에는 「민사소송법」 제28조를 준용한다.
제23조【공장의 개별적 경매, 입찰】 공장재단이 여러 개의 공장으로 구성되어 있는 경우 법원은 저당권자의 신청을 받아 공장재단을 구성하는 각 공장을 개별적으로 경매나 입찰의 목적물로 할 것을 명할 수 있다.
제24조【준용규정】 ① 저당권이 설정된 공장재단에 토지나 건물이 속하는 경우에는 제3조, 제4조, 「민법」 제359조, 제365조 및 제366조를 준용한다.
② 저당권이 설정된 공장재단에 요역지(要役地)가 속하는 경우에는 「민법」 제292조를 준용한다.
③ 저당권이 설정된 공장재단에 지상권 및 전세권이 속하는 경우에는 「민법」 제371조제2항을 준용한다.

제3절 공장재단의 등기

제25조【관할 등기소】 ① 공장재단의 등기에 관하여는 공장 소재지의 지방법원, 그 지원 또는 등기소(이하 "등기소"라 한다)를 관할 등기소로 한다.
② 공장이 여러 개의 등기소의 관할 구역에 걸쳐 있거나 공장재단을 구성하는 여러 개의 공장이 여러 개의 등기소의 관할 구역에 있는 경우에는 신청을 받아 그 각 등기소를 관할하는 바로 위의 상급법원의 장이 관할 등기소를 지정한다.
제26조【공장재단의 분할에 따른 관할 변경】 공장재단의 분할로 새로 성립한 공장재단으로서 그 등기소의 관할 구역에 공장재단을 구성하는 공장이 없어지게 되는 경우 등기소는 분할등기를 한 후 지체 없이 전산정보처리조직을 이용하여 그 공장재단에 관한 등기기록의 처리권한을 제25조에 따른 공장재단의 관할 등기소로 넘겨주는 조치를 하여야 한다.(2012.2.10 본조개정)
제27조【공장재단의 합병과 관할 등기소】 ① 합병하려는 공장재단을 관할하는 등기소가 여러 개일 때에는 제25조제2항을 준용한다. 다만, 합병하려는 여러 개의 공장재단 중 이미 저당권이 설정된 것이 있으면 그 공장재단의 등기를 관할하는 등기소를 관할 등기소로 한다.
② 제1항의 경우에 합병등기 신청을 받으면 관할 등기소는 그 취지를 다른 등기소에 통지하여야 한다.
③ 제2항의 통지를 받은 등기소는 지체 없이 전산정보처리조직을 이용하여 합병할 공장재단에 관한 등기기록의 처리권한을 관할 등기소로 넘겨주는 조치를 하여야 한다. 다만, 등기기록에 소유권등기 외의 등기가 있을 때에는 그러하지 아니하되, 지체 없이 그 사실을 관할 등기소에 통지하여야 한다.(2012.2.10 본항개정)
제28조【물적 편성주의】 공장재단등기부를 편성할 때에는 1개의 공장재단에 대하여 1개의 등기기록을 둔다.(2012.2.10 본조개정)
제29조【등기기록의 편성】 등기기록에는 공장재단의 표시에 관한 사항을 기록하는 표제부와 소유권에 관한 사항을 기록하는 갑구(甲區) 및 저당권에 관한 사항을 기록하는 을구(乙區)를 둔다.(2012.2.10 본조개정)
제30조【표제부의 등기사항】 등기관은 공장재단 등기기록의 표제부에 다음 각 호의 사항을 기록하여야 한다.
1. 표시번호
2. 접수연월일
3. 공장의 명칭
4. 공장의 위치
5. 주된 영업소
6. 영업의 종류
7. 공장 소유자의 성명 또는 명칭. 2개 이상의 공장으로 재단을 구성하는 경우로서 각 공장의 소유자가 다른 경우에만 해당한다.
8. 공장재단목록의 번호
9. 공장도면의 번호
(2012.2.10 본조개정)
제31조 (2012.2.10 삭제)
제32조【소유권보존등기의 신청】 ① 공장재단에 관한 소유권보존등기 신청을 받으면 그 공장재단의 구성물로 예정된

것으로서 등기가 된 것에 관하여 등기관은 직권으로 그 등기기록 중 해당 구(區)에 공장재단에 속하게 될 것으로서 그 재단에 관하여 소유권보존등기가 신청되었다는 사실, 신청서의 접수연월일과 접수번호를 기록하여야 한다.(2012.2.10 본항개정)
② 제1항에 따라 기록하여야 할 사항이 다른 등기소의 관할에 속할 때에는 지체 없이 그 등기소에 그 사항을 통지하여야 한다.(2012.2.10 본항개정)
③ 제2항에 따른 통지를 받은 등기소는 제1항에 따른 기록을 하고 그 등기사항증명서를 제2항에 따라 통지한 등기소에 송부하여야 한다. 이 경우 그 등기사항증명서에는 말소에 관계되는 사항은 기록하지 아니한다.(2012.2.10 본항개정)
④ 지식재산권이 공장재단에 속하는 경우에는 제1항부터 제3항까지의 규정을 준용한다. 다만, 제2항에 따른 통지는 특허청에 하여야 한다.(2011.5.19 본문개정)

제33조【이해관계인의 권리신고】 ① 공장재단의 소유권보존등기 신청을 받으면 등기관은 공장재단에 속하게 될 동산에 관하여 권리를 가지는 자 또는 압류·가압류나 가처분의 채권자는 일정기간 내에 그 권리를 신고하라는 공고를 관보에 하여야 한다. 이 경우 권리신고 기간은 1개월 이상 3개월 이하로 하여야 한다.
② 공장재단의 소유권보존등기 신청이 제1항의 권리신고 기간이 끝나기 전에 각하되면 등기관은 제1항의 공고를 지체 없이 취소하여야 한다.
③ 제1항의 권리신고 기간 내에 권리의 신고가 없으면 그 권리는 존재하지 아니하는 것으로 보고, 압류, 가압류 또는 가처분은 그 효력을 상실한다. 다만, 소유권보존등기 신청이 각하되거나 소유권보존등기가 효력을 상실한 경우에는 그러하지 아니하다.
④ 제1항의 권리신고 기간 내에 권리가 있음을 신고한 자가 있으면 등기관은 그 사실을 소유권보존등기 신청인에게 통지하여야 한다.

제34조【소유권보존등기 신청의 각하】 ① 공장재단의 소유권보존등기 신청은 「부동산등기법」 제29조에 규정된 경우 외에 다음 각 호의 어느 하나에 해당하는 경우에도 각하하여야 한다.(2012.2.10 본문개정)
1. 등기기록 또는 그 등기사항증명서나 등록에 관한 원부의 등본에 의하여 공장재단에 속하게 될 것이 타인의 권리의 목적이거나 압류, 가압류 또는 가처분의 목적인 것이 명백한 경우(2012.2.10 본호개정)
2. 공장재단 목록 기록 내용이 등기기록 또는 그 등기사항증명서나 등록에 관한 원부의 등본과 일치하지 아니하는 경우 (2012.2.10 본호개정)
3. 공장재단에 속하게 될 동산에 대하여 권리를 가지는 자 또는 압류, 가압류나 가처분의 채권자가 그 권리를 신고한 경우에 제33조제1항의 권리신고 기간이 끝난 후 1주 내에 권리신고가 취소되지 아니하거나 그 권리신고가 이유 없다는 사실이 증명되지 아니할 경우
② 등기관은 소유권보존등기 신청을 각하하였으면 제32조제1항에 따른 기록을 말소하여야 한다.(2012.2.10 본항개정)
③ 제2항의 경우 다른 등기소나 특허청에 소유권보존등기가 신청되었다는 사실을 통지한 등기소는 그 신청을 각하한 사실을 지체 없이 통지하여야 한다.
④ 제3항의 통지를 받은 등기소나 특허청은 제32조제3항 및 제4항에 따른 기록을 말소하여야 한다.(2012.2.10 본항개정)

제35조【공장재단에 속한 사실의 등기】 ① 등기관은 공장재단에 관하여 소유권보존등기를 하면 그 공장재단 구성물의 등기기록 중 해당 구에 공장재단에 속한다는 사실을 기록하여야 한다.
② 제1항의 경우에는 제32조제2항부터 제4항까지의 규정을 준용한다. 다만, 등기사항증명서나 등록에 관한 원부의 등본을 송부할 필요는 없다.
(2012.2.10 본조개정)

제36조【공장재단 목록의 효력】 공장재단의 소유권보존등기가 있는 경우 공장재단 목록은 등기부의 일부로 보고 기록된 내용은 등기된 것으로 본다.(2012.2.10 본조개정)

제37조~제39조 (2012.2.10 삭제)

제40조【저당권설정등기의 각하】 공장재단의 저당권설정등기 신청은 「부동산등기법」 제29조에 규정된 경우 외에 제11조제2항의 기간이 지나면 각하하여야 한다.(2012.2.10 본조개정)

제41조【저당권설정등기에 따른 조치】 ① 등기관은 공장재단의 저당권설정등기를 하였으면 제17조제1항에 따라 효력을 잃은 등기는 말소하여야 한다.
② 제1항의 경우에는 제32조제2항부터 제4항까지의 규정을 준용한다. 다만, 등기사항증명서나 등록에 관한 원부의 등본을 송부할 필요는 없다.(2012.2.10 단서개정)

제42조【변경등기의 신청】 ① 공장재단 목록에 기록한 사항이 변경되면 소유자는 지체 없이 공장재단 목록의 변경등기를 신청하여야 한다.
② 제1항에 따라 변경등기를 신청하는 경우에는 저당권자의 동의가 있어야 한다.
(2012.2.10 본조개정)

제43조【변경등기와 관할 변경】 제42조제1항의 변경등기를 할 때 공장재단을 구성하는 공장이 그 등기소의 관할 구역에 없게 된 경우에는 제26조를 준용한다.
(2012.2.10 본조제목개정)

제44조~제45조 (2012.2.10 삭제)

제46조【변경등기와 처분금지 등】 새로운 물건이 재단에 속하게 되어 변경등기 신청을 한 경우에는 제15조부터 제17조까지, 제32조부터 제35조까지 및 제41조를 준용한다.

제47조【변경등기와 공장재단 구성물의 멸실 등】 ① 공장재단의 구성물로서 등기된 것이 멸실하거나 재단에 속하지 아니하게 되어 변경등기 신청을 한 경우 등기관은 그 물건의 등기기록 중 해당 구에 그 사실을 기록하고, 제32조 및 제35조의 기록 사항을 말소하여야 한다.(2012.2.10 본항개정)
② 제1항에 따라 기록하여야 할 사항이 다른 등기소의 관할에 속하는 경우에는 그것이 멸실한 사실 또는 재단에 속하지 아니하게 된 사실을 지체 없이 그 등기소에 통지하여야 한다.(2012.2.10 본항개정)
③ 제2항의 통지를 받은 등기소는 제1항에 따른 기록 및 말소를 하여야 한다.(2012.2.10 본항개정)
④ 공장재단에 속하는 지식재산권이 소멸하거나 재단에 속하지 아니하게 된 경우에는 제1항부터 제3항까지의 규정을 준용한다. 이 경우 제2항에 따른 통지는 특허청에 하여야 한다.
(2011.5.19 전단개정)

제48조【공장재단의 소멸등기】 공장재단을 목적으로 설정된 저당권이 소멸하면 소유자는 공장재단의 소멸등기를 신청할 수 있다. 다만, 그 공장재단의 등기기록에 소유권등기 외의 등기가 있는 경우에는 그러하지 아니하다.(2012.2.10 단서개정)

제49조【경매로 인한 소멸등기의 촉탁】 「민사집행법」 제144조에 따라 등기를 촉탁하여야 할 경우에 공장재단의 저당권이 경매로 소멸하면 법원은 동시에 공장재단의 구성물에 관한 제32조 및 제35조의 기록 사항의 말소 및 매수인이 취득한 권리의 등기나 등록을 해당 등기소 또는 특허청에 촉탁하여야 한다.(2012.2.10 본조개정)

제50조【재단등기기록의 폐쇄】 ① 공장재단에 관한 소유권보존등기가 그 효력을 상실한 때 또는 제21조에 따라 공장재단이 소멸한 때에는 그 공장재단의 등기기록을 폐쇄하여야 한다.(2012.2.10 본항개정)
② 제1항의 경우에는 제47조를 준용한다.
(2012.2.10 본조제목개정)

제51조【「부동산등기법」의 준용】 공장재단의 등기에 관하여 이 법에 특별한 규정이 있는 경우와 「부동산등기법」 제24조제1항제2호 및 제101조(전산정보처리조직을 이용한 이의신청에 관한 부분만 해당한다)를 제외하고는 「부동산등기법」을 준용한다.(2024.9.20 본조개정)

제3장 광업재단

제52조【광업재단의 설정】 광업권자는 광업재단을 설정하여 저당권의 목적으로 할 수 있다.

제53조【광업재단의 구성】 광업재단은 광업권과 다음 각 호에 열거하는 것으로서 그 광업에 관하여 동일한 광업권자에 속하는 것의 전부 또는 일부로 구성할 수 있다.
1. 토지, 건물, 그 밖의 공작물
2. 기계, 기구, 그 밖의 부속물
3. 항공기, 선박, 자동차 등 등기 또는 등록이 가능한 동산
4. 지상권이나 그 밖의 토지사용권
5. 임대인이 동의하는 경우에는 물건의 임차권
6. 지식재산권(2011.5.19 본호개정)

제53조의2【표제부의 등기사항】 등기관은 광업재단 등기기록의 표제부에 다음 각 호의 사항을 기록하여야 한다.
1. 표시번호
2. 접수연월일
3. 광구의 위치
4. 광구의 면적
5. 광물의 명칭
6. 광업권의 등록번호
7. 광업사무소의 소재지
8. 광업재단목록의 번호
9. 도면의 번호

(2012.2.10 본조신설)

제54조【공장재단 규정의 준용】 광업재단에 관하여는 이 장에 특별한 규정이 있는 경우를 제외하고는 제2장의 공장재단에 관한 규정을 준용한다. 이 경우 "공장재단"은 "광업재단"으로 본다.(2012.2.10 전단개정)

제55조【광업권의 취소와 저당권】 ① 산업통상자원부장관은 「광업법」에 따른 광업권 취소의 등록을 하면 지체 없이 저당권자에게 통지하여야 한다.(2013.3.23 본항개정)
② 저당권자는 제1항에 따른 통지를 받으면 즉시 그 권리를 실행할 수 있다. 이 경우 통지를 받은 날부터 6개월 내에 그 절차를 밟아야 한다.
③ 광업권은 다음 각 호의 기한까지 저당권 실행의 목적 범위에서 존속하는 것으로 본다.
1. 제1항의 광업권 취소 등록 통지를 받은 날부터 6개월이 지날 때까지
2. 저당권의 실행이 끝날 때까지

④ 제2항의 권리 실행에 따라 매수인이 취득한 광업권은 광업권 취소 등록일에 취득한 것으로 본다.
⑤ 제1항부터 제4항까지의 규정은 「광업법」 제34조에 따른 공익상의 이유에 따른 광업권 취소에 관하여는 적용하지 아니한다.

제56조【광업권자의 폐업과 저당권】 광업권자가 광업을 폐업한 경우에는 제55조를 준용한다.

제57조【미설립법인의 경매참가】 ① 경매의 목적이 된 광업권을 목적으로 하여 대한민국의 법률에 따라 법인을 설립하려는 자가 그 경매에 참가하는 경우에는 경매 신청과 동시에 그 뜻을 집행법원에 신고하여야 한다.
② 제1항에 따라 경매에 참가하는 자는 경매 신청에 관하여 연대책임을 진다.

제58조【미설립법인이 매수인인 경우의 절차】 ① 제57조제1항의 경매에 참가하여 경매로 광업재단을 매수한 자(이하 "매수인"이라 한다)는 매각허가결정이 확정된 날부터 3개월 내에 법인을 설립하고 이를 집행법원에 신고하여야 한다.
② 매수인은 법인 설립일부터 1주 이내에 매각대금을 집행법원에 지급하여야 한다. 다만, 제1항의 매수인이 채권자인 경우에는 매각대금 중에서 채권액을 공제하고 그 잔액만을 지급한다.
③ 매수인이 설립한 법인은 제2항에 따라 매각대금을 지급한 때에 경매의 목적물인 광업재단의 소유권을 취득한다.

제59조【재경매】 ① 매수인이 제58조제1항의 기간 내에 법인 설립 신고를 하지 아니하거나 같은 조 제2항의 기간 내에 매각대금을 지급하지 아니하면 집행법원은 직권으로 광업재단의 재경매를 명하여야 한다.
② 제1항의 재경매에 관하여는 「민사집행법」 제138조를 준용한다.

제4장 벌 칙

제60조【목적물 처분에 대한 벌칙】 ① 공장 소유자나 광업권자가 이 법에 따라 저당권의 목적이 된 공장재단 또는 광업재단을 구성하는 동산을 양도하거나 질권 설정의 목적으로 제3자에게 인도한 경우에는 3년 이하의 징역 또는 1천만원 이하의 벌금에 처한다.
② 법인의 대표자나 법인 또는 개인의 대리인, 사용인, 그 밖의 종업원이 그 법인 또는 개인의 업무에 관하여 제1항의 위반행위를 하면 그 행위자를 벌하는 외에 그 법인 또는 개인에게도 해당 조문의 벌금형을 과(科)한다. 다만, 법인 또는 개인이 그 위반행위를 방지하기 위하여 해당 업무에 관하여 상당한 주의와 감독을 게을리하지 아니한 경우에는 그러하지 아니하다.

제61조【고소】 제60조의 죄는 고소가 있어야 공소를 제기할 수 있다.

부 칙

제1조【시행일】 이 법은 공포한 날부터 시행한다.

제2조【다른 법률의 폐지】 鑛業財團抵當法은 폐지한다.

제3조【경과조치】 ① 이 법 시행 당시 종전의 「공장저당법」 및 종전의 「광업재단저당법」에 따른 공장재단, 광업재단, 그 밖의 사항은 이 법에 따른 것으로 본다.
② 이 법 시행 전의 종전의 「공장저당법」 및 종전의 「광업재단저당법」 위반행위에 대하여 벌칙을 적용할 때에는 종전의 「공장저당법」 및 종전의 「광업재단저당법」에 따른다.

제4조【다른 법령과의 관계】 이 법 시행 당시 다른 법령에서 종전의 「공장저당법」 및 종전의 「광업재단저당법」 또는 그 규정을 인용한 경우에 이 법 중 그에 해당하는 규정이 있으면 종전의 규정을 갈음하여 이 법 또는 이 법의 해당 규정을 인용한 것으로 본다.

부 칙 (2013.3.23)

제1조【시행일】 ① 이 법은 공포한 날부터 시행한다.(이하 생략)

부 칙 (2024.9.20)

제1조【시행일】 이 법은 2025년 1월 31일부터 시행한다.(이하 생략)

자동차 등 특정동산 저당법

(약칭 : 특정동산저당법)

(2009년 3월 25일
법 률 제9525호)

개정
2015. 5.18법13287호
2016. 3.29법14116호(항공안전법)
2022. 6.10법18957호(수상레저기구의등록및검사에관한법)

제1조【목적】 이 법은 건설기계, 「선박등기법」이 적용되지 아니하는 선박, 자동차, 항공기 등 등록의 대상이 되는 동산(動産)의 저당권에 관한 사항을 정하여 그 담보제공에 따른 자금 융통을 쉽게 하고, 저당권자·저당권설정자 및 소유자의 권익을 균형 있게 보호함을 목적으로 한다.

제2조【정의】 이 법에서 사용하는 용어의 뜻은 다음과 같다.
1. "특정동산"이란 등록의 대상이 되는 건설기계, 소형선박, 자동차, 항공기, 경량항공기를 말한다.(2015.5.18 본호개정)
2. "등록관청"이란 특정동산에 대한 저당권의 설정등록·변경등록·이전등록 및 말소등록 업무를 담당하는 관청을 말한다.

제3조【저당권의 목적물】 다음 각 호의 특정동산은 저당권의 목적물로 할 수 있다.
1. 「건설기계관리법」에 따라 등록된 건설기계
2. 「선박등기법」이 적용되지 아니하는 다음 각 목의 선박(이하 "소형선박"이라 한다)
  가. 「선박법」 제1조의2제2항의 소형선박 중 같은 법 제26조 각 호의 선박을 제외한 선박
  나. 「어선법」 제2조제1호 각 목의 어선 중 총톤수 20톤 미만의 어선
  다. 「수상레저기구의 등록 및 검사에 관한 법률」 제6조에 따라 등록된 동력수상레저기구(2022.6.10 본목개정)
3. 「자동차관리법」에 따라 등록된 자동차
4. 「항공안전법」에 따라 등록된 항공기 및 경량항공기
(2016.3.29 본호개정)

제4조【저당권의 내용】 저당권자는 채무자나 제3자가 점유를 이전하지 아니하고 채무의 담보로 제공한 특정동산에 대하여 다른 채권자보다 자기채권에 대하여 우선변제를 받을 권리가 있다.

제5조【저당권에 관한 등록의 효력 등】 ① 저당권에 관한 득실변경은 담보목적물별로 다음 각 호에 등록하여야 그 효력이 생긴다.
1. 「건설기계관리법」에 따른 건설기계등록원부
2. 「선박법」에 따른 선박원부
3. 「어선법」에 따른 어선원부
4. 「수상레저기구의 등록 및 검사에 관한 법률」에 따른 수상레저기구 등록원부(2022.6.10 본호개정)
5. 「자동차관리법」에 따른 자동차등록원부
6. 「항공안전법」 제11조제1항(같은 법 제121조제1항에서 준용하는 경우를 포함한다)에 따른 항공기 등록원부
(2016.3.29 본호개정)

② 특정동산의 저당권에 관한 등록은 설정등록, 변경등록, 이전등록 및 말소등록으로 구분한다.
③ 특정동산의 저당권에 관한 등록의 절차 및 방법에 관하여 필요한 사항은 대통령령으로 정한다.

제6조【등록의 말소에 관한 통지】 등록관청은 저당권이 설정된 특정동산이 다음 각 호의 구분에 따른 어느 하나에 해당하는 경우에는 등록말소의 뜻을 미리 저당권자에게 통지하여야 한다. 다만, 저당권자가 그 특정동산에 대한 등록의 말소에 동의한 경우에는 그러하지 아니하다.
1. 건설기계 : 「건설기계관리법」 제6조제1항에 따라 등록을 말소하려는 경우
2. 소형선박 : 「선박법」 제22조, 「어선법」 제19조 또는 「수상레저기구의 등록 및 검사에 관한 법률」 제10조에 따라 등록을 말소하려는 경우(2022.6.10 본호개정)
3. 자동차 : 「자동차관리법」 제13조에 따라 등록을 말소하려는 경우
4. 항공기 또는 경량항공기
  가. 「항공안전법」 제15조제1항제3호(같은 법 제121조제1항에서 준용하는 경우를 포함한다)에 해당하게 되어 말소등록의 신청을 수리한 경우(2016.3.29 본목개정)
  나. 「항공안전법」 제15조제2항(같은 법 제121조제1항에서 준용하는 경우를 포함한다)에 따른 최고를 한 후 해당 항공기 또는 경량항공기의 소유자가 기간 내에 말소등록의 신청을 하지 아니하여 직권으로 등록을 말소하려는 경우
  (2016.3.29 본목개정)
(2015.5.18 본호개정)

제7조【저당권의 행사 등】 ① 저당권자는 제6조에 따른 통지를 받으면 그 특정동산에 대하여 즉시 그 권리를 행사할 수 있다.
② 저당권자가 제1항에 따라 저당권을 행사하려는 경우에는 제6조에 따른 통지를 받은 날부터 다음 각 호의 구분에 따른 기간 내에 각각 저당권의 행사 절차를 개시하여야 한다.
1. 자동차 : 1개월
2. 소형선박 : 2개월
3. 건설기계 : 3개월(2015.5.18 본호개정)
4. 항공기 및 경량항공기 : 3개월(2015.5.18 본호신설)
③ 등록관청은 제2항에 따른 저당권행사의 개시 기한까지 저당권의 행사 절차가 개시되지 아니한 경우에는 특정동산에 대하여 말소의 등록을 할 수 있다. 다만, 저당권자가 그 기간 내에 저당권의 행사 절차를 개시한 경우에는 그 행사절차가 완료될 때까지 말소등록을 하여서는 아니 된다.
④ 등록관청은 저당권자가 저당권을 행사하여 경매의 매수인이 그 특정동산에 대한 소유권을 취득한 경우에는 특정동산에 대하여 말소등록을 하여서는 아니 된다.
⑤ 매각허가결정이 확정된 경우에는, 건설기계에 관하여는 「건설기계관리법」 제6조제1항에 따른 등록말소신청이 없었던 것으로 보며, 항공기 또는 경량항공기에 관하여는 「항공안전법」 제15조제1항제3호(같은 법 제121조제1항에서 준용하는 경우를 포함한다)의 사유가 발생하지 아니한 것으로 본다.(2016.3.29 본항개정)

제8조【양도명령에 따른 환가방법의 특례】 ① 담보목적물(항공기 및 경량항공기를 제외한다. 이하 이 조에서 같다)에 대한 저당권의 실행을 위한 경매절차에서 법원은 상당하다고 인정하는 때에는 저당권자의 매수신청에 따라 경매 또는 입찰에 의하지 아니하고 그 저당권자에게 압류된 담보목적물의 매각을 허가하는 양도명령의 방법으로 환가할 수 있다.
(2015.5.18 본항개정)
② 제1항에 따른 양도명령의 절차에 관하여 필요한 사항은 대법원규칙으로 정한다.

제9조【질권설정의 금지】 특정동산은 질권의 목적으로 하지 못한다.

제10조【저당권 말소등록 등의 서류 교부】 저당권자는 채무를 변제하거나 그 밖의 원인으로 저당 채무가 소멸되어 특정동산에 대한 저당권의 말소등록 또는 이전등록의 사유가 발생하면 등록권리자에게 그 특정동산에 대한 저당권의 말소등록 또는 이전등록에 필요한 서류를 지체 없이 교부하여야 한다.

제11조【수수료】 ① 저당권에 관한 등록을 하려는 자는 대통령령으로 정하는 바에 따라 등록관청에 수수료를 내야 한다.
② 제1항에 따른 수수료의 부과 및 면제 기준에 관하여 필요한 사항은 대통령령으로 정한다.

제12조【준용규정】 특정동산의 저당권에 관하여는 이 법에 규정한 것을 제외하고는 「민법」 중 저당권에 관한 규정을 준용한다.

부 칙

제1조【시행일】 이 법은 공포 후 6개월이 경과한 날부터 시행한다.

제2조【다른 법률의 폐지】 다음 각 호의 법률은 각각 폐지한다.

1. 건설기계저당법
2. 소형선박저당법
3. 自動車抵當法
4. 航空機抵當法

제3조【경과조치】 ① 제9조에도 불구하고 법률 제8622호 소형선박저당법 시행 전에 소형선박에 대하여 설정된 질권은 그 질권설정계약의 존속기간에만 효력이 있는 것으로 본다.
② 法律 第4646號 自動車抵當法改正法律 시행 전에 승용자동차에 대하여 설정된 저당권은 그 저당권이 말소등록될 때까지 이 법에 따라 저당권이 설정된 것으로 본다.

제4조【다른 법률의 개정】 ①~③ ※(해당 법령에 가제정리 하였음)

제5조【다른 법령과의 관계】 이 법 시행 당시 다른 법령에서 종전의 「건설기계저당법」, 종전의 「소형선박저당법」, 종전의 「자동차저당법」, 종전의 「항공기저당법」 또는 그 규정을 인용한 경우에 이 법 가운데 그에 해당하는 규정이 있으면 종전의 규정을 갈음하여 이 법 또는 이 법의 해당 규정을 인용한 것으로 본다.

부 칙 (2022.6.10)

제1조【시행일】 이 법은 공포 후 1년이 경과한 날부터 시행한다.(이하 생략)

가족관계의 등록 등에 관한 법률(약칭 : 가족관계등록법)

(2007년 5월 17일
법 률 제8435호)

개정
2007. 7.23법 8541호(국민연금법)
2009.12.29법 9832호
2010. 5. 4법10275호(국적법)
2010. 5. 4법10279호
2013. 3.23법11690호(정부조직)
2013. 7.30법11950호
2014. 1. 7법12183호
2014.10.15법12774호
2014.12.30법12878호
2015. 2. 3법13124호
2015. 5.18법13285호
2016. 5.29법14169호
2017.10.31법14963호
2020. 2. 4법16907호
2020.12.22법17689호(국가자치경찰)
2021. 3.16법17928호
2021.12.28법18651호
2023. 7.18법19547호
2023.12.26법19841호(주민등록)

제1장 총 칙

제1조【목적】 이 법은 국민의 출생·혼인·사망 등 가족관계의 발생 및 변동사항에 관한 등록과 그 증명에 관한 사항을 규정함을 목적으로 한다.

제2조【관장】 가족관계의 발생 및 변동사항에 관한 등록과 그 증명에 관한 사무(이하 "등록사무"라 한다)는 대법원이 관장한다.

제3조【권한의 위임】 ① 대법원장은 등록사무의 처리에 관한 권한을 시·읍·면의 장(도농복합형태의 시에 있어서 동지역에 대하여는 시장, 읍·면지역에 대하여는 읍·면장으로 한다. 이하 같다)에게 위임한다.
② 특별시 및 광역시와 구를 둔 시에 있어서는 이 법 중 시, 시장 또는 시의 사무소라 함은 각각 구, 구청장 또는 구의 사무소를 말한다. 다만, 광역시에 있어서 군지역에 대하여는 읍·면, 읍·면의 장 또는 읍·면의 사무소를 말한다.
③ 대법원장은 등록사무의 감독에 관한 권한을 시·읍·면의 사무소 소재지를 관할하는 가정법원장에게 위임한다. 다만, 가정법원지원장은 가정법원장의 명을 받아 그 관할 구역내의 등록사무를 감독한다.

제4조【등록사무처리】 제3조에 따른 등록사무는 가족관계의 발생 및 변동사항의 등록(이하 "등록"이라 한다)에 관한 신고 등을 접수하거나 수리한 신고지의 시·읍·면의 장이 처리한다.

제4조의2【재외국민 등록사무처리에 관한 특례】 ① 제3조 및 제4조에도 불구하고, 대법원장은 외국에 거주하거나 체류하는 대한민국 국민(이하 "재외국민"이라 한다)에 관한 등록사무를 법원서기관, 법원사무관, 법원주사 또는 법원주사보(이하 "가족관계등록관"이라 한다)로 하여금 처리하게 할 수 있다.
② 재외국민에 관한 등록사무의 처리 및 지원을 위하여 법원행정처에 재외국민 가족관계등록사무소를 두고, 그 구성, 운영 등 필요한 사항은 대법원규칙으로 정한다.
③ 재외국민 가족관계등록사무소 가족관계등록관의 등록사무처리에 관하여는 시·읍·면의 장의 등록사무처리에 관한 규정 중 제3조제3항, 제5조, 제11조, 제14조, 제18조, 제22조, 제23조의3, 제29조, 제31조, 제38조부터 제43조까지, 제109조부터 제111조까지, 제114조부터 제116조까지를 준용한다. (2015.2.3 본조신설)

제5조【직무의 제한】 ① 시·읍·면의 장은 등록에 관한 증명서 발급사무를 제외하고 자기 또는 자기와 4촌 이내의 친족에 관한 등록사건에 관하여는 그 직무를 행할 수 없다.
② 등록사건 처리에 관하여 시·읍·면의 장을 대리하는 사람도 제1항과 같다.

제6조【수수료 등의 귀속】 ① 이 법의 규정에 따라 납부하는 수수료 및 과태료는 등록사무를 처리하는 해당 지방자치단체의 수입으로 한다. 다만, 다음 각 호의 어느 하나에 해당하는 경우에는 그러하지 아니하다.
1. 제12조제2항에 따라 전산정보중앙관리소 소속 공무원이 증명서를 발급하는 경우
1의2. 제4조의2에 따른 재외국민 가족관계등록사무소에 수수료를 납부하는 경우(2015.2.3 본호신설)
2. 제120조 및 제123조에 따라 가정법원이 과태료를 부과하는 경우
3. 제124조제3항에 따라 가정법원이 「비송사건절차법」에 따른 과태료 재판을 하는 경우
② 제1항의 수수료의 금액은 대법원규칙으로 정한다.

제7조【비용의 부담】 제3조에 따라 시·읍·면의 장에게 위임한 등록사무에 드는 비용은 국가가 부담한다.

제8조【대법원규칙】 이 법 시행에 관하여 필요한 사항은 대법원규칙으로 정한다.

제2장 가족관계등록부의 작성과 등록사무의 처리

제9조【가족관계등록부의 작성 및 기록사항】 ① 가족관계등록부(이하 "등록부"라 한다)는 전산정보처리조직에 의하여 입력·처리된 가족관계 등록사항(이하 "등록사항"이라 한다)에 관한 전산정보자료를 제10조의 등록기준지에 따라 개인별로 구분하여 작성한다.
② 등록부에는 다음 사항을 기록하여야 한다.
1. 등록기준지
2. 성명·본·성별·출생연월일 및 주민등록번호
3. 출생·혼인·사망 등 가족관계의 발생 및 변동에 관한 사항
4. 가족으로 기록할 자가 대한민국 국민이 아닌 사람(이하 "외국인"이라 한다)인 경우에는 성명·성별·출생연월일·국적 및 외국인등록번호(외국인등록을 하지 아니한 외국인의 경우에는 대법원규칙으로 정하는 바에 따른 국내거소신고번호 등을 말한다. 이하 같다)(2010.5.4 본호신설)
5. 그 밖에 가족관계에 관한 사항으로서 대법원규칙으로 정하는 사항

제10조【등록기준지의 결정】 ① 출생 또는 그 밖의 사유로 처음으로 등록을 하는 경우에는 등록기준지를 정하여 신고하여야 한다.
② 등록기준지는 대법원규칙으로 정하는 절차에 따라 변경할 수 있다.

제11조【전산정보처리조직에 의한 등록사무의 처리 등】 ① 시·읍·면의 장은 등록사무를 전산정보처리조직에 의하여 처리하여야 한다.
② 본인이 사망하거나 실종선고·부재선고를 받은 때, 국적을 이탈하거나 상실한 때 또는 그 밖에 대법원규칙으로 정한 사유가 발생한 때에는 등록부를 폐쇄한다.
③ 등록부와 제2항에 따라 폐쇄한 등록부(이하 "폐쇄등록부"라 한다)는 법원행정처장이 보관·관리한다.
④ 법원행정처장은 등록부 또는 폐쇄등록부(이하 "등록부등"이라 한다)에 기록되어 있는 등록사항과 동일한 전산정보자료를 따로 작성하여 관리하여야 한다.
⑤ 등록부등의 전부 또는 일부가 손상되거나 손상될 염려가 있는 때에는 법원행정처장은 대법원규칙으로 정하는 바에 따라 등록부등의 복구 등 필요한 처분을 명할 수 있다.
⑥ 등록부등을 관리하는 사람 또는 등록사무를 처리하는 사람은 이 법이나 그 밖의 법에서 규정하는 사유가 아닌 다른 사유로 등록부등에 기록된 등록사항에 관한 전산정보자료(이하 "등록전산정보자료"라 한다)를 이용하거나 다른 사람(법인을 포함한다)에게 자료를 제공하여서는 아니 된다.

제12조【전산정보중앙관리소의 설치 등】 ① 등록부등의 보관과 관리, 전산정보처리조직에 의한 등록사무처리의 지원 및 등록전산정보자료의 효율적인 활용을 위하여 법원행정처에 전산정보중앙관리소(이하 "중앙관리소"라 한다)를 둔다. 이 경우 국적 관련 통보에 따른 등록사무처리에 관하여는 대법원규칙으로 정하는 바에 따라 법무부와 전산정보처리조직을 연계하여 운영한다.
② 법원행정처장은 필요한 경우 중앙관리소 소속 공무원으로 하여금 제15조에 규정된 증명서의 발급사무를 하게 할 수 있다.

제13조【등록전산정보자료의 이용 등】 ① 등록전산정보자료를 이용 또는 활용하고자 하는 사람은 관계 중앙행정기관의 장의 심사를 거쳐 법원행정처장의 승인을 받아야 한다. 다만, 중앙행정기관의 장이 등록전산정보자료를 이용하거나 활용하고자 하는 경우에는 법원행정처장과 협의하여야 한다.
② 제1항에 따라 등록전산정보자료를 이용 또는 활용하고자 하는 사람은 본래의 목적 외의 용도로 이용하거나 활용하여서는 아니 된다.
③ 제1항에 따른 등록전산정보자료의 이용 또는 활용과 그 사용료 등에 관하여 필요한 사항은 대법원규칙으로 정한다.

제14조【증명서의 교부 등】 ① 본인 또는 배우자, 직계혈족(이하 "본인등"이라 한다)은 제15조에 규정된 등록부등의 기록사항에 관하여 발급할 수 있는 증명서(이하 "등록사항별 증명서"라 한다)의 교부를 청구할 수 있고, 본인등의 대리인이 청구하는 경우에는 본인등의 위임을 받아야 한다. 다만, 다음 각 호의 어느 하나에 해당하는 경우에는 본인등이 아닌 경우에도 교부를 신청할 수 있다.(2021.12.28 본문개정)
1. 국가 또는 지방자치단체가 직무상 필요에 따라 문서로 신청하는 경우
2. 소송·비송·민사집행의 각 절차에서 필요한 경우
3. 다른 법령에서 본인등에 관한 증명서를 제출하도록 요구하는 경우
4. 그 밖에 대법원규칙으로 정하는 정당한 이해관계가 있는 사람이 신청하는 경우
② 제15조제1항제5호의 친양자입양관계증명서는 다음 각 호의 어느 하나에 해당하는 경우에 한하여 교부를 청구할 수 있다.
1. 친양자가 성년이 되어 신청하는 경우

2. 혼인당사자가 「민법」 제809조의 친족관계를 파악하고자 하는 경우
3. 법원의 사실조회촉탁이 있거나 수사기관이 수사상 필요에 따라 문서로 신청하는 경우
4. 그 밖에 대법원규칙으로 정하는 경우
③ 제1항 및 제2항에 따라 증명서의 교부를 청구하는 사람은 수수료를 납부하여야 하며, 증명서의 송부를 신청하는 경우에는 우송료를 따로 납부하여야 한다.
④ 시·읍·면의 장은 제1항 및 제2항의 청구가 등록부에 기록된 사람에 대한 사생활의 비밀을 침해하는 등 부당한 목적에 의한 것이 분명하다고 인정되는 때에는 증명서의 교부를 거부할 수 있다.
⑤ 등록사항별 증명서를 제출할 것을 요구하는 자는 사용목적에 필요한 최소한의 등록사항이 기록된 일반증명서 또는 특정증명서를 요구하여야 하며, 상세증명서를 요구하는 경우에는 그 이유를 설명하여야 한다. 제출받은 증명서를 사용목적 외의 용도로 사용하여서는 아니 된다.(2021.12.28 전단개정)
⑥ 제1항부터 제5항까지의 규정은 폐쇄등록부에 관한 증명서 교부의 경우에도 준용한다.(2009.12.29 본항개정)
⑦ 본인 또는 배우자, 부모, 자녀는 대법원규칙으로 정하는 바에 따라 등록부등의 기록사항의 전부 또는 일부에 대하여 전자적 방법에 의한 열람을 청구할 수 있다. 다만, 친양자입양관계증명서의 기록사항에 대하여는 친양자가 성년이 된 이후에만 청구할 수 있다.(2013.7.30 본항신설)
⑧ 「가정폭력범죄의 처벌 등에 관한 특례법」 제2조제5호에 따른 피해자(이하 "가정폭력피해자"라 한다) 또는 그 대리인은 가정폭력피해자의 배우자 또는 직계혈족을 지정(이하 "교부제한대상자"라 한다)하여 시·읍·면의 장에게 제1항 및 제2항에 따른 가정폭력피해자 본인의 등록사항별 증명서의 교부를 제한하거나 그 제한을 해지하도록 신청할 수 있다.
(2021.12.28 본항신설)
⑨ 시·읍·면의 장은 제8항에 따른 신청을 받은 때에는 제1항 및 제2항에도 불구하고 교부제한대상자 또는 그 대리인에게 가정폭력피해자 본인의 등록사항별 증명서를 교부하지 아니할 수 있다.(2021.12.28 본항신설)
⑩ 제9항에 따른 교부제한대상자에게는 제7항에도 불구하고 가정폭력피해자 본인의 등록부등의 기록사항을 열람하게 하지 아니한다.(2021.12.28 본항신설)
⑪ 제8항 및 제9항에 따른 신청·해지 절차, 제출 서류 등에 필요한 구체적인 사항은 대법원규칙으로 정한다.(2021.12.28 본항신설)

판례 가족관계등록법상 각종 증명서에 기재된 개인정보가 유출되거나 오남용될 경우 정보의 주체에게 가해지는 타격은 크므로 증명서 교부청구권자의 범위는 가능한 한 축소하여야 하는데, 형제자매는 언제나 이해관계를 같이 하는 것은 아니므로 형제자매가 본인에 대한 개인정보를 오남용 또는 유출할 가능성은 얼마든지 있다. 그런데 이 사건 법률조항은 증명서 발급에 있어 형제자매에게 정보주체인 본인과 거의 같은 지위를 부여하고 있으므로, 이는 증명서 교부청구권자의 범위를 필요한 최소한도로 한정한 것이라고 볼 수 없다. 본인은 인터넷을 이용하거나 위임을 통해 각종 증명서를 발급받을 수 있으며, 가족관계등록법 제14조 제1항 단서 각 호에서 일정한 경우에는 제3자도 각종 증명서의 교부를 청구할 수 있으므로 형제자매는 이를 통해 각종 증명서를 발급받을 수 있다. 따라서 이 사건 법률조항은 침해의 최소성에 위배된다. 또한, 이 사건 법률조항을 통해 달성하려는 공익에 비해 초래되는 기본권 제한의 정도가 중대하므로 법익의 균형성도 인정하기 어려워, 이 사건 법률조항은 청구인의 개인정보자기결정권을 침해한다. 따라서 본인의 동의 없이도 형제자매의 가족관계증명서 발급을 허용한 가족관계등록법 조항은 위헌이다.
(헌재결 2016.6.30, 2015헌마924)

제14조의2 【인터넷에 의한 증명서 발급】 ① 등록사항별 증명서의 발급사무는 인터넷을 이용하여 처리할 수 있다.
② 제1항에 따른 발급은 본인 또는 배우자, 부모, 자녀가 신청할 수 있다.
③ 제1항 및 제2항에도 불구하고 제14조제9항에 따른 교부제한대상자에게는 가정폭력피해자 본인의 등록사항별 증명서를 발급하지 아니한다.(2021.12.28 본항신설)
④ 제1항에 따른 발급의 범위, 절차 및 방법 등 필요한 사항은 대법원규칙으로 정한다.
(2013.7.30 본조신설)

제14조의3 【무인증명서발급기에 의한 증명서 발급】 ① 시·읍·면의 장은 신청인 스스로 입력하여 등록사항별 증명서를 발급받을 수 있는 장치를 이용하여 증명서의 발급사무를 처리할 수 있다.
② 제1항에 따른 발급은 본인에게만 할 수 있다.
③ 제1항에 따른 발급의 범위, 절차 및 방법 등 필요한 사항은 대법원규칙으로 정한다.
(2013.7.30 본조신설)

제15조 【증명서의 종류 및 기록사항】 ① 등록부등의 기록사항은 다음 각 호의 증명서별로 제2항에 따른 일반증명서와 제3항에 따른 상세증명서로 발급한다. 다만, 외국인의 기록사항에 관하여는 성명·성별·출생연월일·국적 및 외국인등록번호를 기재하여 증명서를 발급하여야 한다.
(2016.5.29 본문개정)
1. 가족관계증명서
  가.~다. (2016.5.29 삭제)
2. 기본증명서
  가.~나. (2016.5.29 삭제)
3. 혼인관계증명서
  가.~다. (2016.5.29 삭제)
4. 입양관계증명서
  가.~다. (2016.5.29 삭제)
5. 친양자입양관계증명서
  가.~다. (2016.5.29 삭제)
② 제1항 각 호의 증명서에 대한 일반증명서의 기재사항은 다음 각 호와 같다.
1. 가족관계증명서
  가. 본인의 등록기준지·성명·성별·본·출생연월일 및 주민등록번호
  나. 부모의 성명·성별·본·출생연월일 및 주민등록번호(입양의 경우 양부모를 부모로 기록한다. 다만, 단독입양한 양부가 친생모와 혼인관계에 있는 때에는 양부와 친생모를, 단독입양한 양모가 친생부와 혼인관계에 있는 때에는 양모와 친생부를 각각 부모로 기록한다)
  다. 배우자, 생존한 현재의 혼인 중의 자녀의 성명·성별·본·출생연월일 및 주민등록번호
2. 기본증명서
  가. 본인의 등록기준지·성명·성별·본·출생연월일 및 주민등록번호
  나. 본인의 출생, 사망, 국적상실에 관한 사항
3. 혼인관계증명서
  가. 본인의 등록기준지·성명·성별·본·출생연월일 및 주민등록번호
  나. 배우자의 성명·성별·본·출생연월일 및 주민등록번호
  다. 현재의 혼인에 관한 사항
4. 입양관계증명서
  가. 본인의 등록기준지·성명·성별·본·출생연월일 및 주민등록번호
  나. 친생부모·양부모 또는 양자의 성명·성별·본·출생연월일 및 주민등록번호
  다. 현재의 입양에 관한 사항
5. 친양자입양관계증명서
  가. 본인의 등록기준지·성명·성별·본·출생연월일 및 주민등록번호
  나. 친생부모·양부모 또는 친양자의 성명·성별·본·출생연월일 및 주민등록번호
  다. 현재의 친양자 입양에 관한 사항
(2016.5.29 본항개정)

③ 제1항 각 호의 증명서에 대한 상세증명서의 기재사항은 제2항에 따른 일반증명서의 기재사항에 다음 각 호의 사항을 추가한 것으로 한다.
1. 가족관계증명서 : 모든 자녀의 성명 · 성별 · 본 · 출생연월일 및 주민등록번호
2. 기본증명서 : 국적취득 및 회복 등에 관한 사항
3. 혼인관계증명서 : 혼인 및 이혼에 관한 사항
4. 입양관계증명서 : 입양 및 파양에 관한 사항
5. 친양자입양관계증명서 : 친양자 입양 및 파양에 관한 사항
(2016.5.29 본항신설)
④ 제1항에도 불구하고 같은 항 각 호의 증명서 중 대법원규칙으로 정하는 증명서에 대해서는 해당 증명서의 상세증명서 기재사항 중 신청인이 대법원규칙으로 정하는 바에 따라 선택한 사항을 기재한 특정증명서를 발급한다.(2016.5.29 본항신설)
⑤ 제2항부터 제4항까지의 규정에 따른 일반증명서 · 상세증명서 · 특정증명서, 가족관계에 관한 그 밖의 증명서 및 가족관계 기록사항에 관하여 필요한 사항은 대법원규칙으로 정한다.(2016.5.29 본항개정)
제15조의2【가정폭력피해자에 관한 기록사항의 공시 제한】 ① 가정폭력피해자 또는 그 대리인은 가정폭력피해자의 배우자 또는 직계혈족(배우자 또는 직계혈족이었던 사람을 포함한다)을 지정(이하 "공시제한대상자"라 한다)하여 시 · 읍 · 면의 장에게 등록부등 중 가정폭력피해자에 관한 기록사항을 가리도록 제한하거나 그 제한을 해지하도록 신청할 수 있다.
② 시 · 읍 · 면의 장은 제1항에 따른 신청을 받은 때에는 다음 각 호의 구분에 따른 사람에게 제14조제1항 및 제2항에 따른 등록사항별 증명서를 교부하거나 제14조의3에 따른 등록사항별 증명서를 발급할 때 가정폭력피해자에 관한 기록사항을 가리고 교부하거나 발급할 수 있다. 다만, 제14조제1항 각 호에 해당하여 등록사항별 증명서를 교부할 때에는 해당 사항을 가리지 아니하고 교부할 수 있다.
1. 공시제한대상자의 등록사항별 증명서 : 공시제한대상자 본인등 또는 그 대리인
2. 공시제한대상자의 배우자 또는 직계혈족으로서 가정폭력피해자가 아닌 사람의 등록사항별 증명서 : 공시제한대상자 또는 그 대리인
③ 제2항 각 호의 구분에 따른 사람에게 제14조제7항에 따라 등록부등의 기록사항을 열람하게 하거나 제14조의2에 따라 등록사항별 증명서를 발급하는 경우에는 가정폭력피해자에 관한 기록사항을 가리고 열람하게 하거나 해당 사항을 가리고 발급한다.
④ 제1항부터 제3항까지의 규정에 따른 공시의 제한 · 해지 신청, 공시 제한 범위 · 방법 등에 필요한 구체적인 사항은 대법원규칙으로 정한다.
(2021.12.28 본조신설)

제3장 등록부의 기록

제16조【등록부의 기록절차】 등록부는 신고, 통보, 신청, 증서의 등본, 항해일지의 등본 또는 재판서에 의하여 기록한다.
제17조【등록부가 없는 사람】 가족관계등록이 되어 있지 아니한 사람에 대하여 등록사항을 기록하여야 할 때에는 새로 등록부를 작성한다.
제18조【등록부의 정정】 ① 등록부의 기록이 법률상 무효인 것이거나 그 기록에 착오 또는 누락이 있음을 안 때에는 시 · 읍 · 면의 장은 지체 없이 신고인 또는 신고사건의 본인에게 그 사실을 통지하여야 한다. 다만, 그 착오 또는 누락이 시 · 읍 · 면의 장의 잘못으로 인한 것인 때에는 그러하지 아니하다.
② 제1항 본문의 통지를 할 수 없을 때 또는 통지를 하였으나 정정신청을 하는 사람이 없는 때 또는 그 기록의 착오 또는 누락이 시 · 읍 · 면의 장의 잘못으로 인한 것인 때에는 시 · 읍 · 면의 장은 감독법원의 허가를 받아 직권으로 정정할 수 있다. 다만, 대법원규칙으로 정하는 경미한 사항인 경우에는 시 · 읍 · 면의 장이 직권으로 정정하고, 감독법원에 보고하여야 한다.(2013.7.30 본문개정)
③ 국가 또는 지방자치단체의 공무원이 그 직무상 등록부의 기록에 착오 또는 누락이 있음을 안 때에는 지체 없이 신고사건의 본인의 등록기준지의 시 · 읍 · 면의 장에게 통지하여야 한다. 이 경우 통지를 받은 시 · 읍 · 면의 장은 제1항 및 제2항에 따라 처리한다.
제19조【등록부의 행정구역, 명칭 등의 변경】 ① 행정구역 또는 토지의 명칭이 변경된 때에는 등록부의 기록은 정정된 것으로 본다. 이 경우 시 · 읍 · 면의 장은 그 기록사항을 경정하여야 한다.
② 시 · 읍 · 면의 장은 지번의 변경이 있을 때에는 등록부의 기록을 경정하여야 한다.

제4장 신 고

제1절 통 칙

제20조【신고의 장소】 ① 이 법에 따른 신고는 신고사건 본인의 등록기준지 또는 신고인의 주소지나 현재지에서 할 수 있다. 다만, 재외국민에 관한 신고는 재외국민 가족관계등록사무소에서도 할 수 있다.(2015.2.3 단서신설)
② 외국인에 관한 신고는 그 거주지 또는 신고인의 주소지나 현재지에서 할 수 있다.(2010.5.4 본항개정)
제21조【출생 · 사망의 동 경유 신고 등】 ① 시에 있어서 출생 · 사망의 신고는 그 신고의 장소가 신고사건 본인의 주민등록지 또는 주민등록을 할 지역과 같은 경우에는 신고사건 본인의 주민등록지 또는 주민등록을 할 지역을 관할하는 동을 거쳐 할 수 있다.
② 제1항의 경우 동장은 소속 시장을 대행하여 신고서를 수리하고, 동이 속하는 시의 장에게 신고서를 송부하며, 그 밖에 대법원규칙으로 정하는 등록사무를 처리한다.
제22조【신고 후 등록되어 있음이 판명된 때 등】 등록되어 있는지가 분명하지 아니한 사람 또는 등록되어 있지 아니하거나 등록할 수 없는 사람에 관한 신고가 수리된 후 그 사람에 관하여 등록되어 있음이 판명된 때 또는 등록할 수 있게 된 때에는 신고인 또는 신고사건의 본인은 그 사실을 안 날부터 1개월 이내에 수리된 신고사건을 표시하여 처음 그 신고를 수리한 시 · 읍 · 면의 장에게 그 사실을 신고하여야 한다.
제23조【신고방법】 ① 신고는 서면이나 말로 할 수 있다.
② 신고로 인하여 효력이 발생하는 등록사건에 관하여 신고사건 본인이 시 · 읍 · 면에 출석하지 아니하는 경우에는 신고사건 본인의 주민등록증(모바일 주민등록증을 포함한다) · 운전면허증 · 여권, 그 밖에 대법원규칙으로 정하는 신분증명서(이하 이 항에서 "신분증명서"라 한다)를 제시하거나 신고서에 신고사건 본인의 인감증명서를 첨부하여야 한다. 이 경우 본인의 신분증명서를 제시하지 아니하거나 본인의 인감증명서를 첨부하지 아니한 때에는 신고서를 수리하여서는 아니 된다.(2023.12.26 전단개정)
제23조의2【전자문서를 이용한 신고】 ① 제23조에도 불구하고 대법원규칙으로 정하는 등록에 관한 신고는 전산정보처리조직을 이용하여 전자문서로 할 수 있다.(2020.2.4 본항개정)
② 제1항에 따른 신고는 신고사건 본인의 등록기준지 시 · 읍 · 면의 장이 처리한다. 다만, 신고사건 본인의 등록기준지가 없는 경우에는 신고인의 주소지 시 · 읍 · 면의 장이 처리하고, 재외국민에 관한 신고인 경우에는 재외국민 가족관계등록사무소의 가족관계등록관이 처리하며, 외국인에 관한 신고인 경우에는 그 거주지 시 · 읍 · 면의 장이 처리한다.
(2015.2.3 단서개정)

③ 제2항에도 불구하고 제1항에 따른 신고는 신고 처리의 편의를 위하여 대법원규칙으로 정하는 바에 따라 다른 시 · 읍 · 면의 장이 처리할 수 있다.(2020.2.4 본항신설)
④ 시에 있어서 제2항 및 제3항에 따른 신고 처리는 대법원규칙으로 정하는 바에 따라 동장이 소속 시장을 대행하여 할 수 있다.(2020.2.4 본항신설)
⑤ 제1항에 따른 신고는 이 법 및 대법원규칙으로 정하는 정보가 전산정보처리조직에 저장된 때에 접수된 것으로 본다.
⑥ 제1항에 따른 신고의 불수리 통지는 제43조에도 불구하고 전산정보처리조직을 이용하여 전자문서로 할 수 있다.
(2013.7.30 본조신설)

제23조의3【첨부서류의 전자적 확인】 ① 시 · 읍 · 면의 장이 등록사무를 처리하는 전산정보처리조직을 통하여 첨부서류에 대한 정보를 확인할 수 있는 경우에는 그 확인으로 해당 서류의 첨부를 갈음한다.
② 제1항에 따라 확인이 가능한 첨부서류의 종류는 대법원규칙으로 정한다.
(2013.7.30 본조신설)

제24조【신고서 양식】 신고서 양식은 대법원예규로 정한다. 이 경우 가족관계에 관한 등록신고가 다른 법령으로 규정한 신고를 갈음하는 경우에 당해 신고서 양식을 정함에 있어서는 미리 관계 부처의 장과 협의하여야 한다.

제25조【신고서 기재사항】 ① 신고서에는 다음 사항을 기재하고 신고인이 서명하거나 기명날인하여야 한다.
1. 신고사건
2. 신고연월일
3. 신고인의 출생연월일 · 주민등록번호 · 등록기준지 및 주소
4. 신고인과 신고사건의 본인이 다른 때에는 신고사건의 본인의 등록기준지 · 주소 · 성명 · 출생연월일 및 주민등록번호와 신고인의 자격
② 이 법에 따라 신고서류를 작성한 경우 그 신고서류에 주민등록번호를 기재한 때에는 출생연월일의 기재를 생략할 수 있다.

제26조【신고하여야 할 사람이 미성년자 또는 피성년후견인인 경우】 ① 신고하여야 할 사람이 미성년자 또는 피성년후견인인 경우에는 친권자, 미성년후견인 또는 성년후견인을 신고의무자로 한다. 다만, 미성년자 또는 피성년후견인 본인이 신고를 하여도 된다.
② 제1항 본문에 따라 친권자, 미성년후견인 또는 성년후견인이 신고하는 경우에는 신고서에 다음 각 호의 사항을 적어야 한다.
1. 신고하여야 할 미성년자 또는 피성년후견인의 성명 · 출생연월일 · 주민등록번호 및 등록기준지
2. 신고하여야 할 사람이 미성년자 또는 피성년후견인이라는 사실
3. 신고인이 친권자, 미성년후견인 또는 성년후견인이라는 사실
(2013.7.30 본조개정)

제27조【동의가 불필요한 미성년자 또는 피성년후견인의 신고】 ① 미성년자 또는 피성년후견인이 그 법정대리인의 동의 없이 할 수 있는 행위에 관하여는 미성년자 또는 피성년후견인이 신고하여야 한다.
② 피성년후견인이 신고하는 경우에는 신고서에 신고사건의 성질 및 효과를 이해할 능력이 있음을 증명할 수 있는 진단서를 첨부하여야 한다.
(2013.7.30 본조개정)

제28조【증인을 필요로 하는 신고】 증인을 필요로 하는 사건의 신고에 있어서는 증인은 신고서에 주민등록번호 및 주소를 기재하고 서명하거나 기명날인하여야 한다.

제29조【부존재 또는 부지의 사항】 신고서에 기재하여야 할 사항으로서 존재하지 아니하거나 알지 못하는 것이 있을 때에는 그 취지를 기재하여야 한다. 다만, 시 · 읍 · 면의 장은 법률상 기재하여야 할 사항으로서 특히 중요하다고 인정되는 사항을 기재하지 아니한 신고서는 수리하여서는 아니 된다.

제30조【법령 규정사항 이외의 기재사항】 신고서에는 이 법 또는 다른 법령으로 정하는 사항 외에 등록부에 기록하여야 할 사항을 더욱 분명하게 하기 위하여 필요한 사항이 있으면 이러한 사항도 기재하여야 한다.

제31조【말로 하는 신고 등】 ① 말로 신고하려 할 때에는 신고인은 시 · 읍 · 면의 사무소에 출석하여 신고서에 기재하여야 할 사항을 진술하여야 한다.
② 시 · 읍 · 면의 장은 신고인의 진술 및 신고연월일을 기록하여 신고인에게 읽어 들려주고 신고인으로 하여금 그 서면에 서명하거나 기명날인하게 하여야 한다.
③ 제1항 및 제2항의 경우에 신고인이 질병 또는 그 밖의 사고로 출석할 수 없는 때에는 대리인으로 하여금 신고하게 할 수 있다. 다만, 제55조, 제56조, 제61조, 제63조, 제71조 및 제74조의 신고는 그러하지 아니하다.

제32조【동의, 승낙 또는 허가를 요하는 사건의 신고】 ① 신고사건에서 부모 또는 다른 사람의 동의나 승낙이 필요한 경우에는 신고서에 그 동의나 승낙을 증명하는 서면을 첨부하여야 한다. 이 경우 동의나 승낙을 한 사람으로 하여금 신고서에 그 사유를 적고 서명 또는 기명날인하게 함으로써 그 서면의 첨부를 갈음할 수 있다.(2013.7.30 본항개정)
② 신고사건, 신고인 또는 신고사항 등에 있어서 재판 또는 관공서의 허가를 요하는 사항이 있는 경우에는 신고서에 그 재판서 또는 허가서의 등본을 첨부하여야 한다.

제33조【신고서에 관한 준용규정】 신고서에 관한 규정은 제31조제2항 및 제32조제1항의 서면에 준용한다.

제34조【외국에서 하는 신고】 재외국민은 이 법에서 정하는 바에 따라 그 지역을 관할하는 대한민국재외공관(이하 “재외공관”이라 한다)의 장에게 신고하거나 신청을 할 수 있다.
(2015.2.3 본조개정)

제35조【외국의 방식에 따른 증서의 등본】 ① 재외국민이 그 나라의 방식에 따라 신고사건에 관한 증서를 작성한 경우에는 3개월 이내에 그 지역을 관할하는 재외공관의 장에게 그 증서의 등본을 제출하여야 한다.
② 대한민국의 국민이 있는 지역이 재외공관의 관할에 속하지 아니하는 경우에는 3개월 이내에 등록기준지의 시 · 읍 · 면의 장 또는 재외국민 가족관계등록사무소의 가족관계등록관에게 증서의 등본을 발송하여야 한다.
(2015.2.3 본조개정)

제36조【외국에서 수리한 서류의 송부】 ① 재외공관의 장은 제34조 및 제35조에 따라 서류를 수리한 때에는 1개월 이내에 외교부장관을 경유하여 재외국민 가족관계등록사무소의 가족관계등록관에게 송부하여야 한다.
② 제1항에 따른 서류의 송부는 대법원규칙으로 정하는 바에 따라 전산정보처리조직을 이용하여 할 수 있다. 이 경우 해당 서류 원본의 보존, 그 밖에 필요한 사항은 대법원규칙으로 정한다.(2015.2.3 본항신설)
(2015.2.3 본조개정)

제37조【신고기간의 기산점】 ① 신고기간은 신고사건 발생일부터 기산한다.
② 재판의 확정일부터 기간을 기산하여야 할 경우에 재판이 송달 또는 교부 전에 확정된 때에는 그 송달 또는 교부된 날부터 기산한다.

제38조【신고의 최고】 ① 시 · 읍 · 면의 장은 신고를 게을리 한 사람을 안 때에는 상당한 기간을 정하여 신고의무자에 대하여 그 기간 내에 신고할 것을 최고(催告)하여야 한다.
(2023.7.18 본항개정)
② 신고의무자가 제1항의 기간 내에 신고를 하지 아니한 때에는 시 · 읍 · 면의 장은 다시 상당한 기간을 정하여 최고할 수 있다.
③ 제18조제2항은 제2항의 최고를 할 수 없는 때 및 최고를 하여도 신고를 하지 아니한 때에, 같은 조 제3항은 국가 또는 지방자치단체의 공무원이 신고를 게을리 한 사람이 있음을 안 때에 준용한다.

제39조【신고의 추후 보완】 시·읍·면의 장은 신고를 수리한 경우에 흠이 있어 등록부에 기록을 할 수 없을 때에는 신고인 또는 신고의무자로 하여금 보완하게 하여야 한다. 이 경우 제38조를 준용한다.

제40조【기간경과 후의 신고】 시·읍·면의 장은 신고기간이 경과한 후의 신고라도 수리하여야 한다.

제41조【사망 후에 도달한 신고】 ① 신고인의 생존 중에 우송한 신고서는 그 사망 후라도 시·읍·면의 장은 수리하여야 한다.

② 제1항에 따라 신고서가 수리된 때에는 신고인의 사망시에 신고한 것으로 본다.

제42조【수리, 불수리증명서와 서류의 열람】 ① 신고인은 신고의 수리 또는 불수리의 증명서를 청구할 수 있다.

② 이해관계인은 시·읍·면의 장에게 신고서나 그 밖에 수리한 서류의 열람 또는 그 서류에 기재한 사항에 관하여 증명서를 청구할 수 있다.

③ 증명서를 청구할 때에는 수수료를 납부하여야 한다.

④ 이해관계인은 법원에 보관되어 있는 신고서류에 대한 열람을 청구할 수 있다.

⑤ 제2항 및 제4항의 이해관계인의 자격과 범위 등에 관하여는 제14조제1항부터 제4항까지의 규정을 준용한다.

제43조【신고불수리의 통지】 시·읍·면의 장이 신고를 수리하지 아니한 때에는 그 사유를 지체 없이 신고인에게 서면으로 통지하여야 한다.

제2절 출 생

제44조【출생신고의 기재사항】 ① 출생의 신고는 출생 후 1개월 이내에 하여야 한다.

② 신고서에는 다음 사항을 기재하여야 한다.

1. 자녀의 성명·본·성별 및 등록기준지
2. 자녀의 혼인 중 또는 혼인 외의 출생자의 구별
3. 출생의 연월일시 및 장소
4. 부모의 성명·본·등록기준지 및 주민등록번호(부 또는 모가 외국인인 때에는 그 성명·출생연월일·국적 및 외국인등록번호)(2010.5.4 본호개정)
5. 「민법」 제781조제1항 단서에 따른 협의가 있는 경우 그 사실
6. 자녀가 복수국적자(複數國籍者)인 경우 그 사실 및 취득한 외국 국적(2010.5.4 본호개정)

③ 자녀의 이름에는 한글 또는 통상 사용되는 한자를 사용하여야 한다. 통상 사용되는 한자의 범위는 대법원규칙으로 정한다.

④ 출생신고서에는 의사나 조산사가 작성한 출생증명서를 첨부하여야 한다. 다만, 다음 각 호의 어느 하나에 해당하는 서면을 첨부하는 경우에는 그러하지 아니하다.(2016.5.29 본문개정)

1. 분만에 직접 관여한 자가 모의 출산사실을 증명할 수 있는 자료 등을 첨부하여 작성한 출생사실을 증명하는 서면(2016.5.29 본호신설)
2. 국내 또는 외국의 권한 있는 기관에서 발행한 출생사실을 증명하는 서면(2016.5.29 본호신설)
3. 모의 출산사실을 증명할 수 있는 「119구조·구급에 관한 법률」 제22조에 따른 구조·구급활동상황일지(2023.7.18 본호신설)

⑤ 제4항 단서에 따라 첨부하는 서면에 관한 구체적인 사항은 대법원규칙으로 정한다.(2016.5.29 본항신설)

제44조의2【출생증명서가 없는 경우의 출생신고】 ① 제44조제4항에 따른 출생증명서 또는 서면을 첨부할 수 없는 경우에는 가정법원의 출생확인을 받고 그 확인서를 받은 날부터 1개월 이내에 출생의 신고를 하여야 한다.

② 가정법원은 제1항의 출생확인을 위하여 필요한 경우에는 직권으로 사실을 조사할 수 있으며, 지방자치단체의 장, 국가경찰관서의 장 등 행정기관이나 그 밖에 상당하다고 인정되는 단체 또는 개인에게 필요한 사항을 보고하게 하거나 자료의 제출을 요청할 수 있다.

③ 가정법원의 출생확인 절차와 신고에 필요한 사항은 대법원규칙으로 정한다.

(2016.5.29 본조신설)

제44조의3【출생사실의 통보】 ① 「의료법」 제3조에 따른 의료기관(이하 "의료기관"이라 한다)에 종사하는 의료인은 해당 의료기관에서 출생이 있는 경우 출생사실을 확인하기 위하여 다음 각 호의 사항(이하 "출생정보"라 한다)을 해당 의료기관에서 관리하는 출생자 모의 진료기록부 또는 조산기록부(전자적 형태로 바뀐 문서를 포함한다. 이하 같다)에 기재하여야 한다.

1. 출생자의 모에 관한 다음 각 목의 사항
   가. 성명
   나. 주민등록번호 또는 외국인등록번호(모가 외국인인 경우로 한정한다). 다만, 주민등록번호 또는 외국인등록번호를 확인할 수 없는 경우에는 「사회보장기본법」 제37조제2항에 따른 사회보장정보시스템에서의 의료급여 자격관리를 위한 번호를 기재하여야 한다.
2. 출생자의 성별, 수(數) 및 출생 연월일시
3. 그 밖에 의료기관의 주소 등 출생사실을 확인하기 위하여 대법원규칙으로 정하는 사항

② 의료기관의 장은 출생일부터 14일 이내에 출생정보를 「국민건강보험법」 제62조에 따른 건강보험심사평가원(이하 "심사평가원"이라 한다)에 제출하여야 한다. 이 경우 보건복지부장관이 출생사실의 통보 및 관리를 목적으로 구축하여 심사평가원에 위탁 운영하는 전산정보시스템을 이용하여 제출하여야 한다.

③ 심사평가원은 제2항에 따라 출생정보를 제출받은 경우 출생자 모의 주소지를 관할하는 시·읍·면의 장(모의 주소지를 확인할 수 없는 경우에는 출생지를 관할하는 시·읍·면의 장을 말한다)에게 해당 출생정보를 포함한 출생사실을 지체 없이 통보하여야 한다. 이 경우 심사평가원은 「전자정부법」 제37조에 따른 행정정보 공동이용센터를 통하여 전자적인 방법으로 출생사실을 통보할 수 있다.

④ 그 밖에 출생정보를 포함한 출생사실의 통보, 제2항에 따른 전산정보시스템의 이용 방법 및 절차 등에 관하여 필요한 사항은 대법원규칙으로 정한다.

(2023.7.18 본조신설)

제44조의4【출생신고의 확인·최고 및 직권 출생 기록】 ① 제44조의3제3항에 따른 통보를 받은 시·읍·면의 장은 제44조제1항에 따른 신고기간 내에 출생자에 대한 출생신고가 되었는지를 확인하여야 한다.

② 시·읍·면의 장은 제44조제1항에 따른 신고기간이 지나도록 제44조의3제3항에 따라 통보받은 출생자에 대한 출생신고가 되지 아니한 경우에는 즉시 제46조제1항 및 제2항에 따른 신고의무자에게 7일 이내에 출생신고를 할 것을 최고하여야 한다.

③ 시·읍·면의 장은 다음 각 호의 어느 하나에 해당하는 경우 제44조의3제3항에 따라 통보받은 자료를 첨부하여 감독법원의 허가를 받아 해당 출생자에 대하여 직권으로 등록부에 출생을 기록하여야 한다.

1. 제46조제1항 및 제2항에 따른 신고의무자가 제2항의 최고기간 내에 출생신고를 하지 아니한 경우
2. 제46조제1항 및 제2항에 따른 신고의무자를 특정할 수 없는 등의 이유로 제2항에 따라 신고의무자에게 최고할 수 없는 경우

④ 제1항부터 제3항까지에서 규정한 사항 외에 출생신고 확인, 출생신고 최고, 출생자의 성명·본 및 등록기준지의 결정 방법 등에 관하여 필요한 사항은 대법원규칙으로 정한다.

(2023.7.18 본조신설)

제44조의5【자료제공의 요청】 시·읍·면의 장은 제44조의4에 따른 등록사무처리를 위하여 필요한 경우 대법원규칙으로 정하는 자료를 관계 기관의 장에게 요청할 수 있고, 해당 기관의 장은 특별한 사유가 없으면 요청에 따라야 한다. 다만, 「전자정부법」 제36조제1항에 따른 행정정보 공동이용을 통하여 확인할 수 있는 사항은 예외로 한다.(2023.7.18 본조신설)

제45조【출생신고의 장소】 ① 출생의 신고는 출생지에서 할 수 있다.

② 기차나 그 밖의 교통기관 안에서 출생한 때에는 모가 교통기관에서 내린 곳, 항해일지가 비치되지 아니한 선박 안에서 출생한 때에는 그 선박이 최초로 입항한 곳에서 신고할 수 있다.

제46조【신고의무자】 ① 혼인 중 출생자의 출생의 신고는 부 또는 모가 하여야 한다.

② 혼인 외 출생자의 신고는 모가 하여야 한다.

③ 제1항 및 제2항에 따라 신고를 하여야 할 사람이 신고를 할 수 없는 경우에는 다음 각 호의 어느 하나에 해당하는 사람이 각 호의 순위에 따라 신고를 하여야 한다.

1. 동거하는 친족
2. 분만에 관여한 의사·조산사 또는 그 밖의 사람

④ 신고의무자가 제44조제1항에 따른 기간 내에 신고를 하지 아니하여 자녀의 복리가 위태롭게 될 우려가 있는 경우에는 검사 또는 지방자치단체의 장이 출생의 신고를 할 수 있다.(2016.5.29 본항신설)

<2023.3.23 헌법재판소 헌법불합치결정으로 이 조 제2항은 2025.5.31을 시한으로 입법자가 개정할 때까지 계속 적용>

제47조【친생부인의 소를 제기한 때】 친생부인의 소를 제기한 때에도 출생신고를 하여야 한다.

제48조【법원이 부를 정하는 때】 ①「민법」 제845조에 따라 법원이 부(父)를 정하여야 할 때에는 출생의 신고는 모가 하여야 한다.

② 제46조제3항은 제1항의 경우에 준용한다.

제49조【항해 중의 출생】 ① 항해 중에 출생이 있는 때에는 선장은 24시간 이내에 제44조제2항에서 정한 사항을 항해일지에 기재하고 서명 또는 기명날인하여야 한다.

② 제1항의 절차를 밟은 후 선박이 대한민국의 항구에 도착하였을 때에는 선장은 지체 없이 출생에 관한 항해일지의 등본을 그 곳의 시·읍·면의 장 또는 재외국민 가족관계등록사무소의 가족관계등록관에게 발송하여야 한다.(2015.2.3 본항개정)

③ 선박이 외국의 항구에 도착하였을 때에는 선장은 지체 없이 제2항의 등본을 그 지역을 관할하는 재외공관의 장에게 발송하고 재외공관의 장은 지체 없이 외교부장관을 경유하여 재외국민 가족관계등록사무소의 가족관계등록관에게 발송하여야 한다.(2015.2.3 본항개정)

④ 제3항에 따른 서류의 송부는 대법원규칙으로 정하는 바에 따라 전산정보처리조직을 이용하여 할 수 있다. 이 경우 해당 서류 원본의 보존, 그 밖에 필요한 사항은 대법원규칙으로 정한다.(2015.2.3 본항신설)

제50조【공공시설에서의 출생】 병원, 교도소, 그 밖의 시설에서 출생이 있었을 경우에 부모가 신고할 수 없는 때에는 당해 시설의 장 또는 관리인이 신고를 하여야 한다.

제51조【출생신고 전에 사망한 때】 출생의 신고 전에 자녀가 사망한 때에는 출생의 신고와 동시에 사망의 신고를 하여야 한다.

제52조【기아】 ① 기아(棄兒)를 발견한 사람 또는 기아발견의 통지를 받은 경찰공무원은 24시간 이내에 그 사실을 시·읍·면의 장에게 통보하여야 한다.(2020.12.22 본항개정)

② 제1항의 통보를 받은 시·읍·면의 장은 소지품, 발견장소, 발견연월일시, 그 밖의 상황, 성별, 출생의 추정연월일을 조서에 기재하여야 한다. 이 경우 그 조서를 신고서로 본다.

③ 시·읍·면의 장은 「민법」 제781조제4항에 따라 기아의 성과 본을 창설한 후 이름과 등록기준지를 정하여 등록부에 기록하여야 한다.

제53조【부모가 기아를 찾은 때】 ① 부 또는 모가 기아를 찾은 때에는 1개월 이내에 출생의 신고를 하고 등록부의 정정을 신청하여야 한다.

② 제1항의 경우에는 시·읍·면의 장이 확인하여야 한다.

제54조【기아가 사망한 때】 제52조제1항 또는 제53조의 절차를 밟기 전에 기아가 사망하였을 때에는 사망의 신고와 동시에 그 절차를 밟아야 한다.

제3절 인 지

제55조【인지신고의 기재사항】 ① 인지의 신고서에는 다음 사항을 기재하여야 한다.

1. 자녀의 성명·성별·출생연월일·주민등록번호 및 등록기준지(자가 외국인인 때에는 그 성명·성별·출생연월일·국적 및 외국인등록번호)(2010.5.4 본호개정)
2. 사망한 자녀를 인지할 때에는 사망연월일, 그 직계비속의 성명·출생연월일·주민등록번호 및 등록기준지
3. 부가 인지할 때에는 모의 성명·등록기준지 및 주민등록번호
4. 인지 전의 자녀의 성과 본을 유지할 경우 그 취지와 내용
5. 「민법」 제909조제4항 또는 제5항에 따라 친권자가 정하여진 때에는 그 취지와 내용

② 제1항제4호 및 제5호의 경우에는 신고서에 그 내용을 증명하는 서면을 첨부하여야 한다. 다만, 가정법원의 성·본 계속사용허가심판 또는 친권자를 정하는 재판이 확정된 때에는 제58조를 준용한다.

제56조【태아의 인지】 태내에 있는 자녀를 인지할 때에는 신고서에 그 취지, 모의 성명 및 등록기준지를 기재하여야 한다.

제57조【친생자출생의 신고에 의한 인지】 ① 부가 혼인 외의 자녀에 대하여 친생자출생의 신고를 한 때에는 그 신고는 인지의 효력이 있다. 다만, 모가 특정됨에도 불구하고 부가 본문에 따른 신고를 함에 있어 모의 소재불명 또는 모가 정당한 사유 없이 출생신고에 필요한 서류 제출에 협조하지 아니하는 등의 장애가 있는 경우에는 부의 등록기준지 또는 주소지를 관할하는 가정법원의 확인을 받아 신고를 할 수 있다.(2021.3.16 단서신설)

② 모의 성명·등록기준지 및 주민등록번호의 전부 또는 일부를 알 수 없어 모를 특정할 수 없는 경우 또는 모가 공적 서류·증명서·장부 등에 의하여 특정될 수 없는 경우에는 부의 등록기준지 또는 주소지를 관할하는 가정법원의 확인을 받아 제1항에 따른 신고를 할 수 있다.(2021.3.16 본항개정)

③ 가정법원은 제1항 단서 및 제2항에 따른 확인을 위하여 필요한 사항을 직권으로 조사할 수 있고, 지방자치단체, 국가경찰관서 및 행정기관이나 그 밖의 단체 또는 개인에게 필요한 사항을 보고하게 하거나 자료의 제출을 요구할 수 있다.(2021.3.16 본항개정)

④ 다음 각 호의 어느 하나에 해당하는 경우에는 신고의무자가 1개월 이내에 출생의 신고를 하고 등록부의 정정을 신청하여야 한다. 이 경우 시·읍·면의 장이 확인하여야 한다.

1. 출생자가 제3자로부터 「민법」 제844조의 친생자 추정을 받고 있음이 밝혀진 경우
2. 그 밖에 대법원규칙으로 정하는 사유에 해당하는 경우

(2015.5.18 본항신설)

⑤ 확인절차 및 신고에 필요한 사항은 대법원규칙으로 정한다.(2015.5.18 본항신설)

<2023.3.23 헌법재판소 헌법불합치결정으로 이 조 제1항, 제2항은 2025.5.31을 시한으로 입법자가 개정할 때까지 계속 적용>

제58조【재판에 의한 인지】 ① 인지의 재판이 확정된 경우에 소를 제기한 사람은 재판의 확정일부터 1개월 이내에 재판서의 등본 및 확정증명서를 첨부하여 그 취지를 신고하여야 한다.
② 제1항의 신고서에는 재판확정일을 기재하여야 한다.
③ 제1항의 경우에는 그 소의 상대방도 재판서의 등본 및 확정증명서를 첨부하여 인지의 재판이 확정된 취지를 신고할 수 있다. 이 경우 제2항을 준용한다.
제59조【유언에 의한 인지】 유언에 의한 인지의 경우에는 유언집행자는 그 취임일부터 1개월 이내에 인지에 관한 유언서등본 또는 유언녹음을 기재한 서면을 첨부하여 제55조 또는 제56조에 따라 신고를 하여야 한다.
제60조【인지된 태아의 사산】 인지된 태아가 사체로 분만된 경우에 출생의 신고의무자는 그 사실을 안 날부터 1개월 이내에 그 사실을 신고하여야 한다. 다만, 유언집행자가 제59조의 신고를 하였을 경우에는 유언집행자가 그 신고를 하여야 한다.

제4절 입 양

제61조【입양신고의 기재사항】 입양의 신고서에는 다음 사항을 기재하여야 한다.
1. 당사자의 성명·본·출생연월일·주민등록번호·등록기준지(당사자가 외국인인 때에는 그 성명·출생연월일·국적 및 외국인등록번호) 및 양자의 성별(2010.5.4 본호개정)
2. 양자의 친생부모의 성명·주민등록번호 및 등록기준지

제62조【입양의 신고】 ① 양자가 13세 미만인 경우에는 「민법」 제869조제2항에 따라 입양을 승낙한 법정대리인이 신고하여야 한다.
②「민법」 제867조에 따라 미성년자를 입양하는 경우 또는 같은 법 제873조에 따라 피성년후견인이 입양을 하거나 양자가 되는 경우에는 가정법원의 허가서를 첨부하여야 한다.
③「민법」 제871조제2항에 따라 부모의 동의를 갈음하는 심판이 있는 경우에는 가정법원의 심판서를 첨부하여야 한다.
(2013.7.30 본조개정)

제5절 파 양

제63조【파양신고의 기재사항】 파양의 신고서에는 다음 사항을 기재하여야 한다.
1. 당사자의 성명·본·출생연월일·주민등록번호 및 등록기준지(당사자가 외국인인 때에는 그 성명·출생연월일·국적 및 외국인등록번호)(2010.5.4 본호개정)
2. 양자의 친생부모의 성명·등록기준지 및 주민등록번호

제64조 (2013.7.30 삭제)
제65조【준용규정】 ① 제63조는 입양취소의 신고에 준용한다.
② 제58조는 입양취소의 재판이 확정된 경우에 준용한다.
제66조【준용규정】 제58조는 파양의 재판이 확정된 경우에 준용한다.

제6절 친양자의 입양 및 파양

제67조【친양자의 입양신고】 ①「민법」 제908조의2에 따라 친양자를 입양하고자 하는 사람은 친양자 입양재판의 확정일부터 1개월 이내에 재판서의 등본 및 확정증명서를 첨부하여 제61조의 신고를 하여야 한다.
② 제1항의 신고서에는 재판확정일을 기재하여야 한다.
제68조【준용규정】 제58조는 친양자의 입양신고에 준용한다.
제69조【친양자의 파양신고】 ①「민법」 제908조의5에 따라 친양자 파양의 재판이 확정된 경우 소를 제기한 사람은 재판의 확정일부터 1개월 이내에 재판서의 등본 및 확정증명서를 첨부하여 제63조의 신고를 하여야 한다.
② 제1항의 신고서에는 재판확정일을 기재하여야 한다.
③ 제1항의 경우에는 그 소의 상대방도 재판서의 등본 및 확정증명서를 첨부하여 친양자 파양의 재판이 확정된 취지를 신고할 수 있다. 이 경우 제2항을 준용한다.
제70조【준용규정】 제69조는 친양자의 입양취소의 재판이 확정된 경우에 준용한다.

제7절 혼 인

제71조【혼인신고의 기재사항 등】 혼인의 신고서에는 다음 사항을 기재하여야 한다. 다만, 제3호의 경우에는 혼인당사자의 협의서를 첨부하여야 한다.
1. 당사자의 성명·본·출생연월일·주민등록번호 및 등록기준지(당사자가 외국인인 때에는 그 성명·출생연월일·국적 및 외국인등록번호)(2010.5.4 본호개정)
2. 당사자의 부모와 양부모의 성명·등록기준지 및 주민등록번호
3.「민법」 제781조제1항 단서에 따른 협의가 있는 경우 그 사실
4.「민법」 제809조제1항에 따른 근친혼에 해당되지 아니한다는 사실

제72조【재판에 의한 혼인】 사실상 혼인관계 존재확인의 재판이 확정된 경우에는 소를 제기한 사람은 재판의 확정일부터 1개월 이내에 재판서의 등본 및 확정증명서를 첨부하여 제71조의 신고를 하여야 한다.
제73조【준용규정】 제58조는 혼인취소의 재판이 확정된 경우에 준용한다.

제8절 이 혼

제74조【이혼신고의 기재사항】 이혼의 신고서에는 다음 사항을 기재하여야 한다.
1. 당사자의 성명·본·출생연월일·주민등록번호 및 등록기준지(당사자가 외국인인 때에는 그 성명·국적 및 외국인등록번호)(2010.5.4 본호개정)
2. 당사자의 부모와 양부모의 성명·등록기준지 및 주민등록번호
3.「민법」 제909조제4항 또는 제5항에 따라 친권자가 정하여진 때에는 그 내용

제75조【협의상 이혼의 확인】 ① 협의상 이혼을 하고자 하는 사람은 등록기준지 또는 주소지를 관할하는 가정법원의 확인을 받아 신고하여야 한다. 다만, 국내에 거주하지 아니하는 경우에 그 확인은 서울가정법원의 관할로 한다.
② 제1항의 신고는 협의상 이혼을 하고자 하는 사람이 가정법원으로부터 확인서등본을 교부 또는 송달받은 날부터 3개월 이내에 그 등본을 첨부하여 행하여야 한다.
③ 제2항의 기간이 경과한 때에는 그 가정법원의 확인은 효력을 상실한다.
④ 가정법원의 확인 절차와 신고에 관하여 필요한 사항은 대법원규칙으로 정한다.
제76조【간주규정】 협의이혼신고서에 가정법원의 이혼의사확인서등본을 첨부한 경우에는 「민법」 제836조제2항에서 정한 증인 2인의 연서가 있는 것으로 본다.
제77조【준용규정】 제74조는 혼인취소의 신고에 준용한다.
제78조【준용규정】 제58조는 이혼의 재판이 확정된 경우에 준용한다.

제9절 친권 및 미성년후견
(2013.7.30 본절제목개정)

제79조【친권자 지정 및 변경 신고 등】 ① 부모가 「민법」 제909조제4항에 따라 친권자를 정한 때에는 1개월 이내에 그 사실을 신고하여야 한다. 부모 중 일방이 신고하는 경우에는 그 사실을 증명하는 서면을 첨부하여야 한다.

② 다음 각 호의 재판이 확정된 경우에는 그 재판을 청구한 사람이나 그 재판으로 친권자 또는 그 임무를 대행할 사람으로 정하여진 사람이 그 내용을 신고하여야 한다. 이 경우 신고기간, 신고서의 첨부서류 등에 관하여는 제58조를 준용한다.
1. 「민법」 제909조제4항부터 제6항까지의 규정에 따라 친권자를 정하거나 변경하는 재판
2. 「민법」 제909조의2(「민법」 제927조의2제1항에 따라 준용되는 경우를 포함한다), 제927조의2제2항 및 제931조제2항에 따라 친권자 또는 그 임무를 대행할 사람을 지정하거나 선임하는 재판
3. 「민법」 제924조, 제924조의2 및 제926조에 따른 친권의 상실, 일시 정지, 일부 제한 및 그 회복에 관한 재판
(2014.10.15 본호개정)
4. 「민법」 제925조, 제926조 및 제927조에 따른 법률행위의 대리권이나 재산관리권의 상실·사퇴 및 그 회복에 관한 재판(2014.10.15 본호신설)
(2013.7.30 본항개정)
(2013.7.30 본조제목개정)

제80조【미성년후견 개시신고의 기재사항】 ① 미성년후견 개시의 신고는 미성년후견인이 그 취임일부터 1개월 이내에 하여야 한다.
② 신고서에는 다음 각 호의 사항을 적어야 한다.
1. 미성년자와 미성년후견인의 성명·출생연월일·주민등록번호 및 등록기준지(당사자가 외국인인 때에는 그 성명·출생연월일·국적 및 외국인등록번호)
2. 미성년후견 개시의 원인 및 연월일
3. 미성년후견인이 취임한 연월일
(2013.7.30 본조개정)

제81조【미성년후견인 경질신고 등】 ① 미성년후견인이 경질된 경우에는 후임자는 취임일부터 1개월 이내에 그 취지를 신고하여야 한다.(2013.7.30 본항개정)
② 제1항의 신고에는 제80조제2항을 준용한다.
③ 「민법」 제939조 또는 제940조에 따라 미성년후견인이 사임하거나 변경된 경우 신고인, 신고기간과 신고서의 첨부서류 등에 관하여는 제79조제2항을 준용한다. 이 경우 "친권자 또는 그 임무를 대행할 사람으로 정하여진 사람"은 "선임된 미성년후견인"으로 본다.(2013.7.30 본항개정)
(2013.7.30 본조제목개정)

제82조【유언 또는 재판에 따른 미성년후견인의 선정】 ① 유언에 의하여 미성년후견인을 지정한 경우에는 지정에 관한 유언서 그 등본 또는 유언녹음을 기재한 서면을 신고서에 첨부하여야 한다.
② 미성년후견인 선임의 재판이 있는 경우에는 재판서의 등본을 신고서에 첨부하여야 한다.
(2013.7.30 본조개정)

제83조【미성년후견 종료신고】 ① 미성년후견 종료의 신고는 미성년후견인이 1개월 이내에 하여야 한다. 다만, 미성년자가 성년이 되어 미성년후견이 종료된 경우에는 그러하지 아니하다.
② 신고서에는 다음 각 호의 사항을 적어야 한다.
1. 미성년자와 미성년후견인의 성명·등록기준지 및 주민등록번호(당사자가 외국인인 때에는 그 성명·국적 및 외국인등록번호)
2. 미성년후견 종료의 원인 및 연월일
(2013.7.30 본조개정)

제83조의2【미성년후견감독 개시신고】 ① 미성년후견감독 개시의 신고는 미성년후견감독인이 그 취임일부터 1개월 이내에 하여야 한다.
② 신고서에는 다음 각 호의 사항을 적어야 한다.
1. 미성년후견감독인, 미성년후견인 및 미성년자의 성명·출생연월일·주민등록번호 및 등록기준지(당사자가 외국인인 때에는 그 성명·출생연월일·국적 및 외국인등록번호)
2. 미성년후견감독 개시의 원인 및 연월일
3. 미성년후견감독인이 취임한 연월일
(2013.7.30 본조신설)

제83조의3【미성년후견감독인의 경질신고 등】 ① 미성년후견감독인이 경질된 경우에는 후임자는 취임일부터 1개월 이내에 그 취지를 신고하여야 한다.
② 제1항의 신고에 관하여는 제83조의2제2항을 준용한다.
③ 「민법」 제940조의7에 따라 준용되는 같은 법 제939조 또는 제940조에 따라 미성년후견감독인이 사임하거나 변경된 경우 신고인, 신고기간과 신고서의 첨부서류 등에 관하여는 제79조제2항을 준용한다. 이 경우 "친권자 또는 그 임무를 대행할 사람으로 정하여진 사람"은 "선임된 미성년후견감독인"으로 본다.
(2013.7.30 본조신설)

제83조의4【유언 또는 재판에 따른 미성년후견감독인의 선정】 유언으로 미성년후견감독인을 지정한 경우 또는 미성년후견감독인 선임의 재판이 있는 경우에 신고서의 첨부서류에 관하여는 제82조를 준용한다.(2013.7.30 본조신설)

제83조의5【미성년후견감독 종료신고】 ① 미성년후견감독 종료의 신고는 미성년후견감독인이 1개월 이내에 하여야 한다. 다만, 미성년자가 성년이 되어 미성년후견감독이 종료된 경우에는 그러하지 아니하다.
② 신고서에는 다음 각 호의 사항을 적어야 한다.
1. 미성년후견감독인, 미성년후견인 및 미성년자의 성명·출생연월일·주민등록번호 및 등록기준지(당사자가 외국인인 경우에는 그 성명·출생연월일·국적 및 외국인등록번호)
2. 미성년후견감독 종료의 원인 및 연월일
(2013.7.30 본조신설)

제10절 사망과 실종

제84조【사망신고와 그 기재사항】 ① 사망의 신고는 제85조에 규정한 사람이 사망의 사실을 안 날부터 1개월 이내에 진단서 또는 검안서를 첨부하여 하여야 한다.
② 신고서에는 다음 사항을 기재하여야 한다.
1. 사망자의 성명, 성별, 등록기준지 및 주민등록번호
2. 사망의 연월일시 및 장소
③ 부득이한 사유로 제2항의 신고서에 제1항의 진단서나 검안서를 첨부할 수 없는 때에는 사망의 사실을 증명할 만한 서면으로서 대법원규칙으로 정하는 서면을 첨부하여야 한다. 이 경우 제2항의 신고서에 진단서 또는 검안서를 첨부할 수 없는 사유를 기재하여야 한다.(2016.5.29 본항개정)

제85조【사망신고의무자】 ① 사망의 신고는 동거하는 친족이 하여야 한다.
② 친족·동거자 또는 사망장소를 관리하는 사람, 사망장소의 동장 또는 통·이장도 사망의 신고를 할 수 있다.

제86조【사망신고의 장소】 사망의 신고는 사망지·매장지 또는 화장지에서 할 수 있다. 다만, 사망지가 분명하지 아니한 때에는 사체가 처음 발견된 곳에서, 기차나 그 밖의 교통기관 안에서 사망이 있었을 때에는 그 사체를 교통기관에서 내린 곳에서, 항해일지를 비치하지 아니한 선박 안에서 사망한 때에는 그 선박이 최초로 입항한 곳에서 할 수 있다.

제87조【재난 등으로 인한 사망】 수해, 화재나 그 밖의 재난으로 인하여 사망한 사람이 있는 경우에는 이를 조사한 관공서는 지체 없이 사망지의 시·읍·면의 장에게 통보하여야 한다. 다만, 외국에서 사망한 때에는 사망자의 등록기준지의 시·읍·면의 장 또는 재외국민 가족관계등록사무소의 가족관계등록관에게 통보하여야 한다.(2015.2.3 단서개정)

제88조【사형, 재소 중 사망】 ① 사형의 집행이 있는 때에는 교도소장은 지체 없이 교도소 소재지의 시·읍·면의 장에게 사망의 통보를 하여야 한다.
② 제1항은 재소 중 사망한 사람의 사체를 찾아갈 사람이 없는 경우에 준용한다. 이 경우 통보서에 진단서 또는 검안서를 첨부하여야 한다.

제88조의2【무연고자 등의 사망】「장사 등에 관한 법률」 제12조에 따라 시장등이 무연고 사망자 등을 처리한 경우에는 지체 없이 사망지·매장지 또는 화장지의 시·읍·면의 장에게 통보하여야 한다.(2014.12.30 본조신설)

제89조【통보서의 기재사항】 제87조, 제88조 및 제88조의2에서 규정한 통보서에는 제84조제2항에서 정한 사항을 기재하여야 한다.(2014.12.30 본조개정)

제90조【등록불명자 등의 사망】 ① 사망자에 대하여 등록이 되어 있는지 여부가 분명하지 아니하거나 사망자를 인식할 수 없는 때에는 경찰공무원은 검시조서를 작성·첨부하여 지체 없이 사망지의 시·읍·면의 장에게 사망의 통보를 하여야 한다.(2020.12.22 본항개정)

② 사망자가 등록이 되어 있음이 판명되었거나 사망자의 신원을 알 수 있게 된 때에는 경찰공무원은 지체 없이 사망지의 시·읍·면의 장에게 그 취지를 통보하여야 한다. (2020.12.22 본항개정)

③ 제1항의 통보가 있은 후에 제85조에서 정한 사람이 사망자의 신원을 안 때에는 그 날부터 10일 이내에 사망의 신고를 하여야 한다.

제91조【준용규정】 제49조 및 제50조는 사망의 신고에 준용한다.

제92조【실종선고의 신고】 ① 실종선고의 신고는 그 선고를 청구한 사람이 재판확정일부터 1개월 이내에 재판서의 등본 및 확정증명서를 첨부하여 하여야 한다.

② 실종선고의 신고서에는 다음 사항을 기재하여야 한다.

1. 실종자의 성명·성별·등록기준지 및 주민등록번호
2. 「민법」 제27조에서 정한 기간의 만료일

③ 제58조는 실종선고취소의 재판이 확정된 경우에 그 재판을 청구한 사람에게 준용한다.

제11절 국적의 취득과 상실

제93조【인지 등에 따른 국적취득의 통보 등】 ① 법무부장관은 「국적법」 제3조제1항 또는 같은 법 제11조제1항에 따라 대한민국의 국적을 취득한 사람이 있는 경우 지체 없이 국적을 취득한 사람이 정한 등록기준지의 시·읍·면의 장에게 대법원규칙으로 정하는 사항을 통보하여야 한다.

② 제1항의 통보를 받은 시·읍·면의 장은 국적을 취득한 사람의 등록부를 작성한다.

제94조【귀화허가의 통보 등】 ① 법무부장관은 「국적법」 제4조에 따라 외국인을 대한민국 국민으로 귀화허가한 경우 지체 없이 귀화허가를 받은 사람이 정한 등록기준지의 시·읍·면의 장에게 대법원규칙으로 정하는 사항을 통보하여야 한다.

② 제1항의 통보를 받은 시·읍·면의 장은 귀화허가를 받은 사람의 등록부를 작성한다.

제95조【국적회복허가의 통보 등】 ① 법무부장관은 「국적법」 제9조에 따라 대한민국의 국적회복을 허가한 경우 지체 없이 국적회복을 한 사람이 정한 등록기준지의 시·읍·면의 장에게 대법원규칙으로 정하는 사항을 통보하여야 한다.

② 제1항의 통보를 받은 시·읍·면의 장은 국적회복을 한 사람의 등록부를 작성한다. 다만, 국적회복을 한 사람의 등록부등이 있는 경우에는 등록부등에 기재된 등록기준지의 시·읍·면의 장에게 그 사항을 통보하여야 한다.

제96조【국적취득자의 성과 본의 창설 신고】 ① 외국의 성을 쓰는 국적취득자가 그 성을 쓰지 아니하고 새로이 성(姓)·본(本)을 정하고자 하는 경우에는 그 등록기준지·주소지 또는 등록기준지로 하고자 하는 곳을 관할하는 가정법원의 허가를 받고 그 등본을 받은 날부터 1개월 이내에 그 성과 본을 신고하여야 한다.

② 대한민국의 국적을 회복하거나 재취득하는 경우에는 종전에 사용하던 대한민국식 성명으로 국적회복신고 또는 국적재취득신고를 할 수 있다.

③ 제2항의 경우 신고서에는 종전에 사용하던 대한민국식 성명을 소명하여야 한다.

④ 신고서에는 다음 사항을 기재하여야 한다.

1. 종전의 성
2. 창설한 성·본
3. 허가의 연월일

⑤ 제4항의 신고서에는 제1항에 따른 허가의 등본을 첨부하여야 한다.

⑥ 제1항의 경우에 가정법원은 심리(審理)를 위하여 국가경찰관서의 장에게 성·본 창설허가 신청인의 범죄경력 조회를 요청할 수 있고, 그 요청을 받은 국가경찰관서의 장은 지체 없이 그 결과를 회보하여야 한다.(2013.7.30 본항신설)

제97조【국적상실신고의 기재사항】 ① 국적상실의 신고는 배우자 또는 4촌 이내의 친족이 그 사실을 안 날부터 1개월 이내에 하여야 한다.

② 신고서에는 다음 각 호의 사항을 기재하여야 한다.

1. 국적상실자의 성명·주민등록번호 및 등록기준지
2. 국적상실의 원인 및 연월일
3. 새로 외국국적을 취득한 때에는 그 국적

③ 제2항의 신고서에는 국적상실을 증명하는 서면을 첨부하여야 한다.

④ 국적상실자 본인도 국적상실의 신고를 할 수 있다.

제98조【국적선택 등의 통보】 ① 법무부장관은 다음 각 호의 어느 하나에 해당하는 사유가 발생한 경우 그 사람의 등록기준지(등록기준지가 없는 경우에는 그 사람이 정한 등록기준지)의 시·읍·면의 장에게 대법원규칙으로 정하는 사항을 통보하여야 한다.

1. 「국적법」 제13조에 따라 복수국적자로부터 대한민국의 국적을 선택한다는 신고를 수리한 때(2010.5.4 본호개정)
2. 「국적법」 제14조제1항에 따라 국적이탈신고를 수리한 때
3. 「국적법」 제20조에 따라 대한민국 국민으로 판정한 때

② 대한민국 국민으로 판정받은 사람이 등록되어 있지 아니한 때에는 그 통보를 받은 시·읍·면의 장은 등록부를 작성한다.

제12절 개명 및 성(姓)·본(本) 변경

제99조【개명신고】 ① 개명하고자 하는 사람은 주소지(재외국민의 경우 등록기준지)를 관할하는 가정법원의 허가를 받고 그 허가서의 등본을 받은 날부터 1개월 이내에 신고를 하여야 한다.

② 신고서에는 다음 사항을 기재하여야 한다.

1. 변경 전의 이름
2. 변경한 이름
3. 허가연월일

③ 제2항의 신고서에는 허가서의 등본을 첨부하여야 한다.

④ 제1항의 경우에 가정법원의 심리에 관하여는 제96조제6항을 준용한다.(2013.7.30 본항신설)

판례 개명허가 여부를 결정함에 있어서는 이름이 가지는 사회적 의미와 기능, 개명을 허가할 경우 초래될 수 있는 사회적 혼란과 부작용 등 공공적 측면뿐만 아니라, 개명신청인 본인의 주관적 의사와 개명의 필요성, 개명을 통하여 얻을 수 있는 효과와 편의 등 개인적인 측면까지도 함께 충분히 고려되어야 하므로, 개명을 허가할 만한 상당한 이유가 있다고 인정되고, 범죄를 기도 또는 은폐하거나 법령에 따른 각종 제한을 회피하려는 불순한 의도나 목적이 개입되어 있는 등 개명신청권의 남용으로 볼 수 있는 경우가 아니라면, 원칙적으로 개명을 허가함이 상당하다.(대결 2009.8.13, 2009스65)

제100조【성·본 변경신고】 ①「민법」 제781조제6항에 따라 자녀의 성(姓)·본(本)을 변경하고자 하는 사람은 재판확정일부터 1개월 이내에 재판서의 등본 및 확정증명서를 첨부하여 신고하여야 한다.

② 신고서에는 다음 사항을 기재하여야 한다.

1. 변경 전의 성·본
2. 변경한 성·본
3. 재판확정일

제13절 가족관계 등록 창설

제101조【가족관계 등록 창설신고】 ① 등록이 되어 있지 아니한 사람은 등록을 하려는 곳을 관할하는 가정법원의 허가를 받고 그 등본을 받은 날부터 1개월 이내에 가족관계 등록 창설(이하 "등록창설"이라 한다)의 신고를 하여야 한다.
② 신고서에는 제9조제2항에 규정된 사항 외에 등록창설허가의 연월일을 기재하여야 한다.
③ 제2항의 신고서에는 등록창설허가의 등본을 첨부하여야 한다.
④ 제1항의 경우에 가정법원의 심리에 관하여는 제96조제6항을 준용한다.(2013.7.30 본항신설)
제102조【직계혈족에 의한 등록창설신고】 등록창설허가의 재판을 얻은 사람이 등록창설의 신고를 하지 아니한 때에는 배우자 또는 직계혈족이 할 수 있다.
제103조【판결에 의한 등록창설의 신고】 ① 확정판결에 의하여 등록창설의 신고를 하여야 할 경우에는 판결확정일부터 1개월 이내에 하여야 한다.
② 신고서에는 제9조제2항에 규정된 사항 외에 판결확정일을 기재하여야 한다.
③ 제2항의 신고서에는 판결의 등본 및 확정증명서를 첨부하여야 한다.

제5장 등록부의 정정

제104조【위법한 가족관계 등록기록의 정정】 ① 등록부의 기록이 법률상 허가될 수 없는 것 또는 그 기재에 착오나 누락이 있다고 인정한 때에는 이해관계인은 사건 본인의 등록기준지를 관할하는 가정법원의 허가를 받아 등록부의 정정을 신청할 수 있다.
② 제1항의 경우에 가정법원의 심리에 관하여는 제96조제6항을 준용한다.(2013.7.30 본항신설)
제105조【무효인 행위의 가족관계등록기록의 정정】 ① 신고로 인하여 효력이 발생하는 행위에 관하여 등록부에 기록하였으나 그 행위가 무효임이 명백한 때에는 신고인 또는 신고사건의 본인은 사건 본인의 등록기준지를 관할하는 가정법원의 허가를 받아 등록부의 정정을 신청할 수 있다.
② 제1항의 경우에 가정법원의 심리에 관하여는 제96조제6항을 준용한다.(2013.7.30 본항신설)
[판례] 중국 국적의 조선족 여성과 혼인한 것으로 신고한 자가, 혼인할 의사가 전혀 없음에도 그 여성을 한국에 입국시킬 목적으로 혼인신고를 하여 공전자기록에 불실의 사실을 기재하게 하였다는 등의 범죄사실로 유죄판결을 받아 확정된 사안에서, 위 혼인은 혼인의사의 합치가 결여되어 무효임이 명백하므로 혼인무효판결을 받지 않았더라도 가족관계의 등록 등에 관한 법률 제105조에 따라 가정법원의 허가를 받아 가족관계등록부를 정정할 수 있다.(대결 2009.10.8, 2009스64)
제106조【정정신청의 의무】 제104조 및 제105조에 따라 허가의 재판이 있었을 때에는 재판서의 등본을 받은 날부터 1개월 이내에 그 등본을 첨부하여 등록부의 정정을 신청하여야 한다.
제107조【판결에 의한 등록부의 정정】 확정판결로 인하여 등록부를 정정하여야 할 때에는 소를 제기한 사람은 판결확정일부터 1개월 이내에 판결의 등본 및 그 확정증명서를 첨부하여 등록부의 정정을 신청하여야 한다.
제108조【준용규정】 제20조제1항, 제22조, 제23조제1항, 제23조의2, 제23조의3, 제25조부터 제27조까지, 제29조부터 제33조까지 및 제37조부터 제42조까지의 규정은 등록부의 정정신청에 준용한다.(2020.2.4 본조개정)

제6장 불복절차

제109조【불복의 신청】 ① 등록사건에 관하여 이해관계인은 시·읍·면의 장의 위법 또는 부당한 처분에 대하여 관할 가정법원에 불복의 신청을 할 수 있다.
② 제1항의 신청을 받은 가정법원은 신청에 관한 서류를 시·읍·면의 장에게 송부하며 그 의견을 구할 수 있다.
제110조【불복신청에 대한 시·읍·면의 조치】 ① 시·읍·면의 장은 그 신청이 이유 있다고 인정하는 때에는 지체 없이 처분을 변경하고 그 취지를 법원과 신청인에게 통지하여야 한다.
② 신청이 이유 없다고 인정하는 때에는 의견을 붙여 지체 없이 그 서류를 법원에 반환하여야 한다.
제111조【불복신청에 대한 법원의 결정】 ① 가정법원은 신청이 이유 없는 때에는 각하하고 이유 있는 때에는 시·읍·면의 장에게 상당한 처분을 명하여야 한다.
② 신청의 각하 또는 처분을 명하는 재판은 결정으로써 하고, 시·읍·면의 장 및 신청인에게 송달하여야 한다.
제112조【항고】 가정법원의 결정에 대하여는 법령을 위반한 재판이라는 이유로만 「비송사건절차법」에 따라 항고할 수 있다.
제113조【불복신청의 비용】 불복신청의 비용에 관하여는 「비송사건절차법」의 규정을 준용한다.

제7장 신고서류의 송부와 법원의 감독

제114조【신고서류 등의 송부】 시·읍·면의 장은 등록부에 기록할 수 없는 등록사건을 제외하고는 대법원규칙으로 정하는 바에 따라 등록부에 기록을 마친 신고서류 등을 관할 법원에 송부하여야 한다.
제115조【신고서류 등의 조사 및 시정지시】 ① 법원은 시·읍·면의 장으로부터 신고서류 등을 송부받은 때에는 지체 없이 등록부의 기록사항과 대조하고 조사하여야 한다.
② 법원은 제1항의 조사결과 그 신고서류 등에 위법·부당한 사실이 발견된 경우에는 시·읍·면의 장에 대하여 시정지시 등 필요한 처분을 명할 수 있다.
③ 신고서류조사 또는 시정지시 및 신고서류 보관절차에 관하여 필요한 사항은 대법원규칙으로 정한다.
제116조【각종 보고의 명령 등】 법원은 시·읍·면의 장에 대하여 등록사무에 관한 각종 보고를 명하는 등 감독상 필요한 조치를 취할 수 있다.

제8장 벌 칙

제117조【벌칙】 다음 각 호의 어느 하나에 해당하는 사람은 3년 이하의 징역 또는 1천만원 이하의 벌금에 처한다.
1. 제11조제6항을 위반한 사람
2. 제13조제2항을 위반한 사람
3. 제14조제1항·제2항·제7항, 제14조의2 및 제14조의3을 위반하여 거짓이나 그 밖의 부정한 방법으로 다른 사람의 등록부등의 기록사항을 열람하거나 증명서를 교부받은 사람(2013.7.30 본호개정)
3의2. 제42조를 위반하여 거짓이나 그 밖의 부정한 방법으로 다른 사람의 신고서류를 열람하거나 신고서류에 기재되어 있는 사항에 관한 증명서를 교부받은 사람(2013.7.30 본호신설)
4. 이 법에 따른 등록사무처리의 권한에 관한 승인절차 없이 전산정보처리조직에 가족관계 등록정보를 입력·변경하여 정보처리를 하거나 기술적 수단을 이용하여 가족관계 등록정보를 알아낸 사람
제118조【벌칙】 ① 등록부의 기록을 요하지 아니하는 사항에 관하여 거짓의 신고를 한 사람 및 등록의 신고와 관련된 사항에 관하여 거짓으로 보증을 한 사람은 1년 이하의 징역 또는 1천만원 이하의 벌금에 처한다.(2014.1.7 본항개정)
② 외국인에 대한 사항에 관하여 거짓의 신고를 한 사람도 제1항과 같다.
제119조【양벌규정】 법인의 대표자나 법인 또는 개인의 대리인, 사용인, 그 밖의 종업원이 그 법인 또는 개인의 업무에

관하여 제117조 또는 제118조의 위반행위를 하면 그 행위자를 벌하는 외에 그 법인 또는 개인에게도 해당 조문의 벌금형을 과(科)한다. 다만, 법인 또는 개인이 그 위반행위를 방지하기 위하여 해당 업무에 관하여 상당한 주의와 감독을 게을리하지 아니한 경우에는 그러하지 아니하다.(2010.5.4 본조개정)

제120조【과태료】 다음 각 호의 어느 하나에 해당하는 시·읍·면의 장에게는 50만원 이하의 과태료를 부과한다.
1. 제115조제2항에 따른 명령을 위반한 때
2. 제116조에 따른 명령을 위반한 때

제121조【과태료】 시·읍·면의 장이 제38조 또는 제108조에 따라 기간을 정하여 신고 또는 신청의 최고를 한 경우에 정당한 사유 없이 그 기간 내에 신고 또는 신청을 하지 아니한 사람에게는 10만원 이하의 과태료를 부과한다.

제122조【과태료】 이 법에 따른 신고의 의무가 있는 사람이 정당한 사유 없이 기간 내에 하여야 할 신고 또는 신청을 하지 아니한 때에는 5만원 이하의 과태료를 부과한다.

제123조【과태료 재판】 제120조의 과태료 재판은 과태료를 부과할 시·읍·면의 장의 사무소 소재지를 관할하는 가정법원이 「비송사건절차법」에 따라 행한다.

제124조【과태료 부과·징수】 ① 제121조 및 제122조에 따른 과태료는 대법원규칙으로 정하는 바에 따라 시·읍·면의 장(제21조제2항에 해당하는 때에는 출생·사망의 신고를 받는 동의 관할 시장·구청장을 말한다. 이하 이 조에서 같다)이 부과·징수한다. 다만, 재외국민 가족관계등록사무소의 가족관계등록관이 과태료 부과 대상이 있음을 안 때에는 신고의무자의 등록기준지 시·읍·면의 장에게 그 사실을 통지하고, 통지를 받은 시·읍·면의 장이 과태료를 부과·징수한다.(2015.2.3 단서신설)
② 제1항에 따른 과태료 처분에 불복하는 사람은 30일 이내에 해당 시·읍·면의 장에게 이의를 제기할 수 있다.
③ 제1항에 따라 시·읍·면의 장으로부터 과태료 처분을 받은 사람이 제2항에 따라 이의를 제기한 때에는 당해 시·읍·면의 장은 지체 없이 과태료 처분을 받은 사람의 주소 또는 거소를 관할하는 가정법원에 그 사실을 통보하여야 하며, 그 통보를 받은 가정법원은 「비송사건절차법」에 따른 과태료 재판을 한다.
④ 제2항에 따른 기간 이내에 이의를 제기하지 아니하고 과태료를 납부하지 아니한 때에는 지방세 체납처분의 예에 따라 징수한다.

부 칙

제1조【시행일】 이 법은 2008년 1월 1일부터 시행한다. 다만, 제93조부터 제95조까지 및 제98조의 개정규정은 2008년 9월 1일부터 시행한다.

제2조【폐지법률】 戶籍法은 폐지한다. 다만, 2008년 8월 31일까지 대한민국의 국적을 취득·회복하거나 대한민국 국민으로 귀화한 사람의 신고 및 「국적법」 제14조제1항에 따른 국적이탈자에 대한 법무부장관의 통보는 종전의 「호적법」 제109조, 제109조의2, 제110조 및 제112조의2를 적용하되, 위 「호적법」 조항들을 적용할 때 「호적법」 제15조는 이 법 제9조로, 본적은 등록기준지로 본다.

제3조【등록부의 작성 등】 ① 이 법 제9조에 따른 등록부는 종전의 「호적법」 제124조의3에 따라 편제된 전산호적부를 대상으로, 이 법 시행 당시 기록된 사항을 기준으로 하여 그 호적전산자료를 개인별로 구분·작성하는 방법에 따른다.
② 종전의 「호적법」 제124조의3에 따라 편제된 전산호적부는 이 법 시행과 동시에 제적된다.
③ 대법원규칙 제1911호 호적법시행규칙중개정규칙 부칙 제2조 및 제3조에 따라 전산 이기된 호적부(이하 "이미지 전산호적부"라 한다)는 제1항의 규정에도 불구하고 이 법 시행과 동시에 제적된다. 다만, 신고사건 등이 발생한 때에는 그 제적자에 대하여 새로 등록부를 작성하여야 한다.
④ 제1항 및 제3항 단서에 따라 등록부를 작성한 경우에 종전 호적에 기재된 본적은 이 법 제10조에 따른 최초의 등록기준지로 본다.
⑤ 종전의 「호적법」 규정에 따른 신고 등이 있었으나 제2항에 따라 제적된 후 이 법 시행 당시 등록부에 그 기록이 누락되었음이 발견된 때에는 제1항에 따라 새로 작성된 등록부를 폐쇄함과 동시에 제2항 및 제3항에 따른 제적을 부활한다.
⑥ 제5항에 따라 부활한 호적에 그 기록을 완료한 때에는 다시 제1항부터 제3항까지의 규정에 따른다.

제4조【제적부등에 관한 경과조치】 종전의 「호적법」 규정에 따른 제적부 또는 부칙 제3조에 따라 제적된 전산호적부 및 이미지 전산호적부(이하 "제적부등"이라 한다)에 관한 등록사무의 처리는 종전의 「호적법」 규정에 따르고, 이에 따른 등록부 정정에 관한 구체적인 절차는 대법원규칙으로 정한다. 다만, 제적부등에 관한 열람 또는 등본·초본의 교부 청구권자에 관하여는 제14조제1항을 준용한다.

제5조【사실상 혼인관계 존재확인판결에 관한 경과조치】 이 법 시행 전에 사실상 혼인관계 존재확인의 재판이 확정된 경우에 대하여도 제72조를 적용한다. 다만, 종전의 「호적법」의 규정에 따라 발생한 효력에 대하여는 영향을 미치지 아니한다.

제6조【과태료에 관한 경과조치】 이 법 시행 전에 부과된 과태료의 징수와 재판절차는 종전의 「호적법」의 규정에 따른다.

제7조【일반적 경과조치】 이 법 시행 당시 종전의 「호적법」에 따라 행한 처분, 재판, 그 밖의 행위 및 절차는 이 법 중 그에 해당하는 규정이 있는 때에는 이 법의 적용에 관하여는 이 법의 해당 규정에 따라 한 것으로 본다.

제8조【다른 법률의 개정】 ①~㉙ ※(해당 법령에 가제정리 하였음)
㉚ (2007.7.23 삭제)
㉛~㊴ ※(해당 법령에 가제정리 하였음)

제9조【다른 법령과의 관계】 이 법 시행 당시 다른 법령에서 종전의 「호적법」 또는 그 규정을 인용한 경우 이 법 중 그에 해당하는 규정이 있는 때에는 종전의 규정에 갈음하여 이 법 또는 이 법의 해당조항을 인용한 것으로 본다.

부 칙 (2009.12.29)

① **【시행일】** 이 법은 공포 후 6개월이 경과한 날부터 시행한다. 다만, 제15조제2항의 개정규정은 공포 후 2년이 경과한 날부터 시행한다.
② **【적용례】** 제14조 및 제15조의 개정규정은 이 법 시행 전에 기록된 가족관계등록부의 증명서의 종류와 기록사항에 대하여도 적용한다.

부 칙 (2013.7.30)

제1조【시행일】 이 법은 공포한 날부터 시행한다. 다만, 제14조제7항, 제23조의2 및 제23조의3 및 제117조(제14조제7항과 관련한 사항에 한정한다)의 개정규정은 공포 후 1년이 경과한 날부터 시행한다.

제2조【금치산자 등에 대한 경과조치】 이 법 시행 당시 이미 금치산 또는 한정치산의 선고를 받은 사람에 대하여는 「민법」에 따라 성년후견, 한정후견, 특정후견이 개시되거나 임의후견감독인이 선임되거나 법률 제10429호 민법 일부개정법률 부칙 제1조에 따른 시행일부터 5년이 경과할 때까지는 종전의 규정을 적용한다.

부 칙 (2014.12.30)

제1조【시행일】 이 법은 공포 후 6개월이 경과한 날부터 시행한다.

제2조【무연고자 등의 사망 통보에 관한 적용례】 이 법의 개정규정은 이 법 시행 후 최초로 사망한 무연고자 등의 경우부터 적용한다.

부 칙 (2015.2.3)

제1조【시행일】 이 법은 2015년 7월 1일부터 시행한다.
제2조【경과조치】 이 법 시행 당시 이미 재외공관에 수리된 재외국민 가족관계등록 사건에 관하여는 종전의 규정을 적용한다.
제3조【다른 법률의 개정】 ①~② ※(해당 법령에 가제정리 하였음)

부 칙 (2020.2.4)

이 법은 공포 후 6개월이 경과한 날부터 시행한다.

부 칙 (2020.12.22)

제1조【시행일】 이 법은 2021년 1월 1일부터 시행한다.(이하 생략)

부 칙 (2021.3.16)

이 법은 공포 후 1개월이 경과한 날부터 시행한다.

부 칙 (2021.12.28)

제1조【시행일】 이 법은 2022년 1월 1일부터 시행한다.
제2조【가정폭력피해자의 등록사항별 증명서 교부 제한 등에 관한 적용례】 제14조제8항부터 제11항까지, 제14조의2제3항 및 제15조의2의 개정규정은 이 법 시행 전에 발생한 「가정폭력범죄의 처벌 등에 관한 특례법」 제2조제3호에 따른 가정폭력범죄로 인하여 피해를 입은 경우에 대하여도 적용한다.

부 칙 (2023.7.18)

제1조【시행일】 이 법은 공포 후 1년이 경과한 날부터 시행한다.
제2조【출생사실 통보에 관한 적용례】 제44조의3의 개정규정은 이 법 시행 이후 출생이 있는 경우부터 적용한다.

부 칙 (2023.12.26)

제1조【시행일】 이 법은 공포 후 1년이 경과한 날부터 시행한다.(이하 생략)

가족관계의 등록 등에 관한 규칙

(2007년 11월 28일 대법원규칙 제2119호)

개정
2008. 6. 5대법원규칙2181호 2008. 7. 7대법원규칙2188호
2009. 3.31대법원규칙2227호 2009. 6.26대법원규칙2242호
2009.12.31대법원규칙2263호 2010. 6. 3대법원규칙2290호
2010. 7.30대법원규칙2299호 2011. 1.31대법원규칙2323호
2011.12.12대법원규칙2372호 2013. 1. 8대법원규칙2446호
2013. 6. 5대법원규칙2470호 2014. 5.30대법원규칙2539호
2014.10. 2대법원규칙2562호 2014.12.30대법원규칙2577호
2015. 4.24대법원규칙2598호 2015.10. 7대법원규칙2620호
2016. 8. 1대법원규칙2671호 2016.11.29대법원규칙2697호
2018. 4.27대법원규칙2788호 2018. 8.31대법원규칙2800호
2018.12. 4대법원규칙2814호 2019.11. 6대법원규칙2862호
2020. 7.27대법원규칙2912호 2020.11.26대법원규칙2927호
2021. 1.29대법원규칙2951호 2021. 3.25대법원규칙2970호
2021. 5.27대법원규칙2983호 2021. 9.30대법원규칙2995호
2021.11.29대법원규칙3009호 2021.12.31대법원규칙3017호
2022. 1.28대법원규칙3030호 2022. 2.25대법원규칙3042호
2022. 4.29대법원규칙3048호 2022. 6.30대법원규칙3062호
2023. 2.24대법원규칙3095호 2024. 3.28대법원규칙3140호
2024. 5.30대법원규칙3151호

제1장 총 칙

제1조【목적】 이 규칙은 「가족관계의 등록 등에 관한 법률」에서 위임된 사항과 그 시행에 관하여 필요한 사항을 규정함을 목적으로 한다.
제2조【정의】 이 규칙에서 사용하는 용어의 뜻은 다음과 같다.
1. "가족관계등록부(이하 "등록부"라 한다)에 기록"이란 시(특별시 및 광역시와 구를 둔 시에 있어서 이 규칙 중 시, 시장 또는 시의 사무소란 각각 구, 구청장 또는 구의 사무소를 말한다. 다만, 도농복합형태의 시에 있어서 읍·면지역에 대하여는 읍·면, 읍·면의 장 또는 읍·면의 사무소를 말한다. 이하 같다)·읍·면의 장 또는 「가족관계의 등록 등에 관한 법률」(이하 "법"이라 한다) 제4조의2제1항의 가족관계등록관(이하 "가족관계등록관"이라 한다)이 법과 이 규칙이 정하는 사항을 전산정보처리조직에 의하여 등록부에 기록하는 것을 말한다.(2015.4.24 본호개정)
2. "등록부 부본자료(이하 "부본자료"라 한다)"란 등록부 또는 폐쇄등록부(이하 "등록부등"이라 한다)에 기록된 등록사항에 관한 전산정보자료(이하 "등록전산정보자료"라 한다)가 사고 등으로 인하여 훼손된 경우(이하 "손상"이라 한다)에 이를 복구하기 위하여 법 제11조와 제12조에 따라 보관·관리하는 장소 이외의 곳에 별도의 보조기억장치(자기디스크·자기테이프 그 밖의 전자적 정보저장매체를 포함한다. 이하 같다)를 이용하여 전산정보처리조직에 기록된 등록전산정보자료를 실시간, 주, 월단위로 복제한 것으로 등록부에 기록된 사항과 동일한 전산자료를 말한다.
3. "가족관계등록부사항"이란 등록기준지의 지정 또는 변경, 정정에 관한 사항, 가족관계등록부작성 또는 폐쇄에 관한 기록사항을 말한다.
4. "특정등록사항"이란 본인·부모(양부모 포함)·배우자·자녀(양자 포함)란에 기록되는 성명, 출생연월일, 주민등록번호, 성별, 본에 관한 기록사항을 말한다. 다만, 가족으로 기록할 자가 외국인인 경우에는 성명, 출생연월일, 국적, 외국인등록번호(외국인등록을 하지 아니한 외국국적동포의 경우에는 국내거소신고번호를 말한다. 이하 같다), 성별에 관한 기록사항을 말한다.(2010.7.30 본호개정)
5. "일반등록사항"이란 출생에서부터 사망에 이르기까지 법과 이 규칙에 따라 본인의 등록부에 기록하는 가족관계등

록부사항·특정등록사항 이외의 모든 신분변동에 관한 기록사항을 말한다.

제3조【비용의 부담】 법 제7조에 따라 가족관계의 발생과 변동사항의 등록과 그 증명에 관한 사무(이하 "등록사무"라 한다)에 드는 비용은 「보조금 관리에 관한 법률」에 따른 보조금으로 부담한다.(2013.1.8 본조개정)

제4조【등록기준지의 결정】 ① 법 시행과 동시에 최초로 등록부를 작성하는 경우, 종전 호적이 존재하는 사람은 종전 호적의 본적을 등록기준지로 한다.

② 제1항에 해당되지 않는 사람에 대해서 법 제10조제1항에 따라 처음 정하는 등록기준지는 다음 각 호에 따른다.

1. 당사자가 자유롭게 정하는 등록기준지
2. 출생의 경우에 부 또는 모의 특별한 의사표시가 없는 때에는, 자녀가 따르는 성과 본을 가진 부 또는 모의 등록기준지
3. 외국인이 국적취득 또는 귀화한 경우에 그 사람이 정한 등록기준지
4. 국적을 회복한 경우에 국적회복자가 정한 등록기준지
5. 가족관계등록창설의 경우에 제1호의 의사표시가 없는 때에는 가족관계등록창설하고자 하는 사람이 신고한 주민등록지
6. 부 또는 모가 외국인인 경우에 제1호의 의사표시가 없는 때에는 대한민국 국민인 부 또는 모의 등록기준지

③ 당사자는 등록기준지를 자유롭게 변경할 수 있다. 이 경우, 새롭게 변경하고자 하는 등록기준지 시·읍·면의 장에게 변경신고를 하여야 한다.

제5조【전산정보중앙관리소의 역할 등】 ① 법 제12조에 따른 전산정보중앙관리소(이하 "중앙관리소"라 한다)의 역할과 기능은 다음 각 호와 같다.

1. 등록부등과 부본자료의 보관·관리
2. 등록부등 색인정보 관리
3. 사용자정보관리
4. 각종 코드와 기재례 관리
5. 유관기관과의 정보연계
6. 가족관계등록통계정보관리
7. 시스템 프로그램의 유지·보수
8. 정보처리 요구사항과 장애내용 접수 및 그 대응과 기술지원
9. 가족관계등록정보 보존관리
10. 가족관계등록정보 보안관리
11. 그 밖에 법원행정처장이 필요하다고 인정한 사항

② 법원행정처장은 중앙관리소에 전산운영책임관을 두어 전산정보처리조직을 종합적으로 관리·운영하여야 한다.

제6조【전산운영책임관의 업무】 ① 중앙관리소의 전산운영책임관은 법 제11조에 따라 등록부등 및 그 부본자료를 작성·보관·관리하고 전산정보처리조직에 기록되어 있는 사항을 실시간, 주, 월단위로 보존하여야 한다.

② 전산운영책임관은 등록전산정보자료의 일부 또는 전부가 손상되었을 때에는 즉시 법원행정처장에게 보고하고 제1항의 부본자료에 의하여 복구하여야 한다. 이 경우 정상적인 전산정보처리조직의 운영이 불가능할 때에는 전산정보처리조직이 복구될 때까지 부본자료에 의하여 운영할 수 있다.

③ 등록전산정보자료와 부본자료의 각 일부 또는 전부가 동시에 손상된 경우에는 가족관계정보자료가 손상된 사람 또는 그 이해관계인에게 제20조의 멸실고시 등의 방법으로 등록 일제신고기간을 정하여 신고하도록 하고, 신고한 자료와 대법원의 등록정보자료, 시·읍·면의 제적 등을 기초로 전산정보처리조직을 복구하여야 한다. 그 밖의 복구절차에 필요한 사항은 대법원예규로 정한다.

④ 중앙관리소 소속 공무원이 법 제12조제2항에 따라 등록사항별 증명서를 발급하는 경우에는 전산운영책임관 명의로 한다.

⑤ 법 제12조제2항에 따른 증명서의 발급절차, 그 밖의 필요한 사항은 대법원예규로 정한다.

⑥ 전산운영책임관은 매년 1월 10일까지 등록전산정보자료의 보존방법과 부본자료의 보관·관리, 복구절차, 중앙관리소 소속직원의 업무배분, 그 밖의 전산정보처리조직의 안정적인 관리와 운영을 위한 지침을 마련하여 이를 비치하여야 한다.

제7조【취임보고 등】 ① 시·읍·면의 장이 취임하거나 퇴임 등의 사유로 그 직을 면한 때에는 즉시 감독법원(지원을 포함한다. 이하 "법원"이라 한다)에 보고하여야 한다.

② 시·읍·면의 장이 사고 등으로 인하여 다른 사람이 그 직무를 대리(「지방자치법」 제124조에 따라 권한을 대행하는 경우를 포함한다. 이하 같다)하는 때에는 대리의 개시 및 종료에 관한 사항을 즉시 법원에 보고하여야 한다.(2022.6.30 본항개정)

③ 등록사무처리에 관해서 시·읍·면의 장을 대리하는 경우에는 법 제5조제1항을 준용한다.

제8조【등록사무담임자의 임면보고】 시·읍·면의 장이 소속 공무원 중에서 등록사무를 담당하는 사람(이하 "등록사무담임자"라 한다)을 임명하거나 그 직무를 면하게 한 때에는 즉시 법원에 보고하여야 한다.

제9조【직인의 보고】 ① 시·읍·면의 장 또는 그 직무를 대리하는 사람(이하 "직무대리자"라 한다)이 취임한 때에는 5일 이내에 등록사무에 사용할 직인의 인감을 법원에 보고하여야 한다.

② 제1항은 새로운 인장을 사용하거나 개인(改印)한 때에도 준용한다.

제10조【시·읍·면장 등의 식별부호】 ① 시·읍·면장 또는 그 직무대리자가 제7조에서 정한 취임 또는 직무대리 개시보고를 할 때에는 동시에 식별부호 사용신청을 하여 법원의 승인을 받아야 한다.

② 시·읍·면의 장 또는 그 직무대리자가 제7조에서 정한 퇴임 등 또는 직무대리 종료보고를 할 때에는 동시에 식별부호 사용 해지신청을 하여야 한다.

③ 시·읍·면의 장이 등록사무담임자 또는 그의 업무를 보조하는 사람을 임명하거나 그 직무를 면하게 한 경우에는 제1항과 제2항을 준용한다. 법 제21조제2항의 업무를 처리하는 동의 장과 그의 업무를 보조하는 사람의 경우에도 같다.

제11조【가족관계등록공무원명부】 법원은 가족관계등록공무원명부를 비치하고 제7조 또는 제8조의 보고가 있거나 법 제21조제2항의 업무를 처리하는 동의 장과 그의 업무를 보조하는 사람에게 식별부호의 사용 승인을 하거나 해지를 한 때에는 그 사유를 기재하여야 한다.

제12조【출장소 개설 등 보고】 ① 시·읍·면의 출장소에서 등록사무를 처리하려는 때에는 법원에 보고하여야 한다.

② 등록사무를 처리하던 출장소가 그 처리를 종료한 때에는 지체 없이 법원에 보고하여야 한다.

③ 법원이 제1항 또는 제2항의 보고를 받은 때에는 지체 없이 가정법원장을 거쳐 법원행정처장에게 이를 보고하여야 한다.

제13조【사무소이전의 보고】 시·읍·면의 사무소나 출장소를 이전한 때에는 5일 이내에 법원에 보고하여야 한다.

제14조【행정구역변경 등의 보고 및 부책 등의 인계】 ① 행정구역, 토지의 명칭, 지번, 도로명 또는 건물번호가 변경된 때에는 그 시행일 15일 전까지 법원에 보고하여야 한다.(2011.12.12 본항개정)

② 시·읍·면 또는 동이 신설·폐지되는 경우에는 신설·폐지되기 전에 그 지역에 소재한 시·읍·면의 장이 제1항의 보고를 한다.

③ 법원이 제1항 또는 제2항의 보고를 받는 경우 제12조제3항을 준용한다.

④ 시·읍·면의 구역변경이 있는 경우에 부책과 서류는 그 목록 2통을 첨부하여 이를 해당 시·읍·면에 인계하여야 한다.

⑤ 시·읍·면의 장은 인수한 부책과 서류를 첨부된 목록과 대조한 후 그 목록 1통에 영수의 뜻을 덧붙여 인계한 시·읍·면의 장에게 송부하여야 한다.

⑥ 인수절차를 마친 시·읍·면의 장은 지체 없이 법원에 보고하여야 한다.
⑦ 종전 「호적법」(2007.5.17. 법률 제8435호로 폐지된 것) 제11조에 따라 시·읍·면의 장이 제적부를 반출한 때에는 그 사유를, 반출한 제적부를 원상회복한 때에는 그 일시와 이상 유무를 지체 없이 각각 법원에 보고하여야 한다.
제15조【보고서의 편철】 법원은 제7조부터 제9조까지, 제12조부터 제14조까지의 보고서를 가족관계등록보고서편철장에 편철하여 보존한다.(2018.4.27 본조개정)
제16조【법원관할의 변경】 ① 법원의 관할이 변경된 경우에는 제적부본과 그에 관한 부책 및 서류, 가족관계등록부에 관한 부책과 서류를 새 관할법원에 인계하고, 그 내용을 법원행정처장에게 보고하여야 한다.
② 제1항의 인계절차에 관해서는 제14조제4항과 제5항의 규정을 준용한다.

제2장 등록부 등

제17조【등록부의 작성과 폐쇄】 ① 법 제9조에 따른 등록부의 작성은 전산정보처리조직에 의하여야 한다.
② 등록부가 법 제11조제2항에 규정된 사유 이외에 다음 각 호의 어느 하나에 해당하는 경우에는 이를 폐쇄한다.
1. 이중으로 작성된 경우
2. 착오 또는 부적법하게 작성된 경우
3. 정정된 등록부가 이해관계인에게 현저히 부당하다고 인정되어 재작성하는 경우
제18조【가족관계등록에 관한 부책 등의 보존】 가족관계등록에 관한 부책과 서류는 잠금장치가 있는 견고한 서고 또는 창고에 비치하고 철저하게 보존하여야 한다.
제19조【증명서 교부청구 등】 ① 법 제15조의 등록사항별 증명서에 대한 교부신청은 등록부 등의 기록사항 등에 관한 증명신청서(이하 "신청서"라 한다)에 그 사유를 기재하여 제출하여야 한다. 다만, 본인이 청구하는 경우에는 신청서를 작성하지 않을 수 있고, 대리인이 법 제14조제1항의 본인 또는 배우자, 직계혈족(이하 이 조에서는 "본인등"이라 한다)의 위임을 받아 청구하는 때에는 본인등의 위임장과 주민등록증·운전면허증·여권 등의 신분증명서 사본을 제출하여야 한다.(2021.12.31 본문개정)
② 법 제14조제1항제4호의 "정당한 이해관계 있는 사람"이란 다음 각 호의 어느 하나에 해당하는 경우를 말한다. 다만, 법 제14조제9항에 따른 교부제한대상자 또는 법 제15조의2 제2항에 따른 공시제한대상자 본인등(이하 "교부제한대상자" 또는 "공시제한대상자 본인등"이라 한다)의 경우에는 법 제111조에 따른 가정법원의 결정으로 교부 등이 허용된 사람에 한정한다.(2021.12.31 단서신설)
1. 민법상의 법정대리인
2. 채권·채무의 상속과 관련하여 상속인의 범위를 확인하기 위해서 등록사항별 증명서의 교부가 필요한 사람
3. 그 밖에 공익목적상 합리적 이유가 있는 경우로서 대법원예규가 정하는 사람
③ 제1항의 신청서에는 대법원예규가 특별히 규정하고 있는 경우를 제외하고는 대상자의 성명과 등록기준지를 정확하게 반드시 기재하여야 하고 다음 각 호에 해당하는 서류를 제출하여야 한다.
1. 법 제14조제1항제1호의 경우에는 그 근거법령과 사유를 기재한 신청기관의 공문 및 관계공무원의 신분증명서
2. 법 제14조제1항제2호의 경우에는 법원의 보정명령서, 재판서, 촉탁서 등 이를 소명하는 자료
3. 법 제14조제1항제3호의 경우에는 이를 소명하는 자료 및 관계법령에 의한 정당한 권한이 있는 사람임을 확인할 수 있는 자료
4. 법 제14조제1항제4호의 경우에는 그 근거와 사유를 기재한 신청서 및 정당한 이해관계를 소명하는 자료와 신청인의 신분증명서
④ 제1항부터 제3항까지에 관하여 필요한 사항은 대법원예규로 정한다.
(2021.12.31 본조제목개정)
제20조【멸실고시】 법원행정처장은 제6조제2항에 따른 전산운영책임관의 등록전산정보자료의 손상보고가 있는 때에 그 등록전산정보자료의 복구가 불가능한 경우와 제6조제3항에 따른 등록전산정보자료와 등록전산정보부본자료의 각 일부 또는 전부가 동시에 손상된 경우에는 지체 없이 그 사실을 각 고시하여야 한다. 이 경우 법원행정처장은 등록부의 재작성에 관한 필요한 승인과 처분을 하여야 하며, 그 구체적인 내용과 절차는 대법원예규로 정한다.
제21조【증명서 작성방법의 일반사항】 ① 등록사항별 증명서에는 시·읍·면의 장의 직명(직무대리자의 경우에는 대리자격도 표시하여야 한다)과 성명을 기록한 후 그 직인을 찍어야 한다.(2016.11.29 본항개정)
② 증명서에 공란이나 여백이 있는 때에는 그 뜻을 표시하여야 한다.
③ 증명서가 여러 장으로 이루어지는 때에는 각 장에 장수, 발행번호를 기록하고 각 장에 걸쳐 직인으로 간인하여야 한다.
④ 제1항 또는 제3항의 경우에는 인증기에 직인을 부착하여 인증할 수 있고, 자동천공방식으로 간인할 수 있다.
(2016.11.29 본항개정)
⑤ 본인, 부모(양부모 포함), 배우자, 자녀(양자 포함)의 가족관계등록부에 사망(실종선고·부재선고·국적상실 포함)사실이 기록된 경우에는 등록사항별 증명서의 사망한 사람의 성명란에 "사망(실종선고·부재선고·국적상실은 각 실종선고, 부재선고, 국적상실)"이 표시되어야 한다.
⑥ 가족관계증명서는 제5항의 경우를 제외하고는 증명서 교부 당시의 유효한 사항만을 모아서 발급한다. 다만, 법 제15조제2항제1호의 가족관계증명서는 성명란에 사망(실종선고·부재선고 포함)이 표시되어 있는 자녀(양자 포함)의 특정등록사항을 제외하고 발급한다.(2016.11.29 본항개정)
⑦ 시·읍·면의 장은 청구인이 등록사항별 증명서 중 두 가지 이상을 동시에 청구하는 경우에 제1항부터 제6항까지에 따라 개별증명서로 발급하여야 한다.(2016.11.29 본항개정)
⑧ 법원행정처장이 등록사항별 증명서의 기재례를 정한 때에는 그에 따라 증명서를 발급하여야 한다.
⑨ 제1항부터 제8항까지에도 불구하고 교부제한대상자 또는 공시제한대상자 본인등의 경우에는 제25조의3에 따라 교부 등의 범위가 제한될 수 있다.(2021.12.31 본항신설)
⑩ 등록사항별 증명서의 서식 및 그 밖에 필요한 사항은 대법원예규로 정한다.(2016.11.29 본항신설)
(2021.12.31 본조제목개정)
제21조의2【특정증명서의 발급】 ① 법 제15조제4항에 따라 다음 각 호의 등록사항별 증명서를 특정증명서로 발급한다.
1. 가족관계증명서
2. 기본증명서
3. 혼인관계증명서
② 가족관계증명서에 대한 특정증명서의 기재사항은 다음 각 호와 같다. 다만, 제3호, 제4호는 신청인이 기재사항으로 선택한 경우에 한한다.
1. 본인의 성명·성별·출생연월일 및 주민등록번호
2. 부모, 배우자 및 자녀 중 신청인이 선택한 사람의 성명·성별·출생연월일 및 주민등록번호(사람을 복수로 선택할 수 있다)
3. 본인의 등록기준지
4. 본인 및 제2호에 따라 신청인이 선택한 사람 전부의 본
③ 기본증명서에 대한 특정증명서의 기재사항은 다음 각 호와 같다. 다만, 제3호, 제4호는 신청인이 기재사항으로 선택한 경우에 한한다.

1. 본인의 성명·성별·출생연월일 및 주민등록번호
2. 다음 각 목 중 신청인이 선택한 어느 하나에 관한 사항
가. 출생, 사망과 실종
나. 인지와 친생자관계 정정
다. 친권과 미성년후견(다만, 현재의 사항만을 선택할 수도 있다)
라. 개명과 성·본 변경
마. 국적의 취득과 상실
바. 성별 등의 정정
3. 본인의 등록기준지
4. 본인의 본
④ 혼인관계증명서에 대한 특정증명서의 기재사항은 다음 각 호와 같다. 다만, 제3호, 제4호는 신청인이 기재사항으로 선택한 경우에 한한다.
1. 본인의 성명·성별·출생연월일 및 주민등록번호
2. 신청인이 선택한 과거의 혼인에 관한 사항
3. 본인의 등록기준지
4. 본인의 본
⑤ 제1항부터 제4항까지에도 불구하고 교부제한대상자 또는 공시제한대상자 본인등의 경우에는 제25조의3에 따라 교부 등의 범위가 제한될 수 있다.(2021.12.31 본항신설)
⑥ 특정증명서의 작성과 발급, 그 밖에 필요한 사항은 대법원예규로 정한다.
(2021.12.31 본조제목개정)
(2020.11.26 본조개정)
제21조의3【영문증명서의 발급】 ① 법 제15조제5항에 따라 필요한 경우에는 영문으로 작성된 등록사항별 증명서(이하 "영문증명서"라 한다)를 발급할 수 있다. 다만, 교부제한대상자 또는 공시제한대상자 본인등의 경우에는 제25조의3에 따라 교부 등의 범위가 제한될 수 있다.(2021.12.31 단서신설)
② 영문증명서의 기록사항은 다음 각 호와 같다.
1. 본인, 부모 및 배우자의 성명·성별·출생연월일 및 주민등록번호
2. 본인의 출생과 현재의 혼인에 관한 사항
③ 영문증명서는 로마자와 아라비아 숫자로 작성한다. 이 경우 제63조는 적용하지 아니한다.
④ 법원행정처장은 영문증명서의 작성에 필요한 경우 외교부장관에게 전산정보처리조직의 연계나 그 밖에 필요한 협조를 요청할 수 있다.
⑤ 영문증명서의 작성과 발급, 그 밖에 필요한 사항은 대법원예규로 정한다.
(2019.11.6 본조신설)
제22조【증명서의 교부청구의 필요이유 제시】 ① 법 제14조제1항제1호와 제3호에 따라 등록사항별 증명서의 교부를 청구하는 경우, 각 대상자 마다 등록사항별 증명서가 필요한 이유를 구체적으로 밝혀야 하며, 한 번에 30통 이상을 청구할 때에는 교부청구 기관 또는 단체의 소재지를 관할하는 시·읍·면에 하여야 한다.
② 법 제14조제1항제4호에 해당하는 경우에는 제19조제3항 제4호의 요건을 갖추는 것 이외에 각각의 등록사항별 증명서가 필요한 이유를 별도로 밝혀야 한다.
③ 본인·배우자·직계혈족 이외의 사람이 등록사항별 증명서 중 가족관계증명서를 교부받고자 하는 경우에는 가족관계증명서가 필요한 이유를 별도로 밝혀야 한다.
(2021.12.31 본조제목개정)
제23조【증명의 범위 및 친양자입양관계증명서의 교부제한】 ① 시·읍·면의 장은 등록사항별증명서를 교부할 때, 각 증명서의 본인 또는 가족의 주민등록번호란 및 일반등록사항란에 기록된 주민등록번호(외국인인 경우에는 외국인등록번호를 말한다. 이하 같다) 중 그 일부를 공시하지 아니할 수 있다. 등록사항별 증명서의 주민등록번호 일부 공시제한에 관하여 필요한 사항은 대법원예규로 정한다.
(2016.11.29 본항개정)
② 법 제14조제2항에 따른 친양자입양관계증명서의 교부제한은 교부청구 대상 본인의 친양자입양 여부와 관계없이 적용된다.
③ 법 제14조제2항제4호에 따라 증명서를 청구할 수 있는 경우는 다음 각 호의 어느 하나에 해당하는 경우로 한정한다. 다만, 제1호와 제2호의 구체적인 소명자료는 대법원예규로 정한다.
1. 「민법」 제908조의4 또는 「입양특례법」 제16조에 따라 입양취소를 하거나 「민법」 제908조의5 또는 「입양특례법」 제17조에 따라 파양을 할 경우(2013.1.8 본호개정)
2. 친양자의 복리를 위하여 필요함을 구체적으로 소명하여 신청하는 경우
3. 그 밖의 대법원예규가 정하는 정당한 이유가 있는 경우
④ 친양자입양에 관한 신고서류의 열람 등의 절차에는 제2항과 제3항을 준용한다.
⑤ 법 제14조제2항제3호에 따라 수사기관이 증명서를 교부청구하는 경우, 각 대상자마다 증명서가 필요한 사유를 구체적으로 기재하되, 관련사건명과 사건접수연월일을 밝혀 청구하여야 한다. 이 경우 제22조제3항 후단을 준용한다.
제24조【재외공관에서의 증명서 교부】 ① 법원행정처장이 정하는 재외공관은 증명서 교부신청의 접수와 교부사무를 처리할 수 있다.
② 제1항의 재외공관을 정하는 기준과 절차, 증명서 발급사무에 관한 업무처리절차 등 그 밖의 필요한 사항은 대법원예규로 정한다.
제25조【무인증명서발급기에 의한 증명서 발급】 ① 시·읍·면의 장은 신청인 스스로 입력하여 등록사항별 증명서를 발급받을 수 있는 장치(이하 "무인증명서발급기"라 한다)를 이용하여 증명서의 발급사무를 처리할 수 있다.
② 제1항에 따른 등록사항별 증명서 발급은 본인에게만 할 수 있으며, 이 경우 그 본인임을 확인하는 절차를 거쳐야 한다. 다만, 교부제한대상자 또는 공시제한대상자 본인등의 경우에는 제25조의3에 따라 발급의 범위가 제한된다.
(2021.12.31 단서신설)
③ 제1항의 경우 그 발급기관, 발급절차, 그 밖의 필요한 사항은 대법원예규로 정한다.
제25조의2【인터넷에 의한 등록부등의 기록사항 열람 및 증명서 발급】 ① 등록부등의 기록사항 열람 및 등록사항별 증명서의 발급사무는 인터넷을 이용하여 처리할 수 있다.
(2014.5.30 본항개정)
② 제1항에 따른 사무는 중앙관리소에서 처리하고, 전산운영책임관이 이를 담당한다.
③ 제1항에 따른 열람 및 발급은 본인 또는 배우자, 부모, 자녀가 신청할 수 있다. 이 경우 「전자서명법」 제2조제2호에 따른 전자서명(서명자의 실지명의를 확인할 수 있는 것으로서 법원행정처장이 지정하여 전자가족관계등록시스템에 공고한 인증서를 이용한 것을 말한다) 정보도 함께 송신하여야 한다. 다만, 교부제한대상자 또는 공시제한대상자 본인등의 경우에는 제25조의3에 따라 열람 등의 범위가 제한된다.
(2021.12.31 단서신설)
④ 제1항에 따른 열람 및 발급의 범위, 절차 및 방법 등 필요한 사항은 대법원예규로 정한다.(2014.5.30 본항개정)
(2014.5.30 본조제목개정)
(2013.1.8 본조신설)
제25조의3【가정폭력피해자의 교부·공시제한 신청·해지 절차 및 범위】 ① 법 제14조제8항의 가정폭력피해자(이하 "가정폭력피해자"라 한다)가 법 제14조제8항 또는 법 제15조의2제1항에 따라 교부제한 또는 공시제한을 신청하거나 그 해지를 신청할 때 제출하여야 할 신청서의 서식, 첨부서류, 그 밖의 신청절차 등에 관한 사항은 대법원예규로 정한다.
② 교부제한대상자에 대하여 교부, 열람 등이 제한되는 범위는 다음 각 호와 같다.

1. 가정폭력피해자를 본인으로 하는 법 제15조의 등록사항별 증명서 전부
2. 가정폭력피해자를 본인으로 하는 등록부등의 기록사항 전부
③ 공시제한대상자 본인등에 대하여 공시가 제한되는 범위는 다음 각 호와 같다.
1. 특정등록사항 · 일반등록사항 중 가정폭력피해자의 성명, 출생연월일, 주민등록번호, 성별, 본에 관한 사항 등 가정폭력피해자에 대한 기록사항 전부
2. 제적부의 기록사항 중 가정폭력피해자에 관한 기록사항 전부
3. 그 밖에 위 각 호에 준하는 가정폭력피해자의 개인정보
④ 교부제한대상자 또는 공시제한대상자 본인등에게는 영문증명서 및 제적부의 기록사항에 관하여 제25조의 무인증명서발급기 및 제25조의2의 인터넷에 의한 발급사무를 제공하지 아니한다.
(2021.12.31 본조신설)

제26조【등록전산정보자료의 이용 등】 ① 법 제13조에 따라 등록전산정보자료를 이용 또는 활용하려는 사람은 다음 각 호의 사항을 기재하고 관계중앙행정기관의 장의 심사결과를 첨부해 법원행정처장에게 등록전산정보자료의 제공을 승인하여 줄 것을 신청하여야 한다.(2020.7.27 본문개정)
1. 자료의 이용 또는 활용의 목적과 근거
2. 자료의 범위
3. 자료의 제공방식 · 보관기관 및 안전관리대책
② 중앙행정기관의 장이 등록전산정보자료를 이용 또는 활용하려는 경우에는 법원행정처장에게 제1항 각 호의 사항을 기재한 서면을 제출하고 협의를 요청하여야 한다.(2020.7.27 본항개정)
③ 법원행정처장이 제1항, 제2항에 따른 승인신청 또는 협의 요청을 받은 때에는 다음 각 호의 사항을 심사하여 등록전산정보자료의 제공 여부를 결정하여야 한다.(2020.7.27 본문개정)
1. 신청내용의 타당성 · 적합성 · 공익성(2020.7.27 본호개정)
2. 개인의 사생활 침해의 가능성 및 위험성 여부(2020.7.27 본호신설)
3. 자료의 목적외 사용방지 및 안전관리대책 확보 여부 (2020.7.27 본호신설)
4. 신청한 사항의 처리가 전산정보처리조직에 의하여 가능한지 여부
5. 신청한 사항의 처리가 등록사무처리에 지장이 없는지 여부
④ 제3항에 따라 심사한 결과 신청을 승인하거나 협의가 이루어진 때에는 법원행정처장은 전산정보자료제공대장에 그 내용을 기록 · 관리하여야 한다.(2020.7.27 본항개정)

제26조의2【민원접수 · 처리기관을 통한 등록전산정보자료의 제공 등】 ① 민원인이 「민원 처리에 관한 법률」 제10조의2제1항에 따라 민원접수 · 처리기관을 통하여 본인에 관한 등록전산정보자료의 제공을 요구하는 경우 법원행정처장은 해당 정보를 지체 없이 제공하여야 한다.
② 민원인이 요구할 수 있는 등록전산정보자료의 종류는 행정안전부장관이 법원행정처장과 협의하여 공표한 것에 한한다.
③ 법원행정처장이 제2항에 따른 협의요청을 받은 때에는 법 제14조제5항 및 이 규칙 제26조제3항의 사항을 고려하여 제공할 등록전산정보자료의 종류를 결정하여야 한다.
④ 등록전산정보자료 제공절차 등과 관련하여 필요한 사항 중 이 규칙에서 정하고 있지 아니한 사항은 대법원예규로 정할 수 있다.
(2021.9.30 본조신설)

제26조의3【정보주체 본인의 요구에 의한 등록전산정보자료의 제공 등】 ① 정보주체가 「전자정부법」 제43조의2제1항에 따라 본인에 관한 등록전산정보자료의 제공을 요구하는 경우 법원행정처장은 해당 정보를 정보주체 본인 또는 본인이 지정하는 자로서 「전자정부법」 제43조의2제1항 각 호의 자에게 지체 없이 제공하여야 한다. 이 경우 정보주체는 정확성 및 최신성이 유지될 수 있도록 정기적인 제공을 요구할 수 있다.
② 제1항의 경우 제26조의2제2항부터 제4항까지를 준용한다.
(2021.11.29 본조신설)

제27조【신고서류의 열람 및 기재사항 증명】 ① 법 제42조제2항의 이해관계인은 법 제16조에서 규정한 서류(이하 "신고서류"라 한다)를 등록사무담임자가 보는 앞에서 열람하여야 한다. 다만, 교부제한대상자 또는 공시제한대상자 본인등이 제25조의3제2항 및 제3항에 따라 열람이 제한되는 사항이 포함된 신고서류를 열람하는 경우에는 법 제111조에 따른 가정법원의 결정으로 열람이 허용된 사람에 한정한다.
(2021.12.31 단서신설)
② 신고서류의 기재사항 증명은 별지 제6호 서식에 따른다.

제28조【증명서등의 수수료】 ① 호적용지로 작성된 제적부와 시 · 읍 · 면에 있는 신고서류의 열람 수수료는 건당 200원으로 한다.
② 등록사항별 증명서 및 제적등본의 수수료는 통당 1,000원으로 하고, 제적초본의 수수료는 통당 500원으로 한다. 다만, 무인증명서발급기를 이용하여 발급되는 등록사항별 증명서 및 제적등본의 수수료는 통당 500원, 제적초본의 수수료는 통당 300원으로 하고, 인터넷에 의한 등록부등의 기록사항 열람, 등록사항별 증명서 발급, 제적부의 열람 및 제적 등 · 초본 발급 수수료는 무료로 한다.(2016.11.29 본문개정)
③ 제27조의 기재사항 증명, 또는 제48조의 수리 또는 불수리의 증명 수수료는 건당 200원으로 한다.
④ 청구인이 다음 각 호의 어느 하나에 해당하는 경우에는 제1항부터 제3항까지의 수수료를 면제한다.
1. 국가나 지방자치단체의 공무원으로 직무상 필요에 의하여 청구하는 경우
2. 「국민기초생활보장법」 제2조제2호의 수급자가 청구하는 경우
3. 「독립유공자예우에 관한 법률」 제6조에 따라 등록된 독립유공자와 그 유족(선순위자만 해당된다)이 청구하는 경우 (2009.6.26 본호신설)
4. 「국가유공자 등 예우 및 지원에 관한 법률」 제6조에 따라 등록된 국가유공자 등과 그 유족(선순위자만 해당된다)이 청구하는 경우(2009.6.26 본호신설)
5. 「고엽제후유의증 등 환자지원 및 단체설립에 관한 법률」 제4조에 따라 등록된 고엽제후유의증환자 등이 청구하는 경우(2019.11.6 본호개정)
6. 「참전유공자예우 및 단체설립에 관한 법률」 제5조에 따라 등록된 참전군인 등이 청구하는 경우(2009.6.26 본호신설)
7. 「5 · 18민주유공자 예우에 관한 법률」 제7조에 따라 등록결정된 5 · 18민주유공자와 그 유족(선순위자만 해당된다)이 청구하는 경우(2009.6.26 본호신설)
8. 「특수임무유공자 예우 및 단체설립에 관한 법률」 제3조제3호에 따라 등록된 특수임무공로자와 그 유족(선순위자만 해당된다)이 청구하는 경우(2019.11.6 본호개정)
9. 「한부모가족지원법」 제5조 또는 제5조의2에 따른 보호대상자가 청구하는 경우(2020.7.27 본호신설)
10. 「민원 처리에 관한 법률」 제10조의2에 따라 민원인이 민원접수 · 처리기관을 통하여 등록전산정보자료의 제공을 요구하는 경우(2021.9.30 본호신설)
11. 「전자정부법」 제43조의2에 따라 정보주체가 등록전산정보자료의 제공을 요구하는 경우(2021.11.29 본호신설)
12. 재해의 발생 등 시 · 읍 · 면의 장이 필요하다고 인정하는 경우(2020.7.27 본호신설)
13. 출생신고인에게 기록일부터 2주일 이내에 출생사건 본인의 기본증명서를 최초 1회 발급하는 경우(2009.6.26 본호신설)
14. 다른 법률에 수수료를 면제하는 규정이 있는 경우

제3장 신 고
(2018.4.27 본장제목개정)

제29조【신고서의 양식 등】 각종 가족관계등록신고서의 양식과 이 규칙에서 정하지 않은 서식은 대법원예규로 정한다.

제30조【신고서의 문자】 ① 신고서는 한글과 아라비아숫자로 기재하여야 한다. 다만, 사건본인의 성명은 한자로 표기할 수 없는 경우를 제외하고는 한자를 병기하여야 하고, 사건본인의 본은 한자로 표기할 수 없는 경우를 제외하고는 한자로 기재하여야 한다.
② 신고서의 첨부서류가 외국어로 작성된 것인 때에는 번역문을 첨부하여야 한다.

제31조【신고서의 기재방법】 ① 신고서의 글자는 명확하게 기재하여야 한다.
② 신고서의 기재를 정정한 경우에는 여백에 정정한 글자의 수를 기재하고 신고인이 날인하여야 한다.

제32조【신고인 등의 확인】 ① 시·읍·면·동의 장 또는 재외공관의 장은 신고서류를 접수하는 경우에 출석한 신고인 또는 제출인의 신분증명서에 의하여 반드시 그 신분을 확인하여야 하고, 신고인 또는 제출인이 법 제23조제2항에 따라 불출석 신고사건 본인의 신분증명서를 제시한 때에는 그 신분을 확인한 후 신고서류의 뒤에 그 사본을 첨부하여야 한다.
② 법 제23조제2항의 "그 밖에 대법원규칙으로 정하는 신분증명서"는 국제운전면허증, 외국국가기관 명의의 신분증 그 밖에 대법원예규가 정하는 신분증명서를 말한다.(2018.4.27 본항개정)
③ 법 제23조제2항에도 불구하고, 법 제62조제1항의 법정대리인의 출석 또는 신분증명서의 제시가 있거나 인감증명서의 첨부가 있으면 신고사건본인의 신분증명서의 제시 또는 인감증명서의 첨부가 있는 것으로 본다.(2013.6.5 본항개정)

제33조【서명 또는 기명날인을 갈음하는 방법】 신고인, 증인, 동의자 등은 신고서에 서명하거나 기명날인할 수 있고, 서명 또는 기명날인을 할 수 없을 때에는 무인할 수 있다. 이 경우 담당공무원은 본인의 무인임을 증명한다는 문구를 기재하고 기명날인하여야 한다.

제34조【가족관계등록의 여부가 불분명한 경우 등의 표시】 ① 신고인 그 밖의 사람이 가족관계등록이 되어 있지 않거나 분명하지 않은 경우에는 신고서류에 그 취지를 기재하여야 한다.
② 사건본인이나 그 부 또는 모가 외국인인 경우에는 신고서의 등록기준지란에 그 국적을 기재하여야 한다.

제35조【말로 하는 신고의 처리】 시·읍·면의 장이 법 제31조제2항에 따라 신고서를 작성한 경우에는 신고서 여백에 그 취지를 기재하고 직명과 성명을 기재한 후 직인을 찍어야 한다.

제36조【대리인에 의한 신고】 법 제31조제3항에 따라 대리인이 말로 신고하는 경우에는 대리권한을 증명하는 서면을 제출하여야 한다.

제36조의2【전자문서를 이용한 신고】 ① 법 제23조의2에 따라 전산정보처리조직을 이용하여 전자문서로 할 수 있는 신고는 다음 각 호와 같다.
1. 법 제10조제2항에 따른 등록기준지 변경신고(2021.1.29 본호신설)
2. 법 제44조제4항 본문 및 제46조제1항, 제2항에 따른 부 또는 모의 출생신고(2018.4.27 본호신설)
3. 법 제96조에 따른 국적취득자의 성과 본의 창설 신고
4. 법 제99조에 따른 개명 신고
5. 법 제101조에 따른 가족관계등록 창설 신고
6. 법 제104조 및 제105조에 따른 등록부정정 신청
② 제1항에 따른 신고는 법과 이 규칙이 정한 신고서 기재사항에 대한 정보와 첨부서류를 전자문서로 송신하거나 대법원예규로 정하는 바에 따라 제공하는 방법으로 하며, 이 경우 「전자서명법」 제2조제2호에 따른 전자서명(서명자의 실지명의를 확인할 수 있는 것으로서 법원행정처장이 지정하여 전자가족관계등록시스템에 공고한 인증서를 이용한 것을 말한다) 정보도 함께 송신하여야 한다.(2021.5.27 후단개정)
③ 제2항의 첨부서류 중 다음 각 호에 해당하는 서류는 전산정보처리조직을 통한 확인으로 첨부를 갈음할 수 있다.
1. 제87조제6항에 따른 가정법원의 재판서등본
2. 전산정보처리조직에서 확인할 수 있는 등록사항별 증명서
3. 그 밖에 대법원예규로 정한 서면
④ 제1항제2호의 신고는 법 제23조의2제3항에 따라 다음 각 호의 장이 처리한다.(2021.1.29 본문개정)
1. 시에 있어서는 신고사건 본인의 주민등록을 할 지역을 관할하는 동이 속하는 시의 장
2. 읍·면에 있어서는 신고사건 본인의 주민등록을 할 지역을 관할하는 읍·면의 장
(2020.7.27 본항신설)
⑤ 제4항제1호의 신고는 신고사건 본인의 주민등록을 할 지역을 관할하는 동장이 법 제23조의2제4항에 따라 수리하고, 동이 속하는 시의 장에게 신고서를 송부하며, 그 밖에 이 규칙으로 정하는 등록사무를 처리한다.(2020.7.27 본항신설)
(2014.5.30 본조신설)

제37조【인명용 한자의 범위】 ① 법 제44조제3항에 따른 한자의 범위는 다음과 같이 한다.
1. 교육부가 정한 한문교육용 기초한자(2019.11.6 본호개정)
2. 별표1에 기재된 한자. 다만, 제1호의 기초한자가 변경된 경우에, 그 기초한자에서 제외된 한 자는 별표1에 추가된 것으로 보고, 그 기초한자에 새로 편입된 한자 중 별표1의 한자와 중복되는 한자는 별표1에서 삭제된 것으로 본다.
② 제1항의 한자에 대한 동자(同字)·속자(俗字)·약자(略字)는 별표2에 기재된 것만 사용할 수 있다.
③ 출생자의 이름에 사용된 한자 중 제1항과 제2항의 범위에 속하지 않는 한자가 포함된 경우에는 등록부에 출생자의 이름을 한글로 기록한다.

제38조【출생증명서의 기재사항】 법 제44조제4항에 따른 출생증명서에 기재할 사항은 다음과 같다.
1. 자녀의 성명 및 성별. 다만, 작명되지 아니한 때에는 그 취지
2. 출생의 연월일 및 장소
3. 자녀가 다태아(多胎兒)인 경우에는 그 취지, 출생의 순위 및 출생시각
4. 모의 성명 및 출생연월일
5. 작성연월일
6. 작성자의 성명, 직업 및 주소

제38조의2【출생증명서를 대신하여 첨부할 수 있는 서면】 ① 법 제44조제4항제1호에 따라 분만에 직접 관여한 자가 작성한 출생사실을 증명하는 서면에는 모의 출산사실을 증명할 수 있는 자료 등으로서 모의 진료기록 사본이나 자의 진료기록 사본 또는 예방접종증명서 등 모의 임신사실 및 자의 출생사실을 증명할 수 있는 자료를 첨부하여야 한다.
② 법 제44조제4항제2호의 국내 또는 외국의 권한 있는 기관에서 발행한 출생사실을 증명하는 서면은 다음 각 호와 같다.
1. 통일부장관이 발행한 북한이탈주민 신원 사실관계 확인서
2. 외국 관공서 등에서 발행한 출생신고사실을 증명하는 서면
③ 제1항 및 제2항에 관하여 필요한 사항은 대법원예규로 정한다.
(2016.11.29 본조신설)

제38조의3【출생사실의 통보】 ① 법 제44조의3제1항제3호에 따라 출생사실을 확인하기 위하여 기재할 사항은 다음 각 호와 같다.
1. 출생자의 출생 순서
2. 출생자가 실제 출생한 의료기관의 명칭
② 의료기관의 장은 출생정보를 건강보험심사평가원(이하 "심사평가원"이라 한다)에 제출하기 전에 출생자가 사망한 경우에도 해당 출생자에 대한 출생정보를 제출하여야 한다.

③ 법 제44조의3제2항에 따라 전산정보시스템 운영 업무를 위탁받은 심사평가원은 선량한 관리자의 주의의무를 다하여 다음 각 호의 업무를 수행하여야 하며 그 밖에 전산정보시스템의 이용 방법과 절차 등에 관하여 필요한 사항은 대법원예규로 정한다.
1. 출생통보에 관한 전산정보시스템의 구축·운영 및 보안
2. 출생정보의 관리 및 보호
3. 출생통보 내역의 현지확인
④ 법 제44조의3제3항을 적용할 때 심사평가원은 출생자의 모가 외국인인 경우에는 출생지를 관할하는 시·읍·면의 장에게 해당 출생정보를 포함한 출생사실을 통보하여야 한다.
(2024.3.28 본조신설)
제38조의4【출생신고의 최고 및 직권 출생 기록】 ① 법 제44조의4제2항에 따라 시·읍·면의 장이 법 제46조제1항에 따른 신고의무자에게 최고할 때에는 부모 모두에게 하여야 한다. 그 밖에 최고 대상자 및 최고의 방법에 관하여 필요한 사항은 대법원예규로 정한다.
② 법 제44조의4제3항 각 호의 어느 하나에 해당하는 경우에는 시·읍·면의 장은 지체 없이 감독법원에 직권기록 허가신청을 하여야 한다. 다만, 신고의무자 등이 시·읍·면의 장에게 다음 각 호에 대하여 소명한 경우에는 그러하지 아니한다.
1. 「민법」 제845조에 따른 아버지를 정하는 소가 제기된 경우
2. 「민법」 제847조에 따른 친생부인의 소 또는 「민법」 제865조에 따른 친생자관계존부확인의 소가 제기된 경우
3. 「민법」 제854조의2에 따른 친생부인의 허가 청구 또는「민법」 제855조의2에 따른 인지의 허가 청구가 제기된 경우
4. 그 밖의 대법원예규가 정하는 정당한 이유가 있는 경우
③ 시·읍·면의 장은 제2항에 따른 직권기록 허가신청을 위하여 출생자의 성·본 및 등록기준지를 다음 각 호에 따라 정하고, 출생자의 이름은 대법원예규에 따라 정한다.
1. 출생자의 성과 본 : 「민법」 제781조제1항부터 제3항까지의 규정
2. 출생자의 등록기준지 : 제4조제2항제2호 및 제6호의 규정
④ 그 밖에 출생신고의 확인 및 직권기록 허가신청 등을 위하여 필요한 사항은 대법원예규로 정한다.
(2024.3.28 본조신설)
제38조의5【자료제공의 요청】 시·읍·면의 장이 법 제44조의5에 따라 등록사무처리를 위하여 관계 기관의 장에게 요청할 수 있는 자료는 다음 각 호와 같다.
1. 「주민등록법」에 따른 주민등록자료
2. 「출입국관리법」에 따른 외국인등록사실증명
3. 「국민건강보험법」에 따른 국민건강보험공단이 관리하는 가입자 및 피부양자의 자격 정보
(2024.3.28 본조신설)
제38조의6【진단서 등을 대신하여 첨부할 수 있는 서면】 법 제84조제3항의 사망의 사실을 증명할 만한 서면은 다음 각 호와 같다.
1. 국내 또는 외국의 권한 있는 기관에서 발행한 사망사실을 증명하는 서면
2. 군인이 전투 그 밖의 사변으로 사망한 경우에 부대장 등이 사망 사실을 확인하여 그 명의로 작성한 전사확인서
3. 그 밖에 대법원예규로 정하는 사망의 사실을 증명할 만한 서면
(2016.11.29 본조신설)
제39조【준용규정】 신청·통보·촉탁은 신고에 관한 규정을 준용한다.

제4장 신고서류의 접수

제40조【신고서류의 접수방법】 ① 시·읍·면·동의 장이나 재외공관의 장이 신고서류를 접수하거나 송부받은 때에는 그 첫장 표면의 여백에 접수인을 찍고 접수번호 및 접수연월일을 기재한 후 처리자가 날인하여야 한다.
② 신고서류를 접수하였을 때에 신고인이 청구하는 경우에는 접수증을 교부하여야 한다.
③ 제1항의 경우에 법 제23조제2항과 이 규칙 제32조에 따른 본인, 신고인 또는 제출인의 신분확인절차를 거쳐야 한다.
④ 우편접수의 경우 신고인의 신분증명서 사본이 첨부된 때에는 이에 의하여 신분확인을 할 수 있다. 다만, 신고로 인하여 효력이 발생하는 등록사건에 있어서는 신고사건 본인의 인감증명서 또는 신고서의 서명에 대한 공증서가 첨부되거나 제32조제3항에 따른 법정대리인의 인감증명서가 첨부된 때에 이에 의하여 신분확인을 할 수 있다.(2013.6.5 단서개정)
⑤ 제4항에 따른 신분증명서 사본이나 인감증명서가 첨부되지 않은 경우에는 신고를 수리하여서는 아니 된다.
제41조【접수장】 ① 시·읍·면·동의 장이나 재외공관의 장은 접수장에 접수 또는 송부받은 사건을 접수번호 순서대로 기록하여야 한다.
② 접수번호는 매년 갱신한다.
③ 접수장의 사건명은 신고의 종류에 따르되, 신고의 추후보완의 경우에는 원래의 신고의 접수번호도 부기한다.
④ 제1항의 경우, 제86조에도 불구하고 전산정보처리조직에 의하여 접수업무를 처리한 접수담당자가 매일 업무를 마친 때에 전산입력된 접수기록을 출력하여 비치하여야 한다.
제42조【신고서류의 처리상황표시】 접수된 신고서류에는 첫장 표면의 상부우측 여백에 처리상황란을 만들어 각 해당사항을 기재한 후 처리자가 날인하여야 한다.
제43조【수리 여부의 결정】 ① 시·읍·면·동의 장이나 재외공관의 장이 신고서류를 접수한 때에는 지체 없이 그 수리 여부를 결정하여야 한다.
② 신고를 수리 또는 불수리한 경우에는 접수장의 수리사항란에 그 취지와 일자를 기록하여야 한다. 그러나, 접수 당일 수리한 신고사건에 대하여는 그러하지 아니하다.
제44조【심사자료의 요구】 ① 시·읍·면·동의 장이나 재외공관의 장은 신고서류를 심사하기 위하여 필요한 때에는 등록부의 등록사항별 증명서나 그 밖의 서류를 제출하게 할 수 있다.
② 신고서류에 첨부하여야 할 제적 등·초본이나 등록사항별 증명서를 시·읍·면·동·재외공관에서 전산정보처리조직에 의하여 확인할 수 있는 경우에는 첨부하지 아니한다.
제45조【신고사건 수리 및 기록】 ① 시·읍·면의 장이 신고서류 등을 수리한 때에는 그 신고사건에 무효사유가 없으면, 즉시 등록부에 기록을 하여야 한다.
② 일반등록사항란에는 해당사건을 처리한 시·읍·면을 표시하여야 한다. 다만, 법 시행 이전에 기재된 호적기재사항에 대하여는 그러하지 아니하다.
제46조【신고서류의 송부】 법 제21조제2항과 법 제36조에 따라 송부하는 신고서류에는 첫장 표면의 여백에 발송인과 직인을 찍고 이미 과태료를 부과한 때에는 그 취지를 기재하여야 한다.
제47조【불수리한 경우의 처리】 불수리한 신고서류는 불수리신고서류편철장에 편철하되 신고서 이외의 첨부서류는 신고인의 청구에 따라 되돌려 줄 수 있다.
제48조【수리·불수리의 증명】 신고의 수리와 불수리의 증명은 별지 제7호 서식에 의한다.
제49조【사건표】 ① 시·읍·면의 장은 매달 접수한 사건의 건수표를 작성하여 다음 달 10일까지 법원에 보고하여야 한다.
② 시·읍·면의 장은 매년 접수한 사건의 건수표를 제1항에 준하여 작성하여 다음 해 1월 10일까지 법원에 보고하여야 한다.
③ 시·읍·면의 장이 건수표를 전산정보처리조직에 의하여 보고하는 때에는 제1항과 제2항의 보고를 갈음할 수 있다.
제50조【과태료의 부과】 ① 법 제124조제1항에 따른 과태료의 부과는 신고 또는 신청을 수리하거나 이를 최고한 시·읍·면의 장이 한다. 다만, 가족관계등록관이 과태료 부

과 대상이 있음을 통지한 경우에는 통지를 받은 시·읍·면의 장이 과태료를 부과한다.(2015.4.24 단서신설)
② 제1항에 따라 과태료를 부과하고자 할 때에는 위반행위를 조사·확인하여야 하고 과태료처분대상자에게 말 또는 서면에 의한 의견진술의 기회를 주어야 한다.
③ 과태료를 부과하는 경우에는 위반사실과 과태료금액을 명시한 과태료납부통지서를 과태료처분 대상자에게 송부하여야 한다. 그러나 신고서 제출과 동시에 자진하여 과태료를 납부하는 경우에는 그러하지 아니하다.
④ 법 제21조 및 법 제23조의2제4항의 신고를 받은 동의 장은 소속시장·구청장을 대행하여 과태료를 부과·징수한다.(2021.1.29 본항개정)
⑤ 시·읍·면의 장은 별표3의 과태료 부과기준에 의하여 과태료의 금액을 정하여야 한다.
⑥ 시·읍·면의 장은 과태료처분대상자의 위반행위의 동기와 결과를 참작하여 별표3에 따른 과태료의 2분의 1에 해당하는 금액을 경감할 수 있다. 다만, 이 경우에는 과태료처분대상자가 작성한 위반행위에 대한 사유서를 첨부하여야 한다.
⑦ 제1항에 따라 과태료처분을 받은 사람이 이의를 제기하는 경우에는 과태료처분이의서를 과태료처분을 한 시·읍·면의 장에게 제출하여야 하며, 이를 접수한 시·읍·면의 장은 이의가 이유 없다고 인정되는 경우 통보서를 지체 없이 과태료처분을 받은 사람의 주소 또는 거소를 관할하는 가정법원에 송부하여야 한다.

제5장 등록부의 기록

제1절 기록사항

제51조【기록근거의 기록】 ① 등록부에 기록할 때에는 법 제9조제2항이 규정한 사항 외에 다음 사항도 기록하여야 한다.
1. 신고 또는 기록의 연월일(2009.6.26 본호개정)
2. 신고인 또는 신청인이 사건본인과 다른 때에는 신고인 또는 신청인의 자격과 성명
3. 재외공관의 장이나 관공서로부터 신고서류의 송부가 있는 때에는 송부연월일과 송부자의 직명
4. 통보일자와 통보자의 직명
5. 증서·항해일지 등본 작성자의 직명과 제출 연월일
6. 가족관계등록에 관한 재판·허가·촉탁을 한 법원과 그 연월일
7. 등록사건을 처리한 시·읍·면의 명칭
② 제1항제2호의 신고인 또는 신청인이 사건본인의 부 또는 모인 때에는 그 성명의 기록을 생략할 수 있다. 다만, 다음 각 호의 어느 하나에 해당하는 경우에는 그 성명의 기록을 생략하여야 한다.(2016.11.29 단서개정)
1. 출생신고인이 부 또는 모인 경우
2. 출생신고인이 법 제46조제4항에 따른 검사 또는 지방자치단체의 장인 경우
(2016.11.29 1호~2호신설)

제52조【군사분계선 이북지역 재적자의 가족관계등록창설】 ① 군사분계선 이북지역에 호적을 가졌던 사람이 가족관계등록창설하는 경우에는 등록부에 원적지를 기록하여야 한다.
② 군사분계선 이북지역에 호적을 가졌던 사람이 가족관계등록창설하는 경우, 군사분계선 이북지역에 거주하는 호주나 가족에 대한 가족관계등록창설허가도 신청할 수 있으며 그 등록부에는 원적지 및 군사분계선 이북지역에 거주한다는 취지를 기록한다.
③ 제1항과 제2항의 경우에 군사분계선 이북지역이 북위 38도선 이북인 경우에는 1945년 8월 15일을, 북위 38도선 이남인 경우에는 1950년 6월 25일을 기준으로 한다.

제53조【친권 등에 관한 사항의 기록】 친권·관리권 또는 미성년후견에 관한 사항은 미성년자의 등록부의 일반등록사항란에 각 기록한다.(2013.6.5 본조개정)

제54조【배우자의 가족관계등록사항 등의 변동사유】 한쪽 배우자에 대하여 다음의 신고가 있는 때에는 다른 배우자의 등록부에도 그 취지를 기록하여야 한다.
1. 사망, 실종선고·부재선고 및 그 취소
2. 국적취득과 그 상실
3. 성명의 정정 또는 개명

제55조【자녀의 등록사항 등】 ① 혼인 중의 출생자에 대한 출생신고 또는 인지의 효력이 있는 출생신고가 있는 때에는 법 제44조제2항의 신고서 기재내용에 따라 출생자에 대한 등록부를 작성하되, 특정등록사항란에 그 부모 또는 인지한 부의 성명을 기록하고 그 부모 또는 인지한 부의 등록부에는 특정등록사항란에 그 출생자의 성명 등을 기록하여야 한다.
② 혼인외의 출생자가 혼인중의 출생자로 된 때 또는 부모의 혼인이 무효로 된 때에는 자녀의 등록부 일반등록사항란에 그 사유를 기록하여야 한다.
③ 시·읍·면의 장은 부 또는 모의 성과 본이 정정되거나 변경된 경우 그 부 또는 모의 성을 따르는 자녀의 성과 본을 직권으로 정정 또는 변경기록하고 그 사유를 등록부에 기록하여야 한다.

제56조【인지되지 않은 자녀의 등록부】 부가 인지하지 아니한 혼인외의 출생자라도 부의 성과 본을 알 수 있는 경우에는 부의 성과 본을 따를 수 있다. 다만, 부의 성명을 그 자녀의 일반등록사항란 및 특정등록사항란의 부란에 기록하여서는 아니된다.

제2절 기록절차

제57조【신고가 경합된 경우】 ① 동일한 사건에 수개의 신고가 수리된 경우에는 먼저 수리된 신고에 따라 등록부에 기록하여야 한다.
② 제1항의 경우에 뒤에 수리된 신고에 따라 등록부에 기록한 때에는 먼저 수리된 신고에 맞추어 등록부의 기록을 정정하여야 한다.
③ 제2항의 신고가 시·읍·면을 달리하여 수리된 때에는 뒤에 수리한 시·읍·면의 장이 이를 정정하되, 먼저 수리된 신고서류사본을 팩시밀리 등의 방법으로 받아서 직권정정서에 첨부한 후 가족관계등록신고서류편철장에 편철하여야 한다.

제58조【기아의 발견과 가족관계등록】 법 제53조제2항의 경우에 기아발견조서에 의하여 작성된 등록부의 기록과 출생신고의 내용이 동일하다고 인정되는 때에는 등록부정정신청서 여백에 그 취지를 기재하고 날인하여야 한다.

제59조【이중등록부의 정리】 동일한 사람이 성명이나 출생연월일의 일부 또는 전부를 달리하여 2개 이상의 등록부가 있음이 명백히 밝혀진 경우에는 시·읍·면의 장은 법 제18조에 따른 감독법원의 허가를 받아 직권으로 그 등록부를 폐쇄할 수 있다.

제60조【등록부의 정정】 ① 법 제18조제3항에 따른 통지를 받은 등록기준지의 시·읍·면의 장은 정정사건을 법 제18조제1항과 제2항에 따라 처리하되, 그 과정에서 정정대상이 된 원래의 신고사건 신고서류를 조사할 필요가 있는 경우에는 해당 사건을 처리한 시·읍·면의 장에게 재통지하여야 한다. 이 경우 재통지를 받은 시·읍·면의 장은 법 제18조제1항과 제2항에 따라 정정사건을 처리하여야 한다.
② 시·읍·면의 장이 법 제18조제2항 단서에 따라 감독법원의 허가 없이 직권으로 정정 또는 기록할 수 있는 사항은 다음 각 호와 같다.
1. 등록부의 기록이 오기되었거나 누락되었음이 법 시행 전의 호적(제적)이나 그 등본에 의하여 명백한 때
2. 제54조 또는 제55조에 의한 기록이 누락되었음이 신고서류 등에 의하여 명백한 때

3. 한쪽 배우자의 등록부에 혼인 또는 이혼의 기록이 있으나 다른 배우자의 등록부에는 혼인 또는 이혼의 기록이 누락된 때
4. 부 또는 모의 본이 정정되거나 변경되었음이 등록사항별 증명서에 의하여 명백함에도 그 자녀의 본란이 정정되거나 변경되지 아니한 때
5. 신고서류에 의하여 이루어진 등록부의 기록에 오기나 누락된 부분이 있음이 해당 신고서류에 비추어 명백한 때
6. 그 밖의 정정 또는 기록할 사유가 있음이 명백하여 대법원예규로 정한 경우(2009.6.26 본호신설)

제61조【직권정정·기록서】 제57조, 제60조제2항에 따라 직권으로 정정 또는 기록할 때에는 직권정정·기록서를 작성하여야 한다. 다만, 법원행정처장이 직권정정·기록서 작성이 필요 없음을 명시하여 송부한 등록부 정비목록에 따라 직권 정정·기록하는 경우에는 그러하지 아니하다.

제62조【신고서류에 관한 규정의 준용】 법 제18조제2항, 법 제38조제3항 및 제59조에 따른 직권정정·기록허가서와 제61조에 따른 직권정정·기록서는 이를 신고서류로 본다.

제3절 기록과 정정의 방법

제63조【등록부 기록의 문자】 ① 등록부에 기록할 때에는 약자나 부호를 쓰지 못한다.
② 등록부에는 다음 각 호를 제외하고는 한글과 아라비아 숫자로 기록한다.
1. 등록부의 특정등록사항란 중 성명란은 한자로 표기할 수 없는 경우를 제외하고는 한글과 한자를 병기한다. 또한, 개명 또는 이름이 정정되어 본인의 일반등록사항란에 개명 또는 정정내용을 기록하는 경우에 이름을 기록하는 때에도 같다.
2. 등록부의 특정등록사항란 중 본란은 한자로 표기할 수 없는 경우를 제외하고는 한자로 기록한다. 또한, 본이 정정되어 본인의 일반등록사항란에 정정내용을 기록하는 때에도 같다.

제64조【식별부호의 기록】 시·읍·면의 장 또는 그 직무대리자는 등록부에 기록할 때마다 그 식별부호를 기록하여야 한다.

제65조【폐쇄의 방법】 시·읍·면의 장이 제17조제2항에 따라 등록부를 폐쇄하는 때에는 가족관계등록부사항란 및 일반등록사항란에 그 취지와 사유를 기록하고, 등록사항별 증명서를 발급하는 경우에는 증명서의 우측상단에 "폐쇄"라고 표시한다.

제66조【등록부의 정정방법】 ① 등록부의 기록사항을 정정하는 경우에는 정정할 부분에 새로운 사항을 기록하고, 정정내용과 사유를 가족관계등록부사항란이나 일반등록사항란에 기록한다.
② 가족관계등록부사항란이나 일반등록사항란의 사건 자체를 말소하는 경우에는 그 기록사항 전체에 하나의 선을 긋고, 말소내용과 사유를 각 해당 사항란에 기록한다.
(2011.1.31 본조개정)

제66조의2【제적부의 정정방법】 ① 등록부를 정정할 때는 그 사항이 기재된 제적부도 정정한다.
② 제적부를 정정할 때는 제적부를 부활하지 않고 정정하며, 이에 따라 등록부를 정정할 때는 등록부 폐쇄없이 해당사항을 정정한다.
③ 제적부 정정에 관하여 구체적인 절차는 대법원예규로 정한다.
(2009.6.26 본조신설)

제67조【행정구역 등의 변경에 따른 경정】 ① 행정구역, 토지의 명칭, 지번, 도로명 또는 건물번호가 변경된 때에는 등록기준지란에 기록된 행정구역, 토지의 명칭, 지번, 도로명 또는 건물번호를 경정한다.(2011.12.12 본항개정)
② 법령의 변경 그 밖의 사유로 등록기준지 이외의 등록부의 기록을 경정하는 경우에는 제1항을 준용한다.
③ 제1항과 제2항에 따라 등록부의 기록을 경정하는 경우에는 제66조를 준용한다.

제6장 신고서류의 보존

제68조【신고서류의 정리와 송부】 ① 등록부에 기록을 마친 신고서류는 1개월마다 다음 달 10일까지 접수순서에 따라 편철한 후 각 장마다 장수를 기재하여 그 목록과 함께 사건을 처리한 시·읍·면사무소를 감독하는 법원에 송부하여야 한다.
② 신고서류목록은 2부를 작성하여 그 중 1부는 신고서류에 첨부하고 나머지 1부는 신고서류송부목록편철장에 편철하여 보존한다.
③ 신고서류를 송부할 때에는 그 목록의 첫장 표면의 여백에 발송인과 직인을 찍어야 한다.
④ 동사무소 또는 재외공관에서 수리한 신고서류는 그 부본을 접수순서에 따라 편철한 후 각 장마다 장수를 기재하고 1개월마다 목록을 붙여 연도별로 제82조제4항제10호의 장부에 편철하여 보존한다. 다만 필요에 따라 분책하거나 합철할 수 있다.

제69조【가족관계등록을 할 수 없는 신고서류의 보존】 ① 가족관계등록이 되어 있지 아니한 사람에 대한 신고서류 그 밖의 가족관계등록을 할 수 없는 신고서류는 시·읍·면의 장이 접수순서에 따라 특종신고서류편철장에 편철하여 보존한다.
② 제1항의 편철장에는 각 장마다 장수를 기재하고 목록을 붙인다.
③ 태아인지신고, 이혼의사 철회신고, 혼인신고수리불가신고 및 혼인신고를 하는 때에 자녀의 성과 본을 모의 성과 본으로 따르기로 한 협의서를 제출하는 경우에는 특종신고서류 등 접수장에도 접수에 관한 기록을 하여야 한다.

제70조【신고서류의 조사】 법원이 법 제114조에 따라 신고서류를 송부받은 때에는 지체 없이 그 신고서류와 해당 등록부를 조사하고, 법규에 위배된 것이 있을 때에는 해당 시·읍·면의 장에게 시정지시 그 밖의 필요한 처분을 명하여야 한다.

제71조【신고서류의 보존】 ① 제70조에 의한 조사를 마친 신고서류는 시·읍·면별 및 연도별로 접수순서에 따라 신고서류편철부에 편철한다. 다만 필요에 따라 분책하거나 합철할 수 있다.
② 신고서류목록은 신고서류와 일치하는지 여부를 확인한 후 신고서류편철부에 신고서류와 함께 송부된 순서에 따라 편철하여 보존한다.

제72조【신고서류의 열람】 ① 법 제42조제4항의 이해관계인은 법원에 보관되어 있는 신고서류와 종전의 호적·제적부본의 열람을 청구할 수 있다. 다만, 교부제한대상자 또는 공시제한대상자 본인등이 제25조의3제2항 및 제3항에 따라 열람이 제한되는 사항이 포함된 신고서류를 열람하는 경우에는 법 제111조에 따른 가정법원의 결정으로 열람이 허용된 사람에 한정한다.(2021.12.31 단서신설)
② 제1항에 따른 열람의 경우 친양자의 입양관계에 관한 신고서류는 제23조제3항을 준용한다.
③ 제1항의 열람은 관계공무원이 보는 앞에서 하여야 한다.

제7장 협의이혼의사의 확인

제73조【이혼의사확인신청】 ① 법 제75조에 따라 협의상 이혼을 하려는 부부는 두 사람이 함께 등록기준지 또는 주소지를 관할하는 가정법원에 출석하여 협의이혼의사확인신청서를 제출하고 이혼에 관한 안내를 받아야 한다.
(2008.6.5 본항개정)
② 부부 중 한쪽이 재외국민이거나 수감자로서 출석하기 어려운 경우에는 다른 쪽이 출석하여 협의이혼의사확인신청서를 제출하고 이혼에 관한 안내를 받아야 한다. 재외국민이나 수감자로서 출석이 어려운 자는 서면으로 안내를 받을 수 있다.(2008.6.5 본항신설)

③ 협의이혼의사확인신청서에는 다음 각 호의 사항을 기재하고 이혼하고자 하는 부부가 공동으로 서명 또는 기명날인하여야 한다.
1. 당사자의 성명·등록기준지(외국인인 경우에는 국적을 말한다)·주소 및 주민등록번호(2010.7.30 본호개정)
2. 신청의 취지 및 연월일
(2008.6.5 본항개정)
④ 협의이혼의사확인신청서에는 부부 양쪽의 가족관계증명서와 혼인관계증명서 각 1통을 첨부하여야 한다. 미성년인 자녀(포태중인 자를 포함하되, 이혼에 관한 안내를 받은 날부터 「민법」 제836조의2제2항 또는 제3항에서 정한 기간 이내에 성년에 도달하는 자녀는 제외한다. 다음부터 이 장에서 같다)가 있는 경우 그 자녀의 양육과 친권자결정에 관한 협의서 1통과 그 사본 2통 또는 가정법원의 심판정본 및 확정증명서 각 3통을 제출하여야 한다.(2009.6.26 본항개정)
⑤ 가정법원은 전문상담인을 상담위원으로 위촉하여 「민법」 제836조의2제1항의 상담을 담당하게 할 수 있고, 상담위원의 일당 및 수당은 매년 대법관회의에서 이를 정하여 국고 등에서 지급할 수 있다.(2008.6.5 본항신설)
⑥ 확인기일, 보정명령, 불확인결과는 전화, 팩시밀리 등 간이한 방법으로 통지할 수 있고, 이혼의사확인 절차에 필요한 송달료에 관하여는 송달료규칙을 준용한다.(2009.6.26 본항개정)

제74조【이혼의사 등의 확인】 ① 제73조의 이혼의사확인신청이 있는 때에는 가정법원은 부부 양쪽이 이혼에 관한 안내를 받은날부터 「민법」 제836조의2제2항 또는 제3항에서 정한 기간이 지난 후에 부부 양쪽을 출석시켜 그 진술을 듣고 이혼의사의 유무 및 부부 사이에 미성년인 자녀가 있는지 여부와 미성년인 자녀가 있는 경우 그 자녀에 대한 양육과 친권자결정에 관한 협의서 또는 가정법원의 심판정본 및 확정증명서(다음부터 이 장에서 "이혼의사 등"이라 한다)를 확인하여야 한다.(2009.6.26 본항개정)
② 부부 중 한쪽이 재외국민이거나 수감자로서 출석하기 어려워 다른 한쪽이 출석하여 신청한 경우에는 관할 재외공관이나 교도소(구치소)의 장에게 이혼의사 등의 확인을 촉탁하여 그 회보서의 기재로써 그 당사자의 출석·진술을 갈음할 수 있다. 이 경우 가정법원은 부부 중 한쪽인 재외국민 또는 수감자가 이혼에 관한 안내를 받은 날부터 「민법」 제836조의2제2항 또는 제3항에서 정한 기간이 지난 후에 신청한 사람을 출석시켜 이혼의사 등을 확인하여야 한다.
(2009.6.26 본항개정)
③ 제1항의 협의이혼의사확인기일은 공개하지 아니한다. 다만, 법원이 공개함이 적정하다고 인정하는 자에게는 방청을 허가할 수 있다.(2014.10.2 본항개정)
④ 제1항의 협의이혼의사확인기일에 참여한 법원서기관, 법원사무관, 법원주사 또는 법원주사보는 조서를 작성하여야 한다.(2014.10.2 본항신설)
(2009.6.26 본조제목개정)

제75조【재외국민의 이혼의사 확인신청의 특례】 ① 부부 양쪽이 재외국민인 경우에는 두사람이 함께 그 거주지를 관할하는 재외공관의 장에게 이혼의사확인신청을 할 수 있다. 다만, 그 지역을 관할하는 재외공관이 없는 때에는 인접하는 지역을 관할하는 재외공관의 장에게 이를 할 수 있다.
(2008.6.5 본항개정)
② 부부 중 한쪽이 재외국민인 경우에 재외국민인 당사자는 그 거주지를 관할하는 재외공관의 장에게 협의이혼의사확인신청을 할 수 있다. 다만, 그 거주지를 관할하는 재외공관이 없는 경우에는 제1항 단서를 준용한다.
③ 제2항은 부부 양쪽이 모두 재외국민으로서 서로 다른 국가에 거주하고 있는 경우에 준용한다.
④ 제1항부터 제3항까지의 신청을 받은 재외공관의 장은 당사자(제1항의 경우에는 부부 양쪽이고, 제2항과 제3항의 경우에는 신청서를 제출한 당사자이다. 다음부터 "신청당사자"라 한다)에게 이혼에 관한 안내 서면을 교부한 후, 이혼의사의 유무와 미성년인 자녀가 있는지 여부 및 미성년인 자녀가 있는 경우에 그 자녀에 대한 양육과 친권자결정에 관한 협의서 1통 또는 가정법원의 심판정본 및 확정증명서 3통을 제출받아 확인하고 그 요지를 기재한 서면(다음부터 "진술요지서"라 한다)을 작성하여 기명날인한 후 신청서에 첨부하여 지체 없이 서울가정법원에 송부하여야 한다.
(2008.6.5 본항개정)
(2009.6.26 본조제목개정)

제76조【재외국민의 이혼의사의 확인의 특례】 ① 제75조제4항에 따라 서류를 송부받은 서울가정법원은 재외공관의 장이 작성한 진술요지서 및 첨부서류에 의하여 신청당사자의 이혼의사 등을 확인할 수 있다.
② 제75조제2항에 따라 서류를 송부받은 서울가정법원은 국내에 거주하는 당사자를 출석하게 하여 이혼에 관한 안내를 한 후에 출석한 당사자의 이혼의사 등을 확인하여야 한다.
③ 제75조제3항에 따라 서류를 송부받은 서울가정법원이 신청당사자가 아닌 상대방의 이혼의사등을 확인하는 경우에는 제74조제2항을 준용한다.
④ 서울가정법원은 제75조제1항부터 제3항까지의 경우에 부부 양쪽이 이혼에 관한 안내를 받은 날부터 「민법」 제836조의2제2항 또는 제3항에서 정한 기간이 지난 후에 이혼의사 등을 확인하여야 한다.
⑤ 제75조제2항의 경우에 서울가정법원은 국내에 거주하는 당사자의 신청이 있을 경우 주소지 관할 가정법원에 사건을 이송할 수 있다.
(2009.6.26 본조개정)

제77조【확인신청의 취하】 ① 이혼의사확인신청인은 제74조에 따른 확인을 받기 전까지 신청을 취하할 수 있다.
② 부부 중 양쪽 또는 한쪽이 제74조제1항에 따른 출석통지를 받고도 2회에 걸쳐 출석하지 아니한 때에는 확인신청을 취하한 것으로 본다.
③ 부부 중 양쪽 또는 한쪽이 제73조에 따라 이혼의사확인신청을 한 다음날부터 3개월 안에 이혼에 관한 안내를 받지 아니한 때에는 확인신청을 취하한 것으로 본다.(2009.3.31 본항신설)

제78조【확인서 등의 작성·교부】 ① 가정법원은 부부 양쪽의 이혼의사 등을 확인하면 확인서를 작성하여야 하고, 미성년인 자녀의 양육과 친권자결정에 관한 협의를 확인하면 그 양육비부담조서도 함께 작성하여야 한다. 다만, 그 협의가 자녀의 복리에 반함에도 가정법원의 보정명령에 불응하는 경우 가정법원은 확인서 및 양육비부담조서를 작성하지 아니한다.
② 제1항의 확인서에는 다음 각 호의 사항을 기재하고 확인을 한 판사 또는 사법보좌관이 기명날인하여야 한다.
(2018.4.27 본문개정)
1. 법원 및 사건의 표시
2. 당사자의 성명·주소 및 주민등록번호
3. 확인연월일
4. 이혼의사가 확인되었다는 취지
③ 제1항의 양육비부담조서에는 다음 각 호의 사항을 적고 확인을 한 판사 및 가정법원의 서기관·사무관·주사 또는 주사보(다음부터 "법원사무관등"이라 한다)가 기명날인하여야 한다.
1. 법원 및 사건의 표시
2. 부모의 성명·주소 및 주민등록번호
3. 미성년인 자녀의 성명 및 주민등록번호
4. 확인일시와 장소
5. 판사가 확인한 양육비 부담에 관한 협의 내용
④ 법원사무관등은 제2항의 확인서가 작성된 경우에 지체 없이 확인서등본과 미성년인 자녀가 있는 경우 협의서등본 및 양육비부담조서정본 또는 심판정본 및 확정증명서를 부부 양쪽에게 교부하거나 송달하여야 한다. 다만, 당사자가

제74조제2항과 제75조에 따른 재외국민인 경우 재외공관의 장에게 이를 송부하고, 재외공관의 장은 당사자에게 교부 또는 송달한 후 양육비부담조서 정본에 관하여는 영수증등본을 가정법원에 송부하여야 한다. 당사자가 제74조제2항에 따른 수감자인 경우에는 교도소(구치소)의 장에게 송부하고, 교도소(구치소)의 장은 당사자에게 교부한 후 양육비부담조서정본에 관하여는 영수증등본을 가정법원에 송부하여야 한다.
⑤ 양육비부담조서의 집행문은 그 양육비부담조서가 작성된 협의이혼의사확인사건의 확인서에 따라 이혼신고를 하였음을 소명한 때에만 내어준다.
(2009.6.26 본조개정)

제79조【이혼신고서의 제출】 가정법원의 확인서가 첨부된 협의이혼신고서는 부부 중 한쪽이 제출할 수 있다.

제80조【이혼의사의 철회】 ① 이혼의사의 확인을 받은 당사자가 이혼의사를 철회하고자 하는 경우에는 이혼신고가 접수되기 전에 자신의 등록기준지, 주소지 또는 현재지 시ㆍ읍ㆍ면의 장에게 이혼의사확인서등본을 첨부한 이혼의사철회서를 제출하여야 한다. 다만, 재외국민의 경우 등록기준지 시ㆍ읍ㆍ면의 장 또는 가족관계등록관에게 제출하여야 한다.
(2015.4.24 단서개정)
② 제1항의 경우에 이혼의사의 확인을 받은 다른 쪽 당사자가 이혼신고를 먼저 접수한 경우에는 그 이혼신고를 수리하여야 한다.

제8장 국적관련 통보
(2008.7.7 본장신설)

제80조의2【국적취득의 통보사항 등】 ① 법무부장관이 법 제93조, 제94조, 제95조에 따라 대한민국의 국적을 취득한 사람이 정한 등록기준지의 시ㆍ읍ㆍ면의 장에게 통보할 사항은 다음 각 호와 같다.
1. 국적취득자의 성명, 생년월일, 성별, 주소, 국적취득자가 정한 등록기준지, 국적취득 전에 가졌던 국적, 국적취득 연월일 및 원인, 혼인관계ㆍ입양 등 기타 신분변동에 관한 사항, 국적회복자의 경우에는 한국국적상실 연월일 및 원인
2. 부, 모, 배우자의 성명, 국적, 생년월일
3. 국적취득자의 가족관계등록부 또는 구 호적이 있는 경우 국적취득자의 등록기준지(본적), 주민등록번호, 본(한자)
4. 자녀의 가족관계등록부 또는 구 호적이 있는 경우 자녀의 성명, 등록기준지(본적), 주민등록번호
5. 부, 모, 배우자의 가족관계등록부 또는 구 호적이 있는 경우 부, 모, 배우자의 등록기준지(본적), 주민등록번호

② 법무부장관이 제1항의 통보와 함께 첨부할 서류는 다음 각 호와 같다. 가족관계등록부 또는 전산제적부로 통보사항을 소명할 수 있는 경우에는 가족관계등록사항별 증명서 또는 제적등본을 첨부하지 아니할 수 있다.
1. 국적취득사실을 증명하는 법무부장관 명의의 통지서 또는 관보 등 1부
2. 국적취득자의 부모, 배우자, 자녀, 혼인 또는 미혼, 입양 등의 신분사항을 기재하는 경우에는 그에 관한 소명자료 각 1부
3. 국적취득자가 조선족인 경우(국적취득자의 부모 또는 배우자가 조선족인 경우를 포함한다) 성명을 원지음(原地音)이 아닌 한국식 발음으로 기재할 때 조선족임을 소명하는 중화인민공화국 발행의 공문서(2023.2.24 본호개정)

③ 수반(隨伴)국적취득자가 있는 경우 법무부장관이 대한민국의 국적을 취득한 사람이 정한 등록기준지의 시ㆍ읍ㆍ면의 장에게 통보할 사항은 다음 각 호와 같고, 수반(隨伴)국적취득자에 관한 첨부서류는 제2항을 준용한다.
1. 수반(隨伴)국적취득자의 성명, 생년월일, 성별, 주소, 국적취득자가 정한 등록기준지, 국적취득 전에 가졌던 국적, 국적취득 연월일 및 원인, 입양 등 기타 신분변동에 관한 사항
2. 수반(隨伴)국적취득자의 부, 모의 성명, 국적, 생년월일
3. 수반(隨伴)국적취득자의 가족관계등록부 또는 구 호적이 있는 경우 수반(隨伴)국적취득자의 등록기준지(본적), 주민등록번호, 본(한자)
4. 수반(隨伴)국적취득자의 부, 모의 가족관계등록부 또는 구 호적이 있는 경우 부, 모의 등록기준지(본적), 주민등록번호

④ 국적취득자(수반국적취득자 포함)의 성명은 외국어로 표기하되, 외국어의 원지음(原地音)을 한글로 표기한다. 부, 모, 배우자의 성명이 외국어인 경우에는 원지음(原地音)을 한글로 표기한다.

제80조의3【국적선택 등의 통보사항 등】 ① 법무부장관이 법 제98조제1항제1호에 따라 복수국적자로부터 대한민국의 국적을 선택한다는 신고를 수리한 경우 그 사람의 등록기준지의 시ㆍ읍ㆍ면의 장에게 통보할 사항은 다음 각 호와 같고, 국적선택신고수리통지서를 첨부한다.(2010.7.30 본문개정)
1. 국적선택자의 성명, 주민등록번호, 등록기준지
2. 국적선택신고수리의 연월일
3. 포기하거나 행사하지 아니하겠다는 뜻을 서약한 외국 국적(2010.7.30 본호개정)

② 법무부장관이 법 제98조제1항제2호에 따라 국적이탈신고를 수리한 경우 그 사람의 등록기준지의 시ㆍ읍ㆍ면의 장에게 통보할 사항은 다음 각 호와 같고, 국적이탈신고수리통지서 또는 관보를 첨부한다.
1. 국적상실자의 성명, 주민등록번호, 등록기준지
2. 국적이탈신고수리의 원인 및 연월일
3. 취득한 외국 국적

③ 법무부장관이 법 제98조제1항제3호에 따라 대한민국 국민으로 판정한 경우 그 사람의 등록기준지의 시ㆍ읍ㆍ면의 장에게 통보할 사항은 다음 각 호와 같고, 국적판정통지서 또는 관보를 첨부한다.
1. 국적판정자의 성명, 주민등록번호, 등록기준지
2. 국적판정의 연월일

④ 대한민국 국민으로 판정받은 사람이 가족관계등록부가 없는 경우 법무부장관이 통보할 사항은 제80조의2를 준용한다.

제80조의4【국적관련 통보에 관한 업무】 ① 법무부장관의 국적관련 통보는 법 제12조제1항에 따라 전산정보처리조직에 의하여 처리한다.
② 등록기준지의 시ㆍ읍ㆍ면의 장은 법무부장관의 국적관련 통보로 가족관계등록부를 작성할 수 없는 경우 법무부장관에게 재통보를 요청하고, 국적관련 통보 대상자의 추후보완신고를 받아 가족관계등록부를 작성할 수 있다.
③ 등록기준지의 시ㆍ읍ㆍ면의 장은 제2항의 절차를 통해 가족관계등록부를 작성할 수 없는 경우 접수를 거부하고 국적관련 통보를 반송한다.
④ 법무부장관의 통보서는 보존과 관련하여 신고서류로 본다.

제9장 각종 부책과 서류

제81조【중앙관리소의 가족관계등록전산정보】 중앙관리소에서 보관 또는 관리하는 가족관계등록전산정보의 보존기간은 다음과 같다.
1. 영구
 가. 가족관계등록부
 나. 폐쇄등록부
2. 80년
 가족관계등록공무원명부
3. 30년
 가. 가족관계등록사건접수장
 나. 특종신고서류 등 접수장
 (2022.4.29 본호개정)
4. 3년
 열람 및 증명청구접수부
 (2022.4.29 본호개정)

제82조【시·읍·면의 부책과 서류】 ① 시·읍·면에 비치할 부책·서류 및 그 보존 기간은 다음과 같다.
1. 영구
 가. 호적용지로 작성된 제적부
 나. 호적용지로 작성된 제적 색출장
 다. 특종신고서류편철장
 라. 가족관계등록부책보존부
 마. 예규문서편철장
2. 30년
 가. 가족관계등록사건접수장
 나. 신고서류송부목록편철장
 다. 특종신고서류 등 접수장
 (2022.4.29 본호개정)
3. 10년
 불수리신고서류편철장
4. 5년
 가. 고지부
 나. 과태료징수부
 다. 가족관계등록사건표편철장
 라. 왕복문서편철장
 마. 가정법원으로부터의 통지서편철장
 바. 식별부호 사용(해지)신청에 관한 기록
5. 3년
 가. 가족관계등록문서건명부
 나. 가족관계등록민원청구서편철장
 다. 열람 및 증명청구접수부
 라. 직권정정에 관한 서류편철장
 마. 가족관계등록예규집관리대장
 바. 협의이혼의사철회서편철장
 사. 혼인신고수리불가신고서편철장
 (2022.4.29 본호개정)

② 장부에는 표지를 붙여 매년 별책으로 하고 진행번호는 매년 이를 갱신한다. 그러나 필요에 따라 계속 사용하거나 분책 또는 합책할 수 있다.
③ 편철장에는 목록을 붙여야 한다.
④ 재외공관 및 동사무소에는 다음과 같은 장부를 비치하여야 하고, 그 보존기간에 관하여는 제1항을 준용한다. 다만, 제10호 장부의 보존기간은 3년으로 하고, 제8호의 장부는 동사무소에 비치하지 아니한다.(2022.4.29 단서개정)
1. 가족관계등록사건접수장
2. 고지부
3. 가족관계등록문서건명부
4. 왕복문서편철장
5. 불수리신고서류편철장
6. 가족관계등록민원청구서편철장
7. 가족관계등록부책보존부
8. 가족관계등록예규집관리대장
9. 열람 및 증명청구접수부
10. 가족관계등록신고서류편철장

제82조의2【재외국민 가족관계등록사무소의 부책과 서류】 법 제4조의2제2항의 재외국민 가족관계등록사무소(이하 "재외국민 가족관계등록사무소"라 한다)에 비치할 부책·서류 및 그 보존 기간은 다음과 같다.
1. 영구
 가. 특종신고서류편철장
 나. 가족관계등록부책보존부
 다. 예규문서편철장
2. 30년
 가. 가족관계등록사건접수장
 나. 신고서류송부목록편철장
 다. 특종신고서류 등 접수장
3. 10년
 불수리신고서류편철장
4. 5년
 가. 고지부
 나. 과태료부과대상통지부
 다. 가족관계등록사건표편철장
 라. 왕복문서편철장
5. 3년
 가. 가족관계등록문서건명부
 나. 가족관계등록민원청구서편철장
 다. 열람 및 증명청구접수부
 라. 직권정정에 관한 서류편철장
 마. 가족관계등록예규집관리대장
 바. 협의이혼의사철회서편철장
 사. 혼인신고수리불가신고서편철장
(2023.2.24 본조개정)

제83조【법원의 부책과 서류】 ① 법원에 비치할 부책, 서류 및 그 보존기간은 다음과 같다.
1. 80년
 가족관계등록공무원명부
2. 30년
 가족관계등록신고서류편철부
 (2022.4.29 본호개정)
3. 10년
 이혼의사확인 사건부
4. 5년
 가. 가족관계등록보고서편철장
 나. 가족관계등록사무감독서류편철장
 다. 직권정정, 기록허가에 관한 서류편철장
 라. 등록부 재작성에 관한 기록
 마. 통계에 관한 기록
 바. 문서건명부
 사. 식별부호사용승인(해지)에 관한 기록
5. 3년
 가. 가족관계등록민원청구서편철장
 나. 잡사에 관한 기록
 (2022.4.29 본호개정)

② 제1항의 부책 및 서류는 별도 규정이 없으면 매년 별책으로 하고 진행번호는 매년 갱신한다. 그러나 필요에 따라 계속 사용하거나 분책 또는 합책할 수 있다.

제84조【보존기간의 기산점】 제82조부터 제83조까지의 규정에 따른 부책·서류의 보존기간은 그 연도의 다음 해부터 기산한다.(2019.11.6 본조개정)

제85조【보존기간이 지난 후의 조치】 ① 시·읍·면의 장은 부책 또는 서류의 보존기간이 경과한 때에는 보존기간 경과일로부터 1년 이내에 「공공기록물 관리에 관한 법률」에 따른 소관 기록물관리기관을 통해 같은 법 제27조의 절차를 거친 후 폐기서류 목록을 작성하고, 폐기인가신청을 제출하여 법원의 인가를 받아 폐기하여야 한다.(2022.4.29 본항개정)
② 법원 및 재외국민 가족관계등록사무소에서 비치하는 부책 또는 서류의 보존기간이 경과한 때에는 「법원기록물 관리규칙」 제27조의 절차를 거친 후 각 소속기관의 장의 인가를 받아 보존기간이 종료되는 연도의 다음 연도 3월말까지 폐기하여야 한다.(2019.11.6 본항신설)

제86조【전산정보처리조직으로 작성한 부책 등의 보존】 이 장의 부책과 서류를 전산정보처리조직에 의하여 작성한 경우에는 그 전산기록을 보존하는 것으로 부책과 서류의 보존을 갈음할 수 있다.

제10장 비송사건 처리절차

제87조【허가사건의 처리절차】 ① 다음 각 호의 사건의 처리절차에 관하여는 비송사건절차법을 준용한다.
1. 법 제96조에 따른 국적취득자의 성과 본의 창설 허가
 (2018.4.27 본호개정)

2. 법 제99조에 따른 개명허가
3. 법 제101조에 따른 가족관계등록창설허가
4. 법 제104조 및 제105조에 따른 등록기록정정허가
② 제1항제1호부터 제3호까지의 허가신청은 미성년자도 할 수 있다.
③ 제1항 각 호의 허가신청서에는 사건본인의 성명·출생연월일·등록기준지 및 주소를 기재하여야 한다.
④ 주소지가 없는 사람은 법 제99조에 따른 개명허가 신청을 등록기준지를 관할하는 가정법원에 할 수 있다.
⑤ 제1항 각 호의 신청을 허가한 재판이 효력을 발생한 때에는 가정법원의 법원사무관등은 지체 없이 사건본인의 등록기준지의 시·읍·면의 장에게 그 뜻을 통지하여야 한다.
(2011.12.12 본항신설)
⑥ 제5항의 통지서에는 다음 각 호의 사항을 기재하여 법원사무관등이 기명날인하고, 그 통지서에 재판서의 등본을 첨부하여야 한다. 다만, 이 통지는 전산정보처리조직을 이용하여 「민사소송 등에서의 전자문서 이용 등에 관한 법률」 제2조제1호의 전자문서로 할 수 있다.
1. 신청인 및 사건본인의 성명, 등록기준지, 주소
2. 통지의 원인 및 그 원인일자
3. 통지 연월일
4. 법원사무관등의 관직과 성명 및 소속법원의 표시
(2011.12.12 본항신설)

제87조의2【확인사건의 처리절차】 ① 다음 각 호의 사건의 처리절차에 관하여는 비송사건절차법을 준용한다.
1. 법 제44조의2제1항에 따른 가정법원의 확인
2. 법 제57조제1항 단서 및 같은 조 제2항에 따른 가정법원의 확인(2021.3.25 본호개정)
(2016.11.29 본항개정)
② 전항의 확인을 받아 출생신고를 할 때에는 가정법원의 확인서등본을 첨부하여야 한다.(2016.11.29 본항개정)
③ 법 제57조제4항제2호의 "그 밖에 대법원규칙으로 정하는 사유에 해당하는 경우"란 출생자가 대한민국 국적이 아니었음이 밝혀진 경우를 말한다.
④ 제1항제1호의 확인이 효력을 발생한 때에는 가정법원의 법원사무관등은 지체 없이 부 또는 모의 등록기준지의 시·읍·면의 장에게 그 뜻을 통지하여야 한다.(2016.11.29 본항신설)
⑤ 제4항의 통지에 관하여는 제87조제6항을 준용한다.
(2016.11.29 본항신설)
⑥ 제1항의 확인절차에 관하여는 제87조제2항과 제3항의 규정을 준용한다.
⑦ 제1항의 확인절차 및 제2항의 신고 등에 관하여 그 밖에 필요한 사항은 대법원예규로 정한다.
(2015.10.7 본조신설)

제11장 재외국민 가족관계등록사무소
(2015.4.24 본장개정)

제88조【재외국민 가족관계등록사무소의 구성 및 운영】
① 법 제4조의2에 따른 재외국민에 관한 등록사무는 재외국민 가족관계등록사무소에서 근무하거나, 법원공무원규칙 제49조에 따라 재외공관에 파견된 법원서기관, 법원사무관, 법원주사 또는 법원주사보 중에서 법원행정처장이 지정하는 가족관계등록관이 처리한다.
② 재외국민 가족관계등록사무소에는 가족관계등록관인 소장을 둔다.
③ 소장은 재외국민에 관한 등록사무를 총괄하고, 재외국민 가족관계등록사무소의 소속 직원을 지휘·감독한다.
④ 법원공무원규칙 제49조에 따라 재외공관에 파견된 법원공무원 중 가족관계등록관으로 지정된 자는 재외국민 가족관계등록사무소 소속으로 하고, 그 등록사무처리의 범위에 관해서는 대법원예규로 정한다.
⑤ 재외국민 가족관계등록사무소의 구성 및 운영 등에 관하여 그 밖에 필요한 사항은 대법원예규로 정한다.

제89조【서류 원본의 보존 등】 법 제36조제2항, 제49조제4항 및 「재외국민의 가족관계등록 창설, 가족관계등록부 정정 및 가족관계등록부 정리에 관한 특례법」 제5조제6항에 따른 서류의 송부는 외교부와 전산정보처리조직을 연계하여 운영한다. 이 경우 전산정보처리조직을 이용한 서류의 송부, 서류 원본의 보존 및 그 밖에 필요한 사항에 대해서는 대법원예규로 정한다.

제90조【등록사무처리】 ① 재외국민 가족관계등록사무소 및 가족관계등록관의 등록사무처리에 관하여는 시·읍·면 및 시·읍·면의 장의 등록사무처리에 관한 규정 중 제13조, 제21조, 제23조, 제28조, 제32조, 제35조, 제40조, 제41조, 제43조부터 제45조까지, 제49조, 제51조, 제55조, 제57조, 제60조, 제64조, 제65조, 제69조부터 제71조까지를 준용한다.
(2019.11.6 본항개정)
② 제89조에 따라 송부받은 서류는 대법원예규로 정하는 바에 따라 전자적 방법으로 관리할 수 있다.(2018.8.31 본항신설)
(2018.8.31 본조제목개정)

제12장 시행예규
(2015.4.24 본장개정)

제91조【대법원예규】 등록사무처리절차 등에 관하여 이 규칙에서 정하지 않은 필요한 사항은 대법원예규로 정한다.

부 칙

제1조【시행일】 이 규칙은 2008년 1월 1일부터 시행한다.
제2조【폐지 대법원규칙】 호적법 시행규칙은 이를 폐지한다.
제3조【경과조치】 ① 이 규칙이 시행되기 전에 접수된 사건의 처리에 관하여는 종전의 호적법 시행규칙(이하 "종전규칙"이라 한다)에 따른다.
② 종전규칙에 따라 법원 및 시·읍·면에 비치·보관하는 부책과 서류 등에 관한 인계절차 및 그 보존기간은 이 규칙에 달리 정하지 않은 경우에는 종전규칙에 따른다.
③ (2009.6.26 삭제)
④ 신고에 관계없이 효력이 발생하는 법률관계 또는 사실에 관한 신고에 있어서 법 시행 이전에 이미 그 효력이 발생하였으나 법 시행 이후에 신고가 접수된 경우에는 신고 내용대로 바로 가족관계등록부에 기록하여야 한다.
⑤ (2009.6.26 삭제)
⑥ 호적용지로 작성된 무연고호적 및 이기보류호적에 대하여 등·초본교부신청이 접수된 때에는 종전규칙에 의한 등·초본을 교부하고 그 즉시 대법원규칙 제1911호 구 호적법시행규칙중개정규칙 부칙 제2조 및 제3조에 따라 이미지 전산이기완료한 후 법 부칙 제3조제3항에 따라 제적처리를 하여야 한다. 등록신고사건이 접수된 때에는 호적용지로 작성된 호적을 이미지전산제적부로 전환한 후 전산제적부로 이기하고 법 및 이 규칙에 따라 가족관계등록부를 작성하여 신고사건을 처리하여야 한다. 본인의 가족관계등록부 작성신청을 접수한 때에도 이와 같다. 다만, 호적용지로 작성된 호적에 관한 열람 또는 등·초본의 교부청구권자에 관하여는 법 제14조제1항을 준용하고 신고사건 본인 또는 신고인 등의 확인에 관하여는 규칙 제40조제3항에 따른다.(2009.6.26 본항개정)

제4조【개인별 가족관계등록부의 작성 범위와 방법】 ① 종전 호적을 개인별로 구분하여 등록부를 작성할 경우에 본인의 등록부에 기록하는 범위는, 이 규칙 시행 당시 종전호적에 기재된 유효한 사항을 기준으로 하되, 부모(양부모 포함), 자녀(양자녀 포함), 배우자에 관한 사항 중 사망, 분가, 전적, 그 밖의 사유로 종전호적에 그 기재사항이 없는 경우에는 제적부 또는 이해관계인의 소명에 의하여 기록하는 방법에 의할 수 있다.

② 제1항에 따라 개인별 등록부를 작성한 때에는 등록부의 가족관계등록부사항란에 법 부칙 제3조제1항에 따라 개인별 등록부를 작성한 뜻과 그 연월일을 기록하여야 한다.
③ 제1항에 따라 등록부에 기록을 마친 때에는 종전 호적의 호적사항란에 법률 제8435호에 따라 제적한 뜻과 그 연월일을 기록한 후 그 호적을 종전규칙 제76조제2항에 따라 제적으로 처리한다.

부 칙 (2013.1.8)

제1조【시행일】 이 규칙은 공포한 날부터 시행한다. 다만, 제25조의2 및 제28조제2항 단서의 개정규정은 2013년 3월 4일부터 시행한다.
제2조【제적 등 · 초본의 발급에 관한 적용례】 제25조의2의 개정규정은 제적 등 · 초본의 발급에 대하여도 적용한다. 다만, 그 발급은 본인에 한하여 신청할 수 있다.

부 칙 (2013.6.5)

제1조【시행일】 이 규칙은 2013년 7월 1일부터 시행한다.
제2조【금치산자 등에 관한 경과조치】 이 규칙 시행 당시 이미 금치산 또는 한정치산의 선고를 받은 사람에 대하여는 「민법」에 따라 성년후견, 한정후견, 특정후견이 개시되거나 임의후견감독인이 선임되거나 법률 제10429호 민법 부칙 제1조에 따른 시행일부터 5년이 경과할 때까지는 종전의 규정을 적용한다.

부 칙 (2014.5.30)

제1조【시행일】 이 규칙은 2014년 7월 31일부터 시행한다.
제2조【제적부의 열람에 관한 적용례】 제25조의2의 개정규정은 제적부의 열람에 대하여도 적용한다. 다만, 그 열람은 본인에 한하여 신청할 수 있다.

부 칙 (2020.7.27)

이 규칙은 공포한 날부터 시행한다. 다만, 제36조의2의 개정규정은 2020년 8월 5일부터 시행한다.

부 칙 (2020.11.26)

제1조【시행일】 이 규칙은 2020년 12월 10일부터 시행한다. 다만, 제21조의2의 개정규정은 2020년 12월 28일부터 시행한다.
제2조【적용례】 제36조의2의 개정규정은 이 규칙 시행 당시 접수되어 계속 중인 사건에 대하여도 적용한다.

부 칙 (2021.1.29)

이 규칙은 공포한 날부터 시행한다. 다만, 제36조의2의 개정규정은 2021년 7월 1일부터 시행한다.

부 칙 (2021.3.25)

이 규칙은 2021년 4월 17일부터 시행한다.

부 칙 (2021.5.27)

제1조【시행일】 이 규칙은 2021년 6월 10일부터 시행한다.
제2조【적용례】 이 규칙은 이 규칙 시행 당시 접수되어 계속 중인 사건에 대하여도 적용한다.

부 칙 (2021.9.30)

이 규칙은 2021년 10월 21일부터 시행한다.

부 칙 (2021.11.29)

이 규칙은 2021년 12월 9일부터 시행한다.

부 칙 (2021.12.31)

제1조【시행일】 이 규칙은 2022년 1월 1일부터 시행한다. 다만, 「가정폭력범죄의 처벌 등에 관한 특례법」 제2조제5호에 따른 가정폭력피해자가 외국인으로서 가족으로 기록된 경우에는 전산화 정도를 고려하여 대법원예규로 정하는 바에 따라 개정규칙을 적용하지 아니할 수 있다.
제2조【가정폭력행위자의 증명서의 교부 제한 등에 관한 적용례】 이 규칙은 이 규칙 시행 전에 발생한 「가정폭력범죄의 처벌 등에 관한 특례법」 제2조제3호에 따른 가정폭력범죄로 인하여 피해를 입은 경우에 대하여도 적용한다.

부 칙 (2022.1.28)

이 규칙은 2022년 2월 14일부터 시행한다.

부 칙 (2022.2.25)

이 규칙은 2022년 3월 2일부터 시행한다.

부 칙 (2022.4.29)

제1조【시행일】 이 규칙은 2022년 5월 1일부터 시행한다.
제2조【경과조치】 부칙 제2119호 제3조제2항에 따라 대법원규칙 제2069호 호적법 시행규칙 제92조의2 내지 제94조의 적용을 받는 부책 · 서류 등의 보존기간 27년은 30년으로 한다.

부 칙 (2022.6.30)

이 규칙은 공포한 날부터 시행한다.

부 칙 (2023.2.24)

이 규칙은 2023년 3월 2일부터 시행한다.

부 칙 (2024.3.28)

이 규칙은 2024년 7월 19일부터 시행한다.

부 칙 (2024.5.30)

이 규칙은 2024년 6월 11일부터 시행한다.

〔별표 · 별지서식〕 ➡ 「www.hyeonamsa.com」 참조

입목에 관한 법률

(1973년 2월 6일
법 률 제2484호)

개정
1996.11.23법 5168호
1998.12.28법 5592호(부등)
2002.12.26법 6820호(임업및산촌진흥촉진에관한법)
2010. 3.31법10199호 2012. 2.10법11303호
2024. 9.20법20435호(부등)

제1조【목적】 이 법은 입목(立木)에 대한 등기 및 저당권 설정 등에 필요한 사항을 규정함을 목적으로 한다.
(2010.3.31 본조개정)

제2조【정의】 ① 이 법에서 사용하는 용어의 뜻은 다음과 같다.
1. "입목"이란 토지에 부착된 수목의 집단으로서 그 소유자가 이 법에 따라 소유권보존의 등기를 받은 것을 말한다.
2. "입목등기부"란 전산정보처리조직에 의하여 입력·처리된 입목에 관한 등기정보자료를 대법원규칙으로 정하는 바에 따라 편성한 것을 말한다.
3. "입목등기기록"이란 1개의 입목에 관한 등기정보자료를 말한다.
② 제1항제1호의 집단의 범위는 대통령령으로 정한다.
(2012.2.10 본조개정)

제3조【입목의 독립성】 ① 입목은 부동산으로 본다.
② 입목의 소유자는 토지와 분리하여 입목을 양도하거나 저당권의 목적으로 할 수 있다.
③ 토지소유권 또는 지상권 처분의 효력은 입목에 미치지 아니한다.
(2010.3.31 본조개정)

제4조【저당권의 효력】 ① 입목을 목적으로 하는 저당권의 효력은 입목을 베어 낸 경우에 그 토지로부터 분리된 수목에도 미친다.
② 저당권자는 채권의 기한이 되기 전이라도 제1항의 분리된 수목을 경매할 수 있다. 다만, 그 매각대금을 공탁하여야 한다.(2012.2.10 단서개정)
③ 수목의 소유자는 상당한 담보를 공탁하고 제2항에 따른 경매의 면제를 신청할 수 있다.
(2010.3.31 본조개정)

제5조【저당된 입목의 관리】 ① 저당권의 목적이 된 입목의 소유자는 당사자 간에 약정된 시업(施業)방법에 따라 그 입목을 조성하고 육림(育林)하여야 한다.
② 천재지변이나 그 밖의 불가항력으로 입목에 손실이 발생하였을 때에는 입목소유자는 제1항의 책임을 면한다.
(2010.3.31 본조개정)

제6조【법정지상권】 ① 입목의 경매나 그 밖의 사유로 토지와 그 입목이 각각 다른 소유자에게 속하게 되는 경우에는 토지소유자는 입목소유자에 대하여 지상권을 설정한 것으로 본다.
② 제1항의 경우에 지료(地料)에 관하여는 당사자의 약정에 따른다.
(2010.3.31 본조개정)

제7조【지상권 또는 임차권에 대한 저당권의 효력】 지상권자 또는 토지의 임차인에게 속하는 입목이 저당권의 목적이 되어 있는 경우에는 지상권자 또는 임차인은 저당권자의 승낙 없이 그 권리를 포기하거나 계약을 해지할 수 없다.
(2010.3.31 본조개정)

제8조【입목의 등록】 ① 소유권보존의 등기를 받을 수 있는 수목의 집단은 이 법에 따른 입목등록원부에 등록된 것으로 한정한다.
② 제1항의 등록을 받으려는 자는 그 소재지를 관할하는 특별자치도지사, 시장, 군수 또는 구청장(자치구의 구청장을 말한다. 이하 같다)에게 신청하여야 한다. 등록된 사항의 변경등록을 받으려 할 때에도 또한 같다.(2012.2.10 본항개정)
(2010.3.31 본조개정)

제9조【입목등록원부】 ① 특별자치도지사, 시장, 군수 또는 구청장은 입목등록원부를 갖추어 두고 이 법에 따른 등록을 하고, 정리하여야 한다.(2012.2.10 본항개정)
② 입목등록원부에 관계되는 신청서와 그 첨부서류는 10년간 보존하여야 한다.
③ 특별자치도지사, 시장, 군수 또는 구청장은 입목 등록을 말소하였을 때에는 그 취지를 적어 해당 용지를 폐쇄하고 폐쇄한 날부터 10년간 보존하여야 한다.(2012.2.10 본항개정)
(2010.3.31 본조개정)

제10조【입목등록원부의 열람, 등본·초본의 발급】 해당 수목에 대하여 이해관계 있는 자는 입목등록원부를 열람하거나 그 등본 또는 초본의 발급을 청구할 수 있다.
(2010.3.31 본조개정)

제11조【등록 절차】 이 법에 따른 등록의 절차에 관하여 필요한 사항은 대통령령으로 정한다.(2010.3.31 본조개정)

제12조 (2012.2.10 삭제)

제13조【물적 편성주의】 입목등기부를 편성할 때에는 1개의 입목에 대하여 1개의 입목등기기록을 둔다.(2012.2.10 본조개정)

제14조【입목등기기록의 편성】 입목등기기록에는 입목의 표시에 관한 사항을 기록하는 표제부와 소유권에 관한 사항을 기록하는 갑구(甲區) 및 저당권에 관한 사항을 기록하는 을구(乙區)를 둔다.(2012.2.10 본조개정)

제15조【표제부의 등기사항】 등기관은 입목등기기록의 표제부에 「부동산등기법」 제34조 각 호의 사항 외에 다음 각 호의 사항을 기록하여야 한다.(2012.2.10 본문개정)
1. 수목이 1필의 토지의 일부분에 부착된 경우에는 그 부분의 위치 및 지적(地積), 그 부분을 표시하는 명칭 또는 번호가 있을 때에는 그 명칭 또는 번호
2. 수종(樹種)·수량(數量) 및 수령(樹齡)(2012.2.10 본호개정)
3. 조사연도(2012.2.10 본호신설)
4. 도면번호(2012.2.10 본호신설)
(2012.2.10 본조제목개정)
(2010.3.31 본조개정)

제16조【소유권보존등기의 신청인】 ① 소유권보존의 등기는 다음 각 호의 어느 하나에 해당하는 자가 신청할 수 있다.(2012.2.10 본문개정)
1. 입목이 부착된 토지의 소유자 또는 지상권자로서 등기기록에 등기된 자(2012.2.10 본호개정)
2. 제1호에 해당하는 자의 증명서에 의하여 자기의 소유권을 증명하는 자
3. 판결에 의하여 자기의 소유권을 증명하는 자
② (2012.2.10 삭제)
(2012.2.10 본조제목개정)
(2010.3.31 본조개정)

제17조【소유권보존등기의 신청】 소유권보존의 등기를 신청하는 경우에 그 보존등기에 관하여 토지의 등기기록상 이해관계 있는 제3자가 있을 때에는 제3자의 승낙이 있어야 한다.(2012.2.10 본조개정)

제18조【소유권보존등기】 ① 등기관은 이미 등기되어 있는 토지에 부착된 수목에 대하여 소유권보존의 등기를 하는 경우에 토지의 등기기록에 토지 또는 지상권을 목적으로 하는 저당권의 등기가 있을 때에는 입목등기기록에 그 등기를 전사(轉寫)하여야 한다. 다만, 그 등기에 저당권이 수목에 미치지 아니한다는 뜻이 기록되어 있을 때에는 예외로 한다.
(2012.2.10 본항개정)
② 제1항에 따라 저당권의 전사를 할 때에는 그 저당권의 등기에 관하여 이미 공동담보목록이 있는 경우를 제외하고 등기관은 공동담보목록을 작성하여야 한다.
(2010.3.31 본조개정)

제19조【소유권보존등기】 ① 등기관은 이미 등기되어 있는 토지에 부착된 수목에 대하여 소유권보존의 등기를 하였을 때와 입목의 구분 등기를 하였을 때에는 토지의 등기기록 중 표제부에 입목등기기록을 표시하여야 한다.
② 등기관은 입목등기기록을 폐쇄하였을 때에는 제1항에 따른 표시를 말소하여야 한다.
(2012.2.10 본조개정)

제20조【변경등기】 ① 입목이 분합(分合)되거나 멸실되었을 때 또는 제15조 각 호의 사항이 변경되었을 때에는 소유권의 등기명의인은 지체 없이 그 등기를 신청하여야 한다. 다만, 수목의 자연발생·성장 또는 제5조제1항에 따른 시업방법으로 인하여 변경된 경우는 예외로 한다.
② 입목이 부착된 토지의 지목(地目), 지번(地番) 또는 지적이 변경되었을 때에도 제1항과 같다.
(2010.3.31 본조개정)

제21조【저당권의 등기사항】 등기관은 입목을 목적으로 하는 저당권 설정등기를 할 때에는 「부동산등기법」 제75조에서 규정한 사항 외에 시업방법을 기록하여야 한다.
(2012.2.10 본조개정)

제22조【산림보험】 ① 입목을 저당권의 목적으로 하려는 자는 그 입목에 대하여 보험(「농업협동조합법」, 「산림조합법」에 따른 공제를 포함한다. 이하 같다)에 가입하여야 한다.
② 제1항에 따른 보험의 내용은 대통령령으로 정한다.
(2010.3.31 본조개정)

제23조【「부동산등기법」의 준용】 입목에 대한 등기에 관하여 이 법에 특별한 규정이 있는 경우 및 「부동산등기법」 제7조의2, 제7조의3, 제24조제1항제2호 및 제101조(전산정보처리조직을 이용한 이의신청에 관한 부분만 해당한다)를 제외하고는 「부동산등기법」을 준용한다.(2024.9.20 본조개정)

부 칙 (2012.2.10)

이 법은 공포 후 6개월이 경과한 날부터 시행한다.

부 칙 (2024.9.20)

제1조【시행일】 이 법은 2025년 1월 31일부터 시행한다.
(이하 생략)

신원보증법

(2002년 1월 14일
전개법률 제6592호)

개정
2009. 1.30법9363호

제1조【목적】 이 법은 신원보증 관계를 적절히 규율함을 목적으로 한다.(2009.1.30 본조개정)

제2조【정의】 이 법에서 "신원보증계약"이란 피용자(被傭者)가 업무를 수행하는 과정에서 그에게 책임 있는 사유로 사용자(使用者)에게 손해를 입힌 경우에 그 손해를 배상할 채무를 부담할 것을 약정하는 계약을 말한다.(2009.1.30 본조개정)

제3조【신원보증계약의 존속기간 등】 ① 기간을 정하지 아니한 신원보증계약은 그 성립일부터 2년간 효력을 가진다.
② 신원보증계약의 기간은 2년을 초과하지 못한다. 이보다 장기간으로 정한 경우에는 그 기간을 2년으로 단축한다.
③ 신원보증계약은 갱신할 수 있다. 다만, 그 기간은 갱신한 날부터 2년을 초과하지 못한다.
(2009.1.30 본조개정)

제4조【사용자의 통지의무】 ① 사용자는 다음 각 호의 어느 하나에 해당하는 경우에는 지체 없이 신원보증인에게 통지하여야 한다.
1. 피용자가 업무상 부적격자이거나 불성실한 행적이 있어 이로 인하여 신원보증인의 책임을 야기할 우려가 있음을 안 경우
2. 피용자의 업무 또는 업무수행의 장소를 변경함으로써 신원보증인의 책임이 가중되거나 업무 감독이 곤란하게 될 경우
② 사용자가 고의 또는 중과실로 제1항의 통지의무를 게을리하여 신원보증인이 제5조에 따른 해지권을 행사하지 못한 경우 신원보증인은 그로 인하여 발생한 손해의 한도에서 의무를 면한다.
(2009.1.30 본조개정)

제5조【신원보증인의 계약해지권】 신원보증인은 다음 각 호의 어느 하나에 해당하는 사유가 있는 경우에는 계약을 해지할 수 있다.
1. 사용자로부터 제4조제1항의 통지를 받거나 신원보증인이 스스로 제4조제1항 각 호의 어느 하나에 해당하는 사유가 있음을 안 경우
2. 피용자의 고의 또는 과실로 인한 행위로 발생한 손해를 신원보증인이 배상한 경우
3. 그 밖에 계약의 기초가 되는 사정에 중대한 변경이 있는 경우
(2009.1.30 본조개정)

제6조【신원보증인의 책임】 ① 신원보증인은 피용자의 고의 또는 중과실로 인한 행위로 발생한 손해를 배상할 책임이 있다.
② 신원보증인이 2명 이상인 경우에는 특별한 의사표시가 없으면 각 신원보증인은 같은 비율로 의무를 부담한다.
③ 법원은 신원보증인의 손해배상액을 산정하는 경우 피용자의 감독에 관한 사용자의 과실 유무, 신원보증을 하게 된 사유 및 이를 할 때 주의를 한 정도, 피용자의 업무 또는 신원의 변화, 그 밖의 사정을 고려하여야 한다.
(2009.1.30 본조개정)

제7조【신원보증계약의 종료】 신원보증계약은 신원보증인의 사망으로 종료된다.(2009.1.30 본조개정)

제8조【불이익금지】 이 법의 규정에 반하는 특약으로서 어떠한 명칭이나 내용으로든지 신원보증인에게 불리한 것은 효력이 없다.(2009.1.30 본조개정)

부 칙 (2009.1.30)

이 법은 공포한 날부터 시행한다.

보호시설에 있는 미성년자의 후견 직무에 관한 법률

(약칭 : 시설미성년후견법)

(2000년 1월 12일 전개법률 제6148호)

개정
2002.12.18법 6801호(모·부자복지법)
2006.12.28법 8119호(모·부자복지법)
2007. 4.11법 8367호(장애인)
2007.10.17법 8655호(한부모가족지원법)
2011. 3.30법10517호(장애인)
2011. 4.12법10582호(한부모가족지원법)
2011. 8. 4법11002호(아동)
2012.10.22법11517호 2016. 2. 3법13993호
2016. 5.29법14224호(정신건강증진및정신질환자복지서비스지원에관한법)
2017. 3.21법14695호 2021.12.21법18615호
2023. 4.11법19340호(한부모가족지원법)

제1조【목적】 이 법은 보호시설에 있는 미성년자의 후견인(後見人)에 관한 사항을 규정함을 목적으로 한다.(2012.10.22 본조개정)

제2조【정의】 이 법에서 사용하는 용어의 뜻은 다음과 같다.
1. "보호시설"이란 다음 각 목의 시설을 말한다.
  가.「아동복지법」제52조에 따른 아동복지시설 중 대통령령으로 정하는 시설
  나.「장애인복지법」제58조제1항제1호의 장애인 거주시설
  다.「정신건강증진 및 정신질환자 복지서비스 지원에 관한 법률」제22조에 따른 정신요양시설 및 같은 법 제26조에 따른 정신재활시설(2016.5.29 본목개정)
  라.「한부모가족지원법」제19조제1항제1호의 출산지원시설(2023.4.11 본목개정)
  마.「노숙인 등의 복지 및 자립지원에 관한 법률」제16조제1항제2호부터 제4호까지의 노숙인자활시설, 노숙인재활시설 및 노숙인요양시설
  바.「청소년복지 지원법」제31조제1호 및 제2호의 청소년쉼터 및 청소년자립지원관(2016.2.3 본목신설)
  사.「성폭력방지 및 피해자보호 등에 관한 법률」제12조제3항제1호부터 제3호까지의 일반보호시설, 장애인보호시설, 특별지원 보호시설(2017.3.21 본목신설)
  아.「성매매방지 및 피해자보호 등에 관한 법률」제9조제1항제1호·제2호 및 제4호의 일반 지원시설과 청소년 지원시설, 자립지원 공동생활시설(2017.3.21 본목신설)
2. "부양의무자"란 보호시설에 있는 미성년자에 대하여「민법」제931조 및 제932조에 따라 후견인이 될 수 있는 사람을 말한다.

(2012.10.22 본조개정)

제3조【후견인】 ① 국가나 지방자치단체가 설치·운영하는 보호시설에 있는 미성년자인 고아에 대하여는 그 보호시설의 장이 후견인이 된다.
② 국가 또는 지방자치단체 외의 자가 설치·운영하는 보호시설에 있는 미성년자인 고아에 대하여는 대통령령으로 정하는 바에 따라 그 보호시설의 소재지를 관할하는 특별자치시장·시장(「제주특별자치도 설치 및 국제자유도시 조성을 위한 특별법」에 따른 행정시장을 포함한다. 이하 같다)·군수·구청장(자치구의 구청장을 말한다. 이하 같다)이 후견인을 지정한다.
③ 보호시설에 있는 고아가 아닌 미성년자에 대하여도 제1항과 제2항을 준용하되, 대통령령으로 정하는 바에 따라 법원의 허가를 받아야 한다.
④ 법원은 제3항에 따른 허가를 하기 전까지 후견인이 되기 위하여 신청을 한 사람으로 하여금 다음 각 호에 해당하는 사항에 대하여 임시로 후견인 역할을 하게 할 수 있다. 이 경우 해당 미성년자의 의견을 존중하여야 한다.
1. 금융계좌 개설 및 이동통신서비스 이용에 관한 사항
2. 수술, 입원·퇴원 등 의료서비스 이용에 관한 사항
3. 입학, 전학 등 학적관리에 필요한 사항

(2021.12.21 본항신설)

(2012.10.22 본조개정)

제4조【부양의무자 확인 공고】 ① 보호시설의 장은 제3조에 따른 후견인 지정 등에 있어 대통령령으로 정하는 바에 따라 해당 보호시설의 소재지를 관할하는 특별자치시장·시장·군수·구청장에게 부양의무자 확인 공고를 의뢰하여야 한다. 다만, 다른 보호시설의 장이 확인 공고를 의뢰한 사실이 있는 사람에 대하여는 그러하지 아니하다.
② 제1항에 따라 부양의무자 확인 공고를 의뢰받은 특별자치시장·시장·군수·구청장은 대통령령으로 정하는 기간 동안 공고를 하여야 한다.

(2012.10.22 본조개정)

제5조【후견인의 결격사유】 다음 각 호의 어느 하나에 해당하는 사람은 후견인이 될 수 없다.
1.「민법」제937조 각 호의 어느 하나에 해당하는 사람
2. 후견인의 직무를 성실히 수행할 수 없거나 아동복지를 위하여 부적당하다고 인정되는 사람

(2012.10.22 본조개정)

제6조【후견인의 직무】 제3조에 따라 후견인이 된 사람의 직무에 관하여는「민법」의 후견인의 임무에 관한 규정을 준용한다. 다만, 피후견인(被後見人)의 입양에 관한 직무는 제4조제2항에 따른 공고기간이 만료된 날의 다음 날부터 수행할 수 있다.(2012.10.22 본조개정)

제7조【후견인의 지정취소 등】 제3조에 따라 후견인으로 지정받거나 지정에 관한 법원의 허가를 받은 사람이 제5조 각 호의 어느 하나에 해당하게 되거나 그 임무가 종료되었을 때에는 해당 보호시설의 소재지를 관할하는 특별자치시장·시장·군수·구청장은 후견인의 지정을 취소하거나 해당 법원에 그 허가의 취소를 청구할 수 있다.(2012.10.22 본조개정)

부 칙

① **【시행일】** 이 법은 공포후 6월이 경과한 날부터 시행한다.
② **【후견인의 지정 등에 관한 경과조치】** 이 법 시행 당시 종전의 규정에 의하여 특별시장·광역시장 또는 도지사가 행한 후견인의 지정 및 지정취소는 이 법에 의하여 시장·군수·구청장이 행한 것으로 본다.

부 칙 (2017.3.21)
(2021.12.21)

이 법은 공포 후 3개월이 경과한 날부터 시행한다.

부 칙 (2023.4.11)

제1조【시행일】 이 법은 공포 후 6개월이 경과한 날부터 시행한다.(이하 생략)

실화책임에 관한 법률
(약칭 : 실화책임법)

(2009년 5월 8일 전부개정법률 제9648호)

제1조 【목적】 이 법은 실화(失火)의 특수성을 고려하여 실화자에게 중대한 과실이 없는 경우 그 손해배상액의 경감(輕減)에 관한 「민법」 제765조의 특례를 정함을 목적으로 한다.

제2조 【적용범위】 이 법은 실화로 인하여 화재가 발생한 경우 연소(延燒)로 인한 부분에 대한 손해배상청구에 한하여 적용한다.

제3조 【손해배상액의 경감】 ① 실화가 중대한 과실로 인한 것이 아닌 경우 그로 인한 손해의 배상의무자(이하 "배상의무자"라 한다)는 법원에 손해배상액의 경감을 청구할 수 있다.
② 법원은 제1항의 청구가 있을 경우에는 다음 각 호의 사정을 고려하여 그 손해배상액을 경감할 수 있다.
1. 화재의 원인과 규모
2. 피해의 대상과 정도
3. 연소(延燒) 및 피해 확대의 원인
4. 피해 확대를 방지하기 위한 실화자의 노력
5. 배상의무자 및 피해자의 경제상태
6. 그 밖에 손해배상액을 결정할 때 고려할 사정

부 칙

① **【시행일】** 이 법은 공포한 날부터 시행한다.
② **【적용례】** 이 법은 2007년 8월 31일 이후 이 법 시행 전에 발생한 실화에 대하여도 적용한다.

국가배상법

(1967년 3월 3일 법 률 제1899호)

개정
1973. 2. 5법 2459호 1980. 1. 4법 3235호
1981.12.17법 3464호 1997.12.13법 5433호
2000.12.29법 6310호 2005. 7.13법 7584호
2008. 3.14법 8897호 2009.10.21법 9803호
2016. 5.29법14184호(예비군법)
2017.10.31법14964호 2025. 1. 7법20635호

제1조 【목적】 이 법은 국가나 지방자치단체의 손해배상(損害賠償)의 책임과 배상절차를 규정함을 목적으로 한다.
(2008.3.14 본조개정)

제2조 【배상책임】 ① 국가나 지방자치단체는 공무원 또는 공무를 위탁받은 사인(이하 "공무원"이라 한다)이 직무를 집행하면서 고의 또는 과실로 법령을 위반하여 타인에게 손해를 입히거나, 「자동차손해배상 보장법」에 따라 손해배상의 책임이 있을 때에는 이 법에 따라 그 손해를 배상하여야 한다. 다만, 군인·군무원·경찰공무원 또는 예비군대원이 전투·훈련 등 직무 집행과 관련하여 전사(戰死)·순직(殉職)하거나 공상(公傷)을 입은 경우에 본인이나 그 유족이 다른 법령에 따라 재해보상금·유족연금·상이연금 등의 보상을 지급받을 수 있을 때에는 이 법 및 「민법」에 따른 손해배상을 청구할 수 없다.(2016.5.29 단서개정)
② 제1항 본문의 경우에 공무원에게 고의 또는 중대한 과실이 있으면 국가나 지방자치단체는 그 공무원에게 구상(求償)할 수 있다.
③ 제1항 단서에도 불구하고 전사하거나 순직한 군인·군무원·경찰공무원 또는 예비군대원의 유족은 자신의 정신적 고통에 대한 위자료를 청구할 수 있다.(2025.1.7 본항신설)
(2008.3.14 본조개정)

판례 국가가 기지촌을 운영·관리함에 있어 행정재량의 범위를 벗어나 적극적·능동적으로 원고들의 성매매 종사를 정당화하거나 이를 조장하였고, 이러한 행위는 윤락행위 금지를 규정한 (구) 윤락행위등 방지법의 규정뿐만 아니라 인권존중 의무와 같이 공무원으로서 마땅히 지켜야 할 준칙과 규범을 위반한 것으로서 객관적 정당성을 결여하여 위법하다고 봄이 타당하다. 따라서 국가는 이와 같은 반인권적 불법행위에 대하여 위자료를 지급할 책임이 있다.
(서울고법 2018.2.8, 2017나2017700)

판례 갑이 경주보훈지청에 국가유공자에 대한 주택구입대부제도에 관하여 전화로 문의하고 대부신청서까지 제출하였으나, 담당 공무원에게서 주택구입대부금지급을 보증하는 지급보증서제도에 관한 안내를 받지 못하여 대부제도 이용을 포기하고 시중은행에서 대출을 받아 주택을 구입함으로써 결과적으로 더 많은 이자를 부담하게 되었다고 주장하며 국가를 상대로 정신적 손해의 배상을 구한 경우, 절박하고 중대한 위험상태가 발생했거나 발생할 상당한 우려가 있는 경우가 아닌 한 원칙적으로 공무원이 관련 법령에서 정해진 대로 직무를 수행했다면 그와 같은 공무원의 부작위를 가지고 고의 또는 과실로 법령을 위반했다고 할 수 없다.(대판 2012.7.26, 2010다95666)

판례 대외적으로 좌익전향자 단체임을 표방하였으나 실제로는 국가가 조직·관리하는 관변단체 성격을 띠고 있던 국민보도연맹 산하 지방연맹 소속 연맹원들이 한국전쟁 발발 직후 상부 지시를 받은 군과 경찰에 의해 구금되었다가 그들 중 일부가 처형대상자로 분류되어 집단 총살을 당하였고, 이후 국가가 처형자 명부 등을 작성하여 3급 비밀로 지정하였는데, 위 학살의 구체적 진상을 잘 알지 못했던 유족들이 진실·화해를 위한 과거사정리위원회의 진실규명결정이 있었던 2007.11.27 이후에야 국가를 상대로 손해배상을 청구하자 국가가 소멸시효 완성을 주장한 사안에서, 국가의 소멸시효 완성 주장은 신의칙에 반하여 허용될 수 없다.(대판 2011.6.30, 2009다72599)

판례 개별공시지가는 개발부담금의 부과, 토지 관련 조세 부과 등 다른 법령이 정하는 목적을 위해 지가를 산정하는 경우에 그 산정 기준이 되는 관계로 납세자인 국민 등의 재산상 권리·의무에 직접적인 영향을 미치게 되므로, 개별공시지가 산정업무를 담당하는 공무원으로서는 당해 토지의 실제 이용상황 등 토지특성을 정확하게 조사하고 당해 토지와 토지이용상황이 유사한 비교표준지를 선정하여 그 특성을 비교하는 등 법령 및 '개별공시지가의 조사·산정 지침'에서 정한

기준과 방법에 의하여 개별공시지가를 산정하고, 산정지가의 검증을 의뢰받은 감정평가업자나 시·군·구 부동산평가위원회로서는 위 산정지가 또는 검증지가가 위와 같은 기준과 방법에 의하여 제대로 산정된 것인지 여부를 검증, 심의함으로써 적정한 개별공시지가가 결정·공시되도록 조치할 직무상의 의무가 있고, 이러한 직무상 의무는 단순히 공공 일반의 이익을 위한 것이거나 행정기관 내부의 질서를 규율하기 위한 것이 아니고 전적으로 또는 부수적으로 국민 개개인의 재산권 보장을 목적으로 하여 규정된 것이라고 봄이 상당하다. 따라서 개별공시지가 산정업무 담당공무원 등이 그 직무상 의무에 위반하여 현저하게 불합리한 개별공시지가가 결정되도록 함으로써 국민 개개인의 재산권을 침해한 경우에는 그 손해에 대하여 상당인과관계 있는 범위 내에서 그 담당공무원 등이 소속된 지방자치단체가 배상책임을 지게 된다.(대판 2010.7.22, 2010다13527)

판례 교도소 등의 구금시설에 수용된 피구금자는 스스로 의사에 의하여 시설로부터 나갈 수 없고 행동의 자유도 박탈되어 있으므로, 그 시설의 관리자는 피구금자의 생명, 신체의 안전을 확보할 의무가 있는바, 그 안전확보의무의 내용과 정도는 피구금자의 신체적·정신적 상황, 시설의 물적·인적 상황, 시간적·장소적 상황 등에 따라 일의적이지는 않고 사안에 따라 구체적으로 확정하여야 한다.
(대판 2010.1.28, 2008다75768)

판례 [1] 민법 제766조제1항 소정의 '손해 및 가해자를 안 날'은 손해의 발생, 위법한 가해행위의 존재, 가해행위와 손해의 발생 사이에 상당인과관계가 있다는 사실 등 불법행위의 요건사실에 대하여 현실적이고도 구체적으로 인식하였을 때를 의미하고, 피해자 등이 언제 불법행위의 요건사실을 현실적이고도 구체적으로 인식한 것으로 볼 것인지는 개별적 사건에 있어서의 여러 객관적 사정을 참작하고 손해배상청구가 사실상 가능하게 된 상황을 고려하여 합리적으로 인정하여야 한다.
[2] 국회의 입법행위 또는 입법부작위가 국가배상법 제2조제1항의 위법행위에 해당하는 경우 : 국회는 다수결의 원리에 따라 통일적인 국가의 사를 형성하는 역할을 담당하는 국가기관으로서 그 과정에 참여한 국회의원은 입법에 관하여 원칙적으로 국민 전체에 대한 관계에서 정치적 책임을 질 뿐 국민 개개인의 권리에 대응하여 법적 의무를 지는 것은 아니므로, 국회의원의 입법행위는 위법행위에 해당한다고 볼 수 없고, 같은 맥락에서 국가가 입법에 필요한 상당한 기간이 경과하도록 고의 또는 과실로 이러한 입법의무를 이행하지 아니하는 등 극히 예외적인 사정이 인정되는 사안에 한정하여 국가배상법 소정의 배상책임이 인정될 수 있으며, 위와 같은 구체적인 입법의무 자체가 인정되지 않는 경우에는 애당초 부작위로 인한 불법행위가 성립할 여지가 없다.
(대판 2008.5.29, 2004다33469)

제3조【배상기준】 ① 제2조제1항을 적용할 때 타인을 사망하게 한 경우(타인의 신체에 해를 입혀 그로 인하여 사망하게 한 경우를 포함한다) 피해자의 상속인(이하 "유족"이라 한다)에게 다음 각 호의 기준에 따라 배상한다.
1. 사망 당시(신체에 해를 입고 그로 인하여 사망한 경우에는 신체에 해를 입은 당시를 말한다)의 월급액이나 월실수입액(月實收入額) 또는 평균임금에 장래의 취업가능기간을 곱한 금액의 유족배상(遺族賠償)
2. 대통령령으로 정하는 장례비
② 제2조제1항을 적용할 때 타인의 신체에 해를 입힌 경우에는 피해자에게 다음 각 호의 기준에 따라 배상한다.
1. 필요한 요양을 하거나 이를 대신할 요양비
2. 제1호의 요양으로 인하여 월급액이나 월실수입액 또는 평균임금의 수입에 손실이 있는 경우에는 요양기간 중 그 손실액의 휴업배상(休業賠償)
3. 피해자가 완치 후 신체에 장해(障害)가 있는 경우에는 그 장해로 인한 노동력 상실 정도에 따라 피해를 입은 당시의 월급액이나 월실수입액 또는 평균임금에 장래의 취업가능기간을 곱한 금액의 장해배상(障害賠償)
③ 제2조제1항을 적용할 때 타인의 물건을 멸실·훼손한 경우에는 피해자에게 다음 각 호의 기준에 따라 배상한다.
1. 피해를 입은 당시의 그 물건의 교환가액 또는 필요한 수리를 하거나 이를 대신할 수리비
2. 제1호의 수리로 인하여 수입에 손실이 있는 경우에는 수리기간 중 그 손실액의 휴업배상
④ 생명·신체에 대한 침해와 물건의 멸실·훼손으로 인한 손해 외의 손해는 불법행위와 상당한 인과관계가 있는 범위에서 배상한다.
⑤ 사망하거나 신체의 해를 입은 피해자의 직계존속(直系尊屬)·직계비속(直系卑屬) 및 배우자, 신체의 해나 그 밖의 해를 입은 피해자에게는 대통령령으로 정하는 기준 내에서 피해자의 사회적 지위, 과실(過失)의 정도, 생계 상태, 손해배상액 등을 고려하여 그 정신적 고통에 대한 위자료를 배상하여야 한다.
⑥ 제1항제1호 및 제2항제3호에 따른 취업가능기간과 장해의 등급 및 노동력 상실률은 대통령령으로 정한다.
⑦ 제1항부터 제3항까지의 규정에 따른 월급액이나 월실수입액 또는 평균임금 등은 피해자의 주소지를 관할하는 세무서장 또는 시장·군수·구청장(자치구의 구청장을 말한다)과 피해자의 근무처의 장의 증명이나 그 밖의 공신력 있는 증명에 의하고, 이를 증명할 수 없을 때에는 대통령령으로 정하는 바에 따른다.
(2008.3.14 본조개정)

제3조의2【공제액】 ① 제2조제1항을 적용할 때 피해자가 손해를 입은 동시에 이익을 얻은 경우에는 손해배상액에서 그 이익에 상당하는 금액을 빼야 한다.
② 제3조제1항의 유족배상과 같은 조 제2항의 장해배상 및 장래에 필요한 요양비 등을 한꺼번에 신청하는 경우에는 중간이자를 빼야 한다.
③ 제2항의 중간이자를 빼는 방식은 대통령령으로 정한다.
(2008.3.14 본조개정)

제4조【양도 등 금지】 생명·신체의 침해로 인한 국가배상을 받을 권리는 양도하거나 압류하지 못한다.(2008.3.14 본조개정)

제5조【공공시설 등의 하자로 인한 책임】 ① 도로·하천, 그 밖의 공공의 영조물(營造物)의 설치나 관리에 하자(瑕疵)가 있기 때문에 타인에게 손해를 발생하게 하였을 때에는 국가나 지방자치단체는 그 손해를 배상하여야 한다. 이 경우 제2조제1항 단서, 제3조 및 제3조의2를 준용한다.
② 제1항을 적용할 때 손해의 원인에 대하여 책임을 질 자가 따로 있으면 국가나 지방자치단체는 그 자에게 구상할 수 있다.
(2008.3.14 본조개정)

판례 '영조물의 설치 또는 관리의 하자'의 의미 및 그 판단 기준 : 소정의 '영조물의 설치 또는 관리의 하자'라 함은 영조물이 그 용도에 따라 통상 갖추어야 할 안전성을 갖추지 못한 상태에 있음을 말하는 것으로서, 영조물이 완전무결한 상태에 있지 아니하고 그 기능상 어떠한 결함이 있다는 것만으로 영조물의 설치 또는 관리에 하자가 있다고 할 수 없고, 위와 같은 안전성의 구비 여부는 당해 영조물의 용도, 그 설치장소의 현황 및 이용 상황 등 제반 사정을 종합적으로 고려하여 설치·관리자가 그 영조물의 위험성에 비례하여 사회통념상 일반적으로 요구되는 정도의 방호조치의무를 다하였는지 여부를 그 기준으로 삼아 판단하여야 하고, 다른 생활필수시설과의 관계나 그것을 설치하고 관리하는 주체의 재정적, 인적, 물적 제약 등을 고려하여 그것을 이용하는 자의 상식적이고 질서 있는 이용 방법을 기대한 상대적인 안전성을 갖추는 것으로 족하며, 객관적으로 보아 시간적·장소적으로 영조물의 기능상 결함으로 인한 손해발생의 예견가능성과 회피가능성이 없는 경우 즉 그 영조물의 결함이 영조물의 설치관리자의 관리행위가 미칠 수 없는 상황 아래에 있는 경우에는 영조물의 설치·관리상의 하자를 인정할 수 없다.(대판 2008.9.25 2007다88903)

제6조【비용부담자 등의 책임】 ① 제2조·제3조 및 제5조에 따라 국가나 지방자치단체가 손해를 배상할 책임이 있는 경우에 공무원의 선임·감독 또는 영조물의 설치·관리를 맡은 자와 공무원의 봉급·급여, 그 밖의 비용 또는 영조물의 설치·관리 비용을 부담하는 자가 동일하지 아니하면 그 비용을 부담하는 자도 손해를 배상하여야 한다.
② 제1항의 경우에 손해를 배상한 자는 내부관계에서 그 손해를 배상할 책임이 있는 자에게 구상할 수 있다.
(2008.3.14 본조개정)

제7조【외국인에 대한 책임】 이 법은 외국인이 피해자인 경우에는 해당 국가와 상호 보증이 있을 때에만 적용한다.
(2008.3.14 본조개정)

제8조【다른 법률과의 관계】 국가나 지방자치단체의 손해배상 책임에 관하여는 이 법에 규정된 사항 외에는 「민법」에 따른다. 다만, 「민법」 외의 법률에 다른 규정이 있을 때에는 그 규정에 따른다.(2008.3.14 본조개정)

제9조【소송과 배상신청의 관계】 이 법에 따른 손해배상의 소송은 배상심의회(이하 "심의회"라 한다)에 배상신청을 하지 아니하고도 제기할 수 있다.(2008.3.14 본조개정)

제10조【배상심의회】 ① 국가나 지방자치단체에 대한 배상신청사건을 심의하기 위하여 법무부에 본부심의회를 둔다. 다만, 군인이나 군무원이 타인에게 입힌 손해에 대한 배상신청사건을 심의하기 위하여 국방부에 특별심의회를 둔다.
② 본부심의회와 특별심의회는 대통령령으로 정하는 바에 따라 지구심의회(地區審議會)를 둔다.
③ 본부심의회와 특별심의회와 지구심의회는 법무부장관의 지휘를 받아야 한다.
④ 각 심의회에는 위원장을 두며, 위원장은 심의회의 업무를 총괄하고 심의회를 대표한다.
⑤ 각 심의회의 위원 중 공무원이 아닌 위원은 「형법」 제127조 및 제129조부터 제132조까지의 규정을 적용할 때에는 공무원으로 본다.(2017.10.31 본항신설)
⑥ 각 심의회의 관할·구성·운영과 그 밖에 필요한 사항은 대통령령으로 정한다.
(2008.3.14 본조개정)

제11조【각급 심의회의 권한】 ① 본부심의회와 특별심의회는 다음 각 호의 사항을 심의·처리한다.
1. 제13조제6항에 따라 지구심의회로부터 송부받은 사건
2. 제15조의2에 따른 재심신청사건
3. 그 밖에 법령에 따라 그 소관에 속하는 사항
② 각 지구심의회는 그 관할에 속하는 국가나 지방자치단체에 대한 배상신청사건을 심의·처리한다.
(2008.3.14 본조개정)

제12조【배상신청】 ① 이 법에 따라 배상금을 지급받으려는 자는 그 주소지·소재지 또는 배상원인 발생지를 관할하는 지구심의회에 배상신청을 하여야 한다.
② 손해배상의 원인을 발생하게 한 공무원의 소속 기관의 장은 피해자나 유족을 위하여 제1항의 신청을 권장하여야 한다.
③ 심의회의 위원장은 배상신청이 부적법하지만 보정(補正)할 수 있다고 인정하는 경우에는 상당한 기간을 정하여 보정을 요구하여야 한다.
④ 제3항에 따른 보정을 하였을 때에는 처음부터 적법하게 배상신청을 한 것으로 본다.
⑤ 제3항에 따른 보정기간은 제13조제1항에 따른 배상결정 기간에 산입하지 아니한다.
(2008.3.14 본조개정)

제13조【심의와 결정】 ① 지구심의회는 배상신청을 받으면 지체 없이 증인신문(證人訊問)·감정(鑑定)·검증(檢證) 등 증거조사를 한 후 그 심의를 거쳐 4주일 이내에 배상금 지급결정, 기각결정 또는 각하결정(이하 "배상결정"이라 한다)을 하여야 한다.
② 지구심의회는 긴급한 사유가 있다고 인정할 때에는 제3조제1항제2호, 같은 조 제2항제1호 및 같은 조 제3항제1호에 따른 장례비·요양비 및 수리비의 일부를 사전에 지급하도록 결정할 수 있다. 사전에 지급을 한 경우에는 배상결정 후 배상금을 지급할 때에 그 금액을 빼야 한다.
③ 제2항 전단에 따른 사전 지급의 기준·방법 및 절차 등에 관하여 필요한 사항은 대통령령으로 정한다.
④ 제2항에도 불구하고 지구심의회의 회의를 소집할 시간적 여유가 없거나 그 밖의 부득이한 사유가 있으면 지구심의회의 위원장은 직권으로 사전 지급을 결정할 수 있다. 이 경우 위원장은 지구심의회에 그 사실을 보고하고 추인(追認)을 받아야 하며, 지구심의회의 추인을 받지 못하면 그 결정은 효력을 잃는다.
⑤ 심의회는 제3조와 제3조의2의 기준에 따라 배상금 지급을 심의·결정하여야 한다.
⑥ 지구심의회는 배상신청사건을 심의한 결과 그 사건이 다음 각 호의 어느 하나에 해당한다고 인정되면 지체 없이 사건기록에 심의 결과를 첨부하여 본부심의회나 특별심의회에 송부하여야 한다.
1. 배상금의 개산액(概算額)이 대통령령으로 정하는 금액 이상인 사건
2. 그 밖에 대통령령으로 본부심의회나 특별심의회에서 심의·결정하도록 한 사건
⑦ 본부심의회나 특별심의회는 제6항에 따라 사건기록을 송부받으면 4주일 이내에 배상결정을 하여야 한다.
⑧ 심의회는 다음 각 호의 어느 하나에 해당하면 배상신청을 각하(却下)한다.
1. 신청인이 이전에 동일한 신청원인으로 배상신청을 하여 배상금 지급(賠償金 支給) 또는 기각(棄却)의 결정을 받은 경우. 다만, 기각결정을 받은 신청인이 중요한 증거가 새로 발견되었음을 소명(疏明)하는 경우에는 그러하지 아니하다.
2. 신청인이 이전에 동일한 청구원인으로 이 법에 따른 손해배상의 소송을 제기하여 배상금지급 또는 기각의 확정판결을 받은 경우
3. 그 밖에 배상신청이 부적법하고 그 잘못된 부분을 보정할 수 없거나 제12조제3항에 따른 보정 요구에 응하지 아니한 경우
(2008.3.14 본조개정)

제14조【결정서의 송달】 ① 심의회는 배상결정을 하면 그 결정을 한 날부터 1주일 이내에 그 결정정본(決定正本)을 신청인에게 송달하여야 한다.
② 제1항의 송달에 관하여는 「민사소송법」의 송달에 관한 규정을 준용한다.
(2008.3.14 본조개정)

제15조【신청인의 동의와 배상금 지급】 ① 배상결정을 받은 신청인은 지체 없이 그 결정에 대한 동의서를 첨부하여 국가나 지방자치단체에 배상금 지급을 청구하여야 한다.
② 배상금 지급에 관한 절차, 지급기관, 지급시기, 그 밖에 필요한 사항은 대통령령으로 정한다.
③ 배상결정을 받은 신청인이 배상금 지급을 청구하지 아니하거나 지방자치단체가 대통령령으로 정하는 기간 내에 배상금을 지급하지 아니하면 그 결정에 동의하지 아니한 것으로 본다.
(2008.3.14 본조개정)

제15조의2【재심신청】 ① 지구심의회에서 배상신청이 기각(일부기각된 경우를 포함한다) 또는 각하된 신청인은 결정정본이 송달된 날부터 2주일 이내에 그 심의회를 거쳐 본부심의회나 특별심의회에 재심(再審)을 신청할 수 있다.
② 재심신청을 받은 지구심의회는 1주일 이내에 배상신청기록 일체를 본부심의회나 특별심의회에 송부하여야 한다.
③ 본부심의회나 특별심의회는 제1항의 신청에 대하여 심의를 거쳐 4주일 이내에 다시 배상결정을 하여야 한다.
④ 본부심의회나 특별심의회는 배상신청을 각하한 지구심의회의 결정이 법령에 위반되면 사건을 그 지구심의회에 환송(還送)할 수 있다.
⑤ 본부심의회나 특별심의회는 배상신청이 각하된 신청인이 잘못된 부분을 보정하여 재심신청을 하면 사건을 해당 지구심의회에 환송할 수 있다.

⑥ 재심신청사건에 대한 본부심의회나 특별심의회의 배상결정에는 제14조와 제15조를 준용한다.
(2008.3.14 본조개정)
제16조 (1997.12.13 삭제)
제17조 (2008.3.14 삭제)

부 칙 (2016.5.29)

제1조【시행일】 이 법은 공포 후 6개월이 경과한 날부터 시행한다.(이하 생략)

부 칙 (2017.10.31)

이 법은 공포한 날부터 시행한다.

부 칙 (2025.1.7)

제1조【시행일】 이 법은 공포한 날부터 시행한다.
제2조【유족의 위자료에 관한 적용례】 ① 제2조제3항의 개정규정은 이 법 시행 이후 군인·군무원·경찰공무원 또는 예비군대원이 전투·훈련 등 직무 집행과 관련하여 전사하거나 순직한 것으로 인정되는 경우부터 적용한다.
② 제1항에도 불구하고 이 법 시행 당시 본부심의회, 특별심의회 또는 지구심의회에 계속 중인 사건과 법원에 계속 중인 소송사건에 대해서는 제2조제3항의 개정규정을 적용한다.

유실물법

(1961년 9월 18일
법 률 제717호)

개정
1995. 1. 5법 4876호
1999. 3.31법 5935호
2004.12.23법 7247호(경찰법)
2006. 2.21법 7849호(제주자치법)
2011. 5.30법10747호
2014. 1. 7법12210호

제1조【습득물의 조치】 ① 타인이 유실한 물건을 습득한 자는 이를 신속하게 유실자 또는 소유자, 그 밖에 물건회복의 청구권을 가진 자에게 반환하거나 경찰서(지구대·파출소 등 소속 경찰관서를 포함한다. 이하 같다) 또는 제주특별자치도의 자치경찰단 사무소(이하 "자치경찰단"이라 한다)에 제출하여야 한다. 다만, 법률에 따라 소유 또는 소지가 금지되거나 범행에 사용되었다고 인정되는 물건은 신속하게 경찰서 또는 자치경찰단에 제출하여야 한다.
② 물건을 경찰서에 제출한 경우에는 경찰서장이, 자치경찰단에 제출한 경우에는 제주특별자치도지사가 물건을 반환받을 자에게 반환하여야 한다. 이 경우에 반환을 받을 자의 성명이나 주거를 알 수 없을 때에는 대통령령으로 정하는 바에 따라 공고하여야 한다.
(2011.5.30 본조개정)
제1조의2【유실물 정보 통합관리 등 시책의 수립】 국가는 유실물의 반환이 쉽게 이루어질 수 있도록 유실물 정보를 통합관리하는 등 관련 시책을 수립하여야 한다.(2011.5.30 본조신설)
제2조【보관방법】 ① 경찰서장 또는 자치경찰단을 설치한 제주특별자치도지사는 보관한 물건이 멸실되거나 훼손될 우려가 있을 때 또는 보관에 과다한 비용이나 불편이 수반될 때에는 대통령령으로 정하는 방법으로 이를 매각할 수 있다.
② 매각에 드는 비용은 매각대금에서 충당한다.
③ 매각 비용을 공제한 매각대금의 남은 금액은 습득물로 간주하여 보관한다.
(2011.5.30 본조개정)
제3조【비용 부담】 습득물의 보관비, 공고비(公告費), 그 밖에 필요한 비용은 물건을 반환받는 자나 물건의 소유권을 취득하여 이를 인도(引渡)받는 자가 부담하되, 「민법」 제321조부터 제328조까지의 규정을 적용한다.(2011.5.30 본조개정)
제4조【보상금】 물건을 반환받는 자는 물건가액(物件價額)의 100분의 5 이상 100분의 20 이하의 범위에서 보상금(報償金)을 습득자에게 지급하여야 한다. 다만, 국가·지방자치단체와 그 밖에 대통령령으로 정하는 공공기관은 보상금을 청구할 수 없다.(2011.5.30 본조개정)
제5조【매각한 물건의 가액】 제2조에 따라 매각한 물건의 가액은 매각대금을 그 물건의 가액으로 한다.(2011.5.30 본조개정)
제6조【비용 및 보상금의 청구기한】 제3조의 비용과 제4조의 보상금은 물건을 반환한 후 1개월이 지나면 청구할 수 없다.(2011.5.30 본조개정)
제7조【습득자의 권리 포기】 습득자는 미리 신고하여 습득물에 관한 모든 권리를 포기하고 의무를 지지 아니할 수 있다.(2011.5.30 본조개정)
제8조【유실자의 권리 포기】 ① 물건을 반환받을 자는 그 권리를 포기하고 제3조의 비용과 제4조의 보상금 지급의 의무를 지지 아니할 수 있다.
② 물건을 반환받을 각 권리자가 그 권리를 포기한 경우에

는 습득자가 그 물건의 소유권을 취득한다. 다만, 습득자는 그 취득권을 포기하고 제1항의 예에 따를 수 있다.
③ 법률에 따라 소유 또는 소지가 금지된 물건의 습득자는 소유권을 취득할 수 없다. 다만, 행정기관의 허가 또는 적법한 처분에 따라 그 소유 또는 소지가 예외적으로 허용되는 물건의 경우에는 그 습득자나 그 밖의 청구권자는 제14조에 따른 기간 내에 허가 또는 적법한 처분을 받아 소유하거나 소지할 수 있다.
(2011.5.30 본조개정)

제9조【습득자의 권리 상실】 습득물이나 그 밖에 이 법의 규정을 준용하는 물건을 횡령함으로써 처벌을 받은 자 및 습득일부터 7일 이내에 제1조제1항 또는 제11조제1항의 절차를 밟지 아니한 자는 제3조의 비용과 제4조의 보상금을 받을 권리 및 습득물의 소유권을 취득할 권리를 상실한다.
(2011.5.30 본조개정)

제10조【선박, 차량, 건축물 등에서의 습득】 ① 관리자가 있는 선박, 차량, 건축물, 그 밖에 일반인의 통행을 금지한 구내에서 타인의 물건을 습득한 자는 그 물건을 관리자에게 인계하여야 한다.
② 제1항의 경우에는 선박, 차량, 건축물 등의 점유자를 습득자로 한다. 자기가 관리하는 장소에서 타인의 물건을 습득한 경우에도 또한 같다.
③ 이 조의 경우에 보상금은 제2항의 점유자와 실제로 물건을 습득한 자가 반씩 나누어야 한다.
④「민법」제253조에 따라 소유권을 취득하는 경우에는 제2항에 따른 습득자와 제1항에 따른 사실상의 습득자는 반씩 나누어 그 소유권을 취득한다. 이 경우 습득물은 제2항에 따른 습득자에게 인도한다.
(2011.5.30 본조개정)

제11조【장물의 습득】 ① 범죄자가 놓고 간 것으로 인정되는 물건을 습득한 자는 신속히 그 물건을 경찰서에 제출하여야 한다.
② 제1항의 물건에 관하여는 법률에서 정하는 바에 따라 몰수할 것을 제외하고는 이 법 및「민법」제253조를 준용한다. 다만, 공소권이 소멸되는 날부터 6개월간 환부(還付)받는 자가 없을 때에만 습득자가 그 소유권을 취득한다.(2014.1.7 단서개정)
③ 범죄수사상 필요할 때에는 경찰서장은 공소권이 소멸되는 날까지 공고를 하지 아니할 수 있다.
④ 경찰서장은 제1항에 따라 제출된 습득물이 장물(贓物)이 아니라고 판단되는 상당한 이유가 있고, 재산적 가치가 없거나 타인이 버린 것이 분명하다고 인정될 때에는 이를 습득자에게 반환할 수 있다.
(2011.5.30 본조개정)

제11조의2 (1999.3.31 삭제)

제12조【준유실물】 착오로 점유한 물건, 타인이 놓고 간 물건이나 일실(逸失)한 가축에 관하여는 이 법 및「민법」제253조를 준용한다. 다만, 착오로 점유한 물건에 대하여는 제3조의 비용과 제4조의 보상금을 청구할 수 없다.
(2011.5.30 본조개정)

제13조【매장물】 ① 매장물(埋藏物)에 관하여는 제10조를 제외하고는 이 법을 준용한다.
② 매장물이「민법」제255조에서 정하는 물건인 경우 국가는 매장물을 발견한 자와 매장물이 발견된 토지의 소유자에게 통지하여 그 가액에 상당한 금액을 반으로 나누어 국고(國庫)에서 각자에게 지급하여야 한다. 다만, 매장물을 발견한 자와 매장물이 발견된 토지의 소유자가 같을 때에는 그 전액을 지급하여야 한다.
③ 제2항의 금액에 불복하는 자는 그 통지를 받은 날부터 6개월 이내에 민사소송을 제기할 수 있다.
(2011.5.30 본조개정)

제14조【수취하지 아니한 물건의 소유권 상실】 이 법 및「민법」제253조, 제254조에 따라 물건의 소유권을 취득한 자가 그 취득한 날부터 3개월 이내에 물건을 경찰서 또는 자치경찰단으로부터 받아가지 아니할 때에는 그 소유권을 상실한다.(2014.1.7 본조개정)

제15조【수취인이 없는 물건의 귀속】 이 법의 규정에 따라 경찰서 또는 자치경찰단이 보관한 물건으로서 교부받을 자가 없는 경우에는 그 소유권은 국고 또는 제주특별자치도의 금고에 귀속한다.(2011.5.30 본조개정)

제16조【인터넷을 통한 유실물 정보 제공】 경찰청장은 경찰서장 및 자치경찰단장이 관리하고 있는 유실물에 관한 정보를 인터넷 홈페이지 등을 통하여 국민에게 제공하여야 한다.(2011.5.30 본조개정)

부 칙 (2014.1.7)

제1조【시행일】 이 법은 공포한 날부터 시행한다.

제2조【적용례】 제11조제2항 단서와 제14조의 개정규정은 이 법 시행 후 최초로 경찰서 또는 제주특별자치도의 자치경찰단 사무소에 제출되는 유실물분부터 적용한다.

신탁법

(2011년 7월 25일
전부개정법률 제10924호)

개정
2014. 1. 7법12193호
2014. 3.18법12420호(공익신탁법)
2014. 5.20법12592호(상업등기법)
2017.10.31법15022호(주식회사등의외부감사에관한법)

제1장 총 칙

제1조【목적】 이 법은 신탁에 관한 사법적 법률관계를 규정함을 목적으로 한다.

제2조【신탁의 정의】 이 법에서 "신탁"이란 신탁을 설정하는 자(이하 "위탁자"라 한다)와 신탁을 인수하는 자(이하 "수탁자"라 한다) 간의 신임관계에 기하여 위탁자가 수탁자에게 특정의 재산(영업이나 저작재산권의 일부를 포함한다)을 이전하거나 담보권의 설정 또는 그 밖의 처분을 하고 수탁자로 하여금 일정한 자(이하 "수익자"라 한다)의 이익 또는 특정의 목적을 위하여 그 재산의 관리, 처분, 운용, 개발, 그 밖에 신탁 목적의 달성을 위하여 필요한 행위를 하게 하는 법률관계를 말한다.

제3조【신탁의 설정】 ① 신탁은 다음 각 호의 어느 하나에 해당하는 방법으로 설정할 수 있다. 다만, 수익자가 없는 특정의 목적을 위한 신탁(이하 "목적신탁"이라 한다)은 「공익신탁법」에 따른 공익신탁을 제외하고는 제3호의 방법으로 설정할 수 없다.(2014.3.18 단서개정)
1. 위탁자와 수탁자 간의 계약
2. 위탁자의 유언
3. 신탁의 목적, 신탁재산, 수익자(「공익신탁법」에 따른 공익신탁의 경우에는 제67조제1항의 신탁관리인을 말한다) 등을 특정하고 자신을 수탁자로 정한 위탁자의 선언 (2014.3.18 본호개정)

② 제1항제3호에 따른 신탁의 설정은 「공익신탁법」에 따른 공익신탁을 제외하고는 공정증서(公正證書)를 작성하는 방법으로 하여야 하며, 신탁을 해지할 수 있는 권한을 유보(留保)할 수 없다.(2014.3.18 본항개정)
③ 위탁자가 집행의 면탈이나 그 밖의 부정한 목적으로 제1항제3호에 따라 신탁을 설정한 경우 이해관계인은 법원에 신탁의 종료를 청구할 수 있다.
④ 위탁자는 신탁행위로 수탁자나 수익자에게 신탁재산을 지정할 수 있는 권한을 부여하는 방법으로 신탁재산을 특정할 수 있다.
⑤ 수탁자는 신탁행위로 달리 정한 바가 없으면 신탁 목적의 달성을 위하여 필요한 경우에는 수익자의 동의를 받아 타인에게 신탁재산에 대하여 신탁을 설정할 수 있다.

제4조【신탁의 공시와 대항】 ① 등기 또는 등록할 수 있는 재산권에 관하여는 신탁의 등기 또는 등록을 함으로써 그 재산이 신탁재산에 속한 것임을 제3자에게 대항할 수 있다.
② 등기 또는 등록할 수 없는 재산권에 관하여는 다른 재산과 분별하여 관리하는 등의 방법으로 신탁재산임을 표시함으로써 그 재산이 신탁재산에 속한 것임을 제3자에게 대항할 수 있다.
③ 제1항의 재산권에 대한 등기부 또는 등록부가 아직 없을 때에는 그 재산권은 등기 또는 등록할 수 없는 재산권으로 본다.
④ 제2항에 따라 신탁재산임을 표시할 때에는 대통령령으로 정하는 장부에 신탁재산임을 표시하는 방법으로도 할 수 있다.

제5조【목적의 제한】 ① 선량한 풍속이나 그 밖의 사회질서에 위반하는 사항을 목적으로 하는 신탁은 무효로 한다.
② 목적이 위법하거나 불능인 신탁은 무효로 한다.
③ 신탁 목적의 일부가 제1항 또는 제2항에 해당하는 경우 그 신탁은 제1항 또는 제2항에 해당하지 아니한 나머지 목적을 위하여 유효하게 성립한다. 다만, 제1항 또는 제2항에 해당하는 목적과 그렇지 아니한 목적을 분리하는 것이 불가능하거나 분리할 수 있더라도 제1항 또는 제2항에 해당하지 아니한 나머지 목적만을 위하여 신탁을 유지하는 것이 위탁자의 의사에 명백히 반하는 경우에는 그 전부를 무효로 한다.

제6조【소송을 목적으로 하는 신탁의 금지】 수탁자로 하여금 소송행위를 하게 하는 것을 주된 목적으로 하는 신탁은 무효로 한다.

제7조【탈법을 목적으로 하는 신탁의 금지】 법령에 따라 일정한 재산권을 향유할 수 없는 자는 수익자로서 그 권리를 가지는 것과 동일한 이익을 누릴 수 없다.

제8조【사해신탁】 ① 채무자가 채권자를 해함을 알면서 신탁을 설정한 경우 채권자는 수탁자가 선의일지라도 수탁자나 수익자에게 「민법」 제406조제1항의 취소 및 원상회복을 청구할 수 있다. 다만, 수익자가 수익권을 취득할 당시 채권자를 해함을 알지 못한 경우에는 그러하지 아니하다.
② 제1항 단서의 경우에 여러 명의 수익자 중 일부가 수익권을 취득할 당시 채권자를 해함을 알지 못한 경우에는 악의의 수익자만을 상대로 제1항 본문의 취소 및 원상회복을 청구할 수 있다.
③ 제1항 본문의 경우에 채권자는 선의의 수탁자에게 현존하는 신탁재산의 범위 내에서 원상회복을 청구할 수 있다.
④ 신탁이 취소되어 신탁재산이 원상회복된 경우 위탁자는 취소된 신탁과 관련하여 그 신탁의 수탁자와 거래한 선의의 제3자에 대하여 원상회복된 신탁재산의 한도 내에서 책임을 진다.
⑤ 채권자는 악의의 수익자에게 그가 취득한 수익권을 위탁자에게 양도할 것을 청구할 수 있다. 이때 「민법」 제406조제2항을 준용한다.
⑥ 제1항의 경우 위탁자와 사해신탁(詐害信託)의 설정을 공모하거나 위탁자에게 사해신탁의 설정을 교사·방조한 수익자 또는 수탁자는 위탁자와 연대하여 이로 인하여 채권자가 받은 손해를 배상할 책임을 진다.

제2장 신탁관계인

제9조【위탁자의 권리】 ① 신탁행위로 위탁자의 전부 또는 일부가 이 법에 따른 위탁자의 권리의 전부 또는 일부를 갖지 아니한다는 뜻을 정할 수 있다.

② 제1항에도 불구하고 목적신탁의 경우에는 신탁행위로 이 법에 따른 위탁자의 권리를 제한할 수 없다.

제10조【위탁자 지위의 이전】 ① 위탁자의 지위는 신탁행위로 정한 방법에 따라 제3자에게 이전할 수 있다.

② 제1항에 따른 이전 방법이 정하여지지 아니한 경우 위탁자의 지위는 수탁자와 수익자의 동의를 받아 제3자에게 이전할 수 있다. 이 경우 위탁자가 여럿일 때에는 다른 위탁자의 동의도 받아야 한다.

③ 제3조제1항제2호에 따라 신탁이 설정된 경우 위탁자의 상속인은 위탁자의 지위를 승계하지 아니한다. 다만, 신탁행위로 달리 정한 경우에는 그에 따른다.

제11조【수탁능력】 미성년자, 금치산자, 한정치산자 및 파산선고를 받은 자는 수탁자가 될 수 없다.

제12조【수탁자의 임무 종료】 ① 다음 각 호의 어느 하나에 해당하는 경우 수탁자의 임무는 종료된다.

1. 수탁자가 사망한 경우
2. 수탁자가 금치산선고 또는 한정치산선고를 받은 경우
3. 수탁자가 파산선고를 받은 경우
4. 법인인 수탁자가 합병 외의 사유로 해산한 경우

② 제1항제1호, 제2호 또는 제4호에 따라 수탁자의 임무가 종료된 경우 수탁자의 상속인, 법정대리인 또는 청산인은 즉시 수익자에게 그 사실을 통지하여야 한다.

③ 제1항제3호에 따라 수탁자의 임무가 종료된 경우 수탁자는 다음 각 호의 구분에 따라 해당 사실을 통지하여야 한다.

1. 수익자에게 수탁자의 임무가 종료된 사실
2. 파산관재인에게 신탁재산에 관한 사항

④ 제1항제1호, 제2호 또는 제4호에 따라 수탁자의 임무가 종료된 경우 수탁자의 상속인, 법정대리인 또는 청산인은 신수탁자(新受託者)나 신탁재산관리인이 신탁사무를 처리할 수 있을 때까지 신탁재산을 보관하고 신탁사무 인계에 필요한 행위를 하여야 하며, 즉시 수익자에게 그 사실을 통지하여야 한다.

⑤ 수탁자인 법인이 합병하는 경우 합병으로 설립된 법인이나 합병 후 존속하는 법인은 계속 수탁자로서의 권리·의무를 가진다. 수탁자인 법인이 분할하는 경우 분할에 의하여 수탁자로 정하여진 법인도 또한 같다.

제13조【신탁행위로 정한 수탁자의 임무 종료】 ① 신탁행위로 정한 수탁자의 임무 종료 사유가 발생하거나 수탁자가 신탁행위로 정한 특정한 자격을 상실한 경우 수탁자의 임무는 종료된다.

② 제1항에 따라 임무가 종료된 수탁자는 즉시 수익자에게 그 사실을 통지하여야 한다.

제14조【수탁자의 사임에 의한 임무 종료】 ① 수탁자는 신탁행위로 달리 정한 바가 없으면 수익자와 위탁자의 승낙 없이 사임할 수 없다.

② 제1항에도 불구하고 수탁자는 정당한 이유가 있는 경우 법원의 허가를 받아 사임할 수 있다.

③ 사임한 수탁자는 즉시 수익자에게 그 사실을 통지하여야 한다.

제15조【임무가 종료된 수탁자의 지위】 제13조제1항 또는 제14조제1항에 따라 임무가 종료된 수탁자는 신수탁자나 신탁재산관리인이 신탁사무를 처리할 수 있을 때까지 수탁자의 권리·의무를 가진다.

제16조【수탁자의 해임에 의한 임무 종료】 ① 위탁자와 수익자는 합의하여 또는 위탁자가 없으면 수익자 단독으로 언제든지 수탁자를 해임할 수 있다. 다만, 신탁행위로 달리 정한 경우에는 그에 따른다.

② 정당한 이유 없이 수탁자에게 불리한 시기에 제1항에 따라 수탁자를 해임한 자는 그 손해를 배상하여야 한다.

③ 수탁자가 그 임무에 위반된 행위를 하거나 그 밖에 중요한 사유가 있는 경우 위탁자나 수익자는 법원에 수탁자의 해임을 청구할 수 있다.

④ 제3항의 청구에 의하여 해임된 수탁자는 즉시 수익자에게 그 사실을 통지하여야 한다.

⑤ 해임된 수탁자는 신수탁자나 신탁재산관리인이 신탁사무를 처리할 수 있을 때까지 신탁재산을 보관하고 신탁사무 인계에 필요한 행위를 하여야 한다. 다만, 임무 위반으로 해임된 수탁자는 그러하지 아니하다.

제17조【신탁재산관리인 선임 등의 처분】 ① 수탁자의 임무가 종료되거나 수탁자와 수익자 간의 이해가 상반되어 수탁자가 신탁사무를 수행하는 것이 적절하지 아니한 경우 법원은 이해관계인의 청구에 의하여 신탁재산관리인의 선임이나 그 밖의 필요한 처분을 명할 수 있다. 다른 수탁자가 있는 경우에도 또한 같다.

② 제1항에 따라 신탁재산관리인을 선임하는 경우 법원은 신탁재산관리인이 법원의 허가를 받아야 하는 사항을 정할 수 있다.

③ 제1항에 따라 선임된 신탁재산관리인은 즉시 수익자에게 그 사실을 통지하여야 한다.

④ 신탁재산관리인은 선임된 목적범위 내에서 수탁자와 동일한 권리·의무가 있다. 다만, 제2항에 따라 법원의 허가를 받아야 하는 사항에 대하여는 그러하지 아니하다.

⑤ 제1항에 따라 신탁재산관리인이 선임된 경우 신탁재산에 관한 소송에서는 신탁재산관리인이 당사자가 된다.

⑥ 법원은 제1항에 따라 선임한 신탁재산관리인에게 필요한 경우 신탁재산에서 적당한 보수를 줄 수 있다.

제18조【필수적 신탁재산관리인의 선임】 ① 법원은 다음 각 호의 어느 하나에 해당하는 경우로서 신수탁자가 선임되지 아니하거나 다른 수탁자가 존재하지 아니할 때에는 신탁재산을 보관하고 신탁사무 인계에 필요한 행위를 하여야 할 신탁재산관리인을 선임한다.

1. 수탁자가 사망하여 「민법」 제1053조제1항에 따라 상속재산관리인이 선임되는 경우
2. 수탁자가 파산선고를 받은 경우
3. 수탁자가 법원의 허가를 받아 사임하거나 임무 위반으로 법원에 의하여 해임된 경우

② 법원은 제1항 각 호의 어느 하나에 해당하여 수탁자에 대하여 상속재산관리인의 선임결정, 파산선고, 수탁자의 사임허가결정 또는 해임결정을 하는 경우 그 결정과 동시에 신탁재산관리인을 선임하여야 한다.

③ 선임된 신탁재산관리인의 통지의무, 당사자 적격 및 보수에 관하여는 제17조제3항, 제5항 및 제6항을 준용한다.

제19조【신탁재산관리인의 임무 종료】 ① 신수탁자가 선임되거나 더 이상 수탁자와 수익자 간의 이해가 상반되지 아니하는 경우 신탁재산관리인의 임무는 종료된다.

② 신탁재산관리인은 법원의 허가를 받아 사임할 수 있다.

③ 법원은 이해관계인의 청구에 의하여 신탁재산관리인을 해임할 수 있다.

④ 법원은 제2항 또는 제3항의 결정을 함과 동시에 새로운 신탁재산관리인을 선임하여야 한다.

제20조【신탁재산관리인의 공고, 등기 또는 등록】 ① 법원은 다음 각 호의 어느 하나에 해당하는 경우 그 취지를 공고하고, 등기 또는 등록된 신탁재산에 대하여 직권으로 지체 없이 그 취지의 등기 또는 등록을 촉탁하여야 한다.

1. 제17조제1항에 따라 신탁재산관리인을 선임하거나 그 밖의 필요한 처분을 명한 경우
2. 제18조제1항에 따라 신탁재산관리인을 선임한 경우
3. 제19조제2항에 따라 신탁재산관리인의 사임결정을 한 경우
4. 제19조제3항에 따라 신탁재산관리인의 해임결정을 한 경우

② 제19조제1항에 따라 신탁재산관리인의 임무가 종료된 경우 법원은 신수탁자 또는 이해가 상반되지 아니하게 된 수탁자의 신청에 의하여 제1항에 따른 등기 또는 등록의 말소를 촉탁하여야 한다.

③ 신탁재산관리인이나 수탁자는 고의나 과실로 제1항 또는 제2항에 따른 등기 또는 등록이 사실과 다르게 된 경우 그

등기 또는 등록과 다른 사실로써 선의의 제3자에게 대항하지 못한다.

제21조【신수탁자의 선임】 ① 수탁자의 임무가 종료된 경우 위탁자와 수익자는 합의하여 또는 위탁자가 없으면 수익자 단독으로 신수탁자를 선임할 수 있다. 다만, 신탁행위로 달리 정한 경우에는 그에 따른다.
② 위탁자와 수익자 간에 신수탁자 선임에 대한 합의가 이루어지지 아니한 경우 이해관계인은 법원에 신수탁자의 선임을 청구할 수 있다.
③ 유언에 의하여 수탁자로 지정된 자가 신탁을 인수하지 아니하거나 인수할 수 없는 경우에는 제1항 및 제2항을 준용한다.
④ 법원은 제2항(제3항에 따라 준용되는 경우를 포함한다)에 따라 선임한 수탁자에게 필요한 경우 신탁재산에서 적당한 보수를 줄 수 있다.

제3장 신탁재산

제22조【강제집행 등의 금지】 ① 신탁재산에 대하여는 강제집행, 담보권 실행 등을 위한 경매, 보전처분(이하 "강제집행등"이라 한다) 또는 국세 등 체납처분을 할 수 없다. 다만, 신탁 전의 원인으로 발생한 권리 또는 신탁사무의 처리상 발생한 권리에 기한 경우에는 그러하지 아니하다.
② 위탁자, 수익자나 수탁자는 제1항을 위반한 강제집행등에 대하여 이의를 제기할 수 있다. 이 경우 「민사집행법」 제48조를 준용한다.
③ 위탁자, 수익자나 수탁자는 제1항을 위반한 국세 등 체납처분에 대하여 이의를 제기할 수 있다. 이 경우 국세 등 체납처분에 대한 불복절차를 준용한다.

제23조【수탁자의 사망 등과 신탁재산】 신탁재산은 수탁자의 상속재산에 속하지 아니하며, 수탁자의 이혼에 따른 재산분할의 대상이 되지 아니한다.

제24조【수탁자의 파산 등과 신탁재산】 신탁재산은 수탁자의 파산재단, 회생절차의 관리인이 관리 및 처분 권한을 갖고 있는 채무자의 재산이나 개인회생재단을 구성하지 아니한다.

제25조【상계 금지】 ① 신탁재산에 속하는 채권과 신탁재산에 속하지 아니하는 채무는 상계(相計)하지 못한다. 다만, 양 채권·채무가 동일한 재산에 속하지 아니함에 대하여 제3자가 선의이며 과실이 없을 때에는 그러하지 아니하다.
② 신탁재산에 속하는 채무에 대한 책임이 신탁재산만으로 한정되는 경우에는 신탁재산에 속하지 아니하는 채권과 신탁재산에 속하는 채무는 상계하지 못한다. 다만, 양 채권·채무가 동일한 재산에 속하지 아니함에 대하여 제3자가 선의이며 과실이 없을 때에는 그러하지 아니하다.

제26조【신탁재산에 대한 혼동의 특칙】 다음 각 호의 경우 혼동(混同)으로 인하여 권리가 소멸하지 아니한다.
1. 동일한 물건에 대한 소유권과 그 밖의 물권이 각각 신탁재산과 고유재산 또는 서로 다른 신탁재산에 귀속하는 경우
2. 소유권 외의 물권과 이를 목적으로 하는 권리가 각각 신탁재산과 고유재산 또는 서로 다른 신탁재산에 귀속하는 경우
3. 신탁재산에 대한 채무가 수탁자에게 귀속하거나 수탁자에 대한 채권이 신탁재산에 귀속하는 경우

제27조【신탁재산의 범위】 신탁재산의 관리, 처분, 운용, 개발, 멸실, 훼손, 그 밖의 사유로 수탁자가 얻은 재산은 신탁재산에 속한다.

제28조【신탁재산의 첨부】 신탁재산과 고유재산 또는 서로 다른 신탁재산에 속한 물건 간의 부합(附合), 혼화(混和) 또는 가공(加工)에 관하여는 각각 다른 소유자에게 속하는 것으로 보아 「민법」 제256조부터 제261조까지의 규정을 준용한다. 다만, 가공자가 악의인 경우에는 가공으로 인한 가액의 증가가 원재료의 가액보다 많을 때에도 법원은 가공으로 인하여 생긴 물건을 원재료 소유자에게 귀속시킬 수 있다.

제29조【신탁재산의 귀속 추정】 ① 신탁재산과 고유재산 간에 귀속관계를 구분할 수 없는 경우 그 재산은 신탁재산에 속한 것으로 추정한다.
② 서로 다른 신탁재산 간에 귀속관계를 구분할 수 없는 경우 그 재산은 각 신탁재산 간에 균등하게 귀속된 것으로 추정한다.

제30조【점유하자의 승계】 수탁자는 신탁재산의 점유에 관하여 위탁자의 점유의 하자를 승계한다.

제4장 수탁자의 권리·의무

제31조【수탁자의 권한】 수탁자는 신탁재산에 대한 권리와 의무의 귀속주체로서 신탁재산의 관리, 처분 등을 하고 신탁 목적의 달성을 위하여 필요한 모든 행위를 할 권한이 있다. 다만, 신탁행위로 이를 제한할 수 있다.

제32조【수탁자의 선관의무】 수탁자는 선량한 관리자의 주의(注意)로 신탁사무를 처리하여야 한다. 다만, 신탁행위로 달리 정한 경우에는 그에 따른다.

제33조【충실의무】 수탁자는 수익자의 이익을 위하여 신탁사무를 처리하여야 한다.

제34조【이익에 반하는 행위의 금지】 ① 수탁자는 누구의 명의(名義)로도 다음 각 호의 행위를 하지 못한다.
1. 신탁재산을 고유재산으로 하거나 신탁재산에 관한 권리를 고유재산에 귀속시키는 행위
2. 고유재산을 신탁재산으로 하거나 고유재산에 관한 권리를 신탁재산에 귀속시키는 행위
3. 여러 개의 신탁을 인수한 경우 하나의 신탁재산 또는 그에 관한 권리를 다른 신탁의 신탁재산에 귀속시키는 행위
4. 제3자의 신탁재산에 대한 행위에서 제3자를 대리하는 행위
5. 그 밖에 수익자의 이익에 반하는 행위
② 제1항에도 불구하고 수탁자는 다음 각 호의 어느 하나에 해당하는 경우 제1항 각 호의 행위를 할 수 있다. 다만, 제3호의 경우 수탁자는 법원에 허가를 신청함과 동시에 수익자에게 그 사실을 통지하여야 한다.
1. 신탁행위로 허용한 경우
2. 수익자에게 그 행위에 관련된 사실을 고지하고 수익자의 승인을 받은 경우
3. 법원의 허가를 받은 경우
③ 제1항에도 불구하고 수탁자는 상속 등 수탁자의 의사에 기하지 아니한 경우에는 신탁재산에 관한 권리를 포괄적으로 승계할 수 있다. 이 경우 해당 재산의 혼동에 관하여는 제26조를 준용한다.

제35조【공평의무】 수익자가 여럿인 경우 수탁자는 각 수익자를 위하여 공평하게 신탁사무를 처리하여야 한다. 다만, 신탁행위로 달리 정한 경우에는 그에 따른다.

제36조【수탁자의 이익향수금지】 수탁자는 누구의 명의로도 신탁의 이익을 누리지 못한다. 다만, 수탁자가 공동수익자의 1인인 경우에는 그러하지 아니하다.

제37조【수탁자의 분별관리의무】 ① 수탁자는 신탁재산을 수탁자의 고유재산과 분별하여 관리하고 신탁재산임을 표시하여야 한다.
② 여러 개의 신탁을 인수한 수탁자는 각 신탁재산을 분별하여 관리하고 서로 다른 신탁재산임을 표시하여야 한다.
③ 제1항 및 제2항의 신탁재산이 금전이나 그 밖의 대체물인 경우에는 그 계산을 명확히 하는 방법으로 분별하여 관리할 수 있다.

제38조【유한책임】 수탁자는 신탁행위로 인하여 수익자에게 부담하는 채무에 대하여는 신탁재산만으로 책임을 진다.

제39조【장부 등 서류의 작성·보존 및 비치 의무】 ① 수탁자는 신탁사무와 관련된 장부 및 그 밖의 서류를 갖추어 두고 각 신탁에 관하여 그 사무의 처리와 계산을 명백히 하여야 한다.
② 수탁자는 신탁을 인수한 때와 매년 1회 일정한 시기에 각

신탁의 재산목록을 작성하여야 한다. 다만, 재산목록의 작성 시기에 관하여 신탁행위로 달리 정한 경우에는 그에 따른다.
③ 수탁자는 제1항 및 제2항의 장부, 재산목록 및 그 밖의 서류를 대통령령으로 정하는 기간 동안 보존하여야 한다.
④ 제3항에 따라 장부, 재산목록 및 그 밖의 서류를 보존하는 경우 그 보존방법과 그 밖에 필요한 사항은 대통령령으로 정한다.

제40조【서류의 열람 등】 ① 위탁자나 수익자는 수탁자나 신탁재산관리인에게 신탁사무의 처리와 계산에 관한 장부 및 그 밖의 서류의 열람 또는 복사를 청구하거나 신탁사무의 처리와 계산에 관하여 설명을 요구할 수 있다.
② 위탁자와 수익자를 제외한 이해관계인은 수탁자나 신탁재산관리인에게 신탁의 재산목록 등 신탁사무의 계산에 관한 장부 및 그 밖의 서류의 열람 또는 복사를 청구할 수 있다.

제41조【금전의 관리방법】 신탁재산에 속하는 금전의 관리는 신탁행위로 달리 정한 바가 없으면 다음 각 호의 방법으로 하여야 한다.
1. 국채, 지방채 및 특별법에 따라 설립된 법인의 사채의 응모·인수 또는 매입
2. 국채나 그 밖에 제1호의 유가증권을 담보로 하는 대부
3. 은행예금 또는 우체국예금

제42조【신탁사무의 위임】 ① 수탁자는 정당한 사유가 있으면 수익자의 동의를 받아 타인으로 하여금 자기를 갈음하여 신탁사무를 처리하게 할 수 있다. 다만, 신탁행위로 달리 정한 경우에는 그에 따른다.
② 제1항 본문의 경우 수탁자는 그 선임·감독에 관하여만 책임을 진다. 신탁행위로 타인으로 하여금 신탁사무를 처리하게 한 경우에도 또한 같다.
③ 수탁자를 갈음하여 신탁사무를 처리하는 자는 수탁자와 동일한 책임을 진다.

제43조【수탁자의 원상회복의무 등】 ① 수탁자가 그 의무를 위반하여 신탁재산에 손해가 생긴 경우 위탁자, 수익자 또는 수탁자가 여럿인 경우의 다른 수탁자는 그 수탁자에게 신탁재산의 원상회복을 청구할 수 있다. 다만, 원상회복이 불가능하거나 현저하게 곤란한 경우, 원상회복에 과다한 비용이 드는 경우, 그 밖에 원상회복이 적절하지 아니한 특별한 사정이 있는 경우에는 손해배상을 청구할 수 있다.
② 수탁자가 그 의무를 위반하여 신탁재산이 변경된 경우에도 제1항과 같다.
③ 수탁자가 제33조부터 제37조까지의 규정에서 정한 의무를 위반한 경우에는 신탁재산에 손해가 생기지 아니하였더라도 수탁자는 그로 인하여 수탁자나 제3자가 얻은 이득 전부를 신탁재산에 반환하여야 한다.

제44조【분별관리의무 위반에 관한 특례】 수탁자가 제37조에 따른 분별관리의무를 위반하여 신탁재산에 손실이 생긴 경우 수탁자는 분별하여 관리하였더라도 손실이 생겼으리라는 것을 증명하지 아니하면 그 책임을 면하지 못한다.

제45조【수탁법인의 이사의 책임】 수탁자인 법인이 제43조 및 제44조에 따라 책임을 지는 경우 그 책임의 원인이 된 의무위반행위에 관여한 이사와 그에 준하는 자는 법인과 연대하여 책임을 진다.

제46조【비용상환청구권】 ① 수탁자는 신탁사무의 처리에 관하여 필요한 비용을 신탁재산에서 지출할 수 있다.
② 수탁자가 신탁사무의 처리에 관하여 필요한 비용을 고유재산에서 지출한 경우에는 지출한 비용과 지출한 날 이후의 이자를 신탁재산에서 상환(償還)받을 수 있다.
③ 수탁자가 신탁사무의 처리를 위하여 자기의 과실 없이 채무를 부담하거나 손해를 입은 경우에도 제1항 및 제2항과 같다.
④ 수탁자는 신탁재산이 신탁사무의 처리에 관하여 필요한 비용을 충당하기에 부족하게 될 우려가 있을 때에는 수익자에게 그가 얻은 이익의 범위에서 그 비용을 청구하거나 그에 상당하는 담보의 제공을 요구할 수 있다. 다만, 수익자가 특정되어 있지 아니하거나 존재하지 아니하는 경우 또는 수익자가 수익권을 포기한 경우에는 그러하지 아니하다.
⑤ 수탁자가 신탁사무의 처리를 위하여 자기의 과실 없이 입은 손해를 전보(塡補)하기에 신탁재산이 부족할 때에도 제4항과 같다.
⑥ 제1항부터 제5항까지의 규정에서 정한 사항에 대하여 신탁행위로 달리 정한 사항이 있으면 그에 따른다.

제47조【보수청구권】 ① 수탁자는 신탁행위에 정함이 있는 경우에만 보수를 받을 수 있다. 다만, 신탁을 영업으로 하는 수탁자의 경우에는 신탁행위에 정함이 없는 경우에도 보수를 받을 수 있다.
② 보수의 금액 또는 산정방법을 정하지 아니한 경우 수탁자는 신탁사무의 성질과 내용에 비추어 적당한 금액의 보수를 지급받을 수 있다.
③ 제1항의 보수가 사정의 변경으로 신탁사무의 성질 및 내용에 비추어 적당하지 아니하게 된 경우 법원은 위탁자, 수익자 또는 수탁자의 청구에 의하여 수탁자의 보수를 증액하거나 감액할 수 있다.
④ 수탁자의 보수에 관하여는 제46조제4항을 준용한다. 다만, 신탁행위로 달리 정한 사항이 있으면 그에 따른다.

제48조【비용상환청구권의 우선변제권 등】 ① 수탁자는 신탁재산에 대한 민사집행절차 또는 「국세징수법」에 따른 공매절차에서 수익자나 그 밖의 채권자보다 우선하여 신탁의 목적에 따라 신탁재산의 보존, 개량을 위하여 지출한 필요비 또는 유익비(有益費)의 우선변제를 받을 권리가 있다.
② 수탁자는 신탁재산을 매각하여 제46조에 따른 비용상환청구권 또는 제47조에 따른 보수청구권에 기한 채권의 변제에 충당할 수 있다. 다만, 그 신탁재산의 매각으로 신탁의 목적을 달성할 수 없게 되거나 그 밖의 상당한 이유가 있는 경우에는 그러하지 아니하다.

제49조【권리행사요건】 수탁자는 제43조 및 제44조에 따른 원상회복의무 등을 이행한 후가 아니면 제46조 또는 제47조에 따른 권리를 행사할 수 없다.

제50조【공동수탁자】 ① 수탁자가 여럿인 경우 신탁재산은 수탁자들의 합유(合有)로 한다.
② 제1항의 경우 수탁자 중 1인의 임무가 종료하면 신탁재산은 당연히 다른 수탁자에게 귀속된다.
③ 제1항의 경우 신탁행위로 달리 정한 바가 없으면 신탁사무의 처리는 수탁자가 공동으로 하여야 한다. 다만, 보존행위는 각자 할 수 있다.
④ 수탁자가 여럿인 경우 수탁자 1인에 대한 의사표시는 다른 수탁자에게도 효력이 있다.
⑤ 수탁자가 여럿인 경우 신탁행위로 다른 수탁자의 업무집행을 대리할 업무집행수탁자를 정할 수 있다.

제51조【공동수탁자의 연대책임】 ① 수탁자가 여럿인 경우 수탁자들은 신탁사무의 처리에 관하여 제3자에게 부담한 채무에 대하여 연대하여 변제할 책임이 있다.
② 수탁자가 여럿인 경우 그 중 일부가 수탁자로서의 의무를 위반하여 부담한 채무에 대하여 그 행위에 관여하지 아니한 다른 수탁자는 책임이 없다. 다만, 다른 수탁자의 의무위반행위를 저지하기 위하여 합리적인 조치를 취하지 아니한 경우에는 그러하지 아니하다.

제52조【신수탁자 등의 원상회복청구권 등】 신수탁자나 신탁재산관리인도 제43조에 따른 권리를 행사할 수 있다.

제53조【신수탁자의 의무의 승계】 ① 수탁자가 변경된 경우 신수탁자는 전수탁자(前受託者)가 신탁행위로 인하여 수익자에게 부담하는 채무를 승계한다. 수탁자가 여럿인 경우 일부의 수탁자가 변경된 경우에도 또한 같다.
② 신탁사무의 처리에 관하여 발생한 채권은 신탁재산의 한도 내에서 신수탁자에게도 행사할 수 있다.
③ 제22조제1항 단서에 따른 신탁재산에 대한 강제집행등의 절차 또는 국세 등 체납처분의 절차는 신수탁자에 대하여 속행(續行)할 수 있다.

제54조【전수탁자의 우선변제권 등】 ① 전수탁자의 비용상환청구권에 관하여는 제48조제1항 및 제49조를 준용한다.
② 전수탁자는 제46조의 청구권에 기한 채권을 변제받을 때까지 신탁재산을 유치(留置)할 수 있다.
제55조【사무의 인계】 ① 수탁자가 변경된 경우 전수탁자와 그 밖의 관계자는 신탁사무의 계산을 하고, 수익자의 입회하에 신수탁자에게 사무를 인계하여야 한다.
② 수익자가 제1항의 계산을 승인한 경우에는 전수탁자나 그 밖의 관계자의 수익자에 대한 인계에 관한 책임은 면제된 것으로 본다. 다만, 부정행위가 있었던 경우에는 그러하지 아니하다.

제5장 수익자의 권리·의무

제1절 수익권의 취득과 포기

제56조【수익권의 취득】 ① 신탁행위로 정한 바에 따라 수익자로 지정된 자(제58조제1항 및 제2항에 따라 수익자로 지정된 자를 포함한다)는 당연히 수익권을 취득한다. 다만, 신탁행위로 달리 정한 경우에는 그에 따른다.
② 수탁자는 지체 없이 제1항에 따라 수익자로 지정된 자에게 그 사실을 통지하여야 한다. 다만, 수익권에 부담이 있는 경우를 제외하고는 신탁행위로 통지시기를 달리 정할 수 있다.
제57조【수익권의 포기】 ① 수익자는 수탁자에게 수익권을 포기하는 취지의 의사표시를 할 수 있다.
② 수익자가 제1항에 따른 포기의 의사표시를 한 경우에는 처음부터 수익권을 가지지 아니하였던 것으로 본다. 다만, 제3자의 권리를 해치지 못한다.
제58조【수익자지정권등】 ① 신탁행위로 수익자를 지정하거나 변경할 수 있는 권한(이하 "수익자지정권등"이라 한다)을 갖는 자를 정할 수 있다.
② 수익자지정권등을 갖는 자는 수탁자에 대한 의사표시 또는 유언으로 그 권한을 행사할 수 있다.
③ 수익자지정권등이 유언으로 행사되어 수탁자가 그 사실을 알지 못한 경우 이로 인하여 수익자로 된 자는 그 사실로써 수탁자에게 대항하지 못한다.
④ 수익자를 변경하는 권한이 행사되어 수익자가 그 수익권을 상실한 경우 수탁자는 지체 없이 수익권을 상실한 자에게 그 사실을 통지하여야 한다. 다만, 신탁행위로 달리 정한 경우에는 그에 따른다.
⑤ 수익자지정권등은 신탁행위로 달리 정한 바가 없으면 상속되지 아니한다.
제59조【유언대용신탁】 ① 다음 각 호의 어느 하나에 해당하는 신탁의 경우에는 위탁자가 수익자를 변경할 권리를 갖는다. 다만, 신탁행위로 달리 정한 경우에는 그에 따른다.
1. 수익자가 될 자로 지정된 자가 위탁자의 사망 시에 수익권을 취득하는 신탁
2. 수익자가 위탁자의 사망 이후에 신탁재산에 기한 급부를 받는 신탁
② 제1항제2호의 수익자는 위탁자가 사망할 때까지 수익자로서의 권리를 행사하지 못한다. 다만, 신탁행위로 달리 정한 경우에는 그에 따른다.
제60조【수익자연속신탁】 신탁행위로 수익자가 사망한 경우 그 수익자가 갖는 수익권이 소멸하고 타인이 새로 수익권을 취득하도록 하는 뜻을 정할 수 있다. 이 경우 수익자의 사망에 의하여 차례로 타인이 수익권을 취득하는 경우를 포함한다.

제2절 수익권의 행사

제61조【수익권의 제한 금지】 다음 각 호에 해당하는 수익자의 권리는 신탁행위로도 제한할 수 없다.
1. 이 법에 따라 법원에 청구할 수 있는 권리
2. 제22조제2항 또는 제3항에 따라 강제집행등 또는 국세 등 체납처분에 대하여 이의를 제기할 수 있는 권리
3. 제40조제1항에 따라 장부 등의 열람 또는 복사를 청구할 수 있는 권리
4. 제43조 및 제45조에 따라 원상회복 또는 손해배상 등을 청구할 수 있는 권리
5. 제57조제1항에 따라 수익권을 포기할 수 있는 권리
6. 제75조제1항에 따라 신탁위반의 법률행위를 취소할 수 있는 권리
7. 제77조에 따라 유지를 청구할 수 있는 권리
8. 제89조, 제91조제3항 및 제95조제3항에 따라 수익권의 매수를 청구할 수 있는 권리
9. 그 밖에 신탁의 본질에 비추어 수익자 보호를 위하여 필요하다고 대통령령으로 정하는 권리

제62조【수익채권과 신탁채권의 관계】 신탁채권은 수익자가 수탁자에게 신탁재산에 속한 재산의 인도와 그 밖에 신탁재산에 기한 급부를 요구하는 청구권(이하 "수익채권"이라 한다)보다 우선한다.
제63조【수익채권의 소멸시효】 ① 수익채권의 소멸시효는 채권의 예에 따른다.
② 제1항에도 불구하고 수익채권의 소멸시효는 수익자가 수익자로 된 사실을 알게 된 때부터 진행한다.
③ 제1항에도 불구하고 신탁이 종료한 때부터 6개월 내에는 수익채권의 소멸시효가 완성되지 아니한다.

제3절 수익권의 양도

제64조【수익권의 양도성】 ① 수익자는 수익권을 양도할 수 있다. 다만, 수익권의 성질이 양도를 허용하지 아니하는 경우에는 그러하지 아니하다.
② 제1항에도 불구하고 수익권의 양도에 대하여 신탁행위로 달리 정한 경우에는 그에 따른다. 다만, 그 정함으로써 선의의 제3자에게 대항하지 못한다.
제65조【수익권 양도의 대항요건과 수탁자의 항변】 ① 수익권의 양도는 다음 각 호의 어느 하나에 해당하는 경우에만 수탁자와 제3자에게 대항할 수 있다.
1. 양도인이 수탁자에게 통지한 경우
2. 수탁자가 승낙한 경우

② 제1항 각 호의 통지 및 승낙은 확정일자가 있는 증서로 하지 아니하면 수탁자 외의 제3자에게 대항할 수 없다.
③ 수탁자는 제1항 각 호의 통지 또는 승낙이 있는 때까지 양도인에 대하여 발생한 사유로 양수인에게 대항할 수 있다.
④ 수탁자가 이의를 보류하지 아니하고 제1항제2호의 승낙을 한 경우에는 양도인에게 대항할 수 있는 사유로써 양수인에게 대항하지 못한다. 다만, 수탁자가 채무를 소멸하게 하기 위하여 양도인에게 급여한 것이 있으면 이를 회수할 수 있고, 양도인에 대하여 부담한 채무가 있으면 그 성립되지 아니함을 주장할 수 있다.
제66조【수익권에 대한 질권】 ① 수익자는 수익권을 질권의 목적으로 할 수 있다. 다만, 수익권의 성질이 질권의 설정을 허용하지 아니하는 경우에는 그러하지 아니하다.
② 제1항에도 불구하고 수익권을 목적으로 하는 질권의 설정에 대하여 신탁행위로 달리 정한 경우에는 그에 따른다. 다만, 그 정함으로써 선의의 제3자에게 대항하지 못한다.
③ 수익권을 목적으로 하는 질권의 설정에 관하여는 수익권 양도의 대항요건과 수탁자의 항변사유에 관한 제65조를 준용한다. 이 경우 제65조 중 "양도인"은 "수익자"로, "양수인"은 "질권자"로 보고, 같은 조 제1항 중 "수익권의 양수 사실"은 "수익권에 대하여 질권이 설정된 사실"로 본다.
④ 수익권을 목적으로 하는 질권은 그 수익권에 기한 수익채권과 이 법 또는 신탁행위에 따라 그 수익권을 갈음하여 수익자가 받을 금전이나 그 밖의 재산에도 존재한다.

⑤ 수익권의 질권자는 직접 수탁자로부터 금전을 지급받아 다른 채권자에 우선하여 자기 채권의 변제에 충당할 수 있다.
⑥ 질권자의 채권이 변제기에 이르지 아니한 경우 질권자는 수탁자에게 그 변제금액의 공탁을 청구할 수 있다. 이 경우 질권은 그 공탁금에 존재한다.

제4절 신탁관리인

제67조【신탁관리인의 선임】 ① 수익자가 특정되어 있지 아니하거나 존재하지 아니하는 경우 법원은 위탁자나 그 밖의 이해관계인의 청구에 의하여 또는 직권으로 신탁관리인을 선임할 수 있다. 다만, 신탁행위로 신탁관리인을 지정한 경우에는 그에 따른다.
② 수익자가 미성년자, 한정치산자 또는 금치산자이거나 그 밖의 사유로 수탁자에 대한 감독을 적절히 할 수 없는 경우 법원은 이해관계인의 청구에 의하여 또는 직권으로 신탁관리인을 선임할 수 있다. 다만, 신탁행위로 달리 정한 경우에는 그에 따른다.
③ 수익자가 여럿인 경우 수익자는 제71조의 방법에 따른 의사결정으로 신탁관리인을 선임할 수 있다. 수익권의 내용이 다른 여러 종류의 수익권이 있고 같은 종류의 수익권을 가진 수익자(이하 "종류수익자"라 한다)가 여럿인 경우에도 또한 같다.
④ 법원은 제1항 또는 제2항에 따라 선임한 신탁관리인에게 필요한 경우 신탁재산에서 적당한 보수를 줄 수 있다.
제68조【신탁관리인의 권한】 ① 신탁관리인은 수익자의 이익이나 목적신탁의 목적 달성을 위하여 자기의 명의로 수익자의 권리에 관한 재판상 또는 재판 외의 모든 행위를 할 권한이 있다. 다만, 신탁관리인의 선임을 수탁자에게 통지하지 아니한 경우에는 수탁자에게 대항하지 못한다.
② 신탁관리인은 신탁에 관하여 수익자와 동일한 지위를 가지는 것으로 본다.
③ 제67조제1항에 따라 선임된 신탁관리인이 여럿인 경우 신탁행위로 달리 정한 바가 없으면 공동으로 사무를 처리한다.
④ 신탁관리인이 개별 수익자를 위하여 제67조제2항에 따라 각각 선임된 경우에는 각 신탁관리인은 해당 수익자를 위하여 단독으로 사무를 처리한다. 이 경우 개별 수익자를 위하여 선임된 여럿의 신탁관리인들은 해당 수익자를 위하여 공동으로 사무를 처리한다.
⑤ 제67조제3항 전단에 따라 선임된 신탁관리인이 여럿인 경우에는 선임 시 달리 정하지 아니하면 공동으로 사무를 처리한다.
⑥ 제67조제3항 후단에 따라 선임된 신탁관리인은 자신을 선임한 종류수익자만을 위하여 단독으로 사무를 처리한다. 이 경우 하나의 종류수익자를 위하여 선임된 여럿의 신탁관리인들은 그 종류수익자를 위하여 공동으로 사무를 처리한다.
⑦ 제67조제3항에 따라 신탁관리인을 선임한 경우에도 수익자는 제71조의 방법에 따른 의사결정으로 사무를 처리할 수 있다.
제69조【신탁관리인의 임무 종료】 ① 제67조제1항에 따라 선임된 신탁관리인은 수익자가 특정되거나 존재하게 되면 임무가 종료된다.
② 제67조제2항에 따라 선임된 신탁관리인은 다음 각 호의 어느 하나에 해당하는 경우 임무가 종료된다.
1. 미성년자인 수익자가 성년에 도달한 경우
2. 수익자가 한정치산선고·금치산선고의 취소심판을 받은 경우
3. 그 밖에 수익자가 수탁자에 대한 감독능력을 회복한 경우
③ 제1항 또는 제2항에 따라 신탁관리인의 임무가 종료된 경우 수익자 또는 신탁관리인은 수탁자에게 신탁관리인의 임무 종료 사실을 통지하지 아니하면 수탁자에게 대항하지 못한다.
제70조【신탁관리인의 사임 또는 해임에 의한 임무 종료】 ① 신탁관리인은 선임 시에 달리 정하지 아니하면 신탁관리인을 선임한 법원 또는 수익자의 승낙 없이 사임하지 못한다.
② 제1항에도 불구하고 신탁관리인은 정당한 이유가 있는 경우 법원의 허가를 받아 사임할 수 있다.
③ 사임한 신탁관리인의 통지의무 및 계속적 사무의 관리에 관하여는 제14조제3항 및 제15조를 준용한다.
④ 신탁관리인을 선임한 법원 또는 수익자는 언제든지 그 신탁관리인을 해임할 수 있다. 다만, 수익자가 정당한 이유 없이 신탁관리인에게 불리한 시기에 해임한 경우 수익자는 그 손해를 배상하여야 한다.
⑤ 해임된 신탁관리인의 통지의무 및 계속적 사무의 관리에 관하여는 제16조제4항 및 제5항을 준용한다.
⑥ 법원은 신탁관리인의 사임허가결정이나 임무 위반을 이유로 해임결정을 함과 동시에 새로운 신탁관리인을 선임하여야 한다. 이 경우 새로 선임된 신탁관리인은 즉시 수익자에게 그 사실을 통지하여야 한다.
⑦ 제1항, 제2항, 제4항 및 제6항의 경우 수익자, 신탁관리인, 그 밖의 이해관계인은 기존 신탁관리인의 사임 또는 해임, 새로운 신탁관리인의 선임 사실을 수탁자에게 통지하지 아니하면 그 사실로써 수탁자에게 대항하지 못한다.

제5절 수익자가 여럿인 경우 의사결정

제71조【수익자가 여럿인 경우 의사결정 방법】 ① 수익자가 여럿인 신탁에서 수익자의 의사는 수익자 전원의 동의로 결정한다. 다만, 제61조 각 호의 권리는 각 수익자가 개별적으로 행사할 수 있다.
② 신탁행위로 수익자집회를 두기로 정한 경우에는 제72조부터 제74조까지의 규정에 따른다.
③ 제1항 본문 및 제2항에도 불구하고 신탁행위로 달리 정한 경우에는 그에 따른다.
제72조【수익자집회의 소집】 ① 수익자집회는 필요가 있을 때 수시로 개최할 수 있다.
② 수익자집회는 수탁자가 소집한다.
③ 수익자는 수탁자에게 수익자집회의 목적사항과 소집이유를 적은 서면 또는 전자문서로 수익자집회의 소집을 청구할 수 있다.
④ 제3항의 청구를 받은 후 수탁자가 지체 없이 수익자집회의 소집절차를 밟지 아니하는 경우 수익자집회의 소집을 청구한 수익자는 법원의 허가를 받아 수익자집회를 소집할 수 있다.
⑤ 수익자집회를 소집하는 자(이하 "소집자"라 한다)는 집회일 2주 전에 알고 있는 수익자 및 수탁자에게 서면이나 전자문서(수익자의 경우 전자문서로 통지를 받는 것에 동의한 자만 해당한다)로 회의의 일시·장소 및 목적사항을 통지하여야 한다.
⑥ 소집자는 의결권 행사에 참고할 수 있도록 수익자에게 대통령령으로 정하는 서류를 서면이나 전자문서(전자문서로 제공받는 것에 동의한 수익자의 경우만 해당한다)로 제공하여야 한다.
제73조【수익자집회의 의결권 등】 ① 수익자는 수익자집회에서 다음 각 호의 구분에 따른 의결권을 갖는다.
1. 각 수익권의 내용이 동일한 경우 : 수익권의 수
2. 각 수익권의 내용이 동일하지 아니한 경우 : 수익자집회의 소집이 결정된 때의 수익권 가액
② 수익권이 그 수익권에 관한 신탁의 신탁재산에 속한 경우 수탁자는 그 수익권에 대하여 의결권을 행사하지 못한다.
③ 수익자는 수익자집회에 출석하지 아니하고 서면이나 전자문서(소집자가 전자문서로 행사하는 것을 승낙한 경우만 해당한다)로 의결권을 행사할 수 있다. 이 경우 수익자 확인

절차 등 전자문서에 의한 의결권행사의 절차와 그 밖에 필요한 사항은 대통령령으로 정한다.
④ 수익자가 둘 이상의 의결권을 가지고 있을 때에는 이를 통일하지 아니하고 행사할 수 있다. 이 경우 수익자집회일 3일 전에 소집자에게 서면 또는 전자문서로 그 뜻과 이유를 통지하여야 한다.
⑤ 의결권을 통일하지 아니하고 행사하는 수익자가 타인을 위하여 수익권을 가지고 있는 경우가 아니면 소집자는 수익자의 의결권 불통일행사를 거부할 수 있다.
⑥ 수익자는 대리인으로 하여금 의결권을 행사하게 할 수 있다. 이 경우 해당 수익자나 대리인은 대리권을 증명하는 서면을 소집자에게 제출하여야 한다.
⑦ 수탁자는 수익자집회에 출석하거나 서면으로 의견을 진술할 수 있고, 수익자집회는 필요하다고 인정하는 경우 수익자집회의 결의로 수탁자에게 출석을 요구할 수 있다.
⑧ 수익자집회의 의장은 수익자 중에서 수익자집회의 결의로 선임한다.

제74조【수익자집회의 결의】 ① 수익자집회의 결의는 행사할 수 있는 의결권의 과반수에 해당하는 수익자가 출석하고 출석한 수익자의 의결권의 과반수로써 하여야 한다.
② 제1항에도 불구하고 다음 각 호의 사항에 관한 수익자집회의 결의는 의결권의 과반수에 해당하는 수익자가 출석하고 출석한 수익자의 의결권의 3분의 2 이상으로써 하여야 한다.
1. 제16조제1항에 따른 수탁자 해임의 합의
2. 제88조제1항에 따른 신탁의 변경 중 신탁목적의 변경, 수익채권 내용의 변경, 그 밖에 중요한 신탁의 변경의 합의
3. 제91조제2항 및 제95조제2항에 따른 신탁의 합병·분할·분할합병 계획서의 승인
4. 제99조제1항에 따른 신탁의 종료 합의
5. 제103조제1항에 따른 신탁의 종료 시 계산의 승인
③ 수익자집회의 소집자는 의사의 경과에 관한 주요한 내용과 그 결과를 적은 의사록을 작성하고 기명날인 또는 서명하여야 한다.
④ 수익자집회의 결의는 해당 신탁의 모든 수익자에 대하여 효력이 있다.
⑤ 수익자집회와 관련하여 필요한 비용을 지출한 자는 수탁자에게 상환을 청구할 수 있다. 이 경우 수탁자는 신탁재산만으로 책임을 진다.

제6절 수익자의 취소권 및 유지청구권

제75조【신탁위반 법률행위의 취소】 ① 수탁자가 신탁의 목적을 위반하여 신탁재산에 관한 법률행위를 한 경우 수익자는 상대방이나 전득자(轉得者)가 그 법률행위 당시 수탁자의 신탁목적의 위반 사실을 알았거나 중대한 과실로 알지 못하였을 때에만 그 법률행위를 취소할 수 있다.
② 수익자가 여럿인 경우 그 1인이 제1항에 따라 한 취소는 다른 수익자를 위하여도 효력이 있다.

제76조【취소권의 제척기간】 제75조제1항에 따른 취소권은 수익자가 취소의 원인이 있음을 안 날부터 3개월, 법률행위가 있은 날부터 1년 내에 행사하여야 한다.

제77조【수탁자에 대한 유지청구권】 ① 수탁자가 법령 또는 신탁행위로 정한 사항을 위반하거나 위반할 우려가 있고 해당 행위로 신탁재산에 회복할 수 없는 손해가 발생할 우려가 있는 경우 수익자는 그 수탁자에게 그 행위를 유지(留止)할 것을 청구할 수 있다.
② 수익자가 여럿인 신탁에서 수탁자가 법령 또는 신탁행위로 정한 사항을 위반하거나 위반할 우려가 있고 해당 행위로 일부 수익자에게 회복할 수 없는 손해가 발생할 우려가 있는 경우에도 제1항과 같다.

제7절 수익증권

제78조【수익증권의 발행】 ① 신탁행위로 수익권을 표시하는 수익증권을 발행하는 뜻을 정할 수 있다. 이 경우 각 수익권의 내용이 동일하지 아니할 때에는 특정 내용의 수익권에 대하여 수익증권을 발행하지 아니한다는 뜻을 정할 수 있다.
② 제1항의 정함이 있는 신탁(이하 "수익증권발행신탁"이라 한다)의 수탁자는 신탁행위로 정한 바에 따라 지체 없이 해당 수익권에 관한 수익증권을 발행하여야 한다.
③ 수익증권은 기명식(記名式) 또는 무기명식(無記名式)으로 한다. 다만, 담보권을 신탁재산으로 하여 설정된 신탁의 경우에는 기명식으로만 하여야 한다.
④ 신탁행위로 달리 정한 바가 없으면 수익증권이 발행된 수익권의 수익자는 수탁자에게 기명수익증권을 무기명식으로 하거나 무기명수익증권을 기명식으로 할 것을 청구할 수 있다.
⑤ 수익증권에는 다음 각 호의 사항과 번호를 적고 수탁자(수탁자가 법인인 경우에는 그 대표자를 말한다)가 기명날인 또는 서명하여야 한다.
1. 수익증권발행신탁의 수익증권이라는 뜻
2. 위탁자 및 수탁자의 성명 또는 명칭 및 주소
3. 기명수익증권의 경우에는 해당 수익자의 성명 또는 명칭
4. 각 수익권에 관한 수익채권의 내용 및 그 밖의 다른 수익권의 내용
5. 제46조제6항 및 제47조제4항에 따라 수익자의 수탁자에 대한 보수지급의무 또는 비용 등의 상환의무 및 손해배상의무에 관하여 신탁행위의 정함이 있는 경우에는 그 뜻 및 내용
6. 수익자의 권리행사에 관하여 신탁행위의 정함(신탁관리인에 관한 사항을 포함한다)이 있는 경우에는 그 뜻 및 내용
7. 제114조제1항에 따른 유한책임신탁인 경우에는 그 뜻 및 신탁의 명칭
8. 제87조에 따라 신탁사채 발행에 관하여 신탁행위의 정함이 있는 경우에는 그 뜻 및 내용
9. 그 밖에 수익권에 관한 중요한 사항으로서 대통령령으로 정하는 사항
⑥ 수탁자는 신탁행위로 정한 바에 따라 수익증권을 발행하는 대신 전자등록기관(유가증권 등의 전자등록 업무를 취급하는 것으로 지정된 기관을 말한다)의 전자등록부에 수익증권을 등록할 수 있다. 이 경우 전자등록의 절차·방법 및 효과, 전자등록기관의 지정·감독 등 수익증권의 전자등록 등에 관하여 필요한 사항은 따로 법률로 정한다.
⑦ 제88조제1항에도 불구하고 수익증권발행신탁에서 수익증권발행신탁이 아닌 신탁으로, 수익증권발행신탁이 아닌 신탁에서 수익증권발행신탁으로 변경할 수 없다.

제79조【수익자명부】 ① 수익증권발행신탁의 수탁자는 지체 없이 수익자명부를 작성하고 다음 각 호의 사항을 적어야 한다.
1. 각 수익권에 관한 수익채권의 내용과 그 밖의 수익권의 내용
2. 각 수익권에 관한 수익증권의 번호 및 발행일
3. 각 수익권에 관한 수익증권이 기명식인지 무기명식인지의 구별
4. 기명수익증권의 경우에는 해당 수익자의 성명 또는 명칭 및 주소
5. 무기명수익증권의 경우에는 수익증권의 수
6. 기명수익증권의 수익자의 각 수익권 취득일
7. 그 밖에 대통령령으로 정하는 사항
② 수익증권발행신탁의 수탁자가 수익자나 질권자에게 하는 통지 또는 최고(催告)는 수익자명부에 적혀 있는 주소나

그 자로부터 수탁자에게 통지된 주소로 하면 된다. 다만, 무기명수익증권의 수익자나 그 질권자에게는 다음 각 호의 방법 모두를 이행하여 통지하거나 최고하여야 한다.
1. 「신문 등의 진흥에 관한 법률」에 따른 일반일간신문 중 전국을 보급지역으로 하는 신문(이하 "일반일간신문"이라 한다)에의 공고(수탁자가 법인인 경우에는 그 법인의 공고방법에 따른 공고를 말한다)
2. 수탁자가 알고 있는 자에 대한 개별적인 통지 또는 최고
③ 제2항 본문에 따른 통지 또는 최고는 보통 그 도달할 시기에 도달한 것으로 본다.
④ 수익증권발행신탁의 수탁자는 신탁행위로 정한 바에 따라 수익자명부관리인을 정하여 수익자명부의 작성, 비치 및 그 밖에 수익자명부에 관한 사무를 위탁할 수 있다.
⑤ 수익증권발행신탁의 수탁자는 수익자명부를 그 주된 사무소(제4항의 수익자명부관리인이 있는 경우에는 그 사무소를 말한다)에 갖추어 두어야 한다.
⑥ 수익증권발행신탁의 위탁자, 수익자 또는 그 밖의 이해관계인은 영업시간 내에 언제든지 수익자명부의 열람 또는 복사를 청구할 수 있다. 이 경우 수탁자나 수익자명부관리인은 정당한 사유가 없다면 청구에 따라야 한다.

제80조【수익증권의 불소지】 ① 수익권에 대하여 기명수익증권을 발행하기로 한 경우 해당 수익자는 그 기명수익증권에 대하여 증권을 소지하지 아니하겠다는 뜻을 수탁자에게 신고할 수 있다. 다만, 신탁행위로 달리 정한 경우에는 그에 따른다.
② 제1항의 신고가 있는 경우 수탁자는 지체 없이 수익증권을 발행하지 아니한다는 뜻을 수익자명부에 적고, 수익자에게 그 사실을 통지하여야 한다. 이 경우 수탁자는 수익증권을 발행할 수 없다.
③ 제1항의 경우 이미 발행된 수익증권이 있으면 수탁자에게 제출하여야 하고, 수탁자에게 제출된 수익증권은 제2항의 기재를 한 때에 무효가 된다.
④ 제1항의 신고를 한 수익자라도 언제든지 수탁자에게 수익증권의 발행을 청구할 수 있다.

제81조【수익증권발행신탁 수익권의 양도】 ① 수익증권발행신탁의 경우 수익권을 표시하는 수익증권을 발행하는 정함이 있는 수익권을 양도할 때에는 해당 수익권을 표시하는 수익증권을 교부하여야 한다.
② 기명수익증권으로 표시되는 수익권의 이전은 취득자의 성명 또는 명칭과 주소를 수익자명부에 적지 아니하면 수탁자에게 대항하지 못한다.
③ 제78조제1항 후단에 따라 특정 수익권에 대하여 수익증권을 발행하지 아니한다는 뜻을 정한 수익증권발행신탁의 경우 해당 수익권의 이전은 취득자의 성명 또는 명칭과 주소를 수익자명부에 적지 아니하면 수탁자 및 제3자에게 대항하지 못한다.
④ 수익증권발행신탁에서 수익권을 표시하는 수익증권을 발행하는 정함이 있는 수익권의 경우 수익증권의 발행 전에 한 수익권의 양도는 수탁자에 대하여 효력이 없다. 다만, 수익증권을 발행하여야 하는 날부터 6개월이 경과한 경우에는 그러하지 아니하다.

제82조【수익증권의 권리추정력 및 선의취득】 ① 수익증권의 점유자는 적법한 소지인으로 추정한다.
② 수익증권에 관하여는 「수표법」 제21조를 준용한다.

제83조【수익증권발행신탁 수익권에 대한 질권】 ① 수익증권발행신탁의 경우 수익권을 질권의 목적으로 할 때에는 그 수익권을 표시하는 수익증권을 질권자에게 교부하여야 한다.
② 제1항에 따라 수익증권을 교부받은 질권자는 계속하여 수익증권을 점유하지 아니하면 그 질권으로써 수탁자 및 제3자에게 대항하지 못한다.
③ 제78조제1항 후단에 따라 특정 수익권에 대하여 수익증권을 발행하지 아니한다는 뜻을 정한 수익증권발행신탁의 경우 해당 수익권에 대한 질권은 그 질권자의 성명 또는 명칭과 주소를 수익자명부에 적지 아니하면 수탁자 및 제3자에게 대항하지 못한다.
④ 수익증권발행신탁에서 수익권을 표시하는 수익증권을 발행하는 정함이 있는 수익권의 경우 수익증권 발행 전에 한 수익권에 대한 질권의 설정은 수탁자에 대하여 효력이 없다. 다만, 수익증권을 발행하여야 하는 날부터 6개월이 경과한 경우에는 그러하지 아니하다.

제84조【기준일】 ① 수익증권발행신탁의 수탁자는 기명수익증권에 대한 수익자로서 일정한 권리를 행사할 자를 정하기 위하여 일정한 날(이하 "기준일"이라 한다)에 수익자명부에 적혀 있는 수익자를 그 권리를 행사할 수익자로 볼 수 있다.
② 기준일은 수익자로서 권리를 행사할 날에 앞선 3개월 내의 날로 정하여야 한다.
③ 기준일을 정한 수탁자는 그 날의 2주 전에 이를 일반일간신문에 공고하여야 한다. 다만, 수탁자가 법인인 경우에는 그 법인의 공고방법에 따른다.
④ 신탁행위로 달리 정한 경우에는 제1항부터 제3항까지의 규정을 적용하지 아니한다.

제85조【수익증권 발행 시 권리행사 등】 ① 무기명수익증권을 가진 자는 그 수익증권을 제시하지 아니하면 수탁자 및 제3자에게 수익자의 권리를 행사하지 못한다.
② 수익증권발행신탁의 수익권을 여러 명이 공유하는 경우 공유자는 그 수익권에 대하여 권리(수탁자로부터 통지 또는 최고를 받을 권한을 포함한다)를 행사할 1인을 정하여 수탁자에게 통지하여야 한다.
③ 제2항의 통지가 없는 경우 공유자는 수탁자가 동의하지 아니하면 해당 수익권에 대한 권리를 행사할 수 없고, 공유자에 대한 수탁자의 통지나 최고는 공유자 중 1인에게 하면 된다.
④ 수익증권발행신탁의 수익자가 여럿인 경우 수익자의 의사결정(제61조 각 호에 따른 권리의 행사에 관한 사항은 제외한다)은 제72조부터 제74조까지의 규정에 따른 수익자집회에서 결정한다. 다만, 신탁행위로 달리 정한 경우에는 그에 따른다.
⑤ 수익증권발행신탁의 경우 위탁자는 다음 각 호의 권리를 행사할 수 없다.
1. 제16조제1항 및 제21조제1항에 따른 해임권 또는 선임권
2. 제16조제3항, 제67조제1항, 제88조제3항 및 제100조에 따른 청구권
3. 제40조제1항에 따른 열람 · 복사 청구권 또는 설명요구권
4. 제79조제6항에 따른 열람 또는 복사 청구권
⑥ 제71조제1항 단서에도 불구하고 수익증권발행신탁의 경우 신탁행위로 다음 각 호의 어느 하나에 해당하는 뜻을 정할 수 있다.
1. 다음 각 목의 권리의 전부 또는 일부에 대하여 총수익자 의결권의 100분의 3(신탁행위로 100분의 3보다 낮은 비율을 정한 경우에는 그 비율을 말한다) 이상 비율의 수익권을 가진 수익자만 해당 권리를 행사할 수 있다는 뜻
  가. 제40조제1항에 따른 열람 · 복사 청구권 또는 설명요구권
  나. 제75조제1항에 따른 취소권
  다. 제88조제3항에 따른 신탁의 변경청구권
  라. 제100조에 따른 신탁의 종료명령청구권
2. 6개월(신탁행위로 이보다 짧은 기간을 정한 경우에는 그 기간을 말한다) 전부터 계속하여 수익권을 가진 수익자만 제77조제1항에 따른 유지청구권을 행사할 수 있다는 뜻
⑦ 수익증권발행신탁의 경우 제46조제4항부터 제6항까지 및 제47조제4항을 적용하지 아니한다. 다만, 신탁행위로 달리 정한 경우에는 그에 따른다.

제86조【수익증권의 상실】 ① 수익증권은 공시최고(公示催告)의 절차를 거쳐 무효로 할 수 있다.
② 수익증권을 상실한 자는 제권판결(除權判決)을 받지 아니하면 수탁자에게 수익증권의 재발행을 청구하지 못한다.

제6장 신탁사채

제87조【신탁사채】 ① 다음 각 호의 요건을 모두 충족하는 경우 신탁행위로 수탁자가 신탁을 위하여 사채(社債)를 발행할 수 있도록 정할 수 있다.
1. 수익증권발행신탁일 것
2. 제114조제1항에 따른 유한책임신탁일 것
3. 수탁자가 「상법」상 주식회사나 그 밖의 법률에 따라 사채를 발행할 수 있는 자일 것
② 제1항에 따라 사채를 발행하는 수탁자는 사채청약서, 채권(債券) 및 사채원부에 다음 각 호의 사항을 적어야 한다.
1. 해당 사채가 신탁을 위하여 발행되는 것이라는 뜻
2. 제1호의 신탁을 특정하는 데에 필요한 사항
3. 해당 사채에 대하여는 신탁재산만으로 이행책임을 진다는 뜻
③ 사채 총액 한도에 관하여는 대통령령으로 정한다.
④ 제1항에 따른 사채의 발행에 관하여 이 법에서 달리 정하지 아니하는 사항에 대하여는 「상법」 제396조 및 제3편제4장제8절(「상법」 제469조는 제외한다)을 준용한다.

제7장 신탁의 변경

제88조【신탁당사자의 합의 등에 의한 신탁변경】 ① 신탁은 위탁자, 수탁자 및 수익자의 합의로 변경할 수 있다. 다만, 신탁행위로 달리 정한 경우에는 그에 따른다.
② 제1항에 따른 신탁의 변경은 제3자의 정당한 이익을 해치지 못한다.
③ 신탁행위 당시에 예견하지 못한 특별한 사정이 발생한 경우 위탁자, 수익자 또는 수탁자는 신탁의 변경을 법원에 청구할 수 있다.
④ 목적신탁에서 수익자의 이익을 위한 신탁으로, 수익자의 이익을 위한 신탁에서 목적신탁으로 변경할 수 없다.

제89조【반대수익자의 수익권매수청구권】 ① 다음 각 호의 어느 하나에 해당하는 사항에 관한 변경에 반대하는 수익자는 신탁변경이 있은 날부터 20일 내에 수탁자에게 수익권의 매수를 서면으로 청구할 수 있다.
1. 신탁의 목적
2. 수익채권의 내용
3. 신탁행위로 수익권매수청구권을 인정한 사항
② 수탁자는 제1항의 청구를 받은 날부터 2개월 내에 매수한 수익권의 대금을 지급하여야 한다.
③ 제2항에 따른 수익권의 매수가액은 수탁자와 수익자 간의 협의로 결정한다.
④ 제1항의 청구를 받은 날부터 30일 내에 제3항에 따른 협의가 이루어지지 아니한 경우 수탁자나 수익권의 매수를 청구한 수익자는 법원에 매수가액의 결정을 청구할 수 있다.
⑤ 법원이 제4항에 따라 수익권의 매수가액을 결정하는 경우에는 신탁의 재산상태나 그 밖의 사정을 고려하여 공정한 가액으로 산정하여야 한다.
⑥ 수탁자는 법원이 결정한 매수가액에 대한 이자를 제2항의 기간만료일 다음 날부터 지급하여야 한다.
⑦ 수탁자는 수익권매수청구에 대한 채무의 경우 신탁재산만으로 책임을 진다. 다만, 신탁행위 또는 신탁변경의 합의로 달리 정한 경우에는 그에 따른다.
⑧ 제1항의 청구에 의하여 수탁자가 수익권을 취득한 경우 그 수익권은 소멸한다. 다만, 신탁행위 또는 신탁변경의 합의로 달리 정한 경우에는 그에 따른다.

제90조【신탁의 합병】 수탁자가 동일한 여러 개의 신탁은 1개의 신탁으로 할 수 있다.

제91조【신탁의 합병계획서】 ① 신탁을 합병하려는 경우 수탁자는 다음 각 호의 사항을 적은 합병계획서를 작성하여야 한다.
1. 신탁합병의 취지
2. 신탁합병 후의 신탁행위의 내용
3. 신탁행위로 정한 수익권의 내용에 변경이 있는 경우에는 그 내용 및 변경이유
4. 신탁합병 시 수익자에게 금전과 그 밖의 재산을 교부하는 경우에는 그 재산의 내용과 가액
5. 신탁합병의 효력발생일
6. 그 밖에 대통령령으로 정하는 사항
② 수탁자는 각 신탁별로 위탁자와 수익자로부터 제1항의 합병계획서의 승인을 받아야 한다. 다만, 신탁행위로 달리 정한 경우에는 그에 따른다.
③ 제1항의 합병계획서를 승인하지 아니하는 수익자는 합병계획서의 승인이 있은 날부터 20일 내에 수탁자에게 수익권의 매수를 서면으로 청구할 수 있다. 이 경우 제89조제2항부터 제8항까지의 규정을 준용한다.

제92조【합병계획서의 공고 및 채권자보호】 ① 수탁자는 신탁의 합병계획서의 승인을 받은 날부터 2주 내에 다음 각 호의 사항을 일반일간신문에 공고하고(수탁자가 법인인 경우에는 해당 법인의 공고방법에 따른다) 알고 있는 신탁재산의 채권자에게는 개별적으로 이를 최고하여야 한다. 제2호의 경우 일정한 기간은 1개월 이상이어야 한다.
1. 합병계획서
2. 채권자가 일정한 기간 내에 이의를 제출할 수 있다는 취지
3. 그 밖에 대통령령으로 정하는 사항
② 채권자가 제1항의 기간 내에 이의를 제출하지 아니한 경우에는 합병을 승인한 것으로 본다.
③ 이의를 제출한 채권자가 있는 경우 수탁자는 그 채권자에게 변제하거나 적당한 담보를 제공하거나 이를 목적으로 하여 적당한 담보를 신탁회사에 신탁하여야 한다. 다만, 신탁의 합병으로 채권자를 해칠 우려가 없는 경우에는 그러하지 아니하다.

제93조【합병의 효과】 합병 전의 신탁재산에 속한 권리·의무는 합병 후의 신탁재산에 존속한다.

제94조【신탁의 분할 및 분할합병】 ① 신탁재산 중 일부를 분할하여 수탁자가 동일한 새로운 신탁의 신탁재산으로 할 수 있다.
② 신탁재산 중 일부를 분할하여 수탁자가 동일한 다른 신탁과 합병(이하 "분할합병"이라 한다)할 수 있다.

제95조【신탁의 분할계획서 및 분할합병계획서】 ① 제94조에 따라 신탁을 분할하거나 분할합병하려는 경우 수탁자는 다음 각 호의 사항을 적은 분할계획서 또는 분할합병계획서를 작성하여야 한다.
1. 신탁을 분할하거나 분할합병한다는 취지
2. 분할하거나 분할합병한 후의 신탁행위의 내용
3. 신탁행위로 정한 수익권의 내용에 변경이 있는 경우에는 그 내용 및 변경이유
4. 분할하거나 분할합병할 때 수익자에게 금전과 그 밖의 재산을 교부하는 경우에는 그 재산의 내용과 가액
5. 분할 또는 분할합병의 효력발생일
6. 분할되는 신탁재산 및 신탁채무의 내용과 그 가액
7. 제123조에 따라 유한책임신탁의 채무를 승계하는 분할 후 신설신탁 또는 분할합병신탁이 있는 경우 그러한 취지와 특정된 채무의 내용
8. 그 밖에 대통령령으로 정하는 사항
② 수탁자는 각 신탁별로 위탁자와 수익자로부터 제1항의 분할계획서 또는 분할합병계획서의 승인을 받아야 한다. 다만, 신탁행위로 달리 정한 경우에는 그에 따른다.

③ 제1항의 분할계획서 또는 분할합병계획서를 승인하지 아니한 수익자는 분할계획서 또는 분할합병계획서의 승인이 있은 날부터 20일 내에 수탁자에게 수익권의 매수를 서면으로 청구할 수 있다. 이 경우 제89조제2항부터 제8항까지의 규정을 준용한다.

제96조【분할계획서 등의 공고 및 채권자보호】 ① 수탁자는 신탁의 분할계획서 또는 분할합병계획서의 승인을 받은 날부터 2주 내에 다음 각 호의 사항을 일반일간신문에 공고하고(수탁자가 법인인 경우에는 그 법인의 공고방법에 따른다) 알고 있는 신탁재산의 채권자에게는 개별적으로 최고하여야 한다. 제2호의 경우 일정한 기간은 1개월 이상이어야 한다.

1. 분할계획서 또는 분할합병계획서
2. 채권자가 일정한 기간 내에 이의를 제출할 수 있다는 취지
3. 그 밖에 대통령령으로 정하는 사항

② 채권자가 제1항의 기간 내에 이의를 제출하지 아니한 경우에는 신탁의 분할 또는 분할합병을 승인한 것으로 본다.
③ 이의를 제출한 채권자가 있는 경우 수탁자는 그 채권자에게 변제하거나 적당한 담보를 제공하거나 이를 목적으로 하여 적당한 담보를 신탁회사에 신탁하여야 한다. 다만, 신탁을 분할하거나 분할합병하는 것이 채권자를 해칠 우려가 없는 경우에는 그러하지 아니하다.

제97조【분할의 효과】 ① 제94조에 따라 분할되는 신탁재산에 속한 권리·의무는 분할계획서 또는 분할합병계획서가 정하는 바에 따라 분할 후 신설신탁 또는 분할합병신탁에 존속한다.
② 수탁자는 분할하는 신탁재산의 채권자에게 분할된 신탁과 분할 후의 신설신탁 또는 분할합병신탁의 신탁재산으로 변제할 책임이 있다.

제8장 신탁의 종료

제98조【신탁의 종료사유】 신탁은 다음 각 호의 어느 하나에 해당하는 경우 종료한다.

1. 신탁의 목적을 달성하였거나 달성할 수 없게 된 경우
2. 신탁이 합병된 경우
3. 제138조에 따라 유한책임신탁에서 신탁재산에 대한 파산선고가 있은 경우
4. 수탁자의 임무가 종료된 후 신수탁자가 취임하지 아니한 상태가 1년간 계속된 경우
5. 목적신탁에서 신탁관리인이 취임하지 아니한 상태가 1년간 계속된 경우
6. 신탁행위로 정한 종료사유가 발생한 경우

제99조【합의에 의한 신탁의 종료】 ① 위탁자와 수익자는 합의하여 언제든지 신탁을 종료할 수 있다. 다만, 위탁자가 존재하지 아니하는 경우에는 그러하지 아니하다.
② 위탁자가 신탁이익의 전부를 누리는 신탁은 위탁자나 그 상속인이 언제든지 종료할 수 있다.
③ 위탁자, 수익자 또는 위탁자의 상속인이 정당한 이유 없이 수탁자에게 불리한 시기에 신탁을 종료한 경우 위탁자, 수익자 또는 위탁자의 상속인은 그 손해를 배상하여야 한다.
④ 제1항부터 제3항까지의 규정에도 불구하고 신탁행위로 달리 정한 경우에는 그에 따른다.

제100조【법원의 명령에 의한 신탁의 종료】 신탁행위 당시에 예측하지 못한 특별한 사정으로 신탁을 종료하는 것이 수익자의 이익에 적합함이 명백한 경우에는 위탁자, 수탁자 또는 수익자는 법원에 신탁의 종료를 청구할 수 있다.

제101조【신탁종료 후의 신탁재산의 귀속】 ① 제98조제1호, 제4호부터 제6호까지, 제99조 또는 제100조에 따라 신탁이 종료된 경우 신탁재산은 수익자(잔여재산수익자를 정한 경우에는 그 잔여재산수익자를 말한다)에게 귀속한다. 다만, 신탁행위로 신탁재산의 잔여재산이 귀속될 자(이하 "귀속권리자"라 한다)를 정한 경우에는 그 귀속권리자에게 귀속한다.
② 수익자와 귀속권리자로 지정된 자가 신탁의 잔여재산에 대한 권리를 포기한 경우 잔여재산은 위탁자와 그 상속인에게 귀속한다.
③ 제3조제3항에 따라 신탁이 종료된 경우 신탁재산은 위탁자에게 귀속한다.
④ 신탁이 종료된 경우 신탁재산이 제1항부터 제3항까지의 규정에 따라 귀속될 자에게 이전될 때까지 그 신탁은 존속하는 것으로 본다. 이 경우 신탁재산이 귀속될 자를 수익자로 본다.
⑤ 제1항 및 제2항에 따라 잔여재산의 귀속이 정하여지지 아니하는 경우 잔여재산은 국가에 귀속된다.

제102조【준용규정】 신탁의 종료로 인하여 신탁재산이 수익자나 그 밖의 자에게 귀속한 경우에는 제53조제3항 및 제54조를 준용한다.

제103조【신탁종료에 의한 계산】 ① 신탁이 종료한 경우 수탁자는 지체 없이 신탁사무에 관한 최종의 계산을 하고, 수익자 및 귀속권리자의 승인을 받아야 한다.
② 수익자와 귀속권리자가 제1항의 계산을 승인한 경우 수탁자의 수익자와 귀속권리자에 대한 책임은 면제된 것으로 본다. 다만, 수탁자의 직무수행에 부정행위가 있었던 경우에는 그러하지 아니하다.
③ 수익자와 귀속권리자가 수탁자로부터 제1항의 계산승인을 요구받은 때부터 1개월 내에 이의를 제기하지 아니한 경우 수익자와 귀속권리자는 제1항의 계산을 승인한 것으로 본다.

제104조【신탁의 청산】 신탁행위 또는 위탁자와 수익자의 합의로 청산절차에 따라 신탁을 종료하기로 한 경우의 청산절차에 관하여는 제132조제2항, 제133조제1항부터 제6항까지 및 제134조부터 제137조까지의 규정을 준용한다.

제9장 신탁의 감독

제105조【법원의 감독】 ① 신탁사무는 법원이 감독한다. 다만, 신탁의 인수를 업으로 하는 경우는 그러하지 아니하다.
② 법원은 이해관계인의 청구에 의하여 또는 직권으로 신탁사무 처리의 검사, 검사인의 선임, 그 밖에 필요한 처분을 명할 수 있다.

제10장 공익신탁

제106조~제113조 (2014.3.18 삭제)

제11장 유한책임신탁

제1절 유한책임신탁의 설정

제114조【유한책임신탁의 설정】 ① 신탁행위로 수탁자가 신탁재산에 속하는 채무에 대하여 신탁재산만으로 책임지는 신탁(이하 "유한책임신탁"이라 한다)을 설정할 수 있다. 이 경우 제126조에 따라 유한책임신탁의 등기를 하여야 그 효력이 발생한다.
② 유한책임신탁을 설정하려는 경우에는 신탁행위로 다음 각 호의 사항을 정하여야 한다.

1. 유한책임신탁의 목적
2. 유한책임신탁의 명칭
3. 위탁자 및 수탁자의 성명 또는 명칭 및 주소
4. 유한책임신탁의 신탁사무를 처리하는 주된 사무소(이하 "신탁사무처리지"라 한다)
5. 신탁재산의 관리 또는 처분 등의 방법
6. 그 밖에 필요한 사항으로서 대통령령으로 정하는 사항

제115조【유한책임신탁의 명칭】 ① 유한책임신탁의 명칭에는 "유한책임신탁"이라는 문자를 사용하여야 한다.
② 유한책임신탁이 아닌 신탁은 명칭에 유한책임신탁 및 그 밖에 이와 유사한 문자를 사용하지 못한다.
③ 누구든지 부정한 목적으로 다른 유한책임신탁으로 오인(誤認)할 수 있는 명칭을 사용하지 못한다.
④ 제3항을 위반하여 명칭을 사용하는 자가 있는 경우 그로 인하여 이익이 침해되거나 침해될 우려가 있는 유한책임신탁의 수탁자는 그 명칭 사용의 정지 또는 예방을 청구할 수 있다.
제116조【명시·교부 의무】 ① 수탁자는 거래상대방에게 유한책임신탁이라는 뜻을 명시하고 그 내용을 서면으로 교부하여야 한다.
② 수탁자가 제1항을 위반한 경우 거래상대방은 그 법률행위를 한 날부터 3개월 내에 이를 취소할 수 있다.
제117조【회계서류 작성의무】 ① 유한책임신탁의 경우 수탁자는 다음 각 호의 서류를 작성하여야 한다.
1. 대차대조표
2. 손익계산서
3. 이익잉여금처분계산서나 결손금처리계산서
4. 그 밖에 대통령령으로 정하는 회계서류
② 다음 각 호의 요건을 모두 갖춘 유한책임신탁은 「주식회사 등의 외부감사에 관한 법률」의 예에 따라 감사를 받아야 한다.(2017.10.31 본문개정)
1. 수익증권발행신탁일 것
2. 직전 사업연도 말의 신탁재산의 자산총액 또는 부채규모가 대통령령으로 정하는 기준 이상일 것
제118조【수탁자의 제3자에 대한 책임】 ① 유한책임신탁의 수탁자가 다음 각 호의 어느 하나에 해당하는 행위를 한 경우 그 수탁자는 유한책임신탁임에도 불구하고 제3자에게 그로 인하여 입은 손해를 배상할 책임이 있다. 다만, 제3호 및 제4호의 경우 수탁자가 주의를 게을리하지 아니하였음을 증명하였을 때에는 그러하지 아니하다.
1. 고의 또는 중대한 과실로 그 임무를 게을리한 경우
2. 고의 또는 과실로 위법행위를 한 경우
3. 대차대조표 등 회계서류에 기재 또는 기록하여야 할 중요한 사항에 관한 사실과 다른 기재 또는 기록을 한 경우
4. 사실과 다른 등기 또는 공고를 한 경우
② 제1항에 따라 제3자에게 손해를 배상할 책임이 있는 수탁자가 여럿인 경우 연대하여 그 책임을 진다.
제119조【고유재산에 대한 강제집행 등의 금지】 ① 유한책임신탁의 경우 신탁채권에 기하여 수탁자의 고유재산에 대하여 강제집행등이나 국세 등 체납처분을 할 수 없다. 다만, 제118조에 따른 수탁자의 손해배상채무에 대하여는 그러하지 아니하다.
② 수탁자는 제1항을 위반한 강제집행등에 대하여 이의를 제기할 수 있다. 이 경우 「민사집행법」 제48조를 준용한다.
③ 수탁자는 제1항을 위반한 국세 등 체납처분에 대하여 이의를 제기할 수 있다. 이 경우 국세 등 체납처분에 대한 불복절차를 준용한다.
제120조【수익자에 대한 급부의 제한】 ① 유한책임신탁의 수탁자는 수익자에게 신탁재산에서 급부가 가능한 한도를 초과하여 급부할 수 없다.
② 제1항에 따른 급부가 가능한 한도는 순자산액의 한도 내에서 대통령령으로 정하는 방법에 따라 산정한다.
제121조【초과급부에 대한 전보책임】 ① 수탁자가 수익자에게 제120조제1항의 급부가 가능한 한도를 초과하여 급부한 경우 수탁자와 이를 받은 수익자는 연대하여 초과된 부분을 신탁재산에 전보할 책임이 있다. 다만, 수탁자가 주의를 게을리하지 아니하였음을 증명한 경우에는 그러하지 아니하다.
② 제1항의 초과부분을 전보한 수탁자는 선의의 수익자에게 구상권(求償權)을 행사할 수 없다.
제122조【합병의 효과에 대한 특칙】 유한책임신탁에 속하는 채무에 대하여는 합병 후에도 합병 후 신탁의 신탁재산만으로 책임을 진다.
제123조【분할의 효과에 대한 특칙】 유한책임신탁에 속하는 채무에 대하여 분할 후의 신설신탁 또는 분할합병신탁에 이전하는 것으로 정한 경우 그 채무에 대하여는 분할 후의 신설신탁 또는 분할합병신탁의 신탁재산만으로 책임을 진다.

제2절 유한책임신탁의 등기

제124조【관할 등기소】 ① 유한책임신탁의 등기에 관한 사무는 신탁사무처리지를 관할하는 지방법원, 그 지원 또는 등기소를 관할 등기소로 한다.
② 등기소는 유한책임신탁등기부를 편성하여 관리한다.
제125조【등기의 신청】 ① 등기는 법령에 다른 규정이 있는 경우를 제외하고는 수탁자의 신청 또는 관공서의 촉탁이 없으면 하지 못한다.
② 제17조제1항 및 제18조제1항에 따라 신탁재산관리인이 선임되면 법령에 다른 규정이 있는 경우를 제외하고는 신탁재산관리인이 등기를 신청하여야 한다.
제126조【유한책임신탁등기】 ① 유한책임신탁등기는 다음 각 호의 사항을 등기하여야 한다.
1. 유한책임신탁의 목적
2. 유한책임신탁의 명칭
3. 수탁자의 성명 또는 명칭 및 주소
4. 신탁재산관리인이 있는 경우 신탁재산관리인의 성명 또는 명칭 및 주소
5. 신탁사무처리지
6. 그 밖에 대통령령으로 정하는 사항
② 제1항의 등기는 유한책임신탁을 설정한 때부터 2주 내에 하여야 한다.
③ 유한책임신탁의 등기를 신청하기 위한 서면(전자문서를 포함한다. 이하 "신청서"라 한다)에는 다음 각 호의 서면을 첨부하여야 한다.
1. 유한책임신탁을 설정한 신탁행위를 증명하는 서면
2. 수탁자가 법인인 경우에는 그 법인의 「상업등기법」 제15조에 따른 등기사항증명서(2014.5.20 본호개정)
3. 제117조제2항에 따라 외부의 감사인을 두어야 하는 경우에는 그 선임 및 취임승낙을 증명하는 서면
4. 제3호의 감사인이 법인인 경우에는 그 법인의 「상업등기법」 제15조에 따른 등기사항증명서(2014.5.20 본호개정)
제127조【유한책임신탁의 변경등기】 ① 제126조제1항 각 호의 사항(제5호는 제외한다)에 변경이 있는 경우에는 2주 내에 변경등기를 하여야 한다.
② 신탁사무처리지에 변경이 있는 경우에는 2주 내에 종전 신탁사무처리지에서는 변경등기를 하고 새로운 신탁사무처리지에서는 제126조제1항 각 호의 사항을 등기하여야 한다. 다만, 같은 등기소의 관할구역 내에서 신탁사무처리지를 변경한 경우에는 신탁사무처리지의 변경등기만 하면 된다.
③ 제126조제1항 각 호의 사항의 변경은 제1항 또는 제2항에 따라 등기하지 아니하면 선의의 제3자에게 대항하지 못한다. 등기한 후라도 제3자가 정당한 사유로 이를 알지 못한 경우에도 또한 같다.
④ 제1항 또는 제2항에 따라 변경등기를 신청할 때에는 신청서에 해당 등기사항의 변경을 증명하는 서면을 첨부하여야 한다.
제128조【유한책임신탁의 종료등기】 ① 유한책임신탁이 종료되거나 제114조제1항의 취지를 폐지하는 변경이 있는 경우에는 2주 내에 종료등기를 하여야 한다.

② 제1항에 따라 유한책임신탁의 종료등기를 신청할 때에는 신청서에 종료 사유의 발생을 증명하는 서면을 첨부하여야 한다.

제129조【유한책임신탁의 합병등기 또는 분할등기】 유한책임신탁이 합병하거나 분할한 후에도 유한책임신탁을 유지하는 경우 그 등기에 관하여는 제126조부터 제128조까지의 규정을 준용한다.

제130조【부실의 등기】 수탁자는 고의나 과실로 유한책임신탁의 등기가 사실과 다르게 된 경우 그 등기와 다른 사실로 선의의 제3자에게 대항하지 못한다.

제131조【등기절차 및 사무】 이 장에 규정된 등기의 등기절차 및 사무에 관하여는 이 법 및 다른 법령에서 규정한 것을 제외하고 「상업등기법」의 예에 따른다.

제3절 유한책임신탁의 청산

제132조【유한책임신탁의 청산】 ① 유한책임신탁이 종료한 경우에는 신탁을 청산하여야 한다. 다만, 제98조제2호 및 제3호의 사유로 종료한 경우에는 그러하지 아니하다.

② 제1항에 따른 청산이 완료될 때까지 유한책임신탁은 청산의 목적범위 내에서 존속하는 것으로 본다.

제133조【청산수탁자】 ① 유한책임신탁이 종료된 경우에는 신탁행위로 달리 정한 바가 없으면 종료 당시의 수탁자 또는 신탁재산관리인이 청산인(이하 "청산수탁자"라 한다)이 된다. 다만, 제3조제3항에 따라 유한책임신탁이 종료된 경우에는 법원이 수익자, 신탁채권자 또는 검사의 청구에 의하거나 직권으로 해당 신탁의 청산을 위하여 청산수탁자를 선임하여야 한다.

② 제1항 단서에 따라 청산수탁자가 선임된 경우 전수탁자의 임무는 종료한다.

③ 제1항 단서에 따라 선임된 청산수탁자에 대한 보수에 관하여는 제21조제4항을 준용한다.

④ 청산수탁자는 다음 각 호의 직무를 수행한다.

1. 현존사무의 종결
2. 신탁재산에 속한 채권의 추심 및 신탁채권에 대한 변제
3. 수익채권(잔여재산의 급부를 내용으로 한 것은 제외한다)에 대한 변제
4. 잔여재산의 급부
5. 재산의 환가처분(換價處分)

⑤ 청산수탁자는 제4항제2호 및 제3호의 채무를 변제하지 아니하면 제4항제4호의 직무를 수행할 수 없다.

⑥ 청산수탁자는 제4항 각 호의 직무를 수행하기 위하여 필요한 모든 행위를 할 수 있다. 다만, 신탁행위로 달리 정한 경우에는 그에 따른다.

⑦ 청산수탁자는 청산수탁자가 된 때부터 2주 내에 청산수탁자의 성명 또는 명칭 및 주소를 등기하여야 한다.

제134조【채권자의 보호】 ① 청산수탁자는 취임한 후 지체 없이 신탁채권자에게 일정한 기간 내에 그 채권을 신고할 것과 그 기간 내에 신고하지 아니하면 청산에서 제외된다는 뜻을 일반일간신문에 공고하는 방법(수탁자가 법인인 경우에는 그 법인의 공고방법을 말한다)으로 최고하여야 한다. 이 경우 그 기간은 2개월 이상이어야 한다.

② 청산수탁자는 그가 알고 있는 채권자에게는 개별적으로 그 채권의 신고를 최고하여야 하며, 그 채권자가 신고하지 아니한 경우에도 청산에서 제외하지 못한다.

제135조【채권신고기간 내의 변제】 ① 청산수탁자는 제134조제1항의 신고기간 내에는 신탁채권자에게 변제하지 못한다. 다만, 변제의 지연으로 인한 손해배상의 책임을 면하지 못한다.

② 청산수탁자는 제1항에도 불구하고 소액의 채권, 담보가 있는 신탁채권, 그 밖에 변제로 인하여 다른 채권자를 해칠 우려가 없는 채권의 경우 법원의 허가를 받아 변제할 수 있다.

③ 제2항에 따른 허가신청을 각하하는 재판에는 반드시 이유를 붙여야 한다.

④ 변제를 허가하는 재판에 대하여는 불복할 수 없다.

제136조【청산절차에서 채무의 변제】 ① 청산수탁자는 변제기에 이르지 아니한 신탁채권에 대하여도 변제할 수 있다.

② 제1항에 따라 신탁채권에 대한 변제를 하는 경우 이자 없는 채권에 대하여는 변제기에 이르기까지의 법정이자를 가산하여 그 채권액이 될 금액을 변제하여야 한다.

③ 이자 있는 채권으로서 그 이율이 법정이율에 이르지 못하는 경우에는 제2항을 준용한다.

④ 제1항의 경우 조건부채권, 존속기간이 불확정한 채권, 그 밖에 가액이 불확정한 채권에 대하여는 법원이 선임한 감정인의 평가에 따라 변제하여야 한다.

제137조【제외된 채권자에 대한 변제】 청산 중인 유한책임신탁의 신탁채권자가 제134조제1항의 신고기간 내에 그 채권을 신고하지 아니한 경우에는 그 채권은 청산에서 제외된다. 이 경우 청산에서 제외된 채권자는 분배되지 아니한 잔여재산에 대하여만 변제를 청구할 수 있다.

제138조【청산 중의 파산신청】 청산 중인 유한책임신탁의 신탁재산이 그 채무를 모두 변제하기에 부족한 것이 분명하게 된 경우 청산수탁자는 즉시 신탁재산에 대하여 파산신청을 하여야 한다.

제139조【청산종결의 등기】 유한책임신탁의 청산이 종결된 경우 청산수탁자는 제103조에 따라 최종의 계산을 하여 수익자 및 귀속권리자의 승인을 받아야 하며, 승인을 받은 때부터 2주 내에 종결의 등기를 하여야 한다.

제12장 벌 칙

제140조【신탁사채권자집회의 대표자 등의 특별배임죄】 신탁사채권자집회의 대표자 또는 그 결의를 집행하는 사람이 그 임무에 위배한 행위로써 재산상의 이익을 취하거나 제3자로 하여금 이를 취득하게 하여 신탁사채권자에게 손해를 가한 경우에는 7년 이하의 징역 또는 2천만원 이하의 벌금에 처한다.

제141조【특별배임죄의 미수】 제140조의 미수범은 처벌한다.

제142조【부실문서행사죄】 ① 수익증권을 발행하는 자가 수익증권을 발행하거나 신탁사채의 모집의 위탁을 받은 자가 신탁사채를 모집할 때 중요한 사항에 관하여 부실한 기재가 있는 수익증권 또는 사채청약서, 수익증권 또는 신탁사채의 모집에 관한 광고, 그 밖의 문서를 행사한 경우에는 5년 이하의 징역 또는 1천500만원 이하의 벌금에 처한다.

② 수익증권 또는 신탁사채를 매출하는 자가 그 매출에 관한 문서로서 중요한 사항에 관하여 부실한 기재가 있는 것을 행사한 경우에도 제1항과 같다.

제143조【권리행사방해 등에 관한 증뢰 · 수뢰죄】 ① 신탁사채권자집회에서의 발언 또는 의결권의 행사에 관하여 부정한 청탁을 받고 재산상의 이익을 수수(收受), 요구 또는 약속한 사람은 1년 이하의 징역 또는 1천만원 이하의 벌금에 처한다.(2014.1.7 본항개정)

② 제1항의 이익을 약속, 공여 또는 공여의 의사를 표시한 사람도 제1항과 같다.

제144조【징역과 벌금의 병과】 제140조부터 제143조까지의 징역과 벌금은 병과할 수 있다.

제145조【몰수 · 추징】 제143조제1항의 경우 범인이 수수한 이익은 몰수한다. 그 전부 또는 일부를 몰수하기 불가능한 경우에는 그 가액을 추징한다.

제146조【과태료】 ① 다음 각 호의 어느 하나에 해당하는 자 또는 그 대표자에게는 500만원 이하의 과태료를 부과한다.

1. 제12조제2항 · 제3항 및 제13조제2항을 위반하여 수익자에게 임무 종료 사실을 통지하지 아니한 수탁자, 수탁자의 상속인, 법정대리인 또는 청산인
2. 제12조제3항을 위반하여 파산관재인에게 신탁재산에 관한 사항을 통지하지 아니한 수탁자
3. 제12조제4항을 위반하여 수익자에게 신탁재산의 보관 및 신탁사무 인계에 관한 사실을 통지하지 아니한 수탁자의 상속인, 법정대리인 또는 청산인
4. 제14조제3항을 위반하여 수익자에게 사임한 사실을 통지하지 아니한 수탁자
5. 제16조제4항을 위반하여 수익자에게 해임된 사실을 통지하지 아니한 수탁자
6. 제17조제3항 및 제18조제3항을 위반하여 수익자에게 선임된 사실을 통지하지 아니한 신탁재산관리인
7. 제34조제2항 단서를 위반하여 수익자에게 법원의 허가를 신청한 사실을 통지하지 아니한 수탁자
8. 제39조에 따른 장부, 재산목록, 그 밖의 서류의 작성 · 보존 및 비치 의무를 게을리한 수탁자
9. 이 법을 위반하여 정당한 사유 없이 장부 등 서류, 수익자명부, 신탁사채권자집회 의사록 또는 재무제표 등의 열람 · 복사를 거부한 수탁자, 수익자명부관리인 또는 신탁사채를 발행한 자
10. 제40조제1항에 따른 설명요구를 정당한 사유 없이 거부한 수탁자
11. 제78조제2항을 위반하여 정당한 사유 없이 수익증권 발행을 지체한 수탁자
12. 제78조제5항 또는 제87조제2항을 위반하여 수익증권 또는 채권에 적어야 할 사항을 적지 아니하거나 부실한 기재를 한 수탁자
13. 이 법에 따른 수익자명부 또는 신탁사채권자집회 의사록을 작성하지 아니하거나 이를 갖추어 두지 아니한 수익증권발행신탁의 수탁자, 수익자명부관리인 또는 신탁사채를 발행한 자
14. 제79조제5항을 위반하여 수익자명부를 갖추어 두지 아니한 수탁자
15. 제80조제2항을 위반하여 수익자에게 신고를 받은 사실을 통지하지 아니한 수탁자
16. 제81조제2항에 따른 수익자명부에 기명수익증권으로 표시된 수익권을 취득한 자의 성명 또는 명칭과 주소의 기재를 거부한 수탁자
17. 제87조제2항을 위반하여 사채청약서를 작성하지 아니하거나 이에 적어야 할 사항을 적지 아니하거나 또는 부실한 기재를 한 수탁자
18. 수익자명부 · 신탁사채원부 또는 그 복본, 이 법에 따라 작성하여야 하는 신탁사채권자집회 의사록, 재산목록, 대차대조표, 손익계산서, 이익잉여금처분계산서, 결손금처리계산서, 그 밖의 회계서류에 적어야 할 사항을 적지 아니하거나 또는 부실한 기재를 한 수탁자
19. 제87조제4항에서 준용하는 「상법」 제396조제1항을 위반하여 신탁사채원부를 갖추어 두지 아니한 수탁자
20. 제87조제4항에서 준용하는 「상법」 제478조제1항을 위반하여 사채전액의 납입이 완료하지 아니한 채 사채를 발행한 수탁자 또는 사채모집의 위탁을 받은 회사
21. 제87조제4항에서 준용하는 「상법」 제484조제2항을 위반하여 사채의 변제를 받고 지체 없이 그 뜻을 공고하지 아니한 사채모집의 위탁을 받은 회사
22. 제87조제4항에서 준용하는 「상법」 제499조를 위반하여 사채권자집회의 결의에 대하여 인가 또는 불인가의 결정이 있다는 사실을 지체 없이 공고하지 아니한 수탁자
23. 사채권자집회에 부실한 보고를 하거나 사실을 은폐한 수탁자 또는 사채모집의 위탁을 받은 회사
24. 제92조제1항을 위반하여 합병에 대한 이의를 제출할 수 있다는 사실을 공고하지 아니한 수탁자
25. 제92조 또는 제96조를 위반하여 신탁을 합병하거나 분할하거나 분할합병한 경우 수탁자
26. 이 법에 따른 유한책임신탁의 설정, 변경, 종결 또는 청산의 등기를 게을리한 수탁자
27. 제133조제5항을 위반하여(제104조에 따라 준용되는 경우를 포함한다) 잔여재산을 급부한 청산수탁자
28. 제138조를 위반하여 파산신청을 게을리한 청산수탁자

② 제115조제1항을 위반하여 유한책임신탁의 명칭 중에 "유한책임신탁"이라는 문자를 사용하지 아니한 자에게는 300만원 이하의 과태료를 부과한다.

③ 다음 각 호의 어느 하나에 해당하는 자에게는 100만원 이하의 과태료를 부과한다.

1. 제115조제2항을 위반하여 유한책임신탁 및 그 밖에 이와 유사한 명칭을 사용한 자
2. 제115조제3항을 위반하여 다른 유한책임신탁으로 오인할 수 있는 명칭을 사용한 자

④ 제1항부터 제3항까지의 규정에 따른 과태료(제1항제26호에 따른 과태료는 제외한다)는 대통령령으로 정하는 바에 따라 법무부장관이 부과 · 징수한다.

제147조【외부의 감사인 등의 의무위반행위】 제117조제2항에 따라 외부의 감사인을 선임한 경우 감사인 등의 의무위반행위에 대한 벌칙 및 과태료에 관하여는 「주식회사 등의 외부감사에 관한 법률」을 준용한다. 이 경우 "회사"는 "신탁"으로 본다.(2017.10.31 전단개정)

부 칙

제1조【시행일】 이 법은 공포 후 1년이 경과한 날부터 시행한다.

제2조【이 법의 효력의 불소급】 이 법은 특별한 규정이 있는 경우를 제외하고는 종전의 규정에 따라 생긴 효력에는 영향을 미치지 아니한다.

제3조【다른 법률의 개정】 ①~⑨ ※(해당 법령에 가제정리 하였음)

제4조【다른 법령과의 관계】 이 법 시행 당시 다른 법령에서 종전의 「신탁법」 또는 그 규정을 인용한 경우에 이 법 가운데 그에 해당하는 규정이 있으면 종전의 「신탁법」 또는 그 규정을 갈음하여 이 법 또는 이 법의 해당 규정을 인용한 것으로 본다.

부 칙 (2017.10.31)

제1조【시행일】 이 법은 공포 후 1년이 경과한 날부터 시행한다.(이하 생략)

공탁법

(2007년 3월 29일 전부개정법률 제8319호)

개정
2008. 3.21법 8921호 2009.12.29법 9836호
2011. 4. 5법10537호 2014.12.30법12880호
2015.12.15법13565호 2018.12.18법15971호
2020.12. 8법17567호
2021.12.21법18585호(국가재정법)
2022. 1. 4법18669호 2024.10.16법20458호

제1장 총 칙

(2008.3.21 본장개정)

제1조【목적】 이 법은 법령에 따라 행하는 공탁(供託)의 절차와 공탁물(供託物)을 효율적으로 관리하고 운용하기 위한 사항을 정함을 목적으로 한다.

제2조【공탁사무의 처리】 ① 법령에 따라 행하는 공탁사무는 지방법원장이나 지방법원지원장이 소속 법원서기관 또는 법원사무관 중에서 지정하는 자가 처리한다. 다만, 시·군법원은 지방법원장이나 지방법원지원장이 소속 법원주사 또는 법원주사보 중에서 지정하는 자가 처리할 수 있다.
② 법원행정처장이 지정·고시하는 공탁소의 공탁사무는 대법원규칙으로 정하는 바에 따라 전산정보처리조직을 이용한 전자문서로 처리할 수 있다.(2011.4.5 본항신설)

제3조【공탁물보관자의 지정】 ① 대법원장은 법령에 따라 공탁하는 금전, 유가증권, 그 밖의 물품을 보관할 은행이나 창고업자를 지정한다.
② 대법원장은 제1항에 따라 공탁금 보관은행을 지정할 때에는 공익성과 지역사회 기여도 등 해당 지역의 특수성이 반영될 수 있도록 해당 지방법원장의 의견을 듣고, 제15조에 따른 공탁금관리위원회의 심사를 거쳐야 한다.
③ 제1항에 따라 지정된 은행이나 창고업자는 그의 영업 부류(部類)에 속하는 것으로서 보관할 수 있는 수량에 한정하여 보관하며 선량한 관리자의 주의(注意)로써 보관하여야 한다.

제2장 공탁 절차

제4조【공탁 절차】 공탁을 하려는 자는 대법원규칙으로 정하는 바에 따라 공탁서를 작성하여 제2조에 따라 공탁사무를 처리하는 자[이하 "공탁관(供託官)"이라 한다]에게 제출한 후 공탁물을 지정된 은행이나 창고업자에게 납입하여야 한다.(2008.3.21 본조개정)

제5조【외국인등을 위한 공탁의 특례】 ① 국내에 주소나 거소(居所)가 없는 외국인이나 재외국민(이하 "외국인등"이라 한다)을 위한 변제공탁(辨濟供託)은 대법원 소재지의 공탁소(供託所)에 할 수 있다.
② 외국인등이 공탁하는 절차나 외국인등을 위하여 공탁하는 절차, 그 밖에 필요한 사항은 대법원규칙으로 정할 수 있다.
(2008.3.21 본조개정)

제5조의2【형사공탁의 특례】 ① 형사사건의 피고인이 법령 등에 따라 피해자의 인적사항을 알 수 없는 경우에 그 피해자를 위하여 하는 변제공탁(이하 "형사공탁"이라 한다)은 해당 형사사건이 계속 중인 법원 소재지의 공탁소에 할 수 있다.
② 형사공탁의 공탁서에는 공탁물의 수령인(이하 이 조에서 "피공탁자"라 한다)의 인적사항을 대신하여 해당 형사사건의 재판이 계속 중인 법원(이하 이 조에서 "법원"이라 한다)과 사건번호, 사건명, 조서, 진술서, 공소장 등에 기재된 피해자를 특정할 수 있는 명칭을 기재하고, 공탁원인사실을 피해 발생시점과 채무의 성질을 특정하는 방식으로 기재할 수 있다.
③ 피공탁자에 대한 공탁통지는 공탁관이 다음 각 호의 사항을 인터넷 홈페이지 등에 공고하는 방법으로 갈음할 수 있다.
1. 공탁신청 연월일, 공탁소, 공탁번호, 공탁물, 공탁근거 법령조항
2. 공탁물 수령·회수와 관련된 사항
3. 그 밖에 대법원규칙으로 정한 사항
④ 공탁물 수령을 위한 피공탁자 동일인 확인은 다음 각 호의 사항이 기재된 법원이나 검찰이 발급한 증명서에 의한다.
1. 사건번호
2. 공탁소, 공탁번호, 공탁물
3. 피공탁자의 성명·주민등록번호
4. 그 밖에 동일인 확인을 위하여 필요한 사항
⑤ 형사공탁의 공탁서 기재사항, 첨부하여야 할 서면, 공탁신청, 공탁공고 및 공탁물 수령·회수 절차 등 그 밖에 필요한 사항은 대법원규칙으로 정한다.
(2020.12.8 본조신설)

제6조【공탁금의 이자】 공탁금에는 대법원규칙으로 정하는 이자를 붙일 수 있다.

제7조【이자 등의 보관】 지정된 은행이나 창고업자는 공탁물을 수령할 자가 청구하는 경우에는 공탁의 목적인 유가증권의 상환금, 이자 또는 배당금을 수령하여 이를 보관한다. 다만, 보증공탁(保證供託)을 할 때에 보증금을 대신하여 유가증권을 공탁한 경우에는 공탁자가 그 이자나 배당금을 청구할 수 있다.(2008.3.21 본조개정)

제8조【보관료】 공탁물을 보관하는 은행이나 창고업자는 그 공탁물을 수령하는 자에게 일반적으로 같은 종류의 물건에 청구하는 보관료를 청구할 수 있다.(2008.3.21 본조개정)

제9조【공탁물의 수령·회수】 ① 공탁물을 수령하려는 자는 대법원규칙으로 정하는 바에 따라 그 권리를 증명하여야 한다.
② 공탁자는 다음 각 호의 어느 하나에 해당하면 그 사실을 증명하여 공탁물을 회수할 수 있다.
1. 「민법」 제489조에 따르는 경우
2. 착오로 공탁을 한 경우
3. 공탁의 원인이 소멸한 경우
③ 제1항 및 제2항(제9조의2제1항 단서에 따라 공탁물을 회수할 수 있는 경우를 포함한다. 이하 제4항에서 같다)의 공탁물이 금전인 경우(제7조에 따른 유가증권상환금, 배당금과 제11조에 따른 물품을 매각하여 그 대금을 공탁한 경우를 포함한다) 그 원금 또는 이자의 수령, 회수에 대한 권리는 그 권리를 행사할 수 있는 때부터 10년간 행사하지 아니할 때에는 시효로 인하여 소멸한다.(2024.10.16 본항개정)
④ 법원행정처장은 제3항에 따른 시효가 완성되기 전에 대법원규칙으로 정하는 바에 따라 제1항 및 제2항의 공탁금 수령·회수권자에게 공탁금을 수령하거나 회수할 수 있는 권리가 있음을 알릴 수 있다.(2018.12.18 본항신설)
(2008.3.21 본조개정)

제9조의2【공탁물 회수의 제한】 ① 공탁자가 형사사건 피해자를 위하여 변제공탁을 한 경우에는 제9조제2항제1호 및 제3호의 사유로는 공탁물을 회수하지 못한다. 다만, 다음 각 호의 어느 하나에 해당하는 경우에는 그 사실을 증명하여 공탁물을 회수할 수 있다.
1. 공탁물의 수령인으로 지정된 자가 공탁물의 회수에 동의하거나 공탁물의 수령을 거절하는 의사를 공탁소에 통고한 경우
2. 공탁의 원인이 된 해당 형사사건에서 무죄판결이 확정되거나 불기소 결정(기소유예는 제외한다)이 있는 경우
② 제1항에 따른 공탁물 회수 및 회수 동의의 방법·절차, 수령 거절의사의 통고 방법·절차 등에 필요한 사항은 대법원규칙으로 정한다.
(2024.10.16 본조신설)

제10조【반대급부】 공탁물을 수령할 자가 반대급부(反對給付)를 하여야 하는 경우에는 공탁자의 서면 또는 판결문, 공정증서(公正證書), 그 밖의 관공서에서 작성한 공문서 등에 의하여 그 반대급부가 있었음을 증명하지 아니하면 공탁물을 수령하지 못한다.(2008.3.21 본조개정)

제11조【물품공탁의 처리】 공탁물 보관자는 오랫동안 보관하여 공탁된 물품이 그 본래의 기능을 다하지 못하게 되는 등의 특별한 사정이 있으면 공탁 당사자에게 적절한 기간을 정하여 수령을 최고(催告)하고 그 기간에 수령하지 아니하면 대법원규칙으로 정하는 바에 따라 공탁된 물품을 매각하여 그 대금을 공탁하거나 폐기할 수 있다.(2008.3.21 본조개정)

제3장 이의신청 등

(2008.3.21 본장제목개정)

제12조【처분에 대한 이의신청】 ① 공탁관의 처분에 불복하는 자는 관할 지방법원에 이의신청을 할 수 있다.

② 제1항에 따른 이의신청은 공탁소에 이의신청서를 제출함으로써 하여야 한다.

제13조【공탁관의 조치】 ① 공탁관은 제12조에 따른 이의신청이 이유 있다고 인정하면 신청의 취지에 따르는 처분을 하고 그 내용을 이의신청인에게 알려야 한다.

② 공탁관은 이의신청이 이유 없다고 인정하면 이의신청서를 받은 날부터 5일 이내에 이의신청서에 의견을 첨부하여 관할 지방법원에 송부하여야 한다.

(2008.3.21 본조개정)

제14조【이의신청에 대한 결정과 항고】 ① 관할 지방법원은 이의신청에 대하여 이유를 붙인 결정(決定)으로써 하며 공탁관과 이의신청인에게 결정문을 송부하여야 한다. 이 경우 이의가 이유 있다고 인정하면 공탁관에게 상당한 처분을 할 것을 명하여야 한다.

② 이의신청인은 제1항의 결정에 대하여 「비송사건절차법」에 따라 항고(抗告)할 수 있다.

(2008.3.21 본조개정)

제4장 공탁금관리위원회

제15조【공탁금관리위원회의 설립】 ① 공탁금의 보관·관리 등과 관련된 다음 각 호의 사항을 효율적으로 처리하기 위하여 공탁금관리위원회(이하 "위원회"라 한다)를 설립한다.

1. 공탁금을 보관하는 은행의 지정 심사 및 적격 심사
2. 제19조에 따른 출연금 및 위원회 운영비의 심의·확정 (2015.12.15 본호개정)
3. 그 밖에 대법원규칙으로 정하는 사항

② 위원회는 법인으로 한다.

③ 위원회의 주된 사무소의 소재지는 정관(定款)으로 정한다.

④ 위원회는 그 주된 사무소의 소재지에서 설립등기를 함으로써 성립한다.

⑤ 위원회는 제1항 각 호의 사항에 관한 업무를 독립하여 수행한다.

(2008.3.21 본조개정)

제16조【공탁금관리위원회의 구성 등】 ① 위원회는 위원장 1명을 포함하여 9명의 위원으로 구성한다.

② 위원장과 위원은 법원행정처장이 다음 각 호의 기준에 따라 임명하거나 위촉한다.(2014.12.30 본문개정)

1. 법관 또는 3급 이상의 법원공무원 3명
2. 기획재정부장관이 추천하는 3급 이상의 국가공무원 또는 고위공무원단에 속하는 일반직공무원 1명 (2011.4.5 본호개정)
3. 법무부장관이 추천하는 검사 또는 3급 이상의 국가공무원 또는 고위공무원단에 속하는 일반직공무원 1명
4. 금융위원회가 추천하는 3급 이상의 국가공무원 또는 고위공무원단에 속하는 일반직공무원 1명(2011.4.5 본호개정)
5. 공탁제도에 관하여 학식과 경험이 풍부한 변호사, 공인회계사, 대학교수 중 3명

③ 위원장과 위원의 임기는 2년으로 하되, 연임할 수 있다.

④ 위원이 임기 중 제2항제1호부터 제5호까지에 규정된 직이나 자격을 상실하는 경우에는 위원의 신분을 상실한다.

⑤ 위원장은 위원회를 대표하며 위원회의 사무를 총괄한다.

⑥ 위원회의 업무를 지원하기 위하여 대법원규칙으로 정하는 바에 따라 사무기구(事務機構)를 둘 수 있다.

⑦ 그 밖에 위원회의 운영에 필요한 사항은 정관으로 정한다.

(2008.3.21 본조개정)

제17조【정관】 ① 위원회의 정관에는 다음 각 호의 사항을 적어야 한다.

1. 목적
2. 명칭
3. 사무소의 소재지
4. 업무 및 그 집행
5. 재산 및 회계
6. 사무기구의 설치
7. 위원의 임명·위촉과 해임·해촉(2014.12.30 본호개정)
8. 정관의 변경
9. 공고의 방법

② 위원회는 정관을 작성하고 변경할 때에는 법원행정처장의 승인을 받아야 한다.

(2008.3.21 본조개정)

제18조【등기사항】 위원회의 등기사항은 다음 각 호와 같다.

1. 목적
2. 명칭
3. 사무소의 소재지
4. 위원의 성명, 주민등록번호 및 주소

제19조【출연금】 ① 공탁금을 보관하는 은행은 매년 공탁금 운용수익금의 일부를 위원회에 출연(出捐)할 수 있다.

② 공탁금을 보관하는 은행이 제1항에 따라 위원회에 출연하는 경우 수익금의 범위·방법·조건 등에 필요한 사항은 대법원규칙으로 정한다.

(2008.3.21 본조개정)

제20조~제23조 (2015.12.15 삭제)

제24조【공무원의 겸직】 법원행정처장은 위원장의 요청에 따라 그 소속 공무원을 위원회에 겸직근무하게 할 수 있다.

제25조【감독】 ① 법원행정처장은 위원회를 지휘하고 감독하며 필요하다고 인정하면 위원회에 그 사업에 관한 지시나 명령을 할 수 있다.

② 법원행정처장은 필요하다고 인정하면 위원회에 그 업무·회계 및 재산에 관한 사항을 보고하게 하거나 소속 공무원에게 위원회의 장부·서류나 그 밖의 물건을 검사하게 할 수 있다.

③ 제2항에 따라 검사를 하는 공무원은 그 권한을 나타내는 증표를 지니고 이를 관계인에게 내보여야 한다.

(2008.3.21 본조개정)

제25조의2 (2015.12.15 삭제)

제26조【벌칙 적용 시의 공무원 의제】 위원회의 위원 중 공무원이 아닌 위원은 「형법」이나 그 밖의 법률에 따른 벌칙을 적용할 때에는 공무원으로 본다.(2008.3.21 본조개정)

제27조 (2015.12.15 삭제)

제5장 사법서비스진흥기금

(2015.12.15 본장신설)

제28조【기금의 설치】 법원은 사법제도를 개선하고 법률구조 등 국민들에 대한 사법서비스 수준을 향상시키기 위한 자금을 확보·공급하기 위하여 사법서비스진흥기금(이하 "기금"이라 한다)을 설치한다.

제29조【기금의 조성】 ① 기금은 다음 각 호의 재원(財源)으로 조성한다.
1. 제2항에 따른 위원회의 출연금
2. 다른 회계 또는 기금으로부터의 전입금
3. 위원회 이외의 자가 출연 또는 기부하는 현금, 물품 그 밖의 재산
4. 기금의 운용으로 인하여 생기는 수익금
5. 그 밖에 대법원규칙으로 정하는 수입
② 위원회는 제19조에 따라 위원회에 출연된 출연금 중 위원회의 운영비를 제외한 나머지 자금을 기금에 출연하여야 한다.
③ 제1항제3호에 따라 위원회 외의 자가 출연 또는 기부하는 경우 그 용도를 지정하여 출연 또는 기부할 수 있다.
제30조【기금의 관리·운용】 ① 기금은 법원행정처장이 관리·운용한다.
② 법원행정처장은 기금에 여유자금이 있을 때에는 다음 각 호의 방법으로 이를 운용할 수 있다.
1. 국가·지방자치단체 또는 금융기관에서 직접 발행하거나 채무이행을 보증하는 유가증권의 매입
2. 「은행법」에 따른 은행 및 「우체국예금·보험에 관한 법률」에 따른 체신관서에 예치(預置) 또는 단기 대여
3. 그 밖에 대법원규칙으로 정하는 자금증식 방법
③ 법원행정처장은 기금의 재무건전성을 유지하기 위하여 노력하여야 한다.(2022.1.4 본항신설)
④ 기금의 관리·운용에 관하여 그 밖에 필요한 사항은 대법원규칙으로 정한다.
제31조【기금의 용도】 기금은 다음 각 호에 해당하는 용도에 사용한다.
1. 공탁제도 개선 및 공탁전산시스템의 개발과 운용
2. 국선변호인제도 및 소송구조제도의 운용
3. 조정제도의 운용
4. 법률구조사업 및 범죄피해자법률지원사업의 지원
5. 기금의 조성·관리 및 운용
6. 그 밖에 소년보호지원, 민원서비스개선 등 사법제도 개선이나 국민에 대한 사법서비스 향상을 위한 공익사업으로서 제32조에 따른 심의회의 의결을 거쳐 대법원규칙으로 정하는 사업이나 활동
제32조【기금운용심의회】 ① 기금의 관리·운용에 관한 다음 각 호의 사항을 심의하기 위하여 법원행정처에 사법서비스진흥기금운용심의회(이하 "심의회"라 한다)를 둔다.
1. 기금의 관리 및 운용에 관한 주요 정책
2. 「국가재정법」 제66조에 따른 기금운용계획안의 수립
3. 「국가재정법」 제70조제2항에 따른 주요항목 지출금액의 변경
4. 「국가재정법」 제85조의6제1항에 따른 기금 성과보고서 및 같은 법 제73조에 따른 기금 결산보고서의 작성 (2021.12.21 본호개정)
5. 「국가재정법」 제79조에 따른 자산운용지침의 제정 및 개정
6. 기금의 관리·운용에 관한 중요 사항으로서 대법원규칙으로 정하는 사항과 그 밖에 심의회의 위원장이 필요하다고 인정하여 부의하는 사항
② 심의회 위원은 위원장 1명을 포함하여 10명의 위원으로 구성하되, 다음 각 호의 기준에 따라 법원행정처장이 임명 또는 위촉한다.
1. 법관 또는 3급 이상의 법원공무원 3명
2. 기획재정부장관이 추천하는 3급 이상의 국가공무원 또는 고위공무원단에 속하는 일반직공무원 1명
3. 법무부장관이 추천하는 검사 또는 3급 이상의 국가공무원 또는 고위공무원단에 속하는 일반직공무원 1명
4. 사법서비스에 관하여 학식과 경험이 풍부한 변호사, 공인회계사, 대학교수 중 5명
③ 심의회의 구성 및 운영, 그 밖에 필요한 사항은 대법원규칙으로 정한다.
제33조【기금의 회계기관】 법원행정처장은 기금의 수입과 지출에 관한 사무를 처리하게 하기 위하여 소속 공무원 중에서 기금수입징수관, 기금재무관, 기금지출관 및 기금출납공무원을 임명한다.
제34조【기금의 회계연도】 기금의 회계연도는 정부의 회계연도에 따른다.
제35조【기금의 회계처리】 기금은 기업회계의 원칙에 따라 회계처리한다.
제36조【기금의 일시차입】 법원행정처장은 기금의 운용상 필요한 때에는 기금의 부담으로 한국은행, 그 밖의 금융기관으로부터 자금을 일시 차입할 수 있다.
제37조【기금의 목적 외 사용금지 및 반환】 ① 제31조에 따라 지원받은 기금은 지원받은 목적 외의 용도에 사용하지 못한다.
② 법원행정처장은 기금을 지원받은 자가 거짓이나 그 밖의 부정한 방법으로 기금을 지원받거나 지원받은 기금을 목적 외의 용도에 사용하였을 경우에는 지원을 취소하고 기금의 전부 또는 일부를 반환하게 할 수 있다.
제38조【보고 및 감독】 ① 기금을 지원받는 자는 기금사용계획과 기금사용결과를 대법원규칙으로 정하는 바에 따라 법원행정처장에게 보고하여야 한다.
② 법원행정처장은 필요하다고 인정하면 소속 공무원으로 하여금 기금을 지원받은 자의 장부·서류 등의 물건을 검사하게 할 수 있다.
제39조【이익 및 결손의 처리】 ① 기금의 결산상 이익금이 생긴 때에는 이를 전액 적립하여야 한다.
② 기금의 결산상 손실금이 생긴 때에는 제1항에 따른 적립금으로 보전하고, 그 적립금으로 부족한 때에는 정부가 예산의 범위에서 이를 보전할 수 있다.
제40조【벌칙 적용에서의 공무원 의제】 심의회의 위원 중 공무원이 아닌 위원은 「형법」 제129조부터 제132조까지의 규정을 적용할 때에는 공무원으로 본다.
제41조【대법원규칙】 이 법 시행에 필요한 사항은 대법원규칙으로 정한다.

부 칙 (2020.12.8)

이 법은 공포 후 2년이 경과한 날부터 시행한다.

부 칙 (2021.12.21)

제1조【시행일】 이 법은 공포한 날부터 시행한다.(이하 생략)

부 칙 (2022.1.4)

이 법은 공포한 날부터 시행한다.

부 칙 (2024.10.16)

제1조【시행일】 이 법은 공포 후 3개월이 경과한 날부터 시행한다.
제2조【공탁물 회수의 제한에 관한 적용례】 제9조의2의 개정규정은 이 법 시행 이후 공탁자가 형사사건 피해자를 위하여 변제공탁을 한 경우부터 적용한다.

공탁규칙

(2007년 12월 31일 전부개정대법원규칙 제2147호)

개정
2010. 2. 1대법원규칙2272호
2011. 9.28대법원규칙2356호(부등규)
2012.10.30대법원규칙2429호 2014.12.30대법원규칙2578호
2016. 6.27대법원규칙2668호(법무사규)
2019. 6. 4대법원규칙2848호 2019. 9.17대법원규칙2859호
2020.11.26대법원규칙2929호 2021. 5.27대법원규칙2982호
2022. 6.30대법원규칙3060호 2022.10.27대법원규칙3073호
2023.12.29대법원규칙3119호 2024.12.31대법원규칙3186호

제1장 총 칙

제1조【목적】 이 규칙은 「공탁법」(이하 "법"이라 한다)에서 위임한 사항과 그 밖에 공탁사무에 필요한 사항을 정함을 목적으로 한다.

제2조【시·군법원 공탁관의 직무범위】 시·군법원 공탁관(供託官)의 직무범위는 해당 시·군법원의 사건과 관련된 다음 각 호의 업무에 한한다.
1. 변제공탁(辨濟供託)
해당 시·군법원에 계속 중이거나 시·군법원에서 처리한 「소액사건심판법」의 적용을 받는 민사사건과 화해·독촉·조정사건에 대한 채무의 이행으로서 하는 「민법」 제487조, 제488조에 따른 변제공탁
2. 재판상 보증공탁(保證供託)
가. 「민사소송법」 제117조제1항에 따른 소송비용의 담보와 관련된 공탁
나. 「민사소송법」 제213조에 따른 가집행선고와 관련된 공탁
다. 「민사소송법」 제500조제1항에 따른 재심(再審)이나 상소(上訴)의 추후보완신청으로 말미암은 집행정지(執行停止)와 관련된 공탁
라. 「민사소송법」 제501조, 제500조제1항에 따른 상소제기나 변경의 소제기로 말미암은 집행정지와 관련된 공탁
마. 「민사집행법」 제34조제2항, 제16조제2항에 따른 집행문부여 등에 관한 이의신청과 관련된 공탁
바. 「민사집행법」 제46조제2항, 제44조에 따른 청구에 관한 이의의 소의 잠정처분(暫定處分)과 관련된 공탁
사. 「민사집행법」 제46조제2항, 제45조에 따른 집행문부여에 대한 이의의 소의 잠정처분과 관련된 공탁
아. 「민사집행법」 제280조, 제301조에 따른 가압류·가처분명령과 관련된 공탁
자. 「민사집행법」 제286조제5항, 제301조에 따른 가압류·가처분 이의에 대한 재판과 관련된 공탁
차. 「민사집행법」 제288조제1항, 제307조에 따른 가압류·가처분 취소와 관련된 공탁
3. 집행공탁(執行供託)
「민사집행법」 제282조에 따른 가압류 해방금액(解放金額)의 공탁
4. 몰취공탁(沒取供託)
「민사소송법」 제299조제2항에 따른 소명(疏明)에 갈음하는 보증금의 공탁

제3조【공탁관계 장부와 양식】 ① 공탁관은 다음 각 호의 장부(帳簿)를 전산정보처리조직을 이용하여 기록·관리하여야 한다.
1. 공탁물의 종류에 따른 원장(元帳)
2. 공탁물의 종류에 따른 출납부
3. 공탁물의 종류에 따른 사건부
4. 불수리사건 관리부
5. 문서건명부
② 이 규칙의 시행에 필요한 문서의 양식은 대법원 예규로 정한다.

제4조【원장】 ① 공탁관은 원장(각 공탁사건에 관한 주요사항을 전산 등록한 기본장부를 말한다. 이하 같다)을 사건별로 작성하여야 한다.
② 공탁관은 공탁을 수리(受理)하거나 공탁물의 출급·회수를 인가(認可)한 때에는 이를 원장에 등록하여야 한다.

제5조【출납부】 ① 출납부는 공탁물의 종류에 따라 연도별로 작성한다.
② 공탁관은 공탁물보관자가 보내온 공탁물의 납입 및 지급결과에 관한 내용을 일자순으로 등록하여야 한다.
③ 제2항의 공탁물의 납입 및 지급결과에 관한 내용은 원장에도 등록하여야 한다.

제6조【사건부】 ① 사건부는 공탁물의 종류에 따라 연도별로 작성한다.
② 사건부에는 공탁신청사건의 접수사실을 등록하고, 공탁물의 지급 등으로 공탁사건이 완결된 때에는 완결일자를 등록하여야 한다.
③ 사건부에 등록할 공탁번호는 연도, 부호문자와 진행번호에 따라 부여한다. 부호문자는 금전공탁은 "금"으로, 유가증권(「주식·사채 등의 전자등록에 관한 법률」 제63조제1항에 따라 발행된 전자등록증명서를 포함한다. 이하 같다)공탁은 "증"으로, 물품공탁은 "물"로 하고, 진행번호는 접수순서에 따르며 매년 그 번호를 새로 부여한다.(2019.9.17 본항개정)

제7조【불수리사건 관리부】 공탁관은 불수리사건 관리부에 다음 각 호의 사항을 등록하여야 한다.
1. 제48조의 불수리 결정을 한 경우 결정연월일과 고지연월일
2. 불수리 결정에 대한 이의신청이 있는 경우 이의신청일 및 결과

제8조【문서건명부】 ① 문서건명부에는 공탁신청과 불수리 결정의 고지 이외의 공탁관련 모든 문서의 접수 및 발송사실을 등록한다.
② 문서건명부의 진행번호는 접수문서와 발송문서를 구분하지 않고 등록순서에 따르며 매년 그 번호를 새로 부여한다.

제9조【일계표】 공탁관은 납입 및 지급된 공탁사건에 관하여 매일 일계표를 전산정보처리조직으로 출력하여 법원장(지방법원 지원에서는 지원장, 시·군법원에서는 시·군법원 판사)의 결재를 받아야 한다.

제10조【공탁기록 및 서류철】 ① 공탁사건을 접수한 공탁관은 사건마다 공탁기록을 만들고, 공탁에 관한 서류를 접수순서에 따라 해당 공탁기록에 편철한다.
② 제1항 이외의 서류는 아래와 같이 구분하여 편철한다.
1. 일계표철
2. 월계대사표철
3. 우편발송부
4. 기타 문서철

제11조【날인에 갈음하는 서명 등】 ① 공탁관에게 제출하는 서면에 날인하여야 할 경우에는 서명으로 갈음할 수 있고, 날인이나 서명을 할 수 없을 때에는 무인으로 할 수 있다.
② 제1항은 제출하는 서면에 인감을 날인하고 인감증명서를 첨부하여야 하는 경우에는 적용하지 아니한다.

제12조【기재문자의 정정 등】 ① 공탁서, 공탁물 출급·회수청구서 그 밖에 공탁에 관한 서면에 적는 문자는 자획(字劃)을 명확히 하여야 한다.
② 공탁서, 공탁물 출급·회수청구서, 지급위탁서·증명서에 적은 금전에 관한 숫자는 정정(訂正), 추가나 삭제하지 못한다. 그러나 공탁서의 공탁원인사실과 청구서의 청구사유에 적은 금전에 관한 숫자는 그러하지 아니하다.
③ 정정, 추가나 삭제를 할 때에는 한 줄을 긋고 그 위쪽이나 아래쪽에 바르게 적거나 추가하고, 그 글자 수를 난외(欄外)에 적은 다음 도장을 찍어야 하며, 정정하거나 삭제한 문자는 읽을 수 있도록 남겨두어야 한다.
④ 제3항에 따라 정정 등을 한 서류가 공탁서이거나 공탁물 출급·회수청구서인 때에는 공탁관은 작성자가 도장을 찍은 곳 옆에 인감(제55조제2항의 인감을 말한다. 이하 같다) 도장을 찍어 확인하여야 한다.
제13조【계속 기재】 ① 공탁관에게 제출하는 서류에 관하여 양식과 용지의 크기가 정하여져 있는 경우에 한 장에다 전부 적을 수 없는 때에는 해당 용지와 같은 크기의 용지로서 적당한 양식으로 계속 적을 수 있다.
② 제1항의 경우에는 계속 용지임을 명확히 표시하여야 한다.
제14조【서류의 간인】 ① 공탁관에게 제출하는 서류가 두 장 이상인 때에는 작성자는 간인을 하여야 한다.
② 서류의 작성자가 여러 사람인 경우에는 그 중 한 사람이 간인을 하면 된다.
③ 제1항 및 제2항의 서류가 공탁서이거나 공탁물 출급·회수청구서인 때에는 공탁관이 인감도장으로 간인을 하여 확인하여야 한다.
제15조【원본인 첨부서면의 반환】 ① 공탁서, 공탁서 정정신청서, 대공탁·부속공탁청구서, 공탁물 출급·회수청구서 등에 첨부한 원본인 서면의 반환을 청구하는 경우에 청구인은 그 원본과 같다는 뜻을 적은 사본을 제출하여야 한다.
② 공탁관이 서류의 원본을 반환할 때에는 그 사본에 원본을 반환한 뜻을 적고 도장을 찍어야 한다.
제16조【자격증명서 등의 유효기간】 공탁관에게 제출하는 다음 서면은 발급일로부터 3월 이내의 것이어야 한다.
1. 대표자나 관리인의 자격 또는 대리인의 권한을 증명하는 것으로서 관공서에서 발급받은 서면
2. 제21조제3항의 주소를 소명하는 서면으로서 관공서에서 발급받은 서면
3. 인감증명서
제17조【장부 등의 보존기간】 ① 공탁관은 공탁에 관한 장부와 서류를 다음과 같이 구분하여 보존하여야 한다. 그러나 관계서류를 합철하였을 경우에는 그 서류 중 보존기간이 가장 긴 서류에 따라 보존한다.
1. 제3조제1항 각호의 장부
사건별 완결연도의 다음해부터 10년
2. 공탁기록
완결연도의 다음해부터 5년
3. 일계표철, 월계대사표철, 우편발송부, 기타 문서철
각 해당 연도의 다음해부터 2년
② 제1항의 장부와 서류는 보존기간이 끝난 후에도 보존하여야 할 특별한 사유가 있는 때는 그 사유가 존재하는 동안 보존하여야 한다.
제18조【장부 등의 폐기절차】 공탁관이 보존기간이 끝난 장부나 서류를 폐기하려면 그 목록을 작성하여 소속 지방법원장 또는 지원장의 인가를 받아야 한다.
제19조【완료되지 않은 서류 등의 반출금지】 공탁에 관한 서류로서 지급이 완료되지 않은 것은 천재지변(天災地變) 등 긴급한 상황에서 서류의 보존을 위하여 필요한 경우가 아니면 사무실 밖으로 옮기지 못한다.

제2장 공탁 절차

제20조【공탁서】 ① 공탁을 하려는 사람은 공탁관에게 공탁서 2통을 제출하여야 한다.
② 제1항의 공탁서에는 다음 각 호의 사항을 적고 공탁자가 기명날인(記名捺印)하여야 한다. 그러나 대표자나 관리인 또는 대리인이 공탁하는 때에는 그 사람의 주소를 적고 기명날인하여야 하며, 공무원이 그 직무상 공탁하는 경우에는 소속 관서명과 그 직을 적고 기명날인하여야 한다.
1. 공탁자의 성명(상호, 명칭)·주소(본점, 주사무소)·주민등록번호(법인등록번호)
2. 공탁금액, 공탁유가증권의 명칭·장수·총 액면금(액면금이 없을 때에는 그 뜻)·기호·번호·부속이표·최종상환기, 공탁물품의 명칭·종류·수량
3. 공탁원인사실
4. 공탁을 하게 된 관계법령의 조항
5. 공탁물의 수령인(이하 "피공탁자"라 한다)을 지정해야 할 때에는 피공탁자의 성명(상호, 명칭)·주소(본점, 주사무소)·주민등록번호(법인등록번호)
6. 공탁으로 인하여 질권, 전세권, 저당권이 소멸하는 때는 그 질권, 전세권, 저당권의 표시
7. 반대급부를 받아야 할 경우에는 그 반대급부의 내용
8. 공탁물의 출급·회수에 관하여 관공서의 승인, 확인 또는 증명 등을 필요로 하는 경우에는 해당 관공서의 명칭
9. 재판상의 절차에 따른 공탁의 경우에는 해당 법원의 명칭과 사건명
10. 공탁법원의 표시
11. 공탁신청 연월일
제21조【첨부서면】 ① 공탁자가 법인인 경우에는 대표자 또는 관리인의 자격을 증명하는 서면, 법인 아닌 사단이나 재단일 경우에는 정관이나 규약과 대표자 또는 관리인의 자격을 증명하는 서면을 공탁서에 첨부하여야 한다.
② 대리인이 공탁하는 경우에는 대리인의 권한을 증명하는 서면을 첨부하여야 한다.
③ 변제공탁을 하는 경우에 피공탁자의 주소를 표시하는 때에는 그 주소를 소명하는 서면을, 피공탁자의 주소가 불명인 경우에는 이를 소명하는 서면을 첨부하여야 한다.
제22조【첨부서면의 생략】 같은 사람이 동시에 같은 공탁법원에 여러 건의 공탁을 하는 경우에 첨부서면의 내용이 같을 때에는 1건의 공탁서에 1통만을 첨부하면 된다. 이 경우 다른 공탁서에는 그 뜻을 적어야 한다.
제23조【공탁통지서 등 첨부】 ① 공탁자가 피공탁자에게 공탁통지를 하여야 할 경우에는 피공탁자의 수만큼 공탁통지서를 첨부하여야 한다.
② 제1항의 경우 「우편법 시행규칙」 제25조제1항제4호다목에 따른 배달증명을 할 수 있는 우편료를 납입하여야 한다.
(2012.10.30 본항개정)
③ 공탁관은 제1항의 공탁통지서를 발송하기 위한 봉투 발신인란에 공탁소의 명칭과 그 소재지 및 공탁관의 성명을 적어야 한다.
(2010.2.1 본조개정)
제24조【기명식유가증권을 공탁하는 요건】 기명식(記名式)유가증권을 공탁하는 경우에는 공탁물을 수령하는 자가 즉시 권리를 취득할 수 있도록 유가증권에 배서(背書)를 하거나 양도증서를 첨부하여야 한다.
제25조【공탁신청서류 조사】 공탁관이 공탁신청서류를 접수한 때는 상당한 사유가 없는 한 지체 없이 모든 사항을 조사하여 신속하게 처리하여야 한다.
제26조【수리절차】 ① 공탁관이 공탁신청을 수리할 때에는 공탁서에 다음 각 호의 사항을 적고 기명날인한 다음 1통

을 공탁자에게 내주어 공탁물을 공탁물보관자에게 납입하게 하여야 한다.
1. 공탁을 수리한다는 뜻
2. 공탁번호
3. 공탁물 납입기일
4. 납입기일까지 공탁물을 납입하지 않을 경우에는 수리결정의 효력이 상실된다는 뜻
② 공탁관이 제1항에 따라 공탁신청을 수리한 때에는 주요사항을 전산등록하고, 공탁물보관자에게 그 내용을 전송하여야 한다. 다만, 물품공탁의 경우에는 공탁물보관자에게 전송하는 대신 공탁자에게 공탁물품납입서 1통을 주어야 한다.
③ 공탁자가 제1항제3호의 납입기일까지 공탁물을 납입하지 않을 때는 그 수리결정은 효력을 상실한다.
④ 제3항의 경우에는 원장에 그 뜻을 등록하여야 한다.
제27조【공탁물 납입절차】 공탁물보관자가 공탁물을 납입받은 때에는 공탁서에 공탁물을 납입받았다는 뜻을 적어 공탁자에게 내주고, 그 납입사실을 공탁관에게 전송하여야 한다. 다만, 물품을 납입받은 경우에는 공탁물품납입통지서를 보내야 한다.
제28조【계좌입금에 의한 공탁금 납입】 ① 공탁관은 금전공탁에서 공탁자가 자기의 비용으로 계좌납입을 신청한 경우 공탁금보관자에게 가상계좌번호를 요청하여 그 계좌로 공탁금을 납입하게 하여야 한다.
② 제1항의 방법으로 공탁금이 납입된 경우 공탁금보관자는 공탁관에게 공탁금이 납입된 사실을 전송하여야 한다.
③ 제2항의 전송을 받은 공탁관은 공탁서에 공탁금이 납입되었다는 뜻을 적어 공탁자에게 내주거나 배달증명 우편으로 보내야 한다.
④ (2012.10.30 삭제)
제29조【공탁통지서의 발송】 ① 공탁관은 제27조의 전송이나 공탁물품납입통지서를 받은 때에는 제23조의 공탁통지서를 피공탁자에게 발송하여야 한다.
② 제1항의 통지서에는 공탁번호, 발송연월일과 공탁관의 성명을 적고 직인을 찍어야 한다.
③ 공탁통지서를 발송한 경우 그 송달정보는 전산정보처리조직에 의하여 관리하여야 한다.(2012.10.30 본항개정)
④ 공탁통지서가 반송된 경우에는 이를 공탁기록에 편철하여야 한다.(2012.10.30 본항개정)
제30조【공탁서 정정】 ① 공탁신청이 수리된 후 공탁서의 착오(錯誤) 기재를 발견한 공탁자는 공탁의 동일성(同一性)을 해하지 아니하는 범위 내에서 공탁서 정정(訂正)신청을 할 수 있다.
② 제1항의 신청을 하려는 사람은 공탁서 정정신청서 2통과 정정사유를 소명하는 서면을 제출하여야 한다.
③ 제21조제1항 및 제2항, 제22조, 제59조제2항은 공탁서 정정신청에 준용한다.
④ 공탁관이 공탁서 정정신청을 수리한 때에는 공탁서 정정신청서에 그 뜻을 적고 기명날인한 후 그 신청서 1통을 신청인에게 내준다. 이 경우 공탁관은 원장의 내용을 정정등록하여야 한다.
⑤ 수리의 뜻이 적힌 공탁서 정정신청서는 공탁서의 일부로 본다.
⑥ 피공탁자의 주소를 정정하는 경우에는 제23조를 준용한다.
제31조【대공탁 또는 부속공탁 청구】 ① 공탁유가증권의 상환금의 대공탁이나 이자 또는 배당금의 부속공탁을 청구하려는 사람은 대공탁·부속공탁청구서 2통을 제출하여야 한다.
② 유가증권공탁에 관하여 대공탁과 부속공탁을 동시에 청구하는 경우에는 하나의 청구서로 할 수 있다. 이 경우 공탁관은 대공탁과 부속공탁을 별건으로 접수·등록하되 1개의 기록을 만든다.
③ 공탁관이 제1항의 청구를 수리할 때에는 대공탁·부속공탁청구서에 그 뜻과 공탁번호를 적고 기명날인한 다음, 그 중 1통을 유가증권·이표출급의뢰서와 함께 청구인에게 내주어야 한다.
④ 제21조제1항 및 제2항과 제22조는 제1항의 경우에 준용한다.
⑤ 공탁유가증권이 기명식인 때에는 청구인은 제1항의 청구서에 공탁물보관자 앞으로 작성한 상환금 추심 위임장을 첨부하여야 한다.
⑥ 대공탁과 부속공탁 청구절차의 추심비용은 청구인이 부담한다.
⑦ 대공탁과 부속공탁은 금전공탁사건으로 접수하고, 대공탁을 수리하는 경우에는 동시에 유가증권공탁사건부와 원장에 유가증권의 출급 사항을 등록하여야 한다.

제3장 출급 또는 회수절차

제32조【공탁물 출급·회수청구서】 ① 공탁물을 출급·회수하려는 사람은 공탁관에게 공탁물 출급·회수청구서 2통을 제출하여야 한다.
② 제1항의 청구서에는 다음 각 호의 사항을 적고 청구인이 기명날인하여야 한다. 다만, 대표자나 관리인 또는 대리인이 청구하는 때에는 그 사람의 주소를 적고 기명날인하여야 하며, 공무원이 직무상 청구할 때에는 소속 관서명과 그 직을 적고 기명날인하여야 한다.
1. 공탁번호
2. 출급·회수하려는 공탁금액, 유가증권의 명칭·장수·총액면금·액면금(액면금이 없을 때는 그 뜻)·기호·번호, 공탁물품의 명칭·종류·수량
3. 출급·회수청구사유
4. 이자의 지급을 동시에 받으려는 경우 그 뜻
5. 청구인의 성명(상호, 명칭)·주소(본점, 주사무소)·주민등록번호(사업자등록번호)
6. 청구인이 공탁자나 피공탁자의 권리승계인인 경우 그 뜻
7. 제41조제1항이나 제2항에 따른 출급·회수청구의 경우 그 서류를 첨부한 뜻
8. 공탁법원의 표시
9. 출급·회수청구 연월일
제33조【공탁물 출급청구서의 첨부서류】 공탁물을 출급하려는 사람은 공탁물 출급청구서에 다음 각 호의 서류를 첨부하여야 한다.
1. 제29조에 따라 공탁관이 발송한 공탁통지서. 다만, 다음 중 어느 하나의 사유가 있는 경우에는 그러하지 아니하다.
가. 출급청구하는 공탁금액이 5000만원 이하인 경우(유가증권의 총 액면금액이 5000만원 이하인 경우를 포함한다). 다만, 청구인이 관공서이거나 법인 아닌 사단이나 재단인 때에는 그 금액이 1000만원 이하인 경우
나. 공탁서나 이해관계인의 승낙서를 첨부한 경우
다. 강제집행이나 체납처분에 따라 공탁물 출급청구를 하는 경우
라. 공탁통지서를 발송하지 않았음이 인정되는 경우
2. 출급청구권이 있음을 증명하는 서면. 다만, 다음 중 어느 하나의 사유가 있는 경우에는 그러하지 아니하다.(2023.12.29 단서개정)
가. 공탁서의 내용으로 출급청구권이 있는 사실이 명백한 경우(2023.12.29 본목신설)
나. 제86조제1항에 따른 피공탁자 동일인 확인 증명서가 공탁소에 송부된 경우(2023.12.29 본목신설)
3. 공탁물 출급을 위하여 반대급부를 하여야 할 때는 법 제10조에 따른 증명서류
제34조【공탁물 회수청구서의 첨부서류】 공탁물을 회수하려는 사람은 공탁물 회수청구서에 다음 각 호의 서류를 첨부하여야 한다.

1. 공탁서. 다만, 다음 중 어느 하나의 사유가 있는 경우에는 그러하지 아니하다.
  가. 회수청구하는 공탁금액이 5000만원 이하인 경우(유가증권의 총 액면금액이 5000만원 이하인 경우를 포함한다) 다만, 청구인이 관공서이거나 법인 아닌 사단이나 재단인 때에는 그 금액이 1000만원 이하인 경우
  나. 이해관계인의 승낙서를 첨부한 경우
  다. 강제집행이나 체납처분에 따라 공탁물 회수청구를 하는 경우
2. 회수청구권이 있음을 증명하는 서면. 다만, 공탁서의 내용으로 그 사실이 명백한 경우에는 그러하지 아니하다.

제35조【공탁물 출급·회수의 일괄청구】 같은 사람이 여러 건의 공탁에 관하여 공탁물의 출급·회수를 청구하려는 경우 그 사유가 같은 때에는 공탁종류에 따라 하나의 청구서로 할 수 있다.

제36조【각종 부기문의 기재】 ① 공탁서와 청구서 등에 적을 부기문은 그 서면의 여백에 적을 수 있다. 그러나 다른 용지에 적을 때는 직인으로 간인을 하여야 한다.
② 제1항의 서면 중 1통을 제출자나 공탁물보관자에게 내주는 때에는 두 서면에 직인으로 계인(契印)을 찍어야 한다.

제37조【인감증명서의 제출】 ① 공탁물 출급·회수청구를 하는 사람은 공탁물 출급·회수청구서 또는 위임에 따른 대리인의 권한을 증명하는 서면에 찍힌 인감에 관하여 「인감증명법」 제12조와 「상업등기법」 제16조에 따라 발행한 인감증명서를 제출하여야 한다.(2019.6.4 본항개정)
② 제1항은 법정대리인, 지배인, 그 밖의 등기된 대리인, 법인·법인 아닌 사단이나 재단의 대표자 또는 관리인이 공탁물 출급·회수청구를 하는 경우에는 그 법정대리인, 지배인, 그 밖의 등기된 대리인, 대표자나 관리인에 대하여 준용한다.
③ 제1항과 제2항은 다음 각 호의 경우에는 적용하지 아니한다.
1. 본인이나 제2항에서 말하는 사람이 공탁금을 직접 출급·회수청구하는 경우로써, 그 금액이 1000만원 이하(유가증권의 총 액면금액이 1000만원 이하인 경우를 포함한다)이고, 공탁관이 신분에 관한 증명서(주민등록증·여권·운전면허증 등을 말한다. 이하 "신분증"이라 한다)로 본인이나 제2항에서 말하는 사람임을 확인할 수 있는 경우
2. 관공서가 공탁물의 출급·회수청구를 하는 경우
④ 공탁관이 제3항에 따라 공탁금 출급·회수청구를 인가한 때에는 청구인의 신분증 사본을 해당 공탁기록에 편철하여야 한다.

제38조【자격증명서 등의 첨부】 ① 제21조제1항 및 제2항과 제22조는 공탁물 출급·회수청구에 준용한다.
② 출급·회수청구인이 법인 아닌 사단이나 재단인 경우에는 대표자 또는 관리인의 자격을 증명하는 서면에 그 사실을 확인하는데 상당하다고 인정되는 2명 이상의 성년인 사람이 사실과 같다는 뜻과 성명을 적고 자필서명한 다음, 신분증 사본을 첨부하여야 한다.(2010.2.1 본항개정)
③ 변호사나 법무사〔법무법인·법무법인(유한)·법무조합·법무사법인·법무사법인(유한)을 포함한다. 이하 "자격자대리인"이라 한다〕가 대리하여 청구하는 경우에는 자격자대리인이 제2항의 서면에 사실과 같다는 뜻을 적고 기명날인하는 것으로 갈음할 수 있다.(2016.6.27 본항개정)

제39조【출급·회수의 절차】 ① 공탁관이 공탁물 출급·회수청구서류를 접수한 때에는 상당한 사유가 없는 한 지체없이 모든 사항을 조사하여 신속하게 처리하여야 한다.
② 공탁관은 제1항의 청구가 이유 있다고 인정할 때에는 청구서에 인가의 뜻을 적어 기명날인하고 전산등록을 한 다음 청구서 1통을 청구인에게 내주고, 공탁물보관자에게는 그 내용을 전송하여야 한다.
③ 제2항의 경우 공탁관은 청구인으로부터 청구서 수령인을 받아야 한다.

제40조【예금계좌 입금신청 등】 ① 공탁금 출급·회수청구인이 공탁금을 자기의 비용으로 자신의 예금계좌에 입금하여 줄 것을 공탁관에게 신청한 경우에는 공탁금을 신고된 예금계좌에 입금하여 지급하여야 한다.
② 제1항의 신청을 하려는 사람은 공탁금계좌입금신청서를 공탁관에게 제출하여야 한다.
③ 제1항의 경우에 공탁관은 그 계좌번호를 전산등록한 후 공탁금 출급·회수 인가와 신청계좌로의 입금지시를 공탁물보관자에게 전송하여야 한다.
④ 공탁관으로부터 계좌입금지시를 받은 공탁물보관자는 그 처리결과를 공탁관에게 즉시 전송하여야 한다.
⑤ (2012.10.30 삭제)

제41조【공탁통지서·공탁서를 첨부할 수 없는 경우】 ① 공탁물 출급·회수청구서에 제33조제1호의 공탁통지서나 제34조제1호의 공탁서를 첨부할 수 없는 때에는, 공탁관이 인정하는 2명 이상이 연대하여 그 사건에 관하여 손해가 생기는 때에는 이를 배상한다는 자필서명한 보증서와 그 재산증명서(등기사항증명서등) 및 신분증 사본을 제출하여야 한다.(2011.9.28 본항개정)
② 제1항의 청구인이 관공서인 경우에는 청구하는 공무원의 공탁물 출급·회수 용도의 재직증명서를 보증서 대신 제출할 수 있다.
③ 출급·회수청구를 자격자대리인이 대리하는 경우에는 제1항의 보증서 대신 손해가 생기는 때에는 이를 배상한다는 자격자대리인 명의의 보증서를 작성하여 제출할 수 있다. 보증서에는 자격자대리인이 기명날인하여야 한다.

제42조【일부 지급】 ① 공탁물의 일부를 지급하는 경우에는 공탁관은 청구인이 제출한 공탁통지서나 공탁서에 지급을 인가한 공탁물의 내용을 적고 기명날인한 후 청구인에게 반환하여야 한다.
② 제1항의 경우에는 출급·회수청구서의 여백에 공탁통지서나 공탁서를 반환한 뜻을 적고 수령인을 받아야 한다.

제43조【배당 등에 따른 지급】 ① 배당이나 그 밖에 관공서 결정에 따라 공탁물을 지급하는 경우 해당 관공서는 공탁관에게 지급위탁서를 보내고 지급을 받을 자에게는 그 자격에 관한 증명서를 주어야 한다.
② 제1항의 경우에 공탁물의 지급을 받고자 하는 때에는 제1항의 증명서를 첨부하여 제32조에 따라 출급·회수청구를 하여야 한다.

제44조【양도통지서 등】 ① 공탁관은 제49조제1항의 서면, 제49조제2항의 판결등본 또는 공탁물 출급·회수청구권에 관한 가처분명령서, 가압류명령서, 압류명령서, 전부(轉付) 또는 추심(推尋)명령서, 압류취소명령서, 그 밖에 이전 또는 처분제한의 서면을 받은 때에는 그 서면에 접수연월일, 시, 분을 적고 기명날인하여야 한다.
② 제1항의 서면을 받은 경우 공탁관은 그 내용을 해당 기록 표지에 적은 다음 원장에 등록하여야 한다.

제45조【공탁물보관자의 처리】 공탁물보관자는 출급·회수청구가 있는 때에는 공탁관이 전송한 내용과 대조하여 청구한 공탁물과 그 이자나 이표를 청구인에게 지급하고 그 청구서에 수령인을 받는다.

제46조【위와 같다】 공탁물보관자는 제45조의 공탁물을 지급한 후에 지급사실을 공탁관에게 전송한다. 다만, 물품공탁의 경우 지급결과통지서에 지급한 내용을 적어 공탁관에게 보낸다.

제47조【공탁물품의 매각·폐기 등】 ① 「공탁법」 제11조에 따라 보관중인 공탁물품을 매각하거나 폐기하고자 할 경우에는 공탁물보관자의 신청으로 해당 공탁사건의 공탁소 소재지나 공탁물품의 소재지를 관할하는 법원의 허가를 받아야 한다.
② 법원은 직권 또는 공탁물보관자의 신청으로 제1항의 허가재판을 변경할 수 있다.

③ 공탁물품의 매각은 「민사집행법」에 따른다. 다만, 공탁물보관자는 법원의 허가를 받아 임의매각 등 다른 방법으로 환가(換價)할 수 있다.
④ 법원은 제1항부터 제3항까지의 허가나 변경재판을 하기 전에 공탁물보관자, 공탁자 또는 피공탁자를 심문할 수 있다. 그 밖에 재판절차는 「비송사건절차법」에 따른다.
⑤ 제1항부터 제3항까지의 허가나 변경한 재판에 대하여는 불복 신청을 할 수 없다.
⑥ 공탁물보관자가 법원의 허가를 받아 공탁물품을 폐기할 때에는 개인정보가 유출되지 않도록 하여야 한다.

제48조【불수리 결정】 ① 공탁관이 공탁신청이나 공탁물 출급·회수청구를 불수리할 경우에는 이유를 적은 결정으로 하여야 한다.
② 제1항의 불수리 결정에 관하여 필요한 사항은 대법원 예규로 정한다.

제49조【공탁수락서 등의 제출】 ① 공탁소에 대한 민법 제489조제1항의 승인이나 통고는 피공탁자가 공탁을 수락한다는 뜻을 적은 서면을 공탁관에게 제출하는 방법으로 하여야 한다.
② 공탁유효의 확정판결이 있는 경우 공탁자의 회수를 제한하기 위해서는 피공탁자는 그 판결등본을 공탁관에게 제출하여야 한다.

제49조의2【공탁물 회수동의 또는 수령거절의사 통고】 법 제9조의2제2항에 따른 공탁물 회수동의 또는 수령거절의사 통고는 해당 공탁소에 서면으로 하여야 한다.(2024.12.31 본조신설)

제50조【공탁물보관자 장부와의 대조】 ① 공탁관은 출납부를 공탁물보관자 장부와 대조하기 위하여 전월분 월계대사표를 매달 초에 공탁물보관자에게 보내고, 공탁물보관자는 이를 확인한 후 공탁관에게 보내야 한다. 그러나 물품공탁의 경우에는 전년분에 관하여 매년 초에 이를 할 수 있다.
② 공탁관이 제1항의 확인을 마친 때에는 지체 없이 증빙서류와 대조를 하여야 한다.
③ 공탁관은 제2항의 대조 결과를 매달 초 소속 지방법원장에게 보고하여야 한다.

제4장 이 자

제51조【공탁금의 이자】 공탁금의 이자에 관하여는 「공탁금의 이자에 관한 규칙」에서 정하는 바에 따른다.

제52조【공탁금의 이자지급】 공탁금의 이자는 원금과 함께 지급한다. 그러나 공탁금과 이자의 수령자가 다를 때에는 원금을 지급한 후에 이자를 지급할 수 있다.

제53조【위와 같다】 ① 공탁금의 이자는 공탁금 출급·회수청구서에 의하여 공탁금보관자가 계산하여 지급한다.
② 이자를 별도로 청구하려는 사람은 공탁관에게 공탁금이자청구서 2통을 제출하여야 한다.
③ 제2항의 청구에는 제35조, 제37조부터 제39조까지, 제45조, 제46조를 준용한다.

제54조【이표의 청구】 ① 공탁유가증권의 이표를 받으려는 사람은 공탁관에게 공탁유가증권이표청구서 2통을 제출하여야 한다.
② 제1항의 청구에는 제53조제1항과 제3항을 준용한다.

제5장 보 칙

제55조【대리공탁관 지정 등】 ① 지방법원장이나 지원장은 공탁관이 직무를 수행할 수 없는 경우에 대비하여 대리공탁관을 지정할 수 있다.
② 지방법원장이나 지원장이 공탁관이나 대리공탁관을 지정한 때에는 공탁물보관자에게 그 성명과 인감을 알려 주어야 한다.

제56조【재정보증】 법원행정처장은 공탁관의 재정보증에 관한 사항을 정하여 운용할 수 있다.

제57조【현금 등의 취급 금지】 ① 공탁금은 공탁물 보관은행의 별단예금으로 예탁하고, 공탁관 및 대리공탁관은 공탁금, 공탁유가증권 등을 직접 납부 받거나 보관할 수 없다.
(2024.12.31 본항개정)
② (2024.12.31 삭제)

제58조【사유신고】 ① 공탁금 출급·회수청구권에 대한 압류의 경합 등으로 사유신고를 할 사정이 발생한 때에는 공탁관은 지체 없이 사유신고서 2통을 작성하여 그 1통을 집행법원에 보내고 다른 1통은 해당 공탁기록에 편철한다.
② 제1항에 따라 사유신고를 한 때에는 공탁관은 원장에 사유신고한 뜻과 연월일을 등록하여야 한다.

제59조【열람 및 증명청구】 ① 공탁당사자 및 이해관계인은 공탁관에게 공탁관계 서류의 열람 및 사실증명을 청구할 수 있다.
② 위임에 따른 대리인이 제1항의 청구를 하는 경우에는 대리인의 권한을 증명하는 서면에 인감도장을 찍고 인감증명서를 첨부하여야 한다.
③ 제2항은 자격자대리인 본인이 직접 열람 및 사실증명을 청구하는 경우에는 적용하지 아니한다.
④ 제1항의 청구를 하는 사람은 열람신청서나 사실증명청구서를 제출하여야 한다. 사실증명을 청구하는 때에는 증명을 받고자 하는 수에 1통을 더한 사실증명청구서를 제출하여야 한다.
⑤ (2012.10.30 삭제)
⑥ 공탁관은 제1항의 열람신청이나 사실증명청구에 대하여 전산정보처리조직을 이용하여 열람하게 하거나 증명서를 발급해 줄 수 있다.

제60조【공탁금의 소멸시효 조사】 공탁관은 공탁원금 및 이자의 출급·회수청구권의 소멸시효 완성시기 등을 조사하기 위하여 법원, 그 밖의 관공서에 공탁원인의 소멸여부와 그 시기 등을 조회(照會)할 수 있다.

제60조의2【소멸시효 완성 전 안내】 ① 법원행정처장은 「공탁법」 제9조에 따른 시효가 완성되기 전에 우편 등으로 공탁금 출급·회수에 관한 안내를 할 수 있다.
② 제1항에 따른 업무는 법원행정처 사법등기국 사법등기심의관이 담당한다.
③ 제2항에 따른 안내를 위하여 필요한 경우에는 해당 정보를 보유하는 공공기관·전기통신사업자 등 단체·개인 또는 외국의 공공기관에 다음 각호의 개인정보가 포함된 자료의 송부를 요구할 수 있다.
1. 공탁금 출급·회수권자의 성명(상호, 명칭)
2. 공탁금 출급·회수권자의 주민등록번호(법인등록번호)
3. 공탁금 출급·회수권자의 주소(본점, 주사무소)
4. 공탁금 출급·회수권자의 전화번호
(2022.6.30 본항신설)
④ 제1항에 따른 안내의 절차 및 방법 등 필요한 사항은 대법원예규로 정한다.
⑤ 제3항에 따른 안내를 위하여 필요한 범위 내에서 「개인정보 보호법」 제24조의 고유식별번호, 제24조의2의 주민등록번호가 포함된 자료를 처리할 수 있고, 제공받은 개인정보는 안내 업무 이외의 목적으로 사용할 수 없다.(2022.6.30 본항신설)
(2019.6.4 본조신설)

제61조【소멸시효 완성 후의 공탁금】 소멸시효가 완성된 공탁금에 대하여 출급·회수청구가 있는 경우 공탁관은 국고수입 납부 전이라도 출급·회수청구를 인가하여서는 안된다.

제62조【공탁금국고귀속조서의 송부】 ① 공탁관은 출급·회수청구권의 소멸시효가 완성되어 국고귀속되는 공탁원금이나 이자가 있는 때에는 해당 연도분을 정리한 다음 공탁

금국고귀속조서를 작성하여 다음해 1월 20일까지 이를 해당 법원의 세입세출외 현금출납공무원(이하 "출납공무원"이라 한다)에게 보낸다.
② 출납공무원이 제1항의 조서를 받은 때에는 1월 31일까지 해당 법원의 수입징수관에게 보내야 한다.
③ 공탁관은 제1항 이외의 사유로 국고귀속되는 공탁원금이나 이자가 있는 때에는 그때마다 공탁금국고귀속조서를 작성하여 출납공무원에게 보내고, 출납공무원은 지체 없이 해당 법원의 수입징수관에게 보내야 한다.
제63조【납부고지와 납부】 ① 수입징수관은 제62조에 따른 조서를 받은 때에는 조사한 후 총액에 대한 납부고지서 2통을 해당 출납공무원에게 보낸다.
② 출납공무원은 제1항의 납부고지서를 받은 때에는 지체 없이 그 중 1통을 첨부하여 해당 공탁관에게 하나의 청구서로 한꺼번에 지급청구를 하여야 한다.
③ 공탁관이 제2항의 청구를 받은 때에는 제35조와 제39조에 따라 인가한다.
④ 출납공무원이 제3항의 인가를 받은 때에는 지체 없이 그 금액을 해당 수입징수관 앞으로 납부하여야 한다.
제64조【착오로 국고 귀속된 공탁금의 반환】 공탁관이 착오로 국고귀속조치를 취한 공탁금의 반환절차와 수입징수관의 사무처리절차에 관하여는 「국고금관리법 시행규칙」을 준용한다. 이 경우 공탁관을 과오납부자로 본다.
제64조의2【대법원예규에의 위임】 공탁절차와 관련하여 필요한 사항 중 이 규칙에서 정하고 있지 아니한 사항은 대법원예규로 정할 수 있다.(2012.10.30 본조신설)

제6장 외국인 등을 위한 공탁사무처리 특례

제65조【용어의 정의】 이 장에서 외국인과 재외국민은 다음 각 호의 사람을 말한다.
1. 외국인
  가. 대한민국의 국적을 가지지 않은 사람
  나. 외국법에 따라 설립된 법인 또는 이에 준하는 단체
2. 재외국민 : 대한민국의 국민으로서 외국의 영주권을 취득한 자 또는 영주할 목적으로 외국에 거주하고 있는 자
(2014.12.30 본호개정)
제66조【관할의 특례】 국내에 주소나 거소가 없는 외국인이나 재외국민을 위한 변제공탁은 지참채무(持參債務)의 경우에 다른 법령의 규정이나 당사자의 특약이 없는 한 서울중앙지방법원의 공탁관에게 할 수 있다.
제67조【공탁통지】 ① 공탁자가 피공탁자의 외국주소로 공탁통지를 하여야 할 경우에는 수신인란에 로마문자(영문)와 아라비아 숫자로 피공탁자의 성명과 주소를 적은 국제특급우편 봉투와 우편요금을 첨부하여야 한다.
② 제1항의 우편요금은 「국제우편규정」 제12조제1항제3호에 의한 배달통지가 가능한 외국에 공탁통지를 할 경우는 배달통지로 할 수 있는 금액이어야 한다.
③ 공탁관은 제1항의 봉투 발신인란과 배달통지서의 반송인란에 로마문자(영문)와 아라비아 숫자로 공탁소의 명칭과 그 소재지 및 공탁관의 성명을 적어야 한다.

제7장 전자신청
(2012.10.30 본장신설)

제68조【용어의 정의】 이 장에서 사용하는 용어의 뜻은 다음과 같다.
1. "전자문서"란 「전자서명법」 제2조제1호에 따른 정보처리능력을 가진 장치에 의하여 전자적인 형태로 작성되거나 변환되어 송신 · 수신 또는 저장되는 정보를 말한다.
(2020.11.26 본호개정)
2. "전자서명"이란 「전자서명법」 제2조제2호에 따른 전자서명(서명자의 실지명의를 확인할 수 있는 것으로서 법원행정처장이 지정하는 인증서를 이용한 것을 말한다)을 말한다.
(2021.5.27 본호개정)
3. "인증서"란 「전자서명법」 제2조제6호에 따른 인증서(서명자의 실지명의를 확인할 수 있는 것으로서 법원행정처장이 지정하는 인증서를 말한다)를 말한다.(2021.5.27 본호개정)
4. "전자공탁시스템"이란 법원행정처가 법에 따른 공탁 · 출급 · 회수 등의 절차에 필요한 전자문서를 작성 · 제출 · 송달하거나 관리할 수 있도록 하드웨어 · 소프트웨어 · 데이터베이스 · 네트워크 · 보안요소 등을 결합시켜 구축 · 운영하는 전산정보처리조직을 말한다.
5. "전자공탁홈페이지"란 이 규칙에서 정한 바에 따라 전자문서를 이용하여 공탁절차를 진행할 수 있도록 전자공탁시스템에 의하여 구축된 인터넷 활용공간을 말한다.
제69조【전자문서에 의한 공탁 등의 수행】 금전공탁사건에 관한 신청 또는 청구는 이 규칙에서 정하는 바에 따라 전자공탁시스템을 이용하여 전자문서로 할 수 있다. 다만, 5천만원을 초과하는 공탁금에 대한 출급 또는 회수 청구의 경우에는 그러하지 아니하다.
제70조【사용자등록】 ① 전자공탁시스템을 이용하려는 자는 전자공탁시스템에 접속하여 다음 각 호의 회원 유형별로 전자공탁홈페이지에서 요구하는 정보를 해당란에 입력한 후 인증서를 사용하여 사용자등록을 신청하여야 한다. 이 경우 등록한 사용자 정보는 인증서의 내용과 일치하여야 한다.
(2020.11.26 전단개정)
1. 개인회원
2. 법인회원
3. 변호사회원
4. 법무사회원
② 제1항의 신청인(법인인 경우 법인의 대표자)이 외국인인 때에는 다음 각 호의 어느 하나에 해당하는 요건을 갖추어야 한다.
1. 「출입국관리법」 제31조에 따른 외국인등록
2. 「재외동포의 출입국과 법적 지위에 관한 법률」 제6조, 제7조에 따른 국내거소신고
③ 대법원예규로 정하는 법인회원은 공탁소에 출석하여 대법원예규로 정하는 사항을 적은 신청서를 제출하여야 하며, 그 신청서에는 「상업등기법」 제16조에 따라 신고한 인감을 날인하고 그 인감증명과 자격을 증명하는 서면을 첨부하여야 한다.(2019.6.4 본항개정)
④ 사용자등록을 신청하는 변호사회원 또는 법무사회원은 공탁소에 출석하여 그 자격을 증명하는 서면을 제출하여야 한다.
제71조【사용자등록의 변경 및 철회】 제70조제1항에 따라 사용자등록을 한 자는 전자공탁시스템에 접속하여 사용자등록의 변경 또는 철회의 취지를 입력함으로써 사용자등록을 변경하거나 철회할 수 있다. 다만, 이미 전자공탁시스템을 이용하여 이루어진 신청이 계속 중인 경우에는 그 신청에 대한 처리가 종료된 이후에만 사용자등록을 철회할 수 있다.
제72조【사용자등록의 말소 등】 ① 법원행정처장은 다음 각 호의 어느 하나에 해당하는 사유가 있는 경우에는 등록사용자의 사용을 정지하거나 사용자등록을 말소할 수 있다.
1. 등록사용자의 동일성이 인정되지 아니하는 경우
2. 사용자등록을 신청하거나 사용자정보를 변경할 때 거짓의 내용을 입력한 경우
3. 다른 등록사용자의 사용을 방해하거나 그 정보를 도용하는 등 전자공탁시스템을 이용한 공탁업무의 진행에 지장을 준 경우
4. 고의 또는 중대한 과실로 전자공탁시스템에 장애를 일으킨 경우

5. 그 밖에 위 각 호에 준하는 경우로서 대법원예규로 정하는 사유가 있는 경우

② 법원행정처장은 제1항 각 호 가운데 어느 하나에 해당하는지 여부를 결정하기 위하여 필요하다고 인정하는 경우에는 당사자·이해관계인의 신청에 따라 또는 직권으로 해당 등록사용자의 사용을 일시적으로 정지할 수 있다. 이 경우 법원행정처장은 등록사용자에게 적당한 방법으로 그 사실을 통지하여야 한다.

③ 법원행정처장은 제1항에 따라 사용자등록을 말소하기 전에 해당 등록사용자에게 미리 그 사유를 통지하고 소명할 기회를 부여하여야 한다.

④ 등록사용자가 전자공탁시스템을 마지막으로 이용한 날부터 5년이 지나면 사용자등록은 효력을 상실한다.

제73조【전자문서의 작성·제출】 ① 등록사용자의 전자문서 제출은 전자공탁시스템에서 요구하는 사항을 빈칸 채우기 방식으로 입력한 후 나머지 사항을 해당란에 직접 입력하거나 전자문서를 등재하는 방식으로 하여야 한다.

② 등록사용자가 제출하는 전자문서에는 전자서명을 하여야 한다.(2020.11.26 본항개정)

③ 공동의 이해관계를 가진 여러 당사자나 대리인이 공동으로 공탁·출급·회수 등을 신청하는 경우에는 다음 각 호 가운데 어느 하나의 방법에 따라 공동명의로 된 하나의 전자문서를 제출할 수 있다.

1. 해당 전자문서에 공동명의자 전원이 전자서명을 하여 제출하는 방법(2020.11.26 본호개정)
2. 해당 전자문서를 제출하는 등록사용자가 다른 공동명의자 전원의 서명 또는 날인이 이루어진 확인서를 전자문서로 변환하여 함께 제출하는 방법(공탁금을 출급 또는 회수하는 경우에는 제외한다)

④ 제2항 및 제3항의 전자서명은 공탁에 적용되거나 준용되는 법령에서 정한 서명 또는 기명날인으로 본다.

⑤ 제1항의 경우 제22조 및 제35조는 적용하지 아니한다.

⑥ 제1항의 경우 제20조제1항, 제30조제2항, 제32조제1항, 제53조제2항, 제59조제4항에도 불구하고 하나의 전자문서로 제출할 수 있다.

제74조【전자문서의 파일 형식】 ① 법원행정처장은 전자공탁시스템을 이용하여 제출할 수 있는 전자문서의 파일 형식, 구성 방식 그 밖의 사항을 지정하여야 한다.(2021.5.27 본항개정)

② 제1항에 따라 지정된 파일 형식을 사용하지 아니한 전자문서는 부득이한 사정을 소명하지 아니하는 한 전자공탁시스템을 이용하여 제출할 수 없다.

③ 전자문서는 전자공탁시스템에서 요구하는 방식에 따라 각 별도의 파일로 구분하여 제출하여야 하고, 이를 합하여 하나의 파일로 제출하여서는 아니 된다.

제75조【전자신청의 접수시기】 전자문서에 의한 신청은 그 신청정보가 전자공탁시스템에 저장된 때에 접수된 것으로 본다.

제76조【정정신청 등】 전자공탁시스템에 의한 공탁사건에 대한 정정신청 또는 보정은 전자공탁시스템을 이용하여 하여야 한다.

제77조【전자신청사건의 수리 등】 ① 전자공탁시스템에 의한 공탁사건에 대하여 공탁관이 수리, 인가 등의 처분을 하는 경우, 그 전자문서에 수리, 인가 등의 뜻을 기재하고, 「법원 행정전자서명 인증업무에 관한 규칙」 제2조제2항에 따라 설치된 법원 행정전자서명 인증관리센터에서 발급받은 행정전자서명 인증서에 의한 사법전자서명을 하여야 한다.

② 공탁관은 신청인에게 제1항의 처분결과를 대법원예규로 정하는 방법에 따라 고지하여야 한다.

제78조【전자신청사건의 공탁금 납입】 ① 전자공탁시스템을 이용하여 공탁을 하는 경우 공탁관은 공탁물보관자에게 가상계좌번호를 요청하여 그 계좌로 공탁금을 납입하게 하여야 한다.

② 제1항의 공탁금이 납입된 경우 공탁물보관자는 공탁관에게 공탁금이 납입된 사실을 전송하여야 한다.

③ 제2항의 전송을 받은 공탁관은 공탁서에 공탁금이 납입되었다는 뜻을 전자적으로 확인하여야 한다.

④ 공탁금을 납입한 공탁자는 전자공탁시스템에 접속하여 공탁서를 출력하여야 한다.

제79조【전자문서에 의한 공탁금 출급·회수청구의 특례】 ① 전자문서에 의하여 공탁금의 출급 또는 회수를 청구하는 경우 제37조제1항 및 제2항의 인감증명서는 첨부하지 아니한다.

② 변호사회원 또는 법무사회원이 전자문서에 의하여 공탁금의 출급 또는 회수를 청구하는 경우에는 청구인의 전자서명도 함께 제출하여야 한다.

③ 전자문서에 의한 공탁금의 출급 또는 회수청구에 따라 공탁금을 예금계좌에 입금하여 지급하는 경우 그 예금계좌는 청구인 본인의 예금계좌이어야 한다.

제80조【공고】 이 장에서 법원행정처장이 지정하는 사항은 전자공탁홈페이지에 공고하여야 한다.(2021.5.27 본조신설)

제8장　형사공탁의 특례
(2022.10.27 본장신설)

제81조【용어의 정의】 이 장에서 사용하는 용어의 뜻은 다음과 같다.

1. "형사공탁"이란 법 제5조의2에 따라 이루어지는 변제공탁을 말한다.
2. "법령 등에 따라 피해자의 인적사항을 알 수 없음을 확인할 수 있는 서면"이란 피해자의 개인정보보호를 위하여 법령 등에서 피해자의 인적사항 공개를 금지하고 있거나 형사사건의 피고인이 재판기록·수사기록 중 피해자의 인적사항에 대한 열람·복사를 할 수 없는 등의 사정으로 피해자의 인적사항을 알 수 없음을 확인할 수 있는 서면을 말한다.
3. 법 제5조의2제2항의 "피해자를 특정할 수 있는 명칭"이란 공소장, 조서, 진술서, 판결서에 기재된 피해자의 성명(성·가명을 포함한다)을 말한다.
4. "피공탁자 동일인 확인 증명서(이하, "동일인 증명서"라 한다)"란 법 제5조의2제4항에 따라 공탁서에 기재된 피공탁자가 형사사건의 피해자와 동일인임을 법원 또는 검찰이 증명하는 서면을 말한다.(2023.12.29 본호개정)
5. "비실명 처리"란 공탁관계 서류 및 전자기록에 나타난 정보 중 그대로 공개될 경우 개인의 사생활이 침해될 수 있는 사항에 관하여 비실명으로 표시하거나 그 밖의 적절한 방법으로 제3자가 인식하지 못하도록 처리하는 것을 말한다.

제82조【공탁서 기재의 특칙】 제20조제2항제5호에도 불구하고 형사공탁의 공탁서에는 공소장, 조서, 진술서, 판결서에 기재된 피해자의 성명(성·가명을 포함한다)과 해당 형사사건이 계속 중인 법원과 사건번호 및 사건명, 공소장에 기재된 검찰청과 사건번호를 기재하여야 한다. 다만, 피공탁자의 주소와 주민등록번호는 기재하지 아니한다.

제83조【첨부서면의 특칙】 공탁서에는 제21조제1항과 제2항에 따른 서면 외에 다음 각 호의 서류를 첨부하여야 한다.

1. 해당 형사사건이 계속 중인 법원을 확인할 수 있는 서면
2. 피해자를 특정할 수 있는 명칭이 기재된 공소장 부본이나 조서·진술서·판결서 사본
3. 법령 등에 따라 피해자의 인적사항을 알 수 없음을 확인할 수 있는 서면

제84조【형사공탁의 공고】 ① 피공탁자에 대한 공탁통지는 공탁관이 전자공탁홈페이지에 공고하는 방법으로 할 수 있다.

② 공탁관은 공탁물보관자로부터 공탁물 납입사실의 전송이나 공탁물품납입통지서를 받은 때에는 특별한 사정이 없는 한 다음 날까지 다음 각 호의 사항을 공고하여야 한다.

1. 법 제5조의2제3항에 규정된 사항
2. 해당 형사사건이 계속 중인 법원과 사건번호 및 공소장에 기재된 검찰청과 사건번호
3. 그 밖에 대법원예규로 정한 사항

제85조【형사공탁 사실 통지】 ① 공탁관은 제27조에 따라 공탁물보관자로부터 공탁물 납입사실을 전송받거나 공탁물품납입통지서를 받은 때에는 해당 형사사건이 계속 중인 법원과 검찰에 형사공탁에 관한 내용을 통지하여야 한다.
② 피해자에게 변호사가 선임 또는 선정되어 있는 경우 대법원예규에서 정한 바에 따라 법원은 제1항에 의하여 통지받은 내용을 그 변호사에게 고지한다.

제86조【피공탁자 동일인 확인 증명서 발급 등】 ① 법 제5조의2제4항에 따른 공탁물 수령 또는 법 제9조의2제1항제1호에 따른 공탁물 회수를 위한 피공탁자 동일인 확인은 형사공탁에 관한 내용을 통지받은 법원 또는 검찰이 특별한 사정이 없는 한 지체 없이 동일인 증명서를 발급하여 공탁소에 송부하는 방식으로 한다.(2024.12.31 본항개정)
② 제1항에 따른 동일인 증명서 발급 · 송부는 공탁의 원인이 된 형사사건이 계속 중인 법원(판결선고 후 기록 송부 전인 경우를 포함한다)이 담당한다. 다만, 「특정범죄신고자 등 보호법」 제7조 및 이를 준용하는 법률 등에 따라 피해자의 인적사항을 범죄신고자등 신원관리카드에 등재 · 관리하는 사건 및 이미 확정되어 기록이 검찰로 인계된 사건의 경우에는 검찰이 담당한다.
③ 형사공탁에 관한 내용을 통지받은 법원은 피해자의 인적사항이 기재된 증거서류가 검찰로부터 제출되지 아니하는 등의 사정으로 피해자의 인적사항을 알 수 없는 경우 해당 사건의 재판절차에서 공판검사에게 인적사항의 제공을 요구할 수 있다.(2023.12.29 본항신설)
④ 제3항의 요구를 받은 검찰은 특별한 사정이 없는 한 지체 없이 법원에 피해자의 인적사항을 제공하여야 한다. 만약 피해자 인적사항이 제공되지 않거나 그 제공이 지체되는 경우 공탁물을 출급하려는 사람은 검찰에 동일인 증명서 발급 · 송부를 요청할 수 있다.(2023.12.29 본항신설)
⑤ 공탁소에 동일인 증명서가 발급 · 송부되지 않은 경우 공탁물을 출급하려는 사람은 제2항의 구분에 따라 동일인 증명서 발급 · 송부를 담당하는 법원 또는 검찰에 동일인 증명서의 발급 · 송부를 요청할 수 있다.(2023.12.29 본항신설)
⑥ 제4항 후문 및 제5항의 요청을 받은 법원 또는 검찰은 피공탁자 인적사항을 확인할 수 없는 경우가 아닌 한 지체 없이 동일인 증명서를 발급하여 공탁소에 송부하여야 한다.
(2023.12.29 본항신설)
(2023.12.29 본조개정)

제87조【열람 및 증명청구의 특칙】 피공탁자나 그 포괄승계인 또는 법정대리인(이하, "피공탁자등"이라 한다)의 인적사항이 기재되어 있는 공탁관계 서류 및 전자기록에 대하여 열람 및 사실증명의 청구가 있는 경우 공탁관은 피공탁자등의 인적사항이 공개되지 않도록 개인정보 보호를 위한 비실명 처리 후 이를 열람하게 하거나 증명서를 발급하여야 한다.
(2023.12.29 본조개정)

제88조【군사법원에 계속 중인 사건】 군사법원에 계속 중인 형사사건에 관하여도 이 장의 규정을 적용한다. 이 경우 법원은 군사법원으로, 검찰은 군검찰로 본다.

제89조【대법원예규에의 위임】 형사공탁 절차와 관련하여 필요한 사항 중 이 장에서 정하고 있지 아니한 사항은 대법원예규로 정할 수 있다.

부 칙 (2020.11.26)

제1조【시행일】 이 규칙은 2020년 12월 10일부터 시행한다.
제2조【적용례】 이 규칙은 이 규칙 시행 당시 접수되어 계속 중인 사건에 대하여도 적용한다.

부 칙 (2021.5.27)

제1조【시행일】 이 규칙은 2021년 6월 10일부터 시행한다.
제2조【적용례】 이 규칙은 이 규칙 시행 당시 접수되어 계속 중인 사건에 대하여도 적용한다.

부 칙 (2022.6.30)

이 규칙은 2022년 7월 11일부터 시행한다.

부 칙 (2022.10.27)

이 규칙은 2022년 12월 9일부터 시행한다.

부 칙 (2023.12.29)

제1조【시행일】 이 규칙은 2024년 1월 26일부터 시행한다.
제2조【계속사건의 적용례】 제33조제2호 및 제86조의 개정규정은 이 규칙 시행 전에 접수되어 공탁당사자에게 지급되지 아니한 형사공탁 사건에 대하여도 적용한다.

부 칙 (2024.12.31)

제1조【시행일】 이 규칙은 2025년 1월 17일부터 시행한다.
제2조【적용례】 제49조의2 개정규정은 이 규칙 시행 이후 형사사건 피해자를 위하여 변제공탁을 한 경우부터 적용된다.

제조물 책임법

(2000년 1월 12일
법 률 제6109호)

개정
2013. 5.22법11813호 2017. 4.18법14764호

제1조【목적】 이 법은 제조물의 결함으로 발생한 손해에 대한 제조업자 등의 손해배상책임을 규정함으로써 피해자 보호를 도모하고 국민생활의 안전 향상과 국민경제의 건전한 발전에 이바지함을 목적으로 한다.(2013.5.22 본조개정)

제2조【정의】 이 법에서 사용하는 용어의 뜻은 다음과 같다.
1. "제조물"이란 제조되거나 가공된 동산(다른 동산이나 부동산의 일부를 구성하는 경우를 포함한다)을 말한다.
2. "결함"이란 해당 제조물에 다음 각 목의 어느 하나에 해당하는 제조상·설계상 또는 표시상의 결함이 있거나 그 밖에 통상적으로 기대할 수 있는 안전성이 결여되어 있는 것을 말한다.
 가. "제조상의 결함"이란 제조업자가 제조물에 대하여 제조상·가공상의 주의의무를 이행하였는지에 관계없이 제조물이 원래 의도한 설계와 다르게 제조·가공됨으로써 안전하지 못하게 된 경우를 말한다.
 나. "설계상의 결함"이란 제조업자가 합리적인 대체설계(代替設計)를 채용하였더라면 피해나 위험을 줄이거나 피할 수 있었음에도 대체설계를 채용하지 아니하여 해당 제조물이 안전하지 못하게 된 경우를 말한다.
 다. "표시상의 결함"이란 제조업자가 합리적인 설명·지시·경고 또는 그 밖의 표시를 하였더라면 해당 제조물에 의하여 발생할 수 있는 피해나 위험을 줄이거나 피할 수 있었음에도 이를 하지 아니한 경우를 말한다.
3. "제조업자"란 다음 각 목의 자를 말한다.
 가. 제조물의 제조·가공 또는 수입을 업(業)으로 하는 자
 나. 제조물에 성명·상호·상표 또는 그 밖에 식별(識別) 가능한 기호 등을 사용하여 자신을 가목의 자로 표시한 자 또는 가목의 자로 오인(誤認)하게 할 수 있는 표시를 한 자

(2013.5.22 본조개정)

판례 [1] 국가 등이 제조한 담배에 설계상의 결함이 있는지 문제 된 사안에서, 담뱃잎을 태워 연기를 흡입하는 것이 담배의 본질적 특성인 점, 니코틴과 타르의 양에 따라 담배의 맛이 달라지고 담배소비자는 자신이 좋아하는 맛이나 향을 가진 담배를 선택하여 흡연하는 점, 담배소비자는 안정감 등 니코틴의 약리효과를 의도하여 흡연을 하는 점 등에 비추어 국가 등이 니코틴이나 타르를 완전히 제거할 수 있는 방법이 있다 하더라도 이를 채용하지 않은 것 자체를 설계상 결함이라고 볼 수 없고, 달리 흡연으로 인한 담배소비자의 피해나 위험을 줄일 수 있는 합리적 대체설계를 채용할 수 있었는데도 이를 채용하지 않았다고 인정할 증거가 없으므로 담배에 설계상의 결함이 있다고 보기 어렵다.
[2] 제조상 내지 설계상의 결함이 인정되지 아니하는 경우라 할지라도, 제조업자 등이 합리적인 설명, 지시, 경고 기타의 표시를 하였더라면 당해 제조물에 의하여 발생될 수 있는 피해나 위험을 줄이거나 피할 수 있었음에도 이를 하지 아니한 때에는 그와 같은 표시상의 결함(지시·경고상의 결함)에 대하여도 불법행위로 인한 책임이 인정될 수 있고, 그와 같은 결함이 존재하는지에 대한 판단을 할 때에는 제조물의 특성, 통상 사용되는 사용형태, 제조물에 대한 사용자의 기대의 내용, 예상되는 위험의 내용, 위험에 대한 사용자의 인식 및 사용자에 의한 위험회피의 가능성 등 여러 사정을 종합적으로 고려하여 사회통념에 비추어 판단하여야 한다.
(대판 2014.4.10, 2011다22092)

판례 제조업자가 인체에 유해한 독성물질이 혼합된 화학제품을 설계·제조하는 경우, 그 화학제품의 사용 용도와 방법 등에 비추어 사용자나 그 주변 사람이 그 독성물질에 계속적·반복적으로 노출될 수 있고, 그 독성물질이 가진 기능적 효용은 없거나 극히 미미한 반면, 그 독성물질에 계속적·반복적으로 노출됨으로써 사용자 등의 생명·신체에 위해가 발생할 위험이 있으며 제조업자가 사전에 적절한 위험방지조치를 취하기 전에는 사용자 등이 그 피해를 회피하기 어려운 때에는, 제조업자는 고도의 위험방지의무를 부담한다. 따라서 제조업자가 이러한 고도의 위험방지의무를 위반한 채 생명·신체에 위해를 발생시킬 위험이 있는 화학제품을 설계하여 그대로 제조·판매한 경우에는 특별한 사정이 없는 한 그 화학제품에는 사회통념상 통상적으로 기대되는 안전성이 결여된 설계상의 결함이 존재한다고 봄이 타당하다.(대판 2013.7.12, 2006다17539)

판례 [1] 제조물책임에서 설계상 결함의 판단기준 : 일반적으로 제조물을 만들어 판매하는 자는 제조물의 구조, 품질, 성능 등에 있어서 현재의 기술 수준과 경제성 등에 비추어 기대가능한 범위 내의 안전성을 갖춘 제품을 제조하여야 하고, 이러한 안전성을 갖추지 못한 결함으로 인하여 그 사용자에게 손해가 발생한 경우에는 불법행위로 인한 배상책임을 부담하게 되는 것인바, 그와 같은 결함 중 주로 제조자가 합리적인 대체설계를 채용하였더라면 피해나 위험을 줄이거나 피할 수 있었음에도 대체설계를 채용하지 아니하여 제조물이 안전하지 못하게 된 경우를 말하는 소위 '설계상의 결함'이 있는지 여부는 제품의 특성 및 용도, 제조물에 대한 사용자의 기대와 내용, 예상되는 위험의 내용, 위험에 대한 사용자의 인식, 사용자에 의한 위험회피의 가능성, 대체설계의 가능성 및 경제적 비용, 채택된 설계와 대체설계의 상대적 장단점 등의 여러 사정을 종합적으로 고려하여 사회통념에 비추어 판단하여야 한다.
[2] 표시(지시·경고)상의 결함으로 제조물책임을 인정할 수 있는지 여부 및 표시상 결함의 판단기준 : 제조물에 대한 제조상 내지 설계상의 결함이 인정되지 아니하는 경우라 할지라도, 제조업자 등이 합리적인 설명, 지시, 경고 기타의 표시를 하였더라면 당해 제조물에 의하여 발생될 수 있는 피해나 위험을 줄이거나 피할 수 있었음에도 이를 하지 아니한 때에는 그와 같은 표시상의 결함(지시·경고상의 결함)에 대하여도 불법행위로 인한 책임이 인정될 수 있고, 그와 같은 결함이 존재하는지 여부에 대한 판단을 함에 있어서는 제조물의 특성, 통상 사용되는 사용형태, 제조물에 대한 사용자의 기대의 내용, 예상되는 위험의 내용, 위험에 대한 사용자의 인식 및 사용자에 의한 위험회피의 가능성 등의 여러 사정을 종합적으로 고려하여 사회통념에 비추어 판단하여야 한다.
(대판 2003.9.5, 2002다17333)

제3조【제조물 책임】 ① 제조업자는 제조물의 결함으로 생명·신체 또는 재산에 손해(그 제조물에 대하여만 발생한 손해는 제외한다)를 입은 자에게 그 손해를 배상하여야 한다.
② 제1항에도 불구하고 제조업자가 제조물의 결함을 알면서도 그 결함에 대하여 필요한 조치를 취하지 아니한 결과로 생명 또는 신체에 중대한 손해를 입은 자가 있는 경우에는 그 자에게 발생한 손해의 3배를 넘지 아니하는 범위에서 배상책임을 진다. 이 경우 법원은 배상액을 정할 때 다음 각 호의 사항을 고려하여야 한다.
1. 고의성의 정도
2. 해당 제조물의 결함으로 인하여 발생한 손해의 정도
3. 해당 제조물의 공급으로 인하여 제조업자가 취득한 경제적 이익
4. 해당 제조물의 결함으로 인하여 제조업자가 형사처벌 또는 행정처분을 받은 경우 그 형사처벌 또는 행정처분의 정도
5. 해당 제조물의 공급이 지속된 기간 및 공급 규모
6. 제조업자의 재산상태
7. 제조업자가 피해구제를 위하여 노력한 정도

(2017.4.18 본항신설)
③ 피해자가 제조물의 제조업자를 알 수 없는 경우에 그 제조물을 영리 목적으로 판매·대여 등의 방법으로 공급한 자는 제1항에 따른 손해를 배상하여야 한다. 다만, 피해자 또는 법정대리인의 요청을 받고 상당한 기간 내에 그 제조업자 또는 공급한 자를 그 피해자 또는 법정대리인에게 고지(告知)한 때에는 그러하지 아니하다.(2017.4.18 본항개정)
(2013.5.22 본조개정)

판례 제조물책임에 관한 입증책임의 분배 : 고도의 기술이 집약되어 대량으로 생산되는 제품의 결함을 이유로 그 제조업자에게 손해배상책임을 지우는 경우 그 제품의 생산과정은 전문가인 제조업자만이 알 수 있어서 그 제품에 어떠한 결함이 존재하였는지, 그 결함으로 인하여 손해가 발생한 것인지 여부는 일반인으로서는 밝힐 수 없는 특수성이 있어서 소비자 측이 제품의 결함 및 그 결함과 손해의 발생과의 사이의 인과관계를 과학적·기술적으로 입증한다는 것은 지극히 어려우므로 그 제품이 정상적으로 사용되는 상태에서 사고가 발생한 경우 소비자 측에서 그 사고가 제조업자의 배타적 지배하에 있는 영역

에서 발생하였다는 점과 그 사고가 어떤 자의 과실 없이는 통상 발생하지 않는다고 하는 사정을 증명하면, 제조업자 측에서 그 사고가 제품의 결함이 아닌 다른 원인으로 말미암아 발생한 것임을 입증하지 못하는 이상 그 제품에게 결함이 존재하며 그 결함으로 말미암아 사고가 발생하였다고 추정하여 손해배상책임을 지울 수 있도록 입증책임을 완화하는 것이 손해의 공평·타당한 부담을 그 지도원리로 하는 손해배상제도의 이상에 맞다.(대판 2004.3.12, 2003다16771)

제3조의2 【결함 등의 추정】 피해자가 다음 각 호의 사실을 증명한 경우에는 제조물을 공급할 당시 해당 제조물에 결함이 있었고 그 제조물의 결함으로 인하여 손해가 발생한 것으로 추정한다. 다만, 제조업자가 제조물의 결함이 아닌 다른 원인으로 인하여 그 손해가 발생한 사실을 증명한 경우에는 그러하지 아니하다.

1. 해당 제조물이 정상적으로 사용되는 상태에서 피해자의 손해가 발생하였다는 사실
2. 제1호의 손해가 제조업자의 실질적인 지배영역에 속한 원인으로부터 초래되었다는 사실
3. 제1호의 손해가 해당 제조물의 결함 없이는 통상적으로 발생하지 아니한다는 사실

(2017.4.18 본조신설)

제4조 【면책사유】 ① 제3조에 따라 손해배상책임을 지는 자가 다음 각 호의 어느 하나에 해당하는 사실을 입증한 경우에는 이 법에 따른 손해배상책임을 면(免)한다.

1. 제조업자가 해당 제조물을 공급하지 아니하였다는 사실
2. 제조업자가 해당 제조물을 공급한 당시의 과학·기술 수준으로는 결함의 존재를 발견할 수 없었다는 사실
3. 제조물의 결함이 제조업자가 해당 제조물을 공급한 당시의 법령에서 정하는 기준을 준수함으로써 발생하였다는 사실
4. 원재료나 부품의 경우에는 그 원재료나 부품을 사용한 제조물 제조업자의 설계 또는 제작에 관한 지시로 인하여 결함이 발생하였다는 사실

② 제3조에 따라 손해배상책임을 지는 자가 제조물을 공급한 후에 그 제조물에 결함이 존재한다는 사실을 알거나 알 수 있었음에도 그 결함으로 인한 손해의 발생을 방지하기 위한 적절한 조치를 하지 아니한 경우에는 제1항제2호부터 제4호까지의 규정에 따른 면책을 주장할 수 없다.

(2013.5.22 본조개정)

제5조 【연대책임】 동일한 손해에 대하여 배상할 책임이 있는 자가 2인 이상인 경우에는 연대하여 그 손해를 배상할 책임이 있다.(2013.5.22 본조개정)

제6조 【면책특약의 제한】 이 법에 따른 손해배상책임을 배제하거나 제한하는 특약(特約)은 무효로 한다. 다만, 자신의 영업에 이용하기 위하여 제조물을 공급받은 자가 자신의 영업용 재산에 발생한 손해에 관하여 그와 같은 특약을 체결한 경우에는 그러하지 아니하다.(2013.5.22 본조개정)

제7조 【소멸시효 등】 ① 이 법에 따른 손해배상의 청구권은 피해자 또는 그 법정대리인이 다음 각 호의 사항을 모두 알게 된 날부터 3년간 행사하지 아니하면 시효의 완성으로 소멸한다.

1. 손해
2. 제3조에 따라 손해배상책임을 지는 자

② 이 법에 따른 손해배상의 청구권은 제조업자가 손해를 발생시킨 제조물을 공급한 날부터 10년 이내에 행사하여야 한다. 다만, 신체에 누적되어 사람의 건강을 해치는 물질에 의하여 발생한 손해 또는 일정한 잠복기간(潜伏期間)이 지난 후에 증상이 나타나는 손해에 대하여는 그 손해가 발생한 날부터 기산(起算)한다.

(2013.5.22 본조개정)

제8조 【「민법」의 적용】 제조물의 결함으로 인한 손해배상책임에 관하여 이 법에 규정된 것을 제외하고는 「민법」에 따른다.(2013.5.22 본조개정)

부 칙

① **【시행일】** 이 법은 2002년 7월 1일부터 시행한다.
② **【적용례】** 이 법은 이 법 시행후 제조업자가 최초로 공급한 제조물부터 적용한다.

부 칙 (2013.5.22)

이 법은 공포한 날부터 시행한다.

부 칙 (2017.4.18)

제1조 【시행일】 이 법은 공포 후 1년이 경과한 날부터 시행한다.

제2조 【적용례】 제3조제2항·제3항 및 제3조의2의 개정규정은 이 법 시행 후 최초로 공급하는 제조물부터 적용한다.

商法編

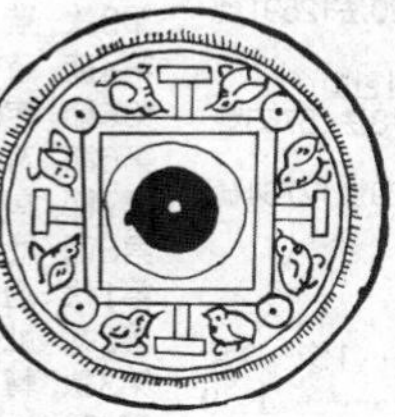

高麗 銅鏡(紋樣)

상 법

(1962年 1月 20日 法 律 第1000號)

改正
1962.12.12法 1212號
1984. 4.10法 3724號
1991. 5.31法 4372號
1991.12.31法 4470號
1994.12.22法 4796號(도농복합)
1995.12.29法 5053號
1998.12.28法 5591號
1999. 2. 5法 5809號(해양사고의조사및심판에관한법)
1999.12.31法 6086號
2001. 7.24法 6488號
2001.12.29法 6545號
2007. 8. 3法 8581號
2007. 8. 3法 8582號(상업등기법)
2009. 1.30法 9362號
2009. 2. 6法 9416號(공증)
2009. 5.28法 9746號
2010. 5.14法10281號
2010. 6.10法10366號(동산・채권등의담보에관한법)
2011. 4.14法10600號
2011. 5.23法10696號
2014. 3.11法12397號
2014. 5.20法12591號
2015.12. 1法13523號
2016. 3.22法14096號(주식・사채등의전자등록에관한법)
2017.10.31法14969號
2018. 9.18法15755號
2020. 6. 9法17354號(전자서명법)
2020. 6. 9法17362號
2020.12.29法17764號
2024. 9.20法20436號

第1編 總 則

第1章 通 則

第1條【商事適用法規】 商事에 관하여 本法에 規定이 없으면 商慣習法에 의하고 商慣習法이 없으면 民法의 規定에 의한다.

참조 [관습법]민1, [관습]민106

판례 중개인의 보수 : 선박을 매매함에 있어 그 대금을 연불조건으로 지급하기로 약정하는 경우의 중개수수료는 연불에 따른 이자를 제외한 선박대금액을 기준으로 산정하여 지급하는 것이 일반거래의 관행이다.(대판 1985.10.8, 85누542)

판례 상인 간의 계속적인 물품공급거래에 있어서 교부되는 인수증의 기재, 발행에 관한 거래관행 : 상인인 법인간의 계속적인 물품공급거래에 있어서는 원칙적으로 기업의 회계자료로서 물품의 매출, 매입 또는 수불관계를 명확하게 하기 위하여 수요자는 공급자에게 사전에 물건의 종류, 규격, 수량을 지정하여 발주하고, 공급자는 발주수량의 물건에 송장을 첨부하여 인도하면 발주자는 이를 검수 확인하고 송장에 수령사실을 확인하거나, 수령할 물건의 명세를 표시한 인수증을 공급자에게 발행하고 그 부본을 발주법인이 보관하되 그 인수증은 물건의 인도, 인수사실을 증명하는 문서이므로 특단의 사정이 없는 한 물품의 종류, 규격, 수량, 인수법인, 인수자의 직위, 성명을 기재하고 작성자의 날인을 하여 인수일자마다 개별적으로 발행함이 거래의 상례라 할 것이다.(대판 1983.2.8, 82다카1275)

第2條【公法人의 商行爲】 公法人의 商行爲에 대하여는 法令에 다른 規定이 없는 경우에 한하여 本法을 適用한다.

참조 [공법인의 예]지방자치3, [지방자치단체의 기업]지방공기업1·2, [상행위]46·47

第3條【一方的 商行爲】 當事者중 그 1人의 行爲가 商行爲인 때에는 全員에 대하여 本法을 適用한다.

참조 [상행위]46·47, [당사자 쌍방이 상인일 경우]55①·58·67-71, [당사자 일방이 상인일 경우]53·55②·60-62, [다수당사자의 채무]57

판례 1인의 행위가 상행위인 경우 : 갑이 상인인 을과 사이에 을이 회수한 갑이 대표이사로 있는 회사 발행의 부도난 어음과 수표 액면금을 갑 개인이 을에게 변제하기로 약정하였다면 특별한 사정이 없는 한 을의 행위는 영업을 위하여 하는 것으로 추정되고, 상인인 을이 영업을 위하여 하는 행위는 상행위로 보아야 하며 이와 같이 당사자 중 그 1인의 행위가 상행위인 때에는 전원에 대하여 상법이 적용되므로 을이 위 약정에 따라 갑에 대하여 취득한 채권은 5년의 단기소멸시효에 걸리는 상사채권이다.(대판 1994.3.22, 93다31740)

第2章 商 人

第4條【商人－當然商人】 自己名義로 商行爲를 하는 者를 商人이라 한다.

참조 [상행위]46·47, [의제상인]5, [소상인]9

판례 의사의 영리추구 활동을 제한하고 직무에 대해 고도의 공공성과 윤리성을 강조하며 의료행위를 보호하는 의료법 규정에 비춰보면 개별 사안에 따라 전문적인 의료지식을 활용해 진료 등을 행하는 의사의 활동은 상인의 영업활동과는 본질적으로 차이가 있다. 또한 의사의 의료행위와 관련해 형성된 법률관계에 대해 상인의 영업활동 및 그로 인해 형성된 법률관계와 동일하게 상법을 적용해야 할 특별한 사회 경제적 필요 내지 요청이 있다고 볼 수 없어 의사나 의료기관을 상법이 규정하는 상인이라고 볼 수는 없다. 따라서 의사가 의료기관에 대해 갖는 급여, 수당, 퇴직금 등 채권은 상사채권에 해당한다고 할 수 없다.(대판 2022.5.26, 2022다200249)

第5條【同前－擬制商人】 ① 店鋪 기타 類似한 設備에 의하여 商人的 方法으로 營業을 하는 者는 商行爲를 하지 아니하더라도 商人으로 본다.
② 會社는 商行爲를 하지 아니하더라도 前項과 같다.

참조 [상행위]46·47, [당연상인]4, [소상인]9, [상사회사]169, [민사회사]민39

판례 변호사와 법무법인이 상법상 '상인'인지 여부 : 변호사는 상법상 당연상인으로 볼 수 없다. 또한 영리추구 활동을 엄격히 제한하고 그 직무에 관하여 고도의 공공성과 윤리성을 강조하는 변호사법의 여러 규정과 제반 사정을 참작하여 볼 때, 변호사를 상법 제5조제1항이 규정하는 '상인적 방법에 의하여 영업을 하는 자'라고 볼 수도 없으므로 의제상인에도 해당하지 아니하며, 이는 법무법인도 마찬가지이다. 법무법인은 변호사가 그 직무를 조직적·전문적으로 수행하기 위해 변호사법에 따라 설립하는 것으로서 변호사법과 다른 법률에 따른 변호사의 직무를 업무로서 수행할 수 있다. 변호사법은 법무법인에 관해 변호사법에 정한 것 외에는 상법 중 합명회사에 관한 규정을 준용하도록 하고 있을 뿐, 이를 상법상 회사로 인정하고 있지 않으므로 법무법인이 상법 제5조제2항에서 정하는 의제상인에 해당한다고 볼 수도 없기 때문에 변호사가 소속 법무법인에 대해 갖는 급여채권은 상사채권에 해당하지 않는다.(대판 2023.7.27, 2023다227418)

판례 개업준비행위 및 영업자금의 차입 행위에 관하여 상행위에 관한 상법 규정이 적용되는 경우 : 영업의 목적인 상행위를 개시하기 전에 영업을 위한 준비행위를 하는 자는 영업으로 상행위를 할 의사를 실현하는 것이므로 준비행위를 한 때 상인자격을 취득함과 아울러 개업준비행위는 영업을 위한 행위로서 최초의 보조적 상행위로, 상법의 규정이 적용된다고 보아야 한다. 또한 영업자금 차입 행위는 행위 자체의 성질로 보아서는 영업의 목적인 상행위를 준비하는 행위라고 할 수 없지만, 행위자의 주관적 의사가 영업을 위한 준비행위이었고 상대방도 행위자의 설명 등에 의하여 그 행위가 영업을 위한 준비행위라는 점을 인식하였던 경우에는 상행위에 관한 상법의 규정이 적용된다고 봄이 타당하다.(대판 2012.4.13, 2011다104246)

판례 계주가 '상인적 방법'에 의한 운영이 아니라면 대금, 환금 기타 금융거래를 영업으로 운영한 것에 해당한다고 볼 수 없으므로 위 계불입금채권을 5년의 소멸시효가 적용되는 상사채권으로 볼 수 없다.(대판 1993.9.10, 93다21705)

第6條【미성년자의 영업과 등기】 미성년자가 법정대리인의 허락을 얻어 영업을 하는 때에는 등기를 하여야 한다.(2018.9.18 본조개정)

改前 "第6條【無能力者의 營業과 登記】 未成年者 또는 限定治産者가 法定代理人의 許諾을 얻어 營業을 하는 때에는 登記를 하여야 한다."

참조 [미성년자]민8·928·950①, [한정후견]민13·950①, [법정대리인]민909-911·928이하·948, [영업의 허락]민8·10, [등기]상업등기법2·11·46-49, [등기의 효력]37

第7條【미성년자와 무한책임사원】 미성년자가 법정대리인의 허락을 얻어 회사의 무한책임사원이 된 때에는 그 사원자격으로 인한 행위에는 능력자로 본다.
(2018.9.18 본조개정)

改前 "第7條【無能力者와 無限責任社員】 未成年者 또는 限定治産者가 法定代理人의 許諾을 얻어 會社의 無限責任社員이 된 때에는 그 社員資格으로 인한 行爲에는 能力者로 본다."

참조 [미성년자]민5·945·950, [피한정후견인]민13, [법정대리인]민909-911·928이하·948, [영업의 허락]민8·13, [무한책임사원]212·268·269

第8條【법정대리인에 의한 영업의 대리】 ① 법정대리인이 미성년자, 피한정후견인 또는 피성년후견인을 위하여 영업을 하는 때에는 등기를 하여야 한다.
(2018.9.18 본항개정)
② 法定代理人의 代理權에 대한 制限은 善意의 第三者에게 對抗하지 못한다.
(2018.9.18 본조제목개정)

改前 "第8條【法定代理人에 의한 營業의 代理】 ① 法定代理人이 未成年者, 限定治産者 또는 禁治産者를 위하여 營業을 하는 때에는 登記를 하여야 한다."

상법

참조 [법정대리인]민909-911·928이하·948, [미성년자]민5, [한정후견]민13, [성년후견]민9, [등기]상업등기법2·11·46-49, [등기의 효력]37

第9條【小商人】 支配人, 商號, 商業帳簿와 商業登記에 관한 規定은 小商人에게 適用하지 아니한다.

참조 [지배인]10-14, [상호]18-28, [상업장부]29-33, [상업등기]34-40, [소상인의 범위]부칙1, 상법시행령2

第3章 商業使用人

第10條【支配人의 選任】 商人은 支配人을 選任하여 本店 또는 支店에서 營業을 하게 할 수 있다.

참조 [상인]4·5·9, [지배인의 대리권]11·12, [표현지배인]14, [지배인의 등기]13·34, 상업등기법2·11·50-51, [지배인의 의무]17, 민655이하·680이하, [회사에 있어서의 지배인의 선임]203·274·393·564, [벌칙]622·624·627·628·630·632·633·635, [제한]411, [본조 준용]보험44, [소상인의 경우]9

판례 자금과장으로 호칭되는 회사원의 예금인출 권한을 포괄하여 위임받은 상업사용인으로 볼 수 있는지 여부 : 회사원이 회사 지점에서 자금과장으로 호칭되고 위 지점장 바로 다음 직위에 있으며 그 회사원이 위 지점장명의로 은행지점에 개설된 위 회사 보통예금계좌에서 예금을 인출하거나 또는 이에 입금한 사실이 있었다 하여 이 사실만으로 바로 그 회사원이 위 회사로부터 위 회사지점장 명의의 예금계좌에서 예금을 인출할 수 있는 권한을 포괄하여 위임받은 상업사용인이라고는 할 수 없다.(대판 1987.6.23, 86다카1418)

第11條【支配人의 代理權】 ① 支配人은 營業主에 갈음하여 그 營業에 관한 裁判上 또는 裁判外의 모든 行爲를 할 수 있다.

② 支配人은 支配人이 아닌 店員 기타 使用人을 選任 또는 解任할 수 있다.

③ 支配人의 代理權에 대한 制限은 善意의 第三者에게 對抗하지 못한다.

참조 [권한]48-50, 민114-136, 민소87이하, [선장의 대리권한]773·775, [기타사용인]15·16, [본조 준용]보험44

판례 지배인의 행위에 민법 107조 1항의 유추적용이 가능한지 여부 : 지배인의 행위가 영업에 관한 것으로서 대리권한 범위 내의 행위라 하더라도 영업주 본인의 이익이나 의사에 반하여 자기 또는 제3자의 이익을 도모할 목적으로 그 권한을 행사한 경우에 그 상대방이 지배인의 진의를 알았거나 알 수 있었을 때에는 민법 107조 1항 단서의 유추해석상 그 지배인의 행위에 대하여 영업주 본인은 아무런 책임을 지지 않는다고 보아야 하고, 그 상대방이 지배인의 표시의사가 진의 아님을 알았거나 알 수 있었는가의 여부는 표의자인 지배인과 상대방 사이에 있었던 의사표시 형성 과정과 그 내용 및 그로 인하여 나타나는 효과 등을 객관적인 사정에 따라 합리적으로 판단하여야 한다.(대판 1999.3.9, 97다7721,7738)

판례 영업주의 영업에 관한 행위의 의미 : 지배인은 영업주에 갈음하여 그 영업에 관한 재판상 또는 재판 외의 모든 행위를 할 수 있고, 지배인의 대리권에 대한 제한은 선의의 제3자에게 대항하지 못하며, 여기서 지배인의 어떤 행위가 영업주의 영업에 관한 것인가의 여부는 지배인의 행위 당시의 주관적인 의사와는 관계없이 그 행위의 객관적 성질에 따라 추상적으로 판단되어야 한다.
(대판 1997.8.26, 96다36753)

판례 지배인의 대리권 제한을 상대방에게 주장할 수 있는 경우 : 지배인의 행위가 그 객관적 성질에 비추어 영업주의 영업에 관한 행위로 판단되는 경우에도 지배인이 자기 또는 제3자의 이익을 위하여 또는 그 대리권에 관한 제한에 위반하여 한 행위에 대하여는 그 상대방이 악의인 경우에 한하여 영업주는 그러한 사유를 들어 상대방에게 대항할 수 있다.(대판 1987.3.24, 86다카2073)

第12條【共同支配人】 ① 商人은 數人의 支配人에게 共同으로 代理權을 行使하게 할 수 있다.

② 前項의 경우에 支配人 1人에 대한 意思表示는 營業主에 대하여 그 效力이 있다.

참조 [공동지배인]11①·13, [등기]13, 상업등기법50, [본조 준용]보험44, ②[수동대리]민114②

판례 공동대표이사의 포괄적 위임 여부 : 주식회사에 있어서의 공동대표제도는 대외 관계에서 수인의 대표이사가 공동으로만 대표권을 행사할 수 있게 하여 업무집행의 통일성을 확보하고, 대표권 행사의 신중을 기함과 아울러 대표이사 상호간의 견제에 의하여 대표권의 남용 내지는 오용을 방지하여 회사의 이익을 도모하려는데 그 취지가 있으므로 공동대표이사의 1인이 그 대표권의 행사를 특정사항에 관하여 개별적으로 다른 공동대표이사에게 위임함은 별론으로 하고, 일반적, 포괄적으로 위임함은 허용되지 아니한다.
(대판 1989.5.23, 89다카3677)

第13條【지배인의 등기】 상인은 지배인의 선임과 그 대리권의 소멸에 관하여 영업소(회사의 경우 본점을 말한다)의 소재지에서 등기하여야 한다. 제12조제1항에서 규정한 사항을 등기하는 경우와 그 사항을 변경하는 경우에도 같다.(2024.9.20 본조개정)

改前 第13條【支配人의 登記】 商人은 支配人의 選任과 그 代理權의 消滅에 관하여 그 支配人을 둔 本店 또는 支店所在地에서 登記하여야 한다. 前條第1項에 規定한 事項과 그 變更도 같다.

참조 [선임]10, [대리권의 소멸]50, 민127-129, [지점에서의 등기]35, [등기절차]상업등기법50·51, [등기의 효력]37·38, [본조 준용]보험44

판례 상업등기와 표현책임과의 관계 : 상법 395조와 상업등기와의 관계를 헤아려 보면, 본조는 상업등기와는 다른 차원에서 회사의 표현책임을 인정한 규정이라고 해야 옳으리니 이 책임을 물음에 상업등기가 있는 여부는 고려의 대상에 넣어서는 아니된다고 하겠다. 따라서 원판결이 피고회사의 상호변경등기로 말미암아 피고의 상호변경에 대하여 원고의 악의를 간주한 판단은 당원이 인정치 않는 법리위에 선 것이라 하겠다.(대판 1979.2.13, 77다2436)

第14條【표현지배인】 ① 본점 또는 지점의 본부장, 지점장, 그 밖에 지배인으로 인정될 만한 명칭을 사용하는 자는 본점 또는 지점의 지배인과 동일한 권한이 있는 것으로 본다. 다만, 재판상 행위에 관하여는 그러하지 아니하다.

② 제1항은 상대방이 악의인 경우에는 적용하지 아니한다.

(2010.5.14 본조개정)

改前 "第14條【表見支配人】 ① 本店 또는 支店의 營業主任 其他 類似한 名稱을 가진 使用人은 本店 또는 支店의 支配人과 同一한 權限이 있는 것으로 본다. 그러나 裁判上의 行爲에 關하여는 그러하지 아니하다.
② 前項의 規定은 相對方이 惡意인 境遇에는 適用하지 아니한다."

참조 [표현대리]민125·126, [지배인의 권한]11, [본조 준용]보험44

판례 본·지점의 지휘·감독 아래 기계적으로 제한된 보조적 사무만을 처리하는 영업소가 상법상의 영업장소인지 여부 : 동조 제1항에 정해진 표현지배인에 관한 규정이 적용되기 위하여는 당해 사용인의 근무장소가 상법상 지점으로서의 실체를 구비하여야 하고, 어떠한 영업장소가 상법상 지점으로서의 실체를 구비하였다고 하려면 그 영업장소가 본점 또는 지점의 지휘·감독 아래 기계적으로 제한된 보조적 사무만을 처리하는 것이 아니라, 일정한 범위 내에서 본점 또는 지점으로부터 독립하여 독자적으로 영업활동에 관한 결정을 하고 대외적인 거래를 할 수 있는 조직을 갖추어야 할 것이므로, 본·지점의 기본적인 업무를 독립하여 처리할 수 있는 것이 아니라 단순히 본·지점의 지휘·감독 아래 기계적으로 제한된 보조적 사무만을 처리하는 영업소는 상법상의 영업소인 본·지점에 준하는 영업장소라고 볼 수 없다.(대판 2000.8.22, 2000다13320)

판례 지점 차장이라는 명칭은 그 명칭 자체로서 상위직의 사용인의 존재를 추측할 수 있게 하는 것이므로 동조 제1항 소정의 영업주임 기타 이에 유사한 명칭을 가진 사용인을 표시하는 것이라고 할 수 없고, 따라서 표현지배인이 아니다.(대판 1993.12.10, 93다36974)

第15條【部分的 包括代理權을 가진 使用人】 ① 營業의 特定한 種類 또는 特定한 事項에 대한 委任을 받은 使用人은 이에 관한 裁判外의 모든 行爲를 할 수 있다.

② 第11條第3項의 規定은 前項의 경우에 準用한다.

참조 [선임]11②, [위임]민680-692, [회사벌칙의 적용]622·624·627·628·630·632·633, [본조 준용]보험44

판례 영업주가 부분적 포괄대리권에 따른 책임을 지기 위한 요건 : 부분적 포괄대리권을 가진 상업사용인이 특정된 영업이나 특정된 사항에 속하지 않는 행위를 한 경우 영업주가 책임을 지기 위하여는 민법상의 표현대리의 법리에 의하여 그 상업사용인과 거래한 상대방이 그 상업사용인에게 그 권한이 있다고 믿을 만한 정당한 이유가 있어야 한다.(대판 1999.7.27, 99다12932)

판례 상무이사가 사용인을 겸할 수 있는지 여부 : 주식회사의 기관인 상무이사라 하더라도 상법 15조 소정의 부분적 포괄대리권을 가지는 그 회사의 사용인을 겸임할 수 있다.(대판 1996.8.23, 95다39472)

第16條【物件販賣店鋪의 使用人】 ① 物件을 販賣하는 店鋪의 使用人은 그 販賣에 관한 모든 權限이 있는 것으로 본다.

② 第14條第2項의 規定은 前項의 경우에 準用한다.

참조 [표현대리]민125·126

판례 상사회사 지점의 외무사원이 물건판매점포의 사용인에 해당되는지 여부 : 상사회사(백화점) 지점의 외무사원은 상법 16조 소정 물건 판매점포의 사용인이 아니므로 위 회사를 대리하여 물품을 판매하거나 또는 물품대금의 선금을 받을 권한이 있다고 할 수 없고 위 외무사원의 점포 밖에서 그 사무집행에 관한 물품거래행위로 인하여 타인에게 손해를 입힌 경우에는 위 회사는 사용자의 배상책임을 면할 수 없다.(대판 1976.7.13, 76다860)

독판 상법 제16조(독일 상법 제56조에 해당)상의 물건의 판매에는 직접적인 매매계약의 체결이외에 이와 관련되는 행위 예컨대 매매계약의 취소나 매매목적물의 소유권 이전행위 등도 포함되나, 그 사용인이 영업주를 대리하여 전매할 매매목적물을 매입하는 행위까지 포함하지는 않는다. 또한 이러한 대리권을 위하여 상법 제16조를 유추적용시킬 수도 없다.(독 · 연방법원 1988.4.5)

第17條【商業使用人의 義務】 ① 商業使用人은 營業主의 許諾없이 自己 또는 第三者의 計算으로 營業主의 營業部類에 속한 去來를 하거나 會社의 無限責任社員, 理事 또는 다른 商人의 使用人이 되지 못한다.

② 商業使用人이 前項의 規定에 違反하여 去來를 한 경우에 그 去來가 自己의 計算으로 한 것인 때에는 營業主는 이를 營業主의 計算으로 한 것으로 볼 수 있고 第三者의 計算으로 한 것인 때에는 營業主는 使用人에 대하여 이로 인한 利得의 讓渡를 請求할 수 있다.(1962.12.12 본항개정)

③ 前項의 規定은 營業主로부터 使用人에 대한 契約의 解止 또는 損害賠償의 請求에 影響을 미치지 아니한다.

④ 第2項에 規定한 權利는 營業主가 그 去來를 안 날로부터 2週間을 經過하거나 그 去來가 있은 날로부터 1年을 經過하면 消滅한다.

참조 [경업금지의무의 다른 경우]89 · 198 · 269 · 287의10 · 397 · 567, [타회사 임원겸임의 제한]은행법28, [본조 준용]보험44

第4章 商 號

第18條【商號選定의 自由】 商人은 그 姓名 기타의 名稱으로 商號를 정할 수 있다.

참조 [상인]4 · 5 · 9, [제한]19 - 21 · 23 · 28, [특수명칭독점의 예]은행법14, 한국산업은행법8, 중소기업은행법8, 한국은행법10, 농협3, 상공회의소법52, 노노7③, [등기]22, 상업등기법29 - 45, [상호의 양도]25, [상호의 폐지변경]26 · 27, [소상인과 상호]9

第19條【회사의 상호】 회사의 상호에는 그 종류에 따라 합명회사, 합자회사, 유한책임회사, 주식회사 또는 유한회사의 문자를 사용하여야 한다.(2011.4.14 본조개정)

改前 "第19條【會社의 商號】 會社의 商號에는 그 種類에 따라 合名會社, 合資會社, 株式會社 또는 有限會社의 文字를 使用하여야 한다."

참조 [회사]169, [특수회사의 상호]은행법14, [등기]180 · 271① · 317② · 549②, [퇴사원과 회사의 상호]226

第20條【會社商號의 不當使用의 禁止】 會社가 아니면 商號에 會社임을 表示하는 文字를 使用하지 못한다. 會社의 營業을 讓受한 경우에도 같다.

참조 [회사]169, [과태료의 재판]28

第21條【商號의 單一性】 ① 同一한 營業에는 單一商號를 使用하여야 한다.

② 支店의 商號에는 本店과의 從屬關係를 表示하여야 한다.

참조 [상호사용의 제약]19 · 20 · 23

第22條【商號登記의 效力】 他人이 登記한 商號는 동일한 特別市 · 廣域市 · 市 · 郡에서 同種營業의 商號로 登記하지 못한다.(1995.12.29 본조개정)

참조 [상호의 등기]상업등기법29 - 45, [상호의 폐지와 등기의 말소청구]26 · 27, [본조 준용]보험44, [상호의 가등기]22의2

판례 동조는 동일한 특별시 · 광역시 · 시 또는 군 내에서는 동일한 영업을 위하여 타인이 등기한 상호 또는 확연히 구별할 수 없는 상호의 등기를 금지하는 효력과 함께 그와 같은 상호가 등기된 경우에는 선등기자가 후등기자를 상대로 그와 같은 등기의 말소를 소로써 청구할 수 있는 효력도 인정한 규정이다.(대판 2004.3.26, 2001다72081)

第22條의2【商號의 假登記】 ① 유한책임회사, 주식회사 또는 有限會社를 設立하고자 할 때에는 本店의 所在地를 관할하는 登記所에 商號의 假登記를 申請할 수 있다.(2020.6.9 본항개정)

② 會社는 商號나 目的 또는 商號와 目的을 변경하고자 할 때에는 本店의 所在地를 관할하는 登記所에 商號의 假登記를 申請할 수 있다.

③ 會社는 本店을 移轉하고자 할 때에는 移轉할 곳을 관할하는 登記所에 商號의 假登記를 申請할 수 있다.

④ 商號의 假登記는 第22條의 적용에 있어서는 商號의 登記로 본다.

⑤ (2007.8.3 삭제)

(1995.12.29 본조신설)

改前 ① "株式會社" 또는 有限會社를 設立하고자 할 때에는 本店의 所在地를 관할하는 登記所에 商號의 假登記를 申請할 수 있다.

참조 [가등기절차]상업등기법38 - 39

第23條【主體를 誤認시킬 商號의 使用禁止】 ① 누구든지 不正한 目的으로 他人의 營業으로 誤認할 수 있는 商號를 使用하지 못한다.

② 第1項의 規定에 違反하여 商號를 使用하는 者가 있는 경우에 이로 인하여 損害를 받을 念慮가 있는 者 또는 商號를 登記한 者는 그 廢止를 請求할 수 있다.

(1984.4.10 본항개정)

③ 第2項의 規定은 損害賠償의 請求에 영향을 미치지 아니한다.(1984.4.10 본항개정)

④ 동일한 特別市 · 廣域市 · 市 · 郡에서 同種營業으로 他人이 登記한 商號를 使用하는 者는 不正한 目的으로 使用하는 것으로 推定한다.(1995.12.29 본항개정)

참조 민750, [제재]28, [부정한 목적]민2① · 103 · 104, [손해배상청구]민750, 부정경쟁5, [본조 준용]보험44

판례 역혼동으로 인해 피해 인정 요건 : 상호를 먼저 사용한 자(선사용자)의 상호와 동일 · 유사한 상호를 나중에 사용하는 자(후사용자)의 영업규모가 선사용자보다 크고 그 상호가 주지성을 획득한 경우, 후사용자의 상호사용으로 인하여 마치 선사용자가 후사용자의 명성이나 소비자 신용에 편승하여 선사용자의 상품의 출처가 후사용자인 것처럼 소비자를 기망한다는 오해를 받아 선사용자의 신용이 훼손된 때 등에 있어서는 이를 이른바 역혼동에 의한 피해로 보아 후사용자의 선사용자에 대한 손해배상책임을 인정할 여지가 전혀 없지는 않다고 할 것이나, 상호를 보호하는 상법과 부정경쟁방지및영업비밀보호에관한법률의 입법 취지에 비추어, 선사용자의 영업이 후사용자의 영업과 그 종류가 다른 것이거나 영업의 성질이나 내용, 영업방법, 수요자층 등에 있어서 밀접한 관련이 없는 경우 등에 있어서는 위와 같은 역혼동으로 인한 피해를 인정할 수 없다.(대판 2002.2.26, 2001다73879)

판례 '부정한 목적'이란 어느 명칭을 자기의 상호로 사용함으로써 일반인으로 하여금 자기의 영업을 그 명칭에 의하여 표시된 타인의 영업으로 오인시키려고 하는 의도를 말한다.
(대판 1995.9.29, 94다31365,31372(반소))

판례 주체를 오인시킬 상호인지 여부 : 갑 상인이 그의 간판에 "SINCE 1945 신용의 양과 서울 고려당 마산분점"이라고 표시한 것이 주식회사 고려당과의 관계를 나타내기 위하여 위 회사의 상호를 표시한 것이라면 갑 상인에게 위 상호의 사용과 관련하여 부정경쟁의 목적이 있는가를 판단함에 있어서 갑 상인이 아닌 위 회사와 '마산고려당'이라는 상호를 사용하는 상인 을의 명성과 신용을 비교한 것은 옳다고 판시하는 한편, 갑 상인이 마산고려당의 신용 내지 경제적 가치를 이용하려는 부정한 목적이 있다고는 볼 수 없다.
(대판 1993.7.13, 92다49492)

第24條【名義貸與者의 責任】 他人에게 自己의 姓名 또는 商號를 使用하여 營業을 할 것을 許諾한 者는 自己를 營業主로 誤認하여 去來한 第三者에 대하여 그 他人과 連帶하여 辨濟할 責任이 있다.

참조 [동취지의 규정]81 · 215 · 281, [표현대리]민125 · 126 · 129, [연대]민413이하

판례 명의대여자의 연대책임 및 건설업 면허를 대여받은 자를 대리 또는 대행한 자가 면허대여자 명의로 하도급거래를 한 경우에도 위 책임을 부담하는지 여부(적극) : 건설업 면허를 대여한 자는 자기의 성명 또는 상호를 사용하여 건설업을 할 것을 허락하였다고 할 것인데, 건설업에서는 공정에 따라 하도급거래를 수반하는 것이 일반적이어서 면허를 대여 받은 자가 그 면허를 사용하여 대여한 자의 명의로 하도급거래를 하는 것도 허락하였다고 봄이 상당하므로, 면허를 대여한 자를 영업의 주체로 오인한 하수급인에 대하여도 명의대여자로서의 책임을 지고, 면허를 대여받은 자를 대리 또는 대행한 자가 면허를 대여한 자의 명의로 하도급거래를 한 경우에도 마찬가지이다.
(대판 2008.10.23, 2008다46555)

상법

판례 명의대여자의 사용자책임 인정여부 : 타인에게 어떤 사업에 관하여 자기의 명의를 사용할 것을 허용한 경우에 그 사업이 내부관계에 있어서는 타인의 사업이고 명의자의 고용인이 아니라 하더라도 외부에 대한 관계에 있어서는 그 사업이 명의자의 사업이고 또 그 타인은 명의자의 종업원임을 표명한 것과 다름이 없으므로, 명의사용을 허용받은 사람이 업무수행을 함에 있어 고의 또는 과실로 다른 사람에게 손해를 끼쳤다면 명의사용을 허용한 사람은 민법 756조에 의하여 그 손해를 배상할 책임이 있다.(대판 2001.8.21, 2001다3658)

판례 명의대여자 책임의 입증책임을 누가 부담하는지 여부 : 상법 24조의 규정에 의한 명의대여자의 책임은 명의자를 영업주로 오인하여 거래한 제3자를 보호하기 위한 것이므로 거래 상대방이 명의대여사실을 알았거나 모른 데 대하여 중대한 과실이 있는 때에는 책임을 지지 않는바, 이때 거래의 상대방이 명의대여사실을 알았거나 모른 데 대한 중대한 과실이 있었는지 여부에 대하여는 면책을 주장하는 명의대여자들이 입증책임을 부담한다.(대판 2001.4.13, 2000다10512)

第25條【商號의 讓渡】 ① 商號는 營業을 廢止하거나 營業과 함께 하는 경우에 限하여 이를 讓渡할 수 있다.
② 商號의 讓渡는 登記하지 아니하면 第三者에게 對抗하지 못한다.

참조 [부당 및 부정한 상호사용의 금지]20·28, [등기]상업등기법33

판례 영업과 함께 상호를 양도받은 것을 부인한 경우 : 갑이 식당을 경영하기 시작할 당시 식당의 영업과 함께 상호를 양도받았다면, 영업목적을 위하여 조직화된 유기적 일체로서의 기능재산이 동일성을 유지하면서 일괄하여 이전하는 영업양도의 성질상 당연히 영업재산으로서의 식당의 소유권을 양도받았을 것이고, 따라서 갑의 지위를 승계하였다는 피신청인이 그 후 신청인으로부터 식당을 새삼스레 임차할 아무런 이유가 없었을 것이므로 피신청인이 신청인으로부터 식당을 임차한 사실에 비추어 갑이 식당 영업과 함께 상호를 양도받았다는 주장은 부당하다.(대판 1994.5.13, 93다56183)

第26條【商號不使用의 效果】 商號를 登記한 者가 正當한 事由없이 2年間 商號를 使用하지 아니하는 때에는 이를 廢止한 것으로 본다.

참조 [상호폐지의 등기]40, 상업등기법32, [이해관계인의 등기말소청구권]27, 상업등기법36, [본조 준용]보험44

第27條【商號登記의 抹消請求】 商號를 變更 또는 廢止한 경우에 2週間內에 그 商號를 登記한 者가 變更 또는 廢止의 登記를 하지 아니하는 때에는 利害關係人은 그 登記의 抹消를 請求할 수 있다.

참조 [상호의 폐지]26, [폐지 또는 변경등기]40, 상업등기법32, [이해관계인의 말소청구]상업등기법36·42, [본조 준용]보험44

第28條【商號 不正使用에 대한 制裁】 第20條와 第23條 第1項에 違反한 者는 200萬원 이하의 過怠料에 處한다.
(1995.12.29 본조개정)

第5章 商業帳簿

第29條【商業帳簿의 種類·作成原則】 ① 商人은 營業上의 財産 및 損益의 狀況을 明白히 하기 위하여 會計帳簿 및 貸借對照表를 作成하여야 한다.
② 商業帳簿의 作成에 관하여 이 法에 規定한 것을 제외하고는 一般的으로 公正·妥當한 會計慣行에 의한다.
(1984.4.10 본조개정)

참조 [제출의무]32, [보존의무]33, [소상인의 경우]9, [주식회사의 경우 등]447, [본조 준용]보험44

第30條【商業帳簿의 作成方法】 ① 會計帳簿에는 去來와 기타 營業上의 財産에 영향이 있는 事項을 記載하여야 한다.
② 商人은 營業을 開始한 때와 매년 1회 이상 일정시기에, 會社는 성립한 때와 매 決算期에 會計帳簿에 의하여 貸借對照表를 作成하고, 作成者가 이에 記名捺印 또는 署名하여야 한다.(1995.12.29 본항개정)
(1984.4.10 본조개정)

참조 1980.4.10부칙3, 1995.12.29부칙3 [제출의무]32, [보존의무]33, [회사의 재산목록, 대차대조표에 관한 특칙]247①·269·447·450·530②·533·613, [벌칙]635①, 채무자회생파산643·651·652·654이하, [소상인의 경우]9, [주식회사의 경우]447, [관재인의 재산목록 작성의무]채무자회생파산483, [본조 준용]보험44

第31條 (2010.5.14 삭제)

改前 "第31條【資産評價의 原則】 會計帳簿에 記載될 資産은 다음의 方法에 의하여 評價하여야 한다.
1. 流動資産은 取得價額·製作價額 또는 時價에 의한다. 그러나 時價가 取得價額 또는 製作價額보다 현저하게 낮은 때에는 時價에 의한다.
2. 固定資産은 取得價額 또는 製作價額으로부터 상당한 減價額을 控除한 價額에 의하되, 豫測하지 못한 減損이 생긴 때에도 상당한 減額을 하여야 한다.
(1984.4.10 본조개정)"

第32條【商業帳簿의 提出】 法院은 申請에 의하여 또는 職權으로 訴訟當事者에게 商業帳簿 또는 그 一部分의 提出을 命할 수 있다.

참조 [문서제출의무]민소344, [부제출효과]민소349, [본조 준용]보험44

第33條【商業帳簿등의 保存】 ① 商人은 10年間 商業帳簿와 營業에 관한 重要書類를 保存하여야 한다. 다만, 傳票 또는 이와 유사한 書類는 5年間 이를 보존하여야 한다.(1995.12.29 단서신설)
② 前項의 期間은 商業帳簿에 있어서는 그 閉鎖한 날로부터 起算한다.
③ 第1項의 帳簿와 書類는 마이크로필름 기타의 電算情報處理組織에 의하여 이를 보존할 수 있다.(1995.12.29 본항신설)
④ 第3項의 規定에 의하여 帳簿와 書類를 保存하는 경우 그 보존방법 기타 필요한 사항은 大統領令으로 정한다.
(1995.12.29 본항신설)

참조 [회사장부 등의 보존]266·269·541·613①, [벌칙]채무자회생파산643·651·652·654, [소상인의 경우]9, [기간]민155－161, [본조 준용]보험44

第6章 商業登記

第34條【통칙】 이 법에 따라 등기할 사항은 당사자의 신청에 의하여 영업소(회사의 경우 본점을 말한다)의 소재지를 관할하는 법원의 상업등기부에 등기한다.
(2024.9.20 본조개정)

改前 第34條【통칙】 이 법에 따라 등기할 사항은 당사자의 신청에 의하여 "영업소의 소재지"를 관할하는 법원의 상업등기부에 등기한다.
(2010.5.14 본조개정)

참조 [본법에 의한 등기사항]6·8·13·22·25·27·40·180·269·317·549②·614②③, [특별법에 의한 등기사항]채무자회생파산23－25·27, [관할등기소]상업등기법4, [등기절차]상업등기법22이하, [소상인에 대한 예외]9

판례 회사등기의 공신력 : 회사등기에는 공신력이 인정되지 아니하므로, 합자회사의 사원 지분등기가 부실등기인 경우 그 부실등기를 믿고 합자회사 사원의 지분을 양수하였다 하여 그 지분을 양수한 것으로는 될 수 없다.(대판 1996.10.29, 96다19321)

판례 등기공무원의 심사 권한 : 등기공무원은 등기신청에 대하여 실체법상의 권리관계와 일치하는 여부를 심사할 실질적 심사권한은 없고 오직 신청서 및 그 첨부서류와 등기부에 의하여 등기요건에 합당하는지 여부를 심사할 형식적 심사권한 밖에는 없다.
(대결 1995.1.20, 94마535)

第34條의2 (2007.8.3 삭제)

改前 "第34條의2【電算情報處理組織에 의한 商業登記】 ① 商業登記事務는 그 전부 또는 일부를 電算情報處理組織에 의하여 처리할 수 있다.
② 第1項의 規定에 의한 商業登記事務의 處理節次는 大法院規則으로 정한다.
(1995.12.29 본조신설)"

第35條 (2024.9.20 삭제)

改前 第35條【支店所在地에서의 登記】 本店의 所在地에서 登記할 事項은 다른 規定이 없으면 支店의 所在地에서도 登記하여야 한다.

第36條 (1995.12.29 삭제)

第37條【登記의 효력】 ① 登記할 사항은 이를 登記하지 아니하면 善意의 第三者에게 對抗하지 못한다.
② 登記한 후라도 第三者가 정당한 사유로 인하여 이를 알지 못한 때에는 第1項과 같다.
(1995.12.29 본조개정)

참조 [특별규정]25②·172·225·234·267·616, [지점소재지에서의 등기의 경우]38

판례 상법 37조 소정의 제3자에 조세를 부과하는 국가가 해당되는지 여부 : "등기할 사항은 등기와 공고 후가 아니면 선의의 제3자에게 대항할 수 없다"는 상법 37조 소정의 제3자라 함은 대등한 지위에서 하는 보통의 거래관계의 상대방을 말한다 할 것이고, 조세권에 기하여 조세의 부과처분을 하는 경우의 국가는 여기에 규정된 제3자라 할 수 없다.(대판 1990.9.28, 90누4235)

판례 선의의 제3자의 의미 : 상법 37조 소정의 "선의의 제3자"라 함은 대등한 지위에서 하는 보통의 거래관계의 상대방을 말한다 할 것이므로 조세권에 기하여 조세의 부과처분을 하는 경우의 국가는 동조 소정의 제3자라 할 수 없다.(대판 1978.12.26, 78누167)

일판 회사가 상호를 변경하고 대표이사를 선임하고 아직 그 등기를 하기 전에 대표이사가 회사명의로 어음을 발행한 경우에 선의의 어음소지인에 대하여 어음상의 책임을 지는 것은 회사자신이고 대표이사 개인은 아니다.(日・最高 1960.4.14)

독판 상법 제37조 제1항(독일 상법 제15조 제1항에 해당)에 의한 제3자의 신뢰보호는 상업등기부상의 기재 내용을 주장하는 자가 등기부를 실제로 열람하지 아니하였어도 가능하다.
(독・연방법원 1975.12.1)

第38條 (2024.9.20 삭제)

改前 第38條【支店所在地에서의 登記의 效力】支店의 所在地에서 登記할 事項을 登記하지 아니한 때에는 前條의 規定은 그 支店의 去來에 限하여 適用한다.

第39條【不實의 登記】 故意 또는 過失로 인하여 事實과 相違한 事項을 登記한 者는 그 相違를 善意의 第三者에게 對抗하지 못한다.

판례 회사의 상당한 지분을 가진 주주가 허위의 주주총회결의 등의 외관을 만들어 부실등기를 마친 경우, 회사에 상법 제39조에 의한 부실등기 책임을 물을 수 있는지 여부(원칙적 소극) : 등기신청권자 아닌 사람이 주주총회의사록 및 이사회의사록 등을 허위로 작성하여 주주총회결의 및 이사회결의 등의 외관을 만들고 이에 터잡아 대표이사 선임등기를 마친 경우에는, 그 대표이사 선임에 관한 주식회사 내부의 의사결정은 존재하지 아니하여 등기신청권자인 회사가 그 등기가 이루어지는 데 관여할 수 없었을 것이므로, 이를 회사의 고의 또는 과실로 부실등기를 한 것과 동일시할 수 있는 특별한 사정이 없는 한, 회사에 대하여 상법 제39조에 의한 부실등기 책임을 물을 수 없고, 이 경우 위와 같이 허위의 주주총회결의 등의 외관을 만들어 부실등기를 마친 사람이 회사의 상당한 지분을 가진 주주라고 하더라도 그러한 사정만으로는 회사의 고의 또는 과실로 부실등기를 한 것과 동일시할 수는 없다.(대판 2008.7.24, 2006다24100)

판례 이사 선임의 주주총회결의에 대한 취소판결이 확정되어 그 결의가 소급하여 무효가 된다고 하더라도 그 선임 결의가 취소되는 대표이사와 거래한 상대방은 동조의 적용 내지 유추적용에 의하여 보호될 수 있으며, 주식회사의 법인등기의 경우 회사는 대표자를 통하여 등기를 신청하지만 등기신청권자는 회사 자체이므로 취소되는 주주총회결의에 의하여 이사로 선임된 대표이사가 마친 이사 선임 등기는 동조의 '부실등기'에 해당된다.(대판 2004.2.27, 2002다19797)

판례 부실등기의 고의, 과실의 판단 : 합명회사에 있어서 상법 39조 소정의 부실등기에 대한 고의・과실의 유무는 그 대표사원을 기준으로 판정하여야 하고 대표사원의 유고로 회사정관에 따라 업무를 집행하는 사원이 있다고 하더라도 그 사원을 기준으로 판정하여서는 아니된다.(대판 1981.1.27, 79다1618,1619)

第40條【變更, 消滅의 登記】 登記한 事項에 變更이 있거나 그 事項이 消滅한 때에는 當事者는 지체없이 變更 또는 消滅의 登記를 하여야 한다.

참조 [해당의 경우]25・27・183・228・233・243・253②・258③・286・378・528・549・591・602・614②, [효력]37, [본조 준용]보험31

第7章 營業讓渡

第41條【營業讓渡人의 競業禁止】 ① 營業을 讓渡한 경우에 다른 約定이 없으면 讓渡人은 10年間 동일한 特別市・廣域市・市・郡과 인접 特別市・廣域市・市・郡에서 同種營業을 하지 못한다.

② 讓渡人이 同種營業을 하지 아니할 것을 約定한 때에는 동일한 特別市・廣域市・市・郡과 인접 特別市・廣域市・市・郡에 限하여 20年을 超過하지 아니한 範圍내에서 그 效力이 있다.

(1995.12.29 본조개정)

참조 [회사의 영업양도]374①・576①

판례 영업양도가 이루어졌는지 여부의 판단기준 : 영업양도가 이루어졌는지 여부는 단지 어떠한 영업재산이 어느 정도로 이전되어 있는가에 의하여 결정되어야 하는 것이 아니고 거기에 종래의 영업조직이 유지되어 그 조직이 전부 또는 중요한 일부로서 기능할 수 있는가에 의하여 결정되어야 하므로, 영업재산의 일부를 유보한 채 영업시설을 양도했어도 그 양도한 부분만으로도 종래의 조직이 유지되어 있다고 사회관념상 인정되면 그것을 영업양도라 볼 것이지만, 영업재산의 전부를 양도했어도 그 조직을 해체하여 양도했다면 영업양도로 볼 수 없다.(대판 2003.5.30, 2002다23826)

판례 영업양도와 근로계약과의 관계 및 계속근로 단절의 효과 : 영업양도의 경우에는 특단의 사정이 없는 한 근로자들의 근로관계 역시 양수인에 의하여 계속적으로 승계되는 것으로, 영업양도시 퇴직금을 수령하였다는 사실만으로 전 회사와의 근로관계가 종료되고 인수한 회사와 새로운 근로관계가 시작되었다고 볼 것은 아니고 다만, 근로자가 자의에 의하여 사직서를 제출하고 퇴직금을 지급받았다면 계속근로의 단절에 동의한 것으로 볼 여지가 있지만, 이와 달리 회사의 경영방침에 따른 일방적 결정으로 퇴직 및 재입사의 형식을 거친 것이라면 퇴직금을 지급받았더라도 계속근로관계는 단절되지 않는 것이다.(대판 2001.11.13, 2000다18608)

판례 영업양도의 의미 : 영업양도라 함은 일정한 영업목적에 의하여 조직화된 총체 즉 인적, 물적 조직을 그 동일성을 유지하면서 일체로서 이전하는 것을 말하고, 영업의 일부만의 양도도 가능하지만 이 경우에도 해당 영업부문의 인적, 물적 조직이 그 동일성을 유지한 채 일체로서 이전되어야 한다.(대판 1997.4.25, 96누19314)

第42條【商號를 續用하는 讓受人의 責任】 ① 營業讓受人이 讓渡人의 商號를 繼續使用하는 경우에는 讓渡人의 營業으로 인한 第三者의 債權에 대하여 讓受人도 辨濟할 責任이 있다.

② 前項의 規定은 讓受人이 營業讓渡를 받은 後 지체없이 讓渡人의 債務에 대한 責任이 없음을 登記한 때에는 適用하지 아니한다. 讓渡人과 讓受人이 지체없이 第三者에 대하여 그 뜻을 通知한 경우에 그 通知를 받은 第三者에 대하여도 같다.

참조 [상호의 양수]25, [양도인의 책임]45, [책임을 지지 않는 자의 등기]상업등기법34, [양수인에 대한 변제]43

판례 상법상의 영업양도는 일정한 영업목적에 의하여 조직화된 업체, 즉 인적・물적 조직을 그 동일성은 유지하면서 일체로서 이전하는 것을 의미하고, 영업양도가 이루어졌는가의 여부는 단지 어떠한 영업재산이 어느 정도로 이전되어 있는가에 의하여 결정되어야 하는 것이 아니고 거기에 종래의 영업조직이 유지되어 그 조직이 전부 또는 중요한 일부로서 기능할 수 있는가에 의하여 결정되어야 하므로, 영업재산의 일부를 유보한 채 영업시설을 양도했어도 그 양도한 부분만으로도 종래의 조직이 유지되어 있다고 사회관념상 인정되면 그것을 영업의 양도라 볼 수 있고, 이러한 영업양도는 반드시 영업양도 당사자 사이의 명시적 계약에 의하여야 하는 것은 아니며 묵시적 계약에 의하여도 가능하다.(대판 2009.1.15, 2007다17123,17130)

판례 영업양도의 의미와 그 판단 기준 : 동조 제1항의 '영업'이란 일정한 영업목적에 의하여 조직화된 유기적 일체로서의 기능적 재산을 말하고, 여기서 말하는 유기적 일체로서의 기능적 재산이란 영업을 구성하는 유형・무형의 재산과 경제적 가치를 갖는 사실관계가 서로 유기적으로 결합하여 수익의 원천으로 기능한다는 것과 이와 같이 유기적으로 결합한 수익의 원천으로서의 기능적 재산이 마치 하나의 재화와 같이 거래의 객체가 된다는 것을 뜻하는 것이므로, 영업양도가 있다고 볼 수 있는지의 여부는 양수인이 유기적으로 조직화된 수익의 원천으로서의 기능적 재산을 이전받아 양도인이 하던 것과 같은 영업적 활동을 계속하고 있다고 볼 수 있는지의 여부에 따라 판단되어야 한다.(대판 2005.7.22, 2005다602)

판례 양도인의 영업으로 인한 채무의 의미 : 상법 제42조 제1항은 영업양수인이 양도인의 상호를 계속 사용하는 경우에는 양도인의 영업으로 인한 제3자의 채권에 대하여 양수인도 변제할 책임이 있다고 규정하고 있고, 이 때 양도인의 영업으로 인한 채무란, 영업상의 활동에 관하여 발생한 채무를 말하는 것이다.(대판 2002.6.28, 2000다5862)

판례 특약이 있는 경우 영업양도책임을 지기 위한 요건 : 대리점 계약시 계약이나 그에 의한 권리를 상대방 동의 없이 양도할 수 없다고 약정하였다 하더라도 영업양도 사실을 알면서 영업양수인과 거래한 상대방이 영업양도인에게 책임을 물을 수는 없다.
(대판 2002.6.28, 2002다22380)

第43條【營業讓受人에 대한 辨濟】 前條第1項의 경우에 讓渡人의 營業으로 인한 債權에 대하여 債務者가 善意이며 重大한 過失없이 讓受人에게 辨濟한 때에는 그 效力이 있다.

참조 [채권의 준점유자에 대한 변제]민470

第44條【債務引受를 廣告한 讓受人의 責任】 營業讓受人이 讓渡人의 商號를 繼續使用하지 아니하는 경우에 讓渡人의 營業으로 인한 債務를 引受할 것을 廣告한 때에는 讓受人도 辨濟할 責任이 있다.

참조 [상호를 속용하는 양수인의 책임]42, [양도인의 책임존속기간]45

第45條【營業讓渡人의 責任의 存續期間】 營業讓受人이 第42條第1項 또는 前條의 規定에 의하여 辨濟의 責任이 있는 경우에는 讓渡人의 第三者에 대한 債務는 營業讓渡 또는 廣告後 2年이 經過하면 消滅한다.

第2編 商行爲

第1章 通 則

第46條【基本的 商行爲】 營業으로 하는 다음의 行爲를 商行爲라 한다. 그러나 오로지 賃金을 받을 目的으로 物件을 製造하거나 勞務에 從事하는 者의 行爲는 그러하지 아니하다.

1. 動産, 不動産, 有價證券 기타의 財産의 賣買
2. 動産, 不動産, 有價證券 기타의 財産의 賃貸借
3. 製造, 加工 또는 修繕에 관한 行爲
4. 전기, 전파, 가스 또는 물의 공급에 관한 행위 (2010.5.14 본호개정)
5. 作業 또는 勞務의 都給의 引受
6. 出版, 印刷 또는 撮影에 관한 行爲
7. 광고, 통신 또는 정보에 관한 행위(2010.5.14 본호개정)
8. 受信·與信·換 기타의 金融去來(1995.12.29 본호개정)
9. 공중(公衆)이 이용하는 시설에 의한 거래(2010.5.14 본호개정)
10. 商行爲의 代理의 引受
11. 仲介에 관한 行爲
12. 委託賣買 기타의 周旋에 관한 行爲
13. 運送의 引受
14. 任置의 引受
15. 信託의 引受
16. 相互賦金 기타 이와 유사한 행위(1995.12.29 본호개정)
17. 保險
18. 鑛物 또는 土石의 採取에 관한 行爲
19. 기계, 시설, 그 밖의 재산의 금융리스에 관한 행위 (2010.5.14 본호개정)
20. 商號·商標 등의 使用許諾에 의한 營業에 관한 행위 (1995.12.29 본호신설)
21. 營業상 債權의 買入·回收 등에 관한 행위 (1995.12.29 본호신설)
22. 신용카드, 전자화폐 등을 이용한 지급결제 업무의 인수(2010.5.14 본호신설)

改前 "4. 電氣, 電波, 까스 또는 물의 供給에 關한 行爲"
"7. 廣告, 通信 또는 情報에 關한 行爲"
"9. 客의 集來를 爲한 施設에 依한 去來"
"19. 機械·施設 기타 財産의 物融에 관한 행위"

참조 [보조적 상행위]47, ⑴[매매]67이하, 민563이하, ⑵[임대차]민618이하, ⑶[가공]민259, ⑸[도급]민664이하, [작업의 도급]건설산업, ⑹[출판]출판문화산업진흥법, ⑺[광고·통신]옥외광고물등의관리와옥외광고산업진흥에관한법, 신문등의진흥에관한법, ⑻은행법, 중소기업은행법, 한국은행법, ⑼151이하, 공중위생관리법, ⑽[대리]민114이하, [위임]민680이하, [대리상]87이하

판례 기본적 상행위의 의미 : 어느 행위가 상법 46조 소정의 기본적 상행위에 해당하기 위하여는 영업으로 동조 각 호 소정의 행위를 하는 경우이어야 하고, 여기서 영업으로 한다고 함은 영리를 목적으로 동종의 행위를 계속 반복적으로 하는 것을 의미한다.
(대판 1998.7.10, 98다10793)

第47條【補助的 商行爲】 ① 商人이 營業을 위하여 하는 行爲는 商行爲로 본다.
② 商人의 行爲는 營業을 위하여 하는 것으로 推定한다.

참조 [기본적 상행위]46, [고유상인]4·169, [의제상인]5, [소상인]9

판례 새마을금고의 대출행위가 상행위에 해당하는지 여부 : "새마을금고가 금고의 회원에게 자금을 대출하는 행위는 일반적으로는 영리를 목적으로 하는 행위라고 보기 어렵다."고 하였지만 "새마을금고가 상인인 회원에게 자금을 대출한 경우, 상인의 행위는 특별한 사정이 없는 한 영업을 위하여 하는 것으로 추정되므로 그 대출금채권은 상사채권으로서 5년의 소멸시효기간이 적용된다."고 하여 상인과 일반회원에 대한 대출을 구별하고 있다.(대판 1998.7.10, 98다10793)

판례 동업탈퇴로 인한 정산금채권을 소비대차의 목적으로 하기로 약정한 경우 새로 발생한 채권이 상사채권인지 여부 : 갑과 을이 골재채취업을 동업하다가 을이 탈퇴하고 갑이 을에게 지급할 정산금을 소비대차의 목적으로 하기로 약정한 경우 갑은 골재채취를 영업으로 하는 자이어서 상인이고 이 준소비대차계약은 상인인 갑이 그 영업을 위하여 한 상행위로 추정함이 상당하므로(이 점은 위 약정을 경개라고 하더라도 마찬가지이다), 이에 의하여 새로이 발생한 채권은 상사채권으로서 5년의 상사시효의 적용을 받는다.
(대판 1989.6.27, 89다카2957)

第48條【代理의 方式】 商行爲의 代理人이 本人을 위한 것임을 表示하지 아니하여도 그 行爲는 本人에 대하여 效力이 있다. 그러나 相對方이 本人을 위한 것임을 알지 못한 때에는 代理人에 대하여도 履行의 請求를 할 수 있다.

참조 [일반의 대리의 방식]민114·115, [어음, 수표에 관한 특칙]어음8, 수표11, [법정대리인의 등기사항]상업등기법48

판례 조세의 부과 및 징수에 상법 48조 및 395조의 적용 여부 : 상법 48조 및 395조의 각 규정은 거래행위에 관하여 적용되는 규정들로서 조세의 부과 및 징수에 관하여는 적용될 것이 아니다.
(대판 1987.7.21, 87누224)

第49條【委任】 商行爲의 委任을 받은 者는 委任의 本旨에 反하지 아니한 範圍內에서 委任을 받지 아니한 行爲를 할 수 있다.

참조 [위임]민680이하, [사무관리]민734이하, [대리권의 범위]민118

第50條【대리권의 존속】 상인이 그 영업에 관하여 수여한 대리권은 본인의 사망으로 인하여 소멸하지 아니한다.(2010.5.14 본조개정)

改前 "第50條【代理權의 存續】 商行爲의 委任에 依한 代理權은 本人의 死亡으로 因하여 消滅하지 아니한다."

참조 [본인의 사망과 대리권의 소멸]민127, [위임과 위임인의 사망]민690

第51條【對話者間의 請約의 拘束力】 對話者間의 契約의 請約은 相對方이 卽時 承諾하지 아니한 때에는 그 效力을 잃는다.

참조 [청약의 효력]민527

第52條 (2010.5.14 삭제)

改前 "第52條【隔地者間의 請約의 拘束力】 ① 隔地者間의 契約의 請約은 承諾期間이 없으면 相對方이 相當한 期間內에 承諾의 通知를 發送하지 아니한 때에는 그 效力을 잃는다.
② 民法 第530條의 規定은 前項의 경우에 準用한다."

第53條【請約에 대한 諾否通知義務】 商人이 常時 去來關係에 있는 者로부터 그 營業部類에 속한 契約의 請約을 받은 때에는 지체없이 諾否의 通知를 發送하여야 한다. 이를 懈怠한 때에는 承諾한 것으로 본다.

참조 [격지자간의 계약 성립]민111·531

판례 통상의 금융거래에 있어서 연대보증인에서 제외시켜 달라는 채무자측의 요청은, 채권자인 금융기관의 입장에서 볼 때 이미 다른 확실한 물적·인적 담보가 확보되어 있다거나 또는 그 연대보증에 대신할 만한 충분한 담보가 새로이 제공된다는 등의 특별한 사정이 없는 한 그에 대한 승낙이 당연히 예상된다고 할 수는 없기 때문에, 위와 같은 특별한 사정이 없는 연대보증인 제외 요청에 대하여 금융기관이 승낙 여부의 통지를 하지 않았다고 하여 상법 제53조에 따라 금융기관이 그 요청을 승낙한 것으로 볼 수는 없다.
(대판 2007.5.10, 2007다4691,4707)

일판 은행의 거래선을 위하여 근보증을 한 자는 '상시 거래를 하는 자'에 해당하지 아니하며, 그 자의 보증인변경의 청약은 '그 영업의 부류에 속하는 계약의 청약'에 해당하지 않는다.
(日·最高 1984.11.26)

第54條【商事法定利率】 商行爲로 인한 債務의 法定利率은 年 6分으로 한다.(1962.12.12 본조개정)

참조 [민사법정이율]민379, [어음, 수표의 지급과 법정이자]어음48①·49, 수표44·45

판례 상인 간에서 금전소비대차가 있었음을 주장하면서 약정이자의 지급을 구하는 청구에는 약정 이자율이 인정되지 않더라도 상법 소정의 법정이자의 지급을 구하는 취지가 포함되어 있다고 보아야 한다.
(대판 2007.3.15, 2006다73072)

판례 상사법정이율은 상행위로 인한 채무나 이와 동일성을 가진 채무에 관하여 적용되는 것이고, 상행위가 아닌 불법행위로 인한 손해배상채무에는 적용되지 아니한다.(대판 2004.3.26, 2003다34045)

판례 가집행선고의 실효에 따른 원상회복의무는 상행위로 인한 채무 또는 그에 준하는 채무라고 할 수는 없으므로 그 지연손해금에 대하여는 민법 소정의 법정이율에 의하여야 하는 것이고 상법 소정의 법정이율을 적용할 것은 아니다.(대판 2004.2.27, 2003다52944)

第55條【법정이자청구권】 ① 상인이 그 영업에 관하여 금전을 대여한 경우에는 법정이자를 청구할 수 있다.
② 상인이 그 영업범위 내에서 타인을 위하여 금전을 체당(替當)하였을 때에는 체당한 날 이후의 법정이자를 청구할 수 있다.
(2010.5.14 본조개정)

改前 "第55條【法定利子請求權】① 商人間에서 金錢의 消費貸借를 한 때에는 貸主는 法定利子를 請求할 수 있다.
② 商人이 그 營業範圍內에서 他人을 위하여 金錢을 替當한 때에는 替當한 날 이후의 法定利子를 請求할 수 있다."

참조 [법정이율]54, [어음, 수표의 지급과 법정이자]어음48①·49, 수표44·45

第56條【지점거래의 채무이행장소】 채권자의 지점에서의 거래로 인한 채무이행의 장소가 그 행위의 성질 또는 당사자의 의사표시에 의하여 특정되지 아니한 경우 특정물 인도 외의 채무이행은 그 지점을 이행장소로 본다.
(2010.5.14 본조개정)

改前 "第56條【支店去來의 債務履行場所】支店에서의 去來로 인한 債務履行의 場所가 그 行爲의 性質 또는 當事者의 意思表示에 의하여 特定되지 아니한 경우에는 特定物의 引渡이외의 債務의 履行은 그 支店을 履行場所로 본다."

참조 [변제의 장소]민467, [회사의 본점, 지점]179

第57條【多數債務者間 또는 債務者와 保證人의 連帶】
① 數人이 그 1人 또는 全員에게 商行爲가 되는 行爲로 인하여 債務를 負擔한 때에는 連帶하여 辨濟할 責任이 있다.
② 保證人이 있는 경우에 그 保證이 商行爲이거나 主債務가 商行爲로 인한 것인 때에는 主債務者와 保證人은 連帶하여 辨濟할 責任이 있다.

참조 [민법상의 원칙]민408, [연대채무]민413-427, ②[보증채무]민428, [민법상의 원칙]민437·439

판례 조합채무가 조합원 전원을 위하여 상행위가 되는 행위로 인하여 부담하게 된 것이라면 그 채무에 관하여 조합원들에 대하여 상법 57조 1항을 적용하여 연대책임을 인정함이 마땅하다.
(대판 1995.8.11, 94다18638)

일판 그 권한에 의하여 조합을 위해 그 조합대표자명의로서 발행한 것인 이상 동조합의 조합원은 어음상 각조합원의 성명이 표시된 경우와 같이 그 어음에 관하여 공동발행인으로서 합동해서 책임을 진다.
(日·最高 1961.7.31)

第58條【商事留置權】 商人間의 商行爲로 인한 債權이 辨濟期에 있는 때에는 債權者는 辨濟를 받을 때까지 그 債務者에 대한 商行爲로 인하여 自己가 占有하고 있는 債務者所有의 物件 또는 有價證券을 留置할 수 있다. 그러나 當事者間에 다른 約定이 있으면 그러하지 아니하다.

참조 [점유]민192이하, [유치권]민320-328, [상법상 특별한 유치권]91·111·120·147·800②

독판 (우리 민법 제320조와 상법 제58조상의) 유치권은 민법 제213조 단서(독일 민법 제986조에 해당)의 점유권을 구성한다.
(독·연방법원 1966.7.1)

第59條【流質契約의 許容】 民法 第339條의 規定은 商行爲로 인하여 생긴 債權을 擔保하기 위하여 設定한 質權에는 適用하지 아니한다.

第60條【物件保管義務】 商人이 그 營業部類에 속한 契約의 請約을 받은 경우에 見品 기타의 物件을 받은 때에는 그 請約을 拒絶한 때에도 請約者의 費用으로 그 物件을 保管하여야 한다. 그러나 그 物件의 價額이 保管의 費用을 償還하기에 不足하거나 保管으로 인하여 損害를 받을 念慮가 있는 때에는 그러하지 아니하다.

참조 [선관의무]62

판례 상법 60조의 물건보관의무의 의미 : 상법 60조는 상거래에 있어 청약을 받은 상인에게 일정한 범위 내에서 청약과 동시에 송부받은 견품 등 물건에 관하여 그 청약을 거절하는 경우라도 이를 반송할 때까지 보관의무를 지움과 아울러 그 보관에 따르는 비용의 상환을 구할 수 있음을 정한 규정으로서 그 송부받은 물건의 현상이나 가치를 반송할 때까지 계속 유지, 보존하는 데 드는 보관비용의 상환에 관한 규정일 뿐 그 물건이 보관된 장소의 사용이익 상당의 손해의 배상에 관한 규정은 아니다.(대판 1996.7.12, 95다41161,41178)

第61條【商人의 報酬請求權】 商人이 그 營業範圍內에서 他人을 위하여 行爲를 한 때에는 이에 대하여 相當한 報酬를 請求할 수 있다.

참조 [위임과 보수]민686, [임치와 보수]62, 민701, [사무관리비]민739

판례 부동산소개업자의 보수청구권 발생 시기 : 부동산소개업자라도 부동산매매중개에 있어서 계약당사자의 일방인 피고의 이익을 위하여 행위한 사실이 인정되지 않는 이상 그 당사자에 대하여는 보수청구권이 없다.(대판 1977.11.22, 77다1889)

판례 부동산매매 소개료 액의 인정방법 : 부동산매매에 있어서 매수인측 소개인이 소개료는 매수인으로부터 받기로 하여 그 액을 약정하지 아니한 경우에는 법원은 제반사정을 참작하여 그 소개료액을 정할 수 있고 그 액수를 정함에 있어서는 반드시 감정에 의하여서만 정할 수 있는 것은 아니다.(대판 1976.6.8, 76다766)

第62條【任置를 받은 商人의 責任】 商人이 그 營業範圍內에서 物件의 任置를 받은 경우에는 報酬를 받지 아니하는 때에도 善良한 管理者의 注意를 하여야 한다.

참조 [상인]4·5, [특정물인도채권과 채무자의 주의의무]민374, [임치계약]민693이하, [무보수의 수취인의 주의의무]민695, [상인의 행위와 보수]61

판례 창고업자의 무상수치인으로서의 책임가부 : 임치계약의 직접 당사자가 아닌 창고업자에 대하여 적어도 무상수치인으로서의 주의의무가 있다.(대판 1994.4.26, 93다62539,62546)

판례 미반환된 임치물에 대한 수치인의 책임 : 수치인이 적법하게 임치계약을 해지하고 임치인에게 임치물의 회수를 최고하였음에도 불구하고 임치인의 수령지체로 반환하지 못하고 있는 사이에 임치물이 멸실 또는 훼손된 경우에는 수치인에게 고의 또는 중대한 과실이 없는 한 채무불이행으로 인한 손해배상책임이 없다.
(대판 1983.11.8, 83다카1476)

第63條【去來時間과 履行 또는 그 請求】 法令 또는 慣習에 의하여 營業時間이 정하여져 있는 때에는 債務의 履行 또는 履行의 請求는 그 時間內에 하여야 한다.

참조 [휴일과 기간]민161, 어음72·81, 수표60·66

第64條【商事時效】 商行爲로 인한 債權은 本法에 다른 規定이 없는 때에는 5年間 行使하지 아니하면 消滅時效가 完成한다. 그러나 다른 法令에 이보다 短期의 時效의 規定이 있는 때에는 그 規定에 의한다.

참조 [다른 규정]121·122·147·154·166·167·487·662·919, [다른 법령의 규정]민163이하, 어음70·77①, 수표51·58, [일반채권의 민사시효]민162

판례 일방적 상행위 또는 보조적 상행위로 인한 채권도 상사소멸시효가 적용되는 상사채권에 해당하는지 여부 : 당사자 일방에 대하여만 상행위에 해당하는 행위로 인한 채권도 상법 제64조 소정의 5년의 소멸시효기간이 적용되는 상사채권에 해당하는 것이고, 그 상행위에는 상법 제46조 각 호에 해당하는 기본적 상행위뿐만 아니라, 상인이 영업을 위하여 하는 보조적 상행위도 포함된다.
(대판 2006.4.27, 2006다1381)

판례 근로자의 근로계약상 주의의무 위반으로 인한 손해배상청구권의 소멸시효기간 : 상인이 그의 영업을 위하여 근로자와 체결하는 근로계약은 보조적 상행위에 해당한다고 하더라도 근로자의 근로계약상의 주의의무 위반으로 인한 손해배상청구권은 상거래 관계에 있어서와 같이 정형적으로나 신속하게 해결할 필요가 있다고 볼 것은 아니므로 특별한 사정이 없는 한 5년의 상사 소멸시효기간이 아니라 10년의 민사 소멸시효기간이 적용된다고 봄이 타당하다.
(대판 2005.11.10, 2004다22742)

판례 소멸시효가 진행하지 않는 '권리를 행사할 수 없는' 경우의 의미 : '권리를 행사할 수 없는' 경우라 함은 그 권리행사에 법률상의 장애사유, 예컨대 기간의 미도래나 조건불성취 등이 있는 경우를 말하는 것이고, 사실상 권리의 존재나 권리행사 가능성을 알지 못하였고 알지 못함에 과실이 없다고 하여도 이러한 사유는 법률상 장애사유에 해당하지 않는 것이다.(대판 2004.4.27, 2003두10763)

판례 상사시효가 적용되는 채권의 범위 : 당사자 쌍방에 대하여 모두 상행위가 되는 행위로 인한 채권뿐만 아니라 당사자 일방에 대하여만 상행위에 해당하는 행위로 인한 채권도 상법 제64조 소정의 5년의 소멸시효기간이 적용되는 상사채권에 해당하는 것이고, 그 상행위에는 상법 제46조 각 호에 해당하는 기본적 상행위뿐만 아니라 상인이 영업을 위하여 하는 보조적 상행위도 포함되며, 상인이 영업을 위하여 하는 행위는 상행위로 보되 상인의 행위는 영업을 위하여 하는 것으로 추정되는 것이다.(대판 2002.9.24, 2002다6760,6777)

第65條【유가증권과 준용규정】 ① 금전의 지급청구권, 물건 또는 유가증권의 인도청구권이나 사원의 지위를 표시하는 유가증권에 대하여는 다른 법률에 특별한 규정이 없으면 「민법」 제508조부터 제525조까지의 규정을 적용하는 외에 「어음법」 제12조제1항 및 제2항을 준용한다.
② 제1항의 유가증권으로서 그 권리의 발생·변경·소멸을 전자등록하는 데에 적합한 유가증권은 제356조의2제1항의 전자등록기관의 전자등록부에 등록하여 발행할 수 있다. 이 경우 제356조의2제2항부터 제4항까지의 규정을 준용한다.(2016.3.22 전단개정)
(2011.4.14 본조개정)
改前 ② "제1항의 유가증권"은 제356조의2제1항의…

第66條【準商行爲】 本章의 規定은 第5條의 規定에 依한 商人의 行爲에 準用한다.
참조 [의제상인]5

第2章 賣 買

第67條【賣渡人의 目的物의 供託, 競賣權】 ① 商人間의 賣買에 있어서 買受人이 目的物의 受領을 拒否하거나 이를 受領할 수 없는 때에는 賣渡人은 그 物件을 供託하거나 相當한 期間을 정하여 催告한 後 競賣할 수 있다. 이 경우에는 지체없이 買受人에 대하여 그 通知를 發送하여야 한다.
② 前項의 경우에 買受人에 대하여 催告를 할 수 없거나 目的物이 滅失 또는 毁損될 念慮가 있는 때에는 催告없이 競賣할 수 있다.
③ 前2項의 規定에 의하여 賣渡人이 그 目的物을 競賣한 때에는 그 代金에서 競賣費用을 控除한 殘額을 供託하여야 한다. 그러나 그 全部나 一部를 賣買代金에 충당할 수 있다.
참조 [변제의 목적물의 공탁]민487－490, 공탁, 공탁규칙, [자조매각]민490, [경매]민집, [유사한 규정]142·145·149②·165

第68條【確定期賣買의 解除】 商人間의 賣買에 있어서 賣買의 性質 또는 當事者의 意思表示에 의하여 一定한 日時 또는 一定한 期間內에 履行하지 아니하면 契約의 目的을 達成할 수 없는 경우에 當事者의 一方이 履行時期를 經過한 때에는 相對方은 卽時 그 履行을 請求하지 아니하면 契約을 解除한 것으로 본다.
참조 [정기행위와 해제]민545
판례 상인간의 확정기매매의 경우 당사자의 일방이 이행시기를 경과하면 상대방은 이행의 최고나 해제의 의사표시 없이 바로 해제의 효력을 주장할 수 있는바, 상인간의 확정기매매인지 여부는 매매목적물의 가격 변동성, 매매계약을 체결한 목적 및 그러한 사정을 상대방이 알고 있었는지 여부, 매매대금의 결제 방법 등과 더불어 이른바 시.아이.에프(C.I.F.) 약관과 같이 선적기간의 표기가 불가결하고 중요한 약관이 있는지 여부, 계약 당사자 사이에 종전에 계약이 체결되어 이행된 방식, 당해 매매계약에서의 구체적인 이행 상황 등을 종합하여 판단하여야 한다.(대판 2009.7.9, 2009다15565)
판례 상인 사이에 이루어진 '선물환계약'은 약정결제일에 즈음하여 생길 수 있는 환율변동의 위험(이른바, 환리스크)을 회피하기 위하여 체결되는 것으로서, 성질상 약정 결제일에 이행되지 않으면 계약의 목적을 달성할 수 없는 동조 소정의 '확정기매매'에 해당한다.(대판 2003.4.8, 2001다38593)

第69條【買受人의 目的物의 檢査와 瑕疵 通知義務】 ① 商人間의 賣買에 있어서 買受人이 目的物을 受領한 때에는 지체없이 이를 檢査하여야 하며 瑕疵 또는 數量의 不足을 發見한 경우에는 卽時 賣渡人에게 그 通知를 發送하지 아니하면 이로 인한 契約解除, 代金減額 또는 損害賠償을 請求하지 못한다. 賣買의 目的物에 卽時 發見할 수 없는 瑕疵가 있는 경우에 買受人이 6月內에 이를 發見한 때에도 같다.
② 前項의 規定은 賣渡人이 惡意인 경우에는 適用하지 아니한다.
참조 [담보책임]민572－575·580, [대리상과 통지수령권한]90
판례 상법 69조의 적용범위 : 상법 69조는 상거래의 신속한 처리와 매도인의 보호를 위한 규정인 점에 비추어 볼 때, 상인간의 매매에 있어서 매수인은 목적물을 수령한 때부터 지체 없이 이를 검사하여 하자 또는 수량의 부족을 발견한 경우에는 즉시 매도인에게 그 통지를 발송하여야만 그 하자로 인한 계약해제, 대금감액 또는 손해배상을 청구할 수 있고, 설령 매매의 목적물에 상인에게 통상 요구되는 객관적인 주의의무를 다하여도 즉시 발견할 수 없는 하자가 있는 경우에도 매수인은 6월내에 그 하자를 발견하여 지체 없이 이를 통지하지 아니하면 매수인은 과실의 유무를 불문하고 매도인에게 하자담보책임을 물을 수 없다고 해석함이 상당하다.(대판 1999.1.29, 98다1584)
판례 상법 69조의 임대차계약에 준용가부 : 상사매매에 관한 상법 69조는, 민법의 매매에 관한 규정이 민법 567조에 의하여 매매 이외의 유상계약에 준용되는 것과 달리, 상법에 아무런 규정이 없는 이상 상인간의 수량을 지정한 건물의 임대차계약에 준용될 수 없다.(대판 1995.7.14, 94다38342)
독판 [1] 할부금융회사의 개입에 의한 쌍방상사매매의 경우 소상인(小商人)도 매물(賣物)의 하자에 대한 조사 및 통지의무를 부담한다. 따라서 매수인인 소상인이 매물의 하자에 대한 조사와 통지를 해태하면 할부금융회사에 대한 관계에서도 그 하자는 매수인에 의하여 추인된 것으로 볼 것이다.
[2] 하자의 통지가 전화로 이루어질 수 없었다면 지체없이 서신으로 이를 대체이행하여야 할 것이다. 만약 매수인이 이를 해태하였다면 이는 상인에게 요구되는 주의의무를 해태한 것으로 볼 것이다.(독·연방법원 1979.11.8)

第70條【買受人의 目的物保管, 供託義務】 ① 第69條의 경우에 買受人이 契約을 解除한 때에도 賣渡人의 費用으로 賣買의 目的物을 保管 또는 供託하여야 한다. 그러나 그 目的物이 滅失 또는 毁損될 염려가 있는 때에는 法院의 許可를 얻어 競賣하여 그 代價를 保管 또는 供託하여야 한다.
② 第1項의 規定에 의하여 買受人이 競賣한 때에는 지체없이 賣渡人에게 그 通知를 發送하여야 한다.
③ 第1項 및 第2項의 規定은 目的物의 引渡場所가 賣渡人의 營業所 또는 住所와 동일한 特別市·廣域市·市·郡에 있는 때에는 이를 적용하지 아니한다.(1995.12.29 본항개정)
(1984.4.10 본조개정)
참조 [해제와 매수인의 의무]민548, ①[관할]비송72

第71條【同前－數量超過 등의 경우】 前條의 規定은 賣渡人으로부터 買受人에게 引渡한 物件이 賣買의 目的物과 相違하거나 數量이 超過한 경우에 그 相違 또는 超過한 部分에 대하여 準用한다.

第3章 相互計算

第72條【意義】 相互計算은 商人間 또는 商人과 非商人間에 常時 去來關係가 있는 경우에 一定한 期間의 去來로 인한 債權債務의 總額에 관하여 相計하고 그 殘額을 支給할 것을 約定함으로써 그 效力이 생긴다.
참조 [상인]4·5, [상계]민492이하, [경개]민500이하, [일정한 기간]74

第73條【商業證券上의 債權債務에 관한 特則】 어음 기타의 商業證券으로 인한 債權債務를 相互計算에 計入한 경우에 그 證券債務者가 辨濟하지 아니한 때에는 當事者는 그 債務의 項目을 相互計算에서 除去할 수 있다.
참조 [변제없는 경우의 상환청구권]어음43, 수표39

第74條【相互計算期間】 當事者가 相計할 期間을 정하지 아니한 때에는 그 期間은 6月로 한다.
참조 [상호계산기간의 규정]72

第75條【計算書의 承認과 異議】 當事者가 債權債務의 各 項目을 記載한 計算書를 承認한 때에는 그 各 項目에 대하여 異議를 하지 못한다. 그러나 錯誤나 脫漏가 있는 때에는 그러하지 아니하다.
참조 [계산서류의 승인과 경개적 효력]민500이하, [착오]민109, [부당이득]민741·748

第76條【殘額債權의 法定利子】 ① 相計로 인한 殘額에 대하여는 債權者는 計算閉鎖日 이후의 法定利子를 請求할 수 있다.
② 前項의 規定에 불구하고 當事者는 各 項目을 相互計算에 計入한 날로부터 利子를 붙일 것을 約定할 수 있다.
참조 [상계]민492이하, [법정이자]54·55

第77條【解止】 各 當事者는 언제든지 相互計算을 解止할 수 있다. 이 경우에는 즉시 計算을 閉鎖하고 殘額의 支給을 請求할 수 있다.
참조 [당사자의 파산]채무자회생파산343

第4章 匿名組合

第78條【意義】 匿名組合은 當事者의 一方이 相對方의 營業을 위하여 出資하고 相對方은 그 營業으로 인한 利益을 分配할 것을 約定함으로써 그 效力이 생긴다.
참조 [익명조합원의 출자]79·86·272, [익명조합원의 감시권]86·277, [익명조합원의 회사대표 금지]86·278, [손실분담의 특약]82③, [조합]민703이하, [합자회사규정의 준용]86
판례 시설제공자에게 일정액을 지급하기로 하는 약정을 익명조합계약으로 볼 수 있는지 여부 : 음식점시설제공자의 이익여부에 관계없이 정기적으로 일정액을 지급할 것을 약정하되 대외적 거래관계는 경영자가 그 명의로 단독으로 하여 그 권리의무가 그에게만 귀속되는 동업관계는 상법상 익명조합도 아니고 민법상 조합도 아니어서 대외적으로는 오로지 경영자만이 권리를 취득하고 채무를 부담하는 것이고 그가 변제자력이 없거나 부족하다는 등의 특별한 사정이 있더라도 민법 713조가 유추적용될 여지는 없다.
(대판 1983.5.10, 81다650)
독판 익명조합계약은 원칙적으로 불요식의 낙성계약이며 묵시적으로도 성립될 수 있다.(독·바이에른주 최고법원, 독일고등법원판례집 38권 196면, 선고일자미상)

第79條【匿名組合員의 出資】 匿名組合員이 出資한 金錢 기타의 財産은 營業者의 財産으로 본다.
참조 [계약종료에 인한 반환]85, [조합재산의 합유]민704
판례 익명조합계약과 횡령죄의 관계 : 익명조합원이 영업을 위하여 출자한 금전 기타의 재산은 상대방인 영업자의 재산으로 되는 것이므로 영업자가 그 영업의 이익금을 함부로 자기용도에 소비하였다 하여도 횡령죄가 되지 아니한다.(대판 1971.12.28, 71도2032)

第80條【匿名組合員의 對外關係】 匿名組合員은 營業者의 行爲에 관하여서는 第三者에 대하여 權利나 義務가 없다.
참조 [익명조합원의 권한]86·277, [특별한 경우의 책임]81, [합자회사의 유한책임사원의 책임]279, [민법상의 조합원의 책임]민712

第81條【姓名, 商號의 使用許諾으로 인한 責任】 匿名組合員이 自己의 姓名을 營業者의 商號中에 使用하게 하거나 自己의 商號를 營業者의 商號로 使用할 것을 許諾한 때에는 그 使用이후의 債務에 대하여 營業者와 連帶하여 辨濟할 責任이 있다.
참조 [자칭사원의 책임]215·281

第82條【利益配當과 損失分擔】 ① 匿名組合員의 出資가 損失로 인하여 減少된 때에는 그 損失을 塡補한 後가 아니면 利益配當을 請求하지 못한다.
② 損失이 出資額을 超過한 경우에도 匿名組合員은 이미 받은 利益의 返還 또는 增資할 義務가 없다.
③ 前2項의 規定은 當事者間에 다른 約定이 있으면 適用하지 아니한다.
참조 [이익분배의 비율]민711, [출자의 감소와 잔액의 반환]85

第83條【契約의 解止】 ① 組合契約으로 組合의 存續期間을 정하지 아니하거나 어느 當事者의 終身까지 存續할 것을 約定한 때에는 各 當事者는 營業年度末에 契約을 解止할 수 있다. 그러나 이 解止는 6月前에 相對方에게 豫告하여야 한다.
② 組合의 存續期間의 約定의 有無에 불구하고 부득이한 事情이 있는 때에는 各 當事者는 언제든지 契約을 解止할 수 있다.
참조 [본조 이외의 종료사유]84, [합자회사사원의 탈퇴사유]217·218·269, [조합원의 탈퇴사유, 조합해산사유]민716·717·720

第84條【계약의 종료】 조합계약은 다음의 사유로 인하여 종료한다.
1. 영업의 폐지 또는 양도
2. 영업자의 사망 또는 성년후견개시
3. 영업자 또는 익명조합원의 파산
(2018.9.18 본조개정)
改前 "第84條【契約의 終了】 組合契約은 다음의 事由로 인하여 終了한다.
1. 營業의 廢止 또는 讓渡
2. 營業者의 死亡 또는 禁治産
3. 營業者 또는 匿名組合員의 破産"
참조 [합자회사에서의 퇴사·해산사유]218·227·269·283, [조합에서의 탈퇴·해산사유]민717·720

第85條【契約終了의 效果】 組合契約이 終了한 때에는 營業者는 匿名組合員에게 그 出資의 價額을 返還하여야 한다. 그러나 出資가 損失로 인하여 減少된 때에는 그 殘額을 返還하면 된다.
참조 [출자]79·86·272, [조합의 경우]민719

第86條【準用規定】 第272條, 第277條와 第278條의 規定은 匿名組合員에 準用한다.

第4章의2 합자조합
(2011.4.14 본장신설)

第86條의2【의의】 합자조합은 조합의 업무집행자로서 조합의 채무에 대하여 무한책임을 지는 조합원과 출자가액을 한도로 하여 유한책임을 지는 조합원이 상호출자하여 공동사업을 경영할 것을 약정함으로써 그 효력이 생긴다.

第86條의3【조합계약】 합자조합의 설립을 위한 조합계약에는 다음 사항을 적고 총조합원이 기명날인하거나 서명하여야 한다.
1. 목적
2. 명칭
3. 업무집행조합원의 성명 또는 상호, 주소 및 주민등록번호
4. 유한책임조합원의 성명 또는 상호, 주소 및 주민등록번호
5. 주된 영업소의 소재지
6. 조합원의 출자(出資)에 관한 사항
7. 조합원에 대한 손익분배에 관한 사항
8. 유한책임조합원의 지분(持分)의 양도에 관한 사항
9. 둘 이상의 업무집행조합원이 공동으로 합자조합의 업무를 집행하거나 대리할 것을 정한 경우에는 그 규정
10. 업무집행조합원 중 일부 업무집행조합원만 합자조합의 업무를 집행하거나 대리할 것을 정한 경우에는 그 규정
11. 조합의 해산 시 잔여재산 분배에 관한 사항
12. 조합의 존속기간이나 그 밖의 해산사유에 관한 사항
13. 조합계약의 효력 발생일

第86條의4【등기】 ① 업무집행조합원은 합자조합 설립 후 2주 내에 조합의 주된 영업소의 소재지에서 다음의 사항을 등기하여야 한다.
1. 제86조의3제1호부터 제5호까지(제4호의 경우에는 유한책임조합원이 업무를 집행하는 경우에 한정한다), 제9호, 제10호, 제12호 및 제13호의 사항
2. 조합원의 출자의 목적, 재산출자의 경우에는 그 가액과 이행한 부분
② 제1항 각 호의 사항이 변경된 경우에는 2주 내에 변경등기를 하여야 한다.
참조 [등기사항]상업등기법52

상법

第86條의5【업무집행조합원】 ① 업무집행조합원은 조합계약에 다른 규정이 없으면 각자가 합자조합의 업무를 집행하고 대리할 권리와 의무가 있다.
② 업무집행조합원은 선량한 관리자의 주의로써 제1항에 따른 업무를 집행하여야 한다.
③ 둘 이상의 업무집행조합원이 있는 경우에 조합계약에 다른 정함이 없으면 그 각 업무집행조합원의 업무집행에 관한 행위에 대하여 다른 업무집행조합원의 이의가 있는 경우에는 그 행위를 중지하고 업무집행조합원 과반수의 결의에 따라야 한다.

第86條의6【유한책임조합원의 책임】 ① 유한책임조합원은 조합계약에서 정한 출자가액에서 이미 이행한 부분을 뺀 가액을 한도로 하여 조합채무를 변제할 책임이 있다.
② 제1항의 경우 합자조합에 이익이 없음에도 불구하고 배당을 받은 금액은 변제책임을 정할 때에 변제책임의 한도액에 더한다.

第86條의7【조합원의 지분의 양도】 ① 업무집행조합원은 다른 조합원 전원의 동의를 받지 아니하면 그 지분의 전부 또는 일부를 타인에게 양도(讓渡)하지 못한다.
② 유한책임조합원의 지분은 조합계약에서 정하는 바에 따라 양도할 수 있다.
③ 유한책임조합원의 지분을 양수(讓受)한 자는 양도인의 조합에 대한 권리·의무를 승계한다.

第86條의8【준용규정】 ① 합자조합에 대하여는 제182조제1항, 제228조, 제253조, 제264조 및 제285조를 준용한다.
② 업무집행조합원에 대하여는 제183조의2, 제198조, 제199조, 제200조의2, 제208조제2항, 제209조, 제212조 및 제287조를 준용한다. 다만, 제198조와 제199조는 조합계약에 다른 규정이 있으면 그러하지 아니하다.
③ 조합계약에 다른 규정이 없으면 유한책임조합원에 대하여는 제199조, 제272조, 제275조, 제277조, 제278조, 제283조 및 제284조를 준용한다.
④ 합자조합에 관하여는 이 법 또는 조합계약에 다른 규정이 없으면 「민법」 중 조합에 관한 규정을 준용한다. 다만, 유한책임조합원에 대하여는 「민법」 제712조 및 제713조는 준용하지 아니한다.

第86條의9【과태료】 합자조합의 업무집행조합원, 제86조의8에 따라 준용되는 제183조의2 또는 제253조에 따른 직무대행자 또는 청산인이 이 장(章)에서 정한 등기를 게을리한 경우에는 500만원 이하의 과태료를 부과한다.

第5章 代理商

第87條【意義】 一定한 商人을 위하여 商業使用人이 아니면서 常時 그 營業部類에 속하는 去來의 代理 또는 仲介를 營業으로 하는 者를 代理商이라 한다.

참조 [대리 또는 중개와 상행위]11·46, [상사대리]48－50, [대리상과 본인과의 관계]민680－702, [대리상과 보수]61, [본조 준용]보험44

第88條【通知義務】 代理商이 去來의 代理 또는 仲介를 한 때에는 지체없이 本人에게 그 通知를 發送하여야 한다.

참조 [수임인의 보고의무]민683, [위탁매매인의 통지의무]104, [본조 준용]보험44

第89條【競業禁止】 ① 代理商은 本人의 許諾없이 自己나 第三者의 計算으로 本人의 營業部類에 속한 去來를 하거나 同種營業을 目的으로 하는 會社의 無限責任社員 또는 理事가 되지 못한다.
② 第17條第2項 내지 第4項의 規定은 代理商이 前項의 規定에 違反한 경우에 準用한다.

참조 [경업금지의무의 다른 경우]17·198·269·397·567, [본조 준용]보험44

第90條【通知를 받을 權限】 物件의 販賣나 그 仲介의 委託을 받은 代理商은 賣買의 目的物의 瑕疵 또는 數量不足 기타 賣買의 履行에 관한 通知를 받을 權限이 있다.

참조 [매수인의 통지의무]69, 민572－580

第91條【代理商의 留置權】 代理商은 去來의 代理 또는 仲介로 인한 債權이 辨濟期에 있는 때에는 그 辨濟를 받을 때까지 本人을 위하여 占有하는 物件 또는 有價證券을 留置할 수 있다. 그러나 當事者間에 다른 約定이 있으면 그러하지 아니하다.

참조 [상인간의 유치권]58, [위탁매매에의 준용]111, [운송주선인·운송인의 유치권]120·147, [선장의 유치권]800, [유치권의 효력]민320－328, [본조 준용]보험44

第92條【契約의 解止】 ① 當事者가 契約의 存續期間을 約定하지 아니한 때에는 各 當事者는 2月前에 豫告하고 契約을 解止할 수 있다.
② 第83條第2項의 規定은 代理商에 準用한다.

참조 [위임종료원인]50, 민550·689·690, [본조 준용]보험44

第92條의2【代理商의 補償請求權】 ① 代理商의 活動으로 本人이 새로운 顧客을 획득하거나 營業상의 去來가 현저하게 증가하고 이로 인하여 契約의 종료후에도 本人이 이익을 얻고 있는 경우에는 代理商은 本人에 대하여 상당한 補償을 請求할 수 있다. 다만, 契約의 종료가 代理商의 責任있는 사유로 인한 경우에는 그러하지 아니하다.
② 第1項의 規定에 의한 補償金額은 契約의 종료전 5年間의 平均年報酬額을 초과할 수 없다. 契約의 存續期間이 5年미만인 경우에는 그 기간의 平均年報酬額을 기준으로 한다.
③ 第1項의 規定에 의한 補償請求權은 契約이 종료한 날부터 6月을 경과하면 消滅한다.
(1995.12.29 본조신설)

第92條의3【代理商의 營業秘密遵守義務】 代理商은 契約의 종료후에도 契約과 관련하여 알게 된 本人의 營業상의 秘密을 준수하여야 한다.(1995.12.29 본조신설)

第6章 仲介業

第93條【意義】 他人間의 商行爲의 仲介를 營業으로 하는 者를 仲介人이라 한다.

참조 [중개에 관한 행위와 상행위]46, [상인]4, [중개대리상]87

第94條【仲介人의 給與受領代理權】 仲介人은 그 仲介한 行爲에 관하여 當事者를 위하여 支給 기타의 履行을 받지 못한다. 그러나 다른 約定이나 慣習이 있으면 그러하지 아니하다.

참조 [중개인과 이행의 책임]99

第95條【見品保管義務】 仲介人이 그 仲介한 行爲에 관하여 見品을 받은 때에는 그 行爲가 完了될 때까지 이를 保管하여야 한다.

第96條【結約書交付義務】 ① 當事者間에 契約이 成立된 때에는 仲介人은 지체없이 各 當事者의 姓名 또는 商號, 契約年月日과 그 要領을 記載한 書面을 作成하여 記名捺印 또는 署名한 後 各 當事者에게 交付하여야 한다.
② 當事者가 즉시 履行을 하여야 하는 경우를 除外하고 仲介人은 各 當事者로 하여금 第1項의 書面에 記名捺印 또는 署名하게 한 後 그 相對方에게 交付하여야 한다.
③ 第1項 및 第2項의 경우에 當事者의 一方이 書面의 受領을 拒否하거나 記名捺印 또는 署名하지 아니한 때에는 仲介人은 지체없이 相對方에게 그 通知를 發送하여야 한다.
(1995.12.29 본조개정)

참조 [성명·상호기재의 예외]98, [보수청구의 전제]100①

판례 중개인의 결약서교부의무 : 중개인은 당사자간에 계약이 성립된 때에는 지체없이 각 당사자의 성명 또는 상호계약 연월일과 그 요령을 기재한 서면을 작성하여 기명날인한 후 각 당사자에게 교부하여야 한다.(대판 1972.8.22, 72다1071,1072)

第97條【仲介人의 帳簿作成義務】 ① 仲介人은 前條에 規定한 事項을 帳簿에 記載하여야 한다.
② 當事者는 언제든지 自己를 위하여 仲介한 行爲에 관한 帳簿의 謄本의 交付를 請求할 수 있다.

참조 [장부작]29·33, [등본과 성명, 상호기재의 예외]98

第98條【姓名, 상호 묵비의 義務】 當事者가 그 姓名 또는 商號를 相對方에게 表示하지 아니할 것을 仲介人에게 要求한 때에는 仲介人은 그 相對方에게 交付할 第96條第1項의 書面과 前條第2項의 謄本에 이를 記載하지 못한다.

참조 [중개인의 책임]99

第99條【仲介人의 履行責任】 仲介人이 任意로 또는 前條의 規定에 의하여 當事者의 一方의 姓名 또는 商號를 相對方에게 表示하지 아니한 때에는 相對方은 仲介人에 대하여 履行을 請求할 수 있다.

참조 [대위변제]민481, [위탁매매인의 권리의무]102·107

第100條【報酬請求權】 ① 仲介人은 第96條의 節次를 終了하지 아니하면 報酬를 請求하지 못한다.
② 仲介人의 報酬는 當事者雙方이 均分하여 負擔한다.

참조 [보수일반]61, [위임 또는 도급과 보수]민656②·665·686

판례 중개인의 보수 : 선박을 매매함에 있어 그 대금을 연불조건으로 지급하기로 약정하는 경우의 중개수수료는 연불에 따른 이자를 제외한 선박대금액을 기준으로 산정하여 지급하는 것이 일반거래의 관행이다.(대판 1985.10.8, 85누542)

第7章 委託賣買業

第101條【意義】 自己名義로써 他人의 計算으로 物件 또는 有價證券의 賣買를 營業으로 하는 者를 委託賣買人이라 한다.

참조 [주선에 관한 행위와 상행위]46, [상인]4, [준위탁매매인]113, [운송주선업]114이하

판례 채권매매거래의 위탁계약의 성립시기 : 채권매매거래의 위탁계약의 성립 시기는 위탁금이나 위탁채권을 받을 직무상의 권한이 있는 직원이 채권매매거래를 위탁한다는 의사로 이를 위탁하는 고객으로부터 금원이나 채권을 수령하면 곧바로 위탁계약이 성립하고, 그 이후에 그 직원의 금원수납에 관한 처리는 계약의 성립에 영향이 없다.(대판 1997.2.14, 95다19140)

판례 수탁판매인의 영업점포 상호변경이나 영업장소 이전이 위탁판매계약의 해지사유가 되는지 여부 : 위탁판매 계약이 수탁 판매인의 영업점포의 상호 변경이나 영업장소의 변경으로 당연히 해지된다고 볼 수 없고, 또한 위탁판매점 계약에서 상품 전시시설이 계약의 중요 요소가 된다고 볼 수 있는 것도 아니므로 수탁 판매인이 영업장소를 이전한 점포에 전시시설이 있는지의 유무에 따라 계약의 해지 여부에 관한 판단이 달라진다고 볼 수 없다.(대판 1995.12.22, 95다16660)

第102條【委託賣買人의 地位】 委託賣買人은 委託者를 위한 賣買로 인하여 相對方에 대하여 직접 權利를 取得하고 義務를 負擔한다.

참조 [매매]민563이하

일판 위탁판매인이 위탁의 실행으로 매매에 의하여 권리를 취득한 후에 이것을 위탁자에게 이전하지 않은 사이에 파산한 경우에는 위탁자는 권리에 관하여 환수권을 행사할 수 있다.
(日·最高 1968.7.11)

第103條【委託物의 歸屬】 委託賣買人이 委託者로부터 받은 物件 또는 有價證券이나 委託賣買로 인하여 取得한 物件, 有價證券 또는 債權은 委託者와 委託賣買人 또는 委託賣買人의 債權者間의 關係에서는 이를 委託者의 所有 또는 債權으로 본다.

판례 위탁매매와 횡령죄의 관계 : 위탁판매에 있어서는 위탁품의 소유권은 위임자에게 속하고 그 판매대금은 다른 특약이나 특별한 사정이 없는 한 이를 수령함과 동시에 위탁자에 귀속한다 할 것이므로 위탁매매인이 이를 사용, 소비한 때에는 횡령죄가 성립한다.
(대판 1982.2.23, 81도2619)

第104條【通知義務, 計算書提出義務】 委託賣買人이 委託받은 賣買를 한 때에는 지체없이 委託者에 대하여 그 契約의 要領과 相對方의 住所, 姓名의 通知를 發送하여야 하며 計算書를 提出하여야 한다.

참조 [대리상의 통지의무]88, 민683

第105條【委託賣買人의 履行擔保責任】 委託賣買人은 委託者를 위한 賣買에 관하여 相對方이 債務를 履行하지 아니하는 경우에는 委託者에 대하여 이를 履行할 責任이 있다. 그러나 다른 約定이나 慣習이 있으면 그러하지 아니하다.

참조 [대위변제]민481

판례 위탁매매인에 대한 이득상환청구권이나 이행담보책임 이행청구권의 상사소멸시효 적용 여부 : 위탁자의 위탁상품 공급으로 인한 위탁매매인에 대한 이득상환청구권이나 이행담보책임 이행청구권은 위탁자의 위탁매매인에 대한 상품 공급과 서로 대가관계에 있지 아니하여 등가성이 없으므로 민법 제163조 제6호 소정의 '상인이 판매한 상품의 대가'에 해당하지 아니하여 3년의 단기소멸시효의 대상이 아니고, 한편 위탁매매는 상법상 전형적 상행위이며 위탁매매인은 당연한 상인이고 위탁자도 통상 상인일 것이므로, 위탁자의 위탁매매인에 대한 매매 위탁으로 인한 위의 채권은 다른 특별한 사정이 없는 한 통상 상행위로 인하여 발생한 채권이어서 상법 제64조 소정의 5년의 상사소멸시효의 대상이 된다.(대판 1996.1.23, 95다39854)

第106條【指定價額遵守義務】 ① 委託者가 指定한 價額보다 廉價로 賣渡하거나 高價로 買受한 경우에도 委託賣買人이 그 差額을 負擔한 때에는 그 賣買는 委託者에 대하여 效力이 있다.
② 委託者가 指定한 價額보다 高價로 賣渡하거나 廉價로 買受한 경우에는 그 差額은 다른 約定이 없으면 委託者의 利益으로 한다.

참조 [가격의 지정과 위임의 본지]49, 민681, [위탁자에 대한 효력]112

第107條【위탁매매인의 개입권】 ① 위탁매매인이 거래소의 시세가 있는 물건 또는 유가증권의 매매를 위탁받은 경우에는 직접 그 매도인이나 매수인이 될 수 있다. 이 경우의 매매대가는 위탁매매인이 매매의 통지를 발송할 때의 거래소의 시세에 따른다.
② 제1항의 경우에 위탁매매인은 위탁자에게 보수를 청구할 수 있다.
(2010.5.14 본조개정)

改前 "第107條【委託賣買人의 介入權】 ① 委託賣買人이 去來所의 時勢있는 物件의 賣買를 委託받은 때에는 直接 그 賣渡人이나 買受人이 될 수 있다. 이 경우의 賣買代價는 委託賣買人이 賣買의 通知를 發送한 때의 去來所의 時勢에 依한다.
② 前項의 경우에도 委託賣買人은 委託者에 대하여 報酬를 請求할 수 있다."

참조 [매매의 통지]104, [보수청구권]61·110

독판 매도위탁의 경우 위탁매매인이 개입권을 행사하면 위탁자의 위탁매매인에 대한 매매대금채권은 일반 민법상의 30년의 시효를 갖는 것이 아니라(우리 민법은 제162조에 따라 10년), 독일 민법 제196조에 따라 2년 내지 4년(우리 민법은 제163조 제6호에 따라 3년)으로 단기 시효소멸한다.(독·연방법원 1980.9.26)

第108條【委託物의 毁損, 瑕疵 등의 效果】 ① 委託賣買人이 委託賣買의 目的物을 引渡받은 後에 그 物件의 毁損 또는 瑕疵를 發見하거나 그 物件이 腐敗할 念慮가 있는 때 또는 價格低落의 商況을 안 때에는 지체없이 委託者에게 그 通知를 發送하여야 한다.
② 前項의 경우에 委託者의 指示를 받을 수 없거나 그 指示가 遲延되는 때에는 委託賣買人은 委託者의 利益을 위하여 適當한 處分을 할 수 있다.

참조 [매수인의 하자통지의무]69

第109條【買受物의 供託, 競賣權】 第67條의 規定은 委託賣買人이 買受의 委託을 받은 경우에 委託者가 買受한 物件의 受領을 拒否하거나 이를 受領할 수 없는 때에 準用한다.

第110條【買受委託者가 商人인 경우】 商人인 委託者가 그 營業에 관하여 物件의 買受를 委託한 경우에는 委託者와 委託賣買人間의 關係에는 第68條 내지 第71條의 規定을 準用한다.

第111條【準用規定】 第91條의 規定은 委託賣買人에 準用한다.

第112條【委任에 관한 規定의 適用】 委託者와 委託賣買人間의 關係에는 本章의 規定외에 委任에 관한 規定을 適用한다.

참조 [위임]49, 민680이하

第113條【準委託賣買人】 本章의 規定은 自己名義로써 他人의 計算으로 賣買아닌 行爲를 營業으로 하는 者에 準用한다.

참조 [매매와 위탁매매인]101, [물품운송의 주선]114이하

第8章 運送周旋業

第114條【意義】 自己의 名義로 物件運送의 周旋을 營業으로 하는 者를 運送周旋人이라 한다.

참조 [주선에 관한 행위와 상행위]46, [상인]4, [물품운송]126이하·791이하

판례 운송주선계약에 적용되는 규정 : 상법 제46조 제12호, 제114조에 의하여 자기의 명의로 물건운송의 주선을 영업으로 하는 상인을 운송주선인이라고 하고 여기서 주선이라 함은 자기의 이름으로 타인의 계산 아래 법률행위를 하는 것을 의미하는 것이므로 운송주선계약은 운송주선인이 그 상대방인 위탁자를 위하여 물건운송계약을 체결할 것 등의 위탁을 인수하는 계약으로 민법상의 위임의 일종이기 때문에 운송주선업에 관한 상법의 규정이 적용되는 외에 민법의 위임에 관한 규정이 보충적용된다.(대판 1987.10.13, 85다카1080)

第115條【損害賠償責任】 運送周旋人은 自己나 그 使用人이 運送物의 受領, 引渡, 保管, 運送人이나 다른 運送周旋人의 選擇 기타 運送에 관하여 注意를 懈怠하지 아니하였음을 證明하지 아니하면 運送物의 滅失, 毁損 또는 延着으로 인한 損害를 賠償할 責任을 免하지 못한다.

참조 [손해배상]121, 민390·393·750·756, [고가품과 손해배상]124·153, [유사규정]135·148·152·160·812

일판 운송주선인의 채무불이행에 의한 손해배상청구권과 불법행위에 의한 손해배상청구권과는 경합으로 인정되고, 또 청구권의 경합이 인정됨에는 운송주선인측에 과실이 있으면 족하고 고의·중과실이 있는 경우에 한하지 않는다.(日·最高 1963.11.5)

第116條【介入權】 ① 運送周旋人은 다른 約定이 없으면 直接運送할 수 있다. 이 경우에는 運送周旋人은 運送人과 同一한 權利義務가 있다.

② 運送周旋人이 委託者의 請求에 의하여 貨物相換證을 作成한 때에는 直接運送하는 것으로 본다.

참조 [운송인의 권리의무]125이하·781이하, [화물상환증]128이하·813이하, [개입과 보수 및 비용]107②·123

판례 개입권행사의 상법조건이 되는 운송주선인이 작성한 증권 : 해상운송주선인 갑이 선적선하증권을 자기의 명의로 발행한 것이 아니고 양육항에서의 통관 및 육상운송의 편의를 위하여 화주의 부탁을 받고 양육항의 현지상인이면서 갑과 상호대리관계에 있는 을의 대리인자격으로 발행한 것이라면, 갑과 을간에 상호대리관계가 있다하여도 그것만으로는 이 선하증권이 상법 제116조의 개입권행사의 상법조건이 되는 "운송주선인이 작성한 증권"으로 볼 수는 없다.(대판 1987.10.13, 85다카1080)

第117條【中間運送周旋人의 代位】 ① 數人이 順次로 運送周旋을 하는 경우에는 後者는 前者에 갈음하여 그 權利를 行使할 義務를 負擔한다.

② 前項의 경우에 後者가 前者에게 辨濟한 때에는 前者의 權利를 取得한다.

참조 [변제로 인한 대위]민481, [운송인에의 준용]147

第118條【運送人의 權利의 取得】 前條의 경우에 運送周旋人이 運送人에게 辨濟한 때에는 運送人의 權利를 取得한다.

참조 [운송인의 권리]120·134·147·800·804, [대위변제]민481

第119條【報酬請求權】 ① 運送周旋人은 運送物을 運送人에게 引渡한 때에는 卽時 報酬를 請求할 수 있다.

② 運送周旋契約으로 運賃의 額을 정한 경우에는 다른 約定이 없으면 따로 報酬를 請求하지 못한다.

참조 [보수]61·112·123, 민686, [유치권]120, [단기시효]122

第120條【留置權】 運送周旋人은 運送物에 관하여 받을 報酬, 運賃, 기타 委託者를 위한 替當金이나 先貸金에 관하여서만 그 運送物을 留置할 수 있다.

참조 [유치권]민320, [상인간의 유치권]58, [위탁매매인의 유치권]91·111, [채권의 단기시효]122, 민326, [운송인에의 준용]147

第121條【運送周旋人의 責任의 時效】 ① 運送周旋人의 責任은 受荷人이 運送物을 受領한 날로부터 1年을 經過하면 消滅時效가 完成한다.

② 前項의 期間은 運送物이 全部 滅失한 경우에는 그 運送物을 引渡할 날로부터 起算한다.(1962.12.12 본항개정)

③ 前2項의 規定은 運送周旋人이나 그 使用人이 惡意인 경우에는 適用하지 아니한다.

참조 [책임]115, [상사시효]64, [운송인의 책임에의 준용]147

第122條【運送周旋人의 債權의 時效】 運送周旋人의 委託者 또는 受荷人에 대한 債權은 1年間 行使하지 아니하면 消滅時效가 完成한다.

참조 [운송주선인의 채권]110·119·123·124·141, 민687·688, [상사시효]64, [운송인의 권리에의 준용]47

第123條【準用規定】 運送周旋人에 관하여는 本章의 規定外에 委託賣買人에 관한 規定을 準用한다.

참조 [위탁매매인]101이하

판례 운송주선인의 통지의무 : 운송주선인은 위탁자를 위하여 물건운송의 주선을 하는 것이기 때문에 운송인과의 사이에 물건운송계약을 체결했을 때에는 상법 123조, 104조에 의하여 그 구체적 내용에 관한 통지를 해야 하고 이 경우에는 위탁자와의 내부관계에 있어서는 운송주선인이 체결한 운송계약상의 권리의무는 주선인에 의한 양도 등 특별한 이전절차 없이도 위탁자에 귀속되는 것이지만 위탁자가 그 권리를 운송인에게 주장할 수 있기 위하여는 민법 450조 내지 452조에 따른 채권양도의 통지가 필요하고 다만 지시식이나 무기명식의 선하증권이 발행되어 있을 때에는 민법 508조, 523조에 의하여 운송주선인이 이를 위탁자에게 배서 또는 교부함으로써 그러한 절차를 이행하는 것이 된다.(대판 1987.10.13, 85다카1080)

第124條【同前】 第136條, 第140條와 第141條의 規定은 運送周旋業에 準用한다.

第9章 運送業

第125條【意義】 陸上 또는 湖川, 港灣에서 物件 또는 旅客의 運送을 營業으로 하는 者를 運送人이라 한다.

참조 [운송과 상행위]46, [도급계약]민664이하, [운송인과 동일한 권리의무있는 자]116, [서신의 송달]우편법2, [육상운송에 관한 다른 법규]철도사업법, 궤도운송법, 여객자동차운수사업법, [해상운송]791이하, [공중운송]896이하, 항공사업법

第1節 物件運送

第126條【화물명세서】 ① 送荷人은 運送人의 請求에 의하여 화물명세서를 交付하여야 한다.(2007.8.3 본항개정)

② 화물명세서에는 다음의 事項을 記載하고 送荷人이 記名捺印 또는 署名하여야 한다.(2007.8.3 본문개정)

1. 運送物의 種類, 重量 또는 容積, 包裝의 種別, 個數와 記號
2. 到着地
3. 受荷人과 運送人의 姓名 또는 商號, 營業所 또는 住所
4. 運賃과 그 先給 또는 着給의 區別
5. 화물명세서의 作成地와 作成年月日(2007.8.3 본호개정)

(2007.8.3 본조제목개정)

改前 第126條【"運送狀"】① 送荷人은…의하여 "運送狀"을 交付하여야…

② "運送狀은" 다음의 事項을…

5. "運送狀"의 作成地와 作成年月日

第127條【화물명세서의 虛僞記載에 대한 責任】 ① 送荷人이 화물명세서에 虛僞 또는 不正確한 記載를 한 때에는 運送人에 대하여 이로 인한 損害를 賠償할 責任이 있다.(2007.8.3 본항개정)

② 前項의 規定은 運送人이 惡意인 경우에는 適用하지 아니한다.
(2007.8.3 본조제목개정)
改前 第127條【"運送狀"의 虛僞記載에 대한 責任】① 送荷人이 "運送狀"에 虛僞 또는…
참조 [화물명세서]126

第128條【貨物相換證의 發行】 ① 運送人은 送荷人의 請求에 의하여 貨物相換證을 交付하여야 한다.
② 貨物相換證에는 다음의 事項을 記載하고 運送人이 記名捺印 또는 署名하여야 한다.(1995.12.29 본문개정)
1. 第126條第2項第1號 내지 第3號의 事項
2. 送荷人의 姓名 또는 商號, 營業所 또는 住所
3. 運賃 기타 運送物에 관한 費用과 그 先給 또는 着給의 區別
4. 貨物相換證의 作成地와 作成年月日
참조 인지세법2, [화물상환증]130－133, [운송주선인과 화물상환증의 작성]116, [선하증권]852

第129條【貨物相換證의 相換證券性】 貨物相換證을 作成한 경우에는 이와 相換하지 아니하면 運送物의 引渡를 請求할 수 없다.
참조 [화물상환증]130－133, [창고증권, 선하증권에의 준용]157·820
판례 운송인이 운송물을 선하증권 소지인 아닌 자에게 인도함으로써 선하증권 소지인의 운송물에 대한 권리를 침해한 경우 그 불법행위의 성립 시점 : 선하증권을 발행한 운송인이 선하증권과 상환하지 아니하고 운송물을 선하증권 소지인 아닌 자에게 인도함으로써 선하증권 소지인에게 운송물을 인도하지 못하게 되어 운송물에 대한 그의 권리를 침해하였을 때에는 운송인이 선하증권 소지인이 아닌 자에게 운송물을 인도함으로써 선하증권 소지인의 운송물에 대한 권리의 행사가 어렵게 된 때에 곧바로 불법행위가 성립한다.
(대판 2001.4.10, 2000다46795 : 동법 제820조 참조)
판례 상법 129조의 의미 : 상법 820조, 129조의 규정은 운송인에게 선하증권의 제시가 없는 운송물인도청구를 거절할 수 있는 권리와 함께 선하증권의 제시가 없는 경우 운송물의 인도를 거절하여야 할 의무가 있음을 규정하고 있다고 봄이 상당하다.
(대판 1991.12.10, 91다14123)

第130條【貨物相換證의 當然한 指示證券性】 貨物相換證은 記名式인 경우에도 背書에 의하여 讓渡할 수 있다. 그러나 貨物相換證에 背書를 禁止하는 뜻을 記載한 때에는 그러하지 아니하다.
참조 [배서]65, 어음12·13·14②, [지시증권성]어음11, 민449이하, [창고증권, 선하증권에의 준용]157·861
판례 배서금지문구가 기재된 선하증권의 양도방법 : 선하증권은 기명식으로 발행된 경우에도 법률상 당연한 지시증권으로서 배서에 의하여 이를 양도할 수 있지만, 배서를 금지하는 뜻이 기재된 경우에는 배서에 의해서는 양도할 수 없고, 그러한 경우에는 일반 지명채권양도의 방법에 의하여서만 이를 양도할 수 있다.
(대판 2001.3.27, 99다17890 : 동법 제820조 참조)

第131條【화물상환증 기재의 효력】 ① 제128조에 따라 화물상환증이 발행된 경우에는 운송인과 송하인 사이에 화물상환증에 적힌 대로 운송계약이 체결되고 운송물을 수령한 것으로 추정한다.
② 화물상환증을 선의로 취득한 소지인에 대하여 운송인은 화물상환증에 적힌 대로 운송물을 수령한 것으로 보고 화물상환증에 적힌 바에 따라 운송인으로서 책임을 진다.
(2010.5.14 본조개정)
改前 "第131條【貨物相換證의 文言證券性】貨物相換證을 作成한 경우에는 運送에 관한 事項은 運送人과 所持人間에 있어서는 貨物相換證에 記載된 바에 의한다."
참조 [창고증권, 선하증권에의 준용]157·861
판례 선하증권의 문언증권성 : 선하증권에 의한 운송물의 인도청구권은 운송인이 송하인으로부터 실제로 받은 운송물 즉 특정물에 대한 것이고 따라서 운송물을 수령 또는 선적하지 않았음에도 불구하고 선하증권이 발행된 경우에는 그 선하증권은 원인과 요건을 구비하지 못하여 목적물의 흠결이 있는 것으로서 이는 누구에 대하여도 무효라고 봄이 상당하다.(대판 1982.9.14, 80다1325)

第132條【貨物相換證의 處分證券性】 貨物相換證을 作成한 경우에는 運送物에 관한 處分은 貨物相換證으로써 하여야 한다.
참조 [운송품의 인도와 화물상환증]129·133, [창고증권, 선하증권에의 준용]157·861

第133條【貨物相換證交付의 物權的 效力】 貨物相換證에 의하여 運送物을 받을 수 있는 者에게 貨物相換證을 交付한 때에는 運送物 위에 行使하는 權利의 取得에 관하여 運送物을 引渡한 것과 同一한 效力이 있다.
참조 [지시에 의한 점유이전]민196, [동산인도의 효력]민188·330, [창고증권, 선하증권에의 준용]157·861
판례 선하증권의 물권적 효력 : 운송물을 처분하는 당사자 간에는 운송물에 관한 처분은 증권으로서 하여야 하며 운송물을 받을 수 있는 자에게 증권을 교부한 때에는 운송물 위에 행사하는 권리의 취득에 관하여 운송물을 인도한 것과 동일한 물권적 효력이 발생하므로 운송물의 권리를 양수한 수하인 또는 그 이후의 자는 선하증권을 교부받음으로써 그 채권적 효력으로 운송계약상의 권리를 취득함과 동시에 그 물권적 효력으로 양도 목적물의 점유를 인도받은 것이 되어 그 운송물의 소유권을 취득한다.(대판 1998.9.4, 96다6240)

第134條【運送物滅失과 運賃】 ① 運送物의 全部 또는 一部가 送荷人의 責任없는 事由로 인하여 滅失한 때에는 運送人은 그 運賃을 請求하지 못한다. 運送人이 이미 그 運賃의 全部 또는 一部를 받은 때에는 이를 返還하여야 한다.
② 運送物의 全部 또는 一部가 그 性質이나 瑕疵 또는 送荷人의 過失로 인하여 滅失한 때에는 運送人은 運賃의 全額을 請求할 수 있다.
참조 [위험부담]민537, [운임]71·139·141, 민665, [반환]민741이하
판례 운송물 일부를 유치한 경우 피담보채권의 범위 : 동일한 기회에 동일한 수하인에게 운송하여 줄 것을 의뢰받은 운송인이 운송물의 일부를 유치한 경우 운송물 전체에 대한 운임채권은 동일한 법률관계에서 발생한 채권으로서 유치의 목적물과 견련관계를 인정하여 피담보채권의 범위에 속한다고 할 수 있다.
(대판 1993.3.12, 92다32906)

第135條【손해배상책임】 운송인은 자기 또는 운송주선인이나 사용인, 그 밖에 운송을 위하여 사용한 자가 운송물의 수령, 인도, 보관 및 운송에 관하여 주의를 게을리하지 아니하였음을 증명하지 아니하면 운송물의 멸실, 훼손 또는 연착으로 인한 손해를 배상할 책임이 있다.(2010.5.14 본조개정)
改前 "第135條【損害賠償責任】運送人은 自己 또는 運送周旋人이나 使用人 기타 運送을 위하여 使用한 者가 運送物의 受領, 引渡, 保管과 運送에 관하여 注意를 懈怠하지 아니하였음을 證明하지 아니하면 運送物의 滅失, 毁損 또는 延着으로 인한 損害를 賠償할 責任을 免하지 못한다."
참조 [손해배상]136－138, 민390·393·750·756, 철도사업법24, [책임의 소멸]121·146·147, [유사규정]115·148·152·160·795
판례 운송계약상 면책특약이 불법행위책임에 적용되는지 여부 : 운송계약상의 채무불이행책임이나 불법행위로 인한 손해배상책임은 병존하고, 운송계약상의 면책특약은 일반적으로 이를 불법행위책임에도 적용하기로 하는 명시적 또는 묵시적 합의가 없는 한 당연히 불법행위책임에 적용되지 않는다.(대판 1999.7.13, 99다8711)
판례 담보권상실로 인해 손해가 발생한 경우 : 운송인이 운송계약상의 의무에 위배하여 수하인이 아닌 수입상에게 직접 화물을 인도하여 운송의뢰인의 수출대금에 대한 담보권을 침해한 경우 수입상에 대한 수출대금채권이 형식적으로 존재한다고 할지라도 수입상이 화물에 하자 있음을 트집잡아 대금을 지급하지 않고 있다면 담보권상실로 인하여 손해가 발생하였다고 할 것이다.
(대판 1993.5.27, 92다32180)

第136條【高價物에 대한 責任】 貨幣, 有價證券 기타의 高價物에 대하여는 送荷人이 運送을 委託할 때에 그 種類와 價額을 明示한 경우에 限하여 運送人이 損害를 賠償할 責任이 있다.
참조 [유사규정]124·136·153, [해상운송에의 준용]815
판례 불법행위에 고가물불고지로 인한 면책규정이 적용되는지 여부 : 상법 제136조와 관련되는 고가물불고지로 인한 면책규정은 일반적으로 운송인의 운송계약상의 채무불이행으로 인한 청구에만 적용되고 불법행위로 인한 손해배상청구에는 그 적용이 없으므로 운송인의 운송이행업무를 보조하는 자가 운송과 관련하여 고의 또는 과실로 송하인에게 손해를 가한 경우 동인은 운송계약의 당사자가 아니어서 운송계약상의 채무불이행으로 인한 책임은 부담하지 아니하나 불법행위로 인한 손해배상책임을 부담하므로 위 면책규정은 적용될 여지가 없다.(대판 1991.8.23, 91다15409)

第137條【損害賠償의 額】 ① 운송물이 전부멸실 또는 연착된 경우의 손해배상액은 인도할 날의 도착지의 가격에 따른다.(2011.4.14 본항개정)
② 運送物이 一部 滅失 또는 毁損된 경우의 損害賠償額은 引渡한 날의 到着地의 價格에 의한다.
③ 運送物의 滅失, 毁損 또는 延着이 運送人의 故意나 重大한 過失로 인한 때에는 運送人은 모든 損害를 賠償하여야 한다.
④ 運送物의 滅失 또는 毁損으로 인하여 支給을 要하지 아니하는 運賃 기타 費用은 前3項의 賠償額에서 控除하여야 한다.

改前 "① 運送物이 全部 滅失 또는 延着된 경우의 損害賠償額은 引渡한 날의 到着地의 價格에 의한다."

참조 [채무불이행으로 인한 손해배상에 관한 원칙]민393, [철도운송과 배상액]철도사업법24, [불법행위로 인한 손해배상책임]민750, [해상운송에의 준용]815

독판 상법 제137조 제3항(독일 상법 제430조 제3항)에 규정된 운송인의 고의 또는 중과실의 입증책임은 송하인이나 수하인 등 손해배상청구권자에게 있다.(독·연방법원 1986.6.19)

독판 상법 제137조(독일 상법 제430조)의 적용으로 채무불이행으로 인한 손해배상에 관한 민법 제393조(독일 민법 제249조 이하)의 규정은 그 적용이 배제된다.(독·연방법원 1980.2.13)

第138條【順次運送人의 連帶責任, 求償權】 ① 數人이 順次로 運送할 경우에는 各 運送人은 運送物의 滅失, 毁損 또는 延着으로 인한 損害를 連帶하여 賠償할 責任이 있다.
② 運送人중 1人이 前項의 規定에 의하여 損害를 賠償한 때에는 그 損害의 原因이 된 行爲를 한 運送人에 대하여 求償權이 있다.
③ 前項의 경우에 그 損害의 原因이 된 行爲를 한 運送人을 알 수 없는 때에는 各 運送人은 그 運賃額의 比率로 損害를 分擔한다. 그러나 그 損害가 自己의 運送區間內에서 發生하지 아니하였음을 證明한 때에는 損害分擔의 責任이 없다.

참조 [연대]민413이하, [순차운송에 있어서의 전자후자의 관계]117·147, [해상운송에의 준용]815

第139條【運送物의 處分請求權】 ① 送荷人 또는 貨物相換證이 發行된 때에는 그 所持人이 運送人에 대하여 運送의 中止, 運送物의 返還 기타의 處分을 請求할 수 있다. 이 경우에 運送人은 이미 運送한 比率에 따른 運賃, 替當金과 處分으로 인한 費用의 支給을 請求할 수 있다.
② (1995.12.29 삭제)

참조 [도급계약해제]민673, ①[매수인의 파산과 매도인의반환청구권]채무자회생파산408, [운임]571②, [유치권]120·122·147

독판 송하인의 운송중인 운송물에 대한 처분청구권은 상대방 있는 의사표시의 효력과 같이 송하인의 청구가 운송인에게 도달하여야 유효하게 행사될 수 있다. 따라서 송하인의 처분청구가 운송인에게 도달하지 못함으로 말미암은 불이익은 송하인 자신의 부담으로 볼 것이다.(독·연방법원 1968.3.27)

第140條【受荷人의 地位】 ① 運送物이 到着地에 到着한 때에는 受荷人은 送荷人과 同一한 權利를 取得한다.
② 運送物이 到着地에 到着한 후 受荷人이 그 引渡를 請求한 때에는 受荷人의 權利가 送荷人의 權利에 우선한다.(1995.12.29 본항신설)

참조 [도착지]126②·128②, [수하인의 의무]141·807

판례 항공운송인 또는 항공운송주선인이 공항에 도착한 수입 항공화물을 통관을 위하여 세관이 지정한 보세창고업자에게 인도하는 것만으로 항공화물이 항공운송인이나 항공운송주선인의 지배를 떠나 수하인에게 인도된 것으로 볼 수는 없다.(대판 1998.9.6, 94다46404)

第141條【受荷人의 義務】 受荷人이 運送物을 受領한 때에는 運送人에 대하여 運賃 기타 運送에 관한 費用과 替當金을 支給할 義務를 負擔한다.

참조 [운송물의 수취등과 운송인의 책임소멸]121·146·147, [운송인의 유치권]120·122·147, [운송인의 채권소멸]122·147

第142條【受荷人不明의 경우의 供託, 競賣權】 ① 受荷人을 알 수 없는 때에는 運送人은 運送物을 供託할 수 있다.
② 第1項의 경우에 運送人은 送荷人에 대하여 상당한 기간을 정하여 運送物의 처분에 대한 指示를 催告하여도 그 기간내에 指示를 하지 아니한 때에는 運送物을 競賣할 수 있다.(1995.12.29 본항개정)
③ 運送人이 第1項 및 第2項의 規定에 의하여 運送物의 供託 또는 競賣를 한 때에는 지체없이 送荷人에게 그 통지를 發送하여야 한다.(1995.12.29 본항개정)

참조 [최고불요의 경우]67②·145, [송하인의 지시권]139, [경매와 대가의 공탁]67③·145, [해상운송과 공탁]803, [공탁]공탁, 공탁규칙, [경매]민집

第143條【運送物의 受領拒否, 受領不能의 경우】 ① 前條의 規定은 受荷人이 運送物의 受領을 拒否하거나 受領할 수 없는 경우에 準用한다.
② 運送人이 競賣를 함에는 送荷人에 대한 催告를 하기 전에 受荷人에 대하여 상당한 기간을 정하여 運送物의 受領을 催告하여야 한다.(1995.12.29 본항개정)

참조 [최고불요의 경우]67②·145, [송하인의 지시권]139, [경매와 대가의 공탁]67③·145

第144條【公示催告】 ① 送荷人, 貨物相換證所持人과 受荷人을 알 수 없는 때에는 運送人은 權利者에 대하여 6月이상의 期間을 정하여 그 期間內에 權利를 主張할 것을 公告하여야 한다.
② 第1項의 公告는 官報나 日刊新聞에 2회이상 하여야 한다.(1984.4.10 본항개정)
③ 運送人이 第1項 및 第2項의 規定에 의한 公告를 하여도 그 期間내에 權利를 主張하는 者가 없는 때에는 運送物을 競賣할 수 있다.(1984.4.10 본항개정)

참조 [최고를 요하지 않는 경우]67②·145

第145條【準用規定】 第67條第2項과 第3項의 規定은 前3條의 競賣에 準用한다.

第146條【運送人의 責任消滅】 ① 運送人의 責任은 受荷人 또는 貨物相換證所持人이 留保없이 運送物을 受領하고 運賃 기타의 費用을 支給한 때에는 消滅한다. 그러나 運送物에 즉시 發見할 수 없는 毁損 또는 一部 滅失이 있는 경우에 運送物을 受領한 날로부터 2週間內에 運送人에게 그 通知를 發送한 때에는 그러하지 아니하다.
② 前項의 規定은 運送人 또는 그 使用人이 惡意인 경우에는 適用하지 아니한다.

참조 [운송인의 책임]135-138, [시효로 인한 소멸]121·147, [창고업자에의 준용]168, [해상운송에의 준용]815

독판 상법 제146조 제1항(독일 상법 제438조 제1항)에 따라 수하인이 유보없이 운송물을 수령하고 운임지급을 이행한 때에는 운송인의 책임이 소멸하나 그로 인하여 운송인의 불법행위로 인한 손해배상책임까지 소멸한다고 볼 수는 없다.(독·연방법원 1984.10.22)

第147條【準用規定】 第117條, 第120條 내지 第122條의 規定은 運送人에 準用한다.

독판 운송인의 불법행위로 인한 손해배상책임이 그 내용상 운송계약상의 채무불이행책임과 경합할 수 있다 할지라도 그 시효기간은 일반민법상의 불법행위책임의 시효규정에 따른다(독일 민법 제852조, 우리 민법 제766조에 따라 3년). 운송인의 불법행위책임의 시효산정에 상법 제147조 및 동법 제121조를 적용할 것은 아니다(독일 상법 제439조 및 제414조).(독·연방법원 1991.12.12)

第2節 旅客運送

第148條【旅客이 받은 損害의 賠償責任】 ① 運送人은 自己 또는 使用人이 運送에 관한 注意를 懈怠하지 아니하였음을 證明하지 아니하면 旅客이 運送으로 인하여 받은 損害를 賠償할 責任을 免하지 못한다.
② 損害賠償의 額을 정함에는 法院은 被害者와 그 家族의 情狀을 參酌하여야 한다.

참조 [여객운송]철도사업법8-10, 여객자동차운수사업법3이하, [유사규정]11·135·160, [해상여객운송에의 준용]826①, [손해배상]민390·393·396·750·756·763, 자동차손해배상

판례 운송인의 책임을 부정한 경우 : 잠결에 하차하지 못한 피해자가 열차가 출발할 무렵 잠에서 깨어나 서서히 진행 중인 열차에서 뛰어

내리다 추락한 사고에 대하여 운송인의 책임을 부정하였다.
(대판 1993.2.26, 92다46684)

판례 입장권을 소지한 사람을 전송한 사람과의 여객운송계약 체결 여부 : 입장권을 소지한 사람이 객차 안까지 들어가 전송을 한 다음 진행 중인 열차에서 뛰어 내리다가 사망한 사고에 있어 입장권 발매로써 여객운송계약이 체결되었다고 볼 수 없고 아울러 위 사고가 오로지 위 망인이 안내방송에 따라 우선 열차 내에 오르지 아니하여야 하고 승차한 경우라도 열차 출발 전에 조속히 하차하여야 하는 등 주의의무를 위반한 과실로 발생하였다 하여 국가(철도청)의 여객운송인으로서의 책임이나 사용자책임은 부정된다.
(대판 1991.11.8, 91다20623)

판례 국가를 상대로한 손해배상 청구가부 : 국영철도에 의한 여객운송 중에 여객이 사망하였으면 피해자는 나라를 상대로 상법 148조에 의한 손해배상 청구도 할 수가 있다.(대판 1971.12.28, 71다2434)

第149條【引渡를 받은 手荷物에 대한 責任】 ① 運送人은 旅客으로부터 引渡를 받은 手荷物에 관하여는 運賃을 받지 아니한 경우에도 物件運送人과 同一한 責任이 있다.

② 手荷物이 到着地에 到着한 날로부터 10日내에 旅客이 그 引渡를 請求하지 아니한 때에는 第67條의 規定을 準用한다. 그러나 住所 또는 居所를 알지 못하는 旅客에 대하여는 催告와 通知를 要하지 아니한다.

참조 [물건의 운송인의 책임]135-138, [인도를 받지 아니한 수하물]150, [유사규정]152①, [해상여객운송에의 준용]826①

第150條【引渡를 받지 아니한 手荷物에 대한 責任】 運送人은 旅客으로부터 引渡를 받지 아니한 手荷物의 滅失 또는 毁損에 대하여는 自己 또는 使用人의 過失이 없으면 損害를 賠償할 責任이 없다.

참조 [인도를 받은 수하물]149, [유사규정]152②, [해상여객운송에의 준용]826①

第10章 공중접객업
(2010.5.14 본장개정)

第151條【의의】 극장, 여관, 음식점, 그 밖의 공중이 이용하는 시설에 의한 거래를 영업으로 하는 자를 공중접객업자(公衆接客業者)라 한다.

改前 "第151條【意義】劇場, 旅館, 飮食店 기타 客의 集來를 위한 施設에 의한 去來를 營業으로 하는 者를 公衆接客業者라 한다."

참조 [공중이 이용하는 시설에 의한 거래와 상행위]46

판례 숙박업자의 보호의무 : 공중접객업인 숙박업을 경영하는 자가 투숙객과 체결하는 숙박계약은 숙박업자가 고객에게 숙박을 할 수 있는 객실을 제공하여 고객으로 하여금 이를 사용할 수 있도록 하고 고객으로부터 그 대가를 받는 일종의 일시 사용을 위한 임대차계약으로서 객실 및 관련 시설은 오로지 숙박업자의 지배 아래 놓여 있는 것이므로 숙박업자는 통상의 임대차와 같이 단순히 여관 등의 객실 및 관련 시설을 제공하여 고객으로 하여금 이를 사용·수익하게 할 의무를 부담하는 것에서 한 걸음 더 나아가 고객에게 위험이 없는 안전하고 편안한 객실 및 관련 시설을 제공함으로써 고객의 안전을 배려하여야 할 보호의무를 부담하며 이러한 의무는 숙박계약의 특수성을 고려하여 신의칙상 인정되는 부수적인 의무로서 숙박업자가 이를 위반하여 고객의 생명·신체를 침해하여 투숙객에게 손해를 입힌 경우 불완전이행으로 인한 채무불이행책임을 부담하고, 이 경우 피해자로서는 구체적 보호의무의 존재와 그 위반 사실을 주장·입증하여야 하며 숙박업자로서는 통상의 채무불이행에 있어서와 마찬가지로 그 채무불이행에 관하여 자기에게 과실이 없음을 주장·입증하지 못하는 한 그 책임을 면할 수는 없다.(대판 2000.11.24, 2000다38718,38725)

第152條【공중접객업자의 책임】 ① 공중접객업자는 자기 또는 그 사용인이 고객으로부터 임치(任置)받은 물건의 보관에 관하여 주의를 게을리하지 아니하였음을 증명하지 아니하면 그 물건의 멸실 또는 훼손으로 인한 손해를 배상할 책임이 있다.

② 공중접객업자는 고객으로부터 임치받지 아니한 경우에도 그 시설 내에 휴대한 물건이 자기 또는 그 사용인의 과실로 인하여 멸실 또는 훼손되었을 때에는 그 손해를 배상할 책임이 있다.

③ 고객의 휴대물에 대하여 책임이 없음을 알린 경우에도 공중접객업자는 제1항과 제2항의 책임을 면하지 못한다.

改前 "第152條【公衆接客業者의 責任】① 公衆接客業者는 客으로부터 任置를 받은 物件의 滅失 또는 毁損에 대하여 不可抗力으로 인함을 證明하지 아니하면 그 損害를 賠償할 責任을 면하지 못한다.
② 公衆接客業者는 客으로부터 任置를 받지 아니한 경우에도 그 施設內에 携帶한 物件이 自己 또는 그 使用人의 過失로 인하여 滅失 또는 毁損된 때에는 그 損害를 賠償할 責任이 있다.
③ 客의 携帶物에 대하여 責任이 없음을 揭示한 때에도 公衆接客業者는 前2項의 責任을 免하지 못한다."

참조 [공중이 이용하는 시설에 의한 거래]46, [고가물에 대한 책임]153, [단기시효]154, ①[유사규정]115·135·148·160, ②[유사규정]150·826①

판례 공중접객업자의 주차차량 관리책임 인정여부 : 공중접객업자가 이용객들의 차량을 주차할 수 있는 주차장을 설치하면서 그 주차장에 차량출입을 통제할 시설이나 인원을 따로 두지 않았다면, 그 주차장은 단지 이용객의 편의를 위한 주차장소로 제공된 것에 불과하고, 공중접객업자와 이용객 사이에 통상 그 주차차량에 대한 관리를 공중접객업자에게 맡긴다는 의사까지는 없다고 봄이 상당하므로, 공중접객업자에게 차량시동열쇠를 보관시키는 등의 명시적이거나 묵시적인 방법으로 주차차량의 관리를 맡겼다는 등의 특수한 사정이 없는 한, 공중접객업자에게 선량한 관리자의 주의로써 주차차량을 관리할 책임이 있다고 할 수 없다.(대판 1998.12.8, 98다37507)

第153條【고가물에 대한 책임】 화폐, 유가증권, 그 밖의 고가물(高價物)에 대하여는 고객이 그 종류와 가액(價額)을 명시하여 임치하지 아니하면 공중접객업자는 그 물건의 멸실 또는 훼손으로 인한 손해를 배상할 책임이 없다.

改前 "第153條【高價物에 대한 責任】貨幣, 有價證券 기타의 高價物에 대하여는 客이 그 種類와 價額을 明示하여 任置하지 아니하면 公衆接客業者는 그 物件의 滅失 또는 毁損으로 인한 損害를 賠償할 責任이 없다."

참조 [유사규정]124·136·815, [단기시효]154

第154條【공중접객업자의 책임의 시효】 ① 제152조와 제153조의 책임은 공중접객업자가 임치물을 반환하거나 고객이 휴대물을 가져간 후 6개월이 지나면 소멸시효가 완성된다.

② 물건이 전부 멸실된 경우에는 제1항의 기간은 고객이 그 시설에서 퇴거한 날부터 기산한다.

③ 제1항과 제2항은 공중접객업자나 그 사용인이 악의인 경우에는 적용하지 아니한다.

改前 "第154條【公衆接客業者의 責任의 時效】① 前2條의 責任은 公衆接客業者가 任置物을 返還하거나 客이 携帶物을 가져간 後 6月을 經過하면 消滅時效가 完成한다.
② 前項의 期間은 物件이 全部 滅失한 경우에는 客이 그 施設을 退去한 날로부터 起算한다.
③ 前2項의 規定은 公衆接客業者나 그 使用人이 惡意인 경우에는 適用하지 아니한다."

참조 [상사시효]64

第11章 倉庫業

第155條【意義】 他人을 위하여 倉庫에 物件을 保管함을 營業으로 하는 者를 倉庫業者라 한다.

참조 [창고업의 등록]물류시설의개발및운영에관한법21의2, [임치계약]민693이하, [수치와 상행위]46, [상인]4

독판 창고임치계약은 낙성계약이다. 창고계약을 성립시키기 위하여 임치목적물의 인도가 요구되지는 않는다. 즉 창고임치계약은 요물계약이 아니라 당사자의 의사의 합치만으로 성립되는 낙성계약이며, 이러한 결과는 운송계약이나 운송주선계약에서도 같은 것이다.
(독·연방법원 1966.7.11)

第156條【倉庫證券의 發行】 ① 倉庫業者는 任置人의 請求에 의하여 倉庫證券을 交付하여야 한다.

② 倉庫證券에는 다음의 事項을 記載하고 倉庫業者가 記名捺印 또는 署名하여야 한다.(1995.12.29 본문개정)
1. 任置物의 種類, 品質, 數量, 包裝의 種別, 個數와 記號
2. 任置人의 姓名 또는 商號, 營業所 또는 住所
3. 保管場所
4. 保管料
5. 保管期間을 정한 때에는 그 期間
6. 任置物을 保險에 붙인 때에는 保險金額, 保險期間과 保險者의 姓名 또는 商號, 營業所 또는 住所
7. 倉庫證券의 作成地와 作成年月日

第157條【準用規定】 第129條 내지 第133條의 規定은 倉庫證券에 準用한다.

第158條【分割部分에 대한 倉庫證券의 請求】 ① 倉庫證券所持人은 倉庫業者에 대하여 그 證券을 返還하고 任置物을 分割하여 各 部分에 대한 倉庫證券의 交付를 請求할 수 있다.

② 前項의 規定에 의한 任置物의 分割과 證券交付의 費用은 證券所持人이 負擔한다.

第159條【倉庫證券에 의한 入質과 一部出庫】 倉庫證券으로 任置物을 入質한 경우에도 質權者의 承諾이 있으면 任置人은 債權의 辨濟期前이라도 任置物의 一部返還을 請求할 수 있다. 이 경우에는 倉庫業者는 返還한 任置物의 種類, 品質과 數量을 倉庫證券에 記載하여야 한다.

참조 [창고증권교부의 물권적 효력]133 · 157, [임치물의 종류, 품질, 수량]156②

第160條【損害賠償責任】 倉庫業者는 自己 또는 使用人이 任置物의 保管에 관하여 注意를 懈怠하지 아니하였음을 證明하지 아니하면 任置物의 滅失 또는 毁損에 대하여 損害를 賠償할 責任을 免하지 못한다.

참조 [수치인의 주의의무]민695, [손해배상책임의 소멸]146 · 166 · 168, [유사규정]115 · 135 · 148 · 152

第161條【任置物의 檢査, 見品摘取, 保存處分權】 任置人 또는 倉庫證券所持人은 營業時間內에 언제든지 倉庫業者에 대하여 任置物의 檢査 또는 見品의 摘取를 要求하거나 그 保存에 필요한 處分을 할 수 있다.

第162條【保管料請求權】 ① 倉庫業者는 任置物을 出庫할 때가 아니면 保管料 기타의 費用과 替當金의 支給을 請求하지 못한다. 그러나 保管期間經過後에는 出庫前이라도 이를 請求할 수 있다.

② 任置物의 一部出庫의 경우에는 倉庫業者는 그 比率에 따른 保管料 기타의 費用과 替當金의 支給을 請求할 수 있다.

참조 [수치인과 보수비용등의 청구]686-688, 민701, [상인의 행위와 보수]61, [일부출고]159

第163條【任置期間】 ① 當事者가 任置期間을 定하지 아니한 때에는 倉庫業者는 任置物을 받은 날로부터 6月을 經過한 後에는 언제든지 이를 返還할 수 있다.

② 前項의 경우에 任置物을 返還함에는 2週間前에 豫告하여야 한다.

참조 [수치인과 임치물의 반환]민699

第164條【同前-不得已한 事由가 있는 경우】 不得已한 事由가 있는 경우에는 倉庫業者는 前條의 規定에 不拘하고 언제든지 任置物을 返還할 수 있다.

참조 [수치인과 임치물의 반환]민699

第165條【準用規定】 第67條第1項과 第2項의 規定은 任置人 또는 倉庫證券所持人이 任置物의 受領을 拒否하거나 이를 受領할 수 없는 경우에 準用한다.

참조 [질권과 물상대위]민342

第166條【倉庫業者의 責任의 時效】 ① 任置物의 滅失 또는 毁損으로 인하여 생긴 倉庫業者의 責任은 그 物件을 出庫한 날로부터 1年이 經過하면 消滅時效가 完成한다.

② 前項의 期間은 任置物이 全部 滅失한 경우에는 任置人과 알고 있는 倉庫證券所持人에게 그 滅失의 通知를 發送한 날로부터 起算한다.

③ 前2項의 規定은 倉庫業者 또는 그 使用人이 惡意인 경우에는 適用하지 아니한다.

참조 [창고업자의 책임]160, [책임의 소멸사유]146 · 168, [상사시효]64

第167條【倉庫業者의 債權의 時效】 倉庫業者의 任置人 또는 倉庫證券所持人에 대한 債權은 그 物件을 出庫한 날로부터 1年間 行使하지 아니하면 消滅時效가 完成한다.

참조 [책임의 시효]166

第168條【準用規定】 第108條와 第146條의 規定은 倉庫業者에 準用한다.(1962.12.12 본조개정)

第12章 금융리스업

(2010.5.14 본장신설)

第168條의2【의의】 금융리스이용자가 선정한 기계, 시설, 그 밖의 재산(이하 이 장에서 "금융리스물건"이라 한다)을 제3자(이하 이 장에서 "공급자"라 한다)로부터 취득하거나 대여받아 금융리스이용자에게 이용하게 하는 것을 영업으로 하는 자를 금융리스업자라 한다.

第168條의3【금융리스업자와 금융리스이용자의 의무】 ① 금융리스업자는 금융리스이용자가 금융리스계약에서 정한 시기에 금융리스계약에 적합한 금융리스물건을 수령할 수 있도록 하여야 한다.

② 금융리스이용자는 제1항에 따라 금융리스물건을 수령함과 동시에 금융리스료를 지급하여야 한다.

③ 금융리스물건수령증을 발급한 경우에는 제1항의 금융리스계약 당사자 사이에 적합한 금융리스물건이 수령된 것으로 추정한다.

④ 금융리스이용자는 금융리스물건을 수령한 이후에는 선량한 관리자의 주의로 금융리스물건을 유지 및 관리하여야 한다.

第168條의4【공급자의 의무】 ① 금융리스물건의 공급자는 공급계약에서 정한 시기에 그 물건을 금융리스이용자에게 인도하여야 한다.

② 금융리스물건이 공급계약에서 정한 시기와 내용에 따라 공급되지 아니한 경우 금융리스이용자는 공급자에게 직접 손해배상을 청구하거나 공급계약의 내용에 적합한 금융리스물건의 인도를 청구할 수 있다.

③ 금융리스업자는 금융리스이용자가 제2항의 권리를 행사하는 데 필요한 협력을 하여야 한다.

第168條의5【금융리스계약의 해지】 ① 금융리스이용자의 책임 있는 사유로 금융리스계약을 해지하는 경우에는 금융리스업자는 잔존 금융리스료 상당액의 일시 지급 또는 금융리스물건의 반환을 청구할 수 있다.

② 제1항에 따른 금융리스업자의 청구는 금융리스업자의 금융리스이용자에 대한 손해배상청구에 영향을 미치지 아니한다.

③ 금융리스이용자는 중대한 사정변경으로 인하여 금융리스물건을 계속 사용할 수 없는 경우에는 3개월 전에 예고하고 금융리스계약을 해지할 수 있다. 이 경우 금융리스이용자는 계약의 해지로 인하여 금융리스업자에게 발생한 손해를 배상하여야 한다.

第13章 가맹업

(2010.5.14 본장신설)

第168條의6【의의】 자신의 상호 · 상표 등(이하 이 장에서 "상호등"이라 한다)을 제공하는 것을 영업으로 하는 자[이하 "가맹업자"(加盟業者)라 한다]로부터 그의 상호등을 사용할 것을 허락받아 가맹업자가 지정하는 품질기준이나 영업방식에 따라 영업을 하는 자를 가맹상(加盟商)이라 한다.

第168條의7【가맹업자의 의무】 ① 가맹업자는 가맹상의 영업을 위하여 필요한 지원을 하여야 한다.

② 가맹업자는 다른 약정이 없으면 가맹상의 영업지역 내에서 동일 또는 유사한 업종의 영업을 하거나, 동일 또는 유사한 업종의 가맹계약을 체결할 수 없다.

참조 [가맹본부의 준수사항]가맹사업거래의공정화에관한법5

第168條의8【가맹상의 의무】 ① 가맹상은 가맹업자의 영업에 관한 권리가 침해되지 아니하도록 하여야 한다.

② 가맹상은 계약이 종료한 후에도 가맹계약과 관련하여 알게 된 가맹업자의 영업상의 비밀을 준수하여야 한다.

참조 [가맹점사업자의 준수사항]가맹사업거래의공정화에관한법6

第168條의9【가맹상의 영업양도】 ① 가맹상은 가맹업자의 동의를 받아 그 영업을 양도할 수 있다.
② 가맹업자는 특별한 사유가 없으면 제1항의 영업양도에 동의하여야 한다.

第168條의10【계약의 해지】 가맹계약상 존속기간에 대한 약정의 유무와 관계없이 부득이한 사정이 있으면 각 당사자는 상당한 기간을 정하여 예고한 후 가맹계약을 해지할 수 있다.

第14章 채권매입업
(2010.5.14 본장신설)

第168條의11【의의】 타인이 물건·유가증권의 판매, 용역의 제공 등에 의하여 취득하였거나 취득할 영업상의 채권(이하 이 장에서 "영업채권"이라 한다)을 매입하여 회수하는 것을 영업으로 하는 자를 채권매입업자라 한다.

第168條의12【채권매입업자의 상환청구】 영업채권의 채무자가 그 채무를 이행하지 아니하는 경우 채권매입업자는 채권매입계약의 채무자에게 그 영업채권액의 상환을 청구할 수 있다. 다만, 채권매입계약에서 다르게 정한 경우에는 그러하지 아니하다.

第3編 會 社

第1章 通 則

第169條【회사의 의의】 이 법에서 "회사"란 상행위나 그 밖의 영리를 목적으로 하여 설립한 법인을 말한다.(2011.4.14 본조개정)

改前 "第169條【意義】 本法에서 會社라 함은 商行爲 기타 營利를 目的으로 하여 設立한 社團을 이른다."

참조 [영리사단법인]민39, [상인]4·5, [상행위]46·47, 담보부사채23②, [민사회사]민39②, [민사회사의 행위]66

판례 甲회사는 乙회사의 채무를 면탈할 목적으로 설립된 것으로서 甲회사가 乙회사의 채권자에 대하여 乙회사와는 별개의 법인격을 가지는 회사라는 주장을 하는 것이 신의성실의 원칙에 반하거나 법인격을 남용하는 것으로 인정되는 경우에도, 권리관계의 공권적인 확정 및 그 신속·확실한 실현을 도모하기 위하여 절차의 명확·안정을 중시하는 소송절차 및 강제집행절차에 있어서는 그 절차의 성격상 乙회사에 대한 판결의 기판력 및 집행력의 범위를 甲 회사에까지 확장하는 것은 허용되지 아니한다.(대판 1995.5.12, 93다44531)

第170條【회사의 종류】 회사는 합명회사, 합자회사, 유한책임회사, 주식회사와 유한회사의 5종으로 한다.(2011.4.14 본조개정)

改前 "第170條【會社의 種類】 會社는 合名會社, 合資會社, 株式會社와 有限會社의 4種으로 한다."

참조 [회사의 상호]19·20, [합명회사]178－267, [합자회사]268－287, [유한책임회사]287의2－287의45, [주식회사]288－542, [유한회사]543－613

第171條【회사의 주소】 회사의 주소는 본점소재지에 있는 것으로 한다.(2011.4.14 본조개정)

改前 "第171條【會社의 法人性, 住所】 ① 會社는 法人으로 한다. ② 會社의 住所는 本店所在地에 있는 것으로 한다."

참조 [주소]민18, [법인의 주소]민36, [정관기재사항]179·270·289①·543②, [등기사항]180·271①·317②·549②, [등기관할]35·172, [주소의 효과]민소5, 형소4①, [상호회사에의 준용]보험44

第172條【會社의 成立】 會社는 本店所在地에서 設立登記를 함으로써 成立한다.

참조 [설립등기]180·271·317·549, [본점의 소재지]179·270·289①·543②, [상호회사에의 준용]보험44

판례 설립 중 회사의 성립시기 설립 중의 회사가 성립하기 위해서는 정관이 작성되고 발기인이 적어도 1주 이상의 주식을 인수하였을 것을 요건으로 한다.(대판 2000.1.28, 99다35737)

판례 설립 중의 회사로서의 실체가 갖추어지기 이전에 발기인이 취득한 권리, 의무를 설립 후의 회사에 귀속시키기 위하여 특별한 이전행위가 있어야 하는지 여부 : 설립 중의 회사라 함은 주식회사의 설립과정에서 발기인이 회사의 설립을 위하여 필요한 행위로 인하여 취득하게 된 권리의무가 회사의 설립과 동시에 그 설립된 회사에 귀속되는 관계를 설명하기 위한 강학상의 개념으로서 정관이 작성되고 발기인이 적어도 1주 이상의 주식을 인수하였을 때 비로소 성립하는 것이고, 이러한 설립중의 회사로서의 실체가 갖추어지기 이전에 발기인이 취득한 권리, 의무는 구체적 사정에 따라 발기인 개인 또는 발기인조합에 귀속되는 것으로서 이들에게 귀속된 권리의무를 설립 후의 회사에 귀속시키기 위하여는 양수나 채무인수 등의 특별한 이전행위가 있어야 한다.(대판 1994.1.28, 93다50215)

第173條【權利能力의 制限】 會社는 다른 會社의 無限責任社員이 되지 못한다.

참조 [무한책임사원]212·268, [상호회사에의 준용]보험44

第174條【會社의 合併】 ① 會社는 合併을 할 수 있다.
② 합병을 하는 회사의 일방 또는 쌍방이 주식회사, 유한회사 또는 유한책임회사인 경우에는 합병 후 존속하는 회사나 합병으로 설립되는 회사는 주식회사, 유한회사 또는 유한책임회사이어야 한다.(2011.4.14 본항개정)
③ 解散後의 會社는 存立中의 會社를 存續하는 會社로 하는 경우에 한하여 合併을 할 수 있다.

改前 "② 合併을 하는 會社의 一方 또는 雙方이 株式會社 또는 有限會社인 때에는 合併後 存續하는 會社 또는 合併으로 인하여 設立되는 會社는 株式會社 또는 有限會社이어야 한다."

참조 [합병의 제한]230·269, 은행법55, [합병과 해산]227·269·517, [합명회사와 합병]230－240·525, [유한책임회사의 합병]287의41, [주식회사와 합병]522－529, [유한회사와 합병]598－603, [본조 준용]보험70

판례 합병으로 소멸하는 회사 사원(주주)의 지위 : 합병으로 소멸회사의 사원(주주)은 1주미만의 단주만을 취득하는 경우나 합병에 반대한 주주로서의 주식매수청구권을 행사하는 경우 등과 같은 특별한 경우를 제외하고는 원칙적으로 합병계약상의 합병비율과 배정방식에 따라 존속회사나 신설회사의 사원권(주주권)을 취득하여 사원(주주)이 된다.(대판 2003.2.11, 2001다14351)

第175條【同前－設立委員】 ① 會社의 合併으로 인하여 新會社를 設立하는 경우에는 定款의 作成 기타 設立에 관한 行爲는 各會社에서 選任한 設立委員이 共同으로 하여야 한다.
② 第230條, 第434條와 第585條의 規定은 前項의 選任에 準用한다.

참조 [상호회사에의 준용]보험70

第176條【會社의 解散命令】 ① 法院은 다음의 事由가 있는 경우에는 利害關係人이나 檢事의 請求에 의하여 또는 職權으로 會社의 解散을 命할 수 있다.
1. 會社의 設立目的이 不法한 것인 때
2. 會社가 正當한 事由없이 設立後 1年내에 營業을 開始하지 아니하거나 1年이상 營業을 休止하는 때
3. 理事 또는 會社의 業務를 執行하는 社員이 法令 또는 定款에 違反하여 會社의 存續을 許容할 수 없는 行爲를 한 때
② 前項의 請求가 있는 때에는 法院은 解散을 命하기 前일지라도 利害關係人이나 檢事의 請求에 의하여 또는 職權으로 管理人의 選任 기타 會社財産의 保全에 필요한 處分을 할 수 있다.
③ 利害關係人이 第1項의 請求를 한 때에는 法院은 會社의 請求에 의하여 相當한 擔保를 提供할 것을 命할 수 있다.
④ 會社가 前項의 請求를 함에는 利害關係人의 請求가 惡意임을 疎明하여야 한다.

참조 [해산사유]227·269·517·609, [해산명령의 절차 등]비송72·90－97, [등기]비송93, 상업등기법60·73, [청산]247②·252·542①·613①, [공익법인과 허가취소]민38, [외국회사의 영업소폐쇄명령]619, [상호회사에의 준용]보험44

판례 제1항에 의하여 법원에 회사의 해산명령을 청구할 수 있는 이해관계인이란 회사 존립에 직접 법률상 이해관계가 있는 자라고 보아야 한다.(대결 1995.9.12, 95마686)

第177條【登記期間의 起算點】 本編의 規定에 의하여 登記할 事項으로서 官廳의 許可 또는 認可를 要하는 것에 관하여는 그 書類가 到達한 날로부터 登記期間을 起算한다.

참조 [상호회사에의 준용]보험44

第2章　合名會社

第1節　設　立

第178條【定款의 作成】 合名會社의 設立에는 2人이상의 社員이 共同으로 定款을 作成하여야 한다.

참조 [계속 및 조직변경의 경우]286

第179條【定款의 絶對的 記載事項】 定款에는 다음의 事項을 記載하고 總社員이 記名捺印 또는 署名하여야 한다.(1995.12.29 본문개정)

1. 目的
2. 商號
3. 社員의 姓名·住民登錄番號 및 住所(1995.12.29 본호개정)
4. 社員의 出資의 目的과 價格 또는 그 評價의 標準
5. 本店의 所在地(1995.12.29 본호개정)
6. 定款의 作成年月日

참조 [상대적 필요사항]204·207·208·217·222·227·247, [벌칙]635①, [목적]169, [상호]19, [본점소재지]171②, [출자의 목적]196·222, [출자의 가격 또는 평가의 표준]195, 민711

第180條【設立의 登記】 합명회사의 설립등기에 있어서는 다음의 사항을 등기하여야 한다.(2011.4.14 본문개정)

1. 第179條第1號 내지 第3號 및 第5號의 사항과 支店을 둔 때에는 그 所在地. 다만, 會社를 代表할 社員을 정한 때에는 그 외의 社員의 住所를 제외한다.(1995.12.29 본호개정)
2. 社員의 出資의 目的, 財産出資에는 그 價格과 履行한 部分
3. 存立期間 기타 解散事由를 정한 때에는 그 期間 또는 事由
4. 회사를 대표할 사원을 정한 경우에는 그 성명·주소 및 주민등록번호(2011.4.14 본호개정)
5. 數人의 社員이 共同으로 會社를 代表할 것을 정한 때에는 그 規定

改前 第180條【設立의 登記】"合名會社의 設立登記에 있어서는 다음의 事項을 登記하여야 한다.(1995.12.29 본문개정)"
"4. 會社를 代表할 社員을 定한 때에는 그 姓名"

참조 [등기와 회사의 설립]172, [등기사항의 변경과 등기]133, [등기]34－40, [대표사원]207, [공동대표]208, [벌칙]635①

第181條【지점 설치의 등기】 회사가 지점을 설치한 경우에는 본점의 소재지에서 2주일 내에 그 지점의 소재지와 설치 연월일을 등기하여야 한다.(2024.9.20 본조개정)

改前 第181條【지점 설치의 등기】① 회사의 설립과 동시에 지점을 설치하는 경우에는 설립등기를 한 후 2주 내에 지점소재지에서 제180조제1호 본문(다른 지점의 소재지는 제외한다) 및 제3호부터 제5호까지의 사항을 등기하여야 한다. 다만, 회사를 대표할 사원을 정한 경우에는 그 외의 사원은 등기하지 아니한다.
② 회사의 성립 후에 지점을 설치하는 경우에는 본점소재지에서는 2주 내에 그 지점소재지와 설치 연월일을 등기하고, 그 지점소재지에서는 3주 내에 제180조제1호 본문(다른 지점의 소재지는 제외한다) 및 제3호부터 제5호까지의 사항을 등기하여야 한다. 다만, 회사를 대표할 사원을 정한 경우에는 그 밖의 사원은 등기하지 아니한다.
(2011.4.14 본조개정)

참조 [등기]상업등기법57, [지점에서의 등기]38·177, 상업등기법58－59, [등기사항의 변경과 등기]183, [벌칙]635①, [유한회사에의 준용]549③, [상호회사에의 준용]보험44

第182條【본점, 지점의 이전등기】 ① 회사가 본점을 이전한 경우에는 종전 소재지 또는 새 소재지에서 2주일 내에 새 소재지와 이전 연월일을 등기하여야 한다.
② 회사가 지점을 이전한 경우에는 본점의 소재지에서 2주일 내에 새 소재지와 이전 연월일을 등기하여야 한다.
(2024.9.20 본조개정)

改前 第182條【本店, 支店의 移轉登記】① 會社가 本店을 移轉하는 경우에는 2週間내에 舊所在地에서는 新所在地와 移轉年月日을, 新所在地에서는 第180條 各號의 사항을 登記하여야 한다.
② 회사가 지점을 이전하는 경우에는 2주 내에 본점과 구지점소재지에서는 신지점소재지와 이전 연월일을 등기하고, 신지점소재지에서는 제180조제1호 본문(다른 지점의 소재지는 제외한다) 및 제3호부터 제5호까지의 사항을 등기하여야 한다. 다만, 회사를 대표할 사원을 정한 경우에는 그 밖의 사원은 등기하지 아니한다.(2011.4.14 본항개정)
③ (1995.12.29 삭제)
(1995.12.29 본조개정)

참조 [등기사항의 변경과 등기]177·183, 상업등기법54－57, [벌칙]635①, [합자조합에의 준용]86의8, [유한회사에의 준용]549③, [상호회사에의 준용]보험44

第183條【변경등기】 제180조 각 호의 사항이 변경되었을 때에는 본점의 소재지에서 2주일 내에 변경등기를 하여야 한다.(2024.9.20 본조개정)

改前 第183條【變更登記】第180條에 揭記한 事項에 變更이 있는 때에는 本店所在地에서는 2週間내, 支店所在地에서는 3週間내에 變更登記를 하여야 한다.

참조 [변경등기]40, [등기]상업등기법32·39－40, [벌칙]635①, [상호회사에의 준용]보험44

판례 대표이사를 포함한 이사가 임기의 만료나 사임에 의하여 퇴임함으로 말미암아 법률 또는 정관에 정한 대표이사나 이사의 원수(최저인원수 또는 특정한 인원수)를 채우지 못하게 되는 결과가 일어나는 경우에, 그 퇴임한 이사는 새로 선임된 이사(후임이사)가 취임할 때까지 이사로서의 권리의무가 있는 것인바, 이러한 경우에는 이사의 퇴임등기를 하여야 하는 2주 또는 3주의 기간은 일반의 경우처럼 퇴임한 이사의 퇴임일부터 기산하는 것이 아니라 후임이사의 취임일부터 기산한다고 보아야 하며, 후임이사가 취임하기 전에는 퇴임한 이사의 퇴임등기만을 따로 신청할 수 없다고 봄이 상당하다.
(대결 2007.6.19, 2007마311)

第183條의2【업무집행정지가처분 등의 등기】 사원의 업무집행을 정지하거나 직무대행자를 선임하는 가처분을 하거나 그 가처분을 변경·취소하는 경우에는 본점이 있는 곳의 등기소에서 이를 등기하여야 한다.
(2024.9.20 본조개정)

改前 第183條의2【업무집행정지가처분 등의 등기】사원의 업무집행을 정지하거나 직무대행자를 선임하는 가처분을 하거나 그 가처분을 변경·취소하는 경우에는 "본점 및 지점"이 있는 곳의 등기소에서 이를 등기하여야 한다.(2001.12.29 본조신설)

참조 [직무대행자의 권한]200의2, [업무집행조합원에의 준용]86의8

第184條【設立無效, 取消의 訴】 ① 會社의 設立의 無效는 그 社員에 한하여, 設立의 取消는 그 取消權있는 者에 한하여 會社成立의 날로부터 2年내에 訴만으로 이를 主張할 수 있다.
② 民法 第140條의 規定은 前項의 設立의 取消에 準用한다.

참조 [회사의 성립]172, [채권자에 의한 취소의 소]185, [취소원인의 예]민5·10·13·110, [유한책임회사에의 준용]287의6, [취소]민140－146, [관할법원]186

第185條【債權者에 의한 設立取消의 訴】 社員이 그 債權者를 害할 것을 알고 會社를 設立한 때에는 債權者는 그 社員과 會社에 대한 訴로 會社의 設立取消를 請求할 수 있다.

참조 [사해행위]민406, [소 제기의 시기]184①, [유한책임회사에의 준용]287의6, [관할법원]186

第186條【專屬管轄】 前2條의 訴는 本店所在地의 地方法院의 管轄에 專屬한다.

참조 [전속관할]민소31, [본점소재지]179·180, [합병무효의 소에의 준용]240, [사원에 의한 해산청구에의 준용]241, [유한책임회사에의 준용]287의6, [주식회사에의 준용]328②

第187條【訴提起의 公告】 設立無效의 訴 또는 設立取消의 訴가 提起된 때에는 會社는 遲滯없이 公告하여야 한다.

참조 [설립무효의 소]184, [설립취소의 소]184·185, [합병무효의 소에의 준용]240, [유한책임회사에의 준용]287의6, [주식회사에의 준용]328②

第188條【訴의 併合審理】 數個의 設立無效의 訴 또는 設立取消의 訴가 提起된 때에는 法院은 이를 併合審理하여야 한다.

참조 [설립무효의 소]184, [설립취소의 소]184·185, [합병무효의 소에의 준용]240, [유한책임회사에의 준용]287의6, [주식회사에의 준용]328②

第189條【瑕疵의 補完 등과 請求의 棄却】 設立無效의 訴 또는 設立取消의 訴가 그 審理中에 原因이 된 瑕疵가 補完되고 會社의 現況과 諸般事情을 參酌하여 設立을 無效 또는 取消하는 것이 부적당하다고 認定한 때에는 法院은 그 請求를 棄却할 수 있다.

참조 [패소원고의 책임]191, [합병무효의 소에의 준용]240, [유한책임회사에의 준용]287의6, [주식회사에의 준용]328②

第190條【判決의 效力】 設立無效의 判決 또는 設立取消의 判決은 第三者에 대하여도 그 效力이 있다. 그러나 判決確定前에 생긴 會社와 社員 및 第三者間의 權利義務에 影響을 미치지 아니한다.

참조 [판결의 효력]민소218, [설립무효·취소판결의 효과]193, [회사의 계속]194, [합병무효의 소에의 준용]240, [유한책임회사에의 준용]287의6, [주식회사에의 준용]328②

판례 주식회사 내부의 의사결정 자체가 아예 존재하지 않는 경우에 이를 확인하는 판결도 상법 제380조 주주총회결의부존재확인판결에 해당한다고 보아 상법 제190조를 준용하여서는 안 된다. (대판 1994.3.25, 93다36097,36103)

第191條【敗訴原告의 責任】 設立無效의 訴 또는 設立取消의 訴를 提起한 者가 敗訴한 경우에 惡意 또는 重大한 過失이 있는 때에는 會社에 대하여 連帶하여 損害를 賠償할 責任이 있다.

참조 [소의 제기]184·185, [합병무효의 소에의 준용]240, [사원에 의한 해산청구에의 준용]241, [유한책임회사에의 준용]287의6, [주식회사에의 준용]328②

第192條【설립무효, 취소의 등기】 설립무효의 판결 또는 설립취소의 판결이 확정된 때에는 본점의 소재지에서 등기하여야 한다.(2024.9.20 본조개정)

改前 第192條【設立無效, 取消의 登記】設立無效의 判決 또는 設立取消의 判決이 確定된 때에는 本店과 支店의 所在地에서 登記하여야 한다.

참조 [등기절차]비송98, [유한책임회사에의 준용]287의6, [주식회사에의 준용]328②

第193條【設立無效, 取消判決의 效果】 ① 設立無效의 判決 또는 設立取消의 判決이 確定된 때에는 解散의 경우에 準하여 清算하여야 한다.

② 前項의 경우에는 法院은 社員 기타의 利害關係人의 請求에 의하여 清算人을 選任할 수 있다.

참조 [청산]250이하, 비송117이하, [청산인]253①·255②·262, 비송119이하, [유한책임회사에의 준용]287의6, [주식회사에의 준용]328②

第194條【設立無效, 取消와 會社繼續】 ① 設立無效의 判決 또는 設立取消의 判決이 確定된 경우에 그 無效나 取消의 原因이 特定한 社員에 한한 것인 때에는 다른 社員 全員의 同意로써 會社를 繼續할 수 있다.

② 前項의 경우에는 그 無效 또는 取消의 原因이 있는 社員은 退社한 것으로 본다.

③ 第229條第2項과 第3項의 規定은 前2項의 경우에 準用한다.

참조 ②[퇴사]218·222·225·226, [유한책임회사에의 준용]287의6, [소(訴)로써만 주장할 수 있는 설립무효·취소]상업등기법27

第2節 會社의 內部關係

第195條【準用法規】 合名會社의 內部關係에 관하여는 定款 또는 本法에 다른 規定이 없으면 組合에 관한 民法의 規定을 準用한다.

참조 [조합]민703-724

第196條【債權出資】 債權을 出資의 目的으로 한 社員은 그 債權이 辨濟期에 辨濟되지 아니한 때에는 그 債權額을 辨濟할 責任을 진다. 이 경우에는 利子를 支給하는 外에 이로 인하여 생긴 損害를 賠償하여야 한다.

참조 [출자의 목적]179·180, [조합원의 담보책임·손해배상책임]195, 민567·579, [제명이유]220①

第197條【持分의 讓渡】 社員은 다른 社員의 同意를 얻지 아니하면 그 持分의 全部 또는 一部를 他人에게 讓渡하지 못한다.

참조 [지분양도인의 책임]225②, [조합원과 지분양도]민676, [합자회사의 유한책임사원의 지분양도]276, [주식의 양도]235, [유한회사사원의 지분양도]556

판례 합자회사의 정관규정에 따라 지분권에 대한 명의신탁의 해지에 총사원의 동의를 요한다고 본 경우 : 합자회사인 피고 회사의 정관상 사원이 그 지분권을 다른 사원에게 양도함에는 총사원의 동의가 있어야 하도록 되어 있는데, 원고가 무한책임사원인 갑에 대한 채권의 담보로 갑의 지분을 양수하기로 하되 그 전부를 원고 명의로 이전할 경우 피고 회사의 운영권을 좌우하게 되므로 이를 피하기 위하여 다른 무한책임사원인 을, 병 및 원고의 3인 명의로 갑의 지분을 분산하여 변경등기를 경료하였다면 을, 병 명의의 지분변경등기가 원고를 위한 명의신탁이었다고 하여도 원고가 위 을, 병에 대하여 명의신탁을 해지하고 지분이전을 구하려면 정관의 규정에 의하여 총사원의 동의를 얻어야 한다.(대판 1989.11.28, 88다카33626)

판례 무한책임사원의 지분은 이를 양도할 수 있으며 채권자에 의하여 압류될 수도 있다.(대판 1971.10.25, 71다1931)

일판 '지분'이라 함은 사원이 회사에 대해서 가지는 법률상의 지위인 '사원권'을 의미하고, 사원은 이 지위에 의하여 자익권과 공익권을 보유한다. 지분의 이전에 따라 공익권도 당연히 이전한다. (日·最高 1970.7.15)

第198條【社員의 競業의 禁止】 ① 社員은 다른 社員의 同意가 없으면 自己 또는 第三者의 計算으로 會社의 營業部類에 屬하는 去來를 하지 못하며 同種營業을 目的으로 하는 다른 會社의 無限責任社員 또는 理事가 되지 못한다.

② 社員이 前項의 規定에 違反하여 去來를 한 경우에 그 去來가 自己의 計算으로 한 것인 때에는 會社는 이를 會社의 計算으로 한 것으로 볼 수 있고 第三者의 計算으로 한 것인 때에는 그 社員에 대하여 會社는 이로 인한 利得의 讓渡를 請求할 수 있다.(1962.12.12 본항개정)

③ 前項의 規定은 會社의 그 社員에 대한 損害賠償의 請求에 影響을 미치지 아니한다.

④ 第2項의 權利는 다른 社員過半數의 決議에 의하여 行使하여야 하며 다른 社員의 1人이 그 去來를 안 날로부터 2週間을 經過하거나 그 去來가 있은 날로부터 1年을 經過하면 消滅한다.

참조 [본조 위반의 효과]220①, [경업(競業)금지의무의 다른 경우]17·89·269·397·567, [업무집행조합원에의 준용]86의8, [유한책임회사에의 준용]287의10

第199條【社員의 自己去來】 社員은 다른 社員 過半數의 決議가 있는 때에 한하여 自己 또는 第三者의 計算으로 會社와 去來를 할 수 있다. 이 경우에는 民法 第124條의 規定을 適用하지 아니한다.

참조 [이사와 자기거래]398·567, [업무집행조합원에의 준용]86의8

第200條【業務執行의 權利義務】 ① 各社員은 定款에 다른 規定이 없는 때에는 會社의 業務를 執行할 權利와 義務가 있다.

② 各社員의 業務執行에 관한 行爲에 대하여 다른 社員의 異議가 있는 때에는 곧 行爲를 中止하고 總社員過半數의 決議에 의하여야 한다.

참조 ①70, [제명의 선고]220①, [업무집행의 방법]195·203, 민706·707, [업무집행권 없는 사원의 감시권]195, 민710, [업무집행사원과 벌칙]622·625·627

第200條의2【직무대행자의 권한】 ① 제183조의2의 직무대행자는 가처분명령에 다른 정함이 있는 경우 외에는 법인의 통상업무에 속하지 아니한 행위를 하지 못한다. 다만, 법원의 허가를 얻은 경우에는 그러하지 아니하다.

② 직무대행자가 제1항의 규정에 위반한 행위를 한 경우에도 회사는 선의의 제3자에 대하여 책임을 진다. (2001.12.29 본조신설)

참조 [업무집행조합원에의 준용]86의8, [유한책임회사에의 준용]287의13

第201條【業務執行社員】 ① 定款으로 社員의 1人 또는 數人을 業務執行社員으로 定한 때에는 그 社員이 會社의 業務를 執行할 權利와 義務가 있다.

② 數人의 業務執行社員이 있는 경우에 그 各社員의 業務執行에 관한 行爲에 대하여 다른 業務執行社員의 異

議가 있는 때에는 곧 그 行爲를 中止하고 業務執行社員 過半數의 決議에 의하여야 한다.

참조 [업무집행의 권리의무]200, [공동업무집행사원]202, [업무집행권 없는 사원의 감시권]195, 민710, [권한상실의 선고]205, [제명의 선고]220①

第202條【共同業務執行社員】 定款으로 數人의 社員을 共同業務執行社員으로 定한 때에 그 全員의 同意가 없으면 業務執行에 관한 行爲를 하지 못한다. 그러나 遲滯할 念慮가 있는 때에는 그러하지 아니하다.

참조 [업무집행사원]201, [권한상실의 선고]205, [제명의 선고]220

第203條【支配人의 選任과 解任】 支配人의 選任과 解任은 定款에 다른 定함이 없으면 業務執行社員이 있는 경우에도 總社員 過半數의 決議에 의하여야 한다.

참조 [지배인의 선임·해임]10·13, [업무집행의 방법]195, 민706②

第204條【定款의 變更】 定款을 變更함에는 總社員의 同意가 있어야 한다.

참조 [정관]178·179, [사단법인의 정관변경]민42, [유한책임회사의 정관변경]287의16, [유한회사의 정관변경]584이하, [재단법인의 정관변경]민45, [주식회사의 정관변경]433이하, [합자회사의 정관변경]269, [회사의 목적]179·180

第205條【業務執行社員의 權限喪失宣告】 ① 社員이 業務를 執行함에 顯著하게 不適任하거나 重大한 業務에 違反한 行爲가 있는 때에는 法院은 社員의 請求에 의하여 業務執行權限의 喪失을 宣告할 수 있다.

② 제1항의 판결이 확정된 때에는 본점의 소재지에서 등기하여야 한다.(2024.9.20 본항개정)

改前 "② 前項의 判決이 確定된 때에는 本店과 支店의 所在地에서 登記하여야 한다."

참조 [업무집행권]200·201, [관할법원]186·206, [등기]183, [대표사원에의 준용]216

판례 무한책임사원이 1인 뿐인 합자회사에 있어서 업무집행사원에 대한 권한상실선고 : 상법 제205조가 규정하고 있는 합자회사의 업무집행 사원의 권한상실선고 제도는 회사의 운영에 있어서 장애사유를 제거하는데 목적이 있고 회사를 해산상태로 몰고 가자는데 목적이 있는 것이 아니므로 무한책임사원 1인 뿐인 합자회사에서 업무집행사원에 대한 권한상실신고는 회사의 업무집행사원 및 대표사원이 없는 상태로 돌아가게 되어 권한상실제도의 취지에 어긋나게 되어 회사를 운영할 수 없으므로 이를 할 수 없다.
(대판 1977.4.26, 75다1341)

第206條【準用規定】 第186條의 規定은 前條의 訴에 準用한다.

참조 민소31, [본점소재지]179·180, [대표사원에의 준용]216

第3節 會社의 外部關係

第207條【會社代表】 定款으로 業務執行社員을 定하지 아니한 때에는 各社員은 會社를 代表한다. 數人의 業務執行社員을 정한 경우에 各 業務執行社員은 會社를 代表한다. 그러나 定款 또는 總社員의 同意로 業務執行社員中 특히 會社를 代表할 者를 定할 수 있다.

참조 [업무집행사원]201, [대표사원의 등기]180①·205②·216, [권한]208·209·211, [대표권상실의 선고]205①·216, [이사의 대표권]389·562

第208條【共同代表】 ① 會社는 定款 또는 總社員의 同意로 數人의 社員이 共同으로 會社를 代表할 것을 정할 수 있다.

② 前項의 경우에도 第三者의 會社에 대한 意思表示는 共同代表의 權限있는 社員 1人에 대하여 이를 함으로써 그 效力이 생긴다.

참조 [등기]180, [대표권상실의 선고]205·216, [이사의 공동대표]389②·562③, [이사에의 준용]289③·567, ②[업무집행조합원에의 준용]86의8

第209條【代表社員의 權限】 ① 會社를 代表하는 社員은 會社의 營業에 관하여 裁判上 또는 裁判外의 모든 行爲를 할 權限이 있다.

② 前項의 權限에 대한 制限은 善意의 第三者에게 對抗하지 못한다.

참조 [이사에의 준용]289③·567, [지배인의 권한]11①②, [선장의 권한]773·775, [대표사원]207, [등기]180, [재판상의 대표]민소64, [대리권의 제한과 선의의 제3자]민41·49②·60, [타법에의 준용]보험76, [업무집행조합원에의 준용]86의8, [유한책임회사의 대표]287의19

판례 주식회사의 대표이사가 이사회의 결의를 거쳐야 할 대외적 거래행위에 관하여 이를 거치지 아니한 경우, 그 거래 상대방이 그와 같은 이사회결의가 없었다는 점을 알았거나 알 수 있었다면 그 거래행위는 거래 상대방에 대하여 효력이 없다.
(대판 2012.8.17, 2012다45443)

판례 약정 내용이 정관 등에 의하여 또는 대표이사의 일상업무에 속하지 아니한 중요한 업무에 해당하여 이사회의 결의를 거쳐야 할 사항인데 대표이사가 이를 거치지 아니한 경우 회사에 대하여 효력이 없다.(대판 1997.6.13, 96다48282)

판례 거래의 상대방이 이사회의 결의가 없었음을 알았거나 알 수 있었음은 이를 주장하는 회사측이 주장·입증하여야 한다.
(대판 1996.1.26, 94다42754)

第210條【損害賠償責任】 會社를 代表하는 社員이 그 業務執行으로 인하여 他人에게 損害를 加한 때에는 會社는 그 社員과 連帶하여 賠償할 責任이 있다.

참조 [법인의 손해배상책임]민35①

판례 신용협동조합의 분소장이 고객에게 보관중이던 이사장의 인감을 이용하여 조합 명의의 차용증을 작성·교부하고 금원을 차용한 후 개인 용도로 소비한 경우, 위와 같은 차용행위는 비록 분소책임자로서의 권한 외의 행위라 하더라도 분소책임자로서 본래의 직무와는 밀접한 관계가 있고 외관상으로도 그와 유사하여 거래상 조합의 직무범위에 속하는 행위로 보이며 고객으로서도 조합과의 거래로 알고 있었다는 이유로 조합에게 사용자책임을 인정한 사례이다.
(대판 1998.7.24, 97다55706)

第211條【會社와 社員間의 訴에 관한 代表權】 會社가 社員에 대하여 또는 社員이 會社에 대하여 訴를 提起하는 경우에 會社를 代表할 社員이 없을 때에는 다른 社員過半數의 決議로 選定하여야 한다.

참조 [회사와 사원간의 소송의 예]184·220·236·241, [특별대리인]민소62·64, [이사와 회사간의 소에 관한 대표]394·563

第212條【社員의 責任】 ① 會社의 財産으로 會社의 債務를 完濟할 수 없는 때에는 各 社員은 連帶하여 辨濟할 責任이 있다.

② 會社財産에 대한 强制執行이 奏效하지 못한 때에도 前項과 같다.

③ 前項의 規定은 社員이 會社에 辨濟의 資力이 있으며 執行이 容易한 것을 證明한 때에는 適用하지 아니한다.

참조 [채무완제불능]254④, 채무자회생파산306, [사원의 책임과 항변]214, [신입사원의 책임]213, [자칭사원의 책임]215, [퇴사원, 지분양도자의 책임]225, [책임의 소멸]267, [연대책임]민413이하, [업무집행조합원에의 준용]86의8, [사원의 파산]채무자회생파산432, [합자회사의 유한책임사원의 책임]279, [주주의 책임]331, [유한회사사원의 책임]553, ③[보증인과 항변권]민437

판례 합명회사는 실질적으로 조합적 공동기업체여서 회사의 채무는 실질적으로 각 사원의 공동채무이므로, 합명회사 사원의 책임은 회사가 채무를 부담하면 법률의 규정에 기해 당연히 발생하는 것이고, '회사의 재산으로 회사의 채무를 완제할 수 없는 때' 또는 '회사재산에 대한 강제집행이 주효하지 못한 때'에 비로소 발생하는 것은 아니며, 이는 회사 채권자가 그와 같은 경우에 해당함을 증명하여 합명회사의 사원에게 보충적으로 책임의 이행을 청구할 수 있다는 책임이행의 요건을 정한 것으로 봄이 타당하다. 그리고 합자회사의 장에 다른 규정이 없는 사항은 합명회사에 관한 규정을 준용하므로(상법 제269조), 합자회사의 무한책임사원의 회사 채권자에 대한 책임은 합명회사의 사원의 책임과 동일하다.(대판 2009.5.28, 2006다65903)

판례 무한책임사원 개인 소유의 재산까지 임금 우선변제권의 대상이 되는 '사용자의 총재산'에 포함된다고 해석할 수는 없다.
(대판 1996.2.9, 95다719)

第213條【新入社員의 責任】 會社成立後에 加入한 社員은 그 加入前에 생긴 會社債務에 대하여 다른 社員과 同一한 責任을 진다.

참조 [입사]179·197·204, [사원의 책임]212

판례 합자회사 설립 후 제3자가 합자회사의 사원으로 되는 방법으로는 입사에 의하여 원시적으로 사원 자격을 취득하는 방법과 기존의 사원으로부터 지분을 양수하는 방법이 있는데, 전자의 입사 방법은 입사하려는 자와 회사 사이의 입사계약으로 이루어지고 후자의 입사방법은 입사하려는 자와 기존 사원 개인 사이의 지분매매계약으로 이루어진다.(대판 2002.4.9, 2001다77567)

第214條【社員의 抗辯】 ① 社員이 會社債務에 관하여 辨濟의 請求를 받은 때에는 會社가 主張할 수 있는 抗辯으로 그 債權者에게 對抗할 수 있다.
② 會社가 그 債權者에 대하여 相計, 取消 또는 解除할 權利가 있는 경우에는 社員은 前項의 請求에 대하여 辨濟를 拒否할 수 있다.

참조 [상계권]민492이하, [취소권]민110 · 140이하, [해지 · 해제권]민543이하

第215條【自稱社員의 責任】 社員이 아닌 者가 他人에게 自己를 社員이라고 誤認시키는 行爲를 하였을 때에는 誤認으로 인하여 會社와 去來한 者에 대하여 社員과 同一한 責任을 진다.

참조 [사원의 책임]212, [퇴사원의 상호변경청구권]226

第216條【準用規定】 第205條와 第206條의 規定은 會社의 代表社員에 準用한다.

第4節 社員의 退社

第217條【社員의 退社權】 ① 定款으로 會社의 存立期間을 定하지 아니하거나 어느 社員의 終身까지 存續할 것을 정한 때에는 社員은 營業年度末에 한하여 退社할 수 있다. 그러나 6月前에 이를 豫告하여야 한다.
② 社員이 不得已한 事由가 있을 때에는 언제든지 退社할 수 있다.

참조 [퇴사사유]194② · 218 · 224① · 229①단서, [존립기간]180, [퇴사와 지분환급]195 · 221 · 223, 민719, [퇴사원과 책임]225, [퇴사와 등기]183, [조합원의 퇴사]민716, ①[유한책임회사 사원의 퇴사]287의24

第218條【퇴사원인】 사원은 전조의 경우 외에 다음의 사유로 인하여 퇴사한다.
1. 정관에 정한 사유의 발생
2. 총사원의 동의
3. 사망
4. 성년후견개시
5. 파산
6. 제명
(2018.9.18 본조개정)

改前 "第218條【退社原因】 社員은 前條의 경우외에 다음의 事由로 인하여 退社한다.
1. 定款에 정한 事由의 發生
2. 總社員의 同意
3. 死亡
4. 禁治産
5. 破産
6. 除名"

참조 [기타의 퇴사사유]194② · 217 · 224① · 229①단서, [퇴사와 등기]183, [유한책임회사 사원의 퇴사]287의24, (3)[청산회사와 사원의 사망]246, (4)[성년후견개시]민9, (5)[회사채권자와 파산채권]채무자회생파산432, (6)[제명]220, [조합원의 퇴사]민717

판례 상법은 제218조제6호, 제220조, 제269조에서 인적 회사인 합명회사, 합자회사에 대하여 사원의 퇴사사유의 하나로서 '제명'을 규정하면서 제명의 사유가 있는 때에는 다른 사원 과반수의 결의에 의하여 그 사원의 제명의 선고를 법원에 청구할 수 있도록 규정하고 있음에 비하여, 주식회사의 경우에는 주주의 제명에 관한 근거 규정과 절차 규정을 두고 있지 아니한바, 이는 상법이 인적 결합이 아닌 자본의 결합을 본질로 하는 물적 회사로서의 주식회사의 특성을 특별히 고려한 입법이라고 해석되므로, 회사의 주주의 구성이 소수에 의하여 제한적으로 이루어져 있다거나 주주 상호간의 신뢰관계를 기초로 하고 있다는 등의 사정이 있다 하더라도, 그러한 사정만으로 인적 회사인 합명회사, 합자회사의 사원 제명에 관한 규정을 물적 회사인 주식회사에 유추적용하여 주주의 제명을 허용할 수 없다.
(대판 2007.5.10, 2005다60147)

第219條【社員死亡時 權利承繼의 通知】 ① 定款으로 社員이 死亡한 경우에 그 相續人이 會社에 대한 被相續人의 權利義務를 承繼하여 社員이 될 수 있음을 定한 때에는 相續人은 相續의 開始를 안 날로부터 3月내에 會社에 대하여 承繼 또는 拋棄의 通知를 發送하여야 한다.
② 相續人이 前項의 通知없이 3月을 經過한 때에는 社員이 될 權利를 拋棄한 것으로 본다.

참조 [유한책임회사 사원의 사망]287의26

第220條【除名의 宣告】 ① 社員에게 다음의 事由가 있는 때에는 會社는 다른 社員 過半數의 決議에 의하여 그 社員의 除名의 宣告를 法院에 請求할 수 있다.
1. 出資의 義務를 履行하지 아니한 때
2. 第198條第1項의 規定에 違反한 行爲가 있는 때
3. 會社의 業務執行 또는 代表에 관하여 不正한 行爲가 있는 때, 權限없이 業務를 執行하거나 會社를 代表한 때
4. 기타 重要한 事由가 있는 때
② 第205條第2項과 第206條의 規定은 前項의 경우에 準用한다.

참조 [제명]87 · 218 · 287의27, 민718, [업무집행권]200, [대표권]207 · 208, [관할법원]186 · 206 · 220②, [등기]183

第221條【除名社員과 會社間의 計算】 除名된 社員과 會社와의 計算은 除名의 訴를 提起한 때의 會社財産의 狀態에 따라서 하며 그 때부터 法定利子를 붙여야 한다.

참조 [지분의 계산]195 · 222, 민719, [법정이자]54, 민379

第222條【持分의 還給】 退社한 社員은 勞務 또는 信用으로 出資의 目的으로 한 경우에도 그 持分의 還給을 받을 수 있다. 그러나 定款에 다른 規定이 있는 때에는 그러하지 아니하다.

참조 [퇴사원지분의 계산]195 · 221, 민719

第223條【持分의 押留】 社員의 持分의 押留는 社員이 將來利益의 配當과 持分의 還給을 請求하는 權利에 대하여도 그 效力이 있다.

참조 [압류]민집, [지분압류와 퇴사]224, [지분압류의 효력]247④ · 249, [이익배당]195, 민711, [지분반환]195 · 222, 민707, [지분반환청구권의 보전]비송102

第224條【持分 押留債權者에 의한 退社請求】 ① 社員의 持分을 押留한 債權者는 營業年度末에 그 社員을 退社시킬 수 있다. 그러나 會社와 그 社員에 대하여 6月前에 그 豫告를 하여야 한다.
② 前項 但書의 豫告는 社員이 辨濟를 하거나 相當한 擔保를 提供한 때에는 그 效力을 잃는다.

참조 [퇴사]217 · 218 · 287의29, [지분환급청구권의 보전]222 · 223, 비송102, [사원의 채권자에 의한 설립취소의 소]185

판례 담보를 제공한다는 의미 : 담보를 제공한 때라 함은 압류채권자와의 사이에서 담보물권을 설정하거나 보증계약을 체결한 때를 말하는 것이므로, 실질적으로 보증과 같은 채권확보의 효력이 있는 중첩적 채무인수계약이 압류채권자와의 사이에서 체결되거나 또는 압류채권자가 위 채무인수를 승낙한 때에는 퇴사예고는 그 효력을 잃는다고 보아야 할 것이다.(대판 1989.5.23, 88다카13516)

第225條【退社員의 責任】 ① 退社한 社員은 本店所在地에서 退社登記를 하기 前에 생긴 會社債務에 대하여는 登記後 2年내에는 다른 社員과 同一한 責任이 있다.
② 前項의 規定은 持分을 讓渡한 社員에 準用한다.

참조 [등기의 일반적 효력]37, [퇴사의 등기]183, [책임의 내용]212, [무한책임사원이 유한책임사원으로 되었을 경우의 책임]244 · 282, [해산의 경우의 책임의 존속기간]267, [지분의 양도]197

판례 퇴사한 무한책임사원의 책임 : 상법 269조, 225조에 의하여 합자회사에서 퇴사한 무한책임사원은 본점 소재지에서 퇴사등기를 하기 전에 발생한 회사의 채무에 대하여는 등기후에 2년 이내에는 다른 무한책임사원과 동일한 책임이 있으므로 합자회사에 변제의 자력이 있으며 집행이 용이하다는 사실을 주장입증하지 못하는 한 책임을 면할 수 없다.(대판 1975.2.10, 74다1727)

第226條【退社員의 商號變更請求權】 退社한 社員의 姓名이 會社의 商號中에 使用된 경우에는 그 社員은 會社에 대하여 그 使用의 廢止를 請求할 수 있다.

참조 [상호]18 · 19, [자칭사원의 책임]215, [자기명칭의 사용을 허락한 자의 책임]24

第5節 會社의 解散

第227條【解散原因】 會社는 다음의 事由로 인하여 解散한다.

1. 存立期間의 滿了 기타 定款으로 定한 事由의 發生
2. 總社員의 同意
3. 社員이 1人으로 된 때
4. 合併
5. 破産
6. 法院의 命令 또는 判決

참조 [해산등기]상업등기법60·63·64·73, ⑴[정관에 정한 사유]180, ⑴⑵[회사의 계속]229①, ⑶[회사의 계속]229②·242②, [청산]247·252, ⑷[합병]174·230-240, ⑸[파산원인]채무자회생파산305·306, [파산과 계속]채무자회생파산538-540, ⑹[해산명령]176, [해산의 청구]241, [유한책임회사의 해산원인]287의38

第228條【해산등기】 회사가 해산된 때에는 합병과 파산의 경우 외에는 그 해산사유가 있은 날부터 2주일 내에 본점의 소재지에서 해산등기를 하여야 한다.
(2024.9.20 본조개정)

改前 第228條【解散登記】 會社가 解散된 때에는 合併과 破産의 경우외에는 그 解散事由가 있은 날로부터 本店所在地에서는 2週間내, 支店所在地에서는 3週間내에 解散登記를 하여야 한다.

참조 [해산등기]상업등기법60·73, [합병의 경우의 등기]233, [파산의 등기]채무자회생파산24·25·27, [벌칙]635①, [청산종결의 등기]264, [사원의 책임소멸기간의 기산점]267①, [유한회사에의 준용]613①, [상호회사에의 준용]보험70, [합자조합에의 준용]86의8

第229條【會社의 繼續】 ① 第227條第1號와 第2號의 경우에는 社員의 全部 또는 一部의 同意로 會社를 繼續할 수 있다. 그러나 同意를 하지 아니한 社員은 退社한 것으로 본다.
② 第227條第3號의 경우에는 새로 社員을 加入시켜서 會社를 繼續할 수 있다.
③ 제1항과 제2항의 경우에 이미 회사의 해산등기를 하였을 때에는 본점의 소재지에서 2주일 내에 회사의 계속등기를 하여야 한다.(2024.9.20 본항개정)
④ 第213條의 規定은 第2項의 新入社員의 責任에 準用한다.

改前 "③ 前2項의 경우에 이미 會社의 解散登記를 하였을 때에는 本店所在地에서는 2週間내, 支店所在地에서는 3週間내에 會社의 繼續登記를 하여야 한다."

참조 [계속과 동시에 하는 조직변경]242②, [설립무효·취소와 계속]194, [해산등기]96, [계속의 등기]상업등기법61, [유한책임회사에의 준용]287의40, [유한회사에의 준용]611, [파산과 계속]채무자회생파산538·540, [사업연도의 의제]법인세법8

第230條【合併의 決議】 會社가 合併을 함에는 總社員의 同意가 있어야 한다.

참조 [합병]174·232-240·287의41·522·525

第231條 (1984.4.10 삭제)

第232條【債權者의 異議】 ① 會社는 合併의 決議가 있은 날부터 2週내에 會社債權者에 대하여 合併에 異議가 있으면 일정한 期間내에 이를 제출할 것을 公告하고 알고 있는 債權者에 대하여는 따로따로 이를 催告하여야 한다. 이 경우 그 期間은 1月이상이어야 한다.
(1998.12.28 본항개정)
② 債權者가 第1項의 期間내에 異議를 제출하지 아니한 때에는 合併을 承認한 것으로 본다.(1984.4.10 본항개정)
③ 異議를 提出한 債權者가 있는 때에는 會社는 그 債權者에 대하여 辨濟 또는 相當한 擔保를 提供하거나 이를 目的으로 하여 相當한 財産을 信託會社에 信託하여야 한다.

참조 [합병을 승인하지 아니한 채권자의 보호]236·237, [합병에 의한 등기신청]상업등기법62-64, [벌칙]635①, [주식회사·유한회사에의 준용]530②·603, [상호회사에의 준용]보험70, [자본감소·조직변경 등의 경우에의 준용]439②·608, 보험22·29, [유한책임회사의 자본금 감소]287의36, [유한책임회사에의 준용]287의41

第233條【합병의 등기】 회사가 합병을 한 때에는 본점의 소재지에서 2주일 내에 합병 후 존속하는 회사의 변경등기, 합병으로 인하여 소멸하는 회사의 해산등기, 합병으로 인하여 설립되는 회사의 설립등기를 하여야 한다.(2024.9.20 본조개정)

改前 第233條【合併의 登記】 會社가 合併을 한 때에는 本店所在地에서는 2週間내, 支店所在地에서는 3週間내에 合併後 存續하는 會社의 變更登記, 合併으로 인하여 消滅하는 會社의 解散登記, 合併으로 인하여 設立되는 會社의 設立登記를 하여야 한다.

참조 [등기]상업등기법62-64, [벌칙]635, [등기의 효과]234, [유한책임회사에의 준용]287의41

第234條【合併의 效力發生】 會社의 合併은 合併後 存續하는 會社 또는 合併으로 인하여 設立되는 會社가 그 本店所在地에서 前條의 登記를 함으로써 그 效力이 생긴다.

참조 [합병등기]233, [회사의 성립과 등기]172, [합병의 효과]227, [유한책임회사에의 준용]287의41, [주식회사·유한회사에의 준용]530②·603, [상호회사에의 준용]보험70

第235條【合併의 效果】 合併後 存續한 會社 또는 合併으로 인하여 設立된 會社는 合併으로 인하여 消滅된 會社의 權利義務를 承繼한다.

참조 [피합병회사의 해산]227·250, [유한책임회사에의 준용]287의41, [주식회사·유한회사에의 준용]530②·603, [상호회사에의 준용]보험70

판례 합병의 효력범위 : 회사합병이 있는 경우에는 피합병회사의 권리 의무는 사법상의 관계나 공법상의 관계를 불문하고 그 성질상 이전을 허용하지 않는 것을 제외하고는 모두 합병으로 인하여 존속한 회사에서 승계된다.(대판 1980.3.25, 77누265)

第236條【合併無效의 訴의 提起】 ① 會社의 合併의 無效는 各 會社의 社員, 清算人, 破産管財人 또는 合併을 承認하지 아니한 會社債權者에 한하여 訴만으로 이를 主張할 수 있다.
② 前項의 訴는 第233條의 登記가 있은 날로부터 6月내에 提起하여야 한다.

참조 [합병무효판결의 효력]239·240, [청산인]251·252, [파산관재인]채무자회생파산359, [합병을 승인하지 아니한 채권자]232②③·237, [주식회사·유한회사와 합병무효의 소]529·603, [유한책임회사에의 준용]287의41, [상호회사에의 준용]보험70

第237條【準用規定】 第176條第3項과 第4項의 規定은 會社債權者가 前條의 訴를 提起한 때에 準用한다.

참조 [유한책임회사에의 준용]287의41

第238條【합병무효의 등기】 합병을 무효로 한 판결이 확정된 때에는 본점의 소재지에서 합병 후 존속하는 회사의 변경등기, 합병으로 인하여 소멸한 회사의 회복등기, 합병으로 인하여 설립된 회사의 해산등기를 하여야 한다.(2024.9.20 본조개정)

改前 第238條【合併無效의 登記】 合併을 無效로 한 判決이 確定된 때에는 本店과 支店의 所在地에서 合併後 存續한 會社의 變更登記, 合併으로 인하여 消滅된 會社의 回復登記, 合併으로 인하여 設立된 會社의 解散登記를 하여야 한다.

참조 [등기]비송99, [유한책임회사에의 준용]287의41, [주식회사·유한회사에의 준용]530②·603, [상호회사에의 준용]보험70

第239條【無效判決確定과 會社의 權利義務의 귀속】
① 合併을 無效로 한 判決이 確定된 때에는 合併을 한 會社는 合併後 存續한 會社 또는 合併으로 인하여 設立된 會社의 合併後 負擔한 債務에 대하여 連帶하여 辨濟할 責任이 있다.
② 合併後 存續한 會社 또는 合併으로 인하여 設立한 會社의 合併後 取得한 財産은 合併을 한 會社의 共有로 한다.
③ 前2項의 경우에 各會社의 協議로 그 負擔部分 또는 持分을 정하지 못한 때에는 法院은 그 請求에 의하여 合併當時의 各 會社의 財産狀態 기타의 事情을 參酌하여 이를 定한다.

참조 [유한책임회사에의 준용]287의41, [주식회사·유한회사에의 준용]530②·603, [상호회사에의 준용]보험70, ①[연대]민413이하, ②[공유]민262이하, ③[재판]비송72·100

第240條【準用規定】 第186條 내지 第191條의 規定은 合併無效의 訴에 準用한다.

참조 [유한책임회사에의 준용]287의41, [주식회사·유한회사에의 준용]530②·603, [상호회사에의 준용]보험70

第241條【社員에 의한 解散請求】 ① 不得已한 事由가 있는 때에는 各 社員은 會社의 解散을 法院에 請求할 수 있다.

② 第186條와 第191條의 規定은 前項의 경우에 準用한다.

참조 [유한책임회사에의 준용]287의42, [조합원의 해산청구]민720, [해산사유]227, [해산명령청구권자의 책임에 관한 경과규정]상법시행법7

일판 합명회사의 업무집행이 다수파 사원에 의하여 불공정하고 이기적으로 행하여져 그로 인하여 소수파 사원이 항상 까닭없는 불이익을 입고 있는 경우에는 이것을 타개하기 위하여 사원쌍방에 있어서 공정 또는 상당한 수단이 없는 한 본조 제1항의 "부득이한 사유"가 있다.(日·最高 1986.3.13)

第242條【組織變更】 ① 合名會社는 總社員의 同意로 一部社員을 有限責任社員으로 하거나 有限責任社員을 새로 加入시켜서 合資會社로 變更할 수 있다.

② 前項의 規定은 第229條第2項의 規定에 의하여 會社를 繼續하는 경우에 準用한다.

참조 [조직변경과 등기]234, [신입사원의 책임]213, [종전사원으로서 유한책임사원이 된 자의 책임]244, [합자회사를 합명회사로 조직변경]286

판례 회사의 조직변경이 인정되는 경우 : 회사의 조직변경은 회사가 그의 인격의 동일성을 보유하면서 법률상의 조직을 변경하여 다른 종류의 회사로 되는 것을 일컫는다 할 것이고 상법상 합명, 합자회사 상호간 또는 주식, 유한회사 상호간에만 회사의 조직변경이 인정되고 있을 뿐이므로 소외 계룡건설합자회사가 그 목적, 주소, 대표자 등이 동일한 주식회사인 원고 회사를 설립한 다음 동 소외 회사를 흡수 합병하는 형식을 밟아 사실상 합자회사를 주식회사로 변경하는 효과를 꾀하였다 하더라도 이를 법률상의 회사조직변경으로 볼 수는 없다.(대판 1985.11.12, 85누69)

第243條【조직변경의 등기】 합명회사를 합자회사로 변경한 때에는 본점의 소재지에서 2주일 내에 합명회사의 해산등기, 합자회사의 설립등기를 하여야 한다.
(2024.9.20 본조개정)

改前 第243條【組織變更의 登記】合名會社를 合資會社로 變更한 때에는 本店所在地에서는 2週間내, 支店所在地에서는 3週間내에 合名會社에 있어서는 解散登記, 合資會社에 있어서는 設立登記를 하여야 한다.

참조 [등기]상업등기법65-67

第244條【組織變更에 의하여 有限責任社員이 된 者의 責任】 合名會社社員으로서 第242條第1項의 規定에 의하여 有限責任社員이 된 者는 前條의 規定에 의한 本店登記를 하기 前에 생긴 會社債務에 대하여는 登記後 2年내에는 無限責任社員의 責任을 免하지 못한다.

참조 [무한책임사원의 책임]212, [퇴사원의 책임]212·225

第6節 清 算

第245條【清算中의 會社】 會社는 解散된 後에도 清算의 目的範圍내에서 存續하는 것으로 본다.

참조 [감독]비송118, [해산법인의 권리능력]민81, 채무자회생파산328, [주식회사·유한회사에의 준용]542·613, [상호회사에의 준용]보험73

판례 주식회사는 해산된 뒤에도 청산법인으로 되어 청산의 목적범위 내에서 존속하므로, 그 주주는 주주총회의 결의에 참여할 수 있을 뿐더러 잔여재산의 분배청구권 및 청산인의 해임청구권이 있고, 한편 해산 당시의 이사는 정관에 다른 규정이 있거나 주주총회에서 따로 청산인을 선임하지 아니한 경우에 당연히 청산인이 되고 해산 당시 또는 그 후에 임기가 만료되더라도 새로 청산인이 선임되어 취임할 때까지는 청산인으로서 권리의무를 가진다.
(대판 1991.11.22, 91다22131)

第246條【數人의 持分相續人이 있는 경우】 會社의 解散後 社員이 死亡한 경우에 그 相續人이 數人인 때에는 清算에 관한 社員의 權利를 行使할 者 1人을 정하여야 한다. 이를 정하지 아니한 때에는 會社의 通知 또는 催告는 그 中의 1人에 대하여 하면 全員에 대하여 그 效力이 있다.

참조 [상속인이 수인 있을 경우]민1000이하·1006·1078, [해산전의 사원의 사망]218

第247條【任意清算】 ① 解散된 會社의 財産處分方法은 定款 또는 總社員의 同意로 이를 정할 수 있다. 이 경우에는 解散事由가 있는 날로부터 2週間내에 財産目錄과 貸借對照表를 作成하여야 한다.

② 前項의 規定은 會社가 第227條第3號 또는 第6號의 事由로 인하여 解散한 경우에는 이를 適用하지 아니한다.

③ 第232條의 規定은 第1項의 경우에 準用한다.

④ 第1項의 경우에 社員의 持分을 押留한 者가 있는 때에는 그 同意를 얻어야 한다.

⑤ 제1항의 회사는 그 재산의 처분을 완료한 날부터 2주일 내에 본점의 소재지에서 청산종결의 등기를 하여야 한다.(2024.9.20 본항개정)

改前 "⑤ 第1項의 會社는 그 財産의 처분을 완료한 날부터 本店所在地에서는 2週間내에, 支店所在地에서는 3週間내에 清算終結의 登記를 하여야 한다.(1995.12.29 본항신설)"

참조 [처분방법을 정하지 아니한 때]250이하, ①[재산목록·대차대조표]30, [법정청산과 재산목록의 작성]256①, [재산목록 등의 보존]266, [벌칙]635①, ②[법정청산]250이하, ③[위반과 채권자보호]248, [벌칙]635①, ④[지분의 압류]223·224, [위반과 채권자보호]249

第248條【任意清算과 債權者保護】 ① 會社가 前條第3項의 規定에 違反하여 그 財産을 處分함으로써 會社債權者를 害한 때에는 會社債權者는 그 處分의 取消를 法院에 請求할 수 있다.

② 第186條와 民法 第406條第1項 但書, 第2項 및 第407條의 規定은 前項의 取消의 請求에 準用한다.

第249條【持分押留債權者의 保護】 會社가 第247條第4項의 規定에 違反하여 그 財産을 處分한 때에는 社員의 持分을 押留한 者는 會社에 대하여 그 持分에 相當하는 金額의 支給을 請求할 수 있다. 이 경우에는 前條의 規定을 準用한다.

참조 [처분취소청구권]248, [지분의 압류]223·224

第250條【法定清算】 第247條第1項의 規定에 의하여 會社財産의 處分方法을 定하지 아니한 때에는 合併과 破産의 경우를 제외하고 第251條 내지 第265條의 規定에 따라서 清算을 하여야 한다.

참조 [합병의 경우]235, [파산]채무자회생파산294이하, [법정의 청산감독]비송117·118

第251條【清算人】 ① 會社가 解散된 때에는 總社員過半數의 決議로 清算人을 選任한다.

② 清算人의 選任이 없는 때에는 業務執行社員이 清算人이 된다.

참조 [업무집행사원]201, [청산인이 될 수 없는 자]비송121, [등기]253, [특별규정]193·252, [해임]261·262, [수인의 청산인과 청산집행방법]254②, [청산인과 회사대표]254③·255, [청산인과 회사와의 관계]265·382②·399

第252條【法院選任에 의한 清算人】 會社가 第227條第3號 또는 第6號의 事由로 인하여 解散된 때에는 法院은 社員 기타의 利害關係人이나 檢事의 請求에 의하여 또는 職權으로 清算人을 選任한다.

참조 [선임]비송117·119-121, 보험156, [해임]261·262, [특례]보험138, [사무의 인계]635①, [설립의 무효취소의 경우의 청산인]193, [수인의 청산인과 청산집행방법]254②, [청산인과 회사대표]254③·255, [청산인과 회사와의 관계]265·382②·399, [주식회사·유한회사에의 준용]542①·613①

第253條【清算人의 登記】 ① 청산인이 선임된 때에는 그 선임된 날부터, 업무집행사원이 청산인이 된 때에는 해산된 날부터 2주일 내에 본점의 소재지에서 다음 각 호의 사항을 등기하여야 한다.(2024.9.20 본문개정)

1. 清算人의 姓名·住民登錄番號 및 住所. 다만, 會社를 代表할 清算人을 정한 때에는 그 외의 清算人의 住所를 제외한다.(1995.12.29 본호개정)
2. 會社를 代表할 清算人을 정한 때에는 그 姓名
3. 數人의 清算人이 共同으로 會社를 代表 할 것을 정한 때에는 그 規定

② 第183條의 規定은 第1項의 登記에 準用한다.
(1995.12.29 본항개정)

改前 第253條【清算人의 登記】① "清算人이 選任된 때에는 그 選任된 날로부터, 業務執行社員이 清算人이 된 때에는 解散된 날로부터 本店所在地에서는 2週間내, 支店所在地에서는 3週間내에 다음의 事項을 登記하여야 한다."

참조 [청산인과 회사대표]255, [벌칙]635①, [주식회사·유한회사에의 준용]542①·613①, [상호회사에의 준용]보험73, ①(2)[대표청산인]207·

255①, ⑶[공동대표]208 · 255②, [합자조합에의 준용]86의8, [등기사항] 상업등기법62 · 68

第254條【清算人의 職務權限】 ① 清算人의 職務는 다음과 같다.
1. 現存事務의 終結
2. 債權의 推尋과 債務의 辨濟
3. 財産의 換價處分
4. 殘餘財産의 分配

② 清算人이 數人인 때에는 清算의 職務에 관한 行爲는 그 過半數의 決議로 定한다.
③ 會社를 代表할 清算人은 第1項의 職務에 관하여 裁判上 또는 裁判外의 모든 行爲를 할 權限이 있다.
④ 民法 第93條의 規定은 合名會社에 準用한다.

참조 [공익법인청산인의 직무]민87, [기타직무권한]255－260, [주식회사 · 유한회사에의 준용]542① · 613①, [상호회사에의 준용]보험73, ⑵[채무변제]258 · 259, ⑷[재산분배의 제한]260 · 635①, [분배의 표준]195, 민724②, ②[조합의 청산인의 경우]민706 · 722, [청산인이 자기 또는 제3자를 위하여 회사와 거래를 할 경우]199 · 265, [상호회사에의 준용]보험81, ③[회사를 대표할 청산인]207 · 255, [대리권제한과 선의의 제3자]209② · 265, 민41, [벌칙]635①

第255條【清算人의 會社代表】 ① 業務執行社員이 清算人으로 된 경우에는 從前의 定함에 따라 會社를 代表한다.
② 法院이 數人의 清算人을 選任하는 경우에는 會社를 代表할 者를 정하거나 數人이 共同하여 會社를 代表할 것을 定할 수 있다.

참조 [회사를 대표할 청산인의 권한]210 · 254③ · 265, [등기]253①, [법원이 청산인을 선임할 경우]193② · 252, [주식회사 · 유한회사에의 준용]542① · 613①, [상호회사에의 준용]보험73

第256條【清算人의 義務】 ① 清算人은 就任한 후 遲滯없이 會社의 財産狀態를 調査하고 財産目錄과 貸借對照表를 作成하여 各 社員에게 交付하여야 한다.
② 清算人은 社員의 請求가 있는 때에는 언제든지 清算의 狀況을 報告하여야 한다.

참조 [재산목록 · 대차대조표]30, [벌칙]635①, [임의청산과 재산목록 · 대차대조표의 작성]247①, [장부 기타 중요서류의 보존]266

第257條【營業의 讓渡】 清算人이 會社의 營業의 全部 또는 一部를 讓渡함에는 總社員過半數의 決議가 있어야 한다.

참조 [영업양도]41이하, [주식회사 · 유한회사와 영업양도]374

第258條【債務完濟不能과 出資請求】 ① 會社의 現存財産이 그 債務를 辨濟함에 不足한 때에는 清算人은 辨濟期에 不拘하고 各 社員에 대하여 出資를 請求할 수 있다.
② 前項의 出資額은 各 社員의 出資의 比率로 이를 定한다.

참조 [파산과 출자의무]채무자회생파산351 · 502, [출자]179 · 180, [사원의 책임]212, [청산인의 파산선고 신청의무]254④, 민93

第259條【債務의 辨濟】 ① 清算人은 辨濟期에 이르지 아니한 會社債務에 대하여도 이를 辨濟할 수 있다.
② 前項의 경우에 利子없는 債權에 관하여는 辨濟期에 이르기까지의 法定利子를 加算하여 그 債權額에 達할 金額을 辨濟하여야 한다.
③ 前項의 規定은 利子있는 債權으로서 그 利率이 法定利率에 達하지 못하는 것에 이를 準用한다.
④ 第1項의 경우에는 條件附債權, 存續期間이 不確定한 債權 기타 價額이 不確定한 債權에 대하여는 法院이 選任한 鑑定人의 評價에 의하여 辨濟하여야 한다.

참조 [동취지의 규정]민1035, 채무자회생파산425이하, [주식회사 · 유한회사에의 준용]542① · 613①, [상호회사에의 준용]보험73, ①[기한의 이익]민153, ②③[무이자채권의 액]채무자회생파산446, [법정이율]54, 민39, ④[조건]민147－149, [감정인선임]비송124 · 125

第260條【殘餘財産의 分配】 清算人은 會社의 債務를 完濟한 後가 아니면 會社財産을 社員에게 分配하지 못한다. 그러나 다툼이 있는 債務에 대하여는 그 辨濟에 필요한 財産을 保留하고 殘餘財産을 分配할 수 있다.

참조 [청산인의 직무]254①, [채무의 변제]259, [분배의 표준]195, 민724②, [벌칙]635①, [주식회사 · 유한회사에의 준용]542 · 613①, [상호회사에의 준용]보험73

第261條【清算人의 解任】 社員이 選任한 清算人은 總社員過半數의 決議로 解任할 수 있다.

참조 [사임]265 · 382②, 민689, [등기]253①, 상업등기법60, [사원이 선임한 청산인]251①

第262條【同前】 清算人이 그 職務를 執行함에 顯著하게 不適任하거나 重大한 任務에 違反한 行爲가 있는 때에는 法院은 社員 기타의 利害關係人의 請求에 의하여 清算人을 解任할 수 있다.

참조 [해임]비송119, [등기]253①, 상업등기법60

第263條【清算人의 任務終了】 ① 清算人은 그 任務가 終了한 때에는 遲滯없이 計算書를 作成하여 各 社員에게 交付하고 그 承認을 얻어야 한다.
② 前項의 計算書를 받은 社員이 1月내에 異議를 하지 아니한 때에는 그 計算을 承認한 것으로 본다. 그러나 清算人에게 不正行爲가 있는 경우에는 그러하지 아니한다.

참조 [청산인의 임무]254 · 260, [손해배상책임]265 · 399

第264條【청산종결의 등기】 청산이 종결된 때에는 청산인은 제263조에 따른 총사원의 승인이 있은 날부터 2주일 내에 본점의 소재지에서 청산종결의 등기를 하여야 한다.(2024.9.20 본조개정)

改前 第264條【清算終結의 登記】 清算이 終結된 때에는 清算人은 前條의 規定에 의한 總社員의 承認이 있은 날로부터 本店所在地에서는 2週間내, 支店所在地에서는 3週間내에 清算終結의 登記를 하여야 한다.

참조 [벌칙]635①, [주식회사 · 유한회사에의 준용]542① · 613①, [상호회사에의 준용]보험73, [합자조합에의 준용]86의8

판례 청산종결의 등기 경료 후 형사소송법상 당사자능력의 존속 여부 : 회사가 해산 및 청산등기 전에 재산형에 해당하는 사건으로 소추당한 후 청산종결의 등기가 경료되었다고 하여도 그 피고사건이 종결되기까지는 회사의 청산사무는 종료되지 아니하고 형사소송법상 당사자 능력도 존속한다고 할 것이다.(대판 1982.3.23, 81도1450)

第265條【준용규정】 제183조의2 · 제199조 · 제200조의2 · 제207조 · 제208조 · 제209조제2항 · 제210조 · 제382조제2항 · 제399조 및 제401조의 규정은 청산인에 준용한다.(2001.12.29 본조개정)

第266條【帳簿, 書類의 保存】 ① 會社의 帳簿와 營業 및 清算에 관한 重要書類는 本店所在地에서 清算終結의 登記를 한 후 10年間 이를 보존하여야 한다. 다만, 傳票 또는 이와 유사한 書類는 5年間 이를 보존하여야 한다.
② 第1項의 경우에는 總社員 過半數의 決議로 保存人과 保存方法을 定하여야 한다.
(1995.12.29 본조개정)

참조 [상업장부 기타의 보존의무]33, [해산등기]228, [청산종결등기]264, [벌칙]채무자회생파산643이하, [주식회사 · 유한회사의 경우]541 · 613①

第267條【社員의 責任의 消滅時期】 ① 第212條의 規定에 의한 社員의 責任은 本店所在地에서 解散登記를 한 後 5年을 經過하면 消滅한다.
② 前項의 期間經過後에도 分配하지 아니한 殘餘財産이 있는 때에는 會社債權者는 이에 대하여 辨濟를 請求할 수 있다.

참조 [해산등기]228, [퇴사원의 책임존속기간]225

第3章 合資會社

第268條【會社의 組織】 合資會社는 無限責任社員과 有限責任社員으로 組織한다.

참조 [유한책임사원]279, [무한책임사원]212 · 269, [무한책임사원 또는 유한책임사원의 전원이 퇴사한 경우]285

판례 합자회사의 무한책임사원인 대표사원과 제3자사이의 동업계약이 그 내용에 비추어 제3자가 대표사원 개인에게 대금을 주고 그로부터 합자회사에 대한 지분 일부를 양수하기로 하는 지분매매계약이 아니라 제3자가 합자회사에 출자금을 출자하고 새로 유한책임사원이 지위를 원시취득하기로 하는 입사계약이라고 보아야 한다.
(대판 2002.4.9, 2001다77567)

第269條【準用規定】 合資會社에는 本章에 다른 規定이 없는 事項은 合名會社에 관한 規定을 準用한다.

판례 합자회사의 결의방법 : 합자회사는 정관에 특별한 규정이 없는 한 소집절차라든지 결의방법에 특별한 방식이 있을 수 없고, 따라서 사원의 구두 또는 서면에 의한 개별적인 의사표시를 수집하여 본 결과 총사원의 동의나 사원 3분의 2 또는 과반수의 동의 등 법률이나 정관 및 민법의 조합에 관한 규정이 요구하고 있는 결의요건을 갖춘 것으로 판명되면 유효한 결의가 있다고 보아야 한다.
(대판 1995.7.11, 95다5820)

第270條【定款의 絶對的 記載事項】 合資會社의 定款에는 第179條에 揭記한 事項외에 各 社員의 無限責任 또는 有限責任인 것을 記載하여야 한다.

참조 [사원책임의 유한·무한]212·279

第271條【등기사항】 합자회사의 설립등기를 할 때에는 제180조 각 호의 사항 외에 각 사원의 책임이 무한책임인지 유한책임인지를 등기하여야 한다.(2024.9.20 본조개정)

改前 第271條【등기사항】 ① 합자회사의 설립등기를 할 때에는 제180조 각 호의 사항 외에 각 사원의 무한책임 또는 유한책임인 것을 등기하여야 한다.
② 합자회사가 지점을 설치하거나 이전할 때에는 지점소재지 또는 신지점소재지에서 제180조제1호 본문(다른 지점의 소재지는 제외한다) 및 제3호부터 제5호까지의 사항을 등기하여야 한다. 다만, 무한책임사원만을 등기하되, 회사를 대표할 사원을 정한 경우에는 다른 사원은 등기하지 아니한다.
(2011.4.14 본조개정)

참조 [사원책임의 유한·무한]212·279, [등기]상업등기법54이하

판례 합자회사의 신입사원의 지위 취득시점(구법관계) : 합자회사의 성립 후에 신입사원이 입사하여 사원으로서의 지위를 취득하기 위하여는 정관변경을 요하고 따라서 총사원의 동의를 얻어야 하지만, 정관변경은 회사의 내부관계에서는 총사원의 동의만으로 그 효력을 발생하는 것이므로 신입사원은 총사원의 동의가 있으면 정관인 서면의 경정이나 등기부에의 기재를 기다리지 않고 그 동의가 있는 시점에 곧바로 사원으로서의 지위를 취득한다.(대판 1996.10.29, 96다19321)

第272條【有限責任社員의 出資】 有限責任社員은 信用 또는 勞務를 出資의 目的으로 하지 못한다.

참조 [무한책임사원의 출자]195·222, 민703②, [익명조합원에의 준용]86, [유한책임조합원에의 준용]86의8

판례 합자회사에서 각사원의 출자의무는 회사설립과 동시에 회사에 대하여 부담하는 것이므로 사원들의 출자의무가 동시이행관계에 있다고는 할 수 없다.(대판 1972.5.30, 72다369)

第273條【業務執行의 權利義務】 無限責任社員은 定款에 다른 規定이 없는 때에는 各自가 會社의 業務를 執行할 權利와 義務가 있다.

참조 [회사대표]207·269, [합명회사와 업무집행권]200, [유한책임사원의 업무집행금지]278, [특별규정]274

第274條【支配人의 選任, 解任】 支配人의 選任과 解任은 業務執行社員이 있는 경우에도 無限責任社員過半數의 決議에 의하여야 한다.

참조 [지배인]10이하, [합명회사와 지배인의 선임·해임]203

第275條【有限責任社員의 競業의 自由】 有限責任社員은 다른 社員의 同意없이 自己 또는 第三者의 計算으로 會社의 營業部類에 屬하는 去來를 할 수 있고 同種營業을 目的으로 하는 다른 會社의 無限責任社員 또는 理事가 될 수 있다.

참조 [무한책임사원에 대한 제한]198·269, [유한책임조합원에의 준용]86의8

第276條【有限責任社員의 持分讓渡】 有限責任社員은 無限責任社員 全員의 同意가 있으면 그 持分의 全部 또는 一部를 他人에게 讓渡할 수 있다. 持分의 讓渡에 따라 定款을 變更하여야 할 경우에도 같다.

참조 [무한책임사원의 지분양도]197·269, [주식의 양도]335, [유한회사사원의 지분양도]556

第277條【有限責任社員의 監視權】 ① 有限責任社員은 營業年度末에 있어서 營業時間내에 한하여 會社의 會計帳簿·貸借對照表 기타의 書類를 열람할 수 있고 會社의 業務와 財産狀態를 檢査할 수 있다.
② 중요한 사유가 있는 때에는 有限責任社員은 언제든지 法院의 許可를 얻어 第1項의 열람과 檢査를 할 수 있다.
(1984.4.10 본조개정)

참조 [재산목록·대차대조표]30, [벌칙]635①, [익명조합원에의 준용]86, [업무집행권 없는 무한책임사원의 감시권]195·269·287의14, 민710, [유한책임조합원에의 준용]86의8, [관할]비송72, ②[검사를 필요로하는 사유의 소명]비송80

第278條【有限責任社員의 業務執行, 會社代表의 禁止】 有限責任社員은 會社의 業務執行이나 代表行爲를 하지 못한다.

참조 [업무집행]273, [회사대표]207·269, [감시권]277, [익명조합원에의 준용]86

판례 유한책임사원으로 등기한 대표사원자격 흠결의 치유 가부 : 합자회사의 대표사원의 등기를 할 때에는 유한책임 사원의 신분으로 그 등기를 한 흠이 있어도 그 후 그 유한책임 사원을 무한책임 사원으로 변경등기를 한 이상 그는 이 변경등기를 한 때에 그 대표사원 자격의 흠결은 소멸된다.(대판 1972.5.9, 72다8)

第279條【有限責任社員의 責任】 ① 有限責任社員은 그 出資價額에서 이미 履行한 部分을 控除한 價額을 限度로 하여 會社債務를 辨濟할 責任이 있다.
② 會社에 利益이 없음에도 不拘하고 配當을 받은 金額은 辨濟責任을 정함에 있어서 이를 加算한다.

참조 [출자]179·270·272, [이행을 한 출자의 가액]180·183·271, [책임의 요건]212·269, [유한책임사원의 파산과 회사채권자]채무자회생파산433

판례 주주 유한책임 원칙의 예외인 국세기본법상의 제2차 납세의무 제도 적용시 납세의무의 범위 : 국세기본법 39조 2호에 규정된 출자자의 제2차 납세의무제도는 법인의 유한책임사원이나 과점주주(출자자)에 한하여 적용되는 상법상의 주주 등의 유한책임 원칙에 대한 예외적인 규정이라고 보아야 할 것이므로 위 규정에 의한 제2차 납세의무자는 법인의 체납세액 전액에 대하여 납세의무를 부담하는 것이고 그 책임이 주식점유 비율에 따라 한정되는 것은 아니다.
(대판 1990.9.11, 90누1083)

第280條【出資減少의 경우의 責任】 有限責任社員은 그 出資를 減少한 후에도 本店所在地에서 登記를 하기 前에 생긴 會社債務에 대하여는 登記後 2年내에는 前條의 責任을 免하지 못한다.

참조 [출자의 감소]179·183·204·270·271, [종전의 책임]279, [무한책임사원이 유한책임사원으로 되었을 경우]282

第281條【自稱 無限責任社員의 責任】 ① 有限責任社員이 他人에게 自己를 無限責任社員이라고 誤認시키는 行爲를 한 때에는 誤認으로 인하여 會社와 去來를 한 者에 대하여 無限責任社員과 同一한 責任이 있다.
② 前項의 規定은 有限責任社員이 그 責任의 限度를 誤認시키는 行爲를 한 경우에 準用한다.

참조 [자칭사원의 책임]215·269, [무한책임사원의 책임]212·269, ②[유한책임사원의 책임의 한도]279

第282條【責任을 變更한 社員의 責任】 第213條의 規定은 有限責任社員이 無限責任社員으로 된 경우에, 第225條의 規定은 無限責任社員이 有限責任社員으로 된 경우에 準用한다.

참조 [유한책임사원의 출자감소의 경우]280, [조직변경의 경우]244

第283條【有限責任社員의 死亡】 ① 有限責任社員이 死亡한 때에는 그 相續人이 그 持分을 承繼하여 社員이 된다.
② 前項의 경우에 相續人이 數人인 때에는 社員의 權利를 行使할 者 1人을 定하여야 한다. 이를 定하지 아니한 때에는 會社의 通知 또는 催告는 그 中의 1人에 대하여 하면 全員에 대하여 그 效力이 있다.

참조 [무한책임사원의 사망과 퇴사사유]218·269, [주식공유의 경우의 권리행사자]333, [청산중의 회사에 있어서 무한책임사원의 사망의 경우]246·269, [타법에의 준용]보험66, [유한책임사원에의 준용]86의8

第284條【유한책임사원의 성년후견개시】 유한책임사원은 성년후견개시 심판을 받은 경우에도 퇴사되지 아니한다.(2018.9.18 본조개정)

改前 "第284條【有限責任社員의 禁治産】 有限責任社員은 禁治産의 宣告를 받은 경우에도 退社되지 아니한다."

참조 [무한책임사원의 성년후견개시와 퇴사사유]218·269, [유한책임사원에의 준용]86의8

第285條【解散, 繼續】 ① 合資會社는 無限責任社員 또는 有限責任社員의 全員이 退社한 때에는 解散된다.
② 前項의 경우에 殘存한 無限責任社員 또는 有限責任社員은 全員의 同意로 새로 有限責任社員 또는 無限責任社員을 加入시켜서 會社를 繼續할 수 있다.
③ 第213條와 第229條第3項의 規定은 前項의 경우에 準用한다.

참조 [해산등기 후의 계속과 등기]229③·269, [해산등기전의 계속과 등기]183·269·271②, [해산등기]상업등기법60, [설립등기]180, [조직변경]286, [합자조합에의 준용]86의8, [사업연도의 의제]법인세법8

第286條【組織變更】 ① 合資會社는 社員全員의 同意로 그 組織을 合名會社로 變更하여 繼續할 수 있다.
② 有限責任社員全員이 退社한 경우에도 無限責任社員은 그 全員의 同意로 合名會社로 變更하여 繼續할 수 있다.
③ 제1항과 제2항의 경우에는 본점의 소재지에서 2주일 내에 합자회사의 해산등기, 합명회사의 설립등기를 하여야 한다.(2024.9.20 본항개정)

改前 "③ 前2項의 경우에는 本店所在地에서는 2週間내, 支店所在地에서는 3週間내에 合資會社에 있어서는 解散登記를, 合名會社에 있어서는 設立登記를 하여야 한다."

참조 [등기]상업등기법65-67, [합명회사의 조직변경]242

第287條【淸算人】 合資會社의 淸算人은 無限責任社員 過半數의 決議로 選任한다. 이를 選任하지 아니한 때에는 業務執行社員이 淸算人이 된다.

참조 [합명회사의 청산인]251, [합자회사의 청산]245·269이하, 비송117이하, [업무집행조합원에의 준용]86의8

第3章의2 유한책임회사

(2011.4.14 본장신설)

第1節 설 립

第287條의2【정관의 작성】 유한책임회사를 설립할 때에는 사원은 정관을 작성하여야 한다.

第287條의3【정관의 기재사항】 정관에는 다음 각 호의 사항을 적고 각 사원이 기명날인하거나 서명하여야 한다.
1. 제179조제1호부터 제3호까지, 제5호 및 제6호에서 정한 사항
2. 사원의 출자의 목적 및 가액
3. 자본금의 액
4. 업무집행자의 성명(법인인 경우에는 명칭) 및 주소

第287條의4【설립 시의 출자의 이행】 ① 사원은 신용이나 노무를 출자의 목적으로 하지 못한다.
② 사원은 정관의 작성 후 설립등기를 하는 때까지 금전이나 그 밖의 재산의 출자를 전부 이행하여야 한다.
③ 현물출자를 하는 사원은 납입기일에 지체 없이 유한책임회사에 출자의 목적인 재산을 인도하고, 등기, 등록, 그 밖의 권리의 설정 또는 이전이 필요한 경우에는 이에 관한 서류를 모두 갖추어 교부하여야 한다.

참조 ③[사원가입시의 현물출자]287의23③

第287條의5【설립의 등기 등】 ① 유한책임회사는 본점의 소재지에서 다음 각 호의 사항을 등기함으로써 성립한다.
1. 제179조제1호·제2호 및 제5호에서 정한 사항과 지점을 둔 경우에는 그 소재지
2. 제180조제3호에서 정한 사항
3. 자본금의 액
4. 업무집행자의 성명, 주소 및 주민등록번호(법인인 경우에는 명칭, 주소 및 법인등록번호). 다만, 유한책임회사를 대표할 업무집행자를 정한 경우에는 그 외의 업무집행자의 주소는 제외한다.
5. 유한책임회사를 대표할 자를 정한 경우에는 그 성명 또는 명칭과 주소
6. 정관으로 공고방법을 정한 경우에는 그 공고방법
7. 둘 이상의 업무집행자가 공동으로 회사를 대표할 것을 정한 경우에는 그 규정

② 유한책임회사가 지점을 설치하는 경우에는 제181조를 준용한다.
③ 유한책임회사가 본점이나 지점을 이전하는 경우에는 제182조를 준용한다.
④ 제1항 각 호의 사항이 변경된 경우에는 본점의 소재지에서 2주일 내에 변경등기를 하여야 한다.(2024.9.20 본항개정)
⑤ 유한책임회사의 업무집행자의 업무집행을 정지하거나 직무대행자를 선임하는 가처분을 하거나 그 가처분을 변경 또는 취소하는 경우에는 본점이 있는 곳의 등기소에서 등기하여야 한다.(2024.9.20 본항개정)

改前 ④ 제1항 각 호의 사항이 변경된 경우에는 "본점소재지에서는 2주 내에 변경등기를 하고, 지점소재지에서는 3주 내에" 변경등기를 하여야 한다.
⑤ 유한책임회사의 업무집행자의 업무집행을 정지하거나 직무대행자를 선임하는 가처분을 하거나 그 가처분을 변경 또는 취소하는 경우에는 "본점 및 지점"이 있는 곳의 등기소에서 등기하여야 한다.

참조 ⑤[직무대행자의 권한]200의2·287의13, [등기사항]상업등기법68, [상호의 가등기]상업등기법38

第287條의6【준용규정】 유한책임회사의 설립의 무효와 취소에 관하여는 제184조부터 제194조까지의 규정을 준용한다. 이 경우 제184조 중 "사원"은 "사원 및 업무집행자"로 본다.

第2節 유한책임회사의 내부관계

第287條의7【사원의 책임】 사원의 책임은 이 법에 다른 규정이 있는 경우 외에는 그 출자금액을 한도로 한다.

第287條의8【지분의 양도】 ① 사원은 다른 사원의 동의를 받지 아니하면 그 지분의 전부 또는 일부를 타인에게 양도하지 못한다.
② 제1항에도 불구하고 업무를 집행하지 아니한 사원은 업무를 집행하는 사원 전원의 동의가 있으면 지분의 전부 또는 일부를 타인에게 양도할 수 있다. 다만, 업무를 집행하는 사원이 없는 경우에는 사원 전원의 동의를 받아야 한다.
③ 제1항과 제2항에도 불구하고 정관으로 그에 관한 사항을 달리 정할 수 있다.

第287條의9【유한책임회사에 의한 지분양수의 금지】 ① 유한책임회사는 그 지분의 전부 또는 일부를 양수할 수 없다.
② 유한책임회사가 지분을 취득하는 경우에 그 지분은 취득한 때에 소멸한다.

第287條의10【업무집행자의 경업 금지】 ① 업무집행자는 사원 전원의 동의를 받지 아니하고는 자기 또는 제3자의 계산으로 회사의 영업부류(營業部類)에 속한 거래를 하지 못하며, 같은 종류의 영업을 목적으로 하는 다른 회사의 업무집행자·이사 또는 집행임원이 되지 못한다.
② 업무집행자가 제1항을 위반하여 거래를 한 경우에는 제198조제2항부터 제4항까지의 규정을 준용한다.

第287條의11【업무집행자와 유한책임회사 간의 거래】 업무집행자는 다른 사원 과반수의 결의가 있는 경우에만 자기 또는 제3자의 계산으로 회사와 거래를 할 수 있다. 이 경우에는 「민법」 제124조를 적용하지 아니한다.

第287條의12【업무의 집행】① 유한책임회사는 정관으로 사원 또는 사원이 아닌 자를 업무집행자로 정하여야 한다.
② 1명 또는 둘 이상의 업무집행자를 정한 경우에는 업무집행자 각자가 회사의 업무를 집행할 권리와 의무가 있다. 이 경우에는 제201조제2항을 준용한다.
③ 정관으로 둘 이상을 공동업무집행자로 정한 경우에는 그 전원의 동의가 없으면 업무집행에 관한 행위를 하지 못한다.
第287條의13【직무대행자의 권한 등】제287조의5제5항에 따라 선임된 직무대행자의 권한에 대하여는 제200조의2를 준용한다.
第287條의14【사원의 감시권】업무집행자가 아닌 사원의 감시권에 대하여는 제277조를 준용한다.
第287條의15【법인이 업무집행자인 경우의 특칙】① 법인이 업무집행자인 경우에는 그 법인은 해당 업무집행자의 직무를 행할 자를 선임하고, 그 자의 성명과 주소를 다른 사원에게 통지하여야 한다.
② 제1항에 따라 선임된 직무수행자에 대하여는 제287조의11과 제287조의12를 준용한다.
第287條의16【정관의 변경】정관에 다른 규정이 없는 경우 정관을 변경하려면 총사원의 동의가 있어야 한다.
第287條의17【업무집행자 등의 권한상실 선고】① 업무집행자의 업무집행권한의 상실에 관하여는 제205조를 준용한다.
② 제1항의 소(訴)는 본점소재지의 지방법원의 관할에 전속한다.
第287條의18【준용규정】유한책임회사의 내부관계에 관하여는 정관이나 이 법에 다른 규정이 없으면 합명회사에 관한 규정을 준용한다.

第3節 유한책임회사의 외부관계

第287條의19【유한책임회사의 대표】① 업무집행자는 유한책임회사를 대표한다.
② 업무집행자가 둘 이상인 경우 정관 또는 총사원의 동의로 유한책임회사를 대표할 업무집행자를 정할 수 있다.
③ 유한책임회사는 정관 또는 총사원의 동의로 둘 이상의 업무집행자가 공동으로 회사를 대표할 것을 정할 수 있다.
④ 제3항의 경우에 제3자의 유한책임회사에 대한 의사표시는 공동대표의 권한이 있는 자 1인에 대하여 함으로써 그 효력이 생긴다.
⑤ 유한책임회사를 대표하는 업무집행자에 대하여는 제209조를 준용한다.
第287條의20【손해배상책임】유한책임회사를 대표하는 업무집행자가 그 업무집행으로 타인에게 손해를 입힌 경우에는 회사는 그 업무집행자와 연대하여 배상할 책임이 있다.
第287條의21【유한책임회사와 사원 간의 소】유한책임회사가 사원(사원이 아닌 업무집행자를 포함한다. 이하 이 조에서 같다)에 대하여 또는 사원이 유한책임회사에 대하여 소를 제기하는 경우에 유한책임회사를 대표할 사원이 없을 때에는 다른 사원 과반수의 결의로 대표할 사원을 선정하여야 한다.
第287條의22【대표소송】① 사원은 회사에 대하여 업무집행자의 책임을 추궁하는 소의 제기를 청구할 수 있다.
② 제1항의 소에 관하여는 제403조제2항부터 제4항까지, 제6항, 제7항 및 제404조부터 제406조까지의 규정을 준용한다.

第4節 사원의 가입 및 탈퇴

第287條의23【사원의 가입】① 유한책임회사는 정관을 변경함으로써 새로운 사원을 가입시킬 수 있다.
② 제1항에 따른 사원의 가입은 정관을 변경한 때에 효력이 발생한다. 다만, 정관을 변경한 때에 해당 사원이 출자에 관한 납입 또는 재산의 전부 또는 일부의 출자를 이행하지 아니한 경우에는 그 납입 또는 이행을 마친 때에 사원이 된다.
③ 사원 가입 시 현물출자를 하는 사원에 대하여는 제287조의4제3항을 준용한다.
第287條의24【사원의 퇴사권】사원의 퇴사에 관하여는 정관으로 달리 정하지 아니하는 경우에는 제217조제1항을 준용한다.
第287條의25【퇴사 원인】사원의 퇴사 원인에 관하여는 제218조를 준용한다.
第287條의26【사원사망 시 권리승계의 통지】사원이 사망한 경우에는 제219조를 준용한다.
第287條의27【제명의 선고】사원의 제명에 관하여는 제220조를 준용한다. 다만, 사원의 제명에 필요한 결의는 정관으로 달리 정할 수 있다.
第287條의28【퇴사 사원 지분의 환급】① 퇴사 사원은 그 지분의 환급을 금전으로 받을 수 있다.
② 퇴사 사원에 대한 환급금액은 퇴사 시의 회사의 재산 상황에 따라 정한다.
③ 퇴사 사원의 지분 환급에 대하여는 정관으로 달리 정할 수 있다.
第287條의29【지분압류채권자에 의한 퇴사】사원의 지분을 압류한 채권자가 그 사원을 퇴사시키는 경우에는 제224조를 준용한다.
第287條의30【퇴사 사원의 지분 환급과 채권자의 이의】① 유한책임회사의 채권자는 퇴사하는 사원에게 환급하는 금액이 제287조의37에 따른 잉여금을 초과한 경우에는 그 환급에 대하여 회사에 이의를 제기할 수 있다.
② 제1항의 이의제기에 관하여는 제232조를 준용한다. 다만, 제232조제3항은 지분을 환급하더라도 채권자에게 손해를 끼칠 우려가 없는 경우에는 준용하지 아니한다.
第287條의31【퇴사 사원의 상호변경 청구권】퇴사한 사원의 성명이 유한책임회사의 상호 중에 사용된 경우에는 그 사원은 유한책임회사에 대하여 그 사용의 폐지를 청구할 수 있다.

第5節 회계 등

第287條의32【회계 원칙】유한책임회사의 회계는 이 법과 대통령령으로 규정한 것 외에는 일반적으로 공정하고 타당한 회계관행에 따른다.
第287條의33【재무제표의 작성 및 보존】업무집행자는 결산기마다 대차대조표, 손익계산서, 그 밖에 유한책임회사의 재무상태와 경영성과를 표시하는 것으로서 대통령령으로 정하는 서류를 작성하여야 한다.
第287條의34【재무제표의 비치·공시】① 업무집행자는 제287조의33에 규정된 서류를 본점에 5년간 갖추어 두어야 하고, 그 등본을 지점에 3년간 갖추어 두어야 한다.
② 사원과 유한책임회사의 채권자는 회사의 영업시간 내에는 언제든지 제287조의33에 따라 작성된 재무제표(財務諸表)의 열람과 등사를 청구할 수 있다.
第287條의35【자본금의 액】사원이 출자한 금전이나 그 밖의 재산의 가액을 유한책임회사의 자본금으로 한다.

第287條의36【자본금의 감소】 ① 유한책임회사는 정관 변경의 방법으로 자본금을 감소할 수 있다.
② 제1항의 경우에는 제232조를 준용한다. 다만, 감소 후의 자본금의 액이 순자산액 이상인 경우에는 그러하지 아니하다.

第287條의37【잉여금의 분배】 ① 유한책임회사는 대차대조표상의 순자산액으로부터 자본금의 액을 뺀 액(이하 이 조에서 "잉여금"이라 한다)을 한도로 하여 잉여금을 분배할 수 있다.
② 제1항을 위반하여 잉여금을 분배한 경우에는 유한책임회사의 채권자는 그 잉여금을 분배받은 자에 대하여 회사에 반환할 것을 청구할 수 있다.
③ 제2항의 청구에 관한 소는 본점소재지의 지방법원의 관할에 전속한다.
④ 잉여금은 정관에 다른 규정이 없으면 각 사원이 출자한 가액에 비례하여 분배한다.
⑤ 잉여금의 분배를 청구하는 방법이나 그 밖에 잉여금의 분배에 관한 사항은 정관으로 정할 수 있다.
⑥ 사원의 지분의 압류는 잉여금의 배당을 청구하는 권리에 대하여도 그 효력이 있다.

참조 [채권자의 이의제기]287의30

第6節 해 산

第287條의38【해산 원인】 유한책임회사는 다음 각 호의 어느 하나에 해당하는 사유로 해산한다.
1. 제227조제1호 · 제2호 및 제4호부터 제6호까지에서 규정한 사항에 해당하는 경우
2. 사원이 없게 된 경우

第287條의39【해산등기】 유한책임회사가 해산된 경우에는 합병과 파산의 경우 외에는 그 해산사유가 있었던 날부터 2주일 내에 본점의 소재지에서 해산등기를 하여야 한다.(2024.9.20 본조개정)

改前 …그 해산사유가 있었던 날부터 "본점소재지에서는 2주 내에 해산등기를 하고, 지점소재지에서는 3주 내에" 해산등기를 하여야 한다.

第287條의40【유한책임회사의 계속】 제287조의38의 해산 원인 중 제227조제1호 및 제2호의 경우에는 제229조제1항 및 제3항을 준용한다.

第287條의41【유한책임회사의 합병】 유한책임회사의 합병에 관하여는 제230조, 제232조부터 제240조까지의 규정을 준용한다.

第287條의42【해산청구】 유한책임회사의 사원이 해산을 청구하는 경우에는 제241조를 준용한다.

第7節 조직변경

第287條의43【조직의 변경】 ① 주식회사는 총회에서 총주주의 동의로 결의한 경우에는 그 조직을 변경하여 이 장에 따른 유한책임회사로 할 수 있다.
② 유한책임회사는 총사원의 동의에 의하여 주식회사로 변경할 수 있다.

第287條의44【준용규정】 유한책임회사의 조직의 변경에 관하여는 제232조 및 제604조부터 제607조까지의 규정을 준용한다.

第8節 청 산

第287條의45【청산】 유한책임회사의 청산(淸算)에 관하여는 제245조, 제246조, 제251조부터 제257조까지 및 제259조부터 제267조까지의 규정을 준용한다.

第4章 株式會社

第1節 設 立

第288條【발기인】 주식회사를 설립함에는 발기인이 정관을 작성하여야 한다.(2001.7.24 본조개정)

참조 [발기인과 정관의 기명날인]289①, [발기인의 특별이익 · 보수]290, [발기인과 주식인수의무]293, [발기인의 책임]315 · 321－324, [벌칙의 적용]622 · 625이하, [설립절차]289이하, [발기설립]296－300, [모집설립]301－316, [유한회사로부터의 조직변경]607, [상호회사에의 준용]보험44

판례 1인회사의 인정여부 및 횡령죄와의 관계 : 주식회사의 주식이 사실상 1인주주에 귀속하는 1인회사에 있어서도 회사와 주주는 분명히 별개의 인격이어서 1인회사의 재산이 곧바로 그 1인 주주의 소유라고 볼 수 없으므로 사실상 1인주주라고 하더라도 회사의 금원을 임의로 처분한 소위는 횡령죄를 구성한다.(대판 1989.5.23, 89도570)

第289條【定款의 作成, 絶對的 記載事項】 ① 발기인은 정관을 작성하여 다음의 사항을 적고 각 발기인이 기명날인 또는 서명하여야 한다.(2011.4.14 본문개정)
1. 目的
2. 商號
3. 會社가 發行할 株式의 總數
4. 액면주식을 발행하는 경우 1주의 금액(2011.4.14 본호개정)
5. 會社의 設立時에 發行하는 株式의 總數
6. 本店의 所在地(1984.4.10 본호개정)
7. 會社가 公告를 하는 方法
8. 發起人의 姓名 · 住民登錄番號 및 住所(1995.12.29 본호개정)
9. (1984.4.10 삭제)

② (2011.4.14 삭제)
③ 회사의 공고는 관보 또는 시사에 관한 사항을 게재하는 일간신문에 하여야 한다. 다만, 회사는 그 공고를 정관으로 정하는 바에 따라 전자적 방법으로 할 수 있다.(2009.5.28 본항개정)
④ 회사는 제3항에 따라 전자적 방법으로 공고할 경우 대통령령으로 정하는 기간까지 계속 공고하고, 재무제표를 전자적 방법으로 공고할 경우에는 제450조에서 정한 기간까지 계속 공고하여야 한다. 다만, 공고기간 이후에도 누구나 그 내용을 열람할 수 있도록 하여야 한다.(2009.5.28 본항신설)
⑤ 회사가 전자적 방법으로 공고를 할 경우에는 게시 기간과 게시 내용에 대하여 증명하여야 한다.(2009.5.28 본항신설)
⑥ 회사의 전자적 방법으로 하는 공고에 관하여 필요한 사항은 대통령령으로 정한다.(2009.5.28 본항신설)

改前 "① 發起人은 定款을 作成하여 이에 다음의 事項을 記載하고 각 발기인이 記名捺印 또는 署名하여야 한다.(2001.7.24 본문개정)"
"4. 1株의 金額"
"② 會社의 設立時에 發行하는 株式의 總數는 會社가 發行할 株式의 總數의 4分의 1이상이어야 한다.(1984.4.10 본항개정)"

참조 [정관의 상대적 필요사항]243①단서 · 290 · 368① · 386① · 388 · 415, ①[공증인의 인증]292, [인지세]인지세법1①, [정관변경]316 · 433이하, [비치의무]396①, [벌칙]635①, [유한회사의 경우]543, (1)[목적의 영리성]169, [주식청약서기재사항]302②, [등기사항]317②, (2)[상호]19, 상업등기규칙, [주식청약서기재사항]302②, [등기사항]317②, (3)[주식청약서기재사항]302②, [등기사항]317②, [주권기재사항]356, [본호의 의제]상법시행법10①, (4)[액면주식의 주금액]329, [주식청약서기재사항]302②, [등기사항]317②, [주권기재사항]356, (6)[본점]171 · 364 · 380② · 396, (7)[회사가 하는 공고]491의2② · 440 · 442 · 499 · 521 · 530③, ③[상호회사에의 준용]보험44

판례 회사의 정관 목적에 의해 제한되는 회사의 권리능력의 범위 : 회사의 권리능력은 회사의 설립 근거가 된 법률과 회사의 정관상의 목적에 의하여 제한되나 그 목적범위 내의 행위라 함은 정관에 명시된 목적 자체에 국한되는 것이 아니라, 그 목적을 수행하는 데 있어 직접, 간접으로 필요한 행위는 모두 포함되고 목적수행에 필요한지의 여부는 행위의 객관적 성질에 따라 판단할 것이고 행위자의 주관적, 구체적 의사에 따라 판단할 것은 아니다.(대판 1999.10.8, 98다2488)

판례 정관의 규정과 다른 종류의 주권 발행시 그 효력 : 설사 대표이사가 정관에 규정된 병합 주권의 종류와 다른 주권을 발행하였다고 하더라도 회사가 이미 발행한 주식을 표창하는 주권을 발행한 것이라면, 단순히 정관의 임의적 기재사항에 불과한 병합 주권의 종류에 관한 규정에 위배되었다는 사유만으로 이미 발행된 주권이 무효라고 할 수는 없다.(대판 1996.1.26, 94다24039)

第290條【變態設立事項】 다음의 事項은 定款에 記載함으로써 그 效力이 있다.

1. 發起人이 받을 特別利益과 이를 받을 者의 姓名
2. 現物出資를 하는 者의 姓名과 그 目的인 財産의 種類, 數量, 價格과 이에 대하여 附與할 株式의 種類와 數
3. 會社成立後에 讓受할 것을 約定한 財産의 種類, 數量, 價格과 그 讓渡人의 姓名
4. 會社가 負擔할 設立費用과 發起人이 받을 報酬額

참조 [검사인에 의한 검사]299①·310, [법원 또는 총회에 의한 변경]300·314·315, [발기인]288·289①, [현물출자 등의 증명]299의2

판례 일방은 현물로, 타방은 현금으로 출자하면서 회사 설립 후 매매계약의 형태를 갖춘 경우 현물출자에 관한 규정 적용 여부 : 상법 290조 3호 소정의 "회사 성립 후에 양수할 것을 약정"한다 함은 회사의 변태설립의 일종인 재산인수로서 발기인이 설립될 회사를 위하여 회사의 성립을 조건으로 다른 발기인이나 주식인수인 또는 제3자로부터 일정한 재산을 매매의 형식으로 양수할 것을 약정하는 계약을 의미하므로, 당사자 사이에 회사를 설립하기로 합의하면서 그 일방은 일정한 재산을 현물로 출자하고, 타방은 현금을 출자하되, 현물출자에 따른 번잡함을 피하기 위하여 회사의 성립 후 회사와 현물출자자 사이의 매매계약에 의한 방법에 의하여 위 현물출자를 완성하기로 약정하고 그 후 회사설립을 위한 소정의 절차를 거쳐 위 약정에 따른 현물출자가 이루어진 것이라면, 위 현물출자를 위한 약정은 그대로 위 법조가 규정하는 재산인수에 해당한다고 할 것이어서 정관에 기재되지 아니하는 한 무효이다.(대판 1994.5.13, 94다323)

판례 정관에 기재가 없는 재산인수 : 상법 290조 3호는 변태설립사항의 하나로서 회사성립 후에 양수할 것을 약정한 재산의 종류, 수량, 가격과 그 양도인의 성명은 정관에 기재함으로써 그 효력이 있다고 규정하고 있고, 이때에 회사의 성립 후에 양수할 것을 약정한다 함은 이른바 재산인수로서 발기인이 회사의 성립을 조건으로 다른 발기인이나 주식인수인 또는 제3자로부터 일정한 재산을 매매의 형식으로 양수할 것을 약정하는 계약을 의미한다고 할 것이고, 아직 원시정관의 작성 전이어서 발기인의 자격이 없는 자가 장래 성립할 회사를 위하여 위와 같은 계약을 체결하고 그 후 그 회사의 설립을 위한 발기인이 되었다면 위 계약은 재산인수에 해당하고 정관에 기재가 없는 한 무효라고 할 것이다.(대판 1992.9.14, 91다33087)

第291條【설립 당시의 주식발행사항의 결정】 회사설립 시에 발행하는 주식에 관하여 다음의 사항은 정관으로 달리 정하지 아니하면 발기인 전원의 동의로 이를 정한다.

1. 주식의 종류와 수
2. 액면주식의 경우에 액면 이상의 주식을 발행할 때에는 그 수와 금액
3. 무액면주식을 발행하는 경우에는 주식의 발행가액과 주식의 발행가액 중 자본금으로 계상하는 금액

(2011.4.14 본조개정)

改前 "第291條【設立當時의 株式發行事項의 決定】 會社設立時에 發行하는 株式에 관하여 다음의 事項은 定款에 다른 定함이 없으면 發起人全員의 同意로 이를 定한다.
1. 株式의 種類와 數
2. 額面이상의 株式을 發行하는 때에는 그 數와 金額"

참조 [수종의 주식]344

第292條【정관의 효력발생】 정관은 공증인의 인증을 받음으로써 효력이 생긴다. 다만, 자본금 총액이 10억원 미만인 회사를 제295조제1항에 따라 발기설립(發起設立)하는 경우에는 제289조제1항에 따라 각 발기인이 정관에 기명날인 또는 서명함으로써 효력이 생긴다.
(2009.5.28 본조개정)

改前 "第292條【定款의 認證】 定款은 公證人의 認證을 받음으로써 效力이 생긴다."

第293條【發起人의 株式引受】 各 發起人은 書面에 의하여 株式을 引受하여야 한다.

참조 [발기인의 주식인수와 그 취급]302②

第294條 (1995.12.29 삭제)

第295條【發起設立의 경우의 納入과 現物出資의 履行】 ① 發起人이 會社의 設立時에 發行하는 株式의 總數를 引受한 때에는 遲滯없이 各株式에 대하여 그 引受價額의 全額을 納入하여야 한다. 이 경우 發起人은 納入을 맡을 銀行 기타 金融機關과 納入場所를 지정하여야 한다.(1995.12.29 후단신설)

② 現物出資를 하는 發起人은 納入期日에 遲滯없이 出資의 目的인 財産을 引渡하고 登記, 登錄 기타 權利의 設定 또는 移轉을 要할 경우에는 이에 관한 書類를 完備하여 交付하여야 한다.

참조 ①[모집설립의 경우]301이하, [납입을 결하였을 경우]321, [본항의 준용]보험36, ②[현물출자자]290·294, [현물출자 등의 증명]299의2, [등기, 등록]743, 민186, 특허101·118③, [모집설립과 본항의 준용]305③, [본항의 적용제외]국유재산65

판례 가장납입에서 주금납입의 효력여부 : 회사를 설립함에 있어 일시적인 차입금을 가지고 주금납입의 형식을 취하여 회사설립절차를 마친 후 곧 그 납입금을 인출하여 차입금을 변제하는 이른바 주금의 가장납입의 경우에도 주금납입의 효력을 부인할 수는 없는 것이므로, 설사 주주가 주금을 가장납입 하였다 하더라도 그 주주를 실질상의 주식인수인에게 명의만을 빌려 준 차명주주와 동일시 할 수는 없다.(대판 1994.3.28, 93마1916)

판례 가장납입에서 회사의 주금 상환청구 가부 : 주금의 가장납입의 경우에도 주금납입의 효력을 부인할 수 없으므로 주금납입절차는 일단 완료되고 주식인수인이나 주주의 주금납입의무도 종결되었다고 보아야 하나, 이러한 가장납입에 있어서 회사는 일시 차입금을 가지고 주주들의 주금을 체당 납입한 것과 같이 볼 수 있으므로 주금납입의 절차가 완료된 후에 회사는 주주에 대하여 체당 납입한 주금의 상환을 청구할 수 있다.(대판 1985.1.29, 84다카1823,84다카1824)

第296條【發起設立의 경우의 任員選任】 ① 前條의 規定에 의한 納入과 現物出資의 履行이 完了된 때에는 發起人은 遲滯없이 議決權의 過半數로 理事와 監事를 選任하여야 한다.

② 發起人의 議決權은 그 引受株式의 1株에 대하여 1個로 한다.

참조 [이사, 감사의 선임]312·382·409

第297條【發起人의 議事錄作成】 發起人은 議事錄을 作成하여 議事의 經過와 그 結果를 記載하고 記名捺印 또는 署名하여야 한다.(1995.12.29 본조개정)

참조 [창립총회의 의사록]308②·373, [등기신청의 첨부서류]293②, [벌칙]635①

第298條【理事·監事의 調査·보고와 檢査人의 選任請求】 ① 理事와 監事는 就任후 지체없이 會社의 設立에 관한 모든 사항이 法令 또는 定款의 規定에 위반되지 아니하는지의 여부를 調査하여 發起人에게 보고하여야 한다.

② 理事와 監事중 發起人이었던 者·現物出資者 또는 會社成立후 讓受할 財産의 契約當事者인 者는 第1項의 調査·보고에 참가하지 못한다.

③ 理事와 監事의 全員이 第2項에 해당하는 때에는 理事는 公證人으로 하여금 第1項의 調査·보고를 하게 하여야 한다.

④ 定款으로 第290條 各號의 사항을 정한 때에는 理事는 이에 관한 調査를 하게 하기 위하여 檢査人의 選任을 法院에 請求하여야 한다. 다만, 第299條의2의 경우에는 그러하지 아니하다.

(1995.12.29 본조개정)

참조 [이사의 선임]296, [관할]상업등기법4, 비송72, [검사인의 선임]비송73, [검사인의 보고]299, 비송74, [검사인의 보수]비송77

第299條【검사인의 조사, 보고】 ① 검사인은 제290조 각 호의 사항과 제295조에 따른 현물출자의 이행을 조사하여 법원에 보고하여야 한다.

② 제1항은 다음 각 호의 어느 하나에 해당할 경우에는 적용하지 아니한다.

1. 제290조제2호 및 제3호의 재산총액이 자본금의 5분의 1을 초과하지 아니하고 대통령령으로 정한 금액을 초과하지 아니하는 경우

2. 제290조제2호 또는 제3호의 재산이 거래소에서 시세가 있는 유가증권인 경우로서 정관에 적힌 가격이 대통령령으로 정한 방법으로 산정된 시세를 초과하지 아니하는 경우
3. 그 밖에 제1호 및 제2호에 준하는 경우로서 대통령령으로 정하는 경우
③ 검사인은 제1항의 조사보고서를 작성한 후 지체 없이 그 등본을 각 발기인에게 교부하여야 한다.
④ 검사인의 조사보고서에 사실과 다른 사항이 있는 경우에는 발기인은 이에 대한 설명서를 법원에 제출할 수 있다.
(2011.4.14 본조개정)

改前 "第299條【檢査人의 調査, 報告】① 檢査人은 第290條 各號의 사항과 第295條의 規定에 의한 現物出資의 이행을 調査하여 法院에 보고하여야 한다.(1995.12.29 본항개정)
② 檢査人은 前項의 調査報告書를 作成한 後 遲滯없이 그 謄本을 各發起人에게 交付하여야 한다.
③ 檢査人의 調査報告書에 事實과 相違한 事項이 있는 때에는 發起人은 이에 대한 說明書를 法院에 提出할 수 있다."

참조 [검사인의 보고]비송74, [법원의 처분]비송75, [검사인의 보수]비송77, [모집설립과 검사인]310, [벌칙]625·635①, 국유재산82, [관할]비송72, ①[본항의 적용제외]국유재산65

第299條의2【現物出資 등의 증명】 第290條第1號 및 第4號에 기재한 사항에 관하여는 公證人의 調査·보고로, 第290條第2號 및 第3號의 規定에 의한 사항과 第295條의 規定에 의한 現物出資의 이행에 관하여는 公認된 鑑定人의 鑑定으로 第299條第1項의 規定에 의한 檢査人의 調査에 갈음할 수 있다. 이 경우 公證人 또는 鑑定人은 調査 또는 鑑定結果를 法院에 보고하여야 한다.
(1998.12.28 후단신설)

참조 [본조의 적용제외]국유재산65, [관할]비송72

第300條【法院의 變更處分】 ① 法院은 檢査人 또는 公證人의 調査報告書 또는 鑑定人의 鑑定結果와 發起人의 說明書를 審査하여 第290條의 規定에 의한 事項을 不當하다고 認定한 때에는 이를 變更하여 各 發起人에게 通告할 수 있다.
② 第1項의 變更에 不服하는 發起人은 그 株式의 引受를 取消할 수 있다. 이 경우에는 定款을 變更하여 設立에 관한 節次를 續行할 수 있다.
③ 法院의 通告가 있은 後 2週내에 株式의 引受를 取消한 發起人이 없는 때에는 定款은 通告에 따라서 變更된 것으로 본다.
(1998.12.28 본조개정)

참조 [검사인의 조사보고]299①, [발기인의 설명서]299④, [법원의 처분]비송75, [관할]비송72

第301條【募集設立의 경우의 株主募集】 發起人이 會社의 設立時에 發行하는 株式의 總數를 引受하지 아니하는 때에는 株主를 募集하여야 한다.

참조 [모집설립절차]302-316

第302條【株式引受의 請約, 株式請約書의 記載事項】
① 株式引受의 請約을 하고자 하는 者는 株式請約書 2通에 引受할 株式의 種類 및 數와 住所를 記載하고 記名捺印 또는 署名하여야 한다.(1995.12.29 본항개정)
② 주식청약서는 발기인이 작성하고 다음의 사항을 적어야 한다.(2011.4.14 본문개정)
1. 定款의 認證年月日과 公證人의 姓名
2. 第289條第1項과 第290條에 揭記한 事項
3. 會社의 存立期間 또는 解散事由를 定한 때에는 그 規定(1962.12.12 본호개정)
4. 各 發起人이 引受한 株式의 種類와 數
5. 第291條에 揭記한 事項
5의2. 株式의 讓渡에 관하여 理事會의 승인을 얻도록 정한 때에는 그 規定(1995.12.29 본호신설)
6. (2011.4.14 삭제)
7. 株主에게 配當할 利益으로 株式을 消却할 것을 定한 때에는 그 規定
8. 一定한 時期까지 創立總會를 終結하지 아니한 때에는 株式의 引受를 取消할 수 있다는 뜻
9. 納入을 맡을 銀行 기타 金融機關과 納入場所
10. 名義改書代理人을 둔 때에는 그 姓名·住所 및 營業所(1984.4.10 본호신설)
③ 民法 第107條第1項 但書의 規定은 株式引受의 請約에는 適用하지 아니한다.(1962.12.12 본항개정)

改前 ② "株式請約書는 發起人이 이를 作成하고 다음의 事項을 記載하여야 한다."
"6. 開業前에 利子를 配當할 것을 定한 때에는 그 規定"

참조 [청약인의 주소]353①, [벌칙]627·635 (1)[인증]292, (4)[발기인의 주식인수]293, (8)[창립총회]308-316, (9)[주금납입취급]305②·306·318·628, (10)[명의개서대리인]337②

第303條【株式引受人의 義務】 株式引受를 請約한 者는 發起人이 配定한 株式의 數에 따라서 引受價額을 納入할 義務를 負擔한다.

참조 [주식수]302①, [납입의무의 범위]331, [제1회의 납입]305

第304條【株式引受人 등에 대한 通知, 催告】 ① 株式引受人 또는 株式請約人에 대한 通知나 催告는 株式引受證 또는 株式請約書에 記載한 住所 또는 그 者로부터 會社에 通知한 住所로 하면 된다.
② 前項의 通知 또는 催告는 普通 그 到達할 時期에 到達한 것으로 본다.

참조 [주주 등에 대한 통지, 최고]353

第305條【株式에 대한 納入】 ① 會社設立時에 發行하는 株式의 總數가 引受된 때에는 發起人은 遲滯없이 株式引受人에 대하여 各 株式에 대한 引受價額의 全額을 納入시키어야 한다.
② 前項의 納入은 株式請約書에 記載한 納入場所에서 하여야 한다.
③ 第295條第2項의 規定은 第1項의 경우에 準用한다.

참조 [창립총회에서의 보고 및 조사]313, [해태와 실권]307, ①[현물출자의 이행]295②·305③, [주식공유와 납입]333①, [발기인의 담보책임]321, [상호회사에의 준용]보험36, ②[납입취급장소]302②·306·318

판례 가장납입 후 회사가 청구한 주금 상당액을 납입하지 아니한 효과 : 회사 설립 당시 원래 주주들이 주식인수인으로서 주식을 인수하고 가장납입의 형태로 주금을 납입한 이상 그들은 바로 회사의 주주이고, 그 후 그들이 회사가 청구한 주금 상당액을 납입하지 아니하였다고 하더라도 이는 회사 또는 대표이사에 대한 채무불이행에 불과할 뿐 그러한 사유만으로 주주로서의 지위를 상실하게 된다고는 할 수 없으며, 또한 주식인수인들이 회사가 정한 납입일까지 주금 상당액을 납입하지 아니한 채 그로부터 상당 기간이 지난 후 비로소 회사의 주주임을 주장하였다고 하여 신의성실의 원칙에 반한다고도 할 수 없다.(대판 1998.12.23, 97다20649)

第306條【納入金의 保管者 등의 變更】 納入金의 保管者 또는 納入場所를 變更할 때에는 法院의 許可를 얻어야 한다.

참조 [납입취급은행 등]302②·305②·318, [관할]비송72

第307條【株式引受人의 失權節次】 ① 株式引受人이 第305條의 規定에 의한 納入을 하지 아니한 때에는 發起人은 一定한 期日을 定하여 그 期日내에 納入을 하지 아니하면 그 權利를 잃는다는 뜻을 期日의 2週間前에 그 株式引受人에게 通知하여야 한다.
② 前項의 通知를 받은 株式引受人이 그 期日내에 納入의 履行을 하지 아니한 때에는 그 權利를 잃는다. 이 경우에는 發起人은 다시 그 株式에 대한 株主를 募集할 수 있다.
③ 前2項의 規定은 그 株式引受人에 대한 損害賠償의 請求에 影響을 미치지 아니한다.

참조 [통지]민111, [발기인의 담보책임]321

일판 주식을 인수한 발기인이 주금의 납입을 하지 않은 경우에도 회사성립후 주주로서의 지위를 취득한다.(日·東京地 1962.5.24)

第308條【創立總會】 ① 第305條의 規定에 의한 納入과 現物出資의 履行을 完了한 때에는 發起人은 遲滯없이 創立總會를 召集하여야 한다.

② 第363條第1項·第2項, 第364條, 제368조제2항·제3항, 第368條의2, 第369條第1項, 第371條第2項, 第372條, 第373條, 第376條 내지 第381條와 第435條의 規定은 創立總會에 準用한다.(2014.5.20 본항개정)

改前 ② 第363條第1項·第2項, 第364條, "第368條第3項·第4項", 第368條의2, 第369條第1項, 第371條第2項, 第372條, 第373條, 第376條 내지 第381條와 第435條의 規定은 創立總會에 準用한다.(1984.4.10 본항개정)

参조 ①[창립총회]311－314·316, [일정한 시기까지 창립총회가 종결하지 아니할 때]302②, [신설합병의 창립총회에의 준용]527③

第309條【創立總會의 決議】 創立總會의 決議는 出席한 株式引受人의 議決權의 3分의 2이상이며 引受된 株式의 總數의 過半數에 該當하는 多數로 하여야 한다.

参조 [주주총회와 정족수]368·434, [신설합병의 창립총회에의 준용]527③

第310條【變態設立의 경우의 調査】 ① 定款으로 第290條에 揭記한 事項을 정한 때에는 發起人은 이에 관한 調査를 하게 하기 위하여 檢査人의 選任을 法院에 請求하여야 한다.
② 前項의 檢査人의 報告書는 이를 創立總會에 提出하여야 한다.
③ 第298條第4項 但書 및 第299條의2의 規定은 第1項의 調査에 관하여 이를 準用한다.(1995.12.29 본항신설)

参조 [발기설립과 검사인선임]298, [상호회사에의 준용]보험44, ①[관할]비송72, [검사인의 선임]비송73, [검사인의 보고]비송74, [법원의 처분]비송75, [검사인의 보수]비송77, [벌칙]625·635①, ②[보고서와 이사의 조사보고]313

第311條【發起人의 報告】 ① 發起人은 會社의 創立에 관한 事項을 書面에 의하여 創立總會에 報告하여야 한다.
② 前項의 報告書에는 다음의 事項을 明確히 記載하여야 한다.
1. 株式引受와 納入에 관한 諸般狀況
2. 第290條에 揭記한 事項에 관한 實態

参조 [발기인의 책임]322, [벌칙]625·635①, [상호회사에의 준용]보험44·154

第312條【任員의 選任】 創立總會에서는 理事와 監事를 選任하여야 한다.

参조 [이사, 감사]296·382·415, [선임결의]309, [이사의 임기]383, [발기설립의 경우]296, [상호회사에의 준용]보험154

第313條【理事, 監事의 調査, 報告】 ① 理事와 監事는 就任후 지체없이 會社의 設立에 관한 모든 사항이 法令 또는 定款의 規定에 위반되지 아니하는지의 여부를 調査하여 創立總會에 보고하여야 한다.
② 第298條第2項 및 第3項의 規定은 第1項의 調査와 보고에 관하여 이를 準用한다.
③ (1995.12.29 삭제)
(1995.12.29 본조개정)

参조 [이사, 감사의 책임]323, [벌칙]625·635①, [상호회사에의 준용]보험44

第314條【變態設立事項의 變更】 ① 創立總會에서는 第290條에 揭記한 事項이 不當하다고 認定한 때에는 이를 變更할 수 있다.
② 第300條第2項과 第3項의 規定은 前項의 경우에 準用한다.

参조 [정관변경]316, [상호회사에의 준용]보험44

第315條【發起人에 대한 損害賠償請求】 前條의 規定은 發起人에 대한 損害賠償의 請求에 影響을 미치지 아니한다.

参조 [발기인의 책임]322, [책임의 추궁]324·403, [면책결의]324, [상호회사에의 준용]보험44

第316條【定款變更, 設立廢止의 決議】 ① 創立總會에서는 定款의 變更 또는 設立의 廢止를 決議할 수 있다.
② 前項의 決議는 召集通知書에 그 뜻의 記載가 없는 경우에도 이를 할 수 있다.

参조 [정관변경의 특칙]314, [결의]308②·309, [소집통지]308②·363①②, [상호회사에의 준용]보험28·44·154

第317條【設立의 登記】 ① 株式會社의 設立登記는 發起人이 會社設立時에 發行한 株式의 總數를 引受한 경우에는 第299條와 第300條의 規定에 의한 節次가 終了한 날로부터, 發起人이 株主를 募集한 경우에는 創立總會가 終結한 날 또는 第314條의 規定에 의한 節次가 終了한 날로부터 2週間내에 이를 하여야 한다.
② 제1항의 설립등기에 있어서는 다음의 사항을 등기하여야 한다.(2011.4.14 본문개정)
1. 第289條第1項第1號 내지 第4號, 第6號와 第7號에 揭記한 事項
2. 자본금의 액(2011.4.14 본호개정)
3. 發行株式의 總數, 그 種類와 各種株式의 內容과 數
3의2. 株式의 讓渡에 관하여 理事會의 승인을 얻도록 정한 때에는 그 規定(1995.12.29 본호신설)
3의3. 株式買受選擇權을 부여하도록 정한 때에는 그 規定(1999.12.31 본호신설)
3의4. 支店의 所在地(1984.4.10 본호신설)
4. 會社의 存立期間 또는 解散事由를 정한 때에는 그 期間 또는 事由
5. (2011.4.14 삭제)
6. 株主에게 配當할 利益으로 株式을 消却할 것을 定한 때에는 그 規定
7. 轉換株式을 發行하는 경우에는 第347條에 揭記한 事項
8. 사내이사, 사외이사, 그 밖에 상무에 종사하지 아니하는 이사, 감사 및 집행임원의 성명과 주민등록번호(2011.4.14 본호개정)
9. 회사를 대표할 이사 또는 집행임원의 성명·주민등록번호 및 주소(2011.4.14 본호개정)
10. 둘 이상의 대표이사 또는 대표집행임원이 공동으로 회사를 대표할 것을 정한 경우에는 그 규정(2011.4.14 본호개정)
11. 名義改書代理人을 둔 때에는 그 商號 및 本店所在地(1995.12.29 본호개정)
12. 監査委員會를 設置한 때에는 監査委員會 委員의 姓名 및 住民登錄番號(1999.12.31 본호신설)
③ (2024.9.20 삭제)
④ 第181條 내지 第183條의 規定은 株式會社의 登記에 準用한다.

改前 ③ 주식회사의 지점 설치 및 이전 시 지점소재지 또는 신지점소재지에서 등기를 할 때에는 제289조제1항제1호·제2호·제6호 및 제7호와 이 조 제2항제4호·제9호 및 제10호에 따른 사항을 등기하여야 한다.

参조 ①[등기절차]177, 상업등기법22이하, [등기의 효과]37, [유한회사로부터 조직변경의 경우]606·607⑤, [벌칙]625·635①, [상법시행전에 성립한 주식회사의 등기]상법시행법11, ②(2)[본호 의제]상법시행법12, (3)[수종의 주식]344, (6)[주식소각]343, (8)[이사·감사]296·312, [대행이사·감사의 등기]386②·407③·415, (9)(10)[회사대표]389, [공동대표]389②

判례 법인등기부에 따른 적법한 이사, 감사의 추정 : 법인등기부에 이사 또는 감사로 등재되어 있는 경우에는 특단의 사정이 없는 한 정당한 절차에 의하여 선임된 적법한 이사 또는 감사로 추정된다고 할 것이다.(대판 1991.12.27, 91다4409,4416)

第318條【납입금 보관자의 증명과 책임】 ① 납입금을 보관한 은행이나 그 밖의 금융기관은 발기인 또는 이사의 청구를 받으면 그 보관금액에 관하여 증명서를 발급하여야 한다.
② 제1항의 은행이나 그 밖의 금융기관은 증명한 보관금액에 대하여는 납입이 부실하거나 그 금액의 반환에 제한이 있다는 것을 이유로 회사에 대항하지 못한다.
③ 자본금 총액이 10억원 미만인 회사를 제295조제1항에 따라 발기설립하는 경우에는 제1항의 증명서를 은행이나 그 밖의 금융기관의 잔고증명서로 대체할 수 있다.
(2009.5.28 본조개정)

改前 "第318條【納入金保管者의 證明과 責任】 ① 納入金을 保管한 銀行 기타의 金融機關은 發起人 또는 理事의 請求가 있는 때에는 그 保管金額에 관하여 證明書를 交付하여야 한다.

② 前項의 銀行 기타의 金融機關은 證明한 保管金額에 대하여는 納入의 不實 또는 그 金額의 返還에 관한 制限이 있음을 理由로 하여 會社에 對抗하지 못한다."

참조 [납입취급은행등]302② · 305② · 306, [벌칙]628, [상호회사에의 준용]보험36

第319條【權利株의 讓渡】 株式의 引受로 인한 權利의 讓渡는 會社에 대하여 效力이 없다.

참조 [주식의 양도]335①, [주권의 발행과 주식양도]335② · 355

第320條【株式引受의 無效 主張, 取消의 制限】 ① 會社成立後에는 株式을 引受한 者는 株式請約書의 要件의 흠결을 理由로 하여 그 引受의 無效를 主張하거나 詐欺, 强迫 또는 錯誤를 理由로 하여 그 引受를 取消하지 못한다.

② 創立總會에 出席하여 그 權利를 行使한 者는 會社의 成立前에도 前項과 같다.

참조 [인수인의 의무]303, [회사의 성립]172, [사기, 강박 또는 착오]민109 · 110, [주식청약서의 요건]302, [주식청약과 심리유보]300③, [창립총회에서의 권리행사]309 · 369①

第321條【發起人의 引受, 納入擔保責任】 ① 會社設立時에 發行한 株式으로서 會社成立後에 아직 引受되지 아니한 株式이 있거나 株式引受의 請約이 取消된 때에는 發起人이 이를 共同으로 引受한 것으로 본다.

② 會社成立後 第295條第1項 또는 第305條第1項의 規定에 의한 納入을 完了하지 아니한 株式이 있는 때에는 發起人은 連帶하여 그 納入을 하여야 한다.

③ 第315條의 規定은 前2項의 경우에 準用한다.

참조 [공동인수인]333①, [주식인수의 취소제한]320, [연대]민413 – 427, [면책]324, [구법에 의하여 성립한 회사에의 제1항 적용]상법시행법13

第322條【發起人의 損害賠償責任】 ① 發起人이 會社의 設立에 관하여 그 任務를 解怠한 때에는 그 發起人은 會社에 대하여 連帶하여 損害를 賠償할 責任이 있다.

② 發起人이 惡意 또는 重大한 過失로 인하여 그 任務를 解怠한 때에는 그 發起人은 第三者에 대하여도 連帶하여 損害를 賠償할 責任이 있다.

참조 [상호회사에의 준용]보험44, ①[특별규정]315 · 321③, [연대]민413 – 427, [이사 · 감사 등의 연대책임]323, [면책]324, [발기인에 대한 소]324 · 403, [회사 불성립의 경우의 책임]326, ②민750 · 760, [유사발기인의 책임]327

판례 발기인의 손해배상채권의 회사자산 산입여부 : 발기인에 대한 손해배상채권이 회사의 총자산가액에 산입된다.
(대판 1989.9.12, 89누916)

第323條【發起人, 任員의 連帶責任】 理事 또는 監事가 第313條第1項의 規定에 의한 任務를 解怠하여 會社 또는 第三者에 대하여 損害를 賠償할 責任을 지는 경우에 發起人도 責任을 질 때에는 그 理事, 監事와 發起人은 連帶하여 損害를 賠償할 責任이 있다.

참조 [발기인의 책임]322, [성립후의 이사 · 감사의 책임]399 · 414, [연대]민413 – 427, [책임의 면제]324, [책임추궁]403, [상호회사에의 준용]보험44

第324條【發起人의 責任免除, 株主의 代表訴訟】 제400조, 제403조부터 제406조까지 및 제406조의2는 發起人에 準用한다.(2020.12.29 본조개정)

改前 第324條【發起人의 責任免除, 株主의 代表訴訟】"第400條와 第403條 내지 第406條의 規定은" 發起人에 準用한다.

참조 [상호회사에의 준용]보험44

第325條【檢査人의 損害賠償責任】 法院이 選任한 檢査人이 惡意 또는 重大한 過失로 인하여 그 任務를 解怠한 때에는 會社 또는 第三者에 대하여 損害를 賠償할 責任이 있다.

참조 [법원에 의한 선임]298, [발기인의 손해배상책임]322, [상호회사에의 준용]보험44

第326條【會社不成立의 경우의 發起人의 責任】 ① 會社가 成立하지 못한 경우에는 發起人은 그 設立에 관한 行爲에 대하여 連帶하여 責任을 진다.

② 前項의 경우에 會社의 設立에 관하여 支給한 費用은 發起人이 負擔한다.

참조 [유사발기인의 책임]327, [조합원의 분할채무]민711 · 712, [연대]민413 – 427, [설립비용]290, [상호회사에의 준용]보험44

第327條【類似發起人의 責任】 株式請約書 기타 株式募集에 관한 書面에 姓名과 會社의 設立에 贊助하는 뜻을 記載할 것을 承諾한 者는 發起人과 同一한 責任이 있다.

참조 [발기인과 동일한 책임]322 · 326, [주식청약서]302, [벌칙]627, [상호회사에의 준용]보험44

第328條【設立無效의 訴】 ① 會社設立의 無效는 株主 · 理事 또는 監事에 한하여 會社成立의 날로부터 2年내에 訴만으로 이를 主張할 수 있다.

② 第186條 내지 第193條의 規定은 第1項의 訴에 準用한다.

(1984.4.10 본조개정)

참조 [상호회사에의 준용]보험73, [벌칙]631①②

第2節 株 式

第1款 株式과 株券
(2001.7.24 본관제목삽입)

第329條【자본금의 구성】 ① 회사는 정관으로 정한 경우에는 주식의 전부를 무액면주식으로 발행할 수 있다. 다만, 무액면주식을 발행하는 경우에는 액면주식을 발행할 수 없다.

② 액면주식의 금액은 균일하여야 한다.

③ 액면주식 1주의 금액은 100원 이상으로 하여야 한다.

④ 회사는 정관으로 정하는 바에 따라 발행된 액면주식을 무액면주식으로 전환하거나 무액면주식을 액면주식으로 전환할 수 있다.

⑤ 제4항의 경우에는 제440조, 제441조 본문 및 제442조를 준용한다.

(2011.4.14 본조개정)

改前 "第329條【資本의 構成, 株式의 券面額】 ① (2009.5.28 삭제)
② 株式會社의 資本은 이를 株式으로 分割하여야 한다.
③ 株式의 金額은 均一하여야 한다.
④ 1株의 金額은 100원이상으로 하여야 한다.(1998.12.28 본항개정)"

참조 [자본]289 · 317②, [주식의 금액]289① · 302② · 317②, 상법시행법16, [액면미달발행의 제한]330

第329條의2【株式의 分割】 ① 會社는 第434條의 規定에 의한 株主總會의 決議로 株式을 分割할 수 있다.

② 제1항의 경우에 분할 후의 액면주식 1주의 금액은 제329조제3항에 따른 금액 미만으로 하지 못한다.

(2011.4.14 본항개정)

③ 제440조부터 제443조까지의 규정은 第1項의 規定에 의한 株式分割의 경우에 이를 準用한다.(2014.5.20 본항개정)

(1998.12.28 본조신설)

改前 ③ "第440條 내지 第444條의 規定"은 第1項의 規定에 의한 株式分割의 경우에 이를 準用한다.

第330條【額面未達發行의 制限】 株式은 額面未達의 價額으로 發行하지 못한다. 그러나 第417條의 경우에는 그러하지 아니하다.(1962.12.12 본조개정)

참조 [권면액]289① · 329

第331條【株主의 責任】 株主의 責任은 그가 가진 株式의 引受價額을 限度로 한다.

참조 [인수주식수]295 · 303 · 321①, [주식의 금액]289① · 329②③, [합자회사의 유한책임사원의 책임]279, [유한회사의 사원의 책임]553

第332條【假設人, 他人의 名義에 의한 引受人의 責任】 ① 假設人의 名義로 株式을 引受하거나 他人의 承諾없이 그 名義로 株式을 引受한 者는 株式引受人으로서의 責任이 있다.

② 他人의 承諾을 얻어 그 名義로 株式을 引受한 者는 그 他人과 連帶하여 納入할 責任이 있다.

참조 [벌칙]634, ②[연대]민413 – 427

판례 명의차용자의 주주 인정여부 : 실제로 주식을 인수하여 그 대금을 납입한 명의차용인만이 실질상의 주식인수인으로 주주가 되고, 단순한 명의대여자에 불과한 자는 주주로 볼 수 없다.
(대판 1998.4.10, 97다50619)

第333條【株式의 共有】 ① 數人이 共同으로 株式을 引受한 者는 連帶하여 納入할 責任이 있다.
② 株式이 數人의 共有에 屬하는 때에는 共有者는 株主의 權利를 行使할 者 1人을 정하여야 한다.
③ 株主의 權利를 行使할 者가 없는 때에는 共有者에 대한 通知나 催告는 그 1人에 대하여 하면 된다.

참조 [사채공유의 경우에의 준용]489②, [유한회사지분에의 준용]558, [주주의 권리]369 · 538, [통지 · 최고]353

판례 공유주식에 대해 공유물분할의 소를 청구할 수 있는지 여부 : 주식의 공유자들 사이에 공유 주식을 분할하는 판결이 확정되면 그 공유자들 사이에서는 별도의 법률행위를 할 필요 없이 자신에게 귀속된 주식에 대하여 주주로서의 권리를 취득하는 것이고, 이와 같이 공유물 분할의 방법에 의하여 주식을 취득한 자는 회사에 대하여 주주로서의 자격을 보유하기 위하여 자기가 그 주식의 실질상의 소유자라는 것을 증명하여 단독으로 명의개서를 청구할 수 있으므로, 주식의 공유자로서는 공유물 분할의 판결의 효력이 회사에 미치는지 여부와 관계없이 공유주식을 분할하여 공유관계를 해소함으로써 분할된 주식에 대한 단독소유권을 취득하기 위하여 공유물 분할의 소를 제기할 이익이 있다.(대판 2000.1.28, 98다17183)

第334條 (2011.4.14 삭제)

改前 "第334條【株主의 會社에 대한 相計禁止】株主는 納入에 관하여 相計로써 會社에 對抗하지 못한다."

第335條【株式의 讓渡性】 ① 주식은 타인에게 양도할 수 있다. 다만, 회사는 정관으로 정하는 바에 따라 그 발행하는 주식의 양도에 관하여 이사회의 승인을 받도록 할 수 있다.(2011.4.14 본항개정)
② 第1項 但書의 規定에 違反하여 理事會의 승인을 얻지 아니한 株式의 讓渡는 會社에 대하여 效力이 없다.(1995.12.29 본항신설)
③ 株券發行前에 한 株式의 讓渡는 會社에 대하여 效力이 없다. 그러나 會社成立후 또는 新株의 納入期日후 6月이 경과한 때에는 그러하지 아니하다.(1984.4.10 단서신설)

改前 "① 株式은 他人에게 이를 讓渡할 수 있다. 다만, 株式의 讓渡는 定款이 정하는 바에 따라 理事會의 승인을 얻도록 할 수 있다.(1995.12.29 본항개정)"

참조 [합명회사, 합자회사, 유한회사지분의 양도]197 · 269 · 276 · 556, ①[주식의 양도방법]336, [주식양도의 법률상의 제한]341, [권리주의 양도]319, [주식의 질권설정]338－340, ②[주권의 발행]355

판례 양도인이 채권양도의 통지를 하기 전에 다른 제3자에게 이중으로 양도하여 회사에게 확정일자 있는 양도통지를 하는 등 대항요건을 갖추어 줌으로써 양수인이 그 제3자에게 대항할 수 없게 되었고, 이러한 양도인의 배임행위에 제3자가 적극 가담한 경우라면, 제3자에 대한 양도행위는 사회질서에 반하는 법률행위로서 무효라고 봄이 상당하다.(대판 2006.9.14, 2005다45537)

판례 주식 양도시 당사자간의 특약의 효력 : 주주권은 주식의 양도나 소각 등 법률에 정하여진 사유에 의하여서만 상실되고 단순히 당사자 사이의 특약이나 주주권 포기의 의사표시만으로 상실되지 아니하며 다른 특별한 사정이 없는 한 그 행사가 제한되지도 아니한다.(대판 2002.12.24, 2002다54691)

第335條의2【讓渡承認의 請求】 ① 株式의 讓渡에 관하여 理事會의 승인을 얻어야 하는 경우에는 株式을 讓渡하고자 하는 株主는 會社에 대하여 讓渡의 相對方 및 讓渡하고자 하는 株式의 종류와 數를 기재한 書面으로 讓渡의 승인을 請求할 수 있다.
② 會社는 第1項의 請求가 있는 날부터 1月이내에 株主에게 그 승인여부를 書面으로 통지하여야 한다.
③ 會社가 第2項의 기간내에 株主에게 거부의 통지를 하지 아니한 때에는 株式의 讓渡에 관하여 理事會의 승인이 있는 것으로 본다.
④ 第2項의 讓渡承認拒否의 통지를 받은 株主는 통지를 받은 날부터 20日내에 會社에 대하여 讓渡의 相對方의 지정 또는 그 株式의 買受를 請求할 수 있다.
(1995.12.29 본조신설)

第335條의3【讓渡相對方의 指定請求】 ① 株主가 讓渡의 相對方을 지정하여 줄 것을 請求한 경우에는 理事會는 이를 지정하고, 그 請求가 있은 날부터 2週間내에 株主 및 지정된 相對方에게 書面으로 이를 통지하여야 한다.
② 第1項의 기간내에 株主에게 相對方지정의 통지를 하지 아니한 때에는 株式의 讓渡에 관하여 理事會의 승인이 있는 것으로 본다.
(1995.12.29 본조신설)

第335條의4【지정된 자의 매도청구권】 ① 第335條의3 第1項의 規定에 의하여 相對方으로 지정된 者는 지정통지를 받은 날부터 10日이내에 指定請求를 한 株主에 대하여 書面으로 그 株式을 자기에게 賣渡할 것을 請求할 수 있다.
② 第335條의3第2項의 規定은 株式의 讓渡相對方으로 지정된 者가 第1項의 期間내에 賣渡의 請求를 하지 아니한 때에 이를 準用한다.
(2001.7.24 본조제목개정)
(1995.12.29 본조신설)

第335條의5【매도가액의 결정】 ① 第335條의4의 경우에 그 株式의 매도가액은 株主와 매도청구인간의 協議로 이를 決定한다.
② 제374조의2제4항 및 제5항의 규정은 第335조의4제1항의 규정에 의한 청구를 받은 날부터 30일 이내에 제1항의 규정에 의한 협의가 이루어지지 아니하는 경우에 이를 준용한다.
(2001.7.24 본조개정)

第335條의6【株式의 買受請求】 제374조의2제2항 내지 제5항의 規定은 第335條의2第4項의 規定에 의하여 株主가 會社에 대하여 株式의 買受를 請求한 경우에 이를 準用한다.(2001.7.24 본조개정)

참조 [관할]비송72

第335條의7【株式의 讓受人에 의한 承認請求】 ① 株式의 讓渡에 관하여 理事會의 승인을 얻어야 하는 경우에 株式을 취득한 者는 會社에 대하여 그 株式의 종류와 數를 기재한 書面으로 그 취득의 승인을 請求할 수 있다.
② 第335條의2第2項 내지 第4項, 第335條의3 내지 第335條의6의 規定은 第1項의 경우에 이를 準用한다.
(1995.12.29 본조신설)

第336條【株式의 讓渡方法】 ① 株式의 讓渡에 있어서는 株券을 交付하여야 한다.
② 株券의 占有者는 이를 適法한 所持人으로 推定한다.
(1984.4.10 본조개정)

참조 ①어음16①, 수표19, [회사에 대한 대항요건]337, [선의취득]359, ②[신주인수권의 양도]420의3

판례 주권의 양도방법 중 양도인의 기명이 누락된 배서의 효력(구법관계) : 양도인이 기명 부분을 양수인에게 보충시킬 의사로 배서란에 날인만 하여 주권을 교부한 경우에는 양수인에게 배서인의 기명에 관한 보충권을 부여한 것이므로 양도인의 기명이 누락되어 있다 하여 그 배서의 효력이 없는 것이라고는 할 수 없다.
(대판 1997.12.12, 95다49646)

판례 주식양수계약 해제시 주권을 점유한 양수인의 권리행사 가부 : 주식양도양수계약이 적법하게 해제되었다면 종전의 주식양수인은 주식회사의 주주로서의 지위를 상실하였으므로, 주식회사의 주권을 점유하고 있다고 하더라도, 주주로서의 권리를 행사할 수 있는 것은 아니다.(대판 1994.6.28, 93다44906)

第337條【주식의 이전의 대항요건】 ① 주식의 移轉은 取得者의 姓名과 住所를 株主名簿에 記載하지 아니하면 會社에 對抗하지 못한다.(2014.5.20 본항개정)
② 會社는 定款이 정하는 바에 의하여 名義改書代理人을 둘 수 있다. 이 경우 名義改書代理人이 取得者의 姓名과 住所를 株主名簿의 複本에 記載한 때에는 第1項의 名義改書가 있는 것으로 본다.(1984.4.10 본항신설)
(2014.5.20 본조제목개정)

改前 第337條【"記名株式의 移轉의 對抗要件"】① "記名株式"의 移轉은 取得者의 姓名과 住所를 株主名簿에 記載하지 아니하면 會社에 對抗하지 못한다.

참조 [주식의 양도성]335, [주주명부]352

판례 명의개서를 하지 아니한 주식양수인에 대하여 주주총회소집통지를 하지 않았다고 하여 주주총회결의에 절차상의 하자가 있다고 할 수 없다.(대판 1996.12.23, 96다32768)

판례 주권발행 전 주식의 이중양도가 문제되는 경우 그 이중양수인 중 일부에 대하여 이미 명의개서가 경료되었는지 여부를 불문하고 누가 우선순위자로서 권리취득자인지를 가려야 할 것이고, 이때 이중양수인 상호간의 우열은 지명채권 이중양도의 경우에 준하여 확정일자 있는 양도통지가 회사에 도달한 일시 또는 확정일자 있는 승낙의 일시의 선후에 의하여 결정함이 원칙이다.(대판 1995.5.23, 94다36421)

第338條【주식의 입질】 ① 주식을 質權의 目的으로 하는 때에는 株券을 質權者에게 交付하여야 한다.
(2014.5.20 본항개정)
② 質權者는 繼續하여 株券을 占有하지 아니하면 그 質權으로써 第三者에게 對抗하지 못한다.
(2014.5.20 본조제목개정)

改前 第338條【"記名株式의 入質"】① "記名株式"을 質權의 目的으로 하는 때에는 株券을 質權者에게 交付하여야 한다.

참조 [주식의 질권설정가능성]335①·341, 민331·355, [등록질]340, [주권]356, [질권의 효력]339·340, 민329~338·345, [대항요건]340, 민349·351

판례 주권발행 전의 주식입질의 가부 및 그 방법 : 주권발행 전의 주식에 대한 양도도 인정되고, 주권발행 전 주식의 담보제공을 금하는 법률규정도 없으므로 주권발행 전 주식에 대한 질권설정도 가능하다고 할 것이지만, 상법 338조 1항은 기명주식을 질권의 목적으로 하는 때에는 주권을 교부하여야 한다고 규정하고 있으나, 이는 주권이 발행된 기명주식의 경우에 해당하는 규정이라고 해석함이 상당하므로, 주권발행 전의 주식 입질에 관하여는 상법 338조 1항의 규정이 아니라 권리질권설정의 일반원칙인 민법 346조로 돌아가 그 권리의 양도방법에 의하여 질권을 설정할 수 있다고 보아야 한다.
(대판 2000.8.16, 99그1)

第339條【質權의 物上代位】 株式의 消却, 併合, 分割 또는 轉換이 있는 때에는 이로 인하여 從前의 株主가 받을 金錢이나 株式에 대하여도 從前의 株式을 目的으로 한 質權을 行使할 수 있다.(1998.12.28 본조개정)

참조 [권리질과 물상대위]민342·345·355, [주식의 소각·병합·전환]343·346~351·440, [등록질의 효력]340, [사채의 주식에의 전환, 주식을 병합하지 않는 합병의 경우와 본조의 준용]516·530④·601①, [주식회사의 조직 변경]보험31

第340條【주식의 등록질】 ① 주식을 질권(質權)의 목적으로 한 경우에 회사가 질권설정자의 청구에 따라 그 성명과 주소를 주주명부에 덧붙여 쓰고 그 성명을 주권(株券)에 적은 경우에는 질권자는 회사로부터 이익배당, 잔여재산의 분배 또는 제339조에 따른 금전의 지급을 받아 다른 채권자에 우선하여 자기채권의 변제에 충당할 수 있다.(2014.5.20 본항개정)
② 民法 第353條第3項의 規定은 前項의 경우에 準用한다.
③ 第1項의 質權者는 會社에 대하여 前條의 株式에 대한 株券의 交付를 請求할 수 있다.
(2014.5.20 본조제목개정)

改前 第340條【"記名株式의 登錄質"】① "기명주식"을 질권(質權)의 목적으로 한 경우에 회사가 질권설정자의 청구에…

참조 ①[주주명부]352·396①, [주권]355·356, [이익·이자의 배당]462, [잔여재산의 분배]538, [권리질과 과실취득권]민323·342·343·355, [권리질과 물상대위]339, ①②[유한회사에의 준용]560, ③[주식을 병합하지 아니하는 합병의 경우에의 준용]530④, 보험31

第340條의2【주식매수선택권】 ① 회사는 정관으로 정하는 바에 따라 제434조의 주주총회의 결의로 회사의 설립·경영 및 기술혁신 등에 기여하거나 기여할 수 있는 회사의 이사, 집행임원, 감사 또는 피용자(被用者)에게 미리 정한 가액(이하 "주식매수선택권의 행사가액"이라 한다)으로 신주를 인수하거나 자기의 주식을 매수할 수 있는 권리(이하 "주식매수선택권"이라 한다)를 부여할 수 있다. 다만, 주식매수선택권의 행사가액이 주식의 실질가액보다 낮은 경우에 회사는 그 차액을 금전으로 지급하거나 그 차액에 상당하는 자기의 주식을 양도할 수 있다. 이 경우 주식의 실질가액은 주식매수선택권의 행사일을 기준으로 평가한다.
② 다음 각 호의 어느 하나에 해당하는 자에게는 제1항의 주식매수선택권을 부여할 수 없다.
1. 의결권 없는 주식을 제외한 발행주식총수의 100분의 10 이상의 주식을 가진 주주
2. 이사·집행임원·감사의 선임과 해임 등 회사의 주요 경영사항에 대하여 사실상 영향력을 행사하는 자
3. 제1호와 제2호에 규정된 자의 배우자와 직계존비속
③ 제1항에 따라 발행할 신주 또는 양도할 자기의 주식은 회사의 발행주식총수의 100분의 10을 초과할 수 없다.
④ 제1항의 주식매수선택권의 행사가액은 다음 각 호의 가액 이상이어야 한다.
1. 신주를 발행하는 경우에는 주식매수선택권의 부여일을 기준으로 한 주식의 실질가액과 주식의 권면액(券面額) 중 높은 금액. 다만, 무액면주식을 발행한 경우에는 자본으로 계상되는 금액 중 1주에 해당하는 금액을 권면액으로 본다.
2. 자기의 주식을 양도하는 경우에는 주식매수선택권의 부여일을 기준으로 한 주식의 실질가액
(2011.4.14 본조개정)

改前 "第340條의2【株式買受選擇權】① 會社는 定款이 정한 바에 따라 第434條의 規定에 의한 株主總會의 決議로 會社의 設立·경영과 技術革新 등에 기여하거나 기여할 수 있는 會社의 理事·監事 또는 被用者에게 미리 정한 價額(이하 "株式買受選擇權의 行使價額"이라 한다)으로 新株를 引受하거나 자기의 株式을 買受할 수 있는 權利(이하 "株式買受選擇權"이라 한다)를 부여할 수 있다. 다만, 株式買受選擇權의 行使價額이 株式의 實質價額보다 낮은 경우에 會社는 그 差額을 金錢으로 지급하거나 그 差額에 상당하는 자기의 株式을 讓渡할 수 있다. 이 경우 株式의 實質價額은 株式買受選擇權의 行使日을 기준으로 評價한다.
② 다음 各號의 1에 해당하는 者에 대하여는 第1項에 規定된 株式買受選擇權을 부여할 수 없다.
1. 議決權없는 株式을 제외한 發行株式總數의 100分의 10 이상의 株式을 가진 株主
2. 理事·監事의 選任과 解任 등 會社의 主要經營事項에 대하여 사실상 影響力을 행사하는 者
3. 第1號와 第2號에 規定된 者의 配偶者와 直系尊·卑屬
③ 第1項의 規定에 의하여 발행할 新株 또는 讓渡할 자기의 株式은 會社의 發行株式總數의 100分의 10을 초과할 수 없다.
④ 第1項에 規定한 株式買受選擇權의 行使價額은 다음 各號의 價額 이상이어야 한다.
1. 新株를 발행하는 경우에는 株式買受選擇權의 附與日을 기준으로 한 株式의 實質價額과 株式의 券面額중 높은 금액
2. 자기의 株式을 讓渡하는 경우에는 株式買受選擇權의 附與日을 기준으로 한 株式의 實質價額
(1999.12.31 본조신설)"

참조 [등기사항]340의3, 상업등기법69

第340條의3【株式買受選擇權의 부여】 ① 第340條의2 第1項의 株式買受選擇權에 관한 定款의 規定에는 다음 各號의 사항을 기재하여야 한다.
1. 일정한 경우 株式買受選擇權을 부여할 수 있다는 뜻
2. 株式買受選擇權의 행사로 발행하거나 讓渡할 株式의 종류와 數
3. 株式買受選擇權을 부여받을 者의 資格要件
4. 株式買受選擇權의 행사기간
5. 일정한 경우 理事會決議로 株式買受選擇權의 부여를 取消할 수 있다는 뜻
② 第340條의2第1項의 株式買受選擇權에 관한 株主總會의 決議에 있어서는 다음 各號의 사항을 정하여야 한다.
1. 株式買受選擇權을 부여받을 者의 姓名
2. 株式買受選擇權의 부여방법
3. 株式買受選擇權의 行使價額과 그 調整에 관한 사항
4. 株式買受選擇權의 행사기간
5. 株式買受選擇權을 부여받을 者 각각에 대하여 株式買受選擇權의 행사로 발행하거나 讓渡할 株式의 종류와 數
③ 會社는 第2項의 株主總會 決議에 의하여 株式買受選擇權을 부여받은 者와 契約을 체결하고 상당한 기간내에 그에 관한 契約書를 작성하여야 한다.
④ 會社는 第3項의 契約書를 株式買受選擇權의 행사기간이 종료할 때까지 本店에 비치하고 株主로 하여금 營業時間내에 이를 閱覽할 수 있도록 하여야 한다.
(1999.12.31 본조신설)

第340條의4【株式買受選擇權의 행사】 ① 第340條의2第1項의 株式買受選擇權은 第340條의3第2項 各號의 사항을 정하는 株主總會決議日부터 2年 이상 在任 또는 在職하여야 이를 행사할 수 있다.
② 第340條의2第1項의 株式買受選擇權은 이를 讓渡할 수 없다. 다만, 同條第2項의 規定에 의하여 株式買受選擇權을 행사할 수 있는 者가 死亡한 경우에는 그 相續人이 이를 행사할 수 있다.
(1999.12.31 본조신설)

第340條의5【準用規定】 제350조제2항, 第351條, 제516조의9제1항·제3항·제4항 및 제516조의10 전단은 株式買受選擇權의 행사로 新株를 발행하는 경우에 이를 準用한다.(2020.12.29 본조개정)

改前 第340條의5【準用規定】"第350條第2項, 第350條第3項 後段", 第351條, 제516조의9제1항·제3항·제4항 및…

第341條【자기주식의 취득】 ① 회사는 다음의 방법에 따라 자기의 명의와 계산으로 자기의 주식을 취득할 수 있다. 다만, 그 취득가액의 총액은 직전 결산기의 대차대조표상의 순자산액에서 제462조제1항 각 호의 금액을 뺀 금액을 초과하지 못한다.
1. 거래소에서 시세(時勢)가 있는 주식의 경우에는 거래소에서 취득하는 방법
2. 제345조제1항의 주식의 상환에 관한 종류주식의 경우 외에 각 주주가 가진 주식 수에 따라 균등한 조건으로 취득하는 것으로서 대통령령으로 정하는 방법
② 제1항에 따라 자기주식을 취득하려는 회사는 미리 주주총회의 결의로 다음 각 호의 사항을 결정하여야 한다. 다만, 이사회의 결의로 이익배당을 할 수 있다고 정관으로 정하고 있는 경우에는 이사회의 결의로써 주주총회의 결의를 갈음할 수 있다.
1. 취득할 수 있는 주식의 종류 및 수
2. 취득가액의 총액의 한도
3. 1년을 초과하지 아니하는 범위에서 자기주식을 취득할 수 있는 기간
③ 회사는 해당 영업연도의 결산기에 대차대조표상의 순자산액이 제462조제1항 각 호의 금액의 합계액에 미치지 못할 우려가 있는 경우에는 제1항에 따른 주식의 취득을 하여서는 아니 된다.
④ 해당 영업연도의 결산기에 대차대조표상의 순자산액이 제462조제1항 각 호의 금액의 합계액에 미치지 못함에도 불구하고 회사가 제1항에 따라 주식을 취득한 경우 이사는 회사에 대하여 연대하여 그 미치지 못한 금액을 배상할 책임이 있다. 다만, 이사가 제3항의 우려가 없다고 판단하는 때에 주의를 게을리하지 아니하였음을 증명한 경우에는 그러하지 아니하다.
(2011.4.14 본조개정)

改前 "第341條【自己株式의 取得】會社는 다음의 경우외에는 자기의 計算으로 자기의 株式을 取得하지 못한다.(1984.4.10 본문개정)
1. 株式을 消却하기 위한 때
2. 會社의 合併 또는 다른 會社의 營業全部의 讓受로 인한 때
3. 會社의 權利를 實行함에 있어 그 目的을 達成하기 위하여 필요한 때
4. 端株의 처리를 위하여 필요한 때(1984.4.10 본호신설)
5. 株主가 株式買受請求權을 행사한 때(1995.12.29 본호신설)"

참조 [주식취득 또는 질권의 처분]342, [자기주식과의 결권]369②, [벌칙]625, [유한회사에의 준용]560①, (1)[소각]343·344, (2)[합병]235, (3)[타회사의 영업전부의 양수]374

판례 주주 간의 분쟁 등 일정한 사유가 발생할 경우 특정 주주를 제명하고 회사가 그 주주에게 출자금 등을 환급하도록 규정한 정관이나 내부규정의 효력 : 주주 간의 분쟁 등 일정한 사유가 발생할 경우 어느 주주를 제명시키되 회사가 그 주주에게 출자금 등을 환급해 주기로 하는 내용의 규정을 회사의 정관이나 내부규정에 두는 것은 그것이 회사 또는 주주 등에게 생길지 모르는 중대한 손해를 회피하기 위한 것이라 하더라도 법정사유 이외에는 자기주식의 취득을 금지하는 상법 341조의 규정에 위반되므로, 결국 주주를 제명하고 회사가 그 주주에게 출자금 등을 환급하도록 하는 내용을 규정한 정관이나 내부규정은 물적 회사로서의 주식회사의 본질에 반하고 자기주식의 취득을 금지하는 상법의 규정에도 위반되어 무효이다.
(대판 2007.5.10, 2005다60147)

판례 회사 아닌 제3자 명의의 주식취득이 '자기주식의 취득'에 해당하는 경우 : 회사 아닌 제3자의 명의로 회사의 주식을 취득하더라도 그 주식취득을 위한 자금이 회사의 출연에 의한 것이고 그 주식취득에 따른 손익이 회사에 귀속되는 경우라면, 상법 기타 법률에서 규정하는 예외사유에 해당하지 않는 한, 그러한 주식의 취득은 회사의 계산으로 이루어져 회사의 자본적 기초를 위태롭게 할 우려가 있는 것으로, 동조가 금지하는 자기주식의 취득에 해당한다.
(대판 2003.5.16, 2001다44109)

第341條의2【특정목적에 의한 자기주식의 취득】 회사는 다음 각 호의 어느 하나에 해당하는 경우에는 제341조에도 불구하고 자기의 주식을 취득할 수 있다.
1. 회사의 합병 또는 다른 회사의 영업전부의 양수로 인한 경우
2. 회사의 권리를 실행함에 있어 그 목적을 달성하기 위하여 필요한 경우
3. 단주(端株)의 처리를 위하여 필요한 경우
4. 주주가 주식매수청구권을 행사한 경우
(2011.4.14 본조개정)

改前 "第341條의2【株式買受選擇權附與目的등의 自己株式取得】① 會社는 第340條의2第1項의 規定에 의하여 자기의 株式을 讓渡할 目的으로 취득하거나 退職하는 理事·監事 또는 被用者의 株式을 讓受함으로써 자기의 株式을 취득함에 있어서는 發行株式總數의 100分의 10을 초과하지 아니하는 범위안에서 자기의 計算으로 자기의 株式을 취득할 수 있다. 다만, 그 취득금액은 第462條第1項에 規定된 利益配當이 가능한 한도 이내이어야 한다.
② 會社가 第1項의 株式을 發行株式總數의 100分의 10 이상의 株式을 가진 株主로부터 有償으로 취득하는 경우에는 다음 各號의 사항에 관하여 第434條의 規定에 의한 株主總會의 決議가 있어야 한다. 이 경우 會社는 株主總會 決議後 6月 이내에 株式을 취득하여야 한다.
1. 株式을 讓渡하고자 하는 株主의 姓名
2. 취득할 株式의 종류와 數
3. 취득할 株式의 價額
③ 會社가 第1項의 規定에 의하여 자기의 株式을 취득한 경우에는 상당한 時期에 이를 처분하여야 한다.
④ 第433條第2項의 規定은 第2項의 株主總會에 관하여 이를 準用한다.
(1999.12.31 본조신설)"

第341條의3【자기주식의 질취】 회사는 발행주식총수의 20분의 1을 초과하여 자기의 주식을 질권의 목적으로 받지 못한다. 다만, 제341조의2제1호 및 제2호의 경우에는 그 한도를 초과하여 질권의 목적으로 할 수 있다.
(2011.4.14 본조개정)

改前 "第341條의3【自己株式의 質取】會社는 發行株式의 總數의 20分의 1을 초과하여 자기의 株式을 質權의 目的으로 받지 못한다. 그러나 第341條第2號 및 第3號의 경우에는 그 限度를 초과하여 質權의 目的으로 할 수 있다.(1984.4.10 본조신설)"

第342條【자기주식의 처분】 회사가 보유하는 자기의 주식을 처분하는 경우에 다음 각 호의 사항으로서 정관에 규정이 없는 것은 이사회가 결정한다.
1. 처분할 주식의 종류와 수
2. 처분할 주식의 처분가액과 납입기일
3. 주식을 처분할 상대방 및 처분방법
(2011.4.14 본조개정)

改前 "第342條【自己株式의 處分】會社는 第341條第1號의 경우에는 지체없이 株式失效의 節次를 밟아야 하며 同條第2號 내지 第5號와 第341條의3但書의 경우에는 상당한 時期에 株式 또는 質權의 處分을 하여야 한다.(1999.12.31 본조개정)"

참조 [주식실효절차]343②·440·441, [벌칙]635①, [유한회사에의 준용]560①

第342條의2【子會社에 의한 母會社株式의 取得】 ① 다른 會社의 發行株式의 總數의 100分의 50을 초과하는 株式을 가진 會社(이하 "母會社"라 한다)의 株式은 다음의 경우를 제외하고는 그 다른 會社(이하 "子會社"라 한다)가 이를 取得할 수 없다.(2001.7.24 본문개정)
1. 주식의 포괄적 교환, 주식의 포괄적 이전, 회사의 합병 또는 다른 회사의 영업전부의 讓受로 인한 때
(2001.7.24 본호개정)

2. 會社의 權利를 實行함에 있어 그 目的을 達成하기 위하여 필요한 때

② 第1項 各號의 경우 子會社는 그 株式을 取得한 날로부터 6月이내에 母會社의 株式을 처분하여야 한다.

③ 다른 會社의 發行株式의 總數의 100分의 50을 초과하는 株式을 母會社 및 子會社 또는 子會社가 가지고 있는 경우 그 다른 會社는 이 法의 適用에 있어 그 母會社의 子會社로 본다.(2001.7.24 본항개정)

(1984.4.10 본조신설)

참조 [주식의 총수]289①, [가설인(假設人), 타인의 명의에 의한 인수인의 책임]332, [주식의 공유]333, [주식의 양도성]335, [벌칙]625의2

第342條의3【다른 會社의 株式取得】 會社가 다른 會社의 發行株式總數의 10分의 1을 초과하여 취득한 때에는 그 다른 會社에 대하여 지체없이 이를 통지하여야 한다.

(1995.12.29 본조신설)

판례 상법 342조의3 적용범위 : 상법 342조의3에는 "회사가 다른 회사의 발행주식 총수의 10분의 1을 초과하여 취득한 때에는 그 다른 회사에 대하여 지체 없이 이를 통지하여야 한다."라고 규정되어 있는바, 이는 회사가 다른 회사의 발행주식 총수의 10분의 1 이상을 취득하여 의결권을 행사하는 경우 경영권의 안정을 위협받게 된 그 다른 회사는 역으로 상대방 회사의 발행주식의 10분의 1 이상을 취득함으로써 이른바 상호보유주식의 의결권 제한 규정(상법 369조 3항)에 따라 서로 상대 회사에 대하여 의결권을 행사할 수 없도록 방어조치를 취하여 다른 회사의 지배가능성을 배제하고 경영권의 안정을 도모하도록 하기 위한 것으로서, 특정 주주총회에 한정하여 각 주주들로부터 개별안건에 대한 의견을 표시하게 하여 의결권을 위임받아 의결권을 대리행사하는 경우에는 회사가 다른 회사의 발행주식 총수의 10분의 1을 초과하여 의결권을 대리행사할 권한을 취득하였다고 하여도 위 규정이 유추적용되지 않는다.(대판 2001.5.15, 2001다12973)

第343條【주식의 소각】 ① 주식은 자본금 감소에 관한 규정에 따라서만 소각(消却)할 수 있다. 다만, 이사회의 결의에 의하여 회사가 보유하는 자기주식을 소각하는 경우에는 그러하지 아니하다.

② 자본금감소에 관한 규정에 따라 주식을 소각하는 경우에는 제440조 및 제441조를 준용한다.

(2011.4.14 본조개정)

改前 "第343條【株式의 消却】① 株式은 資本減少에 관한 規定에 의하여서만 消却할 수 있다. 그러나 定款의 정한 바에 의하여 株主에게 配當할 利益으로써 株式을 消却하는 경우에는 그러하지 아니하다.
② 第440條와 第441條의 規定은 株式을 消却하는 경우에 準用한다."

참조 [자본감소]438이하, [이익소각에 관한 정관규정과 등기]317②, [배당할 이익]462, [벌칙]635①, [유한회사에의 준용]560①

판례 주식 포기의 의사표시로 인한 주주지위 상실 여부 : 주주권은 주식양도, 주식의 소각 또는 주금 체납에 의한 실권절차 등 법정사유에 의하여서만 상실되고, 단순히 당사자 간의 특약이나 주식 포기의 의사표시만으로는 주식이 소멸되거나 주주의 지위가 상실되지 아니한다.(대판 1999.7.23, 99다14808)

第343條의2 (2011.4.14 삭제)

改前 "第343條의2【총회의 결의에 의한 주식소각】① 회사는 제343조의 규정에 의하는 경우 외에 정기총회에서 제434조의 규정에 의한 결의에 의하여 주식을 매수하여 이를 소각할 수 있다.
② 제1항의 규정에 의한 총회의 결의에서는 매수할 주식의 종류, 총수, 취득가액의 총액 및 주식을 매수할 수 있는 기간을 정하여야 한다.
③ 제2항의 경우에 매수할 수 있는 주식의 취득가액의 총액은 대차대조표상의 순자산액에서 제462조제1항 각호의 금액을 공제한 액을 초과하지 못한다.
④ 제2항의 경우에 주식을 매수할 수 있는 기간은 제1항의 결의후 최초의 결산기에 관한 정기총회가 종결한 후로 정하지 못한다.
⑤ 회사는 당해 영업연도의 결산기에 대차대조표상의 순자산액이 제462조제1항 각호의 금액의 합계액에 미치지 못할 우려가 있는 때에는 제1항의 규정에 의한 주식의 매수를 하여서는 아니된다.
⑥ 당해 영업연도의 결산기에 대차대조표상의 순자산액이 제462조제1항 각호의 금액의 합계액에 미치지 못함에도 불구하고 회사가 제1항의 규정에 의하여 주식을 매수하여 소각한 경우 이사는 회사에 대하여 연대하여 그 미치지 못한 금액을 배상할 책임이 있다. 이 경우 제462조의3제4항 단서의 규정을 준용한다.
(2001.7.24 본조신설)"

第344條【종류주식】 ① 회사는 이익의 배당, 잔여재산의 분배, 주주총회에서의 의결권의 행사, 상환 및 전환 등에 관하여 내용이 다른 종류의 주식(이하 "종류주식"이라 한다)을 발행할 수 있다.

② 제1항의 경우에는 정관으로 각 종류주식의 내용과 수를 정하여야 한다.

③ 회사가 종류주식을 발행하는 때에는 정관에 다른 정함이 없는 경우에도 주식의 종류에 따라 신주의 인수, 주식의 병합·분할·소각 또는 회사의 합병·분할로 인한 주식의 배정에 관하여 특수하게 정할 수 있다.

④ 종류주식 주주의 종류주주총회의 결의에 관하여는 제435조제2항을 준용한다.

(2011.4.14 본조개정)

改前 "第344條【數種의 株式】① 會社는 利益이나 利子의 配當 또는 殘餘財産의 分配에 관하여 內容이 다른 數種의 株式을 發行할 수 있다.
② 第1項의 경우에는 定款으로 각종의 株式의 내용과 數를 정하여야 하며, 利益配當에 관하여 우선적 내용이 있는 종류의 株式에 대하여는 定款으로 最低配當率을 정하여야 한다.(1995.12.29 본항개정)
③ 會社가 數種의 株式을 發行하는 때에는 定款에 다른 定함이 없는 경우에도 株式의 種類에 따라 新株의 引受, 株式의 併合·分割·消却 또는 會社의 合倂·分割로 인한 株式의 配定에 관하여 特殊한 定함을 할 수 있다.(1998.12.28 본항개정)"

참조 ①[이익·이자의 배당]462－464, [잔여재산의 분배]538단서, ②[수종의 주식의 내용]302②·317②·352①·356, [합병과 수종의 주식의 발행]523·524·525, [정관변경과 종류주주총회]435·436, [수종의 주식과 전환]346이하, ③[신주의 인수]416·418, [감자의 방법]439, [합병에 의한 주식의 배정]523·524·525②, [종류주주총회]435·436

第344條의2【이익배당, 잔여재산분배에 관한 종류주식】 ① 회사가 이익의 배당에 관하여 내용이 다른 종류주식을 발행하는 경우에는 정관에 그 종류주식의 주주에게 교부하는 배당재산의 종류, 배당재산의 가액의 결정방법, 이익을 배당하는 조건 등 이익배당에 관한 내용을 정하여야 한다.

② 회사가 잔여재산의 분배에 관하여 내용이 다른 종류주식을 발행하는 경우에는 정관에 잔여재산의 종류, 잔여재산의 가액의 결정방법, 그 밖에 잔여재산분배에 관한 내용을 정하여야 한다.

(2011.4.14 본조신설)

第344條의3【의결권의 배제·제한에 관한 종류주식】 ① 회사가 의결권이 없는 종류주식이나 의결권이 제한되는 종류주식을 발행하는 경우에는 정관에 의결권을 행사할 수 없는 사항과, 의결권행사 또는 부활의 조건을 정한 경우에는 그 조건 등을 정하여야 한다.

② 제1항에 따른 종류주식의 총수는 발행주식총수의 4분의 1을 초과하지 못한다. 이 경우 의결권이 없거나 제한되는 종류주식이 발행주식총수의 4분의 1을 초과하여 발행된 경우에는 회사는 지체 없이 그 제한을 초과하지 아니하도록 하기 위하여 필요한 조치를 하여야 한다.

(2011.4.14 본조신설)

第345條【주식의 상환에 관한 종류주식】 ① 회사는 정관으로 정하는 바에 따라 회사의 이익으로써 소각할 수 있는 종류주식을 발행할 수 있다. 이 경우 회사는 정관에 상환가액, 상환기간, 상환의 방법과 상환할 주식의 수를 정하여야 한다.

② 제1항의 경우 회사는 상환대상인 주식의 취득일부터 2주 전에 그 사실을 그 주식의 주주 및 주주명부에 적힌 권리자에게 따로 통지하여야 한다. 다만, 통지는 공고로 갈음할 수 있다.

③ 회사는 정관으로 정하는 바에 따라 주주가 회사에 대하여 상환을 청구할 수 있는 종류주식을 발행할 수 있다. 이 경우 회사는 정관에 주주가 회사에 대하여 상환을 청구할 수 있다는 뜻, 상환가액, 상환청구기간, 상환의 방법을 정하여야 한다.

④ 제1항 및 제3항의 경우 회사는 주식의 취득의 대가로 현금 외에 유가증권(다른 종류주식은 제외한다)이나 그 밖의 자산을 교부할 수 있다. 다만, 이 경우에는 그 자산의 장부가액이 제462조에 따른 배당가능이익을 초과하여서는 아니 된다.

⑤ 제1항과 제3항에서 규정한 주식은 종류주식(상환과 전환에 관한 것은 제외한다)에 한정하여 발행할 수 있다.
(2011.4.14 본조개정)

改前 "第345條【償還株式】① 前條의 경우에는 利益配當에 관하여 優先的 內容이 있는 種類의 株式에 대하여 利益으로써 消却할 수 있는 것으로 할 수 있다.
② 前項의 경우에는 償還價額, 償還期間, 償還方法과 數를 定款에 記載하여야 한다."

參照 [주식의 소각]343, [주권에의 기재]356

第346條【주식의 전환에 관한 종류주식】 ① 회사가 종류주식을 발행하는 경우에는 정관으로 정하는 바에 따라 주주는 인수한 주식을 다른 종류주식으로 전환할 것을 청구할 수 있다. 이 경우 전환의 조건, 전환의 청구기간, 전환으로 인하여 발행할 주식의 수와 내용을 정하여야 한다.
② 회사가 종류주식을 발행하는 경우에는 정관에 일정한 사유가 발생할 때 회사가 주주의 인수 주식을 다른 종류주식으로 전환할 수 있음을 정할 수 있다. 이 경우 회사는 전환의 사유, 전환의 조건, 전환의 기간, 전환으로 인하여 발행할 주식의 수와 내용을 정하여야 한다.
③ 제2항의 경우에 이사회는 다음 각 호의 사항을 그 주식의 주주 및 주주명부에 적힌 권리자에게 따로 통지하여야 한다. 다만, 통지는 공고로 갈음할 수 있다.
1. 전환할 주식
2. 2주 이상의 일정한 기간 내에 그 주권을 회사에 제출하여야 한다는 뜻
3. 그 기간 내에 주권을 제출하지 아니할 때에는 그 주권이 무효로 된다는 뜻
④ 제344조제2항에 따른 종류주식의 수 중 새로 발행할 주식의 수는 전환청구기간 또는 전환의 기간 내에는 그 발행을 유보(留保)하여야 한다.
(2011.4.14 본조개정)

改前 "第346條【轉換株式의 發行】① 會社가 數種의 株式을 發行하는 경우에는 定款으로 株主는 引受한 株式을 다른 種類의 株式으로 轉換을 請求할 수 있음을 定할 수 있다. 이 경우에는 轉換의 條件, 轉換의 請求期間과 轉換으로 인하여 發行할 株式의 數와 內容을 定하여야 한다.
② 第344條第2項의 規定에 의한 數種의 株式의 數中 轉換으로 인하여 發行할 株式의 數는 前項의 期間내에는 그 發行을 保留하여야 한다."

參照 [전환주식]347-351, [수종의 주식]302②·317②·344·352①·356

第347條【轉換株式發行의 節次】 제346조의 경우에는 주식청약서 또는 신주인수권증서에 다음의 사항을 적어야 한다.(2011.4.14 본문개정)
1. 株式을 다른 種類의 株式으로 轉換할 수 있다는 뜻
2. 轉換의 條件
3. 轉換으로 인하여 發行할 株式의 內容
4. 전환청구기간 또는 전환의 기간(2011.4.14 본호개정)

改前 第347條【轉換株式發行의 節次】"第346條第1項의 경우에는 株式請約書 또는 新株引受權證書에 다음의 事項을 記載하여야 한다.(1984.4.10 본문개정)"
"4. 轉換을 請求할 수 있는 期間"

參照 [주식청약서]420, [벌칙]635①

第348條【轉換으로 인하여 發行하는 株式의 發行價額】 轉換으로 인하여 新株式을 發行하는 경우에는 轉換前의 株式의 發行價額을 新株式의 發行價額으로 한다.

參照 [사채 또는 주식의 발행가액]330·417·474②

第349條【轉換의 請求】 ① 株式의 轉換을 請求하는 者는 請求書 2通에 株券을 添附하여 會社에 提出하여야 한다.
② 第1項의 請求書에는 轉換하고자 하는 株式의 種類, 數와 請求年月日을 記載하고 記名捺印 또는 署名하여야 한다.(1995.12.29 본항개정)
③ (1995.12.29 삭제)

第350條【轉換의 효력발생】 ① 주식의 전환은 주주가 전환을 청구한 경우에는 그 청구한 때에, 회사가 전환을 한 경우에는 제346조제3항제2호의 기간이 끝난 때에 그 효력이 발생한다.(2011.4.14 본항개정)
② 第354條第1項의 기간중에 轉換된 株式의 株主는 그 기간중의 總會의 決議에 관하여는 議決權을 행사할 수 없다.
③ (2020.12.29 삭제)
(1995.12.29 본조개정)

改前 "③ 전환에 의하여 발행된 주식의 이익배당에 관하여는 주주가 전환을 청구한 때 또는 제346조제3항제2호의 기간이 끝난 때가 속하는 영업연도 말에 전환된 것으로 본다. 이 경우 신주에 대한 이익배당에 관하여는 정관으로 정하는 바에 따라 그 청구를 한 때 또는 제346조제3항제2호의 기간이 끝난 때가 속하는 영업연도의 직전 영업연도 말에 전환된 것으로 할 수 있다.(2011.4.14 본항개정)"

參照 [이익·이자와 배당]462-464

판례 주식회사가 타인으로부터 돈을 빌리는 소비대차계약을 체결하면서 차용금액의 일부 또는 전부를 액면가에 따라 주식으로 전환할 수 있는 권한을 대여자에게 부여하는 내용의 계약조항을 둔 경우, 그 조항의 효력 : 주식회사가 타인으로부터 돈을 빌리는 소비대차계약을 체결하면서 "채권자는 만기까지 대여금액의 일부 또는 전부를 회사 주식으로 액면가에 따라 언제든지 전환할 수 있는 권한을 갖는다"는 내용의 계약조항을 둔 경우, 달리 특별한 사정이 없는 한 이는 전환의 청구를 한 때에 그 효력이 생기는 형성권으로서의 전환권을 부여하는 조항이라고 보아야 하는바, 신주의 발행과 관련하여 특별법에서 달리 정한 경우를 제외하고 신주의 발행은 상법이 정하는 방법 및 절차에 의하여만 가능하다는 점에 비추어 볼 때, 위와 같은 전환권 부여조항은 상법이 정한 방법과 절차에 의하지 아니한 신주발행 내지는 주식으로의 전환을 예정하는 것이어서 효력이 없다.
(대판 2007.2.22, 2005다73020)

第351條【전환의 등기】 주식의 전환으로 인한 변경등기는 전환을 청구한 날 또는 제346조제3항제2호의 기간이 끝난 날이 속하는 달의 마지막 날부터 2주 내에 본점소재지에서 하여야 한다.(2011.4.14 본조개정)

改前 "第351條【轉換의 登記】株式의 轉換으로 인한 變更登記는 轉換을 請求한 날이 속하는 달의 末日부터 2週間내에 本店所在地에서 이를 하여야 한다.(1995.12.29 본조개정)"

第352條【株主名簿의 記載事項】 ① 주식을 發行한 때에는 株主名簿에 다음의 事項을 記載하여야 한다.
(2014.5.20 본문개정)
1. 株主의 姓名과 住所
2. 各 株主가 가진 株式의 種類와 그 數(1984.4.10 본호개정)
2의2. 各 株主가 가진 株式의 株券을 발행한 때에는 그 株券의 番號(1984.4.10 본호신설)
3. 各 株式의 取得年月日
② 제1항의 경우에 轉換株式을 發行한 때에는 第347條에 揭記한 事項도 株主名簿에 記載하여야 한다.
(2014.5.20 본항개정)

改前 ① "記名株式"을 發行한 때에는 株主名簿에 다음의 事項을 記載하여야…
② "無記名式의 株券을 發行한 때에는 株主名簿에 그 種類, 數, 番號와 發行年月日을 記載하여야 한다."
"③ 第1項 및 第2項"의 경우에 轉換株式을 發行한 때에는…

參照 [비치의무]396①, [벌칙]635①, [질권등록]340, [주주의 성명·주소]302·337, [주식의 종류]344, [전환주식의 발행]346

판례 주주명부 기재의 효과 : 주주명부에 주주로 등재되어 있는 자는 일응 그 회사의 주주로 추정되며, 이를 번복하기 위해서는 그 주주권을 부인하는 측에 입증책임이 있다.(대판 1985.3.26, 84다카2082)

第352條의2【전자주주명부】 ① 회사는 정관으로 정하는 바에 따라 전자문서로 주주명부(이하 "전자주주명부"라 한다)를 작성할 수 있다.
② 전자주주명부에는 제352조제1항의 기재사항 외에 전자우편주소를 적어야 한다.
③ 전자주주명부의 비치·공시 및 열람의 방법에 관하여 필요한 사항은 대통령령으로 정한다.
(2009.5.28 본조신설)

第353條【株主名簿의 效力】 ① 株主 또는 質權者에 대한 會社의 通知 또는 催告는 株主名簿에 記載한 住所 또는 그 者로부터 會社에 通知한 住所로 하면 된다.
② 第304條第2項의 規定은 前項의 通知 또는 催告에 準用한다.

참조 [통지·최고]307·308②·363·440·521, [질권자]340①, [주식인수인 등에 대한 통지·최고의 도달]304②, 민111, [사채응모자 등에의 준용]489①, [보험계약자에 대한 통지에의 준용]보험24, [유한회사에의 준용]560②

판례 형식주주로 인한 의결권행사의 위법이 인정되기 위한 요건 : 주식회사가 주주명부상의 주주에게 주주총회의 소집을 통지하고 그 주주로 하여금 의결권을 행사하게 하면, 그 주주가 단순히 명의만을 대여한 이른바 형식주주에 불과하여도 그 의결권 행사는 적법하지만, 주식회사가 주주명부상의 주주가 형식주주에 불과하다는 것을 알았거나 중대한 과실로 알지 못하였고 또한 이를 용이하게 증명하여 의결권 행사를 거절할 수 있었음에도 의결권 행사를 용인하거나 의결권을 행사하게 한 경우에는 그 의결권 행사는 위법하게 된다.
(대판 1998.9.8, 96다45818)

第354條【株主名簿의 閉鎖, 基準日】 ① 會社는 議決權을 行使하거나 配當을 받을 者 기타 株主 또는 質權者로서 權利를 行使할 者를 정하기 위하여 一定한 期間을 정하여 株主名簿의 記載變更을 停止하거나 一定한 날에 株主名簿에 記載된 株主 또는 質權者를 그 權利를 行使할 株主 또는 質權者로 볼 수 있다.(1984.4.10 본항개정)
② 第1項의 期間은 3月을 超過하지 못한다.(1984.4.10 본항개정)
③ 第1項의 날은 株主 또는 質權者로서 權利를 行使할 날에 앞선 3月내의 날로 定하여야 한다.(1984.4.10 본항개정)
④ 會社가 第1項의 期間 또는 날을 정한 때에는 그 期間 또는 날의 2週間전에 이를 公告하여야 한다. 그러나 定款으로 그 期間 또는 날을 指定한 때에는 그러하지 아니하다.

참조 [주주명부의 기재사항]352

第355條【株券發行의 時期】 ① 會社는 成立後 또는 新株의 納入期日후 遲滯없이 株券을 發行하여야 한다.
② 株券은 會社의 成立後 또는 新株의 納入期日後가 아니면 發行하지 못한다.
③ 前項의 規定에 違反하여 發行한 株券은 無效로 한다. 그러나 發行한 者에 대한 損害賠償의 請求에 影響을 미치지 아니한다.

참조 [회사의 성립]172·317, [주권]356, [외국회사에 있어서의 주권발행시기]618①, [주식양도와 주권]335①·336, 민523, [주권발행전의 주식양도]335②, [벌칙]635①

판례 주권의 효력 발생 시기 : 상법 355조의 주권발행은 같은 법 356조 소정의 형식을 구비한 문서를 작성하여 이를 주주에게 교부하는 것을 말하고 위 문서가 주주에게 교부된 때에 비로소 주권으로서의 효력을 발생하는 것이므로 회사가 주주권을 표창하는 문서를 작성하여 이를 주주가 아닌 제3자에게 교부하여 주었다 할지라도 위 문서는 아직 회사의 주권으로서의 효력을 가지지 못한다.
(대판 2000.3.23, 99다67529)

일판 회사가 주권을 발행하지 않는 것이 허용되는 것은 주주가 주권소지를 원하지 않는 취지의 신청을 한 경우에 한하여 유효하며, 후에 주주가 주권 발행을 청구했을 때에는 회사는 주권 발행의 합의를 했다는 이유로 주권발행을 거부한다는 것은 허용되지 아니한다.
(日·名古屋高 1988.1.28)

第356條【株券의 記載事項】 주권에는 다음의 사항과 번호를 기재하고 대표이사가 기명날인 또는 서명하여야 한다.(2011.4.14 본문개정)
1. 會社의 商號
2. 會社의 成立年月日
3. 會社가 發行할 株式의 總數
4. 액면주식을 발행하는 경우 1주의 금액(2011.4.14 본호개정)
5. 會社의 成立後 發行된 株式에 관하여는 그 發行年月日
6. 종류주식이 있는 경우에는 그 주식의 종류와 내용(2011.4.14 본호개정)
6의2. 株式의 讓渡에 관하여 理事會의 승인을 얻도록 정한 때에는 그 規定(1995.12.29 본호신설)
7.~8. (2011.4.14 삭제)

改前 第356條【株券의 記載事項】 "株券에는 다음의 事項과 番號를 記載하고 代表理事가 記名捺印 또는 署名하여야 한다.(1995.12.29 본문개정)"
"4. 1株의 金額"
"6. 數種의 株式이 있는 때에는 그 株式의 種類와 內容"
"7. 償還株式이 있는 때에는 第345條第2項에 정한 事項"
"8. 轉換株式이 있는 때에는 第347條에 揭記한 事項"

참조 [주권발행의 시기]335, [인지세]인지세법1①, [대표이사]389, [벌칙]635①, [주주의 성명기재]337·352①, [질권자의 성명기재]340, ⑴[회사의 상호]289①, ⑵[회사의 성립]172·234·317·530②, ⑷[1주의 금액]289①·329, ⑹[종류주식]344

판례 주주명의와 발행연월일을 누락한 주권의 효력 : 대표이사가 주권 발행에 관한 주주총회나 이사회의 결의 없이 주주 명의와 발행연월일을 누락한 채 단독으로 주권을 발행한 경우, 특별한 사정이 없는 한 주권의 발행은 대표이사의 권한이라고 할 것이고, 그 회사 정관의 규정상으로도 주권의 발행에 주주총회나 이사회의 의결을 거치도록 되어 있다고 볼 근거도 없으며, 기명주권의 경우에 주주의 이름이 기재되어 있지 않다거나 또한 주식의 발행연월일의 기재가 누락되어 있다고 하더라도 이는 주식의 본질에 관한 사항이 아니므로, 주권의 무효 사유가 된다고 할 수 없다.(대판 1996.1.26, 94다24039)

第356條의2【주식의 전자등록】 ① 회사는 주권을 발행하는 대신 정관으로 정하는 바에 따라 전자등록기관(유가증권 등의 전자등록 업무를 취급하는 기관을 말한다. 이하 같다)의 전자등록부에 주식을 등록할 수 있다.(2016.3.22 본항개정)
② 전자등록부에 등록된 주식의 양도나 입질(入質)은 전자등록부에 등록하여야 효력이 발생한다.
③ 전자등록부에 주식을 등록한 자는 그 등록된 주식에 대한 권리를 적법하게 보유한 것으로 추정하며, 이러한 전자등록부를 선의(善意)로, 그리고 중대한 과실 없이 신뢰하고 제2항의 등록에 따라 권리를 취득한 자는 그 권리를 적법하게 취득한다.
④ 전자등록의 절차·방법 및 효과, 전자등록기관에 대한 감독, 그 밖에 주식의 전자등록 등에 필요한 사항은 따로 법률로 정한다.(2016.3.22 본항개정)
(2011.4.14 본조신설)

改前 ① 회사는…전자등록 업무를 "취급하는 것으로 지정된 기관"을 말한다. 이하 같다)의…
"④ 전자등록의 절차·방법 및 효과, 전자등록기관의 지정·감독 등 주식의 전자등록 등에 관하여 필요한 사항은 대통령령으로 정한다."

참조 [유가증권의 등록·발행]65②, [신주인수권의 전자등록]420의4

第357條 (2014.5.20 삭제)

改前 "第357條【無記名式의 株券의 發行】 ① 無記名式의 株券은 定款에 정한 경우에 한하여 이를 發行할 수 있다.
② 株主는 언제든지 無記名式의 株券을 記名式으로 할 것을 會社에 請求할 수 있다."

第358條 (2014.5.20 삭제)

改前 "第358條【無記名株主의 權利行使】 無記名式의 株券을 가진 者는 그 株券을 會社에 供託하지 아니하면 株主의 權利를 行使하지 못한다."

第358條의2【株券의 不所持】 ① 株主는 定款에 다른 정함이 있는 경우를 제외하고는 그 주식에 대하여 株券의 소지를 하지 아니하겠다는 뜻을 會社에 申告할 수 있다.(2014.5.20 본항개정)
② 第1項의 申告가 있는 때에는 會社는 지체없이 株券을 발행하지 아니한다는 뜻을 株主名簿와 그 複本에 기재하고, 그 사실을 株主에게 통지하여야 한다. 이 경우 會社는 그 株券을 발행할 수 없다.
③ 第1項의 경우 이미 발행된 株券이 있는 때에는 이를 會社에 제출하여야 하며, 會社는 제출된 株券을 無效로 하거나 名義改書代理人에게 任置하여야 한다.
④ 第1項 내지 第3項의 規定에 불구하고 株主는 언제든지 會社에 대하여 株券의 발행 또는 반환을 請求할 수 있다.
(1995.12.29 본조개정)

改前 ① 株主는 定款에 다른 정함이 있는 경우를 제외하고는 그 "記名株式"에 대하여 株券의 소지를 하지 아니하겠다는…

참조 [주권의 발행]329

第359條【株券의 善意取得】 手票法 第21條의 規定은 株券에 관하여 이를 準用한다.(1984.4.10 본조개정)

참조 [선의취득]수표21, 어음16②

판례 주권의 선의취득이 부정되는 경우의 악의 또는 중대한 과실의 의미 및 판단 시기 : 주권의 취득이 악의 또는 중대한 과실로 인한 때에는 선의취득이 인정되지 않는바(상법 359조, 수표법 21조), 여기서 악의 또는 중대한 과실의 존부는 주권 취득의 시기를 기준으로 결정하여야 하며, 중대한 과실이란 거래에서 필요로 하는 주의의무를 현저히 결여한 것을 말한다.(대판 2000.9.8, 99다58471)

第360條【株券의 除權判決, 再發行】 ① 株券은 公示催告의 節次에 의하여 이를 無效로 할 수 있다.

② 株券을 喪失한 者는 除權判決을 얻지 아니하면 會社에 대하여 株券의 再發行을 請求하지 못한다.

참조 [공시최고절차]민소492－495, [공시최고절차에 의한 증서의 실효]민521, [제권판결]민소495 · 496

第2款 주식의 포괄적 교환 (2001.7.24 본관신설)

第360條의2【주식의 포괄적 교환에 의한 완전모회사의 설립】 ① 회사는 이 관의 규정에 의한 주식의 포괄적 교환에 의하여 다른 회사의 발행주식의 총수를 소유하는 회사(이하 "완전모회사"라 한다)가 될 수 있다. 이 경우 그 다른 회사를 "완전자회사"라 한다.

② 주식의 포괄적 교환(이하 이 관에서 "주식교환"이라 한다)에 의하여 완전자회사가 되는 회사의 주주가 가지는 그 회사의 주식은 주식을 교환하는 날에 주식교환에 의하여 완전모회사가 되는 회사에 이전하고, 그 완전자회사가 되는 회사의 주주는 그 완전모회사가 되는 회사가 주식교환을 위하여 발행하는 신주의 배정을 받거나 그 회사 자기주식의 이전을 받음으로써 그 회사의 주주가 된다.(2015.12.1 본항개정)

改前 ② …그 완전자회사가 되는 회사의 주주는 "그 완전모회사가 되는 회사가 주식교환을 위하여 발행하는 신주의 배정을 받음으로써" 그 회사의 주주가 된다.

第360條의3【주식교환계약서의 작성과 주주총회의 승인 및 주식교환대가가 모회사 주식인 경우의 특칙】 ① 주식교환을 하고자 하는 회사는 주식교환계약서를 작성하여 주주총회의 승인을 얻어야 한다.

② 제1항의 승인결의는 제434조의 규정에 의하여야 한다.

③ 주식교환계약서에는 다음 각호의 사항을 적어야 한다. (2011.4.14 본문개정)

1. 완전모회사가 되는 회사가 주식교환으로 인하여 정관을 변경하는 경우에는 그 규정
2. 완전모회사가 되는 회사가 주식교환을 위하여 신주를 발행하거나 자기주식을 이전하는 경우에는 발행하는 신주 또는 이전하는 자기주식의 총수 · 종류, 종류별 주식의 수 및 완전자회사가 되는 회사의 주주에 대한 신주의 배정 또는 자기주식의 이전에 관한 사항 (2015.12.1 본호개정)
3. 완전모회사가 되는 회사의 자본금 또는 준비금이 증가하는 경우에는 증가할 자본금 또는 준비금에 관한 사항(2015.12.1 본호개정)
4. 완전자회사가 되는 회사의 주주에게 제2호에도 불구하고 그 대가의 전부 또는 일부로서 금전이나 그 밖의 재산을 제공하는 경우에는 그 내용 및 배정에 관한 사항 (2015.12.1 본호개정)
5. 각 회사가 제1항의 결의를 할 주주총회의 기일
6. 주식교환을 할 날
7. 각 회사가 주식교환을 할 날까지 이익배당을 할 때에는 그 한도액(2011.4.14 본호개정)
8. (2015.12.1 삭제)
9. 완전모회사가 되는 회사에 취임할 이사와 감사 또는 감사위원회의 위원을 정한 때에는 그 성명 및 주민등록번호

④ 회사는 제363조의 규정에 의한 통지에 다음 각호의 사항을 기재하여야 한다.(2014.5.20 본문개정)

1. 주식교환계약서의 주요내용
2. 제360조의5제1항의 규정에 의한 주식매수청구권의 내용 및 행사방법
3. 일방회사의 정관에 주식의 양도에 관하여 이사회의 승인을 요한다는 뜻의 규정이 있고 다른 회사의 정관에 그 규정이 없는 경우 그 뜻

⑤ 주식교환으로 인하여 주식교환에 관련되는 각 회사의 주주의 부담이 가중되는 경우에는 제1항 및 제436조의 결의 외에 그 주주 전원의 동의가 있어야 한다. (2011.4.14 본항신설)

⑥ 제342조의2제1항에도 불구하고 제3항제4호에 따라 완전자회사가 되는 회사의 주주에게 제공하는 재산이 완전모회사가 되는 회사의 모회사 주식을 포함하는 경우에는 완전모회사가 되는 회사는 그 지급을 위하여 그 모회사의 주식을 취득할 수 있다.(2015.12.1 본항신설)

⑦ 완전모회사가 되는 회사는 제6항에 따라 취득한 그 회사의 모회사 주식을 주식교환 후에도 계속 보유하고 있는 경우 주식교환의 효력이 발생하는 날부터 6개월 이내에 그 주식을 처분하여야 한다.(2015.12.1 본항신설) (2015.12.1 본조제목개정)

改前 第360條의3【"주식교환계약서의 작성과 주주총회의 승인"】 ① 주식교환을 하고자 하는 회사는 주식교환계약서를…
③ 주식교환계약서에는 다음 각호의 사항을 적어야 한다…
2. 완전모회사가 되는 회사가 주식교환을 위하여 "발행하는 신주의 총수 · 종류와" 종류별 주식의 수 및 완전자회사가 되는 회사의 주주에 대한 "신주의 배정"에 관한 사항
3. 완전모회사가 되는 회사의 "증가할 자본금과 자본준비금"에 관한 사항(2011.4.14 본호개정)
"4. 완전자회사가 되는 회사의 주주에게 지급할 금액을 정한 때에는 그 규정"
"8. 제360조의6의 규정에 의하여 회사가 자기의 주식을 이전하는 경우에는 이전할 주식의 총수 · 종류 및 종류별 주식의 수"

第360條의4【주식교환계약서 등의 공시】 ① 이사는 제360조의3제1항의 주주총회의 회일의 2주전부터 주식교환의 날 이후 6월이 경과하는 날까지 다음 각호의 서류를 본점에 비치하여야 한다.

1. 주식교환계약서
2. 완전모회사가 되는 회사가 주식교환을 위하여 신주를 발행하거나 자기주식을 이전하는 경우에는 완전자회사가 되는 회사의 주주에 대한 신주의 배정 또는 자기주식의 이전에 관하여 그 이유를 기재한 서면(2015.12.1 본호개정)
3. 제360조의3제1항의 주주총회의 회일(제360조의9의 규정에 의한 간이 주식교환의 경우에는 동조제2항의 규정에 의하여 공고 또는 통지를 한 날)전 6월 이내의 날에 작성한 주식교환을 하는 각 회사의 최종 대차대조표 및 손익계산서

② 제1항의 서류에 관하여는 제391조의3제3항의 규정을 준용한다.

改前 ① 이사는 제360조의3제1항의 주주총회의 회일의 2주…
"2. 완전자회사가 되는 회사의 주주에 대한 주식의 배정에 관하여 그 이유를 기재한 서면"

第360條의5【반대주주의 주식매수청구권】 ① 제360조의3제1항의 규정에 의한 승인사항에 관하여 이사회의 결의가 있는 때에 그 결의에 반대하는 주주(의결권이 없거나 제한되는 주주를 포함한다. 이하 이 조에서 같다)는 주주총회전에 회사에 대하여 서면으로 그 결의에 반대하는 의사를 통지한 경우에는 그 총회의 결의일부터 20일 이내에 주식의 종류와 수를 기재한 서면으로 회사에 대하여 자기가 소유하고 있는 주식의 매수를 청구할 수 있다.(2015.12.1 본항개정)

② 제360조의9제2항의 공고 또는 통지를 한 날부터 2주내에 회사에 대하여 서면으로 주식교환에 반대하는 의사를 통지한 주주는 그 기간이 경과한 날부터 20일 이내에 주식의 종류와 수를 기재한 서면으로 회사에 대하여

자기가 소유하고 있는 주식의 매수를 청구할 수 있다.
③ 제1항 및 제2항의 매수청구에 관하여는 제374조의2 제2항 내지 제5항의 규정을 준용한다.
改前 ① …그 결의에 반대하는 "주주는" 주주총회전에 회사에 대하여…

第360條의6 (2015.12.1 삭제)
改前 "第360條의6【신주발행에 갈음할 자기주식의 이전】 완전모회사가 되는 회사는 주식교환을 함에 있어서 신주발행에 갈음하여 회사가 소유하는 자기의 주식으로서 제342조의 규정에 의하여 상당한 시기에 처분하여야 할 주식을 완전자회사가 되는 회사의 주주에게 이전할 수 있다.(2001.7.24 본조신설)"

第360條의7【완전모회사의 자본금 증가의 한도액】 ① 완전모회사가 되는 회사의 자본금은 주식교환의 날에 완전자회사가 되는 회사에 현존하는 순자산액에서 다음 각호의 금액을 뺀 금액을 초과하여 증가시킬 수 없다.(2011.4.14 본문개정)
1. 완전자회사가 되는 회사의 주주에게 제공할 금전이나 그 밖의 재산의 가액(2015.12.1 본호개정)
2. 제360조의3제3항제2호에 따라 완전자회사가 되는 회사의 주주에게 이전하는 자기주식의 장부가액의 합계액(2015.12.1 본호개정)
② 완전모회사가 되는 회사가 주식교환 이전에 완전자회사가 되는 회사의 주식을 이미 소유하고 있는 경우에는 완전모회사가 되는 회사의 자본금은 주식교환의 날에 완전자회사가 되는 회사에 현존하는 순자산액에 그 회사의 발행주식총수에 대한 주식교환으로 인하여 완전모회사가 되는 회사에 이전하는 주식의 수의 비율을 곱한 금액에서 제1항 각호의 금액을 뺀 금액의 한도를 초과하여 이를 증가시킬 수 없다.(2011.4.14 본항개정)
(2011.4.14 본조제목개정)
改前 ① 완전모회사가 되는 회사의 자본금은 주식교환의…
1. 완전자회사가 되는 회사의 주주에게 "지급할 금액"
2. "제360조의6의 규정에 의하여" 완전자회사가 되는 회사의 주주에게 이전하는 "주식의 회계장부가액"의 합계액

第360條의8【주권의 실효절차】 ① 주식교환에 의하여 완전자회사가 되는 회사는 주주총회에서 제360조의3제1항의 규정에 의한 승인을 한 때에는 다음 각호의 사항을 주식교환의 날 1월전에 공고하고, 주주명부에 기재된 주주와 질권자에 대하여 따로 따로 그 통지를 하여야 한다.
1. 제360조의3제1항의 규정에 의한 승인을 한 뜻
2. 주식교환의 날의 전날까지 주권을 회사에 제출하여야 한다는 뜻
3. 주식교환의 날에 주권이 무효가 된다는 뜻
② 제442조의 규정은 제360조의3제1항의 규정에 의한 승인을 한 경우에 이를 준용한다.(2014.5.20 본항개정)
改前 ② "제442조 및 제444조"의 규정은 제360조의3제1항의 규정에 의한 승인을 한 경우에 이를 준용한다.

第360條의9【간이주식교환】 ① 완전자회사가 되는 회사의 총주주의 동의가 있거나 그 회사의 발행주식총수의 100분의 90 이상을 완전모회사가 되는 회사가 소유하고 있는 때에는 완전자회사가 되는 회사의 주주총회의 승인은 이를 이사회의 승인으로 갈음할 수 있다.
② 제1항의 경우에 완전자회사가 되는 회사는 주식교환계약서를 작성한 날부터 2주내에 주주총회의 승인을 얻지 아니하고 주식교환을 한다는 뜻을 공고하거나 주주에게 통지하여야 한다. 다만, 총주주의 동의가 있는 때에는 그러하지 아니하다.

第360條의10【소규모 주식교환】 ① 완전모회사가 되는 회사가 주식교환을 위하여 발행하는 신주 및 이전하는 자기주식의 총수가 그 회사의 발행주식총수의 100분의 10을 초과하지 아니하는 경우에는 그 회사에서의 제360조의3제1항의 규정에 의한 주주총회의 승인은 이를 이사회의 승인으로 갈음할 수 있다. 다만, 완전자회사가 되는 회사의 주주에게 제공할 금전이나 그 밖의 재산을 정한 경우에 그 금액 및 그 밖의 재산의 가액이 제360조의4제1항제3호에서 규정한 최종 대차대조표에 의하여 완전모회사가 되는 회사에 현존하는 순자산액의 100분의 5를 초과하는 때에는 그러하지 아니하다.(2015.12.1 본항개정)
② (2015.12.1 삭제)
③ 제1항 본문의 경우에는 주식교환계약서에 완전모회사가 되는 회사에 관하여는 제360조의3제1항의 규정에 의한 주주총회의 승인을 얻지 아니하고 주식교환을 할 수 있는 뜻을 기재하여야 하며, 동조제3항제1호의 사항은 이를 기재하지 못한다.
④ 완전모회사가 되는 회사는 주식교환계약서를 작성한 날부터 2주내에 완전자회사가 되는 회사의 상호와 본점, 주식교환을 할 날 및 제360조의3제1항의 승인을 얻지 아니하고 주식교환을 한다는 뜻을 공고하거나 주주에게 통지하여야 한다.
⑤ 완전모회사가 되는 회사의 발행주식총수의 100분의 20 이상에 해당하는 주식을 가지는 주주가 제4항에 따른 공고 또는 통지를 한 날부터 2주 내에 회사에 대하여 서면으로 제1항 본문에 따른 주식교환에 반대하는 의사를 통지한 경우에는 이 조에 따른 주식교환을 할 수 없다.(2011.4.14 본항개정)
⑥ 제1항 본문의 경우에 완전모회사가 되는 회사에 관하여 제360조의4제1항의 규정을 적용함에 있어서는 동조동항 각호외의 부분중 "제360조의3제1항의 주주총회의 회일의 2주전" 및 동조동항제3호중 "제360조의3제1항의 주주총회의 회일"은 각각 "이 조제4항의 규정에 의한 공고 또는 통지의 날"로 한다.
⑦ 제1항 본문의 경우에는 제360조의5의 규정은 이를 적용하지 아니한다.
改前 ① …주식교환을 위하여 "발행하는 신주"의 총수가 그 회사의 발행주식총수의 "100분의 5"를…다만, 완전자회사가 되는 회사의 주주에게 "지급할 금액을 정한 경우에 그 금액이"…회사에 현존하는 순자산액의 "100분의 2"를 초과하는 때에는…
"② 제360조의6의 규정에 의하여 완전자회사가 되는 회사의 주주에게 이전하는 주식은 제1항의 규정을 적용함에 있어서 이를 주식교환을 위하여 발행하는 신주로 본다."

第360條의11【단주처리 등에 관한 규정의 준용】 ① 제443조의 규정은 회사의 주식교환의 경우에 이를 준용한다.
② 제339조 및 제340조제3항의 규정은 주식교환의 경우에 완전자회사가 되는 회사의 주식을 목적으로 하는 질권에 이를 준용한다.

第360條의12【주식교환사항을 기재한 서면의 사후공시】 ① 이사는 다음 각호의 사항을 기재한 서면을 주식교환의 날부터 6월간 본점에 비치하여야 한다.
1. 주식교환의 날
2. 주식교환의 날에 완전자회사가 되는 회사에 현존하는 순자산액
3. 주식교환으로 인하여 완전모회사에 이전한 완전자회사의 주식의 수
4. 그 밖의 주식교환에 관한 사항
② 제1항의 서면에 관하여는 제391조의3제3항의 규정을 준용한다.

第360條의13【완전모회사의 이사·감사의 임기】 주식교환에 의하여 완전모회사가 되는 회사의 이사 및 감사로서 주식교환전에 취임한 자는 주식교환계약서에 다른 정함이 있는 경우를 제외하고는 주식교환후 최초로 도래하는 결산기에 관한 정기총회가 종료하는 때에 퇴임한다.

第360條의14【주식교환무효의 소】 ① 주식교환의 무효는 각 회사의 주주·이사·감사·감사위원회의 위원 또는 청산인에 한하여 주식교환의 날부터 6월내에 소만으로 이를 주장할 수 있다.

② 제1항의 소는 완전모회사가 되는 회사의 본점소재지의 지방법원의 관할에 전속한다.
③ 주식교환을 무효로 하는 판결이 확정된 때에는 완전모회사가 된 회사는 주식교환을 위하여 발행한 신주 또는 이전한 자기 주식의 주주에 대하여 그가 소유하였던 완전자회사가 된 회사의 주식을 이전하여야 한다.
(2015.12.1 본항개정)
④ 제187조 내지 제189조, 제190조 본문, 제191조, 제192조, 제377조 및 제431조의 규정은 제1항의 소에, 제339조 및 제340조제3항의 규정은 제3항의 경우에 각각 이를 준용한다.
改前 ③ …주식교환을 위하여 발행한 신주 또는 "제360조의6의 규정에 의하여 이전한 주식"의 주주에 대하여…

第3款 주식의 포괄적 이전
(2001.7.24 본관신설)

第360條의15【주식의 포괄적 이전에 의한 완전모회사의 설립】 ① 회사는 이 관의 규정에 의한 주식의 포괄적 이전(이하 이 관에서 "주식이전"이라 한다)에 의하여 완전모회사를 설립하고 완전자회사가 될 수 있다.
② 주식이전에 의하여 완전자회사가 되는 회사의 주주가 소유하는 그 회사의 주식은 주식이전에 의하여 설립하는 완전모회사에 이전하고, 그 완전자회사가 되는 회사의 주주는 그 완전모회사가 주식이전을 위하여 발행하는 주식의 배정을 받음으로써 그 완전모회사의 주주가 된다.

第360條의16【주주총회에 의한 주식이전의 승인】 ① 주식이전을 하고자 하는 회사는 다음 각호의 사항을 적은 주식이전계획서를 작성하여 주주총회의 승인을 받아야 한다.(2011.4.14 본문개정)
1. 설립하는 완전모회사의 정관의 규정
2. 설립하는 완전모회사가 주식이전에 있어서 발행하는 주식의 종류와 수 및 완전자회사가 되는 회사의 주주에 대한 주식의 배정에 관한 사항
3. 설립하는 완전모회사의 자본금 및 자본준비금에 관한 사항(2011.4.14 본호개정)
4. 완전자회사가 되는 회사의 주주에게 제2호에도 불구하고 금전이나 그 밖의 재산을 제공하는 경우에는 그 내용 및 배정에 관한 사항(2015.12.1 본호개정)
5. 주식이전을 할 시기
6. 완전자회사가 되는 회사가 주식이전의 날까지 이익배당을 할 때에는 그 한도액(2011.4.14 본호개정)
7. 설립하는 완전모회사의 이사와 감사 또는 감사위원회의 위원의 성명 및 주민등록번호
8. 회사가 공동으로 주식이전에 의하여 완전모회사를 설립하는 때에는 그 뜻

② 제1항의 승인결의는 제434조의 규정에 의하여야 한다.
③ 제360조의3제4항의 규정은 제1항의 경우의 주주총회의 승인에 이를 준용한다.
④ 주식이전으로 인하여 주식이전에 관련되는 각 회사의 주주의 부담이 가중되는 경우에는 제1항 및 제436조의 결의 외에 그 주주 전원의 동의가 있어야 한다.
(2011.4.14 본항신설)
改前 ① 주식이전을 하고자 하는 회사는 다음 각호의 사항…
4. 완전자회사가 되는 회사의 "주주에 대하여 지급할 금액을 정한 때에는 그 규정"

第360條의17【주식이전계획서 등의 서류의 공시】 ① 이사는 제360조의16제1항의 규정에 의한 주주총회의 회일의 2주전부터 주식이전의 날 이후 6월을 경과하는 날까지 다음 각호의 서류를 본점에 비치하여야 한다.
1. 제360조의16제1항의 규정에 의한 주식이전계획서
2. 완전자회사가 되는 회사의 주주에 대한 주식의 배정에 관하여 그 이유를 기재한 서면
3. 제360조의16제1항의 주주총회의 회일전 6월 이내의 날에 작성한 완전자회사가 되는 회사의 최종 대차대조표 및 손익계산서

② 제1항의 서류에 관하여는 제391조의3제3항의 규정을 준용한다.

第360條의18【완전모회사의 자본금의 한도액】 설립하는 완전모회사의 자본금은 주식이전의 날에 완전자회사가 되는 회사에 현존하는 순자산액에서 그 회사의 주주에게 제공할 금전 및 그 밖의 재산의 가액을 뺀 액을 초과하지 못한다.(2015.12.1 본조개정)
改前 第360條의18【완전모회사의 자본금의 한도액】설립하는…그 회사의 주주에게 "지급할 금액"을 뺀 액을 초과하지…

第360條의19【주권의 실효절차】 ① 주식이전에 의하여 완전자회사가 되는 회사는 제360조의16제1항의 규정에 의한 결의를 한 때에는 다음 각호의 사항을 공고하고, 주주명부에 기재된 주주와 질권자에 대하여 따로 따로 그 통지를 하여야 한다.
1. 제360조의16제1항의 규정에 의한 결의를 한 뜻
2. 1월을 초과하여 정한 기간내에 주권을 회사에 제출하여야 한다는 뜻
3. 주식이전의 날에 주권이 무효가 된다는 뜻

② 제442조의 규정은 제360조의16제1항의 규정에 의한 결의를 한 경우에 이를 준용한다.(2014.5.20 본항개정)
改前 ② "제442조 및 제444조"의 규정은 제360조의16제1항의 규정에 의한 결의를 한 경우에 이를 준용한다.

第360條의20【주식이전에 의한 등기】 주식이전을 한 때에는 설립한 완전모회사의 본점의 소재지에서 2주일 내에 제317조제2항에서 정하는 사항을 등기하여야 한다.
(2024.9.20 본조개정)
改前 …설립한 완전모회사의 "본점의 소재지에서는 2주내에, 지점의 소재지에서는 3주내에" 제317조제2항에서…

第360條의21【주식이전의 효력발생시기】 주식이전은 이로 인하여 설립한 완전모회사가 그 본점소재지에서 제360조의20의 규정에 의한 등기를 함으로써 그 효력이 발생한다.

第360條의22【주식교환 규정의 준용】 제360조의5, 제360조의11 및 제360조의12의 규정은 주식이전의 경우에 이를 준용한다.

第360條의23【주식이전무효의 소】 ① 주식이전의 무효는 각 회사의 주주·이사·감사·감사위원회의 위원 또는 청산인에 한하여 주식이전의 날부터 6월내에 소만으로 이를 주장할 수 있다.
② 제1항의 소는 완전모회사가 되는 회사의 본점소재지의 지방법원의 관할에 전속한다.
③ 주식이전을 무효로 하는 판결이 확정된 때에는 완전모회사가 된 회사는 주식이전을 위하여 발행한 주식의 주주에 대하여 그가 소유하였던 완전자회사가 된 회사의 주식을 이전하여야 한다.
④ 제187조 내지 제193조 및 제377조의 규정은 제1항의 소에, 제339조 및 제340조제3항의 규정은 제3항의 경우에 각각 이를 준용한다.

第4款 지배주주에 의한 소수주식의 전부 취득
(2011.4.14 본관신설)

第360條의24【지배주주의 매도청구권】 ① 회사의 발행주식총수의 100분의 95 이상을 자기의 계산으로 보유하고 있는 주주(이하 이 관에서 "지배주주"라 한다)는 회사의 경영상 목적을 달성하기 위하여 필요한 경우에는 회사의 다른 주주(이하 이 관에서 "소수주주"라 한

다)에게 그 보유하는 주식의 매도를 청구할 수 있다.
② 제1항의 보유주식의 수를 산정할 때에는 모회사와 자회사가 보유한 주식을 합산한다. 이 경우 회사가 아닌 주주가 발행주식총수의 100분의 50을 초과하는 주식을 가진 회사가 보유하는 주식도 그 주주가 보유하는 주식과 합산한다.
③ 제1항의 매도청구를 할 때에는 미리 주주총회의 승인을 받아야 한다.
④ 제3항의 주주총회의 소집을 통지할 때에는 다음 각 호에 관한 사항을 적어야 하고, 매도를 청구하는 지배주주는 주주총회에서 그 내용을 설명하여야 한다.
1. 지배주주의 회사 주식의 보유 현황
2. 매도청구의 목적
3. 매매가액의 산정 근거와 적정성에 관한 공인된 감정인의 평가
4. 매매가액의 지급보증
⑤ 지배주주는 매도청구의 날 1개월 전까지 다음 각 호의 사실을 공고하고, 주주명부에 적힌 주주와 질권자에게 따로 그 통지를 하여야 한다.
1. 소수주주는 매매가액의 수령과 동시에 주권을 지배주주에게 교부하여야 한다는 뜻
2. 교부하지 아니할 경우 매매가액을 수령하거나 지배주주가 매매가액을 공탁(供託)한 날에 주권은 무효가 된다는 뜻
⑥ 제1항의 매도청구를 받은 소수주주는 매도청구를 받은 날부터 2개월 내에 지배주주에게 그 주식을 매도하여야 한다.
⑦ 제6항의 경우 그 매매가액은 매도청구를 받은 소수주주와 매도를 청구한 지배주주 간의 협의로 결정한다.
⑧ 제1항의 매도청구를 받은 날부터 30일 내에 제7항의 매매가액에 대한 협의가 이루어지지 아니한 경우에는 매도청구를 받은 소수주주 또는 매도청구를 한 지배주주는 법원에 매매가액의 결정을 청구할 수 있다.
⑨ 법원이 제8항에 따라 주식의 매매가액을 결정하는 경우에는 회사의 재산상태와 그 밖의 사정을 고려하여 공정한 가액으로 산정하여야 한다.

第360條의25【소수주주의 매수청구권】 ① 지배주주가 있는 회사의 소수주주는 언제든지 지배주주에게 그 보유주식의 매수를 청구할 수 있다.
② 제1항의 매수청구를 받은 지배주주는 매수를 청구한 날을 기준으로 2개월 내에 매수를 청구한 주주로부터 그 주식을 매수하여야 한다.
③ 제2항의 경우 그 매매가액은 매수를 청구한 주주와 매수청구를 받은 지배주주 간의 협의로 결정한다.
④ 제2항의 매수청구를 받은 날부터 30일 내에 제3항의 매매가액에 대한 협의가 이루어지지 아니한 경우에는 매수청구를 받은 지배주주 또는 매수청구를 한 소수주주는 법원에 대하여 매매가액의 결정을 청구할 수 있다.
⑤ 법원이 제4항에 따라 주식의 매매가액을 결정하는 경우에는 회사의 재산상태와 그 밖의 사정을 고려하여 공정한 가액으로 산정하여야 한다.

第360條의26【주식의 이전 등】 ① 제360조의24와 제360조의25에 따라 주식을 취득하는 지배주주가 매매가액을 소수주주에게 지급한 때에 주식이 이전된 것으로 본다.
② 제1항의 매매가액을 지급할 소수주주를 알 수 없거나 소수주주가 수령을 거부할 경우에는 지배주주는 그 가액을 공탁할 수 있다. 이 경우 주식은 공탁한 날에 지배주주에게 이전된 것으로 본다.

第3節 會社의 機關

第1款 株主總會

第361條【總會의 權限】 株主總會는 本法 또는 定款에 정하는 事項에 한하여 決議할 수 있다.

참조 [정기총회]365①②, [임시총회]365③, [본법에 정하는 결의사항]366③ · 367 · 374 · 375 · 382① · 385① · 388 · 394② · 397 · 415 · 433① · 434 · 438① · 439① · 449① · 517 · 518 · 522①③ · 542

판례 소유와 경영의 분리를 원칙으로 하는 주식회사에서 주주는 주주총회 결의를 통하여 회사 경영을 담당할 이사의 선임과 해임 및 회사의 합병, 분할, 영업양도 등 법률과 정관이 정한 회사의 기초 내지는 영업조직에 중대한 변화를 초래하는 사항에 관한 의사결정을 하기 때문에, 이사가 주주의 의결권행사를 불가능하게 하거나 현저히 곤란하게 하는 것은 주식회사 제도의 본질적 기능을 해하는 것으로서 허용되지 아니하고, 그러한 것을 내용으로 하는 이사회결의는 무효로 보아야 한다.(대판 2011.6.24, 2009다35033)

第362條【召集의 決定】 總會의 召集은 本法에 다른 規定이 있는 경우외에는 理事會가 이를 決定한다.

참조 [이사회의 결의]391①, [다른 소집권자]366② · 467③ · 542②, [청산의 경우에의 준용]542②, [소집의 사유]365 · 467③ · 533① · 542, [벌칙]635①, [유한회사의 사원총회]571–578, [상호회사에의 준용]보험59 · 73

판례 부적법한 소집권자에 의해 소집된 주주총회결의의 효력 : 제1 주주총회결의가 부존재로 된 이상 이에 기하여 대표이사로 선임된 자들은 적법한 주주총회의 소집권자가 될 수 없어 그들에 의하여 소집된 주주총회에서 이루어진 제2 주주총회결의 역시 법률상 결의부존재라고 볼 것이다.(대판 1993.10.12, 92다28235,28242)

일판 소집권자가 소집절차를 소홀히 한 경우라도 주주전원이 개최에 동의하여 출석한 전원출석 총회에서 총회의 권한에 속하는 사항에 대하여 결의가 있은 때에 그 결의는 유효하다. 주주의 대리인이 출석한 경우라도 주주가 회의의 목적인 사항을 양지하고 위임장을 작성하고 또 결의가 회의의 목적인 범위에 있는 한 그 결의는 유효하다.(日 · 最高 1985.12.20)

第363條【소집의 통지】 ① 주주총회를 소집할 때에는 주주총회일의 2주 전에 각 주주에게 서면으로 통지를 발송하거나 각 주주의 동의를 받아 전자문서로 통지를 발송하여야 한다. 다만, 그 통지가 주주명부상 주주의 주소에 계속 3년간 도달하지 아니한 경우에는 회사는 해당 주주에게 총회의 소집을 통지하지 아니할 수 있다.
② 제1항의 통지서에는 회의의 목적사항을 적어야 한다.
③ 제1항에도 불구하고 자본금 총액이 10억원 미만인 회사가 주주총회를 소집하는 경우에는 주주총회일의 10일 전에 각 주주에게 서면으로 통지를 발송하거나 각 주주의 동의를 받아 전자문서로 통지를 발송할 수 있다.
(2014.5.20 본항개정)
④ 자본금 총액이 10억원 미만인 회사는 주주 전원의 동의가 있을 경우에는 소집절차 없이 주주총회를 개최할 수 있고, 서면에 의한 결의로써 주주총회의 결의를 갈음할 수 있다. 결의의 목적사항에 대하여 주주 전원이 서면으로 동의를 한 때에는 서면에 의한 결의가 있는 것으로 본다.
⑤ 제4항의 서면에 의한 결의는 주주총회의 결의와 같은 효력이 있다.(2014.5.20 본항개정)
⑥ 서면에 의한 결의에 대하여는 주주총회에 관한 규정을 준용한다.
⑦ 제1항부터 제4항까지의 규정은 의결권 없는 주주에게는 적용하지 아니한다. 다만, 제1항의 통지서에 적은 회의의 목적사항에 제360조의5, 제360조의22, 제374조의2, 제522조의3 또는 제530조의11에 따라 반대주주의 주식매수청구권이 인정되는 사항이 포함된 경우에는 그러하지 아니하다.(2015.12.1 단서신설)
(2014.5.20 본조제목개정)
(2009.5.28 본조개정)

改前 第363條【"소집의 통지, 공고"】① 주주총회를 소집…
③ "회사가 무기명식 주권을 발행한 경우에는 주주총회일의 3주 전

에 총회를 소집하는 뜻과 회의의 목적사항을 공고하여야 한다."
"④ 제1항 및 제3항"에도 불구하고 자본금 총액이 10억원 … 전자문서로 통지를 발송할 "수 있고, 무기명식의 주권을 발행한 경우에는 주주총회일의 2주 전에 주주총회를 소집하는 뜻과 회의의 목적사항을 공고할 수 있다."
"⑤" 자본금 총액이…
"⑥ 제4항"의 서면에 의한 결의는…
"⑦" 서면에 의한 결의에 대하여는…
"⑧" 제1항부터 "제4항"까지의 규정은…

참조 민71, [소집절차의 생략]372, [창립총회에의 준용]308②, [사채권자집회에의 준용]510①, 담보부사채44, [본조위반의 효과]376①, [벌칙]635①, [유한회사의 경우]571 · 573, ①[통지선]353, ①②[상호회사총회에의 준용]보험26 · 39 · 59 · 65 · 154, 자본시장금융투자업190, ②[통지 · 공고의 기재사항]316② · 433② · 522②, ④[의결권 없는 주주]369②, [정족수의 계산]371

판례 주식회사에 있어서 총 주식을 한 사람이 소유한 이른바 1인 회사의 경우 그 주주가 유일한 주주로서 주주총회에 출석하면 전원 총회로서 성립하고 그 주주의 의사대로 결의가 될 것임이 명백하므로 따로 총회소집절차가 필요 없으며, 실제로 총회를 개최한 사실이 없었다 하더라도 그 1인 주주에 의하여 의결이 있었던 것으로 주주총회 의사록이 작성되었다면 특별한 사정이 없는 한 그 내용의 결의가 있었던 것으로 볼 수 있고, 이 점은 한 사람이 다른 사람의 명의를 빌려 주주로 등재하였으나 총 주식을 실질적으로 그 한 사람이 모두 소유한 경우에도 마찬가지라고 할 수 있으나, 이와 달리 주식의 소유가 실질적으로 분산되어 있는 경우에는 상법상의 원칙으로 돌아가 실제의 소집절차와 결의절차를 거치지 아니한 채 주주총회의 결의가 있었던 것처럼 주주총회 의사록을 허위로 작성한 것이라면 설사 1인이 총 주식의 대다수를 가지고 있고 그 지배주주에 의하여 의결이 있었던 것으로 주주총회 의사록이 작성되어 있다 하더라도 도저히 그 결의가 존재한다고 볼 수 없을 정도로 중대한 하자가 있는 때에 해당하여 그 주주총회의 결의는 부존재하다고 보아야 한다.
(대판 2007.2.22, 2005다73020)

第363條의2【株主提案權】 ① 議決權없는 株式을 제외한 發行株式總數의 100分의 3 이상에 해당하는 株式을 가진 株主는 이사에게 주주총회일(정기주주총회의 경우 직전 연도의 정기주주총회일에 해당하는 그 해의 해당일. 이하 이 조에서 같다)의 6주 전에 서면 또는 전자문서로 일정한 사항을 株主總會의 目的事項으로 할 것을 提案(이하 '株主提案'이라 한다)할 수 있다.
② 第1項의 株主는 이사에게 주주총회일의 6주 전에 서면 또는 전자문서로 會議의 目的으로 할 사항에 추가하여 당해 株主가 제출하는 議案의 要領을 第363條에서 정하는 통지에 기재할 것을 請求할 수 있다.(2014.5.20 본항개정)
③ 理事는 第1項에 의한 株主提案이 있는 경우에는 이를 理事會에 報告하고, 理事會는 株主提案의 내용이 법령 또는 정관을 위반하는 경우와 그 밖에 대통령령으로 정하는 경우를 제외하고는 이를 株主總會의 目的事項으로 하여야 한다. 이 경우 株主提案을 한 者의 請求가 있는 때에는 株主總會에서 당해 議案을 설명할 기회를 주어야 한다.
(2009.1.30 본조개정)

改前 ② …第363條에서 정하는 "통지와 公告"에 기재…

第364條【召集地】 總會는 定款에 다른 정함이 없으면 本店所在地 또는 이에 隣接한 地에 召集하여야 한다.

참조 [본점의 소재지]289①, [본조의 위반]376①, [벌칙]635①, [창립총회에의 준용]308②, [상호회사에의 준용]보험39 · 59 · 65 · 154

일판 주주총회개최의 장소를 변경함에는 정당한 이유가 있고 또 그 변경에 상당한 주지방법을 강구할 수 있는 때에는 소집통지기재의 장소를 변경할 수 있다.(日 · 廣島高 1961.3.20)

第365條【總會의 召集】 ① 定期總會는 每年 1回 一定한 時期에 이를 召集하여야 한다.
② 年 2回이상의 決算期를 정한 會社는 每期에 總會를 召集하여야 한다.
③ 臨時總會는 필요있는 경우에 隨時 이를 召集한다.

참조 민69, [정기총회와 재무제표의 승인]449, [벌칙]635①, [유한회사에의 준용]578, [상호회사에의 준용]보험59, ②[결산기]30②

第366條【少數株主에 의한 召集請求】 ① 발행주식총수의 100분의 3 이상에 해당하는 주식을 가진 주주는 회의의 목적사항과 소집의 이유를 적은 서면 또는 전자문서를 이사회에 제출하여 임시총회의 소집을 청구할 수 있다.(2009.5.28 본항개정)
② 제1항의 청구가 있은 후 지체 없이 총회소집의 절차를 밟지 아니한 때에는 청구한 주주는 법원의 허가를 받아 총회를 소집할 수 있다. 이 경우 주주총회의 의장은 법원이 이해관계인의 청구나 직권으로 선임할 수 있다.
(2011.4.14 본항개정)
③ 第1項 및 第2項의 規定에 의한 總會는 會社의 業務와 財産狀態를 調査하게 하기 위하여 檢査人을 選任할 수 있다.
(1998.12.28 본조개정)

改前 "② 第1項의 請求가 있은 後 遲滯없이 總會召集의 節次를 밟지 아니한 때에는 請求한 株主는 法院의 許可를 얻어 總會를 召集할 수 있다."

참조 민70②, ②[허가신청]비송72 · 80 · 81, [소집통지]363, ②③[유한회사에의 준용]572③, [상호회사에의 준용]보험56

판례 소수주주의 신청에 의해 임시주주총회의 소집을 허가한 결정에 대한 불복 방법 : 상법 366조 2항의 규정에 의한 소수주주의 신청에 의하여 법원이 비송사건절차법 145조 1항의 규정에 의하여 임시주주총회의 소집을 허가한 결정에 대하여는 같은 조 2항에 의하여 불복의 신청을 할 수 없고 민사소송법 420조 소정의 특별항고가 허용된다.
(대결 1991.4.30, 90마672)

第366條의2【總會의 秩序維持】 ① 總會의 議長은 定款에서 정함이 없는 때에는 總會에서 選任한다.
② 總會의 議長은 總會의 秩序를 유지하고 議事를 整理한다.
③ 總會의 議長은 故意로 議事進行을 방해하기 위한 發言 · 행동을 하는 등 현저히 秩序를 문란하게 하는 者에 대하여 그 發言의 정지 또는 退場을 명할 수 있다.
(1999.12.31 본조신설)

第367條【검사인의 선임】 ① 총회는 이사가 제출한 서류와 감사의 보고서를 조사하게 하기 위하여 검사인(檢査人)을 선임할 수 있다.
② 회사 또는 발행주식총수의 100분의 1 이상에 해당하는 주식을 가진 주주는 총회의 소집절차나 결의방법의 적법성을 조사하기 위하여 총회 전에 법원에 검사인의 선임을 청구할 수 있다.
(2011.4.14 본조개정)

改前 "第367條【檢査人의 選任】總會는 理事가 提出한 書類와 監事의 報告書를 調査하게 하기 위하여 檢査人을 選任할 수 있다."

참조 [재무제표 · 보고서]448 · 449, [벌칙]635①, [유한회사에의 준용]578 · 613②, [상호회사에의 준용]보험26 · 59 · 73

第368條【總會의 決議方法과 議決權의 행사】 ① 總會의 決議는 이 法 또는 定款에 다른 정함이 있는 경우를 제외하고는 출석한 株主의 議決權의 過半數와 發行株式總數의 4分의 1이상의 數로써 하여야 한다.(1995.12.29 본항개정)
② 株主는 代理人으로 하여금 그 議決權을 行使하게 할 수 있다. 이 경우에는 그 代理人은 代理權을 證明하는 書面을 總會에 提出하여야 한다.
③ 總會의 決議에 관하여 特別한 利害關係가 있는 者는 議決權을 行使하지 못한다.
(1995.12.29 본조제목개정)

改前 ② "無記名式의 株券을 가진 者는 會日의 1週間전에 그 株券을 會社에 供託하여야 한다."
"③" 株主는 代理人으로 하여금…
"④" 總會의 決議에 관하여 特別한…

참조 [본조의 위반]376, ①[다른 정함]309 · 374 · 375 · 434 · 519 · 522③, [출석한 주주]371②, [공유주식과 의결권행사]333②, [의결권]369, 민73, [주주총회와 증수뢰죄]631①②, ②[창립총회에의 준용]308②, [상호회사의 창립총회에의 준용]보험39 · 59 · 65 · 154, ③[특별이해관계인의 의결권]371② · 381, ②③[유한회사에의 준용]578, ③[의결권 없는 주주의 주식의 제외]371②, 보험26 · 39 · 59 · 65 · 154, [사채권자 집회에의 준용]담보부사채45②

판례 주주의 의결권 행사를 위한 대리인 선임의 한계 : 주주의자유로운 의결권 행사를 보장하기 위하여 주주가 의결권의 행사를 대리인에게 위임하는 것이 보장되어야 한다고 하더라도 주주의 의결권 행사를 위한 대리인 선임이 무제한적으로 허용되는 것은 아니고, 그 의결권의 대리행사로 말미암아 주주총회의 개최가 부당하게 저해되거나 혹은 회사의 이익이 부당하게 침해될 염려가 있는 등의 특별한 사정이 있는 경우에는 회사가 이를 거절할 수 있다.
(대판 2009.4.23, 2005다22701,22718)

第368條의2【議決權의 不統一行使】 ① 株主가 2이상의 議決權을 가지고 있는 때에는 이를 統一하지 아니하고 行使할 수 있다. 이 경우 주주총회일의 3日전에 會社에 대하여 서면 또는 전자문서로 그 뜻과 이유를 통지하여야 한다.(2009.5.28 후단개정)

② 株主가 株式의 信託을 引受하였거나 기타 他人을 위하여 株式을 가지고 있는 경우외에는 會社는 株主의 議決權의 不統一行使를 拒否할 수 있다.

(1984.4.10 본조신설)

改前 ① 株主가 2 이상의 議決權을 가지고 있는 때에는 이를 統一하지 아니하고 行使할 수 있다. 이 경우 "會日의" 3日전에 會社에 대하여 "書面으로" 그 뜻과 이유를 통지하여야 한다.

參照 [의결권]369

判例 법정 요건을 갖추지 못한 의결권 불통일행사를 위한 주주의 의결권 대리행사의 위임을 회사가 거절할 수 있는지 여부 : 주주가 자신이 가진 복수의 의결권을 불통일행사하기 위하여는 회일의 3일 전에 회사에 대하여 서면으로 그 뜻과 이유를 통지하여야 할 뿐만 아니라, 회사는 주주가 주식의 신탁을 인수하였거나 기타 타인을 위하여 주식을 가지고 있는 경우 외에는 주주의 의결권 불통일행사를 거부할 수 있는 것이므로, 주주가 위와 같은 요건을 갖추지 못한 채 의결권 불통일행사를 위하여 수인의 대리인을 선임하고자 하는 경우에는 회사는 역시 이를 거절할 수 있다.(대판 2001.9.7, 2001도2917)

第368條의3【書面에 의한 議決權의 행사】 ① 株主는 定款이 정한 바에 따라 總會에 출석하지 아니하고 書面에 의하여 議決權을 행사할 수 있다.

② 會社는 總會의 召集通知書에 株主가 第1項의 規定에 의한 議決權을 행사하는데 필요한 書面과 參考資料를 첨부하여야 한다.

(1999.12.31 본조신설)

第368條의4【전자적 방법에 의한 의결권의 행사】 ① 회사는 이사회의 결의로 주주가 총회에 출석하지 아니하고 전자적 방법으로 의결권을 행사할 수 있음을 정할 수 있다.

② 회사는 제363조에 따라 소집통지를 할 때에는 주주가 제1항에 따른 방법으로 의결권을 행사할 수 있다는 내용을 통지하여야 한다.(2014.5.20 본항개정)

③ 회사가 제1항에 따라 전자적 방법에 의한 의결권행사를 정한 경우에 주주는 주주 확인절차 등 대통령령으로 정하는 바에 따라 의결권을 행사하여야 한다. 이 경우 회사는 의결권행사에 필요한 양식과 참고자료를 주주에게 전자적 방법으로 제공하여야 한다.

④ 동일한 주식에 관하여 제1항 또는 제368조의3제1항에 따라 의결권을 행사하는 경우 전자적 방법 또는 서면 중 어느 하나의 방법을 선택하여야 한다.

⑤ 회사는 의결권행사에 관한 전자적 기록을 총회가 끝난 날부터 3개월간 본점에 갖추어 두어 열람하게 하고 총회가 끝난 날부터 5년간 보존하여야 한다.

⑥ 주주 확인절차 등 전자적 방법에 의한 의결권행사의 절차와 그 밖에 필요한 사항은 대통령령으로 정한다.

(2009.5.28 본조신설)

改前 ② 회사는 제363조에 따라 "소집통지나 공고"를 할 때에는 … 행사할 수 있다는 내용을 "통지하거나 공고하여야" 한다.

第369條【議決權】 ① 議決權은 1株마다 1個로 한다.

② 會社가 가진 自己株式은 議決權이 없다.

③ 會社, 母會社 및 子會社 또는 子會社가 다른 會社의 發行株式의 總數의 10分의 1을 초과하는 株式을 가지고 있는 경우 그 다른 會社가 가지고 있는 會社 또는 母會社의 株式은 議決權이 없다.(1984.4.10 본항신설)

參照 ①[1인1표주의]575·578, 민73, [창립총회에의 준용]308②, [정족수의 계산]371②, [공유주식과 의결권행사]333②, ②[자기주식]341, [사채권자집회에의 준용]510①, ③[주식의 총수]289

判例 회사가 직원들을 유상증자에 참여시키면서 퇴직시 출자 손실금을 전액 보전해 주기로 약정한 것이 주주평등의 원칙에 위배되어 무효인지 여부 및 위 손실보전약정이 무효라는 이유로 신주인수계약까지 무효가 되는지 여부 : 회사가 직원들을 유상증자에 참여시키면서 퇴직시 출자 손실금을 전액 보전해 주기로 약정한 경우, 그러한 내용의 '손실보전합의 및 퇴직금 특례지급기준'은 유상증자에 참여하여 주주의 지위를 갖게 될 회사의 직원들에게 퇴직시 그 출자 손실금을 전액 보전해 주는 것을 내용으로 하고 있어서 회사가 주주에 대하여 투하자본의 회수를 절대적으로 보장하는 셈이 되고 다른 주주들에게 인정되지 않는 우월한 권리를 부여하는 것으로서 주주평등의 원칙에 위반되어 무효이다. 직원들의 신주인수의 동기가 된 위 손실보전약정이 주주평등의 원칙에 위배되어 무효라는 이유로 신주인수까지 무효로 보아 신주인수인들로 하여금 그 주식인수대금을 부당이득으로서 반환받을 수 있도록 한다면 이는 사실상 다른 주주들과는 달리 그들에게만 투하자본의 회수를 보장하는 결과가 되어 오히려 강행규정인 주주평등의 원칙에 반하는 결과를 초래하게 될 것이므로, 위 신주인수계약까지 무효라고 보아서는 아니된다.(대판 2007.6.28, 2006다38161,38178)

第370條 (2011.4.14 삭제)

改前 "第370條【議決權없는 株式】 ① 會社가 數種의 株式을 發行하는 경우에는 定款으로 利益配當에 관한 優先的 內容이 있는 種類의 株式에 대하여 株主에게 議決權없는 것으로 할 수 있다. 그러나 그 株主는 定款에 定한 優先的 配當을 받지 아니한다는 決議가 있는 總會의 다음 總會부터 그 優先的 配當을 받는다는 決議가 있는 總會의 終了時까지에는 議決權이 있다.
② 前項의 議決權없는 株式의 總數는 發行株式의 總數의 4分의 1을 超過하지 못한다."

第371條【정족수, 의결권수의 계산】 ① 총회의 결의에 관하여는 제344조의3제1항과 제369조제2항 및 제3항의 의결권 없는 주식의 수는 발행주식총수에 산입하지 아니한다.

② 총회의 결의에 관하여는 제368조제3항에 따라 행사할 수 없는 주식의 의결권 수와 제409조제2항 및 제542조의12제4항에 따라 그 비율을 초과하는 주식으로서 행사할 수 없는 주식의 의결권 수는 출석한 주주의 의결권의 수에 산입하지 아니한다.(2020.12.29 본항개정)

(2011.4.14 본조개정)

改前 ② 총회의 결의에 관하여는 제368조제3항에 따라 행사할 수 없는 주식의 의결권 수와 "제409조제2항·제3항 및 제542조의12제3항·제4항"에 따라 그 비율을 초과하는 주식으로서…

參照 [의결권 없는 주주]369②, [창립총회에의 준용]308②, [유한회사에의 준용]578, [상호회사에의 준용]보험26·39·59·65·154

判例 이해관계 있는 이사의 정족수 계산 : 이해관계 있는 이사는 이사회에서 의결권을 행사할 수는 없으나, 의사정족수 산정의 기초가 되는 이사의 수에는 포함되고, 다만 결의성립에 필요한 출석이사에는 산입되지 아니한다.(대판 1991.5.28, 90다20084)

第372條【總會의 延期, 續行의 決議】 ① 總會에서는 會議의 續行 또는 延期의 決議를 할 수 있다.

② 前項의 경우에는 第363條의 規定을 適用하지 아니한다.

參照 [창립총회에의 준용]308②, [사채권자집회에의 준용]510①, [유한회사에의 준용]578, [상호회사에의 준용]보험26·39·59·65·154

第373條【總會의 議事錄】 ① 總會의 議事에는 議事錄을 作成하여야 한다.

② 議事錄에는 議事의 經過要領과 그 結果를 記載하고 議長과 出席한 理事가 記名捺印 또는 署名하여야 한다.

(1995.12.29 본항개정)

參照 [비치의무]396①, [벌칙]635①, [창립총회에의 준용]308②, [사채권자집회에의 준용]510①, [청산회사에의 준용]542②, [유한회사에의 준용]578, [상호회사에의 준용]보험26·39·59·65·73·154

第374條【營業讓渡, 讓受, 賃貸등】 ① 회사가 다음 각 호의 어느 하나에 해당하는 행위를 할 때에는 제434조에 따른 결의가 있어야 한다.

1. 영업의 전부 또는 중요한 일부의 양도
2. 영업 전부의 임대 또는 경영위임, 타인과 영업의 손익 전부를 같이 하는 계약, 그 밖에 이에 준하는 계약의 체결·변경 또는 해약
3. 회사의 영업에 중대한 영향을 미치는 다른 회사의 영업 전부 또는 일부의 양수

(2011.4.14 본항개정)

② 第1項의 행위에 관한 株主總會의 召集의 통지를 하는 때에는 第374條의2第1項 및 第2項의 規定에 의한 株式買受請求權의 내용 및 행사방법을 명시하여야 한다. (2014.5.20 본항개정)

改前 ② …株主總會의 召集의 "통지 또는 公告"를 하는 때…

참조 [이해관계자의 의결권 제한]368④, [상장법인의 영업양도의 경우]자본시장금융투자업408, [특례]자본시장금융투자업165의5

판례 주주총회의 특별결의가 있어야 하는 상법 제374조제1항제1호 소정의 '영업의 전부 또는 중요한 일부의 양도'라 함은 일정한 영업목적을 위하여 조직되고 유기적 일체로 기능하는 재산의 전부 또는 중요한 일부를 총체적으로 양도하는 것을 의미하는 것으로서, 이에는 양수 회사에 의한 양도 회사의 영업적 활동의 전부 또는 중요한 일부분의 승계가 수반되어야 하는 것이므로 단순한 영업용 재산의 양도는 이에 해당하지 않는다. 나아가 주식회사가 사업목적으로 삼는 영업 중 일부를 양도하는 경우 상법 제374조제1항제1호 소정의 '영업의 중요한 일부의 양도'에 해당하는지는 양도대상 영업의 자산, 매출액, 수익 등이 전체 영업에서 차지하는 비중, 일부 영업의 양도가 장차 회사의 영업규모, 수익성 등에 미치는 영향 등을 종합적으로 고려하여 판단하여야 한다.(대판 2014.10.15, 2013다38633)

판례 주주총회의 특별결의를 요하는 상법 374조 1항 1호의 '영업의 전부 또는 중요한 일부의 양도'의 의미 : 주주총회의 특별결의가 있어야 하는 상법 제374조제1항제1호 소정의 '영업의 전부 또는 중요한 일부의 양도'라 함은 일정한 영업목적을 위하여 조직되고 유기적 일체로 기능하는 재산의 전부 또는 중요한 일부를 총체적으로 양도하는 것을 의미하는 것으로서, 이에는 양수 회사에 의한 양도 회사의 영업적 활동의 전부 또는 중요한 일부분의 승계가 수반되어야 하는 것이므로 단순한 영업용 재산의 양도는 이에 해당하지 않으나, 다만 영업용 재산의 처분으로 말미암아 회사 영업의 전부 또는 일부를 양도하거나 폐지하는 것과 같은 결과를 가져오는 경우에는 주주총회의 특별결의가 필요하다. 당해 특허권을 이용한 공사의 수주를 회사의 주된 사업으로 하고, 위 특허권이 회사의 자산에서 대부분의 비중을 차지하는 경우, 위 특허권의 양도는 회사 영업의 전부 또는 일부를 양도하거나 폐지하는 것과 같은 결과를 가져오는 것이므로 특허권의 양도에는 주주총회의 특별결의가 필요하다. (대판 2004.7.8, 2004다13717)

第374條의2【반대주주의 주식매수청구권】 ① 제374조에 따른 결의사항에 반대하는 주주(의결권이 없거나 제한되는 주주를 포함한다. 이하 이 조에서 같다)는 주주총회 전에 회사에 대하여 서면으로 그 결의에 반대하는 의사를 통지한 경우에는 그 총회의 결의일부터 20일 이내에 주식의 종류와 수를 기재한 서면으로 회사에 대하여 자기가 소유하고 있는 주식의 매수를 청구할 수 있다. (2015.12.1 본항개정)

② 제1항의 청구를 받으면 해당 회사는 같은 항의 매수 청구 기간(이하 이 조에서 "매수청구기간"이라 한다)이 종료하는 날부터 2개월 이내에 그 주식을 매수하여야 한다.(2015.12.1 본항개정)

③ 第2項의 規定에 의한 株式의 買受價額은 株主와 會社間의 協議에 의하여 決定한다.(2001.7.24 단서삭제)

④ 매수청구기간이 종료하는 날부터 30일 이내에 제3항의 규정에 의한 협의가 이루어지지 아니한 경우에는 회사 또는 주식의 매수를 청구한 주주는 법원에 대하여 매수가액의 결정을 청구할 수 있다.(2015.12.1 본항개정)

⑤ 법원이 제4항의 규정에 의하여 주식의 매수가액을 결정하는 경우에는 회사의 재산상태 그 밖의 사정을 참작하여 공정한 가액으로 이를 산정하여야 한다. (2001.7.24 본항신설)

(2015.12.1 본조제목개정)

改前 第374條의2【"反對株主의 株式買受請求權"】"① 第374條의 規定에 의한 決議事項에 반대하는 株主는 株主總會전에 會社에 대하여 書面으로 그 決議에 反對하는 의사를 통지한 경우에는 그 總會의 決議日부터 20日내에 株式의 종류와 數를 기재한 書面으로 會社에 대하여 자기가 所有하고 있는 株式의 買受를 請求할 수 있다."

"② 會社는 第1項의 請求를 받은 날부터 2月이내에 그 株式을 買受하여야 한다."

④ "제1항의 청구를 받은" 날부터 30일 이내에 제3항의 규정…

참조 [관할]비송72

第374條의3【간이영업양도, 양수, 임대 등】 ① 제374조제1항 각 호의 어느 하나에 해당하는 행위를 하는 회사의 총주주의 동의가 있거나 그 회사의 발행주식총수의 100분의 90 이상을 해당 행위의 상대방이 소유하고 있는 경우에는 그 회사의 주주총회의 승인은 이를 이사회의 승인으로 갈음할 수 있다.

② 제1항의 경우에 회사는 영업양도, 양수, 임대 등의 계약서 작성일부터 2주 이내에 주주총회의 승인을 받지 아니하고 영업양도, 양수, 임대 등을 한다는 뜻을 공고하거나 주주에게 통지하여야 한다. 다만, 총주주의 동의가 있는 경우에는 그러하지 아니하다.

③ 제2항의 공고 또는 통지를 한 날부터 2주 이내에 회사에 대하여 서면으로 영업양도, 양수, 임대 등에 반대하는 의사를 통지한 주주는 그 기간이 경과한 날부터 20일 이내에 주식의 종류와 수를 기재한 서면으로 회사에 대하여 자기가 소유하고 있는 주식의 매수를 청구할 수 있다. 이 경우 제374조의2제2항부터 제5항까지의 규정을 준용한다.

(2015.12.1 본조신설)

第375條【사후설립】 회사가 그 성립 후 2년 내에 그 성립 전부터 존재하는 재산으로서 영업을 위하여 계속하여 사용하여야 할 것을 자본금의 100분의 5 이상에 해당하는 대가로 취득하는 계약을 하는 경우에는 제374조를 준용한다.(2011.4.14 본조개정)

改前 "第375條【事後設立】第374條의 規定은 會社가 그 成立後 2年내에 그 成立前부터 存在하는 財産으로서 營業을 위하여 繼續하여 使用하여야 할 것을 資本의 100分의 5이상에 該當하는 對價로 取得하는 契約을 하는 경우에 이를 準用한다.(1998.12.28 본조개정)"

참조 [자본]289①・329①, [유한회사의 경우]576②, [상호회사에의 준용]보험59

판례 사후설립의 하자를 주주총회 특별결의로 치유할 수 있는지 여부 : 현물출자를 위한 약정은 그대로 상법 290조 3호가 규정하는 재산인수에 해당한다고 할 것이어서 정관에 기재되지 아니하는 한 무효라고 할 것이나, 위와 같은 방법에 의한 현물출자가 동시에 상법 375조가 규정하는 사후설립에 해당하고 이에 대하여 주주총회의 특별결의에 의한 추인이 있었다면 회사는 유효하게 위 현물출자로 인한 부동산의 소유권을 취득한다.(대판 1992.9.14, 91다33087)

第376條【決議取消의 訴】 ① 總會의 召集節次 또는 決議方法이 法令 또는 定款에 違反하거나 현저하게 불공정한 때 또는 그 決議의 내용이 定款에 위반한 때에는 株主・理事 또는 監事는 決議의 날로부터 2月내에 決議取消의 訴를 提起할 수 있다.

② 第186條 내지 第188條, 第190條 本文과 第191條의 規定은 第1項의 訴에 準用한다.

(1995.12.29 본조개정)

참조 [소]377・378, [결의무효확인의 소]380, [특별한 경우의 결의취소・변경의소]381, [창립총회에의 준용]308②, [유한회사에의 준용]578・613②, [상호회사에의 준용]보험26・39・59・65・73・154, ①[소집의 절차]362~366, [결의방법]368~371・434・542②, [임원선임결의 취소의 소와 직무집행정지・대행자선임]407・415・542②, [벌칙]631①

판례 이사 선임의 주주총회 결의에 대한 취소판결이 확정된 경우, 그 결의로 선임된 이사들에 의해 선정된 대표이사가 취소판결이 확정되기 전에 한 행위의 효력(무효) : 이사 선임의 주주총회 결의에 대한 취소판결이 확정된 경우 그 결의에 의하여 이사로 선임된 이사들에 의하여 구성된 이사회에서 선정된 대표이사는 소급하여 그 자격을 상실하고, 그 대표이사가 이사 선임의 주주총회 결의에 대한 취소판결이 확정되기 전에 한 행위는 대표권이 없는 자가 한 행위로서 무효가 된다. (대판 2004.2.27, 2002다19797 참조).(대판 2013.2.28, 2012다74298)

판례 주주총회결의 취소의 소의 원고적격 : 주주는 다른 주주에 대한 소집절차의 하자를 이유로 주주총회결의 취소의 소를 제기할 수도 있다.(대판 2003.7.11, 2001다45584)

판례 주주총회가 소집권자에 의하여 소집되어 개최된 이상 정족수에 미달한 결의가 이루어졌다고 하더라도 그와 같은 하자는 결의취소의 사유에 불과하고, 무효 또는 부존재한 결의라고 할 수 없다. (대판 1996.12.23, 96다32768,32775,32782)

第377條【提訴株主의 擔保提供義務】 ① 株主가 決議取消의 訴를 提起한 때에는 法院은 會社의 請求에 의하여 相當한 擔保를 提供할 것을 命할 수 있다. 그러나 그 株主가 理事 또는 監事인 때에는 그러하지 아니하다.

② 第176條第4項의 規定은 第1項의 請求에 準用한다.

(1984.4.10 본조개정)

참조 [담보공여절차]민소120－127, [주주의 손해배상의무]191·376②, [회사법상의 소와 담보의 제공]176③·237·380·381②·446·530②, [창립총회에의 준용]308②, [유한회사에의 준용]578·613②, [상호회사에의 준용]보험26·39·59·65·154

第378條【결의취소의 등기】 결의한 사항이 등기된 경우에 결의취소의 판결이 확정된 때에는 본점의 소재지에서 등기하여야 한다.(2024.9.20 본조개정)

改前 第378條【決議取消의 登記】決議한 事項이 登記된 경우에 決議取消의 判決이 確定된 때에는 本店과 支店의 所在地에서 登記하여야 한다.

참조 [본점과 지점의 소재지]289①, [등기절차]상업등기법22이하, [창립총회에의 준용]308②, [유한회사에의 준용]578, [상호회사에의 준용]보험26·39·59·65·154

第379條【法院의 裁量에 의한 請求棄却】 決議取消의 訴가 提起된 경우에 決議의 內容, 會社의 現況과 諸般事情을 參酌하여 그 取消가 不適當하다고 認定한 때에는 法院은 그 請求를 棄却할 수 있다.

참조 [결의취소원인]376, [상호회사에의 준용]보험26·39·59·65·154

판례 결의 절차에 하자가 있는 경우에 결의를 취소하여도 회사나 주주에게 아무런 효력을 미치지 않는다면, 결의를 취소함으로써 회사에 손해를 끼치거나 거래의 안전을 해치는 것을 막고 결의취소의 소의 남용을 방지하려는 데 동규정의 취지가 있는 바, 위와 같은 사정이 인정되는 경우에는 당사자의 주장이 없더라도 법원이 직권·재량으로 취소청구를 기각할 수 있다.(대판 2003.7.11, 2001다45584)

第380條【決議無效 및 不存在確認의 訴】 第186條 내지 第188條, 第190條 本文, 第191條, 第377條와 第378條의 規定은 總會의 決議의 內容이 法令에 위반한 것을 理由로 하여 決議無效의 확인을 請求하는 訴와 總會의 召集節次 또는 決議方法에 總會決議가 存在한다고 볼 수 없을 정도의 중대한 瑕疵가 있는 것을 이유로 하여 決議不存在의 확인을 請求하는 訴에 이를 準用한다.
(1995.12.29 본조개정)

참조 [벌칙]631①②, [창립총회에의 준용]308②, [유한회사에의 준용]578, [상호회사에의 준용]보험26·39·59·65·154

판례 회사가 종류주주총회의 개최를 명시적으로 거부하고 있는 경우 그 정관변경의 효력을 다투는 방법 : 정관변경결의의 내용에 다툼이 있는 관계로 해당 종류의 주주가 회사를 상대로 일반 민사소송상의 확인의 소를 제기함에 있어서는 정관변경에 필요한 특별요건이 구비되지 않았음을 이유로 하여 정면으로 그 정관변경이 무효라는 확인을 구하면 족한 것이지 그 정관변경을 내용으로 하는 주주총회결의 자체가 아직 효력을 발생하지 않고 있는 상태(이른바 불발효 상태)라는 관념을 애써 만들어서 그 주주총회결의가 그러한 '불발효 상태'에 있다는 것의 확인을 구할 필요는 없다.
(대판 2006.1.27, 2004다44575,44582)

第381條【不當決議의 取消, 變更의 訴】 ① 株主가 제368조제3항의 規定에 의하여 議決權을 行使할 수 없었던 경우에 決議가 현저하게 不當하고 그 株主가 議決權을 行使하였더라면 이를 沮止할 수 있었을 때에는 그 株主는 그 決議의 날로부터 2月내에 決議의 取消의 訴 또는 變更의 訴를 提起할 수 있다.(2014.5.20 본항개정)
② 第186條 내지 第188條, 第190條 本文, 第191條, 第377條와 第378條의 規定은 第1項의 訴에 準用한다.
(1998.12.28 본항개정)

改前 ① 株主가 "第368條第4項"의 規定에 의하여 議決權을…

참조 [벌칙]631①②, [창립총회에의 준용]308②, [유한회사에의 준용]578, [상호회사에의 준용]보험26·39·59·65·154

第2款 理事와 理事會

第382條【이사의 선임, 회사와의 관계 및 사외이사】
① 이사는 주주총회에서 선임한다.
② 회사와 이사의 관계는 「민법」의 위임에 관한 규정을 준용한다.
③ 사외이사(社外理事)는 해당 회사의 상무(常務)에 종사하지 아니하는 이사로서 다음 각 호의 어느 하나에 해당하지 아니하는 자를 말한다. 사외이사가 다음 각 호의 어느 하나에 해당하는 경우에는 그 직을 상실한다.

1. 회사의 상무에 종사하는 이사·집행임원 및 피용자 또는 최근 2년 이내에 회사의 상무에 종사한 이사·감사·집행임원 및 피용자(2011.4.14 본호개정)
2. 최대주주가 자연인인 경우 본인과 그 배우자 및 직계 존속·비속
3. 최대주주가 법인인 경우 그 법인의 이사·감사·집행임원 및 피용자
4. 이사·감사·집행임원의 배우자 및 직계 존속·비속
5. 회사의 모회사 또는 자회사의 이사·감사·집행임원 및 피용자
6. 회사와 거래관계 등 중요한 이해관계에 있는 법인의 이사·감사·집행임원 및 피용자
7. 회사의 이사·집행임원 및 피용자가 이사·집행임원으로 있는 다른 회사의 이사·감사·집행임원 및 피용자

(2011.4.14 3호~7호개정)
(2009.1.30 본조개정)

改前 ③ 1. 회사의 상무에 "종사하는 이사" 및 피용자 또는 최근 2년 이내에 회사의 상무에 종사한 이사·"감사" 및 피용자
3. 최대주주가 법인인 경우 그 법인의 이사·"감사" 및 피용자
4. 이사·"감사"의 배우자 및 직계 존속·비속
5. 회사의 모회사 또는 자회사의 이사·"감사" 및 피용자
6. 회사와 거래관계 등 중요한 이해관계에 있는 법인의 이사·"감사" 및 피용자
"7. 회사의 이사 및 피용자가 이사로 있는 다른 회사의 이사·감사 및 피용자"

참조 [유한회사에의 준용]567, [상호회사에의 준용]보험59②③·73, ① [초대이사의 선임]296·312, [등기]183·317②③·386②·407③, [자격주]387, [직무대행자]386②·407, [타회사의 임원겸임의 제한]198·269·397·567, 은행법28, 보험11, [타인의 사용인 겸임의 제한]17①, ②[위임]민680－692, [경업피지의무]397, [자기거래]398, [회사에 대한 책임]399, [감사에의 준용]415, [청산인에의 준용]542②, [유한회사청산인에의 준용]613②

第382條의2【集中投票】 ① 2人이상의 理事의 選任을 目的으로 하는 總會의 召集이 있는 때에는 議決權없는 株式을 제외한 發行株式總數의 100分의 3이상에 해당하는 株式을 가진 株主는 定款에서 달리 정하는 경우를 제외하고는 會社에 대하여 集中投票의 방법으로 理事를 選任할 것을 請求할 수 있다.
② 第1項의 請求는 주주총회일의 7일 전까지 서면 또는 전자문서로 하여야 한다.(2009.5.28 본항개정)
③ 第1項의 請求가 있는 경우에 理事의 選任決議에 관하여 각 株主는 1株마다 選任할 理事의 數와 동일한 數의 議決權을 가지며, 그 議決權은 理事 候補者 1人 또는 數人에게 集中하여 投票하는 방법으로 행사할 수 있다.
④ 第3項의 規定에 의한 投票의 방법으로 理事를 選任하는 경우에는 投票의 最多數를 얻은 者부터 順次的으로 理事에 選任되는 것으로 한다.
⑤ 第1項의 請求가 있는 경우에는 議長은 議決에 앞서 그러한 請求가 있다는 취지를 알려야 한다.
⑥ 第2項의 書面은 總會가 終結될 때까지 이를 本店에 비치하고 株主로 하여금 營業時間내에 閱覽할 수 있게 하여야 한다.
(1998.12.28 본조신설)

改前 ② 第1項의 請求는 "會日의" 7日전까지 "書面으로" 이를 하여야 한다.

第382條의3【理事의 忠實義務】 理事는 法令과 定款의 規定에 따라 會社를 위하여 그 職務를 忠實하게 수행하여야 한다.(1998.12.28 본조신설)

판례 이사는 회사에 대하여 선량한 관리자의 주의의무를 지므로, 법령과 정관에 따라 회사를 위하여 그 의무를 충실히 수행한 때에야 이사로서의 임무를 다한 것이 된다. 이사는 이익이 될 여지가 있는 사업기회가 있으면 이를 회사에 제공하여 회사로 하여금 이를 이용할 수 있도록 하여야 하고, 회사의 승인 없이 이를 자기 또는 제3자의 이익을 위하여 이용하여서는 아니 된다. 그러나 회사의 이사회가 그에 관하여 충분한 정보를 수집·분석하고 정당한 절차를 거쳐 회사의 이익을 위하여 의사를 결정함으로써 그러한 사업기회를 포기하거나 어느 이사가 그것을 이용할 수 있도록 승인하였다면 그 의사결정과정

에 현저한 불합리가 없는 한 그와 같이 결의한 이사들의 경영판단은 존중되어야 할 것이므로, 이 경우에는 어느 이사가 그러한 사업기회를 이용하게 되었더라도 그 이사나 이사회의 승인 결의에 참여한 이사들이 이사로서 선량한 관리자의 주의의무 또는 충실의무를 위반하였다고 할 수 없다.(대판 2013.9.12, 2011다57869)

第382條의4【이사의 비밀유지의무】 이사는 재임중 뿐만 아니라 퇴임후에도 직무상 알게 된 회사의 영업상 비밀을 누설하여서는 아니된다.(2001.7.24 본조신설)

第383條【員數, 任期】 ① 이사는 3명 이상이어야 한다. 다만, 자본금 총액이 10억원 미만인 회사는 1명 또는 2명으로 할 수 있다.(2009.5.28 본항개정)

② 理事의 任期는 3年을 超過하지 못한다.(1984.4.10 본항개정)

③ 第2項의 任期는 定款으로 그 任期중의 最終의 決算期에 관한 定期株主總會의 終結에 이르기까지 延長할 수 있다.(1984.4.10 본항개정)

④ 제1항 단서의 경우에는 제302조제2항제5호의2, 제317조제2항제3호의2, 제335조제1항 단서 및 제2항, 제335조의2제1항·제3항, 제335조의3제1항·제2항, 제335조의7제1항, 제340조의3제1항제5호, 제356조제6호의2, 제397조제1항·제2항, 제397조의2제1항, 제398조, 제416조 본문, 제451조제2항, 제461조제1항 본문 및 제3항, 제462조의3제1항, 제464조의2제1항, 제469조, 제513조제2항 본문 및 제516조의2제2항 본문(준용되는 경우를 포함한다) 중 "이사회"는 각각 "주주총회"로 보며, 제360조의5제1항 및 제522조의3제1항 중 "이사회의 결의가 있는 때"는 "제363조제1항에 따른 주주총회의 소집통지가 있는 때"로 본다.(2011.4.14 본항개정)

⑤ 제1항 단서의 경우에는 제341조제2항 단서, 제390조, 제391조, 제391조의2, 제391조의3, 제392조, 제393조제2항부터 제4항까지, 제399조제2항, 제408조의2제3항·제4항, 제408조의3제2항, 제408조의4제2호, 제408조의5제1항, 제408조의6, 제408조의7, 제412조의4, 제449조의2, 제462조제2항 단서, 제526조제3항, 제527조제4항, 제527조의2, 제527조의3제1항 및 제527조의5제2항은 적용하지 아니한다.(2011.4.14 본항개정)

⑥ 제1항 단서의 경우에는 각 이사(정관에 따라 대표이사를 정한 경우에는 그 대표이사를 말한다)가 회사를 대표하며 제343조제1항 단서, 제346조제3항, 제362조, 제363조의2제3항, 제366조제1항, 제368조의4제1항, 제393조제1항, 제412조의3제1항 및 제462조의3제1항에 따른 이사회의 기능을 담당한다.(2011.4.14 본항개정)

改前 ④ 제1항…제397조제1항·제2항, "제398조, 제416조 본문", 제461조제1항 본문…본다.(2009.5.28 본항개정)
⑤ 제1항…경우에는 "제390조", 제391조,…제393조제2항부터 제4항까지, "제399조제2항", 제526조제3항…한다.(2009.5.28 본항개정)
⑥ 제1항…대표하며 "제362조", 제363조의2제3항, 제366조제1항, 제368조의4제1항, "제393조제1항 및 제412조의3제1항"에 따른…담당한다.(2009.5.28 본항개정)

참조 [결원이 발생하였을 경우]386, [벌칙]635①, [해임]385, [사임]382②, 민689, [초대이사]296·312·527③, [결산기와 정기총회]30②·365·449, [감사에의 준용]415, [상호회사에의 준용]보험59②③

판례 수인의 이사가 동시에 임기의 만료나 사임에 의하여 퇴임함으로 말미암아 법률 또는 정관에 정한 이사의 원수(최저인원수 또는 특정한 인원수)를 채우지 못하게 되는 결과가 일어나는 경우, 특별한 사정이 없는 한 그 퇴임한 이사 전원은 새로 선임된 이사가 취임할 때까지 이사로서의 권리의무가 있다고 봄이 상당하다.
(대판 2007.3.29, 2006다83697)

판례 이사의 임기만료 전 해임에 대한 손해배상청구 : 주식회사의 정관에서 이사의 임기를 별도로 정하지 않은 때에는 상법에서 규정하고 있는 이사의 임기의 최장기인 3년을 경과하지 않는 동안에 이사가 해임되더라도 그로 인한 손해의 배상을 청구할 수 없다.
(대판 2001.6.15, 2001다23928)

第384條 (1995.12.29 삭제)

第385條【解任】 ① 理事는 언제든지 第434條의 規定에 의한 株主總會의 決議로 이를 解任할 수 있다. 그러나 理事의 任期를 定한 경우에 정당한 理由없이 그 任期滿了前에 이를 解任한 때에는 그 理事는 會社에 대하여 解任으로 인한 損害의 賠償을 請求할 수 있다.

② 理事가 그 職務에 관하여 不正行爲 또는 法令이나 定款에 違反한 重大한 事實이 있음에도 不拘하고 株主總會에서 그 解任을 否決한 때에는 發行株式의 總數의 100分의 3이상에 該當하는 株式을 가진 株主는 總會의 決議가 있은 날부터 1月내에 그 理事의 解任을 法院에 請求할 수 있다.(1998.12.28 본항개정)

③ 第186條의 規定은 前項의 경우에 準用한다.

참조 [발행주식의 총수]317②, [감사에의 준용]415, [위임과 해제]382, 민689, [임기]283②③, [해임을 목적으로 하는 총회소집]366, [등기]317②③, [유한회사에의 준용]570, [해임의소와 직무집행정지 또는 직무대행자선임의 가처분]406·407, [해임의 판결과 등기]317②③, [벌칙]631①②, [청산인의 경우]539②, [상호회사에의 준용]보험59②

판례 주식회사와 이사가 고용계약에서 이사가 자신의 의사에 반하여 해임될 경우 주식회사가 퇴직위로금 외에 해직보상금을 지급하기로 약정한 경우, 이사가 주식회사에 해직보상금을 청구하기 위하여 주주총회의 결의가 있어야 하는지 여부 : 주식회사와 이사 사이에 체결된 고용계약에서 이사가 그 의사에 반하여 이사직에서 해임될 경우 퇴직위로금과는 별도로 일정한 금액의 해직보상금을 지급받기로 약정한 경우, 그 해직보상금은 형식상으로는 보수에 해당하지 않는다 하여도 보수와 함께 같은 고용계약의 내용에 포함되어 그 고용계약과 관련하여 지급되는 것일 뿐 아니라, 의사에 반하여 해임된 이사에 대하여 정당한 이유의 유무와 관계없이 지급하도록 되어 있어 이사에게 유리하도록 회사에 추가적인 의무를 부과하는 것인바, 보수에 해당하지 않는다는 이유로 주주총회 결의를 요하지 않는다고 한다면, 이사들이 고용계약을 체결하는 과정에서 개인적인 이득을 취할 목적으로 과다한 해직보상금을 약정하는 것을 막을 수 없게 되어, 이사들의 고용계약과 관련하여 그 사익 도모의 폐해를 방지하여 회사와 주주의 이익을 보호하고자 하는 상법 388조의 입법 취지가 잠탈되고, 나아가 해직보상금액이 특히 거액일 경우 회사의 자유로운 이사해임권 행사를 저해하는 기능을 하게 되어 이사선임기관인 주주총회의 권한을 사실상 제한함으로써 회사법이 규정하는 주주총회의 기능이 심히 왜곡되는 부당한 결과가 초래되므로, 이사의 보수에 관한 상법 388조를 준용 내지 유추적용하여 이사는 해직보상금에 관하여도 정관에서 그 액을 정하지 않는 한 주주총회 결의가 있어야만 회사에 대하여 이를 청구할 수 있다.(대판 2006.11.23, 2004다49570)

판례 동조가 이사회의 결의에 의한 대표이사의 해임에도 유추 적용될 수 있는지 여부 : 동조는 이사의 보수청구권을 보장하는 것을 주된 목적으로 하는 규정이라 할 수 없으므로, 이를 이사회가 대표이사를 해임한 경우에도 유추 적용할 것은 아니고, 대표이사가 그 지위의 해임으로 무보수, 비상근의 이사로 되었다고 하여 달리 볼 것도 아니다.
(대판 2004.12.10, 2004다25123)

第386條【缺員의 경우】 ① 法律 또는 定款에 定한 理事의 員數를 缺한 경우에는 任期의 滿了 또는 辭任으로 인하여 退任한 理事는 새로 選任된 理事가 就任할 때까지 理事의 權利義務가 있다.

② 第1項의 경우에 필요하다고 認定할 때에는 法院은 理事, 監事 기타의 利害關係人의 請求에 의하여 一時 理事의 職務를 行할 者를 選任할 수 있다. 이 경우에는 本店의 所在地에서 그 登記를 하여야 한다.(1995.12.29 본항개정)

참조 [대표이사에의 준용]389③, [감사·청산인에의 준용]415·542, [유한회사에의 준용]570·613②, [상호회사에의 준용]보험59②③·73, ①[법정원수]383①, [임기]383②③, [사임]382②, 민689·691, [이사회내 위원회에의 준용]393의2, [벌칙]635①, ②[직무대행자의 선임]407, 비송72·84

第387條【資格株】 定款으로 理事가 가질 株式의 數를 정한 경우에 다른 規定이 없는 때에는 理事는 그 數의 株券을 監事에게 供託하여야 한다.

참조 [주권의 공탁]368②

第388條【理事의 報酬】 理事의 報酬는 定款에 그 額을 定하지 아니한 때에는 株主總會의 決議로 이를 定한다.

참조 [수임인과 보수]382②, [주주총회의 결의]368, [감사·청산인에의 준용]415·542②, [발기인의 보수]290①·300·314, [유한회사에의 준용]567·613②, [상호회사에의 준용]보험59②③·73

판례 법적으로는 주식회사 이사·감사의 지위를 갖지만 회사와의 명시적 또는 묵시적 약정에 따라 이사·감사로서의 실질적인 직무를 수행하지 않는 이른바 명목상 이사·감사도 법인인 회사의 기관으로서 회사가 사회적 실체로서 성립하고 활동하는 데 필요한 기초를 제공함과 아울러 상법이 정한 권한과 의무를 갖고 의무 위반에 따른 책임을 부담하는 것은 일반적인 이사·감사와 다를 바 없으므로, 과다한 보수에 대한 사법적 통제의 문제는 별론으로 하더라도, 오로지 보수의 지급이라는 형식으로 회사의 자금을 개인에게 지급하기 위한 방편으로 이사·감사로 선임한 것이라는 등의 특별한 사정이 없는 한, 회사에 대하여 상법 제388조, 제415조에 따라 정관의 규정 또는 주주총회의 결의에 의하여 결정된 보수의 청구권을 갖는다.
(대판 2015.7.23, 2014다236311)

판례 퇴직 위로금이 상법 388조의 규정된 보수에 해당하는지 여부 : 상법 388조, 415조에 의하면, 주식회사의 이사와 감사의 보수는 정관에 그 액을 정하지 아니한 때에는 주주총회의 결의로 이를 정한다고 되어 있고, 이사 또는 감사에 대한 퇴직위로금은 그 직에서 퇴임한 자에 대하여 그 재직 중 직무집행의 대가로써 지급되는 보수의 일종으로서 상법 388조에 규정된 보수에 포함된다.
(대판 1999.2.24, 97다38930)

판례 이사의 보수가 근로기준법 소정의 임금인지 여부 : 회사의 업무집행권을 가진 이사 등 임원은 회사로부터 일정한 사무처리의 위임을 받고 있는 것이므로 사용자의 지휘감독 아래 일정한 근로를 제공하고 소정의 임금을 지급받는 고용관계에 있는 것이 아니며 따라서 일정한 보수를 받는 경우에도 이를 근로기준법 소정의 임금이라 할 수 없다.(대판 1988.6.14, 87다카2268)

第389條【代表理事】 ① 會社는 理事會의 決議로 會社를 代表할 理事를 選定하여야 한다. 그러나 定款으로 株主總會에서 이를 選定할 것을 定할 수 있다.
② 前項의 경우에는 數人의 代表理事가 共同으로 會社를 代表할 것을 定할 수 있다.
③ 第208條第2項, 第209條, 第210條와 第386條의 規定은 代表理事에 準用한다.(1962.12.12 본항개정)

참조 [회사대표]207·269·562, [대표청산인에의 준용]542②, [상호회사에의 준용]보험59②·73, ①[등기]317②, [표현대표이사의 행위와 회사의 책임]395, ②[등기]317②

판례 주식회사의 대표이사가 업무집행을 하면서 고의 또는 과실에 의한 위법행위로 타인에게 손해를 가한 경우 주식회사는 상법 제389조제3항, 제210조에 의하여 제3자에게 손해배상책임을 부담하게 되고, 그 대표이사도 민법 제750조 또는 상법 제389조제3항, 제210조에 의하여 주식회사와 공동불법행위책임을 부담하게 된다. 그리고 주식회사 및 대표이사 이외의 다른 공동불법행위자 중 한 사람이 자신의 부담부분 이상을 변제하여 공동의 면책을 얻게 한 후 구상권을 행사하는 경우에 그 주식회사 및 대표이사는 구상권자에 대한 관계에서는 하나의 책임주체로 평가되어 각자 구상금액의 전부에 대하여 책임을 부담하여야 하고, 이는 위 대표이사가 공동대표이사인 경우에도 마찬가지이다. 따라서 공동면책을 얻은 다른 공동불법행위자가 공동대표이사 중 한 사람을 상대로 구상권을 행사하는 경우 그 공동대표이사는 주식회사가 원래 부담하는 책임부분 전체에 관하여 구상에 응하여야 하고, 주식회사와 공동대표이사들 사이 또는 각 공동대표이사 사이의 내부적인 부담비율을 내세워 구상권자에게 대항할 수는 없다.(대판 2007.5.31, 2005다55473)

판례 권리남용설에 따른 대표권 남용인정 사례 : 주식회사의 대표이사가 그 대표권의 범위 내에서 한 행위는 설사 대표이사가 회사의 영리목적과 관계없이 자기 또는 제3자의 이익을 도모할 목적으로 그 권한을 남용한 것이라 할지라도 일단 회사의 행위로서 유효하고, 다만 그 행위의 상대방이 대표이사의 진의를 알았거나 알 수 있었을 때에는 회사에 대하여 무효가 되는 것이다.(대판 2005.7.28, 2005다3649)

第390條【理事會의 召集】 ① 理事會는 各 理事가 召集한다. 그러나 理事會의 決議로 召集할 理事를 정한 때에는 그러하지 아니하다.
② 제1항 단서의 규정에 의하여 소집권자로 지정되지 않은 다른 이사는 소집권자인 이사에게 이사회 소집을 요구할 수 있다. 소집권자인 이사가 정당한 이유없이 이사회 소집을 거절하는 경우에는 다른 이사가 이사회를 소집할 수 있다.(2001.7.24 본항신설)
③ 理事會를 召集함에는 會日을 정하고 그 1週間前에 各 理事 및 監事에 대하여 通知를 發送하여야 한다. 그러나 그 期間은 定款으로 短縮할 수 있다.(1984.4.10 본항개정)
④ 理事會는 理事 및 監事 全員의 同意가 있는 때에는 제3항의 節次없이 언제든지 會議할 수 있다.(2001.7.24 본항개정)

참조 [청산인에의 준용]542②, [이사회내 위원회에의 준용]393의2, ①[이사의 직무대행자]386②·407①, [주주총회의 소집권자]362·366②, ②[주주총회의 소집통지]363①②, ③[유사한 제도]573

판례 주식회사의 신주발행은 주식회사의 업무집행에 준하는 것으로서 대표이사가 그 권한에 기하여 신주를 발행한 이상 신주발행은 유효하고, 설령 신주발행에 관한 이사회의 결의가 없거나 이사회의 결의에 하자가 있더라도 이사회의 결의는 회사의 내부적 의사결정에 불과하므로 신주발행의 효력에는 영향이 없다고 할 것이다.
(대판 2007.2.22, 2005다77060,77077)

第391條【理事會의 決議方法】 ① 理事會의 決議는 理事 過半數의 출석과 出席理事의 過半數로 하여야 한다. 그러나 定款으로 그 比率을 높게 정할 수 있다.
② 定款에서 달리 정하는 경우를 제외하고 理事會는 理事의 전부 또는 일부가 직접 會議에 출석하지 아니하고 모든 理事가 음성을 동시에 송수신하는 원격통신수단에 의하여 決議에 참가하는 것을 허용할 수 있다. 이 경우 당해 理事는 理事會에 직접 출석한 것으로 본다.
(2011.4.14 전단개정)
③ 제368조제3항 및 第371條第2項의 規定은 第1項의 경우에 이를 準用한다.(2014.5.20 본항개정)
(1984.4.10 본조개정)

改前 ③ "第368條第4項" 및 第371條第2項의 規定은 第1項…

참조 [주주총회의 경우]368, [청산인에의 준용]368④·542②, [이사회내 위원회에의 준용]393의2

판례 이사회 결의요건의 기준시기 : 이사회 결의요건을 충족하는지 여부는 이사회 결의 당시를 기준으로 판단하여야 하고, 그 결의의 대상인 행위가 실제로 이루어진 날을 기준으로 판단할 것은 아니다.
(대판 2003.1.24, 2000다20670)

第391條의2【監事의 理事會出席·意見陳述權】 ① 監事는 理事會에 出席하여 의견을 陳述할 수 있다.
② 監事는 理事가 法令 또는 定款에 違反한 行爲를 하거나 그 行爲를 할 염려가 있다고 인정한 때에는 理事會에 이를 보고하여야 한다.
(1984.4.10 본조신설)

참조 [감사의 직무·권한]387·412·418·569·570

第391條의3【理事會의 議事錄】 ① 理事會의 議事에 관하여는 議事錄을 作成하여야 한다.
② 議事錄에는 議事의 案件, 經過要領, 그 결과, 反對하는 者와 그 反對理由를 記載하고 출석한 理事 및 監事가 記名捺印 또는 署名하여야 한다.(1999.12.31 본항개정)
③ 株主는 營業時間내에 理事會議事錄의 閱覽 또는 謄寫를 請求할 수 있다.(1999.12.31 본항신설)
④ 會社는 第3項의 請求에 대하여 이유를 붙여 이를 거절할 수 있다. 이 경우 株主는 法院의 許可를 얻어 理事會議事錄을 閱覽 또는 謄寫할 수 있다.(1999.12.31 본항신설)
(1984.4.10 본조신설)

참조 [이사회의 결의]389·393, [이사회내 위원회에의 준용]392의2, ④[관할]비송72

第392條【理事會의 延期·續行】 第372條의 規定은 理事會에 관하여 이를 準用한다.(1984.4.10 본조개정)

참조 [이사회내 위원회에의 준용]393의2

第393條【理事會의 權限】 ① 중요한 자산의 처분 및 讓渡, 대규모 재산의 借入, 支配人의 選任 또는 解任과 支店의 設置·移轉 또는 폐지 등 회사의 업무집행은 理事會의 決議로 한다.(2001.7.24 본항개정)
② 理事會는 理事의 職務의 執行을 監督한다.
③ 이사는 대표이사로 하여금 다른 이사 또는 피용자의 업무에 관하여 이사회에 보고할 것을 요구할 수 있다.
(2001.7.24 본항신설)
④ 이사는 3월에 1회 이상 업무의 집행상황을 이사회에 보고하여야 한다.(2001.7.24 본항신설)
(1984.4.10 본조개정)

참조 [지배인의 선임·해임]10·13, [회사대표]389, [합명회사의 경우]195·203, 민706, [합자회사]273·274, [상호회사에의 준용]보험59②

판례 동조 제1항 '중요한 자산의 처분'에 해당하는지 여부의 판단 기준 등 : 여기서 말하는 중요한 자산의 처분에 해당하는가 아닌가는 당해 재산의 가액, 총자산에서 차지하는 비율, 회사의 규모, 회사의 영업 또는 재산의 상황, 경영상태, 자산의 보유목적, 회사의 일상적 업무와 관련성, 당해 회사에서의 종래의 취급 등에 비추어 대표이사의 결정에 맡기는 것이 상당한지 여부에 따라 판단하여야 할 것이고, 중요한 자산의 처분에 해당하는 경우에는 이사회가 그에 관하여 직접 결의하지 아니한 채 대표이사에게 그 처분에 관한 사항을 일임할 수 없는 것이므로 이사회규정상 이사회 부의사항으로 정해져 있지 아니하더라도 반드시 이사회의 결의를 거쳐야 한다.
(대판 2005.7.28, 2005다3649)

第393條의2【理事會내 委員會】 ① 理事會는 定款이 정한 바에 따라 委員會를 設置할 수 있다.
② 理事會는 다음 各號의 사항을 제외하고는 그 權限을 委員會에 위임할 수 있다.
1. 株主總會의 승인을 요하는 사항의 提案
2. 代表理事의 選任 및 解任
3. 委員會의 設置와 그 委員의 選任 및 解任
4. 定款에서 정하는 사항
③ 委員會는 2人 이상의 理事로 구성한다.
④ 委員會는 決議된 사항을 각 理事에게 통지하여야 한다. 이 경우 이를 통지받은 각 理事는 理事會의 召集을 요구할 수 있으며, 理事會는 委員會가 決議한 사항에 대하여 다시 決議할 수 있다.
⑤ 第386條第1項·第390條·第391條·第391條의3 및 第392條의 規定은 委員會에 관하여 이를 準用한다.
(1999.12.31 본조신설)

참조 ④[감사위원회 적용의 예외]415의2⑥

第394條【理事와 會社間의 訴에 관한 代表】 ① 會社가 理事에 대하여 또는 理事가 會社에 대하여 訴를 提起하는 경우에 監事는 그 訴에 관하여 會社를 代表한다. 會社가 제403조제1항 또는 제406조의2제1항의 청구를 받은 경우에도 또한 같다.(2020.12.29 후단개정)
② 第415條의2의 規定에 의한 監査委員會의 委員이 訴의 當事者인 경우에는 監査委員會 또는 理事는 法院에 會社를 代表할 者를 選任하여 줄 것을 申請하여야 한다.
(1999.12.31 본항신설)

改前 ① 會社가 理事에 대하여…代表한다. 會社가 "第403條第1項의 請求를 받음에 있어서도" 같다.

참조 [특별대표자의 선임]민소62·64, [합명회사의 경우]211, [유한회사의 경우]563, [청산인에의 준용]430②, [상호회사에의 준용]보험59③·73, ①[이사에 대한 소]323·399·428, [회사에 대한 소]328·376·429·445·529, [이사회에 의한 결정]391, [총회에 의한 결정]361·368

판례 퇴임이사에 대한 소제기시 회사를 대표하는 자 : 상법 394조1항에서는 이사와 회사 사이의 소에 있어서 양자 간에 이해의 충돌이 있기 쉬우므로 그 충돌을 방지하고 공정한 소송수행을 확보하기 위하여 비교적 객관적 지위에 있는 감사로 하여금 그 소에 관하여 회사를 대표하도록 규정하고 있는바, 소송의 목적이 되는 권리관계가 이사의 재직중에 일어난 사유로 인한 것이라 할지라도 회사가 그 사람을 이사의 자격으로 제소하는 것이 아니고 이사가 이미 이사의 자리를 떠난 경우에 회사가 그 사람을 상대로 제소하는 경우에는 특별한 사정이 없는 한 위 상법 394조1항은 적용되지 않는다.
(대판 2002.3.15, 2000다9086)

第395條【表見代表理事의 行爲와 會社의 責任】 社長, 副社長, 專務, 常務 기타 會社를 代表할 權限이 있는 것으로 認定될 만한 名稱을 使用한 理事의 行爲에 대하여는 그 理事가 會社를 代表할 權限이 없는 경우에도 會社는 善意의 第三者에 대하여 그 責任을 진다.

참조 [표현대리]민126, [표현지배인]14, [유한회사에의 준용]567, [상호회사에의 준용]보험59② [집행임원설치회사에의 준용]408의5

판례 [1] 표현대표이사에서의 제3자의 범위 : 회사를 대표할 권한이 없는 표현대표이사가 다른 대표이사의 명칭을 사용하여 어음행위를 한 경우, 회사가 책임을 지는 선의의 제3자의 범위에는 표현대표이사로부터 직접 어음을 취득한 상대방뿐만 아니라, 그로부터 어음을 다시 배서양도받은 제3취득자도 포함된다.
[2] 중대한 과실이 있는 제3자에 대한 회사의 책임가부 : 제3자의 신뢰는 보호할 만한 가치가 있는 정당한 것이어야 할 것이므로, 설령 제3자가 회사의 대표이사가 아닌 이사에게 그 거래행위를 함에 있어 회사를 대표할 권한이 있다고 믿었다 할지라도 그와 같이 믿음에 있어서 중대한 과실이 있는 경우에는 회사는 그 제3자에 대하여는 책임을 지지 아니한다.
(대판 2003.9.26, 2002다65073)

판례 제3자가 표현대표이사에게 회사를 대표할 권한이 있다고 믿은 데 중과실이 있는 경우, 회사의 제3자에 대한 책임 유무 및 제3자의 중대한 과실의 의미 : 상법 395조가 규정하는 표현대표이사의 행위로 인한 주식회사의 책임이 성립하기 위하여는 법률행위의 상대방이 된 제3자의 선의 이외에 무과실까지도 필요로 하는 것은 아니지만, 그 규정의 취지는 회사의 대표이사가 아닌 이사가 외관상 회사의 대표권이 있는 것으로 인정될 만한 명칭을 사용하여 거래행위를 하고, 이러한 외관이 생겨난 데에 관하여 회사에 귀책사유가 있는 경우에 그 외관을 믿은 선의의 제3자를 보호함으로써 상거래의 신뢰와 안전을 도모하려는 데에 있다 할 것인바, 그와 같은 제3자의 신뢰는 보호할 만한 가치가 있는 정당한 것이어야 할 것이므로 설령 제3자가 회사의 대표이사가 아닌 이사가 그 거래행위를 함에 있어서 회사를 대표할 권한이 있다고 믿었다 할지라도 그와 같이 믿음에 있어서 중대한 과실이 있는 경우에는 회사는 그 제3자에 대하여는 책임을 지지 아니하고, 여기서 제3자의 중대한 과실이라 함은 제3자가 조금만 주의를 기울였더라면 표현대표이사의 행위가 대표권에 기한 것이 아니라는 사정을 알 수 있었음에도 만연히 이를 대표권에 기한 행위라고 믿음으로써 거래통념상 요구되는 주의의무에 현저히 위반하는 것으로, 공평의 관점에서 제3자를 구태여 보호할 필요가 없다고 봄이 상당하다고 인정되는 상태를 말한다.(대판 2003.7.22, 2002다40432)

판례 '경리담당이사'는 회사를 대표할 권한이 있다고 인정될 만한 명칭에 해당한다고 볼 수 없어 동조에 따른 회사의 책임을 인정할 수 없다.(대판 2003.2.11, 2002다62029)

판례 표현대표이사가 인정되는 명칭 : 상법 395조는 표현대표이사의 명칭을 예시하면서 사장, 부사장, 전무, 상무 등의 명칭을 들고 있는바, 사장, 부사장, 전무, 상무 등의 명칭은 표현대표이사의 명칭으로 될 수 있는 직함을 예시한 것으로서 그와 같은 명칭이 표현대표이사의 명칭에 해당하는가 하는 것은 사회 일반의 거래통념에 따라 결정하여야 할 것이다.(대판 1999.11.12, 99다19797)

第396條【定款 등의 備置, 公示義務】 ① 理事는 會社의 定款, 株主總會의 議事錄을 本店과 支店에, 株主名簿, 社債原簿를 本店에 備置하여야 한다. 이 경우 名義改書代理人을 둔 때에는 株主名簿나 社債原簿 또는 그 複本을 名義改書代理人의 營業所에 備置할 수 있다.
(1999.12.31 본항개정)
② 株主와 會社債權者는 營業時間내에 언제든지 第1項의 書類의 閱覽 또는 謄寫를 請求할 수 있다.(1984.4.10 본항개정)

참조 [청산인에의 준용]542②, [정관]289·290·292, [총회의 의사록]373·435③, [주주명부]352, [사채원부]488, [사채권자 집회의사록]510②, [보존의무]541, [벌칙]635①, [기타 서류의 비치]448①·510②, [기타 열람권]448②·510③

판례 열람등사청구는 회사가 그 청구의 목적이 정당하지 아니함을 주장·입증하는 경우에는 이를 거부할 수 있다.(대결 1997.3.19, 97그7)

第397條【競業禁止】 ① 理事는 理事會의 承認이 없으면 自己 또는 第三者의 計算으로 會社의 營業部類에 屬한 去來를 하거나 同種營業을 目的으로 하는 다른 會社의 無限責任社員이나 理事가 되지 못한다.
② 理事가 第1項의 規定에 違反하여 去來를 한 경우에 會社는 理事會의 決議로 그 理事의 去來가 自己의 計算으로 한 것인 때에는 이를 會社의 計算으로 한 것으로 볼 수 있고 第三者의 計算으로 한 것인 때에는 그 理事에 대하여 이로 인한 利得의 讓渡를 請求할 수 있다.
③ 第2項의 權利는 去來가 있은 날로부터 1年을 經過하면 消滅한다.
(1995.12.29 본조개정)

참조 [유한회사의 경우]567, [충실의무]382②, [경업피지의 다른 경우]17·89·198·269·275, [인허 없는 경우의 효과]399①

판례 영업준비단계에 있는 회사가 상법 397조1항에 적용되는지 여부 : 경업의 대상이 되는 회사가 영업을 개시하지 못한 채 공장의 부지를 매수하는 등 영업의 준비작업을 추진하고 있는 단계에 있다 하여 상법 397조1항에서 말하는 "동종영업을 목적으로 하는 다른 회사"가 아니라고 볼 수는 없다.(대판 1993.4.9, 92다53583)

第397條의2【회사의 기회 및 자산의 유용 금지】 ① 이사는 이사회의 승인 없이 현재 또는 장래에 회사의 이익이 될 수 있는 다음 각 호의 어느 하나에 해당하는 회사의 사업기회를 자기 또는 제3자의 이익을 위하여 이용하여서는 아니 된다. 이 경우 이사회의 승인은 이사 3분의 2 이상의 수로써 하여야 한다.
1. 직무를 수행하는 과정에서 알게 되거나 회사의 정보를 이용한 사업기회

2. 회사가 수행하고 있거나 수행할 사업과 밀접한 관계가 있는 사업기회
② 제1항을 위반하여 회사에 손해를 발생시킨 이사 및 승인한 이사는 연대하여 손해를 배상할 책임이 있으며 이로 인하여 이사 또는 제3자가 얻은 이익은 손해로 추정한다.
(2011.4.14 본조신설)

第398條【이사 등과 회사 간의 거래】 다음 각 호의 어느 하나에 해당하는 자가 자기 또는 제3자의 계산으로 회사와 거래를 하기 위하여는 미리 이사회에서 해당 거래에 관한 중요사실을 밝히고 이사회의 승인을 받아야 한다. 이 경우 이사회의 승인은 이사 3분의 2 이상의 수로써 하여야 하고, 그 거래의 내용과 절차는 공정하여야 한다.
1. 이사 또는 제542조의8제2항제6호에 따른 주요주주
2. 제1호의 자의 배우자 및 직계존비속
3. 제1호의 자의 배우자의 직계존비속
4. 제1호부터 제3호까지의 자가 단독 또는 공동으로 의결권 있는 발행주식 총수의 100분의 50 이상을 가진 회사 및 그 자회사
5. 제1호부터 제3호까지의 자가 제4호의 회사와 합하여 의결권 있는 발행주식총수의 100분의 50 이상을 가진 회사

(2011.4.14 본조개정)

改前 "第398條【理事와 會社間의 去來】 理事는 理事會의 承認이 있는 때에 한하여 自己 또는 第三者의 計算으로 會社와 去來를 할 수 있다. 이 경우에는 民法 第124條의 規定을 適用하지 아니한다."

참조 [충실의무]382②, [위반의 경우의 책임]399, [합명회사의 경우]199, [유한회사의 경우]564, [상호회사에의 준용]보험59②·73

판례 상법 제398조 전문이 이사와 회사 사이의 거래에 관하여 이사회의 승인을 얻도록 규정하고 있는 취지는, 이사가 그 지위를 이용하여 회사와 거래를 함으로써 자기 또는 제3자의 이익을 도모하고 회사 나아가 주주에게 불측의 손해를 입히는 것을 방지하고자 함에 있는바, 이사회의 승인을 얻은 경우 민법 제124조의 적용을 배제하도록 규정한 상법 제398조 후문의 반대해석상 이사회의 승인을 얻지 아니하고 회사와 거래를 한 이사의 행위는 일종의 무권대리인의 행위로 볼 수 있고 무권대리인의 행위에 대하여 추인이 가능한 점에 비추어 보면, 상법 제398조 전문이 이사와 회사 사이의 이익상반거래에 대하여 이사회의 사전 승인만을 규정하고 사후 승인을 배제하고 있다고 볼 수는 없다 할 것이지만, 어느 경우에나 이사와 회사 사이의 이익상반거래가 비밀리에 행해지는 것을 방지하고 그 거래의 공정성을 확보함과 아울러 이사회에 의한 적정한 직무감독권의 행사를 보장하기 위해서는 그 거래와 관련된 이사는 이사회의 승인을 받기에 앞서 이사회에 그 거래에 관한 자기의 이해관계 및 그 거래에 관한 중요한 사실들을 개시하여야 할 의무가 있다고 할 것이고, 만일 이러한 사항들이 이사회에 개시되지 아니한 채 그 거래가 이익상반거래로서 공정한 것인지 여부가 심의된 것이 아니라 단순히 통상의 거래로서 이를 허용하는 이사회의 결의가 이루어진 것에 불과한 경우 등에는 이를 가리켜 상법 제398조 전문이 규정하는 이사회의 승인이 있다고 할 수는 없다.(대판 2007.5.10, 2005다4291)

판례 회사의 채무부담행위가 이사의 자기거래에 해당하여 이사회의 승인을 요한다고 할지라도, 위 규정의 취지가 회사 및 주주에게 예기치 못한 손해를 끼치는 것을 방지함에 있다고 할 것이므로, 그 채무부담행위에 대하여 사전에 주주 전원의 동의가 있었다면 회사는 이사회의 승인이 없었음을 이유로 그 책임을 회피할 수 없다.
(대판 2002.7.12, 2002다20544)

第399條【會社에 대한 責任】 ① 이사가 고의 또는 과실로 법령 또는 정관에 위반한 행위를 하거나 그 임무를 게을리한 경우에는 그 이사는 회사에 대하여 연대하여 손해를 배상할 책임이 있다.(2011.4.14 본항개정)
② 前項의 行爲가 理事會의 決議에 의한 것인 때에는 그 決議에 贊成한 理事도 前項의 責任이 있다.
③ 前項의 決議에 參加한 理事로서 異議를 한 記載가 議事錄에 없는 者는 그 決議에 贊成한 것으로 推定한다.

改前 "① 理事가 法令 또는 定款에 違反한 行爲를 하거나 그 任務를 懈怠한 때에는 그 理事는 會社에 대하여 連帶하여 損害를 賠償할 責任이 있다."

참조 [충실의무]382②, [상호회사에의 준용]보험59②③, [증권회사의 경우]자본시장금융투자업185, [감사의 경우]414, ①[이사에 대한 소]403·404, [책임해제]450, [감사와의 연대]414③, [설립에 관한 책임]323

판례 오랜 기간 영업담당임원과 영업팀장 모임을 통하여 여러 품목에 관하여 지속적이고 조직적으로 가격담합이 이루어졌음에도, 가격담합에 직접 관여한 임직원들은 대표이사인 피고를 비롯한 다른 임직원들로부터 그 어떠한 제지나 견제도 받지 않았다. 이는 대표이사인 피고가 가격담합 행위를 의도적으로 외면하였거나 적어도 가격담합의 가능성에 대비한 그 어떠한 주의도 기울이지 않았음을 의미한다. 회사의 영업 성격 및 관련 법령 규정 등에 비추어 가격담합행위가 이루어질 가능성이 높음에도 불구하고 이와 관련된 내부통제시스템을 제대로 구축해 운영하기 위한 노력을 다하지 않고 이로써 지속적, 조직적으로 발생한 담합행위를 인지하지 못했다면 대표이사로서 피고는 회사업무 전반에 대한 감시, 감독의무를 게을리 한 것으로 볼 수 있다.(대판 2021.11.11, 2017다222368)

판례 [1] 주식회사의 이사가 다른 업무담당이사의 업무집행이 위법하다고 의심할 만한 사유가 있음에도 이를 방치한 경우, 회사가 입은 손해에 대하여 배상책임을 지는지 여부(적극) : 이사는 담당업무는 물론 다른 업무담당이사의 업무집행을 전반적으로 감시할 의무가 있으므로, 주식회사의 이사가 다른 업무담당이사의 업무집행이 위법하다고 의심할 만한 사유가 있음에도 불구하고 이를 방치한 때에는 그로 말미암아 회사가 입은 손해에 대하여 배상책임을 면할 수 없다.
[2] 상법 제450조에 따른 이사, 감사의 책임 해제는 재무제표 등에 그 책임사유가 기재되어 정기총회에서 승인을 얻은 경우에 한정된다.
[3] 비상임 감사라는 이유로 선관주의의무 위반에 따른 책임을 면하는지 여부(소극) : 상법이 비상임 감사는 상임 감사에 비해 그 직무와 책임이 감경되는 것으로 규정하고 있지도 않을 뿐 아니라, 우리나라의 회사들이 비상임 감사는 상임 감사의 유고시에만 감사의 직무를 수행하도록 하고 있다는 상관습의 존재도 인정할 수 없으므로, 비상임 감사는 감사로서의 선관주의의무 위반에 따른 책임을 지지 않는다는 주장은 허용될 수 없다.
(대판 2007.12.13, 2007다60080)

판례 대표이사에 의해 이미 실행된 대출에 대한 이사회의 추인 결의에서 이사가 선관의무를 다하지 아니하고 찬성한 경우, 위 대출로 인한 손해의 발생과 인과관계가 인정되는지 여부 : 대표이사에 의해 대출이 이미 실행되었다고 하더라도 이에 대한 추인 행위는 대표이사의 하자 있는 거래행위의 효력을 확정적으로 유효로 만들어 주는 것으로서, 이사가 선관의무를 다하지 아니하여 이와 같은 추인 결의에 찬성하였다면 위 대출로 인한 손해의 발생과 인과관계가 인정된다.
(대판 2007.5.31, 2005다56995)

판례 이사가 상법 399조 1항에 정한 '법령에 위반한 행위'로 회사에 손해를 입힌 경우에도 경영판단의 원칙을 적용할 수 있는지 여부 및 이때 '법령'의 의미 : 이사가 임무를 수행함에 있어서 법령을 위반한 행위를 한 때에는 그 행위 자체가 회사에 대하여 채무불이행에 해당하므로, 그로 인하여 회사에 손해가 발생한 이상 손해배상책임을 면할 수 없고, 위와 같은 법령을 위반한 행위에 대하여는 이사가 임무를 수행함에 있어서 선량한 관리자의 주의의무를 위반하여 임무해태로 인한 손해배상책임이 문제되는 경우에 고려될 수 있는 경영판단의 원칙은 적용될 여지가 없다. 다만, 여기서 법령을 위반한 행위라고 할 때 말하는 '법령'은 일반적인 의미에서의 법령, 즉 법률과 그 밖의 법규명령으로서의 대통령령, 총리령, 부령 등을 의미하는 것인바, 종합금융회사 업무운용지침, 외화자금거래취급요령, 외국환업무·외국환은행신설 및 대외환거래계약체결 인가공문, 외국환관리규정, 종합금융회사 내부의 심사관리규정 등은 이에 해당하지 않는다.
(대판 2006.11.9, 2004다41651,41668)

일판 이사가 회사를 대표하여 정치헌금의 기부를 함에 있어서는 그 회사의 규모·경영실적 기타 회사적 경제적지위 및 기부의 상대방 등 제반사정을 고려하여 합리적인 범위내에서 그 금액등을 결정할 것이고 범위를 넘어서 불상응한 기부를 하는 것과 같은 것은 이사의 충실의무에 위반되는 것이다.(日·最高 1970.6.24)

第400條【회사에 대한 책임의 감면】 ① 제399조에 따른 이사의 책임은 주주 전원의 동의로 면제할 수 있다.
② 회사는 정관으로 정하는 바에 따라 제399조에 따른 이사의 책임을 이사가 그 행위를 한 날 이전 최근 1년간의 보수액(상여금과 주식매수선택권의 행사로 인한 이익 등을 포함한다)의 6배(사외이사의 경우는 3배)를 초과하는 금액에 대하여 면제할 수 있다. 다만, 이사가 고의 또는 중대한 과실로 손해를 발생시킨 경우와 제397조, 제397조의2 및 제398조에 해당하는 경우에는 그러하지 아니하다.
(2011.4.14 본조개정)

改前 "第400條【會社에 대한 責任의 免除】 前條의 規定에 의한 理事의 責任은 總株主의 同意로 免除할 수 있다."

참조 [감사에의 준용]415, [타법에의 준용]보험43

판례 상법 399조 소정의 이사의 회사에 대한 책임에 관하여 상법 400조 소정의 총주주의 동의로 이를 면제함에 있어서 그 동의를 묵시적 의사표시의 방법으로 할 수 있는지 여부 및 사실상의 1인 주주의 동

의도 총주주의 동의로 볼 수 있는지 여부 : 상법 399조 소정의 이사의 책임은 상법 400조의 규정에 따라 총주주의 동의로 이를 면제할 수 있는데, 이 때 총주주의 동의는 묵시적 의사표시의 방법으로 할 수 있고 반드시 명시적, 적극적으로 이루어질 필요는 없으며, 실질적으로는 1인에게 주식 전부가 귀속되어 있지만 그 주주 명부상으로만 일부 주식이 타인 명의로 신탁되어 있는 경우라도 사실상의 1인 주주가 한 동의도 총주주의 동의로 볼 것이다.(대판 2002.6.14, 2002다11441)

第401條【第三者에 대한 責任】 ① 이사가 고의 또는 중대한 과실로 그 임무를 게을리한 때에는 그 이사는 제3자에 대하여 연대하여 손해를 배상할 책임이 있다.
(2011.4.14 본항개정)

② 第399條第2項, 第3項의 規定은 前項의 경우에 準用한다.

改前 "① 理事가 惡意 또는 重大한 過失로 인하여 그 任務를 懈怠한 때에는 그 理事는 第三者에 대하여 連帶하여 損害를 賠償할 責任이 있다."

참조 [감사에의 준용]415, [유한회사의 경우]567, ①[불법행위책임]민750, [법인이사의 책임]35②, [발기인의 책임]322②, [설립에 관한 책임]323, [감사와의 연대]414③, [상호회사에의 준용]보험59②③

판례 기업체의 재무제표 및 이에 대한 외부감사인의 회계감사 결과를 기재한 감사보고서는 대상 기업체의 정확한 재무상태를 드러내는 가장 객관적인 자료로서 증권거래소 등을 통하여 일반에 공시되고, 기업체의 신용도와 상환능력 등의 기초자료로서 그 기업체가 발행하는 회사채나 기업어음의 신용등급평가와 금융기관의 여신 제공 여부의 결정에 중요한 판단근거가 된다. 따라서 기업체의 임직원 등이 대규모의 분식회계에 가담하거나 기업체의 감사가 대규모로 분식된 재무제표의 감사와 관련하여 중요한 감사절차를 수행하지 아니하거나 소홀히 한 잘못이 있는 경우에는, 그로 말미암아 기업체가 발행하는 회사채 등이 신용평가기관으로부터 적정한 신용등급을 얻었고 그에 따라 금융기관이 그 회사채 등을 지급보증하거나 매입하는 방식으로 여신을 제공하기에 이르렀다고 봄이 상당하다.
(대판 2007.6.28, 2006다52259)

판례 제3자에 대한 책임에서 요구되는 '고의 또는 중대한 과실로 인한 임무해태행위'는 회사의 기관으로서 인정되는 직무상 충실 및 선관의무 위반의 행위로서 위법한 사정이 있어야 하므로, 통상의 거래행위로 부담하는 회사의 채무를 이행할 능력이 있었음에도 단순히 그 이행을 지체하여 상대방에게 손해를 끼치는 사실만으로는 임무를 해태한 위법한 경우라고 할 수 없다.(대판 2006.8.25, 2004다26119)

일판 이사가 아닌데도 이사취임등기를 승낙한 등기부상의 이사는 상법 제14조(우리 상법 제39조)의 유추적용을 받아 선의의 제3자에 대하여 이사로서의 책임을 면할 수 없다.(日·最高 1972.6.15)

第401條의2【業務執行指示者등의 責任】 ① 다음 각 호의 어느 하나에 해당하는 자가 그 지시하거나 집행한 업무에 관하여 제399조, 제401조, 제403조 및 제406조의2를 적용하는 경우에는 그 자를 "이사"로 본다.
(2020.12.29 본문개정)

1. 會社에 대한 자신의 影響力을 이용하여 理事에게 業務執行을 지시한 者
2. 理事의 이름으로 직접 業務를 執行한 者
3. 理事가 아니면서 名譽會長·會長·社長·副社長·專務·常務·理事 기타 會社의 業務를 執行할 權限이 있는 것으로 인정될 만한 명칭을 사용하여 會社의 業務를 執行한 者

② 第1項의 경우에 會社 또는 第3者에 대하여 損害를 賠償할 責任이 있는 理事는 第1項에 規定된 者와 連帶하여 그 責任을 진다.
(1998.12.28 본조신설)

改前 ① "다음 各號의 1에 해당하는 者는 그 지시하거나 執行한 業務에 관하여 第399條·第401條 및 第403條의 적용에 있어서 이를 理事로 본다."

第402條【留止請求權】 理事가 法令 또는 定款에 違反한 行爲를 하여 이로 인하여 會社에 回復할 수 없는 損害가 생길 念慮가 있는 경우에는 監事 또는 發行株式의 總數의 100分의 1이상에 해당하는 株式을 가진 株主는 會社를 위하여 理事에 대하여 그 行爲를 留止할 것을 請求할 수 있다.(1998.12.28 본조개정)

참조 [벌칙]631①②, [대표소권]403-406, [신주발행의 유지청구]424, [유한회사의 경우]567

판례 주주가 회사가 체결한 계약에 대해 유지청구 외에 직접 제3자와의 계약의 무효를 주장할 수 있는지 여부 : 주식회사의 주주는 주식의 소유자로서 회사의 경영에 이해관계를 가지고 있다고 할 것이나, 회사의 재산관계에 대하여는 단순히 사실상, 경제상 또는 일반적, 추상적인 이해관계만을 가질 뿐, 구체적 또는 법률상의 이해관계를 가진다고는 할 수 없고, 직접 회사의 경영에 참여하지 못하고 주주총회의 결의를 통해서 또는 주주의 감독권에 의하여 회사의 영업에 영향을 미칠 수 있을 뿐이므로 주주는 일정한 요건에 따라 이사를 상대로 그 이사의 행위에 대하여 유지(留止)청구권을 행사하여 그 행위를 유지시키거나, 또는 대표소송에 의하여 그 책임을 추궁하는 소를 제기할 수 있을 뿐 직접 제3자와의 거래관계에 개입하여 회사가 체결한 계약의 무효를 주장할 수는 없다.(대결 2001.2.28, 2000마7839)

第403條【株主의 代表訴訟】 ① 發行株式의 總數의 100分의 1이상에 該當하는 株式을 가진 株主는 會社에 대하여 理事의 責任을 追窮할 訴의 提起를 請求할 수 있다.
(1998.12.28 본항개정)

② 第1項의 請求는 그 理由를 記載한 書面으로 하여야 한다.(1998.12.28 본항개정)

③ 會社가 前項의 請求를 받은 날로부터 30日내에 訴를 提起하지 아니한 때에는 第1項의 株主는 卽時 會社를 위하여 訴를 提起할 수 있다.

④ 第3項의 期間의 經過로 인하여 會社에 回復할 수 없는 損害가 생길 念慮가 있는 경우에는 前項의 規定에 不拘하고 第1項의 株主는 卽時 訴를 提起할 수 있다.
(1998.12.28 본항개정)

⑤ 第3項과 第4項의 訴를 제기한 株主의 保有株式이 提訴후 發行株式總數의 100分의 1미만으로 감소한 경우(發行株式을 보유하지 아니하게 된 경우를 제외한다)에도 提訴의 효력에는 영향이 없다.(1998.12.28 본항신설)

⑥ 회사가 제1항의 청구에 따라 소를 제기하거나 주주가 제3항과 제4항의 訴를 제기한 경우 當事者는 法院의 許可를 얻지 아니하고는 訴의 취하, 請求의 포기·認諾, 和解를 할 수 없다.(2011.4.14 본항개정)

⑦ 第176條第3項, 第4項과 第186條의 規定은 本條의 訴에 準用한다.

改前 ⑥ "第3項과 第4項"의 訴를 제기한 경우 當事者는 法院의 許可를 얻지 아니하고는 訴의 취하, 請求의 포기·認諾, 和解를 할 수 없다.
(1998.12.28 본항신설)

참조 [유한회사에의 준용]565②, [대위소송]민404, 채무자회생파산359, 민소218③, [청산인의 책임에의 준용]542②, [이사의 책임]399

판례 대표소송을 제기한 주주가 소송 계속 중에 주식을 전혀 보유하지 않게 돼 주주의 지위를 상실하면, 그 주주는 원고적격을 상실하고 그가 제기한 소는 부적법하게 된다. 이는 그 주주가 자신의 의사에 반하여 주주의 지위를 상실하였다 하여 달리 볼 것은 아니다.
(대판 2018.11.29, 2017다35717)

판례 종속회사의 주주가 아닌 지배회사의 주주가 종속회사의 이사를 상대로 이른바 이중대표소송을 제기할 수 있는지 여부 : 어느 한 회사가 다른 회사의 주식의 전부 또는 대부분을 소유하여 양자간에 지배종속관계에 있고, 종속회사가 그 이사 등의 부정행위에 의하여 손해를 입었다고 하더라도, 지배회사와 종속회사는 상법상 별개의 법인격을 가진 회사이고, 대표소송의 제소자격은 책임추궁을 당하여야 하는 이사가 속한 당해 회사의 주주로 한정되어 있으므로, 종속회사의 주주가 아닌 지배회사의 주주는 상법 403조, 415조에 의하여 종속회사의 이사 등에 대하여 책임을 추궁하는 이른바 이중대표소송을 제기할 수 없다.(대판 2004.9.23, 2003다49221)

第404條【代表訴訟과 訴訟參加, 訴訟告知】 ① 會社는 前條第3項과 第4項의 訴訟에 參加할 수 있다.

② 前條第3項과 第4項의 訴를 提起한 株主는 訴를 提起한 後 遲滯없이 會社에 대하여 그 訴訟의 告知를 하여야 한다.

참조 [발기인·감사·청산인에의 준용]324·415·542②, [유한책임회사에의 준용]287의22, [유한회사에의 준용]565②, [소송참가]민소76, [벌칙]631①②, [소송고지]민소84-86

판례 회사가 주주대표소송에 참가하는 경우 법적 성격 : 주주의 대표소송에 있어서 원고 주주가 원고로서 제대로 소송수행을 하지 못하거나 혹은 상대방이 된 이사와 결탁함으로써 회사의 권리보호에 미흡하여 회사의 이익이 침해될 염려가 있는 경우 그 판결의 효력을 받는 권리귀속주체인 회사가 이를 막거나 자신의 권리를 보호하기 위하여 소송수행권한을 가진 정당한 당사자로서 그 소송에 참가할 필요가 있으며, 회사가 대표소송에 당사자로서 참가하는 경우 소송경제가 도모될 뿐만 아니라 판결의 모순·저촉을 유발할 가능성도 없다는 사정과, 동조 제1항에서 특별히 참가에 관한 규정을 두어 주주의 대표소송의 특성을 살려 회사의 권익을 보호하려한 입법 취지를 함께 고려할 때, 동조 제1항에서 규정하고 있는 회사의 참가는 공동소송참가를 의미하는 것으로 해석함이 타당하고, 나아가 이러한 해석이 중복제소를 금지하고 있는 민사소송법 제234조에 반하는 것도 아니다.
(대판 2002.3.15, 2000다9086)

第405條【提訴株主의 權利義務】 ① 第403條第3項과 第4項의 規定에 의하여 訴를 提起한 株主가 勝訴한 때에는 그 株主는 會社에 대하여 소송비용 및 그 밖에 소송으로 인하여 지출한 비용중 상당한 금액의 지급을 청구할 수 있다. 이 경우 소송비용을 지급한 회사는 이사 또는 감사에 대하여 求償權이 있다.(2001.7.24 본항개정)
② 第403條第3項과 第4項의 規定에 의하여 訴를 提起한 株主가 敗訴한 때에는 惡意인 경우 외에는 會社에 대하여 損害를 賠償할 責任이 없다.

참조 [발기인·감사·청산인에 대한 소에의 준용]324·415·542②, [유한책임회사에의 준용]287의22, [유한회사에의 준용]565②, ①[소송비용]민소98이하, 민사소송비용, ②[손해배상]750·760, [담보]176③·403⑤

第406條【代表訴訟과 再審의 訴】 ① 第403條의 訴가 提起된 경우에 原告와 被告의 共謀로 인하여 訴訟의 目的인 會社의 權利를 詐害할 目的으로써 判決을 하게 한 때에는 會社 또는 株主는 確定한 終局判決에 대하여 再審의 訴를 提起할 수 있다.
② 前條의 規定은 前項의 訴에 準用한다.

참조 [발기인·감사·청산인에 대한 소에의 준용]324·415·542②, [유한책임회사에의 준용]287의22, [유한회사에의 준용]565②, [재심의 소]민소451이하

第406條의2【다중대표소송】 ① 모회사 발행주식총수의 100분의 1 이상에 해당하는 주식을 가진 주주는 자회사에 대하여 자회사 이사의 책임을 추궁할 소의 제기를 청구할 수 있다.
② 제1항의 주주는 자회사가 제1항의 청구를 받은 날부터 30일 내에 소를 제기하지 아니한 때에는 즉시 자회사를 위하여 소를 제기할 수 있다.
③ 제1항 및 제2항의 소에 관하여는 제176조제3항·제4항, 제403조제2항, 같은 조 제4항부터 제6항까지 및 제404조부터 제406조까지의 규정을 준용한다.
④ 제1항의 청구를 한 후 모회사가 보유한 자회사의 주식이 자회사 발행주식총수의 100분의 50 이하로 감소한 경우(발행주식을 보유하지 아니하게 된 경우를 제외한다)에도 제1항 및 제2항에 따른 제소의 효력에는 영향이 없다.
⑤ 제1항 및 제2항의 소는 자회사의 본점소재지의 지방법원의 관할에 전속한다.
(2020.12.29 본조신설)

第407條【職務執行停止, 職務代行者選任】 ① 理事選任決議의 無效나 取消 또는 理事解任의 訴가 提起된 경우에는 法院은 當事者의 申請에 의하여 假處分으로써 理事의 職務執行을 停止할 수 있고 또는 職務代行者를 選任할 수 있다. 急迫한 事情이 있는 때에는 本案訴訟의 提起前에도 그 處分을 할 수 있다.
② 法院은 當事者의 申請에 의하여 前項의 假處分을 變更 또는 取消할 수 있다.
③ 제1항과 제2항의 처분이 있는 때에는 본점의 소재지에서 그 등기를 하여야 한다.(2024.9.20 본항개정)

改前 "③ 前2項의 處分이 있는 때에는 本店과 支店의 所在地에서 그 登記를 하여야 한다."

참조 [감사·청산인에의 준용]415·542, [유한회사에의 준용]567·613②, [상호회사에의 준용]보험59②③, ①[결의무효취소의 소]376·380, [이사해임의 소]385, [가처분]민집300, [직무대행자의 권한]408, [본안의 관할법원]민집278, ②[가처분의 변경취소]민집288, ③[등기]317③, 상업등기법27

판례 직무집행정지 및 직무대행자선임의 가처분 이후 대표이사가 해임되고 새로 선임된 경우의 대표이사로서의 권한유무 : 대표이사의 직무집행정지 및 직무대행자선임의 가처분이 이루어진 이상, 그 후 대표이사가 해임되고 새로운 대표이사가 선임되었다 하더라도 가처분결정이 취소되지 아니하는 한 직무대행자의 권한은 유효하게 존속하는 반면 새로이 선임된 대표이사는 그 선임결의의 적법 여부에 관계없이 대표이사로서의 권한을 가지지 못한다.(대판 1992.5.12, 92다5638)

판례 종전 이사의 직무대행자 선임가부 : 법원이 상법 407조1항의 규정에 의하여 가처분으로서 이사 등의 직무집행을 정지하고 그 대행자를 선임할 경우에 가처분에 의하여 직무집행이 정지된 종전의 이사 등을 직무대행자로 선임할 수는 없다.(대결 1990.10.31, 90그44)

第408條【職務代行者의 權限】 ① 前條의 職務代行者는 假處分命令에 다른 定함이 있는 경우 외에는 會社의 常務에 屬하지 아니한 行爲를 하지 못한다. 그러나 法院의 許可를 얻은 경우에는 그러하지 아니한다.
② 職務代行者가 前項의 規定에 違反한 行爲를 한 경우에도 會社는 善意의 第三者에 대하여 責任을 진다.

참조 [청산인에의 준용]542②, [유한회사에의 준용]567·613②, [상호회사에의 준용]보험59②, ①[가처분명령과 별단의 규정]민집305, ②[이사의 행위와 회사의 책임]208②·209·389⑧, 민41·60

판례 상법 408조 1항이 규정하는 회사의 '상무'의 의미 및 대표이사 직무대행자가 회사의 경영 및 지배에 영향을 미칠 수 있는 사항이 안건으로 포함된 정기주주총회를 법원의 허가 없이 소집하여 결의한 경우 결의취소사유에 해당하는지 여부 : 상법 408조1항이 규정하는 회사의 '상무'라 함은 일반적으로 회사에서 일상 행해져야 하는 사무, 회사가 영업을 계속함에 있어서 통상 행하는 영업범위 내의 사무 또는 회사경영에 중요한 영향을 주지 않는 통상의 업무 등을 의미하고, 어느 행위가 구체적으로 이 상무에 속하는가 하는 것은 당해 회사의 기구, 업무의 종류·성질, 기타 제반 사정을 고려하여 객관적으로 판단되어야 할 것인바, 직무대행자가 정기주주총회를 소집함에 있어서도 그 안건에 이사회의 구성 자체를 변경하는 행위나 상법 374조의 특별결의사항에 해당하는 행위 등 회사의 경영 및 지배에 영향을 미칠 수 있는 것이 포함되어 있다면 그 안건의 범위에서 정기총회의 소집이 상무에 속하지 않는다고 할 것이고, 직무대행자가 정기주주총회를 소집하는 행위가 상무에 속하지 아니함에도 법원의 허가 없이 이를 소집하여 결의한 때에는 소집절차상의 하자로 결의취소사유에 해당한다.(대판 2007.6.28, 2006다62362)

第408條의2【집행임원 설치회사, 집행임원과 회사의 관계】 ① 회사는 집행임원을 둘 수 있다. 이 경우 집행임원을 둔 회사(이하 "집행임원 설치회사"라 한다)는 대표이사를 두지 못한다.
② 집행임원 설치회사와 집행임원의 관계는 「민법」 중 위임에 관한 규정을 준용한다.
③ 집행임원 설치회사의 이사회는 다음의 권한을 갖는다.
1. 집행임원과 대표집행임원의 선임·해임
2. 집행임원의 업무집행 감독
3. 집행임원과 집행임원 설치회사의 소송에서 집행임원 설치회사를 대표할 자의 선임
4. 집행임원에게 업무집행에 관한 의사결정의 위임(이 법에서 이사회 권한사항으로 정한 경우는 제외한다)
5. 집행임원이 여러 명인 경우 집행임원의 직무 분담 및 지휘·명령관계, 그 밖에 집행임원의 상호관계에 관한 사항의 결정
6. 정관에 규정이 없거나 주주총회의 승인이 없는 경우 집행임원의 보수 결정
④ 집행임원 설치회사는 이사회의 회의를 주관하기 위하여 이사회 의장을 두어야 한다. 이 경우 이사회 의장은 정관의 규정이 없으면 이사회 결의로 선임한다.
(2011.4.14 본조신설)

第408條의3【집행임원의 임기】 ① 집행임원의 임기는 정관에 다른 규정이 없으면 2년을 초과하지 못한다.
② 제1항의 임기는 정관에 그 임기 중의 최종 결산기에 관한 정기주주총회가 종결한 후 가장 먼저 소집하는 이사회의 종결 시까지로 정할 수 있다.
(2011.4.14 본조신설)

第408條의4【집행임원의 권한】 집행임원의 권한은 다음 각 호의 사항으로 한다.
1. 집행임원 설치회사의 업무집행
2. 정관이나 이사회의 결의에 의하여 위임받은 업무집행에 관한 의사결정
(2011.4.14 본조신설)

第408條의5【대표집행임원】 ① 2명 이상의 집행임원이 선임된 경우에는 이사회 결의로 집행임원 설치회사를 대표할 대표집행임원을 선임하여야 한다. 다만, 집행임원이 1명인 경우에는 그 집행임원이 대표집행임원이 된다.
② 대표집행임원에 관하여는 이 법에 다른 규정이 없으면 주식회사의 대표이사에 관한 규정을 준용한다.
③ 집행임원 설치회사에 대하여는 제395조를 준용한다.
(2011.4.14 본조신설)

第408條의6【집행임원의 이사회에 대한 보고】 ① 집행임원은 3개월에 1회 이상 업무의 집행상황을 이사회에 보고하여야 한다.
② 집행임원은 제1항의 경우 외에도 이사회의 요구가 있으면 언제든지 이사회에 출석하여 요구한 사항을 보고하여야 한다.
③ 이사는 대표집행임원으로 하여금 다른 집행임원 또는 피용자의 업무에 관하여 이사회에 보고할 것을 요구할 수 있다.
(2011.4.14 본조신설)

第408條의7【집행임원의 이사회 소집 청구】 ① 집행임원은 필요하면 회의의 목적사항과 소집이유를 적은 서면을 이사(소집권자가 있는 경우에는 소집권자를 말한다. 이하 이 조에서 같다)에게 제출하여 이사회 소집을 청구할 수 있다.
② 제1항의 청구를 한 후 이사가 지체 없이 이사회 소집의 절차를 밟지 아니하면 소집을 청구한 집행임원은 법원의 허가를 받아 이사회를 소집할 수 있다. 이 경우 이사회 의장은 법원이 이해관계자의 청구에 의하여 또는 직권으로 선임할 수 있다.
(2011.4.14 본조신설)

第408條의8【집행임원의 책임】 ① 집행임원이 고의 또는 과실로 법령이나 정관을 위반한 행위를 하거나 그 임무를 게을리한 경우에는 그 집행임원은 집행임원 설치회사에 손해를 배상할 책임이 있다.
② 집행임원이 고의 또는 중대한 과실로 그 임무를 게을리한 경우에는 그 집행임원은 제3자에게 손해를 배상할 책임이 있다.
③ 집행임원이 집행임원 설치회사 또는 제3자에게 손해를 배상할 책임이 있는 경우에 다른 집행임원·이사 또는 감사도 그 책임이 있으면 다른 집행임원·이사 또는 감사와 연대하여 배상할 책임이 있다.
(2011.4.14 본조신설)

第408條의9【준용규정】 집행임원에 대해서는 제382조의3, 제382조의4, 제396조, 제397조, 제397조의2, 제398조, 제400조, 제401조의2, 제402조부터 제406조까지, 제406조의2, 제407조, 제408조, 제412조 및 제412조의2를 준용한다.(2020.12.29 본조개정)

改前 第408條의9【준용규정】 집행임원에 "대하여는" 제382조의3,… 제401조의2, "제402조부터 제408조까지", 제412조 및 제412조의2를 준용한다.(2011.4.14 본조신설)

第3款 監事 및 監査委員會
(1999.12.31 본관제목개정)

第409條【選任】 ① 監事는 株主總會에서 選任한다.
② 議決權없는 株式을 제외한 發行株式의 總數의 100분의 3(정관에서 더 낮은 주식 보유비율을 정할 수 있으며, 정관에서 더 낮은 주식 보유비율을 정한 경우에는 그 비율로 한다)을 초과하는 數의 株式을 가진 株主는 그 초과하는 株式에 관하여 第1項의 監事의 選任에 있어서는 議決權을 行使하지 못한다.(2020.12.29 본항개정)
③ 회사가 제368조의4제1항에 따라 전자적 방법으로 의결권을 행사할 수 있도록 한 경우에는 제368조제1항에도 불구하고 출석한 주주의 의결권의 과반수로써 제1항에 따른 감사의 선임을 결의할 수 있다.(2020.12.29 본항개정)
④ 제1항, 제296조제1항 및 제312조에도 불구하고 자본금의 총액이 10억원 미만인 회사의 경우에는 감사를 선임하지 아니할 수 있다.(2009.5.28 본항신설)
⑤ 제4항에 따라 감사를 선임하지 아니한 회사가 이사에 대하여 또는 이사가 그 회사에 대하여 소를 제기하는 경우에 회사, 이사 또는 이해관계인은 법원에 회사를 대표할 자를 선임하여 줄 것을 신청하여야 한다.(2009.5.28 본항신설)
⑥ 제4항에 따라 감사를 선임하지 아니한 경우에는 제412조, 제412조의2 및 제412조의5제1항·제2항 중 "감사"는 각각 "주주총회"로 본다.(2011.4.14 본항개정)
(1984.4.10 본조제목개정)

改前 ② 議決權없는 株式…總數의 "100分의 3"을 초과하는… "③ 會社는 定款으로 第2項의 比率보다 낮은 比率을 정할 수 있다.(1984.4.10 본항신설)"

参조 [선임방법]410, [감사와 회사와의 관계]382②·415, [임기의 연장]383③·415, [해임]385·415, [사임]415, 민689, [보수]388·415, [직무집행정지·직무대행자선임]407·415, [유한회사의 감사]568·569

第409條의2【監事의 解任에 관한 意見陳述의 權利】 監事는 株主總會에서 監事의 解任에 관하여 의견을 陳述할 수 있다.(1995.12.29 본조신설)

第410條【任期】 監事의 任期는 就任후 3年내의 最終의 決算期에 관한 定期總會의 終結時까지로 한다.
(1995.12.29 본조개정)

참조 [본조적용의 시기]상법시행법31①, [상호회사에의 준용]보험59③

第411條【兼任禁止】 監事는 會社 및 子會社의 理事 또는 支配人 기타의 使用人의 職務를 兼하지 못한다.
(1995.12.29 본조개정)

참조 [이사]393, [지배인]10·11, [청산인에의 준용]542②, [유한회사에의 준용]570·613②, [상호회사의 경우]보험59③, [이사의 직무를 행할 감사]상법시행법32

일판 이사로 있었던 자가 영업연도의 도중에 감사로 선임된 경우 그 선임은 위법이 아니고 그 자가 이사였던 기간에 대하여 감사적격이 없다고는 할 수 없다.(日·最高 1987.4.21)

일판 변호사의 자격이 있는 감사가 특정의 소송사건에서 회사의 소송대리인이 되는 것은 본조에 반하지 아니한다.(日·最高 1986.2.18)

第412條【감사의 직무와 보고요구, 조사의 권한】 ① 監事는 理事의 職務의 執行을 監査한다.
② 監事는 언제든지 理事에 대하여 營業에 관한 보고를 要求하거나 會社의 業務와 財産狀態를 調査할 수 있다.
③ 감사는 회사의 비용으로 전문가의 도움을 구할 수 있다.(2011.4.14 본항신설)
(2011.4.14 본조제목개정)
(1984.4.10 본조개정)

改前 第412條【"職務와 報告要求·調査의 權限"】①…

참조 [감사의 직무·권한]412-414, [벌칙]622-635, [회계장부·서류]447, [청산인에의 준용]542②, [유한회사의 경우]569·613②, [상호회사에의 준용]보험59③

第412條의2【理事의 報告義務】 理事는 會社에 현저하게 損害를 미칠 염려가 있는 사실을 발견한 때에는 즉시 監事에게 이를 보고하여야 한다.(1995.12.29 본조신설)

第412條의3【總會의 召集請求】 ① 監事는 會議의 目的事項과 召集의 이유를 기재한 書面을 理事會에 제출하여 臨時總會의 召集을 請求할 수 있다.
② 第366條第2項의 規定은 監事가 總會를 召集하는 경우에 이를 準用한다.
(1995.12.29 본조신설)

第412條의4【감사의 이사회 소집 청구】 ① 감사는 필요하면 회의의 목적사항과 소집이유를 서면에 적어 이사(소집권자가 있는 경우에는 소집권자를 말한다. 이하

이 조에서 같다)에게 제출하여 이사회 소집을 청구할 수 있다.
② 제1항의 청구를 하였는데도 이사가 지체 없이 이사회를 소집하지 아니하면 그 청구한 감사가 이사회를 소집할 수 있다.
(2011.4.14 본조신설)

第412條의5【子會社의 調査權】 ① 母會社의 監事는 그 職務를 수행하기 위하여 필요한 때에는 子會社에 대하여 營業의 보고를 요구할 수 있다.
② 母會社의 監事는 第1項의 경우에 子會社가 지체없이 보고를 하지 아니할 때 또는 그 보고의 내용을 확인할 필요가 있는 때에는 子會社의 業務와 財産狀態를 調査할 수 있다.
③ 子會社는 정당한 이유가 없는 한 第1項의 規定에 의한 보고 또는 第2項의 規定에 의한 調査를 거부하지 못한다.
(1995.12.29 본조신설)

第413條【調査·報告의 義務】 監事는 理事가 株主總會에 제출할 議案 및 書類를 調査하여 法令 또는 定款에 違反하거나 현저하게 부당한 事項이 있는지의 與否에 관하여 株主總會에 그 의견을 陳述하여야 한다.
(1984.4.10 본조개정)

참조 [회계에 관한 서류]447·448①·449①, [창립총회에 있어서의 직무]313, [벌칙]635①, [청산인에의 준용]542②, [유한회사에의 준용]569·613②, [상호회사에의 준용]보험59③

第413條의2【監査錄의 作成】 ① 監事는 監査에 관하여 監査錄을 作成하여야 한다.
② 監査錄에는 監査의 實施要領과 그 결과를 記載하고 監査를 實施한 監事가 記名捺印 또는 署名하여야 한다.
(1995.12.29 본항개정)
(1984.4.10 본조신설)

第414條【監事의 責任】 ① 監事가 그 任務를 懈怠한 때에는 그 監事는 會社에 대하여 連帶하여 損害를 賠償할 責任이 있다.
② 監事가 惡意 또는 重大한 過失로 인하여 그 任務를 懈怠한 때에는 그 監事는 第三者에 대하여 連帶하여 損害를 賠償할 責任이 있다.
③ 監事가 會社 또는 第三者에 대하여 損害를 賠償할 責任이 있는 경우에 理事도 그 責任이 있는 때에는 그 監事와 理事는 連帶하여 賠償할 責任이 있다.

참조 [충실의무]382②·415, [책임면제]400·415, [설립에 관한 책임]323, [감사에 대한 소]403-406·415, [연대채무]민413-427, [유한회사에의 준용]570, ②[고의 또는 과실로 인한 손해배상책임]민750, ③[청산인에의 준용]542②, [유한회사에의 준용]613②, [상호회사에의 준용]보험59③

第415條【準用規定】 제382조제2항, 제382조의4, 제385조, 第386條, 第388條, 第400條, 제401조, 제403조부터 제406조까지, 제406조의2 및 제407조는 監事에 準用한다.
(2020.12.29 본조개정)

改前 …第400條, "第401條와 第403條 내지 第407條의 規定은" 監事에 準用한다.(2001.7.24 본조개정)

판례 이사 등의 회사에 대한 책임을 면제하기 위한 요건인 '총주주의 동의'를 묵시적인 방법으로 할 수 있는지 여부 : 이사 등의 책임은 상법 제400조, 제415조의 규정에 따라 총주주의 동의로 이를 면제할 수 있는데, 이 때 총주주의 동의는 반드시 명시적, 적극적으로 이루어질 필요는 없고 회사의 주식 전부를 양수·양도하는 과정에서 묵시적 의사표시의 방법으로 할 수 있으나, 이는 주식 전부의 양수인이 이사 등의 책임으로 발생한 부실채권에 대하여 그 발생과 회수 불능에 대한 책임을 이사 등에게 더 이상 묻지 않기로 하는 의사표시를 하였다고 볼만한 사정이 있어야 할 것이다.(대판 2008.12.11, 2005다51471)

판례 감사의 회사에 대한 불법행위 책임의 면제가부 : 상법 415조, 400조에 의하여 총주주의 동의로 면제할 수 있는 감사의 회사에 대한 책임은 위임관계로 인한 채무불이행 책임이지 불법행위 책임이 아니므로, 사실상의 1인 주주가 책임 면제의 의사표시를 하였더라도 감사의 회사에 대한 불법행위 책임은 면제할 수 없다.
(대판 1996.4.9, 95다56316)

第415條의2【監査委員會】 ① 會社는 定款이 정한 바에 따라 監事에 갈음하여 第393條의2의 規定에 의한 委員會로서 監査委員會를 設置할 수 있다. 監査委員會를 설치한 경우에는 監事를 둘 수 없다.
② 감사위원회는 제393조의2제3항에도 불구하고 3명 이상의 이사로 구성한다. 다만, 사외이사가 위원의 3분의 2 이상이어야 한다.(2009.1.30 본항개정)
③ 監査委員會의 委員의 解任에 관한 理事會의 決議는 理事 總數의 3分의 2 이상의 決議로 하여야 한다.
④ 監査委員會는 그 決議로 委員會를 代表할 者를 선정하여야 한다. 이 경우 數人의 委員이 공동으로 委員會를 代表할 것을 정할 수 있다.
⑤ 監査委員會는 會社의 費用으로 專門家의 助力을 구할 수 있다.
⑥ 감사위원회에 대하여는 제393조의2제4항 후단을 적용하지 아니한다.(2009.1.30 본항신설)
⑦ 第296條·第312條·第367條·第387條·第391條의2第2項·第394條第1項·第400條·第402條 내지 第407條·第412條 내지 第414條·第447條의3·第447條의4·第450條·第527條의4·第530條의5第1項第9號·第530條의6第1項第10號 및 第534條의 規定은 監査委員會에 관하여 이를 準用한다. 이 경우 第530條의5第1項第9號 및 第530條의6第1項第10號중 "監事"는 "監査委員會의 委員"으로 본다.
(1999.12.31 본조신설)

改前 "② 監査委員會는 第393條의2第3項의 規定에 불구하고 3人 이상의 理事로 구성한다. 다만, 다음 各號에 해당하는 者가 委員의 3分의 1을 넘을 수 없다.
1. 會社의 業務를 담당하는 理事 및 被用者 또는 選任된 날부터 2年 이내에 業務를 담당한 理事 및 被用者이었던 者
2. 最大株主가 自然人인 경우 本人·配偶者 및 直系尊·卑屬
3. 最大株主가 法人인 경우 그 法人의 理事·監事 및 被用者
4. 理事의 配偶者 및 直系尊·卑屬
5. 會社의 母會社 또는 子會社의 理事·監事 및 被用者
6. 會社와 去來關係 등 중요한 이해관계에 있는 法人의 理事·監事 및 被用者
7. 會社의 理事 및 被用者가 理事로 있는 다른 會社의 理事·監事 및 被用者"

참조 [감사위원회 위원이 소송당사자가 된 경우]394②

第4節 新株의 發行

第416條【發行事項의 決定】 회사가 그 성립 후에 주식을 발행하는 경우에는 다음의 사항으로서 정관에 규정이 없는 것은 이사회가 결정한다. 다만, 이 법에 다른 규정이 있거나 정관으로 주주총회에서 결정하기로 정한 경우에는 그러하지 아니하다.(2011.4.14 본문개정)
1. 新株의 種類와 數
2. 新株의 發行價額과 納入期日
2의2. 무액면주식의 경우에는 신주의 발행가액 중 자본금으로 계상하는 금액(2011.4.14 본호신설)
3. 新株의 引受方法
4. 現物出資를 하는 者의 姓名과 그 目的인 財産의 種類, 數量, 價額과 이에 대하여 付與할 株式의 種類와 數
5. 株主가 가지는 新株引受權을 讓渡할 수 있는 것에 관한 事項(1984.4.10 본호신설)
6. 株主의 請求가 있는 때에만 新株引受權證書를 발행한다는 것과 그 請求期間(1984.4.10 본호신설)

改前 第416條【發行事項의 決定】"會社가 그 成立後에 株式을 發行하는 경우에는 다음의 事項으로서 定款에 規定이 없는 것은 理事會가 이를 決定한다. 그러나 本法에 다른 規定이 있거나 定款으로 株主總會에서 決定하기로 定한 경우에는 그러하지 아니하다."

참조 [설립의 경우의 결정]291, [이사회의 결의]391, [주식청약서기재사항]420, [본법의 다른 규정]346·513·523, [주주총회에 의한 결정]361·368, [위반의 효과]429, [신주인수권]418·419·420의3·420의4·420의5, [신주인수인의 권리·의무]418·423

판례 전환사채 발행을 자본의 증가로 보아 정관을 적용한 경우 : 회사의 정관에 신주발행 및 인수에 관한 사항은 주주총회에서 결정하고 자본의 증가 및 감소는 발행주식 총수의 과반수에 상당한 주식을 가진 주주의 출석과 출석주주가 가진 의결권의 2/3 이상의 찬성으로 의결하도록 규정되어 있는 경우, 전환사채는 전환권의 행사에 의하여 장차 주식으로 전환될 수 있어 이를 발행하는 것은 사실상 신주발행으로서의 의미를 가지므로, 회사가 전환사채를 발행하기 위하여는 주주총회의 특별결의를 요한다.(대판 1999.6.25, 99다18435)

第417條【額面未達의 發行】 ① 會社가 成立한 날로부터 2年을 經過한 後에 株式을 發行하는 경우에는 會社는 第434條의 規定에 의한 株主總會의 決議와 法院의 認可를 얻어서 株式을 額面未達의 價額으로 發行할 수 있다.(1962.12.12 본항개정)

② 前項의 株主總會의 決議에서는 株式의 最低發行價額을 定하여야 한다.

③ 法院은 會社의 現況과 諸般事情을 參酌하여 最低發行價額을 變更하여 認可할 수 있다. 이 경우에 法院은 會社의 財産狀態 기타 필요한 事項을 調査하게 하기 위하여 檢査人을 選任할 수 있다.

④ 第1項의 株式은 法院의 認可를 얻은 날로부터 1月내에 發行하여야 한다. 法院은 이 期間을 延長하여 認可할 수 있다.

참조 [회사의 성립]172, [액면미달발행의 제한]330, [관할]비송72

第418條【新株引受權의 內容 및 配定日의 指定·公告】 ① 주주는 그가 가진 주식 수에 따라서 신주의 배정을 받을 권리가 있다.(2001.7.24 본항개정)

② 회사는 제1항의 규정에 불구하고 정관에 정하는 바에 따라 주주 외의 자에게 신주를 배정할 수 있다. 다만, 이 경우에는 신기술의 도입, 財務構造의 개선 등 회사의 경영상 목적을 달성하기 위하여 필요한 경우에 한한다.(2001.7.24 본항신설)

③ 會社는 일정한 날을 정하여 그 날에 株主名簿에 記載된 株主가 第1項의 權利를 가진다는 뜻과 新株引受權을 讓渡할 수 있을 경우에는 그 뜻을, 그 날의 2週間전에 公告하여야 한다. 그러나 그 날이 第354條第1項의 期間중인 때에는 그 期間의 初日의 2週間전에 이를 公告하여야 한다.(1984.4.10 본항신설)

④ 제2항에 따라 주주 외의 자에게 신주를 배정하는 경우 회사는 제416조제1호, 제2호, 제2호의2, 제3호 및 제4호에서 정하는 사항을 그 납입기일의 2주 전까지 주주에게 통지하거나 공고하여야 한다.(2011.4.14 본항신설)

(1984.4.10 본조제목개정)

참조 [주식평등의 원칙]369① · 464 · 538, [인수권의 대상이 되지 않는 신주발행]346 · 416 · 513 · 523, [수종의 주식과 차별적 취급]344③, [전환사채]513, [인수권자에 대한 최고]419, [인수권의 침해]424 · 429

판례 신주발행을 사후에 무효로 하는 경우 거래의 안전과 법적 안정성을 해할 우려가 큰 점을 고려할 때 신주발행무효의 소에서 그 무효원인은 가급적 엄격하게 해석하여야 한다. 그러나 신주발행에 법령이나 정관의 위반이 있고 그것이 주식회사의 본질 또는 회사법의 기본원칙에 반하거나 기존 주주들의 이익과 회사의 경영권 내지 지배권에 중대한 영향을 미치는 경우로서 주식에 관련된 거래의 안전, 주주 기타 이해관계인의 이익 등을 고려하더라도 도저히 묵과할 수 없는 정도라고 평가되는 경우에는 그 신주의 발행을 무효라고 보지 않을 수 없다.(대판 2009.1.30, 2008다50776)

판례 현물출자자에 대한 신주발행시 일반주주에게 신주인수권이 미치는지 여부 : 주주의 신주인수권은 주주가 종래 가지고 있던 주식의 수에 비례하여 우선적으로 인수의 배정을 받을 수 있는 권리로서 주주의 자격에 기하여 법률상 당연히 인정되는 것이지만 현물출자자에 대하여 발행하는 신주에 대하여는 일반주주의 신주인수권이 미치지 않는다.(대판 1989.3.14, 88누889)

第419條【新株引受權者에 대한 催告】 ① 會社는 新株의 引受權을 가진 者에 대하여 그 引受權을 가지는 株式의 種類 및 數와 일정한 期日까지 株式引受의 請約을 하지 아니하면 그 權利를 잃는다는 뜻을 통지하여야 한다. 이 경우 第416條第5號 및 第6號에 規定한 事項의 정함이 있는 때에는 그 내용도 통지하여야 한다.

② 第1項의 통지는 第1項의 期日의 2週間전에 이를 하여야 한다.(2014.5.20 본항개정)

③ 第1項의 통지에도 불구하고 그 期日까지 株式引受의 請約을 하지 아니한 때에는 新株의 引受權을 가진 者는 그 權利를 잃는다.(2014.5.20 본항개정)

(1984.4.10 본조개정)

改前 ② "會社가 無記名式의 株券을 발행한 때에는 第1項의 事項을 公告하여야 한다."
"③" 第1項의 "통지 또는 第2項의 公告"는 第1項의 期日의…
"④" 第1項의 "통지 또는 第2項의 公告"에도 불구하고 그…

참조 [신주인수권자]419, [주식인수의 청약]302 · 420 · 425①③, [주주에 대한 통지]353, [전환사채]513, [벌칙]356①, ①②[위반의 경우]424 · 429

第420條【株式請約書】 이사는 주식청약서를 작성하여 다음의 사항을 적어야 한다.(2011.4.14 본문개정)

1. 第289條第1項第2號 내지 第4號에 掲記한 事項
2. 第302條第2項第7號 · 第9號 및 第10號에 掲記한 事項(1984.4.10 본호개정)
3. 第416條第1號 내지 第4號에 掲記한 事項(1984.4.10 본호개정)
4. 제417조에 따른 주식을 발행한 경우에는 그 발행조건과 미상각액(未償却額)(2011.4.14 본호개정)
5. 株主에 대한 新株引受權의 制限에 관한 事項 또는 特定한 第三者에게 이를 付與할 것을 定한 때에는 그 事項
6. 株式發行의 決議年月日

改前 第420條【株式請約書】"理事는 株式請約書를 作成하여 다음의 事項을 記載하여야 한다."
"4. 第417條의 規定에 의한 株式을 發行한 때에는 그 發行條件과 第455條의 規定에 의한 未償却額"

참조 [작성의 필요]302① · 425, [청약과 심리유보]302③ · 425, [벌칙]627① · 635①, [전환주식의 경우의 기재사항]347, [설립의 경우]302②, [유한회사의 경우]589

第420條의2【新株引受權證書의 발행】 ① 第416條第5號에 規定한 事項을 정한 경우에 會社는 同條第6號의 정함이 있는 때에는 그 정함에 따라, 그 정함이 없는 때에는 第419條第1項의 期日의 2週間전에 新株引受權證書를 발행하여야 한다.

② 新株引受權證書에는 다음 事項과 番號를 記載하고 理事가 記名捺印 또는 署名하여야 한다.(1995.12.29 본문개정)

1. 新株引受權證書라는 뜻의 표시
2. 第420條에 規定한 事項
3. 新株引受權의 目的인 株式의 種類와 數
4. 一定期日까지 株式의 請約을 하지 아니할 때에는 그 權利를 잃는다는 뜻

(1984.4.10 본조신설)

참조 [벌칙]635①

第420條의3【新株引受權의 讓渡】 ① 新株引受權의 讓渡는 新株引受權證書의 交付에 의하여서만 이를 행한다.

② 第336條第2項 및 手票法 第21條의 規定은 新株引受權證書에 관하여 이를 準用한다.

(1984.4.10 본조신설)

第420條의4【신주인수권의 전자등록】 회사는 신주인수권증서를 발행하는 대신 정관으로 정하는 바에 따라 전자등록기관의 전자등록부에 신주인수권을 등록할 수 있다. 이 경우 제356조의2제2항부터 제4항까지의 규정을 준용한다.(2011.4.14 본조신설)

第420條의5【新株引受權證書에 의한 請約】 ① 新株引受權證書를 발행한 경우에는 新株引受權證書에 의하여 株式의 請約을 한다. 이 경우에는 第302條第1項의 規定을 準用한다.

② 新株引受權證書를 喪失한 者는 株式請約書에 의하여 株式의 請約을 할 수 있다. 그러나 그 請約은 新株引受權證書에 의한 請約이 있는 때에는 그 效力을 잃는다.

(1984.4.10 본조신설)

第421條【주식에 대한 납입】 ① 이사는 신주의 인수인으로 하여금 그 배정한 주수(株數)에 따라 납입기일에 그 인수한 주식에 대한 인수가액의 전액을 납입시켜야 한다.
② 신주의 인수인은 회사의 동의 없이 제1항의 납입채무와 주식회사에 대한 채권을 상계할 수 없다.
(2011.4.14 본조개정)

改前 "第421條【株式에 대한 納入】 理事는 新株의 引受人으로 하여금 그 配定한 株數에 따라 納入期日에 그 引受한 各株에 대한 引受價額의 全額을 納入시켜야 한다."

참조 [인수인의 납입의무]303 · 425, [납입기일]416 · 420, [현물출자의 이행]305 · 425, [공동인수인]333, [납입취급장소]305② · 306 · 420 · 425, [발행예정가액]410 · 416, [책임의 한도]331, [납입의 효과]423①, [납입해태의 효과]423②③

第422條【現物出資의 檢査】 ① 現物出資를 하는 者가 있는 경우에는 理事는 第416條第4號의 事項을 調査하게 하기 위하여 檢査人의 選任을 法院에 請求하여야 한다. 이 경우 公認된 鑑定人의 鑑定으로 檢査人의 調査에 갈음할 수 있다.(1998.12.28 후단신설)
② 다음 각 호의 어느 하나에 해당할 경우에는 제1항을 적용하지 아니한다.
1. 제416조제4호의 현물출자의 목적인 재산의 가액이 자본금의 5분의 1을 초과하지 아니하고 대통령령으로 정한 금액을 초과하지 아니하는 경우
2. 제416조제4호의 현물출자의 목적인 재산이 거래소의 시세 있는 유가증권인 경우 제416조 본문에 따라 결정된 가격이 대통령령으로 정한 방법으로 산정된 시세를 초과하지 아니하는 경우
3. 변제기가 돌아온 회사에 대한 금전채권을 출자의 목적으로 하는 경우로서 그 가액이 회사장부에 적혀 있는 가액을 초과하지 아니하는 경우
4. 그 밖에 제1호부터 제3호까지의 규정에 준하는 경우로서 대통령령으로 정하는 경우
(2011.4.14 본항신설)
③ 法院은 檢査人의 調査報告書 또는 鑑定人의 鑑定結果를 審査하여 第1項의 事項을 不當하다고 認定한 때에는 이를 變更하여 理事와 現物出資를 한 者에게 通告할 수 있다.(1998.12.28 본항개정)
④ 前項의 變更에 不服하는 現物出資를 한 者는 그 株式의 引受를 取消할 수 있다.
⑤ 法院의 通告가 있은 後 2週내에 株式의 引受를 取消한 現物出資를 한 者가 없는 때에는 第1項의 事項은 通告에 따라 變更된 것으로 본다.(1998.12.28 본항개정)

참조 [현물출자]305③ · 416 · 420 · 425, [설립의 경우]290 · 302② · 310 · 314, [부당평가의 경우]424, [관할]비송72, ①[검사인의 선임 · 보고]비송73 · 74, [보수]비송77 · 78, [벌칙]62 · 635①, [발행주식의 총수]317②, [본조의 적용제외]국유재산65

第423條【株主가 되는 時期, 納入懈怠의 效果】 ① 新株의 引受人은 納入 또는 現物出資의 履行을 한 때에는 納入期日의 다음날로부터 株主의 權利義務가 있다.
(2020.12.29 후단삭제)
② 新株의 引受人이 納入期日에 納入 또는 現物出資의 履行을 하지 아니한 때에는 그 權利를 잃는다.
③ 第2項의 規定은 新株의 引受人에 대한 損害賠償의 請求에 영향을 미치지 아니한다.(1984.4.10 본항개정)

改前 ① 新株의 引受人은 納入 또는 現物出資의 履行을 한 때에는 納入期日의 다음날로부터 株主의 權利義務가 있다. "이 경우 第350條第3項 後段의 規定을 準用한다.(1995.12.29 후단신설)"

참조 [납입]421, [현물출자의 이행]295② · 305③ · 425, [납입기일]416 · 420, [주권의 발행]355①, [주권의 기재사항]356, [유한회사의 경우]590 · 592, ②[설립의 경우]307, ③[손해배상]421, 민390

第424條【留止請求權】 會社가 法令 또는 定款에 違反하거나 顯著하게 不公正한 方法에 의하여 株式을 發行함으로써 株主가 不利益을 받을 念慮가 있는 경우에는 그 株主는 會社에 대하여 그 發行을 留止할 것을 請求할 수 있다.

참조 [법령 · 정관위반의 예]418 · 419 · 422, [불공정한 가액]416, [가처분]민집300, [벌칙]631①②, [이사의 행위의 유지]402, [이사의 회사에 대한 책임]399 · 403 – 406

第424條의2【不公正한 價額으로 株式을 引受한 者의 責任】 ① 理事와 通謀하여 현저하게 不公正한 發行價額으로 株式을 引受한 者는 會社에 대하여 公正한 發行價額과의 差額에 상당한 金額을 支給할 義務가 있다.
② 第403條 내지 第406條의 規定은 第1項의 支給을 請求하는 訴에 관하여 이를 準用한다.
③ 第1項 및 第2項의 規定은 理事의 會社 또는 株主에 대한 損害賠償의 責任에 영향을 미치지 아니한다.
(1984.4.10 본조신설)

第425條【準用規定】 ① 第302條第1項, 第3項, 第303條, 第305條第2項, 第3項, 第306條, 第318條와 第319條의 規定은 新株의 發行에 準用한다.
② 第305條第2項의 規定은 新株引受權證書를 발행하는 경우에 이를 準用한다.(1984.4.10 본항신설)

第426條【미상각액의 등기】 제417조에 따른 주식을 발행한 경우에 주식의 발행에 따른 변경등기에는 미상각액을 등기하여야 한다.(2011.4.14 본조개정)

改前 "第426條【未償却額의 登記】 第417條의 規定에 의한 株式을 發行한 경우에 株式의 發行으로 인한 變更登記에는 第455條의 規定에 의한 未償却額을 登記하여야 한다."

참조 [신주발행으로 인한 변경등기]183 · 317②③

第427條【引受의 無效主張, 取消의 制限】 新株의 發行으로 인한 變更登記를 한 날로부터 1年을 經過한 후에는 新株를 引受한 者는 株式請約書 또는 新株引受權證書의 要件의 흠결을 理由로 하여 그 引受의 無效를 主張하거나 詐欺, 强迫 또는 錯誤를 理由로 하여 그 引受를 取消하지 못한다. 그 株式에 대하여 株主의 權利를 行使한 때에도 같다.(1984.4.10 본조개정)

참조 [신주인수인]303 · 421 · 425, [신주발행으로 인한 변경등기]183 · 317②③, [착오]민109, [주식청약서의 요건]302① · 347 · 420 · 425, [사기 · 강박]민110, [주주권의 행사]369 · 464, [심리유보]302③ · 425, 민107①단서, [설립의 경우]320

第428條【理事의 引受擔保責任】 ① 新株의 發行으로 인한 變更登記가 있은 後에 아직 引受하지 아니한 株式이 있거나 株式引受의 請約이 取消된 때에는 理事가 이를 共同으로 引受한 것으로 본다.
② 前項의 規定은 理事에 대한 損害賠償의 請求에 影響을 미치지 아니한다.

참조 [설립의 경우]321, ①[신주발행으로 인한 변경의 등기]183 · 317②③, [인수하지 아니한 주식]423②, [청약의 취소]민5② · 10 · 13, [취소의 제한]427, [공동인수]333, ②[손해배상]382②, 민681

第429條【新株發行無效의 訴】 新株發行의 無效는 株主 · 理事 또는 監事에 한하여 新株를 發行한 날로부터 6月내에 訴만으로 이를 主張할 수 있다.(1984.4.10 본조개정)

참조 [유사한 제한]529, [소의 절차]328 · 430, [판결의 효과]431 · 432, [발행일]416 · 423, [벌칙]631①②

판례 전환사채 발행의 실체가 없음에도 전환사채 발행의 등기가 되어 있는 외관이 존재하는 경우, 이를 제거하기 위한 전환사채발행부존재확인의 소에 있어서는 동조 '6월의 제소기간의 제한'이 적용되지 아니한다.(대판 2004.8.16, 2003다9636)

판례 신주발행무효의 소 계속 중 원고 적격의 근거가 되는 주식이 양도된 경우에 주식 양수인이 소송에 승계참가할 수 있는지 여부 : 구 민사소송법(2002.1.26. 법률 제6626호로 전문 개정되기 전의 것) 74조에서 규정하고 있는 소송의 목적물인 권리관계의 승계라 함은 소송물인 권리관계의 양도뿐만 아니라 당사자적격 이전의 원인이 되는 실체법상의 권리 이전을 널리 포함하는 것이므로, 신주발행무효의 소 계속 중 그 원고 적격의 근거가 되는 주식이 양도된 경우에 그 양수인은 제소기간 등의 요건이 충족된다면 새로운 주주의 지위에서 신소를 제기할 수 있을 뿐만 아니라, 양도인이 이미 제기한 기존의 위 소송을 적법하게 승계할 수도 있다.(대판 2003.2.26, 2000다42786)

第430條【準用規定】 第186條 내지 第189條 · 第190條 本文 · 第191條 · 第192條 및 第377條의 規定은 第429條의 訴에 관하여 이를 準用한다.(1995.12.29 본조개정)

第431條【新株發行無效判決의 效力】 ① 新株發行無效의 判決이 確定된 때에는 新株는 將來에 대하여 그 效力을 잃는다.
② 前項의 경우에는 會社는 遲滯없이 그 뜻과 一定한 期間내에 新株의 株券을 會社에 提出할 것을 公告하고 株主名簿에 記載된 株主와 質權者에 대하여는 各別로 그 通知를 하여야 한다. 그러나 그 期間은 3月이상으로 하여야 한다.
참조 [무효판결의 제3자에 대한 효력]190·430, [유한회사에의 준용]595②, [등기]192·430, [효력의 불소급]328②, [공고]289①③, [통지]353, [등록질권자]340

第432條【無效判決과 株主에의 還給】 ① 新株發行無效의 判決이 確定된 때에는 會社는 新株의 株主에 대하여 그 納入한 金額을 返還하여야 한다.
② 前項의 金額이 前條第1項의 判決確定時의 會社의 財産狀態에 비추어 顯著하게 不當한 때에는 法院은 會社 또는 前項의 株主의 請求에 의하여 그 金額의 增減을 命할 수 있다.
③ 第339條와 第340條第1項, 第2項의 規定은 第1項의 경우에 準用한다.
참조 [유한회사에의 준용]595②, ①[납입한 금액]303·421·425, ②[관할]비송72

第5節 定款의 變更

第433條【定款變更의 方法】 ① 定款의 變更은 株主總會의 決議에 의하여야 한다.
② 定款의 變更에 관한 議案의 要領은 제363조에 따른 통지에 記載하여야 한다.(2014.5.20 본항개정)
改前 ② 定款의 變更에 관한 議案의 要領은 "第363條의 規定에 의한 通知와 公告"에 記載하여야 한다.
참조 [정관]289·290, ①[설립절차중의 정관변경]300·314·316·527②, [총회소집절차]362·363, [결의방법]434-436, [정관변경과 등기]183·317③, [유한회사정관의 변경]584-597, [정관변경과 인가]은행법47, 보험65
판례 주주총회의 특별결의에 의하여 정관변경이 이루어진 경우, 정관변경의 등기 내지 공증인의 인증 여부와 관계없이 정관변경의 효력이 발생하는지 여부 : 주식회사의 원시정관은 공증인의 인증을 받음으로써 효력이 생기는 것이지만 일단 유효하게 작성된 정관을 변경할 경우에는 주주총회의 특별결의가 있으면 그때 유효하게 정관변경이 이루어지는 것이고, 서면인 정관이 고쳐지거나 변경 내용이 등기사항인 때의 등기 여부 내지는 공증인의 인증 여부는 정관변경의 효력발생에는 아무 영향이 없다.(대판 2007.6.28, 2006다62362)

第434條【定款變更의 特別決議】 第433條第1項의 決議는 출석한 株主의 議決權의 3分의 2이상의 數와 發行株式總數의 3分의 1이상의 數로써 하여야 한다.
(1995.12.29 본조개정)
참조 [통상결의]368·369, [총주주의 일치를 요하는 경우]604①, [특별결의를 요하는 경우]175②·329의2·374·375·438①·518·519·522③, [본조위반의 결의]376, [창립총회의 결의]309, [유한회사의 경우]585, [보험계약의 이전에 관한 결의]보험138

第435條【種類株主總會】 ① 회사가 종류주식을 발행한 경우에 정관을 변경함으로써 어느 종류주식의 주주에게 손해를 미치게 될 때에는 주주총회의 결의 외에 그 종류주식의 주주의 총회의 결의가 있어야 한다.
(2011.4.14 본항개정)
② 第1項의 決議는 출석한 株主의 議決權의 3分의 2이상의 數와 그 종류의 發行株式總數의 3分의 1이상의 數로써 하여야 한다.(1995.12.29 본항개정)
③ 株主總會에 관한 規定은 議決權없는 種類의 株式에 관한 것을 제외하고 第1項의 總會에 準用한다.
改前 "① 會社가 數種의 株式을 發行한 경우에 定款을 變更함으로써 어느 種類의 株主에게 損害를 미치게 될 때에는 株主總會의 決議외에 그 種類의 株主의 總會의 決議가 있어야 한다."
참조 [수종의 주식]344, [주식교환의 결의]360의3⑤
판례 '어느 종류의 주주에게 손해를 미치게 될 때'의 의미 : '어느 종류의 주주에게 손해를 미치게 될 때'라 함에는, 어느 종류의 주주에게 직접적으로 불이익을 가져오는 경우는 물론이고, 외견상 형식적으로는 평등한 것이라고 하더라도 실질적으로는 불이익한 결과를 가져오는 경우도 포함되며, 나아가 어느 종류의 주주의 지위가 정관의 변경에 따라 유리한 면이 있으면서 불이익한 면을 수반하는 경우도 이에 해당된다.(대판 2006.1.27, 2004다44575,44582)

第436條【준용규정】 제344조제3항에 따라 주식의 종류에 따라 특수하게 정하는 경우와 회사의 분할 또는 분할합병, 주식교환, 주식이전 및 회사의 합병으로 인하여 어느 종류의 주주에게 손해를 미치게 될 경우에는 제435조를 준용한다.(2011.4.14 본조개정)
改前 "第436條【同前】前條의 規定은 第344條第3項의 規定에 의하여 株式의 種類에 따라 特殊한 定함을 하는 경우와 주식교환, 주식이전 및 회사의 합병으로 인하여 어느 種類의 株主에게 損害를 미치게 될 경우에 準用한다.(2001.7.24 본조개정)"

第437條 (1995.12.29 삭제)

第6節 자본금의 감소
(2011.4.14 본절제목개정)

第438條【자본금 감소의 결의】 ① 자본금의 감소에는 제434조에 따른 결의가 있어야 한다.
② 제1항에도 불구하고 결손의 보전(補塡)을 위한 자본금의 감소는 제368조제1항의 결의에 의한다.
③ 자본금의 감소에 관한 의안의 주요내용은 제363조에 따른 통지에 적어야 한다.(2014.5.20 본항개정)
(2011.4.14 본조개정)
改前 ③ 자본금의 감소에 관한 의안의 주요내용은 제363조에 따른 "통지와 공고"에 적어야 한다.
참조 [자본의 액]317②, [유사규정]433, [공고방법]289①③

第439條【자본금 감소의 방법, 절차】 ① 자본금 감소의 결의에서는 그 감소의 방법을 정하여야 한다.
② 자본금 감소의 경우에는 제232조를 준용한다. 다만, 결손의 보전을 위하여 자본금을 감소하는 경우에는 그러하지 아니하다.
③ 사채권자가 이의를 제기하려면 사채권자집회의 결의가 있어야 한다. 이 경우에는 법원은 이해관계인의 청구에 의하여 사채권자를 위하여 이의 제기 기간을 연장할 수 있다.
(2011.4.14 본조개정)
改前 "第439條【資本減少의 方法, 節次】① 資本減少의 決議에서는 그 減少의 方法을 定하여야 한다.
② 第232條의 規定은 資本減少의 경우에 準用한다.(1984.4.10 본항개정)
③ 社債權者가 異議를 함에는 社債權者集會의 決議가 있어야 한다. 이 경우에는 法院은 利害關係人의 請求에 의하여 社債權者를 위하여 異議의 期間을 延長할 수 있다."
참조 [자본감소]440-445, [자본감소의 등기]183·317③, ①[결의]434, [주식의 병합]440-443, [주식의 소각]341·343, [감소의 방법과 수종의 주식]344②, [주식회사의 조직 변경]보험31, ③[사채권자 집회의 결의]495·500, [기간의 연장]비송109·115

第440條【株式併合의 節次】 株式을 併合할 경우에는 會社는 1月이상의 期間을 定하여 그 뜻과 그 期間내에 株券을 會社에 提出할 것을 公告하고 株主名簿에 記載된 株主와 質權者에 대하여는 各別로 그 通知를 하여야 한다.(1995.12.29 본조개정)
참조 [주식이 여러 종 있는 경우의 병합]344③·436, [신주권의 교부]442, [단주의 처치]443, [질권의 효력]339, [주식소각에의 준용]343②, [공고]289①③, [통지]353, [등록질권자]340①, [제출불능의 경우]442·443②, [자본감소로 인한 변경등기]183·317③, [합병의 경우에의 준용]530③, [주식분할의 경우에의 준용]329의2

第441條【同前】 株式의 併合은 前條의 期間이 滿了한 때에 그 效力이 생긴다. 그러나 第232條의 規定에 의한 節次가 終了하지 아니한 때에는 그 終了한 때에 效力이 생긴다.
참조 [주식분할 경우의 준용]329의2, [주식소각에의 준용]343②, [합병의 경우에의 준용]530②

第442條【新株券의 交付】 ① 株式을 併合하는 경우에 舊株券을 會社에 提出할 수 없는 者가 있는 때에는 會社

는 그 者의 請求에 의하여 3月이상의 期間을 定하고 利害關係人에 대하여 그 株券에 대한 異議가 있으면 그 期間내에 提出할 뜻을 公告하고 그 期間이 經過한 後에 新株券을 請求者에게 交付할 수 있다.
② 前項의 公告의 費用은 請求者의 負擔으로 한다.
참조 [공고]289①③, [질권의 효력]339·340, [주식분할 경우의 준용]329의2, [합병의 경우에의 준용]530③
판례 주식병합으로 발행된 신주권이 병합 전의 주식을 표창하고 그와 동일성을 유지하는지 여부 : 주식병합의 효력이 발생하면 회사는 신주권을 발행하고(동조 제1항), 주주는 병합된 만큼 감소된 수의 신주권을 교부받게 되는 바, 이에 따라 교환된 주권은 병합 전의 주식을 여전히 표창하면서 그와 동일성을 유지한다.
(대판 2005.6.23, 2004다51887)

第443條【端株의 처리】 ① 倂合에 適當하지 아니한 數의 株式이 있는 때에는 그 倂合에 適當하지 아니한 部分에 대하여 發行한 新株를 競賣하여 各 株數에 따라 그 代金을 從前의 株主에게 支給하여야 한다. 그러나 去來所의 時勢있는 株式은 去來所를 통하여 賣却하고, 去來所의 時勢없는 株式은 法院의 許可를 받아 競賣외의 方法으로 賣却할 수 있다.
② 第442條의 規定은 第1項의 경우에 準用한다.
(1984.4.10 본조개정)
참조 [경매]민소734, [질권의 효력]339·340, [주식분할 경우의 준용]329의2, [합병의 경우에의 준용]530③, [유한회사에의 준용]597·603, ①[관할]비송72

第444條 (2014.5.20 삭제)
改前 "第444條【同前】前條의 規定은 無記名式의 株券으로서 第440條의 規定에 의한 提出이 없는 것에 準用한다."

第445條【감자무효의 소】 자본금 감소의 무효는 주주·이사·감사·청산인·파산관재인 또는 자본금의 감소를 승인하지 아니한 채권자만이 자본금 감소로 인한 변경등기가 된 날부터 6개월 내에 소(訴)만으로 주장할 수 있다.(2011.4.14 본조개정)
改前 "第445條【減資無效의 訴】資本減少의 無效는 株主·理事·監事·清算人·破産管財人 또는 資本減少를 承認하지 아니한 債權者에 한하여 資本減少로 인한 變更登記가 있은 날로부터 6月내에 訴만으로 主張할 수 있다.(1984.4.10 본조개정)"
참조 [유한회사에의 준용]597, [자본감소의 등기]183·317③, [청산인]252·531·542①, [파산관재인]채무자회생파산355이하, [이의채권자]232·439②, [벌칙]631①②, [주식회사의 조직 변경]보험31
판례 주주총회 감자결의의 하자가 자본감소에 미치는 효력 : 주주총회의 감자결의에 결의방법상의 하자가 있으나 그 하자가 감자결의의 결과에 아무런 영향을 미치지 아니하였고, 감자결의를 통한 자본감소 후에 이를 기초로 채권은행 등에 대하여 부채의 출자전환 형식으로 신주발행을 하고 수차례에 걸쳐 제3자에게 영업을 양도하는 등의 사정이 발생하였다면, 자본감소를 무효로 할 경우 부채의 출자전환 형식으로 발행된 신주를 인수한 채권은행 등의 이익이나 거래의 안전을 해할 염려가 있으므로 자본감소를 무효로 하는 것이 부적당하다고 볼 사정이 있다.(대판 2004.4.27, 2003다29616)

第446條【準用規定】 第186條 내지 第189條·第190條本文·第191條·第192條 및 第377條의 規定은 第445條의 訴에 관하여 이를 準用한다.(1995.12.29 본조개정)
참조 [타법에의 준용]보험31
판례 감자무효의 소에 대한 법원의 재량기각 : 법원이 감자무효의 소를 재량 기각하기 위해서는 원칙적으로 그 소제기 전이나 그 심리 중에 원인이 된 하자가 보완되어야 한다고 할 수 있을 것이지만, 하자가 추후 보완될 수 없는 성질의 것으로서 자본감소 결의의 효력에는 아무런 영향을 미치지 않는 것인 경우 등에는 그 하자가 보완되지 아니하였다 하더라도 회사의 현황 등 제반 사정을 참작하여 자본감소를 무효로 하는 것이 부적당하다고 인정한 때에는 법원은 그 청구를 기각할 수 있다.(대판 2004.4.27, 2003다29616)

第7節 회사의 회계
(2011.4.14 본절제목개정)

第446條의2【회계의 원칙】 회사의 회계는 이 법과 대통령령으로 규정한 것을 제외하고는 일반적으로 공정하고 타당한 회계관행에 따른다.(2011.4.14 본조신설)

第447條【재무제표의 작성】 ① 이사는 결산기마다 다음 각 호의 서류와 그 부속명세서를 작성하여 이사회의 승인을 받아야 한다.
1. 대차대조표
2. 손익계산서
3. 그 밖에 회사의 재무상태와 경영성과를 표시하는 것으로서 대통령령으로 정하는 서류
② 대통령령으로 정하는 회사의 이사는 연결재무제표(聯結財務諸表)를 작성하여 이사회의 승인을 받아야 한다.
(2011.4.14 본조개정)
改前 "第447條【財務諸表의 作成】理事는 每決算期에 다음의 書類와 그 附屬明細書를 작성하여 理事會의 承認을 얻어야 한다.
1. 貸借對照表
2. 損益計算書
3. 利益剩餘金處分計算書 또는 缺損金處理計算書
(1984.4.10 본조개정)"
참조 [감사에 의한 조사]413, [집합투자업자의 경우]자본시장금융투자업90, [공시]448, [재무제표의 승인과 책임해제]449①·450, [벌칙]635①, [청산인의 경우]449·534·542②, [유한회사의 계산]579-583, [특칙]보험64, [공고]449, [이익준비금]458, [준비금의 사용]460, [이익·이자의 배당]462-464

第447條의2【營業報告書의 作成】 ① 理事는 每決算期에 營業報告書를 작성하여 理事會의 承認을 얻어야 한다.
② 營業報告書에는 大統領令이 정하는 바에 의하여 營業에 관한 중요한 事項을 記載하여야 한다.
(1984.4.10 본조신설)
참조 [이사회]382이하, [제출]447의3·449②, [상호회사에의 준용]보험64
판례 상법 447조의2에 따라 작성된 영업보고서의 신빙성 : 원심이 배척한 서증이 심판청구인 회사가 상법 447조의2에 따라 작성한 영업보고서로서 동조에 따른 이사회의 승인과 같은 법 447조의4에 따른 감사를 거친 것이라면 특별한 사정이 없는 한 그 신빙성이 있다고 보아야 할 것이다.(대판 1990.9.28, 89후2281)

第447條의3【財務諸表등의 제출】 理事는 定期總會會日의 6週間전에 第447條 및 第447條의2의 書類를 監事에게 제출하여야 한다.(1984.4.10 본조신설)
참조 [감사]409이하, [상호회사에의 준용]보험64

第447條의4【감사보고서】 ① 감사는 제447조의3의 서류를 받은 날부터 4주 내에 감사보고서를 이사에게 제출하여야 한다.
② 제1항의 감사보고서에는 다음 각 호의 사항을 적어야 한다.
1. 감사방법의 개요
2. 회계장부에 기재될 사항이 기재되지 아니하거나 부실기재된 경우 또는 대차대조표나 손익계산서의 기재 내용이 회계장부와 맞지 아니하는 경우에는 그 뜻
3. 대차대조표 및 손익계산서가 법령과 정관에 따라 회사의 재무상태와 경영성과를 적정하게 표시하고 있는 경우에는 그 뜻
4. 대차대조표 또는 손익계산서가 법령이나 정관을 위반하여 회사의 재무상태와 경영성과를 적정하게 표시하지 아니하는 경우에는 그 뜻과 이유
5. 대차대조표 또는 손익계산서의 작성에 관한 회계방침의 변경이 타당한지 여부와 그 이유
6. 영업보고서가 법령과 정관에 따라 회사의 상황을 적정하게 표시하고 있는지 여부
7. 이익잉여금의 처분 또는 결손금의 처리가 법령 또는 정관에 맞는지 여부
8. 이익잉여금의 처분 또는 결손금의 처리가 회사의 재무상태나 그 밖의 사정에 비추어 현저하게 부당한 경우에는 그 뜻
9. 제447조의 부속명세서에 기재할 사항이 기재되지 아니하거나 부실기재된 경우 또는 회계장부·대차대조표·손익계산서나 영업보고서의 기재 내용과 맞지 아니하게 기재된 경우에는 그 뜻

10. 이사의 직무수행에 관하여 부정한 행위 또는 법령이나 정관의 규정을 위반하는 중대한 사실이 있는 경우에는 그 사실

③ 감사가 감사를 하기 위하여 필요한 조사를 할 수 없었던 경우에는 감사보고서에 그 뜻과 이유를 적어야 한다.

(2011.4.14 본조개정)

改前 "第447條의4【監査報告書】 ① 監事는 第447條의3의 書類를 받은 날로부터 4週間내에 監査報告書를 理事에게 제출하여야 한다.

② 第1項의 監査報告書에는 다음의 事項을 記載하여야 한다.

1. 監査方法의 槪要
2. 會計帳簿에 記載할 事項의 記載가 없거나 不實記載된 경우 또는 貸借對照表나 損益計算書의 記載가 會計帳簿의 記載와 合致되지 아니하는 경우에는 그 뜻
3. 貸借對照表 및 損益計算書가 法令 및 定款에 따라 會社의 財産 및 損益狀態를 정확하게 표시하고 있는 경우에는 그 뜻
4. 貸借對照表 또는 損益計算書가 法令 또는 定款에 違反하여 會社의 財産 및 損益狀態가 정확하게 표시되지 아니하는 경우에는 그 뜻과 事由
5. 貸借對照表 또는 損益計算書의 작성에 관한 會計方針의 변경이 타당한지의 與否와 그 이유
6. 營業報告書가 法令 및 定款에 따라 會社의 狀況을 정확하게 표시하고 있는지의 與否
7. 利益剩餘金處分計算書 또는 缺損金處理計算書가 法令 및 定款에 적합한지의 與否
8. 利益剩餘金處分計算書 또는 缺損金處理計算書가 會社財産의 狀態 기타의 事情에 비추어 현저하게 부당한 경우에는 그 뜻
9. 第447條의 附屬明細書에 記載할 事項의 記載가 없거나 不實記載된 경우 또는 會計帳簿·貸借對照表·損益計算書나 營業報告書의 記載와 合致되지 아니하는 記載가 있는 경우에는 그 뜻
10. 理事의 職務遂行에 관하여 不正한 行爲 또는 法令이나 定款의 規定에 違反하는 중대한 事實이 있는 경우에는 그 事實
11. 監査를 하기 위하여 필요한 調査를 할 수 없었던 경우에는 그 뜻과 이유

(1984.4.10 본조신설)"

第448條【財務諸表 등의 備置·公示】 ① 理事는 定期總會會日의 1週間전부터 第447條 및 第447條의2의 書類와 監査報告書를 本店에 5年間, 그 謄本을 支店에 3年間 備置하여야 한다.

② 株主와 會社債權者는 營業時間내에 언제든지 第1項의 備置書類를 閱覽할 수 있으며 會社가 定한 費用을 支給하고 그 書類의 謄本이나 抄本의 交付를 請求할 수 있다.

(1984.4.10 본조개정)

참조 [청산의 경우에의 준용]542②, [유한회사에의 준용]579의3·583①·613②, [상호회사에의 준용]보험64·73, [감사의 보고서]413·447, [벌칙]635①

일판 주식회사의 채권자는 특별한 사정이 없는 한 주주총회 종료후도 본조 제2항의 규정의 유추적용하여 회사에 대하여 본조 제1항 소정의 서류 열람 또는 그 등본이나 초본의 교부를 청구할 수 있다. (日·最高 1971.6.3)

第449條【財務諸表 등의 承認·公告】 ① 이사는 제447조의 각 서류를 정기총회에 제출하여 그 승인을 요구하여야 한다.(2011.4.14 본항개정)

② 理事는 第447條의2의 書類를 定期總會에 제출하여 그 내용을 보고하여야 한다.(1984.4.10 본항신설)

③ 理事는 第1項의 書類에 대한 總會의 承認을 얻은 때에는 지체없이 貸借對照表를 公告하여야 한다.

(1984.4.10 본조개정)

改前 "① 理事는 第447條 各號에 規定한 書類를 定期總會에 提出하여 그 承認을 要求하여야 한다.(1984.4.10 본항개정)"

참조 [청산인에의 준용]542②, [상호회사에의 준용]보험64·73, ①[정기총회]365, [검사인의 선임]367, [승인결의]368, [승인과 책임해제]450, [감사의 조사]413, [유한회사에의 준용]583①·613②, ②[공고]289①③, [벌칙]635①

판례 이익배당금의 청구 요건 : 사원총회의 계산서류승인에 의한 배당금의 확정과 배당에 관한 결의가 없는 경우에는 이익배당금 청구는 이유없다.(대판 1983.3.22, 81다343)

第449條의2【재무제표 등의 승인에 대한 특칙】 ① 제449조에도 불구하고 회사는 정관으로 정하는 바에 따라 제447조의 각 서류를 이사회의 결의로 승인할 수 있다. 다만, 이 경우에는 다음 각 호의 요건을 모두 충족하여야 한다.

1. 제447조의 각 서류가 법령 및 정관에 따라 회사의 재무상태 및 경영성과를 적정하게 표시하고 있다는 외부감사인의 의견이 있을 것
2. 감사(감사위원회 설치회사의 경우에는 감사위원을 말한다) 전원의 동의가 있을 것

② 제1항에 따라 이사회가 승인한 경우에는 이사는 제447조의 각 서류의 내용을 주주총회에 보고하여야 한다.

(2011.4.14 본조신설)

第450條【理事, 監事의 責任解除】 定期總會에서 前條第1項의 承認을 한 後 2年내에 다른 決議가 없으면 會社는 理事와 監事의 責任을 解除한 것으로 본다. 그러나 理事 또는 監事의 不正行爲에 대하여는 그러하지 아니하다.

참조 [이사·감사의 책임]399·414, [다른 결의]368·449①, [책임의 면제]324·400·415, [청산인의 경우]540②, [청산인에의 준용]542②, [유한회사에의 준용]583, [상호회사에의 준용]보험64·73

판례 상호신용금고의 대표이사가 충분한 담보를 확보하지 아니하고 동일인 대출한도를 초과한 것이 상법 450조의 적용을 받는지 여부 : 상법 450조에 따른 이사의 책임해제는 재무제표 등에 기재되어 정기총회에서 승인을 얻은 사항에 한정되는데, 상호신용금고의 대표이사가 충분한 담보를 확보하지 아니하고 동일인 대출 한도를 초과하여 대출한 것은 재무제표 등을 통하여 알 수 있는 사항이 아니므로, 상호신용금고의 정기총회에서 재무제표 등을 승인한 후 2년 내에 다른 결의가 없었다고 하여 대표이사의 손해배상책임이 해제되었다고 볼 수 없다.(대판 2002.2.26, 2001다76854)

第451條【자본금】 ① 회사의 자본금은 이 법에서 달리 규정한 경우 외에는 발행주식의 액면총액으로 한다.

② 회사가 무액면주식을 발행하는 경우 회사의 자본금은 주식 발행가액의 2분의 1 이상의 금액으로서 이사회(제416조 단서에서 정한 주식발행의 경우에는 주주총회를 말한다)에서 자본금으로 계상하기로 한 금액의 총액으로 한다. 이 경우 주식의 발행가액 중 자본금으로 계상하지 아니하는 금액은 자본준비금으로 계상하여야 한다.

③ 회사의 자본금은 액면주식을 무액면주식으로 전환하거나 무액면주식을 액면주식으로 전환함으로써 변경할 수 없다.

(2011.4.14 본조개정)

改前 "第451條【資本】 會社의 資本은 本法에 다른 規定이 있는 경우외에는 發行株式의 額面總額으로 한다."

참조 [자본]317②, [발행주식]317②, [주금액]289①

第452條 (2011.4.14 삭제)

改前 "第452條【資産의 評價方法】 會社의 會計帳簿에 記載될 자산은 다음의 方法에 의하여 評價하여야 한다.(2010.5.14 본문개정)

1. 流動資産은 取得價額 또는 製作價額에 의한다. 그러나 時價가 取得價額 또는 製作價額보다 현저하게 낮은 때에는 時價에 의하여야 한다.
2. (1984.4.10 삭제)
3. 金錢債權은 債權金額에 의한다. 그러나 債權을 債權金額보다 낮은 價額으로 取得한 때 또는 이것에 準하는 경우에는 相當한 減額을 할 수 있다. 推尋不能의 念慮가 있는 債權은 그 豫想額을 減額하여야 한다.
4. 去來所의 時勢있는 社債는 決算期前 1月의 平均價格에 의하고 그 時勢없는 社債는 取得價額에 의한다. 그러나 取得價額과 社債의 金額이 다른 때에는 相當한 增額 또는 減額을 할 수 있다. 推尋不能의 念慮가 있는 社債에는 第3號 後段의 規定을 準用한다. 社債에 準하는 것도 같다.
5. 去來所의 時勢있는 株式은 取得價額에 의한다. 그러나 決算期前 1月의 平均價格이 取得價額보다 낮을 때에는 그 時價에 의한다. 去來 기타의 필요상 長期間 保有할 目的으로 取得한 株式은 去來所의 時勢의 有無를 不拘하고 取得價額에 의한다. 그러나 發行會社의 財産狀態가 현저하게 惡化된 때에는 相當한 減額을 하여야 한다. 有限會社 기타에 대한 出資의 評價에도 같다.
6. 營業權은 有償으로 承繼取得한 경우에 限하여 取得價額을 記載할 수 있다. 이 경우에는 營業權을 取得한 後 5年내의 每決算期에 均等額이상을 償却하여야 한다."

第453條 (2011.4.14 삭제)

改前 "第453條【創業費의 計上】① 第290條第4號의 規定에 의한 支出額과 設立登記에 支出한 稅額은 貸借對照表資産의 部에 計上할 수 있다.
② 前項의 計上金額은 會社成立後 또는 開業前에 利子를 配當할 것을 定한 때에는 그 配當을 마친 後 5年내의 每決算期에 均等額 이상의 償却을 하여야 한다."

第453條의2 (2011.4.14 삭제)

改前 "第453條의2【開業費의 計上】① 開業의 準備를 위하여 支出한 금액은 貸借對照表 資産의 部에 計上할 수 있다.
② 第1項의 計上金額은 開業후 3年내의 每決算期에 均等額이상의 償却을 하여야 한다.
(1995.12.29 본조신설)"

第454條 (2011.4.14 삭제)

改前 "第454條【新株發行費用의 計上】① 新株를 發行한 경우에는 그 發行에 필요한 費用의 額은 貸借對照表資産의 部에 計上할 수 있다.
② 前項의 計上金額은 新株發行後 3年내의 每決算期에 均等額이상의 償却을 하여야 한다."

第455條 (2011.4.14 삭제)

改前 "第455條【額面未達金額의 計上】① 第417條의 規定에 의하여 株式을 發行한 경우에는 額面未達金額의 總額은 貸借對照表資産의 部에 計上할 수 있다.
② 前項의 計上金額은 株式發行後 3年내의 每決算期에 均等額이상의 償却을 하여야 한다."

第456條 (2011.4.14 삭제)

改前 "第456條【社債差額의 計上】① 社債를 募集한 경우에 그 償還할 總額이 그 募集에 의한 實收額을 超過한 때의 그 差額은 貸借對照表資産의 部에 計上할 수 있다.
② 前項의 計上金額은 社債償還期限내의 每決算期에 均等額이상의 償却을 하여야 한다.
③ 第454條의 規定은 社債發行에 필요한 費用의 額에 準用한다."

第457條 (2011.4.14 삭제)

改前 "第457條【配當建設利子의 計上】① 第463條의 規定에 의하여 配當한 金額은 貸借對照表資産의 部에 計上할 수 있다.
② 前項의 計上金額은 開業後 年 6分이상의 利益을 配當하는 경우에는 그 6分을 超過한 金額과 同額이상의 償却을 하여야 한다."

第457條의2 (2011.4.14 삭제)

改前 "第457條의2【研究開發費의 計上】① 新製品 또는 新技術의 研究 또는 開發과 관련하여 특별히 발생한 費用은 貸借對照表 資産의 部에 計上할 수 있다.
② 第1項의 計上金額은 그 支出후 5年내의 每決算期에 均等額이상의 償却을 하여야 한다.
(1995.12.29 본조신설)"

第458條【이익준비금】 회사는 그 자본금의 2분의 1이 될 때까지 매 결산기 이익배당액의 10분의 1 이상을 이익준비금으로 적립하여야 한다. 다만, 주식배당의 경우에는 그러하지 아니하다.(2011.4.14 본조개정)

改前 "第458條【利益準備金】會社는 그 資本의 2分의 1에 달할 때까지 每決算期의 金錢에 의한 利益配當額의 10分의 1이상의 金額을 利益準備金으로 積立하여야 한다.(1984.4.10 본조개정)"

참조 [자본]289①·451, [준비금적립과 이익배당]462, [벌칙]635①, [액면 이상의 발행]330, [준비금의 사용]460, [유한회사에의 준용]583①

第459條【자본준비금】 ① 회사는 자본거래에서 발생한 잉여금을 대통령령으로 정하는 바에 따라 자본준비금으로 적립하여야 한다.
② 합병이나 제530조의2에 따른 분할 또는 분할합병의 경우 소멸 또는 분할되는 회사의 이익준비금이나 그 밖의 법정준비금은 합병·분할·분할합병 후 존속되거나 새로 설립되는 회사가 승계할 수 있다.
(2011.4.14 본조개정)

改前 "第459條【資本準備金】① 會社는 다음의 金額을 資本準備金으로 積立하여야 한다.
1. 額面이상의 株式을 發行한 때에는 그 額面을 超過한 金額
1의2. 주식의 포괄적 교환을 한 경우에는 제360조의7에 규정하는 자본증가의 한도액이 완전모회사의 증가한 자본액을 초과한 경우의 그 초과액(2001.7.24 본호신설)
1의3. 주식의 포괄적 이전을 한 경우에는 제360조의18에 규정하는 자본의 한도액이 설립된 완전모회사의 자본액을 초과한 경우의 그 초과액(2001.7.24 본호신설)
2. 資本減少의 경우에 그 減少額이 株式의 消却, 株金의 返還에 要한 金額과 缺損의 塡補에 充當한 金額을 超過한 때에는 그 超過金額
3. 會社合併의 경우에 消滅된 會社로부터 承繼한 財産의 價額이 그 會社로부터 承繼한 債務額, 그 會社의 株主에게 支給한 金額과 合併後 存續하는 會社의 資本增加額 또는 合併으로 인하여 設立된 會社의 資本額을 超過한 때에는 그 超過金額(1984.4.10 단서삭제)
3의2. 第530條의2의 規定에 의한 分割 또는 分割合併으로 인하여 設立된 會社 또는 存續하는 會社에 出資된 財産의 價額이 出資한 會社로부터 承繼한 債務額, 出資한 會社의 株主에게 지급한 금액과 設立된 會社의 資本額 또는 存續하는 會社의 資本增加額을 초과한 때에는 그 초과금액(1998.12.28 본호신설)
4. 기타 資本去來에서 발생한 剩餘金(1984.4.10 본호신설)
② 第1項第3號 및 第3號의2의 초과금액중 消滅 또는 分割되는 會社의 利益準備金 기타 法定準備金은 合併후 또는 分割·分割合併후 存續 또는 設立되는 會社가 이를 承繼할 수 있다.(1998.12.28 본항개정)"

참조 [사용]460·461, [공제항목]462, [벌칙]635①, [유한회사에의 준용]583①, ⑴[1주의 금액]289①, [발행가액]291·330·348·416·461②, ⑵[자본의 감소]438－446, ⑶[합병차익]523

일판 준비금의 자본전입에 의한 신주의 발행은 주주이외의 제3자에 대하여 할 수는 없다.(日·東京地 1963.7.19)

第460條【법정준비금의 사용】 제458조 및 제459조의 준비금은 자본금의 결손 보전에 충당하는 경우 외에는 처분하지 못한다.(2011.4.14 본조개정)

改前 "第460條【法定準備金의 使用】① 前2條의 準備金은 資本의 缺損塡補에 充當하는 경우외에는 이를 處分하지 못한다.
② 利益準備金으로 資本의 缺損의 塡補에 充當하고서도 不足한 경우가 아니면 資本準備金으로 이에 充當하지 못한다."

참조 [벌칙]635①, [유한회사에의 준용]583①

第461條【준비금의 자본금 전입】 ① 會社는 理事會의 決議에 의하여 準備金의 전부 또는 일부를 자본금에 轉入할 수 있다. 그러나 定款으로 株主總會에서 決定하기로 정한 경우에는 그러하지 아니하다.(2011.4.14 본문개정)
② 第1項의 경우에는 株主에 대하여 그가 가진 株式의 數에 따라 株式을 발행하여야 한다. 이 경우 1株에 미달하는 端數에 대하여는 第443條第1項의 規定을 準用한다.
③ 第1項의 理事會의 決議가 있은 때에는 會社는 일정한 날을 정하여 그 날에 株主名簿에 기재된 株主가 第2項의 新株의 株主가 된다는 뜻을 그 날의 2週間전에 公告하여야 한다. 그러나 그 날이 第354條第1項의 期間중인 때에는 그 期間의 初日의 2週間전에 이를 公告하여야 한다.
④ 第1項 但書의 경우에 株主는 株主總會의 決議가 있은 때로부터 第2項의 新株의 株主가 된다.
⑤ 第3項 또는 第4項의 規定에 의하여 新株의 株主가 된 때에는 理事는 지체없이 新株를 받은 株主와 株主名簿에 기재된 質權者에 대하여 그 株主가 받은 株式의 種類와 數를 통지하여야 한다.(2014.5.20 본항개정)
⑥ 第339條의 規定은 第2項의 規定에 의하여 株式의 발행이 있는 경우에 이를 準用한다.
(2011.4.14 본조제목개정)
(1984.4.10 본조개정)

改前 "⑥ 第350條第3項 後段의 規定은 第1項의 경우에 이를 準用한다.(1995.12.29 본항신설)"
"⑦" 第339條의 規定은 第2項의 規定에 의하여 株式의 발행이 있는 경우에 이를 準用한다.

참조 ①[주주총회의 결의]368·369, [준비금]458·459, [준비금의 사용]460, [자본구성에 관한 일반원칙]451, [신주발행에 관한 일반원칙]416이하, [주주가 되는 시기에 관한 일반원칙]423, ③[주주명부]352

판례 주식을 양수하고서 명의개서를 하지 않은 경우에 있어 준비금의 자본전입으로 발행된 신주에 대한 소유권의 귀속 : 상법 461조에 의하여 주식회사가 이사회의 결의로 준비금을 자본에 전입하여 주식을 발행할 경우에는 회사에 대한 관계에서는 이사회의 결의로 정한 일정한 날에 주주명부에 주주로 기재된 자만이 신주의 주주가 된다고 할 것이므로 갑이 병 주식회사의 기명주식을 실질적으로 취득하였으나 병 주식회사의 이사회가 신주를 발행하면서 정한 기준일 현재 갑이 기명주주의 명의개서를 하지 아니하여 을이 그 주주로 기재되어 있었다면 병 주식회사에 대한 관계에서는 신주의 주주는 을이라 할 것이다.(대판 1988.6.14, 87다카2599,2600(반소))

第461條의2【준비금의 감소】 회사는 적립된 자본준비금 및 이익준비금의 총액이 자본금의 1.5배를 초과하는 경우에 주주총회의 결의에 따라 그 초과한 금액 범위에서 자본준비금과 이익준비금을 감액할 수 있다.
(2011.4.14 본조신설)

참조 [평가이익 등의 익금불산입]법인세법18

第462條【이익의 배당】 ① 회사는 대차대조표의 순자산액으로부터 다음의 금액을 공제한 액을 한도로 하여 이익배당을 할 수 있다.
1. 자본금의 액
2. 그 결산기까지 적립된 자본준비금과 이익준비금의 합계액
3. 그 결산기에 적립하여야 할 이익준비금의 액
4. 대통령령으로 정하는 미실현이익
② 이익배당은 주주총회의 결의로 정한다. 다만, 제449조의2제1항에 따라 재무제표를 이사회가 승인하는 경우에는 이사회의 결의로 정한다.
③ 제1항을 위반하여 이익을 배당한 경우에 회사채권자는 배당한 이익을 회사에 반환할 것을 청구할 수 있다.
④ 제3항의 청구에 관한 소에 대하여는 제186조를 준용한다.
(2011.4.14 본조개정)

改前 "第462條【利益의 配當】① 會社는 貸借對照表上의 순자산액으로부터 다음의 金額을 控除한 額을 限度로 하여 利益配當을 할 수 있다.(2001.7.24 본문개정)
1. 資本의 額
2. 그 決算期까지 積立된 資本準備金과 利益準備金의 合計額
3. 그 決算期에 積立하여야 할 利益準備金의 額
② 前項의 規定에 違反하여 利益을 配當한 때에는 會社債權者는 이를 會社에 返還할 것을 請求할 수 있다.
③ 第186條의 規定은 前項의 請求에 관한 訴에 準用한다."

參照 [자본]289①, [준비금]458·459, [배당에 관한 의안]447①, [배당기준]464, [벌칙]625·635①, [이익배당과 질권자]340①, [유한회사에의 준용]583①

일판 회사가 일반주주에 대하여는 無配로 하면서도 특정한 대주주에 대해서 無配직전의 배당에 대응하는 금액을 보수명의로 증정할 것을 약속한 증여계약은 주주평등의 원칙에 위반되어 무효이다.(日·最高 1970.11.24)

第462條의2【株式配當】 ① 會社는 株主總會의 決議에 의하여 利益의 配當을 새로이 발행하는 株式으로써 할 수 있다. 그러나 株式에 의한 配當은 利益配當總額의 2分의 1에 상당하는 金額을 초과하지 못한다.
② 第1項의 配當은 株式의 券面額으로 하며, 會社가 종류주식을 발행한 때에는 각각 그와 같은 종류의 株式으로 할 수 있다.(2011.4.14 본항개정)
③ 株式으로 配當할 이익의 금액중 株式의 券面額에 미달하는 端數가 있는 때에는 그 부분에 대하여는 第443條第1項의 規定을 準用한다.(1995.12.29 본항개정)
④ 株式으로 配當을 받은 株主는 第1項의 決議가 있는 株主總會가 終結한 때부터 新株의 株主가 된다.
(2020.12.29 후단삭제)
⑤ 理事는 第1項의 決議가 있는 때에는 지체없이 配當을 받을 株主와 株主名簿에 기재된 質權者에게 그 株主가 받을 株式의 種類와 數를 통지하여야 한다.
(2014.5.20 본항개정)
⑥ 第340條第1項의 質權者의 權利는 第1項의 規定에 의한 株主가 받을 株式에 미친다. 이 경우 第340條第3項의 規定을 準用한다.
(1984.4.10 본조신설)

改前 ④ 株式으로…株主가 된다. "이 경우 第350條第3項 後段의 規定을 準用한다."(1995.12.29 본항개정)

第462條의3【中間配當】 ① 年 1回의 決算期를 정한 會社는 營業年度중 1回에 한하여 理事會의 決議로 일정한 날을 정하여 그 날의 株主에 대하여 이익을 配當(이하 이 條에서 "中間配當"이라 한다)할 수 있음을 定款으로 정할 수 있다.(2011.4.14 본항개정)
② 中間配當은 직전 決算期의 貸借對照表상의 순자산액에서 다음 各號의 금액을 공제한 額을 한도로 한다.
(2001.7.24 본문개정)
1. 직전 결산기의 자본금의 액(2011.4.14 본호개정)
2. 직전 決算期까지 積立된 資本準備金과 利益準備金의 合計額
3. 직전 決算期의 定期總會에서 이익으로 配當하거나 또는 지급하기로 정한 금액
4. 中間配當에 따라 당해 決算期에 積立하여야 할 利益準備金
③ 會社는 당해 決算期의 貸借對照表상의 순자산액이 第462條第1項 各號의 금액의 合計額에 미치지 못할 우려가 있는 때에는 中間配當을 하여서는 아니된다.
(2001.7.24 본항개정)
④ 당해 決算期 貸借對照表상의 순자산액이 第462條第1項 各號의 금액의 合計額에 미치지 못함에도 불구하고 中間配當을 한 경우 理事는 會社에 대하여 連帶하여 그 差額(配當額이 그 差額보다 적을 경우에는 配當額)을 賠償할 責任이 있다. 다만, 理事가 第3項의 우려가 없다고 판단함에 있어 주의를 게을리하지 아니하였음을 증명한 때에는 그러하지 아니하다.(2001.7.24 본문개정)
⑤ 第340條第1項, 제344조제1항, 第354條第1項, 제458조, 第464條 및 第625條第3號의 規定의 적용에 관하여는 中間配當을 第462條第1項의 規定에 의한 이익의 배당으로 본다.(2020.12.29 본항개정)
⑥ 第399條第2項·第3項 및 第400條의 規定은 第4項의 理事의 責任에 관하여, 제462조제3항 및 제4항은 第3項의 規定에 위반하여 中間配當을 한 경우에 이를 準用한다.
(2011.4.14 본항개정)
(1998.12.28 본조신설)

改前 ⑤ 第340條第1項, "第344條第1項, 第350條第3項(第423條第1項, 第516條第2項 및 제516조의10에서 準用하는 경우를 포함한다. 이하 이 項에서 같다)", 第354條第1項,…規定에 의한 이익의 "配當으로, 第350條第3項의 規定의 적용에 관하여는 第1項의 일정한 날을 營業年度末로 본다."(2011.4.14 본항개정)

第462條의4【현물배당】 ① 회사는 정관으로 금전 외의 재산으로 배당을 할 수 있음을 정할 수 있다.
② 제1항에 따라 배당을 결정한 회사는 다음 사항을 정할 수 있다.
1. 주주가 배당되는 금전 외의 재산 대신 금전의 지급을 회사에 청구할 수 있도록 한 경우에는 그 금액 및 청구할 수 있는 기간
2. 일정 수 미만의 주식을 보유한 주주에게 금전 외의 재산 대신 금전을 지급하기로 한 경우에는 그 일정 수 및 금액
(2011.4.14 본조신설)

第463條 (2011.4.14 삭제)

改前 "第463條【建設利子의 配當】① 會社는 그 目的인 事業의 性質에 의하여 會社의 成立後 2年이상 그 營業全部를 開始하기가 不能하다고 認定한 때에는 定款으로 一定한 株式에 대하여 그 開業前 一定한 期間내에 一定한 利子를 그 株主에게 配當할 수 있음을 定할 수 있다. 그러나 그 利率은 年 5分을 超過하지 못한다.
② 前項의 定款의 規定 또는 그 變更은 法院의 認可를 얻어야 한다."

第464條【이익배당의 기준】 이익배당은 각 주주가 가진 주식의 수에 따라 한다. 다만, 제344조제1항을 적용하는 경우에는 그러하지 아니하다.(2011.4.14 본조개정)

改前 "第464條【利益등의 配當의 基準】利益이나 利子의 配當은 各株主가 가진 株式의 數에 따라 支給한다. 그러나 第344條第1項의 規定을 適用하는 경우에는 그러하지 아니하다."

參照 [이익배당]462, [배당과 질권자]340①, [잔여재산의 분배]538

第464條의2【이익배당의 지급시기】 ① 회사는 제464조에 따른 이익배당을 제462조제2항의 주주총회나 이사회의 결의 또는 제462조의3제1항의 결의를 한 날부터 1개월 내에 하여야 한다. 다만, 주주총회 또는 이사회에서 배당금의 지급시기를 따로 정한 경우에는 그러하지 아니하다.(2011.4.14 본항개정)
② 第1項의 配當金의 支給請求權은 5年間 이를 行使하지 아니하면 消滅時效가 完成한다.
(2011.4.14 본조제목개정)
(1984.4.10 본조신설)

改前 第464條의2【"配當金支給時期"】"① 會社는 第464條의 規定에 의한 配當金을 第449條第1項의 승인 또는 第462條의3第1項의 決議가 있은 날부터 1月이내에 支給하여야 한다. 다만, 第449條第1項의 總會 또는 第462條의3第1項의 理事會에서 配當金의 支給時期를 따로 정한 경우에는 그러하지 아니하다.(1998.12.28 본항개정)"

第465條 (1984.4.10 삭제)

第466條【株主의 會計帳簿閱覽權】 ① 發行株式의 總數의 100分의 3이상에 該當하는 株式을 가진 株主는 理由를 붙인 書面으로 會計의 帳簿와 書類의 閱覽 또는 謄寫를 請求할 수 있다.

② 會社는 第1項의 株主의 請求가 不當함을 證明하지 아니하면 이를 拒否하지 못한다.

(1998.12.28 본조개정)

参조 [발행전주식의 총수]317②③, [벌칙]631①②·635①

판례 소수주주의 회계장부열람등사청구권을 피보전권리로 당해 장부 등의 열람등사를 명하는 가처분이 인정되는지 여부 : 상법 466조 1항 소정의 소수주주의 회계장부열람등사청구권을 피보전권리로 하여 당해 장부 등의 열람·등사를 명하는 가처분이 실질적으로 본안소송의 목적을 달성하여 버리는 면이 있다고 할지라도, 나중에 본안소송에서 패소가 확정되면 손해배상청구권이 인정되는 등으로 법률적으로는 여전히 잠정적인 면을 가지고 있기 때문에 임시적인 조치로서 이러한 회계장부열람등사청구권을 피보전권리로 하는 가처분도 허용된다고 볼 것이고, 이러한 가처분을 허용함에 있어서는 피신청인인 회사에 대하여 직접 열람·등사를 허용하라는 명령을 내리는 방법뿐만 아니라, 열람·등사의 대상 장부 등에 관하여 훼손, 폐기, 은닉, 개찬이 행하여질 위험이 있는 때에는 이를 방지하기 위하여 그 장부 등을 집행관에게 이전 보관시키는 가처분을 허용할 수도 있다.
(대판 1999.12.21, 99다137)

일판 청구의 목적 및 열람의 대상을 구체적으로 밝히지 않는 회계장부·서류의 열람청구는 인정되지 않는다.(日·高松高 1986.9.29)

第467條【會社의 業務, 財産狀態의 檢査】 ① 會社의 業務執行에 관하여 不正行爲 또는 法令이나 定款에 違反한 重大한 事實이 있음을 疑心할 事由가 있는 때에는 發行株式의 總數의 100分의 3이상에 該當하는 株式을 가진 株主는 會社의 業務와 財産狀態를 調査하게 하기 위하여 法院에 檢査人의 選任을 請求할 수 있다.
(1998.12.28 본항개정)

② 檢査人은 그 調査의 結果를 法院에 報告하여야 한다.

③ 法院은 第2項의 報告에 의하여 필요하다고 認定한 때에는 代表理事에게 株主總會의 召集을 命할 수 있다. 第310條第2項의 規定은 이 경우에 準用한다.(1995.12.29 본항개정)

④ 理事와 監事는 지체없이 第3項의 規定에 의한 檢査人의 보고서의 정확여부를 調査하여 이를 株主總會에 보고하여야 한다.(1995.12.29 본항신설)

参조 [유한회사의 경우]582, [관할]비송72, [검사인의 선임·보수]비송76·77, ②[검사인의 보고]비송74, ③[총회소집의 명령]635①, 비송79

판례 "회사의 업무집행에 관하여 부정행위 또는 법령이나 정관에 위반한 중대한 사실이 있음을 의심할 사유가 있는 때"에 대하여는, 그 내용을 구체적으로 명확히 적시하여 입증하여야 하고 단순히 일반적으로 그러한 의심이 간다는 정도의 막연한 것만으로는 그 사유로 삼을 수 없다.(대결 1996.7.3, 95마1335)

第467條의2【利益供與의 금지】 ① 會社는 누구에게든지 株主의 權利行使와 관련하여 財産上의 利益을 供與할 수 없다.

② 會社가 特定의 株主에 대하여 無償으로 財産上의 利益을 供與한 경우에는 株主의 權利行使와 관련하여 이를 供與한 것으로 推定한다. 會社가 特定의 株主에 대하여 有償으로 財産上의 利益을 供與한 경우에 있어서 會社가 얻은 利益이 供與한 利益에 비하여 현저하게 적은 때에도 또한 같다.

③ 會社가 第1項의 規定에 違反하여 財産上의 利益을 供與한 때에는 그 利益을 供與받은 者는 이를 會社에 返還하여야 한다. 이 경우 會社에 대하여 對價를 支給한 것이 있는 때에는 그 返還을 받을 수 있다.

④ 第403條 내지 第406條의 規定은 第3項의 利益의 返還을 請求하는 訴에 대하여 이를 準用한다.

(1984.4.10 본조신설)

第468條【사용인의 우선변제권】 신원보증금의 반환을 받을 채권 기타 회사와 사용인간의 고용관계로 인한 채권이 있는 자는 회사의 총재산에 대하여 우선변제를 받을 권리가 있다. 그러나 질권·저당권이나 「동산·채권 등의 담보에 관한 법률」에 따른 담보권에 優先하지 못한다.(2010.6.10 단서개정)

改前 第468條【使用人의 優先辨濟權】身元保證金의 返還을 받을 債權 기타 會社와 使用人間의 雇傭關係로 인한 債權이 있는 者는 會社의 總財産에 대하여 優先辨濟를 받을 權利가 있다. 그러나 "質權이나 抵當權"에 優先하지 못한다.

参조 [유한회사에의 준용]583, [상호회사에의 준용]보험64, [고용관계]민655이하, 근기, [우선파산채권]채무자회생파산441, [질권]민329·345, [저당권]민356

第8節 社 債

第1款 通 則

第469條【사채의 발행】 ① 회사는 이사회의 결의에 의하여 사채(社債)를 발행할 수 있다.

② 제1항의 사채에는 다음 각 호의 사채를 포함한다.
1. 이익배당에 참가할 수 있는 사채
2. 주식이나 그 밖의 다른 유가증권으로 교환 또는 상환할 수 있는 사채
3. 유가증권이나 통화 또는 그 밖에 대통령령으로 정하는 자산이나 지표 등의 변동과 연계하여 미리 정하여진 방법에 따라 상환 또는 지급금액이 결정되는 사채

③ 제2항에 따라 발행하는 사채의 내용 및 발행 방법 등 발행에 필요한 구체적인 사항은 대통령령으로 정한다.

④ 제1항에도 불구하고 정관으로 정하는 바에 따라 이사회는 대표이사에게 사채의 금액 및 종류를 정하여 1년을 초과하지 아니하는 기간 내에 사채를 발행할 것을 위임할 수 있다.

(2011.4.14 본조개정)

改前 "第469條【社債의 募集】會社는 理事會의 決議에 의하여 社債를 募集할 수 있다."

参조 [이사회의 결의]391, [전환사채]513이하, [수종의 사채와 사채권자집회]509

第470條 (2011.4.14 삭제)

改前 "第470條【總額의 制限】① 社債의 總額은 最終의 貸借對照表에 의하여 會社에 現存하는 純資産額의 4倍를 초과하지 못한다.
(1995.12.29 본항개정)
② (1995.12.29 삭제)
③ 舊社債를 償還하기 위하여 社債를 募集하는 경우에는 舊社債의 額은 社債의 總額에 算入하지 아니한다. 이 경우에는 新社債의 納入期日, 數回에 分納하는 때에는 第1回의 納入期日로부터 6月내에 舊社債를 償還하여야 한다."

第471條 (2011.4.14 삭제)

改前 "第471條【社債募集의 制限】會社는 前에 募集한 社債의 總額의 納入이 完了된 後가 아니면 다시 社債를 募集하지 못한다."

第472條 (2011.4.14 삭제)

改前 "第472條【社債의 金額】① 各社債의 金額은 1萬원이상으로 하여야 한다.(1984.4.10 본항개정)
② 同一種類의 社債에서는 各社債의 金額은 均一하거나 最低額으로 整除할 수 있는 것이어야 한다."

第473條 (2011.4.14 삭제)

改前 "第473條【券面額超過償還의 制限】社債權者에게 償還할 金額이 券面額을 超過할 것을 定한 때에는 그 超過額은 各社債에 대하여 同率이어야 한다."

第474條【公募發行, 社債請約書】 ① 社債의 募集에 應하고자 하는 者는 社債請約書 2通에 그 引受할 社債의 數와 住所를 記載하고 記名捺印 또는 署名하여야 한다.(1995.12.29 본항개정)

② 사채청약서는 이사가 작성하고 다음의 사항을 적어야 한다.(2011.4.14 본문개정)
1. 會社의 商號
2. 자본금과 준비금의 총액(2011.4.14 본호개정)

3. 最終의 貸借對照表에 의하여 會社에 現存하는 純財産額
4. 社債의 總額
5. 各 社債의 金額
6. 社債發行의 價額 또는 그 最低價額
7. 社債의 利率
8. 社債의 償還과 利子支給의 方法과 期限
9. 社債를 數回에 分納할 것을 定한 때에는 그 分納金額과 時期
10. 債券을 記名式 또는 無記名式에 限한 때에는 그 뜻
10의2. 채권을 발행하는 대신 전자등록기관의 전자등록부에 사채권자의 권리를 등록하는 때에는 그 뜻 (2011.4.14 본호신설)
11. 前에 募集한 社債가 있는 때에는 그 償還하지 아니한 金額
12. (2011.4.14 삭제)
13. 社債募集의 委託을 받은 會社가 있는 때에는 그 商號와 住所
13의2. 사채관리회사가 있는 때에는 그 상호와 주소 (2011.4.14 본호신설)
13의3. 사채관리회사가 사채권자집회결의에 의하지 아니하고 제484조제4항제2호의 행위를 할 수 있도록 정한 때에는 그 뜻(2011.4.14 본호신설)
14. 第13號의 委託을 받은 會社가 그 募集額이 總額에 達하지 못한 경우에 그 殘額을 引受할 것을 約定한 때에는 그 뜻(1984.4.10 본호개정)
15. 名義改書代理人을 둔 때에는 그 姓名·住所 및 營業所(1984.4.10 본호신설)

③ 社債發行의 最低價額을 定한 경우에는 應募者는 社債請約書에 應募價額을 記載하여야 한다.

改前 ② "社債請約書는 理事가 이를 作成하고 다음의 事項을 記載하여야 한다."
"2. 資本과 準備金의 總額"
"12. 舊社債를 償還하기 위하여 第470條第1項의 制限을 超過하여 社債를 募集하는 때에는 그 뜻(1995.12.29 본호개정)"

참조 [위탁모집]476, 담보부사채18·19, [총액인수]475, 담보부사채20-27, ①[청약서의 필요]475, [수탁회사에 의한 작성]476, [벌칙]627①·635①, ②⑴[상호]289①, ⑵[자본의 총액]317②, [준비금의 총액]258·259, ⑼[분납]476·478①, ⑽[채권]478, ⒀[수탁회사]476

第475條【總額引受의 方法】 前條의 規定은 契約에 의하여 社債의 總額을 引受하는 경우에는 이를 適用하지 아니한다. 社債募集의 委託을 받은 會社가 社債의 一部를 引受하는 경우에는 그 一部에 대하여도 같다.

참조 [수탁회사에 의한 담보부사채의 총액인수]담보부사채20-22, [제3자에 의한 담보부사채의 총액인수]담보부사채23-25, [담보부사채의 합동발행]담보부사채28·29, [도급모집]474②

第476條【納入】 ① 社債의 募集이 完了한 때에는 理事는 遲滯없이 引受人에 대하여 各 社債의 全額 또는 第1回의 納入을 시켜야 한다.
② 社債募集의 委託을 받은 會社는 그 名義로 委託會社를 위하여 第474條第2項과 前項의 行爲를 할 수 있다.

참조 ①[분납]474②, [사채원부의 기재]488, [채권의 발행]478①, ②[수탁회사]474②·481-485

第477條 (1984.4.10 삭제)

第478條【債券의 發行】 ① 債券은 社債全額의 納入이 完了한 後가 아니면 이를 發行하지 못한다.
② 채권에는 다음의 사항을 적고 대표이사가 기명날인 또는 서명하여야 한다.
1. 채권의 번호
2. 제474조제2항제1호·제4호·제5호·제7호·제8호·제10호·제13호·제13호의2 및 제13호의3에 규정된 사항
(2011.4.14 본항개정)
③ 회사는 제1항의 채권(債券)을 발행하는 대신 정관으로 정하는 바에 따라 전자등록기관의 전자등록부에 채권(債權)을 등록할 수 있다. 이 경우 제356조의2제2항부터 제4항까지의 규정을 준용한다.(2011.4.14 본항신설)

改前 "② 債券에는 다음의 事項을 記載하고 代表理事가 記名捺印 또는 署名하여야 한다.(1995.12.29 본문개정)
1. 債券의 番號
2. 第474條第2項第1號, 第4號, 第5號, 第7號, 第8號, 第10號와 第13號에 揭記한 事項"

참조 [사채권의 종류]474②·480, [신탁증서에 의한 채권]담보부사채31-35, ①[사채의 납입]474②·476, [벌칙]635①, ②[특별기재사항]514①, [벌칙]635①

第479條【記名社債의 移轉】 ① 記名社債의 移轉은 取得者의 姓名과 住所를 社債原簿에 記載하고 그 姓名을 債券에 記載하지 아니하면 會社 기타의 第三者에게 對抗하지 못한다.
② 第337條第2項의 規定은 記名社債의 移轉에 대하여 이를 準用한다.(1984.4.10 본항신설)

참조 [사채의 양도성]민449, [사채원부]488, [채권]478, [기명사채의 질권설정]민347, [무기명사채의 이전·질권설정]65, 민188·330·351·523, 수표21, [사채의 전환과 질권]339·516

第480條【記名式, 無記名式間의 轉換】 社債權者는 언제든지 記名式의 債券을 無記名式으로, 無記名式의 債券을 記名式으로 할 것을 會社에 請求할 수 있다. 그러나 債券을 記名式 또는 無記名式에 限할 것으로 定한 때에는 그러하지 아니하다.

참조 [기명식 또는 무기명식에 한하는 경우]474②, [무기명식사채의 상환]486, [채권]478, [무기명채권]486·488·491④·492②

第480條의2【사채관리회사의 지정·위탁】 회사는 사채를 발행하는 경우에 사채관리회사를 정하여 변제의 수령, 채권의 보전, 그 밖에 사채의 관리를 위탁할 수 있다.
(2011.4.14 본조신설)

第480條의3【사채관리회사의 자격】 ① 은행, 신탁회사, 그 밖에 대통령령으로 정하는 자가 아니면 사채관리회사가 될 수 없다.
② 사채의 인수인은 그 사채의 사채관리회사가 될 수 없다.
③ 사채를 발행한 회사와 특수한 이해관계가 있는 자로서 대통령령으로 정하는 자는 사채관리회사가 될 수 없다.
(2011.4.14 본조신설)

第481條【사채관리회사의 사임】 사채관리회사는 사채를 발행한 회사와 사채권자집회의 동의를 받아 사임할 수 있다. 부득이한 사유가 있어 법원의 허가를 받은 경우에도 같다.(2011.4.14 본조개정)

改前 "第481條【受託會社의 辭任】 社債募集의 委託을 받은 會社는 社債를 發行한 會社와 社債權者集會의 同意를 얻어서 辭任할 수 있다. 不得已한 事由가 있는 경우에 法院의 許可를 얻은 때에도 같다."

참조 [수임자의 사임]민689, [담보부사채의 수탁회사]담보부사채86·88, [사채권자집회의 동의]495·500·501, 담보부사채45·54-56, [허가]비송110, [사무승계자]483, [해임]482

第482條【사채관리회사의 해임】 사채관리회사가 그 사무를 처리하기에 적임이 아니거나 그 밖에 정당한 사유가 있을 때에는 법원은 사채를 발행하는 회사 또는 사채권자집회의 청구에 의하여 사채관리회사를 해임할 수 있다.(2011.4.14 본조개정)

改前 "第482條【受託會社의 解任】 社債募集의 委託을 받은 會社가 그 事務를 處理함에 不適任하거나 기타 정당한 事由가 있을 때에는 法院은 社債를 發行하는 會社 또는 社債權者集會의 請求에 의하여 이를 解任할 수 있다.(1962.12.12 본조개정)"

참조 [수임자의 해임]민689, [담보부사채신탁의 수탁회사]담보부사채87·88, [사채권자집회의 청구]495②·500·501, [해임의 재판]비송110, [사무승계자]483

第483條【사채관리회사의 사무승계자】 ① 사채관리회사의 사임 또는 해임으로 인하여 사채관리회사가 없게 된 경우에는 사채를 발행한 회사는 그 사무를 승계할 사채관리회사를 정하여 사채권자를 위하여 사채 관리를 위탁하여야 한다. 이 경우 회사는 지체 없이 사채권자집

회를 소집하여 동의를 받아야 한다.(2011.4.14 본항개정)
② 不得已한 事由가 있는 때에는 利害關係人은 事務承繼者의 選任을 法院에 請求할 수 있다.
(2011.4.14 본조제목개정)
改前 第483條【"受託會社의 事務承繼者"】① "前2條의 경우에 社債募集의 委託을 받은 會社가 없게 된 때에는 社債를 發行한 會社와 社債權者集會의 一致로써 그 事務의 承繼者를 定할 수 있다."
참조 [담보부사채의 경우]담보부사채86·88-91, [사채권자집회의 결의]495②·500·501, 담보부사채45·54-56, [선임의 재판]비송110, [사채원부의 기재사항]474②·488

第484條【사채관리회사의 권한】 ① 사채관리회사는 사채권자를 위하여 사채에 관한 채권을 변제받거나 채권의 실현을 보전하기 위하여 필요한 재판상 또는 재판 외의 모든 행위를 할 수 있다.
② 사채관리회사는 제1항의 변제를 받으면 지체 없이 그 뜻을 공고하고, 알고 있는 사채권자에게 통지하여야 한다.
③ 제2항의 경우에 사채권자는 사채관리회사에 사채 상환액 및 이자 지급을 청구할 수 있다. 이 경우 사채권이 발행된 때에는 사채권과 상환하여 상환액지급청구를 하고, 이권(利券)과 상환하여 이자지급청구를 하여야 한다.
④ 사채관리회사가 다음 각 호의 어느 하나에 해당하는 행위(사채에 관한 채권을 변제받거나 채권의 실현을 보전하기 위한 행위는 제외한다)를 하는 경우에는 사채권자집회의 결의에 의하여야 한다. 다만, 사채를 발행하는 회사는 제2호의 행위를 사채관리회사가 사채권자집회 결의에 의하지 아니하고 할 수 있음을 정할 수 있다.
1. 해당 사채 전부에 대한 지급의 유예, 그 채무의 불이행으로 발생한 책임의 면제 또는 화해
2. 해당 사채 전부에 관한 소송행위 또는 채무자회생 및 파산에 관한 절차에 속하는 행위
⑤ 사채관리회사가 제4항 단서에 따라 사채권자집회의 결의에 의하지 아니하고 제4항제2호의 행위를 한 때에는 지체 없이 그 뜻을 공고하고, 알고 있는 사채권자에게는 따로 통지하여야 한다.
⑥ 제2항과 제5항의 공고는 사채를 발행한 회사가 하는 공고와 같은 방법으로 하여야 한다.
⑦ 사채관리회사는 그 관리를 위탁받은 사채에 관하여 제1항 또는 제4항 각 호에서 정한 행위를 위하여 필요하면 법원의 허가를 받아 사채를 발행한 회사의 업무와 재산상태를 조사할 수 있다.
(2011.4.14 본조개정)
改前 "第484條【受託會社의 權限】① 社債募集의 委託을 받은 會社는 社債權者를 위하여 社債의 償還을 받음에 필요한 裁判上 또는 裁判外의 모든 行爲를 할 權限이 있다.
② 前項의 會社가 社債의 償還을 받은 때에는 遲滯없이 그 뜻을 公告하고 알고 있는 社債權者에 대하여는 各別로 이를 通知하여야 한다.
③ 前項의 경우에 社債權者는 債券과 相換하여 償還額의 支給을 請求할 수 있다."
참조 [수탁회사가 2개 이상 있을 경우]485, ①[수탁회사]474②·476②, [담보부사채의 수탁회사]담보부사채69·71-76, [기타권한]491①·493①·494·501·511·512, ②[통지]353·489①, [공고]289①③, [벌칙]635①, ③[시효]487②, [수탁회사의 보수·비용]507

第484條의2【사채관리회사의 의무 및 책임】 ① 사채관리회사는 사채권자를 위하여 공평하고 성실하게 사채를 관리하여야 한다.
② 사채관리회사는 사채권자에 대하여 선량한 관리자의 주의로 사채를 관리하여야 한다.
③ 사채관리회사가 이 법이나 사채권자집회결의를 위반한 행위를 한 때에는 사채권자에 대하여 연대하여 이로 인하여 발생한 손해를 배상할 책임이 있다.
(2011.4.14 본조신설)

第485條【둘 이상의 사채관리회사가 있는 경우의 권한과 의무】 ① 사채관리회사가 둘 이상 있을 때에는 그 권한에 속하는 행위는 공동으로 하여야 한다.
② 제1항의 경우에 사채관리회사가 제484조제1항의 변제를 받은 때에는 사채관리회사는 사채권자에 대하여 연대하여 변제액을 지급할 의무가 있다.
(2011.4.14 본조개정)
改前 "第485條【2이상의 受託會社가 있는 경우의 權限, 義務】① 社債募集의 委託을 받은 會社가 2이상 있을 때에는 그 權限에 屬하는 行爲는 共同으로 하여야 한다.
② 前項의 경우에 各會社는 社債權者에 대하여 連帶하여 償還額을 支給할 義務가 있다."
참조 [권한]484①, [상환액의 지급]484③, [연대]민413이하

第486條【利券欠缺의 경우】 ① 利券있는 無記名式의 社債를 償還하는 경우에 利券이 欠缺된 때에는 그 利券에 相當한 金額을 償還額으로부터 控除한다.
② 前項의 利券所持人은 언제든지 그 利券과 相換하여 控除額의 支給을 請求할 수 있다.
참조 ①[무기명사채]474②·480, [사채청약서의기재사항]474②, [납입기]474②, ②[공제금액청구권의 시효]487③

第487條【元利請求權의 時效】 ① 社債의 償還請求權은 10年間 行使하지 아니하면 消滅時效가 完成한다.
② 第484條第3項의 請求權도 前項과 같다.
③ 社債의 利子와 前條第2項의 請求權은 5年間 行使하지 아니하면 消滅時效가 完成한다.
참조 ①②[일반채권의 시효]민162①, [상사시효]64, ③[이자청구권의 시효]민163①

第488條【사채원부】 회사는 사채원부를 작성하고 다음 각 호의 사항을 적어야 한다.
1. 사채권자(무기명식 채권이 발행되어 있는 사채의 사채권자는 제외한다)의 성명과 주소
2. 채권의 번호
3. 제474조제2항제4호, 제5호, 제7호부터 제9호까지, 제13호, 제13호의2 및 제13호의3에 규정된 사항
4. 각 사채의 납입금액과 납입연월일
5. 채권의 발행연월일 또는 채권을 발행하는 대신 전자등록기관의 전자등록부에 사채권자의 권리를 등록하는 때에는 그 뜻
6. 각 사채의 취득연월일
7. 무기명식 채권을 발행한 때에는 그 종류, 수, 번호와 발행연월일
(2011.4.14 본조개정)
改前 "第488條【社債原簿】會社는 社債原簿를 作成하고 다음의 事項을 記載하여야 한다.
1. 社債權者의 姓名과 住所
2. 債券의 番號
3. 第474條第2項第4號, 第5號, 第7號 내지 第9號와 第13號에 揭記한 事項
4. 各社債의 納入金額과 納入年月日
5. 債券의 發行年月日
6. 各社債의 取得年月日
7. 無記名式의 債券을 發行한 때에는 그 種類, 數, 番號와 發行年月日"
참조 [비치의무]396, [특별기재사항]514①, 담보부사채36-40, [벌칙]635①, (1)[명의서환]479, [통지·최고]353·489①, (5)[채권발행시기]478, (7)[무기명채권]480·491④·492②

第489條【準用規定】 ① 第353條의 規定은 社債應募者 또는 社債權者에 대한 通知와 催告에 準用한다.
② 第333條의 規定은 社債가 數人의 共有에 屬하는 경우에 準用한다.
참조 [사채원부]488, [사채의 공유]민278·408, [연대]민413이하, [사채권자의결권]492

第2款 社債權者集會

第490條【결의사항】 사채권자집회는 이 법에서 규정하고 있는 사항 및 사채권자의 이해관계가 있는 사항에 관하여 결의를 할 수 있다.(2011.4.14 본조개정)
改前 "第490條【決議事項】社債權者集會는 本法에 다른 規定이 있는 경우외에는 法院의 許可를 얻어 社債權者의 利害에 重大한 關係가 있는 事項에 관하여 決議를 할 수 있다."

참조 [담보부사채의 경우]담보부사채41－58, [본법이 규정하는 결의사항]372 · 439③ · 481－483 · 494 · 500① · 501 · 504 · 510① · 512 · 530②, [법원의 허가]비송109, [소집권자]491, [결의방법]492 · 495 · 510, [결의의 인가]496－499, [결의의 집행]501－504, [결의사항의 결정의 위임]500, [수종의 사채와 사채권자의 집회]509, [사채권자집회의 비용]508, [사채권자집회와 증수뢰죄]631

第491條【召集權者】 ① 사채권자집회는 사채를 발행한 회사 또는 사채관리회사가 소집한다.(2011.4.14 본항개정)
② 사채의 종류별로 해당 종류의 사채 총액(상환받은 액은 제외한다)의 10분의 1 이상에 해당하는 사채를 가진 사채권자는 회의 목적인 사항과 소집 이유를 적은 서면 또는 전자문서를 사채를 발행한 회사 또는 사채관리회사에 제출하여 사채권자집회의 소집을 청구할 수 있다.
(2011.4.14 본항개정)
③ 第366條第2項의 規定은 前項의 경우에 準用한다.
④ 無記名式의 債券을 가진 者는 그 債券을 供託하지 아니하면 前2項의 權利를 行使하지 못한다.

改前 "① 社債權者集會는 社債를 發行한 會社 또는 社債募集의 委託을 받은 會社가 召集한다.
② 社債總額의 10分의 1에 해당하는 社債權者는 會議의 目的인 事項과 召集의 理由를 記載한 書面을 前項의 會社에 提出하여 社債權者集會의 召集을 請求할 수 있다."

참조 [소집절차]363 · 493②③ · 500, [통지]353 · 489, [집회의 연기속행]372 · 510①, ①[수탁회사]474② · 476② · 484, ②[본항의 권리행사와 증수뢰죄]631①②, [법원의 허가]비송109 · 112, ②③[총회소집비용]508①, ④[공탁]공탁4

第491條의2【소집의 통지, 공고】 ① 제363조제1항 및 제2항은 사채권자집회를 소집할 경우에 이를 준용한다.
② 제1항에도 불구하고 회사가 무기명식의 채권을 발행한 경우에는 주주총회일의 3주(자본금 총액이 10억원 미만인 회사는 2주) 전에 사채권자집회를 소집하는 뜻과 회의의 목적사항을 공고하여야 한다.
(2014.5.20 본조신설)

第492條【議決權】 ① 각 사채권자는 그가 가지는 해당 종류의 사채 금액의 합계액(상환받은 액은 제외한다)에 따라 의결권을 가진다.(2011.4.14 본항개정)
② 無記名式의 債券을 가진 者는 會日로부터 1週間前에 債券을 供託하지 아니하면 그 議決權을 行使하지 못한다.

改前 "① 各社債權者는 社債의 最低額마다 1個의 議決權이 있다."

참조 [담보부사채의 경우]담보부사채45②③, [수종의 사채 있는 경우]509, [공탁]공탁4, [결의방법에 관하여 주주총회의 규정의 준용]434 · 495①

第493條【사채발행회사 또는 사채관리회사 대표자의 출석 등】 ① 사채를 발행한 회사 또는 사채관리회사는 그 대표자를 사채권자집회에 출석하게 하거나 서면으로 의견을 제출할 수 있다.(2011.4.14 본항개정)
② 社債權者集會의 召集은 前項의 會社에 通知하여야 한다.
③ 第363條第1項과 第2項의 規定은 前項의 通知에 準用한다.
(2011.4.14 본조제목개정)

改前 第493條【"社債發行會社 또는 受託會社의 代表者의 出席"】
"① 社債를 發行한 會社 또는 社債募集의 委託을 받은 會社는 그 代表者를 社債權者集會에 出席하게 하거나 書面으로 意見을 提出할 수 있다."

참조 ①[담보부사채의 경우]담보부사채46 · 47, [출석의 청구]494, [벌칙]635①, [사채권자에 대한 통지]363 · 510①, [벌칙]635①

第494條【社債發行會社의 代表者의 出席請求】 社債權者集會 또는 그 召集者는 必要있다고 認定하는 때에는 社債를 發行한 會社에 대하여 그 代表者의 出席을 請求할 수 있다.

참조 ①[담보부사채의 경우]담보부사채49, [출석청구의 결의]495②

第495條【決議의 方法】 ① 第434條의 規定은 社債權者集會의 決議에 準用한다.
② 제481조부터 제483조까지 및 제494조의 동의 또는 청구는 제1항에도 불구하고 출석한 사채권자 의결권의 과반수로 결정할 수 있다.(2011.4.14 본항개정)
③ 사채권자집회에 출석하지 아니한 사채권자는 서면에 의하여 의결권을 행사할 수 있다.(2011.4.14 본항신설)
④ 서면에 의한 의결권행사는 의결권행사서면에 필요한 사항을 적어 사채권자집회 전일까지 의결권행사서면을 소집자에게 제출하여야 한다.(2011.4.14 본항신설)
⑤ 제4항에 따라 서면에 의하여 행사한 의결권의 수는 출석한 의결권자의 의결권 수에 포함한다.(2011.4.14 본항신설)
⑥ 사채권자집회에 대하여는 제368조의4를 준용한다.
(2011.4.14 본항신설)

改前 "② 第481條 내지 第483條와 前條의 同意 또는 請求는 前項의 規定에 不拘하고 出席한 社債權者의 議決權의 過半數로 決定할 수 있다."

참조 [의결권]492①, [결의의 인가]496－499, [결의의 집행]501－503, [대리인에 의한 의결권행사]368③ · 510①, [자기사채와 의결권]369② · 510①, [연기 또는 속행의 결의]372 · 510①, [의사록]373 · 510①②③, [결의사항의 결정의 위임]500

第496條【決議의 認可의 請求】 社債權者集會의 召集者는 決議한 날로부터 1週間내에 決議의 認可를 法院에 請求하여야 한다.

참조 [인가되지 않는 경우]497, [인가와 결의의 효력]498, [인가와 공고]499, [인가신청재판 및 불복신청방법]비송109 · 113, [청구에 관한 비용]508②

第497條【決議의 不認可의 事由】 ① 法院은 다음의 경우에는 社債權者集會의 決議를 認可하지 못한다.
1. 社債權者集會召集의 節次 또는 그 決議方法이 法令이나 社債募集의 計劃書의 記載에 違反한 때
2. 決議가 不當한 方法에 의하여 成立하게 된 때
3. 決議가 현저하게 不公正한 때
4. 決議가 社債權者의 一般의 利益에 反하는 때
② 前項第1號와 第2號의 경우에는 法院은 決議의 內容 기타 모든 事情을 參酌하여 決議를 認可할 수 있다.

참조 담보부사채50①, [인가재판에 대한 항고]비송78, [공고]499, ①(1)[결의취소의 소]376, [소집절차]363 · 493②③ · 510①, [결의의 방법]495, 328② · 379 · 446

第498條【결의의 효력】 ① 사채권자집회의 결의는 법원의 인가를 받음으로써 그 효력이 생긴다. 다만, 그 종류의 사채권자 전원이 동의한 결의는 법원의 인가가 필요하지 아니하다.
② 사채권자집회의 결의는 그 종류의 사채를 가진 모든 사채권자에게 그 효력이 있다.
(2011.4.14 본조개정)

改前 "第498條【決議의 效力】① 社債權者集會의 決議는 法院의 認可를 얻음으로써 그 效力이 생긴다.
② 社債權者集會의 決議는 總社債權者에 대하여 그 效力이 있다."

참조 [인가청구]496, [불인가의 사유]497, [인가의 공고]499, [인가의 효력발생]비송18①, [인가재판에 대한 항고]비송78

第499條【決議의 認可, 不認可의 公告】 社債權者集會의 決議에 대하여 認可 또는 不認可의 決定이 있은 때에는 社債를 發行한 會社는 遲滯없이 그 뜻을 公告하여야 한다.

참조 [공고]289①③, [벌칙]635①, [불인가결정]497

第500條【社債權者集會의 代表者】 ① 사채권자집회는 해당 종류의 사채 총액(상환받은 금액은 제외한다)의 500분의 1 이상을 가진 사채권자 중에서 1명 또는 여러 명의 대표자를 선임하여 그 결의할 사항의 결정을 위임할 수 있다.(2011.4.14 본항개정)
② 代表者가 數人인 때에는 前項의 決定은 그 過半數로 한다.

改前 "① 社債權者集會는 社債總額의 500分의 1이상을 가진 社債權者中에서 1人 또는 數人의 代表者를 選任하여 그 決議할 事項의 決定을 委任할 수 있다."

참조 [담보부사채의 경우]담보부사채55－57, [대표자가 한 결정과 인가 · 공고]490 · 496－499, [대표자의 보수 및 비용]507, [해임 및 위임사항의 변경]504, [결의의 집행]501 · 503, [수인의 대표자 있을 경우]502, [벌칙]623 · 624 · 630 · 635

第501條【결의의 집행】 사채권자집회의 결의는 사채관리회사가 집행하고, 사채관리회사가 없는 때에는 제500조의 대표자가 집행한다. 다만, 사채권자집회의 결의로써 따로 집행자를 정한 때에는 그러하지 아니하다.
(2011.4.14 본조개정)
改前 "第501條【決議의 執行】社債權者集會의 決議는 社債募集의 委託을 받은 會社, 社債募集의 委託을 받은 會社가 없는 때에는 前條의 代表者가 執行한다. 그러나 社債權者集會의 決議로써 따로 執行者를 定한 때에는 그러하지 아니하다."
參照 [담보부사채의 경우]담보부사채54－56, [대표자 또는 집행자]502－504, [보수·비용]507, [상환에 관한 결의의 집행]503, [벌칙]623·624·630·635

第502條【數人의 代表者, 執行者가 있는 경우】 第485條第1項의 規定은 代表者나 執行者가 數人인 경우에 準用한다.
參照 [수인의 대표자]500, [집행자]501, [상환액지급의 연대책임]485·503

第503條【社債償還에 관한 決議의 執行】 第484條, 第485條第2項과 第487條第2項의 規定은 代表者나 執行者가 社債의 償還에 관한 決議를 執行하는 경우에 準用한다.

第504條【代表者, 執行者의 解任 등】 社債權者集會는 언제든지 代表者나 執行者를 解任하거나 委任한 事項을 變更할 수 있다.
參照 [대표자]502, [집행자]501

第505條 (2011.4.14 삭제)
改前 "第505條【期限의 利益의 喪失】① 會社가 社債의 利子의 支給을 懈怠한 때 또는 定期에 社債의 一部를 償還하여야 할 경우에 그 償還을 懈怠한 때에는 社債權者集會의 決議에 의하여 會社에 대하여 一定한 期間내에 그 辨濟를 하여야 한다는 뜻과 그 期間내에 辨濟를 하지 아니할 때에는 社債의 總額에 관하여 期限의 利益을 잃는다는 뜻을 通知할 수 있다. 그러나 그 期間은 2月을 내리지 못한다.
② 前項의 通知는 書面으로 하여야 한다.
③ 會社가 第1項의 期間내에 辨濟를 하지 아니하는 때에는 社債의 總額에 관하여 期限의 利益을 잃는다."

第506條 (2011.4.14 삭제)
改前 "第506條【期限利益喪失의 公告, 通知】前條의 規定에 의하여 會社가 期限의 利益을 잃은 때에는 前條第1項의 決議를 執行하는 者는 遲滯없이 그 뜻을 公告하고 알고 있는 社債權者에 대하여는 各別로 이를 通知하여야 한다."

第507條【사채관리회사 등의 보수, 비용】 ① 사채관리회사, 대표자 또는 집행자에게 줄 보수와 그 사무 처리에 필요한 비용은 사채를 발행한 회사와의 계약에 약정된 경우 외에는 법원의 허가를 받아 사채를 발행한 회사로 하여금 부담하게 할 수 있다.
② 사채관리회사, 대표자 또는 집행자는 사채에 관한 채권을 변제받은 금액에서 사채권자보다 우선하여 제1항의 보수와 비용을 변제받을 수 있다.
(2011.4.14 본조개정)
改前 "第507條【受託會社등의 報酬, 費用】① 社債募集의 委託을 받은 會社, 代表者 또는 執行者에 대하여 줄 報酬와 그 事務處理에 要할 費用은 社債를 執行한 會社와의 契約에 約定이 있는 경우외에는 法院의 許可를 얻어 會社로 하여금 이를 負擔하게 할 수 있다.
(1962.12.12 본항개정)
② 社債募集의 委託을 받은 會社, 代表者 또는 執行者는 償還을 받은 金額에서 社債權者에 優先하여 前項의 報酬와 費用의 辨濟를 받을 수 있다."
參照 [동취지의 규정]담보부사채80－82, [수탁회사]474②·476②·484·501, [대표자]500, [집행자]501, [허가]비송109·114

第508條【社債權者集會의 費用】 ① 社債權者集會에 관한 費用은 社債를 發行한 會社가 負擔한다.
② 第496條의 請求에 관한 費用은 會社가 負擔한다. 그러나 法院은 利害關係人의 申請에 의하여 또는 職權으로 그 全部 또는 一部에 관하여 따로 負擔者를 定할 수 있다.
參照 [동취지의 규정]담보부사채53·81

第509條【數種의 社債있는 경우의 社債權者集會】 數種의 社債를 發行한 경우에는 社債權者集會는 各種의 社債에 관하여 이를 召集하여야 한다.
參照 [분할발행의 경우의 특칙]담보부사채58, [종류주주총회]435

第510條【準用規定】 ① 제368조제2항·제3항, 제369조제2항 및 제371조부터 제373조까지의 규정은 社債權者集會에 準用한다.(2014.5.20 본항개정)
② 社債權者集會의 議事錄은 社債를 發行한 會社가 그 本店에 備置하여야 한다.
③ 사채관리회사와 사채권자는 영업시간 내에 언제든지 제2항의 의사록 열람을 청구할 수 있다.(2011.4.14 본항개정)
改前 ① "第363條, 第368條第3項, 第4項, 第369條第2項과 第371條 내지 第373條의 規定"은 社債權者集會에 準用한다.
參照 ②③[담보부사채의 경우]담보부사채52, [보존의무]541, [벌칙]635①

第511條【사채관리회사에 의한 취소의 소】 ① 회사가 어느 사채권자에게 한 변제, 화해, 그 밖의 행위가 현저하게 불공정한 때에는 사채관리회사는 소(訴)만으로 그 행위의 취소를 청구할 수 있다.(2011.4.14 본항개정)
② 제1항의 소는 사채관리회사가 취소의 원인인 사실을 안 때부터 6개월, 행위가 있은 때부터 1년 내에 제기하여야 한다.(2011.4.14 본항개정)
③ 第186條와 民法 第406條第1項 但書 및 第407條의 規定은 第1項의 訴에 準用한다.
(2011.4.14 본조제목개정)
改前 第511條【"受託會社에 의한 取消의 訴"】"① 會社가 어느 社債權者에 대하여 한 辨濟, 和解 기타의 行爲가 현저하게 不公正한 때에는 社債募集의 委託을 받은 會社는 訴만으로 그 行爲의 取消를 請求할 수 있다."
"② 前項의 訴는 社債募集의 委託을 받은 會社가 取消의 原因인 事實을 안 때로부터 6月, 行爲가 있은 때로부터 1年내에 提起하여야 한다."
參照 [수탁회사]476②·484, 담보부사채59·60, [대표자·집행자에 의한 제소]512, [벌칙]631①

第512條【代表者등에 의한 取消의 訴】 社債權者集會의 決議가 있는 때에는 代表者 또는 執行者도 前條第1項의 訴를 提起할 수 있다. 그러나 行爲가 있은 때로부터 1年내에 限한다.
參照 [대표자]500, [집행자]501

第3款 轉換社債

第513條【轉換社債의 발행】 ① 會社는 轉換社債를 발행할 수 있다.
② 第1項의 경우에 다음의 事項으로서 定款에 規定이 없는 것은 理事會가 이를 決定한다. 그러나 定款으로 株主總會에서 이를 決定하기로 정한 경우에는 그러하지 아니하다.
1. 轉換社債의 總額
2. 轉換의 條件
3. 轉換으로 인하여 발행할 株式의 내용
4. 轉換을 請求할 수 있는 期間
5. 株主에게 轉換社債의 引受權을 준다는 뜻과 引受權의 目的인 轉換社債의 額
6. 株主외의 者에게 轉換社債를 발행하는 것과 이에 대하여 발행할 轉換社債의 額
③ 株主외의 者에 대하여 轉換社債를 발행하는 경우에 그 발행할 수 있는 轉換社債의 額, 轉換의 條件, 轉換으로 인하여 발행할 株式의 내용과 轉換을 請求할 수 있는 期間에 관하여 定款에 規定이 없으면 第434條의 決議로써 이를 정하여야 한다. 이 경우 제418조제2항 단서의 규정을 준용한다.(2001.7.24 후단신설)
④ 第3項의 決議에 있어서 轉換社債의 발행에 관한 議案의 要領은 第363條의 規定에 의한 통지에 記載하여야 한다.(2014.5.20 본항개정)
(1984.4.10 본조개정)
改前 ④ …議案의 要領은 第363條의 規定에 의한 "통지와 公告"에 記載하여야 한다.
參照 [전환사채]514－516, [사채모집결의]469

第513條의2【轉換社債의 引受權을 가진 株主의 權利】 ① 轉換社債의 引受權을 가진 株主는 그가 가진 株式의 數에 따라서 轉換社債의 配定을 받을 權利가 있다. 그러나 각 轉換社債의 金額중 최저액에 미달하는 端數에 대하여는 그러하지 아니하다.
② 제418조제3항은 株主가 轉換社債의 引受權을 가진 경우에 이를 準用한다.(2011.4.14 본항개정)
(1984.4.10 본조신설)
改前 ② "第418條第2項의 規定"은 株主가 轉換社債의 引受權을 가진 경우에 이를 準用한다.

第513條의3【轉換社債의 引受權을 가진 株主에 대한 催告】 ① 株主가 轉換社債의 引受權을 가진 경우에는 각 株主에 대하여 그 引受權을 가지는 轉換社債의 額, 發行價額, 轉換의 條件, 轉換으로 인하여 발행할 株式의 내용, 轉換을 請求할 수 있는 期間과 일정한 기일까지 轉換社債의 請約을 하지 아니하면 그 權利를 잃는다는 뜻을 통지하여야 한다.
② 제419조제2항 및 제3항의 규정은 제1항의 경우에 이를 準用한다.(2014.5.20 본항개정)
(1984.4.10 본조신설)
改前 ② "第419條第2項 내지 第4項의 規定은 第1項"의 경우에 이를 準用한다.

第514條【轉換社債發行의 節次】 ① 轉換社債에 관하여는 社債請約書, 債券과 社債原簿에 다음의 事項을 記載하여야 한다.
1. 社債를 株式으로 轉換할 수 있다는 뜻
2. 轉換의 條件
3. 轉換으로 인하여 發行할 株式의 內容
4. 轉換을 請求할 수 있는 期間
5. 株式의 讓渡에 관하여 理事會의 승인을 얻도록 정한 때에는 그 規定(1995.12.29 본호신설)
② (1984.4.10 삭제)
參照 [사채청약서]474, [채권]478, [사채원부]488, [벌칙]635①

第514條의2【轉換社債의 登記】 ① 會社가 轉換社債를 발행한 때에는 第476條의 規定에 의한 納入이 완료된 날로부터 2週間내에 本店의 所在地에서 轉換社債의 登記를 하여야 한다.(1995.12.29 본항개정)
② 第1項의 規定에 의하여 登記할 事項은 다음 각호와 같다.
1. 轉換社債의 總額
2. 各 轉換社債의 金額
3. 各 轉換社債의 納入金額
4. 第514條第1號 내지 第4號에 정한 事項
③ 第183條의 規定은 第2項의 登記에 대하여 이를 準用한다.
④ 外國에서 轉換社債를 모집한 경우에 登記할 事項이 外國에서 생긴 때에는 登記期間은 그 통지가 도달한 날로부터 起算한다.
(1984.4.10 본조신설)

第515條【轉換의 請求】 ① 轉換을 請求하는 者는 請求書 2通에 債券을 添附하여 會社에 提出하여야 한다. 다만, 제478조제3항에 따라 채권(債券)을 발행하는 대신 전자등록기관의 전자등록부에 채권(債權)을 등록한 경우에는 그 채권을 증명할 수 있는 자료를 첨부하여 회사에 제출하여야 한다.(2011.4.14 단서신설)
② 第1項의 請求書에는 轉換하고자 하는 社債와 請求의 年月日을 記載하고 記名捺印 또는 署名하여야 한다.
(1995.12.29 본항개정)

第516條【準用規定】 ① 제346조제4항, 第424條 및 第424條의2의 規定은 轉換社債의 발행의 경우에 이를 準用한다.(2011.4.14 본항개정)
② 第339條, 第348條, 第350條 및 第351條의 規定은 社債의 轉換의 경우에 이를 準用한다.(1995.12.29 본항개정)
改前 ① "第346條第2項", 第424條 및 第424條의2의…

第4款 新株引受權附社債
(1984.4.10 본관신설)

第516條의2【新株引受權附社債의 발행】 ① 會社는 新株引受權附社債를 발행할 수 있다.
② 第1項의 경우에 다음의 事項으로서 定款에 規定이 없는 것은 理事會가 이를 決定한다. 그러나 定款으로 株主總會에서 이를 決定하도록 정한 경우에는 그러하지 아니하다.
1. 新株引受權附社債의 總額
2. 各 新株引受權附社債에 부여된 新株引受權의 내용
3. 新株引受權을 行使할 수 있는 期間
4. 新株引受權만을 讓渡할 수 있는 것에 관한 事項
5. 新株引受權을 行使하려는 者의 請求가 있는 때에는 新株引受權附社債의 償還에 갈음하여 그 發行價額으로 제516조의9제1항의 納入이 있는 것으로 본다는 뜻(2011.4.14 본호개정)
6. (1995.12.29 삭제)
7. 株主에게 新株引受權附社債의 引受權을 준다는 뜻과 引受權의 目的인 新株引受權附社債의 額
8. 株主외의 者에게 新株引受權附社債를 발행하는 것과 이에 대하여 발행할 新株引受權附社債의 額
③ 各 新株引受權附社債에 부여된 新株引受權의 행사로 인하여 발행할 株式의 發行價額의 合計額은 각 新株引受權附社債의 金額을 초과할 수 없다.
④ 株主외의 者에 대하여 新株引受權附社債를 발행하는 경우에 그 발행할 수 있는 新株引受權附社債의 額, 新株引受權의 내용과 新株引受權을 행사할 수 있는 期間에 관하여 定款에 規定이 없으면 第434條의 決議로써 이를 정하여야 한다. 이 경우 제418조제2항 단서의 규정을 준용한다.(2001.7.24 후단신설)
⑤ 第513條第4項의 規定은 第4項의 경우에 이를 準用한다.
改前 ② 5. 新株引受權을 行使하려는 者의 請求가 있는 때에는 新株引受權附社債의 償還에 갈음하여 그 發行價額으로 "第516條의8第1項"의 納入이 있는 것으로 본다는 뜻
參照 [신주인수권]418

第516條의3【新株引受權附社債의 引受權을 가진 株主에 대한 催告】 ① 株主가 新株引受權附社債의 引受權을 가진 경우에는 각 株主에 대하여 引受權을 가지는 新株引受權附社債의 額, 發行價額, 新株引受權의 내용, 新株引受權을 행사할 수 있는 期間과 일정한 기일까지 新株引受權附社債의 請約을 하지 아니하면 그 權利를 잃는다는 뜻을 통지하여야 한다. 이 경우 第516條의2第2項第4號 또는 第5號에 規定한 事項의 정함이 있는 때에는 그 내용도 통지하여야 한다.
② 제419조제2항 및 제3항의 규정은 제1항의 경우에 이를 準用한다.(2014.5.20 본항개정)
改前 ② "第419條第2項 내지 第4項의 規定은 第1項"의 경우에 이를 準用한다.
參照 [신주인수권]418이하

第516條의4【社債請約書·債券·社債原簿의 記載事項】 新株引受權附社債에 있어서는 社債請約書·債券 및 社債原簿에 다음의 事項을 기재하여야 한다. 그러나 第516條의5第1項의 新株引受權證券을 발행할 때에는 債券에는 이를 기재하지 아니한다.
1. 新株引受權附社債라는 뜻
2. 第516條의2第2項第2號 내지 第5號에 정한 事項
3. 제516조의9에 따라 납입을 맡을 은행이나 그 밖의 금융기관 및 납입장소(2011.4.14 본호개정)
4. 株式의 讓渡에 관하여 理事會의 승인을 얻도록 정한 때에는 그 規定(1995.12.29 본호신설)

改前 "3. 第516條의8의 規定에 의하여 納入을 맡을 銀行 기타 金融機關과 納入場所"

第516條의5【新株引受權證券의 발행】 ① 第516條의2第2項第4號에 規定한 事項을 정한 경우에는 會社는 債券과 함께 新株引受權證券을 발행하여야 한다.

② 新株引受權證券에는 다음의 事項과 番號를 기재하고 理事가 記名捺印 또는 署名하여야 한다.(1995.12.29 본문개정)

1. 新株引受權證券이라는 뜻의 표시
2. 會社의 商號
3. 第516條의2第2項第2號·第3號 및 第5號에 정한 事項
4. 第516條의4第3號에 정한 事項
5. 株式의 讓渡에 관하여 理事會의 승인을 얻도록 정한 때에는 그 規定(1995.12.29 본호신설)

참조 [신주인수권]418이하

第516條의6【新株引受權의 讓渡】 ① 新株引受權證券이 발행된 경우에 新株引受權의 讓渡는 新株引受權證券의 交付에 의하여서만 이를 행한다.

② 第336條第2項, 第360條 및 手票法 第21條의 規定은 新株引受權證券에 관하여 이를 準用한다.

참조 [신주인수권]418이하

第516條의7【신주인수권의 전자등록】 회사는 신주인수권증권을 발행하는 대신 정관으로 정하는 바에 따라 전자등록기관의 전자등록부에 신주인수권을 등록할 수 있다. 이 경우 제356조의2제2항부터 제4항까지의 규정을 준용한다.(2011.4.14 본조신설)

第516條의8【新株引受權附社債의 登記】 ① 會社가 新株引受權附社債를 발행한 때에는 다음의 事項을 登記하여야 한다.

1. 新株引受權附社債라는 뜻
2. 新株引受權의 行使로 인하여 발행할 株式의 發行價額의 總額
3. 各 新株引受權附社債의 金額
4. 各 新株引受權附社債의 納入金額
5. 第516條의2第2項第1號 내지 第3號에 정한 事項

② 第514條의2第1項·第3項 및 第4項의 規定은 第1項의 登記에 관하여 이를 準用한다.

참조 [신주인수권]418이하

第516條의9【新株引受權의 行使】 ① 新株引受權을 행사하려는 者는 請求書 2通을 會社에 제출하고, 新株의 發行價額의 全額을 納入하여야 한다.

② 第1項의 規定에 의하여 請求書를 제출하는 경우에 新株引受權證券이 발행된 때에는 新株引受權證券을 첨부하고, 이를 발행하지 아니한 때에는 債券을 제시하여야 한다. 다만, 제478조제3항 또는 제516조의7에 따라 채권(債券)이나 신주인수권증권을 발행하는 대신 전자등록기관의 전자등록부에 채권(債權)이나 신주인수권을 등록한 경우에는 그 채권이나 신주인수권을 증명할 수 있는 자료를 첨부하여 회사에 제출하여야 한다.
(2011.4.14 단서신설)

③ 第1項의 納入은 債券 또는 新株引受權證券에 기재한 銀行 기타 金融機關의 納入場所에서 하여야 한다.

④ 第302條第1項의 規定은 第1項의 請求書에, 第306條 및 第318條의 規定은 第3項의 納入을 맡은 銀行 기타 金融機關에 이를 準用한다.

참조 [신주인수권]418이하

第516條의10【株主가 되는 時期】 제516조의9제1항에 따라 新株引受權을 행사한 者는 同項의 納入을 한 때에 株主가 된다. 이 경우 제350조제2항을 準用한다.
(2020.12.29 후단개정)

改前 …納入을 한 때에 株主가 된다. 이 경우 "第350條第2項 및 第3項의 規定"을 準用한다.(2011.4.14 전단개정)

참조 [신주인수권]418이하

第516條의11【準用規定】 第351條의 規定은 新株引受權의 행사가 있는 경우에, 第513條의2 및 第516條第1項의 規定은 新株引受權附社債에 관하여 이를 準用한다.
(1995.12.29 본조개정)

第9節 解 散

第517條【解散事由】 株式會社는 다음의 事由로 인하여 解散한다.

1. 第227條第1號, 第4號 내지 第6號에 정한 事由 (1998.12.28 본호개정)

1의2. 第530條의2의 規定에 의한 會社의 分割 또는 分割合併(1998.12.28 본호신설)

2. 株主總會의 決議

참조 [해산의 등기]228·613, 상업등기법60, [회사의 계속]229·519, [조직변경]604·607, 상업등기법65-67, [특수해산사유]은행법56, ⑵[해산결의]518, [인가의 필요]은행법8, [주금의 미완납으로 인한 해산]상법시행법15③·부칙④

第518條【解散의 決議】 解散의 決議는 第434條의 規定에 의하여야 한다.

참조 [해산의 결의]517

第519條【會社의 繼續】 會社가 存立期間의 滿了 기타 定款에 定한 事由의 發生 또는 株主總會의 決議에 의하여 解散한 경우에는 第434條의 規定에 의한 決議로 會社를 繼續할 수 있다.

참조 [해산등기 후의 계속]229, [강제화의·파산폐지와 계속]채무자회생파산538·540, [유한회사에의 조직변경]604·606, [사업연도의 의제]법인세법8

第520條【解散判決】 ① 다음의 경우에 不得已한 事由가 있는 때에는 發行株式의 總數의 100分의 10이상에 해당하는 株式을 가진 株主는 會社의 解散을 法院에 請求할 수 있다.

1. 會社의 業務가 현저한 停頓狀態를 繼續하여 回復할 수 없는 損害가 생긴 때 또는 생길 念慮가 있는 때
2. 會社財産의 管理 또는 處分의 현저한 失當으로 인하여 會社의 存立을 危殆롭게 한 때

② 第186條와 第191條의 規定은 前項의 請求에 準用한다.

참조 [해산사유]227·517, [합명회사·합자회사의 경우]241·269, [등기]228, 상업등기법60, ①[발행주식의 종수]317②, [벌칙]631①②

第520條의2【休眠會社의 解散】 ① 法院行政處長이 最後의 登記후 5年을 경과한 會社는 本店의 所在地를 管轄하는 法院에 아직 營業을 廢止하지 아니하였다는 뜻의 申告를 할 것을 官報로써 公告한 경우에, 그 公告한 날에 이미 최후의 登記후 5年을 경과한 會社로서 公告한 날로부터 2月이내에 大統領令이 정하는 바에 의하여 申告를 하지 아니한 때에는 그 會社는 그 申告期間이 만료된 때에 解散한 것으로 본다. 그러나 그 期間내에 登記를 한 會社에 대하여는 그러하지 아니하다.

② 第1項의 公告가 있는 때에는 法院은 해당 會社에 대하여 그 公告가 있었다는 뜻의 통지를 發送하여야 한다.

③ 第1項의 規定에 의하여 解散한 것으로 본 會社는 그 후 3年이내에는 第434條의 決議에 의하여 會社를 계속할 수 있다.

④ 第1項의 規定에 의하여 解散한 것으로 본 會社가 第3項의 規定에 의하여 會社를 계속하지 아니한 경우에는 그 會社는 그 3年이 경과한 때에 淸算이 종결된 것으로 본다.
(1984.4.10 본조신설)

참조 [해산등기]상업등기법73

판례 상법 520조의2의 규정에 의하여 해산된 주식회사의 대표자 : 상법 520조의2의 규정에 의하여 해산된 주식회사의 경우 정관에 다른 규정이 있거나 주주총회에서 따로 청산인을 선임하지 아니한 이상 그 해산 당시의 이사는 당연히 청산인이 되고, 그러한 청산인이 없는 때에는 이해관계인의 청구에 의하여 법원이 선임한 자가 청산인이 되며, 이러한 청산인만이 회사의 청산사무를 집행하고 대표하는 기관이 된다.
(대결 2000.10.12, 2000마287)

판례 청산종결회사의 소멸관계 : 상법 520조의2 1항 내지 4항에 의하여 회사가 해산되고 그 청산이 종결된 것으로 보게 되는 회사라도 권리관계가 남아 있어 현실적으로 정리할 필요가 있는 때에는 그 범위 내에서는 아직 완전히 소멸하지 아니한다.(대결 1991.4.30, 90마672)

第521條【解散의 通知, 公告】 會社가 解散한 때에는 破産의 경우외에는 理事는 遲滯없이 株主에 대하여 그 通知를 하여야 한다.(2014.5.20 본조개정)

改前 …理事는 遲滯없이 株主에 대하여 그 通知를 "하고 無記名式의 株券을 發行한 경우에는 이를 公告하여야" 한다.

참조 [통지]353, [공고]289①③, [벌칙]635①, [파산선고의 공고]채무자회생파산313

第521條의2【準用規定】 第228條와 第229條第3項의 規定은 株式會社의 解散에 관하여 이를 準用한다.
(1998.12.28 본조신설)

第10節 合 倂
(1998.12.28 본절제목삽입)

第522條【合倂契約書와 그 承認決議】 ① 會社가 合倂을 함에는 合倂契約書를 作成하여 株主總會의 承認을 얻어야 한다.(1998.12.28 단서삭제)
② 合倂契約의 要領은 第363條에 定한 통지에 記載하여야 한다.(2014.5.20 본항개정)
③ 第1項의 承認決議는 第434條의 規定에 의하여야 한다.
(1998.12.28 본항개정)

改前 ② …第363條에 定한 "通知와 公告"에 記載하여야 한다.

참조 [합병]174, [합병계약서]523·524, [합병절차]232·439③·440-443·523-528·530②③, [합병의 효력의 발생시기]234·235, [합병의 무효]237-240·529, [유한회사와 합병]598-603, [합병과 인가]은행법55, 보험139, [총회의 기일]523·524, ①[유한회사에의 준용]603, [상호회사에의 준용]보험70, [등기]상업등기법62

第522條의2【합병계약서 등의 공시】 ① 이사는 제522조제1항의 주주총회 회일의 2주 전부터 합병을 한 날 이후 6개월이 경과하는 날까지 다음 각 호의 서류를 본점에 비치하여야 한다.(2015.12.1 본문개정)
1. 合倂契約書
2. 합병을 위하여 신주를 발행하거나 자기주식을 이전하는 경우에는 합병으로 인하여 소멸하는 회사의 주주에 대한 신주의 배정 또는 자기주식의 이전에 관하여 그 이유를 기재한 서면(2015.12.1 본호개정)
3. 각 會社의 최종의 貸借對照表와 損益計算書

② 株主 및 會社債權者는 營業時間내에는 언제든지 第1項 各 號의 書類의 閱覽을 請求하거나, 會社가 정한 費用을 支給하고 그 謄本 또는 抄本의 交付를 請求할 수 있다.
(2015.12.1 본조제목개정)
(1998.12.28 본조개정)

改前 第522條의2【"合倂契約書등의 公示"】① "理事는 第522條第1項의 株主總會 會日의 2週전부터 合倂을 한 날 이후 6月이 경과하는 날까지 다음 各號의 書類를 本店에 비치하여야 한다."
"2. 合倂으로 인하여 消滅하는 會社의 株主에게 발행하는 株式의 配定에 관하여 그 이유를 기재한 書面"

第522條의3【합병반대주주의 주식매수청구권】 ① 제522조제1항에 따른 결의사항에 관하여 이사회의 결의가 있는 때에 그 결의에 반대하는 주주(의결권이 없거나 제한되는 주주를 포함한다. 이하 이 조에서 같다)는 주주총회 전에 회사에 대하여 서면으로 그 결의에 반대하는 의사를 통지한 경우에는 그 총회의 결의일부터 20일 이내에 주식의 종류와 수를 기재한 서면으로 회사에 대하여 자기가 소유하고 있는 주식의 매수를 청구할 수 있다.
(2015.12.1 본항개정)
② 第527條의2第2項의 公告 또는 통지를 한 날부터 2週내에 會社에 대하여 書面으로 合倂에 反對하는 의사를 통지한 株主는 그 期間이 경과한 날부터 20日이내에 株式의 종류와 數를 기재한 書面으로 會社에 대하여 자기가 所有하고 있는 株式의 買受를 請求할 수 있다.
(1998.12.28 본항신설)
(2015.12.1 본조제목개정)

改前 第522條의3【"合倂反對株主의 株式買受請求權"】① "第522條第1項의 規定에 의한 決議事項에 관하여 理事會의 決議가 있는 때에 그 決議에 反對하는 株主는 株主總會전에 會社에 대하여 書面으로 그 決議에 反對하는 의사를 통지한 경우에는 그 總會의 決議日부터 20日이내에 株式의 종류와 數를 기재한 書面으로 會社에 대하여 자기가 所有하고 있는 株式의 買受를 請求할 수 있다."

第523條【흡수합병의 합병계약서】 합병할 회사의 일방이 합병 후 존속하는 경우에는 합병계약서에 다음의 사항을 적어야 한다.(2011.4.14 본문개정)
1. 存續하는 會社가 合倂으로 인하여 그 發行할 株式의 總數를 增加하는 때에는 그 增加할 株式의 總數, 種類와 數
2. 존속하는 회사의 자본금 또는 준비금이 증가하는 경우에는 증가할 자본금 또는 준비금에 관한 사항(2015.12.1 본호개정)
3. 존속하는 회사가 합병을 하면서 신주를 발행하거나 자기주식을 이전하는 경우에는 발행하는 신주 또는 이전하는 자기주식의 총수, 종류와 수 및 합병으로 인하여 소멸하는 회사의 주주에 대한 신주의 배정 또는 자기주식의 이전에 관한 사항(2015.12.1 본호개정)
4. 존속하는 회사가 합병으로 소멸하는 회사의 주주에게 제3호에도 불구하고 그 대가의 전부 또는 일부로서 금전이나 그 밖의 재산을 제공하는 경우에는 그 내용 및 배정에 관한 사항(2011.4.14 본호개정)
5. 各 會社에서 合倂의 承認決議를 할 社員 또는 株主의 總會의 期日
6. 合倂을 할 날(1998.12.28 본호개정)
7. 存續하는 會社가 合倂으로 인하여 定款을 변경하기로 정한 때에는 그 規定(1998.12.28 본호신설)
8. 각 회사가 합병으로 이익배당을 할 때에는 그 한도액(2011.4.14 본호개정)
9. 합병으로 인하여 존속하는 회사에 취임할 이사와 감사 또는 監査委員會의 위원을 정한 때에는 그 성명 및 주민등록번호(2001.7.24 본호신설)

(2015.12.1 본조제목개정)

改前 第523條【"吸收合倂의 合倂契約書"】합병할 회사의…
"2. 존속하는 회사의 증가할 자본금과 준비금의 총액(2011.4.14 본호개정)"
"3. 存續하는 會社가 合倂當時에 發行하는 新株의 總數, 種類와 數 및 合倂으로 인하여 消滅하는 會社의 株主에 대한 新株의 配定에 관한 事項"

참조 [합병계약서]522, [흡수합병]526, [유한회사에의 준용]603, (2)[신주의 배정과 수종의 주식]344③, [합병으로 인한 등기]상업등기법62-64

판례 흡수합병시 합병비율이 합병할 각 회사의 일방에게 현저하게 불리하게 정해진 경우에는 그 회사의 주주가 합병 전 회사의 재산에 대하여 가지고 있던 지분비율을 합병 후에 유지할 수 없게 됨으로써 실질적으로 주식의 일부를 상실케 되는 결과를 초래하므로, 그 합병계약은 사법관계를 지배하는 신의성실의 원칙이나 공평의 원칙 등에 비추어 무효이므로 합병할 각 회사의 주주 등은 소로써 합병의 무효를 구할 수 있다.(대판 2008.1.10, 2007다64136)

第523條의2【합병대가가 모회사주식인 경우의 특칙】 ① 제342조의2에도 불구하고 제523조제4호에 따라 소멸하는 회사의 주주에게 제공하는 재산이 존속하는 회사의 모회사주식을 포함하는 경우에는 존속하는 회사는 그 지급을 위하여 모회사주식을 취득할 수 있다.
② 존속하는 회사는 제1항에 따라 취득한 모회사의 주식을 합병 후에도 계속 보유하고 있는 경우 합병의 효력이 발생하는 날부터 6개월 이내에 그 주식을 처분하여야 한다.(2015.12.1 본항신설)
(2011.4.14 본조신설)

第524條【신설합병의 합병계약서】 합병으로 회사를 설립하는 경우에는 합병계약서에 다음의 사항을 적어야 한다.(2011.4.14 본문개정)

1. 설립되는 회사에 대하여 제289조제1항제1호부터 제4호까지에 규정된 사항과 종류주식을 발행할 때에는 그 종류, 수와 본점소재지(2011.4.14 본호개정)
2. 設立되는 會社가 合倂當時에 發行하는 株式의 總數와 種類, 數 및 各 會社의 株主에 대한 株式의 配定에 관한 事項
3. 설립되는 회사의 자본금과 준비금의 총액(2011.4.14 본호개정)
4. 각 회사의 주주에게 제2호에도 불구하고 금전이나 그 밖의 재산을 제공하는 경우에는 그 내용 및 배정에 관한 사항(2015.12.1 본호개정)
5. 제523조제5호 및 제6호에 규정된 사항(2015.12.1 본호개정)
6. 합병으로 인하여 설립되는 회사의 이사와 감사 또는 監査委員會의 위원을 정한 때에는 그 성명 및 주민등록번호(2001.7.24 본호신설)

(2015.12.1 본조제목개정)

改前 第524條【"新設合倂의 合倂契約書"】합병으로 회사를…
"4. 各會社의 株主에게 支給할 金額을 定한 때에는 그 規定"
"5. 前條第5號와 第6號에 揭記한 事項"

참조 [합병계약서]522, [신설합병]175·527, [유한회사에의 준용]603, (2)[신주식의 배정과 수종의 주식]344③, [합병으로 인한 등기]상업등기법62-64

第525條【合名會社, 合資會社의 合倂契約書】 ① 合倂後 存續하는 會社 또는 合倂으로 인하여 設立되는 會社가 株式會社인 경우에 合倂할 會社의 一方 또는 雙方이 合名會社 또는 合資會社인 때에는 總社員의 同意를 얻어 合倂契約書를 作成하여야 한다.
② 前2條의 規定은 前項의 合倂契約書에 準用한다.

참조 [합병계약서]522①·523·524, [합명회사 또는 합자회사와 합병]174·175·230·269, [유한회사와 합병]598-603, [등기]상업등기법62-64

第526條【吸收合倂의 報告總會】 ① 合倂을 하는 會社의 一方이 合倂後 存續하는 경우에는 그 理事는 第527條의5의 節次의 종료후, 合倂으로 인한 株式의 倂合이 있을 때에는 그 效力이 생긴 後, 倂合에 적당하지 아니한 株式이 있을 때에는 合倂後, 存續하는 會社에 있어서는 第443條의 처분을 한 후, 小規模合倂의 경우에는 第527條의3第3項 및 第4項의 節次를 종료한 후 지체없이 株主總會를 召集하고 合倂에 관한 事項을 報告하여야 한다.(1998.12.28 본항개정)
② 合倂當時에 發行하는 新株의 引受人은 第1項의 株主總會에서 株主와 同一한 權利가 있다.(1998.12.28 본항개정)
③ 第1項의 경우에 理事會는 公告로써 株主總會에 대한 보고에 갈음할 수 있다.(1995.12.29 본항신설)

참조 [흡수합병]522·523·525, [유한회사에의 준용]603, [채권자의 이의]232·530②, [사채권자의 이의]439③·530②, [주식의 합병]440-443·530③, [상호회사에의 준용]보험70

第527條【新設合倂의 創立總會】 ① 合倂으로 인하여 會社를 設立하는 경우에는 設立委員은 第527條의5의 節次의 終了後, 合倂으로 인한 株式의 倂合이 있을 때에는 그 效力이 생긴 後, 倂合에 適當하지 아니한 株式이 있을 때에는 第443條의 處分을 한 後 遲滯없이 創立總會를 召集하여야 한다.(1998.12.28 본항개정)
② 創立總會에서는 定款變更의 決議를 할 수 있다. 그러나 合倂契約의 趣旨에 違反하는 決議는 하지 못한다.
③ 第308條第2項, 第309條, 第311條, 第312條와 第316條第2項의 規定은 第1項의 創立總會에 準用한다.
④ 第1項의 경우에 理事會는 公告로써 株主總會에 대한 보고에 갈음할 수 있다.(1998.12.28 본항신설)

참조 [신설합병]522·524·525, ①[설립위원]175, [창립총회]308·309, [채권자의 이의]232·530②, [사채권자의 이의]439③·530②, [주식의 병합]440-443·530③, [유한회사에의 준용]603, ②[정관변경]316, ①② [상호회사에의 준용]보험70

第527條의2【簡易合倂】 ① 合倂할 會社의 一方이 合倂후 存續하는 경우에 合倂으로 인하여 消滅하는 會社의 總株主의 同意가 있거나 그 會社의 發行株式總數의 100分의 90이상을 合倂후 存續하는 會社가 소유하고 있는 때에는 合倂으로 인하여 消滅하는 會社의 株主總會의 승인은 이를 理事會의 승인으로 갈음할 수 있다.
② 第1項의 경우에 合倂으로 인하여 消滅하는 會社는 合倂契約書를 작성한 날부터 2週내에 株主總會의 승인을 얻지 아니하고 合倂을 한다는 뜻을 公告하거나 株主에게 통지하여야 한다. 다만 總株主의 同意가 있는 때에는 그러하지 아니하다.
(1998.12.28 본조신설)

第527條의3【소규모합병】 ① 합병 후 존속하는 회사가 합병으로 인하여 발행하는 신주 및 이전하는 자기주식의 총수가 그 회사의 발행주식총수의 100분의 10을 초과하지 아니하는 경우에는 그 존속하는 회사의 주주총회의 승인은 이를 이사회의 승인으로 갈음할 수 있다. 다만, 합병으로 인하여 소멸하는 회사의 주주에게 제공할 금전이나 그 밖의 재산을 정한 경우에 그 금액 및 그 밖의 재산의 가액이 존속하는 회사의 최종 대차대조표상으로 현존하는 순자산액의 100분의 5를 초과하는 경우에는 그러하지 아니하다.(2015.12.1 본항개정)
② 第1項의 경우에 存續하는 會社의 合倂契約書에는 株主總會의 승인을 얻지 아니하고 合倂을 한다는 뜻을 기재하여야 한다.
③ 第1項의 경우에 存續하는 會社는 合倂契約書를 작성한 날부터 2週내에 消滅하는 會社의 商號 및 本店의 所在地, 合倂을 할 날, 株主總會의 승인을 얻지 아니하고 合倂을 한다는 뜻을 公告하거나 株主에게 통지하여야 한다.
④ 合倂후 存續하는 會社의 發行株式總數의 100分의 20 이상에 해당하는 株式을 所有한 株主가 第3項의 規定에 의한 公告 또는 통지를 한 날부터 2週내에 會社에 대하여 書面으로 第1項의 合倂에 反對하는 의사를 통지한 때에는 第1項 本文의 規定에 의한 合倂을 할 수 없다.
⑤ 第1項 本文의 경우에는 第522條의3의 規定은 이를 적용하지 아니한다.
(2015.12.1 본조제목개정)
(1998.12.28 본조신설)

改前 第527條의3【"小規模合倂"】"① 合倂후 存續하는 會社가 合倂으로 인하여 발행하는 新株의 總數가 그 會社의 發行株式總數의 100분의 10을 초과하지 아니하는 때에는 그 存續하는 會社의 株主總會의 승인은 이를 理事會의 승인으로 갈음할 수 있다. 다만, 合倂으로 인하여 消滅하는 會社의 株主에게 지급할 금액을 정한 경우에 그 금액이 存續하는 會社의 최종 貸借對照表상으로 현존하는 純資産額의 100분의 5를 초과하는 때에는 그러하지 아니하다.(2011.4.14 본항개정)"

第527條의4【理事·監事의 任期】 ① 合倂을 하는 會社의 一方이 合倂후 存續하는 경우에 存續하는 會社의 理事 및 監事로서 合倂전에 就任한 者는 合倂契約書에 다른 정함이 있는 경우를 제외하고는 合倂후 최초로 도래하는 決算期의 定期總會가 종료하는 때에 退任한다.
② (2001.7.24 삭제)
(1998.12.28 본조신설)

第527條의5【債權者保護節次】 ① 會社는 第522條의 株主總會의 承認決議가 있은 날부터 2週내에 債權者에 대하여 合倂에 異議가 있으면 1月이상의 기간내에 이를 제출할 것을 公告하고 알고 있는 債權者에 대하여는 따로따로 이를 催告하여야 한다.
② 第1項의 規定을 적용함에 있어서 第527條의2 및 第527條의3의 경우에는 理事會의 承認決議를 株主總會의 承認決議로 본다.
③ 第232條第2項 및 第3項의 規定은 第1項 및 第2項의 경우에 이를 準用한다.
(1998.12.28 본조신설)

第527條의6【合倂에 관한 書類의 事後公示】 ① 理事는 第527條의5에 規定한 節次의 경과, 合倂을 한 날, 合倂으로 인하여 消滅하는 會社로부터 승계한 財産의 價額과 債務額 기타 合倂에 관한 사항을 기재한 書面을 合倂을 한 날부터 6月간 本店에 비치하여야 한다.
② 第522條의2第2項의 規定은 第1項의 書面에 관하여 이를 準用한다.
(1998.12.28 본조신설)

第528條【合倂의 登記】 ① 회사가 합병을 한 때에는 제526조의 주주총회가 종결된 날 또는 보고를 갈음하는 공고일, 제527조의 창립총회가 종결된 날 또는 보고를 갈음하는 공고일부터 2주일 내에 본점의 소재지에서 합병 후 존속하는 회사의 변경등기, 합병으로 인하여 소멸하는 회사의 해산등기, 합병으로 인하여 설립되는 회사의 설립등기를 하여야 한다.(2024.9.20 본항개정)
② 合倂후 存續하는 會社 또는 合倂으로 인하여 設立된 會社가 合倂으로 인하여 轉換社債 또는 新株引受權附社債를 承繼한 때에는 第1項의 登記와 同時에 社債의 登記를 하여야 한다.(1984.4.10 본항개정)

改前 "① 會社가 合倂을 한 때에는 第526條의 株主總會가 終結한 날 또는 보고에 갈음하는 公告日, 第527條의 創立總會가 終結한 날 또는 보고에 갈음하는 公告日부터 本店所在地에서는 2週내, 支店所在地에서는 3週내에 合倂後 存續하는 會社에 있어서는 變更의 登記, 合倂으로 인하여 消滅하는 會社에 있어서는 解散의 登記, 合倂으로 인하여 設立된 會社에 있어서는 第317條에 定하는 登記를 하여야 한다.(1998.12.28 본항개정)"

參照 [벌칙]635①, [등기와 합병의 효력발생시기]234 · 530②, ①[변경의 등기]183 · 317③, [해산등기]228, 상업등기법63-64, [설립등기]317, [상호회사에의 준용]보험70, ②[신주인수권부사채의 등기]516의8, [등기사항]상업등기법62

第529條【合倂無效의 訴】 ① 合倂無效는 各 會社의 株主 · 理事 · 監事 · 清算人 · 破産管財人 또는 合倂을 承認하지 아니한 債權者에 한하여 訴만으로 이를 主張할 수 있다.
② 第1項의 訴는 第528條의 登記가 있은 날로부터 6月내에 提起하여야 한다.
(1984.4.10 본조개정)

參照 [관할]240 · 530②, [제소채권자의 담보제공의무]237 · 530②, [무효의 등기]238 · 530②, [무효판결의 효력]239 · 240 · 530②, [청산인]531, [파산관재인]채무자회생파산355이하, [이의채권자]232 · 530②, [벌칙]631①②, [유한회사에의 준용]603, [상호회사에의 준용]보험70

判例 합병등기 후 합병결의무효확인청구만을 독립된 소로서 구할 수 있는지 여부 : 회사합병에 있어서 합병등기에 의하여 합병의 효력이 발생한 후에는 합병무효의 소를 제기하는 외에 합병결의무효확인청구만을 독립된 소로서 구할 수 없다.(대판 1993.5.27, 92누14908)

第530條【準用規定】 ① (1998.12.28 삭제)
② 第234條, 第235條, 第237條 내지 第240條, 第329條의2, 第374條第2項, 제374조의2제2항 내지 제5항 및 第439條第3項의 規定은 株式會社의 合倂에 관하여 이를 準用한다.(2001.7.24 본항개정)
③ 제440조부터 제443조까지의 규정은 會社의 合倂으로 인한 株式倂合 또는 株式分割의 경우에 準用한다.(2014.5.20 본항개정)
④ 第339條와 第340條第3項의 規定은 株式을 倂合하지 아니하는 경우에 合倂으로 인하여 消滅하는 會社의 株式을 目的으로 하는 質權에 準用한다.

改前 ③ "第440條 내지 第444條의 規定은" 會社의 合倂으로 인한 株式倂合 또는 株式分割의 경우에 準用한다.(1998.12.28 본항개정)

第11節 會社의 分割
(1998.12.28 본절신설)

第530條의2【會社의 分割 · 分割合倂】 ① 會社는 分割에 의하여 1개 또는 수개의 會社를 設立할 수 있다.
② 會社는 分割에 의하여 1개 또는 수개의 存立중의 會社와 合倂(이하 "分割合倂"이라 한다)할 수 있다.
③ 會社는 分割에 의하여 1개 또는 수개의 會社를 設立함과 동시에 分割合倂할 수 있다.
④ 解散후의 會社는 存立중의 會社를 存續하는 會社로 하거나 새로 會社를 設立하는 경우에 한하여 分割 또는 分割合倂할 수 있다.

第530條의3【分割計劃書 · 分割合倂契約書의 승인】 ① 會社가 分割 또는 分割合倂을 하는 때에는 分割計劃書 또는 分割合倂契約書를 작성하여 株主總會의 승인을 얻어야 한다.
② 第1項의 承認決議는 第434條의 規定에 의하여야 한다.
③ 제2항의 결의에 관하여는 제344조의3제1항에 따라 의결권이 배제되는 주주도 의결권이 있다.(2011.4.14 본항개정)
④ 分割計劃 또는 分割合倂契約의 要領은 第363條에 정한 통지에 기재하여야 한다.(2014.5.20 본항개정)
⑤ (2011.4.14 삭제)
⑥ 會社의 分割 또는 分割合倂으로 인하여 分割 또는 分割合倂에 관련되는 각 會社의 株主의 부담이 加重되는 경우에는 제1항 및 제436조의 決議외에 그 株主 全員의 同意가 있어야 한다.(2011.4.14 본항개정)

改前 ④ 分割計劃 또는 分割合倂契約의 要領은 第363條에 정한 "통지와 公告"에 기재하여야 한다.

第530條의4【분할에 의한 회사의 설립】 제530조의2에 따른 회사의 설립에 관하여는 이 장 제1절의 회사설립에 관한 규정을 준용한다. 다만, 분할되는 회사(이하 "분할회사"라 한다)의 출자만으로 회사가 설립되는 경우에는 제299조를 적용하지 아니한다.(2015.12.1 본조개정)

改前 "第530條의4【分割에 의한 會社의 設立】 ① 이 章 第1節의 會社設立에 관한 規定은 第530條의2의 規定에 의한 會社의 設立에 관하여 이를 準用한다.
② 第1項의 規定에 불구하고 分割에 의하여 設立되는 會社는 分割되는 會社의 出資만으로도 設立할 수 있다. 이 경우 分割되는 會社의 株主에게 그 株主가 가지는 그 會社의 株式의 比率에 따라서 設立되는 會社의 株式이 발행되는 때에는 第299條의 規定을 적용하지 아니한다.(1998.12.28 본조신설)"

第530條의5【분할계획서의 기재사항】 ① 분할에 의하여 회사를 설립하는 경우에는 분할계획서에 다음 각 호의 사항을 기재하여야 한다.(2015.12.1 본문개정)
1. 분할에 의하여 설립되는 회사(이하 "단순분할신설회사"라 한다)의 상호, 목적, 본점의 소재지 및 공고의 방법
2. 단순분할신설회사가 발행할 주식의 총수 및 액면주식 · 무액면주식의 구분
3. 단순분할신설회사가 분할 당시에 발행하는 주식의 총수, 종류 및 종류주식의 수, 액면주식 · 무액면주식의 구분
4. 분할회사의 주주에 대한 단순분할신설회사의 주식의 배정에 관한 사항 및 배정에 따른 주식의 병합 또는 분할을 하는 경우에는 그에 관한 사항
5. 분할회사의 주주에게 제4호에도 불구하고 금전이나 그 밖의 재산을 제공하는 경우에는 그 내용 및 배정에 관한 사항
6. 단순분할신설회사의 자본금과 준비금에 관한 사항
7. 단순분할신설회사에 이전될 재산과 그 가액
(2015.12.1 1호~7호개정)
8. 第530條의9第2項의 정함이 있는 경우에는 그 내용
8의2. 분할을 할 날(2015.12.1 본호신설)
9. 단순분할신설회사의 이사와 감사를 정한 경우에는 그 성명과 주민등록번호(2015.12.1 본호개정)
10. 단순분할신설회사의 정관에 기재할 그 밖의 사항
(2015.12.1 본호개정)
② 分割후 會社가 存續하는 경우에는 存續하는 會社에 관하여 分割計劃書에 다음 各號의 사항을 기재하여야 한다.
1. 감소할 자본금과 準備金의 額(2011.4.14 본호개정)
2. 資本減少의 방법

3. 分割로 인하여 移轉할 財産과 그 價額
4. 分割후의 發行株式의 總數
5. 會社가 발행할 株式의 總數를 감소하는 경우에는 그 감소할 株式의 總數, 종류 및 종류별 株式의 數
6. 定款變更을 가져오게 하는 그 밖의 사항
(2015.12.1 본조제목개정)

改前 第530條의5【"分割計劃書의 기재사항"】① "分割에 의하여 會社를 設立하는 경우에는 分割計劃書에 다음 各號의 사항을 기재하여야 한다."
"1. 設立되는 會社의 商號, 目的, 本店의 所在地 및 公告의 방법"
2. "설립되는 회사"가 발행할 주식의 총수…
3. "설립되는 회사"가 분할 당시에 발행하는 주식의 총수…
"4. 分割되는 會社의 株主에 대한 設立되는 會社의 株式의 配定에 관한 사항 및 配定에 따른 株式의 倂合 또는 分割을 하는 경우에는 그에 관한 사항"
"5. 分割되는 會社의 株主에게 지급할 금액을 정한 때에는 그 規定"
"6. 設立되는 會社의 자본금과 準備金에 관한 사항(2011.4.14 본호개정)"
"7. 設立되는 會社에 移轉될 財産과 그 價額"
"9. 設立되는 會社의 理事와 監事를 정한 경우에는 그 姓名과 住民登錄番號"
10. "設立되는 會社의 定款"에 기재할 그 밖의 사항

第530條의6【분할합병계약서의 기재사항 및 분할합병 대가가 모회사주식인 경우의 특칙】 ① 분할회사의 일부가 다른 회사와 합병하여 그 다른 회사(이하 "분할합병의 상대방 회사"라 한다)가 존속하는 경우에는 분할합병계약서에 다음 각 호의 사항을 기재하여야 한다. (2015.12.1 본문개정)
1. 분할합병의 상대방 회사로서 존속하는 회사(이하 "분할승계회사"라 한다)가 분할합병으로 인하여 발행할 주식의 총수를 증가하는 경우에는 증가할 주식의 총수, 종류 및 종류별 주식의 수
2. 분할승계회사가 분할합병을 하면서 신주를 발행하거나 자기주식을 이전하는 경우에는 그 발행하는 신주 또는 이전하는 자기주식의 총수, 종류 및 종류별 주식의 수
3. 분할승계회사가 분할합병을 하면서 신주를 발행하거나 자기주식을 이전하는 경우에는 분할회사의 주주에 대한 분할승계회사의 신주의 배정 또는 자기주식의 이전에 관한 사항 및 주식의 병합 또는 분할을 하는 경우에는 그에 관한 사항
4. 분할승계회사가 분할회사의 주주에게 제3호에도 불구하고 그 대가의 전부 또는 일부로서 금전이나 그 밖의 재산을 제공하는 경우에는 그 내용 및 배정에 관한 사항
5. 분할승계회사의 자본금 또는 준비금이 증가하는 경우에는 증가할 자본금 또는 준비금에 관한 사항
6. 분할회사가 분할승계회사에 이전할 재산과 그 가액
(2015.12.1 1호~6호개정)
7. 第530條의9第3項의 정함이 있는 경우에는 그 내용
8. 각 會社에서 第530條의3第2項의 決議를 할 株主總會의 期日
9. 分割合倂을 할 날
10. 분할승계회사의 이사와 감사를 정한 경우에는 그 성명과 주민등록번호(2015.12.1 본호개정)
11. 분할승계회사의 정관변경을 가져오게 하는 그 밖의 사항(2015.12.1 본호개정)

② 분할회사의 일부가 다른 분할회사의 일부 또는 다른 회사와 분할합병을 하여 회사를 설립하는 경우에는 분할합병계약서에 다음 각 호의 사항을 기재하여야 한다. (2015.12.1 본문개정)
1. 제530조의5제1항제1호·제2호·제6호·제7호·제8호·제8호의2·제9호·제10호에 規定된 사항
2. 분할합병을 하여 설립되는 회사(이하 "분할합병신설회사"라 한다)가 분할합병을 하면서 발행하는 주식의 총수, 종류 및 종류별 주식의 수
(2015.12.1 1호~2호개정)
3. 각 會社의 株主에 대한 株式의 配定에 관한 사항과 配定에 따른 株式의 倂合 또는 分割을 하는 경우에는 그 規定
4. 각 회사가 분할합병신설회사에 이전할 재산과 그 가액(2015.12.1 본호개정)
5. 각 會社의 株主에게 지급할 금액을 정한 때에는 그 規定
6. 각 會社에서 第530條의3第2項의 決議를 할 株主總會의 期日
7. 分割合倂을 할 날

③ 第530條의5의 規定은 第1項 및 第2項의 경우에 각 會社의 分割合倂을 하지 아니하는 부분의 기재에 관하여 이를 準用한다.

④ 제342조의2제1항에도 불구하고 제1항제4호에 따라 분할회사의 주주에게 제공하는 재산이 분할승계회사의 모회사 주식을 포함하는 경우에는 분할승계회사는 그 지급을 위하여 모회사 주식을 취득할 수 있다.(2015.12.1 본항신설)

⑤ 분할승계회사는 제4항에 따라 취득한 모회사의 주식을 분할합병 후에도 계속 보유하고 있는 경우 분할합병의 효력이 발생하는 날부터 6개월 이내에 그 주식을 처분하여야 한다.(2015.12.1 본항신설)
(2015.12.1 본조제목개정)

改前 第530條의6【"分割合倂契約書의 기재사항"】① "分割되는 會社의 일부가 다른 會社와 合倂하여 그 다른 會社(이하 "分割合倂의 相對方 會社"라 한다)가 存續하는 경우에는 分割合倂契約書에 다음 各號의 사항을 기재하여야 한다."
1. "分割合倂의 相對方 會社가 分割合倂으로" 인하여 발행할 "株式의 總數"를 증가하는 경우에는 증가할 "株式의 總數", 종류 및 종류별 "株式의 數"
"2. 分割合倂의 相對方 會社가 分割合倂을 함에 있어서 발행하는 新株의 總數, 종류 및 종류별 株式의 數"
"3. 分割되는 會社의 株主에 대한 分割合倂의 相對方 會社의 株式의 配定에 관한 사항 및 配定에 따른 株式의 倂合 또는 分割을 하는 경우에는 그에 관한 사항"
"4. 分割되는 會社의 株主에 대하여 分割合倂의 相對方 會社가 지급할 금액을 정한 때에는 그 規定"
"5. 分割合倂의 相對方 會社의 증가할 자본금의 總額과 準備金에 관한 사항(2011.4.14 본호개정)"
"6. 分割되는 會社가 分割合倂의 相對方 會社에 移轉할 財産과 그 價額"
"10. 分割合倂의 相對方 會社의 理事와 監事를 정한 때에는 그 姓名과 住民登錄番號"
11. "分割合倂의 相對方 會社의 定款變更"을 가져오게 하는 그 밖의 사항
② "分割되는 會社의 일부가 다른 會社 또는 다른 會社의 일부와 分割合倂을 하여 會社를 設立하는 경우에는 分割合倂契約書에 다음 各號의 사항을 기재하여야 한다."
1. 第530條의5第1項第1號·第2號·"第6號 내지 第10號"에 規定된 사항
"2. 設立되는 會社가 分割合倂을 함에 있어서 발행하는 株式의 總數, 종류 및 종류별 株式의 數"
"4. 각 會社가 設立되는 會社에 移轉할 財産과 그 價額"

第530條의7【분할대차대조표 등의 공시】 ① 분할회사의 이사는 제530조의3제1항에 따른 주주총회 회일의 2주 전부터 분할의 등기를 한 날 또는 분할합병을 한 날 이후 6개월 간 다음 각 호의 서류를 본점에 비치하여야 한다.(2015.12.1 본문개정)
1. 分割計劃書 또는 分割合倂契約書
2. 分割되는 부분의 貸借對照表
3. 분할합병의 경우 분할합병의 상대방 회사의 대차대조표(2015.12.1 본호개정)
4. 분할 또는 분할합병을 하면서 신주가 발행되거나 자기주식이 이전되는 경우에는 분할회사의 주주에 대한 신주의 배정 또는 자기주식의 이전에 관하여 그 이유를 기재한 서면(2015.12.1 본호개정)

② 제530조의6제1항의 분할승계회사의 이사는 분할합병을 승인하는 주주총회 회일의 2주 전부터 분할합병의 등기를 한 후 6개월 간 다음 각 호의 서류를 본점에 비치하여야 한다.(2015.12.1 본문개정)

1. 分割合倂契約書
2. 분할회사의 분할되는 부분의 대차대조표(2015.12.1 본호개정)
3. 분할합병을 하면서 신주를 발행하거나 자기주식을 이전하는 경우에는 분할회사의 주주에 대한 신주의 배정 또는 자기주식의 이전에 관하여 그 이유를 기재한 서면 (2015.12.1 본호개정)

③ 第522條의2第2項의 規定은 第1項 및 第2項의 書類에 관하여 이를 準用한다.
(2015.12.1 본조제목개정)

改前 第530條의7【"分割貸借對照表등의 公示"】① "分割되는 會社의 理事는 第530條의3第1項의 規定에 의한 株主總會의 會日의 2週전부터 分割의 登記를 한 날 또는 分割合倂을 한 날 이후 6月間 다음 各號의 書類를 本店에 비치하여야 한다."
"3. 分割合倂의 경우 分割合倂의 相對方 會社의 貸借對照表"
"4. 分割되는 會社의 株主에게 발행할 株式의 配定에 관하여 그 이유를 기재한 書面"
② "第530條의6第1項의 分割合倂의 相對方 會社의 理事는 分割合倂을 승인하는 株主總會의 會日의 2週전부터 分割合倂의 登記를 한 후 6月間 다음 各號의 書類를 本店에 비치하여야 한다."
"2. 分割되는 會社의 分割되는 부분의 貸借對照表"
"3. 分割되는 會社의 株主에게 발행할 株式의 配定에 관하여 그 이유를 기재한 書面"

第530條의8 (2015.12.1 삭제)

改前 "第530條의8【分割 및 分割合倂에 관한 計算】分割 또는 分割合倂으로 인하여 設立되는 會社 또는 分割合倂의 相對方 會社가 營業權을 취득한 경우에는 그 取得價額을 貸借對照表의 資産의 部에 計上할 수 있다. 이 경우에는 設立登記 또는 分割合倂의 登記를 한 후 5年내의 每 決算期에 均等額이상을 償却하여야 한다.(1998.12.28 본조신설)"

第530條의9【분할 및 분할합병 후의 회사의 책임】 ① 분할회사, 단순분할신설회사, 분할승계회사 또는 분할합병신설회사는 분할 또는 분할합병 전의 분할회사 채무에 관하여 연대하여 변제할 책임이 있다.

② 제1항에도 불구하고 분할회사가 제530조의3제2항에 따른 결의로 분할에 의하여 회사를 설립하는 경우에는 단순분할신설회사는 분할회사의 채무 중에서 분할계획서에 승계하기로 정한 채무에 대한 책임만을 부담하는 것으로 정할 수 있다. 이 경우 분할회사가 분할 후에 존속하는 경우에는 단순분할신설회사가 부담하지 아니하는 채무에 대한 책임만을 부담한다.

③ 분할합병의 경우에 분할회사는 제530조의3제2항에 따른 결의로 분할합병에 따른 출자를 받는 분할승계회사 또는 분할합병신설회사가 분할회사의 채무 중에서 분할합병계약서에 승계하기로 정한 채무에 대한 책임만을 부담하는 것으로 정할 수 있다. 이 경우 제2항 후단을 준용한다.

④ 제2항의 경우에는 제439조제3항 및 제527조의5를 준용한다.
(2015.12.1 본조개정)

改前 "第530條의9【分割 및 分割合倂후의 會社의 責任】① 分割 또는 分割合倂으로 인하여 設立되는 會社 또는 存續하는 會社는 分割 또는 分割合倂전의 會社債務에 관하여 連帶하여 辨濟할 責任이 있다.
② 第1項의 規定에 불구하고 分割되는 會社가 第530條의3第2項의 規定에 의한 決議로 分割에 의하여 會社를 設立하는 경우에는 設立되는 會社가 分割되는 會社의 債務중에서 出資한 財産에 관한 債務만을 부담할 것을 정할 수 있다. 이 경우 分割되는 會社가 分割후에 存續하는 때에는 分割로 인하여 設立되는 會社가 부담하지 아니하는 債務만을 부담한다.
③ 分割合倂의 경우에 分割되는 會社는 第530條의3第2項의 規定에 의한 決議로 分割合倂에 따른 出資를 받는 存立중의 會社가 分割되는 會社의 債務중에서 出資한 財産에 관한 債務만을 부담할 것을 정할 수 있다. 이 경우에는 第2項 後段의 規定을 準用한다.
④ 第439條第3項 및 第527條의5의 規定은 第2項의 경우에 이를 準用한다.
(1998.12.28 본조신설)"

판례 '회사가 알고 있는 채권자'의 의미 : 분할 또는 분할합병으로 인하여 회사의 책임재산에 변동이 생기게 되는 채권자를 보호하기 위하여 상법이 채권자의 이의제출권을 인정하고 그 실효성을 확보하기 위하여 알고 있는 채권자에게 개별적으로 최고하도록 한 입법 취지를 고려하면, 개별 최고가 필요한 '회사가 알고 있는 채권자'란 채권자가 누구이고 채권이 어떠한 내용의 청구권인지가 대체로 회사에게 알려져 있는 채권자를 말하는 것이고, 회사에 알려져 있는지 여부는 개개의 경우에 제반 사정을 종합적으로 고려하여 판단하여야 할 것인데, 회사의 장부 기타 근거에 의하여 성명과 주소가 회사에 알려져 있는 자는 물론이고 회사 대표이사 개인이 알고 있는 채권자도 이에 포함된다고 봄이 타당하다.(대판 2011.9.29, 2011다38516)

판례 주식회사의 분할 또는 분할합병으로 인하여 설립되는 회사와 존속하는 회사가 회사 채권자에게 연대하여 변제할 책임이 있는 분할 또는 분할합병 전의 회사 채무에는 회사 분할 또는 분할합병의 효력발생 전에 발생하였으나 분할 또는 분할합병 당시에는 아직 그 변제기가 도래하지 아니한 채무도 포함된다.
(대판 2008.2.14, 2007다73321)

판례 상법 530조의3 2항에 의한 특별결의로 분할에 의하여 회사를 설립하는 경우, 신설회사에 출자한 재산에 관한 채무의 승계 범위 : 회사분할에 있어서 분할계획서상 분할기준일 이전의 분할전의 회사채무에 관하여 신설회사의 연대책임 원칙을 배제하는 규정을 두고 있음에도, 분할기준일 후의 분할 전의 회사채무에 대하여 분할계획서에 특별한 규정을 두고 있지 아니하는 경우, 회사분할에 있어서 신설회사는 원칙적으로 분할 전의 회사채무에 관하여 연대하여 변제할 책임이 있고(상법 530조의9 1항), 회사가 상법 530조의3 2항의 규정에 의한 특별결의로 분할에 의하여 회사를 설립하면서, 신설회사가 분할되는 회사의 채무 중에서 출자한 재산에 관한 채무 외의 채무에 대하여는 부담하지 아니할 것을 정할 수 있으나(상법 530조의9 2항), 출자한 재산에 관한 채무에 관하여는 위 규정에 의하더라도 신설회사가 그 책임을 면할 수 없는 것이 원칙이므로, 특별한 사정이 없는 한 신설회사에 출자한 재산에 관한 채무는 그것이 분할기준일 후부터 분할 전까지 발생한 것이라도 신설회사에게 승계되는 것으로 보아야 한다.(대판 2004.7.9, 2004다17191)

第530條의10【분할 또는 분할합병의 효과】 단순분할신설회사, 분할승계회사 또는 분할합병신설회사는 분할회사의 권리와 의무를 분할계획서 또는 분할합병계약서에서 정하는 바에 따라 승계한다.(2015.12.1 본조개정)

改前 "第530條의10【分割 또는 分割合倂의 效果】分割 또는 分割合倂으로 인하여 設立되는 會社 또는 存續하는 會社는 分割하는 會社의 權利와 義務를 分割計劃書 또는 分割合倂契約書가 정하는 바에 따라서 承繼한다.(1998.12.28 본조신설)"

第530條의11【準用規定】 ① 분할 또는 분할합병의 경우에는 제234조, 제237조부터 제240조까지, 제329조의2, 제440조부터 제443조까지, 제526조, 제527조, 제527조의6, 제528조 및 제529조를 준용한다. 다만, 제527조의 설립위원은 대표이사로 한다.(2014.5.20 본문개정)

② 第374條第2項, 第439條第3項, 第522條의3, 第527條의2, 第527條의3 및 第527條의5의 規定은 分割合倂의 경우에 이를 準用한다.(1999.12.31 본항개정)

改前 ① 분할 또는 분할합병의 경우에는 제234조, 제237조부터 제240조까지, 제329조의2, 제440조부터 "제444조"까지…

第530條의12【物的 分割】 이 節의 規定은 分割되는 會社가 分割 또는 分割合倂으로 인하여 設立되는 會社의 株式의 總數를 취득하는 경우에 이를 準用한다.

第12節 清 算

第531條【清算人의 決定】 ① 會社가 解散한 때에는 合倂·分割·分割合倂 또는 破産의 경우외에는 理事가 清算人이 된다. 다만, 定款에 다른 정함이 있거나 株主總會에서 他人을 選任한 때에는 그러하지 아니하다.
(1998.12.28 본항개정)

② 前項의 規定에 의한 清算人이 없는 때에는 法院은 利害關係人의 請求에 의하여 清算人을 選任한다.

참조 [청산인의 직무]254·260·533-538·542①, [청산인과 회사와의 관계]382②·388·542②, [회사대표]255·389·542①②, [청산인의 선임]보험156, [청산인의 책임]399-403·414③·542②, [청산인 부적격]비송121, [청산인의 등기]253·542①, 상업등기법60, [청산인의 신고]532, [청산인의 해임]539, [청산인의 직무대행자]386②·407·542②, 비송85·120, [상호회사에의 준용]보험73, [청산법인의 경우]국유재산80, 국유재산시80, ①[해산]518, [합병의 경우]235·530②, [파산의 경우]채무자회생파산384, ②[법원에 의한 선임]비송117·119·123, [특례]보험138, [해산명령의 경우]252·542①, [설립무효의 경우]193·328②

판례 청산인의 결정 : 상법 520조의2의 규정에 의하여 주식회사가 해산되고 그 청산이 종결된 것으로 보게 되는 회사라도 어떤 권리관계가 남아 있어 현실적으로 정리할 필요가 있으면 그 범위 내에서는 아직 완전히 소멸하지 아니하고, 이러한 경우 그 회사의 해산 당시의 이사는 정관에 다른 규정이 있거나 주주총회에서 따로 청산인을 선임하지 아니한 경우에 당연히 청산인이 되고, 그러한 청산인이 없는 때에는 이해관계인의 청구에 의하여 법원이 선임한 자가 청산인이 되므로, 이러한 청산인만이 청산 중인 회사의 청산사무를 집행하고 대표하는 기관이 된다.(대판 1994.5.27, 94다7607)

第532條【清算人의 申告】 清算人은 就任한 날로부터 2週間내에 다음의 事項을 法院에 申告하여야 한다.

1. 解散의 事由와 그 年月日
2. 清算人의 姓名·住民登錄番號 및 住所(1995.12.29 본호개정)

참조 [관할]비송117, [법원의 청산감독권]비송118, [법원에 의한 검사인의 선임]비송35, [유한회사에의 준용]613①, [상호회사에의 준용]보험73

第533條【會社財産調查報告義務】 ① 清算人은 就任한 後 遲滯없이 會社의 財産狀態를 調查하여 財産目錄과 貸借對照表를 作成하고 이를 株主總會에 提出하여 그 承認을 얻어야 한다.

② 清算人은 前項의 承認을 얻은 後 遲滯없이 財産目錄과 貸借對照表를 法院에 提出하여야 한다.

참조 [재산목록·대차대조표]30, [결산기마다의 작성·제출]534, [보존의무]541, [벌칙]635①, [유한회사에의 준용]613①, [상호회사에의 준용]보험73, ②[법원의 감독]비송118, [청산법인의 경우]국유재산80, 국유재산시80

第534條【貸借對照表·事務報告書·附屬明細書의 제출·監査·公示·承認】 ① 清算人은 定期總會會日로부터 4週間전에 貸借對照表 및 그 附屬明細書와 事務報告書를 작성하여 監事에게 제출하여야 한다.

② 監事는 定期總會會日로부터 1週間전에 第1項의 書類에 관한 監査報告書를 清算人에게 제출하여야 한다.

③ 清算人은 定期總會會日의 1週間전부터 第1項의 書類와 第2項의 監査報告書를 本店에 備置하여야 한다.

④ 第448條第2項의 規定은 第3項의 書類에 관하여 이를 準用한다.

⑤ 清算人은 貸借對照表 및 事務報告書를 定期總會에 제출하여 그 承認을 要求하여야 한다.

(1984.4.10 본조개정)

참조 [재무제표]447, [정기총회]365①②, [벌칙]635①, [재무제표의 비치의무·열람 또는 등초본의 교부]448·542②, [재무제표의 총회제출·공고]449·542②, [재무제표의 승인과 책임해제]450·542②, [유한회사에의 준용]613①, [상호회사에의 준용]보험73

第535條【會社債權者에의 催告】 ① 清算人은 就任한 날로부터 2月내에 會社債權者에 대하여 一定한 期間내에 그 債權을 申告할 것과 그 期間내에 申告하지 아니하면 清算에서 除外될 뜻을 2回이상 公告로써 催告하여야 한다. 그러나 그 期間은 2月이상이어야 한다.

② 清算人은 알고 있는 債權者에 대하여는 各別로 그 債權의 申告를 催告하여야 하며 그 債權者가 申告하지 아니한 경우에도 이를 清算에서 除外하지 못한다.

참조 민88·89, [벌칙]635①, [유한회사에의 준용]613①, [상호회사에의 준용]보험73, ①[알고 있는 채권자]535, [변제정지]536, [제척]537, [채권의 신고기간]535①·536

第536條【債權申告期間내의 辨濟】 ① 清算人은 前條第1項의 申告期間내에는 債權者에 대하여 辨濟를 하지 못한다. 그러나 會社는 그 辨濟의 遲延으로 인한 損害賠償의 責任을 免하지 못한다.

② 清算人은 前項의 規定에 不拘하고 少額의 債權, 擔保있는 債權 기타 辨濟로 인하여 다른 債權者를 害할 念慮가 없는 債權에 대하여는 法院의 許可를 얻어 이를 辨濟할 수 있다.

참조 [유한회사에의 준용]613①, [상호회사에의 준용]보험73, ①[청산과 채무의 변제]254①·259·542①, [손해배상]민387·396, ②[허가]비송126, [채권신고기간 내의 변제]보험159, [벌칙]635①

第537條【除外된 債權者에 대한 辨濟】 ① 清算에서 除外된 債權者는 分配되지 아니한 殘餘財産에 대하여서만 辨濟를 請求할 수 있다.

② 一部의 株主에 대하여 財産의 分配를 한 경우에는 그와 同一한 比率로 다른 株主에게 分配할 財産은 前項의 殘餘財産에서 控除한다.

참조 [제외된 채권자]535, [동취지의 규정]민92, [유한회사에의 준용]613①, [상호회사에의 준용]보험73

第538條【殘餘財産의 分配】 殘餘財産은 各 株主가 가진 株式의 數에 따라 株主에게 分配하여야 한다. 그러나 第344條第1項의 規定을 適用하는 경우에는 그러하지 아니하다.

참조 [분배의 제한]260·542①, [이익 또는 이자배당의 비례]464, [등록질권자의 권리]340①, [청산법인의 경우]국유재산80, 국유재산시80

第539條【清算人의 解任】 ① 清算人은 法院이 選任한 경우외에는 언제든지 株主總會의 決議로 이를 解任할 수 있다.

② 清算人이 그 業務를 執行함에 현저하게 不適任하거나 重大한 任務에 違反한 行爲가 있는 때에는 發行株式의 總數의 100分의 3이상에 해당하는 株式을 가진 株主는 法院에 그 清算人의 解任을 請求할 수 있다.

(1998.12.28 본항개정)

③ 第186條의 規定은 第2項의 請求에 관한 訴에 準用한다.(1998.12.28 본항개정)

참조 [이사의 해임]385, [청산인]531, [해임의 등기]253①②·542①, 비송119, [법원이 선임한 청산인]252·531②·542①, [상호회사에의 준용]보험73, ②[해임재판]비송117·119, [벌칙]631①②

第540條【清算의 終結】 ① 清算事務가 終結한 때에는 清算人은 遲滯없이 決算報告書를 作成하고 이를 株主總會에 提出하여 承認을 얻어야 한다.

② 前項의 承認이 있는 때에는 會社는 清算人에 대하여 그 責任을 解除한 것으로 본다. 그러나 清算人의 不正行爲에 대하여는 그러하지 아니하다.

참조 [청산사무]254·542①, [청산종결의 등기]264·542①, [벌칙]635①, [상호회사에의 준용]보험73, ②[책임]399·542②, [청산종결전의 경우]450·542②, [청산법인의 경우]국유재산80, 국유재산시80

第541條【書類의 保存】 ① 會社의 帳簿 기타 營業과 清算에 관한 重要한 書類는 本店所在地에서 清算終結의 登記를 한 後 10年間 이를 保存하여야 한다. 다만, 傳票 또는 이와 유사한 書類는 5年間 이를 보존하여야 한다.

(1995.12.29 단서신설)

② 前項의 保存에 관하여는 清算人 기타의 利害關係人의 請求에 의하여 法院이 保存人과 保存方法을 정한다.

참조 [회사의 장부]29·396①, [상인의 중요서류보존의무]33, [청산종결의 등기]264·542①, [보존인의 선임]비송117·127, [상호회사에의 준용]보험73, [휴면법인의 경우]국유재산80, 국유재산시80

第542條【準用規定】 ① 第245條, 第252條 내지 第255條, 第259條, 第260條와 第264條의 規定은 株式會社에 準用한다.

② 第362條, 第363條의2, 第366條, 第367條, 第373條, 第376條, 第377條, 第382條第2項, 第386條, 第388條 내지 第394條, 第396條, 제398조부터 제406조까지, 제406조의2, 제407조, 제408조, 第411條 내지 第413條, 第414條第3項, 第449條第3項, 第450條와 제466조는 清算人에 準用한다.

(2020.12.29 본항개정)

改前 ② 第362條…第388條 내지 第394條, 第396條, "第398條 내지 第408條", 第411條 내지 第413條…第450條와 "第466條의 規定은" 清算人에 準用한다.(1998.12.28 본항개정)

판례 해산등기 후 청산인이 청산절차를 밟지 않을 경우 직무대행자 선임 여부 : 회사가 휴면회사가 되어 해산등기가 마쳐졌음에도 대표청산인이 청산절차를 밟지 않고 있고, 회사채권자인 재항고인의 수차례에 걸친 주소보정에도 불구하고 대표청산인에 대한 재산관계 명시결정이 계속적으로 송달불능 상태에 있는 경우, 직무대행자를 선임할 필요성이 인정된다.(대결 1998.9.3, 97마1429)

第13節 상장회사에 대한 특례
(2009.1.30 본절신설)

第542條의2【적용범위】 ① 이 절은 대통령령으로 정하는 증권시장(증권의 매매를 위하여 개설된 시장을 말한다)에 상장된 주권을 발행한 주식회사(이하 "상장회사"라 한다)에 대하여 적용한다. 다만, 집합투자(2인 이상에게 투자권유를 하여 모은 금전이나 그 밖의 재산적 가치가 있는 재산을 취득·처분, 그 밖의 방법으로 운용하고 그 결과를 투자자에게 배분하여 귀속시키는 것을 말한다)를 수행하기 위한 기구로서 대통령령으로 정하는 주식회사는 제외한다.
② 이 절은 이 장 다른 절에 우선하여 적용한다.

第542條의3【주식매수선택권】 ① 상장회사는 제340조의2제1항 본문에 규정된 자 외에도 대통령령으로 정하는 관계 회사의 이사, 집행임원, 감사 또는 피용자에게 주식매수선택권을 부여할 수 있다. 다만, 제542조의8제2항제5호의 최대주주 등 대통령령으로 정하는 자에게는 주식매수선택권을 부여할 수 없다.(2011.4.14 본문개정)
② 상장회사는 제340조의2제3항에도 불구하고 발행주식총수의 100분의 20의 범위에서 대통령령으로 정하는 한도까지 주식매수선택권을 부여할 수 있다.
③ 상장회사는 제340조의2제1항 본문에도 불구하고 정관으로 정하는 바에 따라 발행주식총수의 100분의 10의 범위에서 대통령령으로 정하는 한도까지 이사회가 제340조의3제2항 각 호의 사항을 결의함으로써 해당 회사의 집행임원·감사 또는 피용자 및 제1항에 따른 관계 회사의 이사·집행임원·감사 또는 피용자에게 주식매수선택권을 부여할 수 있다. 이 경우 주식매수선택권을 부여한 후 처음으로 소집되는 주주총회의 승인을 받아야 한다.(2011.4.14 전단개정)
④ 상장회사의 주식매수선택권을 부여받은 자는 제340조의4제1항에도 불구하고 대통령령으로 정하는 경우를 제외하고는 주식매수선택권을 부여하기로 한 주주총회 또는 이사회의 결의일부터 2년 이상 재임하거나 재직하여야 주식매수선택권을 행사할 수 있다.
⑤ 제1항부터 제4항까지에서 규정한 사항 외에 상장회사의 주식매수선택권 부여, 취소, 그 밖에 필요한 사항은 대통령령으로 정한다.

改前 ① 상장회사는 제340조의2제1항 본문에 규정된 자 외에도 대통령령으로 정하는 관계 회사의 "이사", 감사 또는 피용자에게 주식매수선택권을 부여할 수 있다. 다만,…
③ 상장회사는…제340조의3제2항 각 호의 사항을 결의함으로써 해당 회사의 "감사" 또는 피용자 및 제1항에 따른 관계 회사의 이사·"감사" 또는 피용자에게 주식매수선택권을 부여할 수 있다. 이 경우…

第542條의4【주주총회 소집공고 등】 ① 상장회사가 주주총회를 소집하는 경우 대통령령으로 정하는 수 이하의 주식을 소유하는 주주에게는 정관으로 정하는 바에 따라 주주총회일의 2주 전에 주주총회를 소집하는 뜻과 회의의 목적사항을 둘 이상의 일간신문에 각각 2회 이상 공고하거나 대통령령으로 정하는 바에 따라 전자적 방법으로 공고함으로써 제363조제1항의 소집통지를 갈음할 수 있다.
② 상장회사가 이사·감사의 선임에 관한 사항을 목적으로 하는 주주총회를 소집통지 또는 공고하는 경우에는 이사·감사 후보자의 성명, 약력, 추천인, 그 밖에 대통령령으로 정하는 후보자에 관한 사항을 통지하거나 공고하여야 한다.
③ 상장회사가 주주총회 소집의 통지 또는 공고를 하는 경우에는 사외이사 등의 활동내역과 보수에 관한 사항, 사업개요 등 대통령령으로 정하는 사항을 통지 또는 공고하여야 한다. 다만, 상장회사가 그 사항을 대통령령으로 정하는 방법으로 일반인이 열람할 수 있도록 하는 경우에는 그러하지 아니하다.

第542條의5【이사·감사의 선임방법】 상장회사가 주주총회에서 이사 또는 감사를 선임하려는 경우에는 제542조의4제2항에 따라 통지하거나 공고한 후보자 중에서 선임하여야 한다.

第542條의6【소수주주권】 ① 6개월 전부터 계속하여 상장회사 발행주식총수의 1천분의 15 이상에 해당하는 주식을 보유한 자는 제366조(제542조에서 준용하는 경우를 포함한다) 및 제467조에 따른 주주의 권리를 행사할 수 있다.
② 6개월 전부터 계속하여 상장회사의 의결권 없는 주식을 제외한 발행주식총수의 1천분의 10(대통령령으로 정하는 상장회사의 경우에는 1천분의 5) 이상에 해당하는 주식을 보유한 자는 제363조의2(제542조에서 준용하는 경우를 포함한다)에 따른 주주의 권리를 행사할 수 있다.
③ 6개월 전부터 계속하여 상장회사 발행주식총수의 1만분의 50(대통령령으로 정하는 상장회사의 경우에는 1만분의 25) 이상에 해당하는 주식을 보유한 자는 제385조(제415조에서 준용하는 경우를 포함한다) 및 제539조에 따른 주주의 권리를 행사할 수 있다.
④ 6개월 전부터 계속하여 상장회사 발행주식총수의 1만분의 10(대통령령으로 정하는 상장회사의 경우에는 1만분의 5) 이상에 해당하는 주식을 보유한 자는 제466조(제542조에서 준용하는 경우를 포함한다)에 따른 주주의 권리를 행사할 수 있다.
⑤ 6개월 전부터 계속하여 상장회사 발행주식총수의 10만분의 50(대통령령으로 정하는 상장회사의 경우에는 10만분의 25) 이상에 해당하는 주식을 보유한 자는 제402조(제408조의9 및 제542조에서 준용하는 경우를 포함한다)에 따른 주주의 권리를 행사할 수 있다.
(2011.4.14 본항개정)
⑥ 6개월 전부터 계속하여 상장회사 발행주식총수의 1만분의 1 이상에 해당하는 주식을 보유한 자는 제403조(제324조, 제408조의9, 제415조, 제424조의2, 제467조의2 및 제542조에서 준용하는 경우를 포함한다)에 따른 주주의 권리를 행사할 수 있다.(2011.4.14 본항개정)
⑦ 6개월 전부터 계속하여 상장회사 발행주식총수의 1만분의 50 이상에 해당하는 주식을 보유한 자는 제406조의2(제324조, 제408조의9, 제415조 및 제542조에서 준용하는 경우를 포함한다)에 따른 주주의 권리를 행사할 수 있다.(2020.12.29 본항신설)
⑧ 상장회사는 정관에서 제1항부터 제6항까지 규정된 것보다 단기의 주식 보유기간을 정하거나 낮은 주식 보유비율을 정할 수 있다.
⑨ 제1항부터 제6항까지 및 제542조의7제2항에서 "주식을 보유한 자"란 주식을 소유한 자, 주주권 행사에 관한 위임을 받은 자, 2명 이상 주주의 주주권을 공동으로 행사하는 자를 말한다.
⑩ 제1항부터 제7항까지는 제542조의2제2항에도 불구하고 이 장의 다른 절에 따른 소수주주권의 행사에 영향을 미치지 아니한다.(2020.12.29 본항신설)

改前 "⑦" 상장회사는 정관에서 제1항부터 제6항까지 규정된 것보다 단기의 주식 보유기간을 정하거나…
"⑧" 제1항부터 제6항까지 및 제542조의7제2항에서 "주식을 보유한 자"란 주식을 소유한 자, 주주권 행사에 관한 위임…

第542條의7【집중투표에 관한 특례】 ① 상장회사에 대하여 제382조의2에 따라 집중투표의 방법으로 이사를 선임할 것을 청구하는 경우 주주총회일(정기주주총회의 경우에는 직전 연도의 정기주주총회일에 해당하는 그 해의 해당일. 이하 제542조의8제5항에서 같다)의 6주 전까지 서면 또는 전자문서로 회사에 청구하여야 한다.

② 자산 규모 등을 고려하여 대통령령으로 정하는 상장회사의 의결권 없는 주식을 제외한 발행주식총수의 100분의 1 이상에 해당하는 주식을 보유한 자는 제382조의2에 따라 집중투표의 방법으로 이사를 선임할 것을 청구할 수 있다.
③ 제2항의 상장회사가 정관으로 집중투표를 배제하거나 그 배제된 정관을 변경하려는 경우에는 의결권 없는 주식을 제외한 발행주식총수의 100분의 3을 초과하는 수의 주식을 가진 주주는 그 초과하는 주식에 관하여 의결권을 행사하지 못한다. 다만, 정관에서 이보다 낮은 주식 보유비율을 정할 수 있다.
④ 제2항의 상장회사가 주주총회의 목적사항으로 제3항에 따른 집중투표 배제에 관한 정관 변경에 관한 의안을 상정하려는 경우에는 그 밖의 사항의 정관 변경에 관한 의안과 별도로 상정하여 의결하여야 한다.

第542條의8【사외이사의 선임】 ① 상장회사는 자산 규모 등을 고려하여 대통령령으로 정하는 경우를 제외하고는 이사 총수의 4분의 1 이상을 사외이사로 하여야 한다. 다만, 자산 규모 등을 고려하여 대통령령으로 정하는 상장회사의 사외이사는 3명 이상으로 하되, 이사 총수의 과반수가 되도록 하여야 한다.
② 상장회사의 사외이사는 제382조제3항 각 호 뿐만 아니라 다음 각 호의 어느 하나에 해당되지 아니하여야 하며, 이에 해당하게 된 경우에는 그 직을 상실한다.
1. 미성년자, 피성년후견인 또는 피한정후견인(2018.9.18 본호개정)
2. 파산선고를 받고 복권되지 아니한 자
3. 금고 이상의 형을 선고받고 그 집행이 끝나거나 집행이 면제된 후 2년이 지나지 아니한 자
4. 대통령령으로 별도로 정하는 법률을 위반하여 해임되거나 면직된 후 2년이 지나지 아니한 자
5. 상장회사의 주주로서 의결권 없는 주식을 제외한 발행주식총수를 기준으로 본인 및 그와 대통령령으로 정하는 특수한 관계에 있는 자(이하 "특수관계인"이라 한다)가 소유하는 주식의 수가 가장 많은 경우 그 본인(이하 "최대주주"라 한다) 및 그의 특수관계인
6. 누구의 명의로 하든지 자기의 계산으로 의결권 없는 주식을 제외한 발행주식총수의 100분의 10 이상의 주식을 소유하거나 이사·집행임원·감사의 선임과 해임 등 상장회사의 주요 경영사항에 대하여 사실상의 영향력을 행사하는 주주(이하 "주요주주"라 한다) 및 그의 배우자와 직계 존속·비속(2011.4.14 본호개정)
7. 그 밖에 사외이사로서의 직무를 충실하게 수행하기 곤란하거나 상장회사의 경영에 영향을 미칠 수 있는 자로서 대통령령으로 정하는 자

③ 제1항의 상장회사는 사외이사의 사임·사망 등의 사유로 인하여 사외이사의 수가 제1항의 이사회의 구성요건에 미달하게 되면 그 사유가 발생한 후 처음으로 소집되는 주주총회에서 제1항의 요건에 합치되도록 사외이사를 선임하여야 한다.
④ 제1항 단서의 상장회사는 사외이사 후보를 추천하기 위하여 제393조의2의 위원회(이하 이 조에서 "사외이사 후보추천위원회"라 한다)를 설치하여야 한다. 이 경우 사외이사 후보추천위원회는 사외이사가 총위원의 과반수가 되도록 구성하여야 한다.(2011.4.14 본항개정)
⑤ 제1항 단서에서 규정하는 상장회사가 주주총회에서 사외이사를 선임하려는 때에는 사외이사 후보추천위원회의 추천을 받은 자 중에서 선임하여야 한다. 이 경우 사외이사 후보추천위원회가 사외이사 후보를 추천할 때에는 제363조의2제1항, 제542조의6제1항·제2항의 권리를 행사할 수 있는 요건을 갖춘 주주가 주주총회일(정기주주총회의 경우 직전연도의 정기주주총회일에 해당하는 해당 연도의 해당일)의 6주 전에 추천한 사외이사 후보를 포함시켜야 한다.(2011.4.14 본항개정)

改前 ② 1. 미성년자, "금치산자 또는 한정치산자"

第542條의9【주요주주 등 이해관계자와의 거래】 ① 상장회사는 다음 각 호의 어느 하나에 해당하는 자를 상대방으로 하거나 그를 위하여 신용공여(금전 등 경제적 가치가 있는 재산의 대여, 채무이행의 보증, 자금 지원적 성격의 증권 매입, 그 밖에 거래상의 신용위험이 따르는 직접적·간접적 거래로서 대통령령으로 정하는 거래를 말한다. 이하 이 조에서 같다)를 하여서는 아니 된다.
1. 주요주주 및 그의 특수관계인
2. 이사(제401조의2제1항 각 호의 어느 하나에 해당하는 자를 포함한다. 이하 이 조에서 같다) 및 집행임원 (2011.4.14 본호개정)
3. 감사

② 제1항에도 불구하고 다음 각 호의 어느 하나에 해당하는 경우에는 신용공여를 할 수 있다.
1. 복리후생을 위한 이사·집행임원 또는 감사에 대한 금전대여 등으로서 대통령령으로 정하는 신용공여 (2011.4.14 본호개정)
2. 다른 법령에서 허용하는 신용공여
3. 그 밖에 상장회사의 경영건전성을 해칠 우려가 없는 금전대여 등으로서 대통령령으로 정하는 신용공여

③ 자산 규모 등을 고려하여 대통령령으로 정하는 상장회사는 최대주주, 그의 특수관계인 및 그 상장회사의 특수관계인으로서 대통령령으로 정하는 자를 상대방으로 하거나 그를 위하여 다음 각 호의 어느 하나에 해당하는 거래(제1항에 따라 금지되는 거래는 제외한다)를 하려는 경우에는 이사회의 승인을 받아야 한다.
1. 단일 거래규모가 대통령령으로 정하는 규모 이상인 거래
2. 해당 사업연도 중에 특정인과 해당 거래를 포함한 거래총액이 대통령령으로 정하는 규모 이상이 되는 경우의 해당 거래

④ 제3항의 경우 상장회사는 이사회의 승인 결의 후 처음으로 소집되는 정기주주총회에 해당 거래의 목적, 상대방, 그 밖에 대통령령으로 정하는 사항을 보고하여야 한다.
⑤ 제3항에도 불구하고 상장회사가 경영하는 업종에 따른 일상적인 거래로서 다음 각 호의 어느 하나에 해당하는 거래는 이사회의 승인을 받지 아니하고 할 수 있으며, 제2호에 해당하는 거래에 대하여는 그 거래내용을 주주총회에 보고하지 아니할 수 있다.
1. 약관에 따라 정형화된 거래로서 대통령령으로 정하는 거래
2. 이사회에서 승인한 거래총액의 범위 안에서 이행하는 거래

改前 ① "2. 이사(제401조의2제1항 각 호의 어느 하나에 해당하는 자를 포함한다. 이하 이 조에서 같다)"
② 1. 복리후생을 위한 "이사" 또는 감사에 대한 금전대여 등으로서 대통령령으로 정하는 신용공여

參照 [거래위반의 죄]624의2

第542條의10【상근감사】 ① 대통령령으로 정하는 상장회사는 주주총회 결의에 의하여 회사에 상근하면서 감사업무를 수행하는 감사(이하 "상근감사"라고 한다)를 1명 이상 두어야 한다. 다만, 이 절 및 다른 법률에 따라 감사위원회를 설치한 경우(감사위원회 설치 의무가 없는 상장회사가 이 절의 요건을 갖춘 감사위원회를 설치한 경우를 포함한다)에는 그러하지 아니하다. (2011.4.14 단서개정)
② 다음 각 호의 어느 하나에 해당하는 자는 제1항 본문의 상장회사의 상근감사가 되지 못하며, 이에 해당하게 되는 경우에는 그 직을 상실한다.

1. 제542조의8제2항제1호부터 제4호까지 및 제6호에 해당하는 자
2. 회사의 상무(常務)에 종사하는 이사·집행임원 및 피용자 또는 최근 2년 이내에 회사의 상무에 종사한 이사·집행임원 및 피용자. 다만, 이 절에 따른 감사위원회위원으로 재임 중이거나 재임하였던 이사는 제외한다.(2011.4.14 본문개정)
3. 제1호 및 제2호 외에 회사의 경영에 영향을 미칠 수 있는 자로서 대통령령으로 정하는 자

改前 ① 대통령령으로…한다. 다만, "이 법" 및 다른 법률에 따라 감사위원회를 설치한 경우…
② 2. 회사의 상무(常務)에 종사하는 "이사" 및 피용자 또는 최근 2년 이내에 회사의 상무에 종사한 "이사" 및 피용자. 다만,…

第542條의11【감사위원회】 ① 자산 규모 등을 고려하여 대통령령으로 정하는 상장회사는 감사위원회를 설치하여야 한다.
② 제1항의 상장회사의 감사위원회는 제415조의2제2항의 요건 및 다음 각 호의 요건을 모두 갖추어야 한다.
1. 위원 중 1명 이상은 대통령령으로 정하는 회계 또는 재무 전문가일 것
2. 감사위원회의 대표는 사외이사일 것
③ 제542조의10제2항 각 호의 어느 하나에 해당하는 자는 제1항의 상장회사의 사외이사가 아닌 감사위원회위원이 될 수 없고, 이에 해당하게 된 경우에는 그 직을 상실한다.
④ 상장회사는 감사위원회위원인 사외이사의 사임·사망 등의 사유로 인하여 사외이사의 수가 다음 각 호의 감사위원회의 구성요건에 미달하게 되면 그 사유가 발생한 후 처음으로 소집되는 주주총회에서 그 요건에 합치되도록 하여야 한다.
1. 제1항에 따라 감사위원회를 설치한 상장회사는 제2항 각 호 및 제415조의2제2항의 요건
2. 제415조의2제1항에 따라 감사위원회를 설치한 상장회사는 제415조의2제2항의 요건

第542條의12【감사위원회의 구성 등】 ① 제542조의11제1항의 상장회사의 경우 제393조의2에도 불구하고 감사위원회위원을 선임하거나 해임하는 권한은 주주총회에 있다.
② 제542조의11제1항의 상장회사는 주주총회에서 이사를 선임한 후 선임된 이사 중에서 감사위원회위원을 선임하여야 한다. 다만, 감사위원회위원 중 1명(정관에서 2명 이상으로 정할 수 있으며, 정관으로 정한 경우에는 그에 따른 인원으로 한다)은 주주총회 결의로 다른 이사들과 분리하여 감사위원회위원이 되는 이사로 선임하여야 한다.(2020.12.29 단서신설)
③ 제1항에 따른 감사위원회위원은 제434조에 따른 주주총회의 결의로 해임할 수 있다. 이 경우 제2항단서에 따른 감사위원회위원은 이사와 감사위원회위원의 지위를 모두 상실한다.(2020.12.29 본항개정)
④ 제1항에 따른 감사위원회위원을 선임 또는 해임할 때에는 상장회사의 의결권 없는 주식을 제외한 발행주식총수의 100분의 3(정관에서 더 낮은 주식 보유비율을 정할 수 있으며, 정관에서 더 낮은 주식 보유비율을 정한 경우에는 그 비율로 한다)을 초과하는 수의 주식을 가진 주주(최대주주인 경우에는 사외이사가 아닌 감사위원회위원을 선임 또는 해임할 때에 그의 특수관계인, 그 밖에 대통령령으로 정하는 자가 소유하는 주식을 합산한다)는 그 초과하는 주식에 관하여 의결권을 행사하지 못한다.(2020.12.29 본항개정)
⑤ 상장회사가 주주총회의 목적사항으로 감사의 선임 또는 감사의 보수결정을 위한 의안을 상정하려는 경우에는 이사의 선임 또는 이사의 보수결정을 위한 의안과는 별도로 상정하여 의결하여야 한다.
⑥ 상장회사의 감사 또는 감사위원회는 제447조의4제1항에도 불구하고 이사에게 감사보고서를 주주총회일의 1주 전까지 제출할 수 있다.
⑦ 제4항은 상장회사가 감사를 선임하거나 해임할 때에 준용한다. 이 경우 주주가 최대주주인 경우에는 그의 특수관계인, 그 밖에 대통령령으로 정하는 자가 소유하는 주식을 합산한다.(2020.12.29 본항신설)
⑧ 회사가 제368조의4제1항에 따라 전자적 방법으로 의결권을 행사할 수 있도록 한 경우에는 제368조제1항에도 불구하고 출석한 주주의 의결권의 과반수로써 제1항에 따른 감사위원회위원의 선임을 결의할 수 있다.
(2020.12.29 본항신설)

改前 "③ 최대주주, 최대주주의 특수관계인, 그 밖에 대통령령으로 정하는 자가 소유하는 상장회사의 의결권 있는 주식의 합계가 그 회사의 의결권 없는 주식을 제외한 발행주식총수의 100분의 3을 초과하는 경우 그 주주는 그 초과하는 주식에 관하여 감사 또는 사외이사가 아닌 감사위원회위원을 선임하거나 해임할 때에는 의결권을 행사하지 못한다. 다만, 정관에서 이보다 낮은 주식 보유비율을 정할 수 있다."
"④ 대통령령으로 정하는 상장회사의 의결권 없는 주식을 제외한 발행주식총수의 100분의 3을 초과하는 수의 주식을 가진 주주는 그 초과하는 주식에 관하여 사외이사인 감사위원회위원을 선임할 때에 의결권을 행사하지 못한다. 다만, 정관에서 이보다 낮은 주식 보유비율을 정할 수 있다."

第542條의13【준법통제기준 및 준법지원인】 ① 자산 규모 등을 고려하여 대통령령으로 정하는 상장회사는 법령을 준수하고 회사경영을 적정하게 하기 위하여 임직원이 그 직무를 수행할 때 따라야 할 준법통제에 관한 기준 및 절차(이하 "준법통제기준"이라 한다)를 마련하여야 한다.
② 제1항의 상장회사는 준법통제기준의 준수에 관한 업무를 담당하는 사람(이하 "준법지원인"이라 한다)을 1명 이상 두어야 한다.
③ 준법지원인은 준법통제기준의 준수여부를 점검하여 그 결과를 이사회에 보고하여야 한다.
④ 제1항의 상장회사는 준법지원인을 임면하려면 이사회 결의를 거쳐야 한다.
⑤ 준법지원인은 다음 각 호의 사람 중에서 임명하여야 한다.
1. 변호사 자격을 가진 사람
2. 「고등교육법」 제2조에 따른 학교에서 법률학을 가르치는 조교수 이상의 직에 5년 이상 근무한 사람
3. 그 밖에 법률적 지식과 경험이 풍부한 사람으로서 대통령령으로 정하는 사람
⑥ 준법지원인의 임기는 3년으로 하고, 준법지원인은 상근으로 한다.
⑦ 준법지원인은 선량한 관리자의 주의로 그 직무를 수행하여야 한다.
⑧ 준법지원인은 재임 중뿐만 아니라 퇴임 후에도 직무상 알게 된 회사의 영업상 비밀을 누설하여서는 아니 된다.
⑨ 제1항의 상장회사는 준법지원인이 그 직무를 독립적으로 수행할 수 있도록 하여야 하고, 제1항의 상장회사의 임직원은 준법지원인이 그 직무를 수행할 때 자료나 정보의 제출을 요구하는 경우 이에 성실하게 응하여야 한다.
⑩ 제1항의 상장회사는 준법지원인이었던 사람에 대하여 그 직무수행과 관련된 사유로 부당한 인사상의 불이익을 주어서는 아니 된다.
⑪ 준법지원인에 관하여 다른 법률에 특별한 규정이 있는 경우를 제외하고는 이 법에서 정하는 바에 따른다. 다만, 다른 법률의 규정이 준법지원인의 임기를 제6항보다 단기로 정하고 있는 경우에는 제6항을 다른 법률에 우선하여 적용한다.
⑫ 그 밖의 준법통제기준 및 준법지원인에 관하여 필요한 사항은 대통령령으로 정한다.
(2011.4.14 본조신설)

第5章 有限會社

第1節 設 立

第543條【定款의 作成, 絶對的 記載事項】 ① 有限會社를 설립함에는 사원이 定款을 作成하여야 한다.(2001.7.24 본항개정)
② 定款에는 다음의 事項을 記載하고 각 사원이 記名捺印 또는 署名하여야 한다.(2001.7.24 본문개정)
1. 第179條第1號 내지 第3號에 정한 事項(1984.4.10 본호개정)
2. 자본금의 총액(2011.4.14 본호개정)
3. 出資一座의 金額
4. 各 社員의 出資座數
5. 本店의 所在地(1984.4.10 본호신설)
③ 第292條의 規定은 有限會社에 準用한다.

改前 ② "2. 資本의 總額"

참조 ①[주식회사로부터의 조직변경]604－606, ②[주식회사의 경우]289, [인지세]인지세법1①, [비치의무]566①, [벌칙]635①, [정관의 상대적 필요사항]544·547·575·580·586·609－612, (3)[출자1좌의 금액]546, (4)[출자좌수]554·566②·575·580·588·612

第544條【變態設立事項】 다음의 事項은 定款에 記載함으로써 그 效力이 있다.
1. 現物出資를 하는 者의 姓名과 그 目的인 財産의 種類, 數量, 價格과 이에 대하여 付與하는 出資座數
2. 會社의 成立後에 讓受할 것을 約定한 財産의 種類, 數量, 價格과 그 讓渡人의 姓名
3. 會社가 負擔할 設立費用

참조 [주식회사의 경우]290, (1)[현물출자]548·550·551·586, (2)[재산양수]550·586, [사후설립]576②, (3)[설립비용과 대차대조표]583

第545條 (2011.4.14 삭제)

改前 "第545條【社員總數의 制限】 ① 社員의 總數는 50人을 超過하지 못한다. 그러나 特別한 事情이 있는 경우에 法院의 認可를 얻은 때에는 그러하지 아니하다.
② 前項의 規定은 相續 또는 遺贈으로 인하여 社員의 數에 變更이 생기는 경우에는 適用하지 아니한다."

第546條【출자 1좌의 금액의 제한】 출자 1좌의 금액은 100원 이상으로 균일하게 하여야 한다.(2011.4.14 본조개정)

改前 "第546條【資本總額, 出資 1座의 金額의 制限】 ① 會社의 資本總額은 1千萬원이상으로 하여야 한다.
② 出資 1座의 金額은 5千원이상으로 均一하게 하여야 한다.
(1984.4.10 본조개정)"

참조 ①[자본의 총액]524·543②·549②·597·602·604②, ②[1좌의 금액]543②, [균일성]554·575·580·588·612, [납입]548·551, [액면주식의 1주의 금액]329②③

第547條【初代理事의 選任】 ① 定款으로 理事를 정하지 아니한 때에는 會社成立前에 社員總會를 열어 이를 選任하여야 한다.
② 前項의 社員總會는 各 社員이 召集할 수 있다.

참조 [주식회사의 경우]296·312, [이사]561이하, [성립후에 있어서의 이사의 선임]382①·567, [감사의 선임]568②, [정관]543·544, [사원총회의 소집·결의 등]571이하

第548條【出資의 納入】 ① 理事는 社員으로 하여금 出資全額의 納入 또는 現物出資의 目的인 財産全部의 給與를 시켜야 한다.
② 第295條第2項의 規定은 社員이 現物出資를 하는 경우에 準用한다.

참조 [주식회사의 경우]295·305, [공유자의 납입]333①·558, [납입 또는 이행미제의 출자와 책임]551, [벌칙]634, [증자의 경우에의 준용]596

第549條【設立의 登記】 ① 有限會社의 設立登記는 第548條의 納入 또는 現物出資의 履行이 있은 날로부터 2週間내에 하여야 한다.(1995.12.29 본항개정)
② 제1항의 등기에서 다음 각 호의 사항을 등기하여야 한다.(2011.4.14 본문개정)
1. 第179條第1號·第2號 및 第5號에 規定된 사항과 支店을 둔 때에는 그 所在地(1995.12.29 본호개정)
2. 第543條第2項第2號와 第3號에 揭記한 事項
3. 理事의 姓名·住民登錄番號 및 住所. 다만, 會社를 代表할 理事를 정한 때에는 그 외의 理事의 住所를 제외한다.(1995.12.29 본호개정)
4. 회사를 대표할 이사를 정한 때에는 그 성명, 주소와 주민등록번호(2011.4.14 본호개정)
5. 數人의 理事가 共同으로 會社를 代表할 것을 定한 때에는 그 規定
6. 存立期間 기타의 解散事由를 정한 때에는 그 期間과 事由
7. 監事가 있는 때에는 그 姓名 및 住民登錄番號(1995.12.29 본호개정)
③ (2024.9.20 삭제)
④ 第181條 내지 第183條의 規定은 有限會社의 登記에 準用한다.(1962.12.12 본항개정)

改前 "③ 유한회사의 지점 설치 및 이전 시 지점소재지 또는 신지점소재지에서 등기를 하는 때에는 제2항제3호부터 제6호까지에 규정된 사항과 제179조제1호·제2호 및 제5호에 규정된 사항을 등기하여야 한다. 다만, 회사를 대표할 이사를 정한 때에는 그 외의 이사는 등기하지 아니한다.(2011.4.14 본항개정)"

참조 [주식회사의 경우]317, ①[등기절차]177, [등기의 효력]172, [신설합병의 경우의 등기]602, [주식회사로부터의 조직변경등기]606, 상업등기법65－67, [벌칙]635①, ②(3)[대행이사의 등기]386·567, (4)(5)[회사대표]562, (6)[해산사유]609, (7)[대행감사의 등기]386·570, [상호의 가등기]상업등기법38

第550條【現物出資 등에 관한 會社成立時의 社員의 責任】 ① 第544條第1號와 第2號의 財産의 會社成立當時의 實價가 定款에 정한 價格에 현저하게 不足한 때에는 會社成立當時의 社員은 會社에 대하여 그 不足額을 連帶하여 支給할 責任이 있다.
② 前項의 社員의 責任은 免除하지 못한다.(1962.12.12 본항신설)

참조 [증자의 경우의 사원의 책임]593, [사원의 책임에 관한 원칙]553, [연대]민413이하, [조직변경의 경우의 주주·이사의 책임]605, [주식회사의 경우]298·313

第551條【出資未畢額에 대한 會社成立時의 社員등의 責任】 ① 會社成立 後에 出資金額의 納入 또는 現物出資의 履行이 完了되지 아니하였음이 發見된 때에는 會社成立當時의 社員, 理事와 監事는 會社에 대하여 그 納入되지 아니한 金額 또는 履行되지 아니한 現物의 價額을 連帶하여 支給할 責任이 있다.(1962.12.12 본항개정)
② 前項의 社員의 責任은 免除하지 못한다.(1962.12.12 본항신설)
③ 第1項의 理事와 監事의 責任은 總社員의 同意가 없으면 免除하지 못한다.(1962.12.12 본항신설)

참조 [사원의 책임]550·553, [증자의 경우의 사원의 책임]593, [이사의 책임추궁]565, [주식회사의 경우]321·323·331

第552條【設立無效, 取消의 訴】 ① 會社의 設立의 無效는 그 社員, 理事와 監事에 限하여 設立의 取消는 그 取消權있는 者에 限하여 會社設立의 날로부터 2年내에 訴만으로 이를 主張할 수 있다.
② 第184條第2項과 第185條 내지 第193條의 規定은 前項의 訴에 準用한다.
(1962.12.12 본조개정)

第2節 社員의 權利義務

第553條【社員의 責任】 社員의 責任은 本法에 다른 規定이 있는 경우외에는 그 出資金額을 限度로 한다.

참조 [출자의 금액]543①, [다른 규정]550·551·593·605·607④, [주주의 책임]331, [합자회사의 유한책임사원의 책임]279

第554條【社員의 持分】 各 社員은 그 出資座數에 따라 持分을 가진다.

참조 [출자좌수]543①·566②, [지분의 양도]556, [지분이전의 대항요건]557, [지분증권]555, [출자좌수와 이익배당 및 잔여재산의 분배]580·612, [출자와 결의권]575, [1좌의 금액]543①·546

第555條【持分에 관한 證券】 有限會社는 社員의 持分에 관하여 指示式 또는 無記名式의 證券을 發行하지 못한다.

참조 [지분]554, [지분양도의 제한]556, [벌칙]635①, [지시식주권]336

第556條【지분의 양도】 사원은 그 지분의 전부 또는 일부를 양도하거나 상속할 수 있다. 다만, 정관으로 지분의 양도를 제한할 수 있다.(2011.4.14 본조개정)

改前 "第556條【持分의 讓渡】① 社員은 第585條의 規定에 의한 社員總會의 決議가 있는 때에 한하여 그 持分의 全部 또는 一部를 他人에게 讓渡할 수 있다. 그러나 定款으로 讓渡의 制限을 加重할 수 있다.
② 讓渡로 인하여 社員의 總數가 第545條의 規定에 의한 制限을 超過하는 경우에는 遺贈의 경우를 제외하고는 그 讓渡는 效力이 없다.
③ 社員相互間의 持分의 讓渡에 대하여는 第1項의 規定에 不拘하고 定款으로 다른 定함을 할 수 있다.(1962.12.12 본항개정)"

참조 ①[지분의 취득제한]341·560, [사원총회]571이하, [지분의 입질]559, [합명회사·합자회사의 사원지분의 양도]197·269·276, [주식의 양도]335, [선박공유자의 지분의 양도]756·757, [지분의 일부]543②·554, [지분이전의 대항요건]557

판례 유한회사의 지분(사원권)에 관한 명의신탁 해지의 경우에도 사원의 변경을 가져오므로 위 규정을 유추적용하여 사원총회의 특별결의가 있어야 그 효력이 생긴다고 보는 것이 법의 취지에 비추어 상당하다고 할 것이고, 따라서 해지의 의사표시만에 의하여 수탁된 지분이 바로 명의신탁자에게 복귀하는 것은 아니다.
(대판 1997.6.27, 95다20140)

第557條【持分移轉의 對抗要件】 持分의 移轉은 取得者의 姓名, 住所와 그 目的이 되는 出資座數를 社員名簿에 記載하지 아니하면 이로써 會社와 第三者에게 對抗하지 못한다.

참조 [지분]554, [지분의 양도]556, [사원명부]566, [지분입질에의 준용]559②, [주식이전의 대항요건]337

第558條【持分의 共有】 第333條의 規定은 持分이 數人의 共有에 屬하는 경우에 準用한다.

참조 [지분의 공동인수인]594, [사원에 대한 통지·최고]353·560

第559條【持分의 入質】 ① 持分은 質權의 目的으로 할 수 있다.
② 第556條와 第557條의 規定은 持分의 入質에 準用한다.

참조 [질권의 효력]339·340①②·560①·601①·607⑤, 민329이하·345·355, [자기지분의 수질]341·342·560①

第560條【準用規定】 ① 사원의 지분에 대하여는 제339조, 제340조제1항·제2항, 제341조의2, 제341조의3, 제342조 및 제343조제1항을 준용한다.(2011.4.14 본항개정)
② 第353條의 規定은 社員에 대한 通知 또는 催告에 準用한다.

改前 "① 第339條, 第340條第1項, 第2項, 第341條, 第341條의3, 第342條와 第343條第1項의 規定은 社員의 持分에 準用한다.(1999.12.31 본항개정)"

第3節 會社의 管理

第561條【理事】 有限會社에는 1人 또는 數人의 理事를 두어야 한다.

참조 [이사의 선임]382①·547·567, [이사와 회사와의 관계]382②·567, [해임]385①·567, [원수를 결할 경우]386·567, [이사의 책임]399－401·567, [보수]388·567, [직무집행정지·직무대행자의 선임과 그 권한]407·408·567

第562條【會社代表】 ① 理事는 會社를 代表한다.
② 理事가 數人인 경우에 定款에 다른 정함이 없으면 社員總會에서 會社를 代表할 理事를 選定하여야 한다.
③ 定款 또는 社員總會는 數人의 理事가 共同으로 會社를 代表할 것을 定할 수 있다.
④ 第208條第2項의 規定은 前項의 경우에 準用한다.

참조 [주식회사의 경우]389, [등기]549②, [표현대표이사의 행위와 회사의 책임]395·567

第563條【理事, 會社間의 訴에 관한 代表】 會社가 理事에 대하여 또는 理事가 會社에 대하여 訴를 提起하는 경우에는 社員總會는 그 訴에 관하여 會社를 代表할 者를 選定하여야 한다.

참조 [대표에 관한 원칙]562, [이사에 대한 소의 예]565①, [회사에 대한 소의 예]328·376·578·613①, [결의방법]574

第564條【業務執行의 決定, 理事와 會社間의 去來】 ① 理事가 數人인 경우에 定款에 다른 정함이 없으면 會社의 業務執行, 支配人의 選任 또는 解任과 支店의 設置·移轉 또는 廢止는 理事過半數의 決議에 의하여야 한다.(1984.4.10 본항개정)
② 社員總會는 第1項의 規定에 不拘하고 支配人의 選任 또는 解任을 할 수 있다.(1984.4.10 본항개정)
③ 理事는 監事가 있는 때에는 그 承認이, 監事가 없는 때에는 社員總會의 承認이 있는 때에 限하여 自己 또는 第三者의 計算으로 會社와 去來를 할 수 있다. 이 경우에는 民法 第124條의 規定을 適用하지 아니한다.
(1962.12.12 본항신설)

참조 [주식회사의 경우]393, [지배인]10이하

第564條의2【留止請求權】 理事가 法令 또는 定款에 위반한 행위를 하여 이로 인하여 會社에 회복할 수 없는 損害가 생길 염려가 있는 경우에는 監事 또는 자본금 總額의 100分의 3 이상에 해당하는 出資座數를 가진 社員은 會社를 위하여 理事에 대하여 그 행위를 留止할 것을 請求할 수 있다.(2011.4.14 본조개정)

改前 理事가 法令 또는 定款에 위반한…경우에는 監事 또는 "資本의" 總額의 100分의 3 이상에…

第565條【社員의 代表訴訟】 ① 자본금 總額의 100分의 3이상에 該當하는 出資座數를 가진 社員은 會社에 대하여 理事의 責任을 追窮할 訴의 提起를 請求할 수 있다.
(2011.4.14 본항개정)
② 第403條第2項 내지 第7項과 第404條 내지 第406條의 規定은 第1項의 경우에 準用한다.(1998.12.28 본항개정)

改前 ① "資本의" 總額의 100分의 3이상에 該當하는…

참조 [주식회사의 경우]403, [감사의 책임에 관한 준용]570, [이사의 책임]551·594·605, [대위소송]민404, 채무자회생파산359, 민소218③, [대표소송과 담보제공]민소110①·111－117, [벌칙]631①②

第566條【書類의 備置, 閱覽】 ① 理事는 定款과 社員總會의 議事錄을 本店과 支店에, 社員名簿를 本店에 備置하여야 한다.
② 社員名簿에는 社員의 姓名, 住所와 그 出資座數를 記載하여야 한다.
③ 社員과 會社債權者는 營業時間내에 언제든지 第1項에 揭記한 書類의 閱覽 또는 謄寫를 請求할 수 있다.

참조 [주식회사의 경우]352·396, [정관]543·544, [의사록]373·578, [사원명부]353·557·560②·601②·604④, [벌칙]635①, [재무제표 및 부속명세서의 비치·열람 등]448·583①, [보존의무]33·541·613①, [청산인에의 준용]613②

第567條【準用規定】 第209條, 第210條, 第382條, 第385條, 第386條, 第388條, 第395條, 第397條, 第399條 내지 第401條, 第407條와 第408條의 規定은 有限會社의 理事에 準用한다. 이 경우 第397條의 "理事會"는 이를 "社員總會"로 본다.(1999.12.31 본조개정)

일판 이사개선을 목적으로 하는 임시사원총회의 소집을 결정한 이사도 후에 사임절차를 밟지 않는 한 사임한 것이 아니다.
(日·最高 1974.6.17)

第568條【監事】 ① 有限會社는 定款에 의하여 1人 또는 數人의 監事를 둘 수 있다.
② 第547條의 規定은 定款에서 監事를 두기로 정한 경우에 準用한다.

참조 [주식회사의 경우]409이하, [등기]549, [선임·해임·직무·책임·보수등]570

第569條【監事의 權限】 監事는 언제든지 會社의 業務와 財産狀態를 調査할 수 있고 理事에 대하여 營業에 관한 報告를 要求할 수 있다.

참조 [주식회사의 경우]412, [조사보고의 의무]413·570

第570條【準用規定】 第382條, 第385條第1項, 第386條, 第388條, 第400條, 第407條, 第411條, 第413條, 第414條와 第565條의 規定은 監事에 準用한다.

第571條【사원총회의 소집】 ① 사원총회는 이 법에서 달리 규정하는 경우 외에는 이사가 소집한다. 그러나 임시총회는 감사도 소집할 수 있다.
② 사원총회를 소집할 때에는 사원총회일의 1주 전에 각 사원에게 서면으로 통지서를 발송하거나 각 사원의 동의를 받아 전자문서로 통지서를 발송하여야 한다.
③ 사원총회의 소집에 관하여는 제363조제2항 및 제364조를 준용한다.
(2011.4.14 본조개정)

改前 "第571條【社員總會의 召集】 ① 社員總會는 本法에 다른 規定이 있는 경우외에는 理事가 이를 召集한다. 그러나 臨時總會는 監事도 이를 召集할 수 있다.(1962.12.12 단서신설)
② 社員總會를 召集함에는 會日을 정하고 1週間전에 各社員에 대하여 書面으로 그 通知를 發送하여야 한다. 그러나 이 期間은 定款으로 短縮할 수 있다.
③ 第363條第2項과 第364條의 規定은 社員總會의 召集에 準用한다."

參照 [주주총회의 경우]362·363, [다른 규정]366②③·527·547·572·573·582③·603, [서면에 의한 결의]577, [소집의 시기]365·578, [소집절차의 생략]573, [통지]353·560②, [벌칙]635①

第572條【少數社員에 의한 總會召集請求】 ① 자본금 總額의 100分의 3이상에 해당하는 出資座數를 가진 社員은 會議의 目的事項과 召集의 理由를 記載한 書面을 理事에게 提出하여 總會의 召集을 請求할 수 있다.
(2011.4.14 본항개정)
② 前項의 規定은 定款으로 다른 정함을 할 수 있다.
③ 第366條第2項과 第3項의 規定은 第1項의 경우에 準用한다.

改前 ① "資本의" 總額의 100分의 3이상에 해당하는…

參照 [주식회사의 경우]366, ①[자본]543②

第573條【召集節次의 省略】 總社員의 同意가 있을 때에는 召集節次없이 總會를 열 수 있다.

參照 [소집절차]571

第574條【總會의 定足數, 決議方法】 社員總會의 決議는 定款 또는 本法에 다른 規定이 있는 경우외에는 總社員의 議決權의 過半數를 가지는 社員이 出席하고 그 議決權의 過半數로써 하여야 한다.

參照 [다른 규정]577·585·607①, [총사원의 의결권]575

第575條【社員의 議決權】 各 社員은 出資 1座마다 1個의 議決權을 가진다. 그러나 定款으로 議決權의 數에 관하여 다른 정함을 할 수 있다.

參照 [주주의 의결권]369, [출자1좌금액]543②, [출자좌수]543②·554, [의결권의 대리행사]368③·578, [지분의 공유와 의결권행사]333·558, [회사의 자기지분과 의결권]369②·578, [특별이해관계인과 의결권]368④·371②·578

第576條【유한회사의 영업양도 등에 특별결의를 받아야 할 사항】 ① 유한회사가 제374조제1항제1호부터 제3호까지의 규정에 해당되는 행위를 하려면 제585조에 따른 총회의 결의가 있어야 한다.
② 前項의 規定은 有限會社가 그 成立後 2年내에 成立前으로부터 存在하는 財産으로서 營業을 위하여 繼續하여 使用할 것을 자본금의 20分의 1이상에 相當한 對價로 取得하는 契約을 締結하는 경우에 準用한다.
(2011.4.14 본조개정)

改前 第576條【"營業讓渡등과 事後設立"】 "① 有限會社가 第374條第1號 내지 第3號에 揭記한 行爲를 함에는 第585條의 規定에 의한 總會의 決議가 있어야 한다."
② 前項의 規定은…營業을 위하여 繼續하여 使用할 것을 "資本"의 20分의 1이상에 相當한 對價로 取得하는…

參照 ①[주식회사의 경우]374, ②[주식회사의 경우]375, [성립]172, [자본]543②

第577條【書面에 의한 決議】 ① 總會의 決議를 하여야 할 경우에 總社員의 同意가 있는 때에는 書面에 의한 決議를 할 수 있다.
② 決議의 目的事項에 대하여 總社員이 書面으로 同意를 한 때에는 書面에 의한 決議가 있은 것으로 본다.
③ 書面에 의한 決議는 總會의 決議와 同一한 效力이 있다.
④ 總會에 관한 規定은 書面에 의한 決議에 準用한다.

參照 ①[소집절차의 원칙]571, [소집절차의 생략]573, [결의방법]574, [벌칙]631①, ②[총회에 관한 규정]368·373·376−378·380·381·575·578

第578條【準用規定】 第365條, 第367條, 제368조제2항·제3항, 第369條第2項, 第371條第2項, 第372條, 第373條와 第376條 내지 第381條의 規定은 社員總會에 準用한다.
(2014.5.20 본조개정)

改前 第578條【準用規定】 第365條, 第367條, "第368條第3項, 第4項", 第369條第2項, 第371條第2項, 第372條, 第373條와…

第579條【財務諸表의 作成】 ① 理事는 每決算期에 다음의 書類와 그 附屬明細書를 작성하여야 한다.
1. 貸借對照表
2. 損益計算書
3. 그 밖에 회사의 재무상태와 경영성과를 표시하는 것으로서 제447조제1항제3호에 따른 서류(2011.4.14 본호개정)
② 監事가 있는 때에는 理事는 定期總會會日로부터 4週間전에 第1項의 書類를 監事에게 제출하여야 한다.
③ 監事는 第2項의 書類를 받은 날로부터 3週間내에 監査報告書를 理事에게 제출하여야 한다.
(1984.4.10 본조개정)

改前 ① "3. 利益剩餘金處分計算書 또는 缺損金處理計算書"

參照 [주식회사의 경우]447, ①[재산목록·대차대조표]543·583①, [준비금]458−460·462·583①, [이익금처분]462, [비치의무·열람·등본초본의 교부]448·583①, [총회에 의한 재무제표의 승인과 책임해제]449①·450·583①, [벌칙]635①, ②[감사의 조사보고서의무]413·570, [정기총회]365·578

第579條의2【營業報告書의 作成】 ① 理事는 每決算期에 營業報告書를 작성하여야 한다.
② 第579條第2項 및 第3項의 規定은 第1項의 營業報告書에 관하여 이를 準用한다.
(1984.4.10 본조신설)

第579條의3【財務諸表등의 備置·公示】 ① 理事는 定期總會會日의 1週間전부터 5年間 第579條 및 第579條의2의 書類와 監査報告書를 本店에 備置하여야 한다.
② 第448條第2項의 規定은 第1項의 書類에 관하여 이를 準用한다.
(1984.4.10 본조신설)

第580條【利益配當의 基準】 利益의 配當은 定款에 다른 정함이 있는 경우외에는 各 社員의 出資座數에 따라 하여야 한다.

參照 [주식회사의 경우]464, [이익배당]462·583①, [출자좌수와 지분]554, [배당과 질권자]340①·560①

第581條【社員의 會計帳簿閱覽權】 ① 자본금의 100分의 3이상에 該當하는 出資座數를 가진 社員은 會計의 帳簿와 書類의 閱覽 또는 謄寫를 請求할 수 있다.
(2011.4.14 본항개정)
② 會社는 定款으로 各 社員이 第1項의 請求를 할 수 있다는 뜻을 정할 수 있다. 이 경우 第579條第1項의 規定에 불구하고 附屬明細書는 이를 작성하지 아니한다.
(1984.4.10 후단개정)

改前 ① "資本"의 100分의 3이상에 該當하는…

參照 [주식회사의 경우]466, [자본]543②·549②, [청구의 방식]466①·583①, [거부할 수 있는 경우]466②·583①·613②, [벌칙]631①②·635①

第582條【業務, 財産狀態의 檢査】 ① 會社의 業務執行에 관하여 不正行爲 또는 法令이나 定款에 違反한 重大한 事由가 있는 때에는 자본금總額의 100分의 3이상에 該當하는 出資座數를 가진 社員은 會社의 業務와 財産狀態를 調査하게 하기 위하여 法院에 檢查人의 選任을 請求할 수 있다.(2011.4.14 본항개정)

② 檢査人은 그 調査의 結果를 書面으로 法院에 報告하여야 한다.
③ 法院은 前項의 報告書에 의하여 필요하다고 認定한 경우에는 監事가 있는 때에는 監事에게, 監事가 없는 때에는 理事에게 社員總會의 召集을 命할 수 있다. 第310條第2項의 規定은 이 경우에 準用한다.(1962.12.12 본항개정)

改前 ① 會社의 業務執行에 관하여 不正行爲 또는 法令이나 定款에 違反한 重大한 事由가 있는 때에는 "資本"總額의 100分의 3이상에 該當하는…

참조 [주식회사의 경우]467, [관할]비송72, ①[자본]543②, 549②, [벌칙]631·635①, [검사인의 선임·보수 등]130①·131·134·135·157②, ②[검사인의 보고]비송72·74, [벌칙]635①

第583條【準用規定】 ① 유한회사의 계산에 대하여는 제449조제1항·제2항, 제450조, 제458조부터 제460조까지, 제462조, 제462조의3 및 제466조를 준용한다.
(2011.4.14 본항개정)
② 第468條의 規定은 有限會社와 被用者間에 雇傭關係로 인하여 생긴 債權에 準用한다.
(1999.12.31 본조개정)

改前 "① 第449條第1項·第2項, 第450條, 第452條, 第453條, 第453條의2, 第457條의2, 第458條 내지 第460條, 第462條, 第462條의3 및 第466條의 規定은 有限會社의 計算에 準用한다."

第4節 定款의 變更

第584條【定款變更의 方法】 定款을 變更함에는 社員總會의 決議가 있어야 한다.

참조 [주식회사의 경우]433, [정관]543, [결의의 요건]585, [서면에 의한 결의]577, [등기]40·183·549③·591

第585條【定款變更의 特別決議】 ① 前條의 決議는 總社員의 半數이상이며 總社員의 議決權의 4分의 3이상을 가지는 者의 同意로 한다.
② 前項의 規定을 適用함에 있어서는 議決權을 行使할 수 없는 社員은 이를 總社員의 數에, 그 行使할 수 없는 議決權은 이를 議決權의 數에 算入하지 아니한다.

참조 [주식회사의 경우]434, [통상결의]574, [총사원의 일치]607①, [특별결의를 요하는 경우]556①·576·598·599·609②·610①, [서면결의]577, [본조위반의 결의]376·578, ②[의결권을 행사할 수 없는 경우]368④·369②·578

第586條【자본금 증가의 결의】 다음 각 호의 사항은 정관에 다른 정함이 없더라도 자본금 증가의 결의에서 정할 수 있다.
1. 현물출자를 하는 자의 성명과 그 목적인 재산의 종류, 수량, 가격과 이에 대하여 부여할 출자좌수
2. 자본금 증가 후에 양수할 것을 약정한 재산의 종류, 수량, 가격과 그 양도인의 성명
3. 증가할 자본금에 대한 출자의 인수권을 부여할 자의 성명과 그 권리의 내용

(2011.4.14 본조개정)

改前 "第586條【資本增加의 決議】 다음의 事項은 定款에 다른 정함이 없더라도 資本增加의 決議에서 이를 정할 수 있다.
1. 現物出資를 하는 者의 姓名과 그 目的인 財産의 種類, 數量, 價格과 이에 대하여 付與할 出資座數
2. 資本의 增加후에 讓受할 것을 約定한 財産의 種類, 數量, 價格과 그 讓渡人의 姓名
3. 增加할 資本에 대한 出資의 引受權을 付與할 者의 姓名과 그 權利의 內容"

참조 [자본]543②, [정관변경]584·585, (1)[현물출자]544·548·593·594·596, [사원의 담보책임]593, (2)[재산양수]544·593·594, [증자후의 영업용 재산의 취득]576②·596, (3)[출자인수권]587·588

第587條【자본금 증가의 경우의 출자인수권의 부여】 유한회사가 특정한 자에 대하여 장래 그 자본금을 증가할 때 출자의 인수권을 부여할 것을 약속하는 경우에는 제585조에서 정하는 결의에 의하여야 한다.(2011.4.14 본조개정)

改前 "第587條【增資의 경우의 出資引受權의 付與】 有限會社가 特定한 者에 대하여 將來 그 資本을 增加할 경우에 있어서 出資의 引受權을 付與할 것을 約束함에는 第585條에 정하는 決議에 의하여야 한다."

참조 [출자인수권]586·588

第588條【社員의 出資引受權】 社員은 增加할 자본금에 대하여 그 持分에 따라 出資를 引受할 權利가 있다. 그러나 前2條의 決議에서 出資의 引受者를 정한 때에는 그러하지 아니하다.(2011.4.14 본문개정)

改前 社員은 增加할 "資本"에 대하여 그 持分에 따라…

참조 [지분]554, [특칙]586·587

第589條【出資引受의 方法】 ① 자본금 增加의 경우에 出資의 引受를 하고자 하는 者는 引受를 證明하는 書面에 그 引受할 出資의 座數와 住所를 記載하고 記名捺印 또는 署名하여야 한다.(2011.4.14 본항개정)
② 有限會社는 廣告 기타의 方法에 의하여 引受人을 公募하지 못한다.

改前 ① "資本"增加의 경우에 出資의 引受를 하고자 하는…

참조 [주식회사의 경우]302①, [출자의 납입]548①·596, ②[벌칙]635①

第590條【出資引受人의 地位】 자본금 增加의 경우에 出資의 引受를 한 者는 出資의 納入의 期日 또는 現物出資의 目的인 財産의 給與의 期日로부터 利益配當에 관하여 社員과 同一한 權利를 가진다.(2011.4.14 본조개정)

改前 第590條【出資引受人의 地位】 "資本"增加의 경우에…

참조 [주식회사의 경우]423①, [증자의 효력발생]592, [납입 또는 현물출자의 이행]548·596, [이익배당]462·580·583①

第591條【자본금 증가의 등기】 유한회사는 자본금 증가로 인한 출자 전액의 납입 또는 현물출자의 이행이 완료된 날부터 2주 내에 본점소재지에서 자본금 증가로 인한 변경등기를 하여야 한다.(2011.4.14 본조개정)

改前 "第591條【資本增加의 登記】 有限會社는 資本增加로 인한 出資全額의 納入 또는 現物出資의 履行이 完了된 날로부터 2週間내에 本店의 所在地에서 資本增加로 인한 變更登記를 하여야 한다.
(1995.12.29 본조개정)"

참조 [납입 또는 현물출자의 이행]548·596, [등기]상업등기법65－67, [벌칙]635①

第592條【자본금 증가의 효력발생】 자본금의 증가는 본점소재지에서 제591조의 등기를 함으로써 효력이 생긴다.(2011.4.14 본조개정)

改前 "第592條【增資의 效力發生】 資本의 增加는 本店所在地에서 前條의 登記를 함으로써 그 效力이 생긴다."

第593條【現物出資 등에 관한 社員의 責任】 ① 第586條第1號와 第2號의 財産의 자본금 增加當時의 實價가 자본금 增加의 決議에 의하여 정한 價格에 현저하게 不足한 때에는 그 決議에 同意한 社員은 會社에 대하여 그 不足額을 連帶하여 支給할 責任이 있다.
(2011.4.14 본항개정)
② 第550條第2項과 第551條第2項의 規定은 前項의 경우에 準用한다.(1962.12.12 본항개정)

改前 ① 第586條第1號와 第2號의 財産의 "資本"增加當時의 實價가 "資本"增加의 決議에 의하여 定한 價格에…

참조 [설립 또는 조직변경의 경우의 책임]550·605

第594條【未引受出資 등에 관한 理事 등의 責任】 ① 자본금 增加後에 아직 引受되지 아니한 出資가 있는 때에는 理事와 監事가 共同으로 이를 引受한 것으로 본다.
(2011.4.14 본항개정)
② 자본금 增加後에 아직 出資全額의 納入 또는 現物出資의 目的인 財産의 給與가 未畢된 出資가 있는 때에는 理事와 監事는 連帶하여 그 納入 또는 給與未畢財産의 價額을 支給할 責任이 있다.(2011.4.14 본항개정)
③ 第551條第3項의 規定은 前項의 경우에 準用한다.
(1962.12.12 본조개정)

改前 ① "資本"增加後에 아직 引受되지 아니한 出資가…
② "資本"增加後에 아직 出資全額의 納入 또는…

참조 [설립의 경우의 책임]551, [공동인수]333①·558

第595條【增資無效의 訴】 ① 자본금 增加의 無效는 社員, 理事 또는 監事에 한하여 第591條의 規定에 의한 本

店所在地에서의 登記를 한 날로부터 6月내에 訴만으로 이를 主張할 수 있다.(2011.4.14 본항개정)
② 第430條 내지 第432條의 規定은 前項의 경우에 準用한다.
改前 ① "資本"增加의 無效는 社員, 理事 또는 監事에…
第596條【準用規定】 제421조제2항, 第548條와 第576條第2項의 規定은 자본금 增加의 경우에 準用한다. (2011.4.14 본조개정)
改前 第596條【準用規定】"第334條", 第548條와 第576條第2項의 規定은 "資本"增加의 경우에 準用한다.
第597條【同前】 第439條第1項, 第2項, 第443條, 第445條와 第446條의 規定은 자본금減少의 경우에 準用한다. (2011.4.14 본조개정)
改前 第597條【同前】第439條第1項, 第2項, 第443條, 第445條와 第446條의 規定은 "資本"減少의 경우에 準用한다.

第5節 合併과 組織變更

第598條【合併의 方法】 有限會社가 다른 會社와 合併을 함에는 第585條의 規定에 의한 社員總會의 決議가 있어야 한다.
참조 [주식회사의 경우]522, [주식회사와의 합병]600
第599條【設立委員의 選任】 第175條의 規定에 의한 設立委員의 選任은 第585條의 規定에 의한 社員總會의 決議에 의하여야 한다.
第600條【有限會社와 株式會社의 合併】 ① 有限會社가 株式會社와 合併하는 경우에 合併後 存續하는 會社 또는 合併으로 인하여 設立되는 會社가 株式會社인 때에는 法院의 認可를 얻지 아니하면 合併의 效力이 없다.
② 合併을 하는 會社의 一方이 社債의 償還을 完了하지 아니한 株式會社인 때에는 合併後 存續하는 會社 또는 合併으로 인하여 設立되는 會社는 有限會社로 하지 못한다.
참조 ①[인가]비송72 · 81 · 104 · 106, ②[사채]469이하, [등기]상업등기법62－64
第601條【物上代位】 ① 有限會社가 株式會社와 合併하는 경우에 合併後 存續하는 會社 또는 合併으로 인하여 設立되는 會社가 有限會社인 때에는 第339條의 規定은 從前의 株式을 目的으로 하는 質權에 準用한다.
② 前項의 경우에 質權의 目的인 持分에 관하여 出資座數와 質權者의 姓名 및 住所를 社員名簿에 記載하지 아니하면 그 質權으로써 會社 기타의 第三者에 對抗하지 못한다.
참조 [조직변경의 경우에의 준용]604④, [주식회사의 경우]530④, ①[지분의 입질]559, [주식회사의 조직변경의 경우에의 준용]607⑤, ②[주식의 등록질]340, [사원명부]566, [지분이전 · 입질의 대항요건]557 · 559
第602條【합병의 등기】 유한회사가 합병을 한 때에는 제603조에서 준용하는 제526조 또는 제527조에 따른 사원총회가 종결된 날부터 2주일 내에 본점의 소재지에서 합병 후 존속하는 유한회사의 변경등기, 합병으로 인하여 소멸하는 유한회사의 해산등기, 합병으로 인하여 설립되는 유한회사의 설립등기를 하여야 한다.(2024.9.20 본조개정)
改前 第602條【合併의 登記】有限會社가 合併을 한 때에는 第603條에서 準用하는 第526條 또는 第527條의 規定에 의한 社員總會가 終結한 날로부터 本店所在地에서는 2週間, 支店所在地에서는 3週間내에 合併後 存續하는 有限會社에 있어서는 變更登記, 合併으로 인하여 消滅되는 有限會社에 있어서는 解散登記, 合併으로 인하여 設立되는 有限會社에 있어서는 第549條第2項에 정한 登記를 하여야 한다.
참조 [등기기간]177, [등기사항]상업등기법62, [변경의 등기]183 · 549③, 상업등기법65－67, [해산의 등기]228 · 613①, 상업등기법63 · 64, [합병에 인한 설립의 등기]549②, [등기와 합병의 효력발생]234 · 603, [벌칙]635①, [주식회사와의 합병 또는 합병에 인한 주식회사설립의 경우의 등기]501① · 528
第603條【準用規定】 第232條, 第234條, 第235條, 第237條 내지 第240條, 第443條, 第522條第1項 · 第2項, 第522條의2, 第523條, 第524條, 第526條第1項 · 第2項, 第527條第1項 내지 第3項 및 第529條의 規定은 有限會社의 合併의 경우에 準用한다.(1998.12.28 본조개정)
第604條【株式會社의 有限會社에의 組織變更】 ① 株式會社는 總株主의 一致에 의한 總會의 決議로 그 組織을 變更하여 이를 有限會社로 할 수 있다. 그러나 社債의 償還을 完了하지 아니한 경우에는 그러하지 아니하다.
② 前項의 組織變更의 경우에는 會社에 現存하는 純財産額보다 많은 金額을 자본금의 總額으로 하지 못한다. (2011.4.14 본항개정)
③ 第1項의 決議에 있어서는 定款 기타 組織變更에 필요한 事項을 정하여야 한다.
④ 第601條의 規定은 第1項의 組織變更의 경우에 準用한다.
改前 ② 前項의 組織變更의 경우에는 會社에 現存하는 純財産額보다 많은 金額을 "資本"의 總額으로 하지 못한다.
참조 [등기]606, [유한책임회사의 조직변경]287의44, ①[조직변경과 채권자보호절차]232 · 608, [사채상환의 필요]602②, [주주총회의 결의]368 · 434, ②[자본의 총액]543② · 549②, [부족액과 책임]550 · 593 · 605, [유한회사와 출자의 전액납입]548, [벌칙]626, ③[정관]543
第605條【理事, 株主의 純財産額塡補責任】 ① 前條의 組織變更의 경우에 會社에 現存하는 純財産額이 자본금의 總額에 不足하는 때에는 前條第1項의 決議當時의 理事와 株主는 會社에 대하여 連帶하여 그 不足額을 支給할 責任이 있다.(2011.4.14 본항개정)
② 第550條第2項과 第551條第2項, 第3項의 規定은 前項의 경우에 準用한다.(1962.12.12 본항개정)
改前 ① 前條의 組織變更의 경우에 會社에 現存하는 純財産額이 "資本"의 總額에 不足하는 때에는…
참조 [유한책임회사의 조직변경]287의44, [주식회사의 조직변경의 경우]607④, [자본충실의 책임]550 · 551 · 593, [자본의 총액]543② · 549②
第606條【조직변경의 등기】 주식회사가 제604조에 따라 그 조직을 변경한 때에는 본점의 소재지에서 2주일 내에 주식회사의 해산등기, 유한회사의 설립등기를 하여야 한다.(2024.9.20 본조개정)
改前 第606條【組織變更의 登記】株式會社가 第604條의 規定에 의하여 그 組織을 變更한 때에는 本店所在地에서는 2週間, 支店所在地에서는 3週間내에 株式會社에 있어서는 解散登記, 有限會社에 있어서는 第549條第2項에 정하는 登記를 하여야 한다.
참조 [해산등기]228, 상업등기법60, [조직변경으로 인한 등기]상업등기법65－67, [유한책임회사의 조직변경]287의44, [벌칙]635①
第607條【유한회사의 주식회사로의 조직변경】 ① 유한회사는 총사원의 일치에 의한 총회의 결의로 주식회사로 조직을 변경할 수 있다. 다만, 회사는 그 결의를 정관으로 정하는 바에 따라 제585조의 사원총회의 결의로 할 수 있다.
② 제1항에 따라 조직을 변경할 때 발행하는 주식의 발행가액의 총액은 회사에 현존하는 순재산액을 초과하지 못한다.
③ 제1항의 조직변경은 법원의 인가를 받지 아니하면 효력이 없다.
④ 제1항에 따라 조직을 변경하는 경우 회사에 현존하는 순재산액이 조직변경으로 발행하는 주식의 발행가액 총액에 부족할 때에는 제1항의 결의 당시의 이사, 감사 및 사원은 연대하여 회사에 그 부족액을 지급할 책임이 있다. 이 경우에 제550조제2항 및 제551조제2항 · 제3항을 준용한다.
⑤ 제1항에 따라 조직을 변경하는 경우 제340조제3항, 제601조제1항, 제604조제3항 및 제606조를 준용한다. (2011.4.14 본조개정)
改前 "第607條【有限會社의 株式會社에의 組織變更】① 有限會社는 總社員의 一致에 의한 總會의 決議로 그 組織을 變更하여 이를 株式會社로 할 수 있다.
② 前項의 경우에는 組織變更時에 發行하는 株式의 發行價額의 總額은 會社에 現存하는 純財産額을 超過하지 못한다.
③ 第1項의 組織變更은 法院의 認可를 얻지 아니하면 그 效力이 없다.

④ 第1項의 組織變更의 경우에 會社에 現存하는 純財産額이 組織變更時에 發行하는 株式의 發行價額의 總額에 不足하는 때에는 第1項의 決議當時의 理事, 監事와 社員은 會社에 대하여 連帶하여 그 不足額을 支給할 責任이 있다. 이 경우에 第550條第2項과 第551條第2項, 第3項의 規定을 準用한다.(1962.12.12 본항개정)
⑤ 第340條第3項, 第601條第1項, 第604條第3項과 前條의 規定은 第1項의 組織變更의 경우에 準用한다."

참조 [유한책임회사의 조직변경]287의44, ①[조직변경과 채권자 보호절차]232 · 608, [사원총회의 결의]574 · 585, ②[부족액과 책임]605, [벌칙]626, ③[인가]비송72 · 105 · 106

第608條【準用規定】 第232條의 規定은 第604條와 第607條의 組織變更의 경우에 準用한다.(1984.4.10 본조개정)

第6節 解散과 淸算

第609條【解散事由】 ① 有限會社는 다음의 事由로 인하여 解散한다.
1. 제227조제1호 · 제4호 내지 제6호에 규정된 사유 (2001.7.24 본호개정)
2. 社員總會의 決議
② 前項第2號의 決議는 第585條의 規定에 의하여야 한다.

참조 [주식회사의 경우]517 · 518, [해산등기]228 · 613①, 비송65

第610條【會社의 繼續】 ① 第227條第1號 또는 前條第1項第2號의 事由로 인하여 會社가 解散한 경우에는 第585條의 規定에 의한 社員總會의 決議로써 會社를 繼續할 수 있다.
② (2001.7.24 삭제)

참조 [주식회사의 경우]229 · 519, [해산등기 후의 계속]229③ · 611, [설립무효 또는 취소와 회사의 계속]194 · 613①, [사업연도의 의제]법인세법8

第611條【準用規定】 第229條第3項의 規定은 前條의 會社繼續의 경우에 準用한다.

第612條【殘餘財産의 分配】 殘餘財産은 定款에 다른 정함이 있는 경우외에는 各 社員의 出資座數에 따라 社員에게 分配하여야 한다.

참조 [주식회사의 경우]538, [출좌좌수와 지분]543② · 554 · 566②, [분배와 질권자]340① · 560, [잔여재산분배와 그 제한]260 · 613①, [이익배당의 기준]580

第613條【準用規定】 ① 第228條, 第245條, 第252條 내지 第255條, 第259條, 第260條, 第264條, 第520條, 第531條 내지 第537條, 第540條와 第541條의 規定은 有限會社에 準用한다.
② 第209條, 第210條, 第366條第2項 · 第3項, 第367條, 第373條第2項, 第376條, 第377條, 第382條第2項, 第386條, 第388條, 第399條 내지 第402條, 第407條, 第408條, 第411條 내지 第413條, 第414條第3項, 第450條, 第466條第2項, 第539條, 第562條, 第563條, 第564條第3項, 第565條, 第566條, 第571條, 第572條第1項과 第581條의 規定은 有限會社의 淸算人에 準用한다.(1984.4.10 본항개정)
(1962.12.12 본조개정)

第6章 外國會社

第614條【代表者, 營業所의 設定과 登記】 ① 외국회사가 대한민국에서 영업을 하려면 대한민국에서의 대표자를 정하고 대한민국 내에 영업소를 설치하거나 대표자 중 1명 이상이 대한민국에 그 주소를 두어야 한다.
(2011.4.14 본항개정)
② 외국회사가 제1항의 영업소를 설치하는 경우에는 그 설치일부터 3주일 내에 영업소의 소재지에서 다음 각 호의 사항을 등기하여야 한다.
1. 목적
2. 상호
3. 회사를 대표할 자의 성명 · 주소 및 주민등록번호(외국인인 경우 외국인등록번호로 하되, 외국인등록번호가 없는 경우에는 생년월일로 한다)
4. 공동으로 회사를 대표할 것을 정한 때에는 그 규정
5. 본점의 소재지
6. 영업소의 소재지(다른 영업소의 소재지는 제외한다)
7. 회사의 존립기간 내지 해산사유를 정한 때에는 그 기간 또는 사유
8. 대한민국에서의 같은 종류의 회사 또는 가장 비슷한 회사가 주식회사인 경우에는 본국에서의 공고방법 및 제616조의2에 따른 대한민국에서의 공고방법
(2024.9.20 본항개정)
③ 제2항의 등기에는 회사설립의 준거법과 대한민국에서의 대표자의 성명 · 주소 및 주민등록번호(외국인인 경우 외국인등록번호로 하되, 외국인등록번호가 없는 경우에는 생년월일로 한다)가 포함되어야 한다.
(2024.9.20 본항개정)
④ 第209條와 第210條의 規定은 外國會社의 代表者에 準用한다.(1962.12.12 본항개정)

改前 "② 前項의 경우에는 外國會社는 그 營業所의 設置에 관하여 大韓民國에서 設立되는 同種의 會社 또는 가장 類似한 會社의 支店과 同一한 登記를 하여야 한다."
"③ 前項의 登記에서는 會社設立의 準據法과 大韓民國에서의 代表者의 姓名과 그 住所를 登記하여야 한다."

참조 [등기]615 · 616, [벌칙]635①, ①[영업소]618－620, ②[대표자]209 · 210, [대표자와 벌칙적용]627① · 635①, ③[국내대표자의 퇴임]보험76②

第614條의2【영업소의 이전 · 변경등기】 ① 외국회사가 영업소를 이전한 경우에는 3주일 내에 종전 소재지에서는 새 소재지와 이전 연월일을, 새 소재지에서는 제614조제2항 및 제3항의 사항을 등기하여야 한다.
② 제614조제2항 또는 제3항의 사항이 변경되었을 때에는 영업소의 소재지에서 3주일 내에 변경등기를 하여야 한다.
(2024.9.20 본조신설)

第615條【등기기간의 기산점】 제614조제2항 · 제3항 및 제614조의2의 등기사항이 외국에서 발생한 경우 등기기간은 그 통지가 도달한 날부터 기산한다.(2024.9.20 본조개정)

改前 第615條【登記期間의 起算点】前條第2項과 第3項의 規定에 의한 登記事項이 外國에서 생긴 때에는 登記期間은 그 通知가 到達한 날로부터 起算한다.

第616條【登記前의 繼續去來의 禁止】 ① 外國會社는 그 營業所의 所在地에서 第614條의 規定에 의한 登記를 하기 前에는 繼續하여 去來를 하지 못한다.
② 前項의 規定에 違反하여 去來를 한 者는 그 去來에 대하여 會社와 連帶하여 責任을 진다.

참조 [벌칙]636②

第616條의2【대차대조표 또는 이에 상당하는 것의 공고】 ① 외국회사로서 이 법에 따라 등기를 한 외국회사(대한민국에서의 같은 종류의 회사 또는 가장 비슷한 회사가 주식회사인 것만 해당한다)는 제449조에 따른 승인과 같은 종류의 절차 또는 이와 비슷한 절차가 종결된 후 지체 없이 대차대조표 또는 이에 상당하는 것으로서 대통령령으로 정하는 것을 대한민국에서 공고하여야 한다.
② 제1항의 공고에 대하여는 제289조제3항부터 제6항까지의 규정을 준용한다.
(2011.4.14 본조신설)

참조 [등기사항]상업등기법74

第617條【유사외국회사】 외국에서 설립된 회사라도 대한민국에 그 본점을 설치하거나 대한민국에서 영업할 것을 주된 목적으로 하는 때에는 대한민국에서 설립된 회사와 같은 규정에 따라야 한다.(2011.4.14 본조개정)

改前 "第617條【適用法規】外國에서 設立된 會社라도 大韓民國에 그 本店을 設置하거나 大韓民國에서 營業할 것을 主된 目的으로 하는 때에는 大韓民國에서 設立된 會社와 同一한 規定에 의하여야 한다."

第618條【準用規定】 ① 제335조, 제335조의2부터 제335조의7까지, 제336조부터 제338조까지, 제340조제1항, 제355조, 제356조, 제356조의2, 제478조제1항, 제479조 및 제480조의 규정은 大韓民國에서의 外國會社의 株券 또는 債券의 發行과 그 株式의 移轉이나 入質 또는 社債의 移轉에 準用한다.(2014.5.20 본항개정)

② 前項의 경우에는 처음 大韓民國에 設置한 營業所를 本店으로 본다.

改前 ① "第335條 내지 第338條, 第340條第1項, 第355條 내지 第357條, 第478條第1項, 第479條와 第480條의 規定"은 大韓民國에서의 外國會社의 株券 또는 債券의 發行…

참조 [벌칙]627·635

第619條【營業所閉鎖命令】 ① 外國會社가 大韓民國에 營業所를 設置한 경우에 다음의 事由가 있는 때에는 法院은 利害關係人 또는 檢事의 請求에 의하여 그 營業所의 閉鎖를 命할 수 있다.

1. 營業所의 設置目的이 不法한 것인 때
2. 營業所의 設置登記를 한 後 정당한 事由없이 1年내에 營業을 開始하지 아니하거나 1年이상 營業을 休止한 때 또는 정당한 事由없이 支給을 停止한 때
3. 會社의 代表者 기타 業務를 執行하는 者가 法令 또는 善良한 風俗 기타 社會秩序에 違反한 行爲를 한 때 (1962.12.12 본호개정)

② 第176條第2項 내지 第4項의 規定은 前項의 경우에 準用한다.

참조 [국내회사의 경우]176, [영업소]614, [관할]비송72, [등기]비송128, [청산]620, [벌칙]635①

第620條【韓國에 있는 財産의 淸算】 ① 前條第1項의 規定에 의하여 營業所의 閉鎖를 命한 경우에는 法院은 利害關係人의 申請에 의하여 또는 職權으로 大韓民國에 있는 그 會社財産의 全部에 대한 淸算의 開始를 命할 수 있다. 이 경우에는 法院은 淸算人을 選任하여야 한다.

② 第535條 내지 第537條와 第542條의 規定은 그 性質이 許하지 아니하는 경우외에는 前項의 淸算에 準用한다.

③ 前2項의 規定은 外國會社가 스스로 營業所를 閉鎖한 경우에 準用한다.

참조 ①[청산절차]비송128

第621條【外國會社의 地位】 外國會社는 다른 法律의 適用에 있어서는 法律에 다른 規定이 있는 경우외에는 大韓民國에서 成立된 同種 또는 가장 類似한 會社로 본다.

참조 [외국인의 지위]헌6②, 국제사법, 채무자회생파산2

第7章 罰 則

第622條【發起人, 理事 기타의 任員등의 特別背任罪】 ① 會社의 發起人, 業務執行社員, 이사, 집행임원, 監査委員會 委員, 監事 또는 第386條第2項, 第407條第1項, 第415條 또는 第567條의 職務代行者, 支配人 기타 會社營業에 관한 어느 種類 또는 特定한 事項의 委任을 받은 使用人이 그 任務에 違背한 行爲로써 財産上의 利益을 取하거나 第三者로 하여금 이를 取得하게 하여 會社에 損害를 加한 때에는 10年이하의 懲役 또는 3千萬원이하의 罰金에 處한다.(2011.4.14 본항개정)

② 會社의 淸算人 또는 第542條第2項의 職務代行者, 第175條의 設立委員이 第1項의 行爲를 한 때에도 第1項과 같다.(1984.4.10 본항개정)

改前 ① 會社의 發起人, 業務執行社員, "理事", 監査委員會 委員, 監事 또는 第386條第2項…

참조 [배임죄]형355②, [대표자 또는 집행자]500·501, [영업에 관한 어느 종류 또는 특정한 사항의 위임을 받은 사용인]15①, [가중처벌]특정경제범죄3·4②·5④·11

판례 비밀장부 구성시 특별배임죄성부 : 2인주주의 주식회사에서 주주인 대표이사와 이사가 회사의 경비를 허위로 과다하게 지출한 양 경리장부를 작성하게 하여 그 돈을 회사의 정식경리에서 제외시켰더라도 이를 회사의 비밀경리에 입금시켜 회사의 자금으로 관리하고 회사의 사업집행상 필요한 용도에 사용하였다면 특별배임죄는 성립되지 아니하고, 나아가 그 나머지를 합의하여 분배한 경우에도 회사의 재산상태와 경영실적에 비추어 감추어진 상여 또는 감추어진 이익배당으로서 적정규모라고 인정되고 회사의 일반채권자 등 제3자를 해할 우려가 없다면 역시 특별배임죄를 구성한다고 볼 수 없다.
(대판 1989.10.10, 87도966)

第623條【社債權者集會의 代表者 등의 特別背任罪】 社債權者集會의 代表者 또는 그 決議를 執行하는 者가 그 任務에 違背한 行爲로써 財産上의 利益을 取하거나 第三者로 하여금 이를 取得하게 하여 社債權者에게 損害를 加한 때에는 7年이하의 懲役 또는 2千萬원이하의 罰金에 處한다.(1995.12.29 본조개정)

참조 [배임죄]형355②, 특정경제범죄3, [대표자 또는 집행자]500·501

第624條【特別背任罪의 未遂】 前2條의 未遂犯은 處罰한다.

참조 [배임죄의 미수]형29·359

第624條의2【주요주주 등 이해관계자와의 거래 위반의 죄】 제542조의9제1항을 위반하여 신용공여를 한 자는 5년 이하의 징역 또는 2억원 이하의 벌금에 처한다.(2009.1.30 본조신설)

第625條【會社財産을 危殆롭게 하는 罪】 第622條第1項에 規定된 자, 檢査人, 第298條第3項·第299條의2·第310條第3項 또는 第313條第2項의 公證人(인가공증인의 공증담당변호사를 포함한다. 이하 이 章에서 같다)이나 第299條의2, 第310條第3項 또는 第422條第1項의 鑑定人이 다음의 行爲를 한 때에는 5年이하의 懲役 또는 1千 500萬원이하의 罰金에 處한다.(2009.2.6 본문개정)

1. 株式 또는 出資의 引受나 納入, 現物出資의 履行, 第290條, 第416條第4號 또는 第544條에 規定된 사항에 관하여 法院·總會 또는 發起人에게 不實한 報告를 하거나 事實을 隱蔽한 때(1998.12.28 본호개정)
2. 누구의 名義로 하거나를 不問하고 會社의 計算으로 不正하게 그 株式 또는 持分을 取得하거나 質權의 目的으로 이를 받은 때
3. 법령 또는 정관에 위반하여 이익배당을 한 때 (2011.4.14 본호개정)
4. 會社의 營業範圍외에서 投機行爲를 하기 위하여 會社財産을 處分한 때

改前 "3. 法令 또는 定款의 規定에 違反하여 利益이나 利子의 配當을 한 때"

참조 (2)[자기주식의 취득]341, (3)[이익 또는 이자의 배당]290-293·352·423·462-464, [가중처벌]특정경제범죄3

판례 상법 625조 4호에 정한 '회사의 영업범위 외에서 투기행위를 하기 위하여 회사재산을 처분한 때'의 의미 및 판단 기준 : '회사의 영업범위 외'라고 함은 회사의 정관에 명시된 목적 및 그 목적을 수행하는 데 직접 또는 간접적으로 필요한 통상적인 부대업무의 범위를 벗어난 것을 말하는 것으로서, 목적 수행에 필요한지 여부는 행위의 객관적 성질에 따라 추상적으로 판단할 것이지 행위자의 주관적·구체적 의사에 따라 판단할 것은 아니며, 또 '투기행위'라 함은 거래시세의 변동에서 생기는 차액의 이득을 목적으로 하는 거래행위 중에서 사회통념상 회사의 자금운용방법 또는 자산보유수단으로 용인될 수 없는 행위를 말하는 것으로, 구체적으로 회사 임원 등의 회사재산 처분이 투기행위를 하기 위한 것인지를 판단함에 있어서는 당해 회사의 목적과 주된 영업내용, 회사의 자산 규모, 당해 거래에 이르게 된 경위, 거래 목적물의 특성, 예상되는 시세변동의 폭, 거래의 방법·기간·규모와 횟수, 거래자금의 조성경위, 일반적인 거래관행 및 거래당시의 경제상황 등 제반 사정을 종합적으로 고려해야 한다.
(대판 2007.3.15, 2004도5742)

일판 대표이사가 회사의 손실을 회복하기 위해서 한 투기거래를 위한 재산처분행위는 정관 소정의 목적에 맞은 업무 또는 그 수행상 필요한 부대적 업무의 통상범위 내에 있다고는 인정하기 어려우므로 그것이 사리를 도모하는 것이 아니라도 본조 제4호 위반의 죄가 된다.
(日·最高 1971.12.10)

第625條의2【주식의 취득제한 등에 위반한 죄】 다음 각 호의 어느 하나에 해당하는 자는 2천만원 이하의 벌금에 처한다.

1. 제342조의2제1항 또는 제2항을 위반한 자
2. 제360조의3제7항을 위반한 자
3. 제523조의2제2항을 위반한 자
4. 제530조의6제5항을 위반한 자

(2015.12.1 본조개정)

改前 "第625條의2【주식의 취득제한 등에 위반한 죄】제342조의2제1항 또는 제2항을 위반한 자는 2천만원 이하의 벌금에 처한다. (2011.4.14 본조개정)"

第626條【부실보고죄】 회사의 이사, 집행임원, 감사위원회 위원, 감사 또는 제386조제2항, 제407조제1항, 제415조 또는 제567조의 직무대행자가 제604조 또는 제607조의 조직변경의 경우에 제604조제2항 또는 제607조제2항의 순재산액에 관하여 법원 또는 총회에 부실한 보고를 하거나 사실을 은폐한 경우에는 5년 이하의 징역 또는 1천500만원 이하의 벌금에 처한다.(2011.4.14 본조개정)

改前 "第626條【不實報告罪】會社의 理事, 監査委員會 委員, 監事 또는 第386條第2項, 第407條第1項, 第415條 또는 第567條의 職務代行者가 第604條 또는 第607條의 組織變更의 경우에 第604條第2項 또는 第607條第2項의 純財産額에 관하여 法院 또는 總會에 不實한 報告를 하거나 事實을 隱蔽한 때에는 5年이하의 懲役 또는 1千500萬원이하의 罰金에 處한다.(1999.12.31 본조개정)"

第627條【不實文書行使罪】 ① 第622條第1項에 揭記한 者, 外國會社의 代表者, 株式 또는 社債의 募集의 委託을 받은 者가 株式 또는 社債를 募集함에 있어서 重要한 事項에 관하여 不實한 記載가 있는 株式請約書, 社債請約書, 事業計劃書, 株式 또는 社債의 募集에 관한 廣告 기타의 文書를 行使한 때에는 5年이하의 懲役 또는 1千500萬원이하의 罰金에 處한다.(1995.12.29 본항개정)

② 株式 또는 社債를 賣出하는 者가 그 賣出에 관한 文書로서 重要한 事項에 관하여 不實한 記載가 있는 것을 行使한 때에도 第1項과 같다.(1984.4.10 본항개정)

참조 [외국회사의 대표자]614③, [사채모집수탁자]476②, [주식청약서]302, [사채청약서]474

第628條【納入假裝罪등】 ① 第622條第1項에 揭記한 者가 納入 또는 現物出資의 履行을 假裝하는 行爲를 한 때에는 5年이하의 懲役 또는 1千500萬원이하의 罰金에 處한다.(1995.12.29 본항개정)

② 第1項의 行爲에 응하거나 이를 仲介한 者도 第1項과 같다.

(1984.4.10 본조개정)

참조 [납입금보관자의 증명과 책임]318

판례 [1] 주금납입취급기관의 납입가장죄 성부 : 상법 628조1항은 발기인이나 이사 등 회사 측 행위자의 납입가장행위를 처벌하는 조항이고 같은 조 2항에서 규정하는 '1항의 행위에 응한다'라는 것은 주금납입취급기관으로 지정된 금융기관의 임직원이 발기인이나 이사 등 회사 측 행위자의 부탁을 받고 주금의 입출금 및 주금납입증명서 발급업무를 해주는 것을 의미하는 것인바, 주금납입취급기관의 임직원이 회사 측 행위자의 부탁을 받고 실제 처음부터 주금이 입금된 사실조차 없는데도 허위로 납입증명서를 발급해 주거나 주금 자체를 대출해주는 경우뿐만 아니라 제3자로부터 차용한 돈으로 주금을 납입하여 주금납입증명서를 발급받은 다음 즉시 주금을 인출하여 차용금의 변제에 사용하는 방식으로 납입을 가장한다는 사정을 알면서 그 주금의 입출금 및 주금납입증명서 발급업무를 해주기로 회사 측 행위자와 통모한 경우에도 같은 조 제2항의 응납입가장죄가 성립한다. [2] 납입가장죄 성립 인정시 업무상횡령죄의 성립을 인정할 수 있는지 여부 : 주식회사의 설립업무 또는 증자업무를 담당한 자와 주식인수인이 사전 공모하여 주금납입취급은행 이외의 제3자로부터 납입금에 해당하는 금액을 차입하여 주금을 납입하고 납입취급은행으로부터 납입금보관증명서를 발급받아 회사의 설립등기절차 또는 증자등기절차를 마친 직후 이를 인출하여 위 차용금채무의 변제에 사용하는 경우, 위와 같은 행위는 실질적으로 회사의 자본을 증가시키는 것이 아니고 등기를 위하여 납입을 가장하는 편법에 불과하여 주금의 납입 및 인출의 전과정에서 회사의 자본금에는 실제 아무런 변동이 없다고 보아야 할 것이므로, 그들에게 회사의 돈을 임의로 유용한다는 불법영득의 의사가 있다고 보기 어렵다 할 것이고, 이러한 관점에서 상법상 납입가장죄의 성립을 인정하는 이상 회사 자본이 실질적으로 증가됨을 전제로 한 업무상횡령죄가 성립한다고 할 수는 없다. (대판 2004.12.10, 2003도3963)

第629條【초과발행의 죄】 회사의 발기인, 이사, 집행임원 또는 제386조제2항 또는 제407조제1항의 직무대행자가 회사가 발행할 주식의 총수를 초과하여 주식을 발행한 경우에는 5년 이하의 징역 또는 1천500만원 이하의 벌금에 처한다.(2011.4.14 본조개정)

改前 "第629條【超過發行의 罪】會社의 發起人, 理事 또는 第386條第2項 또는 第407條第1項의 職務代行者가 會社가 發行할 株式의 總數를 超過하여 株式을 發行한 때에는 5年이하의 懲役 또는 1千500萬원이하의 罰金에 處한다.(1995.12.29 본조개정)"

참조 [발행예정주식의 총수]289①·524, [신주의 발행]349·416·515, [보류의 필요]346②·513③

第630條【發起人, 理事 기타의 任員의 瀆職罪】 ① 第622條와 第623條에 規定된 者, 檢査人, 第298條第3項·第299條의2·第310條第3項 또는 第313條第2項의 公證人이나 第299條의2, 第310條第3項 또는 第422條第1項의 鑑定人이 그 職務에 관하여 不正한 請託을 받고 財産上의 利益을 收受, 要求 또는 約束한 때에는 5年이하의 懲役 또는 1千500萬원이하의 罰金에 處한다.(1998.12.28 본항개정)

② 第1項의 利益을 約束, 供與 또는 供與의 意思를 表示한 者도 第1項과 같다.

(1984.4.10 본조개정)

참조 [수뢰죄]형129이하, [몰수·추징]633, 형134, ②[뇌물공여죄]형133

판례 상법 제630조의 취지 : 상법 630조의 주식회사의 발기인, 이사 기타 임원의 독직죄에 관한 규정은 그들 임원의 직무의 엄격성을 확보한다는 것보다 회사의 건전한 운영을 위하여 그들의 회사에 대한 충실성을 확보하고 회사에 재산상 손해를 끼칠 염려가 있는 직무위반행위를 금하려는데 그 취지가 있으므로, 단지 감독청의 행정지시에 위반한다거나 사회상규에 반하는 것이라고 해서 부정한 청탁이라고 할 수 없다.(대판 1980.2.12, 78도3111)

第631條【權利行使妨害등에 관한 贈收賂罪】 ① 다음의 事項에 관하여 不正한 請託을 받고 財産上의 利益을 收受, 要求 또는 約束한 者는 1年이하의 懲役 또는 300萬원이하의 罰金에 處한다.(1995.12.29 본문개정)

1. 創立總會, 社員總會, 株主總會 또는 社債權者集會에서의 發言 또는 議決權의 行使
2. 第3編에 정하는 訴의 提起, 發行株式의 總數의 100分의 1 또는 100분의 3이상에 해당하는 株主, 社債總額의 100分의 10이상에 해당하는 社債權者 또는 자본금의 100分의 3이상에 해당하는 出資座數를 가진 社員의 權利의 行使(2011.4.14 본호개정)
3. 第402條 또는 第424條에 정하는 權利의 行使

② 第1項의 利益을 約束, 供與 또는 供與의 意思를 表示한 者도 第1項과 같다.

改前 ① 2. 第3編에…100分의 10이상에 해당하는 社債權者 또는 "資本"의 100分의 3이상에 해당하는…

참조 ①[수뢰죄]형129이하, 특정경제범죄5, [몰수·추징]633, 형134, ⑴[창립총회]308·527, [주주총회]361이하, [사채권자집회]490이하, ⑵[소의 제기]328·376·380·381·435·511·512·529, [소수주주권]366·539②·542②, [소수사채권자]491②③, ②[뇌물공여죄]형133, 특정경제범죄6

第632條【懲役과 罰金의 倂科】 第622條 내지 前條의 懲役과 罰金은 이를 倂科할 수 있다.

第633條【沒收, 追徵】 第630條第1項 또는 第631條第1項의 경우에는 犯人이 收受한 利益은 이를 沒收한다. 그 全部 또는 一部를 沒收하기 不能한 때에는 그 價額을 追徵한다.

참조 [몰수·추징]134

第634條【納入責任免脫의 罪】 納入의 責任을 免하기 위하여 他人 또는 假設人의 名義로 株式 또는 出資를 引受한 者는 1年이하의 懲役 또는 300萬원이하의 罰金에 處한다.(1995.12.29 본조개정)

참조 [타인 또는 가설인(假設人)의 명의로 인수]332

第634條의2【株主의 權利行使에 관한 利益供與의 罪】 ① 주식회사의 이사, 집행임원, 감사위원회 위원, 감사, 제386조제2항 · 제407조제1항 또는 제415조의 직무대행자, 지배인, 그 밖의 사용인이 주주의 권리 행사와 관련하여 회사의 계산으로 재산상의 이익을 공여(供與)한 경우에는 1년 이하의 징역 또는 300만원 이하의 벌금에 처한다.(2011.4.14 본항개정)

② 第1項의 利益을 收受하거나, 第三者에게 이를 供與하게 한 者도 第1項과 같다.

(1984.4.10 본조신설)

改前 "① 株式會社의 理事 · 監査委員會 委員 · 監事 또는 第386條第2項, 第407條第1項 또는 第415條의 職務代行者 · 支配人 기타 使用人이 株主의 權利의 행사와 관련하여 會社의 計算으로 財産上의 利益을 供與한 때에는 1年이하의 懲役 또는 300萬원이하의 罰金에 處한다.(1999.12.31 본항개정)"

第634條의3【양벌규정】 회사의 대표자나 대리인, 사용인, 그 밖의 종업원이 그 회사의 업무에 관하여 제624조의2의 위반행위를 하면 그 행위자를 벌하는 외에 그 회사에도 해당 조문의 벌금형을 과(科)한다. 다만, 회사가 제542조의13에 따른 의무를 성실히 이행한 경우 등 회사가 그 위반행위를 방지하기 위하여 해당 업무에 관하여 상당한 주의와 감독을 게을리하지 아니한 경우에는 그러하지 아니하다.(2011.4.14 단서개정)

改前 第634條의3【양벌규정】 회사의 대표자나…과(科)한다. "다만", 회사가 그 위반행위를 방지하기 위하여…

第635條【過怠料에 處할 行爲】 ① 회사의 발기인, 설립위원, 업무집행사원, 업무집행자, 이사, 집행임원, 감사, 감사위원회 위원, 외국회사의 대표자, 검사인, 제298조제3항 · 제299조의2 · 제310조제3항 또는 제313조제2항의 공증인, 제299조의2 · 제310조제3항 또는 제422조제1항의 감정인, 지배인, 청산인, 명의개서대리인, 사채모집을 위탁받은 회사와 그 사무승계자 또는 제386조제2항 · 제407조제1항 · 제415조 · 제542조제2항 또는 제567조의 직무대행자가 다음 각 호의 어느 하나에 해당하는 행위를 한 경우에는 500만원 이하의 과태료를 부과한다. 다만, 그 행위에 대하여 형(刑)을 과(科)할 때에는 그러하지 아니하다.

1. 이 편(編)에서 정한 등기를 게을리한 경우
2. 이 편에서 정한 공고 또는 통지를 게을리하거나 부정(不正)한 공고 또는 통지를 한 경우
3. 이 편에서 정한 검사 또는 조사를 방해한 경우
4. 이 편의 규정을 위반하여 정당한 사유 없이 서류의 열람 또는 등사, 등본 또는 초본의 발급을 거부한 경우
5. 관청, 총회, 사채권자집회 또는 발기인에게 부실한 보고를 하거나 사실을 은폐한 경우
6. 주권, 채권 또는 신주인수권증권에 적을 사항을 적지 아니하거나 부실하게 적은 경우
7. 정당한 사유 없이 주권의 명의개서를 하지 아니한 경우
8. 법률 또는 정관에서 정한 이사 또는 감사의 인원수를 궐(闕)한 경우에 그 선임절차를 게을리한 경우
9. 정관 · 주주명부 또는 그 복본(複本), 사원명부 · 사채원부 또는 그 복본, 의사록, 감사록, 재산목록, 대차대조표, 영업보고서, 사무보고서, 손익계산서, 그 밖에 회사의 재무상태와 경영성과를 표시하는 것으로서 제287조의33 및 제447조제1항제3호에 따라 대통령령으로 정하는 서류, 결산보고서, 회계장부, 제447조 · 제534조 · 제579조제1항 또는 제613조제1항의 부속명세서 또는 감사보고서에 적을 사항을 적지 아니하거나 부실하게 적은 경우
10. 법원이 선임한 청산인에 대한 사무의 인계(引繼)를 게을리하거나 거부한 경우
11. 청산의 종결을 늦출 목적으로 제247조제3항, 제535조제1항 또는 제613조제1항의 기간을 부당하게 장기간으로 정한 경우
12. 제254조제4항, 제542조제1항 또는 제613조제1항을 위반하여 파산선고 청구를 게을리한 경우
13. 제589조제2항을 위반하여 출자의 인수인을 공모한 경우
14. 제232조, 제247조제3항, 제439조제2항, 제527조의5, 제530조제2항, 제530조의9제4항, 제530조의11제2항, 제597조, 제603조 또는 제608조를 위반하여 회사의 합병 · 분할 · 분할합병 또는 조직변경, 회사재산의 처분 또는 자본금의 감소를 한 경우
15. 제260조, 제542조제1항 또는 제613조제1항을 위반하여 회사재산을 분배한 경우
16. 제302조제2항, 제347조, 제420조, 제420조의2, 제474조제2항 또는 제514조를 위반하여 주식청약서, 신주인수권증서 또는 사채청약서를 작성하지 아니하거나 이에 적을 사항을 적지 아니하거나 또는 부실하게 적은 경우
17. 제342조 또는 제560조제1항을 위반하여 주식 또는 지분의 실효 절차, 주식 또는 지분의 질권 처분을 게을리한 경우
18. 제343조제1항 또는 제560조제1항을 위반하여 주식 또는 출자를 소각한 경우
19. 제355조제1항 · 제2항 또는 제618조를 위반하여 주권을 발행한 경우
20. 제358조의2제2항을 위반하여 주주명부에 기재를 하지 아니한 경우
21. 제363조의2제1항, 제542조제2항 또는 제542조의6제2항을 위반하여 주주가 제안한 사항을 주주총회의 목적사항으로 하지 아니한 경우
22. 제365조제1항 · 제2항, 제578조, 제467조제3항, 제582조제3항에 따른 법원의 명령을 위반하여 주주총회를 소집하지 아니하거나, 정관으로 정한 곳 외의 장소에서 주주총회를 소집하거나, 제363조, 제364조, 제571조제2항 · 제3항을 위반하여 주주총회를 소집한 경우
23. 제374조제2항, 제530조제2항 또는 제530조의11제2항을 위반하여 주식매수청구권의 내용과 행사방법을 통지 또는 공고하지 아니하거나 부실한 통지 또는 공고를 한 경우
24. 제287조의34제1항, 제396조제1항, 제448조제1항, 제510조제2항, 제522조의2제1항, 제527조의6제1항, 제530조의7, 제534조제3항, 제542조제2항, 제566조제1항, 제579조의3, 제603조 또는 제613조를 위반하여 장부 또는 서류를 갖추어 두지 아니한 경우
25. 제412조의5제3항을 위반하여 정당한 이유 없이 감사 또는 감사위원회의 조사를 거부한 경우
26. 제458조부터 제460조까지 또는 제583조를 위반하여 준비금을 적립하지 아니하거나 이를 사용한 경우
27. 제464조의2제1항의 기간에 배당금을 지급하지 아니한 경우
28. 제478조제1항 또는 제618조를 위반하여 채권을 발행한 경우
29. 제536조 또는 제613조제1항을 위반하여 채무 변제를 한 경우
30. 제542조의5를 위반하여 이사 또는 감사를 선임한 경우
31. 제555조를 위반하여 지분에 대한 지시식 또는 무기명식의 증권을 발행한 경우
32. 제619조제1항에 따른 법원의 명령을 위반한 경우

(2011.4.14 본항개정)

② 발기인, 이사 또는 집행임원이 주권의 인수로 인한 권리를 양도한 경우에도 제1항과 같다.(2011.4.14 본항개정)

③ 제1항 각 호 외의 부분에 규정된 자가 다음 각 호의 어느 하나에 해당하는 행위를 한 경우에는 5천만원 이하의 과태료를 부과한다.

1. 제542조의8제1항을 위반하여 사외이사 선임의무를 이행하지 아니한 경우
2. 제542조의8제4항을 위반하여 사외이사 후보추천위원회를 설치하지 아니하거나 사외이사가 총위원의 2분의 1 이상이 되도록 사외이사 후보추천위원회를 구성하지 아니한 경우
3. 제542조의8제5항에 따라 사외이사를 선임하지 아니한 경우
4. 제542조의9제3항을 위반하여 이사회 승인 없이 거래한 경우
5. 제542조의11제1항을 위반하여 감사위원회를 설치하지 아니한 경우
6. 제542조의11제2항을 위반하여 제415조의2제2항 및 제542조의11제2항 각 호의 감사위원회의 구성요건에 적합한 감사위원회를 설치하지 아니한 경우
7. 제542조의11제4항제1호 및 제2호를 위반하여 감사위원회가 제415조의2제2항 및 제542조의11제2항 각 호의 감사위원회의 구성요건에 적합하도록 하지 아니한 경우
8. 제542조의12제2항을 위반하여 감사위원회위원의 선임절차를 준수하지 아니한 경우

(2009.1.30 본항신설)

④ 제1항 각 호 외의 부분에 규정된 자가 다음 각 호의 어느 하나에 해당하는 행위를 한 경우에는 1천만원 이하의 과태료를 부과한다.

1. 제542조의4에 따른 주주총회 소집의 통지·공고를 게을리하거나 부정한 통지 또는 공고를 한 경우
2. 제542조의7제4항 또는 제542조의12제5항을 위반하여 의안을 별도로 상정하여 의결하지 아니한 경우

(2009.1.30 본항신설)

改前 "① 會社의 發起人, 設立委員, 業務執行社員, 理事, 監事, 監査委員會 委員, 外國會社의 代表者, 檢査人, 第298條第3項·第299條의2·第310條第3項 또는 第422條第1項의 鑑定人 第313條第2項의 公證人, 第299條의2, 第310條第3項 또는 第422條第1項의 鑑定人, 支配人, 淸算人, 名義改書代理人, 社債募集의 委託을 받은 會社와 그 事務承繼者 또는 第386條第2項, 第407條第1項, 第415條, 第542條第2項 또는 第567條의 職務代行者가 다음의 事項에 해당한 行爲를 한 때에는 5百萬원이하의 過怠料에 處한다. 다만, 그 行爲에 대하여 刑을 科할 때에는 그러하지 아니하다.(1999.12.31 본문개정)

1. 本編에 정한 登記를 懈怠한 때
2. 本編에 정한 公告 또는 通知를 懈怠하거나 不正한 公告 또는 通知를 한 때
3. 本編에 정한 檢査 또는 調査를 妨害한 때
4. 本編의 規定에 違反하여 正當한 事由없이 書類의 閱覽 또는 謄寫, 謄本 또는 抄本의 交付를 拒否한 때
5. 官廳, 總會·社債權者集會 또는 發起人에게 不實한 報告를 하거나 또는 事實을 隱蔽한 때(1995.12.29 본호개정)
6. 株券·債券 또는 新株引受權證券에 기재할 事項을 기재하지 아니하거나 不實한 기재를 한 때(1984.4.10 본호개정)
7. 正當한 事由없이 株券의 名義改書를 하지 아니한 때
8. 法律 또는 定款에 정한 理事 또는 監事의 員數를 闕한 경우에 그 選任節次를 懈怠한 때
9. 定款·株主名簿 또는 그 複本, 社員名簿·社債原簿 또는 그 複本, 議事錄·監査錄·財産目錄·貸借對照表·營業報告書·事務報告書·損益計算書·利益剩餘金處分計算書 또는 缺損金處理計算書·決算報告書·會計帳簿, 第447條·第534條·第579條第1項 또는 第613條第1項의 附屬明細書 또는 監査報告書에 기재할 事項을 기재하지 아니하거나 또는 不實한 기재를 한 때(1984.4.10 본호개정)
10. 法院이 選任한 淸算人에 대한 事務의 引繼를 懈怠하거나 이를 拒否한 때
11. 淸算의 終結을 遲延할 目的으로 第247條第3項, 第535條第1項 또는 第613條第1項의 期間을 不當하게 長期間으로 정한 때
12. 第254條第4項, 第542條第1項 또는 第613條第1項의 規定에 違反하여 破産宣告의 請求를 懈怠한 때(1984.4.10 본호개정)
13. 第589條第2項의 規定에 違反하여 出資의 引受人을 公募한 때
14. 第232條, 第247條第3項, 第439條第2項, 第527條의5, 第530條第2項, 第530條의9第4項, 第530條의11第2項, 第597條, 第603條 또는 第608條의 規定에 違反하여 會社의 合併·分割·分割合併 또는 組織變更, 會社財産의 處分 또는 資本의 減少를 한 때(1998.12.28 본호개정)
15. 第260條, 第542條第1項 또는 第613條第1項의 規定에 違反하여 會社財産을 分配한 때
16. 第302條第2項, 第347條, 第420條, 第420條의2, 第474條第2項 또는 第514條의 規定에 違反하여 株式請約書·新株引受權證書 또는 社債請約書를 작성하지 아니하거나 이에 기재할 事項을 기재하지 아니하거나 또는 不實한 기재를 한 때(1984.4.10 본호개정)
17. 第342條 또는 第560條第1項의 規定에 違反하여 株式 또는 持分의 失效節次, 株式 또는 持分의 質權의 處分을 懈怠한 때
18. 第343條第1項 또는 第560條第1項의 規定에 違反하여 株式 또는 出資를 消却한 때
19. 第355條第1項, 第2項 또는 第618條의 規定에 違反하여 株券을 發行한 때(1962.12.12 본호개정)

19의2. 第358條의2第2項의 規定에 違反하여 株主名簿에 기재를 하지 아니한 때(1984.4.10 본호신설)

19의3. 제363조의2제1항, 제542조제2항 또는 제542조의6제2항을 위반하여 株主가 提案한 사항을 株主總會의 目的事項으로 하지 아니한 때(2009.1.30 본호개정)

20. 第365條第1項, 第2項, 第578條의 規定 또는 第467條第3項, 第582條第3項의 規定에 의한 法院의 命令에 違反하여 總會를 召集하지 아니하거나 定款에 정한 곳 이외의 곳에서 또는 第363條, 第364條, 第571條第2項, 第3項의 規定에 違反하여 總會를 召集한 때

20의2. 第374條第2項, 第530條第2項 또는 第530條의11第2項의 規定에 위반하여 株式買受請求權의 내용과 행사방법을 통지 또는 公告하지 아니하거나 不實한 통지 또는 公告를 한 때(1998.12.28 본호개정)

21. 第396條第1項, 第448條第1項, 第510條第2項, 第522條의2第1項, 第527條의6第1項, 第530條의7, 第534條第3項, 第542條第2項, 第566條第1項, 第579條의3, 第603條 또는 第613條의 規定에 違反하여 帳簿 또는 書類를 備置하지 아니한 때(1998.12.28 본호개정)

21의2. 第412條의4第3項의 規定에 위반하여 정당한 이유없이 監事 또는 監査委員會의 調査를 거부한 때(1999.12.31 본호개정)

22. 第458條 내지 第460條 또는 第583條의 規定에 違反하여 準備金을 積立하지 아니하거나 이를 使用한 때

22의2. 第464條의2第1項의 期間내에 配當金을 支給하지 아니한 때(1984.4.10 본호신설)

23. 第470條의 規定에 違反하여 社債를 募集하거나 舊社債를 償還하지 아니한 때
24. 第478條第1項 또는 第618條의 規定에 違反하여 債券을 發行한 때
25. 第536條 또는 第613條第1項의 規定에 違反하여 債務의 辨濟를 한 때

25의2. 제542조의5를 위반하여 이사 또는 감사를 선임한 경우(2009.1.30 본호신설)

26. 第619條第1項의 規定에 의한 法院의 命令에 違反한 때
27. 第555條의 規定에 違反하여 持分에 대한 指示式 또는 無記名式의 證券을 發行한 때

② 發起人 또는 理事가 株式의 引受로 인한 權利를 讓渡한 때에도 第1項과 같다.(1984.4.10 본항개정)"

참조 ①[과태료사건의 관할·재판]비송247-251, ②[주식의 인수로 인한 권리의 양도]319·425

판례 대표이사의 퇴임으로 법률 또는 정관에 정한 대표이사의 수를 채우지 못하게 되어 퇴임한 대표이사에게 후임 대표이사의 취임시까지 대표이사로서의 권리의무가 있는 기간 동안에 후임 대표이사의 선임절차를 해태한 경우, 상법 635조1항8호를 적용하여 퇴임한 대표이사를 과태료에 처할 수 있는지 여부 : 상법 635조1항8호는 '법률 또는 정관에 정한 이사 또는 감사의 원수를 궐한 경우에 그 선임절차를 해태한 때'에 그 선임을 위한 총회소집절차를 밟아야 할 지위에 있는 자에 대하여 과태료의 제재를 가하고 있지만, 여기서 선임의 대상이 되는 '이사'에 '대표이사'는 포함되지 아니하므로, 대표이사가 퇴임하여 법률 또는 정관에 정한 대표이사의 수를 채우지 못하여 퇴임한 대표이사에게 후임 대표이사가 취임할 때까지 대표이사로서의 권리의무가 있는 기간 동안에 후임 대표이사의 선임절차를 해태하였다고 하여 퇴임한 대표이사를 과태료에 처할 수는 없다.
(대결 2007.6.19, 2007마311)

第636條【登記前의 會社名義의 營業등】 ① 會社의 成立前에 會社의 名義로 營業을 한 者는 會社設立의 登錄稅의 倍額에 相當한 過怠料에 處한다.

② 前項의 規定은 第616條第1項의 規定에 違反한 者에 準用한다.

참조 [회사의 성립]172·317②·528①, [등기전의 계속거래의 금지]614·616, [등록면허세 세율]지방세28

第637條【법인에 대한 벌칙의 적용】 제622조, 제623조, 제625조, 제627조, 제628조 또는 제630조제1항에 규

정된 자가 법인인 경우에는 이 장의 벌칙은 그 행위를 한 이사, 집행임원, 감사, 그 밖에 업무를 집행한 사원 또는 지배인에게 적용한다.(2011.4.14 본조개정)

改前 "第637條【法人에 대한 罰則의 適用】第622條, 第623條, 第625條, 第627條, 第628條 또는 第630條第1項에 掲記한 者가 法人인 때에는 本章의 罰則은 그 行爲를 한 理事, 監事 기타 業務를 執行한 社員 또는 支配人에 適用한다."

第637條의2【과태료의 부과 · 징수】 ① 제635조(제1항 제1호는 제외한다) 또는 제636조에 따른 과태료는 대통령령으로 정하는 바에 따라 법무부장관이 부과 · 징수한다.

② 제1항에 따른 과태료 처분에 불복하는 자는 그 처분을 고지받은 날부터 60일 이내에 법무부장관에게 이의를 제기할 수 있다.

③ 제1항에 따른 과태료 처분을 받은 자가 제2항에 따라 이의를 제기한 때에는 법무부장관은 지체 없이 관할 법원에 그 사실을 통보하여야 하며, 그 통보를 받은 관할 법원은 「비송사건절차법」에 따른 과태료 재판을 한다.

④ 제2항에서 규정하는 기간 내에 이의를 제기하지 아니하고 과태료를 납부하지 아니한 때에는 국세 체납처분의 예에 따라 징수한다.

(2009.1.30 본조신설)

第4編 保 險

第1章 通 則

第638條【보험계약의 의의】 보험계약은 당사자 일방이 약정한 보험료를 지급하고 재산 또는 생명이나 신체에 불확정한 사고가 발생할 경우에 상대방이 일정한 보험금이나 그 밖의 급여를 지급할 것을 약정함으로써 효력이 생긴다.(2014.3.11 본조개정)

改前 "第638條【意義】保險契約은 當事者一方이 約定한 保險料를 支給하고 相對方이 財産 또는 生命이나 身體에 관하여 不確定한 事故가 생길 경우에 一定한 保險金額 기타의 給與를 支給할 것을 約定함으로써 效力이 생긴다."

참조 [보험의 인수와 상행위]461, [상호보험과 본편규정의 준용]664

판례 보험계약 체결 후 보험자가 보통보험약관을 개정하여 그 내용이 보험계약자에게 유리하게 변경된 경우, 개정 약관의 효력이 개정 전에 체결된 보험계약에 미치는지 여부 : 보험계약이 일단 그 계약 당시의 보통보험약관에 의하여 유효하게 체결된 이상 그 보험계약관계에는 계약 당사의 약관이 적용되는 것이고, 그 후 보험자가 그 보통보험약관을 개정하여 그 약관의 내용이 상대방에게 불리하게 변경된 경우는 물론 유리하게 변경된 경우라고 하더라도, 당사자가 그 개정 약관에 의하여 보험계약의 내용을 변경하기로 하는 취지로 합의하거나 보험자가 구 약관에 의한 권리를 주장할 이약을 포기하는 취지의 의사를 표시하는 등의 특별한 사정이 없는 한 개정약관의 효력이 개정 전에 체결된 보험계약에 미친다고 할 수 없다.
(대판 2010.1.14, 2008다89514,89521)

판례 예금부족으로 인한 어음의 지급거절은 당좌거래가 있는 자가 발행한 어음이 지급제시되었으나 발행자의 당좌예금계정에 결제할 예금이 부족하거나 당좌대월계약이 있는 경우에 그 대출금으로도 어음금을 지급할 자금이 부족한 경우에 적용되는 부도사유이고, 한편 어음보증보험계약상 어음의 위 · 변조가 어음보증보험계약자의 보험책임 면책사유로 규정되어 있는 경우 어음발행인의 위 · 변조 신고로 인하여 어음이 지급거절되었다고 하더라도 실질적으로는 보험사고에 해당하는 예금부족으로 인하여 지급이 거절되었음이 입증된 경우에는 어음보증보험계약자는 보험책임을 부담하여야 한다.
(대판 2007.9.7, 2006다86139)

판례 민법의 보증에 관한 규정이 보증보험계약에도 적용되는지 여부 : 보증보험은 형식적으로는 채무자의 채무불이행을 보험사고로 하는 보험계약이나 실질적으로는 보증의 성격을 가지고 보증계약과 같은 효과를 목적으로 하는 것이므로 그 성질에 반하지 않는 한 민법의 보증에 관한 규정이 보증보험계약에도 적용된다.
(대판 2004.12.24, 2004다20265)

第638條의2【保險契約의 成立】 ① 保險者가 保險契約者로부터 保險契約의 請約과 함께 保險料 相當額의 전부 또는 일부의 支給을 받은 때에는 다른 약정이 없으면 30日내에 그 相對方에 대하여 諾否의 통지를 發送하여야 한다. 그러나 人保險契約의 被保險者가 身體檢査를 받아야 하는 경우에는 그 期間은 身體檢査를 받은 날부터 起算한다.

② 保險者가 第1項의 規定에 의한 期間내에 諾否의 통지를 懈怠한 때에는 승낙한 것으로 본다.

③ 保險者가 保險契約者로부터 保險契約의 請約과 함께 保險料 相當額의 전부 또는 일부를 받은 경우에 그 請約을 승낙하기 전에 保險契約에서 정한 保險事故가 생긴 때에는 그 請約을 거절할 사유가 없는 한 保險者는 保險契約上의 責任을 진다. 그러나 人保險契約의 被保險者가 身體檢査를 받아야 하는 경우에 그 檢査를 받지 아니한 때에는 그러하지 아니하다.

(1991.12.31 본조신설)

판례 갑이 을 주식회사에 피보험자를 병으로 하는 보험계약을 청약하고 보험청약서의 질문표에 병이 최근 5년 이내에 고혈압 등으로 의사에게서 진찰 또는 검사를 통하여 진단을 받았거나 투약 등을 받은 적이 없다고 기재하여 을 회사에 우송하였는데, 사실은 청약 당일 병이 의사에게서 고혈압 진단을 받은 경우, 보험계약을 청약한 이후 보험계약이 성립하기 전에 병이 고혈압 진단을 받았음에도 갑은 청약서의 질문표를 작성하여 을 회사에 우송할 때에 고의 또는 중과실로 그러한 사실이 없다고 기재하는 등 고지의무를 위반하였고 이를 이유로 한 을 회사의 해지 의사표시에 따라 보험계약이 적법하게 해지되었으므로, 보험계약에 기한 을 회사의 보험금 지급의무는 존재하지 아니한다.(대판 2012.8.23, 2010다78135,78142)

第638條의3【보험약관의 교부 · 설명 의무】 ① 보험자는 보험계약을 체결할 때에 보험계약자에게 보험약관을 교부하고 그 약관의 중요한 내용을 설명하여야 한다.

② 보험자가 제1항을 위반한 경우 보험계약자는 보험계약이 성립한 날부터 3개월 이내에 그 계약을 취소할 수 있다.

(2014.3.11 본조개정)

改前 "第638條의3【保險約款의 교부 · 명시義務】① 保險者는 保險契約을 체결할 때에 保險契約者에게 保險約款을 교부하고 그 約款의 중요한 내용을 알려주어야 한다.
② 保險者가 第1項의 規定에 위반한 때에는 保險契約者는 保險契約이 成立한 날부터 1月내에 그 契約을 取消할 수 있다.
(1991.12.31 본조신설)"

판례 타인의 사망을 보험사고로 하는 보험계약의 체결에 있어서 보험모집인이 보험계약자에게 피보험자의 서면동의 등의 요건에 관하여 설명의무를 부담하는지 여부(적극) : 타인의 사망을 보험사고로 하는 보험계약의 체결에 있어서 보험모집인은 보험계약자에게 피보험자의 서면동의 등의 요건에 관하여 구체적이고 상세하게 설명하여 보험계약자로 하여금 그 요건을 구비할 수 있는 기회를 주어 유효한 보험계약이 체결되도록 조치할 주의의무가 있고, 그럼에도 보험모집인이 위와 같은 설명을 하지 아니하는 바람에 위 요건의 흠결로 보험계약이 무효가 되고 그 결과 보험사고의 발생에도 불구하고 보험계약자가 보험금을 지급받지 못하게 되었다면 보험자는 구 보험업법(2003. 5.29 법률 제6891호로 전문 개정되기 전의 것) 158조1항에 기하여 보험계약자에게 그 보험금 상당액의 손해를 배상할 의무가 있다.
(대판 2006.4.27, 2003다60259)

판례 보험약관의 중요한 내용에 해당하는 사항이라 하더라도 보험자의 명시 · 설명의무가 면제되는 경우 : 보험약관의 중요한 내용에 해당하는 사항이라 하더라도 보험계약자나 그 대리인이 그 내용을 충분히 잘 알고 있거나, 보험계약자가 별도의 설명 없이도 충분히 예상할 수 있었거나, 이미 법령에 의하여 정하여진 것을 되풀이하거나 부연하는 정도에 불과한 사항이라면 그러한 사항에 대하여서까지 보험자에게 명시 · 설명의무가 인정된다고 할 수는 없다.
(대판 2003.1.10, 2002다32776)

판례 보험약관의 명시 · 설명의무에 위반된 약관의 내용이 보험계약의 내용으로 주장될 수 있는지 여부 : 보험자 및 보험계약의 체결 또는 모집에 종사하는 자는 보험계약의 체결에 있어서 보험계약의 중요한 내용에 대하여 구체적이고 상세한 명시 · 설명의무를 부담하는 바, 이러한 보험약관의 명시 · 설명의무에 위반된 약관의 내용은 보험계약의 내용으로 주장할 수 없다.(대판 2001.9.18, 2001다14917,14924)

판례 보통 보험약관의 구속력의 근거 및 구속력이 배제되기 위한 요건 : 보통보험약관이 계약당사자에 대하여 구속력을 가지는 것은 그 자체가 법규범 또는 법규범적 성질을 가진 약관이기 때문이 아니라 보험계약 당사자 사이에서 계약내용에 포함시키기로 합의하였기 때문이라고 볼 것인바, 일반적으로 당사자 사이에서 보통보험약관을 계약내용에 포함시킨 보험계약서가 작성된 경우에는 계약자가 그 보험약관의 내용을 알지 못한 경우에도 그 약관의 구속력을 배제할 수 없는 것이 원칙이나 다만 당사자 사이에서 명시적으로 약관에 관하여 달리 약정한 경우에는 위 약관의 구속력은 배제된다 할 것이고, 약관의 내용이 일반적으로 예상되는 방법으로 명시되어 있지 않다든가 중요한 내용이어서 특히 보험업자의 설명을 요하는 경우에는 위 약관의 구속력은 배제된다고 보아야 한다.(대판 2000.4.25, 99다68027)

第639條【他人을 위한 保險】 ① 保險契約者는 委任을 받거나 委任을 받지 아니하고 특정 또는 불특정의 他人을 위하여 保險契約을 締結할 수 있다. 그러나 損害保險契約의 경우에 그 他人의 委任이 없는 때에는 保險契約者는 이를 保險者에게 告知하여야 하고, 그 告知가 없는 때에는 他人이 그 保險契約이 체결된 사실을 알지 못하였다는 사유로 保險者에게 對抗하지 못한다.

② 第1項의 경우에는 그 他人은 당연히 그 契約의 이익을 받는다. 그러나 損害保險契約의 경우에 保險契約者가 그 他人에게 保險事故의 발생으로 생긴 損害의 賠償을 한 때에는 保險契約者는 그 他人의 權利를 해하지 아니하는 범위안에서 保險者에게 保險金額의 支給을 請求할 수 있다.(1991.12.31 본항신설)

③ 第1項의 경우에는 保險契約者는 保險者에 대하여 保險料를 支給할 義務가 있다. 그러나 保險契約者가 破産宣告를 받거나 保險料의 支給을 遲滯한 때에는 그 他人이 그 權利를 抛棄하지 아니하는 限 그 他人도 保險料를 支給할 義務가 있다.

(1991.12.31 본조개정)

참조 [제3자를 위한 계약]민539, [보험료지급의무]638, [타인을 위한 보험과 피보험자의 의무]657 · 680, [계약무효와 보험료]648, [적용제외]726의6

판례 부동산을 매수한 자가 그 부동산에 관하여 자신을 피보험자로 하여 화재보험계약을 체결하였다면, 특별한 사정이 없는 한 이는 자기를 위한 보험계약이라고 보아야 한다.
(대판 2011.2.24, 2009다43355)

판례 손해보험에 있어서 보험의 목적물과 위험의 종류만이 정해져 있고 피보험자와 피보험이익이 명확하지 않은 경우에 그 보험계약이 보험계약자 자신을 위한 것인지 아니면 타인을 위한 것인지는 보험계약서 및 당사자가 보험계약의 내용으로 삼은 약관의 내용, 당사자가 보험계약을 체결하게 된 경위와 그 과정, 보험회사의 실무처리 관행 등 제반 사정을 참작하여 결정하여야 한다.
(대판 2007.2.22, 2006다72093)

第640條【保險證券의 交付】 ① 保險者는 保險契約이 成立한 때에는 지체없이 保險證券을 作成하여 保險契約者에게 交付하여야 한다. 그러나 保險契約者가 保險料의 전부 또는 최초의 保險料를 支給하지 아니한 때에는 그러하지 아니하다.(1991.12.31 본항개정)

② 기존의 保險契約을 연장하거나 變更한 경우에는 保險者는 그 保險證券에 그 사실을 기재함으로써 保險證券의 교부에 갈음할 수 있다.(1991.12.31 본항신설)

참조 [손해보험증권]666, [인보험증권]728, [인지세]인지세법1①, [증권의 재교부]642

판례 보험계약의 성립과 보험증권의 증거증권성 : 일반적으로 보험계약은 당사자 사이의 의사 합치에 의하여 성립되는 낙성계약으로서 별도의 서면을 요하지 아니하므로 보험계약을 체결할 때 작성 · 교부되는 보험증권은 하나의 증거증권에 불과한 것이어서 보험계약의 성립 여부라든가 보험계약의 내용 등은 그 증거증권만이 아니라 계약 체결의 전후 경위 등을 종합하여 인정할 수 있다.
(대판 2003.4.25, 2002다64520)

第641條【證券에 관한 異議約款의 效力】 保險契約의 當事者는 保險證券의 交付가 있은 날로부터 一定한 期間내에 한하여 그 證券內容의 正否에 관한 異議를 할 수 있음을 約定할 수 있다. 이 期間은 1月을 내리지 못한다.

第642條【證券의 再交付請求】 保險證券을 滅失 또는 현저하게 毁損한 때에는 保險契約者는 保險者에 대하여 證券의 再交付를 請求할 수 있다. 그 證券作成의 費用은 保險契約者의 負擔으로 한다.

참조 [증권의 교부]640

第643條【遡及保險】 保險契約은 그 契約前의 어느 時期를 保險期間의 始期로 할 수 있다.

第644條【保險事故의 客觀的 確定의 效果】 保險契約當時에 保險事故가 이미 發生하였거나 또는 發生할 수 없는 것인 때에는 그 契約은 無效로 한다. 그러나 當事者 雙方과 被保險者가 이를 알지 못한 때에는 그러하지 아니하다.

참조 [보험사고]666, [계약의 무효와 보험료의 반환]648

판례 보험계약의 당사자 쌍방 및 피보험자가 모두 선의여서 동조 단서가 적용되는 경우라 할지라도 그 보험계약에서 정한 책임개시시기 이후 발생한 보험사고에 대하여 보험자에게 보험금지급의무가 인정될 수 있을 뿐이고, 보험계약에서 정한 책임개시시기 이전에 보험사고가 발생한 경우 이는 그 보험자가 인수하지 아니한 위험에 해당하므로 보험금지급의무가 인정될 여지는 없다.
(대판 2004.8.20, 2002다20889)

第645條 (1991.12.31 삭제)

第646條【代理人이 안 것의 效果】 代理人에 의하여 保險契約을 締結한 경우에 代理人이 안 事由는 그 本人이 안 것과 同一한 것으로 한다.

참조 [대리]민114이하

第646條의2【보험대리상 등의 권한】 ① 보험대리상은 다음 각 호의 권한이 있다.

1. 보험계약자로부터 보험료를 수령할 수 있는 권한
2. 보험자가 작성한 보험증권을 보험계약자에게 교부할 수 있는 권한
3. 보험계약자로부터 청약, 고지, 통지, 해지, 취소 등 보험계약에 관한 의사표시를 수령할 수 있는 권한
4. 보험계약자에게 보험계약의 체결, 변경, 해지 등 보험계약에 관한 의사표시를 할 수 있는 권한

② 제1항에도 불구하고 보험자는 보험대리상의 제1항 각 호의 권한 중 일부를 제한할 수 있다. 다만, 보험자는 그러한 권한 제한을 이유로 선의의 보험계약자에게 대항하지 못한다.

③ 보험대리상이 아니면서 특정한 보험자를 위하여 계속적으로 보험계약의 체결을 중개하는 자는 제1항제1호(보험자가 작성한 영수증을 보험계약자에게 교부하는 경우만 해당한다) 및 제2호의 권한이 있다.

④ 피보험자나 보험수익자가 보험료를 지급하거나 보험계약에 관한 의사표시를 할 의무가 있는 경우에는 제1항부터 제3항까지의 규정을 그 피보험자나 보험수익자에게도 적용한다.

(2014.3.11 본조신설)

第647條【特別危險의 消滅로 인한 保險料의 減額請求】 保險契約의 當事者가 특별한 危險을 豫期하여 保險料의 額을 정한 경우에 保險期間中 그 豫期한 危險이 消滅한 때에는 保險契約者는 그 後의 保險料의 減額을 請求할 수 있다.

참조 [보험료]666 · 728, [보험사고의 성질]666 · 728, [보험가액의 감소와 보험료의 감액]669①

第648條【保險契約의 無效로 인한 保險料返還請求】 保險契約의 全部 또는 一部가 無效인 경우에 保險契約者와 被保險者가 善意이며 重大한 過失이 없는 때에는 保險者에 대하여 保險料의 全部 또는 一部의 返還을 請求할 수 있다. 保險契約者와 保險受益者가 善意이며 重大한 過失이 없는 때에도 같다.

참조 민742 · 746, [계약의 무효]644 · 669④, [시효]662

第649條【事故發生前의 任意解止】 ① 保險事故가 發生하기 前에는 保險契約者는 언제든지 契約의 全部 또는 일부를 해지할 수 있다. 그러나 第639條의 保險契約의 경우에는 保險契約者는 그 他人의 同意를 얻지 아니하거나 保險證券을 所持하지 아니하면 그 契約을 解止하지 못한다.(1991.12.31 단서신설)

② 保險事故의 발생으로 保險者가 保險金額을 支給한 때에도 保險金額이 減額되지 아니하는 保險의 경우에는 保險契約者는 그 事故發生후에도 保險契約을 解止할 수 있다.(1991.12.31 본항신설)

③ 第1項의 경우에는 保險契約者는 當事者間에 다른 約定이 없으면 未經過保險料의 返還을 請求할 수 있다.
(1991.12.31 본항개정)

참조 [보험자의 책임개시]666·728, [계약해지]민543·550, [보험료의 반환]662, 민548, [해상보험에 관한 특칙]701①

판례 보험사고가 발생하기 전에 보험계약자에 의하여 계약의 전부 또는 일부가 해지된 경우에 민법 541조의 적용한계 : 상법 649조 소정 사유 즉 보험사고가 발생하기 전에 보험계약자에 의하여 계약의 전부 또는 일부가 임의해지된 경우에는 그 해지의 효과로서 그 범위에서 민법 541조의 적용이 배제되며, 민법상의 제3자를 위한 계약에 있어서도 수익의 의사표시 후의 제3자의 지위를 규정한 민법 541조의 규정은 계약 당사자가 제3자의 권리발생 후에 있어서도 그 권리를 변경 소멸시킬 수 있음을 미리 유보한 때에는 그 제한된 범위내에서만 적용이 있다.(대판 1974.12.10, 73다1591)

第650條【保險料의 支給과 지체의 效果】 ① 保險契約者는 契約締結후 지체없이 保險料의 전부 또는 第1回 保險料를 支給하여야 하며, 保險契約者가 이를 支給하지 아니하는 경우에는 다른 약정이 없는 한 契約成立후 2月이 경과하면 그 契約은 解除된 것으로 본다.
② 繼續保險料가 약정한 時期에 支給되지 아니한 때에는 保險者는 상당한 期間을 정하여 保險契約者에게 催告하고 그 期間내에 支給되지 아니한 때에는 그 契約을 解止할 수 있다.
③ 특정한 他人을 위한 保險의 경우에 保險契約者가 保險料의 支給을 지체한 때에는 保險者는 그 他人에게도 상당한 期間을 정하여 保險料의 支給을 催告한 후가 아니면 그 契約을 解除 또는 解止하지 못한다.
(1991.12.31 본조개정)

참조 민544

판례 보험계약자와 피보험자가 다른 보험계약에서 피보험자에게 보험료 지급을 최고하지 않고 보험금 미지급을 이유로 보험계약을 해지할 수 있는지 여부 : 분할보험료가 약정한 시기에 지급되지 아니한 경우 보험자는 상당한 기간을 정하여 보험계약자에게 최고하고 그 기간 안에 보험료가 지급되지 아니한 때에는 그 보험계약을 해지할 수 있으나, 보험계약자와 피보험자가 다른 때에는 상법 제650조제3항에 따라 피보험자에게도 상당한 기간을 정하여 보험료의 지급을 최고한 뒤가 아니면 그 계약을 해지하지 못한다.
(대판 2003.2.11, 2002다64872)

판례 보험료 납입 연체시 일정기간 경과 후 보험계약은 당연 실효된다는 보험약관의 효력(무효) : 보험료 납입의 연체를 이유로 보험계약이 일정기간 경과 후 당연히 실효된다고 한 보험약관의 규정은 무효이다.(대판 2002.7.26, 2000다25002)

第650條의2【保險契約의 復活】 第650條第2項에 따라 保險契約이 解止되고 解止還給金이 支給되지 아니한 경우에 保險契約者는 일정한 期間내에 延滯保險料에 約定利子를 붙여 保險者에게 支給하고 그 契約의 復活을 請求할 수 있다. 第638條의2의 규정은 이 경우에 準用한다.(1991.12.31 본조신설)

第651條【告知義務違反으로 인한 契約解止】 保險契約當時에 保險契約者 또는 被保險者가 故意 또는 重大한 過失로 인하여 重要한 事項을 告知하지 아니하거나 不實의 告知를 한 때에는 保險者는 그 事實을 안 날로부터 1月내에, 契約을 締結한 날로부터 3年내에 限하여 契約을 解止할 수 있다. 그러나 保險者가 契約當時에 그 事實을 알았거나 重大한 過失로 인하여 알지 못한 때에는 그러하지 아니하다.(1991.12.31 본조개정)

참조 [중요한 사항]민109

판례 보험계약자나 피보험자가 보험계약 당시에 보험자에게 고지할 의무를 지는 상법 제651조에서 정한 '중요한 사항'이란, 보험자가 보험사고의 발생과 그로 인한 책임부담의 개연율을 측정하여 보험계약의 체결 여부 또는 보험료나 특별한 면책조항의 부가와 같은 보험계약의 내용을 결정하기 위한 표준이 되는 사항으로서, 객관적으로 보험자가 그 사실을 안다면 계약을 체결하지 않든가 적어도 동일한 조건으로는 계약을 체결하지 않으리라고 생각되는 사항을 말한다. 보험자가 고지의무 위반을 이유로 보험계약을 해지하기 위해서는 보험계약자 또는 피보험자가 고지의무가 있는 사항에 대한 고지의무의 존재와 그러한 사항의 존재에 대하여 이를 알고도 고의로 또는 중대한 과실로 인하여 이를 알지 못하여 고지의무를 다하지 않은 사실이 증명되어야 한다. 여기서 '중대한 과실'이란 고지하여야 할 사실은 알고 있었지만 현저한 부주의로 인하여 그 사실의 중요성의 판단을 잘못하거나 그 사실이 고지하여야 할 중요한 사실이라는 것을 알지 못하는 것을 말한다.(대판 2011.4.14, 2009다103349,103356)

판례 동조 소정의 '보험자의 악의 또는 중대한 과실'의 인정 범위 : 보험자의 악의나 중대한 과실에는 보험자의 그것뿐만 아니라 이른바 보험자의 보험의(保險醫 : 생명보험계약에 있어서 피보험자의 신체 및 건강상태, 기타 위험측정상의 중요한 사항에 대하여 조사하여 이를 보험자에게 제공하여 주는 의사. 편자 주)를 비롯하여 널리 보험자를 위하여 고지를 수령할 수 있는 지위에 있는 자의 악의나 중과실도 당연히 포함된다고 할 것이나, 보험자에게 소속된 의사가 보험계약자 등을 검진함으로써 알게 된 보험계약자 등의 질병을 보험자도 알고 있으리라고 보거나 그것을 알지 못한 것이 보험자의 중대한 과실에 의한 것이라고 할 수는 없다.(대판 2001.1.5, 2000다40353)

판례 [1] '중요한 사항'이란, 보험자가 보험사고의 발생과 그로 인한 책임부담의 개연율을 측정하여 보험계약의 체결여부 또는 보험료나 특별한 면책조항의 부가와 같은 보험계약의 내용을 결정하기위한 표준이 되는 사항으로서, 객관적으로 보험자가 그 사실을 안다면 그 계약을 체결하지 않든가 또는 적어도 동일한 조건으로는 계약을 체결하지 않으리라고 생각되는 사항을 말한다.
[2] 고지의무 위반이 성립하기 위하여는 고지의무자에게 고의 또는 중대한 과실이 있어야 하고, 여기서 말하는 중대한 과실이란 고지하여야 할 사실은 알고 있지만 현저한 부주의로 인하여 그 사실의 중요성의 판단을 잘못하거나 그 사실이 고지하여야 할 중요한 사실이라는 것을 알지 못하는 것을 말한다.
(대판 1996.12.23, 96다27971)

第651條의2【書面에 의한 質問의 效力】 保險者가 書面으로 質問한 사항은 중요한 사항으로 推定한다.
(1991.12.31 본조신설)

판례 고지의무의 대상인 '중요한 사항'의 의미와 그 판단 기준 및 본조에 규정된 '서면'에 보험청약서도 포함되는지 여부(적극) : 보험계약자나 피보험자가 보험계약 당시에 보험자에게 고지할 의무를 지는 상법 651조에서 정한 '중요한 사항'이란 보험자가 보험사고의 발생과 그로 인한 책임부담의 개연율을 측정하여 보험계약의 체결 여부 또는 보험료나 특별한 면책조항의 부가와 같은 보험계약의 내용을 결정하기 위한 표준이 되는 사항으로서 객관적으로 보험자가 그 사실을 안다면 그 계약을 체결하지 아니하든가 또는 적어도 동일한 조건으로는 계약을 체결하지 아니하리라고 생각되는 사항을 말하고, 어떠한 사실이 이에 해당하는가는 보험의 종류에 따라 달라질 수밖에 없는 사실인정의 문제로서 보험의 기술에 비추어 객관적으로 관찰하여 판단되어야 하는 것이나, 보험자가 서면으로 질문한 사항은 보험계약에 있어서 중요한 사항에 해당하는 것으로 추정되고(상법 651조의2), 여기의 서면에는 보험청약서도 포함될 수 있으므로, 보험청약서에 일정한 사항에 관하여 답변을 구하는 취지가 포함되어 있다면 그 사항은 상법 651조에서 말하는 '중요한 사항'으로 추정된다.
(대판 2004.6.11, 2003다18494)

第652條【危險變更增加의 通知와 契約解止】 ① 保險期間中에 保險契約者 또는 被保險者가 事故發生의 危險이 현저하게 變更 또는 增加된 事實을 안 때에는 遲滯없이 保險者에게 通知하여야 한다. 이를 懈怠한 때에는 保險者는 그 事實을 안 날로부터 1月내에 限하여 契約을 解止할 수 있다.
② 保險者가 第1項의 危險變更增加의 통지를 받은 때에는 1月내에 保險料의 增額을 請求하거나 契約을 解止할 수 있다.(1991.12.31 본항신설)

참조 [귀책사유에 의한 경우]653

판례 보험자가 피보험자 등으로부터 사고발생의 위험이 변경 또는 증가되었다는 통지를 받고 이를 이유로 보험계약을 해지하는 경우, 보험약관에서 미경과기간에 대한 보험료를 반환하도록 정하고 있다면 그 보험약관은 유효하다고 보아야 하고, 그것이 상법 또는 상법상의 원칙에 위반하여 무효라고 볼 수 없다. 그리고 이는 보험기간 중에 보험사고가 발생하였으나 보험계약이 종료되지 않고 원래 약정된 보험금액에서 위 보험사고에 관하여 지급한 보험금액을 감액한 잔액을 나머지 보험기간에 대한 보험금액으로 하여 보험계약을 존속시키는 경우에도 마찬가지다.(대판 2008.1.31, 2005다57806)

판례 생명보험계약에서 보험사고 발생위험의 변경 또는 증가사실에 대한 통지의무를 해태하는 경우 보험금을 삭감하기로 하는 보험약관의 효력 : 피보험자의 직업이나 직종에 따라 보험금 가입한도에 차등이 있는 생명보험계약에서 피보험자가 직업이나 직종을 변경하는 경우에 그 사실을 통지하도록 하면서 그 통지의무를 해태한 경우에 직업 또는 직종이 변경되기 전에 적용된 보험요율의 직업 또는 직종이 변경된 후에 적용해야 할 보험요율에 대한 비율에 따라 보험금을 삭감하여 지급하는 것은 실질적으로 약정된 보험금 중에서 삭감한 부분에 관하여 보험계약을 해지하는 것이라 할 것이므로 그 해지에 관하여는 상법 653조에서 규정하고 있는 해지기간 등에 관한 규정이 여전히 적용되어야 한다.(대판 2003.6.10, 2002다63312)

第653條【保險契約者등의 故意나 重過失로 인한 危險增加와 契約解止】 保險期間中에 保險契約者, 被保險者 또는 保險受益者의 故意 또는 중대한 過失로 인하여 事故發生의 危險이 현저하게 變更 또는 增加된 때에는 保險者는 그 사실을 안 날부터 1月내에 保險料의 增額을 請求하거나 契約을 解止할 수 있다.(1991.12.31 본조개정)

참조 [특별위험의 소멸]647

판례 피보험자가 변경되었을 때 보험자의 승인을 받지 않으면 보험계약은 효력이 상실된다고 규정한 이행(상품판매대금)보증보험약관이 약관의 규제에 관한 법률에 위배되어 무효인지 여부(적극) : 보증보험이 담보하는 물품판매대금채권 발생의 기초가 되는 매매알선계약에 따른 모든 권리, 의무가 영업양도 등에 수반된 계약인수에 의하여 양도된 경우에, 그와 같이 계속적으로 발생하는 물품판매대금채무를 그 보험기간 동안 보험금액 한도 내에서 보증하는 이행(상품판매대금)보증보험계약에 따른 피보험자의 지위도 계약인수 및 보증계약의 법리상 이에 부수하여 함께 이전된다고 보아야 할 것인데, 그 보증보험약관 9조1호는 이러한 경우에 보험자의 승인을 받지 않으면 보험계약은 효력이 상실된다고 규정하고 있는바, 이는 실질적으로 그와 같은 피보험자의 변경을 이유로 하여 계약인수인에게 인수된 보증보험계약에 대해 아무런 제한 없는 해지권을 보증보험회사에게 부여한 것에 다름없고 한편, 보증보험약관 9조1호는 상법 652조와 653조를 구체화한 규정으로 볼 수 있는바, 피보험자의 변경은 피보험자의 고의로 사고발생의 위험이 변경되는 한 경우라고는 할 것이지만, 약관의 규정은 653조와 달리 피보험자의 변경으로 위험이 현저하게 변경 또는 증가되었는지를 묻지 않고, 또 계약해지권과 함께 보험료의 증액청구권을 선택적으로 규정하지도 않았으며, 그 계약해지권 행사의 제척기간도 규정하지 않은 점에서 653조의 규정보다 그 해지권의 행사요건을 크게 완화하였음을 알 수 있으므로, 보증보험약관 9조1호는 법률의 규정에 의한 해지권의 행사요건을 완화하여 고객에 대하여 부당하게 불이익을 줄 우려가 있는 조항으로서, 약관의 규제에 관한 법률 6조2항1호를 적용하기에 앞서 같은 법률 9조2호에 의하여 무효라고 하지 않을 수 없으며, 계속적 거래에 따른 채무를 보증하기는 하지만 보증기간과 보증한도가 정해져 있는 보증보험계약의 보험자에게, 그 계속적 거래의 한 당사자인 채권자 및 피보험자가 변경되었다는 사정만으로 그 계속적 거래의 유형이나 거래 내용, 채권자 및 피보험자가 변경되게 된 사유(즉, 단순한 계약인수인지, 영업양도나 합병에 수반된 계약인수인지 등), 그 채권자 및 피보험자의 변경이 채무자의 채무이행에 영향을 미치는지 여부나 그 내용 및 정도, 나아가 그로 인하여 채무자의 채무불이행으로 인한 손해 발생의 위험을 현저히 변경 또는 증가시켰는지 등을 묻지 않고 곧바로 보증관계를 유지할지 여부를 결정할 권한을 무제한적으로 주는 것이어서 납득하기 어렵고, 이는 매매알선계약상의 채권자 변경이 채무자의 채무이행에 영향을 미칠 가능성을 배제할 수 없다거나, 보험자가 영업지침 등으로 그 권한을 다소 제한하고 있다는 사정만으로는 달리 볼 수 없다.
(대판 2002.5.10, 2000다70156)

第654條【保險者의 破産宣告와 契約解止】 ① 保險者가 破産의 宣告를 받은 때에는 保險契約者는 契約을 解止할 수 있다.

② 第1項의 規定에 의하여 解止하지 아니한 保險契約은 破産宣告後 3月을 經過한 때에는 그 效力을 잃는다.
(1991.12.31 본항개정)

참조 [파산선고]채무자회생파산305이하, [계약의 해지]민543·550, [보험계약자의 파산]639②

第655條【계약해지와 보험금청구권】 보험사고가 발생한 후라도 보험자가 제650조, 제651조, 제652조 및 제653조에 따라 계약을 해지하였을 때에는 보험금을 지급할 책임이 없고 이미 지급한 보험금의 반환을 청구할 수 있다. 다만, 고지의무(告知義務)를 위반한 사실 또는 위험이 현저하게 변경되거나 증가된 사실이 보험사고 발생에 영향을 미치지 아니하였음이 증명된 경우에는 보험금을 지급할 책임이 있다.(2014.3.11 본조개정)

改前 "第655條【契約解止와 保險金額請求權】 保險事故가 發生한 後에도 保險者가 第650條, 第651條, 第652條와 第653條의 規定에 의하여 契約을 解止한 때에는 保險金額을 支給할 責任이 없고 이미 支給한 保險金額의 返還을 請求할 수 있다. 그러나 告知義務에 違反한 事實 또는 危險의 현저한 變更이나 增加된 事實이 保險事故의 發生에 影響을 미치지 아니하였음이 證明된 때에는 그러하지 아니하다.
(1991.12.31 본조개정)"

참조 [보험사고]666·728

판례 보험자가 계속보험료 지급의 연체를 이유로 보험계약을 해지한 경우, 계속보험료 지급의 연체 이전에 발생한 보험사고에 대하여 지급한 보험금의 반환을 구할 수 있는지 여부(소극) : 상법 655조 본문은 보험사고가 발생한 후에도 보험자가 650조의 규정에 의하여 계약을 해지한 때에는 이미 지급한 보험금액의 반환을 청구할 수 있다고 되어 있어, 법문의 외양상으로는 계속보험료(월납분담금) 미지급에 따른 상법 650조2항의 규정에 의한 계약해지의 경우에도 이미 지급한 보험금액의 반환을 청구할 수 있는 것으로 되어 있으나, 상법 650조2항이 보험계약자를 보호하기 위하여 계속보험료가 연체된 경우에 상당한 최고기간을 둔 다음 해지하도록 규정하고 있는 점 등에 비추어 볼 때, 계속보험료의 연체로 인하여 보험계약이 해지된 경우에는 보험자는 계약해지시로부터 더 이상 보험금을 지급할 의무만을 면할 뿐, 계속보험료의 연체가 없었던 기간에 발생한 보험사고에 대하여 이미 보험계약자가 취득한 보험보호를 소급하여 사라지게 하는 것이 아니므로, 보험자는 보험계약자에 대하여 이미 지급한 보험금의 반환을 구할 수 없다 할 것이다.(대판 2001.4.10, 99다67413)

第656條【保險料의 支給과 保險者의 責任開始】 保險者의 責任은 當事者間에 다른 約定이 없으면 最初의 保險料의 支給을 받은 때로부터 開始한다.

참조 [보험자의 책임개시]666·728

판례 보험대리점이 보험계약자에 대하여 한 보험료 대납약정의 법적 효과 : 보험회사를 대리하여 보험료를 수령할 권한이 부여되어 있는 보험대리점이 보험계약자에 대하여 보험료의 대납약정을 하였다면 그것으로 곧바로 보험계약자가 보험회사에 대하여 보험료를 지급한 것과 동일한 법적 효과가 발생하는 것이고, 실제로 보험대리점이 보험회사에 대납을 하여야만 그 효과가 발생하는 것은 아니다.
(대판 1995.5.26, 94다60615)

第657條【保險事故發生의 通知義務】 ① 保險契約者 또는 被保險者나 保險受益者는 保險事故의 發生을 안 때에는 遲滯없이 保險者에게 그 通知를 發送하여야 한다.

② 保險契約者 또는 被保險者나 保險受益者가 第1項의 通知義務를 懈怠함으로 인하여 損害가 增加된 때에는 保險者는 그 增加된 損害를 補償할 責任이 없다.
(1991.12.31 본항신설)

참조 [보험사고]666·728

第658條【保險金額의 支給】 保險者는 保險金額의 支給에 관하여 約定期間이 있는 경우에는 그 期間내에 約定期間이 없는 경우에는 第657條第1項의 통지를 받은 후 지체없이 支給할 保險金額을 정하고 그 정하여진 날부터 10日내에 被保險者 또는 保險受益者에게 保險金額을 支給하여야 한다.(1991.12.31 본조개정)

참조 [보험금액·기간]666·728

판례 피보험자가 독립한 여러 보험목적물 중 일부에 관하여 실제 손해보다 과다하게 허위의 청구를 한 경우에 다른 보험목적물에 관한 보험금청구권까지 상실하는지 여부(소극) : "보험계약자 또는 피보험자가 손해의 통지 또는 보험금청구에 관한 서류에 고의로 사실과 다른 것을 기재하였거나 그 서류 또는 증거를 위조하거나 변조한 경우 피보험자는 손해에 대한 보험금청구권을 잃게 된다"고 규정하고 있는 보험계약의 약관 조항의 취지는 피보험자 등이 서류를 위조하거나 증거를 조작하는 등 신의성실의 원칙에 반하는 사기적인 방법으로 과다한 보험금을 청구하는 경우에는 그에 대한 제재로서 보험금청구권을 상실하도록 하려는 데 있고, 독립한 여러 물건을 보험목적물로 하여 체결된 화재보험계약에서 피보험자가 그 중 일부의 보험목적물에 관하여 실제 손해보다 과다하게 허위의 청구를 한 경우에 허위의 청구를 한 당해 보험목적물에 관하여 위 약관 조항에 따라 보험금청구권을 상실하게 되는 것은 당연하다. 그러나 만일 위 약관 조항을 피보험자가 허위의 청구를 하지 않은 다른 보험목적물에 관한 보험금청구권까지 한꺼번에 상실하게 된다는 취지로 해석한다면, 이는 허위 청구에 대한 제재로서의 상당한 정도를 초과하는 것으로 고객에게 부당하게 불리한 결과를 초래하여 신의성실의 원칙에 반하는 해석이 되므로, 위 약관에 의해 피보험자가 상실하게 되는 보험금청구권은 피보험자가 허위의 청구를 한 당해 보험목적물의 손해에 대한 보험금청구권에 한한다고 해석함이 상당하다.
(대판 2007.2.22, 2006다72093)

第659條【保險者의 免責事由】 ① 保險事故가 保險契約者 또는 被保險者나 保險受益者의 故意 또는 중대한 過失로 인하여 생긴 때에는 保險者는 保險金額을 支給할 責任이 없다.

② (1991.12.31 삭제)

참조 [손해전보책임]638

판례 상법 및 화재보험약관 규정의 형식 및 취지, 화재가 발생한 경우에 보험자에게 면책사유가 존재하지 않는 한 소정의 보험금을 지급하도록 함으로써 피보험자로 하여금 신속하게 화재로 인한 피해를 복구할 수 있게 하려는 화재보험제도의 존재의의에 비추어 보면, 화재보험에서 화재가 발생한 경우에는 일단 우연성의 요건을 갖춘 것으로 추정되고, 다만 화재가 보험계약자나 피보험자의 고의 또는 중과실에 의하여 발생하였다는 사실을 보험자가 증명하는 경우에는 위와 같은 추정이 번복되는 것으로 보아야 한다.
(대판 2009.12.10, 2009다56603,56610)

판례 보험약관의 면책조항에 있어서 '법인의 이사 또는 그 업무를 집행하는 기타의 기관'의 의미 : 보험계약자 또는 피보험자 등이 법인인 경우에는 '법인의 이사 또는 그 업무를 집행하는 기타의 기관'의 고의 또는 중과실에 의한 손해에 대하여 보험자가 면책되도록 한 이 사건 면책 약관에 있어 '법인의 이사 또는 그 업무를 집행하는 기타의 기관'은, 원칙적으로 법인의 대표권 및 업무집행권을 가지는 대표기관을 의미한다고 보아야 할 것이고, 주식회사의 대표권이 없는 이사의 경우에는 그 회사의 규모나 구성, 보험사고의 발생시에 해당 이사의 회사에 있어서의 업무내용이나 지위 및 영향력, 해당 이사와 회사와의 경제적 이해의 공통성 내지 해당 이사가 보험금을 관리 또는 처분할 권한이 있는지 등의 여러 가지 사정을 종합하여, 해당 이사가 회사를 실질적으로 지배하고 있거나 또는 해당 이사가 보험금의 수령에 의한 이익을 직접 받을 수 있는 지위에 있는 등 해당 이사의 고의나 중과실에 의한 보험사고의 유발이 회사의 행위와 동일한 것이라고 평가할 수 있는 경우에 비로소 여기의 '이사'에 해당된다고 보아야 할 것이다.(대판 2005.3.10, 2003다61580)

판례 자동차보험약관상 면책사유인 '피보험자의 고의에 의한 사고'에서의 '고의'의 의미와 그 입증방법 : 보험약관에서 '피보험자 등의 고의에 의한 사고'를 면책사유로 규정하고 있는 경우 여기에서의 '고의'라 함은 자신의 행위에 의하여 일정한 결과가 발생하리라는 것을 알면서 이를 행하는 심리 상태를 말하는 것으로서 그와 같은 내심의 의사는 이를 인정할 직접적인 증거가 없는 경우에는 사물의 성질상 고의와 상당한 관련성이 있는 간접사실을 증명하는 방법에 의하여 입증할 수밖에 없고, 무엇이 상당한 관련성이 있는 간접사실에 해당할 것인가는 사실관계의 연결상태를 논리와 경험칙에 의하여 합리적으로 판단하여야 할 것임은 물론이지만, 보험사고의 발생에 기여한 복수의 원인이 존재하는 경우, 그 중 하나가 피보험자 등의 고의행위임을 주장하여 보험자가 면책되기 위하여는 그 행위가 단순히 공동원인의 하나이었다는 점을 입증하는 것으로는 부족하고 피보험자 등의 고의행위가 보험사고 발생의 유일하거나 결정적 원인이었음을 입증하여야 할 것이다.(대판 2004.8.20, 2003다26075)

第660條【戰爭危險 등으로 인한 免責】 保險事故가 戰爭 기타의 變亂으로 인하여 생긴 때에는 當事者間에 다른 約定이 없으면 保險者는 保險金額을 支給할 責任이 없다.

참조 [손해전보책임]638

第661條【再保險】 保險者는 保險事故로 인하여 負擔할 責任에 대하여 다른 保險者와 再保險契約을 締結할 수 있다. 이 再保險契約은 原保險契約의 效力에 影響을 미치지 아니한다.

참조 [보험사고]666 · 728

第662條【소멸시효】 보험금청구권은 3년간, 보험료 또는 적립금의 반환청구권은 3년간, 보험료청구권은 2년간 행사하지 아니하면 시효의 완성으로 소멸한다.
(2014.3.11 본조개정)

改前 "第662條【消滅時效】保險金額의 請求權과 保險料 또는 積立金의 返還請求權은 2年間, 保險料의 請求權은 1年間 行使하지 아니하면 消滅時效가 完成한다."

참조 [상사시효]64

판례 보험금청구권의 소멸시효의 기산점 : 보험금액청구권의 소멸시효의 기산점은 특별한 사정이 없는 한 보험사고가 발생한 때라고 할 것이지만, 약관 등에 의하여 보험금액청구권의 행사에 특별한 절차를 요구하는 때에는 그 절차를 마친 때, 또는 채권자가 그 책임 있는 사유로 그 절차를 마치지 못한 경우에는 그러한 절차를 마치는 데 소요되는 상당한 기간이 경과한 때로부터 진행한다고 보아야 할 것이므로, 보험금액청구금의 소멸시효기산점을 판단함에 있어서는 그 보험사고가 무엇인지와 보험금액청구권을 행사하는 데 특별한 제한이 있는지를 확정하는 것이 중요한 전제가 된다.
(대판 2006.1.26, 2004다19104)

판례 보험금청구권의 소멸시효의 기산점 : 보험금액청구권의 소멸시효는 특별한 다른 사정이 없는 한 원칙적으로 보험사고가 발생한 때로부터 진행한다고 해석해야 할 것이며, 보험사고가 발생한 사실을 확인할 수 없는 객관적인 사정이 있는 경우에는 보험금청구권자가 보험사고의 발생을 알았거나 알 수 있었던 때로부터 보험금액청구권의 소멸시효가 진행한다고 해석할 것이다.
(대판 2001.4.27, 2000다31168)

第663條【保險契約者 등의 不利益變更禁止】 이 編의 規定은 當事者間의 特約으로 保險契約者 또는 被保險者나 保險受益者의 不利益으로 變更하지 못한다. 그러나 再保險 및 海上保險 기타 이와 유사한 保險의 경우에는 그러하지 아니하다.(1991.12.31 본조개정)

판례 본조의 불이익변경 금지원칙이 기업보험계약의 체결에 대해서도 적용되는지 여부(소극) : 상법 663조에 규정된 '보험계약자 등의 불이익변경 금지원칙'은 보험계약자와 보험자가 서로 대등한 경제적 지위에서 계약조건을 정하는 이른바 기업보험에 있어서의 보험계약 체결에 있어서는 그 적용이 배제된다.(대판 2005.8.25, 2004다18903)

판례 자기신체사고에 대하여 약관에서 정한 보험금에서 사고 상대방 차량이 가입한 자동차보험의 대인배상약관에 의하여 보상받을 수 있는 금액을 공제한 액수만을 지급하기로 하는 약정의 유효 여부 : 동조에 의하면, 상해보험계약의 경우에 당사자간에 다른 약정이 있는 때에는 피보험자의 권리를 해하지 아니하는 범위 안에서 그 권리를 대위하여 행사할 수 있는 바, 자기신체사고 자동차보험은 인보험의 일종이기는 하지만 그 성질상 상해보험에 속한다고 할 것이므로, 대인배상에 의한 보상을 받을 수 있는 경우에 자기신체사고에 대하여 약관에 정해진 보험금에서 상대 차량이 가입한 자동차보험 또는 공제계약의 대인배상으로 보상받을 수 있는 금액을 공제한 액수만을 지급하기로 하는 약정은 상법 제729조를 피보험자에게 불이익하게 변경한 것이라고 할 수는 없다.(대판 2001.9.7, 2000다21833)

第664條【상호보험, 공제 등에의 준용】 이 편(編)의 규정은 그 성질에 반하지 아니하는 범위에서 상호보험(相互保險), 공제(共濟), 그 밖에 이에 준하는 계약에 준용한다.(2014.3.11 본조개정)

改前 "第664條【相互保險에의 準用】이 編의 規定은 그 性質이 相反되지 아니하는 限度에서 相互保險에 準用한다.(1991.12.31 본조개정)"

판례 학교배상책임공제는 사업의 근거와 내용, 공제계약 체결의 과정, 공제급여의 대상 등을 고려하여 볼 때 상법 제664조에 규정된 '공제'로서 상법의 보험편 규정이 준용되며, 「학교안전사고 예방 및 보상에 관한 법률」에서 직접 창설 · 규율하는 학교안전공제와는 법적 성격이 다르다. 따라서 학교안전공제중앙회는 학교배상책임공제에 따라 피해자에게 공제금을 지급한 경우에 가해자인 피공제자의 책임보험자에게 피해자의 보험금 직접청구권을 대위행사할 수 없고, 책임보험자와 중복보험의 보험자 관계에서 자기의 부담 부분을 넘어 피해자에게 공제금을 지급하였을 때에 책임보험자의 부담 부분에 한하여 구상권을 행사할 수 있을 뿐이다.(대판 2022.5.26, 2020다301186)

第2章 損害保險

第1節 通 則

第665條【損害保險者의 責任】 損害保險契約의 保險者는 保險事故로 인하여 생길 被保險者의 財産上의 損害를 補償할 責任이 있다.

참조 [손해보험의 인수와 상행위]46, [손해보험업]보험2⑷, [상호보험과 본장규정의 준용]664, [자동차손해배상책임보험]자동차손해배상, [원자력손해배상책임보험]원자력, [무역보험]무역보험법

판례 손해보험에 있어서 보험의 목적물과 위험의 종류만이 정해져 있고 피보험자와 피보험이익이 명확하지 않은 경우, 피보험자의 결정기준 : 손해보험에 있어서 보험의 목적물과 위험의 종류만이 정해져 있고 피보험자와 피보험이익이 명확하지 않은 경우에 그 보험계약이 보험계약자 자신을 위한 것인지 아니면 타인을 위한 것인지는 보험계약서 및 당사자가 보험계약의 내용으로 삼은 약관의 내용, 당사자가 보험계약을 체결하게 된 경위와 그 과정, 보험회사의 실무처리 관행 등 제반 사정을 참작하여 결정하여야 한다.
(대판 2007.2.22, 2006다72093)

판례 계약이행보증보험에 있어서 보험사고의 판단 기준 : 보험사고란 보험계약에서 보험자의 보험금 지급책임을 구체화하는 불확정한 사고를 의미하는 것으로서, 계약이행보증보험에 있어서 보험사고가 구체적으로 무엇인지는 당사자 사이의 약정으로 계약내용에 편입된 보험약관과 보험약관이 인용하고 있는 보험증권 및 주계약의 구체적인 내용 등을 종합하여 결정하여야 한다.
(대판 2006.4.28, 2004다16976)

판례 보험사고의 발생으로 인한 피보험자의 손해의 산정 방법 : 손해보험에 있어서 보험자의 보험금지급의무는 보험기간 내에 보험사고가 발생하고 그 보험사고의 발생으로 인하여 피보험자의 피보험이익에 손해가 생기면 성립되고, 여기서 손해란 피보험이익의 전부 또는 일부가 멸실됐거나 감손된 것을 말하는데 통상 보험사고 발생 시점을 기준으로 그 전후의 재산상태의 차이에 의해 산정할 수 있으며, 보험자가 보상할 손해가 확정적으로 발생한 이상 그 이후 생긴 사정

은 손해액의 일부 상환 또는 충당의 문제로 취급될 수 있을 뿐이어서 보험금 지급 시점에 그때까지 실제 얼마가 상환되고 어디에 충당되었는지 여부를 확인하면 족하다.(대판 2005.12.8, 2003다40729)

第666條【損害保險證券】 損害保險證券에는 다음의 事項을 記載하고 保險者가 記名捺印 또는 署名하여야 한다.(1991.12.31 본문개정)

1. 保險의 目的
2. 保險事故의 性質
3. 保險金額
4. 保險料와 그 支給方法
5. 保險期間을 정한 때에는 그 始期와 終期
6. 無效와 失權의 事由
7. 保險契約者의 住所와 姓名 또는 商號

7의2. 피보험자의 주소, 성명 또는 상호(2014.3.11 본호신설)

8. 保險契約의 年月日
9. 保險證券의 作成地와 그 作成年月日

참조 (1)[보험의 목적]685 · 695 · 721, (2)[보험사고]638 · 644 · 659-661 · 683 · 688 · 693 · 715, (3)[보험금액]669-672, (4)[보험료]638 · 647 · 648 · 669, (5)[보험기간]688 · 699 · 700

판례 손해보험계약에서 보험금액의 의의 : 손해보험계약에서 정한 보험금액은 보험사고로 인하여 발생한 손해 가운데 다른 사유로 전보되지 아니한 금액 범위 내에서 보험자가 피보험자에게 지급하여야 할 금액의 한도를 정한 것으로서, 피보험자에게 보험사고로 인한 손해 가운데 다른 사유를 통하여 전보되고 최종적으로 남은 손해가 있는 경우 그 범위 내에서 보험금액을 한도로 보상한다는 뜻이지, 피보험자가 보험사고로 입은 손해 가운데 보험금액을 넘는 손해가 일단 전보되기만 하면 그 보상책임을 면한다는 취지는 아니다.
(대판 2002.5.17, 2000다30127)

第667條【喪失利益 등의 不算入】 保險事故로 인하여 喪失된 被保險者가 얻을 利益이나 報酬는 當事者間에 다른 約定이 없으면 保險者가 補償할 損害額에 算入하지 아니한다.

第668條【保險契約의 目的】 保險契約은 金錢으로 算定할 수 있는 利益에 한하여 保險契約의 目的으로 할 수 있다.

참조 [피보험이익의 가액 · 보험가액]669-672 · 674 · 685 · 689 · 696-698

第669條【超過保險】 ① 保險金額이 保險契約의 目的의 價額을 현저하게 超過한 때에는 保險者 또는 保險契約者는 保險料와 保險金額의 減額을 請求할 수 있다. 그러나 保險料의 減額은 將來에 대하여서만 그 效力이 있다.

② 第1項의 價額은 契約當時의 價額에 의하여 정한다.(1991.12.31 본항개정)

③ 保險價額이 保險期間中에 현저하게 減少된 때에도 第1項과 같다.

④ 第1項의 경우에 契約이 保險契約者의 詐欺로 인하여 締結된 때에는 그 契約은 無效로 한다. 그러나 保險者는 그 事實을 안 때까지의 保險料를 請求할 수 있다.

참조 [보험금액]666, [보험계약목적의 가액]668 · 689 · 696-698, [보험가액의 규정]685, [수개의 보험계약을 한 경우]672, [계약의 무효와 보험료의 반환]648

판례 사기로 인해 체결된 중복보험계약의 의미 : 사기로 인하여 체결된 중복보험계약이란 보험계약자가 보험가액을 넘어 위법하게 재산적 이익을 얻을 목적으로 중복보험계약을 체결한 경우를 말하는 것이므로, 통지의무의 해태로 인한 사기의 중복보험을 인정하기 위하여는 보험자가 통지의무가 있는 보험계약자 등이 통지의무를 이행하였다면 보험자가 그 청약을 거절하였거나 다른 조건으로 승낙할 것이라는 것을 알면서도 정당한 사유 없이 위법하게 재산상의 이익을 얻을 의사로 통지의무를 이행하지 않았음을 입증하여야 할 것이고, 단지 통지의무를 게을리 하였다는 사유만으로 사기로 인한 중복보험계약이 체결되었다고 추정할 수는 없다.(대판 2000.1.28, 99다50712)

第670條【既評價保險】 當事者間에 保險價額을 정한 때에는 그 價額은 事故發生時의 價額으로 정한 것으로 推定한다. 그러나 그 價額이 事故發生時의 價額을 현저하게 超過할 때에는 事故發生時의 價額을 保險價額으로 한다.

참조 [보험가액의 규정]685, [보험가액에 관한 특별규정]689 · 696-698, [보험가액의 감소]699③, [미평가보험]671

판례 [1] 기평가보험제도의 의의 및 당사자 사이의 보험가액에 대한 합의의 인정기준 : 원래 손해보험에 있어서 보험자가 보상할 손해액은 그 손해가 발생한 때와 곳의 가액에 의하여 산정하는 것이 원칙이지만(상법 676조 1항 본문), 사고발생 후 보험가액을 산정함에 있어서는 목적물의 멸실 훼손으로 인하여 곤란한 점이 있고 이로 인하여 분쟁이 일어날 소지가 많기 때문에 이러한 분쟁을 사전에 방지하고 보험가액의 입증을 용이하게 하기 위하여 보험계약체결시에 당사자 사이에 보험가액을 미리 협정하여 두는 기평가보험제도가 인정되는바, 기평가보험으로 인정되기 위한 당사자 사이의 보험가액에 대한 합의는, 명시적인 것이어야 하기는 하지만 반드시 협정보험가액 혹은 약정보험가액이라는 용어 등을 사용하여야만 하는 것은 아니고 당사자 사이에 보험계약을 체결하게 된 제반 사정과 보험증권의 기재 내용 등을 통하여 당사자의 의사가 보험가액을 미리 합의하고 있는 것이라고 인정할 수 있으면 충분하다.

[2] 협정보험가액이 사고발생시의 가액을 현저하게 초과하는지 여부의 판단 기준 : 상법 670조 단서에서는 당사자 사이에 보험가액을 정한 기평가보험에 있어서 협정보험가액이 사고발생시의 가액을 현저하게 초과할 때에는 사고발생시의 가액을 보험가액으로 하도록 규정하고 있는바, 양자 사이에 현저한 차이가 있는지의 여부는 거래의 통념이나 사회의 통념에 따라 판단하여야 하고, 보험자는 협정보험가액이 사고발생시의 가액을 현저하게 초과한다는 점에 대한 입증책임을 부담한다.
(대판 2002.3.26, 2001다6312)

第671條【未評價保險】 當事者間에 保險價額을 정하지 아니한 때에는 事故發生時의 價額을 保險價額으로 한다.

참조 [기평가보험]670

第672條【重複保險】 ① 동일한 保險契約의 目的과 동일한 事故에 관하여 數個의 保險契約이 동시에 또는 順次로 체결된 경우에 그 保險金額의 總額이 保險價額을 초과한 때에는 保險者는 各自의 保險金額의 限度에서 連帶責任을 진다. 이 경우에는 各 保險者의 補償責任은 各自의 保險金額의 比率에 따른다.(1991.12.31 본항개정)

② 동일한 保險契約의 目的과 동일한 事故에 관하여 數個의 保險契約을 체결하는 경우에는 保險契約者는 各 保險者에 대하여 各 保險契約의 내용을 통지하여야 한다.(1991.12.31 본항개정)

③ 第669條第4項의 規定은 第1項의 保險契約에 準用한다.

참조 [보험자의 1인에 대한 권리의 포기]673, [보험계약의 목적]668

판례 중복보험의 의의 및 요건 : 중복보험이라 함은 동일한 보험계약의 목적과 동일한 사고에 관하여 수개의 보험계약이 동시에 또는 순차로 체결되고 그 보험금액의 총액이 보험가액을 초과하는 경우를 말하므로, 보험계약의 목적 즉 피보험이익이 다르면 중복보험으로 되지 않으며, 한편 수개의 보험계약의 보험계약자가 동일할 필요는 없으나 피보험자가 동일인일 것이 요구되고, 각 보험계약의 보험기간은 전부 공통될 필요는 없고 중복되는 기간에 한하여 중복보험으로 보면 된다.(대판 2005.4.29, 2004다57687)

第673條【重複保險과 保險者 1人에 대한 權利抛棄】 第672條의 規定에 의한 數個의 保險契約을 締結한 경우에 保險者 1人에 대한 權利의 抛棄는 다른 保險者의 權利義務에 影響을 미치지 아니한다.(1991.12.31 본조개정)

참조 [수개의 보험계약]672

第674條【一部保險】 保險價額의 一部를 保險에 붙인 경우에는 保險者는 保險金額의 保險價額에 대한 比率에 따라 補償할 責任을 진다. 그러나 當事者間에 다른 약정이 있는 때에는 保險者는 保險金額의 限度내에서 그 損害를 補償할 責任을 진다.(1991.12.31 단서신설)

참조 [보험가액]668 · 685, [보험금액]666, [일부보험에 관한 기타 규정]681단서 · 694단서 · 714③

第675條【事故發生後의 目的滅失과 補償責任】 保險의 目的에 관하여 保險者가 負擔할 損害가 생긴 경우에는 그 後 그 目的이 保險者가 負擔하지 아니하는 保險事故의 發生으로 인하여 滅失된 때에도 保險者는 이미 생긴 損害를 補償할 責任을 免하지 못한다.(1962.12.12 본조개정)

第676條【損害額의 算定基準】 ① 保險者가 補償할 損害額은 그 損害가 發生한 때와 곳의 價額에 의하여 算定한다. 그러나 當事者間에 다른 약정이 있는 때에는 그 新品價額에 의하여 損害額을 算定할 수 있다.(1991.12.31 단서신설)

② 第1項의 損害額의 算定에 관한 費用은 保險者의 負擔으로 한다.(1991.12.31 본항개정)

참조 [기평가보험]670

第677條【保險料滯納과 補償額의 控除】 保險者가 損害를 補償할 경우에 保險料의 支給을 받지 아니한 殘額이 있으면 그 支給期日이 到來하지 아니한 때라도 補償할 金額에서 이를 控除할 수 있다.

第678條【保險者의 免責事由】 保險의 目的의 性質, 瑕疵 또는 自然消耗로 인한 損害는 保險者가 이를 補償할 責任이 없다.

참조 [손해보상책임]665, [운송보험의 경우]692, [해상보험의 경우]706

第679條【保險目的의 讓渡】 ① 被保險者가 保險의 目的을 讓渡한 때에는 讓受人은 保險契約上의 權利와 義務를 承繼한 것으로 推定한다.(1991.12.31 본항개정)

② 第1項의 경우에 保險의 目的의 讓渡人 또는 讓受人은 保險者에 대하여 지체없이 그 사실을 통지하여야 한다.(1991.12.31 본항신설)

참조 [보험의 목적]666, [손해보험의 경우]664, 보험51

第680條【損害防止義務】 ① 保險契約者와 被保險者는 損害의 방지와 輕減을 위하여 노력하여야 한다. 그러나 이를 위하여 必要 또는 有益하였던 費用과 補償額이 保險金額을 超過한 경우라도 保險者가 이를 負擔한다.(1991.12.31 본항개정)

② (1991.12.31 삭제)

참조 [소방피난에 인한 손해]684

판례 상법 제680조제1항에서 말하는 손해방지비용이라 함은 보험자가 담보하고 있는 보험사고가 발생한 경우에 보험사고로 인한 손해의 발생을 방지하거나 손해의 확대를 방지함은 물론 손해를 경감할 목적으로 행하는 행위에 필요하거나 유익하였던 비용으로서, 보험계약자나 피보험자가 손해의 방지와 경감을 위하여 지출한 비용은 원칙적으로 자신의 보험자에게 청구하여야 한다. 다만, 공동불법행위로 말미암아 공동불법행위자 중 1인이 손해의 방지와 경감을 위하여 비용을 지출한 경우에 위와 같은 손해방지비용은 자신의 보험자뿐 아니라 다른 공동불법행위자의 보험자에 대하여도 손해방지비용에 해당하므로, 공동불법행위자들과 각각 보험계약을 체결한 보험자들은 각자 그 피보험자 또는 보험계약자에 대한 관계에서뿐 아니라 그와 보험계약관계가 없는 다른 공동불법행위자에 대한 관계에서도 그들이 지출한 손해방지비용의 상환의무를 부담한다. 또한 이러한 관계에 있는 보험자들 상호간에는 손해방지비용의 상환의무에 관하여 공동불법행위에 기한 손해배상채무와 마찬가지로 부진정연대채무의 관계에 있다고 볼 수 있으므로, 공동불법행위자 중의 1인과 보험계약을 체결한 보험자가 그 피보험자에게 손해방지비용을 모두 상환하였다면, 그 손해방지비용을 상환한 보험자는 다른 공동불법행위자의 보험자가 부담하여야 할 부분에 대하여 직접 구상권을 행사할 수 있다.(대판 2007.3.15, 2004다64272)

第681條【保險目的에 관한 保險代位】 保險의 目的의 全部가 滅失한 경우에 保險金額의 全部를 支給한 保險者는 그 目的에 대한 被保險者의 權利를 取得한다. 그러나 保險價額의 一部를 保險에 붙인 경우에는 保險者가 取得할 權利는 保險金額의 保險價額에 대한 比率에 따라 이를 정한다.

참조 [손해배상자의 대위]민399, [일부보험과 보험자의 부담]674

第682條【제3자에 대한 보험대위】 ① 손해가 제3자의 행위로 인하여 발생한 경우에 보험금을 지급한 보험자는 그 지급한 금액의 한도에서 그 제3자에 대한 보험계약자 또는 피보험자의 권리를 취득한다. 다만, 보험자가 보상할 보험금의 일부를 지급한 경우에는 피보험자의 권리를 침해하지 아니하는 범위에서 그 권리를 행사할 수 있다.

② 보험계약자나 피보험자의 제1항에 따른 권리가 그와 생계를 같이 하는 가족에 대한 것인 경우 보험자는 그 권리를 취득하지 못한다. 다만, 손해가 그 가족의 고의로 인하여 발생한 경우에는 그러하지 아니하다.(2014.3.11 본조개정)

改前 "第682條【第三者에 대한 保險代位】損害가 第三者의 行爲로 인하여 생긴 경우에 保險金額을 支給한 保險者는 그 支給한 金額의 限度에서 그 第三者에 대한 保險契約者 또는 被保險者의 權利를 取得한다. 그러나 保險者가 補償할 保險金額의 一部를 支給한 때에는 被保險者의 權利를 害하지 아니하는 範圍내에서 그 權利를 行使할 수 있다."

참조 [손해배상자의 대위]민399

판례 기명피보험자에게 근로자를 파견하여 피보험자동차의 운전업무에 종사하도록 한 파견사업주의 운행자성 인정 여부(소극) : 파견근로자가 운전하는 자동차의 운행으로 인한 운행이익은 사용사업주에 귀속되는 것이지 파견사업주에게 귀속되는 것이 아니고, 파견사업주는 파견근로자가 일으킨 사고에 있어 피보험자동차의 운행에 관하여 지휘·감독할 여지가 없기 때문에 피보험자동차를 지배하거나 지배할 가능성이 없으며, 파견사업주의 운행자성을 인정하게 되면 사용사업주가 자동차종합보험에 가입하지 않은 경우 파견근로자에 대한 선임·감독상의 과실이 없는 경우에도 자동차손해배상 보장법상의 배상책임을 부담하게 되어 부당하므로, 피보험자동차에 대하여 운행자의 지위를 갖지 않는 파견사업주를 승낙피보험자로 의제할 수는 없고, 또 자동차종합보험에서 운전자를 피보험자에 포함시킨 것은 보험자의 책임범위를 넓혀 피보험자 및 피해자를 보호하기 위한 것이지 운전피보험자의 면책이 주된 목적이 아니고, 파견사업주가 파견근로자에 대하여 구상권을 행사할 수 있다고 하더라도 제반 사정에 따라 구상권의 행사가 부인되거나 제한될 수 있으며, 자동차사고에 대하여 과실이 큰 파견근로자에게 일정한 정도의 손해를 분담시키는 것이 반드시 부당하다고 할 수는 없을 것이므로, 기명피보험자가 보험사고를 유발한 파견근로자의 사용자인 파견사업주에 대하여 가지는 사용자책임에 기한 손해배상청구권 등에 대하여 보험자 대위를 인정하는 것이 반드시 불합리하다고 볼 수는 없다.(대판 2005.9.15, 2005다10531)

第2節 火災保險

第683條【火災保險者의 責任】 火災保險契約의 保險者는 火災로 인하여 생길 損害를 補償할 責任이 있다.

참조 [손해보험]665, [기타손해와 보상책임]688·693·719

판례 피보험자 등이 보험금을 허위 청구하는 경우에는 보험금청구권을 상실한다는 취지의 보험약관 조항의 해석 : "보험계약자 또는 피보험자가 손해의 통지 또는 보험금청구에 관한 서류에 고의로 사실과 다른 것을 기재하였거나 그 서류 또는 증거를 위조하거나 변조한 경우 피보험자는 손해에 대한 보험금청구권을 잃게 된다"고 규정하고 있는 보험계약의 약관 조항의 취지는 피보험자 등이 서류를 위조하거나 증거를 조작하는 등 신의성실의 원칙에 반하는 사기적인 방법으로 과다한 보험금을 청구하는 경우에는 그에 대한 제재로서 보험금청구권을 상실하도록 하려는 데 있고, 독립한 여러 물건을 보험목적물로 하여 체결된 화재보험계약에서 피보험자가 그 중 일부의 보험목적물에 관하여 실제 손해보다 과다하게 허위의 청구를 한 경우에 허위의 청구를 한 당해 보험목적물에 관하여 위 약관 조항에 따라 보험금청구권을 상실하게 되는 것은 당연하다. 그러나 만일 위 약관 조항을 피보험자가 허위의 청구를 하지 않은 다른 보험목적물에 관한 보험금청구권까지 한꺼번에 상실하게 된다는 취지로 해석한다면, 이는 허위 청구에 대한 제재로서의 상당한 정도를 초과하는 것으로 고객에게 부당하게 불리한 결과를 초래하여 신의성실의 원칙에 반하는 해석이 되므로, 위 약관에 의해 피보험자가 상실하게 되는 보험금청구권은 피보험자가 허위의 청구를 한 당해 보험목적물의 손해에 대한 보험금청구권에 한한다고 해석함이 상당하다.(대판 2007.2.22, 2006다72093)

第684條【消防 등의 措置로 인한 損害의 補償】 保險者는 火災의 消防 또는 損害의 減少에 필요한 措置로 인하여 생긴 損害를 補償할 責任이 있다.

참조 [손해보상책임]683, [손해방지의무]680

第685條【火災保險證券】 火災保險證券에는 第666條에 掲記한 事項외에 다음의 事項을 記載하여야 한다.

1. 建物을 保險의 目的으로 한 때에는 그 所在地, 構造와 用途
2. 動産을 保險의 目的으로 한 때에는 存置한 場所의 狀態와 用途
3. 保險價額을 정한 때에는 그 價額

第686條【集合保險의 目的】 集合된 物件을 一括하여 保險의 目的으로 한 때에는 被保險者의 家族과 使用人의 物件도 保險의 目的에 包含된 것으로 한다. 이 경우에는 그 保險은 그 家族 또는 使用人을 위하여서도 締結한 것으로 본다.

참조 [보험의 목적]666

第687條【同前】 集合된 物件을 一括하여 保險의 目的으로 한 때에는 그 目的에 屬한 物件이 保險期間中에 隨時로 交替된 경우에도 保險事故의 發生時에 現存한 物件은 保險의 目的에 包含된 것으로 한다.

참조 [보험의 목적·기간]666

第3節 運送保險

第688條【運送保險者의 責任】 運送保險契約의 保險者는 다른 約定이 없으면 運送人이 運送物을 受領한 때로부터 受荷人에게 引渡할 때까지 생길 損害를 補償할 責任이 있다.

참조 [운송인]125, [손해보험]665, [보험기간의 규정]666, [해상보험의 경우]669·693·700

第689條【運送保險의 保險價額】 ① 運送物의 保險에 있어서는 發送한 때와 곳의 價額과 到着地까지의 運賃 기타의 費用을 保險價額으로 한다.

② 運送物의 到着으로 인하여 얻을 利益은 約定이 있는 때에 한하여 保險價額中에 算入한다.

참조 [보험가액]669, [가액의 산정]676, [선박·적하의 보험가액]696·697, [적하의 도착으로 인하여 얻을 이익 또는 보수의 보험가액]698

第690條【運送保險證券】 運送保險證券에는 第666條에 揭記한 事項외에 다음의 事項을 記載하여야 한다.

1. 運送의 路順과 方法
2. 運送人의 住所와 姓名 또는 商號
3. 運送物의 受領과 引渡의 場所
4. 運送期間을 정한 때에는 그 期間
5. 保險價額을 정한 때에는 그 價額

참조 [운송의 路順·방법]691

第691條【運送의 中止나 變更과 契約效力】 保險契約은 다른 約定이 없으면 運送의 必要에 의하여 一時運送을 中止하거나 運送의 路順 또는 方法을 變更한 경우에도 그 效力을 잃지 아니한다.

참조 [운송의 路順·방법]690, [해상운송과 항해·항로·선장·선박의 변경]701-703

第692條【運送補助者의 故意, 重過失과 保險者의 免責】 保險事故가 送荷人 또는 受荷人의 故意 또는 重大한 過失로 인하여 發生한 때에는 保險者는 이로 인하여 생긴 損害를 補償할 責任이 없다.

참조 [고의 또는 과실]민750

第4節 海上保險

第693條【海上保險者의 責任】 海上保險契約의 保險者는 海上事業에 관한 事故로 인하여 생길 損害를 補償할 責任이 있다.(1991.12.31 본조개정)

참조 [손해보험]665이하, [선박보험]696, [적하보험]697, [적하의 도달로 인하여 얻을 이익 또는 보수의 보험]698, [면책]706

판례 영국 협회선박기간보험약관이 부보위험으로 규정한 '선장 등의 악행'의 의미 : 영국 협회선박기간보험약관 6조 2항 5호에서 부보위험의 하나로 규정하고 있는 '선장 등의 악행(barratry of master officers or crew)'이라 함은 선주나 용선자에게 손해를 끼치는 선장 등에 의하여 고의로 이루어진 모든 부정행위(wrongful act)를 말하는 것인바(영국 해상보험법 1부칙 '보험증권의 해석에 관한 규칙' 11조), 보험계약자가 선장 등의 고의에 의한 부정행위에 해당하는 사실을 입증하면 일응 선장 등의 악행은 추정된다 할 것이나, 이 경우 선주 등의 지시 또는 묵인이 있었다는 사실을 보험자가 입증하면 이는 보험자의 면책사유인 피보험자의 고의적 불법행위(wilful misconduct)에 해당하여 결국 보험자는 보험금 지급의무를 면한다.
(대판 2005.11.25, 2002다59528,59535)

第694條【共同海損分擔額의 補償】 保險者는 被保險者가 支給할 共同海損의 分擔額을 補償할 責任이 있다. 그러나 保險의 目的의 共同海損分擔價額이 保險價額을 초과할 때에는 그 超過額에 대한 分擔額은 補償하지 아니한다.(1991.12.31 단서개정)

참조 [일부보험]674

第694條의2【救助料의 補償】 保險者는 被保險者가 保險事故로 인하여 발생하는 損害를 방지하기 위하여 支給할 救助料를 補償할 責任이 있다. 그러나 保險의 目的物의 救助料分擔價額이 保險價額을 초과할 때에는 그 超過額에 대한 分擔額은 補償하지 아니한다.(1991.12.31 본조신설)

第694條의3【特別費用의 補償】 保險者는 保險의 目的의 安全이나 보존을 위하여 支給할 特別費用을 保險金額의 限度내에서 補償할 責任이 있다.(1991.12.31 본조신설)

第695條【海上保險證券】 海上保險證券에는 第666條에 揭記한 事項외에 다음의 事項을 記載하여야 한다.

1. 船舶을 保險에 붙인 경우에는 그 船舶의 名稱, 國籍과 종류 및 航海의 범위(1991.12.31 본호개정)
2. 積荷를 保險에 붙인 경우에는 船舶의 名稱, 國籍과 종류, 船積港, 揚陸港 및 出荷地와 到着地를 정한 때에는 그 地名(1991.12.31 본호개정)
3. 保險價額을 정한 때에는 그 價額

참조 [보험증권]640, [항해의 변경]701, [선박의 변경]703, [선박미확정의 예정보험과 확정통고]704

第696條【船舶保險의 保險價額과 保險目的】 ① 船舶의 保險에 있어서는 保險者의 責任이 開始될 때의 船舶價額을 保險價額으로 한다.

② 第1項의 경우에는 船舶의 屬具, 燃料, 糧食 기타 航海에 필요한 모든 物件은 保險의 目的에 包含된 것으로 한다.(1991.12.31 본항개정)

참조 [보험가액]669, [책임개시의 때]699, [선박보험]695·706, [손해액의 산정]676

第697條【積荷保險의 保險價額】 積荷의 保險에 있어서는 船積한 때와 곳의 積荷의 價額과 船積 및 保險에 관한 費用을 保險價額으로 한다.(1962.12.12 본조개정)

참조 [보험가액]669, [적하의 보험]695·699②③·703·706·708·709, [운송품의 보험과 보험가액]689①, [손해액의 산정]676

第698條【希望利益保險의 保險價額】 積荷의 到着으로 인하여 얻을 利益 또는 報酬의 保險에 있어서는 契約으로 保險價額을 정하지 아니한 때에는 保險金額을 保險價額으로 한 것으로 推定한다.

참조 [보험가액]669, [적하의 도달로 인하여 얻을 이익 또는 보수의 보험]695·699②③·703·706, [운송품의 도달로 인하여 얻을 이익과 보험가액]689②

第699條【海上保險의 保險期間의 開始】 ① 航海單位로 船舶을 保險에 붙인 경우에는 保險期間은 荷物 또는 底荷의 船積에 着手한 때에 開始한다.

② 積荷를 保險에 붙인 경우에는 保險期間은 荷物의 船積에 着手한 때에 開始한다. 그러나 出荷地를 정한 경우에는 그 곳에서 運送에 着手한 때에 開始한다.

③ 荷物 또는 底荷의 船積에 着手한 후에 第1項 또는 第2項의 規定에 의한 保險契約이 체결된 경우에는 保險期間은 契約이 成立한 때에 開始한다.
(1991.12.31 본조개정)

참조 [선박보험]696, [적하보험]697, [적하의 도달로 인하여 얻을 이익 또는 보수의 보험]698, [보험기간]666·695, [운송보험의 보험기간]688

第700條【海上保險의 保險期間의 終了】 保險期間은 第699條第1項의 경우에는 到着港에서 荷物 또는 底荷를 揚陸한 때에, 同條第2項의 경우에는 揚陸港 또는 到着地에서 荷物을 引渡한 때에 終了한다. 그러나 不可抗力으로 인하지 아니하고 揚陸이 遲延된 때에는 그 揚陸이 普通 終了될 때에 終了된 것으로 한다.(1991.12.31 본문개정)

第701條【航海變更의 效果】 ① 船舶이 保險契約에서 정하여진 發航港이 아닌 다른 港에서 出港한 때에는 保險者는 責任을 지지 아니한다.

② 船舶이 保險契約에서 정하여진 到着港이 아닌 다른 港을 향하여 出港한 때에도 第1項의 경우와 같다.

③ 保險者의 責任이 開始된 후에 保險契約에서 정하여진 到着港이 變更된 경우에는 保險者는 그 航海의 變更이 決定된 때부터 責任을 지지 아니한다.
(1991.12.31 본조개정)

참조 [책임개시]699, [운송보험과 운송의 路順·방법의 변경]691, [위험의 변경증가와 보험계약]652·653·702

第701條의2【離路】 船舶이 정당한 사유없이 保險契約에서 정하여진 航路를 離脫한 경우에는 保險者는 그때부터 責任을 지지 아니한다. 船舶이 損害發生전에 原航路로 돌아온 경우에도 같다.(1991.12.31 본조신설)

第702條【發航 또는 航海의 遲延의 效果】 被保險者가 정당한 사유없이 發航 또는 航海를 遲延한 때에는 保險者는 發航 또는 航海를 지체한 이후의 事故에 대하여 責任을 지지 아니한다.(1991.12.31 본조개정)

참조 [위험의 변경증가와 보험계약]652·653, [운송보험과 운송의 路順·방법의 변경]691, [선장의 발항의무·직항의무 등]선원8·9

第703條【船舶變更의 效果】 積荷를 保險에 붙인 경우에 保險契約者 또는 被保險者의 責任있는 事由로 인하여 船舶을 變更한 때에는 그 變更後의 事故에 대하여 責任을 지지 아니한다.(1991.12.31 본조개정)

참조 [적하 또는 적하의 도달로 인하여 얻을 이익 또는 보수의 보험]695·697·698, [운송보험과 운송방법의 변경]691, [위험의 변경증가와 보험계약]652·653

第703條의2【船舶의 讓渡 등의 效果】 船舶을 保險에 붙인 경우에 다음의 사유가 있을 때에는 保險契約은 종료한다. 그러나 保險者의 同意가 있는 때에는 그러하지 아니하다.
1. 船舶을 讓渡할 때
2. 船舶의 船級을 變更한 때
3. 船舶을 새로운 管理로 옮긴 때
(1991.12.31 본조신설)

판례 조업허가를 목적으로 허위의 선박매매계약서를 작성하였다는 사정이 본조 1호에 해당하는지 여부(소극) : 상법 703조의2는 1호에서 "선박을 양도할 때"를 자동종료사유의 하나로 규정하고 있는바, 이처럼 선박의 양도를 보험계약의 자동종료사유의 하나로 규정하는 것은 선박보험계약을 체결함에 있어서 선박소유자가 누구인가 하는 점은 인수 여부의 결정 및 보험료율의 산정에 있어서 매우 중요한 요소이고, 따라서 소유자의 변경은 보험계약에 있어서 중대한 위험의 변경에 해당하기 때문이라고 할 수 있는데, 특별한 사정이 없는 한 조업허가를 얻기 위한 목적으로 허위의 매매계약서를 작성하였다는 점만으로는 보험계약상 중대한 위험의 변경이 발생한다고 보기는 어렵다는 점에 비추어 그와 같은 경우를 상법 703조의2 1호의 "선박을 양도할 때"에 해당한다고 새길 수는 없다.(대판 2004.11.11, 2003다30807)

第704條【船舶未確定의 積荷豫定保險】 ① 保險契約의 締結當時에 荷物을 積載할 船舶을 指定하지 아니한 경우에 保險契約者 또는 被保險者가 그 荷物이 船積되었음을 안 때에는 遲滯없이 保險者에 대하여 그 船舶의 名稱, 國籍과 荷物의 종류, 數量과 價額의 通知를 發送하여야 한다.
② 第1項의 통지를 懈怠한 때에는 保險者는 그 사실을 안 날부터 1月내에 契約을 解止할 수 있다.
(1991.12.31 본조개정)

참조 [선박의 명칭·국적]695

第705條 (1991.12.31 삭제)

第706條【海上保險者의 免責事由】 保險者는 다음의 損害와 費用을 補償할 責任이 없다.
1. 船舶 또는 運賃을 保險에 붙인 경우에는 發航當時 安全하게 航海를 하기에 필요한 準備를 하지 아니하거나 必要한 書類를 備置하지 아니함으로 인하여 생긴 損害
2. 積荷를 保險에 붙인 경우에는 傭船者, 送荷人 또는 受荷人의 故意 또는 重大한 過失로 인하여 생긴 損害
(1991.12.31 본호개정)
3. 導船料, 入港料, 燈臺料, 檢疫料 기타 船舶 또는 積荷에 관한 航海中의 通常費用

참조 [해상보험의 보험사고]693, [손해보험일반에 관한 면책사항]660·678, [감항능력]787, [선장의 검사·서류비치의무]선원7·20, [용선자 또는 송하인의 서류교부의무]786

第707條 (1991.12.31 삭제)

第707條의2【船舶의 一部損害의 補償】 ① 船舶의 일부가 훼손되어 그 훼손된 부분의 전부를 修繕한 경우에는 保險者는 修繕에 따른 費用을 1회의 事故에 대하여 保險金額을 限度로 補償할 責任이 있다.
② 船舶의 일부가 훼손되어 그 훼손된 부분의 일부를 修繕한 경우에는 保險者는 修繕에 따른 費用과 修繕을 하지 아니함으로써 생긴 減價額을 補償할 責任이 있다.
③ 船舶의 일부가 훼손되었으나 이를 修繕하지 아니한 경우에는 保險者는 그로 인한 減價額을 補償할 責任이 있다.
(1991.12.31 본조신설)

第708條【積荷의 一部損害의 補償】 保險의 目的인 積荷가 毁損되어 揚陸港에 到着한 때에는 保險者는 그 毁損된 狀態의 價額과 毁損되지 아니한 狀態의 價額과의 比率에 따라 保險價額의 一部에 대한 損害를 補償할 責任이 있다.

참조 [적하보험]697, [일반원칙]676

第709條【積荷賣却으로 인한 損害의 補償】 ① 航海途中에 不可抗力으로 保險의 目的인 積荷를 賣却한 때에는 保險者는 그 代金에서 運賃 기타 必要한 費用을 控除한 金額과 保險價額과의 差額을 補償하여야 한다.
② 第1項의 경우에 買受人이 代金을 支給하지 아니한 때에는 保險者는 그 金額을 支給하여야 한다. 保險者가 그 金額을 支給한 때에는 被保險者의 買受人에 대한 權利를 取得한다.(1991.12.31 본항개정)

참조 [적하의 매각]139·774①·776·832, ②[손해배상자의 대위]민399, [보험자의 대위]681·682

第710條【保險委付의 原因】 다음의 경우에는 被保險者는 保險의 目的을 保險者에게 委付하고 保險金額의 全部를 請求할 수 있다.
1. 被保險者가 保險事故로 인하여 자기의 船舶 또는 積荷의 占有를 상실하여 이를 회복할 可能性이 없거나 회복하기 위한 費用이 회복하였을 때의 價額을 초과하리라고 豫想될 경우
2. 船舶이 保險事故로 인하여 심하게 훼손되어 이를 修繕하기 위한 費用이 修繕하였을 때의 價額을 초과하리라고 豫想될 경우
3. 積荷가 保險事故로 인하여 심하게 훼손되어서 이를 修繕하기 위한 費用과 그 積荷를 目的地까지 運送하기 위한 費用과의 合計額이 到着하는 때의 積荷의 價額을 초과하리라고 豫想될 경우
(1991.12.31 1호~3호개정)

참조 [보험위부]711~718

第711條【船舶의 行方不明】 ① 船舶의 存否가 2月間 分明하지 아니한 때에는 그 船舶의 行方이 不明한 것으로 한다.
② 第1項의 경우에는 全損으로 推定한다.
(1991.12.31 본조개정)

참조 [행방불명]710, [보험기간]666·695

第712條【代船에 의한 運送의 繼續과 委付權의 消滅】 第710條第2號의 경우에 船長이 遲滯없이 다른 船舶으로 積荷의 運送을 繼續한 때에는 被保險者는 그 積荷를 委付할 수 없다.(1991.12.31 본조개정)

第713條【委付의 通知】 ① 被保險者가 委付를 하고자 할 때에는 상당한 期間내에 保險者에 대하여 그 통지를 發送하여야 한다.(1991.12.31 본항개정)
② (1991.12.31 삭제)

참조 [다른 보험계약에 관한 통지]715, [위험의 발생과 통지의무]657

第714條【委付權行使의 要件】 ① 委付는 無條件이어야 한다.
② 委付는 保險의 目的의 全部에 대하여 이를 하여야 한다. 그러나 委付의 原因이 그 一部에 대하여 생긴 때에는 그 部分에 대하여서만 이를 할 수 있다.
③ 保險價額의 一部를 保險에 붙인 경우에는 委付는 保險金額의 保險價額에 대한 比率에 따라서만 이를 할 수 있다.

참조 [조건]민147이하, [일부보험]674

第715條【다른 保險契約등에 관한 通知】 ① 被保險者가 委付를 함에 있어서는 保險者에 대하여 保險의 目的에 관한 다른 保險契約과 그 負擔에 屬한 債務의 有無와 그 種類 및 內容을 通知하여야 한다.
② 保險者는 第1項의 通知를 받을 때까지 保險金額의 支給을 拒否할 수 있다.(1991.12.31 본항개정)
③ 保險金額의 支給에 관한 期間의 約定이 있는 때에는 그 期間은 第1項의 通知를 받은 날로부터 起算한다.

참조 [중복보험]672 · 673, [채무]861

第716條【委付의 承認】 保險者가 委付를 承認한 후에는 그 委付에 대하여 異議를 하지 못한다.

참조 [위부를 승인하지 않을 때]717

第717條【委付의 不承認】 保險者가 委付를 承認하지 아니한 때에는 被保險者는 委付의 原因을 證明하지 아니하면 保險金額의 支給을 請求하지 못한다.

참조 [위부원인]710, [위부승인의 경우]716

第718條【委付의 效果】 ① 保險者는 委付로 인하여 그 保險의 目的에 관한 被保險者의 모든 權利를 取得한다.
② 被保險者가 委付를 한 때에는 保險의 目的에 관한 모든 書類를 保險者에게 交付하여야 한다.

참조 [보험자의 대위]681 · 682

第5節 責任保險

第719條【責任保險者의 責任】 責任保險契約의 保險者는 被保險者가 保險期間中의 事故로 인하여 第三者에게 賠償할 責任을 진 경우에 이를 補償할 責任이 있다.

참조 [손해보험]665, [보험기간의 규정]666, [재보험계약에의 적용]726

판례 책임보험의 보험자가 손해액에 대한 지연손해금까지 지급할 의무가 있는지 여부(한정 적극) : 피보험자에게 지급할 보험금액에 관하여 확정판결에 의하여 피보험자가 피해자에게 배상하여야 할 지연손해금을 포함한 금액으로 규정하고 있는 자동차종합보험약관의 규정 취지에 비추어 보면, 보험자는 피해자와 피보험자 사이에 판결에 의하여 확정된 손해액은 그것이 피보험자에게 법률상 책임이 없는 부당한 손해라는 등의 특별한 사정이 없는 한 원본이든 지연손해금이든 모두 피보험자에게 지급할 의무가 있다.
(대판 2000.10.13, 2000다2542)

第720條【被保險者가 支出한 防禦費用의 負擔】 ① 被保險者가 第三者의 請求를 防禦하기 위하여 支出한 裁判上 또는 裁判外의 必要費用은 保險의 目的에 包含된 것으로 한다. 被保險者는 保險者에 대하여 그 費用의 先給을 請求할 수 있다.
② 被保險者가 擔保의 提供 또는 供託으로써 裁判의 執行을 免할 수 있는 경우에는 保險者에 대하여 保險金額의 限度내에서 그 擔保의 提供 또는 供託을 請求할 수 있다.
③ 第1項 또는 第2項의 行爲가 保險者의 指示에 의한 것인 경우에는 그 金額에 損害額을 加算한 金額이 保險金額을 超過하는 때에도 保險者가 이를 負擔하여야 한다.
(1991.12.31 본항개정)

참조 [손해방지의무]680, [재보험계약에의 적용]726

판례 상법 제720조제1항 소정의 '방어비용'의 의미 및 보험사고 발생시 피보험자와 보험자의 법률상 책임 여부가 판명되지 아니한 상태에서 피보험자가 피해자가 제기한 소송에 응소하여 지출하였거나 지출할 것이 명백히 예상되는 필요비용이 이에 해당하는지 여부(적극) : 상법 720조 1항에서 규정한 '방어비용'은 피해자가 보험사고로 인적 · 물적 손해를 입고 피보험자를 상대로 손해배상청구를 한 경우에 그 방어를 위하여 지출한 재판상 또는 재판 외의 필요비용을 말하는 것으로서, 방어비용 역시 원칙적으로는 보험사고의 발생을 전제로 하는 것이므로, 보험사고의 범위에서 제외되어 있어 보험자에게 보상책임이 없는 사고에 대하여는 보험자로서는 자신의 책임제외 또는 면책 주장만으로 피해자로부터의 보상책임에서 벗어날 수 있기 때문에 피보험자가 지출한 방어비용은 보험자와는 무관한 자기 자신의 방어를 위한 것에 불과하여 이러한 비용까지 보험급여의 범위에 속하는 것이라고 하여 피보험자가 보험자에 대하여 보상을 청구할 수는 없다고 할 것이나, 다만 사고발생시 피보험자 및 보험자의 법률상 책임 여부가 판명되지 아니한 상태에서 피해자라고 주장하는 자의 청구를 방어하기 위하여 피보험자가 재판상 또는 재판 외의 필요비용을 지출하였다면 이로 인하여 발생한 방어비용은 바로 보험자의 보상책임도 아울러 면할 목적의 방어활동의 일환으로 지출한 방어비용과 동일한 성격을 가지는 것으로서 이러한 경우의 방어비용은 당연히 위 법조항에 따라 보험자가 부담하여야 하고, 또한 이 때의 방어비용은 현실적으로 이를 지출한 경우뿐만 아니라 지출할 것이 명백히 예상되는 경우에는 상법 720조 1항 후단에 의하여 피보험자는 보험자에게 그 비용의 선급을 청구할 수도 있다.
(대판 2002.6.28, 2002다22106)

第721條【營業責任保險의 目的】 被保險者가 經營하는 事業에 관한 責任을 保險의 目的으로 한 때에는 被保險者의 代理人 또는 그 事業監督者의 第三者에 대한 責任도 保險의 目的에 包含된 것으로 한다.

참조 [보험의 목적]666 · 668, [재보험계약에의 적용]726

第722條【피보험자의 배상청구 사실 통지의무】 ① 피보험자가 제3자로부터 배상청구를 받았을 때에는 지체 없이 보험자에게 그 통지를 발송하여야 한다.
② 피보험자가 제1항의 통지를 게을리하여 손해가 증가된 경우 보험자는 그 증가된 손해를 보상할 책임이 없다. 다만, 피보험자가 제657조제1항의 통지를 발송한 경우에는 그러하지 아니하다.
(2014.3.11 본조개정)

改前 "第722條【被保險者의 事故通知義務】 被保險者가 第三者로부터 賠償의 請求를 받은 때에는 遲滯없이 保險者에게 그 通知를 發送하여야 한다."

참조 [보험사고발생의 통지의무]657, [재보험계약에의 적용]726

第723條【被保險者의 辨濟 등의 通知와 保險金額의 支給】 ① 被保險者가 第三者에 대하여 辨濟, 承認, 和解 또는 裁判으로 인하여 債務가 確定된 때에는 遲滯없이 保險者에게 그 通知를 發送하여야 한다.
② 保險者는 特別한 期間의 約定이 없으면 前項의 通知를 받은 날로부터 10日내에 保險金額을 支給하여야 한다.
③ 被保險者가 保險者의 同意없이 第三者에 대하여 辨濟, 承認 또는 和解를 한 경우에는 保險者가 그 責任을 免하게 되는 合意가 있는 때에도 그 行爲가 현저하게 不當한 것이 아니면 保險者는 補償할 責任을 免하지 못한다.

참조 [보험금액의 지급]658, [재보험계약에의 적용]726

第724條【保險者와 第三者와의 關係】 ① 保險者는 被保險者가 責任을 질 事故로 인하여 생긴 損害에 대하여 第三者가 그 賠償을 받기 前에는 保險金額의 全部 또는 一部를 被保險者에게 支給하지 못한다.
② 第三者는 被保險者가 責任을 질 事故로 입은 損害에 대하여 保險金額의 限度내에서 保險者에게 직접 補償을 請求할 수 있다. 그러나 保險者는 被保險者가 그 事故에 관하여 가지는 抗辯으로써 第3者에게 對抗할 수 있다.
(1991.12.31 본항개정)
③ 保險者가 第2項의 規定에 의한 請求를 받은 때에는 지체없이 被保險者에게 이를 통지하여야 한다.
(1991.12.31 본항신설)
④ 第2項의 경우에 被保險者는 保險者의 요구가 있을 때에는 필요한 書類 · 증거의 提出, 證言 또는 證人의 출석에 協助하여야 한다.(1991.12.31 본항신설)

참조 [재보험계약에의 적용]726

판례 [1] 자동차보험약관에 본조 1항과 같은 내용의 지급거절조항이 있는 경우, 보험자가 피보험자의 보험금청구를 거절할 수 있는지 여부(한정 적극) : 보험회사의 자동차보험약관상 상법 724조 1항의 내용과 같이 피보험자가 제3자에게 손해배상을 하기 전에는 피보험자에게 보험금을 지급하지 않는다는 내용의 지급거절조항을 두고 있지 않다면 보험자는 그 약관에 의해서 상법 724조 1항의 지급거절권을 포기한 것으로 보아야 하지만, 만약 약관에 명시적으로 지급거절조항을 두고 있다면 달리 지급거절권을 포기하거나 이를 행사하지 않았다고 볼 만한 특별한 사정이 없는 한 보험자는 상법 724조 1항 및 지급거절조항에 의하여 피보험자의 보험금지급청구를 거절할 권리가 있다.
[2] 피해자가 피보험자들을 상대로 제기한 손해배상 청구소송에서 손해배상금을 지급하라는 내용의 화해권고결정이 확정된 경우에도 보험금지급청구를 거절할 수 있는지 여부(적극) : 피해자가 피보험자들을 상대로 제기한 손해배상 청구소송에서 손해배상금을 지급하라는 내용의 화해권고결정이 확정된 경우에도 자동차보험약관상 "보험자는 손해배상청구권자가 손해배상을 받기 전에는 보험금의 전부 또는 일부를 피보험자에게 지급하지 않으며, 피보험자가 지급한 손해배상액을 초과하여 지급하지 않습니다"는 지급거절조항이 있다면, 보험자는 피해자가 피보험자들로부터 실제 배상을 받기 전에는 상법 724조 1항 및 위 지급거절조항에 따라 피보험자들의 보험금지급청구를 거절할 수 있다.
(대판 2007.1.12, 2006다43330)

第725條【保管者의 責任保險】 賃借人 기타 他人의 物件을 保管하는 者가 그 支給할 損害賠償을 위하여 그 物件을 保險에 붙인 경우에는 그 物件의 所有者는 保險者에 대하여 直接 그 損害의 補償을 請求할 수 있다.

참조 [임차인]민623, [보관자]114·125·155·320·329·374, 민693, [재보험계약에의 적용]726

第725條의2【數個의 責任保險】 被保險者가 동일한 事故로 第三者에게 賠償責任을 짐으로써 입은 損害를 補償하는 數個의 責任保險契約이 동시 또는 順次로 체결된 경우에 그 保險金額의 總額이 被保險者의 第三者에 대한 損害賠償額을 초과하는 때에는 第672條와 第673條의 規定을 準用한다.(1991.12.31 본조신설)

第726條【재보험에의 준용】 이 절(節)의 규정은 그 성질에 반하지 아니하는 범위에서 재보험계약에 준용한다.
(2014.3.11 본조개정)

改前 "第726條【再保險에의 適用】 이 節의 規定은 再保險契約에 準用한다.(1991.12.31 본조개정)"

참조 [재보험계약]661

第6節 自動車保險
(1991.12.31 본절신설)

第726條의2【自動車保險者의 責任】 自動車保險契約의 保險者는 被保險者가 自動車를 所有, 사용 또는 관리하는 동안에 발생한 事故로 인하여 생긴 損害를 補償할 責任이 있다.

판례 자동차보험의 만 26세 이상 한정운전 특별약관에 규정된 '피보험자동차를 도난당하였을 경우'의 의미 : 자동차보험의 만 26세 이상 한정약관 2조 2항 소정의 '피보험자동차를 도난당하였을 경우'라 함은 피보험자의 명시적 혹은 묵시적인 의사에 기하지 아니한 채 제3자가 피보험자동차를 운전한 경우를 말하고, 기명피보험자의 승낙을 받아 자동차를 사용하거나 운전하는 자로서 보험계약상 피보험자로 취급되는 승낙피보험자의 승인만이 있는 경우에는 원칙적으로 피보험자의 묵시적인 승인이 없는 것으로 보아야 함은 원심이 설시하고 있는 바와 같다. 그러나 보험약관상 피보험자동차를 운행할 자격이 없는 운전가능연령 미달자(이하 '연령 미달자'라고 한다)에게 자동차를 빌려 준 경우에는 그 대여 당시 다른 연령 미달자가 승낙피보험자의 지시 또는 승낙을 받아 그 자동차를 운전하는 것을 승인할 의도가 있었음을 추단할 수 있는 직접적 또는 간접적 표현이 있는 때에 해당한다고 보아야 하고, 나아가 자동차보험계약에서 만 26세 이상 한정약관에 가입된 기명피보험자는 자신의 선택에 따라 적은 보험료를 내는 특혜를 받는 만큼 타인에게 피보험자동차의 운전을 허락하는 경우에는 운전자의 연령이 운전가능연령에 해당한다고 믿을 만한 특별한 사정이 없는 한 운전자의 연령을 확인할 의무가 있음에 비추어 그 확인을 게을리 함으로써 연령 미달자에게 자동차를 빌려 준 경우에도 그 승낙피보험자의 운전은 물론 그의 지시 또는 승낙하의 다른 연령 미달자의 운전 역시 달리 특별한 사정이 없는 한 당초의 한정약관 위반상태의 연장에 불과하여 이를 예견할 수 있었던 것으로 봄이 상당하다 할 것이니, 위 연령 미달자의 운전은 승낙피보험자의 승인뿐만 아니라 기명피보험자의 묵시적인 승인의 의도도 있었던 때에 해당한다고 보아야 할 것이다.(대판 2006.1.13, 2005다46431)

第726條의3【自動車 保險證券】 自動車 保險證券에는 第666條에 게기한 사항외에 다음의 사항을 기재하여야 한다.
1. 自動車所有者와 그 밖의 保有者의 姓名과 生年月日 또는 商號
2. 被保險自動車의 登錄番號, 車臺番號, 車型年式과 機械裝置
3. 車輛價額을 정한 때에는 그 價額

第726條의4【自動車의 讓渡】 ① 被保險者가 保險期間중에 自動車를 讓渡한 때에는 讓受人은 保險者의 승낙을 얻은 경우에 한하여 保險契約으로 인하여 생긴 權利와 義務를 承繼한다.
② 保險者가 讓受人으로부터 讓受事實을 통지받은 때에는 지체없이 諾否를 통지하여야 하고 통지받은 날부터 10日내에 諾否의 통지가 없을 때에는 승낙한 것으로 본다.

第7節 보증보험
(2014.3.11 본절신설)

第726條의5【보증보험자의 책임】 보증보험계약의 보험자는 보험계약자가 피보험자에게 계약상의 채무불이행 또는 법령상의 의무불이행으로 입힌 손해를 보상할 책임이 있다.

참조 [채무불이행으로 인한 손해배상의 범위]민393

第726條의6【적용 제외】 ① 보증보험계약에 관하여는 제639조제2항 단서를 적용하지 아니한다.
② 보증보험계약에 관하여는 보험계약자의 사기, 고의 또는 중대한 과실이 있는 경우에도 이에 대하여 피보험자에게 책임이 있는 사유가 없으면 제651조, 제652조, 제653조 및 제659조제1항을 적용하지 아니한다.

第726條의7【준용규정】 보증보험계약에 관하여는 그 성질에 반하지 아니하는 범위에서 보증채무에 관한 「민법」의 규정을 준용한다.

참조 민428-448

第3章 人保險

第1節 通 則

第727條【인보험자의 책임】 ① 인보험계약의 보험자는 피보험자의 생명이나 신체에 관하여 보험사고가 발생할 경우에 보험계약으로 정하는 바에 따라 보험금이나 그 밖의 급여를 지급할 책임이 있다.
② 제1항의 보험금은 당사자 간의 약정에 따라 분할하여 지급할 수 있다.(2014.3.11 본항신설)
(2014.3.11 본조개정)

改前 第727條【"人保險者의 責任"】"人保險契約의 保險者는 生命 또는 身體에 관하여 保險事故가 생길 경우에 保險契約의 정하는" 바에 따라 "保險金額 기타의 給與를 할 責任이" 있다.

참조 [손해보험]665이하, [보험사고]666·728

판례 인보험계약에 의하여 담보되는 보험사고의 요건 중 우발적인 사고라 함은 피보험자가 예측할 수 없는 원인에 의하여 발생하는 사고로서 고의에 의한 것이 아니고 예견치 않았는데 우발적으로 발생하고 통상적인 과정으로는 기대할 수 없는 결과를 가져오는 사고를 의미하고, 외래의 사고라 함은 사고의 원인이 피보험자의 신체적 결함 즉 질병이나 체질적 요인 등에 기인한 것이 아닌 외부적 요인에 의해 초래된 것을 의미한다. 이러한 사고의 우발성과 외래성 및 상해 또는 사망이라는 결과와 사이의 인과관계에 관해서는 보험금 청구자에게 그 증명책임이 있다.(대판 2010.5.13, 2010다6857)

판례 상해담보특약에 있어서 무면허운전 면책약관의 적용 범위 및 무면허운전에 대한 묵시적 승인의 존부에 관한 판단 기준 : 무보험자동차에 의한 상해담보특약과 같이 자동차보험 대인배상Ⅱ에 가입된 자동차에 의하여 사고를 당한 피해자가 그 자동차보험계약의 무면허운전 면책약관이나 21세 한정운전특약에 의하여 대인배상Ⅱ에서 정한 손해보상을 받지 못하는 경우에 그 손해를 보전하기 위하여 상해

담보특약에서 정한 보험금을 지급하는 것을 내용으로 하는 보험계약에 있어서 무면허운전 면책약관에 해당되어 대인배상Ⅱ에서 정한 손해배상을 받지 못하는지는 무면허운전 면책약관은 무면허운전이 보험계약자나 피보험자의 지배 또는 관리가능한 상황에서 이루어진 경우에 한하여 적용되므로 그 자동차보험의 보험계약자나 피보험자와 무면허운전자의 관계, 평소 차량의 운전 및 관리 상황, 당해 무면허운전이 가능하게 된 경위와 그 운행 목적, 평소 무면허운전자의 운전에 관하여 보험계약자 또는 피보험자가 취해 온 태도 등의 제반 사정을 함께 참작하여, 그와 같은 무면허운전에 대하여 보험계약자 또는 피보험자의 승인 의도를 추단할 만한 사정이 있는지에 따라 판단하여야 한다.(대판 2003.11.13, 2002다31391)

第728條【人保險證券】 人保險證券에는 第666條에 揭記한 事項외에 다음의 事項을 記載하여야 한다.
1. 保險契約의 種類
2. 被保險者의 住所·姓名 및 生年月日(1991.12.31 본호개정)
3. 保險受益者를 정한 때에는 그 住所·姓名 및 生年月日(1991.12.31 본호개정)

참조 [보험증권교부의무]640

第729條【第三者에 대한 保險代位의 禁止】 保險者는 保險事故로 인하여 생긴 保險契約者 또는 保險受益者의 第三者에 대한 權利를 代位하여 行使하지 못한다. 그러나 傷害保險契約의 경우에 當事者間에 다른 약정이 있는 때에는 保險者는 被保險者의 權利를 해하지 아니하는 범위안에서 그 權利를 代位하여 행사할 수 있다.
(1991.12.31 단서신설)

참조 [손해보험의 경우]682

판례 무보험자동차 상해보험의 중복보험자 중 1인이 피보험자에게 단독으로 보험금을 지급하고 다른 중복보험자들로부터 분담비율에 따른 분담금 전부 또는 일부를 지급받은 경우 보험자대위의 범위 : 피보험자가 무보험자동차에 의한 교통사고로 상해를 입었을 때에 그 손해에 대하여 배상할 의무자가 있는 경우에 보험자가 약관에 정한 바에 따라 피보험자에게 그 손해를 보상하는 것을 내용으로 하는 무보험자동차에 의한 상해담보특약은 손해보험으로서의 성질과 함께 상해보험으로서의 성질도 갖고 있는 손해보험형 상해보험으로서, 상법 제729조 단서에 따라 당사자 사이에 다른 약정이 있는 때에는 보험자는 피보험자의 권리를 해하지 아니하는 범위 안에서 피보험자의 배상의무자에 대한 손해배상청구권을 대위행사할 수 있다. 이 때 보험사가 보험금을 지급한 뒤 다른 중복보험사에게 분담비율 따라 분담금을 받은 경우, 약관에 따라 지급된 보험금 중 분담금으로 받은 부분을 뺀 나머지의 비율에 상응하는 부분으로 보험자대위가 축소된다.
(대판 2023.6.1, 2019다237586)

판례 상법 제729조 전문이나 보험약관에서 보험자대위를 금지하거나 포기하는 규정을 두고 있는 것은, 손해보험의 성질을 갖고 있지 아니한 인보험에 관하여 보험자대위를 허용하게 되면 보험자가 보험사고 발생시 보험금을 피보험자나 보험수익자(이하 '피보험자 등'이라고 한다)에게 지급함으로써 피보험자 등의 의사와 무관하게 법률상 당연히 피보험자 등의 제3자에 대한 권리가 보험자에게 이전하게 되어 피보험자 등의 보호에 소홀해질 우려가 있다는 점 등을 고려한 것이므로, 피보험자 등의 제3자에 대한 권리의 양도가 법률상 금지되어 있다거나 상법 제729조 전문 등의 취지를 잠탈하여 피보험자 등의 권리를 부당히 침해하는 경우에 해당한다는 등의 특별한 사정이 없는 한, 상법 제729조 전문이나 보험약관에서 보험자대위를 금지하거나 포기하는 규정을 두고 있다는 사정만으로 피보험자 등이 보험자와의 다른 원인관계나 대가관계 등에 기하여 자신의 제3자에 대한 권리를 보험자에게 자유롭게 양도하는 것까지 금지된다고 볼 수는 없다.
(대판 2007.4.26, 2006다54781)

第2節 生命保險

第730條【생명보험자의 책임】 생명보험계약의 보험자는 피보험자의 사망, 생존, 사망과 생존에 관한 보험사고가 발생할 경우에 약정한 보험금을 지급할 책임이 있다.
(2014.3.11 본조개정)

改前 第730條【"生命保險者의 責任"】"生命保險契約의 保險者는 被保險者의 生命에 관한 保險事故가 생길 경우에 約定한 保險金額을 支給할 責任이" 있다.

참조 [인보험자의 책임]727, [생명보험의 인수와 상행위]461, [보험설계사]2(9), [상호보험과 본절 규정의 준용]664

第731條【他人의 生命의 保險】 ① 他人의 死亡을 保險事故로 하는 保險契約에는 保險契約 締結時에 그 他人의 서면(「전자서명법」 제2조제2호에 따른 전자서명이 있는 경우로서 대통령령으로 정하는 바에 따라 본인 확인 및 위조·변조 방지에 대한 신뢰성을 갖춘 전자문서를 포함한다)에 의한 同意를 얻어야 한다.(2020.6.9 본항개정)
② 保險契約으로 인하여 생긴 權利를 被保險者가 아닌 者에게 讓渡하는 경우에도 第1項과 같다.
(1991.12.31 본조개정)

改前 ① 他人의 死亡을 保險事故로 하는 保險契約에는 保險契約 締結時에 그 他人의 서면(「전자서명법」 제2조제2호에 따른 "전자서명 또는 제2조제3호에 따른 공인전자서명"이 있는 경우로서 대통령령으로 정하는 바에 따라 본인 확인 및 위조·변조 방지에 대한 신뢰성을 갖춘 전자문서를 포함한다)에 의한 同意를 얻어야 한다.(2017.10.31 본항개정)

참조 [보험수익자의 지정 또는 변경과 피보험자의 동의]734②, [채권양도]민449이하, [단체보험에 있어서 본조의 적용제외]735의3

판례 타인의 사망을 보험사고로 하는 생명보험계약의 효력요건인 타인의 서면동의의 방식 : 타인의 사망을 보험사고로 하는 보험계약에 있어 피보험자인 타인의 동의는 각 보험계약에 대하여 개별적으로 서면에 의하여 이루어져야 하고 포괄적인 동의 또는 묵시적이거나 추정적 동의만으로는 부족하나, 피보험자인 타인의 서면동의가 그 타인이 보험청약서에 자필 서명하는 것만을 의미하지는 않으므로 피보험자인 타인이 참석한 자리에서 보험계약을 체결하면서 보험계약자나 보험모집인이 타인에게 보험계약의 내용을 설명한 후 타인으로부터 명시적으로 권한을 수여받아 보험청약서에 타인의 서명을 대행하는 경우와 같이, 타인으로부터 특정한 보험계약에 관하여 서면동의를 할 권한을 구체적·개별적으로 수여받았음이 분명한 사람이 권한 범위 내에서 타인을 대리 또는 대행하여 서면동의를 한 경우에도 그 타인의 서면동의는 적법한 대리인에 의하여 유효하게 이루어진 것이다.
(대판 2006.12.21, 2006다69141)

第732條【15歲未滿者등에 대한 契約의 禁止】 15歲未滿者, 心神喪失者 또는 心神薄弱者의 死亡을 保險事故로 한 保險契約은 無效로 한다. 다만, 심신박약자가 보험계약을 체결하거나 제735조의3에 따른 단체보험의 피보험자가 될 때에 의사능력이 있는 경우에는 그러하지 아니하다.(2014.3.11 단서신설)

참조 [피보험자의 동의]731, [사무처리능력의 결여·부족]민9·12

第732條의2【중과실로 인한 보험사고 등】 ① 사망을 보험사고로 한 보험계약에서는 사고가 보험계약자 또는 피보험자나 보험수익자의 중대한 과실로 인하여 발생한 경우에도 보험자는 보험금을 지급할 책임을 면하지 못한다.
② 둘 이상의 보험수익자 중 일부가 고의로 피보험자를 사망하게 한 경우 보험자는 다른 보험수익자에 대한 보험금 지급 책임을 면하지 못한다.
(2014.3.11 본조개정)

改前 "第732條의2【重過失로 인한 保險事故】死亡을 保險事故로 한 保險契約에는 事故가 保險契約者 또는 被保險者나 保險受益者의 중대한 過失로 인하여 생긴 경우에도 保險者는 保險金額을 支給할 責任을 免하지 못한다.(1991.12.31 본조신설)"

판례 재해사망보험상 면책사유로 규정된 자살의 의미 : 자살을 보험자의 면책사유로 규정하고 있는 경우 그 자살은 사망자가 자기의 생명을 끊는다는 것을 의식하고 그것을 목적으로 의도적으로 자기의 생명을 절단하여 사망의 결과를 발생케 한 행위를 의미하고, 피보험자가 정신질환 등으로 자유로운 의사결정을 할 수 없는 상태에서 사망의 결과를 발생케 한 경우까지 포함하는 것이라고 할 수 없을 뿐만 아니라, 그러한 경우 사망의 결과를 발생케 한 직접적인 원인행위가 외래의 요인에 의한 것이라면 그 보험사고는 피보험자의 고의에 의하지 않은 우발적인 사고로서 재해에 해당한다.
(대판 2006.3.10, 2005다49713)

第733條【保險受益者의 指定 또는 變更의 權利】 ① 保險契約者는 保險受益者를 指定 또는 變更할 權利가 있다.
② 保險契約者가 第1項의 指定權을 行使하지 아니하고 死亡한 때에는 被保險者를 保險受益者로 하고 保險契約者가 第1項의 變更權을 行使하지 아니하고 死亡한 때에는 保險受益者의 權利가 確定된다. 그러나 保險契約者가 死亡한 경우에는 그 承繼人이 第1項의 權利를 行使할 수 있다는 約定이 있는 때에는 그러하지 아니하다.
(1991.12.31 본항개정)

③ 保險受益者가 保險存續中에 死亡한 때에는 保險契約者는 다시 保險受益者를 指定할 수 있다. 이 경우에 保險契約者가 指定權을 行使하지 아니하고 死亡한 때에는 保險受益者의 相續人을 保險受益者로 한다.

④ 保險契約者가 第2項과 第3項의 指定權을 행사하기 전에 保險事故가 생긴 경우에는 被保險者 또는 保險受益者의 相續人을 保險受益者로 한다.(1991.12.31 본항신설)

참조 [제3자를 위한 계약]민539, [제3자의 이익 향수]민539②, [타인을 위한 보험]639, [지정 또는 변경과 보험자에 대한 통지ㆍ피보험자의 동의]734, [상속인]민1000이하

第734條【保險受益者指定權등의 通知】 ① 保險契約者가 契約締結後에 保險受益者를 指定 또는 變更할 때에는 保險者에 대하여 그 通知를 하지 아니하면 이로써 保險者에게 對抗하지 못한다.

② 第731條第1項의 規定은 第1項의 指定 또는 變更에 準用한다.(1991.12.31 본항개정)

참조 [보험수익자의 지정 또는 변경]733, [채권양도와 통지]민450

第735條 (2014.3.11 삭제)

改前 "第735條【養老保險】被保險者의 死亡을 保險事故로 한 保險契約에는 事故의 發生없이 保險期間이 終了한 때에도 保險金額을 支給할 것을 約定할 수 있다."

第735條의2 (2014.3.11 삭제)

改前 "第735條의2【年金保險】生命保險契約의 保險者는 被保險者의 生命에 관한 保險事故가 생긴 때에 약정에 따라 保險金額을 年金으로 分割하여 支給할 수 있다.(1991.12.31 본조신설)"

第735條의3【團體保險】 ① 團體가 規約에 따라 構成員의 전부 또는 일부를 被保險者로 하는 生命保險契約을 체결하는 경우에는 第731條를 適用하지 아니한다.

② 第1項의 保險契約이 체결된 때에는 保險者는 保險契約者에 대하여서만 保險證券을 교부한다.

③ 제1항의 보험계약에서 보험계약자가 피보험자 또는 그 상속인이 아닌 자를 보험수익자로 지정할 때에는 단체의 규약에서 명시적으로 정하는 경우 외에는 그 피보험자의 제731조제1항에 따른 서면 동의를 받아야 한다.
(2017.10.31 본항개정)
(1991.12.31 본조신설)

改前 ③ 제1항의 보험계약에서 보험계약자가 피보험자 또는 그 상속인이 아닌 자를 보험수익자로 지정할 때에는 단체의 규약에서 명시적으로 정하는 경우 외에는 그 피보험자의 "서면" 동의를 받아야 한다.
(2014.3.11 본항신설)

■ 채무부존재확인ㆍ보험금

판례 [1] 단체가 구성원의 전부 또는 일부를 피보험자로 하고 보험계약자 자신을 보험수익자로 하여 체결하는 생명보험계약 내지 상해보험계약은 단체의 구성원에 대하여 보험사고가 발생한 경우를 부보함으로써 단체 구성원에 대한 단체의 재해보상금이나 후생복리비용의 재원을 마련하기 위한 것이므로, 피보험자가 보험사고 이외의 사고로 사망하거나 퇴직 등으로 단체의 구성원으로서의 자격을 상실하면 그에 대한 단체보험계약에 의한 보호는 종료되고, 구성원으로서의 자격을 상실한 종전 피보험자는 보험약관이 정하는 바에 따라 자신에 대한 개별계약으로 전환하여 보험 보호를 계속 받을 수 있을 뿐이다. [2] 단체보험약관에서 보험회사의 승낙 및 피보험자의 동의를 조건으로 보험계약자가 구성원으로서의 자격을 상실한 종전 피보험자를 새로운 피보험자로 변경하는 것을 허용하면서 종전 피보험자의 자격상실 시기를 피보험자변경신청서 접수시로 정하고 있다고 하여도, 이는 보험회사의 승낙과 피보험자의 동의가 있어 피보험자가 변경되는 경우 단체보험의 동일성을 유지하기 위하여 피보험자변경신청서 접수시까지 종전 피보험자의 자격이 유지되는 것으로 의제하는 것이므로, 위 약관조항이 피보험자변경이 없는 경우에까지 적용되는 것으로 볼 수는 없다.
(대판 2007.10.12, 2007다42877,42884)

第736條【保險積立金返還義務등】 ① 第649條, 第650條, 第651條 및 第652條 내지 第655條의 規定에 의하여 保險契約이 解止된 때, 第659條와 第660條의 規定에 의하여 保險金額의 支給責任이 免除된 때에는 保險者는 保險受益者를 위하여 積立한 金額을 保險契約者에게 支給하여야 한다. 그러나 다른 約定이 없으면 第659條第1項의 保險事故가 保險契約者에 의하여 생긴 경우에는 그러하지 아니하다.(1991.12.31 본항개정)

② (1991.12.31 삭제)

참조 [보험금지급의무ㆍ보험료반환의무의 소멸시효]662, [상사시효]64

第3節 傷害保險

第737條【傷害保險者의 責任】 傷害保險契約의 保險者는 身體의 傷害에 관한 保險事故가 생길 경우에 保險金額 기타의 給與를 할 責任이 있다.

참조 [인보험자의 책임]727, [생명보험자의 책임]730

판례 상해보험은 피보험자가 보험기간 중에 급격하고 우연한 외래의 사고로 인하여 신체에 손상을 입는 것을 보험사고로 하는 인보험으로서, 일반적으로 외래의 사고 이외에 피보험자의 질병 기타 기왕증이 공동 원인이 되어 상해에 영향을 미친 경우에도 사고로 인한 상해와 그 결과인 사망이나 후유장해 사이에 인과관계가 인정되면 보험계약 체결시 약정한 대로 보험금을 지급할 의무가 발생하고, 다만 보험약관에 계약체결 전에 이미 존재한 신체장해, 질병의 영향에 따라 상해가 중하게 된 때에는 그 영향이 없었을 때에 상당하는 금액을 결정하여 지급하기로 하는 내용이 있는 경우에 한하여 그 약관 조항에 따라 피보험자의 체질 또는 소인 등이 보험사고의 발생 또는 확대에 기여하였다는 사유를 들어 보험금을 감액할 수 있다.
(대판 2007.10.11, 2006다42610)

第738條【傷害保險證券】 傷害保險의 경우에 被保險者와 保險契約者가 同一人이 아닐 때에는 그 保險證券記載事項中 第728條第2號에 揭記한 事項에 갈음하여 被保險者의 職務 또는 職位만을 記載할 수 있다.

참조 [보험증권교부의무]640

第739條【準用規定】 傷害保險에 관하여는 第732條를 除外하고 生命保險에 관한 規定을 準用한다.

참조 [생명보험]730－734, 735의3, 736

第4節 질병보험
(2014.3.11 본절신설)

第739條의2【질병보험자의 책임】 질병보험계약의 보험자는 피보험자의 질병에 관한 보험사고가 발생할 경우 보험금이나 그 밖의 급여를 지급할 책임이 있다.

第739條의3【질병보험에 대한 준용규정】 질병보험에 관하여는 그 성질에 반하지 아니하는 범위에서 생명보험 및 상해보험에 관한 규정을 준용한다.

第5編 해 상
(2007.8.3 본편개정)

第1章 해상기업

第1節 선 박

第740條【선박의 의의】 이 법에서 "선박"이란 상행위나 그 밖의 영리를 목적으로 항해에 사용하는 선박을 말한다.

참조 [상행위]46ㆍ47, [호천항만과 항해]125, [비상선과 본편규정의 준용]선박법29, [건조중의 선박]790

第741條【적용범위】 ① 항해용 선박에 대하여는 상행위나 그 밖의 영리를 목적으로 하지 아니하더라도 이 편의 규정을 준용한다. 다만, 국유 또는 공유의 선박에 대하여는 「선박법」 제29조 단서에도 불구하고 항해의 목적ㆍ성질 등을 고려하여 이 편의 규정을 준용하는 것이 적합하지 아니한 경우로서 대통령령으로 정하는 경우에는 그러하지 아니하다.

② 이 편의 규정은 단정(短艇) 또는 주로 노 또는 상앗대로 운전하는 선박에는 적용하지 아니한다.

참조 [비상선과 본편규정의 준용]선박법29

第742條【선박의 종물】 선박의 속구목록(屬具目錄)에 기재한 물건은 선박의 종물로 추정한다.

참조 [종물]민100, [속구와 선박저당권]787②, [속구목록의 서식]부칙9

第743條【선박소유권의 이전】 등기 및 등록할 수 있는 선박의 경우 그 소유권의 이전은 당사자 사이의 합의만으로 그 효력이 생긴다. 다만, 이를 등기하고 선박국적증서에 기재하지 아니하면 제3자에게 대항하지 못한다.

참조 [등기]선박법8①, [등록사항의 변경]선박법18, [부동산물권이전과 효력발생요건]민186

第744條【선박의 압류·가압류】 ① 항해의 준비를 완료한 선박과 그 속구는 압류 또는 가압류를 하지 못한다. 다만, 항해를 준비하기 위하여 생긴 채무에 대하여는 그러하지 아니하다.

② 제1항은 총톤수 20톤 미만의 선박에는 적용하지 아니한다.

참조 [선박에 대한 강제집행]민집172-186

第2節 선 장

第745條【선장의 선임·해임】 선장은 선박소유자가 선임 또는 해임한다.

第746條【선장의 부당한 해임에 대한 손해배상청구권】 선박소유자가 정당한 사유 없이 선장을 해임한 때에는 선장은 이로 인하여 생긴 손해의 배상을 청구할 수 있다.

참조 [위임의 해지]민689, [고용의 해지]민658-661, [선박공유자와 지분매수청구]761, [선원근로계약의 해지]선원32·33, [선박관리인]764-768

第747條【선장의 계속직무집행의 책임】 선장은 항해 중에 해임 또는 임기가 만료된 경우에도 다른 선장이 그 업무를 처리할 수 있는 때 또는 그 선박이 선적항에 도착할 때까지 그 직무를 집행할 책임이 있다.

第748條【선장의 대선장 선임의 권한 및 책임】 선장은 불가항력으로 인하여 그 직무를 집행하기가 불능한 때에 법령에 다른 규정이 있는 경우를 제외하고는 자기의 책임으로 타인을 선정하여 선장의 직무를 집행하게 할 수 있다.

참조 민62·120·121·657②, [선장의 재선의무]선원10

第749條【대리권의 범위】 ① 선적항 외에서는 선장은 항해에 필요한 재판상 또는 재판 외의 모든 행위를 할 권한이 있다.

② 선적항에서는 선장은 특히 위임을 받은 경우 외에는 해원의 고용과 해고를 할 권한만을 가진다.

참조 [선적항]선박법8, [대리권의 제한]751, [대리권에 관한 특별 규정]750·753, [선하증권발행권]852, [재판상의 대리권]민소83, [지배인의 권한]11, [해원의 고용·해고]선원32-35

第750條【특수한 행위에 대한 권한】 ① 선장은 선박수선료·해난구조료, 그 밖에 항해의 계속에 필요한 비용을 지급하여야 할 경우 외에는 다음의 행위를 하지 못한다.

1. 선박 또는 속구를 담보에 제공하는 일
2. 차재(借財)하는 일
3. 적하의 전부나 일부를 처분하는 일

② 적하를 처분할 경우의 손해배상액은 그 적하가 도달할 시기의 양륙항의 가격에 의하여 정한다. 다만, 그 가격 중에서 지급을 요하지 아니하는 비용을 공제하여야 한다.

참조 [선장의 권한]749, [구조료]883, ①⑴[저당권설정]787, ⑶[선장과 적하의 처분권]752, [적하의 처분과 보험]709, ②[운송물멸실과 손해배상의 액]137·815, [양륙항]853

第751條【대리권에 대한 제한】 선장의 대리권에 대한 제한은 선의의 제3자에게 대항하지 못한다.

참조 [선장의 대리권]749, [지배인의 대리권의 제한]11③

第752條【이해관계인을 위한 적하의 처분】 ① 선장이 항해 중에 적하를 처분하는 경우에는 이해관계인의 이익을 위하여 가장 적당한 방법으로 하여야 한다.

② 제1항의 경우에 이해관계인은 선장의 처분으로 인하여 생긴 채권자에게 적하의 가액을 한도로 하여 그 책임을 진다. 다만, 그 이해관계인에게 과실이 있는 때에는 그러하지 아니하다.

참조 [사망여객의 수하물처분의무]824, [선박소유자의 대리인으로서의 적하처분]750, [공동해손처분]865

第753條【선박경매권】 선적항 외에서 선박이 수선하기 불가능하게 된 때에는 선장은 해무관청의 인가를 받아 이를 경매할 수 있다.

참조 [선장의 권한]749, [선박의 수선불능]754, [선적항]선박법8, [경매]민집

第754條【선박의 수선불능】 ① 다음 각 호의 경우에는 선박은 수선하기 불가능하게 된 것으로 본다.

1. 선박이 그 현재지에서 수선을 받을 수 없으며 또 그 수선을 할 수 있는 곳에 도달하기 불가능한 때
2. 수선비가 선박의 가액의 4분의 3을 초과할 때

② 제1항제2호의 가액은 선박이 항해 중 훼손된 경우에는 그 발항한 때의 가액으로 하고 그 밖의 경우에는 그 훼손 전의 가액으로 한다.

참조 [선박의 수선불능과 선장의 매각권한]753, [보험위부의 원인]710

第755條【보고·계산의 의무】 ① 선장은 항해에 관한 중요한 사항을 지체 없이 선박소유자에게 보고하여야 한다.

② 선장은 매 항해를 종료한 때에는 그 항해에 관한 계산서를 지체 없이 선박소유자에게 제출하여 그 승인을 받아야 한다.

③ 선장은 선박소유자의 청구가 있을 때에는 언제든지 항해에 관한 사항과 계산의 보고를 하여야 한다.

참조 [수임인의 보고의무]민683, [선장의 해양항만관청에의 보고]선원21

第3節 선박공유

第756條【선박공유자의 업무결정】 ① 공유선박의 이용에 관한 사항은 공유자의 지분의 가격에 따라 그 과반수로 결정한다.

② 선박공유에 관한 계약을 변경하는 사항은 공유자의 전원일치로 결정하여야 한다.

참조 [공유]민262이하, [조합의 업무집행]민706, [선박공유와 조합]759, [선박공유자의 법률관계]746·757·768, [반대자의 지분매수청구권]758, [전원의 동의 필요]764①

第757條【선박공유와 비용의 부담】 선박공유자는 그 지분의 가격에 따라 선박의 이용에 관한 비용과 이용에 관하여 생긴 채무를 부담한다.

참조 [공유자와 비용등의 부담]민266, [손익분배의 비율]758

第758條【손익분배】 손익의 분배는 매 항해의 종료 후에 있어서 선박공유자의 지분의 가격에 따라서 한다.

참조 [조합에 있어서의 손익분배의 비율]민711, [선박공유자와 지분의 가격]756

第759條【지분의 양도】 선박공유자 사이에 조합관계가 있는 경우에도 각 공유자는 다른 공유자의 승낙 없이 그 지분을 타인에게 양도할 수 있다. 다만, 선박관리인의 경우에는 그러하지 아니하다.

참조 [조합관계]민703이하, [지분이전의 제한]760, [회사의 지분·주식의 양도]197·269·276·335·556, [선박관리인]746·764-768

第760條【공유선박의 국적상실과 지분의 매수 또는 경매청구】 선박공유자의 지분의 이전 또는 그 국적상실로 인하여 선박이 대한민국의 국적을 상실할 때에는 다른 공유자는 상당한 대가로 그 지분을 매수하거나 그 경매를 법원에 청구할 수 있다.

참조 [한국선박의 요건·특권]선박법2·6, [선박공유자의 지분양도]759, [경매]민집

第761條【결의반대자의 지분매수청구권】 ① 선박공유자가 신항해를 개시하거나 선박을 대수선할 것을 결의한 때에는 그 결의에 이의가 있는 공유자는 다른 공유자

에 대하여 상당한 가액으로 자기의 지분을 매수할 것을 청구할 수 있다.
② 제1항의 청구를 하고자 하는 자는 그 결의가 있은 날부터, 결의에 참가하지 아니한 경우에는 결의통지를 받은 날부터 3일 이내에 다른 공유자 또는 선박관리인에 대하여 그 통지를 발송하여야 한다.
참조 [결의]756, [선박공유자인 선장의 해임과 매수청구]746

第762條【해임선장의 지분매수청구권】 ① 선박공유자인 선장이 그 의사에 반하여 해임된 때에는 다른 공유자에 대하여 상당한 가액으로 그 지분을 매수할 것을 청구할 수 있다.
② 선박공유자가 제1항의 청구를 하고자 하는 때에는 지체 없이 다른 공유자 또는 선박관리인에 대하여 그 통지를 발송하여야 한다.

第763條【항해 중 선박 등의 양도】 항해 중에 있는 선박이나 그 지분을 양도한 경우에 당사자 사이에 다른 약정이 없으면 양수인이 그 항해로부터 생긴 이익을 얻고 손실을 부담한다.

第764條【선박관리인의 선임·등기】 ① 선박공유자는 선박관리인을 선임하여야 한다. 이 경우 선박공유자가 아닌 자를 선박관리인으로 선임함에는 공유자 전원의 동의가 있어야 한다.
② 선박관리인의 선임과 그 대리권의 소멸은 등기하여야 한다.
참조 [결의]756, [등기]선박법8, [선박관리인의 지위]746·764-768

第765條【선박관리인의 권한】 ① 선박관리인은 선박의 이용에 관한 재판상 또는 재판 외의 모든 행위를 할 권한이 있다.
② 선박관리인의 대리권에 대한 제한은 선의의 제3자에게 대항하지 못한다.
참조 [지배인의 대리권]11, [선장의 권한]749-751, 선원60이하

第766條【선박관리인의 권한의 제한】 선박관리인은 선박공유자의 서면에 의한 위임이 없으면 다음 각 호의 행위를 하지 못한다.
1. 선박을 양도·임대 또는 담보에 제공하는 일
2. 신항해를 개시하는 일
3. 선박을 보험에 붙이는 일
4. 선박을 대수선하는 일
5. 차재하는 일
참조 ⑵⑷[지분매수청구권]761, ⑶[보험]693이하

第767條【장부의 기재·비치】 선박관리인은 업무집행에 관한 장부를 비치하고 그 선박의 이용에 관한 모든 사항을 기재하여야 한다.
참조 [장부]29

第768條【선박관리인의 보고·승인】 선박관리인은 매 항해의 종료 후에 지체 없이 그 항해의 경과상황과 계산에 관한 서면을 작성하여 선박공유자에게 보고하고 그 승인을 받아야 한다.
참조 [수임인의 보고의무]민683

第4節　선박소유자 등의 책임제한

第769條【선박소유자의 유한책임】 선박소유자는 청구원인의 여하에 불구하고 다음 각 호의 채권에 대하여 제770조에 따른 금액의 한도로 그 책임을 제한할 수 있다. 다만, 그 채권이 선박소유자 자신의 고의 또는 손해발생의 염려가 있음을 인식하면서 무모하게 한 작위 또는 부작위로 인하여 생긴 손해에 관한 것인 때에는 그러하지 아니하다.
1. 선박에서 또는 선박의 운항에 직접 관련하여 발생한 사람의 사망, 신체의 상해 또는 그 선박 외의 물건의 멸실 또는 훼손으로 인하여 생긴 손해에 관한 채권
2. 운송물, 여객 또는 수하물의 운송의 지연으로 인하여 생긴 손해에 관한 채권
3. 제1호 및 제2호 외에 선박의 운항에 직접 관련하여 발생한 계약상의 권리 외의 타인의 권리의 침해로 인하여 생긴 손해에 관한 채권
4. 제1호부터 제3호까지의 채권의 원인이 된 손해를 방지 또는 경감하기 위한 조치에 관한 채권 또는 그 조치의 결과로 인하여 생긴 손해에 관한 채권
참조 [가액에 대한 증명과 평가의 기준]770

第770條【책임의 한도액】 ① 선박소유자가 제한할 수 있는 책임의 한도액은 다음 각 호의 금액으로 한다.
1. 여객의 사망 또는 신체의 상해로 인한 손해에 관한 채권에 대한 책임의 한도액은 그 선박의 선박검사증서에 기재된 여객의 정원에 17만5천 계산단위(국제통화기금의 1 특별인출권에 상당하는 금액을 말한다. 이하 같다)를 곱하여 얻은 금액으로 한다.
2. 여객 외의 사람의 사망 또는 신체의 상해로 인한 손해에 관한 채권에 대한 책임의 한도액은 그 선박의 톤수에 따라서 다음 각 목에 정하는 바에 따라 계산된 금액으로 한다. 다만, 300톤 미만의 선박의 경우에는 16만7천 계산단위에 상당하는 금액으로 한다.
가. 500톤 이하의 선박의 경우에는 33만3천 계산단위에 상당하는 금액
나. 500톤을 초과하는 선박의 경우에는 가목의 금액에 500톤을 초과하여 3천톤까지의 부분에 대하여는 매 톤당 500 계산단위, 3천톤을 초과하여 3만톤까지의 부분에 대하여는 매 톤당 333 계산단위, 3만톤을 초과하여 7만톤까지의 부분에 대하여는 매 톤당 250 계산단위 및 7만톤을 초과한 부분에 대하여는 매 톤당 167 계산단위를 각 곱하여 얻은 금액을 순차로 가산한 금액
3. 제1호 및 제2호 외의 채권에 대한 책임의 한도액은 그 선박의 톤수에 따라서 다음 각 목에 정하는 바에 따라 계산된 금액으로 한다. 다만, 300톤 미만의 선박의 경우에는 8만3천 계산단위에 상당하는 금액으로 한다.
가. 500톤 이하의 선박의 경우에는 16만7천 계산단위에 상당하는 금액
나. 500톤을 초과하는 선박의 경우에는 가목의 금액에 500톤을 초과하여 3만톤까지의 부분에 대하여는 매 톤당 167 계산단위, 3만톤을 초과하여 7만톤까지의 부분에 대하여는 매 톤당 125 계산단위 및 7만톤을 초과한 부분에 대하여는 매 톤당 83 계산단위를 각 곱하여 얻은 금액을 순차로 가산한 금액
② 제1항 각 호에 따른 각 책임한도액은 선박마다 동일한 사고에서 생긴 각 책임한도액에 대응하는 선박소유자에 대한 모든 채권에 미친다.
③ 제769조에 따라 책임이 제한되는 채권은 제1항 각 호에 따른 각 책임한도액에 대하여 각 채권액의 비율로 경합한다.
④ 제1항제2호에 따른 책임한도액이 같은 호의 채권의 변제에 부족한 때에는 제3호에 따른 책임한도액을 그 잔액채권의 변제에 충당한다. 이 경우 동일한 사고에서 제3호의 채권도 발생한 때에는 이 채권과 제2호의 잔액채권은 제3호에 따른 책임한도액에 대하여 각 채권액의 비율로 경합한다.
참조 [선박적량톤수의 계산방법]772, [사망·상해의 경우의 책임의 한도]774, [본조의 적용제외]773

第771條【동일한 사고로 인한 반대채권액의 공제】 선박소유자가 책임의 제한을 받는 채권자에 대하여 동일한 사고로 인하여 생긴 손해에 관한 채권을 가지는 경우에는 그 채권액을 공제한 잔액에 한하여 책임의 제한을 받는 채권으로 한다.

第772條【책임제한을 위한 선박톤수】 제770조제1항에서 규정하는 선박의 톤수는 국제항해에 종사하는 선박의 경우에는 「선박법」에서 규정하는 국제총톤수로 하고 그 밖의 선박의 경우에는 같은 법에서 규정하는 총톤수로 한다.

참조 [선박적량톤수]770 · 774, [적량의 측정]선박법3

第773條【유한책임의 배제】 선박소유자는 다음 각 호의 채권에 대하여는 그 책임을 제한하지 못한다.

1. 선장 · 해원, 그 밖의 사용인으로서 그 직무가 선박의 업무에 관련된 자 또는 그 상속인, 피부양자, 그 밖의 이해관계인의 선박소유자에 대한 채권
2. 해난구조로 인한 구조료 채권 및 공동해손의 분담에 관한 채권
3. 1969년 11월 29일 성립한 「유류오염손해에 대한 민사책임에 관한 국제조약」 또는 그 조약의 개정조항이 적용되는 유류오염손해에 관한 채권
4. 침몰 · 난파 · 좌초 · 유기, 그 밖의 해양사고를 당한 선박 및 그 선박 안에 있거나 있었던 적하와 그 밖의 물건의 인양 · 제거 · 파괴 또는 무해조치에 관한 채권
5. 원자력손해에 관한 채권

판례 '난파물 제거채권'의 의미 : 동조 제4호의 의미는 선박소유자에게 해상에서의 안전, 위생, 환경보전 등의 공익적인 목적으로 관계 법령에 의하여 그 제거 등의 의무가 부과된 경우에 그러한 법령상의 의무를 부담하는 선박소유자에 한하여 난파물 제거채권에 대하여 책임제한을 주장할 수 없는 것으로 봄이 상당하고, 위와 같은 법령상의 의무를 부담하는 선박소유자가 자신에게 부과된 의무나 책임을 이행함으로써 입은 손해에 관하여 그 손해발생에 원인을 제공한 가해선박 소유자에 대하여 그 손해배상을 구하는 채권은 이 조항에 규정된 난파물 제거채권에 해당된다고 볼 수 없다.(대판 2000.8.22, 99다9646)

第774條【책임제한을 할 수 있는 자의 범위】 ① 다음 각 호의 어느 하나에 해당하는 자는 이 절의 규정에 따라 선박소유자의 경우와 동일하게 책임을 제한할 수 있다.

1. 용선자 · 선박관리인 및 선박운항자
2. 법인인 선박소유자 및 제1호에 규정된 자의 무한책임사원
3. 자기의 행위로 인하여 선박소유자 또는 제1호에 규정된 자에 대하여 제769조 각 호에 따른 채권이 성립하게 한 선장 · 해원 · 도선사, 그 밖의 선박소유자 또는 제1호에 규정된 자의 사용인 또는 대리인

② 동일한 사고에서 발생한 모든 채권에 대한 선박소유자 및 제1항에 규정된 자에 의한 책임제한의 총액은 선박마다 제770조에 따른 책임한도액을 초과하지 못한다.

③ 선박소유자 또는 제1항 각 호에 규정된 자의 1인이 책임제한절차개시의 결정을 받은 때에는 책임제한을 할 수 있는 다른 자도 이를 원용할 수 있다.

第775條【구조자의 책임제한】 ① 구조자 또는 그 피용자의 구조활동과 직접 관련하여 발생한 사람의 사망 · 신체의 상해, 재산의 멸실이나 훼손, 계약상 권리 외의 타인의 권리의 침해로 인하여 생긴 손해에 관한 채권 및 그러한 손해를 방지 혹은 경감하기 위한 조치에 관한 채권 또는 그 조치의 결과로 인하여 생긴 손해에 관한 채권에 대하여는 제769조부터 제774조(제769조제2호 및 제770조제1항제1호를 제외한다)까지의 규정에 따라 구조자도 책임을 제한할 수 있다.

② 구조활동을 선박으로부터 행하지 아니한 구조자 또는 구조를 받는 선박에서만 행한 구조자는 제770조에 따른 책임의 한도액에 관하여 1천500톤의 선박에 의한 구조자로 본다.

③ 구조자의 책임의 한도액은 구조선마다 또는 제2항의 경우에는 구조자마다 동일한 사고로 인하여 생긴 모든 채권에 미친다.

④ 제1항에서 "구조자"란 구조활동에 직접 관련된 용역을 제공한 자를 말하며, "구조활동"이란 해난구조 시의 구조활동은 물론 침몰 · 난파 · 좌초 · 유기, 그 밖의 해양사고를 당한 선박 및 그 선박 안에 있거나 있었던 적하와 그 밖의 물건의 인양 · 제거 · 파괴 또는 무해조치 및 이와 관련된 손해를 방지 또는 경감하기 위한 모든 조치를 말한다.

第776條【책임제한의 절차】 ① 이 절의 규정에 따라 책임을 제한하고자 하는 자는 채권자로부터 책임한도액을 초과하는 청구금액을 명시한 서면에 의한 청구를 받은 날부터 1년 이내에 법원에 책임제한절차개시의 신청을 하여야 한다.

② 책임제한절차 개시의 신청, 책임제한의 기금의 형성 · 공고 · 참가 · 배당, 그 밖에 필요한 사항은 별도로 법률로 정한다.

第5節 선박담보

第777條【선박우선특권 있는 채권】 ① 다음의 채권을 가진 자는 선박 · 그 속구, 그 채권이 생긴 항해의 운임, 그 선박과 운임에 부수한 채권에 대하여 우선특권이 있다.

1. 채권자의 공동이익을 위한 소송비용, 항해에 관하여 선박에 과한 제세금, 도선료 · 예선료, 최후 입항 후의 선박과 그 속구의 보존비 · 검사비
2. 선원과 그 밖의 선박사용인의 고용계약으로 인한 채권
3. 해난구조로 인한 선박에 대한 구조료 채권과 공동해손의 분담에 대한 채권
4. 선박의 충돌과 그 밖의 항해사고로 인한 손해, 항해시설 · 항만시설 및 항로에 대한 손해와 선원이나 여객의 생명 · 신체에 대한 손해의 배상채권

② 제1항의 우선특권을 가진 선박채권자는 이 법과 그 밖의 법률의 규정에 따라 제1항의 재산에 대하여 다른 채권자보다 자기채권의 우선변제를 받을 권리가 있다. 이 경우 그 성질에 반하지 아니하는 한 「민법」의 저당권에 관한 규정을 준용한다.

第778條【선박 · 운임에 부수한 채권】 제777조에 따른 선박과 운임에 부수한 채권은 다음과 같다.

1. 선박 또는 운임의 손실로 인하여 선박소유자에게 지급할 손해배상
2. 공동해손으로 인한 선박 또는 운임의 손실에 대하여 선박소유자에게 지급할 상금
3. 해난구조로 인하여 선박소유자에게 지급할 구조료

第779條【운임에 대한 우선특권】 운임에 대한 우선특권은 지급을 받지 아니한 운임 및 지급을 받은 운임 중 선박소유자나 그 대리인이 소지한 금액에 한하여 행사할 수 있다.

第780條【보험금 등의 제외】 보험계약에 의하여 선박소유자에게 지급할 보험금과 그 밖의 장려금이나 보조금에 대하여는 제778조를 적용하지 아니한다.

第781條【선박사용인의 고용계약으로 인한 채권】 제777조제1항제2호에 따른 채권은 고용계약 존속 중의 모든 항해로 인한 운임의 전부에 대하여 우선특권이 있다.

第782條【동일항해로 인한 채권에 대한 우선특권의 순위】 ① 동일항해로 인한 채권의 우선특권이 경합하는 때에는 그 우선의 순위는 제777조제1항 각 호의 순서에 따른다.

② 제777조제1항제3호에 따른 채권의 우선특권이 경합하는 때에는 후에 생긴 채권이 전에 생긴 채권에 우선한다. 동일한 사고로 인한 채권은 동시에 생긴 것으로 본다.

第783條【수회항해에 관한 채권에 대한 우선특권의 순위】 ① 수회의 항해에 관한 채권의 우선특권이 경합하는 때에는 후의 항해에 관한 채권이 전의 항해에 관한 채권에 우선한다.

② 제781조에 따른 우선특권은 그 최후의 항해에 관한 다른 채권과 동일한 순위로 한다.

第784條【동일순위의 우선특권이 경합한 경우】 제781조부터 제783조까지의 규정에 따른 동일순위의 우선특권이 경합하는 때에는 각 채권액의 비율에 따라 변제한다.

第785條【우선특권의 추급권】 선박채권자의 우선특권은 그 선박소유권의 이전으로 인하여 영향을 받지 아니한다.

第786條【우선특권의 소멸】 선박채권자의 우선특권은 그 채권이 생긴 날부터 1년 이내에 실행하지 아니하면 소멸한다.

第787條【선박저당권】 ① 등기한 선박은 저당권의 목적으로 할 수 있다.

② 선박의 저당권은 그 속구에 미친다.

③ 선박의 저당권에는 「민법」의 저당권에 관한 규정을 준용한다.

第788條【선박저당권 등과 우선특권의 경합】 선박채권자의 우선특권은 질권과 저당권에 우선한다.

第789條【등기선박의 입질불허】 등기한 선박은 질권의 목적으로 하지 못한다.

第790條【건조 중의 선박에의 준용】 이 절의 규정은 건조 중의 선박에 준용한다.

第2章　운송과 용선

第1節　개품운송

第791條【개품운송계약의 의의】 개품운송계약은 운송인이 개개의 물건을 해상에서 선박으로 운송할 것을 인수하고, 송하인이 이에 대하여 운임을 지급하기로 약정함으로써 그 효력이 생긴다.

第792條【운송물의 제공】 ① 송하인은 당사자 사이의 합의 또는 선적항의 관습에 의한 때와 곳에서 운송인에게 운송물을 제공하여야 한다.

② 제1항에 따른 때와 곳에서 송하인이 운송물을 제공하지 아니한 경우에는 계약을 해제한 것으로 본다. 이 경우 선장은 즉시 발항할 수 있고, 송하인은 운임의 전액을 지급하여야 한다.

第793條【운송에 필요한 서류의 교부】 송하인은 선적기간 이내에 운송에 필요한 서류를 선장에게 교부하여야 한다.

참조 [적하물에 관한 서류]선원20①

第794條【감항능력 주의의무】 운송인은 자기 또는 선원이나 그 밖의 선박사용인이 발항 당시 다음의 사항에 관하여 주의를 해태하지 아니하였음을 증명하지 아니하면 운송물의 멸실·훼손 또는 연착으로 인한 손해를 배상할 책임이 있다.

1. 선박이 안전하게 항해를 할 수 있게 할 것
2. 필요한 선원의 승선, 선박의장(艤裝)과 필요품의 보급
3. 선창·냉장실, 그 밖에 운송물을 적재할 선박의 부분을 운송물의 수령·운송과 보존을 위하여 적합한 상태에 둘 것

참조 [보험자의 면책사유]706, [선장의 검사의무]선원7

第795條【운송물에 관한 주의의무】 ① 운송인은 자기 또는 선원이나 그 밖의 선박사용인이 운송물의 수령·선적·적부(積付)·운송·보관·양륙과 인도에 관하여 주의를 해태하지 아니하였음을 증명하지 아니하면 운송물의 멸실·훼손 또는 연착으로 인한 손해를 배상할 책임이 있다.

② 운송인은 선장·해원·도선사, 그 밖의 선박사용인의 항해 또는 선박의 관리에 관한 행위 또는 화재로 인하여 생긴 운송물에 관한 손해를 배상할 책임을 면한다. 다만, 운송인의 고의 또는 과실로 인한 화재의 경우에는 그러하지 아니하다.

참조 [운송물의 멸실·훼손 또는 연착과 손해배상책임]136-138·815, [불법행위책임]민750·756, [감항능력주의의무]794, [선박소유자의 유한책임]769, [운송품의 멸실과 운임]134·815, [책임의 소멸]121·146·814

판례 영업용 보세창고업자가 실수입자와 공모하여 화물을 무단반출함으로써 화물이 멸실된 경우, 선박대리점의 중대한 과실에 의하여 운송물에 대한 소유권이 침해된 것인지 여부(소극) : 해상화물운송에 있어서 선하증권이 발행된 경우 그 화물은 선하증권과 상환으로 선하증권의 소지인에게 인도되어야 하는 것이므로 운송인 또는 그 국내 선박대리점이 선하증권의 소지인이 아닌 자에게 화물을 인도함으로써 멸실케 한 경우에는 선하증권의 소지인에 대하여 불법행위에 기한 손해배상책임을 진다고 할 것이지만, 운송인의 국내 선박대리점이 실수입자의 요청에 의하여 그가 지정하는 영업용 보세창고에 화물을 입고시킨 경우에는 보세창고업자를 통하여 화물에 대한 지배를 계속하고 있다고 할 것이어서 운송인의 국내 선박대리점이 선하증권의 소지인이 아닌 자에게 화물을 인도한 것이라거나, 선하증권의 소지인에게 인도되어야 할 화물을 무단반출의 위험이 현저한 장소에 보관시킨 것이라고 할 수는 없으므로, 영업용 보세창고업자가 실수입자와 공모하여 보세창고에 입고된 화물을 무단반출함으로써 화물이 멸실되었다고 하더라도 선박대리점의 중대한 과실에 의하여 선하증권 소지인의 운송물에 대한 소유권이 침해된 것이라고는 할 수 없다. (대판 2005.1.27, 2004다12394)

第796條【운송인의 면책사유】 운송인은 다음 각 호의 사실이 있었다는 것과 운송물에 관한 손해가 그 사실로 인하여 보통 생길 수 있는 것임을 증명한 때에는 이를 배상할 책임을 면한다. 다만, 제794조 및 제795조제1항에 따른 주의를 다하였더라면 그 손해를 피할 수 있었음에도 불구하고 그 주의를 다하지 아니하였음을 증명한 때에는 그러하지 아니하다.

1. 해상이나 그 밖에 항행할 수 있는 수면에서의 위험 또는 사고
2. 불가항력
3. 전쟁·폭동 또는 내란
4. 해적행위나 그 밖에 이에 준한 행위
5. 재판상의 압류, 검역상의 제한, 그 밖에 공권에 의한 제한
6. 송하인 또는 운송물의 소유자나 그 사용인의 행위
7. 동맹파업이나 그 밖의 쟁의행위 또는 선박폐쇄
8. 해상에서의 인명이나 재산의 구조행위 또는 이로 인한 항로이탈이나 그 밖의 정당한 사유로 인한 항로이탈
9. 운송물의 포장의 불충분 또는 기호의 표시의 불완전
10. 운송물의 특수한 성질 또는 숨은 하자
11. 선박의 숨은 하자

참조 [운송물에 관한 주의의무]795, [손해배상책임]136-138·815, [상사과실]795·799

第797條【책임의 한도】 ① 제794조부터 제796조까지의 규정에 따른 운송인의 손해배상의 책임은 당해 운송물의 매 포장당 또는 선적단위당 666과 100분의 67 계산단위의 금액과 중량 1킬로그램당 2 계산단위의 금액 중 큰 금액을 한도로 제한할 수 있다. 다만, 운송물에 관한 손해가 운송인 자신의 고의 또는 손해발생의 염려가 있음을 인식하면서 무모하게 한 작위 또는 부작위로 인하여 생긴 것인 때에는 그러하지 아니하다.

② 제1항의 적용에 있어서 운송물의 포장 또는 선적단위의 수는 다음과 같이 정한다.

1. 컨테이너나 그 밖에 이와 유사한 운송용기가 운송물을 통합하기 위하여 사용되는 경우에 그러한 운송용기에 내장된 운송물의 포장 또는 선적단위의 수를 선하증권이나 그 밖에 운송계약을 증명하는 문서에 기재한 때에는 그 각 포장 또는 선적단위를 하나의 포장 또는 선적단위로 본다. 이 경우를 제외하고는 이러한 운송용기 내의 운송물 전부를 하나의 포장 또는 선적단위로 본다.
2. 운송인이 아닌 자가 공급한 운송용기 자체가 멸실 또는 훼손된 경우에는 그 용기를 별개의 포장 또는 선적단위로 본다.

③ 제1항 및 제2항은 송하인이 운송인에게 운송물을 인도할 때에 그 종류와 가액을 고지하고 선하증권이나 그 밖에 운송계약을 증명하는 문서에 이를 기재한 경우에는 적용하지 아니한다. 다만, 송하인이 운송물의 종류 또는 가액을 고의로 현저하게 부실의 고지를 한 때에는 운송인은 자기 또는 그 사용인이 악의인 경우를 제외하고 운송물의 손해에 대하여 책임을 면한다.
④ 제1항부터 제3항까지의 규정은 제769조부터 제774조까지 및 제776조의 적용에 영향을 미치지 아니한다.

판례 해상운송인의 손해배상 책임제한의 기준이 되는 포장의 의미 및 포장의 수에 대한 판단 기준 : 상법 789조의2에 의한 해상운송인의 손해배상 책임제한의 기준이 되는 '포장'이란 운송물의 보호 내지는 취급을 용이하게 하기 위하여 고안된 것으로서 반드시 운송물을 완전히 감싸고 있어야 하는 것도 아니며 구체적으로 무엇이 포장에 해당하는지 여부는 운송업계의 관습 내지는 사회 통념에 비추어 판단하여야 할 것이고, 선하증권의 해석상 무엇이 책임제한의 계산단위가 되는 포장인지의 여부를 판단함에 있어서는 선하증권에 표시된 당사자의 의사를 최우선적인 기준으로 삼아야 할 것이며, 그러한 관점에서 선하증권에 대포장과 그 속의 소포장이 모두 기재된 경우에는 달리 특별한 사정이 없는 한 최소포장단위에 해당하는 소포장을 책임제한의 계산단위가 되는 포장으로 보아야 할 것인바, 비록 '포장의 수'란에 최소포장단위가 기재되어 있지 아니하는 경우라 할지라도 거기에 기재된 숫자를 결정적인 것으로 본다는 명시적인 의사표시가 없는 한 선하증권의 다른 난(欄)의 기재까지 모두 살펴 그 중 최소포장단위에 해당하는 것을 당사자가 합의한 책임제한의 계산단위라고 봄이 상당하고, 포장의 수와 관련하여 선하증권에 'Said to Contain' 또는 'Said to Be'와 같은 유보문구가 기재되어 있다는 사정은 포장당 책임제한조항의 해석에 있어서 아무런 영향이 없다.
(대판 2004.7.22, 2002다44267)

第798條【비계약적 청구에 대한 적용】 ① 이 절의 운송인의 책임에 관한 규정은 운송인의 불법행위로 인한 손해배상의 책임에도 적용한다.
② 운송물에 관한 손해배상청구가 운송인의 사용인 또는 대리인에 대하여 제기된 경우에 그 손해가 그 사용인 또는 대리인의 직무집행에 관하여 생긴 것인 때에는 그 사용인 또는 대리인은 운송인이 주장할 수 있는 항변과 책임제한을 원용할 수 있다. 다만, 그 손해가 그 사용인 또는 대리인의 고의 또는 운송물의 멸실·훼손 또는 연착이 생길 염려가 있음을 인식하면서 무모하게 한 작위 또는 부작위로 인하여 생긴 것인 때에는 그러하지 아니하다.
③ 제2항 본문의 경우에 운송인과 그 사용인 또는 대리인의 운송물에 대한 책임제한금액의 총액은 제797조제1항에 따른 한도를 초과하지 못한다.
④ 제1항부터 제3항까지의 규정은 운송물에 관한 손해배상청구가 운송인 외의 실제운송인 또는 그 사용인이나 대리인에 대하여 제기된 경우에도 적용한다.

第799條【운송인의 책임경감금지】 ① 제794조부터 제798조까지의 규정에 반하여 운송인의 의무 또는 책임을 경감 또는 면제하는 당사자 사이의 특약은 효력이 없다. 운송물에 관한 보험의 이익을 운송인에게 양도하는 약정 또는 이와 유사한 약정도 또한 같다.
② 제1항은 산 동물의 운송 및 선하증권이나 그 밖에 운송계약을 증명하는 문서의 표면에 갑판적(甲板積)으로 운송할 취지를 기재하여 갑판적으로 행하는 운송에 대하여는 적용하지 아니한다.

第800條【위법선적물의 처분】 ① 선장은 법령 또는 계약을 위반하여 선적된 운송물은 언제든지 이를 양륙할 수 있고, 그 운송물이 선박 또는 다른 운송물에 위해를 미칠 염려가 있는 때에는 이를 포기할 수 있다.
② 선장이 제1항의 물건을 운송하는 때에는 선적한 때와 곳에서의 동종 운송물의 최고운임의 지급을 청구할 수 있다.
③ 제1항 및 제2항은 운송인과 그 밖의 이해관계인의 손해배상청구에 영향을 미치지 아니한다.

참조 [선장의 의무]747, [해원·여객이 소지하는 위험물과 선장의 처분권]선원23

第801條【위험물의 처분】 ① 인화성·폭발성이나 그 밖의 위험성이 있는 운송물은 운송인이 그 성질을 알고 선적한 경우에도 그 운송물이 선박이나 다른 운송물에 위해를 미칠 위험이 있는 때에는 선장은 언제든지 이를 양륙·파괴 또는 무해조치할 수 있다.
② 운송인은 제1항의 처분에 의하여 그 운송물에 발생한 손해에 대하여는 공동해손분담책임을 제외하고 그 배상책임을 면한다.

第802條【운송물의 수령】 운송물의 도착통지를 받은 수하인은 당사자 사이의 합의 또는 양륙항의 관습에 의한 때와 곳에서 지체 없이 운송물을 수령하여야 한다.

第803條【운송물의 공탁 등】 ① 수하인이 운송물의 수령을 게을리한 때에는 선장은 이를 공탁하거나 세관이나 그 밖에 법령으로 정한 관청의 허가를 받은 곳에 인도할 수 있다. 이 경우 지체 없이 수하인에게 그 통지를 발송하여야 한다.
② 수하인을 확실히 알 수 없거나 수하인이 운송물의 수령을 거부한 때에는 선장은 이를 공탁하거나 세관이나 그 밖에 법령으로 정한 관청의 허가를 받은 곳에 인도하고 지체 없이 용선자 또는 송하인 및 알고 있는 수하인에게 그 통지를 발송하여야 한다.
③ 제1항 및 제2항에 따라 운송물을 공탁하거나 세관이나 그 밖에 법령으로 정한 관청의 허가를 받은 곳에 인도한 때에는 선하증권소지인이나 그 밖의 수하인에게 운송물을 인도한 것으로 본다.

참조 [공탁]공탁, 공탁규칙, [육상운송과 공탁]142, [상사매매와 공탁]67, [변제목적물의 공탁]민487－491

第804條【운송물의 일부 멸실·훼손에 관한 통지】 ① 수하인이 운송물의 일부 멸실 또는 훼손을 발견한 때에는 수령 후 지체 없이 그 개요에 관하여 운송인에게 서면에 의한 통지를 발송하여야 한다. 다만, 그 멸실 또는 훼손이 즉시 발견할 수 없는 것인 때에는 수령한 날부터 3일 이내에 그 통지를 발송하여야 한다.
② 제1항의 통지가 없는 경우에는 운송물이 멸실 또는 훼손 없이 수하인에게 인도된 것으로 추정한다.
③ 제1항 및 제2항은 운송인 또는 그 사용인이 악의인 경우에는 적용하지 아니한다.
④ 운송물에 멸실 또는 훼손이 발생하였거나 그 의심이 있는 경우에는 운송인과 수하인은 서로 운송물의 검사를 위하여 필요한 편의를 제공하여야 한다.
⑤ 제1항부터 제4항까지의 규정에 반하여 수하인에게 불리한 당사자 사이의 특약은 효력이 없다.

第805條【운송물의 중량·용적에 따른 운임】 운송물의 중량 또는 용적으로 운임을 정한 때에는 운송물을 인도하는 때의 중량 또는 용적에 의하여 그 액을 정한다.

참조 [운임]134·806·813·815·853, [운송물의 멸실과 운임]134·810·815, [시효]814, [기간에 의한 운임]806, [공적운임]832①·833·837

第806條【운송기간에 따른 운임】 ① 기간으로 운임을 정한 때에는 운송물의 선적을 개시한 날부터 그 양륙을 종료한 날까지의 기간에 의하여 그 액을 정한다.
② 제1항의 기간에는 불가항력으로 인하여 선박이 선적항이나 항해 도중에 정박한 기간 또는 항해 도중에 선박을 수선한 기간을 산입하지 아니한다.

第807條【수하인의 의무, 선장의 유치권】 ① 수하인이 운송물을 수령하는 때에는 운송계약 또는 선하증권의 취지에 따라 운임·부수비용·체당금·체선료, 운송물의 가액에 따른 공동해손 또는 해난구조로 인한 부담액을 지급하여야 한다.
② 선장은 제1항에 따른 금액의 지급과 상환하지 아니하면 운송물을 인도할 의무가 없다.

第808條【운송인의 운송물경매권】 ① 운송인은 제807조제1항에 따른 금액의 지급을 받기 위하여 법원의 허가를 받아 운송물을 경매하여 우선변제를 받을 권리가 있다.

② 선장이 수하인에게 운송물을 인도한 후에도 운송인은 그 운송물에 대하여 제1항의 권리를 행사할 수 있다. 다만, 인도한 날부터 30일을 경과하거나 제3자가 그 운송물에 점유를 취득한 때에는 그러하지 아니하다.

참조 [경매]민집, [유치권]807, 민320, ①[관할]비송72

第809條【항해용선자 등의 재운송계약시 선박소유자의 책임】 항해용선자 또는 정기용선자가 자기의 명의로 제3자와 운송계약을 체결한 경우에는 그 계약의 이행이 선장의 직무에 속한 범위 안에서 선박소유자도 그 제3자에 대하여 제794조 및 제795조에 따른 책임을 진다.

참조 [선장의 직무]745－755 · 800 · 865, 선원6이하

판례 재용선계약에 의하여 재용선자에게 선복을 항해용선하여 준 경우, 선장과 선원에 대한 임면 · 지휘권을 가지고 선박을 점유 · 관리하는 자 : 선박의 소유자가 선박임대차계약에 의하여 선박을 임대하여 주고, 선박임차인은 다른 자와 항해용선계약을 체결하여, 그 항해용선자가 재용선계약에 의하여 선복을 제3자인 재용선자에게 항해용선하여 준 경우에 선장과 선원에 대한 임면 · 지휘권을 가지고 선박을 점유 · 관리하는 자는 선박의 소유자가 아니라 선박임차인이라 할 것인바, "선박임차인이 상행위 기타 영리를 목적으로 선박을 항해에 사용하는 경우에는 그 이용에 관한 사항에는 제3자에 대하여 선박소유자와 동일한 권리의무가 있다."고 규정한 상법 766조 1항의 취지에 따라, 선박임차인은 재용선자인 제3자에 대하여 상법 806조에 의한 책임, 즉 자신의 지휘 · 감독 아래에 있는 선장의 직무에 속한 범위 내에서 발생한 손해에 관하여 상법 787조 및 788조의 규정에 의한 책임을 진다 할 것이고, 이는 재용선자가 전부 혹은 일부 선복을 제3자에게 재재용선하여 줌으로써 순차로 재재재용선계약에 이른 경우에도 마찬가지라 할 것이다.(대판 2004.10.27, 2004다7040)

第810條【운송계약의 종료사유】 ① 운송계약은 다음의 사유로 인하여 종료한다.
1. 선박이 침몰 또는 멸실한 때
2. 선박이 수선할 수 없게 된 때
3. 선박이 포획된 때
4. 운송물이 불가항력으로 인하여 멸실된 때

② 제1항제1호부터 제3호까지의 사유가 항해 도중에 생긴 때에는 송하인은 운송의 비율에 따라 현존하는 운송물의 가액의 한도에서 운임을 지급하여야 한다.

참조 [불가항력으로 인한 운송물멸실과 운임]134 · 815, [다른 운송물의 선적]812

第811條【법정사유로 인한 해제 등】 ① 항해 또는 운송이 법령을 위반하게 되거나 그 밖에 불가항력으로 인하여 계약의 목적을 달할 수 없게 된 때에는 각 당사자는 계약을 해제할 수 있다.

② 제1항의 사유가 항해 도중에 생긴 경우에 계약을 해지한 때에는 송하인은 운송의 비율에 따라 운임을 지급하여야 한다.

참조 [다른 운송물의 운임]812

第812條【운송물의 일부에 관한 불가항력】 ① 제810조제1항제4호 및 제811조제1항의 사유가 운송물의 일부에 대하여 생긴 때에는 송하인은 운송인의 책임이 가중되지 아니하는 범위 안에서 다른 운송물을 선적할 수 있다.

② 송하인이 제1항의 권리를 행사하고자 하는 때에는 지체 없이 운송물의 양륙 또는 선적을 하여야 한다. 그 양륙 또는 선적을 게을리한 때에는 운임의 전액을 지급하여야 한다.

第813條【선장의 적하처분과 운임】 운송인은 다음 각 호의 어느 하나에 해당하는 경우에는 운임의 전액을 청구할 수 있다.
1. 선장이 제750조제1항에 따라 적하를 처분하였을 때
2. 선장이 제865조에 따라 적하를 처분하였을 때

참조 [불가항력으로 인한 운송물멸실과 운임]134 · 815, [수하물의 경우]826②

第814條【운송인의 채권 · 채무의 소멸】 ① 운송인의 송하인 또는 수하인에 대한 채권 및 채무는 그 청구원인의 여하에 불구하고 운송인이 수하인에게 운송물을 인도한 날 또는 인도할 날부터 1년 이내에 재판상 청구가 없으면 소멸한다. 다만, 이 기간은 당사자의 합의에 의하여 연장할 수 있다.

② 운송인이 인수한 운송을 다시 제3자에게 위탁한 경우에 송하인 또는 수하인이 제1항의 기간 이내에 운송인과 배상 합의를 하거나 운송인에게 재판상 청구를 하였다면, 그 합의 또는 청구가 있은 날부터 3개월이 경과하기 이전에는 그 제3자에 대한 운송인의 채권 · 채무는 제1항에도 불구하고 소멸하지 아니한다. 운송인과 그 제3자 사이에 제1항 단서와 동일한 취지의 약정이 있는 경우에도 또한 같다.

③ 제2항의 경우에 있어서 재판상 청구를 받은 운송인이 그로부터 3개월 이내에 그 제3자에 대하여 소송고지를 하면 3개월의 기간은 그 재판이 확정되거나 그 밖에 종료된 때부터 기산한다.

참조 [상사시효]64, [책임의 시효]121 · 815

판례 상법 제811조에서 정한 '운송물을 인도할 날'은 통상 운송계약이 그 내용에 좇아 이행되었으면 인도가 행하여져야 했던 날을 말하는데, 운송물이 멸실되거나 운송인이 운송물의 인도를 거절하는 등의 사유로 운송물이 인도되지 않은 경우에는 '운송물을 인도할 날'을 기준으로 위 규정의 제소기간이 지났는지 여부를 판단하여야 한다.(대판 2007.4.26, 2005다5058)

第815條【준용규정】 제134조, 제136조부터 제140조까지의 규정은 이 절에서 정한 운송인에 준용한다.

第816條【복합운송인의 책임】 ① 운송인이 인수한 운송에 해상 외의 운송구간이 포함된 경우 운송인은 손해가 발생한 운송구간에 적용될 법에 따라 책임을 진다.

② 어느 운송구간에서 손해가 발생하였는지 불분명한 경우 또는 손해의 발생이 성질상 특정한 지역으로 한정되지 아니하는 경우에는 운송인은 운송거리가 가장 긴 구간에 적용되는 법에 따라 책임을 진다. 다만, 운송거리가 같거나 가장 긴 구간을 정할 수 없는 경우에는 운임이 가장 비싼 구간에 적용되는 법에 따라 책임을 진다.

第2節 해상여객운송

第817條【해상여객운송계약의 의의】 해상여객운송계약은 운송인이 특정한 여객을 출발지에서 도착지까지 해상에서 선박으로 운송할 것을 인수하고, 이에 대하여 상대방이 운임을 지급하기로 약정함으로써 그 효력이 생긴다.

第818條【기명식의 선표】 기명식의 선표는 타인에게 양도하지 못한다.

참조 [채권의 양도성]민449, [무기명식의 경우]민523

第819條【식사 · 거처제공의무 등】 ① 여객의 항해 중의 식사는 다른 약정이 없으면 운송인의 부담으로 한다.

② 항해 도중에 선박을 수선하는 경우에는 운송인은 그 수선 중 여객에게 상당한 거처와 식사를 제공하여야 한다. 다만, 여객의 권리를 해하지 아니하는 범위 안에서 상륙항까지의 운송의 편의를 제공한 때에는 그러하지 아니하다.

③ 제2항의 경우에 여객은 항해의 비율에 따른 운임을 지급하고 계약을 해지할 수 있다.

第820條【수하물 무임운송의무】 여객이 계약에 의하여 선내에서 휴대할 수 있는 수하물에 대하여는 운송인은 다른 약정이 없으면 별도로 운임을 청구하지 못한다.

참조 [수하물 운송에 관한 책임]149① · 150 · 826①, [여객사망의 경우의 처분]824, [수하물의 운임]813 · 826②

第821條【승선지체와 선장의 발항권】 ① 여객이 승선시기까지 승선하지 아니한 때에는 선장은 즉시 발항할 수 있다. 항해 도중의 정박항에서도 또한 같다.

② 제1항의 경우에는 여객은 운임의 전액을 지급하여야 한다.

참조 [물건 운송과 선적기간 경과 후의 발항]792② · 831, [선장의 발항의무]선원8, [불가항력으로 인한 여객의 항해불능의 경우]823

第822條【여객의 계약해제와 운임】 여객이 발항 전에 계약을 해제하는 경우에는 운임의 반액을 지급하고, 발항 후에 계약을 해제하는 경우에는 운임의 전액을 지급하여야 한다.

참조 [물건운송계약의 해제]832 · 833 · 837, [불가항력으로 인한 여객의 항해불능]823, [법정사유로 인한 해제]811 · 826

第823條【법정사유에 의한 해제】 여객이 발항 전에 사망 · 질병이나 그 밖의 불가항력으로 인하여 항해할 수 없게 된 때에는 운송인은 운임의 10분의 3을 청구할 수 있고, 발항 후에 그 사유가 생긴 때에는 운송인의 선택으로 운임의 10분의 3 또는 운송의 비율에 따른 운임을 청구할 수 있다.

참조 [여객이 하는 해제와 운임]822, [객관적 불가항력의 경우]811① · 826, [비율운임]811② · 825 · 826

第824條【사망한 여객의 수하물처분의무】 여객이 사망한 때에는 선장은 그 상속인에게 가장 이익이 되는 방법으로 사망자가 휴대한 수하물을 처분하여야 한다.

참조 [사망자 발생 시 선장의 보고 및 인도의무와 유류품의 처리]선원17 · 18 · 21, [적하의 경우]752

第825條【법정종료사유】 운송계약은 제810조제1항제1호부터 제3호까지의 사유로 인하여 종료한다. 그 사유가 항해 도중에 생긴 때에는 여객은 운송의 비율에 따른 운임을 지급하여야 한다.

참조 [물건운송계약의 종료]810

第826條【준용규정】 ① 제148조 · 제794조 · 제799조제1항 및 제809조는 해상여객운송에 준용한다.
② 제134조 · 제136조 · 제149조제2항 · 제794조부터 제801조까지 · 제804조 · 제807조 · 제809조 · 제811조 및 제814조는 운송인이 위탁을 받은 여객의 수하물의 운송에 준용한다.
③ 제150조, 제797조제1항 · 제4항, 제798조, 제799조제1항, 제809조 및 제814조는 운송인이 위탁을 받지 아니한 여객의 수하물에 준용한다.

第3節 항해용선

第827條【항해용선계약의 의의】 ① 항해용선계약은 특정한 항해를 할 목적으로 선박소유자가 용선자에게 선원이 승무하고 항해장비를 갖춘 선박의 전부 또는 일부를 물건의 운송에 제공하기로 약정하고 용선자가 이에 대하여 운임을 지급하기로 약정함으로써 그 효력이 생긴다.
② 이 절의 규정은 그 성질에 반하지 아니하는 한 여객운송을 목적으로 하는 항해용선계약에도 준용한다.
③ 선박소유자가 일정한 기간 동안 용선자에게 선박을 제공할 의무를 지지만 항해를 단위로 운임을 계산하여 지급하기로 약정한 경우에도 그 성질에 반하지 아니하는 한 이 절의 규정을 준용한다.

第828條【용선계약서】 용선계약의 당사자는 상대방의 청구에 의하여 용선계약서를 교부하여야 한다.

참조 [용선계약]810-812 · 829-838, [용선자와 재운송계약]809

판례 재용선계약 등에 의하여 복수의 해상운송 주체가 있는 경우 운송인의 확정 방법 : 재용선계약의 경우, 선주와 용선자 사이의 주된 용선계약과 용선자와 재용선자 사이의 재용선계약은 각각 독립된 운송계약으로서 선주와 재용선계약의 재용선자와는 아무런 직접적인 관계가 없다 할 것인바, 재용선계약 등에 의하여 복수의 해상운송 주체가 있는 경우 운송의 최종 수요자인 운송의뢰인에 대한 관계에서는, 용선계약에 의하여 그로부터 운송을 인수한 자가 누구인지에 따라 운송인이 확정되는 것이고, 선하증권의 발행자가 운송인으로 인정될 개연성이 높다 하겠지만, 그렇다고 하여 선하증권의 발행사실만으로 당연히 운송인의 지위가 인정되는 것은 아니다.
(대판 2004.10.27, 2004다7040)

第829條【선적준비완료의 통지, 선적기간】 ① 선박소유자는 운송물을 선적함에 필요한 준비가 완료된 때에는 지체 없이 용선자에게 그 통지를 발송하여야 한다.
② 운송물을 선적할 기간의 약정이 있는 경우에는 그 기간은 제1항의 통지가 오전에 있은 때에는 그 날의 오후 1시부터 기산하고, 오후에 있은 때에는 다음날 오전 6시부터 기산한다. 이 기간에는 불가항력으로 인하여 선적할 수 없는 날과 그 항의 관습상 선적작업을 하지 아니하는 날을 산입하지 아니한다.
③ 제2항의 기간을 경과한 후 운송물을 선적한 때에는 선박소유자는 상당한 보수를 청구할 수 있다.

참조 [선적기간 경과 후 발항]831, [선적기간 경과와 계약해제]836, [개품운송과 선적의 지시]792①, [양륙의 경우의 통지 · 양륙기간]838, [운임의 계산]806, [보수청구권]807 · 838③, [제3자가 선적인인 경우]830

第830條【제3자가 선적인인 경우의 통지 · 선적】 용선자 외의 제3자가 운송물을 선적할 경우에 선장이 그 제3자를 확실히 알 수 없거나 그 제3자가 운송물을 선적하지 아니한 때에는 선장은 지체 없이 용선자에게 그 통지를 발송하여야 한다. 이 경우 선적기간 이내에 한하여 용선자가 운송물을 선적할 수 있다.

참조 [선장의 선적준비완료의 통지]829, [선적기간 경과 후 발항]831②③, [선적기간 경과와 계약해제]836

第831條【용선자의 발항청구권, 선장의 발항권】 ① 용선자는 운송물의 전부를 선적하지 아니한 경우에도 선장에게 발항을 청구할 수 있다.
② 선적기간의 경과 후에는 용선자가 운송물의 전부를 선적하지 아니한 경우에도 선장은 즉시 발항할 수 있다.
③ 제1항 및 제2항의 경우에 용선자는 운임의 전액과 운송물의 전부를 선적하지 아니함으로 인하여 생긴 비용을 지급하고, 또한 선박소유자의 청구가 있는 때에는 상당한 담보를 제공하여야 한다.

참조 [발항할 의무 및 권리]792②, 선원8, [선적기간의 기산]829②③, [개품운송의 경우]792

第832條【전부용선의 발항 전의 계약해제 등】 ① 발항 전에는 전부용선자는 운임의 반액을 지급하고 계약을 해제할 수 있다.
② 왕복항해의 용선계약인 경우에 전부용선자가 그 회항 전에 계약을 해지하는 때에는 운임의 3분의 2를 지급하여야 한다.
③ 선박이 다른 항에서 선적항에 항행하여야 할 경우에 전부용선자가 선적항에서 발항하기 전에 계약을 해지하는 때에도 제2항과 같다.

第833條【일부용선과 발항 전의 계약해제 등】 ① 일부용선자나 송하인은 다른 용선자와 송하인 전원과 공동으로 하는 경우에 한하여 제832조의 해제 또는 해지를 할 수 있다.
② 제1항의 경우 외에는 일부용선자나 송하인이 발항 전에 계약을 해제 또는 해지한 때에도 운임의 전액을 지급하여야 한다.
③ 발항 전이라도 일부용선자나 송하인이 운송물의 전부 또는 일부를 선적한 경우에는 다른 용선자와 송하인의 동의를 받지 아니하면 계약을 해제 또는 해지하지 못한다.

第834條【부수비용 · 체당금 등의 지급의무】 ① 용선자나 송하인이 제832조 및 제833조제1항에 따라 계약을 해제 또는 해지를 한 때에도 부수비용과 체당금을 지급할 책임을 면하지 못한다.
② 제832조제2항 및 제3항의 경우에는 용선자나 송하인은 제1항에 규정된 것 외에도 운송물의 가액에 따라 공동해손 또는 해난구조로 인하여 부담할 금액을 지급하여야 한다.

第835條【선적 · 양륙비용의 부담】 제833조 및 제834조의 경우에 운송물의 전부 또는 일부를 선적한 때에는 그 선적과 양륙의 비용은 용선자 또는 송하인이 부담한다.

第836條【선적기간 내의 불선적의 효과】 용선자가 선적기간 내에 운송물의 선적을 하지 아니한 때에는 계약을 해제 또는 해지한 것으로 본다.

第837條【발항 후의 계약해지】 발항 후에는 용선자나 송하인은 운임의 전액, 체당금·체선료와 공동해손 또는 해난구조의 부담액을 지급하고 그 양륙하기 위하여 생긴 손해를 배상하거나 이에 대한 상당한 담보를 제공하지 아니하면 계약을 해지하지 못한다.

第838條【운송물의 양륙】 ① 운송물을 양륙함에 필요한 준비가 완료된 때에는 선장은 지체 없이 수하인에게 그 통지를 발송하여야 한다.

② 제829조제2항은 운송물의 양륙기간의 계산에 준용한다.

③ 제2항의 양륙기간을 경과한 후 운송물을 양륙한 때에는 선박소유자는 상당한 보수를 청구할 수 있다.

第839條【선박소유자의 책임경감 금지】 ① 제794조에 반하여 이 절에서 정한 선박소유자의 의무 또는 책임을 경감 또는 면제하는 당사자 사이의 특약은 효력이 없다. 운송물에 관한 보험의 이익을 선박소유자에게 양도하는 약정 또는 이와 유사한 약정도 또한 같다.

② 제799조제2항은 제1항의 경우에 준용한다.

第840條【선박소유자의 채권·채무의 소멸】 ① 선박소유자의 용선자 또는 수하인에 대한 채권 및 채무는 그 청구원인의 여하에 불구하고 선박소유자가 운송물을 인도한 날 또는 인도할 날부터 2년 이내에 재판상 청구가 없으면 소멸한다. 이 경우 제814조제1항 단서를 준용한다.

② 제1항의 기간을 단축하는 선박소유자와 용선자의 약정은 이를 운송계약에 명시적으로 기재하지 아니하면 그 효력이 없다.

第841條【준용규정】 ① 제134조, 제136조, 제137조, 제140조, 제793조부터 제797조까지, 제798조제1항부터 제3항까지, 제800조, 제801조, 제803조, 제804조제1항부터 제4항까지, 제805조부터 제808조까지와 제810조부터 제813조까지의 규정은 항해용선계약에 준용한다.

② 제1항에 따라 제806조의 운임을 계산함에 있어서 제829조제2항의 선적기간 또는 제838조제2항의 양륙기간이 경과한 후에 운송물을 선적 또는 양륙한 경우에는 그 기간경과 후의 선적 또는 양륙기간은 선적 또는 양륙기간에 산입하지 아니하고 제829조제3항 및 제838조제3항에 따라 별도로 보수를 정한다.

第4節 정기용선

第842條【정기용선계약의 의의】 정기용선계약은 선박소유자가 용선자에게 선원이 승무하고 항해장비를 갖춘 선박을 일정한 기간동안 항해에 사용하게 할 것을 약정하고 용선자가 이에 대하여 기간으로 정한 용선료를 지급하기로 약정함으로써 그 효력이 생긴다.

第843條【정기용선자의 선장지휘권】 ① 정기용선자는 약정한 범위 안의 선박의 사용을 위하여 선장을 지휘할 권리가 있다.

② 선장·해원, 그 밖의 선박사용인이 정기용선자의 정당한 지시를 위반하여 정기용선자에게 손해가 발생한 경우에는 선박소유자가 이를 배상할 책임이 있다.

第844條【선박소유자의 운송물유치권 및 경매권】 ① 제807조제2항 및 제808조는 정기용선자가 선박소유자에게 용선료·체당금, 그 밖에 이와 유사한 정기용선계약에 의한 채무를 이행하지 아니하는 경우에 준용한다. 다만, 선박소유자는 정기용선자가 발행한 선하증권을 선의로 취득한 제3자에게 대항하지 못한다.

② 제1항에 따른 선박소유자의 운송물에 대한 권리는 정기용선자가 운송물에 관하여 약정한 용선료 또는 운임의 범위를 넘어서 행사하지 못한다.

第845條【용선료의 연체와 계약해지 등】 ① 정기용선자가 용선료를 약정기일에 지급하지 아니한 때에는 선박소유자는 계약을 해제 또는 해지할 수 있다.

② 정기용선자가 제3자와 운송계약을 체결하여 운송물을 선적한 후 선박의 항해 중에 선박소유자가 제1항에 따라 계약을 해제 또는 해지한 때에는 선박소유자는 적하이해관계인에 대하여 정기용선자와 동일한 운송의무가 있다.

③ 선박소유자가 제2항에 따른 계약의 해제 또는 해지 및 운송계속의 뜻을 적하이해관계인에게 서면으로 통지를 한 때에는 선박소유자의 정기용선자에 대한 용선료·체당금, 그 밖에 이와 유사한 정기용선계약상의 채권을 담보하기 위하여 정기용선자가 적하이해관계인에 대하여 가지는 용선료 또는 운임의 채권을 목적으로 질권을 설정한 것으로 본다.

④ 제1항부터 제3항까지의 규정은 선박소유자 또는 적하이해관계인의 정기용선자에 대한 손해배상청구에 영향을 미치지 아니한다.

第846條【정기용선계약상의 채권의 소멸】 ① 정기용선계약에 관하여 발생한 당사자 사이의 채권은 선박이 선박소유자에게 반환된 날부터 2년 이내에 재판상 청구가 없으면 소멸한다. 이 경우 제814조제1항 단서를 준용한다.

② 제840조제2항은 제1항의 경우에 준용한다.

第5節 선체용선

第847條【선체용선계약의 의의】 ① 선체용선계약은 용선자의 관리·지배 하에 선박을 운항할 목적으로 선박소유자가 용선자에게 선박을 제공할 것을 약정하고 용선자가 이에 따른 용선료를 지급하기로 약정함으로써 그 효력이 생긴다.

② 선박소유자가 선장과 그 밖의 해원을 공급할 의무를 지는 경우에도 용선자의 관리·지배하에서 해원이 선박을 운항하는 것을 목적으로 하면 이를 선체용선계약으로 본다.

第848條【법적 성질】 ① 선체용선계약은 그 성질에 반하지 아니하는 한 「민법」상 임대차에 관한 규정을 준용한다.

② 용선기간이 종료된 후에 용선자가 선박을 매수 또는 인수할 권리를 가지는 경우 및 금융의 담보를 목적으로 채권자를 선박소유자로 하여 선체용선계약을 체결한 경우에도 용선기간 중에는 당사자 사이에서는 이 절의 규정에 따라 권리와 의무가 있다.

第849條【선체용선자의 등기청구권, 등기의 효력】 ① 선체용선자는 선박소유자에 대하여 선체용선등기에 협력할 것을 청구할 수 있다.

② 선체용선을 등기한 때에는 그 때부터 제3자에 대하여 효력이 생긴다.

第850條【선체용선과 제3자에 대한 법률관계】 ① 선체용선자가 상행위나 그 밖의 영리를 목적으로 선박을 항해에 사용하는 경우에는 그 이용에 관한 사항에는 제3자에 대하여 선박소유자와 동일한 권리의무가 있다.

② 제1항의 경우에 선박의 이용에 관하여 생긴 우선특권은 선박소유자에 대하여도 그 효력이 있다. 다만, 우선특권자가 그 이용의 계약에 반함을 안 때에는 그러하지 아니하다.

第851條【선체용선계약상의 채권의 소멸】 ① 선체용선계약에 관하여 발생한 당사자 사이의 채권은 선박이 선박소유자에게 반환된 날부터 2년 이내에 재판상 청구가 없으면 소멸한다. 이 경우 제814조제1항 단서를 준용한다.

② 제840조제2항은 제1항의 경우에 준용한다.

第6節 운송증서

第852條【선하증권의 발행】 ① 운송인은 운송물을 수령한 후 송하인의 청구에 의하여 1통 또는 수통의 선하증권을 교부하여야 한다.
② 운송인은 운송물을 선적한 후 송하인의 청구에 의하여 1통 또는 수통의 선적선하증권을 교부하거나 제1항의 선하증권에 선적의 뜻을 표시하여야 한다.
③ 운송인은 선장 또는 그 밖의 대리인에게 선하증권의 교부 또는 제2항의 표시를 위임할 수 있다.

참조 [수통의 선하증권]853 · 857－860, [방식]853, [화물상환증]128

판례 운송물을 수령 또는 선적하지 않고 발행한 선하증권의 효력(무효) : 선하증권은 운송물의 인도청구권을 표창하는 유가증권인바, 이는 운송계약에 기하여 작성되는 유인증권으로 상법은 운송인이 송하인으로부터 실제로 운송물을 수령 또는 선적하고 있는 것을 유효한 선하증권 성립의 전제조건으로 삼고 있으므로 운송물을 수령 또는 선적하지 아니하였는데도 발행한 선하증권은 원인과 요건을 구비하지 못하여 목적물의 흠결이 있는 것으로서 무효이다.
(대판 2008.2.14, 2006다47585)

第853條【선하증권의 기재사항】 ① 선하증권에는 다음 각 호의 사항을 기재하고 운송인이 기명날인 또는 서명하여야 한다.
1. 선박의 명칭 · 국적 및 톤수
2. 송하인이 서면으로 통지한 운송물의 종류, 중량 또는 용적, 포장의 종별, 개수와 기호
3. 운송물의 외관상태
4. 용선자 또는 송하인의 성명 · 상호
5. 수하인 또는 통지수령인의 성명 · 상호
6. 선적항
7. 양륙항
8. 운임
9. 발행지와 그 발행연월일
10. 수통의 선하증권을 발행한 때에는 그 수
11. 운송인의 성명 또는 상호
12. 운송인의 주된 영업소 소재지

② 제1항제2호의 기재사항 중 운송물의 중량 · 용적 · 개수 또는 기호가 운송인이 실제로 수령한 운송물을 정확하게 표시하고 있지 아니하다고 의심할 만한 상당한 이유가 있는 때 또는 이를 확인할 적당한 방법이 없는 때에는 그 기재를 생략할 수 있다.
③ 송하인은 제1항제2호의 기재사항이 정확함을 운송인에게 담보한 것으로 본다.
④ 운송인이 선하증권에 기재된 통지수령인에게 운송물에 관한 통지를 한 때에는 송하인 및 선하증권소지인과 그 밖의 수하인에게 통지한 것으로 본다.

참조 [작성자]852, [화물상환증]128②

판례 선하증권의 소지인이 운송물을 수령하지 않고 선하증권을 발행한 운송인에 대하여 불법행위로 인한 손해배상을 청구할 수 있는지 여부 : 선하증권은 운송물의 인도청구권을 표창하는 유가증권인 바, 이는 운송계약에 기하여 작성되는 유인증권으로 상법은 운송인이 송하인으로부터 실제로 운송물을 수령 또는 선적하고 있는 것을 유효한 선하증권 성립의 전제조건으로 삼고 있으므로 운송물을 수령 또는 선적하지 아니하였는데도 발행된 선하증권은 원인과 요건을 구비하지 못하여 목적물의 흠결이 있는 것으로서 무효라고 봄이 상당하고, 이러한 경우 선하증권의 소지인은 운송물을 수령하지 않고 선하증권을 발행한 운송인에 대하여 불법행위로 인한 손해배상을 청구할 수 있다.(대판 2005.3.24, 2003다5535)

第854條【선하증권 기재의 효력】 ① 제853조제1항에 따라 선하증권이 발행된 경우 운송인과 송하인 사이에 선하증권에 기재된 대로 개품운송계약이 체결되고 운송물을 수령 또는 선적한 것으로 추정한다.
② 제1항의 선하증권을 선의로 취득한 소지인에 대하여 운송인은 선하증권에 기재된 대로 운송물을 수령 혹은 선적한 것으로 보고 선하증권에 기재된 바에 따라 운송인으로서 책임을 진다.

판례 선하증권 기재의 추정적 효력과 "운송물이 외관상 양호한 상태로 선적되었다"는 기재의 의미 및 컨테이너 운송에서 운송인이 선적된 운송품의 내용을 알지 못한다는 '부지약관'이 기재된 무고장선하증권(선적 당시 화물에 하자가 없음을 증명하는 선하증권)이 발행된 경우, 부지약관의 효력과 내용물의 상태에 관한 입증책임의 소재 : 무고장선하증권이 발행된 경우에는 특별한 사정이 없는 한 운송인은 그 운송물을 양호한 상태로 수령 또는 선적한 것으로 추정된다 할 것이며, 상당한 주의를 기울이더라도 발견할 수 없는 운송물의 내부상태에 대하여서는 이러한 추정규정이 적용될 수 없고, 한편 컨테이너 운송의 경우에 이른바 부지(不知) 문구가 선하증권상에 기재되어 있다면 이러한 경우 선하증권 소지인은 송하인이 운송인에게 운송물을 양호한 상태로 인도하였다는 점을 입증하여야 한다.
(대판 2001.2.9, 98다49074)

第855條【용선계약과 선하증권】 ① 용선자의 청구가 있는 경우 선박소유자는 운송물을 수령한 후에 제852조 및 제853조에 따라 선하증권을 발행한다.
② 제1항에 따라 선하증권이 발행된 경우 선박소유자는 선하증권에 기재된 대로 운송물을 수령 또는 선적한 것으로 추정한다.
③ 제3자가 선의로 제1항의 선하증권을 취득한 경우 선박소유자는 제854조제2항에 따라 운송인으로서 권리와 의무가 있다. 용선자의 청구에 따라 선박소유자가 제3자에게 선하증권을 발행한 경우에도 또한 같다.
④ 제3항의 경우에 그 제3자는 제833조부터 제835조까지 및 제837조에 따른 송하인으로 본다.
⑤ 제3항의 경우 제799조를 위반하여 운송인으로서의 의무와 책임을 감경 또는 면제하는 특약을 하지 못한다.

第856條【등본의 교부】 선하증권의 교부를 받은 용선자 또는 송하인은 발행자의 청구가 있는 때에는 선하증권의 등본에 기명날인 또는 서명하여 교부하여야 한다.

第857條【수통의 선하증권과 양륙항에 있어서의 운송물의 인도】 ① 양륙항에서 수통의 선하증권 중 1통을 소지한 자가 운송물의 인도를 청구하는 경우에도 선장은 그 인도를 거부하지 못한다.
② 제1항에 따라 수통의 선하증권 중 1통의 소지인이 운송물의 인도를 받은 때에는 다른 선하증권은 그 효력을 잃는다.

참조 [선하증권의 상환증권성]129 · 861, [양륙항]853, [수통의 선하증권의 발행]857 · 858, [2인 이상의 소지인이 있을 경우]859 · 860, [양륙항외에서의 인도]858

第858條【수통의 선하증권과 양륙항 외에서의 운송물의 인도】 양륙항 외에서는 선장은 선하증권의 각 통의 반환을 받지 아니하면 운송물을 인도하지 못한다.

참조 [선하증권의 상환증권성]129 · 861, [양륙항]853, [양륙항에서의 인도]857①

第859條【2인 이상 소지인의 운송물인도청구와 공탁】
① 2인 이상의 선하증권소지인이 운송물의 인도를 청구한 때에는 선장은 지체 없이 운송물을 공탁하고 각 청구자에게 그 통지를 발송하여야 한다.
② 선장이 제857조제1항에 따라 운송물의 일부를 인도한 후 다른 소지인이 운송물의 인도를 청구한 경우에도 그 인도하지 아니한 운송물에 대하여는 제1항과 같다.

참조 [선하증권의 상환증권성]129 · 861, [권리를 행사할 수 있는 소지인]860, [공탁]공탁, 공탁규칙

第860條【수인의 선하증권소지인의 순위】 ① 제859조에 따라 공탁한 운송물에 대하여는 수인의 선하증권소지인에게 공통되는 전 소지인으로부터 먼저 교부를 받은 증권소지인의 권리가 다른 소지인의 권리에 우선한다.
② 격지자에 대하여 발송한 선하증권은 그 발송한 때를 교부받은 때로 본다.

참조 [2인 이상 소지인의 청구와 운송물의 공탁]859

第861條【준용규정】 제129조 · 제130조 · 제132조 및 제133조는 제852조 및 제855조의 선하증권에 준용한다.

판례 선하증권상 통지처인 하역회사가 화물을 지정장치장에 입고시킨 경우, 운송인과 지정장치장 화물관리인 사이의 법률관계 : 선하증권이 발행된 화물의 해상운송에 있어서 운송인 또는 그 선박대리점

은 선하증권과 상환하여 화물을 인도함으로써 의무의 이행을 다하는 것이므로, 선하증권상의 통지처에 불과한 화주의 의뢰를 받은 하역회사가 화물을 양하하여 통관을 위해 지정장치장에 입고시켰다면, 화물이 운송인 등의 지배를 떠나 화주에게 인도된 것으로 볼 수는 없고, 운송인 등은 지정장치장 화물관리인을 통하여 화물에 대한 지배를 계속하고 있고 지정장치장 화물관리인의 입장에서도 운송인 등으로부터 점유를 이전받았다고 할 것이므로, 운송인 등과 지정장치장 화물관리인 사이에는 화물에 관하여 묵시적인 임치계약관계가 성립하고, 지정장치장 화물관리인은 운송인 등의 지시에 따라 임치물을 인도할 의무를 지게 된다.(대판 2006.12.21, 2003다47362)

第862條【전자선하증권】 ① 운송인은 제852조 또는 제855조의 선하증권을 발행하는 대신에 송하인 또는 용선자의 동의를 받아 법무부장관이 지정하는 등록기관에 등록을 하는 방식으로 전자선하증권을 발행할 수 있다. 이 경우 전자선하증권은 제852조 및 제855조의 선하증권과 동일한 법적 효력을 갖는다.
② 전자선하증권에는 제853조제1항 각 호의 정보가 포함되어야 하며, 운송인이 전자서명을 하여 송신하고 용선자 또는 송하인이 이를 수신하여야 그 효력이 생긴다.
③ 전자선하증권의 권리자는 배서의 뜻을 기재한 전자문서를 작성한 다음 전자선하증권을 첨부하여 지정된 등록기관을 통하여 상대방에게 송신하는 방식으로 그 권리를 양도할 수 있다.
④ 제3항에서 정한 방식에 따라 배서의 뜻을 기재한 전자문서를 상대방이 수신하면 제852조 및 제855조의 선하증권을 배서하여 교부한 것과 동일한 효력이 있고, 제2항 및 제3항의 전자문서를 수신한 권리자는 제852조 및 제855조의 선하증권을 교부받은 소지인과 동일한 권리를 취득한다.
⑤ 전자선하증권의 등록기관의 지정요건, 발행 및 배서의 전자적인 방식, 운송물의 구체적인 수령절차와 그 밖에 필요한 사항은 대통령령으로 정한다.

第863條【해상화물운송장의 발행】 ① 운송인은 용선자 또는 송하인의 청구가 있으면 제852조 또는 제855조의 선하증권을 발행하는 대신 해상화물운송장을 발행할 수 있다. 해상화물운송장은 당사자 사이의 합의에 따라 전자식으로도 발행할 수 있다.
② 해상화물운송장에는 해상화물운송장임을 표시하는 외에 제853조제1항 각 호 사항을 기재하고 운송인이 기명날인 또는 서명하여야 한다.
③ 제853조제2항 및 제4항은 해상화물운송장에 준용한다.

第864條【해상화물운송장의 효력】 ① 제863조제1항의 규정에 따라 해상화물운송장이 발행된 경우 운송인이 그 운송장에 기재된 대로 운송물을 수령 또는 선적한 것으로 추정한다.
② 운송인이 운송물을 인도함에 있어서 수령인이 해상화물운송장에 기재된 수하인 또는 그 대리인이라고 믿을만한 정당한 사유가 있는 때에는 수령인이 권리자가 아니라고 하더라도 운송인은 그 책임을 면한다.

第3章 해상위험

第1節 공동해손

第865條【공동해손의 요건】 선박과 적하의 공동위험을 면하기 위한 선장의 선박 또는 적하에 대한 처분으로 인하여 생긴 손해 또는 비용은 공동해손으로 한다.
참조 [선장의 적하처분의무]752, [적하처분과 운임]813, [공동해손분담청구권]777① · 875

第866條【공동해손의 분담】 공동해손은 그 위험을 면한 선박 또는 적하의 가액과 운임의 반액과 공동해손의 액과의 비율에 따라 각 이해관계인이 이를 분담한다.
참조 [선박적하의 가액 · 손해액]867 · 869 · 871-874, [공동해손분담청구권과 우선특권]777① · 782 · 783, [분담자와 유한책임]868, [보험자와 분담액의 보상]694

第867條【공동해손분담액의 산정】 공동해손의 분담액을 정함에 있어서는 선박의 가액은 도달의 때와 곳의 가액으로 하고, 적하의 가액은 양륙의 때와 곳의 가액으로 한다. 다만, 적하에 관하여는 그 가액 중에서 멸실로 인하여 지급을 면하게 된 운임과 그 밖의 비용을 공제하여야 한다.
참조 [산정의 예외]873, [분담자의 책임한도]868, [손해액의 산정]869, [지급불요의 운임]134① · 815

第868條【공동해손분담자의 유한책임】 제866조 및 제867조에 따라 공동해손의 분담책임이 있는 자는 선박이 도달하거나 적하를 인도한 때에 현존하는 가액의 한도에서 책임을 진다.
참조 [선박소유자 · 적하이해관계인의 물적유한책임]752②, [적하의 구조료지급의무와 물적유한책임]884

第869條【공동해손의 손해액산정】 공동해손의 액을 정함에 있어서는 선박의 가액은 도달의 때와 곳의 가액으로 하고, 적하의 가액은 양륙의 때와 곳의 가액으로 한다. 다만, 적하에 관하여는 그 손실로 인하여 지급을 면하게 된 모든 비용을 공제하여야 한다.
참조 [지급불요의 운임]134① · 815, [산정의 예외]873, [분담액의 산정]867

第870條【책임있는 자에 대한 구상권】 선박과 적하의 공동위험이 선박 또는 적하의 하자나 그 밖의 과실 있는 행위로 인하여 생긴 경우에는 공동해손의 분담자는 그 책임이 있는 자에 대하여 구상권을 행사할 수 있다.

第871條【공동해손분담제외】 선박에 비치한 무기, 선원의 급료, 선원과 여객의 식량 · 의류는 보존된 경우에는 그 가액을 공동해손의 분담에 산입하지 아니하고, 손실된 경우에는 그 가액을 공동해손의 액에 산입한다.
참조 [공동해손의 분담]866

第872條【공동해손분담청구에서의 제외】 ① 속구목록에 기재하지 아니한 속구, 선하증권이나 그 밖에 적하의 가격을 정할 수 있는 서류 없이 선적한 하물 또는 종류와 가액을 명시하지 아니한 화폐나 유가증권과 그 밖의 고가물은 보존된 경우에는 그 가액을 공동해손의 분담에 산입하고, 손실된 경우에는 그 가액을 공동해손의 액에 산입하지 아니한다.
② 갑판에 적재한 하물에 대하여도 제1항과 같다. 다만, 갑판에 선적하는 것이 관습상 허용되는 경우와 그 항해가 연안항행에 해당되는 경우에는 그러하지 아니하다.
참조 [선하증권]853, [속구목록]742, [서류에 실제가액과 다른 기재가 있는 경우]873, [연안항행의 범위]부칙10

第873條【적하가격의 부실기재와 공동해손】 ① 선하증권이나 그 밖에 적하의 가격을 정할 수 있는 서류에 적하의 실가보다 고액을 기재한 경우에 그 하물이 보존된 때에는 그 기재액에 의하여 공동해손의 분담액을 정하고, 적하의 실가보다 저액을 기재한 경우에 그 하물이 손실된 때에는 그 기재액을 공동해손의 액으로 한다.
② 제1항은 적하의 가격에 영향을 미칠 사항에 관하여 거짓 기재를 한 경우에 준용한다.
참조 [서류없는 적하와 손해 및 분담]872, [손해산정의 표준]869, [분담산정의 표준]867

第874條【공동해손인 손해의 회복】 선박소유자 · 용선자 · 송하인, 그 밖의 이해관계인이 공동해손의 액을 분담한 후 선박 · 속구 또는 적하의 전부나 일부가 소유자에게 복귀된 때에는 그 소유자는 공동해손의 상금으로 받은 금액에서 구조료와 일부손실로 인한 손해액을 공제하고 그 잔액을 반환하여야 한다.
참조 [구조료]807, [반환]민741 · 748, [반환금의 분배]866

第875條【공동해손 채권의 소멸】 공동해손으로 인하여 생긴 채권 및 제870조에 따른 구상채권은 그 계산이 종료한 날부터 1년 이내에 재판상 청구가 없으면 소멸한다. 이 경우 제814조제1항 단서를 준용한다.
참조 [공동해손에 인한 채권]856 · 866, [선박충돌채권의 시효]881, [상사시효]64, [소멸시효의 기산점]민166

第2節　선박충돌

第876條【선박충돌에의 적용법규】 ① 항해선 상호 간 또는 항해선과 내수항행선 간의 충돌이 있은 경우에 선박 또는 선박 내에 있는 물건이나 사람에 관하여 생긴 손해의 배상에 대하여는 어떠한 수면에서 충돌한 때라도 이 절의 규정을 적용한다.
② 이 절에서 "선박의 충돌"이란 2척 이상의 선박이 그 운용상 작위 또는 부작위로 선박 상호 간에 다른 선박 또는 선박 내에 있는 사람 또는 물건에 손해를 생기게 하는 것을 말하며, 직접적인 접촉의 유무를 묻지 아니한다.

참조 [선박충돌시의 선장의 조치]선원12

第877條【불가항력으로 인한 충돌】 선박의 충돌이 불가항력으로 인하여 발생하거나 충돌의 원인이 명백하지 아니한 때에는 피해자는 충돌로 인한 손해의 배상을 청구하지 못한다.

참조 [과실로 인한 충돌]878~880

第878條【일방의 과실로 인한 충돌】 선박의 충돌이 일방의 선원의 과실로 인하여 발생한 때에는 그 일방의 선박소유자는 피해자에 대하여 충돌로 인한 손해를 배상할 책임이 있다.

참조 [책임제한을 할 수 있는 자의 범위]774, [쌍방의 과실로 인한 충돌]879, [도선사의 과실로 인한 충돌]880

第879條【쌍방의 과실로 인한 충돌】 ① 선박의 충돌이 쌍방의 선원의 과실로 인하여 발생한 때에는 쌍방의 과실의 경중에 따라 각 선박소유자가 손해배상의 책임을 분담한다. 이 경우 그 과실의 경중을 판정할 수 없는 때에는 손해배상의 책임을 균분하여 부담한다.
② 제1항의 경우에 제3자의 사상에 대한 손해배상은 쌍방의 선박소유자가 연대하여 그 책임을 진다.

참조 [일방의 과실로 인한 충돌]878, 민750, [경중을 판정할 수 있는 쌍방의 과실]민396·763, [재판적]민소16, [도선사의 과실로 인한 경우]880

第880條【도선사의 과실로 인한 충돌】 선박의 충돌이 도선사의 과실로 인하여 발생한 경우에도 선박소유자는 제878조 및 제879조를 준용하여 손해를 배상할 책임이 있다.

참조 [도선사]도선법2

第881條【선박충돌채권의 소멸】 선박의 충돌로 인하여 생긴 손해배상의 청구권은 그 충돌이 있은 날부터 2년 이내에 재판상 청구가 없으면 소멸한다. 이 경우 제814조제1항 단서를 준용한다.

참조 [공동해손채권의 시효]875, [상사시효]64, [소멸시효의 기산점]민166

第3節　해난구조

第882條【해난구조의 요건】 항해선 또는 그 적하 그 밖의 물건이 어떠한 수면에서 위난에 조우한 경우에 의무 없이 이를 구조한 자는 그 결과에 대하여 상당한 보수를 청구할 수 있다. 항해선과 내수항행선 간의 구조의 경우에도 또한 같다.

참조 [구조료를 청구할 수 없는 경우]890·892, [선장의 조난선박구조의무]선원13, [선박충돌과 선장상호의 구조의무]선원12, [조난선박과 경찰서장의 구조의무]수상에서의수색·구조등에관한법, [사무관리]민734이하, [선박]740, 선박법29

第883條【보수의 결정】 구조의 보수에 관한 약정이 없는 경우에 그 액에 대하여 당사자 사이에 합의가 성립하지 아니한 때에는 법원은 당사자의 청구에 의하여 구조된 선박·재산의 가액, 위난의 정도, 구조자의 노력과 비용, 구조자나 그 장비가 조우했던 위험의 정도, 구조의 효과, 환경손해방지를 위한 노력, 그 밖의 제반사정을 참작하여 그 액을 정한다.

참조 [구조료액의 제한]884, [구조료에 관한 소의 당사자]894, [재판적]민소17

第884條【보수의 한도】 ① 구조의 보수액은 다른 약정이 없으면 구조된 목적물의 가액을 초과하지 못한다.
② 선순위의 우선특권이 있는 때에는 구조의 보수액은 그 우선특권자의 채권액을 공제한 잔액을 초과하지 못한다.

참조 [구조료에 관하여 특약이 없는 경우]883, [구조료와 우선특권]777·778·786·893

第885條【환경손해방지작업에 대한 특별보상】 ① 선박 또는 그 적하로 인하여 환경손해가 발생할 우려가 있는 경우에 손해의 경감 또는 방지의 효과를 수반하는 구조작업에 종사한 구조자는 구조의 성공 여부 및 제884조와 상관없이 구조에 소요된 비용을 특별보상으로 청구할 수 있다.
② 제1항에서 "비용"이란 구조작업에 실제로 지출한 합리적인 비용 및 사용된 장비와 인원에 대한 정당한 보수를 말한다.
③ 구조자는 발생할 환경손해가 구조작업으로 인하여 실제로 경감 또는 방지된 때에는 보상의 증액을 청구할 수 있고, 법원은 제883조의 사정을 참작하여 증액 여부 및 그 금액을 정한다. 이 경우 증액된다 하더라도 구조료는 제1항의 비용의 배액을 초과할 수 없다.
④ 구조자의 고의 또는 과실로 인하여 손해의 감경 또는 방지에 지장을 가져 온 경우 법원은 제1항 및 제3항에서 정한 금액을 감액 혹은 부인할 수 있다.
⑤ 하나의 구조작업을 시행한 구조자가 제1항부터 제4항까지의 규정에서 정한 특별보상을 청구하는 것 외에 제882조에서 정한 보수도 청구할 수 있는 경우 그 중 큰 금액을 구조료로 청구할 수 있다.

第886條【구조료의 지급의무】 선박소유자와 그 밖에 구조된 재산의 권리자는 그 구조된 선박 또는 재산의 가액에 비례하여 구조에 대한 보수를 지급하고 특별보상을 하는 등 구조료를 지급할 의무가 있다.

第887條【구조에 관한 약정】 ① 당사자가 미리 구조계약을 하고 그 계약에 따라 구조가 이루어진 경우에도 그 성질에 반하지 아니하는 한 구조계약에서 정하지 아니한 사항은 이 절에서 정한 바에 따른다.
② 해난 당시에 구조료의 금액에 대하여 약정을 한 경우에도 그 금액이 현저하게 부당한 때에는 법원은 제883조의 사정을 참작하여 그 금액을 증감할 수 있다.

第888條【공동구조자 간의 구조료 분배】 ① 수인이 공동으로 구조에 종사한 경우에 그 구조료의 분배비율에 관하여는 제883조를 준용한다.
② 인명의 구조에 종사한 자도 제1항에 따라 구조료의 분배를 받을 수 있다.

第889條【1선박 내부의 구조료 분배】 ① 선박이 구조에 종사하여 그 구조료를 받은 경우에는 먼저 선박의 손해액과 구조에 들어간 비용을 선박소유자에게 지급하고 잔액을 절반하여 선장과 해원에게 지급하여야 한다.
② 제1항에 따라 해원에게 지급할 구조료의 분배는 선장이 각 해원의 노력, 그 효과와 사정을 참작하여 그 항해의 종료 전에 분배안을 작성하여 해원에게 고시하여야 한다.

참조 [구조료의 추심]894

第890條【예선의 구조의 경우】 예선의 본선 또는 그 적하에 대한 구조에 관하여는 예선계약의 이행으로 볼 수 없는 특수한 노력을 제공한 경우가 아니면 구조료를 청구하지 못한다.

第891條【동일소유자에 속한 선박 간의 보수】 동일소유자에 속한 선박의 상호 간에 있어서도 구조에 종사한 자는 상당한 구조료를 청구할 수 있다.

第892條【구조료청구권 없는 자】 다음 각 호에 해당하는 자는 구조료를 청구하지 못한다.

1. 구조받은 선박에 종사하는 자
2. 고의 또는 과실로 인하여 해난사고를 야기한 자
3. 정당한 거부에도 불구하고 구조를 강행한 자
4. 구조된 물건을 은닉하거나 정당한 사유 없이 처분한 자

참조 [구조료청구권의 취득]882

第893條【구조자의 우선특권】 ① 구조에 종사한자의 구조료채권은 구조된 적하에 대하여 우선특권이 있다. 다만, 채무자가 그 적하를 제3취득자에게 인도한 후에는 그 적하에 대하여 이 권리를 행사하지 못한다.
② 제1항의 우선특권에는 그 성질에 반하지 아니하는 한 제777조의 우선특권에 관한 규정을 준용한다.

참조 [선박우선특권 있는 채권]777－790, [물상대위]민342

第894條【구조료지급에 관한 선장의 권한】 ① 선장은 구조료를 지급할 채무자에 갈음하여 그 지급에 관한 재판상 또는 재판 외의 모든 행위를 할 권한이 있다.
② 선장은 그 구조료에 관한 소송의 당사자가 될 수 있고, 그 확정판결은 구조료의 채무자에 대하여도 효력이 있다.

참조 [타인을 위하여 원고 또는 피고가 된 자와 판결의 효력]민소218③, [소송대리인]민소80－83

第895條【구조료청구권의 소멸】 구조료청구권은 구조가 완료된 날부터 2년 이내에 재판상 청구가 없으면 소멸한다. 이 경우 제814조제1항 단서를 준용한다.

참조 [구조료청구권]807, [상사시효]64

第6編 항공운송

(2011.5.23 본편신설)

第1章 통 칙

第896條【항공기의 의의】 이 법에서 "항공기"란 상행위나 그 밖의 영리를 목적으로 운항에 사용하는 항공기를 말한다. 다만, 대통령령으로 정하는 초경량 비행장치(超輕量 飛行裝置)는 제외한다.

第897條【적용범위】 운항용 항공기에 대하여는 상행위나 그 밖의 영리를 목적으로 하지 아니하더라도 이 편의 규정을 준용한다. 다만, 국유(國有) 또는 공유(公有) 항공기에 대하여는 운항의 목적·성질 등을 고려하여 이 편의 규정을 준용하는 것이 적합하지 아니한 경우로서 대통령령으로 정하는 경우에는 그러하지 아니하다.

第898條【운송인 등의 책임감면】 제905조제1항을 포함하여 이 편에서 정한 운송인이나 항공기 운항자의 손해배상책임과 관련하여 운송인이나 항공기 운항자가 손해배상청구권자의 과실 또는 그 밖의 불법한 작위나 부작위가 손해를 발생시켰거나 손해에 기여하였다는 것을 증명한 경우에는, 그 과실 또는 그 밖의 불법한 작위나 부작위가 손해를 발생시켰거나 손해에 기여한 정도에 따라 운송인이나 항공기 운항자의 책임을 감경하거나 면제할 수 있다.

第2章 운 송

第1節 통 칙

第899條【비계약적 청구에 대한 적용 등】 ① 이 장의 운송인의 책임에 관한 규정은 운송인의 불법행위로 인한 손해배상의 책임에도 적용한다.
② 여객, 수하물 또는 운송물에 관한 손해배상청구가 운송인의 사용인이나 대리인에 대하여 제기된 경우에 그 손해가 그 사용인이나 대리인의 직무집행에 관하여 생겼을 때에는 그 사용인이나 대리인은 운송인이 주장할 수 있는 항변과 책임제한을 원용할 수 있다.
③ 제2항에도 불구하고 여객 또는 수하물의 손해가 운송인의 사용인이나 대리인의 고의로 인하여 발생하였거나 또는 여객의 사망·상해·연착(수하물의 경우 멸실·훼손·연착)이 생길 염려가 있음을 인식하면서 무모하게 한 작위 또는 부작위로 인하여 발생하였을 때에는 그 사용인이나 대리인은 운송인이 주장할 수 있는 항변과 책임제한을 원용할 수 없다.
④ 제2항의 경우에 운송인과 그 사용인이나 대리인의 여객, 수하물 또는 운송물에 대한 책임제한금액의 총액은 각각 제905조·제907조·제910조 및 제915조에 따른 한도를 초과하지 못한다.

第900條【실제운송인에 대한 청구】 ① 운송계약을 체결한 운송인(이하 "계약운송인"이라 한다)의 위임을 받아 운송의 전부 또는 일부를 수행한 운송인(이하 "실제운송인"이라 한다)이 있을 경우 실제운송인이 수행한 운송에 관하여는 실제운송인에 대하여도 이 장의 운송인의 책임에 관한 규정을 적용한다. 다만, 제901조의 순차운송에 해당하는 경우는 그러하지 아니하다.
② 실제운송인이 여객·수하물 또는 운송물에 대한 손해배상책임을 지는 경우 계약운송인과 실제운송인은 연대하여 그 책임을 진다.
③ 제1항의 경우 제899조제2항부터 제4항까지를 준용한다. 이 경우 제899조제2항·제3항 중 "운송인"은 "실제운송인"으로, 같은 조 제4항 중 "운송인"은 "계약운송인과 실제운송인"으로 본다.
④ 이 장에서 정한 운송인의 책임과 의무 외에 운송인이 책임과 의무를 부담하기로 하는 특약 또는 이 장에서 정한 운송인의 권리나 항변의 포기는 실제운송인이 동의하지 아니하는 한 실제운송인에게 영향을 미치지 아니한다.

第901條【순차운송】 ① 둘 이상이 순차(順次)로 운송할 경우에는 각 운송인의 운송구간에 관하여 그 운송인도 운송계약의 당사자로 본다.
② 순차운송에서 여객의 사망, 상해 또는 연착으로 인한 손해배상은 그 사실이 발생한 구간의 운송인에게만 청구할 수 있다. 다만, 최초 운송인이 명시적으로 전 구간에 대한 책임을 인수하기로 약정한 경우에는 최초 운송인과 그 사실이 발생한 구간의 운송인이 연대하여 그 손해를 배상할 책임이 있다.
③ 순차운송에서 수하물의 멸실, 훼손 또는 연착으로 인한 손해배상은 최초 운송인, 최종 운송인 및 그 사실이 발생한 구간의 운송인에게 각각 청구할 수 있다.
④ 순차운송에서 운송물의 멸실, 훼손 또는 연착으로 인한 손해배상은 송하인이 최초 운송인 및 그 사실이 발생한 구간의 운송인에게 각각 청구할 수 있다. 다만, 제918조제1항에 따라 수하인이 운송물의 인도를 청구할 권리를 가지는 경우에는 수하인이 최종 운송인 및 그 사실이 발생한 구간의 운송인에게 그 손해배상을 각각 청구할 수 있다.
⑤ 제3항과 제4항의 경우 각 운송인은 연대하여 그 손해를 배상할 책임이 있다.
⑥ 최초 운송인 또는 최종 운송인이 제2항부터 제5항까지의 규정에 따라 손해를 배상한 경우에는 여객의 사망, 상해 또는 연착이나 수하물·운송물의 멸실, 훼손 또는 연착이 발생한 구간의 운송인에 대하여 구상권을 가진다.

第902條【운송인 책임의 소멸】 운송인의 여객, 송하인 또는 수하인에 대한 책임은 그 청구원인에 관계없이 여객 또는 운송물이 도착지에 도착한 날, 항공기가 도착할 날 또는 운송이 중지된 날 가운데 가장 늦게 도래한 날부터 2년 이내에 재판상 청구가 없으면 소멸한다.

第903條【계약조항의 무효】 이 장의 규정에 반하여 운송인의 책임을 감면하거나 책임한도액을 낮게 정하는 특약은 효력이 없다.

第2節　여객운송

第904條【운송인의 책임】 운송인은 여객의 사망 또는 신체의 상해로 인한 손해에 관하여는 그 손해의 원인이 된 사고가 항공기상에서 또는 승강(乘降)을 위한 작업 중에 발생한 경우에만 책임을 진다.

第905條【운송인의 책임한도액】 ① 제904조의 손해 중 여객 1명당 11만3천100 계산단위의 금액까지는 운송인의 배상책임을 면제하거나 제한할 수 없다.(2014.5.20 본항개정)

② 운송인은 제904조의 손해 중 여객 1명당 11만3천100 계산단위의 금액을 초과하는 부분에 대하여는 다음 각 호의 어느 하나를 증명하면 배상책임을 지지 아니한다.(2014.5.20 본문개정)

1. 그 손해가 운송인 또는 그 사용인이나 대리인의 과실 또는 그 밖의 불법한 작위나 부작위에 의하여 발생하지 아니하였다는 것
2. 그 손해가 오로지 제3자의 과실 또는 그 밖의 불법한 작위나 부작위에 의하여만 발생하였다는 것

改前 ① 제904조의 손해 중 여객 1명당 "10만" 계산단위의…
② …여객 1명당 "10만" 계산단위의 금액을 초과하는 부분에 대하여는 다음 각 호의 어느 하나를…

第906條【선급금의 지급】 ① 여객의 사망 또는 신체의 상해가 발생한 항공기사고의 경우에 운송인은 손해배상청구권자가 청구하면 지체 없이 선급금(先給金)을 지급하여야 한다. 이 경우 선급금의 지급만으로 운송인의 책임이 있는 것으로 보지 아니한다.

② 지급한 선급금은 운송인이 손해배상으로 지급하여야 할 금액에 충당할 수 있다.

③ 선급금의 지급액, 지급 절차 및 방법 등에 관하여는 대통령령으로 정한다.

第907條【연착에 대한 책임】 ① 운송인은 여객의 연착으로 인한 손해에 대하여 책임을 진다. 다만, 운송인이 자신과 그 사용인 및 대리인이 손해를 방지하기 위하여 합리적으로 요구되는 모든 조치를 하였다는 것 또는 그 조치를 하는 것이 불가능하였다는 것을 증명한 경우에는 그 책임을 면한다.

② 제1항에 따른 운송인의 책임은 여객 1명당 4천694 계산단위의 금액을 한도로 한다. 다만, 여객과의 운송계약상 그 출발지, 도착지 및 중간 착륙지가 대한민국 영토 내에 있는 운송의 경우에는 여객 1명당 1천 계산단위의 금액을 한도로 한다.(2014.5.20 본항개정)

③ 제2항은 운송인 또는 그 사용인이나 대리인의 고의로 또는 연착이 생길 염려가 있음을 인식하면서 무모하게 한 작위 또는 부작위에 의하여 손해가 발생한 것이 증명된 경우에는 적용하지 아니한다.

改前 ② …운송인의 책임은 여객 1명당 "4천150" 계산단위의 금액을 한도로 한다. 다만, …대한민국 영토 내에 있는 운송의 경우에는 여객 1명당 "500" 계산단위의 금액을 한도로 한다.

第908條【수하물의 멸실·훼손에 대한 책임】 ① 운송인은 위탁수하물의 멸실 또는 훼손으로 인한 손해에 대하여는 그 손해의 원인이 된 사실이 항공기상에서 또는 위탁수하물이 운송인의 관리하에 있는 기간 중에 발생한 경우에만 책임을 진다. 다만, 그 손해가 위탁수하물의 고유한 결함, 특수한 성질 또는 숨은 하자로 인하여 발생한 경우에는 그 범위에서 책임을 지지 아니한다.

② 운송인은 휴대수하물의 멸실 또는 훼손으로 인한 손해에 대하여는 그 손해가 자신 또는 그 사용인이나 대리인의 고의 또는 과실에 의하여 발생한 경우에만 책임을 진다.

第909條【수하물의 연착에 대한 책임】 운송인은 수하물의 연착으로 인한 손해에 대하여 책임을 진다. 다만, 운송인이 자신과 그 사용인 및 대리인이 손해를 방지하기 위하여 합리적으로 요구되는 모든 조치를 하였다는 것 또는 그 조치를 하는 것이 불가능하였다는 것을 증명한 경우에는 그 책임을 면한다.

第910條【수하물에 대한 책임한도액】 ① 제908조와 제909조에 따른 운송인의 손해배상책임은 여객 1명당 1천131 계산단위의 금액을 한도로 한다. 다만, 여객이 운송인에게 위탁수하물을 인도할 때에 도착지에서 인도받을 때의 예정가액을 미리 신고한 경우에는 운송인은 신고 가액이 위탁수하물을 도착지에서 인도할 때의 실제가액을 초과한다는 것을 증명하지 아니하는 한 신고 가액을 한도로 책임을 진다.(2014.5.20 본문개정)

② 제1항은 운송인 또는 그 사용인이나 대리인의 고의로 또는 수하물의 멸실, 훼손 또는 연착이 생길 염려가 있음을 인식하면서 무모하게 한 작위 또는 부작위에 의하여 손해가 발생한 것이 증명된 경우에는 적용하지 아니한다.

改前 ① 제908조와 제909조에 따른 운송인의 손해배상책임은 여객 1명당 "1천" 계산단위의 금액을 한도로 한다. 다만,…

第911條【위탁수하물의 일부 멸실·훼손 등에 관한 통지】 ① 여객이 위탁수하물의 일부 멸실 또는 훼손을 발견하였을 때에는 위탁수하물을 수령한 후 지체 없이 그 개요에 관하여 운송인에게 서면 또는 전자문서로 통지를 발송하여야 한다. 다만, 그 멸실 또는 훼손이 즉시 발견할 수 없는 것일 경우에는 위탁수하물을 수령한 날부터 7일 이내에 그 통지를 발송하여야 한다.

② 위탁수하물이 연착된 경우 여객은 위탁수하물을 처분할 수 있는 날부터 21일 이내에 이의를 제기하여야 한다.

③ 위탁수하물이 일부 멸실, 훼손 또는 연착된 경우에는 제916조제3항부터 제6항까지를 준용한다.

第912條【휴대수하물의 무임운송의무】 운송인은 휴대수하물에 대하여는 다른 약정이 없으면 별도로 운임을 청구하지 못한다.

第3節　물건운송

第913條【운송물의 멸실·훼손에 대한 책임】 ① 운송인은 운송물의 멸실 또는 훼손으로 인한 손해에 대하여 그 손해가 항공운송 중(운송인이 운송물을 관리하고 있는 기간을 포함한다. 이하 이 조에서 같다)에 발생한 경우에만 책임을 진다. 다만, 운송인이 운송물의 멸실 또는 훼손이 다음 각 호의 사유로 인하여 발생하였음을 증명하였을 경우에는 그 책임을 면한다.

1. 운송물의 고유한 결함, 특수한 성질 또는 숨은 하자
2. 운송인 또는 그 사용인이나 대리인 외의 자가 수행한 운송물의 부적절한 포장 또는 불완전한 기호 표시
3. 전쟁, 폭동, 내란 또는 무력충돌
4. 운송물의 출입국, 검역 또는 통관과 관련된 공공기관의 행위
5. 불가항력

② 제1항에 따른 항공운송 중에는 공항 외부에서 한 육상, 해상 운송 또는 내륙 수로운송은 포함되지 아니한다. 다만, 그러한 운송이 운송계약을 이행하면서 운송물의 적재(積載), 인도 또는 환적(換積)할 목적으로 이루어졌을 경우에는 항공운송 중인 것으로 추정한다.

③ 운송인이 송하인과의 합의에 따라 항공운송하기로

예정된 운송의 전부 또는 일부를 송하인의 동의 없이 다른 운송수단에 의한 운송으로 대체하였을 경우에는 그 다른 운송수단에 의한 운송은 항공운송으로 본다.

第914條【운송물 연착에 대한 책임】 운송인은 운송물의 연착으로 인한 손해에 대하여 책임을 진다. 다만, 운송인이 자신과 그 사용인 및 대리인이 손해를 방지하기 위하여 합리적으로 요구되는 모든 조치를 하였다는 것 또는 그 조치를 하는 것이 불가능하였다는 것을 증명한 경우에는 그 책임을 면한다.

第915條【운송물에 대한 책임한도액】 ① 제913조와 제914조에 따른 운송인의 손해배상책임은 손해가 발생한 해당 운송물의 1킬로그램당 19 계산단위의 금액을 한도로 하되, 송하인과의 운송계약상 그 출발지, 도착지 및 중간 착륙지가 대한민국 영토 내에 있는 운송의 경우에는 손해가 발생한 해당 운송물의 1킬로그램당 15 계산단위의 금액을 한도로 한다. 다만, 송하인이 운송물을 운송인에게 인도할 때에 도착지에서 인도받을 때의 예정가액을 미리 신고한 경우에는 운송인은 신고 가액이 도착지에서 인도할 때의 실제가액을 초과한다는 것을 증명하지 아니하는 한 신고 가액을 한도로 책임을 진다. (2014.5.20 본문개정)

② 제1항의 항공운송인의 책임한도를 결정할 때 고려하여야 할 중량은 해당 손해가 발생된 운송물의 중량을 말한다. 다만, 운송물의 일부 또는 운송물에 포함된 물건의 멸실, 훼손 또는 연착이 동일한 항공화물운송장(제924조에 따라 항공화물운송장의 교부에 대체되는 경우를 포함한다) 또는 화물수령증에 적힌 다른 운송물의 가치에 영향을 미칠 때에는 운송인의 책임한도를 결정할 때 그 다른 운송물의 중량도 고려하여야 한다.

改前 ① …운송인의 손해배상책임은 손해가 발생한 해당 운송물의 1킬로그램당 "17" 계산단위의 금액을 한도로 하되,…

第916條【운송물의 일부 멸실·훼손 등에 관한 통지】 ① 수하인은 운송물의 일부 멸실 또는 훼손을 발견하면 운송물을 수령한 후 지체 없이 그 개요에 관하여 운송인에게 서면 또는 전자문서로 통지를 발송하여야 한다. 다만, 그 멸실 또는 훼손이 즉시 발견할 수 없는 것일 경우에는 수령일부터 14일 이내에 그 통지를 발송하여야 한다.

② 운송물이 연착된 경우 수하인은 운송물을 처분할 수 있는 날부터 21일 이내에 이의를 제기하여야 한다.

③ 제1항의 통지가 없는 경우에는 운송물이 멸실 또는 훼손 없이 수하인에게 인도된 것으로 추정한다.

④ 운송물에 멸실 또는 훼손이 발생하였거나 그런 것으로 의심되는 경우에는 운송인과 수하인은 서로 운송물의 검사를 위하여 필요한 편의를 제공하여야 한다.

⑤ 제1항과 제2항의 기간 내에 통지나 이의제기가 없을 경우에는 수하인은 운송인에 대하여 제소할 수 없다. 다만, 운송인 또는 그 사용인이나 대리인이 악의인 경우에는 그러하지 아니하다.

⑥ 제1항부터 제5항까지의 규정에 반하여 수하인에게 불리한 당사자 사이의 특약은 효력이 없다.

第917條【운송물의 처분청구권】 ① 송하인은 운송인에게 운송의 중지, 운송물의 반환, 그 밖의 처분을 청구(이하 이 조에서 "처분청구권"이라 한다)할 수 있다. 이 경우에 운송인은 운송계약에서 정한 바에 따라 운임, 체당금과 처분으로 인한 비용의 지급을 청구할 수 있다.

② 송하인은 운송인 또는 다른 송하인의 권리를 침해하는 방법으로 처분청구권을 행사하여서는 아니 되며, 운송인이 송하인의 청구에 따르지 못할 경우에는 지체 없이 그 뜻을 송하인에게 통지하여야 한다.

③ 운송인이 송하인에게 교부한 항공화물운송장 또는 화물수령증을 확인하지 아니하고 송하인의 처분청구에 따른 경우, 운송인은 그로 인하여 항공화물운송장 또는 화물수령증의 소지인이 입은 손해를 배상할 책임을 진다.

④ 제918조제1항에 따라 수하인이 운송물의 인도를 청구할 권리를 취득하였을 때에는 송하인의 처분청구권은 소멸한다. 다만, 수하인이 운송물의 수령을 거부하거나 수하인을 알 수 없을 경우에는 그러하지 아니하다.

第918條【운송물의 인도】 ① 운송물이 도착지에 도착한 때에는 수하인은 운송인에게 운송물의 인도를 청구할 수 있다. 다만, 송하인이 제917조제1항에 따라 처분청구권을 행사한 경우에는 그러하지 아니하다.

② 운송물이 도착지에 도착하면 다른 약정이 없는 한 운송인은 지체 없이 수하인에게 통지하여야 한다.

第919條【운송인의 채권의 시효】 운송인의 송하인 또는 수하인에 대한 채권은 2년간 행사하지 아니하면 소멸시효가 완성한다.

第920條【준용규정】 항공화물 운송에 관하여는 제120조, 제134조, 제141조부터 제143조까지, 제792조, 제793조, 제801조, 제802조, 제811조 및 제812조를 준용한다. 이 경우 "선적항"은 "출발지 공항"으로, "선장"은 "운송인"으로, "양륙항"은 "도착지 공항"으로 본다.

第4節 운송증서

第921條【여객항공권】 ① 운송인이 여객운송을 인수하면 여객에게 다음 각 호의 사항을 적은 개인용 또는 단체용 여객항공권을 교부하여야 한다.

1. 여객의 성명 또는 단체의 명칭
2. 출발지와 도착지
3. 출발일시
4. 운항할 항공편
5. 발행지와 발행연월일
6. 운송인의 성명 또는 상호

② 운송인은 제1항 각 호의 정보를 전산정보처리조직에 의하여 전자적 형태로 저장하거나 그 밖의 다른 방식으로 보존함으로써 제1항의 여객항공권 교부를 갈음할 수 있다. 이 경우 운송인은 여객이 청구하면 제1항 각 호의 정보를 적은 서면을 교부하여야 한다.

第922條【수하물표】 운송인은 여객에게 개개의 위탁수하물마다 수하물표를 교부하여야 한다.

第923條【항공화물운송장의 발행】 ① 송하인은 운송인의 청구를 받아 다음 각 호의 사항을 적은 항공화물운송장 3부를 작성하여 운송인에게 교부하여야 한다.

1. 송하인의 성명 또는 상호
2. 수하인의 성명 또는 상호
3. 출발지와 도착지
4. 운송물의 종류, 중량, 포장의 종별·개수와 기호
5. 출발일시
6. 운송할 항공편
7. 발행지와 발행연월일
8. 운송인의 성명 또는 상호

② 운송인이 송하인의 청구에 따라 항공화물운송장을 작성한 경우에는 송하인을 대신하여 작성한 것으로 추정한다.

③ 제1항의 항공화물운송장 중 제1원본에는 "운송인용"이라고 적고 송하인이 기명날인 또는 서명하여야 하고,

제2원본에는 "수하인용"이라고 적고 송하인과 운송인이 기명날인 또는 서명하여야 하며, 제3원본에는 "송하인용"이라고 적고 운송인이 기명날인 또는 서명하여야 한다.
④ 제3항의 서명은 인쇄 또는 그 밖의 다른 적절한 방법으로 할 수 있다.
⑤ 운송인은 송하인으로부터 운송물을 수령한 후 송하인에게 항공화물운송장 제3원본을 교부하여야 한다.
第924條【항공화물운송장의 대체】 ① 운송인은 제923조제1항 각 호의 정보를 전산정보처리조직에 의하여 전자적 형태로 저장하거나 그 밖의 다른 방식으로 보존함으로써 항공화물운송장의 교부에 대체할 수 있다.
② 제1항의 경우 운송인은 송하인의 청구에 따라 송하인에게 제923조제1항 각 호의 정보를 적은 화물수령증을 교부하여야 한다.
第925條【복수의 운송물】 ① 2개 이상의 운송물이 있는 경우에는 운송인은 송하인에 대하여 각 운송물마다 항공화물운송장의 교부를 청구할 수 있다.
② 항공화물운송장의 교부가 제924조제1항에 따른 저장·보존으로 대체되는 경우에는 송하인은 운송인에게 각 운송물마다 화물수령증의 교부를 청구할 수 있다.
第926條【운송물의 성질에 관한 서류】 ① 송하인은 세관, 경찰 등 행정기관이나 그 밖의 공공기관의 절차를 이행하기 위하여 필요한 경우 운송인의 요청을 받아 운송물의 성질을 명시한 서류를 운송인에게 교부하여야 한다.
② 운송인은 제1항과 관련하여 어떠한 의무나 책임을 부담하지 아니한다.
第927條【항공운송증서에 관한 규정 위반의 효과】 운송인 또는 송하인이 제921조부터 제926조까지를 위반하는 경우에도 운송계약의 효력 및 이 법의 다른 규정의 적용에 영향을 미치지 아니한다.
第928條【항공운송증서 등의 기재사항에 관한 책임】
① 송하인은 항공화물운송장에 적었거나 운송인에게 통지한 운송물의 명세 또는 운송물에 관한 진술이 정확하고 충분함을 운송인에게 담보한 것으로 본다.
② 송하인은 제1항의 운송물의 명세 또는 운송물에 관한 진술이 정확하지 아니하거나 불충분하여 운송인이 손해를 입은 경우에는 운송인에게 배상할 책임이 있다.
③ 운송인은 제924조제1항에 따라 저장·보존되는 운송에 관한 기록이나 화물수령증에 적은 운송물의 명세 또는 운송물에 관한 진술이 정확하지 아니하거나 불충분하여 송하인이 손해를 입은 경우 송하인에게 배상할 책임이 있다. 다만, 제1항에 따라 송하인이 그 정확하고 충분함을 담보한 것으로 보는 경우에는 그러하지 아니하다.
第929條【항공운송증서 기재의 효력】 ① 항공화물운송장 또는 화물수령증이 교부된 경우 그 운송증서에 적힌 대로 운송계약이 체결된 것으로 추정한다.
② 운송인은 항공화물운송장 또는 화물수령증에 적힌 운송물의 중량, 크기, 포장의 종별·개수·기호 및 외관상태대로 운송물을 수령한 것으로 추정한다.
③ 운송물의 종류, 외관상태 외의 상태, 포장 내부의 수량 및 부피에 관한 항공화물운송장 또는 화물수령증의 기재 내용은 송하인이 참여한 가운데 운송인이 그 기재 내용의 정확함을 확인하고 그 사실을 항공화물운송장이나 화물수령증에 적은 경우에만 그 기재 내용대로 운송물을 수령한 것으로 추정한다.

第3章 지상 제3자의 손해에 대한 책임

第930條【항공기 운항자의 배상책임】 ① 항공기 운항자는 비행 중인 항공기 또는 항공기로부터 떨어진 사람이나 물건으로 인하여 사망하거나 상해 또는 재산상 손해를 입은 지상(지하, 수면 또는 수중을 포함한다)의 제3자에 대하여 손해배상책임을 진다.
② 이 편에서 "항공기 운항자"란 사고 발생 당시 항공기를 사용하는 자를 말한다. 다만, 항공기의 운항을 지배하는 자(이하 "운항지배자"라 한다)가 타인에게 항공기를 사용하게 한 경우에는 운항지배자를 항공기 운항자로 본다.
③ 이 편을 적용할 때에 항공기등록원부에 기재된 항공기 소유자는 항공기 운항자로 추정한다.
④ 제1항에서 "비행 중"이란 이륙을 목적으로 항공기에 동력이 켜지는 때부터 착륙이 끝나는 때까지를 말한다.
⑤ 2대 이상의 항공기가 관여하여 제1항의 사고가 발생한 경우 각 항공기 운항자는 연대하여 제1항의 책임을 진다.
⑥ 운항지배자의 승낙 없이 항공기가 사용된 경우 운항지배자는 이를 막기 위하여 상당한 주의를 하였음을 증명하지 못하는 한 승낙 없이 항공기를 사용한 자와 연대하여 제932조에서 정한 한도 내의 책임을 진다.
第931條【면책사유】 항공기 운항자는 제930조제1항에 따른 사망, 상해 또는 재산상 손해의 발생이 다음 각 호의 어느 하나에 해당함을 증명하면 책임을 지지 아니한다.
1. 전쟁, 폭동, 내란 또는 무력충돌의 직접적인 결과로 발생하였다는 것
2. 항공기 운항자가 공권력에 의하여 항공기 사용권을 박탈당한 중에 발생하였다는 것
3. 오로지 피해자 또는 피해자의 사용인이나 대리인의 과실 또는 그 밖의 불법한 작위나 부작위에 의하여서만 발생하였다는 것
4. 불가항력
第932條【항공기 운항자의 유한책임】 ① 항공기 운항자의 제930조에 따른 책임은 하나의 항공기가 관련된 하나의 사고에 대하여 항공기의 이륙을 위하여 법으로 허용된 최대중량(이하 이 조에서 "최대중량"이라 한다)에 따라 다음 각 호에서 정한 금액을 한도로 한다.
1. 최대중량이 2천킬로그램 이하의 항공기의 경우 30만 계산단위의 금액
2. 최대중량이 2천킬로그램을 초과하는 항공기의 경우 2천킬로그램까지는 30만 계산단위, 2천킬로그램 초과 6천킬로그램까지는 매 킬로그램당 175 계산단위, 6천킬로그램 초과 3만킬로그램까지는 매 킬로그램당 62.5 계산단위, 3만킬로그램을 초과하는 부분에는 매 킬로그램당 65 계산단위를 각각 곱하여 얻은 금액을 순차로 더한 금액
② 하나의 항공기가 관련된 하나의 사고로 인하여 사망 또는 상해가 발생한 경우 항공기 운항자의 제930조에 따른 책임은 제1항의 금액의 범위에서 사망하거나 상해를 입은 사람 1명당 12만5천 계산단위의 금액을 한도로 한다.
③ 하나의 항공기가 관련된 하나의 사고로 인하여 여러 사람에게 생긴 손해의 합계가 제1항의 한도액을 초과하는 경우, 각각의 손해는 제1항의 한도액에 대한 비율에 따라 배상한다.

④ 하나의 항공기가 관련된 하나의 사고로 인하여 사망, 상해 또는 재산상의 손해가 발생한 경우 제1항에서 정한 금액의 한도에서 사망 또는 상해로 인한 손해를 먼저 배상하고, 남는 금액이 있으면 재산상의 손해를 배상한다.

第933條【유한책임의 배제】 ① 항공기 운항자 또는 그 사용인이나 대리인이 손해를 발생시킬 의도로 제930조제1항의 사고를 발생시킨 경우에는 제932조를 적용하지 아니한다. 이 경우 항공기 운항자의 사용인이나 대리인의 행위로 인하여 사고가 발생한 경우에는 그가 권한 범위에서 행위하고 있었다는 사실이 증명되어야 한다.

② 항공기를 사용할 권한을 가진 자의 동의 없이 불법으로 항공기를 탈취(奪取)하여 사용하는 중 제930조제1항의 사고를 발생시킨 자에 대하여는 제932조를 적용하지 아니한다.

第934條【항공기 운항자의 책임의 소멸】 항공기 운항자의 제930조의 책임은 사고가 발생한 날부터 3년 이내에 재판상 청구가 없으면 소멸한다.

第935條【책임제한의 절차】 ① 이 장의 규정에 따라 책임을 제한하려는 자는 채권자로부터 책임한도액을 초과하는 청구금액을 명시한 서면에 의한 청구를 받은 날부터 1년 이내에 법원에 책임제한절차 개시의 신청을 하여야 한다.

② 책임제한절차 개시의 신청, 책임제한 기금의 형성·공고·참가·배당, 그 밖에 필요한 사항에 관하여는 성질에 반하지 아니하는 범위에서 「선박소유자 등의 책임제한절차에 관한 법률」의 예를 따른다.

附 則

第1條【委任規定】 小商人의 범위는 閣令으로 정한다.

第2條【同前】 第125條의 湖川, 港灣의 범위는 閣令으로 정한다.

第3條【商業登記公告의 猶豫】 (생략)

第4條 (2014.5.20 삭제)

改前 "第4條【大韓民國國民만으로 組織할 會社의 無記名式株券發行의 禁止】 法令의 규정에 의하여 大韓民國國民만으로 組織할 株式會社와 大韓民國國民만으로 組織할 것을 條件으로 하여 특별한 權利를 가진 株式會社는 無記名式의 株券을 發行하지 못한다. 이에 違反한 경우에는 그 株券은 無效로 하고 最後의 記名株主를 株主로 한다."

第5條 (1984.4.10 삭제)

第6條【社債募集의 受託者등의 資格】 銀行·信託會社 또는 證券會社가 아니면 社債의 募集의 委任을 받거나 第483條의 事務承繼者가 되지 못한다.(1984.4.10 본조개정)

第7條【無記名式債券所持人의 供託의 方法】 第491條第4項, 第492條第2項 또는 그 準用規定에 의하여 할 供託은 供託公務員에게 이를 하지 아니하는 경우에는 大法院長이 정하는 銀行 또는 信託會社에 하여야 한다.(1962.12.12 본조개정)

第8條【社債權者集會에 관한 公告의 方法】 社債權者集會의 召集, 償還額의 支給 또는 償還에 관한 社債權者集會의 決議를 執行함에 있어야 할 公告는 社債를 發行한 會社의 定款에 정하는 公告方法에 따라야 한다.

第9條【委任規定】 第742條의 屬具目錄의 書式은 閣令으로 정한다.

第10條【同前】 第839條第2項 但書의 沿岸航行의 범위는 閣令으로 정한다.

第11條【同前】 本法 施行에 관한 事項은 따로 法律로 정한다.

第12條【施行期日과 舊法의 效力】 ① 本法은 1963年 1月 1日로부터 施行한다.

② 朝鮮民事令 第1條에 의하여 依用된 商法, 有限會社法, 商法施行法과 商法中改正法律施行法은 本法 施行時까지 그 效力이 있다.

附 則 (1962.12.12)

本法은 1963年 1月 1日부터 施行한다.

附 則 (1984.4.10)

第1條【施行日】 이 法은 1984年 9月 1日부터 施行한다.

第2條~第3條 (생략)

第4條【株式會社의 最低資本額에 관한 經過措置】 ① 이 法 施行전에 성립한 株式會社로서 이 法 施行당시 資本金額이 5千萬원미만인 會社는 이 法 施行日로부터 3年이내에 5千萬원이상으로 資本을 增加하거나 有限會社로 조직을 변경하여야 한다.

② 第1項의 期間내에 同項의 절차를 밟지 아니한 會社는 解散된 것으로 본다.

③ 第2項의 規定에 의하여 解散된 것으로 보는 會社중 清算이 終結되지 아니한 會社는 이 法 施行日부터 1年이내에 第434條의 規定에 의한 特別決議로 第1項의 節次를 밟아 會社를 계속할 수 있다.(1991.5.31 본항신설)

第5條~第6條 (생략)

第7條【株券交付에 의한 株式讓渡에 관한 經過措置】 ① 이 法 施行전의 株式의 移轉 또는 株券의 取得에 관하여는 이 法 施行후에도 종전의 第336條 및 第359條의 規定을 적용한다. 그러나, 이 法 施行후의 株券의 占有에 관하여는 第336條第2項의 改正規定을 적용한다.

② 이 法 施行전에 발행된 株券을 이 法 施行후에 取得한 者가 背書의 연속 또는 讓渡證書의 적부에 관한 調査를 하지 아니한 경우에도 第359條의 改正規定의 적용에 관하여는 그 調査를 하지 아니한 것으로 惡意 또는 중대한 과실이 있다고 보지 아니한다.

第8條【名義改書代理人에 관한 經過措置】 ① 이 法 施行전에 資本市場育成에관한法律 第11條의6의 規定에 의하여 둔 名義改書代理人은 이 法 第337條第2項의 改正規定에 의하여 둔 것으로 본다.

② 이 法에 의한 名義改書代理人의 資格은 大統領令으로 정한다.

第9條【子會社에 의한 母會社株式의 取得에 관한 經過措置】 ① 이 法 施行當時 第342條의2의 規定에 의한 子會社가 同規定에 의한 母會社의 株式을 가지고 있는 때에는 그 子會社는 이 法 施行日로부터 3年이내에 그 株式을 處分하여야 한다.

② 第625條의2의 規定은 第1項의 規定에 위반하여 株式의 처분을 하지 않은 경우에 이를 준용한다.

第10條【株券의 不所持에 관한 經過措置】 이 法 施行전에 資本市場育成에관한法律 第11條의7의 規定에 의하여 株券의 不發行에 관한 措置를 한 것은 이 法 第358條의2의 改正規定에 의하여 한 것으로 본다.

第11條【株主名簿 閉鎖期間과 基準日에 관한 經過措置】 株主名簿의 閉鎖期間과 基準日에 관하여 이 法 施行日로부터 2週間내의 날을 그 期間 또는 날로 하는 때에는 종전의 規定에 의한다.

第12條~第23條 (생략)

第24條【有限會社 資本總額등에 관한 經過措置】 ① 이 法 施行전의 有限會社로서 이 法 施行당시 그 資本總額과 出資 1座의 金額이 第546條의 改正規定에 정한 金額에 미달한 會社는 이 法 施行日로부터 3년이내에 資本總額을 1千萬원이상으로, 出資 1座의 金額을 5千원이상으로 增額하여야 한다.
② 第1項의 期間내에 資本總額을 增額하지 아니한 會社는 解散된 것으로 본다.
③ 第2項의 規定에 의하여 解散된 것으로 보는 會社중 淸算이 終結되지 아니한 會社는 이 法 施行日부터 1年 이내에 第585條의 規定에 의한 特別決議로 第1項의 節次를 밟아 會社를 계속할 수 있다.
(1991.5.31 본항신설)
第25條【관계 法律의 改正 및 다른 法律과의 관계】 ①~⑦ ※(해당 法令에 加除整理 하였음)
⑧ 이 法 施行당시 第1項 내지 第7項의 法律외의 法律에서 종전의 商法의 規定을 引用한 경우에 이 法중 그에 해당하는 規定이 있을 때에는 종전의 規定에 갈음하여 이 法의 해당 條項을 引用한 것으로 본다.

附 則 (1991.5.31)

이 法은 공포한 날부터 施行한다.

附 則 (1991.12.31)

第1條【施行日】 이 法은 1993年 1月 1日부터 施行한다.
第2條【經過措置】 ① 이 法 第4編의 規定은 이 法 施行전에 成立한 保險契約에도 이를 適用한다. 그러나 종전의 規定에 의하여 생긴 效力에는 영향을 미치지 아니한다.
② 이 法 第5編의 規定은 이 法 施行전에 발생한 事故로 인하여 생긴 損害에 관한 債權에는 이를 適用하지 아니하고 종전의 예에 의한다.
第3條【責任制限톤數의 適用에 관한 經過措置】 第751條의 適用에 관하여 國際航海에 종사하는 船舶으로서 船舶法 第13條의 規定에 의하여 海運港灣廳長으로부터 國際톤數證書 또는 國際톤數確認書를 아직 교부받지 못한 船舶에 대하여는 國際總톤數 대신에 總톤數를 適用한다.
第4條【다른 法律과의 관계】 이 法 施行당시 다른 法律에서 종전의 商法 規定을 引用한 경우에 이 法중 그에 해당하는 規定이 있을 때에는 종전의 規定에 갈음하여 이 法의 해당 條項을 引用한 것으로 본다.

附 則 (1994.12.22)

第1條【施行日】 이 法은 1995年 1月 1日부터 施行한다.(이하 생략)

附 則 (1995.12.29)

第1條【施行日】 이 法은 1996年 10月 1日부터 施行한다.
第2條【經過措置의 原則】 이 法은 특별한 정함이 있는 경우를 제외하고는 이 法 施行전에 생긴 사항에도 이를 적용한다. 다만, 종전의 規定에 의하여 생긴 효력에는 영향을 미치지 아니한다.
第3條【商業帳簿등에 관한 經過措置】 (생략)
第4條【우선적 내용이 있는 종류의 株式에 관한 經過措置】 이 法 施行전에 발행된 우선적 내용이 있는 종류의 株式에 관하여는 종전의 規定에 의한다.
第5條【監事의 任期에 관한 經過措置】 이 法 施行당시 在任중인 株式會社의 監事의 任期에 관하여는 종전의 規定에 의한다.
第6條【다른 法律과의 관계】 이 法 施行당시 다른 法律에서 종전의 商法의 規定을 인용한 경우에 이 法중 그에 해당하는 規定이 있는 때에는 종전의 規定에 갈음하여 이 法의 해당 條項을 인용한 것으로 본다.

附 則 (1998.12.28)

第1條【施行日】 이 法은 公布한 날부터 施行한다. 다만, 第382條의2의 改正規定은 公布후 6月이 經過한 날부터 施行한다.
第2條【經過措置의 原則】 이 法은 특별한 정함이 있는 경우를 제외하고는 이 法 施行전에 생긴 사항에 대하여도 이를 적용한다. 다만, 종전의 規定에 의하여 생긴 효력에는 영향을 미치지 아니한다.
第3條【合倂에 관한 經過措置】 이 法의 施行전에 체결된 合倂契約에 의한 合倂에 관하여는 이 法 施行후에도 계속하여 종전의 規定에 의한다. 다만, 第232條 및 第527條의5의 規定에 의한 債權者의 異議提出期間은 이 法 施行후 최초로 公告하는 분부터 적용한다.
第4條【罰則의 적용에 관한 經過措置】 이 法 施行전에 한 행위 및 第3條의 規定에 의하여 종전의 規定에 의하도록 한 경우에 이 法 施行후에 한 행위에 대한 罰則의 적용에 관하여는 종전의 規定에 의한다.
第5條【다른 法律의 改正 등】 ①~⑧ ※(해당 法令에 加除整理 하였음)
⑨ 이 法 施行당시 다른 法律에서 종전의 商法規定을 인용한 경우에 이 法중 그에 해당하는 規定이 있는 때에는 종전의 規定에 갈음하여 이 法의 해당 條項을 인용한 것으로 본다.

附 則 (1999.2.5)

第1條【施行日】 이 法은 公布후 6月이 경과한 날부터 施行한다.(이하 생략)

附 則 (1999.12.31)

第1條【施行日】 이 法은 公布한 날부터 施行한다.
第2條【一般的 經過措置】 이 法은 특별한 정함이 있는 경우를 제외하고는 이 法 施行전에 발생된 사항에 대하여도 이를 적용한다. 다만, 종전의 規定에 의하여 생긴 효력에는 영향을 미치지 아니한다.
第3條【分割에 관한 經過措置】 이 法의 施行전에 체결된 分割契約에 의한 分割에 관하여는 이 法 施行후에도 계속하여 종전의 規定에 의한다.
第4條【다른 法律의 改正】 ※(해당 法令에 加除整理 하였음)

附 則 (2001.7.24)

① **【시행일】** 이 법은 공포한 날부터 시행한다.

② **【승소한 제소주주의 소송비용청구에 관한 적용례】** 제405조제1항의 개정규정은 이 법 시행 당시 법원에 계속중인 사건에 대하여도 적용한다.
③ **【일반적인 경과조치】** 이 법은 특별한 규정이 있는 경우를 제외하고는 이 법 시행전에 발생한 사건에 대하여도 이를 적용한다. 다만, 종전의 규정에 의하여 생긴 효력에는 영향을 미치지 아니한다.

附 則 (2001.12.29)

이 법은 2002년 7월 1일부터 시행한다.

附 則 (2007.8.3 法8581號)

第1條【시행일】 이 법은 공포 후 1년이 경과한 날부터 시행한다. 다만, 제797조제1항의 개정규정 중 중량 1킬로그램당 2 계산단위의 금액 부분은 공포 후 3년이 경과한 날부터 시행한다.
第2條【운송장에 관한 경과조치】 이 법 시행 당시 종전의 규정에 따라 발행된 운송장은 제126조의 개정규정에 따라 발행된 화물명세서로 본다.
第3條【손해배상에 관한 경과조치】 이 법 시행 전에 발생한 사고와 그 밖의 손해배상의 원인으로 인하여 생긴 손해에 관한 채권에는 제5편의 개정규정에도 불구하고 종전의 규정에 따른다.
第4條【책임한도액에 관한 경과조치】 이 법 시행 후 3년간 발생한 사고에 대한 제770조제1항제1호의 개정규정에 따른 선박소유자의 책임한도에 관하여는 그 선박의 선박검사증서에 기재된 여객의 정원에 8만7천500 계산단위를 곱하여 얻은 금액을 그 책임한도액으로 한다.
第5條【운송인 등의 채권·채무에 관한 경과조치】 ① 이 법 시행 전에 운송인 또는 선박소유자가 개품운송계약·항해용선계약 또는 정기용선계약을 체결한 경우에 용선자·송하인 또는 수하인에 대한 채권·채무의 소멸에 관하여는 제814조제2항·제840조 및 제846조의 개정규정에도 불구하고 종전의 규정에 따른다.
② 이 법 시행 전에 선박소유자가 선박임대차계약을 체결한 경우에 있어서 당사자 간 채권의 소멸에 관하여는 제851조의 개정규정에도 불구하고 종전의 규정에 따른다.
第6條【선박임대차계약에 관한 경과조치】 이 법 시행 전에 체결된 선박임대차계약은 이 법 시행과 동시에 제847조의 개정규정에 따른 선체용선계약의 효력이 있는 것으로 본다.
第7條【선하증권에 관한 경과조치】 이 법 시행 당시 종전의 규정에 따라 발행된 선하증권은 제853조제1항의 개정규정에 적합한 선하증권으로 본다.
第8條【다른 법률과의 관계】 이 법 시행 당시 다른 법률에서 종전의 「상법」 규정을 인용한 경우에 이 법 중 그에 해당하는 규정이 있을 때에는 종전의 규정에 갈음하여 이 법의 해당 조항을 인용한 것으로 본다.
第9條【다른 법률의 개정】 ①~⑤ ※(해당 법령에 가제정리 하였음)

附 則 (2007.8.3 法8582號)

第1條【시행일】 이 법은 2008년 1월 1일부터 시행한다. (이하 생략)

附 則 (2009.1.30)

① **【시행일】** 이 법은 2009년 2월 4일부터 시행한다.
② **【일반적 경과조치】** 이 법은 특별한 규정이 있는 경우를 제외하고는 이 법 시행 전에 발생한 사항에 대하여도 적용한다. 다만, 종전의 규정에 따라 생긴 효력에는 영향을 미치지 아니한다.
③ **【다른 법률 또는 규정의 인용】** 이 법 시행 당시 다른 법령에서 종전의 「증권거래법」 또는 그 규정을 인용하고 있는 경우 이 법 중 그에 해당하는 규정이 있을 때에는 이 법 또는 이 법의 해당 규정을 인용한 것으로 본다.

附 則 (2009.2.6)

第1條【시행일】 이 법은 공포 후 1년이 경과한 날부터 시행한다.(이하 생략)

附 則 (2009.5.28)

① **【시행일】** 이 법은 공포 후 1년이 경과한 날부터 시행한다. 다만, 제292조, 제318조, 제329조, 제363조, 제383조, 제409조의 개정규정은 공포한 날부터 시행한다.
② **【일반적 경과조치】** 이 법은 특별한 규정이 있는 경우를 제외하고는 이 법 시행 전에 발생한 사항에 대하여도 적용한다. 다만, 종전의 규정에 따라 생긴 효력에는 영향을 미치지 아니한다.

附 則 (2010.5.14)

第1條【시행일】 이 법은 공포 후 6개월이 경과한 날부터 시행한다.
第2條【다른 법률의 개정】 ①~② ※(해당 법령에 가제정리 하였음)

附 則 (2010.6.10)

第1條【시행일】 이 법은 공포 후 2년이 경과한 날부터 시행한다.(이하 생략)

附 則 (2011.4.14)

① **【시행일】** 이 법은 공포 후 1년이 경과한 날부터 시행한다.
② **【이사 등과 회사 간의 거래에 관한 적용례】** 제398조의 개정규정은 이 법 시행 후 최초로 체결된 거래부터 적용한다.
③ **【일반적 경과조치】** 이 법은 특별한 규정이 있는 경우를 제외하고는 이 법 시행 전에 발생한 사항에 대하여도 적용한다. 다만, 종전의 규정에 따라 생긴 효력에는 영향을 미치지 아니한다.
④ **【사채모집 수탁회사에 관한 경과조치】** 제480조의3의 개정규정에도 불구하고 이 법 시행 전에 사채모집의 위탁을 받은 회사에 대하여는 종전의 규정에 따른다.

附 則 (2011.5.23)

이 법은 공포 후 6개월이 경과한 날부터 시행한다.

附　則 (2014.3.11)

第1條【시행일】 이 법은 공포 후 1년이 경과한 날부터 시행한다.

第2條【적용례】 ① 이 법은 이 법 시행 후에 체결된 보험계약부터 적용한다.

② 제646조의2제3항과 제4항(제3항이 적용되는 경우로 한정한다), 제664조, 제726조, 제726조의5부터 제726조의7까지, 제727조제2항, 제739조의2 및 제739조의3의 개정규정은 이 법 시행 전에 체결된 보험계약(이하 "구 계약"이라 한다)의 보험기간이 이 법 시행일 이후에도 계속되는 경우에도 적용한다.

③ 제655조 단서, 제682조제2항 및 제732조의2제2항의 개정규정은 구 계약의 보험사고가 이 법 시행일 이후에 발생한 경우에도 적용한다.

④ 제662조의 개정규정은 구 계약의 청구권이 이 법 시행일 이후에 발생한 경우에도 적용한다.

⑤ 제722조제2항의 개정규정은 구 계약의 피보험자가 제3자로부터 이 법 시행일 이후에 배상청구를 받는 경우에도 적용한다.

⑥ 제735조의3제3항의 개정규정은 구 계약의 보험계약자가 이 법 시행일 이후에 보험수익자를 지정하는 경우에도 적용한다.

附　則 (2014.5.20)

第1條【시행일】 이 법은 공포한 날부터 시행한다.

第2條【무기명식의 주권에 관한 경과조치】 이 법 시행 전에 발행된 무기명식의 주권에 관하여는 종전의 규정에 따른다.

第3條【운송인의 배상한도에 관한 경과조치】 이 법 시행 당시 이미 운송인의 배상책임이 발생한 경우에 그 한도액에 대하여는 종전의 규정에 따른다.

第4條【다른 법률의 개정】 ①~⑪ ※(해당 법령에 가제정리 하였음)

附　則 (2015.12.1)

第1條【시행일】 이 법은 공포 후 3개월이 경과한 날부터 시행한다.

第2條【의결권 없는 주주에 대한 주주총회의 소집 통지에 관한 적용례】 제363조제7항 단서의 개정규정은 이 법 시행 후 주주총회를 소집하는 경우부터 적용한다.

第3條【반대주주의 주식매수청구권의 행사 절차에 관한 적용례】 제374조의2의 개정규정은 이 법 시행 당시 주식매수 청구의 절차가 진행 중인 경우에도 적용한다.

附　則 (2016.3.22)

第1條【시행일】 이 법은 공포 후 4년을 넘지 아니하는 범위에서 대통령령으로 정하는 날부터 시행한다.(이하 생략)

附　則 (2017.10.31)

이 법은 공포 후 1년이 경과한 날부터 시행한다.

附　則 (2018.9.18)

이 법은 공포 후 3개월이 경과한 날부터 시행한다.

附　則 (2020.6.9 法17354號)

第1條【시행일】 이 법은 공포 후 6개월이 경과한 날부터 시행한다.(이하 생략)

附　則 (2020.6.9 法17362號)

第1條【시행일】 이 법은 공포 후 3개월이 경과한 날부터 시행한다.

第2條【다른 법률의 개정】 ※(해당 법령에 가제정리 하였음)

附　則 (2020.12.29)

第1條【시행일】 이 법은 공포한 날부터 시행한다.

第2條【감사위원회위원이 되는 이사의 선임에 관한 적용례】 제542조의12제2항 단서, 같은 조 제4항(선임에 관한 부분으로 한정한다) 및 제8항의 개정규정은 이 법 시행 이후 새로 감사위원회위원을 선임하는 경우부터 적용한다.

第3條【상장회사의 감사위원회위원 및 감사의 해임에 관한 적용례】 제542조의12제3항, 제4항(해임에 관한 부분으로 한정한다) 및 제7항(해임에 관한 부분으로 한정한다)의 개정규정은 이 법 시행 당시 종전 규정에 따라 선임된 감사위원회위원 및 감사를 해임하는 경우에도 적용한다.

第4條【다른 법령의 개정】 ①~③ ※(해당 법령에 가제정리 하였음)

附　則 (2024.9.20)

第1條【시행일】 이 법은 2025년 1월 31일부터 시행한다.

第2條【다른 법률의 개정】 ①~② ※(해당 법령에 가제정리 하였음)

상법시행법

(1962年 12月 12日
法 律 第1213號)

改正
1965. 3.19法 1687號 2010. 7.23法10372號

第1條【定義】 本法에서 商法이라 함은 1962年 法律 第千號로 制定된 商法을 말하며 舊法이라 함은 朝鮮民事令 第1條에 依하여 依用된 商法, 有限會社法, 商法施行法과 商法中改正法律施行法을 말한다.

第2條【原則】 ① 商法은 特別한 規定이 없으면 商法 施行前에 생긴 事項에도 適用한다. 그러나 舊法에 依하여 생긴 效力에 影響을 미치지 아니한다.
② 商法에 抵觸되는 定款의 規定과 契約의 條項은 商法施行의 날로부터 그 效力을 잃는다.

第3條【商事特別法令의 效力】 商事에 關한 特別한 法令은 商法 施行後에도 그 效力이 있다.

第4條【時效에 關한 經過規定】 ① 商法 施行當時 舊法의 規定에 依한 消滅時效期間을 經過하지 아니한 權利에는 商法의 時效에 關한 規定을 適用한다.
② 前項의 規定은 時效期間이 아닌 法定期間에 準用한다.

第5條【期間의 通算】 商法의 規定에 依한 法定期間은 그 期間이 舊法에 依하여 商法 施行前에 開始된 境遇에는 商法施行의 前後의 期間을 通算하고 舊法에 그 期間을 定하지 아니한 境遇에는 商法施行의 날로부터 起算한다.

第6條【營業用固定財産의 評價】 商法 第31條第2項의 規定은 商法 施行後 最初로 到達 하는 決算期의 다음날로부터 適用한다.

第7條【解散命令請求權者의 責任】 商法 施行前에 解散命令의 請求가 있은 境遇에는 그 請求를 却下된 者의 責任에 關하여는 商法 施行後에도 舊法을 適用한다.

第8條【訴의 提起等에 關한 擔保】 解散命令의 請求 또는 訴의 提起에 關하여 提供하여야 할 擔保에 關한 舊法의 規定은 商法 施行前에 提供한 擔保에 關하여만 適用한다.

第9條【株式會社의 設立】 商法 施行前에 發起人이 株式의 總數를 引受하거나 株主의 募集에 着手한 境遇에는 그 設立에 關하여는 商法 施行後에도 舊法을 適用한다. 그러나 商法 施行後에 設立登記를 하는 때에는 그 登記事項에 關하여는 그러하지 아니하다.

第10條【株式會社의 定款】 ① 商法 施行前에 成立한 株式會社에 關하여는 商法 施行前에 發行한 株式의 總數가, 商法 施行後에 舊法에 依하여 成立하는 株式會社에 關하여는 設立時에 發行하는 株式의 數가 會社가 發行할 株式의 總數로서 定款에 定하여져 있는 것으로 본다.
② 舊商法 第168條第1項第2號의 規定에 依하여 定款에 定한 事項은 商法 第344條第2項의 規定에 依하여 定한 것으로 본다.

第11條【株式會社의 登記】 ① 商法 施行前에 成立한 株式會社는 商法施行의 날로부터 6月內에 商法에 依하여 새로 登記할 것으로 된 事項을 登記하여야 한다.
② 前項의 登記를 하기까지에 다른 登記를 하는 때에는 그 登記와 同時에 同項의 登記를 하여야 한다.
③ 第1項의 登記를 하기까지에 同項의 事項에 變更이 생긴 때에는 遲滯없이 變更前의 事項에 關하여 同項의 登記를 하여야 한다.
④ 前3項의 規定에 違反한 때에는 그 會社의 代表理事를 5萬원以下의 過怠料에 處한다.

第12條【資本總額의 擬制】 第15條의 株金全額의 納入이 完了할 때까지는 納入株金의 總額을 商法 第317條第2項第2號의 資本의 總額으로 본다.

第13條【發起人의 引受, 納入擔保責任】 商法 第321條第1項의 規定은 會社가 商法 施行後에 舊法에 依하여 成立한 境遇에도 適用한다. 會社가 商法 施行前에 舊法에 依하여 成立한 境遇에 商法 施行後에 株式의 請約이 取消된 境遇에도 같다.

第14條【設立에 關한 責任의 免除와 追窮】 ① 發起人, 理事 또는 監事의 會社의 設立에 關한 責任을 商法 施行後에 免除하는 境遇에는 그 免除에 關하여는 會社가 舊法에 依하여 成立한 때에도 商法을 適用한다.
② 商法 施行後에 前項의 責任을 追窮하는 訴를 提起하는 境遇에는 그 訴에 關하여도 同項과 같다.

第15條【株金全額의 納入等】 ① 商法 施行時에 株金全額의 納入을 完了하지 아니한 株式에 關하여는 會社는 商法施行의 날로부터 2年內에 株金全額의 納入이 完了한 것으로 하기 爲하여 株金을 納入시키거나 資本을 減少시켜야 한다.
② 前項의 納入을 完了할 때까지 그 株式에 關하여는 商法施行後에도 舊法을 適用한다.
③ 第1項의 期間內에 株金全額의 納入을 하지 아니하거나 資本減少를 하지 아니할 때에는 會社는 解散한 것으로 본다.

第16條【株式의 金額, 株式의 併合】 ① 商法 施行後에 舊法에 依하여 成立하는 株式會社가 發行하는 株式의 金額에 關하여는 舊商法 第202條第2項의 規定을 適用한다.
② 舊法에 依하여 成立한 株式會社는 額面 5百원未滿의 株式을 額面 5百원以上의 株式으로 하기 爲하여 商法施行의 날로부터 2年內에 商法 第434條의 規定에 依한 決議에 依하여 株式을 併合하여야 한다. 이 境遇에는 商法 第440條 乃至 第444條의 規定을 準用한다.

第17條【株式總數의 增加】 第15條第1項과 前條第2項의 節次를 完了한 後가 아니면 會社가 發行할 株式의 總數를 增加하지 못한다.

第18條【記名株式의 移轉】 商法 施行前에 한 記名株式의 移轉에 關하여는 商法 施行後에도 舊法을 適用한다. 그러나 商法 第336條第2項과 第3項의 適用에 影響을 미치지 아니한다.

第19條【株主名簿의 閉鎖期間과 基準日】 商法 第354條의 規定은 商法 施行後 最初의 定期總會가 終結한 다음날로부터 商法 施行時에 進行中에 있는 株主名簿의 閉鎖期間이 그 날 以後에 終了하는 때에는 그 期間이 終了한 다음날로부터 適用한다.

第20條【株券의 取得】 商法 施行前에 背書에 依하여 株券을 取得한 境遇에는 그 取得에 關하여는 商法 施行後에도 舊商法 第229條第2項의 規定을 適用한다. 그러나 商法 施行後에 한 背書에 依하여 그 株券을 取得한 境遇에는 그 取得에 關하여는 商法 第359條의 規定을 適用한다.

第21條【監事에 依한 臨時總會의 召集】 商法 施行前에 監事가 臨時總會를 召集한 境遇에는 그 臨時總會에 關하여는 商法 施行後에도 舊商法 第235條第2項의 規定을 適用한다.

第22條【少數株主의 總會召集의 請求】 商法 施行前에 舊商法 第237條第1項의 規定에 依한 總會召集의 請求가 있는 境遇에는 그 請求는 商法 第366條第1項의 規定에 依한 請求로 본다.

第23條【總會의 決議】 ① 舊法에 依하여 成立한 株式會社 또는 有限會社의 總會의 決議의 要件에 關하여는 다음에 揭記하는 날 中 먼저 오는 날까지는 商法 施行後에도 舊法을 適用한다.
1. 商法 施行後 最初의 定期總會가 終結하는 날
2. 每年 1回定期總會를 召集하는 會社에 있어서는 1963年 12月 31日, 其他의 會社에 있어서는 1963年 6月 30日
② 前項의 規定은 同項 各號에 揭記한 날 中 먼저 오는 날前에 商法에 따르도록 定款을 變更한 境遇에는 適用하지 아니한다.
③ 商法 施行後에 決議를 하는 總會에 關하여는 商法 施行前에 召集의 通知를 發送하였거나 公告를 한 境遇에는 商法의 施行으로 因하여 議決權을 가지게 된 株主에 對하여는 召集의 通知와 公告를 要하지 아니한다.
④ 前項의 規定은 어느 種類의 株主의 總會에 準用한다.

第24條【決議取消의 訴】 決議取消의 訴에 關하여 商法 施行時 舊商法 第248條第1項이나 舊有限會社法 第41條에서 準用하는 舊商法 第248條第1項에 定한 期間이 經過하지 아니한 境遇에는 그 決議取消의 訴의 提起期間에 關하여는 商法을 適用한다.

第25條【取締役等의 擬制】 商法 施行時의 取締役, 監査役 또는 檢査役은 各各 商法에 依한 理事, 監事 또는 檢査人으로 본다.

第26條【理事의 任期】 商法 施行時 在任中에 있는 이사의 任期에 關하여는 商法 施行後에도 舊法을 適用한다. 그러나 그 任期는 商法施行의 날로부터 2年을 經過한 後의 最初의 定期總會가 終結하는 날을 넘지 못한다.

第27條【代表理事】 ① 舊法에 依하여 會社를 代表하는 權限을 가진 取締役은 商法에 依하여 會社를 代表할 理事로 본다.

② 舊法에 依하여 數人의 理事가 共同으로 會社를 代表할 것을 定한 境遇에는 그 定함은 商法 第389條第2項의 規定에 依하여 定한 것으로 본다.

③ 商法 施行時에 會社를 代表할 理事의 定함이 없는 境遇에는 舊商法 第188條第2項第9號의 取締役의 登記는 商法 第317條第2項第9號의 登記가 있을 때까지는 그 登記와 同一한 效力이 있다.

第28條【理事의 行爲의 責任】 ① 理事가 商法 施行前에 한 行爲의 責任에 關하여는 商法 施行後에도 舊法을 適用한다.

② 商法 施行後에 前項의 責任을 免除하는 境遇에는 그 免除에 關하여는 同項의 規定에 不拘하고 商法을 適用한다.

③ 商法 施行後에 第1項의 責任을 追窮하는 訴를 提起하는 境遇에는 그 訴에 關하여도 前項과 같다.

第29條【理事에 對한 訴와 訴의 提起를 請求한 株主等의 責任】 商法 施行前에 舊商法第267條第1項 또는 同法 第268條第1項의 規定이나 舊有限會社法 第31條의 規定 또는 同法 第32條에서 準用하는 舊商法 第267條第1項의 規定에 依하여 理事에 對한 訴를 提起하는 境遇에 그 訴와 訴를 請求한 株主 또는 社員의 責任에 關하여는 商法 施行後에도 舊法을 適用한다.

第30條【舊法에 依한 理事의 職務代行者의 選任等】 商法 施行前에 舊商法 第272條의 規定이나 舊有限會社法 第32條에서 準用하는 舊商法 第272條의 規定에 依하여 理事의 職務의 執行의 停止 또는 職務代行者의 選任의 請求가 있은 境遇에 關하여는 商法 施行後에도 同條의 規定을 適用한다.

第31條【監事의 選任과 任期】 ① 商法 第410條의 規定은 商法 施行後 最初의 定期總會의 終結의 다음날로부터 適用한다.

② 商法 施行時에 在任中에 있는 監事의 任期에 關하여는 商法 施行後에도 舊法을 適用한다. 그러나 그 任期는 商法施行의 날로부터 1年을 經過한 後의 最初의 定期總會가 終結하는 날을 넘지 못한다.

第32條【理事의 職務를 行할 監事】 商法 施行前에 臨時로 理事의 職務를 行할 監事를 定한 境遇에는 그 監事에 關하여는 商法 施行後에도 舊商法 第276條第1項 但書, 第2項과 第3項의 規定을 適用 또는 準用한다.

第33條【會社와 理事間의 訴에 關한 會社代表】 商法 施行前에 會社가 理事에 對하여 또는 理事가 會社에 對하여 訴를 提起한 境遇에는 그 訴에 關하여 會社를 代表할 者에 關하여는 商法 施行後에도 舊商法 第277條의 規定을 適用 또는 準用한다. 그러나 商法에 依하여 會社를 代表할 者를 定한 後에는 그러하지 아니하다.

第34條【監事가 한 訴의 提起等】 商法 施行前에 監事가 法院에 對하여 訴의 提起, 請求 또는 申請을 한 境遇에는 그 訴, 請求 또는 申請에 關하여는 商法 施行後에도 舊法을 適用한다.

第35條【監事에 對한 訴와 訴의 提起를 請求한 株主等의 責任】 第29條의 規定은 商法施行前에 舊商法 第279條第1項의 規定이나 舊有限會社法 第34條에서 準用하는 同法 第31條 또는 舊商法 第267條第1項의 規定에 依하여 監事에 對하여 提起한 訴와 그 訴의 提起를 請求한 株主 또는 社員의 責任에 關하여 準用한다.

第36條【監事에 關한 準用規定】 第28條와 第30條의 規定은 監事에 準用한다.

第37條【會社의 財産評價】 商法 第452條와 同法 第583條第1項에서 準用하는 同法 第452條의 規定은 商法 施行後 最初로 到達하는 決算期의 다음날로부터 適用한다.

第38條【新株의 發行費用】 商法 施行後에 舊法에 依하여 資本을 增加하는 境遇에는 株式의 發行을 爲하여 必要한 費用의 額에 關하여는 商法 第454條의 規定을 適用한다.

第39條【額面超過額】 商法 施行後에 舊法에 依하여 成立하거나 資本을 增加하는 株式會社가 額面以上의 價額으로 株式을 發行하는 境遇에는 그 額面을 넘는 金額에 關하여는 商法 第459條의 規定을 適用한다.

第40條【準備金】 ① 舊商法 第288條의 規定이나 舊有限會社法 第46條第1項에서 準用하는 舊商法 第288條第1項의 規定에 依하여 積立한 準備金은 利益準備金으로서 積立한 것으로 본다.

② 會社는 商法 施行後 最初로 到達하는 決算期까지에 前項의 利益準備金의 一部를 資本準備金으로 할 수 있다.

第41條【建設利子】 ① 開業前에 利子를 配當할 뜻의 舊法에 依한 定款의 定함은 商法 施行前에 發行한 株式과 商法 施行後에 資本增加에 依하여 發行하는 株式 또는 商法 施行後에 舊法에 依하여 成立하는 株式會社가 設立時에 發行하는 株式에 關하여 開業前에 利子를 配當할 뜻의 商法에 依한 定款의 定함으로 본다. 그러나 그 定款에 資本增加로 因하여 發行하는 株式에 對하여는 利子를 配當하지 아니하는 뜻의 定함이 있는 때에는 그 株式에 關하여는 그러하지 아니하다.

② 商法 施行前에 舊法에 依하여 配當한 利子의 金額은 商法에 依하여 配當한 利子의 金額으로 본다.

第42條【附屬明細書】 商法 第465條와 同法 第583條第1項에서 準用하는 同法 第465條의 規定은 商法 施行後 最初로 到達하는 決算期로부터 適用한다.

第43條【總會召集의 命令】 商法 施行前에 舊商法 第294條第3項의 規定에 依하여 株主總會召集의 命令이 있은 境遇에는 그 總會의 召集에 關하여는 商法 施行後에도 舊法을 適用한다.

第44條【社債의 募集】 商法 施行前에 社債募集의 決議를 한 境遇에는 그 社債募集에 關하여는 商法 施行後에도 舊法을 適用한다.

第45條【社債權者集會의 決議】 商法 施行後에 社債權者集會의 決議를 하는 境遇에는 商法 施行前에 召集의 通知를 發送하였거나 公告를 한 때에도 그 決議의 要件에 關하여는 商法을 適用한다.

第46條【資本增加】 ① 商法 施行前에 資本增加의 決議를 한 境遇에는 그 資本增加에 關하여는 商法 施行後에도 舊法을 適用한다. 그러나 商法 施行後에 하는 資本增加의 登記에 關하여는 商法에 依한 新株發行으로 因한 變更登記를 하여야 한다.

② 前項의 資本增加는 本店 所在地에서 商法에 依한 新株發行으로 因한 變更登記를 함으로써 效力이 생긴다.

③ 商法 施行後에 舊法에 依하여 資本을 增加하는 境遇에는 그 資本增加로 因하여 생기는 株式의 數의 增加는 定款에 定하여 있는 것으로 보게 된 會社가 發行할 株式의 總數의 增加로 본다.

第47條【株式의 額面以下의 發行】 商法 施行前에 成立한 會社에 對하여는 第15條第1項과 第16條第2項의 節次를 完了한 後에는 商法 第417條의 規定에 依한 株式을 發行할 수 있다. 그러나 會社成立의 날로부터 2年을 經過한 境遇에 限한다.

第48條【新株引受權을 주는 契約】 商法 施行前에 舊法 第349條의 契約을 한 境遇에는 商法에 依하여 會社가 發行할 株式의 總數를 增加할 때에 그 契約에 依하여 新株의 引受權이 附與된 者에 對하여 新株의 引受權을 附與한다는 뜻을 定款에 定하여야 한다.

第49條【理事의 引受擔保責任】 商法 第428條의 規定은 商法 施行後에 舊法에 依하여 資本을 增加하는 境遇에 準用한다.

第50條【轉換株式】 ① 商法 施行前에 舊商法 第359條의 規定에 依하여 定款으로 株主가 그 引受한 新株를 다른 種類의 株式으로 轉換할 것을 請求할 수 있는 뜻을 定한 境遇에는 그 株式에 關하여는 商法 施行後에도 舊商法 第360條 乃至 第362條의 規定을 適用한다.

② 前項의 株式에 關하여 商法 施行後에 轉換이 있은 境遇에는 그 轉換으로 因하여 생기는 各種의 株式의 數의 增減은 定款에 定하여 있는 것으로 보게 된 會社가 發行할 各種의 株式의 數의 增減으로 본다.

③ 前項의 境遇에 轉換으로 因한 變更登記는 每營業年度末로부터 1月內에 本店과 支店의 所在地에서 하여야 한다.

第51條【轉換社債】 ① 商法 施行前에 舊商法 第364條의 規定에 依하여 社債權者가 社債를 株式으로 轉換할 것을 請求할 수 있는 뜻을 決議한 境遇에는 그 社債에 關하여는 商法 施行後에도 舊商法 第365條 乃至 第368條의 規定을 適用한다.

② 前項의 境遇에 商法 施行後에 轉換으로 因하여 發行할 株式의 數와 各種의 株式의 數는 第10條의 規定에 依하여 定款에 定하여 있는 것으로 보게 된 會社가 發行할 株式의 總數와 各種의 株式의 數에 더한 것으로 한다.

③ 商法 第346條第2項의 規定은 前項의 境遇에 準用한다.

④ 第1項의 社債에 關하여 商法 施行後에 轉換이 있은 境遇에 轉換으로 因한 變更登記는 每營業年度末로부터 1月內에 本店과 支店의 所在地에서 하여야 한다.

第52條【會社의 合併】 合併後 存續하는 會社 또는 合併으로 因하여 設立되는 會社가 株式會社인 境遇에 商法 施行前에 合併契約書에 關하여 合併을 하는 會社의 一方의 總社員의 同意 또는 株主總會의 承認이 있은 때에는 그 合併에 關하여는 商法 施行後에도 舊法을 適用한다. 그러나 商法 施行後에 하는 合併으로 因한 變更 또는 設立의 登記에 關하여는 商法에 依한 登記를 하여야 한다.

第53條【淸算人에 關한 準用規定】 ① 第22條, 第27條 乃至 第30條, 第32條, 第33條와 第42條의 規定은 株式會社의 淸算人에 準用한다.

② 第28條 乃至 第30條, 第32條, 第33條와 第42條의 規定은 有限會社의 淸算人에 準用한다.

第54條【會社의 整理】 ① 商法 施行前에 整理開始의 命令이 있은 때에는 그 整理에 關하여는 商法 施行後에도 舊法을 適用한다.

② 商法施行의 날로부터 2年內에 整理終結의 決定이 없는 境遇에는 商法施行의 날로부터 2年을 經過한 날에 「채무자 회생 및 파산에 관한 법률」에 依한 整理開始決定이 있은 것으로 본다.(2010.7.23 본항개정)

第55條【特別淸算】 ① 商法 施行前에 特別淸算開始의 命令이 있은 때에는 그 特別淸算에 關하여는 商法 施行後에도 舊法을 適用한다.

② 商法施行의 날로부터 2年을 經過하여도 協定이 成立하지 아니하거나 協定의 實行의 可望이 없는 때에는 法院은 職權으로 「채무자 회생 및 파산에 관한 법률」에 따라 破産宣告를 하여야 한다.(2010.7.23 본항개정)

第56條【株式合資會社】 ① 商法 施行前에 成立한 株式合資會社에 關하여는 商法 施行後에도 舊法을 適用한다.

② 株式合資會社가 商法 施行後에 合併하는 境遇에는 前項의 規定에 不拘하고 合併後 存續하는 會社 또는 合併으로 因하여 設立되는 會社는 株式會社이어야 한다. 이 境遇에 合併契約書는 商法 第523條와 第524條의 規定에 依하여 作成하여야 한다.

③ 商法施行의 날로부터 2年을 經過한 때에 現存하는 株式合資會社는 그때에 解散한다.

第57條【有限會社】 商法 施行前에 成立한 有限會社로서 그 資本總額과 出資 一座의 金額이 商法 第546條에 定한 金額에 未達한 會社는 商法施行의 날로부터 2年內에 그 金額以上으로 增額하여야 한다.

第58條【有限會社의 組織變更】 商法 施行前에 有限會社가 舊有限會社法 第67條第1項에 規定하는 組織變更의 決議를 할 境遇에는 그 組織變更에 關하여는 舊法을 適用한다. 그러나 商法 施行後에 設立의 登記를 하는 때에는 그 登記事項에 關하여는 그러하지 아니하다.

第59條【外國會社의 登記】 ① 商法 施行前에 外國會社가 舊法에 依하여 支店設置의 登記를 한 境遇에는 그 支店設置의 登記는 商法 第614條第2項에 定한 營業所設置의 登記로 본다. 그러나 그 會社는 商法施行의 날로부터 6月內에 商法에 依하여 새로 登記할 것으로 된 事項을 登記하여야 한다.

② 商法 第614條第2項과 第3項에 定한 登記를 함을 要하게 된 外國會社는 前項의 境遇를 除外하고 商法施行의 날로부터 6月內에 그 登記를 하여야 한다.

③ 第1項 但書 또는 前項의 規定에 違反한 때에는 그 會社의 大韓民國에서의 代表者를 5萬원以下의 過怠料에 處한다.

第60條【外國會社의 支店閉鎖命令】 第7條의 規定은 舊商法 第484條와 舊有限會社法 第76條에서 準用하는 舊商法 第484條에 定한 事件과 그 事件에 關하여 請求를 却下된 者의 責任에 關하여 準用한다.

第61條【罰則】 商法 施行前에 한 行爲에 對한 罰則의 適用에 關하여는 從前의 例에 依한다.

附 則

①**【施行期日】** 本法은 1963年 1月 1日로부터 施行한다. 그러나 附則 第2項과 第3項의 規定은 公布한 날로부터 施行한다.

②**【定款變更의 特例】** 商法 施行前에 成立한 株式會社는 商法 施行前에 商法施行의 날에 效力이 發生할 定款의 變更을 할 수 있다.

③**【同前】** 商法 施行後에 舊法에 依하여 成立하는 會社에 있어서는 發起人 全員의 同意 또는 創立總會의 決議로 商法 施行前에 商法施行의 날에 效力이 發生할 定款의 變更을 하거나 商法 施行後에 商法에 따르도록 定款을 變更할 수 있다.

④**【經過措置】** 第15條第3項의 規定에 의하여 解散한 것으로 보는 會社는 1965年 12月 31日까지는 解散하지 아니한 것으로 보며, 이 期間內에 第15條第1項의 規定에 의한 措置를 할 수 있다.(1965.3.19 본항신설)

附 則 (1965.3.19)

이 法은 公布한 날로부터 施行한다.

附 則 (2010.7.23)

이 법은 공포한 날부터 시행한다.

상법 시행령

(2012년 4월 10일 전부개정대통령령 제23720호)

개정
2012. 8.31영24076호(전자문서및전자거래기본법시)
2013. 8.27영24697호(자본시장금융투자업시)
2014. 2.24영25214호
2016. 5.31영27205호(기술보증기금법시)
2016. 6.28영27261호(외국법자문사법시)
2016.10.25영27556호(수협시)
2017. 3.29영27971호(항공안전법시)
2017. 7.26영28211호(직제)
2018.10.30영29259호
2018.10.30영29269호(주식회사등의외부감사에관한법시)
2019. 6.25영29892호(주식·사채등의전자등록에관한법시)
2020. 1.29영30363호 2020. 4.14영30613호
2020.12. 8영31222호(전자서명법시)
2021. 2. 1영31422호
2021.12.28영32274호(독점시)
2022. 8. 9영32868호(자격취득등에요구되는실무경력의인정범위확대등을위한일부개정령)
2022. 8.23영32881호(벤처투자촉진에관한법시)
2023.12.19영33968호
2024. 7. 2영34657호(벤처기업육성에관한특별법시)
2025. 1.21영35228호(법인등기규정정비를위한일부개정법령등)

제1편 총 칙

제1조【목적】 이 영은 「상법」에서 위임된 사항과 그 시행에 필요한 사항을 정함을 목적으로 한다.

제2조【소상인의 범위】 「상법」(이하 "법"이라 한다) 제9조에 따른 소상인은 자본금액이 1천만원에 미치지 못하는 상인으로서 회사가 아닌 자로 한다.

제3조【전산정보처리조직에 의한 보존】 법 제33조제1항에 따른 상업장부와 영업에 관한 중요서류(이하 이 조에서 "장부와 서류"라 한다)를 같은 조 제3항에 따라 마이크로필름이나 그 밖의 전산정보처리조직(이하 이 조에서 "전산정보처리조직"이라 한다)에 의하여 보존하는 경우에는 다음 각 호의 어느 하나에 해당하는 방법으로 보존하여야 한다. 다만, 법에 따라 작성자가 기명날인 또는 서명하여야 하는 장부와 서류는 그 기명날인 또는 서명이 되어있는 원본을 보존하여야 한다.
1. 「전자문서 및 전자거래 기본법」 제5조제2항에 따라 전자화문서로 보존하는 방법(2012.8.31 본호개정)
2. 제1호 외의 경우에는 다음 각 목의 기준에 따라 보존하는 방법
가. 전산정보처리조직에 장부와 서류를 보존하기 위한 프로그램의 개발·변경 및 운영에 관한 기록을 보관하여야 하며, 보존의 경위 및 절차를 알 수 있도록 할 것
나. 법 및 일반적으로 공정·타당한 회계관행에 따라 그 내용을 파악할 수 있도록 보존할 것
다. 필요한 경우 그 보존 내용을 영상 또는 출력된 문서로 열람할 수 있도록 할 것
라. 전산정보처리조직에 보존된 자료의 멸실·훼손 등에 대비하는 조치를 마련할 것

제2편 상행위

제4조【호천·항만의 범위】 법 제125조에 따른 호천(湖川), 항만의 범위는 「선박안전법 시행령」 제2조제1항제3호가목에 따른 평수(平水)구역으로 한다.

제3편 회 사

제5조【유한책임회사 재무제표의 범위】 법 제287조의33에서 "대통령령으로 정하는 서류"란 다음 각 호의 어느 하나에 해당하는 서류를 말한다.
1. 자본변동표
2. 이익잉여금 처분계산서 또는 결손금 처리계산서

제6조【전자적 방법을 통한 회사의 공고】 ① 법 제289조제3항 단서에 따라 회사가 전자적 방법으로 공고하려는 경우에는 회사의 인터넷 홈페이지에 게재하는 방법으로 하여야 한다.
② 법 제289조제3항 단서에 따라 회사가 정관에서 전자적 방법으로 공고할 것을 정한 경우에는 회사의 인터넷 홈페이지 주소를 등기하여야 한다.
③ 법 제289조제3항 단서에 따라 회사가 전자적 방법으로 공고하려는 경우에는 그 정보를 회사의 인터넷 홈페이지 초기화면에서 쉽게 찾을 수 있도록 하는 등 이용자의 편의를 위한 조치를 하여야 한다.
④ 법 제289조제3항 단서에 따라 회사가 정관에서 전자적 방법으로 공고할 것을 정한 경우라도 전산장애 또는 그 밖의 부득이한 사유로 전자적 방법으로 공고할 수 없는 경우에는 법 제289조제3항 본문에 따라 미리 정관에서 정하여 둔 관보 또는 시사에 관한 사항을 게재하는 일간신문에 공고하여야 한다.
⑤ 법 제289조제4항 본문에서 "대통령령으로 정하는 기간"이란 다음 각 호에서 정하는 날까지의 기간(이하 이 조에서 "공고기간"이라 한다)을 말한다.
1. 법에서 특정한 날부터 일정한 기간 전에 공고하도록 한 경우 : 그 특정한 날
2. 법에서 공고에서 정하는 기간 내에 이의를 제출하거나 일정한 행위를 할 수 있도록 한 경우 : 그 기간이 지난 날
3. 제1호와 제2호 외의 경우 : 해당 공고를 한 날부터 3개월이 지난 날
⑥ 제5항에 따른 공고기간에 공고가 중단(불특정 다수가 공고된 정보를 제공받을 수 없게 되거나 그 공고된 정보가 변경 또는 훼손된 경우를 말한다)되더라도, 그 중단된 기간의 합계가 공고기간의 5분의 1을 초과하지 않으면 공고의 중단은 해당 공고의 효력에 영향을 미치지 아니한다. 다만, 회사가 공고의 중단에 대하여 고의 또는 중대한 과실이 있는 경우에는 그러하지 아니하다.

제7조【검사인의 조사, 보고의 면제】 ① 법 제299조제2항제1호에서 "대통령령으로 정한 금액"이란 5천만원을 말한다.
② 법 제299조제2항제2호에서 "대통령령으로 정한 방법으로 산정된 시세"란 다음 각 호의 금액 중 낮은 금액을 말한다.
1. 법 제292조에 따른 정관의 효력발생일(이하 이 항에서 "효력발생일"이라 한다)부터 소급하여 1개월간의 거래소에서의 평균 종가(終價), 효력발생일부터 소급하여 1주일간의 거래소에서의 평균 종가 및 효력발생일의 직전 거래일의 거래소에서의 종가를 산술평균하여 산정한 금액
2. 효력발생일 직전 거래일의 거래소에서의 종가
③ 제2항은 법 제290조제2호 및 제3호의 재산에 그 사용, 수익, 담보제공, 소유권 이전 등에 대한 물권적 또는 채권적 제한이나 부담이 설정된 경우에는 적용하지 아니한다.

제8조【명의개서대리인의 자격】 법 제337조제2항에 따른 명의개서대리인의 자격은 「자본시장과 금융투자업에 관한 법률」 제294조제1항에 따라 설립된 한국예탁결제원(이하 "한국예탁결제원"이라 한다) 및 같은 법 제365조제1항에 따라 금융위원회에 등록한 주식회사로 한다.

제9조【자기주식 취득 방법의 종류 등】 ① 법 제341조제1항제2호에서 "대통령령으로 정하는 방법"이란 다음 각 호의 어느 하나에 해당하는 방법을 말한다.
1. 회사가 모든 주주에게 자기주식 취득의 통지 또는 공고를 하여 주식을 취득하는 방법
2. 「자본시장과 금융투자업에 관한 법률」 제133조부터 제146조까지의 규정에 따른 공개매수의 방법

② 자기주식을 취득한 회사는 지체 없이 취득 내용을 적은 자기주식 취득내역서를 본점에 6개월간 갖추어 두어야 한다. 이 경우 주주와 회사채권자는 영업시간 내에 언제든지 자기주식 취득내역서를 열람할 수 있으며, 회사가 정한 비용을 지급하고 그 서류의 등본이나 사본의 교부를 청구할 수 있다.

제10조【자기주식 취득의 방법】 회사가 제9조제1호에 따라 자기주식을 취득하는 경우에는 다음 각 호의 기준에 따라야 한다.
1. 법 제341조제2항에 따른 결정을 한 회사가 자기주식을 취득하려는 경우에는 이사회의 결의로써 다음 각 목의 사항을 정할 것. 이 경우 주식 취득의 조건은 이사회가 결의할 때마다 균등하게 정하여야 한다.
   가. 자기주식 취득의 목적
   나. 취득할 주식의 종류 및 수
   다. 주식 1주를 취득하는 대가로 교부할 금전이나 그 밖의 재산(해당 회사의 주식은 제외한다. 이하 이 조에서 "금전등"이라 한다)의 내용 및 그 산정 방법
   라. 주식 취득의 대가로 교부할 금전등의 총액
   마. 20일 이상 60일 내의 범위에서 주식양도를 신청할 수 있는 기간(이하 이 조에서 "양도신청기간"이라 한다)
   바. 양도신청기간이 끝나는 날부터 1개월의 범위에서 양도의 대가로 금전등을 교부하는 시기와 그 밖에 주식 취득의 조건
2. 회사는 양도신청기간이 시작하는 날의 2주 전까지 각 주주에게 회사의 재무 현황, 자기주식 보유 현황 및 제1호 각 목의 사항을 서면으로 또는 각 주주의 동의를 받아 전자문서로 통지할 것. 다만, 회사가 무기명식의 주권을 발행한 경우에는 양도신청기간이 시작하는 날의 3주 전에 공고하여야 한다.
3. 회사에 주식을 양도하려는 주주는 양도신청기간이 끝나는 날까지 양도하려는 주식의 종류와 수를 적은 서면으로 주식양도를 신청할 것
4. 주주가 제3호에 따라 회사에 대하여 주식 양도를 신청한 경우 회사와 그 주주 사이의 주식 취득을 위한 계약 성립의 시기는 양도신청기간이 끝나는 날로 정하고, 주주가 신청한 주식의 총수가 제1호나목의 취득할 주식의 총수를 초과하는 경우 계약 성립의 범위는 취득할 주식의 총수를 신청한 주식의 총수로 나눈 수에 제3호에 따라 주주가 신청한 주식의 수를 곱한 수(이 경우 끝수는 버린다)로 정할 것

제11조【전자주주명부】 ① 법 제352조의2에 따라 회사가 전자주주명부를 작성하는 경우에 회사의 본점 또는 명의개서대리인의 영업소에서 전자주주명부의 내용을 서면으로 인쇄할 수 있으면 법 제396조제1항에 따라 주주명부를 갖추어 둔 것으로 본다.

② 주주와 회사채권자는 영업시간 내에 언제든지 서면 또는 파일의 형태로 전자주주명부에 기록된 사항의 열람 또는 복사를 청구할 수 있다. 이 경우 회사는 법 제352조의2제2항에 따라 기재된 다른 주주의 전자우편주소를 열람 또는 복사의 대상에서 제외하는 조치를 하여야 한다.

제12조【주주제안의 거부】 법 제363조의2제3항 전단에서 "대통령령으로 정하는 경우"란 주주제안의 내용이 다음 각 호의 어느 하나에 해당하는 경우를 말한다.
1. 주주총회에서 의결권의 100분의 10 미만의 찬성밖에 얻지 못하여 부결된 내용과 같은 내용의 의안을 부결된 날부터 3년 내에 다시 제안하는 경우
2. 주주 개인의 고충에 관한 사항인 경우
3. 주주가 권리를 행사하기 위하여 일정 비율을 초과하는 주식을 보유해야 하는 소수주주권에 관한 사항인 경우
4. 임기 중에 있는 임원의 해임에 관한 사항〔법 제542조의2 제1항에 따른 상장회사(이하 "상장회사"라 한다)만 해당한다〕인 경우
5. 회사가 실현할 수 없는 사항 또는 제안 이유가 명백히 거짓이거나 특정인의 명예를 훼손하는 사항인 경우

제13조【전자적 방법에 의한 의결권의 행사】 ① 법 제368조의4에 따라 주주가 의결권을 전자적 방법으로 행사(이하 이 조에서 "전자투표"라 한다)하는 경우 주주는 다음 각 호의 어느 하나에 해당하는 방법으로 주주 본인임을 확인하고, 「전자서명법」 제2조제2호에 따른 전자서명을 통하여 전자투표를 하여야 한다.(2020.1.29 본문개정)
1. 「전자서명법」 제8조제2항에 따른 운영기준 준수사실의 인정을 받은 전자서명인증사업자가 제공하는 본인확인의 방법(2020.12.8 본호개정)
2. 「정보통신망 이용촉진 및 정보보호 등에 관한 법률」 제23조의3에 따른 본인확인기관에서 제공하는 본인확인의 방법(2020.1.29 본호신설)

② 법 제368조의4에 따라 전자적 방법으로 의결권을 행사할 수 있음을 정한 회사는 주주총회 소집의 통지나 공고에 다음 각 호의 사항을 포함하여야 한다.
1. 전자투표를 할 인터넷 주소
2. 전자투표를 할 기간(전자투표의 종료일은 주주총회 전날까지로 하여야 한다)
3. 그 밖에 주주의 전자투표에 필요한 기술적인 사항

③ (2020.1.29 삭제)

④ 회사는 전자투표의 효율성 및 공정성을 확보하기 위하여 전자투표를 관리하는 기관을 지정하여 주주 확인절차 등 의결권 행사절차의 운영을 위탁할 수 있다.

⑤ 회사, 제4항에 따라 지정된 전자투표를 관리하는 기관 및 전자투표의 운영을 담당하는 자는 주주총회에서 개표가 있을 때까지 전자투표의 결과를 누설하거나 직무상 목적 외로 사용해서는 아니 된다.

⑥ 회사 또는 제4항에 따라 지정된 전자투표를 관리하는 기관은 전자투표의 종료일 3일 전까지 주주에게 전자문서로 제2항 각 호의 사항을 한 번 더 통지할 수 있다. 이 경우 주주의 동의가 있으면 전화번호 등을 이용하여 통지할 수 있다.(2020.1.29 본항신설)

제14조【현물출자 검사의 면제】 ① 법 제422조제2항제1호에서 "대통령령으로 정한 금액"이란 5천만원을 말한다.

② 법 제422조제2항제2호에서 "대통령령으로 정한 방법으로 산정된 시세"란 다음 각 호의 금액 중 낮은 금액을 말한다.
1. 법 제416조에 따른 이사회 또는 주주총회의 결의가 있은 날(이하 이 조에서 "결의일"이라 한다)부터 소급하여 1개월간의 거래소에서의 평균 종가, 결의일부터 소급하여 1주일간의 거래소에서의 평균 종가 및 결의일 직전 거래일의 거래소에서의 종가를 산술평균하여 산정한 금액
2. 결의일 직전 거래일의 거래소에서의 종가

③ 제2항은 현물출자의 목적인 재산에 그 사용, 수익, 담보제공, 소유권 이전 등에 대한 물권적 또는 채권적 제한이나 부담이 설정된 경우에는 적용하지 아니한다.

제15조【회계 원칙】 법 제446조의2에서 "대통령령으로 규정한 것"이란 다음 각 호의 구분에 따른 회계기준을 말한다.
1. 「주식회사 등의 외부감사에 관한 법률」 제4조에 따른 외

부감사 대상 회사 : 같은 법 제5조제1항에 따른 회계처리 기준(2018.10.30 본호개정)
2. 「공공기관의 운영에 관한 법률」 제2조에 따른 공공기관 : 같은 법에 따른 공기업 · 준정부기관의 회계 원칙
3. 제1호 및 제2호에 해당하는 회사 외의 회사 등 : 회사의 종류 및 규모 등을 고려하여 법무부장관이 중소벤처기업부장관 및 금융위원회와 협의하여 고시한 회계기준 (2017.7.26 본호개정)

제16조 【주식회사 재무제표의 범위 등】 ① 법 제447조제1항제3호에서 "대통령령으로 정하는 서류"란 다음 각 호의 어느 하나에 해당하는 서류를 말한다. 다만, 「주식회사 등의 외부감사에 관한 법률」 제4조에 따른 외부감사 대상 회사의 경우에는 다음 각 호의 모든 서류, 현금흐름표 및 주석(註釋)을 말한다.(2018.10.30 단서개정)
1. 자본변동표
2. 이익잉여금 처분계산서 또는 결손금 처리계산서

② 법 제447조제2항에서 "대통령령으로 정하는 회사"란 「주식회사 등의 외부감사에 관한 법률」 제4조에 따른 외부감사의 대상이 되는 회사 중 같은 법 제2조제3호에 규정된 지배회사를 말한다.(2018.10.30 본항개정)

제17조 【영업보고서의 기재사항】 법 제447조의2제2항에 따라 영업보고서에 기재할 사항은 다음 각 호와 같다.
1. 회사의 목적 및 중요한 사업 내용, 영업소 · 공장 및 종업원의 상황과 주식 · 사채의 상황
2. 해당 영업연도의 영업의 경과 및 성과(자금조달 및 설비투자의 상황을 포함한다)
3. 모회사와의 관계, 자회사의 상황, 그 밖에 중요한 기업결합의 상황
4. 과거 3년간의 영업성적 및 재산상태의 변동상황
5. 회사가 대처할 과제
6. 해당 영업연도의 이사 · 감사의 성명, 회사에서의 지위 및 담당 업무 또는 주된 직업과 회사와의 거래관계
7. 상위 5인 이상의 대주주(주주가 회사인 경우에는 그 회사의 자회사가 보유하는 주식을 합산한다), 그 보유주식 수 및 회사와의 거래관계, 해당 대주주에 대한 회사의 출자상황
8. 회사, 회사와 그 자회사 또는 회사의 자회사가 다른 회사의 발행주식총수의 10분의 1을 초과하는 주식을 가지고 있는 경우에는 그 주식 수, 그 다른 회사의 명칭 및 그 다른 회사가 가지고 있는 회사의 주식 수
9. 중요한 채권자 및 채권액, 해당 채권자가 가지고 있는 회사의 주식 수
10. 결산기 후에 생긴 중요한 사실
11. 그 밖에 영업에 관한 사항으로서 중요하다고 인정되는 사항

제18조 【적립할 자본준비금의 범위】 법 제459조제1항에 따라 회사는 제15조에서 정한 회계기준에 따라 자본잉여금을 자본준비금으로 적립하여야 한다.

제19조 【미실현이익의 범위】 ① 법 제462조제1항제4호에서 "대통령령으로 정하는 미실현이익"이란 법 제446조의2의 회계 원칙에 따른 자산 및 부채에 대한 평가로 인하여 증가한 대차대조표상의 순자산액으로서, 미실현손실과 상계(相計)하지 아니한 금액을 말한다.

② 제1항에도 불구하고 다음 각 호의 어느 하나에 해당하는 경우에는 각각의 미실현이익과 미실현손실을 상계할 수 있다.
1. 「자본시장과 금융투자업에 관한 법률」 제4조제2항제5호에 따른 파생결합증권의 거래를 하고, 그 거래의 위험을 회피하기 위하여 해당 거래와 연계된 거래를 한 경우로서 각 거래로 미실현이익과 미실현손실이 발생한 경우
2. 「자본시장과 금융투자업에 관한 법률」 제5조에 따른 파생상품의 거래가 그 거래와 연계된 거래의 위험을 회피하기 위하여 한 경우로서 각 거래로 미실현이익과 미실현손실이 발생한 경우
3. 「보험업법」 제2조제1호에 따른 보험상품의 거래를 하고, 그 거래와 연계된 다음 각 목의 어느 하나에 해당하는 거래를 한 경우로서 각 거래로 미실현이익과 미실현손실이 발생한 경우
가. 보험계약 관련 부채의 금리변동 위험을 회피하기 위한 「자본시장과 금융투자업에 관한 법률」 제4조제3항에 따른 채무증권 또는 같은 법 제5조에 따른 파생상품의 거래
나. 보험계약 관련 위험을 이전하기 위한 「상법」 제661조에 따른 재보험의 거래
다. 「보험업법」 제108조제1항제2호에 따른 보험계약 중 보험금이 자산운용의 성과에 따라 변동하는 보험계약 또는 같은 항 제3호에 따른 변액보험계약에서 발생하는 거래
(2023.12.19 본호신설)
(2014.2.24 본항신설)

제20조 【사채의 발행】 법 제469조제2항제3호에서 "대통령령으로 정하는 자산이나 지표"란 「자본시장과 금융투자업에 관한 법률」 제4조제10항에 따른 기초자산의 가격 · 이자율 · 지표 · 단위 또는 이를 기초로 하는 지수를 말한다.

제21조 【이익참가부사채의 발행】 ① 법 제469조제2항제1호에 따라 사채권자가 그 사채발행회사의 이익배당에 참가할 수 있는 사채(이하 "이익참가부사채"라 한다)를 발행하는 경우에 다음 각 호의 사항으로서 정관에 규정이 없는 사항은 이사회가 결정한다. 다만, 정관에서 주주총회에서 이를 결정하도록 정한 경우에는 그러하지 아니하다.
1. 이익참가부사채의 총액
2. 이익배당 참가의 조건 및 내용
3. 주주에게 이익참가부사채의 인수권을 준다는 뜻과 인수권의 목적인 이익참가부사채의 금액

② 주주 외의 자에게 이익참가부사채를 발행하는 경우에 그 발행할 수 있는 이익참가부사채의 가액(價額)과 이익배당 참가의 내용에 관하여 정관에 규정이 없으면 법 제434조에 따른 주주총회의 특별결의로 정하여야 한다.

③ 제2항에 따른 결의를 할 때 이익참가부사채 발행에 관한 의안의 요령은 법 제363조에 따른 통지와 공고에 적어야 한다.

④ 이익참가부사채의 인수권을 가진 주주는 그가 가진 주식의 수에 따라 이익참가부사채의 배정을 받을 권리가 있다. 다만, 각 이익참가부사채의 금액 중 최저액에 미달하는 끝수에 대해서는 그러하지 아니하다.

⑤ 회사는 일정한 날을 정하여, 그 날에 주주명부에 기재된 주주가 이익참가부사채의 배정을 받을 권리를 가진다는 뜻을 그 날의 2주일 전에 공고하여야 한다. 다만, 그 날이 법 제354조제1항의 기간 중일 때에는 그 기간의 초일의 2주일 전에 이를 공고하여야 한다.

⑥ 주주가 이익참가부사채의 인수권을 가진 경우에는 각 주주에게 그 인수권을 가진 이익참가부사채의 액, 발행가액, 이익참가의 조건과 일정한 기일까지 이익참가부사채 인수의 청약을 하지 아니하면 그 권리를 잃는다는 뜻을 통지하여야 한다.

⑦ 회사가 무기명식의 주권을 발행하였을 때에는 제6항의 사항을 공고하여야 한다.

⑧ 제6항에 따른 통지 또는 제7항에 따른 공고는 제5항에 따른 기일의 2주일 전까지 하여야 한다.

⑨ 제6항에 따른 통지 또는 제7항에 따른 공고에도 불구하고 그 기일까지 이익참가부사채 인수의 청약을 하지 아니한 경우에는 이익참가부사채의 인수권을 가진 자는 그 권리를 잃는다.

⑩ 회사가 이익참가부사채를 발행하였을 때에는 법 제476조에 따른 납입이 완료된 날부터 2주일 내에 본점 소재지에서 다음 각 호의 사항을 등기하여야 한다.

1. 이익참가부사채의 총액
2. 각 이익참가부사채의 금액
3. 각 이익참가부사채의 납입금액
4. 이익배당에 참가할 수 있다는 뜻과 이익배당 참가의 조건 및 내용

⑪ 회사는 제10항 각 호의 등기사항이 변경된 경우에는 변경 후 2주일 이내에 본점의 소재지에서 변경사항을 등기해야 한다.(2025.1.21 본항개정)

⑫ 외국에서 이익참가부사채를 모집한 경우에 등기할 사항이 외국에서 생겼을 때에는 그 등기기간은 그 통지가 도달한 날부터 기산(起算)한다.

제22조【교환사채의 발행】 ① 법 제469조제2항제2호에 따라 사채권자가 회사 소유의 주식이나 그 밖의 다른 유가증권으로 교환할 수 있는 사채(이하 "교환사채"라 한다)를 발행하는 경우에는 이사회가 다음 각 호의 사항을 결정한다.
1. 교환할 주식이나 유가증권의 종류 및 내용
2. 교환의 조건
3. 교환을 청구할 수 있는 기간

② 주주 외의 자에게 발행회사의 자기주식으로 교환할 수 있는 사채를 발행하는 경우에 사채를 발행할 상대방에 관하여 정관에 규정이 없으면 이사회가 이를 결정한다.

③ 교환사채를 발행하는 회사는 사채권자가 교환청구를 하는 때 또는 그 사채의 교환청구기간이 끝나는 때까지 교환에 필요한 주식 또는 유가증권을 한국예탁결제원에 예탁하거나 「주식·사채 등의 전자등록에 관한 법률」 제2조제6호에 따른 전자등록기관(이하 "전자등록기관"이라 한다)에 전자등록해야 한다. 이 경우 한국예탁결제원 또는 전자등록기관은 그 주식 또는 유가증권을 신탁재산임을 표시하여 관리하여야 한다.(2019.6.25 본항개정)

④ 사채의 교환을 청구하는 자는 청구서 2통에 사채권을 첨부하여 회사에 제출하여야 한다.

⑤ 제4항의 청구서에는 교환하려는 주식이나 유가증권의 종류 및 내용, 수와 청구 연월일을 적고 기명날인 또는 서명하여야 한다.

제23조【상환사채의 발행】 ① 법 제469조제2항제2호에 따라 회사가 그 소유의 주식이나 그 밖의 다른 유가증권으로 상환할 수 있는 사채(이하 "상환사채"라 한다)를 발행하는 경우에는 이사회가 다음 각 호의 사항을 결정한다.
1. 상환할 주식이나 유가증권의 종류 및 내용
2. 상환의 조건
3. 회사의 선택 또는 일정한 조건의 성취나 기한의 도래에 따라 주식이나 그 밖의 다른 유가증권으로 상환한다는 뜻

② 주주 외의 자에게 발행회사의 자기주식으로 상환할 수 있는 사채를 발행하는 경우에 사채를 발행할 상대방에 관하여 정관에 규정이 없으면 이사회가 이를 결정한다.

③ 일정한 조건의 성취나 기한의 도래에 따라 상환할 수 있는 경우에는 상환사채를 발행하는 회사는 조건이 성취되는 때 또는 기한이 도래하는 때까지 상환에 필요한 주식 또는 유가증권을 한국예탁결제원에 예탁하거나 전자등록기관에 전자등록해야 한다. 이 경우 한국예탁결제원 또는 전자등록기관은 그 주식 또는 유가증권을 신탁재산임을 표시하여 관리하여야 한다.(2019.6.25 본항개정)

제24조【파생결합사채의 발행】 법 제469조제2항제3호에 따라 유가증권이나 통화 또는 그 밖에 제20조에 따른 자산이나 지표 등의 변동과 연계하여 미리 정하여진 방법에 따라 상환 또는 지급금액이 결정되는 사채(이하 "파생결합사채"라 한다)를 발행하는 경우에는 이사회가 다음 각 호의 사항을 결정한다.
1. 상환 또는 지급 금액을 결정하는 데 연계할 유가증권이나 통화 또는 그 밖의 자산이나 지표
2. 제1호의 자산이나 지표와 연계하여 상환 또는 지급 금액을 결정하는 방법

제25조【사채청약서 등의 기재사항】 법 제469조제2항 각 호의 사채를 발행하는 경우 사채청약서, 채권 및 사채 원부에는 다음 각 호의 구분에 따른 사항이 포함되어야 한다.
1. 이익참가부사채를 발행하는 경우 : 제21조제1항제1호부터 제3호까지의 사항
2. 교환사채를 발행하는 경우 : 제22조제1항제1호부터 제3호까지의 사항
3. 상환사채를 발행하는 경우 : 제23조제1항제1호부터 제3호까지의 사항
4. 파생결합사채를 발행하는 경우 : 제24조제1호 및 제2호의 사항

제26조【사채관리회사의 자격】 법 제480조의3제1항에서 "은행, 신탁회사, 그 밖에 대통령령으로 정하는 자"란 다음 각 호의 어느 하나에 해당하는 자를 말한다.
1. 「은행법」에 따른 은행
2. 「한국산업은행법」에 따른 한국산업은행
3. 「중소기업은행법」에 따른 중소기업은행
4. 「농업협동조합법」에 따른 농협은행
5. 「수산업협동조합법」에 따른 수협은행(2016.10.25 본호개정)
6. 「자본시장과 금융투자업에 관한 법률」에 따라 신탁업 인가를 받은 자로서 일반투자자로부터 금전을 위탁받을 수 있는 자
7. 「자본시장과 금융투자업에 관한 법률」에 따라 투자매매업 인가를 받은 자로서 일반투자자를 상대로 증권의 인수업무를 할 수 있는 자
8. 한국예탁결제원
9. 「자본시장과 금융투자업에 관한 법률」에 따른 증권금융회사

제27조【사채발행회사와의 특수한 이해관계】 법 제480조의3제3항에서 "대통령령으로 정하는 자"란 사채관리회사가 되려는 자가 다음 각 호의 어느 하나에 해당하는 경우 그 회사(사채관리회사가 된 후에 해당하게 된 자를 포함한다)를 말한다.
1. 사채관리회사가 사채발행회사에 대하여 법 제542조의8제2항제5호에 따른 최대주주 또는 같은 항 제6호에 따른 주요주주인 경우
2. 사채발행회사가 사채관리회사에 대하여 다음 각 목의 어느 하나에 해당하는 경우
  가. 사채관리회사가 제26조제1호의 은행인 경우 : 「은행법」 제2조제1항제10호에 따른 대주주
  나. 사채관리회사가 제26조제6호 및 제7호의 자인 경우 : 「자본시장과 금융투자업에 관한 법률」 제9조제1항에 따른 대주주
3. 사채발행회사와 사채관리회사가 「독점규제 및 공정거래에 관한 법률」 제2조제12호에 따른 계열회사(이하 "계열회사"라 한다)인 경우(2021.12.28 본호개정)
4. 사채발행회사의 주식을 보유하거나 사채발행회사의 임원을 겸임하는 등으로 인하여 사채권자의 이익과 충돌하는 특수한 이해관계가 있어 공정한 사채관리를 하기 어려운 경우로서 법무부장관이 정하여 고시하는 기준에 해당하는 회사

제28조【휴면회사의 신고】 ① 법 제520조의2제1항에 따른 영업을 폐지하지 아니하였다는 뜻의 신고는 서면으로 하여야 한다.

② 제1항의 서면에는 다음 각 호의 사항을 적고, 회사의 대표자 또는 그 대리인이 기명날인하여야 한다.
1. 회사의 상호, 본점의 소재지, 대표자의 성명 및 주소
2. 대리인이 제1항의 신고를 할 때에는 대리인의 성명 및 주소
3. 아직 영업을 폐지하지 아니하였다는 뜻

4. 법원의 표시
5. 신고 연월일
③ 대리인이 제1항의 신고를 할 경우 제1항의 서면에는 그 권한을 증명하는 서면을 첨부하여야 한다.
④ 제1항 또는 제3항의 서면에 찍을 회사 대표자의 인감은 「상업등기법」 제24조제1항에 따라 등기소에 제출된 것이어야 한다. 다만, 법 제520조의2제2항에 따라 법원으로부터 통지서를 받고 이를 첨부하여 신고하는 경우에는 그러하지 아니하다.

제29조 【상장회사 특례의 적용범위】 ① 법 제542조의2제1항 본문에서 "대통령령으로 정하는 증권시장"이란 「자본시장과 금융투자업에 관한 법률」 제8조의2제4항제1호에 따른 증권시장을 말한다.(2013.8.27 본항개정)
② 법 제542조의2제1항 단서에서 "대통령령으로 정하는 주식회사"란 「자본시장과 금융투자업에 관한 법률」 제6조제5항에 따른 집합투자를 수행하기 위한 기구인 주식회사를 말한다.

제30조 【주식매수선택권】 ① 법 제542조의3제1항 본문에서 "대통령령으로 정하는 관계 회사"란 다음 각 호의 어느 하나에 해당하는 법인을 말한다. 다만, 제1호 및 제2호의 법인은 주식매수선택권을 부여하는 회사의 수출실적에 영향을 미치는 생산 또는 판매 업무를 영위하거나 그 회사의 기술혁신을 위한 연구개발활동을 수행하는 경우로 한정한다.
1. 해당 회사가 총출자액의 100분의 30 이상을 출자하고 최대출자자로 있는 외국법인
2. 제1호의 외국법인이 총출자액의 100분의 30 이상을 출자하고 최대출자자로 있는 외국법인과 그 법인이 총출자액의 100분의 30 이상을 출자하고 최대출자자로 있는 외국법인
3. 해당 회사가 「금융지주회사법」에서 정하는 금융지주회사인 경우 그 자회사 또는 손자회사 가운데 상장회사가 아닌 법인

② 법 제542조의3제1항 단서에서 "제542조의8제2항제5호의 최대주주 등 대통령령으로 정하는 자"란 다음 각 호의 어느 하나에 해당하는 자를 말한다. 다만, 해당 회사 또는 제1항의 관계 회사의 임원이 됨으로써 특수관계인에 해당하게 된 자[그 임원이 계열회사의 상무(常務)에 종사하지 아니하는 이사·감사인 경우를 포함한다]는 제외한다.
1. 법 제542조의8제2항제5호에 따른 최대주주 및 그 특수관계인
2. 법 제542조의8제2항제6호에 따른 주요주주 및 그 특수관계인

③ 법 제542조의3제2항에서 "대통령령으로 정하는 한도"란 발행주식총수의 100분의 15에 해당하는 주식 수를 말한다. 이 경우 이를 산정할 때에는 법 제542조의3제3항에 따라 부여한 주식매수선택권을 포함하여 계산한다.
④ 법 제542조의3제3항 전단에서 "대통령령으로 정하는 한도"란 다음 각 호의 구분에 따른 주식 수를 말한다.
1. 최근 사업연도 말 현재의 자본금이 3천억원 이상인 법인 : 발행주식총수의 100분의 1에 해당하는 주식 수
2. 최근 사업연도 말 현재의 자본금이 3천억원 미만인 법인 : 발행주식총수의 100분의 3에 해당하는 주식 수

⑤ 법 제542조의3제4항에서 "대통령령으로 정하는 경우"란 주식매수선택권을 부여받은 자가 사망하거나 그 밖에 본인의 책임이 아닌 사유로 퇴임하거나 퇴직한 경우를 말한다. 이 경우 정년에 따른 퇴임이나 퇴직은 본인의 책임이 아닌 사유에 포함되지 아니한다.
⑥ 상장회사는 다음 각 호의 어느 하나에 해당하는 경우에는 정관에서 정하는 바에 따라 이사회 결의에 의하여 주식매수선택권의 부여를 취소할 수 있다.
1. 주식매수선택권을 부여받은 자가 본인의 의사에 따라 사임하거나 사직한 경우
2. 주식매수선택권을 부여받은 자가 고의 또는 과실로 회사에 중대한 손해를 입힌 경우
3. 해당 회사의 파산 등으로 주식매수선택권 행사에 응할 수 없는 경우
4. 그 밖에 주식매수선택권을 부여받은 자와 체결한 주식매수선택권 부여계약에서 정한 취소사유가 발생한 경우

⑦ 주식매수선택권의 행사기한을 해당 이사·감사 또는 피용자의 퇴임일 또는 퇴직일로 정하는 경우 이들이 본인의 책임이 아닌 사유로 퇴임하거나 퇴직하였을 때에는 그 날부터 3개월 이상의 행사기간을 추가로 부여하여야 한다.

제31조 【주주총회의 소집공고】 ① 법 제542조의4제1항에서 "대통령령으로 정하는 수 이하의 주식"이란 의결권 있는 발행주식총수의 100분의 1 이하의 주식을 말한다.
② 상장회사는 「금융위원회의 설치 등에 관한 법률」 제24조에 따라 설립된 금융감독원 또는 「자본시장과 금융투자업에 관한 법률」 제373조의2에 따라 허가를 받은 거래소(이하 "거래소"라 한다)가 운용하는 전자공시시스템을 통하여 법 제542조의4제1항의 공고를 할 수 있다.(2013.8.27 본항개정)
③ 법 제542조의4제2항에서 "대통령령으로 정하는 후보자에 관한 사항"이란 다음 각 호의 사항을 말한다.
1. 후보자와 최대주주와의 관계
2. 후보자와 해당 회사와의 최근 3년간의 거래 내역
3. 주주총회 개최일 기준 최근 5년 이내에 후보자가 「국세징수법」 또는 「지방세징수법」에 따른 체납처분을 받은 사실이 있는지 여부(2020.1.29 본호신설)
4. 주주총회 개최일 기준 최근 5년 이내에 후보자가 임원으로 재직한 기업이 「채무자 회생 및 파산에 관한 법률」에 따른 회생절차 또는 파산절차를 진행한 사실이 있는지 여부(2020.1.29 본호신설)
5. 법령에서 정한 취업제한 사유 등 이사·감사 결격 사유의 유무(2020.1.29 본호신설)

④ 법 제542조의4제3항 본문에서 "사외이사 등의 활동내역과 보수에 관한 사항, 사업개요 등 대통령령으로 정하는 사항"이란 다음 각 호의 사항을 말한다.
1. 사외이사, 그 밖에 해당 회사의 상무에 종사하지 아니하는 이사의 이사회 출석률, 이사회 의안에 대한 찬반 여부 등 활동내역과 보수에 관한 사항
2. 법 제542조의9제3항 각 호에 따른 거래의 내역
3. 영업 현황 등 사업개요와 주주총회의 목적사항별로 금융위원회가 정하는 방법에 따라 작성한 참고서류
4. 「자본시장과 금융투자업에 관한 법률」 제159조에 따른 사업보고서 및 「주식회사 등의 외부감사에 관한 법률」 제23조제1항 본문에 따른 감사보고서. 이 경우 해당 보고서는 주주총회 개최 1주 전까지 전자문서로 발송하거나 회사의 홈페이지에 게재하는 것으로 갈음할 수 있다. (2020.1.29 본호신설)

⑤ 법 제542조의4제3항 단서에서 "대통령령으로 정하는 방법"이란 상장회사가 제4항 각 호에 따른 서류를 회사의 인터넷 홈페이지에 게재하고 다음 각 호의 장소에 갖추어 두어 일반인이 열람할 수 있도록 하는 방법을 말한다.
1. 상장회사의 본점 및 지점
2. 명의개서대행회사
3. 금융위원회
4. 거래소(2013.8.27 본호개정)

제32조 【소수주주권 행사요건 완화대상 회사】 법 제542조의6제2항부터 제5항까지의 규정에서 "대통령령으로 정하는 상장회사"란 최근 사업연도 말 현재의 자본금이 1천억원 이상인 상장회사를 말한다.

제33조【집중투표에 관한 특례의 대상 회사】 법 제542조의7 제2항에서 "대통령령으로 정하는 상장회사"란 최근 사업연도 말 현재의 자산총액이 2조원 이상인 상장회사를 말한다.

제34조【상장회사의 사외이사 등】 ① 법 제542조의8제1항 본문에서 "대통령령으로 정하는 경우"란 다음 각 호의 어느 하나에 해당하는 경우를 말한다.

1. 「벤처기업육성에 관한 특별법」에 따른 벤처기업 중 최근 사업연도 말 현재의 자산총액이 1천억원 미만으로서 코스닥시장(대통령령 제24697호 자본시장과 금융투자업에 관한 법률 시행령 일부개정령 부칙 제8조에 따른 코스닥시장을 말한다. 이하 같다) 또는 코넥스시장(「자본시장과 금융투자업에 관한 법률 시행령」 제11조 제2항에 따른 코넥스시장을 말한다. 이하 같다)에 상장된 주권을 발행한 벤처기업인 경우(2024.7.2 본호개정)
2. 「채무자 회생 및 파산에 관한 법률」에 따른 회생절차가 개시되었거나 파산선고를 받은 상장회사인 경우
3. 유가증권시장(「자본시장과 금융투자업에 관한 법률 시행령」 제176조의9제1항에 따른 유가증권시장을 말한다. 이하 같다), 코스닥시장 또는 코넥스시장에 주권을 신규로 상장한 상장회사(신규상장 후 최초로 소집되는 정기주주총회 전날까지만 해당한다)인 경우. 다만, 유가증권시장에 상장된 주권을 발행한 회사로서 사외이사를 선임하여야 하는 회사가 코스닥시장 또는 코넥스시장에 상장된 주권을 발행한 회사로 되는 경우 또는 코스닥시장 또는 코넥스시장에 상장된 주권을 발행한 회사로서 사외이사를 선임하여야 하는 회사가 유가증권시장에 상장된 주권을 발행한 회사로 되는 경우에는 그러하지 아니하다.(2013.8.27 본호개정)
4. 「부동산투자회사법」에 따른 기업구조조정 부동산투자회사인 경우
5. 해산을 결의한 상장회사인 경우

② 법 제542조의8제1항 단서에서 "대통령령으로 정하는 상장회사"란 최근 사업연도 말 현재의 자산총액이 2조원 이상인 상장회사를 말한다.

③ 법 제542조의8제2항제4호에서 "대통령령으로 별도로 정하는 법률"이란 다음 각 호의 금융 관련 법령(이에 상응하는 외국의 금융 관련 법령을 포함한다)을 말한다.

1. 「한국은행법」
2. 「은행법」
3. 「보험업법」
4. 「자본시장과 금융투자업에 관한 법률」
5. 「상호저축은행법」
6. 「금융실명거래 및 비밀보장에 관한 법률」
7. 「금융위원회의 설치 등에 관한 법률」
8. 「예금자보호법」
9. 「한국자산관리공사 설립 등에 관한 법률」(2021.2.1 본호개정)
10. 「여신전문금융업법」
11. 「한국산업은행법」
12. 「중소기업은행법」
13. 「한국수출입은행법」
14. 「신용협동조합법」
15. 「신용보증기금법」
16. 「기술보증기금법」(2016.5.31 본호개정)
17. 「새마을금고법」
18. 「벤처투자 촉진에 관한 법률」(2022.8.23 본호개정)
19. 「신용정보의 이용 및 보호에 관한 법률」
20. 「외국환거래법」
21. 「외국인투자 촉진법」
22. 「자산유동화에 관한 법률」
23. (2021.2.1 삭제)
24. 「금융산업의 구조개선에 관한 법률」
25. 「담보부사채신탁법」
26. 「금융지주회사법」
27. 「기업구조조정투자회사법」
28. 「한국주택금융공사법」

④ 법 제542조의8제2항제5호에서 "대통령령으로 정하는 특수한 관계에 있는 자"란 다음 각 호의 어느 하나에 해당하는 자(이하 "특수관계인"이라 한다)를 말한다.

1. 본인이 개인인 경우에는 다음 각 목의 어느 하나에 해당하는 사람
   가. 배우자(사실상의 혼인관계에 있는 사람을 포함한다)
   나. 6촌 이내의 혈족
   다. 4촌 이내의 인척
   라. 본인이 단독으로 또는 본인과 가목부터 다목까지의 관계에 있는 사람과 합하여 100분의 30 이상을 출자하거나 그 밖에 이사·집행임원·감사의 임면 등 법인 또는 단체의 주요 경영사항에 대하여 사실상 영향력을 행사하고 있는 경우에는 해당 법인 또는 단체와 그 이사·집행임원·감사
   마. 본인이 단독으로 또는 본인과 가목부터 라목까지의 관계에 있는 자와 합하여 100분의 30 이상을 출자하거나 그 밖에 이사·집행임원·감사의 임면 등 법인 또는 단체의 주요 경영사항에 대하여 사실상 영향력을 행사하고 있는 경우에는 해당 법인 또는 단체와 그 이사·집행임원·감사
2. 본인이 법인 또는 단체인 경우에는 다음 각 목의 어느 하나에 해당하는 자
   가. 이사·집행임원·감사
   나. 계열회사 및 그 이사·집행임원·감사
   다. 단독으로 또는 제1호 각 목의 관계에 있는 자와 합하여 본인에게 100분의 30 이상을 출자하거나 그 밖에 이사·집행임원·감사의 임면 등 본인의 주요 경영사항에 대하여 사실상 영향력을 행사하고 있는 개인 및 그와 제1호 각 목의 관계에 있는 자 또는 단체(계열회사는 제외한다. 이하 이 호에서 같다)와 그 이사·집행임원·감사
   라. 본인이 단독으로 또는 본인과 가목부터 다목까지의 관계에 있는 자와 합하여 100분의 30 이상을 출자하거나 그 밖에 이사·집행임원·감사의 임면 등 단체의 주요 경영사항에 대하여 사실상 영향력을 행사하고 있는 경우 해당 단체와 그 이사·집행임원·감사

⑤ 법 제542조의8제2항제7호에서 "대통령령으로 정하는 자"란 다음 각 호의 어느 하나에 해당하는 자를 말한다.

1. 해당 상장회사의 계열회사의 상무에 종사하는 이사·집행임원·감사 및 피용자이거나 최근 3년 이내에 계열회사의 상무에 종사하는 이사·집행임원·감사 및 피용자였던 자(2020.1.29 본호개정)
2. 다음 각 목의 법인 등의 이사·집행임원·감사 및 피용자〔사목에 따른 법무법인, 법무법인(유한), 법무조합, 변호사 2명 이상이 사건의 수임·처리나 그 밖의 변호사 업무수행 시 통일된 형태를 갖추고 수익을 분배하거나 비용을 분담하는 형태로 운영되는 법률사무소, 합작법무법인, 외국법자문법률사무소의 경우에는 해당 법무법인 등에 소속된 변호사, 외국법자문사를 말한다〕이거나 최근 2년 이내에 이사·집행임원·감사 및 피용자였던 자(2016.6.28 본문개정)
   가. 최근 3개 사업연도 중 해당 상장회사와의 거래실적의 합계액이 자산총액(해당 상장회사의 최근 사업연도 말 현재의 대차대조표상의 자산총액을 말한다) 또는 매출총액(해당 상장회사의 최근 사업연도 말 현재의 손익계산서상의 매출총액을 말한다. 이하 이 조에서 같다)의 100분의 10 이상인 법인

나. 최근 사업연도 중에 해당 상장회사와 매출총액의 100분의 10 이상의 금액에 상당하는 단일의 거래계약을 체결한 법인
다. 최근 사업연도 중에 해당 상장회사가 금전, 유가증권, 그 밖의 증권 또는 증서를 대여하거나 차입한 금액과 담보제공 등 채무보증을 한 금액의 합계액이 자본금(해당 상장회사의 최근 사업연도 말 현재의 대차대조표상의 자본금을 말한다)의 100분의 10 이상인 법인
라. 해당 상장회사의 정기주주총회일 현재 그 회사가 자본금(해당 상장회사가 출자한 법인의 자본금을 말한다)의 100분의 5 이상을 출자한 법인
마. 해당 상장회사와 기술제휴계약을 체결하고 있는 법인
바. 해당 상장회사의 감사인으로 선임된 회계법인
사. 해당 상장회사와 주된 법률자문·경영자문 등의 자문계약을 체결하고 있는 법무법인, 법무법인(유한), 법무조합, 변호사 2명 이상이 사건의 수임·처리나 그 밖의 변호사 업무수행 시 통일된 형태를 갖추고 수익을 분배하거나 비용을 분담하는 형태로 운영되는 법률사무소, 합작법무법인, 외국법자문법률사무소, 회계법인, 세무법인, 그 밖에 자문용역을 제공하고 있는 법인(2016.6.28 본목개정)
3. 해당 상장회사 외의 2개 이상의 다른 회사의 이사·집행임원·감사로 재임 중인 자
4. 해당 상장회사에 대한 회계감사 또는 세무대리를 하거나 그 상장회사와 법률자문·경영자문 등의 자문계약을 체결하고 있는 변호사(소속 외국법자문사를 포함한다), 공인회계사, 세무사, 그 밖에 자문용역을 제공하고 있는 자
5. 해당 상장회사의 발행주식총수의 100분의 1 이상에 해당하는 주식을 보유(「자본시장과 금융투자업에 관한 법률」 제133조제3항에 따른 보유를 말한다)하고 있는 자
6. 해당 상장회사와의 거래(「약관의 규제에 관한 법률」 제2조제1호의 약관에 따라 이루어지는 해당 상장회사와의 정형화된 거래는 제외한다) 잔액이 1억원 이상인 자
7. 해당 상장회사에서 6년을 초과하여 사외이사로 재직했거나 해당 상장회사 또는 그 계열회사에서 각각 재직한 기간을 더하면 9년을 초과하여 사외이사로 재직한 자(2020.1.29 본호신설)

⑥ 제5항제2호에도 불구하고 다음 각 호의 어느 하나에 해당하는 법인인 기관투자자 및 이에 상당하는 외국금융회사는 제5항에 해당하는 자에서 제외한다.
1. 「은행법」에 따른 은행
2. 「한국산업은행법」에 따른 한국산업은행
3. 「중소기업은행법」에 따른 중소기업은행
4. 「한국수출입은행법」에 따른 한국수출입은행
5. 「농업협동조합법」에 따른 농업협동조합중앙회 및 농협은행
6. 「수산업협동조합법」에 따른 수산업협동조합중앙회
7. 「상호저축은행법」에 따른 상호저축은행중앙회 및 상호저축은행
8. 「보험업법」에 따른 보험회사
9. 「여신전문금융업법」에 따른 여신전문금융회사
10. 「신용협동조합법」에 따른 신용협동조합중앙회
11. 「산림조합법」에 따른 산림조합중앙회
12. 「새마을금고법」에 따른 새마을금고중앙회
13. 「한국주택금융공사법」에 따른 한국주택금융공사
14. 「자본시장과 금융투자업에 관한 법률」에 따른 투자매매업자 및 투자중개업자
15. 「자본시장과 금융투자업에 관한 법률」에 따른 종합금융회사
16. 「자본시장과 금융투자업에 관한 법률」에 따른 집합투자업자
17. 「자본시장과 금융투자업에 관한 법률」에 따른 증권금융회사
18. 법률에 따라 설립된 기금을 관리·운용하는 법인으로서 다음 각 목의 법인
가. 「공무원연금법」에 따른 공무원연금공단
나. 「사립학교교직원 연금법」에 따른 사립학교교직원연금공단
다. 「국민체육진흥법」에 따른 서울올림픽기념국민체육진흥공단
라. 「신용보증기금법」에 따른 신용보증기금
마. 「기술보증기금법」에 따른 기술보증기금(2016.5.31 본목개정)
바. 「무역보험법」에 따른 한국무역보험공사
사. 「중소기업협동조합법」에 따른 중소기업중앙회
아. 「문화예술진흥법」에 따른 한국문화예술위원회
19. 법률에 따라 공제사업을 영위하는 법인으로서 다음 각 목의 법인
가. 「한국교직원공제회법」에 따른 한국교직원공제회
나. 「군인공제회법」에 따른 군인공제회
다. 「건설산업기본법」에 따라 설립된 건설공제조합 및 전문건설공제조합
라. 「전기공사공제조합법」에 따른 전기공사공제조합
마. 「정보통신공사업법」에 따른 정보통신공제조합
바. 「대한지방행정공제회법」에 따른 대한지방행정공제회
사. 「과학기술인공제회법」에 따른 과학기술인공제회

제35조 【주요주주 등 이해관계자와의 거래】 ① 법 제542조의9제1항 각 호 외의 부분에서 "대통령령으로 정하는 거래"란 다음 각 호의 어느 하나에 해당하는 거래를 말한다.
1. 담보를 제공하는 거래
2. 어음(「전자어음의 발행 및 유통에 관한 법률」에 따른 전자어음을 포함한다)을 배서(「어음법」 제15조제1항에 따른 담보적 효력이 없는 배서는 제외한다)하는 거래
3. 출자의 이행을 약정하는 거래
4. 법 제542조의9제1항 각 호의 자에 대한 신용공여의 제한(금전·증권 등 경제적 가치가 있는 재산의 대여, 채무이행의 보증, 자금 지원적 성격의 증권 매입, 제1호부터 제3호까지의 어느 하나에 해당하는 거래의 제한을 말한다)을 회피할 목적으로 하는 거래로서 「자본시장과 금융투자업에 관한 법률 시행령」 제38조제1항제4호 각 목의 어느 하나에 해당하는 거래
5. 「자본시장과 금융투자업에 관한 법률 시행령」 제38조제1항제5호에 따른 거래

② 법 제542조의9제2항제1호에서 "대통령령으로 정하는 신용공여"란 학자금, 주택자금 또는 의료비 등 복리후생을 위하여 회사가 정하는 바에 따라 3억원의 범위에서 금전을 대여하는 행위를 말한다.

③ 법 제542조의9제2항제3호에서 "대통령령으로 정하는 신용공여"란 회사의 경영상 목적을 달성하기 위하여 필요한 경우로서 다음 각 호의 자를 상대로 하거나 그를 위하여 적법한 절차에 따라 이행하는 신용공여를 말한다.
1. 법인인 주요주주
2. 법인인 주요주주의 특수관계인 중 회사(자회사를 포함한다)의 출자지분과 해당 법인인 주요주주의 출자지분을 합한 것이 개인인 주요주주의 출자지분과 그의 특수관계인(해당 회사 및 자회사는 제외한다)의 출자지분을 합한 것보다 큰 법인
3. 개인인 주요주주의 특수관계인 중 회사(자회사를 포함한다)의 출자지분과 제1호 및 제2호에 따른 법인의 출자지분을 합한 것이 개인인 주요주주의 출자지분과 그의 특수관계인(해당 회사 및 자회사는 제외한다)의 출자지분을 합한 것보다 큰 법인

④ 법 제542조의9제3항 각 호 외의 부분에서 "대통령령으로 정하는 상장회사"란 최근 사업연도 말 현재의 자산총액이 2조원 이상인 상장회사를 말한다.
⑤ 법 제542조의9제3항 각 호 외의 부분에서 "대통령령으로 정하는 자"란 제34조제4항의 특수관계인을 말한다.
⑥ 법 제542조의9제3항제1호에서 "대통령령으로 정하는 규모"란 자산총액 또는 매출총액을 기준으로 다음 각 호의 구분에 따른 규모를 말한다.
1. 제4항의 회사가 「금융위원회의 설치 등에 관한 법률」 제38조에 따른 검사 대상 기관인 경우 : 해당 회사의 최근 사업연도 말 현재의 자산총액의 100분의 1
2. 제4항의 회사가 「금융위원회의 설치 등에 관한 법률」 제38조에 따른 검사 대상 기관이 아닌 경우 : 해당 회사의 최근 사업연도 말 현재의 자산총액 또는 매출총액의 100분의 1
⑦ 법 제542조의9제3항제2호에서 "대통령령으로 정하는 규모"란 다음 각 호의 구분에 따른 규모를 말한다.
1. 제4항의 회사가 「금융위원회의 설치 등에 관한 법률」 제38조에 따른 검사 대상 기관인 경우 : 해당 회사의 최근 사업연도 말 현재의 자산총액의 100분의 5
2. 제4항의 회사가 「금융위원회의 설치 등에 관한 법률」 제38조에 따른 검사 대상 기관이 아닌 경우 : 해당 회사의 최근 사업연도 말 현재의 자산총액 또는 매출총액의 100분의 5
⑧ 법 제542조의9제4항에서 "대통령령으로 정하는 사항"이란 다음 각 호의 사항을 말한다.
1. 거래의 내용, 날짜, 기간 및 조건
2. 해당 사업연도 중 거래상대방과의 거래유형별 총거래금액 및 거래잔액
⑨ 법 제542조의9제5항제1호에서 "대통령령으로 정하는 거래"란 「약관의 규제에 관한 법률」 제2조제1호의 약관에 따라 이루어지는 거래를 말한다.

제36조 【상근감사】 ① 법 제542조의10제1항 본문에서 "대통령령으로 정하는 상장회사"란 최근 사업연도 말 현재의 자산총액이 1천억원 이상인 상장회사를 말한다.
② 법 제542조의10제2항제3호에서 "대통령령으로 정하는 자"란 다음 각 호의 어느 하나에 해당하는 자를 말한다.
1. 해당 회사의 상무에 종사하는 이사·집행임원의 배우자 및 직계존속·비속
2. 계열회사의 상무에 종사하는 이사·집행임원 및 피용자이거나 최근 2년 이내에 상무에 종사한 이사·집행임원 및 피용자

제37조 【감사위원회】 ① 법 제542조의11제1항에서 "대통령령으로 정하는 상장회사"란 최근 사업연도 말 현재의 자산총액이 2조원 이상인 상장회사를 말한다. 다만, 다음 각 호의 어느 하나에 해당하는 상장회사는 제외한다.
1. 「부동산투자회사법」에 따른 부동산투자회사인 상장회사
2. 「공공기관의 운영에 관한 법률」 및 「공기업의 경영구조 개선 및 민영화에 관한 법률」을 적용받는 상장회사
3. 「채무자 회생 및 파산에 관한 법률」에 따른 회생절차가 개시된 상장회사
4. 유가증권시장 또는 코스닥시장에 주권을 신규로 상장한 상장회사(신규상장 후 최초로 소집되는 정기주주총회 전날까지만 해당한다). 다만, 유가증권시장에 상장된 주권을 발행한 회사로서 감사위원회를 설치하여야 하는 회사가 코스닥시장에 상장된 주권을 발행한 회사로 되는 경우 또는 코스닥시장에 상장된 주권을 발행한 회사로서 감사위원회를 설치하여야 하는 회사가 유가증권시장에 상장된 주권을 발행한 회사로 되는 경우는 제외한다.
② 법 제542조의11제2항제1호에서 "대통령령으로 정하는 회계 또는 재무 전문가"란 다음 각 호의 어느 하나에 해당하는 사람을 말한다.
1. 공인회계사의 자격을 가진 사람으로서 그 자격과 관련된 업무에 5년 이상 종사한 경력이 있는 사람
2. 회계 또는 재무 분야에서 석사 이상의 학위를 취득한 사람으로서 연구기관 또는 대학에서 회계 또는 재무 관련 분야의 연구원이나 조교수 이상으로 근무한 경력(학위 취득 전의 경력을 포함한다)이 합산하여 5년 이상인 사람 (2022.8.9 본호개정)
3. 상장회사에서 회계 또는 재무 관련 업무에 합산하여 임원으로 근무한 경력이 5년 이상 또는 임직원으로 근무한 경력이 10년 이상인 사람
4. 「금융회사의 지배구조에 관한 법률 시행령」 제16조제1항제4호·제5호의 기관 또는 「한국은행법」에 따른 한국은행에서 회계 또는 재무 관련 업무나 이에 대한 감독 업무에 근무한 경력이 합산하여 5년 이상인 사람(2020.4.14 본호개정)
5. 「금융회사의 지배구조에 관한 법률 시행령」 제16조제1항제6호에 따라 금융위원회가 정하여 고시하는 자격을 갖춘 사람(2020.4.14 본호신설)

제38조 【감사 등 선임·해임 시의 의결권 제한】 ① 법 제542조의12제4항에서 "대통령령으로 정하는 자"란 다음 각 호의 어느 하나에 해당하는 자를 말한다.(2021.2.1 본문개정)
1. 최대주주 또는 그 특수관계인의 계산으로 주식을 보유하는 자
2. 최대주주 또는 그 특수관계인에게 의결권(의결권의 행사를 지시할 수 있는 권한을 포함한다)을 위임한 자(해당 위임분만 해당한다)
② 법 제542조의12제7항 후단에서 "대통령령으로 정하는 자"란 제1항 각 호의 어느 하나에 해당하는 자를 말한다. (2021.2.1 본항개정)

제39조 【준법통제기준 및 준법지원인 제도의 적용범위】 법 제542조의13제1항에서 "대통령령으로 정하는 상장회사"란 최근 사업연도 말 현재의 자산총액이 5천억원 이상인 회사를 말한다. 다만, 다른 법률에 따라 내부통제기준 및 준법감시인을 두어야 하는 상장회사는 제외한다.

제40조 【준법통제기준 등】 ① 법 제542조의13제1항에 따른 준법통제기준(이하 "준법통제기준"이라 한다)에는 다음 각 호의 사항이 포함되어야 한다.
1. 준법통제기준의 제정 및 변경의 절차에 관한 사항
2. 법 제542조의13제2항에 따른 준법지원인(이하 "준법지원인"이라 한다)의 임면절차에 관한 사항
3. 준법지원인의 독립적 직무수행의 보장에 관한 사항
4. 임직원이 업무수행과정에서 준수해야 할 법규 및 법적 절차에 관한 사항
5. 임직원에 대한 준법통제기준 교육에 관한 사항
6. 임직원의 준법통제기준 준수 여부를 확인할 수 있는 절차 및 방법에 관한 사항
7. 준법통제기준을 위반하여 업무를 집행한 임직원의 처리에 관한 사항
8. 준법통제에 필요한 정보가 준법지원인에게 전달될 수 있도록 하는 방법에 관한 사항
9. 준법통제기준의 유효성 평가에 관한 사항
② 준법통제기준을 정하거나 변경하는 경우에는 이사회의 결의를 거쳐야 한다.

제41조 【준법지원인 자격요건 등】 법 제542조의13제5항제3호에서 "대통령령으로 정하는 사람"이란 다음 각 호의 어느 하나에 해당하는 사람을 말한다.
1. 상장회사에서 감사·감사위원·준법감시인 또는 이와 관련된 법무부서에서 근무한 경력이 합산하여 10년 이상인 사람
2. 법률학 석사 이상의 학위를 취득한 사람으로서 상장회사에서 감사·감사위원·준법감시인 또는 이와 관련된 법무부서에서 근무한 경력(학위 취득 전의 경력을 포함한다)이 합산하여 5년 이상인 사람(2022.8.9 본호개정)

제42조【준법지원인의 영업 업무 제한】 준법지원인은 자신의 업무수행에 영향을 줄 수 있는 영업 관련 업무를 담당해서는 아니 된다.

제43조【대차대조표에 상당하는 것의 범위】 법 제616조의2제1항에서 "대통령령으로 정하는 것"이란 복식부기의 원리에 의하여 해당 회사의 재무상태를 명확히 하기 위하여 회계연도 말 현재의 모든 자산·부채 및 자본의 현황을 표시한 서류로서 대차대조표에 상당하는 형식을 갖춘 것을 말한다.

제44조【과태료의 부과·징수 절차】 ① 법무부장관은 법 제637조의2에 따라 과태료를 부과할 때에는 해당 위반행위를 조사·확인한 후 위반사실, 과태료 금액, 이의제기방법, 이의제기기간 등을 구체적으로 밝혀 과태료를 낼 것을 과태료 처분 대상자에게 서면으로 통지하여야 한다.

② 법무부장관은 제1항에 따라 과태료를 부과하려는 경우에는 10일 이상의 기간을 정하여 과태료 처분 대상자에게 말 또는 서면(전자문서를 포함한다)으로 의견을 진술할 기회를 주어야 한다. 이 경우 지정된 기일까지 의견을 진술하지 아니하면 의견이 없는 것으로 본다.

③ 법무부장관은 과태료 금액을 정하는 경우 해당 위반행위의 동기와 그 결과, 위반기간 및 위반 정도 등을 고려하여야 한다.

④ 과태료는 국고금 관리법령의 수입금 징수에 관한 절차에 따라 징수한다. 이 경우 납입고지서에는 이의제기방법 및 이의제기기간 등을 함께 적어야 한다.

제3편의2 보 험

(2018.10.30 본편신설)

제44조의2【타인의 생명보험】 법 제731조제1항에 따른 본인 확인 및 위조·변조 방지에 대한 신뢰성을 갖춘 전자문서는 다음 각 호의 요건을 모두 갖춘 전자문서로 한다.

1. 전자문서에 보험금 지급사유, 보험금액, 보험계약자와 보험수익자의 신원, 보험기간이 적혀 있을 것
2. 전자문서에 법 제731조제1항에 따른 전자서명(이하 "전자서명"이라 한다)을 하기 전에 전자서명을 할 사람을 직접 만나서 전자서명을 하는 사람이 보험계약에 동의하는 본인임을 확인하는 절차를 거쳐 작성될 것
3. 전자문서에 전자서명을 한 후에 그 전자서명을 한 사람이 보험계약에 동의한 본인임을 확인할 수 있도록 지문정보를 이용하는 등 법무부장관이 고시하는 요건을 갖추어 작성될 것
4. 전자문서 및 전자서명의 위조·변조 여부를 확인할 수 있을 것

제4편 해 상

제45조【해상편 규정의 적용이 제외되는 선박의 범위】 법 제741조제1항 단서에서 "대통령령으로 정하는 경우"란 다음 각 호의 어느 하나에 해당하는 국유 또는 공유의 선박인 경우를 말한다.

1. 군함, 경찰용 선박
2. 어업지도선, 밀수감시선
3. 그 밖에 영리행위에 사용되지 아니하는 선박으로서 비상용·인명구조용 선박 등 사실상 공용(公用)으로 사용되는 선박

제46조【연안항행구역의 범위】 법 제872조제2항 단서에 따라 공동해손의 경우 분담 등에 특례가 인정되는 연안항행구역의 범위는 전라남도 영광군 불갑천구 북안에서 같은 군 가음도, 신안군 재원도·비금도·신도, 진도군 가사도·진도, 완도군 보길도·자지도·청산도, 여수시 초도·소리도와 경상남도 거제시 거제도 및 부산광역시 영도를 거쳐 같은 광역시 승두말에 이르는 선 안의 해면으로 한다.

제5편 항공운송

제47조【초경량 비행장치의 범위】 법 제896조 단서에서 "대통령령으로 정하는 초경량 비행장치"란 「항공안전법」 제2조제3호에 따른 초경량비행장치를 말한다.(2017.3.29 본조개정)

제48조【항공운송편 규정의 준용이 제외되는 항공기의 범위】 법 제897조 단서에서 "대통령령으로 정하는 경우"란 다음 각 호의 어느 하나에 해당하는 국유 또는 공유의 항공기인 경우를 말한다.

1. 군용·경찰용·세관용 항공기
2. 「항공안전법」 제2조제1호 각 목의 용도로 사용되는 항공기(2017.3.29 본호개정)
3. 그 밖에 영리행위에 사용되지 아니하는 항공기로서 비상용·인명구조용 항공기 등 사실상 공용(公用)으로 사용되는 항공기

제49조【항공기사고로 인한 선급금의 지급액 등】 ① 법 제906조제1항 전단에 따라 운송인이 지급하여야 하는 선급금은 다음 각 호의 구분에 따른 금액으로 한다.

1. 여객이 사망한 경우 : 1인당 1만6천계산단위의 금액
2. 여객이 신체에 상해를 입은 경우 : 1인당 8천계산단위의 금액 범위에서 진찰·검사, 약제·치료재료의 지급, 처치·수술 및 그 밖의 치료, 예방·재활, 입원, 간호, 이송 등 명칭에 상관없이 그 상해의 치료에 드는 비용 중 법 제906조제1항에 따른 손해배상청구권자(이하 이 조에서 "손해배상청구권자"라 한다) 또는 「민법」에 따라 부양할 의무가 있는 사람이 실제 부담한 금액

② 법 제906조제1항 전단에 따라 손해배상청구권자가 선급금을 청구할 때에는 운송인에 대하여 선급금을 청구한다는 취지와 청구금액을 분명히 밝힌 서면 또는 전자문서에 다음 각 호의 서류를 첨부하여 청구하여야 한다.

1. 가족관계등록부 또는 그 밖에 법률에 따른 권한이 있는 청구권자임을 증명할 수 있는 서류
2. 여객이 신체에 상해를 입은 경우에는 그 상해의 치료에 드는 비용을 실제 부담하였음을 증명할 수 있는 서류

부 칙

제1조【시행일】 이 영은 2012년 4월 15일부터 시행한다.

제2조【이익참가부사채 등의 발행 요건 및 절차에 관한 적용례】 제21조부터 제25조까지의 개정규정은 이 영 시행 후 최초로 이사회의 결의로 이익참가부사채, 교환사채, 상환사채 및 파생결합사채를 발행하는 경우부터 적용한다.

제3조【주식매수선택권에 관한 적용례】 제30조제5항의 개정규정은 이 영 시행 후 최초로 주주총회의 결의 또는 이사회의 결의로 주식매수선택권을 부여하는 경우부터 적용한다.

제4조【사외이사 결격사유에 관한 적용례】 종전의 규정에 따라 선임된 사외이사가 이 영 시행으로 제34조제4항 및 제5항의 개정규정에 위배된 경우에 상장회사는 이 영 시행 후 최초로 개최되는 주주총회에서 제34조제4항 및 제5항의 개정규정에 합치되도록 사외이사를 선임하여야 한다.

제5조【준법통제기준 및 준법지원인 제도의 적용 특례】 제39조의 개정규정에도 불구하고 이 영 시행일부터 2013년 12월 31일까지는 같은 조 중 "5천억원"은 "1조원"으로 본다.

제6조【미실현이익에 관한 경과조치】 회사가 이 영 시행일이 속하는 사업연도까지 이익잉여금으로 순자산액에 반영한 미실현이익이 있는 경우에 그 미실현이익은 제19조의 개정규정에 따른 미실현이익에 포함되지 아니한 것으로 본다.

제7조【법인인 주요주주의 특수관계인에 대한 신용공여에 관한 경과조치】 제35조제3항제2호의 개정규정에도 불구하고 이 영 시행 전에 회사가 종전의 규정에 따라 법인인 주요주주의 특수관계인에게 한 신용공여는 같은 호의 개정규정에 적합한 신용공여로 본다.
제8조【다른 법령의 개정】 ①~② ※(해당 법령에 가제정리 하였음)
제9조【다른 법령과의 관계】 이 영 시행 당시 다른 법령에서 종전의 「상법 시행령」의 규정을 인용한 경우에 이 영 가운데 그에 해당하는 규정이 있으면 종전의 규정을 갈음하여 이 영의 해당 규정을 인용한 것으로 본다.

부 칙 (2020.1.29)

제1조【시행일】 이 영은 공포한 날부터 시행한다. 다만, 제31조제4항의 개정규정은 2021년 1월 1일부터 시행한다.
제2조【사외이사 선임에 관한 적용례】 제34조제5항의 개정규정은 이 영 시행 이후 선임하는 사외이사부터 적용한다.

부 칙 (2020.4.14)

이 영은 공포한 날부터 시행한다.

부 칙 (2020.12.8)

제1조【시행일】 이 영은 2020년 12월 10일부터 시행한다.(이하 생략)

부 칙 (2021.2.1)

이 영은 공포한 날부터 시행한다.

부 칙 (2021.12.28)

제1조【시행일】 이 영은 2021년 12월 30일부터 시행한다.(이하 생략)

부 칙 (2022.8.9)

이 영은 공포한 날부터 시행한다.

부 칙 (2022.8.23)

제1조【시행일】 이 영은 공포한 날부터 시행한다.(이하 생략)

부 칙 (2023.12.19)

이 영은 공포한 날부터 시행한다.

부 칙 (2024.7.2)

제1조【시행일】 이 영은 2024년 7월 10일부터 시행한다.(이하 생략)

부 칙 (2025.1.21)

이 영은 2025년 1월 31일부터 시행한다.

상법의 전자선하증권 규정의 시행에 관한 규정

(약칭 : 전자선하증권시행규정)

(2008년 6월 20일 대통령령 제20829호)

개정
2010. 5. 4영22151호(전자정부법시)
2010.11. 2영22467호(행정정보이용감축개정령)
2013. 3.23영24415호(직제)
2020.12. 8영31222호(전자서명법시)

제1조【목적】 이 영은 「상법」 제862조에서 위임된 사항과 그 시행에 필요한 사항을 규정함을 목적으로 한다.
제2조【정의】 이 영에서 사용하는 용어의 뜻은 다음과 같다.
1. "전자선하증권(電子船荷證券)"이란 전자문서로 작성되고 「상법」(이하 "법"이라 한다) 제862조제1항에 따라 전자선하증권의 등록기관에 등록된 선하증권을 말한다.
2. "전자선하증권 등록기관"(이하 "등록기관"이라 한다)이란 법무부장관의 지정을 받아 전자선하증권의 발행등록, 양도, 서면선하증권(書面船荷證券)으로의 전환 및 관련 전자기록의 보존 등의 업무를 처리하는 자를 말한다.
3. "전자선하증권 권리등록부"(이하 "전자등록부"라 한다)란 전자선하증권의 발행등록, 양도 및 서면선하증권으로의 전환에 관한 기재 등을 위하여 등록기관이 전자적 방식으로 관리하는 장부를 말한다.
4. "전자서명"이란 「전자서명법」 제2조제2호에 따른 전자서명을 말한다.(2020.12.8 본호개정)
5. "전자선하증권의 권리자"란 등록기관으로부터 최초로 전자선하증권을 발행받은 자 또는 전자선하증권의 양수인(讓受人)을 말한다.
6. "전자선하증권의 발행등록"(이하 "발행등록"이라 한다)이란 등록기관이 운송인의 신청에 따라 전자선하증권의 발행을 목적으로 전자등록부에 등록하는 것을 말한다.
7. "전자등록부의 폐쇄"란 등록기관이 전자등록부의 기재사항을 삭제·변경·추가 등을 할 수 없도록 하는 조치를 말한다.

제3조【등록기관의 지정요건】 ① 법 제862조제1항에 따른 전자선하증권 등록기관으로 지정받으려는 자는 다음 각 호의 요건을 모두 갖추어야 한다.
1. 법인일 것
2. 기술능력 : 다음 각 목의 기술인력을 합한 수가 12명 이상일 것
 가. 「국가기술자격법」에 따른 정보통신기사, 정보처리기사 및 전자계산기조직응용기사 이상의 국가기술자격이나 이와 동등한 자격이 있다고 법무부장관이 정하여 고시하는 자격을 갖춘 사람 1명 이상
 나. 법무부장관이 정하여 고시하는 정보보호 또는 정보통신 운영·관리 분야에서 2년 이상 근무한 경력이 있는 사람 1명 이상
 다. 「정보통신망 이용촉진 및 정보보호 등에 관한 법률」 제52조의 한국정보보호진흥원에서 실시하는 인증업무에 관한 시설 및 장비의 운영·비상복구대책 및 침해사고의 대응 등에 관한 교육과정을 이수한 사람 1명 이상
 라. 무역 관련 금융업무나 해운물류업무에 3년 이상 종사한 사람 1명 이상
3. 재정능력 : 다음 각 목의 재정능력을 모두 갖출 것
 가. 200억원 이상의 순자산〔총자산에서 부채(負債)를 뺀 가액(價額)을 말한다〕을 보유할 것
 나. 업무와 관련하여 고의 또는 과실로 이용자에게 손해를 발생시키는 경우에 그 손해를 배상하는 보험에 가입할 것
4. 시설 및 장비 : 다음 각 목의 시설 및 장비를 모두 갖출 것

가. 운송인, 송하인(送荷人) 또는 수하인(受荷人) 등 등록기관의 이용자가 전자선하증권의 등록, 배서, 양도, 제시 등 권리행사를 할 수 있는 시설 및 장비
나. 전자선하증권의 송수신 일시를 확인하고, 전자선하증권 관련 기록을 작성하고 보존할 수 있는 시설 및 장비
다. 전자선하증권의 발행·유통 관련 시설 및 장비를 안전하게 운영하기 위하여 필요한 보호시설 및 장비
라. 그 밖에 전자선하증권의 발행과 유통을 원활하고 안전하게 하기 위하여 필요한 시설 및 장비
5. 제4호 각 목에 따른 시설 및 장비의 관리·운영 절차와 방법, 제13조에 따른 전자선하증권 및 관련 전자기록의 보존에 관한 사항 등 업무수행에 관련된 전반적인 사항을 규정한 등록기관의 업무준칙을 갖출 것
② 제1항을 적용함에 있어 기술적 이유나 권리 사용상의 이유로 필요한 경우에 제1항제4호에 따른 시설 또는 장비를 보유하고 있거나 그에 관한 권리를 가진 자와 3년 이상의 기간을 정하여 시설 및 장비 사용계약을 체결한 경우에는 제1항제4호에 따른 시설 및 장비를 갖춘 것으로 본다.

제4조【등록기관의 지정 절차】 ① 등록기관으로 지정받으려는 자는 다음 각 호의 서류를 첨부하여 법무부장관에게 지정 신청을 하여야 한다. 이 경우 법무부장관은 「전자정부법」 제36조제1항에 따른 행정정보의 공동이용을 통하여 법인 등기사항증명서와 법인의 대표자 및 임원의 주민등록표 등본을 확인하여야 하며, 법인의 대표자 및 임원이 주민등록표 등본의 확인에 동의하지 아니하는 경우에는 이를 첨부하도록 하여야 한다.(2010.11.2 후단개정)
1. 법인의 정관
2. 제3조제1항 각 호에 따른 기술능력, 재정능력, 시설 및 장비, 업무준칙, 그 밖의 필요한 사항을 갖추었음을 확인할 수 있는 증빙서류
3. 사업계획서
4. 제3조제2항에 따라 시설 및 장비 사용에 관한 계약을 체결한 경우에는 계약사실 및 계약내용을 증명하는 서류
② 법무부장관은 등록기관 지정을 위한 심사에 필요한 경우에는 신청인에게 자료 제출을 요구하거나 신청인의 의견을 들을 수 있다.
③ 법무부장관은 제3조제1항제5호의 업무준칙을 심사하여 필요하다고 인정하는 경우에는 신청인에게 그 내용을 보완하도록 요구할 수 있고, 이 경우 신청인은 정당한 사유가 없으면 그 요구에 따라야 한다.
④ 법무부장관은 제1항의 지정 신청에 대하여 순자산, 기술인력, 시설 및 장비의 적정성 및 등록업무의 수행능력 등을 종합적으로 고려하여 등록기관을 지정하여야 한다.
⑤ 법무부장관은 등록기관을 지정한 경우에는 지정서를 발급하고, 등록기관 지정사실, 지정받은 자의 명칭·주소, 지정일자, 그 밖에 필요한 사항을 관보에 게재하고 법무부 인터넷 홈페이지에 게시하는 방법으로 고시하여야 한다.

제5조【지정요건 변경】 ① 등록기관은 등록기관으로 지정된 후 제3조제1항 각 호의 어느 하나에 해당하는 사항을 변경하려는 경우에는 변경될 내용을 증명하는 서류를 첨부하여 지체 없이 법무부장관에게 알려야 한다.
② 법무부장관이 제1항에 따른 통지를 받은 경우에는 등록기관의 기술능력, 재정능력, 시설 및 장비의 안전 운영 등을 점검한 후 보완을 요구할 수 있다.

제6조【전자선하증권의 발행】 ① 운송인은 전자선하증권을 발행하려면 다음 각 호의 정보가 포함된 발행등록 신청 전자문서에 운송인의 전자서명과 송하인이 전자선하증권 발행에 동의했음을 확인할 수 있는 문서(전자문서를 포함한다)를 첨부하여 등록기관에 송신하여야 한다.(2020.12.8 본문개정)
1. 법 제853조제1항 각 호의 사항
2. 운송물의 수령지 및 인도지
3. 전자적 방식으로 재현된 운송인 또는 그 대리인의 서명
② 운송인은 제1항에 따라 발행등록을 신청하는 경우에 등록기관에 그 전자선하증권의 약관 내용을 송신하여야 한다. 다만, 약관이 사전에 등록기관에 등록되어 있는 경우에는 생략할 수 있다.
③ 등록기관은 제1항의 발행등록 신청을 수신하면 전자등록부에 제1항 각 호의 정보와 약관의 내용이 포함된 발행등록을 한 후 즉시 이를 송하인에게 전자문서로 송신하여야 한다.
④ 전자선하증권이 발행된 경우에는 법 제852조, 제855조 및 제863조의 운송증서를 발행할 수 없다.

제7조【용선계약과 전자선하증권】 법 제855조제1항에 따라 전자선하증권이 발행된 경우에는 운송인은 선박소유자로 보고, 송하인은 용선자로 본다.

제8조【전자선하증권의 양도】 ① 전자선하증권의 권리자가 전자선하증권을 양도하는 경우에는 배서의 뜻을 기재한 전자문서를 작성한 후 전자선하증권을 첨부하여 등록기관에 대하여 양수인에게 송신하여 줄 것을 신청하여야 한다.
② 제1항의 양도 신청 전자문서에는 다음 각 호의 정보가 포함되어야 한다.
1. 전자선하증권의 동일성을 표시하는 정보
2. 양수인에 관한 정보
3. 양도인의 전자서명(2020.12.8 본호개정)
③ 제1항의 양도 신청을 수신한 등록기관은 전자등록부에 제2항 각 호의 정보를 포함하여 양도에 관한 기재를 한 후 즉시 양수인에게 전자문서로 송신하여야 한다.
④ 등록기관은 양수인에게 제3항의 송신을 한 경우에는 그 사실을 즉시 양도인에게 전자문서로 통지하여야 한다.
⑤ 전자선하증권을 양수하려는 양수인은 미리 등록기관에 성명, 주민등록번호 또는 사업자등록번호, 주소 등 자신에 관한 정보를 등록하여야 한다.

제9조【전자선하증권 기재 내용의 변경】 ① 전자선하증권의 권리자가 전자선하증권 기재 내용을 변경하려는 경우에는 등록기관에 전자문서로 변경 신청을 하여야 한다.
② 등록기관은 제1항의 변경 신청을 받으면 운송인에게 즉시 전자문서로 통지하여야 한다.
③ 운송인은 제2항의 통지를 받으면 등록기관에 그 승낙 여부를 전자문서로 통지하여야 한다.
④ 등록기관은 운송인으로부터 제3항의 승낙 여부에 관한 통지를 받으면 즉시 그 내용을 전자선하증권의 권리자에게 전자문서로 통지하여야 한다. 이 경우 운송인이 기재 내용의 변경을 승낙하였으면 전자등록부 기재사항을 변경한 후 통지하여야 한다.

제10조【전자선하증권에 의한 운송물 인도 청구】 ① 전자선하증권의 권리자가 운송물을 인도받으려는 경우에는 운송물 인도 청구의 뜻이 기재된 전자문서를 작성한 후 전자선하증권을 첨부하여 등록기관에 송신하여야 하고, 등록기관은 이를 운송인에게 즉시 전자문서로 송신하여야 한다.
② 제1항의 운송물 인도 청구가 있으면 등록기관은 전자등록부에 해당 전자선하증권이 더 이상 양도될 수 없다는 뜻을 기재하여야 한다.
③ 제1항의 운송물 인도 청구를 받은 운송인이 인도를 거절하려는 경우에는 그 뜻과 사유를 기재한 전자문서를 등록기관에 송신하여야 하고, 등록기관은 이를 즉시 운송물 인도 청구를 한 전자선하증권의 권리자에게 송신하여야 한다.

제11조【운송물의 인도와 전자선하증권의 상환】 ① 등록기관을 통하여 운송물 인도 청구를 받은 운송인은 청구인이 전자등록부상 전자선하증권의 권리자가 맞는지 확인한 후 운송물을 인도하여야 한다.
② 운송인은 운송물을 인도하면 수령인 및 인도 날짜를 등록기관에 전자문서로 통지하여야 하며, 통지를 받은 등록기관은 즉시 전자등록부에 기재한 후 전자등록부를 폐쇄하고 운송인과 수령인에게 전자문서로 통지하여야 한다.
③ 제1항과 제2항에 따라 운송물이 인도된 때에는 운송인에게 전자선하증권이 상환된 것으로 본다.

제12조【서면선하증권으로의 전환】 ① 등록기관은 전자선하증권의 권리자로부터 전자선하증권을 서면선하증권으로

전환하여 줄 것을 요청받은 경우에는 그에게 서면선하증권을 교부하여야 한다. 이 경우 전자적 방식으로 재현된 기명날인 또는 서명은 법 제853조제1항의 기명날인 또는 서명으로 본다.
② 등록기관은 제1항의 서면선하증권의 뒷면에 전자선하증권의 양도에 관한 기록을 기재하여야 한다.
③ 제2항의 서면선하증권의 뒷면에 기재된 양도에 관한 기록은 배서와 동일한 효력이 있다.
④ 등록기관은 제1항에 따라 서면선하증권을 교부한 경우에는 전자등록부에 서면선하증권으로의 전환 사실을 기재하여야 하며, 그 전자선하증권의 전자등록부를 폐쇄하고 그 사실을 운송인에게 전자문서로 통지하여야 한다.
⑤ 제1항에 따라 전환·교부된 서면선하증권의 기재사항에 대하여는 등록기관이 그 정확성을 담보한 것으로 본다.
제13조【전자선하증권 등의 보존】 제3조제1항제5호에 따른 등록기관의 업무준칙에는 전자선하증권 및 그 발행·양도와 양수·전환·변경 등에 관련된 전자기록을 다음 각 호의 기간 이상 보존하는 내용을 규정하여야 한다.
1. 운송물의 인도가 이루어진 경우 인도한 날부터 10년
2. 운송물의 인도가 이루어지지 아니한 경우에는 전자선하증권기록이 작성된 날부터 10년
3. 서면선하증권으로 전환된 경우에는 해당 전자선하증권의 전자등록부를 폐쇄한 날부터 10년
제14조【감독 등】 법무부장관은 등록기관의 법 또는 이 영의 준수 여부를 감독하고, 제3조제1항에 따른 등록기관의 기술·재정 능력 및 시설과 장비의 안전 운영 등에 관하여 확인할 수 있다.
제15조【지정의 취소】 ① 법무부장관은 등록기관이 다음 각 호의 어느 하나에 해당하는 경우에는 지정을 취소할 수 있다.
1. 거짓이나 그 밖의 부정한 방법으로 지정을 받은 경우
2. 제3조제1항 각 호의 지정요건을 중대하게 위반한 경우
3. 법인의 합병·파산·폐업 등으로 사실상 영업을 종료한 경우
② 법무부장관은 제1항에 따른 지정취소를 하려면 청문을 하여야 한다.
③ 법무부장관은 제1항에 따른 지정취소를 하면 지체 없이 그 내용을 관보에 게재하고 법무부 인터넷 홈페이지에 게시하는 방법으로 고시하여야 한다.
④ 법무부장관은 제1항에 따라 지정취소된 등록기관에 대하여 그 취소 전에 이미 발행등록된 전자선하증권의 양도 등 관련 업무를 계속하게 하거나, 관련 전자기록 보존 업무를 다른 등록기관 등에 이관하게 하거나, 제12조에 따른 서면선하증권으로 전환하게 하는 등 필요한 조치를 할 수 있다.
제16조【협력 요청】 법무부장관은 등록기관의 지정 등과 관련된 업무를 수행하기 위하여 필요한 경우 기획재정부장관, 산업통상자원부장관, 해양수산부장관 및 금융위원회 등에 협력을 요청할 수 있다.(2013.3.23 본조개정)

부 칙 (2010.11.2)

이 영은 공포한 날부터 시행한다.

부 칙 (2013.3.23)

제1조【시행일】 이 영은 공포한 날부터 시행한다.(이하 생략)

부 칙 (2020.12.8)

제1조【시행일】 이 영은 2020년 12월 10일부터 시행한다.(이하 생략)

어음법

(1962년 1월 20일 법 률 제1001호)

개정
1995.12. 6법 5009호　　2007. 5.17법 8441호
2010. 3.31법10198호

제1편 환어음
(2010.3.31 본편개정)

제1장 환어음의 발행과 방식

제1조【어음의 요건】 환어음(換어음)에는 다음 각 호의 사항을 적어야 한다.
1. 증권의 본문 중에 그 증권을 작성할 때 사용하는 국어로 환어음임을 표시하는 글자
2. 조건 없이 일정한 금액을 지급할 것을 위탁하는 뜻
3. 지급인의 명칭
4. 만기(滿期)
5. 지급지(支給地)
6. 지급받을 자 또는 지급받을 자를 지시할 자의 명칭
7. 발행일과 발행지(發行地)
8. 발행인의 기명날인(記名捺印) 또는 서명

참조 75, 수표1, [요건을 결한 경우]2, [백지어음]10, [요건 이외의 기재]2·3③·4·5·9②·11②·22·23②·34·37④·41②③·46·52②·55①·64②③, [준거법]국제사법, [인지]인지세법1①·4, ⑵[어음금액]5·6·28·41·48, [어음행위의 단순성]12①·26①, ⑶[지급인의 표시]3⑵, ⑷[만기의 표시]33-37, [기재없는 경우]2, ⑸[지급지의 표시]2⑵·4·41·56②·60①, ⑹[지급을 받을 자의 표시]3①·11①②, ⑺[발행일자]5③·23·34·36·37, [발행지의 표시]2⑶·37·38, 국제사법, ⑻[발행인의 기명날인]7·8

판례 만기의 일자가 발행일보다 앞선 일자로 기재되어 있는 어음의 효력(무효) : 어음의 요식증권 내지 문언증권으로서의 성질상 어음요건의 성립 여부는 어음상의 기재만에 의하여 판단하여야 하고, 어음요건의 기재가 그 자체로 불가능한 것이거나 각 어음요건이 서로 명백히 모순되어 함께 존립할 수 없게 되는 경우에는 그와 같은 어음은 무효라고 봄이 상당하고, 한편 약속어음의 발행일은 어음요건의 하나로서 그 기재가 없는 상태에서는 어음상의 권리가 적법하게 성립할 수 없는 것이므로, 확정된 날을 만기로 하는 확정일출급 약속어음의 경우에 있어서 만기의 일자가 발행일보다 앞선 일자로 기재되어 있다면 그 약속어음은 어음요건의 기재가 서로 모순되는 것으로서 무효라고 해석하여야 한다.(대판 2000.4.25, 98다59682)

판례 기존채무의 변제기보다 후의 일자가 만기인 어음을 교부한 경우의 법률관계 : 채권자가 기존 채무의 지급을 위하여 그 채무의 변

제기보다 후의 일자가 만기로 된 어음의 교부를 받은 때에는 묵시적으로 기존 채무의 지급을 유예하는 의사가 있었다고 보는 것이 상당하므로 기존 채무의 변제기는 어음에 기재된 만기일로 변경된다고 볼 것이다.(대판 1999.8.24, 99다24508)

판례 발행지 기재 없는 어음의 효력 : 어음에 있어서 발행지의 기재는 발행지와 지급지가 국토를 달리하거나 세력(歲曆)을 달리하는 어음 기타 국제어음에 있어서는 어음행위의 중요한 해석 기준이 되는 것이지만 국내에서 발행되고 지급되는 이른바 국내어음에 있어서는 별다른 의미를 가지지 못하고, 또한 일반의 어음거래에 있어서 발행지가 기재되지 아니한 국내어음도 어음요건을 갖춘 완전한 어음과 마찬가지로 당사자 간에 발행·양도 등의 유통이 널리 이루어지고 있으며, 어음교환소와 은행 등을 통한 결제 과정에서도 발행지의 기재가 없다는 이유로 지급거절됨이 없이 발행지가 기재된 어음과 마찬가지로 취급되고 있음은 관행에 이른 정도인 점에 비추어 볼 때, 발행지의 기재가 없는 어음의 유통에 관여한 당사자들은 완전한 어음에 의한 것과 같은 유효한 어음행위를 하려고 하였던 것으로 봄이 상당하므로, 어음면의 기재 자체로 보아 국내어음으로 인정되는 경우에 있어서는 그 어음면상 발행지의 기재가 없는 경우라고 할지라도 이를 무효의 어음으로 볼 수는 없다.
(대판 1998.4.23, 95다36466 전원합의체)

판례 약속어음의 발행일 기재 없는 미완성 어음의 효력 : 약속어음의 발행일은 어음요건의 하나이므로 그 기재가 없는 상태에서는 어음상의 권리가 적법하게 성립할 수 없고, 따라서 이러한 미완성 어음으로 지급을 위한 제시를 하였다 하여도 적법한 지급제시가 될 수 없으며 사실심 변론종결일까지도 그 백지부분이 보충되지 아니한 경우에는 그 어음소지인은 발행인에 대하여 이행기에 도달된 약속어음금 채권을 가지고 있다고 볼 수 없다.(대판 1994.9.9, 94다12098,94다12104)

판례 어음행위의 무인성 : 어음행위는 무인행위로서 어음수수의 원인관계로부터 분리하여 다루어져야 하고 어음은 원인관계와 상관없이 일정한 어음상의 권리를 표창하는 증권이라 할 것인바, 원인채무가 변제된 백지약속어음을 소지함을 기화로 이를 부당보충하여 실질적 원인관계없이 배서양도하였다 하더라도 무인성의 법리에 비추어 그 양수인의 약속어음금청구가 바로 신의성실의 원칙에 어긋나는 것으로서 권리남용에 해당한다고 볼 수 없다.
(대판 1984.1.24, 82다카1405)

일판 발행인과 서명관계 : 법인을 위한 서명인지 법인명을 직함으로 한 대표자개인서명인지가 어음상의 표시로 판단할 수 없을 때에는 법인 또는 대표자개인의 어느 쪽을 상대해서도 청구할 수 있다.
(日·最高 1972.2.10)

제2조【어음 요건의 흠】 제1조 각 호의 사항을 적지 아니한 증권은 환어음의 효력이 없다. 그러나 다음 각 호의 경우에는 그러하지 아니하다.

1. 만기가 적혀 있지 아니한 경우 : 일람출급(一覽出給)의 환어음으로 본다.
2. 지급지가 적혀 있지 아니한 경우 : 지급인의 명칭에 부기(附記)한 지(地)를 지급지 및 지급인의 주소지로 본다.
3. 발행지가 적혀 있지 아니한 경우 : 발행인의 명칭에 부기한 지(地)를 발행지로 본다.

참조 76, 수표2, [어음요건]1, [백지어음]10, ⑴[만기의 표시]1, [일람출급]33①·34, [약속어음]75-78, ⑵[지급지의 표시]1, [지급인의 주소]21, ⑶[발행지의 표시]1, [약속어음]76④

제3조【자기지시어음, 자기앞어음, 위탁어음】 ① 환어음은 발행인 자신을 지급받을 자로 하여 발행할 수 있다.
② 환어음은 발행인 자신을 지급인으로 하여 발행할 수 있다.
③ 환어음은 제3자의 계산으로 발행할 수 있다.

참조 수표6, [자기지시어음]1, [자기앞어음]1

제4조【제3자방 지급의 기재】 환어음은 지급인의 주소지에 있든 다른 지(地)에 있든 관계없이 제3자방(第三者方)에서 지급하는 것으로 할 수 있다.

참조 77②, 수표8, [제3자지급어음]22②·27

제5조【이자의 약정】 ① 일람출급 또는 일람 후 정기출급의 환어음에는 발행인이 어음금액에 이자가 붙는다는 약정 내용을 적을 수 있다. 그 밖의 환어음에는 이자의 약정을 적어도 이를 적지 아니한 것으로 본다.
② 이율은 어음에 적어야 한다. 이율이 적혀 있지 아니하면 이자를 약정한다는 내용이 적혀 있더라도 이자를 약정하지 아니한 것으로 본다.
③ 특정한 날짜가 적혀 있지 아니한 경우에는 어음을 발행한 날부터 이자를 계산한다.

참조 77②, 수표7, ①[일람출급 또는 일람후정기출급의 어음]33①·34·35, [상환금액과 이자]48①, ③[발행일자]1, [기간의 계산]73

제6조【어음금액의 기재에 차이가 있는 경우】 ① 환어음의 금액을 글자와 숫자로 적은 경우에 그 금액에 차이가 있으면 글자로 적은 금액을 어음금액으로 한다.
② 환어음의 금액을 글자 또는 숫자로 중복하여 적은 경우에 그 금액에 차이가 있으면 최소금액을 어음금액으로 한다.

참조 77②, 수표9, [어음금액]1·28·41·48①

제7조【어음채무의 독립성】 환어음에 다음 각 호의 어느 하나에 해당하는 기명날인 또는 서명이 있는 경우에도 다른 기명날인 또는 서명을 한 자의 채무는 그 효력에 영향을 받지 아니한다.

1. 어음채무를 부담할 능력이 없는 자의 기명날인 또는 서명
2. 위조된 기명날인 또는 서명
3. 가공인물의 기명날인 또는 서명
4. 그 밖의 사유로 환어음에 기명날인 또는 서명을 한 자나 그 본인에게 의무를 부담하게 할 수 없는 기명날인 또는 서명

참조 77②, 수표10, [어음행위자의 책임의 독립성]32②·65·69, [어음행위능력]민4-17, [의사표시의 하자로 인한 무효·취소]민107이하, [무권대리]8, 민130이하, [위조기명날인]형239

판례 원인채권의 지급을 확보하기 위하여 어음이 수수된 당사자 사이에서 채권자가 어음채권을 피보전권리로 하여 채무자의 재산을 가압류함으로써 그 권리를 행사한 경우에는 그 원인채권의 소멸시효를 중단시키는 효력을 인정하고 있는데, 원래 위 두 채권이 독립된 것임에도 불구하고 이와 같은 효력을 인정하는 이유는 이러한 어음은 경제적으로 동일한 급부를 위하여 원인채권의 지급수단으로 수수된 것으로서 그 어음채권의 행사는 원인채권을 실현하기 위한 것이고 어음수수 당사자 사이에서 원인채권의 시효소멸은 어음금 청구에 대하여 어음채무자가 대항할 수 있는 인적항변 사유에 해당하므로, 채권자가 어음채권의 소멸시효를 중단하여 두어도 원인채권의 시효소멸로 인한 인적항변에 따라 그 권리를 실현할 수 없게 되는 불합리한 결과가 발생하게 되기 때문이다. 그러나 이미 소멸시효가 완성된 후에는 그 채권이 소멸하고 시효 중단을 인정할 여지가 없으므로, 이미 시효로 소멸한 어음채권을 피보전권리로 하여 가압류 결정을 받는다고 하더라도 이를 어음채권 내지는 원인채권을 실현하기 위한 적법한 권리행사로 볼 수 없을 뿐 아니라, 더 이상 원인채권에 관한 시효중단 여부가 어음채권의 권리 실현에 영향을 주지 못하여 어떠한 불합리한 결과가 발생하지 아니한다는 점을 함께 참작하여 보면, 가압류 결정 이전에 이미 피보전권리인 어음채권의 시효가 완성되어 소멸한 경우에는 그 가압류 결정에 의하여 그 원인채권의 소멸시효를 중단시키는 효력을 인정할 수 없다.(대판 2007.9.20, 2006다68902)

제8조【어음행위의 무권대리】 대리권 없이 타인의 대리인으로 환어음에 기명날인하거나 서명한 자는 그 어음에 의하여 의무를 부담한다. 그 자가 어음금액을 지급한 경우에는 본인과 같은 권리를 가진다. 권한을 초과한 대리인의 경우도 같다.

참조 77②, 수표11, [대리]민114이하, 상48-50, [무권대리행위]민130이하, [무권대리인의 책임]민135, [표현대리]민125·126·129, [무권대리인의 기명날인있는 어음에 기명날인한 자의 책임]7

판례 어음 위조에 민법상 표현대리가 인정되는지 여부 및 보호되는 제3자 범위 : 어음행위의 위조에 관하여도 민법상의 표현대리에 관한 규정이 적용 또는 유추적용되고, 다만 이 때 그 규정의 적용을 주장할 수 있는 자는 어음행위의 직접 상대방에 한한다고 할 것이며, 약속어음의 배서행위의 직접 상대방은 당해 배서의 피배서인만을 가리키고 그 피배서인으로부터 다시 어음을 취득한 자는 위 배서행위의 직접 상대방이 아니라 제3취득자에 해당하며, 어음의 제3취득자는 어음행위의 직접 상대방에게 표현대리가 인정되는 경우에 이를 원용하여 피위조자에 대하여 자신의 어음상의 권리를 행사할 수가 있을 뿐이다.(대판 1999.12.24, 99다13201)

판례 무권대리행위에 대한 추인의 방식 : 무권대리행위에 대한 추인이 있었다고 하려면 그러한 의사가 표시되었다고 볼만한 사유가 있어야 하고, 무권대리행위가 범죄가 되는 경우에 대하여 그 사실을 알고도 장기간 형사고소를 하지 아니하였다 하더라도 그 사실만으로는 묵시적인 추인이 있었다고 할 수는 없는 바, 권한없이 기명날인을 대행하는 방식에 의하여 약속어음을 위조한 경우에 피위조자가 이를 묵시적으로 추인하였다고 인정하려면 추인의 의사가 표시되었다고 볼 만한 사유가 있어야 한다.(대판 1998.2.10, 97다3113)

판례 소지인의 적법한 지급제시가 배서위조로 인한 사용자책임을 묻기 위한 요건인지 여부 : 어음이 위조된 경우에 피위조자는 민법상 표현대리에 관한 규정이 유추적용될 수 있다는 등의 특별한 경우를 제외하고는 원칙적으로 어음상의 책임을 지지 아니하나, 피용자가 어

음위조로 인한 불법행위에 관여한 경우에 그것이 사용자의 업무집행과 관련한 위법한 행위로 인하여 이루어졌으면 그 사용자는 민법 756조에 의한 손해배상책임을 지는 경우가 있고, 이 경우에 사용자가 지는 책임은 어음상의 책임이 아니라 민법상의 불법행위책임이므로 그 책임의 요건과 범위가 어음상의 그것과 일치하는 것이 아니다. 따라서 민법 756조 소정의 사용자 책임을 논함에 있어서는 어음소지인이 어음법상 소구권을 가지고 있느냐는 등 어음법상의 권리 유무를 따질 필요가 없으므로, 어음소지인이 현실적으로 지급제시를 하여 지급거절을 당하였는지의 여부가 어음배서의 위조로 인한 손해배상책임을 묻기 위하여 필요한 요건이라고 할 수 없고, 어음소지인이 적법한 지급제시기간 내에 지급제시를 하지 아니하여 소구권 보전의 절차를 밟지 않았다고 하더라도 이는 어음소지인이 이미 발생한 위조자의 사용자에 대한 불법행위책임을 묻는 것에 장애가 되는 사유라고 할 수 없다.(대판 1994.11.8, 93다21514 전원합의체)

판례 어음위조와 입증책임 : 어음에 어음채무자로 기재되어 있는 사람이 자신의 기명날인이 위조된 것이라고 주장하는 경우에는 그 사람에 대하여 어음채무의 이행을 청구하는 어음의 소지인이 그 기명날인이 진정한 것임을 증명하지 않으면 안된다.
(대판 1993.8.24, 93다4151 전원합의체)

판례 법인의 어음행위 방식 : 법인의 어음행위는 어음행위의 서면성, 문언성에 비추어 법인의 대표자 또는 대리인이 그 법인의 대표자 또는 대리권자임을 어음면상에 표시하고 기명날인하는 대리방식에 의하던가 법인의 대표자로부터 대리권을 수여받고 직접 법인의 대표자의 명의로 서명할 수 있는 권한이 주어져 있는 자의 대행 방식에 의하여 이루어져야 할 것이고 만일 어음행위자가 대리(대행)권한없이 대리(대행)방식에 의하지 아니한 어음행위를 하였다면 무권대리인의 어음행위가 된다.(대판 1987.4.14, 85다카1189)

제9조【발행인의 책임】 ① 발행인은 어음의 인수(引受)와 지급을 담보한다.

② 발행인은 인수를 담보하지 아니한다는 내용을 어음에 적을 수 있다. 발행인이 지급을 담보하지 아니한다는 뜻의 모든 문구는 적지 아니한 것으로 본다.

참조 [발행인의 담보책임]43·47·53·70②③, [배서인의 담보책임]15, [약속어음 발행인의 책임]78, [수표발행인의 담보책임]수표12

판례 기존 채무의 이행을 위하여 제3자 발행의 어음·수표를 교부한 경우의 법률관계 : 채무자가 채권자에게 기존 채무의 이행에 관하여 어음이나 수표를 교부하는 경우 당사자 사이에 특별한 의사표시가 없고, 어음상의 주채무자가 원인관계상의 채무자와 동일하지 아니한 때에는 제3자인 어음상의 주채무자에 의한 지급이 예정되고 있으므로 이는 '지급을 위하여' 교부된 것으로 추정할 것이고, 따라서 특별한 사정이 없는 한 기존의 원인채무는 소멸하지 아니하고 어음·수표상의 채무와 병존한다고 보아야 한다.
(대판 1997.3.28, 97다126,133)

판례 융통어음을 타에 담보로 제공하고 금원을 차용한 채무에 대하여 그 융통어음의 발행인이 보증책임을 지는지 여부 : 어음행위를 한 자는 특별한 사정이 없는 한 어음상의 문언에 따라 어음상의 채무만을 부담하게 되므로 발행인이 약속어음을 자금융통을 위하여 발행하였다는 사유만으로는 수취인이 위 융통어음을 타에 담보로 제공하고서 금원을 차용한 채무를 보증한 것으로는 볼 수 없다.
(대판 1987.4.28, 86다카2630)

제10조【백지어음】 미완성으로 발행한 환어음에 미리 합의한 사항과 다른 내용을 보충한 경우에는 그 합의의 위반을 이유로 소지인에게 대항하지 못한다. 그러나 소지인이 악의 또는 중대한 과실로 인하여 환어음을 취득한 경우에는 그러하지 아니하다.

참조 77②, 수표13, [어음요건 및 그 흠결]1·2, [인적항변]17

판례 만기가 백지인 약속어음의 백지보충권의 소멸시효의 기산점 및 소멸시효기간 : 만기를 백지로 한 약속어음을 발행한 경우, 그 보충권의 소멸시효는 다른 특별한 사정이 없는 한 그 어음발행의 원인관계에 비추어 어음상의 권리를 행사하는 것이 법률적으로 가능하게 된 때부터 진행하고, 백지약속어음의 보충권 행사에 의하여 생기는 채권은 어음금 채권이며 어음법 77조 1항 8호, 70조 1항, 78조 1항에 의하면 약속어음의 발행인에 대한 어음금 채권은 만기의 날로부터 3년간 행사하지 아니하면 소멸시효가 완성되는 점 등을 고려하면, 만기를 백지로 하여 발행된 약속어음의 백지보충권의 소멸시효기간은 백지보충권을 행사할 수 있는 때로부터 3년으로 보아야 한다.
(대판 2003.5.30, 2003다16214)

판례 백지어음의 보충권 수여에 관한 입증책임 : 백지약속어음인지의 여부에 관하여는 보충권을 줄 의사로 발행한 것이 아니라는 점, 즉 백지어음이 아니라 불완전어음으로서 무효라는 점에 관한 입증책임이 발행인에게 있다.(대판 2001.4.24, 2001다6718)

판례 어음법 10조 소정의 '소지인이 악의 또는 중대한 과실로 인하여 어음을 취득한 때'의 의미 : 어음법 10조가 규정하는 '악의로 어음을 취득한 때'라 함은 소지인이 백지어음이 부당 보충되었다는 사실과 이를 취득할 경우 어음채무자를 해하게 된다는 것을 알면서도 어음을 양수한 때를 말하고, '중대한 과실로 인하여 어음을 취득한 때'라 함은 소지인이 조금만 주의를 기울였더라면 백지어음이 부당 보충되었다는 사실을 알 수 있었음에도 불구하고 그와 같은 주의도 기울이지 아니하고 부당 보충된 어음을 양수한 때를 말한다.
(대판 1999.2.9, 98다37736)

판례 제권판결을 받은 자가 어음 외의 의사표시로 백지보충하여 어음상 권리 행사 가부 : 제권판결 제도는 증권 또는 증서를 상실한 자에게 이를 소지하고 있는 것과 같은 형식적 자격을 부여하여 그 권리를 실현할 수 있도록 하려는 것인 점과, 백지어음의 발행인은 백지보충을 조건으로 하는 어음금지급채무를 부담하게 되고, 백지에 대한 보충권과 백지보충을 조건으로 한 어음상의 권리는 백지어음의 양도와 더불어 양수인에게 이전되어 그 소지인은 언제라도 백지를 보충하여 어음상의 권리를 행사할 수 있으므로, 백지어음은 어음거래상 완성어음과 같은 경제적 가치를 가지면서 유통되고 있는 점을 함께 고려하여 보면, 백지어음에 대한 제권판결을 받은 자는 발행인에 대하여 백지보충권과 백지보충을 조건으로 한 어음상의 권리까지를 모두 민사소송법 468조에 규정된 '증서에 의한 권리'로서 주장할 수 있다고 봄이 상당하고, 따라서 백지어음의 제권판결을 받은 자는 발행인에 대하여 백지 부분에 대하여 어음 외의 의사표시에 의하여 보충권을 행사하고 그 어음금의 지급을 구할 수 있다.
(대판 1998.9.4, 97다57573)

판례 발행지 기재 없는 어음의 효력 : 어음에 있어서 발행지의 기재는 발행지와 지급지가 국토를 달리하거나 세력(歲曆)을 달리하는 어음 기타 국제어음에 있어서는 어음행위의 중요한 해석 기준이 되는 것이지만 국내에서 발행되고 지급되는 이른바 국내어음에 있어서는 별다른 의미를 가지지 못하고, 또한 일반의 어음거래에 있어서 발행지가 기재되지 아니한 국내어음도 어음요건을 갖춘 완전한 어음과 마찬가지로 당사자 간에 발행·양도 등의 유통이 널리 이루어지고 있으며, 어음교환소와 은행 등을 통한 결제 과정에서도 발행지의 기재가 없다는 이유로 지급거절됨이 없이 발행지가 기재된 어음과 마찬가지로 취급되고 있음은 관행에 이른 정도인 점에 비추어 볼 때, 발행지의 기재가 없는 어음의 유통에 관여한 당사자들은 완전한 어음에 의한 것과 같은 유효한 어음행위를 하려고 하였던 것으로 봄이 상당하므로, 어음면의 기재 자체로 보아 국내어음으로 인정되는 경우에 있어서는 그 어음면상 발행지의 기재가 없는 경우라고 할지라도 이를 무효의 어음으로 볼 수는 없다.
(대판 1998.4.23, 95다36466 전원합의체)

제2장 배 서

제11조【당연한 지시증권성】 ① 환어음은 지시식(指示式)으로 발행하지 아니한 경우에도 배서(背書)에 의하여 양도할 수 있다.

② 발행인이 환어음에 "지시 금지"라는 글자 또는 이와 같은 뜻이 있는 문구를 적은 경우에는 그 어음은 지명채권의 양도 방식으로만, 그리고 그 효력으로써만 양도할 수 있다.

③ 배서는 다음 각 호의 자에 대하여 할 수 있으며, 다음 각 호의 자는 다시 어음에 배서할 수 있다.

1. 어음을 인수한 지급인
2. 어음을 인수하지 아니한 지급인
3. 어음의 발행인
4. 그 밖의 어음채무자

참조 77①, 수표14, ①[지급을 받을 자의 표시]1, [배서에 의한 양도]12이하, 민508, [지시채권의 특성]민508-526, 상65, [당연한 지시증권성]상130·157·336·820, ②[지명채권의 양도]민450·451, ③[혼동]민507, [수표의 경우]수표14③·15⑤

판례 배서금지어음이 되기 위한 금지문구의 기재방법 : 약속어음은 원칙적으로 배서에 의하여 양도할 수 있는 것이므로 배서금지어음으로 되기 위하여는 통상인이 어음거래를 함에 있어서 어음면상으로 보아 발행인이 배서를 금지하여 발행한 것임을 알 수 있을 정도로 어음법 11조 2항의 "지시금지"의 문자 또는 동일한 의의가 있는 문언이 명료하게 기재되어야 한다. 약속어음 이면의 배서란 맨 끝부분에 "견질용"이라고 기재된 것만으로는 그 약속어음을 어음법 11조 2항 소정의 지시금지어음이라고 볼 수 없다.(대판 1994.10.21, 94다9948)

판례 배서금지어음의 양도방법 : 배서금지의 문언을 기재한 약속어음은 양도성 자체까지 없어지는 것이 아니고 지명채권의 양도에 관한 방식에 따라서, 그리고 그 효력으로써 이를 양도할 수 있는 것인데 이 경우에는 민법 450조의 대항요건(통지 또는 승낙)을 구비하는 외에 약속어음을 인도(교부)하여야 하고 지급을 위하여서는 어음을 제시하여야 하며 또 어음금을 지급할 때에는 이를 환수하게 되는 것이다.
(대판 1989.10.24, 88다카20774)

제12조【배서의 요건】 ① 배서에는 조건을 붙여서는 아니 된다. 배서에 붙인 조건은 적지 아니한 것으로 본다.
② 일부의 배서는 무효로 한다.
③ 소지인에게 지급하라는 소지인출급의 배서는 백지식(白地式) 배서와 같은 효력이 있다.

참조 77①, 수표15, [주식의 배서에의 준용]상336②, [다른 유가증권에의 준용]상65, ①[어음행위의 단순성]26①, [배서에 부기할 수 있는 사항]15·18①·19①·22④·23③·34①·45③·46①·53③·55①, ②[어음금액의 일부의 인수·보증·지급]26·30①·39②③·59, ③[백지식배서]13②·14②·16①

제13조【배서의 방식】 ① 배서는 환어음이나 이에 결합한 보충지[補箋]에 적고 배서인이 기명날인하거나 서명하여야 한다.
② 배서는 피배서인(被背書人)을 지명하지 아니하고 할 수 있으며 배서인의 기명날인 또는 서명만으로도 할 수 있다(백지식 배서). 배서인의 기명날인 또는 서명만으로 하는 백지식 배서는 환어음의 뒷면이나 보충지에 하지 아니하면 효력이 없다.

참조 77①, 수표16, [주식의 배서에의 준용]상336②, ①[일자·보낼 곳의 기재]20②·45③, [등본상의 배서]67③, ②[백지식배서의 효력]14②·16①, [소지인출급의 배서와 백지식배서]12③, [어음의 표면에 한 단순한 기명날인]1·25①·31③, [유가증권에의 준용]상65①

판례 백지식 배서의 피배서인이 교부에 의해 어음을 소지인에게 양도한 경우 선의를 이유로 양도인에게 대항할 수 없었던 사유로 양수인에게 대항할 수 있는지 여부 : 어음에 배서인으로 나타나 있지는 않지만 현재의 어음소지인에게 어음을 양도한 사람이 어음취득 당시 선의였기 때문에 그에게 대항할 수 없었던 사유에 대하여는 현재의 어음소지인이 비록 어음취득 당시 그 사유를 알고 있었다고 하여도 그것으로써 현재의 어음소지인에게 대항할 수 없다.
(대판 2001.4.24, 2001다5272)

제14조【배서의 권리 이전적 효력】 ① 배서는 환어음으로부터 생기는 모든 권리를 이전(移轉)한다.
② 배서가 백지식인 경우에 소지인은 다음 각 호의 행위를 할 수 있다.
1. 자기의 명칭 또는 타인의 명칭으로 백지(白地)를 보충하는 행위
2. 백지식으로 또는 타인을 표시하여 다시 어음에 배서하는 행위
3. 백지를 보충하지 아니하고 또 배서도 하지 아니하고 어음을 교부만으로 제3자에게 양도하는 행위

참조 77①, 수표17, ①[권리이전적 효력없는 배서]18·19, [배서의 담보적 효력 및 자격증명적 효력]15·16①, [선의취득]16②, [배서에 의한 권리이전과 인적항변의 절단]17, ②[백지식배서]12③·13②, [백지식배서와 자격증명적 효력]16①, [주식의 배서에의 준용]상336②

판례 채무변제를 한 제3자 발행 어음 교부의 법적 성질(추심위임설) : 일반적으로 은행의 예금주가 제3자 발행의 어음을 예금으로서 자신의 구좌에 입금시키는 것은 추심의 위임이라고 보아야 하겠지만 은행의 채무자가 그 채무의 변제를 위하여 제3자 발행의 어음을 교부하는 것은 특별한 사정이 없는 한 어음상의 권리의 양도로 보는 것이 합리적이고 이를 단순한 추심권한만의 위임이라고 할 수는 없다.
(대판 1988.1.19, 86다카1954)

제15조【배서의 담보적 효력】 ① 배서인은 반대의 문구가 없으면 인수와 지급을 담보한다.
② 배서인은 자기의 배서 이후에 새로 하는 배서를 금지할 수 있다. 이 경우 그 배서인은 어음의 그 후의 피배서인에 대하여 담보의 책임을 지지 아니한다.

참조 77①, 수표18, [배서인의 담보책임]43·44·46②·47-49·53, [시효]70②③, [배서의 담보적효력의 특례]18·20, [발행인의 담보책임]9, [배서의 기타효력]14①·16·17, [입질증권의 배서인의 담보책임]상157

판례 사인으로부터의 어음할인의 법적 성격 : 통상 어음할인이라 함은, 아직 만기가 도래하지 아니한 어음의 소지인이 상대방에게 어음을 양도하고 상대방이 어음의 액면금액에서 만기까지의 이자 기타 비용을 공제한 금액을 할인의뢰자에게 교부하는 거래를 말하는 것인데, 수표의 경우에는 만기가 없으므로 어음할인과 같은 엄격한 의미에서의 수표할인은 존재할 수 없으나 특정기일 전까지 지급제시를 하지 않기로 하고 수표금액에서 그 기간까지의 이자를 공제하는 방법에 의한 수표할인은 가능한 바, 그와 같은 형태의 어음 또는 수표의 할인이 금융기관이 아닌 사인 간에 이루어진 경우 그 성질이 소비대차에 해당하는 것인지 아니면 어음의 매매에 해당하는 것인지의 여부는 그 거래의 실태와 당사자의 의사에 의하여 결정되어야 할 것이다.
(대판 2002.4.12, 2001다55598)

판례 약속어음 배서와 원인채무에 대한 보증책임 : 다른 사람이 발행 또는 배서양도하는 약속어음에 배서인이 된 사람은 그 배서로 인한 어음상의 채무만을 부담하는 것이 원칙이고, 특별히 채권자에 대하여 자기가 그 발행 또는 배서양도의 원인이 된 채무까지 보증하겠다는 뜻으로 배서한 경우에 한하여 그 원인채무에 대한 보증책임을 부담한다.(대판 1994.8.26, 94다5397)

판례 약속어음 배서인이 원인채무에 대한 보증책임을 부담하기 위한 요건 : 다른 사람이 발행한 약속어음에 보증의 취지로 배서를 한 경우에 배서인은 그 배서행위로 인한 어음상의 채무만을 부담하는 것이 원칙이고 다만 그 어음이 차용증서에 갈음하여 발행된 것으로서 배서인이 그러한 사정을 알고 민사상의 원인채무를 보증하는 의미로 배서한 경우에 한하여 그 원인채무에 대한 보증책임을 부담하는 것이다.(대판 1993.11.23, 93다23459)

제16조【배서의 자격 수여적 효력 및 어음의 선의취득】 ① 환어음의 점유자가 배서의 연속에 의하여 그 권리를 증명할 때에는 그를 적법한 소지인으로 추정(推定)한다. 최후의 배서가 백지식인 경우에도 같다. 말소한 배서는 배서의 연속에 관하여는 배서를 하지 아니한 것으로 본다. 백지식 배서의 다음에 다른 배서가 있는 경우에는 그 배서를 한 자는 백지식 배서에 의하여 어음을 취득한 것으로 본다.
② 어떤 사유로든 환어음의 점유를 잃은 자가 있는 경우에 그 어음의 소지인이 제1항에 따라 그 권리를 증명할 때에는 그 어음을 반환할 의무가 없다. 그러나 소지인이 악의 또는 중대한 과실로 인하여 어음을 취득한 경우에는 그러하지 아니하다.

참조 77①, 수표19·21, ①[배서의 연속]13·14②, [백지식배서]12③·13②·14②, [배서의 말소]50②, [배서연속과 면책적 효력]40③, 민470·518, ②[동산의 선의취득]민249

판례 어음상 권리의 행사와 어음의 소지 : 어음이 어떤 이유로 이미 채무자의 점유에 귀속하는 경우에는 어음의 제시증권성과 상환증권성을 고려할 필요가 없어 어음의 소지는 채무자에 대한 권리행사의 요건이 되지 않고, 채무자는 상환이행의 항변을 하지 못한다.
(대판 2001.6.1, 99다60948)

판례 강학상의 어음이론 : 어음을 유통시킬 의사로 어음상에 발행인으로 기명날인하여 외관을 갖춘 어음을 작성한 자는 그 어음이 도난·분실 등으로 인하여 그의 의사에 의하지 아니하고 유통되었다고 하더라도, 배서가 연속되어 있는 그 어음을 외관을 신뢰하고 취득한 소지인에 대하여는 그 소지인이 악의 내지 중과실에 의하여 그 어음을 취득하였음을 주장·입증하지 아니하는 한 발행인으로서의 어음상의 채무를 부담한다.(대판 1999.11.26, 99다34307)

판례 어음 배서의 형식상 연속이 끊긴 경우, 어음상 권리의 행사 방법(가교의 가부) : 어음에 있어서의 배서의 연속은 형식상 존재함으로써 족하고 또 형식상 존재함을 요한다 할 것이나, 형식상 배서의 연속이 끊어진 경우에 딴 방법으로 그 중단된 부분에 관하여 실질적 관계가 있음을 증명한 소지인이 한 어음상의 권리행사는 적법하다.
(대판 1995.9.15, 95다7024)

제17조【인적 항변의 절단】 환어음에 의하여 청구를 받은 자는 발행인 또는 종전의 소지인에 대한 인적 관계로 인한 항변(抗辯)으로써 소지인에게 대항하지 못한다. 그러나 소지인이 그 채무자를 해할 것을 알고 어음을 취득한 경우에는 그러하지 아니하다.

참조 77①, 수표22, [배서의 권리이전적 효력]14①, [채권양도와 항변]민451·515, [백지어음의 부당보충]10, [특수배서와 항변절단의 유무]18②·19②·20①

판례 인적항변절단과 제3자의 항변(이중무권의 항변) : 어음에 의하여 청구를 받은 자는 종전의 소지인에 대한 인적 관계로 인한 항변으로써 소지인에게 대항하지 못하는 것이 원칙이지만, 이와 같이 인적항변을 제한하는 법의 취지는 어음거래의 안전을 위하여 어음취득자의 이익을 보호하기 위한 것이므로 자기에 대한 배서의 원인관계가 흠결됨으로써 어음소지인이 그 어음을 소지할 정당한 권원이 없어지고 어음금의 지급을 구할 경제적 이익이 없게 된 경우에는 인적항변 절단의 이익을 향유할 지위에 있지 아니하다고 보아야 할 것이다.
(대판 2003.1.10, 2002다46508)

판례 융통어음이라는 사실에 대한 입증책임의 부담자 : 융통어음인 약속어음의 어음금지급청구에 대하여 어음의 발행인이 그 어음이 융통어음이므로 피융통자에 대하여 어음상의 책임을 부담하지 아니한다고 항변하는 경우 융통어음이라는 사실에 대한 입증책임은 어음의 발행자가 부담한다.(대판 2001.8.24, 2001다28176)

판례 '채무자를 해할 것을 알고 어음을 취득하였을 때'라 함은, 단지 항변사유의 존재를 아는 것만으로는 부족하고 자기가 어음을 취득함으로써 항변이 단절되고 채무자가 손해를 입게 될 사정이 객관적으로 존재한다는 사실까지도 충분히 알아야 한다.
(대판 1996.5.28, 96다7120)

제18조【추심위임배서】 ① 배서한 내용 중 다음 각 호의 어느 하나에 해당하는 문구가 있으면 소지인은 환어음으로부터 생기는 모든 권리를 행사할 수 있다. 그러나 소지인은 대리(代理)를 위한 배서만을 할 수 있다.
1. 회수하기 위하여
2. 추심(推尋)하기 위하여
3. 대리를 위하여
4. 그 밖에 단순히 대리권을 준다는 내용의 문구
② 제1항의 경우에는 어음의 채무자는 배서인에게 대항할 수 있는 항변으로써만 소지인에게 대항할 수 있다.
③ 대리를 위한 배서에 의하여 주어진 대리권은 그 대리권을 준 자가 사망하거나 무능력자가 되더라도 소멸하지 아니한다.
참조 77①, 수표23, ①[배서의 방식]12-14, [대리]민114이하, [위임]민680이하, [배서의 자격증명적 효력]16①, ②[어음항변]17 · 19②, ③[본인 또는 위임자의 사망 또는 능력상실과 대리 또는 위임의 종료]민127 · 690, 상50
판례 숨은 추심위임배서의 유효여부와 인적항변의 절단 여부 : 추심위임의 목적으로 하는 통상의 양도배서 즉 숨은 추심위임배서도 유효하고 이 경우 어음법 18조의 규정에 의하여 인적항변이 절단되지 아니한다.(대판 1990.4.13, 89다카1084)

제19조【입질배서】 ① 배서한 내용 중 다음 각 호의 어느 하나에 해당하는 문구가 있으면 소지인은 환어음으로부터 생기는 모든 권리를 행사할 수 있다. 그러나 소지인이 한 배서는 대리를 위한 배서의 효력만 있다.
1. 담보하기 위하여
2. 입질(入質)하기 위하여
3. 그 밖에 질권(質權) 설정을 표시하는 문구
② 제1항의 경우 어음채무자는 배서인에 대한 인적 관계로 인한 항변으로써 소지인에게 대항하지 못한다. 그러나 소지인이 그 채무자를 해할 것을 알고 어음을 취득한 경우에는 그러하지 아니하다.
참조 77①, ①[배서의 방식]12-14, [권리질]민345이하, [배서의 자격증명적 효력]16①, [배서의 담보적 효력]15, ②[어음항변]17 · 18②

제20조【기한 후 배서】 ① 만기 후의 배서는 만기 전의 배서와 같은 효력이 있다. 그러나 지급거절증서가 작성된 후에 한 배서 또는 지급거절증서 작성기간이 지난 후에 한 배서는 지명채권 양도의 효력만 있다.
② 날짜를 적지 아니한 배서는 지급거절증서 작성기간이 지나기 전에 한 것으로 추정한다.
참조 77①, 수표24, ①[만기]33-37, [지급거절증서작성 및 그 기간]43 · 44①③ · 54 · 60① · 72-74, [지명채권양도의 효력]민450 · 451, [배서의 자격증명적 효력]16①, [통상의 배서에 인정되는 기타의 특수효력]15 · 16② · 17, ②[배서일자]12② · 13①
판례 어음면상 지급거절의 사실이 명백한 경우의 지급거절증서 작성전에 한 만기후배서 : 어음법 20조에 의하면 만기후배서도 그것이 지급거절증서 작성 전 또는 지급거절증서 작성기간 경과 전에 이루어진 것이면 만기 전의 배서와 동일한 효력을 가지고, 비록 만기에 지급제시된 어음에 교환필이라는 스탬프가 압날되고 피사취 또는 예금부족 등의 사유로 지급거절한다는 취지의 지급은행의 부전이 첨부되어 있는 등 지급거절의 사실이 어음면에 명백하게 되어 있다 하더라도 이를 가지고 적법한 지급거절증서가 작성되었다고는 할 수 없으므로, 그러한 어음에 한 배서도 그것이 지급거절증서 작성 전으로서 지급거절증서 작성기간 경과 전이기만 하면 이는 기한후 배서가 아닌 만기후배서로서 만기 전의 배서와 동일한 효력이 있다.
(대판 2000.1.28, 99다44250)

제3장 인 수

제21조【인수 제시의 자유】 환어음의 소지인 또는 단순한 점유자는 만기에 이르기까지 인수를 위하여 지급인에게 그 주소에서 어음을 제시할 수 있다.
참조 [만기]33이하, [인수제시의 허부 · 요부 및 제시기간]22-24① · 46② · 54 · 72-74, 상63, [지급인의 주소]2③, [제시해태의 효과]53, [동지예비지급인의 기재있는 경우의 특례]56②, [수표와 인수의 금지]수표4

제22조【인수 제시의 명령 및 금지】 ① 발행인은 환어음에 기간을 정하거나 정하지 아니하고, 인수를 위하여 어음을 제시하여야 한다는 내용을 적을 수 있다.
② 발행인은 인수를 위한 어음의 제시를 금지한다는 내용을 어음에 적을 수 있다. 그러나 어음이 제3자방에서 또는 지급인의 주소지가 아닌 지(地)에서 지급하여야 하는 것이거나 일람 후 정기출급 어음인 경우에는 그러하지 아니하다.
③ 발행인은 일정한 기일(期日) 전에는 인수를 위한 어음의 제시를 금지한다는 내용을 적을 수 있다.
④ 각 배서인은 기간을 정하거나 정하지 아니하고, 인수를 위하여 어음을 제시하여야 한다는 내용을 적을 수 있다. 그러나 발행인이 인수를 위한 어음의 제시를 금지한 경우에는 그러하지 아니하다.
참조 [인수제시의 자유의 원칙]21, [기간의 계산]37③ · 72-74, [불가항력에 인한 제시불능]54, ②[제시명령위반의 효과]53②, ①[제3자방지급어음]4 · 27, [일람후정기출급어음]23 · 33① · 35, ④[제시명령위반의 효과]53③

제23조【일람 후 정기출급 어음의 제시기간】 ① 일람 후 정기출급의 환어음은 그 발행한 날부터 1년 내에 인수를 위한 제시를 하여야 한다.
② 발행인은 제1항의 기간을 단축하거나 연장할 수 있다.
③ 배서인은 제1항 및 제2항의 기간을 단축할 수 있다.
참조 [일람후정기출급어음]33① · 35 · 36, [발행일자]1, [기간의 계산]37③ · 72-74, [불가항력의 경우]54, [거절증서작성면제와 제시의 필요]46②, [제시금지명령의 불허]22②, [제시기간불준수의 효과]53, [일람후정기출급약속어음의 경우]78②

제24조【유예기간】 ① 지급인은 첫 번째 제시일의 다음 날에 두 번째 제시를 할 것을 청구할 수 있다. 이해관계인은 이 청구가 거절증서에 적혀 있는 경우에만 그 청구에 응한 두 번째 제시가 없었음을 주장할 수 있다.
② 소지인은 인수를 위하여 제시한 어음을 지급인에게 교부할 필요가 없다.
참조 [제2의 제시의 청구]거절증서3②, [인수거절증서작성기간]44 · 72 · 74

제25조【인수의 방식】 ① 인수는 환어음에 적어야 하며, "인수" 또는 그 밖에 이와 같은 뜻이 있는 글자로 표시하고 지급인이 기명날인하거나 서명하여야 한다. 어음의 앞면에 지급인의 단순한 기명날인 또는 서명이 있으면 인수로 본다.
② 일람 후 정기출급의 어음 또는 특별한 기재에 의하여 일정한 기간 내에 인수를 위한 제시를 하여야 하는 어음의 경우에는 소지인이 제시한 날짜를 기재할 것을 청구한 경우가 아니면 인수에는 인수한 날짜를 적어야 한다. 날짜가 적혀 있지 아니한 경우 소지인은 배서인과 발행인에 대한 상환청구권(償還請求權)을 보전(保全)하기 위하여는 적법한 시기에 작성시킨 거절증서로써 그 기재가 없었음을 증명하여야 한다.
참조 ①[어음의 표면에 한 단순한 기명날인]1 · 13② · 31③, ②[일람후정기출급어음]33① · 35, [인수의 제시를 할 어음]22①④ · 23 · 24①, [제시일자의 기재의 청구]24① · 44②, [일람후정기출급약속어음의 경우]78②
판례 환어음의 백지인수가 가능한지 여부 : 일람후 정기출급 환어음은 지급인이 그 환어음 원본에 인수 기타 이와 동일한 의미가 있는 문자로 표시하고 인수일자를 기재하거나 또는 기재하지 아니한 채 기명날인하여 이를 그 인수제시인에게 교부 반환하면 인수가 되는 것이고 위와 같이 인수일자를 기재하지 아니할 때에 장차 그 소지인에게 그 제1의 인수제시일자 또는 인수일자의 보충권을 수여하는 이른바 백지인수도 가능하다.(대판 1980.2.12, 78다1164)

제26조【부단순인수】 ① 인수는 조건 없이 하여야 한다. 그러나 지급인은 어음금액의 일부만을 인수할 수 있다.
② 환어음의 다른 기재사항을 변경하여 인수하였을 때에는 인수를 거절한 것으로 본다. 그러나 인수인은 그 인수 문구에 따라 책임을 진다.
참조 [어음행위의 단순성]1 · 12①, [제3자방지급의 기재]27, [일부인수]43① · 48① · 51, 거절증서6②, [어음금액의 일부의 배서 · 보증 · 지급]12② · 30① · 39② · 59②, ②[인수거절의 효과]43, [인수인의 책임]28, [인수의 말소]29

제27조【제3자방 지급의 기재】 ① 발행인이 지급인의 주소지와 다른 지급지를 환어음에 적은 경우에 제3자방에서 지급한다는 내용을 적지 아니하였으면 지급인은 인수를 함에 있어 그 제3자를 정할 수 있다. 그에 관하여 적은 내용이 없으면 인수인은 지급지에서 직접 지급할 의무를 부담한 것으로 본다.

② 지급인의 주소에서 지급될 어음의 경우 지급인은 인수를 함에 있어 지급지 내에 위치한 지급장소를 정할 수 있다.
참조 [제3자방 지급의 기재]4, [지급지 및 지급인의 주소지]1·2

제28조【인수의 효력】 ① 지급인은 인수를 함으로써 만기에 환어음을 지급할 의무를 부담한다.
② 지급을 받지 못한 경우에 소지인은 제48조와 제49조에 따라 청구할 수 있는 모든 금액에 관하여 인수인에 대하여 환어음으로부터 생기는 직접청구권을 가진다. 소지인이 발행인인 경우에도 같다.
참조 [인수]25·26, [약속어음의 발행인의 의무]78①, [참가인수인의 의무]58①, [수표의 지급보증인의 의무]수표55, ①[인수인의 의무의 이행기]33①·35-37·72, [만기전의 지급]40①②, [인수인의 의무의 시효]70①, ②[만기에 지급없는 경우의 효과]43·47

제29조【인수의 말소】 ① 환어음에 인수를 기재한 지급인이 그 어음을 반환하기 전에 인수의 기재를 말소한 경우에는 인수를 거절한 것으로 본다. 말소는 어음의 반환 전에 한 것으로 추정한다.
② 제1항에도 불구하고 지급인이 소지인이나 어음에 기명날인 또는 서명을 한 자에게 서면으로 인수를 통지한 경우에는 그 상대방에 대하여 인수의 문구에 따라 책임을 진다.
참조 [인수의 방식]25·26, [인수거절]43

제4장 보 증

제30조【보증의 가능】 ① 환어음은 보증에 의하여 그 금액의 전부 또는 일부의 지급을 담보할 수 있다.
② 제3자는 제1항의 보증을 할 수 있다. 어음에 기명날인하거나 서명한 자도 같다.
참조 77③, 수표25, [민사보증]민428이하, [상사보증]상57②, [어음보증의 방식]31, [어음보증의 효력]32, ①[어음금액 일부의 배서·인수·지급]12②·26①·39②·59②, ②[수표보증]수표25②
판례 어음할인거래에 관한 보증인의 책임범위 : 일반적으로 어음할인거래에 관한 기본약정서인 여신한도거래약정서에 거래방법을 제한하는 규정이나 보증인의 보증범위가 주채무자의 상업어음의 거래로 인한 채무만으로 한정된다는 규정이 없고, 또 이와 같은 내용의 특약을 별도로 한 바도 없다면, 금융기관의 내부규정인 할인어음취급요령에서 융통어음의 할인을 금지하고 있다 하더라도, 특별한 사정이 없는 한 보증인이 금융기관에 대하여 부담하는 보증책임의 범위가 제3자가 발행한 상업어음의 할인거래로 인한 주채무자의 채무에 한정되는 것은 아니라고 해석할 것이다.(대판 2000.6.23, 99다57720)

제31조【보증의 방식】 ① 보증의 표시는 환어음 또는 보충지에 하여야 한다.
② 보증을 할 때에는 "보증" 또는 이와 같은 뜻이 있는 문구를 표시하고 보증인이 기명날인하거나 서명하여야 한다.
③ 환어음의 앞면에 단순한 기명날인 또는 서명이 있는 경우에는 보증을 한 것으로 본다. 그러나 지급인 또는 발행인의 기명날인 또는 서명의 경우에는 그러하지 아니하다.
④ 보증에는 누구를 위하여 한 것임을 표시하여야 한다. 그 표시가 없는 경우에는 발행인을 위하여 보증한 것으로 본다.
참조 77③, 수표26, ①[보전상의 보증]13①, [등본상의 보증]67③, ③[배서방식]1·3, [추심위임배서]18, [인수방식]25①, ④[약속어음의 경우]77③, [참가와 피참가인의 표시]57·62①, [거절증서작성면제의 기재]46①, [예비지급인의 기재]55①
판례 조건부 어음보증의 효력 : 어음법상 보증의 경우에는 발행 및 배서의 경우와 같이 단순성을 요구하는 명문이 없을 뿐 아니라, 부수적 채무부담행위인 점에서 보증과 유사한 환어음 인수에 불단순인수를 인정하고 있음에 비추어 어음보증에 대하여 환어음 인수의 경우보다 더 엄격하게 단순성을 요구함은 균형을 잃은 해석이고 또 조건부 보증을 유효로 본다고 하여 어음거래의 안전성이 저해되는 것도 아니므로 조건을 붙인 불단순 보증은 그 조건부 보증문언대로 보증인의 책임이 발생한다고 보는 것이 타당하다.
(대판 1986.3.11, 85다카1600)

제32조【보증의 효력】 ① 보증인은 보증된 자와 같은 책임을 진다.
② 보증은 담보된 채무가 그 방식에 흠이 있는 경우 외에는 어떠한 사유로 무효가 되더라도 그 효력을 가진다.
③ 보증인이 환어음의 지급을 하면 보증된 자와 그 자의 어음상의 채무자에 대하여 어음으로부터 생기는 권리를 취득한다.
참조 77③, 수표27, ①[피보증인]31④, [피보증인과 동일한 책임]9·15·28·53·58·70, [보증인의 책임]47, [민사보증인의 책임의 보충성]민428·437·438, [상사보증과 연대성]상57, ②[어음행위자의 책임의 독립성]7·65·69, [민사보증인의 책임의 부종성]민430, ③[어음을 환수한 자의 권리]47③·49·70③, [민사보증과 구상권]민441이하, [복수의 보증인 있는 경우의 구상권]상57, 민425·448

제5장 만 기

제33조【만기의 종류】 ① 환어음은 다음 각 호의 어느 하나로 발행할 수 있다.
1. 일람출급
2. 일람 후 정기출급
3. 발행일자 후 정기출급
4. 확정일출급

② 제1항 외의 만기 또는 분할 출급의 환어음은 무효로 한다.
참조 77①, [만기 기재]1·75, [만기 기재 없는 어음]2②·76, [수표의 일람출급]수표28, ①⑴[일람출급어음]34·37③④·72-74, [일람후정기출급어음]23·35·36·37③④·72-74, ⑵[일람후정기출급약속어음]78②, ⑶[일자후정기출급어음]36·37②-④·72-74, [발행일자]1·75, [확정일출급어음]36③·37①④

제34조【일람출급 어음의 만기】 ① 일람출급의 환어음은 제시된 때를 만기로 한다. 이 어음은 발행일부터 1년 내에 지급을 받기 위한 제시를 하여야 한다. 발행인은 이 기간을 단축하거나 연장할 수 있고 배서인은 그 기간을 단축할 수 있다.
② 발행인은 일정한 기일 전에는 일람출급의 환어음의 지급을 받기 위한 제시를 금지한다는 내용을 적을 수 있다. 이 경우 제시기간은 그 기일부터 시작한다.
참조 77①, [일람출급어음]33①, [발행일자]1·75, [제시기간의 계산]37③④·54·72-74, [제시기간을 준수하지 않은 경우]53, ①[일람후정기출급어음의 인수제시기간과 그 기간단축]23, ②[인수제시금지명령]22②③

제35조【일람 후 정기출급 어음의 만기】 ① 일람 후 정기출급의 환어음 만기는 인수한 날짜 또는 거절증서의 날짜에 따라 정한다.
② 인수일이 적혀 있지 아니하고 거절증서도 작성되지 아니한 경우에 인수인에 대한 관계에서는 인수제시기간의 말일에 인수한 것으로 본다.
참조 [일람후정기출급어음]33①·77①, [인수의 일자]23·25②, [인수거절증서의 일자]44②, [인수일자 기재없는 경우]25②, [인수제시기간의 말일]23·24①, [일람후정기출급약속어음의 만기의 결정]78②, [기간의 계산]36·37③④·54·72-74

제36조【만기일의 결정 및 기간의 계산】 ① 발행일자 후 또는 일람 후 1개월 또는 수개월이 될 때 지급할 환어음은 지급할 달의 대응일(對應日)을 만기로 한다. 대응일이 없는 경우에는 그 달의 말일을 만기로 한다.
② 발행일자 후 또는 일람 후 1개월 반 또는 수개월 반이 될 때 지급할 환어음은 먼저 전월(全月)을 계산한다.
③ 월초, 월중 또는 월말로 만기를 표시한 경우에는 그 달의 1일, 15일 또는 말일을 말한다.
④ "8일" 또는 "15일"이란 1주 또는 2주가 아닌 만 8일 또는 만 15일을 말한다.
⑤ "반월"(半月)이란 만 15일을 말한다.
참조 77①, [기간의 계산]72·73, 민157-161, ①②[일자후 또는 일람후 정기출급어음]33①·37②-④, ③[확정일출급어음]33①

제37조【만기 결정의 표준이 되는 세력】 ① 발행지와 세력(歲曆)을 달리하는 지(地)에서 확정일에 지급할 환어음의 만기일은 지급지의 세력에 따라 정한 것으로 본다.
② 세력을 달리하는 두 지(地) 간에 발행한 발행일자 후 정기출급 환어음은 발행일을 지급지 세력의 대응일로 환산하고 이에 따라 만기를 정한다.
③ 환어음의 제시기간은 제2항에 따라 계산한다.
④ 제1항부터 제3항까지의 규정은 환어음의 문구나 그 밖의 기재사항에 의하여 다른 의사를 알 수 있는 경우에는 적용하지 아니한다.
참조 77①, ①[확정일출급어음]33①·36③, [발행일자·지급지]1·2·75·76, ②[일자후정기출급어음]33①·36, ③[제시기간]22·23·34·38

제6장 지 급

제38조【지급 제시의 필요】 ① 확정일출급, 발행일자 후 정기출급 또는 일람 후 정기출급의 환어음 소지인은 지급을 할 날 또는 그날 이후의 2거래일 내에 지급을 받기 위한 제시를 하여야 한다.
② 어음교환소에서 한 환어음의 제시는 지급을 받기 위한 제시로서의 효력이 있다.
③ 소지인으로부터 환어음의 추심을 위임받은 금융기관(이하 이 장에서 "제시금융기관"이라 한다)이 그 환어음의 기재사항을 정보처리시스템에 의하여 전자적 정보의 형태로 작성한 후 그 정보를 어음교환소에 송신하여 그 어음교환소의 정보처리시스템에 입력되었을 때에는 제2항에 따른 지급을 받기 위한 제시가 이루어진 것으로 본다.

참조 77①, ①[확정일출급·일자후정기출급·일람후정기출급의 어음]33①, [지급을 할 날]35·36·37①②④·72①·74, [지급제시불요의 경우]44④, [거절증서작성면제와 지급제시]46②, [제시기간의 계산]37③④·72-74, [지급제시의 장소와 상대방]2③·4·27·76③·77②, [지급제시해태의 효과]53

판례 금융기관이 어음할인을 하고 취득한 어음을 지급기일에 적법하게 지급제시를 하지 아니하여 소구권을 보전하지 아니하였다 할지라도, 지급기일 후에 어음발행인의 자력이 악화되어 무자력이 되는 바람에 어음환매자가 발행인에 대한 어음채권과 원인채권의 어느 것도 받을 수 없게 됨으로 인하여 손해를 입게 된 것이라면, 이러한 손해는 어음 주채무자인 발행인의 자력의 악화라는 특별 사정으로 인한 손해로서 지급제시 의무를 불이행한 금융기관이 그 의무불이행 당시인 어음의 지급기일에 장차 어음발행인의 자력이 악화될 것임을 알았거나 알 수 있었을 때라야 어음을 환매하는 자에 대하여 손해배상채무를 진다.(대판 2003.1.24, 2002다59849)

판례 약속어음의 발행인은 어음금액을 절대적으로 지급할 채무를 담당하는 자이므로 소지인은 발행인에게 지급을 위한 제시없이도 어음금을 청구할 수 있다.(대판 1971.7.20, 71다1070)

제39조【상환증권성 및 일부지급】 ① 환어음의 지급인은 지급을 할 때에 소지인에게 그 어음에 영수(領受)를 증명하는 뜻을 적어서 교부할 것을 청구할 수 있다.
② 소지인은 일부지급을 거절하지 못한다.
③ 일부지급의 경우 지급인은 소지인에게 그 지급 사실을 어음에 적고 영수증을 교부할 것을 청구할 수 있다.

참조 77①, 수표34·50①·58②·62②, [채권증서 반환청구]민475, 상129·157·820, [영수증의 청구]민474, ②[어음금액의 일부의 배서·인수·보증·참가지급]12②·26①·30①·59②, [일부지급의 효과]43·48①, [일부지급수락의무의 준거법]국제사법56, ③[영수증의 교부]50①, 민474

제40조【지급의 시기 및 지급인의 조사의무】 ① 환어음의 소지인은 만기 전에는 지급을 받을 의무가 없다.
② 만기 전에 지급을 하는 지급인은 자기의 위험부담으로 하는 것으로 한다.
③ 만기에 지급하는 지급인은 사기 또는 중대한 과실이 없으면 그 책임을 면한다. 이 경우 지급인은 배서의 연속이 제대로 되어 있는지를 조사할 의무가 있으나 배서인의 기명날인 또는 서명을 조사할 의무는 없다.
④ 제38조제3항에 따른 지급 제시의 경우 지급인 또는 지급인으로부터 지급을 위임받은 금융기관은 제3항 후단에 따른 배서의 연속이 제대로 되어 있는지에 대한 조사를 제시금융기관에 위임할 수 있다.

참조 77①, ①[만기]33이하, [기한의 이익]민153, ②[변제기전의 변제]민468, ③[배서의 연속]16①, [지시채권의 채무자의 조사의무]민518, [채권준점유자에 대한 변제]민470, [수표의 경우]수표35

제41조【지급할 화폐】 ① 지급지의 통화(通貨)가 아닌 통화로 지급한다는 내용이 기재된 환어음은 만기일의 가격에 따라 지급지의 통화로 지급할 수 있다. 어음채무자가 지급을 지체한 경우 소지인은 그 선택에 따라 만기일 또는 지급하는 날의 환시세(換時勢)에 따라 지급지의 통화로 어음금액을 지급할 것을 청구할 수 있다.
② 외국통화의 가격은 지급지의 관습에 따라 정한다. 그러나 발행인은 어음에서 정한 환산율에 따라 지급금액을 계산한다는 뜻을 어음에 적을 수 있다.
③ 제1항 및 제2항은 발행인이 특정한 종류의 통화로 지급한다는 뜻(외국통화 현실지급 문구)을 적은 경우에는 적용하지 아니한다.
④ 발행국과 지급국에서 명칭은 같으나 가치가 다른 통화로써 환어음의 금액을 정한 경우에는 지급지의 통화로 정한 것으로 추정한다.

참조 77①, 수표36, [어음금액의 기재]1·75, ①[외국통화표시채무의 변제]민378, ③[특종통화현실지급약관]민377, ④[발행지]17·75

제42조【어음금액의 공탁】 제38조에 따른 기간 내에 환어음의 지급을 받기 위한 제시가 없으면 각 어음채무자는 소지인의 비용과 위험부담으로 어음금액을 관할 관서에 공탁(供託)할 수 있다.

참조 77①, [공탁]민487-489, 공탁

제7장 인수거절 또는 지급거절로 인한 상환청구

제43조【상환청구의 실질적 요건】 만기에 지급이 되지 아니한 경우 소지인은 배서인, 발행인, 그 밖의 어음채무자에 대하여 상환청구권(償還請求權)을 행사할 수 있다. 다음 각 호의 어느 하나에 해당하는 경우에는 만기 전에도 상환청구권을 행사할 수 있다.
1. 인수의 전부 또는 일부의 거절이 있는 경우
2. 지급인의 인수 여부와 관계없이 지급인이 파산한 경우, 그 지급이 정지된 경우 또는 그 재산에 대한 강제집행이 주효(奏效)하지 아니한 경우
3. 인수를 위한 어음의 제시를 금지한 어음의 발행인이 파산한 경우

참조 [발행인·배서인·보증인·참가인수인의 의무]9·15·32①·58①, [만기]33이하, [상환청구의 형식적 요건]44이하, [상환청구권의 상실]53, [상환청구권의 시효]70②③, [예비지급인·참가지급인이 있을 경우의 상환청구]56·60, [약속어음과 지급거절로 인한 상환청구]77①, [수표와 지급거절로 인한 상환청구]수표39이하, ⑴[인수거절]21이하·26②·29, ⑵⑶[파산·지급불능등]채무자회생파산305·306, ⑶[인수제시금지어음]22②③

판례 물품대금의 지급을 위하여 교부된 약속어음이 지급기일 이전에 지급거절된 경우 물품대금지급채무의 이행기 도래 여부 : 매수인이 매도인으로부터 물품을 공급받은 다음 그들 사이의 물품대금 지급방법에 관한 약정에 따라 그 대금의 지급을 위하여 물품 매도인에게 지급기일이 물품공급일자 이후로 된 약속어음을 발행·교부한 경우 물품대금지급채무의 이행기는 그 약속어음의 지급기일이고, 위 약속어음이 발행인의 지급정지의 사유로 그 지급기일 이전에 지급거절되었더라도 물품대금지급채무가 그 지급거절된 때에 이행기에 도달하는 것은 아니다.(대판 2000.9.5, 2000다26333)

제44조【상환청구의 형식적 요건】 ① 인수 또는 지급의 거절은 공정증서(인수거절증서 또는 지급거절증서)로 증명하여야 한다.
② 인수거절증서는 인수를 위한 제시기간 내에 작성시켜야 한다. 다만, 기간의 말일에 제24조제1항에 따른 제시가 있으면 그 다음 날에도 거절증서를 작성시킬 수 있다.
③ 확정일출급, 발행일자 후 정기출급 또는 일람 후 정기출급 환어음의 지급거절증서는 지급을 할 날 이후의 2거래일 내에 작성시켜야 한다. 일람출급 어음의 지급거절증서는 인수거절증서 작성에 관한 제2항에 따라 작성시켜야 한다.
④ 인수거절증서가 작성되었을 때에는 지급을 받기 위한 제시와 지급거절증서의 작성이 필요하지 아니하다.
⑤ 지급인의 인수 여부와 관계없이 지급인이 지급을 정지한 경우 또는 그 재산에 대한 강제집행이 주효하지 아니한 경우 소지인은 지급인에 대하여 지급을 받기 위한 제시를 하고 거절증서를 작성시킨 후가 아니면 상환청구권을 행사하지 못한다.
⑥ 지급인의 인수 여부와 관계없이 지급인이 파산선고를 받은 경우 또는 인수를 위한 제시를 금지한 어음의 발행인이 파산선고를 받은 경우에 소지인이 상환청구권을 행사할 때에는 파산결정서를 제시하면 된다.

참조 77①, 수표39 · 40, [거절증서불요의 경우]46 · 54, [거절증서의 작성]84, 거절증서, 공증25이하 · 56, 공증인수수료19, 집행관5, [거절증서작성해태의 효과]25 · 43 · 56 · 60, ②③④[인수거절]21－25, [지급거절]34 · 38, [거절증서작성기간의 계산]37 · 54 · 72－74, ⑤⑥43, [파산결정서]채무자회생파산310 · 313

제45조【인수거절 및 지급거절의 통지】 ① 소지인은 다음 각 호의 어느 하나에 해당하는 날 이후의 4거래일 내에 자기의 배서인과 발행인에게 인수거절 또는 지급거절이 있었음을 통지하여야 하고, 각 배서인은 그 통지를 받은 날 이후 2거래일 내에 전(前) 통지자 전원의 명칭과 처소(處所)를 표시하고 자기가 받은 통지를 자기의 배서인에게 통지하여 차례로 발행인에게 미치게 하여야 한다. 이 기간은 각 통지를 받은 때부터 진행한다.

1. 거절증서 작성일
2. 무비용상환(無費用償還)의 문구가 적혀 있는 경우에는 어음 제시일

② 제1항에 따라 환어음에 기명날인하거나 서명한 자에게 통지할 때에는 같은 기간 내에 그 보증인에게도 같은 통지를 하여야 한다.

③ 배서인이 그 처소를 적지 아니하거나 그 기재가 분명하지 아니한 경우에는 그 배서인의 직전(直前)의 자에게 통지하면 된다.

④ 통지를 하여야 하는 자는 어떠한 방법으로도 할 수 있다. 단순히 어음을 반환하는 것으로도 통지할 수 있다.

⑤ 통지를 하여야 하는 자는 적법한 기간 내에 통지를 하였음을 증명하여야 한다. 이 기간 내에 통지서를 우편으로 부친 경우에는 그 기간을 준수한 것으로 본다.

⑥ 제5항의 기간 내에 통지를 하지 아니한 자도 상환청구권을 잃지 아니한다. 그러나 과실로 인하여 손해가 생긴 경우에는 환어음금액의 한도 내에서 배상할 책임을 진다.

참조 77①, 수표41, [불가항력의 통지에의 준용]54②, [참가의 통지]55④, ①[거절증서작성일]44, 거절증서3①, [무비용상환문구 있는 경우]46②, [기간의 계산]72－74, 민155이하, ③[배서의 방식]13, 민113, ⑤[통지의 효력]민111, ⑥[상환청구권 상실]53, [어음금액]1 · 6

제46조【거절증서 작성 면제】 ① 발행인, 배서인 또는 보증인은 다음 각 호의 어느 하나에 해당하는 문구를 환어음에 적고 기명날인하거나 서명함으로써 소지인의 상환청구권 행사를 위한 인수거절증서 또는 지급거절증서의 작성을 면제할 수 있다.

1. 무비용상환
2. 거절증서 불필요
3. 제1호 및 제2호와 같은 뜻을 가진 문구

② 제1항 각 호의 문구가 있더라도 소지인의 법정기간 내 어음의 제시 및 통지 의무가 면제되는 것은 아니다. 법정기간을 준수하지 아니하였음은 소지인에 대하여 이를 원용(援用)하는 자가 증명하여야 한다.

③ 발행인이 제1항 각 호의 문구를 적은 경우에는 모든 어음채무자에 대하여 효력이 있고, 배서인 또는 보증인이 이 문구를 적은 경우에는 그 배서인 또는 보증인에 대하여만 효력이 있다. 발행인이 이 문구를 적었음에도 불구하고 소지인이 거절증서를 작성시켰으면 그 비용은 소지인이 부담하고, 배서인 또는 보증인이 이 문구를 적은 경우에 거절증서를 작성시켰으면 모든 어음채무자에게 그 비용을 상환하게 할 수 있다.

참조 77①, 수표42, ①[거절증서작성의 필요]25② · 44 · 53 · 56② · 60①, ②[인수제시의 필요]22－24 · 56②, [지급의 제시의 필요]34 · 38 · 44⑤ · 60, [통지의 필요]45 · 54② · 55④, ③[거절증서작성비용]48①, 공증인수수료19

판례 배서인이 한 지급거절증서작성의무 면제의 효력이 미치는 범위 : 지급거절증서작성의무를 면제하고 약속어음을 배서양도한 배서인 갑으로서는 어음소지인의 소구에 대하여 거절증서 작성이 없다는 이유로 청구를 거절할 수 없으므로, 갑으로부터 어음을 취득한 을이 지급거절증서작성의무를 면제하지 아니하고 최후소지인인 병에게 위 어음을 배서양도하였음에도 병에 대하여 거절증서작성 유무를 확인하지 아니하고 그 소구청구에 응하였다고 하더라도 그 점을 탓할 수 없을 것이므로 을의 소구를 거절할 수 없고, 어음의 배서인은 어음소지인의 소구에 응하였거나 기타의 사유로 어음을 회수한 경우에는 자기의 배서를 말소할 수 있고 그렇게 되면 그 배서는 배서의 연속에 관한 한 없는 것으로 보게 되어 있으므로 병이 적기에 거절증서를 작성하지 아니하였다 하여 갑의 을에 대한 소구의무에 어떠한 영향을 미친다고 할 수 없다.(대판 1990.10.26, 90다카9435)

제47조【어음채무자의 합동책임】 ① 환어음의 발행, 인수, 배서 또는 보증을 한 자는 소지인에 대하여 합동으로 책임을 진다.

② 소지인은 제1항의 어음채무자에 대하여 그 채무부담의 순서에도 불구하고 그중 1명, 여러 명 또는 전원에 대하여 청구할 수 있다.

③ 어음채무자가 그 어음을 환수한 경우에도 제2항의 소지인과 같은 권리가 있다.

④ 어음채무자 중 1명에 대한 청구는 다른 채무자에 대한 청구에 영향을 미치지 아니한다. 이미 청구를 받은 자의 후자(後者)에 대하여도 같다.

참조 77①, 수표43, ①[발행인 · 배서인 · 보증인의 책임]9 · 15 · 32 · 43, [인수인의 책임]28, [참가인수인의 책임]58①, [연대책임과의 이동]7 · 17, 민415이하, ②④[연대채무의 경우와의 유사]민414, ③[어음을 환수한 자의 권리]49 · 50 · 58②, [연대채무자의 구상권]민425

판례 약속어음의 발행인과 배서인이 지는 합동책임의 성질 : 약속어음의 발행인과 배서인이 소지인에 대하여 지는 합동책임은 연대채무와는 달라 배서인의 채무이행이나 배서인에 대한 권리의 포기는 발행인에 대하여는 영향을 미치지 않는다.
(대판 1989.2.28, 87다카1356,87다카1357)

제48조【상환청구금액】 ① 소지인은 상환청구권에 의하여 다음 각 호의 금액의 지급을 청구할 수 있다.

1. 인수 또는 지급되지 아니한 어음금액과 이자가 적혀 있는 경우 그 이자
2. 연 6퍼센트의 이율로 계산한 만기 이후의 이자
3. 거절증서의 작성비용, 통지비용 및 그 밖의 비용

② 만기 전에 상환청구권을 행사하는 경우에는 할인에 의하여 어음금액을 줄인다. 그 할인은 소지인의 주소지에서 상환청구하는 날의 공정할인율(은행률)에 의하여 계산한다.

참조 77①, 수표44, [인수인에 대하여 청구할 수 있는 금액]28②, [상환청구의 경우]49, ①⑴[어음금액]1, [이자]5, [일부인수]26① · 43, [일부지급]39②, ⑶[거절증서작성의 비용]46③, 공증인수수료19, [통지의 비용]45 · 54② · 55④, ②[만기전의 상환청구]43

제49조【재상환청구금액】 환어음을 환수한 자는 그 전자(前者)에 대하여 다음 각 호의 금액의 지급을 청구할 수 있다.

1. 지급한 총금액
2. 제1호의 금액에 대하여 연 6퍼센트의 이율로 계산한 지급한 날 이후의 이자
3. 지출한 비용

참조 77①, 수표45, [어음을 환수한 자의 상환청구권]47③ · 50 · 58②, ⑴[지급한 총금액]48

판례 백지식 배서에 의하여 어음을 양수한 다음 단순히 교부에 의하여 이를 타인에게 양도한 자가 소구에 의하여 어음을 환수한 경우, 재소구에 관한 권리관계 : 백지식 배서에 의하여 어음을 양수한 다음 단순히 교부에 의하여 이를 타인에게 양도한 자가 소지인의 소구에 응하여 상환을 하고 어음을 환수한 경우, 그 전의 배서인에 대하여 당연히 재소구권을 취득하는 것은 아니라고 하더라도, 그 상환을 받은 소지인이 그 전의 배서인에 대하여 가지는 소구권을 민법상의 지명채권 양도의 방법에 따라 취득하여 행사할 수 있는 것으로 보아야 하고, 다만 그 소구의무자는 이에 대하여 양도인에 대한 모든 인적 항변으로 대항할 수 있을 뿐이다.(대판 1998.8.21, 98다19448)

제50조【상환의무자의 권리】 ① 상환청구(償還請求)를 받은 어음채무자나 받을 어음채무자는 지급과 상환(相換)으로 거절증서, 영수를 증명하는 계산서와 그 어음의 교부를 청구할 수 있다.

② 환어음을 환수한 배서인은 자기의 배서와 후자의 배서를 말소할 수 있다.

참조 77①, 수표46, ①[어음의 상환증권성]39① · 58② · 62②, 상129 · 157 · 820, 민475, [영수증 청구]민474, [일부인수 후의 상환청구의 경우]51, ②[어음을 환수한 자의 권리]47③, [배서의 말소와 자격증명적 효력]16①

제51조【일부인수의 경우의 상환청구】 일부인수 후에 상환청구권을 행사하는 경우에 인수되지 아니한 어음금액을

지급하는 자는 이를 지급한 사실을 어음에 적을 것과 영수증을 교부할 것을 청구할 수 있다. 소지인은 그 후의 상환청구를 할 수 있게 하기 위하여 어음의 증명등본과 거절증서를 교부하여야 한다.

참조 [일부인수 있는 경우의 상환청구]26① · 43 · 48① · 49, [영수증청구]민474, [어음의 증명등본]거절증서6②

제52조【역어음에 의한 상환청구】 ① 상환청구권이 있는 자는 어음에 반대문구가 적혀 있지 아니하면 그 전자 중 1명을 지급인으로 하여 그 자의 주소에서 지급할 일람출급의 새 어음(이하 "역어음"이라 한다)을 발행함으로써 상환청구권을 행사할 수 있다.

② 역어음의 어음금액에는 제48조와 제49조에 따른 금액 외에 그 어음의 중개료와 인지세가 포함된다.

③ 소지인이 역어음을 발행하는 경우에 그 금액은 본어음의 지급지에서 그 전자의 주소지에 대하여 발행하는 일람출급 어음의 환시세에 따라 정한다. 배서인이 역어음을 발행하는 경우에 그 금액은 역어음의 발행인이 그 주소지에서 전자의 주소지에 대하여 발행하는 일람출급 어음의 환시세에 따라 정한다.

참조 77①, [인지세]인지세법1①, ③[지급지]1 · 2⑵

제53조【상환청구권의 상실】 ① 다음 각 호의 기간이 지나면 소지인은 배서인, 발행인, 그 밖의 어음채무자에 대하여 그 권리를 잃는다. 그러나 인수인에 대하여는 그러하지 아니하다.

1. 일람출급 또는 일람 후 정기출급의 환어음의 제시기간
2. 인수거절증서 또는 지급거절증서의 작성기간
3. 무비용상환의 문구가 적혀 있는 경우에 지급을 받기 위한 제시기간

② 발행인이 기재한 기간 내에 인수를 위한 제시를 하지 아니한 소지인은 지급거절과 인수거절로 인한 상환청구권을 잃는다. 그러나 그 기재한 문구에 의하여 발행인에게 인수에 대한 담보의무만을 면할 의사(意思)가 있었음을 알 수 있는 경우에는 그러하지 아니하다.

③ 배서에 제시기간이 적혀 있는 경우에는 그 배서인만이 이를 원용할 수 있다.

참조 77①, [발행인 · 배서인 기타에 대한 상환청구권]9 · 15 · 32 · 58①, [시효기간]70②③, [인수인의 의무]28 · 70①, [기간의 계산]37③④ · 54 · 72-74, [예비지급인의 기재, 참가인수인 있는 경우의 특칙]56②③ · 60, ①⑴[일람출급 또는 일람후정기출급어음의 제시기간]23 · 34, ⑵[거절증서작성기간]44②③, ⑶[무비용상환문구 있는 경우]46②, [지급제시기간]34① · 38① · 60①, ②[발행인의 기재한 인수제시기간]22① · 23②, [발행인의 인수무담보표시]9②, ③[배서인의 기재한 제시기간]22④ · 23③ · 34①

제54조【불가항력과 기간의 연장】 ① 피할 수 없는 장애〔국가법령에 따른 금제(禁制)나 그 밖의 불가항력을 말한다. 이하 "불가항력"이라 한다〕로 인하여 법정기간 내에 환어음을 제시하거나 거절증서를 작성하기 어려운 경우에는 그 기간을 연장한다.

② 소지인은 불가항력이 발생하면 자기의 배서인에게 지체 없이 그 사실을 통지하고 어음 또는 보충지에 통지를 하였다는 내용을 적고 날짜를 부기한 후 기명날인하거나 서명하여야 한다. 그 밖의 사항에 관하여는 제45조를 준용한다.

③ 불가항력이 사라지면 소지인은 지체 없이 인수 또는 지급을 위하여 어음을 제시하고 필요한 경우에는 거절증서를 작성시켜야 한다.

④ 불가항력이 만기부터 30일이 지나도 계속되는 경우에는 어음의 제시 또는 거절증서의 작성 없이 상환청구권을 행사할 수 있다.

⑤ 일람출급 또는 일람 후 정기출급의 환어음의 경우 제4항에 따른 30일의 기간은 제시기간이 지나기 전이라도 소지인이 배서인에게 불가항력이 발생하였다고 통지한 날부터 진행한다. 일람 후 정기출급의 환어음의 경우 제4항에 따른 30일의 기간에는 어음에 적은 일람 후의 기간을 가산한다.

⑥ 소지인이나 소지인으로부터 어음의 제시 또는 거절증서 작성을 위임받은 자의 단순한 인적 사유는 불가항력으로 보지 아니한다.

참조 77①, 수표47, ①[제시 또는 거절증서작성의 필요와 그 기간]22-24① · 25② · 34 · 38 · 44①③ · 46② · 53 · 56② · 60①, ②④[기간의 계산]72-74, 민155이하, ⑤[일람출급어음의 만기]34, [일람후정기출급어음의 만기]35

제8장 참 가

제1절 통 칙

제55조【참가의 당사자 및 통지】 ① 발행인, 배서인 또는 보증인은 어음에 예비지급인을 적을 수 있다.

② 상환청구를 받을 어느 채무자를 위하여 참가하는 자도 이 장(章)의 규정에 따라 환어음을 인수하거나 지급할 수 있다.

③ 제3자, 지급인 또는 이미 어음채무를 부담한 자도 참가인이 될 수 있다. 다만, 인수인은 참가인이 될 수 없다.

④ 참가인은 피참가인에 대하여 2거래일 내에 참가하였음을 통지하여야 한다. 참가인이 이 기간을 지키지 아니한 경우에 과실로 인하여 손해가 생기면 그 참가인은 어음금액의 한도에서 배상할 책임을 진다.

참조 ①77①, [예비지급인기재의 효과]56② · 60, ②[참가인수]56이하, [참가지급]59이하, ③[제3자에 의한 변제]민469, [제3자에 의한 보증]30②, [인수인의 지위]28, ④[통지]45 · 46② · 54②, [어음금액]1

제2절 참가인수

제56조【참가인수의 요건】 ① 참가인수(參加引受)는 인수를 위한 제시를 금지하지 아니한 환어음의 소지인이 만기 전에 상환청구권을 행사할 수 있는 모든 경우에 할 수 있다.

② 환어음에 지급지에 있는 예비지급인을 기재한 경우 어음의 소지인은 예비지급인에게 어음을 제시하였으나 그 자가 참가인수를 거절하였음을 거절증서로 증명하지 아니하면 예비지급인을 기재한 자와 그 후자에 대하여 만기 전에 상환청구권을 행사하지 못한다.

③ 제2항의 경우 외에는 소지인은 참가인수를 거절할 수 있다. 소지인이 참가인수를 승낙한 때에는 피참가인과 그 후자에 대하여 만기 전에 행사할 수 있는 상환청구권을 잃는다.

참조 ①[인수제시의 금지]22②, [인수제시를 금하지 않는 어음의 만기전 상환청구 요건]43, ②[동지예비지급인의 기재]55①, [인수의 제시와 거절증서의 작성]21이하 · 44②, 거절증서7, ③[참가인수의 효과]58, [피참가인]55② · 57, [참가지급의 거부]61

제57조【참가인수의 방식】 참가인수를 할 때에는 환어음에 그 내용을 적고 참가인이 기명날인하거나 서명하여야 한다. 이 경우 피참가인을 표시하여야 하며, 그 표시가 없을 때에는 발행인을 위하여 참가인수를 한 것으로 본다.

참조 [보증과 피보증인의 표시]31④, [참가지급과 피참가인의 표시]62①

제58조【참가인수의 효력】 ① 참가인수인은 소지인과 피참가인의 후자에 대하여 피참가인과 같은 의무를 부담한다.

② 피참가인과 그 전자는 참가인수에도 불구하고 소지인에 대하여 제48조에 따른 금액의 지급과 상환(相換)으로 어음의 교부를 청구할 수 있다. 거절증서와 영수를 증명하는 계산서가 있는 경우에는 그것을 교부할 것도 청구할 수 있다.

참조 ①[피참가인과 그 의무]9 · 15 · 32① · 43 · 47-49 · 53 · 55② · 57 · 70②③, ②[피참가인 및 그 전자에 의한 상환]39① · 50 · 62②, 민474 · 475

제3절 참가지급

제59조【참가지급의 요건】 ① 참가지급은 소지인이 만기나 만기 전에 상환청구권을 행사할 수 있는 모든 경우에 할 수 있다.

② 지급은 피참가인이 지급할 전액을 지급하여야 한다.

③ 지급은 지급거절증서를 작성시킬 수 있는 최종일의 다음 날까지 하여야 한다.

참조 77①, ①[소지인이 상환청구권이 있는 경우]43 · 56①, [참가지급의 거부]61, [제3자에 의한 변제]민469, ②[피참가인]55②, [피참가인의 지급할 금액]48 · 49, [어음금액의 일부의 배서 · 인수 · 보증 · 지급]12② · 26① 단서 · 30① · 39②, [지급거절증서 작성기간]34 · 38 · 44③ · 54

제60조【참가지급 제시의 필요】 ① 지급지에 주소가 있는 자가 참가인수를 한 경우 또는 지급지에 주소가 있는 자가 예비지급인으로 기재된 경우에는 소지인은 늦어도 지급거절증서를 작성시킬 수 있는 마지막 날의 다음 날까지 그들 모두에게 어음을 제시하고 필요할 때에는 참가지급거절증서를 작성시켜야 한다.

② 제1항의 기간 내에 거절증서가 작성되지 아니하면 예비지급인을 기재한 자 또는 피참가인과 그 후의 배서인은 의무를 면한다.

참조 77①, ①[지급지]1 · 2(2), [참가인수]56-58, [예비지급인의 기재]55①, [지급의 제시]34 · 38 · 46② · 54, [거절증서작성]44①③ · 46 · 54, ②[거절증서 작성해태의 효과]53, [피참가인]55② · 62①

제61조【참가지급거절의 효과】 참가지급을 거절한 소지인은 그 지급으로 인하여 의무를 면할 수 있었던 자에 대한 상환청구권을 잃는다.

참조 77①, [참가지급으로 인하여 의무를 면할 자]63②③, [참가지급의 적법조건]59②③, [제3자에 의한 변제]민469, [참가인수의 거부]56②③

제62조【참가지급의 방법】 ① 참가지급이 있었으면 어음에 피참가인을 표시하고 그 영수를 증명하는 문구를 적어야 하며, 그 표시가 없을 때에는 발행인을 위하여 지급한 것으로 본다.

② 환어음은 참가지급인에게 교부하여야 하며, 거절증서를 작성시킨 경우에는 그 거절증서도 교부하여야 한다.

참조 77①, [참가인수와 피참가인의 표시]57, [보증과 피보증인의 표시]31④, [영수증청구]민474, ②[어음의 상환증권성]39① · 50① · 58②, 민475, [대위변제와 증서의 교부]민484

제63조【참가지급의 효력】 ① 참가지급인은 피참가인과 그의 어음상의 채무자에 대하여 어음으로부터 생기는 권리를 취득한다. 그러나 다시 어음에 배서하지 못한다.

② 피참가인보다 후의 배서인은 의무를 면한다.

③ 참가지급이 경합(競合)하는 경우에는 가장 많은 수의 어음채무자의 의무를 면하게 하는 자가 우선한다. 이러한 사정을 알고도 이 규정을 위반하여 참가지급을 한 자는 의무를 면할 수 있었던 자에 대한 상환청구권을 잃는다.

참조 77①, [어음을 환수한 채무자의 권리]47③, [지급을 한 보증인의 권리]32③, [제3자변제와 대위]민480 · 481

제9장 복본과 등본

제1절 복 본

제64조【복본 발행의 방식】 ① 환어음은 같은 내용으로 여러 통을 복본(複本)으로 발행할 수 있다.

② 제1항의 복본을 발행할 때에는 그 증권의 본문 중에 번호를 붙여야 하며, 번호를 붙이지 아니한 경우에는 그 여러 통의 복본은 별개의 환어음으로 본다.

③ 어음에 한 통만을 발행한다는 내용을 적지 아니한 경우에는 소지인은 자기의 비용으로 복본의 교부를 청구할 수 있다. 이 경우 소지인은 자기에게 직접 배서한 배서인에게 그 교부를 청구하고 그 배서인은 다시 자기의 배서인에게 청구를 함으로써 이에 협력하여 차례로 발행인에게 그 청구가 미치게 한다. 각 배서인은 새 복본에 배서를 다시 하여야 한다.

참조 수표48, ①②[어음요건]1, ③[배서의 방식]13

제65조【복본의 효력】 ① 복본의 한 통에 대하여 지급한 경우 그 지급이 다른 복본을 무효로 한다는 뜻이 복본에 적혀 있지 아니하여도 의무를 면하게 한다. 그러나 지급인은 인수한 각 통의 복본으로서 반환을 받지 아니한 복본에 대하여 책임을 진다.

② 여럿에게 각각 복본을 양도한 배서인과 그 후의 배서인은 그가 기명날인하거나 서명한 각 통의 복본으로서 반환을 받지 아니한 것에 대하여 책임을 진다.

참조 수표49, [어음행위자의 책임의 독립성]7 · 32② · 69, ①[인수인의 책임]28, [지급과 어음환수]39①, ②[배서인의 책임]15, [상환과 어음환수]50① · 58② · 62②

제66조【인수를 위하여 하는 송부】 ① 인수를 위하여 복본 한 통을 송부한 자는 다른 각 통의 복본에 이 한 통의 복본을 보유하는 자의 명칭을 적어야 한다. 송부된 복본을 보유하는 자는 다른 복본의 정당한 소지인에게 그 복본을 교부할 의무가 있다.

② 복본 교부를 거절당한 소지인은 거절증서로 다음 각 호의 사실을 증명하지 아니하면 상환청구권을 행사하지 못한다.

1. 인수를 위하여 송부한 한 통의 복본이 소지인의 청구에도 불구하고 교부되지 아니하였다는 것
2. 다른 한 통의 복본으로는 인수 또는 지급을 받을 수 없었다는 것

참조 ②[소지인의 상환청구권]43 · 44, [거절증서]거절증서7

제2절 등 본

제67조【등본의 작성, 작성방식 및 효력】 ① 환어음의 소지인은 그 등본(謄本)을 작성할 권리가 있다.

② 등본에는 배서된 사항이나 그 밖에 원본에 적힌 모든 사항을 정확히 다시 적고 끝부분임을 표시하는 기재를 하여야 한다.

③ 등본에 대하여는 원본과 같은 방법에 의하여 같은 효력으로 배서 또는 보증을 할 수 있다.

참조 77①, ③[배서의 방식 및 효력]13-20, [보증의 방식 및 효력]31 · 32

제68조【등본 보유자의 권리】 ① 등본에는 원본 보유자를 표시하여야 한다. 그 보유자는 등본의 정당한 소지인에 대하여 그 원본을 교부할 의무가 있다.

② 원본 교부를 거절당한 소지인은 원본의 교부를 청구하였음에도 불구하고 받지 못하였음을 거절증서로 증명하지 아니하면 등본에 배서하거나 보증한 자에 대하여 상환청구권을 행사하지 못한다.

③ 등본 작성 전에 원본에 한 최후의 배서의 뒤에 다음 각 호의 어느 하나에 해당하는 문구를 적은 경우에는 원본에 한 그 후의 배서는 무효로 한다.

1. 이 후의 배서는 등본에 한 것만이 효력이 있다.
2. 제1호와 같은 뜻을 가진 문구

참조 77①, ②[배서인, 보증인에 대한 상환청구권]15 · 32 · 43 · 44, [거절증서]거절증서7

제10장 변 조

제69조【변조와 어음행위자의 책임】 환어음의 문구가 변조된 경우에는 그 변조 후에 기명날인하거나 서명한 자는 변조된 문구에 따라 책임을 지고 변조 전에 기명날인하거나 서명한 자는 원래 문구에 따라 책임을 진다.

참조 77①, 수표50, [어음행위자의 책임의 독립성]7 · 32② · 65, [변조자의 책임]민750, 형231

판례 [1] 어음변조와 배서인의 책임 : 어음발행인이라 하더라도 어음상에 권리의무를 가진 자가 있는 경우에는 이러한 자의 동의를 받지 아니하고 어음의 기재내용에 변경을 가하였다면 이는 변조에 해당할 것이고 약속어음에 배서인이 있는 경우 배서인은 어음행위를 할 당시의 문언에 따라 어음상의 책임을 지는 것이지 그 변조된 문언에 의한 책임을 지울 수는 없다.

[2] 어음변조와 입증책임 : 어음의 문언에 변개(개서)가 되었음이 명백한 경우에 어음소지인이 기명날인자(배서인등)에게 그 변개후의 문언에 따른 책임을 지우자면 그 기명날인이 변개 후에 있은 것 또는 기명날인자가 그 변개에 동의하였다는 것을 입증하여야 하고 그 입증을 다하지 못하면 그 불이익은 어음소지인이 입어야 한다.
(대판 1987.3.24, 86다카37)

제11장 시 효

제70조【시효기간】 ① 인수인에 대한 환어음상의 청구권은 만기일부터 3년간 행사하지 아니하면 소멸시효가 완성된다.

② 소지인의 배서인과 발행인에 대한 청구권은 다음 각 호의 날부터 1년간 행사하지 아니하면 소멸시효가 완성된다.
1. 적법한 기간 내에 작성시킨 거절증서의 날짜
2. 무비용상환의 문구가 적혀 있는 경우에는 만기일
③ 배서인의 다른 배서인과 발행인에 대한 청구권은 그 배서인이 어음을 환수한 날 또는 그 자가 제소된 날부터 6개월간 행사하지 아니하면 소멸시효가 완성된다.
참조 77①, 수표51, [시효]민162이하, 상64, [시효중단의 효력]71, [기간의 계산]73·74, 민155이하, [시효로 인한 어음상의 권리의 소멸의 효과]79, [보증인의 의무]32, [참가인수인의 의무]58①, ①[인수인의 의무]28①·78①, [만기]1·35-37, ②[소지인의 상환청구권]43·53, [거절증서의 일자]44②③, 거절증서3①, [무비용 상환문구의 기재있는 경우]46·53①, ③[시효의 중단]80
판례 만기는 기재되어 있으나 지급지, 지급을 받을 자 등과 같은 어음요건이 백지인 약속어음의 소지인이 그 백지부분을 보충하지 않은 상태에서 어음금을 청구하는 것은 어음상의 청구권에 관하여 잠자는 자가 아님을 객관적으로 표명한 것이고 그 청구로써 어음상의 청구권에 관한 소멸시효는 중단된다. 이 경우 백지에 대한 보충권은 그 행사에 의하여 어음상의 청구권을 완성시키는 것에 불과하여 그 보충권이 어음상의 청구권과 별개로 독립하여 시효에 의하여 소멸한다고 볼 것은 아니므로 어음상의 청구권이 시효중단에 의하여 소멸하지 않고 존속하고 있는 한 이를 행사할 수 있다.
(대판 2010.5.20, 2009다48312 전원합의체)
판례 발행인에 대한 약속어음상의 청구권의 소멸시효는 만기의 날로부터 진행하는 것이 원칙이나, 그 약속어음이 수취인 겸 소지인의 발행인에 대한 장래 발생할 구상채권을 담보하기 위하여 발행된 것이라면, 소지인은 발행인에 대하여 구상채권이 발생하지 않은 기간 중에는 약속어음상의 청구권을 행사할 수 없고, 구상채권이 현실로 발생한 때에 비로소 이를 행사할 수 있게 되는 것이므로, 그 약속어음의 소지인의 발행인에 대한 약속어음상의 청구권의 소멸시효는 위 구상채권이 현실적으로 발생하여 그 약속어음상의 청구권을 행사하는 것이 법률적으로 가능하게 된 때부터 진행된다고 봄이 상당하다.
(대판 2004.12.10, 2003다33769)

제71조【시효의 중단】 시효의 중단은 그 중단사유가 생긴 자에 대하여만 효력이 생긴다.
참조 77①, 수표52, [시효의 중단]민168이하, [시효중단에 관한 특별규정]80
일판 주채무가 어음채무일 경우에도 연대보증인에 대한 재판상의 청구는 어음채무의 소멸시효 중단의 효력이 생긴다.
(日·最高 1973.9.7)

제12장 통 칙

제72조【휴일과 기일 및 기간】 ① 환어음의 만기가 법정휴일인 경우에는 만기 이후의 제1거래일에 지급을 청구할 수 있다. 환어음에 관한 다른 행위, 특히 인수를 위한 제시 및 거절증서 작성 행위는 거래일에만 할 수 있다.
② 제1항의 어느 행위를 일정 기간 내에 하여야 할 경우 그 기간의 말일이 법정휴일이면 말일 이후의 제1거래일까지 기간을 연장하고, 기간 중의 휴일은 그 기간에 산입(算入)한다.
참조 77①, 수표60, [기간·기일]민155이하, [거래일 및 거래시간]민161, 상63, [법정휴일]81, 국경일에관한법, [만기]1·33-37, [인수의 제시]21-24·56②, [지급의 제시]34·38·60①, [거절증서의 작성]25②·44②③·56②·60①·66②·68②, [불가항력과 기간의 연장]54

제73조【기간의 초일 불산입】 법정기간 또는 약정기간에는 그 첫날을 산입하지 아니한다.
참조 77①, 수표61, [초일불산입]민140, [인수제시기간]22-24, [만기의 계산]34-37, [지급제시기간]34·38, [거절증서작성기간]44②③·60①, [통지의 기간]45, [상환청구권 소멸기간]53, [불가항력과 기간]54, [시효기간]70

제74조【은혜일의 불허】 은혜일(恩惠日)은 법률상으로든 재판상으로든 인정하지 아니한다.
참조 77①, 수표62, [불가항력으로 인한 기간 연장]54, [만기]1·28①·33이하·43, [인수제시기간]22-24, [지급제시기간]34·38, [거절증서작성기간]44②③·60①, [상환청구권의 상실]53, [시효기간]70

제2편 약속어음
(2010.3.31 본편개정)

제75조【어음의 요건】 약속어음에는 다음 각 호의 사항을 적어야 한다.
1. 증권의 본문 중에 그 증권을 작성할 때 사용하는 국어로 약속어음임을 표시하는 글자
2. 조건 없이 일정한 금액을 지급할 것을 약속하는 뜻
3. 만기
4. 지급지
5. 지급받을 자 또는 지급받을 자를 지시할 자의 명칭
6. 발행일과 발행지
7. 발행인의 기명날인 또는 서명
참조 1, 수표1, [요건을 충족하지 못한 경우]10·76·77②, [요건이외의 기재]4·5·11②·23·34·37④·41②③·46·52②·76·77·78②, [준거법]국제사법, [인지]인지세법1①, ⑵[어음금액]5·6·41·48·77, [지급약속]78①, ⑶[만기]77①, [기재없는 경우]76②, [일람후정기출급어음의 만기]78②, ⑷[지급지]41·60①·76③·77①, ⑸[지급을 받을 자]11①②·77①, ⑹[발행일]5③·23·34·36·37②·77·78②, [발행지]37·76⑵⑶·77①
판례 약속어음의 발행에서 발행인의 기명이 반드시 본명과 일치하여야 하는 것은 아니다.(대판 1969.7.22, 69다742)

제76조【어음 요건의 흠】 제75조 각 호의 사항을 적지 아니한 증권은 약속어음의 효력이 없다. 그러나 다음 각 호의 경우에는 그러하지 아니하다.
1. 만기가 적혀 있지 아니한 경우 : 일람출급의 약속어음으로 본다.
2. 지급지가 적혀 있지 아니한 경우 : 발행지를 지급지 및 발행인의 주소지로 본다.
3. 발행지가 적혀 있지 아니한 경우 : 발행인의 명칭에 부기한 지(地)를 발행지로 본다.
참조 2, 수표2, [어음요건]75, [백지어음]10·77②, ②[만기의 표시]75, [일람출급]33①·34·77①, ③[지급지·발행지·발행인 등]75

제77조【환어음에 관한 규정의 준용】 ① 약속어음에 대하여는 약속어음의 성질에 상반되지 아니하는 한도에서 다음 각 호의 사항에 관한 환어음에 대한 규정을 준용한다.
1. 배서(제11조부터 제20조까지)
2. 만기(제33조부터 제37조까지)
3. 지급(제38조부터 제42조까지)
4. 지급거절로 인한 상환청구(제43조부터 제50조까지, 제52조부터 제54조까지)
5. 참가지급(제55조, 제59조부터 제63조까지)
6. 등본(제67조와 제68조)
7. 변조(제69조)
8. 시효(제70조와 제71조)
9. 휴일, 기간의 계산과 은혜일의 인정 금지(제72조부터 제74조까지)
② 약속어음에 관하여는 제3자방에서 또는 지급인의 주소지가 아닌 지(地)에서 지급할 환어음에 관한 제4조 및 제27조, 이자의 약정에 관한 제5조, 어음금액의 기재의 차이에 관한 제6조, 어음채무를 부담하게 할 수 없는 기명날인 또는 서명의 효과에 관한 제7조, 대리권한 없는 자 또는 대리권한을 초과한 자의 기명날인 또는 서명의 효과에 관한 제8조, 백지환어음에 관한 제10조를 준용한다.
③ 약속어음에 관하여는 보증에 관한 제30조부터 제32조까지의 규정을 준용한다. 제31조제4항의 경우에 누구를 위하여 보증한 것임을 표시하지 아니하였으면 약속어음의 발행인을 위하여 보증한 것으로 본다.
참조 [약속어음과 지급약속]78①

제78조【발행인의 책임 및 일람 후 정기출급 어음의 특칙】
① 약속어음의 발행인은 환어음의 인수인과 같은 의무를 부담한다.
② 일람 후 정기출급의 약속어음은 제23조에 따른 기간 내에 발행인이 일람할 수 있도록 제시하여야 한다. 일람 후의 기간은 발행인이 어음에 일람하였다는 내용을 적고 날짜를 부기하여 기명날인하거나 서명한 날부터 진행한다. 발행인이 일람 사실과 날짜의 기재를 거절한 경우에는 제25조에 따라 거절증서로써 이를 증명하여야 한다. 그 날짜는 일람 후의 기간의 첫날로 한다.

참조 ①[환어음인수인의 의무]28·47·53①단서·70①, ②[일람후정기출급어음]33①·35-37·77①, [거절증서의 작성]44·46·77①, [불가항력]54·77①, [기간]72-74·77①

부 칙

제79조【이득상환청구권】 환어음 또는 약속어음에서 생긴 권리가 절차의 흠결로 인하여 소멸한 때나 그 소멸시효가 완성한 때라도 소지인은 발행인, 인수인 또는 배서인에 대하여 그가 받은 이익의 한도내에서 상환을 청구할 수 있다.

참조 수표63, [절차흠결로 인한 권리소멸]53·54④·56·60·77①, [시효로 인한 권리소멸]70·77①, [소지인]43·47·49, [부당이득반환청구]민741

판례 어음법 79조에서 말하는 "받은 이익"의 의미 : 어음법 79조에서 말하는 "받은 이익"이라는 것은 어음채무자가 어음상의 권리의 소멸에 의하여 어음상의 채무를 면하는 것 자체를 말하는 것이 아니라 어음수수의 원인관계 등 실질관계(기본관계)에 있어서 현실로 받은 재산상의 이익을 말하는 것이다.(대판 1993.7.13, 93다10897)

판례 채권 지급 확보 위한 어음 최후 소지인의 어음상 권리 상실시 이득상환청구권 발생여부 : 어음법에 의한 이득상환청구권이 발생하기 위하여는 모든 어음상 또는 민법상의 채무자에 대하여 각 권리가 소멸되어야 하는 것인바, 원인관계에 있는 채권의 지급을 확보하기 위하여 발행된 약속어음이 전전양도되어 최후의 소지인이 어음상의 권리를 상실한 경우라도 원인채무는 그대로 존속하는 것이므로 발행인이 바로 어음금액 상당의 이득을 얻고 있다고는 할 수 없다.(대판 1993.3.23, 92다50942)

판례 원인채권의 지급을 확보하기 위하여 어음이 발행된 후 어음채권이 시효소멸한 경우 이득상환청구권의 발생 여부와 어음채권의 시효소멸 전에 원인채권이 소멸된 경우 : 원인관계에 있는 채권의 지급을 확보하기 위하여 어음이 발행된 경우에는 어음채권이 시효로 인하여 소멸하였다 하더라도 이득상환청구권이 발생하지 않는 것이고 이러한 이치는 어음채권이 시효소멸하기 전에 먼저 원인관계에 있는 채권이 시효 등 별개의 원인으로 소멸하였다 하더라도 마찬가지라 할 것이다.(대판 1992.3.31, 91다40443)

제80조【소송고지로 인한 시효중단】 ① 배서인의 다른 배서인과 발행인에 대한 환어음 상과 약속어음 상의 청구권의 소멸시효는 그 자가 제소된 경우에는 전자에 대한 소송고지를 함으로 인하여 중단한다.

② 전항의 규정에 의하여 중단된 시효는 재판이 확정된 때로부터 다시 진행을 개시한다.

참조 수표64, ①[어음을 환수한 자의 상환청구권의 시효]70③·77①, [시효중단사유]민168, ②[중단된 시효의 진행]민178

판례 원인채권 행사시의 어음채권의 소멸시효중단 여부 : 원인채권의 지급을 확보하기 위한 방법으로 어음이 수수된 경우에 원인채권과 어음채권은 별개로서 채권자는 그 선택에 따라 권리를 행사할 수 있고, 원인채권에 기하여 청구를 한 것만으로는 어음채권 그 자체를 행사한 것으로 볼 수 없어 어음채권의 소멸시효를 중단시키지 못한다.(대판 1999.6.11, 99다16378)

판례 어음채권 행사시의 원인채권의 소멸시효중단 여부 : 원인채권의 지급을 확보하기 위한 방법으로 어음이 수수된 경우, 이러한 어음은 경제적으로 동일한 급부를 위하여 원인채권의 지급수단으로 수수된 것으로서 그 어음채권의 행사는 원인채권을 실현하기 위한 것일 뿐만 아니라, 원인채권의 소멸시효는 어음금 청구소송에 있어서 채무자의 인적항변 사유에 해당하는 관계로 채권자가 어음채권의 소멸시효를 중단하여 두어도 채무자의 인적항변에 따라 그 권리를 실현할 수 없게 되는 불합리한 결과가 발생하게 되므로, 채권자가 원인채권에 기하여 청구를 한 것이 아니라 어음채권에 기하여 청구를 하는 반대의 경우에는 원인채권의 소멸시효를 중단시키는 효력이 있다고 봄이 상당하고, 이러한 법리는 채권자가 어음채권을 피보전권리로 하여 채무자의 재산을 가압류함으로써 그 권리를 행사한 경우에도 마찬가지로 적용된다.(대판 1999.6.11, 99다16378)

제81조【휴일의 의의】 본법에서 휴일이라 함은 국경일, 공휴일, 일요일 기타의 일반휴일을 이른다.

참조 수표66, [휴일]72·77①, 민161, 국경일에관한법, 공휴일에관한법, 관공서의공휴일에관한규정

제82조【본법 시행전에 발행한 수형(手形)】 본법 시행전에 발행한 위체수형과 약속수형에 관하여는 종전의 규정에 의한다.

참조 수표68

제83조【어음교환소의 지정】 제38조제2항(제77조제1항에서 준용하는 경우를 포함한다)의 어음교환소는 법무부장관이 지정한다.

참조 수표69, 어음교환소지정에관한규칙

제84조【거절증서에 관한 사항】 거절증서의 작성에 관한 사항은 대통령령으로 정한다.(1995.12.6 본조개정)

참조 수표70, [거절증서작성의 필요]24①·25②·44①-④·53①·56②·60①·66②·68②·77①·78②, [거절증서작성에 관한 기타의 규정]46·48①·54·72, [대통령령]거절증서

제85조【시행기일, 구법의 폐지】 ① 본법은 서기 1963년 1월 1일부터 시행한다.

② 조선민사령 제1조에 의하여 의용된 수형법은 본법 시행시까지 효력이 있다.

참조 수표71

부 칙 (2007.5.17)

이 법은 공포 후 6개월이 경과한 날부터 시행한다.

부 칙 (2010.3.31)

이 법은 공포한 날부터 시행한다.

거절증서령

(1970년 4월 15일 전 개 대 통 령 령 제4919호)

개정
2011. 8.19영23077호

제1조【목적】 이 영은 법률 제5009호 어음法 부칙 제84조 및 법률 제5010호 手票法 부칙 제70조에 따라 거절증서의 작성에 관한 사항을 규정함을 목적으로 한다.(2011.8.19 본조개정)

제2조【작성자】 어음(환어음 및 약속어음을 말한다. 이하 같다) 및 수표의 거절증서는 공증인 또는 집행관이 작성한다.
(2011.8.19 본조개정)

제3조【기재사항】 ① 거절증서에는 다음 각 호의 사항을 적고 공증인 또는 집행관이 기명날인하여야 한다.
1. 거절자 및 피거절자의 성명이나 명칭
2. 거절자에 대하여 청구하였다는 사실 및 거절자가 그 청구에 응하지 않았거나 거절자를 면회할 수 없었다는 사실 또는 청구할 장소를 알 수 없었다는 사실
3. 청구를 하였거나 청구를 할 수 없었던 장소 및 연월일
4. 거절증서를 작성한 장소 및 연월일
5. 법정 장소 외의 곳에서 거절증서를 작성할 때에는 거절자가 이를 승낙한 사실

② 지급인이 「어음법」 제24조제1항 전단에 따라 두 번째 제시를 할 것을 청구하였을 때에는 거절증서에 그 사실을 적어야 한다.
(2011.8.19 본조개정)

제4조【작성 방법】 ① 거절증서는 어음이나 수표 또는 이에 결합한 보충지에 적어 작성한다.
② 거절증서는 어음 또는 수표의 뒷면에 적은 사항에 계속하여 작성하고, 보충지에 작성할 경우에는 공증인이나 집행관이 그 이음매에 간인(間印)하여야 한다.
(2011.8.19 본조개정)

제5조【어음이나 수표의 복본 또는 등본이 있는 경우의 작성 방법】 ① 어음이나 수표의 여러 통의 복본 또는 원본 및 등본을 제시한 경우에는 거절증서를 1통의 복본, 원본 또는 보충지에 작성한다.
② 제1항에 따라 거절증서를 작성할 때에는 다른 복본이나 등본에 그 사실을 적고 공증인이나 집행관이 기명날인하여야 한다.
③ 제2항에 따른 복본이나 등본의 작성 방법에 관하여는 제4조를 준용한다.
(2011.8.19 본조개정)

제6조【어음의 원본이 없는 경우의 작성 방법】 ①「어음법」 제68조제2항(같은 법 제77조제1항에서 준용하는 경우를 포함한다)에 따라 거절증서를 작성할 때에는 어음의 등본 또는 보충지에 작성하여야 한다.
② 인수의 일부 거절로 인하여 거절증서를 작성할 때에는 공증인이나 집행관이 어음의 등본을 작성하고 그 등본 또는 보충지에 작성하여야 한다.
③ 제1항과 제2항에 따른 등본 또는 보충지의 작성 방법에 관하여는 제4조제2항을 준용한다.
(2011.8.19 본조개정)

제7조【거절증서의 수】 여러 명에게 청구하거나 동일인에게 여러 차례 청구하였을 때에는 거절증서 1통을 작성한다.(2011.8.19 본조개정)

제8조【작성 장소】 ① 거절증서는 청구를 한 장소에서 작성하여야 한다. 다만, 거절자가 승낙하였을 때에는 다른 장소에서 작성할 수 있다.
② 청구를 할 장소를 알 수 없을 때에는 거절증서를 작성할 공증인 또는 집행관은 그 장소를 관공서에 조회하여야 한다. 다만, 관공서에 조회하여도 그 장소를 알 수 없을 때에는 그 관공서나 자기의 사무소에서 거절증서를 작성할 수 있다.
(2011.8.19 본조개정)

제9조【거절증서의 등본】 ① 공증인 또는 집행관은 거절증서를 작성하였을 때에는 다음 각 호의 사항을 적은 등본을 작성하여 그 사무소에 갖추어 두어야 한다.
1. 환어음 · 약속어음 또는 수표의 구별 및 번호가 있을 때에는 그 번호
2. 금액
3. 발행인, 지급인 및 지급받을 자 또는 지급받을 자를 지시하는 자의 성명이나 명칭
4. 발행 연월일 및 발행지
5. 만기 및 지급지
6. 지급을 위하여 지정된 제3자 및 예비 지급인 또는 참가인수인이 있을 때에는 그 성명이나 명칭

② 거절증서가 멸실된 경우에 이해관계인이 청구하면 공증인 또는 집행관은 제1항에 따라 작성한 등본에 따라 거절증서의 등본을 작성하여 이해관계인에게 교부하여야 하며, 이 등본은 원본과 같은 효력이 있다.
(2011.8.19 본조개정)

부 칙 (2011.8.19)

이 영은 공포한 날부터 시행한다.

전자어음의 발행 및 유통에 관한 법률(약칭 : 전자어음법)

(2004년 3월 22일 법 률 제7197호)

개정
2007. 5.17법 8443호
2008. 2.29법 8863호(금융위원회의설치등에관한법)
2009. 1.30법 9364호 2009. 5. 8법 9651호
2010. 5.17법10303호(은행법)
2012. 6. 1법11461호(전자문서및전자거래기본법)
2013. 4. 5법11730호 2016. 5.29법14174호
2017.10.31법15022호(주식회사등의외부감사에관한법)
2020. 6. 9법17354호(전자서명법)

제1장 총 칙

제1조【목적】 이 법은 전자적 방식으로 약속어음을 발행·유통하고 어음상의 권리를 행사할 수 있도록 함으로써 국민경제의 향상에 이바지함을 목적으로 한다.

제2조【정의】 이 법에서 사용하는 용어의 정의는 다음과 같다.
1. "전자문서"란「전자문서 및 전자거래 기본법」제2조제1호에 따라 정보처리시스템에 의하여 전자적 형태로 작성, 송신·수신 또는 저장된 정보를 말한다.(2012.6.1 본호개정)
2. "전자어음"이란 전자문서로 작성되고 제5조제1항에 따라 전자어음관리기관에 등록된 약속어음을 말한다.
3. "전자서명"이란「전자서명법」제2조제2호에 따른 전자서명(서명자의 실지명의를 확인할 수 있는 것을 말한다)을 말한다.(2020.6.9 본호개정)
4. "전자어음관리기관"이란 제3조제1항에 따라 법무부장관의 지정을 받은 기관을 말한다.
5. "사업자고유정보"란 전자어음과 관련된 당사자의 상호나 사업자등록번호, 회원번호, 법인등록번호 또는 주민등록번호 등 사업자를 식별할 수 있는 정보를 말한다.
6. "금융기관"이란「은행법」에 따른 은행 및 이에 준하는 업무를 수행하는 금융기관으로 대통령령으로 정하는 기관을 말한다.(2010.5.17 본호개정)
7. "이용자"란 전자어음거래를 위하여 전자어음관리기관에 등록하고 전자어음관리기관의 시스템을 이용하여 전자어음거래를 하는 자를 말한다.

(2009.1.30 본조개정)

제3조【전자어음관리기관】 ① 전자어음관리기관은 법무부장관이 지정한다.
② 전자어음관리기관으로 지정받으려는 자는 다음 각 호의 요건을 갖추어야 한다.
1.「민법」제32조에 따라 설립된 법인 또는「상법」에 따라 설립된 주식회사일 것
2. 대통령령으로 정하는 기술능력·재정능력·시설 및 장비 등을 갖출 것
③ 전자어음관리기관의 지정절차와 그 밖에 필요한 사항은 대통령령으로 정한다.
(2009.1.30 본조개정)

제4조【적용 범위】 전자어음에 관하여 이 법에서 정한 것 외에는「어음법」에서 정하는 바에 따른다.(2009.1.30 본조개정)

제2장 전자어음의 등록 및 어음행위
(2009.1.30 본장개정)

제5조【전자어음의 등록 등】 ① 전자어음을 발행하려는 자는 그 전자어음을 전자어음관리기관에 등록하여야 한다.
② 전자어음관리기관은 해당 전자어음의 지급을 청구할 금융기관이나 신용조사기관 등의 의견을 참고하여 전자어음의 등록을 거부하거나 전자어음의 연간 총발행금액 등을 제한할 수 있다.
③ 전자어음관리기관의 전자어음 등록에 관한 절차와 방법, 그 밖에 필요한 사항은 대통령령으로 정한다.
④ 전자어음에 배서(背書) 또는 보증을 하거나 전자어음의 권리를 행사하는 것은 이 법에 따른 전자문서로만 할 수 있다.

제6조【전자어음의 발행】 ① 전자어음에는 다음 각 호의 사항을 기재하여야 한다.
1.「어음법」제75조제1호·제2호·제3호·제5호 및 제6호에서 정하는 사항
2. 전자어음의 지급을 청구할 금융기관
3. 전자어음의 동일성을 표시하는 정보
4. 사업자고유정보
② 제1항제2호에 따른 금융기관이 있는 지역은「어음법」제75조제4호에 따른 지급지(支給地)로 본다.
③ 발행인이 제1항의 전자어음에 전자서명을 한 경우에는「어음법」제75조제7호에 따른 기명날인 또는 서명을 한 것으로 본다.(2020.6.9 본항개정)
④ 발행인이 타인에게「전자문서 및 전자거래 기본법」제6조제1항에 따라 전자어음을 송신하고 그 타인이 같은 조 제2항에 따라 수신한 때에 전자어음을 발행한 것으로 본다.(2012.6.1 본항개정)
⑤ 전자어음의 만기는 발행일부터 3개월을 초과할 수 없다.(2016.5.29 본항개정)
⑥「어음법」제10조(같은 법 제77조에서 인용하는 경우의 해당 조항을 말한다)에 따른 백지어음은 전자어음으로 발행할 수 없다.

제6조의2【전자어음의 이용】「주식회사 등의 외부감사에 관한 법률」제4조에 따른 외부감사대상 주식회사 및 직전 사업연도 말의 자산총액 등이 대통령령으로 정하는 기준에 해당하는 법인사업자는 약속어음을 발행할 경우 전자어음으로 발행하여야 한다.(2017.10.31 본조개정)

제7조【전자어음의 배서】 ① 전자어음에 배서를 하는 경우에는 전자어음에 배서의 뜻을 기재한 전자문서(이하 "배서전자문서"라 한다)를 첨부하여야 한다.
② 배서전자문서에는 전자어음의 동일성을 표시하는 정보를 기재하여야 한다.
③ 배서인이 타인에게「전자문서 및 전자거래 기본법」제6조제1항에 따라 전자어음과 배서전자문서를 송신하고 그 타인이 같은 조 제2항에 따라 수신한 때에는「어음법」제13조제1항에 따른 배서 및 교부를 한 것으로 본다.(2012.6.1 본항개정)
④ 피배서인(被背書人)이 다시 배서를 하는 경우에는 이전에 작성된 배서전자문서를 전자어음에 전부 첨부하고 제1항에 따른 배서를 하여야 한다.
⑤ 전자어음의 총배서횟수는 20회를 초과할 수 없다.
⑥ 전자어음의 배서에 관하여는 제6조제3항을 준용한다. 이 경우 "발행인"은 "배서인"으로 본다.

제7조의2【전자어음의 분할배서】 ①「어음법」제12조제2항에도 불구하고 전자어음을 발행받아 최초로 배서하는 자에 한하여 총 5회 미만으로 어음금을 분할하여 그 일부에 관하여 각각 배서할 수 있다. 이 경우 분할된 각각의 전자어음은 제7조에 따른 배서의 방법을 갖추어야 한다.
② 제1항에 따라 배서를 하는 자는 배서하는 전자어음이 분할 전의 전자어음으로부터 분할된 것임을 표시하여야 한다.
③ 분할 후의 전자어음은 그 기재된 금액의 범위에서 분할 전의 전자어음과 동일한 전자어음으로 본다.
④ 분할된 전자어음에 대한 법률행위의 효과는 분할된 다른 전자어음의 법률관계에 영향을 미치지 아니하며, 배서인은 분할 후의 수개의 전자어음이 구별되도록 다른 번호를 붙여야 한다. 번호 부여의 구체적인 방법은 대통령령으로 정한다.

⑤ 분할 후의 어느 전자어음상의 권리가 소멸한 때에는 분할 전의 전자어음은 그 잔액에 관하여 존속하는 것으로 본다.
⑥ 전자어음의 발행인이 전자어음면에 분할금지 또는 이와 동일한 뜻의 기재를 한 때에는 제1항을 적용하지 아니한다. (2013.4.5 본조신설)
제8조【전자어음의 보증】 ① 전자어음을 보증하는 자는 보증의 뜻을 기재한 전자문서를 그 전자어음에 첨부하여야 한다.
② 전자어음의 보증에 관하여는 제6조제3항 · 제4항 및 제7조제2항을 준용한다. 이 경우 "발행인"은 "보증인"으로, "발행"은 "보증"으로 본다.
③ 전자어음은 보증에 의하여 그 금액의 일부의 지급을 담보할 수 없다.(2013.4.5 본항신설)
제9조【지급 제시】 ① 전자어음의 소지인이 전자어음 및 전자어음의 배서에 관한 전자문서를 첨부하여 지급청구의 뜻이 기재된 전자문서를 제6조제1항제2호의 지급을 청구할 금융기관에 송신하고 그 금융기관이 수신한 때에는 「어음법」 제38조제1항에서 규정한 지급을 위한 제시를 한 것으로 본다. 다만, 전자어음관리기관에 대한 전자어음의 제시는 지급을 위한 제시와 같은 효력이 있으며 전자어음관리기관이 운영하는 정보처리 조직에 의하여 전자어음의 만기일 이전에 자동으로 지급 제시되도록 할 수 있다.
② 지급 제시를 위한 송신과 수신의 시기는 「전자문서 및 전자거래 기본법」 제6조제1항 및 제2항에 따른다.(2012.6.1 본항개정)
③ 지급 제시를 하는 소지인은 제1항에 따른 지급청구의 뜻이 기재된 전자문서에 어음금을 수령할 금융기관의 계좌를 기재하여야 한다.
④ 제1항에 따른 지급 제시를 받은 금융기관이 어음금을 지급할 때에는 전자어음관리기관에 지급사실을 통지하여야 한다. 다만, 전자어음관리기관에서 운영하는 정보처리 조직에 의하여 지급이 완료된 경우에는 그러하지 아니하다.
제10조【어음의 소멸】 제9조제4항에 따른 통지가 있거나 전자어음관리기관의 정보처리 조직에 의하여 지급이 완료된 경우 어음 채무자가 해당 어음을 환수한 것으로 본다.
제11조【어음의 상환증권성과 일부지급의 적용배제】 「어음법」 제39조제1항부터 제3항까지의 규정은 전자어음에 적용하지 아니한다.
제12조【지급거절】 ① 제9조제1항에 따른 지급 제시를 받은 금융기관이 지급을 거절할 때에는 전자문서(이하 "지급거절 전자문서"라 한다)로 하여야 한다.
② 지급거절 전자문서를 전자어음관리기관에 통보하고 그 기관이 문서 내용을 확인한 경우에는 그 전자문서를 「어음법」 제44조제1항에 따른 공정증서로 본다.
③ 전자어음의 소지인이 제1항에 따른 전자문서를 수신한 날을 공정증서의 작성일로 본다.
④ 제2항에 따른 지급거절 전자문서의 확인 방법 및 절차, 그 밖에 필요한 사항은 대통령령으로 정한다.
제13조【상환청구】 ① 전자어음의 소지인이 상환청구를 할 때에는 다음 각 호의 문서를 첨부하여 상환청구의 뜻을 기재한 전자문서를 상환의무자에게 송신하여야 한다.
1. 전자어음
2. 배서전자문서
3. 지급거절 전자문서
② 상환의무자가 상환금액을 지급한 경우에는 전자어음관리기관에 지급사실을 통지하여야 한다.
③ 제2항의 통지를 하면 상환의무자가 전자어음을 환수한 것으로 본다.
④ 전자어음의 상환청구에 관하여는 제9조제3항을 준용한다. 이 경우 "지급청구"는 "상환청구"로 본다.
제14조【어음의 반환 및 수령 거부】 ① 전자어음을 발행하거나 배서한 자가 착오 등을 이유로 전자어음을 반환받으려면 그 소지인으로 하여금 전자어음관리기관에 반환 의사를 통지하게 하여야 한다.
② 제1항의 통지를 하면 전자어음은 발행되거나 배서되지 아니한 것으로 보며, 전자어음관리기관은 그 전자어음의 발행 또는 배서에 관한 기록을 말소하여야 한다.
③ 전자어음의 수신자는 전자어음의 수령을 거부하려면 전자어음관리기관에 수령 거부 의사를 통지하여야 한다. 수령 거부 의사를 통지한 경우에는 수신자가 전자어음을 수령하지 아니한 것으로 보며, 전자어음관리기관은 수신자가 청구할 경우 그 수신자가 전자어음의 수령을 거부한 사실을 증명하는 문서를 발급하여야 한다.

제3장 전자어음거래의 안전성 확보 및 이용자 보호

(2009.1.30 본장개정)

제15조【안전성 확보 의무】 전자어음관리기관은 전자어음거래의 안전을 확보하고 지급의 확실성을 보장할 수 있도록 전자어음거래의 전자적 전송 · 처리를 위한 인력, 시설, 전자적 장치 등에 관하여 대통령령으로 정하는 기준을 준수하여야 한다.
제16조【전자어음거래 기록의 생성 및 보존】 ① 전자어음관리기관은 다음 각 호의 업무를 수행하여야 한다.
1. 전자어음의 발행, 배서, 보증 및 권리행사 등을 할 때에 그 기관의 전자정보처리 조직을 통하여 이루어지도록 하는 조치
2. 전자어음별로 발행인과 배서인에 관한 기록, 전자어음 소지인의 변동사항 및 그 전자어음의 권리행사에 관한 기록의 보존
3. 전자어음거래를 추적 · 검색하고 오류가 발생할 경우 그 오류를 확인 · 정정할 수 있는 기록의 생성 및 보존
② 제1항에 따라 전자어음관리기관이 보존하여야 하는 기록의 종류와 방법 및 보존기간은 대통령령으로 정한다.
제17조【전자어음거래 정보의 제공 등】 ① 전자어음관리기관은 이용자가 신청한 경우에는 대통령령으로 정하는 바에 따라 해당 전자어음 관련 발행상황 및 잔액 등의 결제 정보를 제공하여야 한다.
② 전자어음거래와 관련하여 업무상 다음 각 호에 해당하는 사항을 알게 된 자는 이용자의 동의를 받지 아니하고 타인에게 제공하거나 누설하여서는 아니 된다. 다만, 「금융실명거래 및 비밀보장에 관한 법률」 제4조제1항 단서에 따른 경우와 그 밖의 법률에서 정한 경우에는 그러하지 아니하다.
1. 이용자의 신상에 관한 사항
2. 이용자의 거래계좌 및 전자어음거래의 내용과 실적에 관한 정보 또는 자료
③ 전자어음관리기관은 건전한 전자어음 발행 · 유통과 선의의 거래자 보호를 위하여 대통령령으로 정하는 경우에는 법무부장관의 사전승인을 받아 제1항과 제2항에 규정된 사항 등을 공개할 수 있다.
제18조【약관의 명시 · 통지 등】 ① 전자어음관리기관은 전자어음을 등록할 때에 이용자에게 전자어음거래에 관한 약관을 구체적으로 밝히고, 이용자가 요청하는 경우에는 대통령령으로 정하는 바에 따라 그 약관을 발급하고 내용을 설명하여야 한다.
② 전자어음관리기관은 전자어음거래에 관한 약관을 제정하거나 변경하려면 법무부장관의 승인을 받아야 한다. 다만, 약관의 변경으로 인하여 이용자의 권익이나 의무에 불리한 영향이 없다고 법무부장관이 정하는 경우에는 변경 후 10일 이내에 법무부장관에게 통보하여야 한다.
제19조【이의제기와 분쟁처리】 ① 전자어음관리기관은 대통령령으로 정하는 바에 따라 전자어음거래와 관련하여 이용자가 제기하는 정당한 의견이나 불만을 반영하고, 이용자가 전자어음거래에서 입은 손해를 배상하기 위한 절차를 마련하여야 한다.
② 전자어음관리기관은 전자어음 등록 시 제1항에 따른 절차를 구체적으로 밝혀야 한다.

제4장 전자어음관리업무의 감독
(2009.1.30 본장개정)

제20조【전자어음관리기관의 감독 및 검사】 ① 법무부장관은 전자어음관리기관에 대하여 이 법 또는 이 법에 따른 명령을 준수하는지를 감독한다.
② 법무부장관은 제1항에 따른 감독을 위하여 필요하면 전자어음관리기관에 대하여 그 업무에 관한 보고를 하게 하거나 대통령령으로 정하는 바에 따라 전자어음관리기관의 전자어음관리 업무에 관한 시설·장비·서류, 그 밖의 물건을 검사할 수 있다.
③ 법무부장관은 전자어음제도의 원활한 운영 및 이용자 보호 등을 위하여 필요하면 전자어음관리기관에 이용자의 전자어음거래 정보 등 필요한 자료의 제출을 명할 수 있다.
④ 법무부장관은 전자어음관리기관이 이 법 또는 이 법에 따른 명령을 위반하여 전자어음제도의 건전한 운영을 해치거나 이용자의 권익을 침해할 우려가 있다고 인정되는 경우에는 다음 각 호의 어느 하나에 해당하는 조치를 할 수 있다.
1. 해당 위반행위에 대한 시정명령
2. 전자어음관리기관에 대한 주의·경고 또는 그 임직원에 대한 주의·경고 및 문책의 요구
3. 전자어음관리기관 임원의 해임권고 또는 직무정지의 요구
⑤ 법무부장관은 전자어음제도의 운영 및 전자어음관리기관의 감독 또는 검사와 관련하여 필요하면 금융위원회에 협의를 요청하거나 대통령령으로 정하는 바에 따라 그 권한의 일부를 위임하거나 위탁할 수 있다.

제21조【지정의 취소】 ① 법무부장관은 전자어음관리기관이 다음 각 호의 어느 하나에 해당하면 제3조에 따른 지정을 취소할 수 있다.
1. 거짓이나 그 밖의 부정한 방법으로 제3조에 따른 전자어음관리기관으로 지정받은 경우
2. 정당한 사유 없이 1년 이상 계속하여 영업을 하지 아니한 경우
3. 법인의 합병·파산·폐업 등으로 사실상 영업을 종료한 경우
② 전자어음관리기관은 지정이 취소된 경우에도 그 취소처분이 있기 전에 한 전자어음거래의 지급을 위한 업무를 계속하여 할 수 있다.
③ 법무부장관은 제1항에 따라 지정을 취소하려는 경우에는 청문을 하여야 하며 지정을 취소한 경우에는 지체 없이 그 내용을 관보에 공고하고 컴퓨터통신 등을 이용하여 일반인에게 알려야 한다.

제5장 벌 칙
(2009.1.30 본장개정)

제22조【벌칙】 ① 제3조에 따른 전자어음관리기관으로 지정받지 아니하고 전자어음관리 업무를 한 자는 5년 이하의 징역 또는 1억원 이하의 벌금에 처한다.
② 다음 각 호의 어느 하나에 해당하는 자는 3년 이하의 징역 또는 5천만원 이하의 벌금에 처한다.
1. 제5조제1항을 위반하여 전자어음관리기관에 등록하지 아니하고 전자어음을 발행한 자
2. 제17조제2항을 위반하여 전자어음거래 정보를 제공한 자
③ 제20조제2항에 따른 검사를 기피하거나 방해한 자는 1년 이하의 징역 또는 3천만원 이하의 벌금에 처한다.
④ 전자어음은 「형법」 제214조부터 제217조까지 규정된 죄의 유가증권으로 보아 그 유가증권에 관한 죄에 대한 각 조문의 형으로 처벌한다.

제23조【과태료】 ① 다음 각 호의 어느 하나에 해당하는 자에게는 1천만원 이하의 과태료를 부과한다.
1. 제15조에 따른 안전성 기준을 위반한 자
2. 제20조제3항에 따른 자료제출 명령에 대하여 정당한 사유 없이 자료를 제출하지 아니하거나 거짓된 자료를 제출한 자
② 다음 각 호의 어느 하나에 해당하는 자에게는 500만원 이하의 과태료를 부과한다.
1. 제6조의2에 따른 전자어음 이용의무를 위반한 자
(2009.5.8 본호신설)
2. 제16조제1항제2호 및 제3호에 따른 전자어음거래 기록의 보존 의무를 위반한 자
3. 제17조제1항에 따른 신청에 대하여 정당한 사유 없이 결제 정보를 제공하지 아니한 자
4. 제18조제1항에 따른 약관의 설명 의무를 위반한 자
5. 제18조제2항에 따른 승인을 받지 아니하거나 통보를 하지 아니한 자
③ 제1항과 제2항에 따른 과태료는 법무부장관이 부과·징수한다.

제24조【전자어음관리기관의 금융기관 간주】 전자어음관리기관은 「특정경제범죄 가중처벌 등에 관한 법률」 제2조에 따른 금융기관으로 본다.

부 칙 (2013.4.5)

제1조【시행일】 이 법은 공포 후 1년이 경과한 날부터 시행한다.
제2조【적용례】 제7조의2의 개정규정은 이 법 시행 후 최초로 발행하는 전자어음부터 적용한다.

부 칙 (2016.5.29)

제1조【시행일】 이 법은 공포 후 2년이 경과한 날부터 시행한다.
제2조【전자어음의 만기 적용에 관한 특례】 제6조제5항의 개정규정에도 불구하고 이 법 시행일부터 다음 표의 기간 동안 발행하는 전자어음에 대해서는 각각의 적용기간에 해당하는 만기를 적용한다.

적용기간	이 법 시행일부터 이 법 시행 이후 1년이 경과한 날 전날까지	이 법 시행 후 1년이 경과한 날부터 이 법 시행 이후 2년이 경과한 날 전날까지	이 법 시행 후 2년이 경과한 날부터 이 법 시행 이후 3년이 경과한 날 전날까지
만기	6개월	5개월	4개월

제3조【전자어음의 만기에 관한 경과조치】 이 법 시행 전에 발행된 전자어음의 만기에 관하여는 제6조제5항의 개정규정에도 불구하고 종전의 규정에 따른다.

부 칙 (2020.6.9)

제1조【시행일】 이 법은 공포 후 6개월이 경과한 날부터 시행한다.(이하 생략)

수표법

(1962년 1월 20일
법 률 제1002호)

개정
1995.12. 6법 5010호 2007. 5.17법 8440호
2010. 3.31법10197호

제1장 수표의 발행과 방식

(2010.3.31 본장개정)

제1조【수표의 요건】 수표에는 다음 각 호의 사항을 적어야 한다.

1. 증권의 본문 중에 그 증권을 작성할 때 사용하는 국어로 수표임을 표시하는 글자
2. 조건 없이 일정한 금액을 지급할 것을 위탁하는 뜻
3. 지급인의 명칭
4. 지급지(支給地)
5. 발행일과 발행지(發行地)
6. 발행인의 기명날인(記名捺印) 또는 서명

참조 어음1·75, [요건을 결한 경우]2, [백지수표]13, [요건이외의 기재]2·5·6②·8·14·36②③·37·42·48·68, [효력이 없는 기재]7·12·28①, [준거법]국제사법, [인지]인지세법1①, ⑵[수표금액]7·9·36·44, [수표행위의 단순성]15①·54①, ⑶[지급인의 표시]3·6③·59, ⑷[지급지의 표시]2·29·36, ⑸[발행일자]28-30·68, [발행지의 표시]2, ⑹[발행인의 서명]10·11

판례 발행지 기재 없는 수표의 효력 : 수표면의 기재 자체로 보아 국내수표로 인정되는 경우에 있어서는 발행지의 기재는 별다른 의미가 없는 것이고, 발행지의 기재가 없는 수표도 완전한 수표와 마찬가지로 유통·결제되고 있는 거래의 실정 등에 비추어, 그 수표면상 발행지의 기재가 없는 경우라고 할지라도 이를 무효의 수표로 볼 수는 없다.(대판 1999.8.19, 99다23383 전원합의체)

판례 수표의 발행일자나 액면 등을 정정하는 경우 기명날인이나 날인을 요하는지 여부 : 수표법상 발행, 배서, 보증, 지급보증 등 이른바 수표행위를 함에 있어서는 기명날인을 그 요건으로 하고 여기서 말하는 기명날인에는 무인을 포함하지 아니하나 위와 같은 수표행위와 수표문언의 사후 정정행위와는 서로 구별되는 것으로서, 이미 기명날인의 요건을 갖추어 적법하게 발행된 수표의 발행일자나 액면 등을 정정하는 경우에도 반드시 정정하는 곳에 기명날인이나 또는 날인을 하여야만 그 정정행위가 유효한 것이라고 볼 수는 없고, 한편 부정수표단속법의 입법목적은 국민의 경제생활의 안정과 유통증권인 수표의 기능을 보장하고자 함에 있으므로 수표법상 유효한 수표가 아닌 경우에도 실제로 유통증권으로서의 기능에 아무런 영향이 없이 유통되고 있는 것이라면 이는 부정수표단속법 2조 2항의 적용대상에서 제외될 수 없다.(대판 1995.12.22, 95도1263)

제2조【수표 요건의 흠】 제1조 각 호의 사항을 적지 아니한 증권은 수표의 효력이 없다. 그러나 다음 각 호의 경우에는 그러하지 아니하다.

1. 지급지가 적혀 있지 아니한 경우 : 지급인의 명칭에 부기(附記)한 지(地)를 지급지로 본다. 지급인의 명칭에 여러 개의 지(地)를 부기한 경우에는 수표의 맨 앞에 적은 지(地)에서 지급할 것으로 한다.
2. 제1호의 기재나 그 밖의 다른 표시가 없는 경우 : 발행지에서 지급할 것으로 한다.
3. 발행지가 적혀 있지 아니한 경우 : 발행인의 명칭에 부기한 지(地)를 발행지로 본다.

참조 어음2·76, [수표요건]1, [백지수표]13, [지급지의 표시]1, [발행지의 표시]1

제3조【수표자금, 수표계약의 필요】 수표는 제시한 때에 발행인이 처분할 수 있는 자금이 있는 은행을 지급인으로 하고, 발행인이 그 자금을 수표에 의하여 처분할 수 있는 명시적 또는 묵시적 계약에 따라서만 발행할 수 있다. 그러나 이 규정을 위반하는 경우에도 수표로서의 효력에 영향을 미치지 아니한다.

참조 [지급인의 표시]1, [은행]59, [지급인자격의 준거법]국제사법, [수표계약]민680-692, 상72-77, [선일자의 경우]28②, [벌칙]67, [자금에 대한 수표소지인의 권리]국제사법

판례 발행한도를 초과하여 발행한 가계수표의 효력 : 가계수표 용지에 부동문자로 인쇄되어 있는 '100만원 이하' 등의 문언은 지급은행이 사전에 발행인과의 사이에 체결한 수표계약에 근거하여 기재한 것으로서 이는 단지 수표계약의 일부 내용을 제3자가 알 수 있도록 수표 문면에 기재한 것에 지나지 아니한 것이고, 한편 수표법 3조 단서에 의하면 수표자금에 관한 수표계약에 위반하여 수표를 발행한 경우에도 수표로서의 효력에는 영향을 미치지 아니하므로 발행한도액을 초과하여 발행한 가계수표도 수표로서의 효력에는 아무런 영향이 없다.(대판 1998.2.13, 97다48319)

제4조【인수의 금지】 수표는 인수하지 못한다. 수표에 적은 인수의 문구는 적지 아니한 것으로 본다.

참조 [인수]어음21-29, [수표인수금지의 취지의 철저]15③·25②, [지급보증]53-58, [인수 등 허부의 준거법]국제사법

제5조【수취인의 지정】 ① 수표는 다음 각 호의 어느 하나의 방식으로 발행할 수 있다.

1. 기명식(記名式) 또는 지시식(指示式)
2. 기명식으로 "지시금지"라는 글자 또는 이와 같은 뜻이 있는 문구를 적은 것
3. 소지인출급식(所持人出給式)

② 기명식 수표에 "또는 소지인에게"라는 글자 또는 이와 같은 뜻이 있는 문구를 적었을 때에는 소지인출급식 수표로 본다.

③ 수취인이 적혀 있지 아니한 수표는 소지인출급식 수표로 본다.

참조 ①⑴[기명식 또는 지시식수표]14①·19·21·35, [자기지시수표]6①, [기명식 또는 지시식어음]어음1·11①·75, [지명채권·지시채권]민450·508이하, ⑵[지시금지수표]14②, [지시금지어음]어음11②·77①, ⑶[소지인출급식수표]188·470, 민523이하, [소지인출급식수표와 배서]20, [소지인출급식수표와 선의취득]21, [소지인출급식수표와 복본의 불허]48, [선택무기명식증서]민525

제6조【자기지시수표, 위탁수표, 자기앞수표】 ① 수표는 발행인 자신을 지급받을 자로 하여 발행할 수 있다.

② 수표는 제3자의 계산으로 발행할 수 있다.

③ 수표는 발행인 자신을 지급인으로 하여 발행할 수 있다.

참조 어음3, [자기지시수표]1·5①, [자기앞수표]1

제7조【이자의 약정】 수표에 적은 이자의 약정은 적지 아니한 것으로 본다.

참조 어음5·77②, [수표금액의 표시]1, [일람출급성]28·29

제8조【제3자방 지급 기재】 수표는 지급인의 주소지에 있든 다른 지(地)에 있든 관계없이 제3자방(第三者方)에서 지급하는 것으로 할 수 있다. 그러나 그 제3자는 은행이어야 한다.

참조 어음4·77②, [지급인과 은행]3·59

제9조【수표금액의 기재에 차이가 있는 경우】 ① 수표의 금액을 글자와 숫자로 적은 경우에 그 금액에 차이가 있으면 글자로 적은 금액을 수표금액으로 한다.

② 수표의 금액을 글자 또는 숫자로 중복하여 적은 경우에 그 금액에 차이가 있으면 최소금액을 수표금액으로 한다.

참조 어음6·77②, [수표금액]1·44

제10조【수표채무의 독립성】 수표에 다음 각 호의 어느 하나에 해당하는 기명날인 또는 서명이 있는 경우에도 다른 기명날인 또는 서명을 한 자의 채무는 그 효력에 영향을 받지 아니한다.

1. 수표채무를 부담할 능력이 없는 자의 기명날인 또는 서명
2. 위조된 기명날인 또는 서명
3. 가공인물의 기명날인 또는 서명

4. 그 밖의 사유로 수표에 기명날인 또는 서명을 한 자나 그 본인에게 의무를 부담하게 할 수 없는 기명날인 또는 서명

참조 어음7·77②, [수표행위자의 책임의 독립성]27②·49·50, [수표행위능력]민3-17, [의사표시의 하자로 인한 무효·취소]민107이하, [무권대리]11, 민130이하, [위조서명]형239, 부정수표5

제11조【수표행위의 무권대리】 대리권 없이 타인의 대리인으로 수표에 기명날인하거나 서명한 자는 그 수표에 의하여 의무를 부담한다. 그 자가 수표금액을 지급한 경우에는 본인과 같은 권리를 가진다. 권한을 초과한 대리인의 경우도 같다.

참조 어음8·77②, [대리]민114이하, 상48-50, [무권대리행위]민130이하, [무권대리인의 책임]민135, [표현대리]민125·126·129, [수표채무 독립성]10

판례 표현대리의 인정 : 피고의 처가 수표할인을 받기 위하여 은행에 신고된 피고의 인감도장을 사용하여 수표를 발행하였다면, 피고는 위 수표를 교부받은 자로 하여금 처가 피고 명의의 수표를 발행할 권한이 있다고 믿게 할 만한 외관을 조성하였다 할 것이고, 상대방으로서는 피고의 처에게 피고를 대리하여 피고 명의의 수표를 발행할 권한이 있다고 믿을 만한 충분한 사정이 있었다고 할 것이다.
(대판 1991.6.11, 91다3994)

제12조【발행인의 책임】 발행인은 지급을 담보한다. 발행인이 지급을 담보하지 아니한다는 뜻의 모든 문구는 적지 아니한 것으로 본다.

참조 [발행인의 담보책임]39·43·56, [시효]51, [배서인의 담보책임]18, [환어음 발행인의 책임]어음9, [약속어음 발행인의 책임]어음78①, [형사상책임]부정수표2·3

판례 수표의 발행인에게 어느 특정인의 채무를 담보하기 위한 것이라는 수표의 사용 목적에 대한 인식이 있었다거나 수표의 발행인이 채권자의 요구에 따라 그 앞에서 직접 수표를 발행·교부하였다는 사정이 있었다 하더라도, 그러한 사실이 수표의 발행인에게 민사상의 보증채무까지 부담할 의사가 있었다고 인정하는 데 있어 적극적인 요소 중의 하나가 될 수 있음은 별론으로 하고, 그러한 사실로부터 바로 수표의 발행인과 채권자 사이에 민사상 보증계약이 성립한다고 추단할 수는 없다. 그보다 더 나아가 채권자의 입장에서 수표 발행시에 원인이 되는 채무에 대한 민사상의 보증채무를 부담할 것까지도 수표의 발행인에게 요구하는 의사가 있었고 수표의 발행인도 채권자의 그러한 의사 및 채무의 내용을 인식하면서 그에 응하여 수표를 발행하였다는 사실, 즉 수표의 발행인이 단순히 수표법상의 상환의무를 부담한다는 형태로 채권자에게 신용을 공여한 것이 아니라 민사상의 보증의 형태로도 신용을 공여한 것이라는 점이 채권자 및 채무자와 수표의 발행인 사이의 관계, 수표의 발행에 이르게 된 동기, 수표의 발행인과 채권자 사이의 교섭 과정 및 방법, 수표의 발행으로 인한 실질적 이익의 귀속 등 수표의 발행을 전후한 제반 사정과 거래계의 실정에 비추어 인정될 수 있을 정도에 이르러야만 수표의 발행인과 채권자 사이의 민사상 보증계약의 성립을 인정할 수 있고, 그에 미치지 못하는 경우에는 수표의 발행인은 원칙적으로 수표의 채무자로서 수표가 지급거절된 경우 그 소지인에 대하여 상환청구에 응하지 않으면 안 되는 수표법상의 채무만을 부담할 뿐이다.
(대판 2007.9.7, 2006다17928)

제13조【백지수표】 미완성으로 발행한 수표에 미리 합의한 사항과 다른 내용을 보충한 경우에는 그 합의의 위반을 이유로 소지인에게 대항하지 못한다. 그러나 소지인이 악의 또는 중대한 과실로 인하여 수표를 취득한 경우에는 그러하지 아니하다.

참조 어음10·77②, [수표요건 및 그 흠결]1·2, [인적항변]22

판례 발행일을 백지로 하여 발행된 수표의 소멸시효 기산점 및 기간 : 발행일을 백지로 하여 발행된 수표의 백지보충권의 소멸시효는 다른 특별한 사정이 없는 한 그 수표발행의 원인관계에 비추어 발행 당사자 사이에 수표상의 권리를 행사할 수 있는 것이 법률적으로 가능하게 된 때부터 진행한다. 백지수표의 보충권 행사에 의하여 생기는 채권은 수표금 채권이고, 수표법 51조에 의하면 수표의 발행인에 대한 소구권은 제시기간 경과 후 6개월간 행사하지 아니하면 소멸시효가 완성되는 점 등을 고려하면 발행일을 백지로 하여 발행된 수표의 백지보충권의 소멸시효기간은 백지보충권을 행사할 수 있는 때로부터 6개월로 봄이 상당하다.(대판 2001.10.23, 99다64018)

판례 백지수표 취득자가 그 보충권의 내용을 조회 안 한 것이 중대한 과실인지 여부 : 어음법 10조 소정의 '중대한 과실'에 관하여 "어음금액이 백지로 된 백지어음을 취득한 자가 그 어음의 발행인에게 보충권의 내용에 관하여 직접 조회하지 않았다면 특별한 사정이 없는 한 취득자에게 중대한 과실이 있는 것이라고 보아야 한다."고 판시한 대법원판결(1978.3.14, 77다2020)은, 비록 백지약속어음에 관한 것이기는 하지만, 백지수표에 관한 수표법 13조의 규정과 백지어음에 관한 어음법 10조의 규정은 백지수표와 백지어음의 보충권의 남용 내지 부당보충에 관하여 동일한 법리를 규정하고 있으므로, 백지어음의 부당보충에 관한 위 판결이 취하고 있는 견해는 백지수표에 관하여도 그대로 적용되어야 한다.(대판 1995.8.22, 95다10945)

제2장 양 도

(2010.3.31 본장개정)

제14조【당연한 지시증권성】 ① 기명식 또는 지시식의 수표는 배서(背書)에 의하여 양도할 수 있다.
② 기명식 수표에 "지시금지"라는 글자 또는 이와 같은 뜻이 있는 문구를 적은 경우에는 그 수표는 지명채권의 양도 방식으로만, 그리고 그 효력으로써만 양도할 수 있다.
③ 배서는 발행인이나 그 밖의 채무자에 대하여도 할 수 있다. 이러한 자는 다시 수표에 배서할 수 있다.

참조 어음11·77①, ①[기명식 또는 지시식수표]5①, [배서에 의한 양도]15이하, 민508이하, [지시채권의 특질]민508이하, 상65, [당연한 지시증권]상130·157·820, ②[지시금지수표]5①, [지명채권의 양도]민449이하, ③[혼동]민507, [지급인에 대한 배서]15⑤

제15조【배서의 요건】 ① 배서에는 조건을 붙여서는 아니된다. 배서에 붙인 조건은 적지 아니한 것으로 본다.
② 일부의 배서는 무효로 한다.
③ 지급인의 배서도 무효로 한다.
④ 소지인에게 지급하라는 소지인출급의 배서는 백지식 배서와 같은 효력이 있다.
⑤ 지급인에 대한 배서는 영수증의 효력만 있다. 그러나 지급인의 영업소가 여러 개인 경우에 그 수표가 지급될 곳으로 된 영업소 외의 영업소에 대한 배서는 그러하지 아니하다.

참조 어음12·77①, ①[수표행위의 단순성]1·23①·24②·41③·42①·54①, ②[수표금액의 일부의 보증·지급]25①·34②, ③[수표의 인수의 금지]4, [지급인에 의한 보증의 금지]25②, [환어음의 지급인의 배서]어음11③, ④[백지식배서]16②·17②·19, ⑤[영수증]34①, 민474

제16조【배서의 방식】 ① 배서는 수표 또는 이에 결합한 보충지〔補箋〕에 적고 배서인이 기명날인하거나 서명하여야 한다.
② 배서는 피배서인(被背書人)을 지명하지 아니하고 할 수 있으며 배서인의 기명날인 또는 서명만으로도 할 수 있다(백지식 배서). 배서인의 기명날인 또는 서명만으로 하는 백지식 배서는 수표의 뒷면이나 보충지에 하지 아니하면 효력이 없다.

참조 어음13·77①, ①[일자, 보낼 곳의 기재]24②·41③, ②[백지식배서의 효력]17②·19, [소지인출급식배서와 백지식배서]15④, [수표의 앞면에 한 단순한 기명날인]1·26③

판례 대표이사의 대표 방식 : 갑 회사의 대표이사인 을이 그 재직기간 중 수표에 배서함에 있어서 회사의 대표이사의 자격으로 "갑 주식회사, 을"이라고만 기재하고, 그 기명 옆에는 "갑 주식회사 대표이사"라고 조각된 인장을 날인하였다면 그 수표의 회사 명의의 배서는 을이 갑 회사를 대표한다는 뜻이 표시되어 있다고 판단함이 정당하다.
(대판 1994.10.11, 94다24626)

제17조【배서의 권리 이전적 효력】 ① 배서는 수표로부터 생기는 모든 권리를 이전(移轉)한다.
② 배서가 백지식인 경우에 소지인은 다음 각 호의 행위를 할 수 있다.
1. 자기의 명칭 또는 타인의 명칭으로 백지(白地)를 보충하는 행위
2. 백지식으로 또는 타인을 표시하여 다시 수표에 배서하는 행위
3. 백지를 보충하지 아니하고 또 배서도 하지 아니하고 수표를 교부만으로 제3자에게 양도하는 행위

참조 어음14·77①, ①[권리이전적 효력없는 배서]23, [배서의 담보적 효력 및 자격 수여적 효력]18·19, [선의취득]21, [배서에 의한 권리이전과 인적항변의 절단]22, ②[백지식배서]15④·16②, [백지식배서와 자격수여적 효력]19

판례 기존채무의 이행을 위하여 수표를 교부한 경우의 법률관계 : 채무자가 채권자에게 기존채무의 이행에 관하여 수표를 교부하는 경우 다른 특별한 사정이 없는 한 이는 '지급을 위하여' 교부된 것으로 추정할 것이고, 따라서 기존의 원인채무는 소멸하지 아니하고 수표상의 채무와 병존한다고 보아야 한다.(대판 2003.5.30, 2003다13512)

제18조【배서의 담보적 효력】 ① 배서인은 반대의 문구가 없으면 지급을 담보한다.

② 배서인은 자기의 배서 이후에 새로 하는 배서를 금지할 수 있다. 이 경우 그 배서인은 수표의 그 후의 피배서인에 대하여 담보의 책임을 지지 아니한다.

참조 어음15·77①, [배서인의 담보책임]39·43·49②·56, [시효]51, [배서의 담보적 효력의 특례]23·24, [소지인출급식수표의 배서의 담보적 효력]20, [발행인의 담보책임]12①, [지급보증인의 책임]55, [배서의 기타의 효력]17①·19·21·22

제19조【배서의 자격 수여적 효력】 배서로 양도할 수 있는 수표의 점유자가 배서의 연속에 의하여 그 권리를 증명할 때에는 그를 적법한 소지인으로 추정(推定)한다. 최후의 배서가 백지식인 경우에도 같다. 말소한 배서는 배서의 연속에 관하여는 배서를 하지 아니한 것으로 본다. 백지식 배서의 다음에 다른 배서가 있는 경우에는 그 배서를 한 자는 백지식 배서에 의하여 수표를 취득한 것으로 본다.

참조 어음16①·77①, [배서할 수 있는 수표]5①·14①, [배서의 연속]16·17②, [백지식배서]16②·17, [배서의 말소]46②, [배서연속과 수표의 선의취득]21, [배서연속과 면책적 효력]35, 민513

제20조【무기명식 수표의 배서】 소지인출급의 수표에 배서한 자는 상환청구(償還請求)에 관한 규정에 따라 책임을 진다. 그러나 이로 인하여 그 수표가 지시식 수표로 변하지 아니한다.

참조 [소지인출급식수표]5①②③, [상환청구]39－47, [지시식수표]5①·14, [무기명식채권의 이전]민523이하

판례 소지인출급식수표의 양도 방법 : 은행의 자기보통예금구좌에 예입한 수표가 소지인출급식 수표라면 그 인도로 인하여 은행은 그 수표상의 권리를 양도받은 것으로서 예금자와 은행간에는 예금계약이 성립한다.(대판 1987.5.26, 86다카1559)

제21조【수표의 선의취득】 어떤 사유로든 수표의 점유를 잃은 자가 있는 경우에 그 수표의 소지인은 그 수표가 소지인출급식일 때 또는 배서로 양도할 수 있는 수표의 소지인이 제19조에 따라 그 권리를 증명할 때에는 그 수표를 반환할 의무가 없다. 그러나 소지인이 악의 또는 중대한 과실로 인하여 수표를 취득한 경우에는 그러하지 아니하다.

참조 어음16②·77①, [소지인출급식수표]15①②③, [배서할 수 있는 수표]5①·14, [배서연속에 의한 자격증명]19, [동산의 선의취득]민249－251, [주권에 대한 준용]상359

판례 수표의 진정여부에 대하여 전화확인 등을 함이 없이 수표 뒷면에 명판만 압날해 받은 경우 수표취득에 중과실이 있는지 여부 : 어음수표를 취득함에 있어서 통상적인 거래기준으로 판단하여 볼 때 양도인이나 그 어음수표 자체에 의하여 양도인의 실질적인 무권리성을 의심하게 할 만한 사정이 있는데도 불구하고 이와 같은 의심할 만한 사정에 대하여 상당하다고 인정될 만한 조사를 하지 아니하고 만연히 양수한 경우에는 중대한 과실이 있다고 하여야 할 것인바, 갑이 수표거래가 처음인 잡화상 을에게 시계를 판매하고 자기앞수표 2장 액면 합계 8,000,000원을 교부받음에 있어 이미 발행은행에 도난신고가 되어 있어 수표의 진정여부에 대하여 전화확인 등 간단한 방법으로 이를 확인할 수 있었음에도 불구하고 이를 하지 않았고 수표 뒷면에 을의 명판만을 압날해 받았는데 을의 사업자등록이 그 다음날 직권말소된 것으로 밝혀진 경우 갑은 위 수표를 취득함에 있어 중대한 과실이 있었다 할 것이다.(대판 1990.12.21, 90다카28023)

판례 발행은행에 확인만 하고 주민등록증으로 소지인의 신분을 캐지 아니한 것이 중대한 과실인지 여부 : 귀금속 상인이 고객으로부터 상품대금으로 제시받은 자기앞수표에 관하여 그 자리에서 발행은행에 전화를 하여 진정한 수표인 동시에 사고 수표가 아니라는 점을 확인하였다면 주민등록증에 의하여 수표소지인의 신분을 더 이상 캐지 아니하였다 해서 수표취득에 있어 중대한 과실이 있는 것이라 할 수 없다.(대판 1987.8.18, 86다카2502)

제22조【인적 항변의 절단】 수표에 의하여 청구를 받은 자는 발행인 또는 종전의 소지인에 대한 인적 관계로 인한 항변(抗辯)으로써 소지인에게 대항하지 못한다. 그러나 소지인이 그 채무자를 해할 것을 알고 수표를 취득한 경우에는 그러하지 아니하다.

참조 어음17·77①, [배서의 권리이전적 효력]17①, [채권양도의 항변]민451·515, [백지수표의 부당보충]13, [기한 후 배서]24①

판례 융통인이 융통수표 재도사용의 항변으로 제3자에게 대항하기 위한 요건 : 융통인이 피융통인에게 신용을 제공할 목적으로 수표에 배서한 경우, 특별한 사정이 없는 한 융통인과 피융통인 사이에 당해 수표에 의하여 자금융통의 목적을 달성한 때는 피융통인이 융통인에게 지급자금을 제공하든가 혹은 당해 수표를 회수하여 융통인의 배서를 말소하기로 합의한 것이라고 보아야 할 것이므로, 피융통인이 당해 수표를 사용하여 금융의 목적을 달성한 다음 이를 반환받은 때에는 위 합의의 효력에 의하여 피융통인은 융통인에 대하여 융통인의 배서를 말소할 의무를 부담하고, 이것을 다시 금융의 목적을 위하여 제3자에게 양도하여서는 아니 된다고 할 것이다. 그럼에도 불구하고, 피융통인이 이를 다시 제3자에게 사용한 경우, 융통인이 당해 수표가 융통수표이었고, 제3자가 그것이 이미 사용되어 그 목적을 달성한 이후 다시 사용되는 것이라는 점에 관하여 알고 있었다는 것을 입증하면, 융통인이 피융통인에 대하여 그 재사용을 허락하였다고 볼 만한 사정이 없는 한, 융통인은 위 융통수표 재도사용의 항변으로 제3자에 대하여 대항할 수 있다.(대판 2001.12.11, 2000다38596)

판례 수표 취득에 있어 인적 항변이 절단되는 경우 : 수표법 22조 단서에서 규정하는 '채무자를 해할 것을 알고 수표를 취득한 때'라 함은 단지 항변사유의 존재를 아는 것만으로는 부족하고 자기가 수표를 취득함으로써 항변이 절단되고 채무자가 손해를 입게 될 사정이 객관적으로 존재한다는 사실까지도 충분히 알아야 하는 것인바, 발행인이 수표에 횡선을 긋고, 수표 표면 좌측상단에 '제누디세'라는 자신의 상호와 '기일엄수'라는 기재를 하였다는 사정만으로 소지인이 발행인의 인적항변을 충분히 알았다고 볼 수 없다.
(대판 1998.2.13, 97다48319)

제23조【추심위임배서】 ① 배서한 내용 중 다음 각 호의 어느 하나에 해당하는 문구가 있으면 소지인은 수표로부터 생기는 모든 권리를 행사할 수 있다. 그러나 소지인은 대리(代理)를 위한 배서만을 할 수 있다.
1. 회수하기 위하여
2. 추심(推尋)하기 위하여
3. 대리를 위하여
4. 그 밖에 단순히 대리권을 준다는 내용의 문구

② 제1항의 경우에는 채무자는 배서인에게 대항할 수 있는 항변으로써만 소지인에게 대항할 수 있다.
③ 대리를 위한 배서에 의하여 주어진 대리권은 그 대리권을 준 자가 사망하거나 무능력자가 되더라도 소멸하지 아니한다.

제24조【기한 후 배서】 ① 거절증서나 이와 같은 효력이 있는 선언이 작성된 후에 한 배서 또는 제시기간이 지난 후에 한 배서는 지명채권 양도의 효력만 있다.
② 날짜를 적지 아니한 배서는 거절증서나 이와 같은 효력이 있는 선언이 작성되기 전 또는 제시기간이 지나기 전에 한 것으로 추정한다.

제3장 보 증
(2010.3.31 본장개정)

제25조【보증의 가능】 ① 수표는 보증에 의하여 그 금액의 전부 또는 일부의 지급을 담보할 수 있다.
② 지급인을 제외한 제3자는 제1항의 보증을 할 수 있다. 수표에 기명날인하거나 서명한 자도 같다.

제26조【보증의 방식】 ① 보증의 표시는 수표 또는 보충지에 하여야 한다.
② 보증을 할 때에는 "보증" 또는 이와 같은 뜻이 있는 문구를 표시하고 보증인이 기명날인하거나 서명하여야 한다.
③ 수표의 앞면에 단순한 기명날인 또는 서명이 있는 경우에는 보증을 한 것으로 본다. 그러나 발행인의 기명날인 또는 서명의 경우에는 그러하지 아니하다.
④ 보증에는 누구를 위하여 한 것임을 표시하여야 한다. 그 표시가 없는 경우에는 발행인을 위하여 보증한 것으로 본다.

제27조【보증의 효력】 ① 보증인은 보증된 자와 같은 책임을 진다.
② 보증은 담보된 채무가 그 방식에 흠이 있는 경우 외에는 어떠한 사유로 무효가 되더라도 그 효력을 가진다.
③ 보증인이 수표의 지급을 하면 보증된 자와 그 자의 수표상의 채무자에 대하여 수표로부터 생기는 권리를 취득한다.

제4장 제시와 지급
(2010.3.31 본장개정)

제28조【수표의 일람출급성】 ① 수표는 일람출급(一覽出給)으로 한다. 이에 위반되는 모든 문구는 적지 아니한 것으로 본다.

② 기재된 발행일이 도래하기 전에 지급을 받기 위하여 제시된 수표는 그 제시된 날에 이를 지급하여야 한다.

참조 [수표의 일람출급성]국제사법59, [지급제시기간]29 · 30 · 60 · 61 · 68, [지급거절의 효과]39 · 40 · 62, [어음의 지급기일]어음33 · 37 · 72 · 77①, [일람출급어음]어음33① · 34, ②[발행일자]1

판례 최초의 보험료를 선일자수표로 지급한 경우 보험자의 보험금지급 책임의 발생시기 : 선일자수표는 대부분의 경우 당해 발행일자 이후의 제시기간내의 제시에 따라 결제되는 것이라고 보아야 하므로 선일자수표가 발행 교부된 날에 액면금의 지급효과가 발생된다고 볼 수 없으니, 보험약관상 보험자가 제1회 보험료를 받은 후 보험청약에 대한 승낙이 있기 전에 보험사고가 발생한 때에는 제1회 보험료를 받은 때에 소급하여 그때부터 보험자의 보험금 지급책임이 생긴다고 되어 있는 경우에 있어서 보험모집인이 청약의 의사표시를 한 보험계약자로부터 제1회 보험료로서 선일자수표를 발행받고 보험료 가수증을 해주었더라도 그가 선일자수표를 받은 날을 보험자의 책임발생 시점이 되는 제1회 보험료의 수령일로 보아서는 안된다.
(대판 1989.11.28, 88다카33367)

제29조【지급제시기간】 ① 국내에서 발행하고 지급할 수표는 10일 내에 지급을 받기 위한 제시를 하여야 한다.
② 지급지의 국가와 다른 국가에서 발행된 수표는 발행지와 지급지가 동일한 주(洲)에 있는 경우에는 20일 내에, 다른 주에 있는 경우에는 70일 내에 이를 제시하여야 한다.
③ 제2항에 관하여는 유럽주의 한 국가에서 발행하여 지중해 연안의 한 국가에서 지급할 수표 또는 지중해 연안의 한 국가에서 발행하여 유럽주의 한 국가에서 지급할 수표는 동일한 주에서 발행하고 지급할 수표로 본다.
④ 제1항부터 제3항까지의 기간은 수표에 적힌 발행일부터 기산(起算)한다.

참조 [지급제시의 필요]28 · 39 · 42② · 55, [제시의 장소 · 상대방]31, [제시기간]30 · 61 · 62, [불가항력에 의한 제시불능]47, [제시기간경과후의 배서]24①, [제시기간경과와 지급위탁취소]32, [제시기간경과와 지급통화]36, [제시기간경과와 수표상의 권리의 시효의 진행]51① · 58, [제시기간과 거절증서작성기간]40, [발행지 · 지급지]1, [일람출급어음의 지급제시]어음34 · 77①, ④[발행일자]1, [초일불산입]61

판례 수표는 그 제시기간내에 지급을 위한 제시를 하지 아니하면 그 수표발행인에 대하여 수표금채권을 가진다고 볼 수 없다(위 수표에 관한 이득상환청구권 또는 원인관계상의 채권은 별론으로 한다).
(대판 1974.7.26, 73다1922)

제30조【표준이 되는 세력】 세력(歲曆)을 달리하는 두 지(地) 간에 발행한 수표는 발행일을 지급지의 세력의 대응일(對應日)로 환산한다.

참조 어음37②③ · 77①, [발행일자]1, [지급지]1, [제시기간]29

제31조【어음교환소에서의 제시】 ① 어음교환소에서 한 수표의 제시는 지급을 받기 위한 제시로서의 효력이 있다.
② 소지인으로부터 수표의 추심을 위임받은 은행(이하 제35조제2항 및 제39조제2호에서 "제시은행"이라 한다)이 그 수표의 기재사항을 정보처리시스템에 의하여 전자적 정보의 형태로 작성한 후 그 정보를 어음교환소에 송신하여 그 어음교환소의 정보처리시스템에 입력되었을 때에는 제1항에 따른 지급을 받기 위한 제시가 이루어진 것으로 본다.

참조 어음38② · 77①, [지급제시]29, [어음교환소]69, [어음교환소의 지급거절증명선언]39

제32조【지급위탁의 취소】 ① 수표의 지급위탁의 취소는 제시기간이 지난 후에만 그 효력이 생긴다.
② 지급위탁의 취소가 없으면 지급인은 제시기간이 지난 후에도 지급을 할 수 있다.

참조 [지급위탁]1, [지급위탁계약]3, 민680이하, [취소]민141, [제시기간]29, [준거법]국제사법

제33조【발행인의 사망 또는 능력 상실】 수표를 발행한 후 발행인이 사망하거나 무능력자가 된 경우에도 그 수표의 효력에 영향을 미치지 아니한다.

참조 [단순한 지급위탁]1, [위임자의 사망 또는 능력상실과 위임의 종료]민690, 상50, [능력]민3이하

제34조【상환증권성 및 일부지급】 ① 수표의 지급인은 지급을 할 때에 소지인에게 그 수표에 영수(領受)를 증명하는 뜻을 적어서 교부할 것을 청구할 수 있다.
② 소지인은 일부지급을 거절하지 못한다.
③ 일부지급의 경우 지급인은 소지인에게 그 지급 사실을 수표에 적고 영수증을 교부할 것을 청구할 수 있다.

참조 어음39 · 77①, ①[상환증권성]46①, 민475, 상129 · 157 · 820, [영수증청구]민474, ②[수표금액의 일부의 배서, 보증]15② · 25①, [준거법]국제사법

제35조【지급인의 조사의무】 ① 배서로 양도할 수 있는 수표의 지급인은 배서의 연속이 제대로 되어 있는지를 조사할 의무가 있으나 배서인의 기명날인 또는 서명을 조사할 의무는 없다.
② 제31조제2항에 따른 지급제시의 경우 지급인은 제1항에 따른 배서의 연속이 제대로 되어 있는지에 대한 조사를 제시은행에 위임할 수 있다.

참조 어음40③ · 77①, [배서할 수 있는 수표]5① · 14①, [배서의 연속]19, [지시채권의 채무자의 조사의무]민518, [채권의 준점유자에 대한 변제]민470

판례 당좌거래시에 은행과 그 거래선간에 체결되는 면책약관에 "은행이 취급상 보통의 주의를 다한 연후에 수표금을 지급한 때에는 그 지급된 수표가 위조 · 변조된 것이어서 손해가 생길지라도 은행은 책임을 지지 아니한다"는 취지의 약정이 되어 있는 경우 위 약관상의 "보통의 주의의무"라는 문언을 은행이 중과실이 있는 경우에만 책임지고 경과실로 인하여 위조 · 변조사실을 식별치 못한 경우에는 책임을 지지 아니한다는 취지로 판단할 수는 없다.
(대판 1975.3.11, 74다53)

제36조【지급할 화폐】 ① 지급지의 통화(通貨)가 아닌 통화로 지급한다는 내용이 기재된 수표는 그 제시기간 내에는 지급하는 날의 가격에 따라 지급지의 통화로 지급할 수 있다. 제시를 하여도 지급을 하지 아니하는 경우에는 소지인은 그 선택에 따라 제시한 날이나 지급하는 날의 환시세(換時勢)에 따라 지급지의 통화로 수표금액을 지급할 것을 청구할 수 있다.
② 외국통화의 가격은 지급지의 관습에 따라 정한다. 그러나 발행인은 수표에서 정한 환산율에 따라 지급금액을 계산한다는 뜻을 수표에 적을 수 있다.
③ 제1항 및 제2항은 발행인이 특정한 종류의 통화로 지급한다는 뜻(외국통화 현실지급 문구)을 적은 경우에는 적용하지 아니한다.
④ 발행국과 지급국에서 명칭은 같으나 가치가 다른 통화로써 수표의 금액을 정한 경우에는 지급지의 통화로 정한 것으로 추정한다.

참조 어음41 · 77①, [수표금액의 기재]1, [지급지]2 · 14, ①[제시기간]29, [외국통화표시채무의 변제]민377 · 378, ③[특종통화현실지급약관]민377②, ④[발행지]1

제5장 횡선수표
(2010.3.31 본장개정)

제37조【횡선의 종류 및 방식】 ① 수표의 발행인이나 소지인은 그 수표에 횡선(橫線)을 그을 수 있다. 이 횡선은 제38조에서 규정한 효력이 있다.
② 횡선은 수표의 앞면에 두 줄의 평행선으로 그어야 한다. 횡선은 일반횡선 또는 특정횡선으로 할 수 있다.
③ 두 줄의 횡선 내에 아무런 지정을 하지 아니하거나 "은행" 또는 이와 같은 뜻이 있는 문구를 적었을 때에는 일반횡선으로 하고, 두 줄의 횡선 내에 은행의 명칭을 적었을 때에는 특정횡선으로 한다.
④ 일반횡선은 특정횡선으로 변경할 수 있으나, 특정횡선은 일반횡선으로 변경하지 못한다.
⑤ 횡선 또는 지정된 은행의 명칭의 말소는 하지 아니한 것으로 본다.

참조 [준거법]국제사법, [계산수표와 횡선수표]65, ③[은행]59

제38조【횡선의 효력】 ① 일반횡선수표의 지급인은 은행 또는 지급인의 거래처에만 지급할 수 있다.
② 특정횡선수표의 지급인은 지정된 은행에만 또는 지정된 은행이 지급인인 경우에는 자기의 거래처에만 지급할 수 있다. 그러나 지정된 은행은 다른 은행으로 하여금 추심하게 할 수 있다.
③ 은행은 자기의 거래처 또는 다른 은행에서만 횡선수표를 취득할 수 있다. 은행은 이 외의 자를 위하여 횡선수표의 추

심을 하지 못한다.
④ 여러 개의 특정횡선이 있는 수표의 지급인은 이를 지급하지 못한다. 그러나 2개의 횡선이 있는 경우에 그 하나가 어음교환소에 제시하여 추심하게 하기 위한 것일 때에는 그러하지 아니하다.
⑤ 제1항부터 제4항까지의 규정을 준수하지 아니한 지급인이나 은행은 이로 인하여 생긴 손해에 대하여 수표금액의 한도 내에서 배상할 책임을 진다.
참조 [횡선수표]37, [은행]59, ①[일반횡선수표]37③ · 65, [어음교환소에 있어서의 추심]23 · 31 · 69, ⑤[수표금액]1

제6장 지급거절로 인한 상환청구
(2010.3.31 본장개정)

제39조【상환청구의 요건】 적법한 기간 내에 수표를 제시하였으나 지급받지 못한 경우에 소지인이 다음 각 호의 어느 하나의 방법으로 지급거절을 증명하였을 때에는 소지인은 배서인, 발행인, 그 밖의 채무자에 대하여 상환청구권(償還請求權)을 행사할 수 있다.
1. 공정증서(거절증서)
2. 수표에 제시된 날을 적고 날짜를 부기한 지급인(제31조제2항의 경우에는 지급인의 위임을 받은 제시은행)의 선언
3. 적법한 시기에 수표를 제시하였으나 지급받지 못하였음을 증명하고 날짜를 부기한 어음교환소의 선언
참조 어음43 · 44① · 77①, [발행인 · 배서인 · 보증인의 의무]12 · 18 · 27① · 56, [지급보증인의 책임]55, [수표의 일람출급성]28, [제시기간]29 · 30 · 60, [거절증서 또는 이와 동일한 효력을 가진 선언]40 · 42 · 47 · 70, [시효]51, (1)[거절증서]70, 거절증서, 공증56, (3)[어음교환소의 선언]31 · 69
판례 수표소지인의 발행인에 대한 소구권행사의 요건 : 수표의 발행인은 환어음의 인수인이나 약속어음의 발행인이 어음금을 절대적으로 지급할 의무를 부담하는 것과는 달리 수표금의 지급을 담보하는 책임을 지는 것으로서(수표법 12조) 수표가 지급거절된 경우 소구의무를 부담할 뿐인바(수표법 39조), 수표의 소지인이 발행인에 대하여 소구권을 행사하기 위하여는 수표법 1조 소정의 법정기재사항이 기재된 수표에 의하여 적법한 기간내에 지급제시할 것을 요하고, 위 법정기재사항의 일부라도 기재되지 아니한 수표에 의하여 한 지급제시는 수표법 2조의 규정에 의하여 구제되지 않는 한 적법한 지급제시로서의 효력이 없는 것이므로 그와 같은 경우에는 소구권을 상실한다. (대판 1994.9.30, 94다8754)
판례 자기앞수표를 발행한 은행의 상환의무 : 예금의 출급으로서 은행이 자기를 지급인으로 하여 소지인출급식 수표를 발행한 경우에는 동일인이 발행인과 지급인의 두 가지 자격을 겸하게 되며, 지급인의 자격으로서는 단순히 지급위탁을 받은 것이고 수표상의 채무를 부담하는 것은 아니므로 언제든지 지급청구에 응할 의무가 있는 것이라고는 할 수 없으나, 발행인의 자격으로서는 소지인이 소구권을 행사할 수 있는 요건을 구비하여 상환청구를 한 때에는 언제든지 이에 응할 의무가 있다.(대판 1987.5.26, 86다카1559)
판례 지급거절선언의 방법 : 수표의 지급거절선언은 수표자체에 기재하여야 하고 수표가 아닌 지편에 되어있는 지급인의 지급거절선언은 가사 그 지편이 수표에 부착되어 간인까지 되어있는 경우라 하더라도 부적법하다.(대판 1982.6.8, 81다107)

제40조【거절증서 등의 작성기간】 ① 거절증서 또는 이와 같은 효력이 있는 선언은 제시기간이 지나기 전에 작성시켜야 한다.
② 제시기간 말일에 제시한 경우에는 거절증서 또는 이와 같은 효력이 있는 선언은 그 날 이후의 제1거래일에 작성시킬 수 있다.
참조 어음44②③ · 77①, [제시기간]29 · 30 · 55, [기간의 계산]60－62, 민155이하, [거절증서등의 작성의 요부]39 · 42 · 47④ · 55②, [거절증서의 작성]70, 거절증서

제41조【지급거절의 통지】 ① 소지인은 다음 각 호의 어느 하나에 해당하는 날 이후의 4거래일 내에 자기의 배서인과 발행인에게 지급거절이 있었음을 통지하여야 하고, 각 배서인은 그 통지를 받은 날 이후의 2거래일 내에 전(前) 통지자 전원의 명칭과 처소(處所)를 표시하고 자기가 받은 통지를 자기의 배서인에게 통지하여 차례로 발행인에게 미치게 하여야 한다. 이 기간은 각 통지를 받은 때부터 진행한다.
1. 거절증서 작성일
2. 거절증서와 같은 효력이 있는 선언의 작성일
3. 무비용상환(無費用償還)의 문구가 적혀 있는 경우에는 수표 제시일
② 제1항에 따라 수표에 기명날인하거나 서명한 자에게 통지할 때에는 같은 기간 내에 그 보증인에 대하여도 같은 통지를 하여야 한다.
③ 배서인이 그 처소를 적지 아니하거나 그 기재가 분명하지 아니한 경우에는 그 배서인의 직전(直前)의 자에게 통지하면 된다.
④ 통지를 하여야 하는 자는 어떠한 방법으로도 할 수 있다. 단순히 수표를 반환하는 것으로도 통지할 수 있다.
⑤ 통지를 하여야 하는 자는 적법한 기간 내에 통지를 하였음을 증명하여야 한다. 이 기간 내에 통지서를 우편으로 부친 경우에는 그 기간을 준수한 것으로 본다.
⑥ 제5항의 기간 내에 통지를 하지 아니한 자도 상환청구권을 잃지 아니한다. 그러나 과실로 인하여 손해가 생긴 경우에는 수표금액의 한도 내에서 배상할 책임을 진다.
참조 어음45 · 77①, [불가항력의 통지에의 준용]47②, [거절증서 또는 이와 동일한 효력을 가진 선언의 작성]40, 거절증서3①, [무비용상환문구 있는 경우]42②, [기간의 계산]60－62, 민155이하, [수표금액]1 · 9

제42조【거절증서 등의 작성 면제】 ① 발행인, 배서인 또는 보증인은 다음 각 호의 어느 하나에 해당하는 문구를 수표에 적고 기명날인하거나 서명함으로써 소지인의 상환청구권 행사를 위한 거절증서 또는 이와 같은 효력이 있는 선언의 작성을 면제할 수 있다.
1. 무비용상환
2. 거절증서 불필요
3. 제1호 및 제2호와 같은 뜻을 가진 문구
② 제1항 각 호의 문구가 있더라도 소지인의 법정기간 내 수표의 제시 및 통지 의무가 면제되는 것은 아니다. 법정기간을 준수하지 아니하였음은 소지인에 대하여 이를 원용(援用)하는 자가 증명하여야 한다.
③ 발행인이 제1항 각 호의 문구를 적은 경우에는 모든 채무자에 대하여 효력이 생기고, 배서인 또는 보증인이 이 문구를 적은 경우에는 그 배서인 또는 보증인에 대하여만 효력이 생긴다. 발행인이 이 문구을 적었음에도 불구하고 소지인이 거절증서 또는 이와 같은 효력이 있는 선언을 작성시켰으면 그 비용은 소지인이 부담하고, 배서인 또는 보증인이 이 문구를 적은 경우에 거절증서 또는 이와 같은 효력이 있는 선언을 작성시켰으면 모든 채무자에게 그 비용을 상환하게 할 수 있다.
참조 어음46 · 77①, ①[거절증서 또는 이와 동일한 효력을 가진 선언의 작성의 필요]39 · 55②, ②[제시의 필요]29 · 30 · 55①, [통지의 필요]41 · 47②, ③[거절증서등의 작성의 비용]44, 공증인수수료19

제43조【수표상의 채무자의 합동책임】 ① 수표상의 각 채무자는 소지인에 대하여 합동으로 책임을 진다.
② 소지인은 제1항의 채무자에 대하여 그 채무부담의 순서에도 불구하고 그중 1명, 여러 명 또는 전원에 대하여 청구할 수 있다.
③ 수표의 채무자가 수표를 환수한 경우에도 제2항의 소지인과 같은 권리가 있다.
④ 수표의 채무자 중 1명에 대한 청구는 다른 채무자에 대한 청구에 영향을 미치지 아니한다. 이미 청구를 받은 자의 후자(後者)에 대하여도 같다.
참조 어음47 · 77①, ①[발행인 · 배서인 · 보증인 · 지급보증인의 책임]12 · 18 · 27① · 39 · 55 · 56, [소지인이 청구할 수 있는 금액]44, [연대책임과의 이동]10 · 22, 민413이하, ②[연대채무자의 경우와의 유사]민414, ③[수표를 환수한 자의 권리]45 · 46, [연대채무자의 구상권]민425, ④[시효중단]52

제44조【상환청구금액】 소지인은 상환청구권에 의하여 다음 각 호의 금액의 지급을 청구할 수 있다.
1. 지급되지 아니한 수표의 금액
2. 연 6퍼센트의 이율로 계산한 제시일 이후의 이자

3. 거절증서 또는 이와 같은 효력이 있는 선언의 작성비용, 통지비용 및 그 밖의 비용

참조 어음48·77①, [소지인의 상환청구권]39·43, [상환청구의무자]12·18·27①, [재상환청구]45, [지급보증인의 책임에의 준용]55③, ⑴[수표금액]1, [일부지급]34②, ⑶[거절증서 또는 이와 동일한 효력을 가진 선언의 비용]42③, 공증인수수료19, [통지의 비용]41·47②

제45조【재상환청구금액】 수표를 환수한 자는 그 전자(前者)에 대하여 다음 각 호의 금액의 지급을 청구할 수 있다.
1. 지급한 총금액
2. 제1호의 금액에 대하여 연 6퍼센트의 이율로 계산한 지급한 날 이후의 이자
3. 지출한 비용

참조 어음49·77①, [상환의무자 권리]46, [지급보증인의 책임에의 준용]55③, ⑴[지급한 총금액]44

제46조【상환의무자의 권리】 ① 상환청구(償還請求)를 받은 채무자나 받을 채무자는 지급과 상환(相換)으로 거절증서 또는 이와 같은 효력이 있는 선언, 영수를 증명하는 계산서와 그 수표의 교부를 청구할 수 있다.
② 수표를 환수한 배서인은 자기의 배서와 후자의 배서를 말소할 수 있다.

참조 어음50·77①, ①[상환증권성]341①, 상129·157·820, 민475, [영수증서 청구]민474, ②[수표를 환수한 자의 권리]43③, [배서의 말소와 자격증명적 효력]19

제47조【불가항력과 기간의 연장】 ① 피할 수 없는 장애〔국가법령에 따른 금제(禁制)나 그 밖의 불가항력을 말한다. 이하 "불가항력"이라 한다〕로 인하여 법정기간 내에 수표를 제시하거나 거절증서 또는 이와 같은 효력이 있는 선언을 작성하기 어려운 경우에는 그 기간을 연장한다.
② 소지인은 불가항력이 발생하면 자기의 배서인에게 지체 없이 그 사실을 통지하고 수표 또는 보충지에 통지를 하였다는 내용을 적고 날짜를 부기한 후 기명날인하거나 서명하여야 한다. 그 밖의 사항에 관하여는 제41조를 준용한다.
③ 불가항력이 사라지면 소지인은 지체 없이 지급을 받기 위하여 수표를 제시하고 필요한 경우에는 거절증서 또는 이와 같은 효력이 있는 선언을 작성시켜야 한다.
④ 불가항력이 제2항의 통지를 한 날부터 15일이 지나도 계속되는 경우에는 제시기간이 지나기 전에 그 통지를 한 경우에도 수표의 제시 또는 거절증서나 이와 같은 효력이 있는 선언을 작성하지 아니하고 상환청구권을 행사할 수 있다.
⑤ 소지인이나 소지인으로부터 수표의 제시 또는 거절증서나 이와 같은 효력이 있는 선언의 작성을 위임받은 자의 단순한 인적 사유는 불가항력으로 보지 아니한다.

참조 어음54·77①, [지급보증인에 대한 권리의 행사에 관한 준용]57, ①[제시 또는 거절증서 혹은 이와 동일한 효력이 있는 선언의 작성의 필요 및 그 기간]29·30·40·42②, ④[기간의 계산]60-62, 민155이하

제7장 복 본
(2010.3.31 본장개정)

제48조【복본 발행의 조건 및 방식】 다음 각 호의 수표는 소지인출급수표 외에는 같은 내용으로 여러 통을 복본(複本)으로 발행할 수 있다. 수표를 복본으로 발행할 때에는 그 증권의 본문 중에 번호를 붙여야 하며, 번호를 붙이지 아니한 경우에는 그 여러 통의 복본은 별개의 수표로 본다.
1. 한 국가에서 발행하고 다른 국가나 발행국의 해외영토에서 지급할 수표
2. 한 국가의 해외영토에서 발행하고 그 본국에서 지급할 수표
3. 한 국가의 해외영토에서 발행하고 같은 해외영토에서 지급할 수표
4. 한 국가의 해외영토에서 발행하고 그 국가의 다른 해외영토에서 지급할 수표

참조 어음65, [소지인출급식수표]5①②③, [발행지·지급지]1·2

제49조【복본의 효력】 ① 복본의 한 통에 대하여 지급한 경우 그 지급이 다른 복본을 무효로 한다는 뜻이 복본에 적혀 있지 아니하여도 의무를 면하게 한다.
② 여럿에게 각각 복본을 양도한 배서인과 그 후의 배서인은 그가 기명날인하거나 서명한 각 통의 복본으로서 반환을 받지 아니한 것에 대하여 책임을 진다.

참조 어음64, [수표행위자의 책임의 독립성]10·27②·50, [배서인의 책임]18, [지급 또는 상환과 수표의 환수]34·46

제8장 변 조
(2010.3.31 본장개정)

제50조【변조와 수표행위자의 책임】 수표의 문구가 변조된 경우에는 그 변조 후에 기명날인하거나 서명한 자는 변조된 문구에 따라 책임을 지고, 변조 전에 기명날인하거나 서명한 자는 원래 문구에 따라 책임을 진다.

참조 어음69·77①, [수표행위자의 책임의 독립성]10·27②·49②, [변조자의 책임]민750, 형214, 부정수표5

제9장 시 효
(2010.3.31 본장개정)

제51조【시효기간】 ① 소지인의 배서인, 발행인, 그 밖의 채무자에 대한 상환청구권은 제시기간이 지난 후 6개월간 행사하지 아니하면 소멸시효가 완성된다.
② 수표의 채무자의 다른 채무자에 대한 상환청구권은 그 채무자가 수표를 환수한 날 또는 그 자가 제소된 날부터 6개월간 행사하지 아니하면 소멸시효가 완성된다.

참조 어음70②③·77①, [시효]민162이하, 상64, [시효중단의 효력]52, [기간의 계산]61·62, 민155이하, [시효로 인한 수표상의 권리소멸의 효과]63, [보증인의 의무]27①, [지급보증인에 대한 권리의 시효]58, ①[상환청구]39, [제시기간]29·30

제52조【시효의 중단】 시효의 중단은 그 중단사유가 생긴 자에 대하여만 효력이 생긴다.

참조 어음71·77①, [시효의 중단]민168이하, [시효중단에 관한 특칙]64

제10장 지급보증
(2010.3.31 본장개정)

제53조【지급보증의 가능방식】 ① 지급인은 수표에 지급보증을 할 수 있다.
② 지급보증은 수표의 앞면에 "지급보증" 또는 그 밖에 지급을 하겠다는 뜻을 적고 날짜를 부기하여 지급인이 기명날인하거나 서명하여야 한다.

참조 [준거법]국제사법, [수표와 인수의 금지]4, [지급인의 배서·보증의 무효]15③·25②, [어음의 인수]어음25

제54조【지급보증의 요건】 ① 지급보증은 조건 없이 하여야 한다.
② 지급보증에 의하여 수표의 기재사항을 변경한 부분은 이를 변경하지 아니한 것으로 본다.

참조 [수표행위의 단순성]1·15①, [어음인수의 단순성]어음26

제55조【지급보증의 효력】 ① 지급보증을 한 지급인은 제시기간이 지나기 전에 수표가 제시된 경우에만 지급할 의무를 부담한다.
② 제1항의 경우에 지급거절이 있을 때에는 수표의 소지인은 제39조에 따라 수표를 제시하였음을 증명하여야 한다.
③ 제2항의 경우에는 제44조와 제45조를 준용한다.

참조 [환어음 인수인의 의무]어음28·53①, ①[제시기간]29·30, [합동책임]43, [시효]58

제56조【지급보증과 수표상의 채무자의 책임】 발행인이나 그 밖의 수표상의 채무자는 지급보증으로 인하여 그 책임을 면하지 못한다.

참조 [발행인·배서인·보증인의 책임]12·18·27·39·43

제57조【불가항력과 기간의 연장】 지급보증을 한 지급인에 대한 권리의 행사에 관하여는 제47조를 준용한다.

제58조【지급보증인의 의무의 시효】 지급보증을 한 지급인에 대한 수표상의 청구권은 제시기간이 지난 후 1년간 행사하지 아니하면 소멸시효가 완성된다.

참조 [지급보증인의 의무]55, [시효]민167-182, 상64, [제시기간]29·30, [기간의 계산]61·62, 민155이하, [시효로 인한 수표상의 권리소멸의 효과]63, [발행인·배서인 등에 대한 권리의 시효]51, [환어음의 인수에 대한 권리의 시효]어음70①

제11장 통 칙

(2010.3.31 본장개정)

제59조【은행의 의의】 이 법에서 "은행"이라는 글자는 법령에 따라 은행과 같은 것으로 보는 사람 또는 시설을 포함한다.

참조 [수표지급인과 은행]3, [횡선수표와 은행]37·38, [은행]은행법3, 수표법적용시은행과동일시되는사람또는시설의지정에관한규정

제60조【수표에 관한 행위와 휴일】 ① 수표의 제시와 거절증서의 작성은 거래일에만 할 수 있다.

② 수표에 관한 행위를 하기 위하여 특히 수표의 제시 또는 거절증서나 이와 같은 효력이 있는 선언의 작성을 위하여 법령에 규정된 기간의 말일이 법정휴일일 때에는 그 말일 이후의 제1거래일까지 기간을 연장한다. 기간 중의 휴일은 그 기간에 산입한다.

참조 어음72·77①, [기간·기일]민155이하, [거래일 및 거래시간]민161, 상63, [법정휴일]66, 국경일에관한법, 공휴일에관한법, 관공서의공휴일에관한규정, [제시]29·30·39·55, [거절증서 등의 작성]39·40·42·55②, [불가항력과 기간의 연장]47

제61조【기간과 초일 불산입】 이 법에서 규정하는 기간에는 그 첫날을 산입하지 아니한다.

참조 어음73·77①, [초일불산입]민157, [제시기간]29·30, [거절증서등의 작성기간]40, [통지의 기간]41, [불가항력과 기간]47, [시효기간]51·58

판례 수표의 지급제시기간의 기산 : 수표의 지급 제시기간은 원칙적으로 수표에 기재된 발행일을 기준으로 하여 그 익일부터 기산하여야 할 것이다.(대판 1982.4.13, 81다1000,81다카552)

제62조【은혜일의 불허】 은혜일(恩惠日)은 법률상으로든 재판상으로든 인정하지 아니한다.

참조 어음74·77①, [불가항력과 기간의 연장]47, [제시기간]29·30, [거절증서등의 작성기간]40, [시효기간]51·58

부 칙

제63조【이득상환청구권】 수표에서 생긴 권리가 절차의 흠결로 인하여 소멸한 때나 그 소멸시효가 완성한 때라도 소지인은 발행인, 배서인 또는 지급보증을 한 지급인에 대하여 그가 받은 이익의 한도내에서 상환을 청구할 수 있다.

참조 어음79, [절차흠결로 인한 권리소멸]29·39·40·55, [시효로 인한 권리소멸]51·58, [소지인]39·43·45, [부당이득반환청구]민741

판례 지급제시기간 경과 후의 수표를 취득한 소지인의 이득상환 청구권 유무 : 수표의 지급제시기간 경과후에 수표를 취득한 자는 수표상의 권리가 소멸한 당시의 정당한 소지인이 아니므로 이득상환청구권은 행사할 수 없다.(대판 1983.9.27, 83다429)

판례 자기앞수표의 이득상환청구권을 양수하는데 지명채권양도 방법에 따른 절차가 필요한 경우 : 정당한 수표소지인이 수표를 양도하는 것이 아니라, 수표상의 권리가 소멸할 당시의 정당한 소지인이 누구인지를 가려볼 자료가 없는 수표를 제시기간 경과 후에 양수한 자는 지명채권양도의 방법에 따른 절차를 밟음이 없는 한 이득상환청구권을 양도받았음을 발행인에게 주장할 수 없다.
(대판 1983.3.8, 83다40)

판례 지급제시 기간을 도과한 자기앞수표를 양도하는 경우의 법률관계 : 금융기관 발행의 자기앞수표 소지인이 제시기간을 도과하여 수표상의 권리가 소멸한 수표를 양도하는 행위는 수표금액의 지급, 수령권한과 특별한 사정이 없는 한 수표상의 권리의 소멸로 인하여 소지인에게 발생한 이득상환청구권까지도 이를 양도하는 동시에 그에 수반하여 이득을 한 발행은행에 대하여 그 소지인을 대신하여 양도에 관한 통지를 할 수 있는 권능을 부여하는 것으로 보아야 한다.
(대판 1981.3.10, 81다220)

제64조【소송고지로 인한 시효중단】 ① 배서인의 다른 배서인과 발행인에 대한 수표상의 청구권의 소멸시효는 그 자가 제소된 경우에는 전자에 대한 소송고지를 함으로 인하여 중단한다.

② 전항의 규정에 의하여 중단된 시효는 재판이 확정된 때로부터 다시 진행을 개시한다.

참조 어음80, ①[수표를 환수한 자의 상환청구권의 시효]51②, [시효중단사유]민168이하, [중단의 효력]52, ②[중단한 시효의 진행]민178

제65조【계산수표】 발행인 또는 소지인이 증권의 표면에 「계산을 위한」의 문자 또는 이와 동일한 의의가 있는 문언을 기재하고 현금의 지급을 금지한 수표로서 외국에서 발행하여 대한민국에서 지급할 것은 일반횡선수표의 효력이 있다.

참조 [일반횡선수표]37·38①③⑤, [준거법]국제사법

제66조【휴일의 의의】 본법에서 휴일이라 함은 국경일, 공휴일, 일요일 기타의 일반휴일을 이른다.

참조 어음81, [휴일]60, 민161, 국경일에관한법, 공휴일에관한법, 관공서의공휴일에관한규정

제67조【위법한 발행에 대한 벌칙】 수표의 발행인이 제3조의 규정에 위반한 때에는 50만환이하의 과태료에 처한다.

참조 [과태료의 재판]비송276이하, 벌금, [발행인의 형사상 책임]부정수표2

제68조【본법 시행전에 발행한 수표】 (생략)

제69조【어음교환소의 지정】 제31조의 어음교환소는 법무부장관이 지정한다.

참조 어음83

제70조【거절증서에 관한 사항】 거절증서의 작성에 관한 사항은 대통령령으로 정한다.(1995.12.6 본조개정)

참조 어음84, [거절증서작성의 필요]39·40·55②, [대통령령]거절증서, [거절증서작성에 관한 기타의 규정]42·44·47·57·60

제71조【시행기일, 구법의 폐지】 ①~② (생략)

부 칙 (2007.5.17)

이 법은 공포 후 6개월이 경과한 날부터 시행한다.

부 칙 (2010.3.31)

이 법은 공포한 날부터 시행한다.

(舊 : 주식회사의 외부감사에 관한 법률)

주식회사 등의 외부감사에 관한 법률(약칭 : 외부감사법)

(2017년 10월 31일 전부개정법률 제15022호)

개정
2020. 5.19법17298호 2023. 1.17법19217호
2023. 3.21법19264호
2024. 1.16법20055호(공인회계사법)

제1장 총 칙

제1조【목적】 이 법은 외부감사를 받는 회사의 회계처리와 외부감사인의 회계감사에 관하여 필요한 사항을 정함으로써 이해관계인을 보호하고 기업의 건전한 경영과 국민경제의 발전에 이바지함을 목적으로 한다.

제2조【정의】 이 법에서 사용하는 용어의 뜻은 다음과 같다.
1. "회사"란 제4조제1항에 따른 외부감사의 대상이 되는 주식회사 및 유한회사를 말한다.
2. "재무제표"란 다음 각 목의 모든 서류를 말한다.
   가. 재무상태표(「상법」 제447조 및 제579조의 대차대조표를 말한다)
   나. 손익계산서 또는 포괄손익계산서(「상법」 제447조 및 제579조의 손익계산서를 말한다)
   다. 그 밖에 대통령령으로 정하는 서류
3. "연결재무제표"란 회사와 다른 회사(조합 등 법인격이 없는 기업을 포함한다)가 대통령령으로 정하는 지배·종속의 관계에 있는 경우 지배하는 회사(이하 "지배회사"라 한다)가 작성하는 다음 각 목의 모든 서류를 말한다.
   가. 연결재무상태표
   나. 연결손익계산서 또는 연결포괄손익계산서
   다. 그 밖에 대통령령으로 정하는 서류
4. "주권상장법인"이란 주식회사 중 「자본시장과 금융투자업에 관한 법률」 제9조제15항제3호에 따른 주권상장법인을 말한다.
5. "대형비상장주식회사"란 주식회사 중 주권상장법인이 아닌 회사로서 직전 사업연도 말의 자산총액이 대통령령으로 정하는 금액 이상인 회사를 말한다.
6. "임원"이란 이사, 감사[「상법」 제415조의2 및 제542조의11에 따른 감사위원회(이하 "감사위원회"라 한다)의 위원을 포함한다], 「상법」 제408조의2에 따른 집행임원 및 같은 법 제401조의2제1항 각 호의 어느 하나에 해당하는 자를 말한다.
7. "감사인"이란 다음 각 목의 어느 하나에 해당하는 자를 말한다.
   가. 「공인회계사법」 제23조에 따른 회계법인(이하 "회계법인"이라 한다)
   나. 「공인회계사법」 제41조에 따라 설립된 한국공인회계사회(이하 "한국공인회계사회"라 한다)에 총리령으로 정하는 바에 따라 등록을 한 감사반(이하 "감사반"이라 한다)
8. "감사보고서"란 감사인이 회사가 제5조제3항에 따라 작성한 재무제표(연결재무제표를 작성하는 회사의 경우에는 연결재무제표를 포함한다. 이하 같다)를 제16조의 회계감사기준에 따라 감사하고 그에 따른 감사의견을 표명(表明)한 보고서를 말한다.

제3조【다른 법률과의 관계】 ① 회사의 외부감사에 관한 다른 법률을 제정하거나 개정하는 경우에는 이 법의 목적과 기본원칙에 맞도록 하여야 한다.
② 공인회계사의 감사에 관한 「자본시장과 금융투자업에 관한 법률」의 규정이 이 법과 다른 경우에는 그 규정을 적용한다. 다만, 회사의 회계처리기준에 관한 사항은 그러하지 아니하다.

제2장 회사 및 감사인

제4조【외부감사의 대상】 ① 다음 각 호의 어느 하나에 해당하는 회사는 재무제표를 작성하여 회사로부터 독립된 외부의 감사인(재무제표 및 연결재무제표의 감사인은 동일하여야 한다. 이하 같다)에 의한 회계감사를 받아야 한다.
1. 주권상장법인
2. 해당 사업연도 또는 다음 사업연도 중에 주권상장법인이 되려는 회사
3. 그 밖에 직전 사업연도 말의 자산, 부채, 종업원수 또는 매출액 등 대통령령으로 정하는 기준에 해당하는 회사. 다만, 해당 회사가 유한회사인 경우에는 본문의 요건 외에 사원 수, 유한회사로 조직변경 후 기간 등을 고려하여 대통령령으로 정하는 기준에 해당하는 유한회사에 한정한다.

② 제1항에도 불구하고 다음 각 호의 어느 하나에 해당하는 회사는 외부의 감사인에 의한 회계감사를 받지 아니할 수 있다.
1. 「공공기관의 운영에 관한 법률」에 따라 공기업 또는 준정부기관으로 지정받은 회사 중 주권상장법인이 아닌 회사
2. 그 밖에 대통령령으로 정하는 회사

제5조【회계처리기준】 ① 금융위원회는 「금융위원회의 설치 등에 관한 법률」에 따른 증권선물위원회(이하 "증권선물위원회"라 한다)의 심의를 거쳐 회사의 회계처리기준을 다음 각 호와 같이 구분하여 정한다.
1. 국제회계기준위원회의 국제회계기준을 채택하여 정한 회계처리기준
2. 그 밖에 이 법에 따라 정한 회계처리기준

② 제1항에 따른 회계처리기준은 회사의 회계처리와 감사인의 회계감사에 통일성과 객관성이 확보될 수 있도록 하여야 한다.
③ 회사는 제1항 각 호의 어느 하나에 해당하는 회계처리기준에 따라 재무제표를 작성하여야 한다. 이 경우 제1항제1호의 회계처리기준을 적용하여야 하는 회사의 범위와 회계처리기준의 적용 방법은 대통령령으로 정한다.
④ 금융위원회는 제1항에 따른 업무를 대통령령으로 정하는 바에 따라 전문성을 갖춘 민간 법인 또는 단체에 위탁할 수 있다.
⑤ 금융위원회는 이해관계인의 보호, 국제적 회계처리기준과의 합치 등을 위하여 필요하다고 인정되면 증권선물위원회의 심의를 거쳐 제4항에 따라 업무를 위탁받은 민간 법인 또는 단체(이하 "회계기준제정기관"이라 한다)에 회계처리기준의 내용을 수정할 것을 요구할 수 있다. 이 경우 회계기준제정기관은 정당한 사유가 없으면 이에 따라야 한다.
⑥ 「금융위원회의 설치 등에 관한 법률」에 따라 설립된 금융감독원(이하 "금융감독원"이라 한다)은 「자본시장과 금융투자업에 관한 법률」 제442조제1항에 따라 금융감독원이 징수하는 분담금의 100분의 8을 초과하지 아니하는 범위에서 대통령령으로 정하는 바에 따라 회계기준제정기관에 지원할 수 있다.
⑦ 회계기준제정기관은 사업연도마다 총수입과 총지출을 예산으로 편성하여 해당 사업연도가 시작되기 1개월 전까지 금융위원회에 보고하여야 한다.

제6조【재무제표의 작성 책임 및 제출】 ① 회사의 대표이사와 회계담당 임원(회계담당 임원이 없는 경우에는 회계업무를 집행하는 직원을 말한다. 이하 이 조에서 같다)은 해당 회사의 재무제표를 작성할 책임이 있다.
② 회사는 해당 사업연도의 재무제표를 작성하여 대통령령으로 정하는 기간 내에 감사인에게 제출하여야 한다.
③ 「자본시장과 금융투자업에 관한 법률」 제159조제1항에 따른 사업보고서 제출대상법인인 회사는 제2항에 따라 재무제표를 기간 내에 감사인에게 제출하지 못한 경우 사업보고서 공시 후 14일 이내에 그 사유를 공시하여야 한다.

④ 주권상장법인인 회사 및 대통령령으로 정하는 회사는 제2항에 따라 감사인에게 제출한 재무제표 중 대통령령으로 정하는 사항을 증권선물위원회에 제출하여야 한다. 이 경우 제출 기한 · 방법 · 절차 등 제출에 필요한 사항은 대통령령으로 정한다.
⑤ 주권상장법인인 회사가 제4항에 따른 제출기한을 넘길 경우 그 사유를 제출기한 만료일의 다음 날까지 증권선물위원회에 제출하여야 한다. 이 경우 증권선물위원회는 해당 사유를 「자본시장과 금융투자업에 관한 법률」 제163조의 방식에 따라 공시하여야 한다.
⑥ 회사의 감사인 및 그 감사인에 소속된 공인회계사는 해당 회사의 재무제표를 대표이사와 회계담당 임원을 대신하여 작성하거나 재무제표 작성과 관련된 회계처리에 대한 자문에 응하는 등 대통령령으로 정하는 행위를 해서는 아니되며, 해당 회사는 감사인 및 그 감사인에 소속된 공인회계사에게 이러한 행위를 요구해서는 아니 된다.

제7조【지배회사의 권한】 ① 지배회사는 연결재무제표 작성을 위하여 필요한 범위에서 종속회사(제2조제3호에 따른 지배 · 종속의 관계에 있는 회사 중 종속되는 회사를 말한다. 이하 같다)의 회계에 관한 장부와 서류를 열람 또는 복사하거나 회계에 관한 자료의 제출을 요구할 수 있다.
② 지배회사는 제1항에 따르더라도 연결재무제표 작성에 필요한 자료를 입수할 수 없거나 그 자료의 내용을 확인할 필요가 있을 때에는 종속회사의 업무와 재산상태를 조사할 수 있다.

제8조【내부회계관리제도의 운영 등】 ① 회사는 신뢰할 수 있는 회계정보의 작성과 공시(公示)를 위하여 다음 각 호의 사항이 포함된 내부회계관리규정과 이를 관리 · 운영하는 조직(이하 “내부회계관리제도”라 한다)을 갖추어야 한다. 다만, 주권상장법인이 아닌 회사로서 직전 사업연도 말의 자산총액이 1천억원 미만인 회사와 대통령령으로 정하는 회사는 그러하지 아니하다.
1. 회계정보(회계정보의 기초가 되는 거래에 관한 정보를 포함한다. 이하 이 조에서 같다)의 식별 · 측정 · 분류 · 기록 및 보고 방법에 관한 사항
2. 회계정보의 오류를 통제하고 이를 수정하는 방법에 관한 사항
3. 회계정보에 대한 정기적인 점검 및 조정 등 내부검증에 관한 사항
4. 회계정보를 기록 · 보관하는 장부(자기테이프 · 디스켓, 그 밖의 정보보존장치를 포함한다)의 관리 방법과 위조 · 변조 · 훼손 및 파기를 방지하기 위한 통제 절차에 관한 사항
5. 회계정보의 작성 및 공시와 관련된 임직원의 업무 분장과 책임에 관한 사항
6. 그 밖에 신뢰할 수 있는 회계정보의 작성과 공시를 위하여 필요한 사항으로서 대통령령으로 정하는 사항

② 회사는 내부회계관리제도에 의하지 아니하고 회계정보를 작성하거나 내부회계관리제도에 따라 작성된 회계정보를 위조 · 변조 · 훼손 및 파기해서는 아니 된다.
③ 회사의 대표자는 내부회계관리제도의 관리 · 운영을 책임지며, 이를 담당하는 상근이사(담당하는 이사가 없는 경우에는 해당 이사의 업무를 집행하는 자를 말한다) 1명을 내부회계관리자(이하 “내부회계관리자”라 한다)로 지정하여야 한다.
④ 회사의 대표자는 사업연도마다 주주총회, 이사회 및 감사(감사위원회가 설치된 경우에는 감사위원회를 말한다. 이하 이 조에서 같다)에게 해당 회사의 내부회계관리제도의 운영실태를 보고하여야 한다. 다만, 회사의 대표자가 필요하다고 판단하는 경우 이사회 및 감사에 대한 보고는 내부회계관리자가 하도록 할 수 있다.
⑤ 회사의 감사는 내부회계관리제도의 운영실태를 평가하여 이사회에 사업연도마다 보고하고 그 평가보고서를 해당 회사의 본점에 5년간 비치하여야 한다. 이 경우 내부회계관리제도의 관리 · 운영에 대하여 시정 의견이 있으면 그 의견을 포함하여 보고하여야 한다.
⑥ 감사인은 회계감사를 실시할 때 해당 회사가 이 조에서 정한 사항을 준수했는지 여부 및 제4항에 따른 내부회계관리제도의 운영실태에 관한 보고내용을 검토하여야 한다. 다만, 주권상장법인(직전 사업연도 말의 자산총액이 1천억원 미만인 주권상장법인은 제외한다)의 감사인은 이 조에서 정한 사항을 준수했는지 여부 및 제4항에 따른 내부회계관리제도의 운영실태에 관한 보고내용을 감사하여야 한다. (2023.1.17 단서개정)
⑦ 제6항에 따라 검토 또는 감사를 한 감사인은 그 검토결과 또는 감사결과에 대한 종합의견을 감사보고서에 표명하여야 한다.
⑧ 제1항부터 제7항까지에서 규정한 사항 외에 내부회계관리제도의 운영 등에 필요한 사항은 대통령령으로 정한다.

제9조【감사인의 자격 제한 등】 ① 다음 각 호의 어느 하나에 해당하는 회사의 재무제표에 대한 감사는 회계법인인 감사인이 한다.
1. 주권상장법인. 다만, 대통령령으로 정하는 주권상장법인은 제외한다.
2. 대형비상장주식회사
3. 「금융산업의 구조개선에 관한 법률」 제2조제1호에 해당하는 금융기관, 「농업협동조합법」에 따른 농협은행 또는 「수산업협동조합법」에 따른 수협은행(이하 “금융회사”라 한다)

② 금융위원회는 감사인의 형태와 그에 소속된 공인회계사의 수 등을 고려하여 감사인이 회계감사할 수 있는 회사의 규모 등을 총리령으로 정하는 바에 따라 제한할 수 있다.
③ 회계법인인 감사인은 「공인회계사법」 제33조제1항 각 호의 어느 하나에 해당하는 관계에 있는 회사의 감사인이 될 수 없으며, 감사반인 감사인은 그에 소속된 공인회계사 중 1명 이상이 같은 법 제21조제1항 각 호의 어느 하나에 해당하는 관계에 있는 회사의 감사인이 될 수 없다.
④ 감사인에 소속되어 회계감사업무를 수행할 수 있는 공인회계사는 대통령령으로 정하는 실무수습 등을 이수한 자이어야 한다.
⑤ 회계법인인 감사인은 동일한 이사(「공인회계사법」 제26조제1항에 따른 이사를 말한다. 이하 이 조에서 같다)에게 회사의 연속하는 6개 사업연도(주권상장법인인 회사, 대형비상장주식회사 또는 금융회사의 경우에는 4개 사업연도)에 대한 감사업무를 하게 할 수 없다. 다만, 주권상장법인인 회사, 대형비상장주식회사 또는 금융회사의 경우 연속하는 3개 사업연도에 대한 감사업무를 한 이사에게는 그 다음 연속하는 3개 사업연도의 모든 기간 동안 해당 회사의 감사업무를 하게 할 수 없다.
⑥ 회계법인인 감사인은 동일한 소속공인회계사(「공인회계사법」 제26조제3항에 따른 소속공인회계사를 말한다)에게 주권상장법인인 회사의 연속하는 3개 사업연도에 대한 감사업무를 수행하게 한 경우, 그 다음 사업연도에는 그 소속공인회계사의 3분의 2 이상을 교체하여야 한다.(2024.1.16 본항개정)
⑦ 감사반인 감사인은 대통령령으로 정하는 주권상장법인인 회사의 연속하는 3개 사업연도에 대한 감사업무를 한 경우, 그 다음 사업연도에는 그 감사에 참여한 공인회계사의 3분의 2 이상을 교체하여야 한다.

제9조의2【주권상장법인 감사인의 등록 및 취소】 ① 제9조에도 불구하고 주권상장법인의 감사인이 되려는 자는 다음 각 호의 요건을 모두 갖추어 금융위원회에 등록하여야 한다.
1. 「공인회계사법」 제24조에 따라 금융위원회에 등록된 회계법인일 것

2. 감사품질 확보를 위하여 금융위원회가 정하는 바에 따른 충분한 인력, 예산, 그 밖의 물적 설비를 갖출 것
3. 감사품질 관리를 위한 사후 심리체계, 보상체계, 업무방법, 그 밖에 금융위원회가 정하는 요건을 갖출 것

② 제1항 각 호의 요건을 모두 갖추고 있는지 여부를 심사하는 절차와 관련하여 필요한 세부사항은 대통령령으로 정한다.

③ 금융위원회는 제1항에 따라 주권상장법인 감사인 등록을 결정한 경우 등록결정한 내용을 관보 및 인터넷 홈페이지 등에 공고하여야 한다.

④ 제1항 및 제2항에 따라 주권상장법인 감사인으로 등록한 자는 등록 이후 제1항 각 호의 등록요건을 계속 유지하여야 한다.

⑤ 금융위원회는 제1항에 따라 등록한 감사인이 같은 항의 요건을 갖추지 못하게 되거나 증권선물위원회로부터 대통령령으로 정하는 업무정지 수준 이상의 조치를 받은 경우 해당 감사인의 주권상장법인 감사인 등록을 취소할 수 있다.

제10조【감사인의 선임】 ① 회사는 매 사업연도 개시일부터 45일 이내(다만, 「상법」 제542조의11 또는 「금융회사의 지배구조에 관한 법률」 제16조에 따라 감사위원회를 설치하여야 하는 회사의 경우에는 매 사업연도 개시일 이전)에 해당 사업연도의 감사인을 선임하여야 한다. 다만, 회사가 감사인을 선임한 후 제4조제1항제3호에 따른 기준을 충족하지 못하여 외부감사의 대상에서 제외되는 경우에는 해당 사업연도 개시일부터 4개월 이내에 감사계약을 해지할 수 있다.

② 제1항 본문에도 불구하고 직전 사업연도에 회계감사를 받지 아니한 회사는 해당 사업연도 개시일부터 4개월 이내에 감사인을 선임하여야 한다.

③ 주권상장법인, 대형비상장주식회사 또는 금융회사는 연속하는 3개 사업연도의 감사인을 동일한 감사인으로 선임하여야 한다. 다만, 주권상장법인, 대형비상장주식회사 또는 금융회사가 제7항 각 호의 사유로 감사인을 선임하는 경우에는 해당 사업연도의 다음 사업연도부터 연속하는 3개 사업연도의 감사인을 동일한 감사인으로 선임하여야 한다.

④ 회사는 다음 각 호의 구분에 따라 선정한 회계법인 또는 감사반을 해당 회사의 감사인으로 선임하여야 한다.

1. 주권상장법인, 대형비상장주식회사 또는 금융회사
  가. 감사위원회가 설치된 경우 : 감사위원회가 선정한 회계법인 또는 감사반
  나. 감사위원회가 설치되지 아니한 경우 : 감사인을 선임하기 위하여 대통령령으로 정하는 바에 따라 구성한 감사인선임위원회(이하 "감사인선임위원회"라 한다)의 승인을 받아 감사가 선정한 회계법인 또는 감사반
2. 그 밖의 회사 : 감사 또는 감사위원회가 선정한 회계법인 또는 감사반. 다만, 다음 각 목의 어느 하나에 해당하는 경우에는 해당 목에서 정한 바에 따라 선정한다.
  가. 직전 사업연도의 감사인을 다시 감사인으로 선임하는 경우 : 그 감사인
  나. 감사가 없는 대통령령으로 정하는 일정규모 이상의 유한회사인 경우 : 사원총회의 승인을 받은 회계법인 또는 감사반
  다. 나목 외의 감사가 없는 유한회사인 경우 : 회사가 선정한 회계법인 또는 감사반

⑤ 감사 또는 감사위원회(제4항제2호 단서에 따라 감사인을 선임한 회사는 회사를 대표하는 이사를 말한다. 이하 이 조에서 같다)는 감사인의 감사보수와 감사시간, 감사에 필요한 인력에 관한 사항을 문서로 정하여야 한다. 이 경우 감사위원회가 설치되지 아니한 주권상장법인, 대형비상장주식회사 또는 금융회사의 감사는 감사인선임위원회의 승인을 받아야 한다.

⑥ 감사 또는 감사위원회는 제23조제1항에 따라 감사보고서를 제출받은 경우 제5항에서 정한 사항이 준수되었는지를 확인하여야 한다. 이 경우 감사위원회가 설치되지 아니한 주권상장법인, 대형비상장주식회사 또는 금융회사의 감사는 제5항에서 정한 사항이 준수되었는지를 확인한 문서를 감사인선임위원회에 제출하여야 한다.

⑦ 회사가 다음 각 호의 구분에 따라 감사인을 선임하는 경우에는 해당 호에서 정한 규정을 적용하지 아니한다.

1. 제11조제1항 및 제2항에 따라 증권선물위원회가 지정하는 자를 감사인으로 선임하거나 변경선임하는 경우 : 제1항 본문, 제2항, 제3항 본문 및 제4항
2. 제15조제1항 또는 제2항에 따라 감사계약이 해지된 경우 : 제1항 본문, 제2항 및 제3항 본문
3. 선임된 감사인이 사업연도 중에 해산 등 대통령령으로 정하는 사유로 감사를 수행하는 것이 불가능한 경우 : 제1항 본문, 제2항 및 제3항 본문

⑧ 회사가 제7항 각 호에 따른 사유로 감사인을 선임하는 경우에는 그 사유 발생일부터 2개월 이내에 감사인을 선임하여야 한다.

⑨ 제1항부터 제8항까지에서 규정한 사항 외에 감사인 선임 절차 및 방법, 감사인선임위원회의 운영 등에 필요한 사항은 대통령령으로 정한다.

제11조【증권선물위원회에 의한 감사인 지정 등】 ① 증권선물위원회는 다음 각 호의 어느 하나에 해당하는 회사에 3개 사업연도의 범위에서 증권선물위원회가 지정하는 회계법인을 감사인으로 선임하거나 변경선임할 것을 요구할 수 있다.

1. 감사 또는 감사위원회(감사위원회가 설치되지 아니한 주권상장법인, 대형비상장주식회사 또는 금융회사의 경우는 감사인선임위원회를 말한다. 이하 이 조에서 같다)의 승인을 받아 제10조에 따른 감사인의 선임기간 내에 증권선물위원회에 감사인 지정을 요청한 회사
2. 제10조에 따른 감사인의 선임기간 내에 감사인을 선임하지 아니한 회사
3. 제10조제3항 또는 제4항을 위반하여 감사인을 선임하거나 증권선물위원회가 회사의 감사인 교체 사유가 부당하다고 인정한 회사
4. 증권선물위원회의 감리 결과 제5조에 따른 회계처리기준을 위반하여 재무제표를 작성한 사실이 확인된 회사. 다만, 증권선물위원회가 정하는 경미한 위반이 확인된 회사는 제외한다.
5. 제6조제6항을 위반하여 회사의 재무제표를 감사인이 대신하여 작성하거나, 재무제표 작성과 관련된 회계처리에 대한 자문을 요구하거나 받은 회사
6. 주권상장법인 중 다음 각 목의 어느 하나에 해당하는 회사
  가. 3개 사업연도 연속 영업이익이 0보다 작은 회사
  나. 3개 사업연도 연속 영업현금흐름이 0보다 작은 회사
  다. 3개 사업연도 연속 이자보상배율이 1 미만인 회사
  라. 그 밖에 대통령령으로 정하는 재무기준에 해당하는 회사
7. 주권상장법인 중 대통령령으로 정하는 바에 따라 증권선물위원회가 공정한 감사가 필요하다고 인정하여 지정하는 회사
8. 「기업구조조정 촉진법」 제2조제5호에 따른 주채권은행 또는 대통령령으로 정하는 주주가 대통령령으로 정하는 방법에 따라 증권선물위원회에 감사인 지정을 요청하는 경우의 해당 회사
9. 제13조제1항 또는 제2항을 위반하여 감사계약의 해지 또는 감사인의 해임을 하지 아니하거나 새로운 감사인을 선임하지 아니한 회사
10. 감사인의 감사시간이 제16조의2제1항에서 정하는 표준감사시간보다 현저히 낮은 수준이라고 증권선물위원회가 인정한 회사
11. 직전 사업연도를 포함하여 과거 3년간 최대주주의 변경이 2회 이상 발생하거나 대표이사의 교체가 3회 이상 발생한 주권상장법인

12. 그 밖에 공정한 감사가 특히 필요하다고 인정되어 대통령령으로 정하는 회사
② 증권선물위원회는 다음 각 호의 어느 하나에 해당하는 회사가 연속하는 6개 사업연도에 대하여 제10조제1항에 따라 감사인을 선임한 경우에는 증권선물위원회가 대통령령이 정하는 기준과 절차에 따라 지정하는 회계법인을 감사인으로 선임하거나 변경선임할 것을 요구할 수 있다.
1. 주권상장법인. 다만, 대통령령으로 정하는 주권상장법인은 제외한다.
2. 제1호에 해당하지 아니하는 회사 가운데 자산총액이 대통령령으로 정하는 금액 이상이고 대주주 및 그 대주주와 대통령령으로 정하는 특수관계에 있는 자가 합하여 발행주식총수(의결권이 없는 주식은 제외한다. 이하 같다)의 100분의 50 이상을 소유하고 있는 회사로서 대주주 또는 그 대주주와 특수관계에 있는 자가 해당 회사의 대표이사인 회사
③ 제2항에도 불구하고 다음 각 호의 어느 하나에 해당되는 회사는 제10조제1항에 따라 감사인을 선임할 수 있다.
1. 증권선물위원회가 정하는 기준일로부터 과거 6년 이내에 제26조에 따른 증권선물위원회의 감리를 받은 회사로서 그 감리 결과 제5조에 따른 회계처리기준 위반이 발견되지 아니한 회사
2. 그 밖에 회계처리의 신뢰성이 양호한 경우로서 대통령령으로 정하는 회사
④ 제1항 및 제2항에 따라 증권선물위원회가 감사인의 선임이나 변경선임을 요구한 경우 회사는 특별한 사유가 없으면 이에 따라야 한다. 다만, 해당 회사 또는 감사인으로 지정받은 자는 대통령령으로 정하는 사유가 있으면 증권선물위원회에 감사인을 다시 지정하여 줄 것을 요청할 수 있다.
⑤ 제4항 단서에 따라 회사가 증권선물위원회에 감사인을 다시 지정하여 줄 것을 요청할 경우 사전에 감사 또는 감사위원회의 승인을 받아야 한다.
⑥ 회사는 제1항 및 제2항에 따라 증권선물위원회로부터 지정받은 감사인을 지정 사업연도 이후 최초로 도래하는 사업연도의 감사인으로 선임할 수 없다.
⑦ 증권선물위원회가 감사인의 선임이나 변경선임을 요구하여 회사가 감사인을 선임하는 경우에도 제10조제5항 및 제6항을 적용한다.

제12조【감사인 선임 등의 보고】 ① 회사는 감사인을 선임 또는 변경선임하는 경우 그 사실을 감사인을 선임한 이후에 소집되는 「상법」에 따른 정기총회에 보고하거나 대통령령으로 정하는 바에 따라 주주 또는 사원(이하 "주주등"이라 한다)에게 통지 또는 공고하여야 한다.
② 회사가 감사인을 선임 또는 변경선임하는 경우 해당 회사 및 감사인은 대통령령으로 정하는 바에 따라 증권선물위원회에 보고하여야 한다. 다만, 회사는 다음 각 호의 어느 하나에 해당되는 경우에는 보고를 생략할 수 있다.
1. 회사의 요청에 따라 증권선물위원회가 지정한 자를 감사인으로 선임한 경우
2. 증권선물위원회의 요구에 따라 감사인을 선임 또는 변경선임하는 경우
3. 주권상장법인, 대형비상장주식회사 또는 금융회사가 아닌 회사가 직전 사업연도의 감사인을 다시 선임한 경우

제13조【감사인의 해임】 ① 감사인이 「공인회계사법」 제21조 또는 제33조를 위반한 경우 회사는 지체 없이 감사인과의 감사계약을 해지하여야 하며, 감사계약을 해지한 후 2개월 이내에 새로운 감사인을 선임하여야 한다.
② 제10조제3항에도 불구하고 주권상장법인, 대형비상장주식회사 또는 금융회사는 연속하는 3개 사업연도의 동일 감사인으로 선임된 감사인이 직무상 의무를 위반하는 등 대통령령으로 정하는 사유에 해당하는 경우에는 연속하는 3개 사업연도 중이라도 매 사업연도 종료 후 3개월 이내에 다음 각 호의 구분에 따라 해임요청된 감사인을 해임하여야 한다. 이 경우 회사는 감사인을 해임한 후 2개월 이내에 새로운 감사인을 선임하여야 한다.
1. 감사위원회가 설치된 경우 : 감사위원회가 해임을 요청한 감사인
2. 감사위원회가 설치되지 아니한 경우 : 감사가 감사인선임위원회의 승인을 받아 해임을 요청한 감사인
③ 주권상장법인, 대형비상장주식회사 또는 금융회사는 제1항 또는 제2항에 따라 감사계약을 해지하거나 감사인을 해임한 경우에는 지체 없이 그 사실을 증권선물위원회에 보고하여야 한다.

제14조【전기감사인의 의견진술권】 ① 회사는 직전 사업연도에 해당 회사에 대하여 감사업무를 한 감사인〔이하 "전기감사인"(前期監査人)이라 한다〕 외의 다른 감사인을 감사인으로 선임하거나 제13조제2항에 따라 전기감사인을 해임하려면 해당 전기감사인에게 감사 또는 감사위원회(감사위원회가 설치되지 아니한 주권상장법인, 대형비상장주식회사 또는 금융회사의 경우에는 감사인선임위원회를 말한다)에 의견을 진술할 수 있는 기회를 주어야 한다.
② 회사는 제13조제2항에 따라 해임되는 감사인이 제1항에 따라 의견을 진술한 경우에는 그 내용을 증권선물위원회에 보고하여야 한다.
③ 제1항과 제2항에 따른 의견진술의 방법, 보고절차 등에 관한 사항은 대통령령으로 정한다.

제15조【감사인의 감사계약 해지】 ① 감사인은 제16조에 따른 회계감사기준에서 정하는 독립성이 훼손된 경우 등 대통령령으로 정하는 사유에 해당하는 경우에는 사업연도 중이라도 감사계약을 해지할 수 있다.
② 제10조제3항에도 불구하고 주권상장법인, 대형비상장주식회사 또는 금융회사의 감사인은 감사의견과 관련하여 부당한 요구나 압력을 받은 경우 등 대통령령으로 정하는 사유에 해당하는 경우에는 연속하는 3개 사업연도 중이라도 매 사업연도 종료 후 3개월 이내에 남은 사업연도에 대한 감사계약을 해지할 수 있다.
③ 감사인은 제1항 또는 제2항에 따라 감사계약을 해지한 경우에는 지체 없이 그 사실을 증권선물위원회에 보고하여야 한다.

제16조【회계감사기준】 ① 감사인은 일반적으로 공정·타당하다고 인정되는 회계감사기준에 따라 감사를 실시하여야 한다.
② 제1항의 회계감사기준은 한국공인회계사회가 감사인의 독립성 유지와 재무제표의 신뢰성 유지에 필요한 사항 등을 포함하여 대통령령으로 정하는 바에 따라 금융위원회의 사전승인을 받아 정한다.

제16조의2【표준 감사시간】 ① 한국공인회계사회는 감사업무의 품질을 제고하고 투자자 등 이해관계인의 보호를 위하여 감사인이 투입하여야 할 표준 감사시간을 정할 수 있다. 이 경우 대통령령으로 정하는 절차에 따라 금융감독원 등 대통령령으로 정하는 이해관계자의 의견을 청취하고 이를 반영하여야 한다.
② 한국공인회계사회는 3년마다 감사환경 변화 등을 고려하여 제1항에서 정한 표준 감사시간의 타당성 여부를 검토하여 이를 반영하고 그 결과를 공개하여야 한다.

제17조【품질관리기준】 ① 감사인은 감사업무의 품질이 보장될 수 있도록 감사인의 업무설계 및 운영에 관한 기준(이하 "품질관리기준"이라 한다)을 준수하여야 한다.
② 품질관리기준은 한국공인회계사회가 감사업무의 품질관리 절차, 감사인의 독립성 유지를 위한 내부통제 등 감사업무의 품질보장을 위하여 필요한 사항을 포함하여 대통령령으로 정하는 바에 따라 금융위원회의 사전승인을 받아 정한다.
③ 감사인의 대표자는 품질관리기준에 따른 업무설계 및 운영에 대한 책임을 지며, 이를 담당하는 이사 1명을 지정하여야 한다.

제18조【감사보고서의 작성】 ① 감사인은 감사결과를 기술(記述)한 감사보고서를 작성하여야 한다.
② 제1항의 감사보고서에는 감사범위, 감사의견과 이해관계인의 합리적 의사결정에 유용한 정보가 포함되어야 한다.
③ 감사인은 감사보고서에 회사가 작성한 재무제표와 대통령령으로 정하는 바에 따라 외부감사 참여 인원수, 감사내용 및 소요시간 등 외부감사 실시내용을 적은 서류를 첨부하여야 한다.
제19조【감사조서】 ① 감사인은 감사를 실시하여 감사의견을 표명한 경우에는 회사의 회계기록으로부터 감사보고서를 작성하기 위하여 적용하였던 감사절차의 내용과 그 과정에서 입수한 정보 및 정보의 분석결과 등을 문서화한 서류(자기테이프·디스켓, 그 밖의 정보보존장치를 포함한다. 이하 "감사조서"라 한다)를 작성하여야 한다.
② 감사인은 감사조서를 감사종료 시점부터 8년간 보존하여야 한다.
③ 감사인(그에 소속된 자 및 그 사용인을 포함한다)은 감사조서를 위조·변조·훼손 및 파기해서는 아니 된다.
제20조【비밀엄수】 다음 각 호의 어느 하나에 해당하는 자는 그 직무상 알게 된 비밀을 누설하거나 부당한 목적을 위하여 이용해서는 아니 된다. 다만, 다른 법률에 특별한 규정이 있는 경우 또는 증권선물위원회가 제26조제1항에 상당하는 업무를 수행하는 외국 감독기관과 정보를 교환하거나 그 외국 감독기관이 하는 감리·조사에 협조하기 위하여 필요하다고 인정한 경우에는 그러하지 아니하다.
1. 감사인
2. 감사인에 소속된 공인회계사
3. 증권선물위원회 위원
4. 감사 또는 감리 업무와 관련하여 제1호부터 제3호까지의 자를 보조하거나 지원하는 자
5. 증권선물위원회의 업무를 위탁받아 수행하는 한국공인회계사회의 관련자

제21조【감사인의 권한 등】 ① 감사인은 언제든지 회사 및 해당 회사의 주식 또는 지분을 일정 비율 이상 소유하고 있는 등 대통령령으로 정하는 관계에 있는 회사(이하 "관계회사"라 한다)의 회계에 관한 장부와 서류를 열람 또는 복사하거나 회계에 관한 자료의 제출을 요구할 수 있으며, 그 직무를 수행하기 위하여 특히 필요하면 회사 및 관계회사의 업무와 재산상태를 조사할 수 있다. 이 경우 회사 및 관계회사는 지체 없이 감사인의 자료 제출 요구에 따라야 한다.
② 연결재무제표를 감사하는 감사인은 그 직무의 수행을 위하여 필요하면 회사 또는 관계회사의 감사인에게 감사 관련 자료의 제출 등 필요한 협조를 요청할 수 있다. 이 경우 회사 또는 관계회사의 감사인은 지체 없이 이에 따라야 한다.
제22조【부정행위 등의 보고】 ① 감사인은 직무를 수행할 때 이사의 직무수행에 관하여 부정행위 또는 법령이나 정관에 위반되는 중대한 사실을 발견하면 감사 또는 감사위원회에 통보하고 주주총회 또는 사원총회(이하 "주주총회등"이라 한다)에 보고하여야 한다.
② 감사인은 회사가 회계처리 등에 관하여 회계처리기준을 위반한 사실을 발견하면 감사 또는 감사위원회에 통보하여야 한다.
③ 제2항에 따라 회사의 회계처리기준 위반사실을 통보받은 감사 또는 감사위원회는 회사의 비용으로 외부전문가를 선임하여 위반사실 등을 조사하도록 하고 그 결과에 따라 회사의 대표자에게 시정 등을 요구하여야 한다.
④ 감사 또는 감사위원회는 제3항에 따른 조사결과 및 회사의 시정조치 결과 등을 즉시 증권선물위원회와 감사인에게 제출하여야 한다.
⑤ 감사 또는 감사위원회는 제3항 및 제4항의 직무를 수행할 때 회사의 대표자에 대해 필요한 자료나 정보 및 비용의 제공을 요청할 수 있다. 이 경우 회사의 대표자는 특별한 사유가 없으면 이에 따라야 한다.
⑥ 감사 또는 감사위원회는 이사의 직무수행에 관하여 부정행위 또는 법령이나 정관에 위반되는 중대한 사실을 발견하면 감사인에게 통보하여야 한다.
⑦ 감사인은 제1항 또는 제6항에 따른 이사의 직무수행에 관하여 부정행위 또는 법령에 위반되는 중대한 사실을 발견하거나 감사 또는 감사위원회로부터 이러한 사실을 통보받은 경우에는 증권선물위원회에 보고하여야 한다.
제23조【감사보고서의 제출 등】 ① 감사인은 감사보고서를 대통령령으로 정하는 기간 내에 회사(감사 또는 감사위원회를 포함한다)·증권선물위원회 및 한국공인회계사회에 제출하여야 한다. 다만, 「자본시장과 금융투자업에 관한 법률」 제159조제1항에 따른 사업보고서 제출대상법인인 회사가 사업보고서에 감사보고서를 첨부하여 금융위원회와 같은 법에 따라 거래소허가를 받은 거래소에 제출하는 경우에는 감사인이 증권선물위원회 및 한국공인회계사회에 감사보고서를 제출한 것으로 본다.
② 증권선물위원회와 한국공인회계사회는 제1항에 따라 감사인으로부터 제출받은 감사보고서를 대통령령으로 정하는 기간 동안 대통령령으로 정하는 바에 따라 일반인이 열람할 수 있게 하여야 한다. 다만, 유한회사의 경우에는 매출액, 이해관계인의 범위 또는 사원 수 등을 고려하여 열람되는 회사의 범위 및 감사보고서의 범위를 대통령령으로 달리 정할 수 있다.
③ 회사는 「상법」에 따라 정기총회 또는 이사회의 승인을 받은 재무제표를 대통령령으로 정하는 바에 따라 증권선물위원회에 제출하여야 한다. 다만, 정기총회 또는 이사회의 승인을 받은 재무제표가 제1항 본문에 따라 감사인이 증권선물위원회 등에 제출하는 감사보고서에 첨부된 재무제표 또는 같은 항 단서에 따라 회사가 금융위원회와 거래소에 제출하는 사업보고서에 적힌 재무제표와 동일하면 제출하지 아니할 수 있다.
④ 직전 사업연도 말의 자산총액이 제11조제2항제2호에서 정하는 금액 이상인 주식회사(주권상장법인은 제외한다)는 같은 호에 따른 대주주 및 그 대주주와 특수관계에 있는 자의 소유주식현황 등 대통령령으로 정하는 서류를 정기총회 종료 후 14일 이내에 증권선물위원회에 제출하여야 한다.
⑤ 회사는 대통령령으로 정하는 바에 따라 재무제표와 감사인의 감사보고서를 비치·공시하여야 한다.
⑥ 주식회사가 「상법」 제449조제3항에 따라 대차대조표를 공고하는 경우에는 감사인의 명칭과 감사의견을 함께 적어야 한다.
⑦ 회사의 주주등 또는 채권자는 영업시간 내에 언제든지 제5항에 따라 비치된 서류를 열람할 수 있으며, 회사가 정한 비용을 지급하고 그 서류의 등본이나 초본의 발급을 청구할 수 있다.
제24조【주주총회등에의 출석】 감사인 또는 그에 소속된 공인회계사는 주주총회등이 요구하면 주주총회등에 출석하여 의견을 진술하거나 주주등의 질문에 답변하여야 한다.
제25조【회계법인의 사업보고서 제출과 비치·공시 등】
① 회계법인인 감사인은 매 사업연도 종료 후 3개월 이내에 사업보고서를 증권선물위원회와 한국공인회계사회에 제출하여야 한다.
② 제1항의 사업보고서에는 그 회계법인의 상호, 사업내용, 재무에 관한 사항, 감사보고서 품질관리 관련 정보, 연차별 감사투입 인력 및 시간, 이사 보수(개별 보수가 5억원 이상인 경우에 한정한다), 이사의 징계 내역, 그 밖에 총리령으로 정하는 사항을 기재한다.
③ 회계법인인 감사인은 제1항에 따라 제출한 사업보고서를 대통령령으로 정하는 바에 따라 비치·공시하여야 한다.
④ 증권선물위원회와 한국공인회계사회는 제1항에 따라 회계법인으로부터 제출받은 사업보고서를 대통령령으로 정하는 기간 동안 대통령령으로 정하는 바에 따라 일반인이 열람할 수 있게 하여야 한다.

⑤ 주권상장법인의 회계법인인 감사인은 그 회계법인의 경영, 재산, 감사보고서 품질 관리 등에 중대한 영향을 미치는 사항으로서 대통령령으로 정하는 사실이 발생한 경우에는 해당 사실을 적은 보고서(이하 "수시보고서"라 한다)를 지체 없이 증권선물위원회에 제출하여야 한다.
⑥ 제5항에 따른 수시보고서의 작성 절차 및 방법 등에 관한 사항은 총리령으로 정한다.

제3장 감독 및 처분

제26조【증권선물위원회의 감리업무 등】 ① 증권선물위원회는 재무제표 및 감사보고서의 신뢰도를 높이기 위하여 다음 각 호의 업무를 한다.
1. 제23조제1항에 따라 감사인이 제출한 감사보고서에 대하여 제16조에 따른 회계감사기준의 준수 여부에 대한 감리
2. 제23조제3항에 따라 회사가 제출한 재무제표에 대하여 제5조에 따른 회계처리기준의 준수 여부에 대한 감리
3. 감사인의 감사업무에 대하여 제17조에 따른 품질관리기준의 준수 여부에 대한 감리 및 품질관리수준에 대한 평가
4. 그 밖에 대통령령으로 정하는 업무
② 이 법에 따른 증권선물위원회의 업무수행에 필요한 사항은 금융위원회가 증권선물위원회의 심의를 거쳐 정한다.
제27조【자료의 제출요구 등】 ① 증권선물위원회는 제26조제1항에 따른 업무를 수행하기 위하여 필요하면 회사 또는 관계회사와 감사인에게 자료의 제출, 의견의 진술 또는 보고를 요구하거나, 금융감독원의 원장(이하 "금융감독원장"이라 한다)에게 회사 또는 관계회사의 회계에 관한 장부와 서류를 열람하게 하거나 업무와 재산상태를 조사하게 할 수 있다. 이 경우 회사 또는 관계회사에 대한 업무와 재산상태의 조사는 업무수행을 위한 최소한의 범위에서 이루어져야 하며, 다른 목적으로 남용해서는 아니 된다.
② 제1항에 따라 회사 또는 관계회사의 장부와 서류를 열람하거나 업무와 재산상태를 조사하는 자는 그 권한을 표시하는 증표를 지니고 관계인에게 보여 주어야 한다.
③ 증권선물위원회는 제11조에 따른 업무를 수행하기 위하여 필요하면 세무관서의 장에게 대통령령으로 정하는 자료의 제출을 요청할 수 있다. 이 경우 요청을 받은 기관은 특별한 사유가 없으면 이에 따라야 한다.
④ 증권선물위원회는 이 법에 따른 업무를 수행하기 위하여 필요하면 한국공인회계사회 또는 관계 기관에 자료의 제출을 요청할 수 있다. 이 경우 요청을 받은 기관은 특별한 사유가 없으면 이에 따라야 한다.
제28조【부정행위 신고자의 보호 등】 ① 증권선물위원회는 회사의 회계정보와 관련하여 다음 각 호의 어느 하나에 해당하는 사실을 알게 된 자가 그 사실을 대통령령으로 정하는 바에 따라 증권선물위원회에 신고하거나 해당 회사의 감사인 또는 감사에게 고지한 경우에는 그 신고자 또는 고지자(이하 "신고자등"이라 한다)에 대해서는 제29조에 따른 조치를 대통령령으로 정하는 바에 따라 감면(減免)할 수 있다.
1. 제8조에 따른 내부회계관리제도에 의하지 아니하고 회계정보를 작성하거나 내부회계관리제도에 따라 작성된 회계정보를 위조·변조·훼손 또는 파기한 사실
2. 회사가 제5조에 따른 회계처리기준을 위반하여 재무제표를 작성한 사실
3. 회사, 감사인 또는 그 감사인에 소속된 공인회계사가 제6조제6항을 위반한 사실
4. 감사인이 제16조에 따른 회계감사기준에 따라 감사를 실시하지 아니하거나 거짓으로 감사보고서를 작성한 사실
5. 그 밖에 제1호부터 제4호까지의 규정에 준하는 경우로서 회계정보를 거짓으로 작성하거나 사실을 감추는 경우
② 제1항에 따라 신고 또는 고지를 받은 자는 신고자등의 신분 등에 관한 비밀을 유지하여야 한다.
③ 신고자등이 제1항에 따른 신고 또는 고지를 하는 경우 해당 회사(해당 회사의 임직원을 포함한다)는 그 신고 또는 고지와 관련하여 직접 또는 간접적인 방법으로 신고자등에게 불이익한 대우를 해서는 아니 된다.
④ 제3항을 위반하여 불이익한 대우로 신고자등에게 손해를 발생하게 한 회사와 해당 회사의 임직원은 연대하여 신고자등에게 손해를 배상할 책임이 있다.
⑤ 증권선물위원회는 제1항에 따른 신고가 회사의 회계정보와 관련하여 같은 항 각 호의 어느 하나에 해당하는 사항을 적발하거나 그에 따른 제29조 또는 제30조에 따른 조치 등을 하는 데에 도움이 되었다고 인정하면 대통령령으로 정하는 바에 따라 신고자에게 포상금을 지급할 수 있다.
제29조【회사 및 감사인 등에 대한 조치 등】 ① 증권선물위원회는 회사가 다음 각 호의 어느 하나에 해당하면 해당 회사에 임원의 해임 또는 면직 권고, 6개월 이내의 직무정지, 일정 기간 증권의 발행제한, 회계처리기준 위반사항에 대한 시정요구 및 그 밖에 필요한 조치를 할 수 있다.
1. 재무제표를 작성하지 아니하거나 제5조에 따른 회계처리기준을 위반하여 재무제표를 작성한 경우
2. 제6조, 제10조제4항부터 제6항까지, 제12조제2항, 제22조제6항 또는 제23조제3항부터 제6항까지의 규정을 위반한 경우
3. 정당한 이유 없이 제11조제1항 및 제2항에 따른 증권선물위원회의 요구에 따르지 아니한 경우
4. 정당한 이유 없이 제27조제1항에 따른 자료제출 등의 요구·열람 또는 조사를 거부·방해·기피하거나 거짓 자료를 제출한 경우
5. 그 밖에 이 법 또는 이 법에 따른 명령을 위반한 경우
② 증권선물위원회는 퇴임하거나 퇴직한 임원이 해당 회사에 재임 또는 재직 중이었더라면 제1항에 따른 조치를 받았을 것으로 인정되는 경우에는 그 받았을 것으로 인정되는 조치의 내용을 해당 회사에 통보할 수 있다. 이 경우 통보를 받은 회사는 그 사실을 해당 임원에게 통보하여야 한다.
③ 증권선물위원회는 감사인이 별표1 각 호의 어느 하나에 해당하는 경우에는 다음 각 호의 조치를 할 수 있다.
1. 해당 감사인의 등록을 취소할 것을 금융위원회에 건의
2. 일정한 기간을 정하여 업무의 전부 또는 일부 정지를 명할 것을 금융위원회에 건의
3. 제32조에 따른 손해배상공동기금 추가 적립 명령
4. 일정한 기간을 정하여 다음 각 목의 어느 하나에 해당하는 회사에 대한 감사업무 제한
가. 제11조에 따라 증권선물위원회가 감사인을 지정하는 회사
나. 그 밖에 증권선물위원회가 정하는 특정 회사
5. 경고
6. 주의
7. 그 밖에 위법행위를 시정하거나 방지하기 위하여 필요한 조치
④ 증권선물위원회는 감사인에 소속된 공인회계사(「공인회계사법」 제26조제4항에 따른 대표이사를 포함한다)가 별표2 각 호의 어느 하나에 해당하는 경우에는 다음 각 호의 조치를 할 수 있다.
1. 공인회계사 등록을 취소할 것을 금융위원회에 건의
2. 일정한 기간을 정하여 직무의 전부 또는 일부 정지를 명할 것을 금융위원회에 건의
3. 일정한 기간을 정하여 다음 각 목의 어느 하나에 해당하는 회사에 대한 감사업무 제한
가. 주권상장법인
나. 대형비상장주식회사
다. 제11조에 따라 증권선물위원회가 감사인을 지정하는 회사
라. 그 밖에 증권선물위원회가 정하는 특정 회사
4. 경고

5. 주의
6. 그 밖에 위법행위를 시정하거나 방지하기 위하여 필요한 조치

⑤ 증권선물위원회는 감사인에 대한 제26조제1항제3호에 따른 품질관리기준 준수 여부에 대한 감리 결과 감사업무의 품질 향상을 위하여 필요한 경우에는 1년 이내의 기한을 정하여 감사인의 업무설계 및 운영에 대하여 개선을 권고하고, 대통령령으로 정하는 바에 따라 그 이행 여부를 점검할 수 있다.

⑥ 증권선물위원회는 제5항의 개선권고사항을 대통령령으로 정하는 바에 따라 외부에 공개할 수 있다.

⑦ 증권선물위원회는 감사인이 제5항에 따른 개선권고를 정당한 이유 없이 이행하지 아니하는 경우에는 미이행 사실을 대통령령으로 정하는 바에 따라 외부에 공개할 수 있다.

제30조【위반행위의 공시 등】 ① 증권선물위원회는 회사 또는 감사인이 다음 각 호의 어느 하나에 해당하는 경우에는 금융위원회가 정하는 바에 따라 그 위반사실이 확정된 날부터 3년 이내의 기간 동안 해당 위반사실을 공시할 수 있다.
1. 제5조에 따른 회계처리기준을 위반하여 재무제표를 작성한 경우
2. 감사보고서에 적어야 할 사항을 적지 아니하거나 거짓으로 적은 경우
3. 제6조에 따른 재무제표를 사전에 제출하지 않은 경우
4. 그 밖에 이 법 또는 「금융실명거래 및 비밀보장에 관한 법률」 등 대통령령으로 정하는 금융 관련 법령을 위반한 경우

② 증권선물위원회는 제26조제1항제1호·제2호에 따른 감리 결과 및 이에 대한 증권선물위원회의 조치내용을 금융위원회가 정하는 바에 따라 인터넷 홈페이지에 게시하고 거래소(대상회사가 주권상장법인인 경우만 해당한다)와 대통령령으로 정하는 금융기관에 각각 통보하여야 한다.

③ 제2항에 따른 금융기관은 증권선물위원회로부터 통보받은 내용을 신용공여의 심사 등에 반영할 수 있다.

제31조【손해배상책임】 ① 감사인이 그 임무를 게을리하여 회사에 손해를 발생하게 한 경우에는 그 감사인은 회사에 손해를 배상할 책임이 있다.

② 감사인이 중요한 사항에 관하여 감사보고서에 적지 아니하거나 거짓으로 적음으로써 이를 믿고 이용한 제3자에게 손해를 발생하게 한 경우에는 그 감사인은 제3자에게 손해를 배상할 책임이 있다. 다만, 연결재무제표에 대한 감사보고서에 중요한 사항을 적지 아니하거나 거짓으로 적은 책임이 종속회사 또는 관계회사의 감사인에게 있는 경우에는 해당 감사인은 이를 믿고 이용한 제3자에게 손해를 배상할 책임이 있다.

③ 제1항 또는 제2항에 해당하는 감사인이 감사반인 경우에는 해당 회사에 대한 감사에 참여한 공인회계사가 연대하여 손해를 배상할 책임을 진다.

④ 감사인이 회사 또는 제3자에게 손해를 배상할 책임이 있는 경우에 해당 회사의 이사 또는 감사(감사위원회가 설치된 경우에는 감사위원회의 위원을 말한다. 이하 이 항에서 같다)도 그 책임이 있으면 그 감사인과 해당 회사의 이사 및 감사는 연대하여 손해를 배상할 책임이 있다. 다만, 손해를 배상할 책임이 있는 자가 고의가 없는 경우에 그 자는 법원이 귀책사유에 따라 정하는 책임비율에 따라 손해를 배상할 책임이 있다.

⑤ 제4항 단서에도 불구하고 손해배상을 청구하는 자의 소득인정액(「국민기초생활 보장법」 제2조제9호에 따른 소득인정액을 말한다)이 대통령령으로 정하는 금액 이하에 해당되는 경우에는 감사인과 해당 회사의 이사 및 감사는 연대하여 손해를 배상할 책임이 있다.

⑥ 제4항 단서에 따라 손해를 배상할 책임이 있는 자 중 배상능력이 없는 자가 있어 손해액의 일부를 배상하지 못하는 경우에는 같은 항 단서에 따라 정해진 각자 책임비율의 100분의 50 범위에서 대통령령으로 정하는 바에 따라 손해액을 추가로 배상할 책임을 진다.

⑦ 감사인 또는 감사에 참여한 공인회계사가 제1항부터 제3항까지의 규정에 따른 손해배상책임을 면하기 위하여는 그 임무를 게을리하지 아니하였음을 증명하여야 한다. 다만, 다음 각 호의 어느 하나에 해당하는 자가 감사인 또는 감사에 참여한 공인회계사에 대하여 손해배상 청구의 소를 제기하는 경우에는 그 자가 감사인 또는 감사에 참여한 공인회계사가 임무를 게을리하였음을 증명하여야 한다.
1. 제10조에 따라 감사인을 선임한 회사
2. 「은행법」 제2조제1항제2호에 따른 은행
3. 「농업협동조합법」에 따른 농협은행 또는 「수산업협동조합법」에 따른 수협은행
4. 「보험업법」에 따른 보험회사
5. 「자본시장과 금융투자업에 관한 법률」에 따른 종합금융회사
6. 「상호저축은행법」에 따른 상호저축은행

⑧ 감사인은 제1항부터 제4항까지의 규정에 따른 손해배상책임을 보장하기 위하여 총리령으로 정하는 바에 따라 제32조에 따른 손해배상공동기금의 적립 또는 보험가입 등 필요한 조치를 하여야 한다.

⑨ 제1항부터 제4항까지의 규정에 따른 손해배상책임은 그 청구권자가 해당 사실을 안 날부터 1년 이내 또는 감사보고서를 제출한 날부터 8년 이내에 청구권을 행사하지 아니하면 소멸한다. 다만, 제10조에 따른 선임을 할 때 계약으로 그 기간을 연장할 수 있다.

제31조의2【기록의 송부】 법원은 제31조에 따라 제3자로부터 손해배상청구의 소가 제기된 때에는 필요한 경우 증권선물위원회에 해당 사건의 기록(증권선물위원회 안건, 의사록 및 그 밖에 재판상 증거가 되는 감리 조사 자료를 포함한다)의 송부를 요구할 수 있다.(2023.3.21 본조신설)

제32조【손해배상공동기금의 적립 등】 ① 회계법인은 제31조제1항 및 제2항에 따른 회사 또는 제3자에 대한 손해를 배상하기 위하여 한국공인회계사회에 손해배상공동기금(이하 "공동기금"이라 한다)을 적립하여야 한다. 다만, 대통령령으로 정하는 배상책임보험에 가입한 경우에는 공동기금 중 제2항에 따른 연간적립금을 적립하지 아니할 수 있다.

② 제1항에 따라 적립하여야 할 공동기금은 기본적립금과 매 사업연도 연간적립금으로 하며, 그 적립한도 및 적립금액은 대통령령으로 정한다.

③ 제1항에 따라 공동기금을 적립한 회계법인은 대통령령으로 정하는 경우 외에는 한국공인회계사회에 적립한 공동기금을 양도하거나 담보로 제공할 수 없으며, 누구든지 이를 압류 또는 가압류할 수 없다.

제33조【공동기금의 지급 및 한도 등】 ① 한국공인회계사회는 회계법인이 제31조제1항 및 제2항에 따른 회사 또는 제3자에 대한 손해배상의 확정판결을 받은 경우에는 해당 회사 또는 제3자의 신청에 따라 공동기금을 지급한다.

② 제1항에 따라 한국공인회계사회가 지급하는 신청자별, 회계법인별 한도는 대통령령으로 정한다.

③ 한국공인회계사회가 제1항에 따른 지급을 하는 경우 회계법인은 제2항에 따른 한도에서 연대책임을 진다.

④ 한국공인회계사회는 제1항에 따른 지급을 한 경우 그 지급의 원인을 제공한 해당 회계법인에 대하여 구상권을 가진다.

⑤ 한국공인회계사회가 제1항에 따른 지급을 한 결과 한국공인회계사회가 정하는 바에 따라 산정한 공동기금의 실질잔액이 제32조제2항에 따른 기본적립금보다 적으면 한국공인회계사회는 대통령령으로 정하는 바에 따라 회계법인으로 하여금 그 부족한 금액을 적립하게 할 수 있다.

제34조【공동기금의 관리 등】 ① 한국공인회계사회는 공동기금을 회계법인별로 구분하여 관리하여야 하며, 한국공인회계사회의 다른 재산과 구분하여 회계처리하여야 한다.

② 공동기금의 운용방법, 지급 시기·절차, 반환, 그 밖에 공동기금의 관리에 필요한 세부사항은 총리령으로 정한다.
③ 금융위원회는 필요하다고 인정되는 경우 한국공인회계사회의 공동기금의 관리 등에 관하여 검사를 할 수 있다.
제35조【과징금】 ① 금융위원회는 회사가 고의 또는 중대한 과실로 제5조에 따른 회계처리기준을 위반하여 재무제표를 작성한 경우에는 그 회사에 대하여 회계처리기준과 달리 작성된 금액의 100분의 20을 초과하지 아니하는 범위에서 과징금을 부과할 수 있다. 이 경우 회사의 위법행위를 알았거나 현저한 주의의무 위반으로 방지하지 못한「상법」제401조의2 및 제635조제1항에 규정된 자나 그 밖에 회사의 회계업무를 담당하는 자에 대해서도 회사에 부과하는 과징금의 100분의 10을 초과하지 아니하는 범위에서 과징금을 부과할 수 있다.
② 금융위원회는 감사인이 고의 또는 중대한 과실로 제16조에 따른 회계감사기준을 위반하여 감사보고서를 작성한 경우에는 그 감사인에 대하여 해당 감사로 받은 보수의 5배를 초과하지 아니하는 범위에서 과징금을 부과할 수 있다.
③ 제1항 및 제2항의 규정에 따른 과징금은 각 해당 규정의 위반행위가 있었던 때부터 8년이 경과하면 이를 부과하여서는 아니 된다. 다만, 제26조에 따른 감리가 개시된 경우 위 기간의 진행이 중단된다.
제36조【과징금의 부과·징수】 ① 금융위원회는 제35조에 따른 과징금을 부과하는 경우에는 대통령령으로 정하는 기준에 따라 다음 각 호의 사항을 고려하여야 한다.
1. 회사의 상장 여부
2. 위반행위의 내용 및 정도
3. 위반행위의 기간 및 횟수
4. 위반행위로 인하여 취득한 이익의 규모
② 금융위원회는 고의 또는 중대한 과실로 제5조에 따른 회계처리기준을 위반하여 재무제표를 작성한 법인이 합병을 하는 경우 그 법인이 한 위반행위는 합병 후 존속하거나 합병으로 신설된 법인이 한 위반행위로 보아 과징금을 부과·징수할 수 있다.
③ 금융위원회는 회사 또는 감사인이 동일한 사유로「자본시장과 금융투자업에 관한 법률」제429조에 따른 과징금을 부과받는 경우 해당 과징금이 제35조에 따른 과징금보다 적으면 그 차액만을 부과한다.
④ 제35조에 따른 과징금의 부과·징수에 관하여는「자본시장과 금융투자업에 관한 법률」제431조부터 제434조까지 및 제434조의2부터 제434조의4까지의 규정을 준용한다.
⑤ 제1항부터 제4항까지에서 규정한 사항 외에 과징금의 부과·징수에 필요한 사항은 대통령령으로 정한다.

제4장 보 칙

제37조【감사 미선임 회사에 대한 특례】 다른 법률에 따라 감사를 선임하지 아니한 회사에 대해서는 제8조, 제10조, 제11조, 제14조, 제22조, 제23조, 제28조, 제31조 또는 제40조에 따른 감사에 관한 사항을 적용하지 아니한다.
제38조【업무의 위탁】 ① 증권선물위원회는 이 법에 따른 업무의 일부를 대통령령으로 정하는 바에 따라 증권선물위원회위원장, 금융감독원장 또는 거래소에 위임하거나 위탁할 수 있다.
② 증권선물위원회는 제26조제1항, 제27조제1항, 제29조제3항 및 제4항에 따른 업무의 전부 또는 일부를 대통령령으로 정하는 바에 따라 한국공인회계사회에 위탁할 수 있다. 이 경우 한국공인회계사회는 감사인의 감사보수 중 일부를 총리령으로 정하는 바에 따라 감리업무 수수료로 징수할 수 있다.
제38조의2【회계의 날】 ① 회계투명성의 가치와 중요성을 국민에게 널리 알리고 회계분야 종사자들의 활동을 장려하기 위하여 매년 10월 31일을 회계의 날로 한다.
② 국가는 회계의 날 취지에 적합한 기념행사 등을 실시하도록 노력하여야 한다.
(2020.5.19 본조신설)

제5장 벌 칙

제39조【벌칙】 ①「상법」제401조의2제1항 및 제635조제1항에 규정된 자나 그 밖에 회사의 회계업무를 담당하는 자가 제5조에 따른 회계처리기준을 위반하여 거짓으로 재무제표를 작성·공시하거나 감사인 또는 그에 소속된 공인회계사가 감사보고서에 기재하여야 할 사항을 기재하지 아니하거나 거짓으로 기재한 경우에는 10년 이하의 징역 또는 그 위반행위로 얻은 이익 또는 회피한 손실액의 2배 이상 5배 이하의 벌금에 처한다.
<2024.7.18 헌법재판소 헌법불합치결정으로 이 항 중 '그 위반행위로 얻은 이익 또는 회피한 손실액의 2배 이상 5배 이하의 벌금' 가운데 '그 위반행위로 얻은 이익 또는 회피한 손실액이 없거나 산정하기 곤란한 경우'에 관한 부분은 2025.12.31 시한으로 입법자가 개정할 때까지 계속 적용>
② 제1항에도 불구하고 제5조에 따른 회계처리기준을 위반하여 회사의 재무제표상 손익 또는 자기자본 금액이 자산총액의 일정 비중에 해당하는 금액만큼 변경되는 경우에는 다음 각 호에 따라 각각 가중할 수 있다. 다만, 자산총액의 100분의 5에 해당하는 금액이 500억원 이상인 경우에만 적용한다.
1. 재무제표상 변경된 금액이 자산총액의 100분의 10 이상인 경우에는 무기 또는 5년 이상의 징역에 처한다.
2. 재무제표상 변경된 금액이 자산총액의 100분의 5 이상으로서 제1호에 해당하지 아니하는 경우에는 3년 이상의 유기징역에 처한다.
제40조【벌칙】 ① 감사인, 감사인에 소속된 공인회계사, 감사, 감사위원회의 위원 또는 감사인선임위원회의 위원이 그 직무에 관하여 부정한 청탁을 받고 금품이나 이익을 수수(收受)·요구 또는 약속한 경우에는 5년 이하의 징역 또는 5천만원 이하의 벌금에 처한다. 다만, 벌금형에 처하는 경우 그 직무와 관련하여 얻는 경제적 이익의 5배에 해당하는 금액이 5천만원을 초과하면 그 직무와 관련하여 얻는 경제적 이익의 5배에 해당하는 금액 이하의 벌금에 처한다.
② 제1항에 따른 금품이나 이익을 약속·공여하거나 공여의 의사를 표시한 자도 제1항과 같다.
제41조【벌칙】「상법」제401조의2제1항 및 제635조제1항에 규정된 자, 그 밖에 회사의 회계업무를 담당하는 자, 감사인 또는 그에 소속된 공인회계사나 제20조제4호에 따른 감사업무와 관련된 자가 다음 각 호의 어느 하나에 해당하는 행위를 하면 5년 이하의 징역 또는 5천만원 이하의 벌금에 처한다.
1.「상법」제401조의2제1항 및 제635조제1항에 규정된 자나 그 밖에 회사의 회계업무 등 내부회계관리제도의 운영에 관련된 자로서 제8조제2항을 위반하여 내부회계관리제도에 따라 작성된 회계정보를 위조·변조·훼손 또는 파기한 경우
2. 감사인 또는 그에 소속된 공인회계사나 감사업무와 관련된 자로서 제19조제3항을 위반하여 감사조서를 위조·변조·훼손 또는 파기한 경우
3. 제22조에 따른 이사의 부정행위 등을 보고하지 아니한 경우
4. 제24조에 따른 주주총회등에 출석하여 거짓으로 진술을 하거나 사실을 감춘 경우
5. 제28조제2항을 위반하여 신고자등의 신분 등에 관한 비밀을 누설한 경우
제42조【벌칙】「상법」제401조의2제1항 및 제635조제1항에 규정된 자, 그 밖에 회사의 회계업무를 담당하는 자, 감사인 또는 그에 소속된 공인회계사나 제20조제4호에 따른 감

사업무와 관련된 자가 다음 각 호의 어느 하나에 해당하는 행위를 하면 3년 이하의 징역 또는 3천만원 이하의 벌금에 처한다.

1. 제6조 및 제23조제3항을 위반하여 재무제표를 제출하지 아니한 경우
2. 제6조제6항을 위반하여 감사인 또는 그에 소속된 공인회계사가 재무제표를 작성하거나 회사가 감사인 또는 그에 소속된 공인회계사에게 재무제표 작성을 요구하는 경우
3. 정당한 이유 없이 제7조 및 제21조에 따른 지배회사 또는 감사인의 열람, 복사, 자료제출 요구 또는 조사를 거부·방해·기피하거나 거짓 자료를 제출한 경우
4. 정당한 이유 없이 제10조제1항·제2항 또는 제8항에 따른 기간 내에 감사인을 선임하지 아니한 경우
5. 제20조를 위반하여 비밀을 누설하거나 부당한 목적을 위하여 이용한 경우
6. 정당한 이유 없이 제27조제1항에 따른 자료제출 등의 요구·열람 또는 조사를 거부·방해·기피하거나 거짓 자료를 제출한 경우
7. 재무제표를 작성하지 아니한 경우
8. 감사인 또는 그에 소속된 공인회계사에게 거짓 자료를 제시하거나 거짓이나 그 밖의 부정한 방법으로 감사인의 정상적인 회계감사를 방해한 경우

제43조【벌칙】 제28조제3항을 위반하여 신고자등에게 「공익신고자 보호법」 제2조제6호에 해당하는 불이익조치를 한 자는 2년 이하의 징역 또는 2천만원 이하의 벌금에 처한다.

제44조【벌칙】 「상법」 제401조의2제1항 및 제635조제1항에 규정된 자, 그 밖에 회사의 회계업무를 담당하는 자, 감사인 또는 그에 소속된 공인회계사가 다음 각 호의 어느 하나에 해당하는 행위를 하면 1년 이하의 징역 또는 1천만원 이하의 벌금에 처한다.

1. 정당한 이유 없이 제11조제4항을 위반하여 증권선물위원회의 요구에 따르지 아니한 경우
2. 제11조제6항을 위반하여 감사인을 선임한 경우
3. 제23조제1항에 따른 감사보고서를 제출하지 아니한 경우
4. 제23조제6항을 위반하여 감사인의 명칭과 감사의견을 함께 적지 아니한 경우

제45조【몰수】 제39조제1항을 위반하여 얻은 이익 또는 제40조에 따른 금품이나 이익은 몰수한다. 이 경우 그 전부 또는 일부를 몰수할 수 없으면 그 가액(價額)을 추징한다.

제46조【양벌규정】 법인의 대표자나 법인 또는 개인의 대리인, 사용인, 그 밖의 종업원이 그 법인 또는 개인의 업무에 관하여 제39조부터 제44조까지의 위반행위를 하면 그 행위자를 벌하는 외에 그 법인 또는 개인에게도 해당 조문의 벌금형을 과(科)한다. 다만, 법인 또는 개인이 그 위반행위를 방지하기 위하여 해당 업무에 관하여 상당한 주의와 감독을 게을리하지 아니한 경우에는 그러하지 아니하다.

제47조【과태료】 ① 다음 각 호의 어느 하나에 해당하는 자에게는 5천만원 이하의 과태료를 부과한다.

1. 제28조제2항을 위반하여 신고자등의 인적사항 등을 공개하거나 신고자등임을 미루어 알 수 있는 사실을 다른 사람에게 알려주거나 공개한 자
2. 제28조제3항을 위반하여 신고자등에게 불이익한 대우를 한 자

② 다음 각 호의 어느 하나에 해당하는 자에게는 3천만원 이하의 과태료를 부과한다.

1. 제8조제1항 또는 제3항을 위반하여 내부회계관리제도를 갖추지 아니하거나 내부회계관리자를 지정하지 아니한 자
2. 제8조제4항을 위반하여 내부회계관리제도의 운영실태를 보고하지 아니한 자 또는 같은 조 제5항을 위반하여 운영실태를 평가하여 보고하지 아니하거나 그 평가보고서를 본점에 비치하지 아니한 자
3. 제8조제6항 및 제7항을 위반하여 내부회계관리제도의 운영실태에 관한 보고내용 등에 대하여 검토 및 감사하지 아니하거나 감사보고서에 종합의견을 표명하지 아니한 자
4. 제22조제5항을 위반하여 감사 또는 감사위원회의 직무수행에 필요한 자료나 정보 및 비용의 제공 요청을 정당한 이유 없이 따르지 아니한 회사의 대표자

③ 감사인 또는 그에 소속된 공인회계사가 제24조에 따른 주주총회등의 출석요구에 따르지 아니한 경우 1천만원 이하의 과태료를 부과한다.

④ 다음 각 호의 어느 하나에 해당하는 자에게는 500만원 이하의 과태료를 부과한다.

1. 제12조제2항에 따른 보고를 하지 아니한 자
2. 제23조제5항을 위반하여 재무제표 또는 감사보고서를 비치·공시하지 아니한 자

⑤ 제1항부터 제4항까지의 규정에 따른 과태료는 대통령령으로 정하는 바에 따라 증권선물위원회가 부과·징수한다.

제48조【징역과 벌금의 병과】 제39조제1항에 따라 징역에 처하는 경우에는 같은 항에 따른 벌금을 병과한다.

부 칙

제1조【시행일】 이 법은 공포 후 1년이 경과한 날부터 시행한다.

제2조【유한회사의 외부감사에 관한 적용례】 이 법 중 유한회사에 대한 부분은 이 법 시행일부터 1년이 경과한 날 이후 시작되는 사업연도부터 적용한다.

제3조【내부회계관리제도 감사에 관한 적용례】 제8조제6항 단서의 개정규정에 따른 감사인의 내부회계관리제도 감사는 감사보고서 작성일 기준 전년 말 자산총액 2조원 이상의 주권상장법인에 대해서는 2019년 감사보고서부터, 자산총액 5천억원 이상의 주권상장법인에 대해서는 2020년 감사보고서부터, 자산총액 1천억원 이상의 주권상장법인에 대해서는 2022년 감사보고서부터 적용한다.(2023.1.17 본조개정)

제4조【감사인 자격 제한 등에 관한 적용례 등】 ① 제9조제5항의 개정규정은 이 법 시행 이후 시작되는 사업연도의 재무제표에 대한 감사업무를 하는 이사부터 적용한다. 이 경우 연속하는 사업연도의 산정은 제9조제5항의 개정규정이 적용되기 전의 사업연도를 포함하여 계산한다.

② 이 법 시행 전에 선임(변경선임을 포함한다)된 감사인에 대해서는 그 임기 동안 제9조제1항의 개정규정에도 불구하고 종전의 제3조제1항에 따른다.

제5조【주권상장법인 감사인 등록제에 관한 적용례】 제9조의2의 개정규정은 이 법 시행일부터 1년이 경과한 날 이후 시작되는 사업연도부터 적용한다. 다만, 주권상장법인 감사인 등록 신청은 제9조의2의 개정규정 적용시점으로부터 6개월 전부터 할 수 있다.

제6조【감사인 선임 등에 관한 적용례 등】 ① 제10조제1항·제5항·제6항, 제12조제2항 및 제13조제2항의 개정규정은 이 법 시행 이후 선임(변경선임을 포함한다) 또는 해임하는 감사인부터 적용한다. 다만, 이 법 시행 전에 이 법 시행일이 속하는 사업연도가 개시된 경우에는 제10조제1항의 개정규정에도 불구하고 종전의 제4조제1항에 따라 감사인을 선임할 수 있다.

② 이 법 시행 전에 종전의 제4조제2항 및 제6항에 따라 선임(변경선임을 포함한다)된 감사인에 대해서는 그 임기동안 제10조제4항의 개정규정에 따라 선임된 것으로 본다.

제7조【대형비상장주식회사 및 금융회사에 대한 적용례】 제10조제3항, 제11조제1항제1호 및 제14조제1항의 개정규정 중 대형비상장주식회사 및 금융회사에 대한 부분은 이 법 시행 이후 시작되는 사업연도부터 적용한다.

제8조【주권상장법인 감사인 지정제에 관한 적용례】 제11조제2항의 개정규정은 이 법 시행일부터 1년이 경과한 날

이후 시작되는 사업연도부터 적용한다. 이 경우 연속하는 6개 사업연도의 산정은 제11조제2항의 개정규정이 최초로 적용되기 이전의 사업연도를 포함하여 계산한다.
제9조【회계법인의 사업보고서 제출 등에 관한 적용례】
① 제25조제2항의 개정규정은 이 법 시행 이후 시작되는 사업연도부터 적용한다.
② 제25조제5항의 개정규정은 이 법 시행 이후 해당 사실이 발생한 경우부터 적용한다.
제10조【부정행위 신고자의 보호 등에 관한 적용례】 제28조제1항 및 제5항의 개정규정은 이 법 시행 이후 신고하거나 고지하는 자부터 적용한다.
제11조【과징금에 관한 적용례】 제35조 및 제36조의 개정규정은 이 법 시행 이후 회사 또는 감사인이 고의 또는 중대한 과실로 제5조에 따른 회계처리기준을 위반하여 재무제표를 작성하거나 제16조에 따른 회계감사기준을 위반하여 감사보고서를 작성한 경우부터 적용한다.
제12조【회사 및 감사인 등에 대한 조치에 관한 경과조치】 이 법 시행 전의 위반행위에 대하여 조치를 하는 경우에는 제29조의 개정규정에도 불구하고 종전의 제16조에 따른다.
제13조【벌칙 및 과태료에 관한 경과조치】 이 법 시행 전의 위반행위에 대하여 벌칙 및 과태료를 적용하는 경우에는 종전의 규정에 따른다.
제14조【다른 법률의 개정】 ①~㊲ ※(해당 법령에 가제정리 하였음)
제15조【다른 법령과의 관계】 이 법 시행 당시 다른 법령에서 종전의 「주식회사의 외부감사에 관한 법률」 또는 그 규정을 인용한 경우에 이 법 가운데 그에 해당하는 규정이 있으면 종전의 「주식회사의 외부감사에 관한 법률」 또는 그 규정을 갈음하여 이 법 또는 이 법의 해당 규정을 인용한 것으로 본다.

부 칙 (2020.5.19)

이 법은 공포 후 1년이 경과한 날부터 시행한다.

부 칙 (2023.1.17)

이 법은 공포한 날부터 시행한다.

부 칙 (2023.3.21)

제1조【시행일】 이 법은 공포 후 6개월이 경과한 날부터 시행한다.
제2조【손해배상청구소송에서 기록의 송부에 관한 적용례】 제31조의2의 개정규정은 이 법 시행 이후 손해배상청구소송이 제기된 경우부터 적용한다.

부 칙 (2024.1.16)

제1조【시행일】 이 법은 공포한 날부터 시행한다.(이하 생략)

〔별표〕 ➡ 「www.hyeonamsa.com」 참조

상업등기법

(2014년 5월 20일 전부개정법률 제12592호)

개정
2016. 2. 3법13953호(법무사법)
2018. 9.18법15756호
2020. 6. 9법17362호(상법)
2024. 9.20법20437호

제1장 총 칙

제1조【목적】 이 법은 상업등기에 관한 사항을 규정함을 목적으로 한다.
제2조【정의】 이 법에서 사용하는 용어의 뜻은 다음과 같다.
1. "상업등기"란 「상법」 또는 다른 법령에 따라 상인 또는 합자조합에 관한 일정한 사항을 등기부에 기록하는 것 또는 그 기록 자체를 말한다.
2. "등기부"란 전산정보처리조직에 의하여 입력·처리된 등기정보자료를 대법원규칙으로 정하는 바에 따라 편성한 것을 말한다.
3. "등기부부본자료"(登記簿副本資料)란 등기부와 동일한 내용으로 보조기억장치에 기록된 자료를 말한다.
4. "등기기록"이란 하나의 회사·합자조합·상호, 한 사람의 미성년자·법정대리인·지배인에 관한 등기정보자료를 말한다.(2018.9.18 본호개정)

제3조【등기신청의 접수시기 및 등기의 효력발생시기】 ① 상업등기(이하 "등기"라 한다)의 신청은 대법원규칙으로 정하는 등기신청정보가 전산정보처리조직에 저장된 때 접수된 것으로 본다.
② 제8조제1항에 따른 등기관이 등기를 마친 경우 그 등기는 접수한 때부터 효력을 발생한다.

제2장 등기소와 등기관

제4조【관할 등기소】 ① 등기사무는 등기 당사자의 영업소(회사의 경우에는 본점을 말한다) 소재지를 관할하는 등기사무를 담당하는 지방법원 또는 그 지원(支院) 또는 등기소(이하 "등기소"라 한다)에서 담당한다.(2024.9.20 본항개정)
② 제1항에도 불구하고 이 법 또는 대법원규칙으로 특별히 정하는 경우에는 등기신청을 접수한 등기소가 다른 등기소의 관할에 속하는 등기사무를 처리할 수 있다.(2024.9.20 본항신설)
제5조【관할사무의 위임】 대법원장은 어느 등기소의 관할에 속하는 사무를 다른 등기소에 위임하게 할 수 있다.
제6조【관할변경에 따른 조치】 행정구역의 변경 등으로 인하여 어느 등기소의 관할구역의 전부 또는 일부가 다른 등기소의 관할로 바뀌었을 때에는 종전의 관할 등기소는 대법원규칙으로 정하는 바에 따라 등기기록의 처리권한을 다른 등기소로 넘겨주는 조치를 하여야 한다.
제7조【등기사무의 정지 등】 ① 대법원장은 다음 각 호의 어느 하나에 해당하는 경우로서 등기소에서 정상적인 등기사무의 처리가 어려운 경우에는 기간을 정하여 등기사무의 정지를 명령하거나 대법원규칙으로 정하는 바에 따라 등기사무의 처리를 위하여 필요한 처분을 명령할 수 있다.
1. 「재난 및 안전관리 기본법」 제3조제1호의 재난이 발생한 경우
2. 정전 또는 정보통신망의 장애가 발생한 경우
3. 그 밖에 제1호 또는 제2호에 준하는 사유가 발생한 경우

② 대법원장은 대법원규칙으로 정하는 바에 따라 제1항의 정지명령에 관한 권한을 법원행정처장에게, 제1항의 처분명령에 관한 권한을 법원행정처장 또는 지방법원장에게 위임할 수 있다.
(2024.9.20 본조개정)

제8조【등기사무의 처리】 ① 등기사무는 등기소에 근무하는 법원서기관·등기사무관·등기주사 또는 등기주사보(법원사무관·법원주사 또는 법원주사보 중 2001년 12월 31일 이전에 시행한 채용시험에 합격하여 임용된 사람을 포함한다) 중에서 지방법원장(등기소의 사무를 지원장이 관장하는 경우에는 지원장을 말한다. 이하 같다)이 지정하는 사람(이하 "등기관"이라 한다)이 처리한다.
② 등기관은 등기사무를 전산정보처리조직을 이용하여 등기부에 등기사항을 기록하는 방식으로 처리하여야 한다.
③ 등기관은 접수번호의 순서에 따라 등기사무를 처리하여야 한다.
④ 등기관이 등기사무를 처리하였을 때에는 등기사무를 처리한 등기관이 누구인지 알 수 있는 조치를 하여야 한다.

제9조【등기관의 업무처리의 제한】 ① 등기관은 자신, 배우자 또는 4촌 이내의 친족(이하 "배우자등"이라 한다)이 등기를 신청하였을 때에는 성년자로서 등기관의 배우자등이 아닌 사람 2명 이상의 참여가 없으면 등기를 할 수 없다. 배우자등의 관계가 끝난 후에도 같다.
② 등기관은 제1항의 경우에 조서를 작성하여 그 등기에 참여한 사람과 같이 기명날인 또는 서명을 하여야 한다.

제10조【재정보증】 법원행정처장은 등기관의 재정보증(財政保證)에 관한 사항을 정하여 운용할 수 있다.

제3장 등기부 등

제11조【등기부의 종류 등】 ① 등기소에서 편성하여 관리하는 등기부는 다음 각 호와 같다.
1. 상호등기부
2. 미성년자등기부(2018.9.18 본호개정)
3. 법정대리인등기부
4. 지배인등기부
5. 합자조합등기부
6. 합명회사등기부
7. 합자회사등기부
8. 유한책임회사등기부
9. 주식회사등기부
10. 유한회사등기부
11. 외국회사등기부

② 등기부는 영구히 보존하여야 하며, 등기신청서나 그 밖의 부속서류는 대법원규칙으로 정하는 기간 동안 보존하여야 한다.
③ 등기부(부속서류를 포함한다)는 대법원규칙으로 정하는 장소에 보관·관리하여야 하며, 전쟁·천재지변이나 그 밖에 이에 준하는 사태를 피하기 위한 경우 외에는 그 장소 밖으로 옮기지 못한다. 다만, 등기신청서나 그 밖의 부속서류에 대하여 법원의 명령 또는 촉탁이 있거나 법관이 발부한 영장에 의하여 압수되는 경우에는 그러하지 아니하다.

제12조【등기부부본자료의 작성】 등기관은 등기를 마쳤을 때에는 등기부부본자료를 작성하여야 한다.

제13조【등기부의 손상방지와 복구】 ① 대법원장은 등기부의 전부 또는 일부가 손상될 우려가 있거나 손상된 때에는 대법원규칙으로 정하는 바에 따라 등기부의 손상방지·복구 등 필요한 처분을 명령할 수 있다.
② 대법원장은 대법원규칙으로 정하는 바에 따라 제1항의 처분명령에 관한 권한을 법원행정처장 또는 지방법원장에게 위임할 수 있다.

제14조【부속서류의 손상 등 방지처분】 ① 대법원장은 등기부의 부속서류가 손상되거나 멸실될 우려가 있을 때에는 이를 방지하기 위하여 필요한 처분을 명령할 수 있다.
② 대법원장은 대법원규칙으로 정하는 바에 따라 제1항의 처분명령에 관한 권한을 법원행정처장 또는 지방법원장에게 위임할 수 있다.

제15조【등기사항의 열람과 증명】 ① 누구든지 수수료를 내고 대법원규칙으로 정하는 바에 따라 등기기록에 기록되어 있는 사항의 전부 또는 일부의 열람과 이를 증명하는 등기사항증명서의 발급을 신청할 수 있다. 다만, 등기기록의 부속서류에 대해서는 이해관계 있는 부분만 열람을 신청할 수 있다.
② 제1항에 따른 등기기록의 열람 및 등기사항증명서의 발급신청은 관할 등기소가 아닌 다른 등기소에서도 할 수 있다.

제16조【인감증명】 ① 다음 각 호의 어느 하나에 해당하는 사람은 수수료를 내고 대법원규칙으로 정하는 바에 따라 그 인감에 관한 증명서의 발급을 신청할 수 있다.
1. 제25조에 따라 인감을 등기소에 제출한 사람
2. 지배인, 「채무자 회생 및 파산에 관한 법률」에 따른 파산관재인·파산관재인대리·관리인·보전관리인·관리인대리·국제도산관리인 및 국제도산관리인대리로서 그 인감을 등기소에 제출한 사람

② 제1항에 따라 인감증명서의 발급을 신청하려면 대법원규칙으로 정하는 바에 따라 수수료를 내고 인감카드를 발급받거나 그 밖의 방법에 따라야 한다.
③ 제1항에 따른 인감증명서의 발급신청은 관할 등기소가 아닌 다른 등기소에서도 할 수 있다.

제17조【전자증명서 발급】 ① 제16조제1항에 따라 등기소에 인감을 제출한 사람은 전자서명 및 자격에 관한 증명을 신청할 수 있다. 이 경우 그 증명은 대법원규칙으로 정하는 바에 따라 증명내용을 휴대용 저장매체에 저장하여 발급하거나 그 밖의 방법에 따른다.
② 제1항의 전자서명 및 자격에 관한 증명을 신청하는 사람은 수수료를 내야 한다.
③ 제1항에 따른 전자서명 및 자격에 관한 증명은 등기신청과 대법원규칙으로 정하는 용도 외에는 사용하지 못한다.

제18조【수수료의 금액 및 면제】 제15조부터 제17조까지의 규정에 따른 수수료의 금액과 면제의 범위는 대법원규칙으로 정한다.

제19조【등기기록의 폐쇄】 회사 또는 합자조합이 해산의 등기를 한 후 또는 해산된 것으로 된 후 10년이 지난 경우 등 대법원규칙으로 정하는 사유가 발생한 경우에는 등기기록을 폐쇄할 수 있다.

제20조【폐쇄한 등기기록】 ① 폐쇄한 등기기록은 법률(이 법 또는 다른 법률을 말한다. 이하 같다)에 다른 규정이 없는 경우에는 보조기억장치에 따로 기록하여 보관한다.
② 폐쇄한 등기기록은 영구히 보존하여야 한다.
③ 폐쇄한 등기기록의 열람과 증명에 관하여는 제15조를 준용한다.
④ 종전의 「비송사건절차법」(법률 제8569호로 개정되기 전의 것을 말한다) 제145조에 따른 종이 폐쇄등기부에 기록되어 있는 사항의 전부 또는 일부의 열람과 이를 증명하는 폐쇄등기부 등본·초본의 발급에 관하여는 제15조제1항을 준용한다.

제21조【등기전산정보자료의 이용 등】 ① 법원행정처장은 국가기관 또는 지방자치단체로부터 등기사무처리와 관련된 전산정보를 제공받을 수 있다.
② 제11조제1항에 따른 등기부 및 제20조제1항에 따른 폐쇄한 등기기록의 등기사항과 제17조에 따른 전자증명에 관한 전산정보자료(이하 "등기전산정보자료"라 한다)를 이용하거나 활용하려는 자는 관계 중앙행정기관의 장의 심사를 거쳐 법원행정처장의 승인을 받아야 한다. 다만, 중앙행정기관의 장이 등기전산정보자료를 이용하거나 활용하려는 경우에는 법원행정처장과 협의하여야 한다.
③ 등기전산정보자료의 이용 또는 활용과 그 사용료 등에 관하여 필요한 사항은 대법원규칙으로 정한다.

제4장 등기절차

제1절 총 칙

제22조 【신청주의】 ① 등기는 당사자의 신청 또는 관공서의 촉탁에 따라 한다. 다만, 법률에 다른 규정이 있는 경우에는 그러하지 아니하다.
② 촉탁에 따른 등기절차에 관하여는 법률에 다른 규정이 없는 경우에는 신청에 따른 등기에 관한 규정을 준용한다.
③ 등기를 하려는 자는 대법원규칙으로 정하는 바에 따라 수수료를 내야 한다.

제23조 【등기신청인】 ① 회사의 등기는 법률에 다른 규정이 없는 경우에는 그 대표자가 신청한다.
② 합자조합의 등기는 법률에 다른 규정이 없는 경우에는 합자조합의 업무를 집행하고 대리할 권한이 있는 자(이하 "업무집행조합원등"이라 한다)가 신청한다.
③ 외국회사의 등기는 대한민국에서의 대표자가 외국회사를 대표하여 신청한다.

제24조 【등기신청의 방법】 ① 등기는 다음 각 호의 어느 하나에 해당하는 방법으로 신청한다.
1. 방문신청 : 신청인 또는 그 대리인이 등기소에 출석하여 신청정보 및 첨부정보를 적은 서면을 제출하는 방법. 다만, 대리인이 변호사〔법무법인, 법무법인(유한) 및 법무조합을 포함한다〕나 법무사〔법무사법인 및 법무사법인(유한)을 포함한다〕인 경우에는 대법원규칙으로 정하는 사무원을 등기소에 출석하게 하여 그 서면을 제출할 수 있다.(2024.9.20 본문개정)
2. 전자신청 : 전산정보처리조직을 이용〔이동통신단말장치에서 사용되는 애플리케이션(Application)을 통하여 이용하는 경우를 포함한다〕하여 신청정보 및 첨부정보를 보내는 방법. 전자신청이 가능한 등기유형에 관한 사항과 전자신청의 방법은 대법원규칙으로 정한다.(2024.9.20 본호개정)

② 제1항에도 불구하고 촉탁에 따른 등기 등 대법원규칙으로 정하는 등기의 경우에는 우편을 이용하여 신청정보 및 첨부정보를 적은 서면을 등기소에 제출하는 방법으로 등기를 신청할 수 있다.(2024.9.20 본항개정)
③ 신청인이 제공하여야 하는 신청정보 및 첨부정보는 대법원규칙으로 정한다.
④ 신청정보를 적은 서면(전자문서를 포함한다. 이하 "등기신청서"라 한다)에는 신청인 또는 그 대리인이 기명날인(대법원규칙으로 정하는 전자서명을 포함한다. 이하 같다)하여야 한다. 다만, 대법원규칙으로 정하는 경우에는 서명으로 이를 갈음할 수 있다.

제25조 【인감의 제출】 ① 등기신청서에 기명날인할 사람은 미리 그 인감을 등기소에 제출하여야 한다. 인감을 변경할 때에도 같다.
② 제1항은 대리인에 의하여 등기를 신청하는 경우에 그 위임을 한 사람에게도 적용한다.
③ 제1항은 다음 각 호의 어느 하나에 해당하는 등기에 대해서는 적용하지 아니한다.
1. 촉탁에 따른 등기
2. (2024.9.20 삭제)
3. 제38조제1항에 따른 상호의 가등기
4. 제39조제1항에 따른 본점이전에 관계된 상호의 가등기
5. 제47조제2항·제3항에 따른 미성년자의 등기(2018.9.18 본호개정)
6. 제49조제2항 본문·제3항·제4항에 따른 법정대리인의 등기
7. (2024.9.20 삭제)
8. 제63조제1항 또는 제71조제1항에 따른 본점 소재지에서 하는 해산등기

제26조 【신청의 각하】 등기관은 다음 각 호의 어느 하나에 해당하는 경우에만 이유를 적은 결정으로 신청을 각하하여야 한다. 다만, 신청의 잘못된 부분이 보정될 수 있는 경우로서 등기관이 보정을 명한 날의 다음 날까지 신청인이 그 잘못된 부분을 보정하였을 때에는 그러하지 아니하다.
1. 사건이 그 등기소의 관할이 아닌 경우
2. 사건이 등기할 사항이 아닌 경우
3. 사건이 그 등기소에 이미 등기되어 있는 경우
4. 신청할 권한이 없는 사람이 신청한 경우
5. 제24조제1항제1호에 따라 등기를 신청할 때에 신청인 또는 그 대리인이 출석하지 아니한 경우
6. 신청정보의 제공이 이 법과 대법원규칙으로 정한 방식에 맞지 아니한 경우
7. 제25조에 따라 인감을 제출하지 아니하거나 등기신청서 등 인감을 날인하여야 하는 서면에 찍힌 인감이 같은 조에 따라 제출된 인감과 다른 경우
8. 등기에 필요한 첨부정보를 제공하지 아니한 경우
9. 신청정보와 첨부정보 및 이와 관련된 등기기록(폐쇄한 등기기록을 포함한다)의 각 내용이 일치하지 아니한 경우
10. 등기할 사항에 무효 또는 취소의 원인이 있는 경우
11. (2024.9.20 삭제)
12. 동시에 신청하여야 하는 다른 등기를 동시에 신청하지 아니한 경우
13. 사건이 제29조에 따라 등기할 수 없는 상호의 등기 또는 가등기를 목적으로 하는 경우
14. 사건이 법령의 규정에 따라 사용이 금지된 상호의 등기 또는 가등기를 목적으로 하는 경우
15. 상호등기가 말소된 회사가 상호의 등기에 앞서 다른 등기를 신청한 경우
16. 사건이 제38조제3항·제39조제2항 또는 제40조제1항 단서를 위반한 경우
17. 등록에 대한 등록면허세 또는 제22조제3항에 따른 수수료를 내지 아니하거나 등기신청과 관련하여 다른 법률에 따라 부과된 의무를 이행하지 아니한 경우

제27조 【제소기간이 지난 후의 등기의 신청】 등기할 사항에 소(訴)로써만 주장할 수 있는 무효 또는 취소의 원인이 있는 경우에 그 소가 제기기간 내에 제기되지 아니하였을 때에는 제26조제10호를 적용하지 아니한다.

제28조 【행정구역의 변경】 행정구역 또는 그 명칭이 변경되었을 때에는 등기기록에 기록된 행정구역 또는 그 명칭에 대하여 변경등기가 있는 것으로 본다.

제2절 상호의 등기

제29조 【등기할 수 없는 상호】 동일한 특별시, 광역시, 특별자치시, 시(행정시를 포함한다. 이하 같다) 또는 군(광역시의 군은 제외한다. 이하 같다)에서는 동종의 영업을 위하여 다른 상인이 등기한 상호(商號)와 동일한 상호를 등기할 수 없다.

제30조 【등기사항】 상호의 등기를 할 때에는 다음 각 호의 사항을 등기하여야 한다.
1. 상호
2. 영업소의 소재지
3. 영업의 종류
4. 상호사용자의 성명·주민등록번호 및 주소

제31조 【영업소의 이전등기】 ① 상호를 등기한 사람이 영업소를 다른 등기소의 관할구역으로 이전한 경우에는 종전 영업소의 소재지에서는 새 영업소의 소재지와 이전 연월일을 등기하고, 새 영업소의 소재지에서는 제30조 각 호의 사항을 등기하여야 한다.
② 제1항에 따라 종전 영업소의 소재지에서 하여야 하는 등기와 새 영업소의 소재지에서 하여야 하는 등기의 신청은

종전 영업소 또는 새 영업소의 소재지를 관할하는 등기소 중 한 곳에 동시에 하여야 한다.
③ 제2항에 따른 등기신청을 접수한 등기관은 다른 등기소의 관할에 속한 등기신청도 함께 처리하여야 한다. 이 경우 어느 하나의 등기신청에 관하여 제26조 각 호의 어느 하나에 해당하는 사유가 있을 때에는 이들 신청을 함께 각하하여야 한다.
(2024.9.20 본조개정)

제32조【변경등기 등】 상호를 등기한 사람은 제30조 각 호의 사항이 변경되거나 상호를 폐지한 경우에는 변경 또는 상호 폐지의 등기를 신청하여야 한다.

제33조【상호의 상속 또는 양도의 등기】 등기된 상호를 상속하거나 양수한 사람은 그 상호를 계속 사용하려는 경우에는 상호의 상속 또는 양도의 등기를 신청할 수 있다.

제34조【영업양도인의 채무에 대한 양수인의 면책등기】 「상법」 제42조제2항의 등기는 양수인이 신청하여야 한다.

제35조【상속인에 의한 등기신청】 등기원인이 발생한 후에 상호를 등기한 사람이 사망한 경우에는 상속인이 제31조부터 제34조까지의 규정에 따른 등기를 신청할 수 있다.

제36조【이해관계인의 신청에 따른 상호등기의 말소】 ① 상호등기의 말소에 이해관계가 있는 자는 「상법」 제27조에 따라 그 등기의 말소를 신청할 수 있다.
② 제1항의 신청이 있는 경우의 등기 직권말소 통지, 이의신청에 대한 결정 및 등기 직권말소 등에 관하여는 제78조부터 제80조까지의 규정을 준용한다.
③ 등기관은 제2항에서 준용하는 제79조에 따라 이의신청이 이유 있다고 결정을 하면 제1항의 신청을 각하하여야 한다.

제37조【회사의 상호등기】 ① 회사의 상호는 상호등기부에 따로 등기하지 아니한다.
② 제30조부터 제33조까지 및 제35조는 회사에 대해서는 적용하지 아니한다.

제38조【유한책임회사, 주식회사 또는 유한회사의 설립에 관계된 상호의 가등기】 ① 「상법」 제22조의2제1항에 따른 상호의 가등기는 발기인 또는 사원(이하 이 절에서 "발기인등"이라 한다)이 본점 소재지를 관할하는 등기소에 신청한다.
② 제1항에 따른 상호의 가등기를 할 때에는 다음 각 호의 사항을 등기하여야 한다.
1. 상호
2. 본점이 소재할 특별시·광역시·특별자치시·시 또는 군
3. 목적
4. 발기인등 전원의 성명·주민등록번호 및 주소
5. 본등기를 할 때까지의 기간
③ 제2항제5호의 기간은 2년을 초과할 수 없다.
(2020.6.9 본조제목개정)

제39조【본점이전 등에 관계된 상호의 가등기】 ① 「상법」 제22조의2제2항 및 제3항에 따른 상호의 가등기를 할 때에는 다음 각 호의 사항을 등기하여야 한다.
1. 상호
2. 본점의 소재지
3. 목적(제4호 또는 제5호에서 규정한 상호의 가등기만 해당한다)
4. 본점이전에 관계된 상호의 가등기의 경우에는 본점을 이전할 특별시·광역시·특별자치시·시 또는 군
5. 상호변경에 관계된 상호의 가등기의 경우에는 변경 후 새로 정하여질 상호
6. 목적변경에 관계된 상호의 가등기의 경우에는 변경 후 새로 정하여질 목적
7. 상호와 목적변경에 관계된 상호의 가등기의 경우에는 변경 후 새로 정하여질 상호와 목적
8. 본등기를 할 때까지의 기간
② 제1항제8호의 기간은 본점이전에 관계된 상호의 가등기의 경우에는 2년을 초과할 수 없고, 상호나 목적 또는 상호와 목적변경에 관계된 상호의 가등기의 경우에는 1년을 초과할 수 없다.

제40조【상호의 가등기의 변경등기】 ① 상호의 가등기를 한 발기인등이나 회사는 제38조제2항제5호 또는 제39조제1항제8호의 기간(이하 "예정기간"이라 한다)을 연장하는 등기를 신청할 수 있다. 다만, 종전의 예정기간과 그 연장된 기간을 합한 기간은 제38조제3항 또는 제39조제2항의 기간을 각각 초과할 수 없다.
② 발기인등은 제38조제2항제3호 또는 제4호의 등기사항이 변경된 경우에는 그 변경등기를 신청하여야 한다.
③ 회사는 제39조제1항제1호부터 제3호까지의 등기사항이 변경된 경우에는 그 변경등기를 신청하여야 한다. 다만, 제42조제1항제1호 또는 제2호에 해당하는 경우에는 그러하지 아니하다.

제41조【상호의 가등기를 위한 공탁】 상호의 가등기 또는 제40조제1항에 따라 예정기간을 연장하는 등기를 신청할 때에는 1천만원의 범위에서 대법원규칙으로 정하는 금액을 공탁하여야 한다.

제42조【상호의 가등기의 말소신청】 ① 회사 또는 발기인등은 다음 각 호의 어느 하나에 해당할 때에는 상호의 가등기의 말소를 신청하여야 한다.
1. 주식회사 또는 유한회사의 설립, 본점이전, 목적변경에 관계된 상호의 가등기의 경우에 상호를 변경하였을 때
2. 상호나 목적 또는 상호와 목적변경에 관계된 상호의 가등기의 경우에 본점을 다른 특별시·광역시·특별자치시·시 또는 군으로 이전하였을 때
3. 그 밖에 상호의 가등기가 필요 없게 되었을 때
② 회사 또는 발기인등이 제1항에 따른 신청을 하지 아니하는 경우에는 제36조와 「상법」 제27조를 준용한다.

제43조【상호의 가등기의 직권말소】 등기관은 다음 각 호의 어느 하나에 해당할 때에는 상호의 가등기를 직권으로 말소하여야 한다.
1. 예정기간 내에 본등기를 하였을 때
2. 본등기를 하지 아니하고 예정기간을 지났을 때

제44조【공탁금의 회수 등】 ① 예정기간 내에 본등기를 하였을 때에는 회사 또는 발기인등은 공탁금을 회수할 수 있다. 다만, 제42조제1항제1호 또는 제2호에 해당하는 경우에는 그러하지 아니하다.
② 상호의 가등기가 말소되면 공탁금은 국고에 귀속된다. 다만, 제1항에 따라 회사 또는 발기인등이 공탁금을 회수할 수 있는 경우에는 그러하지 아니하다.

제45조【상호의 가등기와 등기할 수 없는 상호와의 관계】 상호의 가등기는 제29조를 적용할 때에는 상호의 등기로 본다.

제3절 미성년자와 법정대리인의 등기
(2018.9.18 본절제목개정)

제46조【미성년자등기의 등기사항 등】 ① 「상법」 제6조에 따른 미성년자의 등기를 할 때에는 다음 각 호의 사항을 등기하여야 한다.(2018.9.18 본문개정)
1. 미성년자라는 사실(2018.9.18 본호개정)
2. 미성년자의 성명·주민등록번호 및 주소(2018.9.18 본호개정)
3. 영업소의 소재지
4. 영업의 종류
② 제1항 각 호의 등기사항에 변경이 생긴 때에는 제31조와 제32조를 준용한다.
(2018.9.18 본조제목개정)

제47조【미성년자등기의 신청인】 ① 미성년자의 등기는 그 미성년자가 신청한다.(2018.9.18 본항개정)

② 영업 허락의 취소로 인한 소멸의 등기 또는 영업 허락의 제한으로 인한 변경의 등기는 법정대리인도 신청할 수 있다.
③ 미성년자의 사망으로 인한 소멸의 등기는 법정대리인이 신청한다.(2018.9.18 본항개정)
④ 미성년자가 성년이 됨으로 인한 소멸의 등기는 등기관이 직권으로 할 수 있다.
(2018.9.18 본조제목개정)
제48조【법정대리인등기의 등기사항 등】 ①「상법」 제8조에 따른 법정대리인의 등기를 할 때에는 다음 각 호의 사항을 등기하여야 한다.
1. 법정대리인의 성명 · 주민등록번호 및 주소
2. 제한능력자의 성명 · 주민등록번호 및 주소(2018.9.18 본호개정)
3. 영업소의 소재지
4. 영업의 종류
② 제1항 각 호의 등기사항에 변경이 생긴 때에는 제31조와 제32조를 준용한다.
제49조【법정대리인등기의 신청인】 ① 법정대리인의 등기는 그 법정대리인이 신청한다.
② 제한능력자가 능력자로 됨으로 인한 소멸의 등기는 제한능력자도 신청할 수 있다. 다만, 미성년자가 성년이 됨으로 인한 소멸의 등기는 등기관이 직권으로 할 수 있다.
(2018.9.18 본문개정)
③ 법정대리인의 퇴임으로 인한 소멸의 등기는 새로운 법정대리인도 신청할 수 있다.
④ 법정대리인의 사망으로 인한 소멸의 등기는 새로운 법정대리인이 신청한다.

제4절　지배인의 등기

제50조【등기사항 등】 ① 지배인의 등기를 할 때에는 다음 각 호의 사항을 등기하여야 한다.
1. 지배인의 성명 · 주민등록번호 및 주소
2. 영업주의 성명 · 주민등록번호 및 주소
3. 영업주가 2개 이상의 상호로 2개 이상 종류의 영업을 하는 경우에는 지배인이 대리할 영업과 그 사용할 상호
4. 지배인을 둔 장소
5. 2명 이상의 지배인이 공동으로 대리권을 행사할 것을 정한 경우에는 그에 관한 규정
② 제1항 각 호의 등기사항에 변경이 생긴 때에는 제31조와 제32조를 준용한다.
제51조【회사 등의 지배인등기】 ① 회사의 지배인등기는 회사의 등기부에 하고, 합자조합의 지배인등기는 합자조합의 등기부에 한다.
② 제1항의 등기를 할 때에는 제50조제1항제2호 및 제3호의 사항을 등기하지 아니한다.
③ 회사 또는 합자조합의 지배인을 둔 본점(합자조합의 경우에는 주된 영업소를 말한다. 이하 이 항에서 같다) 또는 지점이 이전 · 변경 또는 폐지된 경우에 본점 또는 지점의 이전 · 변경 또는 폐지의 등기신청과 지배인을 둔 장소의 이전 · 변경 또는 폐지의 등기신청은 동시에 하여야 한다.

제5절　합자조합의 등기

제52조【업무집행조합원등이 법인인 경우의 등기사항 등】
① 업무집행조합원등이 법인인 경우에는 「상법」 제86조의4 제1항 또는 같은 법 제253조제1항 각 호의 사항 외에 그 자의 직무를 행할 사람의 성명 · 주민등록번호 및 주소를 등기하여야 한다.
② 제1항의 직무를 행할 사람에 관한 사항이 변경된 경우에는 그 변경등기를 하여야 한다.
제53조【회사에 관한 규정의 준용】 합자조합의 등기에 관하여는 제54조부터 제56조까지, 제60조 및 제61조를 준용한다.

제6절　회사의 등기

제54조【본점이전등기의 등기사항】 본점이전의 등기를 할 때에는 새 본점의 소재지와 이전 연월일을 등기하여야 한다.
(2024.9.20 본조개정)
제55조【본점이전등기의 신청】 본점을 다른 등기소의 관할구역으로 이전한 경우에는 종전의 본점 또는 새 본점의 소재지를 관할하는 등기소 중 한 곳에 본점이전등기의 신청을 할 수 있다.(2024.9.20 본조개정)
제56조【본점이전등기신청의 처리】 제55조에 따른 등기신청을 접수한 등기관은 대법원규칙으로 정하는 바에 따라 그 등기신청을 처리하여야 한다.(2024.9.20 본조개정)
제57조～제59조 (2024.9.20 삭제)
제60조【해산등기의 등기사항 등】 ① 해산등기를 할 때에는 해산한 뜻과 그 사유 및 연월일을 등기하여야 한다.
② 해산등기의 신청과 해산으로 인한 청산인의 취임등기의 신청은 동시에 하여야 한다.
제61조【계속등기의 등기사항】 회사계속의 등기를 할 때에는 회사를 계속한 뜻과 그 연월일을 등기하여야 한다.
제62조【합병으로 인한 등기의 등기사항】 ① 합병으로 인한 변경 또는 설립등기를 할 때에는 합병으로 소멸하는 회사(이하 "소멸회사"라 한다)의 상호 · 본점과 합병을 한 뜻도 함께 등기하여야 한다.(2024.9.20 후단삭제)
② 합병으로 인한 해산등기를 할 때에는 합병 후 존속하는 회사(이하 "존속회사"라 한다) 또는 합병으로 설립하는 회사(이하 "신설회사"라 한다) 및 소멸회사의 상호 · 본점과 합병을 한 뜻 및 그 연월일도 함께 등기하여야 한다.
제63조【합병으로 인한 해산등기의 신청】 ① 합병으로 인한 해산등기는 존속회사 또는 신설회사의 대표자가 소멸회사를 대표하여 신청한다.
② (2024.9.20 삭제)
③ 본점 소재지에서 하는 제62조제1항의 변경 또는 설립등기의 신청과 제1항의 해산등기의 신청은 존속회사 또는 신설회사의 본점 소재지를 관할하는 등기소에 동시에 하여야 한다.
제64조【합병으로 인한 해산등기신청의 처리】 제63조제3항에 따른 등기신청을 접수한 등기관은 다른 등기소의 관할에 속한 등기신청도 함께 처리하여야 한다. 이 경우 어느 하나의 등기신청에 관하여 제26조 각 호의 어느 하나에 해당하는 사유가 있을 때에는 이들 신청을 함께 각하하여야 한다.(2024.9.20 본조개정)
제65조【조직변경으로 인한 등기의 등기사항】 ① 조직변경으로 인한 변경 후의 회사에 관한 설립등기를 할 때에는 변경 전의 회사의 성립 연월일, 변경 전의 회사의 상호 · 본점과 조직을 변경한 뜻도 함께 등기하여야 한다.
② 조직변경으로 인한 변경 전의 회사에 관한 해산등기를 할 때에는 변경 후의 회사의 상호 · 본점과 조직을 변경한 한 뜻 및 그 연월일도 함께 등기하여야 한다.
제66조【조직변경으로 인한 등기의 신청】 조직변경으로 인한 설립등기의 신청과 해산등기의 신청은 동시에 하여야 한다.
제67조【조직변경으로 인한 등기신청의 처리】 등기관은 제66조에 따른 등기의 신청 중 어느 하나에 관하여 제26조 각 호의 어느 하나에 해당하는 사유가 있을 때에는 이들 신청을 함께 각하하여야 한다.
제68조【유한책임회사의 대표자가 법인인 경우의 등기사항 등】 ① 유한책임회사의 대표자가 법인인 경우에는 「상법」 제253조제1항 각 호의 사항 또는 같은 법 제287조의5제1항 각 호의 사항 외에 그 자의 직무를 행할 사람의 성명 · 주민등록번호 및 주소를 등기하여야 한다.
② 제1항의 직무를 행할 사람에 관한 사항이 변경된 경우에는 그 변경등기를 하여야 한다.

제69조【주식매수선택권의 등기사항】「상법」 제340조의2 제1항에 따라 이사 등에게 주식매수선택권을 부여하기로 정하였을 때에는 같은 법 제340조의3제1항 각 호의 사항을 등기하여야 한다.

제70조【분할 또는 분할합병으로 인한 등기의 등기사항】 ① 분할 또는 분할합병으로 설립하는 회사(이하 "분할신설회사"라 한다)의 설립등기를 할 때에는 분할 또는 분할합병 후 존속하는 회사(이하 "분할존속회사"라 한다)나 소멸하는 회사(이하 "분할소멸회사"라 한다)의 상호·본점과 분할 또는 분할합병을 한 뜻도 함께 등기하여야 한다.

② 분할합병으로 분할되는 부분을 흡수하는 분할합병의 상대방 회사(이하 "흡수분할합병회사"라 한다)의 변경등기를 할 때에는 분할존속회사나 분할소멸회사의 상호·본점과 분할합병을 한 뜻도 함께 등기하여야 한다.(2024.9.20 후단삭제)

③ 분할존속회사의 변경등기 또는 분할소멸회사의 해산등기를 할 때에는 분할신설회사 또는 흡수분할합병회사의 상호·본점과 분할 또는 분할합병을 한 뜻 및 그 연월일도 함께 등기하여야 한다. 이 경우 분할되는 회사의 일부가 다른 회사 또는 다른 회사의 일부와 분할합병을 하여 회사를 설립하는 경우에는 그 다른 회사의 상호·본점도 함께 등기하여야 한다.

제71조【분할 또는 분할합병으로 인한 등기의 신청】 ① 분할 또는 분할합병으로 인한 해산등기는 분할신설회사, 흡수분할합병회사 또는 분할존속회사의 대표자가 분할소멸회사를 대표하여 신청한다.

② (2024.9.20 삭제)

③ 본점 소재지에서 하는 분할신설회사·흡수분할합병회사·분할존속회사·분할소멸회사의 설립등기·변경등기·해산등기의 신청은 분할신설회사, 흡수분할합병회사 또는 분할존속회사의 본점 소재지를 관할하는 등기소 중 한 곳에 동시에 하여야 한다.

(2024.9.20 본조개정)

제72조【분할 또는 분할합병으로 인한 등기신청의 처리】 제71조제3항에 따른 등기신청을 접수한 등기관은 다른 등기소의 관할에 속한 등기신청도 함께 처리하여야 한다. 이 경우 어느 하나의 등기신청에 관하여 제26조 각 호의 어느 하나에 해당하는 사유가 있을 때에는 이들 신청을 함께 각하하여야 한다.(2024.9.20 본조개정)

제73조【휴면회사의 해산등기 등】「상법」 제520조의2제1항에 따른 해산등기와 같은 조 제4항에 따른 청산종결등기는 등기관이 직권으로 하여야 한다.(2024.9.20 본조개정)

제74조【외국회사 영업소의 이전등기】 외국회사가 영업소를 다른 등기소의 관할구역으로 이전한 경우에는 제31조를 준용한다. 이 경우 제31조제1항 중 "제30조 각 호"는 "「상법」 제614조제2항·제3항"으로 본다.(2024.9.20 본조개정)

제7절 등기의 경정과 말소

제75조【경정등기의 신청】 등기 당사자는 등기에 착오나 빠진 부분이 있을 때에는 그 등기의 경정(更正)을 신청할 수 있다.

제76조【등기의 직권경정】 ① 등기관은 등기를 마친 후 그 등기에 착오나 빠진 부분이 있음을 발견하였을 때에는 지체 없이 그 사실을 등기를 한 자에게 통지하여야 한다. 다만, 그 착오나 빠진 부분이 등기관의 잘못으로 인한 것이었을 때에는 그러하지 아니하다.

② 등기관은 등기의 착오나 빠진 부분이 등기관의 잘못으로 인한 것이었을 때에는 지체 없이 그 등기를 직권으로 경정하고 그 사실을 등기를 한 자에게 통지하여야 한다.

제77조【말소등기의 신청】 등기 당사자는 등기가 다음 각 호의 어느 하나에 해당하는 경우에는 그 등기의 말소를 신청할 수 있다.

1. 제26조제1호부터 제3호까지에 해당하는 사유가 있는 경우
2. 등기된 사항에 무효의 원인이 있는 경우(소로써만 그 무효를 주장할 수 있는 경우는 제외한다)

제78조【등기의 직권말소의 통지 등】 ① 등기관은 등기를 마친 후 그 등기가 제77조 각 호의 어느 하나에 해당되는 것임을 발견하였을 때에는 등기를 한 자에게 1개월 이내의 기간을 정하여 그 기간 이내에 이의를 진술하지 아니하면 등기를 말소한다는 뜻을 통지하여야 한다.

② 등기관은 제1항에 따른 통지를 받을 자의 주소 또는 거소를 알 수 없으면 제1항에 따른 통지를 갈음하여 제1항에서 정한 기간 동안 등기소 게시장에 이를 게시하거나 대법원규칙으로 정하는 바에 따라 공고하여야 한다.

제79조【이의에 대한 결정】 등기관은 제78조제1항의 말소에 관하여 이의를 진술한 자가 있으면 그 이의에 대한 결정을 하여야 한다.

제80조【등기의 직권말소】 등기관은 제78조제1항의 기간 이내에 이의를 진술한 자가 없거나 이의를 각하한 경우에는 같은 항의 등기를 직권으로 말소하여야 한다.

제81조 (2024.9.20 삭제)

제5장 이의신청 등

제82조【이의신청과 그 관할】 등기관의 결정 또는 처분에 이의가 있는 자는 그 결정 또는 처분을 한 등기관이 속한 지방법원(이하 "관할 지방법원"이라 한다)에 이의신청을 할 수 있다.(2024.9.20 본조개정)

제83조【이의신청 방법】 제82조에 따른 이의신청(이하 "이의신청"이라 한다)은 대법원규칙으로 정하는 바에 따라 결정 또는 처분을 한 등기관이 속한 등기소에 이의신청서를 제출하거나 전산정보처리조직을 이용하여 이의신청정보를 보내는 방법으로 한다.(2024.9.20 본조개정)

제84조【새로운 사실에 의한 이의신청 금지】 누구든지 새로운 사실이나 새로운 증거방법을 근거로 이의신청을 할 수 없다.

제85조【등기관의 조치】 ① 등기관은 이의신청이 이유 있다고 인정하면 그에 해당하는 처분을 하여야 한다.

② 등기관은 이의신청이 이유 없다고 인정하면 이의신청일부터 3일 이내에 의견을 붙여 이의신청서 또는 이의신청정보를 관할 지방법원에 보내야 한다.(2024.9.20 본항개정)

③ 등기를 마친 후에 이의신청이 있는 경우 등기관은 3일 이내에 의견을 붙여 이의신청서 또는 이의신청정보를 관할 지방법원에 보내고 등기를 한 자에게 이의신청 사실을 통지하여야 한다. 다만, 이미 마친 등기에 대하여 제77조 각 호의 어느 하나에 해당하는 사유로 이의신청을 한 경우, 등기관은 그 이의신청이 이유 있다고 인정하면 제78조부터 제80조까지의 규정에 따른 절차를 거쳐 그 등기를 직권으로 말소한다.(2024.9.20 본문개정)

제86조【집행 부정지】 이의신청에는 집행정지의 효력이 없다.

제87조【이의신청에 대한 결정과 항고】 ① 관할 지방법원은 이의신청에 대하여 이유를 붙여 결정을 하여야 한다. 이 경우 이의신청이 이유 있다고 인정하면 등기관에게 그에 해당하는 처분을 명령하고, 그 뜻을 이의신청인과 등기를 한 자에게 통지하여야 한다.

② 제1항의 결정에 대해서는「비송사건절차법」에 따라 항고할 수 있다.

제88조【처분 전의 부기등기명령】 관할 지방법원은 제85조제3항의 이의신청에 대하여 결정하기 전에 등기관에게 이의신청이 있다는 뜻의 부기등기를 명령할 수 있다.

제89조【관할 법원의 명령에 따른 등기의 방법】 등기관이 제87조제1항에 따라 관할 지방법원의 명령에 따른 등기를 할 때에는 명령을 한 지방법원, 명령 연월일, 명령에 따라 등기를 한다는 뜻과 등기 연월일을 기록하여야 한다.

제90조【송달 등】 ① 송달에 관하여는 「민사소송법」의 규정을 준용한다.
② 이의신청의 비용에 관하여는 「비송사건절차법」의 규정을 준용한다.
제91조【대법원규칙에의 위임】 이 법의 시행에 필요한 사항은 대법원규칙으로 정한다.

부 칙

제1조【시행일】 이 법은 공포 후 6개월이 경과한 날부터 시행한다.
제2조【일반적 적용례】 이 법은 이 법 시행 후 최초로 이 법에 따라 신청한 등기부터 적용한다.
제3조【폐쇄등기기록의 보존기간에 관한 적용례】 이 법 시행 당시 종전의 규정에 따라 폐쇄한 등기기록으로서 종전의 규정에 따른 보존기간이 만료되지 아니한 폐쇄등기기록에 대해서도 제20조제2항의 개정규정을 적용한다.
제4조【다른 법률의 개정】 ①~⑪ ※(해당 법령에 가제정리 하였음)
제5조【다른 법령과의 관계】 ① 이 법 시행 당시 다른 법령에서 종전의 「상업등기법」의 규정을 인용한 경우에 이 법 중 그에 해당하는 규정이 있을 때에는 종전의 규정을 갈음하여 이 법의 해당 규정을 인용한 것으로 본다.
② 다른 법령에서 등기부의 등본 또는 초본을 규정한 경우에는 제15조에 따른 등기사항증명서를 인용한 것으로 본다.

부 칙 (2020.6.9)

제1조【시행일】 이 법은 공포 후 3개월이 경과한 날부터 시행한다.(이하 생략)

부 칙 (2024.9.20)

제1조【시행일】 이 법은 2025년 1월 31일부터 시행한다.
제2조【시범사업의 특례】 ① 법원행정처장은 지점 등기부의 폐지 등에 따른 등기사무를 원활히 추진하기 위하여 이 법 시행 전에 특정 등기소에서 시범사업을 실시할 수 있다.
② 제1항에 따른 시범사업 등기소의 지정 및 시범사업의 실시에 필요한 사항은 법원행정처장이 정한다.
제3조【지점의 등기기록에 관한 경과조치】 ① 이 법 시행 당시 지점의 등기기록에 기록된 지배인에 관한 등기사항은 대법원규칙으로 정하는 바에 따라 본점의 등기기록에 이기(移記)하고, 지점의 등기기록은 폐쇄한다.
② 제1항에 따른 등기사무는 제8조에도 불구하고 대법원장이 지정하는 자가 등기관을 갈음하여 일괄하여 처리할 수 있다.
제4조【다른 법률의 개정】 ※(해당 법령에 가제정리 하였음)

상업등기규칙

(2014년 10월 2일 전부개정대법원규칙 제2560호)

개정
2016. 6.27대법원규칙2668호(법무사규)
2018.12. 4대법원규칙2812호 2020. 9. 9대법원규칙2913호
2020.11.26대법원규칙2931호(부등규)
2021. 5.27대법원규칙2986호(부등규)
2021. 9.30대법원규칙2997호 2021.11.29대법원규칙3007호
2024.11.29대법원규칙3170호→시행일 부칙 참조

제1장 총 칙

제1조【목적】 이 규칙은 「상업등기법」(이하 "법"이라 한다)에서 위임한 사항과 그 시행에 필요한 사항을 규정함을 목적으로 한다.
제1조의2【정의】 이 규칙에서 사용하는 용어의 뜻은 다음과 같다.
1. "전산정보처리조직"이란 법에 따른 절차에 필요한 전자문서의 작성·제출·통지·관리, 등기부의 보관·관리 및 등기자료의 제공·활용 등 등기사무처리를 지원할 수 있도록 하드웨어·소프트웨어·데이터베이스·네트워크·보안요소 등을 결합시켜 구축·운영하는 정보처리능력을 가진 전자적 장치 또는 체계로서 법원행정처에 둔 등기전산정보시스템을 말한다.
2. "인터넷등기소"란 이 규칙에서 정한 바에 따라 등기사항의 증명과 열람, 전자문서를 이용한 등기신청 등을 할 수 있도록 전산정보처리조직에 의하여 구축된 인터넷 활용공간을 말한다.
3. "등기전자서명"이란 「전자정부법」 제2조제9호의 행정전자서명으로서 등기관이 등기사무의 처리를 위하여 사용하는 것을 말한다.
4. "인감증명서"란 법 제16조에 따른 인감에 관한 증명서로서 종이문서로 발급되는 것을 말한다.
5. "전자인감증명서"란 법 제16조에 따른 인감에 관한 증명으로서 제42조의2의 발급절차를 거쳐 같은 조 제1항에 따

른 전자인감증명서 발급시스템에 저장된 인감제출자 및 인감 등에 관한 정보를 말한다.
6. "전자증명서"란 법 제17조에 따라 발급되는 전자서명 및 자격에 관한 증명을 말한다.
7. "추가 인증수단"이란 전자증명서를 보완하여 대법원예규로 정하는 방법에 따라 본인임을 확인하는 보안매체 등의 인증수단을 말한다.<2025년 8월 1일부터 시행하되, 그 이전에 보안매체를 발급받은 법인에 대하여는 발급받은 즉시 시행>
(2024.11.29 본조신설)

제2조【등기기록 등에 사용할 문자 등】 등기를 하거나 신청서, 그 밖의 등기에 관한 서면(「전자서명법」 제2조제1호의 전자문서를 포함한다)을 작성할 때에는 한글과 아라비아숫자를 사용하여야 한다. 다만, 대법원예규로 정하는 바에 따라 한글 또는 한글과 아라비아숫자로 기록한 다음 괄호 안에 로마자, 한자, 아라비아숫자 그리고 부호를 병기할 수 있다.(2020.11.26 본문개정)

제3조【등기신청의 접수시기 및 등기관이 등기를 마친 시기】 ① 법 제3조제1항에서 "대법원규칙으로 정하는 등기신청정보"란 등기의 목적과 신청인의 성명 또는 상호에 관한 정보를 말한다.
② 법 제3조제2항에서 "등기관이 등기를 마친 경우"란 법 제8조제4항에 따라 등기사무를 처리한 등기관이 누구인지 알 수 있는 조치를 하였을 때를 말한다.
③ 법 제8조제4항의 등기사무를 처리한 등기관이 누구인지 알 수 있도록 하는 조치는 각 등기관이 「법원 행정전자서명 인증업무에 관한 규칙」 제2조제2항에 따라 설치된 '법원 행정전자서명 인증관리센터'에서 발급받은 행정전자서명 인증서에 의한 등기전자서명을 하여 미리 부여받은 식별부호를 기록하는 방법으로 한다.(2024.11.29 본항개정)

제4조【개인정보의 처리】 등기관은 다음 각 호의 업무를 수행하기 위하여 「개인정보 보호법」 제2조제1호의 개인정보를 처리할 수 있다.
1. 등기기록 또는 신청서, 촉탁서, 통지서, 취하서, 등기참여조서, 첨부서면 그 밖의 부속서류(이하 "신청서 기타 부속서류"라 한다)의 열람 관련 업무
2. 인감 및 개인감(改印鑑)의 제출과 폐지신청 관련 업무
3. 인감카드 및 전자증명서의 발급, 효력정지, 효력회복, 폐지신청 관련 업무
3의2. 추가 인증수단 관련 업무(2024.11.29 본호신설)
<2025년 8월 1일부터 시행하되, 그 이전에 보안매체를 발급받은 법인에 대하여는 발급받은 즉시 시행>
4. 사용자등록 관련 업무
5. 그 밖에 대법원예규로 정하는 업무

제2장 등기소와 등기관

제5조【회사 등기기록 등의 관할변경 절차】 ① 행정구역의 변경 등으로 회사의 본점소재지나 합자조합의 주된 영업소소재지가 다른 등기소의 관할로 바뀌었을 때에는 종전의 관할 등기소는 전산정보처리조직을 이용하여 그 회사 또는 합자조합의 등기기록과 인감에 관한 기록의 처리권한을 다른 등기소로 넘겨주는 조치를 하여야 한다.(2024.11.29 본항개정)
② (2024.11.29 삭제)
③ 다른 등기소는 관할이 변경된 등기기록의 기타사항란에 관할변경의 원인, 종전의 관할 등기소로부터 관할이 변경된 뜻과 그 연월일을 기록하여야 한다.
④~⑤ (2024.11.29 삭제)
(2024.11.29 본조제목개정)

제6조 (2024.11.29 삭제)

제7조【상호등기기록 등의 관할변경 절차】 ① 행정구역의 변경 등으로 상호등기기록, 미성년자등기기록, 법정대리인등기기록, 외국회사등기기록의 영업소소재지 또는 지배인등기기록의 지배인을 둔 장소가 다른 등기소의 관할로 바뀌었을 때에는 종전의 관할 등기소는 전산정보처리조직을 이용하여 그 등기기록과 인감에 관한 기록의 처리권한을 다른 등기소로 넘겨주는 조치를 하여야 한다.(2024.11.29 본항개정)
② 종전의 관할 등기소에 등기기록이 존속하여야 할 필요가 있는 경우에는 해당 등기기록에서 현재 효력이 있는 등기사항(종전의 관할 등기소의 등기기록에만 기록하여야 할 등기사항은 제외한다)과 등기기록의 개설 사유 및 연월일을 기록하여 관할변경의 대상인 등기기록을 개설하고, 전산정보처리조직을 이용하여 그 등기기록과 인감에 관한 기록의 처리권한을 다른 등기소로 넘겨주는 조치를 하여야 한다.
(2024.11.29 본항신설)
③ 다른 등기소에 이미 등기기록이 개설되어 있는 경우 종전의 관할 등기소는 다른 등기소에 전산정보처리조직을 이용하여 다음 각 호의 조치를 하여야 한다. 이 경우 종전의 관할 등기소에 등기기록이 존속할 필요가 없을 때에는 그 등기기록을 폐쇄하여야 한다.
1. 외국회사의 경우 : 관할이 변경된 구역에 소재하는 영업소에 관한 등기정보를 다른 등기소에 통지 및 해당 영업소의 지배인 인감에 관한 기록의 처리권한을 다른 등기소로 이관
2. 제1호 외의 경우 : 관할이 변경된 구역에 소재하는 영업소에 관한 등기정보를 다른 등기소에 통지
(2024.11.29 본항신설)
④ 다른 등기소가 제1항 및 제2항에 따라 등기기록의 처리권한을 넘겨받은 경우에는 제5조제3항과 동일하게 처리하고, 제3항에 따라 통지를 받은 경우에는 그 통지받은 영업소에 관한 사항을 등기하여야 한다.(2024.11.29 본항신설)
⑤ 종전의 관할 등기소는 존속하는 등기기록에 등기할 필요가 없는 사항이 있는 경우에는 관할변경으로 말소하는 뜻을 기록하고 그 사항을 말소하여야 한다.(2024.11.29 본항신설)

제7조의2【등기사무정지명령】 ① 대법원장은 법 제7조제1항 각 호의 어느 하나에 해당하는 경우로서 이 규칙 제7조의3 제1항에 따른 처분으로 정상적인 등기사무의 처리가 어려운 때에는 기간을 정하여 등기사무의 정지를 명할 수 있다.
② 대법원장은 법 제7조제2항에 따라 제1항의 등기사무의 정지명령에 관한 권한을 법원행정처장에게 위임한다.
(2024.11.29 본조신설)

제7조의3【등기사무 처리를 위하여 필요한 처분】 ① 대법원장은 법 제7조제1항 각 호의 어느 하나에 해당하는 사유로 등기소에서 전산정보처리조직을 이용한 등기사무의 처리가 어려운 경우에는 그 등기소(이하 "비상등기소"라 한다)에서 정상적인 등기사무의 처리를 위해 필요한 시간 등을 고려하여 다음 각 호의 처분을 명할 수 있다.
1. 법 제5조에 따라 다른 등기소에 비상등기소의 관할에 속하는 사무의 위임
2. 법 제4조에도 불구하고 법원행정처 또는 다른 등기소에 비상등기소의 접수사무 등 등기사무의 일부를 처리할 수 있는 권한의 부여
3. 비상등기소 관할 구역에 임시청사의 설치
4. 전자문서를 이용하여 등기신청을 할 수 있도록 인터넷등기소 운영시간을 연장하는 처분
5. 그 밖에 비상등기소의 정상적인 등기사무 처리를 위하여 필요한 처분
② 대법원장은 법 제7조제2항에 따라 제1항 각 호의 처분에 관한 권한을 다음 각 호의 구분에 따라 위임한다.
1. 제1항제1호 및 제4호의 처분에 관한 권한 : 법원행정처장
2. 제1항제2호 및 제5호의 처분에 관한 권한 : 법원행정처장 또는 비상등기소의 사법행정사무를 담당하는 지방법원장(해당 지방법원 관할구역에 속하는 등기소를 대상으로 하는 처분만 해당한다. 이하 이 조에서 같다)

3. 제1항제3호의 처분에 관한 권한 : 비상등기소의 사법행정 사무를 담당하는 지방법원장
③ 지방법원장은 제2항에 따라 해당 처분을 한 경우에는 지체 없이 그 사실을 법원행정처장에게 보고하여야 한다.
④ 법원행정처장은 이 규칙 제7조의2제1항의 정지명령 및 이 조 제1항의 처분이 있을 때에는 지체 없이 그 사실을 공고하여야 한다. 법 제7조제1항 각 호의 사유가 해소되어 정상적인 등기사무가 가능하게 된 경우에도 또한 같다.
⑤ 제1항에 따른 처분, 제2항에 따른 위임의 절차 · 방법 및 제4항의 공고방법 등에 관하여 필요한 사항은 대법원예규로 정한다.
(2024.11.29 본조신설)

제8조 【등기번호】 ① 등기번호는 법 제4조의 관할 등기소에서 부여하고 관할 등기소가 변경된 경우에는 새로운 등기번호를 부여한다.
② 제1항의 등기번호는 등기부의 종류별로 등기부에 기록하는 순서에 따라 일련번호로 한다.

제9조 【참여조서의 작성방법】 등기관이 법 제9조제2항의 조서(이하 "참여조서"라 한다)를 작성할 때에는 그 조서에 다음 각 호의 사항을 적어야 한다.
1. 신청인의 성명과 주소
2. 업무처리가 제한되는 사유
3. 등기할 대상의 표시 및 등기의 목적
4. 신청서의 접수연월일과 접수번호
5. 참여인의 성명, 주소 및 주민등록번호

제10조 【전산정보처리조직의 운영】 ① 전산정보처리조직에 의한 등기사무처리의 지원, 등기부의 보관과 관리 및 등기정보의 효율적인 활용을 위하여 법원행정처에 등기정보중앙관리소(이하 "중앙관리소"라 한다)를 둔다.
② 법원행정처장은 중앙관리소에 전산운영책임관을 두어 전산정보처리조직을 종합적으로 관리, 운영하여야 한다.
③ 법원행정처장은 중앙관리소의 출입자 및 전산정보처리조직 사용자의 신원을 관리하는 등 필요한 보안조치를 하여야 한다.
④ 법원행정처장은 전산정보처리조직을 점검하기 위하여 필요한 경우에는 전산정보처리조직의 이용시간을 일시적으로 제한할 수 있다.(2024.11.29 본항신설)
(2024.11.29 본조제목개정)

제11조 【정보의 제공 요청】 법원행정처장은 필요한 경우에 국가기관 또는 지방자치단체의 장에게 등기사무처리와 관련된 전산정보를 요청할 수 있다.

제12조 【등기전산정보자료의 이용 등】 ① 법 제21조제2항에 따라 등기전산정보자료를 이용하거나 활용하려는 사람은 다음 각 호의 사항을 기재하여 관계 중앙행정기관의 장에게 그 심사를 신청하여야 한다. 이 경우 신청할 수 있는 등기전산정보자료는 필요한 최소한의 범위로 한정하여야 한다.
1. 자료의 이용 또는 활용 목적 및 근거
2. 자료의 범위
3. 자료의 제공방식과 보관기관 및 안전관리대책
② 제1항에 따른 신청을 받은 관계 중앙행정기관의 장은 다음 각 호의 사항을 심사한 후 그 심사결과를 신청인에게 통보하여야 한다.
1. 신청 내용의 타당성과 적합성 및 공익성
2. 개인의 사생활 침해의 가능성 또는 위험성 여부
3. 자료의 목적 외 사용방지 및 안전관리대책
③ 등기전산정보자료를 이용 또는 활용하고자 하는 사람은 제2항의 심사결과를 첨부하여 법원행정처장에게 승인신청을 하여야 한다. 다만, 중앙행정기관의 장이 등기전산정보자료를 이용 또는 활용하고자 하는 경우에는 법원행정처장에게 제1항 각 호의 사항을 기재한 서면을 제출하고 협의를 요청하여야 한다.
④ 법원행정처장이 제3항에 따른 승인신청 또는 협의요청을 받았을 때에는 다음 각 호의 사항을 심사하여야 한다.
1. 제2항 각 호의 사항
2. 신청한 사항의 처리가 전산정보처리조직으로 가능한지 여부
3. 신청한 사항의 처리가 등기사무처리에 지장이 없는지 여부
⑤ 제4항의 심사결과 신청이 승인되거나 협의가 성립된 때에는 법원행정처장은 전산정보자료제공대장에 그 내용을 기록하고 관리하여야 한다.

제12조의2 【민원접수 · 처리기관을 통한 등기전산정보자료의 제공 등】 ① 민원인이 「민원 처리에 관한 법률」 제10조의2제1항에 따라 민원접수 · 처리기관을 통하여 본인에 관한 등기전산정보자료의 제공을 요구하는 경우 법원행정처장은 해당 정보를 지체 없이 제공하여야 한다.
② 민원인이 요구할 수 있는 등기전산정보자료의 종류는 행정안전부장관이 법원행정처장과 협의하여 공표한 것에 한한다.(2021.11.29 본항개정)
③ 법원행정처장이 제2항에 따른 협의요청을 받은 때에는 제12조제4항의 사항을 고려하여 제공할 등기전산정보자료의 종류를 결정하여야 한다.
④ 제1항에 따라 제공되는 등기전산정보자료에 대하여는 수수료를 면제한다.
⑤ 등기전산정보자료 제공절차 등과 관련하여 필요한 사항 중 이 규칙에서 정하고 있지 아니한 사항은 대법원예규로 정할 수 있다.
(2021.9.30 본조신설)

제12조의3 【정보주체 본인의 요구에 의한 등기전산정보자료의 제공 등】 ① 정보주체가 「전자정부법」 제43조의2제1항에 따라 본인에 관한 등기전산정보자료의 제공을 요구하는 경우 법원행정처장은 해당 정보를 정보주체 본인 또는 본인이 지정하는 자로서 「전자정부법」 제43조의2제1항 각 호의 자에게 지체 없이 제공하여야 한다. 이 경우 정보주체는 정확성 및 최신성이 유지될 수 있도록 정기적인 제공을 요구할 수 있다.
② 제1항에 따라 「전자정부법」 제43조의2제1항제1호의 행정기관등에 제공되는 등기전산정보자료에 대하여는 수수료를 면제한다.
③ 제1항의 경우 제12조의2제2항, 제3항 및 제5항을 준용한다.
(2021.11.29 본조신설)

제3장 등기부 등

제1절 등기부와 인감부 및 신청서 기타 부속서류

제13조 【등기기록의 편성】 ① 등기기록은 그 종류에 따라 전산정보처리조직에 의하여 별지 제1호부터 제9호까지 및 제9호의2부터 제9호의5까지 양식의 각 란에 기록한 등기정보로 편성한다.(2024.11.29 본항개정)
② 별지 제8호 양식 중 전환사채란, 신주인수권부사채란, 이익참가부사채란, 그 밖의 법령에 정한 사채란은 발행하는 각 사채별로 편성한다.

제14조 【등기부 등의 보관과 관리】 ① 법 제11조제3항에서 규정한 등기부(폐쇄등기부를 포함한다. 이하 같다)와 전자문서(「전자서명법」 제2조제1호의 전자문서를 말한다. 이하 같다)로 작성된 신청서 기타 부속서류는 중앙관리소에서 보관하고 관리한다.(2020.11.26 본항개정)
② 법 제12조의 등기부부본자료는 전산정보처리조직으로 작성하여 법원행정처장이 지정하는 장소에 보관하여야 한다.

제15조 【인감부】 ① 법 제16조 및 제25조에 따라 제출된 인감 및 인감제출자에 관한 정보는 보조기억장치(자기디스크, 자기테이프 그 밖에 이와 비슷한 방법으로 일정한 사항

을 기록하고 보관할 수 있는 전자적 정보저장매체를 말한다. 이하 같다)에 기록한다(이하 위 보조기억장치에 기록된 자료를 "인감부"라 한다).
② 인감부는 영구히 보존하여야 한다.
③ 인감부의 보관과 관리에 관하여는 제14조를 준용한다.

제16조【등기부등 복구 등의 처분명령에 관한 권한 위임】 ① 대법원장은 법 제13조제2항에 따라 등기부(인감부를 포함한다. 이하 이 절에서 "등기부등"이라 한다)의 손상방지 또는 손상된 등기부등 복구 등의 처분명령에 관한 권한을 법원행정처장에게 위임한다.
② 대법원장은 법 제14조제2항에 따라 전자문서로 작성된 신청서 기타 부속서류의 손상방지 등의 처분명령에 관한 권한은 법원행정처장에게, 종이 형태의 신청서 기타 부속서류의 멸실방지 등의 처분명령에 관한 권한은 지방법원장(등기소의 사무를 지원장이 관장하는 경우에는 지원장을 말한다. 제64조를 제외하고는 이하 같다)에게 위임한다.

제17조【등기부등의 손상과 복구】 ① 등기부등의 전부 또는 일부가 손상되거나 손상될 우려가 있을 때에는 전산운영책임관은 지체 없이 그 상황을 조사한 후 처리방법을 법원행정처장에게 보고하여야 한다.
② 등기부등의 전부 또는 일부가 손상된 경우에 전산운영책임관은 제14조제2항의 등기부부본자료에 의하여 그 등기부등을 복구하여야 한다.
③ 제2항에 따라 등기부등을 복구한 경우에 전산운영책임관은 지체 없이 그 경과를 법원행정처장에게 보고하여야 한다.

제18조【신청서 기타 부속서류의 손상 등 방지】 ① 전자문서로 작성된 신청서 기타 부속서류의 전부 또는 일부가 손상되거나 손상될 우려가 있을 때에는 제17조를 준용한다.
② 종이 형태의 신청서 기타 부속서류가 멸실되거나 멸실될 우려가 있을 때에는 등기관은 지체 없이 그 상황을 조사한 후 처리방법을 지방법원장에게 보고하여야 한다.

제19조【비상이동】 ① 전쟁 또는 천재지변 그 밖에 이에 준하는 사태를 피하기 위하여 중앙관리소에서 보관하는 등기부등 및 전자문서로 작성된 신청서 기타 부속서류를 그 장소 밖으로 옮긴 경우에는 지체 없이 그 사실을 법원행정처장에게 보고하여야 한다.
② 전쟁 또는 천재지변 그 밖에 이에 준하는 사태를 피하기 위하여 등기소에서 보관하는 종이 형태의 신청서 기타 부속서류를 그 장소 밖으로 옮긴 경우에는 지체 없이 그 사실을 지방법원장에게 보고하여야 한다.

제20조【신청서 기타 부속서류의 송부】 ① 법원으로부터 신청서 기타 부속서류에 대한 명령 또는 촉탁이 있는 경우에 등기관은 대법원예규에서 정하는 바에 따라 해당 서류를 송부하여야 한다.
② 제1항의 서류가 전자문서로 작성된 경우에는 해당 문서를 출력한 후 인증하여 송부하거나 전자문서로 송부한다.

제21조【신청정보 등의 보존】 법 제24조제1항제2호에 따라 등기가 이루어지거나 등기신청이 취하된 경우에 그 신청정보와 첨부정보 및 취하정보는 보조기억장치에 저장하여 보존하여야 한다.

제2절 등기에 관한 장부

제22조【장부의 비치】 ① 등기소에는 다음 각 호의 장부를 갖추어 두어야 한다.
1. 상업등기신청서 접수장
2. 기타문서 접수장
3. 결정원본 편철장
4. 이의신청서류 등 편철장(2024.11.29 본호개정)
5. 전자증명서 및 보안매체 발급신청서류 등 편철장(2024.11.29 본호개정)<2025년 8월 1일부터 시행하되, 그 이전에 보안매체를 발급받은 법인에 대하여는 발급받은 즉시 시행>
6. 사용자등록신청서류 등 편철장
7. 신청서 기타 부속서류 편철장
8. 인감신고서류 등 편철장
9. 인감카드발급신청서류 등 편철장
9의2. 제42조의2에 따른 전자인감증명서 발급시스템 이용신청서류 등 편철장(2024.11.29 본호신설)
10. 열람신청서류 편철장
11. 신청서 기타 부속서류 송부부
12. 각종 통지부
13. 그 밖에 대법원예규로 정하는 장부

② 제1항의 장부는 매년 별책으로 하여야 한다. 다만, 필요에 따라 분책할 수 있다.
③ 제1항의 장부는 전자적으로 작성할 수 있다.

제23조【상업등기신청서 접수장】 ① 상업등기신청서 접수장에는 다음 각 호의 사항을 기록하여야 한다.
1. 등기의 목적
2. 신청인의 성명 또는 상호(또는 명칭)
3. 접수연월일과 접수번호
4. 대리인의 성명 및 자격
5. 등기신청수수료, 등록면허세액

② 제1항제3호의 접수번호는 대법원예규에서 정하는 바에 따라 전국 모든 등기소를 통합하여 부여하되, 매년 새로 부여하여야 한다.(2024.11.29 본항개정)

제24조【신청서 기타 부속서류 편철장】 등기사건의 신청서 기타 부속서류는 접수번호의 순서에 따라 대법원예규에서 정하는 방식으로 신청서 기타 부속서류 편철장에 편철하여야 한다.(2024.11.29 본조개정)

제25조【장부의 보존기간】 ① 등기소에 갖추어 두어야 할 장부의 보존기간은 다음 각 호와 같다.
1. 상업등기신청서 접수장 : 5년
2. 기타문서 접수장 : 10년
3. 결정원본 편철장 : 10년
4. 이의신청서류 등 편철장 : 10년(2024.11.29 본호개정)
5. 전자증명서 및 보안매체 발급신청서류 등 편철장 : 10년(2024.11.29 본호개정)<2025년 8월 1일부터 시행하되, 그 이전에 보안매체를 발급받은 법인에 대하여는 발급받은 즉시 시행>
6. 사용자등록신청서류 등 편철장 : 10년
7. 신청서 기타 부속서류 편철장 : 5년
8. 인감신고서류 등 편철장 : 5년
9. 인감카드발급신청서류 등 편철장 : 3년
9의2. 제42조의2에 따른 전자인감증명서 발급시스템 이용신청서류 등 편철장 : 5년(2024.11.29 본호신설)
10. 열람신청서류 편철장 : 1년
11. 신청서 기타 부속서류 송부부 : 5년
12. 각종 통지부 : 1년

② 장부의 보존기간은 해당 연도의 다음 해부터 기산한다.
③ 보존기간이 만료된 종이 형태의 장부 또는 서류는 지방법원장의 인가를 받아 보존기간이 만료되는 해의 다음 해 3월말까지 폐기한다.

제4장 열람과 증명

제1절 총 칙

제26조【열람 및 각종 증명서의 신청방법】 ① 등기소를 방문하여 등기기록 또는 신청서 기타 부속서류를 열람하거나 등기사항의 전부 또는 일부에 대한 증명서(이하 "등기사항증명서"라 한다) 또는 인감증명서를 발급받으려는 사람은 신청서를 제출하여야 한다.(2024.11.29 본항개정)
② 대리인이 신청서 기타 부속서류의 열람 또는 인감증명서의 발급을 신청할 때에는 신청서에 그 권한을 증명하는 서면을 첨부하여야 한다.

③ 등기기록 또는 전자문서로 작성된 신청서 기타 부속서류의 열람, 등기사항증명서 또는 인감증명서의 발급신청은 관할 등기소가 아닌 다른 등기소에서도 할 수 있다.

제27조【무인발급기와 인터넷에 의한 열람 및 증명】 무인발급기(신청인이 발급에 필요한 정보를 스스로 입력하여 증명서를 발급받을 수 있게 하는 장치를 말한다. 이하 같다)나 인터넷을 이용하여 열람 및 증명서 등을 발급받는 경우에는 이 장의 규정 중 그 성질에 적합하지 아니한 사항은 적용하지 아니한다.

제2절 등기사항의 열람과 증명

제28조【열람의 신청】 ① 등기기록 또는 신청서 기타 부속서류의 열람신청서에는 다음 각 호의 사항을 적어야 한다.
1. 열람을 신청하는 등기기록 또는 그 신청서 기타 부속서류
2. 폐쇄한 등기기록의 열람을 신청할 때에는 그 뜻

② 신청서 기타 부속서류의 열람신청서에는 이해관계를 명백히 하는 사유를 적거나 이를 적은 서면을 첨부하여야 한다.

제28조의2【인터넷에 의한 신청서 기타 부속서류의 열람】
① 신청서 기타 부속서류(전자문서로 된 신청서 기타 부속서류를 포함한다. 이하 같다)의 열람 업무는 법원행정처장이 정하는 바에 따라 인터넷을 이용하여 처리할 수 있다.
② 제1항에 따라 신청서 기타 부속서류의 열람을 신청할 수 있는 자는 다음 각 호와 같다(단, 제1호와 제2호는 전자증명서를 발급받은 대표자에 한한다).
1. 회사의 대표자(외국회사의 경우에는 대한민국에서의 대표자를 말한다)
2. 법원에서 선임된 대표이사의 직무대행자, 청산인, 관리인 등 회사를 대표할 수 있는 지위에 있는 자
3. 제1호 및 제2호의 사람으로부터 열람권한을 위임받고 제68조에 따라 사용자등록을 한 변호사 또는 법무사[법무법인·법무법인(유한)·법무조합·법무사법인·법무사법인(유한)을 포함한다. 이하 "자격자대리인"이라 한다]

③ 제1항에 따른 열람의 절차 및 방법 등 그 밖에 필요한 사항은 대법원예규로 정한다.
(2024.11.29 본조신설)

제29조【열람의 방법】 ① 등기소 방문에 의한 등기기록 또는 신청서 기타 부속서류의 열람은 등기기록에 기록된 등기사항을 전자적 방법으로 보게 하거나 그 내용을 기록한 서면을 교부하는 방법으로 한다. 다만, 신청서 기타 부속서류가 종이 형태로 작성된 경우에는 등기관 또는 그가 지정하는 직원이 보는 앞에서 열람하여야 한다.(2024.11.29 본항개정)
② 인터넷에 의한 신청서 기타 부속서류의 열람은 전자적 방법으로 그 내용을 보게 한다.(2024.11.29 본항신설)

제30조【등기사항증명서의 종류 및 내용】 ① 등기사항증명서의 종류는 다음 각 호로 한다.
1. 등기사항전부증명서(말소사항 포함)
2. 등기사항전부증명서(현재 유효사항)
3. 등기사항전부증명서(폐쇄사항)
4. 등기사항일부증명서(말소사항 포함)
5. 등기사항일부증명서(현재 유효사항)
6. 등기사항일부증명서(폐쇄사항)
7. 그 밖에 대법원예규로 정하는 바에 따라 등기기록의 전부 또는 일부를 증명하는 증명서

② 등기사항일부증명서는 대법원예규로 정하는 바에 따라 상호, 법인등록번호 등 해당 등기기록을 특정할 수 있는 사항과 신청인이 청구한 사항을 기록한다.

제31조【등기사항증명서의 발급방법】 ① 등기사항증명서를 발급할 때에는 그 종류를 명시하고, 등기기록의 내용과 다름이 없음을 증명하는 내용의 증명문을 부기하며, 발급연월일과 중앙관리소 전산운영책임관의 직명을 적은 후 전자이미지관인을 기록하여야 한다. 이 경우 등기사항증명서가 여러 장으로 이루어진 경우에는 연속성을 확인할 수 있는 조치를 하여 발급하여야 한다.
② 신청인이 지점 또는 지배인에 관한 증명을 따로 청구하지 아니하였을 때에는 이에 관한 기록을 생략할 수 있다.
③ 등기신청이 접수된 등기기록에 관하여는 등기관이 그 등기를 마칠 때까지 등기사항증명서를 발급하지 아니한다. 다만, 그 등기기록에 등기신청사건이 접수되어 처리 중에 있다는 뜻을 등기사항증명서에 표시하여 발급할 수 있다.

제32조【무인발급기에 의한 등기사항증명】 ① 등기사항증명서는 무인발급기를 이용하여 발급할 수 있다.
② 무인발급기는 등기소 외의 장소에도 설치할 수 있다.
③ 제2항에 따른 설치장소는 법원행정처장이 정한다.
④ 법원행정처장의 지정을 받은 국가기관이나 지방자치단체 또는 그 밖의 자는 그가 관리하는 장소에 무인발급기를 설치할 수 있다.
⑤ 무인발급기의 설치와 관리의 절차 및 비용의 부담 등 필요한 사항은 대법원예규로 정한다.

제33조【인터넷에 의한 등기사항증명 등】 ① 등기기록의 열람 또는 등기사항증명서의 발급업무는 인터넷에 의하여 처리할 수 있다.(2024.11.29 본항개정)
② 제1항에 따른 업무는 중앙관리소에서 처리하며, 전산운영책임관이 그 업무를 담당한다.
③ 제1항에 따른 열람과 발급의 범위, 절차 및 방법 등 필요한 사항은 대법원예규로 정한다.

제34조【등기사항의 공시제한 등】 ① 등기기록의 열람 또는 등기사항증명서 발급의 경우에 대법원예규로 정하는 바에 따라 임원 또는 지배인 등의 주민등록번호 전부 또는 일부를 공시하지 아니할 수 있다.
② 신청서 기타 부속서류를 열람하게 할 때에는 주민등록번호 등 개인정보의 보호조치를 할 수 있다.(2024.11.29 본항신설)
(2024.11.29 본조개정)

제3절 인감제출 및 인감증명

제35조【인감의 제출】 ① 인감 또는 개인감(改印鑑)을 제출하는 신고인 또는 그 대리인은 인감제출자에 관한 사항을 적고 사용할 인감을 날인한 인감신고서 또는 개인(改印)신고서를 관할 등기소에 출석하여 제출하는 방법으로 한다. 다만, 대법원예규로 정하는 경우에는 인터넷을 이용하여 제출할 수 있다.
② 등기소에 제출하는 인감신고서 또는 개인신고서에는 「인감증명법」에 따라 신고한 인감을 날인하고 그 인감증명(발행일로부터 3개월 이내의 것이어야 한다. 이하 같다)을 첨부하거나 등기소에 제출한 유효한 종전 인감을 날인하여야 한다. 다만, 그 신고서에 법 제16조 및 제25조에 따라 등기소에 인감을 제출할 사람이 기명날인 또는 서명하였다는 공증인의 인증서면을 첨부하는 경우에는 그러하지 아니하다.
③ 지배인이 제출하는 인감신고서 또는 개인신고서에는 제2항의 방법 대신 영업주가 등기소에 제출한 인감을 날인하고 지배인의 인감임이 틀림없음을 보증하는 서면을 첨부하여야 한다.
④ 인감은 대조에 적당하고 가로·세로 2.4센티미터의 정사각형 안에 들어갈 수 있는 것이어야 하며, 가로·세로 1센티미터의 정사각형 안에 들어가는 것이 아니어야 한다.
⑤ 인감신고 또는 개인신고에 관하여는 제26조제2항을 준용한다.

제36조【인감의 기록】 등기관은 주민등록증, 운전면허증, 여권, 외국인등록증, 장애인등록증 등의 신분증명서에 의하여 인감신고서 또는 개인신고서를 제출하는 사람의 신분을 확인한 후 제출된 인감과 인감제출자에 관한 사항을 인감부에 기록하여야 한다.

제37조【재날인 등의 요구】 등기신청서 등에 날인된 인감이 제출된 인감과 대조하기 어려운 때에는 등기관은 다시 인감을 날인하게 하거나 그 밖의 상당한 조치를 취할 것을 요구할 수 있다.

제38조【인감의 폐인 등】 ① 인감을 제출한 사람이 그 자격을 상실하거나 개인 또는 인감의 폐지신고를 한 경우 등기관은 인감에 관한 기록을 폐쇄하여야 한다.
② 인감의 폐지신고를 하려는 사람은 폐인(廢印)신고서에 인감제출자에 관한 사항을 적고 등기소에 제출한 인감을 날인하여 관할 등기소에 제출하여야 한다. 다만, 등기소에 제출한 인감을 날인할 수 없을 때에는 「인감증명법」에 따라 신고한 인감을 날인하고 그 인감증명을 첨부하여야 한다.
③ 인감의 폐지신고에 관하여는 제26조제2항 및 제35조제1항과 제2항 단서를 준용한다.

제39조【인감카드의 발급신청 등】 ① 인감카드를 발급받으려는 사람은 인감제출자에 관한 사항을 적고 등기소에 제출한 인감을 날인한 인감카드발급신청서를 작성하여 등기소에 제출하여야 한다. 다만, 대법원예규로 정하는 경우에는 인감카드를 발급하지 아니할 수 있다.
② 인감카드를 분실하거나 인감카드가 훼손되어 인감카드를 재발급받으려는 사람은 인감카드의 재발급을 신청하여야 한다. 이 경우 제1항 본문을 준용한다.
③ 인감카드의 효력정지, 효력회복, 폐지를 신청할 때에는 인감카드사건신고서를 작성하여 등기소에 제출하여야 한다. 다만, 효력정지는 대법원예규로 정하는 바에 따라 전자문서로 신청할 수 있다.
④ 제3항의 인감카드사건신고서에는 등기소에 제출한 인감을 날인하거나 「인감증명법」에 따라 신고한 인감을 날인하고 그 인감증명을 첨부하여야 한다. 다만, 신고서에 인감카드 비밀번호를 기재하여 효력정지를 신고하는 경우에는 그러하지 아니하다.
⑤ 인감카드의 발급과 재발급신청 및 사건신고에 관하여는 제26조제2항 및 제3항을 준용한다.

제40조【인감증명서의 발급신청】 ① 인감증명서를 발급받으려는 사람은 인감증명서발급신청서를 등기소에 제출하고 인감카드를 제시하여야 한다. 부동산매도용 또는 자동차(「자동차관리법」 제5조에 따라 등록된 자동차를 말한다. 이하 같다)매도용 인감증명서발급신청서에는 매수자의 성명(상호 또는 명칭), 주소(본점 또는 사무소 소재지), 주민등록번호(법인등록번호 등 부동산등기용등록번호)를 적어야 한다.(2024.11.29 전단개정)
② 전자증명서를 발급받은 사람은 대법원예규로 정하는 바에 따라 인터넷으로 인감증명서 발급을 신청한 후 등기소에서 이를 교부받을 수 있다.
③ 인감카드를 제시하거나 제2항의 신청에 따른 인감증명서 발급번호와 비밀번호를 제시하면 인감증명서의 발급신청에 관한 권한 또는 인감증명서의 수령에 관한 권한이 있는 것으로 본다.(2024.11.29 본항개정)

제41조【인감증명서의 발급방법】 ① 인감증명서에는 등기소에 제출된 인감 및 인감제출자에 관한 사항과 증명문을 부기하고 증명의 연월일과 중앙관리소 전산운영책임관의 직명을 기재한 다음 전자이미지관인을 기록하여야 한다.
② 부동산매도용 또는 자동차매도용 인감증명서에는 제1항의 사항 외에도 매수자에 관한 제40조제1항 후단의 사항을 기재하여야 하고, 매수자에 관한 사항을 별지 목록으로 작성할 때에는 별지 목록과 인감증명서의 연속성을 확인할 수 있는 조치를 취하여야 한다.

제42조【무인발급기에 의한 인감증명서의 발급】 ① 인감증명서는 무인발급기를 이용하여 발급할 수 있다. 다만, 부동산매도용 또는 자동차매도용 인감증명서는 대법원예규로 정하는 경우에 한하여 발급할 수 있다.
② 제1항의 경우에는 제32조제2항부터 제5항까지의 규정을 준용한다.

제42조의2【전자인감증명서 발급시스템 이용 및 발급신청】 ① 법원행정처장은 전자인감증명서 발급에 관한 사무를 처리하기 위하여 전자인감증명서 발급시스템(이하 "발급시스템"이라 한다)을 구축·운영·관리할 수 있다.
② 인감을 제출한 사람이 발급시스템을 이용하려는 경우에는 등기소를 방문하여 발급시스템 이용신청서를 제출하여야 한다.
③ 대리인이 발급시스템 이용신청서를 제출할 때에는 신청서에 그 권한을 증명하는 서면을 첨부하여야 한다.
④ 전자인감증명서를 발급받으려는 사람은 인터넷등기소를 통하여 용도 등 대법원예규로 정하는 사항을 기재한 후 전자증명서 및 보안매체에 의하여 본인임을 확인함으로써 그 발급을 신청하여야 한다.<2025년 8월 1일부터 시행하되, 그 이전에 보안매체를 발급받은 법인에 대하여는 발급받은 즉시 시행>
⑤ 제1항부터 제4항까지에서 규정한 사항 외에 발급시스템의 운영 및 이용, 전자인감증명서의 발급신청 등 그 밖에 필요한 사항은 대법원예규로 정한다.
(2024.11.29 본조신설)

제42조의3【전자인감증명서의 활용】 ① 전자인감증명서를 발급받은 사람은 발급확인번호 등 대법원예규로 정하는 사항이 포함된 발급증(이하 "발급증"이라 한다)을 발급시스템에서 발급받아 법원행정처장이 공고로써 지정한 행정기관 등(이하 "지정 행정기관등"이라 한다)에 제출하는 방법으로 전자인감증명서를 활용할 수 있다.
② 제1항에 따라 발급증을 제출받은 지정 행정기관등은 해당 발급증에 기재된 발급확인번호를 발급시스템에 입력하는 등의 방법으로 그 전자인감증명서를 확인할 수 있으며, 이를 출력한 경우 그 출력물은 전자인감증명서로서의 효력이 없다.
③ 제1항에 따른 지정 행정기관등의 공고는 인터넷등기소를 통하여 한다.
④ 전자인감증명서에 포함되어야 하는 사항 및 그 형식 등에 관하여는 제41조를 준용한다.
⑤ 제1항부터 제4항까지의 규정에 따른 전자인감증명서의 활용 등 그 밖에 필요한 사항은 대법원예규로 정한다.
(2024.11.29 본조신설)

제4절 전자증명서

제43조【전자증명서의 발급제한】 법 제17조제1항에도 불구하고 다음 각 호의 사람에게는 전자증명서를 발급하지 아니한다.
1. 직무집행정지의 등기가 된 법인의 대표자
2. 「채무자 회생 및 파산에 관한 법률」에 의하여 보전관리, 회생절차개시 또는 파산선고의 등기가 된 법인의 대표자 및 지배인
3. 등기기록상 존립기간이 만료된 법인의 대표자(청산인은 제외한다) 및 지배인
4. 그 밖에 대법원예규로 정하는 사람

제44조【전자증명서의 발급신청】 ① 전자증명서의 발급신청은 신청인이 직접 등기소에 출석하여 하거나 자격자대리인이 신청인을 대리하여 할 수 있다.(2024.11.29 본항개정)
② 전자증명서를 발급받으려는 사람은 인감제출자에 관한 사항을 적고 등기소에 제출한 인감을 날인한 전자증명서발급신청서를 작성하여 등기소에 제출하여야 한다.
③ 지배인이 전자증명서의 발급을 신청하는 경우에는 제2항의 전자증명서발급신청서에 영업주가 그 발급신청을 확인하는 뜻을 적고 등기소에 제출한 인감을 날인하여 제출하여야 한다.
④ 전자증명서의 발급신청에 관하여는 제26조제2항 및 제3항을 준용한다.

제45조【전자증명서 발급신청의 심사】 ① 등기관은 제36조의 신분증명서에 의하여 전자증명서 발급을 신청한 사람의 신분을 확인하여야 한다.
② 다음 각 호의 어느 하나에 해당하는 사유가 있는 경우에는 전자증명서 발급신청을 수리하지 아니한다.
1. 제1항에 따른 신분 확인이 불가능한 경우
2. 전자증명서발급신청서가 방식에 맞지 아니한 경우
3. 전자증명서발급신청서에 적힌 내용이 등기기록의 내용과 일치하지 아니한 경우
4. 신청자격이 없는 사람 또는 발급이 제한되는 제43조 각 호의 사람이 신청한 경우
5. 그 밖에 대법원예규로 정하는 사유가 있는 경우

제46조【전자증명서의 발급】 ① 전자증명서는 신청인이 인터넷등기소에서 대법원예규로 정하는 바에 따라 컴퓨터 하드디스크, 휴대용 저장매체에 저장하여 발급받는다.(2024.11.29 본항개정)
② 신청인은 제1항에 따라 발급받은 전자증명서를 이동통신단말장치에 전송하여 저장할 수 있다.(2024.11.29 본항신설)
③ 전자증명서에는 다음 각 호의 사항을 기록하여야 한다.
1. 인감제출자의 성명, 자격, 주민등록번호(주민등록번호가 없는 재외국민 또는 외국인의 경우에는 외국인등록번호 · 국내거소신고번호 또는 생년월일을 말한다)(2024.11.29 본호개정)
2. 회사의 상호와 법인등록번호
3. 전자증명서의 증명기간, 일련번호, 전자서명검증정보
4. 전자서명의 방식
5. 그 밖에 대법원예규로 정하는 사항
④ 제3항제3호의 증명기간은 3년으로 한다.(2024.11.29 본항개정)
⑤ 제1항에 의하여 발급받은 전자증명서를 전자신청, 인터넷을 이용한 인감증명서 발급신청 및 전자인감증명서 발급신청 등에 사용하기 위해서는 대법원예규로 정하는 방법에 따라 인터넷등기소에서 이용등록 절차를 거쳐야 한다.(2024.11.29 본항개정)
⑥ 전자증명서는 다음 각 호의 용도 외에는 사용하지 못한다.
1. 등기신청
2. 전자공탁
3. 「주택임대차계약증서상의 확정일자 부여 및 임대차 정보제공에 관한 규칙」에 따른 전자확정일자 정보제공 요청
3의2. 전자인감증명서 발급(2024.11.29 본호신설)
4. 그 밖에 대법원예규로 정하는 용도

제47조【전자증명서의 효력정지 신청 등】 ① 전자증명서의 효력정지, 효력회복, 폐지를 신청할 때에는 전자증명서사건신고서를 작성하여 등기소에 제출하여야 한다. 다만, 전자증명서의 효력정지는 대법원예규로 정하는 바에 따라 전자문서로 신청할 수 있다.
② 제1항에 관하여는 제26조제2항 및 제3항, 제44조제1항을 준용한다.

제48조【전자증명서의 직권 효력정지 및 효력회복】 ① 다음 각 호의 어느 하나에 해당하는 사유가 발생하였을 때에는 직권으로 전자증명서의 효력을 정지하여야 한다.
1. 전자증명서에 기록된 사항에 변경이 발생하는 등기의 신청서 또는 촉탁서를 접수한 경우
2. 제43조의 전자증명서 발급제한사유에 해당하는 등기의 신청서 또는 촉탁서를 접수한 경우
② 제1항 각 호의 등기신청 또는 등기촉탁이 취하되거나 각하된 때에는 직권으로 전자증명서의 효력을 회복하여야 한다.

제49조【전자증명서의 변경발급 등】 ① 변경등기에 의하여 등기기록의 내용과 전자증명서에 기록되는 내용이 달라진 경우에는 전자증명서를 변경 발급받아야 한다.
② 전자증명서는 증명기간 만료일 3개월 전부터 만료일까지 갱신 발급받을 수 있다.
③ 전자증명서를 분실하거나 전자증명서가 훼손되어 사용할 수 없게 되었을 때에는 기존의 전자증명서를 폐지하고 최초의 발급절차에 의하여 전자증명서를 다시 발급받아야 한다.
④ 전자증명서의 변경 발급과 갱신 발급에 관하여는 제26조제2항 및 제3항, 제35조제1항 단서, 제44조제1항을 준용한다.

제50조【전자증명서의 효력소멸】 다음 각 호의 경우 전자증명서의 효력은 소멸된다.
1. 제43조의 전자증명서 발급제한사유에 해당하는 등기가 된 경우
2. 제46조제4항의 증명기간이 지난 경우(2024.11.29 본호개정)
3. 제47조에 의하여 전자증명서가 폐지된 경우
4. 변경등기에 의하여 전자증명서 발급신청권자가 그 지위를 상실한 경우

제5장 등기절차

제1절 총 칙

제1관 통 칙

제51조【신청정보】 ① 등기를 신청하는 경우에는 다음 각 호의 사항을 신청정보의 내용으로 등기소에 제공하여야 한다.
1. 신청인의 성명 및 주소. 다만, 신청인이 회사 또는 합자조합인 경우 다음 각 목의 구분에 따른 사항
가. 신청인이 회사인 경우에는 그 상호, 본점 및 대표자의 성명이나 명칭과 주소 또는 본점소재지(대표자가 법인인 경우에는 그 직무를 행할 사람의 성명 및 주소를 포함한다)
나. 신청인이 합자조합인 경우에는 그 명칭, 주된 영업소 및 업무집행조합원의 성명이나 상호와 주소 또는 본점소재지(업무집행조합원이 법인인 경우에는 그 직무를 행할 사람의 성명 및 주소를 포함한다)
2. 대리인에 의하여 신청할 때에는 그 성명 및 주소
3. 등기의 목적 및 사유
4. 등기할 사항
5. 관청의 허가 또는 인가가 필요한 사항의 등기를 신청하는 경우에는 허가서 또는 인가서의 도달연월일
6. 다른 법률로 부과한 의무사항이 있을 때에는 그 의무사항
7. (2024.11.29 삭제)
8. 등록에 대한 등록면허세액과 「지방세법」 제28조제1항제6호가목부터 다목까지의 규정에 따른 등기의 경우에는 그 과세표준액
9. 등기신청수수료액
10. 신청연월일
11. 등기소의 표시
② (2024.11.29 삭제)
③ 「상법」 제514조의2(같은 법 제516조의8제2항으로 준용되는 경우를 포함한다)와 「상법」 제614조제2항 · 제3항 및 제614조의2 등에 의하여 외국에서 생긴 사항의 등기를 신청할 때에는 그 통지가 도달한 연월일을 신청정보의 내용으로 등기소에 제공하여야 한다.(2024.11.29 본항개정)

제52조【첨부정보】 ① 등기를 신청하는 경우에는 다음 각 호의 정보를 그 신청정보와 함께 첨부정보로서 등기소에 제공하여야 한다.
1. 대리인에 의하여 등기를 신청하는 경우에는 그 권한을 증명하는 정보
2. 관청의 허가 또는 인가를 필요로 하는 사항의 등기를 신청하는 경우에는 그 허가 또는 인가가 있음을 증명하는 정보

3. 주소, 주민등록번호(주민등록번호가 없는 재외국민 또는 외국인의 경우에는 외국인등록번호 · 국내거소신고번호 또는 생년월일을 말한다)를 등기하여야 하는 경우에는 이를 증명하는 정보(2024.11.29 본호개정)
4. 성명 또는 주소의 변경에 관한 등기를 신청하는 경우에는 그 사실을 증명하는 정보
② 법 제27조에 해당하는 등기를 신청하는 경우에는 법 제27조의 소가 그 제소기간 내에 제기되지 아니한 사실을 증명하는 정보와 등기할 사항의 존재를 증명하는 정보를 첨부정보로서 등기소에 제공하여야 한다. 이 경우 회사는 그 본점소재지를 관할하는 지방법원 또는 그 지원에 법 제27조의 소가 그 제소기간 내에 제기되지 아니한 사실을 증명하는 서면의 발급을 신청할 수 있다.
③ 첨부정보 중 법원행정처장이 지정하는 첨부정보는 「전자정부법」 제36조제1항에 따른 행정정보 공동이용을 통하여 등기관이 직접 확인하고 신청인에게는 해당 첨부정보를 제공한 것으로 본다. 다만, 그 첨부정보가 개인정보를 포함하고 있는 경우에는 그 정보주체의 동의가 있음을 증명하는 정보를 등기소에 제공하여야 한다.(2024.11.29 본항개정)
④ 첨부정보 중 「주민등록법」에 따른 주민등록표등본 · 초본과 「인감증명법」에 따른 인감증명 및 「가족관계의 등록 등에 관한 법률」에 따른 가족관계등록사항별증명서는 발행일부터 3개월 이내의 것이어야 한다.
⑤ 첨부정보가 외국어로 작성된 경우에는 그 번역문을 함께 제공하여야 한다.
⑥ 제3항의 경우 등기신청이 접수된 이후에 행정기관의 시스템 장애, 행정정보 공동이용망의 장애 또는 등기소의 전산정보처리조직의 장애 등으로 인하여 등기관이 그 행정정보를 확인할 수 없는 경우에는 대법원예규로 정하는 방법에 따라 신청인에게 그 행정정보를 등기소에 제공할 것을 명할 수 있다.(2024.11.29 본항신설)

제53조【일괄신청과 동시신청】 ① 동일한 등기기록에 대한 여러 개의 등기신청은 일괄하여 1건의 신청서로 할 수 있다. 다만, 다른 등기소의 관할 구역으로 본점 또는 주된 영업소를 이전하는 등기를 신청하는 경우에는 그러하지 아니하다.
② 같은 등기소에 동시에 여러 건의 등기신청을 하는 경우에 첨부정보의 내용이 같은 것이 있을 때에는 먼저 접수되는 신청서에만 그 첨부정보를 제공하고, 다른 신청서에는 먼저 접수된 신청서에 그 첨부정보를 제공하였다는 뜻을 기재하는 것으로 그 첨부정보의 제공을 갈음할 수 있다. 다만, 전자신청의 경우에는 그러하지 아니하다.
③ 법 제63조 및 제66조, 법 제71조의 해산등기의 신청에 관하여는 신청서의 첨부정보에 관한 규정을 적용하지 아니한다.

제54조【등기신청의 조사】 ① 등기신청이 접수되었을 때에는 등기관은 지체 없이 신청에 관한 모든 사항을 조사하여야 한다.
② 등기소에 제출되어 있는 인감과 등기기록에 관한 사항은 전산정보처리조직을 이용하여 조사하여야 한다.
③ 법 제26조 단서의 보정 요구는 신청인에게 말로 하거나, 전화, 팩시밀리 또는 인터넷을 이용하여 할 수 있다.

제55조【등기의 방법】 ① 등기를 할 때에는 이 규칙에서 따로 정하는 경우를 제외하고는 등기기록 중 해당란에 등기사항, 등기원인 및 그 연월일, 등기연월일을 기록하고 제3조제3항의 등기관의 식별부호를 기록하여야 한다.
② 법원의 재판에 따른 등기를 할 때에는 법원의 명칭, 사건번호 및 재판의 확정연월일 또는 재판연월일을 기록하여야 한다.
③ 변경의 등기를 할 때에는 변경 전의 등기사항을 말소하여야 한다.
④ 법 제4조제2항에 따라 등기신청을 접수한 등기소가 다른 등기소의 관할에 속하는 등기사무를 처리한 경우에는 다른 등기소의 관할에 속하는 등기기록의 기타사항란 등에 해당 등기소에서 그 등기를 하였다는 뜻을 기록하여야 한다.(2024.11.29 본항신설)

제56조【등기신청의 취하】 ① 등기신청의 취하는 등기관이 등기를 마치기 전까지 할 수 있다.
② 제1항의 취하는 다음 각 호의 구분에 따른 방법으로 하여야 한다.
1. 방문신청 : 신청인 또는 그 대리인이 등기신청을 한 등기소에 출석하여 취하서를 제출하는 방법
2. 전자신청 : 전산정보처리조직을 이용하여 취하정보를 전자문서로 등기신청을 한 등기소에 송신하는 방법
(2024.11.29 1호~2호개정)

제57조【행정구역 등 변경의 직권등기】 등기기록에 기록된 행정구역 또는 그 명칭이 변경된 경우에 등기관은 직권으로 변경사항을 등기할 수 있다.

제58조【등기기록의 폐쇄 및 부활】 ① 등기기록을 폐쇄하는 때에는 기타사항란에 그 뜻과 연월일을 기록하여야 한다.
② 폐쇄한 등기기록에 다시 등기할 필요가 있는 때에는 그 등기기록을 부활하여야 한다. 이 경우 기타사항란에 그 뜻과 연월일을 기록하고 등기기록을 폐쇄한 뜻과 그 연월일의 등기를 말소하여야 한다.

제59조【해산한 회사의 등기기록 폐쇄 등】 ① 법 제19조 또는 제2항에 의하여 등기기록을 폐쇄한 경우에 회사 또는 합자조합이 본점 또는 주된 영업소 소재지 관할 등기소에 청산을 종결하지 아니하였다는 뜻을 신고한 때에는 등기관은 그 등기기록을 부활하여야 한다.
② 제1항의 신고로 등기기록이 부활된 때부터 5년이 지난 때에는 등기관은 다시 그 등기기록을 폐쇄할 수 있다.
③ (2024.11.29 삭제)

제2관 방문신청

제60조【방문신청의 방법】 ① 방문신청을 하는 경우에는 등기신청서에 제51조 및 그 밖의 법령에 따라 신청정보의 내용으로 등기소에 제공하여야 하는 정보를 적고 신청인 또는 그 대리인이 기명날인하여야 한다.
② 신청서가 2장 이상일 때에는 신청인 또는 그 대리인이 간인을 하여야 하고, 신청인 또는 그 대리인이 2인 이상일 때에는 그 중 1인이 간인을 하여야 한다.
③ 제1항의 등기신청서에는 제52조 및 그 밖의 법령에 따라 첨부정보로서 등기소에 제공하여야 하는 정보를 담고 있는 서면을 첨부하여야 한다.

제61조【서명에 의한 등기신청】 ① 다음 각 호의 등기를 신청하는 경우에는 신청인 또는 그 대리인은 신청서에 제60조제1항의 기명날인을 갈음하여 서명할 수 있다.
1. (2024.11.29 삭제)
2. 주소의 변경에 관한 등기
3. 그 밖에 대법원예규로 정하는 등기
② 제1항의 경우 신청서가 2장 이상일 때에는 각 장마다 연결되는 서명을 함으로써 제60조제2항의 간인을 대신한다.

제62조【신청서 등의 문자】 ① 신청서나 그 밖의 등기에 관한 서면을 작성할 때에는 자획(字劃)을 분명히 하여야 한다.
② 제1항의 서면에 적은 문자를 수정, 삽입 또는 삭제할 때에는 서면의 여백에 수정, 삽입 또는 삭제한 글자 수를 표시하고, 그 곳에 날인 또는 서명을 하여야 한다. 이 경우 삭제한 문자는 원래의 글자를 알 수 있도록 글자체를 남겨두어야 한다.

제63조【전자표준양식에 의한 등기신청】 방문신청을 하려는 신청인은 신청서를 등기소에 제출하기 전에 전산정보처리조직에 신청정보를 입력하고, 그 입력한 신청정보를 서면으로 출력하여 등기소에 제출하는 방법으로 할 수 있다.

제64조【자격자대리인의 사무원】 ① 법 제24조제1항제1호 단서에 따라 등기소에 출석하여 등기신청서를 제출할 수 있는 자격자대리인의 사무원은 자격자대리인의 사무소 소재지를 관할하는 지방법원장이 허가하는 1명으로 한다. 다만, 법무법인·법무법인(유한)·법무조합 또는 법무사법인·법무사법인(유한)의 경우에는 그 구성원 및 구성원이 아닌 변호사나 법무사 수만큼의 사무원을 허가할 수 있다.(2016.6.27 단서개정)
② 자격자대리인이 제1항의 허가를 받으려면 지방법원장에게 허가신청서를 제출하여야 한다.
③ 지방법원장이 제1항의 허가를 하였을 때에는 해당 자격자대리인에게 등기소 출입증을 발급하여야 한다.
④ 제1항의 사무원이 그 업무를 함에 있어 위법행위를 한 경우 등 상당한 이유가 있는 때에는 지방법원장은 제1항의 허가를 취소할 수 있다.
제65조【등기신청서의 접수】 ① 등기신청서를 받은 등기관은 전산정보처리조직에 제23조제1항 각 호의 사항을 입력한 후 신청서에 접수번호표를 붙여야 한다.
② 등기관이 신청서를 접수하였을 때에는 신청인의 청구에 따라 그 신청서의 접수증을 발급하여야 한다.
제66조【원본인 첨부서류의 반환】 ① 신청서에 첨부한 원본인 서류의 반환을 청구하는 경우에 신청인은 그 원본과 같다는 뜻을 적은 사본을 첨부하여야 하고, 등기관이 서류의 원본을 반환할 때에는 그 사본에 원본 반환의 뜻을 적고 기명날인하여야 한다. 다만, 다음 각 호의 서류에 대해서는 반환을 청구할 수 없다.
1. 등기신청에 첨부된 위임장 등 해당 등기신청만을 위하여 작성한 서류
2. 인감증명, 법인등기사항증명서, 주민등록표등본·초본, 가족관계등록사항별증명서 등 별도의 방법으로 다시 취득할 수 있는 서류
② 대리인이 제1항의 청구를 할 때에는 신청서에 그 권한을 증명하는 서면을 첨부하여야 한다.

제3관 전자신청

제66조의2【전자신청이 가능한 등기유형】 법 제24조제1항제2호에 따라 전자신청이 가능한 등기유형은 다음 각 호와 같다.
1. 회사의 등기. 다만, 조직변경의 등기는 제외한다.
2. 외국회사 영업소 등기. 다만, 영업소를 다른 등기소의 관할구역으로 이전하는 등기는 제외한다.
3. 그 밖에 대법원예규로 정하는 등기유형
(2024.11.29 본조신설)
제67조【전자신청의 방법】 ① 전자신청은 신청인이 직접 하거나 자격자대리인이 그 신청인을 대리하여 할 수 있다.
② 제1항에 따라 전자신청을 하는 경우에는 제51조 및 그 밖의 법령에 따라 신청정보의 내용으로 등기소에 제공하여야 하는 정보를 전자문서로 등기소에 송신하여야 한다. 다만, 등기기록에 등기되어 있지 않은 등기신청권자와 법인이 아닌 자격자대리인이 신청하는 경우에는 사용자등록번호도 함께 송신하여야 한다.
③ 제2항의 경우에는 제52조 및 그 밖의 법령에 따라 첨부정보로서 등기소에 제공하여야 하는 정보를 전자문서로 등기소에 송신하거나 대법원예규로 정하는 바에 따라 등기소에 제공하여야 한다.
④ 제2항과 제3항에 따라 전자문서를 송신할 때에는 다음 각 호의 구분에 따른 신청인 또는 작성명의인의 전자서명정보를 함께 송신하여야 한다.(2020.11.26 본문개정)
1. 법인 : 「상업등기법」의 전자증명서. 이 경우 제1조의2제7호의 추가인증을 하여야 한다.(2024.11.29 후단신설)
<추가 인증수단인 보안매체에 관한 부분은 2025년 8월 1일부터 시행하되, 그 이전에 보안매체를 발급받은 법인에 대하여는 발급받은 즉시 시행>
2. 개인 : 「전자서명법」 제2조제6호에 따른 인증서(서명자의 실지명의를 확인할 수 있는 것으로서 법원행정처장이 지정·공고하는 인증서를 말한다)(2021.5.27 본호개정)
3. 관공서인 경우 : 대법원예규로 정하는 전자인증서
⑤ 제4항제2호의 공고는 인터넷등기소에 하여야 한다.
(2021.5.27 본항신설)
제67조의2【정보주체 본인에 관한 행정정보의 제공요구 절차 등】 ① 등기신청인은 「전자정부법」 제2조제2호의 행정기관이 보유하고 있는 행정정보를 제52조제1항 및 그 밖의 법령에서 정한 첨부정보로 등기소에 제공하기 위하여 「전자정부법」 제43조의2에 따라 정보주체 본인에 관한 행정정보를 보유하고 있는 행정기관의 장에게 인터넷등기소를 통하여 제공받을 수 있도록 요구할 수 있다.
② 다음 각 호의 요건을 모두 갖춘 자격자대리인은 위임사무의 수행을 위하여 제1항의 제공요구를 대리할 수 있다.
1. 제68조에 따라 사용자등록을 하였을 것
2. 등기신청인으로부터 등기신청의 위임을 받았을 것
3. 제52조제1항 및 그 밖의 법령에 따라 등기소에 제공하여야 하는 첨부정보의 제공을 위하여 정보주체 본인으로부터 행정정보의 정보제공 요구에 관한 사항 및 이용에 관한 동의를 받았을 것
③ 등기신청인으로부터 위임을 받은 자격자대리인이 제2항의 제공요구를 하기 위해서는 인터넷등기소를 통하여 제2항 제3호의 정보를 작성하고 정보주체 본인의 인증서등을 함께 전산정보처리조직에 송신하여야 한다.
④ 제1항에 따라 제공받은 정보주체 본인에 관한 행정정보를 첨부정보로 등기소에 송신하는 경우에는 제67조제4항에도 불구하고 정보주체의 인증서등을 송신하지 아니한다.
⑤ 제2항에 따라 위임사무를 수행하면서 정보주체에 관한 개인정보의 내용을 알게 된 자격자대리인은 「개인정보 보호법」 제19조에 따라 해당 행정정보를 위임사무를 수행하기 위한 목적 외의 용도로 이용하거나 이를 제3자에게 제공하여서는 아니 된다.
⑥ 제1항 및 제2항에 따른 제공요구 절차, 행정정보의 범위·열람 및 이용에 관한 사항 등 그 밖에 필요한 사항은 대법원예규로 정한다.
(2024.11.29 본조신설)
제68조【사용자등록의 신청】 ① 전자신청을 하기 위해서는 그 등기신청을 하려는 사람 또는 등기신청을 대리할 수 있는 자격자대리인은 최초의 등기신청 전에 사용자등록을 하여야 한다.
② 사용자등록을 신청하려는 사람 또는 자격자대리인은 등기소에 출석하여 대법원예규로 정하는 사항을 적은 신청서를 제출하여야 한다. 다만, 대법원예규로 정하는 등기신청의 경우에는 전산정보처리조직을 이용하여 사용자등록을 신청할 수 있다.
③ 제2항의 사용자등록신청서에는 「인감증명법」에 따라 신고한 인감을 날인하고 그 인감증명과 주소를 증명하는 서면을 첨부하여야 한다.
④ 신청인이 자격자대리인인 경우에는 제3항의 서면 외에 그 자격을 증명하는 서면의 사본도 첨부하여야 한다.
⑤ 전자증명서를 발급받아 송신하거나 관공서가 전자인증서를 송신한 경우 또는 「부동산등기규칙」 제68조에 의하여 사용자등록을 한 경우에는 이 규칙의 사용자등록을 한 것으로 본다.
제69조【사용자등록의 유효기간】 ① 사용자등록의 유효기간은 3년으로 한다. 다만, 자격자대리인 이외의 자의 경우에는 대법원예규로 정하는 바에 따라 그 기간을 단축할 수 있다.(2024.11.29 본항개정)
② 제1항의 유효기간이 지난 경우에는 사용자등록을 다시 하여야 한다.
③ 사용자등록의 유효기간 만료일 3개월 전부터 만료일까지는 그 유효기간의 연장을 신청할 수 있으며, 그 연장기간은

제1항에 따른 기간으로 한다.(2024.11.29 본항개정)
④ 제3항의 유효기간 연장은 전자문서로 신청할 수 있다.

제70조【사용자등록의 효력정지 등】 ① 사용자등록을 한 사람은 사용자등록의 효력정지, 효력회복 또는 해지를 신청할 수 있다.
② 사용자등록의 효력정지 및 해지의 신청은 전자문서로 할 수 있다.
③ 등기소를 방문하여 사용자등록의 효력정지, 효력회복 또는 해지를 신청하는 경우에는 신청서에 기명날인 또는 서명을 하여야 한다.

제71조【사용자등록정보 변경 및 재등록】 ① 사용자등록 후 사용자등록정보가 변경된 경우에는 대법원예규로 정하는 바에 따라 그 변경된 사항을 등록하여야 한다.
② 사용자등록번호를 분실하였을 때에는 사용자등록을 다시 하여야 한다.

제2절 상호 등에 관한 등기

제72조【2개 이상의 상호등기】 한 사람이 2개 이상의 상호등기를 신청한 때에는 각 상호를 다른 등기기록에 등기하여야 한다.

제73조【상호의 상속 또는 양도의 등기】 ① 상호를 등기한 사람의 승계인이 그 상호를 계속 사용하고자 할 경우에는 상속 또는 양도를 증명하는 정보를 제공하여야 한다. 상호를 양도하는 경우에는 양도를 증명하는 정보 외에 「상법」 제25조제1항에 따른 영업양도 또는 영업폐지를 증명하는 정보를 함께 제공하여야 한다.
② 제1항의 양도를 증명하는 서면에는 법 제25조에 따라 등기소에 제출한 양도인의 인감이 날인되어 있어야 한다.

제74조【영업양도의 면책등기】 ① 양수인이 「상법」 제42조제2항의 면책등기를 신청하는 경우에는 양도인의 승낙을 증명하는 정보를 제공하여야 한다.
② 제1항의 승낙을 증명하는 서면에 관하여는 제73조제2항을 준용한다.
③ 제1항의 면책등기는 해당 상호의 등기기록에 하여야 한다. 다만, 회사가 영업의 양도인 또는 양수인인 경우에는 양수인의 상호 등기기록 또는 양수인 회사의 등기기록에 이를 하여야 한다.

제75조【상속인의 신청에 따른 등기】 ① 상호를 등기한 사람이 법 제31조 또는 법 제32조에 따른 등기를 신청하지 아니하고 사망하여 상속인이 그 등기를 신청할 경우에는 그 자격을 증명하는 정보를 제공하여야 한다.
② 상호를 등기한 사람이 제73조 또는 제74조에 따른 등기를 신청하지 아니하고 사망한 경우에도 제1항과 같다.

제76조【이해관계인의 신청에 따른 상호등기의 말소】 「상법」 제27조에 따라 이해관계인이 상호등기의 말소를 신청하는 경우에는 그 말소에 관하여 이해관계가 있음을 증명하는 정보를 제공하여야 한다.

제77조【회사의 상호등기】 회사에 대하여는 제72조, 제73조 및 제75조를 적용하지 아니한다.

제78조【상호의 가등기기록】 「상법」 제22조의2제1항부터 제3항까지의 규정에 따른 상호의 가등기는 별지 제10호부터 제14호까지의 양식 중 해당 양식의 각 란에 해당하는 상호의 가등기에 관한 등기정보를 기록하는 방식으로 한다.

제79조【상호의 가등기를 위한 공탁금액】 법 제41조의 공탁금액은 별표1과 같다.

제80조【상호의 가등기 등】 ① 상호의 가등기 및 법 제40조제1항에 따른 예정기간 연장등기를 신청하는 경우에는 법 제41조에 따라 공탁한 공탁법원, 공탁번호, 공탁금액을 신청정보의 내용으로 제공하여야 한다. 이 경우 공탁서 사본을 첨부하여야 하나 신청정보에 의하여 등기관이 전산정보처리조직을 이용해 해당 공탁정보를 확인할 수 있는 경우에는 그러하지 아니하다.(2024.11.29 본항개정)
② 유한책임회사, 주식회사 또는 유한회사의 설립에 관계된 상호의 가등기를 신청하는 경우에는 신청서 또는 대리인의 권한을 증명하는 서면에 「인감증명법」에 따라 신고한 인감을 날인하고 그 인감증명과 설립하려는 회사의 정관을 제공하여야 한다.(2020.9.9 본항개정)
③ 유한책임회사, 주식회사 또는 유한회사의 설립에 관계된 상호의 가등기의 변경등기를 신청하는 경우에는 다음 각 호의 구분에 따른 정보를 제공하여야 한다.(2020.9.9 본문개정)
1. 법 제40조제1항에 따른 예정기간 연장등기와 법 제40조제2항에 따른 변경등기 중 발기인 또는 사원에 대한 변경등기의 경우에는 제2항에 따른 인감증명
2. 법 제40조제2항에 따른 변경등기 중 목적의 변경등기의 경우에는 제2항에 따른 인감증명과 정관
④ 유한책임회사, 주식회사 또는 유한회사의 설립에 관계된 상호의 가등기의 말소등기를 신청하는 경우에는 제2항에 따른 인감증명을 제공하여야 한다.(2020.9.9 본항개정)

제81조【공탁서 원본 확인】 등기관은 제80조제1항에 따라 첨부된 공탁서 사본에 관하여 그 원본의 제출을 요구하여 첨부된 사본이 원본과 같음을 확인하고, 사본에 원본을 확인한 뜻을 적고 기명날인하여야 한다.

제82조【공탁금의 회수절차】 ① 회사나 발기인 또는 사원이 법 제44조제1항에 의하여 공탁금을 회수할 수 있는 경우에는 등기관은 회사나 발기인 또는 사원의 청구에 따라 공탁의 원인이 소멸하였음을 증명하는 서면(이하 "공탁원인소멸증명서"라 한다)을 발급하여야 한다. 다만, 등기관이 전산정보처리조직을 이용하여 공탁의 원인이 소멸하였음을 증명하는 정보 등을 해당 공탁법원의 공탁관에게 통지할 수 있는 경우에는 그 통지로 공탁원인소멸증명서의 발급을 대신할 수 있다.(2024.11.29 본항개정)
② 제1항의 청구를 할 때에는 다음 각 호의 사항을 적고 청구인이 기명날인을 한 청구서 2통을 등기소에 제출하여야 한다.
1. 상호
2. 공탁법원, 공탁의 연월일, 공탁번호, 공탁금액
3. 공탁의 원인이 소멸한 연월일
4. 증명을 청구하는 취지와 청구연월일
③ 등기관은 제2항의 청구서 중 1통에 「위와 같이 증명합니다」라는 증명문을 부기하고, 증명의 연월일, 등기소, 등기관의 표시 및 그 성명을 적은 후 직인을 날인하여 청구인에게 교부하여야 한다. 이 경우 직인날인을 갈음하여 전자이미지 직인을 기록할 수 있다.(2024.11.29 후단신설)

제83조【공탁금의 국고 귀속 통지】 법 제44조제2항에 따라 공탁금이 국고에 귀속되는 때에는 등기관은 공탁연월일, 공탁번호, 공탁금액, 공탁자 및 공탁금이 국고에 귀속되는 취지와 그 연월일을 해당 공탁법원의 공탁관에게 통지하여야 한다.

제84조【미성년자등기】 ① 미성년자가 「상법」 제6조에 따른 미성년자등기를 신청하는 경우에는 다음 각 호의 정보를 제공하여야 한다.(2018.12.4 본문개정)
1. 법정대리인의 허락이 있음을 증명하는 정보. 다만, 신청서에 법정대리인의 기명날인이 있는 때에는 그러하지 아니하다.
2. 후견인이 영업의 허락을 한 경우에는 후견감독인이 있으면 그의 동의나 가정법원의 허가가 있음을 증명하는 정보
② 영업 종류의 추가 또는 변경으로 인한 변경등기를 신청하는 경우에는 제1항을 준용한다.
③ 법정대리인이 영업 허락의 제한으로 인한 변경등기 또는 취소로 인한 소멸등기를 신청하는 경우에는 법정대리인임을 증명하는 정보를 제공하여야 한다.
④ 미성년자의 사망으로 인한 소멸등기를 신청하는 경우에는 제3항에 따른 정보와 함께 미성년자의 사망을 증명하는 정보를 제공하여야 한다.(2018.12.4 본항개정)
(2018.12.4 본조제목개정)

제85조【법정대리인등기】 ① 법정대리인이 「상법」 제8조에 따른 법정대리인등기를 신청하는 경우에는 다음 각 호의 정보를 제공하여야 한다.
1. 법정대리인임을 증명하는 정보
2. 후견인이 제한능력자의 영업을 대리하는 경우에는 후견감독인이 있으면 그의 동의나 가정법원의 허가가 있음을 증명하는 정보(2018.12.4 본호개정)
② 영업 종류의 추가 또는 변경으로 인한 변경등기를 신청하는 경우에는 제1항을 준용한다.
③ 법정대리인의 퇴임 또는 사망으로 인한 소멸등기를 신청하는 경우에는 법정대리인의 퇴임 또는 사망을 증명하는 정보를 제공하여야 한다.
④ 새로운 법정대리인이 제3항의 등기를 신청하는 경우에는 제3항에 따른 정보와 신청인이 새로운 법정대리인임을 증명하는 정보를 제공하여야 한다.

제86조【회사 등의 지배인 등기신청】 ① 회사와 합자조합이 지배인선임의 등기를 신청하는 경우에는 지배인의 선임과 법 제50조제1항제5호의 사항을 증명하는 정보를 제공하여야 한다.
② 회사와 합자조합이 지배인의 대리권의 소멸 또는 법 제50조제1항제5호의 사항의 설정 또는 변경이나 소멸의 등기를 신청하는 경우에는 이를 증명하는 정보를 제공하여야 한다.

제87조【2인 이상의 지배인등기】 회사와 합자조합 외의 영업주가 2인 이상의 지배인에 관한 등기신청을 하였을 때에는 각 지배인을 다른 등기기록에 등기하여야 한다.

제88조【해산등기와 지배인에 관한 등기】 해산등기를 하는 때에는 회사와 합자조합의 지배인에 관한 등기를 말소하여야 한다.

제89조【등기기록의 폐쇄】 다음 각 호의 등기는 기타사항란에 하여야 하고, 이를 등기할 때에는 등기기록을 폐쇄하여야 한다.
1. 상호폐지의 등기
2. 회사의 상호와 합자조합의 명칭 외의 상호의 말소등기
3. 상호가등기의 말소등기
4. 미성년자 또는 법정대리인에 관한 소멸의 등기(2018.12.4 본호개정)
5. 회사와 합자조합 외의 영업주가 선임한 지배인의 대리권 소멸의 등기
6. 상호의 등기를 한 자, 미성년자 또는 법정대리인의 영업소를 다른 등기소의 관할구역으로 이전한 경우에 종전 소재지에 관한 영업소 이전의 등기(종전 등기소의 관할 구역 내에 다른 영업소가 있는 경우는 제외한다)(2024.11.29 본호개정)
7. 지배인을 둔 영업소를 다른 등기소의 관할 구역으로 이전한 경우에 종전 소재지에 관한 영업소 이전의 등기(종전 등기소의 관할 구역 내에 그 지배인을 둔 다른 영업소가 있는 경우는 제외한다)(2024.11.29 본호개정)

제3절 합자조합의 등기

제90조【첨부정보에 관한 통칙】 ① 조합계약에 규정이 없으면 효력이 없는 사항의 등기를 신청하는 경우에는 조합계약에 관한 정보를 제공하여야 한다.
② 총조합원 또는 어느 조합원이나 청산인의 동의를 필요로 하는 등기를 신청하는 경우에는 그 동의가 있음을 증명하는 정보를 제공하여야 한다.

제91조【설립에 따른 등기】 합자조합의 설립에 따른 등기를 신청하는 경우에는 다음 각 호의 정보를 제공하여야 한다.
1. 조합계약에 관한 정보
2. 재산출자에 관하여 이행을 한 부분을 증명하는 정보
3. 합자조합의 업무를 집행하고 대리할 권한이 있는 자가 법인인 경우에 그 자의 직무를 행할 사람의 선임을 증명하는 정보

제92조【조합원 등의 등기】 ① 업무집행권이 있는 조합원의 등기를 할 때에는 그 자의 성명 또는 상호, 주민등록번호 또는 법인등록번호 및 주소 또는 본점소재지를 등기하여야 한다.
② 업무집행권이 없는 조합원의 등기를 할 때에는 그 자의 성명 또는 상호 및 주민등록번호 또는 법인등록번호를 등기하여야 한다.
③ 조합원 또는 청산인의 등기를 할 때 그 조합원 또는 청산인이 주민등록번호가 없는 재외국민 또는 외국인인 경우에는 외국인등록번호 · 국내거소신고번호 또는 생년월일을 등기하여야 한다.(2024.11.29 본항개정)

제93조【변경등기】 ① 출자의 이행으로 인한 변경등기를 신청하는 경우에는 그 이행이 있음을 증명하는 정보를 제공하여야 한다.
② 조합원의 가입 또는 탈퇴로 인한 변경등기를 신청하는 경우에는 그 사실을 증명하는 정보를 제공하여야 한다.
③ 합자조합의 업무를 집행하고 대리할 권한이 있는 자가 법인인 경우 그 자의 직무를 행할 사람에 관한 사항의 변경등기를 신청할 때에는 그 사실이 변경되었음을 증명하는 정보를 제공하여야 한다.

제94조【해산등기】 ① 조합계약에 정한 사유의 발생으로 인한 해산등기를 신청하는 경우에는 그 사유의 발생을 증명하는 정보를 제공하여야 한다.
② 조합원의 해산청구로 인한 해산등기를 신청하는 경우에는 그 해산청구를 증명하는 정보를 제공하여야 한다.

제95조【청산인등기】 ① 조합원이 선임한 청산인의 취임등기를 신청하는 경우에는 그 취임승낙을 증명하는 정보를 제공하여야 한다.
② 청산인의 퇴임등기를 신청하는 경우에는 그 퇴임을 증명하는 정보를 제공하여야 한다.

제96조【합명회사에 관한 규정의 준용】 ① 합자조합의 등기에 관하여는 제99조, 제106조제1항, 제109조제1항, 제110조제2항, 제116조 중 청산종결의 등기 부분을 준용한다.(2024.11.29 본항개정)
② 업무집행권이 있는 조합원의 사임을 증명하는 정보, 청산인의 취임승낙 또는 사임을 증명하는 정보에 관하여는 제104조를 준용한다.
③ 업무집행권과 대리권의 등기에 관하여는 제108조 본문을 준용한다.
④ (2024.11.29 삭제)

제4절 합명회사의 등기

제97조【첨부정보에 관한 통칙】 ① 정관에 규정이 없으면 효력이 없는 사항의 등기를 신청하는 경우에는 정관을 제공하여야 한다.
② 총사원 또는 어느 사원이나 청산인의 동의를 필요로 하는 등기를 신청하는 경우에는 그 동의가 있음을 증명하는 정보를 제공하여야 한다.

제98조【설립등기】 설립등기를 신청하는 경우에는 다음 각 호의 정보를 제공하여야 한다.
1. 정관
2. 재산출자에 관하여 이행을 한 부분을 증명하는 정보

제99조【본점이전등기의 신청 및 처리】 ① 법 제55조에 따라 본점이전등기를 신청할 때에는 종전의 본점 소재지와 새 본점의 소재지 및 이전 연월일을 신청정보의 내용으로 등기소에 제공하여야 한다.
② 제1항의 등기신청을 접수한 등기관은 해당 등기기록의 본점란에 새 본점의 소재지와 이전연월일을, 기타사항란에 접수한 등기소에서 그 등기를 하였다는 뜻을 각각 기록한 후 그 등기기록과 인감에 관한 기록의 처리권한을 전산정보처리조직을 이용하여 새 본점의 소재지로 넘겨주는 조치를 한다.(2024.11.29 본조개정)

제100조【본점이전등기와 상호변경등기】 ① 본점이전등기신청을 한 회사의 상호가 새 소재지 관할 등기소에서 법 제29조에 해당하여 본점이전등기를 할 수 없고, 종전 소재지 관할 등기소에서도 법 제29조에 해당하여 상호변경등기를 할 수 없는 경우에는 제53조제1항 단서에도 불구하고 그 상호변경등기신청은 본점이전등기신청과 동시에 종전 소재지 또는 새 소재지 관할 등기소 중 한 곳에 할 수 있다.
② 제1항의 신청을 접수한 종전 소재지 관할 등기소의 등기관은 법 제4조제2항에 따라 상호변경등기신청사건을 함께 처리할 수 있다.
③ 법 제55조의 본점이전등기신청이 접수된 후에 법 제29조가 적용되는 등기신청이 접수된 경우, 종전 소재지 또는 새 소재지 관할 등기소의 등기관은 본점이전등기를 하기 전까지 그 등기를 하여서는 아니 된다.
(2024.11.29 본조개정)
제101조 (2024.11.29 삭제)
제102조【지점명칭의 등기】 지점의 설치등기신청서에 지점의 명칭이 기재되어 있는 경우에는 지점에 관한 사항란에 그 명칭을 기록한다.(2024.11.29 본조개정)
제103조【변경등기】 ① 출자의 이행으로 인한 변경등기를 신청하는 경우에는 그 이행이 있음을 증명하는 정보를 제공하여야 한다.
② 사원의 입사 또는 퇴사로 인한 변경등기를 신청하는 경우에는 그 사실을 증명하는 정보를 제공하여야 한다.
③ 대표사원의 취임 또는 퇴임으로 인한 변경등기를 신청하는 경우에는 그 취임 또는 퇴임을 증명하는 정보를 제공하여야 한다.
제104조【취임승낙을 증명하는 서면 등】 ① 대표사원, 청산인, 대표청산인의 취임승낙 또는 사임을 증명하는 서면에는 「인감증명법」에 따라 신고한 인감을 날인하고 그 인감증명을 첨부하거나 그 서면에 본인이 기명날인 또는 서명하였다는 공증인의 인증서면을 첨부하여야 한다. 다만, 등기소에 인감을 제출한 사람이 중임 또는 사임하는 경우에는 등기소에 제출된 인감이 날인된 중임승낙 또는 사임을 증명하는 서면으로 갈음할 수 있다.
② 제1항의 서면을 작성한 사람이 외국인인 경우에는 그 서면에 본국 관청에 신고한 인감을 날인하고 그 인감증명을 첨부하거나 그 서면에 본인이 서명하였다는 본국 관청의 증명서면을 첨부할 수 있다.
제105조【업무집행권 또는 대표권 상실 등의 등기】 ① 사원의 업무집행권 또는 대표권 상실의 등기는 그 사원의 퇴사 등기를 할 때에 말소하여야 한다.
② 직무집행정지 또는 직무대행자에 관한 등기가 마쳐진 사원에 대하여 제명의 등기를 하거나 업무집행권 또는 대표권 상실의 등기를 할 때에는 그 직무집행정지 또는 직무대행자에 관한 등기를 말소하여야 한다. 직무집행정지 또는 직무대행자에 관한 등기가 마쳐진 청산인에 대하여 해임의 등기를 할 때에도 또한 같다.
제106조【해산등기】 ① 회사를 대표할 청산인이 해산등기를 신청하는 경우에는 그 자격을 증명하는 정보를 제공하여야 한다. 다만, 「상법」 제251조제2항에 따른 청산인에 관하여는 그러하지 아니하다.
② 정관에 정한 사유의 발생으로 인한 해산등기를 신청하는 경우에는 그 사유의 발생을 증명하는 정보를 제공하여야 한다.
제107조【청산인등기】 ① 업무집행사원을 청산인으로 하는 청산인등기를 신청하는 경우에는 정관을 제공하여야 한다.
② 사원이 선임한 청산인의 취임등기를 신청하는 경우에는 그 취임승낙을 증명하는 정보를, 법원이 선임한 청산인의 취임등기를 신청하는 경우에는 그 선임과 「상법」 제253조제1항제2호 및 제3호에 열거한 사항을 증명하는 정보를 각각 제공하여야 한다.
③ 법원이 선임한 청산인에 관한 「상법」 제253조제1항제2호 및 제3호에 열거한 사항의 변경등기를 신청하는 경우에는 그 변경의 사유를 증명하는 정보를 제공하여야 한다.
④ 청산인의 퇴임등기를 신청하는 경우에는 그 퇴임을 증명하는 정보를 제공하여야 한다.
제108조【해산등기와 사원에 관한 등기】 해산등기를 할 때에는 「상법」 제180조제4호 및 제5호의 등기를 말소하여야 한다. 다만, 「상법」 제247조에 따른 임의청산의 경우에는 그러하지 아니하다.
제109조【회사계속등기】 ① 회사 해산 후 회사계속등기를 할 때에는 해산과 청산인에 관한 등기를 말소하여야 한다.
② 「상법」 제194조에 따른 회사계속등기를 신청하는 경우에는 설립무효 또는 설립취소 판결에 관한 정보를 제공하여야 한다.
③ 제2항의 등기를 할 때에는 설립무효 또는 설립취소와 청산인에 관한 등기를 말소하여야 한다.
제110조【청산종결등기】 ① 「상법」 제247조제5항에 따른 청산종결등기를 신청하는 경우에는 회사재산의 처분이 완료되었음을 증명하는 정보를 제공하여야 한다.
② 「상법」 제264조에 따른 청산종결등기를 신청하는 경우에는 청산인이 계산의 승인을 받았음을 증명하는 정보를 제공하여야 한다.
제111조【합병으로 인한 변경등기】 합병으로 인한 변경등기를 신청하는 경우에는 다음 각 호의 정보를 제공하여야 한다.
1. 소멸회사의 총사원의 동의가 있음을 증명하는 정보
2. 「상법」 제232조제1항에 따른 공고 및 최고를 한 사실과 이의를 진술한 채권자가 있는 때에는 이에 대하여 변제 또는 담보를 제공하거나 신탁을 한 사실을 증명하는 정보
제112조【합병으로 인한 설립등기】 합병으로 인한 설립등기를 신청하는 경우에는 다음 각 호의 정보를 제공하여야 한다.
1. 정관
2. 설립위원의 자격을 증명하는 정보
3. 제111조 각 호의 정보
제113조【합병무효의 등기】 합병무효로 인한 회복의 등기를 할 때에는 합병으로 인한 해산의 등기를 말소하여야 한다.
제114조【조직변경으로 인한 설립등기】 합명회사가 합자회사로 조직을 변경함으로 인한 설립등기를 신청하는 경우에는 다음 각 호의 정보를 제공하여야 한다.
1. 정관
2. 유한책임사원을 가입시킨 경우에는 그 가입을 증명하는 정보
3. 유한책임사원의 출자에 관하여 이행을 한 부분을 증명하는 정보
제115조【등기기록의 개설 사유와 연월일의 기록】 ① 법 제65조제1항의 등기사항(회사성립의 연월일은 제외한다)은 등기기록의 개설 사유 및 연월일란에 기록하여야 한다.
(2024.11.29 본항개정)
② 합병으로 인한 설립등기에 있어서 법 제62조제1항의 등기사항에 관하여는 제1항을 준용한다.
제116조【등기기록의 폐쇄】 청산종결의 등기, 합병·합병무효 또는 조직변경으로 인한 해산등기는 기타사항란에 하여야 하고, 이를 등기한 때에는 그 등기기록을 폐쇄하여야 한다.(2024.11.29 본조개정)

제5절 합자회사의 등기

제117조【조직변경으로 인한 설립등기】 합자회사가 합명회사로 조직을 변경함으로 인한 설립등기를 신청하는 경우에는 정관을 제공하여야 한다.
제118조【합명회사에 관한 규정의 준용】 합자회사의 등기에 관하여는 제97조부터 제100조까지, 제102조부터 제113조까지, 115조 및 제116조의 규정을 준용한다.(2024.11.29 본조개정)

제6절 유한책임회사의 등기

제119조【첨부정보에 관한 통칙】 ① 정관의 규정, 법원의 허가 또는 총사원의 동의가 없으면 효력이 없는 사항의 등기를 신청하는 경우에는 정관, 법원의 허가 또는 총사원의 동의가 있음을 증명하는 정보를 제공하여야 한다.
② 어느 사원이나 업무집행자 또는 청산인의 동의를 필요로 하는 등기를 신청하는 경우에는 그 동의가 있음을 증명하는 정보를 제공하여야 한다.
제120조【설립등기】 설립등기를 신청하는 경우에는 다음 각 호의 정보를 제공하여야 한다.
1. 정관
2. 출자 전액 납입 또는 현물출자의 목적인 재산 전부의 급여가 있음을 증명하는 정보
3. 업무집행자의 취임승낙을 증명하는 정보
4. 대표업무집행자를 정한 경우에는 그 취임승낙을 증명하는 정보
5. 대표업무집행자가 법인인 경우에 그 자의 직무를 행할 사람의 선임을 증명하는 정보
제121조【업무집행자 등의 취임 또는 퇴임으로 인한 변경등기】 ① 업무집행자 또는 대표업무집행자의 취임 또는 퇴임으로 인한 변경등기를 신청하는 경우에는 그 취임승낙 또는 퇴임을 증명하는 정보를 제공하여야 한다.
② 대표업무집행자가 법인인 경우 그 자의 직무를 행할 사람에 관한 사항의 변경등기를 신청할 때에는 그 사실이 변경되었음을 증명하는 정보를 제공하여야 한다.
제122조【자본금의 증가 또는 감소로 인한 변경등기】 ① 자본금의 증가로 인한 변경등기를 신청하는 경우에는 제120조제2호의 정보를 제공하여야 한다.
② 자본금의 감소로 인한 변경등기를 신청하는 경우에는 제111조제2호의 정보를 제공하여야 한다. 다만, 「상법」 제287조의36제2항 단서에 해당하는 경우에는 제111조제2호의 정보를 갈음하여 그에 해당함을 증명하는 정보를 제공하여야 한다.
제123조【해산등기】 사원이 없게 되어 해산등기를 신청하는 경우에는 그 사실을 증명하는 정보를 제공하여야 한다.
제124조【합병으로 인한 변경등기】 합병으로 인한 변경등기를 신청하는 경우에는 다음 각 호의 정보를 제공하여야 한다.
1. 합병계약에 관한 정보
2. 소멸회사의 총사원의 동의가 있음을 증명하는 정보나 주주총회 또는 사원총회의 의사록
3. 소멸회사가 주식회사인 경우에는 사채의 상환을 완료하였음을 증명하는 정보
4. 제111조제2호의 정보
제125조【합병으로 인한 설립등기】 합병으로 인한 설립등기를 신청하는 경우에는 제112조제2호, 제120조제1호, 제3호부터 제5호까지, 제124조 각 호의 정보를 제공하여야 한다.
제126조【조직변경으로 인한 설립등기】 유한책임회사가 주식회사로 조직을 변경함으로 인한 설립등기를 신청하는 경우에는 다음 각 호의 정보를 제공하여야 한다.
1. 정관
2. 제129조제10호 및 제11호의 정보
3. 제152조제2호 및 제4호의 정보
제127조【합명회사에 관한 규정의 준용】 ① 유한책임회사의 등기에 관하여는 제99조, 제100조, 제102조, 제105조제2항, 제106조, 제107조, 제109조, 제110조제2항, 제113조, 제115조 및 제116조의 규정을 준용한다. 이 경우 제105조제2항 중 "사원"은 "업무집행자"로 본다.(2024.11.29 전단개정)
② 업무집행자, 대표업무집행자, 청산인, 대표청산인의 취임승낙 또는 사임을 증명하는 정보에 관하여는 제104조를 준용한다.
③ 업무집행자, 대표업무집행자의 등기에 관하여는 제108조 본문을 준용한다.

제7절 주식회사의 등기

제128조【첨부정보에 관한 통칙】 ① 정관의 규정, 법원의 허가, 총주주 또는 어느 주주나 이사의 동의가 없으면 효력이 없거나 취소할 수 있는 사항의 등기를 신청하는 경우에는 정관, 법원의 허가가 있음을 증명하는 정보, 총주주 또는 그 주주나 이사의 동의가 있음을 증명하는 정보를 제공하여야 한다.
② 주주총회, 종류주주총회, 이사회 또는 청산인회의 결의를 필요로 하는 등기를 신청하는 경우에는 그 의사록을 제공하여야 한다.
제129조【설립등기】 설립등기를 신청하는 경우에는 다음 각 호의 정보를 제공하여야 한다.
1. 정관
2. 주식의 인수를 증명하는 정보
3. 주식의 청약을 증명하는 정보
4. 발기인이 「상법」 제291조에 규정된 사항을 정한 때에는 이를 증명하는 정보
5. 「상법」 제298조 및 제313조에 따른 이사와 감사 또는 감사위원회 및 공증인의 조사보고에 관한 정보
6. 「상법」 제299조, 제299조의2 및 제310조에 따른 검사인이나 공증인의 조사보고 또는 감정인의 감정에 관한 정보
7. 제6호의 검사인이나 공증인의 조사보고 또는 감정인의 감정결과에 관한 재판이 있은 때에는 그 재판이 있음을 증명하는 정보
8. 발기인이 이사와 감사 또는 감사위원회 위원의 선임을 증명하는 정보
9. 창립총회의사록
10. 이사, 대표이사, 집행임원, 대표집행임원, 감사 또는 감사위원회 위원의 취임승낙을 증명하는 정보
11. 명의개서대리인을 둔 때에는 명의개서대리인과의 계약을 증명하는 정보
12. 주금의 납입을 맡은 은행, 그 밖의 금융기관의 납입금 보관을 증명하는 정보. 다만, 자본금 총액이 10억 원 미만인 회사를 「상법」 제295조제1항에 따라 발기설립(發起設立)하는 경우에는 은행이나 그 밖의 금융기관의 잔고를 증명하는 정보로 대체할 수 있다.
제130조【이사 등의 취임 또는 퇴임으로 인한 변경등기】 이사, 대표이사, 집행임원, 대표집행임원, 감사 또는 감사위원회 위원의 취임 또는 퇴임으로 인한 변경등기를 신청하는 경우에는 그 취임승낙 또는 퇴임을 증명하는 정보를 제공하여야 한다.
제131조【일시이사 등의 등기】 ① 이사, 대표이사, 청산인, 대표청산인 또는 감사의 선임의 등기를 할 때에는 「상법」 제386조제2항 등에 의하여 선임된 이사 등의 직무를 일시 행할 자에 관한 등기를 말소하여야 한다.
② 직무집행정지 또는 직무대행자에 관한 등기가 마쳐진 이사, 대표이사, 집행임원, 대표집행임원, 청산인, 대표청산인, 감사 또는 감사위원회 위원에 대하여 그 이사 등의 선임결의의 부존재, 무효나 취소 또는 해임의 등기를 할 때에는 그 직무집행정지 또는 직무대행자에 관한 등기를 말소하여야 한다.
제132조【대표이사 또는 대표집행임원의 등기】 이사 또는 집행임원의 선임결의의 부존재, 무효나 취소 또는 판결에 의한 해임의 등기를 하는 경우에 그 이사 또는 집행임원이 대표이사 또는 대표집행임원일 때에는 그 대표이사 또는 대표집행임원에 관한 등기도 말소하여야 한다.
제133조【신주발행으로 인한 변경등기】 신주발행으로 인한 변경등기를 신청하는 경우에는 다음 각 호의 정보를 제공하여야 한다.
1. 주식의 인수를 증명하는 정보

2. 주식의 청약을 증명하는 정보
3. 「상법」 제418조제2항에 따라 주주 외의 자에게 신주를 배정하는 경우에는 같은 조 제4항에 따른 통지 또는 공고를 하였음을 증명하는 정보
4. 주금의 납입을 맡은 은행, 그 밖의 금융기관의 납입금 보관을 증명하는 정보. 다만, 신주발행의 결과 자본금 총액이 10억 원 미만인 회사에 대해서는 은행이나 그 밖의 금융기관의 잔고를 증명하는 정보로 대체할 수 있다.
5. 「상법」 제421조제2항에 따른 상계가 있는 경우에는 이를 증명하는 정보
6. 「상법」 제422조에 따른 검사인의 조사보고 또는 감정인의 감정에 관한 정보
7. 제6호의 검사인의 조사보고 또는 감정인의 감정결과에 관한 재판이 있은 때에는 그 재판이 있음을 증명하는 정보

제134조 【주식매수선택권의 행사로 인한 변경등기】 주식매수선택권의 행사로 인한 변경등기를 신청하는 경우에는 다음 각 호의 정보를 제공하여야 한다.
1. 「상법」 제516조의9제1항에 따른 청구가 있음을 증명하는 정보
2. 제133조제4호 및 제5호의 정보

제135조 【신주인수권부사채에 부여된 신주인수권의 행사로 인한 변경등기】 신주인수권부사채에 부여된 신주인수권의 행사로 인한 변경등기를 신청하는 경우에는 다음 각 호의 정보를 제공하여야 한다.
1. 「상법」 제516조의9제1항에 따른 청구가 있음을 증명하는 정보
2. 제133조제4호 및 제5호의 정보 또는 「상법」 제516조의2제2항제5호에 따른 청구를 증명하는 정보

제136조 【주식 또는 사채 등의 전환으로 인한 변경등기】 ① 「상법」 제351조(같은 법 제516조에서 준용하는 경우를 포함한다)에 따라 주식 또는 사채의 전환으로 인한 변경등기를 신청하는 경우에는 다음 각 호의 구분에 따른 정보를 제공하여야 한다.
1. 주주가 주식의 전환을 청구하거나 사채권자가 사채의 전환을 청구함으로 인한 변경등기의 경우에는 주식 또는 사채의 전환 청구가 있음을 증명하는 정보
2. 회사가 주식을 전환함으로 인한 변경등기의 경우에는 「상법」 제346조제3항에 따른 통지 또는 공고를 하였음을 증명하는 정보

② 「자본시장과 금융투자업에 관한 법률 시행령」 제176조의12의 사채의 전환으로 인한 변경등기를 신청하는 경우에는 그 변경사실을 증명하는 정보를 제공하여야 한다.

제137조 【준비금의 자본금 전입으로 인한 변경등기】 준비금의 자본금 전입으로 인한 변경등기를 신청하는 경우에는 준비금의 존재를 증명하는 정보를 제공하여야 한다.

제138조 【주식의 배당으로 인한 변경등기】 주식의 배당으로 인한 변경등기를 신청하는 경우에는 이익이 존재하고 그 배당이 이익배당 총액의 2분의 1에 상당하는 금액을 초과하지 아니함을 증명하는 정보를 제공하여야 한다.

제139조 【주식의 병합 또는 분할로 인한 변경등기】 ① 주식의 병합(자본금 감소의 경우는 제외한다)으로 인한 변경등기를 신청하는 경우에는 「상법」 제440조에 따른 공고를 하였음을 증명하는 정보를 제공하여야 한다.

② 주식의 분할로 인한 변경등기의 신청에 관하여는 제1항을 준용한다.

제140조 【무액면주식에 관한 변경등기】 「상법」 제329조제4항에 따라 액면주식을 무액면주식으로 전환하거나 무액면주식을 액면주식으로 전환함으로 인한 변경등기를 신청하는 경우에는 제139조제1항의 정보를 제공하여야 한다.

제141조 【주식의 소각으로 인한 변경등기】 ① 주주에게 배당할 이익으로써 주식을 소각함으로 인한 변경등기를 신청하는 경우에는 이익의 존재를 증명하는 정보 외에 다음 각 호의 구분에 따른 정보를 제공하여야 한다.
1. 주주가 주식의 상환을 청구함으로 인한 변경등기의 경우에는 주식의 상환 청구가 있음을 증명하는 정보
2. 회사가 주식을 상환함으로 인한 변경등기의 경우에는 「상법」 제345조제2항에 따른 통지 또는 공고를 하였음을 증명하는 정보

② 자기 주식의 소각으로 인한 변경등기를 신청하는 경우에는 그 주식이 회사가 보유한 자기 주식이었음을 증명하는 정보를 제공하여야 한다.

제142조 【자본금 감소로 인한 변경등기】 자본금 감소로 인한 변경등기를 신청하는 경우에는 다음 각 호의 정보를 제공하여야 한다.
1. 제111조제2호의 정보(결손의 보전을 위한 자본금 감소임을 증명하는 정보를 제공하는 경우는 제외한다)
2. 주식의 병합 또는 소각을 한 경우에는 제139조제1항의 정보

제143조 【명의개서대리인을 둠으로 인한 변경등기】 명의개서대리인을 둠으로 인한 변경등기를 신청하는 경우에는 명의개서대리인과의 계약을 증명하는 정보를 제공하여야 한다.

제144조 【전환사채 등의 등기】 ① 전환사채, 신주인수권부사채, 이익참가부사채의 모집으로 인한 발행등기를 신청하는 경우에는 다음 각 호의 정보를 제공하여야 한다.
1. 사채의 인수를 증명하는 정보
2. 사채의 청약을 증명하는 정보
3. 「상법」 제476조에 따른 납입이 있음을 증명하는 정보

② 전환사채, 신주인수권부사채, 이익참가부사채의 제2회 이후의 납입 등으로 인한 변경등기 또는 사채의 전부 상환 등으로 인한 말소등기를 신청하는 경우에는 그 사실을 증명하는 정보를 제공하여야 한다.

③ 제136조제2항의 사채의 발행, 변경, 말소등기에 관하여는 성질에 반하지 아니하는 한 제1항 및 제2항을 준용한다.

제145조 【해산등기와 이사 등에 관한 등기】 해산등기를 할 때에는 이사, 대표이사, 집행임원, 대표집행임원에 관한 등기를 말소하여야 한다.

제146조 【주식교환으로 인한 변경등기】 주식교환으로 인한 변경등기를 신청하는 경우에는 다음 각 호의 정보를 제공하여야 한다.
1. 주식교환계약에 관한 정보
2. 완전자회사의 주주총회의사록 또는 이사회의사록
3. 주식교환으로 인하여 완전자회사의 어느 종류주주에게 손해를 미치게 될 경우에는 그 회사의 종류주주총회의사록
4. 주식교환으로 인하여 완전자회사의 주주의 부담이 가중되는 경우에는 그 주주 전원의 동의가 있음을 증명하는 정보
5. 「상법」 제360조의7에서 규정하는 자본금의 한도액을 증명하는 정보
6. 「상법」 제360조의8제1항에 따른 공고를 하였음을 증명하는 정보
7. 「상법」 제360조의9제2항 또는 「상법」 제360조의10제4항에 따른 공고 또는 통지를 한 경우에는 이를 증명하는 정보
8. 「상법」 제360조의10에 따른 주식교환의 경우에 완전자회사가 되는 회사의 주주에게 지급할 금액을 정한 때에는 완전모회사가 되는 회사의 최종 대차대조표에 관한 정보
9. 「상법」 제360조의10제5항에 따른 반대의사를 통지한 주주가 있는 경우에는 그 주주가 소유하는 주식의 총수를 증명하는 정보

제147조 【주식이전으로 인한 설립등기】 주식이전으로 인한 설립등기를 신청하는 경우에는 다음 각 호의 정보를 제공하여야 한다.
1. 완전자회사의 주주총회의사록
2. 주식이전으로 인하여 완전자회사의 어느 종류주주에게 손해를 미치게 될 경우에는 그 회사의 종류주주총회의사록
3. 주식이전으로 인하여 완전자회사의 주주의 부담이 가중되는 경우에는 그 주주 전원의 동의가 있음을 증명하는 정보

4.「상법」 제360조의18에서 규정하는 자본금의 한도액을 증명하는 정보
5.「상법」 제360조의19제1항에 따른 공고를 하였음을 증명하는 정보
6. 제129조제1호, 제10호 및 제11호의 정보

제148조【합병으로 인한 변경등기】 합병으로 인한 변경등기를 신청하는 경우에는 다음 각 호의 정보를 제공하여야 한다.
1. 합병계약에 관한 정보
2. 소멸회사의 주주총회 또는 이사회의 의사록이나 사원총회의 의사록 또는 총사원의 동의가 있음을 증명하는 정보
3. 합병으로 인하여 소멸회사의 어느 종류주주에게 손해를 미치게 될 경우에는 그 회사의 종류주주총회의사록
4.「상법」 제526조제3항에 따른 공고를 한 경우에는 이를 증명하는 정보
5.「상법」 제527조의2제2항 또는「상법」 제527조의3제3항에 따른 공고 또는 통지를 한 경우에는 이를 증명하는 정보
6.「상법」 제527조의3에 따른 합병의 경우에 소멸하는 회사의 주주에게 지급할 금액을 정한 때에는 존속하는 회사의 최종 대차대조표에 관한 정보
7.「상법」 제527조의3제4항에 따른 반대의사를 통지한 주주가 있는 경우에는 그 주주가 소유하는 주식의 총수를 증명하는 정보
8.「상법」 제527조의5제1항에 따른 공고 및 최고한 사실과 이의를 진술한 채권자가 있는 때에는 이에 대하여 변제 또는 담보를 제공하거나 신탁을 한 사실을 증명하는 정보
9. 합병으로 주식의 병합 또는 분할을 한 경우에는 제139조제1항의 정보

제149조【합병으로 인한 설립등기】 합병으로 인한 설립등기를 신청하는 경우에는 다음 각 호의 정보를 제공하여야 한다.
1.「상법」 제527조제4항에 따른 공고를 한 경우에는 이를 증명하는 정보
2. 제112조제2호의 정보
3. 제129조제1호, 제9호부터 제11호까지의 정보
4. 제148조제1호부터 제3호까지, 제8호 및 제9호의 정보

제150조【분할 또는 분할합병으로 인한 설립등기】 법 제70조제1항의 신설회사의 설립등기를 신청하는 경우에는 다음 각 호의 정보를 제공하여야 한다.
1. 분할계획 또는 분할합병계약에 관한 정보
2. 분할 또는 분할합병 후 존속하는 회사나 소멸하는 회사(이하 "분할존속회사 또는 분할소멸회사"라 한다. 이하 같다)의 주주총회의사록
3. 분할존속회사 또는 분할소멸회사의 어느 종류주주에게 손해를 미치게 될 경우에는 그 회사의 종류주주총회의사록
4. 분할존속회사 또는 분할소멸회사의 주주의 부담이 가중되는 경우에는 그 주주 전원의 동의가 있음을 증명하는 정보
5. 제129조제1호, 제9호부터 제11호까지의 정보
6. 분할되는 회사의 출자 외에 다른 출자에 의하여 회사를 설립하는 경우에는 제129조제2호부터 제7호까지, 제12호의 정보
7. 분할 또는 분할합병으로 주식의 병합 또는 분할을 하는 경우에는 제139조제1항의 정보
8. 제148조제8호의 정보(단순분할로 설립되는 회사가 분할되는 회사의 분할 전 채무에 관하여 연대책임을 지는 경우는 제외한다)
9. 제149조제1호의 정보

제151조【분할합병으로 인한 변경등기】 법 제70조제2항의 분할합병의 상대방 회사의 변경등기를 신청하는 경우에는 다음 각 호의 정보를 제공하여야 한다.
1. 분할합병계약에 관한 정보
2. 분할되는 회사의 주주총회의사록 또는 이사회의사록
3. 분할되는 회사의 어느 종류주주에게 손해를 미치게 될 경우에는 그 회사의 종류주주총회의사록
4. 분할되는 회사의 주주의 부담이 가중되는 경우에는 그 주주 전원의 동의가 있음을 증명하는 정보
5. 분할합병으로 주식의 병합 또는 분할을 하는 경우에는 제139조제1항의 정보
6. 제148조제4호부터 제8호까지의 정보

제152조【조직변경으로 인한 설립등기】 주식회사가 유한회사 또는 유한책임회사로 조직을 변경함으로 인한 설립등기를 신청하는 경우에는 다음 각 호의 정보를 제공하여야 한다.
1. 정관
2. 회사에 현존하는 순재산액을 증명하는 정보
3. 사채의 상환을 완료하였음을 증명하는 정보
4. 제111조제2호의 정보
5. 유한책임회사로 조직을 변경한 경우에는 제120조제3호부터 제5호까지의 정보
6. 유한회사로 조직을 변경한 경우에는 제156조제3호부터 제5호까지의 정보

제153조【결의부존재 등의 등기】 ① 주주총회 결의의 부존재, 무효 또는 취소의 등기를 하는 경우에는 결의한 사항에 관한 등기를 말소하고, 그 등기에 의하여 말소된 등기사항이 있을 때에는 그 등기를 회복하여야 한다.
② 창립총회 결의의 부존재, 무효 또는 취소의 등기와 신주발행 또는 자본금 감소의 무효의 등기에 관하여는 제1항을 준용한다.

제154조【합명회사에 관한 규정의 준용】 ① 주식회사의 등기에 관하여는 제99조, 제100조, 제102조, 제106조, 제107조, 제109조제1항, 제110조제2항, 제113조, 제115조 및 제116조를 준용한다.(2024.11.29 본항개정)
② 이사, 대표이사, 집행임원, 대표집행임원, 청산인, 대표청산인, 감사 또는 감사위원회 위원의 취임승낙 또는 사임을 증명하는 정보에 관하여는 제104조를 준용한다.
③ (2024.11.29 삭제)
④ 분할 또는 분할합병의 무효로 인한 회복의 등기에 관하여는 제113조를 준용한다.
⑤ 분할 또는 분할합병으로 인한 설립등기에 있어서 법 제70조의 등기사항의 기록에 관하여는 제115조제1항을 준용한다.
⑥ 분할 또는 분할합병으로 인한 해산등기와 분할 또는 분할합병의 무효로 인한 해산등기에 관하여는 제116조를 준용한다.(2024.11.29 본항개정)

제8절 유한회사의 등기

제155조【첨부정보에 관한 통칙】 ① 정관의 규정, 법원의 허가 또는 총사원의 동의가 없으면 효력이 없거나 취소할 수 있는 사항의 등기를 신청하는 경우에는 정관, 법원의 허가 또는 총사원의 동의가 있음을 증명하는 정보를 제공하여야 한다.
② 사원총회의 결의 또는 어느 이사나 청산인의 동의를 필요로 하는 등기를 신청하는 경우에는 사원총회의 의사록 또는 그 이사나 청산인의 동의가 있음을 증명하는 정보를 제공하여야 한다.

제156조【설립등기】 설립등기를 신청하는 경우에는 다음 각 호의 정보를 제공하여야 한다.
1. 정관
2. 출자 전액 납입 또는 현물출자의 목적인 재산 전부의 급여가 있음을 증명하는 정보
3. 이사의 취임승낙을 증명하는 정보
4. 감사를 둔 경우에는 그의 취임승낙을 증명하는 정보
5. 대표이사를 정한 경우에는 그의 취임승낙을 증명하는 정보

제157조【자본금 증가로 인한 변경등기】 자본금의 증가로 인한 변경등기를 신청하는 경우에는 다음 각 호의 정보를 제공하여야 한다.

1. 출자의 인수를 증명하는 정보
2. 출자 전액 납입 또는 현물출자의 목적인 재산 전부의 급여 또는 상계가 있음을 증명하는 정보

제158조【자본금 감소로 인한 변경등기】 자본금의 감소로 인한 변경등기를 신청하는 경우에는 제111조제2호의 정보를 제공하여야 한다. 다만, 결손의 보전을 위한 자본금 감소임을 증명하는 정보를 제공하는 경우는 제외한다.

제159조【합병으로 인한 변경등기】 합병으로 인한 변경등기를 신청하는 경우에는 다음 각 호의 정보를 제공하여야 한다.
1. 합병계약에 관한 정보
2. 소멸회사의 사원총회나 주주총회의 의사록 또는 총사원의 동의가 있음을 증명하는 정보
3. 소멸회사가 주식회사인 경우에는 사채의 상환을 완료하였음을 증명하는 정보
4. 제111조제2호의 정보

제160조【합병으로 인한 설립등기】 합병으로 인한 설립등기를 신청하는 경우에는 제112조제2호, 제156조제1호, 제3호부터 제5호까지, 제159조 각 호의 정보를 제공하여야 한다.

제161조【조직변경으로 인한 설립등기】 유한회사가 주식회사로 조직을 변경함으로 인한 설립등기를 신청하는 경우에는 다음 각 호의 정보를 제공하여야 한다.
1. 정관
2. 제129조제10호 및 제11호의 정보
3. 제152조제2호 및 제4호의 정보

제162조【합명회사 및 주식회사에 관한 규정의 준용】 ① 유한회사의 등기에 관하여는 제99조, 제100조, 제102조, 제106조, 제107조, 제109조제1항, 제110조제2항, 제113조, 제115조, 제116조, 제130조부터 제132조까지, 제145조, 제153조, 제154조제2항을 준용한다.(2024.11.29 본항개정)
② 자본금 증가 또는 자본금 감소의 무효의 등기에 관하여는 제153조제1항을 준용한다.

제9절 외국회사의 등기

제163조【영업소 설치등기】 ① 영업소 설치등기를 신청하는 경우에는 다음 각 호의 정보를 제공하여야 한다. 다만, 다른 등기소에 이미 영업소 설치등기를 한 때에는 다음 각 호의 정보를 제공하지 아니할 수 있다.
1. 본점의 존재를 인정할 수 있는 정보
2. 대한민국에서의 대표자의 자격을 증명하는 정보
3. 정관 또는 회사의 성질을 식별할 수 있는 정보
4. 「상법」 제614조제2항제8호에 해당하는 외국회사의 경우에는 대한민국에서의 공고방법의 결정을 증명하는 정보 (2024.11.29 본호개정)

② 제1항 각 호의 정보는 외국회사의 본국의 관할 관청 또는 대한민국에 있는 그 외국의 영사의 인증을 받은 것이어야 한다.

제164조【영업소 변경등기】 ① 대한민국에서의 대표자의 변경 또는 외국에서 생긴 등기사항의 변경으로 인한 등기를 신청하는 경우에는 외국회사의 본국의 관할 관청 또는 대한민국에 있는 그 외국의 영사의 인증을 받은 그 변경의 사실을 증명하는 정보를 제공하여야 한다.
② 다른 등기소에 이미 영업소 변경등기를 마친 후 동일한 내용의 영업소 변경등기를 신청하는 경우에는 제1항의 정보를 제공하지 아니할 수 있다.

제165조【영업소 등기기록의 폐쇄】 다음 각 호의 등기는 기타사항란에 하여야 하고 이를 등기한 때에는 그 등기기록을 폐쇄하여야 한다.(2024.11.29 본문개정)
1. 영업소를 다른 등기소의 관할 구역으로 이전한 경우에 종전 소재지에 관한 영업소 이전의 등기(종전 소재지 관할 등기소의 관할 구역 내에 다른 영업소가 있는 경우에는 제외한다)(2024.11.29 본호개정)
2. 영업소 폐쇄의 등기(해당 등기소의 관할 구역 내에 다른 영업소가 있는 경우와 청산개시명령이 있는 경우에는 제외한다)
3. 청산종결의 등기

제166조【주식회사에 관한 규정의 준용】 외국회사의 청산인 및 대표청산인의 등기에 관하여는 제131조를 준용한다.

제10절 등기의 경정과 말소

제167조【경정등기신청】 ① 경정등기를 신청하는 경우에는 착오나 빠진 부분이 있음을 증명하는 정보를 제공하여야 한다.
② 등기에 착오나 빠진 부분이 있음이 그 등기의 신청정보 또는 첨부정보에 의하여 명백할 때에는 경정등기의 신청서에 그 뜻을 기재하고 제1항의 첨부정보를 제공하지 아니할 수 있다.

제168조【등기의 경정】 등기를 경정하는 경우에는 경정할 등기에 대하여 말소하는 표시를 하고, 그 등기에 의하여 말소된 등기사항이 있을 때에는 그 등기를 회복하여야 한다.

제169조【말소등기신청】 ① 법 제77조제2호에 해당하는 말소등기를 신청하는 경우에는 무효의 원인이 있음을 증명하는 정보를 제공하여야 한다.
② 등기의 말소 신청에 관하여는 제167조제2항을 준용한다.

제170조【등기의 말소】 ① 등기를 말소하는 경우에는 말소할 등기에 대하여 말소하는 표시를 하고, 그 등기에 의하여 말소된 등기사항이 있을 때에는 그 등기를 회복하여야 한다. 다만, 등기의 말소로 인하여 등기기록을 폐쇄하여야 할 때에는 그러하지 아니하다.
② 법 제78조제2항에 따른 공고는 대법원 인터넷등기소에 게시하는 방법에 의한다.
③ 법 제80조 또는 법 제81조제3항에 따라 등기관이 직권으로 등기를 말소하는 경우에는 그 뜻을 기록하여야 한다.

제6장 이 의

제171조【이의신청서의 제출】 ① 법 제83조에 따라 등기소에 제출하는 이의신청서에는 이의신청인의 성명과 주소, 이의신청의 대상인 등기관의 결정 또는 처분, 이의신청의 취지와 이유, 그 밖에 대법원예규로 정하는 사항을 적고 신청인이 기명날인 또는 서명하여야 한다.
② 법 제83조에 따라 전산정보처리조직을 이용하여 이의신청을 하는 경우에는 제1항에서 정하는 사항을 작성하고 이의신청인의 인증서등을 함께 송신하여야 한다.(2024.11.29 본항신설)
③ 법 제85조제2항 및 제3항에 따라 전산정보처리조직을 이용하여 이의신청서 또는 이의신청정보를 관할 지방법원에 송신하는 절차와 방법은 대법원예규로 정한다.(2024.11.29 본항신설)

제172조【등본에 의한 통지】 법 제87조제1항의 통지는 결정서 등본에 의하여 한다.

제173조【기록명령에 따른 등기를 할 수 없는 경우】 ① 등기신청의 각하결정에 대한 이의신청에 따라 관할 지방법원이 그 등기의 기록명령을 하였더라도 다음 각 호의 어느 하나에 해당하는 경우에는 그 기록명령에 따른 등기를 할 수 없다.
1. 기록명령에 따른 등기를 하기 전에 그 등기를 함에 장애가 되는 다른 등기가 되어 있는 경우
2. 등기관이 기록명령에 따른 등기를 하기 위하여 신청인에게 첨부정보를 다시 등기소에 제공할 것을 명령하였으나 신청인이 이에 응하지 아니한 경우

② 제1항과 같이 기록명령에 따른 등기를 할 수 없는 경우에는 그 뜻을 관할 지방법원과 이의신청인에게 통지하여야 한다.

제174조【부기등기의 말소】 법 제88조에 따른 부기등기는 등기관이 관할 지방법원으로부터 이의신청에 대한 기각결정(각하, 취하를 포함한다)의 통지를 받았을 때에 말소한다.

제7장 보 칙

제175조 【「담보부사채신탁법」에 의한 등기의 촉탁이 있는 경우】 「담보부사채신탁법」 제97조에 따른 금융위원회의 등기촉탁이 있는 경우에는 다음 각 호의 구분에 따라 그 등기를 하여야 한다.
1. 촉탁이 신탁업자의 업무정지에 관한 것일 때에는 그 뜻의 등기
2. 촉탁이 은행사업을 겸하는 신탁업자의 등록취소에 관한 것일 때에는 목적변경의 등기
3. 촉탁이 신탁사업을 전업으로 하는 신탁업자의 등록취소에 관한 것일 때에는 해산의 등기

제176조 【과태사항의 통지】 등기관은 그 직무상 과태료 부과대상이 있음을 안 때에는 지체 없이 그 사건을 관할 지방법원 또는 지원에 통지하여야 한다.

제177조 【통지의 방법】 법 또는 이 규칙에 따른 통지는 우편이나 그 밖의 편리한 방법으로 한다. 다만, 별도의 규정이 있는 경우에는 그러하지 아니하다.

제178조 【대법원예규에의 위임】 상업등기와 관련하여 필요한 사항 중 이 규칙에서 정하고 있지 아니한 사항은 대법원예규로 정할 수 있다.

부 칙

제1조 【시행일】 이 규칙은 2014년 11월 21일부터 시행한다.

제2조 【경과조치】 이 규칙 시행 당시 종전의 규정에 따라 한 등기는 이 규칙 시행 후에도 그대로 사용한다. 다만, 종류주식과 합자조합의 조합원에 관한 종전의 기록은 이 규칙에 따른 기록 방식으로 이기 신청할 수 있다.

제3조 【다른 규칙의 개정】 ①~⑧ ※(해당 법령에 가제정리 하였음)

제4조 【다른 법령과의 관계】 이 규칙 시행 당시 다른 법령에서 종전의 「상업등기규칙」의 규정을 인용한 경우에 이 규칙 중 그에 해당하는 규정이 있을 때에는 종전의 규정을 갈음하여 이 규칙의 해당 규정을 인용한 것으로 본다.

부 칙 (2018.12.4)

제1조 【시행일】 이 규칙은 2018년 12월 19일부터 시행한다.

제2조 【경과조치】 ① 이 규칙 시행 당시 종전의 규정에 따라 마쳐진 미성년자에 대한 "무능력자등기기록" 및 "법정대리인등기기록"은 이 규칙에 따른 "미성년자등기기록" 및 "법정대리인등기기록"으로 본다.
② 이 규칙 시행 당시 종전에 규정에 따라 마쳐진 한정치산자와 금치산 자(법률 제10429호 민법 일부개정법률 부칙 제3조의 적용을 받는 피한정후견인과 피성년후견인을 포함한다)에 대한 "무능력자등기기록" 및 "법정대리인등기기록"은 규칙 제89조제4호에 준하여 등기관이 직권으로 폐쇄한다.

부 칙 (2020.9.9)

이 규칙은 2020년 9월 10일부터 시행한다.

부 칙 (2020.11.26)

제1조 【시행일】 이 규칙은 2020년 12월 10일부터 시행한다.(이하 생략)

부 칙 (2021.5.27)

제1조 【시행일】 이 규칙은 2021년 6월 10일부터 시행한다.(이하 생략)

부 칙 (2021.9.30)

이 규칙은 2021년 10월 21일부터 시행한다.

부 칙 (2021.11.29)

이 규칙은 2021년 12월 9일부터 시행한다.

부 칙 (2024.11.29)

제1조 【시행일】 이 규칙은 2025년 1월 31일부터 시행한다. 다만, 제1조의2제7호, 제4조제3호의2, 제22조제1항제5호, 제25조제1항제5호, 제42조의2제4항 및 제67조제4항제1호(추가인증수단인 보안매체에 관한 부분으로 한정한다)의 개정 규정은 2025년 8월 1일부터 시행하되, 그 이전에 보안매체를 발급받은 법인에 대하여는 발급받은 즉시 시행한다.

제2조 【적용례】 제3조제3항의 개정규정은 이 규칙 시행 이후 접수되는 등기신청사건부터 적용한다.

제3조 【시행일 전에 접수된 사건에 관한 경과조치】 이 규칙 시행 전에 접수된 등기신청사건은 이 규칙에도 불구하고 접수 시의 규정에 따라 처리한다.

제4조 【사용자등록의 유효기간 단축에 관한 적용례】 제69조제3항의 개정규정은 이 규칙 시행 이후 사용자등록의 유효기간이 만료되어 그 연장을 신청하는 자부터 적용한다.

제5조 【지점등기기록의 폐쇄 등에 관한 특례】 법률 제20437호 「상업등기법」 일부개정법률(이하 "개정법"이라 한다) 시행 당시 본점등기기록이 폐쇄되었거나 손상 또는 멸실되어 정비가 필요한 지점등기기록에 대해서는 등기관이 직권으로 폐쇄하거나 정비할 수 있다.

제6조 【지점의 등기기록에 관한 경과조치 등】 ① 개정법 부칙 제3조에 따른 경과조치를 위하여 본점의 등기기록에 지점의 지배인에 관한 사항을 이기하고 지점의 등기기록을 폐쇄하는 등기사무는 법원행정처 사법등기심의관이 일괄하여 처리한다.
② 제1항에 따른 처리에 착오나 빠진 등기사항이 있는 경우 등기관이 직권으로 경정한다.

제7조 【폐쇄된 지점등기기록의 부활에 관한 특례】 ① 청산사무가 남아 있거나 해산무효 판결 등이 있는 경우 법인의 대표자는 개정법 시행 전에 폐쇄된 지점등기기록의 지배인에 관한 사항을 본점의 등기기록에 이기하여 줄 것을 본점의 소재지를 관할하는 등기소에 신청할 수 있다.
② 제1항의 경우 폐쇄된 지점등기기록은 부활하지 아니하고 본점등기기록에 이기하는 방법으로 한다.
③ 등기관이 제1항에 따른 이기를 할 때에는 본점등기기록의 해당 사항란에 이기의 뜻과 그 연월일을 기록하여야 한다.

제8조 【다른 규칙의 개정】 ①~② ※(해당 법령에 가제정리 하였음)

[별표 · 별지서식] ➡ 「www.hyeonamsa.com」 참조

民事訴訟編

高麗 靑磁象嵌菊花文 주전자(紋樣)

민사소송법

(2002년 1월 26일
전개법률 제6626호)

개정
2005. 3.31법 7427호(민법)
2005. 3.31법 7428호(채무자회생파산)
2006. 2.21법 7849호(제주자치법)
2007. 5.17법 8438호 2007. 7.13법 8499호
2008.12.26법 9171호 2010. 7.23법10373호
2011. 5.19법10629호(지식재산기본법)
2011. 7.18법10859호 2014. 5.20법12587호
2014.12.30법12882호 2015.12. 1법13521호
2016. 2. 3법13952호 2016. 3.29법14103호
2017.10.31법14966호 2020.12. 8법17568호
2020.12.22법17689호(국가자치경찰)
2021. 8.17법18396호 2023. 4.18법19354호
2023. 7.11법19516호→2025년 7월 12일 시행
2024. 1.16법20003호

제1편 총 칙

제1조【민사소송의 이상과 신의성실의 원칙】 ① 법원은 소송절차가 공정하고 신속하며 경제적으로 진행되도록 노력하여야 한다.

② 당사자와 소송관계인은 신의에 따라 성실하게 소송을 수행하여야 한다.

참조 [법원]1장 이하, [당사자]2장 이하

판례 해고된 근로자가 아무런 이의의 유보나 조건 없이 퇴직금을 수령한 후 오랜 기간이 지난 후에 해고의 효력을 다투는 소를 제기하는 것이 신의칙이나 금반언의 원칙에 위배되는지 여부(소극) : 사용자로부터 해고된 근로자가 퇴직금 등을 수령하면서 아무런 이의의 유보나 조건을 제기하지 않았다면 해고의 효력을 인정하지 아니하고 이를 다투고 있었다고 볼 수 있는 객관적인 사정이 있다거나 그 외에 상당한 이유가 있는 상황하에서 이를 수령하는 등의 특별한 사정이 없는 한 그 해고의 효력을 인정하였다고 할 것이고, 따라서 그로부터 오랜 기간이 지난 후에 그 해고의 효력을 다투는 소를 제기하는 것은 신의칙이나 금반언의 원칙에 위배되어 허용될 수 없다. (대판 2000.4.25, 99다34475)

제1장 법 원

제1절 관 할

제2조【보통재판적】 소(訴)는 피고의 보통재판적(普通裁判籍)이 있는 곳의 법원이 관할한다.

참조 [보통재판적]3－6, [특별재판적]7－24, [전속관할]31

판례 국제사법 제2조가 적용된 경우 : 미합중국 미주리 주에 법률상 주소를 두고 있는 미합중국 국적의 남자(원고)가 대한민국 국적의 여자(피고)와 대한민국에서 혼인 후, 미합중국 국적을 취득한 피고와 거주기한을 정하지 아니하고 대한민국에 거주하다가 피고를 상대로 이혼, 친권자 및 양육자지정 등을 청구한 경우, 원·피고 모두 대한민국에 상거소(常居所)를 가지고 있고, 혼인이 대한민국에서 성립되었으며, 그 혼인생활의 대부분이 대한민국에서 형성된 점 등을 고려하면 위 청구는 대한민국과 실질적 관련이 있다고 볼 수 있으므로 국제사법 제2조 제1항의 규정에 의하여 대한민국 법원이 재판관할권을 가진다. 원·피고가 선택에 의한 주소(domicile of choice)를 대한민국에 형성했고, 피고가 소장 부본을 적법하게 송달받고 적극적으로 응소한 점까지 고려하면 국제사법 제2조 제2항에 규정된 '국제재판관할의 특수성'을 고려하더라도 대한민국 법원의 재판관할권 행사에 아무런 문제가 없다.(대판 2006.5.26, 2005므884)

판례 국제재판관할 결정시 판단기준 : 국제재판관할을 결정함에 있어서는 당사자 간의 공평, 재판의 적정, 신속 및 경제를 기한다는 기본이념에 따라야 할 것이고, 구체적으로는 소송당사자들의 공평, 편의 그리고 예측가능성과 같은 개인적인 이익뿐만 아니라 재판의 적정, 신속, 효율 및 판결의 실효성 등과 같은 법원 내지 국가의 이익도 함께 고려하여야 할 것이며, 이러한 다양한 이익 중 어떠한 이익을 보호할 필요가 있을지 여부는 개별 사건에서 법정지와 당사자와의 실질적 관련성 및 법정지와 분쟁이 된 사안과의 실질적 관련성을 객관적인 기준으로 삼아 합리적으로 판단하여야 한다.
(대판 2005.1.27, 2002다59788)

제3조【사람의 보통재판적】 사람의 보통재판적은 그의 주소에 따라 정한다. 다만, 대한민국에 주소가 없거나 주소를 알 수 없는 경우에는 거소에 따라 정하고, 거소가 일정하지 아니하거나 거소도 알 수 없으면 마지막 주소에 따라 정한다.

참조 [보통재판적]2－6, 민소규6, [주소·거소·가주소]민18－21

판례 국제관습법에 의하면 국가의 주권적 행위는 다른 국가의 재판권으로부터 면제되는 것이 원칙이라 할 것이나, 국가의 사법적 행위까지 다른 국가의 재판권으로부터 면제된다는 것이 오늘날의 국제법이나 국제관례라고 할 수 없다. 우리 나라의 영토내에서 행하여진 외국의 사법적 행위가 주권적 활동에 속하거나 이와 밀접한 관련이 있어서 이에 대한 재판권의 행사가 외국의 주권적 활동에 대한 부당한 간섭이 될 우려가 있다는 등의 특별한 사정이 없는 한 외국의 사법적 행위에 대하여는 당해 국가를 피고로 하여 우리나라의 법원이 재판권을 행사할 수 있다고 할 것이며 이와 견해를 달리한 '대결 1975.5.23, 74마281'은 이를 변경하기로 한다.
(대판 1998.12.17, 97다39216 전원합의체)

제4조【대사·공사 등의 보통재판적】 대사(大使)·공사(公使), 그 밖에 외국의 재판권 행사대상에서 제외되는 대한민국 국민이 제3조의 규정에 따른 보통재판적이 없는 경우에는 이들의 보통재판적은 대법원이 있는 곳으로 한다.

참조 [보통재판적]2－6, 민소규6, [주소·거소·가주소]민18－21

제5조【법인 등의 보통재판적】 ① 법인, 그 밖의 사단 또는 재단의 보통재판적은 이들의 주된 사무소 또는 영

업소가 있는 곳에 따라 정하고, 사무소와 영업소가 없는 경우에는 주된 업무담당자의 주소에 따라 정한다.
② 제1항의 규정을 외국법인, 그 밖의 사단 또는 재단에 적용하는 경우 보통재판적은 대한민국에 있는 이들의 사무소·영업소 또는 업무담당자의 주소에 따라 정한다.

참조 [보통재판적]민소규6, [법인이 아닌 사단 등의 당사자능력]52, [주된 사무소]민36, 상171

판례 외국법인의 국내지점 영업에 관한 것이 아닌 분쟁에 대해서도 우리 법원의 관할권을 인정할 수 있는지 여부(한정적극) : 구 민소법(2002.1.26. 법률 제6626호로 전문 개정 전) 제4조에 의하면 외국법인 등이 대한민국 내에 사무소, 영업소 또는 업무담당자의 주소를 가지고 있는 경우에는 그 사무소 등에 보통재판적이 인정된다고 할 것이므로, 증거수집의 용이성이나 소송수행의 부담 정도 등 구체적인 제반 사정을 고려하여 그 응소를 강제하는 것이 민사소송의 이념에 비추어 보아 심히 부당한 결과에 이르게 되는 특별한 사정이 없는 한, 원칙적으로 그 분쟁이 외국법인의 대한민국 지점의 영업에 관한 것이 아니라 하더라도 우리 법원의 관할권을 인정하는 것이 조리에 맞는다.(대판 2000.6.9, 98다35037)

제6조【국가의 보통재판적】 국가의 보통재판적은 그 소송에서 국가를 대표하는 관청 또는 대법원이 있는 곳으로 한다.

참조 [보통재판적]민소규6, [국가의 대표자]국가소송2

제7조【근무지의 특별재판적】 사무소 또는 영업소에 계속하여 근무하는 사람에 대하여 소를 제기하는 경우에는 그 사무소 또는 영업소가 있는 곳을 관할하는 법원에 제기할 수 있다.

참조 [주된 사무소]민36·40, 상171

제8조【거소지 또는 의무이행지의 특별재판적】 재산권에 관한 소를 제기하는 경우에는 거소지 또는 의무이행지의 법원에 제기할 수 있다.

참조 [거소지]민19·20, [의무이행지]민467, 상56, [전속관할]31

판례 채권자가 수익자로부터 책임재산의 회복을 구하는 사해행위취소의 소에서의 의무이행지 : 채권자가 사해행위의 취소와 함께 수익자 또는 전득자로부터 책임재산의 회복을 구하는 사해행위취소의 소를 제기한 경우 그 취소의 효과는 채권자와 수익자 또는 전득자 사이의 관계에서만 생기는 것이므로, 수익자 또는 전득자가 사해행위의 취소로 인한 원상회복 또는 이에 갈음하는 가액배상을 하여야 할 의무를 부담한다고 하더라도 이는 채권자에 대한 관계에서 생기는 법률효과에 불과하고 채무자와 사이에서 그 취소로 인한 법률관계가 형성되는 것은 아닐 뿐만 아니라, 이 경우 채권자의 주된 목적은 사해행위의 취소 그 자체보다는 일탈한 책임재산의 회복에 있는 것이므로, 사해행위취소의 소에 있어서의 의무이행지는 '취소의 대상인 법률행위의 의무이행지'가 아니라 '취소로 인하여 형성되는 법률관계에 있어서의 의무이행지'라고 보아야 한다.
(대결 2002.5.10, 2002마1156)

제9조【어음·수표 지급지의 특별재판적】 어음·수표에 관한 소를 제기하는 경우에는 지급지의 법원에 제기할 수 있다.

참조 [지급지]어음1·75, 수표1, [전속관할]31

판례 약속어음금 지급청구소송의 재판적 : 약속어음은 그 어음에 표시된 지급지가 의무이행지이고, 그 의무이행을 구하는 소송의 토지관할권은 지급지를 관할하는 법원에 있고, 채권자의 주소지를 관할하는 법원에 있는 것이 아니다.(대결 1980.7.22, 80마208)

제10조【선원·군인·군무원에 대한 특별재판적】 ① 선원에 대하여 재산권에 관한 소를 제기하는 경우에는 선적(船籍)이 있는 곳의 법원에 제기할 수 있다.
② 군인·군무원에 대하여 재산권에 관한 소를 제기하는 경우에는 군사용 청사가 있는 곳 또는 군용 선박의 선적이 있는 곳의 법원에 제기할 수 있다.

참조 [선원]선원2, [선적]선박법8·9·22·26, [전속관할]31

제11조【재산이 있는 곳의 특별재판적】 대한민국에 주소가 없는 사람 또는 주소를 알 수 없는 사람에 대하여 재산권에 관한 소를 제기하는 경우에는 청구의 목적 또는 담보의 목적이나 압류할 수 있는 피고의 재산이 있는 곳의 법원에 제기할 수 있다.

참조 [압류가 금지되는 물건과 채권]민집195·246, [채권의 소재지]민집224, 채무자회생파산3, [전속관할]31

제12조【사무소·영업소가 있는 곳의 특별재판적】 사무소 또는 영업소가 있는 사람에 대하여 그 사무소 또는 영업소의 업무와 관련이 있는 소를 제기하는 경우에는 그 사무소 또는 영업소가 있는 곳의 법원에 제기할 수 있다.

참조 [전속관할]31

제13조【선적이 있는 곳의 특별재판적】 선박 또는 항해에 관한 일로 선박소유자, 그 밖의 선박이용자에 대하여 소를 제기하는 경우에는 선적이 있는 곳의 법원에 제기할 수 있다.

참조 [선박소유자]상769－773·809·839·840, [선박공유]상756－768, [전속관할]31

제14조【선박이 있는 곳의 특별재판적】 선박채권(船舶債權), 그 밖에 선박을 담보로 한 채권에 관한 소를 제기하는 경우에는 선박이 있는 곳의 법원에 제기할 수 있다.

참조 [선박]선박법1의2, [선박 등에 대한 강제집행]민집172－185, [선박담보]상777－790, [전속관할]31

제15조【사원 등에 대한 특별재판적】 ① 회사, 그 밖의 사단이 사원에 대하여 소를 제기하거나 사원이 다른 사원에 대하여 소를 제기하는 경우에는 그 소가 사원의 자격으로 말미암은 것이면 회사, 그 밖의 사단의 보통재판적이 있는 곳의 법원에 소를 제기할 수 있다.
② 사단 또는 재단이 그 임원에 대하여 소를 제기하거나 회사가 그 발기인 또는 검사인에 대하여 소를 제기하는 경우에는 제1항의 규정을 준용한다.

참조 [보통재판적]5, [사단·재단의 임원]민57－67·82, [회사의 임원]상207·251·287·382·386·407·408·531·561·568, [발기인]상288·322, [검사인]상298·310·366③·367·467·582, [전속관할]31

제16조【사원 등에 대한 특별재판적】 회사, 그 밖의 사단의 채권자가 그 사원에 대하여 소를 제기하는 경우에는 그 소가 사원의 자격으로 말미암은 것이면 제15조에 규정된 법원에 제기할 수 있다.

참조 [전속관할]31, [본조의 소의 예]상212·213·215·268·279, [사원 등에 대한 특별재판적]15

제17조【사원 등에 대한 특별재판적】 회사, 그 밖의 사단, 재단, 사원 또는 사단의 채권자가 그 사원·임원·발기인 또는 검사인이었던 사람에 대하여 소를 제기하는 경우와 사원이었던 사람이 그 사원에 대하여 소를 제기하는 경우에는 제15조 및 제16조의 규정을 준용한다.

참조 [전속관할]31, [본조의 소의 예]상225, [사원 등에 대한 특별재판적]15·16

제18조【불법행위지의 특별재판적】 ① 불법행위에 관한 소를 제기하는 경우에는 행위지의 법원에 제기할 수 있다.
② 선박 또는 항공기의 충돌이나 그 밖의 사고로 말미암은 손해배상에 관한 소를 제기하는 경우에는 사고선박 또는 항공기가 맨 처음 도착한 곳의 법원에 제기할 수 있다.

참조 [불법행위의 원칙적 규정]민35·750－766, 상746, [국가배상책임]헌29, 국가배상1, [광해배상책임]광업75, [선박]선박법1의2, 상740, [선박의 충돌]상876－881, [공동해손]상865－875

제19조【해난구조에 관한 특별재판적】 해난구조(海難救助)에 관한 소를 제기하는 경우에는 구제된 곳 또는 구제된 선박이 맨 처음 도착한 곳의 법원에 제기할 수 있다.

참조 [선박]선박법1의2, 상740, [해난구조]상882－895, [전속관할]31

제20조【부동산이 있는 곳의 특별재판적】 부동산에 관한 소를 제기하는 경우에는 부동산이 있는 곳의 법원에 제기할 수 있다.

참조 [부동산]민99①, [부동산에 대한 강제집행]민집78－171, [전속관할]31

제21조【등기·등록에 관한 특별재판적】 등기·등록에 관한 소를 제기하는 경우에는 등기 또는 등록할 공공기관이 있는 곳의 법원에 제기할 수 있다.

참조 [전속관할]31, [등기·등록]부등7, 비송60, 특허87, 저작53－55

판례 사해행위취소에 따른 원상회복으로서의 소유권이전등기 말소등기의무의 이행지 : 부동산등기의 신청에 협조할 의무의 이행지는 성질상 등기지의 특별재판적에 관한 구 민소법 제19조에 규정된 '등기할 공무소 소재지'라고 할 것이므로, 원고가 사해행위취소의 소의 채권자라고 하더라도 사해행위취소에 따른 원상회복으로서의 소유권이전등기 말소등기의무의 이행지는 그 등기관서 소재지라고 볼 것이지, 원고의 주소지를 그 의무이행지로 볼 수는 없다.
(대결 2002.5.10, 2002마1156)

제22조【상속·유증 등의 특별재판적】 상속(相續)에 관한 소 또는 유증(遺贈), 그 밖에 사망으로 효력이 생기는 행위에 관한 소를 제기하는 경우에는 상속이 시작된 당시 피상속인의 보통재판적이 있는 곳의 법원에 제기할 수 있다.

참조 [전속관할]31, [사람의 보통재판적]3, [상속권]민1000·1001·1003·1004, [상속회복청구]민999, [유증]민1074－1090, [상속개시원인]민997

제23조【상속·유증 등의 특별재판적】 상속채권, 그 밖의 상속재산에 대한 부담에 관한 것으로 제22조의 규정에 해당되지 아니하는 소를 제기하는 경우에는 상속재산의 전부 또는 일부가 제22조의 법원관할구역안에 있으면 그 법원에 제기할 수 있다.

참조 [전속관할]31, [상속재산의 부담]민998의2·1107, [상속 유증 등의 특별재판적]22

제24조【지식재산권 등에 관한 특별재판적】 ① 특허권, 실용신안권, 디자인권, 상표권, 품종보호권(이하 "특허권등"이라 한다)을 제외한 지식재산권과 국제거래에 관한 소를 제기하는 경우에는 제2조 내지 제23조의 규정에 따른 관할법원 소재지를 관할하는 고등법원이 있는 곳의 지방법원에 제기할 수 있다. 다만, 서울고등법원이 있는 곳의 지방법원은 서울중앙지방법원으로 한정한다.(2015.12.1 본항개정)

② 특허권등의 지식재산권에 관한 소를 제기하는 경우에는 제2조부터 제23조까지의 규정에 따른 관할법원 소재지를 관할하는 고등법원이 있는 곳의 지방법원의 전속관할로 한다. 다만, 서울고등법원이 있는 곳의 지방법원은 서울중앙지방법원으로 한정한다.(2015.12.1 본항신설)

③ 제2항에도 불구하고 당사자는 서울중앙지방법원에 특허권등의 지식재산권에 관한 소를 제기할 수 있다.
(2015.12.1 본항신설)

改前 제24조【지식재산권 등에 관한 특별재판적】"지식재산권"과 국제거래에 관한 소를…

참조 [전속관할]31, [보통재판적 및 각종 특별재판적]2－23, ②③[항소]법원조직28의4

제25조【관련재판적】 ① 하나의 소로 여러 개의 청구를 하는 경우에는 제2조 내지 제24조의 규정에 따라 그 여러 개 가운데 하나의 청구에 대한 관할권이 있는 법원에 소를 제기할 수 있다.

② 소송목적이 되는 권리나 의무가 여러 사람에게 공통되거나 사실상 또는 법률상 같은 원인으로 말미암아 그 여러 사람이 공동소송인(共同訴訟人)으로서 당사자가 되는 경우에는 제1항의 규정을 준용한다.

참조 [전속관할]31, [청구를 병합한 경우의 소송]27·65·253, [보통재판적 및 각종 특별재판적]2－24

판례 민사소송의 당사자와 소송관계인은 신의에 따라 성실하게 소송을 수행하여야 하고(민사소송법 제1조), 민사소송의 일방 당사자가 다른 청구에 관하여 관할만을 발생시킬 목적으로 본래 제소할 의사 없는 청구를 병합한 것이 명백한 경우에는 관할선택권의 남용으로서 신의칙에 위배되어 허용될 수 없으므로, 그와 같은 경우에는 관련재판적에 관한 민사소송법 제25조의 규정을 적용할 수 없다.
(대결 2011.9.29, 2011마62)

제26조【소송목적의 값의 산정】 ① 법원조직법에서 소송목적의 값에 따라 관할을 정하는 경우 그 값은 소로 주장하는 이익을 기준으로 계산하여 정한다.

② 제1항의 값을 계산할 수 없는 경우 그 값은 민사소송 등인지법의 규정에 따른다.

참조 [관할]법원조직32①, [산정기준시기]33, [소송목적의 값]민사소송등인지법2

제27조【청구를 병합한 경우의 소송목적의 값】 ① 하나의 소로 여러 개의 청구를 하는 경우에는 그 여러 청구의 값을 모두 합하여 소송목적의 값을 정한다.

② 과실(果實)·손해배상·위약금(違約金) 또는 비용의 청구가 소송의 부대목적(附帶目的)이 되는 경우에는 그 값은 소송목적의 값에 넣지 아니한다.

참조 [병합]65·253·262·264, [과실]민101, [손해배상]민390, [위약금]민398④, [비용]민387·544, 어음48①·49

판례 소유권보존등기명의자, 이전등기명의자 등을 각 피고로 한 말소등기청구의 소가 산정 : 소유권보존등기가 이루어지고 이에 터잡아 근저당권설정등기가 경료된 후 그 소유등기명의가 전전 이전된 동일 부동산에 대하여 소유권보존등기명의자, 근저당권자 및 전득자 등을 공동피고로 하여 제기된 소유권보존등기, 근저당권설정등기, 소유권이전등기의 각 말소를 구하는 소송에 있어서는 1개의 소로써 주장하는 수 개의 청구의 경제적 이익이 동일하거나 중복되는 때에 해당하므로 중복되는 범위 내에서 흡수되고 그 중 가장 다액인 청구의 가액을 소가로 한다.(대결 1998.7.27, 98마938)

제28조【관할의 지정】 ① 다음 각호 가운데 어느 하나에 해당하면 관계된 법원과 공통되는 바로 위의 상급법원이 그 관계된 법원 또는 당사자의 신청에 따라 결정으로 관할 법원을 정한다.

1. 관할 법원이 재판권을 법률상 또는 사실상 행사할 수 없는 때
2. 법원의 관할 구역이 분명하지 아니한 때

② 제1항의 결정에 대하여는 불복할 수 없다.

참조 [관할지정의 신청]민소규7①·8①, [소송절차의 정지]민소규9, [신청]161, [재판권 행사불능의 예]41·43·49, [결정]134·221, [신청각하에 대한 불복]439

제29조【합의관할】 ① 당사자는 합의로 제1심 관할 법원을 정할 수 있다.

② 제1항의 합의는 일정한 법률관계로 말미암은 소에 관하여 서면으로 하여야 한다.

참조 [전속관할]31, [불항소합의]390, [관할]법원조직28·32①

판례 관할합의 효력의 주관적 범위 : 관할의 합의는 소송법상의 행위로서 합의 당사자 및 그 일반승계인을 제외한 제3자에게 그 효력이 미치지 않는 것이 원칙이지만, 관할에 관한 당사자의 합의로 관할이 변경된다는 것을 실체법적으로 보면, 권리행사의 조건으로서 그 권리관계에 불가분적으로 부착된 실체적 이행의 변경이라 할 수 있으므로, 지명채권과 같이 그 권리관계의 내용을 당사자가 자유롭게 정할 수 있는 경우에는, 당해 권리관계의 특정승계인은 그와 같이 변경된 권리관계를 승계한 것이라고 할 것이어서 관할합의의 효력은 특정승계인에게도 미친다.(대결 2006.3.2, 2005마902)

판례 전속적인 국제관할 합의의 유효요건 : 대한민국 법원의 관할을 배제하고 외국의 법원을 관할법원으로 하는 전속적인 국제관할의 합의가 유효하기 위하여는, 당해 사건이 대한민국 법원의 전속관할에 속하지 아니하고, 지정된 외국법원이 그 외국법상 당해 사건에 대하여 관할권을 가져야 하는 외에, 당해 사건이 그 외국법원에 대하여 합리적인 관련성을 가질 것이 요구된다고 할 것이고, 한편 전속적인 관할 합의가 현저하게 불합리하고 불공정한 경우에는 그 관할 합의는 공서양속에 반하는 법률행위에 해당하는 점에서도 무효이다.(대판 2004.3.25, 2001다53349)

제30조【변론관할】 피고가 제1심 법원에서 관할위반이라고 항변(抗辯)하지 아니하고 본안(本案)에 대하여 변론(辯論)하거나 변론준비기일(辯論準備期日)에서 진술하면 그 법원은 관할권을 가진다.

참조 [전속관할]31, [본안의 변론]118·134·266, [변론준비절차의 진술]280－284

제31조【전속관할에 따른 제외】 전속관할(專屬管轄)이 정하여진 소에는 제2조, 제7조 내지 제25조, 제29조 및 제30조의 규정을 적용하지 아니한다.

참조 [전속관할의 소송법상 효과]34·35·264①·269·411·419·424①, [전속관할]453①·463·476①, 법원조직28·32, 민집21, 가소2·13·22·26·30·35·44·46·51, 상186·240·241②·269·376②·380·381②·446·578·597·613, 행소9, 채무자회생파산3

제32조【관할에 관한 직권조사】 법원은 관할에 관한 사항을 직권으로 조사할 수 있다.

참조 [전속관할]31

판례 관할의 원인이 본안의 내용과 관련이 있는 경우의 관할권 유무에 대한 판단 : 관할의 원인이 동시에 본안의 내용과 관련이 있는 때

민사
소송

에는 원고의 청구원인사실을 기초로 하여 관할권의 유무를 판단할 것이지, 본안의 심리를 한 후에 관할의 유무를 결정할 것은 아니다.(대결 2004.7.14, 2004무20)

제33조【관할의 표준이 되는 시기】 법원의 관할은 소를 제기한 때를 표준으로 정한다.

참조 [제소의 시기]248 · 262 · 264 · 269 · 270 · 473①

제34조【관할위반 또는 재량에 따른 이송】 ① 법원은 소송의 전부 또는 일부에 대하여 관할권이 없다고 인정하는 경우에는 결정으로 이를 관할법원에 이송한다.
② 지방법원 단독판사는 소송에 대하여 관할권이 있는 경우라도 상당하다고 인정하면 직권 또는 당사자의 신청에 따른 결정으로 소송의 전부 또는 일부를 같은 지방법원 합의부에 이송할 수 있다.
③ 지방법원 합의부는 소송에 대하여 관할권이 없는 경우라도 상당하다고 인정하면 직권으로 또는 당사자의 신청에 따라 소송의 전부 또는 일부를 스스로 심리 · 재판할 수 있다.
④ 전속관할이 정하여진 소에 대하여는 제2항 및 제3항의 규정을 적용하지 아니한다.

참조 [이송결정에 관한 의견진술]민소규11, [관할]2－40, [결정]134 · 221, [사건의 이송]행소7, [전속관할]31

제35조【손해나 지연을 피하기 위한 이송】 법원은 소송에 대하여 관할권이 있는 경우라도 현저한 손해 또는 지연을 피하기 위하여 필요하면 직권 또는 당사자의 신청에 따른 결정으로 소송의 전부 또는 일부를 다른 관할법원에 이송할 수 있다. 다만, 전속관할이 정하여진 소의 경우에는 그러하지 아니하다.

참조 [이송결정에 대한 의견진술]민소규11, [전속관할]31, [신청]161, [결정]134 · 221, [즉시항고]39

제36조【지식재산권 등에 관한 소송의 이송】 ① 법원은 특허권등을 제외한 지식재산권과 국제거래에 관한 소가 제기된 경우 직권 또는 당사자의 신청에 따른 결정으로 그 소송의 전부 또는 일부를 제24조제1항에 따른 관할 법원에 이송할 수 있다. 다만, 이로 인하여 소송절차를 현저하게 지연시키는 경우에는 그러하지 아니하다.
② 제1항은 전속관할이 정하여져 있는 소의 경우에는 적용하지 아니한다.
③ 제24조제2항 또는 제3항에 따라 특허권등의 지식재산권에 관한 소를 관할하는 법원은 현저한 손해 또는 지연을 피하기 위하여 필요한 때에는 직권 또는 당사자의 신청에 따른 결정으로 소송의 전부 또는 일부를 제2조부터 제23조까지의 규정에 따른 지방법원으로 이송할 수 있다.(2015.12.1 본항신설)
(2015.12.1 본조개정)

改前 ① 법원은 "지식재산권"과 국제거래에 관한…일부를 "제24조의 규정"에 따른 관할 법원에 이송할 수 있다. 다만,…
② "전속관할이 정하여져 있는 소의 경우에는 제1항의 규정을" 적용하지 아니한다.

참조 [지식재산권에 관한 특별재판적]24, [이송결정에 대한 의견진술]민소규11, [전속관할]31, [결정]134 · 221

제37조【이송결정이 확정된 뒤의 긴급처분】 법원은 소송의 이송결정이 확정된 뒤라도 급박한 사정이 있는 때에는 직권으로 또는 당사자의 신청에 따라 필요한 처분을 할 수 있다. 다만, 기록을 보낸 뒤에는 그러하지 아니하다.

참조 [이송결정]34 · 35 · 38

제38조【이송결정의 효력】 ① 소송을 이송받은 법원은 이송결정에 따라야 한다.
② 소송을 이송받은 법원은 사건을 다시 다른 법원에 이송하지 못한다.

참조 [이송]34 · 35

제39조【즉시항고】 이송결정과 이송신청의 기각결정(棄却決定)에 대하여는 즉시항고(卽時抗告)를 할 수 있다.

참조 [이송]34 · 35, [즉시항고]444

제40조【이송의 효과】 ① 이송결정이 확정된 때에는 소송은 처음부터 이송받은 법원에 계속(係屬)된 것으로 본다.
② 제1항의 경우에는 이송결정을 한 법원의 법원서기관 · 법원사무관 · 법원주사 또는 법원주사보(이하 "법원사무관등"이라 한다)는 그 결정의 정본(正本)을 소송기록에 붙여 이송받을 법원에 보내야 한다.

참조 [이송]34 · 35, [상소심에서의 이송]419 · 436, [정본]162

제2절 법관 등의 제척 · 기피 · 회피

제41조【제척의 이유】 법관은 다음 각호 가운데 어느 하나에 해당하면 직무집행에서 제척(除斥)된다.
1. 법관 또는 그 배우자나 배우자이었던 사람이 사건의 당사자가 되거나, 사건의 당사자와 공동권리자 · 공동의무자 또는 상환의무자의 관계에 있는 때
2. 법관이 당사자와 친족의 관계에 있거나 그러한 관계에 있었을 때(2005.3.31 본호개정)
3. 법관이 사건에 관하여 증언이나 감정(鑑定)을 하였을 때
4. 법관이 사건당사자의 대리인이었거나 대리인이 된 때
5. 법관이 불복사건의 이전심급의 재판에 관여하였을 때. 다만, 다른 법원의 촉탁에 따라 그 직무를 수행한 경우에는 그러하지 아니하다.

改前 2. 법관이 당사자와 "친족 · 호주 · 가족"의 관계에 있거나 그러한 관계에 있었을 때

참조 [법관]법원조직41－52, [본조위반의 효과]424① · 451①, [친족의 범위]민777, [촌수계산]민770－772, [증인]303－332, [감정인]333－342, [소송상 법정대리인]51 · 62 · 64, [소송대리인]87－97, [수탁판사]160

판례 재심의 대상인 원재판이 '이전심급의 재판'에 해당하는지 여부(소극)(구법관계) : 재심사건에 있어서 그 재심의 대상으로 삼고 있는 원재판은 구 민소법 제37조 제5호의 "전심재판"에 해당된다 할 수 없고, 따라서 그 재심대상 재판에 관여한 법관이 당해 재심사건의 재판에 관여하였다 하더라도 이는 민소법 제422조 제1항 제2호 소정의 '법률상 그 재판에 관여하지 못할 법관이 관여한 때'에 해당한다고 할 수 없다.(대판 2000.8.18, 2000재다87)

제42조【제척의 재판】 법원은 제척의 이유가 있는 때에는 직권으로 또는 당사자의 신청에 따라 제척의 재판을 한다.

참조 [신청]44 · 161, [제척의 원인]41, [제척의 재판]46－48, 법원조직32①

제43조【당사자의 기피권】 ① 당사자는 법관에게 공정한 재판을 기대하기 어려운 사정이 있는 때에는 기피신청을 할 수 있다.
② 당사자가 법관을 기피할 이유가 있다는 것을 알면서도 본안에 관하여 변론하거나 변론준비기일에서 진술을 한 경우에는 기피신청을 하지 못한다.

참조 [신청]44 · 161, [변론]272－278, [준비절차]279－287, [기피의 재판]46－48

판례 ○○그룹 회장의 장녀 A와 B의 이혼 및 친권자지정청구의 소송 중 B가 담당 재판장에 대하여 기피신청을 한 사안에 대하여, 기피신청 대상자인 법관과 ○○그룹의 사장급 임원 C사이에 사적인 내용들이 포함된 다수의 문자메시지가 오고간 정황, ○○그룹에서의 C의 지위 및 A와 C 사이의 밀접한 협력관계 등을 볼 때, 법관이 불공정한 재판을 할 수 있다는 의심을 할 만한 객관적인 사정이 있는 때에는 실제로 법관에게 편파성이 존재하지 아니하거나 헌법과 법률이 정한 바에 따라 공정한 재판을 할 수 있는 경우에도 기피가 인정될 수 있다.(대결 2019.1.4, 2018스563)

제44조【제척과 기피신청의 방식】 ① 합의부의 법관에 대한 제척 또는 기피는 그 합의부에, 수명법관(受命法官) · 수탁판사(受託判事) 또는 단독판사에 대한 제척 또는 기피는 그 법관에게 이유를 밝혀 신청하여야 한다.
② 제척 또는 기피하는 이유와 소명방법은 신청한 날부터 3일 이내에 서면으로 제출하여야 한다.

참조 [신청]161, [기간]170, [소명]299

제45조【제척 또는 기피신청의 각하 등】 ① 제척 또는 기피신청이 제44조의 규정에 어긋나거나 소송의 지연을

목적으로 하는 것이 분명한 경우에는 신청을 받은 법원 또는 법관은 결정으로 이를 각하(却下)한다.
② 제척 또는 기피를 당한 법관은 제1항의 경우를 제외하고는 바로 제척 또는 기피신청에 대한 의견서를 제출하여야 한다.

참조 [제척 또는 기피신청의 방식]44, [결정]134·221

제46조【제척 또는 기피신청에 대한 재판】 ① 제척 또는 기피신청에 대한 재판은 그 신청을 받은 법관의 소속 법원 합의부에서 결정으로 하여야 한다.
② 제척 또는 기피신청을 받은 법관은 제1항의 재판에 관여하지 못한다. 다만, 의견을 진술할 수 있다.
③ 제척 또는 기피신청을 받은 법관의 소속 법원이 합의부를 구성하지 못하는 경우에는 바로 위의 상급법원이 결정하여야 한다.

참조 [불복신청]47, [결정]134·221, [합의부]법원조직7·32·40·40의7

판례 민사소송의 당사자가 법관에 대하여 기피신청을 한 경우, 당해 법관의 소속 법원 합의부에서 기피재판을 하도록 규정한 민사소송법 제46조 제1항 중 '기피신청에 대한 재판의 관할'에 관한 부분은 입법자의 입법재량의 범위 내에서 형성된 것이므로 청구인의 공정한 재판을 받을 권리를 침해한다고 보기 어려우므로 헌법에 위반되지 않는다.(헌재결 2013.3.21, 2011헌바219)

제47조【불복신청】 ① 제척 또는 기피신청에 정당한 이유가 있다는 결정에 대하여는 불복할 수 없다.
② 제45조제1항의 각하결정(却下決定) 또는 제척이나 기피신청이 이유 없다는 결정에 대하여는 즉시항고를 할 수 있다.
③ 제45조제1항의 각하결정에 대한 즉시항고는 집행정지의 효력을 가지지 아니한다.

참조 [제척·기피신청의 각하]45, [즉시항고]444

제48조【소송절차의 정지】 법원은 제척 또는 기피신청이 있는 경우에는 그 재판이 확정될 때까지 소송절차를 정지하여야 한다. 다만, 제척 또는 기피신청이 각하된 경우 또는 종국판결(終局判決)을 선고하거나 긴급을 요하는 행위를 하는 경우에는 그러하지 아니하다.

참조 [제척·기피신청의 방식]44, [결정확정시기]47·444

판례 기피신청에도 불구하고 판결선고기일을 지정한 경우의 불복방법 : 법원이 기피신청을 받았음에도 소송절차를 정지하지 아니하고 변론을 종결하여 판결 선고기일을 지정하였다고 하더라도 종국판결에 대한 불복절차에 의하여 그 당부를 다툴 수 있을 뿐 이에 대하여 별도로 항고로써 불복할 수 없다.(대결 2000.4.15, 2000그20)

제49조【법관의 회피】 법관은 제41조 또는 제43조의 사유가 있는 경우에는 감독권이 있는 법원의 허가를 받아 회피(回避)할 수 있다.

참조 [제척이유]41, [당사자의 기피권]43, [감독권 있는 법원]법원조직13②·26③·29③

제50조【법원사무관등에 대한 제척·기피·회피】 ① 법원사무관등에 대하여는 이 절의 규정을 준용한다.
② 제1항의 법원사무관등에 대한 제척 또는 기피의 재판은 그가 속한 법원이 결정으로 하여야 한다.

참조 [법원사무관등]법원조직10·53－55, [집행관의 제척]집행관13

제2장 당사자

제1절 당사자능력과 소송능력

제51조【당사자능력·소송능력 등에 대한 원칙】 당사자능력(當事者能力), 소송능력(訴訟能力), 소송무능력자(訴訟無能力者)의 법정대리와 소송행위에 필요한 권한의 수여는 이 법에 특별한 규정이 없으면 민법, 그 밖의 법률에 따른다.

참조 [특별규정]52·55·57, [당사자능력]민3·4·34·762·1000③, 상245, 채무자회생파산328, 행소12·13, 특허187, [소송능력]민5①·6·8①·10·13, 상7, [법정대리]민909－940의7

▶ 당사자의 확정

판례 소제기 전 사망한 자에 대한 상소의 효력 : 당사자가 소제기 이전에 이미 사망하여 주민등록이 말소된 사실을 간과한 채 본안 판단에 나아간 원심판결은 당연무효라 할 것이나, 민사소송이 당사자의 대립을 그 본질적 형태로 하는 것임에 비추어 사망한 자를 상대로 한 상고는 허용될 수 없다 할 것이므로, 이미 사망한 자를 상대방으로 하여 제기한 상고는 부적법하다.(대판 2000.10.27, 2000다33775)

▶ 당사자적격

판례 당사자능력 유무의 판단을 위해 법원이 취해야 할 조치 등 : 당사자능력의 문제는 법원의 직권조사사항에 속하는 것이므로 그 당사자능력 판단의 전제가 되는 사실에 관하여는 법원이 당사자의 주장에 구속될 필요 없이 직권으로 조사하여야 할 것이나, 그 사실에 기하여 당사자의 능력 유무를 판단함에 있어서는 당사자가 내세우는 단체의 목적, 조직, 구성원 등 단체를 사회적 실체로서 규정짓는 요소를 갖춘 단체가 실재하는지의 여부만을 가려 그와 같은 의미의 단체가 실재한다면 그로써 소송상 당사자능력은 충족되는 것이고, 그렇지 않다면 소를 부적법한 것으로서 각하하면 족한 것이며, 당사자의 주장과는 전혀 다른 단체의 실체를 인정하여 당사자능력을 인정하는 것은 소송상 무의미할 뿐 아니라 당사자를 변경하는 결과로 되어 허용될 수 없다.(대판 2002.5.10, 2002다4863)

▶ 당사자능력

판례 당사자능력이 인정되지 않는 경우 표시정정 허용 여부 : 소송에 있어서 당사자가 누구인가는 당사자능력, 당사자적격 등에 관한 문제와 직결되는 중요한 사항이므로, 사건을 심리·판결하는 법원으로서는 직권으로 소송당사자가 누구인가를 확정하여 심리를 진행하여야 하는 것이며, 이 때 당사자가 누구인가는 소장에 기재된 표시 및 청구의 내용과 원인 사실 등 소장의 전취지를 합리적으로 해석하여 확정하여야 할 것이고, 소장에 표시된 원고에게 당사자능력이 인정되지 않는 경우에는 소장의 전취지를 합리적으로 해석한 결과 인정되는 올바른 당사자능력자로 그 표시를 정정하는 것은 허용되며, 소장에 표시된 당사자가 잘못된 경우에 당사자표시를 정정케 하는 조치를 취함이 없이 바로 소를 각하할 수는 없다.
(대판 2001.11.13, 99두2017)

판례 학교의 당사자능력 여부(소극) : 서울대학교는 국가가 설립·경영하는 학교임은 공지의 사실이고, 학교는 법인도 아니고 대표자 있는 법인격 없는 사단 또는 재단도 아닌 교육시설의 명칭에 불과하여 민사소송에 있어 당사자능력을 인정할 수 없다.
(대판 2001.6.29, 2001다21991)

▶ 소송능력

판례 의사무능력자에 대하여 법정대리인의 대리 인정되는지 여부 : 사실상 의사능력을 상실한 상태에 있어 소송능력이 없는 사람에 대하여 소송을 제기하는 경우에도 특별대리인을 선임할 수 있다.
(대판 1993.7.27, 93다8986)

제52조【법인이 아닌 사단 등의 당사자능력】 법인이 아닌 사단이나 재단은 대표자 또는 관리인이 있는 경우에는 그 사단이나 재단의 이름으로 당사자가 될 수 있다.

참조 [법인]민31－39, [대표자의 지위]64

판례 종중이 당사자인 사건에 있어서 그 종중의 대표자에게 적법한 대표권이 있는지 여부는 소송요건에 관한 것으로서 법원의 직권조사사항이므로, 법원으로서는 그 판단의 기초자료인 사실과 증거를 직권으로 탐지할 의무까지는 없다 하더라도, 이미 제출된 자료들에 의하여 그 대표권의 적법성에 의심이 갈 만한 사정이 엿보인다면 이에 관하여 심리·조사할 의무가 있다 할 것이다.
(대판 2007.3.29, 2006다74273)

판례 총유재산에 관한 소송은 법인 아닌 사단이 그 명의로 사원총회의 결의를 거쳐 하거나 또는 그 구성원 전원이 당사자가 되어 필수적 공동소송의 형태로 할 수 있을 뿐 그 사단의 구성원은 설령 그가 사단의 대표자라거나 사원총회의 결의를 거쳤다 하더라도 그 소송의 당사자가 될 수 없고, 이러한 법리는 총유재산의 보존행위로서 소를 제기하는 경우에도 마찬가지라 할 것이다.
(대판 2005.9.15, 2004다44971 전원합의체)

판례 성균관의 당사자능력 인정 여부(적극) : 재단법인 성균관과 '성균관'의 설립 연혁과 경위, 대표기관 등의 조직, 존립목적과 활동 등 여러 사정에 비추어 볼 때, '성균관'은 재단법인 성균관의 설립 이전부터 이미 독자적인 존립목적과 대표기관을 갖고 활동을 하는 등 법인 아닌 사단으로서의 실체를 가지고 존립하여 왔으므로 그 후 설립된 재단법인 성균관의 정관 일부 조항을 가지고 '성균관'의 단체성을 부정하여 위 법인의 기관에 불과하다고 볼 수는 없다.
(대판 2004.11.12, 2002다46423)

제53조【선정당사자】 ① 공동의 이해관계를 가진 여러 사람이 제52조의 규정에 해당되지 아니하는 경우에는, 이들은 그 가운데에서 모두를 위하여 당사자가 될 한 사람 또는 여러 사람을 선정하거나 이를 바꿀 수 있다.
② 소송이 법원에 계속된 뒤 제1항의 규정에 따라 당사자를 바꾼 때에는 그 전의 당사자는 당연히 소송에서 탈퇴한 것으로 본다.

참조 [자격증명]58, [자격이 없을 때의 소송행위]59－61, [자격상실]54·215②, [자격소멸통지]63②, [판결의 효력]218③, 민집25

[판례] 갑 등이 을 등을 상대로 소송을 제기하면서 그들 모두를 위한 선정당사자로 병을 선정하여 소송을 수행하도록 하였는데, 병이 선정당사자 지위에서 을 등과 '을 등은 연대하여 병에게 500만원을 지급하고, 병은 소송을 취하하며 민·형사상의 책임을 묻지 않겠다'는 취지로 합의한 후 소를 취하한 사안에서, 병이 소송 도중 을 등과 한 합의는 갑 등을 위하여 500만 원을 지급받는 대신 소송을 취하하여 종료시킴과 아울러 을 등을 상대로 동일한 소송을 다시 제기하지 않기로 한 것으로서, 이는 선정당사자가 할 수 있는 소송수행에 필요한 사법상의 행위에 해당하고, 갑 등으로부터 개별적인 동의를 받았는지에 관계없이 그들 모두에게 그 효력이 미친다.
(대판 2012.3.15, 2011다105966)

[판례] 다수자 사이에 공동소송인이 될 관계에 있기는 하지만 주요한 공격방어방법을 공통으로 하는 것이 아니어서 공동의 이해관계가 없는 자가 선정당사자로 선정되었음에도 법원이 그러한 선정당사자 자격의 흠을 간과하여 그를 당사자로 한 판결이 확정된 경우, 선정자가 스스로 당해 소송의 공동소송인 중 1인인 선정당사자에게 소송수행권을 수여하는 선정행위를 하였다면 그 선정자로서는 실질적인 소송행위를 할 기회 또는 적법하게 당해 소송에 관여할 기회를 박탈당한 것이 아니므로, 비록 그 선정당사자와의 사이에 공동의 이해관계가 없었다고 하더라도 그러한 사정은 민사소송법 제451조 제1항 제3호가 정하는 재심사유에 해당하지 않는 것으로 봄이 상당하고, 이러한 법리는 그 선정당사자에 대한 판결이 확정된 경우뿐만 아니라 그 선정당사자가 청구를 인낙하여 인낙조서가 확정된 경우에도 마찬가지이다.(대판 2007.7.12, 2005다10470)

[판례] 선정당사자에 대한 소가 취하되거나 판결이 확정된 경우 선정당사자 자격의 상실 여부(적극) : 선정당사자는 공동의 이해관계를 가진 여러 사람 중에서 선정되어야 하므로, 선정당사자 본인에 대한 부분의 소가 취하되거나 판결이 확정되는 등으로 공동의 이해관계가 소멸하는 경우에는 선정당사자의 자격을 상실한다.
(대판 2006.9.8, 2006다28775)

[판례] 선정당사자 선정의 효력 및 심급을 한정하여 선정당사자의 자격을 부여하는 선정행위의 허용 여부 : 공동의 이해관계가 있는 다수자가 당사자를 선정한 경우에는 선정된 당사자는 당해 소송의 종결에 이르기까지 총원을 위하여 소송을 수행할 수 있고, 상소와 같은 것도 역시 이러한 당사자로부터 제기되어야 하는 것이지만, 당사자 선정은 총원의 합의로써 장래를 향하여 이를 취소·변경할 수 있는 만큼 당초부터 특히 어떠한 심급을 한정하여 당사자인 자격을 보유하게 할 목적으로 선정하는 것도 역시 허용된다고 할 것이나, 선정당사자의 선정행위시 심급의 제한에 관한 약정 등이 없는 한 선정의 효력은 소송이 종료에 이르기까지 계속되는 것이다.
(대판 2003.11.14, 2003다34038)

제54조【선정당사자 일부의 자격상실】 제53조의 규정에 따라 선정된 여러 당사자 가운데 죽거나 그 자격을 잃은 사람이 있는 경우에는 다른 당사자가 모두를 위하여 소송행위를 한다.

[참조] [선정당사자]53, [자격상실의 통지]63②, [전원의 자격상실로 인한 중단]237②

제55조【제한능력자의 소송능력】 ① 미성년자 또는 피성년후견인은 법정대리인에 의해서만 소송행위를 할 수 있다. 다만, 다음 각 호의 경우에는 그러하지 아니하다.
1. 미성년자가 독립하여 법률행위를 할 수 있는 경우
2. 피성년후견인이 「민법」 제10조제2항에 따라 취소할 수 없는 법률행위를 할 수 있는 경우
② 피한정후견인은 한정후견인의 동의가 필요한 행위에 관하여는 대리권 있는 한정후견인에 의해서만 소송행위를 할 수 있다.
(2016.2.3 본조개정)

[改前] "제55조【미성년자·한정치산자·금치산자의 소송능력】 미성년자·한정치산자 또는 금치산자는 법정대리인에 의하여서만 소송행위를 할 수 있다. 다만, 미성년자 또는 한정치산자가 독립하여 법률행위를 할 수 있는 경우에는 그러하지 아니하다."

[참조] [법정대리인의 소송법상 지위]140①·145·179·235·249①·372, [대리권 흠결의 효과]424①·451①, [미성년자]민5-8, [피성년후견인의 행위와 취소]민10, [미성년자의 법정대리인]민909-911·928·932, [성년후견]민929, [피한정후견인의 행위와 동의]민13

제56조【법정대리인의 소송행위에 관한 특별규정】 ① 미성년후견인, 대리권 있는 성년후견인 또는 대리권 있는 한정후견인이 상대방의 소 또는 상소 제기에 관하여 소송행위를 하는 경우에는 그 후견감독인으로부터 특별한 권한을 받을 필요가 없다.
② 제1항의 법정대리인이 소의 취하, 화해, 청구의 포기·인낙(認諾) 또는 제80조에 따른 탈퇴를 하기 위해서는 후견감독인으로부터 특별한 권한을 받아야 한다. 다만, 후견감독인이 없는 경우에는 가정법원으로부터 특별한 권한을 받아야 한다.
(2016.2.3 본조개정)

[改前] "제56조【법정대리인의 소송행위에 대한 특별규정】 ① 법정대리인이 상대방의 소제기 또는 상소에 관하여 소송행위를 하는 경우에는 친족회로부터 특별한 권한을 받을 필요가 없다.
② 법정대리인이 소의 취하, 화해, 청구의 포기·인낙(認諾) 또는 제80조의 규정에 따른 탈퇴를 하기 위하여서는 특별한 권한을 받아야 한다."

[참조] [본항 준용]69, [후견감독인의 동의를 요하는 경우]민950①, [소의 취하]266·393·425, [수권의 증명]58, [보정명령]59, [수권흠결의 추인]60·424②

제57조【외국인의 소송능력에 대한 특별규정】 외국인은 그의 본국법에 따르면 소송능력이 없는 경우라도 대한민국의 법률에 따라 소송능력이 있는 경우에는 소송능력이 있는 것으로 본다.

[참조] [법정대리인의 소송행위에 필요한 수권]51, [외국인의 행위능력]국제사법80

제58조【법정대리권 등의 증명】 ① 법정대리권이 있는 사실 또는 소송행위를 위한 권한을 받은 사실은 서면으로 증명하여야 한다. 제53조의 규정에 따라서 당사자를 선정하고 바꾸는 경우에도 또한 같다.
② 제1항의 서면은 소송기록에 붙여야 한다.

[참조] [선정당사자]53, [법정대리인]55·56, [제2항의 준용]97, [증명불능인 경우의 소송비용의 부담]107②

제59조【소송능력 등의 흠에 대한 조치】 소송능력·법정대리권 또는 소송행위에 필요한 권한의 수여에 흠이 있는 경우에는 법원은 기간을 정하여 이를 보정(補正)하도록 명하여야 하며, 만일 보정하는 것이 지연됨으로써 손해가 생길 염려가 있는 경우에는 법원은 보정하기 전의 당사자 또는 법정대리인으로 하여금 일시적으로 소송행위를 하게 할 수 있다.

[참조] [소송능력, 법정대리권, 수권]51·55-57, [법정기간]172, [본조준용]61·97

[판례] 법인 대표자의 대표권에 대한 직권조사의 한계 : 직권조사의 대상은 당해 소송에 있어 법인 대표자의 적법한 대표권 유무이고, 당해 소송 이전에 법인이 행한 어떠한 법률행위에 있어 법인 대표자가 적법한 대표권에 기하여 행한 것인지 여부는 여전히 당사자가 주장·입증하여야 할 문제라고 할 것이어서 법원이 이러한 사항까지 직권으로 탐지하여 조사하여야 할 의무가 있다고는 할 수 없다.
(대판 2004.5.14, 2003다61054)

[판례] 대표권이 흠결된 경우 법원이 취할 조치 : 민소 제64조의 규정에 따라 법인의 대표자에게도 준용되는 같은 법 제59조 전단 및 제60조는 소송능력·법정대리권 또는 소송행위에 필요한 권한의 수여에 흠이 있는 경우에는 법원은 기간을 정하여 이를 보정하도록 명하여야 하고, 소송능력, 법정대리권 또는 소송행위에 필요한 권한의 수여에 흠이 있는 사람이 소송행위를 한 뒤에 보정된 당사자나 법정대리인이 이를 추인한 경우에는 그 소송행위는 이를 한 때에 소급하여 효력이 생긴다고 규정하고 있는바, 법원은 이러한 민사소송법의 규정에 따라 소송당사자인 재건축주택조합 대표자의 대표권이 흠결된 경우에는 그 흠결을 보정할 수 없음이 명백한 때가 아닌 한 기간을 정하여 보정을 명하여야 할 의무가 있다고 할 것이고, 이와 같은 대표권의 보정은 항소심에서도 가능하다.(대판 2003.3.28, 2003다2376)

제60조【소송능력 등의 흠과 추인】 소송능력, 법정대리권 또는 소송행위에 필요한 권한의 수여에 흠이 있는 사람이 소송행위를 한 뒤에 보정된 당사자나 법정대리인이 이를 추인(追認)한 경우에는, 그 소송행위는 이를 한 때에 소급하여 효력이 생긴다.

[참조] [소송능력·법정대리권·수권]59, [추인과 상고이유]425, [추인이 없을 때의 소송비용의 부담]107②, [본조준용]61·97

[판례] 항소의 제기에 관하여 필요한 수권이 흠결된 소송대리인의 항소장 제출이 있었다고 하더라도 당사자 또는 적법한 소송대리인이 항소심에서 본안에 관하여 변론하였다면 이로써 그 항소제기 행위를 추인하였다고 할 것이어서, 그 항소는 당사자가 적법하게 제기한 것으로 된다.(대판 2007.2.22, 2006다81653)

제61조【선정당사자에 대한 준용】 제53조의 규정에 따른 당사자가 소송행위를 하는 경우에는 제59조 및 제60조의 규정을 준용한다.

참조 [선정당사자]53, [소송능력의 흠에 대한 조치와 추인]59·60, [선정과 변경의 증명]58

제62조【제한능력자를 위한 특별대리인】 ① 미성년자·피한정후견인 또는 피성년후견인이 당사자인 경우, 그 친족, 이해관계인(미성년자·피한정후견인 또는 피성년후견인을 상대로 소송행위를 하려는 사람을 포함한다), 대리권 없는 성년후견인, 대리권 없는 한정후견인, 지방자치단체의 장 또는 검사는 다음 각 호의 경우에 소송절차가 지연됨으로써 손해를 볼 염려가 있다는 것을 소명하여 수소법원(受訴法院)에 특별대리인을 선임하여 주도록 신청할 수 있다.

1. 법정대리인이 없거나 법정대리인에게 소송에 관한 대리권이 없는 경우
2. 법정대리인이 사실상 또는 법률상 장애로 대리권을 행사할 수 없는 경우
3. 법정대리인의 불성실하거나 미숙한 대리권 행사로 소송절차의 진행이 현저하게 방해받는 경우

② 법원은 소송계속 후 필요하다고 인정하는 경우 직권으로 특별대리인을 선임·개임하거나 해임할 수 있다.
③ 특별대리인은 대리권 있는 후견인과 같은 권한이 있다. 특별대리인의 대리권의 범위에서 법정대리인의 권한은 정지된다.
④ 특별대리인의 선임·개임 또는 해임은 법원의 결정으로 하며, 그 결정은 특별대리인에게 송달하여야 한다.
⑤ 특별대리인의 보수, 선임 비용 및 소송행위에 관한 비용은 소송비용에 포함된다.
(2016.2.3 본조개정)

改前 "제62조【특별대리인】 ① 법정대리인이 없거나 법정대리인이 대리권을 행사할 수 없는 경우에 미성년자·한정치산자 또는 금치산자를 상대로 소송행위를 하고자 하는 사람은 소송절차가 지연됨으로써 손해를 볼 염려가 있다는 것을 소명하여 수소법원(受訴法院)에 특별대리인을 선임하여 주도록 신청할 수 있다.
② 제1항의 경우로서 미성년자·한정치산자 또는 금치산자가 소송행위를 하는 데 필요한 경우에는 그 친족·이해관계인 또는 검사는 소송절차가 지연됨으로써 손해를 볼 염려가 있다는 것을 소명하여 수소법원에 특별대리인을 선임하여 주도록 신청할 수 있다.
③ 법원은 언제든지 특별대리인을 개임(改任)할 수 있다.
④ 특별대리인이 소송행위를 하기 위하여서는 후견인(後見人)과 같은 권한을 받아야 한다.
⑤ 특별대리인의 선임 또는 개임은 법원의 결정으로 하며, 그 결정은 특별대리인에게 송달하여야 한다.
⑥ 특별대리인의 선임에 관한 비용과 특별대리인의 소송행위에 관한 비용은 신청인에게 부담하도록 명할 수 있다."

참조 [법정대리인]51·55·64, [민법상의 특별대리인]민64·921, [소명의 방법]299, [신청]161, ④[후견인에게 수권이 필요한 경우]56, 민950, ⑤[송달]174–193

판례 특별대리인 대리권의 범위(구법관계) : 민소법 제58조에 의하여 선임된 특별대리인은 당해 소송에 있어서는 법정대리인으로서의 권한을 보유한다 할 것이므로 특별대리인은 당해 소송행위를 할 권한뿐만 아니라 당해 소송에 있어서 공격방어의 방법으로서 필요한 때에는 사법상의 실체적 권리도 이를 행사할 수 있다 할 것이나, 무권리자의 부동산처분행위에 대한 추인과 같은 행위는 부동산에 관한 권리의 소멸변경을 초래하는 것이어서 민법 제950조에 의한 특별수권이 없는 한 이를 할 수 없다.(대판 1993.7.27, 93다8986)

제62조의2【의사무능력자를 위한 특별대리인의 선임 등】 ① 의사능력이 없는 사람을 상대로 소송행위를 하려고 하거나 의사능력이 없는 사람이 소송행위를 하는 데 필요한 경우 특별대리인의 선임 등에 관하여는 제62조를 준용한다. 다만, 특정후견인 또는 임의후견인도 특별대리인의 선임을 신청할 수 있다.
② 제1항의 특별대리인이 소의 취하, 화해, 청구의 포기·인낙 또는 제80조에 따른 탈퇴를 하는 경우 법원은 그 행위가 본인의 이익을 명백히 침해한다고 인정할 때에는 그 행위가 있는 날부터 14일 이내에 결정으로 이를 허가하지 아니할 수 있다. 이 결정에 대해서는 불복할 수 없다.
(2016.2.3 본조신설)

제63조【법정대리권의 소멸통지】 ① 소송절차가 진행되는 중에 법정대리권이 소멸한 경우에는 본인 또는 대리인이 상대방에게 소멸된 사실을 통지하지 아니하면 소멸의 효력을 주장하지 못한다. 다만, 법원에 법정대리권의 소멸사실이 알려진 뒤에는 그 법정대리인은 제56조제2항의 소송행위를 하지 못한다.
② 제53조의 규정에 따라 당사자를 바꾸는 경우에는 제1항의 규정을 준용한다.

참조 [법정대리권소멸의 신고]민소규13, [소송대리권소멸통지의 신고]민소규17, [대리권의 소멸과 중단]235, [본조 준용]97, [법정대리권의 소멸]민924·925·927·939·940

제64조【법인 등 단체의 대표자의 지위】 법인의 대표자 또는 제52조의 대표자 또는 관리인에게는 이 법 가운데 법정대리와 법정대리인에 관한 규정을 준용한다.

참조 [비법인 사단·재단]52, [법정대리와 법정대리인에 관한 규정]51·58·60·62·63

판례 민법상 법인 등의 대표자에 대해 직무집행정지 및 직무대행자 선임의 가처분이 내려진 경우 본안소송에서 단체를 대표하는 자 : 민법상의 법인이나 법인이 아닌 사단 또는 재단의 대표자를 선출한 결의의 무효 또는 부존재 확인을 구하는 소송에서 그 단체를 대표할 자는 의연히 무효 또는 부존재확인 청구의 대상이 결의에 의해 선출된 대표자라 할 것이나, 그 대표자에 대해 직무집행정지 및 직무대행자선임 가처분이 된 경우에는, 그 가처분에 특별한 정함이 없는 한 그 대표자는 그 본안소송에서 그 단체를 대표할 권한을 포함한 일체의 직무집행에서 배제되고 직무대행자로 선임된 자가 대표자의 직무를 대행하게 되므로, 그 본안소송에서 그 단체를 대표할 자도 직무집행을 정지당한 대표자가 아니라 대표자 직무대행자로 보아야 한다.(대판 1995.12.12, 95다31348)

제2절 공동소송

제65조【공동소송의 요건】 소송목적이 되는 권리나 의무가 여러 사람에게 공통되거나 사실상 또는 법률상 같은 원인으로 말미암아 생긴 경우에는 그 여러 사람이 공동소송인으로서 당사자가 될 수 있다. 소송목적이 되는 권리나 의무가 같은 종류의 것이고, 사실상 또는 법률상 같은 종류의 원인으로 말미암은 것인 경우에도 또한 같다.

참조 [권리의무가 공통된 경우]민262·409·411·413, 신탁50·51, [공동불법행위자의 책임]민760, [가사소송과 필수적 공동소송]가소15·24②·28·31

제66조【통상공동소송인의 지위】 공동소송인 가운데 한 사람의 소송행위 또는 이에 대한 상대방의 소송행위와 공동소송인 가운데 한 사람에 관한 사항은 다른 공동소송인에게 영향을 미치지 아니한다.

참조 [필수적 공동소송의 특칙]67·69

판례 통상공동소송에서 주장공통의 원칙이 적용되는지 여부(소극)(구법관계) : 민소법 제62조의 명문의 규정과 우리 민사소송법이 취하고 있는 변론주의 소송구조 등에 비추어 볼 때, 통상의 공동소송에 있어서 이른바 주장공통의 원칙은 적용되지 아니한다.(대판 1994.5.10, 93다47196)

제67조【필수적 공동소송에 대한 특별규정】 ① 소송목적이 공동소송인 모두에게 합일적으로 확정되어야 할 공동소송의 경우에 공동소송인 가운데 한 사람의 소송행위는 모두의 이익을 위하여서만 효력을 가진다.
② 제1항의 공동소송에서 공동소송인 가운데 한 사람에 대한 상대방의 소송행위는 공동소송인 모두에게 효력이 미친다.
③ 제1항의 공동소송에서 공동소송인 가운데 한 사람에게 소송절차를 중단 또는 중지하여야 할 이유가 있는 경우 그 중단 또는 중지는 모두에게 효력이 미친다.

참조 ①[합일적으로만 확정할 경우]민집249, 신탁50, 가소15·24②·28·31, 상236·376·380·381, 채무자회생파산462·464·466·468, [공동소송참가]83, ③[소송절차의 중단 또는 중지가 생기는 경우]233–240·246, [준용규정]79②

민사소송

▶ 고유필수적 공동소송

판례 비법인사단의 구성원 1인이 재산보존을 위하여 소송을 제기할 수 있는지 여부(소극) : 총유재산에 관한 소송은 법인 아닌 사단이 그 명의로 사원총회의 결의를 거쳐 하거나 또는 그 구성원 전원이 당사자가 되어 필수적 공동소송의 형태로 할 수 있을 뿐 그 사단의 구성원은 설령 그가 사단의 대표자라거나 사원총회의 결의를 거쳤다 하더라도 그 소송의 당사자가 될 수 없고, 이러한 법리는 총유재산의 보존행위로서 소를 제기하는 경우에도 마찬가지이다.
(대판 2005.9.15, 2004다44971 전원합의체)

▶ 유사필수적 공동소송

판례 수인이 제기하는 채권자대위소송의 경우 : 채무자가 채권자대위권에 의한 소송이 제기된 것을 알았을 경우에는 그 확정판결의 효력은 채무자에게도 미친다는 것이 판례인바, 다수의 채권자가 각 채권자대위권에 기하여 공동하여 채무자의 권리를 행사하는 이 사건의 경우 소송계속 중 채무자인 박봉규가 제1심 증인으로 증언까지 한 바 있어 당연히 채권자대위권에 의한 소송이 제기중인 것을 알았다고 인정되므로 그 판결의 효력은 위 박봉규에게도 미치게 된다. 따라서 위 망인의 소송수계인들은 유사필요적 공동소송관계에 있다.
(대판 1991.12.27, 91다23486)

▶ 필수적 공동소송의 심판

판례 공동소송인 중 일부가 상소를 제기한 경우의 심판범위 : 공유물분할청구의 소는 분할을 청구하는 공유자가 원고가 되어 다른 공유자 전부를 공동피고로 하여야 하는 고유필수적 공동소송이고, 공동소송인과 상대방 사이에 판결의 합일확정을 필요로 하는 고유필수적 공동소송에 있어서는 공동소송인 중 일부가 제기한 상소는 다른 공동소송인에게도 그 효력이 미치는 것이므로 공동소송인 전원에 대한 관계에서 판결의 확정이 차단되고 그 소송은 전체로서 상소심에 이심되며, 상소심판결의 효력은 상소를 하지 아니한 공동소송인에게 미치므로 상소심으로서는 공동소송인 전원에 대하여 심리·판단하여야 한다.(대판 2003.12.12, 2003다44615)

제68조【필수적 공동소송인의 추가】 ① 법원은 제67조제1항의 규정에 따른 공동소송인 가운데 일부가 누락된 경우에는 제1심의 변론을 종결할 때까지 원고의 신청에 따라 결정으로 원고 또는 피고를 추가하도록 허가할 수 있다. 다만, 원고의 추가는 추가될 사람의 동의를 받은 경우에만 허가할 수 있다.
② 제1항의 허가결정을 한 때에는 허가결정의 정본을 당사자 모두에게 송달하여야 하며, 추가될 당사자에게는 소장 부본도 송달하여야 한다.
③ 제1항의 규정에 따라 공동소송인이 추가된 경우에는 처음의 소가 제기된 때에 추가된 당사자와의 사이에 소가 제기된 것으로 본다.
④ 제1항의 허가결정에 대하여 이해관계인은 추가될 원고의 동의가 없었다는 것을 사유로 하는 경우에만 즉시항고를 할 수 있다.
⑤ 제4항의 즉시항고는 집행정지의 효력을 가지지 아니한다.
⑥ 제1항의 신청을 기각한 결정에 대하여는 즉시항고를 할 수 있다.

참조 [필수적 공동소송에 대한 특별규정]67, [필수적 공동소송인의 추가신청]민소규14, [공동소송참가]83, [즉시항고]444, [당사자의 추가·경정]가소15

제69조【필수적 공동소송에 대한 특별규정】 제67조제1항의 공동소송인 가운데 한 사람이 상소를 제기한 경우에 다른 공동소송인이 그 상소심에서 하는 소송행위에는 제56조제1항의 규정을 준용한다.

참조 [상소]390·422, [재심]451

제70조【예비적·선택적 공동소송에 대한 특별규정】 ① 공동소송인 가운데 일부의 청구가 다른 공동소송인의 청구와 법률상 양립할 수 없거나 공동소송인 가운데 일부에 대한 청구가 다른 공동소송인에 대한 청구와 법률상 양립할 수 없는 경우에는 제67조 내지 제69조를 준용한다. 다만, 청구의 포기·인낙, 화해 및 소의 취하의 경우에는 그러하지 아니하다.
② 제1항의 소송에서는 모든 공동소송인에 관한 청구에 대하여 판결을 하여야 한다.

판례 [1] 민사소송법 제70조 제1항에 있어서 '법률상 양립할 수 없다'는 것은, 두 청구들 사이에서 한 쪽 청구에 대한 판단 이유가 다른 쪽 청구에 대한 판단 이유에 영향을 주어 각 청구에 대한 판단 과정이 필연적으로 상호 결합되어 있는 관계를 의미하며, 실체법적으로 서로 양립할 수 없는 경우뿐 아니라 소송법상으로 서로 양립할 수 없는 경우를 포함하는 것으로 봄이 상당하다.
[2] 법인 또는 비법인 등 당사자능력이 있는 단체의 대표자 또는 구성원의 지위에 관한 확인소송에서 그 대표자 또는 구성원 개인뿐 아니라 그가 소속된 단체를 공동피고로 하여 소가 제기된 경우에 있어서는, 누가 피고적격을 가지는지에 관한 법률적 평가에 따라 어느 한 쪽에 대한 청구는 부적법하고 다른 쪽의 청구만이 적법하게 될 수 있으므로 이는 민사소송법 제70조 제1항 소정의 예비적·선택적 공동소송의 요건인 각 청구가 서로 법률상 양립할 수 없는 관계에 해당한다.
(대판 2007.6.26, 2007마515)

제3절 소송참가

제71조【보조참가】 소송결과에 이해관계가 있는 제3자는 한 쪽 당사자를 돕기 위하여 법원에 계속 중인 소송에 참가할 수 있다. 다만, 소송절차를 현저하게 지연시키는 경우에는 그러하지 아니하다.

참조 [당사자참가]79-83, [소송고지]84-86, [참가인으로서 할 수 있는 행위]76

판례 특정 소송사건에서 당사자 일방을 보조하기 위하여 보조참가를 하려면 당해 소송의 결과에 대하여 법률상의 이해관계가 있어야 할 것이고, 이는 당해 소송의 판결의 기판력이나 집행력을 당연히 받는 경우 또는 당해 소송의 판결의 효력이 직접 미치지는 아니한다고 하더라도 적어도 그 판결을 전제로 하여 보조참가를 하려는 자의 법률상의 지위가 결정되는 관계에 있는 경우를 의미하는 것이다.
(대판 2007.4.26, 2005다19156)

판례 보조참가인의 소송수행권능은 피참가인으로부터 유래된 것이 아니라 독립의 권능이라고 할 것이므로 피참가인과는 별도로 보조참가인에 대하여도 기일의 통지, 소송서류의 송달 등을 행하여야 하고, 보조참가인에게 기일통지서 또는 출석요구서를 송달하지 아니함으로써 변론의 기회를 부여하지 아니한 채 행하여진 기일의 진행은 적법한 것으로 볼 수 없다.(대판 2007.2.22, 2006다75641)

제72조【참가신청의 방식】 ① 참가신청은 참가의 취지와 이유를 밝혀 참가하고자 하는 소송이 계속된 법원에 제기하여야 한다.
② 서면으로 참가를 신청한 경우에는 법원은 그 서면을 양쪽 당사자에게 송달하여야 한다.
③ 참가신청은 참가인으로서 할 수 있는 소송행위와 동시에 할 수 있다.

참조 [신청]161, ②[송달]174이하, ③[참가인으로서 할 수 있는 행위]76, [본조준용]79②·83②

판례 행정청이 민사소송법상의 보조참가를 할 수 있는지 여부(소극) : 타인 사이의 항고소송에서 소송의 결과에 관하여 이해관계가 있다고 주장하면서 민소법 제71조에 의한 보조참가를 할 수 있는 제3자는 민사소송법상의 당사자능력 및 소송능력을 갖춘 자이어야 하므로, 그러한 당사자능력 및 소송능력이 없는 행정청으로서는 민사소송법상의 보조참가를 할 수는 없고 다만 행정소송법 제17조 제1항에 의한 소송참가를 할 수 있을 뿐이다.(대판 2002.9.24, 99두1519)

제73조【참가허가여부에 대한 재판】 ① 당사자가 참가에 대하여 이의를 신청한 때에는 참가인은 참가의 이유를 소명하여야 하며, 법원은 참가를 허가할 것인지 아닌지를 결정하여야 한다.
② 법원은 직권으로 참가인에게 참가의 이유를 소명하도록 명할 수 있으며, 참가의 이유가 있다고 인정되지 아니하는 때에는 참가를 허가하지 아니하는 결정을 하여야 한다.
③ 제1항 및 제2항의 결정에 대하여는 즉시항고를 할 수 있다.

참조 [소명]299, [이의로 인하여 발생한 소송비용의 부담]103, [이의가 취하된 경우의 비용부담]114, [결정]134·221, ②[즉시항고]444

제74조【이의신청권의 상실】 당사자가 참가에 대하여 이의를 신청하지 아니한 채 변론하거나 변론준비기일에서 진술을 한 경우에는 이의를 신청할 권리를 잃는다.

참조 [변론]134이하, [준비절차]279이하

제75조【참가인의 소송관여】 ① 참가인은 그의 참가에 대한 이의신청이 있는 경우라도 참가를 허가하지 아니하는 결정이 확정될 때까지 소송행위를 할 수 있다.

② 당사자가 참가인의 소송행위를 원용(援用)한 경우에는 참가를 허가하지 아니하는 결정이 확정되어도 그 소송행위는 효력을 가진다.

참조 [참가]72, [참가이의]73

제76조【참가인의 소송행위】 ① 참가인은 소송에 관하여 공격·방어·이의·상소, 그 밖의 모든 소송행위를 할 수 있다. 다만, 참가할 때의 소송의 진행정도에 따라 할 수 없는 소송행위는 그러하지 아니하다.
② 참가인의 소송행위가 피참가인의 소송행위에 어긋나는 경우에는 그 참가인의 소송행위는 효력을 가지지 아니한다.

참조 [공격, 방어방법]146, [이의]73 · 151 · 223 · 441, [상소]390 · 422 · 439 · 442, [소송의 정도에 따라 할 수 없는 것]149 · 201 · 285 · 411 · 423 · 432

판례 피고 보조참가인은 참가할 때의 소송의 진행 정도에 따라 피참가인이 할 수 없는 소송행위를 할 수 없으므로, 피고 보조참가인이 상고장을 제출한 경우에 피고 보조참가인에 대하여 판결정본이 송달된 때로부터 기산한다면 상고기간 내의 상고라 하더라도 이미 피참가인인 피고에 대한 관계에 있어서 상고기간이 경과한 것이라면 피고 보조참가인의 상고 역시 상고기간 경과 후의 것이 되어 피고 보조참가인의 상고는 부적법하다.(대판 2007.9.6, 2007다41966)

제77조【참가인에 대한 재판의 효력】 재판은 다음 각 호 가운데 어느 하나에 해당하지 아니하면 참가인에게도 그 효력이 미친다.
1. 제76조의 규정에 따라 참가인이 소송행위를 할 수 없거나, 그 소송행위가 효력을 가지지 아니하는 때
2. 피참가인이 참가인의 소송행위를 방해한 때
3. 피참가인이 참가인이 할 수 없는 소송행위를 고의나 과실로 하지 아니한 때

참조 [소송고지와 본조의 효과]86, [판결의 집행력]민집25①

제78조【공동소송적 보조참가】 재판의 효력이 참가인에게도 미치는 경우에는 그 참가인과 피참가인에 대하여 제67조 및 제69조를 준용한다.

참조 [필수적 공동소송에 대한 특별규정]67−69

판례 공동소송적 보조참가에 해당하지 않는다고 인정한 사례 : 피고로부터 부동산을 매수한 참가인이 소유권이전등기를 미루고 있는 사이에 원고가 피고에 대한 채권이 있다 하여 당시 피고의 소유명의로 남아 있던 위 부동산에 대하여 가압류를 하고 본안소송을 제기하자 참가인이 피고보조참가를 한 사안에서, 원고가 승소하면 위 가압류에 기하여 위 부동산에 대한 강제집행에 나설 것이고 그렇게 되면 참가인은 그 후 소유권이전등기를 마친 위 부동산의 소유권을 상실하게 되는 손해를 입게 되며, 원고가 피고에게 구하는 채권이 허위채권으로 보여지는데도 피고가 원고의 주장사실을 자백하여 원고를 승소시키려 한다는 사유만으로는 참가인의 참가가 이른바 공동소송적 보조참가에 해당하여 참가인이 피참가인인 피고와 저촉되는 소송행위를 할 수 있는 지위에 있다고 할 수 없다.
(대판 2001.1.19, 2000다59333)

제79조【독립당사자참가】 ① 소송목적의 전부나 일부가 자기의 권리라고 주장하거나, 소송결과에 따라 권리가 침해된다고 주장하는 제3자는 당사자의 양 쪽 또는 한 쪽을 상대방으로 하여 당사자로서 소송에 참가할 수 있다.
② 제1항의 경우에는 제67조 및 제72조의 규정을 준용한다.

참조 [참가로 인한 승계]81, [필요적 공동소송의 특칙]67, [참가신청의 방식]72

판례 독립당사자참가 중 권리주장참가는 소송의 목적의 전부나 일부가 자기의 권리임을 주장하면 되는 것이므로 참가하려는 소송에 수개의 청구가 병합된 경우 그 중 어느 하나의 청구라도 독립당사자참가인의 주장과 양립하지 않는 관계에 있으면 그 본소청구에 대한 참가가 허용된다고 할 것이고, 양립할 수 없는 본소청구에 관하여 본안에 들어가 심리한 결과 이유가 없는 것으로 판단된다고 하더라도 참가신청이 부적법하게 되는 것은 아니다.
(대판 2007.6.15, 2006다80322,80339)

판례 독립당사자참가에 의한 소송에서 원·피고 사이에만 재판상 화해를 하는 것이 허용되는지 여부 : 동조에 의한 소송은 동일한 권리관계에 관하여 원고, 피고 및 참가인 상호간의 다툼을 하나의 소송절차로 한꺼번에 모순 없이 해결하려는 소송형태로서 두 당사자 사이의 소송행위는 나머지 1인에게 불이익이 되는 한 두 당사자 간에도 효력이 발생하지 않는다고 할 것이므로, 원·피고 사이에만 재판상 화해를 하는 것은 3자 간의 합일확정의 목적에 반하기 때문에 허용되지 않는다.(대판 2005.5.26, 2004다25901,25918)

◘ 독립당사자참가의 요건

판례 참가인은 우선 참가하려는 소송의 원·피고에 대하여 본소 청구와 양립할 수 없는 별개의 청구를 하여야 하고, 그 청구는 소의 이익을 갖추는 이외에 그 주장 자체에 의하여 성립할 수 있음을 요한다.
(대판 1995.8.25, 94다20426)

◘ 필수(요)적 공동소송관계

판례 원고와 피고가 각 수명이고 독립당사자 참가인이 그중 일부원고와 일부피고만을 피참가인으로 하여 참가소송을 하였을 경우에는 피참가인으로 지명되지 아니한 나머지 원고나 피고는 단지 원고나 피고의 지위에 있다는 사유만으로서 피참가인(삼면소송의 당사자)이 되는 것은 아니며 또 패소한 원고와 수명의 피고들 중 일부피고만이 상소하였을 때에는 피고들 상호간에 필요적 공동소송관계가 있지 않는 한 그 상소한 피고에 대한 관계에 있어서만 원고 대 피고, 독립당사자 참가인 대 피고간의 삼면소송이 상소심에 계속되는 것이고 상소하지 아니한 피고에 대한 관계에 있어서의 삼면소송은 상소기간초과로서 종료(확정)된다.(대판 1974.6.11, 73다374,375)

◘ 기타의 법률관계

판례 독립당사자참가 중 사해방지참가를 하기 위한 요건 : 독립당사자참가 중 사해방지참가를 하기 위하여는 본소의 원고와 피고가 당해 소송을 통하여 제3자를 해할 의사를 갖고 있다고 객관적으로 인정되고 그 소송의 결과 제3자의 권리나 법률상의 지위가 침해될 우려가 있다고 인정되어야 한다.(대판 2003.6.13, 2002다694,700)

제80조【독립당사자참가소송에서의 탈퇴】 제79조의 규정에 따라 자기의 권리를 주장하기 위하여 소송에 참가한 사람이 있는 경우 그가 참가하기 전의 원고나 피고는 상대방의 승낙을 받아 소송에서 탈퇴할 수 있다. 다만, 판결은 탈퇴한 당사자에 대하여도 그 효력이 미친다.

참조 [독립당사자참가]79, [특별수권의 필요]56② · 90②, [판결의 집행력]민집25

제81조【승계인의 소송참가】 소송이 법원에 계속되어 있는 동안에 제3자가 소송목적인 권리 또는 의무의 전부나 일부를 승계하였다고 주장하며 제79조의 규정에 따라 소송에 참가한 경우 그 참가는 소송이 법원에 처음 계속된 때에 소급하여 시효의 중단 또는 법률상 기간준수의 효력이 생긴다.

참조 [시효중단 · 기간준수의 시기]265, 민169, [승계인의 소송인수]82, [일반승계의 경우의 중단과 수계]233 · 234, [법률상의 기간]민205 · 406 · 823 · 896, 상376①

판례 원고에 대한 승계참가가 이루어졌으나 피고의 부동의로 원고가 탈퇴하지 못한 경우, 그 소송의 구조 및 법원이 취할 조치 : 원고가 소송의 목적인 손해배상채권을 승계참가인에게 양도하고 피고들에게 채권양도의 통지를 한 다음 승계참가인이 승계참가신청을 하자 탈퇴를 신청하였으나 피고들의 부동의로 탈퇴하지 못한 경우, 원고의 청구와 승계참가인의 청구는 통상의 공동소송으로서 모두 유효하게 존속하는 것이므로 법원은 원고의 청구 및 승계참가인의 청구 양자에 대하여 판단을 하여야 한다.(대판 2004.7.9, 2002다16729)

판례 법률심인 상고심에서 승계인의 소송참가는 허용되지 아니한다.
(대판 2002.12.10, 2002다48399)

제82조【승계인의 소송인수】 ① 소송이 법원에 계속되어 있는 동안에 제3자가 소송목적인 권리 또는 의무의 전부나 일부를 승계한 때에는 법원은 당사자의 신청에 따라 그 제3자로 하여금 소송을 인수하게 할 수 있다.
② 법원은 제1항의 규정에 따른 결정을 할 때에는 당사자와 제3자를 심문(審問)하여야 한다.
③ 제1항의 소송인수의 경우에는 제80조의 규정 가운데 탈퇴 및 판결의 효력에 관한 것과, 제81조의 규정 가운데 참가의 효력에 관한 것을 준용한다.

참조 [신청]161, [결정절차와 당사자심문]34, [심문]134② · 160, [독립당사자참가소송에서의 탈퇴]80, [승계인의 소송참가]81, [판결의 집행력]민집25

판례 소송 계속 중에 소송목적인 의무의 승계가 있다는 이유로 하는 소송인수신청이 있는 경우 신청의 이유로서 주장하는 사실관계 자체에서 그 승계적격의 흠결이 명백하지 않는 한 결정으로 그 신청을 인용하여야 하는 것이고, 그 승계인에 해당하는가의 여부는 피인수신청인에 대한 청구의 당부와 관련하여 판단할 사항으로 심리한 결과 승계 사실이 인정되지 않으면 청구기각의 본안판결을 하면 되는 것이지 인수참가신청 자체가 부적법하게 되는 것은 아니다.
(대판 2005.10.27, 2003다66691)

민사소송

제83조【공동소송참가】 ① 소송목적이 한 쪽 당사자와 제3자에게 합일적으로 확정되어야 할 경우 그 제3자는 공동소송인으로 소송에 참가할 수 있다.
② 제1항의 경우에는 제72조의 규정을 준용한다.

참조 [참가신청의 방식]72, [필수적 공동소송의 처리]67, [추심소송에서의 채권자참가]민집249

판례 항소심에서의 공동소송참가 허용 여부 : 공동소송참가는 항소심에서도 할 수 있는 것이고, 항소심절차에서 공동소송참가가 이루어진 이후에 피참가소가 소송요건의 흠결로 각하된다고 할지라도 소송의 목적이 당사자 일방과 제3자에 대하여 합일적으로 확정될 경우에 한하여 인정되는 공동소송참가의 특성에 비추어 볼 때, 심급이익 박탈의 문제는 발생하지 않는다.(대판 2002.3.15, 2000다9086)

제84조【소송고지의 요건】 ① 소송이 법원에 계속된 때에는 당사자는 참가할 수 있는 제3자에게 소송고지(訴訟告知)를 할 수 있다.
② 소송고지를 받은 사람은 다시 소송고지를 할 수 있다.

참조 [참가]69 · 77 · 82-85, [고지]85 · 86 · 민집238

판례 소송고지가 의무인 경우 소제기요건이거나 직권조사사항인지 여부(구법관계) : 민소법 제571조 규정에 의한 채무자에 대한 소송고지는 채권자의 추심의 소제기자체에 대한 필요적 요건도 아니고 법원의 직권조사사항이라고도 볼 수 없다.
(대판 1976.9.28, 76다1145, 1146)

제85조【소송고지의 방식】 ① 소송고지를 위하여서는 그 이유와 소송의 진행정도를 적은 서면을 법원에 제출하여야 한다.
② 제1항의 서면은 상대방에게 송달하여야 한다.

참조 [송달]174-193

판례 소송고지의 효력이 발생하는 시점 : 소송고지는 그 고지서를 법원에 제출한 때 생기는 것이 아니라 피고지자에게 적법하게 송달된 때에 비로소 생긴다.(대판 1975.4.22, 74다1519)

제86조【소송고지의 효과】 소송고지를 받은 사람이 참가하지 아니한 경우라도 제77조의 규정을 적용할 때에는 참가할 수 있었을 때에 참가한 것으로 본다.

참조 [참가인에 대한 재판의 효력]77, [소송고지로 인한 시효중단]어음70③ · 80

제4절 소송대리인

제87조【소송대리인의 자격】 법률에 따라 재판상 행위를 할 수 있는 대리인 외에는 변호사가 아니면 소송대리인이 될 수 없다.

참조 [변호사의 선임명령]144②③, [대리인]상11① · 761①, 국가소송2 · 5① · 6② · 7, [단독판사심판사건]법원조직7④, [소송대리의 특칙]소액8①

제88조【소송대리인의 자격의 예외】 ① 단독판사가 심리 · 재판하는 사건 가운데 그 소송목적의 값이 일정한 금액 이하인 사건에서, 당사자와 밀접한 생활관계를 맺고 있고 일정한 범위안의 친족관계에 있는 사람 또는 당사자와 고용계약 등으로 그 사건에 관한 통상사무를 처리 · 보조하여 오는 등 일정한 관계에 있는 사람이 법원의 허가를 받은 때에는 제87조를 적용하지 아니한다.
② 제1항의 규정에 따라 법원의 허가를 받을 수 있는 사건의 범위, 대리인의 자격 등에 관한 구체적인 사항은 대법원규칙으로 정한다.
③ 법원은 언제든지 제1항의 허가를 취소할 수 있다.

참조 [소송대리인의 자격]87, [단독사건에서 소송대리의 허가]민소규15, [단독판사사건]법원조직7, [친족의 범위]민767 · 777

판례 비변호사의 소송대리권 발생 시기 : 단독판사가 심판하는 사건에 있어서 소송대리 허가신청에 의한 소송대리권은 법원의 허가를 얻은 때로부터 발생하는 것이므로 소송대리인이 대리인의 자격으로 변론기일 소환장을 수령한 날자가 법원이 허가한 날짜 이전이라면 그 변론기일 소환장은 소송대리권이 없는 자에 대한 송달로서 부적법하다.(대판 1982.7.27, 82다68)

제89조【소송대리권의 증명】 ① 소송대리인의 권한은 서면으로 증명하여야 한다.
② 제1항의 서면이 사문서인 경우에는 법원은 공증인, 그 밖의 공증업무를 보는 사람(이하 "공증사무소"라 한다)의 인증을 받도록 소송대리인에게 명할 수 있다.
③ 당사자가 말로 소송대리인을 선임하고, 법원사무관등이 조서에 그 진술을 적어 놓은 경우에는 제1항 및 제2항의 규정을 적용하지 아니한다.

참조 [증명]소액8②, [인증]공증2 · 8, [조서]152 · 161②③, [소송기록에의 첨부]58②

판례 수권행위의 성질 및 위임계약과의 구별(구법관계) : 통상 소송위임장이라는 것은 민소법 제81조 제1항에 따른 소송대리인의 권한을 증명하는 전형적인 서면이라고 할 것인데, 여기에서의 소송위임(수권행위)은 소송대리권의 발생이라는 소송법상의 효과를 목적으로 하는 단독 소송행위로서 그 기초관계인 의뢰인과 변호사 사이의 사법상의 위임계약과는 성격을 달리하는 것이고, 의뢰인과 변호사 사이의 권리의무는 수권행위가 아닌 위임계약에 의하여 발생한다.(대판 1997.12.12, 95다20775)

제90조【소송대리권의 범위】 ① 소송대리인은 위임을 받은 사건에 대하여 반소(反訴) · 참가 · 강제집행 · 가압류 · 가처분에 관한 소송행위 등 일체의 소송행위와 변제(辨濟)의 영수를 할 수 있다.
② 소송대리인은 다음 각호의 사항에 대하여는 특별한 권한을 따로 받아야 한다.
1. 반소의 제기
2. 소의 취하, 화해, 청구의 포기 · 인낙 또는 제80조의 규정에 따른 탈퇴
3. 상소의 제기 또는 취하
4. 대리인의 선임

참조 [참가]71-86, [강제집행]민집24-60, [가압류와 가처분]민집276-310, [반소]269 · 270, [소의 취하]266 · 267, [화해]145 · 385-389, [포기 · 인낙]220, [항소와 그 취하]390 · 393, [상고]422 · 425, [대리인의 자격]87-89

판례 가압류 · 가처분 등 보전소송사건을 수임받은 소송대리인의 소송대리권은 수임받은 사건에 관하여 포괄적으로 미친다고 할 것이므로 가압류사건을 수임받은 변호사의 소송대리권은 그 가압류신청사건에 관한 소송행위뿐만 아니라 본안의 제소명령을 신청하거나 상대방의 신청으로 발하여진 제소명령결정을 송달받을 권한에까지 미친다.(대결 2003.3.31, 2003마324)

제91조【소송대리권의 제한】 소송대리권은 제한하지 못한다. 다만, 변호사가 아닌 소송대리인에 대하여는 그러하지 아니하다.

참조 [변호사가 아닌 소송대리인]87, [소송대리권의 범위]90

제92조【법률에 의한 소송대리인의 권한】 법률에 의하여 재판상 행위를 할 수 있는 대리인의 권한에는 제90조와 제91조의 규정을 적용하지 아니한다.

참조 [소송대리권의 제한]91, [법률에 의하여 재판상의 행위를 할 수 있는 대리인]87

제93조【개별대리의 원칙】 ① 여러 소송대리인이 있는 때에는 각자가 당사자를 대리한다.
② 당사자가 제1항의 규정에 어긋나는 약정을 한 경우 그 약정은 효력을 가지지 못한다.

참조 [송달]174-197, [공동대리]상11① · 12 · 208 · 389②

제94조【당사자의 경정권】 소송대리인의 사실상 진술은 당사자가 이를 곧 취소하거나 경정(更正)한 때에는 그 효력을 잃는다.

참조 [소송대리인]87 · 88

제95조【소송대리권이 소멸되지 아니하는 경우】 다음 각호 가운데 어느 하나에 해당하더라도 소송대리권은 소멸되지 아니한다.
1. 당사자의 사망 또는 소송능력의 상실
2. 당사자인 법인의 합병에 의한 소멸
3. 당사자인 수탁자(受託者)의 신탁임무의 종료
4. 법정대리인의 사망, 소송능력의 상실 또는 대리권의 소멸 · 변경

참조 [소송대리권]90-92, [임의대리의 소멸원인]민127 · 128, [합병으로 인한 소멸]상227 · 235 · 530의2 · 609①, [신탁의 임무종료]신탁12-16 · 19 · 69 · 70

판례 대리권 불소멸의 의미 : 소송계속 중 회사인 일방 당사자의 합병에 의한 소멸로 인하여 소송절차 중단 사유가 발생하였음에도 이를 간과하고 변론이 종결되어 판결이 선고된 경우에는 그 판결은 소

민사소송

송에 관여할 수 있는 적법한 수계인의 권한을 배제한 결과가 되는 절차상 위법은 있지만 그 판결이 당연무효라 할 수는 없고, 다만 그 판결은 대리인에 의하여 적법하게 대리되지 않았던 경우와 마찬가지로 보아 대리권 흠결을 이유로 상소 또는 재심에 의하여 그 취소를 구할 수 있을 뿐이나, 소송대리인이 선임되어 있는 경우에는 민소법 제95조에 의하여 그 소송대리권은 당사자인 법인의 합병에 의한 소멸로 인하여 소멸되지 않고 그 대리인은 새로운 소송수행권자로부터 종전과 같은 내용의 위임을 받은 것과 같은 대리권을 가지는 것으로 볼 수 있으므로, 법원으로서는 당사자의 변경을 간과하여 판결에 구 당사자를 표시하여 선고한 때에는 소송수계인을 당사자로 경정하면 될 뿐, 구 당사자 명의로 선고된 판결을 대리권 흠결을 이유로 상소 또는 재심에 의하여 취소할 수는 없다.(대판 2002.9.24, 2000다49374)

제96조【소송대리권이 소멸되지 아니하는 경우】 ① 일정한 자격에 의하여 자기의 이름으로 남을 위하여 소송당사자가 된 사람에게 소송대리인이 있는 경우에 그 소송대리인의 대리권은 당사자가 자격을 잃더라도 소멸되지 아니한다.

② 제53조의 규정에 따라 선정된 당사자가 그 자격을 잃은 경우에는 제1항의 규정을 준용한다.

참조 [중단과 소송대리인]237 · 238, [타인을 위하여 소송당사자가 되는 경우]상859②, 채무자회생파산78 · 359, 신탁68, [선정당사자의 자격상실]54 · 63 · 237②

제97조【법정대리인에 관한 규정의 준용】 소송대리인에게는 제58조제2항 · 제59조 · 제60조 및 제63조의 규정을 준용한다.

참조 [법정대리권 등의 증명]58②, [소송능력의 흠에 대한 조치와 추인]59 · 60, [법정대리권의 소멸통지]63, [소송대리권 소멸통지의 신고]민소규17

민사소송

제3장 소송비용

제1절 소송비용의 부담

제98조【소송비용부담의 원칙】 소송비용은 패소한 당사자가 부담한다.

참조 [비용범위]383 · 389단서 · 473④, [소송의 비용담보]117–127, [소송상 구조]128–133

판례 소송비용으로 지출한 금액을 별도로 청구할 수 있는지 여부(소극) : 피해자가 법원의 감정명령에 따라 신체감정을 받으면서 그 감정을 위한 제반 검사비용으로 지출하였다는 금액은 예납의 절차에 의하지 않고 직접 지출하였다 하더라도 감정비용에 포함되는 것으로서 소송비용에 해당하는 것이고, 소송비용으로 지출한 금액은 소송비용확정의 절차를 거쳐 상환받을 수 있는 것이어서 이를 별도로 소구할 이익이 없다.(대판 2000.5.12, 99다68577)

제99조【원칙에 대한 예외】 법원은 사정에 따라 승소한 당사자로 하여금 그 권리를 늘리거나 지키는 데 필요하지 아니한 행위로 말미암은 소송비용 또는 상대방의 권리를 늘리거나 지키는 데 필요한 행위로 말미암은 소송비용의 전부나 일부를 부담하게 할 수 있다.

참조 [패소자부담의 원칙]98

제100조【원칙에 대한 예외】 당사자가 적당한 시기에 공격이나 방어의 방법을 제출하지 아니하였거나, 기일이나 기간의 준수를 게을리 하였거나, 그 밖에 당사자가 책임져야 할 사유로 소송이 지연된 때에는 법원은 지연됨으로 말미암은 소송비용의 전부나 일부를 승소한 당사자에게 부담하게 할 수 있다.

참조 [공격 · 방어]146 · 149 · 285, [기일의 해태]148 · 153, [기일과 기간]165이하

제101조【일부패소의 경우】 일부패소의 경우에 당사자들이 부담할 소송비용은 법원이 정한다. 다만, 사정에 따라 한 쪽 당사자에게 소송비용의 전부를 부담하게 할 수 있다.

참조 [공격방어]146 · 149 · 285, [기일해태]148 · 150③ · 153 · 284, [기일 · 기간]165–173

판례 일부패소의 경우 소송비용부담의 결정방법 : 일부패소의 경우, 각 당사자가 부담할 소송비용액의 비율은 법원이 그 재량에 의하여 정할 수 있는 것이고 반드시 청구액과 인용액의 비율에 따라 정하여야 하는 것은 아니다.(대판 2000.1.18, 98다18506)

제102조【공동소송의 경우】 ① 공동소송인은 소송비용을 균등하게 부담한다. 다만, 법원은 사정에 따라 공동소송인에게 소송비용을 연대하여 부담하게 하거나 다른 방법으로 부담하게 할 수 있다.

② 제1항의 규정에 불구하고 법원은 권리를 늘리거나 지키는 데 필요하지 아니한 행위로 생긴 소송비용은 그 행위를 한 당사자에게 부담하게 할 수 있다.

참조 [공동소송인]65–70 · 83, [연대]민413–427

판례 판결주문에서 공동소송인별로 소송비용의 부담비율을 정하거나, 연대부담을 명하지 아니하고 단순히 소송비용은 피고들의 부담으로 한다고 정하였다면, 공동소송인들 상호간에 내부적으로 비용분담 문제가 생기더라도 그들 사이의 합의와 실체법에 의하여 해결되어야 한다.(대결 2001.10.16, 2001마1774)

제103조【참가소송의 경우】 참가소송비용에 대한 참가인과 상대방 사이의 부담과, 참가이의신청의 소송비용에 대한 참가인과 이의신청 당사자 사이의 부담에 대하여는 제98조 내지 제102조의 규정을 준용한다.

참조 [이의]71이하

제104조【각 심급의 소송비용의 재판】 법원은 사건을 완결하는 재판에서 직권으로 그 심급의 소송비용 전부에 대하여 재판하여야 한다. 다만, 사정에 따라 사건의 일부나 중간의 다툼에 관한 재판에서 그 비용에 대한 재판을 할 수 있다.

참조 [종국판결]198 · 199, [중간판결]201, [일부판결]200

제105조【소송의 총비용에 대한 재판】 상급법원이 본안의 재판을 바꾸는 경우 또는 사건을 환송받거나 이송받은 법원이 그 사건을 완결하는 재판을 하는 경우에는 소송의 총비용에 대하여 재판하여야 한다.

참조 [재판의 변경]416–418 · 436 · 437, [사건의 환송]418 · 436, [사건의 이송]34–40 · 419 · 436, [독립항소의 금지]391

제106조【화해한 경우의 비용부담】 당사자가 법원에서 화해한 경우(제231조의 경우를 포함한다) 화해비용과 소송비용의 부담에 대하여 특별히 정한 바가 없으면 그 비용은 당사자들이 각자 부담한다.

참조 [화해]113 · 145 · 385이하, [화해조서의 효력]220, 민집57

제107조【제3자의 비용상환】 ① 법정대리인 · 소송대리인 · 법원사무관등이나 집행관이 고의 또는 중대한 과실로 쓸데없는 비용을 지급하게 한 경우에는 수소법원은 직권으로 또는 당사자의 신청에 따라 그에게 비용을 갚도록 명할 수 있다.

② 법정대리인 또는 소송대리인으로서 소송행위를 한 사람이 그 대리권 또는 소송행위에 필요한 권한을 받았음을 증명하지 못하거나, 추인을 받지 못한 경우에 그 소송행위로 말미암아 발생한 소송비용에 대하여는 제1항의 규정을 준용한다.

③ 제1항 및 제2항의 결정에 대하여는 즉시항고를 할 수 있다.

참조 [신청]161, [소송비용의 부담]311 · 318 · 326, [대리권 수권]58 · 97, [소송행위시 필요한 수권]56 · 62④, [추인]60 · 97, [즉시항고]444

제108조【무권대리인의 비용부담】 제107조제2항의 경우에 소가 각하된 경우에는 소송비용은 그 소송행위를 한 대리인이 부담한다.

참조 [법정대리인의 소송비용 부담명령]107②, [패소자부담의 원칙]98

판례 파산절차에서도 소송대리권의 증명 및 무권대리인의 소송비용 부담에 관한 규정이 적용되는지 여부(적극) : 소송절차에서의 소송대리권 증명 및 무권대리인의 소송비용 부담에 관한 법리는 파산절차에도 준용된다.(대결 1997.9.22, 97마1574)

제109조【변호사의 보수와 소송비용】 ① 소송을 대리한 변호사에게 당사자가 지급하였거나 지급할 보수는 대법원규칙이 정하는 금액의 범위안에서 소송비용으로 인정한다.

② 제1항의 소송비용을 계산할 때에는 여러 변호사가 소송을 대리하였더라도 한 변호사가 대리한 것으로 본다.

참조 [변호사의 보수]변호사보수의 소송비용 산입에 관한 규칙1

제110조【소송비용액의 확정결정】 ① 소송비용의 부담을 정하는 재판에서 그 액수가 정하여지지 아니한 경우에 제1심 법원은 그 재판이 확정되거나, 소송비용부담의 재판이 집행력을 갖게 된 후에 당사자의 신청을 받아 결정으로 그 소송비용액을 확정한다.
② 제1항의 확정결정을 신청할 때에는 비용계산서, 그 등본과 비용액을 소명하는 데 필요한 서면을 제출하여야 한다.
③ 제1항의 결정에 대하여는 즉시항고를 할 수 있다.

참조 [소송비용액의 확정신청]민소규18 · 26③, [재판의 집행력]213 · 221 · 444, [신청]161, [소명]299, [즉시항고]444, [2항 · 3항의 준용]113 · 114, 민집규24②

판례 소송비용의 부담을 정하는 재판에서 그 액수가 정해지지 않은 경우에는 제1심법원이 그 재판이 확정되거나 소송비용 부담의 재판이 집행력을 갖게 된 후에 당사자의 신청을 받아 그 소송비용액을 확정하는 결정을 하는 것인바, 상소심에 제기된 재심청구 사건의 판결에서 소송비용의 부담자만을 정하고 그 액수를 정하지 아니한 경우에도 그 소송비용액의 확정결정은 제1심법원이 하여야 한다. (대판 2008.3.31, 2006마1488)

제111조【상대방에 대한 최고】 ① 법원은 소송비용액을 결정하기 전에 상대방에게 비용계산서의 등본을 교부하고, 이에 대한 진술을 할 것과 일정한 기간 이내에 비용계산서와 비용액을 소명하는 데 필요한 서면을 제출할 것을 최고(催告)하여야 한다.
② 상대방이 제1항의 서면을 기간 이내에 제출하지 아니한 때에는 법원은 신청인의 비용에 대하여서만 결정할 수 있다. 다만, 상대방도 제110조제1항의 확정결정을 신청할 수 있다.

참조 [본조준용]113 · 114, ①[비용액 확정결정]110, [기간]170 · 172①, [비용계산서의 등본]110②, [소명]299, ②[본항의 경우의 비용의 상계]112

제112조【부담비용의 상계】 법원이 소송비용을 결정하는 경우에 당사자들이 부담할 비용은 대등한 금액에서 상계(相計)된 것으로 본다. 다만, 제111조제2항의 경우에는 그러하지 아니하다.

참조 [소송비용액 확정결정]110, [상계]민492 · 493, [본조준용]113 · 114

제113조【화해한 경우의 비용액확정】 ① 제106조의 경우에 당사자가 소송비용부담의 원칙만을 정하고 그 액수를 정하지 아니한 때에는 법원은 당사자의 신청에 따라 결정으로 그 액수를 정하여야 한다.
② 제1항의 경우에는 제110조제2항 · 제3항, 제111조 및 제112조의 규정을 준용한다.

참조 [화해한 경우의 비용부담]106, [소송비용액확정신청의 방식]민소규18, [신청]161, [결정]134 · 221, [부담비용의 상계]112

제114조【소송이 재판에 의하지 아니하고 끝난 경우】 ① 제113조의 경우 외에 소송이 재판에 의하지 아니하고 끝나거나 참가 또는 이에 대한 이의신청이 취하된 경우에는 법원은 당사자의 신청에 따라 결정으로 소송비용의 액수를 정하고, 이를 부담하도록 명하여야 한다.
② 제1항의 경우에는 제98조 내지 제103조, 제110조제2항 · 제3항, 제111조 및 제112조의 규정을 준용한다.

참조 [소송비용확정신청의 방식]민소규18, [재판에 의하지 않는 소송완결]220 · 266 · 267 · 393－395 · 425, [참가]73, [신청]161, [법원사무관 등에 의한 계산]115

판례 "소취하일 이후의 소송비용은 원고의 부담으로 한다"고 선고한 판결에서 '소취하일 이후의 소송비용'은 위 날짜 이후에 민사소송법이 규정하는 소송절차를 수행하기 위하여 새롭게 지출한 비용을 의미하는 것이고, 전체 소송을 위하여 위 날짜 이전에 지출한 비용을 그 비용지출일로부터 소송종료일까지의 기간 중 위 날짜 이후부터 소송종료일까지의 기간의 비율에 해당하는 금액으로 환산한 비용을 의미하는 것은 아니다.(대결 2005.5.20, 2004마1038)

제115조【법원사무관등에 의한 계산】 제110조제1항의 신청이 있는 때에는 법원은 법원사무관등에게 소송비용액을 계산하게 하여야 한다.

참조 [소송비용확정신청의 방식]민소규26③, [계산하여야 할 경우]110 · 113 · 114, 민집규24②

제116조【비용의 예납】 ① 비용을 필요로 하는 소송행위에 대하여 법원은 당사자에게 그 비용을 미리 내게 할 수 있다.
② 비용을 미리 내지 아니하는 때에는 법원은 그 소송행위를 하지 아니할 수 있다.

참조 [예납의무자등]민소규19, [예납불요의 비용의 추심]민사소송비용12, [소송상의 구조]129①, [비용의 국고체당]비송30, 채무자회생파산303 · 304

판례 예납명령에 대하여 독립하여 불복할 수 있는지 여부 : 그 보수상당액의 예납명령에 대하여는 불예납을 이유로 하여 청구인에게 불이익한 심판 등이 이루어질 경우 그에 대한 불복절차에서 그 당부를 다툴 수 있을 뿐 독립하여 불복할 수 없다.(대결 2001.8.22, 2000으2)

제2절 소송비용의 담보

제117조【담보제공의무】 ① 원고가 대한민국에 주소 · 사무소와 영업소를 두지 아니한 때 또는 소장 · 준비서면, 그 밖의 소송기록에 의하여 청구가 이유 없음이 명백한 때 등 소송비용에 대한 담보제공이 필요하다고 판단되는 경우에 피고의 신청이 있으면 법원은 원고에게 소송비용에 대한 담보를 제공하도록 명하여야 한다. 담보가 부족한 경우에도 또한 같다.(2010.7.23 본항개정)
② 제1항의 경우에 법원은 직권으로 원고에게 소송비용에 대한 담보를 제공하도록 명할 수 있다.(2010.7.23 본항신설)
③ 청구의 일부에 대하여 다툼이 없는 경우에는 그 액수가 담보로 충분하면 제1항의 규정을 적용하지 아니한다.

改前 "① 원고가 대한민국에 주소 · 사무소와 영업소를 두지 아니한 경우에는 법원은 피고의 신청에 따라 원고에게 소송비용에 대한 담보를 제공하도록 명하여야 한다. 담보가 부족한 경우에도 또한 같다."

참조 [주소]민18－21 · 36, 상171, [신청]161, [담보제공의 방식]122, [담보의 취소]125, ②[청구의 인낙]220

판례 담보가 부족한 경우의 의미(구법관계) : 민소법 제107조 제1항에서 말하는 '담보가 부족한 때'란 상소 제기나 소의 확장 등으로 말미암아 소송비용이 추가로 소요될 것이 예상되는 경우 등 소송의 경과에 따라 제공된 담보가 충분하지 않게 된 경우를 말하고, 그와 같은 사유가 있음을 알면서도 응소한 경우에만 같은 법 제108조에 의하여 담보제공 신청권을 상실하며, 담보가 부족한지 여부는 지출한 소송비용의 총액과 담보액을 대비하여 정할 것이고, 전자가 후자를 초과할 때에 피고가 담보의 부족이 생긴 것을 안 것으로 추정할 것이다.(대결 2002.8.14, 2002카담20)

제118조【소송에 응함으로 말미암은 신청권의 상실】 담보를 제공할 사유가 있다는 것을 알고도 피고가 본안에 관하여 변론하거나 변론준비기일에서 진술한 경우에는 담보제공을 신청하지 못한다.

참조 [담보]117①, [본안의 변론]134, [준비절차]279－286

제119조【피고의 거부권】 담보제공을 신청한 피고는 원고가 담보를 제공할 때까지 소송에 응하지 아니할 수 있다.

참조 [담보]117①, [본조준용]127

제120조【담보제공결정】 ① 법원은 담보를 제공하도록 명하는 결정에서 담보액과 담보제공의 기간을 정하여야 한다.
② 담보액은 피고가 각 심급에서 지출할 비용의 총액을 표준으로 하여 정하여야 한다.

참조 [담보]117①, [결정]134 · 221, [기간]170 · 172, [담보를 제공하지 아니한 효과]124, [제1항 준용]127

제121조【불복신청】 담보제공신청에 관한 결정에 대하여는 즉시항고를 할 수 있다.

참조 [담보]177①, [즉시항고]444, [본조준용]127

제122조【담보제공방식】 담보의 제공은 금전 또는 법원이 인정하는 유가증권을 공탁(供託)하거나, 대법원규칙이 정하는 바에 따라 지급을 보증하겠다는 위탁계약을 맺은 문서를 제출하는 방법으로 한다. 다만, 당사자들 사이에 특별한 약정이 있으면 그에 따른다.

참조 [지급보증위탁계약]민소규22, [담보물의 변환]126, [본조 준용]127 · 214 · 502, [공탁]공탁, 공탁규칙, 민사조정규칙5④

민사소송

판례 담보제공자 발행의 당좌수표가 공탁할 유가증권으로 적절한지 여부(소극) : 본래의 현금공탁에 대신하여 공탁담보물의 변환을 구하는 담보제공자 발행의 당좌수표는 금융기관 발행의 수표와는 달리 그 지급 여부가 개인의 신용에 의존하는 것으로서 환가가 확실하다고 볼 수 없으므로 공탁할 유가증권이 되기에 적절하지 못하다. (대결 2000.5.31, 2000그22)

제123조【담보물에 대한 피고의 권리】 피고는 소송비용에 관하여 제122조의 규정에 따른 담보물에 대하여 질권자와 동일한 권리를 가진다.

참조 [질권]민329－355, [권리실행의 방법]민354, 공탁규칙, [본조준용]127 · 214, 민사조정규칙5④

제124조【담보를 제공하지 아니한 효과】 담보를 제공하여야 할 기간 이내에 원고가 이를 제공하지 아니하는 때에는 법원은 변론없이 판결로 소를 각하할 수 있다. 다만, 판결하기 전에 담보를 제공한 때에는 그러하지 아니하다.

참조 [담보를 제공할 기간]120, [구술변론의 원칙]134③, [본조준용]127, [판결확정]205 · 207

제125조【담보의 취소】 ① 담보제공자가 담보하여야 할 사유가 소멸되었음을 증명하면서 취소신청을 하면, 법원은 담보취소결정을 하여야 한다.

② 담보제공자가 담보취소에 대한 담보권리자의 동의를 받았음을 증명한 때에도 제1항과 같다.

③ 소송이 완결된 뒤 담보제공자가 신청하면, 법원은 담보권리자에게 일정한 기간 이내에 그 권리를 행사하도록 최고하고, 담보권리자가 그 행사를 하지 아니하는 때에는 담보취소에 대하여 동의한 것으로 본다.

④ 제1항과 제2항의 규정에 따른 결정에 대하여는 즉시항고를 할 수 있다.

참조 [관할법원]민소규23, [담보]117①, [신청]161, [기간]170 · 172①, [결정]134 · 221, [즉시항고]444, [본조준용]127 · 214, 민사조정규칙5④

판례 보전처분에 관한 본안소송이 이미 제기되어 계속 중인 경우에는, 비록 보전처분이 그에 대한 이의신청 등을 통하여 취소 확정되고 그 집행이 해제되었다고 하더라도 그것만으로 민사소송법 제125조에서 말하는 '소송이 완결된 뒤'라고 볼 수 없고, 계속 중인 본안사건까지 확정되어야만 소송의 완결로 인정할 수 있다.
(대결 2010.5.20, 2009마1073 전원합의체)

판례 이행권고결정의 확정이 민사소송법 제125조 제1항 소정의 담보취소사유에 해당하는지 여부 : 가압류 채권자가 본안소송에서 승소의 확정판결을 얻은 것과 같이 이미 집행된 가압류 등 보전처분의 정당성이 인용됨으로써 손해가 발생되지 아니할 것이 확실하게 된 경우도 담보사유가 소멸된 것에 해당한다고 할 것인바, 이행권고결정이 확정된 경우에도 본안승소의 확정판결을 받은 것과 같이 담보사유가 소멸되었다고 해석함이 상당하다.(대결 2006.6.30, 2006마257)

제126조【담보물변경】 법원은 담보제공자의 신청에 따라 결정으로 공탁한 담보물을 바꾸도록 명할 수 있다. 다만, 당사자가 계약에 의하여 공탁한 담보물을 다른 담보로 바꾸겠다고 신청한 때에는 그에 따른다.

참조 [관할법원]민소규23, [신청]161, [담보제공의 방식]122, [결정]134 · 221, [본조준용]127 · 214, 민사조정규칙5④

제127조【준용규정】 다른 법률에 따른 소제기에 관하여 제공되는 담보에는 제119조, 제120조제1항, 제121조 내지 제126조의 규정을 준용한다.

참조 [다른 법률에 의한 소제기에 담보를 제공할 경우]상176③ · 237 · 377 · 380 · 381② · 530② · 542② · 578 · 603 · 613 · 619②

제3절 소송구조

제128조【구조의 요건】 ① 법원은 소송비용을 지출할 자금능력이 부족한 사람의 신청에 따라 또는 직권으로 소송구조(訴訟救助)를 할 수 있다. 다만, 패소할 것이 분명한 경우에는 그러하지 아니하다.

② 제1항 단서에 해당하는 경우 같은 항 본문에 따른 소송구조 신청에 필요한 소송비용과 제133조에 따른 불복신청에 필요한 소송비용에 대하여도 소송구조를 하지 아니한다.(2023.4.18 본항신설)

③ 제1항의 신청인은 구조의 사유를 소명하여야 한다.

④ 소송구조에 대한 재판은 소송기록을 보관하고 있는 법원이 한다.

⑤ 제1항에서 정한 소송구조요건의 구체적인 내용과 소송구조절차에 관하여 상세한 사항은 대법원규칙으로 정한다.

참조 [신청]161, [불복신청]133, [결정]134 · 221, [소명]299, [구조신청의 방식]민소규24①, [소송비용의 지급요청]민소규25①

판례 소송구조 신청의 소명방법 : 소송구조의 신청은 서면에 의하여야 하고, 신청인은 구조의 사유를 소명하여야 하며, 그 신청서에는 신청인 및 그와 같이 사는 가족의 자금능력을 적은 서면을 붙여야 하는데 이와 같은 자금능력에 대한 서면의 제출은 신청인이 소송비용을 지출할 자금능력이 부족한 사람이라는 점을 소명하기 위한 하나의 방법으로 예시된 것으로 봄이 상당하므로 신청인으로서는 다른 방법으로 자금능력의 부족에 대한 소명을 하는 것도 가능하다고 할 것이고, 법원은 자유심증에 따라 그 소명 여부를 판단하여야 한다. (대결 2003.5.23, 2003마89)

판례 동조 제3항의 규정 취지 : 동규정의 취지는 관할법원에 관한 명문 규정이 없던 구 민사소송법이 적용되던 때에 원심재판장이 인지를 첩부하지 않거나 부족한 인지를 첩부한 상소인에 대하여 인지보정명령을 하였음에도 상소인이 인지첩부의 유예를 구하는 소송구조신청을 하게 되면 원심재판장은 상소장 각하명령을 하지 못하고 기록을 상소법원에 송부하게 되고 상소법원이 소송구조신청에 대한 재판과 상소장의 심사를 담당하는 것으로 되는 결과, 소송구조신청이 소송 지연책으로 악용되거나 원심재판장의 상소장 심사를 회피하기 위한 편법으로 이용될 여지가 있었기에 그를 방지하려는 것이고, 또한 소송구조의 신청이 상소와 함께 이루어진 경우에는 그에 대한 심리가 상소장 심사와 밀접하게 관련되어 있을 뿐만 아니라, 소송구조의 부여 여부에 관한 재판의 심리는 비교적 용이한 것이므로, 신속한 소송구조를 촉진함과 동시에 소송구조를 악용하는 것을 막기 위함이다.(대결 2003.5.13, 2003마219)

제129조【구조의 객관적 범위】 ① 소송과 강제집행에 대한 소송구조의 범위는 다음 각호와 같다. 다만, 법원은 상당한 이유가 있는 때에는 다음 각호 가운데 일부에 대한 소송구조를 할 수 있다.

1. 재판비용의 납입유예
2. 변호사 및 집행관의 보수와 체당금(替當金)의 지급유예
3. 소송비용의 담보면제
4. 대법원규칙이 정하는 그 밖의 비용의 유예나 면제

② 제1항제2호의 경우에는 변호사나 집행관이 보수를 받지 못하면 국고에서 상당한 금액을 지급한다.

참조 [변호사보수의 지급]민소규26①②, [비용예납]116, [유예한 비용추심]132, [법원이 선임을 강제한 변호사]144②, [담보제공의무]117, [강제집행]민집24－60, [집행관의 체당금]집행관19

제130조【구조효력의 주관적 범위】 ① 소송구조는 이를 받은 사람에게만 효력이 미친다.

② 법원은 소송승계인에게 미루어 둔 비용의 납입을 명할 수 있다.

참조 [국가채권발생]민소규20 · 21, [소송의 승계인]233① · 234①, [유예한 비용]129, 민사소송비용12, [불복신청]133

판례 소송구조는 이를 받은 사람에게만 효력이 미치는 것이므로 여러 선정자가 그 중의 여러 사람을 선정당사자로 선정하고 그 선정당사자가 소송구조를 신청한 경우에 있어서는, 그 선정당사자와 선정자와의 관계를 밝히고 어느 선정자에 대하여 어느 범위에서 소송구조를 하는 것인지를 명백히 하여야 한다.(대결 2003.5.23, 2003마89)

제131조【구조의 취소】 소송구조를 받은 사람이 소송비용을 납입할 자금능력이 있다는 것이 판명되거나, 자금능력이 있게 된 때에는 소송기록을 보관하고 있는 법원은 직권으로 또는 이해관계인의 신청에 따라 언제든지 구조를 취소하고, 납입을 미루어 둔 소송비용을 지급하도록 명할 수 있다.

참조 [구조의 요건]128, [국가채권발생]민소규20, [소송기록 있는 법원]40 · 152－160 · 400 · 421, [신청]161, [불복신청]133, [유예비용추심의 방식]민사소송비용12

제132조【납입유예비용의 추심】 ① 소송구조를 받은 사람에게 납입을 미루어 둔 비용은 그 부담의 재판을 받은 상대방으로부터 직접 지급받을 수 있다.

② 제1항의 경우에 변호사 또는 집행관은 소송구조를 받은 사람의 집행권원으로 보수와 체당금에 관한 비용

액의 확정결정신청과 강제집행을 할 수 있다.
③ 변호사 또는 집행관은 보수와 체당금에 대하여 당사자를 대위(代位)하여 제113조 또는 제114조의 결정신청을 할 수 있다.

참조 [유예한 비용]129, [국가채권발생]민소규20, [변호사의 보수]129·144②, [집행관의 체당금]129, 집행관19, [집행권원]민집56, [비용액을 정하는 신청]110, [불복신청]133, [재판에 의하지 않고 소송이 완결된 경우의 비용확정]114

제133조【불복신청】 이 절에 규정한 재판에 대하여는 즉시항고를 할 수 있다. 다만, 상대방은 제129조제1항제3호의 소송구조결정을 제외하고는 불복할 수 없다.

참조 [재판]128③·130②·131·132, [즉시항고]444

판례 인지를 붙이지 아니한 소송구조 신청과 소장의 각하 여부(구법관계) : 원고가 소장을 제출하면서 소정의 인지를 첨부하지 아니하고 소송상 구조신청을 한 경우, 민소법 제123조에서 소송상 구조신청에 대한 기각결정에 대하여도 즉시항고를 할 수 있도록 규정하고 있는 취지에 비추어 볼 때, 소송상 구조신청에 대한 기각결정이 확정되기 전에 소장의 인지가 첨부되어 있지 아니함을 이유로 소장을 각하하여서는 안 된다.(대결 2002.9.27, 2002마3411)

제4장 소송절차

제1절 변 론

제134조【변론의 필요성】 ① 당사자는 소송에 대하여 법원에서 변론하여야 한다. 다만, 결정으로 완결할 사건에 대하여는 법원이 변론을 열 것인지 아닌지를 정한다.
② 제1항 단서의 규정에 따라 변론을 열지 아니할 경우에, 법원은 당사자와 이해관계인, 그 밖의 참고인을 심문할 수 있다.
③ 이 법에 특별한 규정이 있는 경우에는 제1항과 제2항의 규정을 적용하지 아니한다.

참조 [변론기일지정]165·258, [결정]221·224, [개정장소]법원조직56, [변론공개]헌109, 법원조직57, [변론을 거치지 않은 소송의 판결]124·219, 413·425·430, 소액9①, [심문을 필요로 하는 경우]82②·317①·347③, 민집167③·232①·262, [심문이 불필요한 경우]467, 민집226

판례 주요사실에 대한 간접적인 주장이 있는 것으로 인정되는 경우 : 당사자의 주요사실에 대한 주장은 직접적으로 명백히 한 경우뿐만 아니라 당사자가 법원에 서증을 제출하며 그 입증취지를 진술함으로써 서증에 기재된 사실을 주장하거나 그 밖에 당사자의 변론을 전체적으로 관찰하여 간접적으로 주장한 것으로 볼 수 있는 경우에도 주요사실의 주장이 있는 것으로 보아야 한다.
(대판 2002.11.8, 2002다38361,38378)

제135조【재판장의 지휘권】 ① 변론은 재판장(합의부의 재판장 또는 단독판사를 말한다. 이하 같다)이 지휘한다.
② 재판장은 발언을 허가하거나 그의 명령에 따르지 아니하는 사람의 발언을 금지할 수 있다.

참조 [소송지휘에 관한 명령의 취소]222, [재판장의 기일지정권]165①, [재판장의 질서유지권]법원조직58-60

제136조【석명권(釋明權)·구문권(求問權) 등】 ① 재판장은 소송관계를 분명하게 하기 위하여 당사자에게 사실상 또는 법률상 사항에 대하여 질문할 수 있고, 증명을 하도록 촉구할 수 있다.
② 합의부원은 재판장에게 알리고 제1항의 행위를 할 수 있다.
③ 당사자는 필요한 경우 재판장에게 상대방에 대하여 설명을 요구하여 줄 것을 요청할 수 있다.
④ 법원은 당사자가 간과하였음이 분명하다고 인정되는 법률상 사항에 관하여 당사자에게 의견을 진술할 기회를 주어야 한다.

참조 [석명권의 행사에 따른 법원사무관의 조치]민소규30, [법원의 석명처분]140, [석명하지 않은 경우의 처리]149②, [준비절차에 준용]286

▣ 석명권

판례 석명권 행사의 내용과 한계 : 법원의 석명권 행사는 당사자의 주장에 모순된 점이 있거나 불완전·불명료한 점이 있을 때에 이를 지적하여 정정·보충할 수 있는 기회를 주고, 계쟁 사실에 대한 증거의 제출을 촉구하는 것을 그 내용으로 하는 것으로서, 당사자가 주장하지도 아니한 법률효과에 관한 요건사실이나 독립된 공격방어방법을 시사하여 그 제출을 권유함과 같은 행위를 하는 것은 변론주의의 원칙에 위배되는 것으로서 석명권 행사의 한계를 일탈하는 것이다.(대판 2004.3.12, 2001다79013)

▣ 석명을 요하는 경우

판례 소송자료 보충을 위한 석명이 인정되는지 여부 : 당사자가 어떠한 법률효과를 주장하면서 미처 깨닫지 못하고 그 요건사실 일부를 빠뜨린 경우에는 법원은 그 누락사실을 지적하고, 당사자가 이 점에 관하여 변론을 하지 아니하는 취지가 무엇인지를 밝혀 당사자에게 그에 대한 변론을 할 기회를 주어야 할 의무가 있다.
(대판 2005.3.11, 2002다60207)

판례 매매대상에서 제외하기로 한 건물의 일부분을 포함시켜 소유권이전등기를 청구한 경우의 조치 : 건물매매계약의 당사자가 건물의 일부에 불과할 뿐 구조상으로나 이용상 다른 부분과 구분되는 독립성이 없기 때문에 구분소유권의 대상이 될 수 없는 부분을 매매대상에서 제외하기로 약정하였음에도 매수인이 건물 전체에 대한 소유권이전등기청구를 한 경우, 당사자의 의사는 위 매매대상 건물 전체 면적 중 이를 제외한 나머지 면적에 상응하는 비율로 지분소유권이전등기를 마치려는 것이라고 해석할 여지가 있으므로, 법원으로서는 매수인의 청구가 매매대상 건물 중 매도인이 매매계약으로서 매도한 면적에 상응하는 비율만큼의 지분소유권이전등기를 구하는 취지인지 석명을 구한 후 그에 대하여 심리하여야 한다.
(대판 2003.3.14, 2001다7599)

▣ 석명을 요하지 않는 경우

판례 민사소송법 제136조 제4항은 "법원은 당사자가 명백히 간과한 것으로 인정되는 법률상 사항에 관하여 당사자에게 의견을 진술할 기회를 주어야 한다"라고 규정하고 있으므로, 당사자가 부주의 또는 오해로 인하여 명백히 간과한 법률상의 사항이 있거나 당사자의 주장이 법률상의 관점에서 보아 모순이나 불명료한 점이 있는 경우 법원은 적극적으로 석명권을 행사하여 당사자에게 의견진술의 기회를 주어야 하고 만일 이를 게을리 한 경우에는 석명 또는 지적의무를 다하지 아니한 것으로서 위법하다.(대판 2010.2.11, 2009다83599)

제137조【석명준비명령】 재판장은 제136조의 규정에 따라 당사자에게 설명 또는 증명하거나 의견을 진술할 사항을 지적하고 변론기일 이전에 이를 준비하도록 명할 수 있다.

참조 [석명권의 행사에 따른 법원사무관의 조치]민소규30, [소송지휘재판의 취소]222, [합의부에 의한 감독]138, [준비절차에 준용]286

제138조【합의부에 의한 감독】 당사자가 변론의 지휘에 관한 재판장의 명령 또는 제136조 및 제137조의 규정에 따른 재판장이나 합의부원의 조치에 대하여 이의를 신청한 때에는 법원은 결정으로 그 이의신청에 대하여 재판한다.

참조 [재판장의 명령에 관한 이의신청]민소규28①, [석명과 석명준비명령]136·137, [지휘]135, [결정]134·221·224, [준비절차에 준용]286

제139조【수명법관의 지정 및 촉탁】 ① 수명법관으로 하여금 그 직무를 수행하게 하고자 할 경우에는 재판장이 그 판사를 지정한다.
② 법원이 하는 촉탁은 특별한 규정이 없으면 재판장이 한다.

참조 [수명법관의 직무]145·165②·172③·297·313·335·337·354·365, [촉탁]140·294·296·297·313·338①·341①·352·366·민집55·94·163·171④, [관공서에 대한 조회]356

제140조【법원의 석명처분】 ① 법원은 소송관계를 분명하게 하기 위하여 다음 각호의 처분을 할 수 있다.
1. 당사자 본인 또는 그 법정대리인에게 출석하도록 명하는 일
2. 소송서류 또는 소송에 인용한 문서, 그 밖의 물건으로서 당사자가 가지고 있는 것을 제출하게 하는 일
3. 당사자 또는 제3자가 제출한 문서, 그 밖의 물건을 법원에 유치하는 일
4. 검증을 하고 감정을 명하는 일
5. 필요한 조사를 촉탁하는 일
② 제1항의 검증·감정과 조사의 촉탁에는 이 법의 증거조사에 관한 규정을 준용한다.

참조 [법원의 석명처분]민소규29, [재판장의 명령에 관한 이의신청]민소규30, [법정대리인]51·55·64, [검증]364-366, [감정]333-342, [조사]294, [재판장의 석명처분]136·137, [비용예납]116, [준비절차에 준용]286

제141조【변론의 제한·분리·병합】 법원은 변론의 제한·분리 또는 병합을 명하거나, 그 명령을 취소할 수 있다.

참조 [일부판결]200, [결정]221, [변론의 병합을 요하는 경우]상188·376②·380·381②·446

제142조【변론의 재개】 법원은 종결된 변론을 다시 열도록 명할 수 있다.

참조 [종결]198, [결정]221, [변론기일지정]민소규43, [준비절차에의 준용]286

판례 당사자가 변론종결 후 그 항변 및 입증을 위하여 변론재개신청을 한 경우에 그 입증의 여하에 따라 판결의 결과가 달라질 수도 있는 관건적 요증사실에 해당하는 등의 특별한 사정이 없는 한 당사자의 변론재개신청을 받아들이느냐의 여부는 법원의 재량에 속한 사항이므로 당사자가 항변을 제출할 수 있는 기회가 충분히 있었음에도 이를 하지 않다가 변론종결 후에 한 변론재개신청을 법원이 받아들이지 아니하였다 하여 이를 심리미진의 위법사유에 해당한다고 할 수는 없다.(대판 2007.4.26, 2005다53866)

판례 사실심의 변론종결 후에 변론의 재개신청을 함과 동시에 승계참가인의 승계참가신청이 있었던 경우, 사실심이 본래의 소송에 대하여 변론재개를 하지 않은 채 그대로 판결하는 한편, 참가신청에 대하여는 이를 분리하여 각하하는 판결을 하였더라도 위법은 아니다.(대판 2005.3.11, 2004다26997)

판례 변론재개신청에 대하여 법원이 허부결정을 하여야 하는지 여부 : 변론의 재개신청은 법원의 직권발동을 촉구하는 의미밖에 없으며, 변론의 재개 여부는 법원의 직권사항이고 당사자에게 신청권이 없으므로 이에 대한 허부의 결정을 할 필요가 없으며, 또한 변론재개신청이 있다 하여 법원에 재개의무가 있는 것도 아니다.
(대판 2004.7.9, 2004다13083)

민사소송

제143조【통역】 ① 변론에 참여하는 사람이 우리말을 하지 못하거나, 듣거나 말하는 데 장애가 있으면 통역인에게 통역하게 하여야 한다. 다만, 위와 같은 장애가 있는 사람에게는 문자로 질문하거나 진술하게 할 수 있다.
② 통역인에게는 이 법의 감정인에 관한 규정을 준용한다.

참조 [조서에의 기재]153, [허위통역과 재심사유]451①, [감정인]333-342, [변론준비절차에 준용]286, [법정용어]법원조직62, [허위통역죄]형154, [일당·여비·숙박료]민사소송비용4·6·11

제143조의2【진술 보조】 ① 질병, 장애, 연령, 그 밖의 사유로 인한 정신적·신체적 제약으로 소송관계를 분명하게 하기 위하여 필요한 진술을 하기 어려운 당사자는 법원의 허가를 받아 진술을 도와주는 사람과 함께 출석하여 진술할 수 있다.
② 법원은 언제든지 제1항의 허가를 취소할 수 있다.
③ 제1항 및 제2항에 따른 진술보조인의 자격 및 소송상 지위와 역할, 법원의 허가 요건·절차 등 허가 및 취소에 관한 사항은 대법원규칙으로 정한다.
(2016.2.3 본조신설)

참조 [진술보조인이 될 수 있는 사람]민소규30의2

제144조【변론능력이 없는 사람에 대한 조치】 ① 법원은 소송관계를 분명하게 하기 위하여 필요한 진술을 할 수 없는 당사자 또는 대리인의 진술을 금지하고, 변론을 계속할 새 기일을 정할 수 있다.
② 제1항의 규정에 따라 진술을 금지하는 경우에 필요하다고 인정하면 법원은 변호사를 선임하도록 명할 수 있다.
③ 제1항 또는 제2항의 규정에 따라 대리인에게 진술을 금지하거나 변호사를 선임하도록 명하였을 때에는 본인에게 그 취지를 통지하여야 한다.
④ 소 또는 상소를 제기한 사람이 제2항의 규정에 따른 명령을 받고도 제1항의 새 기일까지 변호사를 선임하지 아니한 때에는 법원은 결정으로 소 또는 상소를 각하할 수 있다.
⑤ 제4항의 결정에 대하여는 즉시항고를 할 수 있다.

참조 [법정대리인]51·62, [소송대리인]87-97, [준비절차에의 준용]286

제145조【화해의 권고】 ① 법원은 소송의 정도와 관계없이 화해를 권고하거나, 수명법관 또는 수탁판사로 하여금 권고하게 할 수 있다.
② 제1항의 경우에 법원·수명법관 또는 수탁판사는 당사자 본인이나 그 법정대리인의 출석을 명할 수 있다.

참조 [준비절차에의 준용]286, ①[화해]106·113·154·220·385이하, [화해조서]민소규31, [수명법관]139①, [수탁판사]160, ②[법정대리인]51·62, [본인출석의 원칙]가소49, 민사조정31·32

판례 민사소송절차에서 법원이 화해를 권고하거나 화해권고결정을 할 것인지 여부는 당사자의 이익, 그 밖의 모든 사정을 참작하여 직권으로 행하는 것이므로, 청구권의 발생 자체는 명백하지만 신의칙에 의하여 이를 배척하는 경우에 판결에 앞서 화해적 해결을 시도하지 않았다고 하여 위법이라고 할 수 없다.
(대판 2009.12.10, 2008다78279)

제146조【적시제출주의】 공격 또는 방어의 방법은 소송의 정도에 따라 적절한 시기에 제출하여야 한다.

참조 [특별규정]276·285·410, [실기한 공격·방어방법의 제출]149·451①, [준비절차에의 준용]286

제147조【제출기간의 제한】 ① 재판장은 당사자의 의견을 들어 한 쪽 또는 양 쪽 당사자에 대하여 특정한 사항에 관하여 주장을 제출하거나 증거를 신청할 기간을 정할 수 있다.
② 당사자가 제1항의 기간을 넘긴 때에는 주장을 제출하거나 증거를 신청할 수 없다. 다만, 당사자가 정당한 사유로 그 기간 이내에 제출 또는 신청하지 못하였다는 것을 소명한 경우에는 그러하지 아니하다.

참조 [서증사본의 제출기간]민소규108, [기일의 지정과 변경]165, [기일의 통지]167

제148조【한 쪽 당사자가 출석하지 아니한 경우】 ① 원고 또는 피고가 변론기일에 출석하지 아니하거나, 출석하고서도 본안에 관하여 변론하지 아니한 때에는 그가 제출한 소장·답변서, 그 밖의 준비서면에 적혀 있는 사항을 진술한 것으로 보고 출석한 상대방에게 변론을 명할 수 있다.
② 제1항의 규정에 따라 당사자가 진술한 것으로 보는 답변서, 그 밖의 준비서면에 청구의 포기 또는 인낙의 의사표시가 적혀 있고 공증사무소의 인증을 받은 때에는 그 취지에 따라 청구의 포기 또는 인낙이 성립된 것으로 본다.
③ 제1항의 규정에 따라 당사자가 진술한 것으로 보는 답변서, 그 밖의 준비서면에 화해의 의사표시가 적혀 있고 공증사무소의 인증을 받은 경우에, 상대방 당사자가 변론기일에 출석하여 그 화해의 의사표시를 받아들인 때에는 화해가 성립된 것으로 본다.

참조 [최초 기일의 지정·변경]165, [소장]249, [준비서면]274·276, [준비절차에의 준용]286

판례 한쪽 당사자가 변론기일에 불출석한 상태에서 법원이 변론을 진행하기 위하여는 반드시 불출석한 당사자가 그때까지 제출한 소장·답변서 그 밖의 준비서면에 기재된 사항을 진술간주하여야 하는지 여부(적극) : 출석한 당사자만으로 변론을 진행할 때에는 반드시 불출석한 당사자가 그때까지 제출한 소장·답변서, 그 밖의 준비서면에 적혀 있는 사항을 진술한 것으로 보아야 한다.
(대판 2008.5.8, 2008다2890)

제149조【실기한 공격·방어방법의 각하】 ① 당사자가 제146조의 규정을 어기어 고의 또는 중대한 과실로 공격 또는 방어방법을 뒤늦게 제출함으로써 소송의 완결을 지연시키게 하는 것으로 인정할 때에는 법원은 직권으로 또는 상대방의 신청에 따라 결정으로 이를 각하할 수 있다.
② 당사자가 제출한 공격 또는 방어방법의 취지가 분명하지 아니한 경우에, 당사자가 필요한 설명을 하지 아니하거나 설명할 기일에 출석하지 아니한 때에는 법원은 직권으로 또는 상대방의 신청에 따라 결정으로 이를 각하할 수 있다.

참조 [예외]가소12, [준비절차에의 준용]286, ①[제출시기의 원칙]146, [소송비용의 부담]100, [신청]161, [결정]134·221, ②[재판장의 석명처분]136·137, [법원의 석명처분]140, [석명을 할 기일]30·140①

판례 소송완결이 지연되지 않는다고 판단한 예 : 실기한 공격방어방법이라고 하더라도 어차피 기일의 속행을 필요로 하고 그 속행기일의 범위 내에서 공격방어방법의 심리도 마칠 수 있거나 그 내용이 이미 심리를 마친 소송자료의 범위 안에 포함되어 있는 때에는 소송의 완결을 지연시키는 것으로 볼 수 없으므로 이를 각하할 수 없다. (대판 2000.4.7, 99다53472)

제150조【자백간주】 ① 당사자가 변론에서 상대방이 주장하는 사실을 명백히 다투지 아니한 때에는 그 사실을 자백한 것으로 본다. 다만, 변론 전체의 취지로 보아 그 사실에 대하여 다툰 것으로 인정되는 경우에는 그러하지 아니하다.

② 상대방이 주장한 사실에 대하여 알지 못한다고 진술한 때에는 그 사실을 다툰 것으로 추정한다.

③ 당사자가 변론기일에 출석하지 아니하는 경우에는 제1항의 규정을 준용한다. 다만, 공시송달의 방법으로 기일통지서를 송달받은 당사자가 출석하지 아니한 경우에는 그러하지 아니하다.

참조 [자백]288, [변론의 전취지]202, [공시송달]194이하, [준비절차에의 준용]286

판례 공시송달의 방법으로 기일통지서를 송달받은 당사자가 변론기일에 출석하지 아니한 경우 자백간주 규정을 준용하지 않는 민사소송법 제150조 제3항 단서는, 그 상대방 당사자의 효율적이고 공정한 재판을 받을 권리를 침해하지 않으므로 헌법에 위반되지 않는다. (헌재결 2013.3.21, 2012헌바128)

판례 소송대리권의 존부에 관하여 의제자백 규정이 적용되는지 여부(소극) : 소송대리권의 존부는 법원의 직권탐지사항으로서, 이에 대하여는 의제자백에 관한 규정이 적용될 여지가 없다. (대판 1999.2.24, 97다38930)

판례 항소심에서 의제자백이 성립되는 경우 : 제1심에서 원고의 주장사실을 명백히 다투지 아니하여 의제자백으로 패소한 피고가 항소심에서도 원고 청구기각의 판결을 구하였을 뿐 원고가 청구원인으로 주장한 사실에 대하여는 아무런 답변도 진술하지 않았다면 그 사실을 다툰 것으로 인정되지 않는 한 항소심에서도 의제자백이 성립한다.(대판 1989.7.25, 89다카4045)

제151조【소송절차에 관한 이의권】 당사자는 소송절차에 관한 규정에 어긋난 것임을 알거나, 알 수 있었을 경우에 바로 이의를 제기하지 아니하면 그 권리를 잃는다. 다만, 그 권리가 포기할 수 없는 것인 때에는 그러하지 아니하다.

참조 [재판장의 명령에 대한 이의신청]민소규28①, [직권조사사항]285①·434, [본조준용]286

판례 보조참가인에 대하여 기일통지를 하지 아니한 절차진행상의 흠이 치유되었다고 본 사례 : 기록에 의하면, 본안에 관한 보조참가인의 주장이 기재된 보조참가신청서가 원심 제1차 변론준비기일에 진술한 것으로 간주되었고 보조참가인이 원심 제2차 변론기일에 직접 출석하여 변론할 기회를 가졌으며 위 변론 당시 보조참가인은 위와 같이 기일통지서를 송달받지 못한 점에 관하여 아무런 이의를 하지 아니하였음을 알 수 있는바, 그렇다면 보조참가인에 대하여 기일통지를 하지 아니한 위와 같은 절차진행상의 흠은 치유가 되었다고 봄이 상당하고 판결 결과에도 아무런 영향을 미치지 않았다고 할 것이다.(대판 2007.2.22, 2006다75641)

판례 수임제한에 위반한 변호사의 소송행위에 대하여 다툴 수 있는 시적 제한 : 변호사법 제31조 제1호의 규정에 위반한 변호사의 소송행위에 대하여는 상대방 당사자가 법원에 대하여 이의를 제기하는 경우 그 소송행위는 무효이고, 그러한 이의를 받은 법원으로서는 그러한 변호사의 소송관여를 더 이상 허용하여서는 아니될 것이지만 다만 상대방 당사자가 그와 같은 사실을 알았거나 알 수 있었음에도 불구하고 사실심 변론종결시까지 아무런 이의를 제기하지 아니하였다면 그 소송행위는 소송법상 완전한 효력이 생긴다. (대판 2003.5.30, 2003다15556)

제152조【변론조서의 작성】 ① 법원사무관등은 변론기일에 참여하여 기일마다 조서를 작성하여야 한다. 다만, 변론을 녹음하거나 속기하는 경우 그 밖에 이에 준하는 특별한 사정이 있는 경우에는 법원사무관등을 참여시키지 아니하고 변론기일을 열 수 있다.

② 재판장은 필요하다고 인정하는 경우 법원사무관등을 참여시키지 아니하고 변론기일 및 변론준비기일 외의 기일을 열 수 있다.

③ 제1항 단서 및 제2항의 경우에는 법원사무관등은 그 기일이 끝난 뒤에 재판장의 설명에 따라 조서를 작성하고, 그 취지를 덧붙여 적어야 한다.

참조 [기일]165-169, [조서의 증명력]158

제153조【형식적 기재사항】 조서에는 법원사무관등이 다음 각호의 사항을 적고, 재판장과 법원사무관등이 기명날인 또는 서명한다. 다만, 재판장이 기명날인 또는 서명할 수 없는 사유가 있는 때에는 합의부원이 그 사유를 적은 뒤에 기명날인 또는 서명하며, 법관 모두가 기명날인 또는 서명할 수 없는 사유가 있는 때에는 법원사무관등이 그 사유를 적는다.(2017.10.31 본문개정)

1. 사건의 표시
2. 법관과 법원사무관등의 성명
3. 출석한 검사의 성명
4. 출석한 당사자·대리인·통역인과 출석하지 아니한 당사자의 성명
5. 변론의 날짜와 장소
6. 변론의 공개여부와 공개하지 아니한 경우에는 그 이유

改前 …재판장과 법원사무관등이 "기명날인"한다. 다만, 재판장이 "기명날인할" 수 없는 사유가 있는 때에는 합의부원이 그 사유를 적은 뒤에 "기명날인하며," 법관 모두가 "기명날인할" 수 없는 사유가 있는 때에는 법원사무관등이 그 사유를 적는다.

참조 [조서의 증명력]158, [재판장]법원조직58, [합의부원]법원조직66, (5)[변론의 장소]법원조직56, (6)[변론의 공개]헌106, 법원조직57, [공개와 절대적 상고이유]424①, [화해·조서의 작성방식]민소규31

제154조【실질적 기재사항】 조서에는 변론의 요지를 적되, 특히 다음 각호의 사항을 분명히 하여야 한다.

1. 화해, 청구의 포기·인낙, 소의 취하와 자백
2. 증인·감정인의 선서와 진술
3. 검증의 결과
4. 재판장이 적도록 명한 사항과 당사자의 청구에 따라 적는 것을 허락한 사항
5. 서면으로 작성되지 아니한 재판
6. 재판의 선고

참조 [조서]153·155-158, (1)[화해]145·220·385이하, [포기·인낙]220·394·425·443, [취하]266·393·425·443, [자백]288, (2)[증인]319이하, [감정인]333·338, (3)[검증]364이하, (5)[결정·명령]221·224, (6)[재판의 선고]205-207·224

제155조【조서기재의 생략 등】 ① 조서에 적을 사항은 대법원규칙이 정하는 바에 따라 생략할 수 있다. 다만, 당사자의 이의가 있으면 그러하지 아니하다.

② 변론방식에 관한 규정의 준수, 화해, 청구의 포기·인낙, 소의 취하와 자백에 대하여는 제1항 본문의 규정을 적용하지 아니한다.

참조 [조서에 기재할 사항]153·154, [서면 등 인용첨부]156, [변론방식의 준수]158, [화해]145·154·220, [포기·인낙]154·220, [취하]154·266-268·271, [자백]154·288

제156조【서면 등의 인용·첨부】 조서에는 서면, 사진, 그 밖에 법원이 적당하다고 인정한 것을 인용하고 소송기록에 붙여 이를 조서의 일부로 삼을 수 있다.

참조 [조서의 작성]152

제157조【관계인의 조서낭독 등 청구권】 조서는 관계인이 신청하면 그에게 읽어 주거나 보여주어야 한다.

참조 [조서의 작성]152, [신청]161, [이의]223

판례 조서의 기재에 대한 불복과 상고이유(구법관계) : 증인신문조서의 기재에 관하여 불복이 있으면 민소법 제146조 제2항의 규정에 의한 이의 방법에 의하여야 한다. 따라서 증인신문조서에 증인들의 증언내용과 현저히 다르게 기재되어 있고 증언한 바 없는 내용도 기재되어 있어 잘못이라는 이유를 상고이유로 삼을 수는 없다. (대판 1981.9.8, 81다86)

제158조【조서의 증명력】 변론방식에 관한 규정이 지켜졌다는 것은 조서로만 증명할 수 있다. 다만, 조서가 없어진 때에는 그러하지 아니하다.

참조 [조서작성]152

제159조【변론의 속기와 녹음】 ① 법원은 필요하다고 인정하는 경우에는 변론의 전부 또는 일부를 녹음하거나, 속기자로 하여금 받아 적도록 명할 수 있으며, 당사자가 녹음 또는 속기를 신청하면 특별한 사유가 없는 한 이를 명하여야 한다.

② 제1항의 녹음테이프와 속기록은 조서의 일부로 삼는다.
③ 제1항 및 제2항의 규정에 따라 녹음테이프 또는 속기록으로 조서의 기재를 대신한 경우에, 소송이 완결되기 전까지 당사자가 신청하거나 그 밖에 대법원규칙이 정하는 때에는 녹음테이프나 속기록의 요지를 정리하여 조서를 작성하여야 한다.
④ 제3항의 규정에 따라 조서가 작성된 경우에는 재판이 확정되거나, 양 쪽 당사자의 동의가 있으면 법원은 녹음테이프와 속기록을 폐기할 수 있다. 이 경우 당사자가 녹음테이프와 속기록을 폐기한다는 통지를 받은 날부터 2주 이내에 이의를 제기하지 아니하면 폐기에 대하여 동의한 것으로 본다.

참조 [변론의 속기와 녹음]민소규33① · 34①③ · 35② · 36 · 37①, [신청]161, [조서]152 · 156, [합의]29 · 165 · 390①단서

제160조【다른 조서에 준용하는 규정】 법원 · 수명법관 또는 수탁판사의 신문(訊問) 또는 심문과 증거조사에는 제152조 내지 제159조의 규정을 준용한다.

참조 [변론조서의 작성]152, [변론의 속기와 녹음]159, [심문]134, [수명법관]139, [수탁판사의 증거조사권한]160 · 297 · 313 · 335 · 337 · 354 · 365, [수탁판사의 화해권한]145, [수탁판사의 송달권한]197, [수탁판사의 심문권한]160 · 165 · 172

제161조【신청 또는 진술의 방법】 ① 신청, 그 밖의 진술은 특별한 규정이 없는 한 서면 또는 말로 할 수 있다.
② 말로 하는 경우에는 법원사무관등의 앞에서 하여야 한다.
③ 제2항의 경우에 법원사무관등은 신청 또는 진술의 취지에 따라 조서 또는 그 밖의 서면을 작성한 뒤 기명날인 또는 서명하여야 한다.(2017.10.31 본항개정)

改前 ③ …그 밖의 서면을 작성한 뒤 "기명날인"하여야 한다.

참조 [특별규정]85 · 248 · 263 · 264 · 266③

제162조【소송기록의 열람과 증명서의 교부청구】 ① 당사자나 이해관계를 소명한 제3자는 대법원규칙이 정하는 바에 따라, 소송기록의 열람 · 복사, 재판서 · 조서의 정본 · 등본 · 초본의 교부 또는 소송에 관한 사항의 증명서의 교부를 법원사무관등에게 신청할 수 있다.
② 누구든지 권리구제 · 학술연구 또는 공익적 목적으로 대법원규칙으로 정하는 바에 따라 법원사무관등에게 재판이 확정된 소송기록의 열람을 신청할 수 있다. 다만, 공개를 금지한 변론에 관련된 소송기록에 대하여는 그러하지 아니하다.(2007.5.17 본항신설)
③ 법원은 제2항에 따른 열람 신청시 당해 소송관계인이 동의하지 아니하는 경우에는 열람하게 하여서는 아니 된다. 이 경우 당해 소송관계인의 범위 및 동의 등에 관하여 필요한 사항은 대법원규칙으로 정한다.
(2007.5.17 본항신설)
④ 소송기록을 열람 · 복사한 사람은 열람 · 복사에 의하여 알게 된 사항을 이용하여 공공의 질서 또는 선량한 풍속을 해하거나 관계인의 명예 또는 생활의 평온을 해하는 행위를 하여서는 아니 된다.(2007.5.17 본항신설)
⑤ 제1항 및 제2항의 신청에 대하여는 대법원규칙이 정하는 수수료를 내야 한다.(2007.5.17 본항개정)
⑥ 재판서 · 조서의 정본 · 등본 · 초본에는 그 취지를 적고 법원사무관등이 기명날인 또는 서명하여야 한다.
(2017.10.31 본항개정)

改前 ⑤ "제1항의 신청"에 대하여는 대법원규칙이 정하는 수수료를 내야 한다.
⑥ …그 취지를 적고 법원사무관등이 "기명날인"하여야 한다.

참조 [법원사무관등의 처분에 대한 이의]223, [법원사무관등]법원조직53, [법원사무관등의 집행문부여]민집28, [열람방법]민소규37

제163조【비밀보호를 위한 열람 등의 제한】 ① 다음 각호 가운데 어느 하나에 해당한다는 소명이 있는 경우에는 법원은 당사자의 신청에 따라 결정으로 소송기록 중 비밀이 적혀 있는 부분의 열람 · 복사, 재판서 · 조서 중 비밀이 적혀 있는 부분의 정본 · 등본 · 초본의 교부(이하 "비밀 기재부분의 열람 등"이라 한다)를 신청할 수 있는 자를 당사자로 한정할 수 있다.
1. 소송기록 중에 당사자의 사생활에 관한 중대한 비밀이 적혀 있고, 제3자에게 비밀 기재부분의 열람 등을 허용하면 당사자의 사회생활에 지장이 클 우려가 있는 때
2. 소송기록 중에 당사자가 가지는 영업비밀(부정경쟁방지및영업비밀보호에관한법률 제2조제2호에 규정된 영업비밀을 말한다)이 적혀 있는 때
② 제1항의 신청이 있는 경우에는 그 신청에 관한 재판이 확정될 때까지 제3자는 비밀 기재부분의 열람 등을 신청할 수 없다.
③ 소송기록을 보관하고 있는 법원은 이해관계를 소명한 제3자의 신청에 따라 제1항 각호의 사유가 존재하지 아니하거나 소멸되었음을 이유로 제1항의 결정을 취소할 수 있다.
④ 제1항의 신청을 기각한 결정 또는 제3항의 신청에 관한 결정에 대하여는 즉시항고를 할 수 있다.
⑤ 제3항의 취소결정은 확정되어야 효력을 가진다.

② 소송관계인의 생명 또는 신체에 대한 위해의 우려가 있다는 소명이 있는 경우에는 법원은 해당 소송관계인의 신청에 따라 결정으로 소송기록의 열람 · 복사 · 송달에 앞서 주소 등 대법원규칙으로 정하는 개인정보로서 해당 소송관계인이 지정하는 부분(이하 "개인정보 기재부분"이라 한다)이 제3자(당사자를 포함한다. 이하 제3항 · 제4항 중 이 항과 관련된 부분에서 같다)에게 공개되지 아니하도록 보호조치를 할 수 있다.
(2023.7.11 본항신설 : 2025.7.12 시행)
③ 제1항 또는 제2항의 신청이 있는 경우에는 그 신청에 관한 재판이 확정될 때까지 제3자는 개인정보 기재부분 또는 비밀 기재부분의 열람 등을 신청할 수 없다.
(2023.7.11 본항개정 : 2025.7.12 시행)
④ 소송기록을 보관하고 있는 법원은 이해관계를 소명한 제3자의 신청에 따라 제1항 또는 제2항의 사유가 존재하지 아니하거나 소멸되었음을 이유로 제1항 또는 제2항의 결정을 취소할 수 있다.(2023.7.11 본항개정 : 2025.7.12 시행)
⑤ 제1항 또는 제2항의 신청을 기각한 결정 또는 제4항의 신청에 관한 결정에 대하여는 즉시항고를 할 수 있다.
(2023.7.11 본항개정 : 2025.7.12 시행)
⑥ 제4항의 취소결정은 확정되어야 효력을 가진다.
(2023.7.11 본항개정 : 2025.7.12 시행)

참조 [열람등 제한의 신청방식]민소규38, [소송기록의 열람 · 교부청구]162, [즉시항고]444

제163조의2【판결서의 열람 · 복사】 ① 제162조에도 불구하고 누구든지 판결이 선고된 사건의 판결서(확정되지 아니한 사건에 대한 판결서를 포함하며, 「소액사건심판법」이 적용되는 사건의 판결서와 「상고심절차에 관한 특례법」 제4조 및 이 법 제429조 본문에 따른 판결서는 제외한다. 이하 이 조에서 같다)를 인터넷, 그 밖의 전산정보처리시스템을 통한 전자적 방법 등으로 열람 및 복사할 수 있다. 다만, 변론의 공개를 금지한 사건의 판결서로서 대법원규칙으로 정하는 경우에는 열람 및 복사를 전부 또는 일부 제한할 수 있다.(2020.12.8 본문개정)
② 제1항에 따라 열람 및 복사의 대상이 되는 판결서는 대법원규칙으로 정하는 바에 따라 판결서에 기재된 문자열 또는 숫자열이 검색어로 기능할 수 있도록 제공되어야 한다.(2020.12.8 본항신설)
③ 법원사무관등이나 그 밖의 법원공무원은 제1항에 따른 열람 및 복사에 앞서 판결서에 기재된 성명 등 개인정보가 공개되지 아니하도록 대법원규칙으로 정하는 보호조치를 하여야 한다.

④ 제3항에 따라 개인정보 보호조치를 한 법원사무관등이나 그 밖의 법원공무원은 고의 또는 중대한 과실로 인한 것이 아니면 제1항에 따른 열람 및 복사와 관련하여 민사상·형사상 책임을 지지 아니한다.(2020.12.8 본항개정)

⑤ 제1항의 열람 및 복사에는 제162조제4항·제5항 및 제163조를 준용한다.

⑥ 판결서의 열람 및 복사의 방법과 절차, 개인정보 보호조치의 방법과 절차, 그 밖에 필요한 사항은 대법원규칙으로 정한다.

(2020.12.8 본조제목개정)

(2011.7.18 본조신설)

改前 제163조의2【"확정 판결서"의 열람·복사】① 제162조에도 불구하고 누구든지 "판결이 확정된 사건의 판결서(「소액사건심판법」이 적용되는 사건의 판결서와 「상고심절차에 관한 특례법」 제4조 및 이 법 제429조 본문에 따른 판결서는 제외한다)"를 인터넷, 그 밖의 전산정보처리시스템을 통한…

"③ 제2항"에 따라 개인정보 보호조치를 한 법원사무관등이나 그 밖의 법원공무원은 고의 또는…

제164조【조서에 대한 이의】 조서에 적힌 사항에 대하여 관계인이 이의를 제기한 때에는 조서에 그 취지를 적어야 한다.

참조 [조서]152-161, [이의]73-76

제2절 전문심리위원

(2007.7.13 본절신설)

제164조의2【전문심리위원의 참여】 ① 법원은 소송관계를 분명하게 하거나 소송절차(증거조사·화해 등을 포함한다. 이하 이 절에서 같다)를 원활하게 진행하기 위하여 직권 또는 당사자의 신청에 따른 결정으로 제164조의4제1항에 따라 전문심리위원을 지정하여 소송절차에 참여하게 할 수 있다.

② 전문심리위원은 전문적인 지식을 필요로 하는 소송절차에서 설명 또는 의견을 기재한 서면을 제출하거나 기일에 출석하여 설명이나 의견을 진술할 수 있다. 다만, 재판의 합의에는 참여할 수 없다.

③ 전문심리위원은 기일에 재판장의 허가를 받아 당사자, 증인 또는 감정인 등 소송관계인에게 직접 질문할 수 있다.

④ 법원은 제2항에 따라 전문심리위원이 제출한 서면이나 전문심리위원의 설명 또는 의견의 진술에 관하여 당사자에게 구술 또는 서면에 의한 의견진술의 기회를 주어야 한다.

제164조의3【전문심리위원 참여결정의 취소】 ① 법원은 상당하다고 인정하는 때에는 직권이나 당사자의 신청으로 제164조의2제1항에 따른 결정을 취소할 수 있다.

② 제1항에도 불구하고 당사자가 합의로 제164조의2제1항에 따른 결정을 취소할 것을 신청하는 때에는 법원은 그 결정을 취소하여야 한다.

제164조의4【전문심리위원의 지정 등】 ① 법원은 제164조의2제1항에 따라 전문심리위원을 소송절차에 참여시키는 경우 당사자의 의견을 들어 각 사건마다 1인 이상의 전문심리위원을 지정하여야 한다.

② 전문심리위원에게는 대법원규칙으로 정하는 바에 따라 수당을 지급하고, 필요한 경우에는 그 밖의 여비, 일당 및 숙박료를 지급할 수 있다.

③ 전문심리위원의 지정에 관하여 그 밖에 필요한 사항은 대법원규칙으로 정한다.

제164조의5【전문심리위원의 제척 및 기피】 ① 전문심리위원에게 제41조부터 제45조까지 및 제47조를 준용한다.

② 제척 또는 기피 신청을 받은 전문심리위원은 그 신청에 관한 결정이 확정될 때까지 그 신청이 있는 사건의 소송절차에 참여할 수 없다. 이 경우 전문심리위원은 당해 제척 또는 기피 신청에 대하여 의견을 진술할 수 있다.

제164조의6【수명법관 등의 권한】 수명법관 또는 수탁판사가 소송절차를 진행하는 경우에는 제164조의2제2항부터 제4항까지의 규정에 따른 법원 및 재판장의 직무는 그 수명법관이나 수탁판사가 행한다.

제164조의7【비밀누설죄】 전문심리위원 또는 전문심리위원이었던 자가 그 직무수행 중에 알게 된 다른 사람의 비밀을 누설하는 경우에는 2년 이하의 징역이나 금고 또는 1천만원 이하의 벌금에 처한다.

제164조의8【벌칙 적용에서의 공무원 의제】 전문심리위원은 「형법」 제129조부터 제132조까지의 규정에 따른 벌칙의 적용에서는 공무원으로 본다.

제3절 기일과 기간

제165조【기일의 지정과 변경】 ① 기일은 직권으로 또는 당사자의 신청에 따라 재판장이 지정한다. 다만, 수명법관 또는 수탁판사가 신문하거나 심문하는 기일은 그 수명법관 또는 수탁판사가 지정한다.

② 첫 변론기일 또는 첫 변론준비기일을 바꾸는 것은 현저한 사유가 없는 경우라도 당사자들이 합의하면 이를 허가한다.

참조 [변론기일의 지정]258, [재판장]135, 민소규39-45, [수명법관]139, [수탁판사]160, [신청]161

판례 당사자 일방이 화해조서의 당연무효 : 사유를 주장하며 기일지정신청을 한 경우의 법원의 조치 재판상의 화해를 조서에 기재한 때에는 그 조서는 확정판결과 동일한 효력이 있고 당사자간에 기판력이 생기는 것이므로, 확정판결의 당연무효 사유와 같은 사유가 없는 한 재심의 소에 의하여만 효력을 다툴 수 있는 것이나, 당사자 일방이 화해조서의 당연무효 사유를 주장하며 기일지정신청을 한 때에는 법원으로서는 그 무효사유의 존재 여부를 가리기 위하여 기일을 지정하여 심리를 한 다음 무효사유가 존재한다고 인정되지 아니한 때에는 판결로써 소송종료선언을 하여야 한다.

(대판 2000.3.10, 99다67703)

제166조【공휴일의 기일】 기일은 필요한 경우에만 공휴일로도 정할 수 있다.

참조 [일반의 휴일]국경일에관한법률, 관공서의공휴일에관한규정, [일반의 휴일의 소송법상의 효과]190

제167조【기일의 통지】 ① 기일은 기일통지서 또는 출석요구서를 송달하여 통지한다. 다만, 그 사건으로 출석한 사람에게는 기일을 직접 고지하면 된다.

② 법원은 대법원규칙이 정하는 간이한 방법에 따라 기일을 통지할 수 있다. 이 경우 기일에 출석하지 아니한 당사자·증인 또는 감정인 등에 대하여 법률상의 제재, 그 밖에 기일을 게을리 함에 따른 불이익을 줄 수 없다.

참조 [기일의 지정]165, 민소규45, [송달]174-193, [소환장의 공시송달]195

제168조【출석승낙서의 효력】 소송관계인이 일정한 기일에 출석하겠다고 적은 서면을 제출한 때에는 기일통지서 또는 출석요구서를 송달한 것과 같은 효력을 가진다.

참조 [기일]165, [소환의 방식]167, [송달]174-197

제169조【기일의 시작】 기일은 사건과 당사자의 이름을 부름으로써 시작된다.

참조 [기간의 기산점]민156·157

판례 기일개시요건인 당사자 호명은 당사자 본인을 호명함으로써 족한 것이므로 그 소송수행자까지 당일법정에 있었다는 사실심리까지 다하여야 할 필요는 없는 것이다.

(대판 1970.11.24, 70다1893)

제170조【기간의 계산】 기간의 계산은 민법에 따른다.

참조 [기간에 관한 민법 규정]민155-161

제171조【기간의 시작】 기간을 정하는 재판에 시작되는 때를 정하지 아니한 경우에 그 기간은 재판의 효력이 생긴 때부터 진행한다.

참조 [기간을 정하는 재판]59 · 97 · 111① · 120① · 125③ · 254① · 270② · 277② · 402, 민집46④ · 96 · 97 · 287①, [판결의 효력 발생시기]205

제172조【기간의 신축, 부가기간】 ① 법원은 법정기간 또는 법원이 정한 기간을 늘이거나 줄일 수 있다. 다만, 불변기간은 그러하지 아니하다.

② 법원은 불변기간에 대하여 주소 또는 거소가 멀리 떨어진 곳에 있는 사람을 위하여 부가기간(附加期間)을 정할 수 있다.

③ 재판장 · 수명법관 또는 수탁판사는 제1항 및 제2항의 규정에 따라 법원이 정한 기간 또는 자신이 정한 기간을 늘이거나 줄일 수 있다.

참조 [법정기간]44② · 173 · 196 · 268 · 427 · 468, [재정기간]59 · 97 · 111① · 120①, [불변기간]396② · 425 · 444② · 456① · 491①, 행소5, ② [주소]민18 · 21－36, 상171②, ③[재판장]135, [수명법관]150, [수탁판사]160, [본조의 부적용]173②

제173조【소송행위의 추후보완】 ① 당사자가 책임질 수 없는 사유로 말미암아 불변기간을 지킬 수 없었던 경우에는 그 사유가 없어진 날부터 2주 이내에 게을리 한 소송행위를 보완할 수 있다. 다만, 그 사유가 없어질 당시 외국에 있던 당사자에 대하여는 이 기간을 30일로 한다.

② 제1항의 기간에 대하여는 제172조의 규정을 적용하지 아니한다.

참조 [불변기간]172, [기간의 계산]170

판례 지병으로 인한 집중력 저하와 정신과 치료 등의 사유로 상고기간을 도과하였다며 추완상고장을 제출한 사안에서, 위 사유는 민사소송법 제173조제1항의 '당사자가 책임질 수 없는 사유'에 해당한다고 볼 수 없다.(대판 2011.12.27, 2011후2688)

판례 소송이 처음부터 공시송달의 방법으로 송달된 경우 : '사유가 없어진 후'라 함은 당사자나 소송대리인이 단순히 판결이 있었던 사실을 안 때가 아니고 나아가 그 판결이 공시송달의 방법으로 송달된 사실을 안 때를 가리키는 것으로서, 다른 특별한 사정이 없는 한 통상의 경우에는 당사자나 소송대리인이 그 사건기록의 열람을 하거나 또는 새로이 판결정본을 영수한 때에 비로소 그 판결이 공시송달의 방법으로 송달된 사실을 알게 되었다고 보아야 한다.(대판 2000.9.5, 2000므87)

제4절 송 달

제174조【직권송달의 원칙】 송달은 이 법에 특별한 규정이 없으면 법원이 직권으로 한다.

참조 [공시송달의 요건]194①

판례 사망한 자에 대한 송달의 하자가 치유된 것으로 인정되는 경우 : 사망한 자에 대하여 실시된 송달은 위법하여 원칙적으로 무효이나, 그 사망자의 상속인이 현실적으로 그 송달서류를 수령한 경우에는 하자가 치유되어 그 송달은 그 때에 상속인에 대한 송달로서 효력을 발생한다.(대판 1998.2.13, 95다15667)

제175조【송달사무를 처리하는 사람】 ① 송달에 관한 사무는 법원사무관등이 처리한다.

② 법원사무관등은 송달하는 곳의 지방법원에 속한 법원사무관등 또는 집행관에게 제1항의 사무를 촉탁할 수 있다.

참조 [법원사무관등]법원조직10, [촉탁의 원칙적 기관]139②

제176조【송달기관】 ① 송달은 우편 또는 집행관에 의하거나, 그 밖에 대법원규칙이 정하는 방법에 따라서 하여야 한다.

② 우편에 의한 송달은 우편집배원이 한다.

③ 송달기관이 송달하는 데 필요한 때에는 경찰공무원에게 원조를 요청할 수 있다.(2020.12.22 본항개정)

改前 ③ 송달기관이 송달하는 데 필요한 때에는 "국가경찰공무원에게" 원조를 요청할 수 있다.(2006.2.21 본항개정)

참조 [집행관]법원조직55, 집행관2, [송달통지]193, [법원사무관등에 의한 송달]177, [우편으로 하는 송달]187 · 189

제177조【법원사무관등에 의한 송달】 ① 해당 사건에 출석한 사람에게는 법원사무관등이 직접 송달할 수 있다.

② 법원사무관등이 그 법원안에서 송달받을 사람에게 서류를 교부하고 영수증을 받은 때에는 송달의 효력을 가진다.

참조 [송달통지]193

제178조【교부송달의 원칙】 ① 송달은 특별한 규정이 없으면 송달받을 사람에게 서류의 등본 또는 부본을 교부하여야 한다.

② 송달할 서류의 제출에 갈음하여 조서, 그 밖의 서면을 작성한 때에는 그 등본이나 초본을 교부하여야 한다.

참조 [특별한 규정]167 · 210①, [보충송달과 유치송달]186, [우편송달]185② · 187, [공시송달]195, ②[서류에 갈음하여 조서를 작성하는 경우]161③, [등본 · 초본]162, [송달통지]193, [전화등송달]민소규46, [변호사간의 송달]민소규47

판례 민사소송법상 결정 · 명령의 송달방식 : 민소법 제224조 제1항 본문에 의하면 성질에 어긋나지 아니하는 한 결정과 명령에는 판결에 관한 규정을 준용하고, 같은 법 제210조 제2항은 판결서는 정본으로 송달하도록 하고 있지만, 같은 법 제178조 제1항이 송달은 특별한 규정이 없으면 송달받을 사람에게 서류의 등본 또는 부본을 교부하여 하도록 하고 있으므로, 결정 · 명령이 집행권원이 되는 등 그 성질상 정본의 송달을 필요로 하거나 또는 특별한 규정이 있는 경우를 제외하고는 결정 · 명령의 송달은 같은 법 제178조 제1항에 따라 그 등본을 송달하는 방법에 의하더라도 무방하고, 반드시 정본으로 송달하여야 하는 것은 아니다.(대결 2003.10.14, 2003마1144)

제179조【소송무능력자에게 할 송달】 소송무능력자에게 할 송달은 그의 법정대리인에게 한다.

참조 [소송무능력자]51 · 55, [법정대리인]51 · 62 · 64, [법정대리인에 대한 송달의 장소]183, [송달수령인의 신고]184

제180조【공동대리인에게 할 송달】 여러 사람이 공동으로 대리권을 행사하는 경우의 송달은 그 가운데 한 사람에게 하면 된다.

참조 [공동대리인]92, [지배인]상12, [대표사원]상208, [대표이사]상389 · 562, [개별대리의 원칙]93, [송달 영수인의 신고]184, 민소규49

제181조【군관계인에게 할 송달】 군사용의 청사 또는 선박에 속하여 있는 사람에게 할 송달은 그 청사 또는 선박의 장에게 한다.

참조 [송달서류의 교부의무]민소규50, 민집규22

판례 군사용의 청사에 속하는 자에 대한 송달은 그 청사의 장에게 하고 그 청사의 장의 예하 본부 중대 소속 문서수발병은 민사소송법 제172조 소정의 송달을 받을 수 있는 자에 해당한다.(대판 1972.12.26, 72다1408)

제182조【구속된 사람 등에게 할 송달】 교도소 · 구치소 또는 국가경찰관서의 유치장에 체포 · 구속 또는 유치(留置)된 사람에게 할 송달은 교도소 · 구치소 또는 국가경찰관서의 장에게 한다.(2006.2.21 본조개정)

참조 [교도소]형의집행수용자11, [접견 · 서신수수 · 전화통화]형의집행수용자41 · 42

제183조【송달장소】 ① 송달은 받을 사람의 주소 · 거소 · 영업소 또는 사무소(이하 "주소등"이라 한다)에서 한다. 다만, 법정대리인에게 할 송달은 본인의 영업소나 사무소에서도 할 수 있다.

② 제1항의 장소를 알지 못하거나 그 장소에서 송달할 수 없는 때에는 송달받을 사람이 고용 · 위임 그 밖에 법률상 행위로 취업하고 있는 다른 사람의 주소등(이하 "근무장소"라 한다)에서 송달할 수 있다.

③ 송달받을 사람의 주소등 또는 근무장소가 국내에 없거나 알 수 없는 때에는 그를 만나는 장소에서 송달할 수 있다.

④ 주소등 또는 근무장소가 있는 사람의 경우에도 송달받기를 거부하지 아니하면 만나는 장소에서 송달할 수 있다.

참조 [송달을 받을 사람]179－182 · 184, [법정대리인에 대한 송달]179, [송달장소가 분명치 않을 경우]194, [주소]민18－21 · 36, 상171

판례 송달받을 사람의 영업소 또는 사무소의 의미 : 송달은 원칙적으로 받을 사람의 주소 · 거소 · 영업소 또는 사무소에서 해야 하는데(민소법 제183조 제1항), 여기서 말하는 영업소 또는 사무소는 송달받을 사람 자신이 경영하는 영업소 또는 사무소를 의미하는 것이지 송달받을 사람의 근무장소는 이에 해당하지 않으며(민소법 제

183조 제2항 참조), 송달받을 사람이 경영하는, 그와 별도의 법인격을 가지는 회사의 사무실은 송달받을 사람의 영업소나 사무소라 할 수 없고, 이는 그의 근무장소에 지나지 아니한다. 한편 근무장소에서의 송달을 규정한 민소법 제183조 제2항에 의하면, 근무장소에서의 송달은 송달받을 자의 주소 등의 장소를 알지 못하거나 그 장소에서 송달할 수 없는 때에 한하여 할 수 있는 것이므로 소장, 지급명령신청서 등에 기재된 주소 등의 장소에 대한 송달을 시도하지 않은 채 근무장소로 한 송달은 위법하다.(대결 2004.7.21, 2004마535)

제184조【송달받을 장소의 신고】 당사자 · 법정대리인 또는 소송대리인은 주소등 외의 장소(대한민국안의 장소로 한정한다)를 송달받을 장소로 정하여 법원에 신고할 수 있다. 이 경우에는 송달 영수인을 정하여 신고할 수 있다.

참조 [법정대리인]51 · 62 · 64, [소송대리인]87이하, [주소]민18-21 · 36, 상171, [우편송달]187 · 189 · 193

판례 소송대리인이 상고를 제기하면서 자신의 사무실을 송달장소로 기재한 경우와 송달영수인으로 신고한 취지로 인정할 수 있는지 여부(구법관계)(적극) : 민소법 제171조 제1항, 제3항에 의하면, 소송대리인은 송달영수인을 지정하여 법원에 신고할 수 있으므로 상소의 특별수권을 받은 소송대리인은 상소심절차에서의 송달 편의를 위하여 송달영수인을 지정, 신고할 수 있다고 할 것이고, 만일 그 소송대리인이 상고를 제기하면서 상고장에 자신의 사무실을 송달장소로 기재하여 법원에 제출하였다면, 달리 특별한 사정이 없는 한 이에는 원심 소송대리인이었던 자신을 상고심절차에서 당사자인 의뢰인을 위한 송달영수인으로 지정, 신고하는 취지가 포함되어 있다고 할 것이며, 한편 송달영수인의 지정, 신고가 있는 경우 민소법 제172조 제1항에 의하여 송달영수인의 사무원에게 한 송달은 적법한 보충송달이 된다.(대판 2001.5.29, 2000재다186)

제185조【송달장소변경의 신고의무】 ① 당사자 · 법정대리인 또는 소송대리인이 송달받을 장소를 바꿀 때에는 바로 그 취지를 법원에 신고하여야 한다.

② 제1항의 신고를 하지 아니한 사람에게 송달할 서류는 달리 송달할 장소를 알 수 없는 경우 종전에 송달받던 장소에 대법원규칙이 정하는 방법으로 발송할 수 있다.

참조 [발송의 방법]민소규51, [송달불능에 따른 소송복귀]59①, [법정대리인]51 · 62 · 64, [소송대리인]87-97, [우편송달]187 · 188, [송달장소]183, 민사조정규칙15의2④

판례 당사자가 송달장소로 신고한 바 있다고 하더라도 그 송달장소에 송달된 바가 없다면 그 곳을 위 조항에 규정된 '종전에 송달받던 장소'라고 볼 수는 없다.(대결 2005.8.2, 2005마201)

판례 달리 송달할 장소를 알 수 없는 경우의 의미(구법관계) : 민소법 제171조의2 제2항에서 말하는 '달리 송달할 장소를 알 수 없는 때에 한하여'라 함은 상대방에게 주소보정을 명하거나 직권으로 주민등록표 등을 조사할 필요까지는 없지만 적어도 기록에 현출되어 있는 자료로 송달할 장소를 알 수 없는 경우에 한하여 등기우편에 의한 발송송달을 할 수 있음을 뜻하는 것으로 풀이함이 상당하다.(대판 2004.10.15, 2004다11988)

제186조【보충송달 · 유치송달】 ① 근무장소 외의 송달할 장소에서 송달받을 사람을 만나지 못한 때에는 그 사무원, 피용자(被用者) 또는 동거인으로서 사리를 분별할 지능이 있는 사람에게 서류를 교부할 수 있다.

② 근무장소에서 송달받을 사람을 만나지 못한 때에는 제183조제2항의 다른 사람 또는 그 법정대리인이나 피용자 그 밖의 종업원으로서 사리를 분별할 지능이 있는 사람이 서류의 수령을 거부하지 아니하면 그에게 서류를 교부할 수 있다.

③ 서류를 송달받을 사람 또는 제1항의 규정에 의하여 서류를 넘겨받을 사람이 정당한 사유 없이 송달받기를 거부하는 때에는 송달할 장소에 서류를 놓아둘 수 있다.

참조 [송달장소]183, [송달영수인]179-182 · 184, 민집규22⑥

판례 민사소송법 제186조 제1항에서 규정한 보충송달에서 수령대행인이 될 수 있는 사무원이란 반드시 송달받을 사람과 고용관계가 있어야 하는 것은 아니고, 평소 본인을 위하여 사무 등을 보조하는 자이면 충분하다.(대판 2010.10.14, 2010다48455)

판례 송달받을 사람의 동거인에게 송달할 서류가 교부되고 그 동거인이 사리를 분별할 지능이 있는 이상 송달받을 사람이 그 서류의 내용을 실제로 알지 못한 경우에도 송달의 효력은 있다 할 것인바, 이 경우 사리를 분별할 지능이 있다고 하려면, 사법제도 일반이나 소송행위의 효력까지 이해할 수 있는 능력이 있어야 한다고 할 수는 없을 것이지만 적어도 송달의 취지를 이해하고 그가 영수한 서류를 송달받을 사람에게 교부하는 것을 기대할 수 있는 정도의 능력은 있어야 한다고 보아야 한다.(대결 2005.12.5, 2005마1039)

판례 근무장소에서의 보충송달에 관한 민사소송법 제186조 제2항은 본래 원칙적인 송달장소에서 송달이 불가능하거나 또는 송달장소를 알 수 없을 때에 보충적인 송달장소인 근무장소, 즉 송달받을 사람이 고용 · 위임 그 밖에 법률상 행위로 취업하고 있는 다른 사람의 주소 등에서 송달하는 경우(민사소송법 제183조 제2항)뿐 아니라 송달받을 사람이 자신의 근무장소를 송달받을 장소로 신고한 경우에도 마찬가지로 적용된다고 할 것이다.(대판 2005.10.28, 2005다25779)

제187조【우편송달】 제186조의 규정에 따라 송달할 수 없는 때에는 법원사무관등은 서류를 등기우편 등 대법원규칙이 정하는 방법으로 발송할 수 있다.

참조 [송달사무처리자]175, [완료시기]189, [송달통지]193, [송달의 방법]민소규51 · 59, [송달불능]민사조정규칙15의2④

판례 항소장에 피고의 대리인이 기재한 주소지라 해도 소송서류를 받아 볼 가능성이 없다면 적법한 송달 장소가 아니며, 수령 가능성이 없는 주소로 변론기일 통지서가 보내져 소송당사자가 재판에 나오지 못했다면 법원이 불출석을 이유로 소송을 종결할 수 없다.(대판 2023.5.18, 2023다204224)

판례 등기우편에 의한 발송송달은 송달사무처리기관인 법원사무관등이 동시에 송달실시기관이 되어 송달을 시행하는 것이므로 스스로 송달보고서를 작성하여야 하고, 그 송달보고서 작성시에는 소정의 양식에 따라 송달장소, 송달일시 등을 기재하되, 사건번호가 명기된 우체국의 특수우편물수령증을 첨부하여야 하며, 이러한 송달은 발송시에 그 송달의 효력이 발생하는 관계로 우편물 발송일시가 중요하고 그 송달일시의 증명은 확정일자 있는 우체국의 특수우편물수령증에 의할 수밖에 없으므로, 위와 같이 특수우편물수령증이 첨부되지 아니한 송달보고서에 의한 송달은 부적법하여 그 효력을 발생할 수 없다.(대결 2009.8.31, 2009스75)

제188조【송달함 송달】 ① 제183조 내지 제187조의 규정에 불구하고 법원안에 송달할 서류를 넣을 함(이하 "송달함"이라 한다)을 설치하여 송달할 수 있다.

② 송달함을 이용하는 송달은 법원사무관등이 한다.

③ 송달받을 사람이 송달함에서 서류를 수령하여 가지 아니한 경우에는 송달함에 서류를 넣은 지 3일이 지나면 송달된 것으로 본다.

④ 송달함의 이용절차와 수수료, 송달함을 이용하는 송달방법 및 송달함으로 송달할 서류에 관한 사항은 대법원규칙으로 정한다.

참조 [송달장소]183, [우편송달]187, [송달함의 이용]민소규52

제189조【발신주의】 제185조제2항 또는 제187조의 규정에 따라 서류를 발송한 경우에는 발송한 때에 송달된 것으로 본다.

참조 [송달장소불신고의 송달]185②, [우편송달]187, [도달주의]민111

제190조【공휴일 등의 송달】 ① 당사자의 신청이 있는 때에는 공휴일 또는 해뜨기 전이나 해진 뒤에 집행관 또는 대법원규칙이 정하는 사람에 의하여 송달할 수 있다.

② 제1항의 규정에 따라 송달하는 때에는 법원사무관등은 송달할 서류에 그 사유를 덧붙여 적어야 한다.

③ 제1항과 제2항의 규정에 어긋나는 송달은 서류를 교부받을 사람이 이를 영수한 때에만 효력을 가진다.

참조 [집행관에 의한 송달]176①, ②[송달사무처리자로서의 사무관등]175

제191조【외국에서 하는 송달의 방법】 외국에서 하여야 하는 송달은 재판장이 그 나라에 주재하는 대한민국의 대사 · 공사 · 영사 또는 그 나라의 관할 공공기관에 촉탁한다.

참조 [재판장이 하는 촉탁]139②, [공시송달의 발효시기]196②

제192조【전쟁에 나간 군인 또는 외국에 주재하는 군관계인 등에게 할 송달】 ① 전쟁에 나간 군대, 외국에 주둔하는 군대에 근무하는 사람 또는 군에 복무하는 선박의 승무원에게 할 송달은 재판장이 그 소속 사령관에게 촉탁한다.

② 제1항의 송달에 대하여는 제181조의 규정을 준용한다.

참조 [군관계인에게 할 송달]181, [송달통지]193

제193조【송달통지】 송달한 기관은 송달에 관한 사유를 대법원규칙이 정하는 방법으로 법원에 알려야 한다.

참조 [송달실시기관]176 · 177, [송달통지]민소규53

판례 송달보고서 기재의 흠과 송달의 적부(구법관계) : 형사소송절차에 있어서도 형소법 제65조에 따라 송달에 관한 민소법의 규정이 준용되는바, 같은 법 제178조의 규정에 의하여 송달한 기관이 송달에 관한 사유를 서면으로 작성하여 법원에 제출하는 송달보고서는 송달사실에 대한 증거방법에 지나지 않는다고 할 것이나, 송달보고서는 공문서로서 그의 진정성립이 추정되기에 송달보고서 기재상의 흠이 있다고 하여 바로 그 송달이 부적법하게 되어 무효가 되는 것은 아니고, 다른 증거방법에 의하여 송달실시행위가 적법하게 이루어졌음이 증명되는 한 송달은 유효한 것으로 해석되며, 다른 증거방법에 의하여도 송달실시행위가 적법하게 이루어졌음을 증명할 수 없는 경우에만 송달을 무효로 볼 것이다.(대결 2000.8.22, 2000모42)

제194조【공시송달의 요건】 ① 당사자의 주소등 또는 근무장소를 알 수 없는 경우 또는 외국에서 하여야 할 송달에 관하여 제191조의 규정에 따를 수 없거나 이에 따라도 효력이 없을 것으로 인정되는 경우에는 법원사무관등은 직권으로 또는 당사자의 신청에 따라 공시송달을 할 수 있다.(2014.12.30 본항개정)

② 제1항의 신청에는 그 사유를 소명하여야 한다.

③ 재판장은 제1항의 경우에 소송의 지연을 피하기 위하여 필요하다고 인정하는 때에는 공시송달을 명할 수 있다.(2014.12.30 본항신설)

④ 원고가 소권(항소권을 포함한다)을 남용하여 청구가 이유 없음이 명백한 소를 반복적으로 제기한 것에 대하여 법원이 변론 없이 판결로 소를 각하하는 경우에는 재판장은 직권으로 피고에 대하여 공시송달을 명할 수 있다.(2023.4.18 본항신설)

⑤ 재판장은 직권으로 또는 신청에 따라 법원사무관등의 공시송달처분을 취소할 수 있다.(2014.12.30 본항신설)

改前 ① 당사자의 주소등 또는…"재판장"은 직권으로…

참조 [주소]민18-21·36, 상171, [송달할 장소]183·184, [신청]161, [직권송달의 원칙]174, [공시송달의 발효시기]196, [공시송달방법]민소규54·59, [송달불능]민사조정규칙15의2④

판례 당사자의 주소, 거소 기타 송달할 장소를 알 수 없는 경우가 아님이 명백함에도 재판장이 당사자에 대한 변론기일 소환장을 공시송달에 의할 것으로 명함으로써 당사자에 대한 변론기일 소환장이 공시송달된 경우…(중략)…그 당사자가 출석하지 아니하였다고 하여 쌍방 불출석의 효과가 발생한다고 볼 수 없다.
(대판 1997.7.11, 96므1380)

제195조【공시송달의 방법】 공시송달은 법원사무관등이 송달할 서류를 보관하고 그 사유를 법원게시판에 게시하거나, 그 밖에 대법원규칙이 정하는 방법에 따라서 하여야 한다.

참조 [공시송달의 방법]민소규54①, [송달불능에 따른 소송복귀]민소규59①, [송달처리자]175, [독촉절차의 예외]462단서, [외국에서 하는 송달의 방법]191, 민집규22⑥, 민사조정규칙15의2④

판례 외국에서 할 공시송달의 방법(구법관계) : 공시송달할 재판서의 정본에 수송달자의 주소가 외국으로 표시되어 있다면 다른 특별한 사정이 없는 한 법원은 그 수송달자가 외국에 거주하고 있음을 전제로 공시송달을 명한 것이므로 이 경우 공시송달은 민소법 제180조 제3항의 규정에 따라 외국에서 할 송달에 대한 공시송달의 방법에 의하여야 한다.(대결 1991.12.16, 91마239)

제196조【공시송달의 효력발생】 ① 첫 공시송달은 제195조의 규정에 따라 실시한 날부터 2주가 지나야 효력이 생긴다. 다만, 같은 당사자에게 하는 그 뒤의 공시송달은 실시한 다음 날부터 효력이 생긴다.

② 외국에서 할 송달에 대한 공시송달의 경우에는 제1항 본문의 기간은 2월로 한다.

③ 제1항 및 제2항의 기간은 줄일 수 없다.

참조 [기간]170·172①·191, [공시송달불능]민소규59, [송달불능]민사조정규칙15의2④

제197조【수명법관 등의 송달권한】 수명법관 및 수탁판사와 송달하는 곳의 지방법원판사도 송달에 대한 재판장의 권한을 행사할 수 있다.

참조 [수명법관]139, [수탁판사]160, [재판장의 권한]190·191·194

제5절 재 판

제198조【종국판결】 법원은 소송의 심리를 마치고 나면 종국판결(終局判決)을 한다.

참조 [종국판결과 불복]390·422·451, [종국판결과 강제집행]민집24, [재판의 누락]212

제199조【종국판결 선고기간】 판결은 소가 제기된 날부터 5월 이내에 선고한다. 다만, 항소심 및 상고심에서는 기록을 받은 날부터 5월 이내에 선고한다.

참조 [소의 제기]248, [기록송부]400·425

제200조【일부판결】 ① 법원은 소송의 일부에 대한 심리를 마친 경우 그 일부에 대한 종국판결을 할 수 있다.

② 변론을 병합한 여러 개의 소송 가운데 한 개의 심리를 마친 경우와, 본소(本訴)나 반소의 심리를 마친 경우에는 제1항의 규정을 준용한다.

참조 [소송비용]104단서, [소의 주관적 병합]253, [변론의 병합]141, [반소]269·270

제201조【중간판결】 ① 법원은 독립된 공격 또는 방어의 방법, 그 밖의 중간의 다툼에 대하여 필요한 때에는 중간판결(中間判決)을 할 수 있다.

② 청구의 원인과 액수에 대하여 다툼이 있는 경우에 그 원인에 대하여도 중간판결을 할 수 있다.

참조 [공격·방어의 방법]146, [소송인수신청]85①②, [수계신청에 대한 재판]243, [소변경불허재판]263, [제출신청의 허가여부에 대한 재판]347, [청구의 원인]249①·262·263, [소송비용]104단서

판례 가압류명령취소판결이 중간판결인지 여부(소극) : 중간판결은 종국판결의 전제가 되는 개개의 쟁점을 미리 정리·판단하여 종국판결을 준비하는 재판이다. 그런데 가압류이의는 이미 집행력있는 가압류명령이 발하여져 있는 상태에서 구두변론에 의하여 가압류신청과 가압류명령의 당부에 관하여 재심사하여 줄 것을 요구하는 신청이고, 가압류신청의 당부에 관한 판단과 가압류명령에 대한 당부에 관한 판단은 서로 표리관계에 있어서 분리될 수 있는 성질의 것이 아니고, 가압류명령을 취소하는 제1심법원의 판단에는 가압류신청을 기각하는 취지도 포함되어 있는 것이라고 보지 않을 수 없다. 따라서 제1심법원이 가압류명령을 취소하는 주문을 내면서 동시에 신청인의 가압류신청을 기각하는 주문을 내지 아니하였다고 하더라도 이는 제1심이 당사자에게 오해를 불러일으킬 수 있는 정도의 불명확한 판결주문을 낸 것에 불과하고, 이를 가리켜 판결이 탈루된 것이라거나 종국판결을 하기에 앞서 선결문제에 관하여 중간판결을 한 것이라고는 볼 수 없을 것이다.(대판 1994.12.27, 94다38366)

제202조【자유심증주의】 법원은 변론 전체의 취지와 증거조사의 결과를 참작하여 자유로운 심증으로 사회정의와 형평의 이념에 입각하여 논리와 경험의 법칙에 따라 사실주장이 진실한지 아닌지를 판단한다.

참조 [자백·현저한 사실등]150·288·349·350·369, 가소12

▶ 증거의 채부와 증거판단

판례 수술 도중 환자에게 사망의 원인이 된 증상이 발생한 경우와 의료상의 과실 : 의료행위는 고도의 전문적 지식을 필요로 하는 분야로서 전문가가 아닌 일반인으로서는 의사의 의료행위의 과정에 주의의무 위반이 있는지의 여부나 그 주의의무 위반과 손해 발생 사이에 인과관계가 있는지 여부를 밝혀내기가 극히 어려운 특수성이 있으므로, 수술 도중 환자에게 사망의 원인이 된 증상이 발생한 경우 그 증상 발생에 관하여 의료상의 과실 이외의 다른 원인이 있다고 보기 어려운 간접사실들을 증명함으로써 그와 같은 증상이 의료상의 과실에 기한 것이라고 추정하는 것도 가능하다고 하겠으나, 그 경우에도 의사의 과실로 인한 결과 발생을 추정할 수 있을 정도의 개연성이 담보되지 않는 사정들을 가지고 막연하게 중한 결과에서 의사의 과실과 인과관계를 추정함으로써 결과적으로 의사에게 무과실의 증명책임을 지우는 것까지 허용되는 것은 아니다.
(대판 2007.5.31, 2005다5867)

▶ 증거능력과 증명력

판례 어떤 문서를 처분문서라고 할 수 있기 위해서는 증명하고자 하는 공법상 또는 사법상의 행위가 그 문서에 의하여 행하여졌어야 하고, 그 문서의 내용이 작성자 자신의 법률행위에 관한 것이라 할지라도 그 법률행위를 외부적 사실로서 보고·기술하고 있거나 그에 관한 의견이나 감상을 기재하고 있는 경우에는 처분문서가 아니라 보고문서이다.(대판 2010.5.13, 2010다6222)

판례 처분문서의 진정성립을 인정하기 위한 심리의 정도 : 문서에 대한 진정성립의 인정 여부는 법원이 모든 증거자료와 변론의 전취지에 터잡아 자유심증에 따라 판단하게 되는 것이고, 처분문서는 진정성립이 인정되면 그 기재 내용을 부정할만한 분명하고도 수긍할 수 있는 반증이 없는 이상 문서의 기재 내용에 따른 의사표시의 존재 및 내용을 인정하여야 한다는 점을 감안하면 처분문서의 진정성립을 인정함에 있어서는 신중하여야 할 것이다.
(대판 2003.4.8, 2001다29254)

➡ 논리와 경험칙

판례 잔금 지급 이전에 소유권이전등기를 해 주는 것이 경험칙상 이례에 속하는지 여부(적극) : 매매계약시 잔금지급 이전에 매매목적물인 부동산에 관한 소유권이전등기를 매수인에게 경료하여 준다는 특별한 약정이 없는 한 잔금지급 이전에 소유권이전등기를 경료하여 주는 것은 극히 이례에 속하므로, 어느 부동산에 관하여 잔금지급과 상환으로 소유권이전등기를 경료하여 주기로 하는 내용의 부동산매매계약이 체결되고 매매목적물에 관하여 매수인 명의로 소유권이전등기가 경료되었다면 특단의 사정이 없는 한 매수인의 잔금지급의무는 이미 이행되었다고 봄이 경험칙상 상당하고, 그와 같은 사정에도 불구하고 매매대금이 전부 지급된 것이 아니라고 판단하기 위하여는 특단의 사정에 대한 이유 설시가 선행되어야 한다. (대판 1996.10.25, 96다29700)

➡ 채증법칙

판례 민사재판에 있어서의 관련 형사판결의 증명력 : 관련 형사판결에서 인정된 사실은 달리 특별한 사정이 없는 한 민사재판에서도 유력한 증거자료가 되지만, 민사재판에 제출된 다른 증거 내용에 비추어 형사판결의 사실 판단을 그대로 채용하기 어렵다고 인정되는 경우에는 법원이 이를 배척할 수 있다.(대판 2004.4.28, 2004다4386)

➡ 채증법칙에 합당한 사례

판례 부동산의 소유권을 취득하였다고 주장하는 당사자가 별소에서 주장한 소유권취득원인사실과 다른 원인사실을 주장하였다 하여 위법이라고 할 수 없다.(대판 1971.4.30, 71다452)

➡ 자유심증의 범위와 방법

판례 미확정 판결의 증거성 판결이 확정되지 아니한 것이라고 하여 증거로 사용될 수 없다고는 할 수 없고 다만, 그 신빙성이 문제될 수 있을 뿐이다.(대판 1995.4.28, 94누11583)

제202조의2【손해배상 액수의 산정】 손해가 발생한 사실은 인정되나 구체적인 손해의 액수를 증명하는 것이 사안의 성질상 매우 어려운 경우에 법원은 변론 전체의 취지와 증거조사의 결과에 의하여 인정되는 모든 사정을 종합하여 상당하다고 인정되는 금액을 손해배상 액수로 정할 수 있다.(2016.3.29 본조신설)

제203조【처분권주의】 법원은 당사자가 신청하지 아니한 사항에 대하여는 판결하지 못한다.

참조 [예외]소송비용95·96, [가집행]99·508②

판례 어느 재산이 종중재산임을 주장하는 당사자는 그 재산이 종중재산으로 설정된 경위에 관하여 주장·입증을 하여야 할 것이나 이는 반드시 명시적임을 요하지 아니하며, 주장·입증 속에 그 설정경위에 관한 사실이 포함되어 있다고 볼 수 있으면 족하고 그 설정경위의 입증은 간접사실 등을 주장·입증함으로써 그 요건사실을 추정할 수 있으면 족하다.(대판 2007.2.22, 2006다68506)

➡ 청구와 판결범위

판례 의사표시가 강박에 의한 것이어서 당연무효라는 주장 속에 강박에 의한 의사표시이므로 취소한다는 주장이 당연히 포함되어 있다고는 볼 수 없다.(대판 1996.12.23, 95다40038)

➡ 법원의 책무등

판례 법원은 변론에서 당사자가 주장하지 않은 이상 이를 인정할 수 없으나, 이와 같은 주장은 반드시 명시적인 것이어야 하는 것은 아니고 당사자의 주장 취지에 비추어 이러한 주장이 포함되어 있는 것으로 볼 수 있다면, 당연히 재판의 기초로 삼을 수 있다. (대판 1996.2.9, 95다27998)

제204조【직접주의】 ① 판결은 기본이 되는 변론에 관여한 법관이 하여야 한다.

② 법관이 바뀐 경우에 당사자는 종전의 변론결과를 진술하여야 한다.

③ 단독사건의 판사가 바뀐 경우에 종전에 신문한 증인에 대하여 당사자가 다시 신문신청을 한 때에는 법원은 그 신문을 하여야 한다. 합의부 법관의 반수 이상이 바뀐 경우에도 또한 같다.

참조 [변론결과의 진술]287·407②, [증인신문]303-332, [신청]161, [예외]소액9②, [단독사건]법원조직7④, [합의부]법원조직32

제205조【판결의 효력발생】 판결은 선고로 효력이 생긴다.

참조 [선고]206·207, [결정·명령]221①

제206조【선고의 방식】 판결은 재판장이 판결 원본에 따라 주문을 읽어 선고하며, 필요한 때에는 이유를 간략히 설명할 수 있다.

참조 [판결원본]207, [주문]213③·216①, [이유]424①

제207조【선고기일】 ① 판결은 변론이 종결된 날부터 2주 이내에 선고하여야 하며, 복잡한 사건이나 그 밖의 특별한 사정이 있는 때에도 변론이 종결된 날부터 4주를 넘겨서는 아니 된다.

② 판결은 당사자가 출석하지 아니하여도 선고할 수 있다.

참조 [변론종결]198, [변론재개]142, [기간의 계산]170, [기간의 신축]172①, [기간의 지정]165, [소송절차중단과 판결의 선고]247①

판례 재정하지 않은 당사자에 대한 판결 선고의 효력 : 판결의 선고는 당사자가 재정하지 아니하는 경우에도 할 수 있는 것이므로 법원이 적법하게 변론을 진행한 후 이를 종결하고 판결선고기일을 고지한 때에는 재정하지 아니한 당사자에게도 그 효력이 있는 것이고, 그 당사자에 대하여 판결선고기일 소환장을 송달하지 아니하였다 하여도 이를 위법이라고 할 수 없다.(대판 2003.4.25, 2002다72514)

제208조【판결서의 기재사항 등】 ① 판결서에는 다음 각호의 사항을 적고, 판결한 법관이 서명날인하여야 한다.

1. 당사자와 법정대리인
2. 주문
3. 청구의 취지 및 상소의 취지
4. 이유
5. 변론을 종결한 날짜. 다만, 변론 없이 판결하는 경우에는 판결을 선고하는 날짜
6. 법원

② 판결서의 이유에는 주문이 정당하다는 것을 인정할 수 있을 정도로 당사자의 주장, 그 밖의 공격·방어방법에 관한 판단을 표시한다.

③ 제2항의 규정에 불구하고 제1심 판결로서 다음 각호 가운데 어느 하나에 해당하는 경우에는 청구를 특정함에 필요한 사항과 제216조제2항의 판단에 관한 사항만을 간략하게 표시할 수 있다.

1. 제257조의 규정에 의한 무변론 판결
2. 제150조제3항이 적용되는 경우의 판결
3. 피고가 제194조 내지 제196조의 규정에 의한 공시송달로 기일통지를 받고 변론기일에 출석하지 아니한 경우의 판결

④ 법관이 판결서에 서명날인함에 지장이 있는 때에는 다른 법관이 판결에 그 사유를 적고 서명날인하여야 한다.

참조 [항소심의 판결]420, ①[선고]206, [당사자와 법정대리인]51이하, [이유]424①, ②[변론]134이하, [특례]소액11②

판례 판결이유에서 증거가치판단의 설시 정도 : 판결서의 이유에는 주문이 정당하다는 것을 인정할 수 있을 정도로 당사자의 주장과 그 밖의 공격·방어방법에 관한 판단을 표시하여야 하므로(민소법 제208조 제2항), 쟁점인 사실에 관하여 증거조사의 결과와 변론의 전취지에 의하여 사실을 인정하고, 그 인정된 사실과 증명을 요하지 아니하는 사실을 합하여 거기에 법령을 적용함으로써 주문의 결론에 도달한 판단과정을 표시하여야 하는데, 증거의 취사 선택은 사실심법관의 자유로운 심증에 맡겨져 있으므로 처분문서 등 특별한 증거가 아닌 한 그 채부의 이유를 일일이 밝힐 필요는 없는 것이고, 증거를 취사하여 인정한 사실이 경험칙상 통상적인 사회적 사실이라고 할 수 없을 경우에는 그와 같은 인정의 근거가 된 이유를 밝혀야 함이 상당하지만, 경험칙상 통상적인 사실로 인정되는 경우에는 그 인정근거까지 밝힐 필요는 없는 것이고, 또한 사실심 법관으로서는 상당하다고 인정하는 경우에는 쟁점이 된 주장사실을 인정하기에 부족한 증거들을 일일이 적시하여 배척하는 대신 일괄하여 간략하게 배척하는 방법으로 표시할 수도 있다. (대판 2004.3.26, 2003다60549)

제209조【법원사무관등에 대한 교부】 판결서는 선고한 뒤에 바로 법원사무관등에게 교부하여야 한다.

참조 [사무관등]법원조직10③, [결정·명령]221①

제210조【판결서의 송달】 ① 법원사무관등은 판결서를 받은 날부터 2주 이내에 당사자에게 송달하여야 한다.

② 판결서는 정본으로 송달한다.

참조 [교부]209, [사무관등]175, [기일]170·172①, [송달]174-197, [정본]162②, [경정결정의 송달]211②, [송달과 상소기간]396·425, [송달과 강제집행]민집39①

제211조【판결의 경정】 ① 판결에 잘못된 계산이나 기재, 그 밖에 이와 비슷한 잘못이 있음이 분명한 때에 법

원은 직권으로 또는 당사자의 신청에 따라 경정결정(更正決定)을 할 수 있다.
② 경정결정은 판결의 원본과 정본에 덧붙여 적어야 한다. 다만, 정본에 덧붙여 적을 수 없을 때에는 결정의 정본을 작성하여 당사자에게 송달하여야 한다.
③ 경정결정에 대하여는 즉시항고를 할 수 있다. 다만, 판결에 대하여 적법한 항소가 있는 때에는 그러하지 아니하다.

참조 [신청]174, [원본]208·209, [정본]162·210, [송달]174이하, [즉시항고]444, [항소]390

판례 판결경정제도의 취지 : 판결에 위산, 오기 기타 이에 유사한 오류가 있는 것이 명백한 때 행하여지는 판결의 경정은 일단 선고된 판결에 대하여 그 내용을 실질적으로 변경하지 않는 범위 내에서 판결의 표현상의 기재 잘못이나 계산의 착오 또는 이와 유사한 오류를 법원 스스로가 결정으로써 정정 또는 보충하여 강제집행이나 호적의 정정 또는 등기의 기재 등 광의의 집행에 지장이 없도록 하자는 데 그 취지가 있다.(대결 2001.12.4, 2001그112)

판례 당사자의 과실에 의한 오류의 경정이 허용되는지 여부(적극)(구법관계) : 판결경정이 가능한 오류에는 그것이 법원의 과실로 인하여 생긴 경우뿐만 아니라 당사자의 청구에 잘못이 있어 생긴 경우도 포함된다고 할 것이며, 경정결정을 함에 있어서는 그 소송 전 과정에 나타난 자료는 물론 경정대상인 판결 선고 후에 제출된 자료도 다른 당사자에게 아무런 불이익이 없는 경우나 이를 다툴 수 있는 기회가 있었던 경우에는 소송경제상 이를 참작하여 그 오류가 명백한지 여부를 판단할 수 있다.(대결 2000.5.24, 99그82)

제212조【재판의 누락】 ① 법원이 청구의 일부에 대하여 재판을 누락한 경우에 그 청구부분에 대하여는 그 법원이 계속하여 재판한다.
② 소송비용의 재판을 누락한 경우에는 법원은 직권으로 또는 당사자의 신청에 따라 그 소송비용에 대한 재판을 한다. 이 경우 제114조의 규정을 준용한다.
③ 제2항의 규정에 따른 소송비용의 재판은 본안판결에 대하여 적법한 항소가 있는 때에는 그 효력을 잃는다. 이 경우 항소법원은 소송의 총비용에 대하여 재판을 한다.

참조 [소송비용]107이하, [일부판결]200, [신청]174, [소송비용의 재판]114·115

판례 재판의 누락이 있었는지 여부를 판정하는 기준 : 판결에는 법원의 판단을 분명하게 하기 위하여 결론을 주문에 기재하도록 되어 있으므로 재판의 누락이 있는지 여부는 우선 주문의 기재에 의하여 판정하여야 하고, 판결이유에서 청구가 이유없다고 설시하고 있더라도 주문에서 설시가 없으면 특별한 사정이 없는 한 재판의 누락이 있다고 보아야 한다.(대판 2004.8.30, 2004다24083)

제213조【가집행의 선고】 ① 재산권의 청구에 관한 판결은 가집행(假執行)의 선고를 붙이지 아니할 상당한 이유가 없는 한 직권으로 담보를 제공하거나, 제공하지 아니하고 가집행을 할 수 있다는 것을 선고하여야 한다. 다만, 어음금·수표금 청구에 관한 판결에는 담보를 제공하게 하지 아니하고 가집행의 선고를 하여야 한다.
② 법원은 직권으로 또는 당사자의 신청에 따라 채권전액을 담보로 제공하고 가집행을 면제받을 수 있다는 것을 선고할 수 있다.
③ 제1항 및 제2항의 선고는 판결주문에 적어야 한다.

참조 [예외]민집302, ①[신청]161, [담보]214, [상급심과 가집행]406·435, [강제집행과 가집행]민집24, [가집행 선고의 주관적 범위]215④, ②[집행에서의 특별취급]민집201②·208·235, ③[판결주문]208①

판례 가집행선고가 붙은 판결에 기한 변제의 효과 : 가집행선고가 붙은 제1, 2심판결에 기한 금원 지급에 의한 채권소멸의 효과는 확정적인 것이 아니라 상소심에서 가집행선고가 붙은 판결이 취소 또는 변경되지 아니하고 확정된 때에 비로소 발생한다.
(대판 2000.12.22, 2000다56259)

제214조【소송비용담보규정의 준용】 제213조의 담보에는 제122조·제123조·제125조 및 제126조의 규정을 준용한다.

참조 [가집행의 선고]213, [담보제공방식]122, [담보물변경]126

제215조【가집행선고의 실효, 가집행의 원상회복과 손해배상】 ① 가집행의 선고는 그 선고 또는 본안판결을 바꾸는 판결의 선고로 바뀌는 한도에서 그 효력을 잃는다.
② 본안판결을 바꾸는 경우에는 법원은 피고의 신청에 따라 그 판결에서 가집행의 선고에 따라 지급한 물건을 돌려 줄 것과, 가집행으로 말미암은 손해 또는 그 면제를 받기 위하여 입은 손해를 배상할 것을 원고에게 명하여야 한다.
③ 가집행의 선고를 바꾼 뒤 본안판결을 바꾸는 경우에는 제2항의 규정을 준용한다.

참조 [본안판결을 변경하는 판결]416·417·419·436·437, [가집행선고만의 변경]201, [가집행 취소와 강제집행]민집49·50

판례 가집행선고부 제1심판결 중 항소심판결에 의하여 취소된 부분에 관한 강제집행정지신청의 적법 여부 : 가집행선고부 제1심판결 중 항소심판결에 의하여 취소된 부분의 가집행선고는 항소심판결의 선고로 인하여 그 효력을 잃고, 항소심판결의 정본을 집행법원에 제출함으로써 이 부분에 관한 강제집행을 정지할 수 있으므로, 별도로 강제집행정지신청을 할 이익이 없어 이 부분 신청은 부적법하다.
(대결 2006.4.14, 2006카기62)

판례 가지급물반환 신청은 소송중의 소의 일종으로서 그 성질은 예비적 반소이다.(대판 2005.1.13, 2004다19647)

판례 가집행선고 실효에 따른 원상회복의무의 지연손해금에 대하여 상사법정이율이 적용되는지 여부(소극) : 가집행선고의 실효에 따른 원상회복의무는 상행위로 인한 채무 또는 그에 준하는 채무라고 할 수는 없으므로 그 지연손해금에 대하여는 민법 소정의 법정이율에 의하여야 하는 것이고 상법 소정의 법정이율을 적용할 것은 아니다.
(대판 2004.2.27, 2003다52944)

판례 상고심에서 피상고인이 동조 제2항에 의한 가집행의 원상회복과 손해배상을 구하는 신청을 할 수 있는지 여부 : 제1심에서 가집행선고가 붙은 패소의 이행판결을 선고받고 항소한 당사자는 항소심에서 동조 제2항의 재판을 구하는 신청을 하지 아니하고 제1심의 본안판결을 바꾸는 판결을 선고받아 상대방이 상고한 경우에는 상고심에서 위와 같은 신청을 하지 못한다.
(대판 2003.6.10, 2003다14010,14027)

제216조【기판력의 객관적 범위】 ① 확정판결(確定判決)은 주문에 포함된 것에 한하여 기판력(旣判力)을 가진다.
② 상계를 주장한 청구가 성립되는지 아닌지의 판단은 상계하자고 대항한 액수에 한하여 기판력을 가진다.

참조 [주문]208①, [상계]민492－499, [기판력의 주관적 범위]218, [확정판결과의 저촉과 재심이유]451①, [확정판결과 동일한 효력을 가지는 것]220

판례 법원이 지료급부이행소송의 판결이유에서 정한 지료에 관한 결정의 효력 : 토지 소유자와 관습에 의한 지상권자 사이의 지료급부이행소송의 판결이유에서 정해진 지료에 관한 결정은 그 소송의 당사자인 토지 소유자와 관습에 의한 지상권자 사이에서는 지료결정으로서의 효력이 있다.(대판 2003.12.26, 2002다61934)

▶ 기판력의 의의, 효력, 판단기준

판례 확정판결의 기판력이 미치는 범위 : 확정판결의 기판력은 소송물로 주장된 법률관계의 존부에 관한 판단의 결론에만 미치고 그 전제가 되는 법률관계의 존부에까지 미치는 것이 아니므로, 전의 소송에서 확정된 법률관계란 확정판결의 기판력이 미치는 법률관계를 의미하는 것이지 그 전제가 되는 법률관계까지 의미하는 것은 아니다.
(대판 2005.12.23, 2004다55698)

▶ 기판력이 미치는 범위

판례 불법행위로 인한 적극적 손해의 배상을 명한 전소송의 변론종결 후에 새로운 적극적 손해가 발생한 경우에 그 소송의 변론종결 당시 그 손해의 발생을 예견할 수 없었고 또 그 부분 청구를 포기하였다고 볼 수 없는 등 특별한 사정이 있다면 전소송에서 그 부분에 관한 청구가 유보되어 있지 않다고 하더라도 이는 전소송의 소송물과는 별개의 소송물이므로 전소송의 기판력에 저촉되는 것이 아니다.
(대판 2007.4.13, 2006다78640)

판례 과세처분취소소송에서 청구가 기각된 확정판결과 과세처분 무효확인소송 : 과세처분의 취소소송은 과세처분의 실체적, 절차적 위법을 그 취소원인으로 하는 것으로서 그 심리의 대상은 과세관청의 과세처분에 의하여 인정된 조세채무인 과세표준 및 세액의 객관적 존부 즉 당해 과세처분의 적부가 심리의 대상이 되는 것이며, 과세처분 취소청구를 기각하는 판결이 확정되면 그 처분이 적법하다는 점에 관하여 기판력이 생기고, 그 후 원고가 이를 무효라 하여 무효확인을 소구할 수 없는 것이어서 과세처분의 취소소송에서 청구가 기각된 확정판결의 기판력은 그 과세처분의 무효확인을 구하는 소송에도 미친다.(대판 2003.5.16, 2002두3669)

판례 소송판결의 기판력이 미치는 범위 : 소송판결의 기판력은 그 판결에서 확정한 소송요건의 흠결에 관하여 미치는 것이지만, 당사자가 그러한 소송요건의 흠결을 보완하여 다시 소를 제기한 경우에는 그 기판력의 제한을 받지 않는다.(대판 2003.4.8, 2002다70181)

➡ 기판력이 미치지 않는 사례

판례 소유권이전등기 말소청구소송에서 패소한 당사자도 그 후 소유권확인을 구하거나 진정한 소유자 명의의 회복을 위한 소유권이전등기를 청구할 수 있다.(대판 1996.12.20, 95다37988)

제217조【외국재판의 승인】 ① 외국법원의 확정판결 또는 이와 동일한 효력이 인정되는 재판(이하 "확정재판등"이라 한다)은 다음 각호의 요건을 모두 갖추어야 승인된다.(2014.5.20 본문개정)

1. 대한민국의 법령 또는 조약에 따른 국제재판관할의 원칙상 그 외국법원의 국제재판관할권이 인정될 것
2. 패소한 피고가 소장 또는 이에 준하는 서면 및 기일통지서나 명령을 적법한 방식에 따라 방어에 필요한 시간여유를 두고 송달받았거나(공시송달이나 이와 비슷한 송달에 의한 경우를 제외한다) 송달받지 아니하였더라도 소송에 응하였을 것
3. 그 확정재판등의 내용 및 소송절차에 비추어 그 확정재판등의 승인이 대한민국의 선량한 풍속이나 그 밖의 사회질서에 어긋나지 아니할 것(2014.5.20 본호개정)
4. 상호보증이 있거나 대한민국과 그 외국법원이 속하는 국가에 있어 확정재판등의 승인요건이 현저히 균형을 상실하지 아니하고 중요한 점에서 실질적으로 차이가 없을 것(2014.5.20 본호개정)

② 법원은 제1항의 요건이 충족되었는지에 관하여 직권으로 조사하여야 한다.(2014.5.20 본항신설)

(2014.5.20 본조제목개정)

改前 제217조【"외국판결의 효력"】외국법원의 "확정판결"은 다음 각호의 요건을 모두 갖추어야 "효력이 인정된다."
3. 그 "판결의 효력을 인정하는 것이" 대한민국의 선량한 풍속이나 그 밖의 사회질서에 어긋나지 아니할 것
4. 상호보증이 "있을" 것

참조 [외국법원의 판결]민집26·27, [공시송달]194-196, [선량한 풍속등]민103

판례 **보충송달 방식이 적법한 송달에 포함되는지 여부** : 외국법원의 소송서류를 한국에 있는 피고의 거소에서 그 남편에게 보충송달하고 그에 따라 외국법원의 판결이 선고·확정된 경우, 그 송달이 방어에 필요한 시간 여유를 두고 적법하게 이루어졌다면 적법한 송달방식에 의하여 송달이 이루어졌다고 보아야 한다.
(대판 2021.12.23, 2017다257746)

판례 **[1] 사기적인 방법으로 외국판결을 편취하였다는 사유와 외국판결에 대한 승인** : 민사집행법 제27조 제2항 제2호 및 민소법 제217조 제3호에 의하면 외국법원의 확정판결의 효력을 인정하는 것이 대한민국의 선량한 풍속이나 그 밖의 사회질서에 어긋나지 아니하여야 한다는 점이 외국판결의 승인 및 집행의 요건인바, 외국판결의 내용자체가 선량한 풍속이나 그 밖의 사회질서에 어긋나는 경우뿐만 아니라 그 외국판결의 성립절차에 있어서 선량한 풍속이나 그 밖의 사회질서에 어긋나는 경우도 승인 및 집행을 거부할 사유에 포함된다고 할 것이나, 민사집행법 제27조 제1항이 "집행판결은 재판의 옳고 그름을 조사하지 아니하고 하여야 한다."고 규정하고 있을 뿐만 아니라 사기적인 방법으로 편취한 판결인지 여부를 심리한다는 명목으로 실질적으로 외국판결의 옳고 그름을 전면적으로 재심사하는 것은 외국판결에 대하여 별도의 집행판결제도를 둔 취지에도 반하는 것이어서 허용할 수 없으므로, 위조·변조 내지는 폐기된 서류를 사용하였다거나 위증을 이용하는 것과 같은 사기적인 방법으로 외국판결을 얻었다는 사유는 원칙적으로 승인 및 집행을 거부할 사유가 될 수 없고, 다만 재심사유에 관한 민사소송법 제451조 제1항 제6호, 제7호, 제2항의 내용에 비추어 볼 때 피고가 판결국 법정에서 위와 같은 사기적인 사유를 주장할 수 없었고 또한 처벌받을 사기적인 행위에 대하여 유죄의 판결과 같은 고도의 증명이 있는 경우에 한하여 승인 또는 집행을 구하는 외국판결을 무효화하는 별도의 절차를 당해 판결국에서 거치지 아니하였다 할지라도 바로 우리나라에서 승인 내지 집행을 거부할 수는 있다.
[2] 상호보증 유무의 판단기준 및 직권조사사항인지 여부(적극) : 우리나라와 외국 사이에 동종 판결의 승인요건이 현저히 균형을 상실하지 아니하고 외국에서 정한 요건이 우리나라에서 정한 그것보다 전체로서 과중하지 아니하며 중요한 점에서 실질적으로 거의 차이가 없는 정도라면 민소법 제217조 제4호에서 정하는 상호보증의 요건을 구비하였다고 봄이 상당하고, 또한 이와 같은 상호의 보증은 외국의 법령, 판례 및 관례 등에 의하여 승인요건을 비교하여 인정되면 충분하고 반드시 당사국과의 조약이 체결되어 있을 필요는 없으며, 당해 외국에서 구체적으로 우리나라의 동종 판결을 승인한 사례가 없더라도 실제로 승인할 것이라고 기대할 수 있는 상태이면 충분하다 할 것이고, 이와 같은 상호의 보증이 있다는 사실은 법원이 직권으로 조사하여야 하는 사항이다.(대판 2004.10.28, 2002다74213)

제217조의2【손해배상에 관한 확정재판등의 승인】 ① 법원은 손해배상에 관한 확정재판등이 대한민국의 법률 또는 대한민국이 체결한 국제조약의 기본질서에 현저히 반하는 결과를 초래할 경우에는 해당 확정재판등의 전부 또는 일부를 승인할 수 없다.

② 법원은 제1항의 요건을 심리할 때에는 외국법원이 인정한 손해배상의 범위에 변호사보수를 비롯한 소송과 관련된 비용과 경비가 포함되는지와 그 범위를 고려하여야 한다.

(2014.5.20 본조신설)

제218조【기판력의 주관적 범위】 ① 확정판결은 당사자, 변론을 종결한 뒤의 승계인(변론 없이 한 판결의 경우에는 판결을 선고한 뒤의 승계인) 또는 그를 위하여 청구의 목적물을 소지한 사람에 대하여 효력이 미친다.

② 제1항의 경우에 당사자가 변론을 종결할 때(변론 없이 한 판결의 경우에는 판결을 선고할 때)까지 승계사실을 진술하지 아니한 때에는 변론을 종결한 뒤(변론 없이 한 판결의 경우에는 판결을 선고한 뒤)에 승계한 것으로 추정한다.

③ 다른 사람을 위하여 원고나 피고가 된 사람에 대한 확정판결은 그 다른 사람에 대하여도 효력이 미친다.

④ 가집행의 선고에는 제1항 내지 제3항의 규정을 준용한다.

참조 [집행력의 주관적 범위]민집25, 민165, [판결의 효력]소송참가71·73·75③·79, [파산채권자]채무자회생파산468, [회사관계]상190·240·269·328②·376②·380·381②·430·552②·578, ③[선정당사자]53, [파산관재인]채무자회생파산359, [선장]상859②, ④[가집행의 선고]210

판례 **소유권이전등기청구권이 소송물인 전소의 변론종결 후에 이전등기를 넘겨받은 사람이 본조의 승계인에 해당하는지 여부(소극)** : 전소의 소송물이 채권적 청구권인 소유권이전등기청구권인 경우에는 전소의 변론종결 후에 그 목적물에 관한 소유권이전등기를 넘겨받은 사람은 변론종결 후의 승계인에 해당하지 아니한다.
(대판 2003.5.13, 2002다64148)

제219조【변론 없이 하는 소의 각하】 부적법한 소로서 그 흠을 보정할 수 없는 경우에는 변론 없이 판결로 소를 각하할 수 있다.

참조 [필요적 변론의 원칙]134, [소장각하명령]254, [본조와 동일한 조치]413·425·430

판례 **취소소송에서의 처분이 부존재인 경우** : 원고가 취소를 구하는 토지초과이득세 부과처분이 부존재한다면, 행정소송에 있어 쟁송의 대상이 되는 행정처분의 존재는 소송의 적법요건이라고 할 것이므로, 원고가 취소를 구하는 부과처분이 존재하지 아니하는 이상 소는 부적법하여 각하되어야 한다.(대판 1997.8.26, 96누6707)

제219조의2【소권 남용에 대한 제재】 원고가 소권(항소권을 포함한다)을 남용하여 청구가 이유 없음이 명백한 소를 반복적으로 제기한 경우에는 법원은 결정으로 500만원 이하의 과태료에 처한다.(2023.4.18 본조신설)

제220조【화해, 청구의 포기·인낙조서의 효력】 화해, 청구의 포기·인낙을 변론조서·변론준비기일조서에 적은 때에는 그 조서는 확정판결과 같은 효력을 가진다.

참조 [화해]145·385이하, [조서]154, [확정판결]216·218, 민집24, 민165, [화해·포기·인낙의 비용]106·113·114, [청구의 인낙]가소12, [본조와 동지의 규정]채무자회생파산460, 민사조정29, 가소49

판례 **조정조서에 인정되는 확정판결과 동일한 효력이 미치는 범위** : 조정은 당사자 사이에 합의된 사항을 조서에 기재함으로써 성립하고 조정조서는 재판상의 화해조서와 같이 확정판결과 동일한 효력이 있으며 창설적 효력을 가지는 것이어서 당사자 사이에 조정이 성립하면 종전의 법률관계를 바탕으로 한 권리, 의무관계는 소멸하고 조정의 내용에 따른 새로운 권리, 의무관계가 성립한다. 이러한 조정조서에 인정되는 확정판결과 동일한 효력은 소송물인 권리관계의 존부에 관한 판단에만 미친다고 할 것이므로, 소송절차 진행 중에 사건이 조정에 회부되어 조정이 성립한 경우 소송물 이외의 권리관계에도 조정의 효력이 미치려면 특별한 사정이 없는 한 그 권리관계가 조정조항에 특정되거나 조정조서 중 청구의 표시 다음에 부가적으로 기재됨으로써 조정조서의 기재내용에 의하여 소송물인 권리관계가 되었다고 인정할 수 있어야 한다.(대판 2007.4.26, 2006다78732)

판례 재판상 화해에 있어서 법원에 계속중인 다른 소송을 취하하기로 하는 내용의 화해조서가 작성된 경우, 그 화해조서의 효력 : 재판상 화해에 있어서 법원에 계속 중인 다른 소송을 취하하기로 하는 내용의 화해조서가 작성되었다면 당사자 사이에는 법원에 계속 중인 다른 소송을 취하하기로 하는 합의가 이루어졌다 할 것이므로, 다른 소송이 계속중인 법원에 취하서를 제출하지 않는 이상 그 소송이 취하로 종결되지는 않지만 위 재판상 화해가 재심의 소에 의하여 취소 또는 변경되는 등의 특별한 사정이 없는 한 그 소송의 원고에게는 권리보호의 이익이 없게 되어 그 소는 각하되어야 한다.
(대판 2005.6.10, 2005다14861)

판례 주주총회결의의 하자를 다투는 소와 화해 및 조정의 가부 : 주주총회결의의 부존재·무효를 확인하거나 결의를 취소하는 판결이 확정되면 당사자 이외의 제3자에게도 그 효력이 미쳐 제3자도 이를 다툴 수 없게 되므로, 주주총회결의의 하자를 다투는 소에 있어서 청구의 인낙이나 그 결의의 부존재·무효를 확인하는 내용의 화해·조정은 할 수 없고, 가사 이러한 내용의 청구인낙 또는 화해·조정이 이루어졌다 하여도 그 인낙조서나 화해·조정조서는 효력이 없다.(대판 2004.9.24, 2004다28047)

판례 강행법규에 위반된 화해조서의 효력 : 제소전 화해조서는 확정판결과 동일한 효력이 있어 당사자 사이에 기판력이 생기는 것이므로, 거기에 확정판결의 당연무효 사유와 같은 사유가 없는 한 설령 그 내용이 강행법규에 위반된다 할지라도 그것은 단지 제소전 화해에 하자가 있음에 지나지 아니하여 준재심절차에 의하여 구제받는 것은 별문제로 하고 그 화해조서를 무효라고 주장할 수는 없다.
(대판 2002.12.6, 2002다44014)

제221조【결정·명령의 고지】 ① 결정과 명령은 상당한 방법으로 고지하면 효력을 가진다.
② 법원사무관등은 고지의 방법·장소와 날짜를 재판의 원본에 덧붙여 적고 날인하여야 한다.

참조 [임의적 구술변론]134①, [선고가 필요한 결정]민집126·128②, [송달이 필요한 결정]채무자회생파산8, [판결규정의 준용]224, [판결의 효력발생]205

판례 판결과 달리 선고가 필요하지 않은 결정이나 명령(이하 '결정'이라고만 한다)과 같은 재판은 원본이 법원사무관등에게 교부되었을 때 성립한 것으로 보아야 하고, 일단 성립한 결정은 취소 또는 변경을 허용하는 별도의 규정이 있는 등의 특별한 사정이 없는 한 결정법원이라도 이를 취소·변경할 수 없다. 또한 결정법원은 즉시항고가 제기되었는지 여부와 관계없이 일단 성립한 결정을 당사자에게 고지하여야 하고 고지는 상당한 방법으로 가능하며(민사소송법 제221조제1항), 재판기록이 항고심으로 송부된 이후에는 항고심에서의 고지도 가능하므로 결정의 고지에 의한 효력 발생이 당연히 예정되어 있다. 이미 성립한 결정에 대하여는 결정이 고지되어 효력을 발생하기 전에도 결정에 불복하여 항고할 수 있다.
(대결 2014.10.8, 2014마667 전원합의체)

제222조【소송지휘에 관한 재판의 취소】 소송의 지휘에 관한 결정과 명령은 언제든지 취소할 수 있다.

참조 [본조와 동지의 규정]87②·141

제223조【법원사무관등의 처분에 대한 이의】 법원사무관등의 처분에 관한 이의신청에 대하여는 그 법원사무관등이 속한 법원이 결정으로 재판한다.

참조 [사무관등의 처분]157·162, 민집28·29, [결정]134·221, [본조와 동지의 규정]민집34

제224조【판결규정의 준용】 ① 성질에 어긋나지 아니하는 한, 결정과 명령에는 판결에 관한 규정을 준용한다. 다만, 법관의 서명은 기명으로 갈음할 수 있고, 이유를 적는 것을 생략할 수 있다.
② 이 법에 따른 과태료재판에는 비송사건절차법 제248조 및 제250조 가운데 검사에 관한 규정을 적용하지 아니한다.

참조 [판결]198－224, [과태료재판의 절차와 약식재판]비송248·250

판례 실체관계의 내용에 대한 결정·명령의 기판력 : 확정된 종국판결은 소송물로 주장된 법률관계의 존부에 관한 판단의 결론에 관하여 기판력을 가지며, 결정 명령재판에도 실체관계를 종국적으로 판단하는 내용의 것인 경우에는 기판력이 있다.
(대결 2002.9.23, 2000마5257)

제6절 화해권고결정

제225조【결정에 의한 화해권고】 ① 법원·수명법관 또는 수탁판사는 소송에 계속중인 사건에 대하여 직권으로 당사자의 이익, 그 밖의 모든 사정을 참작하여 청구의 취지에 어긋나지 아니하는 범위안에서 사건의 공평한 해결을 위한 화해권고결정(和解勸告決定)을 할 수 있다.
② 법원사무관등은 제1항의 결정내용을 적은 조서 또는 결정서의 정본을 당사자에게 송달하여야 한다. 다만, 그 송달은 제185조제2항·제187조 또는 제194조에 규정한 방법으로는 할 수 없다.

참조 [화해권고결정서]민소규57②·58·59①, [화해의 권고]145, [조서]152－154, [송달장소변경의 신고]185②, [우편송달]187, [공시송달]194

제226조【결정에 대한 이의신청】 ① 당사자는 제225조의 결정에 대하여 그 조서 또는 결정서의 정본을 송달받은 날부터 2주 이내에 이의를 신청할 수 있다. 다만, 그 정본이 송달되기 전에도 이의를 신청할 수 있다.
② 제1항의 기간은 불변기간으로 한다.

참조 [화해권고결정]225, [송달]174이하, [불변기간]172

제227조【이의신청의 방식】 ① 이의신청은 이의신청서를 화해권고결정을 한 법원에 제출함으로써 한다.
② 이의신청서에는 다음 각호의 사항을 적어야 한다.
1. 당사자와 법정대리인
2. 화해권고결정의 표시와 그에 대한 이의신청의 취지
③ 이의신청서에는 준비서면에 관한 규정을 준용한다.
④ 제226조제1항의 규정에 따라 이의를 신청한 때에는 이의신청의 상대방에게 이의신청서의 부본을 송달하여야 한다.

참조 [화해권고결정에 대한 이의신청]226, [준비서면의 제출·기재사항]273·274

제228조【이의신청의 취하】 ① 이의신청을 한 당사자는 그 심급의 판결이 선고될 때까지 상대방의 동의를 얻어 이의신청을 취하할 수 있다.
② 제1항의 취하에는 제266조제3항 내지 제6항을 준용한다. 이 경우 "소"는 "이의신청"으로 본다.

참조 [화해권고결정에 대한 이의신청]226, [소의 취하]266

제229조【이의신청권의 포기】 ① 이의신청권은 그 신청전까지 포기할 수 있다.
② 이의신청권의 포기는 서면으로 하여야 한다.
③ 제2항의 서면은 상대방에게 송달하여야 한다.

참조 [화해권고결정에 대한 이의신청]226, [청구의 포기]220, [송달]174

제230조【이의신청의 각하】 ① 법원·수명법관 또는 수탁판사는 이의신청이 법령상의 방식에 어긋나거나 신청권이 소멸된 뒤의 것임이 명백한 경우에는 그 흠을 보정할 수 없으면 결정으로 이를 각하하여야 하며, 수명법관 또는 수탁판사가 각하하지 아니한 때에는 수소법원이 결정으로 각하한다.
② 제1항의 결정에 대하여는 즉시항고를 할 수 있다.

참조 [화해권고결정에 대한 이의신청]226, [이의신청의 방식]227, [즉시항고]444

제231조【화해권고결정의 효력】 화해권고결정은 다음 각호 가운데 어느 하나에 해당하면 재판상 화해와 같은 효력을 가진다.
1. 제226조제1항의 기간 이내에 이의신청이 없는 때
2. 이의신청에 대한 각하결정이 확정된 때
3. 당사자가 이의신청을 취하하거나 이의신청권을 포기한 때

참조 [화해권고결정]225, [이의신청]226, [화해권고결정에 대한 이의신청의 취하·포기]228·229

제232조【이의신청에 의한 소송복귀 등】 ① 이의신청이 적법한 때에는 소송은 화해권고결정 이전의 상태로 돌아간다. 이 경우 그 이전에 행한 소송행위는 그대로 효력을 가진다.
② 화해권고결정은 그 심급에서 판결이 선고된 때에는 그 효력을 잃는다.

참조 [이의신청]226, [화해권고결정]225, [화해권고결정의 취소]민소규59②, [판결의 선고]198

제7절 소송절차의 중단과 중지

제233조【당사자의 사망으로 말미암은 중단】 ① 당사자가 죽은 때에 소송절차는 중단된다. 이 경우 상속인·상속재산관리인, 그 밖에 법률에 의하여 소송을 계속하여 수행할 사람이 소송절차를 수계(受繼)하여야 한다.
② 상속인은 상속포기를 할 수 있는 동안 소송절차를 수계하지 못한다.

참조 [본조의 부적용]238, ①[상속재산 관리인]민1053-1059, 민소62③, ②[포기를 할 수 있는 기간]민1019-1021, [가소의 경우]가소16, [수계]241-244

판례 공무원으로서의 지위는 일신전속권으로서 상속의 대상이 되지 않으므로, 의원면직처분에 대한 무효확인을 구하는 소송은 당해 공무원이 사망함으로써 중단됨이 없이 종료된다.
(대판 2007.7.26, 2005두15748)

판례 단체의 의사결정기관 구성원의 지위가 상속인에게 승계되는지 여부(소극) : 단체의 정관에 따른 의사결정기관의 구성원이 그 지위에 기하여 위 단체를 상대로 그 의사결정기관이 한 결의의 존재나 효력을 다투는 민사소송을 제기하였다가 그 소송 계속 중에 사망하였거나 승소 확정판결을 받은 후 그에 대한 재심소송 계속 중에 사망하였다면, 단체의 의사결정기관 구성원으로서의 지위는 일신전속권으로서 상속의 대상이 된다고 할 수 없어 소송수계의 여지가 없으므로 위 소송이나 재심소송은 본인의 사망으로 중단됨이 없이 그대로 종료된다.(대판 2004.4.27, 2003다64381)

판례 소송계속 중 당사자가 사망하고 그 상속인의 존부가 분명하지 않은 경우와 법원의 조치 : 민법 제1053조 제1항은 '상속인의 존부가 분명하지 아니한 때에는 법원은 제777조의 규정에 의한 피상속인의 친족 기타 이해관계인 또는 검사의 청구에 의하여 상속재산관리인을 선임하고 지체없이 이를 공고하여야 한다'고 규정하고 있고, 이러한 상속재산관리인은 민사소송법에 따라 소송을 수계할 수 있는 것이므로, 법원으로서는 소송절차를 중단한 채 상속재산관리인의 선임을 기다려 그로 하여금 소송을 수계하도록 하였어야 한다.
(대판 2002.10.25, 2000다21802)

제234조【법인의 합병으로 말미암은 중단】 당사자인 법인이 합병에 의하여 소멸된 때에 소송절차는 중단된다. 이 경우 합병에 의하여 설립된 법인 또는 합병한 뒤의 존속법인이 소송절차를 수계하여야 한다.

참조 [합병]상227·235·269·530②·609①, [수계]241-244, [본조의 부적용]238

제235조【소송능력의 상실, 법정대리권의 소멸로 말미암은 중단】 당사자가 소송능력을 잃은 때 또는 법정대리인이 죽거나 대리권을 잃은 때에 소송절차는 중단된다. 이 경우 소송능력을 회복한 당사자 또는 법정대리인이 된 사람이 소송절차를 수계하여야 한다.

참조 [소송능력]51, [법정대리인]51·62·64, [법정대리권]63①, [수계]241-244, [본조의 부적용]238

제236조【수탁자의 임무가 끝남으로 말미암은 중단】 신탁으로 말미암은 수탁자의 위탁임무가 끝난 때에 소송절차는 중단된다. 이 경우 새로운 수탁자가 소송절차를 수계하여야 한다.

참조 [신탁의 임무종료]신탁12-16·19·69·70, [수계]241-244, [본조의 부적용]238

제237조【자격상실로 말미암은 중단】 ① 일정한 자격에 의하여 자기 이름으로 남을 위하여 소송당사자가 된 사람이 그 자격을 잃거나 죽은 때에 소송절차는 중단된다. 이 경우 같은 자격을 가진 사람이 소송절차를 수계하여야 한다.
② 제53조의 규정에 따라 당사자가 될 사람을 선정한 소송에서 선정된 당사자 모두가 자격을 잃거나 죽은 때에 소송절차는 중단된다. 이 경우 당사자를 선정한 사람 모두 또는 새로 당사자로 선정된 사람이 소송절차를 수계하여야 한다.

참조 [본조의 부적용]238, [수계]241-244, ①[일정한 자격자]채무자회생파산359, 상859, ②[선정당사자의 자격상실등]54·63②

판례 부재자재산관리인의 해임과 소송절차의 중단 : 재산관리인이 부재자를 대리하여 부재자 소유의 부동산을 매매하고 매수인에게 이에 대한 허가신청절차를 이행하기로 약정하고서도 그 이행을 하지 아니하여 매수인으로부터 허가신청절차의 이행을 소구당한 경우, 재산관리인의 지위는 형식상으로는 소송상 당사자이지만 그 허가신청절차의 이행으로 개시된 절차에서 만일 법원이 허가결정을 하면 재산관리인이 부재자를 대리하여서 한 매매계약이 유효하게 됨으로써 실질적으로 부재자에게 그 효과가 귀속되는 것으로 법원에 대하여 허가신청절차를 이행하기로 한 약정에 터잡아 그 이행을 소구당한 부재자 재산관리인이 소송 계속 중 해임되어 관리권을 상실하는 경우 소송절차는 중단되고 새로 선임된 재산관리인이 소송을 수계한다고 봄이 상당하다.(대판 2002.1.11, 2001다41971)

제238조【소송대리인이 있는 경우의 제외】 소송대리인이 있는 경우에는 제233조제1항, 제234조 내지 제237조의 규정을 적용하지 아니한다.

참조 [소송대리권의 불소멸]94·95, [상소의 특별수권]91②

판례 당사자가 사망하였으나 그를 위한 소송대리인이 있는 경우에는 소송절차가 중단되지 아니하고, 그 소송대리인은 상속인들 전원을 위하여 소송을 수행하게 되어 그 사건의 판결은 상속인들 전원에 대하여 효력이 있다고 할 것이며, 다만 심급대리의 원칙상 그 판결정본이 소송대리인에게 송달된 때에는 소송절차가 중단된다.
(대판 1996.2.9, 94다61649)

제239조【당사자의 파산으로 말미암은 중단】 당사자가 파산선고를 받은 때에 파산재단에 관한 소송절차는 중단된다. 이 경우 「채무자 회생 및 파산에 관한 법률」에 따른 수계가 이루어지기 전에 파산절차가 해지되면 파산선고를 받은 자가 당연히 소송절차를 수계한다.
(2005.3.31 본조개정)

참조 [파산관재인]채무자회생파산359, [파산채권의 행사제한]채무자회생파산424, [소송수계]채무자회생파산347①·464, [절차의 해지]채무자회생파산317·325·538·545, [파산종결]채무자회생파산530, [채권자취소소송의 중단·수계]채무자회생파산406

제240조【파산절차의 해지로 말미암은 중단】 「채무자 회생 및 파산에 관한 법률」에 따라 파산재단에 관한 소송의 수계가 이루어진 뒤 파산절차가 해지된 때에 소송절차는 중단된다. 이 경우 파산선고를 받은 자가 소송절차를 수계하여야 한다.(2005.3.31 본조개정)

참조 [파산재단]채무자회생파산359·382·384, [채무자 회생 및 파산에 관한 법률에 의한 수계]채무자회생파산347·458·464, [파산절차의 해지]채무자회생파산325·538·545, [채권자 취소소송의 중단]채무자회생파산406

제241조【상대방의 수계신청권】 소송절차의 수계신청은 상대방도 할 수 있다.

참조 [수계신청방식]민소규60

제242조【수계신청의 통지】 소송절차의 수계신청이 있는 때에는 법원은 상대방에게 이를 통지하여야 한다.

참조 [신청]161, [통지]247②

제243조【수계신청에 대한 재판】 ① 소송절차의 수계신청은 법원이 직권으로 조사하여 이유가 없다고 인정한 때에는 결정으로 기각하여야 한다.
② 재판이 송달된 뒤에 중단된 소송절차의 수계에 대하여는 그 재판을 한 법원이 결정하여야 한다.

참조 [수계신청]242, [불복신청]439, [결정]134·221

판례 법률에 의한 법인의 승계와 소송상의 지위 : 법인의 권리의무가 법률의 규정에 의하여 새로 설립된 법인에 승계되는 경우에는 특별한 사유가 없는 한 계속 중인 소송에서 그 법인의 법률상 지위도 새로 설립된 법인에 승계된다.(대판 2002.11.26, 2001다44352)

제244조【직권에 의한 속행명령】 법원은 당사자가 소송절차를 수계하지 아니하는 경우에 직권으로 소송절차를 계속하여 진행하도록 명할 수 있다.

참조 [당사자의 수계신청]241-243

제245조【법원의 직무집행 불가능으로 말미암은 중지】 천재지변, 그 밖의 사고로 법원이 직무를 수행할 수 없을 경우에 소송절차는 그 사고가 소멸될 때까지 중지된다.

참조 [중지의 효과]247

제246조【당사자의 장애로 말미암은 중지】 ① 당사자가 일정하지 아니한 기간 동안 소송행위를 할 수 없는 장애사유가 생긴 경우에는 법원은 결정으로 소송절차를 중지하도록 명할 수 있다.
② 법원은 제1항의 결정을 취소할 수 있다.

참조 [재판에 의한 중지]485, 특허164, [중지의 효과]247②, [결정]134·221

제247조【소송절차 정지의 효과】 ① 판결의 선고는 소송절차가 중단된 중에도 할 수 있다.
② 소송절차의 중단 또는 중지는 기간의 진행을 정지시키며, 소송절차의 수계사실을 통지한 때 또는 소송절차를 다시 진행한 때부터 전체기간이 새로이 진행된다.

참조 [판결의 선고]206, [중단]233－240, [중지]245·246, [통지]242, [속행명령]244, [기간]170이하

제2편 제1심의 소송절차

제1장 소의 제기

제248조【소제기의 방식】 ① 소를 제기하려는 자는 법원에 소장을 제출하여야 한다.
② 법원은 소장에 붙이거나 납부한 인지액이 「민사소송 등 인지법」 제13조제2항 각 호에서 정한 금액에 미달하는 경우 소장의 접수를 보류할 수 있다.
③ 법원에 제출한 소장이 접수되면 소장이 제출된 때에 소가 제기된 것으로 본다.
(2023.4.18 본조개정)

改前 제248조【소제기의 방식】 소는 법원에 소장을 제출함으로써 제기한다.

참조 [소제기로 간주되는 경우]472, [중간확인의 소]264, [반소]270, [소장의 기재사항]249, [소장의 송달]255, [사법상의 효과]265, 민168－178

판례 법원이 교회의 권징재판에 의한 징계의 당부를 판단할 수 있는지 여부(원칙적 소극) : 교회의 권징재판은 종교단체가 교리를 확립하고 단체 및 신앙상의 질서를 유지하기 위하여 행하는 종교단체의 내부적인 제재에 지나지 아니하므로 원칙적으로 사법심사의 대상이 되지 아니하고, 그 효력과 집행은 교회 내부의 자율에 맡겨져 있는 것이므로 그 권징재판으로 말미암은 목사, 장로의 자격에 관한 시비는 직접적으로 법원의 심판의 대상이 된다고 할 수 없고, 다만 그 효력의 유무와 관련하여 구체적인 권리 또는 법률관계를 둘러싼 분쟁이 존재하고 또한 그 청구의 당부를 판단하기에 앞서 그 징계의 당부를 판단할 필요가 있는 경우에는 그 판단의 내용이 종교 교리의 해석에 미치지 아니하는 한 법원으로서는 위 징계의 당부를 판단하여야 한다.(대결 2007.6.29, 2007마224)

판례 종교단체 내에서 개인이 누리는 지위에 영향을 미치는 단체법상 행위가 사법심사의 대상이 되는지 여부 : 교인으로서 비위가 있는 자에게 종교적인 방법으로 징계·제재하는 종교단체 내부의 규제(권징재판)가 아닌 한 종교단체 내에서 개인이 누리는 지위에 영향을 미치는 단체법상의 행위라 하여 반드시 사법심사의 대상에서 제외하거나 소의 이익을 부정할 것은 아니다.
(대판 2006.2.10, 2003다63104)

판례 종단에 사찰등록을 마친 사찰 주지의 지위에 관한 소의 적법성 : 일반적으로 종단에 등록을 마친 사찰은 독자적인 권리능력과 당사자능력을 가진 법인격 없는 사단이나 재단이라 할 것이고 그러한 사찰의 주지는 종교상의 지위와 아울러 비법인 사단 또는 단체인 당해 사찰의 대표자로서의 지위를 겸유하면서 사찰 재산의 관리처분권 등을 갖게 되므로 그 주지 지위의 확인이나 주지해임무효확인 등을 구하는 것이 구체적인 권리 또는 법률관계와는 무관한 단순한 종교상의 자격에 관한 시비에 불과하다고 볼 수는 없다.
(대판 2005.6.24, 2005다10388)

판례 근저당권이전의 부기등기만의 말소를 구하는 소의 이익이 인정되는 경우 : 근저당권이전의 부기등기가 기존의 주등기인 근저당권설정등기에 종속되어 주등기와 일체를 이룬 경우에는 부기등기만의 말소를 따로 인정할 아무런 실익이 없지만, 근저당권의 이전원인만이 무효로 되거나 취소 또는 해제된 경우, 즉 근저당권의 주등기 자체는 유효한 것을 전제로 이와는 별도로 근저당권이전의 부기등기에 한하여 무효사유가 있다는 이유로 부기등기만의 효력을 다투는 경우에는 그 부기등기의 말소를 소구할 필요가 있으므로 예외적으로 소의 이익이 있다.(대판 2005.6.10, 2002다15412,15429)

제249조【소장의 기재사항】 ① 소장에는 당사자와 법정대리인, 청구의 취지와 원인을 적어야 한다.
② 소장에는 준비서면에 관한 규정을 준용한다.

참조 [법정대리인]51·62·64, [청구의 취지와 원인]262, [소장심사권]254, [준비서면]273－276

판례 진정한 상속인이 참칭상속인을 상대로 상속재산인 부동산에 관한 등기의 말소 등을 청구하는 경우와 상속회복청구의 소 : 재산상속에 관한 진정한 상속인임을 전제로 그 상속으로 인한 재산권의 귀속을 주장하고, 참칭상속인 또는 자기들만이 재산상속을 하였다는 일부 공동상속인들을 상대로 상속재산인 부동산에 관한 등기의 말소(또는 진정명의 회복을 위한 등기의 이전) 등을 청구하는 경우, 그 소유권 또는 지분권이 귀속되었다는 주장이 상속을 원인으로 하는 것인 이상, 그 청구원인 여하에 불구하고 이는 민법 제999조에 정한 상속회복청구의 소라고 해석함이 상당하다.
(대판 2006.7.4, 2005다45452)

판례 상속인으로의 표시정정에서 실질적 피고 : 원고가 사망 사실을 모르고 사망자를 피고로 표시하여 소를 제기한 경우에, 청구의 내용과 원인사실, 당해 소송을 통하여 분쟁을 실질적으로 해결하려는 원고의 소제기 목적 내지는 사망 사실을 안 이후의 원고의 피고 표시 정정신청 등 여러 사정을 종합하여 볼 때 사망자의 상속인이 처음부터 실질적인 피고이고 다만 그 표시를 잘못한 것으로 인정된다면, 사망자의 상속인으로 피고의 표시를 정정할 수 있다. 그리고 이 경우에 실질적인 피고로 해석되는 사망자의 상속인은 실제로 상속을 하는 사람을 가리킨다.(대결 2006.7.4, 2005마425)

판례 채권자가 채무자의 어떤 금원지급행위가 사해행위에 해당된다고 하여 그 취소를 청구하면서 다만 그 금원지급행위의 법률적 평가와 관련하여 증여 또는 변제로 달리 주장하는 것은 그 사해행위취소권을 이유 있게 하는 공격방법에 관한 주장을 달리하는 것일 뿐이지 소송물 또는 청구 자체를 달리하는 것으로 볼 수 없다.
(대판 2005.3.25, 2004다10985,10992)

제250조【증서의 진정여부를 확인하는 소】 확인의 소는 법률관계를 증명하는 서면이 진정한지 아닌지를 확정하기 위하여서도 제기할 수 있다.

참조 [서증신청의 방식]343, [공문서의 진정추정]356, [사문서의 진정추정]358

판례 토지의 일부에 대한 소유권의 귀속에 관하여 다툼이 있는 경우에 적극적으로 그 부분에 대한 자기의 소유권확인을 구하지 아니하고 소극적으로 상대방 소유권의 부존재 확인을 구하는 것은, 원고에게 내세울 소유권이 없더라도 피고의 소유권이 부인되면 그로써 원고의 법적 지위의 불안이 제거되어 분쟁이 해결될 수 있는 경우가 아닌 한 소유권의 귀속에 관한 분쟁을 근본적으로 해결하는 즉시확정의 방법이 되지 못하며, 또한 그러한 판결만으로는 토지의 일부에 대한 자기의 소유권이 확인되지 아니하여 소유권자로서 지적도의 경계에 대한 정정을 신청할 수도 없으므로, 확인의 이익이 없다.
(대판 2016.5.24, 2012다87898)

판례 공동상속인 사이에 어떤 재산이 피상속인의 상속재산에 속하는지 여부에 관하여 다툼이 있어 일부 공동상속인이 다른 공동상속인을 상대로 그 재산이 상속재산임의 확인을 구하는 소를 제기한 경우, 이는 그 재산이 현재 공동상속인들의 상속재산분할 전 공유관계에 있음의 확인을 구하는 소송으로서, 그 승소확정판결에 의하여 그 재산이 상속재산분할의 대상이라는 점이 확정되어 상속재산분할심판 절차 또는 분할심판이 확정된 후에 다시 그 재산이 상속재산분할의 대상이라는 점에 대하여 다툴 수 없게 되고, 그 결과 공동상속인 간의 상속재산분할의 대상인지 여부에 관한 분쟁을 종국적으로 해결할 수 있으므로 확인의 이익이 있다. 공동상속인이 다른 공동상속인을 상대로 어떤 재산이 상속재산임의 확인을 구하는 소는 이른바 고유필수적 공동소송이라고 할 것이고, 고유필수적 공동소송에서는 원고들 일부의 소 취하 또는 피고들 일부에 대한 소 취하는 특별한 사정이 없는 한 그 효력이 생기지 않는다.
(대판 2007.8.24, 2006다40980)

판례 이사회의 결의로써 대표이사직에서 해임된 사람이 그 이사회 결의가 있은 후에 개최된 유효한 주주총회 결의에 의하여 이사직에서 해임된 경우, 그 주주총회가 무권리자에 의하여 소집된 총회라는 하자 이외의 다른 절차상, 내용상의 하자로 인하여 부존재 또는 무효임이 인정되거나 그 결의가 취소되는 등의 특별한 사정이 없는 한 대표이사 해임에 관한 이사회결의에 어떠한 하자가 있다고 할지라도, 그 결의의 부존재나 무효확인 또는 그 결의의 취소를 구하는 것은 과거의 법률관계 내지 권리관계의 확인을 구하는 것에 귀착되어 확인의 소로서 권리보호요건을 결여한 것으로 보아야 한다.
(대판 2007.4.26, 2005다38348)

판례 어떤 채권에 기한 이행의 소에 대하여 동일 채권에 관한 채무부존재확인의 반소를 제기하는 것은 그 청구의 내용이 실질적으로 본소청구의 기각을 구하는 데 그치는 것이므로 부적법하다.
(대판 2007.4.13, 2005다40709,40716)

판례 확인의 소에 있어서는 권리보호요건으로서 확인의 이익이 있어야 하고 확인의 이익은 확인판결을 받는 것이 원고의 권리 또는 법률상의 지위에 현존하는 불안·위험을 제거하는 가장 유효적절한 수단일 때에 인정되는 것이므로, 확인의 소에 있어서는 원고의 권리 또는 법률상의 지위에 불안·위험을 초래하고 있거나 초래할 염려가 있는 자가 피고로서의 적격을 가진다.
(대판 2007.2.9, 2006다68650,68667)

판례 확인의 소에 있어서의 확인의 이익 : 확인의 소는 원고의 법적 지위가 불안·위험할 때에 그 불안·위험을 제거함에 확인판결로 판단하는 것이 가장 유효·적절한 수단인 경우에 인정된다.
(대판 2005.12.22, 2003다55059)

판례 사찰의 주지 임기가 만료되었거나, 해임처분으로 해임된 당사자가 해임처분 후 임기가 만료되었더라도, 후임자의 선임이 없거나, 그 선임이 있었다 하더라도 그 선임이 부존재 하거나 선임에 무효사유나 취소사유가 있는 등 특별한 사정이 있는 경우에는, 자신에 대한 해임처분에 대하여 무효확인을 구할 법률상 확인의 이익이 있다.(대판 2005.6.24, 2005다10388)

판례 **소송당사자의 일방과 제3자 사이 또는 제3자 상호간의 법률관계에 대한 확인의 소에 확인의 이익이 인정되는 경우** : 확인의 소는 반드시 당사자 간의 법률관계에 한하지 아니하고, 당사자의 일방과 제3자 사이 또는 제3자 상호간의 법률관계도 그 대상이 될 수 있지만, 그 법률관계의 확인이 '확인의 이익'이 있기 위하여는 그 법률관계에 따라 제소자의 권리 또는 법적 지위에 현존하는 위험·불안이 야기되어야 하고, 그 위험·불안을 제거하기 위하여 그 법률관계를 확인의 대상으로 한 확인판결에 의하여 즉시로 확정할 필요가 있고, 또한 그것이 가장 유효 적절한 수단이 되어야 한다.(대판 2004.8.20, 2002다20353)

제251조【장래의 이행을 청구하는 소】 장래에 이행할 것을 청구하는 소는 미리 청구할 필요가 있어야 제기할 수 있다.

참조 [집행문 부여]민집30, [집행개시의 요건]민집40

판례 **이행기 미도래 내지 조건 미성취의 청구권에 있어 장래 이행의 소를 제기할 수 있는 '미리 청구할 필요'의 의미** : 장래의 이행을 청구하는 소는 미리 청구할 필요가 있는 경우에 한하여 제기할 수 있는바, 여기서 '미리 청구할 필요가 있는 경우'라 함은 이행기가 도래하지 않았거나 조건 미성취의 청구권에 있어서는 채무자가 미리부터 채무의 존재를 다투기 때문에 이행기가 도래되거나 조건이 성취되었을 때에 임의의 이행을 기대할 수 없는 경우를 말한다.(대판 2004.1.15, 2002다3891)

제252조【정기금판결과 변경의 소】 ① 정기금(定期金)의 지급을 명한 판결이 확정된 뒤에 그 액수산정의 기초가 된 사정이 현저하게 바뀜으로써 당사자 사이의 형평을 크게 침해할 특별한 사정이 생긴 때에는 그 판결의 당사자는 장차 지급할 정기금 액수를 바꾸어 달라는 소를 제기할 수 있다.

② 제1항의 소는 제1심 판결법원의 전속관할로 한다.

참조 [소장첨부서류]민소규63③, [판결의 확정]498, [청구의 변경]262

제253조【소의 객관적 병합】 여러 개의 청구는 같은 종류의 소송절차에 따르는 경우에만 하나의 소로 제기할 수 있다.

참조 [수개의 청구]25·27, [관련청구소송의 병합]행소10

판례 **본소청구의 배척이 예비적 반소에 미치는 영향** : 피고가 제1심에서 각하된 반소에 대하여 항소를 하지 아니하였다는 사유만으로 예비적 반소가 원심의 심판대상으로 될 수 없는 것은 아니라고 할 것이고, 따라서 원심으로서는 원고의 항소를 받아들여 원고의 본소청구를 인용한 이상 피고의 예비적 반소청구를 심판대상으로 삼아 이를 판단하였어야 할 것이다.(대판 2006.6.29, 2006다19061,19078)

판례 **항소심에서의 선택적 병합의 판결** : 수개의 청구가 제1심에서 처음부터 선택적으로 병합되고 그 중 어느 한 개의 청구에 대한 인용판결이 선고되어 피고가 항소를 제기한 경우는 물론, 원고의 청구를 인용한 판결에 대하여 피고가 항소를 제기하여 항소심에 이심된 후 청구가 선택적으로 병합된 경우에 있어서도 항소심은 제1심에서 인용된 청구를 먼저 심리하여 판단할 필요는 없고, 원심이 한 것처럼 선택적으로 병합된 수개의 청구 중 제1심에서 심판되지 아니한 청구를 임의로 선택하여 심판할 수 있다고 할 것이나, 심리한 결과 그 청구가 이유 있다고 인정되고 그 결론이 제1심판결의 주문과 동일한 경우에도 피고의 항소를 기각하여서는 안 되며 제1심판결을 취소한 다음 새로이 청구를 인용하는 주문을 선고하여야 한다.(대판 2006.4.27, 2006다7587,7594)

판례 **부동산소유권 이전등기청구의 판결확정 후 그 소유권이전등기의무가 집행불능이 된 뒤에 별소로 그 전보배상을 구하는 것도 당연히 허용되며, 이는 부동산소유권이전등기 말소청구권의 경우에도 마찬가지이다.**(대판 2006.3.10, 2005다55411)

판례 **양립 가능한 경우의 예비적 병합의 허부와 그 심판** : 주위적 청구원인과 예비적 청구원인이 양립 가능한 경우에도 당사자가 심판의 순위를 붙여 청구를 할 합리적인 필요성이 있는 경우에는 심판의 순위를 붙여 청구할 수 있다 할 것이고, 이러한 경우 주위적 청구가 전부 인용되지 않을 경우에는 주위적 청구에서 인용되지 아니한 수액 범위 내에서의 예비적 청구에 대해서도 판단하여 주기를 바라는 취지로 불가분적으로 결합시켜 제소할 수도 있는 것이므로, 주위적 청구가 일부만 인용되는 경우에 나아가서 예비적 청구를 심리할 것인지의 여부는 소송에서의 당사자의 의사 해석에 달린 문제라 할 것이어서, 법원이 주위적 청구원인에 기한 청구의 일부를 기각하고 예비적 청구취지보다 적은 금액만을 인용할 경우에는, 원고에게 주위적 청구가 전부 인용되지 않을 경우에는 주위적 청구에서 인용되지 아니한 수액 범위 내에서의 예비적 청구에 대해서도 판단하여 주기를 바라는 취지인지 여부를 석명하여 그 결과에 따라 예비적 청구에 대한 판단 여부를 정하여야 할 것이다.(대판 2002.10.25, 2002다23598)

판례 **예비적 청구에 대한 판단을 누락한 때의 이심의 범위** : 예비적 병합의 경우에는 수개의 청구가 하나의 소송절차에 불가분적으로 결합되어 있기 때문에 주위적 청구에 대하여만 판단하고 예비적 청구에 대하여 판단하지 아니한 경우에도 그 판결에 대하여 상소가 제기되면 판단이 누락된 예비적 청구 부분 역시 상소심으로 이심이 되는 것이다.(대판 2002.10.25, 2002다23598)

제254조【재판장등의 소장심사권】 ① 소장이 제249조제1항의 규정에 어긋나는 경우와 소장에 법률의 규정에 따른 인지를 붙이지 아니한 경우에는 재판장은 상당한 기간을 정하고, 그 기간 이내에 흠을 보정하도록 명하여야 한다. 재판장은 법원사무관등으로 하여금 위 보정명령을 하게 할 수 있다.(2014.12.30 본항개정)

② 원고가 제1항의 기간 이내에 흠을 보정하지 아니한 때에는 재판장은 명령으로 소장을 각하하여야 한다.

③ 제2항의 명령에 대하여는 즉시항고를 할 수 있다.

④ 재판장은 소장을 심사하면서 필요하다고 인정하는 경우에는 원고에게 청구하는 이유에 대응하는 증거방법을 구체적으로 적어 내도록 명할 수 있으며, 원고가 소장에 인용한 서증(書證)의 등본 또는 사본을 붙이지 아니한 경우에는 이를 제출하도록 명할 수 있다.

(2014.12.30 본조제목개정)

改前 제254조【"재판장의 소장심사권"】① 소장이…인지를 붙이지 아니한 "경우에는"…명하여야 한다. "소장에 법률의 규정에 따른 인지를 붙이지 아니한 경우에도 또한 같다."

참조 [소장의 기재사항]249①, [본조 준용]255, [재정기간]172, [명령]221, [즉시항고]444

판례 민사소송 등 인지법, 민사소송 등 인지규칙, 송달료 규칙, 법원의 송무예규인 '인지의 보정명령 및 그 현금 납부에 따른 유의사항(재일 92-4)', 재판예규인 '송달료규칙의 시행에 따른 업무처리요령(재일 87-4)' 등 인지 첩부와 송달료의 예납 및 그에 갈음하는 현금 납부의 절차에 관한 관계 법규와 규정들을 종합하면, 인지 등 보정명령에 따른 인지 등 상당액의 현금 납부에 관하여는 송달료규칙 제3조에 정한 송달료 수납은행에 현금을 납부한 때에 인지 등 보정의 효과가 발생되는 것이고, 이 납부에 따라 발부받은 영수필확인서 등을 보정서 등 소송서류에 첨부하여 접수 담당 법원사무관 등에게 제출하고 또 그 접수 담당 법원사무관 등이 이를 소장 등 소송서류에 첨부하여 소인하는 등의 행위는 소송기록상 그 납부 사실을 확인케 하기 위한 절차에 불과하다.(대결 2007.3.30, 2007마80)

제255조【소장부본의 송달】 ① 법원은 소장의 부본을 피고에게 송달하여야 한다.

② 소장의 부본을 송달할 수 없는 경우에는 제254조제1항 내지 제3항의 규정을 준용한다.

참조 [재판장의 소장심사권]254, [송달]174-197, 소액6, [소장의 첨부서류]민소규63, [소장부본의 송달시기]민소규64

판례 **소송진행 도중의 공시송달과 당사자의 소송진행상황의 조사의무** : 소송의 진행 도중 소송서류의 송달이 불능하게 된 결과 부득이 공시송달의 방법에 의하게 된 경우에는 처음부터 공시송달의 방법에 의한 경우와는 달라서 당사자에게 소송의 진행상황을 조사할 의무가 있는 것이므로, 당사자가 법원에 소송의 진행상황을 알아보지 않았다면 과실이 없다고 할 수 없고, 또한 이러한 의무는 당사자가 변론기일에서 출석하여 변론을 하였는지 여부, 출석한 변론기일에서 다음 변론기일의 고지를 받았는지 여부나, 소송대리인을 선임한 바 있는지 여부를 불문하고 부담하는 것이다.(대판 2006.3.10, 2006다3844)

판례 **공시송달신청에 대한 허부재판을 도외시한 채 주소보정 흠결을 이유로 한 소장각하명령** : 제1심에서 원고가 공시송달신청을 하면서 제출한 소명자료와 그 동안의 송달 결과, 특히 법정경위 작성의 송달불능보고서의 내용을 종합하면 민소법 제194조가 규정하는 공시송달의 요건인 '당사자의 주소 등 또는 근무장소를 알 수 없는 경우'에 해당한다고 볼 여지가 충분함에도 위 공시송달 신청에 대하여는 아무런 결정을 하지 아니한 채 주소보정 흠결을 이유로 소장각하명령을 한 경우, 항고심으로서는 소장 부본 송달상의 흠결 보정에 관하여 선결문제가 되는 공시송달신청의 허부에 대하여도 함께 판단하여 제1심 재판장의 소장 각하명령의 당부를 판단하였어야 함에도 불구하고 이에 이르지 아니한 채 원고가 최종의 주소보정명령에 따른 주소보정조치를 취하지 아니한 이상 제1심 재판장의 소장각하명령에 위법이 있다고 할 수 없다는 이유 설시만으로 항고를 배척한 것은 위법하다.(대결 2003.12.12, 2003마1694)

제256조【답변서의 제출의무】 ① 피고가 원고의 청구를 다투는 경우에는 소장의 부본을 송달받은 날부터 30일 이내에 답변서를 제출하여야 한다. 다만, 피고가 공시송달의 방법에 따라 소장의 부본을 송달받은 경우에는 그러하지 아니하다.
② 법원은 소장의 부본을 송달할 때에 제1항의 취지를 피고에게 알려야 한다.
③ 법원은 답변서의 부본을 원고에게 송달하여야 한다.
④ 답변서에는 준비서면에 관한 규정을 준용한다.

참조 [답변서의 기재사항]민소규65①, [소장 송달]255, [준비서면]273 · 274 · 276 · 277

제257조【변론 없이 하는 판결】 ① 법원은 피고가 제256조제1항의 답변서를 제출하지 아니한 때에는 청구의 원인이 된 사실을 자백한 것으로 보고 변론 없이 판결할 수 있다. 다만, 직권으로 조사할 사항이 있거나 판결이 선고되기까지 피고가 원고의 청구를 다투는 취지의 답변서를 제출한 경우에는 그러하지 아니하다.
② 피고가 청구의 원인이 된 사실을 모두 자백하는 취지의 답변서를 제출하고 따로 항변을 하지 아니한 때에는 제1항의 규정을 준용한다.
③ 법원은 피고에게 소장의 부본을 송달할 때에 제1항 및 제2항의 규정에 따라 변론 없이 판결을 선고할 기일을 함께 통지할 수 있다.

참조 [답변서의 제출의무]256, [변론]134, [기일의 통지]167, [소장 송달]255

제258조【변론기일의 지정】 ① 재판장은 제257조제1항 및 제2항에 따라 변론 없이 판결하는 경우 외에는 바로 변론기일을 정하여야 한다. 다만, 사건을 변론준비절차에 부칠 필요가 있는 경우에는 그러하지 아니하다.
② 재판장은 변론준비절차가 끝난 경우에는 바로 변론기일을 정하여야 한다.
(2008.12.26 본조개정)

改前 "제258조【변론준비절차】① 재판장은 제257조제1항 및 제2항의 규정에 따라 변론 없이 판결하는 경우 외에는 바로 사건을 변론준비절차에 부쳐야 한다. 다만, 변론준비절차를 따로 거칠 필요가 없는 경우에는 그러하지 아니하다.
② 제1항 단서에 해당되는 경우 또는 변론준비절차가 끝난 경우에는 재판장은 바로 변론기일을 정하고 당사자에게 이를 통지하여야 한다."

참조 [변론 없이 하는 판결]257, [변론]134, [기일 지정]165, 소액7, [기일의 통지]167

판례 변론준비기일에서 양쪽 당사자 불출석의 효과가 변론기일에 승계되는지 여부(소극) : 변론준비절차는 원칙적으로 변론기일에 앞서 주장과 증거를 정리하기 위하여 진행되는 변론 전 절차에 불과할 뿐이어서 변론준비기일을 변론기일의 일부라고 볼 수 없고, 변론준비기일과 그 이후에 진행되는 변론기일이 일체성을 갖는다고 볼 수도 없는 점, 변론준비기일이 수소법원 아닌 재판장 등에 의하여 진행되며 변론기일과 달리 비공개로 진행될 수 있어서 직접주의와 공개주의가 후퇴하는 점, 변론준비기일에 있어서 양쪽 당사자의 불출석이 밝혀진 경우 재판장 등은 양쪽의 불출석으로 처리하여 새로운 변론준비기일을 지정하는 외에도 당사자 불출석을 이유로 변론준비절차를 종결할 수 있는 점, 나아가 양쪽 당사자 불출석으로 인한 취하간주제도는 적극적 당사자에게 불리한 제도로서 적극적 당사자의 소송유지의사 유무와 관계없이 일률적으로 법률적 효과가 발생한다는 점까지 고려할 때 변론준비기일에서 양쪽 당사자 불출석의 효과는 변론기일에 승계되지 아니하므로 소를 취하한 것으로 볼 수 없다.
(대판 2006.10.27, 2004다69581)

판례 항소심에 이르러 대법원판결의 취지를 토대로 한 새로운 주장을 제출한 것이 실기한 공격 · 방어방법에 해당하는지 여부(소극) : 미성년자의 신용카드이용계약 취소에 따른 부당이득반환청구사건에서 항소심에 이르러, 동일한 쟁점에 관한 대법원의 첫 판결이 선고되자 그 판결의 취지를 토대로 신용카드 가맹점과의 개별계약 취소의 주장을 새로이 제출한 경우, 대법원판결이 선고되기 전까지는 미성년자의 신용카드이용계약이 취소되더라도 신용카드회원과 해당 가맹점 사이에 체결된 개별적인 매매계약이 유효하게 존속한다는 점을 알지 못한 데에 중대한 과실이 있었다고 단정할만한 자료가 없는 점, 취소권 행사를 전제로 하는 공격 · 방어방법의 경우에는 취소권 행사에 신중을 기할 수밖에 없어 조기 제출에 어려움이 있다는 점 등에 비추어 위 주장이 당사자의 고의 또는 중대한 과실로 시기에 늦게 제출되었거나 제1심의 변론준비기일에 제출되지 아니한 데 중대한 과실이 있었다고 보기 어렵다.
(대판 2006.3.10, 2005다46363,46370,46387,46394)

제259조【중복된 소제기의 금지】 법원에 계속되어 있는 사건에 대하여 당사자는 다시 소를 제기하지 못한다.

참조 [제기의 방식]248, [각하]219

판례 복수의 채권자 취소소송과 중복제소여부(소극) : 채권자취소권의 요건을 갖춘 각 채권자는 고유의 권리로서 채무자의 재산처분 행위를 취소하고 그 원상회복을 구할 수 있으므로, 여러 명의 채권자가 동시에 또는 시기를 달리하여 사해행위취소 및 원상회복청구의 소를 제기한 경우 이들 소는 중복제소에 해당하지 않으며, 어느 한 채권자가 동일한 사해행위에 관하여 사해행위취소 및 원상회복청구를 하여 승소판결을 받아 그 판결이 확정되었다는 것만으로는 그 후에 제기된 다른 채권자의 동일한 청구가 권리보호의 이익이 없게 되는 것은 아니고, 그에 기하여 재산이나 가액의 회복을 마친 경우에 비로소 다른 채권자의 사해행위취소 및 원상회복청구는 그와 중첩되는 범위 내에서 권리보호의 이익이 없게 된다.
(대판 2005.11.25, 2005다51457)

제260조【피고의 경정】 ① 원고가 피고를 잘못 지정한 것이 분명한 경우에는 제1심 법원은 변론을 종결할 때까지 원고의 신청에 따라 결정으로 피고를 경정하도록 허가할 수 있다. 다만, 피고가 본안에 관하여 준비서면을 제출하거나, 변론준비기일에서 진술하거나 변론을 한 뒤에는 그의 동의를 받아야 한다.
② 피고의 경정은 서면으로 신청하여야 한다.
③ 제2항의 서면은 상대방에게 송달하여야 한다. 다만, 피고에게 소장의 부본을 송달하지 아니한 경우에는 그러하지 아니하다.
④ 피고가 제3항의 서면을 송달받은 날부터 2주 이내에 이의를 제기하지 아니하면 제1항 단서와 같은 동의를 한 것으로 본다.

참조 [피고경정신청서의 기재사항]민소규66, [당사자의 추가경정]가소15

제261조【경정신청에 관한 결정의 송달 등】 ① 제260조제1항의 신청에 대한 결정은 피고에게 송달하여야 한다. 다만, 피고에게 소장의 부본을 송달하지 아니한 때에는 그러하지 아니하다.
② 신청을 허가하는 결정을 한 때에는 그 결정의 정본과 소장의 부본을 새로운 피고에게 송달하여야 한다.
③ 신청을 허가하는 결정에 대하여는 동의가 없었다는 사유로만 즉시항고를 할 수 있다.
④ 신청을 허가하는 결정을 한 때에는 종전의 피고에 대한 소는 취하된 것으로 본다.

참조 [피고의 경정]260, [소장 송달]255, [즉시항고]444, [소의 취하]266

제262조【청구의 변경】 ① 원고는 청구의 기초가 바뀌지 아니하는 한도안에서 변론을 종결할 때(변론 없이 한 판결의 경우에는 판결을 선고할 때)까지 청구의 취지 또는 원인을 바꿀 수 있다. 다만, 소송절차를 현저히 지연시키는 경우에는 그러하지 아니하다.
② 청구취지의 변경은 서면으로 신청하여야 한다.
③ 제2항의 서면은 상대방에게 송달하여야 한다.

참조 [청구취지와 원인]249, [청구변경의 불허가]263, [송달]174－196

판례 청구취지를 변경하더라도 최초의 소 제기시에 발생한 제척기간의 준수효과 : 공동저당권이 설정된 수 개의 부동산에 관한 일괄 매매행위가 사해행위에 해당함을 이유로 그 매매계약의 전부 취소 및 그 원상회복으로서 각 소유권이전등기의 말소를 구하다가 사해행위 이후 저당권이 소멸된 사정을 감안하여 법률상 이러한 경우 원상회복이 허용되는 범위 내의 가액배상을 구하는 것으로 청구취지를 변경하면서 그에 맞추어 사해행위취소의 청구취지를 변경한 데에 불과한 경우에는 하나의 매매계약으로서의 당해 사해행위의 취소를 구하는 소 제기의 효과는 그대로 유지되고 있다고 봄이 상당하다 할 것이므로, 비록 취소소송의 제척기간이 경과한 후에 당초의 청구취지변경이 잘못 되었음을 이유로 다시 위 매매계약의 전부취소 및 소유권이전등기의 말소를 구하는 것으로 청구취지를 변경한다 해도 최초 소 제기시에 발생한 제척기간 준수의 효과에는 영향이 없다.(대판 2005.5.27, 2004다67806)

판례 사해행위취소소송에서 피보전채권을 변경하는 것이 소의 변경에 해당하는지 여부 : 채권자가 사해행위의 취소를 청구하면서 그 보전하고자 하는 채권을 추가하거나 교환하는 것은 그 사해행위취소권을 이유 있게 하는 공격방법에 관한 주장을 변경하는 것일 뿐이지 소송물 또는 청구 자체를 변경하는 것이 아니므로 소의 변경이라 할 수 없다.(대판 2003.5.27, 2001다13532)

제263조【청구의 변경의 불허가】 법원이 청구의 취지 또는 원인의 변경이 옳지 아니하다고 인정한 때에는 직권으로 또는 상대방의 신청에 따라 변경을 허가하지 아니하는 결정을 하여야 한다.

참조 [청구의 변경]262, [신청]161, [결정]134 · 221

제264조【중간확인의 소】 ① 재판이 소송의 진행 중에 쟁점이 된 법률관계의 성립여부에 매인 때에 당사자는 따로 그 법률관계의 확인을 구하는 소를 제기할 수 있다. 다만, 이는 그 확인청구가 다른 법원의 관할에 전속되지 아니하는 때에 한한다.

② 제1항의 청구는 서면으로 하여야 한다.

③ 제2항의 서면은 상대방에게 송달하여야 한다.

참조 [전속관할]31, [송달]174-196, [시효중단]265

일판 건물철거 토지명도 청구소송에 있어서 토지의 경계확정을 구하는 중간 확인의 소를 제기하는 것은 허용되지 아니한다. 경계확정은 소유권에 기인한 토지명도소송의 선결관계로 되지 아니하기 때문이다.(일 · 최고 1982.12.2)

제265조【소제기에 따른 시효중단의 시기】 시효의 중단 또는 법률상 기간을 지킴에 필요한 재판상 청구는 소를 제기한 때 또는 제260조제2항 · 제262조제2항 또는 제264조제2항의 규정에 따라 서면을 법원에 제출한 때에 그 효력이 생긴다.

참조 [서면에 의한 피고의 경정]260②, [서면에 의한 청구의 변경]262②, [서면에 의한 중간확인의 소]264②, [시효중단]민168

제266조【소의 취하】 ① 소는 판결이 확정될 때까지 그 전부나 일부를 취하할 수 있다.

② 소의 취하는 상대방이 본안에 관하여 준비서면을 제출하거나 변론준비기일에서 진술하거나 변론을 한 뒤에는 상대방의 동의를 받아야 효력을 가진다.

③ 소의 취하는 서면으로 하여야 한다. 다만, 변론 또는 변론준비기일에서 말로 할 수 있다.

④ 소장을 송달한 뒤에는 취하의 서면을 상대방에게 송달하여야 한다.

⑤ 제3항 단서의 경우에 상대방이 변론 또는 변론준비기일에 출석하지 아니한 때에는 그 기일의 조서등본을 송달하여야 한다.

⑥ 소취하의 서면이 송달된 날부터 2주 이내에 상대방이 이의를 제기하지 아니한 경우에는 소취하에 동의한 것으로 본다. 제3항 단서의 경우에 있어서, 상대방이 기일에 출석한 경우에는 소를 취하한 날부터, 상대방이 기일에 출석하지 아니한 경우에는 제5항의 등본이 송달된 날부터 2주 이내에 상대방이 이의를 제기하지 아니하는 때에도 또한 같다.

참조 [소 취하의 효과]267, [소 취하의 의제]268 · 행소14⑤, [소송비용의 부담]114, [3항 내지 5항의 준용]393②, [판결의 확정]498, [취하]56② · 90②, [준비서면]273-277, [준비절차]279-286, [변론]134 · 258, [반소의 취하]271, [소장의 송달]174이하 · 255 · 256, [기간]170

판례 소의 일부취하의 경우 상대방의 동의 여부가 결정되지 아니한 상태에서 재판을 할 수 있는지 여부(소극) : 소 취하서 또는 소 일부 취하서가 상대방이 본안에 관한 준비서면을 제출하거나 변론준비기일에서 진술하거나 변론을 한 뒤에 법원에 제출된 경우에는 상대방의 동의를 받아야 효력을 가지는 것이지만, 이 경우에 원심은 그 취하서 등본을 상대방에게 송달한 다음 상대방의 동의 여부에 따라 심판범위를 확정하여 재판하여야 하고, 상대방의 동의 여부가 결정되지 않은 상태에서 종전의 청구에 대하여 재판하면 안된다.
(대판 2005.7.14, 2005다19477)

판례 수량적 가분인 동일 청구권에 기한 청구금액의 감축의 의미 : 수량적으로 가분인 동일 청구권에 기한 청구금액의 감축은 소의 일부 취하로 해석되고, 소의 취하는 원고가 제기한 소를 철회하여 소송계속을 소멸시키는 원고의 법원에 대한 소송행위이며, 소송행위는 일반 사법상의 행위와 달리 내심의 의사보다 그 표시를 기준으로 하여 그 효력 유무를 판정할 수밖에 없는 것이므로 원고가 착오로 소의 일부를 취하하였다 하더라도 이를 무효라고 볼 수는 없다.
(대판 2004.7.9, 2003다46758)

제267조【소취하의 효과】 ① 취하된 부분에 대하여는 소가 처음부터 계속되지 아니한 것으로 본다.

② 본안에 대한 종국판결이 있은 뒤에 소를 취하한 사람은 같은 소를 제기하지 못한다.

참조 [소의 취하]266, [효력을 다투는 절차]민소규67, [종국판결]198 · 200, [제1항준용]393②

판례 소취하의 합의 후 취하의 전제요건인 약정에 위반하여 소를 제기한 경우의 권리보호이익 : 종국판결 후 소를 취하하였다가 피고가 그 소 취하의 전제조건인 약정을 위반하여 약정이 해제 또는 실효되는 사정변경이 생겼음을 이유로 다시 동일한 소를 제기하는 것은 재소금지의 원칙에 위배되지 않는다.(대판 2000.12.22, 2000다46399)

제268조【양 쪽 당사자가 출석하지 아니한 경우】 ① 양 쪽 당사자가 변론기일에 출석하지 아니하거나 출석하였다 하더라도 변론하지 아니한 때에는 재판장은 다시 변론기일을 정하여 양 쪽 당사자에게 통지하여야 한다.

② 제1항의 새 변론기일 또는 그 뒤에 열린 변론기일에 양 쪽 당사자가 출석하지 아니하거나 출석하였다 하더라도 변론하지 아니한 때에는 1월 이내에 기일지정신청을 하지 아니하면 소를 취하한 것으로 본다.

③ 제2항의 기일지정신청에 따라 정한 변론기일 또는 그 뒤의 변론기일에 양 쪽 당사자가 출석하지 아니하거나 출석하였다 하더라도 변론하지 아니한 때에는 소를 취하한 것으로 본다.

④ 상소심의 소송절차에는 제1항 내지 제3항의 규정을 준용한다. 다만, 상소심에서는 상소를 취하한 것으로 본다.

참조 [구술변론]134, [기일지정의 신청]165, [기간]170 · 172①, [신청]161, [소의 취하]267, [준용]286, 민소규68

제269조【반소】 ① 피고는 소송절차를 현저히 지연시키지 아니하는 경우에만 변론을 종결할 때까지 본소가 계속된 법원에 반소를 제기할 수 있다. 다만, 소송의 목적이 된 청구가 다른 법원의 관할에 전속되지 아니하고 본소의 청구 또는 방어의 방법과 서로 관련이 있어야 한다.

② 본소가 단독사건인 경우에 피고가 반소로 합의사건에 속하는 청구를 한 때에는 법원은 직권 또는 당사자의 신청에 따른 결정으로 본소와 반소를 합의부에 이송하여야 한다. 다만, 반소에 관하여 제30조의 규정에 따른 관할권이 있는 경우에는 그러하지 아니하다.

참조 [본소 · 반소에 대한 일부판결]200②, [전속관할]31, [상소심에서의 반소]412 · 425

판례 본소청구에 반소청구의 기각을 구하는 것 이상의 적극적 내용이 포함되어 있지 않은 반소청구가 적법한지 여부(소극) : 반소청구에 본소청구의 기각을 구하는 것 이상의 적극적 내용이 포함되어 있지 않다면 반소청구로서의 이익이 없고, 어떤 채권에 기한 이행의 소에 대하여 동일 채권에 관한 채무부존재확인의 반소를 제기하는 것은 그 청구의 내용이 실질적으로 본소청구의 기각을 구하는 데 그치는 것이므로 부적법하다.(대판 2007.4.13, 2005다40709,40716)

판례 항소심이 피고의 예비적 반소청구를 심판대상으로 삼아 판단하여야 하는지 여부(적극) : 피고의 예비적 반소는 본소청구가 인용될 것을 조건으로 심판을 구하는 것으로서 제1심이 원고의 본소청구를 배척한 이상 피고의 예비적 반소는 제1심의 심판대상이 될 수 없는 것이고, 이와 같이 심판대상이 될 수 없는 소에 대하여 제1심이 판단하였다고 하더라도 그 효력이 없다고 할 것이므로, 피고가 제1심에서 각하된 반소에 대하여 항소를 하지 아니하였다는 사유만으로 이 사건 예비적 반소가 원심의 심판대상으로 될 수 없는 것은 아니라고 할 것이고, 따라서 원심으로서는 원고의 항소를 받아들여 원고의 본소청구를 인용한 이상 피고의 예비적 반소청구를 심판대상으로 삼아 이를 판단하였어야 한다.
(대판 2006.6.29, 2006다19061,19078)

제270조【반소의 절차】 반소는 본소에 관한 규정을 따른다.

참조 [제기의 방식]248 · 249, [반소에 관한 소송대리권]90①②

제271조【반소의 취하】 본소가 취하된 때에는 피고는 원고의 동의 없이 반소를 취하할 수 있다.

참조 [소의 취하]266

제2장 변론과 그 준비

제272조【변론의 집중과 준비】 ① 변론은 집중되어야 하며, 당사자는 변론을 서면으로 준비하여야 한다.
② 단독사건의 변론은 서면으로 준비하지 아니할 수 있다. 다만, 상대방이 준비하지 아니하면 진술할 수 없는 사항은 그러하지 아니하다.
참조 [구술변론]134, [준비서면 기재사항]274, [소취하의 경우]266②, [준비서면에 적지 아니한 효과]276

제273조【준비서면의 제출 등】 준비서면은 그것에 적힌 사항에 대하여 상대방이 준비하는 데 필요한 기간을 두고 제출하여야 하며, 법원은 상대방에게 그 부본을 송달하여야 한다.
참조 [준비서면의 기재사항]274, [기간]170 · 172③, [송달]174이하

제274조【준비서면의 기재사항】 ① 준비서면에는 다음 각호의 사항을 적고, 당사자 또는 대리인이 기명날인 또는 서명한다.
1. 당사자의 성명 · 명칭 또는 상호와 주소
2. 대리인의 성명과 주소
3. 사건의 표시
4. 공격 또는 방어의 방법
5. 상대방의 청구와 공격 또는 방어의 방법에 대한 진술
6. 덧붙인 서류의 표시
7. 작성한 날짜
8. 법원의 표시
② 제1항제4호 및 제5호의 사항에 대하여는 사실상 주장을 증명하기 위한 증거방법과 상대방의 증거방법에 대한 의견을 함께 적어야 한다.
참조 [상호]상18－21, [주소]민18－21 · 36, 상171, [법정대리인]51 · 55, [소송대리인]87, [공격 · 방어 방법]146 · 149 · 201, [부속서류]275 · 277, [본조준용]249② · 398

제275조【준비서면의 첨부서류】 ① 당사자가 가지고 있는 문서로서 준비서면에 인용한 것은 그 등본 또는 사본을 붙여야 한다.
② 문서의 일부가 필요한 때에는 그 부분에 대한 초본을 붙이고, 문서가 많을 때에는 그 문서를 표시하면 된다.
③ 제1항 및 제2항의 문서는 상대방이 요구하면 그 원본을 보여주어야 한다.
참조 [부속서류의 표시]274, [본조준용]249② · 398, [법원의 석명처분]140

제276조【준비서면에 적지 아니한 효과】 준비서면에 적지 아니한 사실은 상대방이 출석하지 아니한 때에는 변론에서 주장하지 못한다. 다만, 제272조제2항 본문의 규정에 따라 준비서면을 필요로 하지 아니하는 경우에는 그러하지 아니하다.
참조 [불출석자의 의제자유]150③, [준비서면]274, [준비절차 종결의 효과]285②

제277조【번역문의 첨부】 외국어로 작성된 문서에는 번역문을 붙여야 한다.
참조 [법정의 용어]법원조직62, [부속문서]274, [본조준용]249② · 398

제278조【요약준비서면】 재판장은 당사자의 공격방어방법의 요지를 파악하기 어렵다고 인정하는 때에는 변론을 종결하기에 앞서 당사자에게 쟁점과 증거의 정리 결과를 요약한 준비서면을 제출하도록 할 수 있다.
참조 [공격 · 방어방법]146 · 149 · 201, [변론]134, [준비서면의 제출]273, [작성방법]민소규69의5

제279조【변론준비절차의 실시】 ① 변론준비절차에서는 변론이 효율적이고 집중적으로 실시될 수 있도록 당사자의 주장과 증거를 정리하여야 한다.(2008.12.26 본항개정)
② 재판장은 특별한 사정이 있는 때에는 변론기일을 연 뒤에도 사건을 변론준비절차에 부칠 수 있다.
改前 ① 변론준비절차에서는…실시될 수 있도록 "당사자의 주장과 증거를 정리하여 소송관계를 뚜렷하게 하여야 한다."
참조 [변론준비절차의 효과]285 · 286, [다음 기일의 지정]민소규42
판례 배당이의의 소의 취하간주를 규정한 민사집행법 제158조의 '첫 변론기일'에 '첫 변론준비기일'이 포함되는지 여부(소극) : 변론준비절차는 변론이 효율적이고 집중적으로 실시될 수 있도록 당사자의 주장과 증거를 정리하여 소송관계를 뚜렷이 하기 위하여 마련된 제도로서 당사자는 변론준비기일을 마친 뒤의 변론기일에서 변론준비기일의 결과를 진술하여야 하는 등 변론준비기일의 제도적 취지, 그 진행방법과 효과, 규정의 형식 등에 비추어 볼 때, 민사집행법 제158조에서 말하는 '첫 변론기일'에 '첫 변론준비기일'은 포함되지 않는다.(대판 2006.11.10, 2005다41856)

제280조【변론준비절차의 진행】 ① 변론준비절차는 기간을 정하여, 당사자로 하여금 준비서면, 그 밖의 서류를 제출하게 하거나 당사자 사이에 이를 교환하게 하고 주장사실을 증명할 증거를 신청하게 하는 방법으로 진행한다.
② 변론준비절차의 진행은 재판장이 담당한다.
③ 합의사건의 경우 재판장은 합의부원을 수명법관으로 지정하여 변론준비절차를 담당하게 할 수 있다.
④ 재판장은 필요하다고 인정하는 때에는 변론준비절차의 진행을 다른 판사에게 촉탁할 수 있다.
참조 [준비절차의 시행방법]민소규70, [준비서면]273 · 274, [증거의 신청]289, [절차이행의 촉구]민소규70의3

제281조【변론준비절차에서의 증거조사】 ① 변론준비절차를 진행하는 재판장, 수명법관, 제280조제4항의 판사(이하 "재판장등"이라 한다)는 변론의 준비를 위하여 필요하다고 인정하면 증거결정을 할 수 있다.
② 합의사건의 경우에 제1항의 증거결정에 대한 당사자의 이의신청에 관하여는 제138조의 규정을 준용한다.
③ 재판장등은 제279조제1항의 목적을 달성하기 위하여 필요한 범위안에서 증거조사를 할 수 있다. 다만, 증인신문 및 당사자신문은 제313조에 해당되는 경우에만 할 수 있다.
④ 제1항 및 제3항의 경우에는 재판장등이 이 법에서 정한 법원과 재판장의 직무를 행한다.
참조 [변론준비절차]279 · 280, [합의부에 의한 감독]138, [증인신문]308, [당사자신문]367, [수명법관 · 수탁판사에 의한 증인신문]313

제282조【변론준비기일】 ① 재판장등은 변론준비절차를 진행하는 동안에 주장 및 증거를 정리하기 위하여 필요하다고 인정하는 때에는 변론준비기일을 열어 당사자를 출석하게 할 수 있다.
② 사건이 변론준비절차에 부쳐진 뒤 변론준비기일이 지정됨이 없이 4월이 지난 때에는 재판장등은 즉시 변론준비기일을 지정하거나 변론준비절차를 끝내야 한다.
③ 당사자는 재판장등의 허가를 얻어 변론준비기일에 제3자와 함께 출석할 수 있다.
④ 당사자는 변론준비기일이 끝날 때까지 변론의 준비에 필요한 주장과 증거를 정리하여 제출하여야 한다.
⑤ 재판장등은 변론준비기일이 끝날 때까지 변론의 준비를 위한 모든 처분을 할 수 있다.
참조 [변론의 준비절차]279 · 280, [변론준비절차의 종결]284

제283조【변론준비기일의 조서】 ① 변론준비기일의 조서에는 당사자의 진술에 따라 제274조제1항제4호와 제5호에 규정한 사항을 적어야 한다. 이 경우 특히 증거에 관한 진술은 명확히 하여야 한다.
② 변론준비기일의 조서에는 제152조 내지 제159조의 규정을 준용한다.
참조 [준비서면의 기재사항]274, [변론준비기일조서]민소규71 · 72, [변론조서의 작성]152－159

제284조【변론준비절차의 종결】 ① 재판장등은 다음 각호 가운데 어느 하나에 해당하면 변론준비절차를 종결하여야 한다. 다만, 변론의 준비를 계속하여야 할 상당한 이유가 있는 때에는 그러하지 아니하다.
1. 사건을 변론준비절차에 부친 뒤 6월이 지난 때

2. 당사자가 제280조제1항의 규정에 따라 정한 기간 이내에 준비서면 등을 제출하지 아니하거나 증거의 신청을 하지 아니한 때
3. 당사자가 변론준비기일에 출석하지 아니한 때
② 변론준비절차를 종결하는 경우에 재판장등은 변론기일을 미리 지정할 수 있다.
참조 [예외]가소12, [수명법관]139, [절차의 재개]142·286, [쌍방 불출석]286, [종결의 효과]285

제285조【변론준비기일을 종결한 효과】 ① 변론준비기일에 제출하지 아니한 공격방어방법은 다음 각호 가운데 어느 하나에 해당하여야만 변론에서 제출할 수 있다.
1. 그 제출로 인하여 소송을 현저히 지연시키지 아니하는 때
2. 중대한 과실 없이 변론준비절차에서 제출하지 못하였다는 것을 소명한 때
3. 법원이 직권으로 조사할 사항인 때
② 제1항의 규정은 변론에 관하여 제276조의 규정을 적용하는 데에 영향을 미치지 아니한다.
③ 소장 또는 변론준비절차전에 제출한 준비서면에 적힌 사항은 제1항의 규정에 불구하고 변론에서 주장할 수 있다. 다만, 변론준비절차에서 철회되거나 변경된 때에는 그러하지 아니하다.
참조 [예외]가소12, [조서 또는 이에 갈음할 준비서면]283, [직권조사사항]434, [소명]299, [본조의 효과의 상급심에서의 존속]410

제286조【준용규정】 변론준비절차에는 제135조 내지 제138조, 제140조, 제142조 내지 제151조, 제225조 내지 제232조, 제268조 및 제278조의 규정을 준용한다.
참조 [준용규정]민소규68, [재판장의 지휘권]135, [합의부에 의한 감독]138, [법원의 석명처분]140, [변론의 재개]142, [소송절차에 관한 이의권]151, [결정에 의한 화해권고]225, [이의신청에 의한 소송복귀]232, [양쪽 당사자의 불출석]268, [요약준비서면]278

제287조【변론준비절차를 마친 뒤의 변론】 ① 법원은 변론준비절차를 마친 경우에는 첫 변론기일을 거친 뒤 바로 변론을 종결할 수 있도록 하여야 하며, 당사자는 이에 협력하여야 한다.
② 당사자는 변론준비기일을 마친 뒤의 변론기일에서 변론준비기일의 결과를 진술하여야 한다.
③ 법원은 변론기일에 변론준비절차에서 정리된 결과에 따라서 바로 증거조사를 하여야 한다.
참조 [변론준비기일의 조서]283, [변론]134, [결과의 진술]204②·407②

제287조의2【비디오 등 중계장치 등에 의한 기일】 ① 재판장·수명법관 또는 수탁판사는 상당하다고 인정하는 때에는 당사자의 신청을 받거나 동의를 얻어 비디오 등 중계장치에 의한 중계시설을 통하거나 인터넷 화상장치를 이용하여 변론준비기일 또는 심문기일을 열 수 있다.
② 법원은 교통의 불편 또는 그 밖의 사정으로 당사자가 법정에 직접 출석하기 어렵다고 인정하는 때에는 당사자의 신청을 받거나 동의를 얻어 비디오 등 중계장치에 의한 중계시설을 통하거나 인터넷 화상장치를 이용하여 변론기일을 열 수 있다. 이 경우 법원은 심리의 공개에 필요한 조치를 취하여야 한다.
③ 제1항과 제2항에 따른 기일에 관하여는 제327조의2 제2항 및 제3항을 준용한다.
(2021.8.17 본조신설)
참조 [영상기일의 신청 및 동의]민소규73의2, 민사조정규칙6의2

제3장 증 거

제1절 총 칙

제288조【불요증사실】 법원에서 당사자가 자백한 사실과 현저한 사실은 증명을 필요로 하지 아니한다. 다만, 진실에 어긋나는 자백은 그것이 착오로 말미암은 것임을 증명한 때에는 취소할 수 있다.
참조 [예외]가소12, [자백간주]150, [조서에의 기재]154
판례 일반적으로 법원에서 당사자가 자백한 사실은 증명을 필요로 하지 아니하고, 자백이 성립된 사실은 법원을 기속한다. 그러나 이는 법률 적용의 전제가 되는 주요사실에 한정되고, 사실에 대한 법적 판단이나 평가 또는 적용할 법률이나 법적 효과는 자백의 대상이 되지 아니한다.(대판 2016.3.24, 2013다81514)
판례 배당이의소송에 있어서의 배당이의사유에 관한 증명책임도 일반 민사소송에서의 증명책임 분배의 원칙에 따라야 하므로, 원고가 피고의 채권이 성립하지 아니하였음을 주장하는 경우에는 피고에게 채권의 발생원인사실을 입증할 책임이 있고, 원고가 그 채권이 통정허위표시로서 무효라거나 변제에 의하여 소멸되었음을 주장하는 경우에는 원고에게 그 장해 또는 소멸사유에 해당하는 사실을 증명할 책임이 있다.(대판 2007.7.12, 2005다39617)
판례 재판상 자백의 일종인 소위 선행자백은 당사자 일방이 자기에게 불리한 사실상의 진술을 자진하여 한 후 그 상대방이 이를 원용함으로써 그 사실에 관하여 당사자 쌍방의 주장이 일치함을 요하므로 그 일치가 있기 전에는 전자의 진술을 선행자백이라 할 수 없고 따라서 일단 자기에게 불리한 사실을 진술한 당사자도 그 후 그 상대방의 원용이 있기 전에는 그 자인한 진술을 철회하고 이와 모순되는 진술을 자유로이 할 수 있으며 이 경우 앞의 자인진술은 소송자료로부터 제거된다.(대판 2007.3.30, 2006다79544)
판례 행정소송의 일종인 심결취소소송에서도 원칙적으로 변론주의가 적용되어 주요사실에 대해서는 당사자의 불리한 진술인 자백이 성립한다고 할 것인바, 특허발명의 진보성 판단에 제공되는 선행발명이 어떤 구성요소를 가지고 있는지는 주요사실로서 당사자의 자백의 대상이 된다.(대판 2006.8.24, 2004후905)
판례 사실에 대한 법적 판단 내지 평가가 자백의 대상이 되는지 여부(소극) : 등록상표가 구 상표법 제6조 제1항 제3호의 '상품의 산지·품질·원재료·효능·용도·수량·형상·가격·생산방법·가공방법·사용방법 또는 시기를 보통으로 사용하는 방법으로 표시한 표장만으로 된 상표'인지 여부 및 제7조 제1항 제12호의 '국내 또는 외국의 수요자간에 특정인의 상품을 표시하는 것이라고 현저하게 인식되어 있는 상표와 동일 또는 유사한 상표'인지 여부는 법적 판단에 관한 사항으로서 자백의 대상이 될 수 없다.
(대판 2006.6.2, 2004다70789)
판례 후유장해등급이 자백의 대상이 되는지 여부(적극) : 인신사고로 인한 손해배상청구사건에 있어 노동능력상실 비율이 자백의 대상이 된다는 점에 견주어 볼 때, 그에 상응하는 구 자동차손해배상 보장법 시행령(1999. 6. 30. 대통령령 제16463호로 개정되기 전의 것) 제3조 제1항 제3호 [별표2]의 후유장해등급 역시 자백의 대상이 된다고 봄이 상당하다.(대판 2006.4.27, 2005다5485)
판례 선행자백의 효력 : 당사자가 변론에서 상대방이 주장하기도 전에 스스로 자신에게 불이익한 사실을 진술하는 경우, 상대방이 이를 명시적으로 원용하거나 그 진술과 일치되는 진술을 하게 되면 재판상 자백이 성립되는 것이어서, 법원도 그 자백에 구속되어 그 자백에 저촉되는 사실을 인정할 수 없다.
(대판 2005.11.25, 2002다59528,59535)
판례 공해소송에 있어서 증명책임의 분배 : 공해로 인한 손해배상청구소송에 있어서는 가해행위와 손해발생 사이의 인과관계의 고리를 모두 자연과학적으로 증명하는 것은 곤란 내지 불가능한 경우가 대부분이고, 가해기업은 기술적·경제적으로 피해자보다 원인조사가 용이할 뿐 아니라 자신이 배출하는 물질이 유해하지 않다는 것을 입증할 사회적 의무를 부담한다고 할 것이므로, 가해기업이 배출한 어떤 물질이 피해 물건에 도달하여 손해가 발생하였다면 가해자측에서 그 무해함을 입증하지 못하는 한 책임을 면할 수 없다고 봄이 사회 형평의 관념에 적합하다.(대판 2004.11.26, 2003다2123)

제289조【증거의 신청과 조사】 ① 증거를 신청할 때에는 증명할 사실을 표시하여야 한다.
② 증거의 신청과 조사는 변론기일 전에도 할 수 있다.
참조 [신청의 방법]161, 민소규74, [증인신문신청]308, [감정신청]333, [서증신청]343, [검증신청]364
판례 보조참가인이 신청한 증거로 피참가인에게 불이익한 사실을 인정할 수 있는지 여부(적극) : 보조참가인의 증거신청행위가 피참가인의 소송행위와 저촉되지 아니하고, 그 증거들이 적법한 증거조사절차를 거쳐 법원에 현출되었다면 법원이 이들 증거에 터잡아 피참가인에게 불이익한 사실을 인정하였다 하여 그것이 민소법 제70조 제2항에 위배된다고 할 수 없다.(대판 1994.4.29, 94다3629)

제290조【증거신청의 채택여부】 법원은 당사자가 신청한 증거를 필요하지 아니하다고 인정한 때에는 조사하지 아니할 수 있다. 다만, 그것이 당사자가 주장하는 사실에 대한 유일한 증거인 때에는 그러하지 아니하다.
참조 [증거의 신청]289, 민소규74, [자유심증주의]202

판례 유일한 증거와 당사자 본인신문 : 당사자 본인신문은 보충적 증거방법에 불과하여 다른 증거없이 오로지 당사자 본인 신문의 결과만으로 주요사실을 인정할 수는 없는 것인바, 원고가 환송 후 원심에서 새로이 매매계약해제 주장을 하고서 이에 대한 입증을 위하여 증인신청을 하여 채택이 되었으나 증인의 행방을 찾지 못하였다는 이유로 철회한 다음 원고 본인신문신청을 한 것이므로 법원이 이를 채택하지 아니하였다 하여도 당사자의 주장사실에 대한 유일한 증거를 채택하지 아니한 위법이 있다고 할 수 없다.
(대판 2000.11.24, 99두3980)

제291조【증거조사의 장애】 법원은 증거조사를 할 수 있을지, 언제 할 수 있을지 알 수 없는 경우에는 그 증거를 조사하지 아니할 수 있다.

참조 [증거의 조사]289 · 292

제292조【직권에 의한 증거조사】 법원은 당사자가 신청한 증거에 의하여 심증을 얻을 수 없거나, 그 밖에 필요하다고 인정한 때에는 직권으로 증거조사를 할 수 있다.

참조 [직권에 의한 증거조사]32, 행소26, 비송11, 소액10, 가소34, 민사조정22

판례 법인 대표자가 적법한 대표권에 기하여 행한 것인지 여부가 법원의 직권조사사항에 해당하는지 여부(소극) : 법원이 직권으로 법인의 대표자에게 적법한 대표권이 있는지 여부를 조사하여야 하는 이유는 당해 소송에 있어 법인이 당사자능력 또는 소송능력이 있는지 여부를 판단하기 위한 것이므로 직권조사의 대상은 당해 소송에 있어 법인 대표자의 적법한 대표권 유무이고, 당해 소송 이전에 법인이 행한 어떠한 법률행위에 있어 법인 대표자가 적법한 대표권에 기하여 행한 것인지 여부는 여전히 당사자가 주장 · 입증하여야 할 문제라고 할 것이어서 법원이 이러한 사항까지 직권으로 탐지하여 조사하여야 할 의무가 있다고는 할 수 없다.(대판 2004.5.14, 2003다61054)

판례 사해행위취소의 소에서 제소기간의 준수 여부를 직권조사하지 않아도 되는 경우 : 사해행위취소의 소는 법률행위 있은 날로부터 5년 내에 제기하여야 하고, 이는 제소기간이므로 법원은 그 기간의 준수 여부에 관하여 직권으로 조사하여 그 기간을 도과한 후에 제기된 사해행위취소의 소는 부적법한 것으로 각하하여야 하므로 그 기간 준수 여부에 대하여 의심이 있는 경우에는 법원이 필요한 정도에 따라 직권으로 증거조사를 할 수 있으나, 법원에 현출된 모든 소송자료를 통하여 살펴보았을 때 그 기간이 도과하였다고 의심할 만한 사정이 발견되지 않는 경우까지 법원이 직권으로 추가적인 증거조사를 하여 기간 준수 여부를 확인하여야 할 의무는 없다.
(대판 2002.7.26, 2001다73138,73145)

제293조【증거조사의 집중】 증인신문과 당사자신문은 당사자의 주장과 증거를 정리한 뒤 집중적으로 하여야 한다.

참조 [증인신문]308, [당사자신문]367, [증거조사비의 예납]민소규77

제294조【조사의 촉탁】 법원은 공공기관 · 학교, 그 밖의 단체 · 개인 또는 외국의 공공기관에게 그 업무에 속하는 사항에 관하여 필요한 조사 또는 보관 중인 문서의 등본 · 사본의 송부를 촉탁할 수 있다.

참조 [촉탁기관]139② · 140①, [사실조사의 촉탁]가소8, [부본제출]민소규76

제295조【당사자가 출석하지 아니한 경우의 증거조사】 증거조사는 당사자가 기일에 출석하지 아니한 때에도 할 수 있다.

참조 [변론에서의 당사자결석]148 · 268

제296조【외국에서 시행하는 증거조사】 ① 외국에서 시행할 증거조사는 그 나라에 주재하는 대한민국 대사 · 공사 · 영사 또는 그 나라의 관할 공공기관에 촉탁한다.
② 외국에서 시행한 증거조사는 그 나라의 법률에 어긋나더라도 이 법에 어긋나지 아니하면 효력을 가진다.

참조 [촉탁기관]139② · 140①

제297조【법원밖에서의 증거조사】 ① 법원은 필요하다고 인정할 때에는 법원밖에서 증거조사를 할 수 있다. 이 경우 합의부원에게 명하거나 다른 지방법원 판사에게 촉탁할 수 있다.
② 수탁판사는 필요하다고 인정할 때에는 다른 지방법원 판사에게 증거조사를 다시 촉탁할 수 있다. 이 경우 그 사유를 수소법원과 당사자에게 통지하여야 한다.

참조 [개정 장소]법원조직56, [기일지정]165, [수명법관과 수탁판사에 의한 증거조사]313 · 333 · 354 · 365

제298조【수탁판사의 기록송부】 수탁판사는 증거조사에 관한 기록을 바로 수소법원에 보내야 한다.

참조 [증거조사조서]160, [증거조사촉탁]297

제299조【소명의 방법】 ① 소명은 즉시 조사할 수 있는 증거에 의하여야 한다.
② 법원은 당사자 또는 법정대리인으로 하여금 보증금을 공탁하게 하거나, 그 주장이 진실하다는 것을 선서하게 하여 소명에 갈음할 수 있다.
③ 제2항의 선서에는 제320조, 제321조제1항 · 제3항 · 제4항 및 제322조의 규정을 준용한다.

참조 [소명하여야 할 경우]44② · 62① · 73① · 110② · 111① · 128③ · 285① · 316 · 337② · 377②, 민집301, [법정대리인]51 · 62 · 64, [허위진술의 제재]300 · 301, [위증에 대한 벌의 경고]320, [선서의 방식]321, [선서무능력]322

제300조【보증금의 몰취】 제299조제2항의 규정에 따라 보증금을 공탁한 당사자 또는 법정대리인이 거짓 진술을 한 때에 법원은 결정으로 보증금을 몰취(沒取)한다.

참조 [결정]134 · 221, [불복신청]302, [소명에 갈음하는 공탁]299②

제301조【거짓 진술에 대한 제재】 제299조제2항의 규정에 따라 선서한 당사자 또는 법정대리인이 거짓 진술을 한 때에 법원은 결정으로 200만원 이하의 과태료에 처한다.

참조 [결정]134 · 221, [과태료]민집60, [불복신청]302

제302조【불복신청】 제300조 및 제301조의 결정에 대하여는 즉시항고를 할 수 있다.

참조 [즉시항고]444, [보증금의 몰취]300, [과태료 제재]301

제2절 증인신문

제303조【증인의 의무】 법원은 특별한 규정이 없으면 누구든지 증인으로 신문할 수 있다.

참조 [제척]41, [특별한 규정]305 · 307, [감정증인]340, [허위증언과 재심]451, [증인의 일당 · 여비등]민사소송비용4 · 11 · 12

제304조【대통령 · 국회의장 · 대법원장 · 헌법재판소장의 신문】 대통령 · 국회의장 · 대법원장 및 헌법재판소장 또는 그 직책에 있었던 사람을 증인으로 하여 직무상 비밀에 관한 사항을 신문할 경우에 법원은 그의 동의를 받아야 한다.

참조 [제척]41, [특별한 규정]305 · 307, [감정증인]340, [허위증언과 재심]451, [증인의 일당 · 여비등]민사소송비용4 · 11 · 12, [직무상 비밀]민소규78

제305조【국회의원 · 국무총리 · 국무위원의 신문】 ① 국회의원 또는 그 직책에 있었던 사람을 증인으로 하여 직무상 비밀에 관한 사항을 신문할 경우에 법원은 국회의 동의를 받아야 한다.
② 국무총리 · 국무위원 또는 그 직책에 있었던 사람을 증인으로 하여 직무상 비밀에 관한 사항을 신문할 경우에 법원은 국무회의의 동의를 받아야 한다.

참조 [국무위원]헌86 · 87②, [국무회의]헌88 · 89, [국회의원]헌41

제306조【공무원의 신문】 제304조와 제305조에 규정한 사람 외의 공무원 또는 공무원이었던 사람을 증인으로 하여 직무상 비밀에 관한 사항을 신문할 경우에 법원은 그 소속 관청 또는 감독 관청의 동의를 받아야 한다.

참조 [증언거절에 대한 재판]317①, [공무원의 수비의무]국가공무원60, 지방공무원52, 교육공무원43

제307조【거부권의 제한】 제305조와 제306조의 경우에 국회 · 국무회의 또는 제306조의 관청은 국가의 중대한 이익을 해치는 경우를 제외하고는 동의를 거부하지 못한다.

참조 [국회]헌40 · 41, [국무회의]헌88 · 89

제308조【증인신문의 신청】 당사자가 증인신문을 신청하고자 하는 때에는 증인을 지정하여 신청하여야 한다.

참조 [증인신문사항의 제출]민소규75, [증거신청]289①, [재신문의 신청]204

제309조【출석요구서의 기재사항】 증인에 대한 출석요구서에는 다음 각호의 사항을 적어야 한다.
1. 당사자의 표시
2. 신문 사항의 요지
3. 출석하지 아니하는 경우의 법률상 제재

참조 [증인의 출석요구서의 기재사항]민소규81, [기일의 통지]167, [본조 준용]333 · 373

제310조【증언에 갈음하는 서면의 제출】 ① 법원은 증인과 증명할 사항의 내용 등을 고려하여 상당하다고 인정하는 때에는 출석 · 증언에 갈음하여 증언할 사항을 적은 서면을 제출하게 할 수 있다.
② 법원은 상대방의 이의가 있거나 필요하다고 인정하는 때에는 제1항의 증인으로 하여금 출석 · 증언하게 할 수 있다.

참조 [서면에 의한 증언]민소규84, [증인의 의무]303

제311조【증인이 출석하지 아니한 경우의 과태료 등】 ① 증인이 정당한 사유 없이 출석하지 아니한 때에 법원은 결정으로 증인에게 이로 말미암은 소송비용을 부담하도록 명하고 500만원 이하의 과태료에 처한다.
② 법원은 증인이 제1항의 규정에 따른 과태료의 재판을 받고도 정당한 사유 없이 다시 출석하지 아니한 때에는 결정으로 증인을 7일 이내의 감치(監置)에 처한다.
③ 법원은 감치재판기일에 증인을 소환하여 제2항의 정당한 사유가 있는지 여부를 심리하여야 한다.
④ 감치에 처하는 재판은 그 재판을 한 법원의 재판장의 명령에 따라 법원공무원 또는 경찰공무원이 경찰서유치장 · 교도소 또는 구치소에 유치함으로써 집행한다.
(2020.12.22 본항개정)
⑤ 감치의 재판을 받은 증인이 제4항에 규정된 감치시설에 유치된 때에는 당해 감치시설의 장은 즉시 그 사실을 법원에 통보하여야 한다.
⑥ 법원은 제5항의 통보를 받은 때에는 바로 증인신문기일을 열어야 한다.
⑦ 감치의 재판을 받은 증인이 감치의 집행 중에 증언을 한 때에는 법원은 바로 감치결정을 취소하고 그 증인을 석방하도록 명하여야 한다.
⑧ 제1항과 제2항의 결정에 대하여는 즉시항고를 할 수 있다. 다만, 제447조의 규정은 적용하지 아니한다.
⑨ 제2항 내지 제8항의 규정에 따른 재판절차 및 그 집행 그 밖에 필요한 사항은 대법원규칙으로 정한다.

改前 ④ 감치에 처하는…명령에 따라 법원공무원 또는 "국가경찰공무원이"…집행한다.(2006.2.21 본항개정)

참조 [불출석 신고]민소규83, [증인에 대한 과태료 · 감치]민소규85 · 86, [불출석에 대한 다른 제재]312, [본조준용]318 · 326

제312조【출석하지 아니한 증인의 구인】 ① 법원은 정당한 사유 없이 출석하지 아니한 증인을 구인(拘引)하도록 명할 수 있다.
② 제1항의 구인에는 형사소송법의 구인에 관한 규정을 준용한다.

참조 [구인]형소71 · 152 · 166, [영장집행]집행관6

제313조【수명법관 · 수탁판사에 의한 증인신문】 법원은 다음 각호 가운데 어느 하나에 해당하면 수명법관 또는 수탁판사로 하여금 증인을 신문하게 할 수 있다.
1. 증인이 정당한 사유로 수소법원에 출석하지 못하는 때
2. 증인이 수소법원에 출석하려면 지나치게 많은 비용 또는 시간을 필요로 하는 때
3. 그 밖의 상당한 이유가 있는 경우로서 당사자가 이의를 제기하지 아니하는 때

참조 [수명법관]139①, [증거조사]160 · 297 · 332

제314조【증언거부권】 증인은 그 증인이 자기나 다음 각호 가운데 어느 하나에 해당하는 사람이 공소제기되거나 유죄판결을 받을 염려가 있는 사항 또는 자기나 그들에게 치욕이 될 사항에 관한 것인 때에는 이를 거부할 수 있다.
1. 증인의 친족 또는 이러한 관계에 있었던 사람
(2005.3.31 본호개정)
2. 증인의 후견인 또는 증인의 후견을 받는 사람

改前 1. 증인의 "친족 · 호주 · 가족" 또는 이러한 관계에 있었던 사람

참조 [거부에 대한 재판]317, [선서의 면제]323, [선서거부권]324, [본조에 게기한 자의 감정인 부적격]334, [친족]민777, [후견인]민928-940

제315조【증언거부권】 ① 증인은 다음 각호 가운데 어느 하나에 해당하면 증언을 거부할 수 있다.
1. 변호사 · 변리사 · 공증인 · 공인회계사 · 세무사 · 의료인 · 약사, 그 밖에 법령에 따라 비밀을 지킬 의무가 있는 직책 또는 종교의 직책에 있거나 이러한 직책에 있었던 사람이 직무상 비밀에 속하는 사항에 대하여 신문을 받을 때
2. 기술 또는 직업의 비밀에 속하는 사항에 대하여 신문을 받을 때
② 증인이 비밀을 지킬 의무가 면제된 경우에는 제1항의 규정을 적용하지 아니한다.

참조 [거부이유의 소명]316, [거부에 대한 재판]317, [직무상의 묵비의무]변호사26, 변리사23, 공증5, 공인회계사법20, 세무사법11, 행정사법23, 법무사법27, 의료법19, [업무상비밀누설]형317

일판 신문기사에 관하여 그 기자는 그 취재원에 대한 증언을 거절할 수 있다.(일 · 최고결 1980.3.9 조일신문)

제316조【거부이유의 소명】 증언을 거부하는 이유는 소명하여야 한다.

참조 [증언거부권]314 · 315, [소명의 방법]299, [증언거부에 대한 제재]318, [준용규정]326

제317조【증언거부에 대한 재판】 ① 수소법원은 당사자를 심문하여 증언거부가 옳은 지를 재판한다.
② 당사자 또는 증인은 제1항의 재판에 대하여 즉시항고를 할 수 있다.

참조 [심문]134③, [재판]134 · 224, [거부권 있는 경우]314 · 315, [본조준용]326, [즉시항고]444

제318조【증언거부에 대한 제재】 증언의 거부에 정당한 이유가 없다고 한 재판이 확정된 뒤에 증인이 증언을 거부한 때에는 제311조제1항, 제8항 및 제9항의 규정을 준용한다.

참조 [증언거부에 대한 재판]317

제319조【선서의 의무】 재판장은 증인에게 신문에 앞서 선서를 하게 하여야 한다. 다만, 특별한 사유가 있는 때에는 신문한 뒤에 선서를 하게 할 수 있다.

참조 [예외]322-324, [선서]154 · 320 · 321 · 325, [거부의 제재]326, [위증죄]형152 · 153, [본조준용]333 · 373

제320조【위증에 대한 벌의 경고】 재판장은 선서에 앞서 증인에게 선서의 취지를 밝히고, 위증의 벌에 대하여 경고하여야 한다.

참조 [위증죄]형152 · 153, [본조준용]299③ · 333 · 373

제321조【선서의 방식】 ① 선서는 선서서에 따라서 하여야 한다.
② 선서서에는 "양심에 따라 숨기거나 보태지 아니하고 사실 그대로 말하며, 만일 거짓말을 하면 위증의 벌을 받기로 맹세합니다."라고 적어야 한다.
③ 재판장은 증인으로 하여금 선서서를 소리내어 읽고 기명날인 또는 서명하게 하며, 증인이 선서서를 읽지 못하거나 기명날인 또는 서명하지 못하는 경우에는 참여한 법원사무관등이나 그 밖의 법원공무원으로 하여금 이를 대신하게 한다.
④ 증인은 일어서서 엄숙하게 선서하여야 한다.

참조 [선서의무]319, [감정인의 선서방식]338, [본조준용]304③ · 373

제322조【선서무능력】 다음 각호 가운데 어느 하나에 해당하는 사람을 증인으로 신문할 때에는 선서를 시키지 못한다.
1. 16세 미만인 사람
2. 선서의 취지를 이해하지 못하는 사람

참조 [위증벌의 경고]320, [조서에의 기재]154·325, [동취지의 규정]형소159, [본조준용]299③·373

제323조【선서의 면제】 제314조에 해당하는 증인으로서 증언을 거부하지 아니한 사람을 신문할 때에는 선서를 시키지 아니할 수 있다.

참조 [증언거부권]314, [변론조서의 기재]154·325

제324조【선서거부권】 증인이 자기 또는 제314조 각호에 규정된 어느 한 사람과 현저한 이해관계가 있는 사항에 관하여 신문을 받을 때에는 선서를 거부할 수 있다.

참조 [증언거부권]314, [선서의 거부]316·317·326

제325조【조서에의 기재】 선서를 시키지 아니하고 증인을 신문한 때에는 그 사유를 조서에 적어야 한다.

참조 [선서를 시키지 않는 경우]322-324, [조서]154

제326조【선서거부에 대한 제재】 증인이 선서를 거부하는 경우에는 제316조 내지 제318조의 규정을 준용한다.

참조 [거부이유의 소명]316, [증언거부에 대한 제재]318, [선서의 거부]316·317·326

제327조【증인신문의 방식】 ① 증인신문은 증인을 신청한 당사자가 먼저 하고, 다음에 다른 당사자가 한다.

② 재판장은 제1항의 신문이 끝난 뒤에 신문할 수 있다.

③ 재판장은 제1항과 제2항의 규정에 불구하고 언제든지 신문할 수 있다.

④ 재판장이 알맞다고 인정하는 때에는 당사자의 의견을 들어 제1항과 제2항의 규정에 따른 신문의 순서를 바꿀 수 있다.

⑤ 당사자의 신문이 중복되거나 쟁점과 관계가 없는 때, 그 밖에 필요한 사정이 있는 때에 재판장은 당사자의 신문을 제한할 수 있다.

⑥ 합의부원은 재판장에게 알리고 신문할 수 있다.

참조 [증인신문의 순서]민소규89, [증인신청자가 불출석한 때의 신문]민소규90, [증인신문의 신청]289·308, [특칙]소액10②, [본조 준용]333

제327조의2【비디오 등 중계장치에 의한 증인신문】

① 법원은 다음 각 호의 어느 하나에 해당하는 사람을 증인으로 신문하는 경우 상당하다고 인정하는 때에는 당사자의 의견을 들어 비디오 등 중계장치에 의한 중계시설을 통하거나 인터넷 화상장치를 이용하여 신문할 수 있다.(2021.8.17 본문개정)

1. 증인이 멀리 떨어진 곳 또는 교통이 불편한 곳에 살고 있거나 그 밖의 사정으로 말미암아 법정에 직접 출석하기 어려운 경우
2. 증인이 나이, 심신상태, 당사자나 법정대리인과의 관계, 신문사항의 내용, 그 밖의 사정으로 말미암아 법정에서 당사자 등과 대면하여 진술하면 심리적인 부담으로 정신의 평온을 현저하게 잃을 우려가 있는 경우

② 제1항에 따른 증인신문은 증인이 법정에 출석하여 이루어진 증인신문으로 본다.

③ 제1항에 따른 증인신문의 절차와 방법, 그 밖에 필요한 사항은 대법원규칙으로 정한다.

(2016.3.29 본조신설)

改前 ① 법원은…비디오 등 중계장치에 의한 중계시설을 "통하여" 신문할 수 있다.

참조 [방법과 절차]민소규95의2

제328조【격리신문과 그 예외】 ① 증인은 따로따로 신문하여야 한다.

② 신문하지 아니한 증인이 법정(法廷)안에 있을 때에는 법정에서 나가도록 명하여야 한다. 다만, 필요하다고 인정한 때에는 신문할 증인을 법정안에 머무르게 할 수 있다.

참조 [대질신문]329

제329조【대질신문】 재판장은 필요하다고 인정한 때에는 증인 서로의 대질을 명할 수 있다.

참조 [대질]368

제330조【증인의 행위의무】 재판장은 필요하다고 인정한 때에는 증인에게 문자를 손수 쓰게 하거나 그 밖의 필요한 행위를 하게 할 수 있다.

참조 [수기]361, [본조준용]373

제331조【증인의 진술원칙】 증인은 서류에 의하여 진술하지 못한다. 다만, 재판장이 허가하면 그러하지 아니하다.

참조 [조서에의 기재]154, [본조준용]373

제332조【수명법관·수탁판사의 권한】 수명법관 또는 수탁판사가 증인을 신문하는 경우에는 법원과 재판장의 직무를 행한다.

참조 [수명법관등의 신문]313, [수명법관등에 의한 증거조사]297·298, [법원의 직무]303-305·307·311·312·317·318, [재판장의 직무]319-321·327-330, [본조준용]333·373

제3절 감 정

제333조【증인신문규정의 준용】 감정에는 제2절의 규정을 준용한다. 다만, 제311조제2항 내지 제7항, 제312조, 제321조제2항, 제327조 및 제327조의2는 그러하지 아니하다.(2016.3.29 단서개정)

改前 제333조【증인신문규정의 준용】 감정에는 제2절의 규정을 준용한다. 다만, 제311조제2항 내지 제7항, "제312조 및 제321조제2항의 규정은" 그러하지 아니하다.

참조 [감정증인]340, [준용규정]140②, [증인신문규정의 준용]민소규104, [증인신문]2절, [증인 불출석 때의 과태료 및 구인]311·312, [선서의 방식]321②

제334조【감정의무】 ① 감정에 필요한 학식과 경험이 있는 사람은 감정할 의무를 진다.

② 제314조 또는 제324조의 규정에 따라 증언 또는 선서를 거부할 수 있는 사람과 제322조에 규정된 사람은 감정인이 되지 못한다.

참조 [증언거부권]314, [선서무능력]322, [선서거부권]324, [허위감정과 재심사유]451①

판례 법원의 착오로 선서를 누락한 감정인의 감정결과서면을 사실인정의 자료로 삼을 수 있는지 여부(적극) : 선서하지 아니한 감정인에 의한 감정 결과는 증거능력이 없으므로, 이를 사실인정의 자료로 삼을 수 없다 할 것이나, 한편 소송법상 감정인 신문이나 감정의 촉탁방법에 의한 것이 아니고 소송 외에서 전문적인 학식 경험이 있는 자가 작성한 감정의견을 기재한 서면이라 하더라도 그 서면이 서증으로 제출되었을 때 법원이 이를 합리적이라고 인정하면 이를 사실인정의 자료로 할 수 있다는 것인바, 그 감정인이 작성한 감정 결과를 기재한 서면이 당사자에 의하여 서증으로 제출되고, 법원이 그 내용을 합리적이라고 인정하는 때에는, 이를 사실인정의 자료로 삼을 수 있다.(대판 2006.5.25, 2005다77848)

제335조【감정인의 지정】 감정인은 수소법원·수명법관 또는 수탁판사가 지정한다.

참조 [수명법관]139, [수탁판사]160, [감정인]민집97·167·200

제335조의2【감정인의 의무】 ① 감정인은 감정사항이 자신의 전문분야에 속하지 아니하는 경우 또는 그에 속하더라도 다른 감정인과 함께 감정을 하여야 하는 경우에는 곧바로 법원에 감정인의 지정 취소 또는 추가 지정을 요구하여야 한다.

② 감정인은 감정을 다른 사람에게 위임하여서는 아니된다.

(2016.3.29 본조신설)

참조 [의무의 고지]민소규100의2

제336조【감정인의 기피】 감정인이 성실하게 감정할 수 없는 사정이 있는 때에 당사자는 그를 기피할 수 있다. 다만, 당사자는 감정인이 감정사항에 관한 진술을 하기 전부터 기피할 이유가 있다는 것을 알고 있었던 때에는 감정사항에 관한 진술이 이루어진 뒤에 그를 기피하지 못한다.

참조 [법관과 사무관등에 대한 기피]43-48·50, [기피신청]민소규102

제337조【기피의 절차】 ① 기피신청은 수소법원·수명법관 또는 수탁판사에게 하여야 한다.

② 기피하는 사유는 소명하여야 한다.

③ 기피하는 데 정당한 이유가 있다고 한 결정에 대하여는 불복할 수 없고, 이유가 없다고 한 결정에 대하여는 즉시항고를 할 수 있다.

참조 [신청]161, [소명]299, [결정]134·221, [즉시항고]444

제338조【선서의 방식】 선서서에는 "양심에 따라 성실히 감정하고, 만일 거짓이 있으면 거짓감정의 벌을 받기로 맹세합니다."라고 적어야 한다.

참조 [증인의 선서]321②, [조서에의 기재]154, [허위감정죄]형154

제339조【감정진술의 방식】 ① 재판장은 감정인으로 하여금 서면이나 말로써 의견을 진술하게 할 수 있다.

② 재판장은 여러 감정인에게 감정을 명하는 경우에는 다 함께 또는 따로따로 의견을 진술하게 할 수 있다.

③ 법원은 제1항 및 제2항에 따른 감정진술에 관하여 당사자에게 서면이나 말로써 의견을 진술할 기회를 주어야 한다.(2016.3.29 본항신설)

참조 [조서에의 기재]154, [구술의 원칙]331, [의견진술]민소규101의3

제339조의2【감정인신문의 방식】 ① 감정인은 재판장이 신문한다.

② 합의부원은 재판장에게 알리고 신문할 수 있다.

③ 당사자는 재판장에게 알리고 신문할 수 있다. 다만, 당사자의 신문이 중복되거나 쟁점과 관계가 없는 때, 그 밖에 필요한 사정이 있는 때에는 재판장은 당사자의 신문을 제한할 수 있다.

(2016.3.29 본조신설)

제339조의3【비디오 등 중계장치 등에 의한 감정인신문】 ① 법원은 다음 각 호의 어느 하나에 해당하는 사람을 감정인으로 신문하는 경우 상당하다고 인정하는 때에는 당사자의 의견을 들어 비디오 등 중계장치에 의한 중계시설을 통하여 신문하거나 인터넷 화상장치를 이용하여 신문할 수 있다.

1. 감정인이 법정에 직접 출석하기 어려운 특별한 사정이 있는 경우
2. 감정인이 외국에 거주하는 경우

② 제1항에 따른 감정인신문에 관하여는 제327조의2제2항 및 제3항을 준용한다.

(2016.3.29 본조신설)

참조 [촉탁받은 감정인의 설명]341

제340조【감정증인】 특별한 학식과 경험에 의하여 알게 된 사실에 관한 신문은 증인신문에 관한 규정을 따른다. 다만, 비디오 등 중계장치 등에 의한 감정증인신문에 관하여는 제339조의3을 준용한다.(2016.3.29 단서신설)

참조 [증인신문]303-332

제341조【감정의 촉탁】 ① 법원이 필요하다고 인정하는 경우에는 공공기관·학교, 그 밖에 상당한 설비가 있는 단체 또는 외국의 공공기관에 감정을 촉탁할 수 있다. 이 경우에는 선서에 관한 규정을 적용하지 아니한다.

② 제1항의 경우에 법원은 필요하다고 인정하면 공공기관·학교, 그 밖의 단체 또는 외국 공공기관이 지정한 사람으로 하여금 감정서를 설명하게 할 수 있다.

③ 제2항의 경우에는 제339조의3을 준용한다.(2016.3.29 본항신설)

참조 [촉탁의 기관]139②, [감정서의 설명]민소규103, [촉탁의 보수등]민사소송비용6

판례 신체감정촉탁에 의한 여명감정결과의 증명력 : 상해의 후유증이 평균여명에 어떠한 영향을 미쳐 여명이 얼마나 단축될 것인가는 후유증의 구체적 내용에 따라 의학적 견지에서 개별적으로 판단할 것인바, 신체감정촉탁에 의한 여명감정결과는 의학적 판단에 속하는 것으로서 특별한 사정이 없는 한 그에 관한 감정인의 판단은 존중되어야 한다.(대판 1992.11.27, 92다26673)

제342조【감정에 필요한 처분】 ① 감정인은 감정을 위하여 필요한 경우에는 법원의 허가를 받아 남의 토지, 주거, 관리 중인 가옥, 건조물, 항공기, 선박, 차량, 그 밖의 시설물안에 들어갈 수 있다.

② 제1항의 경우 저항을 받을 때에는 감정인은 경찰공무원에게 원조를 요청할 수 있다.(2020.12.22 본항개정)

改前 ② 제1항의 경우 저항을 받을 때에는 감정인은 "국가경찰공무원에게" 원조를 요청할 수 있다.(2006.2.21 본항개정)

참조 [감정인]민집97·200

제4절 서 증

제343조【서증신청의 방식】 당사자가 서증(書證)을 신청하고자 하는 때에는 문서를 제출하는 방식 또는 문서를 가진 사람에게 그것을 제출하도록 명할 것을 신청하는 방식으로 한다.

참조 [문서가 있는 장소에서의 서증신청]민소규112, [신청]161, [증거신청방식]289, [문서제출의무]344, [문서제출신청]345-348, [문서의 제출방법]355, [본조준용]366

판례 처분문서의 의미 : 처분문서란 그에 의하여 증명하려고 하는 법률상의 행위가 그 문서에 의하여 이루어진 것을 의미하므로, 부동산 교환계약의 처분문서는 그 부동산교환계약서일 뿐이고 교환계약상의 등록의무를 이행하기 위하여 사후에 형식적으로 작성된 임차권 양도계약서(ASSIGNMENT OF LEASE)는 교환계약에 대한 처분문서가 아니므로 이와 저촉되는 사실을 인정하였다 하여 처분문서의 증명력에 관한 법리를 오해한 위법을 저질렀다고 할 수 없다.(대판 1997.5.30, 97다2986)

제344조【문서의 제출의무】 ① 다음 각호의 경우에 문서를 가지고 있는 사람은 그 제출을 거부하지 못한다.

1. 당사자가 소송에서 인용한 문서를 가지고 있는 때
2. 신청자가 문서를 가지고 있는 사람에게 그것을 넘겨달라고 하거나 보겠다고 요구할 수 있는 사법상의 권리를 가지고 있는 때
3. 문서가 신청자의 이익을 위하여 작성되었거나, 신청자와 문서를 가지고 있는 사람 사이의 법률관계에 관하여 작성된 것인 때. 다만, 다음 각목의 사유 가운데 어느 하나에 해당하는 경우에는 그러하지 아니하다.
   가. 제304조 내지 제306조에 규정된 사항이 적혀 있는 문서로서 같은 조문들에 규정된 동의를 받지 아니한 문서
   나. 문서를 가진 사람 또는 그와 제314조 각호 가운데 어느 하나의 관계에 있는 사람에 관하여 같은 조에서 규정된 사항이 적혀 있는 문서
   다. 제315조제1항 각호에 규정된 사항중 어느 하나에 규정된 사항이 적혀 있고 비밀을 지킬 의무가 면제되지 아니한 문서

② 제1항의 경우 외에도 문서(공무원 또는 공무원이었던 사람이 그 직무와 관련하여 보관하거나 가지고 있는 문서를 제외한다)가 다음 각호의 어느 하나에도 해당하지 아니하는 경우에는 문서를 가지고 있는 사람은 그 제출을 거부하지 못한다.

1. 제1항제3호나목 및 다목에 규정된 문서
2. 오로지 문서를 가진 사람이 이용하기 위한 문서

참조 [대통령 등의 신문]304, [공무원의 신문]306, [증언거부권]314, [증언거부권]315①, [부제출, 사용방해효과]349·350, [제3자의 부제출제재]351, [상업장부의 제출의무]상32, [열람을 구할 수 있는 경우]상277·396②

판례 민사소송법 제344조 제2항은 같은 조 제1항에서 정한 문서에 해당하지 아니한 문서라도 문서의 소지자는 원칙적으로 그 제출을 거부하지 못하나, 다만 '공무원 또는 공무원이었던 사람이 그 직무와 관련하여 보관하거나 가지고 있는 문서'는 예외적으로 제출을 거부할 수 있다고 규정하고 있는바, 여기서 말하는 '공무원 또는 공무원이었던 사람이 그 직무와 관련하여 보관하거나 가지고 있는 문서'는 국가기관이 보유·관리하는 공문서를 의미한다고 할 것이고, 이러한 공문서의 공개에 관하여는 공공기관의 정보공개에 관한 법률에서 정한 절차와 방법에 의하여야 할 것이다.(대결 2010.1.19, 2008마546)

판례 문서제출명령을 할 때의 문서의 존재와 소지에 관한 증명책임 : 문서의 제출의무는 그 문서를 소지하고 있는 자에게 있는 것이므로 법원이 문서제출명령을 발함에 있어서는 먼저 그 문서의 존재와 소지가 증명되어야 하고 그 입증책임은 원칙적으로 신청인에게 있는 것이다.(대결 2005.7.11, 2005마259)

일판 '소지자'라 함은 본안소송의 당사자외의 제3자를 포함하고 제3자에는 사인외의 오사카 수도기업관리자와 같은 지방공공단체의 기관도 포함한다.(日·大阪高 1987.3.18)

제345조【문서제출신청의 방식】 문서제출신청에는 다음 각호의 사항을 밝혀야 한다.
1. 문서의 표시
2. 문서의 취지
3. 문서를 가진 사람
4. 증명할 사실
5. 문서를 제출하여야 하는 의무의 원인

참조 [신청]161 · 343, 민소규75, [문서제출신청]민소규110

제346조【문서목록의 제출】 제345조의 신청을 위하여 필요하다고 인정하는 경우에는, 법원은 신청대상이 되는 문서의 취지나 그 문서로 증명할 사실을 개괄적으로 표시한 당사자의 신청에 따라, 상대방 당사자에게 신청내용과 관련하여 가지고 있는 문서 또는 신청내용과 관련하여 서증으로 제출할 문서에 관하여 그 표시와 취지 등을 적어 내도록 명할 수 있다.

참조 [문서제출의무]344, [문서제출신청]민소규110

제347조【제출신청의 허가여부에 대한 재판】 ① 법원은 문서제출신청에 정당한 이유가 있다고 인정한 때에는 결정으로 문서를 가진 사람에게 그 제출을 명할 수 있다.
② 문서제출의 신청이 문서의 일부에 대하여만 이유 있다고 인정한 때에는 그 부분만의 제출을 명하여야 한다.
③ 제3자에 대하여 문서의 제출을 명하는 경우에는 제3자 또는 그가 지정하는 자를 심문하여야 한다.
④ 법원은 문서가 제344조에 해당하는지를 판단하기 위하여 필요하다고 인정하는 때에는 문서를 가지고 있는 사람에게 그 문서를 제시하도록 명할 수 있다. 이 경우 법원은 그 문서를 다른 사람이 보도록 하여서는 안된다.

참조 [문서제출신청]343-345, 민소규110, [결정]134 · 221, [불복신청]348, [본조준용]366, [문서사본제출의무]민소규115

제348조【불복신청】 문서제출의 신청에 관한 결정에 대하여는 즉시항고를 할 수 있다.

참조 [본조준용]366, [즉시항고]444

제349조【당사자가 문서를 제출하지 아니한 때의 효과】 당사자가 제347조제1항 · 제2항 및 제4항의 규정에 의한 명령에 따르지 아니한 때에는 법원은 문서의 기재에 대한 상대방의 주장을 진실한 것으로 인정할 수 있다.

참조 [예외]가소12, [본조준용]366

제350조【당사자가 사용을 방해한 때의 효과】 당사자가 상대방의 사용을 방해할 목적으로 제출의무가 있는 문서를 훼손하여 버리거나 이를 사용할 수 없게 한 때에는, 법원은 그 문서의 기재에 대한 상대방의 주장을 진실한 것으로 인정할 수 있다.

참조 [예외]가소12, [문서제출의무]344, [본조준용]366

제351조【제3자가 문서를 제출하지 아니한 때의 제재】 제3자가 제347조제1항 · 제2항 및 제4항의 규정에 의한 명령에 따르지 아니한 때에는 제318조의 규정을 준용한다.

참조 [문서제출의무]344, [문서제출명령]347①, [결정]134 · 221, [제3자에의 심문]347③, [과태료]민집60, [즉시항고]444

제352조【문서송부의 촉탁】 서증의 신청은 제343조의 규정에 불구하고 문서를 가지고 있는 사람에게 그 문서를 보내도록 촉탁할 것을 신청함으로써도 할 수 있다. 다만, 당사자가 법령에 의하여 문서의 정본 또는 등본을 청구할 수 있는 경우에는 그러하지 아니하다.

참조 [신청]161, 민소규110, [문서제출의 방법]355, [법령에 의하여 정본 · 등본을 청구할 수 있는 경우]162①, 가족관계등록14, 비송192, [일부문서에 대한 송부촉탁]민소규113, [본조준용]366

제352조의2【협력의무】 ① 제352조에 따라 법원으로부터 문서의 송부를 촉탁받은 사람 또는 제297조에 따른 증거조사의 대상인 문서를 가지고 있는 사람은 정당한 사유가 없는 한 이에 협력하여야 한다.
② 문서의 송부를 촉탁받은 사람이 그 문서를 보관하고 있지 아니하거나 그 밖에 송부촉탁에 따를 수 없는 사정이 있는 때에는 법원에 그 사유를 통지하여야 한다.
(2007.5.17 본조신설)

참조 [법원밖에서의 증거조사]297, [문서송부의 촉탁]352

제353조【제출문서의 보관】 법원은 필요하다고 인정하는 때에는 제출되거나 보내 온 문서를 맡아 둘 수 있다.

참조 [제출]343, [보관증]민소규111, [송부]352, [석명처분으로서의 유치]140①, [본조준용]366

제354조【수명법관 · 수탁판사에 의한 조사】 ① 법원은 제297조의 규정에 따라 수명법관 또는 수탁판사에게 문서에 대한 증거조사를 하게 하는 경우에 그 조서에 적을 사항을 정할 수 있다.
② 제1항의 조서에는 문서의 등본 또는 초본을 붙여야 한다.

참조 [수명법관]139, [수탁판사]160, [본조준용]66

제355조【문서제출의 방법 등】 ① 법원에 문서를 제출하거나 보낼 때에는 원본, 정본 또는 인증이 있는 등본으로 하여야 한다.
② 법원은 필요하다고 인정하는 때에는 원본을 제출하도록 명하거나 이를 보내도록 촉탁할 수 있다.
③ 법원은 당사자로 하여금 그 인용한 문서의 등본 또는 초본을 제출하게 할 수 있다.
④ 문서가 증거로 채택되지 아니한 때에는 법원은 당사자의 의견을 들어 제출된 문서의 원본 · 정본 · 등본 · 초본 등을 돌려주거나 폐기할 수 있다.

참조 [제출]343, [송부]352, [정본 · 등본]162, 공증46-55, [인증]가족관계등록14, 공증57이하, [인용한 문서]40① · 274 · 344①

제356조【공문서의 진정의 추정】 ① 문서의 작성방식과 취지에 의하여 공무원이 직무상 작성한 것으로 인정한 때에는 이를 진정한 공문서로 추정한다.
② 공문서가 진정한지 의심스러운 때에는 법원은 직권으로 해당 공공기관에 조회할 수 있다.
③ 외국의 공공기관이 작성한 것으로 인정한 문서에는 제1항 및 제2항의 규정을 준용한다.

참조 [증서의 진정여부 확인의 소]250, [사문서]357 · 358

판례 공문서의 진정성립 추정 및 그 증명력 : 공문서는 그 진정성립이 추정됨과 아울러 그 기재 내용의 증명력 역시 진실에 반한다는 등의 특별한 사정이 없는 한 함부로 배척할 수 없다.
(대판 2006.6.15, 2006다16055)

판례 공문서의 진정성립 추정과 주말(朱抹)된 부분의 증명력 : 진정성립이 추정되는 공문서는 진실에 반한다는 등의 특별한 사정이 없는 한 그 내용의 증명력을 쉽게 배척할 수는 없다고 할 것이고, 그 공문서의 기재 중 붉은 선으로 그어 말소된 부분이 있는 경우에도 그 말소의 경위나 태양 등에 있어 비정상으로 이루어졌다는 등의 특별한 사정이 없는 한 그 말소된 기재 내용대로의 증명력을 가진다.
(대판 2002.2.22, 2001다78768)

제357조【사문서의 진정의 증명】 사문서는 그것이 진정한 것임을 증명하여야 한다.

참조 [공문서]356, [진정성립 부인]민소규116

판례 문서의 진정성립 인정 여부의 판단 방법 : 문서에 대한 진정성립의 인정 여부는 법원이 모든 증거자료와 변론 전체의 취지에 터잡아 자유심증에 따라 판단하게 되는 것이고, 사문서의 진정성립에 관한 증명 방법에 관하여는 특별한 제한이 없으나 그 증명 방법은 신빙성이 있어야 하고, 증인의 증언에 의하여 그 진정성립을 인정하는 경우 그 신빙성 여부를 판단함에 있어서는 증언 내용의 합리성, 증인의 증언 태도, 다른 증거와의 합치 여부, 증인의 사건에 대한 이해관계, 당사자와의 관계 등을 종합적으로 검토하여야 한다.
(대판 2005.12.9, 2004다40306)

제358조【사문서의 진정의 추정】 사문서는 본인 또는 대리인의 서명이나 날인 또는 무인(拇印)이 있는 때에는 진정한 것으로 추정한다.

참조 [사문서의 진정증명]357

판례 날인행위가 작성명의인 이외의 자에 의한 것이 밝혀진 경우 정당한 권원에 대한 입증책임 : 문서에 날인된 작성명의인의 인영이 그의 인장에 의하여 현출된 것이라면 특별한 사정이 없는 한 그 인영의 진정성립, 즉 날인행위가 작성명의인의 의사에 기한 것임이 사실상 추정되고, 일단 인영의 진정성립이 추정되면 그 문서 전체의 진정성립이 추정되나, 위와 같은 사실상 추정은 날인행위가 작성명의인 이외의 자에 의하여 이루어진 것임이 밝혀진 경우에는 깨어지는 것이므로, 문서제출자는 그 날인행위가 작성명의인으로부터 위임받은 정당한 권원에 의한 것이라는 사실까지 증명할 책임이 있다.
(대판 2009.9.24, 2009다37831)

판례 인영 부분 등의 진정성립이 인정된다면 다른 특별한 사정이 없는 한 당해 문서는 그 전체가 완성되어 있는 상태에서 작성명의인이 그러한 서명·날인·무인을 하였다고 추정할 수 있다.
(대판 2003.4.11, 2001다11406)

판례 인영의 진정성립 추정에 의한 사문서 전체의 진정성립 추정 : 사문서에 날인된 작성 명의인의 인영이 그의 인장에 의하여 현출된 것이라면 특단의 사정이 없는 한 그 인영의 진정성립, 즉 날인행위가 작성 명의인의 의사에 기한 것임이 추정되고, 일단 인영의 진정성립이 추정되면 민소법 제358조에 의하여 그 문서 전체의 진정성립이 추정되나, 그와 같은 인영의 진정성립, 즉 날인행위가 작성 명의인의 의사에 기한 것이라는 추정은 사실상의 추정이므로, 인영의 진정성립을 다투는 자가 반증을 들어 인영의 날인행위가 작성 명의인의 의사에 기한 것임에 관하여 법원으로 하여금 의심을 품게할 수 있는 사정을 입증하면 그 진정성립의 추정은 깨어진다.
(대판 2003.2.11, 2002다59122)

제359조【필적 또는 인영의 대조】 문서가 진정하게 성립된 것인지 어떤지는 필적 또는 인영(印影)을 대조하여 증명할 수 있다.

참조 [증서의 진정여부 확인의 소]250, [증인의 수기의무]330, [상대방의 수기의무]361

판례 무인 감정 결과를 배척하기 위한 요건 : 과학적인 방법이라고 할 수 있는 무인 감정 결과를 배척하기 위하여는 특별한 사정이 없는 한, 감정 경위나 감정 방법의 잘못 등 감정 자체에 있어서의 배척사유가 있어야 한다.(대판 1999.4.9, 98다57198)

제360조【대조용문서의 제출절차】 ① 대조에 필요한 필적이나 인영이 있는 문서, 그 밖의 물건을 법원에 제출하거나 보내는 경우에는 제343조, 제347조 내지 제350조, 제352조 내지 제354조의 규정을 준용한다.
② 제3자가 정당한 사유 없이 제1항의 규정에 의한 제출명령에 따르지 아니한 때에 법원은 결정으로 200만원 이하의 과태료에 처한다.
③ 제2항의 결정에 대하여는 즉시항고를 할 수 있다.

참조 [대조용문서의 첨부]362, [서증신청의 방식]343, [제출신청의 허가여부에 대한 재판]347, [당사자가 사용을 방해한 때의 효과]350, [문서송부의 촉탁]352, [수명법관에 의한 조사]354, [즉시항고]444, [결정]134·221, [과태료의 재판 집행]민집60

제361조【상대방이 손수 써야 하는 의무】 ① 대조하는 데에 적당한 필적이 없는 때에는 법원은 상대방에게 그 문자를 손수 쓰도록 명할 수 있다.
② 상대방이 정당한 이유 없이 제1항의 명령에 따르지 아니한 때에는 법원은 문서의 진정여부에 관한 확인신청자의 주장을 진실한 것으로 인정할 수 있다. 필치(筆致)를 바꾸어 손수 쓴 때에도 또한 같다.

참조 [증인의 수기의무]330, [필적의 대조]359

제362조【대조용문서의 첨부】 대조하는 데에 제공된 서류는 그 원본·등본 또는 초본을 조서에 붙여야 한다.

참조 [대조문서의 제출절차]360, [증인의 수기의무]330, [상대방의 수기의무]361, [조서]152

제363조【문서성립의 부인에 대한 제재】 ① 당사자 또는 그 대리인이 고의나 중대한 과실로 진실에 어긋나게 문서의 진정을 다툰 때에는 법원은 결정으로 200만원 이하의 과태료에 처한다.
② 제1항의 결정에 대하여는 즉시항고를 할 수 있다.
③ 제1항의 경우에 문서의 진정에 대하여 다툰 당사자 또는 대리인이 소송이 법원에 계속된 중에 그 진정을 인정하는 때에는 법원은 제1항의 결정을 취소할 수 있다.

참조 [소송능력]51·55, [법정대리인]민920·928·929·949, [소송대리인]87, [결정]134·221, [과태료의 재판집행]민집60, [즉시항고]444

제5절 검 증

제364조【검증의 신청】 당사자가 검증을 신청하고자 하는 때에는 검증의 목적을 표시하여 신청하여야 한다.

참조 [검증물건의 제출]민소규117·118, [증거신청]289①, [검증의 결과기재]154, [본조준용]140②

제365조【검증할 때의 감정 등】 수명법관 또는 수탁판사는 검증에 필요하다고 인정할 때에는 감정을 명하거나 증인을 신문할 수 있다.

참조 [수명법관]139, [수탁판사]160, [감정]333이하

제366조【검증의 절차 등】 ① 검증할 목적물을 제출하거나 보내는 데에는 제343조, 제347조 내지 제350조, 제352조 내지 제354조의 규정을 준용한다.
② 제3자가 정당한 사유 없이 제1항의 규정에 의한 제출명령에 따르지 아니한 때에는 법원은 결정으로 200만원 이하의 과태료에 처한다. 이 결정에 대하여는 즉시항고를 할 수 있다.
③ 법원은 검증을 위하여 필요한 경우에는 제342조제1항에 규정된 처분을 할 수 있다. 이 경우 저항을 받은 때에는 경찰공무원에게 원조를 요청할 수 있다.(2020.12.22 후단개정)

改前 ③ …이 경우 저항을 받은 때에는 "국가경찰공무원에게" 원조를 요청할 수 있다.(2006.2.21 후단개정)

참조 [검증목적물의 제출]민소규117·118, [서증신청의 방식]343, [제출신청의 허가여부에 대한 재판]347, [당사자가 사용을 방해한 때의 효과]350, [문서송부의 촉탁]352, [수명법관에 의한 조사]354, [결정]134·221, [과태료의 재판 집행]민집60, [즉시항고]444, [감정에 필요한 처분]342①

제6절 당사자신문

제367조【당사자신문】 법원은 직권으로 또는 당사자의 신청에 따라 당사자 본인을 신문할 수 있다. 이 경우 당사자에게 선서를 하게 하여야 한다.

참조 [신청]161, [석명처분으로서의 본인의 출석명령]140①, [당사자의 선서]319－322·373, [가사소송에서의 직권신문]가소17

제368조【대질】 재판장은 필요하다고 인정한 때에 당사자 서로의 대질 또는 당사자와 증인의 대질을 명할 수 있다.

참조 [증인상호의 대질]329

제369조【출석·선서·진술의 의무】 당사자가 정당한 사유 없이 출석하지 아니하거나 선서 또는 진술을 거부한 때에는 법원은 신문사항에 관한 상대방의 주장을 진실한 것으로 인정할 수 있다.

참조 [증인의 불출석, 선서·증언거부]311·312·318·326, [당사자가 문서를 제출하지 아니한 때, 문서사용방해의 효과]349·350, [대조문자의 수기불응]361②

제370조【거짓 진술에 대한 제재】 ① 선서한 당사자가 거짓 진술을 한 때에는 법원은 결정으로 500만원 이하의 과태료에 처한다.
② 제1항의 결정에 대하여는 즉시항고를 할 수 있다.
③ 제1항의 결정에는 제363조제3항의 규정을 준용한다.

참조 [당사자의 선서]367, [결정]134·221, [과태료의 재판집행]민집60, [즉시항고]444, [재심사유]451①②, [증인·감정인의 허위진술에 대한 제재]형152－154

제371조【신문조서】 당사자를 신문한 때에는 선서의 유무와 진술 내용을 조서에 적어야 한다.

참조 [당사자의 선서]367, [조서에의 기재]154·325

제372조【법정대리인의 신문】 소송에서 당사자를 대표하는 법정대리인에 대하여는 제367조 내지 제371조의 규정을 준용한다. 다만, 당사자 본인도 신문할 수 있다.

참조 [당사자를 대표하는 법정대리인]51·55·62·64, [준용]민소규119

제373조【증인신문 규정의 준용】 이 절의 신문에는 제309조, 제313조, 제319조 내지 제322조, 제327조, 제327조의2와 제330조 내지 제332조의 규정을 준용한다.
(2021.8.17 본조개정)

改前 제373조【증인신문 규정의 준용】 이 절의…제322조, "제327조"와 제330조 내지 제332조의 규정을 준용한다.

참조 [출석요구서의 기재사항]309, [수명법관에 의한 증인신문]313, [선서의 의무]319, [선서무능력]322, [증인신문의 방식]327, [증인의 행위의무]330, [수명법관의 권한]332

제7절 그 밖의 증거

제374조【그 밖의 증거】 도면·사진·녹음테이프·비디오테이프·컴퓨터용 자기디스크, 그 밖에 정보를 담기 위하여 만들어진 물건으로서 문서가 아닌 증거의 조사에 관한 사항은 제3절 내지 제5절의 규정에 준하여 대법원규칙으로 정한다.

참조 [증거의 조사]289·292, [감정, 서증, 검증]3절-5절, [그 밖의 증거]민소규120-122

제8절 증거보전

제375조【증거보전의 요건】 법원은 미리 증거조사를 하지 아니하면 그 증거를 사용하기 곤란할 사정이 있다고 인정한 때에는 당사자의 신청에 따라 이 장의 규정에 따라 증거조사를 할 수 있다.

참조 [신청]161·377, [직권으로 하는 경우]379, [증거보전기록 송부]민소규125

제376조【증거보전의 관할】 ① 증거보전의 신청은 소를 제기한 뒤에는 그 증거를 사용할 심급의 법원에 하여야 한다. 소를 제기하기 전에는 신문을 받을 사람이나 문서를 가진 사람의 거소 또는 검증하고자 하는 목적물이 있는 곳을 관할하는 지방법원에 하여야 한다.

② 급박한 경우에는 소를 제기한 뒤에도 제1항 후단에 규정된 지방법원에 증거보전의 신청을 할 수 있다.

참조 [거소]민19·20, [지방법원의 심판권]법원조직7③④·29

제377조【신청의 방식】 ① 증거보전의 신청에는 다음 각호의 사항을 밝혀야 한다.

1. 상대방의 표시
2. 증명할 사실
3. 보전하고자 하는 증거
4. 증거보전의 사유

② 증거보전의 사유는 소명하여야 한다.

참조 [상대방지정불능의 경우]378, [소명]299

제378조【상대방을 지정할 수 없는 경우】 증거보전의 신청은 상대방을 지정할 수 없는 경우에도 할 수 있다. 이 경우 법원은 상대방이 될 사람을 위하여 특별대리인을 선임할 수 있다.

참조 [신청의 방식]377, [상대방의 소환]381

제379조【직권에 의한 증거보전】 법원은 필요하다고 인정한 때에는 소송이 계속된 중에 직권으로 증거보전을 결정할 수 있다.

참조 [결정]134·221, [불복신청금지]380, [증거보전]375

제380조【불복금지】 증거보전의 결정에 대하여는 불복할 수 없다.

참조 [증거보전]375

제381조【당사자의 참여】 증거조사의 기일은 신청인과 상대방에게 통지하여야 한다. 다만, 긴급한 경우에는 그러하지 아니하다.

참조 [상대방]377①, [소환의 방식]167, [당사자 불출석의 경우]295

제382조【증거보전의 기록】 증거보전에 관한 기록은 본안소송의 기록이 있는 법원에 보내야 한다.

참조 [본안소송의 기록있는 법원]40·162·421

제383조【증거보전의 비용】 증거보전에 관한 비용은 소송비용의 일부로 한다.

참조 [소송비용]98-116

제384조【변론에서의 재신문】 증거보전절차에서 신문한 증인을 당사자가 변론에서 다시 신문하고자 신청한 때에는 법원은 그 증인을 신문하여야 한다.

참조 [변론]134, [증인신문]308

제4장 제소전화해(提訴前和解)의 절차

제385조【화해신청의 방식】 ① 민사상 다툼에 관하여 당사자는 청구의 취지·원인과 다투는 사정을 밝혀 상대방의 보통재판적이 있는 곳의 지방법원에 화해를 신청할 수 있다.

② 당사자는 제1항의 화해를 위하여 대리인을 선임하는 권리를 상대방에게 위임할 수 없다.

③ 법원은 필요한 경우 대리권의 유무를 조사하기 위하여 당사자본인 또는 법정대리인의 출석을 명할 수 있다.

④ 화해신청에는 그 성질에 어긋나지 아니하면 소에 관한 규정을 준용한다.

참조 [청구의 취지·원인]249①·262, [소송상화해]145·220, [보통재판적]2-6, [소송대리인]87-97, [출석의 통지]167, [소에 관한 규정]233-247·254-259·265·266①·267①

판례 제소전 화해에 기하여 마쳐진 소유권이전등기가 원인무효라고 주장하여 말소등기절차의 이행을 청구하는 것이 기판력에 저촉되는지 여부(적극) : 제소전 화해조서는 확정판결과 같은 효력이 있어 당사자 사이에 기판력이 생기는 것이므로, 원고가 피고에게 토지에 관하여 신탁해지를 원인으로 한 소유권이전등기절차를 이행하기로 한 제소전 화해가 준재심에 의하여 취소되지 않은 이상, 그 제소전 화해에 기하여 마쳐진 소유권이전등기가 원인무효라고 주장하며 말소등기절차의 이행을 청구하는 것은 제소전 화해에 의하여 확정된 소유권이전등기청구권을 부인하는 것이어서 그 기판력에 저촉된다.(대판 2002.12.6, 2002다44014)

제386조【화해가 성립된 경우】 화해가 성립된 때에는 법원사무관등은 조서에 당사자, 법정대리인, 청구의 취지와 원인, 화해조항, 날짜와 법원을 표시하고 판사와 법원사무관등이 기명날인 또는 서명한다.(2017.10.31 본조개정)

改前 …화해조항, 날짜와 법원을 표시하고 판사와 법원사무관등이 "기명날인"한다.

참조 [조서]152-160, [화해조서의 효력]220, [청구의 취지·원인]262·305①, [화해의 비용]106·389

제387조【화해가 성립되지 아니한 경우】 ① 화해가 성립되지 아니한 때에는 법원사무관등은 그 사유를 조서에 적어야 한다.

② 신청인 또는 상대방이 기일에 출석하지 아니한 때에는 법원은 이들의 화해가 성립되지 아니한 것으로 볼 수 있다.

③ 법원사무관등은 제1항의 조서등본을 당사자에게 송달하여야 한다.

참조 [조서]152-160, [화해조서의 효력]220, 민집57, [화해불성립의 경우의 비용]389, [화해불성립에 있어서의 시효중단의 효력유지]민173

제388조【소제기신청】 ① 제387조의 경우에 당사자는 소제기신청을 할 수 있다.

② 적법한 소제기신청이 있으면 화해신청을 한 때에 소가 제기된 것으로 본다. 이 경우 법원사무관등은 바로 소송기록을 관할 법원에 보내야 한다.

③ 제1항의 신청은 제387조제3항의 조서등본이 송달된 날부터 2주 이내에 하여야 한다. 다만, 조서등본이 송달되기 전에도 신청할 수 있다.

④ 제3항의 기간은 불변기간으로 한다.

참조 [화해의 불성립]387, [소제기]248, [관할법원]2-5·28, 법원조직7, [법원사무관 등]법원조직53, [조서등본의 송달]387③, [조서]152-160·220, 민집57, [불변기간]172·173

제389조【화해비용】 화해비용은 화해가 성립된 경우에는 특별한 합의가 없으면 당사자들이 각자 부담하고, 화해가 성립되지 아니한 경우에는 신청인이 부담한다. 다만, 소제기신청이 있는 경우에는 화해비용을 소송비용의 일부로 한다.

참조 [비용부담]106

제3편 상 소

제1장 항 소

제390조【항소의 대상】 ① 항소(抗訴)는 제1심 법원이 선고한 종국판결에 대하여 할 수 있다. 다만, 종국판결 뒤에 양 쪽 당사자가 상고(上告)할 권리를 유보하고 항소를 하지 아니하기로 합의한 때에는 그러하지 아니하다.
② 제1항 단서의 합의에는 제29조제2항의 규정을 준용한다.

참조 [항소의 금지]391·490, [부대항소]403－405, [참가인의 항소]75①, [종국판결전의 재판]392, [종국판결]198·200, [항소심]법원조직25·29②, [비약상고의 대상]422②

판례 판결이유에만 불만이 있는 경우의 상소의 이익 유무(소극) : 상소는 자기에게 불이익한 재판에 대하여 자기에게 유리하게 취소변경을 구하기 위하여 하는 것이고, 재판이 상소인에게 불이익한 것인지 여부는 원칙적으로 재판의 주문을 표준으로 하여 판단하여야 하는 것이어서, 재판의 주문상 청구의 인용 부분에 대하여 불만이 없다면 비록 그 판결 이유에 불만이 있더라도 그에 대하여는 상소의 이익이 없다.(대판 2004.7.9, 2003므2251,2268)

제391조【독립한 항소가 금지되는 재판】 소송비용 및 가집행에 관한 재판에 대하여는 독립하여 항소를 하지 못한다.

참조 [소송비용]98이하, [소송비용재판의 누락]212②③

제392조【항소심의 판단을 받는 재판】 종국판결 이전의 재판은 항소법원의 판단을 받는다. 다만, 불복할 수 없는 재판과 항고(抗告)로 불복할 수 있는 재판은 그러하지 아니하다.

참조 [종국판결]197·198, [종국판결전의 재판]138·140－143·149·201·246·263, [불복할 수 없는 재판]27②·47①·337·380·465②·490①, 민집47③·48③, [항고로 불복을 신청할 수 있는 재판]39·47·50·73②·107③·110③·113·114·121·125④·127·132③·133·211③·214·254③·255·302·311·317②·318·326·333·337③·348·351·360②·363①·366②·370①·372·402·425·439·440②·441·471·488, 민집129①②·299④

판례 중간판결의 의미와 기속력 및 중간판결도 상소심의 판단 대상인지 여부 : 중간판결은 그 심급에서 사건의 전부 또는 일부를 완결하는 재판인 종국판결을 하기에 앞서 종국판결의 전제가 되는 개개의 쟁점을 미리 정리·판단하여 종국판결을 준비하는 재판으로서, 중간판결이 선고되면 판결을 한 법원은 이에 구속되므로 종국판결을 할 때에도 그 주문의 판단을 전제로 하여야 하며, 설령 중간판결의 판단이 그릇된 것이라 하더라도 이에 저촉되는 판단을 할 수 없다. 이러한 중간판결은 종국판결 이전의 재판으로서 종국판결과 함께 상소심의 판단을 받는다.(대판 2011.9.29, 2010다65818)

제393조【항소의 취하】 ① 항소는 항소심의 종국판결이 있기 전에 취하할 수 있다.
② 항소의 취하에는 제266조제3항 내지 제5항 및 제267조제1항의 규정을 준용한다.

참조 [항소권의 포기]395②, [소취하의 효과]267, [항소의 취하와 부대항소]403·404, [소송비용]114

판례 환송 후 항소심에서 항소인이 임의로 항소를 취하하여 결과적으로 부대항소인인 청구인이 항소심 판단을 다시 받지 못하게 되었다고 하더라도 이는 부대항소의 종속성에서 도출되는 당연한 결과이므로 이것 때문에 항소심의 재판을 받을 청구인의 권리가 침해된 것으로 볼 수는 없다.(헌재결 2005.6.30, 2003헌바117)

판례 항고 취하의 종기 : 항소는 항소심의 종국판결이 있기 전까지 취하할 수 있는바, 항고법원의 소송절차에는 항소에 관한 규정이 준용되므로(동조 제1항, 제443조 제1항), 항고 역시 항고심의 결정이 있기 전까지만 취하할 수 있다.(대결 2004.7.21, 2004마535)

제394조【항소권의 포기】 항소권은 포기할 수 있다.

참조 [포기의 방식]395, [항소의 포기와 부대항소]403

판례 상대방이 전부 승소하여 항소의 이익이 없는 경우에는 항소권을 가진 패소자만 항소포기를 하면 상대방의 항소기간이 만료하지 않았어도 제1심판결은 확정된다.(대결 2006.5.2, 2005마933)

제395조【항소권의 포기방식】 ① 항소권의 포기는 항소를 하기 이전에는 제1심 법원에, 항소를 한 뒤에는 소송기록이 있는 법원에 서면으로 하여야 한다.
② 항소권의 포기에 관한 서면은 상대방에게 송달하여야 한다.
③ 항소를 한 뒤의 항소권의 포기는 항소취하의 효력도 가진다.

참조 [항소취하]393, [송달]174－193

판례 항소권 포기의 효력발생시기 : 민소법 제395조 제1항은 "항소권의 포기는 항소를 하기 이전에는 제1심법원에, 항소를 한 뒤에는 소송기록이 있는 법원에 서면으로 하여야 한다."고 규정하고 있는바, 그 규정의 문언과 취지에 비추어 볼 때 항소를 한 뒤 소송기록이 제1심법원에 있는 동안 제1심법원에 항소권포기서를 제출한 경우에는 제1심법원에 항소권포기서를 제출한 즉시 항소권 포기의 효력이 발생한다고 봄이 상당하다.(대결 2006.5.2, 2005마933)

제396조【항소기간】 ① 항소는 판결서가 송달된 날부터 2주 이내에 하여야 한다. 다만, 판결서 송달전에도 할 수 있다.
② 제1항의 기간은 불변기간으로 한다.

참조 [판결의 송달]210, [기간의 계산]170, [불변기간]172①단서

판례 민사소송의 당사자는 민사소송법 제396조 제1항에 의하여 판결정본이 송달된 날부터 2주 이내에 항소를 제기하여야 한다. 한편 당사자에게 여러 소송대리인이 있는 때에는 민사소송법 제93조에 의하여 각자가 당사자를 대리하게 되므로, 여러 사람이 공동으로 대리권을 행사하는 경우 그 중 한 사람에게 송달을 하도록 한 민사소송법 제180조가 적용될 여지가 없어 법원으로서는 판결정본을 송달함에 있어 여러 소송대리인에게 각각 송달을 하여야 하지만, 그와 같은 경우에도 소송대리인 모두 당사자 본인을 위하여 소송서류를 송달받을 지위에 있으므로 당사자에 대한 판결정본 송달의 효력은 결국 소송대리인 중 1인에게 최초로 판결정본이 송달되었을 때 발생한다. 따라서 당사자에게 여러 소송대리인이 있는 경우 항소기간은 소송대리인 중 1인에게 최초로 판결정본이 송달되었을 때부터 기산된다.(대결 2011.9.29, 2011마1335)

판례 판결정본이 공시송달된 경우 항소기간을 준수하지 못한 책임이 피고에게 있는지 여부 : 피고는 구 주소에서 신 주소로 이사를 하면서 구 주소 관할 우체국에 주소이전신고를 하였고 따라서 그 이후 소장부본 등을 송달하게 된 우편집배원은 피고가 이사한 사실을 이미 알고 있었으므로 이러한 경우 우편집배원으로서는 관련 송무예규('우편집배원에 대한 교육' 송일 79－3, 개정 1999. 4. 16. 송무예규 제712호)에 따라 우편송달통지서의 송달장소란에 '이사하여 전송'이라고 기재하여 송달받을 자가 법원사무관 등이 송달할 장소로 기재한 곳에서 다른 곳으로 이사한 사실을 우편송달통지서에 나타냈어야 함에도 단지 '교하우체국 창구교부'라고만 기재한 잘못이 있고, 그 결과 제1심법원의 법원주사보는 피고가 구 주소에서 소장부본 등을 송달받은 것으로 오인하여 제1회 변론기일소환장을 구 주소로 송달하였다가 주소이전신고로 인한 3개월의 전송기간이 경과되어 이사불명의 사유로 송달불능되자 등기우편에 의한 발송송달을 하게 됨으로써 결과적으로 그 송달이 잘못되었고, 나아가 제1심 판결정본이 공시송달의 방법으로 송달되는 데까지 이르게 됨으로써 그로 인하여 피고가 불변기간인 항소기간을 준수하지 못하게 된 것인 이상 이는 피고의 책임 있는 사유보다도 우편집배원의 불성실한 업무처리에 기인한 것이라고 보아야 한다.(대판 2003.6.10, 2002다67628)

제397조【항소의 방식, 항소장의 기재사항】 ① 항소는 항소장을 제1심 법원에 제출함으로써 한다.
② 항소장에는 다음 각호의 사항을 적어야 한다.
1. 당사자와 법정대리인
2. 제1심 판결의 표시와 그 판결에 대한 항소의 취지

참조 [항소제기의 능력·대리권]56·69·90②, [항소장의 심사]402, [법정대리인]민911·949

판례 항소장의 항소취지란에 본소청구에 관한 부분이 누락되어 있는 경우의 본소 반소전체에 대한 항소의 여부(한정적극) : 피고가 제출한 항소장의 항소취지란에 본소청구에 관한 부분이 누락되어 있더라도, 항소장에 본소 부분에 대한 항소에 관한 인지도 첩부되어 있고, 제1심판결의 본소 반소에 관한 사건명과 번호의 표시와 함께 제1심판결에 대하여 전부 불복이므로 항소를 제기한다는 취지가 기재되어 있으며, 그 불복하는 제1심판결의 표시란에는 본소 반소 전체에 걸친 주문 내용이 명기되어 있다면, 피고는 본소 및 반소의 패소 부분 전부에 대하여 항소한 것으로 보아야 한다.
(대판 2001.4.13, 99다62036,62043)

제398조【준비서면규정의 준용】 항소장에는 준비서면에 관한 규정을 준용한다.

참조 [준비서면]274－278

제399조【원심재판장등의 항소장심사권】 ① 항소장이 제397조제2항의 규정에 어긋난 경우와 항소장에 법률의 규정에 따른 인지를 붙이지 아니한 경우에는 원심재판

장은 항소인에게 상당한 기간을 정하여 그 기간 이내에 흠을 보정하도록 명하여야 한다. 원심재판장은 법원사무관등으로 하여금 위 보정명령을 하게 할 수 있다.
(2014.12.30 후단신설)
② 항소인이 제1항의 기간 이내에 흠을 보정하지 아니한 때와, 항소기간을 넘긴 것이 분명한 때에는 원심재판장은 명령으로 항소장을 각하하여야 한다.
③ 제2항의 명령에 대하여는 즉시항고를 할 수 있다.
(2014.12.30 본조제목개정)

改前 제399조【"원심재판장의" 항소장심사권】① 항소장이 제397조제2항의 규정에 어긋난 경우와…

참조 [재판장의 소장심사권]254①, [항소장의 기재사항]397②, [항소기간]396, [즉시항고]444

판례 제1심판결이 확정된 후에 항소장이 제출된 경우 원심재판장이 항소장 각하명령을 할 수 있는지 여부(적극) : 민소법 제399조 제2항에 의하면, '항소기간을 넘긴 것이 분명한 때'에는 원심재판장이 명령으로 항소장을 각하하도록 규정하고 있는바, 그 규정의 취지에 비추어 볼 때 항소권의 포기 등으로 제1심판결이 확정된 후에 항소장이 제출되었음이 분명한 경우도 이와 달리 볼 이유가 없으므로, 이 경우에도 원심재판장이 항소장 각하명령을 할 수 있는 것으로 봄이 상당하다.(대결 2006.5.2, 2005마933)

제400조【항소기록의 송부】 ① 항소장이 각하되지 아니한 때에 원심법원의 법원사무관등은 항소장이 제출된 날부터 2주 이내에 항소기록에 항소장을 붙여 항소법원으로 보내야 한다.
② 제399조제1항의 규정에 의하여 원심재판장등이 흠을 보정하도록 명한 때에는 그 흠이 보정된 날부터 1주 이내에 항소기록을 보내야 한다.(2014.12.30 본항개정)
③ 제1항 또는 제2항에 따라 항소기록을 송부받은 항소법원의 법원사무관등은 바로 그 사유를 당사자에게 통지하여야 한다.(2024.1.16 본항신설)

改前 ② 제399조제1항의 규정에 의하여 "원심재판장"이 흠을…

참조 [항소기록송부기간]민소규127, [보정명령]399①, [항소이유서의 제출]402의2

판례 상소 후 본안의 소송기록이 상소심법원으로 송부되기 전에 원심법원이 한 집행정지 결정에 대한 즉시항고사건의 관할법원 : 행정소송에 있어서 본안판결에 대한 상소 후 본안의 소송기록이 송부되기 전에 원심법원이 한 집행정지에 관한 결정은 원심법원이 상소심법원의 재판을 대신하여 하는 2차적 판단이 아니라 그 소송기록을 보관하고 있는 원심법원이 집행정지의 필요 여부에 관하여 그 고유권한으로 하는 1차적 판단이고, 그에 대한 행정소송법 제23조 제5항 본문의 즉시항고는 성질상 원심법원의 집행정지에 관한 결정에 대한 것으로서 그에 관한 관할법원은 상소심법원이다.
(대결 2005.12.12, 2005무67)

제401조【항소장부본의 송달】 항소장의 부본은 피항소인에게 송달하여야 한다.

참조 [송달]174－194, [항소장부본의 송달이 불능의 경우의 처리]402

제402조【항소심재판장등의 항소장심사권】 ① 항소장이 제397조제2항의 규정에 어긋나거나 항소장에 법률의 규정에 따른 인지를 붙이지 아니하였음에도 원심재판장등이 제399조제1항의 규정에 의한 명령을 하지 아니한 경우, 또는 항소장의 부본을 송달할 수 없는 경우에는 항소심재판장은 항소인에게 상당한 기간을 정하여 그 기간 이내에 흠을 보정하도록 명하여야 한다. 항소심재판장은 법원사무관등으로 하여금 위 보정명령을 하게 할 수 있다.(2014.12.30 본항개정)
② 항소인이 제1항의 기간 이내에 흠을 보정하지 아니한 때, 또는 제399조제2항의 규정에 따라 원심재판장이 항소장을 각하하지 아니한 때에는 항소심재판장은 명령으로 항소장을 각하하여야 한다.
③ 제2항의 명령에 대하여는 즉시항고를 할 수 있다.
(2014.12.30 본조제목개정)

改前 제402조【"항소심재판장의 항소장심사권"】① 항소장이…인지를 붙이지 아니하였음에도 "원심재판장"이…

참조 [항소장의 기재사항]397②, [소송기록의 송부]421, [항소장 심사와 보정명령]399①, [항소장의 각하]399②, [즉시항고]444

판례 항소장의 송달비용 미납에 대한 보정명령에 불응한 경우와 체당지급 절차 없이 항소장 각하명령을 할 수 있는지 여부(적극) : 항소장의 송달에 필요한 비용이 예납되지 않은 경우에는 이를 항소장의 송달 불능의 상태로 보아 항소심 재판장은 상당한 기간을 정하여 그 기간 내에 그 흠결을 보정할 것을 명할 수 있고, 그 기간 내에 보정이 없는 경우에는 항소장 각하명령을 할 수가 있으며, 항소심 재판장이 그 송달비용을 국고에서 체당지급받아 지출하지 아니하고 항소장 각하명령을 하였다거나 항소장 각하명령에 개개의 당사자의 성명과 주소를 기재하지 아니하였다고 하여 위법하다고 할 수 없다.
(대결 1995.10.5, 94마2452)

제402조의2【항소이유서의 제출】 ① 항소장에 항소이유를 적지 아니한 항소인은 제400조제3항의 통지를 받은 날부터 40일 이내에 항소이유서를 항소법원에 제출하여야 한다.
② 항소법원은 항소인의 신청에 따른 결정으로 제1항에 따른 제출기간을 1회에 한하여 1개월 연장할 수 있다.
(2024.1.16 본조신설)

참조 [항소기록의 송부]400

제402조의3【항소이유서 미제출에 따른 항소각하 결정】 ① 항소인이 제402조의2제1항에 따른 제출기간(같은 조 제2항에 따라 제출기간이 연장된 경우에는 그 연장된 기간을 말한다) 내에 항소이유서를 제출하지 아니한 때에는 항소법원은 결정으로 항소를 각하하여야 한다. 다만, 직권으로 조사하여야 할 사유가 있거나 항소장에 항소이유가 기재되어 있는 때에는 그러하지 아니하다.
② 제1항 본문의 결정에 대하여는 즉시항고를 할 수 있다.
(2024.1.16 본조신설)

참조 [항소이유서 제출기간]400·402의2

제403조【부대항소】 피항소인은 항소권이 소멸된 뒤에도 변론이 종결될 때까지 부대항소(附帶抗訴)를 할 수 있다.

참조 [항소권소멸]394·396, [변론종결]198, [부대항소의 종속성]404, [부대항소의 방식]405

판례 부대항소의 범위가 항소부분에 제한되는지 여부(소극) : 부대항소란 피항소인의 항소권이 소멸하여 독립하여 항소를 할 수 없게 된 후에도 상대방이 제기한 항소의 존재를 전제로 이에 부대하여 원판결을 자기에게 유리하게 변경을 구하는 제도로서, 피항소인이 부대항소를 할 수 있는 범위는 항소인이 주된 항소에 의하여 불복을 제기한 범위에 의하여 제한을 받지 아니한다.
(대판 2003.9.26, 2001다68914)

제404조【부대항소의 종속성】 부대항소는 항소가 취하되거나 부적법하여 각하된 때에는 그 효력을 잃는다. 다만, 항소기간 이내에 한 부대항소는 독립된 항소로 본다.

참조 [항소취하]393, [항소장의 각하]402, [항소각하]413, [항소의 요건]390－392

제405조【부대항소의 방식】 부대항소에는 항소에 관한 규정을 적용한다.

참조 [부대항소]403, [항소의 방식]385·397－402

제406조【가집행의 선고】 ① 항소법원은 제1심 판결 중에 불복신청이 없는 부분에 대하여는 당사자의 신청에 따라 결정으로 가집행의 선고를 할 수 있다.
② 제1항의 신청을 기각한 결정에 대하여는 즉시항고를 할 수 있다.

참조 [신청]161, [결정]134·221, [가집행선고]213－215

제407조【변론의 범위】 ① 변론은 당사자가 제1심 판결의 변경을 청구하는 한도안에서 한다.
② 당사자는 제1심 변론의 결과를 진술하여야 한다.

참조 [제1심판결의 변경의 한도]408·415, [결과의 진술]204②

판례 일부청구의 기각판결에 대하여 일방만이 항소한 경우 항소심에서 당해 청구권의 전반에 관하여 심리할 수 있는지 여부(적극) : 1개의 청구의 일부를 기각하는 제1심판결에 대하여 일방의 당사자만이 항소를 하였더라도 제1심판결의 심판대상이었던 청구 전부가 불가분적으로 항소심에 이심되나, 항소심의 심판범위는 이심된 부분 가운데 항소인이 불복신청한 한도로 제한되지만, 심판범위에 속하는 청구의 당부를 심사하기 위하여 그 청구권의 발생 등 당해 청구권의 전반에 관하여 심리하는 것은 부득이 하고, 그것이 심판범위를 제한한 취지에 반하는 것이라고 할 수 없다.
(대판 2003.4.11, 2002다67321)

제408조【제1심 소송절차의 준용】 항소심의 소송절차에는 특별한 규정이 없으면 제2편제1장 내지 제3장의 규정을 준용한다.

참조 [소의 제기, 변론과 그 준비, 증거]제2편제1장－제3장

제409조【제1심 소송행위의 효력】 제1심의 소송행위는 항소심에서도 그 효력을 가진다.

참조 [제1심 변론결과 진술]407②

판례 채권자가 외화채권을 우리나라 통화로 환산하여 청구하는 경우의 환산 기준시점(=사실심 변론종결 당시의 외국환시세) : 채권액이 외국통화로 지정된 금전채권인 외화채권을 채권자가 대용급부의 권리를 행사하여 우리나라 통화로 환산하여 청구하는 경우 법원이 채무자에게 그 이행을 명함에 있어서는 채무자가 현실로 이행할 때에 가장 가까운 사실심 변론종결 당시의 외국환시세를 우리나라 통화로 환산하는 기준시로 삼아야 하고, 그와 같은 제1심 이행판결에 대하여 채무자만이 불복·항소한 경우, 항소심은 속심이므로 채무자가 항소이유로 삼거나 심리 과정에서 내세운 주장이 이유 없다고 하더라도 법원으로서는 항소심 변론종결 당시의 외국환시세를 기준으로 채권액을 다시 환산해 본 후 불이익변경금지원칙에 반하지 않는 한 채무자의 항소를 일부 인용하여야 한다.
(대판 2007.4.12, 2006다72765)

제410조【제1심의 변론준비절차의 효력】 제1심의 변론준비절차는 항소심에서도 그 효력을 가진다.

참조 [준비절차의 효력]285, [제1심 변론결과 진술]407②, [변론준비절차]민소규69－73

제411조【관할위반 주장의 금지】 당사자는 항소심에서 제1심 법원의 관할위반을 주장하지 못한다. 다만, 전속관할에 대하여는 그러하지 아니하다.

참조 [관할의 표준시기]33, [전속관할]31·419·424①

제412조【반소의 제기】 ① 반소는 상대방의 심급의 이익을 해할 우려가 없는 경우 또는 상대방의 동의를 받은 경우에 제기할 수 있다.

② 상대방이 이의를 제기하지 아니하고 반소의 본안에 관하여 변론을 한 때에는 반소제기에 동의한 것으로 본다.

참조 [반소]269－271·408

판례 '상대방의 심급의 이익을 해할 우려가 없는 경우'라 함은 반소청구의 기초를 이루는 실질적인 쟁점이 제1심에서 본소의 청구원인 또는 방어방법과 관련하여 충분히 심리되어 상대방에게 제1심에서의 심급의 이익을 잃게 할 염려가 없는 경우를 말한다.
(대판 2005.11.24, 2005다20064,20071)

판례 추완항소가 부적법 각하된 경우 추완항소시에 제기된 반소에 대한 소송종료 여부 : 피고가 본소에 대한 추완항소를 하면서 항소심에서 비로소 반소를 제기한 경우에 항소가 부적법 각하되면 반소도 소멸한다.(대판 2003.6.13, 2003다16962,16979)

제413조【변론 없이 하는 항소각하】 부적법한 항소로서 흠을 보정할 수 없으면 변론 없이 판결로 항소를 각하할 수 있다.

참조 [구술변론의 원칙]134

판례 소제기 이전에 사망한 자를 상대로 한 상고의 적법 여부 : 민사소송은 당사자의 대립을 그 본질적인 형태로 하는 점에 비추어 피고가 소 제기 이전에 이미 사망한 경우 원고가 피고를 상대로 제기한 상고는 이미 사망한 자를 상대방으로 하여 제기된 부적법한 상고로서 그 흠결이 보정될 수 없으므로 각하한다.
(대판 2002.8.23, 2001다69122)

제414조【항소기각】 ① 항소법원은 제1심 판결을 정당하다고 인정한 때에는 항소를 기각하여야 한다.

② 제1심 판결의 이유가 정당하지 아니한 경우에도 다른 이유에 따라 그 판결이 정당하다고 인정되는 때에는 항소를 기각하여야 한다.

판례 항소심에 이르러 새로운 청구가 추가된 경우, 항소심은 추가된 청구에 대하여는 실질상 제1심으로서 재판하여야 하므로 제1심이 기존의 청구를 배척하면서 "원고의 청구를 기각한다."고 판결하였는데, 항소심이 기존의 청구와 항소심에서 추가된 청구를 모두 배척할 경우 단순히 "항소를 기각한다."는 주문 표시만 하면 되는 것은 아니고, 이와 함께 항소심에서 추가된 청구에 대하여 "원고의 청구를 기각한다."는 주문 표시를 하여야 한다.(대판 2004.8.30, 2004다24083)

제415조【항소를 받아들이는 범위】 제1심 판결은 그 불복의 한도안에서 바꿀 수 있다. 다만, 상계에 관한 주장을 인정한 때에는 그러하지 아니하다.

참조 [구술변론의 한도]407①, [부대항소]403－405, [소송비용]105

판례 원고 일부 승소판결에 대하여 피고가 불복을 하지 않았는데 원심이 변경판결을 한 경우와 상고의 범위 : 본소에 관한 원고 일부 승소의 제1심판결에 대하여 아무런 불복을 제기하지 않은 피고는 원심이 변경판결을 한 경우에도 마찬가지로 제1심판결에서 본소에 관하여 원고가 승소한 부분에 관하여는 상고를 제기할 수 없다.
(대판 2006.1.27, 2005다16591,16607)

판례 동시이행 판결의 반대급부가 원고에게 불리하게 변경된 경우와 불이익변경금지 원칙 : 항소심은 당사자의 불복신청범위 내에서 제1심판결의 당부를 판단할 수 있을 뿐이므로, 설사 제1심판결이 부당하다고 인정되는 경우라 하더라도 그 판결을 불복당사자의 불이익으로 변경하는 것은 당사자가 신청한 불복의 한도를 넘어 제1심판결의 당부를 판단하는 것이 되어 허용될 수 없다 할 것인바, 원고만이 항소한 경우에 항소심으로서는 제1심보다 원고에게 불리한 판결을 할 수는 없고, 한편 불이익하게 변경된 것인지 여부는 기판력의 범위를 기준으로 하나 공동소송의 경우 원·피고별로 각각 판단하여야 하고, 동시이행의 판결에 있어서는 원고가 그 반대급부를 제공하지 아니하고는 판결에 따른 집행을 할 수 없어 비록 피고의 반대급부이행청구에 관하여 기판력이 생기지 아니하더라도 반대급부의 내용이 원고에게 불리하게 변경된 경우에는 불이익변경금지 원칙에 반하게 된다.(대판 2005.8.19, 2004다8197,8203)

판례 원고 전부승소에 대하여 피고가 지연손해금 부분에 대해서만 항소하고 원고가 부대항소로서 청구취지를 확장변경한 경우와 불이익변경금지의 원칙 : 원고의 청구가 모두 인용된 제1심판결에 대하여 피고가 지연손해금 부분에 대하여만 항소를 제기하고, 원금 부분에 대하여는 항소를 제기하지 아니하였다고 하더라도 제1심에서 전부 승소한 원고가 항소심 계속 중 부대항소로서 청구취지를 확장할 수 있는 것이므로, 항소심이 원고의 부대항소를 받아들여 제1심판결의 인용금액을 초과하여 원고 청구를 인용하였더라도 거기에 불이익변경금지의 원칙이나 항소심의 심판범위에 관한 법리오해의 위법이 없다.(대판 2003.9.26, 2001다68914)

제416조【제1심 판결의 취소】 항소법원은 제1심 판결을 정당하지 아니하다고 인정한 때에는 취소하여야 한다.

참조 [제1심판결 취소 후의 조치]418·419, [소송비용]105

판례 선택적 병합의 심리결과 청구가 이유 있다고 인정되고 결론이 제1심판결의 주문과 동일한 경우의 주문표시방법 : 수개의 청구가 제1심에서 처음부터 선택적으로 병합되고 그중 어느 한 개의 청구에 대한 인용판결이 선고되어 피고가 항소를 제기한 경우는 물론, 원고의 청구를 인용한 판결에 대하여 피고가 항소를 제기하여 항소심에 이심된 후 청구가 선택적으로 병합된 경우에도 항소심은 제1심에서 인용된 청구를 먼저 심리하여 판단할 필요는 없고, 선택적으로 병합된 수개의 청구 중 제1심에서 심판되지 아니한 청구를 임의로 선택하여 심판할 수 있다고 할 것이나, 심리한 결과 그 청구가 이유 있다고 인정되고 그 결론이 제1심판결의 주문과 동일한 경우에도 피고의 항소를 기각하여서는 안되며 제1심판결을 취소한 다음 새로이 청구를 인용하는 주문을 선고해야 한다.
(대판 1992.9.14, 92다7023)

제417조【판결절차의 위법으로 말미암은 취소】 제1심 판결의 절차가 법률에 어긋날 때에 항소법원은 제1심 판결을 취소하여야 한다.

참조 [판결절차]203－208, [사건의 환송]418, [소송비용]105

판례 제1심판결의 절차가 법률에 어긋나는 경우의 항소심의 조치 : 제1심법원은 변론기일소환장을 피고에게 제대로 송달하지 않고 피고가 출석하지도 아니한 상태에서 변론기일을 진행하였으므로 적법하게 변론을 진행한 것이라고 볼 수 없고, 부적법하게 진행된 변론기일에 변론을 종결하고 판결선고기일을 지정·고지한 만큼 그 지정·고지의 효력이 피고에게 미친다고 할 수도 없으며, 판결선고기일소환장은 아예 송달하지도 아니하였으므로, 제1심의 중대한 소송절차가 법률에 어긋난 경우에 해당하여 제1심판결은 부당하다고 아니할 수 없고, 제1심의 판결절차(판결의 선고절차) 역시 법률에 어긋난 것으로 보지 않을 수 없다. 따라서 원심은 민소법 제416조, 제417조에 의하여 제1심판결 전부를 일단 취소하고 소자의 진술을 비롯하여 소송서류의 송달과 증거의 제출 등 모든 변론절차를 새로 진행한 다음 본안에 대하여 다시 판단하여야 한다.
(대판 2004.10.15, 2004다11988)

판례 변론기일과 판결선고기일을 송달하지 아니한 채 판결을 선고한 경우와 제1심 판결절차의 위법 여부 : 가처분취소 사건의 제1심 제1차 변론기일에 본안 재판부로의 이부 신청 및 이에 대한 동의절차만을 진행하고 다음 변론기일을 추후 지정하기로 한 뒤, 그 후 지정된 제2차 변론기일 소환장을 쌍방 당사자와 소송대리인 모두에게 송달하지 아니하는 등 그 변론기일 지정명령을 적법하게 고지하지 아니하여 피신청인이 출석하지 못한 변론기일에서 판결선고기일을 지정·고지하고, 그 후 판결선고기일 소환장을 피신청인이나 그 소송대리인에게 따로 송달하지 아니한 채 판결을 선고한 경우 제1심의 판결절차가 위법하다.(대판 2003.4.25, 2002다72514)

제418조【필수적 환송】 소가 부적법하다고 각하한 제1심 판결을 취소하는 경우에는 항소법원은 사건을 제1심 법원에 환송(還送)하여야 한다. 다만, 제1심에서 본안판결을 할 수 있을 정도로 심리가 된 경우, 또는 당사자의 동의가 있는 경우에는 항소법원은 스스로 본안판결을 할 수 있다.

참조 [소의 부적법각하]219, [제1심판결의 취소]416, [소송비용]105

제419조【관할위반으로 말미암은 이송】 관할위반을 이유로 제1심 판결을 취소한 때에는 항소법원은 판결로 사건을 관할 법원에 이송하여야 한다.

참조 [관할위반]411, [제1심판결의 취소]416, [이송]38 · 40, [소송비용]105

제420조【판결서를 적는 방법】 판결이유를 적을 때에는 제1심 판결을 인용할 수 있다. 다만, 제1심 판결이 제208조제3항에 따라 작성된 경우에는 그러하지 아니하다.

참조 [판결서의 간이한 이유기재]208

제421조【소송기록의 반송】 소송이 완결된 뒤 상고가 제기되지 아니하고 상고기간이 끝난 때에는 법원사무관등은 판결서, 제402조에 따른 명령 또는 제402조의3에 따른 결정의 정본을 소송기록에 붙여 제1심 법원에 보내야 한다.(2024.1.16 본조개정)

改前 …법원사무관등은 "판결서 또는 제402조의 규정에 따른 명령"의 정본을 소송기록에 붙여 제1심 법원에 보내야 한다.

참조 [상고기간]396 · 425, [항소장각하명령]402 · 402의3

제2장 상 고

제422조【상고의 대상】 ① 상고는 고등법원이 선고한 종국판결과 지방법원 합의부가 제2심으로서 선고한 종국판결에 대하여 할 수 있다.

② 제390조제1항 단서의 경우에는 제1심의 종국판결에 대하여 상고할 수 있다.

참조 [종국판결]198 · 200, [대법원의 관할권]법원조직14, [비약상고의 특칙]433, [참가인과 상고]76, [상고제기능력과 대리권]56 · 69 · 89②

판례 재판탈루의 판정기준 및 탈루부분에 대한 상고의 적법 여부(소극) : 판결에는 법원의 판단을 분명하게 하기 위하여 결론을 주문에 기재하도록 되어 있으므로 재판의 탈루가 있는지 여부는 오로지 주문의 기재에 의하여 판정하여야 하고, 항소심이 재판을 탈루한 경우에 그 부분은 아직 항소심에 소송이 계속 중이라고 볼 것이므로, 그에 대한 상고는 불복의 대상이 부존재하여 부적법하고 결국 각하를 면할 수 없다.(대판 2005.5.27, 2004다43824)

제423조【상고이유】 상고는 판결에 영향을 미친 헌법·법률·명령 또는 규칙의 위반이 있다는 것을 이유로 드는 때에만 할 수 있다.

참조 [상고이유서의 기재등]민소규129—133, [재항고]442, [상고이유]424, [소액사건]소액3

판례 증거의 취사와 사실의 인정이 상고이유인지 여부 : 증거의 취사와 사실의 인정은 사실심의 전권에 속하는 것으로서 이것이 자유심증주의의 한계를 벗어나지 않는 한 적법한 상고이유로 삼을 수 없다.(대판 2006.6.29, 2005다11602,11619)

판례 원심에서 주장하지 않은 새로운 상고이유의 적부 : 원심에서 주장한 바 없이 상고심에 이르러 새로이 하는 주장은 원심판결에 대한 적법한 상고이유가 될 수 없다.(대판 2002.9.24, 2001다9311,9328)

제424조【절대적 상고이유】 ① 판결에 다음 각호 가운데 어느 하나의 사유가 있는 때에는 상고에 정당한 이유가 있는 것으로 한다.

1. 법률에 따라 판결법원을 구성하지 아니한 때
2. 법률에 따라 판결에 관여할 수 없는 판사가 판결에 관여한 때
3. 전속관할에 관한 규정에 어긋난 때
4. 법정대리권·소송대리권 또는 대리인의 소송행위에 대한 특별한 권한의 수여에 흠이 있는 때
5. 변론을 공개하는 규정에 어긋난 때
6. 판결의 이유를 밝히지 아니하거나 이유에 모순이 있는 때

② 제60조 또는 제97조의 규정에 따라 추인한 때에는 제1항제4호의 규정을 적용하지 아니한다.

참조 [상고이유의 기재방식]민소규130, [판결법원의 구성]법원조직7, [재판에 관여할 수 없는 판사]41 · 43 · 204① · 436③, [전속관할]31, [전속관할위반]411 · 419, [법정대리권]51 · 56 · 62 · 64, [소송대리권]87—97, [수권]56 · 89—92, [수권흠결]451①, [변론의 공개]헌109, 법원조직57, [판결의 이유기재]208①, [상고이유의 제한]소액3, [소송능력의 흠과 추인]60, [법정대리인에 관한 규정의 준용]97

판례 변호사 아닌 지방자치단체 소속 공무원으로 하여금 소송수행자로서 지방자치단체의 소송대리를 하도록 한 경우의 흠결 : 변호사 아닌 피고 소속 공무원이 피고를 대리하여 소송을 수행하였음을 알 수 있는바, 지방자치단체는 국가를 당사자로 하는 소송에 관한 법률의 적용대상이 아니어서 같은 법률 제3조, 제7조에서 정한 바와 같은 소송수행자의 지정을 할 수 없고, 또한 민소법 제87조가 정하는 변호사대리의 원칙에 따라 변호사 아닌 사람의 소송대리는 허용되지 않는 것이므로, 원심이 변호사 아닌 피고 소속 공무원으로 하여금 소송수행자로서 피고의 소송대리를 하도록 한 것은 민소법 제424조 제1항 제4호가 정하는 '소송대리권의 수여에 흠이 있는 경우'에 해당하는 위법이 있다.(대판 2006.6.9, 2006두4035)

판례 판결에 이유의 기재가 누락되거나 불명확한 경우 절대적 상고이유가 되는지 여부 : 판결의 이유는 판단과정과 재판과정이 합리적·객관적이라는 것을 밝힐 수 있도록 그 결론에 이르게 된 과정에 필요한 판단을 빠짐없이 기재하여야 하고, 그와 같은 기재가 누락되거나 불명확한 경우에는 민사소송법 제424조 제6호의 절대적 상고이유가 된다.(대판 2005.1.28, 2004다38624)

판례 동조 제1항 제6호 '판결에 이유를 명시하지 아니한 경우'의 의미 : 판결에 이유를 전혀 기재하지 아니하거나 이유의 일부를 빠뜨리는 경우 또는 이유의 어느 부분이 명확하지 아니하여 법원이 어떻게 사실을 인정하고 법규를 해석·적용하여 주문에 이르렀는지가 불명확한 경우가 이에 해당한다.(대판 2004.5.28, 2001다81245)

제425조【항소심절차의 준용】 상고와 상고심의 소송절차에는 특별한 규정이 없으면 제1장의 규정을 준용한다.

참조 [항소]제1장, 민소규135 · 136

제426조【소송기록 접수의 통지】 상고법원의 법원사무관등은 원심법원의 법원사무관등으로부터 소송기록을 받은 때에는 바로 그 사유를 당사자에게 통지하여야 한다.

참조 [소송기록의 송부]397 · 400 · 425, 민소규132

제427조【상고이유서 제출】 상고장에 상고이유를 적지 아니한 때에 상고인은 제426조의 통지를 받은 날부터 20일 이내에 상고이유서를 제출하여야 한다.

참조 [상고장]397 · 425, [기간]170 · 172①, [상고기각]429

판례 구체적이고 명시적인 이유의 기재가 없는 상고이유서의 적부 : 상고법원은 상고이유에 의하여 불복신청한 한도 내에서만 조사·판단할 수 있으므로, 상고이유서에는 상고이유를 특정하여 원심판결의 어떤 점이 법령에 어떻게 위반되었는지에 관하여 구체적이고도 명시적인 이유의 설시가 있어야 할 것이고, 상고인이 제출한 상고이유서에 위와 같은 구체적이고도 명시적인 이유의 설시가 없는 때에는 상고이유서를 제출하지 않은 것으로 취급할 수밖에 없다.(대판 2004.10.28, 2003다65438,65445)

판례 부대상고의 제기기간 및 그 이유서의 제출기간 : 피상고인은 상고권이 소멸된 후에도 부대상고를 할 수 있지만 상고이유서 제출기간 내에 부대상고를 제기하고 부대상고이유서를 제출하여야 한다.(대판 2004.9.24, 2004다7286)

제428조【상고이유서, 답변서의 송달 등】 ① 상고이유서를 제출받은 상고법원은 바로 그 부본이나 등본을 상대방에게 송달하여야 한다.

② 상대방은 제1항의 서면을 송달받은 날부터 10일 이내에 답변서를 제출할 수 있다.

③ 상고법원은 제2항의 답변서의 부본이나 등본을 상고인에게 송달하여야 한다.

참조 [상고이유서]423 · 427, [소장송달]255, [기간]170 · 172①, [답변서]272, [송달]174—197

제429조【상고이유서를 제출하지 아니함으로 말미암은 상고기각】 상고인이 제427조의 규정을 어기어 상고이유서를 제출하지 아니한 때에는 상고법원은 변론 없이 판결로 상고를 기각하여야 한다. 다만, 직권으로 조사하여야 할 사유가 있는 때에는 그러하지 아니하다.

참조 [상고이유서제출기간]427

제430조【상고심의 심리절차】 ① 상고법원은 상고장·상고이유서·답변서, 그 밖의 소송기록에 의하여 변론 없이 판결할 수 있다.

② 상고법원은 소송관계를 분명하게 하기 위하여 필요한 경우에는 특정한 사항에 관하여 변론을 열어 참고인의 진술을 들을 수 있다.

참조 [상고이유서]427, [답변서]428②, [구술변론의 예외]134③, [참고인의 진술]민소규134

제431조【심리의 범위】 상고법원은 상고이유에 따라 불복신청의 한도 안에서 심리한다.

참조 [상고이유서]427, [예외]434

제432조【사실심의 전권】 원심판결이 적법하게 확정한 사실은 상고법원을 기속한다.

참조 [예외]434

판례 과실상계 사유에 관한 사실인정 및 비율확정이 사실심의 전권사항인지 여부(한정적극) : 불법행위에 있어서 과실상계는 공평 내지 신의칙의 견지에서 손해배상액을 정함에 있어 피해자의 과실을 참작하는 것으로, 그 적용에 있어서는 가해자와 피해자의 고의·과실의 정도, 위법행위의 발생 및 손해의 확대에 관하여 어느 정도의 원인이 되어 있는가 등의 제반 사정을 고려하여 배상액의 범위를 정하는 것이나, 그 과실상계 사유에 관한 사실인정이나 그 비율을 정하는 것은 그것이 형평의 원칙에 비추어 현저히 불합리하다고 인정되지 않는 한 사실심의 전권사항에 속한다.
(대판 2000.6.9, 98다54397)

제433조【비약적 상고의 특별규정】 상고법원은 제422조제2항의 규정에 따른 상고에 대하여는 원심판결의 사실확정이 법률에 어긋난다는 것을 이유로 그 판결을 파기하지 못한다.

참조 [예외]434, [제1심판결에 대한 상고]422②

제434조【직권조사사항에 대한 예외】 법원이 직권으로 조사하여야 할 사항에 대하여는 제431조 내지 제433조의 규정을 적용하지 아니한다.

참조 [직권으로 조사할 사항]132·292, 가소8, 행소26, 민사조정22, [심리의 범위]431, [비약적 상고]433

판례 판결의 이유불비에 관하여 법원이 직권으로 조사할 수 있는 경우 : 판결에 이유를 밝히지 아니한 위법이 이유의 일부를 빠뜨리거나 이유의 어느 부분을 명확하게 하지 아니한 정도가 아니라 판결에 이유를 전혀 기재하지 아니한 것과 같은 정도가 되어 당사자가 상고이유로 내세우는 법령 위반 등의 주장의 당부를 판단할 수도 없게 되었다면 그와 같은 사유는 당사자의 주장이 없더라도 법원이 직권으로 조사하여 판단할 수 있다.(대판 2005.1.28, 2004다38624)

제435조【가집행의 선고】 상고법원은 원심판결중 불복신청이 없는 부분에 대하여는 당사자의 신청에 따라 결정으로 가집행의 선고를 할 수 있다.

참조 [결정]134·221·224, [가집행의 선고]213－215

제436조【파기환송, 이송】 ① 상고법원은 상고에 정당한 이유가 있다고 인정할 때에는 원심판결을 파기하고 사건을 원심법원에 환송하거나, 동등한 다른 법원에 이송하여야 한다.
② 사건을 환송받거나 이송받은 법원은 다시 변론을 거쳐 재판하여야 한다. 이 경우에는 상고법원이 파기의 이유로 삼은 사실상 및 법률상 판단에 기속된다.
③ 원심판결에 관여한 판사는 제2항의 재판에 관여하지 못한다.

참조 [소송기록의 송부]438, [하급심의 기속]법원조직8, [소송비용]105, [본항위반]424·451

판례 파기 환송판결의 기속력이 부수적으로 지적한 사항에도 미치는지 여부(소극) : 종전 환송판결에서 의사들의 설명의무 위반은 인정되지만 그 설명의무 위반과 수술 후에 나타난 뇌전색과의 사이에 상당인과관계가 있다고 보기는 어렵다는 이유로, 환송 전 원심판결에서 그 상당인과관계가 있다는 전제하에 소극적 손해와 적극적 손해까지의 배상을 명한 조치에는 의사의 설명의무 위반시 손해배상의 범위에 관한 법리를 오해한 위법이 있다고 하여 그 원심판결을 파기환송하면서, 위의 상당인과관계가 없다는 근거의 하나로서 위 의사들에게 의료상의 과실이 없었다는 점을 들고 있었으나, 종전의 환송판결에서 의료상의 과실이 없었다고 한 위 부분은 설명의무 위반과 관련한 법률적 판단에 부가하여 설시한 것에 불과하여 거기에는 기속력이 인정되지 않는다.(대판 1997.7.22, 96다37862)

제437조【파기자판】 다음 각호 가운데 어느 하나에 해당하면 상고법원은 사건에 대하여 종국판결을 하여야 한다.

1. 확정된 사실에 대하여 법령적용이 어긋난다 하여 판결을 파기하는 경우에 사건이 그 사실을 바탕으로 재판하기 충분한 때
2. 사건이 법원의 권한에 속하지 아니한다 하여 판결을 파기하는 때

참조 [법원의 권한]법원조직2, [종국판결]198, [파기환송, 이송]436

제438조【소송기록의 송부】 사건을 환송하거나 이송하는 판결이 내려졌을 때에는 법원사무관등은 2주 이내에 그 판결의 정본을 소송기록에 붙여 사건을 환송받거나 이송받을 법원에 보내야 한다.

참조 [사무관등]법원조직10③, [파기환송·이송]436

제3장 항 고

제439조【항고의 대상】 소송절차에 관한 신청을 기각한 결정이나 명령에 대하여 불복하면 항고할 수 있다.

참조 [항고를 할 수 있다고 규정한 경우]440·441②, [즉시항고를 할 수 있는 경우]39·47②·50·73②·107③·110③·113·114·121·125④·127·132③·133·211③·214·217②·254③·255·302·311·318·326·333·337③·348·351·360②·363①·366②·370·372·402·425·471②·488, 민집129①②·299④, [특별항고]449, [항고의 관할법원]법원조직14·28·32②, [항고절차]443

판례 가압류신청에 대하여 담보를 명한 부분의 불복방법 : 무담보의 가압류결정을 구하는 신청에 대하여 법원이 일정한 액수의 담보를 제공하는 것을 조건으로 가압류를 명하는 경우 이는 실질적으로 가압류신청에 대한 일부 기각의 재판과 같은 성격을 가지는 것이므로 신청인으로서는 위 일부 기각 부분(담보를 조건으로 명한 부분)에 대하여 불복할 이익을 갖는다고 할 것이고, 담보의 수액이 지나치게 과다하다고 다투는 경우도 마찬가지로 보아야 할 것인데, 이 때 담보를 제공할 것을 명한 부분을 다투거나 담보의 수액이 지나치게 많다고 하여 다툴 수 있는 방법은 법률상 다른 특별한 규정이 없는 이상 가압류신청의 일부 또는 전부가 기각이나 각하된 경우와 마찬가지로 통상의 항고로써 다툴 수 있다.(대결 2000.8.28, 99그30)

제440조【형식에 어긋나는 결정·명령에 대한 항고】 결정이나 명령으로 재판할 수 없는 사항에 대하여 결정 또는 명령을 한 때에는 항고할 수 있다.

참조 [판결로 재판할 경우]124·219·413

제441조【준항고】 ① 수명법관이나 수탁판사의 재판에 대하여 불복하는 당사자는 수소법원에 이의를 신청할 수 있다. 다만, 그 재판이 수소법원의 재판인 경우로서 항고할 수 있는 것인 때에 한한다.
② 제1항의 이의신청에 대한 재판에 대하여는 항고할 수 있다.
③ 상고심이나 제2심에 계속된 사건에 대한 수명법관이나 수탁판사의 재판에는 제1항의 규정을 준용한다.

참조 [수명법관]139, [수탁판사]160, [항고]439

제442조【재항고】 항고법원·고등법원 또는 항소법원의 결정 및 명령에 대하여는 재판에 영향을 미친 헌법·법률·명령 또는 규칙의 위반을 이유로 드는 때에만 재항고(再抗告)할 수 있다.

참조 [법령위배]423·424, [재항고절차]443②, 민소규137

판례 항소법원인 지방법원 합의부의 법원사무관이 한 처분과 이에 대한 불복 : 항소법원인 지방법원 합의부의 법원사무관 등이 한 처분에 대한 이의신청을 기각한 법원의 결정에 대하여 제기된 항고는 재항고로 보아야 함에도 불구하고 기록이 대법원이 아닌 고등법원에 송부되자 고등법원이 이를 항고사건으로 심리하여 기각한 경우, 위 결정은 권한 없는 법원이 한 것에 귀착되므로 취소되어야 한다.
(대결 2004.4.28, 2004스19)

판례 경락허가결정에 대한 즉시항고에 대하여 항고법원이 항고를 기각한 경우와 항고를 인용하여 경락허가결정이 취소된 경우의 재항고권자 : 경락허가결정에 대한 즉시항고에 대하여 항고법원이 항고를 기각한 경우 항고인만이 재항고를 할 수 있고 다른 사람은 그 결정에 이해관계가 있다 할지라도 재항고를 할 수 없는 것이지만 항고법원이 항고를 인용하여 원결정을 취소하고 다시 상당한 결정을 하거나 원심법원으로 환송하는 결정을 하였을 때에는 그 새로운 결정에 따라 손해를 볼 이해관계인은 재항고를 할 수 있다.
(대결 2002.12.24, 2001마1047 전원합의체)

제443조【항소 및 상고의 절차규정준용】 ① 항고법원의 소송절차에는 제1장의 규정을 준용한다.
② 재항고와 이에 관한 소송절차에는 제2장의 규정을 준용한다.

참조 [항소]1장, [상고]2장, [항소와 상고의 절차규정 준용]민소규137

제444조【즉시항고】 ① 즉시항고는 재판이 고지된 날부터 1주 이내에 하여야 한다.
② 제1항의 기간은 불변기간으로 한다.

참조 [즉시항고를 할 수 있는 경우]제439조 참조문 참조, [고지]221, [기간]170, [불변기간]172①단서 · 173 · 443

판례 항고심결정이 공시송달되어 재항고기간이 지난 후에 이를 알고 재항고장을 뒤늦게 제출한 경우와 추완재항고 : 재항고인은 제1심의 결정이 있은 후 항고를 제기하고 그 소송기록이 원심법원에 송부되기 전에 주소정정신청서를 제1심법원에 제출하여 주소보정을 하였는데, 제1심법원이 원심법원에 이를 소송기록과 함께 송부하지 아니하고 뒤늦게 추가송부하여 원심법원에서는 주소보정 전의 종전 주소를 재항고인의 주소로 표기하여 송달하였으며, 그 결과 송달이 불능되자 결정을 1990.2.1 공시송달한 후 재항고인이 같은 해 6월29일에야 원심결정정본을 영수한 후 같은 해 7월2일 재항고장을 원심법원에 제출한 경우에는 재항고인은 원심결정정본을 영수할 무렵 그 사실을 알았다고 볼 것이므로, 재항고인이 책임질 수 없는 사유로 인하여 재항고제기기간을 지나버렸다 할 것이어서 위 재항고를 적법한 추완재항고로 보아야 한다.(대결 1990.8.28, 90마606)

제445조【항고제기의 방식】 항고는 항고장을 원심법원에 제출함으로써 한다.

참조 [항고법원]법원조직14 · 28 · 32②, [항고의 처리]446

제446조【항고의 처리】 원심법원이 항고에 정당한 이유가 있다고 인정하는 때에는 그 재판을 경정하여야 한다.

참조 [항고없이 스스로 취소할 수 있는 경우]87② · 141 · 222, [흠결보정과 경정]254

제447조【즉시항고의 효력】 즉시항고는 집행을 정지시키는 효력을 가진다.

참조 [즉시항고를 할 수 있는 경우]제439조 참조문 참조, [강제집행의 정지 · 취소]민집49 · 50

제448조【원심재판의 집행정지】 항고법원 또는 원심법원이나 판사는 항고에 대한 결정이 있을 때까지 원심재판의 집행을 정지하거나 그 밖에 필요한 처분을 명할 수 있다.

참조 [강제집행의 정지 · 취소]민집49 · 50

제449조【특별항고】 ① 불복할 수 없는 결정이나 명령에 대하여는 재판에 영향을 미친 헌법위반이 있거나, 재판의 전제가 된 명령 · 규칙 · 처분의 헌법 또는 법률의 위반여부에 대한 판단이 부당하다는 것을 이유로 하는 때에만 대법원에 특별항고(特別抗告)를 할 수 있다.
② 제1항의 항고는 재판이 고지된 날부터 1주 이내에 하여야 한다.
③ 제2항의 기간은 불변기간으로 한다.

참조 [대법원의 최종심사권]헌107②, [절차]450, [기간]170, [불변기간]172①단서

판례 재판에 영향을 미친 법률위반이 있다고 주장하여 특별항고를 할 수 있는지 여부(소극) 및 특별항고사건에서 대법원의 심판 범위 : 단순히 재판에 영향을 미친 법률위반이 있다고 주장하는 것은 적법한 특별항고이유에 해당하지 않는다. 특별항고사건에서도 대법원은 원심법원의 결정이나 명령에 재판에 영향을 미친 헌법위반을 비롯한 특별항고사유가 있는지 여부에 한정하여 심사해야 하고, 단순한 법률위반이 있다는 이유만으로 원심결정 등을 파기할 수는 없다. (대결 2008.10.23, 2007그40)

판례 행정소송에서 피고경정신청을 인용한 결정에 대한 종전 피고의 불복방법 : 행정소송에서 피고경정신청이 이유 있다 하여 인용한 결정에 대하여는 종전 피고는 항고제기의 방법으로 불복신청할 수 없고, 행정소송법 제8조 제2항에 의하여 준용되는 민소법 제449조 소정의 특별항고가 허용될 뿐이다.(대결 2006.2.23, 2005부4)

판례 잠정처분의 신청을 기각하는 결정에 대한 항고의 성질 : 잠정처분의 신청을 기각하는 결정에 대하여는 불복이 허용되지 않으므로 그 결정에 대한 항고는 민소법 제449조의 특별항고에 해당한다. (대결 2005.12.19, 2005그128)

판례 판결경정신청을 기각한 결정에 대하여 헌법 위반을 이유로 동조 제1항에 의한 특별항고를 할 수 있는 경우 : 동조에 의한 특별항고에 있어서 결정이나 명령에 대하여 재판에 영향을 미친 헌법 위반이 있다고 함은 결정이나 명령의 절차에 있어서 헌법 제27조 등에서 규정하고 있는 적법한 절차에 따라 공정한 재판을 받을 권리가 침해된 경우를 포함한다 할 것인데, 판결경정신청을 기각한 결정에 대하여 위와 같은 헌법 위반이 있으려면, 신청인이 그 재판에 필요한 자료를 제출할 기회를 전혀 부여받지 못한 상태에서 그러한 결정이 있었다던가, 판결과 그 소송의 전 과정에 나타난 자료 및 판결 선고 후에 제출된 자료에 의하여 판결에 오류가 있음이 분명하여 판결이 경정되어야 하는 사안임이 명백함에도 불구하고 법원이 이를 간과함으로써 기각 결정을 한 경우 등이 이에 해당될 수 있다. (대결 2004.6.25, 2003그136)

제450조【준용규정】 특별항고와 그 소송절차에는 제448조와 상고에 관한 규정을 준용한다.

참조 [원심재판의 집행정지]448, [상고]422－438

제4편 재 심

제451조【재심사유】 ① 다음 각호 가운데 어느 하나에 해당하면 확정된 종국판결에 대하여 재심의 소를 제기할 수 있다. 다만, 당사자가 상소에 의하여 그 사유를 주장하였거나, 이를 알고도 주장하지 아니한 때에는 그러하지 아니하다.
1. 법률에 따라 판결법원을 구성하지 아니한 때
2. 법률상 그 재판에 관여할 수 없는 법관이 관여한 때
3. 법정대리권 · 소송대리권 또는 대리인이 소송행위를 하는 데에 필요한 권한의 수여에 흠이 있는 때. 다만, 제60조 또는 제97조의 규정에 따라 추인한 때에는 그러하지 아니하다.
4. 재판에 관여한 법관이 그 사건에 관하여 직무에 관한 죄를 범한 때
5. 형사상 처벌을 받을 다른 사람의 행위로 말미암아 자백을 하였거나 판결에 영향을 미칠 공격 또는 방어방법의 제출에 방해를 받은 때
6. 판결의 증거가 된 문서, 그 밖의 물건이 위조되거나 변조된 것인 때
7. 증인 · 감정인 · 통역인의 거짓 진술 또는 당사자신문에 따른 당사자나 법정대리인의 거짓 진술이 판결의 증거가 된 때
8. 판결의 기초가 된 민사나 형사의 판결, 그 밖의 재판 또는 행정처분이 다른 재판이나 행정처분에 따라 바뀐 때
9. 판결에 영향을 미칠 중요한 사항에 관하여 판단을 누락한 때
10. 재심을 제기할 판결이 전에 선고한 확정판결에 어긋나는 때
11. 당사자가 상대방의 주소 또는 거소를 알고 있었음에도 있는 곳을 잘 모른다고 하거나 주소나 거소를 거짓으로 하여 소를 제기한 때

② 제1항제4호 내지 제7호의 경우에는 처벌받을 행위에 대하여 유죄의 판결이나 과태료부과의 재판이 확정된 때 또는 증거부족 외의 이유로 유죄의 확정판결이나 과태료부과의 확정재판을 할 수 없을 때에만 재심의 소를 제기할 수 있다.
③ 항소심에서 사건에 대하여 본안판결을 하였을 때에는 제1심 판결에 대하여 재심의 소를 제기하지 못한다.

참조 [종국판결]198 · 200, [준재심]461, [재심의 소와 집행정지]500, [상소]390 · 422, [판결의 확정시기]498, [지급명령의 확정]474, [자백]288, [공격방어방법]146 · 149, [당사자의 신문]367, [법정대리인의 신문]372, [허위진술에 대한 제재]370 · 372, [직무에 관한 범죄]형124 · 129－131, [출소기간의 특례]457

판례 민사소송법 제451조 제1항은 '확정된 종국판결'에 대하여 재심의 소를 제기할 수 있다고 규정하고 있는데, 재심의 소에서 확정된 종국판결도 위 조항에서 말하는 '확정된 종국판결'에 해당하므로 확정된 재심판결에 위 조항에서 정한 재심사유가 있을 때에는 확정된 재심판결에 대하여 재심의 소를 제기할 수 있다. (대판 2015.12.23, 2013다17124)

판례 재심사유를 상소심에서 주장한 경우 그 재심사유를 이유로 재심의 소를 제기할 수 없도록 규정한 민사소송법 제451조 제1항 제9호 중 "상소에 의하여 그 사유를 주장하였거나"의 부분이 재판청구권을 침해하지 아니하므로 헌법에 위반되지 아니한다는 취지의 결정을 선고하였다. 재심의 보충성을 규정한 민사소송법 조항의 위헌 여부에 대한 헌법재판소 최초의 판시로, 재판청구권의 본질을 심각하게 훼손하는 등 입법형성권의 한계를 일탈하여 그 내용이 자의적이라고 볼 수 없다는 이유로 합헌 결정이 내려졌다.
(헌재결 2012.12.27, 2011헌바5)

판례 재심사유는 재심대상판결의 기판력과 전에 선고한 확정판결의 기판력과의 충돌을 조정하기 위하여 마련된 것이므로 그 규정의 '재심을 제기할 판결이 전에 선고한 확정판결과 저촉되는 때'란 전에 선고한 확정판결의 효력이 재심대상판결 당사자에게 미치는 경우로서 양 판결이 저촉되는 때를 말하고, 전에 선고한 확정판결이 재심대상판결과 내용이 유사한 사건에 관한 것이라고 하여도 당사자들을 달리하여 판결의 기판력이 재심대상판결의 당사자에게 미치지 아니하는 때에는 위 규정의 재심사유에 해당하는 것으로 볼 수 없다.
(대판 2011.7.21, 2011재다199 전원합의체)

판례 구체적인 대법원의 재판에서 어떠한 표현으로 법의 해석에 관한 일정한 견해가 설시되어 있다고 하더라도, 그것이 진정으로 의미하는 바가 무엇인가, 즉 어떠한 내용으로 또는 어떠한 범위에서 장래 국민의 법생활 또는 법관을 비롯한 법률가의 법운용을 '구속'하는 효력, 즉 판례로서의 효력을 가져서 그 변경에 대법원 전원합의체의 판단이 요구되는가를 살피려면, 사람의 의사표현행위 일반에서와 마찬가지로, 그 설시의 문구에만 구애될 것이 아니라 당해 판결의 전체적인 법판단에 있어서 그 설시가 어떠한 위상을 가지는가에 유의하면서 또 다른 재판례들과의 관련을 고려하면서 면밀하게 따져 보아야 한다. 특히, 판결은 1차적으로 개별적인 사건에 법적인 해결을 부여하는 것을 지향하는 것이고, 대법원 판결에서의 추상적·일반적 법명제의 설시도 기본적으로 당해 사건의 해결을 염두에 두고 행하여지므로, 그 설시의 위와 같은 '의미'는 당해 사건의 사안과의 관련에서 이해되어야 한다.(대판 2009.7.23, 2009재다516)

판례 상고이유가 상고심절차에 관한 특례법 소정의 심리불속행사유에 해당한다고 보아 더 나아가 심리를 하지 아니하고 상고를 기각한 재심대상판결에는, 상고이유에 대한 판단유탈이 있을 수 없으므로 이를 민사소송법 제451조 제1항 제9호의 재심사유로 삼을 수 없다.
(대판 2007.3.30, 2006재후29)

판례 **공소시효의 완성으로 문서위조행위의 유죄판결을 할 수 없는 경우와 그 범인의 특정** : 판결의 증거가 된 문서가 위조된 것이 분명하고 공소시효의 완성으로 그 문서의 위조행위의 범인에 대하여 유죄판결을 할 수 없게 되었다면, 그 위조행위의 범인이 구체적으로 특정되지 않았다고 하더라도 민소법 제451조 제2항의 '증거부족 외의 이유로 유죄의 확정판결을 할 수 없을 때'에 해당한다.
(대판 2006.10.12, 2005다72508)

판례 **환송판결의 의미** : 대법원의 환송판결은 재심의 대상이 되는 "확정된 종국판결"에 해당한다고 볼 수 없다.
(대판 2005.10.14, 2004재다610)

판례 동조항 제8호 중 '재판이 판결의 기초로 되었다'고 함은 재판이 확정판결에 법률적으로 구속력을 미치는 경우 또는 재판내용이 확정판결에서 사실인정의 자료가 되었고, 그 재판의 변경이 확정판결의 사실인정에 영향을 미칠 가능성이 있는 경우를 말한다. 또한, 재판내용이 확정판결에서 사실인정의 자료가 되었고 그 재판의 변경이 확정판결의 사실인정에 영향을 미칠 가능성이 있는 이상 재심사유는 있는 것이고, 재판내용이 담겨진 문서가 확정판결이 선고된 소송절차에서 반드시 증거방법으로 제출되어 그 문서의 기재 내용이 증거자료로 채택된 경우에 한정되는 것은 아니다.
(대판 2005.6.24, 2003다55936)

판례 재심사유의 규정과 헌법위반 : 민소법 제451조 제1항은 재심사유를 한정적으로 열거하고 있으나 이는 확정판결의 법적 안정성을 유지하고 불필요한 재심을 방지하여 분쟁해결의 실효성을 확보함과 아울러 법원의 업무부담을 경감하기 위한 것으로서 재심제도의 취지에 부합하는 것이고, 이 사건 법률조항의 규정내용을 살펴보면 재심사유가 객관적이고 구체적으로 열거되어 있어 법원의 자의적 판단의 소지를 배제하고 있다고 할 수 있다. 따라서 이 사건 법률조항이 그와 같이 재심사유를 한정하고 있다고 하더라도 이는 입법자에게 주어진 합리적 재량의 범위 내의 것으로 보여지고, 달리 입법자가 그 재량을 행사함에 있어서 헌법재판소가 개입하여야 할 정도로 현저히 불합리하게 또는 자의적으로 행사함으로써 불완전하거나 불충분한 입법에 이른 것으로 볼만한 사정을 찾아 볼 수 없다.
(헌재결 2004.12.16, 2003헌바105)

판례 동조항 제9호에 정하여진 '판결에 영향을 미칠 중요한 사항에 관하여 판단을 누락한 때'라고 함은, 직권조사사항에 해당하는지 여부를 불문하고 그 판단 여하에 따라 판결의 결론에 영향을 미치는 사항으로서 당사자가 구술변론에서 주장하거나 또는 법원의 직권조사를 촉구하였음에도 불구하고 판단을 하지 아니한 경우를 말하는 것이므로 당사자가 주장하지 아니하거나 그 조사를 촉구하지 아니한 사항은 이에 해당하지 아니한다.(대결 2004.9.13, 2004마660)

제452조【기본이 되는 재판의 재심사유】 판결의 기본이 되는 재판에 제451조에 정한 사유가 있을 때에는 그 재판에 대하여 독립된 불복방법이 있는 경우라도 그 사유를 재심의 이유로 삼을 수 있다.

참조 [재심사유]451, [종국판결전의 재판에 대한 독립상소의 금지]392 단서·425

제453조【재심관할 법원】 ① 재심은 재심을 제기할 판결을 한 법원의 전속관할로 한다.
② 심급을 달리하는 법원이 같은 사건에 대하여 내린 판결에 대한 재심의 소는 상급법원이 관할한다. 다만, 항소심판결과 상고심판결에 각각 독립된 재심사유가 있는 때에는 그러하지 아니하다.

참조 [전속관할]31, [제1심판결에 대한 재심의 소]451③

제454조【재심사유에 관한 중간판결】 ① 법원은 재심의 소가 적법한지 여부와 재심사유가 있는지 여부에 관한 심리 및 재판을 본안에 관한 심리 및 재판과 분리하여 먼저 시행할 수 있다.
② 제1항의 경우에 법원은 재심사유가 있다고 인정한 때에는 그 취지의 중간판결을 한 뒤 본안에 관하여 심리·재판한다.

참조 [재심사유]451, [기본이 되는 재판의 재심사유]452, [중간판결]201

제455조【재심의 소송절차】 재심의 소송절차에는 각 심급의 소송절차에 관한 규정을 준용한다.

참조 [재심의 소송절차]민소규138

판례 재심에 불이익변경금지의 원칙이 적용되는지 여부 : 재심은 상소와 유사한 성질을 갖는 것으로서 부대재심이 제기되지 않는 한 재심원고에 대하여 원래의 확정판결보다 불이익한 판결을 할 수 없다.
(대판 2003.7.22, 2001다76298)

제456조【재심제기의 기간】 ① 재심의 소는 당사자가 판결이 확정된 뒤 재심의 사유를 안 날부터 30일 이내에 제기하여야 한다.
② 제1항의 기간은 불변기간으로 한다.
③ 판결이 확정된 뒤 5년이 지난 때에는 재심의 소를 제기하지 못한다.
④ 재심의 사유가 판결이 확정된 뒤에 생긴 때에는 제3항의 기간은 그 사유가 발생한 날부터 계산한다.

참조 [예외]457, ①[재심사유]451, [기간]170, ②[불변기간]172①단서·173

제457조【재심제기의 기간】 대리권의 흠 또는 제451조제1항제10호에 규정한 사항을 이유로 들어 제기하는 재심의 소에는 제456조의 규정을 적용하지 아니한다.

참조 [대리권의 흠결]451①, [재심제기의 기간]456

제458조【재심소장의 필수적 기재사항】 재심소장에는 다음 각호의 사항을 적어야 한다.
1. 당사자와 법정대리인
2. 재심할 판결의 표시와 그 판결에 대하여 재심을 청구하는 취지
3. 재심의 이유

참조 [첨부서류]민소규91, [당사자와 법정대리인]51이하, 민909－911·928－940, [재심사유]451

제459조【변론과 재판의 범위】 ① 본안의 변론과 재판은 재심청구이유의 범위안에서 하여야 한다.
② 재심의 이유는 바꿀 수 있다.

참조 [심판의 범위]262·263, [재심소송기록]민소규140

제460조【결과가 정당한 경우의 재심기각】 재심의 사유가 있는 경우라도 판결이 정당하다고 인정한 때에는 법원은 재심의 청구를 기각하여야 한다.

참조 [재심사유]451①②

제461조【준재심】 제220조의 조서 또는 즉시항고로 불복할 수 있는 결정이나 명령이 확정된 경우에 제451조제1항에 규정된 사유가 있는 때에는 확정판결에 대한 제451조 내지 제460조의 규정에 준하여 재심을 제기할 수 있다.

참조 [준재심절차에 대한 준용]민소규141, [화해, 청구의 포기·인낙조서의 효력]220, [즉시항고로 불복할 수 있는 재판]439·444, 민집130③, [재심사유 및 예외]451①, [재심사유·재심기각]451－460

판례 대법원 결정에 대한 준재심을 인정한 사례 : 재항고이유서 제출기간 내에 제출된 재항고이유서에 사건번호가 잘못 기재되어 있었던 관계로 재항고이유서가 사건의 기록에 편철되지 아니하여, 준재심대상결정이 재항고장에 재항고이유의 기재가 없고 재항고이유서 제출기간 내에 재항고이유서를 제출하지 아니하였다는 이유로 재항고이유에 관하여 판단하지 않고 재항고를 기각한 경우, 준재심대상결정은 결정에 영향을 미칠 중요한 사항에 관하여 판단을 유탈하였으므로 이는 민소법 제431조, 제422조 제1항 제9호에 해당하는 준재심사유가 된다.(대결 2000.1.7, 99재마4)

제5편 독촉절차

제462조【적용의 요건】 금전, 그 밖에 대체물(代替物)이나 유가증권의 일정한 수량의 지급을 목적으로 하는 청구에 대하여 법원은 채권자의 신청에 따라 지급명령을 할 수 있다. 다만, 대한민국에서 공시송달 외의 방법으로 송달할 수 있는 경우에 한한다.

참조 [신청]161·465, [공시송달]194－196

제463조【관할 법원】 독촉절차는 채무자의 보통재판적이 있는 곳의 지방법원이나 제7조 내지 제9조, 제12조 또는 제18조의 규정에 의한 관할법원의 전속관할로 한다.

참조 [보통재판적]2－5, [전속관할]31, [관할위반으로 인한 신청각하]465

제464조【지급명령의 신청】 지급명령의 신청에는 그 성질에 어긋나지 아니하면 소에 관한 규정을 준용한다.

참조 [신청]161, [소에 관한 규정]248이하, [취하]263, [지급명령신청과 시효중단]265, 민172

제465조【신청의 각하】 ① 지급명령의 신청이 제462조 본문 또는 제463조의 규정에 어긋나거나, 신청의 취지로 보아 청구에 정당한 이유가 없는 것이 명백한 때에는 그 신청을 각하하여야 한다. 청구의 일부에 대하여 지급명령을 할 수 없는 때에 그 일부에 대하여도 또한 같다.

② 신청을 각하하는 결정에 대하여는 불복할 수 없다.

참조 [관할에 관한 규정]463, [결정]134·221

제466조【지급명령을 하지 아니하는 경우】 ① 채권자는 법원으로부터 채무자의 주소를 보정하라는 명령을 받은 경우에 소제기신청을 할 수 있다.

② 지급명령을 공시송달에 의하지 아니하고는 송달할 수 없거나 외국으로 송달하여야 할 때에는 법원은 직권에 의한 결정으로 사건을 소송절차에 부칠 수 있다.

③ 제2항의 결정에 대하여는 불복할 수 없다.

참조 [주소]민18－21, [공시송달]194－196, [결정]134·221

제467조【일방적 심문】 지급명령은 채무자를 심문하지 아니하고 한다.

참조 [심문]134③, [신청]161

제468조【지급명령의 기재사항】 지급명령에는 당사자, 법정대리인, 청구의 취지와 원인을 적고, 채무자가 지급명령이 송달된 날부터 2주 이내에 이의신청을 할 수 있다는 것을 덧붙여 적어야 한다.

참조 [당사자·법정대리인·청구의 취지·원인]249, [송달]174이하·469, [기간]170·172①, [이의]469②

제469조【지급명령의 송달】 ① 지급명령은 당사자에게 송달하여야 한다.

② 채무자는 지급명령에 대하여 이의신청을 할 수 있다.

참조 [송달]174이하, [정본에 의한 판결송달]210②

제470조【이의신청의 효력】 ① 채무자가 지급명령을 송달받은 날부터 2주 이내에 이의신청을 한 때에는 지급명령은 그 범위안에서 효력을 잃는다.

② 제1항의 기간은 불변기간으로 한다.

참조 [이의신청]468·469②, [불변기간]172

제471조【이의신청의 각하】 ① 법원은 이의신청이 부적법하다고 인정한 때에는 결정으로 이를 각하하여야 한다.

② 제1항의 결정에 대하여는 즉시항고를 할 수 있다.

참조 [이의신청]468·469②·470, [결정]134·221, [즉시항고]444

제472조【소송으로의 이행】 ① 채권자가 제466조제1항의 규정에 따라 소제기신청을 한 경우, 또는 법원이 제466조제2항의 규정에 따라 지급명령신청사건을 소송절차에 부치는 결정을 한 경우에는 지급명령을 신청한 때에 소가 제기된 것으로 본다.

② 채무자가 지급명령에 대하여 적법한 이의신청을 한 경우에는 지급명령을 신청한 때에 이의신청된 청구목적의 값에 관하여 소가 제기된 것으로 본다.

참조 [결정]21·134, [소 제기 신청]466①, [소송절차에 부치는 결정]466②

제473조【소송으로의 이행에 따른 처리】 ① 제472조의 규정에 따라 소가 제기된 것으로 보는 경우, 지급명령을 발령한 법원은 채권자에게 상당한 기간을 정하여, 소를 제기하는 경우 소장에 붙여야 할 인지액에서 소제기신청 또는 지급명령신청시에 붙인 인지액을 뺀 액수의 인지를 보정하도록 명하여야 한다.

② 채권자가 제1항의 기간 이내에 인지를 보정하지 아니한 때에는 위 법원은 결정으로 지급명령신청서를 각하하여야 한다. 이 결정에 대하여는 즉시항고를 할 수 있다.

③ 제1항에 규정된 인지가 보정되면 법원사무관 등은 바로 소송기록을 관할 법원에 보내야 한다. 이 경우 사건이 합의부의 관할에 해당되면 법원사무관등은 바로 소송기록을 관할 법원 합의부에 보내야 한다.

④ 제472조의 경우 독촉절차의 비용은 소송비용의 일부로 한다.

참조 [소송으로의 이행]472, [인지의 보정]254, [결정]134·221, [즉시항고]444, [목적의 가액과 관할]26·27, 법원조직7·32①

제474조【지급명령의 효력】 지급명령에 대하여 이의신청이 없거나, 이의신청을 취하하거나, 각하결정이 확정된 때에는 지급명령은 확정판결과 같은 효력이 있다.

참조 [이의신청의 각하]471, [확정판결]216·218, 민165, [지급명령과 강제집행]민집56－58

제6편 공시최고절차

제475조【공시최고의 적용범위】 공시최고(公示催告)는 권리 또는 청구의 신고를 하지 아니하면 그 권리를 잃게 될 것을 법률로 정한 경우에만 할 수 있다.

참조 [공시최고의 적용이 있는 경우]민521·524, 상360, 부등56

제476조【공시최고절차를 관할하는 법원】 ① 공시최고는 법률에 다른 규정이 있는 경우를 제외하고는 권리자의 보통재판적이 있는 곳의 지방법원이 관할한다. 다만, 등기 또는 등록을 말소하기 위한 공시최고는 그 등기 또는 등록을 한 공공기관이 있는 곳의 지방법원에 신청할 수 있다.

② 제492조의 경우에는 증권이나 증서에 표시된 이행지의 지방법원이 관할한다. 다만, 증권이나 증서에 이행지의 표시가 없는 때에는 발행인의 보통재판적이 있는 곳의 지방법원이, 그 법원이 없는 때에는 발행 당시에 발행인의 보통재판적이 있었던 곳의 지방법원이 각각 관할한다.

③ 제1항 및 제2항의 관할은 전속관할로 한다.

참조 [보통재판적]2－6, [지방법원의 권한]법원조직7④⑤·32, [증권의 무효선고를 위한 공시최고]492, [전속관할]31

제477조【공시최고의 신청】 ① 공시최고의 신청에는 그 신청의 이유와 제권판결(除權判決)을 청구하는 취지를 밝혀야 한다.

② 제1항의 신청은 서면으로 하여야 한다.

③ 법원은 여러 개의 공시최고를 병합하도록 명할 수 있다.

참조 [신청]161, [증권의 무효선고를 위한 공시최고]492－497, [공시최고기간]481

제478조【공시최고의 허가여부】 ① 공시최고의 허가여부에 대한 재판은 결정으로 한다. 허가하지 아니하는 결정에 대하여는 즉시항고를 할 수 있다.
② 제1항의 경우에는 신청인을 심문할 수 있다.
참조 [결정]134·221, [즉시항고]444, [심문]134②

제479조【공시최고의 기재사항】 ① 공시최고의 신청을 허가한 때에는 법원은 공시최고를 하여야 한다.
② 공시최고에는 다음 각호의 사항을 적어야 한다.
1. 신청인의 표시
2. 공시최고기일까지 권리 또는 청구의 신고를 하여야 한다는 최고
3. 신고를 하지 아니하면 권리를 잃게 될 사항
4. 공시최고기일

참조 [신청]161, [증권의 무효선고를 위한 공시최고의 특칙]495, [공시최고기간]481

제480조【공고방법】 공시최고는 대법원규칙이 정하는 바에 따라 공고하여야 한다.
참조 [공시최고의 공고]민소규142

제481조【공시최고기간】 공시최고의 기간은 공고가 끝난 날부터 3월 뒤로 정하여야 한다.
참조 [기간]170, [공고방법]480, [기간 부준수에 대한 불복]490②

제482조【제권판결전의 신고】 공시최고기일이 끝난 뒤에도 제권판결에 앞서 권리 또는 청구의 신고가 있는 때에는 그 권리를 잃지 아니한다.
참조 [제권판결에 대한 불복소송]490

제483조【신청인의 불출석과 새 기일의 지정】 ① 신청인이 공시최고기일에 출석하지 아니하거나, 기일변경신청을 하는 때에는 법원은 1회에 한하여 새 기일을 정하여 주어야 한다.
② 제1항의 새 기일은 공시최고기일부터 2월을 넘기지 아니하여야 하며, 공고는 필요로 하지 아니한다.
참조 [공시최고기일]479②·481, [기간]170·172①

제484조【취하간주】 신청인이 제483조의 새 기일에 출석하지 아니한 때에는 공시최고신청을 취하한 것으로 본다.
참조 [새 기일의 지정]483, [공시최고의 신청]477, [소 취하의 의제]268②

제485조【신고가 있는 경우】 신청이유로 내세운 권리 또는 청구를 다투는 신고가 있는 때에는 법원은 그 권리에 대한 재판이 확정될 때까지 공시최고절차를 중지하거나, 신고한 권리를 유보하고 제권판결을 하여야 한다.
참조 [재판의 확정]498, [불복신청]488

제486조【신청인의 진술의무】 공시최고의 신청인은 공시최고기일에 출석하여 그 신청을 하게 된 이유와 제권판결을 청구하는 취지를 진술하여야 한다.
참조 [공시최고기일]479·481

제487조【제권판결】 ① 법원은 신청인이 진술을 한 뒤에 제권판결신청에 정당한 이유가 없다고 인정할 때에는 결정으로 신청을 각하하여야 하며, 이유가 있다고 인정할 때에는 제권판결을 선고하여야 한다.
② 법원은 제1항의 재판에 앞서 직권으로 사실을 탐지할 수 있다.
참조 [결정]134·221, [신청인의 진술의무]486, [제권판결에서의 유보]485, [불복신청]488, [제권판결의 공고]489, [직권탐지]가소17

판례 주권을 교부한 자가 이를 분실하였다고 허위로 공시최고신청을 하여 제권판결을 선고받아 확정되었다면, 그 제권판결의 적극적 효력에 의해 그 자는 그 주권을 소지하지 않고도 주권을 소지한 자로서의 권리를 행사할 수 있는 지위를 취득하였다고 할 것이므로, 이로써 사기죄에 있어서의 재산상 이익을 취득한 것으로 보기에 충분하고, 이는 제권판결이 그 신청인에게 주권상의 권리를 행사할 수 있는 형식적 자격을 인정하는 데 그치며 그를 실질적 권리자로 확정하는 것이 아니라고 하여 달리 볼 것은 아니다.
(대판 2007.5.31, 2006도8488)

제488조【불복신청】 제권판결의 신청을 각하한 결정이나, 제권판결에 덧붙인 제한 또는 유보에 대하여는 즉시항고를 할 수 있다.
참조 [신청]161, [제권판결에 부가한 제한 또는 보류]485, [즉시항고]444

제489조【제권판결의 공고】 법원은 제권판결의 요지를 대법원규칙이 정하는 바에 따라 공고할 수 있다.
참조 [제권판결의 공고]민소규143

제490조【제권판결에 대한 불복소송】 ① 제권판결에 대하여는 상소를 하지 못한다.
② 제권판결에 대하여는 다음 각호 가운데 어느 하나에 해당하면 신청인에 대한 소로써 최고법원에 불복할 수 있다.
1. 법률상 공시최고절차를 허가하지 아니할 경우일 때
2. 공시최고의 공고를 하지 아니하였거나, 법령이 정한 방법으로 공고를 하지 아니한 때
3. 공시최고기간을 지키지 아니한 때
4. 판결을 한 판사가 법률에 따라 직무집행에서 제척된 때
5. 전속관할에 관한 규정에 어긋난 때
6. 권리 또는 청구의 신고가 있음에도 법률에 어긋나는 판결을 한 때
7. 거짓 또는 부정한 방법으로 제권판결을 받은 때
8. 제451조제1항제4호 내지 제8호의 재심사유가 있는 때

참조 [판결에 대한 상소]390·422, [최고법원]476①, [공고방법]480·492, [공시최고기간]481, [제척원인]41, [제권판결 전의 신고]482, [이의의 신고]485

판례 약속어음의 전소지인이 그 약속어음의 현소지인을 알면서도 그 소재를 모르는 것처럼 공시최고기일에 출석하여 그 신청의 원인과 제권판결을 구하는 취지를 진술하여 공시최고법원을 기망하고, 이에 속은 공시최고법원으로부터 제권판결을 얻었다면, 그 제권판결의 소극적 효과로서 그 약속어음은 무효가 되어 그 정당한 소지인은 그 약속어음상의 권리를 행사할 수 없게 되고 적법한 소지인임을 전제로 한 이득상환청구권도 발생하지 않게 된 손해를 입었다고 할 것이므로 전소지인은 그 약속어음의 정당한 소지인에게 불법행위로 인한 손해를 배상할 책임이 있다.(대판 1995.2.3, 93다52334)

제491조【소제기기간】 ① 제490조제2항의 소는 1월 이내에 제기하여야 한다.
② 제1항의 기간은 불변기간으로 한다.
③ 제1항의 기간은 원고가 제권판결이 있다는 것을 안 날부터 계산한다. 다만, 제490조제2항제4호·제7호 및 제8호의 사유를 들어 소를 제기하는 경우에는 원고가 이러한 사유가 있음을 안 날부터 계산한다.
④ 이 소는 제권판결이 선고된 날부터 3년이 지나면 제기하지 못한다.
참조 [기간]170, [불변기간]172·173, [판결선고기간]207, [제권판결에 대한 불복소송]490

제492조【증권의 무효선고를 위한 공시최고】 ① 도난·분실되거나 없어진 증권, 그 밖에 상법에서 무효로 할 수 있다고 규정한 증서의 무효선고를 청구하는 공시최고절차에는 제493조 내지 제497조의 규정을 적용한다.
② 법률상 공시최고를 할 수 있는 그 밖의 증서에 관하여 그 법률에 특별한 규정이 없으면 제1항의 규정을 적용한다.
참조 [상법에 무효로 할 수 있음을 규정한 증서]상360, [다른 증서]민521·524

제493조【증서에 관한 공시최고신청권자】 무기명증권 또는 배서(背書)로 이전할 수 있거나 약식배서(略式背書)가 있는 증권 또는 증서에 관하여는 최종소지인이 공시최고절차를 신청할 수 있으며, 그 밖의 증서에 관하여는 그 증서에 따라서 권리를 주장할 수 있는 사람이 공시최고절차를 신청할 수 있다.
참조 [무기명증권]민523－526, 상357·480, 어음12③·13②, 수표15④·16②, [증서로 권리를 주장할 수 있는 사람]어음16, 수표19, 민513

제494조【신청사유의 소명】 ① 신청인은 증서의 등본을 제출하거나 또는 증서의 존재 및 그 중요한 취지를 충분히 알리기에 필요한 사항을 제시하여야 한다.

② 신청인은 증서가 도난·분실되거나 없어진 사실과, 그 밖에 공시최고절차를 신청할 수 있는 이유가 되는 사실 등을 소명하여야 한다.

참조 [소명]299, [공시최고신청]477·492

제495조【신고최고, 실권경고】 공시최고에는 공시최고기일까지 권리 또는 청구의 신고를 하고 그 증서를 제출하도록 최고하고, 이를 게을리 하면 권리를 잃게 되어 증서의 무효가 선고된다는 것을 경고하여야 한다.

참조 [공시최고의 일반적 기재사항]479, [공시최고기일]479②·481

제496조【제권판결의 선고】 제권판결에서는 증권 또는 증서의 무효를 선고하여야 한다.

참조 [제권판결]487

제497조【제권판결의 효력】 제권판결이 내려진 때에는 신청인은 증권 또는 증서에 따라 의무를 지는 사람에게 증권 또는 증서에 따른 권리를 주장할 수 있다.

참조 [제권판결]487, [증서로 권리를 주장할 수 있는 사람]어음16, 수표19, 민513

제7편 판결의 확정 및 집행정지

제498조【판결의 확정시기】 판결은 상소를 제기할 수 있는 기간 또는 그 기간 이내에 적법한 상소제기가 있을 때에는 확정되지 아니한다.

참조 [기간]170·173, [확정판결]216, [상소제기]396·425, 민165

제499조【판결확정증명서의 부여자】 ① 원고 또는 피고가 판결확정증명서를 신청한 때에는 제1심 법원의 법원사무관등이 기록에 따라 내어 준다.

② 소송기록이 상급심에 있는 때에는 상급법원의 법원사무관등이 그 확정부분에 대하여만 증명서를 내어 준다.

참조 [확정증명서를 필요로 하는 경우]216, [제1심 법원사무관의 기록보관]421·425, [상급심 법원사무관의 기록보관]400

제500조【재심 또는 상소의 추후보완신청으로 말미암은 집행정지】 ① 재심 또는 제173조에 따른 상소의 추후보완신청이 있는 경우에 불복하는 이유로 내세운 사유가 법률상 정당한 이유가 있다고 인정되고, 사실에 대한 소명이 있는 때에는 법원은 당사자의 신청에 따라 담보를 제공하게 하거나 담보를 제공하지 아니하게 하고 강제집행을 일시정지하도록 명할 수 있으며, 담보를 제공하게 하고 강제집행을 실시하도록 명하거나 실시한 강제처분을 취소하도록 명할 수 있다.

② 담보 없이 하는 강제집행의 정지는 그 집행으로 말미암아 보상할 수 없는 손해가 생기는 것을 소명한 때에만 한다.

③ 제1항 및 제2항의 재판은 변론 없이 할 수 있으며, 이 재판에 대하여는 불복할 수 없다.

④ 상소의 추후보완신청의 경우에 소송기록이 원심법원에 있으면 그 법원이 제1항 및 제2항의 재판을 한다.

참조 [재심]451이하, [신청]161, [집행정지취소]민집49·50, [소명]299, [집행정지 신청방식]민소규144

판례 가처분 판결에 기한 집행을 예외적으로 정지할 수 있는 경우 : 가처분 결정에 대한 이의신청이 있고, 앞으로 그 가처분 재판이 취소되거나 변경될 가능성이 있는 경우라고 하더라도 구체적인 가처분의 내용이 권리보전의 범위에 그치지 아니하고 소송물인 권리 또는 법률관계의 내용이 이행된 것과 같은 종국적 만족을 얻게 하는 것으로서, 그 집행에 의하여 채무자에게 회복할 수 없는 손해를 생기게 할 우려가 있는 때가 아니면 원칙적으로 가처분 재판에 대한 집행의 정지는 허용될 수 없다.(대결 2002.5.8, 2002그31)

제501조【상소제기 또는 변경의 소제기로 말미암은 집행정지】 가집행의 선고가 붙은 판결에 대하여 상소를 한 경우 또는 정기금의 지급을 명한 확정판결에 대하여 제252조제1항의 규정에 따른 소를 제기한 경우에는 제500조의 규정을 준용한다.

참조 [가집행선고]213①, [상소제기]396·425, [이의신청]458·473, [신청]161, [집행정지 신청방법]민소규144

판례 가집행선고부 판결부분에 관하여 상고를 제기하지 않은 피고가 상고심 법원에 그 판결에 기한 강제집행의 정지를 구할 수 있는지 여부 : 가집행선고부 제1심판결 중 항소심판결에 의하여 유지된 부분에 관하여 불복하여 상고를 제기하지 않은 신청인으로서는 상고심 법원에 그 판결에 기한 강제집행의 정지를 구할 수 없다 할 것이므로 이 부분에 관한 강제집행정지신청도 역시 부적법하다. (대결 2006.4.14, 2006카기62)

제502조【담보를 공탁할 법원】 ① 이 편의 규정에 의한 담보의 제공이나 공탁은 원고나 피고의 보통재판적이 있는 곳의 지방법원 또는 집행법원에 할 수 있다.

② 담보를 제공하거나 공탁을 한 때에는 법원은 당사자의 신청에 따라서 증명서를 주어야 한다.

③ 이 편에 규정된 담보에는 달리 규정이 있는 경우를 제외하고는 제122조·제123조·제125조 및 제126조의 규정을 준용한다.

참조 [담보의 제공]민집34②·46②·47①·48③·102①·113·280②·286③·288①·301·307, [공탁]282, [보통재판적]2-5, [집행법원]민집79·173·224·296, [공탁]공탁·공탁규칙

판례 가집행선고부 판결에 대한 강제집행의 정지를 위하여 공탁한 담보의 피담보채무의 범위 : 가집행선고부 판결에 대한 강제집행정지를 위하여 공탁한 담보는 강제집행정지로 인하여 채권자에게 생길 손해를 담보하기 위한 것이고 정지의 대상인 기본채권 자체를 담보하는 것은 아니므로, 채권자는 그 손해배상청구권에 한하여서만 질권자와 동일한 권리가 있을 뿐 기본채권에까지 담보적 효력이 미치는 것은 아닌바, 건물명도 및 그 명도시까지의 차임 상당액의 지급을 명한 가집행선고부 판결에 대한 강제집행정지를 위하여 담보공탁을 한 경우, 그 건물의 명도집행이 지연됨으로 인한 손해에는 반대되는 사정이 없는 한 집행의 정지가 효력을 갖는 기간 내에 발생된 차임 상당의 손해가 포함되고, 그 경우 차임 상당의 그 손해배상청구권은 기본채권 자체라 할 것은 아니어서 명도집행정지를 위한 공탁금의 피담보채무가 된다.(대판 2000.1.14, 98다24914)

부 칙

제1조【시행일】 이 법은 2002년 7월 1일부터 시행한다.

제2조【계속사건에 관한 경과조치】 이 법은 특별한 규정이 없으면 이 법 시행 당시 법원에 계속중인 사건에도 적용한다. 다만, 이 법 시행 전의 소송행위의 효력에는 영향을 미치지 아니한다.

제3조【법 적용의 시간적 범위】 이 법은 이 법 시행 이전에 생긴 사항에도 적용한다. 다만, 종전의 규정에 따라 생긴 효력에는 영향을 미치지 아니한다.

제4조【관할에 관한 경과조치】 이 법 시행 당시 법원에 계속 중인 사건은 이 법에 따라 관할권이 없는 경우에도 종전의 규정에 따라 관할권이 있으면 그에 따른다.

제5조【법정기간에 관한 경과조치】 이 법 시행전부터 진행된 법정기간과 그 계산은 종전의 규정에 따른다.

제6조【다른 법률의 개정】 ①~㉙ ※(해당 법령에 가제정리 하였음)

제7조【다른 법률과의 관계】 이 법 시행 당시 다른 법률에서 종전의 민사소송법의 규정을 인용한 경우에 이 법중 그에 해당하는 규정이 있는 때에는 이 법의 해당 규정을 인용한 것으로 본다.

부 칙 (2005.3.31 법7427호)

제1조【시행일】 이 법은 2008년 1월 1일부터 시행한다. (이하 생략)

부 칙 (2005.3.31 법7428호)

제1조【시행일】 이 법은 공포 후 1년이 경과한 날부터 시행한다.(이하 생략)

부 칙 (2006.2.21)

제1조【시행일】 이 법은 2006년 7월 1일부터 시행한다. (이하 생략)

부 칙 (2007.5.17)

이 법은 2008년 1월 1일부터 시행한다.

부 칙 (2007.7.13)

① **【시행일】** 이 법은 공포 후 1개월이 경과한 날부터 시행한다.
② **【전문심리위원에 대한 적용례】** 제164조의2부터 제164조의8까지의 개정규정은 이 법 시행 당시 법원에 계속 중인 사건에도 적용한다.

부 칙 (2008.12.26)

① **【시행일】** 이 법은 공포한 날부터 시행한다.
② **【계속사건에 대한 경과조치】** 이 법은 이 법 시행 당시 법원에 계속 중인 사건에 대하여도 적용한다.

부 칙 (2010.7.23)

① **【시행일】** 이 법은 공포 후 3개월이 경과한 날부터 시행한다.
② **【적용례】** 제117조의 개정규정은 이 법 시행 후 최초로 소송제기되는 경우부터 적용한다.

부 칙 (2011.5.19)

제1조 【시행일】 이 법은 공포 후 2개월이 경과한 날부터 시행한다.(이하 생략)

부 칙 (2011.7.18)

① **【시행일】** 이 법은 2015년 1월 1일부터 시행한다.
② **【적용례】** 제163조의2의 개정규정은 이 법 시행 후 최초로 판결이 확정되는 사건의 판결서부터 적용한다.

부 칙 (2014.5.20)

이 법은 공포한 날부터 시행한다.

부 칙 (2014.12.30)

제1조 【시행일】 이 법은 공포 후 6개월이 경과한 날부터 시행한다.
제2조 【계속사건에 대한 경과조치】 이 법은 이 법 시행 당시 법원에 계속 중인 사건에 대하여도 적용한다.

부 칙 (2015.12.1)

제1조 【시행일】 이 법은 2016년 1월 1일부터 시행한다.
제2조 【적용례】 이 법은 이 법 시행 후 최초로 소장이 접수된 사건부터 적용한다.

부 칙 (2016.2.3)

제1조 【시행일】 이 법은 공포 후 1년이 경과한 날부터 시행한다.
제2조 【계속사건에 관한 적용례 등】 이 법은 특별한 규정이 없으면 이 법 시행 당시 법원에 계속 중인 사건에도 적용한다. 다만, 이 법 시행 전의 소송행위의 효력에는 영향을 미치지 아니한다.
제3조 【금치산자 등에 대한 경과조치】 제55조, 제56조 및 제62조의 개정규정에도 불구하고 법률 제10429호 민법 일부개정법률 부칙 제2조에 따라 금치산 또는 한정치산 선고의 효력이 유지되는 사람에 대해서는 종전의 규정에 따른다.
제4조 【다른 법률의 개정】 ①~② ※(해당 법령에 가제정리 하였음)

부 칙 (2016.3.29)

제1조 【시행일】 이 법은 공포 후 6개월이 경과한 날부터 시행한다.
제2조 【계속사건에 관한 경과조치】 이 법은 이 법 시행 당시 법원에 계속 중인 사건에 대하여도 적용한다.

부 칙 (2017.10.31)

제1조 【시행일】 이 법은 공포한 날부터 시행한다.
제2조 【적용례】 이 법의 개정규정은 이 법 시행 후 최초로 조서 또는 그 밖의 서면을 작성하거나 재판서·조서의 정본·등본·초본을 교부하는 경우부터 적용한다.

부 칙 (2020.12.8)

제1조 【시행일】 이 법은 2023년 1월 1일부터 시행한다.
제2조 【적용례】 제163조의2의 개정규정은 이 법 시행 후 최초로 판결이 선고되는 사건의 판결서부터 적용한다.

부 칙 (2020.12.22)

제1조 【시행일】 이 법은 2021년 1월 1일부터 시행한다.(이하 생략)

부 칙 (2021.8.17)

제1조 【시행일】 이 법은 공포 후 3개월이 경과한 날부터 시행한다.
제2조 【계속사건에 대한 경과조치】 이 법은 이 법 시행 당시 법원에 계속 중인 사건에 대하여도 적용한다.

부 칙 (2023.4.18)

제1조 【시행일】 이 법은 공포 후 6개월이 경과한 날부터 시행한다.
제2조 【소송구조에 관한 적용례】 제128조제2항의 개정규정은 이 법 시행 이후 소송구조를 신청한 경우부터 적용한다.
제3조 【소권 및 항소권의 남용에 관한 적용례】 제194조제4항, 제219조의2, 제248조의 개정규정은 이 법 시행 이후 소 및 항소를 제기한 경우부터 적용한다.
제4조 【다른 법률의 개정】 ※(해당 법령에 가제정리 하였음)

부 칙 (2023.7.11)

이 법은 공포 후 2년이 경과한 날부터 시행한다.

부 칙 (2024.1.16)

제1조 【시행일】 이 법은 2025년 3월 1일부터 시행한다.
제2조 【항소이유서의 제출에 관한 적용례】 이 법은 이 법 시행 후 최초로 항소장 또는 항고장이 제출되는 사건부터 적용한다.
제3조 【다른 법률의 개정】 ※(해당 법령에 가제정리 하였음)

민사소송규칙

(2002년 6월 28일
전개대법원규칙 제1761호)

개정
2006. 3.23대법원규칙2012호 2007. 7.31대법원규칙2094호
2007.11.28대법원규칙2115호 2009. 1. 9대법원규칙2203호
2009.12. 3대법원규칙2259호 2010.12.13대법원규칙2311호
2011. 9.28대법원규칙2356호(부등규)
2012. 5. 2대법원규칙2396호 2014. 8. 6대법원규칙2545호
2014.12.30대법원규칙2575호 2015. 1.28대법원규칙2585호
2015. 6.29대법원규칙2606호 2016. 8. 1대법원규칙2670호
2016. 9. 6대법원규칙2675호 2017. 2. 2대법원규칙2711호
2018. 1.31대법원규칙2771호 2020. 6. 1대법원규칙2900호
2020. 6.26대법원규칙2905호 2021.10.29대법원규칙3001호
2024.11.29대법원규칙3167호 2025. 1.23대법원규칙3191호

제1편 총 칙

제1장 통 칙

제1조【목적】 이 규칙은 민사소송법(다음부터 "법"이라 한다)이 대법원규칙에 위임한 사항, 그 밖에 민사소송절차에 관하여 필요한 사항을 규정함을 목적으로 한다.

제2조【법원에 제출하는 서면의 기재사항】 ① 당사자 또는 대리인이 법원에 제출하는 서면에는 특별한 규정이 없으면 다음 각호의 사항을 적고 당사자 또는 대리인이 기명날인 또는 서명하여야 한다.
1. 사건의 표시
2. 서면을 제출하는 당사자와 대리인의 이름·주소와 연락처(전화번호·팩시밀리번호 또는 전자우편주소 등을 말한다. 다음부터 같다)
3. 덧붙인 서류의 표시
4. 작성한 날짜
5. 법원의 표시

② 당사자 또는 대리인이 제출한 서면에 적은 주소 또는 연락처에 변동사항이 없는 때에는 그 이후에 제출하는 서면에는 주소 또는 연락처를 적지 아니하여도 된다.

제3조【최고·통지】 ① 민사소송절차에서 최고와 통지는 특별한 규정이 없으면 상당하다고 인정되는 방법으로 할 수 있다.
② 제1항의 최고나 통지를 한 때에는 법원서기관·법원사무관·법원주사 또는 법원주사보(다음부터 이 모두를 "법원사무관등"이라 한다)는 그 취지와 최고 또는 통지의 방법을 소송기록에 표시하여야 한다.
③ 이 규칙에 규정된 통지(다만, 법에 규정된 통지를 제외한다)를 받을 사람이 외국에 있거나 있는 곳이 분명하지 아니한 때에는 통지를 하지 아니하여도 된다. 이 경우 법원사무관등은 그 사유를 소송기록에 표시하여야 한다.
④ 당사자, 그 밖의 소송관계인에 대한 통지는 법원사무관등으로 하여금 그 이름으로 하게 할 수 있다.

제4조【소송서류의 작성방법 등】 ① 소송서류는 간결한 문장으로 분명하게 작성하여야 한다.
② 소송서류는 특별한 사정이 없으면 다음 양식에 따라 세워서 적어야 한다.
1. 용지는 A4(가로 210㎜×세로 297㎜) 크기로 하고, 위로부터 45㎜, 왼쪽 및 오른쪽으로부터 각각 20㎜, 아래로부터 30㎜(장수 표시 제외)의 여백을 둔다.
2. 글자크기는 12포인트(가로 4.2㎜×세로 4.2㎜) 이상으로 하고, 줄간격은 200% 또는 1.5줄 이상으로 한다.
(2016.8.1 본항개정)
③ 법원은 제출자의 의견을 들어 변론기일 또는 변론준비기일에서 진술되지 아니하거나 불필요한 소송서류를 돌려주거나 폐기할 수 있다.(2016.8.1 본항신설)

제5조【소송서류의 접수와 보정권고】 ① 당사자, 그 밖의 소송관계인이 제출하는 소송서류는 정당한 이유 없이 접수를 거부하여서는 아니 된다.
② 소송서류를 접수한 공무원은 소송서류를 제출한 사람이 요청한 때에는 바로 접수증을 교부하여야 한다.
③ 법원사무관등은 접수된 소송서류의 보완을 위하여 필요한 사항을 지적하고 보정을 권고할 수 있다.

제2장 법 원

제6조【보통재판적】 법 제3조 내지 법 제6조의 규정에 따라 보통재판적을 정할 수 없는 때에는 대법원이 있는 곳을 보통재판적으로 한다.

제7조【관할지정의 신청 등】 ① 법 제28조제1항의 규정에 따라 관계된 법원 또는 당사자가 관할지정을 신청하는 때에는 그 사유를 적은 신청서를 바로 위의 상급법원에 제출하여야 한다.
② 소 제기 후의 사건에 관하여 제1항의 신청을 한 경우, 신청인이 관계된 법원인 때에는 그 법원이 당사자 모두에게, 신청인이 당사자인 때에는 신청을 받은 법원이 소송이 계속된 법원과 상대방에게 그 취지를 통지하여야 한다.

제8조【관할지정신청에 대한 처리】 ① 법 제28조제1항의 규정에 따른 신청을 받은 법원은 그 신청에 정당한 이유가 있다고 인정하는 때에는 관할 법원을 지정하는 결정을, 이유가 없다고 인정하는 때에는 신청을 기각하는 결정을 하여야 한다.
② 소 제기 전의 사건에 관하여 제1항의 결정을 한 경우에는

신청인에게, 소 제기 후의 사건에 관하여 제1항의 결정을 한 경우에는 소송이 계속된 법원과 당사자 모두에게 그 결정정본을 송달하여야 한다.
③ 소송이 계속된 법원이 바로 위의 상급법원으로부터 다른 법원을 관할 법원으로 지정하는 결정정본을 송달받은 때에는, 그 법원의 법원사무관등은 바로 그 결정정본과 소송기록을 지정된 법원에 보내야 한다.
제9조【소송절차의 정지】 소 제기 후의 사건에 관하여 법 제28조제1항의 규정에 따른 관할지정신청이 있는 때에는 그 신청에 대한 결정이 있을 때까지 소송절차를 정지하여야 한다. 다만, 긴급한 필요가 있는 행위를 하는 경우에는 그러하지 아니하다.
제10조【이송신청의 방식】 ① 소송의 이송신청을 하는 때에는 신청의 이유를 밝혀야 한다.
② 이송신청은 기일에 출석하여 하는 경우가 아니면 서면으로 하여야 한다.
제11조【이송결정에 관한 의견진술】 ① 법 제34조제2항·제3항, 법 제35조 또는 법 제36조제1항의 규정에 따른 신청이 있는 때에는 법원은 결정에 앞서 상대방에게 의견을 진술할 기회를 주어야 한다.
② 법원이 직권으로 법 제34조제2항, 법 제35조 또는 법 제36조의 규정에 따른 이송결정을 하는 때에는 당사자의 의견을 들을 수 있다.

제3장 당사자

제12조【법인이 아닌 사단 등의 당사자능력을 판단하는 자료의 제출】 법원은 법인이 아닌 사단 또는 재단이 당사자가 되어 있는 때에는 정관·규약, 그 밖에 그 당사자의 당사자능력을 판단하기 위하여 필요한 자료를 제출하게 할 수 있다.
제13조【법정대리권 소멸 및 선정당사자 선정취소·변경 통지의 신고】 ① 법 제63조제1항의 규정에 따라 법정대리권 소멸통지를 한 사람은 그 취지를 법원에 서면으로 신고하여야 한다.
② 법 제63조제2항의 규정에 따라 선정당사자 선정취소와 변경의 통지를 한 사람에게는 제1항의 규정을 준용한다.
제14조【필수적 공동소송인의 추가신청】 법 제68조제1항의 규정에 따른 필수적 공동소송인의 추가신청은 추가될 당사자의 이름·주소와 추가신청의 이유를 적은 서면으로 하여야 한다.
제15조【단독사건에서 소송대리의 허가】 ① 단독판사가 심리·재판하는 사건으로서 다음 각 호의 어느 하나에 해당하는 사건에서는 변호사가 아닌 사람도 법원의 허가를 받아 소송대리인이 될 수 있다.
1. 「민사 및 가사소송의 사물관할에 관한 규칙」 제2조 단서 각 호의 어느 하나에 해당하는 사건
2. 제1호 사건 외의 사건으로서 다음 각 목의 어느 하나에 해당하지 아니하는 사건
   가. 소송목적의 값이 소제기 당시 또는 청구취지 확장(변론의 병합 포함) 당시 1억원을 넘는 소송사건
   나. 가목의 사건을 본안으로 하는 신청사건 및 이에 부수하는 신청사건(다만, 가압류·다툼의 대상에 관한 가처분 신청사건 및 이에 부수하는 신청사건은 제외한다)

(2016.9.6 본항개정)
② 제1항과 법 제88조제1항의 규정에 따라 법원의 허가를 받을 수 있는 사람은 다음 각호 가운데 어느 하나에 해당하여야 한다.
1. 당사자의 배우자 또는 4촌 안의 친족으로서 당사자와의 생활관계에 비추어 상당하다고 인정되는 경우
2. 당사자와 고용, 그 밖에 이에 준하는 계약관계를 맺고 그 사건에 관한 통상사무를 처리·보조하는 사람으로서 그 사람이 담당하는 사무와 사건의 내용 등에 비추어 상당하다고 인정되는 경우

③ 제1항과 법 제88조제1항에 규정된 허가신청은 서면으로 하여야 한다.
④ 제1항과 법 제88조제1항의 규정에 따른 허가를 한 후 사건이 제1항제2호 각 목의 어느 하나에 해당하는 사건(다만, 제1항제1호에 해당하는 사건은 제외한다) 또는 민사소송등 인지법 제2조제4항에 해당하게 된 때에는 법원은 허가를 취소하고 당사자 본인에게 그 취지를 통지하여야 한다.
(2016.9.6 본항개정)
제16조【법률상 소송대리인의 자격심사 등】 ① 법원은 지배인·선장 등 법률상 소송대리인의 자격 또는 권한을 심사할 수 있고 그 심사에 필요한 때에는 그 소송대리인·당사자 본인 또는 참고인을 심문하거나 관련 자료를 제출하게 할 수 있다.
② 법원은 법률상 소송대리인이 그 자격 또는 권한이 없다고 인정하는 때에는 재판상 행위를 금지하고 당사자 본인에게 그 취지를 통지하여야 한다.
제17조【소송대리권 소멸통지의 신고】 법 제97조에서 준용하는 법 제63조제1항의 규정에 따라 소송대리인 권한의 소멸통지를 한 사람에게는 제13조제1항의 규정을 준용한다.
제17조의2【기일 외 진술 등의 금지】 ① 당사자나 대리인은 기일 외에서 구술, 전화, 휴대전화 문자전송, 그 밖에 이와 유사한 방법으로 사실상 또는 법률상 사항에 대하여 진술하는 등 법령이나 재판장의 지휘에 어긋나는 절차와 방식으로 소송행위를 하여서는 아니 된다.
② 재판장은 제1항을 어긴 당사자나 대리인에게 주의를 촉구하고 기일에서 그 위반사실을 알릴 수 있다.
(2016.9.6 본조신설)

제4장 소송비용

제1절 소송비용의 부담

제18조【소송비용액의 확정을 구하는 신청의 방식】 법 제110조제1항, 법 제113조제1항 또는 법 제114조제1항의 규정에 따른 신청은 서면으로 하여야 한다.
제19조【소송비용의 예납의무자】 ① 법 제116조제1항의 규정에 따라 법원이 소송비용을 미리 내게 할 수 있는 당사자는 그 소송행위로 이익을 받을 당사자로 하되, 다음 각호의 기준을 따라야 한다.
1. 송달료는 원고(상소심에서는 상소인을 말한다. 다음부터 이 조문 안에서 같다)
2. 변론의 속기 또는 녹음(듣거나 말하는 데 장애가 있는 사람을 위한 속기, 녹음 및 제37조에 따라 녹음에 준하여 이루어지는 녹화를 제외한다. 다음부터 이 조문 안에서 같다)에 드는 비용은 신청인. 다만, 직권에 의한 속기 또는 녹음의 경우에 그 속기 또는 녹음으로 이익을 받을 당사자가 분명하지 아니한 때에는 원고(2020.6.26 본문개정)
3. 증거조사를 위한 증인·감정인·통역인(듣거나 말하는 데 장애가 있는 사람을 위한 통역인은 제외한다. 다음부터 이 조문 안에서 같다) 등에 대한 여비·일당·숙박료 및 감정인·통역인 등에 대한 보수와 법원 외에서의 증거조사를 위한 법관, 그 밖의 법원공무원의 여비·숙박료는 그 증거조사를 신청한 당사자. 다만, 직권에 의한 증거조사의 경우에 그 증거조사로 이익을 받을 당사자가 분명하지 아니한 때에는 원고(2020.6.26 본문개정)
4. 상소법원에 소송기록을 보내는 비용은 상소인

② 제1항제2호의 속기 또는 녹음, 제1항제3호의 증거조사를 양쪽 당사자가 신청한 경우와 제1항제4호의 상소인이 양쪽 당사자인 경우에는 필요한 비용을 균등하게 나누어 미리 내게 하여야 한다. 다만, 사정에 따라 미리 낼 금액의 비율을 다르게 할 수 있다.

제19조의2【듣거나 말하는 데 장애가 있는 사람을 위한 비용 등】 ① 듣거나 말하는 데 장애가 있는 사람을 위한 속기, 녹음 및 제37조에 따라 녹음에 준하여 이루어지는 녹화에 드는 비용은 국고에서 지급하고, 소송비용에는 산입하지 아니한다.
② 듣거나 말하는 데 장애가 있는 사람을 위한 통역인에게는 「민사소송비용규칙」에서 정하는 바에 따라 여비, 일당 및 숙박료를 지급하고 통역에 관한 특별요금은 법원이 정한 금액을 지급한다. 이에 소요되는 비용은 국고에서 지급하고, 소송비용에는 산입하지 아니한다.
(2020.6.26 본조신설)
제20조【소송비용 예납 불이행시의 국고대납】 법원은 소송비용을 미리 내야 할 사람이 내지 아니하여(부족액을 추가로 내지 아니하는 경우를 포함한다) 소송절차의 진행 또는 종료 후의 사무처리가 현저히 곤란한 때에는 그 소송비용을 국고에서 대납받아 지출할 수 있다.
제21조【소송비용의 대납지급 요청】 ① 소송비용의 대납지급 요청은 재판장이 법원의 경비출납공무원에게 서면이나 재판사무시스템을 이용한 전자적인 방법으로 하여야 한다. 다만, 서류 송달료의 대납지급 요청은 법원사무관등이 한다.(2009.12.3 본항개정)
② 제1항의 요청은 소송비용을 지출할 사유가 발생할 때마다 하여야 한다. 다만, 서류의 송달료에 관하여는 필요한 범위 안에서 여러 번 실시할 비용의 일괄 지급을 요청할 수 있다.

제2절 소송비용의 담보

제22조【지급보증위탁계약】 ① 법 제122조의 규정에 따라 지급보증위탁계약을 맺은 문서를 제출하는 방법으로 담보를 제공하려면 미리 법원의 허가를 받아야 한다.
② 제1항의 규정에 따른 지급보증위탁계약은 담보제공명령을 받은 사람이 은행법의 규정에 따른 금융기관이나 보험회사(다음부터 이 모두를 "은행등"이라 한다)와 맺은 것으로서 다음 각호의 요건을 갖춘 것이어야 한다.
1. 은행등이 담보제공명령을 받은 사람을 위하여, 법원이 정한 금액 범위 안에서, 담보에 관계된 소송비용상환청구권에 관한 집행권원 또는 그 소송비용상환청구권의 존재를 확인하는 것으로서 확정판결과 같은 효력이 있는 것에 표시된 금액을 담보권리자에게 지급한다는 것
2. 담보취소의 결정이 확정될 때까지 계약의 효력이 존속된다는 것
3. 계약을 변경 또는 해제할 수 없다는 것
4. 담보권리자가 신청한 때에는 은행등은 지급보증위탁계약을 맺은 사실을 증명하는 서면을 담보권리자에게 교부한다는 것
③ 법 제122조의 규정이 준용되는 다른 절차에는 제1항과 제2항의 규정을 준용한다.
제23조【담보취소와 담보물변경 신청사건의 관할법원】 ① 법 제125조의 규정에 따른 담보취소신청사건과 법 제126조의 규정에 따른 담보물변경신청사건은 담보제공결정을 한 법원 또는 그 기록을 보관하고 있는 법원이 관할한다.
② 법 제125조 또는 법 제126조의 규정이 준용되는 다른 절차에는 제1항의 규정을 준용한다.

제3절 소송구조

제24조【구조신청의 방식】 ① 법 제128조제1항의 규정에 따른 소송구조신청은 서면으로 하여야 한다.
② 제1항의 신청서에는 신청인 및 그와 같이 사는 가족의 자금능력을 적은 서면을 붙여야 한다.
제25조【소송비용의 지급 요청】 ① 법 제128조제1항의 규정에 따라 구조결정을 한 사건에 관하여 증거조사나 서류의 송달을 위한 비용, 그 밖에 당사자가 미리 내야 할 소송비용을 지출할 사유가 발생한 때에는 법원사무관등은 서면이나 재판사무시스템을 이용한 전자적인 방법으로 경비출납공무원에게 그 소송비용의 대납지급을 요청하여야 한다.
(2009.12.3 본항개정)
② 제1항의 경우에는 제21조제2항의 규정을 준용한다.
제26조【변호사보수 등의 지급】 ① 법 제129조제2항의 규정에 따른 변호사나 집행관의 보수는 구조결정을 한 법원이 보수를 받을 사람의 신청에 따라 그 심급의 소송절차가 완결된 때 또는 강제집행절차가 종료된 때에 지급한다.
② 제1항과 법 제129조제2항의 규정에 따라 지급할 변호사나 집행관의 보수액은 변호사보수의소송비용산입에관한규칙 또는 집행관수수료규칙을 참조하여 재판장의 감독 하에 법원사무관등이 정한다.(2015.1.28 본항개정)
③ 제1항의 규정에 따른 신청에는 법 제110조제2항(다만, 등본에 관한 부분을 제외한다)을 준용한다.
(2015.1.28 본항개정)
제27조【구조의 취소 등】 ① 법 제131조의 규정에 따른 재판은 구조결정을 한 대상사건의 절차가 판결의 확정, 그 밖의 사유로 종료된 뒤 5년이 지난 때에는 할 수 없다.
② 소송구조를 받은 사람이 자금능력이 있게 된 때에는 구조결정을 한 법원에 그 사실을 신고하여야 한다. 다만, 제1항의 기간이 지난 때에는 그러하지 아니하다.

제5장 소송절차

제1절 변 론

제28조【변론의 방법】 ① 변론은 당사자가 말로 중요한 사실상 또는 법률상 사항에 대하여 진술하거나, 법원이 당사자에게 말로 해당사항을 확인하는 방식으로 한다.
② 법원은 변론에서 당사자에게 중요한 사실상 또는 법률상 쟁점에 관하여 의견을 진술할 기회를 주어야 한다.
(2007.11.28 본조신설)
제28조의2【재판장의 명령 등에 관한 이의신청】 ① 법 제138조의 규정에 따른 이의신청은 그 명령 또는 조치가 있은 후 바로 하여야 한다. 다만, 법 제151조 단서에 해당하는 사유가 있는 때에는 그러하지 아니하다.
② 제1항의 이의신청을 하는 때에는 그 이유를 구체적으로 밝혀야 한다.
제28조의3【당사자 본인의 최종진술】 ① 당사자 본인은 변론이 종결되기 전에 재판장의 허가를 받아 최종의견을 진술할 수 있다. 다만 변론에서 이미 충분한 의견진술 기회를 가졌거나 그 밖의 특별한 사정이 있는 경우에는 그러하지 아니하다.
② 재판장은 당사자 본인의 수가 너무 많은 경우에는 당사자 본인 중 일부에 대하여 최종의견 진술기회를 제한할 수 있다.
③ 재판장은 필요하다고 인정할 때에는 제1항에 따른 최종의견 진술시간을 제한할 수 있다.
(2015.6.29 본조신설)
제29조【법원의 석명처분】 법 제140조제1항의 규정에 따른 검증·감정과 조사의 촉탁에는 이 규칙의 증거조사에 관한 규정을 준용한다.
제29조의2【당사자 본인 등에 대한 출석명령】 ① 법원은 필요한 때에는 당사자 본인 또는 그 법정대리인에게 출석하도록 명할 수 있다.
② 법원은 필요한 때에는 소송대리인에게 당사자 본인 또는 그 법정대리인의 출석을 요청할 수 있다.
(2007.11.28 본조신설)
제30조【석명권의 행사 등에 따른 법원사무관등의 조치】 법 제136조 또는 법 제137조의 규정에 따른 조치나 법 제140조제1항의 규정에 따른 처분이 있는 경우에 재판장 또는 법원은 법원사무관등으로 하여금 그 조치나 처분의 이행여부를 확인하고 그 이행을 촉구하게 할 수 있다.

제30조의2【진술 보조】 ① 법 제143조의2에 따라 법원의 허가를 받아 진술보조인이 될 수 있는 사람은 다음 각 호 중 어느 하나에 해당하고, 듣거나 말하는 데 장애가 없어야 한다.
1. 당사자의 배우자, 직계친족, 형제자매, 가족, 그 밖에 동거인으로서 당사자와의 생활관계에 비추어 상당하다고 인정되는 경우
2. 당사자와 고용, 그 밖에 이에 준하는 계약관계 또는 신뢰관계를 맺고 있는 사람으로서 그 사람이 담당하는 사무의 내용 등에 비추어 상당하다고 인정되는 경우
② 제1항과 법 제143조의2제1항에 따른 허가신청은 심급마다 서면으로 하여야 한다.
③ 제1항과 법 제143조의2제1항에 따른 법원의 허가를 받은 진술보조인은 변론기일에 당사자 본인과 동석하여 다음 각 호의 행위를 할 수 있다. 이 때 당사자 본인은 진술보조인의 행위를 즉시 취소하거나 경정할 수 있다.
1. 당사자 본인의 진술을 법원과 상대방, 그 밖의 소송관계인이 이해할 수 있도록 중개하거나 설명하는 행위
2. 법원과 상대방, 그 밖의 소송관계인의 진술을 당사자 본인이 이해할 수 있도록 중개하거나 설명하는 행위
④ 법원은 제3항에 따라 진술보조인이 한 중개 또는 설명행위의 정확성을 확인하기 위하여 직접 진술보조인에게 질문할 수 있다.
⑤ 진술보조인이 변론에 출석한 때에는 조서에 그 성명을 기재하고, 제3항에 따라 중개 또는 설명행위를 한 때에는 그 취지를 기재하여야 한다.
⑥ 법원은 법 제143조의2제2항에 따라 허가를 취소한 경우 당사자 본인에게 그 취지를 통지하여야 한다.
(2017.2.2 본조신설)

제31조【화해 등 조서의 작성방식】 화해 또는 청구의 포기·인낙이 있는 경우에 그 기일의 조서에는 화해 또는 청구의 포기·인낙이 있다는 취지만을 적고, 별도의 용지에 법 제153조에 규정된 사항과 화해조항 또는 청구의 포기·인낙의 취지 및 청구의 취지와 원인을 적은 화해 또는 청구의 포기·인낙의 조서를 따로 작성하여야 한다. 다만, 소액사건심판법 제2조제1항의 소액사건에서는 특히 필요하다고 인정하는 경우 외에는 청구의 원인을 적지 아니한다.

제32조【조서기재의 생략 등】 ① 소송이 판결에 의하지 아니하고 완결된 때에는 재판장의 허가를 받아 증인·당사자 본인 및 감정인의 진술과 검증결과의 기재를 생략할 수 있다.
② 법원사무관등은 제1항의 재판장의 허가가 있는 때에는 바로 그 취지를 당사자에게 통지하여야 한다.
③ 당사자가 제2항의 통지를 받은 날부터 1주 안에 이의를 한 때에는 법원사무관등은 바로 그 증인·당사자 본인 및 감정인의 진술과 검증결과를 적은 조서를 작성하여야 한다.
④ 제1심에서 피고에게 법 제194조 내지 제196조에 따라 송달을 한 사건의 경우, 법원사무관등은 재판장의 허가를 받아 서증 목록에 적을 사항을 생략할 수 있다. 다만, 공시송달 명령 또는 처분이 취소되거나 상소가 제기된 때에는 서증목록을 작성하여야 한다.(2015.6.29 단서개정)

제33조【변론의 속기와 녹음】 ① 법 제159조제1항의 규정에 따른 변론의 속기 또는 녹음의 신청은 변론기일을 열기 전까지 하여야 하며, 비용(듣거나 말하는 데 장애가 있는 사람을 위한 속기 또는 녹음에 필요한 비용은 제외한다)이 필요한 때에는 법원이 정하는 금액을 미리 내야 한다.
(2020.6.26 본항개정)
② 당사자의 신청이 있음에도 불구하고 속기 또는 녹음을 하지 아니하는 때에는 재판장은 변론기일에 그 취지를 고지하여야 한다.

제34조【녹음테이프·속기록의 보관 등】 ① 법 제159조제1항·제2항의 녹음테이프와 속기록은 소송기록과 함께 보관하여야 한다.
② 당사자나 이해관계를 소명한 제3자는 법원사무관등에게 제1항의 녹음테이프를 재생하여 들려줄 것을 신청할 수 있다.
③ 법 제159조제4항의 규정에 따라 녹음테이프 또는 속기록을 폐기한 때에는 법원사무관등은 그 취지와 사유를 소송기록에 표시하여야 한다.

제35조【녹취서의 작성】 ① 재판장은 필요하다고 인정하는 때에는 법원사무관등 또는 속기자에게 녹음테이프에 녹음된 내용에 대하여 녹취서를 작성할 것을 명할 수 있다.
② 제1항의 규정에 따라 작성된 녹취서에 관하여는 제34조제1항·제3항과 법 제159조제4항의 규정을 준용한다.

제36조【조서의 작성 등】 ① 법원사무관등이 법 제152조제3항에 따라 조서를 작성하는 때에는 재판장의 허가를 받아 녹음테이프 또는 속기록을 조서의 일부로 삼을 수 있다. 이 경우 녹음테이프와 속기록의 보관 등에 관하여는 제34조제1항·제2항을 준용한다.
② 제1항 전문 및 법 제159조제1항·제2항에 따라 녹음테이프 또는 속기록을 조서의 일부로 삼은 경우라도 재판장은 법원사무관등으로 하여금 당사자, 증인, 그 밖의 소송관계인의 진술 중 중요한 사항을 요약하여 조서의 일부로 기재하게 할 수 있다.(2014.12.30 본항개정)
③ 제1항 전문 및 법 제159조제1항·제2항에 따라 녹음테이프를 조서의 일부로 삼은 경우 다음 각호 가운데 어느 하나에 해당하면 녹음테이프의 요지를 정리하여 조서를 작성하여야 한다. 다만, 제2항의 조서 기재가 있거나 속기록 또는 제35조에 따른 녹취서가 작성된 경우에는 그러하지 아니하다.
(2014.12.30 본문개정)
1. 상소가 제기된 때
2. 법관이 바뀐 때(2014.12.30 본호개정)
④ 제3항 및 법 제159조제3항에 따라 조서를 작성하는 때에는, 재판장의 허가를 받아, 속기록 또는 제35조에 따른 녹취서 가운데 필요한 부분을 그 조서에 인용할 수 있다.
(2014.12.30 본항개정)
⑤ 제3항 및 법 제159조제3항에 따른 조서는 변론 당시의 법원사무관등이 조서를 작성할 수 없는 특별한 사정이 있는 때에는 당해 사건에 관여한 다른 법원사무관등이 작성할 수 있다.(2014.12.30 본항개정)
(2007.11.28 본조개정)

제37조【준용규정】 ① 녹화테이프, 컴퓨터용 자기디스크·광디스크, 그 밖에 이와 비슷한 방법으로 음성이나 영상을 녹음 또는 녹화하여 재생할 수 있는 매체를 이용하여 변론의 전부나 일부를 녹음 또는 녹화하는 때에는 제33조 내지 제36조 및 법 제159조의 규정을 준용한다.
② 법원·수명법관 또는 수탁판사의 신문 또는 심문과 증거조사에는 제31조 내지 제36조 및 제1항의 규정을 준용한다.

제37조의2【소송기록의 열람과 증명서의 교부청구】 ① 법 제162조제1항에 따라 소송기록의 열람·복사, 재판서·조서의 정본·등본·초본의 교부 또는 소송에 관한 증명서의 교부를 신청할 때에는 신청인의 자격을 적은 서면으로 하여야 한다.
② 법 제162조제2항에 따라 확정된 소송기록의 열람을 신청할 때에는 열람을 신청하는 이유와 열람을 신청하는 범위를 적은 서면으로 하여야 한다.
(2007.11.28 본조신설)

제37조의3【당해 소송관계인의 범위와 동의】 ① 법 제162조제3항에 따른 당해 소송관계인은 소송기록의 열람과 이해관계가 있는 다음 각호의 사람이다.
1. 당사자 또는 법정대리인
2. 참가인
3. 증인
② 법원은 법 제162조제2항에 따른 신청이 있는 때에는 당해 소송관계인에게 그 사실을 통지하여야 한다.
③ 제2항에 따른 통지는 소송기록에 표시된 당해 소송관계인의 최후 주소지에 등기우편으로 발송하는 방법으로 할 수 있다.

④ 제3항에 따라 발송한 때에는 발송한 때에 송달된 것으로 본다.
⑤ 제2항에 따른 통지를 받은 당해 소송관계인은 통지를 받은 날부터 2주 이내에 소송기록의 열람에 관한 동의 여부를 서면으로 밝혀야 한다. 다만, 당해 소송관계인이 위 기간 이내에 동의 여부에 관한 서면을 제출하지 아니한 때에는 소송기록의 열람에 관하여 동의한 것으로 본다.
(2007.11.28 본조신설)
제38조【열람 등 제한의 신청방식 등】 ① 법 제163조제1항의 규정에 따른 결정을 구하는 신청은 소송기록 가운데 비밀이 적혀 있는 부분을 특정하여 서면으로 하여야 한다.
② 법 제163조제1항의 규정에 따른 결정은 소송기록 가운데 비밀이 적혀 있는 부분을 특정하여 하여야 한다.

제2절 전문심리위원

(2007.7.31 본절신설)

제38조의2【전문심리위원의 지정】 법원은 「전문심리위원규칙」에 따라 정해진 전문심리위원후보자 중에서 전문심리위원을 지정하여야 한다.(2024.11.29 본조개정)
제38조의3【기일 외의 전문심리위원에 대한 설명 등의 요구와 조치】 재판장이 기일 외에서 전문심리위원에 대하여 설명 또는 의견을 요구한 사항이 소송관계를 분명하게 하는데 중요한 사항일 때에는 법원사무관등은 양쪽 당사자에게 그 사항을 통지하여야 한다.
제38조의4【서면의 사본 송부】 전문심리위원이 설명이나 의견을 기재한 서면을 제출한 경우에는 법원사무관등은 양쪽 당사자에게 그 사본을 보내야 한다.
제38조의5【전문심리위원에 대한 준비지시】 ① 재판장은 전문심리위원을 소송절차에 참여시키기 위하여 필요하다고 인정한 때에는 전문심리위원에게 소송목적물의 확인 등 적절한 준비를 지시할 수 있다.
② 재판장이 제1항의 준비를 지시한 때에는 법원사무관등은 양쪽 당사자에게 그 취지를 통지하여야 한다.
제38조의6【증인신문기일에서의 재판장의 조치】 재판장은 전문심리위원의 말이 증인의 증언에 영향을 미치지 않게 하기 위하여 필요하다고 인정할 때에는 직권 또는 당사자의 신청에 따라 증인의 퇴정 등 적절한 조치를 취할 수 있다.
제38조의7【조서의 기재】 ① 전문심리위원이 소송절차의 기일에 참여한 때에는 조서에 그 성명을 기재하여야 한다.
② 전문심리위원이 재판장, 수명법관 또는 수탁판사의 허가를 받아 소송관계인에게 질문을 한 때에는 조서에 그 취지를 기재하여야 한다.
제38조의8【전문심리위원 참여결정의 취소 신청 방식 등】
① 법 제164조의2제1항의 규정에 따른 결정의 취소 신청은 기일에서 하는 경우를 제외하고는 서면으로 하여야 한다.
② 제1항의 신청을 할 때에는 신청 이유를 밝혀야 한다. 다만, 양쪽 당사자가 동시에 신청할 때에는 그러하지 아니하다.
제38조의9【수명법관 등의 권한】 수명법관 또는 수탁판사가 소송절차를 진행하는 경우에는 제38조의5 내지 제38조의7의 규정에 따른 재판장의 직무는 그 수명법관이나 수탁판사가 행한다.
제38조의10【비디오 등 중계장치 등에 의한 참여】 ① 법원은 전문심리 위원이 법정에 직접 출석하기 어려운 특별한 사정이 있는 경우 당사자의 의견을 들어 전문심리위원으로 하여금 비디오 등 중계장치에 의한 중계시설을 통하거나 인터넷 화상장치를 이용하여 설명이나 의견을 진술하거나 소송관계인에게 질문하게 할 수 있다.
② 제1항에 따른 절차와 방법에 관하여는 제73조의3을 준용한다.
(2021.10.29 본조신설)
제38조의11【전문심리위원의 감정절차 참여】 법원은 감정절차를 원활하게 진행하기 위해 「전문심리위원규칙」에 따라 위촉된 감정관리위원 중에서 전문심리위원을 지정하여 감정절차의 관리업무를 수행하게 할 수 있다.(2024.11.29 본조신설)

제3절 기일과 기간

제39조【변론 개정시간의 지정】 재판장은 사건의 변론 개정시간을 구분하여 지정하여야 한다.
제40조【기일변경신청】 기일변경신청을 하는 때에는 기일변경이 필요한 사유를 밝히고, 그 사유를 소명하는 자료를 붙여야 한다.
제41조【기일변경의 제한】 재판장등은 법 제165조제2항에 따른 경우 외에는 특별한 사정이 없으면 기일변경을 허가하여서는 아니 된다.(2007.11.28 본조개정)
제42조【다음 기일의 지정】 ① 기일을 변경하거나 변론을 연기 또는 속행하는 때에는 소송절차의 중단 또는 중지, 그 밖에 다른 특별한 사정이 없으면 다음 기일을 바로 지정하여야 한다. 다만, 법 제279조제2항에 따라 변론기일을 연 뒤에 바로 사건을 변론준비절차에 부치는 경우에는 그러하지 아니하다.
② 기일을 변경하는 때에는 바로 당사자에게 그 사실을 알려야 한다.
(2007.11.28 본조개정)
제43조【변론재개결정과 변론기일지정】 법 제142조에 따라 변론재개결정을 하는 때에는 재판장은 특별한 사정이 없으면 그 결정과 동시에 변론기일을 지정하고 당사자에게 변론을 재개하는 사유를 알려야 한다.(2007.11.28 본조개정)
제44조【증인 등에 대한 기일변경통지】 ① 증인·감정인 등 당사자 외의 사람에 대하여 출석요구를 한 후에 그 기일이 변경된 때에는 바로 그 취지를 출석요구를 받은 사람에게 통지하여야 한다. 다만, 통지할 시간적 여유가 없는 때에는 그러하지 아니하다.
② 증인·감정인 등 당사자 외의 사람에 대하여 출석요구를 한 후에 소의 취하, 그 밖의 사정으로 그 기일을 실시하지 아니하게 된 경우에는 제1항의 규정을 준용한다.
제45조【기일의 간이통지】 ① 법 제167조제2항의 규정에 따른 기일의 간이통지는 전화·팩시밀리·보통우편 또는 전자우편으로 하거나, 그 밖에 상당하다고 인정되는 방법으로 할 수 있다.
② 제1항의 규정에 따라 기일을 통지한 때에는 법원사무관등은 그 방법과 날짜를 소송기록에 표시하여야 한다.

제4절 송 달

제46조【전화 등을 이용한 송달방법】 ① 변호사인 소송대리인에 대한 송달은 법원사무관등이 전화·팩시밀리·전자우편 또는 휴대전화 문자전송을 이용하여 할 수 있다.
(2007.11.28 본항개정)
② 제1항의 규정에 따른 송달을 한 경우 법원사무관등은 송달받은 변호사로부터 송달을 확인하는 서면을 받아 소송기록에 붙여야 한다.
③ 법원사무관등은 변호사인 소송대리인에 대한 송달을 하는 때에는 제1항에 따른 송달을 우선적으로 고려하여야 한다.
(2007.11.28 본항신설)
제47조【변호사 사이의 송달】 ① 양쪽 당사자가 변호사를 소송대리인으로 선임한 경우 한쪽 당사자의 소송대리인인 변호사가 상대방 소송대리인인 변호사에게 송달될 소송서류의 부본을 교부하거나 팩시밀리 또는 전자우편으로 보내고 그 사실을 법원에 증명한 때에는 송달의 효력이 있다. 다만, 그 소송서류가 당사자 본인에게 교부되어야 할 경우에는 그러하지 아니하다.
② 제1항의 규정에 따른 송달의 증명은 소송서류의 부본을 교부받거나 팩시밀리 또는 전자우편으로 받은 취지와 그 날

짜를 적고 송달받은 변호사가 기명날인 또는 서명한 영수증을 제출함으로써 할 수 있다. 다만, 소송서류 원본의 표면 여백에 송달받았다는 취지와 그 날짜를 적고 송달받은 변호사의 날인 또는 서명을 받아 제출하는 때에는 따로 영수증을 제출할 필요가 없다.
③ 제1항의 규정에 따라 소송서류를 송달받은 변호사는 제2항의 규정에 따른 송달의 증명절차에 협력하여야 하며, 제1항에 규정된 방법으로 소송서류를 송달한 변호사는 송달한 서류의 원본을 법원에 바로 제출하여야 한다.
제48조【부본제출의무 등】 ① 송달을 하여야 하는 소송서류를 제출하는 때에는 특별한 규정이 없으면 송달에 필요한 수의 부본을 함께 제출하여야 한다.
② 법원은 필요하다고 인정하는 때에는 소송서류를 제출한 사람에게 그 문서의 전자파일을 전자우편이나 그 밖에 적당한 방법으로 법원에 보내도록 요청할 수 있다.
제49조【공동대리인에게 할 송달】 법 제180조의 규정에 따라 송달을 하는 경우에 그 공동대리인들이 송달을 받을 대리인 한 사람을 지정하여 신고한 때에는 지정된 대리인에게 송달하여야 한다.
제50조【송달서류의 교부의무 등】 ① 법 제181조와 법 제182조의 규정에 따라 송달을 받은 청사·선박·교도소·구치소 또는 경찰관서(다음부터 이 조문 안에서 이 모두를 "청사등"이라 한다)의 장은 송달을 받을 본인에게 송달된 서류를 바로 교부하여야 한다.
② 제1항의 청사등의 장은 부득이한 사유가 없는 한 송달을 받은 본인이 소송수행에 지장을 받지 아니하도록 조치하여야 한다.
③ 제1항의 청사등의 장은 제2항에 규정된 조치를 취하지 못할 사유가 있는 때에는 그 사유를 적은 서면을 법원에 미리 제출하여야 한다.
제51조【발송의 방법】 법 제185조제2항과 제187조의 규정에 따른 서류의 발송은 등기우편으로 한다.
제52조【송달함을 이용한 송달절차】 ① 송달함의 이용신청은 법원장 또는 지원장에게 서면으로 하여야 한다.
② 송달함을 이용하는 사람은 그 수수료를 미리 내야 한다.
③ 송달함을 이용하는 사람은 송달함에서 서류를 대신 수령할 사람을 서면으로 지정할 수 있다.
④ 송달함을 설치한 법원 또는 지원은 송달함의 관리에 관한 장부를 작성·비치하여야 한다.
⑤ 법원장 또는 지원장은 법원의 시설, 송달업무의 부담 등을 고려하여 송달함을 이용할 사람·이용방법, 그 밖에 필요한 사항을 정할 수 있다.
제53조【송달통지】 송달한 기관은 송달에 관한 사유를 서면으로 법원에 통지하여야 한다. 다만, 법원이 상당하다고 인정하는 때에는 전자통신매체를 이용한 통지로 서면통지에 갈음할 수 있다.
제54조【공시송달의 방법】 ① 법 제194조제1항, 제3항에 따른 공시송달은 법원사무관등이 송달할 서류를 보관하고, 다음 각 호 가운데 어느 하나의 방법으로 그 사유를 공시함으로써 행한다.(2015.6.29 본문개정)
1. 법원게시판 게시
2. 관보·공보 또는 신문 게재
3. 전자통신매체를 이용한 공시
② 법원사무관등은 제1항에 규정된 방법으로 송달한 때에는 그 날짜와 방법을 기록에 표시하여야 한다.

제5절 재 판

제55조【종전 변론결과의 진술】 법 제204조제2항에 따른 종전 변론결과의 진술은 당사자가 사실상 또는 법률상 주장, 정리된 쟁점 및 증거조사 결과의 요지 등을 진술하거나, 법원이 당사자에게 해당사항을 확인하는 방식으로 할 수 있다.
(2007.11.28 본조신설)
제55조의2【상소에 대한 고지】 판결서의 정본을 송달하는 때에는 법원사무관등은 당사자에게 상소기간과 상소장을 제출할 법원을 고지하여야 한다.
제56조【화해 등 조서정본의 송달】 법원사무관등은 화해 또는 청구의 포기·인낙이 있는 날부터 1주 안에 그 조서의 정본을 당사자에게 송달하여야 한다.

제6절 화해권고결정

제57조【화해권고결정서의 기재사항 등】 ① 화해권고결정서에는 청구의 취지와 원인을 적어야 한다. 다만, 소액사건심판법 제2조제1항의 소액사건에서는 특히 필요하다고 인정하는 경우 외에는 청구의 원인을 적지 아니한다.
② 법 제225조제1항의 결정 내용을 적은 조서의 작성방식에 관하여는 제31조의 규정을 준용한다.
제58조【당사자에 대한 고지사항】 법 제225조제2항의 규정에 따라 화해권고결정 내용을 적은 조서 또는 결정서의 정본을 송달하는 때에는, 그 조서 또는 결정서의 정본을 송달받은 날부터 2주 안에 이의를 신청하지 아니하면 화해권고결정이 재판상 화해와 같은 효력을 가지게 된다는 취지를 당사자에게 고지하여야 한다.
제59조【송달불능에 따른 소송복귀 등】 ① 법 제185조제2항, 법 제187조 또는 법 제194조 내지 법 제196조의 규정에 따른 송달 외의 방법으로 양쪽 또는 한쪽 당사자에게 법 제225조제2항의 조서 또는 결정서의 정본을 송달할 수 없는 때에는 법원은 직권 또는 당사자의 신청에 따라 화해권고결정을 취소하여야 한다.
② 제1항의 규정에 따라 화해권고결정이 취소된 경우에 관하여는 법 제232조제1항의 규정을 준용한다.

제7절 소송절차의 중단과 중지

제60조【소송절차 수계신청의 방식】 ① 소송절차의 수계신청은 서면으로 하여야 한다.
② 제1항의 신청서에는 소송절차의 중단사유와 수계할 사람의 자격을 소명하는 자료를 붙여야 한다.
제61조【소송대리인에 의한 중단사유의 신고】 소송절차의 중단사유가 생긴 때에는 소송대리인은 그 사실을 법원에 서면으로 신고하여야 한다.

제2편 제1심의 소송절차

제1장 소의 제기

제62조【소장의 기재사항】 소장의 청구원인에는 다음 각 호의 사항을 적어야 한다.
1. 청구를 뒷받침하는 구체적 사실
2. 피고가 주장할 것이 명백한 방어방법에 대한 구체적인 진술
3. 입증이 필요한 사실에 대한 증거방법
(2007.11.28 본조신설)
제62조의2【증거보전이 이루어진 경우의 소장 기재사항】 소 제기 전에 증거보전을 위한 증거조사가 이루어진 때에는 소장에 증거조사를 한 법원과 증거 보전사건의 사건번호·사건명을 적어야 한다.
제63조【소장의 첨부서류】 ① 피고가 소송능력 없는 사람인 때에는 법정대리인, 법인인 때에는 대표자, 법인이 아닌 사단이나 재단인 때에는 대표자 또는 관리인의 자격을 증명하는 서면을 소장에 붙여야 한다.
② 부동산에 관한 사건은 그 부동산의 등기사항증명서, 친족·상속관계 사건은 가족관계기록사항에 관한 증명서, 어음 또는 수표사건은 그 어음 또는 수표의 사본을 소장에 붙

여야 한다. 그 외에도 소장에는 증거로 될 문서 가운데 중요한 것의 사본을 붙여야 한다.(2011.9.28 전단개정)
③ 법 제252조제1항에 규정된 소의 소장에는 변경을 구하는 확정판결의 사본을 붙여야 한다.
제64조【소장부본의 송달시기】 ① 소장의 부본은 특별한 사정이 없으면 바로 피고에게 송달하여야 한다.
② 반소와 중간확인의 소의 소장, 필수적 공동소송인의 추가·참가·피고의 경정·청구의 변경 신청서 등 소장에 준하는 서면이 제출된 때에도 제1항의 규정을 준용한다.
제65조【답변서의 기재사항 등】 ① 답변서에는 법 제256조제4항에서 준용하는 법 제274조제1항의 각호 및 제2항에 규정된 사항과 청구의 취지에 대한 답변 외에 다음 각호의 사항을 적어야 한다.
1. 소장에 기재된 개개의 사실에 대한 인정 여부
2. 항변과 이를 뒷받침하는 구체적 사실
3. 제1호 및 제2호에 관한 증거방법
② 답변서에는 제1항제3호에 따른 증거방법 중 입증이 필요한 사실에 관한 중요한 서증의 사본을 첨부하여야 한다.
③ 제1항 및 제2항의 규정에 어긋나는 답변서가 제출된 때에는 재판장은 법원사무관등으로 하여금 방식에 맞는 답변서의 제출을 촉구하게 할 수 있다.
(2007.11.28 본조개정)
제66조【피고경정신청서의 기재사항】 법 제260조제2항의 규정에 따른 피고의 경정신청서에는 새로 피고가 될 사람의 이름·주소와 경정신청의 이유를 적어야 한다.
제67조【소 취하의 효력을 다투는 절차】 ① 소의 취하가 부존재 또는 무효라는 것을 주장하는 당사자는 기일지정신청을 할 수 있다.
② 제1항의 신청이 있는 때에는 법원은 변론을 열어 신청사유에 관하여 심리하여야 한다.
③ 법원이 제2항의 규정에 따라 심리한 결과 신청이 이유 없다고 인정하는 경우에는 판결로 소송의 종료를 선언하여야 하고, 신청이 이유 있다고 인정하는 경우에는 취하 당시의 소송정도에 따라 필요한 절차를 계속하여 진행하고 중간판결 또는 종국판결에 그 판단을 표시하여야 한다.
④ 종국판결이 선고된 후 상소기록을 보내기 전에 이루어진 소의 취하에 관하여 제1항의 신청이 있는 때에는 다음 각호의 절차를 따른다.
1. 상소의 이익 있는 당사자 모두가 상소를 한 경우(당사자 일부가 상소하고 나머지 당사자의 상소권이 소멸된 경우를 포함한다)에는 판결법원의 법원사무관등은 소송기록을 상소법원으로 보내야 하고, 상소법원은 제2항과 제3항에 규정된 절차를 취하여야 한다.
2. 제1호의 경우가 아니면 판결법원은 제2항에 규정된 절차를 취한 후 신청이 이유 없다고 인정하는 때에는 판결로 소송의 종료를, 신청이 이유 있다고 인정하는 때에는 판결로 소의 취하가 무효임을 각 선언하여야 한다.
⑤ 제4항제2호 후단의 소취하무효선언판결이 확정된 때에는 판결법원은 종국판결 후에 하였어야 할 절차를 계속하여 진행하여야 하고, 당사자는 종국판결 후에 할 수 있었던 소송행위를 할 수 있다. 이 경우 상소기간은 소취하무효선언판결이 확정된 다음날부터 전체기간이 새로이 진행된다.
제68조【준용규정】 법 제268조(법 제286조의 규정에 따라 준용되는 경우를 포함한다)의 규정에 따른 취하간주의 효력을 다투는 경우에는 제67조제1항 내지 제3항의 규정을 준용한다.

제2장 변론과 그 준비

제69조【변론기일의 지정 등】 ① 재판장은 답변서가 제출되면 바로 사건을 검토하여 가능한 최단기간 안의 날로 제1회 변론기일을 지정하여야 한다.
② 법원은 변론이 집중되도록 함으로써 변론이 가능한 한 속행되지 않도록 하여야 하고, 당사자는 이에 협력하여야 한다.
③ 법 제258조제1항 단서에 해당하는 경우, 재판장은 사건의 신속한 진행을 위하여 필요한 때에는 사건을 변론준비절차에 부침과 동시에 변론준비기일을 정하고 기간을 정하여 당사자로 하여금 준비서면, 그 밖의 서류를 제출하게 하거나 당사자 사이에 이를 교환하게 하고 주장 사실을 증명할 증거를 신청하게 할 수 있다.
(2009.1.9 본조개정)
제69조의2【당사자의 조사의무】 당사자는 주장과 입증을 충실히 할 수 있도록 사전에 사실관계와 증거를 상세히 조사하여야 한다.
제69조의3【준비서면의 제출기간】 새로운 공격방어방법을 포함한 준비서면은 변론기일 또는 변론준비기일의 7일 전까지 상대방에게 송달될 수 있도록 적당한 시기에 제출하여야 한다.(2007.11.28 본조신설)
제69조의4【준비서면의 분량 등】 ① 준비서면의 분량은 30쪽을 넘어서는 아니 된다. 다만, 제70조제4항에 따라 그에 관한 합의가 이루어진 경우에는 그러하지 아니하다.
② 재판장, 수명법관 또는 법 제280조제4항의 판사(이하 "재판장등"이라 한다)는 제1항 본문을 어긴 당사자에게 해당 준비서면을 30쪽 이내로 줄여 제출하도록 명할 수 있다.
③ 준비서면에는 소장, 답변서 또는 앞서 제출한 준비서면과 중복·유사한 내용을 불필요하게 반복 기재하여서는 아니 된다.
(2016.8.1 본조신설)
제69조의5【요약준비서면 작성방법】 법 제278조에 따른 요약준비서면을 작성할 때에는 특정 부분을 참조하는 뜻을 적는 방법으로 소장, 답변서 또는 앞서 제출한 준비서면의 전부 또는 일부를 인용하여서는 아니 된다.(2016.8.1 본조신설)
제70조【변론준비절차의 시행방법】 ① 재판장등은 변론준비절차에서 쟁점과 증거의 정리, 그 밖에 효율적이고 신속한 변론진행을 위한 준비가 완료되도록 노력하여야 하며, 당사자는 이에 협력하여야 한다.(2016.8.1 본항개정)
② 당사자는 제1항에 규정된 사항에 관하여 상대방과 협의를 할 수 있다. 재판장등은 당사자에게 변론진행의 준비를 위하여 필요한 협의를 하도록 권고할 수 있다.
③ 재판장등은 변론준비절차에서 효율적이고 신속한 변론진행을 위하여 당사자와 변론의 준비와 진행 및 변론에 필요한 시간에 관한 협의를 할 수 있다.(2007.11.28 본항신설)
④ 재판장등은 당사자와 준비서면의 제출횟수, 분량, 제출기간 및 양식에 관한 협의를 할 수 있고, 이에 관한 합의가 이루어진 경우 당사자는 그 합의에 따라 준비서면을 제출하여야 한다.(2007.11.28 본항신설)
⑤ 재판장등은 기일을 열거나 당사자의 의견을 들어 양 쪽 당사자와 음성의 송수신에 의하여 동시에 통화를 하거나 인터넷 화상장치를 이용하여 제3항 및 제4항에 따른 협의를 할 수 있다.(2020.6.1 본항개정)
⑥ (2021.10.29 삭제)
제70조의2【변론준비기일에서의 주장과 증거의 정리방법】 변론준비기일에서는 당사자가 말로 변론의 준비에 필요한 주장과 증거를 정리하여 진술하거나, 법원이 당사자에게 말로 해당사항을 확인하여 정리하여야 한다.(2007.11.28 본조신설)
제70조의3【절차이행의 촉구】 ① 법 제280조에 따른 변론준비절차를 진행하는 경우 재판장등은 법원사무관등으로 하여금 그 이름으로 준비서면, 증거신청서 및 그 밖의 서류의 제출을 촉구하게 할 수 있다.
② 법원이나 재판장등의 결정, 명령, 촉탁 등에 대한 회신 등 절차이행이 지연되는 경우 재판장등은 법원사무관등으로 하여금 그 이름으로 해당 절차이행을 촉구하게 할 수 있다.
(2015.1.28 본조신설)

제71조【변론준비기일의 조서】 ① 변론준비기일의 조서에는 법 제283조제1항에 규정된 사항 외에 제70조의 규정에 따른 변론준비절차의 시행결과를 적어야 한다.
② 변론준비기일의 조서에는 제31조 내지 제37조제1항의 규정을 준용한다.
제72조【변론준비절차를 거친 사건의 변론기일지정 등】
① 변론준비절차를 거친 사건의 경우 그 심리에 2일 이상이 소요되는 때에는 가능한 한 종결에 이르기까지 매일 변론을 진행하여야 한다. 다만, 특별한 사정이 있는 경우에도 가능한 최단기간 안의 날로 다음 변론기일을 지정하여야 한다.
② 변론준비기일을 거친 사건의 경우 변론기일을 지정하는 때에는 당사자의 의견을 들어야 한다.
③ 제1항의 규정에 따라 지정된 변론기일은 사실과 증거에 관한 조사가 충분하지 아니하다는 이유로 변경할 수 없다.
제72조의2【변론준비기일 결과의 진술】 변론준비기일 결과의 진술은 당사자가 정리된 쟁점 및 증거조사 결과의 요지 등을 진술하거나, 법원이 당사자에게 해당사항을 확인하는 방식으로 할 수 있다.(2007.11.28 본조신설)
제73조【준용규정】 변론준비절차에는 제28조의2 내지 제30조의 규정을 준용한다.(2007.11.28 본조개정)
제73조의2【비디오 등 중계장치 등에 의한 기일의 신청 및 동의】 ① 법 제287조의2제1항 및 제2항에 따른 기일(이하 "영상기일"이라 한다)의 신청은 기일에서 하는 경우를 제외하고는 서면으로 하여야 한다. 이 경우 신청의 대상이 되는 영상기일의 종류와 신청의 이유를 밝혀야 한다.
② 법 제287조의2제1항의 재판장등 또는 같은 조 제2항의 법원(이하 "재판장등 또는 법원"이라 한다)은 영상기일의 신청에 이유가 없다고 인정하거나 비디오 등 중계장치에 의한 중계시설 또는 인터넷 화상장치를 이용하기 곤란한 사정이 있는 때에는 영상기일을 열지 아니할 수 있다.
③ 영상기일의 신청이 있는 경우 재판장등 또는 법원은 지체 없이 영상기일의 실시 여부를 당사자에게 통지하여야 한다. 이 경우 서면으로 통지할 시간적 여유가 없는 때에는 제45조에 따른 간이한 방법으로 통지할 수 있다.
④ 다음 각 호의 어느 하나에 해당하는 경우에는 영상기일을 열지 아니하는 것으로 본다.
1. 영상기일의 신청 이후 법정에 직접 출석하는 기일을 지정하는 경우
2. 법정에 직접 출석하는 기일의 개정시간까지 제3항의 통지가 없는 경우
⑤ 당사자는 서면으로 영상기일의 신청을 취하하거나 동의를 철회할 수 있다. 다만, 양 쪽 당사자의 신청 또는 동의에 따라 영상기일이 지정된 이후에는 상대방의 동의를 받아야 한다.
⑥ 재판장등 또는 법원은 한 쪽 당사자로부터 영상기일의 신청 또는 동의가 있는 경우 양 쪽 당사자에 대한 영상기일이 필요하다고 인정하는 때에는 상대방에 대하여 영상기일 동의 여부를 확인할 수 있다.
⑦ 재판장등 또는 법원은 영상기일을 연기 또는 속행하는 때에는 당사자의 동의 여부를 확인하여 다음 기일의 영상기일 실시 여부를 정할 수 있다.
(2021.10.29 본조신설)
제73조의3【영상기일의 실시】 ① 영상기일은 당사자, 그 밖의 소송관계인을 비디오 등 중계장치에 의한 중계시설에 출석하게 하거나 인터넷 화상장치를 이용하여 지정된 인터넷주소에 접속하게 하고, 영상과 음향의 송수신에 의하여 법관, 당사자, 그 밖의 소송관계인이 상대방을 인식할 수 있는 방법으로 한다.
② 제1항의 비디오 등 중계장치에 의한 중계시설은 법원 청사 안에 설치하되, 필요한 경우 법원 청사 밖의 적당한 곳에 설치할 수 있다.
③ 재판장등 또는 법원은 제2항 후단에 따라 비디오 등 중계장치에 의한 중계시설이 설치된 관공서나 그 밖의 공사단체의 장에게 영상기일의 원활한 진행에 필요한 조치를 요구할 수 있다.
④ 영상기일에서 제96조제1항의 문서 등을 제시하는 경우 비디오 등 중계장치에 의한 중계시설, 인터넷 화상장치 또는 「민사소송 등에서의 전자문서 이용 등에 관한 규칙」 제2조제1호에 정한 전자소송시스템을 이용하거나 모사전송, 전자우편, 그 밖에 이에 준하는 방법으로 할 수 있다.
⑤ 인터넷 화상장치를 이용하는 경우 영상기일에 지정된 인터넷 주소에 접속하지 아니한 때에는 불출석한 것으로 본다. 다만, 당사자가 책임질 수 없는 사유로 접속할 수 없었던 때에는 그러하지 아니하다.
⑥ 통신불량, 소음, 문서 등 확인의 불편, 제3자 관여 우려 등의 사유로 영상기일의 실시가 상당하지 아니한 당사자가 있는 경우 재판장등 또는 법원은 영상기일을 연기 또는 속행하면서 그 당사자가 법정에 직접 출석하는 기일을 지정할 수 있다.
⑦ 영상기일에 「법원조직법」 제58조제2항에 따른 명령을 위반하는 행위, 같은 법 제59조에 위반하는 행위, 심리방해행위 또는 재판의 위신을 현저히 훼손하는 행위가 있는 경우 감치 또는 과태료에 처하는 재판에 관하여는 「법정등의질서유지를위한재판에관한규칙」에 따른다.
⑧ 영상기일을 실시한 경우 그 취지를 조서에 적어야 한다.
(2021.10.29 본조신설)
제73조의4【개정의 장소 및 심리의 공개】 ① 영상기일은 법원 청사 내의 적당한 장소에서 열되, 법원장의 허가가 있는 경우 법원 청사 외의 장소에서 열 수 있다.
② 법 제287조의2제2항에 따른 변론기일을 법정에서 열지 아니하는 경우 다음 각 호 중 하나의 방법으로 심리를 공개하여야 한다. 다만, 「법원조직법」 제57조제1항 단서에 의해 비공개 결정을 한 경우에는 그러하지 아니하다.
1. 법정 등 법원 청사 내 공개된 장소에서의 중계
2. 법원행정처장이 정하는 방법에 따른 인터넷 중계
(2021.10.29 본조신설)

제3장 증 거

제1절 총 칙

제74조【증거신청】 증거를 신청하는 때에는 증거와 증명할 사실의 관계를 구체적으로 밝혀야 한다.
제75조【증인신문과 당사자신문의 신청】 ① 증인신문은 부득이한 사정이 없는 한 일괄하여 신청하여야 한다. 당사자신문을 신청하는 경우에도 마찬가지이다.
② 증인신문을 신청하는 때에는 증인의 이름 · 주소 · 연락처 · 직업, 증인과 당사자의 관계, 증인이 사건에 관여하거나 내용을 알게 된 경위, 증인신문에 필요한 시간 및 증인의 출석을 확보하기 위한 협력방안을 밝혀야 한다.(2007.11.28 본항개정)
제76조【감정서 등 부본 제출】 법원이 감정을 명하거나 법 제294조 또는 법 제341조의 규정에 따라 촉탁을 하는 때에는 감정서 또는 회답서 등의 부본을 제출하게 할 수 있다.
제76조의2【민감정보 등의 처리】 ① 법원은 재판업무 수행을 위하여 필요한 범위 내에서 「개인정보 보호법」 제23조의 민감정보, 제24조의 고유식별정보, 제24조의2의 주민등록번호 및 그 밖의 개인정보를 처리할 수 있다.
② 법원이 법 제294조 또는 법 제352조에 따라 촉탁을 하는 때에는 필요한 범위 내에서 제1항의 민감정보, 고유식별정보, 주민등록번호 및 그 밖의 개인정보가 포함된 자료의 송부를 요구할 수 있다.
③ 법원사무관등은 소송관계인의 특정을 위한 개인정보를 재판사무시스템을 이용한 전자적인 방법으로 관리한다.
(2018.1.31 본항신설)

④ 당사자는 법원사무관등에게 서면으로 제3항의 개인정보에 대한 정정을 신청할 수 있다. 그 신청서에는 정정 사유를 소명하는 자료를 붙여야 한다.(2018.1.31 본항신설)
⑤ 법원은 재판서가 보존되어 있는 동안 제3항의 개인정보를 보관하여야 한다.(2018.1.31 본항신설)
(2014.8.6 본조개정)
제77조【증거조사비용의 예납】 ① 법원이 증거조사의 결정을 한 때에는 바로 제19조제1항제3호 또는 같은 조 제2항의 규정에 따라 그 비용을 부담할 당사자에게 필요한 비용을 미리 내게 하여야 한다.
② 증거조사를 신청한 사람은 제1항의 명령이 있기 전에도 필요한 비용을 미리 낼 수 있다.
③ 법원은 당사자가 제1항의 명령에 따른 비용을 내지 아니하는 경우에는 증거조사결정을 취소할 수 있다.

제2절 증인신문

제78조【직무상 비밀에 관한 증언】 ① 법 제304조와 제305조에 규정한 사람 외의 공무원 또는 공무원이었던 사람이 직무상 비밀에 관한 사항에 대하여 증언하게 된 때에는 증언할 사항이 직무상 비밀에 해당하는 사유를 구체적으로 밝혀 법원에 미리 신고하여야 한다.
② 제1항의 신고가 있는 경우 법원은 필요하다고 인정하는 때에는 그 소속 관청 또는 감독 관청에 대하여 신문할 사항이 직무상 비밀에 해당하는지 여부에 관하여 조회할 수 있다.
제79조【증인진술서의 제출 등】 ① 법원은 효율적인 증인신문을 위하여 필요하다고 인정하는 때에는 증인을 신청한 당사자에게 증인진술서를 제출하게 할 수 있다.
② 증인진술서에는 증언할 내용을 그 시간 순서에 따라 적고, 증인이 서명날인하여야 한다.
③ 증인진술서 제출명령을 받은 당사자는 법원이 정한 기한까지 원본과 함께 상대방의 수에 2(다만, 합의부에서는 상대방의 수에 3)를 더한 만큼의 사본을 제출하여야 한다.
④ 법원사무관등은 증인진술서 사본 1통을 증인신문기일 전에 상대방에게 송달하여야 한다.
제80조【증인신문사항의 제출 등】 ① 증인신문을 신청한 당사자는 법원이 정한 기한까지 상대방의 수에 3(다만, 합의부에서는 상대방의 수에 4)을 더한 통수의 증인신문사항을 적은 서면을 제출하여야 한다. 다만, 제79조의 규정에 따라 증인진술서를 제출하는 경우로서 법원이 증인신문사항을 제출할 필요가 없다고 인정하는 때에는 그러하지 아니하다.
② 법원사무관등은 제1항의 서면 1통을 증인신문기일 전에 상대방에게 송달하여야 한다.
③ 재판장은 제출된 증인신문사항이 개별적이고 구체적이지 아니하거나 제95조제2항 각호의 신문이 포함되어 있는 때에는 증인신문사항의 수정을 명할 수 있다. 다만, 같은 항 제2호 내지 제4호의 신문에 관하여 정당한 사유가 있는 경우에는 그러하지 아니하다.
제81조【증인 출석요구서의 기재사항 등】 ① 증인의 출석요구서에는 법 제309조에 규정된 사항 외에 다음 각호의 사항을 적어야 한다.
1. 출석하지 아니하는 경우에는 그 사유를 밝혀 신고하여야 한다는 취지
2. 제1호의 신고를 하지 아니하는 경우에는 정당한 사유 없이 출석하지 아니한 것으로 인정되어 법률상 제재를 받을 수 있다는 취지
② 증인에 대한 출석요구서는 출석할 날보다 2일 전에 송달되어야 한다. 다만, 부득이한 사정이 있는 경우에는 그러하지 아니하다.
제82조【증인의 출석 확보】 증인이 채택된 때에는 증인신청을 한 당사자는 증인이 기일에 출석할 수 있도록 노력하여야 한다.
제83조【불출석의 신고】 증인이 출석요구를 받고 기일에 출석할 수 없을 경우에는 바로 그 사유를 밝혀 신고하여야 한다.
제84조【서면에 의한 증언】 ① 법 제310조제1항의 규정에 따라 출석·증언에 갈음하여 증언할 사항을 적은 서면을 제출하게 하는 경우 법원은 증인을 신청한 당사자의 상대방에 대하여 그 서면에서 회답을 바라는 사항을 적은 서면을 제출하게 할 수 있다.
② 법원이 법 제310조제1항의 규정에 따라 출석·증언에 갈음하여 증언할 사항을 적은 서면을 제출하게 하는 때에는 다음 각호의 사항을 증인에게 고지하여야 한다.
1. 증인에 대한 신문사항 또는 신문사항의 요지
2. 법원이 출석요구를 하는 때에는 법정에 출석·증언하여야 한다는 취지
3. 제출할 기한을 정한 때에는 그 취지
③ 증인은 증언할 사항을 적은 서면에 서명날인하여야 한다.
제85조【증인에 대한 과태료 등】 ① 법 제311조제1항의 규정에 따른 과태료와 소송비용 부담의 재판은 수소법원이 관할한다.
② 제1항과 법 제311조제1항의 규정에 따른 재판절차에 관하여는 비송사건절차법 제248조와 제250조(다만, 제248조제3항 후문과 검사에 관한 부분을 제외한다)의 규정을 준용한다.
제86조【증인에 대한 감치】 ① 법 제311조제2항 내지 제8항의 규정에 따른 감치재판은 수소법원이 관할한다.
② 감치재판절차는 법원의 감치재판개시결정에 따라 개시된다. 이 경우 감치사유가 발생한 날부터 20일이 지난 때에는 감치재판개시결정을 할 수 없다.
③ 감치재판절차를 개시한 후 감치결정 전에 그 증인이 증언을 하거나 그 밖에 감치에 처하는 것이 상당하지 아니하다고 인정되는 때에는 법원은 불처벌결정을 하여야 한다.
④ 제2항의 감치재판개시결정과 제3항의 불처벌결정에 대하여는 불복할 수 없다.
⑤ 법 제311조제7항의 규정에 따라 증인을 석방한 때에는 재판장은 바로 감치시설의 장에게 그 취지를 서면으로 통보하여야 한다.
⑥ 제1항 내지 제5항 및 법 제311조제2항 내지 제8항의 규정에 따른 감치절차에 관하여는 법정등의질서유지를위한재판에관한규칙 제6조 내지 제8조, 제10조, 제11조, 제13조, 제15조 내지 제19조, 제21조 내지 제23조 및 제25조제1항·제2항(다만, 제13조중 의견서에 관한 부분은 삭제하고, 제19조제2항 중 "3일"은 "1주"로, 제23조제8항 중 "감치의 집행을 한 날"은 "법 제311조제5항의 규정에 따른 통보를 받은 날"로 고쳐 적용한다)의 규정을 준용한다.
제87조【증인의 구인】 정당한 사유 없이 출석하지 아니한 증인의 구인에 관하여는 형사소송규칙 중 구인에 관한 규정을 준용한다.
제88조【증인의 동일성 확인】 재판장은 증인으로부터 주민등록증 등 신분증을 제시받거나 그 밖의 적당한 방법으로 증인임이 틀림없음을 확인하여야 한다.(2006.3.23 본조개정)
제89조【신문의 순서】 ① 법 제327조제1항의 규정에 따른 증인의 신문은 다음 각호의 순서를 따른다. 다만, 재판장은 주신문에 앞서 증인으로 하여금 그 사건과의 관계와 쟁점에 관하여 알고 있는 사실을 개략적으로 진술하게 할 수 있다.
1. 증인신문신청을 한 당사자의 신문(주신문)
2. 상대방의 신문(반대신문)
3. 증인신문신청을 한 당사자의 재신문(재주신문)
② 제1항의 순서에 따른 신문이 끝난 후에는 당사자는 재판장의 허가를 받은 때에만 다시 신문할 수 있다.
③ 재판장은 정리된 쟁점별로 제1항의 순서에 따라 신문하게 할 수 있다.(2007.11.28 본항신설)
제90조【주신문을 할 당사자가 출석하지 아니한 경우의 신문】 증인신문을 신청한 당사자가 신문기일에 출석하지 아니한 경우에는 재판장이 그 당사자에 갈음하여 신문을 할 수 있다.

제91조【주신문】 ① 주신문은 증명할 사항과 이에 관련된 사항에 관하여 한다.
② 주신문에서는 유도신문을 하여서는 아니된다. 다만, 다음 각호 가운데 어느 하나에 해당하는 경우에는 그러하지 아니하다.
1. 증인과 당사자의 관계, 증인의 경력, 교우관계 등 실질적인 신문에 앞서 미리 밝혀둘 필요가 있는 준비적인 사항에 관한 신문의 경우
2. 증인이 주신문을 하는 사람에 대하여 적의 또는 반감을 보이는 경우
3. 증인이 종전의 진술과 상반되는 진술을 하는 때에 그 종전 진술에 관한 신문의 경우
4. 그 밖에 유도신문이 필요한 특별한 사정이 있는 경우
③ 재판장은 제2항 단서의 각호에 해당하지 아니하는 경우의 유도신문은 제지하여야 하고, 유도신문의 방법이 상당하지 아니하다고 인정하는 때에는 제한할 수 있다.
제92조【반대신문】 ① 반대신문은 주신문에 나타난 사항과 이에 관련된 사항에 관하여 한다.
② 반대신문에서 필요한 때에는 유도신문을 할 수 있다.
③ 재판장은 유도신문의 방법이 상당하지 아니하다고 인정하는 때에는 제한할 수 있다.
④ 반대신문의 기회에 주신문에 나타나지 아니한 새로운 사항에 관하여 신문하고자 하는 때에는 재판장의 허가를 받아야 한다.
⑤ 제4항의 신문은 그 사항에 관하여는 주신문으로 본다.
제93조【재주신문】 ① 재주신문은 반대신문에 나타난 사항과 이와 관련된 사항에 관하여 한다.
② 재주신문은 주신문의 예를 따른다.
③ 재주신문에 관하여는 제92조제4항ㆍ제5항의 규정을 준용한다.
제94조【증언의 증명력을 다투기 위하여 필요한 사항의 신문】 ① 당사자는 증언의 증명력을 다투기 위하여 필요한 사항에 관한 신문을 할 수 있다.
② 제1항에 규정된 신문은 증인의 경험ㆍ기억 또는 표현의 정확성 등 증언의 신빙성에 관련된 사항 및 증인의 이해관계ㆍ편견 또는 예단 등 증인의 신용성에 관련된 사항에 관하여 한다.
제95조【증인신문의 방법】 ① 신문은 개별적이고 구체적으로 하여야 한다.
② 재판장은 직권 또는 당사자의 신청에 따라 다음 각호 가운데 어느 하나에 해당하는 신문을 제한할 수 있다. 다만, 제2호 내지 제4호에 규정된 신문에 관하여 정당한 사유가 있는 때에는 그러하지 아니하다.
1. 증인을 모욕하거나 증인의 명예를 해치는 내용의 신문
2. 제91조 내지 제94조의 규정에 어긋나는 신문
3. 의견의 진술을 구하는 신문
4. 증인이 직접 경험하지 아니한 사항에 관하여 진술을 구하는 신문
제95조의2【비디오 등 중계장치 등에 의한 증인신문】 법 제327조의2에 따른 증인신문의 절차와 방법에 관하여는 제73조의3을 준용한다.(2021.10.29 본조개정)
제96조【문서 등을 이용한 신문】 ① 당사자는 재판장의 허가를 받아 문서ㆍ도면ㆍ사진ㆍ모형ㆍ장치, 그 밖의 물건(다음부터 이 조문 안에서 이 모두를 "문서등"이라 한다)을 이용하여 신문할 수 있다.
② 제1항의 경우에 문서등이 증거조사를 하지 아니한 것인 때에는 신문에 앞서 상대방에게 열람할 기회를 주어야 한다. 다만, 상대방의 이의가 없는 때에는 그러하지 아니하다.
③ 재판장은 조서에 붙이거나 그 밖에 다른 필요가 있다고 인정하는 때에는 당사자에게 문서등의 사본(사본으로 제출할 수 없는 경우에는 그 사진이나 그 밖의 적당한 물건)을 제출할 것을 명할 수 있다.
제97조【이의신청】 ① 증인신문에 관한 재판장의 명령 또는 조치에 대한 이의신청은 그 명령 또는 조치가 있은 후 바로 하여야 하며, 그 이유를 구체적으로 밝혀야 한다.
② 법원은 제1항의 규정에 따른 이의신청에 대하여 바로 결정으로 재판하여야 한다.
제98조【재정인의 퇴정】 법정 안에 있는 특정인 앞에서는 충분히 진술하기 어려운 현저한 사유가 있는 때에는 재판장은 당사자의 의견을 들어 그 증인이 진술하는 동안 그 사람을 법정에서 나가도록 명할 수 있다.
제99조【서면에 따른 질문 또는 회답의 낭독】 듣지 못하는 증인에게 서면으로 물은 때 또는 말을 못하는 증인에게 서면으로 답하게 한 때에는 재판장은 법원사무관등으로 하여금 질문 또는 회답을 적은 서면을 낭독하게 할 수 있다.
제100조【수명법관ㆍ수탁판사의 권한】 수명법관 또는 수탁판사가 증인신문을 하는 경우에는 이 절에 규정된 법원과 재판장의 직무를 행한다.

제3절 감 정

제100조의2【감정인 의무의 고지】 법원은 감정인에게 선서를 하게 하기에 앞서 법 제335조의2에 따른 의무를 알려야 한다.(2016.9.6 본조신설)
제101조【감정사항의 결정 등】 ① 감정을 신청하는 때에는 감정을 구하는 사항을 적은 서면을 함께 제출하여야 한다. 다만, 부득이한 사유가 있는 때에는 재판장이 정하는 기한까지 제출하면 된다.
② 제1항의 서면은 상대방에게 송달하여야 한다. 다만, 그 서면의 내용을 고려하여 법원이 송달할 필요가 없다고 인정하는 때에는 그러하지 아니하다.
③ 상대방은 제1항의 서면에 관하여 의견이 있는 때에는 의견을 적은 서면을 법원에 제출할 수 있다. 이 경우 재판장은 미리 그 제출기한을 정할 수 있다.(2016.9.6 후단신설)
④ 법원은 제1항의 서면을 토대로 하되, 제3항의 규정에 따라 의견이 제출된 때에는 그 의견을 고려하여 감정사항을 정하여야 한다. 이 경우 법원이 감정사항을 정하기 위하여 필요한 때에는 감정인의 의견을 들을 수 있다.
⑤ (2016.9.6 삭제)
제101조의2【감정에 필요한 자료제공 등】 ① 법원은 감정에 필요한 자료를 감정인에게 보낼 수 있다.
② 당사자는 감정에 필요한 자료를 법원에 내거나 법원의 허가를 받아 직접 감정인에게 건네줄 수 있다.
③ 감정인은 부득이한 사정이 없으면 제1항, 제2항에 따른 자료가 아닌 자료를 감정의 전제가 되는 사실 인정에 사용할 수 없다.
④ 법원은 감정인에게 감정에 사용한 자료를 제출하게 하거나 그 목록을 보고하게 할 수 있다.
(2016.9.6 본조신설)
제101조의3【감정의견에 관한 의견진술】 ① 법원은 법 제339조제1항, 제2항에 따른 감정인의 의견진술이 있는 경우에 당사자에게 기한을 정하여 그에 관한 의견을 적은 서면을 제출하게 할 수 있다.
② 법원은 법 제339조제1항, 제2항에 따른 감정인의 서면 의견진술이 있는 경우에 그에 관하여 말로 설명할 필요가 있다고 인정하는 때에는 감정인에게 법정에 출석하게 할 수 있다.
③ 제2항의 경우 법원은 당사자에게 기한을 정하여 감정인에게 질문할 사항을 적은 서면을 감정인이 출석할 신문기일 전에 제출하게 할 수 있다.
④ 법원사무관등은 제3항에 따른 서면의 부본을 감정인이 출석할 신문기일 전에 상대방에게 송달하여야 한다.
(2016.9.6 본조신설)
제102조【기피신청의 방식】 ① 감정인에 대한 기피는 그 이유를 밝혀 신청하여야 한다.

② 기피하는 이유와 소명방법은 신청한 날부터 3일 안에 서면으로 제출하여야 한다.

제103조【감정서의 설명】 ① 법 제341조제2항의 규정에 따라 감정서를 설명하게 하는 때에는 당사자를 참여하게 하여야 한다.

② 제1항의 설명의 요지는 조서에 적어야 한다.

제103조의2 (2021.10.29 삭제)

제104조【증인신문규정의 준용】 감정에는 그 성질에 어긋나지 아니하는 범위 안에서 제2절의 규정을 준용한다.

제4절 서 증

제105조【문서를 제출하는 방식에 의한 서증신청】 ① 문서를 제출하여 서증의 신청을 하는 때에는 문서의 제목·작성자 및 작성일을 밝혀야 한다. 다만, 문서의 기재상 명백한 경우에는 그러하지 아니하다.

② 서증을 제출하는 때에는 상대방의 수에 1을 더한 수의 사본을 함께 제출하여야 한다. 다만, 상당한 이유가 있는 때에는 법원은 기간을 정하여 사본을 제출하게 할 수 있다.

③ 제2항의 사본은 명확한 것이어야 하며 재판장은 사본이 불명확한 때에는 사본을 다시 제출하도록 명할 수 있다.

④ 문서의 일부를 증거로 하는 때에도 문서의 전부를 제출하여야 한다. 다만, 그 사본은 재판장의 허가를 받아 증거로 원용할 부분의 초본만을 제출할 수 있다.

⑤ 법원은 서증에 대한 증거조사가 끝난 후에도 서증 원본을 다시 제출할 것을 명할 수 있다.

제106조【증거설명서의 제출 등】 ① 재판장은 서증의 내용을 이해하기 어렵거나 서증의 수가 방대한 경우 또는 서증의 입증취지가 불명확한 경우에는 당사자에게 서증과 증명할 사실의 관계를 구체적으로 밝힌 설명서를 제출할 것을 명할 수 있다.

② 서증이 국어 아닌 문자 또는 부호로 되어 있는 때에는 그 문서의 번역문을 붙여야 한다. 다만, 문서의 일부를 증거로 하는 때에는 재판장의 허가를 받아 그 부분의 번역문만을 붙일 수 있다.

제107조【서증 사본의 작성 등】 ① 당사자가 제105조제2항의 규정에 따라 서증 사본을 작성하는 때에는 서증 내용의 전부를 복사하여야 한다. 이 경우 재판장이 필요하다고 인정하는 때에는 서증 사본에 원본과 틀림이 없다는 취지를 적고 기명날인 또는 서명하여야 한다.

② 서증 사본에는 다음 각호의 구분에 따른 부호와 서증의 제출순서에 따른 번호를 붙여야 한다.

1. 원고가 제출하는 것은 "갑"
2. 피고가 제출하는 것은 "을"
3. 독립당사자참가인이 제출하는 것은 "병"

③ 재판장은 같은 부호를 사용할 당사자가 여러 사람인 때에는 제2항의 부호 다음에 "가" "나" "다" 등의 가지부호를 붙여서 사용하게 할 수 있다.

제108조【서증 사본의 제출기간】 법 제147조제1항의 규정에 따라 재판장이 서증신청(문서를 제출하는 방식으로 하는 경우에 한한다)을 할 기간을 정한 때에는 당사자는 그 기간이 끝나기 전에 서증의 사본을 제출하여야 한다.

제109조【서증에 대한 증거결정】 당사자가 서증을 신청한 경우 다음 각호 가운데 어느 하나에 해당하는 사유가 있는 때에는 법원은 그 서증을 채택하지 아니하거나 채택결정을 취소할 수 있다.

1. 서증과 증명할 사실 사이에 관련성이 인정되지 아니하는 때
2. 이미 제출된 증거와 같거나 비슷한 취지의 문서로서 별도의 증거가치가 있음을 당사자가 밝히지 못한 때
3. 국어 아닌 문자 또는 부호로 되어 있는 문서로서 그 번역문을 붙이지 아니하거나 재판장의 번역문 제출명령에 따르지 아니한 때
4. 제106조제1항의 규정에 따른 재판장의 증거설명서 제출명령에 따르지 아니한 때
5. 문서의 작성자 또는 그 작성일이 분명하지 아니한 경우로서 이를 밝히도록 한 재판장의 명령에 따르지 아니한 때

제110조【문서제출신청의 방식 등】 ① 법 제345조의 규정에 따른 문서제출신청은 서면으로 하여야 한다.

② 상대방은 제1항의 신청에 관하여 의견이 있는 때에는 의견을 적은 서면을 법원에 제출할 수 있다.

③ 법 제346조의 규정에 따른 문서목록의 제출신청에 관하여는 제1항과 제2항의 규정을 준용한다.

제111조【제시·제출된 문서의 보관】 ① 법원은 필요하다고 인정하는 때에는 법 제347조제4항 전문의 규정에 따라 제시받은 문서를 일시적으로 맡아 둘 수 있다.

② 제1항의 경우 또는 법 제353조의 규정에 따라 문서를 맡아 두는 경우 문서를 제시하거나 제출한 사람이 요구하는 때에는 법원사무관등은 문서의 보관증을 교부하여야 한다.

제112조【문서가 있는 장소에서의 서증신청 등】 ① 제3자가 가지고 있는 문서를 법 제343조 또는 법 제352조가 규정하는 방법에 따라 서증으로 신청할 수 없거나 신청하기 어려운 사정이 있는 때에는 법원은 그 문서가 있는 장소에서 서증의 신청을 받아 조사할 수 있다.

② 제1항의 경우 신청인은 서증으로 신청한 문서의 사본을 법원에 제출하여야 한다.

제113조【기록 가운데 일부문서에 대한 송부촉탁】 ① 법원·검찰청, 그 밖의 공공기관(다음부터 이 조문 안에서 이 모두를 "법원등"이라 한다)이 보관하고 있는 기록의 불특정한 일부에 대하여도 법 제352조의 규정에 따른 문서송부의 촉탁을 신청할 수 있다.

② 법원이 제1항의 신청을 채택한 때에는 기록을 보관하고 있는 법원등에 대하여 그 기록 가운데 신청인 또는 소송대리인이 지정하는 부분의 인증등본을 보내 줄 것을 촉탁하여야 한다.

③ 제2항의 규정에 따른 촉탁을 받은 법원등은 법 제352조의2 제2항에 규정된 사유가 있는 경우가 아니면 문서송부촉탁 신청인 또는 소송대리인에게 그 기록을 열람하게 하여 필요한 부분을 지정할 수 있도록 하여야 한다.(2012.5.2 본항개정)

제114조 (2007.11.28 삭제)

제115조【송부촉탁 신청인의 사본제출의무 등】 제113조, 법 제347조제1항 또는 법 제352조의 규정에 따라 법원에 문서가 제출된 때에는 신청인은 그 중 서증으로 제출하고자 하는 문서를 개별적으로 지정하고 그 사본을 법원에 제출하여야 한다. 다만, 제출된 문서가 증거조사를 마친 후 돌려 줄 필요가 없는 것인 때에는 따로 사본을 제출하지 아니하여도 된다.

제116조【문서의 진정성립을 부인하는 이유의 명시】 문서의 진정성립을 부인하는 때에는 그 이유를 구체적으로 밝혀야 한다.

제5절 검 증

제117조【검증목적물의 제출】 검증목적물의 제출절차에 관하여는 제107조제2항·제3항의 규정을 준용한다. 이 경우에는 그 부호 앞에 "검"이라고 표시하여야 한다.

제118조【검증목적물의 보관 등】 제출된 검증목적물에 관하여는 제105조제5항과 제111조제2항의 규정을 준용한다.

제6절 당사자신문

제119조【증인신문 규정의 준용】 당사자 본인이나 당사자를 대리·대표하는 법정대리인·대표자 또는 관리인의 신문에는 제81조, 제83조 및 제88조 내지 제100조의 규정을 준용한다. 이 경우 제81조제1항제2호 중 "법률상 제재를 받을 수 있다는 취지"는 "법률상 불이익을 받을 수 있다는 취지"로 고쳐 적용한다.(2015.6.29 전단개정)

제119조의2【당사자진술서 또는 당사자신문사항의 제출 등】 ① 법원은 효율적인 당사자신문을 위하여 필요하다고 인정하는 때에는 당사자신문을 신청한 당사자에게 당사자진술서 또는 당사자신문사항을 제출하게 할 수 있다.
② 제1항에 따른 당사자진술서의 제출 등에 관하여는 제79조제2항부터 제4항까지를, 당사자신문사항의 제출 등에 관하여는 제80조제1항 본문, 제2항 및 제3항을 각 준용한다.
(2015.6.29 본조신설)

제7절 그 밖의 증거

제120조【자기디스크등에 기억된 문자정보 등에 대한 증거조사】 ① 컴퓨터용 자기디스크·광디스크, 그 밖에 이와 비슷한 정보저장매체(다음부터 이 조문 안에서 이 모두를 "자기디스크등"이라 한다)에 기억된 문자정보를 증거자료로 하는 경우에는 읽을 수 있도록 출력한 문서(다음부터 이 조문 안에서 "출력문서"라고 한다)를 제출할 수 있다.
② 자기디스크등에 기억된 문자정보를 증거로 하는 경우에 증거조사를 신청한 당사자는 법원이 명하거나 상대방이 요구한 때에는 자기디스크등에 입력한 사람과 입력한 일시, 출력한 사람과 출력한 일시를 밝혀야 한다.
③ 자기디스크등에 기억된 정보가 도면·사진 등에 관한 것인 때에는 제1항과 제2항의 규정을 준용한다.
제121조【음성·영상자료 등에 대한 증거조사】 ① 녹음·녹화테이프, 컴퓨터용 자기디스크·광디스크, 그 밖에 이와 비슷한 방법으로 음성이나 영상을 녹음 또는 녹화(다음부터 이 조문 안에서 "녹음등"이라 한다)하여 재생할 수 있는 매체(다음부터 이 조문 안에서 "녹음테이프등"이라 한다)에 대한 증거조사를 신청하는 때에는 음성이나 영상이 녹음등이 된 사람, 녹음등을 한 사람 및 녹음등을 한 일시·장소를 밝혀야 한다.
② 녹음테이프등에 대한 증거조사는 녹음테이프등을 재생하여 검증하는 방법으로 한다.
③ 녹음테이프등에 대한 증거조사를 신청한 당사자는 법원이 명하거나 상대방이 요구한 때에는 녹음테이프등의 녹취서, 그 밖에 그 내용을 설명하는 서면을 제출하여야 한다.
제122조【감정 등 규정의 준용】 도면·사진, 그 밖에 정보를 담기 위하여 만들어진 물건으로서 문서가 아닌 증거의 조사에 관하여는 특별한 규정이 없으면 제3절 내지 제5절의 규정을 준용한다.

제8절 증거보전

제123조【증거보전절차에서의 증거조사】 증거보전절차에서의 증거조사에 관하여는 이 장의 규정을 적용한다.
제124조【증거보전의 신청방식 등】 ① 증거보전의 신청은 서면으로 하여야 한다.
② 제1항의 신청서에는 증거보전의 사유에 관한 소명자료를 붙여야 한다.
제125조【증거보전 기록의 송부】 ① 증거보전에 관한 기록은 증거조사를 마친 후 2주 안에 본안소송의 기록이 있는 법원에 보내야 한다.
② 증거보전에 따른 증거조사를 마친 후에 본안소송이 제기된 때에는 본안소송이 계속된 법원의 송부요청을 받은 날부터 1주 안에 증거보전에 관한 기록을 보내야 한다.

제3편 상 소

제1장 항 소

제126조【항소취하를 할 법원】 소송기록이 원심법원에 있는 때에는 항소의 취하는 원심법원에 하여야 한다.

제126조의2【항소이유서】 ① 항소인은 다음 각 호 가운데 어느 사유를 항소이유로 삼는지 항소이유서에 적어 제출하여야 한다.
1. 제1심 판결이 전속관할에 관한 규정에 어긋나거나 제1심 판결의 절차가 법률에 어긋난 때
2. 제1심 판결 중 사실을 잘못 인정하거나 법리를 잘못 적용한 부분이 있는 때
3. 제1심 판결의 이유를 밝히지 아니하거나 이유에 모순이 있는 때
4. 그 밖에 제1심 판결을 정당하지 아니하다고 인정하여 취소하거나 변경해야 할 사유가 있는 때
② 항소이유를 적을 때에는 제1심 판결 중 다투는 부분을 구체적으로 특정하여야 한다. 다만 「소액사건심판법」 제11조의2제3항 본문에 따라 제1심 판결에 이유를 적지 않은 때에는 그러하지 아니하다.
③ 항소이유서를 제출받은 항소법원은 피항소인에게 그 부본을 송달하여야 한다.
④ 항소인이 정당한 사유 없이 법 제402조의2제1항에 따른 제출기간(같은 조 제2항에 따라 제출기간이 연장된 경우에는 그 연장된 기간을 말한다)을 넘겨 항소이유서에 기재되지 않은 새로운 주장을 제출한 때에는 항소법원은 법 제149조제1항에 따라 결정으로 그 주장을 각하할 수 있다.
(2025.1.23 본조개정)
제126조의3【답변서】 재판장등은 피항소인에게 상당한 기간을 정하여 항소이유서에 기재된 항소인의 주장에 대한 반박내용을 적은 답변서를 제출하게 할 수 있다.(2025.1.23 본조신설)
제127조【항소기록의 송부와 접수통지】 ① 항소장이 판결정본의 송달 전에 제출된 경우 항소기록 송부기간은 판결정본이 송달된 날부터 2주로 한다.
② 원심재판장등이 판결 정본의 송달 전에 제출된 항소장에 대하여 보정명령을 내린 경우의 항소기록 송부기간은 판결 정본의 송달 전에 그 흠이 보정된 때에는 판결 정본이 송달된 날부터 2주, 판결 정본의 송달 이후에 그 흠이 보정된 때에는 보정된 날부터 1주로 한다.(2015.6.29 본항개정)
③ 법 제400조제3항에 따른 항소기록의 접수통지는 그 사유를 적은 서면을 당사자에게 송달하는 방법으로 한다.
(2025.1.23 본항신설)
(2025.1.23 본조제목개정)
제127조의2【제1심 변론결과의 진술】 제1심 변론결과의 진술은 당사자가 사실상 또는 법률상 주장, 정리된 쟁점 및 증거조사 결과의 요지 등을 진술하거나, 법원이 당사자에게 해당사항을 확인하는 방식으로 할 수 있다.(2007.11.28 본조신설)
제127조의3【항소심의 변론】 항소법원은 항소이유서에 기재된 쟁점을 중심으로 변론이 집중되도록 함으로써 변론이 가능하면 속행되지 않도록 하여야 하고, 당사자는 이에 협력하여야 한다.(2025.1.23 본조신설)
제127조의4【항소심의 증거신청】 ① 항소인은 부득이한 사정이 없으면 항소이유서를 제출하면서 일괄하여 증거를 신청하여야 한다.
② 항소심에서 증거를 신청할 때에는 해당 증거가 다음 각 호 중 어느 항목에 해당하는지와 그에 관한 구체적인 사유를 명시하여야 한다.
1. 제1심에서 조사되지 아니한 데에 대하여 고의나 중대한 과실이 없고 그 신청으로 인하여 소송을 현저하게 지연시키지 아니하는 증거
2. 제1심에서 증거조사가 이루어졌으나 특별한 사정이 있어 항소심에서 다시 증거조사를 하는 것이 부득이하다고 인정되는 증거
3. 그 밖에 항소의 당부에 관한 판단을 위하여 반드시 필요하다고 인정되는 증거
(2025.1.23 본조신설)

제128조【제1심 소송절차의 준용】 항소심의 소송절차에 관하여는 그 성질에 어긋나지 아니하는 범위 안에서 제2편의 규정을 준용한다.

제2장 상 고

제129조【상고이유의 기재방식】 ① 판결에 영향을 미친 헌법·법률·명령 또는 규칙(다음부터 이 장 안에서 "법령"이라 한다)의 위반이 있다는 것을 이유로 하는 상고의 경우에 상고이유는 법령과 이에 위반하는 사유를 밝혀야 한다.
② 제1항의 규정에 따라 법령을 밝히는 때에는 그 법령의 조항 또는 내용(성문법 외의 법령에 관하여는 그 취지)을 적어야 한다.
③ 제1항의 규정에 따라 법령에 위반하는 사유를 밝히는 경우에 그 법령이 소송절차에 관한 것인 때에는 그에 위반하는 사실을 적어야 한다.
제130조【절대적 상고이유의 기재방식】 법 제424조제1항의 어느 사유를 상고이유로 삼는 때에는 상고이유에 그 조항과 이에 해당하는 사실을 밝혀야 한다.
제131조【판례의 적시】 원심판결이 대법원판례와 상반되는 것을 상고이유로 하는 경우에는 그 판례를 구체적으로 밝혀야 한다.
제132조【소송기록 접수의 통지방법】 법 제426조의 규정에 따른 소송기록 접수의 통지는 그 사유를 적은 서면을 당사자에게 송달하는 방법으로 한다.
제133조【상고이유서의 통수】 상고이유서를 제출하는 때에는 상대방의 수에 6을 더한 수의 부본을 붙여야 한다.
제133조의2【상고이유서 등의 분량】 상고이유서와 답변서는 그 분량을 30쪽 이내로 하여 제출하여야 한다.(2016.8.1 본조신설)
제134조【참고인의 진술】 ① 법 제430조제2항의 규정에 따라 참고인의 진술을 듣는 때에는 당사자를 참여하게 하여야 한다.
② 제1항의 진술의 요지는 조서에 적어야 한다.
제134조의2【참고인 의견서 제출】 ① 국가기관과 지방자치단체는 공익과 관련된 사항에 관하여 대법원에 재판에 관한 의견서를 제출할 수 있고, 대법원은 이들에게 의견서를 제출하게 할 수 있다.
② 대법원은 소송관계를 분명하게 하기 위하여 공공단체 등 그 밖의 참고인에게 의견서를 제출하게 할 수 있다.
(2015.1.28 본조신설)
제135조【항소심절차규정의 준용】 상고와 상고심의 소송절차에는 그 성질에 어긋나지 아니하는 범위 안에서 제1장의 규정을 준용한다.
제136조【부대상고에 대한 준용】 부대상고에는 제129조 내지 제135조의 규정을 준용한다.

제3장 항 고

제137조【항소·상고의 절차규정 준용】 ① 항고와 그에 관한 절차에는 그 성질에 어긋나지 아니하는 범위 안에서 제1장의 규정을 준용한다.
② 재항고 또는 특별항고와 그에 관한 절차에는 그 성질에 어긋나지 아니하는 범위 안에서 제2장의 규정을 준용한다.

제4편 재 심

제138조【재심의 소송절차】 재심의 소송절차에는 그 성질에 어긋나지 아니하는 범위 안에서 각 심급의 소송절차에 관한 규정을 준용한다.
제139조【재심소장의 첨부서류】 재심소장에는 재심의 대상이 되는 판결의 사본을 붙여야 한다.
제140조【재심소송기록의 처리】 ① 재심절차에서 당사자가 제출한 서증의 번호는 재심 전 소송의 서증의 번호에 연속하여 매긴다.
② 재심사건에 대하여 상소가 제기된 때에는 법원사무관등은 상소기록에 재심 전 소송기록을 붙여 상소법원에 보내야 한다.
제141조【준재심절차에 대한 준용】 법 제461조의 규정에 따른 재심절차에는 제138조 내지 제140조의 규정을 준용한다.

제5편 공시최고절차

제142조【공시최고의 공고】 ① 공시최고의 공고는 다음 각호 가운데 어느 하나의 방법으로 한다. 이 경우 필요하다고 인정하는 때에는 적당한 방법으로 공고사항의 요지를 공시할 수 있다.
1. 법원게시판 게시
2. 관보·공보 또는 신문 게재
3. 전자통신매체를 이용한 공고
② 법원사무관등은 공고한 날짜와 방법을 기록에 표시하여야 한다.
제143조【제권판결의 공고】 제권판결의 요지를 공고하는 때에는 제142조의 규정을 준용한다.

제6편 판결의 확정 및 집행정지

제144조【집행정지신청 등의 방식】 법 제500조제1항 또는 법 제501조의 규정에 따른 집행정지 등의 신청은 서면으로 하여야 한다.

부 칙

제1조【시행일】 이 규칙은 2002년 7월 1일부터 시행한다.
제2조【계속사건에 관한 경과조치】 이 규칙은 특별한 규정이 없으면 이 규칙 시행 당시 법원에 계속중인 사건에도 적용한다. 다만, 종전의 규정에 따라 생긴 효력에는 영향을 미치지 아니한다.
제3조【증인감치에 관한 경과조치】 제86조와 법 제311조의 증인감치에 관한 규정은 법 시행 후 과태료의 재판을 고지받은 증인에 대하여 적용한다.

부 칙 (2006.3.23)

이 규칙은 공포한 날부터 시행한다.

부 칙 (2007.7.31)

제1조【시행일】 이 규칙은 2007년 8월 14일부터 시행한다.
제2조【경과조치】 이 규칙은 이 규칙 시행 당시에 법원에 계속 중인 사건에도 적용한다.

부 칙 (2007.11.28)

제1조【시행일】 이 규칙은 2008년 1월 1일부터 시행한다.
제2조【계속사건에 관한 경과조치】 이 규칙은 특별한 규정이 없으면 이 규칙 시행 당시 법원에 계속 중인 사건에도 적용한다. 다만, 종전의 규정에 따라 생긴 효력에는 영향을 미치지 아니한다.

부 칙 (2009.1.9)

제1조【시행일】 이 규칙은 공포한 날부터 시행한다.
제2조【계속사건에 관한 경과조치】 이 규칙은 이 규칙 시행 당시 법원에 계속 중인 사건에도 적용한다.

부　칙 (2009.12.3)

이 규칙은 공포한 날부터 시행한다.

부　칙 (2010.12.13)

제1조【시행일】 이 규칙은 2011년 1월 1일부터 시행한다.
제2조【계속사건에 관한 경과조치】 이 규칙은 이 규칙 시행 당시 법원에 계속 중인 사건에도 적용한다.

부　칙 (2011.9.28)

제1조【시행일】 이 규칙은 2011년 10월 13일부터 시행한다.
(이하 생략)

부　칙 (2012.5.2)

제1조【시행일】 이 규칙은 공포한 날부터 시행한다.
제2조【계속 사건에 관한 적용례】 이 규칙은 이 규칙 시행 당시 법원에 계속 중인 사건에도 적용한다.

부　칙 (2014.8.6)

이 규칙은 2014년 8월 7일부터 시행한다.

부　칙 (2014.12.30)

이 규칙은 2015년 1월 1일부터 시행한다.

부　칙 (2015.1.28)

제1조【시행일】 이 규칙은 공포한 날부터 시행한다. 다만, 제15조제1항 및 같은 조 제4항의 개정규정은 2015년 2월 13일부터 시행하고, 제26조제2항, 같은 조 제3항의 개정규정 및 제70조의3의 신설규정은 2015년 7월 1일부터 시행한다.
제2조【계속사건에 관한 경과조치】 이 규칙은 이 규칙 시행 당시에 법원에 계속 중인 사건에도 적용한다.

부　칙 (2015.6.29)

제1조【시행일】 이 규칙은 2015년 7월 1일부터 시행한다.
제2조【계속사건에 관한 경과조치】 이 규칙은 이 규칙 시행 당시에 법원에 계속 중인 사건에도 적용한다.

부　칙 (2016.8.1)

제1조【시행일】 이 규칙은 공포한 날부터 시행한다.
제2조【계속사건에 관한 경과조치】 이 규칙은 이 규칙 시행 당시에 법원에 계속 중인 사건에도 적용한다. 다만, 종전 규정에 따라 생긴 효력에는 영향을 미치지 아니한다.

부　칙 (2016.9.6)

제1조【시행일】 이 규칙은 2016년 9월 30일부터 시행한다. 다만, 제15조제1항 및 제4항의 개정규정은 2016년 10월 1일부터 시행하고, 제17조의2의 개정규정은 공포한 날부터 시행한다.
제2조【계속사건에 관한 경과조치】 이 규칙은 이 규칙 시행 당시에 법원에 계속 중인 사건에도 적용한다. 다만, 종전의 규정에 따라 생긴 효력에 영향을 미치지 아니한다.

부　칙 (2017.2.2)

제1조【시행일】 이 규칙은 2017년 2월 4일부터 시행한다.
제2조【계속사건에 관한 경과조치】 이 규칙은 이 규칙 시행 당시 법원에 계속 중인 사건에도 적용한다. 다만, 종전 규칙에 따라 생긴 효력에는 영향을 미치지 아니한다.

부　칙 (2018.1.31)
(2020.6.1)
(2020.6.26)

이 규칙은 공포한 날부터 시행한다.

부　칙 (2021.10.29)

제1조【시행일】 이 규칙은 2021년 11월 18일부터 시행한다.
제2조【계속사건에 관한 경과조치】 이 규칙은 이 규칙 시행 당시 법원에 계속 중인 사건에 대하여도 적용한다.
제3조【다른 규칙의 개정】 ※(해당 법령에 가제정리 하였음)

부　칙 (2024.11.29)

제1조【시행일】 이 규칙은 2025년 1월 1일부터 시행한다.
제2조【적용례】 이 규칙은 이 규칙 시행 당시 법원에 계속 중인 사건에도 적용한다.

부　칙 (2025.1.23)

제1조【시행일】 이 규칙은 2025년 3월 1일부터 시행한다.
제2조【항소이유서의 제출에 관한 적용례】 이 규칙은 이 규칙 시행 후 최초로 항소장 또는 항고장이 제출되는 사건부터 적용한다.

민사집행법

(2002년 1월 26일
법 률 제6627호)

개정
2005. 1.27법 7358호
2007. 8. 3법 8581호(상법)
2007. 8. 3법 8622호(소형선박저당법)
2009. 3.25법 9525호(자동차특정동산)
2010. 7.23법10376호 2011. 4. 5법10539호
2011. 4.12법10580호(부등)
2014. 5.20법12588호 2015. 5.18법13286호
2016. 2. 3법13952호(민사소송법)
2022. 1. 4법18671호
2024. 9.20법20434호(법인의등기사항등에관한특례법)
2025. 1.31법20733호→2026년 2월 1일 시행

제1편 총 칙

제1조【목적】 이 법은 강제집행, 담보권 실행을 위한 경매, 민법 · 상법, 그 밖의 법률의 규정에 의한 경매(이하 "민사집행"이라 한다) 및 보전처분의 절차를 규정함을 목적으로 한다.

참조 [다른 법률의 강제집행]소송촉진34, [과태료]60, [벌금]비송249, 형소477

제2조【집행실시자】 민사집행은 이 법에 특별한 규정이 없으면 집행관이 실시한다.

참조 [집행관]43, 법원조직55, 집행관2, [이의신청]16, [집행일시 지정]민집규3

제3조【집행법원】 ① 이 법에서 규정한 집행행위에 관한 법원의 처분이나 그 행위에 관한 법원의 협력사항을 관할하는 집행법원은 법률에 특별히 지정되어 있지 아니하면 집행절차를 실시할 곳이나 실시한 곳을 관할하는 지방법원이 된다.
② 집행법원의 재판은 변론 없이 할 수 있다.

참조 [집행행위의 부동산 · 채권 · 가압류]79 · 223 · 291, [집행행위에 대한 협력]5③, [공휴일 · 야간의 집행]8, [압류금지물 재판]196, [임시의 지위를 정하기 위한 가처분]304, [집행에 관한 이의신청]16, [잠정처분]46④, [특별대리인의 선임]52②, [전속관할]21, [가처분의 재판]303

제4조【집행신청의 방식】 민사집행의 신청은 서면으로 하여야 한다.

참조 [강제경매]80 · 81, [부동산]163, [압류명령]225, [담보권실행]264, [가압류]279, [유체동산]민집규131, [신청의 방법]민소161

제5조【집행관의 강제력 사용】 ① 집행관은 집행을 하기 위하여 필요한 경우에는 채무자의 주거 · 창고 그 밖의 장소를 수색하고, 잠근 문과 기구를 여는 등 적절한 조치를 할 수 있다.
② 제1항의 경우에 저항을 받으면 집행관은 경찰 또는 국군의 원조를 요청할 수 있다.
③ 제2항의 국군의 원조는 법원에 신청하여야 하며, 법원이 국군의 원조를 요청하는 절차는 대법원규칙으로 정한다.

참조 [국군원조요청의 절차]민집규4

제6조【참여자】 집행관은 집행하는 데 저항을 받거나 채무자의 주거에서 집행을 실시하려는데 채무자나 사리를 분별할 지능이 있는 그 친족 · 고용인을 만나지 못한 때에는 성년 두 사람이나 특별시 · 광역시의 구 또는 동 직원, 시 · 읍 · 면 직원(도농복합형태의 시의 경우 동지역에서는 시 직원, 읍 · 면지역에서는 읍 · 면 직원) 또는 경찰공무원 중 한 사람을 증인으로 참여하게 하여야 한다.

참조 [집행참여자의 의무]민집규5, [친족]민767 · 777, [성년]민6 · 826의2

제7조【집행관에 대한 원조요구】 ① 집행관 외의 사람으로서 법원의 명령에 의하여 민사집행에 관한 직무를 행하는 사람은 그 신분 또는 자격을 증명하는 문서를 지니고 있다가 관계인이 신청할 때에는 이를 내보여야 한다.
② 제1항의 사람이 그 직무를 집행하는 데 저항을 받으면 집행관에게 원조를 요구할 수 있다.
③ 제2항의 원조요구를 받은 집행관은 제5조 및 제6조에 규정된 권한을 행사할 수 있다.

참조 [집행관 외의 사람]97, [관리인]166, [보관인]244①, [공공기관의 원조]20, [집행관의 강제력 사용]5, [참여자]6

제8조【공휴일 · 야간의 집행】 ① 공휴일과 야간에는 법원의 허가가 있어야 집행행위를 할 수 있다.
② 제1항의 허가명령은 민사집행을 실시할 때에 내보여야 한다.

제9조【기록열람 · 등본부여】 집행관은 이해관계 있는 사람이 신청하면 집행기록을 볼 수 있도록 허가하고, 기록에 있는 서류의 등본을 교부하여야 한다.

참조 [집행조서]10, [집행정지서류]49, [강제경매신청서]81

제10조【집행조서】 ① 집행관은 집행조서(執行調書)를 작성하여야 한다.
② 제1항의 조서(調書)에는 다음 각호의 사항을 밝혀야 한다.
1. 집행한 날짜와 장소
2. 집행의 목적물과 그 중요한 사정의 개요
3. 집행참여자의 표시
4. 집행참여자의 서명날인
5. 집행참여자에게 조서를 읽어 주거나 보여 주고, 그가 이를 승인하고 서명날인한 사실
6. 집행관의 기명날인 또는 서명
③ 제2항제4호 및 제5호의 규정에 따라 서명날인할 수 없는 경우에는 그 이유를 적어야 한다.

참조 [집행조서의 기재사항]민집규6

제11조【집행행위에 속한 최고, 그 밖의 통지】 ① 집행행위에 속한 최고(催告) 그 밖의 통지는 집행관이 말로 하고 이를 조서에 적어야 한다.
② 말로 최고나 통지를 할 수 없는 경우에는 민사소송법 제181조 · 제182조 및 제187조의 규정을 준용하여 그 조서의 등본을 송달한다. 이 경우 송달증서를 작성하지 아니한 때에는 조서에 송달한 사유를 적어야 한다.
③ 집행하는 곳과 법원의 관할 구역안에서 제2항의 송달을 할 수 없는 경우에는 최고나 통지를 받을 사람에게 대법원규칙이 정하는 방법으로 조서의 등본을 발송하고 그 사유를 조서에 적어야 한다.

참조 [매수가격신고 차순위]115, [압류통지]189③, [배당요구]219①, [입찰]민집규65①, [집행법원의 최고 · 통지]민집규8, [군관계인에게 할 송달]민소181, [구속된 사람 등에게 할 송달]민소182, [우편송달]민소187

제12조【송달·통지의 생략】 채무자가 외국에 있거나 있는 곳이 분명하지 아니한 때에는 집행행위에 속한 송달이나 통지를 하지 아니하여도 된다.

참조 [송달·통지의 생략]민집규8④

제13조【외국송달의 특례】 ① 집행절차에서 외국으로 송달이나 통지를 하는 경우에는 송달이나 통지와 함께 대한민국 안에 송달이나 통지를 받을 장소와 영수인을 정하여 상당한 기간 이내에 신고하도록 명할 수 있다.
② 제1항의 기간 이내에 신고가 없는 경우에는 그 이후의 송달이나 통지를 하지 아니할 수 있다.

참조 [송달받을 장소의 신고]민집규10, 민소184

제14조【주소 등이 바뀐 경우의 신고의무】 ① 집행에 관하여 법원에 신청이나 신고를 한 사람 또는 법원으로부터 서류를 송달받은 사람이 송달받을 장소를 바꾼 때에는 그 취지를 법원에 바로 신고하여야 한다.
② 제1항의 신고를 하지 아니한 사람에 대한 송달은 달리 송달할 장소를 알 수 없는 경우에는 법원에 신고된 장소 또는 종전에 송달을 받던 장소에 대법원규칙이 정하는 방법으로 발송할 수 있다.
③ 제2항의 규정에 따라 서류를 발송한 경우에는 발송한 때에 송달된 것으로 본다.

참조 [변경송달장소의 신고의무]민집규9, 민소185, [발신주의]민소189

제15조【즉시항고】 ① 집행절차에 관한 집행법원의 재판에 대하여는 특별한 규정이 있어야만 즉시항고(卽時抗告)를 할 수 있다.
② 항고인(抗告人)은 재판을 고지받은 날부터 1주의 불변기간 이내에 항고장(抗告狀)을 원심법원에 제출하여야 한다.
③ 항고장에 항고이유를 적지 아니한 때에는 항고인은 항고장을 제출한 날부터 10일 이내에 항고이유서를 원심법원에 제출하여야 한다.
④ 항고이유는 대법원규칙이 정하는 바에 따라 적어야 한다.
⑤ 항고인이 제3항의 규정에 따른 항고이유서를 제출하지 아니하거나 항고이유가 제4항의 규정에 위반한 때 또는 항고가 부적법하고 이를 보정(補正)할 수 없음이 분명한 때에는 원심법원은 결정으로 그 즉시항고를 각하하여야 한다.
⑥ 제1항의 즉시항고는 집행정지의 효력을 가지지 아니한다. 다만, 항고법원(재판기록이 원심법원에 남아 있는 때에는 원심법원)은 즉시항고에 대한 결정이 있을 때까지 담보를 제공하게 하거나 담보를 제공하게 하지 아니하고 원심재판의 집행을 정지하거나 집행절차의 전부 또는 일부를 정지하도록 명할 수 있고, 담보를 제공하게 하고 그 집행을 계속하도록 명할 수 있다.
⑦ 항고법원은 항고장 또는 항고이유서에 적힌 이유에 대하여서만 조사한다. 다만, 원심재판에 영향을 미칠 수 있는 법령위반 또는 사실오인이 있는지에 대하여 직권으로 조사할 수 있다.
⑧ 제5항의 결정에 대하여는 즉시항고를 할 수 있다.
⑨ 제6항 단서의 규정에 따른 결정에 대하여는 불복할 수 없다.
⑩ 제1항의 즉시항고에 대하여는 이 법에 특별한 규정이 있는 경우를 제외하고는 민사소송법 제3편제3장중 즉시항고에 관한 규정을 준용한다.

참조 [즉시항고가 허용되는 집행법원의 재판]17①·18③·62⑧·63⑤·66②·83⑤·86③·87⑤·102③·111②·129·164④·171③·193⑤·227④·229⑥·260③·261②·299③, [서면주의]민소397②, [즉시항고제기기간 기산점의 특례]민집규12, [기산점의 특례]민소170·172·173, [기간의 계산]민157, [집행절차의 취소]17②, [매각허가여부]126③, [선박운행허가]176④, [전부명령]229⑦, [채권의 특별현금화]241④, [변론 또는 심문]민소134①②, [즉시항고]민소444, [이의의 재판에서의 잠정처분]47③·48③, [이송]182②

판례 경락허가결정에 대한 추완항고의 종기 : 경락허가결정에 대하여 이해관계인이 추완에 의한 항고를 제기한 경우 항고법원에서 추완신청이 허용되었다면 비록 다른 이유로 항고가 이유 없는 경우에도 경락허가결정은 확정되지 아니하고 따라서 그 이전에 이미 경락허가결정이 확정된 것으로 알고 경매법원이 경락대금 납부기일을 정하여 경락인으로 하여금 경락대금을 납부하게 하였다고 하더라도 이는 적법한 경락대금의 납부라고 할 수 없는 것이어서, 배당절차가 종료됨으로써 경매가 완결되었다고 하여 그 추완신청을 받아들일 수 없는 것은 아니다.(대결 2002.12.24, 2001마1047 전원합의체)

판례 이행강제금 부과처분에 대한 불복방법 : 건축법 제83조 제6항, 제82조 제4항의 규정에 의하면 건축법 제83조에 의하여 부과되는 이행강제금에 대하여 이의를 제기한 경우에는 비송사건절차법에 의한 과태료의 재판에 준하여 결정을 하도록 되어 있고, 비송사건절차법 제248조 제3항에 의하면 "당사자와 검사는 과태료의 재판에 대하여 즉시항고를 할 수 있다."고 되어 있으므로, 이행강제금에 대한 이의에 관한 재판에 대하여는 즉시항고만을 할 수 있다 할 것이고, 그 항고심의 결정에 대한 재항고 역시 즉시항고에 해당하여 이 경우의 재항고는 항고심의 재판고지가 있은 날로부터 1주일 내에 제기하여야 하고 그 기간은 불변기간이다.(대결 2002.8.16, 2002마362)

제16조【집행에 관한 이의신청】 ① 집행법원의 집행절차에 관한 재판으로서 즉시항고를 할 수 없는 것과, 집행관의 집행처분, 그 밖에 집행관이 지킬 집행절차에 대하여서는 법원에 이의를 신청할 수 있다.
② 법원은 제1항의 이의신청에 대한 재판에 앞서, 채무자에게 담보를 제공하게 하거나 제공하게 하지 아니하고 집행을 일시정지하도록 명하거나, 채권자에게 담보를 제공하게 하고 그 집행을 계속하도록 명하는 등 잠정처분(暫定處分)을 할 수 있다.
③ 집행관이 집행을 위임받기를 거부하거나 집행행위를 지체하는 경우 또는 집행관이 계산한 수수료에 대하여 다툼이 있는 경우에는 법원에 이의를 신청할 수 있다.

참조 [야간집행의 허가]8, [집행처분의 일시유지]50①·266②, [매각물건명세서의 작성]105①, [전속관할]21, 민소34, [이의신청의 방식]민집규15, 민소134·203, [잠정처분]15⑥

판례 불복방법을 집행이의로 인정한 사례 : 가처분 채권자의 가처분해제신청은 가처분집행신청의 취하 내지 그 집행취소신청에 해당하는 것인바, 이러한 신청은 가처분의 집행절차를 이루는 행위이고, 그 신청이 가처분 채권자의 의사에 기한 것인지 여부는 집행법원이 조사·판단하여야 할 사항이라고 할 것이므로, 그 신청서가 위조되었다는 사유는 그 신청에 기한 집행행위, 즉 가처분기입등기의 말소촉탁에 대한 집행이의의 사유가 된다고 보아야 할 것이며, 따라서 가처분해제신청서가 위조되었다고 주장하는 가처분 채권자로서는 가처분의 집행법원에 대하여 집행이의를 통하여 말소회복을 구할 수 있을 것이고, 그 집행이의가 이유 있다면 집행법원은 가처분기입등기의 말소회복등기의 촉탁을 하여야 한다.(대판 2000.3.24, 99다27149)

제17조【취소결정의 효력】 ① 집행절차를 취소하는 결정, 집행절차를 취소한 집행관의 처분에 대한 이의신청을 기각·각하하는 결정 또는 집행관에게 집행절차의 취소를 명하는 결정에 대하여는 즉시항고를 할 수 있다.
② 제1항의 결정은 확정되어야 효력을 가진다.

참조 [즉시항고의 신청]15, [집행이의의 신청]16, [집행비용의 예납]18, [집행처분의 취소·일시유지]50, [목적물의 멸실]96, [무잉여]102, [집행채권의 변제]171②, [보증의 제공]181, [압류명령의 취소]196①, [가압류집행의 취소]299

제18조【집행비용의 예납 등】 ① 민사집행의 신청을 하는 때에는 채권자는 민사집행에 필요한 비용으로서 법원이 정하는 금액을 미리 내야 한다. 법원이 부족한 비용을 미리 내라고 명하는 때에도 또한 같다.
② 채권자가 제1항의 비용을 미리 내지 아니한 때에는 법원은 결정으로 신청을 각하하거나 집행절차를 취소할 수 있다.
③ 제2항의 규정에 따른 결정에 대하여는 즉시항고를 할 수 있다.

참조 [비용의 예납]집행관수수료25, 민소116, [소송상의 구조]민소128, [즉시항고]15

제19조【담보제공·공탁 법원】 ① 이 법의 규정에 의한 담보의 제공이나 공탁은 채권자나 채무자의 보통재판적(普通裁判籍)이 있는 곳의 지방법원 또는 집행법원에 할 수 있다.

② 당사자가 담보를 제공하거나 공탁을 한 때에는, 법원은 그의 신청에 따라 증명서를 주어야 한다.
③ 이 법에 규정된 담보에는 특별한 규정이 있는 경우를 제외하고는 민사소송법 제122조 · 제123조 · 제125조 및 제126조의 규정을 준용한다.

참조 [즉시항고에 의한 집행정지]15⑥, [집행에 관한 이의신청에 의한 집행정지]16②, [청구에 관한 이의의 소에 의한 집행정지 · 취소]46②, [가압류 · 가처분에 대한 이의신청에 의한 변경 또는 취소판결]286⑨ · 301, [제3자이의의 소에서 피고가 하는 집행의 속행]48, [가압류 · 가처분]280 · 301, [가압류 · 가처분에 대한 이의신청에서 인가 또는 변경판결]286③ · 301, [제3자이의의 소에 의한 집행의 정지 · 취소]46② · 48③, [채권자가 추심한 금전의 공탁]236②, [지급보증위탁계약]민소규22, [담보제공방식]민소122, [담보물에 대한 피고의 권리]민소123, [담보의 취소]민소125, [담보물 변경]민소126

판례 담보권리자가 권리행사를 위하여 제기한 소송의 소송비용이 강제집행정지를 위한 담보공탁금의 피담보채권에 포함되는지 여부(적극) : 강제집행정지를 위하여 법원의 명령으로 제공된 공탁금은 채권자가 강제집행정지 자체로 인하여 입은 손해배상금채권을 담보하는 것이나, 그 손해의 범위는 민법 제393조에 의하여 정해져야 할 것인바, 담보제공자의 권리행사최고에 따라 담보권리자가 권리행사를 위하여 제기한 소송의 소송비용은 강제집행정지로 인하여 입은 통상손해에 해당한다고 할 것이므로 위 소송비용은 강제집행정지를 위하여 법원의 명령으로 제공된 담보공탁금의 피담보채권이 된다고 할 것이다.(대결 2004.7.5, 2004마177)

제20조【공공기관의 원조】 법원은 집행을 하기 위하여 필요하면 공공기관에 원조를 요청할 수 있다.

참조 [집행관의 원조요청]5②, [국군에 대한 원조요청]5③, [외국공공기관에 대한 집행촉탁]55①, [경매개시결정]94①, [경매개시 말소촉탁]141, [등기촉탁]144, [집행이의]16①

제21조【재판적】 이 법에 정한 재판적(裁判籍)은 전속관할(專屬管轄)로 한다.

참조 [집행법원]3①, [집행이의]16, [집행판결을 청구하는 소]26②, [집행문부여의 소]33, [집행문부여 등에 관한 이의신청]34①, [청구이의의 소]44①, [지급명령에 대한 청구이의의 소]58④, [재산명시신청]61①, [재산조회신청]74①, [부동산의 집행법원]79, [배당이의의 소]156, [선박의 집행법원]173, [간접강제]261, [가압류법원]293② · 295②, [가처분재판]303

판례 '최고가매수신고인이 부동산을 매수할 능력이나 자격이 없는 때'의 의미 : 매각허가에 대한 이의신청사유로 '최고가매수신고인이 부동산을 매수할 능력이나 자격이 없는 때'를 규정하고 있는바, 여기서 '매수할 능력이 없는 때'는 미성년자, 금치산자, 한정치산자와 같이 독립하여 법률행위를 할 수 있는 능력이 없는 경우를 의미하고, '매수할 자격이 없는 때'는 법률의 규정에 의하여 매각부동산을 취득할 자격이 없거나 그 부동산을 취득하려면 관청의 증명이나 인 · 허가를 받아야 하는 경우를 의미하는 것으로서, 부동산을 매수할 경제적 능력을 의미하는 것이 아니다.(대결 2009.10.5, 2009마1302)

제22조【시 · 군법원의 관할에 대한 특례】 다음 사건은 시 · 군법원이 있는 곳을 관할하는 지방법원 또는 지방법원지원이 관할한다.

1. 시 · 군법원에서 성립된 화해 · 조정(민사조정법 제34조제4항의 규정에 따라 재판상의 화해와 동일한 효력이 있는 결정을 포함한다. 이하 같다) 또는 확정된 지급명령에 관한 집행문부여의 소, 청구에 관한 이의의 소 또는 집행문부여에 대한 이의의 소로서 그 집행권원에서 인정된 권리가 소액사건심판법의 적용대상이 아닌 사건
2. 시 · 군법원에서 한 보전처분의 집행에 대한 제3자 이의의 소
3. 시 · 군법원에서 성립된 화해 · 조정에 기초한 대체집행 또는 간접강제
4. 소액사건심판법의 적용대상이 아닌 사건을 본안으로 하는 보전처분

참조 [시 · 군법원의 관할]법원조직34①

제23조【민사소송법의 준용 등】 ① 이 법에 특별한 규정이 있는 경우를 제외하고는 민사집행 및 보전처분의 절차에 관하여는 민사소송법의 규정을 준용한다.
② 이 법에 정한 것 외에 민사집행 및 보전처분의 절차에 관하여 필요한 사항은 대법원규칙으로 정한다.

참조 [서면주의]4, [열람제한]9, [즉시항고]15, [최고, 송달]11-13, [비용예납]18, [재판적]21, [가압류재판의 형식]281, [가처분의 집행정지]309, [최고, 통지]민집규3, [기록송부]14

판례 이행권고결정의 확정과 담보취소사유 : 민집 제23조에 의하여 가압류를 위한 담보에도 준용되는 민소 제125조 제1항에서 담보의 취소사유로 규정하고 있는 담보사유가 소멸된 것이란 그 담보를 제공할 원인이 부존재인 경우는 물론이고 그 후 담보의 존속을 계속시킬 원인이 부존재하게 된 경우 또는 장래에 있어서 손해발생의 가능성이 없게 된 경우 등을 의미하는 것으로서, 가압류채권자가 본안소송에서 승소의 확정판결을 얻은 것과 같이 이미 집행된 가압류 등 보전처분의 정당성이 인용됨으로서 손해가 발생되지 아니할 것이 확실하게 된 경우도 이에 해당한다고 할 것인바, 소액사건심판법 제5조의7 제1항에서는 확정된 이행권고결정도 확정판결과 같은 효력을 가진다고 규정하고 있으므로, 이행권고결정이 확정된 경우에도 본안승소의 확정판결을 받은 것과 같이 담보사유가 소멸되었다고 해석함이 상당하다.(대판 2006.6.15, 2006다10408)

판례 가처분이의신청에 대한 판결의 이유의 기재 정도 : 가처분이의 신청에 대한 재판은 판결로 하여야 하고, 민사집행법에 특별한 규정이 있는 경우를 제외하고는 보전처분의 절차에 관하여는 민사소송법의 규정이 준용되며, 민사집행법에 가처분이의신청에 대한 판결의 이유 기재에 관하여 특별한 규정을 두고 있지 아니하므로 가처분이의신청에 대한 판결에는 그 이유를 기재하여야 하고, 그 이유에는 주문이 정당하다는 것을 인정할 수 있을 정도로 당사자의 주장과 그 밖의 공격 · 방어방법에 관한 판단을 표시하여야 한다.
(대판 2005.1.28, 2004다38624)

제2편 강제집행

제1장 총 칙

제24조【강제집행과 종국판결】 강제집행은 확정된 종국판결(終局判決)이나 가집행의 선고가 있는 종국판결에 기초하여 한다.

참조 [가집행의 선고있는 판결]민소213①, [종국판결]민소198 · 200, [판결의 확정]민소498, [외국법원의 판결에 대한 집행판결]26①, [그 밖의 집행권원]56, [가압류 및 가처분명령]291 · 301, [검사의 집행명령]60, [확정된 화해권고결정]민소231, [중재판정에 대한 집행판결]중재37①, [조정조서 및 조정에 갈음하는 결정]민사조정29 · 30 · 34④, [회생채권자표]채무자회생파산292②, [이행권고결정]소액5의7①, [과태료재판의 집행]비송249, 형소477, [배상명령]소송촉진34①, 가정폭력범죄의처벌등에관한특례법61①

제25조【집행력의 주관적 범위】 ① 판결이 그 판결에 표시된 당사자 외의 사람에게 효력이 미치는 때에는 그 사람에 대하여 집행하거나 그 사람을 위하여 집행할 수 있다. 다만, 민사소송법 제71조의 규정에 따른 참가인에 대하여는 그러하지 아니하다.
② 제1항의 집행을 위한 집행문(執行文)을 내어 주는데 대하여는 제31조 내지 제33조의 규정을 준용한다.

참조 [기판력의 주관적범위]민소218, [결정과 명령에 준용]민소224, [보조참가]민소71, [승계집행문]31, [재판장의 명령]32, [집행문부여의 소]33

일판 통모에 의한 허위의 등기명의를 진정한 것으로 회복하기 위한 소유권이전등기절차청구소송에서의 피고패소의 확정판결은, 구두변론종결 후 피고로부터 선의로서 당해 부동산을 양수한 제3자에 대해서 그 효력이 없다.(日 · 最高 1973.6.21)

제26조【외국재판의 강제집행】 ① 외국법원의 확정판결 또는 이와 동일한 효력이 인정되는 재판(이하 "확정재판등"이라 한다)에 기초한 강제집행은 대한민국 법원에서 집행판결로 그 강제집행을 허가하여야 할 수 있다.
(2014.5.20 본항개정)
② 집행판결을 청구하는 소(訴)는 채무자의 보통재판적이 있는 곳의 지방법원이 관할하며, 보통재판적이 없는 때에는 민사소송법 제11조의 규정에 따라 채무자에 대한 소를 관할하는 법원이 관할한다.
(2014.5.20 본조제목개정)

改前 제26조【"외국판결의 강제집행"】① "외국법원의 판결에" 기초한 강제집행은 대한민국 법원에서 집행판결로 그 "적법함을 선고하여야 할 수 있다."

참조 [집행판결]27, [외국판결의 효력]민소217, [재산이 있는 곳의 특별재판적]민소11, [전속관할]21, [소의 제기]민소248 · 249, 민사소송등인지법2

판례 민사집행법 제26조 제1항은 "외국법원의 판결에 기초한 강제집행은 대한민국 법원에서 집행판결로 그 적법함을 선고하여야 한다"라고 규정하고 있다. 여기서 정하여진 집행판결의 제도는, 재판권이 있는 외국의 법원에서 행하여진 판결에서 확인된 당사자의 권

리를 우리나라에서 강제적으로 실현하고자 하는 경우에 다시 소를 제기하는 등 이중의 절차를 강요할 필요 없이 그 외국의 판결을 기초로 하되 단지 우리나라에서 그 판결의 강제실현이 허용되는지 여부만을 심사하여 이를 승인하는 집행판결을 얻도록 함으로써 당사자의 원활한 권리실현의 요구를 국가의 독점적·배타적 강제집행권 행사와 조화시켜 그 사이에 적절한 균형을 도모하려는 취지에서 나온 것이다. 이러한 제도적 취지에 비추어 보면, 위 규정에서 정하는 '외국법원의 판결'이라고 함은 재판권을 가지는 외국의 사법기관이 그 권한에 기하여 사법상(私法上)의 법률관계에 관하여 대립적 당사자에 대한 상호간의 심문이 보장된 절차에서 종국적으로 한 재판으로서 구체적 급부의 이행 등 그 강제적 실현에 적합한 내용을 가지는 것을 의미하고, 그 재판의 명칭이나 형식 등이 어떠한지는 문제되지 아니한다.(대판 2010.4.29, 2009다68910)

제27조【집행판결】 ① 집행판결은 재판의 옳고 그름을 조사하지 아니하고 하여야 한다.

② 집행판결을 청구하는 소는 다음 각호 가운데 어느 하나에 해당하면 각하하여야 한다.

1. 외국법원의 확정재판등이 확정된 것을 증명하지 아니한 때(2014.5.20 본호개정)
2. 외국법원의 확정재판등이 민사소송법 제217조의 조건을 갖추지 아니한 때(2014.5.20 본호개정)

改前 1. "외국법원의 판결이" 확정된 것을 증명하지 아니한 때
2. "외국판결이" 민사소송법 제217조의 조건을 갖추지 아니한 때

참조 [외국판결의 효력]민소217, [국제재판관할]국제사법2

판례 중재판정의 승인이나 집행거부에 대한 판단기준 : 외국중재판정의승인및집행에관한협약(뉴욕협약) 제5조에서는 집행의 거부사유를 제한적으로 열거하고 있는데, 그 중 제2항 (나)호에 의하면 중재판정의 승인이나 집행이 그 국가의 공공의 질서에 반하는 경우에는 집행국 법원은 중재판정의 승인이나 집행을 거부할 수 있는바, 이는 중재판정의 승인이나 집행이 집행국의 기본적인 도덕적 신념과 사회질서를 해하는 것을 방지하여 이를 보호하려는 데 그 취지가 있다 할 것이므로, 그 판단에 있어서는 국내적인 사정뿐만 아니라 국제적 거래질서의 안정이라는 측면도 함께 고려하여 제한적으로 해석하여야 할 것이고, 해당 중재판정을 인정할 경우 그 구체적 결과가 집행국의 선량한 풍속 기타 사회질서에 반할 때에 승인이나 집행을 거부할 수 있다.(대판 2003.4.11, 2001다20134)

제28조【집행력 있는 정본】 ① 강제집행은 집행문이 있는 판결정본(이하 "집행력 있는 정본"이라 한다)이 있어야 할 수 있다.

② 집행문은 신청에 따라 제1심 법원의 법원서기관·법원사무관·법원주사 또는 법원주사보(이하 "법원사무관등"이라 한다)가 내어 주며, 소송기록이 상급심에 있는 때에는 그 법원의 법원사무관등이 내어 준다.

③ 집행문을 내어 달라는 신청은 말로 할 수 있다.

참조 [심판의 집행력]가소41, [집행판결]27, [그 밖의 집행권원]56, [선고의 방식]민소206, [지급명령]58①, [이행권고결정]소액5의8①, [가압류, 가처분명령]292①·301, [이의신청에 대한 재결]공토법86①, [수권결정의 집행]260①, [집행문]29-32·35·36·59①, [소송기록의 반송]민소421, [신청]민집규19

제29조【집행문】 ① 집행문은 판결정본의 끝에 덧붙여 적는다.

② 집행문에는 "이 정본은 피고 아무개 또는 원고 아무개에 대한 강제집행을 실시하기 위하여 원고 아무개 또는 피고 아무개에게 준다."라고 적고 법원사무관등이 기명날인하여야 한다.

참조 [집행문의 기재사항]민집규20, [기타 기재사항]31②·32③·35③, [경정]민소211

제30조【집행문부여】 ① 집행문은 판결이 확정되거나 가집행의 선고가 있는 때에만 내어 준다.

② 판결을 집행하는 데에 조건이 붙어 있어 그 조건이 성취되었음을 채권자가 증명하여야 하는 때에는 이를 증명하는 서류를 제출하여야만 집행문을 내어 준다. 다만, 판결의 집행이 담보의 제공을 조건으로 하는 때에는 그러하지 아니하다.

참조 [판결의 확정]민소498, [가집행의 선고]민소213·406·435, [증명서]39③, 민집규19①, [담보제공]19·40②

제31조【승계집행문】 ① 집행문은 판결에 표시된 채권자의 승계인을 위하여 내어 주거나 판결에 표시된 채무자의 승계인에 대한 집행을 위하여 내어 줄 수 있다. 다만, 그 승계가 법원에 명백한 사실이거나, 증명서로 승계를 증명한 때에 한한다.

② 제1항의 승계가 법원에 명백한 사실인 때에는 이를 집행문에 적어야 한다.

참조 [정본의 부여기관]28②, [승계인에 대한 판결의 효력]민소218①, [재판장명령의 필요]32, [집행문부여의 소]33, [증명서]39③, [채무자의 이의]34·45, [집행문부여신청방식]민집규19·21·23, [집행개시후의 채권자 승계]민집규23

판례 판결에 표시된 채무자 이외의 자에 대하여 승계집행문이 부여될 수 있는지 여부 : 승계집행문은 판결에 표시된 채무자의 포괄승계인이나 그 판결에 기한 채무를 특정하여 승계한 자에 대한 집행을 위하여 부여하는 것인바, 이와 같은 강제집행절차에 있어서는 권리관계의 공권적인 확정 및 그 신속·확실한 실현을 도모하기 위하여 절차의 명확·안정을 중시하여야 하므로, 그 기초되는 채무가 판결에 표시된 채무자 이외의 자가 실질적으로 부담하여야 하는 채무라거나 그 채무가 발생하는 기초적인 권리관계가 판결에 표시된 채무자 이외의 자에게 승계되었다고 하더라도, 판결에 표시된 채무자 이외의 자가 판결에 표시된 채무자의 포괄승계인이거나 그 판결상의 채무 자체를 특정하여 승계하지 아니한 한, 판결에 표시된 채무자 이외의 그 자에 대하여 새로이 그 채무의 이행을 소구하는 것은 별론으로 하고, 판결에 표시된 채무자에 대한 판결의 기판력 및 집행력의 범위를 그 채무자 이외의 자에게 확장하여 승계집행문을 부여할 수는 없다.(대판 2002.10.11, 2002다43851)

제32조【재판장의 명령】 ① 재판을 집행하는 데에 조건을 붙인 경우와 제31조의 경우에는 집행문은 재판장(합의부의 재판장 또는 단독판사를 말한다. 이하 같다)의 명령이 있어야 내어 준다.

② 재판장은 그 명령에 앞서 서면이나 말로 채무자를 심문(審問)할 수 있다.

③ 제1항의 명령은 집행문에 적어야 한다.

참조 [재판의 집행에 조건을 붙인 경우]30, [승계]31, [채무자의 심문]민소134②

제33조【집행문부여의 소】 제30조제2항 및 제31조의 규정에 따라 필요한 증명을 할 수 없는 때에는 채권자는 집행문을 내어 달라는 소를 제1심 법원에 제기할 수 있다.

참조 [조건의 성취]30②, [승계의 증명]31, [관할]21, 채무자회생파산255③

제34조【집행문부여 등에 관한 이의신청】 ① 집행문을 내어 달라는 신청에 관한 법원사무관등의 처분에 대하여 이의신청이 있는 경우에는 그 법원사무관등이 속한 법원이 결정으로 재판한다.

② 집행문부여에 대한 이의신청이 있는 경우에는 법원은 제16조제2항의 처분에 준하는 결정을 할 수 있다.

참조 [집행력 있는 정본]28②, [재판장의 명령]32, [집행문부여에 대한 이의의 소와의 관계]45단서, [사무관 등의 처분에 대한 이의]민소223, [정지·취소 등]49·50, [본조의 특칙]57·59

제35조【여러 통의 집행문의 부여】 ① 채권자가 여러 통의 집행문을 신청하거나 전에 내어 준 집행문을 돌려주지 아니하고 다시 집행문을 신청한 때에는 재판장의 명령이 있어야만 이를 내어 준다.

② 재판장은 그 명령에 앞서 서면이나 말로 채무자를 심문할 수 있으며, 채무자를 심문하지 아니하고 여러 통의 집행문을 내어 주거나 다시 집행문을 내어 준 때에는 채무자에게 그 사유를 통지하여야 한다.

③ 여러 통의 집행문을 내어 주거나 다시 집행문을 내어 주는 때에는 그 사유를 원본과 집행문에 적어야 한다.

참조 [집행문부여신청방식]민집규19, [재판장의 명령과 심문]32

제36조【판결원본에의 기재】 집행문을 내어 주는 경우에는 판결원본 또는 상소심 판결정본에 원고 또는 피고에게 이를 내어 준다는 취지와 그 날짜를 적어야 한다.

참조 [집행력 있는 정본]28, [판결원본]민소209

제37조【집행력 있는 정본의 효력】 집행력 있는 정본의 효력은 전국 법원의 관할구역에 미친다.

참조 [집행력 있는 정본]28

제38조【여러 통의 집행력 있는 정본에 의한 동시집행】 채권자가 한 지역에서 또는 한 가지 방법으로 강제집행을 하여도 모두 변제를 받을 수 없는 때에는 여러

통의 집행력 있는 정본에 의하여 여러 지역에서 또는 여러 가지 방법으로 동시에 강제집행을 할 수 있다.

참조 [여러 통의 집행력 있는 정본]35

제39조【집행개시의 요건】 ① 강제집행은 이를 신청한 사람과 집행을 받을 사람의 성명이 판결이나 이에 덧붙여 적은 집행문에 표시되어 있고 판결을 이미 송달하였거나 동시에 송달한 때에만 개시할 수 있다.
② 판결의 집행이 그 취지에 따라 채권자가 증명할 사실에 매인 때 또는 판결에 표시된 채권자의 승계인을 위하여 하는 것이거나 판결에 표시된 채무자의 승계인에 대하여 하는 것일 때에는 집행할 판결 외에, 이에 덧붙여 적은 집행문을 강제집행을 개시하기 전에 채무자의 승계인에게 송달하여야 한다.
③ 증명서에 의하여 집행문을 내어 준 때에는 그 증명서의 등본을 강제집행을 개시하기 전에 채무자에게 송달하거나 강제집행과 동시에 송달하여야 한다.

참조 [집행권원의 송달]민소174－197・210・469, 민소규56, [예외]292③・301, 형소477③, 비송29②・249②, [집행증서의 송달]공증56의5, 민집규22의2

제40조【집행개시의 요건】 ① 집행을 받을 사람이 일정한 시일에 이르러야 그 채무를 이행하게 되어 있는 때에는 그 시일이 지난 뒤에 강제집행을 개시할 수 있다.
② 집행이 채권자의 담보제공에 매인 때에는 채권자는 담보를 제공한 증명서류를 제출하여야 한다. 이 경우의 집행은 그 증명서류의 등본을 채무자에게 이미 송달하였거나 동시에 송달하는 때에만 개시할 수 있다.

참조 [장래 이행의 소]민소251, [담보]민소213・502

제41조【집행개시의 요건】 ① 반대의무의 이행과 동시에 집행할 수 있다는 것을 내용으로 하는 집행권원의 집행은 채권자가 반대의무의 이행 또는 이행의 제공을 하였다는 것을 증명하여야만 개시할 수 있다.
② 다른 의무의 집행이 불가능한 때에 그에 갈음하여 집행할 수 있다는 것을 내용으로 하는 집행권원의 집행은 채권자가 그 집행이 불가능하다는 것을 증명하여야만 개시할 수 있다.

참조 [반대의무의 이행]263②

제42조【집행관에 의한 영수증의 작성・교부】 ① 채권자가 집행관에게 집행력 있는 정본을 교부하고 강제집행을 위임한 때에는 집행관은 특별한 권한을 받지 못하였더라도 지급이나 그 밖의 이행을 받고 그에 대한 영수증서를 작성하고 교부할 수 있다. 집행관은 채무자가 그 의무를 완전히 이행한 때에는 집행력 있는 정본을 채무자에게 교부하여야 한다.
② 채무자가 그 의무의 일부를 이행한 때에는 집행관은 집행력 있는 정본에 그 사유를 덧붙여 적고 영수증서를 채무자에게 교부하여야 한다.
③ 채무자의 채권자에 대한 영수증 청구는 제2항의 규정에 의하여 영향을 받지 아니한다.

참조 [집행관]2, [제3자의 변제]민469, [영수증]민474

제43조【집행관의 권한】 ① 집행관은 집행력 있는 정본을 가지고 있으면 채무자와 제3자에 대하여 강제집행을 하고 제42조에 규정된 행위를 할 수 있는 권한을 가지며, 채권자는 그에 대하여 위임의 흠이나 제한을 주장하지 못한다.
② 집행관은 집행력 있는 정본을 가지고 있다가 관계인이 요청할 때에는 그 자격을 증명하기 위하여 이를 내보여야 한다.

참조 [집행관]2, [집행력있는 정본]42①, [신분증]집행관17①

제44조【청구에 관한 이의의 소】 ① 채무자가 판결에 따라 확정된 청구에 관하여 이의하려면 제1심 판결법원에 청구에 관한 이의의 소를 제기하여야 한다.
② 제1항의 이의는 그 이유가 변론이 종결된 뒤(변론 없이 한 판결의 경우에는 판결이 선고된 뒤)에 생긴 것이어야 한다.
③ 이의이유가 여러 가지인 때에는 동시에 주장하여야 한다.

참조 [관할]21, 채무자회생파산255③, [1심판결법원]22・58④⑤・59④, [청구 이의 주장 예외]58③, 59③, [이행권고결정]소액5의8③, [배상명령]소송촉진34④

판례 한정승인 사실이 적법한 청구이의사유인지 여부 : 채권자가 피상속인의 금전채무를 상속한 상속인을 상대로 그 상속채무의 이행을 구하여 제기한 소송에서 채무자가 한정승인 사실을 주장하지 않으면 책임의 범위는 현실적인 심판대상으로 등장하지 아니하여 주문에서는 물론 이유에서도 판단되지 않으므로 그에 관하여 기판력이 미치지 않는다. 그러므로 채무자가 한정승인을 하고도 채권자가 제기한 소송의 사실심 변론종결시까지 그 사실을 주장하지 아니하여 책임의 범위에 관한 유보가 없는 판결이 선고되어 확정되었다고 하더라도, 채무자는 그 후 위 한정승인 사실을 내세워 청구에 관한 이의의 소를 제기할 수 있다.(대판 2006.10.13, 2006다23138)

제45조【집행문부여에 대한 이의의 소】 제30조제2항과 제31조의 경우에 채무자가 집행문부여에 관하여 증명된 사실에 의한 판결의 집행력을 다투거나, 인정된 승계에 의한 판결의 집행력을 다투는 때에는 제44조의 규정을 준용한다. 다만, 이 경우에도 제34조의 규정에 따라 집행문부여에 대하여 이의를 신청할 수 있는 채무자의 권한은 영향을 받지 아니한다.

참조 [집행권원에 조건이 달려있는 때]30②, [승계집행문]31, [청구에 관한 이의의 소]44, [집행문부여의 소]33, [집행문부여에 대한 이의신청]34, [지급명령]58④, [공정증서]59④, [전속관할]21, [잠정처분]46・47・57

판례 집행증서의 무효를 이유로 한 집행문의 취소 : 집행증서상의 명의를 모용당하였다고 주장하는 채무자는 위 집행증서에 채무자 본인의 집행촉탁 및 집행수락의 의사가 결여되었음을 내세워 집행문 부여에 대한 이의로써 무효인 집행증서에 대하여 부여된 집행문의 취소를 구하는 것도 가능하고, 그 경우 이의를 심리하는 법원으로서는 임의적 변론을 거쳐 결정의 형식으로 그 당부를 판단하면 족하며, 반드시 심문 또는 변론절차를 열거나 제출된 자료만으로 소명이 부족하다 하여 신청인에게 추가 소명의 기회를 주어야 하는 것은 아니다.
(대결 1999.6.23, 99그20)

제46조【이의의 소와 잠정처분】 ① 제44조 및 제45조의 이의의 소는 강제집행을 계속하여 진행하는 데에는 영향을 미치지 아니한다.
② 제1항의 이의를 주장한 사유가 법률상 정당한 이유가 있다고 인정되고, 사실에 대한 소명(疎明)이 있을 때에는 수소법원(受訴法院)은 당사자의 신청에 따라 판결이 있을 때까지 담보를 제공하게 하거나 담보를 제공하게 하지 아니하고 강제집행을 정지하도록 명할 수 있으며, 담보를 제공하게 하고 그 집행을 계속하도록 명하거나 실시한 집행처분을 취소하도록 명할 수 있다.
③ 제2항의 재판은 변론 없이 하며 급박한 경우에는 재판장이 할 수 있다.
④ 급박한 경우에는 집행법원이 제2항의 권한을 행사할 수 있다. 이 경우 집행법원은 상당한 기간 이내에 제2항에 따른 수소법원의 재판서를 제출하도록 명하여야 한다.
⑤ 제4항 후단의 기간을 넘긴 때에는 채권자의 신청에 따라 강제집행을 계속하여 진행한다.

참조 [청구에 관한 이의의 소]44, [집행문부여에 대한 이의의 소]45, [집행법원]3, [담보]19, [집행의 정지, 취소, 속행]49・50, [소명]민소299, [임의적 변론]민소134

제47조【이의의 재판과 잠정처분】 ① 수소법원은 이의의 소의 판결에서 제46조의 명령을 내리고 이미 내린 명령을 취소・변경 또는 인가할 수 있다.
② 판결중 제1항에 규정된 사항에 대하여는 직권으로 가집행의 선고를 하여야 한다.
③ 제2항의 재판에 대하여는 불복할 수 없다.

참조 [잠정처분]46, [일시정지]49, [가집행의 선고]민소213

제48조【제3자이의의 소】 ① 제3자가 강제집행의 목적물에 대하여 소유권이 있다고 주장하거나 목적물의 양도나 인도를 막을 수 있는 권리가 있다고 주장하는 때에는 채권자를 상대로 그 강제집행에 대한 이의의 소를

제기할 수 있다. 다만, 채무자가 그 이의를 다투는 때에는 채무자를 공동피고로 할 수 있다.
② 제1항의 소는 집행법원이 관할한다. 다만, 소송물이 단독판사의 관할에 속하지 아니할 때에는 집행법원이 있는 곳을 관할하는 지방법원의 합의부가 이를 관할한다.
③ 강제집행의 정지와 이미 실시한 집행처분의 취소에 대하여는 제46조 및 제47조의 규정을 준용한다. 다만, 집행처분을 취소할 때에는 담보를 제공하게 하지 아니할 수 있다.

참조 [집행법원]3①, [합의부]법원조직32, [소의 제기]민소248·249, [정지처분]46·47

판례 민집 제48조의 강제집행에 대한 제3자이의의 소는 이미 개시된 집행의 목적물에 대하여 소유권 기타 목적물의 양도나 인도를 막을 수 있는 권리가 있다고 주장함으로써 그에 대한 집행의 배제를 구하는 것이니만큼 그 소의 원인이 되는 권리는 집행채권자에 대항할 수 있는 것이어야 한다.(대판 2007.5.10, 2007다7409)

판례 집행목적물에 대한 채권적청구권이 제3자이의의 소의 이의원인이 되는지 여부(한정적극) : 제3자이의의 소의 이의원인은 소유권에 한정되는 것이 아니고 집행목적물의 양도나 인도를 막을 수 있는 권리이면 족하며, 집행목적물이 집행채무자의 소유에 속하지 아니한 경우에는 집행채무자와 사이의 계약관계에 의거하여 집행채무자에 대하여 목적물의 반환을 구할 채권적 청구권을 가지고 있는 제3자는 집행에 의한 양도나 인도를 막을 이익이 있으므로 그 채권적 청구권도 제3자이의의 소의 이의원인이 될 수 있다.(대판 2003.6.13, 2002다16576)

제49조【집행의 필수적 정지·제한】 강제집행은 다음 각호 가운데 어느 하나에 해당하는 서류를 제출한 경우에 정지하거나 제한하여야 한다.
1. 집행할 판결 또는 그 가집행을 취소하는 취지나, 강제집행을 허가하지 아니하거나 그 정지를 명하는 취지 또는 집행처분의 취소를 명한 취지를 적은 집행력 있는 재판의 정본
2. 강제집행의 일시정지를 명한 취지를 적은 재판의 정본
3. 집행을 면하기 위하여 담보를 제공한 증명서류
4. 집행할 판결이 있은 뒤에 채권자가 변제를 받았거나, 의무이행을 미루도록 승낙한 취지를 적은 증서
5. 집행할 판결, 그 밖의 재판이 소의 취하 등의 사유로 효력을 잃었다는 것을 증명하는 조서등본 또는 법원사무관등이 작성한 증서
6. 강제집행을 하지 아니한다거나 강제집행의 신청이나 위임을 취하한다는 취지를 적은 화해조서(和解調書)의 정본 또는 공정증서(公正證書)의 정본

참조 [집행정지서류의 제출]민집규50, [강제관리]민집규88·90②, [집행정지중의 매각]민집규126①, [배당액 공탁]민집규156①, [집행정지의 통지]민집규161, [부동산의 경매]민집규194, [담보권실행을 위한 경매절차의 정지사유]266, [강제집행을 허가하지 아니하는 재판]34·44·45·48, [집행처분의 취소를 명하는 재판]46-48, 민소500·501, [강제집행의 일시정지를 명한 재판]16②·34②·46-48③·196③, [담보제공의 증명서류]19②·282, 민소213②③·502②, [판결을 취소하는 재판]민소416·436, [가집행을 취소하는 재판]민소215

판례 채권압류 및 추심명령의 신청에 관한 재판에 대하여 집행채권이 변제나 시효완성 등에 의하여 소멸되었다거나 존재하지 아니한다는 등의 실체상의 사유는 특별한 사정이 없는 한 적법한 항고이유가 되지 못하지만, 채권압류 및 추심명령의 기초가 된 가집행의 선고가 있는 판결을 취소한 상소심판결의 정본은 민사집행법 제49조 제1호 소정의 집행취소 서류에 해당하므로, 채권압류 및 추심명령의 기초가 된 가집행의 선고가 있는 판결이 상소심에서 취소되었다는 사실은 적법한 항고이유가 될 수 있다.(대결 2007.3.15, 2006마75)

제50조【집행처분의 취소·일시유지】 ① 제49조제1호·제3호·제5호 및 제6호의 경우에는 이미 실시한 집행처분을 취소하여야 하며, 같은 조 제2호 및 제4호의 경우에는 이미 실시한 집행처분을 일시적으로 유지하게 하여야 한다.
② 제1항에 따라 집행처분을 취소하는 경우에는 제17조의 규정을 적용하지 아니한다.

참조 [잠정처분]46②·47·48③·49, 민소500①, [재판의 실효]49, [강제집행의 취하]49, [집행의 요건불비]18②·102·171②·180·188③, [즉시항고]17, [재판을 고지받을 사람의 범위]민집규7①

제51조【변제증서 등의 제출에 의한 집행정지의 제한】 ① 제49조제4호의 증서 가운데 변제를 받았다는 취지를 적은 증서를 제출하여 강제집행이 정지되는 경우 그 정지기간은 2월로 한다.
② 제49조제4호의 증서 가운데 의무이행을 미루도록 승낙하였다는 취지를 적은 증서를 제출하여 강제집행이 정지되는 경우 그 정지는 2회에 한하며 통산하여 6월을 넘길 수 없다.

참조 [변제를 받았다는 증서 및 의무이행을 미루도록 승낙한 증서]49

제52조【집행을 개시한 뒤 채무자가 죽은 경우】 ① 강제집행을 개시한 뒤에 채무자가 죽은 때에는 상속재산에 대하여 강제집행을 계속하여 진행한다.
② 채무자에게 알려야 할 집행행위를 실시할 경우에 상속인이 없거나 상속인이 있는 곳이 분명하지 아니하면 집행법원은 채권자의 신청에 따라 상속재산 또는 상속인을 위하여 특별대리인을 선임하여야 한다.
③ 제2항의 특별대리인에 관하여는 「민사소송법」 제62조제2항부터 제5항까지의 규정을 준용한다.(2016.2.3 본항개정)

改前 ③ 제2항의 특별대리인에 관하여는 "민사소송법 제62조제3항 내지 제6항의 규정"을 준용한다.

참조 [집행개시후의 채권자의 승계]민집규23, [채무자에게 알려야 할 집행행위]83④·189③·219·227②·241⑤·255·258②, [특별대리인에 대한 준용]민소62②③④⑤, [상속인의 부존재]민1053-1059

제53조【집행비용의 부담】 ① 강제집행에 필요한 비용은 채무자가 부담하고 그 집행에 의하여 우선적으로 변상을 받는다.
② 강제집행의 기초가 된 판결이 파기된 때에는 채권자는 제1항의 비용을 채무자에게 변상하여야 한다.

참조 [집행비용의 변상]민집규24, [담보권실행에 준용]275, [제3자의 집행비용부담]138③

판례 집행비용은 집행권원 없이도 배당재단으로부터 각 채권액에 우선하여 배당받을 수 있다. 여기서 집행비용이란 각 채권자가 지출한 비용의 전부가 아니라 배당재단으로부터 우선변제를 받을 집행비용만을 의미하며, 이에 해당하는 것으로서는 당해 경매절차를 통하여 모든 채권자를 위하여 체당한 비용으로서의 성질을 띤 집행비용(공익비용)에 한한다. 집행비용에는 민사집행의 준비 및 실시를 위하여 필요한 비용이 포함된다.(대판 2011.2.10, 2010다79565)

판례 가압류에서 본압류로 이행된 후에 본압류의 집행배제를 구하기 위하여 변제하여야 하는 금액의 범위 : 민집 제53조 제1항의 '강제집행에 필요한 비용'에는 가압류의 집행비용이 당연히 포함된다. 그리고 가압류가 집행된 후 그 가압류가 본압류로 이행된 때에는 가압류집행이 본집행에 포섭됨으로써 당초부터 본집행이 있었던 것과 같은 효력이 있다. 그러므로 가압류만 되어 있을 뿐 아직 본압류로 이행되지 아니한 단계에서는 가압류채권자가 그 가압류의 집행비용을 변상받을 수 없고, 따라서 제3취득자가 가압류의 집행비용을 고려함이 없이 그 처분금지의 효력이 미치는 객관적 범위에 속하는 청구금액만을 변제함으로써 가압류의 배제를 소구할 수 있지만, 가압류에서 본압류로 이행된 후에는 민집 제53조 제1항의 적용을 받게 되므로 가압류 후 본압류로의 이행 전에 가압류의 목적물의 소유권을 취득한 제3취득자로서는 가압류의 청구금액 외에 그 가압류의 집행비용 및 본집행의 비용 중 가압류의 본압류로의 이행에 대응하는 부분까지를 아울러 변제하여야만 가압류에서 이행된 본압류의 집행배제를 구할 수 있다.(대판 2006.11.24, 2006다35223)

판례 집행법원의 집행비용액확정결정이 없는 경우와 강제경매절차에서의 추심 : 강제집행에 필요한 비용은 채무자가 부담하고 그 강제집행절차에서 우선적으로 변상받을 수 있으나, 당해 강제집행절차에서 변상을 받지 못한 비용은 집행법원의 집행비용액확정결정을 받아 이를 집행권원으로 하는 별도의 금전집행을 하여야 하므로, 부동산 명도 강제집행의 집행비용에 대한 집행법원의 집행비용액확정결정이 없는 경우, 그 집행비용을 위 부동산 명도 강제집행의 집행권원인 확정판결에 기한 강제경매절차에서 추심할 수 없다. (대판 2006.10.12, 2004재다818)

제54조【군인·군무원에 대한 강제집행】 ① 군인·군무원에 대하여 병영·군사용 청사 또는 군용 선박에서 강제집행을 할 경우 법원은 채권자의 신청에 따라 군판사 또는 부대장(部隊長)이나 선장에게 촉탁하여 이를 행한다.
② 촉탁에 따라 압류한 물건은 채권자가 위임한 집행관에게 교부하여야 한다.

참조 [군판사]군사법원23, 군법무관임용등에관한법2, [집행관]2

제55조【외국에서 할 집행】 ① 외국에서 강제집행을 할 경우에 그 외국 공공기관의 법률상 공조를 받을 수

있는 때에는 제1심 법원이 채권자의 신청에 따라 외국 공공기관에 이를 촉탁하여야 한다.
② 외국에 머물고 있는 대한민국 영사(領事)에 의하여 강제집행을 할 수 있는 때에는 제1심 법원은 그 영사에게 이를 촉탁하여야 한다.

제56조【그 밖의 집행권원】 강제집행은 다음 가운데 어느 하나에 기초하여서도 실시할 수 있다.
1. 항고로만 불복할 수 있는 재판
2. 가집행의 선고가 내려진 재판
3. 확정된 지급명령
4. 공증인이 일정한 금액의 지급이나 대체물 또는 유가증권의 일정한 수량의 급여를 목적으로 하는 청구에 관하여 작성한 공정증서로서 채무자가 강제집행을 승낙한 취지가 적혀 있는 것
5. 소송상 화해, 청구의 인낙(認諾) 등 그 밖에 확정판결과 같은 효력을 가지는 것

참조 [종국판결]24, [집행판결]26, [검사의 집행명령]60, [비용액상환결정]민소107, [소송비용액확정결정]민소110, [소송비용부담결정]민소114, [소송비용납입명령]민소130② · 131, [강제관리개시결정]164①, [대체집행]260, [가집행선고있는 재판]민소406 · 435, [확정된 지급명령]민소474, [집행증서]공증2, [화해, 인낙]민소220, [민사조정]민사조정29, [가사조정]가소59②, [가정법원판결]가소12, [회생채권자표]채무자회생파산255

판례 대리권 흠결이 있는 공정증서 중 집행인낙에 대한 추인의 방식 : 공정증서상의 집행인낙의 의사표시는 공증인가 합동법률사무소 또는 공증인에 대한 채무자의 단독 의사표시로서 성규의 방식에 따라 작성된 증서에 의한 소송행위이어서, 대리권 흠결이 있는 공정증서 중 집행인낙에 대한 추인의 의사표시 또한 당해 공정증서를 작성한 공증인가 합동법률사무소 또는 공증인에 대하여 그 의사표시를 공증하는 방식으로 하여야 하므로, 그러한 방식에 의하지 아니한 추인행위가 있다 한들 그 추인행위에 의하여는 채무자가 실체법상의 채무를 부담하게 됨은 별론으로 하고 무효의 채무명의가 유효하게 될 수는 없다.(대판 2006.3.26, 2006다2803)

제57조【준용규정】 제56조의 집행권원에 기초한 강제집행에 대하여는 제58조 및 제59조에서 규정하는 바를 제외하고는 제28조 내지 제55조의 규정을 준용한다.

참조 [준용]28－55, [준용제외]58 · 59

제58조【지급명령과 집행】 ① 확정된 지급명령에 기한 강제집행은 집행문을 부여받을 필요없이 지급명령 정본에 의하여 행한다. 다만, 다음 각호 가운데 어느 하나에 해당하는 경우에는 그러하지 아니하다.
1. 지급명령의 집행에 조건을 붙인 경우
2. 당사자의 승계인을 위하여 강제집행을 하는 경우
3. 당사자의 승계인에 대하여 강제집행을 하는 경우
② 채권자가 여러 통의 지급명령 정본을 신청하거나, 전에 내어준 지급명령 정본을 돌려주지 아니하고 다시 지급명령 정본을 신청한 때에는 법원사무관등이 이를 부여한다. 이 경우 그 사유를 원본과 정본에 적어야 한다.
③ 청구에 관한 이의의 주장에 대하여는 제44조제2항의 규정을 적용하지 아니한다.
④ 집행문부여의 소, 청구에 관한 이의의 소 또는 집행문부여에 대한 이의의 소는 지급명령을 내린 지방법원이 관할한다.
⑤ 제4항의 경우에 그 청구가 합의사건인 때에는 그 법원이 있는 곳을 관할하는 지방법원의 합의부에서 재판한다.

참조 [지급명령의 효력]민소474, [강제집행의 특례]소액5의8, [청구이의의 소의 시적한계]44②, [관할]민소463

제59조【공정증서와 집행】 ① 공증인이 작성한 증서의 집행문은 그 증서를 보존하는 공증인이 내어 준다.
② 집행문을 내어 달라는 신청에 관한 공증인의 처분에 대하여 이의신청이 있는 때에는 그 공증인의 사무소가 있는 곳을 관할하는 지방법원 단독판사가 결정으로 재판한다.
③ 청구에 관한 이의의 주장에 대하여는 제44조제2항의 규정을 적용하지 아니한다.
④ 집행문부여의 소, 청구에 관한 이의의 소 또는 집행문부여에 대한 이의의 소는 채무자의 보통재판적이 있는 곳의 법원이 관할한다. 다만, 그러한 법원이 없는 때에는 민사소송법 제11조의 규정에 따라 채무자에 대하여 소를 제기할 수 있는 법원이 관할한다.

참조 [공정증서]공증24 · 41, [집행문의 부여]29 · 57, 공증56의2⑤, [청구이의의 소의 시적한계]44②, [재산이 있는 곳의 특별재판적]민소11

제60조【과태료의 집행】 ① 과태료의 재판은 검사의 명령으로 집행한다.
② 제1항의 명령은 집행력 있는 집행권원과 같은 효력을 가진다.

참조 [증인이 출석하지 아니한 경우의 과태료 등]민소311, [증언거부]민소318, [선서거부]민소326, [증인불출석]형소151, [제3자에 대한 제출명령]민소360②, [비송의 과태료재판]민97, 상635, 공증87, 법원조직61, 변호사117, 가소67, [과태료의 집행]형소477, [과태료 재판]비송248 · 249

제2장 금전채권에 기초한 강제집행

제1절 재산명시절차 등

제61조【재산명시신청】 ① 금전의 지급을 목적으로 하는 집행권원에 기초하여 강제집행을 개시할 수 있는 채권자는 채무자의 보통재판적이 있는 곳의 법원에 채무자의 재산명시를 요구하는 신청을 할 수 있다. 다만, 민사소송법 제213조에 따른 가집행의 선고가 붙은 판결 또는 같은 조의 준용에 따른 가집행의 선고가 붙어 집행력을 가지는 집행권원의 경우에는 그러하지 아니하다.
② 제1항의 신청에는 집행력 있는 정본과 강제집행을 개시하는데 필요한 문서를 붙여야 한다.

참조 [가집행의 선고가 붙은 판결]민소213, [민사소송법 제213조의 준용에 따른 가집행의 선고가 붙어 집행력이 있는 재판]행소8②, 가소12, 소송촉진31③, [신청]4, 민집규25①

제62조【재산명시신청에 대한 재판】 ① 재산명시신청에 정당한 이유가 있는 때에는 법원은 채무자에게 재산상태를 명시한 재산목록을 제출하도록 명할 수 있다.
② 재산명시신청에 정당한 이유가 없거나, 채무자의 재산을 쉽게 찾을 수 있다고 인정한 때에는 법원은 결정으로 이를 기각하여야 한다.
③ 제1항 및 제2항의 재판은 채무자를 심문하지 아니하고 한다.
④ 제1항의 결정은 신청한 채권자 및 채무자에게 송달하여야 하고, 채무자에 대한 송달에서는 결정에 따르지 아니할 경우 제68조에 규정된 제재를 받을 수 있음을 함께 고지하여야 한다.
⑤ 제4항의 규정에 따라 채무자에게 하는 송달은 민사소송법 제187조 및 제194조에 의한 방법으로는 할 수 없다.
⑥ 제1항의 결정이 채무자에게 송달되지 아니한 때에는 법원은 채권자에게 상당한 기간을 정하여 그 기간 이내에 채무자의 주소를 보정하도록 명하여야 한다.
⑦ 채권자가 제6항의 명령을 받고도 이를 이행하지 아니한 때에는 법원은 제1항의 결정을 취소하고 재산명시신청을 각하하여야 한다.
⑧ 제2항 및 제7항의 결정에 대하여는 즉시항고를 할 수 있다.
⑨ 채무자는 제1항의 결정을 송달받은 뒤 송달장소를 바꾼 때에는 그 취지를 법원에 바로 신고하여야 하며, 그러한 신고를 하지 아니한 경우에는 민사소송법 제185조제2항 및 제189조의 규정을 준용한다.

참조 [재산명시신청]61, [재산조회]74 · 75, [채무자의 심문]3②, 민소134②, [공시송달]민소194, 민집규26, [즉시항고]15, [준용]민소185②, [발신주의]민소189

판례 재산명시명령의 송달 : 민집 제62조 제1항, 제4항은 재산명시신청에 정당한 이유가 있어 법원이 결정의 형식으로 재산명시명령을 한 때에는 그 결정을 채무자에게 송달하도록 하면서도 정본으로 송달할 것인지 아니면 등본으로 송달할 것인지에 관하여는 아무런 규정을 두고 있지 않은바, 같은 법 제23조 제1항은 민사집행법에 특별한 규정이 있는 경우를 제외하고는 민사집행절차에 관하여는 민사소송법의 규정을 준용하도록 하고 있고, 재산명시명령은 그 성질

상 정본의 송달을 필요로 한다고 할 수도 없으므로, 재산명시명령의 송달은 민소 제178조 제1항에 의하여 그 등본으로도 가능하다. (대결 2003.10.14, 2003마1144)

제63조【재산명시명령에 대한 이의신청】 ① 채무자는 재산명시명령을 송달받은 날부터 1주 이내에 이의신청을 할 수 있다.
② 채무자가 제1항에 따라 이의신청을 한 때에는 법원은 이의신청사유를 조사할 기일을 정하고 채권자와 채무자에게 이를 통지하여야 한다.
③ 이의신청에 정당한 이유가 있는 때에는 법원은 결정으로 재산명시명령을 취소하여야 한다.
④ 이의신청에 정당한 이유가 없거나 채무자가 정당한 사유 없이 기일에 출석하지 아니한 때에는 법원은 결정으로 이의신청을 기각하여야 한다.
⑤ 제3항 및 제4항의 결정에 대하여는 즉시항고를 할 수 있다.

참조 [재산명시신청]62, 민집규2 · 7②, [즉시항고]15

제64조【재산명시기일의 실시】 ① 재산명시명령에 대하여 채무자의 이의신청이 없거나 이를 기각한 때에는 법원은 재산명시를 위한 기일을 정하여 채무자에게 출석하도록 요구하여야 한다. 이 기일은 채권자에게도 통지하여야 한다.
② 채무자는 제1항의 기일에 강제집행의 대상이 되는 재산과 다음 각호의 사항을 명시한 재산목록을 제출하여야 한다.
1. 재산명시명령이 송달되기 전 1년 이내에 채무자가 한 부동산의 유상양도(有償讓渡)
2. 재산명시명령이 송달되기 전 1년 이내에 채무자가 배우자, 직계혈족 및 4촌 이내의 방계혈족과 그 배우자, 배우자의 직계혈족과 형제자매에게 한 부동산 외의 재산의 유상양도
3. 재산명시명령이 송달되기 전 2년 이내에 채무자가 한 재산상 무상처분(無償處分). 다만, 의례적인 선물은 제외한다.

③ 재산목록에 적을 사항과 범위는 대법원규칙으로 정한다.
④ 제1항의 기일에 출석한 채무자가 3월 이내에 변제할 수 있음을 소명한 때에는 법원은 그 기일을 3월의 범위내에서 연기할 수 있으며, 채무자가 새 기일에 채무액의 3분의 2 이상을 변제하였음을 증명하는 서류를 제출한 때에는 다시 1월의 범위내에서 연기할 수 있다.

참조 [채무자의 출석요구서]민집규27①, [재산목록에 적을 사항]민집규28, [기일]민소165, [조서]23, 민소152 · 158 · 160, [친족]민777

제65조【선서】 ① 채무자는 재산명시기일에 재산목록이 진실하다는 것을 선서하여야 한다.
② 제1항의 선서에 관하여는 민사소송법 제320조 및 제321조의 규정을 준용한다. 이 경우 선서서(宣誓書)에는 다음과 같이 적어야 한다.
"양심에 따라 사실대로 재산목록을 작성하여 제출하였으며, 만일 숨긴 것이나 거짓 작성한 것이 있으면 처벌을 받기로 맹세합니다."

참조 [재산명시기일]64①, [위증에 대한 벌의 경고]민소320, [선서의 방식]민소321

제66조【재산목록의 정정】 ① 채무자는 명시기일에 제출한 재산목록에 형식적인 흠이 있거나 불명확한 점이 있는 때에는 제65조의 규정에 의한 선서를 한 뒤라도 법원의 허가를 얻어 이미 제출한 재산목록을 정정할 수 있다.
② 제1항의 허가에 관한 결정에 대하여는 즉시항고를 할 수 있다.

참조 [재산목록]62① · 64②, [정정신청]23, 민소161, [즉시항고]15, 민집규7①

제67조【재산목록의 열람 · 복사】 채무자에 대하여 강제집행을 개시할 수 있는 채권자는 재산목록을 보거나 복사할 것을 신청할 수 있다.

참조 [소송기록의 열람 · 복사]23, 민소162, 민집규29

제68조【채무자의 감치 및 벌칙】 ① 채무자가 정당한 사유 없이 다음 각호 가운데 어느 하나에 해당하는 행위를 한 경우에는 법원은 결정으로 20일 이내의 감치(監置)에 처한다.
1. 명시기일 불출석
2. 재산목록 제출 거부
3. 선서 거부

② 채무자가 법인 또는 민사소송법 제52조의 사단이나 재단인 때에는 그 대표자 또는 관리인을 감치에 처한다.
③ 법원은 감치재판기일에 채무자를 소환하여 제1항 각호의 위반행위에 대하여 정당한 사유가 있는지 여부를 심리하여야 한다.
④ 제1항의 결정에 대하여는 즉시항고를 할 수 있다.
⑤ 채무자가 감치의 집행 중에 재산명시명령을 이행하겠다고 신청한 때에는 법원은 바로 명시기일을 열어야 한다.
⑥ 채무자가 제5항의 명시기일에 출석하여 재산목록을 내고 선서하거나 신청채권자에 대한 채무를 변제하고 이를 증명하는 서면을 낸 때에는 법원은 바로 감치결정을 취소하고 그 채무자를 석방하도록 명하여야 한다.
⑦ 제5항의 명시기일은 신청채권자에게 통지하지 아니하고도 실시할 수 있다. 이 경우 제6항의 사실을 채권자에게 통지하여야 한다.
⑧ 제1항 내지 제7항의 규정에 따른 재판절차 및 그 집행 그 밖에 필요한 사항은 대법원규칙으로 정한다.
⑨ 채무자가 거짓의 재산목록을 낸 때에는 3년 이하의 징역 또는 500만원 이하의 벌금에 처한다.
⑩ 채무자가 법인 또는 민사소송법 제52조의 사단이나 재단인 때에는 그 대표자 또는 관리인을 제9항의 규정에 따라 처벌하고, 채무자는 제9항의 벌금에 처한다.

참조 [감치의 재판]민집규30, 법정질서규칙6, [즉시항고]15, [재산명시기일]64

제69조【명시신청의 재신청】 재산명시신청이 기각 · 각하된 경우에는 그 명시신청을 한 채권자는 기각 · 각하사유를 보완하지 아니하고서는 같은 집행권원으로 다시 재산명시신청을 할 수 없다.

제70조【채무불이행자명부 등재신청】 ① 채무자가 다음 각호 가운데 어느 하나에 해당하면 채권자는 그 채무자를 채무불이행자명부(債務不履行者名簿)에 올리도록 신청할 수 있다.
1. 금전의 지급을 명한 집행권원이 확정된 후 또는 집행권원을 작성한 후 6월 이내에 채무를 이행하지 아니하는 때. 다만, 제61조제1항 단서에 규정된 집행권원의 경우를 제외한다.
2. 제68조제1항 각호의 사유 또는 같은 조 제9항의 사유 가운데 어느 하나에 해당하는 때

② 제1항의 신청을 할 때에는 그 사유를 소명하여야 한다.
③ 제1항의 신청에 대한 재판은 제1항제1호의 경우에는 채무자의 보통재판적이 있는 곳의 법원이 관할하고, 제1항제2호의 경우에는 재산명시절차를 실시한 법원이 관할한다.

참조 [채무불이행자명부 등재신청]민집규31①, [등재신청의 제외]61① 단서

제71조【등재신청에 대한 재판】 ① 제70조의 신청에 정당한 이유가 있는 때에는 법원은 채무자를 채무불이행자명부에 올리는 결정을 하여야 한다.
② 등재신청에 정당한 이유가 없거나 쉽게 강제집행할 수 있다고 인정할 만한 명백한 사유가 있는 때에는 법원은 결정으로 이를 기각하여야 한다.
③ 제1항 및 제2항의 재판에 대하여는 즉시항고를 할 수 있다. 이 경우 민사소송법 제447조의 규정은 준용하지 아니한다.

참조 [심리]23, 민소134②, [명부의 작성]민집규32, [즉시항고]15, [집행정지의 효력]민소447, 민소규6

제72조【명부의 비치】 ① 채무불이행자명부는 등재결정을 한 법원에 비치한다.
② 법원은 채무불이행자명부의 부본을 채무자의 주소지(채무자가 법인인 경우에는 주된 사무소가 있는 곳) 시(구가 설치되지 아니한 시를 말한다. 이하 같다)·구·읍·면의 장(도농복합형태의 시의 경우 동지역은 시·구의 장, 읍·면지역은 읍·면의 장으로 한다. 이하 같다)에게 보내야 한다.
③ 법원은 채무불이행자명부의 부본을 대법원규칙이 정하는 바에 따라 일정한 금융기관의 장이나 금융기관 관련단체의 장에게 보내어 채무자에 대한 신용정보로 활용하게 할 수 있다.
④ 채무불이행자명부나 그 부본은 누구든지 보거나 복사할 것을 신청할 수 있다.
⑤ 채무불이행자명부는 인쇄물 등으로 공표되어서는 아니 된다.

참조 [채무불이행자명부 부본의 송부 등]민집규33, [기록의 열람, 등본부여]9, 민소162

제73조【명부등재의 말소】 ① 변제, 그 밖의 사유로 채무가 소멸되었다는 것이 증명된 때에는 법원은 채무자의 신청에 따라 채무불이행자명부에서 그 이름을 말소하는 결정을 하여야 한다.
② 채권자는 제1항의 결정에 대하여 즉시항고를 할 수 있다. 이 경우 민사소송법 제447조의 규정은 준용하지 아니한다.
③ 채무불이행자명부에 오른 다음 해부터 10년이 지난 때에는 법원은 직권으로 그 명부에 오른 이름을 말소하는 결정을 하여야 한다.
④ 제1항과 제3항의 결정을 한 때에는 그 취지를 채무자의 주소지(채무자가 법인인 경우에는 주된 사무소가 있는 곳) 시·구·읍·면의 장 및 제72조제3항의 규정에 따라 채무불이행자명부의 부본을 보낸 금융기관 등의 장에게 통지하여야 한다.
⑤ 제4항의 통지를 받은 시·구·읍·면의 장 및 금융기관 등의 장은 그 명부의 부본에 오른 이름을 말소하여야 한다.

참조 [즉시항고]15, [불준용]민소447, [직권말소]민집규34, 민165①

제74조【재산조회】 ① 재산명시절차의 관할 법원은 다음 각호의 어느 하나에 해당하는 경우에는 그 재산명시를 신청한 채권자의 신청에 따라 개인의 재산 및 신용에 관한 전산망을 관리하는 공공기관·금융기관·단체 등에 채무자명의의 재산에 관하여 조회할 수 있다.
1. 재산명시절차에서 채권자가 제62조제6항의 규정에 의한 주소보정명령을 받고도 민사소송법 제194조제1항의 규정에 의한 사유로 인하여 채권자가 이를 이행할 수 없었던 것으로 인정되는 경우
2. 재산명시절차에서 채무자가 제출한 재산목록의 재산만으로는 집행채권의 만족을 얻기에 부족한 경우
3. 재산명시절차에서 제68조제1항 각호의 사유 또는 동조제9항의 사유가 있는 경우
(2005.1.27 본항개정)
② 채권자가 제1항의 신청을 할 경우에는 조회할 기관·단체를 특정하여야 하며 조회에 드는 비용을 미리 내야 한다.
③ 법원이 제1항의 규정에 따라 조회할 경우에는 채무자의 인적 사항을 적은 문서에 의하여 해당 기관·단체의 장에게 채무자의 재산 및 신용에 관하여 그 기관·단체가 보유하고 있는 자료를 한꺼번에 모아 제출하도록 요구할 수 있다.
④ 공공기관·금융기관·단체 등은 정당한 사유 없이 제1항 및 제3항의 조회를 거부하지 못한다.

改前 "① 재산명시절차가 끝난 경우에, 제68조제1항 각호의 사유 또는 같은 조 제9항의 사유가 있거나 채무자가 제출한 재산목록의 재산만으로는 집행채권의 만족을 얻기에 부족하면, 재산명시절차를 실시한 법원은 그 재산명시를 신청한 채권자의 신청에 따라 개인의 재산 및 신용에 관한 전산망을 관리하는 공공기관·금융기관·단체 등에 채무자 명의의 재산에 관하여 조회할 수 있다."

참조 [재산조회제도]75-77, [재산조회의 신청방식]민집규35, [조회대상의 재산]민집규36, [조회절차]민집규37

제75조【재산조회의 결과 등】 ① 법원은 제74조제1항 및 제3항의 규정에 따라 조회한 결과를 채무자의 재산목록에 준하여 관리하여야 한다.
② 제74조제1항 및 제3항의 조회를 받은 기관·단체의 장이 정당한 사유 없이 거짓 자료를 제출하거나 자료를 제출할 것을 거부한 때에는 결정으로 500만원 이하의 과태료에 처한다.
③ 제2항의 결정에 대하여는 즉시항고를 할 수 있다.

참조 [과태료재판의 관할]민집규39①, [재판절차]비송248·250

제76조【벌칙】 ① 누구든지 재산조회의 결과를 강제집행 외의 목적으로 사용하여서는 아니된다.
② 제1항의 규정에 위반한 사람은 2년 이하의 징역 또는 500만원 이하의 벌금에 처한다.

제77조【대법원규칙】 제74조제1항 및 제3항의 규정에 따라 조회를 할 공공기관·금융기관·단체 등의 범위 및 조회절차, 제74조제2항의 규정에 따라 채권자가 내야 할 비용, 제75조제1항의 규정에 따른 조회결과의 관리에 관한 사항, 제75조제2항의 규정에 의한 과태료의 부과절차 등은 대법원규칙으로 정한다.

참조 [재산조회와 과태료부과]민집규37-39, [채무자 재산조회]74①③, [조회비용]74②, [조회결과의 관리]75①, [과태료의 부과 절차]75②

제2절 부동산에 대한 강제집행

제1관 통 칙

제78조【집행방법】 ① 부동산에 대한 강제집행은 채권자의 신청에 따라 법원이 한다.
② 강제집행은 다음 각호의 방법으로 한다.
1. 강제경매
2. 강제관리
③ 채권자는 자기의 선택에 의하여 제2항 각호 가운데 어느 한 가지 방법으로 집행하게 하거나 두 가지 방법을 함께 사용하여 집행하게 할 수 있다.
④ 강제관리는 가압류를 집행할 때에도 할 수 있다.

참조 ①[부동산]민99①, [부동산에 관한 규정의 준용]광업10①, [경매개시결정 통지]민집규43, ②[강제경매]80이하, [강제관리]163이하

제79조【집행법원】 ① 부동산에 대한 강제집행은 그 부동산이 있는 곳의 지방법원이 관할한다.
② 부동산이 여러 지방법원의 관할 구역에 있는 때에는 각 지방법원에 관할권이 있다. 이 경우 법원이 필요하다고 인정한 때에는 사건을 다른 관할 지방법원으로 이송할 수 있다.

참조 [지방법원]법원조직7④⑤·32, [이송]민소34-40, [부동산가압류의 집행법원]293②

제2관 강제경매

제80조【강제경매신청서】 강제경매신청서에는 다음 각호의 사항을 적어야 한다.
1. 채권자·채무자와 법원의 표시
2. 부동산의 표시
3. 경매의 이유가 된 일정한 채권과 집행할 수 있는 일정한 집행권원

참조 [강제집행신청]78①, [경매신청의 등기]94, [집행법원]79①, [채무명의]26·56·60

판례 담보권 실행을 위한 경매절차에서 청구금액을 확장할 수 있는지 여부(소극) : 신청채권자가 경매신청서에 피담보채권의 일부만을 청구금액으로 하여 경매를 신청하였을 경우에는 다른 특별한 사정이

없는 한 신청채권자의 청구금액은 그 기재된 채권액을 한도로 확정되고 그 후 신청채권자가 채권계산서에 청구금액을 확장하여 제출하는 등 방법에 의하여 청구금액을 확장할 수 없으나, 이러한 법리는 신청채권자가 경매신청서에 경매청구채권으로 이자 등 부대채권을 표시한 경우에 나중에 채권계산서에 의하여 부대채권을 증액하는 방법으로 청구금액을 확장하는 것까지 금지하는 취지는 아니다.
(대판 2001.3.23, 99다11526)

제81조【첨부서류】 ① 강제경매신청서에는 집행력 있는 정본 외에 다음 각호 가운데 어느 하나에 해당하는 서류를 붙여야 한다.
1. 채무자의 소유로 등기된 부동산에 대하여는 등기사항증명서(2011.4.12 본호개정)
2. 채무자의 소유로 등기되지 아니한 부동산에 대하여는 즉시 채무자명의로 등기할 수 있다는 것을 증명할 서류. 다만, 그 부동산이 등기되지 아니한 건물인 경우에는 그 건물이 채무자의 소유임을 증명할 서류, 그 건물의 지번·구조·면적을 증명할 서류 및 그 건물에 관한 건축허가 또는 건축신고를 증명할 서류
② 채권자는 공적 장부를 주관하는 공공기관에 제1항제2호 단서의 사항들을 증명하여 줄 것을 청구할 수 있다.
③ 제1항제2호 단서의 경우에 건물의 지번·구조·면적을 증명하지 못한 때에는, 채권자는 경매신청과 동시에 그 조사를 집행법원에 신청할 수 있다.
④ 제3항의 경우에 법원은 집행관에게 그 조사를 하게 하여야 한다.
⑤ 강제관리를 하기 위하여 이미 부동산을 압류한 경우에 그 집행기록에 제1항 각호 가운데 어느 하나에 해당하는 서류가 붙어 있으면 다시 그 서류를 붙이지 아니할 수 있다.

改前 1. 채무자의 소유로 등기된 부동산에 대하여는 "등기부등본"

참조 [송달증명]39·40②·41, [부동산의 경매신청]민집규42, [선박의 경매신청]177①, 민집규95, [자동차의 경매신청]민집규108, [미등기부동산]부등65·66, [강제관리]163이하

제82조【집행관의 권한】 ① 집행관은 제81조제4항의 조사를 위하여 건물에 출입할 수 있고, 채무자 또는 건물을 점유하는 제3자에게 질문하거나 문서를 제시하도록 요구할 수 있다.
② 집행관은 제1항의 규정에 따라 건물에 출입하기 위하여 필요한 때에는 잠긴 문을 여는 등 적절한 처분을 할 수 있다.

참조 [건물의 지번·구조·면적의 조사]81④, [집행관의 권한]2·5·43, [강제력 사용]민집규4

제83조【경매개시결정 등】 ① 경매절차를 개시하는 결정에는 동시에 그 부동산의 압류를 명하여야 한다.
② 압류는 부동산에 대한 채무자의 관리·이용에 영향을 미치지 아니한다.
③ 경매절차를 개시하는 결정을 한 뒤에는 법원은 직권으로 또는 이해관계인의 신청에 따라 부동산에 대한 침해행위를 방지하기 위하여 필요한 조치를 할 수 있다.
④ 압류는 채무자에게 그 결정이 송달된 때 또는 제94조의 규정에 따른 등기가 된 때에 효력이 생긴다.
⑤ 강제경매신청을 기각하거나 각하하는 재판에 대하여는 즉시항고를 할 수 있다.

참조 [강제경매신청]40·41·80, [경매개시결정]3②·21, [침해행위방지를 위한 조치]민집규44, [경매개시결정의 등기]94, [즉시항고]15

판례 압류 이후의 부동산점유자의 유치권과 그 대항력 : 채무자 소유의 건물 등 부동산에 강제경매개시결정의 기입등기가 경료되어 압류의 효력이 발생한 이후에 채무자가 위 부동산에 관한 공사대금 채권자에게 그 점유를 이전함으로써 그로 하여금 유치권을 취득하게 한 경우, 그와 같은 점유의 이전은 목적물의 교환가치를 감소시킬 우려가 있는 처분행위에 해당하여 민집 제92조 제1항, 제83조 제4항에 따른 압류의 처분금지효에 저촉되므로 점유자로서는 위 유치권을 내세워 그 부동산에 관한 경매절차의 매수인에게 대항할 수 없다.
(대판 2005.8.19, 2005다22688)

제84조【배당요구의 종기결정 및 공고】 ① 경매개시결정에 따른 압류의 효력이 생긴 때(그 경매개시결정전에 다른 경매개시결정이 있은 경우를 제외한다)에는 집행법원은 절차에 필요한 기간을 고려하여 배당요구를 할 수 있는 종기(終期)를 첫 매각기일 이전으로 정한다.
(2022.1.4 본항개정)
② 배당요구의 종기가 정하여진 때에는 법원은 경매개시결정을 한 취지 및 배당요구의 종기를 공고하고, 제91조제4항 단서의 전세권자 및 법원에 알려진 제88조제1항의 채권자에게 이를 고지하여야 한다.
③ 제1항의 배당요구의 종기결정 및 제2항의 공고는 경매개시결정에 따른 압류의 효력이 생긴 때부터 1주 이내에 하여야 한다.
④ 법원사무관등은 제148조제3호 및 제4호의 채권자 및 조세, 그 밖의 공과금을 주관하는 공공기관에 대하여 채권의 유무, 그 원인 및 액수(원금·이자·비용, 그 밖의 부대채권(附帶債權)을 포함한다)를 배당요구의 종기까지 법원에 신고하도록 최고하여야 한다.
⑤ 제148조제3호 및 제4호의 채권자가 제4항의 최고에 대한 신고를 하지 아니한 때에는 그 채권자의 채권액은 등기사항증명서 등 집행기록에 있는 서류와 증빙(證憑)에 따라 계산한다. 이 경우 다시 채권액을 추가하지 못한다.(2011.4.12 전단개정)
⑥ 법원은 특별히 필요하다고 인정하는 경우에는 배당요구의 종기를 연기할 수 있다.
⑦ 제6항의 경우에는 제2항 및 제4항의 규정을 준용한다. 다만, 이미 배당요구 또는 채권신고를 한 사람에 대하여는 같은 항의 고지 또는 최고를 하지 아니한다.

改前 ① 경매개시결정에 따른…필요한 기간을 "감안"하여 배당요구를 할 수 있는 종기(終期)를 첫 매각기일 이전으로 정한다.

참조 [배당요구]88·145·146, [전세권자]91④단서, [채권자]88①, [첫 경매개시결정 등기 전에 등기된 가압류채권자]148, [최고]민집규8, [담보가등기]가등기담보16

제85조【현황조사】 ① 법원은 경매개시결정을 한 뒤에 바로 집행관에게 부동산의 현상, 점유관계, 차임(借賃) 또는 보증금의 액수, 그 밖의 현황에 관하여 조사하도록 명하여야 한다.
② 집행관이 제1항의 규정에 따라 부동산을 조사할 때에는 그 부동산에 대하여 제82조에 규정된 조치를 할 수 있다.

참조 [집행법원]79, [집행관의 권한]82, [현황조사]105·106·112, 민집규46·128②

판례 구분건물에 대한 경매에 있어서 비록 경매신청서에 대지사용권에 대한 아무런 표시가 없는 경우에도 집행법원으로서는 대지사용권이 있는지, 그 전유부분 및 공용부분과 분리처분이 가능한 규약이나 공정증서가 있는지 등에 관하여 집달관에게 현황조사명령을 하는 때에 이를 조사하도록 지시하는 한편, 그 스스로도 관련자를 심문하는 등의 가능한 방법으로 필요한 자료를 수집하여야 하고, 그 결과 전유부분과 불가분적인 일체로서 경매의 대상이 되어야 할 대지사용권의 존재가 밝혀진 때에는 이를 경매목적물의 일부로서 경매평가에 포함시켜 최저입찰가격을 정하여야 할 뿐만 아니라 입찰기일의 공고와 입찰명세서의 작성에 있어서도 그 존재를 표시하여야 한다.(대결 2006.3.27, 2004마978)

제86조【경매개시결정에 대한 이의신청】 ① 이해관계인은 매각대금이 모두 지급될 때까지 법원에 경매개시결정에 대한 이의신청을 할 수 있다.
② 제1항의 신청을 받은 법원은 제16조제2항에 준하는 결정을 할 수 있다.
③ 제1항의 신청에 관한 재판에 대하여 이해관계인은 즉시항고를 할 수 있다.

참조 [이의신청]16, [이해관계인]90, [잠정처분]16②, [심리와 재판]3②, 민소134②, 민집규2, [재판의 고지]23①, 민소221①, [즉시항고]15·83⑤

판례 경매개시결정에 대한 이의신청의 재판 후에 이루어진 이의신청 취하의 효력(무효) : 경매개시결정에 대한 이의신청은 그에 대한 재판이 있기 전까지만 이를 취하할 수 있다고 보아야 할 것이므로, 이의신청에 대한 재판이 있은 후에 이루어진 이의신청의 취하는 아무런 효력이 없다.(대결 2004.3.26, 2003마1481)

제87조【압류의 경합】 ① 강제경매절차 또는 담보권 실행을 위한 경매절차를 개시하는 결정을 한 부동산에 대하여 다른 강제경매의 신청이 있는 때에는 법원은 다

시 경매개시결정을 하고, 먼저 경매개시결정을 한 집행절차에 따라 경매한다.
② 먼저 경매개시결정을 한 경매신청이 취하되거나 그 절차가 취소된 때에는 법원은 제91조제1항의 규정에 어긋나지 아니하는 한도 안에서 뒤의 경매개시결정에 따라 절차를 계속 진행하여야 한다.
③ 제2항의 경우에 뒤의 경매개시결정이 배당요구의 종기 이후의 신청에 의한 것인 때에는 집행법원은 새로이 배당요구를 할 수 있는 종기를 정하여야 한다. 이 경우 이미 제84조제2항 또는 제4항의 규정에 따라 배당요구 또는 채권신고를 한 사람에 대하여는 같은 항의 고지 또는 최고를 하지 아니한다.
④ 먼저 경매개시결정을 한 경매절차가 정지된 때에는 법원은 신청에 따라 결정으로 뒤의 경매개시결정(배당요구의 종기까지 행하여진 신청에 의한 것에 한한다)에 기초하여 절차를 계속하여 진행할 수 있다. 다만, 먼저 경매개시결정을 한 경매절차가 취소되는 경우 제105조제1항제3호의 기재사항이 바뀔 때에는 그러하지 아니하다.
⑤ 제4항의 신청에 대한 재판에 대하여는 즉시항고를 할 수 있다.

참조 [압류의 경합]215, [경매절차개시결정]83, [담보권실행을 위한 경매절차]264, [이중경매신청의 통지]89, 민집규47, [경매신청의 취하]93, [절차의 취소]93·96·102②, [인수주의와 잉여주의]91①, [배당요구의 종기에 대한 고지 및 최고]84②④, [등기된 부동산에 대한 권리 또는 가처분으로서 매각으로 효력을 잃지 아니하는 것]105①, [즉시항고]15

판례 동조 제1항의 경우, 이해관계인의 범위도 선행의 경매사건을 기준으로 정하여야 하는바, 선행사건의 배당요구의 종기 이후에 설정된 후순위 근저당권자로서 위 배당요구의 종기까지 아무런 권리신고를 하지 아니한 위 배당요구의 종기 이후의 이중경매신청인은 선행사건에서 이루어진 낙찰허가결정에 대하여 즉시항고를 제기할 수 있는 이해관계인이 아니다.(대결 2005.5.19, 2005마59)

제88조【배당요구】 ① 집행력 있는 정본을 가진 채권자, 경매개시결정이 등기된 뒤에 가압류를 한 채권자, 민법·상법, 그 밖의 법률에 의하여 우선변제청구권이 있는 채권자는 배당요구를 할 수 있다.
② 배당요구에 따라 매수인이 인수하여야 할 부담이 바뀌는 경우 배당요구를 한 채권자는 배당요구의 종기가 지난 뒤에 이를 철회하지 못한다.

참조 [배당요구의 방식]4, 민집규48, [집행력있는 정본]28·56, [가압류채권자]148, [우선변제청구권]주택임대차3의2·8, 상건보5·14, 상468, 근기38, [배당요구의 종기]84①

판례 구 민소법 제605조 제1항에서 규정하는 배당요구채권자는 경락기일까지 배당요구를 한 경우에 한하여 비로소 배당을 받을 수 있고, 적법한 배당요구를 하지 아니한 경우에는 실체법상 우선변제청구권이 있는 채권자라 하더라도 그 경락대금으로부터 배당을 받을 수는 없으며, 또한 경락기일까지 배당요구한 채권자라 할지라도 채권의 일부 금액만을 배당요구한 경우에 경락기일 이후에는 배당요구하지 아니한 채권을 추가하거나 확장할 수 없다. 그리고 배당요구를 하여야만 배당절차에 참여할 수 있는 채권자가 경락기일까지 배당요구를 하지 아니한 채권액에 대하여 경락기일 이후에 추가 또는 확장하여 배당요구를 하였으나 그 부분을 배당에서 배제하는 것으로 배당표가 작성·확정되고 그 확정된 배당표에 따라 배당이 실시되었다면, 그가 적법한 배당요구를 한 경우에 배당받을 수 있었던 금액 상당의 금원이 후순위 채권자에게 배당되었다고 하여 이를 법률상 원인이 없는 것이라고 할 수 없다.(대판 2005.8.25, 2005다14595)

판례 임금채권자의 우선배당을 받을 수 있는 종기 : 근로기준법에 의하여 우선변제청구권을 갖는 임금채권자라고 하더라도 임의경매절차에서 배당요구의 종기까지 배당요구를 하여야만 우선배당을 받을 수 있는 것이 원칙이나, 경매절차개시 전의 부동산 가압류권자는 배당요구를 하지 않았더라도 당연히 배당요구를 한 것과 동일하게 취급하여 설사 그가 별도로 채권계산서를 제출하지 아니하였다 하여도 배당에서 제외하여서는 아니되므로, 민사집행절차의 안정성을 보장하여야 하는 절차법적 요청과 근로자의 임금채권을 보호하여야 하는 실체법적 요청을 형량하여 보면 근로기준법상 우선변제권이 있는 임금채권자가 경매절차개시 전에 경매 목적 부동산을 가압류한 경우에는 배당요구의 종기까지 우선권 있는 임금채권임을 소명하지 않았다고 하더라도 배당표가 확정되기 전까지 그 가압류의 청구채권이 우선변제권 있는 임금채권임을 소명하면 우선배당을 받을 수 있다.(대판 2004.7.22, 2002다52312)

판례 주택임대차보호법에 의하여 우선변제청구권이 인정되는 소액임차인의 소액보증금반환채권은 동조(구 민사소송법 제605조) 제1항에서 규정하는 배당요구가 필요한 배당요구채권에 해당한다.(대판 2002.1.22, 2001다70702)

제89조【이중경매신청 등의 통지】 법원은 제87조제1항 및 제88조제1항의 신청이 있는 때에는 그 사유를 이해관계인에게 통지하여야 한다.

참조 [압류의 경합]87①, [배당요구]88①, [이해관계인]90

제90조【경매절차의 이해관계인】 경매절차의 이해관계인은 다음 각호의 사람으로 한다.
1. 압류채권자와 집행력 있는 정본에 의하여 배당을 요구한 채권자
2. 채무자 및 소유자
3. 등기부에 기입된 부동산 위의 권리자
4. 부동산 위의 권리자로서 그 권리를 증명한 사람

참조 [집행력 있는 정본에 의한 배당요구채권자]88①, [등기부에 기입된 부동산의 권리자]부등3, [집행에 관한 이의신청]16, [부동산에 대한 침해방지신청]83①, [경매개시결정에 대한 이의신청]86, [배당요구 등의 경우 통지받을 수 있는 권리]89, [부동산의 일괄매각신청]98, [매각기일을 통지받는 권리]104②·146, [즉시항고]111②·129, [매각조건의 변경에 대한 합의]110②, [매각허가에 대한 의견진술]120·149

판례 동조 각 호에서 열거한 자에 해당하지 아니한 자가 한 매각허가결정에 대한 즉시항고는 부적법하고 또한 보정할 수 없음이 분명하므로 동법 제15조 제5항에 의하여 집행법원이 결정으로 즉시항고를 각하하여야 하고, 집행법원이 항고각하결정을 하지 않은 채 항고심으로 기록을 송부한 경우에는 항고심에서 항고를 각하하여야 한다.(대결 2005.5.19, 2005마59)

판례 가압류권자가 경매절차의 '이해관계인'에 해당하는지 여부 : 여기서 '이해관계인'이라 함은 압류채권자와 집행력 있는 정본에 의하여 배당을 요구한 채권자, 채무자 및 소유자, 등기부에 기입된 부동산 위의 권리자로서 그 권리를 증명한 자를 말하는 것이고, 경매절차에 관하여 사실상의 이해관계를 가진 자라 하더라도 위 조항에서 열거한 자에 해당하지 아니한 경우에는 경매절차에 있어서의 이해관계인이라고 할 수 없으므로, 가압류를 한 자는 여기서 말하는 이해관계인이라 할 수 없다.(대판 2004.7.22, 2002다52312)

제91조【인수주의와 잉여주의의 선택 등】 ① 압류채권자의 채권에 우선하는 채권에 관한 부동산의 부담을 매수인에게 인수하게 하거나, 매각대금으로 그 부담을 변제하는 데 부족하지 아니하다는 것이 인정된 경우가 아니면 그 부동산을 매각하지 못한다.
② 매각부동산 위의 모든 저당권은 매각으로 소멸된다.
③ 지상권·지역권·전세권 및 등기된 임차권은 저당권·압류채권·가압류채권에 대항할 수 없는 경우에는 매각으로 소멸된다.
④ 제3항의 경우 외의 지상권·지역권·전세권 및 등기된 임차권은 매수인이 인수한다. 다만, 그 중 전세권의 경우에는 전세권자가 제88조에 따라 배당요구를 하면 매각으로 소멸된다.
⑤ 매수인은 유치권자(留置權者)에게 그 유치권(留置權)으로 담보하는 채권을 변제할 책임이 있다.

참조 [매각조건]110·111·205③, [부동산의 매각방법]103, [매각으로 소멸되는 것]가등기담보15, [저당권]민356이하, [지상권]민279이하, [지역권]민291이하, [전세권]민303이하, [등기된 임차권]민621, [유치권]민320이하

판례 부동산에 관하여 가압류등기가 마쳐졌다가 등기가 아무런 원인 없이 말소되었다는 사정만으로는 곧바로 가압류의 효력이 소멸하는 것은 아니지만, 가압류등기가 원인 없이 말소된 이후에 부동산의 소유권이 제3자에게 이전되고 그 후 제3취득자의 채권자 등 다른 권리자의 신청에 따라 경매절차가 진행되어 매각허가결정이 확정되고 매수인이 매각대금을 다 낸 때에는, 경매절차에서 집행법원이 가압류의 부담을 매수인이 인수할 것을 특별매각조건으로 삼지 않은 이상 원인 없이 말소된 가압류의 효력은 소멸한다. 그리고 말소회복등기절차에서 등기상 이해관계 있는 제3자가 있어 그의 승낙이 필요한 경우라 하더라도 제3자가 등기권리자에 대한 관계에서 승낙을 하여야 할 실체법상의 의무가 있는 경우가 아니면 승낙요구에 응하여야 할 이유가 없다.(대판 2017.1.25, 2016다28897)

제92조【제3자와 압류의 효력】 ① 제3자는 권리를 취득할 때에 경매신청 또는 압류가 있다는 것을 알았을 경우에는 압류에 대항하지 못한다.
② 부동산이 압류채권을 위하여 의무를 진 경우에는 압류한 뒤 소유권을 취득한 제3자가 소유권을 취득할 때

에 경매신청 또는 압류가 있다는 것을 알지 못하였더라도 경매절차를 계속하여 진행하여야 한다.

참조 [경매개시결정과 압류]83①, [강제경매신청]80

판례 압류의 효력이 발생한 후에 부동산의 점유를 이전받아 유치권을 취득한 채권자의 대항력 : 채무자 소유의 부동산에 경매개시결정의 기입등기가 경료되어 압류의 효력이 발생한 이후에 채권자가 채무자로부터 위 부동산의 점유를 이전받고 이에 관한 공사 등을 시행함으로써 채무자에 대한 공사대금채권 및 이를 피담보채권으로 한 유치권을 취득한 경우, 이러한 점유의 이전은 목적물의 교환가치를 감소시킬 우려가 있는 처분행위에 해당하여 민집 제92조 제1항, 제83조 제4항에 따른 압류의 처분금지효에 저촉되므로, 위와 같은 경위로 부동산을 점유한 채권자로서는 위 유치권을 내세워 그 부동산에 관한 경매절차의 매수인에게 대항할 수 없고, 이 경우 위 부동산에 경매개시결정의 기입등기가 경료되어 있음을 채권자가 알았는지 여부 또는 이를 알지 못한 것에 관하여 과실이 있는지 여부 등은 채권자가 그 유치권을 매수인에게 대항할 수 없다는 결론에 아무런 영향을 미치지 못한다.(대판 2006.8.25, 2006다22050)

판례 경매신청의 기입등기 후에 갑 명의의 소유권이전등기가 경료되고 갑이 경락인이 되어 경락대금을 완납한 상태에서 갑의 채권자인 을이 가압류를 하였는데 경매법원의 촉탁에 의하여 갑 명의의 소유권이전등기와 을 명의의 가압류등기가 모두 말소된 다음 갑 명의로 낙찰을 원인으로 한 소유권이전등기가 이루어지고 이에 터 잡아 병 명의의 근저당권설정등기가 경료된 경우, 을은 병을 상대로 말소된 가압류등기의 회복등기에 대한 승낙의 의사표시를 구할 수 없다.(대판 2002.8.23, 2000다29295)

제93조【경매신청의 취하】 ① 경매신청이 취하되면 압류의 효력은 소멸된다.

② 매수신고가 있은 뒤 경매신청을 취하하는 경우에는 최고가매수신고인 또는 매수인과 제114조의 차순위매수신고인의 동의를 받아야 그 효력이 생긴다.

③ 제49조제3호 또는 제6호의 서류를 제출하는 경우에는 제1항 및 제2항의 규정을, 제49조제4호의 서류를 제출하는 경우에는 제2항의 규정을 준용한다.

참조 [경매신청의 취하]23①, 민소90②·161·267, [취하의 통지]민집규16, [차순위 매수신고인]114, [이중경매개시결정]87②, [집행의 필수적 정지·제한]49, [임의경매절차에 준용]268

판례 대위변제자에 대한 경매신청 취하의 효력 : 임의경매절차가 개시된 후 경매신청의 기초가 된 담보물권이 대위변제에 의하여 이전된 경우에는 경매절차의 진행에는 아무런 영향이 없고, 대위변제자가 경매신청인의 지위를 승계하므로, 종전의 경매신청인이 한 취하는 효력이 없다.(대결 2001.12.28, 2001마2094)

제94조【경매개시결정의 등기】 ① 법원이 경매개시결정을 하면 법원사무관등은 즉시 그 사유를 등기부에 기입하도록 등기관(登記官)에게 촉탁하여야 한다.

② 등기관은 제1항의 촉탁에 따라 경매개시결정사유를 기입하여야 한다.

참조 [경매개시결정]83①④, [촉탁에 의한 등기]부등22·96-99, [기입등기의 말소]141, 민집규77 [임의경매]268, [강제관리]163, [선박]172, [등록된 자동차]민집규108

제95조【등기사항증명서의 송부】 등기관은 제94조에 따라 경매개시결정사유를 등기부에 기입한 뒤 그 등기사항증명서를 법원에 보내야 한다.(2011.4.12 본조개정)

改前 제95조【"등기부등본의 송부"】 등기관은 제94조에…그 "등기부의 등본"을 법원에 보내야 한다.

참조 [경매개시결정의 등기]94, [등기사항증명서]부등19

제96조【부동산의 멸실 등으로 말미암은 경매취소】 ① 부동산이 없어지거나 매각 등으로 말미암아 권리를 이전할 수 없는 사정이 명백하게 된 때에는 법원은 강제경매의 절차를 취소하여야 한다.

② 제1항의 취소결정에 대하여는 즉시항고를 할 수 있다.

참조 [경매절차의 취소]17②·102·121·127, [취소결정에 대한 즉시항고]15, [취소되지 않을 때의 불복]16

제97조【부동산의 평가와 최저매각가격의 결정】 ① 법원은 감정인(鑑定人)에게 부동산을 평가하게 하고 그 평가액을 참작하여 최저매각가격을 정하여야 한다.

② 감정인은 제1항의 평가를 위하여 필요하면 제82조제1항에 규정된 조치를 할 수 있다.

③ 감정인은 제7조의 규정에 따라 집행관의 원조를 요구하는 때에는 법원의 허가를 얻어야 한다.

참조 [부동산의 현황조사]85, [최저매각가격]101·104·106·110·119, [집행관의 건물출입]82①, [집행관에 대한 원조요구]7, [즉시항고]130①

판례 민사소송법이 입찰기일을 공고함에 있어서 부동산의 표시를 요구하고 있는 것은 입찰목적물의 특정과 입찰목적물에 대한 객관적 실가를 평가할 자료를 이해관계인에게 주지케 하자는 데 그 뜻이 있고, 최저입찰가격 제도를 채용하고 있는 것은 재산으로서의 중요성이 인정되는 부동산이 그 실시세보다 훨씬 저가로 매각되게 되면 채무자 또는 소유자의 이익을 해치게 될 뿐만 아니라 채권자에게도 불이익하게 되므로 부동산의 공정타당한 가격을 유지하여 부당하게 염가로 매각되는 것을 방지함과 동시에 목적부동산의 적정한 가격을 표시하여 입찰신고를 하려는 사람에게 기준을 제시함으로써 입찰이 공정하게 이루어지도록 하고자 함에 있다.(대결 1995.7.29, 95마540)

제98조【일괄매각결정】 ① 법원은 여러 개의 부동산의 위치·형태·이용관계 등을 고려하여 이를 일괄매수하게 하는 것이 알맞다고 인정하는 경우에는 직권으로 또는 이해관계인의 신청에 따라 일괄매각하도록 결정할 수 있다.

② 법원은 부동산을 매각할 경우에 그 위치·형태·이용관계 등을 고려하여 다른 종류의 재산(금전채권을 제외한다)을 그 부동산과 함께 일괄매수하게 하는 것이 알맞다고 인정하는 때에는 직권으로 또는 이해관계인의 신청에 따라 일괄매각하도록 결정할 수 있다.

③ 제1항 및 제2항의 결정은 그 목적물에 대한 매각기일 이전까지 할 수 있다.

참조 [개별매각의 원칙]124①, [일괄매각사건의 병합과 관할]99·100, [일괄매각절차]101, [여러 개의 유체동산에 대한 일괄매각]197, [다른 재산권에 대한 일괄매각]251①, [일괄매각결정에 대한 불복]16①·121·130①

판례 농지와 농지가 아닌 토지를 일괄매각할 수 있는지 여부 : 농지와 농지가 아닌 토지는 특별한 사정이 없는 한 그 상호간에 이용관계에 있어서 견련성이 없으며, 농지법상의 농지인 경우에는 매수인의 자격이 법령에 의하여 제한되므로 농지와 농지가 아닌 토지를 일괄하여 매각하게 되면 농지취득자격증명을 받을 수 없는 사람은 매수신고를 할 수 없게 되어 매수희망자를 제한하게 되므로 경매목적인 토지 중 일부 토지만이 농지에 해당하는 경우에는 일괄매각의 요건을 갖추지 못한 것이다.(대결 2004.11.30, 2004마796)

판례 경매목적 부동산이 2개 이상 있는 경우 분할경매를 할 것인지 일괄경매를 할 것인지 여부는 집행법원의 자유재량에 의하여 결정할 성질의 것이나, 토지와 그 지상건물이 동시에 매각되는 경우, 토지와 건물이 하나의 기업시설을 구성하고 있는 경우, 2필지 이상의 토지를 매각하면서 분할경매에 의하여 일부 토지만 매각되면 나머지 토지가 맹지 등이 되어 값이 현저히 하락하게 될 경우 등 분할경매를 하는 것보다 일괄경매를 하는 것이 당해 물건 전체의 효용을 높이고 그 가액도 현저히 고가로 될 것이 명백히 예측되는 경우 등에는 일괄경매를 하는 것이 부당하다고 인정할 특별한 사유가 없는 한 일괄경매의 방법에 의하는 것이 타당하고, 이러한 경우에도 이를 분할경매하는 것은 그 부동산이 유기적 관계에서 갖는 가치를 무시하는 것으로써 집행법원의 재량권의 범위를 넘어 위법한 것이 된다.(대결 2004.11.9, 2004마94)

제99조【일괄매각사건의 병합】 ① 법원은 각각 경매신청된 여러 개의 재산 또는 다른 법원이나 집행관에 계속된 경매사건의 목적물에 대하여 제98조제1항 또는 제2항의 결정을 할 수 있다.

② 다른 법원이나 집행관에 계속된 경매사건의 목적물의 경우에 그 다른 법원 또는 집행관은 그 목적물에 대한 경매사건을 제1항의 결정을 한 법원에 이송한다.

③ 제1항 및 제2항의 경우에 법원은 그 경매사건들을 병합한다.

참조 [일괄매각결정]98①②, [관할]100

제100조【일괄매각사건의 관할】 제98조 및 제99조의 경우에는 민사소송법 제31조에 불구하고 같은 법 제25조의 규정을 준용한다. 다만, 등기할 수 있는 선박에 관한 경매사건에 대하여서는 그러하지 아니하다.

참조 [일괄매각결정]98, [일괄매각사건의 병합]99, [전속관할에 따른 제외]민소31, [관련재판적]25, [등기할 수 있는 선박에 대한 강제집행]172

제101조【일괄매각절차】 ① 제98조 및 제99조의 일괄매각결정에 따른 매각절차는 이 관의 규정에 따라 행한다. 다만, 부동산 외의 재산의 압류는 그 재산의 종류에 따라 해당되는 규정에서 정하는 방법으로 행하고, 그 중에서 집행관의 압류에 따르는 재산의 압류는 집행법원이 집행관에게 이를 압류하도록 명하는 방법으로 행한다.

② 제1항의 매각절차에서 각 재산의 대금액을 특정할 필요가 있는 경우에는 각 재산에 대한 최저매각가격의 비율을 정하여야 하며, 각 재산의 대금액은 총대금액을 각 재산의 최저매각가격비율에 따라 나눈 금액으로 한다. 각 재산이 부담할 집행비용액을 특정할 필요가 있는 경우에도 또한 같다.
③ 여러 개의 재산을 일괄매각하는 경우에 그 가운데 일부의 매각대금으로 모든 채권자의 채권액과 강제집행비용을 변제하기에 충분하면 다른 재산의 매각을 허가하지 아니한다. 다만, 토지와 그 위의 건물을 일괄매각하는 경우나 재산을 분리하여 매각하면 그 경제적 효용이 현저하게 떨어지는 경우 또는 채무자의 동의가 있는 경우에는 그러하지 아니하다.
④ 제3항 본문의 경우에 채무자는 그 재산 가운데 매각할 것을 지정할 수 있다.
⑤ 일괄매각절차에 관하여 이 법에서 정한 사항을 제외하고는 대법원규칙으로 정한다.

참조 [일괄매각결정에 따른 매각절차]98·99, [집행관]2, 법원조직55, [최저매각가격]97·104·106·110·119, [과잉매각금지]124, [집행비용]18·53, [채무자의 매각재산 지정]민집규52

제102조【남을 가망이 없을 경우의 경매취소】 ① 법원은 최저매각가격으로 압류채권자의 채권에 우선하는 부동산의 모든 부담과 절차비용을 변제하면 남을 것이 없겠다고 인정한 때에는 압류채권자에게 이를 통지하여야 한다.
② 압류채권자가 제1항의 통지를 받은 날부터 1주 이내에 제1항의 부담과 비용을 변제하고 남을 만한 가격을 정하여 그 가격에 맞는 매수신고가 없을 때에는 자기가 그 가격으로 매수하겠다고 신청하면서 충분한 보증을 제공하지 아니하면, 법원은 경매절차를 취소하여야 한다.
③ 제2항의 취소 결정에 대하여는 즉시항고를 할 수 있다.

참조 [최저매각가격]97, [부동산의 부담]91, [절차비용]53, [압류채권자가 남을 가망이 있음을 증명한 때의 조치]민집규53, [기간]민소170·172, [즉시항고]15, [임의경매]268

제103조【강제경매의 매각방법】 ① 부동산의 매각은 집행법원이 정한 매각방법에 따른다.
② 부동산의 매각은 매각기일에 하는 호가경매(呼價競賣), 매각기일에 입찰 및 개찰하게 하는 기일입찰 또는 입찰기간 이내에 입찰하게 하여 매각기일에 개찰하는 기간입찰의 세 가지 방법으로 한다.
③ 부동산의 매각절차에 관하여 필요한 사항은 대법원규칙으로 정한다.

참조 [집행법원]79, [매각기일의 지정]104, [호가경매]민집규72, [기일입찰]민집규61-67, [기간입찰]민집규68-71

제104조【매각기일과 매각결정기일 등의 지정】 ① 법원은 최저매각가격으로 제102조제1항의 부담과 비용을 변제하고도 남을 것이 있다고 인정하거나 압류채권자가 제102조제2항의 신청을 하고 충분한 보증을 제공한 때에는 직권으로 매각기일과 매각결정기일을 정하여 대법원규칙이 정하는 방법으로 공고한다.
② 법원은 매각기일과 매각결정기일을 이해관계인에게 통지하여야 한다.
③ 제2항의 통지는 집행기록에 표시된 이해관계인의 주소에 대법원규칙이 정하는 방법으로 발송할 수 있다.
④ 기간입찰의 방법으로 매각할 경우에는 입찰기간에 관하여도 제1항 내지 제3항의 규정을 적용한다.

참조 [압류채권에 우선하는 부동산의 부담과 절차비용]102①, [압류채권자의 매수신청]102②, [매각결정기일]106, [공고]106, 민집규11·56, [이해관계인]90, [발송]민집규9·73, [기간입찰]103②, 민집규68-71

판례 기일통지의 누락은 경락에 대한 이의사유가 되는 것이며, 같은 법 제663조 제2항에 의하여 준용되는 입찰의 경우에 있어서도 마찬가지이다.(대결 1995.12.5, 95마1053)

제105조【매각물건명세서 등】 ① 법원은 다음 각호의 사항을 적은 매각물건명세서를 작성하여야 한다.
1. 부동산의 표시
2. 부동산의 점유자와 점유의 권원, 점유할 수 있는 기간, 차임 또는 보증금에 관한 관계인의 진술
3. 등기된 부동산에 대한 권리 또는 가처분으로서 매각으로 효력을 잃지 아니하는 것
4. 매각에 따라 설정된 것으로 보게 되는 지상권의 개요
② 법원은 매각물건명세서·현황조사보고서 및 평가서의 사본을 법원에 비치하여 누구든지 볼 수 있도록 하여야 한다.

참조 [부동산의 현황조사]85, [부동산평가]97, [부동산의 점유]민192이하, [지상권]민279이하, 민집규49, 공장광업재단24③, 입목6

판례 구분건물에 대한 경매에 있어서 비록 경매신청서에 대지사용권에 대한 아무런 표시가 없는 경우에도 집행법원은 대지사용권이 있는지, 그 전유부분 및 공용부분과 분리처분이 가능한 규약이나 공정증서가 있는지 등에 관하여 집달관에게 현황조사명령을 하는 때에 이를 조사하도록 지시하는 한편, 그 스스로도 관련자를 심문하는 등의 가능한 방법으로 필요한 자료를 수집하여야 하고, 그 결과 전유부분과 불가분적인 일체로서 경매의 대상이 되어야 할 대지사용권의 존재가 밝혀진 때에는 이를 경매목적물의 일부로서 경매평가에 포함시켜 최저입찰가격을 정하여야 할 뿐만 아니라 입찰기일의 공고와 입찰명세서의 작성에 있어서도 그 존재를 표시하여야 한다.(대결 2006.3.27, 2004마978)

제106조【매각기일의 공고내용】 매각기일의 공고내용에는 다음 각호의 사항을 적어야 한다.
1. 부동산의 표시
2. 강제집행으로 매각한다는 취지와 그 매각방법
3. 부동산의 점유자, 점유의 권원, 점유하여 사용할 수 있는 기간, 차임 또는 보증금약정 및 그 액수
4. 매각기일의 일시·장소, 매각기일을 진행할 집행관의 성명 및 기간입찰의 방법으로 매각할 경우에는 입찰기간·장소
5. 최저매각가격
6. 매각결정기일의 일시·장소
7. 매각물건명세서·현황조사보고서 및 평가서의 사본을 매각기일 전에 법원에 비치하여 누구든지 볼 수 있도록 제공한다는 취지
8. 등기부에 기입할 필요가 없는 부동산에 대한 권리를 가진 사람은 채권을 신고하여야 한다는 취지
9. 이해관계인은 매각기일에 출석할 수 있다는 취지

참조 [매각기일의 지정]104, [공고내용 등]민집규56·98·113, [매각허가에 대한 이의사유]121, (4)[매각기일]104, (5)[최저가격]97, (6)[매각기일]109, (7)[집행기록의 열람]112, (8)[부동산위의 권리자]90·91②, (9)[이해관계인]90

제107조【매각장소】 매각기일은 법원안에서 진행하여야 한다. 다만, 집행관은 법원의 허가를 얻어 다른 장소에서 매각기일을 진행할 수 있다.

참조 [매각장소의 공고]106, [매각결정기일]109②, [집행관]3, 법원조직55, 집행관2

제108조【매각장소의 질서유지】 집행관은 다음 각호 가운데 어느 하나에 해당한다고 인정되는 사람에 대하여 매각장소에 들어오지 못하도록 하거나 매각장소에서 내보내거나 매수의 신청을 하지 못하도록 할 수 있다.
1. 다른 사람의 매수신청을 방해한 사람
2. 부당하게 다른 사람과 담합하거나 그 밖에 매각의 적정한 실시를 방해한 사람
3. 제1호 또는 제2호의 행위를 교사(敎唆)한 사람
4. 민사집행절차에서의 매각에 관하여 형법 제136조·제137조·제140조·제140조의2·제142조·제315조 및 제323조 내지 제327조에 규정된 죄로 유죄판결을 받고 그 판결확정일부터 2년이 지나지 아니한 사람

참조 [집행관]3, 법원조직55, 집행관2, [매각장소의 질서유지]민집규57, [매수신청의 제한]민집규60, [공무집행방해]형136, [공무상비밀표시무효]형140, [부동산강제집행효용침해]형140의2, [공무상 보관물의 무효]형142, [경매입찰의 방해]형315

제109조【매각결정기일】 ① 매각결정기일은 매각기일부터 1주 이내로 정하여야 한다.
② 매각결정절차는 법원안에서 진행하여야 한다.

참조 [매각결정기일]104·106, [변경된 기일의 통지]민집규73, [매각결정기일조서]126②, 민소152－154

제110조【합의에 의한 매각조건의 변경】 ① 최저매각가격 외의 매각조건은 법원이 이해관계인의 합의에 따라 바꿀 수 있다.

② 이해관계인은 배당요구의 종기까지 제1항의 합의를 할 수 있다.

참조 [최저매각가격]97·106, [잉여주의]91①·102, [법정매각조건]135·136①·142②·144, 민578, [직권에 의한 매각조건의 변경]111, [집행관의 고지]112

제111조【직권에 의한 매각조건의 변경】 ① 거래의 실상을 반영하거나 경매절차를 효율적으로 진행하기 위하여 필요한 경우에 법원은 배당요구의 종기까지 매각조건을 바꾸거나 새로운 매각조건을 설정할 수 있다.

② 이해관계인은 제1항의 재판에 대하여 즉시항고를 할 수 있다.

③ 제1항의 경우에 법원은 집행관에게 부동산에 대하여 필요한 조사를 하게 할 수 있다.

참조 [배당요구의 종기]84·148, [매각조건의 변경]110, [이해관계인]10, [즉시항고]15, [현황조사]82·85, 민집규46·58

제112조【매각기일의 진행】 집행관은 기일입찰 또는 호가경매의 방법에 의한 매각기일에는 매각물건명세서·현황조사보고서 및 평가서의 사본을 볼 수 있게 하고, 특별한 매각조건이 있는 때에는 이를 고지하며, 법원이 정한 매각방법에 따라 매수가격을 신고하도록 최고하여야 한다.

참조 [기일입찰 및 호가경매]103②, [열람]9·106, [특별한매각조건]110·111, [매각물건명세서]105·106, [평가서]97·106, [매수신청의 금지와 제한]민집규59·60

제113조【매수신청의 보증】 매수신청인은 대법원규칙이 정하는 바에 따라 집행법원이 정하는 금액과 방법에 맞는 보증을 집행관에게 제공하여야 한다.

참조 [매수신청의 보증]민565, [매수신청의 보증금액]민집규63①·64·70－72④, [담보의 대금액 산입]142③④, [보증의 반환]115③·116③, [재매각절차에서의 보증반환 불허]138④

판례 공유자의 우선매수신고 및 보증 제공의 시한(구법관계) : 구 민소(2002.1.26. 법률 제6626호로 전문 개정되기 전의 것) 제650조 제1항은 공유자는 경매기일까지 보증을 제공하고 최고매수신고가격과 동일한 가격으로 채무자의 지분을 우선매수할 것을 신고할 수 있다고 규정하고, 같은 조 제2항은 제1항의 경우에 법원은 최고가매수신고에 불구하고 그 공유자에게 경락을 허가하여야 한다고 규정하고 있는바, 이와 같은 공유자의 우선매수권은 일단 최고가매수신고인이 결정된 후에 공유자에게 그 가격으로 경락 내지 낙찰을 받을 수 있는 기회를 부여하는 제도이므로, 입찰의 경우에도 공유자의 우선매수신고 및 보증의 제공은 집행관이 입찰의 종결을 선언하기 전까지면 되고 입찰 마감시각까지로 제한할 것은 아니다.(대결 2004.10.14, 2004마581)

제114조【차순위매수신고】 ① 최고가매수신고인 외의 매수신고인은 매각기일을 마칠 때까지 집행관에게 최고가매수신고인이 대금지급기한까지 그 의무를 이행하지 아니하면 자기의 매수신고에 대하여 매각을 허가하여 달라는 취지의 신고(이하 "차순위매수신고"라 한다)를 할 수 있다.

② 차순위매수신고는 그 신고액이 최고가매수신고액에서 그 보증액을 뺀 금액을 넘는 때에만 할 수 있다.

참조 [차매수신고인의 지정]115①, [송달영수인 신고]118, [매각허가여부 결정]137, [매수신청의 보증]113, [보증의 반환청구]142⑥

제115조【매각기일의 종결】 ① 집행관은 최고가매수신고인의 성명과 그 가격을 부르고 차순위매수신고를 최고한 뒤, 적법한 차순위매수신고가 있으면 차순위매수신고인을 정하여 그 성명과 가격을 부른 다음 매각기일을 종결한다고 고지하여야 한다.

② 차순위매수신고를 한 사람이 둘 이상인 때에는 신고한 매수가격이 높은 사람을 차순위매수신고인으로 정한다. 신고한 매수가격이 같은 때에는 추첨으로 차순위매수신고인을 정한다.

③ 최고가매수신고인과 차순위매수신고인을 제외한 다른 매수신고인은 제1항의 고지에 따라 매수의 책임을 벗게 되고, 즉시 매수신청의 보증을 돌려 줄 것을 신청할 수 있다.

④ 기일입찰 또는 호가경매의 방법에 의한 매각기일에서 매각기일을 마감할 때까지 허가할 매수가격의 신고가 없는 때에는 집행관은 즉시 매각기일의 마감을 취소하고 같은 방법으로 매수가격을 신고하도록 최고할 수 있다.

⑤ 제4항의 최고에 대하여 매수가격의 신고가 없어 매각기일을 마감하는 때에는 매각기일의 마감을 다시 취소하지 못한다.

참조 [차순위 매수신고]114, [매각기일조서]116①, [매수신청의 보증]113, [보증반환의 영수증]116③, [기일입찰]민집규61－67, [호가경매]민집규72, [매각의 불허]123－125, [새매각기일]119

제116조【매각기일조서】 ① 매각기일조서에는 다음 각호의 사항을 적어야 한다.

1. 부동산의 표시
2. 압류채권자의 표시
3. 매각물건명세서·현황조사보고서 및 평가서의 사본을 볼 수 있게 한 일
4. 특별한 매각조건이 있는 때에는 이를 고지한 일
5. 매수가격의 신고를 최고한 일
6. 모든 매수신고가격과 그 신고인의 성명·주소 또는 허가할 매수가격의 신고가 없는 일
7. 매각기일을 마감할 때까지 허가할 매수가격의 신고가 없어 매각기일의 마감을 취소하고 다시 매수가격의 신고를 최고한 일
8. 최종적으로 매각기일의 종결을 고지한 일시
9. 매수하기 위하여 보증을 제공한 일 또는 보증을 제공하지 아니하므로 그 매수를 허가하지 아니한 일
10. 최고가매수신고인과 차순위매수신고인의 성명과 그 가격을 부른 일

② 최고가매수신고인 및 차순위매수신고인과 출석한 이해관계인은 조서에 서명날인하여야 한다. 그들이 서명날인할 수 없을 때에는 집행관이 그 사유를 적어야 한다.

③ 집행관이 매수신청의 보증을 돌려 준 때에는 영수증을 받아 조서에 붙여야 한다.

참조 [매각기일조서]10, [기일입찰조서의 기재사항]민집규67·71·72④, [최고가매수인]115·118, [이해관계인]90, [매수신청의 보증]113, [보증의 반환]115③, [매각물건명세서 열람]105②

제117조【조서와 금전의 인도】 집행관은 매각기일조서와 매수신청의 보증으로 받아 돌려주지 아니한 것을 매각기일부터 3일 이내에 법원사무관등에게 인도하여야 한다.

참조 [매수신청의 보증]113, [보증의 반환]115③, [매각기일조서]116

제118조【최고가매수신고인 등의 송달영수인신고】 ① 최고가매수신고인과 차순위매수신고인은 대한민국안에 주소·거소와 사무소가 없는 때에는 대한민국 안에 송달이나 통지를 받을 장소와 영수인을 정하여 법원에 신고하여야 한다.

② 최고가매수신고인이나 차순위매수신고인이 제1항의 신고를 하지 아니한 때에는 법원은 그에 대한 송달이나 통지를 하지 아니할 수 있다.

③ 제1항의 신고는 집행관에게 말로 할 수 있다. 이 경우 집행관은 조서에 이를 적어야 한다.

참조 [외국송달의 특례]13, [주거]민18－21·36, 상171, [집행법원]79①, [집행관조서]10

판례 최고가매수신고인이 그 송달장소를 경매법원의 소재지가 아닌, 그것도 송달절차가 복잡하고 시간이 많이 걸리는 국외로 변경하여 신고한 것은 허용될 수 없는 것이다.(대결 1993.12.17, 93재마8)

제119조【새 매각기일】 허가할 매수가격의 신고가 없이 매각기일이 최종적으로 마감된 때에는 제91조제1항의 규정에 어긋나지 아니하는 한도에서 법원은 최저매각가격을 상당히 낮추고 새 매각기일을 정하여야 한다. 그 기일에 허가할 매수가격의 신고가 없는 때에도 또한 같다.

참조 [매각할 수 없는 경우]91①, [매수가격의 신고]114·115·116①, [새매각기일이 필요없는 경우]102, [최저매각결정]97, [합의에 의한 매각조건의 변경]110, [매각기일의 공고]민집규11

판례 과도하게 가격을 낮춘 최저경매가격 저감절차의 효력 : 신경매로 인한 경매목적물의 최저경매가액을 저감함에 있어서 합리적이고 객관적인 타당성을 구비하지 못할 정도로 과도하게 가격을 낮춘 최저경매가격 저감절차는 위법하여 무효이다.(대결 1994.8.27, 94마1171)

제120조【매각결정기일에서의 진술】 ① 법원은 매각결정기일에 출석한 이해관계인에게 매각허가에 관한 의견을 진술하게 하여야 한다.

② 매각허가에 관한 이의는 매각허가가 있을 때까지 신청하여야 한다. 이미 신청한 이의에 대한 진술도 또한 같다.

참조 [매각결정기일]104 · 106⑥ · 109, [이해관계인]90, [이의]121-123

제121조【매각허가에 대한 이의신청사유】 매각허가에 관한 이의는 다음 각호 가운데 어느 하나에 해당하는 이유가 있어야 신청할 수 있다.

1. 강제집행을 허가할 수 없거나 집행을 계속 진행할 수 없을 때
2. 최고가매수신고인이 부동산을 매수할 능력이나 자격이 없는 때
3. 부동산을 매수할 자격이 없는 사람이 최고가매수신고인을 내세워 매수신고를 한 때
4. 최고가매수신고인, 그 대리인 또는 최고가매수신고인을 내세워 매수신고를 한 사람이 제108조 각호 가운데 어느 하나에 해당되는 때
5. 최저매각가격의 결정, 일괄매각의 결정 또는 매각물건명세서의 작성에 중대한 흠이 있는 때
6. 천재지변, 그 밖에 자기가 책임을 질 수 없는 사유로 부동산이 현저하게 훼손된 사실 또는 부동산에 관한 중대한 권리관계가 변동된 사실이 경매절차의 진행 중에 밝혀진 때
7. 경매절차에 그 밖의 중대한 잘못이 있는 때

참조 [매각허가여부에 대한 항고사유]130①, [이의신청시기]128②, [이의제한]122, [이의와 매각불허]123②, [무능력자]민5-8 · 10 · 13, [무권리인]민130, [외국인의 부동산취득능력]부동산거래신고등에관한법7, [매각조건변경]110 · 111, [매각장소의 질서유지]108

판례 [1] 최고가매수신고인이 부동산을 매수할 능력이나 자격이 없는 때의 의미(구법관계) : 구 민소(2002.1.26. 법률 제6626호로 전문개정되기 전의 것) 제633조 제2호는 경락허가에 대한 이의신청사유로 '최고가매수신고인이 부동산을 매수할 능력이나 자격이 없는 때'를 규정하고 있는바, 여기서 '매수할 능력이 없는 때'는 미성년자, 금치산자, 한정치산자와 같이 독립하여 법률행위를 할 수 있는 능력이 없는 경우를 의미하고, '매수할 자격이 없는 때'는 법률의 규정에 의하여 매각부동산을 취득할 자격이 없거나 그 부동산을 취득하려면 관청의 증명이나 인 · 허가를 받아야 하는 경우를 의미하는 것으로서, 부동산을 매수할 경제적 능력을 의미하는 것이 아니다.
[2] 최저경매가격의 결정에 중대한 하자가 있는 경우(구법관계) : 제635조 제2항, 제633조 제6호는 최저경매가격의 결정에 중대한 하자가 있는 때에는 낙찰을 허가하지 아니하도록 규정하고 있는바, 최저경매가격의 결정에 중대한 하자가 있다고 하려면 그 결정이 법에 정한 절차에 위반하여 이루어지거나 감정인의 자격 또는 평가방법에 위법사유가 있어 이에 기초한 결정이 위법한 것으로 되는 등의 사정이 있어야 할 것이고, 단순히 감정인의 평가액과 이에 의하여 결정한 최저경매가격이 매우 저렴하다는 사유는 이의사유가 될 수 없으나, 감정에 의하여 산정한 평가액이 감정 평가의 일반적 기준에 현저하게 반한다거나 사회통념상 현저하게 부당하다고 인정되는 경우에는 그러한 사유만으로도 최저경매가격의 결정에 중대한 하자가 있는 것으로 보아야 한다.
(대결 2004.11.9, 2004마94)

제122조【이의신청의 제한】 이의는 다른 이해관계인의 권리에 관한 이유로 신청하지 못한다.

참조 [이해관계인]90, [본조준용]268

제123조【매각의 불허】 ① 법원은 이의신청이 정당하다고 인정한 때에는 매각을 허가하지 아니한다.

② 제121조에 규정한 사유가 있는 때에는 직권으로 매각을 허가하지 아니한다. 다만, 같은 조 제2호 또는 제3호의 경우에는 능력 또는 자격의 흠이 제거되지 아니한 때에 한한다.

참조 [매각허가여부의 결정]126, [새 매각기일]125, [매각허가에 대한 이의신청사유]121, [최고가매수신고인이 매수능력이 없는 때]121, [매수자격이 없는 사람이 최고가매수신고인을 내세워 매수신고를 한 때]121

판례 이해관계인에 대한 입찰기일 통지가 누락된 채 낙찰이 있은 경우와 불복제기의 가부(한정적극) : 경매법원이 이해관계인에게 입찰기일 및 낙찰기일을 통지하지 아니한 채 입찰기일의 경매절차를 속행하여 낙찰이 이루어지게 하였다면, 이해관계인이 입찰기일을 스스로 알고 그 기일에 출석하여 입찰에 참가함으로써 자신의 권리보호에 필요한 조치를 취할 수 있었다는 등의 사정이 없는 한 이로 인하여 법이 보장하고 있는 절차상의 권리를 침해당한 손해를 받았다고 할 것이어서 낙찰허가결정에 대하여 즉시항고를 할 수 있으며, 입찰기일 또는 낙찰기일을 통지받지 못함으로 인하여 그 이해관계인에게 구체적 또는 추상적으로 재산상의 손해가 발생한 경우에 한하여 그 이해관계인이 즉시항고를 할 수 있는 것은 아니며, 경매법원이 이해관계인 등에게 경매기일 등의 통지를 하지 아니하여 그가 경락허가결정에 대한 항고기간을 준수하지 못하였다면 특단의 사정이 없는 한 그 이해관계인은 자기책임에 돌릴 수 없는 사유로 항고기간을 준수하지 못한 것으로 보아야 하며, 그러한 경우에는 형평의 원칙으로부터 인정된 구제방법으로서의 추완이 허용되어야 한다.
(대결 2002.12.24, 2001마1047 전원합의체)

제124조【과잉매각되는 경우의 매각불허가】 ① 여러 개의 부동산을 매각하는 경우에 한 개의 부동산의 매각대금으로 모든 채권자의 채권액과 강제집행비용을 변제하기에 충분하면 다른 부동산의 매각을 허가하지 아니한다. 다만, 제101조제3항 단서에 따른 일괄매각의 경우에는 그러하지 아니하다.

② 제1항 본문의 경우에 채무자는 그 부동산 가운데 매각할 것을 지정할 수 있다.

참조 [최저매각가격결정]97, [집행절차비용]53, [토지와 건물을 일괄매각하는 경우 그 경제적 효용이 떨어지는 경우]101③단서, [채무자의 매각부동산지정]민집규52

제125조【매각을 허가하지 아니할 경우의 새 매각기일】 ① 제121조와 제123조의 규정에 따라 매각을 허가하지 아니하고 다시 매각을 명하는 때에는 직권으로 새 매각기일을 정하여야 한다.

② 제121조제6호의 사유로 제1항의 새 매각기일을 열게 된 때에는 제97조 내지 제105조의 규정을 준용한다.

참조 [매각허가에 대한 이의신청사유]121, [매각의 불허]123, [매수가격의 불신고로 인한 새 매각기일]104 · 119, [최저매각가격의 결정을 비롯한 매각절차]97-105

제126조【매각허가여부의 결정선고】 ① 매각을 허가하거나 허가하지 아니하는 결정은 선고하여야 한다.

② 매각결정기일조서에는 민사소송법 제152조 내지 제154조와 제156조 내지 제158조 및 제164조의 규정을 준용한다.

③ 제1항의 결정은 확정되어야 효력을 가진다.

참조 [결정의 고지]민소221, [허가결정]128, [불허결정]133, [불복신청]129-132, [본조준용]268

제127조【매각허가결정의 취소신청】 ① 제121조제6호에서 규정한 사실이 매각허가결정의 확정 뒤에 밝혀진 경우에는 매수인은 대금을 낼 때까지 매각허가결정의 취소신청을 할 수 있다.

② 제1항의 신청에 관한 결정에 대하여는 즉시항고를 할 수 있다.

참조 [천재지변으로 부동산이 훼손된 사실이 경매절차의 진행중에 밝혀진 때]121, [매각기일]104 · 107, [매각조건변경]110 · 111 · 121, [경매의 취소]96, [담보책임]민576 · 578, [즉시항고]15

제128조【매각허가결정】 ① 매각허가결정에는 매각한 부동산, 매수인과 매각가격을 적고 특별한 매각조건으로 매각한 때에는 그 조건을 적어야 한다.

② 제1항의 결정은 선고하는 외에 대법원규칙이 정하는 바에 따라 공고하여야 한다.

참조 [매각허가결정]126①, [특별한 매각조건]110-112, [공고]민집규11, [불준용]민집규124③

판례 낙찰대금에 그 부동산의 낙찰에 대한 부가가치세가 포함되어 있지 아니한 경우에는 낙찰인이 거래징수를 당하는 매입세액 자체가 없으므로 낙찰인이 낙찰대금에 부가가치세가 포함되어 있다는 전제 아래 경매 부동산의 소유자로부터 세금계산서를 받아 제출하였다고 하더라도 부가가치세의 원리상 이를 매입세액으로 공제할 여지가 없는 것이고, 이러한 법리는 경매 부동산의 소유자가 부가가치세법상의 사업자인 경우에 그 경매와 관련하여 부가가치세를 납부할 의무를 부담하게 된다고 하여 달리 볼 것이 아니다.
(대판 2004.2.13, 2003다49153)

제129조【이해관계인 등의 즉시항고】 ① 이해관계인은 매각허가여부의 결정에 따라 손해를 볼 경우에만 그 결정에 대하여 즉시항고를 할 수 있다.
② 매각허가에 정당한 이유가 없거나 결정에 적은 것 외의 조건으로 허가하여야 한다고 주장하는 매수인 또는 매각허가를 주장하는 매수신고인도 즉시항고를 할 수 있다.
③ 제1항 및 제2항의 경우에 매각허가를 주장하는 매수신고인은 그 신청한 가격에 대하여 구속을 받는다.

참조 [이해관계인]90 · 120, [매각허가여부결정]126, [즉시항고]15, [매수신고인]113－116

판례 동조 제1항, 제2항에 의한 부동산매각허가결정에 대한 즉시항고를 제기할 수 있는 이해관계인의 범위 : 동조항에 의한 부동산매각허가결정에 대한 즉시항고는 이해관계인, 매수인 및 매수신고인만이 제기할 수 있고, 여기서 이해관계인이란 동법 제90조 각 호에서 규정하는 압류채권자와 집행력 있는 정본에 의하여 배당을 요구한 채권자, 채무자 및 소유자, 등기부에 기입된 부동산 위의 권리자, 부동산 위의 권리자로서 그 권리를 증명한 자를 말하고, 경매절차에 관하여 사실상의 이해관계를 가진 자라 하더라도 위에서 열거한 자에 해당하지 아니한 경우에는 경매절차에 있어서의 이해관계인이라고 할 수 없다.(대결 2005.5.19, 2005마59)

제130조【매각허가여부에 대한 항고】 ① 매각허가결정에 대한 항고는 이 법에 규정한 매각허가에 대한 이의신청사유가 있다거나, 그 결정절차에 중대한 잘못이 있다는 것을 이유로 드는 때에만 할 수 있다.
② 민사소송법 제451조제1항 각호의 사유는 제1항의 규정에 불구하고 매각허가 또는 불허가결정에 대한 항고의 이유로 삼을 수 있다.
③ 매각허가결정에 대하여 항고를 하고자 하는 사람은 보증으로 매각대금의 10분의 1에 해당하는 금전 또는 법원이 인정한 유가증권을 공탁하여야 한다.
④ 항고를 제기하면서 항고장에 제3항의 보증을 제공하였음을 증명하는 서류를 붙이지 아니한 때에는 원심법원은 항고장을 받은 날부터 1주 이내에 결정으로 이를 각하하여야 한다.
⑤ 제4항의 결정에 대하여는 즉시항고를 할 수 있다.
⑥ 채무자 및 소유자가 한 제3항의 항고가 기각된 때에는 항고인은 보증으로 제공한 금전이나 유가증권을 돌려 줄 것을 요구하지 못한다.
⑦ 채무자 및 소유자 외의 사람이 한 제3항의 항고가 기각된 때에는 항고인은 보증으로 제공한 금전이나, 유가증권을 현금화한 금액 가운데 항고를 한 날부터 항고기각결정이 확정된 날까지의 매각대금에 대한 대법원규칙이 정하는 이율에 의한 금액(보증으로 제공한 금전이나, 유가증권을 현금화한 금액을 한도로 한다)에 대하여는 돌려 줄 것을 요구할 수 없다. 다만, 보증으로 제공한 유가증권을 현금화하기 전에 위의 금액을 항고인이 지급한 때에는 그 유가증권을 돌려 줄 것을 요구할 수 있다.
⑧ 항고인이 항고를 취하한 경우에는 제6항 또는 제7항의 규정을 준용한다.

참조 [매각허가여부의 결정]126① · 128, [이의신청사유]121, [매각기일조서]116 · 126②, [매각불허원인]123 · 124 · 127, [재심사유]민소451 · 461, [매수신청의 보증]113－116, [재매각시 보증반환 불능]138④

판례 [1] 매각허가결정에 대하여 즉시항고를 제기하는 항고인이 2인 이상인 경우의 공탁방법 : 민집 제130조 제3항의 입법취지는 매각허가결정에 불복하는 모든 항고인에 대하여 보증금을 공탁할 의무를 지움으로써 무익한 항고를 제기하여 절차를 지연시키는 것을 방지하고자 하는데 있는 점, 매각허가결정에 대한 항고는 이해관계인이 매각허가에 대한 이의신청사유가 있는 경우 등에만 할 수 있는데, 그 이의에 대하여 민집 제122조는 다른 이해관계인의 권리에 관한 이유로 이의를 신청하지 못한다고 규정하고 있는 점, 민집 제90조에서 경매절차의 이해관계인이 될 수 있는 사람을 제한적으로 열거하고 있는 점, 복수의 항고인이 매각허가결정에 대하여 항고를 제기하는 경우 항고장을 함께 제출하는지 별도로 제출하는지 라는 우연한 사정에 따라 제공할 보증의 액이 달라지는 것은 불합리한 점 등을 종합하여 보면, 매각허가결정에서의 이해관계의 기초가 되는 권리관계를 공유하는 등의 특별한 사정이 없는 한 항고인별로 각각 매각대금의 10분의 1에 해당하는 금전 또는 유가증권을 공탁하여야 한다고 봄이 상당하다.
[2] 항고장에 보증제공의 서류를 붙이지 아니한 경우와 보정명령의 여부 : 항고장에 민집 제130조 제4항에 정한 보증으로 매각대금의 10분의 1에 해당하는 현금 또는 법원이 인정한 유가증권을 담보로 공탁하였음을 증명하는 서류를 붙이지 아니한 경우 법원이 항고장을 각하함에 있어 적당한 기간을 정하여 그 공탁을 명하거나 그 서류를 제출할 것을 내용으로 하는 보정명령을 하여야 하는 것은 아니다.
(대결 2006.11.23, 2006마513)

제131조【항고심의 절차】 ① 항고법원은 필요한 경우에 반대진술을 하게 하기 위하여 항고인의 상대방을 정할 수 있다.
② 한 개의 결정에 대한 여러 개의 항고는 병합한다.
③ 항고심에는 제122조의 규정을 준용한다.

참조 [항고법원]법원조직28 · 32②, [변론의 병합]민소141, [이의신청의 제한]122, [결정의 고지]23①, 민소221

제132조【항고법원의 재판과 매각허가여부결정】 항고법원이 집행법원의 결정을 취소하는 경우에 그 매각허가여부의 결정은 집행법원이 한다.

참조 [집행법원]79①, [집행법원의 허가여부결정]126①, [허가결정공고]128②, [본조준용]268

제133조【매각을 허가하지 아니하는 결정의 효력】 매각을 허가하지 아니한 결정이 확정된 때에는 매수인과 매각허가를 주장한 매수신고인은 매수에 관한 책임이 면제된다.

참조 [매각불허]123 · 124① · 127, [불허결정선고]126, [결정의 확정]129, 민소444, [본조준용]268, [매각허부결정 고지의 효력시기]민집규74

제134조【최저매각가격의 결정부터 새로할 경우】 제127조의 규정에 따라 매각허가결정을 취소한 경우에는 제97조 내지 제105조의 규정을 준용한다.

참조 [매각허가결정의 취소신청]127, [최저매각가격의 결정을 비롯한 매각절차]97－105

제135조【소유권의 취득시기】 매수인은 매각대금을 다 낸 때에 매각의 목적인 권리를 취득한다.

참조 [대금의 지급]142, [등기]민187, [담보책임]민578

판례 부동산에 대한 선순위가압류등기 후 가압류목적물의 소유권이 제3자에게 이전되고 그 후 제3취득자의 채권자가 경매를 신청하여 매각된 경우, 가압류채권자는 그 매각절차에서 당해 가압류목적물의 매각대금 중 가압류결정 당시의 청구금액을 한도로 배당을 받을 수 있고, 이 경우 종전 소유자를 채무자로 한 가압류등기는 말소촉탁의 대상이 될 수 있다. 그러나 경우에 따라서는 집행법원이 종전 소유자를 채무자로 하는 가압류등기의 부담을 매수인이 인수하는 것을 전제로 하여 위 가압류채권자를 배당절차에서 배제하고 매각절차를 진행시킬 수도 있으며, 이와 같이 매수인이 위 가압류등기의 부담을 인수하는 것을 전제로 매각절차를 진행시킨 경우에는 위 가압류의 효력이 소멸하지 아니하므로 집행법원의 말소촉탁이 될 수 없다. 따라서 종전 소유자를 채무자로 하는 가압류등기가 이루어진 부동산에 대하여 매각절차가 진행되었다는 사정만으로 위 가압류의 효력이 소멸하였다고 단정할 수 없고, 구체적인 매각절차를 살펴 집행법원이 위 가압류등기의 부담을 매수인이 인수하는 것을 전제로 하여 매각절차를 진행하였는가 여부에 따라 위 가압류 효력의 소멸 여부를 판단하여야 한다.(대판 2007.4.13, 2005다8682)

제136조【부동산의 인도명령 등】 ① 법원은 매수인이 대금을 낸 뒤 6월 이내에 신청하면 채무자·소유자 또는 부동산 점유자에 대하여 부동산을 매수인에게 인도하도록 명할 수 있다. 다만, 점유자가 매수인에게 대항할 수 있는 권원에 의하여 점유하고 있는 것으로 인정되는 경우에는 그러하지 아니하다.
② 법원은 매수인 또는 채권자가 신청하면 매각허가가 결정된 뒤 인도할 때까지 관리인에게 부동산을 관리하게 할 것을 명할 수 있다.
③ 제2항의 경우 부동산의 관리를 위하여 필요하면 법원은 매수인 또는 채권자의 신청에 따라 담보를 제공하게 하거나 제공하게 하지 아니하고 제1항의 규정에 준하는 명령을 할 수 있다.
④ 법원이 채무자 및 소유자 외의 점유자에 대하여 제1항 또는 제3항의 규정에 따른 인도명령을 하려면 그 점유자를 심문하여야 한다. 다만, 그 점유자가 매수인에게 대항할 수 있는 권원에 의하여 점유하고 있지 아니함이 명백한 때 또는 이미 그 점유자를 심문한 때에는 그러하지 아니하다.

⑤ 제1항 내지 제3항의 신청에 관한 결정에 대하여는 즉시항고를 할 수 있다.
⑥ 채무자·소유자 또는 점유자가 제1항과 제3항의 인도명령에 따르지 아니할 때에는 매수인 또는 채권자는 집행관에게 그 집행을 위임할 수 있다.

참조 [매수인의 불이행과 재매각]138, [매각허가결정]126·128, [신청]민소161, [인도의 집행]258

판례 제1심의 인도명령에 대한 즉시항고를 기각한 원심의 항고기각결정에 대하여 재항고인이 재항고를 제기하면서 10일 이내에 재항고이유서를 제출하지 않은 경우, 원심으로서는 결정으로 재항고를 각하하여야 하고, 원심이 이를 각하하지 않은 때에는 대법원이 재항고를 각하하여야 한다.(대결 2004.9.13, 2004마505)

판례 사회복지법인의 기본재산인 부동산에 관한 낙찰과 주무관청의 허가 : 사회복지법인의 기본재산의 매도, 담보제공 등에 관한 사회복지사업법 제23조 제3항의 규정은 강행규정으로서 사회복지법인이 이에 위반하여 주무관청의 허가를 받지 않고 그 기본재산을 매도하더라도 효력이 없으므로, 법원의 부동산임의경매절차에서 사회복지법인의 기본재산인 부동산에 관한 낙찰이 있었고 낙찰대금이 완납되었다 하더라도 위 낙찰에 대하여 주무관청의 허가가 없었다면 그 부동산에 관한 소유권은 낙찰인에게 이전되지 않는다.
(대결 2003.9.26, 2002마4353)

제137조【차순위매수신고인에 대한 매각허가여부결정】 ① 차순위매수신고인이 있는 경우에 매수인이 대금지급기한까지 그 의무를 이행하지 아니한 때에는 차순위매수신고인에게 매각을 허가할 것인지를 결정하여야 한다. 다만, 제142조제4항의 경우에는 그러하지 아니하다.
② 차순위매수신고인에 대한 매각허가결정이 있는 때에는 매수인은 매수신청의 보증을 돌려 줄 것을 요구하지 못한다.

참조 [차순위 매수신고]114, [대금지급기한]142②, [대금지급기한의 재결정]142④, [매각허가결정]126·128, [매수신청의 보증]113, [재매각에서의 매수인의 제재]138④

제138조【재매각】 ① 매수인이 대금지급기한 또는 제142조제4항의 다시 정한 기한까지 그 의무를 완전히 이행하지 아니하였고, 차순위매수신고인이 없는 때에는 법원은 직권으로 부동산의 재매각을 명하여야 한다.
② 재매각절차에도 종전에 정한 최저매각가격, 그 밖의 매각조건을 적용한다.
③ 매수인이 재매각기일의 3일 이전까지 대금, 그 지급기한이 지난 뒤부터 지급일까지의 대금에 대한 대법원규칙이 정하는 이율에 따른 지연이자와 절차비용을 지급한 때에는 재매각절차를 취소하여야 한다. 이 경우 차순위매수신고인이 매각허가결정을 받았던 때에는 위 금액을 먼저 지급한 매수인이 매매목적물의 권리를 취득한다.
④ 재매각절차에서는 전의 매수인은 매수신청을 할 수 없으며 매수신청의 보증을 돌려 줄 것을 요구하지 못한다.

참조 [매각대금]147①, [대금지급기한]142①②, [대금지급기한의 재결정]142④, 민집규56, [최저매각가격]97·119, [특별매각조건]110-112, [기간]23, 민소170, 민집규75, [매수신청의 보증]113①

제139조【공유물지분에 대한 경매】 ① 공유물지분을 경매하는 경우에는 채권자의 채권을 위하여 채무자의 지분에 대한 경매개시결정이 있음을 등기부에 기입하고 다른 공유자에게 그 경매개시결정이 있다는 것을 통지하여야 한다. 다만, 상당한 이유가 있는 때에는 통지하지 아니할 수 있다.
② 최저매각가격은 공유물 전부의 평가액을 기본으로 채무자의 지분에 관하여 정하여야 한다. 다만, 그와 같은 방법으로 정확한 가치를 평가하기 어렵거나 그 평가에 부당하게 많은 비용이 드는 등 특별한 사정이 있는 경우에는 그러하지 아니하다.

참조 [공유물지분]민262·263·266·267, [지분등기]부등44, [최저매각가격의 결정]97, [경매개시결정]83-86, [공유지분매각에서의 특칙]140

판례 구분소유적 공유지분에 대한 입찰에서의 감정평가의 대상 : 1동의 건물 중 위치 및 면적이 특정되고 구조상 및 이용상 독립성이 있는 일부분씩을 2인 이상이 구분소유하기로 하는 약정을 하고 등기만은 편의상 각 구분소유의 면적에 해당하는 비율로 공유지분등기를 하여 놓은 경우 공유자들 사이에 상호 명의신탁관계에 있는 이른바 구분소유적 공유관계에 해당하고, 낙찰에 의한 소유권취득은 성질상 승계취득이어서 1동의 건물 중 특정부분에 대한 구분소유적 공유관계를 표상하는 공유지분을 목적으로 하는 근저당권이 설정된 후 그 근저당권의 실행에 의하여 위 공유지분을 취득한 낙찰자는 구분소유적 공유지분을 그대로 취득하는 것이므로, 건물에 관한 구분소유적 공유지분에 대한 입찰을 실시하는 집행법원으로서는 감정인에게 위 건물의 지분에 대한 평가가 아닌 특정 구분소유 목적물에 대한 평가를 하게 하고 그 평가액을 참작하여 최저입찰가격을 정한 후 입찰을 실시하여야 한다.(대결 2001.6.15, 2000마2633)

제140조【공유자의 우선매수권】 ① 공유자는 매각기일까지 제113조에 따른 보증을 제공하고 최고매수신고가격과 같은 가격으로 채무자의 지분을 우선매수하겠다는 신고를 할 수 있다.
② 제1항의 경우에 법원은 최고가매수신고가 있더라도 그 공유자에게 매각을 허가하여야 한다.
③ 여러 사람의 공유자가 우선매수하겠다는 신고를 하고 제2항의 절차를 마친 때에는 특별한 협의가 없으면 공유지분의 비율에 따라 채무자의 지분을 매수하게 한다.
④ 제1항의 규정에 따라 공유자가 우선매수신고를 한 경우에는 최고가매수신고인을 제114조의 차순위매수신고인으로 본다.

참조 [매수신청의 보증]113, [매각기일]104·119, [최고매수신고가격]115·116, [우선매수권행사 절차]민집규76, [매각허가결정]128, [공유물지분의 경매]139, [공유지분]민262·263·266, [차순위 매수신고]114

판례 일괄매각결정과 공유자의 우선매수권 행사의 가부 : 집행법원이 여러 개의 부동산을 일괄매각하기로 결정한 경우, 집행법원이 일괄매각결정을 유지하는 이상 매각대상 부동산 중 일부에 대한 공유자는 특별한 사정이 없는 한 매각대상 부동산 전체에 대하여 공유자의 우선매수권을 행사할 수 없다고 봄이 상당하다.(대결 2006.3.13, 2005마1078)

판례 공유자가 우선매수권을 행사한 경우, 최고가입찰자가 더 높은 입찰가격을 제시할 수 있는지 여부(소극)(구법관계) : 구 민소(2002.1.26. 법률 제6626호로 전문 개정되기 전의 것) 제663조 제2항에 의하여 입찰에 준용되는 같은 법 제650조 제1항, 제2항은 공유자가 우선매수권을 행사한 경우 법원은 그 공유자에게 경락을 허가하여야 한다고 규정하고 있고, 최고가입찰자로 하여금 당해 입찰기일에서 더 높은 입찰가격을 제시하도록 하는 것은 입찰의 본질에 반하는 것이며, 공유자와 최고가입찰자만이 참여하여 더 높은 입찰가격 내지 호가를 제시할 수 있는 새로운 입찰기일 등에 관한 절차규정도 없으므로, 공유자가 우선매수권을 행사한 경우에 최고가입찰자는 더 높은 입찰가격을 제시할 수 없다.(대결 2004.10.14, 2004마581)

제141조【경매개시결정등기의 말소】 경매신청이 매각허가 없이 마쳐진 때에는 법원사무관등은 제94조와 제139조제1항의 규정에 따른 기입을 말소하도록 등기관에게 촉탁하여야 한다.

참조 [경매개시결정의 등기]94, [공유물지분에 대한 경매의 등기]139①, [매각을 허가하지 않은 경우]93·102, [매각불허결정]123·126·132, [과잉매각]124, [촉탁등기]부등27, [말소촉탁비용]민집규77

제142조【대금의 지급】 ① 매각허가결정이 확정되면 법원은 대금의 지급기한을 정하고, 이를 매수인과 차순위매수신고인에게 통지하여야 한다.
② 매수인은 제1항의 대금지급기한까지 매각대금을 지급하여야 한다.
③ 매수신청의 보증으로 금전이 제공된 경우에 그 금전은 매각대금에 넣는다.
④ 매수신청의 보증으로 금전 외의 것이 제공된 경우로서 매수인이 매각대금중 보증액을 뺀 나머지 금액만을 낸 때에는, 법원은 보증을 현금화하여 그 비용을 뺀 금액을 보증액에 해당하는 매각대금 및 이에 대한 지연이자에 충당하고, 모자라는 금액이 있으면 다시 대금지급기한을 정하여 매수인으로 하여금 내게 한다.
⑤ 제4항의 지연이자에 대하여는 제138조제3항의 규정을 준용한다.
⑥ 차순위매수신고인은 매수인이 대금을 모두 지급한 때 매수의 책임을 벗게 되고 즉시 매수신청의 보증을 돌려 줄 것을 요구할 수 있다.

참조 [대금지급기한]민집규78, [매수신고인의 송달영수신고]118, [매수신청의 보증]113, [특별한 지급방법]143①, [지연이자]138③, [보증의 반환불능]130⑥·137②·138④

제143조【특별한 지급방법】 ① 매수인은 매각조건에 따라 부동산의 부담을 인수하는 외에 배당표(配當表)의 실

시에 관하여 매각대금의 한도에서 관계채권자의 승낙이 있으면 대금의 지급에 갈음하여 채무를 인수할 수 있다.
② 채권자가 매수인인 경우에는 매각결정기일이 끝날 때까지 법원에 신고하고 배당받아야 할 금액을 제외한 대금을 배당기일에 낼 수 있다.
③ 제1항 및 제2항의 경우에 매수인이 인수한 채무나 배당받아야 할 금액에 대하여 이의가 제기된 때에는 매수인은 배당기일이 끝날 때까지 이에 해당하는 대금을 내야 한다.

참조 [매수인]114 · 128 · 137, [배당표실시]159, [매각결정기일]104 · 109, [배당기일]146, [배당할 금액]147, [이의]151

제144조 【매각대금 지급 뒤의 조치】 ① 매각대금이 지급되면 법원사무관등은 매각허가결정의 등본을 붙여 다음 각호의 등기를 촉탁하여야 한다.
1. 매수인 앞으로 소유권을 이전하는 등기
2. 매수인이 인수하지 아니한 부동산의 부담에 관한 기입을 말소하는 등기
3. 제94조 및 제139조제1항의 규정에 따른 경매개시결정 등기를 말소하는 등기

② 매각대금을 지급할 때까지 매수인과 부동산을 담보로 제공받으려고 하는 사람이 대법원규칙으로 정하는 바에 따라 공동으로 신청한 경우, 제1항의 촉탁은 등기신청의 대리를 업으로 할 수 있는 사람으로서 신청인이 지정하는 사람에게 촉탁서를 교부하여 등기소에 제출하도록 하는 방법으로 하여야 한다. 이 경우 신청인이 지정하는 사람은 지체 없이 그 촉탁서를 등기소에 제출하여야 한다.(2010.7.23 본항신설)
③ 제1항의 등기에 드는 비용은 매수인이 부담한다.

참조 [매수인의 소유권취득]135, 민187, 부등3 · 6, [매수인이 인수하지 아니한 부담의 소멸]91, [경매개시결정의 등기]94, [공유물지분에 대한 경매]139①, [집행비용부담]53

판례 제1, 2순위의 근저당권설정등기 사이에 소유권이전등기청구권 보전의 가등기가 경료된 부동산에 대하여 위 제1순위 근저당권의 실행을 위한 경매절차에서 매각허가결정이 확정되고 매각대금이 완납된 경우 위 가등기 및 그에 기한 본등기상의 권리는 모두 소멸하고, 위 각 등기는 민사집행법 제144조 제1항제2호에 규정된 매수인이 인수하지 아니한 부동산의 부담에 관한 기입에 해당하여 말소촉탁의 대상이 되며, 이와 같은 매각허가결정의 확정으로 인한 물권변동의 효력은 그에 관한 등기에 관계없이 이루어지는 것이다. 그리고 소유권이전등기청구권 보전의 가등기 및 그에 기한 본등기의 말소등기절차의 이행을 구하는 소송 도중에 위 각 등기가 경료된 부동산에 대하여 매각허가결정이 확정되고 매각대금이 완납됨으로써 위 각 등기상의 권리가 모두 소멸하고 위 각 등기가 말소촉탁의 대상이 되어 장차 말소될 수밖에 없는 경우에는 더 이상 위 각 등기의 말소를 구할 법률상의 이익이 없다.(대판 2007.12.13, 2007다57459)

판례 선순위 가압류등기 후 목적 부동산의 소유권이 이전되고 신소유자의 채권자가 경매신청을 하여 매각된 경우, 위 가압류등기가 말소촉탁의 대상이 되는지 여부의 판단 기준 : 부동산에 대한 선순위 가압류등기 후 가압류목적물의 소유권이 제3자에게 이전되고 그 후 제3취득자의 채권자가 경매를 신청하여 매각된 경우, 가압류채권자는 그 매각절차에서 당해 가압류목적물의 매각대금 중 가압류결정 당시의 청구금액을 한도로 배당을 받을 수 있고, 이 경우 종전 소유자를 채무자로 한 가압류등기는 말소촉탁의 대상이 될 수 있다. 그러나 경우에 따라서는 집행법원이 종전 소유자를 채무자로 하는 가압류등기의 부담을 매수인이 인수하는 것을 전제로 하여 위 가압류채권자를 배당절차에서 배제하고 매각절차를 진행시킬 수도 있으며, 이와 같이 매수인이 위 가압류등기의 부담을 인수하는 것을 전제로 매각절차를 진행시킨 경우에는 위 가압류의 효력이 소멸되지 아니하므로 집행법원의 말소촉탁이 될 수 없다. 따라서 종전 소유자를 채무자로 하는 가압류등기가 이루어진 부동산에 대하여 매각절차가 진행되었다는 사정만으로 위 가압류의 효력이 소멸되었다고 단정할 수 없고, 구체적인 매각절차를 살펴 집행법원이 위 가압류등기의 부담을 매수인이 인수하는 것을 전제로 하여 매각절차를 진행하였는가 여부에 따라 위 가압류 효력의 소멸 여부를 판단하여야 한다.(대판 2007.4.13, 2005다8682)

제145조 【매각대금의 배당】 ① 매각대금이 지급되면 법원은 배당절차를 밟아야 한다.
② 매각대금으로 배당에 참가한 모든 채권자를 만족하게 할 수 없는 때에는 법원은 민법 · 상법, 그 밖의 법률에 의한 우선순위에 따라 배당하여야 한다.

참조 [매각허가결정]126① · 128, [매각대금]142 · 143, [배당할 금액]147, [배당에 참여하는 채권자]84 · 88① · 90 · 148 · 150, [민법이 인정하는 우선권]민303 · 329 · 356 · 648－650, [상법이 정한 우선권]상339 · 340 · 468 · 560 · 583② · 777 · 787 · 893, [특별법이 정한 우선권]국세35, 지방세기본법71, 주택임대차3의2② · 8①, 상건보5②, 근기38, 국민연금98, 국민보험85

판례 대지와 건물이 일괄매각된 경우 배당받을 채권자가 다른 때의 배당표의 작성방법 : 대지와 건물을 일괄경매하더라도 배당절차는 기본적으로 개별경매의 경우와 다르지 않으므로, 대지와 건물을 개별경매하는 경우와 마찬가지로 대지에 대한 권리자는 대지매각대금에서, 건물에 대한 권리자는 건물매각대금에서 각 배당을 받아야 하고, 따라서 대지와 건물을 일괄매각하는 경우 각 재산의 매각대금에서 배당받을 채권자 및 채권이 다른 때에는 각 부동산의 매각대금마다 구분하여 이른바 개별배당재단을 형성한 후 각 대금마다 따로 배당표를 작성하여야 하며, 이 경우 배당표에 대한 이의는 각 물건마다 작성된 배당표를 대상으로 따로 처리되어야 하는 것이고, 설령 대지와 건물에 대한 배당표가 하나로 작성되었다고 하더라도 이는 대지매각대금에 대한 배당표와 건물매각대금에 대한 배당표의 각 채권자의 배당액이 합산되어 하나로 작성된 것에 불과하므로, 대지매각대금이 모두 대지에 대한 권리자들에게 배당되었는데, 다만 그들 사이의 배당순위만 문제되는 경우 대지에 대한 선순위 채권자로서 배당을 받지 못한 자는 대지에 대한 후순위 채권자로서 선순위 채권자에 우선하여 배당받은 채권자를 상대로 배당이의를 할 수 있는 것이고, 후순위권자가 건물매각대금으로부터 배당을 받을 수 있어서 결과적으로 후순위 채권자의 배당액에 변경이 없을 것이라고 하여 달리 볼 것이 아니다.(대판 2003.9.5, 2001다66291)

제146조 【배당기일】 매수인이 매각대금을 지급하면 법원은 배당에 관한 진술 및 배당을 실시할 기일을 정하고 이해관계인과 배당을 요구한 채권자에게 이를 통지하여야 한다. 다만, 채무자가 외국에 있거나 있는 곳이 분명하지 아니한 때에는 통지하지 아니한다.

참조 [매각대금의 지급]142 · 143, [이해관계인]90, [배당받을 채권자]148

제147조 【배당할 금액 등】 ① 배당할 금액은 다음 각호에 규정한 금액으로 한다.
1. 대금
2. 제138조제3항 및 제142조제4항의 경우에는 대금지급기한이 지난 뒤부터 대금의 지급 · 충당까지의 지연이자
3. 제130조제6항의 보증(제130조제8항에 따라 준용되는 경우를 포함한다)
4. 제130조제7항 본문의 보증 가운데 항고인이 돌려 줄 것을 요구하지 못하는 금액 또는 제130조제7항 단서의 규정에 따라 항고인이 낸 금액(각각 제130조제8항에 따라 준용되는 경우를 포함한다)
5. 제138조제4항의 규정에 의하여 매수인이 돌려줄 것을 요구할 수 없는 보증(보증이 금전 외의 방법으로 제공되어 있는 때에는 보증을 현금화하여 그 대금에서 비용을 뺀 금액)

② 제1항의 금액 가운데 채권자에게 배당하고 남은 금액이 있으면, 제1항제4호의 금액의 범위안에서 제1항제4호의 보증 등을 제공한 사람에게 돌려준다.
③ 제1항의 금액 가운데 채권자에게 배당하고 남은 금액으로 제1항제4호의 보증 등을 돌려주기 부족한 경우로서 그 보증 등을 제공한 사람이 여럿인 때에는 제1항 제4호의 보증 등의 비율에 따라 나누어 준다.

참조 [대금]142, [차순위 매수신고인의 보증]137②, 민집규79, [지연이자]138③ · 142④, [보증금]130⑥⑧ · 138④, 민집규80②

제148조 【배당받을 채권자의 범위】 제147조제1항에 규정한 금액을 배당받을 채권자는 다음 각호에 규정된 사람으로 한다.
1. 배당요구의 종기까지 경매신청을 한 압류채권자
2. 배당요구의 종기까지 배당요구를 한 채권자
3. 첫 경매개시결정등기전에 등기된 가압류채권자
4. 저당권 · 전세권, 그 밖의 우선변제청구권으로서 첫 경매개시결정등기전에 등기되었고 매각으로 소멸하는 것을 가진 채권자

참조 [배당할 금액]147①, [경매신청채권자]80, [배당요구채권자]88, [매각으로 소멸된 채권자]91

판례 부동산에 대한 가압류집행 후 가압류목적물의 소유권이 제3자에게 이전된 경우 가압류의 처분금지적 효력이 미치는 것은 가압류

결정 당시의 청구금액의 한도 안에서 가압류목적물의 교환가치이고, 위와 같은 처분금지적 효력은 가압류채권자와 제3취득자 사이에서만 있는 것이므로 가압류의 처분금지적 효력이 미치는 매각대금 부분은 가압류채권자가 우선적인 권리를 행사할 수 있고 제3취득자의 채권자들은 이를 수인하여야 한다.(대판 2006.7.28, 2006다19986)

판례 제3취득자의 채권자가 신청한 경매절차에서 가압류채권자가 배당받을 수 있는지 여부 : 가압류채권자는 그 매각절차에서 당해 가압류목적물의 매각대금에서 가압류결정 당시의 청구금액을 한도로 하여 배당을 받을 수 있고, 제3취득자의 채권자는 위 매각대금 중 가압류의 처분금지적 효력이 미치는 범위의 금액에 대하여는 배당을 받을 수 없다.(대판 2006.7.28, 2006다19986)

판례 임차권등기를 한 임차인과 배당을 받을 수 있는 채권자 : 임차권등기명령에 의하여 임차권등기를 한 임차인은 우선변제권을 가지며, 위 임차권등기는 임차인으로 하여금 기왕의 대항력이나 우선변제권을 유지하도록 해 주는 담보적 기능을 주목적으로 하고 있으므로, 위 임차권등기가 첫 경매개시결정등기 전에 등기된 경우, 배당받을 채권자의 범위에 관하여 규정하고 있는 민집 제148조 제4호의 '저당권·전세권, 그 밖의 우선변제청구권으로서 첫 경매개시결정 등기 전에 등기되었고 매각으로 소멸하는 것을 가진 채권자'에 준하여, 그 임차인은 별도로 배당요구를 하지 않아도 당연히 배당받을 채권자에 속하는 것으로 보아야 한다.(대판 2005.9.15, 2005다33039)

제149조【배당표의 확정】 ① 법원은 채권자와 채무자에게 보여 주기 위하여 배당기일의 3일전에 배당표원안(配當表原案)을 작성하여 법원에 비치하여야 한다.

② 법원은 출석한 이해관계인과 배당을 요구한 채권자를 심문하여 배당표를 확정하여야 한다.

참조 [배당할 금액]147, [배당표의 기재사항]150, [배당기일]146, 민집규81, [이해관계인]90

판례 경매담당법관의 잘못된 배당표작성과 국가배상책임 : 원심이 인정한 사실관계에 의하면, 이 사건 임의경매절차에서 경매담당 법관이 갑의 제1번 근저당권이 경매목적물인 이 사건 토지 지분에 설정된 것이 아니라고 오인하여 그 기재를 누락한 채 배당표 원안을 작성한 잘못이 있고 위 갑이 배당표 원안을 열람하거나 배당기일에 출석하여 이의를 진술하는 등 불복절차를 취하지 아니함으로써 실체적 권리관계와 다른 배당표가 그대로 확정되었음을 알 수 있으나, 나아가 담당 법관이 위법 또는 부당한 목적을 가지고 배당표를 작성, 확정하였다거나 법이 법관의 직무수행상 준수할 것을 요구하고 있는 기준을 현저하게 위반하는 등 그에게 부여된 권한의 취지에 명백히 어긋나게 그 권한을 행사하였다고 인정할 자료를 기록상 찾아볼 수 없으므로, 경매담당 법관의 위 직무행위가 국가배상법 제2조 제1항에서 말하는 위법한 행위로서 불법행위를 구성한다고 할 수 없다.(대판 2001.4.24, 2000다16114)

제150조【배당표의 기재 등】 ① 배당표에는 매각대금, 채권자의 채권의 원금, 이자, 비용, 배당의 순위와 배당의 비율을 적어야 한다.

② 출석한 이해관계인과 배당을 요구한 채권자가 합의한 때에는 이에 따라 배당표를 작성하여야 한다.

참조 [매각대금]137②·147, 민집규79, [집행비용]53①, [배당순위]145②, [이해관계인]90

제151조【배당표에 대한 이의】 ① 기일에 출석한 채무자는 채권자의 채권 또는 그 채권의 순위에 대하여 이의할 수 있다.

② 제1항의 규정에 불구하고 채무자는 제149조제1항에 따라 법원에 배당표원안이 비치된 이후 배당기일이 끝날 때까지 채권자의 채권 또는 그 채권의 순위에 대하여 서면으로 이의할 수 있다.

③ 기일에 출석한 채권자는 자기의 이해에 관계되는 범위 안에서는 다른 채권자를 상대로 그의 채권 또는 그 채권의 순위에 대하여 이의할 수 있다.

참조 [배당받을 채권자]148, [배당할 금액]147, [배당표원안의 비치]149①, [배당기일]146, [배당이의의 소]154

판례 배당이의는 배당받은 각 채권자의 채권의 존부 및 범위, 배당순위에 대한 것이지 배당액에 대한 것이 아니므로 배당이의의 소에 있어서 피고의 채권액이 그 받은 배당액보다 많다고 하더라도 배당의 기초가 된 채권액(배당요구액)에 대하여 다툼이 있고, 그 채권액이 줄어들 경우 민사집행법상의 배당법리에 따라 배당하면 결과적으로 배당액이 줄어들 경우에는 배당이의를 할 수 있고, 한편 배당이의의 소에 있어서 원고는 배당기일 후 그 사실심 변론종결시까지 발생한 사유를 이의사유로 주장할 수 있으므로, 배당기일 후 배당이의 소송중에 가압류채권자의 채권액이 변제 등의 사유로 일부 소멸하여 그 잔존 채권액이 그 가압류 청구금액에 미달하게 된 경우에도 이를 이의사유로 주장할 수 있다.(대판 2007.8.23, 2007다27427)

판례 배당이의소송은 대립하는 당사자 사이의 배당액을 둘러싼 분쟁을 그들 사이에서 상대적으로 해결하는 것에 지나지 아니하여 그 판결의 효력은 오직 그 소송의 당사자에게만 미칠 뿐이므로, 어느 채권자가 배당이의소송에서의 승소확정판결에 기하여 경정된 배당표에 따라 배당을 받은 경우에 있어서도, 그 배당이 배당이의소송에서 패소확정판결을 받은 자 아닌 다른 배당요구채권자가 배당받을 몫까지도 배당받은 결과로 된다면 그 다른 배당요구채권자는 위 법리에 의하여 배당이의소송의 승소확정판결에 따라 배당받은 채권자를 상대로 부당이득반환청구를 할 수 있다.(대판 2007.2.9, 2006다39546)

판례 근저당권부채권양도의 이전등기가 되기 전에 실시된 배당절차에서 배당표의 경정을 구할 수 있는지 여부(소극) : 피담보채권과 근저당권을 함께 양도하는 경우에 채권양도는 당사자 사이의 의사표시만으로 양도의 효력이 발생하지만 근저당권이전은 이전등기를 하여야 하므로 채권양도와 근저당권이전등기 사이에 어느 정도 시차가 불가피한 이상 피담보채권이 먼저 양도되어 일시적으로 피담보채권과 근저당권의 귀속이 달라진다고 하여 근저당권이 무효로 된다고 볼 수는 없으나, 위 근저당권은 그 피담보채권의 양수인에게 이전되어야 할 것에 불과하고, 근저당권의 명의인은 피담보채권을 양도하여 결국 피담보채권을 상실한 셈이므로 집행채무자로부터 변제를 받기 위하여 배당표에 자신에게 배당하는 것으로 배당표의 경정을 구할 수 있는 지위에 있다고 볼 수 없다.(대판 2003.10.10, 2001다77888)

판례 배당이의 소의 원고적격이 있는 자는 배당기일에 출석하여 배당표에 대한 실체상의 이의를 신청한 채권자 또는 채무자에 한하고, 제3자 소유의 물건이 채무자의 소유로 오인되어 강제집행목적물로서 경락된 경우에도 그 제3자는 경매절차의 이해관계인에 해당하지 아니하므로 배당기일에 출석하여 배당표에 대한 실체상의 이의를 신청할 권한이 없으며, 따라서 제3자가 배당기일에 출석하여 배당표에 대한 이의를 신청하였다고 하더라도 이는 부적법한 이의신청에 불과하고, 그 제3자에게 배당이의 소를 제기할 원고적격이 없다.(대판 2002.9.4, 2001다63155)

제152조【이의의 완결】 ① 제151조의 이의에 관계된 채권자는 이에 대하여 진술하여야 한다.

② 관계인이 제151조의 이의를 정당하다고 인정하거나 다른 방법으로 합의한 때에는 이에 따라 배당표를 경정(更正)하여 배당을 실시하여야 한다.

③ 제151조의 이의가 완결되지 아니한 때에는 이의가 없는 부분에 한하여 배당을 실시하여야 한다.

참조 [배당표에 대한 이의]151, [배당의 실시]61·159, [배당표의 변경]157·161②, [준용]256

제153조【불출석한 채권자】 ① 기일에 출석하지 아니한 채권자는 배당표와 같이 배당을 실시하는 데에 동의한 것으로 본다.

② 기일에 출석하지 아니한 채권자가 다른 채권자가 제기한 이의에 관계된 때에는 그 채권자는 이의를 정당하다고 인정하지 아니한 것으로 본다.

참조 [배당기일]146, [배당표 실시]159-161, [기일에 출석하지 않은 채권자의 배당액 공탁]160②, [출석채권자의 진술]152①

제154조【배당이의의 소 등】 ① 집행력 있는 집행권원의 정본을 가지지 아니한 채권자(가압류채권자를 제외한다)에 대하여 이의한 채무자와 다른 채권자에 대하여 이의한 채권자는 배당이의의 소를 제기하여야 한다.

② 집행력 있는 집행권원의 정본을 가진 채권자에 대하여 이의한 채무자는 청구이의의 소를 제기하여야 한다.

③ 이의한 채권자나 채무자가 배당기일부터 1주 이내에 집행법원에 대하여 제1항의 소를 제기한 사실을 증명하는 서류를 제출하지 아니한 때 또는 제2항의 소를 제기한 사실을 증명하는 서류와 그 소에 관한 집행정지재판의 정본을 제출하지 아니한 때에는 이의가 취하된 것으로 본다.

참조 [집행권원]24·28·56·60, [배당액의 공탁]160①, [청구이의의 소]44, [배당기일]146, [취하간주]158, [집행정지]49, [출소기간]민소173

판례 집행공탁과 변제공탁이 혼합되어 공탁된 혼합공탁의 경우에 어떤 사유로 배당이 실시되었고 그 배당표상의 지급 또는 변제받을 채권자와 금액에 관하여 다툼이 있으면, 이를 배당이의의 소라는 단일의 절차에 의하여 한꺼번에 확정하여 분쟁을 해결함이 상당하다고 할 것이고, 따라서 이 경우에도 공탁금에서 지급 또는 변제받을 권리가 있음에도 불구하고 지급 또는 변제를 받지 못하였음을 주장하는 자는 배당표에 배당을 받는 것으로 기재된 다른 채권자들을 상대로 배당이의의 소를 제기할 수 있다.(대판 2006.2.9, 2005다28747)

판례 배당이의의 소에서 이의를 하지 아니한 피고가 원고의 채권 자체의 존재를 부인할 수 있는지 여부(적극) : 배당이의의 소에 있어서 피고는 원고의 청구를 배척할 수 있는 모든 주장을 방어방법으로 내세울 수 있다 할 것인바, 배당기일에 피고가 원고에 대하여 이의를 하지 아니하였다 하더라도 피고는 원고의 청구를 배척할 수 있는 사유로서 원고의 채권 자체의 존재를 부인할 수 있다.
(대판 2004.6.25, 2004다9398)

제155조【이의한 사람 등의 우선권 주장】 이의한 채권자가 제154조제3항의 기간을 지키지 아니한 경우에도 배당표에 따른 배당을 받은 채권자에 대하여 소로 우선권 및 그 밖의 권리를 행사하는 데 영향을 미치지 아니한다.

참조 [소제기증명서류 제출기간]154③, [배당의 실시]149 · 152 · 153 · 161

판례 근로기준법상 우선변제권이 있는 임금채권자가 경매절차개시 전에 경매 목적 부동산을 가압류하고 배당표가 확정되기 전까지 그 가압류의 청구채권이 우선변제권 있는 임금채권임을 소명하였음에도 경매법원이 임금채권자에게 우선배당을 하지 아니한 채 후순위 채권자에게 배당하는 것으로 배당표를 작성하고 그 배당표가 그대로 확정된 경우에는 배당을 받아야 할 자가 배당을 받지 못하고 배당을 받지 못할 자가 배당을 받은 것으로서 배당에 관하여 이의를 한 여부 또는 형식상 배당절차가 확정되었는가의 여부에 관계없이 배당을 받지 못한 임금채권자는 배당을 받은 후순위 채권자를 상대로 부당이득반환청구권을 갖는다.(대판 2004.7.22, 2002다52312)

제156조【배당이의의 소의 관할】 ① 제154조제1항의 배당이의의 소는 배당을 실시한 집행법원이 속한 지방법원의 관할로 한다. 다만, 소송물이 단독판사의 관할에 속하지 아니할 경우에는 지방법원의 합의부가 이를 관할한다.
② 여러 개의 배당이의의 소가 제기된 경우에 한 개의 소를 합의부가 관할하는 때에는 그 밖의 소도 함께 관할한다.
③ 이의한 사람과 상대방이 이의에 관하여 단독판사의 재판을 받을 것을 합의한 경우에는 제1항 단서와 제2항의 규정을 적용하지 아니한다.

참조 [배당이의의 소]154①, [배당법원]21 · 79, [단독판사의 관할]법원조직7④, [합의부의 관할]법원조직7⑤ · 32

제157조【배당이의의 소의 판결】 배당이의의 소에 대한 판결에서는 배당액에 대한 다툼이 있는 부분에 관하여 배당을 받을 채권자와 그 액수를 정하여야 한다. 이를 정하는 것이 적당하지 아니하다고 인정한 때에는 판결에서 배당표를 다시 만들고 다른 배당절차를 밟도록 명하여야 한다.

참조 [배당이의의 소]154 · 156

판례 허위의 근저당권에 대하여 배당이 이루어진 경우, 통정한 허위의 의사표시는 당사자 사이에서는 물론 제3자에 대하여도 무효이고 다만, 선의의 제3자에 대하여만 이를 대항하지 못한다고 할 것이므로, 배당채권자는 채권자취소의 소로써 통정허위표시를 취소하지 않았다 하더라도 그 무효를 주장하여 그에 기한 채권의 존부, 범위, 순위에 관한 배당이의의 소를 제기할 수 있다.(대판 2001.5.8, 2000다9611)

제158조【배당이의의 소의 취하간주】 이의한 사람이 배당이의의 소의 첫 변론기일에 출석하지 아니한 때에는 소를 취하한 것으로 본다.

참조 [이의의 소]154 · 156, [변론기일에서의 불출석]23①, 민소268②

판례 본조에서 말하는 '첫 변론기일'에 '첫 변론준비기일'은 포함되지 않는다.(대판 2006.11.10, 2005다41856)

제159조【배당실시절차 · 배당조서】 ① 법원은 배당표에 따라 제2항 및 제3항에 규정된 절차에 의하여 배당을 실시하여야 한다.
② 채권 전부의 배당을 받을 채권자에게는 배당액지급증을 교부하는 동시에 그가 가진 집행력 있는 정본 또는 채권증서를 받아 채무자에게 교부하여야 한다.
③ 채권 일부의 배당을 받을 채권자에게는 집행력 있는 정본 또는 채권증서를 제출하게 한 뒤 배당액을 적어서 돌려주고 배당액지급증을 교부하는 동시에 영수증을 받아 채무자에게 교부하여야 한다.
④ 제1항 내지 제3항의 배당실시절차는 조서에 명확히 적어야 한다.

참조 [배당의 실시]153 · 161, [집행력있는 정본의 교부]42, [채권증서의 교부]민475, [배당조서]민소153 · 154

제160조【배당금액의 공탁】 ① 배당을 받아야 할 채권자의 채권에 대하여 다음 각호 가운데 어느 하나의 사유가 있으면 그에 대한 배당액을 공탁하여야 한다.
1. 채권에 정지조건 또는 불확정기한이 붙어 있는 때
2. 가압류채권자의 채권인 때
3. 제49조제2호 및 제266조제1항제5호에 규정된 문서가 제출되어 있는 때
4. 저당권설정의 가등기가 마쳐져 있는 때
5. 제154조제1항에 의한 배당이의의 소가 제기된 때
6. 민법 제340조제2항 및 같은 법 제370조에 따른 배당금액의 공탁청구가 있는 때
② 채권자가 배당기일에 출석하지 아니한 때에는 그에 대한 배당액을 공탁하여야 한다.

참조 [공탁법원]19, [조건과 기한]민147－154, [공탁금의 배당]161, [강제집행의 일시정지를 명한 재판정본]49, [배당이의의 소]154①, [저당권자에 대한 배당금액의 공탁청구]민340② · 370, [불출석한 채권자]153, [배당금교부의 절차]민집규82

제161조【공탁금에 대한 배당의 실시】 ① 법원이 제160조제1항의 규정에 따라 채권자에 대한 배당액을 공탁한 뒤 공탁의 사유가 소멸한 때에는 법원은 공탁금을 지급하거나 공탁금에 대한 배당을 실시하여야 한다.
② 제1항에 따라 배당을 실시함에 있어서 다음 각호 가운데 어느 하나에 해당하는 때에는 법원은 배당에 대하여 이의하지 아니한 채권자를 위하여서도 배당표를 바꾸어야 한다.
1. 제160조제1항제1호 내지 제4호의 사유에 따른 공탁에 관련된 채권자에 대하여 배당을 실시할 수 없게 된 때
2. 제160조제1항제5호의 공탁에 관련된 채권자가 채무자로부터 제기당한 배당이의의 소에서 진 때
3. 제160조제1항제6호의 공탁에 관련된 채권자가 저당물의 매각대가로부터 배당을 받은 때
③ 제160조제2항의 채권자가 법원에 대하여 공탁금의 수령을 포기하는 의사를 표시한 때에는 그 채권자의 채권이 존재하지 아니하는 것으로 보고 배당표를 바꾸어야 한다.
④ 제2항 및 제3항의 배당표변경에 따른 추가 배당기일에 제151조의 규정에 따라 이의할 때에는 종전의 배당기일에서 주장할 수 없었던 사유만을 주장할 수 있다.

참조 [공탁사유]160, [공탁법원]19, [배당금액]147, [배당표에 대한 이의]151, [배당표의 변경]152② · 157

제162조【공동경매】 여러 압류채권자를 위하여 동시에 실시하는 부동산의 경매절차에는 제80조 내지 제161조의 규정을 준용한다.

참조 [강제경매]80－161

제3관 강제관리

제163조【강제경매규정의 준용】 강제관리에는 제80조 내지 제82조, 제83조제1항 · 제3항 내지 제5항, 제85조 내지 제89조 및 제94조 내지 제96조의 규정을 준용한다.

참조 [강제관리신청서]80 · 81, 민집규83 · 94, [집행관의 권한]82, [부동산의 압류명령]83①, [경매절차개시결정에 따른 조치]83③, [압류의 효력발생시기]83④, [즉시항고]83⑤, [현황조사]85, [경매개시결정에 대한 이의신청]86, [압류의 경합]87, [배당요구]88, [이중경매신청통지]89, [경매개시결정의 등기]94, [등기부등본의 송부]95, [강제경매절차의 취소]96

제164조【강제관리개시결정】 ① 강제관리를 개시하는 결정에는 채무자에게는 관리사무에 간섭하여서는 아니되고 부동산의 수익을 처분하여서도 아니된다고 명하여야 하며, 수익을 채무자에게 지급할 제3자에게는 관리인에게 이를 지급하도록 명하여야 한다.
② 수확하였거나 수확할 과실(果實)과, 이행기에 이르렀거나 이르게 될 과실은 제1항의 수익에 속한다.
③ 강제관리개시결정은 제3자에게는 결정서를 송달하여야 효력이 생긴다.
④ 강제관리신청을 기각하거나 각하하는 재판에 대하여는 즉시항고를 할 수 있다.

참조 [강제관리개시결정]83, 민소224①, [관리인]166, [과실]민101 · 102, [채무자에 대한 압류의 효력]83④, [송달]민소174이하

제165조【강제관리개시결정 등의 통지】 법원은 강제관리를 개시하는 결정을 한 부동산에 대하여 다시 강제관리의 개시결정을 하거나 배당요구의 신청이 있는 때에는 관리인에게 이를 통지하여야 한다.

참조 [개시결정의 통지]민집규84, [관리인]166, [배당요구]88·163, [통지]89·163

제166조【관리인의 임명 등】 ① 관리인은 법원이 임명한다. 다만, 채권자는 적당한 사람을 관리인으로 추천할 수 있다.

② 관리인은 관리와 수익을 하기 위하여 부동산을 점유할 수 있다. 이 경우 저항을 받으면 집행관에게 원조를 요구할 수 있다.

③ 관리인은 제3자가 채무자에게 지급할 수익을 추심(推尋)할 권한이 있다.

참조 [관리인의 임명]민집규85·86, [관리인의 사무]167·169·170, [채무자의 관리수익권박탈]164①, [집행관에 대한 원조요구]7, [관리인의 추심권한]164①

제167조【법원의 지휘·감독】 ① 법원은 관리에 필요한 사항과 관리인의 보수를 정하고, 관리인을 지휘·감독한다.

② 법원은 관리인에게 보증을 제공하도록 명할 수 있다.

③ 관리인에게 관리를 계속할 수 없는 사유가 생긴 경우에는 법원은 직권으로 또는 이해관계인의 신청에 따라 관리인을 해임할 수 있다. 이 경우 관리인을 심문하여야 한다.

참조 [보증]19, [관리인의 사임 해임]민집규87, [심문]민소134·160

제168조【준용규정】 제3자가 부동산에 대한 강제관리를 막을 권리가 있다고 주장하는 경우에는 제48조의 규정을 준용한다.

참조 [제3자이의의 소]48

제169조【수익의 처리】 ① 관리인은 부동산수익에서 그 부동산이 부담하는 조세, 그 밖의 공과금을 뺀 뒤에 관리비용을 변제하고, 그 나머지 금액을 채권자에게 지급한다.

② 제1항의 경우 모든 채권자를 만족하게 할 수 없는 때에는 관리인은 채권자 사이의 배당협의에 따라 배당을 실시하여야 한다.

③ 채권자 사이에 배당협의가 이루어지지 못한 경우에 관리인은 그 사유를 법원에 신고하여야 한다.

④ 제3항의 신고가 있는 경우에는 제145조·제146조 및 제148조 내지 제161조의 규정을 준용하여 배당표를 작성하고 이에 따라 관리인으로 하여금 채권자에게 지급하게 하여야 한다.

참조 [수익의 처리]민집규91, [관리인의 배당액공탁]민집규92, [사유신고의 방식]민집규93, [공과금주관공무소에의 최고]84④, [집행비용의 부담]53, [집행법원]79①, [매각대금의 배당]145, [배당기일]146, [배당받을 채권자를 비롯한 배당표의 확정 및 배당실시 등]148-161

제170조【관리인의 계산보고】 ① 관리인은 매년 채권자·채무자와 법원에 계산서를 제출하여야 한다. 그 업무를 마친 뒤에도 또한 같다.

② 채권자와 채무자는 계산서를 송달받은 날부터 1주 이내에 집행법원에 이에 대한 이의신청을 할 수 있다.

③ 제2항의 기간 이내에 이의신청이 없는 때에는 관리인의 책임이 면제된 것으로 본다.

④ 제2항의 기간 이내에 이의신청이 있는 때에는 관리인을 심문한 뒤 결정으로 재판하여야 한다. 신청한 이의를 매듭 지은 때에는 법원은 관리인의 책임을 면제한다.

참조 [관리인]166, 민681, [채권자]80·163, [송달]11·12, [집행법원]79①, [이의신청]16①, 민소161, [심문]민소134, [집행법원의 재판]3②

제171조【강제관리의 취소】 ① 강제관리의 취소는 법원이 결정으로 한다.

② 채권자들이 부동산수익으로 전부 변제를 받았을 때에는 법원은 직권으로 제1항의 취소결정을 한다.

③ 제1항 및 제2항의 결정에 대하여는 즉시항고를 할 수 있다.

④ 강제관리의 취소결정이 확정된 때에는 법원사무관등은 강제관리에 관한 기입등기를 말소하도록 촉탁하여야 한다.

참조 [취소결정]민소134·221, [강제관리 취소사유]민집규88·89, [취소의 통지]민집규90, [즉시항고]15, [등기말소 촉탁]94·163

제3절 선박 등에 대한 강제집행

제172조【선박에 대한 강제집행】 등기할 수 있는 선박에 대한 강제집행은 부동산의 강제경매에 관한 규정에 따른다. 다만, 사물의 성질에 따른 차이가 있거나 특별한 규정이 있는 경우에는 그러하지 아니하다.

참조 [선박에 대한 강제집행]172-186, 민집규95-105, [부동산의 강제경매]78-162, [선박]상740·741, [선박의 압류]상744, [선박의 가압류]295, 민집규208

제173조【관할법원】 선박에 대한 강제집행의 집행법원은 압류 당시에 그 선박이 있는 곳을 관할하는 지방법원으로 한다.

참조 [집행법원]3, [전속관할]21

제174조【선박국적증서등의 제출】 ① 법원은 경매개시결정을 한 때에는 집행관에게 선박국적증서 그 밖에 선박운행에 필요한 문서(이하 "선박국적증서등"이라 한다)를 선장으로부터 받아 법원에 제출하도록 명하여야 한다.

② 경매개시결정이 송달 또는 등기되기 전에 집행관이 선박국적증서등을 받은 경우에는 그 때에 압류의 효력이 생긴다.

참조 [경매개시결정]83·86·172, [선박국적증서수취의 통지]민집규96, [선박국적증서불수취의 신고]민집규97, [경매개시결정의 등기]94·96·172

제175조【선박집행신청전의 선박국적증서등의 인도명령】 ① 선박에 대한 집행의 신청전에 선박국적증서등을 받지 아니하면 집행이 매우 곤란할 염려가 있을 경우에는 선적(船籍)이 있는 곳을 관할하는 지방법원(선적이 없는 때에는 대법원규칙이 정하는 법원)은 신청에 따라 채무자에게 선박국적증서등을 집행관에게 인도하도록 명할 수 있다. 급박한 경우에는 선박이 있는 곳을 관할하는 지방법원도 이 명령을 할 수 있다.

② 집행관은 선박국적증서등을 인도받은 날부터 5일 이내에 채권자로부터 선박집행을 신청하였음을 증명하는 문서를 제출받지 못한 때에는 그 선박국적증서등을 돌려 주어야 한다.

③ 제1항의 규정에 따른 재판에 대하여는 즉시항고를 할 수 있다.

④ 제1항의 규정에 따른 재판에는 제292조제2항 및 제3항의 규정을 준용한다.

참조 [선박집행의 관할법원]173, [선박국적증서]174·183, [선적이 없는 때의 관할법원]민집규98, [즉시항고]15, [가압류에 대한 재판과 그 집행기간]292②③

제176조【압류선박의 정박】 ① 법원은 집행절차를 행하는 동안 선박이 압류 당시의 장소에 계속 머무르도록 명하여야 한다.

② 법원은 영업상의 필요, 그 밖에 상당한 이유가 있다고 인정할 경우에는 채무자의 신청에 따라 선박의 운행을 허가할 수 있다. 이 경우 채권자·최고가매수신고인·차순위매수신고인 및 매수인의 동의가 있어야 한다.

③ 제2항의 선박운행허가결정에 대하여는 즉시항고를 할 수 있다.

④ 제2항의 선박운행허가결정은 확정되어야 효력이 생긴다.

참조 [관할 법원]173, [운행허가결정]민집규100, [선박국적증서의 재수취명령]민집규101, [즉시항고]15

제177조【경매신청의 첨부서류】 ① 강제경매신청을 할 때에는 다음 각호의 서류를 내야 한다.

1. 채무자가 소유자인 경우에는 소유자로서 선박을 점유하고 있다는 것을, 선장인 경우에는 선장으로서 선박을 지휘하고 있다는 것을 소명할 수 있는 증서

2. 선박에 관한 등기사항을 포함한 등기부의 초본 또는 등본
② 채권자는 공적 장부를 주관하는 공공기관이 멀리 떨어진 곳에 있는 때에는 제1항제2호의 초본 또는 등본을 보내주도록 법원에 신청할 수 있다.
참조 [강제경매신청서]80 · 81 · 172, 민집규95, [선박]상740-790, [관할법원]173

제178조【감수 · 보존처분】 ① 법원은 채권자의 신청에 따라 선박을 감수(監守)하고 보존하기 위하여 필요한 처분을 할 수 있다.
② 제1항의 처분을 한 때에는 경매개시결정이 송달되기 전에도 압류의 효력이 생긴다.
참조 [감수 · 보존처분의 시기]민집규102, [감수 · 보존처분의 방식]민집규103, [경매개시결정의 송달]83 · 172

제179조【선장에 대한 판결의 집행】 ① 선장에 대한 판결로 선박채권자를 위하여 선박을 압류하면 그 압류는 소유자에 대하여도 효력이 미친다. 이 경우 소유자도 이해관계인으로 본다.
② 압류한 뒤에 소유자나 선장이 바뀌더라도 집행절차에는 영향을 미치지 아니한다.
③ 압류한 뒤에 선장이 바뀐 때에는 바뀐 선장만이 이해관계인이 된다.
참조 [선박소유자]상747-752, [이해관계인]90

제180조【관할 위반으로 말미암은 절차의 취소】 압류 당시 선박이 그 법원의 관할안에 없었음이 판명된 때에는 그 절차를 취소하여야 한다.
참조 [선박집행의 관할법원]173, [사건의 이송]182, [경매절차의 취소]183

제181조【보증의 제공에 의한 강제경매절차의 취소】
① 채무자가 제49조제2호 또는 제4호의 서류를 제출하고 압류채권자 및 배당을 요구한 채권자의 채권과 집행비용에 해당하는 보증을 매수신고 전에 제공한 때에는 법원은 신청에 따라 배당절차 외의 절차를 취소하여야 한다.
② 제1항에 규정한 서류를 제출함에 따른 집행정지가 효력을 잃은 때에는 법원은 제1항의 보증금을 배당하여야 한다.
③ 제1항의 신청을 기각한 재판에 대하여는 즉시항고를 할 수 있다.
④ 제1항의 규정에 따른 집행취소결정에는 제17조제2항의 규정을 적용하지 아니한다.
⑤ 제1항의 보증의 제공에 관하여 필요한 사항은 대법원규칙으로 정한다.
참조 [집행정지를 명하는 재판정본의 제출]49, [채권자의 변제수령증서]49, [집행비용]18 · 53, [즉시항고]15, [즉시항고와 집행정지의 효력]17②, [보증의 제공에 따른 강제경매절차의 취소]민집규104

제182조【사건의 이송】 ① 압류된 선박이 관할구역 밖으로 떠난 때에는 집행법원은 선박이 있는 곳을 관할하는 법원으로 사건을 이송할 수 있다.
② 제1항의 규정에 따른 결정에 대하여는 불복할 수 없다.
참조 [관할 법원]173, [소송의 이송]민소34이하

제183조【선박국적증서등을 넘겨받지 못한 경우의 경매절차취소】 경매개시결정이 있은 날부터 2월이 지나기까지 집행관이 선박국적증서등을 넘겨받지 못하고, 선박이 있는 곳이 분명하지 아니한 때에는 법원은 강제경매절차를 취소할 수 있다.

제184조【매각기일의 공고】 매각기일의 공고에는 선박의 표시와 그 정박한 장소를 적어야 한다.
참조 [매각기일의 공고]106 · 172, 민집규56
판례 철창문으로 잠겨져 있는 법원게시판의 경매기일 공고 : 경매법원이 경매기일 공고 서류를 게시하는 경우, 공고 내용을 게시판에서 읽을 수 있는 한 법원게시판이 철창문으로 잠겨져 있다 해서 위법하다고 할 수 없다.(대결 1995.9.6, 95마596)

제185조【선박지분의 압류명령】 ① 선박의 지분에 대한 강제집행은 제251조에서 규정한 강제집행의 예에 따른다.
② 채권자가 선박의 지분에 대하여 강제집행신청을 하기 위하여서는 채무자가 선박의 지분을 소유하고 있다는 사실을 증명할 수 있는 선박등기부의 등본이나 그 밖의 증명서를 내야 한다.
③ 압류명령은 채무자 외에 「상법」 제764조에 의하여 선임된 선박관리인(이하 이 조에서 "선박관리인"이라 한다)에게도 송달하여야 한다.(2007.8.3 본항개정)
④ 압류명령은 선박관리인에게 송달되면 채무자에게 송달된 것과 같은 효력을 가진다.
改前 ③ …채무자 외에 "상법 제760조에" 의하여 선임된…
참조 [부동산외의 다른 재산권에 대한 집행]251, [선박지분에 대한 강제집행의 신청]251, [선박소유권의 이전]상743, [선박관리인]상764, [송달]11 · 12, 민소174이하

제186조【외국선박의 압류】 외국선박에 대한 강제집행에는 등기부에 기입할 절차에 관한 규정을 적용하지 아니한다.
참조 [선박의 국적]172, 선박법2, [선박국적증서]174 · 175, 상743
판례 외국선박에 대한 집행절차에서 구 민소법 제681조 제1항 제2호의 적용이 배제되는지 여부(소극)(구법관계) : 구 민소(2002.1.26. 법률 제6626호로 전문 개정되기 전의 것) 제688조는 외국선박에 대한 강제집행에는 등기부에 기입할 절차에 관한 규정도 적용하지 아니한다고 규정하고 있었는바, 이는 국내에 외국선박의 등기부가 있을 수 없으므로 경매개시결정 등을 촉탁할 수 없다는 취지이지, 외국선박에 대한 집행절차에서 선박에 관한 등기부초본을 제출하도록 규정하고 있는 같은 법 제681조 제1항 제2호의 적용을 배제하는 근거가 될 수는 없을 뿐만 아니라, 외국선박에 대한 집행절차에서 선박에 관한 등기부초본이 현실적으로 제출되기 곤란하여 선박등기부상의 권리관계를 확인하기 어려운 사정이 있다고 하더라도, 이러한 사정만으로 외국선박에 대하여 선적국의 법률에 따라 저당권을 설정하고 등기(공시절차)를 갖춘 적법한 저당권자를 구 민소(2002.1.26. 법률 제6626호로 전문 개정되기 전의 것) 제605조에서 규정하고 있는 법률상 우선변제권이 있는 채권자와 동일시할 수는 없으므로, 외국선박에 대한 집행절차에 있어서 경매개시결정등기 전에 선적국의 법률에 따라 저당권을 설정하고 등기(공시절차)를 갖춘 저당권자가 배당표 확정 이전에 이러한 사실을 입증하였다면 이러한 외국선박의 저당권자도 등기부에 기입된 선박 위의 권리자로서 배당요구와 상관없이 배당을 받을 수 있다.(대판 2004.10.28, 2002다25693)

제187조【자동차 등에 대한 강제집행】 자동차 · 건설기계 · 소형선박(「자동차 등 특정동산 저당법」 제3조제2호에 따른 소형선박을 말한다) 및 항공기(「자동차 등 특정동산 저당법」 제3조제4호에 따른 항공기 및 경량항공기를 말한다)에 대한 강제집행절차는 제2편제2장제2절부터 제4절까지의 규정에 준하여 대법원규칙으로 정한다.(2015.5.18 본조개정)
改前 자동차 · 건설기계 · 소형선박…및 "항공기"에 대한 강제집행절차는 "제2절 내지 제4절의 규정"에 준하여…
참조 [자동차에 대한 강제집행]민집규108-129 · 210, [건설기계에 대한 강제집행]민집규130 · 211, [항공기에 대한 강제집행]민집규106 · 107 · 209
판례 중기관리법이 정하는 바에 따라 적법하게 등록을 마친 중기소유권의 득실 변경은 그 등록을 마침으로써 그 효력이 생긴다.(대판 1991.8.9, 91다13267)

제4절 동산에 대한 강제집행

제1관 통 칙

제188조【집행방법, 압류의 범위】 ① 동산에 대한 강제집행은 압류에 의하여 개시한다.
② 압류는 집행력 있는 정본에 적은 청구금액의 변제와 집행비용의 변상에 필요한 한도안에서 하여야 한다.
③ 압류물을 현금화하여도 집행비용 외에 남을 것이 없는 경우에는 집행하지 못한다.
참조 [동산]민98 · 99, [부동산집행에 준하는 것]172 · 187, [압류]189이하, 민168②, [공무상비밀표시무효죄]형140, [초과압류의 취소]민집규140, [집행력있는 정본]28, [변제]민460이하, [강제집행비용]53, [인수주의와 잉여주의]91

제2관 유체동산에 대한 강제집행

제189조【채무자가 점유하고 있는 물건의 압류】 ① 채

무자가 점유하고 있는 유체동산의 압류는 집행관이 그 물건을 점유함으로써 한다. 다만, 채권자의 승낙이 있거나 운반이 곤란한 때에는 봉인(封印), 그 밖의 방법으로 압류물임을 명확히 하여 채무자에게 보관시킬 수 있다.
② 다음 각호 가운데 어느 하나에 해당하는 물건은 이 법에서 유체동산으로 본다.
1. 등기할 수 없는 토지의 정착물로서 독립하여 거래의 객체가 될 수 있는 것
2. 토지에서 분리하기 전의 과실로서 1월 이내에 수확할 수 있는 것
3. 유가증권으로서 배서가 금지되지 아니한 것
③ 집행관은 채무자에게 압류의 사유를 통지하여야 한다.

참조 [유체동산 집행신청]민집규131, [유체동산]민99, [압류한 유체동산의 선택]민집규132, [직무집행구역 밖에서의 압류]민집규133, [압류조서의 기재사항]민집규134, [압류물의 보관 점검회수]민집규136이하, [봉인]형140, [압류물 보존]198, [과실]민101 · 102, [배서금지]어음11② · 77, 수표14, [채무자 증인의 참여]6, [통지]11 · 12

제190조【부부공유 유체동산의 압류】 채무자와 그 배우자의 공유로서 채무자가 점유하거나 그 배우자와 공동으로 점유하고 있는 유체동산은 제189조의 규정에 따라 압류할 수 있다.

참조 [부부 공유 추정]민830, [배우자의 우선매수권]206, [배우자의 매각대금 지급요구]221

판례 민집 제190조의 규정은 체납처분의 경우에 유추적용을 배제할 만한 특수성이 없으므로 이를 체납처분의 경우에도 유추적용할 수 있다.(대판 2006.4.13, 2005두15151)

제191조【채무자 외의 사람이 점유하고 있는 물건의 압류】 채권자 또는 물건의 제출을 거부하지 아니하는 제3자가 점유하고 있는 물건은 제189조의 규정을 준용하여 압류할 수 있다.

참조 [채무자가 점유하고 있는 물건의 압류]189

판례 점유개정의 방법으로 동산에 대한 이중의 양도담보설정계약이 체결된 경우의 후순위 채권자의 지위 : 금전채무를 담보하기 위하여 채무자가 그 소유의 동산을 채권자에게 양도하되 점유개정의 방법으로 인도하고 채무자가 이를 계속 점유하기로 약정한 경우 특별한 사정이 없는 한 그 동산의 소유권은 신탁적으로 이전되는 것에 불과하여, 채권자와 채무자 사이의 대내적 관계에서는 채무자가 소유권을 보유하나 대외적인 관계에서의 채무자는 동산의 소유권을 이미 채권자에게 양도한 무권리자가 되는 것이어서 다시 다른 채권자와 사이에 양도담보설정계약을 체결하고 점유개정의 방법으로 인도하더라도 선의취득이 인정되지 않는 한 나중에 설정계약을 체결한 채권자로서는 양도담보권을 취득할 수 없는데, 현실의 인도가 아닌 점유개정의 방법으로는 선의취득이 인정되지 아니하므로 결국 뒤의 채권자는 적법하게 양도담보권을 취득할 수 없다.(대판 2005.2.18, 2004다37430)

제192조【국고금의 압류】 국가에 대한 강제집행은 국고금을 압류함으로써 한다.

참조 [국가의 보통재판적]민소6, [유체동산의 압류]188 · 189

제193조【압류물의 인도】 ① 압류물을 제3자가 점유하게 된 경우에는 법원은 채권자의 신청에 따라 그 제3자에 대하여 그 물건을 집행관에게 인도하도록 명할 수 있다.
② 제1항의 신청은 압류물을 제3자가 점유하고 있는 것을 안 날부터 1주 이내에 하여야 한다.
③ 제1항의 재판은 상대방에게 송달되기 전에도 집행할 수 있다.
④ 제1항의 재판은 신청인에게 고지된 날부터 2주가 지난 때에는 집행할 수 없다.
⑤ 제1항의 재판에 대하여는 즉시항고를 할 수 있다.

참조 [인도명령의 집행과 통지]민집규139, [제3자점유물의 압류]191, [기간]민소170－172, [보전처분의 집행]292②, [즉시항고]15

제194조【압류의 효력】 압류의 효력은 압류물에서 생기는 천연물에도 미친다.

참조 [천연과실수취권]민102①, [압류의 범위]188

제195조【압류가 금지되는 물건】 다음 각호의 물건은 압류하지 못한다.
1. 채무자 및 그와 같이 사는 친족(사실상 관계에 따른 친족을 포함한다. 이하 이 조에서 "채무자등"이라 한다)의 생활에 필요한 의복 · 침구 · 가구 · 부엌기구, 그 밖의 생활필수품
2. 채무자등의 생활에 필요한 2월간의 식료품 · 연료 및 조명재료
3. 채무자등의 생활에 필요한 1월간의 생계비로서 대통령령이 정하는 액수의 금전(2005.1.27 본호개정)
4. 주로 자기 노동력으로 농업을 하는 사람에게 없어서는 아니될 농기구 · 비료 · 가축 · 사료 · 종자, 그 밖에 이에 준하는 물건
5. 주로 자기의 노동력으로 어업을 하는 사람에게 없어서는 아니될 고기잡이 도구 · 어망 · 미끼 · 새끼고기, 그 밖에 이에 준하는 물건
6. 전문직 종사자 · 기술자 · 노무자, 그 밖에 주로 자기의 정신적 또는 육체적 노동으로 직업 또는 영업에 종사하는 사람에게 없어서는 아니 될 제복 · 도구, 그 밖에 이에 준하는 물건
7. 채무자 또는 그 친족이 받은 훈장 · 포장 · 기장, 그 밖에 이에 준하는 명예증표
8. 위패 · 영정 · 묘비, 그 밖에 상례 · 제사 또는 예배에 필요한 물건
9. 족보 · 집안의 역사적인 기록 · 사진첩, 그 밖에 선조숭배에 필요한 물건
10. 채무자의 생활 또는 직무에 없어서는 아니 될 도장 · 문패 · 간판, 그 밖에 이에 준하는 물건
11. 채무자의 생활 또는 직업에 없어서는 아니 될 일기장 · 상업장부, 그 밖에 이에 준하는 물건
12. 공표되지 아니한 저작 또는 발명에 관한 물건
13. 채무자등이 학교 · 교회 · 사찰, 그 밖의 교육기관 또는 종교단체에서 사용하는 교과서 · 교리서 · 학습용구, 그 밖에 이에 준하는 물건
14. 채무자등의 일상생활에 필요한 안경 · 보청기 · 의치 · 의수족 · 지팡이 · 장애보조용 바퀴의자, 그 밖에 이에 준하는 신체보조기구
15. 채무자등의 일상생활에 필요한 자동차로서 자동차관리법이 정하는 바에 따른 장애인용 경형자동차
16. 재해의 방지 또는 보안을 위하여 법령의 규정에 따라 설비하여야 하는 소방설비 · 경보기구 · 피난시설, 그 밖에 이에 준하는 물건

改前 3. …생계비로서 "대법원규칙"이 정하는 액수의 금전

참조 [압류금지물의 범위]국세징수41, [압류금지물건을 정하는 재판]196, [압류한 유체동산의 선택]민집규132, [압류가 금지되는 생계비]민집시2, [다른 법령에 의한 압류금지]국민기초생활35, 아동64, 장애인82, 우편법7 · 8, 공장광업재단8 · 14 · 54, 건설산업88, 전통사찰의보존및지원에관한법14

판례 공장저당의 목적인 동산은 공장저당법에 의하여 유체동산집행의 대상이 되지 아니하는 이른바 압류금지물에 해당하므로 집행관은 압류하여서는 아니되지만, 금지규정을 어겨 압류한 경우에는 집행관은 집행에 관한 이의에 의한 법원의 결정이나 채권자의 신청에 의하지 아니하고는 스스로 압류를 해제할 수 없는 것이고, 압류의 부당해제의 경우 집행관의 처분에 대한 이의로서 구제받을 것을 예정하고 있다고 하더라도, 그러한 구제절차를 취하였더라면 부당한 압류해제로 인한 손해를 방지할 수 있었다고 단정할 수 없는 이상 구제절차를 취하지 아니하였다는 사유만으로 부당한 압류해제로 인한 손해발생을 부정할 수는 없다.(대판 2003.9.26, 2001다52773)

제196조【압류금지 물건을 정하는 재판】 ① 법원은 당사자가 신청하면 채권자와 채무자의 생활형편, 그 밖의 사정을 고려하여 유체동산의 전부 또는 일부에 대한 압류를 취소하도록 명하거나 제195조의 유체동산을 압류하도록 명할 수 있다.
② 제1항의 결정이 있은 뒤에 그 이유가 소멸되거나 사정이 바뀐 때에는 법원은 직권으로 또는 당사자의 신청에 따라 그 결정을 취소하거나 바꿀 수 있다.
③ 제1항 및 제2항의 경우에 법원은 제16조제2항에 준하는 결정을 할 수 있다.
④ 제1항 및 제2항의 결정에 대하여는 즉시항고를 할 수 있다.
⑤ 제3항의 결정에 대하여는 불복할 수 없다.

참조 [압류금지의 물건]195, [압류금지물 변경의 재판]3①·21, 법원조직32, [강제집행의 일시정지 등 잠정처분]16②, [즉시항고]15

제197조【일괄매각】 ① 집행관은 여러 개의 유체동산의 형태, 이용관계 등을 고려하여 일괄매수하게 하는 것이 알맞다고 인정하는 때에는 직권으로 또는 이해관계인의 신청에 따라 일괄하여 매각할 수 있다.
② 제1항의 경우에는 제98조제3항, 제99조, 제100조, 제101조제2항 내지 제5항의 규정을 준용한다.

참조 [부동산일괄매각의 결정시기]98③, [일괄매각사건의 병합]99, [일괄매각사건의 관할]100, [일괄매각절차]101②－⑤

제198조【압류물의 보존】 ① 압류물을 보존하기 위하여 필요한 때에는 집행관은 적당한 처분을 하여야 한다.
② 제1항의 경우에 비용이 필요한 때에는 채권자로 하여금 이를 미리 내게 하여야 한다. 채권자가 여럿인 때에는 요구하는 액수에 비례하여 미리 내게 한다.
③ 제49조제2호 또는 제4호의 문서가 제출된 경우에 압류물을 즉시 매각하지 아니하면 값이 크게 내릴 염려가 있거나, 보관에 지나치게 많은 비용이 드는 때에는 집행관은 그 물건을 매각할 수 있다.
④ 집행관은 제3항의 규정에 따라 압류물을 매각하였을 때에는 그 대금을 공탁하여야 한다.

참조 [집행관의 권한]43·82, [비용예납]18, [압류물의 점검]민집규137, [압류물의 매각]199, [매각대금의 공탁]222

제199조【압류물의 매각】 집행관은 압류를 실시한 뒤 입찰 또는 호가경매의 방법으로 압류물을 매각하여야 한다.

참조 [압류채권자의 매각최고]216, [호가경매]민집규145－150, [입찰]민집규151

제200조【값비싼 물건의 평가】 매각할 물건 가운데 값이 비싼 물건이 있는 때에는 집행관은 적당한 감정인에게 이를 평가하게 하여야 한다.

참조 [금은붙이의 현금화]209, [압류물의 평가]민집규144

제201조【압류금전】 ① 압류한 금전은 채권자에게 인도하여야 한다.
② 집행관이 금전을 추심한 때에는 채무자가 지급한 것으로 본다. 다만, 담보를 제공하거나 공탁을 하여 집행에서 벗어날 수 있도록 채무자에게 허가한 때에는 그러하지 아니하다.

참조 [담보제공과 집행]208, 민소213, [다수채권자 또는 압류금전에 잉여가 있는 경우의 처리]민집규155－157

제202조【매각일】 압류일과 매각일 사이에는 1주 이상 기간을 두어야 한다. 다만, 압류물을 보관하는 데 지나치게 많은 비용이 들거나, 시일이 지나면 그 물건의 값이 크게 내릴 염려가 있는 때에는 그러하지 아니하다.

참조 [1주의 기간]민157·159·161, [조기매각의 예외]198③·296⑤, [경매시기의 제한]213, [채권자의 매각최고]216

판례 유체동산 경매기일의 변경이 허용되는 기준(구법관계) : 구 민소(2002.1.26. 법률 제6626호로 전문 개정되기 전의 것) 제538조는 압류일과 경매일 간에는 7일 이상의 기간을 두어야 한다고 규정하고 있으므로 압류일과 매각일 사이에 1주의 기간을 두기만 하면 언제를 경매기일로 정하느냐 하는 것은 집행관의 재량이라고 할 것이고, 같은 법 제551조는 상당한 기간을 경과하여도 집행관이 경매하지 아니하는 때에는 압류채권자는 일정한 기간 내에 경매할 것을 최고하고 그 최고에 응하지 아니하는 때에는 법원에 필요한 명령을 신청할 수 있다고 규정하고 있다고 하더라도, 경매기일은 함부로 이를 변경 또는 연기할 수 없는 것이고, 다만 매각목적물이 적정한 가격에 매각되는 것은 이해관계인 모두에게 이익이 되는 것이므로 재감정의 필요성에 합리적인 이유가 있다면 경매기일의 연기는 수긍할 수 있으나 그렇다고 하더라도 그 연기기간은 합리적인 범위로 제한되어야 한다.(대판 2003.9.26, 2001다52773)

제203조【매각장소】 ① 매각은 압류한 유체동산이 있는 시·구·읍·면(도농복합형태의 시의 경우 동지역은 시·구, 읍·면지역은 읍·면)에서 진행한다. 다만, 압류채권자와 채무자가 합의하면 합의된 장소에서 진행한다.
② 매각일자와 장소는 대법원규칙이 정하는 방법으로 공고한다. 공고에는 매각할 물건을 표시하여야 한다.

참조 [다른 장소에서의 매각]214, 민집규135·145②, [공고할 사항]민집규146·151③

제204조【준용규정】 매각장소의 질서유지에 관하여는 제108조의 규정을 준용한다.

참조 [매각장소의 질서유지]108, 법원조직58, [경매입찰방해죄]형315

제205조【매각·재매각】 ① 집행관은 최고가매수신고인의 성명과 가격을 말한 뒤 매각을 허가한다.
② 매각물은 대금과 서로 맞바꾸어 인도하여야 한다.
③ 매수인이 매각조건에 정한 지급기일에 대금의 지급과 물건의 인도청구를 게을리 한 때에는 재매각을 하여야 한다. 지급기일을 정하지 아니한 경우로서 매각기일의 마감에 앞서 대금의 지급과 물건의 인도청구를 게을리 한 때에도 또한 같다.
④ 제3항의 경우에는 전의 매수인은 재매각절차에 참가하지 못하며, 뒤의 매각대금이 처음의 매각대금보다 적은 때에는 그 부족한 액수를 부담하여야 한다.

참조 [집행관의 매수자격]집행관15①, [압류물의 매각방법]199, [매각조건의 고지]민집규147①·151③, [매수신청]59, 민집규158, [집행조서]10, 민집규6·150

제206조【배우자의 우선매수권】 ① 제190조의 규정에 따라 압류한 유체동산을 매각하는 경우에 배우자는 매각기일에 출석하여 우선매수할 것을 신고할 수 있다.
② 제1항의 우선매수신고에는 제140조제1항 및 제2항의 규정을 준용한다.

참조 [부부공유재산 추정]민830②, [부부공유 유체동산의 압류]190, [공유자의 우선매수권]140, [매각대금의 지급요구]221

제207조【매각의 한도】 매각은 매각대금으로 채권자에게 변제하고 강제집행비용을 지급하기에 충분하게 되면 즉시 중지하여야 한다. 다만, 제197조제2항 및 제101조제3항 단서에 따른 일괄매각의 경우에는 그러하지 아니하다.

참조 [압류한도]188②, [강제집행비용]53, [일괄매각의 예외]101③단서·197②, [초과압류 등의 취소]민집규140

제208조【집행관이 매각대금을 영수한 효과】 집행관이 매각대금을 영수한 때에는 채무자가 지급한 것으로 본다. 다만, 담보를 제공하거나 공탁을 하여 집행에서 벗어날 수 있도록 채무자에게 허가한 때에는 그러하지 아니하다.

참조 [금전의 추심과 지급의제]201②, [매득금의 영수]205②③, [매각대금처리]민집규155, [집행력있는 정본의 회수]42, [매각대금의 공탁]222, [담보제공]19

제209조【금·은붙이의 현금화】 금·은붙이는 그 금·은의 시장가격 이상의 금액으로 일반 현금화의 규정에 따라 매각하여야 한다. 시장가격 이상의 금액으로 매수하는 사람이 없는 때에는 집행관은 그 시장가격에 따라 적당한 방법으로 매각할 수 있다.

참조 [특별한 현금화 방법]214, [값비싼 물건의 평가]200

제210조【유가증권의 현금화】 집행관이 유가증권을 압류한 때에는 시장가격이 있는 것은 매각하는 날의 시장가격에 따라 적당한 방법으로 매각하고 그 시장가격이 형성되지 아니한 것은 일반 현금화의 규정에 따라 매각하여야 한다.

참조 [배서가 금지되지 아니한 유가증권]189②, [기명유가증권의 명의개서]211

제211조【기명유가증권의 명의개서】 유가증권이 기명식인 때에는 집행관은 매수인을 위하여 채무자에 갈음하여 배서 또는 명의개서에 필요한 행위를 할 수 있다.

참조 [유가증권의 현금화]210, [매각재산의 권리이전절차]국세징수93, [명의개서]상337·479

제212조【어음 등의 제시의무】 ① 집행관은 어음·수표 그 밖의 금전의 지급을 목적으로 하는 유가증권(이하 "어음등"이라 한다)으로서 일정한 기간 안에 인수 또는 지급을 위한 제시 또는 지급의 청구를 필요로 하는 것을 압류하였을 경우에 그 기간이 개시되면 채무자에 갈음하여 필요한 행위를 하여야 한다.

② 집행관은 미완성 어음등을 압류한 경우에 채무자에게 기한을 정하여 어음등에 적을 사항을 보충하도록 최고하여야 한다.

참조 [무기명증권]민523이하, [압류물의 보존]198, [어음의 지급제시]어음21·38·77, 수표29, [미완성어음의 보충]어음2·76

판례 발행지의 기재가 없는 어음의 효력 : 어음에 있어서 발행지의 기재는 발행지와 지급지가 국토를 달리하거나 세력을 달리하는 어음 기타 국제어음에 있어서는 어음행위의 중요한 해석 기준이 되는 것이지만 국내에서 발행되고 지급되는 이른바 국내어음에 있어서는 별다른 의미를 가지지 못하고, 또한 일반의 어음거래에 있어서 발행지가 기재되지 아니한 국내어음도 어음요건을 갖춘 완전한 어음과 마찬가지로 당사자 간에 발행·양도 등의 유통이 널리 이루어지고 있으며, 어음교환소와 은행 등을 통한 결제 과정에서도 발행지의 기재가 없다는 이유로 지급거절됨이 없이 발행지가 기재된 어음과 마찬가지로 취급되고 있음은 관행에 이른 정도인 점에 비추어 볼 때, 발행지의 기재가 없는 어음의 유통에 관여한 당사자들은 완전한 어음에 의한 것과 같은 유효한 어음행위를 하려고 하였던 것으로 봄이 상당하므로, 어음면의 기재 자체로 보아 국내어음으로 인정되는 경우에 있어서는 그 어음면상 발행지의 기재가 없는 경우라고 할지라도 이를 무효의 어음으로 볼 수는 없다.
(대판 1998.4.23, 95다36466 전원합의체)

제213조【미분리과실의 매각】 ① 토지에서 분리되기 전에 압류한 과실은 충분히 익은 다음에 매각하여야 한다.
② 집행관은 매각하기 위하여 수확을 하게 할 수 있다.

참조 [과실]민101·102, [유체동산으로 간주되는 과실]189②, [특별한 현금화 방법]214, [압류제한]195·196

제214조【특별한 현금화 방법】 ① 법원은 필요하다고 인정하면 직권으로 또는 압류채권자, 배당을 요구한 채권자 또는 채무자의 신청에 따라 일반 현금화의 규정에 의하지 아니하고 다른 방법이나 다른 장소에서 압류물을 매각하게 할 수 있다. 또한 집행관에게 위임하지 아니하고 다른 사람으로 하여금 매각하게 하도록 명할 수 있다.
② 제1항의 재판에 대하여는 불복할 수 없다.

참조 [신청방식]민소161, [집행법원]3·21, [관할구역 밖에서의 매각]203, 민집규135

제215조【압류의 경합】 ① 유체동산을 압류하거나 가압류한 뒤 매각기일에 이르기 전에 다른 강제집행이 신청된 때에는 집행관은 집행신청서를 먼저 압류한 집행관에게 교부하여야 한다. 이 경우 더 압류할 물건이 있으면 이를 압류한 뒤에 추가압류조서를 교부하여야 한다.
② 제1항의 경우에 집행에 관한 채권자의 위임은 먼저 압류한 집행관에게 이전된다.
③ 제1항의 경우에 각 압류한 물건은 강제집행을 신청한 모든 채권자를 위하여 압류한 것으로 본다.
④ 제1항의 경우에 먼저 압류한 집행관은 뒤에 강제집행을 신청한 채권자를 위하여 다시 압류한다는 취지를 덧붙여 그 압류조서에 적어야 한다.

참조 [부동산압류의 경합]87, [금전의 동시압류]222②, [통지]219, [동산에 대한 압류]296, [압류조서]10, [압류조서의 열람청구]민집규152

제216조【채권자의 매각최고】 ① 상당한 기간이 지나도 집행관이 매각하지 아니하는 때에는 압류채권자는 집행관에게 일정한 기간 이내에 매각하도록 최고할 수 있다.
② 집행관이 제1항의 최고에 따르지 아니하는 때에는 압류채권자는 법원에 필요한 명령을 신청할 수 있다.

참조 [매각일]202, 민집규145①·151, [집행법원]3

제217조【우선권자의 배당요구】 민법·상법, 그 밖의 법률에 따라 우선변제청구권이 있는 채권자는 매각대금의 배당을 요구할 수 있다.

참조 [배당요구의 절차]218, 민집규48·158, [배당요구의 시기]220, [집행력있는 정본]28·38·247, [배당요구를 할 수 있는 채권자]민329, 상468·777·893, 근기38, 어선원및어선재해보상보험법47의2

판례 배당요구채권자가 적법한 배당요구를 하지 아니한 경우 배당에서 제외되는지 여부(구법관계) : 구 민사소송법에 의하면, 민법·상법 기타 법률에 의하여 우선변제청구권이 있는 채권자, 집행력 있는 정본을 가진 채권자 및 경매신청의 등기 후에 가압류를 한 채권자는 경락기일까지 배당요구를 할 수 있고(제605조 제1항), 위 조항에서 규정하는 배당요구채권자는 경락기일까지 배당요구를 한 경우에 한하여 비로소 배당을 받을 수 있고, 적법한 배당요구를 하지 아니한 경우에는 실체법상 우선변제청구권이 있는 채권자라 하더라도 그 경락대금으로부터 배당을 받을 수는 없으며, 또한 경락기일까지 배당요구한 채권자라 할지라도 채권의 일부 금액만을 배당요구한 경우에 경락기일 이후에는 배당요구하지 아니한 채권을 추가하거나 확장할 수 없다. 그리고 배당요구를 하여야만 배당절차에 참여할 수 있는 채권자가 경락기일까지 배당요구를 하지 아니한 채권액에 대하여 경락기일 이후에 추가 또는 확장하여 배당요구를 하였으나 그 부분을 배당에서 배제하는 것으로 배당표가 작성·확정되고 그 확정된 배당표에 따라 배당이 실시되었다면, 그가 적법한 배당요구를 한 경우에 배당받을 수 있었던 금액 상당의 금원이 후순위 채권자에게 배당되었다고 하여 이를 법률상 원인이 없는 것이라고 할 수 없다.
(대판 2005.8.25, 2005다14595)

제218조【배당요구의 절차】 제217조의 배당요구는 이유를 밝혀 집행관에게 하여야 한다.

참조 [우선권자의 배당요구]217, [배당요구의 방식]민집규48·158, [배당요구의 시기]220

제219조【배당요구 등의 통지】 제215조제1항 및 제218조의 경우에는 집행관은 그 사유를 배당에 참가한 채권자와 채무자에게 통지하여야 한다.

참조 [압류의 경합]215①, [배당요구의 절차]217, [통지]11·12, 민집규8

제220조【배당요구의 시기】 ① 배당요구는 다음 각호의 시기까지 할 수 있다.
1. 집행관이 금전을 압류한 때 또는 매각대금을 영수한 때
2. 집행관이 어음·수표 그 밖의 금전의 지급을 목적으로 한 유가증권에 대하여 그 금전을 지급받은 때
② 제198조제4항에 따라 공탁된 매각대금에 대하여는 동산집행을 계속하여 진행할 수 있게 된 때까지, 제296조제5항 단서에 따라 공탁된 매각대금에 대하여는 압류의 신청을 한 때까지 배당요구를 할 수 있다.

참조 [배당요구]217, [금전의 압류]201, [유가증권의 현금화]210, [집행관의 매각대금 공탁]198④, [가압류의 매각대금 공탁]296⑤

제221조【배우자의 지급요구】 ① 제190조의 규정에 따라 압류한 유체동산에 대하여 공유지분을 주장하는 배우자는 매각대금을 지급하여 줄 것을 요구할 수 있다.
② 제1항의 지급요구에는 제218조 내지 제220조의 규정을 준용한다.
③ 제219조의 통지를 받은 채권자가 배우자의 공유주장에 대하여 이의가 있는 때에는 배우자를 상대로 소를 제기하여 공유가 아니라는 것을 확정하여야 한다.
④ 제3항의 소에는 제154조제3항, 제155조 내지 제158조, 제160조제1항제5호 및 제161조제1항·제2항·제4항의 규정을 준용한다.

참조 [부부공유 유체동산의 압류]190, [부부의 공유 추정]민830, [배당요구의 절차 및 시기]218-220, [배당요구의 통지]219, [배우자의 공유주장에 대한 이의]민집규154, [공유관계부인의 소]157·158, [배당이의의 소의 취하간주]154③, [배당이의의 소에서의 우선권주장]155, [배당이의의 소의 관할]156, [배당이의의 소의 판결]157, [배당이의의 소의 취하간주]158, [배당액의 공탁]160①, [공탁금에 대한 배당표의 변경]161①②④

제222조【매각대금의 공탁】 ① 매각대금으로 배당에 참가한 모든 채권자를 만족하게 할 수 없고 매각허가된 날부터 2주 이내에 채권자 사이에 배당협의가 이루어지지 아니한 때에는 매각대금을 공탁하여야 한다.
② 여러 채권자를 위하여 동시에 금전을 압류한 경우에도 제1항과 같다.
③ 제1항 및 제2항의 경우에 집행관은 집행절차에 관한 서류를 붙여 그 사유를 법원에 신고하여야 한다.

참조 [매각대금의 영수]208, [집행관의 매각대금처리]민집규155, [집행관의 배당액공탁]민집규156, [금전의 압류]201, [집행법원]3, [신고]민집규156·157

제3관 채권과 그 밖의 재산권에 대한 강제집행

제223조【채권의 압류명령】 제3자에 대한 채무자의 금전채권 또는 유가증권, 그 밖의 유체물의 권리이전이나 인도를 목적으로 한 채권에 대한 강제집행은 집행법원의 압류명령에 의하여 개시한다.

참조 [집행법원]224, [압류명령의 발효시]227③ · 251②, [압류명령]226, [유체물]민98

판례 수급인의 보수채권에 대한 압류가 행하여지면 그 효력으로 채무자가 압류된 채권을 처분하더라도 채권자에게 대항할 수 없고, 제3채무자도 채권을 소멸 또는 감소시키는 등의 행위는 할 수 없으며, 그와 같은 행위로 채권자에게 대항할 수 없는 것이지만, 그 압류로서 위 압류채권의 발생원인인 도급계약관계에 대한 채무자나 제3채무자의 처분까지도 구속하는 효력은 없으므로 채무자나 제3채무자는 기본적계약관계인 도급계약자체를 해지할 수 있고, 채무자나 제3채무자 사이의 기본적 계약관계인 도급계약이 해지된 이상 그 계약에 의하여 발생한 보수채권은 소멸하게 되므로 이를 대상으로 한 압류명령 또한 실효될 수밖에 없으며, 위의 경우에 도급계약이 해지되기 전에 피압류채권에 대한 전부명령이 내려지고 그 전부명령이 확정되었더라도 전부명령의 효력은 피압류채권이 기초가 된 도급계약이 해지되기 전에 발생한 보수채권에 미칠 뿐 그 계약이 해지된 후 제3채무자와 제3자 사이에 새로 체결된 공사계약에서 발생한 공사대금채권에는 미칠 수 없다.(대판 2006.1.26, 2003다29456)

판례 가압류를 본집행절차로 이행한 후 본압류의 신청을 취하한 경우 가압류집행의 효력 : 채권자가 금전채권의 가압류를 본압류로 전이하는 압류 및 추심명령을 받아 본집행절차로 이행한 후 본압류의 신청만을 취하함으로써 본집행절차가 종료한 경우, 특단의 사정이 없는 한 그 가압류집행에 의한 보전 목적이 달성된 것이라거나 그 목적 달성이 불가능하게 된 것이라고는 볼 수 없으므로 그 가압류집행의 효력이 본집행과 함께 당연히 소멸되는 것은 아니므로, 채권자는 제3채무자에 대하여 그 가압류집행의 효력을 주장할 수 있다.(대판 2000.6.9, 97다34594)

제224조【집행법원】 ① 제223조의 집행법원은 채무자의 보통재판적이 있는 곳의 지방법원으로 한다.
② 제1항의 지방법원이 없는 경우 집행법원은 압류한 채권의 채무자(이하 "제3채무자"라 한다)의 보통재판적이 있는 곳의 지방법원으로 한다. 다만, 이 경우에 물건의 인도를 목적으로 하는 채권과 물적 담보권 있는 채권에 대한 집행법원은 그 물건이 있는 곳의 지방법원으로 한다.
③ 가압류에서 이전되는 채권압류의 경우에 제223조의 집행법원은 가압류를 명한 법원이 있는 곳을 관할하는 지방법원으로 한다.

참조 [채권의 압류명령]223, [원칙적 집행법원]3, [전속관할]21, [보통재판적]민소2-6 [채권가압류의 집행법원]296②③, [물상담보권]민320 · 329 · 345 · 356

제225조【압류명령의 신청】 채권자는 압류명령신청에 압류할 채권의 종류와 액수를 밝혀야 한다.

참조 [압류명령 신청방식]4, 민집규159, [압류명령신청의 취하]민소266 ③, 민집규160

제226조【심문의 생략】 압류명령은 제3채무자와 채무자를 심문하지 아니하고 한다.

참조 [심문]민소134②③, [제3채무자의 진술]237

제227조【금전채권의 압류】 ① 금전채권을 압류할 때에는 법원은 제3채무자에게 채무자에 대한 지급을 금지하고 채무자에게 채권의 처분과 영수를 금지하여야 한다.
② 압류명령은 제3채무자와 채무자에게 송달하여야 한다.
③ 압류명령이 제3채무자에게 송달되면 압류의 효력이 생긴다.
④ 압류명령의 신청에 관한 재판에 대하여는 즉시항고를 할 수 있다.

참조 [채권의 가압류]296③, [제3채무자의 지위]민487 · 498, [채무자의 증서인도의무]234, [압류명령]223, [송달]민소174이하, [통지]11 · 12, [압류명령에 대한 불복과 집행정지]15

판례 채권가압류에 있어서 채권자가 가압류신청을 취하하면 가압류결정은 그로써 효력이 소멸되지만, 채권가압류결정정본이 제3채무자에게 이미 송달되어 가압류결정이 집행되었다면 그 취하통지서가 제3채무자에게 송달되었을 때 비로소 가압류집행의 효력이 장래를 향하여 소멸되는 것인바, 이러한 법리는 그 취하통지서가 제3채무자에게 송달되기 전에 제3채무자가 집행법원 법원사무관 등의 통지에 의하지 아니한 다른 방법으로 가압류신청 취하사실을 알게 된 경우에도 마찬가지다.(대판 2008.1.17, 2007다73826,2000다19373)

판례 제3채무자의 압류채무자에 대한 자동채권이 수동채권인 피압류채권과 동시이행의 관계에 있는 경우에는, 비록 압류명령이 제3채무자에게 송달되어 압류의 효력이 생긴 후에 비로소 자동채권이 발생하였다고 하더라도 동시이행의 항변권을 주장할 수 있는 제3채무자로서는 그 채권에 의한 상계로써 압류채권자에게 대항할 수 있는 것으로서, 이 경우 자동채권이 발생한 기초가 되는 원인은 수동채권이 압류되기 전에 이미 성립하여 존재하고 있었던 것이므로 그 자동채권은 민법 제498조에 규정된 '지급을 금지하는 명령을 받은 제3채무자가 그 후에 취득한 채권'에 해당하지 않는다.
(대판 2005.11.10, 2004다37676)

판례 압류 등의 경합이 있는 경우 추심명령을 얻은 추심채권자의 채권행사의 내용 : 추심채권자가 추심을 마쳤음에도 지체 없이 공탁 및 사유신고를 하지 아니한 경우에는 그로 인한 손해배상으로서, 제3채무자로부터 추심금을 지급받은 후 공탁 및 사유신고에 필요한 상당한 기간을 경과한 때부터 실제 추심금을 공탁할 때까지의 기간 동안 금전채무의 이행을 지체한 경우에 관한 법정지연손해금 상당의 금원도 공탁하여야 할 의무가 있다.(대판 2005.7.28, 2004다8753)

제228조【저당권이 있는 채권의 압류】 ① 저당권이 있는 채권을 압류할 경우 채권자는 채권압류사실을 등기부에 기입하여 줄 것을 법원사무관등에게 신청할 수 있다. 이 신청은 채무자의 승낙 없이 법원에 대한 압류명령의 신청과 함께 할 수 있다.
② 법원사무관등은 의무를 지는 부동산 소유자에게 압류명령이 송달된 뒤에 제1항의 신청에 따른 등기를 촉탁하여야 한다.

참조 [저당권]민356이하, 부등75, [집행법원]224, [압류명령신청]225, [송달]민소174이하, [등기촉탁]민집규167 · 168

제229조【금전채권의 현금화방법】 ① 압류한 금전채권에 대하여 압류채권자는 추심명령(推尋命令)이나 전부명령(轉付命令)을 신청할 수 있다.
② 추심명령이 있는 때에는 압류채권자는 대위절차(代位節次) 없이 압류채권을 추심할 수 있다.
③ 전부명령이 있는 때에는 압류된 채권은 지급에 갈음하여 압류채권자에게 이전된다.
④ 추심명령에 대하여는 제227조제2항 및 제3항의 규정을, 전부명령에 대하여는 제227조제2항의 규정을 각각 준용한다.
⑤ 전부명령이 제3채무자에게 송달될 때까지 그 금전채권에 관하여 다른 채권자가 압류 · 가압류 또는 배당요구를 한 경우에는 전부명령은 효력을 가지지 아니한다.
⑥ 제1항의 신청에 관한 재판에 대하여는 즉시항고를 할 수 있다.
⑦ 전부명령은 확정되어야 효력을 가진다.
⑧ 전부명령이 있은 뒤에 제49조제2호 또는 제4호의 서류를 제출한 것을 이유로 전부명령에 대한 즉시항고가 제기된 경우에는 항고법원은 다른 이유로 전부명령을 취소하는 경우를 제외하고는 항고에 관한 재판을 정지하여야 한다.

참조 [압류명령신청]4 · 225, 민소161, [특별한 현금화 방법]241, [대위]민404, 비송45이하, [추심명령의 효과]232, [전부명령의 효과]231, [압류명령의 송달]227②③, [송달]민소174이하, [가압류]276이하, [배당요구]247, [즉시항고]15, [강제집행의 일시정지 재판정본의 제출]49(2), [채권자의 변제수령증서의 제출]49(4), [항고법원의 집행정지]민소448

판례 압류된 금전채권에 대한 전부명령이 절차상 적법하게 발부되어 확정되었어도, 전부명령이 제3채무자에게 송달될 때 피압류채권이 존재하지 않으면 전부명령은 무효이므로, 피압류채권이 전부채권자에게 이전되거나 집행채권이 변제되어 소멸하는 효과는 발생할 수 없다.(대판 2007.4.12, 2005다1407)

판례 주택임대차보호법 제3조 제1항의 대항요건을 갖춘 임차인의 임대차보증금반환채권에 대한 압류 및 전부명령이 확정되어 임차인의 임대차보증금반환채권이 집행채권자에게 이전된 경우 제3채무자인 임대인으로서는 임차인에 대하여 부담하고 있던 채무를 집행채권자에 대하여 부담하게 될 뿐 그가 임대차목적물인 주택의 소유자로서 이를 제3자에게 매도할 권능은 그대로 보유하는 것이며, 위와 같이 소유자인 임대인이 당해 주택을 매도한 경우 주택임대차보호법 제3조 제2항에 따라 전부채권자에 대한 보증금지급의무를 면하게 되므로, 결국 임대인은 전부금지급의무를 부담하지 않는다.
(대판 2005.9.9, 2005다23773)

판례 강제집행의 기초가 된 법률행위에 무효사유가 있는 경우의 전부명령의 효력(적극) : 채무자 또는 그 대리인의 유효한 작성촉탁과 집행인낙의 의사표시에 터잡아 작성된 공정증서를 집행권원으로 하는 금전채권에 대한 강제집행절차에서, 비록 그 공정증서에 표시된 청구권의 기초가 되는 법률행위에 무효사유가 있다고 하더라도 그 강제집행절차가 청구이의의 소 등을 통하여 적법하게 취소 · 정지되지 아니한 채 계속 진행되어 채권압류 및 전부명령이 적법하게 확정되었다면, 그 강제집행절차가 반사회적 법률행위의 수단으로 이용되었다는 등의 특별한 사정이 없는 한, 단지 이러한 법률행위의 무효사유를 내세워 확정된 전부명령에 따라 전부채권자에게 피전부채권이 이전되는 효력 자체를 부정할 수는 없고, 다만 위와 같이 전부명령이 확정된 후 그 집행권원인 집행증서의 기초가 된 법률행위 중 전부 또는 일부에 무효사유가 있는 것으로 판명된 경우에 그 무효부분에 관하여는 집행채권자가 부당이득을 한 셈이 되므로, 그 집행채권자는 집행채무자에게, 위 전부명령에 따라 전부받은 채권 중 실제로 추심한 금전 부분에 관하여는 그 상당액을 반환하여야 하고, 추심하지 아니한 나머지 부분에 관하여는 그 채권 자체를 양도하는 방법에 의하여 반환하여야 한다.(대판 2005.4.15, 2004다70024)

판례 채권압류 및 전부명령에 대하여 채무자가 채권의 부존재를 이유로 불복할 수 있는지 여부(소극) : 채권의 압류 및 전부명령은 금전채권의 채무명의를 가지는 채권자가, 그 채무명의상의 채무자가 제3채무자에 대하여 가지는 금전채권을 대상으로 하는 강제집행으로서, 법원은 압류 및 전부명령의 결정을 함에 있어서는 채무명의의 송달, 선행하는 압류명령의 존부, 피전부적격의 유무 등의 요건을 심리하면 되고, 실지로 채무자가 제3채무자에게 압류 및 전부명령의 대상이 되는 채권을 가지고 있는지 여부는 따질 필요가 없는 것이 원칙이고, 만일 채무자의 제3채무자에 대한 그와 같은 채권이 존재하지 아니하는 경우에는 전부명령이 확정되더라도 변제의 효력이 없는 것이며, 채무자로서는 제3채무자에게 그와 같은 채권을 가지고 있지 않다고 하더라도 특별한 사정이 없는 한 이로 인하여 어떠한 불이익이 있는 것이 아니므로, 이것을 이유로 하여서는 스스로 불복의 사유로 삼을 수 없다.(대결 2004.1.5, 2003마1667)

제230조【저당권이 있는 채권의 이전】 저당권이 있는 채권에 관하여 전부명령이 있는 경우에는 제228조의 규정을 준용한다.

참조 [저당권이 있는 채권의 압류]228, [전부명령]229 · 231, [저당권이전등기의 촉탁]민집규167

제231조【전부명령의 효과】 전부명령이 확정된 경우에는 전부명령이 제3채무자에게 송달된 때에 채무자가 채무를 변제한 것으로 본다. 다만, 이전된 채권이 존재하지 아니한 때에는 그러하지 아니하다.

참조 [전부명령]229, [전부명령 제외]245, [전부명령후의 배당요구 불가능]247②

판례 "전부명령이 확정된 경우에는 전부명령이 제3채무자에게 송달된 때에 채무자가 채무를 변제한 것으로 본다"고 규정하고 있는바, 이는 집행채권자가 전부명령에 의하여 피전부채권에 대하여 독점적인 권리를 취득하는 것에 상응하여 전부명령으로 집행채권이 변제되는 것과 동일한 효과가 발생한다는 취지를 정하고 있는 것으로 해석된다. 그러므로 채권자가 약속어음금 채권을 집행채권으로 하여 약속어음 채무자가 제3채무자에 대하여 가지는 채권의 압류 및 전부명령을 받아 확정되었다면 위 전부명령이 제3채무자에게 송달된 때에 소급하여 피전부채권이 채권자에게 이전하고, 이는 집행채무자가 채무의 이행에 갈음하여 현실적인 출연을 한 것과 법률상 동일하게 취급되어 집행채권인 약속어음금 채권은 변제된 것으로 보아 소멸한다.(대판 2009.2.12, 2006다88234)

판례 피압류 채권의 존부 및 범위가 불확실한 장래의 채권인 경우의 전부명령의 효력(적극) : 전부명령이 확정되면 피압류채권은 전부명령이 제3채무자에게 송달된 때에 소급하여 집행채권의 범위 안에서 당연히 전부채권자에게 이전하고 동시에 집행채권 소멸의 효력이 발생하며, 이 점은 피압류채권이 그 존부 및 범위를 불확실하게 하는 요소를 내포하고 있는 장래의 채권인 경우에도 마찬가지고, 따라서 장래의 채권에 관하여 압류 및 전부명령이 확정되면 그 부분 피압류채권은 이미 전부채권자에게 이전된 것이므로 그 이후 동일한 장래의 채권에 관하여 다시 압류 및 전부명령이 발하여졌다고 하더라도 압류의 경합은 생기지 않고, 다만 장래의 채권 중 선행 전부채권자에게 이전된 부분을 제외한 나머지 중 해당 부분 피압류채권이 후행 전부채권자에게 이전될 뿐이다.(대판 2004.9.23, 2004다29354)

판례 집행채권이 소멸하였거나 실제 채무액을 초과하는 경우의 채권압류 및 전부명령의 효력(적극) : 집행력 있는 집행권원에 기하여 채권압류 및 전부명령이 적법하게 이루어진 이상 피압류채권은 집행채권의 범위 내에서 당연히 집행채권자에게 이전한다 할 것이어서 그 집행채권이 이미 소멸하였거나 실제 채무액을 초과하더라도 그 채권압류 및 전부명령에는 아무런 영향이 없고, 제3채무자로서는 채무자에 대하여 부담하고 있는 채무액의 한도 내에서 집행채권자에게 변제하면 완전히 면책된다.(대판 2004.5.28, 2004다6542)

제232조【추심명령의 효과】 ① 추심명령은 그 채권전액에 미친다. 다만, 법원은 채무자의 신청에 따라 압류채권자를 심문하여 압류액수를 그 채권자의 요구액수로 제한하고 채무자에게 그 초과된 액수의 처분과 영수를 허가할 수 있다.

② 제1항 단서의 제한부분에 대하여 다른 채권자는 배당요구를 할 수 없다.

③ 제1항의 허가는 제3채무자와 채권자에게 통지하여야 한다.

참조 [추심명령]229, [집행법원]224, [신청]민소161, [심문]민소134②③ · 160, [추심신고]236, [추심명령과 배당요구]247①, [추심의 소]238 · 249, [추심명령 후 집행정지시의 통지]민집규161

판례 추심명령을 얻은 추심채권자는 일종의 추심기관으로서 채무자를 대신하여 추심의 목적에 맞도록 채권을 행사하여야 하고, 특히 압류 등의 경합이 있는 경우에는 압류 또는 배당에 참가한 모든 채권자를 위하여 제3채무자로부터 채권을 추심하여야 한다.
(대판 2005.7.28, 2004다8753)

판례 제3채무자의 정당한 추심권자에 대한 변제의 효력(소극) : 추심명령을 얻어 채권을 추심하는 채권자는 일종의 추심기관으로서 제3채무자로부터 추심을 하는 것이므로 제3채무자로서도 정당한 추심권자에게 지급하면 피압류채권은 소멸하는 것이고, 채권압류명령은 그 명령이 제3채무자에게 송달됨으로써 효력이 생기는 것이므로, 제3채무자의 지급으로 인하여 피압류채권이 소멸한 이상 설령 다른 채권자가 그 변제 전에 동일한 피압류채권에 대하여 채권압류명령을 신청하고 나아가 압류명령을 얻었다고 하더라도 제3채무자가 추심권자에게 지급한 후에 그 압류명령이 제3채무자에게 송달된 경우에는 추심권자가 추심한 금원에 그 압류의 효력이 미친다고 볼 수 없다.
(대판 2005.1.13, 2003다29937)

제233조【지시채권의 압류】 어음 · 수표 그 밖에 배서로 이전할 수 있는 증권으로서 배서가 금지된 증권채권의 압류는 법원의 압류명령으로 집행관이 그 증권을 점유하여 한다.

참조 [압류명령]223, [채무자가 점유하고 있는 물건의 압류]189－191, [배서로 이전할 수 있는 증권]민508이하, 상65 · 130 · 157 · 336 · 861, 어음11 · 77①, 수표14, [유가증권의 명의개서]211, [어음의 제시의무]212

제234조【채권증서】 ① 채무자는 채권에 관한 증서가 있으면 압류채권자에게 인도하여야 한다.

② 채권자는 압류명령에 의하여 강제집행의 방법으로 그 증서를 인도받을 수 있다.

참조 [채권증서]민475, [압류명령]223

제235조【압류의 경합】 ① 채권 일부가 압류된 뒤에 그 나머지 부분을 초과하여 다시 압류명령이 내려진 때에는 각 압류의 효력은 그 채권 전부에 미친다.

② 채권 전부가 압류된 뒤에 그 채권 일부에 대하여 다시 압류명령이 내려진 때 그 압류의 효력도 제1항과 같다.

참조 [채권압류경합의 효과]229⑤ · 247 · 248③

판례 계속적 수입채권에 대하여 여러 건의 압류가 시기를 달리하여 발해진 결과 압류경합이 된 경우에 각 압류에서 그 압류의 효력이 미치는 채권의 발생시기를 특별히 제한하여 명시한 경우가 아니라면 각 압류의 효력은 그 압류 후에 발생한 계속적 수입채권 전부에 미치고, 다른 압류보다 뒤에 발해진 압류라도 그 압류 전에 다른 사유로 압류의 효력이 배제된 경우를 제외하고는 원칙적으로 당해 압류 전에 발생한 채권 전부에 대하여 그 효력이 미친다. 그리고 압류경합의 경우, 추심명령을 받아 채권을 추심하는 채권자는 집행법원의 수권에 따라 일종의 추심기관으로서 압류나 배당에 참가한 모든 채권자를 위하여 제3채무자로부터 추심을 하는 것이므로 제3채무자로서도 정당한 추심권자에게 변제하면 그 효력은 압류경합 관계에 있는 모든 채권자에게 미치고 또한 제3채무자가 집행공탁을 하거나 상계 기타의 사유로 압류채권을 소멸시키면 그 효력도 압류경합 관계에 있는 모든 채권자에게 미친다.(대판 2003.5.30, 2001다10748)

제236조【추심의 신고】 ① 채권자는 추심한 채권액을 법원에 신고하여야 한다.

② 제1항의 신고전에 다른 압류 · 가압류 또는 배당요구가 있었을 때에는 채권자는 추심한 금액을 바로 공탁하고 그 사유를 신고하여야 한다.

참조 [배당요구의 불허]247①, [추심신고의 방식]민집규162, [공탁후의 배당절차]252

판례 채권압류 및 추심명령을 받은 채권자가 제3채무자로부터 피압류채권을 추심한 다음 추심신고를 한 경우 그때까지 다른 압류 · 가압류 또는 배당요구가 없으면 그 추심한 범위 내에서 피압류채권은 소멸하고, 집행법원은 추심금의 충당관계 등을 조사하여 집행채권 전액이 변제된 경우에는 집행력 있는 정본을 채무자에게 교부하며, 일부 변제가 된 경우에는 그 취지를 집행력 있는 정본 등에 적은 다음 채권자에게 돌려주는 등의 조치를 취함으로써 채권집행이 종료하게 된다. 한편, 가압류가 본압류로 이행되어 강제집행이 이루어진 경우에는 가압류집행은 본집행에 포섭됨으로써 당초부터 본집행이 있었던 것과 같은 효력이 있게 되므로, 본집행이 되어 있는 한 채무자는 가압류에 대한 이의신청이나 취소신청 또는 가압류집행 자체의 취소 등을 구할 실익이 없게 되고, 특히 강제집행조차 종료한 경우에는 그 강제집행의 근거가 된 가압류결정 자체의 취소나 가압류집행의 취소를 구할 이익은 더 이상 없다.(대판 2004.12.10, 2004다54725)

제237조【제3채무자의 진술의무】 ① 압류채권자는 제3채무자로 하여금 압류명령을 송달받은 날부터 1주 이내에 서면으로 다음 각호의 사항을 진술하게 하도록 법원에 신청할 수 있다.

1. 채권을 인정하는지의 여부 및 인정한다면 그 한도
2. 채권에 대하여 지급할 의사가 있는지의 여부 및 의사가 있다면 그 한도
3. 채권에 대하여 다른 사람으로부터 청구가 있는지의 여부 및 청구가 있다면 그 종류
4. 다른 채권자에게 채권을 압류당한 사실이 있는지의 여부 및 그 사실이 있다면 그 청구의 종류

② 법원은 제1항의 진술을 명하는 서면을 제3채무자에게 송달하여야 한다.

③ 제3채무자가 진술을 게을리 한 때에는 법원은 제3채무자에게 제1항의 사항을 심문할 수 있다.

참조 [압류명령의 송달]227②③, [기간]민소170 · 172①, [신청]민소161, [집행법원]224, [송달]민소174이하, [심문]민소134②

제238조【추심의 소제기】 채권자가 명령의 취지에 따라 제3채무자를 상대로 소를 제기할 때에는 일반규정에 의한 관할법원에 제기하고 채무자에게 그 소를 고지하여야 한다. 다만, 채무자가 외국에 있거나 있는 곳이 분명하지 아니한 때에는 고지할 필요가 없다.

참조 [명령의 취지]229①, [추심의 소]249, [소송고지]민소84-86, [판결의 효력]민소218③

제239조【추심의 소홀】 채권자가 추심할 채권의 행사를 게을리 한 때에는 이로써 생긴 채무자의 손해를 부담한다.

참조 [채무자의 추심 금지]227①, [채권자의 추심 최고]250, [추심명령]229① · 232

제240조【추심권의 포기】 ① 채권자는 추심명령에 따라 얻은 권리를 포기할 수 있다. 다만, 기본채권에는 영향이 없다.

② 제1항의 포기는 법원에 서면으로 신고하여야 한다. 법원사무관등은 그 등본을 제3채무자와 채무자에게 송달하여야 한다.

참조 [채권자의 추심권]229① · 232, [압류명령신청의 취하]225, [포기신고서의 송달]227③, 민소174이하

제241조【특별한 현금화방법】 ① 압류된 채권이 조건 또는 기한이 있거나, 반대의무의 이행과 관련되어 있거나 그 밖의 이유로 추심하기 곤란할 때에는 법원은 채권자의 신청에 따라 다음 각호의 명령을 할 수 있다.

1. 채권을 법원이 정한 값으로 지급함에 갈음하여 압류채권자에게 양도하는 양도명령
2. 추심에 갈음하여 법원이 정한 방법으로 그 채권을 매각하도록 집행관에게 명하는 매각명령
3. 관리인을 선임하여 그 채권의 관리를 명하는 관리명령
4. 그 밖에 적당한 방법으로 현금화하도록 하는 명령

② 법원은 제1항의 경우 그 신청을 허가하는 결정을 하기 전에 채무자를 심문하여야 한다. 다만, 채무자가 외국에 있거나 있는 곳이 분명하지 아니한 때에는 심문할 필요가 없다.

③ 제1항의 결정에 대하여는 즉시항고를 할 수 있다.

④ 제1항의 결정은 확정되어야 효력을 가진다.

⑤ 압류된 채권을 매각한 경우에는 집행관은 채무자를 대신하여 제3채무자에게 서면으로 양도의 통지를 하여야 한다.

⑥ 양도명령에는 제227조제2항 · 제229조제5항 · 제230조 및 제231조의 규정을, 매각명령에 의한 집행관의 매각에는 제108조의 규정을, 관리명령에는 제227조제2항의 규정을, 관리명령에 의한 관리에는 제167조, 제169조 내지 제171조, 제222조제2항 · 제3항의 규정을 각각 준용한다.

참조 [금전채권의 현금화방법]229, [채권의 평가]민집규163, [양도명령]민집규164, [매각명령]민집규165, [그 밖의 현금화명령]민집규166, [심문]민소134②, [즉시항고]15, [압류명령 · 전부명령의 송달]227② · 229⑤, [저당권이 있는 채권에 대한 전부명령과 효과]230 · 231, [매각장소의 질서유지]108, [관리인에 대한 법원의 지휘 · 감독과 관리인의 의무]167 · 169-171, [매각대금의 공탁과 신고]222②③

제242조【유체물인도청구권 등에 대한 집행】 부동산 · 유체동산 · 선박 · 자동차 · 건설기계 · 항공기 · 경량항공기 등 유체물의 인도나 권리이전의 청구권에 대한 강제집행에 대하여는 제243조부터 제245조까지의 규정을 우선적용하는 것을 제외하고는 제227조부터 제240조까지의 규정을 준용한다.(2015.5.18 본조개정)

改前 …자동차 · 건설기계 · "항공기" 등…강제집행에 대하여는 "제243조 및 제245조의 규정"을 우선적용하는 것을 제외하고는 "제227조 내지 제240조의 규정"을 준용한다.

참조 [유체동산 및 부동산청구권의 압류]243 · 244, [전부명령 제외]245, [금전채권의 압류, 추심 및 전부명령]227-240

제243조【유체동산에 관한 청구권의 압류】 ① 유체동산에 관한 청구권을 압류하는 경우에는 법원이 제3채무자에 대하여 그 동산을 채권자의 위임을 받은 집행관에게 인도하도록 명한다.

② 채권자는 제3채무자에 대하여 제1항의 명령의 이행을 구하기 위하여 법원에 추심명령을 신청할 수 있다.

③ 제1항의 동산의 현금화에 대하여는 압류한 유체동산의 현금화에 관한 규정을 적용한다.

참조 [유체동산]민98, [제3자점유물의 인도]191 · 193, [추심명령]229 · 232, [유체동산의 현금화]민집규165④ · 169, [압류물의 환가규정]199이하

제244조【부동산청구권에 대한 압류】 ① 부동산에 관한 인도청구권의 압류에 대하여는 그 부동산소재지의 지방법원은 채권자 또는 제3채무자의 신청에 의하여 보관인을 정하고 제3채무자에 대하여 그 부동산을 보관인에게 인도할 것을 명하여야 한다.

② 부동산에 관한 권리이전청구권의 압류에 대하여는 그 부동산소재지의 지방법원은 채권자 또는 제3채무자의 신청에 의하여 보관인을 정하고 제3채무자에 대하여 그 부동산에 관한 채무자명의의 권리이전등기절차를 보관인에게 이행할 것을 명하여야 한다.

③ 제2항의 경우에 보관인은 채무자명의의 권리이전등기신청에 관하여 채무자의 대리인이 된다.

④ 채권자는 제3채무자에 대하여 제1항 또는 제2항의 명령의 이행을 구하기 위하여 법원에 추심명령을 신청할 수 있다.

참조 [인도된 부동산의 집행]민집규170, [부동산]민99①, [신청]161, [부동산에 대한 강제집행]78 · 79, [관리인]166, [추심명령]229 · 232, [추심의 소]238 · 249

판례 소유권이전등기청구권에 대한 압류후의 제3채무자의 처분과 불법행위 : 소유권이전등기청구권에 대한 압류가 있으면 그 변제금지의 효력에 의하여 제3채무자는 채무자에게 임의로 이전등기를 이행하면 안되나, 그와 같은 압류는 채권에 대한 것이지 등기청구권의 목적물인 부동산에 대한 것이 아니고, 채무자와 제3채무자에게 결정을 송달하는 외에 현행법상 등기부에 이를 공시하는 방법이 없는 것으로서 당해 채권자와 채무자 및 제3채무자 사이에만 효력을 가지며, 제3자에 대하여는 압류의 변제금지의 효력을 주장할 수 없으므로 소유권이전등기청구권의 압류는 청구권의 목적물인 부동산 자체의 처분을 금지하는 대물적 효력은 없어서 제3채무자나 채무자로부터 이전등기를 경료한 제3자에 대하여는 취득한 등기가 원인무효라고 주장하여 말소를 청구할 수 없고, 제3채무자가 압류결정을 무시하고 이전등기를 이행하고 채무자가 다시 제3자에게 이전등기를 경료해 준 결과 채권자에게 손해를 입힌 때에는 불법행위를 구성하고 그에 따른 배상책임을 지게 된다.(대판 2000.2.11, 98다35327)

제245조【전부명령 제외】 유체물의 인도나 권리이전의 청구권에 대하여는 전부명령을 하지 못한다.

참조 [전부명령]229① · 231, [유체물]민98

제246조【압류금지채권】 ① 다음 각호의 채권은 압류하지 못한다.

1. 법령에 규정된 부양료 및 유족부조료(遺族扶助料)
2. 채무자가 구호사업이나 제3자의 도움으로 계속 받는 수입
3. 병사의 급료
4. 급료·연금·봉급·상여금·퇴직연금, 그 밖에 이와 비슷한 성질을 가진 급여채권의 2분의 1에 해당하는 금액. 다만, 그 금액이 국민기초생활보장법에 의한 최저생계비를 고려하여 대통령령이 정하는 금액에 미치지 못하는 경우 또는 표준적인 가구의 생계비를 고려하여 대통령령이 정하는 금액을 초과하는 경우에는 각각 당해 대통령령이 정하는 금액으로 한다.(2022.1.4 단서개정)
5. 퇴직금 그 밖에 이와 비슷한 성질을 가진 급여채권의 2분의 1에 해당하는 금액(2005.1.27 본호신설)
6. 「주택임대차보호법」 제8조, 같은 법 시행령의 규정에 따라 우선변제를 받을 수 있는 금액(2010.7.23 본호신설)
7. 생명, 상해, 질병, 사고 등을 원인으로 채무자가 지급받는 보장성보험의 보험금(해약환급 및 만기환급금을 포함한다). 다만, 압류금지의 범위는 생계유지, 치료 및 장애 회복에 소요될 것으로 예상되는 비용 등을 고려하여 대통령령으로 정한다.(2011.4.5 본호신설)
8. 채무자의 1월간 생계유지에 필요한 예금(적금·부금·예탁금과 우편대체를 포함한다). 다만, 그 금액은 「국민기초생활 보장법」에 따른 최저생계비, 제195조제3호에서 정한 금액 등을 고려하여 대통령령으로 정한다.(2011.4.5 본호신설)

8. 제246조의2에 따른 생계비계좌에 예치된 예금
(2025.1.31 본호개정 : 2026.2.1 시행)
9. 제8호에 따른 예금 외에 채무자의 1월간 생계유지에 필요한 예금(적금·부금·예탁금과 우편대체를 포함한다). 다만, 그 금액은 「국민기초생활 보장법」에 따른 최저생계비, 제195조제3호에서 정한 금액 및 제8호에 따른 생계비계좌에 예치된 금액 등을 고려하여 대통령령으로 정한다.(2025.1.31 본호신설 : 2026.2.1 시행)

② 법원은 제1항제1호부터 제7호까지에 규정된 종류의 금원이 금융기관에 개설된 채무자의 계좌에 이체되는 경우 채무자의 신청에 따라 그에 해당하는 부분의 압류명령을 취소하여야 한다.(2011.4.5 본항신설)
③ 법원은 당사자가 신청하면 채권자와 채무자의 생활형편, 그 밖의 사정을 고려하여 압류명령의 전부 또는 일부를 취소하거나 제1항의 압류금지채권에 대하여 압류명령을 할 수 있다.
④ 제3항의 경우에는 제196조제2항 내지 제5항의 규정을 준용한다.(2011.4.5 본항개정)

改前 4. …다만,…최저생계비를 "감안"하여 대통령령이 정하는 금액에 미치지 못하는 경우 또는 표준적인 가구의 생계비를 "감안"하여 대통령령이 정하는 금액을 초과하는 경우에는…

참조 [압류금지물]195·196, [다른 법률의 압류금지]공무원연금39, 군인연금18, 국민연금법58, 산업재해88②, 근기86, 어선원및어선재해보상보험법34·56, 형사보상및명예회복에관한법23, 국가유공자등예우19, 국세징수41－42, [부양료청구권]민974－979, [병사]군인사3④, [최저생계비]국민기초생활2, [압류명령]223, [압류금지물건을 정하는 재판의 취소] 196②－⑤

판례 소액임차보증금 반환채권 압류 금지 : 주택임대차보호법을 비롯한 여러 법률에서 소액임차보증금의 회수를 보장하기 위한 특례규정을 두고 있으나, 이러한 규정들만으로는 채권자가 강제집행을 통하여 소액임차인인 채무자로부터 소액임차보증금의 처분권을 박탈하는 것을 막을 수 없다. 따라서 소액임차인의 주거생활의 안정을 도모하고 이들의 인간다운 생활을 보장하기 위하여 강제집행을 제한하고 소액임차보증금 반환채권의 압류를 금지하는 것은 채권자인 청구인들의 재산권을 침해한다고 볼 수 없다.
(헌재결 2019.12.27, 2018헌마825)

판례 민사집행법은 제246조제1항제4호에서 퇴직연금 그 밖에 이와 비슷한 성질을 가진 급여채권은 그 1/2에 해당하는 금액만 압류하지 못하는 것으로 규정하고 있으나, 이는 '근로자퇴직급여 보장법'(이하 '퇴직급여법'이라고 한다)상 양도금지 규정과의 사이에서 일반법과 특별법의 관계에 있으므로, 퇴직급여법상 퇴직연금채권은 그 전액에 관하여 압류가 금지된다고 보아야 한다.(대판 2014.1.23, 2013다71180)

판례 퇴직위로금이나 명예퇴직수당은 그 직에서 퇴임하는 자에 대하여 그 재직 중 직무집행의 대가로서 지급되는 후불적 임금으로서의 보수의 성질을 아울러 가지므로 퇴직금과 유사하고, 따라서 이들은 민소 제579조 제4호 소정의 압류금지채권인 퇴직금 기타 유사한 급여채권에 해당한다.(대결 2000.6.8, 2000마1439)

제246조의2【생계비계좌】 ① 대통령령으로 정하는 금융기관은 예금자(자연인에 한정한다. 이하 이 조에서 같다)의 요청에 따라 예금자에게 필요한 1월간의 생계비로서 대통령령으로 정하는 금액(이하 이 조에서 "압류금지생계비"라 한다)을 초과하여 예치할 수 없는 계좌(이하 이 조에서 "생계비계좌" 라 한다)를 개설할 수 있다.
② 제1항에 따른 금융기관은 생계비계좌를 개설하기 전에 예금자의 동의를 얻어 대통령령으로 정하는 바에 따라 예금자가 다른 금융기관에 생계비계좌를 개설하였는지를 조회하여야 하며, 예금자가 다른 금융기관에 생계비계좌를 개설하지 아니한 경우에 한정하여 예금자를 위하여 하나의 생계비계좌를 개설할 수 있다.
③ 생계비계좌가 개설된 금융기관은 다음 각 호의 금액이 압류금지생계비를 초과하지 아니하도록 대통령령으로 정하는 바에 따라 관리하여야 한다.
1. 생계비계좌에 예치된 금액
2. 생계비계좌에 1월간 입금된 금액
(2025.1.31 본조신설 : 2026.2.1 시행)

제247조【배당요구】 ① 민법·상법, 그 밖의 법률에 의하여 우선변제청구권이 있는 채권자와 집행력 있는 정본을 가진 채권자는 다음 각호의 시기까지 법원에 배당요구를 할 수 있다.
1. 제3채무자가 제248조제4항에 따른 공탁의 신고를 한 때
2. 채권자가 제236조에 따른 추심의 신고를 한 때
3. 집행관이 현금화한 금전을 법원에 제출한 때
② 전부명령이 제3채무자에게 송달된 뒤에는 배당요구를 하지 못한다.
③ 제1항의 배당요구에는 제218조 및 제219조의 규정을 준용한다.
④ 제1항의 배당요구는 제3채무자에게 통지하여야 한다.

참조 [조세채권]국세35①, 지방세기본법71, [임금채권]근기38, [사용인의 우선변제권]상468, [선박우선특권]상777, [보험료]국민보험85, [집행력 있는 정본]28·38, [시효중단]민168·175, [제3채무자의 채무액공탁]248④, [채권자의 추심신고]236, [전부명령]229①·231, [배당요구의 절차]218, [배당요구의 방식]민집규48·173, [집행관의 배당요구통지]219, [통지]11·12

판례 민사집행법 제247조 제1항 제1호가 배당요구의 종기를 제3채무자의 공탁사유 신고시까지로 제한하고 있는 이유는 제3채무자가 채무액을 공탁하고 사유 신고를 마치면 배당할 금액이 판명되어 배당절차를 개시할 수 있는 만큼 늦어도 그 때까지는 배당요구가 마쳐져야 배당절차의 혼란과 지연을 막을 수 있다고 본 때문이다. 따라서 배당가입차단효는 배당을 전제로 한 집행공탁에 대하여만 발생하므로, 집행공탁과 변제공탁이 혼합된 소위 혼합공탁의 경우 변제공탁에 해당하는 부분에 대하여는 제3채무자의 공탁사유신고에 의한 배당가입차단효가 발생할 여지가 없다.(대판 2008.5.15, 2006다74693)

판례 국세징수법상의 압류와 민사집행법상의 압류의 효력의 차이 및 체납처분절차와 강제집행절차의 차이 등에 비추어 볼 때, 민사집행법 제248조 제1항 및 공익사업보상법 제40조 제2항 제4호 소정의 공탁의 전제가 되는 '압류'에는 국세징수법에 의한 채권의 압류는 포함되지 않는다고 보아야 할 것이다. 그렇다면 국세징수법상의 체납처분에 의한 압류만을 이유로 집행공탁이 이루어진 경우에는 사업시행자가 민사집행법 제248조 제4항에 따라 법원에 공탁사유를 신고하였다고 하더라도 민사집행법 제247조 제1항에 의한 배당요구 종기가 도래한다고 할 수는 없다.(대판 2007.4.12, 2004다20326)

판례 구 민소(2002.1.26. 법률 제6626호로 전문 개정되기 전의 것) 제580조 제1항은 금전채권에 대한 강제집행에 있어서 배당요구를 할 수 있는 채권자의 범위를 '민법·상법 기타 법률에 의하여 우선변제청구권이 있는 채권자'와 '집행력 있는 정본을 가진 채권자'로 제한하여 규정하고 있으므로, 그 어느 것에도 해당하지 않는 채권자는, 위 조항 각 호의 사유 발생 전에 미리 가압류를 하여 이른바 경합압류채권자로서 배당에 참가하게 되는 것은 별론으로 하고, 별도의 배당요구를 할 자격이 없다.(대판 2003.12.11, 2003다47638)

제248조【제3채무자의 채무액의 공탁】 ① 제3채무자는 압류에 관련된 금전채권의 전액을 공탁할 수 있다.
② 금전채권에 관하여 배당요구서를 송달받은 제3채무자는 배당에 참가한 채권자의 청구가 있으면 압류된 부분에 해당하는 금액을 공탁하여야 한다.
③ 금전채권중 압류되지 아니한 부분을 초과하여 거듭 압류명령 또는 가압류명령이 내려진 경우에 그 명령을 송달받은 제3채무자는 압류 또는 가압류채권자의 청구가 있으면 그 채권의 전액에 해당하는 금액을 공탁하여야 한다.
④ 제3채무자가 채무액을 공탁한 때에는 그 사유를 법원에 신고하여야 한다. 다만, 상당한 기간 이내에 신고가 없는 때에는 압류채권자, 가압류채권자, 배당에 참가한 채권자, 채무자, 그 밖의 이해관계인이 그 사유를 법원에 신고할 수 있다.

참조 [공탁법원]19, [배당요구의 통지]247④, [공탁신고방식]민집규172, [가압류된 금전채권액의 공탁]297

판례 채권가압류를 이유로 한 제3채무자의 공탁은 압류를 이유로 한 제3채무자의 공탁과 달리 그 공탁금으로부터 배당을 받을 수 있는 채권자의 범위를 확정하는 효력이 없고, 가압류의 제3채무자가 공탁을 하고 공탁사유를 법원에 신고하더라도 배당절차를 실시할 수 없으며, 공탁금에 대한 채무자의 출급청구권에 대하여 압류 및 공탁사유신고가 있을 때 비로소 배당절차를 실시할 수 있다.
(대판 2006.3.10, 2005다15765)

판례 제3채무자가 채권양도 등과 압류경합 등을 이유로 공탁한 경우에 제3채무자가 변제공탁을 한 것인지, 집행공탁을 한 것인지, 아니면 혼합공탁을 한 것인지는 피공탁자의 지정 여부, 공탁의 근거조문, 공탁사유, 공탁사유신고 등을 종합적·합리적으로 고려하여 판단하는 수밖에 없다.(대판 2005.5.26, 2003다12311)

판례 공탁사유신고의 각하결정과 배당가입차단의 효력(구법관계) : 채무액을 공탁한 제3채무자가 구 민소(2002.1.26. 법률 제6626호로 전문 개정되기 전의 것) 제581조 제3항에 따라 그 사유를 법원에 신고하면 배당절차가 개시되는 것이 원칙이지만 법원이 사유신고서를 접수한 결과 배당절차에 의할 것이 아니라고 판단될 경우 그 신고서를 각하하는 결정을 할 수 있고, 이 경우에는 배당절차가 개시되는 것이 아니므로 그 사유신고에는 새로운 권리자의 배당가입을 차단하는 같은 법 제580조 제1항 제1호 소정의 효력이 없다.
(대판 2005.5.13, 2005다1766)

판례 추심금 승소 확정판결에 기한 강제집행을 저지하기 위하여 집행공탁을 할 때의 공탁할 금액(구법관계) : 구 민소(2002.1.26. 법률 제6626호로 전문 개정되기 전의 것) 581조 1항에 기한 제3채무자의 집행공탁은 피압류채권에 대한 압류경합을 요건으로 하는 것으로서, 이 경우 제3채무자가 위 법 규정에 따라 공탁하여야 할 금액은 채무 전액이라고 할 것이고, 이러한 법리는 압류경합상태에 있는 피압류채권 중 일부에 관하여 일부 압류채권자가 추심명령을 얻은 후 추심금청구소송을 제기하여 승소확정된 경우 제3채무자가 그 추심금청구 사건의 확정판결에 기한 강제집행을 저지하기 위하여 위 법 규정에 따라 집행공탁하는 경우에도 달리 볼 것이 아니다.
(대판 2004.7.22, 2002다22700)

제249조【추심의 소】 ① 제3채무자가 추심절차에 대하여 의무를 이행하지 아니하는 때에는 압류채권자는 소로써 그 이행을 청구할 수 있다.
② 집행력 있는 정본을 가진 모든 채권자는 공동소송인으로 원고 쪽에 참가할 권리가 있다.
③ 소를 제기당한 제3채무자는 제2항의 채권자를 공동소송인으로 원고 쪽에 참가하도록 명할 것을 첫 변론기일까지 신청할 수 있다.
④ 소에 대한 재판은 제3항의 명령을 받은 채권자에 대하여 효력이 미친다.

참조 [추심명령]229·232, [추심의 소 제기]238, [제3채무자의 의무불이행]248②, [집행력있는 정본]28, [공동소송]민소65－70, [공동소송 참가]민소83, [참가신청의 방식]민소72, [첫 변론기일]민소165②, [기판력의 주관적범위]민소218③, [유사필요적공동소송]민소67

제250조【채권자의 추심최고】 압류채권자가 추심절차를 게을리 한 때에는 집행력 있는 정본으로 배당을 요구한 채권자는 일정한 기간내에 추심하도록 최고하고, 최고에 따르지 아니한 때에는 법원의 허가를 얻어 직접 추심할 수 있다.

참조 [추심명령]229·232, [추심의 소 제기]238, [추심의 소홀로 인한 손해배상]239

제251조【그 밖의 재산권에 대한 집행】 ① 앞의 여러 조문에 규정된 재산권 외에 부동산을 목적으로 하지 아니한 재산권에 대한 강제집행은 이 관의 규정 및 제98조 내지 제101조의 규정을 준용한다.
② 제3채무자가 없는 경우에 압류는 채무자에게 권리처분을 금지하는 명령을 송달한 때에 효력이 생긴다.

참조 [앞의 여러 조문에 규정된 재산권]61－250, [그 밖의 재산권에 대한 집행]민집규174·175, [예탁유가증권에 대한 강제집행]민집규176－182, [부동산에 대한 강제집행]78－171, [이관의 규정]223－251, [일괄매각의 결정과 절차]98－101, [압류명령의 송달]227②③

판례 사해행위취소권은 채무자와 수익자 간의 사해행위를 취소함으로써 채무자의 책임재산을 보전하는데 그 목적이 있으므로, 공법상의 허가권 등의 양도행위가 사해행위로서 채권자취소권의 대상이 되기 위해서는, 행정관청의 허가 없이 그 허가권 등을 자유로이 양도할 수 있는 등으로 그 허가권 등이 독립한 재산적 가치를 가지고 있어 민사집행법 제251조 소정의 '그 밖의 재산권'에 대한 집행방법에 의하여 강제집행할 수 있어야 할 것이다.(대판 2010.4.29, 2009다105734)

제4관 배당절차

제252조【배당절차의 개시】 법원은 다음 각호 가운데 어느 하나에 해당하는 경우에는 배당절차를 개시한다.
1. 제222조의 규정에 따라 집행관이 공탁한 때
2. 제236조의 규정에 따라 추심채권자가 공탁하거나 제248조의 규정에 따라 제3채무자가 공탁한 때
3. 제241조의 규정에 따라 현금화된 금전을 법원에 제출한 때

참조 [우선권자의 배당요구]217·247, [매각대금의 공탁]222, [채권자의 추심신고]236, [제3채무자의 채무액공탁]248, [특별한 현금화방법]241, [배당절차의 개시]민집규183·184, [배당법원]3①·21·222③

제253조【계산서 제출의 최고】 법원은 채권자들에게 1주 이내에 원금·이자·비용, 그 밖의 부대채권의 계산서를 제출하도록 최고하여야 한다.

참조 [배당절차의 개시]252, [계산서제출의 최고]민집규185②, [기간]민소170·172①, [비용]53①

제254조【배당표의 작성】 ① 제253조의 기간이 끝난 뒤에 법원은 배당표를 작성하여야 한다.
② 제1항의 기간을 지키지 아니한 채권자의 채권은 배당요구서와 사유신고서의 취지 및 그 증빙서류에 따라 계산한다. 이 경우 다시 채권액을 추가하지 못한다.

참조 [1주 이내의 제출기간]253, [배당표 비치]149, [배당요구]217·247, [사유신고서]222③·248④

판례 실체적 하자 있는 배당표에 기한 배당으로 인하여 배당받을 권리를 침해당한 자는 원칙적으로 배당기일에 출석하여 이의를 하고 배당이의의 소를 제기하여 구제받을 수 있고, 가사 배당기일에 출석하여 이의를 하지 않음으로써 배당표가 확정되었다고 하더라도, 확정된 배당표에 의하여 배당을 실시하는 것은 실체법상의 권리를 확정하는 것이 아니기 때문에 부당이득금반환청구의 소를 제기할 수 있지만, 배당표가 정당하게 작성되어 배당표 자체에 실체적 하자가 없는 경우에는 그 확정된 배당표에 따른 배당액의 지급을 들어 법률상 원인이 없는 것이라고 할 수 없다.(대판 2002.10.11, 2001다3054)

제255조【배당기일의 준비】 법원은 배당을 실시할 기일을 지정하고 채권자와 채무자에게 이를 통지하여야 한다. 다만, 채무자가 외국에 있거나 있는 곳이 분명하지 아니한 때에는 통지하지 아니한다.

참조 [기일통지서의 송달]23①, 민소167

제256조【배당표의 작성과 실시】 배당표의 작성, 배당표에 대한 이의 및 그 완결과 배당표의 실시에 대하여는 제149조 내지 제161조의 규정을 준용한다.

참조 [배당표의 작성]149, [배당표에 대한 이의]151, [이의의 완결]152, [배당이의의 소]154, [배당실시절차]159, [배당금액의 공탁]160, [배당의 실시]161

제3장 금전채권 외의 채권에 기초한 강제집행

제257조【동산인도청구의 집행】 채무자가 특정한 동산이나 대체물의 일정한 수량을 인도하여야 할 때에는

집행관은 이를 채무자로부터 빼앗아 채권자에게 인도하여야 한다.

참조 [동산인도청구의 집행]민집규186, [인도집행종료의 통지]민집규187, [동산]민99②, [동산에 대한 강제집행]188이하, [특정물 인도]민374·467, [대체물의 이행]민375, [집행관]2, 법원조직55

제258조【부동산 등의 인도청구의 집행】 ① 채무자가 부동산이나 선박을 인도하여야 할 때에는 집행관은 채무자로부터 점유를 빼앗아 채권자에게 인도하여야 한다.
② 제1항의 강제집행은 채권자나 그 대리인이 인도받기 위하여 출석한 때에만 한다.
③ 강제집행의 목적물이 아닌 동산은 집행관이 제거하여 채무자에게 인도하여야 한다.
④ 제3항의 경우 채무자가 없는 때에는 집행관은 채무자와 같이 사는 사리를 분별할 지능이 있는 친족 또는 채무자의 대리인이나 고용인에게 그 동산을 인도하여야 한다.
⑤ 채무자와 제4항에 적은 사람이 없는 때에는 집행관은 그 동산을 채무자의 비용으로 보관하여야 한다.
⑥ 채무자가 그 동산의 수취를 게을리 한 때에는 집행관은 집행법원의 허가를 받아 동산에 대한 강제집행의 매각절차에 관한 규정에 따라 그 동산을 매각하고 비용을 뺀 뒤에 나머지 대금을 공탁하여야 한다.

참조 [부동산]민99①, [집행관]2, 법원조직55, 집행관2, [선박에 대한 강제집행]172이하, [동산]민99②, [친족의 범위]민777, [압류물 보관]198, [집행방법]3, [압류물의 매각]199·214, [공탁]19, [인도집행 종료의 통지]민집규187, [집행시 취한 조치의 통지]민집규188, [집행조서]민집규189

판례 부동산의 간접점유자에 대한 인도집행 : 간접점유자가 직접점유자를 통하여 부동산을 간접적으로 점유하고 있는 경우 간접점유자 및 직접점유자에 대한 채무명의를 가지고 부동산에 대한 인도청구권을 집행하는 채권자로서는 현실적으로 직접점유자에 대하여 인도집행을 함으로써 간접점유자에 대한 인도집행을 한꺼번에 할 수 밖에 없으므로, 직접점유자에 대하여 부동산에 대한 인도집행을 마치면 간접점유자에 대하여도 집행을 종료한 것으로 보아야 할 것이고, 또한 강제집행정지는 집행 종료 후에는 허용되지 아니한다.(대결 2000.2.11, 99그92)

제259조【목적물을 제3자가 점유하는 경우】 인도할 물건을 제3자가 점유하고 있는 때에는 채권자의 신청에 따라 금전채권의 압류에 관한 규정에 따라 채무자의 제3자에 대한 인도청구권을 채권자에게 넘겨야 한다.

참조 [제3자가 점유하는 목적물]민집규190, [신청]민소161, [금전채권의 압류]223이하, [동산의 인도청구]257, [부동산·선박의 인도청구]258

제260조【대체집행】 ① 민법 제389조제2항 후단과 제3항의 경우에는 제1심 법원은 채권자의 신청에 따라 민법의 규정에 의한 결정을 하여야 한다.
② 채권자는 제1항의 행위에 필요한 비용을 미리 지급할 것을 채무자에게 명하는 결정을 신청할 수 있다. 다만, 뒷날 그 초과비용을 청구할 권리는 영향을 받지 아니한다.
③ 제1항과 제2항의 신청에 관한 재판에 대하여는 즉시항고를 할 수 있다.

참조 [부작위채무의 위반]민389③, [필요적 심문]262, [관할법원]21, 법원조직7④⑤, [신청]4, 민소161, [즉시항고]15

제261조【간접강제】 ① 채무의 성질이 간접강제를 할 수 있는 경우에 제1심 법원은 채권자의 신청에 따라 간접강제를 명하는 결정을 한다. 그 결정에는 채무의 이행의무 및 상당한 이행기간을 밝히고, 채무자가 그 기간 이내에 이행을 하지 아니하는 때에는 늦어진 기간에 따라 일정한 배상을 하도록 명하거나 즉시 손해배상을 하도록 명할 수 있다.
② 제1항의 신청에 관한 재판에 대하여는 즉시항고를 할 수 있다.

참조 [간접강제의 결정]민집규191, [필요적 심문]262, [신청]4, 민소161, [제1심법원]21, 법원조직7④⑤·32, [집행권원]56·57, [즉시항고]15

판례 고속도로로부터 발생하는 소음이 피해 주민들 주택을 기준으로 일정 한도를 초과하여 유입되지 않도록 하라는 취지의 유지청구는 소음발생원을 특정하여 일정한 종류의 생활방해를 일정 한도 이상 미치게 하는 것을 금지하는 것으로 청구가 특정되지 않은 것이라고 할 수 없고, 이러한 내용의 판결이 확정될 경우 민집 제261조 제1항에 따라 간접강제의 방법으로 집행을 할 수 있으므로, 이러한 청구가 내용이 특정되지 않거나 강제집행이 불가능하여 부적법하다고 볼 수는 없다.(대판 2007.6.15, 2004다37904,37911)

판례 간접강제결정 효력의 존속여부가 보전의 필요성 여부를 판단함에 있어 참작사유가 되는지 여부(소극) : 간접강제란 채무불이행에 대한 제재를 고지함으로써 그 제재를 면하기 위해 채무를 이행하도록 동기를 부여하는 것을 목적으로 하는 집행방법이고, 간접강제결정은 가처분결정의 집행방법에 불과하므로, 채권자가 채무자의 의무위반행위로 인해 간접강제결정에서 정한 배상금채권을 취득하고, 나아가 그 배상금채권의 강제집행절차에 나아갔다 해도, 그러한 사정만으로 피보전권리가 점포에 대한 점유권에 기한 방해배제청구권 내지는 방해예방청구권인 가처분신청에 있어서 보전의 필요성이 존재한다거나, 가처분결정이 계속 유지되어야 한다고 볼 수는 없으며, 간접강제결정 효력의 계속존속여부는 보전의 필요성 여부를 판단함에 있어 참작하여야 할 사유가 되지 않는다.(대판 2003.10.24, 2003다36331)

제262조【채무자의 심문】 제260조 및 제261조의 결정은 변론 없이 할 수 있다. 다만, 결정하기 전에 채무자를 심문하여야 한다.

참조 [수권결정 및 비용선지급결정]260, [간접강제결정]261, [심문]민소134②③

제263조【의사표시의무의 집행】 ① 채무자가 권리관계의 성립을 인낙한 때에는 그 조서로, 의사의 진술을 명한 판결이 확정된 때에는 그 판결로 권리관계의 성립을 인낙하거나 의사를 진술한 것으로 본다.
② 반대의무가 이행된 뒤에 권리관계의 성립을 인낙하거나 의사를 진술할 것인 경우에는 제30조와 제32조의 규정에 따라 집행문을 내어 준 때에 그 효력이 생긴다.

참조 [법률행위를 목적으로 하는 채무]민389②, [인낙]민소220, [판결의 확정시기]민소498, [집행문의 부여 및 재판장의 명령]30·32, [집행문부여신청]민집규19

제3편 담보권 실행 등을 위한 경매

제264조【부동산에 대한 경매신청】 ① 부동산을 목적으로 하는 담보권을 실행하기 위한 경매신청을 함에는 담보권이 있다는 것을 증명하는 서류를 내야 한다.
② 담보권을 승계한 경우에는 승계를 증명하는 서류를 내야 한다.
③ 부동산 소유자에게 경매개시결정을 송달할 때에는 제2항의 규정에 따라 제출된 서류의 등본을 붙여야 한다.

참조 [부동산에 대한 경매]민집규40－82, [담보권실행의 경매신청]민집규192, [전세권자 및 저당권자의 경매신청]민318·363, [가등기담보권자의 경매신청]가등기담보12①, [압류채권자승계의 통지]민집규193, [경매개시결정의 송달]83④

판례 근저당권자의 피담보채무 불이행을 이유로 한 경매신청에서의 피담보채무액의 확정 시기 근저당권자가 피담보채무의 불이행을 이유로 경매신청을 한 경우에는 경매신청시에 근저당 채무액이 확정되고, 그 이후부터 근저당권은 부종성을 가지게 되어 보통의 저당권과 같은 취급을 받게 되는바, 위와 같이 경매신청을 하여 경매개시결정이 있은 후에 경매신청이 취하되었다고 하더라도 채무확정의 효과가 번복되는 것은 아니다.(대판 2002.11.26, 2001다73022)

제265조【경매개시결정에 대한 이의신청사유】 경매절차의 개시결정에 대한 이의신청사유로 담보권이 없다는 것 또는 소멸되었다는 것을 주장할 수 있다.

참조 [경매개시결정에 대한 이의신청]16·86①, [대금완납에 따른 부동산취득의 효과]267, [변제공탁]민487, [경매절차의 정지]266

제266조【경매절차의 정지】 ① 다음 각호 가운데 어느 하나에 해당하는 문서가 경매법원에 제출되면 경매절차를 정지하여야 한다.
1. 담보권의 등기가 말소된 등기사항증명서(2011.4.12 본호개정)
2. 담보권 등기를 말소하도록 명한 확정판결의 정본
3. 담보권이 없거나 소멸되었다는 취지의 확정판결의 정본
4. 채권자가 담보권을 실행하지 아니하기로 하거나 경매신청을 취하하겠다는 취지 또는 피담보채권을 변제받았거나 그 변제를 미루도록 승낙한다는 취지를 적은 서류
5. 담보권 실행을 일시정지하도록 명한 재판의 정본

② 제1항제1호 내지 제3호의 경우와 제4호의 서류가 화해조서의 정본 또는 공정증서의 정본인 경우에는 경매법원은 이미 실시한 경매절차를 취소하여야 하며, 제5호의 경우에는 그 재판에 따라 경매절차를 취소하지 아니한 때에만 이미 실시한 경매절차를 일시적으로 유지하게 하여야 한다.
③ 제2항의 규정에 따라 경매절차를 취소하는 경우에는 제17조의 규정을 적용하지 아니한다.

改前 1. 담보권의 등기가 말소된 "등기부의 등본"

参조 [집행권원에 기한 강제집행에서의 집행정지]49 · 50, [화해조서]민소220 · 231, [공정증서]59, [집행절차취소결정에 대한 즉시항고]17

제267조【대금완납에 따른 부동산취득의 효과】 매수인의 부동산 취득은 담보권 소멸로 영향을 받지 아니한다.

参조 [소유권의 취득시기]135

판례 임의경매의 정당성은 실체적으로 유효한 담보권의 존재에 근거하므로, 담보권에 실체적 하자가 있다면 그에 기초한 경매는 원칙적으로 무효이다. 특히 채권자가 경매를 신청할 당시 실행하고자 하는 담보권이 이미 소멸하였다면, 그 경매개시결정은 아무런 처분권한이 없는 자가 국가에 처분권을 부여한 데에 따라 이루어진 것으로서 위법하다. 반면 일단 유효한 담보권에 기하여 경매개시결정이 개시되었다면, 이는 그 처분권이 적법하게 국가에 주어진 것이다. 이러한 점에서 이미 소멸한 저당권에 기하여 임의경매가 개시되고 매각이 이루어진 경우, 경매개시결정이 있은 뒤 담보권이 소멸한 경우에만 그 경매가 유효하다.(대판 2022.8.25, 2018다205209 전원합의체)

판례 채무자와 수익자 사이의 저당권설정행위가 사해행위로 인정되어 저당권설정계약이 취소되는 경우에도 당해 부동산이 이미 입찰절차에 의하여 낙찰되어 대금이 완납되었을 때에는 낙찰인의 소유권취득에는 영향을 미칠 수 없으므로, 채권자취소권의 행사에 따르는 원상회복의 방법으로 입찰인의 소유권이전등기를 말소할 수는 없고, 수익자가 받은 배당금을 반환하여야 한다.(대판 2001.2.27, 2000다44348)

제268조【준용규정】 부동산을 목적으로 하는 담보권 실행을 위한 경매절차에는 제79조 내지 제162조의 규정을 준용한다.

参조 [부동산에 대한 강제집행절차]79-162, [부동산담보권실행을 위한 경매]민집규194

제269조【선박에 대한 경매】 선박을 목적으로 하는 담보권 실행을 위한 경매절차에는 제172조 내지 제186조, 제264조 내지 제268조의 규정을 준용한다.

参조 [선박저당권]상787, [선박우선특권]상777, [선박에 대한 경매절차]172-186, 민집규95-104 · 195, [담보권실행을 위한 경매]264-268

제270조【자동차 등에 대한 경매】 자동차 · 건설기계 · 소형선박(「자동차 등 특정동산 저당법」 제3조제2호에 따른 소형선박을 말한다) 및 항공기(「자동차 등 특정동산 저당법」 제3조제4호에 따른 항공기 및 경량항공기를 말한다)를 목적으로 하는 담보권 실행을 위한 경매절차는 제264조부터 제269조까지, 제271조 및 제272조의 규정에 준하여 대법원규칙으로 정한다.(2015.5.18 본조개정)

改前 자동차 · 건설기계 · 소형선박…및 "항공기"를…경매절차는 "제264조 내지 제269조," 제271조 및 제272조의…

参조 [자동차, 건설기계, 항공기를 목적으로 하는 담보권]자동차특정동산3, [부동산을 목적으로 하는 담보권실행의 경매]269, 민집규195, [유체동산에 대한 경매]271 · 272, [자동차에 대한 경매절차]민집규197, [건설기계에 대한 경매절차]민집규198, [항공기에 대한 경매절차]민집규196

제271조【유체동산에 대한 경매】 유체동산을 목적으로 하는 담보권 실행을 위한 경매는 채권자가 그 목적물을 제출하거나, 그 목적물의 점유자가 압류를 승낙한 때에 개시한다.

参조 [동산을 목적으로 하는 담보권]274, 민329, [유체동산을 목적으로 하는 담보권실행의 경매]민집규199, [제3자점유물의 압류]191

제272조【준용규정】 제271조의 경매절차에는 제2편제2장제4절제2관의 규정과 제265조 및 제266조의 규정을 준용한다.

参조 [유체동산을 목적으로 하는 담보권실행의 경매]271, [유체동산에 대한 강제집행]4절2관, [경매개시결정에 대한 이의신청사유]265, [경매절차의 정지]266

제273조【채권과 그 밖의 재산권에 대한 담보권의 실행】 ① 채권, 그 밖의 재산권을 목적으로 하는 담보권의 실행은 담보권의 존재를 증명하는 서류(권리의 이전에 관하여 등기나 등록을 필요로 하는 경우에는 그 등기사항증명서 또는 등록원부의 등본)가 제출된 때에 개시한다.(2011.4.12 본항개정)
② 민법 제342조에 따라 담보권설정자가 받을 금전, 그 밖의 물건에 대하여 권리를 행사하는 경우에도 제1항과 같다.
③ 제1항과 제2항의 권리실행절차에는 제2편제2장제4절제3관의 규정을 준용한다.

改前 ① 채권, 그 밖의…그 "등기부" 또는 등록원부의 등본…

参조 [권리질권의 실행]민345 · 354, [채권의 압류명령]223, [그 밖의 재산권에 대한 집행]251, [채권 그 밖의 재산권에 대한 담보권실행]민집규200, [예탁유가증권에 대한 담보권실행]민집규201, [물상대위권의 행사]민342, [채권과 그 밖의 재산권에 대한 강제집행]4절3관

판례 저당권자의 물상대위권의 행사 방법과 그 시한(구법관계) : 민법 제370조, 제342조에 의한 저당권자의 물상대위권의 행사는 구 민소 제733조(2002.1.26. 법률 제6626호로 전문 개정되어 2002.7.1.부터 시행되기 전의 것, 이하 같다)에 의하여 담보권의 존재를 증명하는 서류를 집행법원에 제출하여 채권압류 및 전부명령을 신청하거나, 구 민소 제580조에 의하여 배당요구를 하는 방법에 의하여 하는 것이고, 이는 늦어도 구 민소 제580조 제1항 각 호 소정의 배당요구의 종기까지 하여야 하는 것으로 그 이후에는 물상대위권자로서의 우선변제권을 행사할 수 없다고 하여야 할 것인바, 물상대위권자로서의 권리행사의 방법과 시한을 위와 같이 제한하는 취지는 물상대위의 목적인 채권의 특정성을 유지하여 그 효력을 보전하고 평등배당을 기대한 다른 일반 채권자의 신뢰를 보호하는 등 제3자에게 불측의 손해를 입히지 아니함과 동시에 집행절차의 안정과 신속을 꾀하고자 함에 있다고 할 것이고, 저당권자의 물상대위권 행사로서의 압류 및 전부는 그 명령이 제3채무자에게 송달됨으로써 효력이 생기며, 위에서 본 '특정성의 유지'나 '제3자의 보호'는 물상대위권자의 압류 및 전부명령이 효력을 발생함으로써 비로소 달성될 수 있는 것이므로, 배당요구의 종기가 지난 후에 물상대위에 기한 채권압류 및 전부명령이 제3채무자에게 송달되었을 경우에는, 물상대위권자는 배당절차에서 우선변제를 받을 수 없다.(대판 2003.3.28, 2002다13539)

제274조【유치권 등에 의한 경매】 ① 유치권에 의한 경매와 민법 · 상법, 그 밖의 법률이 규정하는 바에 따른 경매(이하 "유치권 등에 의한 경매"라 한다)는 담보권 실행을 위한 경매의 예에 따라 실시한다.
② 유치권 등에 의한 경매절차는 목적물에 대하여 강제경매 또는 담보권 실행을 위한 경매절차가 개시된 경우에는 이를 정지하고, 채권자 또는 담보권자를 위하여 그 절차를 계속하여 진행한다.
③ 제2항의 경우에 강제경매 또는 담보권 실행을 위한 경매가 취소되면 유치권 등에 의한 경매절차를 계속하여 진행하여야 한다.

参조 [유치권의 경매신청권]민322①, [민사유치권]민320, [상사유치권]상58 · 91 · 111 · 113 · 120 · 147 · 800②, [공유물분할을 위한 경매]민269②, [상속재산분할을 위한 경매]민1013②, [변제자의 경매]민490

제275조【준용규정】 이 편에 규정한 경매 등 절차에는 제42조 내지 제44조 및 제46조 내지 제53조의 규정을 준용한다.

参조 [집행관의 권한]42 · 43, [청구에 관한 이의의 소]44, [잠정처분]46 · 47, [제3자이의의 소]48, [집행의 필수적 정지 · 취소 · 집행정지의 제한]49-51, [채무자의 사망]52, [집행비용의 부담]53

제4편 보전처분

제276조【가압류의 목적】 ① 가압류는 금전채권이나 금전으로 환산할 수 있는 채권에 대하여 동산 또는 부동산에 대한 강제집행을 보전하기 위하여 할 수 있다.
② 제1항의 채권이 조건이 붙어 있는 것이거나 기한이 차지 아니한 것인 경우에도 가압류를 할 수 있다.

参조 [보전의 필요성]277, [부동산과 동산]78 · 188, 민99, [유체동산에 대한 가압류]민집규212, [채권과 그 밖의 재산권에 대한 가압류]민집규213, [조건과 기한]민147-154, [집행에서의 조건성취와 기한도래]30② · 40①

판례 가압류채무자가 가압류에 반하는 처분행위를 한 경우 그 처분의 유효를 가압류채권자에게 주장할 수 없지만, 이러한 가압류의 처분제한의 효력은 가압류채권자의 이익보호를 위하여 인정되는 것이므로 가압류채권자는 그 처분행위의 효력을 긍정할 수도 있다.(대판 2007.1.11, 2005다47175)

판례 가압류의 처분금지의 효력이 미치는 객관적 범위는 가압류결정에 표시된 청구금액에 한정되므로, 가압류의 청구금액으로 채권의 원금만이 기재되어 있다면 가압류채권자가 가압류채무자에 대하여 원금채권 외에 그에 부대하는 이자 또는 지연손해금채권을 가지고 있다고 하더라도 가압류의 청구금액을 넘어서는 부분에 대하여는 가압류채권자가 처분금지의 효력을 주장할 수 없다.
(대판 2006.11.24, 2006다35223)

판례 가압류채권자는 그 매각절차에서 당해 가압류목적물의 매각대금에서 가압류결정 당시의 청구금액을 한도로 하여 배당을 받을 수 있고, 제3취득자의 채권자는 위 매각대금 중 가압류의 처분금지적 효력이 미치는 범위의 금액에 대하여는 배당을 받을 수 없다.
(대판 2006.7.28, 2006다19986)

판례 **압류 후에 발생한 제3채무자의 자동채권에 의하여 피압류채권과 상계할 수 있는지 여부(적극)** : 제3채무자의 압류채무자에 대한 자동채권이 수동채권인 피압류채권과 동시이행의 관계에 있는 경우에는, 비록 압류명령이 제3채무자에게 송달되어 압류의 효력이 생긴 후에 비로소 자동채권이 발생하였다고 하더라도 동시이행의 항변권을 주장할 수 있는 제3채무자로서는 그 채권에 의한 상계로써 압류채권자에게 대항할 수 있는 것으로서, 이 경우 자동채권이 발생한 기초가 되는 원인은 수동채권이 압류되기 전에 이미 성립하여 존재하고 있었던 것이므로 그 자동채권은 민법 제498조에 규정된 '지급을 금지하는 명령을 받은 제3채무자가 그 후에 취득한 채권'에 해당하지 않는다.(대판 2005.11.10, 2004다37676)

판례 **체납처분절차에 의한 압류와 민사집행절차에 의한 압류가 경합하는 경우의 법률관계** : 현행법상 국세체납절차와 민사집행절차는 별개의 절차로서 양 절차 상호간의 관계를 조정하는 법률의 규정이 없으므로 한쪽의 절차가 다른 쪽의 절차에 간섭할 수 없는 반면, 쌍방 절차에서 각 채권자는 서로 다른 절차에서 정한 방법으로 그 다른 절차에 참여할 수밖에 없으므로, 동일한 채권에 대하여 체납처분절차에 의한 압류와 민사집행절차에 의한 압류가 서로 경합하는 경우에도 세무공무원은 체납처분에 의하여 압류한 채권을 추심할 수 있고, 청산절차가 종결되면 그 채권에 대한 민사집행절차에 의한 가압류나 압류의 효력은 상실되고, 따라서 보전처분에 기하여 가압류가 된 채권에 대하여 체납처분에 의한 압류가 있고 그에 기하여 피압류채권의 추심이 이루어진 후에 그 체납처분의 기초가 된 조세부과처분이 취소되었다고 하더라도, 특별한 사정이 없는 한 그 환급금채권은 조세를 납부한 자에게 귀속되므로 민사집행절차에 의한 가압류 및 압류 채권자로서는 조세부과처분의 취소에 따른 환급금에 대하여 부당이득반환을 구할 수는 없다.
(대판 2002.12.24, 2000다26036)

제277조【보전의 필요】 가압류는 이를 하지 아니하면 판결을 집행할 수 없거나 판결을 집행하는 것이 매우 곤란할 염려가 있을 경우에 할 수 있다.

참조 [가압류의 목적]276

판례 피보전권리와 보전의 필요성에 대한 심리 : 모든 보전처분에 있어서는 피보전권리와 보전의 필요성의 존재에 관한 소명이 있어야 하고, 이 두 요건은 서로 별개의 독립된 요건이기 때문에 그 심리에 있어서도 상호 관계없이 독립적으로 심리되어야 한다.
(대결 2005.8.19, 2003마482)

제278조【가압류법원】 가압류는 가압류할 물건이 있는 곳을 관할하는 지방법원이나 본안의 관할법원이 관할한다.

참조 [가압류명령]280, [가압류할 물건]민98, [지방법원]32, 법원조직7④⑤, [본안의 관할법원]311, [전속관할]21

제279조【가압류신청】 ① 가압류신청에는 다음 각호의 사항을 적어야 한다.
1. 청구채권의 표시, 그 청구채권이 일정한 금액이 아닌 때에는 금전으로 환산한 금액
2. 제277조의 규정에 따라 가압류의 이유가 될 사실의 표시

② 청구채권과 가압류의 이유는 소명하여야 한다.

참조 [신청의 방식]민집규203, [서면신청]4·23①, 민소248·249·274, [보전의 필요성]277, [신청의 효과]민168, [소명]민소299

제280조【가압류명령】 ① 가압류신청에 대한 재판은 변론 없이 할 수 있다.
② 청구채권이나 가압류의 이유를 소명하지 아니한 때에도 가압류로 생길 수 있는 채무자의 손해에 대하여 법원이 정한 담보를 제공한 때에는 법원은 가압류를 명할 수 있다.
③ 청구채권과 가압류의 이유를 소명한 때에도 법원은 담보를 제공하게 하고 가압류를 명할 수 있다.
④ 담보를 제공한 때에는 그 담보의 제공과 담보제공의 방법을 가압류명령에 적어야 한다.

참조 [가압류신청]279, [임의적 변론]민소134①, [소명의 필요]279②, [담보]19, [담보제공의 방식]민집규204, 민소122, 민소규22, [명령기재사항]민소208·224, [가압류해방금액의 기재]282

판례 부당한 채권가압류의 집행으로 인하여 가압류채무자가 제3채무자로부터 제때 채권금을 지급받지 못하는 손해를 입은 경우, 가압류채무자는 가압류채권자에 대하여 그 손해의 배상을 구할 수 있는 것이나, 부당한 채권가압류의 집행이 있었다하더라도 그 집행기간동안 기한의 미도래나 조건의 불성취 등의 사유로 인해 가압류채무자가 제3채무자로부터 채권을 바로 지급받을 수 없는 사정이 있었다면, 가압류채무자가 부당한 채권가압류의 집행으로 인하여 어떤 손해를 입었다고 할 수는 없다.(대판 2006.6.15, 2006다10408)

판례 **채권가압류결정정본이 제3채무자에게 송달되지 아니한 경우의 손해 발생** : 불법행위로 인한 손해배상청구권은 현실적으로 손해가 발생한 때에 성립하는 것이고, 현실적으로 손해가 발생하였는지 여부는 사회통념에 비추어 객관적이고 합리적으로 판단하여야 하는 것이므로, 집행법원의 과실로 채권가압류결정정본이 제3채무자에게 송달되지 아니하여 가압류의 효력이 생기지 아니하였다고 하더라도, 그 사실을 안 가압류채권자로서는 피보전채권으로 채무자의 다른 재산에 대하여 강제집행을 함으로써 채권의 만족을 얻을 수 있는 것이므로, 집행법원의 위와 같은 잘못으로 말미암아 채무자에 대한 채권추심이 곤란해졌다는 등의 특별한 사정이 없는 한 가압류채권자로서는 채권가압류결정정본이 제3채무자에게 송달되지 아니하였다는 사유만으로는 가압류의 효력이 생기지 아니한 채권액 상당의 손해가 현실적으로 발생하였다고 할 수 없고, 그러한 손해가 현실적으로 발생하였다는 점에 대하여는 피해자인 가압류채권자가 이를 증명하여야 한다.(대판 2003.4.8, 2000다53038)

제281조【재판의 형식】 ① 가압류신청에 대한 재판은 결정으로 한다.(2005.1.27 본항개정)
② 채권자는 가압류신청을 기각하거나 각하하는 결정에 대하여 즉시항고를 할 수 있다.
③ 담보를 제공하게 하는 재판, 가압류신청을 기각하거나 각하하는 재판과 제2항의 즉시항고를 기각하거나 각하하는 재판은 채무자에게 고지할 필요가 없다.

改前 "① 가압류신청에 대한 재판은 변론하는 경우에는 종국판결로, 그 밖의 경우에는 결정으로 한다."

참조 [결정]민소221, [임의적 변론]280①, [즉시항고]15

제282조【가압류해방금액】 가압류명령에는 가압류의 집행을 정지시키거나 집행한 가압류를 취소시키기 위하여 채무자가 공탁할 금액을 적어야 한다.

참조 [가압류명령]280, [공탁과 가압류집행의 취소]299, [공탁]19

판례 **가처분을 발령함에 있어서 해방금액을 정할 수 있는지 여부(소극)** : 금전채권이나 금전으로 환산할 수 있는 채권의 보전을 목적으로 하는 가압류와 달리 가처분은 금전채권을 제외한 특정물에 대한 이행청구권 또는 다툼이 있는 권리관계의 보전에 그 본래의 목적이 있다는 점과 민집 제307조에서 특별사정으로 인한 가처분의 취소를 별도로 규정한 법의 등에 비추어 볼 때 해방공탁금에 관한 민집 제282조의 규정은 가처분에는 준용할 수 없다고 해석함이 타당하다.
(대결 2002.9.25, 2000마282)

제283조【가압류결정에 대한 채무자의 이의신청】 ① 채무자는 가압류결정에 대하여 이의를 신청할 수 있다.
② 제1항의 이의신청에는 가압류의 취소나 변경을 신청하는 이유를 밝혀야 한다.
③ 이의신청은 가압류의 집행을 정지하지 아니한다.

참조 [가압류명령]281①, [신청]민소161, [이의재판]286, [가압류집행]291-299, [가처분의 집행정지]309

판례 보전처분에 대한 이의신청은 그 보전처분이 유효하게 존재하고 취소나 변경을 구할 이익이 있는 경우에 한하여 허용되는 것이므로, 서비스표의 사용을 금지하는 가처분에서 금지기간을 정한 경우에 그 금지기간의 경과로 가처분의 효력이 상실되었다면 채무자로서는 일단 더 이상 이의신청으로 가처분의 취소나 변경을 구할 이익이 없다. 그러나 위 가처분결정과 함께 그 의무 위반에 대한 간접강제결정이 내려진 경우에는 채무자는 위 금지기간 경과 후에도 간접강제결정에 기하여 집행당할 위험이 존재하므로 그 배제를 위하여 이의신청으로 가처분의 취소를 구할 이익이 있고, 또 위 이의신청에 따른 재판에 대하여 항고할 이익도 있다.(대결 2007.6.14, 2006마910)

판례 가처분이의절차에서 법원의 심리대상이 되는 것은 가처분신청의 당부로서 그 변론종결시점을 기준으로 하여 가처분신청이 이유있다고 판단하는 경우에 가처분결정을 유지하게 된다.
(대판 2006.5.26, 2004다62597)

제284조【가압류이의신청사건의 이송】 법원은 가압류이의신청사건에 관하여 현저한 손해 또는 지연을 피하기 위한 필요가 있는 때에는 직권으로 또는 당사자의 신청에 따라 결정으로 그 가압류사건의 관할권이 있는 다른 법원에 사건을 이송할 수 있다. 다만, 그 법원이 심급을 달리하는 경우에는 그러하지 아니하다.

참조 [가압류 이의신청]283, [결정]민소134①·221, [이송]민소35·38−40

제285조【가압류이의신청의 취하】 ① 채무자는 가압류이의신청에 대한 재판이 있기 전까지 가압류이의신청을 취하할 수 있다.(2005.1.27 본항개정)

② 제1항의 취하에는 채권자의 동의를 필요로 하지 아니한다.

③ 가압류이의신청의 취하는 서면으로 하여야 한다. 다만, 변론기일 또는 심문기일에서는 말로 할 수 있다.(2005.1.27 단서개정)

④ 가압류이의신청서를 송달한 뒤에는 취하의 서면을 채권자에게 송달하여야 한다.

⑤ 제3항 단서의 경우에 채권자가 변론기일 또는 심문기일에 출석하지 아니한 때에는 그 기일의 조서등본을 송달하여야 한다.(2005.1.27 본항개정)

改前 ① "채무자는 종국판결이 선고되기 전까지" 가압류이의신청을 취하할 수 있다.
③ …다만, "변론 또는 변론준비기일"에서는 말로 할 수 있다.
⑤ …채권자가 "변론 또는 변론준비기일"에 출석하지 아니한…

참조 [이의신청의 취하]민소228·266, [이의신청에 대한 재판]286, [신청취하의 효력을 다투는 절차]민집규205, 민소규67, [변론]민소134, [서면 또는 말]민소161, [송달]민소174이하, [당사자의 불출석]민소148·268

제286조【이의신청에 대한 심리와 재판】 ① 이의신청이 있는 때에는 법원은 변론기일 또는 당사자 쌍방이 참여할 수 있는 심문기일을 정하고 당사자에게 이를 통지하여야 한다.

② 법원은 심리를 종결하고자 하는 경우에는 상당한 유예기간을 두고 심리를 종결할 기일을 정하여 이를 당사자에게 고지하여야 한다. 다만, 변론기일 또는 당사자 쌍방이 참여할 수 있는 심문기일에는 즉시 심리를 종결할 수 있다.

③ 이의신청에 대한 재판은 결정으로 한다.

④ 제3항의 규정에 의한 결정에는 이유를 적어야 한다. 다만, 변론을 거치지 아니한 경우에는 이유의 요지만을 적을 수 있다.

⑤ 법원은 제3항의 규정에 의한 결정으로 가압류의 전부나 일부를 인가·변경 또는 취소할 수 있다. 이 경우 법원은 적당한 담보를 제공하도록 명할 수 있다.

⑥ 법원은 제3항의 규정에 의하여 가압류를 취소하는 결정을 하는 경우에는 채권자가 그 고지를 받은 날부터 2주를 넘지 아니하는 범위 안에서 상당하다고 인정하는 기간이 경과하여야 그 결정의 효력이 생긴다는 뜻을 선언할 수 있다.

⑦ 제3항의 규정에 의한 결정에 대하여는 즉시항고를 할 수 있다. 이 경우 민사소송법 제447조의 규정을 준용하지 아니한다.

(2005.1.27 본조개정)

改前 "제286조【이의신청에 대한 재판】 ① 이의신청이 있는 때에는 법원은 변론기일을 정하고 당사자에게 이를 통지하여야 한다.
② 법원은 종국판결로 가압류의 전부나 일부의 인가·변경 또는 취소를 선고할 수 있다.
③ 제2항의 경우에 법원은 적당한 담보를 제공하도록 명할 수 있다."

참조 [이의신청]283, [변론과 심문]민소134, [통지]11·12, [변론의 종결]민소198, [가압류신청에 대한 재판]281①, [재판의 이유기재]민소208, 소액11의2③, [담보]19·280②③, [가압류의 취소]287③·288·289, [즉시항고]15, [집행정지의 효력]민소447

판례 가집행선고부 가처분취소판결의 집행에 의하여 처분금지가처분등기가 말소된 경우 그 말소된 효력은 확정적인 것이므로, 처분행위가 금지된 부동산을 매수한 제3자는 그 후에는 아무런 제한을 받지 아니하고 소유권취득의 효력을 가처분 채권자에게 대항할 수 있게 된다.(대판 2000.10.6, 2000다32147)

제287조【본안의 제소명령】 ① 가압류법원은 채무자의 신청에 따라 변론 없이 채권자에게 상당한 기간 이내에 본안의 소를 제기하여 이를 증명하는 서류를 제출하거나 이미 소를 제기하였으면 소송계속사실을 증명하는 서류를 제출하도록 명하여야 한다.

② 제1항의 기간은 2주 이상으로 정하여야 한다.

③ 채권자가 제1항의 기간 이내에 제1항의 서류를 제출하지 아니한 때에는 법원은 채무자의 신청에 따라 결정으로 가압류를 취소하여야 한다.

④ 제1항의 서류를 제출한 뒤에 본안의 소가 취하되거나 각하된 경우에는 그 서류를 제출하지 아니한 것으로 본다.

⑤ 제3항의 신청에 관한 결정에 대하여는 즉시항고를 할 수 있다. 이 경우 민사소송법 제447조의 규정은 준용하지 아니한다.

참조 [가압류법원]278·311, [제소명령신청]민집규203, [제소명령의 송달]민집규206, [기간]민소170·172, [결정]민소134, [가압류의 취소]288·289, [소의 취하]민소266·267, [즉시항고]15, [집행정지의 효력]민소447

판례 기간이 지난 뒤에 제소증명 서류를 제출한 경우의 조치 : 민집 제287조에 규정된 본안의 소의 부제기 등에 의한 가압류취소는 채권자에게 본안의 소를 제기할 것을 명하고 채권자가 본안의 소를 제기하였다는 등을 증명하는 서류를 일정한 기간 이내에 제출하지 않은 때에 가압류명령을 취소하는 제도로서, 제소명령에 정하여진 기간 이내에 본안의 소를 제기하지 않거나 본안의 소가 계속되고 있지 않은 때는 물론이고 정해진 기간 이내에 본안의 소가 제기되었거나 이미 소를 제기하여 계속되고 있었음에도 불구하고 채권자가 그러한 사실을 증명하는 서류를 기간 이내에 법원에 제출하지 않은 경우에도 법원은 가압류명령을 취소하여야 하고, 그 기간이 지난 뒤에 증명서류를 제출하였다고 하더라도 마찬가지이다.
(대결 2003.6.18, 2003마793)

제288조【사정변경 등에 따른 가압류취소】 ① 채무자는 다음 각호의 어느 하나에 해당하는 사유가 있는 경우에는 가압류가 인가된 뒤에도 그 취소를 신청할 수 있다. 제3호에 해당하는 경우에는 이해관계인도 신청할 수 있다.

1. 가압류이유가 소멸되거나 그 밖에 사정이 바뀐 때
2. 법원이 정한 담보를 제공한 때
3. 가압류가 집행된 뒤에 3년간 본안의 소를 제기하지 아니한 때

② 제1항의 규정에 의한 신청에 대한 재판은 가압류를 명한 법원이 한다. 다만, 본안이 이미 계속된 때에는 본안법원이 한다.

③ 제1항의 규정에 의한 신청에 대한 재판에는 제286조 제1항 내지 제4항·제6항 및 제7항을 준용한다.

(2005.1.27 본조개정)

改前 "제288조【사정변경에 따른 가압류취소】 ① 채무자는 가압류이유가 소멸되거나 그 밖에 사정이 바뀌거나 법원이 정한 담보를 제공한 때에는 가압류가 인가된 뒤에도 그 취소를 신청할 수 있다.
② 제1항의 신청에 대하여는 종국판결로 재판한다.
③ 제2항의 재판은 가압류를 명한 법원이 한다. 다만, 본안이 이미 계속된 때에는 본안법원이 한다.
④ 가압류가 집행된 뒤에 5년간 본안의 소를 제기하지 아니한 때에는 가압류법원은 채무자 또는 이해관계인의 신청에 따라 결정으로 가압류를 취소하여야 한다.
⑤ 제4항의 신청에 관한 결정에 대하여는 즉시항고를 할 수 있다. 이 경우 민사소송법 제447조의 규정은 준용하지 아니한다."

참조 [가압류이유]277·279, [담보]19, [가압류의 인가]286⑤, [신청]민소161, [가압류법원]278, [이의신청에 대한 심리와 재판]286

판례 채권압류 및 추심명령을 받은 채권자가 제3채무자로부터 피압류채권을 추심한 다음 민집 제236조 제1항에 따른 추심신고를 한 경우 그때까지 다른 압류·가압류 또는 배당요구가 없으면 그 추심한 범위 내에서 피압류채권은 소멸하고, 집행법원은 추심금의 충당관계 등을 조사하여 집행채권 전액이 변제된 경우에는 집행력 있는 정본을 채무자에게 교부하며, 일부 변제가 된 경우에는 그 취지를 집행력 있는 정본 등에 적은 다음 채권자에게 돌려주는 등의 조치를 취함으로써 채권집행이 종료하게 된다. 한편, 가압류가 본압류로 이행되어 강제집행이 이루어진 경우에는 가압류집행은 본집행에 포섭됨으로써 당초부터 본집행이 있었던 것과 같은 효력이 있게 되므로, 본집행이 되어 있는 한 채무자는 가압류에 대한 이의신청이나 취소

신청 또는 가압류집행 자체의 취소 등을 구할 실익이 없게 되고, 특히 강제집행조차 종료한 경우에는 그 강제집행의 근거가 된 가압류결정 자체의 취소나 가압류집행의 취소를 구할 이익은 더 이상 없다.(대판 2004.12.10, 2004다54725)

판례 장래 성립할 권리를 피보전권리로 한 가압류의 본안소송에서 청구를 기각하는 판결이 확정된 경우 : 가압류의 본안 소송에서 피보전권리에 기한 청구를 기각한 판결이 선고되어 확정되었다면 이를 민집 제288조 제1항 소정의 사정변경으로 보아 가압류를 취소할 사유가 되는 것이 보통일 것이나, 장래에 성립할 권리를 피보전권리로 하여 가압류가 이루어진 이후 본안 소송에서 그 장래 청구권의 기초적 법률관계의 존재는 인정되나 아직 그 청구권 자체의 발생이 확정되었다고 할 수 없다는 이유로 위 가압류의 본안 청구를 기각하는 판결이 선고되어 확정된 데 불과한 경우에는, 그 가압류의 기초인 법률관계가 상존하고 있고 피보전권리의 부존재가 아직 확정된 것이 아니므로 위와 같은 확정 판결이 있다는 것만으로 가압류를 취소할 사정의 변경이 생겼다고 단정할 수 없다.(대판 2003.6.24, 2003다18005)

제289조【가압류취소결정의 효력정지】 ① 가압류를 취소하는 결정에 대하여 즉시항고가 있는 경우에, 불복의 이유로 주장한 사유가 법률상 정당한 사유가 있다고 인정되고 사실에 대한 소명이 있으며, 그 가압류를 취소함으로 인하여 회복할 수 없는 손해가 생길 위험이 있다는 사정에 대한 소명이 있는 때에는, 법원은 당사자의 신청에 따라 담보를 제공하게 하거나 담보를 제공하지 아니하게 하고 가압류취소결정의 효력을 정지시킬 수 있다.

② 제1항의 규정에 의한 소명은 보증금을 공탁하거나 주장이 진실함을 선서하는 방법으로 대신할 수 없다.

③ 재판기록이 원심법원에 있는 때에는 원심법원이 제1항의 규정에 의한 재판을 한다.

④ 항고법원은 항고에 대한 재판에서 제1항의 규정에 의한 재판을 인가·변경 또는 취소하여야 한다.

⑤ 제1항 및 제4항의 규정에 의한 재판에 대하여는 불복할 수 없다.

(2005.1.27 본조개정)

改前 "제289조【가압류취소재판의 효력정지】 ① 가집행의 선고가 붙은 가압류의 취소판결에 대하여 상소가 제기된 경우에, 불복의 이유로 주장한 사유가 법률상 정당한 이유가 있다고 인정되고 사실에 대한 소명이 있으며, 그 가집행에 의하여 회복할 수 없는 손해가 생길 위험이 있다는 사정에 대한 소명이 있는 때에는, 법원은 당사자의 신청에 따라 담보를 제공하게 하거나 담보를 제공하지 아니하게 하고 가집행선고의 효력을 정지시킬 수 있다.

② 제1항에서 규정한 소명은 보증금을 공탁하거나 주장이 진실함을 선서하는 방법으로 대신할 수 없다.

③ 재판기록이 원심법원에 있는 때에는 원심법원이 제1항의 재판을 한다.

④ 제1항의 재판에 대하여는 불복할 수 없다.

⑤ 제287조제3항 및 제288조제4항에 의한 가압류취소결정에 대하여 즉시항고가 있는 경우에는 제1항 내지 제4항의 규정을 준용한다."

參조 [가압류취소결정]286－288, [가처분의 집행정지]309, [소명]민소299, [담보]19·280, [증인의 선서]민소321

제290조【가압류 이의신청규정의 준용】 ① 제287조제3항, 제288조제1항에 따른 재판의 경우에는 제284조의 규정을 준용한다.

② 제287조제1항·제3항 및 제288조제1항에 따른 신청의 취하에는 제285조의 규정을 준용한다.

(2005.1.27 본조개정)

改前 ① 제287조제3항, "제288조제1항·제4항"에 따른…
② …제3항 및 "제288조제1항·제4항"에 따른…

參조 [본안의 소 서류제출명령]287①, [소 제기서류의 불제출로 인한 가압류취소결정]287③, [사정변경에 따른 가압류취소]288①, [가압류이의신청사건의 이송]284, [가압류이의신청의 취하]285

제291조【가압류집행에 대한 본집행의 준용】 가압류의 집행에 대하여는 강제집행에 관한 규정을 준용한다. 다만, 아래의 여러 조문과 같이 차이가 나는 경우에는 그러하지 아니하다.

參조 [강제집행에 관한 규정]24－275, 민집규218

판례 압류집행이 있은 후 그 가압류가 강제경매개시결정으로 인하여 본압류로 이행된 경우에 가압류집행이 본집행에 포섭됨으로써 당초부터 본집행이 있었던 것과 같은 효력이 있고, 본집행의 효력이 유효하게 존속하는 한 상대방은 가압류집행의 효력을 다툴 수는 없고 오로지 본집행의 효력에 대하여만 다투어야 하는 것이므로, 본집행이 취소, 실효되지 않는 한 가압류집행이 취소되었다고 하여도 이미 그 효력을 발생한 본집행에는 아무런 영향을 미치지 않는다.(대결 2002.3.15, 2001마6620)

제292조【집행개시의 요건】 ① 가압류에 대한 재판이 있은 뒤에 채권자나 채무자의 승계가 이루어진 경우에 가압류의 재판을 집행하려면 집행문을 덧붙여야 한다.

② 가압류에 대한 재판의 집행은 채권자에게 재판을 고지한 날부터 2주를 넘긴 때에는 하지 못한다.(2005.1.27 본항개정)

③ 제2항의 집행은 채무자에게 재판을 송달하기 전에도 할 수 있다.

改前 ② …채권자에게 "재판을 고지하거나 송달한" 날부터…

參조 [승계집행문]31－33, [가압류명령]280①·281①, [기간]민소170, 민157, [재판의 송달과 집행개시의 요건]39①·57

제293조【부동산가압류집행】 ① 부동산에 대한 가압류의 집행은 가압류재판에 관한 사항을 등기부에 기입하여야 한다.

② 제1항의 집행법원은 가압류재판을 한 법원으로 한다.

③ 가압류등기는 법원사무관등이 촉탁한다.

參조 [부동산에 대한 강제집행방법]78, [가압류법원]278

판례 부동산에 대한 가압류등기가 무효인 등기라면 부동산소유자는 가압류채권자를 상대로 그 가압류등기의 말소청구를 할 수 있다.(대판 1988.10.11, 87다카2136)

제294조【가압류를 위한 강제관리】 가압류의 집행으로 강제관리를 하는 경우에는 관리인이 청구채권액에 해당하는 금액을 지급받아 공탁하여야 한다.

參조 [가압류를 위한 강제관리]민집규83·207, [강제관리]78②③·163－171, [공탁]19

제295조【선박가압류집행】 ① 등기할 수 있는 선박에 대한 가압류를 집행하는 경우에는 가압류등기를 하는 방법이나 집행관에게 선박국적증서등을 선장으로부터 받아 집행법원에 제출하도록 명하는 방법으로 한다. 이들 방법은 함께 사용할 수 있다.

② 가압류등기를 하는 방법에 의한 가압류집행은 가압류명령을 한 법원이, 선박국적증서등을 받아 제출하도록 명하는 방법에 의한 가압류집행은 선박이 정박하여 있는 곳을 관할하는 지방법원이 집행법원으로서 관할한다.

③ 가압류등기를 하는 방법에 의한 가압류의 집행에는 제293조제3항의 규정을 준용한다.

參조 [선박에 대한 가압류]민집규95·208, [선박에 대한 강제집행]172, [선박]상740·741, [선박압류의 제한]상744, [선박국적증서의 제출]174·175, [가압류법원]278, [가압류등기의 촉탁]293③

제296조【동산가압류집행】 ① 동산에 대한 가압류의 집행은 압류와 같은 원칙에 따라야 한다.

② 채권가압류의 집행법원은 가압류명령을 한 법원으로 한다.

③ 채권의 가압류에는 제3채무자에 대하여 채무자에게 지급하여서는 아니 된다는 명령만을 하여야 한다.

④ 가압류한 금전은 공탁하여야 한다.

⑤ 가압류물은 현금화를 하지 못한다. 다만, 가압류물을 즉시 매각하지 아니하면 값이 크게 떨어질 염려가 있거나 그 보관에 지나치게 많은 비용이 드는 경우에는 집행관은 그 물건을 매각하여 매각대금을 공탁하여야 한다.

參조 [동산에 대한 강제집행]188, 민집규212, [채권의 압류명령]223, [전속관할]21, [공탁]19, [압류금전의 인도]201, [압류물의 매각]199, [매각대금의 공탁]222

판례 채권가압류 후에 채무자가 제3채무자를 상대로 그 이행의 소를 제기할 수 있는지 여부(적극) : 일반적으로 채권에 대한 가압류가 있더라도 이는 채무자가 제3채무자로부터 현실로 급부를 추심하는 것만을 금지하는 것일 뿐 채무자는 제3채무자를 상대로 그 이행을 구하는 소송을 제기할 수 있고 법원은 가압류가 되어 있음을 이유로 이를 배척할 수는 없는 것이 원칙이다. 또한 위와 같은 채권가압류의 처분금지의 효력은 본안소송에서 가압류채권자가 승소하여 채무명의를 얻는 등으로 피보전권리의 존재가 확정되는 것을 조건으로 하여 발생하는 것이므로 채권가압류결정의 채권자가 본안소송에서 승소하는 등으로 채무명의를 취득하는 경우에는 가압류에 의하여 권리가 제한된 상태의 채권을 양수받는 양수인에 대한 채권양도는 무효가 된다고 할 것이다.(대판 2002.4.26, 2001다59033)

제297조【제3채무자의 공탁】 제3채무자가 가압류 집행된 금전채권액을 공탁한 경우에는 그 가압류의 효력은 그 청구채권액에 해당하는 공탁금액에 대한 채무자의 출급청구권에 대하여 존속한다.

참조 [제3채무자의 공탁]248, [가압류해방금액]282

판례 채권가압류를 이유로 한 제3채무자의 공탁과 배당절차의 실시 : 채권가압류를 이유로 한 제3채무자의 공탁은 압류를 이유로 한 제3채무자의 공탁과 달리 그 공탁금으로부터 배당을 받을 수 있는 채권자의 범위를 확정하는 효력이 없고, 가압류의 제3채무자가 공탁을 하고 공탁사유를 법원에 신고하더라도 배당절차를 실시할 수 없으며, 공탁금에 대한 채무자의 출급청구권에 대하여 압류 및 공탁사유신고가 있을 때 비로소 배당절차를 실시할 수 있다. (대판 2006.3.10, 2005다15765)

제298조【가압류취소결정의 취소와 집행】 ① 가압류의 취소결정을 상소법원이 취소한 경우로서 법원이 그 가압류의 집행기관이 되는 때에는 그 취소의 재판을 한 상소법원이 직권으로 가압류를 집행한다.(2005.1.27 본항개정)

② 제1항의 경우에 그 취소의 재판을 한 상소법원이 대법원인 때에는 채권자의 신청에 따라 제1심 법원이 가압류를 집행한다.

(2005.1.27 본조제목개정)

改前 제298조【"가압류취소재판"의 취소와 집행】① "가집행의 선고가 붙은 가압류의 취소판결 또는 취소결정"을 상소법원이 직권으로…

참조 [가압류취소결정에 대한 불복과 효력정지]289, [상소법원]법원조직14 · 28

제299조【가압류집행의 취소】 ① 가압류명령에 정한 금액을 공탁한 때에는 법원은 결정으로 집행한 가압류를 취소하여야 한다.(2005.1.27 본항개정)

② (2005.1.27 삭제)

③ 제1항의 취소결정에 대하여는 즉시항고를 할 수 있다.

④ 제1항의 취소결정에 대하여는 제17조제2항의 규정을 준용하지 아니한다.

改前 ① …법원은 "집행한 가압류"를 취소하여야 한다.
"② 제1항의 재판은 변론없이 할 수 있다."

참조 [가압류해방금액]282, [공탁]19, [결정]민소221, [즉시항고]15, [취소결정의 효력]17②

판례 채권가압류의 취소재판이 있었으나 그 집행이 취소되지 않은 경우 제3채무자가 채무자에게 한 가압류금원 지급의 효력(소극) : 가압류의 취소를 명하는 가집행선고부 판결이 있었다고 하더라도, 채무자가 그 판결 정본을 집행법원에 제출하면서 가압류의 집행취소를 신청하여, 집행법원이 이에 따른 가압류의 집행취소절차(채권가압류의 경우 통상 집행법원이 제3채무자에게 가압류집행취소통지서를 송달하는 방법에 의한다.)를 밟기에 이르지 아니한 이상 가압류 집행의 효력은 여전히 유지되는 것이고, 이러한 절차가 취하여지지 않은 채 집행법원 아닌 가압류이의 사건의 제1심법원이 소송당사자 아닌 제3채무자에게 위 가집행선고부 판결 정본을 송달하였다 하더라도 그것만으로 위 가압류의 집행이 당연히 취소되었다고 할 수 없는 것이므로, 제3채무자가 채무자에게 가압류된 임금 및 퇴직금을 지급한 것은 유효한 변제로 볼 수 없다.(대판 2003.7.22, 2003다24598)

판례 가압류집행이 있은 후 그 가압류가 강제경매개시결정으로 인하여 본압류로 이행된 경우에 가압류집행이 본집행에 포섭됨으로써 당초부터 본집행이 있었던 것과 같은 효력이 있고, 본집행의 효력이 유효하게 존속하는 한 상대방은 가압류집행의 효력을 다툴 수는 없고 오로지 본집행의 효력에 대하여만 다투어야 하는 것이므로, 본집행이 취소, 실효되지 않는 한 가압류집행이 취소되었다고 하여도 이미 그 효력을 발생한 본집행에는 아무런 영향을 미치지 않는다. (대결 2002.3.15, 2001마6620)

제300조【가처분의 목적】 ① 다툼의 대상에 관한 가처분은 현상이 바뀌면 당사자가 권리를 실행하지 못하거나 이를 실행하는 것이 매우 곤란할 염려가 있을 경우에 한다.

② 가처분은 다툼이 있는 권리관계에 대하여 임시의 지위를 정하기 위하여도 할 수 있다. 이 경우 가처분은 특히 계속하는 권리관계에 끼칠 현저한 손해를 피하거나 급박한 위험을 막기 위하여, 또는 그 밖의 필요한 이유가 있을 경우에 하여야 한다.

참조 [가처분의 방법]305, 민집규203, [관할법원]303, [이사직무정지가처분]상407 · 408, [임시의 지위를 정하기 위한 가처분]304, [가처분의 취소]307

판례 기간을 정하여 서비스표의 사용을 금지하는 가처분과 함께 그 의무 위반에 대한 간접강제결정이 내려진 경우, 위 금지기간 경과 후에 가처분의 취소를 구할 이익이 있는지 여부(적극) : 보전처분에 대한 이의신청은 그 보전처분이 유효하게 존재하고 취소나 변경을 구할 이익이 있는 경우에 한하여 허용되는 것이므로, 서비스표의 사용을 금지하는 가처분에서 금지기간을 정한 경우에 그 금지기간의 경과로 가처분의 효력이 상실되었다면 채무자로서는 일단 더 이상 이의신청으로 가처분의 취소나 변경을 구할 이익이 없다. 그러나 위 가처분결정과 함께 그 의무 위반에 대한 간접강제결정이 내려진 경우에는 채무자는 위 금지기간 경과 후에도 간접강제결정에 기하여 집행당할 위험이 존재하므로 그 배제를 위하여 이의신청으로 가처분의 취소를 구할 이익이 있고, 또 위 이의신청에 따른 재판에 대하여 항고할 이익도 있다.(대결 2007.6.14, 2006마910)

판례 보전처분의 피보전권리와 본안의 소송물인 권리는 엄격히 일치할 필요가 없고 청구의 기초의 동일성이 인정되는 한 그 보전처분에 의한 보전의 효력은 본안소송의 권리에 미친다. (대판 2006.11.24, 2006다35223)

판례 동종영업의 금지를 구하는 가처분에서의 보전의 필요성에 관한 판단기준 : 동종영업의 금지를 구하는 가처분은 민집 제300조 제2항에서 규정하고 있는 임시의 지위를 정하기 위한 가처분의 일종으로서, 이러한 가처분은 그 다툼 있는 권리관계가 본안소송에 의하여 확정되기 전까지 가처분권리자에게 끼칠 현저한 손해를 피하거나 급박한 위험을 막기 위하여 또는 기타 필요한 이유가 있을 경우에 한하여 응급적 · 잠정적 처분으로 허용되는 것인바, 본안판결 전에 채권자에게 만족을 주는 경우도 있어 채무자의 고통이 크다고 볼 수 있으므로 그 필요성의 인정에 신중을 기해야 한다. (대결 2006.7.4, 2006마164,165)

판례 인격권이나 시설관리권 등과 같은 대세적 권리를 침해하는 행위에 대한 부작위청구권은 대세적 권리에 대한 침해의 우려가 있다는 점 또는 이미 침해가 있었고 그 재발의 위험성이 있다는 점 등을 요건으로 하는 것이며, 이 경우 부작위명령의 대상이 되는 것은 가해자들이 이미 저지른 행위와 동일한 행위뿐만 아니라 그와 유사한 행위로서 장래에 저질러질 우려가 있는 행위를 포함한다. (대판 2006.5.26, 2004다62597)

판례 가처분결정에 의하여 선임된 학교법인 이사직무대행자의 법적 지위 및 권한 범위 : 가처분결정에 의하여 학교법인의 이사의 직무를 대행하는 자는 가처분결정에 다른 정함이 있는 경우 외에는 학교법인을 종전과 같이 그대로 유지하면서 관리하는 한도 내의 학교법인의 통상업무에 속하는 사무만을 행할 수 있으므로 그 가처분의 본안소송에 대하여 항소권을 포기하는 행위는 학교법인의 통상업무에 속하지 않는다고 보아야 할 것이다.(대판 2006.1.26, 2003다36225)

판례 피보전권리에 관한 소명의 인정과 보전의 필요성 : 다툼의 대상에 관한 가처분은 현상이 바뀌면 당사자가 권리를 실행하지 못하거나 이를 실행하는 것이 매우 곤란할 염려가 있을 경우에 허용되는 것으로서(민집 제300조 제1항), 이른바 만족적 가처분의 경우와는 달리 보전처분의 잠정성 · 신속성 등에 비추어 피보전권리에 관한 소명이 인정된다면 다른 특별한 사정이 없는 한 보전의 필요성도 인정되는 것으로 보아야 하고, 비록 동일한 피보전권리에 관하여 다른 채권자에 의하여 동종의 가처분집행이 이미 마쳐졌다거나, 선행 가처분에 따른 본안소송에 공동피고로 관여할 수 있다거나 또는 나아가 장차 후행 가처분신청에 따른 본안소송이 중복소송에 해당될 여지가 있다는 등의 사정이 있다고 하더라도 그러한 사정만으로 곧바로 보전의 필요성이 없다고 단정하여서는 아니 된다. (대결 2005.10.17, 2005마814)

판례 사망한 자를 채무자로 한 처분금지가처분결정의 효력 : 보전처분명령이 결정으로 이루어지는 경우에는 당사자대립주의는 통상의 판결절차에서와 같이 전면적이고 완전한 형태로 나타나지 않다가 보전처분에 대한 이의나 불복신청의 절차에서 비로소 분명한 형태로 나타나게 된다고 하더라도 보전소송도 민사소송절차의 일환으로서 대립당사자의 존재를 전제로 하는 것이므로, 이미 사망한 자를 채무자로 한 처분금지가처분신청은 부적법하고 그 신청에 따른 처분금지가처분결정이 있었다고 하여도 그 결정은 당연무효로서 그 효력이 상속인에게 미치지 아니한다.(대판 2004.12.10, 2004다38921,38938)

판례 조망이익의 침해에 대한 보호요건 : 어느 토지나 건물의 소유자가 종전부터 향유하고 있던 경관이나 조망이 그에게 하나의 생활이익으로서의 가치를 가지고 있다고 객관적으로 인정된다면 법적인 보호의 대상이 될 수 있는 것인바, 이와 같은 조망이익은 원칙적으로 특정의 장소가 그 장소로부터 외부를 조망함에 있어 특별한 가치를 가지고 있고, 그와 같은 조망이익의 향유를 하나의 중요한 목적으로 하여 그 장소에 건물이 건축된 경우와 같이 당해 건물의 소유자나 점유자가 그 건물로부터 향유하는 조망이익이 사회통념상 독자의 이익으로 승인되어야 할 정도로 중요성을 갖는다고 인정되는 경우에 비로소 법적인 보호의 대상이 되는 것이라고 할 것이고, 그와 같은 정도에 이르지 못하는 조망이익의 경우에는 특별한 사정이 없는 한 법적인 보호의 대상이 될 수 없다고 할 것이다. 그리고 조망이익이 법적인 보호의 대상이 되는 경우에 이를 침해하는 행위가 사법상 위법한 가해행위로 평가되기 위해서는 조망이익의 침해 정도가 사회통념상 일반적으로 인용하는 수인한도를 넘어야 하고, 그 수인한도를 넘었는지 여부는 조망의 대상이 되는 경관의 내용과 피해건물이 입지하고 있는 지역에 있어서 건조물의 전체적 상황 등의 사정을 포함한 넓은 의미에서의 지역성, 피해건물의 위치 및 구조와 조망상황, 특히 조망과의 관계에서의 건물의 건축·사용목적 등 피해건물의 상황, 주관적 성격이 강한 것인지 여부와 여관·식당 등의 영업과 같이 경제적 이익과 밀접하게 결부되어 있는지 여부 등 당해 조망이익의 내용, 가해건물의 위치 및 구조와 조망방해의 상황 및 건축·사용목적 등 가해건물의 상황, 가해건물 건축의 경위, 조망방해를 회피할 수 있는 가능성의 유무, 조망방해에 관하여 가해자측이 해의를 가졌는지의 유무, 조망이익이 피해이익으로서 보호가 필요한 정도 등 모든 사정을 종합적으로 고려하여 판단하여야 한다. (대판 2004.9.13, 2003다64602)

제301조【가압류절차의 준용】 가처분절차에는 가압류절차에 관한 규정을 준용한다. 다만, 아래의 여러 조문과 같이 차이가 나는 경우에는 그러하지 아니하다.

참조 [가압류절차에 관한 규정]276-299, [처분금지가처분의 집행]민집규215, [그 밖의 재산권에 대한 집행]민집규216, [예탁유가증권에 대한 가처분]민집규217, [보전처분집행에 대한 본집행의 준용]민집규218

제302조 (2005.1.27 삭제)

改前 "제302조【가집행의 선고】 가처분의 취소 판결에는 재산권과 관계가 없는 청구에 대하여도 가집행의 선고를 할 수 있다."

제303조【관할법원】 가처분의 재판은 본안의 관할 법원 또는 다툼의 대상이 있는 곳을 관할하는 지방법원이 관할한다.

참조 [본안의 관할법원]278·311, [전속관할]21

제304조【임시의 지위를 정하기 위한 가처분】 제300조제2항의 규정에 의한 가처분의 재판에는 변론기일 또는 채무자가 참석할 수 있는 심문기일을 열어야 한다. 다만, 그 기일을 열어 심리하면 가처분의 목적을 달성할 수 없는 사정이 있는 때에는 그러하지 아니하다.

참조 [임시의 지위를 정하기 위한 가처분]300②, [변론기일]민소65·258, [심문]134②

제305조【가처분의 방법】 ① 법원은 신청목적을 이루는 데 필요한 처분을 직권으로 정한다.

② 가처분으로 보관인을 정하거나, 상대방에게 어떠한 행위를 하거나 하지 말도록, 또는 급여를 지급하도록 명할 수 있다.

③ 가처분으로 부동산의 양도나 저당을 금지한 때에는 법원은 제293조의 규정을 준용하여 등기부에 그 금지한 사실을 기입하게 하여야 한다.

참조 [처분권주의]23, 민소203, [가처분의 목적]300, [부동산가압류집행으로서의 등기부 기입]293

제306조【법인임원의 직무집행정지 등 가처분의 등기촉탁】 법원사무관등은 법원이 법인의 대표자 그 밖의 임원으로 등기된 사람에 대하여 직무의 집행을 정지하거나 그 직무를 대행할 사람을 선임하는 가처분을 하거나 그 가처분을 변경·취소한 때에는, 법인의 주사무소 또는 본점이 있는 곳의 등기소에 그 등기를 촉탁하여야 한다. 다만, 이 사항이 등기하여야 할 사항이 아닌 경우에는 그러하지 아니하다.(2024.9.20 본문개정)

改前 제306조【법인임원의 직무집행정지 등 가처분의 등기촉탁】 법원사무관등은…변경·취소한 때에는, "법인의 주사무소 및 분사무소 또는 본점 및 지점"이 있는 곳의 등기소에…

참조 [이사의 직무집행정지 및 직무대행자선임 가처분]상407·408·415·567·570·613, [가처분의 취소]307, [가처분의 등기]민52의2, 60의2, 상183의2·200의2·265

제307조【가처분의 취소】 ① 특별한 사정이 있는 때에는 담보를 제공하게 하고 가처분을 취소할 수 있다.

② 제1항의 경우에는 제284조, 제285조 및 제286조제1항 내지 제4항·제6항·제7항의 규정을 준용한다.

(2005.1.27 본항개정)

改前 ② …경우에는 "제284조 및 제285조"의 규정을 준용한다.

참조 [담보]19, [가압류해방금액]282, [가압류이의신청사건의 이송]284, [가압류이의신청의 취하]285, [이의신청에 대한 심리와 재판]286

판례 담보를 제공하게 하고 가처분을 취소할 수 있는 '특별한 사정이 있는 때'라 함은 가처분에 의하여 보전되는 권리가 금전적 보상으로써 그 종국의 목적을 달성할 수 있는 사정이 있거나 또는 가처분집행으로 가처분채무자가 특히 현저한 손해를 받고 있는 사정이 있는 경우를 말하고, 여기에서 금전보상이 가능한가의 여부는 장래 본안소송에 있어서의 청구의 내용, 당해 가처분의 목적 등 모든 사정을 참작하여 사회통념에 따라 객관적으로 판단하여야 하고, 채무자가 특히 현저한 손해를 입게 될 사정이 있는지 여부는 가처분의 종류, 내용 등 제반 사정을 종합적으로 고려하여 채무자가 입을 손해가 가처분 당시 예상된 것보다 훨씬 클 염려가 있어 가처분을 유지하는 것이 채무자에게 가혹하고 공평의 이념에 반하는지 여부에 의하여 결정된다.(대결 2006.7.4, 2006마164,165)

제308조【원상회복재판】 가처분을 명한 재판에 기초하여 채권자가 물건을 인도받거나, 금전을 지급받거나 또는 물건을 사용·보관하고 있는 경우에는, 법원은 가처분을 취소하는 재판에서 채무자의 신청에 따라 채권자에 대하여 그 물건이나 금전을 반환하도록 명할 수 있다.

참조 [가처분의 방법]305, [가처분의 취소]288·307

제309조【가처분의 집행정지】 ① 소송물인 권리 또는 법률관계가 이행되는 것과 같은 내용의 가처분을 명한 재판에 대하여 이의신청이 있는 경우에, 이의신청으로 주장한 사유가 법률상 정당한 사유가 있다고 인정되고 주장사실에 대한 소명이 있으며, 그 집행에 의하여 회복할 수 없는 손해가 생길 위험이 있다는 사정에 대한 소명이 있는 때에는, 법원은 당사자의 신청에 따라 담보를 제공하게 하거나 담보를 제공하게 하지 아니하고 가처분의 집행을 정지하도록 명할 수 있고, 담보를 제공하게 하고 집행한 처분을 취소하도록 명할 수 있다.

② 제1항에서 규정한 소명은 보증금을 공탁하거나 주장이 진실함을 선서하는 방법으로 대신할 수 없다.

③ 재판기록이 원심법원에 있는 때에는 원심법원이 제1항의 규정에 의한 재판을 한다.

④ 법원은 이의신청에 대한 결정에서 제1항의 규정에 의한 명령을 인가·변경 또는 취소하여야 한다.

⑤ 제1항·제3항 또는 제4항의 규정에 의한 재판에 대하여는 불복할 수 없다.

(2005.1.27 본조개정)

改前 "제309조【가처분의 집행정지】 ① 소송물인 권리 또는 법률관계가 이행되는 것과 같은 내용의 가처분을 명한 재판에 대하여 이의신청 또는 상소가 있는 경우에, 이의신청 또는 상소의 이유로 주장한 사유가 법률상 정당한 이유가 있다고 인정되고 주장사실에 대한 소명이 있으며, 그 집행에 의하여 회복할 수 없는 손해가 생길 위험이 있다는 사정에 대한 소명이 있는 때에는, 법원은 당사자의 신청에 따라 담보를 제공하게 하거나 담보를 제공하게 하지 아니하고 가처분의 집행을 정지하도록 명할 수 있고, 담보를 제공하게 하고 집행한 처분을 취소하도록 명할 수 있다.

② 제1항에서 규정한 소명은 보증금을 공탁하거나 주장이 진실함을 선서하는 방법으로 대신할 수 없다.

③ 재판기록이 원심법원에 있는 때에는 원심법원이 제1항의 재판을 한다.

④ 법원은 이의신청 또는 상소에 대한 판결에서 제1항의 명령을 취소·변경 또는 인가하여야 한다.

⑤ 판결중 제4항의 재판에 대하여는 직권으로 가집행의 선고를 하여야 한다.

⑥ 제1항, 제3항 내지 제5항의 재판에 대하여는 불복할 수 없다."

참조 [이의신청]283-286·301, [집행의 필수적 정지·제한]49, [소명과 담보]280②

제310조【준용규정】 제301조에 따라 준용되는 제287조제3항, 제288조제1항 또는 제307조의 규정에 따른 가처분취소신청이 있는 경우에는 제309조의 규정을 준용한다.(2005.1.27 본조개정)

改前 "제310조【준용규정】 제301조에 따라 준용되는 제288조제1항 또는 제307조에 따른 가처분취소신청이 있는 경우에는 제309조의 규정을, 제301조에 따라 준용되는 제287조제3항 및 제288조제4항에 따른 가처분취소신청이 있는 경우에는 제309조제1항 내지 제4항 및 제6항의 규정을 각각 준용한다."

참조 [가압류절차의 준용]301, [본안의 제소명령서류의 미제출로 인한 가압류의 취소]287③, [사정변경 등에 따른 가압류의 취소신청]288①, [특별한 사정에 따른 가처분의 취소]307, [가처분의 집행정지]309

제311조【본안의 관할 법원】 이 편에 규정한 본안법원은 제1심 법원으로 한다. 다만, 본안이 제2심에 계속된 때에는 그 계속된 법원으로 한다.

참조 [본안의 관할법원]278 · 288② · 303, [제1심법원]법원조직7④ · 32①, [제2심법원]법원조직7⑤ · 28 · 32②

제312조【재판장의 권한】 급박한 경우에 재판장은 이 편의 신청에 대한 재판을 할 수 있다.(2005.1.27 본조개정)

改前 제312조【재판장의 권한】급박한 경우에 "변론을 필요로 하지 아니하는 것에 한하여 재판장은" 이 편의 신청에 대한…

참조 [재판장]민소135

부 칙

제1조【시행일】 이 법은 2002년 7월 1일부터 시행한다.

제2조【계속사건에 관한 경과조치】 ① 이 법 시행전에 신청된 집행사건에 관하여는 종전의 규정에 따른다.
② 이 법 시행 당시 종전의 민사소송법의 규정에 따라 이 법 시행전에 행한 집행처분 그 밖의 행위는 이 법의 적용에 관하여는 이 법의 해당 규정에 따라 한 것으로 본다.
③ 제1항 및 제2항에 규정한 것 외에 이 법의 시행 당시 이미 법원에 계속되거나 집행관이 취급하고 있는 사건의 처리에 관하여 필요한 사항은 대법원규칙으로 정한다.

제3조【관할에 관한 경과조치】 이 법 시행 당시 법원에 계속중인 사건은 이 법에 따라 관할권이 없는 경우에도 종전의 규정에 따라 관할권이 있으면 그에 따른다.

제4조【법정기간에 대한 경과조치】 이 법 시행전부터 진행된 법정기간과 그 계산은 종전의 규정에 따른다.

제5조【법 적용의 시간적 범위】 이 법은 이 법 시행전에 생긴 사항에도 적용한다. 다만, 종전의 규정에 따라 생긴 효력에는 영향을 미치지 아니한다.

제6조【다른 법률의 개정】 ①~55 ※(해당 법령에 가제정리 하였음)

제7조【다른 법률과의 관계】 ① 이 법 시행 당시 다른 법률에서 종전의 민사소송법의 규정을 인용한 경우에 이 법중 그에 해당하는 규정이 있는 때에는 이 법의 해당 규정을 인용한 것으로 본다.
② 이 법 시행 당시 다른 법률에서 규정한 "재산관계명시절차"와 "채무명의"는 각각 "재산명시절차"와 "집행권원"으로 본다.

부 칙 (2005.1.27)

제1조【시행일】 이 법은 공포 후 6월이 경과한 날부터 시행한다.

제2조【계속사건에 관한 경과조치】 이 법 시행 전에 신청된 재산조회 사건 · 동산에 대한 강제집행 사건 · 보전명령 사건 · 보전명령에 대한 이의 및 취소신청 사건에 관하여는 종전의 규정에 의한다. 다만, 보전명령이 종국판결로 선고된 경우에는 이에 대한 상소 또는 취소 신청이 이 법 시행 후에 된 경우에도 종전의 규정에 의한다.

제3조【다른 법률의 개정】 ①~③ ※(해당 법령에 가제정리 하였음)

제4조【다른 법령과의 관계】 이 법 시행 당시 다른 법령에서 종전의 민사집행법의 규정을 인용한 경우에 이 법 중 그에 해당하는 규정이 있는 때에는 그 규정에 갈음하여 이 법의 해당 규정을 인용한 것으로 본다.

부 칙 (2007.8.3 법8581호)

제1조【시행일】 이 법은 공포 후 1년이 경과한 날부터 시행한다.(이하 생략)

부 칙 (2007.8.3 법8622호)

① **【시행일】** 이 법은 2008년 7월 1일부터 시행한다.(이하 생략)

부 칙 (2009.3.25)

제1조【시행일】 이 법은 공포 후 6개월이 경과한 날부터 시행한다.(이하 생략)

부 칙 (2010.7.23)

이 법은 공포 후 3개월이 경과한 날부터 시행한다. 다만, 제246조제1항제6호의 개정규정은 공포한 날부터 시행한다.

부 칙 (2011.4.5)

① **【시행일】** 이 법은 공포 후 3개월이 경과한 날부터 시행한다.
② **【적용례】** 제246조제1항제7호 · 제8호 및 같은 조 제2항의 개정규정은 이 법 시행 후 최초로 접수된 압류명령 신청 및 취소사건부터 적용한다.

부 칙 (2011.4.12)

제1조【시행일】 이 법은 공포 후 6개월이 경과한 날부터 시행한다.(이하 생략)

부 칙 (2014.5.20)

이 법은 공포한 날부터 시행한다.

부 칙 (2015.5.18)

이 법은 공포 후 6개월이 경과한 날부터 시행한다.

부 칙 (2016.2.3)

제1조【시행일】 이 법은 공포 후 1년이 경과한 날부터 시행한다.(이하 생략)

부 칙 (2022.1.4)

이 법은 공포한 날부터 시행한다.

부 칙 (2024.9.20)

제1조【시행일】 이 법은 2025년 1월 31일부터 시행한다.(이하 생략)

부 칙 (2025.1.31)

제1조【시행일】 이 법은 공포 후 1년이 경과한 날부터 시행한다.

제2조【압류금지채권에 관한 적용례】 제246조제1항의 개정규정은 이 법 시행 후 최초로 접수된 압류명령 신청 및 취소사건부터 적용한다.

민사집행법 시행령

(2005년 7월 26일
대통령령 제18964호)

개정
2011. 7. 1영23004호 2019. 3. 5영29603호

제1조【목적】 이 영은 「민사집행법」에서 위임된 사항과 그 시행에 필요한 사항을 규정함을 목적으로 한다.(2011.7.1 본조개정)

제2조【압류금지 생계비】 「민사집행법」(이하 "법"이라 한다) 제195조제3호에서 "대통령령이 정하는 액수의 금전"이란 185만원을 말한다. 다만, 법 제246조제1항제8호에 따라 압류하지 못한 예금(적금·부금·예탁금과 우편대체를 포함하며, 이하 "예금등"이라 한다)이 있으면 185만원에서 그 예금등의 금액을 뺀 금액으로 한다.(2019.3.5 본조개정)

제3조【압류금지 최저금액】 법 제246조제1항제4호 단서에서 "「국민기초생활 보장법」에 의한 최저생계비를 감안하여 대통령령이 정하는 금액"이란 월 185만원을 말한다.
(2019.3.5 본조개정)

제4조【압류금지 최고금액】 법 제246조제1항제4호 단서에서 "표준적인 가구의 생계비를 감안하여 대통령령이 정하는 금액"이란 제1호에 규정된 금액 이상으로서 제1호와 제2호의 금액을 합산한 금액을 말한다.(2011.7.1 본문개정)
1. 월 300만원
2. 법 제246조제1항제4호 본문에 따른 압류금지금액(월액으로 계산한 금액을 말한다)에서 제1호의 금액을 뺀 금액의 2분의 1(2011.7.1 본호개정)

제5조【급여채권이 중복되거나 여러 종류인 경우의 계산방법】 제3조 및 제4조의 금액을 계산할 때 채무자가 다수의 직장으로부터 급여를 받거나 여러 종류의 급여를 받는 경우에는 이를 합산한 금액을 급여채권으로 한다.(2011.7.1 본조개정)

제6조【압류금지 보장성 보험금 등의 범위】 ① 법 제246조제1항제7호에 따라 다음 각 호에 해당하는 보장성보험의 보험금, 해약환급금 및 만기환급금에 관한 채권은 압류하지 못한다.
1. 사망보험금 중 1천만원 이하의 보험금
2. 상해·질병·사고 등을 원인으로 채무자가 지급받는 보장성보험의 보험금 중 다음 각 목에 해당하는 보험금
  가. 진료비, 치료비, 수술비, 입원비, 약제비 등 치료 및 장애 회복을 위하여 실제 지출되는 비용을 보장하기 위한 보험금
  나. 치료 및 장애 회복을 위한 보험금 중 가목에 해당하는 보험금을 제외한 보험금의 2분의 1에 해당하는 금액
3. 보장성보험의 해약환급금 중 다음 각 목에 해당하는 환급금
  가. 「민법」 제404조에 따라 채권자가 채무자의 보험계약 해지권을 대위행사하거나 추심명령(推尋命令) 또는 전부명령(轉付命令)을 받은 채권자가 해지권을 행사하여 발생하는 해약환급금
  나. 가목에서 규정한 해약사유 외의 사유로 발생하는 해약환급금 중 150만원 이하의 금액
4. 보장성보험의 만기환급금 중 150만원 이하의 금액

② 채무자가 보장성보험의 보험금, 해약환급금 또는 만기환급금 채권을 취득하는 보험계약이 둘 이상인 경우에는 다음 각 호의 구분에 따라 제1항 각 호의 금액을 계산한다.
1. 제1항제1호, 제3호나목 및 제4호 : 해당하는 보험계약별 사망보험금, 해약환급금, 만기환급금을 각각 합산한 금액에 대하여 해당 압류금지채권의 상한을 계산한다.
2. 제1항제2호나목 및 제3호가목 : 보험계약별로 계산한다.
(2011.7.1 본조신설)

제7조【압류금지 예금등의 범위】 법 제246조제1항제8호에 따라 압류하지 못하는 예금등의 금액은 개인별 잔액이 185만원 이하인 예금등으로 한다. 다만, 법 제195조제3호에 따라 압류하지 못한 금전이 있으면 185만원에서 그 금액을 뺀 금액으로 한다.
(2019.3.5 본조개정)

부 칙

이 영은 2005년 7월 28일부터 시행한다.

부 칙 (2011.7.1)

제1조【시행일】 이 영은 2011년 7월 6일부터 시행한다.

제2조【압류금지 생계비 및 급여채권에 관한 적용례】 제2조 및 제3조의 개정규정은 이 영 시행 후 최초로 접수된 압류명령 신청사건부터 적용한다.

부 칙 (2019.3.5)

제1조【시행일】 이 영은 2019년 4월 1일부터 시행한다.

제2조【압류금지 생계비, 급여채권 및 예금등에 관한 적용례】 제2조, 제3조 및 제7조의 개정규정은 이 영 시행 이후 접수되는 압류명령 신청사건부터 적용한다.

민사집행규칙

(2002년 6월 28일
대법원규칙 제1762호)

개정
2003. 7.19대법원규칙1835호 2004. 6. 1대법원규칙1891호
2005. 7.28대법원규칙1953호 2006.11.13대법원규칙2047호
2008. 2.18대법원규칙2160호 2010.10. 4대법원규칙2304호
2011. 7.28대법원규칙2345호
2011. 9.28대법원규칙2356호(부등규)
2011.12.30대법원규칙2375호
2012.12.27대법원규칙2441호(재판기록열람·복사규)
2013.11.27대법원규칙2495호 2014. 7. 1대법원규칙2542호
2014.10. 2대법원규칙2560호(상업등기규)
2014.11.27대법원규칙2567호 2015. 6. 2대법원규칙2600호
2015. 8.27대법원규칙2617호 2015.10.29대법원규칙2623호
2015.12.29대법원규칙2633호 2016. 9. 6대법원규칙2676호
2018. 4.27대법원규칙2787호(동산·채권의담보등기등에관한규)
2018.12.31대법원규칙2819호 2019. 8. 2대법원규칙2855호
2019. 9.17대법원규칙2858호 2019.12.26대법원규칙2875호
2020.12.28대법원규칙2938호
2022. 2.25대법원규칙3041호(동산·채권의담보등기등에관한규)

제1편 총 칙

제1조【목적】 이 규칙은 「민사집행법」(다음부터 "법"이라 한다)이 대법원규칙에 위임한 사항, 그 밖에 법 제1조의 민사집행과 보전처분의 절차를 규정함을 목적으로 한다.
(2005.7.28 본조개정)

제2조【집행법원의 심문】 집행법원은 집행처분을 하는 데 필요한 때에는 이해관계인, 그 밖의 참고인을 심문할 수 있다.

제3조【집행관의 집행일시 지정】 ① 집행관은 민사집행의 신청을 받은 때에는 바로 민사집행을 개시할 일시를 정하여 신청인에게 통지하여야 한다. 다만, 신청인이 통지가 필요 없다는 취지의 신고를 한 때에는 그러하지 아니하다.
② 제1항의 규정에 따른 집행일시는 부득이한 사정이 없으면 신청을 받은 날부터 1주 안의 날로 정하여야 한다.

제4조【국군원조요청의 절차】 ① 법 제5조제3항의 규정에 따라 법원이 하는 국군원조의 요청은 다음 각호의 사항을 적은 서면으로 하여야 한다.
1. 사건의 표시
2. 채권자·채무자와 그 대리인의 표시
3. 원조를 요청한 집행관의 표시
4. 집행할 일시와 장소
5. 원조가 필요한 사유와 원조의 내용
② 제1항의 규정에 따라 작성한 서면은 법원장 또는 지원장과 법원행정처장을 거쳐 국방부장관에게 보내야 한다.

제5조【집행참여자의 의무】 법 제6조의 규정에 따라 집행관으로부터 집행실시의 증인으로 참여하도록 요구받은 특별시·광역시의 구 또는 동 직원, 특별자치시의 동 직원, 시·읍·면 직원 또는 경찰공무원은 정당한 이유 없이 그 요구를 거절하여서는 아니된다.(2019.12.26 본조개정)

제6조【집행조서의 기재사항】 ① 집행조서에는 법 제10조제2항제2호의 규정에 따른 "중요한 사정의 개요"로서 다음 각호의 사항을 적어야 한다.
1. 집행에 착수한 일시와 종료한 일시
2. 실시한 집행의 내용
3. 집행에 착수한 후 정지한 때에는 그 사유
4. 집행에 저항을 받은 때에는 그 취지와 이에 대하여 한 조치
5. 집행의 목적을 달성할 수 없었던 때에는 그 사유
6. 집행을 속행한 때에는 그 사유
② 제150조제2항, 법 제10조제2항제4호 또는 법 제116조제2항(이 조항들이 준용되거나 그 예에 따르는 경우를 포함한다)에 규정된 서명날인은 서명무인으로 갈음할 수 있다.

제7조【재판을 고지받을 사람의 범위】 ① 다음 각호의 재판은 그것이 신청에 기초한 경우에는 신청인과 상대방에게, 그 밖의 경우에는 민사집행의 신청인과 상대방에게 고지하여야 한다.
1. 이송의 재판(다만, 민사집행을 개시하는 결정이 상대방에게 송달되기 전에 이루어진 재판을 제외한다)
2. 즉시항고를 할 수 있는 재판(다만, 신청을 기각하거나 각하하는 재판을 제외한다)
3. 법 제50조제1항 전단 또는 법 제266조제2항 전단(이 조항들이 준용되거나 그 예에 따르는 경우를 포함한다)의 규정에 따른 집행절차취소의 재판
4. 법 제16조제2항의 규정에 따른 재판과 이 재판이 이루어진 경우에는 법 제16조제1항의 규정에 따른 신청에 관한 재판
5. 법 제86조제2항(이 조항이 준용되거나 그 예에 따르는 경우를 포함한다)의 규정에 따른 재판
6. 법 제196조제3항(이 조항이 준용되거나 그 예에 따르는 경우를 포함한다)의 규정에 따른 재판과 이 재판이 이루어진 경우에는 법 제196조제1항·제2항 또는 법 제246조제3항(이 조항들이 준용되거나 그 예에 따르는 경우를 포함한다)의 규정에 따른 신청을 기각하거나 각하하는 재판
(2011.7.28 본호개정)
② 제1항 각호에 규정되지 아니한 재판으로서 신청에 기초한 재판에 대하여는 신청인에게 고지하여야 한다.

제8조【최고·통지】 ① 민사집행절차에서 최고와 통지는 특별한 규정이 없으면 상당하다고 인정되는 방법으로 할 수 있다.
② 제1항의 최고나 통지를 한 때에는 법원서기관·법원사무관·법원주사 또는 법원주사보(다음부터 이 모두를 "법원사무관등"이라 한다)나 집행관은 그 취지와 최고 또는 통지의 방법을 기록에 표시하여야 한다.
③ 최고를 받을 사람이 외국에 있거나 있는 곳이 분명하지 아니한 때에는 최고할 사항을 공고하면 된다. 이 경우 최고는 공고를 한 날부터 1주가 지나면 효력이 생긴다.
④ 이 규칙에 규정된 통지(다만, 법에 규정된 통지를 제외한다)를 받을 사람이 외국에 있거나 있는 곳이 분명하지 아니한 때에는 통지를 하지 아니하여도 된다. 이 경우 법원사무관등이나 집행관은 그 사유를 기록에 표시하여야 한다.

⑤ 당사자, 그 밖의 관계인에 대한 통지(다만, 법 제102조제1항에 규정된 통지를 제외한다)는 법원사무관등 또는 집행관으로 하여금 그 이름으로 하게 할 수 있다.

제9조【발송의 방법】 법 제11조제3항, 법 제14조제2항 또는 법 제104조제3항의 규정에 따른 발송은 등기우편으로 한다.

제10조【외국으로 보내는 첫 송달서류의 기재사항】 민사집행절차에서 외국으로 보내는 첫 송달서류에는 대한민국 안에 송달이나 통지를 받을 장소와 영수인을 정하여 일정한 기간 안에 신고하도록 명함과 아울러 그 기간 안에 신고가 없는 경우에는 그 이후의 송달이나 통지를 하지 아니할 수 있다는 취지를 적어야 한다.

제11조【공고】 ① 민사집행절차에서 공고는 특별한 규정이 없으면 다음 각호 가운데 어느 하나의 방법으로 한다. 이 경우 필요하다고 인정하는 때에는 적당한 방법으로 공고사항의 요지를 공시할 수 있다.

1. 법원게시판 게시
2. 관보·공보 또는 신문 게재
3. 전자통신매체를 이용한 공고

② 법원사무관등 또는 집행관은 공고한 날짜와 방법을 기록에 표시하여야 한다.

제12조【즉시항고제기기간 기산점의 특례】 즉시항고를 할 수 있는 사람이 재판을 고지받아야 할 사람이 아닌 경우 즉시항고의 제기기간은 그 재판을 고지받아야 할 사람 모두에게 고지된 날부터 진행한다.

제13조【즉시항고이유의 기재방법】 ① 즉시항고의 이유는 원심재판의 취소 또는 변경을 구하는 사유를 구체적으로 적어야 한다.

② 제1항의 사유가 법령위반인 때에는 그 법령의 조항 또는 내용과 법령에 위반되는 사유를, 사실의 오인인 때에는 오인에 관계되는 사실을 구체적으로 밝혀야 한다.

제14조【즉시항고기록의 송부】 ① 즉시항고가 제기된 경우에 집행법원이 상당하다고 인정하는 때에는 항고사건의 기록만을 보내거나 민사집행사건의 기록 일부의 등본을 항고사건의 기록에 붙여 보낼 수 있다.

② 제1항의 규정에 따라 항고사건의 기록 또는 민사집행사건의 기록 일부의 등본이 송부된 경우에 항고법원은 필요하다고 인정하는 때에는 민사집행사건의 기록 또는 필요한 등본의 송부를 요구할 수 있다.

제14조의2【재항고】 ① 집행절차에 관한 항고법원·고등법원 또는 항소법원의 결정 및 명령으로서 즉시항고를 할 수 있는 재판에 대하여는 재판에 영향을 미친 헌법·법률·명령 또는 규칙의 위반을 이유로 드는 때에만 재항고(再抗告)할 수 있다.

② 제1항의 재항고에 관하여는 법 제15조의 규정을 준용한다.
(2005.7.28 본조신설)

제15조【집행에 관한 이의신청의 방식】 ① 법 제16조제1항·제3항의 규정에 따른 이의신청은 집행법원이 실시하는 기일에 출석하여 하는 경우가 아니면 서면으로 하여야 한다.

② 제1항의 이의신청을 하는 때에는 이의의 이유를 구체적으로 밝혀야 한다.

제16조【민사집행신청의 취하통지】 민사집행을 개시하는 결정이 상대방에게 송달된 후 민사집행의 신청이 취하된 때에는 법원사무관등은 상대방에게 그 취지를 통지하여야 한다.

제17조【집행관이 실시한 민사집행절차의 취소통지】 집행관은 민사집행절차를 취소한 때에는 채권자에게 그 취지와 취소의 이유를 통지하여야 한다.

제18조【「민사소송규칙」의 준용】 민사집행과 보전처분의 절차에 관하여는 특별한 규정이 없으면 「민사소송규칙」의 규정을 준용한다.(2005.7.28 본조개정)

제18조의2【재정보증】 법원행정처장은 법 제1조의 민사집행 및 보전처분 사무를 처리하는 법원사무관등의 재정보증에 관한 사항을 정하여 운용할 수 있다.(2011.12.30 본조신설)

제2편 강제집행

제1장 총 칙

제19조【집행문부여신청의 방식】 ① 집행문을 내어 달라는 신청을 하는 때에는 다음 각호의 사항을 밝혀야 한다.

1. 채권자·채무자와 그 대리인의 표시
2. 집행권원의 표시
3. 법 제30조제2항, 법 제31조, 법 제35조(법 제57조의 규정에 따라 이 조항들이 준용되는 경우를 포함한다) 또는 법 제263조제2항의 규정에 따라 집행문을 내어 달라는 신청을 하는 때에는 그 취지와 사유
4. 집행권원에 채권자·채무자의 주민등록번호(주민등록번호가 없는 사람의 경우에는 여권번호 또는 등록번호, 법인 또는 법인 아닌 사단이나 재단의 경우에는 사업자등록번호·납세번호 또는 고유번호를 말한다. 다음부터 이 모두와 주민등록번호를 "주민등록번호등"이라 한다)가 적혀 있지 않은 경우에는 채권자·채무자의 주민등록번호등
(2014.11.27 본호신설)

② 확정되어야 효력이 있는 재판에 관하여 제1항의 신청을 하는 때에는 그 재판이 확정되었음이 기록상 명백한 경우가 아니면 그 재판이 확정되었음을 증명하는 서면을 붙여야 한다.

③ 집행문을 내어 달라는 신청을 하는 때에는 법원사무관등은 채권자·채무자 또는 승계인의 주소 또는 주민등록번호등을 소명하는 자료를 제출하게 할 수 있다.(2014.11.27 본항개정)

제20조【집행문의 기재사항】 ① 집행권원에 표시된 청구권의 일부에 대하여 집행문을 내어 주는 때에는 강제집행을 할 수 있는 범위를 집행문에 적어야 한다.

② 집행권원에 채권자·채무자의 주민등록번호등이 적혀 있지 아니한 때에는 집행문에 채권자·채무자의 주민등록번호등을 적어야 한다.(2014.11.27 본항개정)

③ 법 제31조(법 제57조의 규정에 따라 준용되는 경우를 포함한다)의 규정에 따라 집행문을 내어주는 때에는 집행문에 승계인의 주민등록번호등 또는 주소를 적어야 한다.
(2014.11.27 본항신설)

제21조【집행권원 원본에 적을 사항】 ① 집행문을 내어 주는 때에는 집행권원의 원본 또는 정본에 법 제35조제3항과 법 제36조에 규정된 사항 외에 다음 각호의 사항을 적고 법원사무관등이 기명날인하여야 한다.

1. 법 제31조(법 제57조의 규정에 따라 준용되는 경우를 포함한다)의 규정에 따라 내어 주는 때에는 그 취지와 승계인의 이름
2. 제20조제1항의 규정에 따라 내어 주는 때에는 강제집행을 할 수 있는 범위

② 법원사무관등이 재판사무시스템에 법 제35조제3항, 제36조에 규정된 사항 및 제1항 각 호의 사항을 등록한 때에는 집행권원의 원본 또는 정본에 해당 사항을 적고 기명날인한 것으로 본다.(2006.11.13 본항신설)

제22조【공증인의 집행문 부여에 관한 허가 절차】 ① 공증인은 「공증인법」 제56조의3제3항에 따라 집행권원으로 보는 증서(다음부터 "인도 등에 관한 집행증서"라 한다)에 대한 집행문을 내어주기 위해 인도 등에 관한 집행증서의 표시와 내어줄 집행문의 문구를 적은 집행문부여허가청구서 및 그 부본 1통을 그 공증인의 사무소가 있는 곳을 관할하는 지방법원 또는 지원의 민사집행업무를 담당하는 과에 제출한다.

② 공증인은 집행문부여허가청구서에 당사자가 제출한 다음 각 호의 서류 또는 자료를 첨부하여야 한다.

1. 집행문부여신청서(대리인에 의해 신청된 경우 대리권 증명서류 포함)
2. 인도 등에 관한 집행증서 정본

3. 제19조제1항제3호의 사유를 증명하기 위한 자료 또는 제19조제3항에서 정한 소명자료

③ 제1항의 관할 지방법원 또는 지원의 법원사무관등이 집행문부여허가청구서와 제2항의 첨부서류 및 자료(다음부터 "허가청구서 등"이라 한다)를 접수한 때에는 집행문부여허가사건처리부(다음부터 "사건처리부"라 한다)에 접수사실을 적고, 집행문부여허가서 용지와 허가청구서 등을 담당 판사에게 회부한다.

④ 담당 판사는 집행문부여를 전부 또는 일부 허가하지 아니할 때에는 집행문부여허가청구서에 그 취지 및 이유를 적고 서명날인한다. 집행문부여를 일부 허가하지 아니할 때에는 허가서에 그 취지와 허가되지 않은 부분을 적는다.

⑤ 법원사무관등은 집행문부여허가서가 발부된 경우에 해당사항을 사건처리부에 적고 집행문부여허가서와 허가청구서 등을 공증인 사무소 담당직원이나 집행문부여신청인(대리인에 의해 신청된 경우 그 대리인 또는 그로부터 허가청구서 등의 수령권한을 위임받은 사람을 포함한다. 다음부터 이 조문 안에서 같다)에게 인계한다. 집행문부여가 일부 허가되지 아니한 경우에도 같다.

⑥ 법원사무관등은 집행문부여가 전부 허가되지 않은 경우에 해당사실을 사건처리부에 적고 허가청구서 등을 공증인 사무소 담당 직원이나 집행문부여신청인에게 인계한다.

⑦ 각급 법원은 사건처리부와 집행문부여허가청구서 부본철을 청구일이 속한 다음해의 1월 1일부터 다음 각호의 기간 동안 비치·보존한다. 다만, 재판사무시스템에 입력함으로써 사건처리부의 기재 및 비치·보존에 갈음할 수 있다.

1. 사건처리부 : 10년
2. 허가청구서 부본철 : 1년

(2013.11.27 본조신설)

제22조의2【공정증서정본등의 송달방법】 ① 「공증인법」 제56조의5제1항의 규정에 따른 송달은 아래 제2항 내지 제6항에서 정하는 방법으로 한다.(2013.11.27 본항개정)

② 채권자는 「공증인법」 제56조의5제1항에 규정된 서류(다음부터 "공정증서정본등"이라 한다)의 송달과 동시에 강제집행할 것을 위임하는 경우 또는 같은 법 제56조의5제1항의 규정에 따른 우편송달로는 그 목적을 달성할 수 없는 때에는 집행관에게 공정증서정본등의 송달을 위임할 수 있다.(2013.11.27 본항개정)

③ 제2항의 위임에 따라 공정증서정본등을 송달한 집행관은 그 송달에 관한 증서를 위임인에게 교부하여야 한다.

④ 채권자는 공증인의 직무상 주소를 관할하는 지방법원에 외국에서 할 공정증서정본등의 송달을 신청할 수 있다.

⑤ 채권자는 「민사소송법」 제194조제1항의 사유가 있는 때에는 공증인의 직무상 주소를 관할하는 지방법원에 공시송달을 신청할 수 있다.(2005.7.28 본항개정)

⑥ 제2항의 규정에 따른 송달에는 「민사소송법」 제178조제1항, 같은 법 제179조 내지 제183조 및 같은 법 제186조의 규정을, 제4항의 규정에 따른 송달에는 「민사소송법」 제191조의 규정을, 제5항의 규정에 따른 공시송달에는 「민사소송법」 제194조 내지 제196조 및 「민사소송규칙」 제54조의 규정을 각 준용한다.(2005.7.28 본항개정)

제23조【집행개시 후 채권자의 승계】 ① 강제집행을 개시한 후 신청채권자가 승계된 경우에 승계인이 자기를 위하여 강제집행의 속행을 신청하는 때에는 법 제31조(법 제57조의 규정에 따라 준용되는 경우를 포함한다)에 규정된 집행문이 붙은 집행권원의 정본을 제출하여야 한다.

② 제1항에 규정된 집행권원의 정본이 제출된 때에는 법원사무관등 또는 집행관은 그 취지를 채무자에게 통지하여야 한다.

제24조【집행비용 등의 변상】 ① 법 제53조제1항의 규정에 따라 채무자가 부담하여야 할 집행비용으로서 그 집행절차에서 변상받지 못한 비용과 법 제53조제2항의 규정에 따라 채권자가 변상하여야 할 금액은 당사자의 신청을 받아 집행법원이 결정으로 정한다.

② 제1항의 신청과 결정에는 「민사소송법」 제110조제2항·제3항, 같은 법 제111조제1항 및 같은 법 제115조의 규정을 준용한다.(2005.7.28 본항개정)

제2장 금전채권에 기초한 강제집행

제1절 재산명시절차 등

제25조【재산명시신청】 ① 법 제61조제1항의 규정에 따른 채무자의 재산명시를 요구하는 신청은 다음 각호의 사항을 적은 서면으로 하여야 한다.

1. 채권자·채무자와 그 대리인의 표시
2. 집행권원의 표시
3. 채무자가 이행하지 아니하는 금전채무액
4. 신청취지와 신청사유

② 법원사무관등은 제1항의 신청인으로부터 집행문이 있는 판결정본(다음부터 "집행력 있는 정본"이라 한다)의 사본을 제출받아 기록에 붙인 후 집행력 있는 정본을 채권자에게 바로 돌려주어야 한다.

제26조【채무자에 대한 고지사항】 법 제62조제1항의 규정에 따른 결정을 채무자에게 송달하는 때에는, 법 제62조제4항 후단에 규정된 사항 외에 결정을 송달받은 뒤 송달장소를 바꾼 때에는 그 취지를 법원에 바로 신고하여야 하며 그 신고를 하지 아니하여 달리 송달할 장소를 알 수 없는 경우 종전에 송달받던 장소에 등기우편으로 발송할 수 있음을 함께 고지하여야 한다.

제27조【명시기일의 출석요구】 ① 법 제64조제1항의 규정에 따른 채무자에 대한 출석요구는 다음 각호의 사항을 적은 서면으로 하여야 한다.

1. 채권자와 채무자의 표시
2. 제28조와 법 제64조제2항의 규정에 따라 재산목록에 적거나 명시할 사항과 범위
3. 재산목록을 작성하여 명시기일에 제출하여야 한다는 취지
4. 법 제68조에 규정된 감치와 벌칙의 개요

② 채무자가 소송대리인을 선임한 경우에도 제1항에 규정된 출석요구서는 채무자 본인에게 송달하여야 한다.

③ 채권자는 명시기일에 출석하지 아니하여도 된다.

제28조【재산목록의 기재사항 등】 ① 채무자가 제출하여야 하는 재산목록에는 채무자의 이름·주소와 주민등록번호등을 적고, 법 제64조제2항 각호의 사항을 명시하는 때에는 유상양도 또는 무상처분을 받은 사람의 이름·주소·주민등록번호등과 그 거래내역을 적어야 한다.

② 법 제64조제2항·제3항의 규정에 따라 재산목록에 적어야 할 재산은 다음 각호와 같다. 다만, 법 제195조에 규정된 물건과 법 제246조제1항제1호 내지 제3호에 규정된 채권을 제외한다.

1. 부동산에 관한 소유권·지상권·전세권·임차권·인도청구권과 그에 관한 권리이전청구권
2. 등기 또는 등록의 대상이 되는 자동차·건설기계·선박·항공기의 소유권, 인도청구권과 그에 관한 권리이전청구권
3. 광업권·어업권, 그 밖에 부동산에 관한 규정이 준용되는 권리와 그에 관한 권리이전청구권
4. 특허권·상표권·저작권·디자인권·실용신안권, 그 밖에 이에 준하는 권리와 그에 관한 권리이전청구권 (2005.7.28 본호개정)
5. 50만원 이상의 금전과 합계액 50만원 이상의 어음·수표
6. 합계액 50만원 이상의 예금과 보험금 50만원 이상의 보험계약
7. 합계액 50만원 이상의 주권·국채·공채·회사채, 그 밖의 유가증권

8. 50만원 이상의 금전채권과 가액 50만원 이상의 대체물인 도채권(같은 채무자에 대한 채권액의 합계가 50만원 이상인 채권을 포함한다), 저당권 등의 담보물권으로 담보되는 채권은 그 취지와 담보물권의 내용
9. 정기적으로 받을 보수·부양료, 그 밖의 수입
10. 「소득세법」상의 소득으로서 제9호에서 정한 소득을 제외한 각종소득 가운데 소득별 연간 합계액 50만원 이상인 것 (2005.7.28 본호개정)
11. 합계액 50만원 이상의 금·은·백금·금은제품과 백금제품
12. 품목당 30만원 이상의 시계·보석류·골동품·예술품과 악기
13. 품목당 30만원 이상의 의류·가구·가전제품 등을 포함한 가사비품
14. 합계액 50만원 이상의 사무기구
15. 품목당 30만원 이상의 가축과 농기계를 포함한 각종 기계
16. 합계액 50만원 이상의 농·축·어업생산품(1월 안에 수확할 수 있는 과실을 포함한다), 공업생산품과 재고상품
17. 제11호 내지 제16호에 규정된 유체동산에 관한 인도청구권·권리이전청구권, 그 밖의 청구권
18. 제11호 내지 제16호에 규정되지 아니한 유체동산으로 품목당 30만원 이상인 것과 그에 관한 인도청구권·권리이전청구권, 그 밖의 청구권
19. 가액 30만원 이상의 회원권, 그 밖에 이에 준하는 권리와 그에 관한 이전청구권
20. 그 밖에 강제집행의 대상이 되는 것으로서 법원이 범위를 정하여 적을 것을 명한 재산

③ 제2항 및 법 제64조제2항·제3항의 규정에 따라 재산목록을 적는 때에는 다음 각호의 기준을 따라야 한다.
1. 제2항에 규정된 재산 가운데 권리의 이전이나 그 행사에 등기·등록 또는 명의개서(다음부터 이 조문 안에서 "등기등"이라고 한다)가 필요한 재산으로서 제3자에게 명의신탁 되어 있거나 신탁재산으로 등기등이 되어 있는 것도 적어야 한다. 이 경우에는 재산목록에 명의자와 그 주소를 표시하여야 한다.
2. 제2항제8호 및 제11호 내지 제19호에 규정된 재산의 가액은 재산목록을 작성할 당시의 시장가격에 따른다. 다만, 시장가격을 알기 어려운 경우에는 그 취득가액에 따른다.
3. 어음·수표·주권·국채·공채·회사채 등 유가증권의 가액은 액면금액으로 한다. 다만, 시장가격이 있는 증권의 가액은 재산목록을 작성할 당시의 거래가격에 따른다.
4. 제2항제1호 내지 제4호에 규정된 것 가운데 미등기 또는 미등록인 재산에 대하여는 도면·사진 등을 붙이거나 그 밖에 적당한 방법으로 특정하여야 한다.

④ 법원은 필요한 때에는 채무자에게 재산목록에 적은 사항에 관한 참고자료의 제출을 명할 수 있다.

제29조【재산목록 등의 열람·복사】 법 제67조 또는 법 제72조제4항의 규정에 따라 재산목록 또는 법원이 비치한 채무불이행자명부나 그 부본을 보거나 복사할 것을 신청하는 사람이 납부하여야 할 수수료의 액에 관하여는 「재판 기록 열람·복사 규칙」 제4조부터 제6조까지를 준용한다.
(2012.12.27 본조개정)

제30조【채무자의 감치】 ① 법 제68조제1항 내지 제7항의 규정에 따른 감치재판은 법 제62조제1항의 규정에 따른 결정을 한 법원이 관할한다.
② 감치재판절차는 법원의 감치재판개시결정에 따라 개시된다. 이 경우 감치사유가 발생한 날부터 20일이 지난 때에는 감치재판개시결정을 할 수 없다.
③ 감치재판절차를 개시한 후 감치결정 전에 채무자가 재산목록을 제출하거나 그 밖에 감치에 처하는 것이 상당하지 아니하다고 인정되는 때에는 법원은 불처벌결정을 하여야 한다.
④ 제2항의 감치재판개시결정과 제3항의 불처벌결정에 대하여는 불복할 수 없다.
⑤ 감치의 재판을 받은 채무자가 감치시설에 유치된 때에는 감치시설의 장은 바로 그 사실을 법원에 통보하여야 한다.
⑥ 법 제68조제6항의 규정에 따라 출석하여 재산목록을 내고 선서한 채무자를 석방한 때에는 법원은 바로 감치시설의 장에게 그 취지를 서면으로 통보하여야 한다.
⑦ 법 제68조제6항의 규정에 따라 채무변제를 증명하는 서면을 낸 채무자에 대하여 감치결정을 취소한 때에는 법원은 바로 감치시설의 장에게 채무자를 석방하도록 서면으로 명하여야 한다.
⑧ 제1항 내지 제7항 및 법 제68조제1항 내지 제7항의 규정에 따른 감치절차에 관하여는 「법정 등의 질서유지를 위한 재판에 관한 규칙」 제6조 내지 제8조, 제10조, 제11조, 제13조, 제15조 내지 제19조, 제21조 내지 제23조 및 제25조제2항(다만, 제13조중 의견서에 관한 부분은 삭제하고, 제19조제2항중 "3일"은 "1주"로, 제23조제8항 중 "감치집행을 한 날"은 "「민사집행규칙」 제30조제5항의 규정에 따른 통보를 받은 날"로 고쳐 적용한다)의 규정을 준용한다.(2005.7.28 본항개정)

제31조【채무불이행자명부 등재신청】 ① 법 제70조제1항의 규정에 따른 채무불이행자명부 등재신청에는 제25조제1항의 규정을 준용한다.
② 채무불이행자명부 등재신청을 하는 때에는 채무자의 주소를 소명하는 자료를 내야 한다.

제32조【채무불이행자명부의 작성】 ① 법 제71조제1항의 결정이 있는 때에는 법원사무관등은 바로 채무자별로 채무불이행자명부를 작성하여야 한다.
② 채무불이행자명부에는 채무자의 이름·주소·주민등록번호 등 및 집행권원과 불이행한 채무액을 표시하고, 그 등재사유와 날짜를 적어야 한다.
③ 채무불이행자명부 말소결정이 취소되거나 채무불이행자명부 등재결정을 취소하는 결정이 취소된 경우에는 제1항과 제2항의 규정을 준용한다.

제33조【채무불이행자명부 부본의 송부 등】 ① 법 제71조제1항의 결정에 따라 채무불이행자명부에 올린 때에는 법원은 한국신용정보원의 장에게 채무불이행자명부의 부본을 보내거나 전자통신매체를 이용하여 그 내용을 통지하여야 한다.(2015.12.29 본항개정)
② 제1항 또는 법 제72조제2항의 규정에 따른 송부나 통지는 법원사무관등으로 하여금 그 이름으로 하게 할 수 있다.
③ 시·구·읍·면의 장은 법 제72조제2항의 규정에 따라 채무불이행자명부의 부본을 송부받은 경우에 그 시·구·읍·면이 채무자의 주소지가 아닌 때에는 바로 그 취지를 법원에 서면으로 신고하여야 한다. 이 서면에는 송부받은 채무불이행자명부의 부본을 붙여야 하고, 그 채무자의 주소가 변경된 때에는 변경된 주소를 적어야 한다.

제34조【직권말소】 ① 채무불이행자명부에 등재한 후 등재결정이 취소되거나 등재신청이 취하된 때 또는 등재결정이 확정된 후 채권자가 등재의 말소를 신청한 때에는 명부를 비치한 법원의 법원사무관등은 바로 그 명부를 말소하여야 한다.
② 제1항의 경우 제33조제1항·제2항 또는 법 제72조제2항의 규정에 따라 채무불이행자명부의 부본을 이미 보내거나 그 내용을 통지한 때에는 법원사무관등은 바로 법 제73조제4항에 규정된 조치를 취하여야 한다.

제35조【재산조회의 신청방식】 ① 법 제74조의 규정에 따른 재산조회신청은 다음 각호의 사항을 적은 서면으로 하여야 한다.
1. 제25조제1항 각호에 적은 사항
2. 조회할 공공기관·금융기관 또는 단체
3. 조회할 재산의 종류
4. 제36조제2항의 규정에 따라 과거의 재산보유내역에 대한 조회를 요구하는 때에는 그 취지와 조회기간

② 제1항의 신청을 하는 때에는 신청의 사유를 소명하여야 하고, 채무자의 주소 · 주민등록번호등, 그 밖에 채무자의 인적사항에 관한 자료를 내야 한다.

제36조【조회할 기관과 조회대상 재산 등】 ① 재산조회는 별표 "기관 · 단체"란의 기관 또는 단체의 장에게 그 기관 또는 단체가 전산망으로 관리하는 채무자 명의의 재산(다만, 별표 "조회할 재산"란의 각 해당란에 적은 재산에 한정한다)에 관하여 실시한다.

② 제1항의 경우 채권자의 신청이 있는 때에는 별표 순번 1에 적은 기관의 장에게 재산명시명령이 송달되기 전(법 제74조제1항제1호의 규정에 따른 재산조회의 경우에는 재산조회신청을 하기 전) 2년 안에 채무자가 보유한 재산내역을 조회할 수 있다.(2005.7.28 본항개정)

③ 법원은 별표 순번 5부터 12까지, 15 기재 "기관 · 단체"란의 금융기관이 회원사, 가맹사 등으로 되어 있는 중앙회 · 연합회 · 협회 등(다음부터 "협회등"이라 한다)이 개인의 재산 및 신용에 관한 전산망을 관리하고 있는 경우에는 그 협회등의 장에게 채무자 명의의 재산에 관하여 조회할 수 있다. (2016.9.6 본항개정)

제37조【조회의 절차 등】 ① 법 제74조제1항 · 제3항의 규정에 따른 재산조회는 다음 각호의 사항을 적은 서면으로 하여야 한다.

1. 채무자의 이름 · 주소 · 주민등록번호등, 그 밖에 채무자의 인적사항
2. 조회할 재산의 종류
3. 조회에 대한 회답기한
4. 제36조제2항의 규정에 따라 채무자의 재산보유내역에 대한 조회를 요구하는 때에는 그 취지와 조회기간
5. 법 제74조제3항의 규정에 따라 채무자의 재산 및 신용에 관한 자료의 제출을 요구하는 때에는 그 취지
6. 법 제75조제2항에 규정된 벌칙의 개요
7. 금융기관에 대하여 재산조회를 하는 경우에 관련법령에 따른 재산 및 신용에 관한 정보등의 제공사실 통보의 유예를 요청하는 때에는 그 취지와 통보를 유예할 기간

② 같은 협회등에 소속된 다수의 금융기관에 대한 재산조회는 협회등을 통하여 할 수 있다.

③ 재산조회를 받은 기관 · 단체의 장은 다음 각호의 사항을 적은 조회회보서를 정하여진 날까지 법원에 제출하여야 한다. 이 경우 법 제74조제3항의 규정에 따라 자료의 제출을 요구받은 때에는 그 자료도 함께 제출하여야 한다.

1. 사건의 표시
2. 채무자의 표시
3. 조회를 받은 다음날 오전 영시 현재 채무자의 재산보유내역. 다만, 제1항제4호와 제36조제2항의 규정에 따른 조회를 받은 때에는 정하여진 조회기간 동안의 재산보유내역

④ 제2항에 규정된 방법으로 재산조회를 받은 금융기관의 장은 소속 협회등의 장에게 제3항 각호의 사항에 관한 정보와 자료를 제공하여야 하고, 그 협회등의 장은 제공받은 정보와 자료를 정리하여 한꺼번에 제출하여야 한다.

⑤ 재산조회를 받은 기관 · 단체의 장은 제3항에 규정된 조회회보서나 자료의 제출을 위하여 필요한 때에는 소속 기관 · 단체, 회원사, 가맹사, 그 밖에 이에 준하는 기관 · 단체에게 자료 또는 정보의 제공 · 제출을 요청할 수 있다.

⑥ 법원은 제출된 조회회보서나 자료에 흠이 있거나 불명확한 점이 있는 때에는 다시 조회하거나 자료의 재제출을 요구할 수 있다.

⑦ 제1항 내지 제6항에 규정된 절차는 별도의 대법원규칙이 정하는 바에 따라 전자통신매체를 이용하는 방법으로 할 수 있다.

제38조【재산조회결과의 열람 · 복사】 재산조회결과의 열람 · 복사절차에 관하여는 제29조와 법 제67조의 규정을 준용한다. 다만, 제37조제7항의 규정에 따라 전자통신매체를 이용하는 방법으로 재산조회를 한 경우의 열람 · 복사절차에 관하여는 별도의 대법원규칙으로 정한다.

제39조【과태료부과절차】 ① 법 제75조제2항의 규정에 따른 과태료 재판은 재산조회를 한 법원이 관할한다.

② 법 제75조제2항의 규정에 따른 과태료 재판의 절차에 관하여는 「비송사건절차법」 제248조와 제250조(다만, 검사에 관한 부분을 제외한다)의 규정을 준용한다.(2005.7.28 본항개정)

제2절 부동산에 대한 강제집행

제1관 통 칙

제40조【지상권에 대한 강제집행】 금전채권에 기초한 강제집행에서 지상권과 그 공유지분은 부동산으로 본다.

제41조【집행법원】 법률 또는 이 규칙에 따라 부동산으로 보거나 부동산에 관한 규정이 준용되는 것에 대한 강제집행은 그 등기 또는 등록을 하는 곳의 지방법원이 관할한다.

제2관 강제경매

제42조【미등기 건물의 집행】 ① 법 제81조제3항 · 제4항의 규정에 따라 집행관이 건물을 조사한 때에는 다음 각호의 사항을 적은 서면에 건물의 도면과 사진을 붙여 정하여진 날까지 법원에 제출하여야 한다.

1. 사건의 표시
2. 조사의 일시 · 장소와 방법
3. 건물의 지번 · 구조 · 면적
4. 조사한 건물의 지번 · 구조 · 면적이 건축허가 또는 건축신고를 증명하는 서류의 내용과 다른 때에는 그 취지와 구체적인 내역

② 법 제81조제1항제2호 단서의 규정에 따라 채권자가 제출한 서류 또는 제1항의 규정에 따라 집행관이 제출한 서면에 의하여 강제경매신청을 한 건물의 지번 · 구조 · 면적이 건축허가 또는 건축신고된 것과 동일하다고 인정되지 아니하는 때에는 법원은 강제경매신청을 각하하여야 한다.

제43조【경매개시결정의 통지】 강제관리개시결정이 된 부동산에 대하여 강제경매개시결정이 있는 때에는 법원사무관등은 강제관리의 압류채권자, 배당요구를 한 채권자와 관리인에게 그 취지를 통지하여야 한다.

제44조【침해행위 방지를 위한 조치】 ① 채무자 · 소유자 또는 부동산의 점유자가 부동산의 가격을 현저히 감소시키거나 감소시킬 우려가 있는 행위(다음부터 이 조문 안에서 "가격감소행위등"이라 한다)를 하는 때에는, 법원은 압류채권자(배당요구의 종기가 지난 뒤에 강제경매 또는 담보권 실행을 위한 경매신청을 한 압류채권자를 제외한다. 다음부터 이 조문 안에서 같다) 또는 최고가매수신고인의 신청에 따라 매각허가결정이 있을 때까지 담보를 제공하게 하거나 담보를 제공하게 하지 아니하고 그 행위를 하는 사람에 대하여 가격감소행위등을 금지하거나 일정한 행위를 할 것을 명할 수 있다.

② 부동산을 점유하는 채무자 · 소유자 또는 부동산의 점유자로서 그 점유권원을 압류채권자 · 가압류채권자 혹은 법 제91조제2항 내지 제4항의 규정에 따라 소멸되는 권리를 갖는 사람에 대하여 대항할 수 없는 사람이 제1항의 규정에 따른 명령에 위반한 때 또는 가격감소행위등을 하는 경우에 제1항의 규정에 따른 명령으로는 부동산 가격의 현저한 감소를 방지할 수 없다고 인정되는 특별한 사정이 있는 때에는, 법원은 압류채권자 또는 최고가매수신고인의 신청에 따라 매각허가결정이 있을 때까지 담보를 제공하게 하고 그 명령에 위반한 사람 또는 그 행위를 한 사람에 대하여 부동산의 점유를 풀고 집행관에게 보관하게 할 것을 명할 수 있다.

③ 법원이 채무자 · 소유자 외의 점유자에 대하여 제1항 또는 제2항의 규정에 따른 결정을 하려면 그 점유자를 심문하여야 한다. 다만, 그 점유자가 압류채권자 · 가압류채권자 또는 법 제91조제2항 내지 제4항의 규정에 따라 소멸되는 권

리를 갖는 사람에 대하여 대항할 수 있는 권원에 기초하여 점유하고 있지 아니한 것이 명백한 때 또는 이미 그 점유자를 심문한 때에는 그러하지 아니하다.
④ 법원은 사정의 변경이 있는 때에는 신청에 따라 제1항 또는 제2항의 규정에 따른 결정을 취소하거나 변경할 수 있다.
⑤ 제1항·제2항 또는 제4항의 규정에 따른 결정에 대하여는 즉시항고를 할 수 있다.
⑥ 제4항의 규정에 따른 결정은 확정되어야 효력이 있다.
⑦ 제2항의 규정에 따른 결정은 신청인에게 고지된 날부터 2주가 지난 때에는 집행할 수 없다.
⑧ 제2항의 규정에 따른 결정은 상대방에게 송달되기 전에도 집행할 수 있다.

제45조【미지급 지료 등의 지급】 ① 건물에 대한 경매개시결정이 있는 때에 그 건물의 소유를 목적으로 하는 지상권 또는 임차권에 관하여 채무자가 지료나 차임을 지급하지 아니하는 때에는, 압류채권자(배당요구의 종기가 지난 뒤에 강제경매 또는 담보권 실행을 위한 경매신청을 한 압류채권자를 제외한다)는 법원의 허가를 받아 채무자를 대신하여 미지급된 지료 또는 차임을 변제할 수 있다.
② 제1항의 허가를 받아 지급한 지료 또는 차임은 집행비용으로 한다.

제46조【현황조사】 ① 집행관이 법 제85조의 규정에 따라 부동산의 현황을 조사한 때에는 다음 각호의 사항을 적은 현황조사보고서를 정하여진 날까지 법원에 제출하여야 한다.
1. 사건의 표시
2. 부동산의 표시
3. 조사의 일시·장소 및 방법
4. 법 제85조제1항에 규정된 사항과 그 밖에 법원이 명한 사항 등에 대하여 조사한 내용

② 현황조사보고서에는 조사의 목적이 된 부동산의 현황을 알 수 있도록 도면·사진 등을 붙여야 한다.
③ 집행관은 법 제85조의 규정에 따른 현황조사를 하기 위하여 필요한 때에는 소속 지방법원의 관할구역 밖에서도 그 직무를 행할 수 있다.

제47조【이중경매절차에서의 통지】 먼저 경매개시결정을 한 경매절차가 정지된 때에는 법원사무관등은 뒤의 경매개시결정에 관한 압류채권자에게 그 취지를 통지하여야 한다.

제48조【배당요구의 방식】 ① 법 제88조제1항의 규정에 따른 배당요구는 채권(이자, 비용, 그 밖의 부대채권을 포함한다)의 원인과 액수를 적은 서면으로 하여야 한다.
② 제1항의 배당요구서에는 집행력 있는 정본 또는 그 사본, 그 밖에 배당요구의 자격을 소명하는 서면을 붙여야 한다.

제49조【경매신청의 취하 등】 ① 법 제87조제1항의 신청(배당요구의 종기가 지난 뒤에 한 신청을 제외한다. 다음부터 이 조문 안에서 같다)이 있는 경우 매수신고가 있은 뒤 압류채권자가 경매신청을 취하하더라도 법 제105조제1항제3호의 기재사항이 바뀌지 아니하는 때에는 법 제93조제2항의 규정을 적용하지 아니한다.
② 법 제87조제1항의 신청이 있는 경우 매수신고가 있은 뒤 법 제49조제3호 또는 제6호의 서류를 제출하더라도 법 제105조제1항제3호의 기재사항이 바뀌지 아니하는 때에는 법 제93조제3항 전단의 규정을 적용하지 아니한다.

제50조【집행정지서류 등의 제출시기】 ① 법 제49조제1호·제2호 또는 제5호의 서류는 매수인이 매각대금을 내기 전까지 제출하면 된다.
② 매각허가결정이 있은 뒤에 법 제49조제2호의 서류가 제출된 경우에는 매수인은 매각대금을 낼 때까지 매각허가결정의 취소신청을 할 수 있다. 이 신청에 관한 결정에 대하여는 즉시항고를 할 수 있다.
③ 매수인이 매각대금을 낸 뒤에 법 제49조 각 호 가운데 어느 서류가 제출된 때에는 절차를 계속하여 진행하여야 한다. 이 경우 배당절차가 실시되는 때에는 그 채권자에 대하여 다음 각호의 구분에 따라 처리하여야 한다.
1. 제1호·제3호·제5호 또는 제6호의 서류가 제출된 때에는 그 채권자를 배당에서 제외한다.
2. 제2호의 서류가 제출된 때에는 그 채권자에 대한 배당액을 공탁한다.
3. 제4호의 서류가 제출된 때에는 그 채권자에 대한 배당액을 지급한다.

제51조【평가서】 ① 법 제97조의 규정에 따라 부동산을 평가한 감정인은 다음 각호의 사항을 적은 평가서를 정하여진 날까지 법원에 제출하여야 한다.
1. 사건의 표시
2. 부동산의 표시
3. 부동산의 평가액과 평가일
4. 부동산이 있는 곳의 환경
5. 평가의 목적이 토지인 경우에는 지적, 법령에서 정한 규제 또는 제한의 유무와 그 내용 및 공시지가, 그 밖에 평가에 참고가 된 사항
6. 평가의 목적이 건물인 경우에는 그 종류·구조·평면적, 그 밖에 추정되는 잔존 내구연수 등 평가에 참고가 된 사항
7. 평가액 산출의 과정
8. 그 밖에 법원이 명한 사항

② 평가서에는 부동산의 모습과 그 주변의 환경을 알 수 있는 도면·사진 등을 붙여야 한다.

제52조【일괄매각 등에서 채무자의 매각재산 지정】 법 제101조제4항 또는 법 제124조제2항의 규정에 따른 지정은 매각허가결정이 선고되기 전에 서면으로 하여야 한다.

제53조【압류채권자가 남을 가망이 있음을 증명한 때의 조치】 법 제102조제1항의 규정에 따른 통지를 받은 압류채권자가 통지를 받은 날부터 1주 안에 최저매각가격으로 압류채권자의 채권에 우선하는 부동산의 모든 부담과 절차비용을 변제하고 남을 것이 있다는 사실을 증명한 때에는 법원은 경매절차를 계속하여 진행하여야 한다.

제54조【남을 가망이 없는 경우의 보증제공방법 등】 ① 법 제102조제2항의 규정에 따른 보증은 다음 각호 가운데 어느 하나를 법원에 제출하는 방법으로 제공하여야 한다. 다만, 법원은 상당하다고 인정하는 때에는 보증의 제공방법을 제한할 수 있다.
1. 금전
2. 법원이 상당하다고 인정하는 유가증권
3. 「은행법」의 규정에 따른 금융기관 또는 보험회사(다음부터 "은행등"이라 한다)가 압류채권자를 위하여 일정액의 금전을 법원의 최고에 따라 지급한다는 취지의 기한의 정함이 없는 지급보증위탁계약이 압류채권자와 은행등 사이에 체결된 사실을 증명하는 문서(2005.7.28 본호개정)

② 제1항의 보증에 관하여는 「민사소송법」 제126조 본문의 규정을 준용한다.(2005.7.28 본항개정)

제55조【매각물건명세서 사본 등의 비치】 매각물건명세서·현황조사보고서 및 평가서의 사본은 매각기일(기간입찰의 방법으로 진행하는 경우에는 입찰기간의 개시일)마다 그 1주 전까지 법원에 비치하여야 한다. 다만, 법원은 상당하다고 인정하는 때에는 매각물건명세서·현황조사보고서 및 평가서의 기재내용을 전자통신매체로 공시함으로써 그 사본의 비치에 갈음할 수 있다.

제56조【매각기일의 공고내용 등】 법원은 매각기일(기간입찰의 방법으로 진행하는 경우에는 입찰기간의 개시일)의 2주 전까지 법 제106조에 규정된 사항과 다음 각호의 사항을 공고하여야 한다.
1. 법 제98조의 규정에 따라 일괄매각결정을 한 때에는 그 취지
2. 제60조의 규정에 따라 매수신청인의 자격을 제한한 때에는 그 제한의 내용
3. 법 제113조의 규정에 따른 매수신청의 보증금액과 보증제공방법

제57조【매각장소의 질서유지】 ① 집행관은 매각기일이 열리는 장소의 질서유지를 위하여 필요하다고 인정하는 때에는 그 장소에 출입하는 사람의 신분을 확인할 수 있다.
② 집행관은 법 제108조의 규정에 따른 조치를 하기 위하여 필요한 때에는 법원의 원조를 요청할 수 있다.
제58조【매각조건 변경을 위한 부동산의 조사】 법 제111조제3항의 규정에 따른 집행관의 조사에는 제46조제3항과 법 제82조의 규정을 준용한다.
제59조【채무자 등의 매수신청금지】 다음 각호의 사람은 매수신청을 할 수 없다.
1. 채무자
2. 매각절차에 관여한 집행관
3. 매각 부동산을 평가한 감정인(감정평가법인이 감정인인 때에는 그 감정평가법인 또는 소속 감정평가사)
제60조【매수신청의 제한】 법원은 법령의 규정에 따라 취득이 제한되는 부동산에 관하여는 매수신청을 할 수 있는 사람을 정하여진 자격을 갖춘 사람으로 제한하는 결정을 할 수 있다.
제61조【기일입찰의 장소 등】 ① 기일입찰의 입찰장소에는 입찰자가 다른 사람이 알지 못하게 입찰표를 적을 수 있도록 설비를 갖추어야 한다.
② 같은 입찰기일에 입찰에 부칠 사건이 두 건 이상이거나 매각할 부동산이 두 개 이상인 경우에는 각 부동산에 대한 입찰을 동시에 실시하여야 한다. 다만, 법원이 따로 정하는 경우에는 그러하지 아니하다.
제62조【기일입찰의 방법】 ① 기일입찰에서 입찰은 매각기일에 입찰표를 집행관에게 제출하는 방법으로 한다.
② 입찰표에는 다음 각호의 사항을 적어야 한다. 이 경우 입찰가격은 일정한 금액으로 표시하여야 하며, 다른 입찰가격에 대한 비례로 표시하지 못한다.
1. 사건번호와 부동산의 표시
2. 입찰자의 이름과 주소
3. 대리인을 통하여 입찰을 하는 때에는 대리인의 이름과 주소
4. 입찰가격
③ 법인인 입찰자는 대표자의 자격을 증명하는 문서를 집행관에게 제출하여야 한다.
④ 입찰자의 대리인은 대리권을 증명하는 문서를 집행관에게 제출하여야 한다.
⑤ 공동으로 입찰하는 때에는 입찰표에 각자의 지분을 분명하게 표시하여야 한다.
⑥ 입찰은 취소·변경 또는 교환할 수 없다.
제63조【기일입찰에서 매수신청의 보증금액】 ① 기일입찰에서 매수신청의 보증금액은 최저매각가격의 10분의 1로 한다.
② 법원은 상당하다고 인정하는 때에는 보증금액을 제1항과 달리 정할 수 있다.
제64조【기일입찰에서 매수신청보증의 제공방법】 제63조의 매수신청보증은 다음 각호 가운데 어느 하나를 입찰표와 함께 집행관에게 제출하는 방법으로 제공하여야 한다. 다만, 법원은 상당하다고 인정하는 때에는 보증의 제공방법을 제한할 수 있다.
1. 금전
2. 「은행법」의 규정에 따른 금융기관이 발행한 자기앞수표로서 지급제시기간이 끝나는 날까지 5일 이상의 기간이 남아 있는 것(2005.7.28 본호개정)
3. 은행등이 매수신청을 하려는 사람을 위하여 일정액의 금전을 법원의 최고에 따라 지급한다는 취지의 기한의 정함이 없는 지급보증위탁계약이 매수신청을 하려는 사람과 은행등 사이에 맺어진 사실을 증명하는 문서
제65조【입찰기일의 절차】 ① 집행관이 입찰을 최고하는 때에는 입찰마감시각과 개찰시각을 고지하여야 한다. 다만, 입찰표의 제출을 최고한 후 1시간이 지나지 아니하면 입찰을 마감하지 못한다.
② 집행관은 입찰표를 개봉할 때에 입찰을 한 사람을 참여시켜야 한다. 입찰을 한 사람이 아무도 참여하지 아니하는 때에는 적당하다고 인정하는 사람을 참여시켜야 한다.
③ 집행관은 입찰표를 개봉할 때에 입찰목적물, 입찰자의 이름 및 입찰가격을 불러야 한다.
제66조【최고가매수신고인 등의 결정】 ① 최고가매수신고를 한 사람이 둘 이상인 때에는 집행관은 그 사람들에게 다시 입찰하게 하여 최고가매수신고인을 정한다. 이 경우 입찰자는 전의 입찰가격에 못미치는 가격으로는 입찰할 수 없다.
② 제1항의 규정에 따라 다시 입찰하는 경우에 입찰자 모두가 입찰에 응하지 아니하거나(전의 입찰가격에 못미치는 가격으로 입찰한 경우에는 입찰에 응하지 아니한 것으로 본다) 두 사람 이상이 다시 최고의 가격으로 입찰한 때에는 추첨으로 최고가매수신고인을 정한다.
③ 제2항 또는 법 제115조제2항 후문의 규정에 따라 추첨을 하는 경우 입찰자가 출석하지 아니하거나 추첨을 하지 아니하는 때에는 집행관은 법원사무관등 적당하다고 인정하는 사람으로 하여금 대신 추첨하게 할 수 있다.
제67조【기일입찰조서의 기재사항】 ① 기일입찰조서에는 법 제116조에 규정된 사항 외에 다음 각호의 사항을 적어야 한다.
1. 입찰을 최고한 일시, 입찰을 마감한 일시 및 입찰표를 개봉한 일시
2. 제65조제2항 후문의 규정에 따라 입찰을 한 사람 외의 사람을 개찰에 참여시킨 때에는 그 사람의 이름
3. 제66조 또는 법 제115조제2항의 규정에 따라 최고가매수신고인 또는 차순위매수신고인을 정한 때에는 그 취지
4. 법 제108조에 규정된 조치를 취한 때에는 그 취지
5. 법 제140조제1항의 규정에 따라 공유자의 우선매수신고가 있는 경우에는 그 취지 및 그 공유자의 이름과 주소
6. 제76조제3항의 규정에 따라 차순위매수신고인의 지위를 포기한 매수신고인이 있는 때에는 그 취지
② 기일입찰조서에는 입찰표를 붙여야 한다.
제68조【입찰기간 등의 지정】 기간입찰에서 입찰기간은 1주 이상 1월 이하의 범위 안에서 정하고, 매각기일은 입찰기간이 끝난 후 1주 안의 날로 정하여야 한다.
제69조【기간입찰에서 입찰의 방법】 기간입찰에서 입찰은 입찰표를 넣고 봉함을 한 봉투의 겉면에 매각기일을 적어 집행관에게 제출하거나 그 봉투를 등기우편으로 부치는 방법으로 한다.
제70조【기간입찰에서 매수신청보증의 제공방법】 기간입찰에서 매수신청보증은 다음 각호 가운데 어느 하나를 입찰표와 같은 봉투에 넣어 집행관에게 제출하거나 등기우편으로 부치는 방법으로 제공하여야 한다.
1. 법원의 예금계좌에 일정액의 금전을 입금하였다는 내용으로 금융기관이 발행한 증명서
2. 제64조제3호의 문서
제71조【기일입찰규정의 준용】 기간입찰에는 제62조제2항 내지 제6항, 제63조, 제65조제2항·제3항, 제66조 및 제67조의 규정을 준용한다.
제72조【호가경매】 ① 부동산의 매각을 위한 호가경매는 호가경매기일에 매수신청의 액을 서로 올려가는 방법으로 한다.
② 매수신청을 한 사람은 더 높은 액의 매수신청이 있을 때까지 신청액에 구속된다.
③ 집행관은 매수신청의 액 가운데 최고의 것을 3회 부른 후 그 신청을 한 사람을 최고가매수신고인으로 정하며, 그 이름과 매수신청의 액을 고지하여야 한다.
④ 호가경매에는 제62조제3항 내지 제5항, 제63조, 제64조 및 제67조제1항의 규정을 준용한다.
제73조【변경된 매각결정기일의 통지】 ① 매각기일을 종결한 뒤에 매각결정기일이 변경된 때에는 법원사무관등은 최고가매수신고인·차순위매수신고인 및 이해관계인에게 변경된 기일을 통지하여야 한다.

② 제1항의 통지는 집행기록에 표시된 주소지에 등기우편으로 발송하는 방법으로 할 수 있다.
제74조【매각허부결정 고지의 효력발생시기】 매각을 허가하거나 허가하지 아니하는 결정은 선고한 때에 고지의 효력이 생긴다.
제75조【대법원규칙으로 정하는 이율】 법 제130조제7항과 법 제138조제3항(법 제142조제5항의 규정에 따라 준용되는 경우를 포함한다)의 규정에 따른 이율은 연 100분의 12로 한다.(2019.8.2 본조개정)
제76조【공유자의 우선매수권 행사절차 등】 ① 법 제140조제1항의 규정에 따른 우선매수의 신고는 집행관이 매각기일을 종결한다는 고지를 하기 전까지 할 수 있다.
② 공유자가 법 제140조제1항의 규정에 따른 신고를 하였으나 다른 매수신고인이 없는 때에는 최저매각가격을 법 제140조제1항의 최고가매수신고가격으로 본다.
③ 최고가매수신고인을 법 제140조제4항의 규정에 따라 차순위매수신고인으로 보게 되는 경우 그 매수신고인은 집행관이 매각기일을 종결한다는 고지를 하기 전까지 차순위매수신고인의 지위를 포기할 수 있다.
제77조【경매개시결정등기의 말소촉탁비용】 법 제141조의 규정에 따른 말소등기의 촉탁에 관한 비용은 경매를 신청한 채권자가 부담한다.
제78조【대금지급기한】 법 제142조제1항에 따른 대금지급기한은 매각허가결정이 확정된 날부터 1월 안의 날로 정하여야 한다. 다만, 경매사건기록이 상소법원에 있는 때에는 그 기록을 송부받은 날부터 1월 안의 날로 정하여야 한다.
제78조의2【등기촉탁 공동신청의 방식 등】 ① 법 제144조제2항의 신청은 다음 각 호의 사항을 기재한 서면으로 하여야 한다.
1. 사건의 표시
2. 부동산의 표시
3. 신청인의 성명 또는 명칭 및 주소
4. 대리인에 의하여 신청을 하는 때에는 대리인의 성명 및 주소
5. 법 제144조제2항의 신청인이 지정하는 자(다음부터 이 조문 안에서 "피지정자"라 한다)의 성명, 사무소의 주소 및 직업
② 제1항의 서면에는 다음 각 호의 서류를 첨부하여야 한다.
1. 매수인으로부터 부동산을 담보로 제공받으려는 자가 법인인 때에는 그 법인의 등기사항증명서(2014.10.2 본호개정)
2. 부동산에 관한 담보 설정의 계약서 사본
3. 피지정자의 지정을 증명하는 문서
4. 대리인이 신청을 하는 때에는 그 권한을 증명하는 서면
5. 등기신청의 대리를 업으로 할 수 있는 피지정자의 자격을 증명하는 문서의 사본
(2010.10.4 본조신설)
제79조【배당할 금액】 차순위매수신고인에 대하여 매각허가결정이 있는 때에는 법 제137조제2항의 보증(보증이 금전 외의 방법으로 제공되어 있는 때에는 보증을 현금화하여 그 대금에서 비용을 뺀 금액)은 법 제147조제1항의 배당할 금액으로 한다.
제80조【보증으로 제공된 유가증권 등의 현금화】 ① 법 제142조제4항의 규정에 따라 매수신청의 보증(법 제102조제2항의 규정에 따라 제공된 보증을 포함한다)을 현금화하는 경우와 법 제147조제1항제3호·제5호 또는 제79조의 규정에 따라 매수신청 또는 항고의 보증이 배당할 금액에 산입되는 경우 그 보증이 유가증권인 때에는, 법원은 집행관에게 현금화하게 하여 그 비용을 뺀 금액을 배당할 금액에 산입하여야 한다. 이 경우 현금화비용은 보증을 제공한 사람이 부담한다.
② 법 제147조제1항제4호의 규정에 따라 항고의 보증 가운데 항고인이 돌려줄 것을 요구하지 못하는 금액이 배당할 금액에 산입되는 경우 그 보증이 유가증권인 때에는, 법원은 집행관에게 현금화하게 하여 그 비용을 뺀 금액 가운데 항고인이 돌려 줄 것을 요구하지 못하는 금액을 배당할 금액에 산입하고, 나머지가 있을 경우 이를 항고인에게 돌려준다. 이 경우 현금화비용은 보증을 제공한 사람이 부담한다. 다만, 집행관이 그 유가증권을 현금화하기 전에 항고인이 법원에 돌려줄 것을 요구하지 못하는 금액에 상당하는 금전을 지급한 때에는 그 유가증권을 항고인에게 돌려주고, 항고인이 지급한 금전을 배당할 금액에 산입하여야 한다.
③ 제1항과 제2항 본문의 현금화에는 법 제210조 내지 법 제212조의 규정을 준용한다.
④ 집행관은 제1항과 제2항 본문의 현금화를 마친 후에는 바로 그 대금을 법원에 제출하여야 한다.
⑤ 제1항의 경우에 그 보증이 제54조제1항제3호 또는 제64조제3호(제72조제4항의 규정에 따라 준용되는 경우를 포함한다)의 문서인 때에는 법원이 은행등에 대하여 정하여진 금액의 납부를 최고하는 방법으로 현금화한다.
제81조【계산서 제출의 최고】 배당기일이 정하여진 때에는 법원사무관등은 각 채권자에 대하여 채권의 원금·배당기일까지의 이자, 그 밖의 부대채권 및 집행비용을 적은 계산서를 1주 안에 법원에 제출할 것을 최고하여야 한다.
제82조【배당금 교부의 절차 등】 ① 채권자와 채무자에 대한 배당금의 교부절차, 법 제160조의 규정에 따른 배당금의 공탁과 그 공탁금의 지급위탁절차는 법원사무관등이 그 이름으로 실시한다.
② 배당기일에 출석하지 아니한 채권자가 배당액을 입금할 예금계좌를 신고한 때에는 법원사무관등은 법 제160조제2항의 규정에 따른 공탁에 갈음하여 배당액을 그 예금계좌에 입금할 수 있다.

제3관 강제관리

제83조【강제관리신청서】 강제관리신청서에는 법 제163조에서 준용하는 법 제80조에 규정된 사항 외에 수익의 지급의무를 부담하는 제3자가 있는 경우에는 그 제3자의 표시와 그 지급의무의 내용을 적어야 한다.
제84조【개시결정의 통지】 강제관리개시결정을 한 때에는 법원사무관등은 조세, 그 밖의 공과금을 주관하는 공공기관에게 그 사실을 통지하여야 한다.
제85조【관리인의 임명】 ① 법원은 강제관리개시결정과 동시에 관리인을 임명하여야 한다.
② 신탁회사, 은행, 그 밖의 법인도 관리인이 될 수 있다.
③ 관리인이 임명된 때에는 법원사무관등은 압류채권자·채무자 및 수익의 지급의무를 부담하는 제3자에게 그 취지를 통지하여야 한다.
④ 법원은 관리인에게 그 임명을 증명하는 문서를 교부하여야 한다.
제86조【관리인이 여러 사람인 때의 직무수행 등】 ① 관리인이 여러 사람인 때에는 공동으로 직무를 수행한다. 다만, 법원의 허가를 받아 직무를 분담할 수 있다.
② 관리인이 여러 사람인 때에는 제3자의 관리인에 대한 의사표시는 그 중 한 사람에게 할 수 있다.
제87조【관리인의 사임·해임】 ① 관리인은 정당한 이유가 있는 때에는 법원의 허가를 받아 사임할 수 있다.
② 관리인이 제1항의 규정에 따라 사임하거나 법 제167조제3항의 규정에 따라 해임된 때에는 법원사무관등은 압류채권자·채무자 및 수익의 지급명령을 송달받은 제3자에게 그 취지를 통지하여야 한다.
제88조【강제관리의 정지】 ① 법 제49조제2호 또는 제4호의 서류가 제출된 경우에는 배당절차를 제외한 나머지 절차는 그 당시의 상태로 계속하여 진행할 수 있다.
② 제1항의 규정에 따라 절차를 계속하여 진행하는 경우에 관리인은 배당에 충당될 금전을 공탁하고, 그 사유를 법원에 신고하여야 한다.

③ 제2항의 규정에 따라 공탁된 금전으로 채권자의 채권과 집행비용의 전부를 변제할 수 있는 경우에는 법원은 배당절차를 제외한 나머지 절차를 취소하여야 한다.

제89조【남을 가망이 없는 경우의 절차취소】 수익에서 그 부동산이 부담하는 조세, 그 밖의 공과금 및 관리비용을 빼면 남을 것이 없겠다고 인정하는 때에는 법원은 강제관리절차를 취소하여야 한다.

제90조【관리인과 제3자에 대한 통지】 ① 강제관리신청이 취하된 때 또는 강제관리취소결정이 확정된 때에는 법원사무관등은 관리인과 수익의 지급명령을 송달받은 제3자에게 그 사실을 통지하여야 한다.

② 법 제49조제2호 또는 제4호의 서류가 제출된 때 또는 법 제163조에서 준용하는 법 제87조제4항의 재판이 이루어진 때에는 법원사무관등은 관리인에게 그 사실을 통지하여야 한다.

제91조【수익의 처리】 ① 법 제169조제1항에 규정된 관리인의 부동산 수익처리는 법원이 정하는 기간마다 하여야 한다. 이 경우 위 기간의 종기까지 배당요구를 하지 아니한 채권자는 그 수익의 처리와 배당절차에 참가할 수 없다.

② 채권자가 한 사람인 경우 또는 채권자가 두 사람 이상으로서 법 제169조제1항에 규정된 나머지 금액으로 각 채권자의 채권과 집행비용 전부를 변제할 수 있는 경우에는 관리인은 채권자에게 변제금을 교부하고 나머지가 있으면 채무자에게 교부하여야 한다.

③ 제2항 외의 경우에는 관리인은 제1항의 기간이 지난 후 2주 안의 날을 배당협의기일로 지정하고 채권자에게 그 일시와 장소를 서면으로 통지하여야 한다. 이 통지에는 수익금·집행비용 및 각 채권자의 채권액 비율에 따라 배당될 것으로 예상되는 금액을 적은 배당계산서를 붙여야 한다.

④ 관리인은 배당협의기일까지 채권자 사이에 배당에 관한 협의가 이루어진 경우에는 그 협의에 따라 배당을 실시하여야 한다. 관리인은 제3항의 배당계산서와 다른 협의가 이루어진 때에는 그 협의에 따라 배당계산서를 다시 작성하여야 한다.

⑤ 관리인은 배당협의가 이루어지지 못한 경우에는 바로 법 제169조제3항에 따른 신고를 하여야 한다.

⑥ 관리인이 제2항의 규정에 따라 변제금을 교부한 때, 제4항 또는 법 제169조제4항의 규정에 따라 배당을 실시한 때에는 각 채권자로부터 제출받은 영수증을 붙여 법원에 신고하여야 한다.

제92조【관리인의 배당액 공탁】 ① 관리인은 제91조제2항 또는 제4항 전문의 규정에 따라 교부 또는 배당(다음부터 "배당등"이라 한다)을 실시하는 경우에 배당등을 받을 채권자의 채권에 관하여 법 제160조제1항에 적은 어느 사유가 있는 때에는 그 배당등의 액에 상당하는 금액을 공탁하고 그 사유를 법원에 신고하여야 한다.

② 관리인은 배당등을 수령하기 위하여 출석하지 아니한 채권자 또는 채무자의 배당등의 액에 상당하는 금액을 공탁하고, 그 사유를 법원에 신고하여야 한다.

제93조【사유신고의 방식】 ① 제88조제2항 또는 제92조의 규정에 따른 사유신고는 다음 각호의 사항을 적은 서면으로 하고, 공탁서와 함께 배당계산서가 작성된 경우에는 배당계산서를 붙여야 한다.

1. 사건의 표시
2. 압류채권자와 채무자의 이름
3. 공탁의 사유와 공탁금액

② 법 제169조제3항의 규정에 따른 사유신고는 다음 각호의 사항을 적은 서면으로 하고, 배당계산서를 붙여야 한다.

1. 제1항제1호·제2호에 적은 사항
2. 법 제169조제1항에 규정된 나머지 금액과 그 산출근거
3. 배당협의가 이루어지지 아니한 취지와 그 사정의 요지

제94조【강제경매규정의 준용】 강제관리에는 제46조 내지 제48조 및 제82조제2항의 규정을 준용한다. 이 경우 제82조제2항에 "법원사무관등"이라고 규정된 것은 "관리인"으로 본다.

제3절 선박에 대한 강제집행

제95조【신청서의 기재사항과 첨부서류】 ① 선박에 대한 강제경매신청서에는 법 제80조에 규정된 사항 외에 선박의 정박항 및 선장의 이름과 현재지를 적어야 한다.

② 아래의 선박에 대한 강제경매신청서에는 그 선박이 채무자의 소유임을 증명하는 문서와 함께 다음 서류를 붙여야 한다.

1. 등기가 되지 아니한 대한민국 선박 : 「선박등기규칙」 제11조제2항에 규정된 증명서 및 같은 규칙 제12조제1항 또는 제2항에 규정된 증명서면(2013.11.27 본호개정)
2. 대한민국 선박 외의 선박 : 그 선박이 「선박등기법」 제2조에 규정된 선박임을 증명하는 문서(2005.7.28 본호개정)

제96조【선박국적증서등 수취의 통지】 집행관은 법 제174조제1항과 법 제175조제1항의 규정에 따라 선박국적증서, 그 밖에 선박운행에 필요한 문서(다음부터 "선박국적증서등"이라 한다)를 받은 때에는 바로 그 취지를 채무자·선장 및 선적항을 관할하는 해운관서의 장에게 통지하여야 한다.

제97조【선박국적증서등을 수취하지 못한 경우의 신고】 집행관이 법 제174조제1항에 규정된 명령에 따라 선박국적증서등을 수취하려 하였으나 그 목적을 달성하지 못한 때에는 그 사유를 법원에 서면으로 신고하여야 한다.

제98조【대법원규칙이 정하는 법원】 선적이 없는 때 하는 선박집행신청 전 선박국적증서등의 인도명령신청사건의 관할법원은 서울중앙지방법원·인천지방법원·수원지방법원평택지원·춘천지방법원강릉지원·춘천지방법원속초지원·대전지방법원홍성지원·대전지방법원서산지원·대구지방법원포항지원·부산지방법원·울산지방법원·창원지방법원·창원지방법원진주지원·창원지방법원통영지원·광주지방법원목포지원·광주지방법원순천지원·광주지방법원해남지원·전주지방법원군산지원 또는 제주지방법원으로 한다.(2005.7.28 본조개정)

제99조【현황조사보고서】 ① 집행관이 선박의 현황조사를 한 때에는 다음 각호의 사항을 적은 현황조사보고서를 정하여진 날까지 법원에 제출하여야 한다.

1. 사건의 표시
2. 선박의 표시
3. 선박이 정박한 장소
4. 조사의 일시·장소 및 방법
5. 점유자의 표시와 점유의 상황
6. 그 선박에 대하여 채무자의 점유를 풀고 집행관에게 보관시키는 가처분이 집행되어 있는 때에는 그 취지와 집행관이 보관을 개시한 일시
7. 그 밖에 법원이 명한 사항

② 현황조사보고서에는 선박의 사진을 붙여야 한다.

제100조【운행허가결정】 ① 법원은 법 제176조제2항의 규정에 따른 결정을 하는 때에는 운행의 목적·기간 및 수역등에 관하여 적당한 제한을 붙일 수 있다.

② 제1항과 법 제176조제2항의 규정에 따른 결정은 채권자·채무자·최고가매수신고인·차순위매수신고인 및 매수인에게 고지하여야 한다.

제101조【선박국적증서등의 재수취명령】 ① 법 제176조제2항의 규정에 따라 허가된 선박의 운행이 끝난 후 법원에 선박국적증서등이 반환되지 아니한 때에는, 법원은 직권 또는 이해관계인의 신청에 따라 집행관에 대하여 선박국적증서등을 다시 수취할 것을 명할 수 있다.

② 제1항에 규정된 명령에 따라 집행관이 선박국적증서등을 수취하는 경우에는 제96조와 제97조의 규정을 준용한다.

제102조【감수·보존처분의 시기】 법 제178조제1항에 규정된 감수 또는 보존처분은 경매개시결정 전에도 할 수 있다.

제103조【감수·보존처분의 방식】 ① 법원이 법 제178조제1항의 규정에 따른 감수 또는 보존처분을 하는 때에는 집

행관, 그 밖에 적당하다고 인정되는 사람을 감수인 또는 보존인으로 정하고, 감수 또는 보존을 명하여야 한다.
② 제1항의 감수인은 선박을 점유하고, 선박이나 그 속구의 이동을 방지하기 위하여 필요한 조치를 취할 수 있다.
③ 제1항의 보존인은 선박이나 그 속구의 효용 또는 가치의 변동을 방지하기 위하여 필요한 조치를 취할 수 있다.
④ 감수처분과 보존처분은 중복하여 할 수 있다.
제104조【보증의 제공에 따른 강제경매절차의 취소】 ① 법 제181조제1항의 규정에 따른 보증은 다음 각호 가운데 어느 하나를 집행법원에 제출하는 방법으로 제공하여야 한다. 다만, 제2호의 문서를 제출하는 때에는 채무자는 미리 집행법원의 허가를 얻어야 한다.
1. 채무자가 금전 또는 법원이 상당하다고 인정하는 유가증권을 공탁한 사실을 증명하는 문서
2. 은행등이 채무자를 위하여 일정액의 금전을 법원의 최고에 따라 지급한다는 취지의 기한의 정함이 없는 지급보증위탁계약이 채무자와 은행 등 사이에 체결된 사실을 증명하는 문서
② 법 제181조제2항의 규정에 따라 보증을 배당하는 경우 집행법원은 보증으로 공탁된 유가증권을 제출받을 수 있다.
③ 제1항과 법 제181조제1항의 규정에 따른 보증제공에 관하여는 법 제19조제1항·제2항의 규정을, 위 보증이 금전공탁 외의 방법으로 제공된 경우의 현금화에 관하여는 제80조의 규정을 각 준용한다.
제105조【부동산강제경매규정의 준용】 선박에 대한 강제집행에는 제2절제2관의 규정을 준용한다.

제4절 항공기에 대한 강제집행

제106조【강제집행의 방법】「항공안전법」에 따라 등록된 항공기(다음부터 "항공기"라 한다)에 대한 강제집행은 선박에 대한 강제집행의 예에 따라 실시한다(다만, 현황조사와 물건명세서에 관한 규정 및 제95조제2항의 규정은 제외한다). 이 경우 법과 이 규칙에 "등기"라고 규정된 것은 "등록"으로, "등기부"라고 규정된 것은 "항공기등록원부"로, "등기관"이라고 규정된 것은 "국토교통부장관"으로, "정박"이라고 규정된 것은 "정류 또는 정박"으로, "정박항" 또는 "정박한 장소"라고 규정된 것은 "정류 또는 정박하는 장소"로, "운행"이라고 규정된 것은 "운항"으로, "수역"이라고 규정된 것은 "운항지역"으로, "선박국적증서"라고 규정된 것은 "항공기등록증명서"로, "선적항" 또는 "선적이 있는 곳"이라고 규정된 것은 "정치장"으로, "선적항을 관할하는 해운관서의 장"이라고 규정된 것은 "국토교통부장관"으로 보며, 법 제174조제1항 중 "선장으로부터 받아"는 "받아"로, 제95조제1항 중 "및 선장의 이름과 현재지를 적어야 한다."는 "를 적어야 한다."로 고쳐 적용한다.(2019.12.26 본조개정)
제107조【평가서 사본의 비치 등】 ① 법원은 매각기일(기간입찰의 방법으로 진행할 경우에는 입찰기간의 개시일)의 1월 전까지 평가서의 사본을 법원에 비치하고, 누구든지 볼 수 있도록 하여야 한다.
② 법원사무관등은 평가서의 사본을 비치한 날짜와 그 취지를 기록에 적어야 한다.

제5절 자동차에 대한 강제집행

제108조【강제집행의 방법】「자동차관리법」에 따라 등록된 자동차(다음부터 "자동차"라 한다)에 대한 강제집행(다음부터 "자동차집행"이라 한다)은 이 규칙에 특별한 규정이 없으면 부동산에 대한 강제경매의 규정을 따른다. 이 경우 법과 이 규칙에 "등기"라고 규정된 것은 "등록"으로, "등기부"라고 규정된 것은 "자동차등록원부"로, "등기관"이라고 규정된 것은 "특별시장·광역시장·특별자치시장 또는 도지사"로 본다.(2019.12.26 본조개정)
제109조【집행법원】 ① 자동차집행의 집행법원은 자동차등록원부에 기재된 사용본거지를 관할하는 지방법원으로 한다. 다만, 제119조제1항의 규정에 따라 사건을 이송한 때에는 그러하지 아니하다.
② 제113조제1항에 규정된 결정에 따라 집행관이 자동차를 인도받은 경우에는 제1항 본문의 법원 외에 자동차가 있는 곳을 관할하는 지방법원도 집행법원으로 한다.
제110조【경매신청서의 기재사항과 첨부서류】 자동차에 대한 강제경매신청서에는 법 제80조에 규정된 사항 외에 자동차등록원부에 기재된 사용본거지를 적고, 집행력 있는 정본 외에 자동차등록원부등본을 붙여야 한다.
제111조【강제경매개시결정】 ① 법원은 강제경매개시결정을 하는 때에는 법 제83조제1항에 규정된 사항을 명하는 외에 채무자에 대하여 자동차를 집행관에게 인도할 것을 명하여야 한다. 다만, 그 자동차에 대하여 제114조제1항의 규정에 따른 신고가 되어 있는 때에는 채무자에 대하여 자동차 인도명령을 할 필요가 없다.
② 제1항의 개시결정에 기초한 인도집행은 그 개시결정이 채무자에게 송달되기 전에도 할 수 있다.
③ 강제경매개시결정이 송달되거나 등록되기 전에 집행관이 자동차를 인도받은 경우에는 그때에 압류의 효력이 생긴다.
④ 제1항의 개시결정에 대하여는 즉시항고를 할 수 있다.
제112조【압류자동차의 인도】 제3자가 점유하게 된 자동차의 인도에 관하여는 법 제193조의 규정을 준용한다. 이 경우 법 제193조제1항과 제2항의 "압류물"은 "압류의 효력 발생 당시 채무자가 점유하던 자동차"로 본다.
제113조【강제경매신청 전의 자동차인도명령】 ① 강제경매신청 전에 자동차를 집행관에게 인도하지 아니하면 강제집행이 매우 곤란할 염려가 있는 때에는 그 자동차가 있는 곳을 관할하는 지방법원은 신청에 따라 채무자에게 자동차를 집행관에게 인도할 것을 명할 수 있다.(2015.8.27 본항개정)
② 제1항의 신청에는 집행력 있는 정본을 제시하고, 신청의 사유를 소명하여야 한다.
③ 집행관은 자동차를 인도받은 날부터 10일 안에 채권자가 강제경매신청을 하였음을 증명하는 문서를 제출하지 아니하는 때에는 자동차를 채무자에게 돌려주어야 한다.
④ 제1항의 규정에 따른 결정에 대하여는 즉시항고를 할 수 있다.
⑤ 제1항의 규정에 따른 결정에는 법 제292조제2항·제3항의 규정을 준용한다.
제114조【자동차를 인도받은 때의 신고】 ① 집행관이 강제경매개시결정에 따라 자동차를 인도받은 때, 제112조에서 준용하는 법 제193조의 규정에 따른 재판을 집행한 때 또는 제113조의 규정에 따라 인도받은 자동차에 대하여 강제경매개시결정이 있는 때에는 바로 그 취지·보관장소·보관방법 및 예상되는 보관비용을 법원에 신고하여야 한다.
② 집행관은 제1항의 신고를 한 후에 자동차의 보관장소·보관방법 또는 보관비용이 변경된 때에는 법원에 신고하여야 한다.
제115조【자동차의 보관방법】 집행관은 상당하다고 인정하는 때에는 인도받은 자동차를 압류채권자, 채무자, 그 밖의 적당한 사람에게 보관시킬 수 있다. 이 경우에는 공시서를 붙여 두거나 그 밖의 방법으로 그 자동차를 집행관이 점유하고 있음을 분명하게 표시하고, 제117조의 규정에 따라 운행이 허가된 경우를 제외하고는 운행을 하지 못하도록 적당한 조치를 하여야 한다.
제116조【자동차인도집행불능시의 집행절차취소】 강제경매개시결정이 있은 날부터 2월이 지나기까지 집행관이 자동차를 인도받지 못한 때에는 법원은 집행절차를 취소하여야 한다.
제117조【운행의 허가】 ① 법원은 영업상의 필요, 그 밖의 상당한 이유가 있다고 인정하는 때에는 이해관계를 가진 사람의 신청에 따라 자동차의 운행을 허가할 수 있다.

② 법원이 제1항의 허가를 하는 때에는 운행에 관하여 적당한 조건을 붙일 수 있다.
③ 제1항의 운행허가결정에 대하여는 즉시항고를 할 수 있다.
제118조【자동차의 이동】 ① 법원은 필요하다고 인정하는 때에는 집행관에게 자동차를 일정한 장소로 이동할 것을 명할 수 있다.
② 집행법원 외의 법원 소속의 집행관이 자동차를 점유하고 있는 경우, 집행법원은 제119조제1항의 규정에 따라 사건을 이송하는 때가 아니면 그 집행관 소속법원에 대하여 그 자동차를 집행법원 관할구역 안의 일정한 장소로 이동하여 집행법원 소속집행관에게 인계하도록 명할 것을 촉탁하여야 한다.
③ 제2항의 규정에 따라 집행법원 소속집행관이 자동차를 인계받은 경우에는 제114조의 규정을 준용한다.
제119조【사건의 이송】 ① 집행법원은 다른 법원 소속집행관이 자동차를 점유하고 있는 경우에 자동차를 집행법원 관할 구역안으로 이동하는 것이 매우 곤란하거나 지나치게 많은 비용이 든다고 인정하는 때에는 사건을 그 법원으로 이송할 수 있다.
② 제1항의 규정에 따른 결정에 대하여는 불복할 수 없다.
제120조【매각의 실시시기】 법원은 그 관할 구역안에서 집행관이 자동차를 점유하게 되기 전에는 집행관에게 매각을 실시하게 할 수 없다.
제121조【최저매각가격결정의 특례】 ① 법원은 상당하다고 인정하는 때에는 집행관으로 하여금 거래소에 자동차의 시세를 조회하거나 그 밖의 상당한 방법으로 매각할 자동차를 평가하게 하고, 그 평가액을 참작하여 최저매각가격을 정할 수 있다.
② 제1항의 규정에 따라 자동차를 평가한 집행관은 다음 각 호의 사항을 적은 평가서를 정하여진 날까지 법원에 제출하여야 한다.
1. 사건의 표시
2. 자동차의 표시
3. 자동차의 평가액과 평가일
4. 거래소에 대한 조회결과 또는 그 밖의 평가근거
제122조【매각기일의 공고】 매각기일의 공고에는 법 제106조제2호, 제4호 내지 제7호, 제9호에 규정된 사항, 제56조제1호·제3호에 규정된 사항, 자동차의 표시 및 자동차가 있는 장소를 적어야 한다.
제123조【입찰 또는 경매 외의 매각방법】 ① 법원은 상당하다고 인정하는 때에는 집행관에게 입찰 또는 경매 외의 방법으로 자동차의 매각을 실시할 것을 명할 수 있다. 이 경우에는 매각의 실시방법과 기한, 그 밖의 다른 조건을 붙일 수 있다.
② 법원은 제1항의 규정에 따른 매각의 실시를 명하는 때에는 미리 압류채권자의 의견을 들어야 한다.
③ 법원은 제1항의 규정에 따른 매각의 실시를 명하는 때에는 매수신고의 보증금액을 정하고 아울러 그 보증의 제공은 금전 또는 법원이 상당하다고 인정하는 유가증권을 집행관에게 제출하는 방법으로 하도록 정하여야 한다.
④ 제1항의 규정에 따른 결정이 있는 때에는 법원사무관등은 각 채권자와 채무자에게 그 취지를 통지하여야 한다.
⑤ 집행관은 제1항의 규정에 따른 결정에 기초하여 자동차를 매각하는 경우에 매수신고가 있는 때에는 바로 자동차의 표시·매수신고를 한 사람의 표시 및 매수신고의 액과 일시를 적은 조서를 작성하여, 보증으로 제공된 금전 또는 유가증권과 함께 법원에 제출하여야 한다.
⑥ 제5항의 조서가 제출된 때에는 법원은 바로 매각결정기일을 지정하여야 한다.
⑦ 제6항의 규정에 따른 매각결정기일이 정하여진 때에는 법원사무관등은 이해관계인과 매수신고를 한 사람에게 매각결정기일을 통지하여야 한다.
⑧ 제5항의 조서에 관하여는 법 제116조제2항의 규정을 준용한다.
제124조【양도명령에 따른 매각】 ① 법원은 상당하다고 인정하는 때에는 압류채권자의 매수신청에 따라 그에게 자동차의 매각을 허가할 수 있다.
② 제1항의 규정에 따라 매각을 허가하는 결정은 이해관계인에게 고지하여야 한다.
③ 양도명령에 따른 매각절차에 관하여는 제74조, 법 제109조, 법 제113조, 법 제126조제1항·제2항 및 법 제128조제2항의 규정을 준용하지 아니한다.
제125조【매수인에 대한 자동차의 인도】 ① 매수인이 대금을 납부하였음을 증명하는 서면을 제출한 때에는 집행관은 자동차를 매수인에게 인도하여야 한다. 이 경우 그 자동차를 집행관 외의 사람이 보관하고 있는 때에는, 집행관은 매수인의 동의를 얻어 보관자에 대하여 매수인에게 그 자동차를 인도할 것을 통지하는 방법으로 인도할 수 있다.
② 집행관은 매수인에게 자동차를 인도한 때에는 그 취지와 인도한 날짜를 집행법원에 신고하여야 한다.
제126조【집행정지 중의 매각】 ① 법 제49조제2호 또는 제4호에 적은 서류가 제출된 때에는 법원사무관등은 집행관에게 그 사실을 통지하여야 한다.
② 집행관은 제1항의 규정에 따른 통지를 받은 경우 인도를 받은 자동차의 가격이 크게 떨어질 염려가 있거나 그 보관에 지나치게 많은 비용이 드는 때에는 압류채권자·채무자 및 저당권자에게 그 사실을 통지하여야 한다.
③ 제2항에서 규정하는 경우에 압류채권자 또는 채무자의 신청이 있는 때에는 법원은 자동차를 매각하도록 결정할 수 있다.
④ 제3항의 규정에 따른 결정이 있은 때에는 법원사무관등은 제3항의 신청을 하지 아니한 압류채권자 또는 채무자에게 그 사실을 통지하여야 한다.
⑤ 제3항의 규정에 따른 결정에 기초하여 자동차가 매각되어 그 대금이 집행법원에 납부된 때에는 법원사무관등은 매각대금을 공탁하여야 한다.
제127조【자동차집행의 신청이 취하된 경우 등의 조치】
① 자동차집행의 신청이 취하된 때 또는 강제경매절차를 취소하는 결정의 효력이 생긴 때에는 법원사무관등은 집행관에게 그 취지를 통지하여야 한다.
② 집행관이 제1항의 규정에 따른 통지를 받은 경우 자동차를 수취할 권리를 갖는 사람이 채무자 외의 사람인 때에는 집행관은 그 사람에게 자동차집행의 신청이 취하되었다거나 또는 강제경매절차가 취소되었다는 취지를 통지하여야 한다.
③ 집행관은 제1항의 규정에 따른 통지를 받은 때에는 자동차를 수취할 권리를 갖는 사람에게 자동차가 있는 곳에서 이를 인도하여야 한다. 다만, 자동차를 수취할 권리를 갖는 사람이 자동차를 보관하고 있는 경우에는 그러하지 아니하다.
④ 집행관이 제3항의 규정에 따라 인도를 할 수 없는 때에는 법원은 집행관의 신청을 받아 자동차집행의 절차에 따라 자동차를 매각한다는 결정을 할 수 있다.
⑤ 제4항의 규정에 따른 결정이 있은 때에는 법원사무관등은 채무자와 저당권자에게 그 취지를 통지하여야 한다.
⑥ 제4항의 규정에 따른 결정에 기초하여 자동차가 매각되어 그 대금이 법원에 납부된 때에는 법원은 그 대금에서 매각과 보관에 든 비용을 빼고, 나머지가 있는 때에는 매각대금의 교부계산서를 작성하여 저당권자에게 변제금을 교부하고, 그 나머지를 채무자에게 교부하여야 한다.
⑦ 제6항의 규정에 따른 변제금 등을 교부하는 경우에는 제81조, 제82조, 법 제146조, 법 제160조 및 법 제161조제1항의 규정을 준용한다.
제128조【준용규정 등】 ① 자동차집행절차에는 제107조·제138조의 규정을 준용한다. 이 경우 제107조제1항에 "1월"이라고 규정된 것은 "1주"로, 제138조제1항에 "압류물이 압류한"이라고 규정된 것은 "집행관이 점유를 취득한 자동차가"로 본다.

② 자동차집행절차에 관하여는 제43조 내지 제46조, 제51조제1항제4호 내지 제6호, 제2항, 제55조, 제56조제2호, 제60조, 제68조 내지 제71조, 법 제79조, 법 제81조, 법 제83조제2항 · 제3항, 법 제85조, 법 제91조제5항, 법 제105조 및 법 제136조의 규정과 법 제103조제2항 중 기간입찰에 관한 부분을 준용하지 아니한다.

제129조【자동차지분에 대한 강제집행】 자동차의 공유지분에 대한 강제집행은 법 제251조에 규정된 강제집행의 예에 따라 실시한다.

제6절 건설기계 · 소형선박에 대한 강제집행
(2008.2.18 본절개정)

제130조【강제집행의 방법】 ① 「건설기계관리법」에 따라 등록된 건설 기계(다음부터 "건설기계"라 한다) 및 「자동차 등 특정동산 저당법」의 적용을 받는 소형선박(다음부터 "소형선박"이라 한다)에 대한 강제집행에 관하여는 제5절의 규정을 준용한다. 이 경우 제108조 내지 제110조에 "자동차등록원부"라고 규정된 것은 각 "건설기계등록원부", "선박원부 · 어선원부 · 수상레저기구등록원부"로 본다.(2010.10.4 전단개정)
② 소형선박에 대한 강제집행의 경우 제108조에 "특별시장 · 광역시장 · 특별자치시장 또는 도지사"라고 규정된 것은 "지방해양수산청장(지방해양수산청해양수산사무소장을 포함한다. 다음부터 같다)"이나 "시장 · 군수 또는 구청장(자치구의 구청장을 말한다. 다음부터 같다)"으로 본다.(2019.12.26 본항개정)
③ 소형선박에 대한 강제집행의 경우 제109조 및 제110조에 "사용본거지"라고 규정된 것은 "선적항" 또는 "보관장소"로 본다.

제7절 동산에 대한 강제집행

제1관 유체동산에 대한 강제집행

제131조【유체동산 집행신청의 방식】 유체동산에 대한 강제집행신청서에는 다음 각호의 사항을 적고 집행력 있는 정본을 붙여야 한다.
1. 채권자 · 채무자와 그 대리인의 표시
2. 집행권원의 표시
3. 강제집행 목적물인 유체동산이 있는 장소
4. 집행권원에 표시된 청구권의 일부에 관하여 강제집행을 구하는 때에는 그 범위

제132조【압류할 유체동산의 선택】 집행관이 압류할 유체동산을 선택하는 때에는 채권자의 이익을 해치지 아니하는 범위 안에서 채무자의 이익을 고려하여야 한다.

제132조의2【압류할 유체동산의 담보권 확인 등】 ① 집행관은 유체동산 압류시에 채무자에 대하여 「동산 · 채권 등의 담보에 관한 법률」 제2조제7호에 따른 담보등기가 있는지 여부를 담보등기부를 통하여 확인하여야 하고, 담보등기가 있는 경우에는 등기사항전부증명서(말소사항 포함)를, 담보등기가 없는 경우에는 등기기록미개설증명서(다만, 등기기록미개설증명서를 발급받을 수 없는 경우에는 이를 확인할 수 있는 자료)를 집행기록에 편철하여야 한다.(2022.2.25 본항개정)
② 집행관은 제1항에 따라 담보권의 존재를 확인한 경우에 그 담보권자에게 매각기일에 이르기까지 집행을 신청하거나, 법 제220조에서 정한 시기까지 배당요구를 하여 매각대금의 배당절차에 참여할 수 있음을 고지하여야 한다.
(2014.7.1 본조신설)

제133조【직무집행구역 밖에서의 압류】 집행관은 동시에 압류하고자 하는 여러 개의 유체동산 가운데 일부가 소속법원의 관할구역 밖에 있는 경우에는 관할구역 밖의 유체동산에 대하여도 압류할 수 있다.

제134조【압류조서의 기재사항】 ① 유체동산 압류조서에는 제6조와 법 제10조제2항 · 제3항에 규정된 사항외에 채무자가 자기 소유가 아니라는 진술이나 담보가 설정되어 있다는 진술을 한 압류물에 관하여는 그 취지를 적어야 한다.
(2014.7.1 본항개정)
② 유체동산 압류조서에 집행의 목적물을 적는 때에는 압류물의 종류 · 재질, 그 밖에 압류물을 특정하는 데 필요한 사항과 수량 및 평가액(토지에서 분리하기 전의 과실에 대하여는 그 과실의 수확시기 · 예상수확량과 예상평가액)을 적어야 한다.

제135조【직무집행구역 밖에서의 압류물보관】 집행관은 특히 필요하다고 인정하는 때에는 압류물 보관자로 하여금 소속법원의 관할구역 밖에서 압류물을 보관하게 할 수 있다.

제136조【압류물의 보관에 관한 조서 등】 ① 집행관이 채무자 · 채권자 또는 제3자에게 압류물을 보관시킨 때에는 보관자의 표시, 보관시킨 일시 · 장소와 압류물, 압류표시의 방법과 보관조건을 적은 조서를 작성하여 보관자의 기명날인 또는 서명을 받아야 한다.
② 집행관이 보관자로부터 압류물을 반환받은 때에는 그 취지를 기록에 적어야 한다.
③ 제2항의 경우에 압류물에 부족 또는 손상이 있는 때에는 집행관은 보관자가 아닌 압류채권자와 채무자에게 그 취지를 통지하여야 하고, 아울러 부족한 압류물 또는 압류물의 손상정도와 이러한 압류물에 대하여 집행관이 취한 조치를 적은 조서를 작성하여야 한다.

제137조【보관압류물의 점검】 ① 집행관은 채무자 또는 채권자나 제3자에게 압류물을 보관시킨 경우에 압류채권자 또는 채무자의 신청이 있거나 그 밖에 필요하다고 인정하는 때에는 압류물의 보관상황을 점검하여야 한다.
② 집행관이 제1항의 규정에 따른 점검을 한 때에는 압류물의 부족 또는 손상의 유무와 정도 및 이에 관하여 집행관이 취한 조치를 적은 점검조서를 작성하고, 부족 또는 손상이 있는 경우에는 보관자가 아닌 채권자 또는 채무자에게 그 취지를 통지하여야 한다.

제138조【직무집행구역 밖에서의 압류물 회수 등】 ① 압류물이 압류한 집행관이 소속하는 법원의 관할 구역 밖에 있게 된 경우에 이를 회수하기 위하여 필요한 때에는 집행관은 소속 법원의 관할구역 밖에서도 그 직무를 행할 수 있다.
② 제1항의 경우에 압류물을 회수하기 위하여 지나치게 많은 비용이 든다고 인정하는 때에는 집행관은, 압류채권자의 의견을 들어, 압류물이 있는 곳을 관할하는 법원 소속집행관에게 사건을 이송할 수 있다.

제139조【압류물의 인도명령을 집행한 경우의 조치 등】 ① 법 제193조제1항의 규정에 따른 인도명령을 집행한 집행관은 그 압류물의 압류를 한 집행관이 다른 법원에 소속하는 때에는 그 집행관에 대하여 인도명령을 집행하였다는 사실을 통지하여야 한다.
② 제1항의 규정에 따른 통지를 받은 집행관은 압류물을 인수하여야 한다. 다만, 압류물을 인수하기 위하여 지나치게 많은 비용이 든다고 인정하는 때에는, 압류채권자의 의견을 들어, 인도명령을 집행한 집행관에게 사건을 이송할 수 있다.

제140조【초과압류 등의 취소】 ① 집행관은 압류 후에 그 압류가 법 제188조제2항의 한도를 넘는 사실이 분명하게 된 때에는 넘는 한도에서 압류를 취소하여야 한다.
② 집행관은 압류후에 압류물의 매각대금으로 압류채권자의 채권에 우선하는 채권과 집행비용을 변제하면 남을 것이 없겠다고 인정하는 때에는 압류를 취소하여야 한다.

제141조【매각의 가망이 없는 경우의 압류의 취소】 집행관은 압류물에 관하여 상당한 방법으로 매각을 실시하였음에도 매각의 가망이 없는 때에는 그 압류물의 압류를 취소할 수 있다.

제142조【압류취소의 방법 등】 ① 유체동산 압류를 취소하는 때에는 집행관은 압류물을 수취할 권리를 갖는 사람에게 압류취소의 취지를 통지하고 압류물이 있는 장소에서 이를 인도하여야 한다. 다만, 압류물을 수취할 권리를 갖는 사람이 그 압류물을 보관 중인 때에는 그에게 압류취소의 취지를 통지하면 된다.
② 집행관은 제1항의 경우에 압류물을 수취할 권리를 갖는 사람이 채무자 외의 사람인 때에는 채무자에게 압류가 취소되었다는 취지를 통지하여야 한다.
③ 압류가 취소된 유체동산을 인도할 수 없는 경우에는 법 제258조제6항의 규정을 준용한다.
제143조 (2005.7.28 삭제)
제144조【압류물의 평가】 ① 집행관은 법 제200조에 규정된 경우외에도 필요하다고 인정하는 때에는 적당한 감정인을 선임하여 압류물을 평가하게 할 수 있다.
② 제1항 또는 법 제200조의 규정에 따라 물건을 평가한 감정인은 다음 각호의 사항을 적은 평가서를 정하여진 날까지 집행관에게 제출하여야 한다.
1. 사건의 표시
2. 유체동산의 표시
3. 유체동산의 평가액과 평가일
4. 평가액 산출의 과정
5. 그 밖에 집행관이 명한 사항
③ 제2항의 평가서가 제출된 경우 집행관은 평가서의 사본을 매각기일마다 그 3일 전까지 집행관 사무실 또는 그 밖에 적당한 장소에 비치하고 누구든지 볼 수 있도록 하여야 한다.
제145조【호가경매기일의 지정 등】 ① 집행관은 호가경매의 방법으로 유체동산을 매각하는 때에는 경매기일의 일시와 장소를 정하여야 한다. 이 경우 경매기일은 부득이한 사정이 없는 한 압류일부터 1월 안의 날로 정하여야 한다.
② 집행관은 집행법원의 허가를 받은 때에는 소속 법원의 관할 구역밖에서 경매기일을 열 수 있다.
제146조【호가경매공고의 방법 등】 ① 집행관은 호가경매기일의 3일 전까지 다음 각호의 사항을 공고하여야 한다.
1. 사건의 표시
2. 매각할 물건의 종류 · 재질, 그 밖에 그 물건을 특정하는데 필요한 사항과 수량 및 평가액(토지에서 분리하기 전의 과실에 대하여는 그 과실의 수확시기 · 예상수확량과 예상평가액)
3. 평가서의 사본을 비치하는 때에는 그 비치장소와 누구든지 볼 수 있다는 취지
4. 제158조에서 준용하는 제60조의 규정에 따라 매수신고를 할 수 있는 사람의 자격을 제한한 때에는 그 제한의 내용
5. 매각할 유체동산을 호가경매기일 전에 일반인에게 보여주는 때에는 그 일시와 장소
6. 대금지급기일을 정한 때에는 매수신고의 보증금액과 그 제공방법 및 대금지급일
② 집행관은 경매의 일시와 장소를 각 채권자 · 채무자 및 압류물 보관자에게 통지하여야 한다. 법 제190조의 규정에 따라 압류한 재산을 경매하는 경우에는 집행기록상 주소를 알 수 있는 배우자에게도 같은 사항을 통지하여야 한다.
③ 제2항의 통지는 집행기록에 표시된 주소지에 등기우편으로 발송하는 방법으로 할 수 있다.
제147조【호가경매의 절차】 ① 집행관이 경매기일을 개시하는 때에는 매각조건을 고지하여야 한다.
② 집행관은 매수신청의 액 가운데 최고의 것을 3회 부른 후 그 신청을 한 사람의 이름 · 매수신청의 액 및 그에게 매수를 허가한다는 취지를 고지하여야 한다. 다만, 매수신청의 액이 상당하지 아니하다고 인정하는 경우에는 매수를 허가하지 아니할 수 있다.
③ 집행관은 소속 법원 안에서 호가경매를 실시하는 경우 법 제108조의 조치를 위하여 필요한 때에는 법원의 원조를 요청할 수 있다.
④ 유체동산의 호가경매절차에는 제57조제1항, 제62조제3항 · 제4항 및 제72조제1항 · 제2항의 규정을 준용한다.
제148조【호가경매로 매각할 유체동산의 열람】 ① 집행관은 호가경매기일 또는 그 기일 전에 매각할 유체동산을 일반인에게 보여주어야 한다.
② 매각할 유체동산을 호가경매기일 전에 일반인에게 보여주는 경우에 그 유체동산이 채무자가 점유하고 있는 건물 안에 있는 때에는 집행관은 보여주는 자리에 참여하여야 한다. 그 밖의 경우에도 매각할 유체동산을 보관하는 사람의 신청이 있는 때에는 마찬가지이다.
③ 집행관은 매각할 유체동산을 호가경매기일 전에 일반인에게 보여준 때와 제2항의 규정에 따라 유체동산을 보여주는 자리에 참여한 때에는 그 취지를 기록에 적어야 한다.
제149조【호가경매에 따른 대금의 지급 등】 ① 호가경매기일에서 매수가 허가된 때에는 그 기일이 마감되기 전에 매각대금을 지급하여야 한다. 다만, 제2항의 규정에 따라 대금지급일이 정하여진 때에는 그러하지 아니하다.
② 집행관은 압류물의 매각가격이 고액으로 예상되는 때에는 호가경매기일부터 1주 안의 날을 대금지급일로 정할 수 있다.
③ 제2항의 규정에 따라 대금지급일이 정하여진 때에는 매수신고를 하려는 사람은 집행관에 대하여 매수신고가격의 10분의 1에 상당하는 액의 보증을 제공하여야 한다. 이 경우 매수신고보증의 제공방법에 관하여는 제64조의 규정을 준용한다.
④ 제3항의 규정에 따른 매수신고의 보증으로 금전이 제공된 경우에 그 금전은 매각대금에 넣는다.
⑤ 매수인이 대금지급일에 대금을 지급하지 아니하여 다시 유체동산을 매각하는 경우 뒤의 매각가격이 처음의 매각가격에 미치지 아니하는 때는 전의 매수인이 제공한 매수신고의 보증은 그 차액을 한도로 매각대금에 산입한다. 이 경우 매수인은 매수신고의 보증금액 가운데 매각대금에 산입되는 금액에 상당하는 부분의 반환을 청구할 수 없다.
⑥ 매수신고의 보증이 제3항 후문에서 준용하는 제64조제3호의 문서를 제출하는 방법으로 제공된 경우에는 집행관은 은행등에 대하여 제5항 전문의 규정에 따라 매각대금에 산입되는 액의 금전을 지급하라는 취지를 최고하여야 한다.
⑦ 집행관은 대금지급일을 정하여 호가경매를 실시한 때에는 대금지급일에 대금이 지급되었는지 여부를 기록에 적어야 한다.
제150조【호가경매조서의 기재사항】 ① 제6조제1항제2호의 규정에 따라 호가경매조서에 적을 "실시한 집행의 내용"은 다음 각호의 사항으로 한다.
1. 매수인의 표시 · 매수신고가격 및 대금의 지급여부
2. 법 제206조제1항의 규정에 따른 배우자의 우선매수신고가 있는 경우에는 그 취지와 배우자의 표시
3. 적법한 매수신고가 없는 때에는 그 취지
4. 대금지급일을 정하여 호가경매를 실시한 때에는 대금지급일과 매수인의 매수신고보증의 제공방법
② 매수인 또는 그 대표자나 대리인은 호가경매조서에 서명날인하여야 한다. 그들이 서명날인할 수 없는 때에는 집행관이 그 사유를 적어야 한다.
제151조【입찰】 ① 유체동산 매각을 위한 입찰은 입찰기일에 입찰을 시킨 후 개찰을 하는 방법으로 한다.
② 개찰이 끝난 때에는 집행관은 최고의 가액으로 매수신고를 한 입찰자의 이름 · 입찰가격 및 그에 대하여 매수를 허가한다는 취지를 고지하여야 한다.
③ 유체동산의 입찰절차에는 제57조제1항, 제62조, 제65조, 제66조, 제145조, 제146조, 제147조제1항 · 제2항 단서 · 제3항 및 제148조 내지 제150조의 규정을 준용한다.
제152조【압류조서의 열람청구】 법 제215조제1항에 규정된 조치를 취하기 위하여 필요한 때에는 집행관은 먼저 압류한 집행관에게 압류조서를 보여줄 것을 청구할 수 있다.

제153조【지급요구의 방식】 법 제221조제1항의 규정에 따른 지급요구는 매각기일에 출석하여 하는 경우가 아니면 서면으로 하여야 한다.

제154조【배우자의 공유주장에 대한 이의】 법 제221조제3항의 규정에 따라 채권자가 배우자의 공유주장에 대하여 이의하고 그 이의가 완결되지 아니한 때에는 집행관은 배우자가 주장하는 공유지분에 해당하는 매각대금에 관하여 법 제222조에 규정된 조치를 취하여야 한다.

제155조【집행관의 매각대금 처리】 ① 채권자가 한 사람인 경우 또는 채권자가 두 사람 이상으로서 매각대금 또는 압류금전으로 각 채권자의 채권과 집행비용의 전부를 변제할 수 있는 경우에는 집행관은 채권자에게 채권액을 교부하고, 나머지가 있으면 채무자에게 교부하여야 한다.
② 압류금전이나 매각대금으로 각 채권자의 채권과 집행비용의 전부를 변제할 수 없는 경우에는 집행관은 법 제222조제1항에 규정된 기간 안의 날을 배당협의기일로 지정하고 각 채권자에게 그 일시와 장소를 서면으로 통지하여야 한다. 이 통지에는 매각대금 또는 압류금전, 집행비용, 각 채권자의 채권액 비율에 따라 배당될 것으로 예상되는 금액을 적은 배당계산서를 붙여야 한다.
③ 집행관은 배당협의기일까지 채권자 사이에 배당협의가 이루어진 때에는 그 협의에 따라 배당을 실시하여야 한다. 집행관은 제2항의 배당계산서와 다른 협의가 이루어진 때에는 그 협의에 따라 배당계산서를 다시 작성하여야 한다.
④ 집행관은 배당협의가 이루어지지 아니한 때에는 바로 법 제222조에 규정된 조치를 취하여야 한다.

제156조【집행관의 배당액 공탁】 ① 제155조제1항 또는 제3항의 규정에 따라 집행관이 채권액의 배당등을 실시하는 경우 배당등을 받을 채권자의 채권에 관하여 다음 각호 가운데 어느 하나의 사유가 있는 때에는 집행관은 그 배당등의 액에 상당하는 금액을 공탁하고 그 사유를 법원에 신고하여야 한다.
1. 채권에 정지조건 또는 불확정기한이 붙어 있는 때
2. 가압류채권자의 채권인 때
3. 법 제49조제2호 또는 법 제272조에서 준용하는 법 제266조제1항제5호에 적은 문서가 제출되어 있는 때
② 집행관은 배당등을 수령하기 위하여 출석하지 아니한 채권자 또는 채무자에 대한 배당등의 액에 상당하는 금액을 공탁하여야 한다.

제157조【사유신고서의 방식】 ① 법 제222조제3항의 규정에 따른 사유신고는 다음 각호의 사항을 적은 서면으로 하여야 한다.
1. 사건의 표시
2. 압류채권자와 채무자의 이름
3. 매각대금 또는 압류금전의 액수
4. 집행비용
5. 배당협의가 이루어지지 아니한 취지와 그 사정의 요지
② 제156조제1항의 규정에 따른 사유신고는 다음 각호의 사항을 적은 서면으로 하여야 한다.
1. 제1항제1호·제2호에 적은 사항
2. 공탁의 사유와 공탁금액
③ 제1항 또는 제2항의 서면에는 공탁서와 사건기록을 붙여야 한다.

제158조【부동산강제집행규정의 준용】 유체동산 집행에는 제48조, 제59조제1호, 제60조 및 제82조제2항의 규정을 준용한다.(2010.10.4 본조개정)

제2관 채권과 그 밖의 재산권에 대한 강제집행

제159조【압류명령신청의 방식】 ① 채권에 대한 압류명령신청서에는 법 제225조에 규정된 사항외에 다음 각호의 사항을 적고 집행력 있는 정본을 붙여야 한다.
1. 채권자·채무자·제3채무자와 그 대리인의 표시
2. 집행권원의 표시
3. 집행권원에 표시된 청구권의 일부에 관하여만 압류명령을 신청하거나 목적채권의 일부에 대하여만 압류명령을 신청하는 때에는 그 범위
② 법 제224조제3항의 규정에 따라 가압류를 명한 법원이 있는 곳을 관할하는 지방법원에 채권압류를 신청하는 때에는 가압류결정서 사본과 가압류 송달증명을 붙여야 한다.

제160조【신청취하 등의 통지】 ① 압류명령의 신청이 취하되거나 압류명령을 취소하는 결정이 확정된 때에는 법원사무관등은 압류명령을 송달받은 제3채무자에게 그 사실을 통지하여야 한다.
② 추심명령·전부명령 또는 법 제241조제1항의 규정에 따른 명령의 신청이 취하되거나 이를 취소하는 결정이 확정된 때에도 제1항과 같다.

제161조【집행정지의 통지】 ① 추심명령이 있은 후 법 제49조제2호 또는 제4호의 서류가 제출된 때에는 법원사무관등은 압류채권자와 제3채무자에 대하여 그 서류가 제출되었다는 사실과 서류의 요지 및 위 서류의 제출에 따른 집행정지가 효력을 잃기 전에는 압류채권자는 채권의 추심을 하여서는 아니되고 제3채무자는 채권의 지급을 하여서는 아니된다는 취지를 통지하여야 한다.
② 법 제242조에 규정된 유체물의 인도청구권이나 권리이전청구권에 대하여 법 제243조제1항 또는 법 제244조제1항·제2항(제171조제1항·제2항의 규정에 따라 이 조항들이 준용되는 경우를 포함한다)의 명령이 있은 후 법 제49조제2호 또는 제4호의 서류가 제출된 경우에는 제1항의 규정을 준용한다.

제161조의2【채권자 승계에 따른 통지】 추심명령이 있은 후 제23조제1항에 따른 승계집행문이 붙은 집행권원의 정본이 제출된 때에는 법원사무관등은 제3채무자에게 그 서류가 제출되었다는 사실과 추심권이 승계인에게 이전된다는 취지를 통지하여야 한다.(2020.12.28 본조신설)

제162조【추심신고의 방식】 ① 법 제236조제1항의 규정에 따른 신고는 다음 각호의 사항을 적은 서면으로 하여야 한다.
1. 사건의 표시
2. 채권자·채무자 및 제3채무자의 표시
3. 제3채무자로부터 지급받은 금액과 날짜
② 법 제236조제2항의 규정에 따른 신고는 제1항에 규정된 사항과 공탁사유 및 공탁한 금액을 적은 서면에 공탁서를 붙여서 하여야 한다.

제163조【채권의 평가】 ① 법원은 법 제241조제1항의 규정에 따른 명령을 하는 경우에 필요가 있다고 인정하는 때에는 감정인에게 채권의 가액을 평가하게 할 수 있다.
② 제1항의 감정인이 채권의 가액을 평가한 때에는 정하여진 날까지 그 평가결과를 서면으로 법원에 보고하여야 한다.

제164조【양도명령에 관한 금전의 납부와 교부】 ① 법 제241조제1항제1호의 규정에 따른 양도명령(다음부터 "양도명령"이라 한다)을 하는 경우에 법원이 정한 양도가액이 채권자의 채권과 집행비용의 액을 넘는 때에는 법원은 양도명령을 하기 전에 채권자에게 그 차액을 납부시켜야 한다.
② 법원은 양도명령이 확정된 때에는 제1항의 규정에 따라 납부된 금액을 채무자에게 교부하여야 한다. 채무자에 대한 교부절차에 관하여는 제82조의 규정을 준용한다.

제165조【매각명령에 따른 매각】 ① 법원은 압류된 채권의 매각대금으로 압류채권자의 채권에 우선하는 채권과 절차비용을 변제하면 남을 것이 없겠다고 인정하는 때에는 법 제241조제1항제2호의 규정에 따른 매각명령(다음부터 "매각명령"이라 한다)을 하여서는 아니된다.
② 집행관은 압류채권자의 채권에 우선하는 채권과 절차비용을 변제하고 남을 것이 있는 가격이 아니면 압류된 채권을 매각하여서는 아니된다.

③ 집행관은 대금을 지급받은 후가 아니면 매수인에게 채권증서를 인도하거나 법 제241조제5항의 통지를 하여서는 아니된다.
④ 집행관은 매각절차를 마친 때에는 바로 매각대금과 매각에 관한 조서를 법원에 제출하여야 한다.
제166조【그 밖의 방법에 따른 현금화명령】 법 제241조제1항제4호의 규정에 따라 법원이 그 밖에 적당한 방법으로 현금화를 명하는 경우와 그 명령에 따른 현금화절차에는 제164조 · 제165조의 규정을 준용한다.
제167조【저당권이전등기 등의 촉탁】 ① 저당권이 있는 채권에 관하여 전부명령이나 양도명령이 확정된 때 또는 매각명령에 따른 매각을 마친 때에는 법원사무관등은 신청에 따라 등기관에게 다음 각호의 사항을 촉탁하여야 한다.
1. 채권을 취득한 채권자 또는 매수인 앞으로 저당권을 이전하는 등기
2. 법 제228조의 규정에 따른 등기의 말소
② 제1항의 규정에 따른 촉탁은 전부명령이나 양도명령의 정본 또는 매각조서의 등본을 붙인 서면으로 하여야 한다.
③ 제1항의 촉탁에 관한 비용은 채권을 취득한 채권자 또는 매수인이 부담한다.
④ 법 제228조의 규정에 따른 등기가 된 경우 압류된 채권이 변제 또는 공탁에 따라 소멸되었음을 증명하는 문서가 제출된 때에는 법원사무관등은 신청에 따라 그 등기의 말소를 촉탁하여야 한다. 압류명령신청이 취하되거나 압류명령의 취소결정이 확정된 때에도 같다.
⑤ 제4항의 규정에 따른 촉탁비용은 그 전문의 경우에는 채무자가, 그 후문의 경우에는 압류채권자가 각기 부담한다.
제168조【저당권이전등기 등의 촉탁을 신청할 때 제출할 문서 등】 ① 전부명령 또는 양도명령이 확정된 경우에 제167조제1항의 신청을 하는 때에는, 기록상 분명한 경우가 아니면, 압류된 채권에 관하여 위 명령이 제3채무자에게 송달될 때까지 다른 압류 또는 가압류의 집행이 없다는 사실을 증명하는 문서를 제출하여야 한다.
② 채권을 취득한 채권자는 제1항의 문서를 제출하기 어려운 사정이 있는 때에는 제3채무자로 하여금 전부명령 또는 양도명령이 제3채무자에게 송달될 때까지 다른 압류 또는 가압류의 집행이 있었는지 여부에 관하여 진술하게 하도록 법원에 신청할 수 있다.
③ 제3채무자가 제2항에 규정된 진술을 게을리하는 때에는 법원은 제3채무자를 심문할 수 있다.
제169조【유체동산 매각대금의 처리 등】 집행관이 법 제243조제3항의 규정에 따라 유체동산을 현금화한 경우에는 제165조제4항의 규정을 준용한다.
제170조【인도 또는 권리이전된 부동산의 집행】 법 제244조의 규정에 따라 인도 또는 권리이전된 부동산의 강제집행에 대하여는 부동산 강제집행에 관한 규정을 적용한다.
제171조【선박 등 청구권에 대한 집행】 ① 선박 또는 항공기의 인도청구권에 대한 압류에 관하여는 법 제244조제1항 · 제4항의 규정을, 선박 · 항공기 · 자동차 또는 건설기계의 권리이전청구권에 대한 압류에 관하여는 법 제244조제2항 내지 제4항의 규정을 준용한다.
② 자동차 또는 건설기계의 인도청구권에 대한 압류에 관하여는 법 제243조제1항 · 제2항의 규정을 준용한다.
③ 제1항 또는 제2항의 규정에 따라 인도 또는 권리이전된 선박 · 항공기 · 자동차 또는 건설기계의 강제집행에 대하여는 선박 · 항공기 · 자동차 또는 건설기계 강제집행에 관한 규정을 각기 적용한다.
제172조【제3채무자 등의 공탁신고의 방식】 ① 법 제248조제4항의 규정에 따른 신고는 다음 각호의 사항을 적은 서면으로 하여야 한다.
1. 사건의 표시
2. 채권자 · 채무자 및 제3채무자의 이름
3. 공탁사유와 공탁한 금액
② 제1항의 서면에는 공탁서를 붙여야 한다. 다만, 법 제248조제4항 단서에 규정된 사람이 신고하는 때에는 그러하지 아니하다.
③ 압류된 채권에 관하여 다시 압류명령 또는 가압류명령이 송달된 경우에 제1항의 신고는 먼저 송달된 압류명령을 발령한 법원에 하여야 한다.
제173조【부동산강제집행규정의 준용】 채권에 대한 강제집행의 배당요구에 관하여는 제48조의 규정을, 매각명령에 따른 집행관의 매각에는 제59조의 규정을, 관리명령에는 그 성질에 어긋나지 아니하는 범위 안에서 제2절제3관의 규정을 준용한다.
제174조【그 밖의 재산권에 대한 집행】 법 제251조제1항에 규정된 재산권(다음부터 "그 밖의 재산권"이라 한다)에 대한 강제집행에는 그 성질에 어긋나지 아니하는 범위안에서 제159조 내지 제173조의 규정을 준용한다.
제175조【등기 또는 등록이 필요한 그 밖의 재산권에 대한 집행】 ① 권리이전에 등기 또는 등록(다음부터 이 조문안에서 "등기등"이라 한다)이 필요한 그 밖의 재산권에 대한 압류명령신청서에는 집행력 있는 정본외에 권리에 관한 등기사항증명서 또는 등록원부의 등본이나 초본을 붙여야 한다. (2011.9.28 본항개정)
② 제1항의 그 밖의 재산권에 대한 강제집행에 관하여는 그 등기등을 하는 곳을 관할하는 지방법원을 법 제251조제1항에서 준용하는 법 제224조제2항의 집행법원으로 한다.
③ 제1항의 그 밖의 재산권에 관하여 압류의 등기등이 압류명령의 송달 전에 이루어진 경우에는 압류의 효력은 압류의 등기등이 된 때에 발생한다. 다만, 그 밖의 재산권으로 권리처분의 제한에 관하여 등기등을 하지 아니하면 효력이 생기지 아니하는 것에 대한 압류의 효력은 압류의 등기등이 압류명령의 송달 뒤에 된 때에도 압류의 등기등이 된 때에 발생한다.
④ 제1항의 그 밖의 재산권에 관하여 압류의 효력 발생 전에 등기등이 된 담보권으로서 매각으로 소멸하는 것이 설정되어 있는 때에는, 법원사무관등은 담보권자에게 압류사실을 통지하고 그 담보권의 피담보채권의 현존액을 신고할 것을 최고하여야 한다.
⑤ 제1항의 그 밖의 재산권에 대한 강제집행에는 법 제94조 내지 법 제96조, 법 제141조 및 법 제144조의 규정을 준용한다.

제3관 예탁유가증권에 대한 강제집행

제176조【예탁유가증권집행의 개시】 「자본시장과 금융투자업에 관한 법률」 제309조제2항의 규정에 따라 한국예탁결제원(다음부터 "예탁결제원"이라 한다)에 예탁된 유가증권(같은 법 제310조제4항의 규정에 따라 예탁결제원에 예탁된 것으로 보는 경우를 포함한다. 다음부터 "예탁유가증권"이라 한다)에 대한 강제집행(다음부터 "예탁유가증권집행"이라 한다)은 예탁유가증권에 관한 공유지분(다음부터 "예탁유가증권지분"이라 한다)에 대한 법원의 압류명령에 따라 개시한다.(2013.11.27 본조개정)
제177조【압류명령】 법원이 예탁유가증권지분을 압류하는 때에는 채무자에 대하여는 계좌대체청구 · 「자본시장과 금융투자업에 관한 법률」 제312조제2항에 따른 증권반환청구, 그 밖의 처분을 금지하고, 채무자가 같은 법 제309조제2항에 따른 예탁자(다음부터 "예탁자"라 한다)인 경우에는 예탁결제원에 대하여, 채무자가 고객인 경우에는 예탁자에 대하여 계좌대체와 증권의 반환을 금지하여야 한다. (2013.11.27 본조개정)
제178조【예탁원 또는 예탁자의 진술의무】 압류채권자는 예탁결제원 또는 예탁자로 하여금 압류명령의 송달을 받은 날부터 1주 안에 서면으로 다음 각호의 사항을 진술하게 할 것을 법원에 신청할 수 있다.(2013.11.27 본문개정)

1. 압류명령에 표시된 계좌가 있는지 여부
2. 제1호의 계좌에 압류명령에 목적물로 표시된 예탁유가증권지분이 있는지 여부 및 있다면 그 수량
3. 위 예탁유가증권지분에 관하여 압류채권자에 우선하는 권리를 가지는 사람이 있는 때에는 그 사람의 표시 및 그 권리의 종류와 우선하는 범위
4. 위 예탁유가증권지분에 관하여 다른 채권자로부터 압류·가압류 또는 가처분의 집행이 되어 있는지 여부 및 있다면 그 명령에 관한 사건의 표시·채권자의 표시·송달일과 그 집행의 범위
5. 위 예탁유가증권지분에 관하여 신탁재산인 뜻의 기재가 있는 때에는 그 사실

제179조【예탁유가증권지분의 현금화】 ① 법원은 압류채권자의 신청에 따라 압류된 예탁유가증권지분에 관하여 법원이 정한 값으로 지급함에 갈음하여 압류채권자에게 양도하는 명령(다음부터 "예탁유가증권지분양도명령"이라 한다) 또는 추심에 갈음하여 법원이 정한 방법으로 매각하도록 집행관에게 명하는 명령(다음부터 "예탁유가증권지분매각명령"이라 한다)을 하거나 그 밖에 적당한 방법으로 현금화하도록 명할 수 있다.
② 제1항의 신청에 관한 재판에 대하여는 즉시항고를 할 수 있다.
③ 제1항의 규정에 따른 재판은 확정되어야 효력이 있다.

제180조【예탁유가증권지분양도명령】 ① 예탁유가증권지분양도명령의 신청서에는 채무자의 계좌를 관리하는 예탁결제원 또는 예탁자에 개설된 압류채권자의 계좌번호를 적어야 한다.
② 예탁유가증권지분양도명령이 확정된 때에는 법원사무관등은 제1항의 예탁결제원 또는 예탁자에 대하여 양도명령의 대상인 예탁유가증권지분에 관하여 압류채권자의 계좌로 계좌대체의 청구를 하여야 한다.
③ 제2항의 규정에 따른 계좌대체청구를 받은 예탁결제원 또는 예탁자는 그 취지에 따라 계좌대체를 하여야 한다. 다만, 제182조제2항에서 준용하는 법 제229조제5항의 규정에 따라 예탁유가증권지분양도명령의 효력이 발생하지 아니한 사실을 안 때에는 그러하지 아니하다.
(2013.11.27 본조개정)

제181조【예탁유가증권지분매각명령】 ① 법원이 집행관에 대하여 예탁유가증권지분매각명령을 하는 경우에 채무자가 고객인 때에는 채무자의 계좌를 관리하는 투자매매업자나 투자중개업자(다음부터 "투자매매업자 등"이라 한다)에게, 채무자가 예탁자인 때에는 그 채무자를 제외한 다른 투자매매업자 등에게 매각일의 시장가격이나 그 밖의 적정한 가액으로 매각을 위탁할 것을 명하여야 한다.(2013.11.27 본항개정)
② 채무자가 예탁자인 경우에 집행관은 제1항의 예탁유가증권지분매각명령을 받은 때에는 투자매매업자 등(채무자가 투자매매업자 등인 경우에는 그 채무자를 제외한 다른 투자매매업자 등)에 그 명의의 계좌를 개설하고, 예탁결제원에 대하여 압류된 예탁유가증권지분에 관하여 그 계좌로 계좌대체의 청구를 하여야 한다.(2013.11.27 본항개정)
③ 제2항의 규정에 따라 집행관으로부터 계좌대체청구를 받은 예탁결제원은 그 청구에 따라 집행관에게 계좌대체를 하여야 한다.(2013.11.27 본항개정)
④ 제1항의 규정에 따른 매각위탁을 받은 투자매매업자 등은 위탁의 취지에 따라 그 예탁유가증권지분을 매각한 뒤, 매각한 예탁유가증권지분에 관하여는 매수인의 계좌로 계좌대체 또는 계좌대체의 청구를 하고 매각대금에서 조세, 그 밖의 공과금과 위탁수수료를 뺀 나머지를 집행관에게 교부하여야 한다.(2013.11.27 본항개정)
⑤ 집행관이 제1항의 규정에 따른 매각위탁과 제2항의 규정에 따른 계좌대체청구를 하는 경우에는 예탁유가증권지분매각명령등본과 그 확정증명을, 제2항의 규정에 따른 계좌대체청구를 하는 경우에는 그 명의의 계좌가 개설되어 있음을 증명하는 서면을 각기 붙여야 한다.

제182조【채권집행규정 등의 준용】 ① 예탁유가증권집행에 관하여는 제48조, 제159조, 제160조제1항, 제161조제1항, 법 제188조제2항, 법 제224조, 법 제225조, 법 제226조, 법 제227조제2항 내지 제4항, 법 제234조, 법 제235조, 법 제237조제2항·제3항, 법 제239조 및 법 제247조의 규정을, 예탁유가증권집행에 관하여 법원이 실시하는 배당등의 절차에 관하여는 법 제2편제2장제4절제4관, 법 제149조, 법 제150조 및 법 제219조의 규정을 각 준용한다. 이 경우 제159조제1항 제1호, 제160조제1항, 제161조제1항, 법 제224조제2항, 법 제226조, 법 제227조제2항·제3항, 법 제237조제2항·제3항 및 법 제247조에 "제3채무자"라고 규정된 것은 "예탁원 또는 예탁자"로 본다.
② 예탁유가증권지분양도명령과 예탁유가증권지분매각명령에 관하여는 제163조의 규정을, 예탁유가증권지분양도명령에 관하여는 제164조, 법 제229조제5항 및 법 제231조의 규정을, 예탁유가증권지분양도명령에 대한 즉시항고에 관하여는 법 제229조제8항의 규정을, 예탁유가증권지분매각명령에 관하여는 제59조와 제165조제1항·제4항의 규정을 각 준용한다. 이 경우 제163조제1항에 "법 제241조제1항"이라고 규정된 것은 "제179조제1항"으로, 법 제229조제5항과 법 제231조에 "제3채무자"라고 규정된 것은 "예탁원 또는 예탁자"로 본다.

제3관의2 전자등록주식등에 대한 강제집행
(2019.9.17 본관신설)

제182조의2【전자등록주식등집행의 개시】「주식·사채 등의 전자등록에 관한 법률」 제2조4호에 따른 전자등록주식등(다음부터 "전자등록주식등"이라 한다)에 대한 강제집행은 전자등록주식등에 대한 법원의 압류명령에 따라 개시한다.

제182조의3【압류명령】 법원이 전자등록주식등을 압류하는 때에는 채무자에 대하여는「주식·사채 등의 전자등록에 관한 법률」제30조에 의한 계좌대체의 전자등록신청, 같은 법 제33조에 따른 말소등록의 신청이나 추심·그 밖의 처분을 금지하고, 채무자가 같은 법 제23조제1항에 따른 계좌관리기관등(다음부터 "계좌관리기관등"이라 한다)인 경우에는 같은 법 제2조제6호에 따른 전자등록기관(다음부터 "전자등록기관"이라 한다)에 대하여, 채무자가 고객인 경우에는 같은 법 제2조제7호의 규정에 따른 계좌관리기관(다음부터 "계좌관리기관"이라 한다)에 대하여「주식·사채 등의 전자등록에 관한 법률」에 따른 계좌대체와 말소를 금지하여야 한다.

제182조의4【전자등록기관 또는 계좌관리기관의 진술의무】 압류채권자는 전자등록기관 또는 계좌관리기관으로 하여금 압류명령의 송달을 받은 날부터 1주일 안에 서면으로 다음 각 호의 사항을 진술하게 할 것을 법원에 신청할 수 있다.
1. 압류명령에 표시된 계좌가 있는지 여부
2. 제1호의 계좌에 압류명령에 목적물로 표시된 전자등록주식등이 있는지 여부 및 있다면 그 수량
3. 위 전자등록주식등에 관하여 압류채권자에 우선하는 권리를 가지는 사람이 있는 때에는 그 사람의 표시 및 그 권리의 종류와 우선하는 범위
4. 위 전자등록주식등에 관하여 다른 채권자로부터 압류·가압류 또는 가처분의 집행이 되어 있는지 여부 및 있다면 그 명령에 관한 사건의 표시·채권자의 표시·송달일과 그 집행의 범위
5. 위 전자등록주식등에 관하여 신탁재산인 뜻의 기재가 있는 때에는 그 사실

제182조의5【전자등록주식등의 현금화】 ① 법원은 압류채권자의 신청에 따라 압류된 전자등록주식등에 관하여 법원이 정한 값으로 지급함에 갈음하여 압류채권자에게 양도

하는 명령(다음부터 "전자등록주식등양도명령"이라 한다) 또는 추심에 갈음하여 법원이 정한 방법으로 매각하도록 집행관에게 명하는 명령(다음부터 "전자등록주식등매각명령"이라 한다)을 하거나 그 밖에 적당한 방법으로 현금화하도록 명할 수 있다.
② 제1항의 신청에 관한 재판에 대하여는 즉시항고를 할 수 있다.
③ 제1항의 규정에 따른 재판은 확정되어야 효력이 있다.
제182조의6【전자등록주식등양도명령】 ① 전자등록주식등양도명령의 신청서에는 채무자의 계좌를 관리하는 전자등록기관 또는 계좌관리기관에 개설된 압류채권자의 계좌번호를 적어야 한다.
② 전자등록주식등양도명령이 확정된 때에는 법원사무관등은 제1항의 전자등록기관 또는 계좌관리기관에 대하여 양도명령의 대상인 전자등록주식등에 관하여 압류채권자의 계좌로 계좌대체의 청구를 하여야 한다.
③ 제2항의 규정에 따른 계좌대체청구를 받은 전자등록기관 또는 계좌관리기관은 그 취지에 따라 계좌대체를 하여야 한다. 다만, 제182조의9제2항에서 준용하는 법 제229조제5항의 규정에 따라 전자등록주식등양도명령의 효력이 발생하지 아니한 사실을 안 때에는 그러하지 아니하다.
제182조의7【전자등록주식등매각명령】 ① 법원이 집행관에 대하여 전자등록주식등매각명령을 하는 경우에 채무자가 고객인 때에는 채무자의 계좌를 관리하는 계좌관리기관에게, 채무자가 계좌관리기관등인 때에는 그 채무자를 제외한 다른 계좌관리기관에게 매각일의 시장가격이나 그 밖의 적정한 가액으로 매각을 위탁할 것을 명하여야 한다.
② 채무자가 계좌관리기관등인 경우에 집행관은 제1항의 전자등록주식등매각명령을 받은 때에는 계좌관리기관(채무자가 계좌관리기관인 경우에는 그 채무자를 제외한 다른 계좌관리기관)에 그 명의의 계좌를 개설하고, 전자등록기관에 대하여 압류된 전자등록주식등에 관하여 그 계좌로 계좌대체의 청구를 하여야 한다.
③ 제2항의 규정에 따라 집행관으로부터 계좌대체청구를 받은 전자등록기관은 그 청구에 따라 집행관에게 계좌대체를 하여야 한다.
④ 제1항의 규정에 따른 매각위탁을 받은 계좌관리기관은 위탁의 취지에 따라 그 전자등록주식등을 매각한 뒤, 매각한 전자등록주식등에 관하여는 매수인의 계좌로 계좌대체 또는 계좌대체의 청구를 하고 매각대금에서 조세, 그 밖의 공과금과 위탁수수료를 뺀 나머지를 집행관에게 교부하여야 한다.
⑤ 집행관이 제1항의 규정에 따른 매각위탁과 제2항의 규정에 따른 계좌대체청구를 하는 경우에는 전자등록주식등매각명령등본과 그 확정증명을, 제2항의 규정에 따른 계좌대체청구를 하는 경우에는 그 명의의 계좌가 개설되어 있음을 증명하는 서면을 각기 붙여야 한다.
제182조의8【전자등록기관 또는 계좌관리기관의 공탁】
① 전자등록주식등 중 사채, 국채, 지방채, 그 밖에 이와 유사한 것으로서 원리금지급청구권이 있는 것(다음부터 "전자등록사채등"이라 한다)이 압류된 경우 만기 도래, 그 밖의 사유로 발행인으로부터 원리금을 수령한 전자등록기관 또는 계좌관리기관은 채무자에게 수령한 원리금 중 압류된 부분에 해당하는 금액을 지급할 수 없고, 위 금액을 지체 없이 공탁하여야 한다. 다만 압류에 관련된 전자등록사채등에 관하여 수령한 금액 전액을 공탁할 수 있다.
② 전자등록사채등 중 압류되지 아니한 부분을 초과하여 거듭 압류명령 또는 가압류명령이 내려진 경우에 그 명령을 송달받은 전자등록기관 또는 계좌관리기관이 제1항에 따른 금액을 수령한 때에는 수령한 금액 전액을 지체 없이 공탁하여야 한다.
③ 제1항·제2항에 따른 공탁은 법 제248조에 따른 공탁에 준하는 것으로 본다.
④ 전자등록기관 또는 계좌관리기관이 제1항·제2항에 따라 공탁한 때에는 그 사유를 법원에 신고하여야 한다. 다만, 상당한 기간 이내에 신고가 없는 때에는 압류채권자, 가압류채권자, 배당에 참가한 채권자, 채무자, 그 밖의 이해관계인이 그 사유를 법원에 신고할 수 있다.
⑤ 제4항의 신고에는 제172조를 준용한다. 이 경우 제172조의 "제3채무자"라고 규정된 것은 "전자등록기관 또는 계좌관리기관"으로, "법 제248조제4항"이라고 규정된 것은 "제182조의8제4항"으로 본다.
제182조의9【채권집행규정 등의 준용】 ① 전자등록주식등집행에 관하여는 제48조, 제159조, 제160조제1항, 제161조제1항, 법 제188조제2항, 법 제224조, 법 제225조, 법 제226조, 법 제227조제2항·제3항·제4항, 법 제234조, 법 제235조, 법 제237조제2항·제3항 및 법 제247조(다만, 제1항제2호는 제외한다)의 규정을, 전자등록주식등집행에 관하여 법원이 실시하는 배당등의 절차에 관하여는 법 제2편제2장제4절제4관(법 제252조제2호전단은 제외한다), 법 제149조, 법 제150조 및 법 제219조의 규정을 각각 준용한다. 이 경우 제159조제1항제1호, 제160조제1항, 제161조제1항, 법 제224조제2항, 법 제226조, 법 제227조제2항·제3항, 법 제237조제2항·제3항 및 법 제247조에 "제3채무자"라고 규정된 것은 각 "전자등록기관 또는 계좌관리기관"으로 본다.
② 전자등록주식등양도명령과 전자등록주식등매각명령에 관하여는 제163조의 규정을, 전자등록주식등양도명령에 관하여는 제164조, 법 제229조제5항 및 법 제231조의 규정을, 전자등록주식등양도명령에 대한 즉시항고에 관하여는 법 제229조제8항의 규정을, 전자등록주식등매각명령에 관하여는 제59조와 제165조제1항·제4항의 규정을 각각 준용한다. 이 경우 제163조제1항에 "법 제241조제1항"이라고 규정된 것은 "제182조의5제1항"으로, 법 제229조제5항 및 법 제231조에 "제3채무자"라고 규정된 것은 각 "전자등록기관 또는 계좌관리기관"으로 본다.

제4관 배당절차

제183조【배당절차의 개시】 법원은 법 제252조의 경우외에도 제169조의 규정에 따라 집행관이 현금화된 금전을 제출한 때에는 배당절차를 개시한다.
제184조【배당에 참가할 채권자의 조사】 ① 제183조와 법 제252조의 규정에 따라 배당절차를 개시하는 경우에 집행법원은 제3채무자, 등기·등록관서, 그 밖에 적당하다고 인정되는 사람에게 조회하는 등의 방법으로 그 채권이나 그 밖의 재산권에 대하여 다른 압류명령이나 가압류명령이 있는지 여부를 조사할 수 있다.
② 제1항의 조사결과 다른 법원에서 압류명령이나 가압류명령을 한 사실이 밝혀진 때에는 집행법원은 그 법원에 대하여 사건기록을 보내도록 촉탁하여야 한다.
제185조【부동산강제집행규정의 준용 등】 ① 제183조와 법 제252조의 규정에 따른 배당절차에는 제82조와 법 제145조제2항의 규정을 준용한다.
② 법 제253조의 규정에 따른 최고는 법원사무관등으로 하여금 그 이름으로 하게 할 수 있다.

제3장 금전채권 외의 채권에 기초한 강제집행

제186조【동산인도청구의 집행】 ① 집행관은 법 제257조에 규정된 강제집행의 장소에 채권자 또는 그 대리인이 출석하지 아니한 경우에 목적물의 종류·수량 등을 고려하여 부득이하다고 인정하는 때에는 강제집행의 실시를 유보할 수 있다.

② 집행관은 제1항의 강제집행의 장소에 채권자 또는 그 대리인이 출석하지 아니한 경우에 채무자로부터 목적물을 빼앗은 때에는 이를 보관하여야 한다.
③ 법 제257조에 규정된 강제집행에 관하여는 제133조와 법 제258조제3항 내지 제6항의 규정을 준용한다.
제187조【인도집행 종료의 통지】 법 제257조 또는 법 제258조의 규정에 따른 인도집행을 마친 때에는 집행관은 채무자에게 그 취지를 통지하여야 한다.
제188조【부동산 등 인도청구의 집행시 취한 조치의 통지】 집행관은 법 제258조의 규정에 따라 강제집행을 한 경우에 그 목적물안에 압류·가압류 또는 가처분의 집행이 된 동산이 있었던 때에는 그 집행을 한 집행관에게 그 취지와 그 동산에 대하여 취한 조치를 통지하여야 한다.
제189조【부동산 등 인도청구의 집행조서】 법 제258조의 규정에 따라 강제집행을 한 때에 작성하는 조서에는 제6조와 법 제10조제2항·제3항에 규정된 사항 외에 다음 각호의 사항을 적어야 한다.
1. 강제집행의 목적물이 아닌 동산을 법 제258조제3항·제4항에 규정된 사람에게 인도한 때에는 그 취지
2. 집행관이 위의 동산을 보관한 때에는 그 취지와 보관한 동산의 표시
제190조【목적물을 제3자가 점유하는 경우】 법 제259조에 규정된 강제집행절차에 관하여는 제159조, 제160조제1항, 제161조, 법 제224조, 법 제226조, 법 제227조, 법 제234조 및 법 제237조 내지 제239조의 규정을 준용한다.
제191조【간접강제】 ① 법 제261조제1항의 규정에 따른 결정을 한 제1심 법원은 사정의 변경이 있는 때에는 채권자 또는 채무자의 신청에 따라 그 결정의 내용을 변경할 수 있다.
② 제1항의 규정에 따라 결정을 하는 경우에는 신청의 상대방을 심문하여야 한다.
③ 제1항의 규정에 따른 결정에 대하여는 즉시항고를 할 수 있다.

제3편 담보권 실행 등을 위한 경매

제192조【신청서의 기재사항】 담보권 실행을 위한 경매, 법 제273조의 규정에 따른 담보권 실행이나 권리행사 제201조에 규정된 예탁유가증권에 대한 담보권 실행 또는 제201조의2에 규정된 전자등록주식등에 대한 담보권 실행(다음부터 "경매등"이라 한다)을 위한 신청서에는 다음 각호의 사항을 적어야 한다.(2019.9.17 본문개정)
1. 채권자·채무자·소유자(광업권·어업권, 그 밖에 부동산에 관한 규정이 준용되는 권리를 목적으로 하는 경매의 신청, 법 제273조의 규정에 따른 담보권 실행 또는 권리행사의 신청 제201조에 규정된 예탁유가증권에 대한 담보권 실행 신청 및 제201조의2에 규정된 전자등록주식등에 대한 담보권 실행 신청의 경우에는 그 목적인 권리의 권리자를 말한다. 다음부터 이 편 안에서 같다)와 그 대리인의 표시
(2019.9.17 본호개정)
2. 담보권과 피담보채권의 표시
3. 담보권 실행 또는 권리행사의 대상인 재산의 표시
4. 피담보채권의 일부에 대하여 담보권 실행 또는 권리행사를 하는 때에는 그 취지와 범위
제193조【압류채권자 승계의 통지】 경매등이 개시된 후 압류채권자가 승계되었음을 증명하는 문서가 제출된 때에는 법원사무관등 또는 집행관은 채무자와 소유자에게 그 사실을 통지하여야 한다.
제194조【부동산에 대한 경매】 부동산을 목적으로 하는 담보권 실행을 위한 경매에는 제40조 내지 제82조의 규정을 준용한다. 다만, 매수인이 매각대금을 낸 뒤에 화해조서의 정본 또는 공정증서의 정본인 법 제266조제1항제4호의 서류가 제출된 때에는 그 채권자를 배당에서 제외한다.
제195조【선박에 대한 경매】 ① 선박을 목적으로 하는 담보권 실행을 위한 경매 신청서에는 제192조에 규정된 사항외에 선박의 정박항 및 선장의 이름과 현재지를 적어야 한다.
② 법원은 경매신청인의 신청에 따라 신청인에게 대항할 수 있는 권원을 가지지 아니한 선박의 점유자에 대하여 선박국적증서등을 집행관에게 인도할 것을 명할 수 있다.
③ 제2항의 신청에 관한 재판에 대하여는 즉시항고를 할 수 있다.
④ 제2항의 규정에 따른 결정은 상대방에게 송달되기 전에도 집행할 수 있다.
⑤ 선박을 목적으로 하는 담보권 실행을 위한 경매에는 제95조제2항 내지 제104조 및 제194조의 규정을 준용한다.
제196조【항공기에 대한 경매】 항공기를 목적으로 하는 담보권 실행을 위한 경매에는 제106조, 제107조, 제195조(다만, 제5항을 제외한다) 및 법 제264조 내지 법 제267조의 규정을 준용한다. 이 경우 제195조제1항 중 "정박항 및 선장의 이름과 현재지를 적어야 한다"는 "정류 또는 정박하는 장소를 적어야 한다"로 고쳐 적용하며, 제195조제2항에 "선박국적증서"라고 규정된 것은 "항공기등록증명서"로 본다.
제197조【자동차에 대한 경매】 ① 자동차를 목적으로 하는 담보권 실행을 위한 경매(「자동차 등 특정 동산 저당법」 제8조 규정에 따른 양도명령을 포함한다)를 신청하는 때에는 제192조에 규정된 사항외에 자동차등록원부에 기재된 사용본거지를 적고, 자동차등록원부등본을 붙여야 한다.
(2019.12.26 본항개정)
② 제1항의 규정에 따른 경매에는 제108조, 제109조, 제111조 내지 제129조, 제195조제2항 내지 제4항 및 법 제264조 내지 법 제267조의 규정을 준용한다. 이 경우 제111조 내지 제113조, 제115조, 제123조, 제126조 및 제127조에 "채무자"라고 규정된 것은 "소유자"로 보며, 제195조제2항에 "선박의"라고 규정된 것은 "자동차의"로, 같은 항에 "선박국적증서등"이라고 규정된 것은 "자동차"로 본다.
제198조【건설기계·소형선박에 대한 경매】 건설기계·소형선박을 목적으로 하는 담보권 실행을 위한 경매(「자동차 등 특정동산 저당법」 제8조의 규정에 따른 양도명령을 포함한다)에는 제197조의 규정을 준용한다. 이 경우 "자동차등록원부"는 각 "건설기계등록원부", "선박원부·어선원부·수상레저기구등록원부"로 보며, "사용본거지"는 소형선박에 대하여는 "선적항" 또는 "보관장소"로 본다.
(2010.10.4 전단개정)
제199조【유체동산에 대한 경매】 ① 유체동산을 목적으로 하는 담보권 실행을 위한 경매신청서에는 제192조에 규정된 사항외에 경매의 목적물인 유체동산이 있는 장소를 적어야 한다.
② 유체동산에 대한 경매에는 이 규칙 제2편제2장제7절제1관(다만, 제131조, 제132조 및 제140조제1항을 제외한다)의 규정과 법 제188조제3항 및 제2편제2장제4절제4관의 규정을 준용한다.(2013.11.27 본항개정)
제200조【채권, 그 밖의 재산권에 대한 담보권의 실행】 ① 법 제273조제1항·제2항의 규정에 따른 담보권 실행 또는 권리행사를 위한 신청서에는 제192조에 규정된 사항외에 제3채무자가 있는 경우에는 이를 표시하여야 한다.
② 제1항의 규정에 따른 절차에는 제160조 내지 제175조, 법 제264조 내지 법 제267조 및 법 제2편제2장제4절제4관의 규정을 준용한다.
제201조【예탁유가증권에 대한 담보권의 실행】 ① 예탁원 또는 예탁자는 예탁유가증권지분에 관한 질권자의 청구가 있는 때에는 그 이해관계있는 부분에 관한 예탁자계좌부 또는 고객계좌부의 사본을 교부하여야 한다.
② 예탁유가증권에 대한 질권의 실행을 위한 신청서에는 그 질권에 관한 기재가 있는 예탁자계좌부 또는 고객계좌부의 사본을 붙여야 한다.

③ 예탁유가증권에 대한 담보권의 실행절차에 관하여는 제2편제2장제7절제3관(다만, 제182조에서 준용하는 제159조와 법 제188조제2항을 제외한다), 제200조제1항, 법 제265조 내지 법 제267조, 법 제273조제1항 및 법 제275조의 규정을 준용한다. 이 경우 제200조제1항에 "제3채무자"라고 규정된 것은 "예탁원 또는 예탁자"로 본다.

제201조의2【전자등록주식등에 대한 담보권의 실행】 ① 전자등록기관 또는 계좌관리기관은 전자등록주식등에 관한 질권자의 청구가 있는 때에는 그 이해관계 있는 부분에 관한 계좌관리기관등 자기계좌부 또는 고객계좌부의 사본을 교부하여야 한다.

② 전자등록주식등에 대한 질권의 실행을 위한 신청서에는 그 질권에 관한 기재가 있는 계좌관리기관등 자기계좌부 또는 고객계좌부의 사본을 붙여야 한다.

③ 전자등록주식등에 대한 담보권의 실행절차에 관하여는 제2편제2장제7절제3관의2(다만, 제182조의9에서 준용하는 제159조와 법 제188조제2항을 제외한다), 제200조제1항, 법 제265조, 법 제266조, 법 제267조, 법 제273조제1항 및 법 제275조의 규정을 각각 준용한다. 이 경우 제200조제1항에 "제3채무자"라고 규정된 것은 "전자등록기관 또는 계좌관리기관"으로 본다.

(2019.9.17 본조신설)

제202조【강제집행규정의 준용】 이 편에 규정된 경매등 절차에는 그 성질에 어긋나지 아니하는 범위 안에서 제2편제1장의 규정을 준용한다.

제4편 보전처분

제203조【신청의 방식】 ① 다음 각호의 신청은 서면으로 하여야 한다.

1. 보전처분의 신청
2. 보전처분의 신청을 기각 또는 각하한 결정에 대한 즉시항고
3. 보전처분에 대한 이의신청
4. 본안의 제소명령신청
5. 보전처분의 취소신청
6. 보전처분의 집행신청(다만, 등기나 등록의 방법 또는 제3채무자나 이에 준하는 사람에게 송달하는 방법으로 집행하는 경우는 제외한다)(2014.7.1 단서신설)
7. 제3호·제5호의 신청에 관한 결정에 대한 즉시항고 (2005.7.28 본호신설)

② 제1항의 신청서에는 신청의 취지와 이유 및 사실상의 주장을 소명하기 위한 증거 방법을 적어야 한다.(2005.7.28 본항개정)

제203조의2【신청취하】 ① 제203조제1항제1호·제2호·제6호·제7호 신청의 취하는 서면으로 하여야 한다. 다만, 변론기일 또는 심문기일에서는 말로 할 수 있다.

② 제1항의 취하가 있는 때에는 법원사무관등은 변론기일 또는 심문기일의 통지를 받은 채권자 또는 채무자에게 그 취지를 통지하여야 한다.

(2005.7.28 본조신설)

제203조의3【결정서를 적는 방법】 ① 제203조제1항제2호·제7호의 신청에 대한 결정의 이유를 적을 때에는 제1심 결정을 인용할 수 있다.

② 제203조제1항제3호·제5호의 신청에 대한 결정의 이유를 적을 때에는 보전처분의 신청에 대한 결정을 인용할 수 있다.

(2005.7.28 본조신설)

제203조의4【결정의 송달】 제203조제1항제1호·제2호·제3호·제5호·제7호의 신청에 대한 결정은 당사자에게 송달하여야 한다.(2005.7.28 본조신설)

제204조【담보제공방식에 관한 특례】 채권자가 부동산·자동차 또는 채권에 대한 가압류신청을 하는 때에는 미리 은행등과 지급보증위탁계약을 맺은 문서를 제출하고 이에 대하여 법원의 허가를 받는 방법으로 민사소송규칙 제22조의 규정에 따른 담보제공을 할 수 있다.

제205조 (2005.7.28 삭제)

제206조【이의신청서 등의 송달】 ① 법 제287조제1항(법 제301조의 규정에 따라 준용되는 경우를 포함한다)의 규정에 따른 명령은 채권자에게 송달하여야 한다.

② 법 제283조제1항, 제288조제1항(법 제301조의 규정에 따라 준용되는 경우를 포함한다)의 규정에 따른 신청이 있는 때에는 그 신청서 부본을 채권자에게 송달하여야 한다.

(2005.7.28 본항개정)

(2005.7.28 본조제목개정)

제207조【가압류를 위한 강제관리】 강제관리의 방법으로 하는 부동산에 대한 가압류에는 제46조, 제83조 내지 제87조 및 제90조의 규정을 준용한다.

제208조【선박에 대한 가압류】 선박에 대한 가압류에는 제95조, 제96조 및 제100조 내지 제103조의 규정을 준용한다.

제209조【항공기에 대한 가압류】 항공기에 대한 가압류는 선박에 대한 가압류의 예에 따라 실시한다. 이 경우에는 제106조 후문의 규정을 준용한다.

제210조【자동차에 대한 가압류】 ① 자동차에 대한 가압류는 아래 제2항 내지 제4항에서 정하는 사항 외에는 부동산에 대한 가압류(강제관리의 방법은 제외한다)의 예에 따라 실시한다. 이 경우에는 제108조 후문의 규정을 준용한다.

② 가압류법원은 채권자의 신청에 따라 채무자에 대하여 자동차를 집행관에게 인도할 것을 명할 수 있다.

③ 제2항의 규정에 따라 집행관이 자동차를 인도받은 경우에는 제111조제3항, 제112조, 제114조, 제115조, 제117조, 제118조제1항 및 법 제296조제5항의 규정을 준용한다.

④ 자동차의 공유지분에 대한 가압류에는 제129조의 규정을 준용한다.

제211조【건설기계·소형선박에 대한 가압류】 건설기계·소형선박에 대한 가압류에는 제210조의 규정을 준용한다. 이 경우 제210조제1항에서 준용하는 제108조 후문의 규정 중 "자동차등록원부"는 각 "건설기계등록원부", "선박원부·어선원부·수상레저기구등록원부"로 보며, "특별시장·광역시장·특별자치시장 또는 도지사"는 소형선박에 대하여는 "지방해양수산청장"이나 "시장·군수 또는 구청장"으로 본다.(2019.12.26 본조개정)

제212조【유체동산에 대한 가압류】 ① 유체동산에 대한 가압류의 집행위임은 다음 각호의 사항을 적은 서면에 가압류명령정본을 붙여서 하여야 한다.

1. 채권자·채무자와 그 대리인의 표시
2. 가압류명령의 표시
3. 가압류 목적물인 유체동산이 있는 장소
4. 가압류채권의 일부에 관하여 집행을 구하는 때에는 그 범위

② 유체동산에 대한 가압류의 집행에는 제132조 내지 제142조의 규정을 준용한다.(2005.7.28 본항개정)

제213조【채권과 그 밖의 재산권에 대한 가압류】 ① 권리이전에 등기 또는 등록이 필요한 그 밖의 재산권에 대한 가압류는 등기 또는 등록을 하는 곳을 관할하는 지방법원이나 본안의 관할 법원이 관할한다.

② 채권과 그 밖의 재산권에 대한 가압류에는 제159조, 제160조제1항, 제167조제4항, 제172조, 제174조, 제175조제1항·제3항, 법 제94조 내지 법 제96조 및 법 제141조의 규정을 준용한다.

제214조【예탁유가증권에 대한 가압류】 ① 예탁유가증권을 가압류하는 때에는 예탁원 또는 예탁자에 대하여 예탁유가증권지분에 관한 계좌대체와 증권의 반환을 금지하는 명령을 하여야 한다.

② 예탁유가증권에 대한 가압류에는 제159조, 제160조제1항, 제178조, 법 제188조제2항, 법 제226조, 법 제227조제2항·제3항, 법 제234조, 법 제235조, 법 제237조제2항·제3항 및 법 제296조제2항의 규정을 준용한다. 이 경우 제159조제1항제1호, 제160조제1항, 법 제226조, 법 제227조제2항·제3항 및 법 제237조제2항·제3항에 "제3채무자"라고 규정된 것은 "예탁원 또는 예탁자"로, 법 제296조제2항에 "채권가압류"라고 규정된 것은 "「민사집행규칙」 제214조제1항의 가압류"로 본다.(2005.7.28 본항개정)

제214조의2【전자등록주식등에 대한 가압류】 ① 전자등록주식등을 가압류하는 때에는 전자등록기관 또는 계좌관리기관에 대하여 전자등록주식등에 관한 계좌대체와 말소를 금지하는 명령을 하여야 한다.

② 전자등록주식등에 대한 가압류에는 제159조, 제160조제1항, 제182조의4, 제182조의8, 법 제188조제2항, 법 제 226조, 법 제227조제2항·제3항, 법 제234조, 법 제235조, 법 제237조제2항·제3항, 법 제282조, 법 제296조제2항, 법 제297조의 규정을 각각 준용한다. 이 경우 제159조제1항제1호, 제160조제1항, 법 제226조, 법 제227조제2항·제3항, 법 제237조제2항·제3항 및 법 제297조에 "제3채무자"라고 규정된 것은 각 "전자등록기관 또는 계좌관리기관"으로 법 제296조제2항에 "채권가압류"라고 규정된 것은 "「민사집행규칙」 제214조의2제1항의 가압류"로 본다.
(2019.9.17 본조신설)

제215조【처분금지가처분의 집행】 물건 또는 권리의 양도, 담보권 설정, 그 밖의 처분을 금지하는 가처분의 집행은 그 성질에 어긋나지 아니하는 범위 안에서 가압류의 집행의 예에 따라 실시한다.

제216조【그 밖의 재산권에 대한 가처분】 권리이전에 등기 또는 등록이 필요한 그 밖의 재산권에 대한 가처분에는 제213조제1항의 규정을 준용한다.

제217조【예탁유가증권에 대한 가처분】 예탁유가증권의 처분을 금지하는 가처분에는 제214조의 규정을 준용한다.

제217조의2【전자등록주식등에 대한 가처분】 전자등록주식등의 처분을 금지하는 가처분에는 제214조의2의 규정을 준용한다.(2019.9.17 본조신설)

제218조【보전처분집행에 대한 본집행의 준용】 보전처분의 집행에 관하여는 특별한 규정이 없으면 강제집행에 관한 규정을 준용한다.

부 칙

제1조【시행일】 이 규칙은 2002년 7월 1일부터 시행한다. 다만, 제35조 내지 제39조의 규정에 따른 별표 순번 2 내지 16에 적은 기관·단체에 대한 재산조회(제36조제3항의 규정에 따른 협회등에 대한 재산조회를 포함한다)는 2003년 1월 1일부터 시행한다.

제2조【계속사건에 관한 경과조치】 종전의 규정에 따라 이 규칙 시행 전에 한 집행처분, 그 밖의 행위는 이 규칙의 적용에 관하여는 법 또는 이 규칙의 해당 규정에 따라 한 것으로 본다.

제3조【관할에 관한 경과조치】 이 규칙 시행 당시 법원에 계속 중인 사건은 이 규칙에 따라 관할권이 없는 경우에도 종전의 규정에 따라 관할권이 있으면 그에 따른다.

제4조【부동산 경매절차 등에 관한 경과조치】 ① 법 시행 전의 신청에 기초하여 종전의 규정에 따라 강제경매절차 또는 담보권 실행을 위한 경매절차를 개시하는 결정을 한 부동산에 대하여 법 시행 후의 신청에 기초하여 강제경매 또는 담보권 실행을 위한 경매개시결정이 이루어진 때는 먼저 개시결정을 한 사건의 처리에 대하여는 종전의 규정을 따른다.

② 제1항이 규정하는 경우에 먼저 개시결정을 한 사건의 경매신청이 취하되거나 그 절차가 취소되는 때에는 종전의 규정에 따라 법 시행후에 한 집행처분, 그 밖의 행위는 법 또는 이 규칙의 해당 규정에 따른 집행처분, 그 밖의 행위로 본다. 제1항이 규정하는 경우에 먼저 개시결정을 한 사건의 경매절차가 정지되어 법 제87조제4항(법 제268조의 규정에 따라 준용되는 경우를 포함한다)의 재판이 이루어진 때에도 마찬가지이다.

③ 법 시행 전의 신청에 기초하여 종전의 규정에 따라 강제관리개시결정(가압류의 집행으로 이루어진 것도 포함한다)을 한 부동산에 대하여 법 시행 후의 신청에 기초하여 강제관리개시결정(가압류의 집행으로 이루어지는 것도 포함한다)이 이루어진 경우에는 제1항과 제2항의 규정을 준용한다.

제5조【선박 등 경매절차에 관한 경과조치】 법 시행 전의 신청에 기초하여 종전의 규정에 따라 강제경매절차 또는 담보권 실행을 위한 경매절차를 개시하는 결정을 한 선박·항공기·자동차 또는 건설기계에 대하여 법 시행 후의 신청에 기초하여 강제경매 또는 담보권 실행을 위한 경매개시결정이 이루어진 경우에는 제4조제1항·제2항의 규정을 준용한다.

제6조【유체동산에 관한 경과조치】 ① 법 시행 전의 신청에 기초하여 종전의 규정에 따라 유체동산이 압류된 채무자에 대하여 그 압류장소에 관하여 법 시행 후에 유체동산 집행 또는 유체동산 경매의 신청이 있는 때에는 법 또는 이 규칙이 정한 절차에 따라 처리한다. 이 경우 종전의 규정에 따라 법 시행 후에 한 집행처분, 그 밖의 행위는 법 또는 이 규칙의 해당 규정에 따른 집행처분, 그 밖의 행위로 본다.

② 법 시행 전의 신청에 기초하여 종전의 규정에 따라 유체동산이 압류된 채무자에 대하여 그 압류장소에 관하여 법 시행 후에 유체동산 가압류집행의 신청이 있는 경우에는 제1항의 규정을 준용한다.

제7조【채권과 그 밖의 재산권에 관한 경과조치】 ① 법 시행 전의 신청에 기초하여 종전의 규정에 따라 압류된 채권과 그 밖의 재산권에 대한 배당절차에 관하여는 그 채권 또는 그 밖의 재산권에 대하여 법 시행 후의 신청에 기초하여 압류가 이루어진 경우에만 법 또는 이 규칙의 규정을 적용한다.

② 법 시행 전의 신청에 기초하여 종전의 규정에 따라 법 시행 후에 제3채무자에게 송달된 금전채권의 압류 또는 가압류는 법 제248조(법 제291조의 규정에 따라 준용되는 경우를 포함한다)와 법 제297조의 적용에 관하여는 법 또는 이 규칙의 해당규정에 따라 한 것으로 본다.

제8조【일괄매각에 관한 경과규정】 법 시행 전의 신청에 기초하여 종전의 규정에 따른 강제경매절차 또는 담보권 실행을 위한 경매절차를 개시하는 결정을 한 재산과 법 시행 후의 신청에 따라 강제경매 또는 담보권 실행을 위한 경매개시결정을 한 재산이 이 법에 정한 일괄매각 요건에 맞는 때에는 법 또는 이 규칙이 정한 절차에 따라 일괄매각할 수 있다. 이 경우 종전의 규정에 따라 법 시행 후에 한 집행처분, 그 밖의 행위는 법 또는 이 규칙의 해당 규정에 따른 집행처분, 그 밖의 행위로 본다.

제9조【보전처분에 관한 경과규정】 ① 법 시행 전의 신청에 기초한 보전처분 사건에 관하여도 특별한 규정이 없으면 법 또는 이 규칙을 적용한다. 다만, 종전의 규정에 따라 생긴 효력에는 영향을 미치지 아니한다.

② 법 시행 전에 이루어진 보전처분신청 기각결정이나 각하결정에 대하여는 법 시행일부터 1주 안에 즉시항고를 할 수 있다.

③ 법 제288조제4항(법 제301조에서 준용하는 경우를 포함한다)에 규정된 기간의 계산에 관하여는 법 부칙 제4조의 규정을 따른다.

부　칙 (2003.7.19)

① 【시행일】 이 규칙은 2003년 8월 1일부터 시행한다.
② 【계속사건에 관한 경과조치】 이 규칙은 2002년 7월 1일 이후 신청되어 계속 중인 집행사건에 대하여도 적용한다. 다만, 그 사건에 대한 이율은 2003년 7월 31일까지는 종전의 이율에 의하고 2003년 8월 1일부터 이 규칙에 따른 이율에 의한다.

부　칙 (2004.6.1)

제1조 【시행일】 이 규칙은 2004년 7월 1일부터 시행한다.
제2조 【경과규정】 이 규칙은 2004년 7월 1일 이전에 접수된 사건에 대하여는 이를 적용하지 아니한다.

부　칙 (2005.7.28)

제1조 【시행일】 이 규칙은 2005년 7월 28일부터 시행한다.
제2조 【계속사건에 관한 경과조치】 이 규칙 시행 전에 신청된 재산조회 사건 · 동산에 대한 강제집행 사건 · 보전명령 사건 · 보전명령에 대한 이의 및 취소신청 사건에 관하여는 종전의 규정에 의한다. 다만, 보전명령이 종국판결로 선고된 경우에는 이에 대한 상소 또는 취소 신청이 이 규칙 시행 후에 된 경우에도 종전의 규정에 의한다.
제3조 【법정기간에 대한 경과조치】 법(2005. 1. 27. 법률 제7358호로 개정된 것) 시행 전부터 진행된 법정기간과 그 계산은 종전의 규정에 따른다.

부　칙 (2006.11.13)

이 규칙은 공포한 날부터 시행한다.

부　칙 (2008.2.18)

제1조 【시행일】 이 규칙은 2008년 7월 1일부터 시행한다.
제2조 【다른 규칙의 개정】 ①~② ※(해당 법령에 가제정리 하였음)

부　칙 (2010.10.4)

이 규칙은 공포한 날부터 시행한다. 다만, 제78조의2의 규정은 2010년 10월 24일부터 시행한다.

부　칙 (2011.7.28)
　　　(2011.12.30)

이 규칙은 공포한 날부터 시행한다.

부　칙 (2013.11.27)

이 규칙은 2013년 11월 29일부터 시행한다.

부　칙 (2014.7.1)

제1조 【시행일】 이 규칙은 2014년 7월 1일부터 시행한다. 다만, 제132조의2, 제134조제1항의 규정은 2014년 9월 1일부터 시행한다.
제2조 【적용례】 제132조의2, 제134조제1항의 개정규정은 이 규칙 시행 후 최초로 신청서가 접수된 유체동산에 대한 집행절차부터 적용한다.

부　칙 (2014.11.27)

제1조 【시행일】 이 규칙은 2015년 1월 1일부터 시행한다.
제2조 【적용례】 이 규칙은 이 규칙 시행 후 최초로 접수되는 집행문부여신청 사건부터 적용한다.

부　칙 (2015.6.2)

제1조 【시행일】 이 규칙은 2015년 6월 15일부터 시행한다.
제2조 【적용례】 이 규칙은 이 규칙 시행 후 최초로 접수되는 사건부터 적용한다.

부　칙 (2015.8.27)

제1조 【시행일】 이 규칙은 2015년 9월 1일부터 시행한다.
제2조 【계속 중인 사건에 관한 경과조치】 이 규칙은 이 규칙 시행 당시 법원에 계속 중인 사건에도 적용한다. 다만, 종전의 규정에 따라 생긴 효력에는 영향을 미치지 아니한다.

부　칙 (2015.10.29)

제1조 【시행일】 이 규칙은 2015년 11월 1일부터 시행한다.
제2조 【계속사건에 관한 경과조치】 이 규칙은 이 규칙 시행 당시 계속 중인 집행사건에 대하여도 적용한다. 다만, 그 사건에 대한 이율은 2015년 10월 31일까지는 종전의 이율에 의하고, 2015년 11월 1일부터 이 규칙에 따른 이율에 의한다.

부　칙 (2015.12.29)

제1조 【시행일】 이 규칙은 2016년 1월 1일부터 시행한다.
제2조 【계속사건에 관한 경과조치】 이 규칙은 이 규칙 시행 당시 법원에 계속 중인 사건에 대하여도 적용한다.

부　칙 (2016.9.6)

이 규칙은 공포한 날부터 시행하되, 2016년 8월 30일부터 적용한다.

부　칙 (2018.4.27)

제1조 【시행일】 이 규칙은 2018년 8월 1일부터 시행한다.
(이하 생략)

부　칙 (2018.12.31)

제1조 【시행일】 이 규칙은 2019년 1월 1일부터 시행한다.
제2조 【적용례】 이 규칙은 이 규칙 시행 후 최초로 접수되는 사건부터 적용한다.

부　칙 (2019.8.2)

제1조 【시행일】 이 규칙은 2019년 9월 1일부터 시행한다.
제2조 【계속사건에 관한 적용례】 이 규칙은 이 규칙 시행 당시 계속 중인 집행사건에 대하여도 적용한다. 다만, 해당 사건에 대한 이율은 2019년 8월 31일까지는 종전의 규정에 따르고, 2019년 9월 1일부터는 이 규칙에 따른다.

부　칙 (2019.9.17)

제1조 【시행일】 이 규칙은 공포한 날부터 시행하되, 2019년 9월 16일부터 적용한다.

제2조【계속 중인 사건에 관한 경과조치】 ① 이 규칙 시행 전에 신청된 제176조 및 제201조의 예탁유가증권에 대한 강제집행, 담보권 실행사건의 계속 중 해당 예탁유가증권이 「주식·사채 등의 전자등록에 관한 법률」 부칙 제3조제1항 및 부칙 제4조제2항에 따라 전자등록주식등으로 전환되는 경우에, 해당 사건은 이 규칙 시행일에 전자등록주식등에 대한 이 규칙의 규정에 따른 민사집행절차로 이행한다. 이 경우 이 규칙 시행 전 제177조에 의한 예탁유가증권지분압류명령, 제180조제1항에 의한 예탁유가증권지분양도명령 또는 제181조제1항에 의한 예탁유가증권지분매각명령(다음부터 "압류명령등"이라 한다)이 있는 경우에는 해당 압류명령등은 제182조의3에 따른 압류명령, 제182조의6에 따른 전자등록주식등에 대한 양도명령 또는 제182조의7에 따른 전자등록주식등에 대한 매각명령으로서 효력을 갖는 것으로 본다.
② 이 규칙 시행 전에 신청된 제214조, 제217조의 예탁유가증권에 대한 보전명령사건의 경우에는 제1항을 준용한다.

부 칙 (2019.12.26)

제1조【시행일】 이 규칙은 공포한 날부터 시행한다.
제2조【계속사건에 관한 적용례】 이 규칙은 시행 당시 법원에 계속 중인 사건에 대하여도 적용한다.

부 칙 (2020.12.28)

제1조【시행일】 이 규칙은 공포한 날부터 시행한다.
제2조【계속사건에 관한 적용례】 이 규칙은 이 규칙 시행 당시 법원에 계속 중인 사건에 대하여도 적용한다.

부 칙 (2022.2.25)

제1조【시행일】 이 규칙은 2022년 4월 21일부터 시행한다.
(이하 생략)

〔별표〕 ➡ 「www.hyeonamsa.com」 참조

민사소송 등 인지법

(1990년 12월 31일
전개법률 제4299호)

개정
1997.12.13법 5428호 2002. 1.26법 6628호
2004. 1.20법 7081호
2005. 3.31법 7428호(채무자회생파산)
2009. 5. 8법 9645호 2011. 3. 7법10430호
2011. 4.12법10580호(부등)
2011. 7.18법10860호 2012. 1.17법11156호
2014.12.30법12892호(채무자회생파산)
2023. 4.18법19353호
2024. 1.16법20003호(민사소송법)

제1조【인지의 부착】 민사소송절차, 행정소송절차, 그 밖에 법원에서의 소송절차 또는 비송사건절차에서 소장(訴狀)이나 신청서 또는 신청의 취지를 적은 조서에는 다른 법률에 특별한 규정이 있는 경우가 아니면 이 법에서 정하는 인지(印紙)를 붙여야 한다. 다만, 대법원규칙으로 정하는 바에 따라 인지를 붙이는 대신 그 인지액에 해당하는 금액을 현금이나 신용카드·직불카드 등으로 납부하게 할 수 있도록 하되, 신용카드·직불카드 등으로 납부하는 경우 인지납부일, 인지납부대행기관의 지정 및 운영과 납부대행 수수료 등에 필요한 사항은 대법원규칙으로 정한다.(2011.3.7 단서개정)
제2조【소장】 ① 소장〔반소장(反訴狀) 및 대법원에 제출하는 소장은 제외한다〕에는 소송목적의 값에 따라 다음 각 호의 금액에 해당하는 인지를 붙여야 한다.
1. 소송목적의 값이 1천만원 미만인 경우에는 그 값에 1만분의 50을 곱한 금액
2. 소송목적의 값이 1천만원 이상 1억원 미만인 경우에는 그 값에 1만분의 45를 곱한 금액에 5천원을 더한 금액
3. 소송목적의 값이 1억원 이상 10억원 미만인 경우에는 그 값에 1만분의 40을 곱한 금액에 5만5천원을 더한 금액
4. 소송목적의 값이 10억원 이상인 경우에는 그 값에 1만분의 35를 곱한 금액에 55만5천원을 더한 금액
② 제1항에 따라 계산한 인지액이 1천원 미만이면 그 인지액은 1천원으로 하고, 1천원 이상이면 100원 미만은 계산하지 아니한다.
③ 소송목적의 값은 「민사소송법」 제26조제1항 및 제27조에 따라 산정(算定)하되, 대법원규칙으로 소송목적의 값을 산정하는 기준을 정할 수 있다.
④ 재산권에 관한 소(訴)로서 그 소송목적의 값을 계산할 수 없는 것과 비(非)재산권을 목적으로 하는 소송의 소송목적의 값은 대법원규칙으로 정한다.
⑤ 1개의 소로서 비재산권을 목적으로 하는 소송과 그 소송의 원인이 된 사실로부터 발생하는 재산권에 관한 소송을 병합한 경우에는 액수가 많은 소송목적의 값에 따라 인지를 붙인다.
(2009.5.8 본조개정)
제3조【항소장, 상고장】 항소장(抗訴狀)에는 제2조에 따른 금액의 1.5배에 해당하는 인지를 붙이고, 상고장(上告狀, 대법원에 제출하는 소장을 포함한다)에는 제2조에 따른 금액의 2배에 해당하는 인지를 붙여야 한다.(2009.5.8 본조개정)
제4조【반소장】 ① 제1심에 제출하는 반소장에는 제2조에 따른 금액의 인지를 붙이고, 항소심에 제출하는 반소장에는 제2조에 따른 금액의 1.5배에 해당하는 인지를 붙여야 한다.
② 본소(本訴)와 그 목적이 같은 반소장에는 심급에 따라 다음 각 호에 해당하는 금액의 인지를 붙여야 한다.
1. 제1심의 경우에는 제1항 전단에 따른 금액에서 본소의 소송목적의 값에 대한 제2조에 따른 금액을 뺀 금액
2. 항소심의 경우에는 제1항 후단에 따른 금액에서 본소의 소송목적의 값에 대한 제2조에 따른 금액의 1.5배를 뺀 금액
(2009.5.8 본조개정)

제5조【청구변경신청서】 청구변경신청서에는 심급에 따라 다음 각 호에 해당하는 금액의 인지를 붙여야 한다.
1. 제1심의 경우에는 변경 후의 청구에 관한 제2조에 따른 금액에서 변경 전의 청구에 관한 인지액을 뺀 금액
2. 항소심의 경우에는 변경 후의 청구에 관한 제2조에 따른 금액의 1.5배에서 변경 전의 청구에 관한 인지액을 뺀 금액
(2009.5.8 본조개정)

제6조【당사자참가신청서】 ①「민사소송법」 제79조 또는 제83조에 따라 소송에 참가하는 경우 제1심 참가신청서에는 제2조에 따른 금액의 인지를 붙이고, 항소심 참가신청서에는 제2조에 따른 금액의 1.5배에 해당하는 인지를 붙여야 한다.
②「민사소송법」 제81조에 따른 참가신청에 대하여 피신청인이 신청인의 승계주장사실을 다투는 경우에도 제1항과 같다.
(2009.5.8 본조개정)

제7조【화해신청서 등】 ① 화해신청서에는 제2조에 따른 금액의 5분의 1에 해당하는 인지를 붙여야 한다.
② 지급명령신청서에는 제2조에 따른 금액의 10분의 1에 해당하는 인지를 붙여야 한다.
③「민사소송법」 제388조 또는 제472조에 따라 화해 또는 지급명령 신청을 한 때에 소가 제기된 것으로 보는 경우에는 해당 신청인은 소를 제기할 때 소장에 붙여야 할 인지액에서 해당 신청서에 붙인 인지액을 뺀 금액에 해당하는 인지를 보정(補正)하여야 한다.
④ 제1항과 제2항에 따른 인지액에 관하여는 제2조제2항을 준용한다.
(2009.5.8 본조개정)

제8조【재심소장 등】 ① 재심소장에는 심급에 따라 제2조, 제3조 또는 제4조제1항에 따른 금액에 해당하는 인지를 붙여야 한다.
②「민사소송법」 제220조의 조서에 대한 준재심의 경우에도 제1항과 같다. 다만, 「민사소송법」 제386조의 조서에 대한 준재심의 소장에는 제7조제1항에 따른 금액에 해당하는 인지를 붙여야 한다.
(2009.5.8 본조개정)

제9조【그 밖의 신청서】 ① 다음 각 호의 신청을 위한 신청서에는 3만원의 인지를 붙여야 한다.
1. 채권자가 하는 파산의 신청
2. 회생절차 또는 간이회생절차 개시의 신청(2014.12.30 본호개정)
3. 개인회생절차 개시의 신청
4. 그 밖에 제1호부터 제3호까지의 신청에 준하는 신청으로서 대법원규칙으로 정하는 신청
②「민사집행법」에 따른 가압류·가처분의 신청이나 가압류·가처분 결정에 대한 이의 또는 취소의 신청을 위한 신청서에는 1만원의 인지를 붙여야 한다. 다만, 임시의 지위를 정하기 위한 가처분의 신청 및 그에 대한 이의 또는 취소의 신청은 그 본안의 소에 따른 인지액의 2분의 1에 해당하는 인지를 붙여야 한다. 이 경우 인지액의 상한액은 50만원으로 한다.(2011.7.18 본항신설)
③ 다음 각 호의 신청을 위한 신청서에는 5천원의 인지를 붙여야 한다.
1. 부동산의 강제경매의 신청, 담보권 실행을 위한 경매의 신청, 그 밖에 법원에 의한 경매의 신청
2. 강제관리의 신청이나 강제관리 방법으로 하는 가압류 집행의 신청
3. 그 밖에 제1호 또는 제2호의 신청에 준하는 신청으로서 대법원규칙으로 정하는 신청
④ 다음 각 호의 신청을 위한 신청서에는 2천원의 인지를 붙여야 한다.
1. 채권의 압류명령의 신청, 그 밖에 법원에 의한 강제집행의 신청(제2항에 따른 신청은 제외한다)
2.「행정소송법」에 따른 집행정지의 신청
3.「부동산등기법」 제90조제1항에 따른 가처분명령의 신청, 그 밖에 등기 또는 등록에 관한 법령에 따른 가등기 또는 가등록의 가처분명령의 신청(2011.4.12 본호개정)
4. 즉시항고로 불복을 신청할 수 있는 결정 또는 명령이 확정된 경우에 하는 준재심의 신청
5. 그 밖에 제1호부터 제4호까지의 신청에 준하는 신청으로서 대법원규칙으로 정하는 신청(2011.7.18 본호개정)
⑤ 다음 각 호의 신청을 위한 신청서에는 1천원의 인지를 붙여야 한다.
1.「민사소송법」 제475조에 따른 공시최고(公示催告)의 신청
2.「비송사건절차법」에 따라 재판을 구하는 신청
3. 재산명시신청이나 채무불이행자명부 등재(登載)신청 또는 그 말소(抹消)신청
4. 그 밖에 대법원규칙으로 정하는 각종 사건부에 등재할 신청(제1항부터 제3항까지의 신청은 제외한다)
(2009.5.8 본조개정)

제10조【그 밖의 신청서】 제2조부터 제9조까지에 규정되지 아니한 신청서에는 500원의 인지를 붙여야 한다. 다만, 답변서, 증거신청서, 법원의 직권 발동을 촉구하는 의미의 신청서 및 대법원규칙으로 정하는 신청서에는 인지를 붙이지 아니한다.(2011.7.18 단서개정)

제11조【항고장 등】 ① 제9조 또는 제10조의 신청에 관한 재판(항고법원의 재판을 포함한다)에 대한 항고장(抗告狀) 및 상소장(上訴狀)에는 해당 신청서에 붙인 인지액의 2배에 해당하는 인지를 붙여야 한다.
② 제1항의 항고장 외의 항고장에는 2천원의 인지를 붙여야 한다.
(2009.5.8 본조개정)

제12조【재판서 등의 등본·초본의 청구】 재판서 또는 조서의 등본 또는 초본 발급을 청구하는 경우에는 대법원규칙으로 정하는 금액의 인지를 붙여야 한다.(2009.5.8 본조개정)

제13조【인지를 붙이지 아니한 경우의 효력】 ① 이 법에 따른 인지를 붙이지 아니하거나 인지액에 해당하는 금액을 현금이나 신용카드·직불카드 등으로 납부하지 아니하고 한 신청은 부적법하다. 다만, 법원은 신청인에게 보정(補正)을 명할 수 있고, 신청인이 그 명령에 따라 인지를 붙이거나 인지액에 해당하는 금액을 현금이나 신용카드·직불카드 등으로 납부한 경우에는 그러하지 아니하다.
② 제1항 단서에도 불구하고 제2조의 소장, 제6조제1항의 참가신청서 또는 제8조의 재심소장·준재심소장에 붙이거나 납부한 인지액이 다음 각 호의 금액에 미달하는 경우 법원은 그 소장, 참가신청서, 재심소장 또는 준재심소장의 접수를 보류할 수 있다.
1. 소송목적의 값이 3천만원 이하인 경우에는 1천원
2. 소송목적의 값이 3천만원 초과 5억원 이하인 경우에는 1만원
3. 소송목적의 값이 5억원을 초과하는 경우에는 5만원
(2023.4.18 본항신설)
③ 제2항에 따른 접수 보류와 접수 보류된 서류의 반환 및 폐기 등에 관한 구체적인 절차와 방법은 대법원규칙으로 정한다.(2023.4.18 본항신설)
(2011.3.7 본조개정)

제14조【인지액 중 일정액의 환급】 ① 원고, 상소인, 그 밖의 신청인은 다음 각 호의 어느 하나에 해당하는 경우에는 해당 심급의 소장·항소장·상고장·반소장·청구변경신청서·당사자참가신청서 및 재심소장(이하 "소장등"이라 한다)에 붙인 인지액의 2분의 1에 해당하는 금액(인지액의 2분의 1에 해당하는 금액이 10만원 미만이면 인지액에서 10만원을 빼고 남은 금액)의 환급을 청구할 수 있다.
1. 소장등에 대한 각하명령이 확정된 경우
2. 제1심 또는 항소심에서 해당 심급의 변론종결 전에 소·항소·반소·청구변경신청·당사자참가신청 또는 재심의 소가 취하(취하로 간주되는 경우를 포함한다)된 경우

3. 상고이유서 제출기간이 지나기 전에 상고가 취하된 경우
4. 제1심 또는 항소심에서 청구의 포기 또는 인낙(認諾)이 있은 경우
5. 제1심 또는 항소심에서 재판상 화해 또는 조정이 성립된 경우(「민사소송법」 제231조 및 「민사조정법」 제34조제4항에 따라 재판상 화해와 동일한 효력이 있는 경우를 포함한다)
6. 「상고심절차에 관한 특례법」 제4조에 해당하여 기각된 경우(2012.1.17 본호신설)
6의2. 「민사소송법」 제402조의3제1항 본문에 따라 각하된 경우(2024.1.16 본호신설)
7. 「민사소송법」 제429조에 해당하여 기각된 경우(2012.1.17 본호신설)

② 제1항에 따른 청구는 그 사유가 발생한 날부터 3년 이내에 하여야 한다.

③ 제1항에 따른 인지액의 환급 절차 등에 관하여 필요한 사항은 대법원규칙으로 정한다.

(2009.5.8 본조개정)

제15조【위임규정】 제8조부터 제11조까지의 규정에 따른 인지액은 경제사정이 변동된 경우에는 이 법이 개정될 때까지 대법원규칙으로 올리거나 내릴 수 있다.(2009.5.8 본조개정)

제16조【전자소송에서의 특례】 ① 「민사소송 등에서의 전자문서 이용 등에 관한 법률」 제8조에 따라 등록사용자로서 전산정보처리시스템을 이용한 민사소송 등의 진행에 동의한 자가 전자문서로 제출하는 소장에는 제2조에 따른 인지액의 10분의 9에 해당하는 인지를 붙여야 한다.

② 제1항은 제3조부터 제10조까지의 경우에 준용한다.

(2011.7.18 본조신설)

부 칙 (2011.7.18)

제1조【시행일】 이 법은 공포 후 3개월이 경과한 날부터 시행한다. 다만, 제16조의 개정규정은 공포한 날부터, 제10조의 개정규정은 공포 후 1개월이 경과한 날부터 각각 시행한다.

제2조【적용례】 제9조, 제10조 및 제16조의 개정규정은 같은 개정규정 시행 후 최초로 접수되는 소장 또는 신청서 등부터 적용한다.

부 칙 (2023.4.18)

제1조【시행일】 이 법은 공포 후 6개월이 경과한 날부터 시행한다.

제2조【접수 보류에 관한 적용례】 제13조제2항의 개정규정은 이 법 시행 이후 같은 항에 따른 소장 등을 제출하는 경우부터 적용한다.

부 칙 (2024.1.16)

제1조【시행일】 이 법은 2025년 3월 1일부터 시행한다.(이하 생략)

民事訴訟費用法

(1954年 9月 9日 法 律 第336號)

改正
1962. 7.31法 1117號
1970. 6.18法 2201號
1997.12.13法 5454號(정부부처명)
2002. 1.26法 6629號
2012.12.18法11551號(수입인지에관한법)

第1條【訴訟費用의 目的】 民事訴訟法의 規定에 의한 訴訟費用은 訴訟行爲에 必要한 限度의 費用으로 하고 이하 數條의 規定에 의하여 算定한다.

第2條【印紙額】 民事訴訟등印紙法에 의하여 붙인 印紙額은 그 定額에 의한다.(2012.12.18 본조개정)

第3條【書記料등】 訴狀 기타 訴訟에 必要한 書類의 書記料 및 圖面의 作成料는 大法院規則의 定한 金額에 의한다.

第4條【證人, 鑑定人등에 대한 日當, 旅費등】 當事者, 證人, 鑑定人, 通譯人과 飜譯人의 日當은 1日 70원 이내, 旅費는 汽車나 船舶에는 2等 이하의 車賃 또는 船賃, 汽車없는 陸路에는 4粁에 5원이내, 宿泊料는 1泊에 240원 이내의 限度에서 法院 또는 受託判事가 定한다.(1962.7.31 본조개정)

第5條【法官 등의 日當 · 旅費】 ① 法官과 法院書記의 證據調査에 要하는 日當 · 旅費와 宿泊料는 實費額에 의한다.

② 前項의 規定에 의한 實費額과 그 施行에 必要한 事項은 大法院規則으로 정한다.

(1970.6.18 본조개정)

第6條【鑑定등에 대한 特別料金】 鑑定, 通譯, 飜譯과 測量에 관한 特別料金은 法院이 定한 金額에 의한다.

第7條【通信費】 通信과 運搬에 要한 費用은 그 實費額에 의한다.

第8條【公告費】 官報, 新聞紙에 公告한 費用은 그 定額에 의한다.

第9條【기타 費用】 本法에 規定하지 아니한 費用은 그 實費額에 의한다.

第10條【强制執行, 申請事件의 費用】 ① 强制執行과 申請事件에 관한 費用은 이상 數條의 規定에 準하여 算定한다.

② 强制執行 또는 申請事件에 관하여 保管人 또는 管理人을 任命한 때에는 그 費用은 法院의 定하는 바에 의한다.

第10條의2【제3채무자의 공탁비용】 ① 민사집행법 제248조의 규정에 따라 채무액을 공탁한 제3채무자는 압류의 효력이 미치는 부분에 해당하는 금액의 공탁을 위하여 지출한 비용 및 같은 조 제4항의 공탁신고서 제출을 위한 비용을 지급해 줄 것을 법원에 신청할 수 있다.

② 제3채무자는 민사집행법 제248조제4항의 공탁신고서를 낼 때까지 제1항의 신청을 하여야 한다.

③ 제1항의 비용은 압류의 효력이 미치는 부분에 해당하는 금액의 공탁금중에서 지급한다.

④ 제1항의 비용산정을 위한 구체적인 기준 및 지급절차는 대법원규칙으로 정한다.

(2002.1.26 본조신설)

第11條【費用의 支給】 證人, 鑑定人, 通譯人과 飜譯人의 日當, 旅費와 宿泊料 기타 必要한 費用은 請求에 의하여 法院이 支給한다.

第12條【費用의 收捧】 ① 法院이 當事者의 豫納하지 아니한 費用을 支給한 때에는 第1審受訴法院의 決定에 의하여 豫納하지 아니한 當事者나 判決에 의하여 費用을 負擔한 當事者로부터 收捧하여야 한다. 이 決定은 執行力 있는 債務名義와 同一한 效力이 있다.

② 前項의 規定은 민사소송법 제131조 내지 제133조의 境遇에 準用한다.(2002.1.26 본항개정)

第13條【執行官 手數料】 執行官 手數料는 大法院規則의 定한 바에 의한 金額으로 한다.(1997.12.13 본조개정)

附 則

第14條【施行日】 本法은 檀紀4287年(西紀1954年) 9月 1日부터 施行한다.

第15條［經過措置］ 本法 施行前까지 施行된 民事訴訟費用에 관한 法令은 廢止한다.

第16條［經過措置］ 本法 施行前의 訴訟節次에 要한 費用은 舊法에 의한다.

第17條［諸費用의 最高額의 增減］ 本法에 規定한 當事者, 證人, 鑑定人, 通譯人과 飜譯人의 日當, 汽車없는 陸路旅費와 宿泊料의 最高額은 經濟事情의 變動에 의하여 大法院規則으로 增減할 수 있다.

附 則 (2012.12.18)

第1條【시행일】 이 법은 공포 후 1년이 경과한 날부터 시행한다.(이하 생략)

민사소송 등에서의 전자문서 이용 등에 관한 법률

(약칭 : 민소전자문서법)

(2010년 3월 24일 / 법 률 제10183호)

개정
2014. 5.20법12586호
2020. 6. 9법17354호(전자서명법)
2023. 4.18법19352호 2023. 8. 8법19581호

제1조【목적】 이 법은 민사소송 등에서 전자문서 이용에 대한 기본 원칙과 절차를 규정함으로써 민사소송 등의 정보화를 촉진하고 신속성, 투명성을 높여 국민의 권리 실현에 이바지함을 목적으로 한다.

제2조【정의】 이 법에서 사용하는 용어의 뜻은 다음과 같다.
1. "전자문서"란 컴퓨터 등 정보처리능력을 가진 장치에 의하여 전자적인 형태로 작성되거나 변환되어 송신·수신 또는 저장되는 정보를 말한다.
2. "전산정보처리시스템"이란 제3조 각 호의 어느 하나에 해당하는 법률에 따른 절차(이하 "민사소송등"이라 한다)에 필요한 전자문서를 작성·제출·송달하거나 관리하는 데에 이용되는 정보처리능력을 가진 전자적 장치 또는 체계로서 법원행정처장이 지정하는 것을 말한다.
3. "전자서명"이란 「전자서명법」 제2조제2호에 따른 전자서명(서명자의 실지명의를 확인할 수 있는 것을 말한다)과 「전자정부법」 제2조제9호에 따른 행정전자서명을 말한다.(2020.6.9 본호개정)
4. "사법전자서명"이란 「전자정부법」 제2조제9호의 행정전자서명으로서 법관·사법보좌관 또는 법원서기관·법원사무관·법원주사·법원주사보(이하 "법원사무관등"이라 한다)가 민사소송등에서 사용하는 것을 말한다.(2014.5.20 본호개정)

제3조【적용 범위】 이 법은 다음 각 호의 법률에 따른 절차에 적용한다.
1. 「민사소송법」(2014.5.20 본호개정)
2. 「가사소송법」
3. 「행정소송법」
4. 「특허법」(제9장에 한정한다)
5. 「민사집행법」
6. 「채무자 회생 및 파산에 관한 법률」
7. 「비송사건절차법」
8. 제1호부터 제7호까지의 법률을 적용하거나 준용하는 법률

제4조【전산정보처리시스템의 운영】 법원행정처장은 전산정보처리시스템을 설치·운영한다.

제5조【전자문서에 의한 민사소송등의 수행】 ① 당사자, 소송대리인, 그 밖에 대법원규칙으로 정하는 자는 민사소송등에서 법원에 제출할 서류를 전산정보처리시스템을 이용하여 이 법에서 정하는 바에 따라 전자문서로 제출할 수 있다.
② 이 법에 따라 작성·제출·송달·보존하는 전자문서는 다른 법률에 특별한 규정이 있는 경우를 제외하고 제3조 각 호의 법률에서 정한 요건과 절차에 따른 문서로 본다.

제6조【사용자등록】 ① 전산정보처리시스템을 이용하려는 자는 대법원규칙으로 정하는 바에 따라 사용자등록을 하여야 한다.
② 제1항에 따라 사용자등록을 한 자(이하 "등록사용자"라 한다)는 대법원규칙으로 정하는 절차 및 방법에 따라 사용자등록을 철회할 수 있다.
③ 법원행정처장은 다음 각 호의 어느 하나에 해당하는 사유가 있는 경우에는 등록사용자의 사용을 정지하거나 사용자등록을 말소할 수 있다.

1. 등록사용자의 동일성이 인정되지 아니하는 경우
2. 사용자등록을 신청하거나 사용자정보를 변경할 때 거짓의 내용을 입력한 경우
3. 다른 등록사용자의 사용을 방해하거나 그 정보를 도용하는 등 전산정보처리시스템을 이용한 민사소송등의 진행에 지장을 준 경우
4. 고의 또는 중대한 과실로 전산정보처리시스템에 장애를 일으킨 경우
5. 그 밖에 대법원규칙으로 정하는 사유가 있는 경우

④ 제3항에 따른 등록사용자의 사용 정지 및 사용자등록 말소의 구체적인 절차와 방법은 대법원규칙으로 정한다.

제7조【전자서명】 ① 제5조에 따라 법원에 전자문서를 제출하려는 자는 제출하는 전자문서에 전자서명을 하여야 한다. 다만, 대법원규칙으로 정하는 경우에는 그러하지 아니하다.

② 법관·사법보좌관 또는 법원사무관등은 재판서, 조서 등을 전자문서로 작성하거나 그 서류를 전자문서로 변환하는 경우에 대법원규칙으로 정하는 바에 따라 사법전자서명을 하여야 한다.(2014.5.20 본항개정)

③ 제1항의 전자서명과 제2항의 사법전자서명은 민사소송등에 적용되거나 준용되는 법령에서 정한 서명, 서명날인 또는 기명날인으로 본다.

제8조【문서제출방법】 등록사용자로서 전산정보처리시스템을 이용한 민사소송등의 진행에 동의한 자는 법원에 제출할 서류를 전산정보처리시스템을 이용하여 대법원규칙으로 정하는 바에 따라 전자문서로 제출하여야 한다. 다만, 다음 각 호의 어느 하나에 해당하는 경우로서 대법원규칙으로 정하는 사유가 있는 경우에는 그러하지 아니하다.

1. 전산정보처리시스템에 장애가 있는 경우
2. 전자문서로 제출하는 것이 현저히 곤란하거나 적합하지 아니한 경우

제8조의2【행정기관 등이 보유하는 행정정보의 제출】 ① 법원행정처장은 등록사용자가 법원에 제출할 서류가 다음 각 호의 요건을 모두 갖춘 경우에는 「전자정부법」에 따른 행정기관 또는 공공기관(이하 이 조에서 "행정기관등"이라 한다)으로부터 전산정보처리시스템을 통하여 해당 서류를 전자문서로 제공받아 등재할 수 있다.

1. 「전자정부법」 제36조제1항에 따라 공동이용이 가능한 행정정보일 것
2. 등록사용자가 제4항에 따른 방법으로 제출하려는 서류일 것

② 등록사용자는 행정기관등이 보유하고 있는 행정정보를 법원에 제출하기 위하여 「전자정부법」 제43조의2에 따라 행정기관등에 대해서 해당 행정정보를 전자문서로 법원행정처장에게 제공하도록 전산정보처리시스템을 통하여 요구할 수 있다.

③ 법원행정처장은 제1항 및 제2항에 따라 행정기관등으로부터 행정정보를 제공받기 위하여 전산정보처리시스템을 행정안전부장관이 구축하여 운영하는 다음 각 호의 시스템과 연계하여 활용한다.

1. 「전자정부법」 제36조에 따른 행정정보의 공동이용을 위한 시스템
2. 「전자정부법」 제43조의2에 따른 본인정보 제공 관련 업무를 수행하기 위한 시스템

④ 등록사용자는 제1항 또는 제2항에 따라 법원행정처장에게 제공된 전자문서를 법원에 제출하려는 경우에는 이를 전산정보처리시스템에 등재하여 줄 것을 법원행정처장에게 신청할 수 있다.

⑤ 법원행정처장은 대법원규칙으로 정하는 바에 따라 제1항부터 제4항까지에 따른 등재 업무에 필요한 수수료를 신청인으로부터 받을 수 있다.

⑥ 제1항부터 제4항까지에 따라 법원행정처장이 제공받은 전자문서를 전산정보처리시스템에 등재하는 절차와 방법 등에 필요한 사항은 대법원규칙으로 정한다.
(2023.8.8 본조신설)

제9조【전자문서의 접수】 ① 전산정보처리시스템을 이용하여 제출된 전자문서는 전산정보처리시스템에 전자적으로 기록된 때에 접수된 것으로 본다. 다만, 제8조의2제4항에 따라 등재한 경우에는 등재를 신청한 때에 접수된 것으로 본다.
(2023.8.8 단서신설)

② 전산정보처리시스템을 이용하여 제출된 전자문서가 「민사소송 등 인지법」 제13조제2항에 따른 소장, 참가신청서, 재심소장 또는 준재심소장(이하 "소장등"이라 한다)인 경우 접수사무를 담당하는 법원사무관등은 「민사소송 등 인지법」 제13조제2항에 따른 접수 보류 사유가 없으면 그에 대하여 전산정보처리시스템에 전자적으로 접수확인을 하여야 한다. 이 경우 접수확인을 받은 소장등은 전산정보처리시스템을 이용하여 제출된 때 접수된 것으로 본다.
(2023.4.18 본항신설)

③ 제2항에 따른 접수확인 등에 관한 구체적인 절차와 방법은 대법원규칙으로 정한다.(2023.4.18 본항신설)

④ 법원사무관등은 제1항부터 제3항까지에 따라 전자문서가 접수된 경우에는 대법원규칙으로 정하는 바에 따라 즉시 그 문서를 제출한 등록사용자에게 접수사실을 전자적으로 통지하여야 한다.(2023.4.18 본항개정)

제10조【사건기록의 전자문서화】 ① 법관·사법보좌관 또는 법원사무관등은 민사소송등에서 재판서, 조서 등을 전자문서로 작성하거나 그 서류를 전자문서로 변환하여 전산정보처리시스템에 등재하여야 한다.(2014.5.20 본항개정)

② 법원사무관등은 대법원규칙으로 정하는 사유가 없으면 전자문서가 아닌 형태로 제출된 서류를 전자문서로 변환하고 사법전자서명을 하여 전산정보처리시스템에 등재하여야 한다.

③ 제1항과 제2항에 따라 변환되어 등재된 전자문서는 원래의 서류와 동일한 것으로 본다.

④ 전자문서가 아닌 형태로 제출된 서류를 전자문서로 변환·등재하는 절차와 방법은 대법원규칙으로 정하되, 원래의 서류와 동일성이 확보되도록 기술적 조치를 하여야 한다.

제11조【전자적 송달 또는 통지】 ① 법원사무관등은 송달이나 통지를 받을 자가 다음 각 호의 어느 하나에 해당하는 경우에는 전산정보처리시스템에 의하여 전자적으로 송달하거나 통지할 수 있다.

1. 미리 전산정보처리시스템을 이용한 민사소송등의 진행에 동의한 등록사용자로서 대법원규칙으로 정하는 자인 경우
2. 전자문서를 출력한 서면이나 그 밖의 서류를 송달받은 후 등록사용자로서 전산정보처리시스템을 이용한 민사소송등의 진행에 동의한 자인 경우
3. 등록사용자가 국가, 지방자치단체, 그 밖에 그에 준하는 자로서 대법원규칙으로 정하는 자인 경우

② 소송대리인이 있는 경우에는 제1항의 송달 또는 통지는 소송대리인에게 하여야 한다.

③ 제1항에 따른 송달은 법원사무관등이 송달할 전자문서를 전산정보처리시스템에 등재하고 그 사실을 송달받을 자에게 전자적으로 통지하는 방법으로 한다.

④ 제3항의 경우 송달받을 자가 등재된 전자문서를 확인한 때에 송달된 것으로 본다. 다만, 그 등재사실을 통지한 날부터 1주 이내에 확인하지 아니하는 때에는 등재사실을 통지한 날부터 1주가 지난 날에 송달된 것으로 본다.

⑤ 전산정보처리시스템의 장애로 인하여 송달받을 자가 전자문서를 확인할 수 없는 기간은 제4항 단서의 기간에 산입하지 아니한다. 이 경우 전자문서를 확인할 수 없는 기간의 계산은 대법원규칙으로 정하는 바에 따른다.

판례 민사 전자소송에서 시스템에 등록된 문서를 당사자가 확인하지 않아도 등록 사실을 통지한 이후 1주가 지나면 송달된 것으로 보는 전자송달 간주 조항에 관하여, 이와 같은 규정을 두지 않는다면 소송 당사자가 재판진행을 지연시킬 목적으로 일부러 등재된 전자문서를 확인하지 않는다면 재판이 한없이 지연될 우려가 있다. 또한 전자적 송달이 이뤄진 전자문서의 확인은 전자소송시스템에 접속해 로그인하는 간편한 절차를 통해서 이뤄진다는 점을 고려할 때, 전자송달 간주 조항에서 정하는 1주라는 기간이 지나치게 짧다고 보기 어렵다. (헌재결 2024.7.18, 2022헌바4)

제12조 【전자문서를 출력한 서면에 의한 송달】 ① 법원사무관등은 다음 각 호의 어느 하나에 해당하는 경우에는 전자문서를 전산정보처리시스템을 통하여 출력하여 그 출력한 서면을 「민사소송법」에 따라 송달하여야 한다. 이 경우 법원사무관등은 대법원규칙으로 정하는 바에 따라 전자문서를 제출한 등록사용자에게 전자문서의 출력서면을 제출하게 할 수 있다.
1. 송달을 받을 자가 「민사소송법」 제181조, 제182조 또는 제192조에 해당하는 경우
2. 송달을 받을 자가 제11조제1항 각 호의 어느 하나에 해당하지 아니하는 경우
3. 대법원규칙으로 정하는 전산정보처리시스템의 장애나 그 밖의 사유가 있는 경우

② 법원사무관등이 등재된 전자문서를 출력하여 그 출력서면을 당사자에게 송달한 때에는 그 출력서면은 등재된 전자문서와 동일한 것으로 본다.
③ 제1항에 따라 전자문서를 출력하는 절차와 방법은 대법원규칙으로 정하되, 전자문서와 동일성이 확보되도록 기술적 조치를 하여야 한다.

제13조 【증거조사에 관한 특례】 ① 전자문서에 대한 증거조사는 다음 각 호의 구분에 따른 방법으로 할 수 있다.
1. 문자, 그 밖의 기호, 도면·사진 등에 관한 정보에 대한 증거조사 : 전자문서를 모니터, 스크린 등을 이용하여 열람하는 방법
2. 음성이나 영상정보에 대한 증거조사 : 전자문서를 청취하거나 시청하는 방법

② 전자문서에 대한 증거조사에 관하여는 그 성질에 반하지 아니하는 범위에서 「민사소송법」 제2편제3장제3절부터 제5절까지의 규정을 준용한다.

제14조 【상고심절차에 관한 특례】 ① 「상고심절차에 관한 특례법」 제5조제3항에 따른 판결 원본의 교부, 영수일자의 부기와 날인, 송달은 전산정보처리시스템을 이용하여 전자적인 방법으로 한다.
② 「상고심절차에 관한 특례법」 제6조제2항에 정하여진 4개월의 기간은 상고사건이 대법원에 전자적인 방법으로 이관된 날부터 기산한다.

제15조 【소송비용 등의 납부】 ① 등록사용자는 인지액 등 민사소송등에 필요한 비용과 전산정보처리시스템 이용수수료를 대법원규칙으로 정하는 방식에 따라 전자적인 방법으로 낼 수 있다.
② 전산정보처리시스템 이용수수료의 범위와 액수는 대법원규칙으로 정한다.

제16조 【위임규정】 이 법에서 규정하는 사항 외에 민사소송등에서의 전자문서 이용·관리 및 전산정보처리시스템의 운영에 필요한 사항은 대법원규칙으로 정한다.

부 칙

① **【시행일】** 이 법은 공포한 날부터 시행한다. 다만, 공포한 날부터 5년을 넘지 아니하는 범위에서 제3조 각 호의 법률에 따른 절차별 또는 법원별로 대법원규칙으로 적용시기를 달리 정할 수 있다.
② **【「전자정부법」에 관한 경과조치】** 제2조제3호 및 제4호 중 "「전자정부법」 제2조제9호"는 2010년 5월 4일까지는 "「전자정부법」 제2조제6호"로 본다.

부 칙 (2014.5.20)

제1조 【시행일】 이 법은 2014년 12월 1일부터 시행한다.
제2조 【다른 법률의 폐지】 독촉절차에서의 전자문서 이용 등에 관한 법률은 폐지한다.
제3조 【독촉절차에 관한 경과조치】 이 법 시행 당시 종전의 「독촉절차에서의 전자문서 이용 등에 관한 법률」에 따라 신청한 지급명령에 관하여는 종전의 「독촉절차에서의 전자문서 이용 등에 관한 법률」에 따른다.

부 칙 (2020.6.9)

제1조 【시행일】 이 법은 공포 후 6개월이 경과한 날부터 시행한다.(이하 생략)

부 칙 (2023.4.18)

제1조 【시행일】 이 법은 공포 후 6개월이 경과한 날부터 시행한다.
제2조 【접수확인에 관한 적용례】 제9조의 개정규정은 이 법 시행 이후 전산정보처리시스템을 이용하여 소장등을 제출하는 경우부터 적용한다.

부 칙 (2023.8.8)

제1조 【시행일】 이 법은 2024년 8월 1일부터 시행한다. 다만, 이 법 시행일부터 2년을 넘지 아니하는 범위에서 대법원규칙으로 시행시기를 달리 정할 수 있다.
제2조 【행정기관 등이 보유하는 행정정보의 제출에 관한 적용례】 제8조의2 및 제9조제1항 단서의 개정규정은 이 법 시행 당시 법원에 계속 중인 사건에서 서류를 제출하는 경우에도 적용한다.

소송촉진 등에 관한 특례법
(약칭 : 소송촉진법)

(1981년 1월 29일
법 률 제3361호)

개정
1990. 1.13법 4203호
1998. 1.13법 5507호(이자제한법폐지법)
1999.12.28법 6039호
2002. 1.26법 6626호(민사소송법)
2002. 1.26법 6627호(민사집행법)
2003. 5.10법 6868호
2005. 3.31법 7427호(민법)
2005.12.14법 7728호
2009.11. 2법 9818호
2009.12.29법 9838호
2010. 5.17법10303호(은행법)
2012. 1.17법11163호
2012.12.18법11556호(성폭력범죄의처벌등에관한특례법)
2012.12.18법11572호(아동·청소년의성보호에관한법)
2014.10.15법12780호
2015.12.22법13613호(예금자보호법)
2016. 1. 6법13719호(형법)
2016. 1.19법13767호
2016. 3.29법14122호(기술보증기금법)
2016. 5.29법14242호(수협)
2017.10.31법14971호
2019.11.26법16652호(자산관리)
2021. 7.20법18300호
2022. 1. 4법18676호
2023. 3.28법19280호
2023. 6.13법19433호
2024. 1.16법20006호

제1장 총 칙
(2009.11.2 본장개정)

제1조【목적】 이 법은 소송의 지연(遲延)을 방지하고, 국민의 권리·의무의 신속한 실현과 분쟁처리의 촉진을 도모함을 목적으로 한다.
제2조【특례의 범위】 이 법은 제1조의 목적을 달성하기 위하여 법정이율(法定利率)과 독촉절차 및 형사소송에 관한 특례를 규정한다.(2014.10.15 본조개정)

제2장 법정이율에 관한 특례
(2009.11.2 본장개정)

제3조【법정이율】 ① 금전채무의 전부 또는 일부의 이행을 명하는 판결(심판을 포함한다. 이하 같다)을 선고할 경우, 금전채무 불이행으로 인한 손해배상액 산정의 기준이 되는 법정이율은 그 금전채무의 이행을 구하는 소장(訴狀) 또는 이에 준하는 서면(書面)이 채무자에게 송달된 날의 다음 날부터는 연 100분의 40 이내의 범위에서「은행법」에 따른 은행이 적용하는 연체금리 등 경제 여건을 고려하여 대통령령으로 정하는 이율에 따른다. 다만,「민사소송법」 제251조에 규정된 소(訴)에 해당하는 경우에는 그러하지 아니하다.
(2010.5.17 본문개정)
② 채무자에게 그 이행의무가 있음을 선언하는 사실심(事實審) 판결이 선고되기 전까지 채무자가 그 이행의무의 존재 여부나 범위에 관하여 항쟁(抗爭)하는 것이 타당하다고 인정되는 경우에는 그 타당한 범위에서 제1항을 적용하지 아니한다.

제3장 민사소송에 관한 특례

제4조~제16조 (1990.1.13 삭제)

제4장 제1심 소액사건심판에 관한 특례

제17조~제20조 (1990.1.13 삭제)

제5장 독촉절차에 관한 특례
(2014.10.15 본장신설)

제20조의2【공시송달에 의한 지급명령】 ① 다음 각 호의 어느 하나에 해당하는 자가 그 업무 또는 사업으로 취득하여 행사하는 대여금, 구상금, 보증금 및 그 양수금 채권에 대하여 지급명령을 신청하는 경우에는「민사소송법」 제462조 단서 및 같은 법 제466조제2항 중 공시송달에 관한 규정을 적용하지 아니한다.
1.「은행법」에 따른 은행
2.「중소기업은행법」에 따른 중소기업은행
3.「한국산업은행법」에 따른 한국산업은행
4.「농업협동조합법」에 따른 조합과 그 중앙회 및 농협은행
5.「농업협동조합의 구조개선에 관한 법률」에 따른 농업협동조합자산관리회사
6.「수산업협동조합법」에 따른 조합과 그 중앙회 및 수협은행
(2016.5.29 본호개정)
6의2.「상호저축은행법」에 따른 상호저축은행(2023.3.28 본호신설)
7.「신용협동조합법」에 따른 신용협동조합 및 신용협동조합중앙회
8.「새마을금고법」에 따른 금고 및 중앙회
9.「보험업법」에 따른 보험회사
10.「여신전문금융업법」에 따른 여신전문금융회사
11.「기술보증기금법」에 따른 기술보증기금(2016.3.29 본호개정)
12.「신용보증기금법」에 따른 신용보증기금
13.「산림조합법」에 따른 지역조합·전문조합과 그 중앙회
14.「지역신용보증재단법」에 따른 신용보증재단 및 신용보증재단중앙회
15.「한국주택금융공사법」에 따른 한국주택금융공사
16.「한국자산관리공사 설립 등에 관한 법률」에 따른 한국자산관리공사(2019.11.26 본호개정)
17.「예금자보호법」에 따른 예금보험공사 및 정리금융회사
(2015.12.22 본호개정)
18.「자산유동화에 관한 법률」에 따라 제1호부터 제6호까지, 제6호의2, 제7호부터 제17호까지의 어느 하나에 해당하는 자가 청구 채권의 자산보유자인 유동화전문회사(2023.3.28 본호개정)
19.「주택도시기금법」에 따른 주택도시보증공사(2021.7.20 본호신설)
20.「중소기업진흥에 관한 법률」에 따른 중소벤처기업진흥공단(2023.6.13 본호신설)
21.「소상공인 보호 및 지원에 관한 법률」에 따른 소상공인시장진흥공단(2024.1.16 본호신설)
22. 그 밖에 제1호부터 제6호까지, 제6호의2, 제7호부터 제21호까지에 준하는 자로서 대법원규칙으로 정하는 자
(2024.1.16 본호개정)
② 제1항의 채권자는 지급명령을 공시송달에 의하지 아니하고는 송달할 수 없는 경우 청구원인을 소명하여야 한다.
③ 제2항에 따른 청구원인의 소명이 없는 때에는 결정으로 그 신청을 각하하여야 한다. 청구의 일부에 대하여 지급명령을 할 수 없는 때에 그 일부에 대하여도 또한 같다.
④ 제3항의 결정에 대하여는 불복할 수 없다.

⑤ 제1항에 따라 지급명령이 공시송달의 방법으로 송달되어 채무자가 이의신청의 기간을 지킬 수 없었던 경우 「민사소송법」 제173조제1항에서 정한 소송행위의 추후보완 사유가 있는 것으로 본다.

제6장 형사소송에 관한 특례
(2009.11.2 본장개정)

제21조 【판결 선고기간】 판결의 선고는 제1심에서는 공소가 제기된 날부터 6개월 이내에, 항소심(抗訴審) 및 상고심(上告審)에서는 기록을 송부받은 날부터 4개월 이내에 하여야 한다.

제22조 【약식명령기간】 약식명령(略式命令)은 「형사소송법」 제450조의 경우를 제외하고는 그 청구가 있은 날부터 14일 이내에 하여야 한다.

제23조 【제1심 공판의 특례】 제1심 공판절차에서 피고인에 대한 송달불능보고서(送達不能報告書)가 접수된 때부터 6개월이 지나도록 피고인의 소재(所在)를 확인할 수 없는 경우에는 대법원규칙으로 정하는 바에 따라 피고인의 진술 없이 재판할 수 있다. 다만, 사형, 무기 또는 장기(長期) 10년이 넘는 징역이나 금고에 해당하는 사건의 경우에는 그러하지 아니하다.(2009.12.29 단서개정)

제23조의2 【재심】 ① 제23조 본문에 따라 유죄판결을 받고 그 판결이 확정된 자가 책임을 질 수 없는 사유로 공판절차에 출석할 수 없었던 경우 「형사소송법」 제424조에 규정된 자는 그 판결이 있었던 사실을 안 날부터 14일 이내〔재심청구인(再審請求人)이 책임을 질 수 없는 사유로 위 기간에 재심청구를 하지 못한 경우에는 그 사유가 없어진 날부터 14일 이내〕에 제1심 법원에 재심을 청구할 수 있다.

② 제1항에 따른 청구가 있을 때에는 법원은 재판의 집행을 정지하는 결정을 하여야 한다.

③ 제2항에 따른 집행정지 결정을 한 경우에 피고인을 구금할 필요가 있을 때에는 구속영장을 발부하여야 한다. 다만, 「형사소송법」 제70조의 요건을 갖춘 경우로 한정한다.

④ 재심청구인은 재심청구서에 송달 장소를 적고, 이를 변경하는 경우에는 지체 없이 그 취지를 법원에 신고하여야 한다.

⑤ 재심청구인이 제4항에 따른 기재 또는 신고를 하지 아니하여 송달을 할 수 없는 경우에는 「형사소송법」 제64조에 따른 공시송달(公示送達)을 할 수 있다.

⑥ 재심 개시 결정이 확정된 후 공판기일에 재심청구인이 출석하지 아니한 경우에는 「형사소송법」 제365조를 준용한다.

⑦ 이 법에 따른 재심에 관하여는 「형사소송법」 제426조, 제427조, 제429조부터 제434조까지, 제435조제1항, 제437조부터 제440조까지의 규정을 준용한다.

제24조 (2012.1.17 삭제)

제25조 【배상명령】 ① 제1심 또는 제2심의 형사공판 절차에서 다음 각 호의 죄 중 어느 하나에 관하여 유죄판결을 선고할 경우, 법원은 직권에 의하여 또는 피해자나 그 상속인(이하 "피해자"라 한다)의 신청에 의하여 피고사건의 범죄행위로 인하여 발생한 직접적인 물적(物的) 피해, 치료비 손해 및 위자료의 배상을 명할 수 있다.

1. 「형법」 제257조제1항, 제258조제1항 및 제2항, 제258조의2 제1항(제257조제1항의 죄로 한정한다) · 제2항(제258조제1항 · 제2항의 죄로 한정한다), 제259조제1항, 제262조(존속폭행치사상의 죄는 제외한다), 같은 법 제26장, 제32장(제304조의 죄는 제외한다), 제38장부터 제40장까지 및 제42장에 규정된 죄(2016.1.6 본호개정)
2. 「성폭력범죄의 처벌 등에 관한 특례법」 제10조부터 제14조까지, 제15조(제3조부터 제9조까지의 미수범은 제외한다), 「아동 · 청소년의 성보호에 관한 법률」 제12조 및 제14조에 규정된 죄(2012.12.18 본호개정)
3. 제1호의 죄를 가중처벌하는 죄 및 그 죄의 미수범을 처벌하는 경우 미수의 죄

(2012.1.17 본항개정)

② 법원은 제1항에 규정된 죄 및 그 외의 죄에 대한 피고사건에서 피고인과 피해자 사이에 합의된 손해배상액에 관하여도 제1항에 따라 배상을 명할 수 있다.

③ 법원은 다음 각 호의 어느 하나에 해당하는 경우에는 배상명령을 하여서는 아니 된다.

1. 피해자의 성명 · 주소가 분명하지 아니한 경우
2. 피해 금액이 특정되지 아니한 경우
3. 피고인의 배상책임의 유무 또는 그 범위가 명백하지 아니한 경우
4. 배상명령으로 인하여 공판절차가 현저히 지연될 우려가 있거나 형사소송 절차에서 배상명령을 하는 것이 타당하지 아니하다고 인정되는 경우

제25조의2 【배상신청의 통지】 검사는 제25조제1항에 규정된 죄로 공소를 제기한 경우에는 지체 없이 피해자 또는 그 법정대리인(피해자가 사망한 경우에는 그 배우자 · 직계친족 · 형제자매를 포함한다)에게 제26조제1항에 따라 배상신청을 할 수 있음을 통지하여야 한다.(2009.11.2 본조신설)

제26조 【배상신청】 ① 피해자는 제1심 또는 제2심 공판의 변론이 종결될 때까지 사건이 계속(係屬)된 법원에 제25조에 따른 피해배상을 신청할 수 있다. 이 경우 신청서에 인지(印紙)를 붙이지 아니한다.

② 피해자는 배상신청을 할 때에는 신청서와 상대방 피고인 수만큼의 신청서 부본(副本)을 제출하여야 한다.

③ 신청서에는 다음 각 호의 사항을 적고 신청인 또는 대리인이 서명 · 날인하여야 한다.

1. 피고사건의 번호, 사건명 및 사건이 계속된 법원
2. 신청인의 성명과 주소
3. 대리인이 신청할 때에는 그 대리인의 성명과 주소
4. 상대방 피고인의 성명과 주소
5. 배상의 대상과 그 내용
6. 배상 청구 금액

④ 신청서에는 필요한 증거서류를 첨부할 수 있다.

⑤ 피해자가 증인으로 법정에 출석한 경우에는 말로써 배상을 신청할 수 있다. 이 때에는 공판조서(公判調書)에 신청의 취지를 적어야 한다.

⑥ 신청인은 배상명령이 확정되기 전까지는 언제든지 배상신청을 취하(取下)할 수 있다.

⑦ 피해자는 피고사건의 범죄행위로 인하여 발생한 피해에 관하여 다른 절차에 따른 손해배상청구가 법원에 계속 중일 때에는 배상신청을 할 수 없다.

⑧ 배상신청은 민사소송에서의 소의 제기와 동일한 효력이 있다.

제27조 【대리인】 ① 피해자는 법원의 허가를 받아 그의 배우자, 직계혈족(直系血族) 또는 형제자매에게 배상신청에 관하여 소송행위를 대리하게 할 수 있다.

② 피고인의 변호인은 배상신청에 관하여 피고인의 대리인으로서 소송행위를 할 수 있다.

제28조 【피고인에 대한 신청서 부본의 송달】 법원은 서면에 의한 배상신청이 있을 때에는 지체 없이 그 신청서 부본을 피고인에게 송달하여야 한다. 이 경우 법원은 직권 또는 신청인의 요청에 따라 신청서 부본 상의 신청인 성명과 주소 등 신청인의 신원을 알 수 있는 사항의 전부 또는 일부를 가리고 송달할 수 있다.(2016.1.19 후단신설)

제29조 【공판기일 통지】 ① 법원은 배상신청이 있을 때에는 신청인에게 공판기일을 알려야 한다.

② 신청인이 공판기일을 통지받고도 출석하지 아니하였을 때에는 신청인의 진술 없이 재판할 수 있다.

제30조【기록의 열람과 증거조사】 ① 신청인 및 그 대리인은 공판절차를 현저히 지연시키지 아니하는 범위에서 재판장의 허가를 받아 소송기록을 열람할 수 있고, 공판기일에 피고인이나 증인을 신문(訊問)할 수 있으며, 그 밖에 필요한 증거를 제출할 수 있다.

② 제1항의 허가를 하지 아니한 재판에 대하여는 불복(不服)을 신청하지 못한다.

제31조【배상명령의 선고 등】 ① 배상명령은 유죄판결의 선고와 동시에 하여야 한다.

② 배상명령은 일정액의 금전 지급을 명함으로써 하고 배상의 대상과 금액을 유죄판결의 주문(主文)에 표시하여야 한다. 배상명령의 이유는 특히 필요하다고 인정되는 경우가 아니면 적지 아니한다.

③ 배상명령은 가집행(假執行)할 수 있음을 선고할 수 있다.

④ 제3항에 따른 가집행선고에 관하여는 「민사소송법」 제213조제3항, 제215조, 제500조 및 제501조를 준용한다.

⑤ 배상명령을 하였을 때에는 유죄판결서의 정본(正本)을 피고인과 피해자에게 지체 없이 송달하여야 한다.

제32조【배상신청의 각하】 ① 법원은 다음 각 호의 어느 하나에 해당하는 경우에는 결정(決定)으로 배상신청을 각하(却下)하여야 한다.

1. 배상신청이 적법하지 아니한 경우
2. 배상신청이 이유 없다고 인정되는 경우
3. 배상명령을 하는 것이 타당하지 아니하다고 인정되는 경우

② 유죄판결의 선고와 동시에 제1항의 재판을 할 때에는 이를 유죄판결의 주문에 표시할 수 있다.

③ 법원은 제1항의 재판서에 신청인 성명과 주소 등 신청인의 신원을 알 수 있는 사항의 기재를 생략할 수 있다. (2016.1.19 본항신설)

④ 배상신청을 각하하거나 그 일부를 인용(認容)한 재판에 대하여 신청인은 불복을 신청하지 못하며, 다시 동일한 배상신청을 할 수 없다.

제33조【불복】 ① 유죄판결에 대한 상소가 제기된 경우에는 배상명령은 피고사건과 함께 상소심(上訴審)으로 이심(移審)된다.

② 상소심에서 원심(原審)의 유죄판결을 파기하고 피고사건에 대하여 무죄, 면소(免訴) 또는 공소기각(公訴棄却)의 재판을 할 때에는 원심의 배상명령을 취소하여야 한다. 이 경우 상소심에서 원심의 배상명령을 취소하지 아니한 경우에는 그 배상명령을 취소한 것으로 본다.

③ 원심에서 제25조제2항에 따라 배상명령을 하였을 때에는 제2항을 적용하지 아니한다.

④ 상소심에서 원심판결을 유지하는 경우에도 원심의 배상명령을 취소하거나 변경할 수 있다.

⑤ 피고인은 유죄판결에 대하여 상소를 제기하지 아니하고 배상명령에 대하여만 상소 제기기간에 「형사소송법」에 따른 즉시항고(卽時抗告)를 할 수 있다. 다만, 즉시항고 제기 후 상소권자의 적법한 상소가 있는 경우에는 즉시항고는 취하된 것으로 본다.

제34조【배상명령의 효력과 강제집행】 ① 확정된 배상명령 또는 가집행선고가 있는 배상명령이 기재된 유죄판결서의 정본은 「민사집행법」에 따른 강제집행에 관하여는 집행력 있는 민사판결 정본과 동일한 효력이 있다.

② 이 법에 따른 배상명령이 확정된 경우 피해자는 그 인용된 금액의 범위에서 다른 절차에 따른 손해배상을 청구할 수 없다.

③ 지방법원이 민사지방법원과 형사지방법원으로 분리 설치된 경우에 배상명령에 따른 청구에 관한 이의의 소는 형사지방법원의 소재지를 관할하는 민사지방법원을 제1심 판결법원으로 한다.

④ 청구에 대한 이의의 주장에 관하여는 「민사집행법」 제44조제2항에 규정된 제한에 따르지 아니한다.

제35조【소송비용】 배상명령의 절차비용은 특별히 그 비용을 부담할 자를 정한 경우를 제외하고는 국고의 부담으로 한다.

제36조【민사상 다툼에 관한 형사소송 절차에서의 화해】 ① 형사피고사건의 피고인과 피해자 사이에 민사상 다툼(해당 피고사건과 관련된 피해에 관한 다툼을 포함하는 경우로 한정한다)에 관하여 합의한 경우, 피고인과 피해자는 그 피고사건이 계속 중인 제1심 또는 제2심 법원에 합의 사실을 공판조서에 기재하여 줄 것을 공동으로 신청할 수 있다.

② 제1항의 합의가 피고인의 피해자에 대한 금전 지급을 내용으로 하는 경우에 피고인 외의 자가 피해자에 대하여 그 지급을 보증하거나 연대하여 의무를 부담하기로 합의하였을 때에는 제1항의 신청과 동시에 그 피고인 외의 자는 피고인 및 피해자와 공동으로 그 취지를 공판조서에 기재하여 줄 것을 신청할 수 있다.(2022.1.4 본항개정)

③ 제1항 및 제2항에 따른 신청은 변론이 종결되기 전까지 공판기일에 출석하여 서면으로 하여야 한다.

④ 제3항에 따른 서면에는 해당 신청과 관련된 합의 및 그 합의가 이루어진 민사상 다툼의 목적인 권리를 특정할 수 있는 충분한 사실을 적어야 한다.

⑤ 합의가 기재된 공판조서의 효력 및 화해비용에 관하여는 「민사소송법」 제220조 및 제389조를 준용한다.

제37조【화해기록】 ① 제36조제1항 또는 제2항에 따른 신청에 따라 공판조서에 기재된 합의를 한 자나 이해관계를 소명(疎明)한 제3자는 「형사소송법」 제55조에도 불구하고 대법원규칙으로 정하는 바에 따라 법원서기관, 법원사무관, 법원주사 또는 법원주사보(이하 "법원사무관등"이라 한다)에게 다음 각 호의 사항을 신청할 수 있다.

1. 다음 각 목에 해당하는 서류(이하 "화해기록"이라 한다)의 열람 또는 복사
   가. 해당 공판조서(해당 합의 및 그 합의가 이루어진 민사상 다툼의 목적인 권리를 특정할 수 있는 충분한 사실이 기재된 부분으로 한정한다)
   나. 해당 신청과 관련된 제36조제3항에 따른 서면
   다. 그 밖에 해당 합의에 관한 기록
2. 조서의 정본·등본 또는 초본의 발급
3. 화해에 관한 사항의 증명서의 발급

② 제1항에 따라 신청하는 자는 대법원규칙으로 정하는 바에 따라 수수료를 내야 한다.

③ 제1항 각 호의 신청에 관한 법원사무관등의 처분에 대한 이의신청은 「민사소송법」 제223조의 예에 따르고, 화해기록에 관한 비밀보호를 위한 열람 등의 제한 절차는 같은 법 제163조의 예에 따른다.

④ 화해기록은 형사피고사건이 종결된 후에는 그 피고사건의 제1심 법원에서 보관한다.

제38조【화해 절차 당사자 등에 관한 「민사소송법」의 준용】 제36조 및 제37조에 따른 민사상 다툼에 관한 형사소송 절차에서의 화해 절차의 당사자 및 대리인에 관하여는 그 성질에 반하지 아니하면 「민사소송법」 제1편제2장제1절(선정당사자 및 특별대리인에 관한 규정은 제외한다) 및 제4절을 준용한다.

제39조【집행문 부여의 소 등에 대한 관할 특칙】 제36조에 따른 민사상 다툼에 관한 형사소송 절차에서의 화해에 관련된 집행문 부여의 소, 청구에 관한 이의의 소 또는 집행문 부여에 대한 이의의 소에 대하여는 「민사집행법」 제33조, 제44조제1항 및 제45조에도 불구하고 해당 피고사건의 제1심 법원의 관할에 전속한다.

제40조【위임규정】 배상명령의 절차에 관하여 이 법에 특별한 규정이 없는 사항은 대법원규칙으로 정하는 바에 따르고, 제36조부터 제39조까지의 규정에서 정하는 것 외에 민사상 다툼에 관한 형사소송 절차에서의 화해에 관하여 필요한 사항은 대법원규칙으로 정한다.

부 칙 (2014.10.15)

제1조【시행일】 이 법은 2014년 12월 1일부터 시행한다.
제2조【경과조치】 이 법 시행 전에 접수된 독촉사건에 대하여는 종전의 규정에 따른다.
제3조【다른 법률의 개정】 ※(해당 법령에 가제정리 하였음)

부 칙 (2017.10.31)

제1조【시행일】 이 법은 공포 후 3개월이 경과한 날부터 시행한다.
제2조【경과조치】 이 법 시행 전에 접수된 독촉사건에 대하여는 종전의 규정에 따른다.

부 칙 (2021.7.20)

제1조【시행일】 이 법은 공포 후 6개월이 경과한 날부터 시행한다.
제2조【경과조치】 이 법 시행 전에 접수된 독촉사건에 대하여는 종전의 규정에 따른다.

부 칙 (2022.1.4)

이 법은 공포한 날부터 시행한다.

부 칙 (2023.3.28)

제1조【시행일】 이 법은 공포 후 6개월이 경과한 날부터 시행한다.
제2조【공시송달에 의한 지급명령에 관한 경과조치】 이 법 시행 전에 접수된 독촉사건에 대해서는 제20조의2제1항의 개정규정에도 불구하고 종전의 규정에 따른다.

부 칙 (2023.6.13)

제1조【시행일】 이 법은 2023년 9월 29일부터 시행한다.
제2조【공시송달에 의한 지급명령에 관한 경과조치】 이 법 시행 전에 접수된 독촉사건에 대해서는 종전의 규정에 따른다.

부 칙 (2024.1.16)

제1조【시행일】 이 법은 공포 후 3개월이 경과한 날부터 시행한다.
제2조【공시송달에 의한 지급명령에 관한 경과조치】 이 법 시행 전에 접수된 독촉사건에 대해서는 종전의 규정에 따른다.

소송촉진 등에 관한 특례법 제3조제1항 본문의 법정이율에 관한 규정

(2015년 9월 25일 전부개정대통령령 제26553호)

개정
2019. 5.21영29768호

「소송촉진 등에 관한 특례법」 제3조제1항 본문에서 "대통령령으로 정하는 이율"이란 연 100분의 12를 말한다.
(2019.5.21 개정)

부 칙

제1조【시행일】 이 영은 2015년 10월 1일부터 시행한다.
제2조【경과조치】 ① 이 영의 개정규정에도 불구하고 이 영 시행 당시 법원에 계속 중인 사건으로서 제1심의 변론이 종결된 사건에 대해서는 종전의 규정에 따른다.
② 이 영 시행 당시 법원에 계속 중인 사건으로서 제1심의 변론이 종결되지 아니한 사건에 대한 법정이율에 관하여는 2015년 9월 30일까지는 종전의 규정에 따른 이율에 의하고, 2015년 10월 1일부터는 이 영의 개정규정에 따른 이율에 의한다.

부 칙 (2019.5.21)

제1조【시행일】 이 영은 2019년 6월 1일부터 시행한다.
제2조【경과조치】 ① 이 영 시행 당시 법원에 계속 중인 사건으로서 제1심의 변론이 종결된 사건에 대한 법정이율은 이 영의 개정규정에도 불구하고 종전의 규정에 따른다.
② 이 영 시행 당시 법원에 계속 중인 사건으로서 제1심의 변론이 종결되지 아니한 사건에 대한 법정이율은 2019년 5월 31일까지 발생한 분에 대해서는 종전의 규정에 따르고, 2019년 6월 1일 이후 발생하는 분에 대해서는 이 영의 개정규정에 따른다.

채무자 회생 및 파산에 관한 법률(약칭 : 채무자회생법)

(2005년 3월 31일
법 률 제7428호)

개정
2006. 3.24법 7892호 <중략>
2009. 1.30법 9346호(교통 · 에너지 · 환경세법폐지법)→2028년 1월 1일 시행이므로 추후 수록
2009.10.21법 9804호
2010. 1. 1법 9924호(지방세)
2010. 1.22법 9935호(취업후학자금상환특별법)
2010. 3.31법10219호(지방세기본법)
2010. 5.14법10281호(상법)
2010. 5.17법10303호(은행법)
2010. 6.10법10366호(동산 · 채권등의담보에관한법)
2011. 5.19법10682호(금융부실)
2013. 5.28법11828호
2014. 1. 1법12153호(지방세)
2014. 5.20법12591호(상법)
2014. 5.20법12595호 2014.10.15법12783호
2014.12.30법12892호 2016. 5.29법14177호
2016.12.27법14472호
2016.12.27법14476호(지방세징수법)
2017.12.12법15158호
2019. 8.27법16568호(양식산업발전법)
2019.11.26법16652호(자산관리)
2020. 2. 4법16920호 2020. 3.24법17088호
2020. 6. 9법17364호
2020.12.29법17769호(지방세)
2020.12.29법17799호(독점)
2021. 4.20법18084호 2021.12.28법18652호
2022.12.27법19102호
2024. 2.13법20264호→시행일 부칙 참조
2024. 9.20법20434호(법인의등기사항등에관한특례법)
2024.12.20법20577호→2025년 6월 21일 및 2026년 3월 1일 시행

제1편 총 칙

제1조【목적】 이 법은 재정적 어려움으로 인하여 파탄에 직면해 있는 채무자에 대하여 채권자 · 주주 · 지분권자 등 이해관계인의 법률관계를 조정하여 채무자 또는 그 사업의 효율적인 회생을 도모하거나, 회생이 어려운 채무자의 재산을 공정하게 환가 · 배당하는 것을 목적으로 한다.

판례 재정적 어려움으로 인하여 파탄에 직면해 있는 채무자로 하여금 회생계획을 통하여 제3자에 대하여 신주 또는 회사채를 발행하도록 허용하고, 그 신주 또는 회사채 인수대금으로 사업의 유지 · 재건을 효율적으로 도모할 수 있도록 한 채무자 회생 및 파산에 관한 법률 제1조, 제193조 제2항 제5호, 제206조 제3항, 제209조, 제266조, 제268조, 제277조의 입법 취지에 비추어 보면, 재정적 어려움을 극복하고 사업을 회생시키기 위하여 회생절차개시의 신청 전이나 직후부터 공개경쟁입찰 등 적정하고 합리적인 방법으로 채무자가 발행하는 신주 또는 회사채를 인수할 제3자를 선정하고 그 제3자가 지급하는 신주 또는 회사채 인수대금으로 채무를 변제하는 내용의 회생계획안의 작성 · 제출을 추진하는 것은 법률이 규정하고 있는 효율적인 회생방안 중의 하나를 선택하여 이용하는 것이므로 적법하다.
(대결 2007.10.11, 2007마919)

제2조【외국인 및 외국법인의 지위】 외국인 또는 외국법인은 이 법의 적용에 있어서 대한민국 국민 또는 대한민국 법인과 동일한 지위를 가진다.

제3조【재판관할】 ① 회생사건, 간이회생사건 및 파산사건 또는 개인회생사건은 다음 각 호의 어느 한 곳을 관할하는 회생법원의 관할에 전속한다.(2016.12.27 본문개정)
1. 채무자의 보통재판적이 있는 곳
2. 채무자의 주된 사무소나 영업소가 있는 곳 또는 채무자가 계속하여 근무하는 사무소나 영업소가 있는 곳

3. 제1호 또는 제2호에 해당하는 곳이 없는 경우에는 채무자의 재산이 있는 곳(채권의 경우에는 재판상의 청구를 할 수 있는 곳을 말한다)
(2014.5.20 본항개정)
② 제1항에도 불구하고 회생사건 및 파산사건은 채무자의 주된 사무소 또는 영업소의 소재지를 관할하는 고등법원 소재지의 회생법원에도 신청할 수 있다.(2016.12.27 본항개정)
③ 제1항에도 불구하고 다음 각 호의 신청은 다음 각 호의 구분에 따른 회생법원에도 할 수 있다.(2016.12.27 본문개정)
1. 「독점규제 및 공정거래에 관한 법률」 제2조제12호에 따른 계열회사에 대한 회생사건 또는 파산사건이 계속되어 있는 경우 계열회사 중 다른 회사에 대한 회생절차개시·간이회생절차개시의 신청 또는 파산신청 : 그 계열회사에 대한 회생사건 또는 파산사건이 계속되어 있는 회생법원
(2020.12.29 본호개정)
2. 법인에 대한 회생사건 또는 파산사건이 계속되어 있는 경우 그 법인의 대표자에 대한 회생절차개시·간이회생절차개시의 신청, 파산신청 또는 개인회생절차개시의 신청 : 그 법인에 대한 회생사건 또는 파산사건이 계속되어 있는 회생법원(2016.12.27 본호개정)
3. 다음 각 목의 어느 하나에 해당하는 자에 대한 회생사건, 파산사건 또는 개인회생사건이 계속되어 있는 경우 그 목에 규정된 다른 자에 대한 회생절차개시·간이회생절차개시의 신청, 파산신청 또는 개인회생절차개시의 신청 : 그 회생사건, 파산사건 또는 개인회생사건이 계속되어 있는 회생법원(2016.12.27 본문개정)
가. 주채무자 및 보증인
나. 채무자 및 그와 함께 동일한 채무를 부담하는 자
다. 부부
(2014.5.20 본항개정)
④ 제1항에도 불구하고 채권자의 수가 300인 이상으로서 대통령령으로 정하는 금액 이상의 채무를 부담하는 법인에 대한 회생사건 및 파산사건은 서울회생법원에도 신청할 수 있다.(2016.12.27 본항개정)
⑤ 개인이 아닌 채무자에 대한 회생사건 또는 파산사건은 제1항부터 제4항까지의 규정에 따른 회생법원의 합의부의 관할에 전속한다.(2016.12.27 본항개정)
⑥ 상속재산에 관한 파산사건은 상속개시지를 관할하는 회생법원의 관할에 전속한다.(2016.12.27 본항개정)
⑦ 「신탁법」 제114조에 따라 설정된 유한책임신탁에 속하는 재산(이하 "유한책임신탁재산"이라 한다)에 관한 파산사건은 수탁자의 보통재판적 소재지(수탁자가 여럿인 경우에는 그 중 1인의 보통재판적 소재지를 말한다)를 관할하는 회생법원의 관할에 전속한다.(2016.12.27 본항개정)
⑧ 제7항에 따른 관할법원이 없는 경우에는 유한책임신탁재산의 소재지(채권의 경우에는 재판상의 청구를 할 수 있는 곳을 그 소재지로 본다)를 관할하는 회생법원의 관할에 전속한다.(2016.12.27 본항개정)
⑨ (2016.12.27 삭제)
⑩ 제1항에도 불구하고 제579조제1호에 따른 개인채무자의 보통재판적 소재지가 강릉시·동해시·삼척시·속초시·양양군·고성군인 경우에 그 개인채무자에 대한 파산선고 또는 개인회생절차개시의 신청은 춘천지방법원 강릉지원에도 할 수 있다.(2014.5.20 본항신설)
⑪ 제1항에도 불구하고 채무자의 제1항 각 호의 소재지가 울산광역시나 경상남도인 경우에 회생사건, 간이회생사건, 파산사건 또는 개인회생사건은 부산회생법원에도 신청할 수 있다.(2022.12.27 본항신설)
⑫ 제1항에도 불구하고 채무자의 제1항 각 호의 소재지가 충청북도인 경우에 회생사건, 간이회생사건, 파산사건 또는 개인회생사건은 대전회생법원에도 신청할 수 있다.
(2024.12.20 본항신설 : 2026.3.1 시행)
⑬ 제1항에도 불구하고 채무자의 제1항 각 호의 소재지가 전북특별자치도 또는 제주특별자치도인 경우에 회생사건, 간이회생사건, 파산사건 또는 개인회생사건은 광주회생법원에도 신청할 수 있다.(2024.12.20 본항신설 : 2026.3.1 시행)

제4조【손해나 지연을 피하기 위한 이송】 법원은 현저한 손해 또는 지연을 피하기 위하여 필요하다고 인정하는 때에는 직권으로 회생사건·파산사건 또는 개인회생사건을 다음 각 호의 어느 하나에 해당하는 회생법원으로 이송할 수 있다.
1. 채무자의 다른 영업소 또는 사무소나 채무자재산의 소재지를 관할하는 회생법원
2. 채무자의 주소 또는 거소를 관할하는 회생법원
3. 제3조제2항 또는 제3항에 따른 회생법원
4. 제3조제2항 또는 제3항에 따라 해당 회생법원에 회생사건·파산사건 또는 개인회생사건이 계속되어 있는 때에는 제3조제1항에 따른 회생법원
(2016.12.27 본조개정)

제5조【법원간의 공조】 이 법에 의한 절차에서 법원은 서로 법률상의 협조를 구할 수 있다.

제6조【회생절차폐지 등에 따른 파산선고】 ① 파산선고를 받지 아니한 채무자에 대하여 회생계획인가가 있은 후 회생절차폐지 또는 간이회생절차폐지의 결정이 확정된 경우 법원은 그 채무자에게 파산의 원인이 되는 사실이 있다고 인정하는 때에는 직권으로 파산을 선고하여야 한다.
(2014.12.30 본항개정)
② 파산선고를 받지 아니한 채무자에 대하여 다음 각 호의 어느 하나에 해당하는 결정이 확정된 경우 법원은 그 채무자에게 파산의 원인이 되는 사실이 있다고 인정하는 때에는 채무자 또는 관리인의 신청에 의하거나 직권으로 파산을 선고할 수 있다.
1. 회생절차개시신청 또는 간이회생절차개시신청의 기각결정(제293조의5제2항제2호가목의 회생절차개시결정이 있는 경우는 제외한다)(2014.12.30 본호개정)
2. 회생계획인가 전 회생절차폐지결정 또는 간이회생절차폐지결정(제293조의5제3항에 따른 간이회생절차폐지결정 시 같은 조 제4항에 따라 회생절차가 속행된 경우는 제외한다)
(2014.12.30 본호개정)
3. 회생계획불인가결정
③ 제1항 및 제2항의 규정에 의하여 파산선고를 한 경우 다음 각 호의 어느 하나에 해당하는 등기 또는 등록의 촉탁은 파산의 등기 또는 등록의 촉탁과 함께 하여야 한다.
1. 제23조제1항, 제24조제4항·제5항의 규정에 의한 등기의 촉탁
2. 제27조에서 준용하는 제24조제4항 및 제5항의 규정에 의한 등록의 촉탁
④ 제1항 또는 제2항의 규정에 의한 파산선고가 있는 경우 제3편(파산절차)의 규정을 적용함에 있어서 그 파산선고 전에 지급의 정지 또는 파산의 신청이 없는 때에는 다음 각 호의 어느 하나에 해당하는 행위를 지급의 정지 또는 파산의 신청으로 보며, 공익채권은 재단채권으로 한다.
1. 회생절차개시 또는 간이회생절차개시의 신청(2014.12.30 본호개정)
2. 제650조의 사기파산죄에 해당하는 법인인 채무자의 이사(업무집행사원 그 밖에 이에 준하는 자를 포함한다. 이하 같다)의 행위
⑤ 회생계획인가결정 전에 제2항의 규정에 의한 파산선고가 있는 경우 제3편(파산절차)의 규정을 적용함에 있어서 제2편(회생절차)에 의한 회생채권의 신고, 이의와 조사 또는 확정은 파산절차에서 행하여진 파산채권의 신고, 이의와 조사 또는 확정으로 본다. 다만, 제134조 내지 제138조의 규정에 의한 채권의 이의, 조사 및 확정에 관하여는 그러하지 아니하다.

⑥ 제1항 또는 제2항의 규정에 의한 파산선고가 있는 때에는 관리인 또는 보전관리인이 수행하는 소송절차는 중단된다. 이 경우 파산관재인 또는 그 상대방이 이를 수계할 수 있다.
⑦ 제1항 또는 제2항의 규정에 의한 파산선고가 있는 때에는 제2편(회생절차)의 규정에 의하여 회생절차에서 행하여진 다음 각 호의 어느 하나에 해당하는 자의 처분·행위 등은 그 성질에 반하지 아니하는 한 파산절차에서도 유효한 것으로 본다. 이 경우 법원은 필요하다고 인정하는 때에는 유효한 것으로 보는 처분·행위 등의 범위를 파산선고와 동시에 결정으로 정할 수 있다.
1. 법원
2. 관리인·보전관리인·조사위원·간이조사위원·관리위원회·관리위원·채권자협의회(2014.12.30 본호개정)
3. 채권자·담보권자·주주·지분권자(주식회사가 아닌 회사의 사원 및 그 밖에 이와 유사한 지위에 있는 자를 말한다. 이하 같다)
4. 그 밖의 이해관계인
⑧ 파산선고를 받은 채무자에 대한 회생계획인가결정으로 파산절차가 효력을 잃은 후 제288조에 따라 회생절차폐지결정 또는 간이회생절차폐지결정이 확정된 경우에는 법원은 직권으로 파산을 선고하여야 한다.(2014.12.30 본항개정)
⑨ 제8항의 경우 제3편(파산절차)의 규정을 적용함에 있어서 회생계획인가결정으로 효력을 잃은 파산절차에서의 파산신청이 있은 때에 파산신청이 있은 것으로 보며, 공익채권은 재단채권으로 한다.
⑩ 제3항·제6항 및 제7항의 규정은 제8항의 경우에 관하여 준용한다.

제7조【파산절차가 속행되는 경우의 공익채권 등】 ① 파산선고를 받은 채무자에 대하여 다음 각 호의 어느 하나에 해당하는 결정이 확정되어 파산절차가 속행되는 때에는 공익채권은 재단채권으로 한다.
1. 회생절차개시신청 또는 간이회생절차개시신청의 기각결정(제293조의5제2항제2호가목의 회생절차개시결정이 있는 경우는 제외한다)(2014.12.30 본호개정)
2. 회생계획인가 전 회생절차폐지결정 또는 간이회생절차폐지결정(제293조의5제3항에 따른 간이회생절차폐지결정 시 같은 조 제4항에 따라 회생절차가 속행된 경우는 제외한다)(2014.12.30 본호개정)
3. 회생계획불인가결정
② 제6조제5항 내지 제7항의 규정은 파산선고를 받은 채무자에 대하여 제1항 각 호의 어느 하나에 해당하는 결정이 확정되어 파산절차가 속행되는 경우에 관하여 준용한다.

제8조【송달】 ① 이 법의 규정에 의한 재판은 직권으로 송달하여야 한다.
② 회사인 채무자의 사채권자 또는 주주·지분권자에 대한 송달은 사채권자 또는 주주·지분권자가 이 법에 의하여 주소를 신고한 때에는 그 주소에, 주소를 신고하지 아니한 때에는 사채원부·주주명부·사원명부 또는 등기부에 기재된 주소 또는 그 자가 회사인 채무자에 통지한 주소에 서류를 우편으로 발송하여 할 수 있다.
③ 등기된 담보권을 가진 담보권자에 대한 송달은 그 담보권자가 이 법의 규정에 의하여 주소를 신고한 때에는 그 주소에, 주소를 신고하지 아니한 때에는 등기부에 기재된 주소에 서류를 우편으로 발송하여 할 수 있다.
④ 제2항 및 제3항의 규정에 의하여 서류를 우편으로 발송한 때에는 그 우편물이 보통 도달할 수 있는 때에 송달된 것으로 본다.
⑤ 제2항 및 제3항의 경우 법원서기관·법원사무관·법원주사 또는 법원주사보(이하 "법원사무관등"이라 한다)는 서면을 작성하여 다음 각 호의 사항을 기재하고 기명날인하여야 한다.
1. 송달을 받을 자의 성명 및 주소
2. 발송의 연·월·일·시
⑥ 제1항 내지 제5항의 규정은 이 법에 특별한 정함이 있는 때에는 적용하지 아니한다.

제9조【공고】 ① 이 법의 규정에 의한 공고는 관보에의 게재 또는 대법원규칙이 정하는 방법에 의하여 행한다.
② 제1항의 규정에 의한 공고는 관보에 게재된 날의 다음 날 또는 대법원규칙이 정하는 방법에 의한 공고가 있은 날의 다음 날에 그 효력이 생긴다.
③ 제1항의 규정에 의하여 재판의 공고가 있는 때에는 모든 관계인에 대하여 그 재판의 고지가 있은 것으로 본다. 다만, 이 법에 특별한 정함이 있는 때에는 그러하지 아니하다.

제10조【송달에 갈음하는 공고】 ① 이 법의 규정에 의하여 송달을 하여야 하는 경우 송달하여야 하는 장소를 알기 어렵거나 대법원규칙이 정하는 사유가 있는 때에는 공고로써 송달을 갈음할 수 있다.
② 제1항의 규정은 이 법에 특별한 정함이 있는 때에는 적용하지 아니한다.

제11조【공고 및 송달을 모두 하여야 하는 경우】 ① 이 법의 규정에 의하여 공고 및 송달을 모두 하여야 하는 경우에는 송달은 서류를 우편으로 발송하여 할 수 있다.
② 제1항의 규정에 의한 공고는 모든 관계인에 대하여 송달의 효력이 있다.

제12조【임의적 변론과 직권조사】 ① 이 법의 규정에 의한 재판은 변론을 열지 아니하고 할 수 있다.
② 법원은 직권으로 회생사건·파산사건·개인회생사건 및 국제도산사건에 관하여 필요한 조사를 할 수 있다.

제13조【즉시항고】 ① 이 법의 규정에 의한 재판에 대하여 이해관계를 가진 자는 이 법에 따로 규정이 있는 때에 한하여 즉시항고를 할 수 있다.
② 제1항의 규정에 의한 즉시항고는 재판의 공고가 있는 때에는 그 공고가 있은 날부터 14일 이내에 하여야 한다.
③ 제1항의 규정에 의한 즉시항고는 집행정지의 효력이 있다. 다만, 이 법에 특별한 정함이 있는 경우에는 그러하지 아니하다.

제14조【불복의 방법】 이 법의 규정에 의한 재판에 대한 불복은 서면으로 하여야 한다.

제15조【관리위원회의 설치】 이 법의 규정에 의한 절차를 적정·신속하게 진행하기 위하여 대법원규칙이 정하는 회생법원에 관리위원회를 둔다.(2016.12.27 본조개정)

제16조【관리위원회의 구성 등】 ① 관리위원회는 위원장 1인을 포함한 3인 이상 15인 이내의 관리위원으로 구성한다.
② 관리위원의 임기는 3년으로 한다.
③ 관리위원은 다음 각 호의 어느 하나에 해당하는 자 중에서 회생법원장이 위촉한다.(2016.12.27 본문개정)
1. 변호사 또는 공인회계사의 자격이 있는 자
2. 「은행법」에 의한 은행 그 밖에 대통령령이 정하는 법인에서 15년 이상 근무한 경력이 있는 자(2010.5.17 본호개정)
3. 상장기업의 임원으로 재직한 자
4. 법률학·경영학·경제학 또는 이와 유사한 학문의 석사학위 이상을 취득한 자로서 이와 관련된 분야에서 7년 이상 종사한 자
5. 제1호 내지 제4호에 규정된 자에 준하는 자로서 학식과 경험을 갖춘 자
④ 다음 각 호의 어느 하나에 해당하는 자는 관리위원이 될 수 없다.
1. 피성년후견인·피한정후견인 또는 파산선고를 받은 자로서 복권되지 아니한 자(2016.5.29 본호개정)
2. 금고 이상의 실형의 선고를 받고 그 집행이 종료(집행이 종료된 것으로 보는 경우를 포함한다)되거나 집행이 면제된 날부터 5년이 경과되지 아니한 자

3. 금고 이상의 형의 집행유예선고를 받고 그 유예기간이 만료된 날부터 2년이 경과되지 아니한 자
4. 금고 이상의 형의 선고유예를 받고 그 유예기간 중에 있는 자
5. 다른 법률 또는 법원의 판결에 의하여 자격이 정지 또는 상실된 자
⑤ 관리위원회는 재적위원 과반수의 출석과 출석위원 과반수의 찬성으로 의결한다.
⑥ 관리위원회의 설치·조직 및 운영, 관리위원의 자격요건·신분보장 및 징계 등에 관하여는 대법원규칙으로 정한다.
⑦ 관리위원은 「형법」 그 밖의 법률의 규정에 의한 벌칙의 적용에 있어서는 이를 공무원으로 본다.

제17조【관리위원회의 업무 및 권한】 ① 관리위원회는 법원의 지휘를 받아 다음 각 호의 업무를 행한다.
1. 관리인·보전관리인·조사위원·간이조사위원·파산관재인·회생위원 및 국제도산관리인의 선임에 대한 의견의 제시(2014.12.30 본호개정)
2. 관리인·보전관리인·조사위원·간이조사위원·파산관재인 및 회생위원의 업무수행의 적정성에 관한 감독 및 평가(2014.12.30 본호개정)
3. 회생계획안·변제계획안에 대한 심사
4. 채권자협의회의 구성과 채권자에 대한 정보의 제공
5. 이 법의 규정에 의한 절차의 진행상황에 대한 평가
6. 관계인집회 및 채권자집회와 관련된 업무
7. 그 밖에 대법원규칙 또는 법원이 정하는 업무
② 관리위원회는 제1항 각 호의 업무를 효율적으로 수행하기 위하여 관리위원에게 업무의 일부를 위임할 수 있다.
③ 법원은 제2항의 규정에 의하여 업무를 수행하는 관리위원이 그 업무를 수행하는 것이 적절하지 아니하다고 인정하는 때에는 관리위원회에 그 업무를 다른 관리위원에게 위임할 것을 요구할 수 있다.
④ 관리위원회가 설치되어 있지 아니한 때에는 다음 각 호의 사항을 적용하지 아니한다.
1. 제6조제7항, 제18조, 제19조 및 제30조제1항 중 관리위원에 관한 사항
2. 제6조제7항, 제42조, 제43조제1항·제3항·제4항, 제50조제1항, 제62조제2항, 제87조제1항, 제92조, 제114조제4항, 제132조제3항, 제257조제3항·제4항, 제287조제3항, 제288조제2항 및 제355조제1항 중 관리위원회에 관한 사항

제18조【관리위원에 대한 허가사무의 위임】 법원은 제61조제1항 각 호의 행위 중 통상적인 업무에 관한 허가사무 또는 파산절차에 관한 허가사무를 관리위원에게 위임할 수 있다. 이 경우 위임의 범위·절차 등에 관하여 필요한 사항은 대법원규칙으로 정한다.

제19조【관리위원의 행위에 대한 이의신청】 ① 제18조의 규정에 의하여 위임을 받아 관리위원이 행한 결정 또는 처분에 불복하는 자는 관리위원에게 이의신청서를 제출하여야 한다.
② 관리위원은 제1항의 규정에 의한 이의신청이 이유있다고 인정하는 때에는 지체 없이 그에 따른 상당한 처분을 하고 이를 법원에 통지하여야 한다.
③ 관리위원은 제1항의 규정에 의한 이의신청이 이유없다고 인정하는 때에는 이의신청서를 제출받은 날부터 3일 이내에 이의신청서를 법원에 송부하여야 한다.
④ 제1항의 규정에 의한 이의신청은 집행정지의 효력이 없다.
⑤ 법원은 제3항의 규정에 의하여 이의신청서를 송부받은 때에는 이유를 붙여 결정을 하여야 하며, 이의신청이 이유있다고 인정하는 때에는 관리위원에게 상당한 처분을 명하고 그 뜻을 이의신청인에게 통지하여야 한다.

제19조의2【보고서의 발간 및 국회 상임위원회 보고】 ① 회생법원장은 관리위원회를 통한 관리·감독 업무에 관한 실적을 매년 법원행정처장에게 보고하여야 한다.
② 법원행정처장은 제1항에 따른 관리·감독 업무에 관한 실적과 다음 연도 추진계획을 담은 연간 보고서를 발간하여야 하며, 그 보고서는 국회 소관 상임위원회에 보고하여야 한다.
(2016.12.27 본조신설)

제20조【채권자협의회의 구성】 ① 관리위원회(관리위원회가 설치되지 아니한 때에는 법원을 말한다. 이하 이 조에서 같다)는 회생절차개시신청·간이회생절차개시신청 또는 파산신청이 있은 후 채무자의 주요채권자를 구성원으로 하는 채권자협의회를 구성하여야 한다. 다만, 채무자가 개인 또는 「중소기업기본법」 제2조제1항의 규정에 의한 중소기업자(이하 "중소기업자"라 한다)인 때에는 채권자협의회를 구성하지 아니할 수 있다.(2014.12.30 본문개정)
② 채권자협의회는 10인 이내로 구성한다.
③ 관리위원회는 필요하다고 인정하는 때에는 소액채권자를 채권자협의회의 구성원으로 참여하게 할 수 있다.
④ 제1항의 경우 채무자의 주요채권자는 관리위원회에 채권자협의회 구성에 관한 의견을 제시할 수 있다.(2016.5.29 본항신설)

제21조【채권자협의회의 기능 등】 ① 채권자협의회는 채권자간의 의견을 조정하여 다음 각 호의 행위를 할 수 있다.
1. 회생절차 및 파산절차에 관한 의견의 제시
2. 관리인·파산관재인 및 보전관리인의 선임 또는 해임에 관한 의견의 제시
3. 법인인 채무자의 감사(「상법」 제415조의2의 규정에 의한 감사위원회의 위원을 포함한다. 이하 같다) 선임에 대한 의견의 제시
4. 회생계획인가 후 회사의 경영상태에 관한 실사의 청구
5. 그 밖에 법원이 요구하는 회생절차 및 파산절차에 관한 사항
6. 그 밖에 대통령령이 정하는 행위
② 채권자협의회의 의사는 출석한 구성원 과반수의 찬성으로 결정한다.
③ 법원은 결정으로 채권자협의회의 활동에 필요한 비용을 채무자에게 부담시킬 수 있다.
④ 채권자협의회의 구성 및 운영에 관하여 필요한 사항은 대법원규칙으로 정한다.
⑤ 채권자협의회가 구성되어 있지 아니한 때에는 제50조제1항·제62조제2항·제132조제3항·제203조제4항·제259조·제287조제3항 및 제288조제2항 중 채권자협의회에 관한 사항은 적용하지 아니한다.

제22조【채권자협의회에 대한 자료제공】 ① 법원은 회생절차 또는 파산절차의 신청에 관한 서류·결정서·감사보고서 그 밖에 대법원규칙이 정하는 주요자료의 사본을 채권자협의회에 제공하여야 한다.
② 관리인 또는 파산관재인은 법원에 대한 보고서류 중 법원이 지정하는 주요서류를 채권자협의회에 분기별로 제출하여야 한다.
③ 채권자협의회는 대법원규칙이 정하는 바에 따라 관리인 또는 파산관재인에게 필요한 자료의 제공을 청구할 수 있다.
④ 제3항의 규정에 의하여 자료제공을 요청받은 자는 대법원규칙이 정하는 바에 따라 자료를 제공하여야 한다.
⑤ 채권자협의회에 속하지 아니하는 채권자의 요청이 있는 때에는 채권자협의회는 제1항 내지 제3항의 규정에 의하여 제공받은 자료를 제공하여야 한다.

제22조의2【신규자금대여자의 의견제시권한 및 그에 대한 자료제공】 ① 제179조제1항제5호 및 제12호에 따라 자금을 대여한 공익채권자는 다음 각 호의 행위를 할 수 있다.

1. 채무자의 영업 또는 사업의 전부 또는 중요한 일부를 양도하는 것에 대한 의견의 제시
2. 회생계획안에 대한 의견의 제시
3. 회생절차의 폐지 또는 종결에 대한 의견의 제시
② 제179조제1항제5호 및 제12호에 따라 자금을 대여한 공익채권자는 대법원규칙으로 정하는 바에 따라 관리인에게 필요한 자료의 제공을 청구할 수 있다. 이 경우 관리인은 대법원규칙으로 정하는 바에 따라 자료를 제공하여야 한다.
(2016.5.29 본조신설)

제23조【법인에 관한 등기의 촉탁】 ① 법인인 채무자에 대하여 다음 각 호의 어느 하나에 해당하는 사유가 있는 경우에는 법원사무관등은 직권으로 지체 없이 촉탁서에 결정서의 등본 또는 초본 등 관련 서류를 첨부하여 채무자의 주된 사무소 및 영업소(외국에 주된 사무소 또는 영업소가 있는 때에는 대한민국에 있는 사무소 또는 영업소를 말한다. 이하 이 조에서 같다)의 소재지의 등기소에 그 등기를 촉탁하여야 한다.(2024.9.20 본문개정)
1. 회생절차개시(제293조의5제4항에 따라 회생절차가 속행된 경우를 포함한다)·간이회생절차개시 또는 파산선고의 결정이 있는 경우(2014.12.30 본호개정)
2. 회생절차개시결정취소·간이회생절차개시결정취소, 회생절차폐지·간이회생절차폐지 또는 회생계획불인가의 결정이 확정된 경우(2014.12.30 본호개정)
3. 회생계획인가 또는 회생절차종결·간이회생절차종결의 결정이 있는 경우(2014.12.30 본호개정)
4. 제265조 및 제266조에 따른 신주발행, 제267조 및 제268조에 따른 사채발행, 제269조에 따른 주식의 포괄적 교환, 제270조에 따른 주식의 포괄적 이전, 제271조에 따른 합병, 제272조에 따른 분할 또는 분할합병이나 제273조 및 제274조에 따른 신회사의 설립이 있는 경우(2024.2.13 본호개정)
5. 파산취소·파산폐지 또는 파산종결의 결정이 있는 경우
② 법인인 채무자에 대하여 제43조제3항, 제74조제1항·제3항, 제355조 또는 제636조제1항제4호에 따른 처분이 있는 때에는 법원사무관등은 직권으로 지체 없이 촉탁서에 그 처분의 등본 또는 초본을 첨부하여 그 처분의 등기를 채무자의 주된 사무소 및 영업소의 소재지의 등기소에 촉탁하여야 한다. 등기된 처분이 변경 또는 취소된 때에도 또한 같다.
(2024.9.20 전단개정)
③ 제2항에 따른 처분의 등기(제74조제3항 본문에 따른 처분의 등기는 제외한다)에는 관리인·보전관리인·파산관재인 또는 국제도산관리인의 성명 또는 명칭과 주소 또는 사무소를 기재하여야 한다. 이 경우 기재사항이 변경된 때에는 법원사무관등은 지체 없이 그 변경의 등기를 채무자의 주된 사무소 및 영업소의 소재지의 등기소에 촉탁하여야 한다.
(2024.9.20 후단개정)
④ 제2항에 따른 처분의 등기 중 제74조제3항 본문에 따른 처분의 등기를 촉탁할 때에는 법인인 채무자의 대표자를 관리인으로 본다는 취지의 등기를 함께 촉탁하여야 한다. 이 경우 그 대표자의 성명 또는 주소가 변경된 때에는 법원사무관등은 지체 없이 그 변경의 등기를 채무자의 주된 사무소 및 영업소의 소재지의 등기소에 촉탁하여야 한다.
(2024.9.20 후단개정)
⑤ 법원사무관등은 제1항부터 제4항까지에서 규정한 사항 외에 회생계획의 수행이나 이 법의 규정에 따라 회생절차 또는 파산절차가 종료되기 전에 법인인 채무자나 신회사에 관하여 등기할 사항이 생긴 경우에는 직권으로 지체 없이 촉탁서에 결정서의 등본 또는 초본 등 관련 서류를 첨부하여 채무자의 주된 사무소 및 영업소의 소재지의 등기소에 그 등기를 촉탁하여야 한다.(2024.9.20 본항개정)
⑥ 제5항에 따른 등기사항의 유형 및 범위 등에 관하여 필요한 사항은 대법원규칙으로 정한다.(2024.2.13 본항신설)

제24조【등기된 권리에 관한 등기 등의 촉탁】 ① 다음 각 호의 경우 법원사무관등은 직권으로 지체 없이 촉탁서에 결정서의 등본 또는 초본을 첨부하여 회생절차개시·간이회생절차개시의 등기 또는 그 보전처분의 등기를 촉탁하여야 한다. 제2호 또는 제3호의 보전처분이 변경 또는 취소되거나 효력을 상실한 때에도 또한 같다.(2014.12.30 전단개정)
1. 법인이 아닌 채무자에 대하여 회생절차개시 또는 간이회생절차개시의 결정이 있는 경우 그 채무자의 재산에 속하는 권리 중에 등기된 것이 있는 때(2014.12.30 본호개정)
2. 처분대상인 채무자의 재산에 속하는 권리로서 등기된 것에 관하여 제43조제1항의 규정에 의한 보전처분이 있는 때
3. 등기된 권리에 관하여 제114조제1항 또는 제3항의 규정에 의한 보전처분이 있는 때
② 법원은 회생계획의 수행이나 이 법의 규정에 의하여 회생절차가 종료되기 전에 등기된 권리의 득실이나 변경이 생긴 경우에는 직권으로 지체 없이 그 등기를 촉탁하여야 한다. 다만, 채무자·채권자·담보권자·주주·지분권자와 신회사 외의 자를 권리자로 하는 등기의 경우에는 그러하지 아니하다.
③ 법원사무관등은 다음 각 호의 어느 하나에 해당하는 때에는 직권으로 지체 없이 촉탁서에 결정서의 등본 또는 초본을 첨부하여 파산등기 또는 보전처분의 등기를 촉탁하여야 한다. 제3호 또는 제4호의 보전처분이 변경 또는 취소되거나 효력을 상실한 때에도 또한 같다.
1. 법인이 아닌 파산선고를 받은 채무자에 관한 등기가 있는 것을 안 때
2. 법인이 아닌 파산선고를 받은 채무자의 파산재단에 속하는 권리로서 등기된 것이 있음을 안 때
3. 채무자의 재산에 속하는 권리로서 등기된 것에 관하여 제323조제1항에 따른 보전처분이 있는 때
4. 등기된 권리에 관하여 제351조제1항 또는 제3항에 따른 보전처분이 있는 때
(2024.2.13 본항개정)
④ 법원사무관등은 파산관재인이 파산등기가 되어 있는 권리를 파산재단으로부터 포기하고 그 등기촉탁의 신청을 하는 경우에는 촉탁서에 권리포기허가서의 등본을 첨부하여 권리포기의 등기를 촉탁하여야 한다.
⑤ 제1항 및 제3항의 규정은 제23조제1항제1호 내지 제3호·제5호의 경우에 관하여 준용한다.
⑥ 법원사무관등은 채무자의 재산에 속하는 권리로서 등기된 것에 대하여 개인회생절차에 의한 보전처분 및 그 취소 또는 변경이 있는 때에는 직권으로 지체 없이 촉탁서에 결정서의 등본 또는 초본을 첨부하여 그 처분의 등기를 촉탁하여야 한다.
⑦ 법원사무관등은 제636조제1항제3호 또는 제4호의 규정에 의한 처분이 있는 경우 채무자의 재산에 속하는 권리로서 등기된 것이 있음을 안 때에는 직권으로 지체 없이 촉탁서에 결정서의 등본 또는 초본을 첨부하여 그 처분의 등기를 촉탁하여야 한다. 제635조제1항의 규정에 의하여 외국도산절차의 승인결정 전에 제636조제1항제3호의 처분이 있는 경우에도 또한 같다.

제25조【등기소의 직무】 ① 등기소는 제23조 또는 제24조의 규정에 의한 등기의 촉탁을 받은 때에는 지체 없이 그 등기를 하여야 한다.
② 등기소는 회생계획인가의 등기를 하는 경우 채무자에 대하여 파산등기가 있는 때에는 직권으로 그 등기를 말소하여야 한다.
③ 등기소는 회생계획인가취소의 등기를 하는 경우 제2항의 규정에 의하여 말소한 등기가 있는 때에는 직권으로 그 등기를 회복하여야 한다.
④ (2024.2.13 삭제)
(2024.2.13 본조제목개정)

제26조【부인의 등기】 ① 등기의 원인인 행위가 부인된 때에는 관리인, 파산관재인 또는 개인회생절차에서의 부인권자는 부인의 등기를 신청하여야 한다. 등기가 부인된 때에도 또한 같다.
② (2024.2.13 삭제)
③ 제23조제1항제1호 내지 제3호 및 제5호의 규정은 제1항의 경우에 관하여 준용한다.
④ 법원은 관리인 또는 파산관재인이 제1항의 부인의 등기가 된 재산을 임의매각한 경우에 그 임의매각을 원인으로 하는 등기가 된 때에는 이해관계인의 신청에 의하여 제1항의 부인의 등기, 부인된 행위를 원인으로 하는 등기, 부인된 등기 및 위 각 등기의 뒤에 되어 있는 등기로서 회생채권자 또는 파산채권자에게 대항할 수 없는 것의 말소를 촉탁하여야 한다.
제27조【등록된 권리에의 준용】 제24조부터 제26조까지는 채무자의 재산, 제114조제1항이나 제351조제1항에 따른 이사등의 재산, 파산재단 또는 개인회생재단에 속하는 권리로서 등록된 것에 관하여 준용한다.(2024.2.13 본조개정)
제28조【사건기록의 열람 등】 ① 이해관계인은 법원에 사건기록(문서 그 밖의 물건을 포함한다)의 열람·복사, 재판서·조서의 정본·등본이나 초본의 교부 또는 사건에 관한 증명서의 교부를 청구할 수 있다.
② 제1항의 규정은 사건기록 중 녹음테이프 또는 비디오테이프(이에 준하는 방법에 의하여 일정한 사항을 기록한 물건을 포함한다. 이하 이 조에서 같다)에 관하여는 적용하지 아니한다. 다만, 이해관계인의 신청이 있는 때에는 법원은 그 복제를 허용할 수 있다.
③ 제1항 및 제2항의 규정에 불구하고 다음 각 호의 자는 해당 각 호의 각 목에서 정하는 재판의 어느 하나가 있을 때까지는 제1항 및 제2항의 규정에 의한 신청을 할 수 없다. 다만, 그 자가 회생절차개시 또는 간이회생절차개시의 신청인인 때에는 그러하지 아니하다.(2014.12.30 본문개정)
1. 채무자 외의 이해관계인
  가. 제43조제1항의 규정에 의한 보전처분
  나. 제43조제3항의 규정에 의한 보전관리명령
  다. 제44조제1항의 규정에 의한 중지명령
  라. 제45조제1항의 규정에 의한 포괄적 금지명령
  마. 회생절차개시 또는 간이회생절차개시의 신청에 대한 재판(2014.12.30 본목개정)
2. 채무자
  가. 제1호 각 목의 재판
  나. 회생절차개시 또는 간이회생절차개시의 신청에 관한 변론기일의 지정(2014.12.30 본목개정)
  다. 채무자를 소환하는 심문기일의 지정
④ 법원은 채무자의 사업유지 또는 회생에 현저한 지장을 초래할 우려가 있거나 채무자의 재산에 현저한 손해를 줄 우려가 있는 때에는 제1항 및 제2항의 규정에 의한 열람·복사, 정본·등본이나 초본의 교부 또는 녹음테이프 또는 비디오테이프의 복제를 허가하지 아니할 수 있다.
⑤ 제4항의 규정에 의한 불허가결정에 대하여는 즉시항고를 할 수 있다.
제29조【채무자의 재산 등에 관한 조회】 ① 법원은 필요한 경우 관리인·파산관재인 그 밖의 이해관계인의 신청에 의하거나 직권으로 채무자의 재산 및 신용에 관한 전산망을 관리하는 공공기관·금융기관·단체 등에 채무자명의의 재산에 관하여 조회할 수 있다.
② 면책의 효력을 받을 이해관계인이 제1항의 규정에 의한 신청을 하는 때에는 조회할 공공기관·금융기관 또는 단체를 특정하여야 한다. 이 경우 법원은 조회에 드는 비용을 미리 납부하도록 명하여야 한다.
③ 제1항의 규정에 의한 조회에 관하여는 「민사집행법」 제74조(재산조회)제3항·제4항 및 제75조(재산조회의 결과 등) 제1항의 규정을 준용한다.
④ 제1항 내지 제3항의 규정에 따라 조회를 할 공공기관·금융기관 또는 단체 등의 범위 및 조회절차, 이해관계인이 납부하여야 할 비용, 조회결과의 관리에 관한 사항 등은 대법원규칙으로 정한다.
제30조【관리인 등의 보수 등】 ① 다음 각 호의 자는 비용을 미리 받거나 보수 또는 특별보상금을 받을 수 있다. 이 경우 보수 및 특별보상금의 액은 법원이 정한다.
1. 관리인·관리인대리·보전관리인·파산관재인·파산관재인대리
2. 조사위원·간이조사위원·회생위원·고문(2014.12.30 본호개정)
3. 그 직무를 수행하는 관리위원
② 제1항의 규정에 의한 보수 및 특별보상금은 그 직무와 책임에 상응한 것이어야 한다.
③ 제1항의 규정에 의한 결정에 대하여는 즉시항고를 할 수 있다.
제31조【대리위원 등의 보상금 등】 ① 법원은 다음 각 호의 자에 대하여 적절한 범위 안에서 비용을 상환하거나 보상금을 지급할 것을 허가할 수 있다. 이 경우 비용 또는 보상금의 액은 법원이 정한다.
1. 회생절차에서 회생에 공적이 있는 채권자·담보권자·주주·지분권자나 그 대리위원 또는 대리인
2. 파산절차에서 파산재단의 관리 또는 환가에 공적이 있는 자
② 제1항의 규정에 의한 결정에 대하여는 즉시항고를 할 수 있다.
제32조【시효의 중단】 다음 각 호의 경우에는 시효중단의 효력이 있다.
1. 제147조의 목록의 제출 그 밖의 회생절차참가. 다만, 그 목록에 기재되어 있지 아니한 회생채권자 또는 회생담보권자가 그 신고를 취하하거나 그 신고가 각하된 때에는 그러하지 아니하다.
2. 파산절차참가. 다만, 파산채권자가 그 신고를 취하하거나 그 신고가 각하된 때에는 그러하지 아니하다.
3. 제589조제2항의 개인회생채권자목록의 제출 그 밖의 개인회생절차참가. 다만, 그 목록에 기재되어 있지 아니한 개인회생채권자가 그 조사확정재판신청을 취하하거나 그 신청이 각하된 때에는 그러하지 아니하다.

판례 개인회생절차에서 변제계획인가결정이 있더라도 변제계획에 따른 권리의 변경은 면책결정이 확정되기까지는 생기지 않는다. 변제계획인가결정만으로는 시효중단의 효력에 영향이 없고, 이와 같은 시효중단의 효력은 연대보증인에게도 미친다.
(대판 2019.8.30, 2019다235528)

제32조의2【차별적 취급의 금지】 누구든지 이 법에 따른 회생절차·파산절차 또는 개인회생절차 중에 있다는 이유로 정당한 사유 없이 취업의 제한 또는 해고 등 불이익한 처우를 받지 아니한다.(2006.3.24 본조신설)
제33조【「민사소송법」 및 「민사집행법」의 준용】 회생절차·파산절차·개인회생절차 및 국제도산절차에 관하여 이 법에 규정이 없는 때에는 「민사소송법」 및 「민사집행법」을 준용한다.

제2편 회생절차

제1장 회생절차의 개시

제1절 회생절차개시의 신청

제34조【회생절차개시의 신청】 ① 다음 각 호의 어느 하나에 해당하는 경우 채무자는 법원에 회생절차개시의 신청을 할 수 있다.

1. 사업의 계속에 현저한 지장을 초래하지 아니하고는 변제기에 있는 채무를 변제할 수 없는 경우
2. 채무자에게 파산의 원인인 사실이 생길 염려가 있는 경우
② 제1항제2호의 경우에는 다음 각 호의 구분에 따라 당해 각 호의 각 목에서 정하는 자도 회생절차개시를 신청할 수 있다.
1. 채무자가 주식회사 또는 유한회사인 때
가. 자본의 10분의 1 이상에 해당하는 채권을 가진 채권자
나. 자본의 10분의 1 이상에 해당하는 주식 또는 출자지분을 가진 주주·지분권자
2. 채무자가 주식회사 또는 유한회사가 아닌 때
가. 5천만원 이상의 금액에 해당하는 채권을 가진 채권자
나. 합명회사·합자회사 그 밖의 법인 또는 이에 준하는 자에 대하여는 출자총액의 10분의 1 이상의 출자지분을 가진 지분권자
③ 법원은 제2항의 규정에 의하여 채권자·주주·지분권자가 회생절차개시의 신청을 한 때에는 채무자에게 경영 및 재산상태에 관한 자료를 제출할 것을 명할 수 있다.

제35조【파산신청의무와 회생절차개시의 신청】 ① 채무자의 청산인은 다른 법률에 의하여 채무자에 대한 파산을 신청하여야 하는 때에도 회생절차개시의 신청을 할 수 있다.
② 청산 중이거나 파산선고를 받은 회사인 채무자가 회생절차개시의 신청을 하는 때에는 「상법」 제229조(회사의 계속) 제1항, 제285조(해산, 계속)제2항, 제519조(회사의 계속) 또는 제610조(회사의 계속)의 규정을 준용한다.

제36조【신청서】 회생절차개시의 신청은 다음 각 호의 사항을 기재한 서면으로 하여야 한다.
1. 신청인 및 그 법정대리인의 성명 및 주소
2. 채무자가 개인인 경우에는 채무자의 성명·주민등록번호(주민등록번호가 없는 사람의 경우에는 외국인등록번호 또는 국내거소번호를 말한다. 이하 같다) 및 주소
3. 채무자가 개인이 아닌 경우에는 채무자의 상호, 주된 사무소 또는 영업소(외국에 주된 사무소 또는 영업소가 있는 때에는 대한민국에 있는 주된 사무소 또는 영업소를 말한다)의 소재지, 채무자의 대표자(외국에 주된 사무소 또는 영업소가 있는 때에는 대한민국에서의 대표자를 말한다. 이하 같다)의 성명
4. 신청의 취지
5. 회생절차개시의 원인
6. 채무자의 사업목적과 업무의 상황
7. 채무자의 발행주식 또는 출자지분의 총수, 자본의 액과 자산, 부채 그 밖의 재산상태
8. 채무자의 재산에 관한 다른 절차 또는 처분으로서 신청인이 알고 있는 것
9. 회생계획에 관하여 신청인에게 의견이 있는 때에는 그 의견
10. 채권자가 회생절차개시를 신청하는 때에는 그가 가진 채권의 액과 원인
11. 주주·지분권자가 회생절차개시를 신청하는 때에는 그가 가진 주식 또는 출자지분의 수 또는 액

제37조【서류의 비치】 회생절차개시의 신청에 관한 서류는 이해관계인의 열람을 위하여 법원에 비치하여야 한다.

제38조【소명】 ① 회생절차개시의 신청을 하는 자는 회생절차개시의 원인인 사실을 소명하여야 한다. 이 경우 채무자에 대하여 제628조제1호의 규정에 의한 외국도산절차가 진행되고 있는 때에는 그 채무자에게 파산의 원인인 사실이 있는 것으로 추정한다.
② 채권자·주주·지분권자가 회생절차개시의 신청을 하는 때에는 그가 가진 채권의 액 또는 주식이나 출자지분의 수 또는 액도 소명하여야 한다.

제39조【비용의 예납 등】 ① 회생절차개시의 신청을 하는 때에는 신청인은 회생절차의 비용을 미리 납부하여야 한다.
② 제1항의 규정에 의한 비용은 사건의 대소 등을 고려하여 법원이 정한다. 이 경우 채무자 외의 자가 신청을 하는 때에는 회생절차개시 후의 비용에 관하여 채무자의 재산에서 지급할 수 있는 금액도 고려하여야 한다.
③ 채무자 외의 자가 회생절차개시를 신청하여 회생절차개시결정이 있는 때에는 신청인은 채무자의 재산으로부터 제1항의 규정에 의하여 납부한 비용을 상환받을 수 있다.
④ 제3항의 규정에 의한 신청인의 비용상환청구권은 공익채권으로 한다.

제39조의2【회생절차의 진행에 관한 법원의 감독 등】 ① 법원은 채권자 일반의 이익과 채무자의 회생 가능성을 해하지 아니하는 범위에서 회생절차를 신속·공정하고 효율적으로 진행하여야 한다.
② 법원은 필요하다고 인정하는 경우 이해관계인의 신청이나 직권으로 다음 각 호의 조치를 취할 수 있다.
1. 회생절차의 진행에 관한 이해관계인과의 협의
2. 회생절차의 진행에 관한 일정표의 작성·운용
3. 채무자, 관리인 또는 보전관리인에게 다음 각 목의 사항에 관한 보고 또는 자료 제출의 요청
가. 채무자의 업무 및 재산의 관리 상황
나. 회생절차의 진행 상황
다. 제179조제1항제5호 및 제12호에 따라 차입된 자금의 사용목적이 정하여진 경우 그 자금집행 사항(2016.5.29 본목신설)
라. 그 밖에 채무자의 회생에 필요한 사항
4. 관계인집회의 병합
5. 제98조의2에 따른 관계인설명회의 개최 명령
6. 그 밖에 채무자의 회생에 필요한 조치
(2014.12.30 본조신설)

제40조【감독행정청에의 통지 등】 ① 주식회사인 채무자에 대하여 회생절차개시의 신청이 있는 때에는 법원은 다음 각 호의 자에게 그 뜻을 통지하여야 한다.
1. 채무자의 업무를 감독하는 행정청
2. 금융위원회(2008.2.29 본호개정)
3. 채무자의 주된 사무소 또는 영업소(외국에 주된 사무소 또는 영업소가 있는 때에는 대한민국에 있는 주된 사무소 또는 영업소를 말한다)의 소재지를 관할하는 세무서장
② 법원은 필요하다고 인정하는 때에는 다음 각 호의 어느 하나에 해당하는 자에 대하여 회생절차에 관한 의견의 진술을 요구할 수 있다.
1. 채무자의 업무를 감독하는 행정청
2. 금융위원회(2008.2.29 본호개정)
3. 「국세징수법」 또는 「지방세징수법」에 의하여 징수할 수 있는 청구권(국세징수의 예, 국세 또는 지방세 체납처분의 예에 의하여 징수할 수 있는 청구권으로서 그 징수우선순위가 일반 회생채권보다 우선하는 것을 포함한다)에 관하여 징수의 권한을 가진 자(2016.12.27 본호개정)
③ 제2항 각 호의 어느 하나에 해당하는 자는 법원에 대하여 회생절차에 관하여 의견을 진술할 수 있다.

제41조【심문】 ① 회생절차개시의 신청이 있는 때에는 법원은 채무자 또는 그 대표자를 심문하여야 한다.
② 제1항의 규정에 불구하고 다음 각 호의 사유가 있는 때에는 심문을 하지 아니할 수 있다.
1. 채무자 또는 그 대표자가 외국에 거주하여 채무자에 대한 심문이 절차를 현저히 지체시킬 우려가 있는 때
2. 채무자 또는 그 대표자의 소재를 알 수 없는 때

제42조【회생절차개시신청의 기각사유】 다음 각 호의 어느 하나에 해당하는 경우 법원은 회생절차개시의 신청을 기각하여야 한다. 이 경우 관리위원회의 의견을 들어야 한다.
1. 회생절차의 비용을 미리 납부하지 아니한 경우
2. 회생절차개시신청이 성실하지 아니한 경우

3. 그 밖에 회생절차에 의함이 채권자 일반의 이익에 적합하지 아니한 경우

제43조【가압류·가처분 그 밖의 보전처분】 ① 법원은 회생절차개시의 신청이 있는 때에는 이해관계인의 신청에 의하거나 직권으로 회생절차개시신청에 대한 결정이 있을 때까지 채무자의 업무 및 재산에 관하여 가압류·가처분 그 밖에 필요한 보전처분을 명할 수 있다. 이 경우 법원은 관리위원회의 의견을 들어야 한다.

② 이해관계인이 제1항의 규정에 의한 보전처분을 신청한 때에는 법원은 신청일부터 7일 이내에 보전처분 여부를 결정하여야 한다.

③ 법원은 제1항의 규정에 의한 보전처분 외에 필요하다고 인정하는 때에는 관리위원회의 의견을 들어 보전관리인에 의한 관리를 명할 수 있다. 이 경우 법원은 1인 또는 여럿의 보전관리인을 선임하여야 한다.

④ 법원은 관리위원회의 의견을 들어 제1항의 규정에 의한 보전처분 또는 제3항의 규정에 의한 보전관리명령을 변경하거나 취소할 수 있다.

⑤ 제1항·제3항 및 제4항의 규정에 의한 재판 및 그 신청을 기각하는 재판은 결정으로 한다.

⑥ 제5항의 규정에 의한 결정에 대하여는 즉시항고를 할 수 있다.

⑦ 제6항의 즉시항고는 집행정지의 효력이 없다.

⑧ 법원은 제3항의 규정에 의한 보전관리명령을 하거나 이를 변경 또는 취소한 때에는 이를 공고하여야 한다.

제44조【다른 절차의 중지명령 등】 ① 법원은 회생절차개시의 신청이 있는 경우 필요하다고 인정하는 때에는 이해관계인의 신청에 의하거나 직권으로 회생절차개시의 신청에 대한 결정이 있을 때까지 다음 각 호의 어느 하나에 해당하는 절차의 중지를 명할 수 있다. 다만, 제2호의 규정에 의한 절차의 경우 그 절차의 신청인인 회생채권자 또는 회생담보권자에게 부당한 손해를 끼칠 염려가 있는 때에는 그러하지 아니하다.

1. 채무자에 대한 파산절차
2. 회생채권 또는 회생담보권에 기한 강제집행, 가압류, 가처분 또는 담보권실행을 위한 경매절차(이하 "회생채권 또는 회생담보권에 기한 강제집행등"이라 한다)로서 채무자의 재산에 대하여 이미 행하여지고 있는 것
3. 채무자의 재산에 관한 소송절차
4. 채무자의 재산에 관하여 행정청에 계속되어 있는 절차
5. 「국세징수법」 또는 「지방세징수법」에 의한 체납처분, 국세징수의 예(국세 또는 지방세 체납처분의 예를 포함한다. 이하 같다)에 의한 체납처분 또는 조세채무담보를 위하여 제공된 물건의 처분. 이 경우 징수의 권한을 가진 자의 의견을 들어야 한다.(2016.12.27 전단개정)

② 제1항제5호의 규정에 의한 처분의 중지기간 중에는 시효는 진행하지 아니한다.

③ 법원은 제1항의 규정에 의한 중지명령을 변경하거나 취소할 수 있다.

④ 법원은 채무자의 회생을 위하여 특히 필요하다고 인정하는 때에는 채무자(보전관리인이 선임되어 있는 때에는 보전관리인을 말한다)의 신청에 의하거나 직권으로 중지된 회생채권 또는 회생담보권에 기한 강제집행등의 취소를 명할 수 있다. 이 경우 법원은 담보를 제공하게 할 수 있다.

제45조【회생채권 또는 회생담보권에 기한 강제집행등의 포괄적 금지명령】 ① 법원은 회생절차개시의 신청이 있는 경우 제44조제1항의 규정에 의한 중지명령에 의하여는 회생절차의 목적을 충분히 달성하지 못할 우려가 있다고 인정할 만한 특별한 사정이 있는 때에는 이해관계인의 신청에 의하거나 직권으로 회생절차개시의 신청에 대한 결정이 있을 때까지 모든 회생채권자 및 회생담보권자에 대하여 회생채권 또는 회생담보권에 기한 강제집행등의 금지를 명할 수 있다.

② 제1항의 규정에 의한 금지명령(이하 "포괄적 금지명령"이라 한다)을 할 수 있는 경우는 채무자의 주요한 재산에 관하여 다음 각 호의 처분 또는 명령이 이미 행하여졌거나 포괄적 금지명령과 동시에 다음 각 호의 처분 또는 명령을 행하는 경우에 한한다.

1. 제43조제1항의 규정에 의한 보전처분
2. 제43조제3항의 규정에 의한 보전관리명령

③ 포괄적 금지명령이 있는 때에는 채무자의 재산에 대하여 이미 행하여진 회생채권 또는 회생담보권에 기한 강제집행등은 중지된다.

④ 법원은 포괄적 금지명령을 변경하거나 취소할 수 있다.

⑤ 법원은 채무자의 사업의 계속을 위하여 특히 필요하다고 인정하는 때에는 채무자(보전관리인이 선임되어 있는 때에는 보전관리인을 말한다)의 신청에 의하여 제3항의 규정에 의하여 중지된 회생채권 또는 회생담보권에 기한 강제집행등의 취소를 명할 수 있다. 이 경우 법원은 담보를 제공하게 할 수 있다.

⑥ 포괄적 금지명령, 제4항의 규정에 의한 결정 및 제5항의 규정에 의한 취소명령에 대하여는 즉시항고를 할 수 있다.

⑦ 제6항의 즉시항고는 집행정지의 효력이 없다.

⑧ 포괄적 금지명령이 있는 때에는 그 명령이 효력을 상실한 날의 다음 날부터 2월이 경과하는 날까지 회생채권 및 회생담보권에 대한 시효는 완성되지 아니한다.

제46조【포괄적 금지명령에 관한 공고 및 송달 등】 ① 포괄적 금지명령이나 이를 변경 또는 취소하는 결정이 있는 때에는 법원은 이를 공고하고 그 결정서를 채무자(보전관리인이 선임되어 있는 때에는 보전관리인을 말한다) 및 신청인에게 송달하여야 하며, 그 결정의 주문을 기재한 서면을 법원이 알고 있는 회생채권자·회생담보권자 및 채무자(보전관리인이 선임되어 있는 때에 한한다)에게 송달하여야 한다.

② 포괄적 금지명령 및 이를 변경 또는 취소하는 결정은 채무자(보전관리인이 선임되어 있는 때에는 보전관리인을 말한다)에게 결정서가 송달된 때부터 효력을 발생한다.

③ 제45조제5항의 규정에 의한 취소명령과 같은 조 제6항의 즉시항고에 대한 재판(포괄적 금지명령을 변경 또는 취소하는 결정을 제외한다)이 있는 때에는 법원은 그 결정서를 당사자에게 송달하여야 한다. 이 경우 제10조 및 제11조의 규정은 적용하지 아니한다.

제47조【포괄적 금지명령의 적용 배제】 ① 법원은 포괄적 금지명령이 있는 경우 회생채권 또는 회생담보권에 기한 강제집행등의 신청인인 회생채권자 또는 회생담보권자에게 부당한 손해를 끼칠 우려가 있다고 인정하는 때에는 그 회생채권자 또는 회생담보권자의 신청에 의하여 그 회생채권자 또는 회생담보권자에 대하여 결정으로 포괄적 금지명령의 적용을 배제할 수 있다. 이 경우 그 회생채권자 또는 회생담보권자는 채무자의 재산에 대하여 회생채권 또는 회생담보권에 기한 강제집행등을 할 수 있으며, 포괄적 금지명령이 있기 전에 그 회생채권자 또는 회생담보권자가 행한 회생채권 또는 회생담보권에 기한 강제집행등의 절차는 속행된다.

② 제1항의 규정에 의한 결정을 받은 자에 대하여 제45조제8항의 규정을 적용하는 때에는 제45조제8항 중 "그 명령이 효력을 상실한 날"은 "제47조제1항의 규정에 의한 결정이 있은 날"로 한다.

③ 제1항의 규정에 의한 신청에 관한 재판에 대하여는 즉시항고를 할 수 있다.

④ 제3항의 즉시항고는 집행정지의 효력이 없다.

⑤ 제1항의 규정에 의한 신청에 대한 재판과 제3항의 즉시항고에 대한 재판이 있는 때에는 법원은 그 결정서를 당사자에게 송달하여야 한다. 이 경우 제10조의 규정은 적용하지 아니한다.

제48조【회생절차개시신청 등의 취하의 제한】 ① 회생절차개시의 신청을 한 자는 회생절차개시결정 전에 한하여 그 신청을 취하할 수 있다.
② 다음 각 호의 결정이 있은 후에는 법원의 허가를 받지 아니하면 회생절차개시신청 및 보전처분신청을 취하할 수 없다.
1. 제43조제1항의 규정에 의한 보전처분
2. 제43조제3항의 규정에 의한 보전관리명령
3. 제44조제1항의 규정에 의한 중지명령
4. 제45조제1항의 규정에 의한 포괄적 금지명령

제2절 회생절차개시의 결정

제49조【회생절차개시의 결정】 ① 채무자가 회생절차개시를 신청한 때에는 법원은 회생절차개시의 신청일부터 1월 이내에 회생절차개시 여부를 결정하여야 한다.
② 회생절차개시결정서에는 결정의 연·월·일·시를 기재하여야 한다.
③ 회생절차개시결정은 그 결정시부터 효력이 생긴다.
제50조【회생절차개시결정과 동시에 정하여야 할 사항】
① 법원은 회생절차개시결정과 동시에 관리위원회와 채권자협의회의 의견을 들어 1인 또는 여럿의 관리인을 선임하고 다음 각 호의 사항을 정하여야 한다.
1. 관리인이 제147조제1항에 규정된 목록을 작성하여 제출하여야 하는 기간(제223조제4항에 따른 목록이 제출된 경우는 제외한다). 이 경우 기간은 회생절차개시결정일부터 2주 이상 2월 이하이어야 한다.(2016.5.29 전단개정)
2. 회생채권·회생담보권·주식 또는 출자지분의 신고기간(이하 이 편에서 "신고기간"이라 한다). 이 경우 신고기간은 제1호에 따라 정하여진 제출기간의 말일(제223조제4항에 따른 목록이 제출된 경우에는 회생절차개시결정일)부터 1주 이상 1월 이하이어야 한다.(2016.5.29 후단개정)
3. 목록에 기재되어 있거나 신고된 회생채권·회생담보권의 조사기간(이하 이 편에서 "조사기간"이라 한다). 이 경우 조사기간은 신고기간의 말일부터 1주 이상 1월 이하이어야 한다.(2016.5.29 후단개정)
4. 회생계획안의 제출기간. 이 경우 제출기간은 조사기간의 말일(제223조제1항에 따른 회생계획안이 제출된 경우에는 회생절차개시결정일)부터 4개월 이하(채무자가 개인인 경우에는 조사기간의 말일부터 2개월 이하)여야 한다.
(2016.5.29 후단개정)
② 법원은 특별한 사정이 있는 때에는 제1항제1호부터 제3호까지의 규정에 따른 기일을 늦추거나 기간을 늘일 수 있다.
(2014.12.30 본항개정)
③ 법원은 이해관계인의 신청에 의하거나 직권으로 제1항제4호에 따른 제출기간을 2개월 이내에서 늘일 수 있다. 다만, 채무자가 개인이거나 중소기업자인 경우에는 제출기간의 연장은 1개월을 넘지 못한다.(2014.12.30 본항신설)
제51조【회생절차개시의 공고와 송달】 ① 법원은 회생절차개시의 결정을 한 때에는 지체 없이 다음 각 호의 사항을 공고하여야 한다.
1. 회생절차개시결정의 주문
2. 관리인의 성명 또는 명칭
3. 제50조의 규정에 의하여 정하여진 기간 및 기일
4. 회생절차가 개시된 채무자의 재산을 소지하고 있거나 그에게 채무를 부담하는 자는 회생절차가 개시된 채무자에게 그 재산을 교부하여서는 아니된다는 뜻이나 그 채무자에게 그 채무를 변제하여서는 아니된다는 뜻과 회생절차가 개시된 채무자의 재산을 소지하고 있거나 그에게 채무를 부담하고 있다는 사실을 일정한 기간 안에 관리인에게 신고하여야 한다는 뜻의 명령
5. 제221조와 제223조제1항에 규정된 내용의 취지
(2014.12.30 본호신설)
② 법원은 다음 각 호의 자에게 제1항 각 호의 사항을 기재한 서면을 송달하여야 한다.
1. 관리인
2. 채무자
3. 알고 있는 회생채권자·회생담보권자·주주·지분권자
4. 회생절차가 개시된 채무자의 재산을 소지하고 있거나 그에게 채무를 부담하는 자
③ 제1항 및 제2항의 규정은 제1항제2호 내지 제4호의 사항에 변경이 생긴 경우에 관하여 준용한다. 다만, 조사기간의 변경은 공고하지 아니할 수 있다.
④ 고의 또는 과실로 제1항제4호의 규정에 의한 신고를 게을리한 자는 이로 인하여 채무자의 재산에 생긴 손해를 배상하여야 한다.
제52조【회생절차개시의 통지】 주식회사인 채무자에 대하여 회생절차개시의 결정을 한 때에는 법원은 제51조제1항 각 호의 사항을 채무자의 업무를 감독하는 행정청, 법무부장관과 금융위원회에 통지하여야 한다. 제51조제1항제2호 및 제3호의 사항에 변경이 생긴 경우도 또한 같다.(2008.2.29 본조개정)
제53조【회생절차개시신청에 관한 재판에 대한 즉시항고】
① 회생절차개시의 신청에 관한 재판에 대하여는 즉시항고를 할 수 있다.
② 제43조 내지 제47조의 규정은 회생절차개시신청을 기각하는 결정에 대하여 제1항의 즉시항고가 있는 경우에 관하여 준용한다.
③ 제1항의 규정에 의한 즉시항고는 집행정지의 효력이 없다.
④ 항고법원은 즉시항고의 절차가 법률에 위반되거나 즉시항고가 이유없다고 인정하는 때에는 결정으로 즉시항고를 각하 또는 기각하여야 한다.
⑤ 항고법원은 즉시항고가 이유있다고 인정하는 때에는 원심법원의 결정을 취소하고 사건을 원심법원에 환송하여야 한다.
제54조【회생절차개시결정의 취소】 ① 법원은 회생절차개시결정을 취소하는 결정이 확정된 때에는 즉시 그 주문을 공고하여야 한다.
② 제51조제2항 및 제52조의 규정은 제1항의 경우에 관하여 준용한다.
③ 관리인은 회생절차개시결정을 취소하는 결정이 확정된 때에는 공익채권을 변제하여야 하며, 이의있는 공익채권의 경우에는 그 채권자를 위하여 공탁하여야 한다.
제55조【회생절차개시 후의 자본감소 등】 ① 회생절차개시 이후부터 그 회생절차가 종료될 때까지는 채무자는 회생절차에 의하지 아니하고는 다음 각 호의 행위를 할 수 없다.
1. 자본 또는 출자액의 감소
2. 지분권자의 가입, 신주 또는 사채의 발행
3. 자본 또는 출자액의 증가
4. 주식의 포괄적 교환 또는 주식의 포괄적 이전
5. 합병·분할·분할합병 또는 조직변경
6. 해산 또는 회사의 계속
7. 이익 또는 이자의 배당
② 회생절차개시 이후부터 그 회생절차가 종료될 때까지 회생절차에 의하지 아니하고 법인인 채무자의 정관을 변경하고자 하는 때에는 법원의 허가를 받아야 한다.
제56조【회생절차개시 후의 업무와 재산의 관리】 ① 회생절차개시결정이 있는 때에는 채무자의 업무의 수행과 재산의 관리 및 처분을 하는 권한은 관리인에게 전속한다.
② 개인인 채무자 또는 개인이 아닌 채무자의 이사는 제1항에 규정에 의한 관리인의 권한을 침해하거나 부당하게 그 행사에 관여할 수 없다.
제57조【정보 등의 제공】 관리인은 다음 각 호의 어느 하나에 해당하는 행위를 하고자 하는 자에 대하여는 대법원규칙이 정하는 바에 따라 채무자의 영업·사업에 관한 정보

및 자료를 제공하여야 한다. 다만, 정당한 사유가 있는 때에는 관리인은 정보 및 자료의 제공을 거부할 수 있다.
1. 채무자의 영업, 사업, 중요한 재산의 전부나 일부의 양수
2. 채무자의 경영권을 인수할 목적으로 하는 주식 또는 출자지분의 양수
3. 채무자의 주식의 포괄적 교환, 주식의 포괄적 이전, 합병 또는 분할합병

제58조【다른 절차의 중지 등】 ① 회생절차개시결정이 있는 때에는 다음 각 호의 행위를 할 수 없다.
1. 파산 또는 회생절차개시의 신청
2. 회생채권 또는 회생담보권에 기한 강제집행등
3. 국세징수의 예에 의하여 징수할 수 있는 청구권으로서 그 징수우선순위가 일반 회생채권보다 우선하지 아니한 것에 기한 체납처분

② 회생절차개시결정이 있는 때에는 다음 각 호의 절차는 중지된다.
1. 파산절차
2. 채무자의 재산에 대하여 이미 행한 회생채권 또는 회생담보권에 기한 강제집행등
3. 국세징수의 예에 의하여 징수할 수 있는 청구권으로서 그 징수우선순위가 일반 회생채권보다 우선하지 아니한 것에 기한 체납처분

③ 회생절차개시결정이 있는 때에는 다음 각 호의 기간 중 말일이 먼저 도래하는 기간 동안 회생채권 또는 회생담보권에 기한 채무자의 재산에 대한 「국세징수법」 또는 「지방세징수법」에 의한 체납처분, 국세징수의 예에 의하여 징수할 수 있는 청구권으로서 그 징수우선순위가 일반 회생채권보다 우선하는 것에 기한 체납처분과 조세채무담보를 위하여 제공된 물건의 처분은 할 수 없으며, 이미 행한 처분은 중지된다. 이 경우 법원은 필요하다고 인정하는 때에는 관리인의 신청에 의하거나 직권으로 1년 이내의 범위에서 그 기간을 늘일 수 있다.(2016.12.27 전단개정)
1. 회생절차개시결정이 있는 날부터 회생계획인가가 있는 날까지
2. 회생절차개시결정이 있는 날부터 회생절차가 종료되는 날까지
3. 회생절차개시결정이 있는 날부터 2년이 되는 날까지

④ 제3항의 규정에 의하여 처분을 할 수 없거나 처분이 중지된 기간 중에는 시효는 진행하지 아니한다.

⑤ 법원은 회생에 지장이 없다고 인정하는 때에는 관리인이나 제140조제2항의 청구권에 관하여 징수의 권한을 가진 자의 신청에 의하거나 직권으로 제2항의 규정에 의하여 중지한 절차 또는 처분의 속행을 명할 수 있으며, 회생을 위하여 필요하다고 인정하는 때에는 관리인의 신청에 의하거나 직권으로 담보를 제공하게 하거나 제공하게 하지 아니하고 제2항의 규정에 의하여 중지한 절차 또는 처분의 취소를 명할 수 있다. 다만, 파산절차에 관하여는 그러하지 아니하다.

⑥ 제5항의 규정에 의하여 속행된 절차 또는 처분에 관한 채무자에 대한 비용청구권은 공익채권으로 한다.

제59조【소송절차의 중단 등】 ① 회생절차개시결정이 있는 때에는 채무자의 재산에 관한 소송절차는 중단된다.

② 제1항의 규정에 의하여 중단한 소송절차 중 회생채권 또는 회생담보권과 관계없는 것은 관리인 또는 상대방이 이를 수계할 수 있다. 이 경우 채무자에 대한 소송비용청구권은 공익채권으로 한다.

③ 제2항의 규정에 의한 수계가 있기 전에 회생절차가 종료한 때에는 채무자는 당연히 소송절차를 수계한다.

④ 제2항의 규정에 의한 수계가 있은 후에 회생절차가 종료한 때에는 소송절차는 중단된다. 이 경우 채무자는 소송절차를 수계하여야 한다.

⑤ 제4항의 경우에는 상대방도 소송절차를 수계할 수 있다.

⑥ 제1항 내지 제5항의 규정은 채무자의 재산에 관한 사건으로서 회생절차개시 당시 행정청에 계속되어 있는 것에 관하여 준용한다.

제60조【이송】 ① 회생계속법원(회생사건이 계속되어 있는 회생법원을 말한다. 이하 같다)은 회생절차개시 당시 채무자의 재산에 관한 소송이 다른 법원에 계속되어 있는 때에는 결정으로써 그 이송을 청구할 수 있다. 회생절차개시 후 다른 법원에 계속되어 있게 된 것에 관하여도 또한 같다.(2016.12.27 전단개정)

② 제1항의 결정이 있는 때에는 이송의 청구를 받은 법원은 소송을 회생계속법원에 이송하여야 한다.(2016.12.27 본항개정)

③ 제2항의 규정에 의한 이송은 소송절차의 중단 또는 중지 중에도 할 수 있다.

④ 제1항 내지 제3항의 규정은 상소심법원에 계속되어 있는 소송에 관하여는 적용하지 아니한다.

제61조【법원의 허가를 받아야 하는 행위】 ① 법원은 필요하다고 인정하는 때에는 관리인이 다음 각 호의 어느 하나에 해당하는 행위를 하고자 하는 때에 법원의 허가를 받도록 할 수 있다.
1. 재산의 처분
2. 재산의 양수
3. 자금의 차입 등 차재
4. 제119조의 규정에 의한 계약의 해제 또는 해지
5. 소의 제기
6. 화해 또는 중재계약
7. 권리의 포기
8. 공익채권 또는 환취권의 승인
9. 그 밖에 법원이 지정하는 행위

② 관리인은 법원의 허가를 받지 아니하고는 다음 각 호의 행위를 하지 못한다.
1. 채무자의 영업 또는 재산을 양수하는 행위
2. 채무자에 대하여 자기의 영업 또는 재산을 양도하는 행위
3. 그 밖에 자기 또는 제3자를 위하여 채무자와 거래하는 행위

③ 법원의 허가를 받지 아니하고 한 제1항 각 호 또는 제2항 각 호의 행위는 무효로 한다. 다만, 선의의 제3자에게 대항하지 못한다.

제62조【영업 등의 양도】 ① 회생절차개시 이후 회생계획인가 전이라도 관리인은 채무자의 회생을 위하여 필요한 경우 법원의 허가를 받아 채무자의 영업 또는 사업의 전부 또는 중요한 일부를 양도할 수 있다.

② 제1항의 규정에 의한 허가를 하는 때에는 법원은 다음 각 호의 자의 의견을 들어야 한다.
1. 관리위원회
2. 채권자협의회
3. 채무자의 근로자의 과반수로 조직된 노동조합
4. 제3호의 노동조합이 없는 때에는 채무자의 근로자의 과반수를 대표하는 자

③ 제1항의 규정에 의한 허가를 하는 경우 법원은 양도대가의 사용방법을 정하여야 한다.

④ 제1항의 허가를 하는 경우 주식회사인 채무자의 부채총액이 자산총액을 초과하는 때에는 법원은 관리인의 신청에 의하여 결정으로 「상법」 제374조(영업양도·양수·임대 등) 제1항의 규정에 의한 주주총회의 결의에 갈음하게 할 수 있다. 이 경우 「상법」 제374조(영업양도·양수·임대 등)제2항 및 제374조의2(반대주주의 주식매수청구권)와 「자본시장과 금융투자업에 관한 법률」 제165조의5(주식매수청구권의 특례)의 규정은 적용하지 아니한다.(2014.5.20 후단개정)

⑤ 제61조제3항의 규정은 제1항의 규정에 의한 허가를 받지 아니하고 행한 행위에 관하여 준용한다.

제63조【주식회사의 영업 등의 양도에 대한 허가결정의 송달 등】 ① 법원은 제62조제4항의 규정에 의한 결정을 한 때에는 그 결정서를 관리인에게 송달하고 그 결정의 요지를 기재한 서면을 주주에게 송달하여야 한다.
② 제62조제4항의 규정에 의한 결정은 그 결정서가 관리인에게 송달된 때에 효력이 발생한다.
③ 제62조제4항의 규정에 의한 결정에 대하여 주주는 즉시항고를 할 수 있다.
제64조【회생절차개시 후의 채무자의 행위】 ① 채무자가 회생절차개시 이후 채무자의 재산에 관하여 법률행위를 한 때에는 회생절차와의 관계에 있어서는 그 효력을 주장하지 못한다.
② 제1항의 규정을 적용하는 경우 채무자가 회생절차개시가 있은 날에 행한 법률행위는 회생절차개시 이후에 한 것으로 추정한다.
제65조【회생절차개시 후의 권리취득】 ① 회생절차개시 이후 회생채권 또는 회생담보권에 관하여 채무자의 재산에 대한 권리를 채무자의 행위에 의하지 아니하고 취득한 때에도 회생절차와의 관계에 있어서는 그 효력을 주장하지 못한다.
② 제64조제2항의 규정은 제1항의 규정에 의한 취득에 관하여 준용한다.
제66조【회생절차개시 후의 등기와 등록】 ① 부동산 또는 선박에 관하여 회생절차개시 전에 생긴 등기원인으로 회생절차개시 후에 한 등기 및 가등기는 회생절차와의 관계에 있어서는 그 효력을 주장하지 못한다. 다만, 등기권리자가 회생절차개시의 사실을 알지 못하고 한 본등기는 그러하지 아니하다.
② 제1항의 규정은 권리의 설정·이전 또는 변경에 관한 등록 또는 가등록에 관하여 준용한다.
제67조【회생절차개시 후의 채무자에 대한 변제】 ① 회생절차개시 이후 그 사실을 알지 못하고 한 채무자에 대한 변제는 회생절차와의 관계에 있어서도 그 효력을 주장할 수 있다.
② 회생절차개시 이후 그 사실을 알고 한 채무자에 대한 변제는 채무자의 재산이 받은 이익의 한도에서만 회생절차와의 관계에 있어서 그 효력을 주장할 수 있다.
제68조【선의 또는 악의의 추정】 제66조 및 제67조의 규정을 적용함에 있어서 회생절차개시의 공고 전에는 그 사실을 알지 못한 것으로 추정하고, 공고 후에는 그 사실을 안 것으로 추정한다.
제69조【공유관계】 ① 채무자가 타인과 공동으로 재산권을 가진 경우 채무자와 그 타인 사이에 그 재산권을 분할하지 아니한다는 약정이 있더라도 회생절차가 개시된 때에는 관리인은 분할의 청구를 할 수 있다.
② 제1항의 경우 다른 공유자는 상당한 대가를 지급하고 채무자의 지분을 취득할 수 있다.
제70조【환취권】 회생절차개시는 채무자에게 속하지 아니하는 재산을 채무자로부터 환취하는 권리에 영향을 미치지 아니한다.
제71조【운송 중인 매도물의 환취】 ① 매도인이 매매의 목적인 물건을 매수인에게 발송하였으나 매수인이 그 대금의 전액을 변제하지 아니하고, 도달지에서 그 물건을 수령하지 아니한 상태에서 매수인에 관하여 회생절차가 개시된 때에는 매도인은 그 물건을 환취할 수 있다. 이 경우 관리인은 법원의 허가를 받아 대금 전액을 지급하고 그 물건의 인도를 청구할 수 있다.
② 제1항의 규정은 제119조의 적용을 배제하지 아니한다.
제72조【위탁매매인의 환취권】 제71조제1항의 규정은 물건매수의 위탁을 받은 위탁매매인이 그 물건을 위탁자에게 발송한 경우에 관하여 준용한다.
제73조【대체적 환취권】 ① 채무자가 회생절차개시 전에 환취권의 목적인 재산을 양도한 때에는 환취권자는 반대급부의 이행청구권의 이전을 청구할 수 있다. 관리인이 환취권의 목적인 재산을 양도한 때에도 또한 같다.
② 제1항의 경우 관리인이 반대급부의 이행을 받은 때에는 환취권자는 관리인이 반대급부로 받은 재산의 반환을 청구할 수 있다.

제2장 회생절차의 기관

제1절 관리인

제74조【관리인의 선임】 ① 법원은 관리위원회와 채권자협의회의 의견을 들어 관리인의 직무를 수행함에 적합한 자를 관리인으로 선임하여야 한다.
② 법원은 다음 각 호에 해당하는 때를 제외하고 개인인 채무자나 개인이 아닌 채무자의 대표자를 관리인으로 선임하여야 한다.
1. 채무자의 재정적 파탄의 원인이 다음 각 목의 어느 하나에 해당하는 자가 행한 재산의 유용 또는 은닉이나 그에게 중대한 책임이 있는 부실경영에 기인하는 때
 가. 개인인 채무자
 나. 개인이 아닌 채무자의 이사
 다. 채무자의 지배인
2. 채권자협의회의 요청이 있는 경우로서 상당한 이유가 있는 때
3. 그 밖에 채무자의 회생에 필요한 때
③ 제1항의 규정에 불구하고 채무자가 개인, 중소기업, 그 밖에 대법원규칙이 정하는 자인 경우에는 관리인을 선임하지 아니할 수 있다. 다만, 회생절차의 진행 중에 제2항 각 호의 사유가 있다고 인정되는 경우에는 관리인을 선임할 수 있다.
④ 관리인이 선임되지 아니한 경우에는 채무자(개인이 아닌 경우에는 그 대표자를 말한다)는 이 편의 규정에 의한 관리인으로 본다.
⑤ 관리인을 선임하는 경우 법원은 급박한 사정이 있는 때를 제외하고는 채무자나 채무자의 대표자를 심문하여야 한다.
⑥ 법인은 관리인이 될 수 있다. 이 경우 그 법인은 이사 중에서 관리인의 직무를 행할 자를 지명하고 법원에 신고하여야 한다.
⑦ 채권자협의회는 제2항 각 호에 해당하는 경우 법원에 관리인 후보자를 추천할 수 있다.(2016.5.29 본항신설)
제75조【여럿인 관리인의 직무집행】 ① 관리인이 여럿인 때에는 공동으로 그 직무를 행한다. 이 경우 법원의 허가를 받아 직무를 분장할 수 있다.
② 관리인이 여럿인 때에는 제3자의 의사표시는 그 1인에 대하여 하면 된다.
제76조【관리인대리】 ① 관리인은 필요한 때에는 그 직무를 행하게 하기 위하여 자기의 책임으로 1인 또는 여럿의 관리인대리를 선임할 수 있다.
② 제1항의 규정에 의한 관리인대리의 선임은 법원의 허가를 받아야 한다.
③ 법원은 제2항의 규정에 의한 허가를 한 때에는 이를 공고하여야 한다. 관리인대리의 선임에 관한 허가를 변경하거나 취소한 때에도 또한 같다.
④ 채무자가 법인인 경우 제2항의 규정에 의한 허가가 있는 때에는 법원사무관등은 직권으로 지체 없이 촉탁서에 결정서의 등본을 첨부하여 관리인대리의 선임에 관한 등기를 촉탁하여야 한다. 관리인대리의 선임에 관한 허가가 변경 또는 취소된 때에도 또한 같다.
⑤ 관리인대리는 관리인에 갈음하여 재판상 또는 재판 외의 모든 행위를 할 수 있다.

제77조【고문】 관리인은 필요한 때에는 법원의 허가를 받아 법률 또는 경영에 관한 전문가를 고문으로 선임할 수 있다.
제78조【당사자적격】 채무자의 재산에 관한 소송에서는 관리인이 당사자가 된다.
제79조【관리인의 검사 등】 ① 관리인은 다음 각 호의 어느 하나에 해당하는 자에 대하여 채무자의 업무와 재산의 상태에 관하여 보고를 요구할 수 있으며, 채무자의 장부·서류·금전 그 밖의 물건을 검사할 수 있다.
1. 개인인 채무자나 그 법정대리인
2. 개인이 아닌 채무자의 이사·감사·청산인 및 이에 준하는 자
3. 채무자의 지배인 또는 피용자
② 관리인은 필요한 경우 법원의 허가를 받아 감정인을 선임하여 감정을 하게 할 수 있다.
③ 관리인이 제1항의 규정에 의한 검사를 하는 때에는 법원의 허가를 받아 집행관의 원조를 요구할 수 있다.
제80조【우편물의 관리 및 그 해제】 ① 법원은 체신관서·운송인 그 밖의 자에 대하여 채무자에게 보내오는 우편물·전보 그 밖의 운송물을 관리인에게 배달할 것을 촉탁할 수 있다.
② 관리인은 그가 받은 제1항의 규정에 의한 우편물·전보 그 밖의 운송물을 열어볼 수 있다.
③ 채무자는 제2항의 규정에 의한 우편물·전보 그 밖의 운송물의 열람을 요구할 수 있으며, 채무자의 재산과 관련이 없는 것의 교부를 요구할 수 있다.
④ 법원은 채무자의 청구에 의하거나 직권으로 관리인의 의견을 들어 제1항의 규정에 의한 촉탁을 취소 또는 변경할 수 있다.
⑤ 회생절차가 종료한 때에는 법원은 제1항의 규정에 의한 촉탁을 취소하여야 한다.
제81조【관리인에 대한 감독】 ① 관리인은 법원의 감독을 받는다.
② 법원은 관리인에게 그 선임을 증명하는 서면을 교부하여야 한다.
③ 관리인은 그 직무를 수행하는 경우 이해관계인의 요구가 있는 때에는 제2항의 규정에 의한 서면을 제시하여야 한다.
제82조【관리인의 의무 등】 ① 관리인은 선량한 관리자의 주의로써 직무를 수행하여야 한다.
② 관리인은 제1항의 규정에 의한 주의를 게을리한 때에는 이해관계인에게 손해를 배상할 책임이 있다. 이 경우 주의를 게을리한 관리인이 여럿 있는 때에는 연대하여 손해를 배상할 책임이 있다.
제83조【관리인의 사임 및 해임】 ① 관리인은 정당한 사유가 있는 때에는 법원의 허가를 얻어 사임할 수 있다.
② 법원은 다음 각 호의 어느 하나에 해당하는 사유가 있는 때에는 이해관계인의 신청에 의하거나 직권으로 관리인을 해임할 수 있다. 이 경우 법원은 그 관리인을 심문하여야 한다.
1. 관리인으로 선임된 후 그 관리인에게 제74조제2항제1호의 사유가 발견된 때
2. 관리인이 제82조제1항의 규정에 의한 의무를 위반한 때
3. 관리인이 경영능력이 부족한 때
4. 그 밖에 상당한 이유가 있는 때
③ 제2항의 규정에 의한 관리인의 해임결정에 대하여는 즉시항고를 할 수 있다.
④ 제3항의 즉시항고는 집행정지의 효력이 없다.
⑤ 법원은 제2항의 규정에 의하여 관리인을 해임한 후 새로운 관리인을 선임하는 때에는 제74조제2항의 규정을 적용하지 아니한다.
제84조【임무종료의 경우의 보고의무 등】 ① 관리인의 임무가 종료된 때에는 관리인 또는 그 승계인은 지체 없이 법원에 계산에 관한 보고를 하여야 한다.
② 관리인의 임무가 종료된 경우 급박한 사정이 있는 때에는 관리인 또는 그 승계인은 후임의 관리인 또는 채무자가 재산을 관리할 수 있게 될 때까지 필요한 처분을 하여야 한다.

제2절 보전관리인

제85조【보전관리인의 권한】 제43조제3항의 규정에 의한 보전관리명령이 있는 때에는 회생절차개시결정 전까지 채무자의 업무수행, 재산의 관리 및 처분을 하는 권한은 보전관리인에게 전속한다.
제86조【관리인에 관한 규정 등의 준용】 ① 제61조, 제74조, 제75조, 제78조 내지 제84조 및 제89조의 규정은 보전관리인에 관하여 준용한다.
② 제59조제1항 및 제2항의 규정은 보전관리명령이 있는 경우에, 제59조제3항 내지 제5항의 규정은 보전관리명령이 효력을 상실한 경우에 관하여 각각 준용한다.
③ 제59조제1항 내지 제5항의 규정은 채무자의 재산에 관한 사건으로서 보전관리명령 당시 행정청에 계속되어 있는 것에 관하여 준용한다. 이 경우 제59조제3항 및 제4항 중 "회생절차가 종료한 때"는 "보전관리명령이 효력을 상실한 때"로 본다.

제3절 조사위원

제87조【조사위원】 ① 법원은 필요하다고 인정하는 때에는 채권자협의회 및 관리위원회의 의견을 들어 1인 또는 여럿의 조사위원을 선임할 수 있다.(2016.5.29 본항개정)
② 조사위원은 조사에 필요한 학식과 경험이 있는 자로서 그 회생절차에 이해관계가 없는 자 중에서 선임하여야 한다.
③ 법원은 조사위원을 선임한 때에는 기간을 정하여 조사위원에게 제90조 내지 제92조에 규정된 사항을 조사하게 하고, 회생절차를 진행함이 적정한지의 여부에 관한 의견을 제출하게 할 수 있다.
④ 법원은 필요하다고 인정하는 때에는 조사위원에게 제3항의 규정에 의한 사항 외의 사항을 조사하여 보고하게 할 수 있다.
⑤ 법원은 상당한 이유가 있는 때에는 이해관계인의 신청에 의하여 또는 직권으로 조사위원을 해임할 수 있다. 이 경우 법원은 그 조사위원을 심문하여야 한다.
⑥ 법원은 회생절차개시 후 채무자에 자금을 대여하려는 자가 채무자의 업무 및 자산·부채, 그 밖의 재산상태에 관한 자료를 요청하는 경우 그 자금 차입이 채무자의 사업을 계속하는 데에 필요하고 자료 요청에 상당한 이유가 있다고 인정하는 때에는 조사위원에게 그 요청과 관련한 사항을 조사하여 보고하게 한 후 조사결과의 전부 또는 일부를 자금 차입에 필요한 범위에서 자료요청자에게 제공할 수 있다.
(2016.5.29 본항신설)
제88조【관리인에 관한 규정의 준용】 제79조 및 제81조 내지 제83조제1항의 규정은 조사위원에 관하여 준용한다.

제3장 채무자재산의 조사 및 확보

제1절 채무자의 재산상황의 조사

제89조【채무자의 업무와 재산의 관리】 관리인은 취임 후 즉시 채무자의 업무와 재산의 관리에 착수하여야 한다.
제90조【재산가액의 평가】 관리인은 취임 후 지체 없이 채무자에게 속하는 모든 재산의 회생절차개시 당시의 가액을 평가하여야 한다. 이 경우 지체될 우려가 있는 때를 제외하고는 채무자가 참여하도록 하여야 한다.
제91조【재산목록과 대차대조표의 작성】 관리인은 취임 후 지체 없이 회생절차개시 당시 채무자의 재산목록 및 대차대조표를 작성하여 법원에 제출하여야 한다.

제92조【관리인의 조사보고】 ① 관리인은 지체 없이 다음 각 호의 사항을 조사하여 법원이 정한 기한까지 법원과 관리위원회에 보고하여야 한다. 다만, 제223조제4항에 따라 다음 각 호의 사항을 기재한 서면이 제출된 경우에는 그러하지 아니하다.(2016.5.29 단서신설)
1. 채무자가 회생절차의 개시에 이르게 된 사정
2. 채무자의 업무 및 재산에 관한 사항
3. 제114조제1항의 규정에 의한 보전처분 또는 제115조제1항의 규정에 의한 조사확정재판을 필요로 하는 사정의 유무
4. 그 밖에 채무자의 회생에 관하여 필요한 사항

② 제1항에 따라 법원이 정하는 기한은 회생절차개시결정일부터 4개월을 넘지 못한다. 다만, 법원은 특별한 사정이 있는 경우에는 그 기한을 늦출 수 있다.(2014.12.30 본항신설)

제93조【그 밖의 보고 등】 관리인은 제90조 내지 제92조의 규정에 의한 것 외에 법원이 정하는 바에 따라 채무자의 업무와 재산의 관리상태 그 밖에 법원이 명하는 사항을 법원에 보고하고, 회생계획인가의 시일 및 법원이 정하는 시기의 채무자의 재산목록 및 대차대조표를 작성하여 그 등본을 법원에 제출하여야 한다.

제94조【영업용 고정재산의 평가】 ① 관리인이 채무자의 재산목록 및 대차대조표를 작성하는 때에는 일반적으로 공정·타당하다고 인정되는 회계관행에 따라야 한다.

② (2010.5.14 삭제)

제95조【서류의 비치】 제87조·제91조 내지 제93조의 규정에 의하여 법원에 제출된 서류는 이해관계인이 열람할 수 있도록 법원에 비치하여야 한다.

제96조【영업의 휴지】 채무자의 영업을 계속하는 것이 부적당하다고 인정할 만한 특별한 사정이 있는 경우에는 관리인은 법원의 허가를 얻어 그 영업을 휴지시킬 수 있다.

제97조【재산의 보관방법 등】 법원은 금전 그 밖의 재산의 보관방법과 금전의 수입과 지출에 관하여 필요한 사항을 정할 수 있다.

제98조【관리인 보고를 위한 관계인집회】 ① 법원은 필요하다고 인정하는 경우 관리인으로 하여금 제92조제1항 각 호에 규정된 사항에 관하여 보고하게 하기 위한 관계인집회를 소집할 수 있다. 이 경우 관리인은 제92조제1항 각 호에 규정된 사항의 요지를 관계인집회에 보고하여야 한다.

② 법원은 제1항의 관계인집회를 소집하게 할 필요성이 인정되지 아니하는 경우에는 관리인에 대하여 다음 각 호 중 하나 이상의 조치를 취할 것을 명하여야 한다. 이 경우 관리인은 해당 조치를 취한 후 지체 없이 그 결과를 법원에 보고하여야 한다.
1. 회생계획 심리를 위한 관계인집회의 개최 또는 제240조제1항에 따른 서면결의에 부치는 결정 전에 법원이 인정하는 방법으로 제92조제1항 각 호에 규정된 사항의 요지를 제182조제1항 각 호의 자에게 통지할 것
2. 제98조의2제2항에 따른 관계인설명회의 개최
3. 그 밖에 법원이 필요하다고 인정하는 적절한 조치

③ 관리인은 제2항 각 호에 따른 조치를 취하는 경우에는 제182조제1항 각 호의 자에게 제92조제1항 각 호에 규정된 사항에 관한 의견을 법원에 서면으로 제출할 수 있다는 뜻을 통지하여야 한다.

(2014.12.30 본조개정)

제98조의2【관계인설명회】 ① 채무자(보전관리인이 선임되어 있는 경우에는 보전관리인을 포함한다. 이하 이 조에서 같다)는 회생절차의 개시 전에 회생채권자·회생담보권자·주주에게 다음 각 호의 사항에 관하여 설명하기 위하여 관계인설명회를 개최할 수 있다.
1. 채무자의 업무 및 재산에 관한 현황
2. 회생절차의 진행 현황
3. 그 밖에 채무자의 회생에 필요한 사항

② 관리인은 회생절차의 개시 후에 제182조제1항 각 호의 자에게 제92조제1항 각 호에 규정된 사항에 관하여 설명하기 위하여 관계인설명회를 개최할 수 있다.

③ 채무자 또는 관리인은 제1항 또는 제2항의 관계인설명회를 개최한 경우에는 그 결과의 요지를 지체 없이 법원에 보고하여야 한다.

(2014.12.30 본조신설)

제99조【법원의 의견청취】 법원은 제98조제1항에 따른 관리인 보고를 위한 관계인집회에서 다음 각 호의 자로부터 관리인 및 조사위원·간이조사위원의 선임, 채무자의 업무 및 재산의 관리, 회생절차를 계속 진행함이 적정한지의 여부 등에 관한 의견을 들어야 한다.(2014.12.30 본문개정)
1. 관리인·조사위원·간이조사위원(2014.12.30 본호개정)
2. 채무자
3. 제147조제1항의 규정에 의한 목록에 기재되어 있거나 신고한 회생채권자·회생담보권자·주주·지분권자

제2절 부인권

제100조【부인할 수 있는 행위】 ① 관리인은 회생절차개시 이후 채무자의 재산을 위하여 다음 각 호의 행위를 부인할 수 있다.
1. 채무자가 회생채권자 또는 회생담보권자를 해하는 것을 알고 한 행위. 다만, 이로 인하여 이익을 받은 자가 그 행위 당시 회생채권자 또는 회생담보권자를 해하는 사실을 알지 못한 경우에는 그러하지 아니하다.
2. 채무자가 지급의 정지, 회생절차개시의 신청 또는 파산의 신청(이하 이 조 내지 제103조에서 "지급의 정지등"이라 한다)이 있은 후에 한 회생채권자 또는 회생담보권자를 해하는 행위와 담보의 제공 또는 채무의 소멸에 관한 행위. 다만, 이로 인하여 이익을 받은 자가 그 행위 당시 지급의 정지등이 있는 것 또는 회생채권자나 회생담보권자를 해하는 사실을 알고 있은 때에 한한다.
3. 채무자가 지급의 정지등이 있은 후 또는 그 전 60일 이내에 한 담보의 제공 또는 채무의 소멸에 관한 행위로서 채무자의 의무에 속하지 아니하거나 그 방법이나 시기가 채무자의 의무에 속하지 아니한 것. 다만, 채권자가 그 행위 당시 채무자가 다른 회생채권자 또는 회생담보권자와의 평등을 해하게 되는 것을 알지 못한 경우(그 행위가 지급의 정지등이 있은 후에 행한 것인 때에는 지급의 정지등이 있은 것도 알지 못한 경우에 한한다)에는 그러하지 아니하다.
4. 채무자가 지급의 정지등이 있은 후 또는 그 전 6월 이내에 한 무상행위 및 이와 동일시할 수 있는 유상행위

② 제1항의 규정은 채무자가 제140조제1항 및 제2항의 청구권에 관하여 그 징수의 권한을 가진 자에 대하여 한 담보의 제공 또는 채무의 소멸에 관한 행위에 관하여는 적용하지 아니한다.

판례 회생절차의 채무자가 주채무자를 위하여 보증을 제공한 것이 채권자의 주채무자에 대한 출연의 직접적 원인이 되는 경우에도, 채무자의 보증행위와 이로써 이익을 얻은 채권자의 출연과의 사이에는 사실상의 관계가 있음에 지나지 않고 채무자가 취득하게 될 구상권이 언제나 보증행위의 대가로서의 경제적 이익에 해당한다고 볼 수도 없으므로, 달리 채무자가 보증의 대가로서 직접적이고도 현실적인 경제적 이익을 받지 아니하는 한 그 보증행위의 무상성을 부정할 수는 없다.(대판 2009.2.12, 2008다48117)

제101조【특수관계인을 상대방으로 한 행위에 대한 특칙】 ① 제100조제1항제2호 단서를 적용하는 경우 이익을 받은 자가 채무자와 대통령령이 정하는 범위의 특수관계에 있는 자(이하 이 조에서 "특수관계인"이라 한다)인 때에는 그 특수관계인이 그 행위 당시 지급의 정지등이 있은 것과 회생채권자 또는 회생담보권자를 해하는 사실을 알고 있었던 것으로 추정한다.

② 제100조제1항제3호의 규정을 적용하는 경우 특수관계인을 상대방으로 하는 행위인 때에는 같은 호 본문에 규정된 "60일"을 "1년"으로 하고, 같은 호 단서를 적용하는 경우에는 그 특수관계인이 그 행위 당시 채무자가 다른 회생채권자 또는 회생담보권자와의 평등을 해하게 되는 것을 알았던 것으로 추정한다.
③ 제100조제1항제4호의 규정을 적용하는 경우 특수관계인을 상대방으로 하는 행위인 때에는 같은 호에 규정된 "6월"을 "1년"으로 한다.
제102조【어음채무지급의 예외】 ① 제100조제1항의 규정은 채무자로부터 어음의 지급을 받은 자가 그 지급을 받지 아니하면 채무자의 1인 또는 여럿에 대한 어음상의 권리를 상실하게 된 경우에는 적용하지 아니한다.
② 제1항의 경우 최종의 상환의무자 또는 어음의 발행을 위탁한 자가 그 발행 당시 지급의 정지등이 있는 것을 알았거나 과실로 인하여 알지 못한 때에는 관리인은 그로 하여금 채무자가 지급한 금액을 상환하게 할 수 있다.
제103조【권리변동의 성립요건 또는 대항요건의 부인】 ① 지급의 정지등이 있은 후 권리의 설정·이전 또는 변경을 제3자에게 대항하기 위하여 필요한 행위를 한 경우 그 행위가 권리의 설정·이전 또는 변경이 있은 날부터 15일을 경과한 후에 지급의 정지등이 있음을 알고 한 것인 때에는 이를 부인할 수 있다. 다만, 가등기 또는 가등록을 한 후 이에 의하여 본등기 또는 본등록을 한 때에는 그러하지 아니하다.
② 제1항의 규정은 권리취득의 효력을 발생하는 등기 또는 등록에 관하여 준용한다.
제104조【집행행위의 부인】 부인권은 부인하고자 하는 행위에 관하여 집행력있는 집행권원이 있는 때 또는 그 행위가 집행행위에 의한 것인 때에도 행사할 수 있다.
제105조【부인권의 행사방법】 ① 부인권은 소, 부인의 청구 또는 항변의 방법으로 관리인이 행사한다.
② 법원은 회생채권자·회생담보권자·주주·지분권자의 신청에 의하거나 직권으로 관리인에게 부인권의 행사를 명할 수 있다.
③ 제1항의 규정에 의한 소와 부인의 청구사건은 회생계속법원의 관할에 전속한다.(2016.12.27 본항개정)
제106조【부인의 청구】 ① 관리인은 부인의 청구를 하는 때에는 그 원인인 사실을 소명하여야 한다.
② 부인의 청구를 인용하거나 그것을 기각하는 재판은 이유를 붙인 결정으로 하여야 한다.
③ 법원은 제2항의 결정을 하는 때에는 상대방을 심문하여야 한다.
④ 법원은 부인의 청구를 인용하는 결정을 한 때에는 그 결정서를 당사자에게 송달하여야 한다.
제107조【부인의 청구를 인용하는 결정에 대한 이의의 소】 ① 부인의 청구를 인용하는 결정에 불복이 있는 자는 그 송달을 받은 날부터 1월 이내에 이의의 소를 제기할 수 있다.
② 제1항의 규정에 의한 기간은 불변기간으로 한다.
③ 제1항의 규정에 의한 소는 회생계속법원의 관할에 전속한다.(2016.12.27 본항개정)
④ 제1항의 규정에 의한 소에 대한 판결에서는 부인의 청구를 인용하는 결정을 인가·변경 또는 취소한다. 다만, 부적법한 것으로 각하하는 때에는 그러하지 아니하다.
⑤ 부인의 청구를 인용하는 결정의 전부 또는 일부를 인가하는 판결이 확정된 때에는 그 결정(그 판결에서 인가된 부분에 한한다)은 확정판결과 동일한 효력이 있다. 제1항의 소가 같은 항에서 규정한 기간 이내에 제기되지 아니한 때, 취하된 때 또는 각하된 경우의 부인의 청구를 인용하는 결정에 관하여도 또한 같다.
제108조【부인권행사의 효과 등】 ① 부인권의 행사는 채무자의 재산을 원상으로 회복시킨다.
② 제100조제1항제4호의 규정에 의한 행위가 부인된 경우 상대방이 그 행위 당시 지급정지 등을 알지 못한 때에는 이익이 현존하는 한도 안에서 상환하면 된다.
③ 채무자의 행위가 부인된 경우 상대방은 다음 각 호의 구분에 따라 권리를 행사할 수 있다.
1. 채무자가 받은 반대급부가 채무자의 재산 중에 현존하는 때에는 그 반대급부의 반환을 청구하는 권리
2. 채무자가 받은 반대급부에 의하여 생긴 이익의 전부가 채무자의 재산 중에 현존하는 때에는 공익채권자로서 현존이익의 반환을 청구하는 권리
3. 채무자가 받은 반대급부에 의하여 생긴 이익이 채무자의 재산 중에 현존하지 아니하는 때에는 회생채권자로서 반대급부의 가액상환을 청구하는 권리
4. 채무자가 받은 반대급부에 의하여 생긴 이익의 일부가 채무자의 재산 중에 현존하는 때에는 공익채권자로서 그 현존이익의 반환을 청구하는 권리와 회생채권자로서 반대급부와 현존이익과의 차액의 상환을 청구하는 권리
제109조【상대방의 채권의 회복】 ① 채무자의 행위가 부인된 경우 상대방이 그가 받은 급부를 반환하거나 그 가액을 상환한 때에는 상대방의 채권은 원상으로 회복된다.
② 채무자의 행위가 회생계획안 심리를 위한 관계인집회가 끝난 후 또는 제240조의 규정에 의한 서면결의에 부치는 결정이 있은 후에 부인된 때에는 제152조제3항의 규정에 불구하고 상대방은 부인된 날부터 1월 이내에 신고를 추후 보완할 수 있다.
제110조【전득자에 대한 부인권】 ① 다음 각 호의 어느 하나에 해당하는 경우에는 부인권은 전득자(轉得者)에 대하여도 행사할 수 있다.
1. 전득자가 전득 당시 각각 그 전자(前者)에 대하여 부인의 원인이 있음을 안 때
2. 전득자가 제101조의 규정에 의한 특수관계인인 때. 다만, 전득 당시 각각 그 전자(前者)에 대하여 부인의 원인이 있음을 알지 못한 때에는 그러하지 아니하다.
3. 전득자가 무상행위 또는 그와 동일시할 수 있는 유상행위로 인하여 전득한 경우 각각 그 전자(前者)에 대하여 부인의 원인이 있는 때
② 제108조제2항의 규정은 제1항제3호의 규정에 의하여 부인권이 행사된 경우에 관하여 준용한다.
제111조【지급정지를 안 것을 이유로 하는 부인의 제한】 회생절차개시의 신청이 있은 날부터 1년 전에 한 행위는 지급정지의 사실을 안 것을 이유로 하여 부인하지 못한다.
제112조【부인권행사의 기간】 부인권은 회생절차개시일부터 2년이 경과한 때에는 행사할 수 없다. 제100조제1항 각 호의 행위를 한 날부터 10년이 경과한 때에도 또한 같다.
제113조【채권자취소소송 등의 중단】 ①「민법」 제406조제1항이나 「신탁법」 제8조에 따라 회생채권자가 제기한 소송 또는 파산절차에 의한 부인의 소송이 회생절차개시 당시 계속되어 있는 때에는 소송절차는 중단된다.
② 제59조제2항 내지 제5항의 규정은 제1항의 경우에 관하여 준용한다. 이 경우 제59조제3항 및 제4항 중 "채무자"는 이를 "회생채권자 또는 파산관재인"으로 본다.
(2013.5.28 본조개정)
제113조의2【신탁행위의 부인에 관한 특칙】 ① 채무자가 「신탁법」에 따라 위탁자로서 한 신탁행위를 부인할 때에는 수탁자, 수익자 또는 그 전득자를 상대방으로 한다.
② 신탁행위가 제100조제1항제1호, 제2호 또는 제3호의 행위에 해당하여 수탁자를 상대방으로 하여 신탁행위를 부인할 때에는 같은 조 제1항제1호 단서, 제2호 단서 또는 제3호 단서를 적용하지 아니한다.
③ 신탁행위가 제100조제1항제1호 또는 제2호의 행위에 해당하여 수익자를 상대방으로 하여 신탁행위를 부인하는 경

우 같은 조 제1항제1호 단서 또는 제2호 단서를 적용할 때에는 "이로 인하여 이익을 받은 자"를 부인의 상대방인 수익자로 본다.
④ 관리인은 수익자(수익권의 전득자가 있는 경우에는 그 전득자를 말한다) 전부에 대하여 부인의 원인이 있을 때에만 수탁자에게 신탁재산의 원상회복을 청구할 수 있다. 이 경우 부인의 원인이 있음을 알지 못한 수탁자에게는 현존하는 신탁재산의 범위에서 원상회복을 청구할 수 있다.
⑤ 관리인은 수익권 취득 당시 부인의 원인이 있음을 알고 있는 수익자(전득자가 있는 경우 전득자를 포함한다)에게 그가 취득한 수익권을 채무자의 재산으로 반환할 것을 청구할 수 있다.
⑥ 채무자가 위탁자로서 한 신탁행위가 부인되어 신탁재산이 원상회복된 경우 그 신탁과 관련하여 수탁자와 거래한 선의의 제3자는 그로 인하여 생긴 채권을 원상회복된 신탁재산의 한도에서 공익채권자로서 행사할 수 있다.
(2013.5.28 본조신설)

제3절 법인의 이사등의 책임

제114조【법인의 이사등의 재산에 대한 보전처분】 ① 법원은 법인인 채무자에 대하여 회생절차개시결정이 있는 경우 필요하다고 인정하는 때에는 관리인의 신청에 의하거나 직권으로 채무자의 발기인·이사(「상법」 제401조의2제1항의 규정에 의하여 이사로 보는 자를 포함한다)·감사·검사인 또는 청산인(이하 이 조 내지 제116조에서 "이사등"이라 한다)에 대한 출자이행청구권 또는 이사등의 책임에 기한 손해배상청구권을 보전하기 위하여 이사등의 재산에 대한 보전처분을 할 수 있다.
② 관리인은 제1항의 규정에 의한 청구권이 있음을 알게 된 때에는 법원에 제1항의 규정에 의한 보전처분을 신청하여야 한다.
③ 법원은 긴급한 필요가 있다고 인정하는 때에는 회생절차개시결정 전이라도 채무자(보전관리인이 선임되어 있는 때에는 보전관리인을 말한다)의 신청에 의하거나 직권으로 제1항의 규정에 의한 보전처분을 할 수 있다.
④ 법원은 관리위원회의 의견을 들어 제1항 또는 제3항의 규정에 의한 보전처분을 변경 또는 취소할 수 있다.
⑤ 제1항 또는 제3항의 규정에 의한 보전처분이나 제4항의 규정에 의한 결정에 대하여는 즉시항고를 할 수 있다.
⑥ 제5항의 즉시항고는 집행정지의 효력이 없다.
⑦ 제1항 또는 제3항의 규정에 의한 보전처분이나 제4항의 규정에 의한 결정과 이에 대한 즉시항고에 대한 재판이 있는 때에는 그 결정서를 당사자에게 송달하여야 한다.
제115조【손해배상청구권 등의 조사확정재판】 ① 법원은 법인인 채무자에 대하여 회생절차개시결정이 있는 경우 필요하다고 인정하는 때에는 관리인의 신청에 의하거나 직권으로 이사등에 대한 출자이행청구권이나 이사등의 책임에 기한 손해배상청구권의 존부와 그 내용을 조사확정하는 재판을 할 수 있다.
② 관리인은 제1항의 규정에 의한 청구권이 있음을 알게 된 때에는 법원에 제1항의 규정에 의한 재판을 신청하여야 한다.
③ 관리인은 제1항의 규정에 의한 신청을 하는 때에는 그 원인되는 사실을 소명하여야 한다.
④ 법원은 직권으로 조사확정절차를 개시하는 때에는 그 취지의 결정을 하여야 한다.
⑤ 제1항의 규정에 의한 신청이 있거나 제4항의 규정에 의한 조사확정절차개시결정이 있은 때에는 시효의 중단에 관하여는 재판상의 청구가 있은 것으로 본다.
⑥ 제1항의 규정에 의한 조사확정의 재판과 조사확정의 신청을 기각하는 재판은 이유를 붙인 결정으로 하여야 한다.
⑦ 법원은 제6항의 규정에 의한 결정을 하는 때에는 미리 이해관계인을 심문하여야 한다.
⑧ 조사확정절차(조사확정결정이 있은 후의 것을 제외한다)는 회생절차가 종료한 때에는 종료한다.
⑨ 조사확정결정이 있은 때에는 그 결정서를 당사자에게 송달하여야 한다.
제116조【이의의 소】 ① 제115조제1항의 규정에 의한 조사확정의 재판에 불복이 있는 자는 결정을 송달받은 날부터 1월 이내에 이의의 소를 제기할 수 있다.
② 제1항의 규정에 의한 기간은 불변기간으로 한다.
③ 제1항의 소는 이를 제기하는 자가 이사등인 때에는 관리인을, 관리인인 때에는 이사등을 각각 피고로 하여야 한다.
④ 제1항의 소는 회생계속법원의 관할에 전속하며, 변론은 결정을 송달받은 날부터 1월을 경과한 후가 아니면 개시할 수 없다.(2016.12.27 본항개정)
⑤ 여러 개의 소가 동시에 계속되어 있는 때에는 법원은 변론을 병합하여야 한다.
⑥ 제1항의 규정에 의한 소에 대한 판결에서는 같은 항의 결정을 인가·변경 또는 취소한다. 다만, 부적법한 것으로 각하하는 때에는 그러하지 아니하다.
⑦ 조사확정의 결정을 인가하거나 변경한 판결은 강제집행에 관하여는 이행을 명한 확정판결과 동일한 효력이 있다.
제117조【조사확정재판의 효력】 제116조제1항의 규정에 의한 소가 같은 항의 기간 안에 제기되지 아니하거나 취하된 때 또는 각하된 때에는 조사확정의 재판은 이행을 명한 확정판결과 동일한 효력이 있다.

제4장 회생채권자·회생담보권자·주주·지분권자

제1절 회생채권자·회생담보권자·주주·지분권자의 권리

제118조【회생채권】 다음 각 호의 청구권은 회생채권으로 한다.
1. 채무자에 대하여 회생절차개시 전의 원인으로 생긴 재산상의 청구권
2. 회생절차개시 후의 이자
3. 회생절차개시 후의 불이행으로 인한 손해배상금 및 위약금
4. 회생절차참가의 비용

제119조【쌍방미이행 쌍무계약에 관한 선택】 ① 쌍무계약에 관하여 채무자와 그 상대방이 모두 회생절차개시 당시에 아직 그 이행을 완료하지 아니한 때에는 관리인은 계약을 해제 또는 해지하거나 채무자의 채무를 이행하고 상대방의 채무이행을 청구할 수 있다. 다만, 관리인은 회생계획안 심리를 위한 관계인집회가 끝난 후 또는 제240조의 규정에 의한 서면결의에 부치는 결정이 있은 후에는 계약을 해제 또는 해지할 수 없다.
② 제1항의 경우 상대방은 관리인에 대하여 계약의 해제나 해지 또는 그 이행의 여부를 확답할 것을 최고할 수 있다. 이 경우 관리인이 그 최고를 받은 후 30일 이내에 확답을 하지 아니하는 때에는 관리인은 제1항의 규정에 의한 해제권 또는 해지권을 포기한 것으로 본다.
③ 법원은 관리인 또는 상대방의 신청에 의하거나 직권으로 제2항의 규정에 의한 기간을 늘이거나 줄일 수 있다.
④ 제1항 내지 제3항의 규정은 단체협약에 관하여는 적용하지 아니한다.
⑤ 제1항에 따라 관리인이 국가를 상대방으로 하는 「방위사업법」 제3조에 따른 방위력개선사업 관련 계약을 해제 또는 해지하고자 하는 경우 방위사업청장과 협의하여야 한다.
(2014.5.20 본항신설)

제120조【지급결제제도 등에 대한 특칙】 ① 지급결제의 완결성을 위하여 한국은행총재가 금융위원회와 협의하여 지정한 지급결제제도(이 항에서 "지급결제제도"라고 한다)의 참가자에 대하여 회생절차가 개시된 경우, 그 참가자에 관련된 이체지시 또는 지급 및 이와 관련된 이행, 정산, 차감, 증거금 등 담보의 제공·처분·충당 그 밖의 결제에 관하여는 이 법의 규정에 불구하고 그 지급결제제도를 운영하는 자가 정한 바에 따라 효력이 발생하며 해제, 해지, 취소 및 부인의 대상이 되지 아니한다. 지급결제제도의 지정에 관하여 필요한 구체적인 사항은 대통령령으로 정한다.
(2008.2.29 본항개정)

② 「자본시장과 금융투자업에 관한 법률」, 그 밖의 법령에 따라 증권·파생금융거래의 청산결제업무를 수행하는 자 그 밖에 대통령령에서 정하는 자가 운영하는 청산결제제도의 참가자에 대하여 회생절차가 개시된 경우 그 참가자와 관련된 채무의 인수, 정산, 차감, 증거금 그 밖의 담보의 제공·처분·충당 그 밖의 청산결제에 관하여는 이 법의 규정에 불구하고 그 청산결제제도를 운영하는 자가 정한 바에 따라 효력이 발생하며 해제, 해지, 취소 및 부인의 대상이 되지 아니한다.(2007.8.3 본항개정)

③ 일정한 금융거래에 관한 기본적 사항을 정한 하나의 계약(이 항에서 "기본계약"이라 한다)에 근거하여 다음 각 호의 거래(이 항에서 "적격금융거래"라고 한다)를 행하는 당사자 일방에 대하여 회생절차가 개시된 경우 적격금융거래의 종료 및 정산에 관하여는 이 법의 규정에 불구하고 기본계약에서 당사자가 정한 바에 따라 효력이 발생하고 해제, 해지, 취소 및 부인의 대상이 되지 아니하며, 제4호의 거래는 중지명령 및 포괄적 금지명령의 대상이 되지 아니한다. 다만, 채무자가 상대방과 공모하여 회생채권자 또는 회생담보권자를 해할 목적으로 적격금융거래를 행한 경우에는 그러하지 아니하다.

1. 통화, 유가증권, 출자지분, 일반상품, 신용위험, 에너지, 날씨, 운임, 주파수, 환경 등의 가격 또는 이자율이나 이를 기초로 하는 지수 및 그 밖의 지표를 대상으로 하는 선도, 옵션, 스왑 등 파생금융거래로서 대통령령이 정하는 거래
2. 현물환거래, 유가증권의 환매거래, 유가증권의 대차거래 및 담보콜거래
3. 제1호 내지 제2호의 거래가 혼합된 거래
4. 제1호 내지 제3호의 거래에 수반되는 담보의 제공·처분·충당

제121조【쌍방미이행 쌍무계약의 해제 또는 해지】 ① 제119조의 규정에 의하여 계약이 해제 또는 해지된 때에는 상대방은 손해배상에 관하여 회생채권자로서 그 권리를 행사할 수 있다.

② 제1항의 규정에 의한 해제 또는 해지의 경우 채무자가 받은 반대급부가 채무자의 재산 중에 현존하는 때에는 상대방은 그 반환을 청구할 수 있으며, 현존하지 아니하는 때에는 상대방은 그 가액의 상환에 관하여 공익채권자로서 그 권리를 행사할 수 있다.

제122조【계속적 급부를 목적으로 하는 쌍무계약】 ① 채무자에 대하여 계속적 공급의무를 부담하는 쌍무계약의 상대방은 회생절차개시신청 전의 공급으로 발생한 회생채권 또는 회생담보권을 변제하지 아니함을 이유로 회생절차개시신청 후 그 의무의 이행을 거부할 수 없다.

② 제1항의 규정은 단체협약에 관하여는 적용하지 아니한다.

제123조【개시 후의 환어음의 인수 등】 ① 환어음의 발행인 또는 배서인인 채무자에 관하여 회생절차가 개시된 경우 지급인 또는 예비지급인이 그 사실을 알지 못하고 인수 또는 지급을 한 때에는 그 지급인 또는 예비지급인은 이로 인하여 생긴 채권에 관하여 회생채권자로서 그 권리를 행사할 수 있다.

② 제1항의 규정은 수표와 금전 그 밖의 물건 또는 유가증권의 지급을 목적으로 하는 유가증권에 관하여 준용한다.

③ 제68조의 규정은 제1항 및 제2항의 적용에 관하여 준용한다.

제124조【임대차계약 등】 ① 임대인인 채무자에 대하여 회생절차가 개시된 때에는 차임의 선급 또는 차임채권의 처분은 회생절차가 개시된 때의 당기(當期)와 차기(次期)에 관한 것을 제외하고는 회생절차의 관계에서는 그 효력을 주장할 수 없다.

② 제1항의 규정에 의하여 회생절차의 관계에서 그 효력을 주장하지 못함으로 인하여 손해를 받은 자는 회생채권자로서 손해배상청구권을 행사할 수 있다.

③ 제1항 및 제2항의 규정은 지상권에 관하여 준용한다.

④ 임대인인 채무자에 관하여 회생절차가 개시된 경우 임차인이 다음 각 호의 어느 하나에 해당하는 때에는 제119조의 규정을 적용하지 아니한다.

1. 「주택임대차보호법」 제3조(대항력 등)제1항의 대항요건을 갖춘 때
2. 「상가건물 임대차보호법」 제3조(대항력 등)의 대항요건을 갖춘 때

제125조【상호계산】 ① 상호계산은 당사자의 일방에 관하여 회생절차가 개시된 때에는 종료한다. 이 경우 각 당사자는 계산을 폐쇄하고 잔액의 지급을 청구할 수 있다.

② 채무자의 상대방이 갖게 된 제1항의 규정에 의한 청구권은 회생채권으로 한다.

제126조【채무자가 다른 자와 더불어 전부의 이행을 할 의무를 지는 경우】 ① 여럿이 각각 전부의 이행을 하여야 하는 의무를 지는 경우 그 전원 또는 일부에 관하여 회생절차가 개시된 때에는 채권자는 회생절차개시 당시 가진 채권의 전액에 관하여 각 회생절차에서 회생채권자로서 그 권리를 행사할 수 있다.

② 제1항의 경우에 다른 전부의 이행을 할 의무를 지는 자가 회생절차 개시 후에 채권자에 대하여 변제 그 밖에 채무를 소멸시키는 행위(이하 이 조에서 "변제 등"이라고 한다)를 한 때라도 그 채권의 전액이 소멸한 경우를 제외하고는 그 채권자는 회생절차의 개시시에 가지는 채권의 전액에 관하여 그 권리를 행사할 수 있다.

③ 제1항의 경우에 채무자에 대하여 장래에 행사할 가능성이 있는 구상권을 가진 자는 그 전액에 관하여 회생절차에 참가할 수 있다. 다만, 채권자가 회생절차개시시에 가지는 채권 전액에 관하여 회생절차에 참가한 때에는 그러하지 아니하다.

④ 제1항의 규정에 의하여 채권자가 회생절차에 참가한 경우 채무자에 대하여 장래에 행사할 가능성이 있는 구상권을 가지는 자가 회생절차 개시 후에 채권자에 대한 변제 등으로 그 채권의 전액이 소멸한 경우에는 그 구상권의 범위 안에서 채권자가 가진 권리를 행사할 수 있다.

⑤ 제2항 내지 제4항의 규정은 채무자의 채무를 위하여 담보를 제공한 제3자가 채권자에게 변제 등을 하거나 채무에 대하여 장래에 행사할 가능성이 있는 구상권을 가지는 경우에 준용한다.

제127조【채무자가 보증채무를 지는 경우】 보증인인 채무자에 관하여 회생절차가 개시된 때에는 채권자는 회생절차개시 당시 가진 채권의 전액에 관하여 회생채권자로서 권리를 행사할 수 있다.

제128조【법인의 채무에 대해 무한의 책임을 지는 자에 대하여 회생절차가 개시된 경우의 절차 참가】 법인의 채무에 대하여 무한의 책임을 지는 자에 관하여 회생절차 개시의 결정이 있는 경우에 해당 법인의 채권자는 회생절차개시시에 가진 채권의 전액에 관하여 회생절차에 참가할 수 있다.

제129조【법인의 채무에 대해 유한책임을 지는 자에 대하여 회생절차가 개시된 경우의 절차 참가 등】 ① 법인의 채무에 관하여 유한책임을 지는 사원에 대하여 회생절차개시의 결정이 있는 경우에 법인의 채권자는 회생절차에 참가할 수 없다.
② 법인에 대하여 회생절차개시의 결정이 있는 경우에 법인의 채권자는 법인의 채무에 관하여 유한의 책임을 지는 사원에 대하여 그 권리를 행사할 수 없다.
제130조【일부보증의 경우】 제126조 및 제127조의 규정은 여럿의 보증인이 각각 채무의 일부를 부담하는 경우 그 부담부분에 관하여 준용한다.
제131조【회생채권의 변제금지】 회생채권에 관하여는 회생절차가 개시된 후에는 이 법에 특별한 규정이 있는 경우를 제외하고는 회생계획에 규정된 바에 따르지 아니하고는 변제하거나 변제받는 등 이를 소멸하게 하는 행위(면제를 제외한다)를 하지 못한다. 다만, 관리인이 법원의 허가를 받아 변제하는 경우와 제140조제2항의 청구권에 해당하는 경우로서 다음 각 호의 어느 하나에 해당하는 경우에는 그러하지 아니하다.
1. 그 체납처분이나 담보물권의 처분 또는 그 속행이 허용되는 경우
2. 체납처분에 의한 압류를 당한 채무자의 채권(압류의 효력이 미치는 채권을 포함한다)에 관하여 그 체납처분의 중지 중에 제3채무자가 징수의 권한을 가진 자에게 임의로 이행하는 경우
제132조【회생채권의 변제허가】 ① 채무자의 거래상대방인 중소기업자가 그가 가지는 소액채권을 변제받지 아니하면 사업의 계속에 지장을 초래할 우려가 있는 때에는 법원은 회생계획인가결정 전이라도 관리인·보전관리인 또는 채무자의 신청에 의하여 그 전부 또는 일부의 변제를 허가할 수 있다.(2016.5.29 본항개정)
② 법원은 회생채권의 변제가 채무자의 회생을 위하여 필요하다고 인정하는 때에는 회생계획인가결정 전이라도 관리인·보전관리인 또는 채무자의 신청에 의하여 그 전부 또는 일부의 변제를 허가할 수 있다.(2016.5.29 본항개정)
③ 법원은 제1항 및 제2항의 규정에 의한 허가를 함에 있어서는 관리위원회 및 채권자협의회의 의견을 들어야 하며, 채무자와 채권자의 거래상황, 채무자의 자산상태, 이해관계인의 이해 등 모든 사정을 참작하여야 한다.
제133조【회생채권자의 권리】 ① 회생채권자는 그가 가진 회생채권으로 회생절차에 참가할 수 있다.
② 회생채권자는 제134조 내지 제138조에 규정된 채권에 관하여는 그 규정에 의하여 산정한 금액에 따라, 그 밖의 채권에 관하여는 그 채권액에 따라 의결권을 가진다.
제134조【이자없는 기한부채권】 기한이 회생절차개시 후에 도래하는 이자없는 채권은 회생절차가 개시될 때부터 기한에 이르기까지의 법정이율에 의한 이자와 원금의 합계가 기한 도래 당시의 채권액이 되도록 계산한 다음 그 채권액에서 그 이자를 공제한 금액으로 한다.
제135조【정기금채권】 제134조는 금액과 존속기간이 확정되어 있는 정기금채권에 준용한다.
제136조【이자없는 불확정기한채권 등】 기한이 불확정한 이자없는 채권은 회생절차가 개시된 때의 평가금액으로 한다. 정기금채권의 금액 또는 존속기간이 불확정한 때에도 또한 같다.
제137조【비금전채권 등】 채권의 목적이 금전이 아니거나 그 액이 불확정한 때와 외국의 통화로서 정하여진 때에는 회생절차가 개시된 때의 평가금액으로 한다.
제138조【조건부채권과 장래의 청구권】 ① 조건부채권은 회생절차가 개시된 때의 평가금액으로 한다.
② 제1항의 규정은 채무자에 대하여 행사할 수 있는 장래의 청구권에 관하여 준용한다.
제139조【우선권의 기간의 계산】 일정한 기간 안의 채권액에 관하여 우선권이 있는 때에는 그 기간은 회생절차가 개시된 때부터 소급하여 계산한다.
제140조【벌금·조세 등의 감면】 ① 회생절차개시 전의 벌금·과료·형사소송비용·추징금 및 과태료의 청구권에 관하여는 회생계획에서 감면 그 밖의 권리에 영향을 미치는 내용을 정하지 못한다.
② 회생계획에서 「국세징수법」 또는 「지방세징수법」에 의하여 징수할 수 있는 청구권(국세징수의 예에 의하여 징수할 수 있는 청구권으로서 그 징수우선순위가 일반 회생채권보다 우선하는 것을 포함한다)에 관하여 3년 이하의 기간 동안 징수를 유예하거나 체납처분에 의한 재산의 환가를 유예하는 내용을 정하는 때에는 징수의 권한을 가진 자의 의견을 들어야 한다.(2016.12.27 본항개정)
③ 회생계획에서 제2항의 규정에 의한 청구권에 관하여 3년을 초과하는 기간 동안 징수를 유예하거나 체납처분에 의한 재산의 환가를 유예하는 내용을 정하거나, 채무의 승계, 조세의 감면 또는 그 밖에 권리에 영향을 미치는 내용을 정하는 때에는 징수의 권한을 가진 자의 동의를 얻어야 한다.
④ 제2항의 규정에 의한 청구권에 관하여 징수의 권한을 가진 자는 제3항의 규정에 의한 동의를 할 수 있다.
⑤ 제2항 및 제3항의 규정에 의하여 징수를 유예하거나 체납처분에 의한 재산의 환가를 유예하는 기간 중에는 시효는 진행하지 아니한다.
제141조【회생담보권자의 권리】 ① 회생채권이나 회생절차개시 전의 원인으로 생긴 채무자 외의 자에 대한 재산상의 청구권으로서 회생절차개시 당시 채무자의 재산상에 존재하는 유치권·질권·저당권·양도담보권·가등기담보권·「동산·채권 등의 담보에 관한 법률」에 따른 담보권·전세권 또는 우선특권으로 담보된 범위의 것은 회생담보권으로 한다. 다만, 이자 또는 채무불이행으로 인한 손해배상이나 위약금의 청구권에 관하여는 회생절차개시결정 전날까지 생긴 것에 한한다.(2010.6.10 본문개정)
② 제126조 내지 제131조 및 제139조의 규정은 회생담보권에 관하여 준용한다.
③ 회생담보권자는 그가 가진 회생담보권으로 회생절차에 참가할 수 있다.
④ 회생담보권자는 그 채권액 중 담보권의 목적의 가액(선순위의 담보권이 있는 때에는 그 담보권으로 담보된 채권액을 담보권의 목적의 가액으로부터 공제한 금액을 말한다. 이하 이 조에서 같다)을 초과하는 부분에 관하여는 회생채권자로서 회생절차에 참가할 수 있다.
⑤ 회생담보권자는 그 담보권의 목적의 가액에 비례하여 의결권을 가진다. 다만, 피담보채권액이 담보권의 목적의 가액보다 적은 때에는 그 피담보채권액에 비례하여 의결권을 가진다.
⑥ 제133조제2항 및 제134조 내지 제138조의 규정은 회생담보권자의 의결권에 관하여 준용한다.
제142조【대리위원】 ① 회생채권자·회생담보권자·주주·지분권자는 법원의 허가를 받아 공동으로 또는 각각 1인 또는 여럿의 대리위원을 선임할 수 있다.
② 대리위원의 권한은 서면으로 증명하여야 한다.
③ 대리위원은 그를 선임한 회생채권자·회생담보권자·주주·지분권자를 위하여 회생절차에 관한 모든 행위를 할 수 있다.
④ 대리위원이 여럿인 때에는 공동으로 그 권한을 행사한다. 그러나 제3자의 의사표시는 그중 1인에 대하여 하면 된다.
⑤ 법원은 대리위원의 권한의 행사가 현저하게 불공정하다고 인정하는 때에는 제1항의 규정에 의한 허가를 취소할 수 있다.
⑥ 회생채권자·회생담보권자·주주·지분권자는 대리위원을 해임한 때에는 지체 없이 그 사실을 법원에 신고하여야 한다.

제143조【수탁회사】 ① 「담보부사채신탁법」의 규정에 의한 수탁회사는 사채권자집회의 결의에 의하여 총사채권자를 위하여 회생채권 또는 회생담보권의 신고, 의결권의 행사 그 밖의 회생절차에 관한 모든 행위를 할 수 있다.
② 수탁회사가 총사채권자를 위하여 제1항의 규정에 의한 행위를 하는 때에는 각각의 사채권자를 표시하지 아니할 수 있다.
제144조【상계권】 ① 회생채권자 또는 회생담보권자가 회생절차개시 당시 채무자에 대하여 채무를 부담하는 경우 채권과 채무의 쌍방이 신고기간만료 전에 상계할 수 있게 된 때에는 회생채권자 또는 회생담보권자는 그 기간 안에 한하여 회생절차에 의하지 아니하고 상계할 수 있다. 채무가 기한부인 때에도 같다.
② 회생채권자 또는 회생담보권자의 회생절차개시 후의 차임채무에 관하여는 당기(當期)와 차기(次期)의 것에 한하여 제1항의 규정에 의하여 상계할 수 있다. 다만, 보증금이 있는 때에는 그 후의 차임채무에 관하여도 상계할 수 있다.
③ 제2항의 규정은 지료(地料)에 관하여 준용한다.
제145조【상계의 금지】 다음 각 호의 어느 하나에 해당하는 때에는 상계하지 못한다.
1. 회생채권자 또는 회생담보권자가 회생절차개시 후에 채무자에 대하여 채무를 부담한 때
2. 회생채권자 또는 회생담보권자가 지급의 정지, 회생절차개시의 신청 또는 파산의 신청이 있음을 알고 채무자에 대하여 채무를 부담한 때. 다만, 다음 각목의 어느 하나에 해당하는 때를 제외한다.
가. 그 부담이 법률에 정한 원인에 기한 때
나. 회생채권자 또는 회생담보권자가 지급의 정지, 회생절차개시의 신청 또는 파산의 신청이 있은 것을 알기 전에 생긴 원인에 의한 때
다. 회생절차개시시점 및 파산선고시점 중 가장 이른 시점보다 1년 이상 전에 생긴 원인에 의한 때
3. 회생절차가 개시된 채무자의 채무자가 회생절차개시 후에 타인의 회생채권 또는 회생담보권을 취득한 때
4. 회생절차가 개시된 채무자의 채무자가 지급의 정지, 회생절차개시의 신청 또는 파산의 신청이 있음을 알고 회생채권 또는 회생담보권을 취득한 때. 다만, 제2호 각 목의 어느 하나에 해당하는 때를 제외한다.
제146조【주주·지분권자의 권리】 ① 주주·지분권자는 그가 가진 주식 또는 출자지분으로 회생절차에 참가할 수 있다.
② 주주·지분권자는 그가 가진 주식 또는 출자지분의 수 또는 액수에 비례하여 의결권을 가진다.
③ 회생절차의 개시 당시 채무자의 부채총액이 자산총액을 초과하는 때에는 주주·지분권자는 의결권을 가지지 아니한다. 다만, 제282조의 규정에 의한 회생계획의 변경계획안을 제출할 당시 채무자의 자산총액이 부채총액을 초과하는 때에는 그러하지 아니하다.
④ 제282조의 규정에 의한 회생계획의 변경계획안을 제출할 당시 채무자의 부채총액이 자산총액을 초과하는 때에는 주주·지분권자는 그 변경계획안에 대하여 의결권을 가지지 아니한다.

제2절 회생채권자·회생담보권자·주주·지분권자의 목록작성 및 신고

제147조【회생채권자·회생담보권자·주주·지분권자의 목록】 ① 관리인은 회생채권자의 목록, 회생담보권자의 목록과 주주·지분권자의 목록(이 편에서 "목록"이라 한다)을 작성하여 제50조제1항제1호에 따른 기간 안에 제출하여야 한다.(2014.12.30 본항개정)
② 목록에는 다음 각 호의 사항을 기재하여야 한다.
1. 회생채권자의 목록
가. 회생채권자의 성명과 주소
나. 회생채권의 내용과 원인
다. 의결권의 액수
라. 일반의 우선권 있는 채권이 있는 때에는 그 뜻
2. 회생담보권자의 목록
가. 회생담보권자의 성명 및 주소
나. 회생담보권의 내용 및 원인, 담보권의 목적 및 그 가액, 회생절차가 개시된 채무자 외의 자가 채무자인 때에는 그 성명 및 주소
다. 의결권의 액수
3. 주주·지분권자의 목록
가. 주주·지분권자의 성명 및 주소
나. 주식 또는 출자지분의 종류 및 수
③ 법원은 신고기간 동안 이해관계인이 목록을 열람할 수 있도록 하여야 한다.
④ 관리인은 신고기간의 말일까지 대법원규칙이 정하는 바에 따라 법원의 허가를 받아 목록에 기재된 사항을 변경 또는 정정할 수 있다.
제148조【회생채권의 신고】 ① 회생절차에 참가하고자 하는 회생채권자는 신고기간 안에 다음 각 호의 사항을 법원에 신고하고 증거서류 또는 그 등본이나 초본을 제출하여야 한다.
1. 성명 및 주소
2. 회생채권의 내용 및 원인
3. 의결권의 액수
4. 일반의 우선권 있는 채권인 때에는 그 뜻
② 회생채권 중에서 일반의 우선권 있는 부분은 따로 신고하여야 한다.
③ 회생채권에 관하여 회생절차개시 당시 소송이 계속하는 때에는 회생채권자는 제1항 및 제2항에 규정된 사항 외에 법원·당사자·사건명 및 사건번호를 신고하여야 한다.
제149조【회생담보권의 신고】 ① 회생절차에 참가하고자 하는 회생담보권자는 신고기간 안에 다음 각 호의 사항을 법원에 신고하고 증거서류 또는 그 등본이나 초본을 제출하여야 한다.
1. 성명 및 주소
2. 회생담보권의 내용 및 원인
3. 회생담보권의 목적 및 그 가액
4. 의결권의 액수
5. 회생절차가 개시된 채무자 외의 자가 채무자인 때에는 그 성명 및 주소
② 제148조제3항의 규정은 제1항의 경우에 관하여 준용한다.
제150조【주식 또는 출자지분의 신고】 ① 회생절차에 참가하고자 하는 주주·지분권자는 신고기간 안에 다음 각 호의 사항을 법원에 신고하고 주권 또는 출자지분증서 그 밖의 증거서류 또는 그 등본이나 초본을 제출하여야 한다.
1. 성명 및 주소
2. 주식 또는 출자지분의 종류 및 수 또는 액수
② 법원은 기간을 정하여 주주명부를 폐쇄할 수 있다. 이 경우 그 기간은 2월을 넘지 못한다.
③ 제148조제3항의 규정은 제1항의 경우에 관하여 준용한다.
제151조【신고의 의제】 목록에 기재된 회생채권·회생담보권·주식 또는 출자지분은 제148조 내지 제150조의 규정에 의하여 신고된 것으로 본다.
제152조【신고의 추후 보완】 ① 회생채권자 또는 회생담보권자는 그 책임을 질 수 없는 사유로 인하여 신고기간 안에 신고를 하지 못한 때에는 그 사유가 끝난 후 1월 이내에 그 신고를 보완할 수 있다.
② 제1항의 규정에 의한 기간은 불변기간으로 한다.
③ 제1항의 규정에 의한 신고는 다음 각 호의 어느 하나에 해당하는 때에는 하지 못한다.

1. 회생계획안심리를 위한 관계인집회가 끝난 후
2. 회생계획안을 제240조의 규정에 의한 서면결의에 부친다는 결정이 있은 후

④ 제1항 내지 제3항의 규정은 회생채권자 또는 회생담보권자가 그 책임을 질 수 없는 사유로 인하여 신고한 사항에 관하여 다른 회생채권자 또는 회생담보권자의 이익을 해하는 내용으로 변경하는 경우에 관하여 준용한다.

제153조【신고기간 경과 후 생긴 회생채권 등의 신고】 ① 신고기간이 경과한 후에 생긴 회생채권과 회생담보권에 관하여는 그 권리가 발생한 후 1월 이내에 신고하여야 한다.
② 제152조제2항 내지 제4항의 규정은 제1항의 규정에 의한 신고에 관하여 준용한다.

제154조【명의의 변경】 ① 목록에 기재되거나 신고된 회생채권 또는 회생담보권을 취득한 자는 신고기간이 경과한 후에도 신고명의를 변경할 수 있다.
② 제1항의 규정에 의한 명의변경을 하고자 하는 자는 다음 각 호의 사항을 법원에 신고하고 증거서류 또는 그 등본이나 초본을 제출하여야 한다.
1. 성명 및 주소
2. 취득한 권리와 그 취득의 일시 및 원인

제155조【주식 또는 출자지분의 추가신고】 ① 법원은 상당하다고 인정하는 때에는 신고기간이 경과한 후 다시 기간을 정하여 주식 또는 출자지분의 추가신고를 하게 할 수 있다. 이 경우 법원은 그 뜻을 공고하고, 다음 각 호의 자에게 그 뜻을 기재한 서면을 송달하여야 한다.
1. 관리인
2. 채무자
3. 알고 있는 주주·지분권자로서 신고를 하지 아니한 자

② 제162조 내지 제165조의 규정은 제1항의 경우에 관하여 준용한다.

제156조【벌금·조세 등의 신고】 ① 제140조제1항 및 제2항의 청구권을 가지고 있는 자는 지체 없이 그 액 및 원인과 담보권의 내용을 법원에 신고하여야 한다.
② 제167조제1항의 규정은 제1항의 규정에 의하여 신고된 청구권에 관하여 준용한다.

제157조【회생절차개시 전의 벌금 등에 대한 불복】 ① 관리인은 제156조제1항의 규정에 의하여 신고된 청구권의 원인이 행정심판, 소송 그 밖의 불복이 허용되는 처분인 때에는 그 청구권에 관하여 채무자가 할 수 있는 방법으로 불복을 신청할 수 있다.
② 제172조, 제175조 및 제176조제1항의 규정은 제1항에 의한 불복의 신청에 관하여 준용한다.

제3절 회생채권·회생담보권 등의 조사 및 확정

제158조【회생채권자표·회생담보권자표와 주주·지분권자표】 법원사무관등은 목록에 기재되거나 신고된 회생채권, 회생담보권, 주식 또는 출자지분에 대하여 회생채권자표·회생담보권자표와 주주·지분권자표를 작성하여 권리의 성질에 따라 분류하고 각각 다음 각 호의 사항을 기재하여야 한다.
1. 회생채권자표
 가. 회생채권자의 성명과 주소
 나. 회생채권의 내용과 원인
 다. 의결권의 액수
 라. 일반의 우선권이 있는 채권이 있는 때에는 그 뜻
2. 회생담보권자표
 가. 회생담보권자의 성명과 주소
 나. 회생담보권의 내용 및 원인, 담보권의 목적 및 그 가액, 채무자 외의 자가 채무자인 때에는 그 성명 및 주소
 다. 의결권의 액수
3. 주주·지분권자표
 가. 주주·지분권자의 성명 및 주소
 나. 주식 또는 출자지분의 종류와 수 또는 액수

제159조【등본의 교부】 법원사무관등은 회생채권자표·회생담보권자표와 주주·지분권자표의 등본을 관리인에게 교부하여야 한다.

제160조【조사기간 동안의 서류열람】 다음 각 호의 서류는 조사기간 동안 이해관계인의 열람을 위하여 법원에 비치하여야 한다.
1. 목록
2. 신고 및 이의에 관한 서류
3. 회생채권자표·회생담보권자표와 주주·지분권자표

제161조【회생채권 및 회생담보권에 대한 이의 등】 ① 다음 각 호의 자는 조사기간 안에 목록에 기재되거나 신고된 회생채권 및 회생담보권에 관하여 서면으로 법원에 이의를 제출할 수 있다.
1. 관리인
2. 채무자
3. 목록에 기재되거나 신고된 회생채권자·회생담보권자·주주·지분권자

② 조사기간을 변경하는 결정을 한 때에는 법원은 그 결정서를 제1항 각 호의 자에게 송달하여야 한다.
③ 제2항의 규정에 의한 송달은 서류를 우편으로 발송하여 할 수 있다.

제162조【신고기간 후에 신고된 회생채권 및 회생담보권의 조사】 법원은 제152조제1항 및 제153조제1항의 규정에 의하여 신고된 회생채권 및 회생담보권을 조사하기 위한 특별기일(이하 "특별조사기일"이라 한다)을 정하여야 한다. 이 경우 조사비용은 그 회생채권자 또는 회생담보권자의 부담으로 한다.

제163조【특별조사기일의 송달】 법원은 특별조사기일을 정하는 결정을 한 때에는 그 결정서를 다음 각 호의 자에게 송달하여야 한다.
1. 관리인
2. 채무자
3. 목록에 기재되거나 신고된 회생채권자·회생담보권자·주주·지분권자

제164조【관계인의 출석】 ① 개인인 채무자 또는 개인이 아닌 채무자의 대표자는 특별조사기일에 출석하여 의견을 진술하여야 한다. 다만, 정당한 사유가 있는 때에는 대리인을 출석하게 할 수 있다.
② 목록에 기재되거나 신고된 회생채권자·회생담보권자·주주·지분권자나 그 대리인은 특별조사기일에 출석하여 다른 회생채권 또는 회생담보권에 관하여 이의를 할 수 있다.
③ 제1항 및 제2항의 규정에 의한 대리인은 대리권을 증명하는 서면을 제출하여야 한다.

제165조【관리인의 출석】 특별조사기일에 관리인이 출석하지 아니한 때에는 회생채권과 회생담보권을 조사하지 못한다.

제166조【회생채권 및 회생담보권 등의 확정】 조사기간 안에 또는 특별조사기일에 관리인·회생채권자·회생담보권자·주주·지분권자의 이의가 없는 때에는 다음 각 호의 권리의 내용과 의결권의 액수가 확정되며, 우선권 있는 채권에 관하여는 우선권 있는 것이 확정된다.
1. 신고된 회생채권 및 회생담보권
2. 신고된 회생채권 또는 회생담보권이 없는 때에는 관리인이 제출한 목록에 기재되어 있는 회생채권 또는 회생담보권

제167조【회생채권자표 및 회생담보권자표에의 기재】 ① 법원사무관등은 회생채권 및 회생담보권에 대한 조사결과를 회생채권자표 및 회생담보권자표에 기재하여야 한다. 채무자가 제출한 이의도 또한 같다.

② 법원사무관등은 확정된 회생채권 및 회생담보권의 증서에 확정된 뜻을 기재하고 법원의 인(印)을 찍어야 한다.
③ 법원사무관등은 회생채권자 또는 회생담보권자의 청구에 의하여 그 권리에 관한 회생채권자표 또는 회생담보권자표의 초본을 교부하여야 한다.
제168조【기재의 효력】 확정된 회생채권 및 회생담보권을 회생채권자표 및 회생담보권자표에 기재한 때에는 그 기재는 회생채권자·회생담보권자·주주·지분권자 전원에 대하여 확정판결과 동일한 효력이 있다.
제169조【이의의 통지】 회생채권 또는 회생담보권에 관하여 이의가 있는 때에는 법원은 이를 그 권리자에게 통지하여야 한다.
제170조【회생채권 및 회생담보권 조사확정의 재판】 ① 목록에 기재되거나 신고된 회생채권 및 회생담보권에 관하여 관리인·회생채권자·회생담보권자·주주·지분권자가 이의를 한 때에는 그 회생채권 또는 회생담보권(이하 이 편에서 "이의채권"이라 한다)을 보유한 권리자는 그 권리의 확정을 위하여 이의자 전원을 상대방으로 하여 법원에 채권조사확정의 재판(이하 이 편에서 "채권조사확정재판"이라 한다)을 신청할 수 있다. 다만, 제172조 및 제174조의 경우에는 그러하지 아니하다.
② 제1항 본문의 규정에 의한 신청은 조사기간의 말일 또는 특별조사기일부터 1월 이내에 하여야 한다.
③ 채권조사확정재판에서는 이의채권의 존부 또는 그 내용을 정한다.
④ 법원은 채권조사확정재판을 하는 때에는 이의자를 심문하여야 한다.
⑤ 법원은 채권조사확정재판의 결정서를 당사자에게 송달하여야 한다.
제171조【채권조사확정재판에 대한 이의의 소】 ① 채권조사확정재판에 불복하는 자는 그 결정서의 송달을 받은 날부터 1월 이내에 이의의 소를 제기할 수 있다.
② 제1항의 소는 회생계속법원의 관할에 전속한다.
(2016.12.27 본항개정)
③ 제1항의 소를 제기하는 자가 이의채권을 보유하는 권리자인 때에는 이의자 전원을 피고로 하고, 이의자인 때에는 그 회생채권자 또는 회생담보권자를 피고로 하여야 한다.
④ 제1항의 소의 변론은 결정서를 송달받은 날부터 1월을 경과한 후가 아니면 개시할 수 없다.
⑤ 동일한 이의채권에 관하여 여러 개의 소가 계속되어 있는 때에는 법원은 변론을 병합하여야 한다.
⑥ 제1항의 소에 대하여 법원은 그 소가 부적법하여 각하하는 경우를 제외하고는 채권조사확정재판을 인가하거나 변경하는 판결을 하여야 한다.
제172조【이의채권에 관한 소송의 수계】 ① 회생절차개시 당시 이의채권에 관하여 소송이 계속하는 경우 회생채권자 또는 회생담보권자가 그 권리의 확정을 구하고자 하는 때에는 이의자 전원을 그 소송의 상대방으로 하여 소송절차를 수계하여야 한다.
② 제167조제3항 및 제170조제2항의 규정은 제1항의 규정에 의하여 소송절차를 수계하기 위한 신청에 관하여 준용한다.
제173조【주장의 제한】 회생채권자 또는 회생담보권자는 채권조사확정재판, 제171조제1항의 규정에 의한 채권조사확정재판에 대한 이의의 소 및 제172조제1항의 규정에 의하여 수계한 소송절차에서 이의채권의 원인 및 내용에 관하여 회생채권자표 및 회생담보권자표에 기재된 사항만을 주장할 수 있다.
제174조【집행력있는 집행권원이 있는 채권 등에 대한 이의】 ① 이의채권 중 집행력있는 집행권원 또는 종국판결이 있는 것에 대하여는 이의자는 채무자가 할 수 있는 소송절차에 의하여서만 이의를 주장할 수 있다.
② 회생절차개시 당시 제1항의 규정에 의한 회생채권 또는 회생담보권에 관하여 법원에 소송이 계속되는 경우 이의자가 같은 항의 규정에 의한 이의를 주장하고자 하는 때에는 이의자는 그 회생채권 또는 회생담보권을 보유한 회생채권자 또는 회생담보권자를 상대방으로 하여 소송절차를 수계하여야 한다.
③ 제170조제2항의 규정은 제1항의 규정에 의한 이의의 주장 또는 제2항의 규정에 의한 수계에 대하여 준용하고, 제171조제4항 및 제5항과 제173조의 규정은 제1항 및 제2항에 관하여 준용한다. 이 경우 제171조제4항 중 "결정서를 송달받은 날부터 1월"은 "이의채권에 관계되는 조사기간의 말일 또는 특별조사기일부터 1월의 불변기간"으로 본다.
④ 제3항의 규정에 의하여 준용하는 제170조제2항의 규정에 의한 기간 안에 제1항의 규정에 의한 이의의 주장이나 제2항의 규정에 의한 수계가 행하여지지 아니한 경우 이의자가 회생채권자 또는 회생담보권자인 때에는 제161조제1항 또는 제164조제2항의 규정에 의한 이의는 없었던 것으로 보며, 이의자가 관리인인 때에는 관리인이 그 회생채권 또는 회생담보권을 인정한 것으로 본다.
제175조【회생채권 및 회생담보권의 확정에 관한 소송결과의 기재】 법원사무관등은 관리인·회생채권자 또는 회생담보권자의 신청에 의하여 회생채권 또는 회생담보권의 확정에 관한 소송결과(채권조사확정재판에 대한 이의의 소가 제171조제1항의 규정에 의한 기간 안에 제기되지 아니하거나 각하된 때에는 그 재판의 내용을 말한다)를 회생채권자표 및 회생담보권자표에 기재하여야 한다.
제176조【회생채권 및 회생담보권의 확정에 관한 소송의 판결 등의 효력】 ① 회생채권 및 회생담보권의 확정에 관한 소송에 대한 판결은 회생채권자·회생담보권자·주주·지분권자 전원에 대하여 그 효력이 있다.
② 채권조사확정재판에 대한 이의의 소가 제171조제1항의 규정에 의한 기간 안에 제기되지 아니하거나 각하된 때에는 그 재판은 회생채권자·회생담보권자·주주·지분권자 전원에 대하여 확정판결과 동일한 효력이 있다.
제177조【소송비용의 상환】 채무자의 재산이 회생채권 또는 회생담보권의 확정에 관한 소송(채권조사확정재판을 포함한다)으로 이익을 받은 때에는 이의를 주장한 회생채권자 또는 회생담보권자, 주주·지분권자는 그 이익의 한도 안에서 공익채권자로서 소송비용의 상환을 청구할 수 있다.
제178조【회생채권 또는 회생담보권 확정소송의 목적의 가액】 회생채권 또는 회생담보권의 확정에 관한 소송의 목적의 가액은 회생계획으로 얻을 이익의 예정액을 표준으로 하여 회생계속법원이 정한다.(2016.12.27 본조개정)

제4절 공익채권과 개시후기타채권

제179조【공익채권이 되는 청구권】 ① 다음 각 호의 어느 하나에 해당하는 청구권은 공익채권으로 한다.
1. 회생채권자, 회생담보권자와 주주·지분권자의 공동의 이익을 위하여 한 재판상 비용청구권
2. 회생절차개시 후의 채무자의 업무 및 재산의 관리와 처분에 관한 비용청구권
3. 회생계획의 수행을 위한 비용청구권. 다만, 회생절차종료 후에 생긴 것을 제외한다.
4. 제30조 및 제31조의 규정에 의한 비용·보수·보상금 및 특별보상금청구권
5. 채무자의 업무 및 재산에 관하여 관리인이 회생절차개시 후에 한 자금의 차입 그 밖의 행위로 인하여 생긴 청구권
6. 사무관리 또는 부당이득으로 인하여 회생절차개시 이후 채무자에 대하여 생긴 청구권
7. 제119조제1항의 규정에 의하여 관리인이 채무의 이행을 하는 때에 상대방이 갖는 청구권
8. 계속적 공급의무를 부담하는 쌍무계약의 상대방이 회생절차개시신청 후 회생절차개시 전까지 한 공급으로 생긴 청구권

8의2. 회생절차개시신청 전 20일 이내에 채무자가 계속적이고 정상적인 영업활동으로 공급받은 물건에 대한 대금청구권(2016.5.29 본호신설)
9. 다음 각목의 조세로서 회생절차개시 당시 아직 납부기한이 도래하지 아니한 것
가. 원천징수하는 조세. 다만, 「법인세법」 제67조(소득처분)의 규정에 의하여 대표자에게 귀속된 것으로 보는 상여에 대한 조세는 원천징수된 것에 한한다.
나. 부가가치세 · 개별소비세 · 주세 및 교통 · 에너지 · 환경세
다. 본세의 부과징수의 예에 따라 부과징수하는 교육세 및 농어촌특별세
라. 특별징수의무자가 징수하여 납부하여야 하는 지방세
10. 채무자의 근로자의 임금 · 퇴직금 및 재해보상금
11. 회생절차개시 전의 원인으로 생긴 채무자의 근로자의 임치금 및 신원보증금의 반환청구권
12. 채무자 또는 보전관리인이 회생절차개시신청 후 그 개시 전에 법원의 허가를 받아 행한 자금의 차입, 자재의 구입 그 밖에 채무자의 사업을 계속하는 데에 불가결한 행위로 인하여 생긴 청구권
13. 제21조제3항의 규정에 의하여 법원이 결정한 채권자협의회의 활동에 필요한 비용
14. 채무자 및 그 부양을 받는 자의 부양료(2014.5.20 본호신설)
15. 제1호부터 제8호까지, 제8호의2, 제9호부터 제14호까지에 규정된 것 외의 것으로서 채무자를 위하여 지출하여야 하는 부득이한 비용(2016.5.29 본호개정)
② 제1항제5호 및 제12호에 따른 자금의 차입을 허가함에 있어 법원은 채권자협의회의 의견을 들어야 하며, 채무자와 채권자의 거래상황, 채무자의 재산상태, 이해관계인의 이해 등 모든 사정을 참작하여야 한다.(2016.5.29 본항개정)
제180조【공익채권의 변제 등】 ① 공익채권은 회생절차에 의하지 아니하고 수시로 변제한다.
② 공익채권은 회생채권과 회생담보권에 우선하여 변제한다.
③ 법원은 다음 각 호의 어느 하나에 해당하는 때에는 관리인의 신청에 의하거나 직권으로 담보를 제공하게 하거나 담보를 제공하게 하지 아니하고 공익채권에 기하여 채무자의 재산에 대하여 한 강제집행 또는 가압류의 중지나 취소를 명할 수 있다.
1. 그 강제집행 또는 가압류가 회생에 현저하게 지장을 초래하고 채무자에게 환가하기 쉬운 다른 재산이 있는 때
2. 채무자의 재산이 공익채권의 총액을 변제하기에 부족한 것이 명백하게 된 때
④ 법원은 제3항의 규정에 의한 중지명령을 변경하거나 취소할 수 있다.
⑤ 제3항의 규정에 의한 중지 또는 취소의 명령과 제4항의 규정에 의한 결정에 대하여는 즉시항고를 할 수 있다.
⑥ 제5항의 즉시항고는 집행정지의 효력이 없다.
⑦ 채무자의 재산이 공익채권의 총액을 변제하기에 부족한 것이 명백하게 된 때에는 제179조제1항제5호 및 제12호의 청구권 중에서 채무자의 사업을 계속하기 위하여 법원의 허가를 받아 차입한 자금에 관한 채권을 우선적으로 변제하고 그 밖의 공익채권은 법령에 정하는 우선권에 불구하고 아직 변제하지 아니한 채권액의 비율에 따라 변제한다. 다만, 공익채권을 위한 유치권 · 질권 · 저당권 · 「동산 · 채권 등의 담보에 관한 법률」에 따른 담보권 · 전세권 및 우선특권의 효력에는 영향을 미치지 아니한다.(2010.6.10 단서개정)
제181조【개시후기타채권】 ① 회생절차개시 이후의 원인에 기하여 발생한 재산상의 청구권으로서 공익채권, 회생채권 또는 회생담보권이 아닌 청구권(이하 "개시후기타채권"이라 한다)에 관하여는, 회생절차가 개시된 때부터 회생계획으로 정하여진 변제기간이 만료하는 때(회생계획인가의 결정 전에 회생절차가 종료된 경우에는 회생절차가 종료된 때, 그 기간만료 전에 회생계획에 기한 변제가 완료된 경우에는 변제가 완료된 때를 말한다)까지의 사이에는 변제를 하거나 변제를 받는 행위 그 밖에 이를 소멸시키는 행위(면제를 제외한다)를 할 수 없다.
② 제1항에 규정된 기간 중에는 개시후기타채권에 기한 채무자의 재산에 대한 강제집행, 가압류, 가처분 또는 담보권 실행을 위한 경매의 신청을 할 수 없다.
판례 아파트 건설공사를 도급받은 업체를 위하여 그 이행을 연대보증한 회사가 수급업체에 대한 회사정리절차의 개시결정이 내려진 뒤 그 공사의 잔여 부분을 대신 완공함으로써 취득한 사후구상금 채권은 그 발생의 기초적 법률관계가 연대보증시에 성립하였다고 하더라도 회사정리절차 개시결정 후 위 아파트 건설공사의 잔여 부분을 완공하기 전까지는 아직 그 시공보증채무를 이행한 데 따른 사후구상금 채권이 발생하지 않았다고 할 것이어서 재산상의 청구권으로서 공익채권이 아닌 것으로서 후순위정리채권에 해당한다.
(대판 2006.8.25, 2005다16959)

제5장 관계인집회

제182조【기일의 통지】 ① 법원은 다음 각 호의 자에게 관계인집회의 기일을 통지하여야 한다.
1. 관리인
2. 조사위원 · 간이조사위원(2014.12.30 본호개정)
3. 채무자
4. 목록에 기재되어 있거나 신고한 회생채권자 · 회생담보권자 · 주주 · 지분권자
5. 회생을 위하여 채무를 부담하거나 담보를 제공한 자가 있는 때에는 그 자
② 제1항의 규정에 불구하고 의결권을 행사할 수 없는 회생채권자 · 회생담보권자 · 주주 · 지분권자에게는 관계인집회의 기일을 통지하지 아니할 수 있다.(2014.12.30 본항개정)
제183조【기일의 통지】 법원은 주식회사인 채무자의 업무를 감독하는 행정청과 법무부장관 및 금융위원회에게 관계인집회의 기일을 통지하여야 한다.(2008.2.29 본조개정)
제184조【법원의 지휘】 관계인집회는 법원이 지휘한다.
제185조【기일과 목적의 공고】 ① 법원은 관계인집회의 기일과 회의의 목적인 사항을 공고하여야 한다.
② 관계인집회의 연기 또는 속행에 관하여 선고가 있는 때에는 송달 또는 공고를 하지 아니하여도 된다.
제186조【관계인집회의 기일과 특별조사기일의 병합】 법원은 상당하다고 인정하는 때에는 관리인의 신청에 의하거나 직권으로 관계인집회의 기일과 특별조사기일을 병합할 수 있다.
제187조【의결권에 대한 이의】 다음 각 호의 자는 관계인집회에서 회생채권자 · 회생담보권자 · 주주 · 지분권자의 의결권에 관하여 이의를 할 수 있다. 다만, 이 편 제4장제3절의 규정에 의한 조사절차에서 확정된 회생채권 또는 회생담보권을 가진 회생채권자 또는 회생담보권자의 의결권에 관하여는 그러하지 아니하다.
1. 관리인
2. 목록에 기재되어 있거나 신고된 회생채권자 · 회생담보권자 · 주주 · 지분권자
제188조【의결권의 행사】 ① 확정된 회생채권 또는 회생담보권을 가진 회생채권자 또는 회생담보권자는 그 확정된 액이나 수에 따라, 이의없는 의결권을 가진 주주 · 지분권자는 목록에 기재되거나 신고한 액이나 수에 따라 의결권을 행사할 수 있다.
② 법원은 이의있는 권리에 관하여는 의결권을 행사하게 할 것인지 여부와 의결권을 행사하게 할 액 또는 수를 결정한다.
③ 법원은 이해관계인의 신청에 의하거나 직권으로 언제든지 제2항의 규정에 의한 결정을 변경할 수 있다.
④ 제2항 및 제3항의 규정에 의한 결정은 송달을 하지 아니하여도 된다.
제189조【의결권의 불통일행사】 ① 의결권자는 의결권을 통일하지 아니하고 행사할 수 있다.

② 제1항의 경우 의결권자는 관계인집회 7일 전까지 법원에 그 취지를 서면으로 신고하여야 한다.

제190조【부당한 의결권자의 배제】 ① 법원은 권리취득의 시기, 대가 그 밖의 사정으로 보아 의결권을 가진 회생채권자·회생담보권자·주주·지분권자가 결의에 관하여 재산상의 이익을 수수하는 등 부당한 이익을 얻을 목적으로 그 권리를 취득한 것으로 인정되는 때에는 그에 대하여 그 의결권을 행사하지 못하게 할 수 있다.
② 법원은 제1항의 규정에 의한 처분을 하기 전에 그 의결권자를 심문하여야 한다.

제191조【의결권을 행사할 수 없는 자】 다음 각 호의 어느 하나에 해당하는 자는 의결권을 행사하지 못한다.
1. 회생계획으로 그 권리에 영향을 받지 아니하는 자
2. 제140조제1항 및 제2항의 청구권을 가지는 자
3. 제118조제2호 내지 제4호의 청구권을 가지는 자
4. 제188조 및 제190조의 규정에 의하여 의결권을 행사할 수 없는 자
5. 제244조제2항의 규정에 의하여 보호되는 자

제192조【의결권의 대리행사】 ① 회생채권자·회생담보권자·주주·지분권자는 대리인에 의하여 그 의결권을 행사할 수 있다. 이 경우 대리인은 대리권을 증명하는 서면을 제출하여야 한다.
② 대리인이 위임받은 의결권을 통일하지 아니하고 행사하는 경우에는 제189조제2항을 준용한다.

제6장 회생계획

제1절 회생계획의 내용

제193조【회생계획의 내용】 ① 회생계획에는 다음 각 호의 사항을 정하여야 한다.
1. 회생채권자·회생담보권자·주주·지분권자의 권리의 전부 또는 일부의 변경
2. 공익채권의 변제
3. 채무의 변제자금의 조달방법
4. 회생계획에서 예상된 액을 넘는 수익금의 용도
5. 알고 있는 개시후기타채권이 있는 때에는 그 내용

② 회생계획에는 다음 각 호의 사항을 정할 수 있다.
1. 영업이나 재산의 양도, 출자나 임대, 경영의 위임
2. 정관의 변경
3. 이사·대표이사(채무자가 주식회사가 아닌 때에는 채무자를 대표할 권한이 있는 자를 포함한다)의 변경
4. 자본의 감소
5. 신주나 사채의 발행
6. 주식의 포괄적 교환 및 이전, 합병, 분할, 분할합병
7. 해산
8. 신회사의 설립
9. 그 밖에 회생을 위하여 필요한 사항

③ 제92조제1항에 따라 법원이 정한 기한까지 전부 또는 일부의 채권자들 사이에 그들이 가진 채권의 변제순위에 관한 합의가 되어 있는 때에는 회생계획안 중 다른 채권자를 해하지 아니하는 범위 안에서 변제순위에 관한 합의가 되어 있는 채권에 관한 한 그에 반하는 규정을 정하여서는 아니된다. 이 경우 채권자들은 합의를 증명하는 자료를 제92조제1항에 따라 법원이 정한 기한까지 법원에 제출하여야 한다.
(2014.12.30 본항개정)

제194조【회생채권자 등의 권리】 ① 회생채권자·회생담보권자·주주·지분권자의 권리를 변경하는 때에는 회생계획에 변경되는 권리를 명시하고, 변경 후의 권리의 내용을 정하여야 한다.
② 회생채권자·회생담보권자·주주·지분권자로서 회생계획에 의하여 그 권리에 영향을 받지 아니하는 자가 있는 때에는 그 자의 권리를 명시하여야 한다.

제195조【채무의 기한】 회생계획에 의하여 채무를 부담하거나 채무의 기한을 유예하는 경우 그 채무의 기한은 담보가 있는 때에는 그 담보물의 존속기간을 넘지 못하며, 담보가 없거나 담보물의 존속기간을 판정할 수 없는 때에는 10년을 넘지 못한다. 다만, 회생계획의 정함에 의하여 사채를 발행하는 경우에는 그러하지 아니하다.

제196조【담보의 제공과 채무의 부담】 ① 채무자 또는 채무자 외의 자가 회생을 위하여 담보를 제공하는 때에는 회생계획에 담보를 제공하는 자를 명시하고 담보권의 내용을 정하여야 한다.
② 채무자 외의 자가 채무를 인수하거나 보증인이 되는 등 회생을 위하여 채무를 부담하는 때에는 회생계획에 그 자를 명시하고 그 채무의 내용을 정하여야 한다.

제197조【미확정의 회생채권 등】 ① 이의있는 회생채권 또는 회생담보권으로서 그 확정절차가 종결되지 아니한 것이 있는 때에는 그 권리확정의 가능성을 고려하여 회생계획에 이에 대한 적당한 조치를 정하여야 한다.
② 회생계획에는 제109조제2항의 규정에 의하여 신고할 수 있는 채권에 관하여 적당한 조치를 정하여야 한다.

제198조【변제한 회생채권 등】 회생채권 및 회생담보권 중 제131조 단서, 제132조제1항 및 제2항의 규정에 의하여 변제한 것은 회생계획에 이를 명시하여야 한다.

제199조【공익채권】 공익채권에 관하여는 회생계획에 이미 변제한 것을 명시하고 장래 변제할 것에 관하여 정하여야 한다.

제200조【영업 또는 재산의 양도 등】 ① 다음 각 호의 어느 하나에 해당하는 경우에는 회생계획에 그 목적물·대가·상대방 그 밖의 사항을 정하여야 한다.
1. 채무자의 영업이나 재산의 전부나 일부를 양도·출자 또는 임대하는 경우
2. 채무자의 사업의 경영의 전부나 일부를 위임하는 경우
3. 타인과 영업의 손익을 같이 하는 계약 그 밖에 이에 준하는 계약을 체결·변경 또는 해약하는 경우
4. 타인의 영업이나 재산의 전부나 일부를 양수하는 경우

② 제1항의 경우 대가를 회생채권자·회생담보권자·주주·지분권자에게 분배하는 때에는 그 분배의 방법도 정하여야 한다.

제201조【분쟁이 해결되지 아니한 권리】 채무자에게 속하는 권리로서 분쟁이 해결되지 아니한 것이 있는 때에는 회생계획에 화해나 조정의 수락에 관한 사항을 정하거나 관리인에 의한 소송의 수행 그 밖에 권리의 실행에 관한 방법을 정하여야 한다.

제202조【정관의 변경】 채무자의 정관을 변경하는 때에는 회생계획에 그 변경의 내용을 정하여야 한다.

제203조【이사 등의 변경】 ① 법인인 채무자의 이사를 선임하거나 대표이사(채무자가 주식회사가 아닌 때에는 채무자를 대표할 권한이 있는 자를 포함한다. 이하 이 조에서 "대표이사"라 한다)를 선정하는 때에는 회생계획에 선임이나 선정될 자와 임기 또는 선임이나 선정의 방법과 임기를 정하여야 한다.
② 법인인 채무자의 이사 또는 대표이사 중 유임하게 할 자가 있는 때에는 회생계획에 그 자와 임기를 정하여야 한다. 다만, 이사 또는 대표이사에 의한 채무자 재산의 도피, 은닉 또는 고의적인 부실경영 등의 원인에 의하여 회생절차가 개시된 때에는 유임하게 할 수 없다.
③ 제1항 및 제2항의 경우 여럿의 대표이사에게 공동으로 채무자를 대표하게 하는 때에는 회생계획에 그 뜻을 정하여야 한다.
④ 법인인 채무자의 감사는 채권자협의회의 의견을 들어 법원이 이를 선임한다. 이 경우에 임기를 정하여야 한다.
⑤ 제1항 및 제2항의 규정에 의한 이사의 임기는 1년을 넘지 못한다.

제204조【이사 등의 선임 등에 관한 사항】 법인인 채무자 또는 신회사(합병 또는 분할합병으로 인하여 설립되는 신회사를 제외한다)의 이사·대표이사 또는 감사의 선임·선정 또는 유임이나 그 선임 또는 선정의 방법에 관한 회생계획은 형평에 맞아야 하며, 회생채권자·회생담보권자·주주·지분권자 일반의 이익에 합치하여야 한다.

제205조【주식회사 또는 유한회사의 자본감소】 ① 주식회사인 채무자의 자본을 감소하는 때에는 회생계획에 다음 각 호의 사항을 정하여야 한다.
1. 감소할 자본의 액
2. 자본감소의 방법
② 제1항에 따른 자본감소는 다음 각 호의 사항을 참작하여 정하여야 한다.
1. 채무자의 자산 및 부채와 수익능력
2. 제206조에서 규정하는 신주발행에 관한 사항
(2014.5.20 본항개정)
③ (2014.5.20 삭제)
④ 주식회사인 채무자의 이사나 지배인의 중대한 책임이 있는 행위로 인하여 회생절차개시의 원인이 발생한 때에는 회생계획에 그 행위에 상당한 영향력을 행사한 주주 및 그 친족 그 밖에 대통령령이 정하는 범위의 특수관계에 있는 주주가 가진 주식의 3분의 2 이상을 소각하거나 3주 이상을 1주로 병합하는 방법으로 자본을 감소할 것을 정하여야 한다.
⑤ 제4항의 규정에 의한 자본감소 후 제206조의 규정에 의하여 신주를 발행하는 때에는 제4항의 규정에 의한 주주는 신주를 인수할 수 없다. 다만, 제4항의 규정에 의한 주주에 대하여 「상법」 제340조의2(주식매수선택권)의 규정에 의한 주식매수선택권을 부여할 수 있다.
⑥ 제1항 내지 제4항 및 제5항 본문의 규정은 유한회사의 경우에 준용한다.

판례 제205조에 의하여 자본감소를 한 후 같은 법 제206조에 의하여 신주를 발행하는 경우, 회생절차개시의 원인을 발생시킨 주식회사인 채무자의 이사나 지배인의 중대한 책임이 있는 행위에 상당한 영향력을 행사한 주주 및 그 친족 그 밖에 같은 법 시행령 제4조가 정하는 범위의 특수관계에 있는 주주에 해당하는 자에 대하여는 신주를 인수할 수 없도록 규정하고 있는바, 제3자가 위 규정에 의하여 신주인수가 금지되는 자에 해당한다는 등의 특별한 사정이 없는 한 회생절차개시 전에 회생채무자와 거래관계가 있었다는 등의 사정만으로 회생채무자가 발행하는 신주를 인수할 자격이 제한된다고는 할 수 없다.
(대결 2007.10.11, 2007마919)

제206조【주식회사 또는 유한회사의 신주발행】 ① 주식회사인 채무자가 회생채권자·회생담보권자 또는 주주에 대하여 새로 납입 또는 현물출자를 하게 하지 아니하고 신주를 발행하는 때에는 회생계획에 다음 각 호의 사항을 정하여야 한다.
1. 신주의 종류와 수
2. 신주의 배정에 관한 사항
3. 신주의 발행으로 인하여 증가하게 되는 자본과 준비금의 액
4. 신주의 발행으로 감소하게 되는 부채액
② 주식회사인 채무자가 회생채권자·회생담보권자 또는 주주로 하여금 새로 납입 또는 현물출자를 하게 하고 신주를 발행하는 때에는 회생계획에 다음 각 호의 사항을 정하여야 한다.
1. 제1항제1호 및 제3호의 사항
2. 납입금액 그 밖에 신주의 배정에 관한 사항과 신주의 납입기일
3. 새로 현물출자를 하는 자가 있는 때에는 그 자, 출자의 목적인 재산, 그 가격과 이에 대하여 부여할 주식의 종류와 수
③ 제1항 및 제2항의 경우를 제외하고 주식회사인 채무자가 신주를 발행하는 때에는 회생계획에 다음 각 호의 사항을 정하여야 한다.
1. 제1항제1호의 사항
2. 제2항제3호의 사항
3. 신주의 발행가액과 납입기일
4. 신주의 발행가액 중 자본에 추가되지 아니하는 금액
④ 제1항의 규정에 의하여 신주를 발행하는 경우에는 다음 각 호의 규정을 적용하지 아니한다.
1. 「은행법」 제37조 및 제38조제1호
2. 「보험업법」 제19조
3. 「자본시장과 금융투자업에 관한 법률」 제344조(2007.8.3 본호개정)
4. 「금융산업의 구조개선에 관한 법률」 제24조
5. 그 밖의 금융기관(「한국자산관리공사 설립 등에 관한 법률」 제2조 및 「금융산업의 구조개선에 관한 법률」 제2조에 의한 금융기관을 말한다)의 출자, 유가증권취득 및 재산운용을 제한하는 내용의 법령(2019.11.26 본호개정)
⑤ 제1항 내지 제3항의 규정은 유한회사의 경우에 준용한다.

제207조【주식회사의 주식의 포괄적 교환】 주식회사인 채무자가 다른 회사와 주식의 포괄적 교환을 하는 때에는 회생계획에 다음 각 호의 사항을 정하여야 한다.
1. 다른 회사의 상호
2. 다른 회사가 「상법」 제360조의2(주식의 포괄적 교환에 의한 완전모회사의 설립)제1항의 규정에 의한 완전모회사(이하 "완전모회사"라 한다)로 되는 경우 그 회사가 주식의 포괄적 교환에 의하여 정관을 변경하는 때에는 그 규정
3. 완전모회사로 되는 회사가 주식의 포괄적 교환을 위하여 발행하는 신주의 총수·종류 및 종류별 주식의 수와 「상법」 제360조의2(주식의 포괄적 교환에 의한 완전모회사의 설립)제1항의 규정에 의한 완전자회사(이하 "완전자회사"라 한다)가 되는 회사의 주주에 대한 신주의 배정에 관한 사항
4. 완전모회사로 되는 회사의 증가하게 되는 자본의 액과 준비금에 관한 사항
5. 다른 회사의 주주에게 금전을 지급하거나 사채를 배정할 것을 정하는 때에는 그 규정
6. 다른 회사의 주식의 포괄적 교환계약서 승인결의를 위한 주주총회의 일시(그 회사가 주주총회의 승인을 얻지 아니하고 주식의 포괄적 교환을 하는 때에는 그 뜻)
7. 주식의 포괄적 교환을 하는 날
8. 다른 회사가 주식의 포괄적 교환을 하는 날까지 이익을 배당하거나 「상법」 제462조의3(중간배당)제1항의 규정에 의하여 금전으로 이익배당을 하는 때에는 그 한도액
9. 「상법」 제360조의6(신주발행에 갈음할 자기주식의 이전)의 규정에 의하여 완전모회사가 되는 회사가 자기의 주식을 이전하는 때에는 이전할 주식의 총수 및 종류와 종류별 주식의 수
10. 완전모회사가 되는 회사에 취임하는 이사 및 감사를 정하는 때에는 그 성명 및 주민등록번호

제208조【주식회사의 주식의 포괄적 이전】 주식회사인 채무자가 주식의 포괄적 이전을 하여 완전모회사인 신회사를 설립하는 때에는 회생계획에 다음 각 호의 사항을 정하여야 한다.
1. 신회사의 상호
2. 신회사의 정관의 규정
3. 신회사가 주식의 포괄적 이전을 위하여 발행하는 주식의 종류 및 수와 완전자회사가 되는 채무자의 회생채권자·회생담보권자 또는 주주에 대한 주식의 배정에 관한 사항
4. 신회사의 자본의 액과 준비금에 관한 사항
5. 완전자회사가 되는 채무자의 주주에게 금전을 지급하거나 사채를 배정할 것을 정하는 때에는 그 규정
6. 주식의 포괄적 이전을 하는 시기
7. 완전자회사가 되는 채무자가 주식의 포괄적 이전의 날까지 이익을 배당하거나 「상법」 제462조의3(중간배당)제1항의 규정에 의하여 금전으로 이익배당을 하는 때에는 그 한도액
8. 신회사의 이사 및 감사의 성명 및 주민등록번호

제209조【주식회사의 사채발행】 주식회사인 채무자가 사채를 발행하는 때에는 회생계획에 다음 각 호의 사항을 정하여야 한다.
1. 사채의 총액
2. 각 사채의 금액, 사채의 이율, 사채상환의 방법 및 기한, 이자지급의 방법 그 밖에 사채의 내용
3. 사채발행의 방법과 회생채권자·회생담보권자 또는 주주에 대하여 새로 납입하게 하거나 납입하게 하지 아니하고 사채를 발행하는 때에는 그 배정에 관한 사항
4. 담보부사채인 때에는 그 담보권의 내용

제210조【회사의 흡수합병】 회사인 채무자가 다른 회사와 합병하여 그 일방이 합병 후 존속하는 때에는 회생계획에 다음 각 호의 사항을 정하여야 한다.
1. 다른 회사의 상호
2. 존속하는 회사가 합병시 발행하는 주식 또는 출자지분의 종류와 수, 그 주식 또는 출자지분에 대한 주주·지분권자의 신주인수권 또는 출자지분인수권의 제한에 관한 사항과 특정한 제3자에 부여할 것을 정하는 때에는 이에 관한 사항
3. 합병으로 인하여 소멸하는 회사의 회생채권자·회생담보권자·주주·지분권자에 대하여 발행할 주식 또는 출자지분의 종류 및 수와 그 배정에 관한 사항
4. 존속하는 회사의 증가할 자본과 준비금의 액
5. 합병으로 인하여 소멸하는 회사의 주주·지분권자에게 금전을 지급하거나 사채를 배정할 것을 정하는 때에는 그 규정
6. 합병계약서의 승인결의를 위한 다른 회사의 주주총회 또는 사원총회의 일시
7. 합병을 하는 날
8. 존속하는 회사가 합병으로 인하여 정관을 변경하기로 정한 경우에는 그 규정
9. 다른 회사가 합병으로 인하여 이익의 배당 또는 「상법」 제462조의3(중간배당)제1항의 규정에 의하여 금전으로 이익배당을 하는 때에는 그 한도액
10. 합병으로 인하여 존속하는 회사에 취임하게 될 이사 및 감사(감사위원회 위원을 포함한다. 이하 이 조 내지 제213조에서 같다)를 정하는 때에는 그 성명 및 주민등록번호

제211조【회사의 신설합병】 회사인 채무자가 다른 회사와 합병하여 신회사를 설립하는 때에는 회생계획에 다음 각 호의 사항을 정하여야 한다.
1. 다른 회사의 상호
2. 신회사의 상호, 목적, 본점 및 지점의 소재지, 자본과 준비금의 액 및 공고방법
3. 신회사가 발행하는 주식 또는 출자지분의 종류와 수 및 그 배정에 관한 사항
4. 신회사설립시에 정하는 신회사가 발행하는 주식 또는 출자지분에 대한 주주·지분권자의 신주인수권 또는 출자지분인수권의 제한에 관한 사항과 특정한 제3자에 부여할 것을 정하는 때에는 이에 관한 사항
5. 회생채권자·회생담보권자 또는 각 채무자의 주주·지분권자 또는 다른 회사의 주주·지분권자에 대하여 발행하는 주식 또는 출자지분의 종류 및 수와 그 배정에 관한 사항
6. 각 회사의 주주·지분권자에게 금전을 지급하거나 사채를 배정하는 것을 정하는 때에는 그 규정
7. 합병계약서 승인결의를 위한 다른 회사의 주주총회 또는 사원총회의 일시
8. 합병을 하는 날
9. 다른 회사가 합병으로 인하여 이익의 배당 또는 「상법」 제462조의3(중간배당)제1항의 규정에 의하여 금전으로 이익배당을 하는 때에는 그 한도액
10. 합병으로 인하여 존속하는 회사에 취임하게 될 이사 및 감사를 정하는 때에는 그 성명 및 주민등록번호

제212조【주식회사의 분할】 ① 주식회사인 채무자가 분할되어 신회사를 설립하는 때에는 회생계획에 다음 각 호의 사항을 정하여야 한다.
1. 신회사의 상호, 목적, 본점 및 지점의 소재지, 발행할 주식의 수, 1주의 금액, 자본과 준비금의 액 및 공고의 방법
2. 신회사가 발행하는 주식의 총수, 종류 및 종류별 주식의 수
3. 신회사설립시에 정하는 신회사가 발행하는 주식에 대한 주주의 신주인수권의 제한에 관한 사항과 특정한 제3자에게 신주인수권을 부여하는 것을 정하는 때에는 그에 관한 사항
4. 채무자의 회생채권자·회생담보권자 또는 주주에 대하여 새로이 납입을 시키지 아니하고 신회사의 주식을 배정하는 때에는 발행하는 주식의 총수 및 종류, 종류별 주식의 수 및 그 배정에 관한 사항과 배정에 따라 주식의 병합 또는 분할을 하는 때에는 그에 관한 사항
5. 채무자의 주주에게 금전을 지급하거나 사채를 배정하는 것을 정하는 때에는 그 규정
6. 신회사에 이전되는 재산과 그 가액
7. 「상법」 제530조의9(분할 및 분할합병 후의 회사의 책임)제2항의 규정에 의한 정함이 있는 때에는 그 내용
8. 신회사의 이사·대표이사 및 감사가 될 자나 그 선임 또는 선정의 방법 및 임기. 이 경우 임기는 1년을 넘을 수 없다.
9. 신회사가 사채를 발행하는 때에는 제209조 각 호의 사항
10. 회생채권자·회생담보권자·주주 또는 제3자에 대하여 새로 납입하게 하고 주식을 발행하는 때에는 그 납입금액 그 밖에 주식의 배정에 관한 사항과 납입기일
11. 현물출자를 하는 자가 있는 때에는 그 성명 및 주민등록번호, 출자의 목적인 재산, 그 가격과 이에 대하여 부여하는 주식의 종류 및 수
12. 그 밖에 신회사의 정관에 기재하고자 하는 사항
13. 자본과 준비금의 액
14. 분할하는 날

② 분할 후 채무자가 존속하는 때에는 회생계획에 채무자에 관하여 다음 각 호의 사항을 정하여야 한다.
1. 감소하는 자본과 준비금의 액
2. 자본감소의 방법
3. 분할로 인하여 이전하는 재산과 그 가액
4. 분할 후의 발행주식의 총수
5. 채무자가 발행하는 주식의 총수를 감소하는 때에는 그 감소하는 주식의 총수·종류 및 종류별 주식의 수
6. 그 밖에 정관변경을 가져 오게 하는 사항

제213조【주식회사의 분할합병】 ① 주식회사인 채무자가 분할되어 그 일부가 다른 회사와 합병하여 그 다른 회사가 존속하는 때와 다른 회사가 분할되어 그 일부가 주식회사인 채무자와 합병하여 그 채무자가 존속하는 때에는 회생계획에 다음 각 호의 사항을 정하여야 한다.
1. 다른 회사의 상호
2. 존속하는 회사가 분할합병으로 인하여 발행하여야 하는 주식의 총수가 증가하는 때에는 증가하는 주식의 총수·종류 및 종류별 주식의 수, 그 주식에 대한 주주의 신주인수권의 제한에 관한 사항과 특정한 제3자에게 신주인수권을 부여하는 것을 정하는 때에는 그에 관한 사항
3. 분할되는 채무자의 회생채권자·회생담보권자 또는 주주에 대하여 발행하는 신주의 총수 및 종류, 종류별 주식의 수 및 그 배정에 관한 사항과 배정에 따른 주식의 병합 또는 분할을 하는 때에는 그에 관한 사항
4. 분할되는 회사의 주주에게 금전을 지급하거나 사채를 배정하는 것을 정하는 때에는 그에 관한 사항
5. 존속하는 회사의 증가하는 자본의 총액과 준비금에 관한 사항
6. 분할되는 채무자가 존속하는 회사에 이전하는 재산과 그 가액

7. 「상법」 제530조의9(분할 및 분할합병 후의 회사의 책임) 제3항의 규정에 의한 정함이 있는 때에는 그에 관한 사항
8. 분할합병계약서를 승인하는 결의를 하기 위한 다른 회사의 주주총회의 일시
9. 분할합병을 하는 날
10. 다른 회사가 존속하는 경우 그 회사의 이사 및 감사를 정하는 때에는 그 성명 및 주민등록번호
11. 그 밖에 존속하는 채무자의 정관변경을 가져오게 하는 사항

② 채무자가 분할되어 그 일부가 다른 회사 또는 다른 회사의 일부와 분할합병을 하여 신회사를 설립하는 때와 다른 회사가 분할되어 그 일부가 채무자 또는 채무자의 일부와 분할합병을 하여 신회사를 설립하는 때에는 회생계획에 다음 각 호의 사항을 정하여야 한다.
1. 다른 회사의 상호
2. 신회사의 상호, 목적, 본점 및 지점의 소재지, 발행할 주식의 수, 1주의 금액, 자본과 준비금의 액 및 공고방법
3. 신회사설립시에 정하는 신회사가 발행하는 주식에 대한 주주의 신주인수권의 제한에 관한 사항과 특정한 제3자에게 신주인수권을 부여하는 것을 정하는 때에는 그에 관한 사항
4. 채무자 또는 다른 회사가 신회사에 이전하는 재산과 그 가액
5. 「상법」 제530조의9(분할 및 분할합병 후의 회사의 책임) 제2항의 규정에 의한 정함이 있는 때에는 그 내용
6. 그 밖에 신회사의 정관에 기재하고자 하는 사항
7. 채무자의 회생채권자 · 회생담보권자 · 주주 또는 다른 회사의 주주에 대하여 발행하는 주식의 총수 및 종류, 종류별 주식의 수 및 그 배정에 관한 사항과 배정에 따른 주식의 병합 또는 분할을 하는 때에는 그에 관한 사항
8. 채무자 또는 다른 회사의 주주에게 금전을 지급하거나 사채를 배정하는 것을 정하는 때에는 그 사항
9. 다른 회사에서 분할합병계약서를 승인하는 결의를 하기 위한 주주총회의 일시
10. 분할합병을 하는 날
11. 신회사의 이사 · 대표이사 및 감사가 될 자나 그 선임 또는 선정의 방법 및 임기. 이 경우 임기는 1년을 넘을 수 없다.

③ 제212조의 규정은 제1항 및 제2항의 규정에 의하여 채무자의 분할합병을 하지 아니하는 부분을 정하는 경우에 관하여 준용한다.

제214조【주식회사의 물적분할】 제212조 및 제213조의 규정은 분할되는 주식회사인 채무자가 분할 또는 분할합병으로 인하여 설립되는 회사의 주식의 총수를 취득하는 경우에 관하여 준용한다.

제215조【주식회사 또는 유한회사의 신회사 설립】 ① 회생채권자 · 회생담보권자 · 주주 · 지분권자에 대하여 새로 납입 또는 현물출자를 하지 아니하고 주식 또는 출자지분을 인수하게 함으로써 신회사(주식회사 또는 유한회사에 한한다. 이하 이 조에서 같다)를 설립하는 때에는 회생계획에 다음 각 호의 사항을 정하여야 한다.
1. 신회사의 상호, 목적, 본점 및 지점의 소재지와 공고의 방법
2. 신회사가 발행하는 주식 또는 출자지분의 종류와 수
3. 1주 또는 출자 1좌의 금액
4. 신회사설립시에 정하는 신회사가 발행하는 주식 또는 출자지분에 대한 주주의 신주인수권 또는 지분권자의 출자지분인수권의 제한에 관한 사항과 특정한 제3자에 부여하는 것을 정하는 때에는 이에 관한 사항
5. 회생채권자 · 회생담보권자 · 주주 · 지분권자에 대하여 발행하는 주식 또는 출자지분의 종류 및 수와 그 배정에 관한 사항
6. 그 밖에 신회사의 정관에 기재하는 사항
7. 신회사의 자본 또는 출자액의 준비금의 액
8. 채무자에서 신회사로 이전하는 재산과 그 가액
9. 신회사의 이사 · 대표이사 및 감사가 될 자나 그 선임 또는 선정의 방법 및 임기. 이 경우 임기는 1년을 넘을 수 없다.
10. 신회사가 사채를 발행하는 때에는 제209조 각 호의 사항

② 제1항에 규정된 경우를 제외하고 주식의 포괄적 이전 · 합병 · 분할 또는 분할합병에 의하지 아니하고 신회사를 설립하는 때에는 회생계획에 다음 각 호의 사항을 정하여야 한다.
1. 제1항제1호 내지 제3호, 제6호 및 제8호 내지 제10호의 사항
2. 신회사설립 당시 발행하는 주식 또는 출자지분의 종류 및 수와 회생채권자 · 회생담보권자 또는 주주 · 지분권자에 대하여 새로 납입 또는 현물출자를 하게 하거나 하게 하지 아니하고 주식 또는 출자지분을 인수하게 하는 때에는 제1항제5호의 사항
3. 새로 현물출자를 하는 자가 있는 때에는 그 성명 및 주민등록번호, 출자의 목적인 재산, 그 가액과 이에 대하여 부여하는 주식 또는 출자지분의 종류와 수

제216조【해산】 채무자가 합병 · 분할 또는 분할합병에 의하지 아니하고 해산하는 때에는 회생계획에 그 뜻과 해산의 시기를 정하여야 한다.

제217조【공정하고 형평한 차등】 ① 회생계획에서는 다음 각 호의 규정에 의한 권리의 순위를 고려하여 회생계획의 조건에 공정하고 형평에 맞는 차등을 두어야 한다.
1. 회생담보권
2. 일반의 우선권 있는 회생채권
3. 제2호에 규정된 것 외의 회생채권
4. 잔여재산의 분배에 관하여 우선적 내용이 있는 종류의 주주 · 지분권자의 권리
5. 제4호에 규정된 것 외의 주주 · 지분권자의 권리

② 제1항의 규정은 제140조제1항 및 제2항의 청구권에 관하여는 적용하지 아니한다.

제218조【평등의 원칙】 ① 회생계획의 조건은 같은 성질의 권리를 가진 자 간에는 평등하여야 한다. 다만, 다음 각 호의 어느 하나에 해당하는 때에는 그러하지 아니하다.
1. 불이익을 받는 자의 동의가 있는 때
2. 채권이 소액인 회생채권자, 회생담보권자 및 제118조제2호 내지 제4호의 청구권을 가지는 자에 대하여 다르게 정하거나 차등을 두어도 형평을 해하지 아니하는 때
3. 채무자의 거래상대방인 중소기업자의 회생채권에 대하여 그 사업의 계속에 현저한 지장을 초래할 우려가 있어 다른 회생채권보다 우대하여 변제하는 때(2016.5.29 본호신설)
4. 그 밖에 동일한 종류의 권리를 가진 자 사이에 차등을 두어도 형평을 해하지 아니하는 때

② 회생계획에서는 다음 각 호의 청구권을 다른 회생채권과 다르게 정하거나 차등을 두어도 형평을 해하지 아니한다고 인정되는 경우에는 다른 회생채권보다 불이익하게 취급할 수 있다.
1. 회생절차개시 전에 채무자와 대통령령이 정하는 범위의 특수관계에 있는 자의 채무자에 대한 금전소비대차로 인한 청구권
2. 회생절차개시 전에 채무자가 대통령령이 정하는 범위의 특수관계에 있는 자를 위하여 무상으로 보증인이 된 경우의 보증채무에 대한 청구권
3. 회생절차개시 전에 채무자와 대통령령이 정하는 범위의 특수관계에 있는 자가 채무자를 위하여 보증인이 된 경우 채무자에 대한 보증채무로 인한 구상권

제219조【특별한 이익을 주는 행위의 무효】 채무자가 자신 또는 제3자의 명의로 회생계획에 의하지 아니하고 일부 회생채권자 · 회생담보권자 · 주주 · 지분권자에게 특별한 이익을 주는 행위는 무효로 한다.

제2절 회생계획안의 제출

제220조【회생계획안의 제출】 ① 관리인은 제50조제1항 제4호 또는 같은 조 제3항에 따라 법원이 정한 기간 안에 회생계획안을 작성하여 법원에 제출하여야 한다.
② 관리인은 제1항의 기간 안에 회생계획안을 작성할 수 없는 때에는 그 기간 안에 그 사실을 법원에 보고하여야 한다.
(2014.12.30 본조개정)

제221조【회생채권자 등의 회생계획안 제출】 다음 각 호의 어느 하나에 해당하는 자는 제220조제1항에 따른 기간 안에 회생계획안을 작성하여 법원에 제출할 수 있다.
1. 채무자
2. 목록에 기재되어 있거나 신고한 회생채권자·회생담보권자·주주·지분권자
(2014.12.30 본조개정)

제222조【청산 또는 영업양도 등을 내용으로 하는 회생계획안】 ① 법원은 채무자의 사업을 청산할 때의 가치가 채무자의 사업을 계속할 때의 가치보다 크다고 인정하는 때에는 다음 각 호의 어느 하나에 해당하는 자의 신청에 의하여 청산(영업의 전부 또는 일부의 양도, 물적 분할을 포함한다)을 내용으로 하는 회생계획안의 작성을 허가할 수 있다. 다만, 채권자 일반의 이익을 해하는 때에는 그러하지 아니하다.
1. 관리인
2. 채무자
3. 목록에 기재되어 있거나 신고한 회생채권자·회생담보권자·주주·지분권자
② 제1항의 규정은 회생절차개시 후 채무자의 존속, 합병, 분할, 분할합병, 신회사의 설립 등에 의한 사업의 계속을 내용으로 하는 회생계획안의 작성이 곤란함이 명백하게 된 경우에 관하여 준용한다.
③ 법원은 회생계획안을 결의에 부칠 때까지는 언제든지 제1항 또는 제2항의 규정에 의한 허가를 취소할 수 있다.
④ 제236조제4항의 규정은 제1항 및 제2항에 의한 허가에 관하여 준용한다.

제223조【회생계획안의 사전제출】 ① 채무자의 부채의 2분의 1 이상에 해당하는 채권을 가진 채권자 또는 이러한 채권자의 동의를 얻은 채무자는 회생절차개시의 신청이 있은 때부터 회생절차개시 전까지 회생계획안을 작성하여 법원에 제출할 수 있다.(2016.5.29 본항개정)
② 법원은 제1항의 규정에 의하여 제출된 회생계획안(제228조 또는 제229조제2항의 규정에 의하여 회생계획안을 수정한 때에는 그 수정된 회생계획안을 말한다. 이하 이 조에서 "사전계획안"이라 한다)을 법원에 비치하여 이해관계인에게 열람하게 하여야 한다.
③ 사전계획안을 제출한 채권자 외의 채권자는 회생계획안의 결의를 위한 관계인집회의 기일 전날 또는 제240조제2항에 따라 법원이 정하는 기간 초일의 전날까지 그 사전계획안에 동의한다는 의사를 서면으로 법원에 표시할 수 있다.
(2016.5.29 본항개정)
④ 사전계획안을 제출하는 자는 회생절차개시 전까지 회생채권자·회생담보권자·주주·지분권자의 목록(제147조제2항 각 호의 내용을 포함하여야 한다), 제92조제1항 각 호에 규정된 사항을 기재한 서면 및 그 밖에 대법원규칙으로 정하는 서면을 법원에 제출하여야 한다.(2016.5.29 본항신설)
⑤ 제4항의 회생채권자·회생담보권자·주주·지분권자의 목록이 제출된 때에는 이 목록을 제147조제1항의 목록으로 본다.(2016.5.29 본항신설)
⑥ 사전계획안이 제출된 때에는 관리인은 법원의 허가를 받아 회생계획안을 제출하지 아니하거나 제출한 회생계획안을 철회할 수 있다.
⑦ 사전계획안을 제출하거나 그 사전계획안에 동의한다는 의사를 표시한 채권자는 결의를 위한 관계인집회에서 그 사전계획안을 가결하는 때에 동의한 것으로 본다. 다만, 사전계획안의 내용이 그 채권자에게 불리하게 수정되거나, 현저한 사정변경이 있거나 그 밖에 중대한 사유가 있는 때에는 결의를 위한 관계인집회의 기일 전날까지 법원의 허가를 받아 동의를 철회할 수 있다.(2014.12.30 본문개정)
⑧ 사전계획안을 제240조제1항에 따라 서면결의에 부친 경우 사전계획안을 제출하거나 같은 조 제2항의 회신기간 전에 그 사전계획안에 동의한다는 의사를 표시한 채권자는 위 회신기간 안에 동의한 것으로 본다. 다만, 사전계획안의 내용이 그 채권자에게 불리하게 수정되거나, 현저한 사정변경이 있거나 그 밖에 중대한 사유가 있는 때에는 위 회신기간 종료일까지 법원의 허가를 받아 동의를 철회할 수 있다.
(2016.5.29 본항신설)

제224조【회생계획안심리를 위한 관계인집회】 회생계획안의 제출이 있는 때에는 법원은 그 회생계획안을 심리하기 위하여 기일을 정하여 관계인집회를 소집하여야 한다. 다만, 제240조의 규정에 의한 서면결의에 부치는 때에는 그러하지 아니하다.

제225조【회생계획안에 대한 의견청취】 제224조의 규정에 의한 관계인집회에서는 회생계획안의 제출자로부터 회생계획안에 대한 설명을 들은 후 법원은 다음 각 호의 자로부터 회생계획안에 대한 의견을 들어야 한다.
1. 관리인
2. 채무자
3. 목록에 기재되어 있거나 신고한 회생채권자·회생담보권자·주주·지분권자

제226조【감독행정청 등의 의견】 ① 법원은 필요하다고 인정하는 때에는 채무자의 업무를 감독하는 행정청, 법무부장관, 금융위원회 그 밖의 행정기관에 대하여 회생계획안에 대한 의견의 진술을 요구할 수 있다.(2008.2.29 본항개정)
② 행정청의 허가·인가·면허 그 밖의 처분을 요하는 사항을 정하는 회생계획안에 관하여는 법원은 그 사항에 관하여 그 행정청의 의견을 들어야 한다.
③ 채무자의 업무를 감독하는 행정청, 법무부장관 또는 금융위원회는 언제든지 법원에 대하여 회생계획안에 관하여 의견을 진술할 수 있다.(2008.2.29 본항개정)

제227조【채무자의 노동조합 등의 의견】 법원은 회생계획안에 관하여 다음 각 호의 어느 하나에 해당하는 자의 의견을 들어야 한다.
1. 채무자의 근로자의 과반수로 조직된 노동조합
2. 제1호의 규정에 의한 노동조합이 없는 때에는 채무자의 근로자의 과반수를 대표하는 자

제228조【회생계획안의 수정】 회생계획안의 제출자는 회생계획안의 심리를 위한 관계인집회의 기일 또는 제240조의 규정에 의한 서면결의에 부치는 결정이 있는 날까지는 법원의 허가를 받아 회생계획안을 수정할 수 있다.

제229조【회생계획안의 수정명령】 ① 법원은 이해관계인의 신청에 의하거나 직권으로 회생계획안의 제출자에 대하여 회생계획안을 수정할 것을 명할 수 있다.
② 제1항의 규정에 의한 법원의 명령이 있는 때에는 회생계획안의 제출자는 법원이 정하는 기한 안에 회생계획안을 수정하여야 한다.

제230조【관계인집회의 재개】 ① 회생계획안 심리를 위한 관계인집회의 기일 후에 제229조의 규정에 의한 수정이 있는 때에는 법원은 그 수정안을 심리하기 위하여 다시 기일을 정하여 관계인집회를 소집할 수 있다.
② 제225조의 규정은 제1항의 관계인집회에 관하여 준용한다.

제231조【회생계획안의 배제】 회생계획안이 다음 각 호의 어느 하나에 해당하는 경우에는 법원은 회생계획안을 관계인집회의 심리 또는 결의에 부치지 아니할 수 있다.
1. 회생계획안이 법률의 규정을 위반한 경우
2. 회생계획안이 공정하지 아니하거나 형평에 맞지 아니한 경우
3. 회생계획안의 수행이 불가능한 경우

제231조의2【회생계획안의 배제에 대한 특칙】 ① 회생계획안이 제57조 각 호의 어느 하나에 해당하는 행위를 내용으로 하는 경우로서 다음 각 호의 요건을 모두 충족하는 경우에는 법원은 회생계획안을 관계인집회의 심리 또는 결의에 부치지 아니할 수 있다.
1. 다음 각 목의 어느 하나에 해당하는 자의 중대한 책임이 있는 행위로 인하여 회생절차개시의 원인이 발생하였다고 인정될 것
 가. 회사인 채무자의 이사(「상법」 제401조의2제1항에 따라 이사로 보는 자를 포함한다)나 해당 이사와 제101조제1항에 따른 특수관계에 있는 자
 나. 회사인 채무자의 감사
 다. 회사인 채무자의 지배인
2. 제57조 각 호의 어느 하나에 해당하는 행위를 하려는 자가 다음 각 목의 어느 하나의 경우에 해당할 것
 가. 제1호에 해당하는 자의 자금제공, 담보제공이나 채무보증 등을 통하여 제57조 각 호의 어느 하나에 해당하는 행위를 하는 데에 필요한 자금을 마련한 경우
 나. 현재 및 과거의 거래관계, 지분소유관계 및 자금제공관계 등을 고려할 때 제1호에 해당하는 자와 채무자의 경영권 인수 등 사업 운영에 관하여 경제적 이해관계를 같이하는 것으로 인정되는 경우
 다. 제1호에 해당하는 자와 배우자, 직계혈족 등 대통령령으로 정하는 특수관계에 있는 경우

② 회생계획안이 제57조 각 호의 어느 하나에 해당하는 행위를 내용으로 하는 경우로서 그 행위를 하려는 자 또는 그와 대통령령으로 정하는 특수관계에 있는 자가 다음 각 호의 어느 하나에 해당하는 경우에는 법원은 회생계획안을 관계인집회의 심리 또는 결의에 부쳐서는 아니 된다.
1. 채무자를 상대로 「형법」 제347조(사기)·제347조의2(컴퓨터등 사용사기)·제349조(부당이득)·제355조(횡령, 배임)·제356조(업무상의 횡령과 배임)·제357조(배임수증재)의 죄(「형법」 또는 다른 법률에 따라 가중 처벌되는 경우 및 미수범을 포함한다)를 범하여 금고 이상의 실형을 선고받고 그 집행이 끝나거나(집행이 끝난 것으로 보는 경우를 포함한다) 집행이 면제된 날부터 10년이 지나지 아니한 경우
2. 채무자를 상대로 제1호의 죄를 범하여 금고 이상의 형의 집행유예 또는 선고유예를 선고받고 그 유예기간 중에 있는 경우
3. 이 법을 위반하여 금고 이상의 실형을 선고받고 그 집행이 끝나거나(집행이 끝난 것으로 보는 경우를 포함한다) 집행이 면제된 날부터 5년이 지나지 아니한 경우
4. 이 법을 위반하여 금고 이상의 형의 집행유예 또는 선고유예를 선고받고 그 유예기간 중에 있는 경우

③ 법원은 제1항 또는 제2항의 내용을 확인하기 위하여 필요한 경우에는 채무자, 관리인, 보전관리인, 그 밖의 이해관계인 등에게 정보의 제공 또는 자료의 제출을 명할 수 있다.
(2014.10.15 본조신설)

제232조【회생계획안의 결의를 위한 관계인집회】 ① 제224조 또는 제230조의 규정에 의한 관계인집회의 심리를 거친 회생계획안에 관하여 수정명령을 하지 아니하는 때에는 법원은 회생계획안에 관하여 결의를 하기 위하여 기일을 정하여 관계인집회를 소집하여야 한다.
② 제1항의 경우 법원은 미리 그 계획안의 사본 또는 그 요지를 다음 각 호의 자에게 송달하여야 한다.
1. 관리인
2. 채무자
3. 목록에 기재되어 있거나 신고한 회생채권자·회생담보권자·주주·지분권자(의결권을 행사할 수 없는 자를 제외한다)
4. 회생을 위하여 채무를 부담하거나 담보를 제공하는 자

③ 제2항의 규정에 의한 송달은 서류를 우편으로 발송하여 할 수 있다.
④ 제3항의 송달에 관하여는 제8조제4항·제5항의 규정을 준용한다.

제233조【회생을 위하여 채무를 부담하는 자 등의 출석】 ① 회생을 위하여 채무를 부담하거나 담보를 제공하는 자는 제232조제1항의 규정에 의한 기일에 출석하여 그 뜻을 진술하여야 한다. 다만, 정당한 사유가 있는 때에는 대리인을 출석하게 할 수 있다.
② 제1항 단서의 규정에 의한 대리인은 대리권을 증명하는 서면을 제출하여야 한다.
③ 제240조의 규정에 의한 서면결의에 부치는 때에는 그 채무를 부담하거나 그 담보를 제공하는 자의 동의를 얻어 회생계획안에 그 내용을 정함으로써 제1항의 규정에 의한 진술에 갈음한다.

제234조【회생계획안의 변경】 회생계획안의 제출자는 회생채권자·회생담보권자·주주·지분권자에게 불리한 영향을 주지 아니하는 때에 한하여 제232조제1항의 규정에 의한 관계인집회에서 법원의 허가를 받아 회생계획안을 변경할 수 있다.

제3절 회생계획안의 결의

제235조【결의의 시기】 회생계획안은 조사기간의 종료 전에는 결의에 부치지 못한다.

제236조【결의의 방법과 회생채권자 등의 분류】 ① 제232조제1항의 규정에 의하여 관계인집회에서 결의하거나 제240조의 규정에 의하여 서면결의에 의하는 때에는 회생채권자·회생담보권자·주주·지분권자는 제2항, 제3항 및 제5항의 규정에 의하여 분류된 조별로 결의하여야 한다.
② 회생채권자·회생담보권자·주주·지분권자는 회생계획안의 작성과 결의를 위하여 다음 각 호의 조로 분류한다. 다만, 제140조제1항 및 제2항의 청구권을 가진 자는 그러하지 아니한다.
1. 회생담보권자
2. 일반의 우선권 있는 채권을 가진 회생채권자
3. 제2호에 규정된 회생채권자 외의 회생채권자
4. 잔여재산의 분배에 관하여 우선적 내용을 갖는 종류의 주식 또는 출자지분을 가진 주주·지분권자
5. 제4호에 규정된 주주·지분권자 외의 주주·지분권자

③ 법원은 제2항 각 호의 자가 가진 권리의 성질과 이해관계를 고려하여 2개 이상의 호의 자를 하나의 조로 분류하거나 하나의 호에 해당하는 자를 2개 이상의 조로 분류할 수 있다. 다만, 회생담보권자·회생채권자·주주·지분권자는 각각 다른 조로 분류하여야 한다.
④ 다음 각 호의 어느 하나에 해당하는 자는 제3항의 규정에 의한 분류에 관하여 의견을 진술할 수 있다.
1. 관리인
2. 채무자
3. 목록에 기재되어 있거나 신고한 회생채권자·회생담보권자·주주·지분권자

⑤ 법원은 회생계획안을 결의에 부칠 때까지는 언제든지 제2항 및 제3항의 규정에 의한 분류를 변경할 수 있다.
⑥ 제163조의 규정은 제3항 및 제5항의 규정에 의한 결정의 송달에 관하여 준용한다. 다만, 관계인집회의 기일에 선고가 있는 때에는 송달을 하지 아니할 수 있다.

제237조【가결의 요건】 관계인집회에서는 다음 각 호의 구분에 의하여 회생계획안을 가결한다.

1. 회생채권자의 조
의결권을 행사할 수 있는 회생채권자의 의결권의 총액의 3분의 2 이상에 해당하는 의결권을 가진 자의 동의가 있을 것
2. 회생담보권자의 조
가. 제220조의 규정에 의한 회생계획안에 관하여는 의결권을 행사할 수 있는 회생담보권자의 의결권의 총액의 4분의 3 이상에 해당하는 의결권을 가진 자의 동의가 있을 것
나. 제222조의 규정에 의한 회생계획안에 관하여는 의결권을 행사할 수 있는 회생담보권자의 의결권의 총액의 5분의 4 이상에 해당하는 의결권을 가진 자의 동의가 있을 것
3. 주주·지분권자의 조
회생계획안의 가결을 위한 관계인집회에서 의결권을 행사하는 주주·지분권자의 의결권의 총수의 2분의 1 이상에 해당하는 의결권을 가진 자의 동의가 있을 것

제238조【속행기일의 지정】 관계인집회에서 회생계획안이 가결되지 아니한 경우 다음 각 호의 자가 모두 기일의 속행에 동의한 때에는 법원은 관리인 또는 채무자나 의결권을 행사할 수 있는 회생채권자·회생담보권자·주주·지분권자의 신청에 의하거나 직권으로 속행기일을 정할 수 있다.

1. 회생채권자의 조에서 의결권을 행사할 수 있는 회생채권자의 의결권의 총액의 3분의 1 이상에 해당하는 의결권을 가진 자(2014.12.30 본호개정)
2. 회생담보권자의 조에서 의결권을 행사할 수 있는 회생담보권자의 의결권의 총액의 2분의 1 이상에 해당하는 의결권을 가진 자(2014.12.30 본호개정)
3. 주주·지분권자의 조에서 의결권을 행사하는 주주·지분권자의 의결권의 총수의 3분의 1 이상에 해당하는 의결권을 가진 자

제239조【가결의 시기】 ① 회생계획안의 가결은 제232조제1항의 규정에 의한 관계인집회의 제1기일부터 2월 이내에 하여야 한다.
② 법원은 필요하다고 인정하는 때에는 계획안제출자의 신청에 의하거나 직권으로 제1항의 규정에 의한 기간을 늘일 수 있다. 이 경우 그 기간은 1월을 넘지 못한다.
③ 회생계획안의 가결은 회생절차개시일부터 1년 이내에 하여야 한다. 다만, 불가피한 사유가 있는 때에는 법원은 6월의 범위 안에서 그 기간을 늘일 수 있다.

제240조【서면에 의한 결의】 ① 법원은 회생계획안이 제출된 때에 상당하다고 인정하는 때에는 회생계획안을 서면에 의한 결의(이하 이 편에서 "서면결의"라 한다)에 부치는 취지의 결정을 할 수 있다. 이 경우 법원은 그 뜻을 공고하여야 한다.
② 제1항의 규정에 의한 서면결의를 결정한 때에는 법원은 제182조제1항에 규정된 자에 대하여 회생계획안의 사본 또는 그 요지를 송달함과 동시에 의결권자에 대하여는 회생계획안에 동의하는지 여부와 인가 여부에 관한 의견, 회생계획안이 가결되지 아니한 경우 속행기일의 지정에 동의하는지 여부(제223조제2항의 사전계획안이 제출된 때에는 속행기일의 지정에 동의하는지 여부는 묻지 아니한다)를 법원이 정하는 기간(이하 이 장에서 "회신기간"이라 한다) 안에 서면으로 회신하여야 한다는 뜻을 기재한 서면을 송달하여야 한다. 이 경우 회신기간은 제1항의 규정에 의한 결정일부터 2월을 넘을 수 없다.(2016.5.29 전단개정)
③ 제2항의 규정에 의한 송달은 서류를 우편으로 발송하여 할 수 있다.
④ 제2항의 규정에 의하여 회생계획안을 송달한 때에는 제224조의 회생계획안 심리를 위한 관계인집회가 완료된 것으로 본다.
⑤ 회신기간 안에 회생계획안에 동의한다는 뜻을 서면으로 회신하여 법원에 도달한 의결권자의 동의가 제237조의 규정에 의한 가결요건을 충족하는 때에는 그 회생계획안은 가결된 것으로 본다.
⑥ 제188조제1항 내지 제3항 및 제189조의 규정은 서면결의에 관하여 준용한다.
⑦ 서면결의로 가결되지 아니한 회생계획안에 대하여 제238조의 규정에 의한 속행기일이 지정된 때에는 속행기일에서 결의에 부쳐야 하고 다시 서면결의에 부칠 수 없다.

제241조【회생계획안이 가결된 경우의 법인의 존속】 청산 중이거나 파산선고를 받은 사단법인 또는 재단법인인 채무자에 대하여 회생절차가 개시되어 회생계획안이 가결된 때에는 그 사단법인은 정관의 변경에 관한 규정에 따라, 재단법인은 주무관청의 인가를 받아 법인을 존속하게 할 수 있다.

제4절 회생계획의 인가 등

제242조【회생계획의 인가 여부】 ① 관계인집회에서 회생계획안을 가결한 때에는 법원은 그 기일에 또는 즉시로 선고한 기일에 회생계획의 인가 여부에 관하여 결정을 하여야 한다.
② 제1항의 규정에 의한 기일에서 다음 각 호의 어느 하나에 해당하는 자는 회생계획의 인가 여부에 관하여 의견을 진술할 수 있다.

1. 제182조제1항 각 호의 자
2. 채무자의 업무를 감독하는 행정청·법무부장관 및 금융위원회(2008.2.29 본호개정)

③ 회생계획의 인가 여부의 기일을 정하는 결정은 선고를 한 때에는 공고와 송달을 하지 아니할 수 있다.
④~⑤ (2016.5.29 삭제)

제242조의2【서면결의를 거친 경우 회생계획의 인가 여부】 ① 서면결의에 의하여 회생계획안이 가결된 때에는 법원은 지체 없이 회생계획의 인가 여부에 관하여 결정을 하여야 한다.
② 법원은 제1항에 따른 회생계획의 인가 여부에 관한 결정에 앞서 제240조제2항의 회신기간 이후로 기일을 정하여 회생계획 인가 여부에 관한 이해관계인의 의견을 들을 수 있다.
③ 제242조제2항 각 호의 어느 하나에 해당하는 자는 제2항에 따른 기일에서 회생계획의 인가 여부에 관하여 의견을 진술할 수 있다.
④ 제2항에 따른 기일을 정하는 결정이 있는 때에는 법원은 이를 공고하고 그 결정서를 제240조제2항에 따라 회생계획 인가 여부에 관한 의견을 서면으로 회신한 자에게 송달하여야 한다.
⑤ 법원은 상당하다고 인정하는 때에는 관리인의 신청에 의하거나 직권으로 제2항에 따른 기일과 특별조사기일을 병합할 수 있다.
⑥ 법원은 제1항에 따라 회생계획의 인가 또는 불인가의 결정을 한 때에는 제182조제1항 각 호의 자에게 그 주문 및 이유의 요지를 기재한 서면을 송달하여야 한다.
(2016.5.29 본조신설)

제243조【회생계획인가의 요건】 ① 법원은 다음의 요건을 구비하고 있는 경우에 한하여 회생계획인가의 결정을 할 수 있다.

1. 회생절차 또는 회생계획이 법률의 규정에 적합할 것
2. 회생계획이 공정하고 형평에 맞아야 하며 수행이 가능할 것
3. 회생계획에 대한 결의를 성실·공정한 방법으로 하였을 것
4. 회생계획에 의한 변제방법이 채무자의 사업을 청산할 때 각 채권자에게 변제하는 것보다 불리하지 아니하게 변제하는 내용일 것. 다만, 채권자가 동의한 경우에는 그러하지 아니하다.

5. 합병 또는 분할합병을 내용으로 한 회생계획에 관하여는 다른 회사의 주주총회 또는 사원총회의 합병계약서 또는 분할합병계약서의 승인결의가 있었을 것. 다만, 그 회사가 주주총회 또는 사원총회의 승인결의를 요하지 아니하는 경우를 제외한다.
6. 회생계획에서 행정청의 허가・인가・면허 그 밖의 처분을 요하는 사항이 제226조제2항의 규정에 의한 행정청의 의견과 중요한 점에서 차이가 없을 것
7. 주식의 포괄적 교환을 내용으로 하는 회생계획에 관하여는 다른 회사의 주주총회의 주식의 포괄적 교환계약서의 승인결의가 있을 것. 다만, 그 회사가 「상법」 제360조의9(간이주식교환) 및 제360조의10(소규모 주식교환)의 규정에 의하여 주식의 포괄적 교환을 하는 경우를 제외한다.

② 회생계획의 인가 여부 결정에 이르기까지의 절차가 법률의 규정에 위반되는 경우에도 그 위반의 정도, 채무자의 현황 그 밖의 모든 사정을 고려하여 회생계획을 인가하지 아니하는 것이 부적당하다고 인정되는 때에는 법원은 회생계획인가의 결정을 할 수 있다.

제243조의2 【회생계획의 불인가】 ① 회생계획안이 제57조 각 호의 어느 하나에 해당하는 행위를 내용으로 하는 경우로서 제231조의2제1항 각 호의 요건을 모두 충족하는 경우에는 법원은 회생계획불인가의 결정을 할 수 있다.

② 회생계획안이 제57조 각 호의 어느 하나에 해당하는 행위를 내용으로 하는 경우로서 그 행위를 하려는 자 또는 그와 대통령령으로 정하는 특수관계에 있는 자가 제231조의2제2항 각 호의 어느 하나에 해당하는 경우에는 법원은 회생계획불인가의 결정을 하여야 한다.

③ 법원은 제1항 또는 제2항의 내용을 확인하기 위하여 필요한 경우에는 채무자, 관리인, 보전관리인, 그 밖의 이해관계인 등에게 정보의 제공 또는 자료의 제출을 명할 수 있다.
(2014.10.15 본조신설)

제244조 【동의하지 아니하는 조가 있는 경우의 인가】 ① 회생계획안에 관하여 관계인집회에서 결의하거나 제240조의 규정에 의한 서면결의에 부치는 경우 법정의 액 또는 수 이상의 의결권을 가진 자의 동의를 얻지 못한 조가 있는 때에도 법원은 회생계획안을 변경하여 그 조의 회생채권자・회생담보권자・주주・지분권자를 위하여 다음 각 호의 어느 하나에 해당하는 방법에 의하여 그 권리를 보호하는 조항을 정하고 회생계획인가의 결정을 할 수 있다.
1. 회생담보권자에 관하여 그 담보권의 목적인 재산을 그 권리가 존속되도록 하면서 신회사에 이전하거나 타인에게 양도하거나 채무자에게 유보하는 방법
2. 회생담보권자에 관하여는 그 권리의 목적인 재산을, 회생채권자에 관하여는 그 채권의 변제에 충당될 채무자의 재산을, 주주・지분권자에 관하여는 잔여재산의 분배에 충당될 채무자의 재산을 법원이 정하는 공정한 거래가격(담보권의 목적인 재산에 관하여는 그 권리로 인한 부담이 없는 것으로 평가한다) 이상의 가액으로 매각하고 그 매각대금에서 매각비용을 공제한 잔금으로 변제하거나 분배하거나 공탁하는 방법
3. 법원이 정하는 그 권리의 공정한 거래가액을 권리자에게 지급하는 방법
4. 그 밖에 제1호 내지 제3호의 방법에 준하여 공정하고 형평에 맞게 권리자를 보호하는 방법

② 회생계획안에 관하여 관계인집회에서 결의하거나 제240조의 규정에 의한 서면결의에 부치는 경우 회생계획안의 가결요건을 충족하는 데에 필요한 동의를 얻지 못할 것이 명백한 조가 있는 때에는 법원은 회생계획안을 작성한 자의 신청에 의하여 미리 그 조의 회생채권자・회생담보권자・주주・지분권자를 위하여 제1항 각 호의 방법에 의하여 그 권리를 보호하는 조항을 정하고 회생계획안을 작성할 것을 허가할 수 있다.

③ 제2항의 규정에 의한 신청이 있는 때에는 법원은 신청인과 동의를 얻지 못할 것이 명백한 조의 권리자 1인 이상의 의견을 들어야 한다.

제245조 【회생계획인가 여부 결정의 선고 등】 ① 법원은 회생계획의 인가 여부의 결정을 선고하고 그 주문, 이유의 요지와 회생계획이나 그 요지를 공고하여야 한다. 이 경우 송달은 하지 아니할 수 있다.

② 제41조제1항의 규정은 제1항의 규정에 의한 결정이 있는 경우에 관하여 준용한다.

③ 제1항의 규정에 불구하고 제1항의 규정에 의한 회생계획인가 여부의 결정이 제240조의 규정에 의한 서면결의에 관한 것인 때에는 법원은 그 주문, 이유의 요지와 회생계획 및 그 요지를 다음 각 호의 자에게 송달하여야 한다.
1. 제182조제1항 각 호의 자
2. 채무자가 주식회사인 경우에는 채무자의 업무를 감독하는 행정청・법무부장관 및 금융위원회(2008.2.29 본호개정)

제246조 【회생계획의 효력발생시기】 회생계획은 인가의 결정이 있은 때부터 효력이 생긴다.

제247조 【항고】 ① 회생계획의 인가 여부의 결정에 대하여는 즉시항고를 할 수 있다. 다만, 목록에 기재되지 아니하거나 신고하지 아니한 회생채권자・회생담보권자・주주・지분권자는 그러하지 아니하다.

② 의결권이 없는 회생채권자・회생담보권자・주주・지분권자는 제1항의 규정에 의한 즉시항고를 하는 때에는 회생채권자・회생담보권자・주주・지분권자인 것을 소명하여야 한다.

③ 회생계획인가의 결정에 대한 항고는 회생계획의 수행에 영향을 미치지 아니한다. 다만, 항고법원 또는 회생계속법원은 항고가 이유있다고 인정되고 회생계획의 수행으로 생길 회복할 수 없는 손해를 예방하기 위하여 긴급한 필요가 있음을 소명한 때에는 신청에 의하여 항고에 관하여 결정이 있을 때까지 담보를 제공하게 하거나 담보를 제공하게 하지 아니하고 회생계획의 전부나 일부의 수행을 정지하거나 그 밖에 필요한 처분을 할 수 있다.(2016.12.27 단서개정)

④ 회생계획불인가의 결정에 대한 항고가 있는 때에는 회생계속법원은 기간을 정하여 항고인에게 보증으로 대법원규칙이 정하는 범위 안에서 금전 또는 법원이 인정하는 유가증권을 공탁하게 할 수 있다.(2016.12.27 본항개정)

⑤ 제4항의 경우 항고인이 법원이 정하는 기간 안에 보증을 제공하지 아니하는 때에는 법원은 결정으로 항고를 각하하여야 한다.

⑥ 제4항의 규정에 의한 항고가 기각되고 채무자에 대하여 파산선고가 있거나 파산절차가 속행되는 때에는 보증으로 제공한 금전 또는 유가증권은 파산재단에 속한다.

⑦ 제1항의 즉시항고에 관한 재판의 불복은 「민사소송법」 제442조(재항고)의 규정에 의한다. 이 경우 제1항 내지 제6항의 규정은 이에 준용한다.

제248조 【회생계획불인가의 결정이 확정된 경우】 제291조 및 제292조의 규정은 회생계획불인가의 결정이 확정된 경우에 관하여 준용한다.

제249조 【회생채권자표 등의 기재】 회생계획인가의 결정이 확정된 때에는 법원사무관등은 회생계획에서 인정된 권리를 회생채권자표, 회생담보권자표와 주주・지분권자표에 기재하여야 한다.

제250조 【회생계획의 효력범위】 ① 회생계획은 다음 각 호의 자에 대하여 효력이 있다.
1. 채무자
2. 회생채권자・회생담보권자・주주・지분권자
3. 회생을 위하여 채무를 부담하거나 담보를 제공하는 자
4. 신회사(합병 또는 분할합병으로 설립되는 신회사를 제외한다)

② 회생계획은 다음 각 호의 권리 또는 담보에 영향을 미치지 아니한다.
1. 회생채권자 또는 회생담보권자가 회생절차가 개시된 채무자의 보증인 그 밖에 회생절차가 개시된 채무자와 함께 채무를 부담하는 자에 대하여 가지는 권리
2. 채무자 외의 자가 회생채권자 또는 회생담보권자를 위하여 제공한 담보

제251조【회생채권 등의 면책 등】 회생계획인가의 결정이 있는 때에는 회생계획이나 이 법의 규정에 의하여 인정된 권리를 제외하고는 채무자는 모든 회생채권과 회생담보권에 관하여 그 책임을 면하며, 주주·지분권자의 권리와 채무자의 재산상에 있던 모든 담보권은 소멸한다. 다만, 제140조제1항의 청구권은 그러하지 아니하다.

제252조【권리의 변경】 ① 회생계획인가의 결정이 있는 때에는 회생채권자·회생담보권자·주주·지분권자의 권리는 회생계획에 따라 변경된다.
②「상법」 제339조(질권의 물상대위) 및 제340조(주식의 등록질)제3항은 주주·지분권자가 제1항의 규정에 의한 권리의 변경으로 받을 금전 그 밖의 물건, 주식 또는 출자지분, 채권 그 밖의 권리와 주권에 관하여 준용한다.(2014.5.20 본항개정)

제253조【회생채권자 및 회생담보권자의 권리】 회생계획에 의하여 정하여진 회생채권자 또는 회생담보권자의 권리는 확정된 회생채권 또는 회생담보권을 가진 자에 대하여만 인정된다.

제254조【신고하지 아니한 주주·지분권자의 권리】 회생계획에 의하여 인정된 주주·지분권자의 권리는 주식 또는 출자지분의 신고를 하지 아니한 주주·지분권자에 대하여도 인정된다.

제255조【회생채권자표 등의 기재의 효력】 ① 회생채권 또는 회생담보권에 기하여 회생계획에 의하여 인정된 권리에 관한 회생채권자표 또는 회생담보권자표의 기재는 회생계획인가의 결정이 확정된 때에 다음 각 호의 자에 대하여 확정판결과 동일한 효력이 있다.
1. 채무자
2. 회생채권자·회생담보권자·주주·지분권자
3. 회생을 위하여 채무를 부담하거나 또는 담보를 제공하는 자
4. 신회사(합병 또는 분할합병으로 설립되는 신회사를 제외한다)

② 제1항의 규정에 의한 권리로서 금전의 지급 그 밖의 이행의 청구를 내용으로 하는 권리를 가진 자는 회생절차종결 후 채무자와 회생을 위하여 채무를 부담한 자에 대하여 회생채권자표 또는 회생담보권자표에 의하여 강제집행을 할 수 있다. 이 경우 보증인은 「민법」 제437조(보증인의 최고, 검색의 항변)의 규정에 의한 항변을 할 수 있다.
③「민사집행법」 제2조(집행실시자) 내지 제18조(집행비용의 예납 등), 제20조(공공기관의 원조), 제28조(집행력 있는 정본) 내지 제55조(외국에서 할 집행)의 규정은 제2항의 경우에 관하여 준용한다. 다만,「민사집행법」 제33조(집행문부여의 소), 제44조(청구에 관한 이의의 소) 및 제45조(집행문부여에 대한 이의의 소)의 규정에 의한 소는 회생계속법원의 관할에 전속한다.(2016.12.27 단서개정)

제256조【중지 중의 절차의 실효】 ① 회생계획인가의 결정이 있은 때에는 제58조제2항의 규정에 의하여 중지한 파산절차, 강제집행, 가압류, 가처분, 담보권실행 등을 위한 경매절차는 그 효력을 잃는다. 다만, 같은 조 제5항의 규정에 의하여 속행된 절차 또는 처분은 그러하지 아니한다.
② 제1항의 규정에 의하여 효력을 잃은 파산절차에서의 재단채권(제473조제2호 및 제9호에 해당하는 것을 제외한다)은 공익채권으로 한다.

제7장 회생계획인가 후의 절차

제257조【회생계획의 수행】 ① 회생계획인가의 결정이 있는 때에는 관리인은 지체 없이 회생계획을 수행하여야 한다.
② 회생계획에 의하여 신회사를 설립하는 때에는 관리인이 발기인 또는 설립위원의 직무를 행한다.
③ 관리위원회는 매년 회생계획이 적정하게 수행되고 있는지의 여부에 관하여 평가하고 그 평가결과를 법원에 제출하여야 한다.
④ 관리위원회는 법원에 회생절차의 종결 또는 폐지 여부에 관한 의견을 제시할 수 있다.

제258조【회생계획수행에 관한 법원의 명령】 ① 법원은 다음 각 호의 자에 대하여 회생계획의 수행에 필요한 명령을 할 수 있다.
1. 채무자
2. 회생채권자·회생담보권자·주주·지분권자
3. 회생을 위하여 채무를 부담하거나 담보를 제공하는 자
4. 신회사(합병 또는 분할합병으로 설립되는 신회사를 제외한다)
5. 관리인

② 법원은 회생계획의 수행을 확실하게 하기 위하여 필요하다고 인정하는 때에는 회생계획 또는 이 법의 규정에 의하여 채권을 가진 자와 이의있는 회생채권 또는 회생담보권으로서 그 확정절차가 끝나지 아니한 것을 가진 자를 위하여 상당한 담보를 제공하게 할 수 있다.
③「민사소송법」 제122조(담보제공방식), 제123조(담보물에 대한 피고의 권리), 제125조(담보의 취소) 및 제126조(담보물변경)의 규정은 제2항의 규정에 의한 담보에 관하여 준용한다.

제259조【채무자에 대한 실사】 다음 각 호의 어느 하나에 해당하는 경우 법원은 채권자협의회의 신청에 의하거나 직권으로 조사위원 또는 간이조사위원으로 하여금 채무자의 재산 및 영업상태를 실사하게 할 수 있다.(2014.12.30 본문개정)
1. 회생계획을 제대로 수행하지 못하는 경우
2. 회생절차의 종결 또는 폐지 여부의 판단을 위하여 필요한 경우
3. 회생계획의 변경을 위하여 필요한 경우

제260조【주주총회 또는 사원총회의 결의 등에 관한 법령의 규정 등의 배제】 회생계획을 수행함에 있어서는 법령 또는 정관의 규정에 불구하고 법인인 채무자의 창립총회·주주총회 또는 사원총회(종류주주총회 또는 이에 준하는 사원총회를 포함한다) 또는 이사회의 결의를 하지 아니하여도 된다.

제261조【영업양도 등에 관한 특례】 ① 제200조의 규정에 의하여 회생계획에서 다음 각 호의 행위를 정한 때에는 회생계획에 따라 그 행위를 할 수 있다.
1. 다음 각 목의 어느 하나에 해당하는 계약 또는 이에 준하는 계약의 체결·변경 또는 해약
   가. 채무자의 영업이나 재산의 전부나 일부를 양도·출자 또는 임대하는 계약
   나. 채무자의 사업의 경영의 전부나 일부를 위임하는 계약
   다. 타인과 영업의 손익을 같이 하는 계약 그 밖에 이에 준하는 계약
2. 타인의 영업이나 재산의 전부나 일부를 양수할 것에 대한 약정

② 제1항의 경우「상법」 제374조(영업양도, 양수, 임대등)제2항 및 제374조의2(반대주주의 주식매수청구권)와「자본시장과 금융투자업에 관한 법률」 제165조의5(주식매수청구권의 특례)의 규정은 적용하지 아니한다.(2014.5.20 본항개정)

제262조【정관변경에 관한 특례】 제202조의 규정에 의하여 회생계획에서 채무자의 정관을 변경할 것을 정한 경우에는 정관은 회생계획인가결정이 있는 때에 회생계획에 의하여 변경된다.

제263조【이사 등의 변경에 관한 특례】 ① 제203조의 규정에 의하여 회생계획에서 이사의 선임이나 대표이사의 선정을 정한 경우 이들은 회생계획이 인가된 때에 선임 또는 선정된 것으로 본다.

② 제203조의 규정에 의하여 회생계획에서 이사의 선임이나 대표이사의 선정의 방법을 정한 때에는 회생계획에서 정한 방법으로 이사를 선임하거나 대표이사를 선정할 수 있다. 이 경우 이사의 선임이나 대표이사의 선정에 관한 다른 법령이나 정관의 규정은 적용하지 아니한다.

③ 제203조제4항의 규정에 의하여 법원이 감사를 선임하는 때에는 감사의 선임에 관한 다른 법령이나 정관의 규정을 적용하지 아니한다.

④ 회생계획에서 유임할 것으로 정하지 아니한 이사 또는 대표이사는 회생계획이 인가된 때에 해임된 것으로 보며, 감사로서 제203조제4항의 규정에 의하여 감사로 선임되지 아니한 자는 법원이 제203조제4항의 규정에 의하여 감사를 선임한 때에 해임된 것으로 본다.

⑤ 제1항 및 제2항의 규정에 의하여 선임 또는 선정되거나 회생계획에 의하여 유임된 이사 또는 대표이사의 임기와 대표이사의 대표의 방법은 회생계획에 의하며, 제203조제4항의 규정에 의하여 선임된 감사의 임기는 법원이 정한다.

제264조【자본감소에 관한 특례】 ① 제205조의 규정에 의하여 회생계획에서 자본의 감소를 정한 때에는 회생계획에 의하여 자본을 감소할 수 있다.

② 제1항의 경우 「상법」 제343조(주식의 소각)제2항, 제439조(자본감소의 방법, 절차)제2항·제3항, 제440조(주식병합의 절차), 제441조(주식병합의 절차), 제445조(감자무효의 소) 및 제446조(준용규정)의 규정은 적용하지 아니하며, 같은 법 제443조(단주의 처리)제1항 단서에 규정된 사건은 회생계속법원의 관할로 한다.(2016.12.27 본항개정)

③ 제1항의 경우 채무자의 자본감소로 인한 변경등기의 신청서에는 회생계획인가결정서의 등본 또는 초본을 첨부하여야 한다.

제265조【납입 등이 없는 신주발행에 관한 특례】 ① 제206조제1항 및 제4항의 규정에 의하여 회생계획에서 채무자가 회생채권자·회생담보권자 또는 주주에 대하여 새로 납입 또는 현물출자를 하게 하지 아니하고 신주를 발행할 것을 정한 때에는 이 권리자는 회생계획인가가 결정된 때에 주주가 된다. 다만, 회생계획에서 특별히 정한 때에는 그 정한 때에 주주가 된다.

② 제1항의 경우에는 신주인수권에 관한 정관의 규정을 적용하지 아니한다.

③ 「상법」 제440조(주식병합의 절차) 내지 제444조(단주의 처리)의 규정은 주주에 대하여 배정할 주식에 단수(端數)가 생긴 경우에 관하여 준용한다. 이 경우 같은 법 제443조(단주의 처리)제1항 단서에 규정된 사건은 회생계속법원의 관할로 하고, 「비송사건절차법」 제83조(단주매각의 허가신청)의 규정을 준용한다.(2016.12.27 후단개정)

제266조【납입 등이 있는 신주발행에 관한 특례】 ① 제206조제2항·제3항의 규정에 의하여 회생계획에서 채무자가 신주를 발행할 것을 정한 때에는 회생계획에 의하여 신주를 발행할 수 있다.

② 제1항의 경우에는 「상법」 제418조(신주인수권의 내용 및 배정일의 지정·공고), 제422조(현물출자의 검사), 제424조(유지청구권), 제424조의2(불공정한 가액으로 주식을 인수한 자의 책임), 제428조(이사의 인수담보책임) 및 제429조(신주발행무효의 소) 내지 제432조(무효판결과 주주에의 환급)의 규정은 적용하지 아니한다.

③ 제1항의 경우에는 신주인수권에 관한 정관의 규정을 적용하지 아니하며, 「상법」 제425조(준용규정)제1항에서 준용하는 같은 법 제306조(납입금의 보관자 등의 변경)에 규정된 사건은 회생계속법원의 관할로 한다.(2016.12.27 본항개정)

④ 제1항의 경우 「상법」 제419조(신주인수권자에 대한 최고)의 규정을 준용한다. 이 경우 「상법」 제419조(신주인수권자에 대한 최고)제2항 중 "주권"은 "주권 또는 사채권"으로 본다.

⑤ 회생채권자·회생담보권자 또는 주주에 대하여 새로 납입 또는 현물출자를 하게 하여 신주를 발행하는 때에는 이들 권리자는 회생계획에서 정한 금액을 납입하거나 현물출자를 하면 된다.

⑥ 제265조제3항의 규정은 주주에 대하여 새로 납입 또는 현물출자를 하게 하여 배정할 주식에 단수(端數)가 생긴 경우에 관하여 준용한다. 다만, 종전의 주주에 교부할 대금에서 단주(端株)에 대하여 납입할 금액 또는 이행할 현물출자에 상당하는 금액을 공제하여야 한다.

⑦ 제1항의 경우 채무자의 신주발행으로 인한 변경등기의 촉탁서 또는 신청서에는 회생계획인가결정서의 등본 또는 초본 외에 주식의 청약과 인수를 증명하는 서면과 납입금의 보관에 관한 증명서를 첨부하여야 한다.

제267조【주식회사의 납입 등이 없는 사채발행에 관한 특례】 ① 제209조의 규정에 의하여 회생계획에서 주식회사인 채무자가 회생채권자·회생담보권자 또는 주주에 대하여 새로 납입을 하게 하지 아니하고 사채를 발행할 것을 정한 때에는 이들 권리자는 회생계획인가가 결정된 때에 사채권자가 된다.

② 제1항의 경우에는 「상법」 제471조(사채모집의 제한)의 규정은 적용하지 아니한다.

③ 제1항의 경우 회생계획의 규정에 의하여 회생채권자 또는 회생담보권자에 대하여 발행하는 사채의 액은 「상법」 제470조(총액의 제한)의 규정에서 정하는 사채의 총액에 산입하지 아니한다.

제268조【주식회사의 납입 등이 있는 사채발행에 관한 특례】 ① 제267조에 규정된 경우를 제외하고 제209조의 규정에 의하여 회생계획에서 주식회사인 채무자가 사채를 발행할 것을 정한 때에는 회생계획에 의하여 사채를 발행할 수 있다.

② 회생채권자·회생담보권자 또는 주주에 대하여 새로 납입을 하게 하여 사채를 발행하는 때에는 이들 권리자는 회생계획에 정한 금액을 납입한 때에 사채권자가 된다.

③ 제266조제4항 및 제267조제2항·제3항의 규정은 제1항의 경우에 관하여 준용한다.

④ 제1항의 경우 전환사채 또는 신주인수권부사채의 등기의 촉탁서 또는 신청서에는 다음 각 호의 서면을 첨부하여야 한다.

1. 회생계획인가결정서의 등본 또는 초본
2. 전환사채 또는 신주인수권부사채의 청약 및 인수를 증명하는 서면
3. 각 전환사채 또는 신주인수권부사채에 대하여 납입이 있은 것을 증명하는 서면

제269조【주식회사의 주식의 포괄적 교환에 관한 특례】 ① 제207조의 규정에 의하여 회생계획에서 주식회사인 채무자가 다른 회사와 주식의 포괄적 교환을 하는 것을 정한 때에는 회생계획에 의하여 주식의 포괄적 교환을 할 수 있다.

② 제1항의 경우 완전모회사로 되는 회사의 주식의 배정을 받는 회생채권자 또는 회생담보권자는 회생계획인가시에 주식인수인으로 되고, 주식의 포괄적 교환의 효력이 생긴 때에 주주로 된다.

③ 제1항의 경우 「상법」 제360조의4(주식교환계약서등의 공시), 제360조의5(반대주주의 주식매수청구권), 제360조의7(완전모회사의 자본증가의 한도액) 및 제360조의14(주식교환무효의 소)의 규정은 적용하지 아니한다.

④ 제1항의 경우 채무자에 대한 「상법」 제360조의8(주권의 실효절차)의 규정을 적용하는 때에는 같은 조에서 "제360조의3제1항의 규정에 의한 승인"은 "주식의 포괄적 교환을 내용으로 하는 회생계획인가"로 본다.
⑤ 제1항 내지 제4항의 규정은 주식의 포괄적 교환의 상대방인 다른 회사에 대한 「상법」의 적용에 영향을 미치지 아니한다.
⑥ 제1항의 경우 채무자가 완전모회사로 되는 때에 주식의 포괄적 교환에 의한 회사의 변경등기의 촉탁서 또는 신청서에는 다음 각 호의 서류를 첨부하여야 한다.
1. 회생계획인가결정서의 등본 또는 초본
2. 주식의 포괄적 교환계약서
⑦ 제1항의 경우 주식의 포괄적 교환의 상대방인 다른 회사가 완전모회사로 되는 때에는 그 회사의 주식의 포괄적 교환에 의한 변경등기의 신청서에는 다음 각 호의 서류를 첨부하여야 한다.
1. 회생계획인가결정서의 등본 또는 초본
2. 그 회사의 주주총회의 의사록(그 회사가 주주총회의 승인을 얻지 아니하고 주식의 포괄적 교환을 한 때에는 그 회사의 이사회의 의사록)

제270조 【주식회사의 주식의 포괄적 이전에 관한 특례】 ① 제208조의 규정에 의하여 회생계획에서 주식회사인 채무자가 주식의 포괄적 이전을 할 것을 정한 때에는 회생계획에 따라 주식의 포괄적 이전을 할 수 있다.
② 제1항의 경우 설립된 완전모회사인 신회사의 주식의 배정을 받는 회생채권자 또는 회생담보권자는 회생계획의 인가시에 주식인수인으로 되고 주식의 포괄적 이전의 효력이 생긴 때에 주주로 된다.
③ 제1항의 경우 「상법」 제360조의17(주식이전계획서 등의 서류의 공시), 제360조의18(완전모회사의 자본의 한도액), 제360조의22(주식교환 규정의 준용)에서 준용하는 같은 법 제360조의5(반대주주의 주식매수청구권) 및 제360조의23(주식이전무효의 소)의 규정은 적용하지 아니한다.
④ 제1항의 경우 회사에 대한 「상법」 제360조의19(주권의 실효절차)의 규정의 적용에 관하여는 같은 조에서 "제360조의16제1항의 규정에 의한 결의"는 "주식의 포괄적 이전을 내용으로 하는 회생계획인가"로 본다.
⑤ 주식의 포괄적 이전에 의한 설립등기의 촉탁서 또는 신청서에는 다음 각 호의 서류를 첨부하여야 한다.
1. 회생계획인가결정서의 등본 또는 초본
2. 대표이사에 관한 이사회의 의사록

제271조 【합병에 관한 특례】 ① 제210조 또는 제211조의 규정에 의하여 회생계획에서 채무자가 다른 회사와 합병할 것을 정한 때에는 회생계획에 따라 합병할 수 있다.
② 제1항의 경우 합병 후 존속하는 회사나 합병으로 설립되는 신회사의 주식 또는 출자지분의 배정을 받은 회생채권자 또는 회생담보권자는 회생계획인가가 결정된 때에 주식 또는 출자지분의 인수인이 되며, 합병의 효력이 생긴 때에 주주 또는 사원이 된다.
③ 제1항의 경우 「상법」 제522조의2(합병계약서 등의 공시), 제522조의3(합병반대주주의 주식매수청구권), 제527조의5(채권자보호절차), 제527조의6(합병에 관한 서류의 사후공시) 및 제529조(합병무효의 소)와 「자본시장과 금융투자업에 관한 법률」 제165조의5(주식매수청구권의 특례)의 규정은 적용하지 아니한다.(2014.5.20 본항개정)
④ 「상법」 제530조(준용규정)제3항 또는 제603조(준용규정)에서 준용하는 같은 법 제443조(단주의 처리)제1항 단서에 규정된 사건은 회생계속법원의 관할로 한다.(2016.12.27 본항개정)
⑤ 제1항의 경우 「상법」 제530조(준용규정)제2항 또는 제603조(준용규정)의 규정에 불구하고 같은 법 제237조(준용규정) 내지 제240조(준용규정), 제374조(영업양도, 양수, 임대등)제2항, 제374조의2(반대주주의 주식매수청구권)제2항 내지 제4항 및 제439조(자본감소의 방법, 절차)제3항의 규정은 준용하지 아니한다.
⑥ 제1항 내지 제5항의 규정은 합병의 상대방인 다른 회사에 대한 「상법」의 규정의 적용에 영향을 미치지 아니한다.
⑦ 제267조의 규정은 제210조제5호 또는 제211조제6호의 규정에 의하여 주주에게 사채를 배정한 경우에 관하여 준용한다. 이 경우 주주는 합병의 효력이 생긴 때에 사채권자가 된다.
⑧ 제1항의 경우 합병으로 인한 채무자의 해산 또는 변경의 등기의 촉탁서 또는 신청서에는 다음 각 호의 서류를 첨부하여야 한다.
1. 회생계획인가결정서의 등본 또는 초본
2. 합병계약서
⑨ 제1항의 경우 합병으로 인한 신회사의 설립등기의 촉탁서 또는 신청서에는 다음 각 호의 서류를 첨부하여야 한다.
1. 회생계획인가결정서의 등본 또는 초본
2. 합병계약서
3. 정관
4. 창립총회의 의사록
5. 대표이사에 관한 이사회의 의사록
6. 합병의 상대방인 다른 채무자가 선임한 설립위원의 자격을 증명하는 서면

제272조 【분할 또는 분할합병에 관한 특례】 ① 제212조 내지 제214조의 규정에 의하여 회생계획에 의하여 주식회사인 채무자가 분할되거나 주식회사인 채무자 또는 그 일부가 다른 회사 또는 다른 회사의 일부와 분할합병할 것을 정한 때에는 회생계획에 의하여 분할 또는 분할합병할 수 있다.
② 제1항의 경우 분할합병 후 존속하는 채무자 또는 분할합병으로 설립되는 신회사의 주식을 배정받은 채무자의 주주·회생채권자 또는 회생담보권자는 회생계획인가가 결정된 때에 주식인수인이 되며, 분할합병의 효력이 생긴 때에 주주가 된다.
③ 제1항의 경우 「상법」 제530조의7(분할대차대조표 등의 공시), 「상법」 제522조의3(합병반대주주의 주식매수청구권)과 「자본시장과 금융투자업에 관한 법률」 제165조의5(주식매수청구권의 특례)의 규정은 적용하지 아니하며, 「상법」 제530조의11(준용규정)제1항에서 준용하는 같은 법 제443조(단주의 처리)제1항 단서에 규정된 사건은 회생계속법원의 관할로 한다.(2016.12.27 본항개정)
④ 제1항의 경우 「상법」 제530조의9(분할 및 분할합병 후의 회사의 책임)제4항 및 제530조의11(준용규정)의 규정에 불구하고 같은 법 제237조(준용규정) 내지 제240조(준용규정), 제374조(영업양도·양수·임대 등)제2항, 제439조(자본감소의 방법, 절차)제3항, 제522조의3(합병반대주주의 주식매수청구권), 제527조의5(채권자보호절차) 및 제529조(합병무효의 소)의 규정은 준용하지 아니한다.
⑤ 제1항 내지 제4항의 규정은 분할합병의 상대방인 다른 회사에 대한 「상법」의 규정의 적용에 영향을 미치지 아니한다.
⑥ 제267조의 규정은 제212조제1항제5호, 제213조제1항제4호 또는 제2항제8호의 규정에 의하여 주주에게 사채를 배정한 경우에 관하여 준용한다. 이 경우 주주는 분할 또는 분할합병의 효력이 생긴 때에 사채권자가 된다.
⑦ 제1항의 경우 분할로 인한 채무자의 해산등기 또는 변경등기의 촉탁서 또는 신청서에는 회생계획인가결정서의 등본 또는 초본을 첨부하여야 하며, 분할합병으로 인한 채무자의 해산등기 또는 변경등기의 촉탁서 또는 신청서에는 회생계획인가결정서의 등본 또는 초본 외에 분할합병계약서를 첨부하여야 한다.
⑧ 제1항의 경우 분할합병으로 인한 설립등기의 촉탁서 또는 신청서에는 다음 각 호의 서류를 첨부하여야 한다.
1. 회생계획인가결정서의 등본 또는 초본
2. 분할합병계약서
3. 정관

4. 창립총회의 의사록
5. 대표이사에 관한 이사회의 의사록

제273조【새로운 출자가 없는 신회사의 설립에 관한 특례】 ① 제212조제1항 또는 제214조의 규정에 의하여 회생계획에서 주식회사인 채무자를 분할하여 채무자의 출자만으로 신회사를 설립할 것을 정하거나 제215조의 규정에 의하여 회생계획에서 회생채권자·회생담보권자·주주·지분권자에 대하여 새로 납입 또는 현물출자를 하게 하지 아니하고 주식 또는 출자지분을 인수하게 함으로써 신회사를 설립할 것을 정한 때에는 신회사는 정관을 작성하고 회생계속법원의 인증을 얻은 후 설립등기를 한 때에 성립한다.
(2016.12.27 본항개정)
② 제1항의 경우 신회사가 성립한 때에 회생계획에 의하여 신회사에 이전할 채무자의 재산은 신회사에 이전하고, 신회사의 주식, 출자지분 또는 사채를 배정받은 채무자의 회생채권자·회생담보권자·주주·지분권자는 주주·지분권자 또는 사채권자가 된다.
③ 제263조제1항·제2항·제5항, 제265조제3항 및 제268조의 규정은 제1항 및 제2항의 경우에 관하여 준용한다.
④ 제1항의 경우 신회사의 설립등기의 촉탁서에는 다음 각 호의 서류를 첨부하여야 한다.
1. 회생계획인가결정서의 등본 또는 초본
2. 정관
3. 회생계획에서 이사 또는 감사의 선임이나 대표이사의 선정의 방법을 정한 때에는 그 선임이나 선정에 관한 서류
4. 명의개서대리인을 둔 때에는 이를 증명하는 서면

제274조【그 밖에 신회사의 설립에 관한 특례】 ① 제273조에 규정된 경우를 제외하고 제212조제1항 또는 제214조의 규정에 의하여 회생계획에서 주식회사인 채무자를 분할하여 신회사를 설립할 것을 정하거나 합병·분할 또는 분할합병에 의하지 아니하고 제215조의 규정에 의하여 회생계획에서 신회사를 설립할 것을 정한 때에는 회생계획에 의하여 신회사를 설립할 수 있다.
② 제1항의 경우 「상법」 제288조(발기인), 제291조(설립 당시의 주식발행사항의 결정) 내지 제293조(발기인의 주식인수), 제295조(발기설립의 경우의 납입과 현물출자의 이행)제1항, 제296조(발기설립의 경우의 임원선임), 제299조(검사인의 조사, 보고), 제300조(법원의 변경처분), 제302조(주식인수의 청약, 주식청약서의 기재사항)제2항제4호, 제310조(변태설립의 경우의 조사), 제311조(발기인의 보고), 제313조(이사, 감사의 조사, 보고)제2항, 제314조(변태설립사항의 변경), 제315조(발기인에 대한 손해배상청구), 제321조(발기인의 인수, 납입담보책임) 내지 제324조(발기인의 책임면제, 주주의 대표소송), 제327조(유사발기인의 책임) 및 제328조(설립무효의 소)의 규정은 적용하지 아니한다.
③ 제1항의 경우 정관은 회생계속법원의 인증을 받아야 하고, 「상법」 제306조(납입금의 보관자 등의 변경)에 규정된 사건은 회생계속법원의 관할로 하며, 창립총회에서는 회생계획의 취지에 반하여 정관을 변경할 수 없고, 같은 법 제326조(회사불성립의 경우의 발기인의 책임)의 규정에 의한 발기인의 책임은 채무자가 진다.(2016.12.27 본항개정)
④ 제1항의 경우 채무자·회생채권자·회생담보권자·주주·지분권자에 대하여 새로 납입 또는 현물출자를 하게 하지 아니하고 주식 또는 출자지분을 인수하게 하거나 새로 납입을 하게 하지 아니하고 사채를 인수하게 하는 때에는 이 권리자는 신회사가 성립한 때에 주주나 지분권자 또는 사채권자가 된다.
⑤ 제1항의 경우 회생채권자·회생담보권자·주주 또는 제3자에 대하여 새로 납입 또는 현물출자를 하게 하고 주식을 인수하게 하는 때에는 이 자에 대하여 발행할 주식 중에서 인수가 없는 주식에 관하여는 「상법」 제289조(정관의 작성, 절대적 기재사항)제2항의 규정에 반하지 아니하는 한 새로 주주를 모집하지 아니하고 그 주식의 수를 신회사설립시에 발행하는 주식의 총수에서 뺄 수 있다.
⑥ 제263조제1항·제2항·제5항, 제265조제3항, 제266조제4항 내지 제6항, 제267조제3항 및 제268조의 규정은 제1항 내지 제5항의 경우에 관하여 준용한다.
⑦ 제1항의 경우 신회사의 설립등기의 촉탁서 또는 신청서에는 다음 각 호의 서류를 첨부하여야 한다.
1. 제273조제4항 각 호의 서류
2. 주식의 청약 및 인수를 증명하는 서면
3. 이사 및 감사의 조사보고서와 그 부속서류
4. 창립총회의 의사록
5. 납입금을 보관한 금융기관의 납입금보관증명서

제275조【해산에 관한 특례】 ① 제216조의 규정에 의하여 회생계획에서 채무자가 합병·분할 또는 분할합병에 의하지 아니하고 해산할 것을 정한 때에는 채무자는 회생계획이 정하는 시기에 해산한다.
② 제1항의 경우 해산등기의 신청서에는 회생계획인가결정서의 등본 또는 초본을 첨부하여야 한다.

제276조【주식 등의 인수권의 양도】 회생채권자·회생담보권자·주주·지분권자는 회생계획에 의하여 채무자 또는 신회사의 주식·출자지분 또는 사채를 인수할 권리가 있는 때에는 이를 타인에게 양도할 수 있다.

제277조【「자본시장과 금융투자업에 관한 법률」의 적용배제】 주식회사인 채무자 또는 신회사가 주식 또는 사채를 발행하는 때에는 「자본시장과 금융투자업에 관한 법률」 제119조(모집 또는 매출의 신고)의 규정을 적용하지 아니한다.
(2007.8.3 본조개정)

제278조【공장재단 등에 관한 처분제한의 특례】 회생계획에 의하여 채무자의 재산을 처분하는 때에는 공장재단 그 밖의 재단 또는 재단에 속하는 재산의 처분제한에 관한 법령은 적용하지 아니한다.

제279조【허가·인가 등에 의한 권리의 승계】 회생계획에서 채무자가 행정청으로부터 얻은 허가·인가·면허 그 밖의 처분으로 인한 권리의무를 신회사에 이전할 것을 정한 때에는 신회사는 다른 법령의 규정에 불구하고 그 권리의무를 승계한다.

제280조【조세채무의 승계】 회생계획에서 신회사가 채무자의 조세채무를 승계할 것을 정한 때에는 신회사는 그 조세를 납부할 책임을 지며, 채무자의 조세채무는 소멸한다.

제281조【퇴직금 등】 ① 회생절차개시 후 채무자의 이사·대표이사·감사 또는 근로자이었던 자로서 계속하여 신회사의 이사·대표이사·감사 또는 근로자가 된 자는 채무자에서 퇴직한 것을 이유로 하여 퇴직금 등을 지급받을 수 없다.
② 제1항에 규정된 자가 채무자에서 재직한 기간은 퇴직금등의 계산에 관하여는 신회사에서 재직한 기간으로 본다.

제282조【회생계획의 변경】 ① 회생계획인가의 결정이 있은 후 부득이한 사유로 회생계획에 정한 사항을 변경할 필요가 생긴 때에는 회생절차가 종결되기 전에 한하여 법원은 관리인, 채무자 또는 목록에 기재되어 있거나 신고한 회생채권자·회생담보권자·주주·지분권자의 신청에 의하여 회생계획을 변경할 수 있다.
② 제1항의 규정에 의하여 회생채권자·회생담보권자·주주·지분권자에게 불리한 영향을 미칠 것으로 인정되는 회생계획의 변경신청이 있는 때에는 회생계획안의 제출이 있는 경우의 절차에 관한 규정을 준용한다. 다만, 이 경우에는 회생계획의 변경으로 인하여 불리한 영향을 받지 아니하는 권리자를 절차에 참가시키지 아니할 수 있다.
③ 제246조 및 제247조의 규정은 회생계획변경의 결정이 있은 경우에 관하여 준용한다.
④ 다음 각 호의 어느 하나에 해당하는 경우 종전의 회생계획에 동의한 자는 변경회생계획안에 동의한 것으로 본다.

1. 변경회생계획안에 관하여 결의를 하기 위한 관계인집회에 출석하지 아니한 경우
2. 변경회생계획안에 대한 서면결의절차에서 회신하지 아니한 경우

제283조 【회생절차의 종결】 ① 회생계획에 따른 변제가 시작되면 법원은 다음 각 호의 어느 하나에 해당하는 자의 신청에 의하거나 직권으로 회생절차종결의 결정을 한다. 다만, 회생계획의 수행에 지장이 있다고 인정되는 때에는 그러하지 아니하다.
1. 관리인
2. 목록에 기재되어 있거나 신고한 회생채권자 또는 회생담보권자

② 법원이 제1항의 규정에 의한 결정을 한 때에는 그 주문 및 이유의 요지를 공고하여야 한다. 이 경우 송달은 하지 아니할 수 있다.
③ 제40조제1항의 규정은 제1항의 규정에 의한 결정이 있은 경우에 관하여 준용한다.

제284조 【이사등의 경영참여금지】 제203조제2항 단서의 규정에 의하여 이사 또는 대표이사로 유임되지 못한 자는 회생절차종결의 결정이 있은 후에도 채무자의 이사로 선임되거나 대표이사로 선정될 수 없다.

제8장 회생절차의 폐지

제285조 (2014.12.30 삭제)

제286조 【회생계획인가 전의 폐지】 ① 다음 각 호의 경우 법원은 직권으로 회생절차폐지의 결정을 하여야 한다.
1. 법원이 정한 기간 또는 연장한 기간 안에 회생계획안의 제출이 없거나 그 기간 안에 제출된 모든 회생계획안이 관계인집회의 심리 또는 결의에 부칠 만한 것이 못되는 때
2. 회생계획안이 부결되거나 결의를 위한 관계인집회의 제1기일부터 2월 이내 또는 연장한 기간 안에 가결되지 아니하는 때
3. 회생계획안이 제239조제3항의 규정에 의한 기간 안에 가결되지 아니한 때
4. 제240조제1항의 규정에 의한 서면결의에 부치는 결정이 있은 때에 그 서면결의에 의하여 회생계획안이 가결되지 아니한 때. 다만, 서면결의에서 가결되지 아니한 회생계획안에 대하여 제238조의 규정에 의한 속행기일이 지정된 때에는 그 속행기일에서 가결되지 아니한 때를 말한다.

② 회생계획안의 제출 전 또는 그 후에 채무자의 사업을 청산할 때의 가치가 채무자의 사업을 계속할 때의 가치보다 크다는 것이 명백하게 밝혀진 때에는 법원은 회생계획인가결정 전까지 관리인의 신청에 의하거나 직권으로 회생절차폐지의 결정을 할 수 있다. 다만, 법원이 제222조에 따라 청산 등을 내용으로 하는 회생계획안의 작성을 허가하는 경우에는 그러하지 아니하다.(2014.12.30 본항개정)

제287조 【신청에 의한 폐지】 ① 채무자가 목록에 기재되어 있거나 신고한 회생채권자와 회생담보권자에 대한 채무를 완제할 수 있음이 명백하게 된 때에는 법원은 다음 각 호의 어느 하나에 해당하는 자의 신청에 의하여 회생절차폐지의 결정을 하여야 한다.
1. 관리인
2. 채무자
3. 목록에 기재되어 있거나 신고한 회생채권자 또는 회생담보권자

② 신청인은 제1항의 규정에 의한 회생절차폐지의 원인인 사실을 소명하여야 한다.
③ 제1항의 규정에 의한 신청이 있는 때에는 법원은 채무자, 관리위원회, 채권자협의회 및 목록에 기재되어 있거나 신고한 회생채권자와 회생담보권자에 대하여 그 뜻과 의견이 있으면 법원에 제출할 것을 통지하고, 이해관계인이 열람할 수 있도록 신청에 관한 서류를 법원에 비치하여야 한다.
④ 법원은 제3항의 규정에 의한 통지를 발송한 후 1월 이상이 경과하지 아니하면 회생절차폐지의 결정을 하지 못한다.

제288조 【회생계획인가 후의 폐지】 ① 회생계획인가의 결정이 있은 후 회생계획을 수행할 수 없는 것이 명백하게 된 때에는 법원은 관리인이나 목록에 기재되어 있거나 신고한 회생채권자 또는 회생담보권자의 신청에 의하거나 직권으로 회생절차폐지의 결정을 하여야 한다.
② 법원은 제1항의 규정에 의한 결정을 하기 전에 기일을 열어 관리위원회·채권자협의회 및 이해관계인의 의견을 들을 수 있다. 다만, 기일을 열지 아니하는 때에는 법원은 기한을 정하여 관리위원회·채권자협의회 및 이해관계인에게 의견을 제출할 기회를 부여하여야 한다.
③ 제2항의 규정에 의한 기일이나 기한을 정하는 결정은 공고하여야 하며, 확정된 회생채권 또는 회생담보권에 기하여 회생계획에 의하여 인정된 권리를 가진 자 중에서 알고 있는 자에 대하여는 송달하여야 한다.
④ 제1항의 규정에 의한 회생절차폐지는 회생계획의 수행과 이 법의 규정에 의하여 생긴 효력에 영향을 미치지 아니한다.

제289조 【폐지결정의 공고】 법원은 회생절차폐지의 결정을 한 때에는 그 주문과 이유의 요지를 공고하여야 한다. 이 경우 송달은 하지 아니할 수 있다.

제290조 【항고】 ① 제247조제1항·제2항 및 제4항 내지 제7항의 규정은 회생절차폐지의 결정에 대한 항고에 관하여 준용한다.
② 제40조제1항의 규정은 회생절차폐지의 결정이 확정된 경우에 관하여 준용한다.

제291조 【공익채권의 변제】 회생절차폐지의 결정이 확정된 때에는 제6조제1항의 규정에 의하여 파산선고를 하여야 하는 경우를 제외하고 관리인은 채무자의 재산으로 공익채권을 변제하고 이의있는 것에 관하여는 그 채권자를 위하여 공탁을 하여야 한다.

제292조 【회생채권자표 등의 기재의 효력】 ① 제286조 또는 제287조의 규정에 의한 회생절차폐지의 결정이 확정된 때에는 확정된 회생채권 또는 회생담보권에 관하여는 회생채권자표 또는 회생담보권자표의 기재는 채무자에 대하여 확정판결과 동일한 효력이 있다. 다만, 채무자가 회생채권과 회생담보권의 조사기간 또는 특별조사기일에 그 권리에 대하여 이의를 하지 아니한 경우에 한한다.
② 회생채권자 또는 회생담보권자는 회생절차종료 후 제6조의 규정에 의하여 파산선고를 하는 경우를 제외하고 채무자에 대하여 회생채권자표 또는 회생담보권자표에 기하여 강제집행을 할 수 있다.
③ 제255조제3항의 규정은 제2항의 경우에 관하여 준용한다.

제293조 【준용규정】 제255조제2항 및 제3항의 규정은 제288조제1항의 규정에 의한 회생절차폐지의 결정이 확정된 경우에 관하여 준용한다.

제9장 소액영업소득자에 대한 간이회생절차
(2014.12.30 본장신설)

제293조의2 【용어의 정의】 이 장에서 사용하는 용어의 뜻은 다음과 같다.
1. "영업소득자"란 부동산임대소득·사업소득·농업소득·임업소득, 그 밖에 이와 유사한 수입을 장래에 계속적으로 또는 반복하여 얻을 가능성이 있는 채무자를 말한다.
2. "소액영업소득자"란 회생절차개시의 신청 당시 회생채권 및 회생담보권의 총액이 50억원 이하의 범위에서 대통령령으로 정하는 금액 이하인 채무를 부담하는 영업소득자를 말한다.
3. "간이회생절차"란 이 장의 규정에 따라 소액영업소득자에게 적용되는 회생절차를 말한다.

제293조의3【적용규정 등】 ① 간이회생절차에 관하여는 이 장에서 달리 정한 것을 제외하고는 제2편(회생절차)의 규정을 적용한다.
② 이 법〔제2편(회생절차)은 제외한다〕 또는 다른 법령에서 회생절차를 인용하고 있는 경우에는 해당 법령에 특별한 규정이 있는 경우를 제외하고는 간이회생절차를 포함한 것으로 보아 해당 법령을 적용한다.
제293조의4【간이회생절차개시의 신청】 ① 소액영업소득자는 법원에 간이회생절차개시의 신청을 할 수 있다. 다만, 개인인 소액영업소득자가 신청일 전 5년 이내에 개인회생절차 또는 파산절차에 의한 면책을 받은 사실이 있는 경우에는 그러하지 아니하다.
② 간이회생절차개시의 신청을 한 자는 제1항의 신청을 하는 때에 그 신청이 같은 항의 요건에 해당되지 아니할 경우에 회생절차개시의 신청을 하는 의사가 있는지 여부를 명확히 밝혀야 한다.
③ 간이회생절차개시의 신청은 다음 각 호의 사항을 기재한 서면으로 하여야 한다.
1. 채무자가 개인인 경우에는 채무자의 성명·주민등록번호 및 주소
2. 채무자가 개인이 아닌 경우에는 채무자의 상호, 주된 사무소 또는 영업소의 소재지, 채무자의 대표자의 성명
3. 간이회생절차개시의 신청을 구하는 취지
4. 간이회생절차개시의 원인
5. 채무자의 영업 내용 및 재산 상태
6. 소액영업소득자에 해당하는 채무액 및 그 산정 근거
7. 제2항에 따른 회생절차개시신청의 의사
④ 제3항에 따른 서면에는 다음 각 호의 서류를 첨부하여야 한다.
1. 채권자목록
2. 채무자의 영업 내용에 관한 자료
3. 채무자의 재산 상태에 관한 자료
4. 그 밖에 대법원규칙으로 정하는 서류
제293조의5【간이회생절차개시의 결정 등】 ① 법원은 제293조의4제1항 본문의 신청이 있는 경우에 소액영업소득자인 채무자가 제34조제1항 각 호의 어느 하나에 해당하고, 제42조의 회생절차개시신청의 기각 사유와 제293조의4제1항 단서에 해당하지 아니하는 경우에는 간이회생절차개시의 결정을 하여야 한다.
② 법원은 제293조의4제1항 본문의 신청이 있는 경우에 채무자가 소액영업소득자에 해당하지 아니하는 경우 또는 같은 항 단서에 해당되는 경우에는 다음 각 호의 구분에 따른 결정을 할 수 있다.
1. 채무자가 제293조의4제2항에 따라 회생절차개시의 신청을 하는 의사가 없음을 밝힌 경우 : 간이회생절차개시신청의 기각결정
2. 채무자가 제293조의4제2항에 따라 회생절차개시의 신청을 하는 의사가 있음을 밝힌 경우 : 간이회생절차개시신청의 기각결정과 다음 각 목의 어느 하나에 해당하는 결정
가. 회생절차개시결정
나. 회생절차개시신청의 기각결정
③ 법원은 제1항의 간이회생절차개시의 결정이 있은 후 회생계획인가결정의 확정 전에 다음 각 호의 어느 하나에 해당하는 경우에는 이해관계인의 신청에 의하거나 직권으로 간이회생절차폐지의 결정을 하여야 한다.
1. 채무자가 소액영업소득자에 해당되지 아니함이 밝혀진 경우
2. 제293조의4제1항 단서에 해당됨이 밝혀진 경우
④ 법원은 제3항에 따라 간이회생절차폐지의 결정을 하는 경우에는 채권자 일반의 이익 및 채무자의 회생 가능성을 고려하여 회생절차를 속행할 수 있다. 이 경우 간이회생절차에서 행하여진 제6조제7항 각 호의 어느 하나에 해당하는 자의 처분·행위 등은 그 성질에 반하는 경우가 아니면 회생절차에서도 유효한 것으로 본다.
제293조의6【관리인의 불선임】 ① 간이회생절차에서는 관리인을 선임하지 아니한다. 다만, 제74조제2항 각 호의 어느 하나에 해당한다고 인정하는 경우에는 관리인을 선임할 수 있다.
② 제1항 본문의 경우에는 채무자(개인이 아닌 경우에는 그 대표자를 말한다)는 이 편에 따른 관리인으로 본다.
제293조의7【간이조사위원 등】 ① 간이회생절차에서 법원은 이해관계인의 신청에 의하거나 직권으로 제601조제1항 각 호의 어느 하나에 해당하는 자를 간이조사위원으로 선임할 수 있다. 간이조사위원에 대해서는 제79조, 제81조, 제82조, 제83조제1항 및 제87조를 준용한다.
② 간이조사위원은 제87조에 따른 조사위원의 업무를 대법원규칙으로 정하는 바에 따라 간이한 방법으로 수행할 수 있다.
③ 간이조사위원이 선임된 경우 관리인은 제91조부터 제93조까지의 규정에 따른 관리인의 업무를 대법원규칙으로 정하는 바에 따라 간이한 방법으로 수행할 수 있다.
제293조의8【회생계획안의 가결 요건에 관한 특례】 간이회생절차의 관계인집회에서는 제237조제1호에도 불구하고 다음 각 호의 요건 중 어느 하나를 충족하는 경우에는 회생계획안에 관하여 회생채권자의 조에서 가결된 것으로 본다.
1. 의결권을 행사할 수 있는 회생채권자의 의결권의 총액의 3분의 2 이상에 해당하는 의결권을 가진 자의 동의가 있을 것
2. 의결권을 행사할 수 있는 회생채권자의 의결권의 총액의 2분의 1을 초과하는 의결권을 가진 자의 동의 및 의결권자의 과반수의 동의가 있을 것

제3편 파산절차

제1장 파산절차의 개시 등

제1절 파산신청

제294조【파산신청권자】 ① 채권자 또는 채무자는 파산신청을 할 수 있다.
② 채권자가 파산신청을 하는 때에는 그 채권의 존재 및 파산의 원인인 사실을 소명하여야 한다.
제295조【법인의 파산신청권자】 ①「민법」 그 밖에 다른 법률에 의하여 설립된 법인에 대하여는 이사가, 합명회사 또는 합자회사에 대하여는 무한책임사원이, 주식회사 또는 유한회사에 대하여는 이사가 파산신청을 할 수 있다.
② 청산인은 청산 중인 법인에 대하여 파산신청을 할 수 있다.
제296조【일부 이사등의 파산신청】 이사·무한책임사원 또는 청산인의 전원이 하는 파산신청이 아닌 때에는 파산의 원인인 사실을 소명하여야 한다.
제297조【그 밖의 법인에의 준용】 제295조 및 제296조의 규정은 제295조의 규정에 의한 법인 외의 법인과 법인 아닌 사단 또는 재단으로서 대표자 또는 관리자가 있는 것에 관하여 준용한다.
제298조【법인해산 후의 파산신청】 법인에 대하여는 그 해산 후에도 잔여재산의 인도 또는 분배가 종료하지 아니한 동안은 파산신청을 할 수 있다.
제299조【상속재산의 파산신청권자】 ① 상속재산에 대하여 상속채권자, 유증을 받은 자, 상속인, 상속재산관리인 및 유언집행자는 파산신청을 할 수 있다.
② 상속재산관리인, 유언집행자 또는 한정승인이나 재산분리가 있은 경우의 상속인은 상속재산으로 상속채권자 및 유증을 받은 자에 대한 채무를 완제할 수 없는 것을 발견한 때에는 지체 없이 파산신청을 하여야 한다.

③ 상속인·상속재산관리인 또는 유언집행자가 파산신청을 하는 때에는 파산의 원인인 사실을 소명하여야 한다.

제300조 【상속재산에 대한 파산신청기간】 상속재산에 대하여는 「민법」 제1045조(상속재산의 분리청구권)의 규정에 의하여 재산의 분리를 청구할 수 있는 기간에 한하여 파산신청을 할 수 있다. 이 경우 그 사이에 한정승인 또는 재산분리가 있은 때에는 상속채권자 및 유증을 받은 자에 대한 변제가 아직 종료하지 아니한 동안에도 파산신청을 할 수 있다.

제301조 【외국에서 파산선고가 있은 경우】 파산신청 당시 채무자에 대하여 이미 외국에서 파산선고가 있은 때에는 파산의 원인인 사실이 존재하는 것으로 추정한다.

제302조 【신청서】 ① 파산신청은 다음 각 호의 사항을 기재한 서면으로 하여야 한다.

1. 신청인 및 그 법정대리인의 성명 및 주소
2. 채무자가 개인인 경우에는 채무자의 성명·주민등록번호 및 주소
3. 채무자가 개인이 아닌 경우에는 채무자의 상호, 주된 사무소 또는 영업소의 소재지, 대표자의 성명
4. 신청의 취지
5. 신청의 원인
6. 채무자의 사업목적과 업무의 상황
7. 채무자의 발행주식 또는 출자지분의 총수, 자본의 액과 자산, 부채 그 밖의 재산상태
8. 채무자의 재산에 관한 다른 절차 또는 처분으로서 신청인이 알고 있는 것
9. 채권자가 파산신청을 하는 때에는 그가 가진 채권의 액과 원인
10. 주주·지분권자가 파산신청을 하는 때에는 그가 가진 주식 또는 출자지분의 수 또는 액

② 제1항의 규정에 의한 서면에는 다음 각 호의 서류를 첨부하여야 한다. 다만, 신청과 동시에 첨부할 수 없는 때에는 그 사유를 소명하고 그 후에 지체 없이 제출하여야 한다.

1. 채권자목록
2. 재산목록
3. 채무자의 수입 및 지출에 관한 목록
4. 그 밖에 대법원규칙에서 정하는 서류

제303조 【파산절차비용의 예납】 파산신청을 하는 때에는 법원이 상당하다고 인정하는 금액을 파산절차의 비용으로 미리 납부하여야 한다.

제304조 【파산절차비용의 가지급】 파산신청인이 채권자가 아닌 때에는 파산절차의 비용을 국고에서 가지급할 수 있다. 예납금이 부족하게 된 때, 법원이 직권으로 파산선고를 한 때 또는 파산신청인이 채권자인 경우 미리 비용을 납부하지 아니하였음에도 불구하고 법원이 파산선고를 한 때에도 같다.

제2절 파산선고 등

제305조 【보통파산원인】 ① 채무자가 지급을 할 수 없는 때에는 법원은 신청에 의하여 결정으로 파산을 선고한다.

② 채무자가 지급을 정지한 때에는 지급을 할 수 없는 것으로 추정한다.

판례 '채무자 회생 및 파산에 관한 법률' 제305조 제1항에서 파산원인으로 정하고 있는 "채무자가 지급을 할 수 없는 때"라고 함은 채무자가 변제능력이 부족하여 즉시 변제하여야 할 채무를 일반적·계속적으로 변제할 수 없는 객관적 상태를 말한다. 그리고 채무자가 개인인 경우 그러한 지급불능이 있다고 하려면 채무자의 연령, 직업 및 경력, 자격 또는 기술, 노동능력, 가족관계, 재산·부채의 내역 및 규모 등을 종합적으로 고려하여, 채무자의 재산·신용·수입에 의하더라도 채무의 일반적·계속적 변제가 불가능하다고 객관적으로 판단되어야 하고, 단지 채무자가 현재 보유하고 있는 자산보다 부채가 많다는 사실로부터 쉽사리 추단되어서는 안 된다. 또한 채무자가 특히 면책신청의 전제로 자기파산의 선고를 구하면서 이러한 지급불능의 상태를 스스로 주장하는 경우에는, 채무자의 재산 및 신용의 상태 등이 채무자에게 고유한 사정으로서 일반적으로 채권자를 비롯한 제3자로서는 쉽사리 접근하여 알 수 있는 바가 아니므로, 채무자가 제출한 관련 자료 등에 대한 증거법적 평가 및 지급불능상태에 있는지 여부의 판단에 있어서 신중한 접근이 요구된다.(대결 2010.1.25, 2009마2183)

제306조 【법인의 파산원인】 ① 법인에 대하여는 그 부채의 총액이 자산의 총액을 초과하는 때에도 파산선고를 할 수 있다.

② 제1항의 규정은 합명회사 및 합자회사의 존립 중에는 적용하지 아니한다.

제307조 【상속재산의 파산원인】 상속재산으로 상속채권자 및 유증을 받은 자에 대한 채무를 완제할 수 없는 때에는 법원은 신청에 의하여 결정으로 파산을 선고한다.

제308조 【파산신청 또는 선고 후의 상속】 파산신청 또는 파산선고가 있은 후에 상속이 개시된 때에는 파산절차는 상속재산에 대하여 속행된다.

제309조 【기각사유】 ① 법원은 다음 각 호의 어느 하나에 해당하는 때에는 파산신청을 기각할 수 있다.

1. 신청인이 절차의 비용을 미리 납부하지 아니한 때
2. 법원에 회생절차 또는 개인회생절차가 계속되어 있고 그 절차에 의함이 채권자 일반의 이익에 부합하는 때
3. 채무자에게 파산원인이 존재하지 아니한 때
4. 신청인이 소재불명인 때
5. 그 밖에 신청이 성실하지 아니한 때

② 법원은 채무자에게 파산원인이 존재하는 경우에도 파산신청이 파산절차의 남용에 해당한다고 인정되는 때에는 심문을 거쳐 파산신청을 기각할 수 있다.

판례 파산면책제도의 목적과 다른 도산절차와의 관계, 채무자 회생 및 파산에 관한 법률 제309조 제2항의 입법 연혁과 조문 체계 등에 비추어 보면, 채무자가 개인인 경우 '파산신청이 파산절차의 남용에 해당한다'는 것은, 채무자가 현재는 지급불능 상태이지만 계속적으로 또는 반복하여 일정한 소득을 얻고 있고 이러한 소득에서 필수적으로 지출하여야 하는 생계비, 조세 등을 공제한 가용소득으로 채무의 상당 부분을 계속적으로 변제할 수 있기 때문에, 회생절차·개인회생절차 등을 통하여 충분히 회생을 도모할 수 있다고 인정되는 경우를 주로 의미한다. 따라서 채무자가 회생절차·개인회생절차를 신청한다면 그 절차를 통하여 충분히 회생을 도모할 수 있는 상태에 있는지 여부를 전혀 심리하여 보지도 아니한 상태에서 채무자에게 장래 소득이 예상된다는 사정만에 터잡아 함부로 채무자의 파산신청이 파산절차의 남용에 해당한다고 단정하여서는 아니 된다.
(대결 2009.5.28, 2008마1904,1905)

제310조 【파산선고】 파산결정서에는 파산선고의 연·월·일·시를 기재하여야 한다.

제311조 【파산의 효력발생시기】 파산은 선고를 한 때부터 그 효력이 생긴다.

제312조 【파산선고와 동시에 정하여야 하는 사항】 ① 법원은 파산선고와 동시에 파산관재인을 선임하고 다음 각 호의 사항을 정하여야 한다.

1. 채권신고의 기간. 이 경우 그 기간은 파산선고를 한 날부터 2주 이상 3월 이하이어야 한다.
2. 제1회 채권자집회의 기일. 이 경우 그 기일은 파산선고를 한 날부터 4월 이내이어야 한다.
3. 채권조사의 기일. 이 경우 그 기일과 제1호의 규정에 의한 채권신고기간의 말일과의 사이에는 1주 이상 1월 이하의 기간이 있어야 한다.

② 제1항제2호 및 제3호의 규정에 의한 기일은 병합할 수 있다.

제313조 【파산선고의 공고 및 송달】 ① 법원은 파산선고를 한 때에는 즉시 다음 각 호의 사항을 공고하여야 한다.

1. 파산결정의 주문
2. 파산관재인의 성명 및 주소 또는 사무소
3. 제312조의 규정에 의한 기간 및 기일
4. 파산선고를 받은 채무자의 채무자와 파산재단에 속하는 재산의 소유자는 파산선고를 받은 채무자에게 변제를 하거나 그 재산을 교부하여서는 아니된다는 뜻의 명령

5. 파산선고를 받은 채무자의 채무자와 파산재단에 속하는 재산의 소유자에 대하여 다음 각 목의 사항을 일정한 기간 안에 파산관재인에게 신고하여야 한다는 뜻의 명령
가. 채무를 부담하고 있다는 것
나. 재산을 소지하고 있다는 것
다. 소지자가 별제권을 가지고 있는 때에는 그 채권을 가지고 있다는 것
② 법원은 알고 있는 채권자 · 채무자 및 재산소지자에게는 제1항 각 호의 사항을 기재한 서면을 송달하여야 한다.
③ 제1항 및 제2항의 규정은 제1항제2호 내지 제5호의 사항에 변경이 생긴 경우에 관하여 준용한다.
④ 제1항제5호의 규정에 의한 신고를 게을리한 자는 이로 인하여 파산재단에 생긴 손해를 배상하여야 한다.

제314조【법인파산의 통지】 ① 법인에 대하여 파산선고를 한 경우 그 법인의 설립이나 목적인 사업에 관하여 행정청의 허가가 있는 때에는 법원은 파산의 선고가 있음을 주무관청에 통지하여야 한다.
② 제1항의 규정은 파산취소 또는 파산폐지의 결정이 확정되거나 파산종결의 결정이 있는 경우에 관하여 준용한다.

제315조【검사에 대한 통지】 법원은 필요하다고 인정하는 경우에는 파산선고한 사실을 검사에게 통지할 수 있다.

제316조【파산신청에 관한 재판에 대한 즉시항고】 ① 파산신청에 관한 재판에 대하여는 즉시항고를 할 수 있다.
② 제323조 및 제324조의 규정은 파산신청을 기각하는 결정에 대하여 제1항의 즉시항고가 있는 경우에 관하여 준용한다.
③ 제1항의 규정에 의한 즉시항고는 집행정지의 효력이 없다.
④ 항고법원은 즉시항고의 절차가 법률에 위반되거나 즉시항고가 이유없다고 인정하는 때에는 결정으로 즉시항고를 각하 또는 기각하여야 한다.
⑤ 항고법원은 즉시항고가 이유있다고 인정하는 때에는 원래의 결정을 취소하고 사건을 원심법원에 환송하여야 한다.

제317조【파산선고와 동시에 하는 파산폐지】 ① 법원은 파산재단으로 파산절차의 비용을 충당하기에 부족하다고 인정되는 때에는 파산선고와 동시에 파산폐지의 결정을 하여야 한다.
② 제1항의 경우 법원은 파산결정의 주문과 파산폐지결정의 주문 및 이유의 요지를 공고하여야 한다.
③ 제1항의 규정에 의한 결정에 대하여는 즉시항고를 할 수 있다.
④ 제3항의 규정에 의한 즉시항고는 집행정지의 효력이 없다.
⑤ 제1항의 규정에 의한 파산폐지결정의 취소가 확정된 때에는 제313조 내지 제315조의 규정을 준용한다.

제318조【동시파산폐지의 예외】 제317조의 규정은 파산절차의 비용을 충당하기에 충분한 금액을 미리 납부한 때에는 적용하지 아니한다.

제319조【파산선고를 받은 채무자의 구인】 ① 법원은 필요하다고 인정하는 때에는 파산선고를 받은 채무자를 구인하도록 명할 수 있다.
② 제1항의 구인에는 「형사소송법」의 구인에 관한 규정을 준용한다.
③ 제1항의 규정에 의한 결정에 대하여는 즉시항고를 할 수 있다.

제320조【파산선고를 받은 채무자의 법정대리인 등의 구인】 제319조의 규정은 다음 각 호의 자에 관하여 준용한다.
1. 파산선고를 받은 채무자의 법정대리인
2. 파산선고를 받은 채무자의 이사
3. 파산선고를 받은 채무자의 지배인
4. 상속재산에 대한 파산의 경우 상속인과 그 법정대리인 및 지배인

제321조【채무자 등의 설명의무】 ① 다음 각 호의 자는 파산관재인 · 감사위원 또는 채권자집회의 요청에 의하여 파산에 관하여 필요한 설명을 하여야 한다.
1. 채무자 및 그 대리인
2. 채무자의 이사
3. 채무자의 지배인
4. 상속재산에 대한 파산의 경우 상속인, 그 대리인, 상속재산관리인 및 유언집행자
② 제1항의 규정은 종전에 제1항의 규정에 의한 자격을 가졌던 자에 관하여 준용한다.

제322조【파산선고 전의 구인】 ① 파산의 신청이 있는 때에는 법원은 파산선고 전이라도 채무자와 제320조에 규정된 자의 구인을 명할 수 있다.
② 제319조제2항 및 제3항의 규정은 제1항의 경우에 관하여 준용한다.

제323조【파산선고 전의 보전처분】 ① 법원은 파산선고 전이라도 이해관계인의 신청에 의하거나 직권으로 채무자의 재산에 관하여 가압류 · 가처분 그 밖에 필요한 보전처분을 명할 수 있다. 법원이 직권으로 파산선고를 하는 때에도 같다.
② 법원은 제1항의 규정에 의한 처분을 변경하거나 취소할 수 있다.
③ 제1항 또는 제2항의 규정에 의한 재판은 결정으로 한다.
④ 제1항 또는 제2항의 규정에 의한 재판에 대하여는 즉시항고를 할 수 있다.
⑤ 제4항의 규정에 의한 즉시항고는 집행정지의 효력이 없다.

제324조【책임제한절차의 정지명령】 ① 법원은 파산신청이 있는 경우 필요하다고 인정하는 때에는 이해관계인의 신청에 의하거나 직권으로 파산신청에 대한 결정이 있을 때까지 「상법」 제5편(해상) 및 「선박소유자 등의 책임제한절차에 관한 법률」에 의한 책임제한절차(이하 이 조, 제326조 및 제327조에서 "책임제한절차"라 한다)의 정지를 명할 수 있다. 다만, 책임제한절차개시의 결정이 있는 때에는 그러하지 아니하다.
② 법원은 제1항의 규정에 의한 정지결정을 취소할 수 있다.

제325조【파산취소의 공고 및 송달】 ① 파산취소의 결정이 확정된 때에는 법원은 그 주문을 공고하여야 한다.
② 제313조제2항, 제315조 및 제547조의 규정은 제1항의 경우에 관하여 준용한다.

제326조【책임제한절차폐지의 결정이 확정될 때까지의 파산절차의 정지】 파산선고를 받은 채무자를 위하여 개시한 책임제한절차의 폐지결정이 있는 때에는 그 결정이 확정될 때까지 파산절차를 정지한다.

제327조【책임제한절차폐지의 경우의 조치】 ① 파산선고를 받은 채무자를 위하여 개시된 책임제한절차의 폐지결정이 확정된 때에는 법원은 제한채권자를 위하여 다음 각 호의 사항을 정하여야 한다.
1. 채권신고의 기간. 이 경우 그 기간은 책임제한절차폐지의 결정이 확정된 날부터 1주 이상 2월 이하로 하여야 한다.
2. 채권조사의 기일. 이 경우 그 기일과 제1호의 규정에 의하여 정하여진 신고기간의 말일과의 사이에 1주 이상 1월 이하의 기간을 두어야 한다.
② 법원은 제1항의 규정에 의한 기간 및 기일을 공고하여야 한다.
③ 법원은 알고 있는 채권자에 대하여는 다음 각 호의 사항을 기재한 서면을 송달하여야 한다.
1. 제1항의 규정에 의한 기간 및 기일
2. 제313조제1항제1호 및 제2호의 사항
④ 다음 각 호의 자에게는 제1항의 규정에 의한 기간 및 기일을 기재한 서면을 송달하여야 한다. 다만, 제1항제2호의 규정에 의하여 정하여진 기일과 제312조제1항제2호에 의하여 정하여진 기일이 같은 경우 신고한 파산채권자에 대하여는 그러하지 아니하다.
1. 파산관재인
2. 파산선고를 받은 채무자
3. 신고한 파산채권자
⑤ 제2항 · 제3항 및 제4항 본문의 규정은 제1항의 규정에 의한 기간 및 기일에 변경이 있는 경우에 관하여 준용한다.

제3절 법률행위에 관한 파산의 효력

제328조【해산한 법인】 해산한 법인은 파산의 목적의 범위 안에서는 아직 존속하는 것으로 본다.

제329조【채무자의 파산선고 후의 법률행위】 ① 파산선고를 받은 채무자가 파산선고 후 파산재단에 속하는 재산에 관하여 한 법률행위는 파산채권자에게 대항할 수 없다.
② 채무자가 파산선고일에 한 법률행위는 파산선고 후에 한 것으로 추정한다.

제330조【파산선고 후의 권리취득】 ① 파산선고 후에 파산재단에 속하는 재산에 관하여 채무자의 법률행위에 의하지 아니하고 권리를 취득한 경우에도 그 취득은 파산채권자에게 대항할 수 없다.
② 제329조제2항의 규정은 제1항의 규정에 의한 취득에 관하여 준용한다.

제331조【파산선고 후의 등기 · 등록 등】 ① 부동산 또는 선박에 관하여 파산선고 전에 생긴 채무의 이행으로서 파산선고 후에 한 등기 또는 가등기는 파산채권자에게 대항할 수 없다. 다만, 등기권리자가 파산선고의 사실을 알지 못하고 한 등기에 관하여는 그러하지 아니하다.
② 제1항의 규정은 권리의 설정 · 이전 또는 변경에 관한 등록 또는 가등록에 관하여 준용한다.

제332조【파산선고 후 채무자에 대한 변제】 ① 파산선고 후에 그 사실을 알지 못하고 채무자에게 한 변제는 이로써 파산채권자에게 대항할 수 있다.
② 파산선고 후에 그 사실을 알고 채무자에게 한 변제는 파산재단이 받은 이익의 한도 안에서만 파산채권자에게 대항할 수 있다.

제333조【파산선고 후의 어음의 인수 또는 지급】 ① 환어음의 발행인 또는 배서인이 파산선고를 받은 경우 지급인 또는 예비지급인이 그 사실을 알지 못하고 인수 또는 지급을 한 때에는 이로 인하여 생긴 채권에 관하여 파산채권자로서 그 권리를 행사할 수 있다.
② 제1항의 규정은 수표와 금전 그 밖의 물건이나 유가증권의 급부를 목적으로 하는 유가증권에 관하여 준용한다.

제334조【선의 또는 악의의 추정】 제331조 내지 제333조의 규정을 적용하는 때에는 파산선고의 공고 전에는 그 사실을 알지 못한 것으로 추정하고, 공고 후에는 그 사실을 안 것으로 추정한다.

제335조【쌍방미이행 쌍무계약에 관한 선택】 ① 쌍무계약에 관하여 채무자 및 그 상대방이 모두 파산선고 당시 아직 이행을 완료하지 아니한 때에는 파산관재인은 계약을 해제 또는 해지하거나 채무자의 채무를 이행하고 상대방의 채무이행을 청구할 수 있다.
② 제1항의 경우 상대방은 파산관재인에 대하여 상당한 기간을 정하여 그 기간 안에 계약의 해제 또는 해지나 이행 여부를 확답할 것을 최고할 수 있다. 이 경우 파산관재인이 그 기간 안에 확답을 하지 아니한 때에는 계약을 해제 또는 해지한 것으로 본다.
③ 제1항에 따라 파산관재인이 국가를 상대방으로 하는 「방위사업법」 제3조에 따른 방위력개선사업 관련 계약을 해제 또는 해지하고자 하는 경우 방위사업청장과 협의하여야 한다. (2014.5.20 본항신설)

제336조【지급결제제도 등에 대한 특칙】 제120조의 규정은 같은 조에서 정한 지급결제제도 또는 청산결제제도의 참가자 또는 적격금융거래의 당사자 일방에 대하여 파산선고가 있는 경우 이를 준용한다. 이 경우 제120조제1항 내지 제3항의 "회생절차가 개시된 경우"는 "파산선고가 있는 경우"로 보고, 제120조제3항 단서의 "회생채권자 또는 회생담보권자"는 "파산채권자 또는 별제권자"로 본다.

제337조【파산관재인의 해제 또는 해지와 상대방의 권리】 ① 제335조의 규정에 의한 계약의 해제 또는 해지가 있는 때에는 상대방은 손해배상에 관하여 파산채권자로서 권리를 행사할 수 있다.
② 제1항의 규정에 의한 계약의 해제 또는 해지의 경우 채무자가 받은 반대급부가 파산재단 중에 현존하는 때에는 상대방은 그 반환을 청구하고, 현존하지 아니하는 때에는 그 가액에 관하여 재단채권자로서 권리를 행사할 수 있다.

제338조【거래소의 시세있는 상품의 정기매매】 ① 거래소의 시세있는 상품의 매매에 관하여 일정한 일시 또는 일정한 기간 안에 이행을 하지 아니하면 계약의 목적을 달성하지 못하는 경우 그 시기가 파산선고 후에 도래하는 때에는 계약의 해제가 있은 것으로 본다. 이 경우 손해배상액은 이행지에서 동종의 거래가 동일한 시기에 이행되는 때의 시세와 매매대가와의 차액에 의하여 정한다.
② 제337조제1항의 규정은 제1항의 규정에 의한 손해배상에 관하여 준용한다.
③ 제1항의 경우에 관하여 거래소에서 달리 규정한 것이 있는 때에는 그 규정에 의한다.

제339조【「민법」상의 해지 또는 해제권이 있는 경우】 제335조제2항의 규정은 「민법」 제637조(임차인의 파산과 해지통고), 제663조(사용자파산과 해지통고) 또는 제674조(도급인의 파산과 해제권)제1항의 규정에 의하여 상대방 또는 파산관재인이 갖는 해지권 또는 해제권의 행사에 관하여 준용한다.

제340조【임대차계약】 ① 임대인이 파산선고를 받은 때에는 차임의 선급 또는 차임채권의 처분은 파산선고시의 당기(當期) 및 차기(次期)에 관한 것을 제외하고는 파산채권자에게 대항할 수 없다.
② 제1항의 규정에 의하여 파산채권자에게 대항할 수 없음으로 인하여 손해를 받은 자는 그 손해배상에 관하여 파산채권자로서 권리를 행사할 수 있다.
③ 제1항 및 제2항의 규정은 지상권에 관하여 준용한다.
④ 임대인이 파산선고를 받은 경우 임차인이 다음 각 호의 어느 하나에 해당하는 때에는 제335조의 규정을 적용하지 아니한다.
1. 「주택임대차보호법」 제3조(대항력 등)제1항의 대항요건을 갖춘 때
2. 「상가건물 임대차보호법」 제3조(대항력 등)의 대항요건을 갖춘 때

제341조【도급계약】 ① 채무자가 도급계약에 의하여 일을 하여야 하는 의무가 있는 때에는 파산관재인은 필요한 재료를 제공하여 채무자로 하여금 그 일을 하게 할 수 있다. 이 경우 그 일이 채무자 자신이 함을 필요로 하지 아니하는 때에는 제3자로 하여금 이를 하게 할 수 있다.
② 제1항의 경우 채무자가 그 상대방으로부터 받을 보수는 파산재단에 속한다.

제342조【위임계약】 위임자가 파산선고를 받은 경우 수임자가 파산선고의 통지를 받지 아니하고 파산선고의 사실도 알지 못하고 위임사무를 처리한 때에는 이로 인하여 파산선고를 받은 자에게 생긴 채권에 관하여 수임자는 파산채권자로서 그 권리를 행사할 수 있다.

제343조【상호계산】 ① 상호계산은 당사자의 일방이 파산선고를 받은 때에는 종료한다. 이 경우 각 당사자는 계산을 폐쇄하고 잔액의 지급을 청구할 수 있다.
② 제1항의 규정에 의한 청구권을 채무자가 가지는 때에는 파산재단에 속하고, 상대방이 가지는 때에는 파산채권이 된다.

제344조【공유자의 파산】 ① 공유자 중에 파산선고를 받은 자가 있는 때에는 분할하지 아니한다는 약정이 있는 때에도 파산절차에 의하지 아니하고 그 분할을 할 수 있다.
② 제1항의 경우 파산선고를 받은 자가 아닌 다른 공유자는 상당한 대가를 지급하고 그 파산선고를 받은 자의 지분을 취득할 수 있다.

제345조【배우자 등의 재산관리】「민법」 제829조(부부재산의 약정과 그 변경)제3항 및 제5항의 규정은 배우자의 재산을 관리하는 자가 파산선고를 받은 경우에, 같은 법 제924조(친권상실의 선고)의 규정은 친권을 행사하는 자가 파산선고를 받은 경우에 관하여 각각 준용한다.

제346조【파산과 한정승인 및 재산분리】 상속인이나 상속재산에 대한 파산선고는 한정승인 또는 재산분리에 영향을 미치지 아니한다. 다만, 파산취소 또는 파산폐지의 결정이 확정되거나 파산종결의 결정이 있을 때까지 그 절차를 중지한다.

제347조【파산재단에 속하는 재산에 관한 소송수계】 ① 파산재단에 속하는 재산에 관하여 파산선고 당시 법원에 계속되어 있는 소송은 파산관재인 또는 상대방이 이를 수계할 수 있다. 제335조제1항의 규정에 의하여 파산관재인이 채무를 이행하는 경우에 상대방이 가지는 청구권에 관한 소송의 경우에도 또한 같다.

② 제1항의 규정에 의한 소송비용은 재단채권으로 한다.

제348조【강제집행 및 보전처분에 대한 효력】 ① 파산채권에 기하여 파산재단에 속하는 재산에 대하여 행하여진 강제집행·가압류 또는 가처분은 파산재단에 대하여는 그 효력을 잃는다. 다만, 파산관재인은 파산재단을 위하여 강제집행절차를 속행할 수 있다.

② 제1항 단서의 규정에 의하여 파산관재인이 강제집행의 절차를 속행하는 때의 비용은 재단채권으로 하고, 강제집행에 대한 제3자의 이의의 소에서는 파산관재인을 피고로 한다.

제349조【체납처분에 대한 효력】 ① 파산선고 전에 파산재단에 속하는 재산에 대하여「국세징수법」 또는「지방세징수법」에 의하여 징수할 수 있는 청구권(국세징수의 예에 의하여 징수할 수 있는 청구권으로서 그 징수우선순위가 일반파산채권보다 우선하는 것을 포함한다)에 기한 체납처분을 한 때에는 파산선고는 그 처분의 속행을 방해하지 아니한다.

② 파산선고 후에는 파산재단에 속하는 재산에 대하여「국세징수법」 또는「지방세징수법」에 의하여 징수할 수 있는 청구권(국세징수의 예에 의하여 징수할 수 있는 청구권을 포함한다)에 기한 체납처분을 할 수 없다.

(2016.12.27 본조개정)

제350조【행정사건에 대한 효력】 ① 파산재단에 속하는 재산에 관하여 파산선고 당시에 행정청에 계속되어 있는 사건이 있는 때에는 그 절차는 수계 또는 파산절차의 종료가 있을 때까지 중단된다.

② 제347조의 규정은 제1항의 경우에 관하여 준용한다.

제4절 법인의 이사등의 책임

제351조【법인의 이사등의 재산에 대한 보전처분】 ① 법원은 법인인 채무자에 대하여 파산선고가 있는 경우 필요하다고 인정하는 때에는 파산관재인의 신청에 의하거나 직권으로 채무자의 발기인·이사(「상법」 제401조의2제1항의 규정에 의하여 이사로 보는 자를 포함한다), 감사·검사인 또는 청산인(이하 이 조 내지 제353조에서 "이사등"이라 한다)에 대한 출자이행청구권 또는 이사등의 책임에 기한 손해배상청구권을 보전하기 위하여 이사등의 재산에 대한 보전처분을 할 수 있다.

② 파산관재인은 제1항의 규정에 의한 청구권이 있음을 알게 된 때에는 법원에 제1항의 규정에 의한 보전처분을 신청하여야 한다.

③ 법원은 긴급한 필요가 있다고 인정하는 때에는 파산선고 전이라도 채무자의 신청에 의하거나 직권으로 제1항의 규정에 의한 보전처분을 할 수 있다.

④ 법원은 관리위원회의 의견을 들어 제1항 또는 제3항의 규정에 의한 보전처분을 변경하거나 취소할 수 있다.

⑤ 제1항 또는 제3항의 규정에 의한 보전처분과 제4항의 규정에 의한 결정에 대하여는 즉시항고를 할 수 있다.

⑥ 제5항의 즉시항고는 집행정지의 효력이 없다.

⑦ 제1항 또는 제3항의 규정에 의한 보전처분이나 제4항의 규정에 의한 결정과 이에 대한 즉시항고에 대한 재판이 있는 때에는 그 결정서를 당사자에게 송달하여야 한다.

제352조【손해배상청구권 등의 조사확정재판】 ① 법원은 법인인 채무자에 대하여 파산선고가 있는 경우 필요하다고 인정하는 때에는 파산관재인의 신청에 의하거나 직권으로 이사등에 대한 출자이행청구권이나 이사등의 책임에 기한 손해배상청구권의 존부와 그 내용을 조사확정하는 재판을 할 수 있다.

② 파산관재인은 제1항의 규정에 의한 청구권이 있음을 알게 된 때에는 법원에 제1항의 규정에 의한 재판을 신청하여야 한다.

③ 파산관재인은 제1항의 규정에 의한 신청을 하는 때에는 그 원인되는 사실을 소명하여야 한다.

④ 법원은 직권으로 조사확정절차를 개시하는 때에는 그 취지의 결정을 하여야 한다.

⑤ 제1항의 규정에 의한 신청이 있거나 제4항의 규정에 의한 조사확정절차개시결정이 있은 때에는 시효의 중단에 관하여는 재판상의 청구가 있은 것으로 본다.

⑥ 제1항의 규정에 의한 조사확정의 재판과 조사확정의 신청을 기각하는 재판은 이유를 붙인 결정으로 하여야 한다.

⑦ 법원은 제6항의 규정에 의한 결정을 하는 때에는 미리 이해관계인을 심문하여야 한다.

⑧ 조사확정절차(조사확정결정이 있은 후의 것을 제외한다)는 파산절차가 종료한 때에는 종료한다.

⑨ 조사확정결정이 있은 때에는 그 결정서를 당사자에게 송달하여야 한다.

제353조【이의의 소】 ① 제352조제1항의 규정에 의한 조사확정의 재판에 불복이 있는 자는 결정을 송달받은 날부터 1월 이내에 이의의 소를 제기할 수 있다.

② 제1항의 규정에 의한 기간은 불변기간으로 한다.

③ 제1항의 소는 이를 제기하는 자가 이사등인 때에는 파산관재인을, 파산관재인인 때에는 이사등을 각각 피고로 하여야 한다.

④ 제1항의 소는 파산계속법원(파산사건이 계속되어 있는 회생법원을 말한다. 이하 같다)의 관할에 전속하고, 변론은 결정을 송달받은 날부터 1월의 기간을 경과한 후가 아니면 개시할 수 없다.(2016.12.27 본항개정)

⑤ 여러 개의 소가 동시에 계속되어 있는 때에는 법원은 변론을 병합하여야 한다.

⑥ 제1항의 규정에 의한 소에 대한 판결에서는 같은 항의 결정을 인가·변경 또는 취소한다. 다만, 소를 부적법한 것으로 각하하는 때에는 그러하지 아니하다.

⑦ 조사확정의 결정을 인가하거나 변경하는 판결은 강제집행에 관하여는 이행을 명한 판결과 동일한 효력이 있다.

제354조【조사확정재판의 효력】 제353조제1항의 규정에 의한 소가 같은 항의 기간 안에 제기되지 않거나 취하된 때 또는 각하된 때에는 조사확정재판은 이행을 명한 확정판결과 동일한 효력이 있다.

제2장 파산절차의 기관

제1절 파산관재인

제355조【파산관재인의 선임】 ① 파산관재인은 관리위원회의 의견을 들어 법원이 선임한다.

② 법인도 파산관재인이 될 수 있다. 이 경우 그 법인은 이사 중에서 파산관재인의 직무를 행할 자를 지명하고 법원에 신고하여야 한다.

제356조【파산관재인의 수】 파산관재인은 1인으로 한다. 다만, 법원이 필요하다고 인정하는 때에는 여럿의 파산관재인을 선임할 수 있다.

제357조【자격증명서】 ① 법원은 파산관재인에게 그 선임을 증명하는 서면을 교부하여야 한다.
② 파산관재인은 그 직무를 행하는 경우 이해관계인의 청구가 있는 때에는 제1항의 규정에 의한 서면을 제시하여야 한다.
제358조【법원의 감독】 파산관재인은 법원의 감독을 받는다.
제359조【당사자적격】 파산재단에 관한 소송에서는 파산관재인이 당사자가 된다.
제360조【여럿의 파산관재인의 직무집행】 ① 파산관재인이 여럿인 때에는 공동으로 그 직무를 행한다. 이 경우 법원의 허가를 받아 직무를 분장할 수 있다.
② 파산관재인이 여럿인 때에는 제3자의 의사표시는 그 1인에 대하여 하면 된다.
제361조【파산관재인의 의무 등】 ① 파산관재인은 선량한 관리자의 주의로써 그 직무를 행하여야 한다.
② 파산관재인이 제1항의 규정에 의한 주의를 게을리한 때에는 이해관계인에게 손해를 배상할 책임이 있다. 이 경우 주의를 게을리한 파산관재인이 여럿 있는 때에는 연대하여 손해를 배상할 책임이 있다.
제362조【파산관재인대리】 ① 파산관재인은 필요한 때에는 그 직무를 행하게 하기 위하여 자기의 책임으로 대리인을 선임할 수 있다.
② 제1항의 규정에 의한 대리인의 선임은 법원의 허가를 받아야 한다.
③ 채무자가 법인인 경우 제1항의 규정에 의한 허가가 있는 때에는 법원사무관등은 직권으로 지체 없이 촉탁서에 결정서의 등본을 첨부하여 대리인의 선임에 관한 등기를 촉탁하여야 한다. 대리인의 선임에 관한 허가가 변경 또는 취소된 때에도 또한 같다.
④ 제1항의 규정에 의한 대리인은 파산관재인에 갈음하여 재판상 또는 재판 외의 모든 행위를 할 수 있다.
제363조【파산관재인의 사임】 파산관재인은 정당한 사유가 있는 때에는 법원의 허가를 받아 사임할 수 있다.
제364조【파산관재인의 해임】 ① 법원은 채권자집회의 결의, 감사위원의 신청에 의하거나 직권으로 파산관재인을 해임할 수 있다. 이 경우 법원은 그 파산관재인을 심문하여야 한다.
② 제1항의 규정에 의한 파산관재인의 해임결정에 대하여는 즉시항고를 할 수 있다.
③ 제2항의 즉시항고는 집행정지의 효력이 없다.
제365조【계산의 보고의무】 ① 파산관재인의 임무가 종료한 때에는 파산관재인 또는 그 상속인은 지체 없이 채권자집회에 계산의 보고를 하여야 한다.
② 채무자, 파산채권자 또는 후임의 파산관재인이 채권자집회에서 계산에 대하여 이의를 진술하지 아니한 때에는 이를 승인한 것으로 본다.
③ 파산관재인은 이해관계인의 열람을 위하여 계산보고서와 그 계산보고서에 관한 감사위원의 의견서를 채권자집회일 3일 전까지 법원에 제출하여야 한다.
제366조【임무종료시의 긴급처분】 파산관재인의 임무가 종료한 경우 급박한 사정이 있는 때에는 파산관재인 또는 그 상속인은 후임의 파산관재인 또는 채무자가 재산을 관리할 수 있게 될 때까지 필요한 처분을 하여야 한다.

제2절 채권자집회

제367조【소집】 법원은 파산관재인 또는 감사위원의 신청에 의하거나 직권으로 채권자집회를 소집한다. 신고를 한 총채권에 관하여 법원이 평가한 액의 5분의 1 이상에 해당하는 파산채권자의 신청이 있는 때에도 또한 같다.
제368조【기일 및 회의목적의 공고】 ① 법원은 채권자집회의 기일과 회의의 목적사항을 공고하여야 한다.
② 채권자집회의 연기 또는 속행에 관하여 선고가 있는 때에는 송달 또는 공고를 하지 아니할 수 있다.
제369조【법원의 지휘】 채권자집회는 법원이 지휘한다.
제370조【결의의 성립요건】 ① 채권자집회의 결의에는 의결권을 행사할 수 있는 출석 파산채권자의 총채권액의 2분의 1을 초과하는 채권을 가진 자의 동의가 있어야 한다.
② 채권자집회의 결의에 관하여 특별한 이해관계를 가진 자는 그 의결권을 행사할 수 없다.
제371조【의결권의 불통일 행사】 ① 파산채권자는 의결권을 통일하지 아니하고 행사할 수 있다.
② 제1항의 경우 파산채권자는 채권자집회 7일 전까지 법원에 그 취지를 서면으로 신고하여야 한다.
제372조【의결권의 대리행사】 ① 파산채권자는 대리인에 의하여 그 의결권을 행사할 수 있다. 이 경우 대리인은 대리권을 증명하는 서면을 제출하여야 한다.
② 대리인이 위임받은 의결권을 통일하지 아니하고 행사하는 경우에는 제371조제2항을 준용한다.
제373조【의결권을 행사할 수 있는 채권액】 ① 파산채권자는 확정채권액에 따라 의결권을 행사할 수 있다.
② 미확정채권, 정지조건부채권, 장래의 청구권 또는 별제권의 행사에 의하여 변제를 받을 수 없는 채권액에 관하여 파산관재인 또는 파산채권자의 이의가 있는 때에는 법원은 의결권을 행사하게 할 것인가의 여부와 의결권을 행사할 금액을 결정한다.
③ 법원은 이해관계인의 신청에 의하여 언제든지 제2항의 규정에 의한 결정을 변경할 수 있다.
④ 제2항 또는 제3항의 규정에 의한 결정은 그 선고가 있는 때에는 송달을 하지 아니할 수 있다.
⑤ 파산채권자는 제446조에 규정한 청구권에 관하여는 의결권을 행사할 수 없다.
제374조【감사위원의 동의에 갈음하는 효력】 ① 감사위원의 동의는 채권자집회의 결의로써 갈음할 수 있다.
② 채권자집회의 결의가 감사위원의 의견과 다른 때에는 그 결의에 따른다.
제375조【결의집행의 금지】 ① 채권자집회의 결의가 파산채권자 일반의 이익에 반하는 때에는 법원은 파산관재인·감사위원 또는 파산채권자의 신청에 의하거나 직권으로 그 결의의 집행을 금지할 수 있다.
② 의결권이 없었던 파산채권자가 제1항의 규정에 의한 신청을 하는 때에는 파산채권자임을 소명하여야 한다.
③ 제1항의 규정에 의한 금지결정의 선고가 있는 때에는 송달을 하지 아니할 수 있다.
④ 제1항의 규정에 의한 결정에 대하여는 즉시항고를 할 수 있다.

제3절 감사위원

제376조【감사위원설치의 의결】 제1회 채권자집회에서 감사위원의 설치가 필요하다는 제안이 있는 경우에는 그 설치 여부 및 감사위원의 수를 의결할 수 있다. 다만, 제1회 후의 채권자집회에서 그 결의를 변경할 수 있다.
제377조【감사위원의 자격 등】 ① 감사위원은 채권자집회에서 선임한다.
② 감사위원은 법률이나 경영에 관한 전문가로서 파산절차에 이해관계가 없는 자이어야 한다.
③ 감사위원 선임의 결의는 법원의 인가를 받아야 한다.
제378조【직무집행의 방법】 ① 감사위원이 3인 이상 있는 경우에 감사위원의 직무집행은 그 과반수의 찬성으로 결정한다.
② 특별한 이해관계가 있는 감사위원은 제1항의 규정에 의한 표결에 참가할 수 없다.
제379조【감사위원의 직무집행 등】 ① 감사위원은 파산관재인의 직무집행을 감사한다.

② 각 감사위원은 언제든지 파산관재인에게 파산재단에 관한 보고를 요구하거나 파산재단의 상황을 조사할 수 있다.
③ 감사위원은 파산채권자에게 현저하게 손해를 미칠 사실을 발견한 때에는 지체 없이 법원 또는 채권자집회에 보고하여야 한다.
제380조【감사위원의 해임】 ① 감사위원은 언제든지 채권자집회의 결의로 해임할 수 있다.
② 법원은 상당한 이유가 있는 때에는 이해관계인의 신청에 의하여 감사위원을 해임할 수 있다.
③ 제2항의 규정에 의한 감사위원의 해임에 관한 재판에 대하여는 즉시항고를 할 수 있다.
④ 제3항의 규정에 의한 즉시항고는 집행정지의 효력이 없다.
제381조【준용규정】 제30조제1항 및 제361조의 규정은 감사위원에 관하여 준용한다.

제3장 파산재단의 구성 및 확정

제1절 파산재단의 구성

제382조【파산재단】 ① 채무자가 파산선고 당시에 가진 모든 재산은 파산재단에 속한다.
② 채무자가 파산선고 전에 생긴 원인으로 장래에 행사할 청구권은 파산재단에 속한다.
제383조【파산재단에 속하지 아니하는 재산】 ① 압류할 수 없는 재산은 파산재단에 속하지 아니한다.
② 법원은 개인인 채무자의 신청에 의하여 다음 각 호의 어느 하나에 해당하는 재산을 파산재단에서 면제할 수 있다.
1. 채무자 또는 그 피부양자의 주거용으로 사용되고 있는 건물에 관한 임차보증금반환청구권으로서 「주택임대차보호법」 제8조(보증금중 일정액의 보호)의 규정에 의하여 우선변제를 받을 수 있는 금액의 범위 안에서 대통령령이 정하는 금액을 초과하지 아니하는 부분
2. 채무자 및 그 피부양자의 생활에 필요한 6월간의 생계비에 사용할 특정한 재산으로서 대통령령이 정하는 금액을 초과하지 아니하는 부분
③ 제2항의 규정에 의한 신청은 파산신청일 이후 파산선고 후 14일 이내에 면제재산목록 및 소명에 필요한 자료를 첨부한 서면으로 하여야 한다.
④ 법원은 파산선고 전에 제2항의 신청이 있는 경우에는 파산선고와 동시에, 파산선고 후에 제2항의 신청이 있는 경우에는 신청일부터 14일 이내에 면제 여부 및 그 범위를 결정하여야 한다.
⑤ 제4항의 규정에 의한 결정이 있는 때에는 법원은 채무자 및 알고 있는 채권자에게 그 결정서를 송달하여야 한다.
⑥ 제4항의 규정에 의한 결정에 대하여는 즉시항고를 할 수 있다.
⑦ 제6항의 규정에 의한 즉시항고는 집행정지의 효력이 없다.
⑧ 법원은 파산선고 전에 면제신청이 있는 경우에 채무자의 신청 또는 직권으로 파산선고가 있을 때까지 제2항의 면제재산에 대하여 파산채권에 기한 강제집행, 가압류 또는 가처분의 중지 또는 금지를 명할 수 있다.
⑨ 면제결정이 확정된 때에는 제8항의 규정에 의하여 중지한 절차는 그 효력을 잃는다.
⑩ 제4항의 규정에 의하여 면제되는 재산에 대하여는 제556조제1항의 규정에 따라 면책신청을 할 수 있는 기한까지는 파산채권에 기한 강제집행, 가압류 또는 가처분을 할 수 없다.
제384조【관리 및 처분권】 파산재단을 관리 및 처분하는 권한은 파산관재인에게 속한다.
제385조【파산선고 후의 단순승인】 파산선고 전에 채무자를 위하여 상속개시가 있는 경우 채무자가 파산선고 후에 한 단순승인은 파산재단에 대하여는 한정승인의 효력을 가진다.
제386조【파산선고 후의 상속포기】 ① 파산선고 전에 채무자를 위하여 상속개시가 있는 경우 채무자가 파산선고 후에 한 상속포기도 파산재단에 대하여는 한정승인의 효력을 가진다.
② 파산관재인은 제1항의 규정에 불구하고 상속포기의 효력을 인정할 수 있다. 이 경우 포기가 있는 것을 안 날부터 3월 이내에 그 뜻을 법원에 신고하여야 한다.
제387조【파산과 포괄적 유증】 제385조 및 제386조의 규정은 포괄적 유증에 관하여 준용한다.
제388조【파산과 특정유증】 ① 파산선고 전에 채무자를 위하여 특정유증이 있는 경우 채무자가 파산선고 당시 승인 또는 포기를 하지 아니한 때에는 파산관재인이 채무자에 갈음하여 그 승인 또는 포기를 할 수 있다.
② 「민법」 제1077조(유증의무자의 최고권)의 규정은 제1항의 경우에 관하여 준용한다.
제389조【상속재산의 파산】 ① 상속재산에 대하여 파산선고가 있는 때에는 이에 속하는 모든 재산을 파산재단으로 한다.
② 상속재산에 대하여 파산선고가 있는 경우 피상속인이 상속인에 대하여 가지는 권리와 상속인이 피상속인에 대하여 가지는 권리는 소멸하지 아니한다.
③ 상속재산에 대하여 파산선고가 있는 때에는 상속인은 한정승인한 것으로 본다. 다만, 「민법」 제1026조제3호에 의하여 상속인이 단순승인한 것으로 보는 때에는 그러하지 아니하다.
제390조【상속인의 재산처분】 ① 상속인이 상속재산의 전부 또는 일부를 처분한 후 상속재산에 대하여 파산선고가 있는 때에는 상속인이 반대급부에 관하여 가지는 권리는 파산재단에 속한다.
② 제1항의 경우 상속인이 이미 반대급부를 받은 때에는 이를 파산재단에 반환하여야 한다. 다만, 그 반대급부를 받은 때에 상속인이 파산의 원인인 사실 또는 파산신청이 있은 것을 알지 못한 때에는 그 이익이 현존하는 한도 안에서 반환하면 된다.

제2절 부인권

제391조【부인할 수 있는 행위】 파산관재인은 파산재단을 위하여 다음 각 호의 어느 하나에 해당하는 행위를 부인할 수 있다.
1. 채무자가 파산채권자를 해하는 것을 알고 한 행위. 다만, 이로 인하여 이익을 받은 자가 그 행위 당시 파산채권자를 해하게 되는 사실을 알지 못한 경우에는 그러하지 아니하다.
2. 채무자가 지급정지 또는 파산신청이 있은 후에 한 파산채권자를 해하는 행위와 담보의 제공 또는 채무소멸에 관한 행위. 다만, 이로 인하여 이익을 받은 자가 그 행위 당시 지급정지 또는 파산신청이 있은 것을 알고 있은 때에 한한다.
3. 채무자가 지급정지나 파산신청이 있은 후 또는 그 전 60일 이내에 한 담보의 제공 또는 채무소멸에 관한 행위로서 채무자의 의무에 속하지 아니하거나 그 방법 또는 시기가 채무자의 의무에 속하지 아니하는 것. 다만, 채권자가 그 행위 당시 지급정지나 파산신청이 있은 것 또는 파산채권자를 해하게 되는 사실을 알지 못한 경우를 제외한다.
4. 채무자가 지급정지 또는 파산신청이 있은 후 또는 그 전 6월 이내에 한 무상행위 및 이와 동일시할 수 있는 유상행위
제392조【특수관계인을 상대방으로 한 행위에 대한 특칙】 ① 제391조제2호 단서의 규정을 적용하는 경우 이익을 받는 자가 채무자와 대통령령이 정하는 범위의 특수관계에 있는 자(이하 이 조에서 "특수관계인"이라 한다)인 때에는 그 특수관계인이 행위 당시 지급정지 또는 파산신청이 있은 것을 알고 있었던 것으로 추정한다.

② 제391조제3호의 규정을 적용하는 경우 특수관계인을 상대방으로 하는 행위에 대하여는 같은 호 본문에 규정된 "60일"을 "1년"으로 하고, 같은 호 단서를 적용하는 경우에는 그 특수관계인이 그 행위 당시 지급정지 또는 파산신청이 있은 것과 파산채권자를 해하는 사실을 알고 있었던 것으로 추정한다.
③ 제391조제4호의 규정을 적용하는 경우 특수관계인을 상대방으로 하는 행위인 때에는 같은 호에 규정된 "6월"을 "1년"으로 한다.

제393조【어음지급의 예외】 ① 제391조의 규정은 채무자로부터 어음의 지급을 받은 자가 그 지급을 받지 아니하면 채무자의 1인 또는 여럿에 대한 어음상의 권리를 상실하게 되었을 경우에는 적용하지 아니한다.
② 제1항의 경우 최종의 상환의무자 또는 어음의 발행을 위탁한 자가 그 발행 당시에 지급정지 또는 파산신청이 있었음을 알았거나 또는 과실로 인하여 이를 알지 못한 때에는 파산관재인은 그로 하여금 채무자가 지급한 금액을 상환하게 할 수 있다.

제394조【권리변동의 성립요건 또는 대항요건의 부인】 ① 지급정지 또는 파산신청이 있은 후에 권리의 설정·이전 또는 변경의 효력을 생기게 하는 등기 또는 등록이 행하여진 경우 그 등기 또는 등록이 그 원인인 채무부담행위가 있은 날부터 15일을 경과한 후에 지급정지 또는 파산신청이 있음을 알고 행한 것인 때에는 이를 부인할 수 있다. 다만, 가등기 또는 가등록을 한 후 이에 의하여 본등기 또는 본등록을 한 때에는 그러하지 아니하다.
② 지급정지 또는 파산신청이 있은 후에 권리의 설정·이전 또는 변경을 제3자에게 대항하기 위하여 필요한 행위를 한 경우 그 행위가 권리의 설정·이전 또는 변경이 있은 날부터 15일을 경과한 후에 지급정지 또는 파산신청이 있음을 알고 행한 것인 때에도 제1항과 같다.

제395조【집행행위의 부인】 부인권은 부인하고자 하는 행위에 관하여 집행력있는 집행권원이 있는 때 또는 그 행위가 집행행위에 의한 것인 때에도 행사할 수 있다.

제396조【부인권의 행사방법】 ① 부인권은 소, 부인의 청구 또는 항변의 방법으로 파산관재인이 행사한다.
② 법원은 파산채권자의 신청에 의하거나 직권으로 파산관재인에게 부인권의 행사를 명할 수 있다.
③ 제1항의 소와 부인의 청구사건은 파산계속법원의 관할에 전속한다.(2016.12.27 본항개정)
④ 제106조 및 제107조의 규정은 제1항의 규정에 의한 부인의 청구에 관하여 준용한다.

제397조【부인권행사의 효과】 ① 부인권의 행사는 파산재단을 원상으로 회복시킨다.
② 제391조제4호의 규정에 의한 행위가 부인된 경우 상대방이 그 행위 당시 선의인 때에는 이익이 현존하는 한도 안에서 상환하면 된다.

제398조【상대방의 지위】 ① 채무자의 행위가 부인된 경우 그가 받은 반대급부가 파산재단 중에 현존하는 때에는 상대방은 그 반환을 청구할 수 있으며, 반대급부로 인하여 생긴 이익이 현존하는 때에는 그 이익의 한도 안에서 재단채권자로서 그 권리를 행사할 수 있다.
② 채무자의 행위가 부인된 경우 반대급부로 인하여 생긴 이익이 현존하지 아니하는 때에는 상대방은 그 가액의 상환에 관하여 파산채권자로서 권리를 행사할 수 있다. 반대급부의 가액이 현존하는 이익보다 큰 경우 그 차액에 관하여도 또한 같다.

제399조【상대방의 채권의 회복】 채무자의 행위가 부인된 경우 상대방이 그가 받은 급부를 반환하거나 그 가액을 상환한 때에는 상대방의 채권은 원상으로 회복된다.

제400조【상속재산의 파산의 경우의 부인권】 제391조·제392조·제393조·제398조 및 제399조의 규정은 상속재산에 대하여 파산선고가 있은 경우 피상속인·상속인·상속재산관리인 및 유언집행자가 상속재산에 관하여 한 행위에 관하여 준용한다.

제401조【유증을 받은 자에 대한 변제 등의 부인】 상속재산에 대하여 파산선고가 있은 경우 유증을 받은 자에 대한 변제 그 밖의 채무의 소멸에 관한 행위가 그 채권에 우선하는 채권을 가진 파산채권자를 해하는 때에는 이를 부인할 수 있다.

제402조【부인의 상대방에 대한 변제】 상속재산에 대하여 파산선고가 있은 경우 피상속인·상속인·상속재산관리인 및 유언집행자가 상속재산에 관하여 한 행위가 부인된 때에는 상속채권자에게 변제한 후 부인된 행위의 상대방에게 그 권리의 가액에 따라 잔여재산을 분배하여야 한다.

제403조【전득자에 대한 부인권】 ① 다음 각 호의 어느 하나에 해당하는 때에는 전득자(轉得者)에 대하여도 부인권을 행사할 수 있다.
1. 전득자가 전득 당시 각각 그 전자(前者)에 대한 부인의 원인이 있음을 안 때
2. 전득자가 제392조의 규정에 의한 특수관계인인 때. 다만, 전득 당시 각각 그 전자(前者)에 대한 부인의 원인이 있음을 알지 못한 때에는 그러하지 아니하다.
3. 전득자가 무상행위 또는 이와 동일시할 수 있는 유상행위로 인하여 전득한 경우 각각 그 전자(前者)에 대하여 부인의 원인이 있는 때

② 제397조제2항의 규정은 제1항제3호의 규정에 의하여 부인권이 행사된 경우에 관하여 준용한다.

제404조【지급정지를 안 것을 이유로 하는 부인의 제한】 파산선고가 있은 날부터 1년 전에 한 행위는 지급정지의 사실을 안 것을 이유로 하여 부인할 수 없다.

제405조【부인권행사의 기간】 부인권은 파산선고가 있은 날부터 2년이 경과한 때에는 행사할 수 없다. 제391조 각 호의 행위를 한 날부터 10년이 경과한 때에도 또한 같다.

제406조【채권자취소소송 등의 중단】 ①「민법」 제406조제1항이나 「신탁법」 제8조에 따라 파산채권자가 제기한 소송이 파산선고 당시 법원에 계속되어 있는 때에는 그 소송절차는 수계 또는 파산절차의 종료에 이르기까지 중단된다.(2013.5.28 본항개정)
② 제347조의 규정은 제1항의 경우에 관하여 준용한다.
(2013.5.28 본조제목개정)

제406조의2【신탁행위의 부인에 관한 특칙】 위탁자인 채무자에 대하여 파산이 선고된 경우 해당 채무자가 「신탁법」에 따라 한 신탁행위의 부인에 관하여는 제113조의2를 준용한다. 이 경우 "제100조제1항"은 "제391조"로, "채무자의 재산"은 "파산재단"으로, "공익채권자"는 "재단채권자"로 각각 본다.(2013.5.28 본조신설)

제3절 환취권

제407조【채무자에게 속하지 아니한 재산의 환취】 파산선고는 채무자에 속하지 아니하는 재산을 파산재단으로부터 환취하는 권리에 영향을 미치지 아니한다.

제407조의2【수탁자에 대한 파산절차에서의 환취권에 관한 특칙】 ①「신탁법」에 따라 신탁이 설정된 후 수탁자가 파산선고를 받은 경우 신탁재산을 환취하는 권리는 신수탁자 또는 신탁재산관리인이 행사한다.
② 신탁이 종료된 경우에는 「신탁법」 제101조에 따라 신탁재산이 귀속된 자가 제1항의 권리를 행사한다.
(2013.5.28 본조신설)

제408조【운송 중인 매도물의 환취】 ① 매도인이 매매의 목적인 물건을 매수인에게 발송하였으나 매수인이 그 대금의 전액을 변제하지 아니하고, 도달지에서 그 물건을 수령하지 아니한 상태에서 매수인이 파산선고를 받은 때에는 매도인은 그 물건을 환취할 수 있다. 다만, 파산관재인이 대금전액을 지급하고 그 물건의 인도를 청구한 때에는 그러하지 아니하다.

② 제1항의 규정은 제335조의 적용을 배제하지 아니한다.
제409조【위탁매매인의 환취권】 제408조제1항의 규정은 물품매수의 위탁을 받은 위탁매매인이 그 물품을 위탁자에게 발송한 경우에 관하여 준용한다.
제410조【대체적 환취권】 ① 채무자가 파산선고 전에 환취권의 목적인 재산을 양도한 때에는 환취권자는 반대급부의 이행청구권의 이전을 청구할 수 있다. 파산관재인이 환취권의 목적인 재산을 양도한 때에도 또한 같다.
② 제1항의 경우 파산관재인이 반대급부의 이행을 받은 때에는 환취권자는 파산관재인이 반대급부로 받은 재산의 반환을 청구할 수 있다.

제4절 별제권

제411조【별제권자】 파산재단에 속하는 재산상에 존재하는 유치권·질권·저당권·「동산·채권 등의 담보에 관한 법률」에 따른 담보권 또는 전세권을 가진 자는 그 목적인 재산에 관하여 별제권을 가진다.(2010.6.10 본조개정)
제412조【별제권의 행사】 별제권은 파산절차에 의하지 아니하고 행사한다.
제413조【별제권자의 파산채권행사】 별제권자는 그 별제권의 행사에 의하여 변제를 받을 수 없는 채권액에 관하여만 파산채권자로서 그 권리를 행사할 수 있다. 다만, 별제권을 포기한 채권액에 관하여 파산채권자로서 그 권리를 행사하는 것에 영향을 미치지 아니한다.
제414조【준별제권자】 ① 파산재단에 속하지 아니하는 채무자의 재산상에 질권·저당권 또는「동산·채권 등의 담보에 관한 법률」에 따른 담보권을 가진 자는 그 권리의 행사에 의하여 변제를 받을 수 없는 채권액에 한하여 파산채권자로서 그 권리를 행사할 수 있다.(2010.6.10 본항개정)
② 제1항의 규정에 의한 권리를 가진 자에 대하여는 별제권에 관한 규정을 준용한다.
제415조【주택임차인 등】 ①「주택임대차보호법」 제3조(대항력 등)제1항의 규정에 의한 대항요건을 갖추고 임대차계약증서상의 확정일자를 받은 임차인은 파산재단에 속하는 주택(대지를 포함한다)의 환가대금에서 후순위권리자 그 밖의 채권자보다 우선하여 보증금을 변제받을 권리가 있다.
②「주택임대차보호법」 제8조(보증금중 일정액의 보호)의 규정에 의한 임차인은 같은 조의 규정에 의한 보증금을 파산재단에 속하는 주택(대지를 포함한다)의 환가대금에서 다른 담보물권자보다 우선하여 변제받을 권리가 있다. 이 경우 임차인은 파산신청일까지「주택임대차보호법」 제3조(대항력 등)제1항의 규정에 의한 대항요건을 갖추어야 한다.
③ 제1항 및 제2항의 규정은「상가건물 임대차보호법」 제3조(대항력 등)의 규정에 의한 대항요건을 갖추고 임대차계약증서상의 확정일자를 받은 임차인과 같은 법 제14조(보증금중 일정액의 보호)의 규정에 의한 임차인에 관하여 준용한다.
제415조의2【임금채권자 등】「근로기준법」 제38조제2항 각 호에 따른 채권과「근로자퇴직급여 보장법」 제12조제2항에 따른 최종 3년간의 퇴직급여등 채권의 채권자는 해당 채권을 파산재단에 속하는 재산에 대한 별제권 행사 또는 제349조제1항의 체납처분에 따른 환가대금에서 다른 담보물권자보다 우선하여 변제받을 권리가 있다. 다만,「임금채권보장법」 제8조에 따라 해당 채권을 대위하는 경우에는 그러하지 아니하다.(2014.12.30 본조신설)

제5절 상계권

제416조【상계권】 파산채권자가 파산선고 당시 채무자에 대하여 채무를 부담하는 때에는 파산절차에 의하지 아니하고 상계할 수 있다.
제417조【기한부 및 해제조건부 등 채권채무의 상계】 파산채권자의 채권이 파산선고시에 기한부 또는 해제조건부이거나 제426조에 규정된 것인 때에도 상계할 수 있다. 채무가 기한부나 조건부인 때 또는 장래의 청구권에 관한 것인 때에도 또한 같다.
제418조【정지조건부채권 및 장래의 청구권과의 상계】 정지조건부채권 또는 장래의 청구권을 가진 자가 그 채무를 변제하는 때에는 후일 상계를 하기 위하여 그 채권액의 한도 안에서 변제액의 임치를 청구할 수 있다.
제419조【해제조건부채권의 상계】 해제조건부채권을 가진 자가 상계를 하는 때에는 그 상계액에 관하여 담보를 제공하거나 임치를 하여야 한다.
제420조【자동채권의 상계액】 ① 파산채권자의 채권이 이자없는 채권 또는 정기금채권인 때에는 제446조제1항제5호 내지 제7호에 해당하는 부분을 공제한 액의 한도 안에서 상계할 수 있다.
② 제426조 및 제427조의 규정은 파산채권자의 채권에 관하여 준용한다.
제421조【차임·보증금 및 지료의 상계】 ① 파산채권자가 임차인인 때에는 파산선고시의 당기(當期) 및 차기(次期)의 차임에 관하여 상계를 할 수 있다. 보증금이 있는 경우 그 후의 차임에 관하여도 또한 같다.
② 제1항의 규정은 지료(地料)에 관하여 준용한다.
제422조【상계의 금지】 다음 각 호의 어느 하나에 해당하는 때에는 상계를 할 수 없다.
1. 파산채권자가 파산선고 후에 파산재단에 대하여 채무를 부담한 때
2. 파산채권자가 지급정지 또는 파산신청이 있었음을 알고 채무자에 대하여 채무를 부담한 때. 다만, 다음 각 목의 어느 하나에 해당하는 때를 제외한다.
  가. 그 부담이 법정의 원인에 의한 때
  나. 파산채권자가 지급정지나 파산신청이 있었음을 알기 전에 생긴 원인에 의한 때
  다. 파산선고가 있은 날부터 1년 전에 생긴 원인에 의한 때
3. 파산선고를 받은 채무자의 채무자가 파산선고 후에 타인의 파산채권을 취득한 때
4. 파산선고를 받은 채무자의 채무자가 지급정지 또는 파산신청이 있었음을 알고 파산채권을 취득한 때. 다만, 제2호 각 목의 어느 하나에 해당하는 때를 제외한다.

제4장 파산채권 및 재단채권

제1절 파산채권

제423조【파산채권】 채무자에 대하여 파산선고 전의 원인으로 생긴 재산상의 청구권은 파산채권으로 한다.
제424조【파산채권의 행사】 파산채권은 파산절차에 의하지 아니하고는 행사할 수 없다.
제425조【기한부채권의 변제기도래】 기한부채권은 파산선고시에 변제기에 이른 것으로 본다.
제426조【비금전채권 등의 파산채권액】 ① 채권의 목적이 금전이 아니거나 그 액이 불확정한 때나 외국의 통화로 정하여진 때에는 파산선고시의 평가액을 파산채권액으로 한다.
② 정기금채권의 금액 또는 존속기간이 확정되지 아니한 때에도 제1항과 같다.
제427조【조건부채권 등의 파산채권액】 ① 조건부채권은 그 전액을 파산채권액으로 한다.
② 제1항의 규정은 채무자에 대한 장래의 청구권에 관하여 준용한다.
제428조【전부의 채무를 이행할 의무를 지는 자가 파산한 경우의 파산채권액】 여럿의 채무자가 각각 전부의 채무를 이행하여야 하는 경우 그 채무자의 전원 또는 일부가 파산

선고를 받은 때에는 채권자는 파산선고시에 가진 채권의 전액에 관하여 각 파산재단에 대하여 파산채권자로서 권리를 행사할 수 있다.

제429조【보증인이 파산한 경우의 파산채권액】 보증인이 파산선고를 받은 때에는 채권자는 파산선고시에 가진 채권의 전액에 관하여 파산채권자로서 그 권리를 행사할 수 있다.

제430조【장래의 구상권자】 ① 여럿의 채무자가 각각 전부의 채무를 이행하여야 하는 경우 그 채무자의 전원 또는 일부가 파산선고를 받은 때에는 그 채무자에 대하여 장래의 구상권을 가진 자는 그 전액에 관하여 각 파산재단에 대하여 파산채권자로서 그 권리를 행사할 수 있다. 다만, 채권자가 그 채권의 전액에 관하여 파산채권자로서 그 권리를 행사한 때에는 예외로 한다.

② 제1항 단서의 경우 제1항의 규정에 의한 구상권을 가진 자가 변제를 한 때에는 그 변제의 비율에 따라 채권자의 권리를 취득한다.

③ 제1항 및 제2항의 규정은 담보를 제공한 제3자가 채무자에 대하여 갖는 장래의 구상권에 관하여 준용한다.

제431조【여럿이 일부보증을 한 때의 파산채권액】 제428조, 제429조 및 제430조제1항·제2항의 규정은 여럿의 보증인이 각각 채무의 일부를 보증하는 때에 그 보증하는 부분에 관하여 준용한다.

제432조【무한책임사원의 파산】 법인의 채무에 관하여 무한책임을 지는 사원이 파산선고를 받은 때에는 법인의 채권자는 파산선고시에 가진 채권의 전액에 관하여 그 파산재단에 대하여 파산채권자로서 그 권리를 행사할 수 있다.

제433조【유한책임사원의 파산】 법인의 채무에 관하여 유한책임을 지는 사원 또는 그 법인이 파산선고를 받은 때에는 법인의 채권자는 유한책임을 지는 사원에 대하여 그 권리를 행사할 수 없다. 다만, 법인은 출자청구권을 파산채권으로서 행사할 수 있다.

제434조【상속인의 파산】 상속인이 파산선고를 받은 경우에는 재산의 분리가 있는 때에도 상속채권자 및 유증을 받은 자는 그 채권의 전액에 관하여 파산재단에 대하여 파산채권자로서 그 권리를 행사할 수 있다.

제435조【상속재산 및 상속인의 파산】 상속재산 및 상속인에 대하여 파산선고가 있는 때에는 상속채권자 및 유증을 받은 자는 그 채권의 전액에 관하여 각 파산재단에 대하여 파산채권자로서 그 권리를 행사할 수 있다.

제436조【상속인의 한정승인】 제434조 및 제435조의 경우 파산선고를 받은 상속인이 한정승인을 한 때에는 상속채권자와 유증을 받은 자는 그 상속인의 고유재산에 대하여 파산채권자로서 그 권리를 행사할 수 없다. 제385조 또는 제386조제1항의 규정에 의하여 한정승인의 효력이 있는 때에도 또한 같다.

제437조【상속인의 피상속인에 대한 채권 등】 상속재산에 대하여 파산선고가 있는 때에는 상속인은 그 피상속인에 대한 채권 및 피상속인의 채무소멸을 위하여 한 출연에 관하여 상속채권자와 동일한 권리를 가진다.

제438조【상속인의 채권자】 상속재산에 대하여 파산선고가 있는 때에는 상속인의 채권자는 그 파산재단에 대하여 파산채권자로서 그 권리를 행사할 수 없다.

제439조【파산절차참가의 비용】 파산절차참가의 비용은 파산채권으로 한다.

제440조【동일순위자에 대한 평등변제】 동일순위로 변제하여야 하는 채권은 각각 그 채권액의 비율에 따라 변제한다.

제441조【우선권 있는 파산채권】 파산재단에 속하는 재산에 대하여 일반의 우선권이 있는 파산채권은 다른 채권에 우선한다.

제442조【우선권의 기간계산】 일정한 기간 안의 채권액에 관하여 우선권이 있는 경우 그 기간은 파산선고시부터 소급하여 계산한다.

제443조【상속채권자의 우위】 상속재산에 대하여 파산선고가 있는 때에는 상속채권자의 채권은 유증을 받은 자의 채권에 우선한다.

제444조【상속인이 파산한 경우의 채권자간의 순위】 상속재산에 대한 파산신청기간 안의 신청에 의하여 상속인에 대한 파산선고가 있는 때에는 상속인의 채권자의 채권은 그 고유재산에 대하여 상속채권자 및 유증을 받은 자의 채권에 우선하고, 상속채권자 및 유증을 받은 자의 채권은 상속재산에 대하여 상속인의 채권자의 채권에 우선한다.

제445조【상속재산 및 상속인의 파산재단의 순위】 상속재산 및 상속인에 대하여 파산선고가 있는 때에는 상속인의 채권자의 채권은 상속인의 파산재단에 대하여는 상속채권자 및 유증을 받은 자의 채권에 우선한다.

제446조【후순위파산채권】 ① 다음 각 호의 청구권은 다른 파산채권보다 후순위파산채권으로 한다.

1. 파산선고 후의 이자
2. 파산선고 후의 불이행으로 인한 손해배상액 및 위약금
3. 파산절차참가비용
4. 벌금·과료·형사소송비용·추징금 및 과태료
5. 기한이 파산선고 후에 도래하는 이자없는 채권의 경우 파산선고가 있은 때부터 그 기한에 이르기까지의 법정이율에 의한 원리의 합계액이 채권액이 될 계산에 의하여 산출되는 이자의 액에 상당하는 부분
6. 기한이 불확정한 이자없는 채권의 경우 그 채권액과 파산선고 당시의 평가액과의 차액에 상당하는 부분
7. 채권액 및 존속기간이 확정된 정기금채권인 경우 각 정기금에 관하여 제5호의 규정에 준하여 산출되는 이자의 액의 합계액에 상당하는 부분과 각 정기금에 관하여 같은 호의 규정에 준하여 산출되는 원본의 액의 합계액이 법정이율에 의하여 그 정기금에 상당하는 이자가 생길 원본액을 초과하는 때에는 그 초과액에 상당하는 부분

② 채무자가 채권자와 파산절차에서 다른 채권보다 후순위로 하기로 정한 채권은 그 정한 바에 따라 다른 채권보다 후순위로 한다.

제2절 파산채권의 신고 및 조사

제447조【채권신고방법】 ① 파산채권자는 법원이 정하는 기간(이하 이 장에서 "신고기간"이라 한다) 안에 다음 각 호의 사항을 법원에 신고하고 증거서류 또는 그 등본이나 초본을 제출하여야 한다.

1. 그 채권액 및 원인
2. 일반의 우선권이 있는 때에는 그 권리
3. 제446조제1항 각 호의 어느 하나에 해당하는 청구권을 포함하는 때에는 그 구분

② 별제권자는 제1항 각 호의 사항 외에 별제권의 목적과 그 행사에 의하여 변제를 받을 수 없는 채권액을 신고하여야 한다.

③ 파산채권에 관하여 파산선고 당시 소송이 계속되어 있는 때에는 제1항 각 호의 사항 외에 파산채권자는 그 법원·당사자·사건명 및 사건번호를 신고하여야 한다.

제448조【파산채권자표의 작성】 ① 법원사무관등은 다음 각 호의 사항을 기재한 파산채권자표를 작성하여야 한다.

1. 채권자의 성명 및 주소
2. 채권액 및 원인
3. 일반의 우선권이 있는 때에는 그 권리
4. 제446조제1항 각 호의 어느 하나에 해당하는 청구권을 포함하는 때에는 그 구분
5. 별제권자가 제447조제2항의 규정에 의하여 신고한 채권액

② 법원사무관등은 파산채권자표의 등본을 파산관재인에게 교부하여야 한다.

제449조【파산채권자표 및 채권신고서류의 비치】 ① 법원은 파산채권자표 및 채권의 신고에 관한 서류를 이해관계인이 열람할 수 있도록 법원에 비치하여야 한다.
② 법원사무관등은 채권자의 신청이 있는 경우 그 채권자의 채권에 관한 파산채권자표의 초본을 교부하여야 한다.
제450조【채권조사의 대상】 채권조사기일에는 신고한 각 채권에 관하여 제448조제1항 각 호의 사항을 조사한다.
제451조【관계인의 출석】 ① 채무자, 신고한 파산채권자 또는 그 대리인은 채권조사기일에 출석하여 의견을 진술할 수 있다.
② 제1항의 규정에 의한 대리인은 대리권을 증명하는 서면을 제출하여야 한다.
제452조【파산관재인의 출석】 채권의 조사는 파산관재인이 출석하지 아니하면 할 수 없다.
제453조【신고기간 후에 신고한 채권의 조사】 ① 신고기간 후에 신고한 채권에 관하여는 파산관재인 및 파산채권자의 이의가 있는 때를 제외하고는 채권조사의 일반기일에 그 조사를 할 수 있다.
② 파산관재인 또는 파산채권자의 이의가 있는 때에는 법원은 제1항의 규정에 의한 채권조사를 하기 위하여 특별기일을 정하여야 한다. 이 경우 채권조사에 소요되는 비용은 신고기간 후에 신고한 파산채권자의 부담으로 한다.
제454조【파산채권자의 이익을 해하는 변경】 제453조의 규정은 파산채권자가 신고한 사항에 관하여 신고기간 후에 다른 파산채권자의 이익을 해할 변경을 가한 경우에 관하여 준용한다.
제455조【일반기일 후의 채권신고】 제453조제2항의 규정은 파산채권자가 채권조사의 일반기일 후에 채권을 신고한 경우에 관하여 준용한다.
제456조【특별기일의 공고 및 송달】 채권조사의 특별기일을 정하는 결정은 이를 공고하여야 하며 파산관재인・채무자 및 신고한 파산채권자에게 송달하여야 한다.
제457조【채권조사기일의 변경 등】 제456조의 규정은 채권조사기일의 변경과 채권조사의 연기 및 속행에 관하여 준용한다. 다만, 선고가 있는 때에는 공고 및 송달을 하지 아니하여도 된다.
제458조【채권의 확정】 채권조사기일에 파산관재인 및 파산채권자의 이의가 없는 때에는 다음 각 호의 사항이 확정된다.
1. 채권액
2. 우선권
3. 제446조제1항 각 호의 어느 하나에 해당하는 청구권의 구분
제459조【조사결과의 파산채권자표 기재】 ① 법원사무관등은 채권조사의 결과와 채무자가 진술한 이의를 파산채권자표에 기재하여야 한다.
② 법원사무관등은 확정된 채권의 증서에 확정된 뜻을 기재하고 법원의 인(印)을 찍어야 한다.
제460조【확정채권에 관한 파산채권자표 기재의 파산채권자에 대한 효력】 확정채권에 관하여 파산채권자표에 기재한 때에는 그 기재는 파산채권자 전원에 대하여 확정판결과 동일한 효력이 있다.
제461조【파산채권의 이의에 관한 통지】 ① 파산채권자가 채권조사기일에 출석하지 아니한 경우 그 채권에 관하여 이의가 있는 때에는 법원은 그 사실을 파산채권자에게 통지하여야 한다.
② 제1항의 규정에 의한 통지는 서류를 우편으로 발송하여 할 수 있다.
제462조【파산채권 조사확정의 재판】 ① 파산채권의 조사에서 신고한 파산채권의 내용에 대하여 파산관재인 또는 파산채권자가 이의를 한 때에는 그 파산채권(이하 이 편에서 "이의채권"이라 한다)을 보유한 파산채권자는 그 내용의 확정을 위하여 이의자 전원을 상대방으로 하여 법원에 채권조사확정의 재판(이하 이 편에서 "채권조사확정재판"이라 한다)을 신청할 수 있다. 다만, 제464조 및 제466조의 경우에는 그러하지 아니하다.
② 채권조사확정재판에서는 이의가 있는 파산채권의 존부 또는 그 내용을 정한다.
③ 법원은 채권조사확정재판을 하는 때에는 이의자를 심문하여야 한다.
④ 법원은 채권조사확정재판의 결정서를 당사자에게 송달하여야 한다.
⑤ 제1항의 규정에 의한 신청은 이의가 있는 파산채권에 관한 조사를 위한 일반조사기일 또는 특별조사기일부터 1월 이내에 하여야 한다.
제463조【채권조사확정재판에 대한 이의의 소】 ① 채권조사확정재판에 불복하는 자는 그 결정서의 송달을 받은 날부터 1월 이내에 이의의 소를 제기할 수 있다.
② 제1항의 소는 파산계속법원의 관할에 전속한다.
(2016.12.27 본항개정)
③ 제1항의 소를 제기하는 자가 이의채권을 보유하는 파산채권자인 때에는 이의자 전원을 피고로 하고, 이의자인 때에는 그 파산채권자를 피고로 하여야 한다.
④ 동일한 채권에 관하여 여러 개의 소가 계속되어 있는 때에는 법원은 변론을 병합하여야 한다.
⑤ 제1항의 소에 대한 판결은 소를 부적법한 것으로 각하하는 경우를 제외하고는 같은 항의 재판을 인가하거나 변경한다.
제464조【이의채권에 관한 소송의 수계】 이의채권에 관하여 파산선고 당시 소송이 계속되어 있는 경우 채권자가 그 권리의 확정을 구하고자 하는 때에는 이의자 전원을 그 소송의 상대방으로 하여 소송을 수계하여야 한다.
제465조【청구원인의 제한】 파산채권자는 제459조제1항의 규정에 의하여 파산채권자표에 기재한 사항에 한하여 채권조사확정재판의 신청을 하거나 제463조제1항의 소를 제기하거나 제464조의 규정에 의하여 소송을 수계할 수 있다.
제466조【집행권원이 있는 채권에 대한 이의주장방법】 ① 집행력있는 집행권원이나 종국판결 있는 채권에 관하여 이의가 있는 자는 채무자가 할 수 있는 소송절차에 의하여만 이의를 주장할 수 있다.
② 제1항의 규정에 의한 파산채권에 관하여 파산선고 당시 법원에 소송이 계속되어 있는 경우 이의자가 같은 항의 규정에 의한 이의를 주장하고자 하는 때에는 이의자는 그 파산채권을 보유한 파산채권자를 상대방으로 하는 소송절차를 수계하여야 한다.
③ 제463조제4항 및 제465조의 규정은 제1항 및 제2항에 관하여 준용한다.
제467조【파산채권의 확정에 관한 소송결과의 기재】 법원사무관등은 파산관재인 또는 파산채권자의 신청에 의하여 파산채권의 확정에 관한 소송의 결과(채권조사확정재판에 대한 이의의 소가 제463조제1항의 규정에 의한 기간 안에 제기되지 아니하거나 각하된 때에는 그 재판의 내용을 말한다)를 파산채권자표에 기재하여야 한다.
제468조【파산채권의 확정에 관한 소송의 판결 등의 효력】 ① 파산채권의 확정에 관한 소송에 대한 판결은 파산채권자 전원에 대하여 그 효력이 있다.
② 채권조사확정재판에 대한 이의의 소가 제463조제1항의 규정에 의한 기간 안에 제기되지 아니하거나 각하된 때에는 그 재판은 파산채권자 전원에 대하여 확정판결과 동일한 효력이 있다.
제469조【소송비용의 상환】 파산재단이 파산채권의 확정에 관한 소송(채권조사확정재판을 포함한다)으로 이익을 받은 때에는 이의를 주장한 파산채권자는 그 이익의 한도 안에서 재단채권자로서 소송비용의 상환을 청구할 수 있다.
제470조【파산채권확정소송의 목적의 가액】 파산채권의 확정에 관한 소송의 목적의 가액은 배당예정액을 표준으로 하여 파산계속법원이 정한다.(2016.12.27 본조개정)

제471조【벌금 등의 신고】 ① 제446조제1항제4호의 규정에 의한 청구권을 가진 자는 지체 없이 그 액 및 원인을 법원에 신고하여야 한다.
② 제459조제1항의 규정은 제1항의 규정에 의하여 신고된 청구권에 관하여 준용한다.
제472조【행정심판 또는 행정소송의 대상인 경우】 ① 제471조제1항의 규정에 의하여 신고한 청구권의 원인이 행정심판 또는 행정소송의 대상이 되는 처분인 때에는 법원은 지체 없이 그 청구권의 금액 및 원인을 파산관재인에게 통지하여야 한다.
② 제466조 내지 제468조의 규정은 파산관재인이 이의를 주장하는 경우에 관하여 준용한다.

제3절 재단채권

제473조【재단채권의 범위】 다음 각 호의 어느 하나에 해당하는 청구권은 재단채권으로 한다.(2014.5.20 본문개정)
1. 파산채권자의 공동의 이익을 위한 재판상 비용에 대한 청구권
2. 「국세징수법」 또는 「지방세징수법」에 의하여 징수할 수 있는 청구권(국세징수의 예에 의하여 징수할 수 있는 청구권으로서 그 징수우선순위가 일반 파산채권보다 우선하는 것을 포함하며, 제446조의 규정에 의한 후순위파산채권을 제외한다). 다만, 파산선고 후의 원인으로 인한 청구권은 파산재단에 관하여 생긴 것에 한한다.(2016.12.27 본문개정)
3. 파산재단의 관리·환가 및 배당에 관한 비용
4. 파산재단에 관하여 파산관재인이 한 행위로 인하여 생긴 청구권
5. 사무관리 또는 부당이득으로 인하여 파산선고 후 파산재단에 대하여 생긴 청구권
6. 위임의 종료 또는 대리권의 소멸 후에 긴급한 필요에 의하여 한 행위로 인하여 파산재단에 대하여 생긴 청구권
7. 제335조제1항의 규정에 의하여 파산관재인이 채무를 이행하는 경우에 상대방이 가지는 청구권
8. 파산선고로 인하여 쌍무계약이 해지된 경우 그 때까지 생긴 청구권
9. 채무자 및 그 부양을 받는 자의 부양료(2014.5.20 본호개정)
10. 채무자의 근로자의 임금·퇴직금 및 재해보상금
11. 파산선고 전의 원인으로 생긴 채무자의 근로자의 임치금 및 신원보증금의 반환청구권

제474조【부담있는 유증의 부담의 청구권】 파산관재인이 부담있는 유증의 이행을 받은 때에는 부담의 이익을 받을 청구권은 유증목적의 가액을 초과하지 아니하는 한도 안에서 재단채권으로 한다.
제475조【재단채권의 변제】 재단채권은 파산절차에 의하지 아니하고 수시로 변제한다.
제476조【재단채권의 우선변제】 재단채권은 파산채권보다 먼저 변제한다.
제477조【재단부족의 경우의 변제방법】 ① 파산재단이 재단채권의 총액을 변제하기에 부족한 것이 분명하게 된 때에는 재단채권의 변제는 다른 법령이 규정하는 우선권에 불구하고 아직 변제하지 아니한 채권액의 비율에 따라 한다. 다만, 재단채권에 관하여 존재하는 유치권·질권·저당권·「동산·채권 등의 담보에 관한 법률」에 따른 담보권 및 전세권의 효력에는 영향을 미치지 아니한다.(2010.6.10 단서개정)
② 제473조제1호 내지 제7호 및 제10호에 열거된 재단채권은 다른 재단채권에 우선한다.
③ 제1항의 경우에 제6조제4항·제9항 및 제7조제1항에 따라 재단채권으로 하는 제179조제1항제5호 및 제12호의 청구권 중에서 채무자의 사업을 계속하기 위하여 법원의 허가를 받아 차입한 자금(이하 이 조에서 "신규차입자금"이라 한다)이 있는 때에는 제2항에도 불구하고 신규차입자금에 관한 채권과 제473조제10호의 재단채권은 다른 재단채권에 우선한다. 이 경우 신규차입자금에 관한 채권과 제473조제10호의 재단채권을 제외한 재단채권의 순위는 제2항에 따른다.(2020.2.4 본항신설)
제478조【파산채권에 관한 규정의 준용】 ① 제425조·제426조 및 제427조제1항의 규정은 제473조제7호 및 제474조의 규정에 의한 재단채권에 관하여 준용한다.
② 제1항의 규정에 의한 재단채권이 이자 없는 채권 또는 정기금채권인 때에는 만약 그 채권이 파산채권이라면 제446조제1항제5호 내지 제7호의 규정에 의하여 다른 파산채권보다 후순위로 될 부분에 해당하는 금액을 공제한 액을 그 가액으로 한다.

제5장 파산재단의 관리·환가 및 배당

제1절 파산재단의 관리 및 환가

제479조【파산재단의 점유 및 관리】 파산관재인은 취임 후 즉시 파산재단에 속하는 재산의 점유 및 관리에 착수하여야 한다.
제480조【봉인】 ① 파산관재인은 필요하다고 인정하는 때에는 법원사무관 등·집행관 또는 공증인으로 하여금 파산재단에 속하는 재산에 봉인을 하게 할 수 있다. 이 경우 봉인을 한 자는 조서를 작성하여야 한다.
② 제1항의 규정은 봉인을 제거하는 경우에 관하여 준용한다.
제481조【재산장부의 폐쇄】 파산관재인은 파산선고 후 지체 없이 채무자의 재산에 관한 장부를 폐쇄하고 그 취지를 기재한 후 기명날인하여야 한다.
제482조【재산의 가액의 평가】 파산관재인은 지체 없이 파산재단에 속하는 모든 재산의 파산선고 당시의 가액을 평가하여야 한다. 이 경우 채무자를 참여하게 할 수 있다.
제483조【재산목록 및 대차대조표의 작성】 ① 파산관재인은 재산목록 및 대차대조표를 작성하여야 한다.
② 파산관재인은 재산목록 및 대차대조표의 등본에 기명날인하고 이를 법원에 제출하여야 한다. 봉인에 관한 조서의 경우에도 또한 같다.
③ 이해관계인은 제2항의 규정에 의한 서류의 열람을 청구할 수 있다.
제484조【우편물의 관리】 ① 법원은 체신관서·운송인 그 밖의 자에 대하여 채무자에게 보내는 우편물·전보 그 밖의 운송물을 파산관재인에게 배달할 것을 촉탁할 수 있다.
② 파산관재인은 그가 수령한 제1항의 규정에 의한 우편물·전보 그 밖의 운송물을 열어 볼 수 있다.
③ 채무자는 파산관재인이 수령한 우편물·전보 그 밖의 운송물의 열람을 요구할 수 있으며, 파산재단과 관련이 없는 것의 교부를 요구할 수 있다.
제485조【우편물관리의 해제】 ① 법원은 채무자 또는 파산관재인의 신청에 의하여 제484조제1항의 규정에 의한 촉탁을 취소하거나 변경할 수 있다.
② 파산취소나 파산폐지의 결정이 확정되거나 파산종결의 결정이 있은 때에는 법원은 제484조제1항의 규정에 의한 촉탁을 취소하여야 한다.
제486조【영업의 계속】 파산관재인은 법원의 허가를 받아 채무자의 영업을 계속할 수 있다.
제487조【고가품의 보관방법】 화폐, 유가증권 그 밖의 고가품의 보관방법은 법원이 정한다.
제488조【파산경과의 보고】 파산관재인은 파산선고에 이르게 된 사정과 채무자 및 파산재단에 관한 경과 및 현상에 관하여 제1회 채권자집회에 보고하여야 한다.
제489조【채권자집회의 결의사항】 채권자집회는 다음 각 호의 사항에 관하여 결의를 할 수 있다.
1. 영업의 폐지 또는 계속
2. 고가품의 보관방법

제490조【별제권의 목적물의 제시】 ① 파산관재인은 별제권자에 대하여 그 권리의 목적인 재산을 제시할 것을 요구할 수 있다.
② 파산관재인이 제1항의 규정에 의한 재산을 평가하고자 하는 때에는 별제권자는 이를 거절할 수 없다.
제491조【환가시기의 제한】 제312조제1항제3호의 규정에 의한 채권조사기일이 종료되기 전에는 파산관재인은 파산재단에 속한 재산의 환가를 할 수 없다. 다만, 감사위원의 동의 또는 법원의 허가를 받은 때에는 그러하지 아니하다.
제492조【법원의 허가를 받아야 하는 행위】 파산관재인이 다음 각 호에 해당하는 행위를 하고자 하는 경우에는 법원의 허가를 받아야 하며, 감사위원이 설치되어 있는 때에는 감사위원의 동의를 얻어야 한다. 다만, 제7호 내지 제15호에 해당하는 경우 중 그 가액이 1천만원 미만으로서 법원이 정하는 금액 미만인 때에는 그러하지 아니하다.
1. 부동산에 관한 물권이나 등기하여야 하는 국내선박 및 외국선박의 임의매각
2. 광업권·어업권·양식업권·특허권·실용신안권·의장권·상표권·서비스표권 및 저작권의 임의매각(2019.8.27 본호개정)
3. 영업의 양도
4. 상품의 일괄매각
5. 자금의 차입 등 차재
6. 제386조제2항의 규정에 의한 상속포기의 승인, 제387조의 규정에 의한 포괄적 유증의 포기의 승인과 제388조제1항의 규정에 의한 특정유증의 포기
7. 동산의 임의매각
8. 채권 및 유가증권의 양도
9. 제335조제1항의 규정에 의한 이행의 청구
10. 소의 제기(가처분 및 가압류의 신청을 제외한다)
11. 화해
12. 권리의 포기
13. 재단채권·환취권 및 별제권의 승인
14. 별제권의 목적의 환수
15. 파산재단의 부담을 수반하는 계약의 체결
16. 그 밖에 법원이 지정하는 행위

제493조【채무자의 의견청취】 제492조의 경우 채무자는 파산관재인에게 의견을 진술할 수 있다.
제494조【법원의 중지명령】 파산관재인이 감사위원의 동의를 얻어 제492조 각 호의 행위를 하는 때에도 법원은 채무자의 신청에 의하여 그 행위의 중지를 명하거나 그 행위에 관한 결의를 하게 하기 위하여 채권자집회를 소집할 수 있다.
제495조【선의의 제3자의 보호】 파산관재인이 제491조 또는 제492조의 규정을 위반하거나 제494조의 규정에 의한 중지명령을 위반한 때에도 이로써 선의의 제3자에게 대항할 수 없다.
제496조【환가방법】 ①「민사집행법」에서 환가방법을 정한 권리의 환가는「민사집행법」에 따른다.
② 제1항의 규정에 불구하고 파산관재인은 법원의 허가를 받아 영업양도 등 다른 방법으로 환가할 수 있다.
제497조【별제권의 목적물의 환가】 ① 파산관재인은「민사집행법」에 의하여 별제권의 목적인 재산을 환가할 수 있다. 이 경우 별제권자는 이를 거절할 수 없다.
② 제1항의 경우 별제권자가 받을 금액이 아직 확정되지 아니한 때에는 파산관재인은 대금을 따로 임치하여야 한다. 이 경우 별제권은 그 대금 위에 존재한다.
제498조【별제권자의 처분기간의 지정】 ① 별제권자가 법률에 정한 방법에 의하지 아니하고 별제권의 목적을 처분하는 권리를 가지는 때에는 법원은 파산관재인의 신청에 의하여 별제권자가 그 처분을 하여야 하는 기간을 정한다.
② 별제권자가 제1항의 규정에 의한 기간 안에 처분을 하지 아니하는 때에는 제1항의 규정에 의한 권리를 잃는다.
제499조【파산관재인의 상황보고】 파산관재인은 채권자집회가 정하는 바에 따라 채권자집회 또는 감사위원에게 파산재단의 상황을 보고하여야 한다.
제500조【임치품의 반환청구】 ① 파산관재인이 임치한 화폐·유가증권 그 밖의 고가품의 반환을 요구하고자 하는 때에는 감사위원의 동의를 얻어야 하며, 감사위원이 없는 때에는 법원의 허가를 받아야 한다. 다만, 채권자집회에서 다른 결의를 한 때에는 그 결의에 의한다.
② 파산관재인이 제1항의 규정을 위반한 경우 수치인이 선의이고 과실이 없는 때에는 그 변제는 효력이 있다.
③ 제1항 및 제2항의 규정은 파산관재인이 수치인으로 하여금 지급 그 밖의 급부를 하게 하기 위하여 증권을 발행하는 경우에 관하여 준용한다.
제501조【법인파산재단의 환가】「상법」제258조(채무완제불능과 출자청구)의 규정은 법인이 파산선고를 받은 경우에 관하여 준용한다.
제502조【익명조합원에 대한 출자청구】 익명조합계약이 영업자의 파산으로 인하여 종료된 때에는 파산관재인은 익명조합원이 부담할 손실액을 한도로 하여 출자를 하게 할 수 있다.
제503조【상속인의 파산과 상속재산의 처분】 ① 상속인이 파산선고를 받은 후에 한정승인을 하거나 재산분리가 있는 때에는 상속재산의 처분은 파산관재인이 하여야 한다. 한정승인 또는 재산분리가 있은 후에 상속인이 파산선고를 받은 때에도 또한 같다.
② 파산관재인이 제1항의 규정에 의한 처분을 종료한 때에는 잔여재산에 대하여 파산재단의 재산목록 및 대차대조표를 보충하여야 한다.
③ 제1항 및 제2항의 규정은 포괄적 유증을 받은 자가 파산선고를 받은 경우에 관하여 준용한다.
제504조【준용규정】 제503조의 규정은 제385조 또는 제386조제1항의 규정에 의하여 한정승인의 효력이 있는 경우에 관하여 준용한다.

제2절 배 당

제505조【배당시기】 제312조제1항제3호의 규정에 의한 채권조사기일이 종료된 후에는 파산관재인은 배당하기에 적당한 금전이 있을 때마다 지체 없이 배당을 하여야 한다.
제506조【배당에 필요한 허가】 파산관재인이 배당을 하는 때에는 법원의 허가를 받아야 한다. 다만, 감사위원이 있는 때는 감사위원의 동의를 얻어야 한다.
제507조【배당표의 작성】 ① 파산관재인은 다음 각 호의 사항을 기재한 배당표를 작성하여야 한다.
1. 배당에 참가시킬 채권자의 성명 및 주소
2. 배당에 참가시킬 채권의 액
3. 배당할 수 있는 금액

② 배당에 참가시킬 채권은 우선권의 유무에 의하여 구별한다. 이 경우 우선권이 있는 채권은 그 순위에 따라 기재하고, 우선권이 없는 채권은 제446조의 규정에 의하여 다른 채권보다 후순위인 것을 구분하여 기재하여야 한다.
제508조【배당표의 제출】 파산관재인은 이해관계인의 열람을 위하여 배당표를 법원에 제출하여야 한다.
제509조【배당액의 공고】 파산관재인은 배당에 참가시킬 채권의 총액과 배당할 수 있는 금액을 공고하여야 한다. 다만, 제513조 및 제527조의 규정에 의하여 배당표를 경정한 때에는 그러하지 아니하다.
제510조【배당중지의 공고】 배당절차의 진행 중에 회생절차개시 또는 간이회생절차개시의 신청으로 법원이 제44조제1항의 규정에 의하여 배당의 중지를 명한 때에는 그 뜻을 공고하여야 한다.(2014.12.30 본조개정)

제511조【배당절차의 속행과 공고】 제44조제1항제1호의 규정에 의하여 배당의 중지를 명한 경우 다음 각 호의 어느 하나에 해당하는 결정이 확정된 때에는 법원은 배당절차를 속행하고 그 뜻을 공고하여야 한다.

1. 회생절차개시신청 또는 간이회생절차개시신청의 기각 (2014.12.30 본호개정)
2. 회생절차 또는 간이회생절차의 폐지(제293조의5제3항에 따른 간이회생절차폐지의 결정 시 회생절차가 속행된 경우는 제외한다)(2014.12.30 본호개정)
3. 회생계획불인가

제512조【이의있는 채권자 및 별제권자의 배당제외】 ① 이의있는 채권에 관하여는 채권자가 배당공고가 있은 날부터 기산하여 14일 이내에 파산관재인에 대하여 채권조사확정재판을 신청하거나 제463조제1항의 소송을 제기하거나 소송을 수계한 것을 증명하지 아니한 때에는 그 배당으로부터 제외된다.

② 별제권자가 제1항의 규정에 의한 배당제외기간 안에 파산관재인에 대하여 그 권리의 목적의 처분에 착수한 것을 증명하고, 그 처분에 의하여 변제를 받을 수 없는 채권액을 소명하지 아니한 때에는 배당에서 제외된다.

제513조【배당표의 경정】 다음 각 호의 어느 하나에 해당하는 때에는 파산관재인은 즉시 배당표를 경정하여야 한다.

1. 파산채권자표를 경정하여야 하는 사유가 배당제외기간 안에 생긴 때
2. 제512조의 규정에 의한 증명 또는 소명이 있는 때
3. 별제권자가 배당제외기간 안에 파산관재인에 대하여 그 권리포기의 의사를 표시하거나 그 권리의 행사에 의하여 변제를 받을 수 없었던 채권액을 증명한 때

제514조【배당표에 대한 이의】 ① 채권자는 배당표에 대하여 배당제외기간 경과 후 7일 이내에 한하여 법원에 이의를 신청할 수 있다.

② 법원은 배당표의 경정을 명한 때에는 이해관계인이 열람할 수 있도록 그 결정서를 법원에 비치하여야 한다. 이 경우 항고기간은 결정서를 법원에 비치한 날부터 기산한다.

③ 제1항의 신청에 대한 법원의 결정에 대하여는 즉시항고를 할 수 있다. 이 경우 법원이 배당표의 경정을 명한 때의 항고기간은 결정서를 비치한 날부터 기산한다.

제515조【배당률의 결정통지】 ① 파산관재인은 제514조제1항의 규정에 의한 기간이 경과한 후에 이의의 신청이 있는 때에는 이에 대한 결정이 있은 후 지체 없이 배당률을 정하여 배당에 참가시킬 각 채권자에게 통지하여야 한다.

② 배당률을 정하는 때에는 법원의 허가를 받아야 한다. 다만, 감사위원이 있는 때에는 감사위원의 동의를 얻어야 한다.

제516조【해제조건부채권자의 배당】 해제조건부채권을 가진 자는 상당한 담보를 제공하지 아니하면 배당을 받을 수 없다.

제517조【배당방법】 ① 파산채권자는 파산관재인이 그 직무를 행하는 장소에서 배당을 받아야 한다. 다만, 파산관재인과 파산채권자 사이에 별도의 합의가 있는 경우에는 그러하지 아니하다.

② 파산관재인은 배당을 한 때에는 파산채권자표 및 채권의 증서에 배당한 금액을 기입하고 기명날인하여야 한다.

제518조【종전의 배당에서 제외된 자의 우선배당】 제512조의 규정에 의한 증명 또는 소명을 하지 아니하여 배당에서 제외된 채권자가 그 후의 배당에 관한 배당제외기간 안에 그 증명 또는 소명을 한 때에는 그 전의 배당에서 받을 수 있었을 액에 관하여 동일한 순위의 다른 채권자에 우선하여 배당을 받을 수 있다.

제519조【배당액의 임치】 파산관재인은 다음 각 호의 어느 하나에 해당하는 채권에 대한 배당액을 임치하여야 한다.

1. 제462조 내지 제464조 또는 제466조의 규정에 의하여 이의가 있는 채권에 관하여 채권조사확정재판의 신청, 소의 제기 또는 소송의 수계가 있는 경우
2. 배당률의 통지를 발송하기 전에 행정심판 또는 소송 그 밖의 불복절차가 종결되지 아니한 채권
3. 제512조제2항의 규정에 의하여 별제권자가 소명한 채권액
4. 정지조건부채권과 장래의 청구권
5. 제516조의 규정에 의하여 담보를 제공하지 아니한 해제조건부채권

제520조【최후배당의 허가】 파산관재인이 최후의 배당을 하는 경우에는 감사위원의 동의가 있는 때에도 법원의 허가를 받아야 한다.

제521조【최후배당의 배당제외기간】 최후의 배당에 관한 배당제외기간은 배당의 공고가 있은 날부터 14일 이상 30일 이내에서 법원이 정한다.

제522조【최후배당액의 결정 및 통지】 최후배당에서 파산관재인은 배당표에 대한 이의가 종결된 후 지체 없이 각 채권자에 대한 배당액을 정하여 그 통지를 하여야 한다.

제523조【정지조건부채권자의 제외】 정지조건부채권 또는 장래의 청구권이 최후의 배당에 관한 배당제외기간 안에 이를 행사할 수 있게 되지 못한 때에는 그 채권자는 배당에서 제외된다.

제524조【해제조건부채권자에 대한 지급】 해제조건부채권의 조건이 최후의 배당에 관한 배당제외기간 안에 성취되지 못한 때에는 제516조의 규정에 의하여 제공한 담보는 그 효력을 상실하고, 제519조제5호의 규정에 의하여 임치한 금액은 이를 그 채권자에게 지급하여야 한다. 제419조의 규정에 의하여 제공한 담보나 임치한 금액의 경우에도 또한 같다.

제525조【별제권자의 제외】 별제권자가 최후의 배당에 관한 배당제외기간 안에 파산관재인에 대하여 그 권리포기의 의사를 표시하지 아니하거나 그 권리의 행사에 의하여 변제를 받을 수 없었던 채권액을 증명하지 아니한 때에는 배당에서 제외된다.

제526조【임치금의 배당】 제523조 또는 제525조의 규정에 의하여 배당에서 제외된 채권자를 위하여 임치한 금액은 이를 다른 채권자에게 배당하여야 한다. 제418조의 규정에 의하여 임치한 금액의 경우에도 또한 같다.

제527조【새로운 재산이 있게 된 때의 배당표의 경정】 배당액의 통지를 발송하기 전에 새로 배당에 충당할 재산이 있게 된 때에는 파산관재인은 지체 없이 배당표를 경정하여야 한다.

제528조【배당액의 공탁】 파산관재인은 채권자를 위하여 다음 각 호의 배당액을 공탁하여야 한다.

1. 제519조제1호 또는 제2호의 규정에 의하여 임치한 배당액
2. 배당액의 통지를 발송하기 전에 행정심판 또는 소송 그 밖의 불복절차가 종결되지 아니한 채권에 대한 배당액
3. 채권자가 수령하지 아니한 배당액

제529조【계산보고의 채권자집회】 계산보고를 위하여 소집한 채권자집회에서는 파산관재인이 가치 없다고 인정하여 환가하지 아니한 재산의 처분에 관한 결의를 하여야 한다.

제530조【파산종결의 결정 및 공고】 채권자집회가 종결된 때에는 법원은 파산종결의 결정을 하고 그 주문 및 이유의 요지를 공고하여야 한다.

제531조【추가배당의 공고 및 배당액의 통지】 ① 배당액의 통지를 한 후에 새로 배당에 충당할 재산이 있게 된 때에는 파산관재인은 법원의 허가를 받아 추가배당을 하여야 한다. 파산종결의 결정이 있은 후에 새로 배당에 충당할 재산이 있게 된 때에도 또한 같다.

② 파산관재인이 추가배당의 허가를 받은 때에는 지체 없이 배당할 수 있는 금액을 공고하고 각 채권자에 대한 배당액을 정하여 통지하여야 한다.

제532조【추가배당의 기준】 추가배당은 최후의 배당에 관하여 작성한 배당표에 의하여 한다.

제533조【계산보고서】 ① 파산관재인이 추가배당을 한 때에는 지체 없이 계산보고서를 작성하여 법원의 인가를 받아야 한다.

② 제1항의 규정에 의한 인가결정에 대하여는 즉시항고를 할 수 있다.
제534조【파산관재인이 알고 있지 아니한 재단채권자】 배당률 또는 배당액의 통지를 하기 전에 파산관재인이 알고 있지 아니한 재단채권자는 각 배당에서 배당할 금액으로써 변제를 받을 수 없다.
제535조【확정채권에 관한 파산채권자표 기재의 파산선고를 받은 채무자에 대한 효력】 ① 확정채권에 대하여 채무자가 채권조사의 기일에 이의를 진술하지 아니한 때에는 파산채권자표의 기재는 파산선고를 받은 채무자에 대하여 확정판결과 동일한 효력을 가진다.
② 채권자는 파산종결 후에 파산채권자표의 기재에 의하여 강제집행을 할 수 있다. 이 경우 「민사집행법」 제2조(집행실시자) 내지 제18조(집행비용의 예납 등), 제20조(공공기관의 원조) 및 제28조(집행력있는 정본) 내지 제55조(외국에서 할 집행)의 규정을 준용한다.
제536조【원상회복의 신청】 ① 채무자가 그 책임 없는 사유로 인하여 채권조사의 기일에 출석하지 못한 때에는 그 사유가 없어진 날부터 7일 이내에 한하여 이의를 추후 보완하기 위하여 파산계속법원에 원상회복의 신청을 할 수 있다. (2016.12.27 본항개정)
② 법원은 직권으로 채무자의 이의가 있는 채권의 채권자에게 원상회복의 신청서를 송달하여야 한다.
③ 법원이 원상회복을 허가한 때에는 채무자가 채권조사기일에 이의를 진술한 것과 동일한 효력이 생긴다. 이 경우 법원사무관등은 파산채권자표에 이의의 기재를 하여야 한다.
④ 제1항의 규정에 의한 원상회복신청에 관한 재판에 대하여는 즉시항고를 할 수 있다.
제537조【상속재산의 잔여재산】 상속재산에 대하여 파산선고가 있는 때에는 최후의 배당으로부터 제외된 상속채권자와 유증을 받은 자는 잔여재산에 관하여 그 권리를 행사할 수 있다.

제6장 파산폐지

제538조【동의에 의한 파산폐지의 신청】 ① 법원은 다음 각 호의 어느 하나에 해당하는 때에는 채무자의 신청에 의하여 파산폐지의 결정을 할 수 있다.
1. 채무자가 제447조의 규정에 의한 채권신고기간 안에 신고한 파산채권자 전원의 동의를 얻은 때
2. 채무자가 제1호의 동의를 얻지 못한 경우에는 동의를 하지 아니한 파산채권자에 대하여 다른 파산채권자의 동의를 얻어 파산재단으로부터 담보를 제공한 때

② 미확정채권에 관하여 그 채권자의 동의가 필요한지 여부는 법원이 정한다. 파산채권자에게 제공하는 담보가 상당한지 여부도 또한 같다.
③ 제1항의 규정에 의한 재판에 대하여는 즉시항고를 할 수 있다.
제539조【법인 등의 파산폐지신청】 ① 법인의 파산폐지신청은 이사 전원의 합의가 있어야 한다.
② 상속재산의 파산폐지신청은 상속인이 한다. 이 경우 상속인이 여럿인 때에는 전원의 합의가 있어야 한다.
제540조【파산폐지신청과 법인의 존속】 파산선고를 받은 법인이 파산폐지신청을 하고자 하는 때에는 사단법인은 정관의 변경에 관한 규정에 따라, 재단법인은 주무관청의 허가를 받아 법인을 존속시키는 절차를 밟아야 한다.
제541조【입증서면의 제출】 파산폐지신청을 하는 때에는 신청요건이 구비되었음을 증명할 수 있는 서면을 제출하여야 한다.
제542조【파산폐지신청의 공고 및 서류비치】 법원은 파산폐지신청이 있다는 뜻을 공고하고, 이해관계인이 열람할 수 있도록 신청에 관한 서류를 법원에 비치하여야 한다.
제543조【채권자의 이의신청】 ① 파산채권자는 제542조의 규정에 의한 공고가 있은 날부터 14일 이내에 파산폐지신청에 관하여 법원에 이의를 신청할 수 있다.
② 제1항의 규정에 의한 기간이 경과하기 전에 신고한 파산채권자도 이의를 신청할 수 있다.
제544조【관계인의 의견청취】 법원은 제543조제1항의 규정에 의한 기간이 경과한 후 파산폐지결정에 필요한 요건의 구비 여부에 관하여 채무자 및 파산관재인과 이의를 신청한 파산채권자의 의견을 들어야 한다.
제545조【비용부족으로 인한 파산폐지】 ① 법원은 파산선고 후에 파산재단으로써 파산절차의 비용을 충당하기에 부족하다고 인정되는 때에는 파산관재인의 신청에 의하거나 직권으로 파산폐지결정을 하여야 한다. 이 경우 법원은 채권자집회의 의견을 들어야 한다.
② 제1항의 규정은 파산절차비용을 충당하기에 충분한 금액이 미리 납부되어 있는 때에는 적용하지 아니한다.
③ 제1항의 규정에 의한 재판에 대하여는 즉시항고를 할 수 있다.
제546조【파산폐지결정의 공고】 법원은 파산폐지결정을 한 때에는 그 주문 및 이유의 요지를 공고하여야 한다.
제547조【재단채권의 변제 및 공탁】 파산폐지결정이 확정된 때에는 파산관재인은 재단채권의 변제를 하여야 하며, 이의가 있는 것에 관하여는 채권자를 위하여 공탁을 하여야 한다.
제548조【준용규정】 ① 제535조의 규정은 파산폐지의 결정이 확정된 경우에 관하여 준용한다.
② 제567조의 규정은 법인인 채무자가 파산종결 또는 파산폐지의 결정으로 소멸하는 경우에 관하여 준용한다.

제7장 간이파산

제549조【간이파산의 요건】 ① 파산재단에 속하는 재산액이 5억원 미만이라고 인정되는 때에는 법원은 파산선고와 동시에 간이파산의 결정을 하여야 한다.
② 제1항의 경우 법원은 제313조제1항 각 호의 사항 외에 간이파산결정의 주문을 공고하고, 같은 조 제2항의 규정에 의한 서면에 이를 기재하여야 한다.
제550조【파산절차 중의 간이파산결정】 ① 파산절차 중 파산재단에 속하는 재산액이 5억원 미만임이 발견된 때에는 법원은 이해관계인의 신청에 의하거나 직권으로 간이파산의 결정을 할 수 있다.
② 제1항의 규정에 의하여 간이파산의 결정을 한 때에는 법원은 결정의 주문을 공고하고 파산관재인 및 감사위원과 알고 있는 채권자 및 채무자에게 그 결정의 주문을 기재한 서면을 송달하여야 한다.
제551조【간이파산의 취소】 간이파산절차 중 파산재단에 속하는 재산액이 5억원 이상임이 발견된 때에는 법원은 이해관계인의 신청에 의하거나 직권으로 간이파산취소의 결정을 할 수 있다. 이 경우 제550조제2항의 규정을 준용한다.
제552조【채권자집회의 기일과 채권조사기일의 병합】 간이파산절차의 경우 제1회 채권자집회의 기일과 채권조사의 기일은 부득이한 사유가 있는 때를 제외하고는 이를 병합하여야 한다.
제553조【감사위원의 불설치】 간이파산의 경우에는 감사위원을 두지 아니한다.
제554조【채권자집회의 결의에 갈음하는 결정】 간이파산절차의 경우 제1회 채권자집회의 결의와 채권조사 및 계산보고를 위한 채권자집회의 결의를 제외하고는 법원의 결정으로 채권자집회의 결의에 갈음한다.
제555조【1회 배당】 간이파산절차의 경우 배당은 1회로 하며, 최후의 배당에 관한 규정에 의한다. 다만, 추가배당을 할 수 있다.

제8장 면책 및 복권

제1절 면 책

제556조【면책신청】 ① 개인인 채무자는 파산신청일부터 파산선고가 확정된 날 이후 1월 이내에 법원에 면책신청을 할 수 있다.
② 채무자가 그 책임 없는 사유로 인하여 제1항의 규정에 의한 면책신청을 하지 못한 때에는 그 사유가 종료된 후 30일 이내에 한하여 면책신청을 할 수 있다.
③ 채무자가 파산신청을 한 경우에는 채무자가 반대의 의사표시를 한 경우를 제외하고, 당해 신청과 동시에 면책신청을 한 것으로 본다.
④ 면책신청을 하는 때에는 제538조의 규정에 의한 파산폐지의 신청을 할 수 없다.
⑤ 제538조의 규정에 의한 파산폐지의 신청을 한 때에는 그 기각의 결정이 확정된 후가 아니면 면책신청을 할 수 없다.
⑥ 면책의 신청에는 채권자목록을 첨부하여야 한다. 다만, 신청과 동시에 제출할 수 없는 때에는 그 사유를 소명하고 그 후에 지체 없이 이를 제출하여야 한다.
⑦ 제3항의 규정에 의하여 면책신청을 한 것으로 보는 경우에는 제302조제2항제1호의 규정에 의하여 제출한 채권자목록은 제6항의 채권자목록으로 본다.

제557조【강제집행의 정지】 ① 면책신청이 있고, 파산폐지결정의 확정 또는 파산종결결정이 있는 때에는 면책신청에 관한 재판이 확정될 때까지 채무자의 재산에 대하여 파산채권에 기한 강제집행·가압류 또는 가처분을 할 수 없고, 채무자의 재산에 대하여 파산선고 전에 이미 행하여지고 있던 강제집행·가압류 또는 가처분은 중지된다.
② 면책결정이 확정된 때에는 제1항의 규정에 의하여 중지한 절차는 그 효력을 잃는다.

제558조【채무자의 심문】 ① 면책을 신청한 자에 대하여 파산선고가 있는 때에는 법원은 기일을 정하여 채무자를 심문할 수 있다.
② 법원은 제1항의 규정에 의한 기일을 정하는 결정을 한 때에는 이를 공고하고, 파산관재인과 면책의 효력을 받을 파산채권자로서 법원이 알고 있는 파산채권자에게 송달하여야 한다.
③ 제2항의 규정은 제1항의 규정에 의한 기일의 변경과 심문의 연기 및 속행에 관하여 준용한다.
④ 제457조 단서의 규정은 제2항 및 제3항의 규정에 의한 결정에 관하여 준용한다.
⑤ 제1항의 규정에 의한 기일은 채권자집회 또는 채권조사의 기일과 병합할 수 있다.

제559조【면책신청의 기각사유】 ① 법원은 다음 각 호의 어느 하나에 해당하는 때에는 면책신청을 기각할 수 있다.
1. 채무자가 신청권자의 자격을 갖추지 아니한 때
2. 채무자에 대한 파산절차의 신청이 기각된 때
3. 채무자가 절차의 비용을 예납하지 아니한 때
4. 그 밖에 신청이 성실하지 아니한 때

② 제1항의 규정에 의하여 면책신청이 기각된 채무자는 동일한 파산에 관하여 다시 면책신청을 할 수 없다.
③ 제1항의 결정에 대하여는 즉시항고를 할 수 있다.

제560조【파산관재인의 조사보고】 법원은 파산관재인으로 하여금 면책불허가사유의 유무를 조사하게 하고, 제558조의 규정에 의한 심문기일에 그 결과를 보고하게 할 수 있다.

제561조【면책신청에 관한 서류 등의 비치】 법원은 이해관계인이 열람할 수 있도록 다음 각 호의 서류를 법원에 비치하여야 한다.
1. 면책신청에 관한 서류
2. 제560조의 규정에 의한 파산관재인의 보고서류

제562조【면책신청에 대한 이의】 ① 검사·파산관재인 또는 면책의 효력을 받을 파산채권자는 제558조의 규정에 의한 심문기일부터 30일(심문기일을 정하지 않은 경우에는 법원이 정하는 날) 이내에 면책신청에 관하여 법원에 이의를 신청할 수 있다. 다만, 법원은 상당한 이유가 있는 때에는 신청에 의하여 그 기간을 늘일 수 있다.
② 제1항의 규정에 의한 이의신청을 하는 때에는 제564조제1항 각 호의 면책불허가사유를 소명하여야 한다.

제563조【이의신청에 관한 의견청취】 법원은 제562조제1항의 규정에 의하여 이의신청이 있는 때에는 채무자 및 이의신청인의 의견을 들어야 한다.

제564조【면책허가】 ① 법원은 다음 각 호의 어느 하나에 해당하는 때를 제외하고는 면책을 허가하여야 한다.
1. 채무자가 제650조·제651조·제656조 또는 제658조의 죄에 해당하는 행위가 있다고 인정하는 때(2024.12.20 본호개정)
2. 채무자가 파산선고 전 1년 이내에 파산의 원인인 사실이 있음에도 불구하고 그 사실이 없는 것으로 믿게 하기 위하여 그 사실을 속이거나 감추고 신용거래로 재산을 취득한 사실이 있는 때
3. 채무자가 허위의 채권자목록 그 밖의 신청서류를 제출하거나 법원에 대하여 그 재산상태에 관하여 허위의 진술을 한 때
4. 채무자가 면책의 신청 전에 이 조에 의하여 면책을 받은 경우에는 면책허가결정의 확정일부터 7년이 경과되지 아니한 때, 제624조에 의하여 면책을 받은 경우에는 면책확정일부터 5년이 경과되지 아니한 때
5. 채무자가 이 법에 정하는 채무자의 의무를 위반한 때
5의2. 채무자가 제319조 또는 제322조에 따른 구인의 명을 받고 그 사실을 알면서도 정당한 사유 없이 출석하지 아니한 때(2024.12.20 본호신설)
6. 채무자가 과다한 낭비·도박 그 밖의 사행행위를 하여 현저히 재산을 감소시키거나 과대한 채무를 부담한 사실이 있는 때

② 법원은 제1항 각 호의 면책불허가사유가 있는 경우라도 파산에 이르게 된 경위, 그 밖의 사정을 고려하여 상당하다고 인정되는 경우에는 면책을 허가할 수 있다.
③ 법원은 면책허가결정을 한 때에는 그 주문과 이유의 요지를 공고하여야 한다. 이 경우 송달은 하지 아니할 수 있다.
④ 면책 여부에 관한 결정에 대하여는 즉시항고를 할 수 있다.

판례 파산면책제도의 목적과 다른 도산절차와의 관계, 채무자 회생 및 파산에 관한 법률 제309조 제2항의 입법 연혁과 조문 체계 등에 비추어 보면, 채무자가 개인인 경우 '파산신청이 파산절차의 남용에 해당한다'는 것은, 채무자가 현재는 지급불능 상태이지만 계속적으로 또는 반복하여 일정한 소득을 얻고 있고 이러한 소득에서 필수적으로 지출하여야 하는 생계비, 조세 등을 공제한 가용소득으로 채무의 상당 부분을 계속적으로 변제할 수 있기 때문에, 회생절차·개인회생절차 등을 통하여 충분히 회생을 도모할 수 있다고 인정되는 경우를 주로 의미한다. 따라서 채무자가 회생절차·개인회생절차를 신청한다면 그 절차를 통하여 충분히 회생을 도모할 수 있는 상태에 있는지 여부를 전혀 심리하여 보지도 아니한 상태에서 채무자에게 장래 소득이 예상된다는 사정만에 터잡아 함부로 채무자의 파산신청이 파산절차의 남용에 해당한다고 단정하여서는 아니 된다.
(대결 2009.5.28, 2008마1904,1905)

제565조【면책결정의 효력발생시기】 면책결정은 확정된 후가 아니면 그 효력이 생기지 아니한다.

제566조【면책의 효력】 면책을 받은 채무자는 파산절차에 의한 배당을 제외하고는 파산채권자에 대한 채무의 전부에 관하여 그 책임이 면제된다. 다만, 다음 각 호의 청구권에 대하여는 책임이 면제되지 아니한다.
1. 조세
2. 벌금·과료·형사소송비용·추징금 및 과태료
3. 채무자가 고의로 가한 불법행위로 인한 손해배상
4. 채무자가 중대한 과실로 타인의 생명 또는 신체를 침해한 불법행위로 인하여 발생한 손해배상

5. 채무자의 근로자의 임금·퇴직금 및 재해보상금
6. 채무자의 근로자의 임치금 및 신원보증금
7. 채무자가 악의로 채권자목록에 기재하지 아니한 청구권. 다만, 채권자가 파산선고가 있음을 안 때에는 그러하지 아니하다.
8. 채무자가 양육자 또는 부양의무자로서 부담하여야 하는 비용
9. (2021.12.28 삭제)

판례 A가 고가도로 1차로를 주행하던 중 차로에 다른 차량이 진입하는 것을 발견하고 충돌을 피하려다가 중앙선을 침범하여 맞은편에서 진행하는 피해차량을 충격하였다. 위 사고로 인하여 피해차량에 타고 있던 3명 중 1명은 사망하였고, 2명은 중상을 입었다. 이에 보험회사 B는 피해자들에게 보상금을 지급한 후 A를 상대로 피해자들의 손해배상청구권을 대위행사하는 소를 제기하여 청구를 인용하는 판결이 선고·확정되었는데, 이후 A가 파산 및 면책을 신청하여 면책결정이 확정되었다. 이때 B 회사의 위 판결에 따른 채권 역시 면책되었는지 여부가 문제가 된다. 이 사건에서 A가 중앙선 침범 사고를 일으킨 것은 사실이나 그와 같은 사정만으로 곧바로 A에게 중대한 과실이 존재한다고 단정하여서는 안 된다. A가 다른 사고의 발생을 피하려는 과정에서 중앙선을 침범하게 된 것으로 보이는 점, 사고 당시 제한속도를 현저히 초과하여 주행하지 않았고, 그 밖에 다른 주의의무를 위반하였다고 볼 만한 사정을 찾기 어려운 점, 피해자들 중 1명이 사망하였고, 2명이 중상을 입었다는 사정은 '타인의 생명 또는 신체 침해의 중한 정도'에 관한 것으로서, 채무자에게 중대한 과실이 있는지를 판단하는 직접적인 기준이 될 수 없는 점에 비추어 A가 약간의 주의만으로도 쉽게 피해자들의 생명 또는 신체 침해의 결과를 회피할 수 있는 경우임에도 주의의무를 현저히 위반하여 사고를 일으켰다고 보기 어렵다.(대판 2024.5.17, 2023다308270)

판례 파산채권자에 대한 채무자의 책임을 면제하는 '채무자 회생 및 파산에 관한 법률' 제566조 본문은 채권자인 청구인의 재산권이나 평등권을 침해하지 아니하여 헌법에 위반되지 않는다.
(헌재결 2013.3.21, 2012헌마569)

판례 채무자 회생 및 파산에 관한 법률 제566조 제7호에서 말하는 '채무자가 악의로 채권자목록에 기재하지 아니한 청구권'이라고 함은 채무자가 면책결정 이전에 파산채권자에 대한 채무의 존재 사실을 알면서도 이를 채권자목록에 기재하지 않은 경우를 뜻하므로, 채무자가 채무의 존재 사실을 알지 못한 때에는 비록 그와 같이 알지 못한 데에 과실이 있더라도 위 법조항에 정한 비면책채권에 해당하지 아니하지만, 이와 달리 채무자가 채무의 존재를 알고 있었다면 과실로 채권자목록에 이를 기재하지 못하였다고 하더라도 위 법조항에서 정하는 비면책채권에 해당한다. 이와 같이 채권자목록에 기재하지 아니한 청구권을 면책대상에서 제외한 이유는, 채권자목록에 기재되지 아니한 채권자가 있을 경우 그 채권자로서는 면책절차 내에서 면책신청에 대한 이의 등을 신청할 기회를 박탈당하게 될 뿐만 아니라 그에 따라 위 법 제564조에서 정한 면책불허가사유에 대한 객관적 검증도 없이 면책이 허가, 확정되면 원칙적으로 채무자가 채무를 변제할 책임에서 벗어나게 되므로, 위와 같은 절차 참여의 기회를 갖지 못한 채 불이익을 받게 되는 채권자를 보호하기 위한 것이다. 따라서 사실과 맞지 아니하는 채권자목록의 작성에 관한 채무자의 악의 여부는 위에서 본 위 법 제566조 제7호의 규정 취지를 충분히 감안하여, 누락된 채권의 내역과 채무자와의 견련성, 그 채권자와 채무자의 관계, 누락의 경위에 관한 채무자의 소명과 객관적 자료와의 부합 여부 등 여러 사정을 종합하여 판단하여야 하고, 단순히 채무자가 제출한 자료만으로는 면책불허가 사유가 보이지 않는다는 등의 점만을 들어 채무자의 선의를 쉽게 인정하여서는 아니 된다.
(대판 2010.10.14, 2010다49083)

판례 '채무자가 중대한 과실로 타인의 생명 또는 신체를 침해한 불법행위로 인하여 발생한 손해배상'을 비면책채권의 하나로 규정한 채무자 회생 및 파산에 관한 법률 제566조 제4호에서 규정하는 '중대한 과실'이란, 채무자가 어떠한 행위를 함에 있어서 조금만 주의를 기울였다면 생명 또는 신체 침해의 결과가 발생하리라는 것을 쉽게 예견할 수 있음에도 그러한 행위를 만연히 계속하거나 조금만 주의를 기울여 어떠한 행위를 하였더라면 생명 또는 신체 침해의 결과를 쉽게 회피할 수 있음에도 그러한 행위를 하지 않는 등 일반인에게 요구되는 주의의무에 현저히 위반하는 것을 말한다.
(대판 2010.5.13, 2010다3353)

제567조【보증인 등에 대한 효과】 면책은 파산채권자가 채무자의 보증인 그 밖에 채무자와 더불어 채무를 부담하는 자에 대하여 가지는 권리와 파산채권자를 위하여 제공한 담보에 영향을 미치지 아니한다.

제568조【면책결정의 기재】 법원사무관등은 면책의 결정이 확정되면 파산채권자표가 있는 경우에는 파산채권자표에 면책의 결정이 확정된 뜻을 기재하여야 한다.

제569조【면책의 취소】 ① 채무자가 제650조의 규정에 의한 사기파산으로 유죄의 확정판결을 받은 때에는 법원은 파산채권자의 신청에 의하거나 직권으로 면책취소의 결정을 할 수 있다. 채무자가 부정한 방법으로 면책을 받은 경우 파산채권자가 면책 후 1년 이내에 면책의 취소를 신청한 때에도 또한 같다.
② 제1항의 결정에 대하여는 즉시항고를 할 수 있다.

제570조【면책취소에 관한 의견청취】 법원은 면책취소의 재판을 하기 전에 채무자 및 신청인의 의견을 들어야 한다.

제571조【면책취소결정의 효력발생시기】 면책취소의 결정은 확정된 후부터 그 효력이 발생한다.

제572조【신채권자의 우선권】 면책의 취소가 있은 때에는 면책 후 취소에 이르기까지의 사이에 생긴 원인으로 인하여 채권을 가지게 된 자는 다른 채권자에 우선하여 변제를 받을 권리를 가진다.

제573조【면책취소결정의 기재】 법원사무관등은 면책취소의 결정이 확정되면 파산채권자표가 있는 경우에는 파산채권자표에 면책취소의 결정이 확정된 뜻을 기재하여야 한다.

제2절 복 권

제574조【당연복권】 ① 파산선고를 받은 채무자는 다음 각 호의 어느 하나에 해당하는 경우에는 복권된다.
1. 면책의 결정이 확정된 때
2. 제538조의 규정에 의한 신청에 기한 파산폐지의 결정이 확정된 때
3. 파산선고를 받은 채무자가 파산선고 후 제650조의 규정에 의한 사기파산으로 유죄의 확정판결을 받음이 없이 10년이 경과한 때

② 면책취소의 결정이 확정된 때에는 제1항제1호의 규정에 의한 복권은 장래에 향하여 그 효력을 잃는다.

제575조【신청에 의한 복권】 ① 제574조의 규정에 의하여 복권될 수 없는 파산선고를 받은 채무자가 변제 그 밖의 방법으로 파산채권자에 대한 채무의 전부에 관하여 그 책임을 면한 때에는 파산계속법원은 파산선고를 받은 채무자의 신청에 의하여 복권의 결정을 하여야 한다.(2016.12.27 본항개정)
② 파산선고를 받은 채무자는 제1항의 규정에 의하여 복권의 신청을 하는 때에는 그 책임을 면한 사실을 증명할 수 있는 서면을 제출하여야 한다.
③ 제1항의 결정에 대하여는 즉시항고를 할 수 있다.

제576조【복권신청의 공고 등】 법원은 복권의 신청이 있은 때에는 그 뜻을 공고하고, 이해관계인이 열람할 수 있도록 그 신청에 관한 서류를 법원에 비치하여야 한다.

제577조【복권신청에 관한 이의】 ① 파산채권자는 제576조의 규정에 의한 공고가 있은 날부터 3월 이내에 복권의 신청에 관하여 법원에 이의를 신청할 수 있다.
② 제1항의 규정에 의한 이의신청이 있는 때에는 법원은 파산선고를 받은 채무자와 이의를 신청한 파산채권자의 의견을 들어야 한다.

제578조【복권결정의 효력발생시기】 복권의 결정은 확정된 후부터 그 효력이 발생한다.

제9장 유한책임신탁재산의 파산에 관한 특칙
(2013.5.28 본장신설)

제578조의2【적용범위】 유한책임신탁재산의 파산에 관하여는 이 장에서 달리 정하는 것을 제외하고는 제3편제1장부터 제7장까지의 규정에 따른다.

제578조의3【파산신청권자】 ① 유한책임신탁재산에 대하여 신탁채권자, 수익자, 수탁자, 신탁재산관리인 또는 「신탁법」 제133조에 따른 청산수탁자는 파산신청을 할 수 있다.
② 신탁채권자 또는 수익자가 파산신청을 하는 경우에는 신

탁채권 또는 수익권의 존재와 파산의 원인인 사실을 소명하여야 한다.
③ 수탁자 또는 신탁재산관리인이 여럿 있는 경우 그 전원이 파산신청을 하는 경우가 아닐 때에는 파산의 원인인 사실을 소명하여야 한다.
④ 신탁이 종료된 후 잔여재산의 이전이 종료될 때까지는 신탁재산의 파산을 신청할 수 있다.
제578조의4【파산원인】 ① 유한책임신탁재산으로 지급을 할 수 없는 경우 법원은 신청에 의하여 결정으로 파산을 선고한다.
② 수탁자가 신탁채권자 또는 수익자에 대하여 지급을 정지한 경우에는 유한책임신탁재산으로 지급을 할 수 없는 것으로 추정한다.
③ 유한책임신탁재산으로 신탁채권자 또는 수익자에 대한 채무를 전부 변제할 수 없는 경우 법원은 신청에 의하여 결정으로 파산을 선고할 수 있다.
제578조의5【신탁재산 파산의 통지 등】 ① 유한책임신탁재산에 대하여 파산선고를 한 경우 그 목적인 사업이 행정청의 허가를 받은 사업일 때에는 법원은 파산선고 사실을 주무관청에 통지하여야 한다.
② 유한책임신탁재산에 대한 파산취소 또는 파산폐지의 결정이 확정되거나 파산종결의 결정이 있는 경우 그 목적인 사업이 행정청의 허가를 받은 사업일 때에도 제1항과 같다.
③ 유한책임신탁재산에 대하여 파산선고를 한 경우 등기의 촉탁 등에 관하여는 제23조부터 제27조까지의 규정을 준용한다.
제578조의6【파산선고를 받은 신탁의 수탁자 등의 구인】
① 유한책임신탁재산에 대한 파산선고를 한 경우 법원은 필요하다고 인정할 때에는 다음 각 호의 자를 구인하도록 명할 수 있다.
1. 수탁자 또는 신탁재산관리인
2. 수탁자의 법정대리인
3. 수탁자의 지배인
4. 법인인 수탁자의 이사
② 파산의 신청이 있는 때에는 법원은 파산선고 전이라도 이해관계인의 신청에 의하거나 직권으로 제1항 각 호의 자를 구인하도록 명할 수 있다.
③ 제1항 및 제2항에 따른 구인에 관하여는 제319조제2항 및 제3항을 준용한다.
제578조의7【파산선고를 받은 신탁의 수탁자 등의 설명의무】 ① 유한책임신탁재산에 대한 파산선고를 받은 경우 제578조의6제1항 각 호의 자는 파산관재인 · 감사위원 또는 채권자집회의 요청에 의하여 파산에 관하여 필요한 설명을 하여야 한다.
② 종전에 제578조의6제1항 각 호의 자격을 가졌던 자에 대하여는 제1항을 준용한다.
제578조의8【파산선고 전의 보전처분】 ① 법원은 파산선고 전이라도 이해관계인의 신청에 의하거나 직권으로 유한책임신탁재산에 관하여 가압류, 가처분, 그 밖에 필요한 보전처분을 명할 수 있다.
② 제1항에 따른 법원의 재판에 관하여는 제323조제2항부터 제5항까지의 규정을 준용한다.
③ 유한책임신탁재산에 속하는 권리로서 등기된 것에 대하여 제1항에 따른 보전처분이 있는 경우 그 보전처분의 등기 촉탁에 관하여는 제24조제1항을 준용한다.
제578조의9【수탁자등의 재산에 대한 보전처분】 ① 법원은 유한책임신탁재산에 대하여 파산선고가 있는 경우 필요하다고 인정할 때에는 파산관재인의 신청에 의하거나 직권으로 수탁자, 전수탁자(前受託者), 신탁재산관리인, 검사인 또는 「신탁법」 제133조에 따른 청산수탁자(이하 "수탁자등"이라 한다)의 책임에 기한 손해배상청구권을 보전하기 위하여 수탁자등의 재산에 대한 보전처분을 할 수 있다.
② 제1항에 따른 보전처분에 관하여는 제351조제2항부터 제7항까지의 규정을 준용한다.
③ 제1항에 따른 보전처분이 있는 경우 그 보전처분의 등기 또는 등록의 촉탁에 관하여는 제24조제1항을 준용한다.
제578조의10【수탁자등에 대한 손해배상청구권 등의 조사확정재판】 ① 법원은 유한책임신탁재산에 대하여 파산선고가 있는 경우 필요하다고 인정할 때에는 파산관재인의 신청에 의하거나 직권으로 수탁자등의 책임에 기한 손해배상청구권의 존부와 그 내용을 조사확정하는 재판을 할 수 있다.
② 제1항에 따른 조사확정재판에 관하여는 제352조제2항부터 제9항까지, 제353조 및 제354조를 준용한다.
제578조의11【파산관재인】 유한책임신탁재산에 대하여 파산선고가 있는 경우 다음 각 호의 권한은 파산관재인만이 행사할 수 있다.
1. 「신탁법」 제43조에 따른 원상회복 등의 청구
2. 「신탁법」 제75조제1항에 따른 취소
3. 「신탁법」 제77조에 따른 유지 청구
4. 「신탁법」 제121조에 따른 전보 청구(수익자에 대한 청구만 해당한다)
제578조의12【파산재단】 유한책임신탁재산에 대하여 파산선고가 있는 경우 이에 속하는 모든 재산은 파산재단에 속한다.
제578조의13【유한책임신탁에서의 부인】 유한책임신탁재산에 대하여 파산선고가 있는 경우 제391조부터 제393조까지, 제398조 및 제399조를 적용할 때에는 "채무자"는 "수탁자 또는 신탁재산관리인"으로 본다.
제578조의14【유한책임신탁에서의 환취권】 유한책임신탁재산에 대하여 파산선고가 있는 경우 제407조 및 제410조를 적용할 때에는 제407조 중 "채무자에 속하지 아니하는 재산"은 "신탁재산에 속하지 아니하는 재산"으로 보고, 제410조 중 "채무자"는 "수탁자 또는 신탁재산관리인"으로 본다.
제578조의15【신탁재산 파산 시 파산채권액】 ① 유한책임신탁재산에 대하여 파산선고가 있는 경우 신탁채권자, 수익자 및 수탁자는 다음 각 호의 구분에 따른 금액에 관하여 그 파산재단에 대하여 파산채권자로서 그 권리를 행사할 수 있다.
1. 신탁채권자 및 수익자 : 파산선고 시에 가지는 신탁채권 또는 「신탁법」 제62조에 따른 수익채권의 전액
2. 수탁자 : 신탁재산에 대한 채권의 전액
② 유한책임신탁재산에 대하여 파산선고가 있는 경우 「신탁법」 제118조제1항에 따른 채권을 가지는 자는 그 채권의 전액에 관하여 수탁자의 파산재단에 대하여 파산채권자로서 그 권리를 행사할 수 있다.
제578조의16【신탁재산 파산 시 파산채권의 순위】 ① 유한책임신탁재산에 대하여 파산선고가 있는 경우 신탁채권은 「신탁법」 제62조에 따른 수익채권보다 우선한다.
② 수탁자 또는 신탁재산관리인과 채권자(수익자를 포함한다)가 유한책임신탁재산의 파산절차에서 다른 채권보다 후순위로 하기로 정한 채권은 그 정한 바에 따라 다른 채권보다 후순위로 한다.
제578조의17【파산폐지에 관한 특칙】 유한책임신탁재산의 파산폐지신청은 수탁자 또는 신탁재산관리인이 한다. 이 경우 수탁자 또는 신탁재산관리인이 여럿일 때에는 전원의 합의가 있어야 한다.

제4편 개인회생절차

제1장 통 칙

제579조【용어의 정의】 이 절차에서 사용하는 용어의 정의는 다음과 같다.

1. "개인채무자"라 함은 파산의 원인인 사실이 있거나 그러한 사실이 생길 염려가 있는 자로서 개인회생절차개시의 신청 당시 다음 각 목의 금액 이하의 채무를 부담하는 급여소득자 또는 영업소득자를 말한다.(2020.6.9 본문개정)
가. 유치권·질권·저당권·양도담보권·가등기담보권·「동산·채권 등의 담보에 관한 법률」에 따른 담보권·전세권 또는 우선특권으로 담보된 개인회생채권은 15억원(2021.4.20 본목개정)
나. 가목 외의 개인회생채권은 10억원(2021.4.20 본목개정)
2. "급여소득자"라 함은 급여·연금 그 밖에 이와 유사한 정기적이고 확실한 수입을 얻을 가능성이 있는 개인을 말한다.
3. "영업소득자"라 함은 부동산임대소득·사업소득·농업소득·임업소득 그 밖에 이와 유사한 수입을 장래에 계속적으로 또는 반복하여 얻을 가능성이 있는 개인을 말한다.
4. "가용소득"이라 함은 다음 가목의 금액에서 나목 내지 라목의 금액을 공제한 나머지 금액을 말한다.
가. 채무자가 수령하는 근로소득·연금소득·부동산임대소득·사업소득·농업소득·임업소득, 그 밖에 합리적으로 예상되는 모든 종류의 소득의 합계 금액
나. 소득세·주민세 개인분·개인지방소득세·건강보험료, 그 밖에 이에 준하는 것으로서 대통령령이 정하는 금액(2020.12.29 본목개정)
다. 채무자 및 그 피부양자의 인간다운 생활을 유지하기 위하여 필요한 생계비로서, 「국민기초생활 보장법」 제6조의 규정에 따라 공표된 최저생계비, 채무자 및 그 피부양자의 연령, 피부양자의 수, 거주지역, 물가상황, 그 밖에 필요한 사항을 종합적으로 고려하여 법원이 정하는 금액
라. 채무자가 영업에 종사하는 경우에 그 영업의 경영, 보존 및 계속을 위하여 필요한 비용

제580조【개인회생재단】 ① 다음 각 호의 재산은 개인회생재단에 속한다.
1. 개인회생절차개시결정 당시 채무자가 가진 모든 재산과 채무자가 개인회생절차개시결정 전에 생긴 원인으로 장래에 행사할 청구권
2. 개인회생절차진행 중에 채무자가 취득한 재산 및 소득
② 채무자는 개인회생재단을 관리하고 처분할 권한을 가진다. 다만, 인가된 변제계획에서 다르게 정한 때에는 그러하지 아니하다.
③ 제383조의 규정은 제1항제1호의 개인회생재단에 관하여 준용한다. 이 경우 "파산재단"은 "개인회생재단"으로, "파산선고"는 "개인회생절차개시결정"으로, "파산절차"는 "개인회생절차"로 본다.
④ 제3항의 규정에 의하여 면제되는 재산에 대하여는 개인회생절차의 폐지결정 또는 면책결정이 확정될 때까지 개인회생채권에 기한 강제집행·가압류 또는 가처분을 할 수 없다.

제581조【개인회생채권】 ① 채무자에 대하여 개인회생절차개시결정 전의 원인으로 생긴 재산상의 청구권은 개인회생채권으로 한다.
② 제425조 내지 제433조, 제439조, 제442조 및 제446조의 규정은 개인회생채권에 관하여 준용한다. 이 경우 "파산선고"는 "개인회생절차개시결정"으로, "파산재단"은 "개인회생재단"으로, "파산채권"은 "개인회생채권"으로, "파산채권자"는 "개인회생채권자"로, "파산채권액"은 "개인회생채권액"으로, "파산절차"는 "개인회생절차"로 본다.

제582조【개인회생채권의 변제】 개인회생채권자목록에 기재된 개인회생채권에 관하여는 변제계획에 의하지 아니하고는 변제하거나 변제받는 등 이를 소멸하게 하는 행위(면제를 제외한다)를 하지 못한다.

제583조【개인회생재단채권】 ① 다음 각 호의 청구권은 개인회생재단채권으로 한다.
1. 회생위원의 보수 및 비용의 청구권
2. 「국세징수법」 또는 「지방세징수법」에 의하여 징수할 수 있는 다음 각 목의 청구권. 다만, 개인회생절차개시 당시 아직 납부기한이 도래하지 아니한 것에 한한다.(2016.12.27 본문개정)
가. 원천징수하는 조세
나. 부가가치세·개별소비세·주세 및 교통·에너지·환경세
다. 특별징수의무자가 징수하여 납부하여야 하는 지방세
라. 가목 내지 다목의 규정에 의한 조세의 부과·징수의 예에 따라 부과·징수하는 교육세 및 농어촌특별세
3. 채무자의 근로자의 임금·퇴직금 및 재해보상금
4. 개인회생절차개시결정 전의 원인으로 생긴 채무자의 근로자의 임치금 및 신원보증금의 반환청구권
5. 채무자가 개인회생절차개시신청 후 개시결정 전에 법원의 허가를 받아 행한 자금의 차입, 자재의 구입 그 밖에 채무자의 사업을 계속하는데 불가결한 행위로 인하여 생긴 청구권
6. 제1호 내지 제5호에 규정된 것 외의 것으로서 채무자를 위하여 지출하여야 하는 부득이한 비용
② 제475조 및 제476조의 규정은 개인회생재단채권에 관하여 준용한다. 이 경우 "재단채권"은 "개인회생재단채권"으로, "파산절차"는 "개인회생절차"로, "파산채권"은 "개인회생채권"으로 본다.

제584조【부인권】 ① 제3편제3장제2절(부인권)은 개인회생절차에 관하여 준용한다.
② 부인권은 채무자가 행사한다.
③ 법원은 채권자 또는 회생위원의 신청에 의하거나 직권으로 채무자에게 부인권의 행사를 명할 수 있다.
④ 회생위원은 부인권의 행사에 참가할 수 있다.
⑤ 부인권은 개인회생절차개시결정이 있은 날부터 1년이 경과한 때에는 행사할 수 없다. 제391조 각 호의 행위를 한 날부터 5년이 경과한 때에도 같다.

제585조【환취권】 제407조 내지 제410조의 규정은 개인회생절차에 관하여 준용한다. 이 경우 "파산재단"은 "개인회생재단"으로, "파산선고"는 "개인회생절차개시결정"으로 본다.

제586조【별제권】 제411조 내지 제415조의 규정은 개인회생절차에 관하여 준용한다. 이 경우 "파산재단"은 "개인회생재단"으로, "파산선고"는 "개인회생절차개시결정"으로 본다.

제587조【상계권】 제416조 내지 제422조의 규정은 개인회생절차에 관하여 준용한다. 이 경우 "파산신청"은 "개인회생절차개시신청"으로, "파산재단"은 "개인회생재단"으로, "파산선고"는 "개인회생절차개시결정"으로 본다.

제2장 개인회생절차의 개시

제588조【개인회생절차개시의 신청권자】 개인채무자는 법원에 개인회생절차의 개시를 신청할 수 있다.

제589조【개인회생절차개시신청서】 ① 개인회생절차개시의 신청은 다음 각 호의 사항을 기재한 서면으로 하여야 한다.
1. 채무자의 성명·주민등록번호 및 주소
2. 신청의 취지 및 원인
3. 채무자의 재산 및 채무
② 제1항의 규정에 의한 서면에는 다음 각 호의 서류를 첨부하여야 한다.
1. 개인회생채권자목록(채권자의 성명 및 주소와 채권의 원인 및 금액이 기재된 것을 말한다)
2. 재산목록
3. 채무자의 수입 및 지출에 관한 목록
4. 급여소득자 또는 영업소득자임을 증명하는 자료
5. 진술서
6. 신청일 전 10년 이내에 회생사건·화의사건·파산사건 또는 개인회생사건을 신청한 사실이 있는 때에는 그 관련서류
7. 그 밖에 대법원규칙이 정하는 서류

③ 법원은 제2항 각 호의 서류에 관한 행정정보 중 채무자가 확인에 동의한 행정정보를 「전자정부법」 제36조제1항에 따른 행정정보 공동이용을 통하여 확인할 수 있다.
(2024.2.13 본항신설 : 시행일 부칙 참조)
④ 제3항에 따라 확인된 행정정보가 「민사소송 등에서의 전자문서 이용 등에 관한 법률」 제2조제1호의 전자문서로 같은 조 제2호의 전산정보처리시스템에 등재된 경우에는 채무자가 해당 전자문서를 제출한 것으로 본다.(2024.2.13 본항신설 : 시행일 부칙 참조)

제589조의2【개인회생채권자목록의 수정】 ① 채무자는 개인회생절차개시 결정이 있을 때까지 개인회생채권자목록에 기재된 사항을 수정할 수 있다.
② 제1항에도 불구하고 채무자는 그가 책임을 질 수 없는 사유로 개인회생채권자목록에 누락(漏落)하거나 잘못 기재한 사항을 발견한 경우에는 개인회생절차개시결정 후라도 법원의 허가를 받아 개인회생채권자목록에 기재된 사항을 수정할 수 있다. 다만, 변제계획인가결정이 있은 경우에는 그러하지 아니하다.
③ 채무자가 제2항 본문에 따라 법원에 개인회생채권자목록의 수정허가를 신청하는 경우 지체 없이 법원에 수정사항을 반영한 변제계획안을 제출하여야 한다. 채무자가 수정사항을 반영한 변제계획안을 제출하지 아니하는 경우 법원은 개인회생채권자목록의 수정을 허가하지 아니할 수 있다.
④ 법원은 제2항 본문에 따라 개인회생채권자목록에 기재된 사항이 수정된 경우에는 그 수정된 사항에 관한 이의기간을 정하여 공고하고, 채무자 및 법원이 알고 있는 개인회생채권자에게 이의기간이 기재된 서면과 수정된 개인회생채권자목록을 송달하여야 한다. 다만, 수정으로 불리한 영향을 받는 개인회생채권자가 없는 경우 또는 불리한 영향을 받는 개인회생채권자의 의사에 반하지 아니한다고 볼 만한 정당한 이유가 있는 경우에는 공고나 송달을 하지 아니할 수 있다.
(2014.5.20 본조신설)

제590조【비용의 예납】 개인회생절차개시의 신청을 하는 때에는 절차의 비용으로 대법원규칙이 정하는 금액을 미리 납부하여야 한다.

제591조【계산의 보고 등】 법원 또는 회생위원은 언제든지 채무자에게 금전의 수입과 지출 그 밖에 채무자의 재산상의 업무에 관하여 보고를 요구할 수 있고, 필요하다고 인정하는 경우에는 재산상황의 조사, 시정의 요구 그 밖의 적절한 조치를 취할 수 있다.

제592조【보전처분】 ① 법원은 개인회생절차개시결정 전에 이해관계인의 신청에 의하거나 직권으로 채무자의 재산에 관하여 가압류·가처분 그 밖의 필요한 보전처분을 할 수 있다.
② 법원은 제1항의 규정에 의한 결정을 변경하거나 취소할 수 있다.
③ 제1항 및 제2항의 결정에 대하여는 즉시항고를 할 수 있다.
④ 제3항의 규정에 의한 즉시항고는 집행정지의 효력이 없다.

제593조【중지명령】 ① 법원은 개인회생절차개시의 신청이 있는 경우 필요하다고 인정하는 때에는 이해관계인의 신청에 의하거나 직권으로 개인회생절차의 개시신청에 대한 결정시까지 다음 각 호의 절차 또는 행위의 중지 또는 금지를 명할 수 있다.
1. 채무자에 대한 회생절차 또는 파산절차
2. 개인회생채권에 기하여 채무자의 업무 및 재산에 대하여 한 강제집행·가압류 또는 가처분
3. 채무자의 업무 및 재산에 대한 담보권의 설정 또는 담보권의 실행 등을 위한 경매
4. 개인회생채권을 변제받거나 변제를 요구하는 일체의 행위. 다만, 소송행위를 제외한다.
5. 「국세징수법」 또는 「지방세징수법」에 의한 체납처분, 국세징수의 예(국세 또는 지방세 체납처분의 예를 포함한다. 이하 같다)에 의한 체납처분 또는 조세채무담보를 위하여 제공된 물건의 처분. 이 경우 징수의 권한을 가진 자의 의견을 들어야 한다.(2016.12.27 전단개정)
② 제1항제5호의 규정에 의한 처분의 중지기간 중에는 시효는 진행하지 아니한다.
③ 개인회생절차개시의 신청이 기각되면 제1항의 규정에 의하여 중지된 절차는 속행된다.
④ 법원은 상당한 이유가 있는 때에는 이해관계인의 신청에 의하거나 직권으로 제1항의 규정에 의한 중지 또는 금지명령을 취소하거나 변경할 수 있다. 이 경우 법원은 담보를 제공하게 할 수 있다.
⑤ 제45조 내지 제47조는 개인회생절차에 관하여 준용한다.

제594조【개인회생절차개시신청의 취하】 채무자는 개인회생절차의 개시결정이 있기 전에는 신청을 취하할 수 있다. 다만, 채무자가 제592조의 규정에 의한 보전처분, 제593조의 규정에 의한 중지명령을 받은 후에는 법원의 허가를 받아야 신청을 취하할 수 있다.

제595조【개인회생절차개시신청의 기각사유】 법원은 다음 각 호의 어느 하나에 해당하는 때에는 개인회생절차개시의 신청을 기각할 수 있다.
1. 채무자가 신청권자의 자격을 갖추지 아니한 때
2. 채무자가 제589조제2항 각 호의 어느 하나에 해당하는 서류를 제출하지 아니하거나, 허위로 작성하여 제출하거나 또는 법원이 정한 제출기한을 준수하지 아니한 때
3. 채무자가 절차의 비용을 납부하지 아니한 때
4. 채무자가 변제계획안의 제출기한을 준수하지 아니한 때
5. 채무자가 신청일 전 5년 이내에 면책(파산절차에 의한 면책을 포함한다)을 받은 사실이 있는 때
6. 개인회생절차에 의함이 채권자 일반의 이익에 적합하지 아니한 때
7. 그 밖에 신청이 성실하지 아니하거나 상당한 이유 없이 절차를 지연시키는 때

판례 [1] 개인회생절차개시의 요건을 충족하고 있는지 여부는 개시신청 당시를 기준으로 하여 판단하는 것이 원칙이나, 개시신청에 관한 재판에 대하여 즉시항고가 제기된 경우에는 항고심의 속심적 성격에 비추어 항고심 결정 시를 기준으로 판단하여야 한다.
[2] 법원이 채무자 회생 및 파산에 관한 법률 제595조 제7호에서 정한 '그 밖에 신청이 성실하지 아니한 때'에 해당한다는 이유로 채무자의 개인회생절차 개시신청을 기각하려면 채무자에게 같은 조 제1호 내지 제5호에 준하는 절차적인 잘못이 있거나, 채무자가 개인회생절차의 진행에 따른 효과만을 목적으로 하는 등 부당한 목적으로 개인회생절차 개시신청을 하였다는 사정이 인정되어야 한다.
(대결 2011.6.10, 2011마201)

제596조【개인회생절차의 개시결정】 ① 법원은 신청일부터 1월 이내에 개인회생절차의 개시 여부를 결정하여야 한다.
② 법원은 개인회생절차개시결정과 동시에 다음 각 호의 사항을 정하여야 한다.
1. 개인회생채권에 관한 이의기간(이하 "이의기간"이라 한다). 이 경우 그 기간은 개인회생절차개시결정일부터 2주 이상 2월 이하이어야 한다.
2. 개인회생채권자집회의 기일. 이 경우 그 기일과 이의기간의 말일 사이에는 2주 이상 1월 이하의 기간이 있어야 한다.
③ 법원은 특별한 사정이 있는 때에는 제2항 각 호의 기일을 늦추거나 기간을 늘일 수 있다.
④ 제1항의 규정에 의하여 결정을 하는 때에는 결정서에 결정의 연·월·일·시를 기재하여야 한다.
⑤ 제1항의 규정에 의한 결정은 그 결정시부터 효력이 발생한다.

제597조【개시의 공고와 송달】 ① 법원은 개인회생절차개시결정을 한 때에는 지체 없이 다음 각 호의 사항을 공고하여야 한다.
1. 개인회생절차개시결정의 주문
2. 이의기간
3. 개인회생채권자가 이의기간 안에 자신 또는 다른 개인회생채권자의 채권내용에 관하여 개인회생채권조사확정재판을 신청할 수 있다는 뜻

4. 개인회생채권자집회의 기일
② 법원은 다음 각 호의 자에게 제1항 각 호의 사항을 기재한 서면과 개인회생채권자목록 및 변제계획안을 송달하여야 한다.
1. 채무자
2. 알고 있는 개인회생채권자
3. 개인회생절차가 개시된 채무자의 재산을 소지하고 있거나 그에게 채무를 부담하는 자
③ 제1항 및 제2항의 규정은 제1항제2호 및 제4호의 사항에 변경이 생긴 경우에 준용하며, 제2항의 규정은 변제계획안에 변경이 생긴 경우에 준용한다.
제598조【개인회생절차개시재판에 대한 즉시항고】 ① 개인회생절차개시신청에 관한 재판에 대하여는 즉시항고를 할 수 있다.
② 제592조 및 제593조의 규정은 개인회생절차개시신청을 기각하는 결정에 대하여 제1항의 즉시항고가 있는 경우에 준용한다.
③ 제1항의 규정에 의한 즉시항고는 집행정지의 효력이 없다.
④ 항고법원은 즉시항고의 절차가 법률에 위반되거나 즉시항고가 이유없다고 인정하는 때에는 결정으로 즉시항고를 각하 또는 기각하여야 한다.
⑤ 항고법원은 즉시항고가 이유있다고 인정하는 때에는 원래의 결정을 취소하고 사건을 원심법원에 환송하여야 한다.
제599조【개인회생절차개시결정의 취소】 법원은 개인회생절차개시결정을 취소하는 결정이 확정된 때에는 즉시 그 주문을 공고하고 다음 각 호의 자에게 그 결정의 취지를 송달하여야 한다.
1. 채무자
2. 알고 있는 개인회생채권자
3. 개인회생절차가 개시된 채무자의 재산을 소지하고 있거나 그에게 채무를 부담하는 자
제600조【다른 절차의 중지 등】 ① 개인회생절차개시의 결정이 있는 때에는 다음 각 호의 절차 또는 행위는 중지 또는 금지된다. 다만, 제2호 내지 제4호의 절차 또는 행위는 채권자목록에 기재된 채권에 의한 경우에 한한다.
1. 채무자에 대한 회생절차 또는 파산절차
2. 개인회생채권에 기하여 개인회생재단에 속하는 재산에 대하여 한 강제집행·가압류 또는 가처분
3. 개인회생채권을 변제받거나 변제를 요구하는 일체의 행위. 다만, 소송행위를 제외한다.
4.「국세징수법」 또는 「지방세징수법」에 의한 체납처분, 국세징수의 예(국세 또는 지방세 체납처분의 예를 포함한다. 이하 같다)에 의한 체납처분 또는 조세채무담보를 위하여 제공된 물건의 처분(2016.12.27 본호개정)
② 개인회생절차개시의 결정이 있는 때에는 변제계획의 인가결정일 또는 개인회생절차 폐지결정의 확정일 중 먼저 도래하는 날까지 개인회생재단에 속하는 재산에 대한 담보권의 설정 또는 담보권의 실행 등을 위한 경매는 중지 또는 금지된다.
③ 법원은 상당한 이유가 있는 때에는 이해관계인의 신청에 의하거나 직권으로 제1항 또는 제2항의 규정에 의하여 중지된 절차 또는 처분의 속행 또는 취소를 명할 수 있다. 다만, 처분의 취소의 경우에는 담보를 제공하게 할 수 있다.
④ 제1항 또는 제2항의 규정에 의하여 처분을 할 수 없거나 중지된 기간 중에 시효는 진행하지 아니한다.

제3장 회생위원

제601조【선임 및 해임】 ① 법원은 이해관계인의 신청에 의하거나 직권으로 다음 각 호의 해당하는 자를 회생위원으로 선임할 수 있다.
1. 관리위원회의 관리위원
2. 법원사무관등
3. 변호사·공인회계사 또는 법무사의 자격이 있는 자
4. 법원주사보·검찰주사보 이상의 직에 근무한 경력이 있는 자
5.「은행법」에 의한 은행에서 근무한 경력이 있는 사람으로서 회생위원의 직무수행에 적합한 자(2010.5.17 본호개정)
6. 채무자를 상대로 신용관리교육·상담 및 신용회복을 위한 채무조정업무 등을 수행하는 기관 또는 단체에 근무 중이거나 근무한 경력이 있는 사람으로서 회생위원의 직무수행에 적합한 자
7. 제1호 내지 제6호에 규정된 자에 준하는 자로서 회생위원의 직무수행에 적합한 자
② 법원은 상당한 이유가 있는 때에는 이해관계인의 신청에 의하거나 직권으로 회생위원을 해임할 수 있다.
③ 회생위원은 필요한 때에는 그 직무를 행하기 위하여 자기의 책임으로 1인 이상의 회생위원 대리를 선임할 수 있다.
④ 제3항의 규정에 의한 회생위원 대리의 선임은 법원의 허가를 받아야 한다.
⑤ 회생위원 대리는 회생위원에 갈음하여 재판상 또는 재판외의 모든 행위를 할 수 있다.
제602조【회생위원의 업무】 ① 회생위원은 법원의 감독을 받아 다음 각 호의 업무를 수행한다.
1. 채무자의 재산 및 소득에 대한 조사
2. 부인권 행사명령의 신청 및 그 절차 참가
3. 개인회생채권자집회의 진행
4. 그 밖에 법령 또는 법원이 정하는 업무
② 채무자는 법원의 명령 또는 회생위원의 요청이 있는 경우에는 재산 및 소득, 변제계획 그 밖의 필요한 사항에 관하여 설명을 하여야 한다.

제4장 개인회생채권의 확정

제603조【개인회생채권의 확정】 ① 다음 각 호의 어느 하나에 해당하는 경우에는 개인회생채권자목록의 기재대로 채권이 확정된다.
1. 개인회생채권자목록에 기재된 채권자가 제596조제2항제1호의 규정에 의한 이의기간 안에 개인회생채권조사확정재판을 신청하지 아니한 경우
2. 개인회생채권조사확정재판신청이 각하된 경우
② 법원사무관등은 제1항의 규정에 의하여 채권이 확정된 때에는 다음 각 호의 사항을 기재한 개인회생채권자표를 작성하여야 한다.
1. 채권자의 성명 및 주소
2. 채권의 내용 및 원인
③ 확정된 개인회생채권을 개인회생채권자표에 기재한 경우 그 기재는 개인회생채권자 전원에 대하여 확정판결과 동일한 효력이 있다.
④ 개인회생채권자는 개인회생절차폐지결정이 확정된 때에는 채무자에 대하여 개인회생채권자표에 기하여 강제집행을 할 수 있다.
⑤ 제255조제3항의 규정은 제4항의 경우에 준용한다.
제604조【개인회생채권조사확정재판】 ① 개인회생채권자목록의 내용에 관하여 이의가 있는 개인회생채권자는 제589조의2제4항 또는 제596조제2항제1호에 따른 이의기간 안에 서면으로 이의를 신청할 수 있다. 채무자가 이의내용을 인정하는 때에는 법원의 허가를 받아 개인회생채권자목록을 변경할 수 있다. 이 경우 법원은 조사확정재판신청에 대한 결정을 하지 아니할 수 있다.(2014.5.20 전단개정)
② 개인회생절차개시 당시 이미 소송이 계속 중인 권리에 대하여 이의가 있는 경우에는 별도로 조사확정재판을 신청할 수 없고 이미 계속 중인 소송의 내용을 개인회생채권조사확정의 소로 변경하여야 한다.

③ 제1항의 경우 개인회생채권자가 자신의 개인회생채권의 내용에 관하여 개인회생채권조사확정재판을 신청하는 경우에는 채무자를 상대방으로 하고, 다른 개인회생채권자의 채권내용에 관하여 개인회생채권조사확정재판을 신청하는 경우에는 채무자와 다른 개인회생채권자를 상대방으로 하여야 한다.
④ 개인회생채권조사확정재판을 신청하는 자는 법원이 정하는 절차의 비용을 미리 납부하여야 한다. 법원은 비용을 미리 납부하지 아니하는 때에는 신청을 각하하여야 한다.
⑤ 법원은 이해관계인을 심문한 후 개인회생채권조사확정재판을 하여야 하며, 이 결정에서 이의가 있는 회생채권의 존부 또는 그 내용을 정한다.
⑥ 법원은 제5항의 규정에 의한 결정이 있는 때에는 결정서를 당사자에게 송달하여야 한다.
제605조【개인회생채권조사확정재판에 대한 이의의 소】
① 개인회생채권조사확정재판에 불복하는 자는 결정서의 송달을 받은 날부터 1월 이내에 이의의 소를 제기할 수 있다. 이 경우 이의의 소는 개인회생계속법원(개인회생사건이 계속되어 있는 회생법원을 말한다. 이하 같다)의 관할에 전속한다.(2016.12.27 후단개정)
② 제1항의 소의 변론은 결정서를 송달받은 날부터 1월을 경과한 후가 아니면 개시할 수 없으며, 동일한 채권에 관하여 여러 개의 소가 계속되어 있는 때에는 법원은 변론을 병합할 수 있다.
③ 제1항의 소에 대한 판결은 소를 부적법한 것으로 각하하는 경우를 제외하고는 같은 항의 재판을 인가하거나 변경한다.
제606조【개인회생채권의 확정에 관한 소송결과 등의 기재】 법원사무관 등은 채무자·회생위원 또는 개인회생채권자의 신청에 의하여 다음 각 호의 사항을 기재한 개인회생채권자표를 작성하여야 한다.
1. 개인회생채권조사확정재판의 결과
2. 개인회생채권조사확정재판에 대한 이의의 소의 결과
3. 제1호 및 제2호 외의 개인회생채권의 확정에 관한 소송의 결과
제607조【개인회생채권의 확정에 관한 소송의 판결 등의 효력】 ① 개인회생채권의 확정에 관한 소송에 대한 판결은 개인회생채권자 전원에 대하여 그 효력이 있다.
② 개인회생채권조사확정재판에 대한 이의의 소가 제605조제1항의 규정에 의한 기간 안에 제기되지 아니하거나 각하된 때에는 그 재판은 개인회생채권자 전원에 대하여 확정판결과 동일한 효력이 있다.
제608조【소송비용의 상환】 채무자의 재산이 개인회생채권의 확정에 관한 소송으로 이익을 받은 때에는 소를 제기한 개인회생채권자는 얻은 이익의 한도 안에서 개인회생재단채권자로서 소송비용의 상환을 청구할 수 있다.
제609조【개인회생채권확정소송의 목적의 가액】 개인회생채권의 확정에 관한 소송의 목적의 가액은 변제계획으로 얻을 이익의 예정액을 표준으로 하여 개인회생계속법원이 정한다.(2016.12.27 본조개정)
제609조의2【명의의 변경】 ① 개인회생채권자목록에 기재된 채권을 취득한 자는 채권자 명의변경을 신청할 수 있다.
② 제1항에 따른 명의변경을 하려는 자는 다음 각 호의 사항을 적은 신청서와 개인회생채권의 취득을 증명하는 서류 또는 그 등본이나 초본을 법원에 제출하여야 한다.
1. 채권자 명의를 변경하려는 자 및 대리인의 성명 또는 명칭과 주소
2. 통지 또는 송달을 받을 장소(대한민국 내의 장소로 한정한다), 전화번호, 그 밖의 연락처
3. 취득한 권리와 그 취득의 일시 및 원인
(2014.5.20 본조신설)

제5장 변제계획

제610조【변제계획안의 제출 및 수정】 ① 채무자는 개인회생절차개시의 신청일부터 14일 이내에 변제계획안을 제출하여야 한다. 다만, 법원은 상당한 이유가 있다고 인정하는 때에는 그 기간을 늘일 수 있다.
② 채무자는 변제계획안이 인가되기 전에는 변제계획안을 수정할 수 있다.
③ 법원은 이해관계인의 신청에 의하거나 직권으로 채무자에 대하여 변제계획안을 수정할 것을 명할 수 있다.
④ 제3항의 규정에 의한 수정명령이 있는 때에는 채무자는 법원이 정하는 기한 이내에 변제계획안을 수정하여야 한다.
⑤ 제597조제2항의 규정은 제2항 및 제3항의 규정에 의하여 변제계획안을 수정하는 경우에 이를 준용한다.
제611조【변제계획의 내용】 ① 변제계획에는 다음 각 호의 사항을 정하여야 한다.
1. 채무변제에 제공되는 재산 및 소득에 관한 사항
2. 개인회생재단채권 및 일반의 우선권 있는 개인회생채권의 전액의 변제에 관한 사항
3. 개인회생채권자목록에 기재된 개인회생채권의 전부 또는 일부의 변제에 관한 사항
② 변제계획에는 다음 각 호의 사항을 정할 수 있다.
1. 개인회생채권의 조의 분류
2. 변제계획에서 예상한 액을 넘는 재산의 용도
3. 변제계획인가 후의 개인회생재단에 속하는 재산의 관리 및 처분권의 제한에 관한 사항
4. 그 밖에 채무자의 채무조정을 위하여 필요한 사항
③ 변제계획에서 채권의 조를 분류하는 때에는 같은 조로 분류된 채권을 평등하게 취급하여야 한다. 다만, 불이익을 받는 개인회생채권자의 동의가 있거나 소액의 개인회생채권의 경우에는 그러하지 아니하다.
④ 변제계획은 변제계획인가일부터 1월 이내에 변제를 개시하여 정기적으로 변제하는 내용을 포함하여야 한다. 다만, 법원의 허가를 받은 경우에는 그러하지 아니하다.
⑤ 변제계획에서 정하는 변제기간은 변제개시일부터 3년을 초과하여서는 아니된다. 다만, 제614조제1항제4호의 요건을 충족하기 위하여 필요한 경우 등 특별한 사정이 있는 때에는 변제개시일부터 5년을 초과하지 아니하는 범위에서 변제기간을 정할 수 있다.(2017.12.12 본항개정)
⑥ 법원은 필요한 경우 변제계획의 이행을 위하여 인적·물적 담보를 제공하게 할 수 있다.
제612조【특별한 이익을 주는 행위의 무효】 채무자가 자신 또는 제3자의 명의로 변제계획에 의하지 아니하고 일부 개인회생채권자에게 특별한 이익을 주는 행위는 무효로 한다.
제613조【개인회생채권자집회】 ① 법원은 개인회생채권자집회의 기일과 변제계획의 요지를 채무자·개인회생채권자 및 회생위원에게 통지하여야 한다.
② 채무자는 개인회생채권자집회에 출석하여 개인회생채권자의 요구가 있는 경우 변제계획에 관하여 필요한 설명을 하여야 한다.
③ 개인회생채권자집회는 법원이 지휘한다.
④ 회생위원이 선임되어 있는 때에는 법원은 회생위원으로 하여금 개인회생채권자집회를 진행하게 할 수 있다.
⑤ 개인회생채권자는 개인회생채권자집회에서 변제계획에 관하여 이의를 진술할 수 있다.
제614조【변제계획의 인부】 ① 법원은 개인회생채권자 또는 회생위원이 이의를 진술하지 아니하고 다음 각 호의 요건이 모두 충족된 때에는 변제계획인가결정을 하여야 한다. 다만, 제610조제3항에 의한 변제계획안 수정명령에 불응한 경우에는 그러하지 아니하다.

1. 변제계획이 법률의 규정에 적합할 것
2. 변제계획이 공정하고 형평에 맞으며 수행가능할 것
3. 변제계획인가 전에 납부되어야 할 비용·수수료 그 밖의 금액이 납부되었을 것
4. 변제계획의 인가결정일을 기준일로 하여 평가한 개인회생채권에 대한 총변제액이 채무자가 파산하는 때에 배당받을 총액보다 적지 아니할 것. 다만, 채권자가 동의한 경우에는 그러하지 아니하다.

② 법원은 개인회생채권자 또는 회생위원이 이의를 진술하는 때에는 제1항 각 호의 요건 외에 다음 각 호의 요건을 구비하고 있는 때에 한하여 변제계획인가결정을 할 수 있다.
1. 변제계획의 인가결정일을 기준일로 하여 평가한 이의를 진술하는 개인회생채권자에 대한 총변제액이 채무자가 파산하는 때에 배당받을 총액보다 적지 아니할 것
2. 채무자가 최초의 변제일부터 변제계획에서 정한 변제기간 동안 수령할 수 있는 가용소득의 전부가 변제계획에 따른 변제에 제공될 것
3. 변제계획의 인가결정일을 기준일로 하여 평가한 개인회생채권에 대한 총변제액이 3천만원을 초과하지 아니하는 범위 안에서 다음 각 목의 금액보다 적지 아니할 것
   가. 변제계획의 인가결정일을 기준일로 하여 평가한 개인회생채권의 총금액이 5천만원 미만인 경우에는 위 총금액에 100분의 5를 곱한 금액
   나. 변제계획의 인가결정일을 기준일로 하여 평가한 개인회생채권의 총금액이 5천만원 이상인 경우에는 위 총금액에 100분의 3을 곱한 금액에 1백만원을 더한 금액

③ 법원은 변제계획인부결정을 선고하고 그 주문, 이유의 요지와 변제계획의 요지를 공고하여야 한다. 이 경우 송달은 하지 아니할 수 있다.

제615조【변제계획인가의 효력】 ① 변제계획은 인가의 결정이 있은 때부터 효력이 생긴다. 다만, 변제계획에 의한 권리의 변경은 면책결정이 확정되기까지는 생기지 아니한다.
② 변제계획인가결정이 있는 때에는 개인회생재단에 속하는 모든 재산은 채무자에게 귀속된다. 다만, 변제계획 또는 변제계획인가결정에서 다르게 정한 때에는 그러하지 아니하다.
③ 변제계획인가결정이 있는 때에는 제600조의 규정에 의하여 중지한 회생절차 및 파산절차와 개인회생채권에 기한 강제집행·가압류 또는 가처분은 그 효력을 잃는다. 다만, 변제계획 또는 변제계획인가결정에서 다르게 정한 때에는 그러하지 아니하다.

제616조【전부명령에 대한 특칙】 ① 변제계획인가결정이 있는 때에는 채무자의 급료·연금·봉급·상여금, 그 밖에 이와 비슷한 성질을 가진 급여채권에 관하여 개인회생절차 개시 전에 확정된 전부명령은 변제계획인가결정 후에 제공한 노무로 인한 부분에 대하여는 그 효력이 상실된다.
② 변제계획인가결정으로 인하여 전부채권자가 변제받지 못하게 되는 채권액은 개인회생채권으로 한다.

제617조【변제의 수행】 ① 채무자는 인가된 변제계획에 따라 개인회생채권자에게 변제할 금원을 회생위원에게 임치하여야 한다.
② 개인회생채권자는 제1항의 규정에 따라 임치된 금원을 변제계획에 따라 회생위원으로부터 지급받아야 한다. 개인회생채권자가 지급받지 않는 경우에는 회생위원은 채권자를 위하여 공탁할 수 있다.
③ 제1항 및 제2항의 규정은 회생위원이 선임되지 아니한 경우 또는 변제계획이나 변제계획인가결정에서 다르게 정한 경우에는 적용하지 아니한다.

제617조의2【채무자를 위한 공탁】 회생위원은 개인회생절차폐지의 결정 또는 면책의 결정이 확정된 후에도 임치된 금원(이자를 포함한다)이 존재하는 경우에는 이를 채무자에게 반환하여야 한다. 다만, 채무자가 수령을 거부하거나 채무자의 소재불명 등으로 반환할 수 없는 경우에는 채무자를 위하여 공탁할 수 있다.(2017.12.12 본조신설)

제618조【변제계획 인부결정에 대한 즉시항고】 ① 변제계획의 인부결정에 대하여는 즉시항고를 할 수 있다.
② 제247조제3항 내지 제7항의 규정은 변제계획의 인가여부 결정에 대한 즉시항고에 관하여 준용한다.

제619조【인가 후의 변제계획변경】 ① 채무자·회생위원 또는 개인회생채권자는 변제계획에 따른 변제가 완료되기 전에는 인가된 변제계획의 변경안을 제출할 수 있다.
② 제1항의 규정에 의한 변제계획변경안에 관하여는 제597조제2항·제611조·제613조·제614조·제615조제1항 및 제617조의 규정을 준용한다.

제6장 폐지 및 면책

제620조【변제계획인가 전 개인회생절차의 폐지】 ① 법원은 다음 각 호의 어느 하나에 해당하는 때에는 이해관계인의 신청에 의하거나 직권으로 개인회생절차폐지의 결정을 하여야 한다.
1. 개인회생절차의 개시결정 당시 제595조제1호·제5호에 해당한 사실이 명백히 밝혀진 때
2. 채무자가 제출한 변제계획안을 인가할 수 없는 때

② 법원은 다음 각 호의 어느 하나에 해당하는 때에는 직권으로 개인회생절차폐지의 결정을 할 수 있다.
1. 제595조제2호에 해당하는 때
2. 채무자가 정당한 사유 없이 제613조제2항의 규정에 의한 출석 또는 설명을 하지 아니하거나 허위의 설명을 한 때

제621조【변제계획인가 후 개인회생절차의 폐지】 ① 법원은 다음 각 호의 어느 하나에 해당하는 때에는 이해관계인의 신청에 의하거나 직권으로 개인회생절차폐지의 결정을 하여야 한다.
1. 면책불허가결정이 확정된 때
2. 채무자가 인가된 변제계획을 이행할 수 없음이 명백할 때. 다만, 채무자가 제624조제2항의 규정에 의한 면책결정을 받은 때에는 그러하지 아니하다.
3. 채무자가 재산 및 소득의 은닉 그 밖의 부정한 방법으로 인가된 변제계획을 수행하지 아니하는 때

② 제1항의 규정에 의한 개인회생절차의 폐지는 이미 행한 변제와 이 법의 규정에 의하여 생긴 효력에 영향을 미치지 아니한다.

제622조【개인회생절차폐지결정의 공고】 법원은 개인회생절차폐지의 결정을 한 때에는 그 주문과 이유의 요지를 공고하여야 한다. 이 경우 송달은 하지 아니할 수 있다.

제623조【개인회생절차폐지결정에 대한 즉시항고】 ① 개인회생절차폐지의 결정에 대하여는 즉시항고를 할 수 있다.
② 제247조제4항 내지 제7항의 규정은 개인회생절차폐지의 결정에 대한 즉시항고에 관하여 이를 준용한다.

제624조【면책결정】 ① 법원은 채무자가 변제계획에 따른 변제를 완료한 때에는 당사자의 신청에 의하거나 직권으로 면책의 결정을 하여야 한다.
② 법원은 채무자가 변제계획에 따른 변제를 완료하지 못한 경우에도 다음 각 호의 요건이 모두 충족되는 때에는 이해관계인의 의견을 들은 후 면책의 결정을 할 수 있다.
1. 채무자가 책임질 수 없는 사유로 인하여 변제를 완료하지 못하였을 것
2. 개인회생채권자가 면책결정일까지 변제받은 금액이 채무자가 파산절차를 신청한 경우 파산절차에서 배당받을 금액보다 적지 아니할 것
3. 변제계획의 변경이 불가능할 것

③ 제1항 및 제2항의 규정에 불구하고 법원은 다음 각 호의 어느 하나에 해당하는 경우에는 면책을 불허하는 결정을 할 수 있다.
1. 면책결정 당시까지 채무자에 의하여 악의로 개인회생채권자목록에 기재되지 아니한 개인회생채권이 있는 경우
2. 채무자가 이 법에 정한 채무자의 의무를 이행하지 아니한 경우
④ 법원은 면책의 결정을 한 때에는 그 주문과 이유의 요지를 공고하여야 한다. 이 경우 송달은 하지 아니할 수 있다.
제625조 【면책결정의 효력】 ① 면책의 결정은 확정된 후가 아니면 그 효력이 생기지 아니한다.
② 면책을 받은 채무자는 변제계획에 따라 변제한 것을 제외하고 개인회생채권자에 대한 채무에 관하여 그 책임이 면제된다. 다만, 다음 각 호의 청구권에 관하여는 책임이 면제되지 아니한다.
1. 개인회생채권자목록에 기재되지 아니한 청구권
2. 제583조제1항제2호의 규정에 의한 조세 등의 청구권
3. 벌금·과료·형사소송비용·추징금 및 과태료
4. 채무자가 고의로 가한 불법행위로 인한 손해배상
5. 채무자가 중대한 과실로 타인의 생명 또는 신체를 침해한 불법행위로 인하여 발생한 손해배상
6. 채무자의 근로자의 임금·퇴직금 및 재해보상금
7. 채무자의 근로자의 임치금 및 신원보증금
8. 채무자가 양육자 또는 부양의무자로서 부담하여야 할 비용
③ 면책은 개인회생채권자가 채무자의 보증인 그 밖에 채무자와 더불어 채무를 부담하는 자에 대하여 가지는 권리와 개인회생채권자를 위하여 제공한 담보에 영향을 미치지 아니한다.
제626조 【면책의 취소】 ① 법원은 채무자가 기망 그 밖의 부정한 방법으로 면책을 받은 때에는 이해관계인의 신청에 의하거나 직권으로 면책을 취소할 수 있다. 이 경우 법원은 이해관계인을 심문하여야 한다.
② 제1항의 규정에 의한 신청은 면책결정의 확정일부터 1년 이내에 제기하여야 한다.
제627조 【면책결정 등에 관한 즉시항고】 면책 여부의 결정과 면책취소의 결정에 대하여는 즉시항고를 할 수 있다.

제5편 국제도산

제628조 【정의】 이 편에서 사용하는 용어의 정의는 다음 각 호와 같다.
1. "외국도산절차"라 함은 외국법원(이에 준하는 당국을 포함한다. 이하 같다)에 신청된 회생절차·파산절차 또는 개인회생절차 및 이와 유사한 절차를 말하며, 임시절차를 포함한다.
2. "국내도산절차"라 함은 대한민국 법원에 신청된 회생절차·파산절차 또는 개인회생절차를 말한다.
3. "외국도산절차의 승인"이라 함은 외국도산절차에 대하여 대한민국 내에 이 편의 지원처분을 할 수 있는 기초로서 승인하는 것을 말한다.
4. "지원절차"라 함은 이 편에서 정하는 바에 의하여 외국도산절차의 승인신청에 관한 재판과 채무자의 대한민국 내에 있어서의 업무 및 재산에 관하여 당해 외국도산절차를 지원하기 위한 처분을 하는 절차를 말한다.
5. "외국도산절차의 대표자"라 함은 외국법원에 의하여 외국도산절차의 관리자 또는 대표자로 인정된 자를 말한다.
6. "국제도산관리인"이라 함은 외국도산절차의 지원을 위하여 법원이 채무자의 재산에 대한 환가 및 배당 또는 채무자의 업무 및 재산에 대한 관리 및 처분권한의 전부 또는 일부를 부여한 자를 말한다.
제629조 【적용범위】 ① 이 편의 규정은 다음 각 호의 경우에 적용한다.
1. 외국도산절차의 대표자가 외국도산절차와 관련하여 대한민국 법원에 승인이나 지원을 구하는 경우
2. 외국도산절차의 대표자가 대한민국 법원에서 국내도산절차를 신청하거나 진행 중인 국내도산절차에 참가하는 경우
3. 국내도산절차와 관련하여 관리인·파산관재인·채무자 그 밖에 법원의 허가를 받은 자 등이 외국법원의 절차에 참가하거나 외국법원의 승인 및 지원을 구하는 등 외국에서 활동하는 경우
4. 채무자를 공통으로 하는 국내도산절차 및 외국도산절차가 대한민국법원과 외국법원에서 동시에 진행되어 관련절차간에 공조가 필요한 경우
② 이 편에서 따로 규정하지 아니한 사항은 이 법 중 다른 편의 규정에 따른다.
제630조 【관할】 외국도산절차의 승인 및 지원에 관한 사건은 서울회생법원 합의부의 관할에 전속한다. 다만, 절차의 효율적인 진행이나 이해당사자의 권리보호를 위하여 필요한 때에는 서울회생법원은 당사자의 신청에 의하거나 직권으로 외국도산절차의 승인결정과 동시에 또는 그 결정 후에 제3조가 규정하는 관할법원으로 사건을 이송할 수 있다. (2016.12.27 본조개정)
제631조 【외국도산절차의 승인신청】 ① 외국도산절차의 대표자는 외국도산절차가 신청된 국가에 채무자의 영업소·사무소 또는 주소가 있는 경우에 다음 각 호의 서면을 첨부하여 법원에 외국도산절차의 승인을 신청할 수 있다. 이 경우 외국어로 작성된 서면에는 번역문을 붙여야 한다.
1. 외국도산절차 일반에 대한 법적 근거 및 개요에 대한 진술서
2. 외국도산절차의 개시를 증명하는 서면
3. 외국도산절차의 대표자의 자격과 권한을 증명하는 서면
4. 승인을 신청하는 그 외국도산절차의 주요내용에 대한 진술서(채권자·채무자 및 이해당사자에 대한 서술을 포함한다)
5. 외국도산절차의 대표자가 알고 있는 그 채무자에 대한 다른 모든 외국도산절차에 대한 진술서
② 외국도산절차의 승인을 신청한 후 제1항 각 호의 내용이 변경된 때에는 신청인은 지체 없이 변경된 사항을 기재한 서면을 법원에 제출하여야 한다.
③ 제1항의 규정에 의한 신청이 있는 때에는 법원은 지체 없이 그 요지를 공고하여야 한다.
④ 제37조 및 제39조의 규정은 제1항의 규정에 의한 신청에 관하여 준용한다.
제632조 【외국도산절차의 승인결정】 ① 법원은 외국도산절차의 승인신청이 있는 때에는 신청일부터 1월 이내에 승인 여부를 결정하여야 한다.
② 법원은 다음 각 호의 어느 하나에 해당하는 경우에는 외국도산절차의 승인신청을 기각하여야 한다.
1. 법원이 정한 비용을 미리 납부하지 아니한 경우
2. 제631조제1항 각 호의 서면을 제출하지 아니하거나 그 성립 또는 내용의 진정을 인정하기에 부족한 경우
3. 외국도산절차를 승인하는 것이 대한민국의 선량한 풍속 그 밖에 사회질서에 반하는 경우
③ 법원은 외국도산절차의 승인결정이 있는 때에는 그 주문과 이유의 요지를 공고하고 그 결정서를 신청인에게 송달하여야 한다.
④ 외국도산절차의 승인신청에 관한 결정에 대하여는 즉시항고를 할 수 있다.
⑤ 제4항의 규정에 의한 즉시항고는 집행정지의 효력이 없다.
제633조 【외국도산절차승인의 효력】 외국도산절차의 승인결정은 이 법에 의한 절차의 개시 또는 진행에 영향을 미치지 아니한다.

제634조【외국도산절차의 대표자의 국내도산절차개시신청 등】 외국도산절차가 승인된 때에는 외국도산절차의 대표자는 국내도산절차의 개시를 신청하거나 진행 중인 국내도산절차에 참가할 수 있다.

제635조【승인 전 명령 등】 ① 법원은 외국도산절차의 대표자의 신청에 의하거나 직권으로 외국도산절차의 승인신청이 있은 후 그 결정이 있을 때까지 제636조제1항제1호 내지 제3호의 조치를 명할 수 있다.

② 제1항의 규정은 외국도산절차의 승인신청을 기각하는 결정에 대하여 즉시항고가 제기된 경우에 준용한다.

③ 법원은 제1항 및 제2항의 규정에 의한 처분을 변경하거나 취소할 수 있다.

④ 제1항 내지 제3항의 결정에 대하여는 즉시항고를 할 수 있다.

⑤ 제4항의 규정에 의한 즉시항고는 집행정지의 효력이 없다.

제636조【외국도산절차에 대한 지원】 ① 법원은 외국도산절차를 승인함과 동시에 또는 승인한 후 이해관계인의 신청에 의하거나 직권으로 채무자의 업무 및 재산이나 채권자의 이익을 보호하기 위하여 다음 각 호의 결정을 할 수 있다.

1. 채무자의 업무 및 재산에 대한 소송 또는 행정청에 계속하는 절차의 중지
2. 채무자의 업무 및 재산에 대한 강제집행, 담보권실행을 위한 경매, 가압류·가처분 등 보전절차의 금지 또는 중지
3. 채무자의 변제금지 또는 채무자 재산의 처분금지
4. 국제도산관리인의 선임
5. 그 밖에 채무자의 업무 및 재산을 보전하거나 채권자의 이익을 보호하기 위하여 필요한 처분

② 법원은 제1항의 규정에 의한 결정을 하는 때에는 채권자·채무자 그 밖의 이해관계인의 이익을 고려하여야 한다.

③ 법원은 제1항의 규정에 의한 지원신청이 대한민국의 선량한 풍속 그 밖의 사회질서에 반하는 때에는 그 신청을 기각하여야 한다.

④ 법원은 제1항제2호의 금지명령 및 이를 변경하거나 취소하는 결정을 한 때에는 그 주문을 공고하고 그 결정서를 외국도산절차의 대표자나 신청인에게 송달하여야 한다.

⑤ 제1항의 규정에 의한 금지명령이 있는 때에는 그 명령의 효력이 상실된 날의 다음 날부터 2월이 경과하는 날까지 채무자에 대한 채권의 시효는 완성되지 아니한다.

⑥ 법원은 필요한 경우 이해관계인의 신청에 의하거나 직권으로 제1항의 규정에 의한 결정을 변경하거나 취소할 수 있다.

⑦ 법원은 특히 필요하다고 인정하는 때에는 이해관계인의 신청에 의하거나 직권으로 제1항제2호의 규정에 의하여 중지된 절차의 취소를 명할 수 있다. 이 경우 법원은 담보를 제공하게 할 수 있다.

⑧ 제1항·제6항 및 제7항의 결정에 대하여는 즉시항고를 할 수 있다.

⑨ 제8항의 규정에 의한 즉시항고는 집행정지의 효력이 없다.

제637조【국제도산관리인】 ① 국제도산관리인이 선임된 경우 채무자의 업무의 수행 및 재산에 대한 관리·처분권한은 국제도산관리인에게 전속한다.

② 국제도산관리인은 대한민국 내에 있는 채무자의 재산을 처분 또는 국외로의 반출, 환가·배당 그 밖에 법원이 정하는 행위를 하는 경우에는 법원의 허가를 받아야 한다.

③ 제2편제2장제1절(관리인) 및 제3편제2장제1절(파산관재인)에 관한 규정은 국제도산관리인에 관하여 준용한다.

제638조【국내도산절차와 외국도산절차의 동시진행】 ① 채무자를 공통으로 하는 외국도산절차와 국내도산절차가 동시에 진행하는 경우 법원은 국내도산절차를 중심으로 제635조(승인 전 명령 등) 및 제636조(외국도산절차에 대한 지원)의 규정에 의한 지원을 결정하거나 이를 변경 또는 취소할 수 있다.

② 제1항의 결정에 대하여는 즉시항고를 할 수 있다.

③ 제2항의 즉시항고에는 집행정지의 효력이 없다.

제639조【복수의 외국도산절차】 ① 채무자를 공통으로 하는 여러 개의 외국도산절차의 승인신청이 있는 때에는 법원은 이를 병합심리하여야 한다.

② 채무자를 공통으로 하는 여러 개의 외국도산절차가 승인된 때에는 법원은 승인 및 지원절차의 효율적 진행을 위하여 채무자의 주된 영업소 소재지 또는 채권자보호조치의 정도 등을 고려하여 주된 외국도산절차를 결정할 수 있다.

③ 법원은 주된 외국도산절차를 중심으로 제636조의 규정에 의한 지원을 결정하거나 변경할 수 있다.

④ 법원은 필요한 경우 제2항의 규정에 의한 주된 외국도산절차를 변경할 수 있다.

⑤ 제2항 내지 제4항의 결정에 대하여는 즉시항고를 할 수 있다.

⑥ 제5항의 즉시항고에는 집행정지의 효력이 없다.

제640조【관리인 등이 외국에서 활동할 권한】 국내도산절차의 관리인·파산관재인 그 밖에 법원의 허가를 받은 자 등은 외국법이 허용하는 바에 따라 국내도산절차를 위하여 외국에서 활동할 권한이 있다.

제641조【공조】 ① 법원은 동일한 채무자 또는 상호 관련이 있는 채무자에 대하여 진행 중인 국내도산절차 및 외국도산절차나 복수의 외국도산절차간의 원활하고 공정한 집행을 위하여 외국법원 및 외국도산절차의 대표자와 다음 각 호의 사항에 관하여 공조하여야 한다.

1. 의견교환
2. 채무자의 업무 및 재산에 관한 관리 및 감독
3. 복수 절차의 진행에 관한 조정
4. 그 밖에 필요한 사항

② 법원은 제1항의 규정에 의한 공조를 위하여 외국법원 또는 외국도산절차의 대표자와 직접 정보 및 의견을 교환할 수 있다.

③ 국내도산절차의 관리인 또는 파산관재인은 법원의 감독하에 외국법원 또는 외국도산절차의 대표자와 직접 정보 및 의견을 교환할 수 있다.

④ 국내도산절차의 관리인 또는 파산관재인은 법원의 허가를 받아 외국법원 또는 외국도산절차의 대표자와 도산절차의 조정에 관한 합의를 할 수 있다.

제642조【배당의 준칙】 채무자를 공통으로 하는 국내도산절차와 외국도산절차 또는 복수의 외국도산절차가 있는 경우 외국도산절차 또는 채무자의 국외재산으로부터 변제받은 채권자는 국내도산절차에서 그와 같은 조 및 순위에 속하는 다른 채권자가 동일한 비율의 변제를 받을 때까지 국내도산절차에서 배당 또는 변제를 받을 수 없다.

제6편 벌 칙

제643조【사기회생죄】 ① 채무자가 자기 또는 타인의 이익을 도모하거나 채권자를 해할 목적으로 다음 각 호의 어느 하나에 해당하는 행위를 하고, 채무자에 대하여 회생절차개시 또는 간이회생절차개시의 결정이 확정된 경우 그 채무자는 10년 이하의 징역 또는 1억원 이하의 벌금에 처한다. (2014.12.30 본문개정)

1. 채무자의 재산을 손괴 또는 은닉하거나 회생채권자·회생담보권자·주주·지분권자에 불이익하게 처분하는 행위
2. 채무자의 부담을 허위로 증가시키는 행위
3. 법률의 규정에 의하여 작성하여야 하는 상업장부를 작성하지 아니하거나, 그 상업장부에 재산의 현황을 알 수 있는 정도의 기재를 하지 아니하거나, 그 상업장부에 부정의 기재를 하거나, 그 상업장부를 손괴 또는 은닉하는 행위

4. 「부정수표단속법」에 의한 처벌회피를 주된 목적으로 회생절차개시 또는 간이회생절차개시의 신청을 하는 행위 (2014.12.30 본호개정)

② 다음 각 호의 어느 하나에 해당하는 자가 자기 또는 타인의 이익을 도모하거나 채권자를 해할 목적으로 제1항 각 호의 행위를 하고, 채무자에 대하여 회생절차개시 또는 간이회생절차개시의 결정이 확정된 경우 그 자는 5년 이하의 징역 또는 5천만원 이하의 벌금에 처한다.(2014.12.30 본문개정)

1. 채무자의 법정대리인
2. 법인인 채무자의 이사
3. 채무자의 지배인

③ 채무자가 자기 또는 타인의 이익을 도모하거나 채권자를 해할 목적으로 다음 각 호의 어느 하나에 해당하는 행위를 하고, 채무자에 대하여 개인회생절차개시의 결정이 확정된 때에는 5년 이하의 징역 또는 5천만원 이하의 벌금에 처한다.

1. 재산을 은닉 또는 손괴하거나 채권자에게 불이익하게 처분하는 행위
2. 허위로 부담을 증가시키는 행위

제644조【제3자의 사기회생죄】 제643조에 규정된 자 외의 자가 다음 각 호의 어느 하나에 해당하는 행위를 하고, 채무자에 대하여 회생절차개시의 결정이 확정된 경우 그 자는 5년 이하의 징역 또는 5천만원 이하의 벌금에 처한다.

1. 제643조제1항 각 호의 행위
2. 자기 또는 타인의 이익을 도모하거나 채권자를 해할 목적으로 회생채권자·회생담보권자·주주·지분권자로서 허위의 권리를 행사하는 행위

제644조의2【사기회생죄에 대한 특칙】 제231조의2 또는 제243조의2의 적용을 면탈할 목적으로 거짓의 정보를 제공하거나 거짓의 자료를 제출하고, 회생계획인가의 결정이 확정된 경우 해당 정보를 제공하거나 해당 자료를 제출한 자는 5년 이하의 징역 또는 5천만원 이하의 벌금에 처한다. (2014.10.15 본조신설)

제645조【회생수뢰죄】 ① 관리위원·조사위원·간이조사위원·회생위원·보전관리인·관리인(제637조의 규정에 의한 국제도산관리인을 포함한다), 고문이나 관리인 또는 보전관리인·회생위원의 대리인이 그 직무에 관하여 뇌물을 수수·요구 또는 약속한 경우 그 자는 5년 이하의 징역 또는 5천만원 이하의 벌금에 처한다. 다음 각 호의 어느 하나에 해당하는 자가 관계인집회의 결의에 관하여 뇌물을 수수·요구 또는 약속한 때에 그 자도 또한 같다.(2014.12.30 전단개정)

1. 회생채권자·회생담보권자·주주·지분권자
2. 제1호에 규정된 자의 대리위원 또는 대리인
3. 제1호에 규정된 자의 임원 또는 직원

② 관리인(제637조의 규정에 의한 국제도산관리인을 포함한다)·보전관리인 또는 조사위원·간이조사위원·회생위원이 법인인 경우에는 관리인·보전관리인 또는 조사위원·간이조사위원·회생위원의 직무에 종사하는 그 임원 또는 직원이 그 직무에 관하여 뇌물을 수수·요구 또는 약속한 경우 그 임원 또는 직원은 5년 이하의 징역 또는 5천만원 이하의 벌금에 처한다. 관리인·보전관리인·회생위원 또는 조사위원·간이조사위원이 법인인 경우 그 임원 또는 직원이 관리인·보전관리인·회생위원 또는 조사위원·간이조사위원의 직무에 관하여 관리인·보전관리인·회생위원 또는 조사위원·간이조사위원에게 뇌물을 수수하게 하거나 그 공여를 요구 또는 약속한 때에도 같다.(2014.12.30 본항개정)

③ 제1항 및 제2항의 경우 범인 또는 그 정을 아는 제3자가 수수한 뇌물은 몰수한다. 이 경우 몰수가 불가능한 때에는 그 가액을 추징한다.

제646조【회생증뢰죄】 제645조제1항 또는 제2항에 규정한 뇌물을 약속 또는 공여하거나 공여의 의사표시를 한 자는 5년 이하의 징역 또는 5천만원 이하의 벌금에 처한다.

제647조【경영참여금지위반죄】 제284조의 규정을 위반하여 회생절차종결 또는 간이회생절차종결 후 채무자의 이사로 선임되거나 대표이사로 선정되어 취임한 자는 3년 이하의 징역 또는 3천만원 이하의 벌금에 처한다.(2014.12.30 본조개정)

제648조【무허가행위 등의 죄】 ① 관리인·파산관재인(제637조의 규정에 의한 국제도산관리인을 포함한다) 또는 보전관리인이 법원의 허가를 받아야 하는 행위를 허가를 받지 아니하고 행한 경우 그 자는 3년 이하의 징역 또는 3천만원 이하의 벌금에 처한다.

② 관리인 또는 보전관리인이 법원에 허위의 보고를 하거나 임무종료 후 정당한 사유 없이 제84조제1항의 규정에 의한 계산에 관한 보고를 하지 아니한 경우 그 자는 1년 이하의 징역 또는 1천만원 이하의 벌금에 처한다.

제649조【보고와 검사거절의 죄】 다음 각 호의 어느 하나에 해당하는 자는 1년 이하의 징역 또는 1천만원 이하의 벌금에 처한다.

1. 정당한 사유 없이 제22조제3항의 규정에 의한 자료제공을 거부·기피 또는 방해하거나 허위의 자료를 제공한 관리인 또는 파산관재인
2. 정당한 사유 없이 제34조제3항의 규정에 의한 자료제출을 거부·기피 또는 방해하거나 허위의 자료를 제출한 채무자
3. 정당한 사유 없이 제79조제1항(제88조와 제293조의7제1항 후단에서 준용하는 경우를 포함한다)의 규정에 의한 보고를 거부·기피 또는 방해하거나 허위의 보고를 한 자 (2014.12.30 본호개정)
4. 정당한 사유 없이 제79조제1항(제88조와 제293조의7제1항 후단에서 준용하는 경우를 포함한다)의 규정에 의한 검사를 거부·기피 또는 방해한 채무자(2014.12.30 본호개정)

4의2. 정당한 사유 없이 제231조의2제3항에 따른 정보제공 또는 자료제출을 거부·기피 또는 방해하거나, 거짓의 정보를 제공하거나 거짓의 자료를 제출한 자

4의3. 정당한 사유 없이 제243조의2제3항에 따른 정보제공 또는 자료제출을 거부·기피 또는 방해하거나, 거짓의 정보를 제공하거나 거짓의 자료를 제출한 자

(2014.10.15 4호의2~4호의3신설)

5. 정당한 사유 없이 제591조의 규정에 의한 보고·조사·시정 요구를 거부하거나 허위보고를 한 채무자

제650조【사기파산죄】 ① 채무자가 파산선고의 전후를 불문하고 자기 또는 타인의 이익을 도모하거나 채권자를 해할 목적으로 다음 각 호의 어느 하나에 해당하는 행위를 하고, 그 파산선고가 확정된 때에는 10년 이하의 징역 또는 1억원 이하의 벌금에 처한다.

1. 파산재단에 속하는 재산을 은닉 또는 손괴하거나 채권자에게 불이익하게 처분을 하는 행위
2. 파산재단의 부담을 허위로 증가시키는 행위
3. 법률의 규정에 의하여 작성하여야 하는 상업장부를 작성하지 아니하거나, 그 상업장부에 재산의 현황을 알 수 있는 정도의 기재를 하지 아니하거나, 그 상업장부에 부실한 기재를 하거나, 그 상업장부를 은닉 또는 손괴하는 행위
4. 제481조의 규정에 의하여 법원사무관등이 폐쇄한 장부에 변경을 가하거나 이를 은닉 또는 손괴하는 행위

② 수탁자, 신탁재산관리인, 수탁자의 법정대리인, 수탁자의 지배인 또는 법인인 수탁자의 이사가 파산선고의 전후를 불문하고 자기 또는 타인의 이익을 도모하거나 채권자를 해할 목적으로 제1항 각 호의 어느 하나에 해당하는 행위를 하고, 유한책임신탁재산에 대한 파산선고가 확정된 경우에는 10년 이하의 징역 또는 1억원 이하의 벌금에 처한다.(2013.5.28 본항신설)

제651조【과태파산죄】 ① 채무자가 파산선고의 전후를 불문하고 다음 각 호의 어느 하나에 해당하는 행위를 하고, 그 파산선고가 확정된 경우 그 채무자는 5년 이하의 징역 또는 5천만원 이하의 벌금에 처한다.
1. 파산의 선고를 지연시킬 목적으로 신용거래로 상품을 구입하여 현저히 불이익한 조건으로 이를 처분하는 행위
2. 파산의 원인인 사실이 있음을 알면서 어느 채권자에게 특별한 이익을 줄 목적으로 한 담보의 제공이나 채무의 소멸에 관한 행위로서 채무자의 의무에 속하지 아니하거나 그 방법 또는 시기가 채무자의 의무에 속하지 아니하는 행위
3. 법률의 규정에 의하여 작성하여야 하는 상업장부를 작성하지 아니하거나, 그 상업장부에 재산의 현황을 알 수 있는 정도의 기재를 하지 아니하거나, 그 상업장부에 부정의 기재를 하거나, 그 상업장부를 은닉 또는 손괴하는 행위
4. 제481조의 규정에 의하여 법원사무관등이 폐쇄한 장부에 변경을 가하거나 이를 은닉 또는 손괴하는 행위

② 수탁자, 신탁재산관리인, 수탁자의 법정대리인, 수탁자의 지배인 또는 법인인 수탁자의 이사가 파산선고의 전후를 불문하고 제1항 각 호의 어느 하나에 해당하는 행위를 하고, 유한책임신탁재산에 대한 파산선고가 확정된 경우에는 5년 이하의 징역 또는 5천만원 이하의 벌금에 처한다.(2013.5.28 본항신설)

제652조【일정한 지위에 있는 자의 사기파산 및 과태파산죄】 다음 각 호의 어느 하나에 해당하는 자가 제650조 및 제651조에 규정된 행위를 하고, 채무자에 대한 파산선고가 확정된 때에는 제650조 및 제651조의 예에 의한다. 상속재산에 대한 파산의 경우 상속인 및 그 법정대리인과 지배인에 관하여도 또한 같다.
1. 채무자의 법정대리인
2. 법인인 채무자의 이사
3. 채무자의 지배인

제653조 (2024.12.20 삭제)

제654조【제3자의 사기파산죄】 채무자 및 제652조 각 호의 자가 아닌 자가 파산선고의 전후를 불문하고 자기 또는 타인의 이익을 도모하거나 채권자를 해할 목적으로 제650조 각 호의 행위를 하거나 자기나 타인을 이롭게 할 목적으로 파산채권자로서 허위의 권리를 행사하고, 채무자에 대한 파산선고가 확정된 경우 그 행위를 한 자는 10년 이하의 징역 또는 1억원 이하의 벌금에 처한다.

제655조【파산수뢰죄】 ① 파산관재인(제637조의 규정에 의한 국제도산관리인을 포함한다) 또는 감사위원이 그 직무에 관하여 뇌물을 수수·요구 또는 약속한 경우 그 자는 5년 이하의 징역 또는 5천만원 이하의 벌금에 처한다. 다음 각 호의 어느 하나에 해당하는 자가 채권자집회의 결의에 관하여 뇌물을 수수·요구 또는 약속한 때에 그 자도 또한 같다.
1. 파산채권자
2. 파산채권자의 대리인
3. 파산채권자의 이사

② 제1항의 경우 범인 또는 그 정을 아는 제3자가 수수한 뇌물은 몰수한다. 이 경우 몰수가 불가능한 때에는 그 가액을 추징한다.

제656조【파산증뢰죄】 다음 각 호의 어느 하나에 해당하는 자에게 뇌물을 약속 또는 공여하거나 공여의 의사를 표시한 자는 3년 이하의 징역 또는 3천만원 이하의 벌금에 처한다.
1. 파산관재인(제637조의 규정에 의한 국제도산관리인을 포함한다)
2. 감사위원
3. 파산채권자
4. 파산채권자의 대리인
5. 파산채권자의 이사

제657조【재산조회결과의 목적외사용죄】 제29조제1항의 규정에 의한 재산조회의 결과를 회생절차·파산절차 또는 개인회생절차를 위한 채무자의 재산상황조사 외의 목적으로 사용한 자는 2년 이하의 징역 또는 2천만원 이하의 벌금에 처한다.

제658조【설명의무위반죄】 제321조 및 제578조의7에 따라 설명의 의무가 있는 자가 정당한 사유 없이 설명을 하지 아니하거나 허위의 설명을 한 때에는 1년 이하의 징역 또는 1천만원 이하의 벌금에 처한다.(2013.5.28 본조개정)

제659조【국외범】 ① 제645조 및 제655조의 규정은 대한민국 외에서 같은 조의 죄를 범한 자에게도 적용한다.

② 제646조 및 제656조의 죄는 「형법」 제5조(외국인의 국외범)의 예에 따른다.

제660조【과태료】 ① 제29조제1항의 규정에 의하여 조회를 받은 공공기관·금융기관·단체 등의 장이 정당한 사유 없이 자료제출을 거부하거나 허위의 자료를 제출한 경우 그 자는 500만원 이하의 과태료에 처한다.

② 다음 각 호의 어느 하나에 해당하는 자가 제258조제1항 또는 제2항의 규정에 의한 법원의 명령을 위반하는 행위를 한 경우 그 자는 500만원 이하의 과태료에 처한다.
1. 채무자, 신회사의 이사나 지배인
2. 회생채권자·회생담보권자·주주·지분권자와 회생을 위하여 채무를 부담하거나 담보를 제공한 자

③ 제251조·제566조 또는 제625조에 의하여 면책을 받은 개인인 채무자에 대하여 면책된 사실을 알면서 면책된 채권에 기하여 강제집행·가압류 또는 가처분의 방법으로 추심행위를 한 자는 500만원 이하의 과태료에 처한다.

④ 제319조, 제320조, 제322조 및 제578조의6에 따른 구인의 명을 받은 자가 그 사실을 알면서도 정당한 사유 없이 출석하지 아니한 때에는 500만원 이하의 과태료를 부과한다.(2024.12.20 본항신설)

부　칙

제1조【시행일】 이 법은 공포 후 1년이 경과한 날부터 시행한다.

제2조【폐지법률】 「회사정리법」·「화의법」·「파산법」 및 「개인채무자회생법」은 이를 폐지한다.

제3조【「회사정리법」·「화의법」·「파산법」 및 「개인채무자회생법」의 폐지에 따른 경과조치】 이 법 시행당시 종전의 「회사정리법」에 의하여 정리절차개시의 신청을 한 정리사건, 종전의 「화의법」에 의하여 화의개시신청을 한 화의사건, 종전의 「파산법」에 의하여 파산신청을 한 파산사건과 종전의 「개인채무자회생법」에 의하여 개인회생절차개시신청을 한 개인회생사건은 각각 종전의 「회사정리법」·「화의법」·「파산법」 및 「개인채무자회생법」에 의한다.

제4조【벌칙에 관한 경과조치】 이 법 시행 전의 행위에 대한 벌칙의 적용에 있어서는 종전의 규정에 의하고, 1개의 죄가 이 법 시행 전후에 걸쳐서 행하여진 때에는 이 법 시행전에 범한 것으로 본다.

제5조【다른 법률의 개정】 ①~⑭ ※(해당 법령에 가제정리 하였음)

제6조【다른 법령과의 관계】 이 법 시행 당시 다른 법령에서 종전의 「회사정리법」·「화의법」·「파산법」 및 「개인채무자회생법」 및 그 규정을 인용한 경우 이 법 중 그에 해당하는 규정이 있는 때에는 종전의 규정에 갈음하여 이 법 또는 이 법의 해당 규정을 인용한 것으로 본다.

부　칙 (2014.5.20 법12595호)

제1조【시행일】 이 법은 공포 후 6개월이 경과한 날부터 시행한다.

제2조【경과조치】 이 법 시행 전에 회생절차개시신청, 파산신청 또는 개인회생절차개시신청을 한 사건은 종전의 규정에 따른다.

부 칙 (2014.12.30)

제1조【시행일】 이 법은 공포 후 6개월이 경과한 날부터 시행한다.
제2조【회생절차개시의 공고 및 관계인설명회의 개최에 관한 적용례】 제51조제1항제5호의 개정규정에 따른 사항에 관한 공고 및 제98조의2의 개정규정에 따른 관계인설명회의 개최는 이 법 시행 후 개시되는 회생절차부터 적용한다.
제3조【임금채권자 등에 관한 적용례】 제415조의2의 개정규정은 이 법 시행 후 최초로 발생하는 임금, 재해보상금, 퇴직금 등 근로 관계로 인한 채권부터 적용한다.
제4조【회생절차의 진행·폐지 및 배당절차의 속행·공고에 관한 경과조치】 이 법 시행 당시 회생절차가 진행 중인 사건에 대한 제1회 관계인집회의 개최 등 회생절차의 진행, 회생절차의 폐지 및 배당절차의 속행·공고에 관하여는 제50조, 제92조, 제98조, 제99조, 제182조제2항, 제193조제3항, 제220조, 제221조, 제223조제1항·제4항·제6항, 제285조, 제286조제2항 및 제511조제2호의 개정규정에도 불구하고 종전의 규정에 따른다.
제5조【다른 법률의 개정】 ①~⑤ ※(해당 법령에 가제정리 하였음)

부 칙 (2016.5.29)

제1조【시행일】 이 법은 공포 후 3개월이 경과한 날부터 시행한다. 다만, 제3조의 개정규정은 공포 후 6개월이 경과한 날부터 시행한다.
제2조【재판관할에 관한 적용례】 제3조제4항의 개정규정은 같은 개정규정 시행 후 신청한 회생사건, 파산사건부터 적용한다.
제3조【회생절차개시결정과 동시에 정하여야 할 사항, 공익채권이 되는 청구권, 회생계획안의 사전제출, 서면에 의한 결의, 서면결의를 거친 경우 회생계획의 인가 여부에 관한 적용례】 제50조제1항제1호·제2호·제4호, 제179조제1항제8호의2, 제223조제1항·제3항·제4항·제5항·제8항, 제240조제2항, 제242조의2의 개정규정은 이 법 시행 후 신청한 회생사건, 간이회생사건부터 적용한다.
제4조【금치산자 등에 대한 경과조치】 제16조제4항제1호의 개정규정에 따른 피성년후견인 또는 피한정후견인에는 법률 제10429호 민법 일부개정법률 부칙 제2조에 따라 금치산 또는 한정치산 선고의 효력이 유지되는 사람을 포함하는 것으로 본다.

부 칙 (2016.12.27 법14472호)

제1조【시행일】 이 법은 2017년 3월 1일부터 시행한다.
제2조【지방법원 등에 대한 경과조치】 이 법 시행 당시 회생법원이 설치되지 아니한 지역은 회생법원이 설치될 때까지 관할 지방법원 또는 지방법원 본원은 이 법에 따른 회생법원으로, 관할 지방법원장은 이 법에 따른 회생법원장으로 본다.

부 칙 (2017.12.12)

제1조【시행일】 이 법은 공포 후 3개월이 경과한 날부터 시행한다. 다만, 제611조제5항의 개정규정은 공포 후 6개월이 경과한 날부터 시행한다.
제2조【적용례】 ① 제611조제5항의 개정규정은 같은 개정규정 시행 후 최초로 신청하는 개인회생사건부터 적용한다. 다만, 이 개정규정 시행 전에 변제계획인가결정을 받은 채무자가 이 개정규정 시행일에 이미 변제계획안에 따라 3년 이상 변제계획을 수행한 경우에는 당사자의 신청 또는 직권으로 이해관계인의 의견을 들은 후 면책의 결정을 할 수 있다. (2020.3.24 단서신설)
② 제617조의2의 개정규정은 이 법 시행 전에 신청된 개인회생사건에도 적용한다.

부 칙 (2020.2.4)

제1조【시행일】 이 법은 공포한 날부터 시행한다.
제2조【재단부족의 경우의 변제방법에 관한 적용례】 제477조제3항의 개정규정은 이 법 시행 후 결정된 파산선고 사건으로 구성된 파산재단부터 적용한다.

부 칙 (2020.3.24)

이 법은 공포한 날부터 시행한다.

부 칙 (2020.6.9)

제1조【시행일】 이 법은 공포한 날부터 시행한다.
제2조【적용례】 제579조제1호의 개정규정은 이 법 시행 후 제596조제1항에 따라 개인회생절차의 개시 여부를 결정하는 경우부터 적용한다.

부 칙 (2020.12.29 법17769호)

제1조【시행일】 이 법은 2021년 1월 1일부터 시행한다.(이하 생략)

부 칙 (2020.12.29 법17799호)

제1조【시행일】 이 법은 공포 후 1년이 경과한 날부터 시행한다.(이하 생략)

부 칙 (2021.4.20)

제1조【시행일】 이 법은 공포한 날부터 시행한다.
제2조【개인채무자에 관한 적용례】 제579조제1호의 개정규정은 이 법 시행 이후 제588조에 따라 개인회생절차의 개시를 신청하는 개인채무자부터 적용한다.

부 칙 (2021.12.28)

제1조【시행일】 이 법은 2022년 1월 1일부터 시행한다.
제2조【적용례】 이 법의 개정규정은 이 법 시행 당시 면책허가를 받았으나 상환을 완료하지 아니한 채무자의 취업 후 상환 학자금대출 원리금 청구권에도 적용한다.

부 칙 (2022.12.27)

제1조【시행일】 이 법은 2023년 3월 1일부터 시행한다.
제2조【재판관할에 관한 적용례】 제3조제11항의 개정규정은 이 법 시행 이후 신청하는 회생사건, 간이회생사건, 파산사건 또는 개인회생사건부터 적용한다.

부 칙 (2024.2.13)

제1조【시행일】 이 법은 공포한 날부터 시행한다. 다만, 제

589조제3항 및 제4항의 개정규정은 공포한 날부터 2년의 범위에서 대법원규칙으로 정하는 날부터 시행한다.
제2조【계속 사건에 관한 적용례】 ① 제23조, 제24조 및 제27조의 개정규정은 이 법 시행 당시 법원에 계속 중인 사건에 대해서도 적용한다.
② 제589조제3항 및 제4항의 개정규정은 같은 개정규정 시행 당시 법원에 계속 중인 사건에 대해서도 적용한다.
제3조【다른 법률의 개정】 ※(해당 법령에 가제정리 하였음)

부 칙 (2024.9.20)

제1조【시행일】 이 법은 2025년 1월 31일부터 시행한다.(이하 생략)

부 칙 (2024.12.20)

제1조【시행일】 이 법은 공포 후 6개월이 경과한 날부터 시행한다. 다만, 제3조제12항 및 제13항의 개정규정은 2026년 3월 1일부터 시행한다.
제2조【재판관할에 관한 적용례】 제3조제12항 및 제13항의 개정규정은 이 법 시행 이후 신청한 회생사건, 간이회생사건, 파산사건 또는 개인회생사건부터 적용한다.
제3조【면책불허가사유에 관한 경과조치】 이 법 시행 전에 제564조제1항제1호에 해당하는 채무자의 경우에는 제564조제1항제1호 및 제5호의2의 개정규정에도 불구하고 종전의 제564조제1항제1호에 따른다.
제4조【벌칙에 관한 경과조치】 이 법 시행 전의 위반행위에 대하여 벌칙을 적용할 때에는 제653조의 개정규정에도 불구하고 종전의 규정에 따른다.

중재법

(1999년 12월 31일 전개법률 제6083호)

개정
2001. 4. 7법 6465호(국제사법)
2002. 1.26법 6626호(민사소송법)
2010. 3.31법10207호
2013. 3.23법11690호(정부조직)
2016. 5.29법14176호
2020. 2. 4법16918호

제1장 총 칙

(2010.3.31 본장개정)

제1조【목적】 이 법은 중재(仲裁)에 의하여 사법(私法)상의 분쟁을 적정·공평·신속하게 해결함을 목적으로 한다.
제2조【적용 범위】 ① 이 법은 제21조에 따른 중재지(仲裁地)가 대한민국인 경우에 적용한다. 다만, 제9조와 제10조는 중재지가 아직 정해지지 아니하였거나 대한민국이 아닌 경우에도 적용하며, 제37조와 제39조는 중재지가 대한민국이 아닌 경우에도 적용한다.
② 이 법은 중재절차를 인정하지 아니하거나 이 법의 중재절차와는 다른 절차에 따라 중재에 부칠 수 있도록 정한 법률과 대한민국에서 발효(發效) 중인 조약에 대하여는 영향을 미치지 아니한다.
제3조【정의】 이 법에서 사용하는 용어의 뜻은 다음과 같다.
1. "중재"란 당사자 간의 합의로 재산권상의 분쟁 및 당사자가 화해에 의하여 해결할 수 있는 비재산권상의 분쟁을 법원의 재판에 의하지 아니하고 중재인(仲裁人)의 판정에 의하여 해결하는 절차를 말한다.(2016.5.29 본호개정)
2. "중재합의"란 계약상의 분쟁인지 여부에 관계없이 일정한 법률관계에 관하여 당사자 간에 이미 발생하였거나 앞으로 발생할 수 있는 분쟁의 전부 또는 일부를 중재에 의하여 해결하도록 하는 당사자 간의 합의를 말한다.
3. "중재판정부"(仲裁判定部)란 중재절차를 진행하고 중재판정을 내리는 단독중재인 또는 여러 명의 중재인으로 구성되는 중재인단을 말한다.
제4조【서면의 통지】 ① 당사자 간에 다른 합의가 없는 경우에 서면(書面)의 통지는 수신인 본인에게 서면을 직접 교부하는 방법으로 한다.
② 제1항에 따른 직접 교부의 방법으로 통지할 수 없는 경우에는 서면이 수신인의 주소, 영업소 또는 우편연락장소에 정당하게 전달된 때에 수신인에게 통지된 것으로 본다.
③ 제2항을 적용할 때에 적절한 조회를 하였음에도 수신인의 주소, 영업소 또는 우편연락장소를 알 수 없는 경우에는 최후로 알려진 수신인의 주소, 영업소 또는 우편연락장소로 등기우편이나 그 밖에 발송을 증명할 수 있는 우편방법에 의하여 서면이 발송된 때에 수신인에게 통지된 것으로 본다.
④ 제1항부터 제3항까지의 규정은 법원이 하는 송달에는 적용하지 아니한다.
제5조【이의신청권의 상실】 당사자가 이 법의 임의규정 또는 중재절차에 관한 당사자 간의 합의를 위반한 사실을 알고도 지체 없이 이의를 제기하지 아니하거나, 정하여진 이의제기 기간 내에 이의를 제기하지 아니하고 중재절차가 진행된 경우에는 그 이의신청권을 상실한다.
제6조【법원의 관여】 법원은 이 법에서 정한 경우를 제외하고는 이 법에 관한 사항에 관여할 수 없다.
제7조【관할법원】 ① 다음 각 호의 사항에 대하여는 중재합의에서 지정한 지방법원 또는 지원(이하 "법원"이라 한다)이, 그 지정이 없는 경우에는 중재지를 관할하는 법원이 관할하며, 중재지가 아직 정하여지지 아니한 경우에는 피신청인의 주소 또는 영업소를 관할하는 법원이, 주소 또는 영업소를 알 수 없는 경우에는 거소(居所)를 관할하는 법원이,

거소도 알 수 없는 경우에는 최후로 알려진 주소 또는 영업소를 관할하는 법원이 관할한다.(2016.5.29 본문개정)
1. 제12조제3항 및 제4항에 따른 중재인의 선정 및 중재기관의 지정(2016.5.29 본호개정)
2. 제14조제3항에 따른 중재인의 기피신청에 대한 법원의 기피결정
3. 제15조제2항에 따른 중재인의 권한종료신청에 대한 법원의 권한종료결정
4. 제17조제6항에 따른 중재판정부의 권한심사신청에 대한 법원의 권한심사
4의2. 제18조의7에 따른 임시적 처분의 승인 또는 집행 신청에 대한 법원의 결정 및 담보제공 명령(2016.5.29 본호신설)
5. 제27조제3항에 따른 감정인(鑑定人)에 대한 기피신청에 대한 법원의 기피결정
② 제28조에 따른 증거조사는 증거조사가 실시되는 지역을 관할하는 법원이 관할한다.
③ 다음 각 호의 사항에 대하여는 중재합의에서 지정한 법원이 관할하고, 그 지정이 없는 경우에는 중재지를 관할하는 법원이 관할한다.
1. 제32조제4항에 따른 중재판정 원본(原本)의 보관
2. 제36조제1항에 따른 중재판정 취소의 소(訴)
④ 제37조부터 제39조까지의 규정에 따른 중재판정의 승인과 집행 청구의 소는 다음 각 호의 어느 하나에 해당하는 법원이 관할한다.
1. 중재합의에서 지정한 법원
2. 중재지를 관할하는 법원
3. 피고 소유의 재산이 있는 곳을 관할하는 법원
4. 피고의 주소 또는 영업소, 주소 또는 영업소를 알 수 없는 경우에는 거소, 거소도 알 수 없는 경우에는 최후로 알려진 주소 또는 영업소를 관할하는 법원

제2장 중재합의
(2010.3.31 본장개정)

제8조【중재합의의 방식】 ① 중재합의는 독립된 합의 또는 계약에 중재조항을 포함하는 형식으로 할 수 있다.
② 중재합의는 서면으로 하여야 한다.
③ 다음 각 호의 어느 하나에 해당하는 경우는 서면에 의한 중재합의로 본다.
1. 구두나 행위, 그 밖의 어떠한 수단에 의하여 이루어진 것인지 여부와 관계없이 중재합의의 내용이 기록된 경우
2. 전보(電報), 전신(電信), 팩스, 전자우편 또는 그 밖의 통신수단에 의하여 교환된 전자적 의사표시에 중재합의가 포함된 경우. 다만, 그 중재합의의 내용을 확인할 수 없는 경우는 제외한다.
3. 어느 한쪽 당사자가 당사자 간에 교환된 신청서 또는 답변서의 내용에 중재합의가 있는 것을 주장하고 상대방 당사자가 이에 대하여 다투지 아니하는 경우
(2016.5.29 1호~3호개정)
④ 계약이 중재조항을 포함한 문서를 인용하고 있는 경우에는 중재합의가 있는 것으로 본다. 다만, 중재조항을 그 계약의 일부로 하고 있는 경우로 한정한다.(2016.5.29 단서개정)
제9조【중재합의와 법원에의 제소】 ① 중재합의의 대상인 분쟁에 관하여 소가 제기된 경우에 피고가 중재합의가 있다는 항변(抗辯)을 하였을 때에는 법원은 그 소를 각하(却下)하여야 한다. 다만, 중재합의가 없거나 무효이거나 효력을 상실하였거나 그 이행이 불가능한 경우에는 그러하지 아니하다.
② 피고는 제1항의 항변을 본안(本案)에 관한 최초의 변론을 할 때까지 하여야 한다.
③ 제1항의 소가 법원에 계속(繫屬) 중인 경우에도 중재판정부는 중재절차를 개시 또는 진행하거나 중재판정을 내릴 수 있다.
제10조【중재합의와 법원의 보전처분】 중재합의의 당사자는 중재절차의 개시 전 또는 진행 중에 법원에 보전처분(保全處分)을 신청할 수 있다.

제3장 중재판정부
(2010.3.31 본장개정)

제11조【중재인의 수】 ① 중재인의 수는 당사자 간의 합의로 정한다.
② 제1항의 합의가 없으면 중재인의 수는 3명으로 한다.
제12조【중재인의 선정】 ① 당사자 간에 다른 합의가 없으면 중재인은 국적에 관계없이 선정될 수 있다.
② 중재인의 선정절차는 당사자 간의 합의로 정한다.
③ 제2항의 합의가 없으면 다음 각 호의 구분에 따라 중재인을 선정한다.
1. 단독중재인에 의한 중재의 경우 : 어느 한쪽 당사자가 상대방 당사자로부터 중재인의 선정을 요구받은 후 30일 이내에 당사자들이 중재인의 선정에 관하여 합의하지 못한 경우에는 어느 한쪽 당사자의 신청을 받아 법원 또는 그 법원이 지정한 중재기관이 중재인을 선정한다.(2016.5.29 본호개정)
2. 3명의 중재인에 의한 중재의 경우 : 각 당사자가 1명씩 중재인을 선정하고, 이에 따라 선정된 2명의 중재인들이 합의하여 나머지 1명의 중재인을 선정한다. 이 경우 어느 한쪽 당사자가 상대방 당사자로부터 중재인의 선정을 요구받은 후 30일 이내에 중재인을 선정하지 아니하거나 선정된 2명의 중재인들이 선정된 후 30일 이내에 나머지 1명의 중재인을 선정하지 못한 경우에는 어느 한쪽 당사자의 신청을 받아 법원 또는 그 법원이 지정한 중재기관이 그 중재인을 선정한다.(2016.5.29 후단개정)
④ 제2항의 합의가 있더라도 다음 각 호의 어느 하나에 해당할 때에는 당사자의 신청을 받아 법원 또는 그 법원이 지정한 중재기관이 중재인을 선정한다.(2016.5.29 본문개정)
1. 어느 한쪽 당사자가 합의된 절차에 따라 중재인을 선정하지 아니하였을 때
2. 양쪽 당사자 또는 중재인들이 합의된 절차에 따라 중재인을 선정하지 못하였을 때
3. 중재인의 선정을 위임받은 기관 또는 그 밖의 제3자가 중재인을 선정할 수 없을 때
⑤ 제3항 및 제4항에 따른 법원 또는 그 법원이 지정한 중재기관의 결정에 대하여는 불복할 수 없다.(2016.5.29 본항개정)
제13조【중재인에 대한 기피 사유】 ① 중재인이 되어 달라고 요청받은 사람 또는 중재인으로 선정된 사람은 자신의 공정성이나 독립성에 관하여 의심을 살 만한 사유가 있을 때에는 지체 없이 이를 당사자들에게 고지(告知)하여야 한다.
② 중재인은 제1항의 사유가 있거나 당사자들이 합의한 중재인의 자격을 갖추지 못한 사유가 있는 경우에만 기피될 수 있다. 다만, 당사자는 자신이 선정하였거나 선정절차에 참여하여 선정한 중재인에 대하여는 선정 후에 알게 된 사유가 있는 경우에만 기피신청을 할 수 있다.
제14조【중재인에 대한 기피절차】 ① 중재인에 대한 기피절차는 당사자 간의 합의로 정한다.
② 제1항의 합의가 없는 경우에 중재인을 기피하려는 당사자는 중재판정부가 구성된 날 또는 제13조제2항의 사유를 안 날부터 15일 이내에 중재판정부에 서면으로 기피신청을 하여야 한다. 이 경우 기피신청을 받은 중재인이 사임(辭任)하지 아니하거나 상대방 당사자가 기피신청에 동의하지 아니하면 중재판정부는 그 기피신청에 대한 결정을 하여야 한다.
③ 제1항 및 제2항에 따른 기피신청이 받아들여지지 아니한 경우 기피신청을 한 당사자는 그 결과를 통지받은 날부터 30일 이내에 법원에 해당 중재인에 대한 기피신청을 할 수 있다. 이 경우 기피신청이 법원에 계속 중일 때에도 중재판정부는 중재절차를 진행하거나 중재판정을 내릴 수 있다.

④ 제3항에 따른 기피신청에 대한 법원의 기피결정에 대하여는 항고할 수 없다.

제15조【중재인의 직무 불이행으로 인한 권한종료】 ① 중재인이 법률상 또는 사실상의 사유로 직무를 수행할 수 없거나 정당한 사유 없이 직무 수행을 지체하는 경우에는 그 중재인의 사임 또는 당사자 간의 합의에 의하여 중재인의 권한은 종료된다.

② 제1항에 따른 중재인의 권한종료 여부에 관하여 다툼이 있는 경우 당사자는 법원에 이에 대한 결정을 신청할 수 있다.

③ 제2항에 따른 권한종료신청에 대한 법원의 권한종료결정에 대하여는 항고할 수 없다.

제16조【보궐중재인의 선정】 중재인의 권한이 종료되어 중재인을 다시 선정하는 경우 그 선정절차는 대체되는 중재인의 선정에 적용된 절차에 따른다.

제17조【중재판정부의 판정 권한에 관한 결정】 ① 중재판정부는 자신의 권한 및 이와 관련된 중재합의의 존재 여부 또는 유효성에 대한 이의에 대하여 결정할 수 있다. 이 경우 중재합의가 중재조항의 형식으로 되어 있을 때에는 계약 중 다른 조항의 효력은 중재조항의 효력에 영향을 미치지 아니한다.

② 중재판정부의 권한에 관한 이의는 본안에 관한 답변서를 제출할 때까지 제기하여야 한다. 이 경우 당사자는 자신이 중재인을 선정하였거나 선정절차에 참여하였더라도 이의를 제기할 수 있다.

③ 중재판정부가 중재절차의 진행 중에 그 권한의 범위를 벗어난 경우 이에 대한 이의는 그 사유가 중재절차에서 다루어지는 즉시 제기하여야 한다.

④ 중재판정부는 제2항 및 제3항에 따른 이의가 같은 항에 규정된 시기보다 늦게 제기되었더라도 그 지연에 정당한 이유가 있다고 인정하는 경우에는 이를 받아들일 수 있다.

⑤ 중재판정부는 제2항 및 제3항에 따른 이의에 대하여 선결문제(先決問題)로서 결정하거나 본안에 관한 중재판정에서 함께 판단할 수 있다.

⑥ 중재판정부가 제5항에 따라 선결문제로서 그 권한의 유무를 결정한 경우에 그 결정에 불복하는 당사자는 그 결정을 통지받은 날부터 30일 이내에 법원에 중재판정부의 권한에 대한 심사를 신청할 수 있다.(2016.5.29 본항개정)

⑦ 중재판정부는 제6항에 따른 신청으로 재판이 계속 중인 경우에도 중재절차를 진행하거나 중재판정을 내릴 수 있다.

⑧ 제6항에 따른 권한심사신청에 대한 법원의 권한심사에 대하여는 항고할 수 없다.

⑨ 제6항에 따른 신청을 받은 법원이 중재판정부에 판정 권한이 있다는 결정을 하게 되면 중재판정부는 중재절차를 계속해서 진행하여야 하고, 중재인이 중재절차의 진행을 할 수 없거나 원하지 아니하면 중재인의 권한은 종료되고 제16조에 따라 중재인을 다시 선정하여야 한다.(2016.5.29 본항신설)

제3장의2　임시적 처분
(2016.5.29 본장제목삽입)

제18조【임시적 처분】 ① 당사자 간에 다른 합의가 없는 경우에 중재판정부는 어느 한쪽 당사자의 신청에 따라 필요하다고 인정하는 임시적 처분을 내릴 수 있다.

② 제1항의 임시적 처분은 중재판정부가 중재판정이 내려지기 전에 어느 한쪽 당사자에게 다음 각 호의 내용을 이행하도록 명하는 잠정적 처분으로 한다.

1. 본안에 대한 중재판정이 있을 때까지 현상의 유지 또는 복원
2. 중재절차 자체에 대한 현존하거나 급박한 위험이나 영향을 방지하는 조치 또는 그러한 위험이나 영향을 줄 수 있는 조치의 금지
3. 중재판정의 집행 대상이 되는 자산에 대한 보전 방법의 제공
4. 분쟁의 해결에 관련성과 중요성이 있는 증거의 보전

(2016.5.29 본조개정)

제18조의2【임시적 처분의 요건】 ① 제18조제2항제1호부터 제3호까지의 임시적 처분은 이를 신청하는 당사자가 다음 각 호의 요건을 모두 소명하는 경우에만 내릴 수 있다.

1. 신청인이 임시적 처분을 받지 못하는 경우 신청인에게 중재판정에 포함된 손해배상으로 적절히 보상되지 아니하는 손해가 발생할 가능성이 있고, 그러한 손해가 임시적 처분으로 인하여 상대방에게 발생할 것으로 예상되는 손해를 상당히 초과할 것
2. 본안에 대하여 합리적으로 인용가능성이 있을 것. 다만, 중재판정부는 본안 심리를 할 때 임시적 처분 결정 시의 인용가능성에 대한 판단에 구속되지 아니한다.

② 제18조제2항제4호의 임시적 처분의 신청에 대해서는 중재판정부가 적절하다고 판단하는 범위에서 제1항의 요건을 적용할 수 있다.

(2016.5.29 본조신설)

제18조의3【임시적 처분의 변경·정지 또는 취소】 중재판정부는 일방 당사자의 신청에 의하여 또는 특별한 사정이 있는 경우에는 당사자에게 미리 통지하고 직권으로 이미 내린 임시적 처분을 변경·정지하거나 취소할 수 있다. 이 경우 중재판정부는 그 변경·정지 또는 취소 전에 당사자를 심문(審問)하여야 한다.(2016.5.29 본조신설)

제18조의4【담보의 제공】 중재판정부는 임시적 처분을 신청하는 당사자에게 상당한 담보의 제공을 명할 수 있다.
(2016.5.29 본조신설)

제18조의5【고지의무】 중재판정부는 당사자에게 임시적 처분 또는 그 신청의 기초가 되는 사정에 중요한 변경이 있을 경우 즉시 이를 알릴 것을 요구할 수 있다.(2016.5.29 본조신설)

제18조의6【비용 및 손해배상】 ① 중재판정부가 임시적 처분을 내린 후 해당 임시적 처분이 부당하다고 인정할 경우에는 임시적 처분을 신청한 당사자는 임시적 처분으로 인한 비용이나 손해를 상대방 당사자에게 지급하거나 배상할 책임을 진다.

② 중재판정부는 중재절차 중 언제든지 제1항에 따른 비용의 지급이나 손해의 배상을 중재판정의 형식으로 명할 수 있다.

(2016.5.29 본조신설)

제18조의7【임시적 처분의 승인 및 집행】 ① 중재판정부가 내린 임시적 처분의 승인을 받으려는 당사자는 법원에 그 승인의 결정을 구하는 신청을 할 수 있으며, 임시적 처분에 기초한 강제집행을 하려고 하는 당사자는 법원에 이를 집행할 수 있다는 결정을 구하는 신청을 할 수 있다.

② 임시적 처분의 승인 또는 집행을 신청한 당사자 및 그 상대방 당사자는 그 처분의 변경·정지 또는 취소가 있는 경우 법원에 이를 알려야 한다.

③ 중재판정부가 임시적 처분과 관련하여 담보제공 명령을 하지 아니한 경우나 제3자의 권리를 침해할 우려가 있는 경우, 임시적 처분의 승인이나 집행을 신청받은 법원은 필요하다고 인정할 때에는 승인과 집행을 신청한 당사자에게 적절한 담보를 제공할 것을 명할 수 있다.

④ 임시적 처분의 집행에 관하여는 「민사집행법」 중 보전처분에 관한 규정을 준용한다.

(2016.5.29 본조신설)

제18조의8【승인 및 집행의 거부사유】 ① 임시적 처분의 승인 또는 집행은 다음 각 호의 어느 하나에 해당하는 경우에만 거부될 수 있다.

1. 임시적 처분의 상대방 당사자의 이의에 따라 법원이 다음 각 목의 어느 하나에 해당한다고 인정하는 경우

가. 임시적 처분의 상대방 당사자가 다음의 어느 하나에 해당하는 사실을 소명한 경우
1) 제36조제2항제1호가목 또는 라목에 해당하는 사실
2) 임시적 처분의 상대방 당사자가 중재인의 선정 또는 중재절차에 관하여 적절한 통지를 받지 못하였거나 그 밖의 사유로 변론을 할 수 없었던 사실
3) 임시적 처분이 중재합의 대상이 아닌 분쟁을 다룬 사실 또는 임시적 처분이 중재합의 범위를 벗어난 사항을 다룬 사실. 다만, 임시적 처분이 중재합의의 대상에 관한 부분과 대상이 아닌 부분으로 분리될 수 있는 경우에는 대상이 아닌 임시적 처분 부분만이 거부될 수 있다.
나. 임시적 처분에 대하여 법원 또는 중재판정부가 명한 담보가 제공되지 아니한 경우
다. 임시적 처분이 중재판정부에 의하여 취소 또는 정지된 경우
2. 법원이 직권으로 다음 각 목의 어느 하나에 해당한다고 인정하는 경우
가. 법원에 임시적 처분을 집행할 권한이 없는 경우. 다만, 법원이 임시적 처분의 집행을 위하여 임시적 처분의 실체를 변경하지 아니하고 필요한 범위에서 임시적 처분을 변경하는 결정을 한 경우에는 그러하지 아니하다.
나. 제36조제2항제2호가목 또는 나목의 사유가 있는 경우
② 제18조의7에 따라 임시적 처분의 승인이나 집행을 신청받은 법원은 그 결정을 할 때 임시적 처분의 실체에 대하여 심리해서는 아니 된다.
③ 제1항의 사유에 기초한 법원의 판단은 임시적 처분의 승인과 집행의 결정에 대해서만 효력이 있다.
(2016.5.29 본조신설)

제4장 중재절차
(2010.3.31 본장개정)

제19조【당사자에 대한 동등한 대우】 양쪽 당사자는 중재절차에서 동등한 대우를 받아야 하고, 자신의 사안(事案)에 대하여 변론할 수 있는 충분한 기회를 가져야 한다.
제20조【중재절차】 ① 이 법의 강행규정(强行規定)에 반하는 경우를 제외하고는 당사자들은 중재절차에 관하여 합의할 수 있다.
② 제1항의 합의가 없는 경우에는 중재판정부가 이 법에 따라 적절한 방식으로 중재절차를 진행할 수 있다. 이 경우 중재판정부는 증거능력, 증거의 관련성 및 증명력에 관하여 판단할 권한을 가진다.
제21조【중재지】 ① 중재지는 당사자 간의 합의로 정한다.
② 제1항의 합의가 없는 경우 중재판정부는 당사자의 편의와 해당 사건에 관한 모든 사정을 고려하여 중재지를 정한다.
③ 중재판정부는 제1항 및 제2항에 따른 중재지 외의 적절한 장소에서 중재인들 간의 협의, 증인·감정인 및 당사자 본인에 대한 신문(訊問), 물건·장소의 검증 또는 문서의 열람을 할 수 있다. 다만, 당사자가 이와 달리 합의한 경우에는 그러하지 아니하다.(2016.5.29 본항개정)
제22조【중재절차의 개시】 ① 당사자 간에 다른 합의가 없는 경우 중재절차는 피신청인이 중재요청서를 받은 날부터 시작된다.
② 제1항의 중재요청서에는 당사자, 분쟁의 대상 및 중재합의의 내용을 적어야 한다.
제23조【언어】 ① 중재절차에서 사용될 언어는 당사자 간의 합의로 정하고, 합의가 없는 경우에는 중재판정부가 지정하며, 중재판정부의 지정이 없는 경우에는 한국어로 한다.
② 제1항의 언어는 달리 정한 것이 없으면 당사자의 준비서면, 구술심리(口述審理), 중재판정부의 중재판정 및 결정, 그 밖의 의사표현에 사용된다.
③ 중재판정부는 필요하다고 인정하면 서증(書證)과 함께 제1항의 언어로 작성된 번역문을 제출할 것을 당사자에게 명할 수 있다.
제24조【신청서와 답변서】 ① 신청인은 당사자들이 합의하였거나 중재판정부가 정한 기간 내에 신청 취지와 신청 원인이 된 사실을 적은 신청서를 중재판정부에 제출하고, 피신청인은 이에 대하여 답변하여야 한다.
② 당사자는 신청서 또는 답변서에 중요하다고 인정하는 서류를 첨부하거나 앞으로 사용할 증거방법을 표시할 수 있다.
③ 당사자 간에 다른 합의가 없는 경우 당사자는 중재절차의 진행 중에 자신의 신청이나 공격·방어방법을 변경하거나 보완할 수 있다. 다만, 중재판정부가 변경 또는 보완에 의하여 절차가 현저히 지연될 우려가 있다고 인정하는 경우에는 그러하지 아니하다.
제25조【심리】 ① 당사자 간에 다른 합의가 없는 경우 중재판정부는 구술심리를 할 것인지 또는 서면으로만 심리를 할 것인지를 결정한다. 다만, 당사자들이 구술심리를 하지 아니하기로 합의한 경우를 제외하고는 중재판정부는 어느 한쪽 당사자의 신청에 따라 적절한 단계에서 구술심리를 하여야 한다.
② 중재판정부는 구술심리나 그 밖의 증거조사를 하기 전에 충분한 시간을 두고 구술심리기일 또는 증거조사기일을 당사자에게 통지하여야 한다.
③ 어느 한쪽 당사자가 중재판정부에 제출하는 준비서면, 서류, 그 밖의 자료는 지체 없이 상대방 당사자에게 제공되어야 한다.(2016.5.29 본항개정)
④ 중재판정부가 판정에서 기초로 삼으려는 감정서(鑑定書) 또는 서증은 양쪽 당사자에게 제공되어야 한다.
(2016.5.29 본항개정)
제26조【어느 한쪽 당사자의 해태】 ① 신청인이 제24조제1항에 따라 신청서를 제출하지 아니하는 경우 중재판정부는 중재절차를 종료하여야 한다.
② 피신청인이 제24조제1항의 답변서를 제출하지 아니하는 경우 중재판정부는 신청인의 주장에 대한 자백으로 간주하지 아니하고 중재절차를 계속 진행하여야 한다.
③ 어느 한쪽 당사자가 구술심리에 출석하지 아니하거나 정하여진 기간 내에 서증을 제출하지 아니하는 경우 중재판정부는 중재절차를 계속 진행하여 제출된 증거를 기초로 중재판정을 내릴 수 있다.
④ 당사자 간에 다른 합의가 있거나 중재판정부가 상당한 이유가 있다고 인정하는 경우에는 제1항부터 제3항까지의 규정을 적용하지 아니한다.
제27조【감정인】 ① 당사자 간에 다른 합의가 없는 경우 중재판정부는 특정 쟁점에 대한 감정을 위하여 감정인을 지정할 수 있다. 이 경우 중재판정부는 당사자로 하여금 감정인에게 필요한 정보를 제공하고 감정인의 조사를 위하여 관련 문서와 물건 등을 제출하게 하거나 그에 대한 접근을 허용하도록 할 수 있다.
② 당사자 간에 다른 합의가 없는 경우 중재판정부는 직권으로 또는 당사자의 신청을 받아 감정인을 구술심리기일에 출석시켜 당사자의 질문에 답변하도록 할 수 있다.
③ 중재판정부가 지정한 감정인에 대한 기피에 관하여는 제13조 및 제14조를 준용한다.
제28조【증거조사에 관한 법원의 협조】 ① 중재판정부는 직권으로 또는 당사자의 신청을 받아 법원에 증거조사를 촉탁(囑託)하거나 증거조사에 대한 협조를 요청할 수 있다.
② 중재판정부가 법원에 증거조사를 촉탁하는 경우 중재판정부는 조서(調書)에 적을 사항과 그 밖에 증거조사가 필요한 사항을 서면으로 지정할 수 있다.
③ 제2항에 따라 법원이 증거조사를 하는 경우 중재인이나 당사자는 재판장의 허가를 얻어 그 증거조사에 참여할 수 있다.

④ 제2항의 경우 법원은 증거조사를 마친 후 증인신문조서 등본, 검증조서 등본 등 증거조사에 관한 기록을 지체 없이 중재판정부에 보내야 한다.
⑤ 중재판정부가 법원에 증거조사에 대한 협조를 요청하는 경우 법원은 증인이나 문서소지자 등에게 중재판정부 앞에 출석할 것을 명하거나 중재판정부에 필요한 문서를 제출할 것을 명할 수 있다.(2016.5.29 본항신설)
⑥ 중재판정부는 증거조사에 필요한 비용을 법원에 내야 한다.(2016.5.29 본항신설)
(2016.5.29 본조개정)

제5장 중재판정

(2010.3.31 본장개정)

제29조【분쟁의 실체에 적용될 법】 ① 중재판정부는 당사자들이 지정한 법에 따라 판정을 내려야 한다. 특정 국가의 법 또는 법 체계가 지정된 경우에 달리 명시된 것이 없으면 그 국가의 국제사법이 아닌 분쟁의 실체(實體)에 적용될 법을 지정한 것으로 본다.
② 제1항의 지정이 없는 경우 중재판정부는 분쟁의 대상과 가장 밀접한 관련이 있는 국가의 법을 적용하여야 한다.
③ 중재판정부는 당사자들이 명시적으로 권한을 부여하는 경우에만 형평과 선(善)에 따라 판정을 내릴 수 있다.
④ 중재판정부는 계약에서 정한 바에 따라 판단하고 해당 거래에 적용될 수 있는 상관습(商慣習)을 고려하여야 한다.
제30조【중재판정부의 의사결정】 당사자 간에 다른 합의가 없는 경우 3명 이상의 중재인으로 구성된 중재판정부의 의사결정은 과반수의 결의에 따른다. 다만, 중재절차는 당사자 간의 합의가 있거나 중재인 전원이 권한을 부여하는 경우에는 절차를 주관하는 중재인이 단독으로 결정할 수 있다.
제31조【화해】 ① 중재절차의 진행 중에 당사자들이 화해한 경우 중재판정부는 그 절차를 종료한다. 이 경우 중재판정부는 당사자들의 요구에 따라 그 화해 내용을 중재판정의 형식으로 적을 수 있다.
② 제1항에 따라 화해 내용을 중재판정의 형식으로 적을 때에는 제32조에 따라 작성되어야 하며, 중재판정임이 명시되어야 한다.
③ 화해 중재판정은 해당 사건의 본안에 관한 중재판정과 동일한 효력을 가진다.
제32조【중재판정의 형식과 내용】 ① 중재판정은 서면으로 작성하여야 하며, 중재인 전원이 서명하여야 한다. 다만, 3명 이상의 중재인으로 구성된 중재판정부의 경우에 과반수에 미달하는 일부 중재인에게 서명할 수 없는 사유가 있을 때에는 다른 중재인이 그 사유를 적고 서명하여야 한다.
② 중재판정에는 그 판정의 근거가 되는 이유를 적어야 한다. 다만, 당사자 간에 합의가 있거나 제31조에 따른 화해 중재판정인 경우에는 그러하지 아니하다.
③ 중재판정에는 작성날짜와 중재지를 적어야 한다. 이 경우 중재판정은 그 중재판정서에 적힌 날짜와 장소에서 내려진 것으로 본다.
④ 제1항부터 제3항까지의 규정에 따라 작성·서명된 중재판정의 정본(正本)은 제4조제1항부터 제3항까지의 규정에 따라 각 당사자에게 송부한다. 다만, 당사자의 신청이 있는 경우에는 중재판정부는 중재판정의 원본을 그 송부 사실을 증명하는 서면과 함께 관할법원에 송부하여 보관할 수 있다.
(2016.5.29 본항개정)
제33조【중재절차의 종료】 ① 중재절차는 종국판정(終局判定) 또는 제2항에 따른 중재판정부의 결정에 따라 종료된다.
② 중재판정부는 다음 각 호의 어느 하나에 해당하는 경우에는 중재절차의 종료결정을 하여야 한다.
1. 신청인이 중재신청을 철회하는 경우. 다만, 피신청인이 이에 동의하지 아니하고 중재판정부가 피신청인에게 분쟁의 최종적 해결을 구할 정당한 이익이 있다고 인정하는 경우는 제외한다.
2. 당사자들이 중재절차를 종료하기로 합의하는 경우
3. 중재판정부가 중재절차를 계속 진행하는 것이 불필요하거나 불가능하다고 인정하는 경우
③ 중재판정부의 권한은 제34조의 경우를 제외하고는 중재절차의 종료와 함께 종결된다.
제34조【중재판정의 정정·해석 및 추가 판정】 ① 당사자들이 달리 기간을 정한 경우를 제외하고는 각 당사자는 중재판정의 정본을 받은 날부터 30일 이내에 다음 각 호의 어느 하나에 규정된 정정, 해석 또는 추가 판정을 중재판정부에 신청할 수 있다.
1. 중재판정의 오산(誤算)·오기(誤記), 그 밖에 이와 유사한 오류의 정정
2. 당사자 간의 합의가 있는 경우에 중재판정의 일부 또는 특정 쟁점에 대한 해석
3. 중재절차에서 주장되었으나 중재판정에 포함되지 아니한 청구에 관한 추가 판정. 다만, 당사자 간에 다른 합의가 있는 경우는 제외한다.
② 제1항의 신청을 하는 경우 신청인은 상대방 당사자에게 그 취지를 통지하여야 한다.
③ 중재판정부는 제1항제1호 및 제2호의 신청에 대하여는 신청을 받은 날부터 30일 이내에, 같은 항 제3호의 신청에 대하여는 신청을 받은 날부터 60일 이내에 이를 판단하여야 한다. 이 경우 제1항제2호의 해석은 중재판정의 일부를 구성한다.
④ 중재판정부는 판정일부터 30일 이내에 직권으로 제1항제1호의 정정을 할 수 있다.
⑤ 중재판정부는 필요하다고 인정할 때에는 제3항의 기간을 연장할 수 있다.
⑥ 중재판정의 정정, 해석 또는 추가 판정의 형식에 관하여는 제32조를 준용한다.
제34조의2【중재비용의 분담】 당사자 간에 다른 합의가 없는 경우 중재판정부는 중재사건에 관한 모든 사정을 고려하여 중재절차에 관하여 지출한 비용의 분담에 관하여 정할 수 있다.(2016.5.29 본조신설)
제34조의3【지연이자】 당사자 간에 다른 합의가 없는 경우 중재판정부는 중재판정을 내릴 때 중재사건에 관한 모든 사정을 고려하여 적절하다고 인정하는 지연이자의 지급을 명할 수 있다.(2016.5.29 본조신설)

제6장 중재판정의 효력 및 불복

(2010.3.31 본장개정)

제35조【중재판정의 효력】 중재판정은 양쪽 당사자 간에 법원의 확정판결과 동일한 효력을 가진다. 다만, 제38조에 따라 승인 또는 집행이 거절되는 경우에는 그러하지 아니하다.
(2016.5.29 단서신설)
제36조【중재판정 취소의 소】 ① 중재판정에 대한 불복은 법원에 중재판정 취소의 소를 제기하는 방법으로만 할 수 있다.
② 법원은 다음 각 호의 어느 하나에 해당하는 경우에만 중재판정을 취소할 수 있다.
1. 중재판정의 취소를 구하는 당사자가 다음 각 목의 어느 하나에 해당하는 사실을 증명하는 경우
가. 중재합의의 당사자가 해당 준거법(準據法)에 따라 중재합의 당시 무능력자였던 사실 또는 중재합의가 당사자들이 지정한 법에 따라 무효이거나 그러한 지정이 없는 경우에는 대한민국의 법에 따라 무효인 사실
나. 중재판정의 취소를 구하는 당사자가 중재인의 선정 또는 중재절차에 관하여 적절한 통지를 받지 못하였거나 그 밖의 사유로 변론을 할 수 없었던 사실(2016.5.29 본목개정)

다. 중재판정이 중재합의의 대상이 아닌 분쟁을 다룬 사실 또는 중재판정이 중재합의의 범위를 벗어난 사항을 다룬 사실. 다만, 중재판정이 중재합의의 대상에 관한 부분과 대상이 아닌 부분으로 분리될 수 있는 경우에는 대상이 아닌 중재판정 부분만을 취소할 수 있다.
라. 중재판정부의 구성 또는 중재절차가 이 법의 강행규정에 반하지 아니하는 당사자 간의 합의에 따르지 아니하였거나 그러한 합의가 없는 경우에는 이 법에 따르지 아니하였다는 사실
2. 법원이 직권으로 다음 각 목의 어느 하나에 해당하는 사유가 있다고 인정하는 경우
가. 중재판정의 대상이 된 분쟁이 대한민국의 법에 따라 중재로 해결될 수 없는 경우
나. 중재판정의 승인 또는 집행이 대한민국의 선량한 풍속이나 그 밖의 사회질서에 위배되는 경우
③ 중재판정 취소의 소는 중재판정의 취소를 구하는 당사자가 중재판정의 정본을 받은 날부터 또는 제34조에 따른 정정·해석 또는 추가 판정의 정본을 받은 날부터 3개월 이내에 제기하여야 한다.
④ 해당 중재판정에 관하여 대한민국의 법원에서 내려진 승인 또는 집행 결정이 확정된 후에는 중재판정 취소의 소를 제기할 수 없다.(2016.5.29 본항개정)

판례 법원이 직권으로 중재판정을 취소할 수 있는 사유로서 규정하고 있는 '중재판정의 승인 또는 집행이 대한민국의 선량한 풍속 기타 사회질서에 위배되는 때'란 단순히 중재인에 의하여 이루어진 사실인정에 잘못이 있다거나 중재인의 법적 판단이 법령에 위반되어 중재판정의 내용이 불합리하다고 볼 수 있는 모든 경우를 말하는 것이 아니라, 중재판정이 명하는 결과가 대한민국의 선량한 풍속 기타 사회질서에 위배되는 때를 의미한다.(대판 2010.6.24, 2007다73918)

제7장 중재판정의 승인과 집행
(2010.3.31 본장개정)

제37조【중재판정의 승인과 집행】 ① 중재판정은 제38조 또는 제39조에 따른 승인 거부사유가 없으면 승인된다. 다만, 당사자의 신청이 있는 경우에는 법원은 중재판정을 승인하는 결정을 할 수 있다.
② 중재판정에 기초한 집행은 당사자의 신청에 따라 법원에서 집행결정으로 이를 허가하여야 할 수 있다.(2016.5.29 본항신설)
③ 중재판정의 승인 또는 집행을 신청하는 당사자는 중재판정의 정본이나 사본을 제출하여야 한다. 다만, 중재판정이 외국어로 작성되어 있는 경우에는 한국어 번역문을 첨부하여야 한다.
1.~2. (2016.5.29 삭제)
④ 제1항 단서 또는 제2항의 신청이 있는 때에는 법원은 변론기일 또는 당사자 쌍방이 참여할 수 있는 심문기일을 정하고 당사자에게 이를 통지하여야 한다.(2016.5.29 본항신설)
⑤ 제1항 단서 또는 제2항에 따른 결정은 이유를 적어야 한다. 다만, 변론을 거치지 아니한 경우에는 이유의 요지만을 적을 수 있다.(2016.5.29 본항신설)
⑥ 제1항 단서 또는 제2항에 따른 결정에 대해서는 즉시항고를 할 수 있다.(2016.5.29 본항신설)
⑦ 제6항의 즉시항고는 집행정지의 효력을 가지지 아니한다. 다만, 항고법원(재판기록이 원심법원에 남아 있을 때에는 원심법원을 말한다)은 즉시항고에 대한 결정이 있을 때까지 담보를 제공하게 하거나 담보를 제공하게 하지 아니하고 원심재판의 집행을 정지하거나 집행절차의 전부 또는 일부를 정지하도록 명할 수 있으며, 담보를 제공하게 하고 그 집행을 계속하도록 명할 수 있다.(2016.5.29 본항신설)
⑧ 제7항 단서에 따른 결정에 대해서는 불복할 수 없다.
(2016.5.29 본항신설)
(2016.5.29 본조개정)

제38조【국내 중재판정】 대한민국에서 내려진 중재판정은 다음 각 호의 어느 하나에 해당하는 사유가 없으면 승인되거나 집행되어야 한다.(2016.5.29 본문개정)
1. 중재판정의 당사자가 다음 각 목의 어느 하나에 해당하는 사실을 증명한 경우
가. 제36조제2항제1호 각 목의 어느 하나에 해당하는 사실
나. 다음의 어느 하나에 해당하는 사실
1) 중재판정의 구속력이 당사자에 대하여 아직 발생하지 아니하였다는 사실
2) 중재판정이 법원에 의하여 취소되었다는 사실
2. 제36조제2항제2호에 해당하는 경우
(2016.5.29 1호~2호신설)

제39조【외국 중재판정】 ①「외국 중재판정의 승인 및 집행에 관한 협약」을 적용받는 외국 중재판정의 승인 또는 집행은 같은 협약에 따라 한다.
②「외국 중재판정의 승인 및 집행에 관한 협약」을 적용받지 아니하는 외국 중재판정의 승인 또는 집행에 관하여는「민사소송법」제217조,「민사집행법」제26조제1항 및 제27조를 준용한다.

제8장 보 칙
(2010.3.31 본장개정)

제40조【상사중재기관에 대한 보조】 정부는 이 법에 따라 국내외 상사분쟁(商事紛爭)을 공정·신속하게 해결하고 국제거래질서를 확립하기 위하여 법무부장관 또는 산업통상자원부장관이 지정하는 상사중재(商事仲裁)를 하는 사단법인에 대하여 필요한 경비의 전부 또는 일부를 보조할 수 있다.(2020.2.4 본조개정)

제41조【중재규칙의 제정 및 승인】 제40조에 따라 상사중재기관으로 지정받은 사단법인이 중재규칙을 제정하거나 변경할 때에는 대법원장의 승인을 받아야 한다.

부 칙

①【시행일】이 법은 공포한 날부터 시행한다.
②【중재진행중인 사건에 대한 경과조치】이 법 시행전에 중재절차가 진행중인 사건에 대하여는 종전의 규정에 의한다.
③【상사중재기관지정등에 따른 경과조치】이 법 시행당시의 사단법인 대한상사중재원은 제40조의 개정규정에 의한 상사중재를 행하는 사단법인으로 지정된 것으로 보며, 사단법인 대한상사중재원의 상사중재규칙은 제41조의 개정규정에 의한 대법원장의 승인을 얻은 것으로 본다.

부 칙 (2016.5.29)

제1조【시행일】 이 법은 공포 후 6개월이 경과한 날부터 시행한다.
제2조【중재절차 진행 중인 사건에 관한 경과조치】 이 법 시행 당시 중재절차가 진행 중인 사건에 대한 중재합의의 방식, 중재인 선정, 중재판정부의 판정 권한에 대한 불복, 임시적 처분 및 증거조사 협조 요청에 관하여는 제7조, 제8조, 제12조, 제17조, 제18조, 제18조의2부터 제18조의8까지 및 제28조의 개정규정에도 불구하고 종전의 규정에 따른다.

부 칙 (2020.2.4)

이 법은 공포한 날부터 시행한다.

소액사건심판법

(1973년 2월 24일
법 률 제2547호)

개정
1975.12.31법 2821호 1980. 1. 4법 3246호
1990. 1.13법 4205호 1996.11.23법 5166호
2001. 1.29법 6410호 2002. 1.26법 6630호
2005. 3.31법 7427호(민법)
2023. 3.28법19281호

제1조【목적】 이 법은 지방법원 및 그 지원(支院)에서 소액(少額)의 민사사건을 간이한 절차에 따라 신속히 처리하기 위하여 「민사소송법」에 대한 특례를 규정함을 목적으로 한다.
(2023.3.28 본조개정)

제2조【적용 범위 등】 ① 이 법은 지방법원 및 그 지원의 관할사건 중 대법원규칙으로 정하는 민사사건(이하 "소액사건"이라 한다)에 적용한다.
② 소액사건에 대해서는 이 법에 특별한 규정이 있는 경우를 제외하고는 「민사소송법」의 규정을 적용한다.
(2023.3.28 본조개정)

제3조【상고 및 재항고】 소액사건에 대한 지방법원 본원(本院) 합의부의 제2심 판결이나 결정·명령에 대해서는 다음 각 호의 어느 하나에 해당하는 경우에만 대법원에 상고(上告) 또는 재항고(再抗告)를 할 수 있다.
1. 법률·명령·규칙 또는 처분의 헌법 위반 여부와 명령·규칙 또는 처분의 법률 위반 여부에 대한 판단이 부당한 경우
2. 대법원의 판례에 상반되는 판단을 한 경우
(2023.3.28 본조개정)

판례 아파트 매매계약을 앞두고 가계약금을 집주인에게 송금한 경우, 명시적인 계약 또는 가계약금을 해약금으로 하기로 하는 약정이 따로 없었다면 가계약금을 해약금이라고 볼 수 없다. 따라서 중간에 임대차계약을 체결하지 않게 되더라도 가계약금을 집주인이 몰취할 수 없다. 명시적 계약 또는 가계약금 수수에 있어 이를 해약금으로 처리하기로 하는 약정이 있었다고 볼만한 특별한 사정이 없는 한, 교섭단계에서 수수되는 가계약금은 해약금으로 볼 수 없다.
(대판 2022.9.29, 2022다247187)

판례 소액사건심판법 제3조 제1호에서 정하는 '법률·명령·규칙 또는 처분의 헌법 위반 여부와 명령·규칙 또는 처분의 법률 위반 여부에 대한 판단이 부당한 때'라고 함은 하위법규가 상위법규에 위반하는지 여부에 관한 판단이 잘못된 때를 가리키는 것으로서 그 중 제2경우로 정하여진 것은 법규로서의 성질을 가지는 명령·규칙 또는 처분이 헌법이나 법률에 위반됨에도 불구하고 이를 합헌 또는 합법이라고 하여 당해 사건에 적용한 경우 또는 그 반대의 경우를 말한다. 따라서 거기서 정하는 '처분'은 행정기관 등의 구체적·일회적 처분이 아니라 법규적 효력을 가지는 처분을 가리킨다.
(대판 2009.12.10, 2009다84431)

판례 동조 제2호 '대법원의 판례에 상반되는 판단을 한 때'의 의미 : 여기서 '대법원의 판례에 상반되는 판단을 한 때'라 함은 구체적인 당해 사건에 적용될 법령의 해석에 관하여 대법원이 내린 판단과 상반되는 해석을 한 경우를 말하고, 단순한 법리오해나 채증법칙 위반 내지 심리미진과 같은 법령 위반 사유는 이에 해당하지 않는다.
(대판 2004.8.20, 2003다1878)

제4조【구술에 의한 소의 제기】 ① 소(訴)는 구술로써 제기할 수 있다.
② 구술로써 소를 제기할 때에는 법원서기관·법원사무관·법원주사 또는 법원주사보(이하 "법원사무관등"이라 한다) 앞에서 진술하여야 한다.
③ 제2항의 경우에 법원사무관등은 제소조서(提訴調書)를 작성하고 이에 기명날인하여야 한다.
(2023.3.28 본조개정)

제5조【임의출석에 의한 소의 제기】 ① 당사자 양쪽은 임의로 법원에 출석하여 소송에 관하여 변론할 수 있다.
② 제1항의 경우에 소의 제기는 구술에 의한 진술로써 한다.
(2023.3.28 본조개정)

제5조의2【일부청구의 제한】 ① 채권자는 금전, 그 밖의 대체물이나 유가증권의 일정한 수량의 지급을 목적으로 하는 청구의 경우에는 이 법을 적용받기 위해 청구를 분할하여 그 일부만을 청구할 수 없다.
② 제1항을 위반한 소는 판결로 각하(却下)하여야 한다.
(2023.3.28 본조개정)

제5조의3【결정에 의한 이행권고】 ① 법원은 소가 제기된 경우 결정으로 소장 부본이나 제소조서 등본을 첨부하여 피고에게 청구취지대로 이행할 것을 권고할 수 있다. 다만, 다음 각 호의 어느 하나에 해당하는 경우에는 이행권고를 할 수 없다.
1. 독촉절차 또는 조정절차에서 소송절차로 이행된 경우
2. 청구취지나 청구원인이 분명하지 아니한 경우
3. 그 밖에 이행권고를 하는 것이 적절하지 아니하다고 인정하는 경우
② 이행권고결정에는 당사자, 법정대리인, 청구의 취지와 원인 및 이행조항을 적고, 피고가 이의신청을 할 수 있음과 이행권고결정의 효력의 취지를 덧붙여 적어야 한다.
③ 법원사무관등은 이행권고결정서의 등본을 피고에게 송달하여야 한다. 다만, 그 송달은 「민사소송법」 제187조 및 제194조부터 제196조까지에서 규정한 방법으로는 할 수 없다.
④ 법원은 제3항에도 불구하고 「민사소송법」 제187조 및 제194조부터 제196조까지에서 규정한 방법으로만 피고에게 이행권고결정서의 등본을 송달할 수 있는 경우에는 지체 없이 변론기일을 지정하여야 한다.
(2023.3.28 본조개정)

제5조의4【이행권고결정에 대한 이의신청】 ① 피고는 이행권고결정서의 등본을 송달받은 날부터 2주일 이내에 서면으로 이의신청을 할 수 있다. 다만, 그 등본이 송달되기 전에도 이의신청을 할 수 있다.
② 제1항 본문의 기간은 불변기간(不變期間)으로 한다.
③ 법원은 제1항에 따른 이의신청이 있을 때에는 지체 없이 변론기일을 지정하여야 한다.
④ 이의신청을 한 피고는 제1심 판결이 선고되기 전까지 이의신청을 취하(取下)할 수 있다.
⑤ 피고가 이의신청을 하였을 때에는 원고가 주장한 사실을 다툰 것으로 본다.
(2023.3.28 본조개정)

제5조의5【이의신청의 각하】 ① 법원은 이의신청이 적법하지 아니하다고 인정되는 경우에는 그 흠을 보정할 수 없으면 결정으로 그 이의신청을 각하하여야 한다.
② 제1항의 결정에 대해서는 즉시항고를 할 수 있다.
(2023.3.28 본조개정)

제5조의6【이의신청의 추후보완】 ① 피고는 부득이한 사유로 제5조의4제1항 본문의 기간 내에 이의신청을 할 수 없었던 경우에는 그 사유가 없어진 후 2주일 이내에 이의신청을 추후보완할 수 있다. 다만, 그 사유가 없어질 당시 외국에 있던 피고는 30일 이내에 이의신청을 추후보완할 수 있다.
② 피고는 이의신청과 동시에 서면으로 그 추후보완의 사유를 소명하여야 한다.
③ 법원은 추후보완의 사유가 이유 없다고 인정하는 경우에는 결정으로 이의신청을 각하하여야 한다.
④ 제3항의 결정에 대해서는 즉시항고를 할 수 있다.
⑤ 이의신청의 추후보완에 따른 집행정지 등에 관하여는 「민사소송법」 제500조를 준용한다.
(2023.3.28 본조개정)

제5조의7【이행권고결정의 효력】 ① 이행권고결정은 다음 각 호의 어느 하나에 해당하면 확정판결과 같은 효력을 가진다.
1. 피고가 제5조의4제1항 본문의 기간 내에 이의신청을 하지 아니한 경우
2. 이의신청에 대한 각하결정이 확정된 경우
3. 이의신청이 취하된 경우

② 법원사무관등은 이행권고결정이 확정판결과 같은 효력을 가지게 된 경우에는 이행권고결정서의 정본을 원고에게 송달하여야 한다.
③ 제1항 각 호의 어느 하나에 해당하지 아니하는 이행권고결정은 제1심 법원에서 판결이 선고되면 그 효력을 잃는다.
(2023.3.28 본조개정)

제5조의8【이행권고결정에 따른 강제집행의 특례】 ① 이행권고결정에 따른 강제집행은 집행문을 부여받을 필요 없이 제5조의7제2항의 이행권고결정서 정본에 의하여 한다. 다만, 다음 각 호의 어느 하나에 해당하는 경우에는 그러하지 아니하다.
1. 이행권고결정의 집행에 조건을 붙인 경우
2. 당사자의 승계인을 위하여 강제집행을 하는 경우
3. 당사자의 승계인에 대하여 강제집행을 하는 경우
② 법원사무관등은 다음 각 호의 어느 하나에 해당하는 경우에는 원고에게 이행권고결정서의 정본을 내주고, 그 사유를 원본과 정본에 각각 적어야 한다.
1. 원고가 여러 통의 이행권고결정서의 정본을 신청한 경우
2. 원고가 전에 내어준 이행권고결정서의 정본을 돌려주지 아니하고 다시 이행권고결정서의 정본을 신청한 경우
③ 청구에 관한 이의의 주장에 관하여는 「민사집행법」 제44조제2항에 따른 제한을 받지 아니한다.
(2023.3.28 본조개정)

제6조【소장의 송달】 소장 부본이나 제소조서 등본은 지체 없이 피고에게 송달하여야 한다. 다만, 피고에게 이행권고결정서의 등본이 송달된 경우에는 소장 부본이나 제소조서 등본이 송달된 것으로 본다.(2023.3.28 본조개정)

제7조【기일의 지정 등】 ① 소가 제기된 경우 판사는 「민사소송법」 제256조부터 제258조까지의 규정에도 불구하고 바로 변론기일을 정할 수 있다.
② 판사는 제1항의 경우 되도록 한 차례의 변론기일로 심리(審理)를 마치도록 하여야 한다.
③ 판사는 제2항의 목적을 달성하기 위하여 변론기일 전이라도 당사자로 하여금 증거신청을 하게 하는 등 필요한 조치를 할 수 있다.
(2023.3.28 본조개정)

제7조의2【공휴일·야간의 개정】 판사는 필요한 경우 근무시간 외의 시간이나 공휴일에도 개정(開廷)할 수 있다.
(2023.3.28 본조개정)

제8조【소송대리에 관한 특칙】 ① 당사자의 배우자·직계혈족 또는 형제자매는 법원의 허가 없이 소송대리인이 될 수 있다.
② 제1항에 따른 소송대리인은 당사자와의 신분관계와 수권관계(授權關係)를 서면으로 증명하여야 한다. 다만, 수권관계에 대해서는 당사자가 판사 앞에서 구술로 제1항에 따른 소송대리인을 선임하고 법원사무관등이 조서에 그 사실을 적은 경우에는 예외로 한다.
(2023.3.28 본조개정)

제9조【심리절차상의 특칙】 ① 법원은 소장·준비서면, 그 밖의 소송기록에 의하여 청구가 이유 없음이 명백한 경우에는 변론 없이 청구를 기각(棄却)할 수 있다.
② 판사가 바뀐 경우라도 변론의 갱신(更新) 없이 판결할 수 있다.
(2023.3.28 본조개정)

제10조【증거조사에 관한 특칙】 ① 판사는 필요하다고 인정하는 경우에는 직권으로 증거조사를 할 수 있다. 이 경우 그 증거조사의 결과에 관하여는 당사자의 의견을 들어야 한다.
② 증인신문(證人訊問)은 판사가 한다. 다만, 당사자는 판사에게 알리고 증인신문을 할 수 있다.
③ 판사는 상당하다고 인정하는 경우에는 증인 또는 감정인에게 신문을 갈음하여 서면을 제출하게 할 수 있다.
(2023.3.28 본조개정)

제11조【조서의 기재 생략】 ① 판사가 허가한 경우에는 조서에 적을 사항을 생략할 수 있다. 다만, 당사자의 이의가 있는 경우에는 생략할 수 없다.
② 제1항 본문은 변론의 방식에 관한 규정의 준수와 화해(和解)·인낙(認諾)·포기·취하 및 자백에 대해서는 적용하지 아니한다.
(2023.3.28 본조개정)

제11조의2【판결에 관한 특례】 ① 판결의 선고는 변론종결 후 즉시 할 수 있다.
② 판결을 선고할 때에는 주문(主文)을 읽어 주고 그 주문의 정당성이 인정될 수 있는 범위에서 그 이유의 요지를 구술로 설명하여야 한다.
③ 판결서에는 「민사소송법」 제208조에도 불구하고 이유를 적지 아니할 수 있다. 다만, 다음 각 호의 어느 하나에 해당하는 경우에는 청구를 특정함에 필요한 사항 및 주문의 정당함을 뒷받침하는 공격방어방법에 관한 판단 요지를 판결서의 이유에 기재하도록 노력하여야 한다.
1. 판결이유에 의하여 기판력의 객관적 범위가 달라지는 경우
2. 청구의 일부를 기각하는 사건에서 계산의 근거를 명확하게 제시할 필요가 있는 경우
3. 소송의 쟁점이 복잡하고 상대방의 주장, 그 밖의 공격방어방법에 대한 다툼이 상당한 사건 등 당사자에 대한 설명이 필요한 경우
(2023.3.28 본조개정)

제12조~제14조 (1990.1.13 삭제)

제15조 (1996.11.23 삭제)

제16조【시행규칙】 이 법의 시행에 필요한 사항은 대법원규칙으로 정한다.(2023.3.28 본조개정)

부 칙 (2002.1.26)

이 법은 2002년 7월 1일부터 시행한다.

부 칙 (2005.3.31)

제1조【시행일】 이 법은 2008년 1월 1일부터 시행한다.(이하 생략)

부 칙 (2023.3.28)

제1조【시행일】 이 법은 공포한 날부터 시행한다.

제2조【판결서의 이유 기재 노력의무에 관한 적용례】 제11조의2제3항의 개정규정은 이 법 시행 이후 소를 제기하는 경우부터 적용한다.

行政訴訟法

(1984年 12月 15日
全改法律 第3754號)

改正
1988. 8. 5法 4017號(헌재)
1994. 7.27法 4770號
2002. 1.26法 6626號(민사소송법)
2002. 1.26法 6627號(민사집행법)
2013. 3.23法11690號(정부조직)
2014. 5.20法12596號
2014.11.19法12844號(정부조직)
2017. 7.26法14839號(정부조직)

第1章 總 則

第1條【目的】 이 法은 行政訴訟節次를 통하여 行政廳의 違法한 處分 그 밖에 公權力의 행사·不行使등으로 인한 國民의 權利 또는 이익의 침해를 救濟하고, 公法上의 權利關係 또는 法適用에 관한 다툼을 적정하게 解決함을 目的으로 한다.

참조 [재판청구권]헌27①, [대법원의 최종적 심사권]헌107②, [법원의 권한]법원조직2

판례 행정처분은 그 근거 법령이 개정된 경우에도 경과규정에서 달리 정함이 없는 한 처분 당시 시행되는 개정 법령과 그에 정한 기준에 의하는 것이 원칙이고, 그 개정 법령이 기존의 사실 또는 법률관계를 적용대상으로 하면서 국민의 재산권과 관련하여 종전보다 불리한 법률효과를 규정하고 있는 경우에도 그러한 사실 또는 법률관계가 개정법령이 시행되기 이전에 이미 완성 또는 종결된 것이 아니라면 이를 헌법상 금지되는 소급입법에 의한 재산권 침해라고 할 수는 없으며, 그러한 개정 법령의 적용과 관련하여서는 개정 전 법령의 존속에 대한 국민의 신뢰가 개정 법령의 적용에 관한 공익상의 요구보다 더 보호가치가 있다고 인정되는 경우에 그러한 국민의 신뢰를 보호하기 위하여 그 적용이 제한될 수 있는 여지가 있을 따름이다. 그리고 이러한 신뢰보호의 원칙 위배 여부를 판단하기 위해서는 한편으로는 침해받은 이익의 보호가치, 침해의 중한 정도, 신뢰가 손상된 정도, 신뢰침해의 방법 등과 다른 한편으로는 개정 법령을 통해 실현하고자 하는 공익적 목적을 종합적으로 비교·형량하여야 한다.
(대판 2009.9.10, 2008두9324)

판례 부당결부금지의 원칙이란 행정주체가 행정작용을 함에 있어서 상대방에게 이와 실질적인 관련이 없는 의무를 부과하거나 그 이행을 강제하여서는 아니 된다는 원칙을 말한다.
(대판 2009.2.12, 2005다65500)

판례 국민의 적극적 행위 신청에 대하여 행정청이 그 신청에 따른 행위를 하지 않겠다고 거부한 행위가 항고소송의 대상이 되는 행정처분에 해당하는 것이라고 하려면, 그 신청한 행위가 공권력의 행사 또는 이에 준하는 행정작용이어야 하고, 그 거부행위가 신청인의 법률관계에 어떤 변동을 일으키는 것이어야 하며, 그 국민에게 그 행위발동을 요구할 법규상 또는 조리상의 신청권이 있어야 하는바, 여기에서 '신청인의 법률관계에 어떤 변동을 일으키는 것'이라는 의미는 신청인의 실체상의 권리관계에 직접적인 변동을 일으키는 것은 물론, 그렇지 않다 하더라도 신청인이 실체상의 권리자로서 권리를 행사함에 중대한 지장을 초래하는 것도 포함한다.
(대판 2007.10.11, 2007두1316)

판례 일반적으로 행정처분에 효력기간이 정하여져 있는 경우에는 그 기간의 경과로 그 행정처분의 효력은 상실되고, 다만 허가에 붙은 기한이 그 허가된 사업의 성질상 부당하게 짧은 경우에는 이를 그 허가 자체의 존속기간이 아니라 그 허가조건의 존속기간으로 보아 그 기한이 도래함으로써 그 조건의 개정을 고려한다는 뜻으로 해석할 수는 있지만, 그와 같은 경우라 하더라도 그 허가기간이 연장되기 위하여는 그 종기가 도래하기 전에 그 허가기간의 연장에 관한 신청이 있어야 하며, 만일 그러한 연장신청이 없는 상태에서 허가기간이 만료하였다면 그 허가의 효력은 상실된다.(대판 2007.10.11, 2005두12404)

판례 행정청이 국민의 신청에 대하여 한 거부행위가 항고소송의 대상이 되는 행정처분으로 되려면, 행정청의 행위를 요구할 법규상 또는 조리상의 신청권이 국민에게 있어야 하고, 이러한 신청권의 근거 없이 한 국민의 신청을 행정청이 받아들이지 아니한 경우에는 그 거부로 인하여 신청인의 권리나 법적 이익에 어떤 영향을 주는 것이 아니므로 이를 항고소송의 대상이 되는 행정처분이라 할 수 없다. 그리고 제소기간이 이미 도과하여 불가쟁력이 생긴 행정처분에 대하여는 개별 법규에서 그 변경을 요구할 신청권을 규정하고 있거나 관계 법령의 해석상 그러한 신청권이 인정될 수 있는 등 특별한 사정이 없는 한 국민에게 그 행정처분의 변경을 구할 신청권이 있다 할 수 없다.
(대판 2007.4.26, 2005두11104)

판례 허가신청 후 허가기준이 변경된 경우 변경된 허가기준에 따라 처분을 하여야 하는지 여부 : 허가 등의 행정처분은 원칙적으로 처분시의 법령과 허가기준에 의하여 처리되어야 하고 허가신청 당시의 기준에 따라야 하는 것은 아니며, 비록 허가신청 후 허가기준이 변경되었다 하더라도 그 허가관청이 허가신청을 수리하고도 정당한 이유 없이 그 처리를 늦추어 그 사이에 허가기준이 변경된 것이 아닌 이상 변경된 허가기준에 따라서 처분을 하여야 한다.
(대판 2006.8.25, 2004두2974)

판례 행정행위의 취소를 그 명칭에 불구하고 행정행위의 철회로 보아야 하는 경우 : 관할청이 사립학교법인에 대하여 한 기존의 자금차입허가의 취소사유가 본래의 허가 용도가 아닌 다른 용도에 사용하였다는 것으로서, 이는 허가처분 당시에 그 처분에 위와 같은 흠이 존재하였던 것은 아니므로, 위와 같은 취소처분은 그 명칭에 불구하고 행정행위의 철회에 해당하는 것으로서 위 자금차입허가의 효력은 장래에 향하여 소멸한다.(대판 2006.5.11, 2003다37969)

판례 공공사업의 경제성 또는 사업성의 결여로 인하여 행정처분이 무효로 되기 위한 요건(새만금 사업 판례) : 공공사업의 경제성 내지 사업성의 결여로 인하여 행정처분이 무효로 되기 위하여는 공공사업을 시행함으로 인하여 얻는 이익에 비하여 공공사업에 소요되는 비용이 훨씬 커서 이익과 비용이 현저하게 균형을 잃음으로써 사회통념에 비추어 행정처분으로 달성하고자 하는 사업 목적을 실질적으로 실현할 수 없는 정도에 이르렀다고 볼 정도로 과다한 비용과 희생이 요구되는 등 그 하자가 중대하여야 할 뿐만 아니라, 그러한 사정이 객관적으로 명백한 경우라야 한다.
(대판 2006.3.16, 2006두330 전원합의체)

판례 과거에 법률에 의하여 당연퇴직된 공무원의 복직 또는 재임용신청에 대한 행정청의 거부행위가 항고소송의 대상이 되는 행정처분인지 여부(소극) : 과거에 법률에 의하여 당연퇴직된 공무원이 자신을 복직 또는 재임용시켜 줄 것을 요구하는 신청에 대하여 그와 같은 조치가 불가능하다는 행정청의 거부행위는 당연퇴직의 효과가 계속하여 존재한다는 것을 알려주는 일종의 안내에 불과하므로 당연퇴직된 공무원의 실체상의 권리관계에 직접적인 변동을 일으키는 것으로 볼 수 없고, 당연퇴직의 근거 법률이 헌법재판소의 위헌결정으로 효력을 잃게 되었다고 하더라도 당연퇴직된 이후 헌법소원 등의 청구기간이 도과한 경우에는 당연퇴직의 내용과 상반되는 처분을 요구할 수 있는 조리상의 신청권을 인정할 수도 없다고 할 것이어서, 이와 같은 경우 행정청의 복직 또는 재임용거부행위는 항고소송의 대상이 되는 행정처분에 해당한다고 할 수 없다.(대판 2005.11.25, 2004두12421)

第2條【定義】 ① 이 法에서 사용하는 用語의 定義는 다음과 같다.

1. "處分등"이라 함은 行政廳이 행하는 구체적 사실에 관한 法執行으로서의 公權力의 행사 또는 그 거부와 그 밖에 이에 準하는 行政作用(이하 "處分"이라 한다) 및 行政審判에 대한 裁決을 말한다.
2. "不作爲"라 함은 行政廳이 當事者의 申請에 대하여 상당한 期間내에 일정한 處分을 하여야 할 法律上 義務가 있음에도 불구하고 이를 하지 아니하는 것을 말한다.

② 이 法을 適用함에 있어서 行政廳에는 法令에 의하여 行政權限의 委任 또는 委託을 받은 行政機關, 公共團體 및 그 機關 또는 私人이 포함된다.

참조 [취소소송의 대상]19, [행정심판법상 처분]행정심판2⑴, [행정절차법상 처분]행정절차2⑵

판례 인터넷 포털사이트 등의 개인정보 유출사고로 자신들의 주민등록번호 등 개인정보가 불법 유출되자 이를 이유로 관할 구청장에게 주민등록번호를 변경해 줄 것을 신청하였으나 구청장이 '주민등록번호가 불법 유출되었다 하더라도 주민등록법상 변경이 허용되지 않는다'며 주민등록번호 변경을 거부한 사안에서, 현실은 피해자의 의사와 무관하게 주민등록번호가 불법 유출된 경우 개인의 사생활뿐만 아니라 생명·신체에 대한 위해나 재산에 대한 피해를 입을 우려가 있고, 실제 유출된 주민등록번호가 다른 개인정보와 연계되어 각종 광고 마케팅에 이용되거나 사기, 보이스피싱 등의 범죄에 악용되는 등 사회적으로 많은 피해가 발생하고 있다. 그러나 주민등록번호가 유출된 경우 그로 인하여 이미 발생하였거나 발생할 수 있는 피해 등을 최소화할 수 있는 충분한 권리구제방법을 찾기 어려운데도 구 주민등록법(2016.5.29. 법률 제14191호로 개정되기 전의 것)에서는 주민등록번호 변경에 관한 아무런 규정을 두고 있지 않으며, 관련 규정이 없다거나 주민등록번호 변경에 따른 사회적 혼란 등을 이유로 위와 같은 불이익을 피해자가 부득이한 것으로 받아들여야 한다고 보는 것은 피해자의 개인정보자기결정권 등 국민의 기본권 보장의 측면에서 타당하지 않다. 주민등록번호를 관리하는 국가로서는 주민등록번호가 유출된 경우 그로 인한 피해가 최소화되도록 제도를 정비하고 보완해야 할 의무가 있으며, 만약 주민등록번호 변경이 필요한 경우가 있다면 그 변경에 관한 규정을 두어서 이를 허용해야 한다. 이 사안에서 처럼 피해자의 의사와 무관하게 주민등록번호가 유출된 경우에는 조리상 주민등록번호의 변경을 요구할 신청권을 인정함이 타당하고, 구청장의 주민등록번호 변경신청 거부행위는 항고소송의 대상이 되는 행정처분에 해당한다.(대판 2017.6.15, 2013두2945)

판례 국민의 적극적 신청행위에 대하여 행정청이 그 신청에 따른 행위를 하지 않겠다고 거부한 행위가 항고소송의 대상이 되는 행정처분에 해당하는 것이라고 하려면, 그 신청한 행위가 공권력의 행사 또는 이에 준하는 행정작용이어야 하고, 그 거부행위가 신청인의 법률관계에 어떤 변동을 일으키는 것이어야 하며, 그 국민에게 그 행위발동을 요구할 법규상 또는 조리상의 신청권이 있어야 한다.
(대판 2009.9.10, 2007두20638)

판례 공사중지명령의 해제를 요구할 수 있는 권리가 인정되는지 여부(적극) : 지방자치단체장이 공장시설을 신축하는 회사에 대하여 사업승인 내지 건축허가 당시 부가하였던 조건을 이행할 때까지 신축공사를 중지하라는 명령을 한 경우, 위 회사에게는 중지명령의 원인사유가 해소되었음을 이유로 당해 공사중지명령의 해제를 요구할 수 있는 권리가 조리상 인정된다.(대판 2007.5.11, 2007두1811)

판례 항고소송의 대상이 되는 행정처분은 행정청의 공법상의 행위로서 특정사항에 대하여 법률에 의하여 권리를 설정하고 의무를 명하며, 기타 법률상 효과를 발생케 하는 등 국민의 권리의무에 직접 관계가 있는 행위이어야 하고, 다른 집행행위의 매개 없이 그 자체로서 국민의 구체적인 권리의무나 법률관계에 직접적인 변동을 초래케 하는 것이 아닌 일반적, 추상적인 법령 등은 그 대상이 될 수 없다.
(대판 2007.4.12, 2005두15168)

판례 국토의 계획 및 이용에 관한 법률 소정의 토지거래허가구역 지정이 행정처분인지 여부(적극) : 국토의 계획 및 이용에 관한 법률에 따라 토지거래계약에 관한 허가구역으로 지정되는 경우, 허가구역 안에 있는 토지에 대하여 소유권이전 등을 목적으로 하는 거래계약을 체결하고자 하는 당사자는 공동으로 행정관청으로부터 허가를 받아야 하는 등 일정한 제한을 받게 되고, 허가를 받지 아니하고 체결한 토지거래계약은 그 효력이 발생하지 아니하며, 허가를 받은 자는 5년의 범위 이내에서 대통령령이 정하는 기간 동안 그 토지를 허가받은 목적대로 이용하여야 하는 의무도 부담하는 등 토지거래계약에 관한 허가구역의 지정은 개인의 권리 내지 법률상의 이익을 구체적으로 규제하는 효과를 가져오게 하는 행정청의 처분에 해당한다.
(대판 2006.12.22, 2006두12883)

판례 과세관청의 소득처분에 따른 소득금액변동통지가 항고소송의 대상이 되는 처분인지 여부(적극) : 과세관청의 소득처분과 그에 따른 소득금액변동통지가 있는 경우 원천징수의무자인 법인은 소득금액변동통지서를 받은 날에 그 통지서에 기재된 소득의 귀속자에게 당해 소득금액을 지급한 것으로 의제되어 그 때 원천징수하는 소득세의 납세의무가 성립함과 동시에 확정되고, 원천징수의무자인 법인으로서는 원천징수세액을 그 다음달 10일까지 관할 세무서장 등에게 납부하여야 할 의무를 부담하므로 소득금액변동통지는 원천징수의무자인 법인의 납세의무에 직접 영향을 미치는 과세관청의 행위로서, 항고소송의 대상이 되는 조세행정처분이라고 봄이 상당하다.
(대판 2006.4.20, 2002두1878 전원합의체)

판례 국세환급금의 충당이 항고소송의 대상이 되는 처분인지 여부 : 국세환급금의 충당은 국가의 환급금 채무와 조세채권이 대등액에서 소멸되는 점에서 민법상의 상계와 비슷하고, 소멸대상인 조세채권이 존재하지 아니하거나 당연무효 또는 취소되는 경우에는 그 충당의 효력이 없는 것으로서 이러한 사유가 있는 경우에 납세의무자로서는 충당의 효력이 없음을 주장하여 언제든지 민사소송에 의하여 이미 결정된 국세환급금의 반환을 청구할 수 있다고 할 것이므로, 이는 국세환급결정이나 그 국세환급신청에 대한 거부결정과 마찬가지로 항고소송의 대상이 되는 처분이라고 할 수 없다.
(대판 2005.6.10, 2005다15482)

판례 금융감독원장의 금융기관의 임원에 대한 문책경고가 행정처분에 해당되는지 여부(적극) : 금융기관의 임원에 대한 금융감독원장의 문책경고는 그 상대방에 대한 직업선택의 자유를 직접 제한하는 효과를 발생하게 하는 등 상대방의 권리의무에 직접 영향을 미치는 행위로서 항고소송의 대상이 되는 행정처분에 해당한다.
(대판 2005.2.17, 2003두14765)

판례 행정소송에 있어서 행정처분의 존부가 직권조사사항인지 여부 등 : 행정소송에서 쟁송의 대상이 되는 행정처분의 존부는 소송요건으로서 직권조사사항이고, 자백의 대상이 될 수 없는 것이므로, 설사 그 존재를 당사자들이 다투지 아니한다 하더라도 그 존부에 관하여 의심이 있는 경우에는 이를 직권으로 밝혀 보아야 할 것이고, 사실심에서 변론종결시까지 당사자가 주장하지 않던 직권조사사항에 해당하는 사항을 상고심에서 비로소 주장하는 경우 그 직권조사사항에 해당하는 사항은 상고심의 심판범위에 해당한다.
(대판 2004.12.24, 2003두15195)

판례 처분의 근거가 행정규칙에 규정되어 있는 경우, 그 처분이 행정소송의 대상인 행정처분에 해당하기 위한 요건 : 어떠한 처분의 근거가 행정규칙에 규정되어 있다고 하더라도, 그 처분이 상대방에게 권리의 설정 또는 의무의 부담을 명하거나 기타 법적인 효과를 발생하게 하는 등으로 그 상대방의 권리의무에 직접 영향을 미치는 행위라면, 이 경우에도 항고소송의 대상이 되는 행정처분에 해당한다.
(대판 2004.11.26, 2003두10251,10268)

판례 항공노선에 대한 운수권배분처분이 행정소송의 대상인 행정처분인지 여부(적극) : 노선을 배분받은 항공사는 잠정협정 및 비밀양해각서에 의한 지정항공사로서의 지위를 취득하고, 중국의 지정항공사와 상무협정을 체결하는 등 노선면허를 취득하기 위한 후속절차를 밟아 중국 항공당국으로부터 운항허가를 받을 수 있게 되며, 중국의 영역 내에서 무착륙비행, 비운수목적의 착륙 등의 제 권리를 가지게 되는 반면, 노선배분을 받지 못한 항공사는 노선면허 취득을 위한 후속절차를 밟을 수 없을 뿐만 아니라 중국 항공당국으로부터 운항허가를 받을 수도 없는 지위에 놓이게 되고, 이러한 법리에 비추어 보면, 각 노선에 대한 운수권배분처분은 항고소송의 대상이 되는 행정처분에 해당한다.(대판 2004.11.26, 2003두10251,10268)

판례 대학교원의 신규채용에 있어서 유일한 면접심사 대상자로 선정된 임용지원자에 대한 교원신규채용 중단조치가 행정처분인지 여부(적극) : 임용지원자가 당해 대학의 교원임용규정 등에 정한 심사단계 중 중요한 대부분의 단계를 통과하여 다수의 임용지원자 중 유일한 면접심사 대상자로 선정되는 등으로 장차 나머지 일부의 심사단계를 거쳐 대학교원으로 임용될 것을 상당한 정도로 기대할 수 있는 지위에 이르렀다면, 그러한 임용지원자는 임용에 관한 법률상 이익을 가진 자로서 임용권자에 대하여 나머지 심사를 공정하게 진행하여 그 심사에서 통과되면 대학교원으로 임용해 줄 것을 신청할 조리상의 권리가 있다고 보아야 할 것이고, 또한 유일한 면접심사 대상자로 선정된 임용지원자에 대한 교원신규채용업무를 중단하는 조치는 교원신규채용절차의 진행을 유보하였다가 다시 속개하기 위한 중간처분 또는 사무처리절차상 하나의 행위에 불과한 것이라고는 볼 수 없고, 유일한 면접심사 대상자로서 임용에 관한 법률상 이익을 가지는 임용지원자에 대한 신규임용을 사실상 거부하는 종국적인 조치에 해당하는 것이며, 임용지원자에게 직접 고지되지 않았다고 하더라도 임용지원자가 이를 알게 됨으로써 효력이 발생한 것으로 보아야 할 것이므로, 이는 임용지원자의 권리 내지 법률상 이익에 직접 관계되는 것으로서 항고소송의 대상이 되는 처분 등에 해당한다.
(대판 2004.6.11, 2001두7053)

판례 '고시'가 항고소송의 대상이 되는 행정처분에 해당하기 위한 요건 : 어떠한 고시가 일반적·추상적 성격을 가질 때에는 법규명령 또는 행정규칙에 해당할 것이지만, 다른 집행행위의 매개 없이 그 자체로서 직접 국민의 구체적인 권리의무나 법률관계를 규율하는 성격을 가질 때에는 항고소송의 대상이 되는 행정처분에 해당한다.
(대결 2003.10.9, 2003무23)

第3條【行政訴訟의 종류】 行政訴訟은 다음의 네가지로 구분한다.

1. 抗告訴訟 : 行政廳의 處分등이나 不作爲에 대하여 제기하는 訴訟
2. 當事者訴訟 : 行政廳의 處分등을 원인으로 하는 法律關係에 관한 訴訟 그 밖에 公法上의 法律關係에 관한 訴訟으로서 그 法律關係의 한쪽 當事者를 被告로 하는 訴訟
3. 民衆訴訟 : 國家 또는 公共團體의 機關이 法律에 위반되는 행위를 한 때에 직접 자기의 法律上 이익과 관계없이 그 是正을 구하기 위하여 제기하는 訴訟
4. 機關訴訟 : 國家 또는 公共團體의 機關 상호간에 있어서의 權限의 存否 또는 그 행사에 관한 다툼이 있을 때에 이에 대하여 제기하는 訴訟. 다만, 憲法裁判所法 第2條의 規定에 의하여 憲法裁判所의 管掌事項으로 되는 訴訟은 제외한다.(1988.8.5 단서신설)

참조 [재판청구권]헌27①, [사법권의 귀속]헌101①, 법원조직2①, [부작위]2①, [피고적격등]39－44, [보상금증감소송]공토법85②, [당사자 소송]특허187단서, [소의 제기]45, [국민투표무효소송]국민투표10장, [선거무효소송, 당선무효소송]공선222·223, [주민소송]지방자치22, [권한쟁의심판]헌재61, [지방의회의 의결에 대한 재의요구와 제소]지방자치192, [권한쟁의심판]헌111①

판례 하천법부칙과 특별조치법의 규정에 의한 손실보상금의 지급을 구하거나 손실보상청구권의 확인을 구하는 소송의 형태 : 하천법 부칙 제2조와 '법률 제3782호 하천법 중 개정법률 부칙 제2조의 규정에 의한 보상청구권의 소멸시효가 만료된 하천구역 편입토지 보상에 관한 특별조치법' 제2조, 제6조의 각 규정들을 종합하면, 위 규정들에 의한 손실보상청구권은 1984.12.31. 전에 토지가 하천구역으로 된 경우에는 당연히 발생되는 것이지, 관리청의 보상금지급결정에 의하여 비로소 발생하는 것은 아니므로, 위 규정들에 의한 손실보상금의 지급을 구하거나 손실보상청구권의 확인을 구하는 소송은 행소법 제3조 제2호 소정의 당사자소송에 의하여야 한다.
(대판 2006.5.18, 2004다6207 전원합의체)

판례 공무원연금관리공단이 공무원연금법령의 개정에 따라 퇴직연금 중 일부 금액에 대하여 지급거부의 의사표시를 한 경우 그 의사표시가 행정처분인지 여부(소극) : 공무원연금관리공단의 인정에 의하여 퇴직연금을 지급받아 오던 중 공무원연금법령의 개정 등으로 퇴직연금 중 일부 금액의 지급이 정지된 경우에는 당연히 개정된 법령에 따라 퇴직연금이 확정되는 것이지 공무원연금관리공단의 퇴직연금 결정과 통지에 의하여 비로소 그 금액이 확정되는 것이 아니므로, 공무원연금관리공단이 퇴직연금 중 일부 금액에 대하여 지급거부의 의사표시를 하였다고 하더라도 그 의사표시는 퇴직연금 청구권을 형성·확정하는 행정처분이 아니라 공법상의 법률관계의 한쪽 당사자로서 그 지급의무의 존부 및 범위에 관하여 나름대로의 사실상·법률상 의견을 밝힌 것에 불과하다고 할 것이어서, 이를 행정처분이라고 볼 수는 없고, 이러한 미지급 퇴직연금에 대한 지급청구권은 공법상 권리로서 그 지급을 구하는 소송은 공법상의 법률관계에 관한 소송인 공법상 당사자소송에 해당한다.(대판 2004.12.24, 2003두15195)

판례 항고소송의 절차를 거치지 아니하고 곧바로 국가를 상대로 한 당사자소송으로 급여의 지급을 구하는 것의 허부(소극) : 구 군인연금법의 관계 규정을 종합하면, 같은 법에 의한 퇴역연금 등의 급여를 받을 권리는 법령의 규정에 의하여 직접 발생하는 것이 아니라 각 군 참모총장의 확인을 거쳐 국방부장관이 인정함으로써 비로소 구체적인 권리가 발생하고, 위와 같은 급여를 받으려고 하는 자는 우선 관계 법령에 따라 국방부장관에게 그 권리의 인정을 청구하여 국방부장관이 그 인정 청구를 거부하거나 청구 중의 일부만을 인정하는 처분을 하는 경우 그 처분을 대상으로 항고소송을 제기하는 등으로 구체적 권리를 인정받은 다음 비로소 당사자소송으로 그 급여의 지급을 구하여야 할 것이고, 구체적인 권리가 발생하지 않은 상태에서 곧바로 국가를 상대로 한 당사자소송으로 그 권리의 확인이나 급여의 지급을 소구하는 것은 허용되지 아니한다.(대판 2003.9.5, 2002두3522)

第4條【抗告訴訟】 抗告訴訟은 다음과 같이 구분한다.

1. 取消訴訟 : 行政廳의 違法한 處分등을 取消 또는 變更하는 訴訟
2. 無效등 確認訴訟 : 行政廳의 處分등의 效力 유무 또는 存在여부를 확인하는 訴訟
3. 不作爲違法確認訴訟 : 行政廳의 不作爲가 違法하다는 것을 확인하는 訴訟

참조 [재판관할]9-11, [당사자]12-17, [소의 제기]18-24, [심리]25·26, [재판의 효력등]27-34, [원고적격]35·36 [소의 변경]37, [취소소송의 준용]38

판례 예방적 부작위소송 허용여부 : 행정소송법상 행정청이 일정한 처분을 하지 못하도록 그 부작위를 구하는 청구는 허용되지 않는 부적법한 소송이라 할 것이므로, 피고 국민건강보험공단은 이 사건 고시를 적용하여 요양급여비용을 결정하여서는 아니 된다는 내용의 원고들의 위 피고에 대한 이 사건 청구는 부적법하다 할 것이다.
(대판 2006.5.25, 2003두11988)

판례 부작위위법확인소송의 적법요건 : 부작위위법확인의 소에 있어 당사자가 행정청에 대하여 어떠한 행정행위를 하여 줄 것을 요구할 수 있는 법규상 또는 조리상 권리를 갖고 있지 아니한 경우에는 원고적격이 없거나 항고소송의 대상인 위법한 부작위가 있다고 볼 수 없어 그 부작위위법확인의 소는 부적법하다.
(대판 1999.12.7, 97누17568)

판례 무효확인소송과 취소소송의 선택적 병합이나 단순 병합 허용여부 : 행정처분에 대한 무효확인과 취소청구는 서로 양립할 수 없는 청구로서 주위적·예비적 청구로서만 병합이 가능하고 선택적 청구로서의 병합이나 단순 병합은 허용되지 아니한다.
(대판 1999.8.20, 97누6889)

第5條【國外에서의 期間】 이 法에 의한 期間의 計算에 있어서 國外에서의 訴訟行爲追完에 있어서는 그 期間을 14日에서 30日로, 第3者에 의한 再審請求에 있어서는 그 期間을 30日에서 60日로, 訴의 제기에 있어서는 그 期間을 60日에서 90日로 한다.

참조 [제소기간]20, [제3자에 의한 재심청구]31②, [소송행위의 추완]민소173

第6條【命令·規則의 違憲判決등 公告】 ① 行政訴訟에 대한 大法院判決에 의하여 命令·規則이 憲法 또는 法律에 違反된다는 것이 확정된 경우에는 大法院은 지체없이 그 사유를 행정안전부장관에게 통보하여야 한다.

② 第1項의 規定에 의한 통보를 받은 행정안전부장관은 지체없이 이를 官報에 게재하여야 한다.
(2017.7.26 본조개정)

참조 [법원의 명령·규칙심사권]헌107②

第7條【事件의 移送】 민사소송법 제34조제1항의 規定은 原告의 故意 또는 중대한 過失없이 行政訴訟이 審級을 달리하는 法院에 잘못 제기된 경우에도 適用한다.(2002.1.26 본조개정)

참조 [관련청구소송의 이송]10①, [이송의 효과]민소40①, [관할위반이송]민소34①

판례 행정사건을 민사사건으로 오해하여 민사소송을 제기한 경우의 수소법원의 조치 : 원고가 고의 또는 중대한 과실 없이 행정소송으로 제기하여야 할 사건을 민사소송으로 잘못 제기한 경우, 수소법원으로서는 만약 그 행정소송에 대한 관할도 동시에 가지고 있다면 이를 항고소송으로 소 변경을 하도록 하여 그 1심법원으로 심리·판단하여야 하고, 그 행정소송에 대한 관할을 가지고 있지 아니하다면 당해 소송이 행정소송으로서의 소송요건을 결하고 있음이 명백하여 행정소송으로 제기되었더라도 어차피 부적법하게 되는 경우가 아닌 이상 이를 부적법한 소라고 하여 각하할 것이 아니라 관할 법원에 이송하여야 한다.(대판 1997.5.30, 95다28960)

第8條【法適用例】 ① 行政訴訟에 대하여는 다른 法律에 특별한 規定이 있는 경우를 제외하고는 이 法이 정하는 바에 의한다.

② 行政訴訟에 관하여 이 法에 특별한 規定이 없는 사항에 대하여는 法院組織法과 민사소송법 및 민사집행법의 規定을 準用한다.(2002.1.26 본항개정)

참조 [심판권]법원조직40의4, [합의관할]민소29, [변론관할]민소30, [관할위반이송]민소34①, [손해나 지연을 피하기 위한 이송]민소35, [이송의 효과]민소37-40, [당사자능력]민소51·52, [소송능력]민소55-60, [소송의 특정승계]민소81·82, [처분권주의]민소203, [소송의 당연승계]민소233·234·237·239, [청구의 변경]민소262, [선거소송에 준용]공선227

판례 청구의 기초가 바뀌지 않는 경우, 공법상 당사자소송에서 민사소송으로 소 변경이 허용되는지 여부 : 행정소송법 제8조제2항은 행정소송에 관하여 민사소송법을 준용하도록 하고 있으므로, 행정소송의 성질에 비추어 적절하지 않다고 인정되는 경우가 아닌 이상 공법상 당사자소송의 경우도 민사소송법 제262조에 따라 청구의 기초가 바뀌지 아니하는 한도 안에서 변론을 종결할 때까지 청구의 취지를 변경할 수 있다. 소 변경 필요성이 인정되는데도 공법상 당사자소송과 민사소송이 서로 다른 소송절차에 해당한다는 이유만으로 이미 제기한 소를 취하하고 새로 민사상의 소를 제기하도록 하는 것은 당사자의 권리 구제나 소송경제의 측면에서도 바람직하지 않다. 따라서 공법상 당사자소송에 대하여도 청구의 기초가 바뀌지 아니하는 한도 안에서 민사소송으로 소 변경이 가능하다고 해석하는 것이 타당하다.
(대판 2023.6.29, 2022두44262)

판례 행정소송인 심결취소소송에서 자백이 성립할 수 있는지 여부(적극) 및 자백의 대상 : 행정소송인 심결취소소송에서도 원칙적으로 변론주의가 적용되므로 주요사실에 대한 당사자의 불리한 진술인 자백이 성립할 수 있지만, 자백의 대상은 사실에 한하는 것이어서, 사실에 대한 법적 판단 내지 평가는 자백의 대상이 되지 않는다.
(대판 2006.6.2, 2005후1882)

판례 민사소송법 준용에 의한 승계 : 구 국가유공자등예우및지원에관한법률에 의하여 국가유공자와 유족으로 등록되어 보상금을 받고, 교육보호 등 각종 보호를 받을 수 있는 권리는 국가유공자와 유족에 대한 응분의 예우와 국가유공자에 준하는 군경 등에 대한 지원을 행함으로써 이들의 생활안정과 복지향상을 도모하기 위하여 당해 개인에게 부여되어진 일신전속적인 권리이어서, 같은 법 규정에 비추어 상속의 대상으로도 될 수 없다고 할 것이므로 전상군경등록거부처분취소청구소송은 원고의 사망과 동시에 종료하였고, 원고의 상속인들에 의하여 승계될 여지는 없다.(대판 2003.8.19, 2003두5037)

第2章 取消訴訟

第1節 裁判管轄

第9條【재판관할】 ① 取消訴訟의 第1審管轄法院은 被告의 所在地를 관할하는 行政法院으로 한다.(2014.5.20 단서삭제)

② 제1항에도 불구하고 다음 각 호의 어느 하나에 해당하는 피고에 대하여 취소소송을 제기하는 경우에는 대법원소재지를 관할하는 행정법원에 제기할 수 있다.
1. 중앙행정기관, 중앙행정기관의 부속기관과 합의제행정기관 또는 그 장
2. 국가의 사무를 위임 또는 위탁받은 공공단체 또는 그 장
(2014.5.20 본항신설)
③ 土地의 收用 기타 不動産 또는 특정의 場所에 관계되는 處分등에 대한 取消訴訟은 그 不動産 또는 場所의 所在地를 관할하는 行政法院에 이를 제기할 수 있다.
(2014.5.20 본조제목개정)
(1994.7.27 본조개정)

참조 [무효등 확인소송에 준용]38①, [부작위위법확인소송의 준용]38②, [당사자소송에 준용]40, [민중소송·기관소송에 준용]46, [행정소송]보안관찰23, 독점100, 지방자치157, 약관의규제에관한법30의2, 하도급거래공정화에관한법27, [국민투표 무효의 소송]국민투표92, 지방자치5·120·188·189·192, [선거소송의 관할]공선222①②, [당선무효소송의 관할]공선223①②

第10條【關聯請求訴訟의 移送 및 併合】 ① 取消訴訟과 다음 各號의 1에 해당하는 訴訟(이하 "關聯請求訴訟"이라 한다)이 각각 다른 法院에 係屬되고 있는 경우에 關聯請求訴訟이 係屬된 法院이 상당하다고 인정하는 때에는 當事者의 申請 또는 職權에 의하여 이를 取消訴訟이 係屬된 法院으로 移送할 수 있다.
1. 당해 處分등과 관련되는 損害賠償·不當利得返還·原狀回復등 請求訴訟
2. 당해 處分등과 관련되는 取消訴訟
② 取消訴訟에는 事實審의 辯論終結時까지 關聯請求訴訟을 併合하거나 被告외의 者를 상대로 한 關聯請求訴訟을 取消訴訟이 係屬된 法院에 併合하여 제기할 수 있다.

참조 [즉시항고]민소39, [이송결정의 기속력]민소38②, [무효등확인소송에 준용]38①, [부작위위법확인소송에 준용]38②, [당사자소송에 준용]44②, [민중소송·기관소송에 준용]46

판례 제10조는 처분의 취소를 구하는 취소소송에 당해 처분과 관련되는 부당이득반환소송을 관련 청구로 병합할 수 있다고 규정하고 있는바, 이 조항을 둔 취지에 비추어 보면, 취소소송에 병합할 수 있는 당해 처분과 관련되는 부당이득반환소송에는 당해 처분의 취소를 선결문제로 하는 부당이득반환청구가 포함되고, 이러한 부당이득반환청구가 인용되기 위해서는 그 소송절차에서 판결에 의해 당해 처분이 취소되면 충분하고 그 처분의 취소가 확정되어야 하는 것은 아니라고 보아야 한다.(대판 2009.4.9, 2008두23153)

판례 관련청구소송의 병합에서 본래의 취소소송의 적법함이 요건인지 여부(적극) : 행정소송법 제10조 소정의 관련 청구소송의 병합은 본래의 항고소송이 적법할 것을 요건으로 하는 것인데, 직권면직처분부존재·무효확인 등의 본래의 항고소송이 행정처분이 아닌 것을 대상으로 한 부적법한 것이어서 각하되어야 하는 이상 금원지급청구의 소 역시 각하를 면할 수 없다.(대판 1997.11.11, 97누1990)

第11條【先決問題】 ① 處分등의 效力 유무 또는 存在 여부가 民事訴訟의 先決問題로 되어 당해 民事訴訟의 受訴法院이 이를 審理·判斷하는 경우에는 第17條, 第25條, 第26條 및 第33條의 規定을 準用한다.
② 第1項의 경우 당해 受訴法院은 그 處分등을 행한 行政廳에게 그 先決問題로 된 사실을 통지하여야 한다.

참조 [민중소송·기관소송에 준용]46①

판례 처분 위반을 이유로 처벌하기 위해서는 처분의 적법성이 전제되어야 하는지 여부(적극) : 구 도시계획법 제78조에 정한 처분이나 조치명령을 받은 자가 이에 위반한 경우 이로 인하여 같은 법 제92조에 정한 처벌을 하기 위하여는 그 처분이나 조치명령이 적법한 것이라야 하고, 그 처분이 당연무효가 아니라 하더라도 그것이 위법한 처분으로 인정되는 한 같은 법 제92조 위반죄가 성립될 수 없다.
(대판 2004.5.14, 2001도2841)

第2節 當事者

第12條【原告適格】 取消訴訟은 處分등의 取消를 구할 法律上 이익이 있는 者가 제기할 수 있다. 處分등의 효과가 期間의 경과, 處分등의 執行 그 밖의 사유로 인하여 消滅된 뒤에도 그 處分등의 取消로 인하여 회복되는 法律上 이익이 있는 者의 경우에는 또한 같다.

판례 감사원이 한국방송공사에 대한 감사를 실시한 결과 사장 갑에게 부실 경영 등 문책사유가 있다는 이유로 한국방송공사 이사회에 갑에 대한 해임제청을 요구한 사안에서, 해임처분 무효확인 또는 취소소송 계속 중 임기가 만료되어 해임처분의 무효확인 또는 취소로 지위를 회복할 수는 없다고 할지라도, 그 무효확인 또는 취소로 해임처분일부터 임기만료일까지 기간에 대한 보수 지급을 구할 수 있는 경우에는 해임처분의 무효확인 또는 취소를 구할 법률상 이익이 있다고 보아야 한다.(대판 2012.2.23, 2011두5001)

판례 행정소송법 제12조에서 말하는 '법률상 이익'이란 당해 행정처분의 근거 법률에 의하여 보호되는 직접적이고 구체적인 이익을 말하고, 당해 행정처분과 관련하여 간접적이거나 사실적·경제적 이해관계를 가지는 데 불과한 경우는 여기에 포함되지 않으나, 행정처분의 직접 상대방이 아닌 제3자라고 하더라도 당해 행정처분으로 인하여 법률상 보호되는 이익을 침해당한 경우에는 취소소송을 제기하여 그 당부의 판단을 받을 자격이 있다.(대판 2010.5.13, 2009두19168)

판례 취소되어 존재하지 않는 행정처분을 대상으로 한 취소소송의 소의 이익 유무(소극) : 행정처분이 취소되면 그 처분은 취소로 인하여 그 효력이 상실되어 더 이상 존재하지 않는 것이고, 존재하지 않는 행정처분을 대상으로 한 취소소송은 소의 이익이 없어 부적법하다.
(대판 2006.9.28, 2004두5317)

판례 위법한 행정처분의 취소를 구하는 소는 위법한 처분에 의하여 발생한 위법상태를 배제하여 원상으로 회복시키고 그 처분으로 침해되거나 방해받은 권리와 이익을 보호·구제하고자 하는 소송이므로, 비록 그 위법한 처분을 취소한다고 하더라도 원상회복이 불가능한 경우에는 그 취소를 구할 이익이 없다.
(대판 2006.7.28, 2004두13219)

판례 제재기간이 경과되었으나 일정 전제요건으로 장래의 제재적 행정처분을 하도록 정하고 있는 경우, 그 제재적 행정처분의 취소를 구할 소의 이익 유무(한정 적극) : 제재적 행정처분이 그 처분에서 정한 제재기간의 경과로 인하여 그 효과가 소멸되었으나, 부령인 시행규칙 또는 지방자치단체의 규칙의 형식으로 정한 처분기준에서 제재적 행정처분을 받은 것을 가중사유나 전제요건으로 삼아 장래의 제재적 행정처분을 하도록 정하고 있는 경우, 제재적 행정처분의 가중사유나 전제요건에 관한 규정이 법령이 아니라 규칙의 형식으로 되어 있다고 하더라도, 그러한 규칙이 법령에 근거를 두고 있는 이상 그 법적 성질이 대외적·일반적 구속력을 갖는 법규명령인지 여부와는 상관없이, 관할 행정청이나 담당공무원은 이를 준수할 의무가 있으므로 이들이 그 규칙에 정해진 바에 따라 행정작용을 할 것이 당연히 예견되고, 그 결과 행정작용의 상대방인 국민으로서는 그 규칙의 영향을 받을 수밖에 없다. 따라서 그러한 규칙이 정한 바에 따라 선행처분을 받은 상대방이 그 처분의 존재로 인하여 장래에 받을 불이익, 즉 후행처분의 위험은 구체적이고 현실적인 것이므로, 상대방에게는 선행처분의 취소소송을 통하여 그 불이익을 제거할 필요가 있다. 또한, 나중에 후행처분에 대한 취소소송에서 선행처분의 사실관계나 위법 등을 다툴 수 있는 여지가 남아 있다고 하더라도, 이러한 사정은 후행처분이 이루어지기 전에 이를 방지하기 위하여 직접 선행처분의 위법을 다투는 취소소송을 제기할 필요성을 부정할 이유가 되지 못한다.
(대판 2006.6.22, 2003두1684 전원합의체)

판례 감액경정청구 거부처분에 대한 취소소송의 소의 이익 유무(소극) : 납세자가 감액경정청구 거부처분에 대한 취소소송을 제기한 후 증액경정처분이 이루어져서 그 증액경정처분에 대하여도 취소소송을 제기한 경우에는 특별한 사정이 없는 한 동일한 납세의무의 확정에 관한 심리의 중복과 판단의 저촉을 피하기 위하여 감액경정청구 거부처분의 취소를 구하는 소는 그 취소를 구할 이익이나 필요가 없어 부적법하다.(대판 2005.10.14, 2004두8972)

판례 소집해제처분이 있는 경우 소집해제신청 거부처분의 취소를 구할 소의 이익 유무(소극) : 공익근무요원 소집해제신청을 거부한 후에 원고가 계속하여 공익근무요원으로 복무함에 따라 복무기간 만료를 이유로 소집해제처분을 한 경우, 원고가 입게 되는 권리와 이익의 침해는 소집해제처분으로 해소되었으므로 위 거부처분의 취소를 구할 소의 이익이 없다.(대판 2005.5.13, 2004두4369)

판례 법인의 주주가 당해 법인에 대한 행정처분의 취소를 구할 원고적격이 있는지 여부(적극) : 일반적으로 법인의 주주는 당해 법인에 대한 행정처분에 관하여 사실상이나 간접적인 이해관계를 가질 뿐이어서 스스로 그 처분의 취소를 구할 원고적격이 없는 것이 원칙이라고 할 것이지만, 그 처분으로 인하여 궁극적으로 주식이 소각되거나 주주의 법인에 대한 권리가 소멸하는 등 주주의 지위에 중대한 영향을 초래하게 되는데도 그 처분의 성질상 당해 법인이 이를 다툴 것을 기대할 수 없고 달리 주주의 지위를 보전할 구제방법이 없는 경우에는 주주도 그 처분에 관하여 직접적이고 구체적인 법률상 이해관계를 가진다고 보이므로 그 취소를 구할 원고적격이 있다.
(대판 2004.12.23, 2000두2648)

판례 수허가자의 지위를 양수한 양수인의 관할 행정청의 채석허가 취소처분을 다툴 원고적격 인정여부(적극) : 수허가자의 지위를 양수받아 명의변경신고를 할 수 있는 양수인의 지위는 단순한 반사적 이익이나 사실상의 이익이 아니라 산림법령에 의하여 보호되는 직접적이고 구체적인 이익으로서 법률상 이익이라고 할 것이고, 채석허가가

유효하게 존속하고 있다는 것이 양수인의 명의변경신고의 전제가 된다는 의미에서 관할 행정청이 양도인에 대하여 채석허가를 취소하는 처분을 하였다면 이는 양수인의 지위에 대한 직접적 침해가 된다고 할 것이므로 양수인은 채석허가를 취소하는 처분의 취소를 구할 법률상 이익을 가진다.(대판 2003.7.11, 2001두6289)

판례 정보공개거부처분을 받은 청구인의 거부처분의 취소를 구할 원고적격 인정여부(적극) : 국민의 정보공개청구권은 법률상 보호되는 구체적인 권리이므로, 공공기관에 대하여 정보의 공개를 청구하였다가 공개거부처분을 받은 청구인은 행정소송을 통하여 그 공개거부처분의 취소를 구할 법률상의 이익이 있다.(대판 2003.3.11, 2001두6425)

第13條【被告適格】 ① 取消訴訟은 다른 法律에 特別한 規定이 없는 한 그 處分등을 행한 行政廳을 被告로 한다. 다만, 處分등이 있은 뒤에 그 處分등에 관계되는 權限이 다른 行政廳에 承繼된 때에는 이를 承繼한 行政廳을 被告로 한다.

② 第1項의 規定에 의한 行政廳이 없게 된 때에는 그 處分등에 관한 事務가 귀속되는 國家 또는 公共團體를 被告로 한다.

참조 [행정청의 범위]2②, [피고적격]국가공무원16②, 국회사무처법4③, 법원조직70, 헌재17⑤, [행정소송 수행에 대한 법무부장관의 지휘]국가소송6①, [무효등확인소송에 준용]38①, [부작위위법확인소송에 준용]38②, [민중소송·기관소송에 준용]46

판례 대리권을 수여받은 행정청이 대리관계를 밝힘이 없이 자신의 명의로 행정처분을 한 경우, 그 행정처분에 대한 소송의 피고적격 : 대리권을 수여받은 행정청이 대리관계를 밝힘이 없이 그 자신의 명의로 행정처분을 하였다면 그에 대하여는 처분명의자인 당해 행정청이 항고소송의 피고가 되어야 하는 것이 원칙이지만, 대리관계를 명시적으로 밝히지는 아니하였다 하더라도 처분명의자가 피대리 행정청 산하의 행정기관으로서 피대리 행정청을 대리한다는 의사로 행정처분을 하였고 처분명의자는 물론 그 상대방도 그 행정처분이 피대리 행정청을 대리하여 한 것임을 알고서 이를 받아들인 예외적인 경우에는 피대리 행정청이 피고가 되어야 한다.(대결 2006.2.23, 2005부4)

판례 '그 처분등에 관계되는 권한이 다른 행정청에 승계된 때'의 의미 : '그 처분 등에 관계되는 권한이 다른 행정청에 승계된 때'라고 함은 처분 등이 있은 뒤에 행정기구의 개혁, 행정주체의 합병·분리 등에 의하여 처분청의 당해 권한이 타 행정청에 승계된 경우뿐만 아니라 처분 등의 상대방인 사인의 지위나 주소의 변경 등에 의하여 변경전의 처분 등에 관한 행정청의 관할이 이전된 경우 등을 말한다.(대판 2000.11.14, 99두5481)

第14條【被告更正】 ① 原告가 被告를 잘못 지정한 때에는 法院은 原告의 申請에 의하여 決定으로써 被告의 更正을 許可할 수 있다.

② 法院은 第1項의 規定에 의한 決定의 正本을 새로운 被告에게 송달하여야 한다.

③ 第1項의 規定에 의한 申請을 却下하는 決定에 대하여는 卽時抗告할 수 있다.

④ 第1項의 規定에 의한 決定이 있은 때에는 새로운 被告에 대한 訴訟은 처음에 訴를 제기한 때에 제기된 것으로 본다.

⑤ 第1項의 規定에 의한 決定이 있은 때에는 종전의 被告에 대한 訴訟은 取下된 것으로 본다.

⑥ 取消訴訟이 제기된 후에 第13條第1項 但書 또는 第13條第2項에 해당하는 사유가 생긴 때에는 法院은 當事者의 申請 또는 職權에 의하여 被告를 更正한다. 이 경우에는 第4項 및 第5項의 規定을 準用한다.

참조 [소의 변경]21, [무효등확인소송에 준용]38①, [부작위위법확인소송에 준용]38②, [당사자소송에 준용]44①, [민중소송·기관소송에 준용]46

판례 피고경정허가결정에 대한 종전 피고의 불복방법 : 행정소송에서 피고경정신청이 이유 있다 하여 인용한 결정에 대하여는 종전 피고는 항고제기의 방법으로 불복신청할 수 없고, 행소법 제8조 제2항에 의하여 준용되는 민소법 제449조 소정의 특별항고가 허용될 뿐이다.(대결 2006.2.23, 2005부4)

판례 원고가 피고를 잘못 지정하였다면 법원으로서는 당연히 석명권을 행사하여 원고로 하여금 피고를 경정하게 하여 소송을 진행케 하였어야 할 것임에도 불구하고, 법원이 이러한 조치를 취하지 아니한 채 피고의 지정이 잘못되었다는 이유로 소를 각하한 것은 위법하다.(대판 2004.7.8, 2002두7852)

第15條【共同訴訟】 數人의 請求 또는 數人에 대한 請求가 處分등의 取消請求와 관련되는 請求인 경우에 한하여 그 數人은 共同訴訟人이 될 수 있다.

참조 [무효등확인소송에 준용]38①, [부작위위법확인소송에 준용]38②, [당사자소송에 준용]44①, [민중소송·기관소송에 준용]46

第16條【第3者의 訴訟參加】 ① 法院은 訴訟의 결과에 따라 權利 또는 이익의 침해를 받을 第3者가 있는 경우에는 當事者 또는 第3者의 申請 또는 職權에 의하여 決定으로써 그 第3者를 訴訟에 참가시킬 수 있다.

② 法院이 第1項의 規定에 의한 決定을 하고자 할 때에는 미리 當事者 및 第3者의 의견을 들어야 한다.

③ 第1項의 規定에 의한 申請을 한 第3者는 그 申請을 却下한 決定에 대하여 卽時抗告할 수 있다.

④ 第1項의 規定에 의하여 訴訟에 참가한 第3者에 대하여는 민사소송법 제67조의 規定을 準用한다.(2002.1.26 본항개정)

참조 [취소판결등의 효력]29①, [무효등확인소송에 준용]38①, [부작위위법확인소송에 준용]38②, [당사자소송에 준용]44①, [민중소송·기관소송에 준용]46, [필수적 공동소송에 대한 특별규정]민소67

第17條【行政廳의 訴訟參加】 ① 法院은 다른 行政廳을 訴訟에 참가시킬 필요가 있다고 인정할 때에는 當事者 또는 당해 行政廳의 申請 또는 職權에 의하여 決定으로써 그 行政廳을 訴訟에 참가시킬 수 있다.

② 法院은 第1項의 規定에 의한 決定을 하고자 할 때에는 當事者 및 당해 行政廳의 의견을 들어야 한다.

③ 第1項의 規定에 의하여 訴訟에 참가한 行政廳에 대하여는 민사소송법 제76조의 規定을 準用한다.(2002.1.26 본항개정)

참조 [취소판결의 기속력]30①, [무효등확인소송에 준용]38①, [부작위위법확인소송에 준용]38②, [당사자소송에 준용]44①, [민중소송·기관소송에 준용]46, [참가인의 소송행위]민소76

판례 다른 행정청을 참가시킬 필요성의 판단 기준 : 참가의 필요성은 관계되는 다른 행정청을 소송에 참가시킴으로써 소송자료 및 증거자료가 풍부하게 되어 그 결과 사건의 적정한 심리와 재판을 하기 위하여 필요한 경우를 가리킨다.(대판 2002.9.24, 99두1519)

第3節 訴의 제기

第18條【行政審判과의 관계】 ① 取消訴訟은 法令의 規定에 의하여 당해 處分에 대한 行政審判을 제기할 수 있는 경우에도 이를 거치지 아니하고 제기할 수 있다. 다만, 다른 法律에 당해 處分에 대한 行政審判의 裁決을 거치지 아니하면 取消訴訟을 제기할 수 없다는 規定이 있는 때에는 그러하지 아니하다.(1994.7.27 본항개정)

② 第1項 但書의 경우에도 다음 各號의 1에 해당하는 사유가 있는 때에는 行政審判의 裁決을 거치지 아니하고 取消訴訟을 제기할 수 있다.(1994.7.27 본문개정)

1. 行政審判請求가 있은 날로부터 60日이 지나도 裁決이 없는 때
2. 處分의 執行 또는 節次의 續行으로 생길 중대한 損害를 豫防하여야 할 긴급한 필요가 있는 때
3. 法令의 規定에 의한 行政審判機關이 議決 또는 裁決을 하지 못할 사유가 있는 때
4. 그 밖의 정당한 사유가 있는 때

③ 第1項 但書의 경우에 다음 各號의 1에 해당하는 사유가 있는 때에는 行政審判을 제기함이 없이 取消訴訟을 제기할 수 있다.(1994.7.27 본문개정)

1. 同種事件에 관하여 이미 行政審判의 棄却裁決이 있은 때
2. 서로 내용상 관련되는 處分 또는 같은 目的을 위하여 段階的으로 進行되는 處分중 어느 하나가 이미 行政審判의 裁決을 거친 때
3. 行政廳이 事實審의 辯論終結후 訴訟의 대상인 處分을 변경하여 당해 변경된 處分에 관하여 訴를 제기하는 때
4. 處分을 행한 行政廳이 行政審判을 거칠 필요가 없다고 잘못 알린 때

④ 第2項 및 第3項의 規定에 의한 사유는 이를 疎明하여야 한다.

참조 [행정심판전심절차]헌107③, 국세56②, 관세120②, [부작위위법확인소송에 준용]38②, [민중소송·기관소송에 준용]46, [심사청구와의 관계]감사46의2

판례 부당이득금 부과처분과 가산금 징수처분을 받은 사람이 부당이득금 부과처분에 대하여만 전심절차를 거친 경우, 가산금 징수처분에 대하여도 부당이득금 부과처분과 함께 행정소송으로 다툴 수 있는지 여부(적극) : 하천구역의 무단 점용을 이유로 부당이득금 부과처분과 가산금 징수처분을 받은 사람이 가산금 징수처분에 대하여 행정청이 안내한 전심절차를 밟지 않았다 하더라도 부당이득금 부과처분에 대하여 전심절차를 거친 이상 가산금 징수처분에 대하여도 부당이득금 부과처분과 함께 행정소송으로 다툴 수 있다.
(대판 2006.9.8, 2004두947)

판례 감액경정처분에 의한 당초처분의 하자 시정방법 : 감액경정처분은 당초처분의 일부 취소로서의 성질을 가지고 있으므로, 당초처분에 취소사유인 하자가 있는 경우 그것이 처분 전체에 영향을 미치는 절차상 사유에 해당하는 등의 사정이 없는 한 당초처분 자체를 취소하고 새로운 과세처분을 하는 대신 하자가 있는 해당부분 세액을 감액하는 경정처분에 의해 당초처분의 하자를 시정할 수 있다.
(대판 2006.3.9, 2003두2861)

第19條【取消訴訟의 대상】 取消訴訟은 處分등을 대상으로 한다. 다만, 裁決取消訴訟의 경우에는 裁決 자체에 固有한 違法이 있음을 이유로 하는 경우에 한한다.

참조 [무효등확인소송에 준용]38①, [부작위위법확인소송에 준용]38②, [민중소송·기관소송에 준용]46, [재결주의 채택]감사36·40, 노동위26·27, 노노85, 디자인보호64, 상표157−161, 실용신안33, 특허186·189

판례 하자 있는 행정처분이 당연무효가 되기 위하여는 그 하자가 법규의 중요한 부분을 위반한 중대한 것으로서 객관적으로 명백한 것이어야 하며, 하자가 중대하고 명백한지 여부를 판별할 때에는 그 법규의 목적, 의미, 기능 등을 목적론적으로 고찰함과 동시에 구체적 사안 자체의 특수성에 관하여도 합리적으로 고찰함을 요한다. 행정청이 어느 법률관계나 사실관계에 대하여 어느 법률의 규정을 적용하여 행정처분을 한 경우에 그 법률관계나 사실관계에 대하여는 그 법률의 규정을 적용할 수 없다는 법리가 명백히 밝혀져 그 해석에 다툼의 여지가 없음에도 행정청이 위 규정을 적용하여 처분을 한 때에는 그 하자가 중대하고도 명백하다고 할 것이나, 그 법률관계나 사실관계에 대하여 그 법률의 규정을 적용할 수 없다는 법리가 명백히 밝혀지지 아니하여 그 해석에 다툼의 여지가 있는 때에는 행정관청이 이를 잘못 해석하여 행정처분을 하였더라도 이는 그 처분 요건사실을 오인한 것에 불과하여 그 하자가 명백하다고 할 수 없다.
(대판 2009.9.24, 2009두2825)

판례 과세처분에 대한 취소소송에서 청구기각판결이 확정된 후 과세관청이 증액의 재처분을 한 경우, 당초 처분이 재처분에 흡수되는지 여부 : 당초의 과세처분에 대한 취소소송에서 청구기각판결이 확정된 경우에는 당초 처분은 그 적법성이 확정되어 효력을 유지하게 되므로, 그 후 과세관청이 납세자의 탈루소득이나 재산누락을 발견하였음을 이유로 당초 처분에서 인정된 과세표준과 세액을 포함하여 전체의 과세표준과 세액을 새로이 결정한 다음 당초 처분의 세액을 공제한 나머지를 추가로 고지하는 내용의 재처분을 하였을 경우, 추가된 재처분 외에 다시 당초 처분 부분의 취소를 구하는 것은 확정판결의 기판력에 저촉되어 허용될 수 없고, 당초 처분이 재처분에 흡수되어 소멸된다고 할 수도 없다.(대판 2004.12.9, 2003두4034)

판례 행정처분의 근거가 된 법률에 대하여 위헌결정이 된 경우, 당해 행정처분이 당연무효인지 여부 : 행정청이 법률에 근거하여 행정처분을 한 후에 헌법재판소가 그 법률을 위헌으로 결정하였다면 그 행정처분은 결과적으로 법률의 근거가 없이 행하여진 것과 마찬가지가 되어 하자가 있다고 할 것이나, 하자 있는 행정처분이 당연무효가 되기 위하여는 그 하자가 중대할 뿐만 아니라 명백한 것이어야 하는데, 일반적으로 법률이 헌법에 위반된다는 사정은 헌법재판소의 위헌결정이 있기 전에는 객관적으로 명백한 것이라고 할 수 없으므로, 특별한 사정이 없는 한 이러한 하자는 위 행정처분의 취소사유에 해당할 뿐 당연무효사유는 아니라고 보아야 할 것이다.
(대판 2000.6.9, 2000다16329)

第20條【提訴期間】 ① 取消訴訟은 處分등이 있음을 안 날부터 90日 이내에 제기하여야 한다. 다만, 第18條第1項 但書에 規定한 경우와 그 밖에 行政審判請求를 할 수 있는 경우 또는 行政廳이 行政審判請求를 할 수 있다고 잘못 알린 경우에 行政審判請求가 있은 때의 期間은 裁決書의 正本을 송달받은 날부터 起算한다.
② 取消訴訟은 處分등이 있은 날부터 1年(第1項 但書의 경우는 裁決이 있은 날부터 1年)을 경과하면 이를 제기하지 못한다. 다만, 정당한 사유가 있는 때에는 그러하지 아니하다.
③ 第1項의 規定에 의한 期間은 不變期間으로 한다.
(1994.7.27 본조개정)

참조 [제소기간 특례]공토법85①, 교원의지위향상및교육활동보호를위한특별법10④, 보안관찰23·24, 국세56③, 관세120③, [재결서 정본의 송달]행정심판48, [부작위위법확인소송에 준용]38②, [민중소송·기관소송에 준용]46, [기간의 신축, 부가기간]민소172①②, [소송행위의 추후보완]민소173

판례 행정소송법상 항고소송으로 제기해야 할 사건을 민사소송으로 잘못 제기한 경우, 수소법원이 항고소송에 대한 관할을 가지고 있지 않아 관할법원에 이송하는 결정을 해 이송결정이 확정된 후 원고가 항고소송으로 소 변경을 했다면 항고소송에 대한 제소기간의 준수 여부는 원칙적으로 '처음에 소를 제기한 때'를 기준으로 해야 한다.
(대판 2022.11.17, 2021두44425)

판례 부작위위법확인의 소는 부작위상태가 계속되는 한 그 위법의 확인을 구할 이익이 있다고 보아야 하므로 원칙적으로 제소기간의 제한을 받지 않는다. 그러나 행정소송법 제38조 제2항이 제소기간을 규정한 같은 법 제20조를 부작위위법확인소송에 준용하고 있는 점에 비추어 보면, 행정심판 등 전심절차를 거친 경우에는 행정소송법 제20조가 정한 제소기간 내에 부작위위법확인의 소를 제기하여야 한다.
(대판 2009.7.23, 2008두10560)

판례 고시 또는 공고에 의한 행정처분의 경우, 행정처분이 있음을 안 날 : 통상 고시 또는 공고에 의하여 행정처분을 하는 경우에는 그 처분의 상대방이 불특정 다수인이고 그 처분의 효력이 불특정 다수인에게 일률적으로 적용되는 것이므로, 행정처분에 이해관계를 갖는 자가 고시 또는 공고가 있었다는 사실을 현실적으로 알았는지 여부에 관계없이 고시가 효력을 발생하는 날에 행정처분이 있음을 알았다고 보아야 한다.(대판 2007.6.14, 2004두619)

판례 행정청이 영업자에게 행정제재처분을 한 후 당초 처분을 영업자에게 유리하게 변경하는 처분을 한 경우, 취소소송의 대상 및 제소기간 판단기준이 되는 처분(=당초처분) : 행정청이 식품위생법령에 따라 영업자에게 행정제재처분을 한 후 그 처분을 영업자에게 유리하게 변경하는 처분을 한 경우, 변경처분에 의하여 당초 처분은 소멸하는 것이 아니고 당초부터 유리하게 변경된 내용의 처분을 존재하는 것이므로, 변경처분에 의하여 유리하게 변경된 내용의 행정제재가 위법하다 하여 취소를 구하는 경우 그 취소소송의 대상은 변경된 내용의 당초 처분이지 변경처분은 아니고, 제소기간의 준수 여부도 변경처분이 아닌 변경된 내용의 당초 처분을 기준으로 판단하여야 한다.
(대판 2007.4.27, 2004두9302)

판례 행정청이 행정심판청구를 할 수 있다고 잘못 알려 행정심판청구를 한 경우 취소소송의 제소기간 기산점(=재결서 정본 송달일) : 행소법 제20조 제1항에 의하면 취소소송은 원칙적으로 처분 등이 있음을 안 날부터 90일 이내에 제기하여야 하나, 행정청이 행정심판청구를 할 수 있다고 잘못 알려 행정심판의 청구를 한 경우에는 그 제소기간은 행정심판 재결서의 정본을 송달받은 날부터 기산하여야 한다.
(대판 2006.9.8, 2004두947)

판례 특정인에 대한 행정처분을 주소불명 등의 이유로 송달할 수 없어 관보 등에 공고한 경우, 상대방이 그 처분이 있음을 안 날 : 특정인에 대한 행정처분을 주소불명 등의 이유로 송달할 수 없어 관보·공보·게시판·일간신문 등에 공고한 경우에는, 공고가 효력을 발생하는 날에 상대방이 그 행정처분이 있음을 알았다고 볼 수는 없고, 상대방이 당해 처분이 있었다는 사실을 현실적으로 안 날에 그 처분이 있음을 알았다고 보아야 한다.(대판 2006.4.28, 2005두14851)

판례 취소소송에 있어서 소의 변경이 있는 경우, 새로운 소에 대한 제소기간 준수 여부의 기준시점(=소 변경시) : 청구취지를 변경하여 구 소가 취하되고 새로운 소가 제기된 것으로 변경되었을 때에 새로운 소에 대한 제소기간의 준수 등은 원칙적으로 소의 변경이 있은 때를 기준으로 하여야 한다.(대판 2004.11.25, 2004두7023)

第21條【訴의 變更】 ① 法院은 取消訴訟을 당해 處分등에 관계되는 事務가 귀속하는 國家 또는 公共團體에 대한 當事者訴訟 또는 取消訴訟외의 抗告訴訟으로 變更하는 것이 상당하다고 인정할 때에는 請求의 기초에 變更이 없는 한 事實審의 辯論終結時까지 原告의 申請에 의하여 決定으로써 訴의 變更을 許可할 수 있다.
② 第1項의 規定에 의한 許可를 하는 경우 被告를 달리하게 될 때에는 法院은 새로이 被告로 될 者의 의견을 들어야 한다.
③ 第1項의 規定에 의한 許可決定에 대하여는 卽時抗告할 수 있다.
④ 第1項의 規定에 의한 許可決定에 대하여는 第14條第2項·第4項 및 第5項의 規定을 準用한다.

참조 [청구의 변경]민소262, [무효등확인소송과 부작위위법확인소송에 준용]37, [당사자소송에 준용]42

第22條【處分變更으로 인한 訴의 變更】 ① 法院은 行政廳이 訴訟의 대상인 處分을 訴가 제기된 후 變更한 때에는 原告의 申請에 의하여 決定으로써 請求의 취지 또는 원인의 變更을 許可할 수 있다.

② 第1項의 規定에 의한 申請은 處分의 변경이 있음을 안 날로부터 60日이내에 하여야 한다.
③ 第1項의 規定에 의하여 變更되는 請求는 第18條第1項 但書의 規定에 의한 요건을 갖춘 것으로 본다.(1994.7.27 본항개정)

참조 [무효등확인소송에 준용]38①, [당사자소송에 준용]44①, [민중소송·기관소송에 준용]46

판례 행정소송에서 민사소송법상의 청구의 변경이 인정되는지 여부(적극) : 행소법 제21조와 제22조가 정하는 소의 변경은 그 법조에 의하여 특별히 인정되는 것으로서 민소법상의 소의 변경을 배척하는 것이 아니므로, 행정소송의 원고는 행정소송법 제8조 제2항에 의하여 준용되는 민사소송법 제235조에 따라 청구의 기초에 변경이 없는 한도에서 청구의 취지 또는 원인을 변경할 수 있다.
(대판 1999.11.26, 99두9407)

第23條【執行停止】 ① 取消訴訟의 제기는 處分등의 效力이나 그 執行 또는 節次의 續行에 영향을 주지 아니한다.
② 取消訴訟이 제기된 경우에 處分등이나 그 執行 또는 節次의 續行으로 인하여 생길 회복하기 어려운 損害를 豫防하기 위하여 긴급한 필요가 있다고 인정할 때에는 本案이 係屬되고 있는 法院은 當事者의 申請 또는 職權에 의하여 處分등의 效力이나 그 執行 또는 節次의 續行의 전부 또는 일부의 정지(이하 "執行停止"라 한다)를 決定할 수 있다. 다만, 處分의 效力停止는 處分등의 執行 또는 節次의 續行을 정지함으로써 目的을 달성할 수 있는 경우에는 허용되지 아니한다.
③ 執行停止는 公共福利에 중대한 영향을 미칠 우려가 있을 때에는 허용되지 아니한다.
④ 第2項의 規定에 의한 執行停止의 決定을 申請함에 있어서는 그 이유에 대한 疎明이 있어야 한다.
⑤ 第2項의 規定에 의한 執行停止의 決定 또는 棄却의 決定에 대하여는 卽時抗告할 수 있다. 이 경우 執行停止의 決定에 대한 卽時抗告에는 決定의 執行을 정지하는 效力이 없다.
⑥ 第30條第1項의 規定은 第2項의 規定에 의한 執行停止의 決定에 이를 準用한다.

참조 [취소판결등의 효력]29②, [무효등확인소송에 준용]38①, [민중소송·기관소송에 준용]46, [재심의의 효력]감사40②

판례 행정소송법 제23조 제2항에서 정하고 있는 효력정지 요건인 '회복하기 어려운 손해'란, 특별한 사정이 없는 한 금전으로 보상할 수 없는 손해로서 금전보상이 불가능한 경우 내지는 금전보상으로는 사회관념상 행정처분을 받은 당사자가 참고 견딜 수 없거나 참고 견디기가 현저히 곤란한 경우의 유형, 무형의 손해를 일컫는다. 그리고 '처분 등이나 그 집행 또는 절차의 속행으로 인하여 생길 회복하기 어려운 손해를 예방하기 위하여 긴급한 필요'가 있는지는 처분의 성질과 태양 및 내용, 처분상대방이 입는 손해의 성질·내용 및 정도, 원상회복·금전배상의 방법 및 난이 등은 물론 본안청구의 승소가능성 정도 등을 종합적으로 고려하여 구체적·개별적으로 판단하여야 한다.(대결 2011.4.21, 2010무111 전원합의체)

판례 **행정소송법 제23조 소정의 처분에 대한 집행정지의 취지 및 그 효력의 시적 범위** : 행소법 제23조에 정해져 있는 처분에 대한 집행정지는 본안판결이 있을 때까지 당해 행정처분의 집행을 잠정적으로 정지함으로써 손해를 예방하고자 함에 그 취지가 있고, 그 집행정지의 효력 또한 당해 결정의 주문에 표시된 시기까지 존속하다가 그 시기의 도래와 동시에 당연히 소멸한다.(대판 2003.7.11, 2002다48023)

판례 **효력정지신청을 구할 수 있는 요건으로서의 법률상 이익의 의미** : 행정처분에 대한 효력정지신청을 구함에 있어서도 이를 구할 법률상 이익이 있어야 하는바, 이 경우 법률상 이익이라 함은 그 행정처분으로 인하여 발생하거나 확대되는 손해가 당해 처분의 근거 법률에 의하여 보호되는 직접적이고 구체적인 이익과 관련된 것을 말하는 것이고 단지 간접적이거나 사실적·경제적 이해관계를 가지는 데 불과한 경우는 여기에 포함되지 않는다.(대결 2000.10.10, 2000무17)

第24條【執行停止의 取消】 ① 執行停止의 決定이 확정된 후 執行停止가 公共福利에 중대한 영향을 미치거나 그 정지사유가 없어진 때에는 當事者의 申請 또는 職權에 의하여 決定으로써 執行停止의 決定을 取消할 수 있다.
② 第1項의 規定에 의한 執行停止決定의 取消決定과 이에 대한 불복의 경우에는 第23條第4項 및 第5項의 規定을 準用한다.

참조 [취소판결등의 효력]29②, [무효등확인소송에 준용]38①, [민중소송·기관소송에 준용]46

第4節 審 理

第25條【行政審判記錄의 提出命令】 ① 法院은 當事者의 申請이 있는 때에는 決定으로써 裁決을 행한 行政廳에 대하여 行政審判에 관한 記錄의 제출을 명할 수 있다.
② 第1項의 規定에 의한 提出命令을 받은 行政廳은 지체없이 당해 行政審判에 관한 記錄을 法院에 제출하여야 한다.

참조 [문서제출의 방법]민소355①, [무효등확인소송에 준용]38①, [부작위위법확인소송에 준용]38②, [당사자소송에 준용]44①, [민중소송·기관소송에 준용]46

第26條【職權審理】 法院은 필요하다고 인정할 때에는 職權으로 證據調査를 할 수 있고, 當事者가 主張하지 아니한 사실에 대하여도 판단할 수 있다.

참조 [무효등확인소송에 준용]38①, [부작위위법확인소송에 준용]38②, [당사자소송에 준용]44①, [민중소송, 기관소송에 준용]46

판례 납세의무자가 신고한 비용 중의 일부 금액에 관한 세금계산서가 실물거래 없이 허위로 작성되었다는 점이 과세관청에 의해 상당한 정도로 증명되어 그것이 실지비용인지 여부가 다투어지고 납세의무자가 주장하는 비용의 용도와 그 지급의 상대방이 허위임이 상당한 정도로 증명된 경우에는, 그러한 비용이 실제로 지출되었다는 점에 관하여 장부와 증빙 등 자료를 제시하기가 용이한 납세의무자가 이를 증명할 필요가 있다.(대판 2009.8.20, 2007두1439)

판례 일반적으로 세금부과처분취소소송에 있어서 과세요건사실에 관한 입증책임은 과세권자에게 있다 할 것이나, 구체적인 소송과정에서 경험칙에 비추어 과세요건 사실이 추정되는 사실이 밝혀지면 상대방이 문제로 된 당해 사실이 경험칙 적용의 대상 적격이 되지 못하는 사정을 입증하지 않는 한, 당해 과세처분이 과세요건을 충족시키지 못한 위법한 처분이라고 단정할 수 없다.(대판 2007.2.22, 2006두6604)

판례 **과세처분취소소송에 있어서 과세표준액 등의 존부 및 범위에 관한 자료의 제출시기** : 과세처분취소소송에 있어서 심리의 대상은 과세관청이 결정한 과세가액의 존부이고, 소송당사자는 사실심변론종결시까지 과세표준액 등의 존부 내지 범위에 관한 모든 자료를 제출하고 그 때까지 제출된 자료에 의하여 과세처분의 적법 여부를 심판해 줄 것을 주장할 수 있다.(대판 2004.5.14, 2003두12615)

판례 **직권취소의 예외의 인정요건 및 입증책임의 소재** : 행정처분의 성립과정에서 뇌물이 수수되었다고 하더라도 그 행정처분이 기속적 행정행위이고 그 처분의 요건이 충족되었음이 객관적으로 명백하여 다른 선택의 여지가 없었던 경우에는 직권취소의 예외가 될 수 있을 것이지만, 그 경우 이에 대한 입증책임은 이를 주장하는 측에게 있다.
(대판 2003.7.22, 2002두11066)

판례 **세금부과처분취소소송에서 과세요건사실에 관한 입증책임 소재와 입증 정도** : 일반적으로 세금부과처분취소소송에서 과세요건사실에 관한 입증책임은 과세권자에게 있다 할 것이나, 구체적인 소송과정에서 경험칙에 비추어 과세요건사실을 추정할 수 있는 사실이 밝혀지면, 상대방이 문제된 당해 사실이 경험칙 적용의 대상적격이 되지 못하는 사정을 입증하지 않는 한 과세요건을 충족시키지 못한 위법한 처분이라고 단정할 수 없다.(대판 2002.11.13, 2002두6392)

第5節 裁 判

第27條【裁量處分의 取消】 行政廳의 裁量에 속하는 處分이라도 裁量權의 限界를 넘거나 그 濫用이 있는 때에는 法院은 이를 取消할 수 있다.

참조 [부작위위법확인소송에 준용]38②, [민중소송·기관소송에 준용]46

판례 수익적 행정처분에 있어서는 법령에 특별한 근거규정이 없다고 하더라도 그 부관으로서 부담을 붙일 수 있고, 그와 같은 부담은 행정청이 행정처분을 하면서 일방적으로 부가할 수도 있지만 부담을 부가하기 이전에 상대방과 협의하여 부담의 내용을 협약의 형식으로 미리 정한 다음 행정처분을 하면서 이를 부가할 수도 있다.
(대판 2009.2.12, 2005다65500)

판례 지방자치단체장이 공장시설을 신축하는 회사에 대하여 사업승인 내지 건축허가 당시 부가하였던 조건을 이행할 때까지 신축공사를 중지하라는 명령을 한 경우, 위 회사에게는 중지명령의 원인사유가 해소되었음을 이유로 당해 공사중지명령의 해제를 요구할 수 있는 권리가 조리상 인정된다.(대판 2007.5.11, 2007두1811)

판례 **행정주체의 행정계획결정에 관한 재량의 한계** : 행정주체는 구체적인 행정계획을 입안·결정함에 있어서 비교적 광범위한 형성의 자유를 가지는 것이지만, 행정계획을 입안·결정함에 있어서 이익형량을 전혀 행하지 아니하거나 이익형량의 고려 대상에 마땅히 포함시켜야 할 사항을 누락한 경우 또는 이익형량을 하였으나 정당성과 객관성이 결여된 경우에는 위법하다.(대판 2006.9.8, 2003두5426)

판례 처분사유의 추가변경의 허용한계 : 행정처분의 취소를 구하는 항고소송에 있어서, 처분청은 당초처분의 근거로 삼은 사유와 기본적 사실관계가 동일성이 있다고 인정되는 한도 내에서만 다른 사유를 추가하거나 변경할 수 있을 뿐, 기본적 사실관계와 동일성이 인정되지 않는 별개의 사실을 들어 처분사유로서 주장함은 허용되지 아니한다.(대판 2005.4.15, 2004두10883)

판례 기본적 사실관계의 동일성 유무의 판단 기준 : 당초 처분의 근거로 삼은 사유와 기본적 사실관계에 있어서 동일성이 있다고 인정되는 한도 내에서는 다른 사유를 추가하거나 변경할 수 있고, 여기서 기본적 사실관계의 동일성 유무는 처분사유를 법률적으로 평가하기 이전의 구체적인 사실에 착안하여 그 기초가 되는 사회적 사실관계가 기본적인 점에서 동일한지 여부에 따라 결정된다.
(대판 2004.11.26, 2004두4482)

판례 행정처분의 위법 여부 판단의 기준시점 및 하자 있는 행정행위의 치유가 허용되기 위한 요건 : 행정소송에서 행정처분의 위법 여부는 행정처분이 있을 때의 법령과 사실상태를 기준으로 하여 판단하여야 하고, 처분 후 법령의 개폐나 사실상태의 변동에 영향을 받지는 않는다. 그리고 하자 있는 행정행위의 치유는 행정행위의 성질이나 법치주의의 관점에서 볼 때 원칙적으로 허용될 수 없는 것이다. 따라서 예외적으로 행정행위의 무용한 반복을 피하고 당사자의 법적 안정성을 위해 이를 허용하는 때에도 국민의 권리나 이익을 침해하지 않는 범위에서 구체적 사정에 따라 합목적적으로 인정하여야 한다.
(대판 2002.7.9, 2001두10684)

第28條【事情判決】 ① 原告의 請求가 이유있다고 인정하는 경우에도 處分등을 取消하는 것이 현저히 公共福利에 적합하지 아니하다고 인정하는 때에는 法院은 原告의 請求를 棄却할 수 있다. 이 경우 法院은 그 判決의 主文에서 그 處分등이 違法함을 명시하여야 한다.

② 法院이 第1項의 規定에 의한 判決을 함에 있어서는 미리 原告가 그로 인하여 입게 될 損害의 정도와 賠償方法 그 밖의 事情을 調査하여야 한다.

③ 原告는 被告인 行政廳이 속하는 國家 또는 公共團體를 상대로 損害賠償, 除害施設의 設置 그 밖에 적당한 救濟方法의 請求를 당해 取消訴訟등이 係屬된 法院에 併合하여 제기할 수 있다.

第29條【取消判決등의 效力】 ① 處分등을 取消하는 確定判決은 第3者에 대하여도 效力이 있다.

② 第1項의 規定은 第23條의 規定에 의한 執行停止의 決定 또는 第24條의 規定에 의한 그 執行停止決定의 取消決定에 準用한다.

참조 [무효등확인소송에 준용]38①, [부작위위법확인소송에 준용]38②, [민중소송·기관소송에 준용]46

판례 행정처분이 항고소송에서 취소된 사실만으로 당해 행정처분이 공무원의 고의 또는 과실로 인한 것으로서 불법행위를 구성하는지 여부(소극) : 어떠한 행정처분이 후에 항고소송에서 취소되었다고 할지라도 그 기판력에 의하여 당해 행정처분이 곧바로 공무원의 고의 또는 과실로 인한 것으로서 불법행위를 구성한다고 단정할 수는 없는 것이다.(대판 2000.5.12, 99다70600)

第30條【取消判決등의 羈束力】 ① 處分등을 取消하는 確定判決은 그 事件에 관하여 當事者인 行政廳과 그 밖의 關係行政廳을 羈束한다.

② 判決에 의하여 取消되는 處分이 當事者의 申請을 거부하는 것을 내용으로 하는 경우에는 그 處分을 행한 行政廳은 判決의 취지에 따라 다시 이전의 申請에 대한 處分을 하여야 한다.

③ 第2項의 規定은 申請에 따른 處分이 節次의 違法을 이유로 取消되는 경우에 準用한다.

참조 [무효등확인소송에 준용]38①, [부작위위법확인소송에 준용]38②, [당사자소송에 준용]44①, [민중소송·기관소송에 준용]46

판례 동조 제2항의 규정에 의하면 행정청의 거부처분을 취소하는 판결이 확정된 경우에는 그 처분을 행한 행정청이 판결의 취지에 따라 이전의 신청에 대하여 재처분할 의무가 있다고 할 것이나, 그 취소사유가 행정처분의 절차, 방법의 위법으로 인한 것이라면 그 처분 행정청은 그 확정판결의 취지에 따라 그 위법사유를 보완하여 다시 종전의 신청에 대한 거부처분을 할 수 있고, 그러한 처분도 위 조항에 규정된 재처분에 해당한다.(대판 2005.1.14, 2003두13045)

판례 원심판결의 이유는 위법하지만 결론이 정당하다는 이유로 상고기각판결이 선고되어 원심판결이 확정된 경우, 동조 제2항에서 규정하고 있는 '판결의 취지'는 상고심판결의 이유와 원심판결의 결론을 의미한다.(대판 2004.1.15, 2002두2444)

판례 거부처분에 대한 취소판결의 확정 후 행정청의 조치 : 취소소송에서 소송의 대상이 된 거부처분을 실체법상의 위법사유에 기하여 취소하는 판결이 확정된 경우에는 당해 거부처분을 한 행정청은 원칙적으로 신청을 인용하는 처분을 하여야 하고, 사실심 변론종결 이전의 사유를 내세워 다시 거부처분을 하는 것은 확정판결의 기속력에 저촉되어 허용되지 아니한다.(대판 2001.3.23, 99두5238)

第6節 補 則

第31條【第3者에 의한 再審請求】 ① 處分등을 取消하는 判決에 의하여 權利 또는 이익의 침해를 받은 第3者는 자기에게 責任없는 사유로 訴訟에 참가하지 못함으로써 判決의 결과에 영향을 미칠 攻擊 또는 防禦方法을 제출하지 못한 때에는 이를 이유로 확정된 終局判決에 대하여 再審의 請求를 할 수 있다.

② 第1項의 規定에 의한 請求는 確定判決이 있음을 안 날로부터 30日 이내, 判決이 확정된 날로부터 1年 이내에 제기하여야 한다.

③ 第2項의 規定에 의한 期間은 不變期間으로 한다.

참조 [취소판결등의 효력]29, [소송참가]16·17·38①②, [무효등확인소송에 준용]38①, [부작위위법확인소송에 준용]38②, [민중소송·기관소송에 준용]46

第32條【訴訟費用의 부담】 取消請求가 第28條의 規定에 의하여 棄却되거나 行政廳이 處分등을 取消 또는 變更함으로 인하여 請求가 却下 또는 棄却된 경우에는 訴訟費用은 被告의 부담으로 한다.

참조 [당사자소송에 준용]44①, [민중소송·기관소송에 준용]46

第33條【訴訟費用에 관한 裁判의 效力】 訴訟費用에 관한 裁判이 확정된 때에는 被告 또는 參加人이었던 行政廳이 소속하는 國家 또는 公共團體에 그 效力을 미친다.

참조 [무효등확인소송에 준용]38①, [부작위위법확인소송에 준용]38②, [당사자소송에 준용]44①, [민중소송·기관소송에 준용]46

第34條【拒否處分取消判決의 間接强制】 ① 行政廳이 第30條第2項의 規定에 의한 處分을 하지 아니하는 때에는 第1審受訴法院은 當事者의 申請에 의하여 決定으로써 상당한 期間을 정하고 行政廳이 그 期間내에 이행하지 아니하는 때에는 그 遲延期間에 따라 일정한 賠償을 할 것을 명하거나 즉시 損害賠償을 할 것을 명할 수 있다.

② 第33條와 민사집행법 제262조의 規定은 第1項의 경우에 準用한다.(2002.1.26 본항개정)

참조 [간접강제]민집261, [채무자의 심문]민집262, [부작위위법확인소송에 준용]38②, [민중소송·기관소송에 준용]46

판례 간접강제결정에 기한 배상금의 성질 및 그 배상금의 추심이 허용되는지 여부(소극) : 행소법 제34조 소정의 간접강제결정에 기한 배상금은 거부처분취소판결이 확정된 경우 그 처분을 행한 행정청으로 하여금 확정판결의 취지에 따른 재처분의무의 이행을 확실히 담보하기 위한 것으로서, 이는 확정판결의 취지에 따른 재처분의 지연에 대한 제재나 손해배상이 아니고 재처분의 이행에 관한 심리적 강제수단에 불과한 것으로 보아야 하므로, 특별한 사정이 없는 한 간접강제결정에서 정한 의무이행기한이 경과한 후에라도 확정판결의 취지에 따른 재처분의 이행이 있으면 배상금을 추심함으로써 심리적 강제를 꾀할 목적이 상실되어 처분상대방이 더 이상 배상금을 추심하는 것은 허용되지 않는다.(대판 2004.1.15, 2002두2444)

판례 거부처분취소판결의 간접강제신청에 필요한 요건 : 거부처분에 대한 취소의 확정판결이 있음에도 행정청이 아무런 재처분을 하지 아니하거나 재처분을 하였다 하더라도 그것이 종전 거부처분에 대한 취소의 확정판결의 기속력에 반하는 등으로 당연무효라면 이는 아무런 재처분을 하지 아니한 때와 마찬가지라 할 것이므로, 이는 동조 제1항 등에 의한 간접강제신청에 필요한 요건을 갖춘 것으로 보아야 한다.(대결 2002.12.11, 2002무22)

第3章 取消訴訟외의 抗告訴訟

第35條【無效등 確認訴訟의 原告適格】 無效등 確認訴訟은 處分등의 效力 유무 또는 存在 여부의 확인을 구할 法律上 이익이 있는 者가 제기할 수 있다.

판례 '법률상 보호되는 이익'의 의미 : 행정처분의 직접 상대방이 아닌 제3자라 하더라도 당해 행정처분으로 인하여 법률상 보호되는 이익을 침해당한 경우에는 그 처분의 무효확인을 구하는 행정소송을 제기할 수 있으며, 여기에서 말하는 법률상 보호되는 이익이라 함은 당해 처분의 근거 법규 및 관련 법규에 의하여 보호되는 개별적 · 직접적 · 구체적 이익이 있는 경우를 말하고, 공익보호의 결과로 국민 일반이 공통적으로 가지는 일반적 · 간접적 · 추상적 이익이 생기는 경우에는 법률상 보호되는 이익이 있다고 할 수 없다.
(대판 2006.3.16, 2006두330)

판례 사업양도 · 양수에 따른 허가관청의 지위승계신고의 수리는 적법한 사업의 양도 · 양수가 있었음을 전제로 하는 것이므로 그 수리 대상인 사업양도 · 양수가 존재하지 아니하거나 무효인 때에는 수리를 하였다 하더라도 그 수리는 유효한 대상이 없는 것으로서 당연히 무효라 할 것이고, 사업의 양도행위가 무효라고 주장하는 양도자는 민사쟁송으로 양도 · 양수행위의 무효를 구함이 없이 막바로 허가관청을 상대로 하여 행정소송으로 위 신고수리처분의 무효확인을 구할 법률상 이익이 있다.(대판 2005.12.23, 2005두3554)

판례 행정처분 부존재확인소송의 원고적격 : 행정처분의 부존재확인소송은 행정처분의 부존재확인을 구할 법률상 이익이 있는 자만이 제기할 수 있고, 여기에서 법률상 이익은 원고의 권리나 법률상 지위에 현존하는 불안 · 위험이 있고 이를 제거함에는 확인판결을 받는 것이 가장 유효적절한 수단일 때 인정된다.
(대판 2002.12.27, 2001두2799)

第36條【不作爲違法確認訴訟의 原告適格】 不作爲違法確認訴訟은 處分의 申請을 한 者로서 不作爲의 違法의 확인을 구할 法律上 이익이 있는 者만이 제기할 수 있다.

참조 [민원사무처리기준표]민원처리에관한법36 · 37, [처리기간의 공표]행정절차법19, 공공기관의정보공개에관한법11④

판례 부작위위법확인의 소의 제도적 취지 : 부작위위법확인의 소는 행정청이 당사자의 법규상 또는 조리상의 권리에 기한 신청에 대하여 상당한 기간 내에 그 신청을 인용하는 적극적 처분을 하거나 각하 또는 기각하는 등의 소극적 처분을 하여야 할 법률상의 응답의무가 있음에도 불구하고 이를 하지 아니하는 경우, 그 부작위의 위법을 확인함으로써 행정청의 응답을 신속하게 하여 부작위 내지 무응답이라고 하는 소극적인 위법상태를 제거하는 것을 목적으로 하는 것이다.
(대판 2002.6.28, 2000두4750)

판례 부작위위법확인의 소의 상고심 계속 중에 정년퇴직한 경우 확인을 구할 소의 이익 유무(소극) : 지방자치단체가 조례를 통하여 노동운동이 허용되는 사실상의 노무에 종사하는 공무원의 구체적 범위를 규정하지 않고 있는 것에 대하여 버스전용차로 통행위반 단속업무에 종사하는 자가 부작위위법확인의 소를 제기하였으나 상고심 계속중에 정년퇴직한 경우, 위 조례를 제정하지 아니한 부작위가 위법하다는 확인을 구할 소의 이익이 상실되었다.(대판 2002.6.28, 2000두4750)

第37條【訴의 變更】 第21條의 規定은 無效등 確認訴訟이나 不作爲違法確認訴訟을 取消訴訟 또는 當事者訴訟으로 변경하는 경우에 準用한다.

참조 [소의 변경]21, [변경의 효과]14④⑤

第38條【準用規定】 ① 第9條, 第10條, 第13條 내지 第17條, 第19條, 第22條 내지 第26條, 第29條 내지 第31條 및 第33條의 規定은 無效등 確認訴訟의 경우에 準用한다.

② 第9條, 第10條, 第13條 내지 第19條, 第20條, 第25條 내지 第27條, 第29條 내지 第31條, 第33條 및 第34條의 規定은 不作爲違法確認訴訟의 경우에 準用한다.(1994.7.27 본항개정)

참조 [재판관할]9, [관련청구소송의 이송 및 병합]10, [피고적격]13, [피고경정]14, [공동소송]15, [제3자의 소송참가]16, [행정청의 소송참가]17, [취소소송의 대상]19, [처분변경으로 인한 소의 변경]22, [집행정지]23, [집행정지의 취소]24, [행정심판기록의 제출명령]25, [직권심리]26, [취소판결등의 효력]29, [취소판결등의 기속력]30, [제3자에 의한 재심청구]31, [소송비용에 관한 재판의 효력]33, [거부처분취소판결의 간접강제]34

第4章 當事者訴訟

第39條【被告適格】 當事者訴訟은 國家 · 公共團體 그 밖의 權利主體를 被告로 한다.

참조 [피고경정]14 · 44, [국가소송의 대표]국가소송2, [지방자치단체의 대표]지방자치22, [형식적 당사자소송의 피고적격]특허187 · 191, 디자인보호167, 실용신안33, 공토법85②

판례 납세의무부존재확인의 소의 성격 및 피고적격 : 납세의무부존재확인의 소는 공법상의 법률관계 그 자체를 다투는 소송으로서 당사자소송이라 할 것이므로 행소법 제3조 제2호, 제39조에 의하여 그 법률관계의 한쪽 당사자인 국가 · 공공단체 그 밖의 권리주체가 피고적격을 가진다.(대판 2000.9.8, 99두2765)

第40條【裁判管轄】 第9條의 規定은 當事者訴訟의 경우에 準用한다. 다만, 國家 또는 公共團體가 被告인 경우에는 關係行政廳의 所在地를 被告의 所在地로 본다.

참조 [재판관할]9

第41條【提訴期間】 當事者訴訟에 관하여 法令에 提訴期間이 정하여져 있는 때에는 그 期間은 不變期間으로 한다.

참조 [부가기간]민소172, [소송행위의 추후보완]민소173

第42條【訴의 變更】 第21條의 規定은 當事者訴訟을 抗告訴訟으로 變更하는 경우에 準用한다.

참조 [소의 변경]21, [변경의 효과]14④⑤

第43條【假執行宣告의 제한】 國家를 상대로 하는 當事者訴訟의 경우에는 假執行宣告를 할 수 없다.
<2022.2.24 헌법재판소 단순위헌결정으로 이 조는 헌법에 위반>

第44條【準用規定】 ① 第14條 내지 第17條, 第22條, 第25條, 第26條, 第30條第1項, 第32條 및 第33條의 規定은 當事者訴訟의 경우에 準用한다.

② 第10條의 規定은 當事者訴訟과 關聯請求訴訟이 각각 다른 法院에 係屬되고 있는 경우의 移送과 이들 訴訟의 併合의 경우에 準用한다.

참조 [피고경정]14, [공동소송]15, [제3자의 소송참가]16, [행정청의 소송참가]17, [처분변경으로 인한 소의 변경]22, [행정심판기록의 제출명령]25, [직권심리]26, [취소판결등의 기속력]30①, [소송비용의 부담]32, [소송비용에 관한 재판의 효력]33, [관련청구소송의 이송 및 병합]10

第5章 民衆訴訟 및 機關訴訟

第45條【訴의 제기】 民衆訴訟 및 機關訴訟은 法律이 정한 경우에 法律에 정한 者에 한하여 제기할 수 있다.

참조 [행정소송의 종류]3, [국민투표무효소송]국민투표10장, [선거무효소송]공선222 · 223, [주민소송]지방자치22, [행정소송의 종류]3, [권한쟁의심판]헌재61, [지방의회의 의결에 대한 재의요구와 제소]지방자치192, [위법 · 부당한 명령 · 처분의 시정]지방자치188, [직무이행명령에 대한 이의소송]지방자치189

판례 예산삭감조정재의결과 제소 : 지방자치법 제98조는 지방의회의 의결이 월권 또는 법령에 위반되거나 공익을 현저히 해한다고 인정하는 때에는 재의를 요구할 수 있다고 규정하는 바, 법령 자체에 위반되는 예산삭감의 경우에는 지방자치법 제99조에 해당하는 경우보다 그 시정의 필요성이 더한 점, 지방자치법 제99조의 규정이 이에 해당하지 않는 예산에 관련된 모든 의결의 재의를 봉쇄하고 있다고는 보이지 않는 점 등을 고려할 때, 예산삭감에 관한 의결도 지방자치법 제98조 제1항의 요건을 충족할 경우에는 그 조문에 의하여 재의요구가 가능하고 지방의회가 같은 내용으로 재의결을 할 때에는 법령위반이라고 인정되는 경우 소를 제기할 수도 있다고 해석된다.
(대판 2004.5.27, 2003추68)

판례 시 · 도지사의 동의 없는 자치단체장의 소취하와 제소기간 : 지방자치법 제159조 제4항은, 행정자치부장관 또는 시 · 도지사(이하 '시 · 도지사 등'이라 한다)는 재의결된 사항이 법령에 위반된다고 판단됨에도 당해 지방자치단체의 장이 소를 제기하지 아니하는 때에는 당해 지방자치단체의 장에게 제소를 지시하거나 직접 제소할 수 있도록 규정하고 있는바, 지방자치단체의 장이 재의결된 사항이 법령에 위반된다고 판단됨에도 재의결된 날부터 20일 이내에 대법원에 소를 제기하지 아니하던 중 시 · 도지사 등의 제소지시를 받고 제소를 하였다가 시 · 도지사 등의 동의 없이 이를 취하하였다면 소취하의 소급효에 의하여 처음부터 소가 제기되지 아니한 셈이므로, 이는 결국 지방자치법 제159조 제4항의 '당해 지방자치단체의 장이 소를 제기하지 아니하는 때'에 준하는 경우로 볼 수 있고, 따라서 시 · 도지사 등은 직접 제소할 수 있다 할 것인데, 이 경우의 제소기간은 지방자치법 제159조 제6항에서 시 · 도지사 등의 독자적인 제소기간을 당해 지방자치단체의 장의 제소기간 경과일부터 7일로 규정한 취지에 비추어 지방자치단체의 장에 의한 소취하의 효력 발생을 안 날로부터 7일 이내로 봄이 상당하다.(대판 2002.5.31, 2001추88)

第46條【準用規定】 ① 民衆訴訟 또는 機關訴訟으로써 處分등의 取消를 구하는 訴訟에는 그 性質에 反하지 아니하는 한 取消訴訟에 관한 規定을 準用한다.

② 民衆訴訟 또는 機關訴訟으로써 處分등의 效力 유무 또는 存在 여부나 不作爲의 違法의 확인을 구하는 訴訟에는 그

性質에 反하지 아니하는 한 각각 無效등 確認訴訟 또는 不作爲違法確認訴訟에 관한 規定을 準用한다.
③ 民衆訴訟 또는 機關訴訟으로서 第1項 및 第2項에 規定된 訴訟외의 訴訟에는 그 性質에 反하지 아니하는 한 當事者訴訟에 관한 規定을 準用한다.

참조 [관련청구소송의 이송 및 병합]10, [피고적격]13, [피고경정]14, [공동소송]15, [제3자의 소송참가]16, [행정청의 소송참가]17, [행정심판과의 관계]18, [취소소송의 대상]19, [소의 변경]21, [처분변경으로 인한 소의 변경]22, [집행정지의 취소]24, [행정심판기록의 제출명령]25, [직권심리]26, [취소판결등의 기속력]30, [제3자에 의한 재심청구]31, [소송비용의 부담]32, [소송비용에 관한 재판의 효력]33, [거부처분취소판결의 간접강제]34

附 則 (2014.5.20)

第1條【시행일】 이 법은 공포한 날부터 시행한다.
第2條【재판관할에 관한 적용례】 제9조의 개정규정은 이 법 시행 후 최초로 취소소송을 제기하는 경우부터 적용한다.

附 則 (2014.11.19)

第1條【시행일】 이 법은 공포한 날부터 시행한다.(이하 생략)

附 則 (2017.7.26)

第1條【시행일】 ① 이 법은 공포한 날부터 시행한다.(이하 생략)

행정소송규칙

(2023년 8월 31일 대법원규칙 제3108호)

개정
2024. 2.22대법원규칙3132호

제1장 총 칙

제1조【목적】 이 규칙은 「행정소송법」(이하 "법"이라 한다)에 따른 행정소송절차에 관하여 필요한 사항을 규정함을 목적으로 한다.
제2조【명령 · 규칙의 위헌판결 등 통보】 ① 대법원은 재판의 전제가 된 명령 · 규칙이 헌법 또는 법률에 위배된다는 것이 법원의 판결에 의하여 확정된 경우에는 그 취지를 해당 명령 · 규칙의 소관 행정청에 통보하여야 한다.
② 대법원 외의 법원이 제1항과 같은 취지의 재판을 하였을 때에는 해당 재판서 정본을 지체 없이 대법원에 송부하여야 한다.
제3조【소송수행자의 지정】 소송수행자는 그 직위나 업무, 전문성 등에 비추어 해당 사건의 소송수행에 적합한 사람이 지정되어야 한다.
제4조【준용규정】 행정소송절차에 관하여는 법 및 이 규칙에 특별한 규정이 있는 경우를 제외하고는 그 성질에 반하지 않는 한 「민사소송규칙」 및 「민사집행규칙」의 규정을 준용한다.

제2장 취소소송

제5조【재판관할】 ① 국가의 사무를 위임 또는 위탁받은 공공단체 또는 그 장에 대하여 그 지사나 지역본부 등 종된 사무소의 업무와 관련이 있는 소를 제기하는 경우에는 그 종된 사무소의 소재지를 관할하는 행정법원에 제기할 수 있다.
② 법 제9조제3항의 '기타 부동산 또는 특정의 장소에 관계되는 처분등'이란 부동산에 관한 권리의 설정, 변경 등을 목적으로 하는 처분, 부동산에 관한 권리행사의 강제, 제한, 금지 등을 명령하거나 직접 실현하는 처분, 특정구역에서 일정한 행위를 할 수 있는 권리나 자유를 부여하는 처분, 특정구역을 정하여 일정한 행위의 제한 · 금지를 하는 처분 등을 말한다.
제6조【피고경정】 법 제14조제1항에 따른 피고경정은 사실심 변론을 종결할 때까지 할 수 있다.
제7조【명령 · 규칙 소관 행정청에 대한 소송통지】 ① 법원은 명령 · 규칙의 위헌 또는 위법 여부가 쟁점이 된 사건에서 그 명령 · 규칙 소관 행정청이 피고와 동일하지 아니한 경우에는 해당 명령 · 규칙의 소관 행정청에 소송계속 사실을 통지할 수 있다.
② 제1항에 따른 통지를 받은 행정청은 법원에 해당 명령 · 규칙의 위헌 또는 위법 여부에 관한 의견서를 제출할 수 있다.
제8조【답변서의 제출】 ① 피고가 원고의 청구를 다투는 경우에는 소장의 부본을 송달받은 날부터 30일 이내에 다음 각 호의 사항이 포함된 답변서를 제출하여야 한다.
1. 사건의 표시
2. 피고의 명칭과 주소 또는 소재지
3. 대리인의 이름과 주소 또는 소송수행자의 이름과 직위
4. 청구의 취지에 대한 답변
5. 처분등에 이른 경위와 그 사유
6. 관계 법령
7. 소장에 기재된 개개의 사실에 대한 인정 여부
8. 항변과 이를 뒷받침하는 구체적 사실

9. 제7호 및 제8호에 관한 피고의 증거방법과 원고의 증거방법에 대한 의견
10. 덧붙인 서류의 표시
11. 작성한 날짜
12. 법원의 표시
② 답변서에는 제1항제9호에 따른 증거방법 중 증명이 필요한 사실에 관한 중요한 서증의 사본을 첨부하여야 한다.
③ 제1항 및 제2항의 규정에 어긋나는 답변서가 제출된 때에는 재판장은 법원사무관등으로 하여금 방식에 맞는 답변서의 제출을 촉구하게 할 수 있다.
④ 재판장은 필요한 경우 제1항제5호 및 제6호의 사항을 각각 별지로 작성하여 따로 제출하도록 촉구할 수 있다.
제9조【처분사유의 추가 · 변경】 행정청은 사실심 변론을 종결할 때까지 당초의 처분사유와 기본적 사실관계가 동일한 범위 내에서 처분사유를 추가 또는 변경할 수 있다.
제10조【집행정지의 종기】 법원이 법 제23조제2항에 따른 집행정지를 결정하는 경우 그 종기는 본안판결 선고일부터 30일 이내의 범위에서 정한다. 다만, 법원은 당사자의 의사, 회복하기 어려운 손해의 내용 및 그 성질, 본안 청구의 승소 가능성 등을 고려하여 달리 정할 수 있다.
제10조의2【「학교폭력예방 및 대책에 관한 법률」 제17조의4에 따른 집행정지 시 의견 청취】 ① 법원이 「학교폭력예방 및 대책에 관한 법률」 제17조의4제1항에 따라 집행정지 결정을 하기 위하여 피해학생 또는 그 보호자(이하 이 조에서 "피해학생등"이라 한다)의 의견을 청취하여야 하는 경우에는 심문기일을 지정하여 피해학생등의 의견을 청취하는 방법으로 한다. 다만, 특별한 사정이 있는 경우에는 기한을 정하여 피해학생등에게 의견의 진술을 갈음하는 의견서를 제출하게 하는 방법으로 할 수 있다.
② 법원은 제1항에 따른 의견청취 절차를 진행하기 위하여 필요한 경우에는 집행정지 결정의 대상이 되는 처분등을 한 행정청에 피해학생등의 송달받을 장소나 연락처, 의견진술 관련 의사 등에 관한 자료를 제출할 것을 요구할 수 있다.
③ 법원은 제1항 본문에 따라 심문기일을 지정하였을 때에는 당사자와 피해학생등에게 서면, 전화, 휴대전화 문자전송, 전자우편, 팩시밀리 또는 그 밖에 적당하다고 인정되는 방법으로 그 심문기일을 통지하여야 한다.
④ 법원은 필요하다고 인정하는 경우에는 비디오 등 중계장치에 의한 중계시설을 통하거나 인터넷 화상장치를 이용하여 제1항 본문의 심문기일을 열 수 있다.
⑤ 법원은 필요하다고 인정하는 경우에는 가해학생 또는 그 보호자를 퇴정하게 하거나 가림시설 등을 이용하여 피해학생등의 의견을 청취할 수 있다.
⑥ 제3항에 따라 심문기일을 통지받은 피해학생등은 해당 사건에 대한 의견 등을 기재한 서면을 법원에 제출할 수 있다.
⑦ 피해학생등이 제1항 단서의 의견서 또는 제6항의 서면을 제출한 경우 법원은 당사자에게 피해학생등의 의견서 또는 서면이 제출되었다는 취지를 서면, 전화, 휴대전화 문자전송, 전자우편, 팩시밀리 또는 그 밖에 적당하다고 인정되는 방법으로 통지하여야 한다.
⑧ 법원은 다음 각 호의 어느 하나에 해당하는 경우에는 피해학생등의 의견을 청취하지 아니할 수 있다.
1. 피해학생등이 의견진술의 기회를 포기한다는 뜻을 명백히 표시한 경우
2. 피해학생등이 정당한 사유 없이 심문기일에 출석하지 아니하거나 제1항 단서에서 정한 기한 내에 의견의 진술을 갈음하는 의견서를 제출하지 아니하는 경우
3. 피해학생등의 의견을 청취하기 위하여 임시로 집행정지를 하는 경우
4. 그 밖에 피해학생등의 의견을 청취하기 어려운 부득이한 사유가 있는 경우
⑨ 당사자와 소송관계인은 청취한 피해학생등의 의견을 이용하여 피해학생등의 명예 또는 생활의 평온을 해치는 행위를 하여서는 아니 된다.
(2024.2.22 본조신설)
제11조【비공개 정보의 열람 · 심사】 ① 재판장은 「공공기관의 정보공개에 관한 법률」 제20조제1항에 따른 취소소송 사건, 같은 법 제21조제2항에 따른 취소소송이나 이를 본안으로 하는 집행정지신청 사건의 심리를 위해 같은 법 제20조제2항에 따른 비공개 열람 · 심사를 하는 경우 피고에게 공개 청구된 정보의 원본 또는 사본 · 복제물의 제출을 명할 수 있다.
② 제1항에 따른 제출 명령을 받은 피고는 변론기일 또는 심문기일에 해당 자료를 제출하여야 한다. 다만, 특별한 사정이 있으면 재판장은 그 자료를 다른 적당한 방법으로 제출할 것을 명할 수 있고, 이 경우 자료를 제출받은 재판장은 지체 없이 원고에게 제1항의 명령에 따른 자료를 제출받은 사실을 통지하여야 한다.
③ 제2항에 따라 제출된 자료는 소송기록과 분리하여 해당 사건을 심리하는 법관만이 접근할 수 있는 방법으로 보관한다.
④ 법원은 제1항의 취소소송이나 집행정지신청 사건에 대한 재판이 확정된 경우 제2항에 따라 제출받은 자료를 반환한다. 다만, 법원은 당사자가 그 자료를 반환받지 아니한다는 의견을 표시한 경우 또는 위 확정일부터 30일이 지났음에도 해당 자료를 반환받지 아니하는 경우에는 그 자료를 적당한 방법으로 폐기할 수 있다.
⑤ 당사자가 제1항의 취소소송이나 집행정지신청 사건의 재판에 관하여 불복하는 경우 법원은 제2항에 따라 제출받은 자료를 제3항에 따른 방법으로 상소법원에 송부한다.
제12조【행정청의 비공개 처리】 ① 피고 또는 관계행정청이 「민사소송법」 제163조제1항 각 호의 어느 하나에 해당하는 정보 또는 법령에 따라 비공개 대상인 정보가 적혀 있는 서면 또는 증거를 제출 · 제시하는 경우에는 해당 정보가 공개되지 아니하도록 비실명 또는 공란으로 표시하거나 그 밖의 적절한 방법으로 제3자가 인식하지 못하도록 처리(이하 "비공개 처리"라 한다)할 수 있다.
② 법원은 피고 또는 관계행정청이 제1항에 따라 비공개 처리를 한 경우에도 사건의 심리를 위해 필요하다고 인정하는 경우에는 다음 각 호의 어느 하나를 제출 · 제시할 것을 명할 수 있다.
1. 비공개 처리된 정보의 내용
2. 비공개 처리를 하지 않은 서면 또는 증거
③ 법원은 제2항 각 호의 자료를 다른 사람이 보도록 하여서는 안 된다. 다만, 당사자는 법원에 해당 자료의 열람 · 복사를 신청할 수 있다.
④ 제3항의 열람 · 복사 신청에 관한 결정에 대해서는 즉시항고를 할 수 있다.
⑤ 제3항의 신청을 인용하는 결정은 확정되어야 효력을 가진다.
제13조【피해자의 의견 청취】 ① 법원은 필요하다고 인정하는 경우에는 해당 처분의 처분사유와 관련하여 다음 각 호에 해당하는 사람(이하 '피해자'라 한다)으로부터 그 처분에 관한 의견을 기재한 서면을 제출받는 등의 방법으로 피해자의 의견을 청취할 수 있다.
1. 「성폭력방지 및 피해자보호 등에 관한 법률」 제2조제3호의 성폭력피해자
2. 「양성평등기본법」 제3조제2호의 성희롱으로 인하여 피해를 입은 사람
3. 「학교폭력예방 및 대책에 관한 법률」 제2조제4호의 피해학생 또는 그 보호자(2024.2.22 본호개정)

② 당사자와 소송관계인은 제1항에 따라 청취한 피해자의 의견을 이용하여 피해자의 명예 또는 생활의 평온을 해치는 행위를 하여서는 아니 된다.
③ 제1항에 따라 청취한 의견은 처분사유의 인정을 위한 증거로 할 수 없다.
제14조【사정판결】 법원이 법 제28조제1항에 따른 판결을 할 때 그 처분등을 취소하는 것이 현저히 공공복리에 적합하지 아니한지 여부는 사실심 변론을 종결할 때를 기준으로 판단한다.
제15조【조정권고】 ① 재판장은 신속하고 공정한 분쟁 해결과 국민의 권익 구제를 위하여 필요하다고 인정하는 경우에는 소송계속 중인 사건에 대하여 직권으로 소의 취하, 처분등의 취소 또는 변경, 그 밖에 다툼을 적정하게 해결하기 위해 필요한 사항을 서면으로 권고할 수 있다.
② 재판장은 제1항의 권고를 할 때에는 권고의 이유나 필요성 등을 기재할 수 있다.
③ 재판장은 제1항의 권고를 위하여 필요한 경우에는 당사자, 이해관계인, 그 밖의 참고인을 심문할 수 있다.

제3장 취소소송외의 항고소송

제16조【무효확인소송에서 석명권의 행사】 재판장은 무효확인소송이 법 제20조에 따른 기간 내에 제기된 경우에는 원고에게 처분등의 취소를 구하지 아니하는 취지인지를 명확히 하도록 촉구할 수 있다. 다만, 원고가 처분등의 취소를 구하지 아니함을 밝힌 경우에는 그러하지 아니하다.
제17조【부작위위법확인소송의 소송비용부담】 법원은 부작위위법확인소송 계속 중 행정청이 당사자의 신청에 대하여 상당한 기간이 지난 후 처분등을 함에 따라 소를 각하하는 경우에는 소송비용의 전부 또는 일부를 피고가 부담하게 할 수 있다.
제18조【준용규정】 ① 제5조부터 제13조까지 및 제15조는 무효등 확인소송의 경우에 준용한다.
② 제5조부터 제8조까지, 제11조, 제12조 및 제15조는 부작위위법확인소송의 경우에 준용한다.

제4장 당사자소송

제19조【당사자소송의 대상】 당사자소송은 다음 각 호의 소송을 포함한다.
1. 다음 각 목의 손실보상금에 관한 소송
   가. 「공익사업을 위한 토지 등의 취득 및 보상에 관한 법률」 제78조제1항 및 제6항에 따른 이주정착금, 주거이전비 등에 관한 소송
   나. 「공익사업을 위한 토지 등의 취득 및 보상에 관한 법률」 제85조제2항에 따른 보상금의 증감(增減)에 관한 소송
   다. 「하천편입토지 보상 등에 관한 특별조치법」 제2조에 따른 보상금에 관한 소송
2. 그 존부 또는 범위가 구체적으로 확정된 공법상 법률관계 그 자체에 관한 다음 각 목의 소송
   가. 납세의무 존부의 확인
   나. 「부가가치세법」 제59조에 따른 환급청구
   다. 「석탄산업법」 제39조의3제1항 및 같은 법 시행령 제41조제4항제5호에 따른 재해위로금 지급청구
   라. 「5·18민주화운동 관련자 보상 등에 관한 법률」 제5조, 제6조 및 제7조에 따른 관련자 또는 유족의 보상금 등 지급청구
   마. 공무원의 보수·퇴직금·연금 등 지급청구
   바. 공법상 신분·지위의 확인
3. 처분에 이르는 절차적 요건의 존부나 효력 유무에 관한 다음 각 목의 소송
   가. 「도시 및 주거환경정비법」 제35조제5항에 따른 인가 이전 조합설립변경에 대한 총회결의의 효력 등을 다투는 소송
   나. 「도시 및 주거환경정비법」 제50조제1항에 따른 인가 이전 사업시행계획에 대한 총회결의의 효력 등을 다투는 소송
   다. 「도시 및 주거환경정비법」 제74조제1항에 따른 인가 이전 관리처분계획에 대한 총회결의의 효력 등을 다투는 소송
4. 공법상 계약에 따른 권리·의무의 확인 또는 이행청구 소송

제20조【준용규정】 제5조부터 제8조까지, 제12조 및 제13조는 당사자소송의 경우에 준용한다.

부 칙

제1조【시행일】 이 규칙은 공포한 날부터 시행한다.
제2조【계속사건에 관한 적용례】 이 규칙은 이 규칙 시행 당시 법원에 계속 중인 사건에 대해서도 적용한다.

부 칙 (2024.2.22)

이 규칙은 2024년 3월 1일부터 시행한다.

비송사건절차법

(1991년 12월 14일
전개법률 제4423호)

개정
1994.12.31법 4834호 1996.12.30법 5206호
1998.12.28법 5591호(상법)
1998.12.28법 5592호(부등)
1999.12.31법 6086호(상법)
2001. 7.24법 6498호 2001.12.19법 6526호
2002. 1.26법 6626호(민사소송법)
2002. 1.26법 6627호(민사집행법)
2005. 1.27법 7357호(변호사)
2005. 3.31법 7428호(채무자회생파산)
2007. 5.17법 8435호(가족관계등록)
2007. 7.27법 8569호
2007. 8. 3법 8581호(상법)
2011. 4.12법10580호(부등)
2011. 7.25법10924호(신탁법)
2013. 5.28법11827호
2014. 5.20법12592호(상업등기법)
2016. 1.19법13765호
2020. 2. 4법16912호(부등)
2020. 6. 9법17366호(피한정후견인결격조항정비를위한일부개정법률)
2024. 9.20법20435호(부등)
2024. 9.20법20437호(상업등기법)

제1편 총 칙

(2013.5.28 본편개정)

제1조【적용 범위】 이 편(編)의 규정은 법원의 관할에 속하는 비송사건(非訟事件, 이하 "사건"이라 한다) 중 이 법 또는 그 밖의 다른 법령에 특별한 규정이 있는 경우를 제외한 모든 사건에 적용한다.

제2조【관할법원】 ① 법원의 토지 관할이 주소에 의하여 정하여질 경우 대한민국에 주소가 없을 때 또는 대한민국 내의 주소를 알지 못할 때에는 거소지(居所地)의 지방법원이 사건을 관할한다.
② 거소가 없을 때 또는 거소를 알지 못할 때에는 마지막 주소지의 지방법원이 사건을 관할한다.
③ 마지막 주소가 없을 때 또는 그 주소를 알지 못할 때에는 재산이 있는 곳 또는 대법원이 있는 곳을 관할하는 지방법원이 사건을 관할한다.

제3조【우선관할 및 이송】 관할법원이 여러 개인 경우에는 최초로 사건을 신청받은 법원이 그 사건을 관할한다. 이 경우 해당 법원은 신청에 의하여 또는 직권으로 적당하다고 인정하는 다른 관할법원에 그 사건을 이송할 수 있다.

제4조【관할법원의 지정】 ① 관할법원의 지정은 여러 개의 법원의 토지 관할에 관하여 의문이 있을 때에 한다.
② 관할법원의 지정은 관계 법원에 공통되는 바로 위 상급법원이 신청에 의하여 결정(決定)함으로써 한다. 이 결정에 대하여는 불복신청을 할 수 없다.

제5조【법원 직원의 제척·기피】 사건에 관하여는 법원 직원의 제척(除斥) 또는 기피(忌避)에 관한 「민사소송법」의 규정을 준용한다.

제6조【대리인】 ① 사건의 관계인은 소송능력자로 하여금 소송행위를 대리(代理)하게 할 수 있다. 다만, 본인이 출석하도록 명령을 받은 경우에는 그러하지 아니하다.
② 법원은 변호사가 아닌 자로서 대리를 영업으로 하는 자의 대리를 금하고 퇴정(退廷)을 명할 수 있다. 이 명령에 대하여는 불복신청을 할 수 없다.

제7조【대리권의 증명】 ① 제6조에 따른 대리인에 관하여는 「민사소송법」 제89조를 준용한다.
② 대리인의 권한을 증명하는 사문서(私文書)에 관계 공무원 또는 공증인의 인증(認證)을 받아야 한다는 명령에 대하여는 불복신청을 할 수 없다.

제8조【신청 및 진술의 방법】 신청 및 진술에 관하여는 「민사소송법」 제161조를 준용한다.

제9조【신청서의 기재사항, 증거서류의 첨부】 ① 신청서에는 다음 각 호의 사항을 적고 신청인이나 그 대리인이 기명날인하거나 서명하여야 한다.(2016.1.19 본문개정)
1. 신청인의 성명과 주소
2. 대리인에 의하여 신청할 때에는 대리인의 성명과 주소
3. 신청의 취지와 그 원인이 되는 사실
4. 신청 연월일
5. 법원의 표시
② 증거서류가 있을 때에는 그 원본 또는 등본(謄本)을 신청서에 첨부하여야 한다.

제10조【「민사소송법」의 준용】 사건에 관하여는 기일(期日), 기간, 소명(疎明) 방법, 인증(人證)과 감정(鑑定)에 관한 「민사소송법」의 규정을 준용한다.

제11조【직권에 의한 탐지 및 증거조사】 법원은 직권으로 사실의 탐지와 필요하다고 인정하는 증거의 조사를 하여야 한다.

제12조【촉탁할 수 있는 사항】 사실 탐지, 소환, 고지(告知), 재판의 집행에 관한 행위는 촉탁할 수 있다.

제13조【심문의 비공개】 심문(審問)은 공개하지 아니한다. 다만, 법원은 심문을 공개함이 적정하다고 인정하는 자에게는 방청을 허가할 수 있다.

제14조【조서의 작성】 법원서기관, 법원사무관, 법원주사 또는 법원주사보(이하 "법원사무관등"이라 한다)는 증인 또는 감정인(鑑定人)의 심문에 관하여는 조서(調書)를 작성하고, 그 밖의 심문에 관하여는 필요하다고 인정하는 경우에만 조서를 작성한다.

제15조【검사의 의견 진술 및 심문 참여】 ① 검사는 사건에 관하여 의견을 진술하고 심문에 참여할 수 있다.
② 사건 및 그에 관한 심문의 기일은 검사에게 통지하여야 한다.

제16조【검사에 대한 통지】 법원, 그 밖의 관청, 검사와 공무원은 그 직무상 검사의 청구에 의하여 재판을 하여야 할 경우가 발생한 것을 알았을 때에는 그 사실을 관할법원에 대응한 검찰청 검사에게 통지하여야 한다.

제17조【재판의 방식】 ① 재판은 결정으로써 한다.
② 재판의 원본에는 판사가 서명날인하여야 한다. 다만, 신청서 또는 조서에 재판에 관한 사항을 적고 판사가 이에 서명날인함으로써 원본을 갈음할 수 있다.
③ 재판의 정본(正本)과 등본에는 법원사무관등이 기명날인하고, 정본에는 법원인(法院印)을 찍어야 한다.
④ 제2항에 따른 서명날인은 기명날인으로 갈음할 수 있다.

제18조【재판의 고지】 ① 재판은 이를 받은 자에게 고지함으로써 효력이 생긴다.
② 재판의 고지는 법원이 적당하다고 인정하는 방법으로 한다. 다만, 공시송달(公示送達)을 하는 경우에는 「민사소송법」의 규정에 따라야 한다.
③ 법원사무관등은 재판의 원본에 고지의 방법, 장소, 연월일을 부기(附記)하고 도장을 찍어야 한다.

제19조【재판의 취소·변경】 ① 법원은 재판을 한 후에 그 재판이 위법 또는 부당하다고 인정할 때에는 이를 취소하거나 변경할 수 있다.
② 신청에 의하여만 재판을 하여야 하는 경우에 신청을 각하(却下)한 재판은 신청에 의하지 아니하고는 취소하거나 변경할 수 없다.
③ 즉시항고(卽時抗告)로써 불복할 수 있는 재판은 취소하거나 변경할 수 없다.

제20조【항고】 ① 재판으로 인하여 권리를 침해당한 자는 그 재판에 대하여 항고할 수 있다.
② 신청에 의하여만 재판을 하여야 하는 경우에 신청을 각하한 재판에 대하여는 신청인만 항고할 수 있다.

제21조【항고의 효력】 항고는 특별한 규정이 있는 경우를 제외하고는 집행정지의 효력이 없다.

제22조【항고법원의 재판】 항고법원의 재판에는 이유를 붙여야 한다.

제23조【항고의 절차】 이 법에 따른 항고에 관하여는 특별한 규정이 있는 경우를 제외하고는 항고에 관한 「민사소송법」의 규정을 준용한다.

제24조【비용의 부담】 재판 전의 절차와 재판의 고지 비용은 부담할 자를 특별히 정한 경우를 제외하고는 사건의 신청인이 부담한다. 다만, 검사가 신청한 경우에는 국고에서 부담한다.

제25조【비용에 관한 재판】 법원은 제24조에 따른 비용에 관하여 재판을 할 필요가 있다고 인정할 때에는 그 금액을 확정하여 사건의 재판과 함께 하여야 한다.

제26조【관계인에 대한 비용 부담 명령】 법원은 특별한 사유가 있을 때에는 이 법에 따라 비용을 부담할 자가 아닌 관계인에게 비용의 전부 또는 일부의 부담을 명할 수 있다.

제27조【비용의 공동 부담】 비용을 부담할 자가 여럿인 경우에는 「민사소송법」 제102조를 준용한다.

제28조【비용의 재판에 대한 불복신청】 비용의 재판에 대하여는 그 부담의 명령을 받은 자만 불복신청을 할 수 있다. 이 경우 독립하여 불복신청을 할 수 없다.

제29조【비용 채권자의 강제집행】 ① 비용의 채권자는 비용의 재판에 의하여 강제집행을 할 수 있다.
② 제1항에 따른 강제집행의 경우에는 「민사집행법」의 규정을 준용한다. 다만, 집행을 하기 전에 재판서의 송달은 하지 아니한다.
③ 비용의 재판에 대한 항고가 있을 때에는 「민사소송법」 제448조 및 제500조를 준용한다.

제30조【국고에 의한 비용의 체당】 직권으로 하는 탐지, 사실조사, 소환, 고지, 그 밖에 필요한 처분의 비용은 국고에서 체당(替當)하여야 한다.

제31조【신청의 정의】 이 편에서 "신청"이란 신청과 신고를 말한다.

제2편 민사(民事)비송사건
(2013.5.28 본편개정)

제1장 법인에 관한 사건

제32조【재단법인의 정관 보충 사건의 관할】 ① 「민법」 제44조에 따른 사건은 법인설립자 사망 시의 주소지의 지방법원이 관할한다.
② 법인설립자의 주소가 국내에 없을 때에는 그 사망 시의 거소지 또는 법인설립지의 지방법원이 관할한다.

제33조【임시이사 또는 특별대리인의 선임, 법인의 해산·청산의 감독의 관할】 ① 임시이사 또는 특별대리인의 선임(選任)은 법인의 주된 사무소 소재지의 지방법원 합의부가 관할한다.
② 법인의 해산 및 청산에 대한 감독은 그 주된 사무소 소재지의 지방법원이 관할한다.

제34조【임시총회 소집 사건에 관한 관할】 ① 「민법」 제70조제3항에 따른 사건은 법인의 주된 사무소 소재지의 지방법원 합의부가 관할한다.
② 「민법」 제70조제3항에 따른 임시총회 소집의 허가신청과 그 사건의 재판에 관하여는 제80조 및 제81조를 각각 준용한다.

제35조【법인에 대한 검사인의 선임】 법원은 특별히 선임한 자로 하여금 법인의 감독에 필요한 검사(檢査)를 하게 할 수 있다.

제36조【청산인】 법인의 청산인(淸算人)에 관하여는 제117조제1항, 제119조 및 제121조를 준용한다.

제37조【청산인 또는 검사인의 보수】 법원이 법인의 청산인 또는 제35조에 따라 검사할 자를 선임한 경우에는 제77조 및 제78조를 준용한다.

제38조【감정인의 선임 비용 등】 「민법」 제91조제2항에 따른 감정인을 선임하는 경우에는 제124조 및 제125조를 준용한다.

제2장 신탁에 관한 사건

제39조【관할법원】 ① 「신탁법」에 따른 사건(이하 "신탁사건"이라 한다)은 특별한 규정이 있는 경우를 제외하고는 수탁자의 보통재판적이 있는 곳의 지방법원이 관할한다.
② 수탁자의 임무가 종료된 후 신수탁자(新受託者)의 임무가 시작되기 전에는 전수탁자(前受託者)의 보통재판적이 있는 곳의 지방법원이 신탁사건을 관할한다.
③ 수탁자 또는 전수탁자가 여럿인 경우에는 그 중 1인의 보통재판적이 있는 곳의 지방법원이 신탁사건을 관할한다.
④ 「신탁법」 제21조제3항에 따른 사건은 유언자 사망 시 주소지의 지방법원이 관할한다.
⑤ 제1항부터 제4항까지의 규정에 따른 관할법원이 없는 경우에는 신탁재산이 있는 곳(채권의 경우에는 재판상의 청구를 할 수 있는 곳을 그 재산이 있는 곳으로 본다)의 지방법원이 신탁사건을 관할한다.
⑥ 제1항부터 제3항까지 및 제5항에도 불구하고 「신탁법」 제18조제1항제1호 및 제2호에 따른 신탁재산관리인의 선임에 관한 사건은 다음 각 호의 구분에 따른 법원이 관할한다.
1. 「신탁법」 제18조제1항제1호에 따른 신탁재산관리인의 선임에 관한 사건 : 「가사소송법」 제2조제1항제2호가목37) 및 제44조에 따라 해당 상속재산관리인의 선임사건을 관할하는 법원
2. 「신탁법」 제18조제1항제2호에 따른 신탁재산관리인의 선임에 관한 사건 : 「채무자 회생 및 파산에 관한 법률」 제3조에 따라 해당 파산선고를 관할하는 법원

제40조【부정한 목적으로 신탁선언에 의하여 설정된 신탁의 종료 재판】① 「신탁법」 제3조제3항에 따른 청구에 의한 재판을 하는 경우 법원은 수탁자의 의견을 들어야 한다.
② 제1항에 따른 청구에 대한 재판은 이유를 붙인 결정으로써 하여야 한다.
③ 제1항에 따른 청구에 대한 재판은 수탁자와 수익자에게 고지하여야 한다.
④ 제1항에 따른 청구를 인용(認容)하는 재판에 대하여는 수탁자 또는 수익자가 즉시항고를 할 수 있다. 이 경우 즉시항고는 집행정지의 효력이 있다.
⑤ 제1항에 따른 청구를 기각(棄却)하는 재판에 대하여는 그 청구를 한 자가 즉시항고를 할 수 있다.
제41조【수탁자 사임허가의 재판】① 수탁자가 「신탁법」 제14조제2항에 따른 사임허가의 재판을 신청하는 경우에는 그 사유를 소명하여야 한다.
② 제1항에 따른 신청에 대한 재판에 대하여는 불복신청을 할 수 없다.
제42조【수탁자 해임의 재판】① 「신탁법」 제16조제3항에 따른 수탁자 해임 청구에 대한 재판을 하는 경우 법원은 수탁자를 심문하여야 한다.
② 제1항에 따른 재판은 이유를 붙인 결정으로써 하여야 한다.
③ 제1항에 따른 재판은 위탁자, 수탁자 및 수익자에게 고지하여야 한다.
④ 제1항에 따른 재판에 대하여는 위탁자, 수탁자 또는 수익자가 즉시항고를 할 수 있다.
제43조【신탁재산관리인 선임의 재판】① 수탁자와 수익자 간의 이해가 상반되어 수탁자가 신탁사무를 수행하는 것이 적절하지 아니하다는 이유로 「신탁법」 제17조제1항에 따라 신탁재산관리인을 선임하는 재판을 하는 경우 법원은 수익자와 수탁자의 의견을 들어야 한다.
② 제1항에 따른 재판은 이유를 붙인 결정으로써 하여야 한다.
③ 제1항에 따른 재판은 수익자와 수탁자에게 고지하여야 한다.
④ 제1항에 따른 재판에 대하여는 수익자 또는 수탁자가 즉시항고를 할 수 있다.
제44조【신탁재산관리인 선임의 재판】① 다음 각 호의 어느 하나에 해당하는 재판을 하는 경우 법원은 이해관계인의 의견을 들을 수 있다.
1. 「신탁법」 제17조제1항에 따른 신탁재산관리인 선임의 재판(수탁자의 임무가 종료되었음을 이유로 하는 재판만 해당한다)
2. 「신탁법」 제18조제1항에 따른 필수적 신탁재산관리인 선임의 재판
3. 「신탁법」 제19조제4항에 따른 새로운 신탁재산관리인 선임의 재판
② 제1항에 따른 재판에 대하여는 불복신청을 할 수 없다.
제44조의2【신탁재산관리인의 보수 결정 재판】① 「신탁법」 제17조제6항 및 제18조제3항에 따른 신탁재산관리인의 보수를 정하는 재판을 하는 경우 법원은 수익자 또는 수탁자가 여럿인 경우의 다른 수탁자의 의견을 들어야 한다.
② 제1항에 따른 재판은 수익자와 수탁자가 여럿인 경우의 다른 수탁자에게 고지하여야 한다.
③ 제1항에 따른 재판에 대하여는 수익자 또는 수탁자가 여럿인 경우의 다른 수탁자가 즉시항고를 할 수 있다.
(2013.5.28 본조신설)
제44조의3【신탁재산관리인 사임허가 및 해임의 재판】① 신탁재산관리인이 「신탁법」 제19조제2항에 따른 사임허가의 재판을 신청하는 경우에는 그 사유를 소명하여야 한다.
② 「신탁법」 제19조제3항에 따라 신탁재산관리인을 해임하는 재판을 하는 경우 법원은 이해관계인의 의견을 들을 수 있다.
③ 제1항 및 제2항에 따른 재판에 대하여는 불복신청을 할 수 없다.
(2013.5.28 본조신설)
제44조의4【신수탁자 선임의 재판】① 「신탁법」 제21조제2항에 따라 신수탁자의 선임을 청구하는 경우에는 그 사유를 소명하여야 한다.
② 제1항에 따른 청구에 대한 재판을 하는 경우 법원은 이해관계인의 의견을 들을 수 있다.
③ 제1항에 따른 청구에 대한 재판은 위탁자, 수익자 및 수탁자가 여럿인 경우의 다른 수탁자에게 고지하여야 한다.
④ 제1항에 따른 청구에 대한 재판에 대하여는 위탁자, 수익자 또는 수탁자가 여럿인 경우의 다른 수탁자가 즉시항고를 할 수 있다.
(2013.5.28 본조신설)
제44조의5【유언신탁의 신수탁자 선임 재판】① 「신탁법」 제21조제3항에 따라 신수탁자를 선임하는 재판을 하는 경우에는 제44조의4제1항 및 제2항을 준용한다.
② 제1항에 따른 재판에 대하여는 불복신청을 할 수 없다.
(2013.5.28 본조신설)
제44조의6【신수탁자의 보수 결정 재판】「신탁법」 제21조제4항에 따른 신수탁자의 보수를 정하는 재판을 하는 경우 그 절차에 관하여는 제44조의2를 준용한다.(2013.5.28 본조신설)
제44조의7【신탁재산의 첨부로 인한 귀속의 결정】① 「신탁법」 제28조 단서에 따라 가공(加工)으로 인하여 생긴 물건을 원재료 소유자에게 귀속시키는 재판은 위탁자, 수탁자(신탁재산관리인이 선임된 경우에는 신탁재산관리인을 말한다. 이하 이 조에서 같다) 또는 수익자가 신청할 수 있다. 이 경우 수탁자가 여럿일 때에는 수탁자 각자가 신청할 수 있다.
② 제1항에 따른 신청에 대한 재판의 경우 법원은 위탁자, 수탁자 및 수익자의 의견을 들어야 한다.
③ 제1항에 따른 신청에 대한 재판은 이유를 붙인 결정으로써 하여야 한다.
④ 제1항에 따른 신청에 대한 재판은 위탁자, 수익자 및 수탁자에게 고지하여야 한다. 수탁자가 여럿일 때에는 수탁자 각자에게 고지하여야 한다.
⑤ 제1항에 따른 신청에 대한 재판에 대하여는 위탁자, 수익자 또는 수탁자(수탁자가 가공한 경우에는 다른 수탁자에 한한다)가 즉시항고를 할 수 있다. 이 경우 수탁자가 여럿일 때에는 수탁자 각자가 즉시항고를 할 수 있다.
(2013.5.28 본조신설)
제44조의8【이익에 반하는 행위에 대한 법원의 허가】① 수탁자가 「신탁법」 제34조제2항제3호에 따른 이익에 반하는 행위의 허가를 신청하는 경우에는 그 사유를 소명하여야 한다.
② 제1항에 따른 신청에 대한 재판을 하는 경우 법원은 다른 수탁자(신탁재산관리인이 선임된 경우에는 신탁재산관리인을 말한다. 이하 이 조에서 같다) 및 수익자의 의견을 들어야 한다.
③ 제1항에 따른 신청에 대한 재판은 이유를 붙인 결정으로써 하여야 한다.
④ 제1항에 따른 신청에 대한 재판은 다른 수탁자와 수익자에게 고지하여야 한다.
⑤ 제1항에 따른 신청에 대한 재판에 대하여는 다른 수탁자 또는 수익자가 즉시항고를 할 수 있다. 이 경우 즉시항고는 집행정지의 효력이 있다.
(2013.5.28 본조신설)
제44조의9【신탁관리인 선임의 재판】① 「신탁법」 제67조제1항·제2항 또는 제70조제6항에 따른 신탁관리인 선임의 재판을 하는 경우 법원은 이해관계인의 의견을 들을 수 있다.
② 제1항에 따른 재판에 대하여는 불복신청을 할 수 없다.
(2013.5.28 본조신설)
제44조의10【신탁관리인의 보수 결정 재판】① 「신탁법」 제67조제4항에 따른 신탁관리인의 보수를 정하는 재판을 하는 경우 법원은 수탁자(신탁재산관리인이 선임된 경우에는

신탁재산관리인을 말한다. 이하 이 조에서 같다)의 의견을 들어야 한다.
② 제1항에 따른 재판은 수탁자에게 고지하여야 한다.
③ 제1항에 따른 재판에 대하여는 수탁자가 즉시항고를 할 수 있다.
(2013.5.28 본조신설)
제44조의11 【신탁관리인 사임허가 및 해임의 재판】 ① 신탁관리인이 「신탁법」 제70조제2항에 따른 사임허가의 재판을 신청하는 경우에는 그 사유를 소명하여야 한다.
② 「신탁법」 제70조제4항에 따라 신탁관리인을 해임하는 재판을 하는 경우 법원은 이해관계인의 의견을 들을 수 있다.
③ 제1항 및 제2항에 따른 재판에 대하여는 불복신청을 할 수 없다.
(2013.5.28 본조신설)
제44조의12 【수익자집회 소집허가의 재판】 ① 「신탁법」 제72조제4항에 따른 수익자집회 소집의 허가를 신청하는 경우에는 수탁자가 수익자집회의 소집을 게을리한 사실을 소명하여야 한다.
② 제1항에 따른 신청은 서면으로 하여야 한다.
③ 「신탁법」 제72조제4항에 따른 수익자집회 소집의 허가신청과 그 사건의 재판에 관하여는 제81조를 준용한다.
(2013.5.28 본조신설)
제44조의13 【신탁사채에 관한 사건】 수탁자가 「신탁법」 제87조제1항에 따라 사채(社債)를 발행한 경우에 관하여는 다음 각 호의 구분에 따른 규정을 준용한다.
1. 사채모집을 위탁받은 회사의 사임허가 신청과 해임청구 및 그 회사의 사무승계자 선임청구에 대한 재판 : 제110조
2. 사채권자집회의 소집 허가신청 : 제112조
3. 사채권자집회의 결의 인가청구 : 제113조
4. 사채모집을 위탁받은 회사, 대표자 또는 집행자에게 줄 보수와 그 사무처리에 필요한 비용의 신탁재산 부담 허가 신청 : 제114조
(2013.5.28 본조신설)
제44조의14 【신탁변경의 재판】 ① 「신탁법」 제88조제3항에 따른 신탁변경의 재판은 서면으로 신청하여야 한다.
② 제1항에 따른 신청에 대한 재판을 하는 경우 법원은 위탁자, 수탁자 및 수익자의 의견을 들어야 한다.
③ 제1항에 따른 신청에 대한 재판은 이유를 붙인 결정으로써 하여야 한다.
④ 제1항에 따른 신청에 대한 재판은 위탁자, 수탁자 및 수익자에게 고지하여야 한다.
⑤ 제1항에 따른 신청에 대한 재판에 대하여는 위탁자, 수탁자 또는 수익자가 즉시항고를 할 수 있다. 이 경우 즉시항고는 집행정지의 효력이 있다.
(2013.5.28 본조신설)
제44조의15 【수익권 매수가액의 결정】 ① 「신탁법」 제89조제4항, 제91조제3항 또는 제95조제3항에 따른 매수가액 결정의 청구는 서면으로 하여야 한다.
② 제1항에 따른 청구에 대한 재판을 하는 경우 법원은 수탁자와 매수청구를 한 수익자의 의견을 들어야 한다.
③ 제1항에 따른 청구에 대한 재판은 이유를 붙인 결정으로써 하여야 한다.
④ 제1항에 따른 청구에 대한 재판은 수탁자와 매수청구를 한 수익자에게 고지하여야 한다.
⑤ 제1항에 따른 청구에 대한 재판에 대하여는 수탁자 또는 매수청구를 한 수익자가 즉시항고를 할 수 있다. 이 경우 즉시항고는 집행정지의 효력이 있다.
(2013.5.28 본조신설)
제44조의16 【사정변경에 의한 신탁종료의 재판】 ① 「신탁법」 제100조에 따른 청구에 대한 재판을 하는 경우 법원은 위탁자, 수탁자 및 수익자의 의견을 들어야 한다.
② 제1항에 따른 청구에 대한 재판은 이유를 붙인 결정으로써 하여야 한다.
③ 제1항에 따른 청구에 대한 재판은 위탁자, 수탁자 및 수익자에게 고지하여야 한다.
④ 제1항에 따른 청구에 대한 재판에 대하여는 위탁자, 수탁자 또는 수익자가 즉시항고를 할 수 있다. 이 경우 즉시항고는 집행정지의 효력이 있다.
(2013.5.28 본조신설)
제44조의17 【검사인 선임의 재판】 ① 「신탁법」 제105조제2항에 따른 검사인(檢査人)의 선임 청구는 서면으로 하여야 한다.
② 제1항에 따른 청구서에는 제9조제1항 각 호의 기재사항 외에 검사 목적을 적어야 한다.
③ 제1항에 따른 청구에 대한 재판에 대하여는 불복신청을 할 수 없다.
(2013.5.28 본조신설)
제44조의18 【검사인의 보수】 ① 법원은 「신탁법」 제105조제2항에 따라 검사인을 선임한 경우 신탁재산에서 검사인의 보수를 지급하게 할 수 있다.
② 제1항에 따라 검사인의 보수를 정하는 재판을 하는 경우 법원은 수탁자의 의견을 들어야 한다.
③ 제1항에 따른 재판은 수탁자에게 고지하여야 한다.
④ 제1항에 따른 재판에 대하여는 수탁자가 즉시항고를 할 수 있다.
(2013.5.28 본조신설)
제44조의19 【검사인의 보고】 ① 「신탁법」 제105조제2항에 따라 선임된 검사인은 법원에 검사 결과를 서면으로 보고하여야 한다.
② 법원은 검사에 관한 설명이 필요할 때에는 「신탁법」 제105조제2항에 따라 선임된 검사인을 심문할 수 있다.
③ 법원은 제1항에 따른 검사 결과에 따라 수탁자에게 시정을 명할 수 있다.
④ 수탁자는 제3항에 따른 명령을 받은 즉시 그 사실을 수익자에게 알려야 한다.
⑤ 제3항에 따른 명령에 대하여는 불복신청을 할 수 없다.
(2013.5.28 본조신설)
제44조의20 【유한책임신탁에 관한 신탁사건의 신청】 ① 「신탁법」 제114조제1항에 따른 유한책임신탁에 관한 신탁사건의 신청은 서면으로 하여야 한다.
② 제1항에 따른 신청서에는 제9조제1항 각 호의 기재사항 외에 유한책임신탁의 명칭, 수탁자의 성명이나 명칭 또는 「신탁법」 제114조제2항제4호에 따른 신탁사무처리지를 적어야 한다.
(2013.5.28 본조신설)
제44조의21 【청산수탁자의 변제허가】 「신탁법」 제133조제1항에 따른 청산수탁자가 같은 법 제135조제2항에 따른 변제허가의 신청을 할 때에는 그 사유를 소명하여야 한다.
(2013.5.28 본조신설)
제44조의22 【감정인 선임의 절차와 비용】 ① 「신탁법」 제136조제4항에 따른 감정인 선임의 재판에 대하여는 불복신청을 할 수 없다.
② 「신탁법」 제136조제4항에 따른 감정인 선임절차에 드는 비용은 같은 법 제133조제1항에 따른 청산수탁자가 부담한다. 감정인의 소환 및 심문 비용의 경우에도 또한 같다.
(2013.5.28 본조신설)
제44조의23 【신탁관리인의 권한】 「신탁법」 제67조제1항 또는 제2항에 따라 신탁관리인이 선임된 경우 이 장(章)의 규정을 적용할 때에는 신탁관리인을 수익자로 본다.
(2013.5.28 본조신설)
제44조의24 【법원의 감독】 ① 법원은 신탁사건의 감독을 위하여 필요하다고 인정할 때에는 이해관계인의 신청에 의하여 또는 직권으로 재산목록, 신탁사무에 관한 장부와 서류의 제출을 명하고, 신탁사무 처리에 관하여 수탁자와 그 밖의 관계인을 심문할 수 있다.
② 제1항에 따른 신청은 서면으로 하여야 한다.
③ 제1항에 따른 재판에 대하여는 불복신청을 할 수 없다.
(2013.5.28 본조신설)

제3장 재판상의 대위에 관한 사건

제45조【재판상 대위의 신청】 채권자는 자기 채권의 기한 전에 채무자의 권리를 행사하지 아니하면 그 채권을 보전할 수 없거나 보전하는 데에 곤란이 생길 우려가 있을 때에는 재판상의 대위(代位)를 신청할 수 있다.

제46조【관할법원】 재판상의 대위는 채무자의 보통재판적이 있는 곳의 지방법원이 관할한다.

제47조【대위신청의 기재사항】 대위의 신청에는 제9조제1항 각 호의 기재사항 외에 다음 각 호의 사항을 적어야 한다.

1. 채무자와 제3채무자의 성명과 주소
2. 신청인이 보전하려는 채권 및 그가 행사하려는 권리의 표시

제48조【대위신청의 허가】 법원은 대위의 신청이 이유 있다고 인정한 경우에는 담보를 제공하게 하거나 제공하게 하지 아니하고 허가할 수 있다.

제49조【재판의 고지】 ① 대위의 신청을 허가한 재판은 직권으로 채무자에게 고지하여야 한다.

② 제1항에 따른 고지를 받은 채무자는 그 권리를 처분할 수 없다.

제50조【즉시항고】 ① 대위의 신청을 각하한 재판에 대하여는 즉시항고를 할 수 있다.

② 대위의 신청을 허가한 재판에 대하여는 채무자가 즉시항고를 할 수 있다.

③ 제1항 및 제2항에 따른 항고의 기간은 채무자가 재판의 고지를 받은 날부터 기산(起算)한다.

제51조【항고 비용의 부담】 항고절차의 비용과 항고인이 부담하게 된 전심(前審)의 비용에 대하여는 신청인과 항고인을 당사자로 보고 「민사소송법」 제98조에 따라 부담할 자를 정한다.

제52조【심리의 공개 및 검사의 불참여】 이 장의 규정에 따른 절차에 관하여는 제13조 및 제15조를 적용하지 아니한다.

제4장 보존·공탁·보관과 감정에 관한 사건

제53조【공탁소의 지정 및 공탁물보관인의 선임】 ① 「민법」 제488조제2항에 따른 공탁소의 지정 및 공탁물보관인의 선임은 채무이행지의 지방법원이 관할한다.

② 법원은 제1항에 따른 지정 및 선임에 관한 재판을 하기 전에 채권자와 변제자를 심문하여야 한다.

③ 법원이 제1항에 따른 지정 및 선임을 한 경우에 그 절차의 비용은 채권자가 부담한다.

제54조【공탁물보관인의 의무】 제53조에 따른 공탁물보관인의 의무에 관하여는 「민법」 제694조부터 제697조까지 및 제700조를 준용한다. 다만, 「민법」 제696조에 따른 통지는 변제자에게 하여야 한다.

제54조의2【공탁물보관인의 사임허가 등】 ① 법원은 제53조에 따른 공탁물보관인의 사임을 허가하거나 공탁물보관인을 해임할 수 있다. 공탁물보관인의 사임을 허가하는 경우 법원은 다시 공탁물보관인을 선임하여야 한다.

② 공탁물보관인의 사임허가 절차에 관하여는 제44조의11 제1항을 준용한다.

(2013.5.28 본조신설)

제55조【경매 대가의 공탁】 「민법」 제490조에 따른 법원의 허가에 관하여는 제53조를 준용한다.

제56조【질물에 의한 변제충당의 허가】 ① 「민법」 제338조 제2항에 따라 질물(質物)로 직접 변제에 충당할 것을 청구하는 경우에는 제53조제1항 및 제2항을 준용한다.

② 법원이 제1항에 따른 청구를 허가한 경우에는 그 절차의 비용은 질권설정자가 부담한다.

제57조【환매권 대위 행사 시의 감정인 선임】 ① 「민법」 제593조에 따른 감정인의 선임·소환 및 심문은 물건 소재지의 지방법원이 관할한다.

② 법원이 제1항에 따른 선임을 한 경우에는 그 절차의 비용은 매수인이 부담한다.

제58조【검사의 불참여】 이 장의 규정에 따른 절차에 관하여는 제15조를 적용하지 아니한다.

제59조【불복신청의 금지】 이 장의 규정에 따라 지정 또는 선임을 하거나 허가를 한 재판에 대하여는 불복신청을 할 수 없다.

제5장 법인의 등기

제60조【관할등기소】 ① 법인등기에 관하여는 법인의 주된 사무소 소재지를 관할하는 지방법원, 그 지원 또는 등기소를 관할등기소로 한다.(2024.9.20 본항개정)

② 대한민국에 사무소를 둔 외국법인의 등기에 관하여는 제1항을 준용한다.

제61조 (2007.7.27 삭제)

제62조【이사·청산인의 등기】 법인의 이사 또는 청산인의 등기를 할 때에는 그 주민등록번호도 등기하여야 한다.

제63조【설립등기의 신청】 ① 법인설립의 등기는 법인을 대표할 사람이 신청한다.

② 제1항에 따른 등기의 신청서에는 다음 각 호의 서류를 첨부하여야 한다.

1. 법인의 정관
2. 이사의 자격을 증명하는 서면
3. 주무관청의 허가서 또는 그 인증이 있는 등본
4. 재산목록

제64조【변경의 등기】 ① 법인 사무소의 신설·이전, 그 밖의 등기사항의 변경등기 신청서에는 사무소의 신설·이전 또는 등기사항의 변경을 증명하는 서면을 첨부하되, 주무관청의 허가가 필요한 사항은 그 허가서 또는 그 인증이 있는 등본을 첨부하여야 한다.

② 임시이사가 제1항에 따른 등기를 신청하는 경우에는 신청서에 그 자격을 증명하는 서면을 첨부하여야 한다.

제65조【해산의 등기】 법인의 해산등기 신청서에는 해산의 사유를 증명하는 서면을 첨부하고, 이사가 청산인으로 된 경우를 제외하고는 청산인의 자격을 증명하는 서면을 첨부하여야 한다.

제65조의2【등기사항의 공고】 등기한 사항의 공고는 신문에 한 차례 이상 하여야 한다.

제65조의3【등기사항을 공고할 신문의 선정】 ① 지방법원장은 매년 12월에 다음 해에 등기사항의 공고를 게재할 신문을 관할구역의 신문 중에서 선정하고, 일간신문에 이를 공고하여야 한다.

② 공고를 게재할 신문이 휴간되거나 폐간되었을 때에는 다시 다른 신문을 선정하여 제1항과 같은 방법으로 공고하여야 한다.

제65조의4【신문 공고를 갈음하는 게시】 지방법원장은 그 관할구역에 공고를 게재할 적당한 신문이 없다고 인정할 때에는 신문에 게재하는 공고를 갈음하여 등기소와 그 관할구역의 시·군·구의 게시판에 공고할 수 있다.

제66조【「상업등기법」의 준용】 ① 법인과 대한민국에 사무소를 둔 외국법인의 등기에 관하여는 「상업등기법」 제3조, 제5조부터 제10조까지, 제11조제2항·제3항, 제12조부터 제22조까지, 제24조, 제25조, 제26조제1호부터 제10호까지 및 제12호·제14호·제17호, 제28조, 제75조부터 제80조까지, 제82조부터 제86조까지, 제87조제1항, 제88조, 제89조 및 제91조를 준용한다. 다만, 임시이사의 등기신청에 관하여는 「상업등기법」 제25조제1항 및 제2항을 준용하지 아니한다.

(2024.9.20 본문개정)

② 법인의 등기에 관하여는 「상업등기법」 제54조부터 제56조까지 및 제60조를 준용한다.(2024.9.20 본항개정)

③ 대한민국에 사무소를 둔 외국법인의 등기에 관하여는 「상업등기법」 제23조제3항을 준용한다.

(2014.5.20 본조개정)

제67조【법인등기 규정의 특수법인등기에의 적용 등】 ① 이 법 중 법인의 등기에 관한 규정은 「민법」 및 「상법」 외의 법령에 따라 설립된 법인의 등기에 대하여도 적용한다. 다만, 그 법령에 특별한 규정이 있거나 성질상 허용되지 아니하는 경우에는 그러하지 아니하다.
② 제1항에 규정된 법인의 업무에 관하여 재판상 또는 재판 외의 모든 행위를 할 수 있는 대리인에 관하여는 「상업등기법」 제16조 및 제17조 중 지배인에 관한 규정과 같은 법의 회사의 지배인등기에 관한 규정을 준용한다.
(2014.5.20 본항개정)

제6장 부부재산 약정의 등기

제68조【관할등기소】 부부재산 약정(約定)의 등기에 관하여는 남편이 될 사람의 주소지를 관할하는 지방법원, 그 지원 또는 등기소를 관할등기소로 한다.
제69조 (2011.4.12 삭제)
제70조【부부재산 약정에 관한 등기신청인】 부부재산 약정에 관한 등기는 약정자 양쪽이 신청한다. 다만, 부부 어느 한쪽의 사망으로 인한 부부재산 약정 소멸의 등기는 다른 한쪽이 신청한다.
제71조【「부동산등기법」의 준용】 부부재산 약정의 등기에는 「부동산등기법」 제2조제1호부터 제3호까지, 제6조, 제8조부터 제13조까지, 제14조제2항부터 제4항까지, 제16조부터 제20조까지, 제22조, 제24조제1항제1호 및 같은 조 제2항, 제29조제1호부터 제5호까지 및 제8호부터 제10호까지, 제31조부터 제33조까지, 제58조, 제100조, 제101조(전산정보처리조직을 이용한 이의신청에 관한 부분은 제외한다), 제102조부터 제109조까지, 제109조의2제1항 · 제3항(제1항에 관련된 부분만 해당한다) 및 제113조를 준용한다.(2024.9.20 본조개정)

제3편 상사(商事)비송사건

제1장 회사와 경매에 관한 사건
(2013.5.28 본장개정)

제72조【관할】 ① 「상법」 제176조, 제306조, 제335조의5, 제366조제2항, 제374조의2제4항, 제386조제2항, 제432조제2항, 제443조제1항 단서와 그 준용규정에 따른 사건 및 같은 법 제277조제2항, 제298조, 제299조, 제299조의2, 제300조, 제310조제1항, 제391조의3제4항, 제417조, 제422조, 제467조, 제582조, 제607조제3항에 따른 사건은 본점 소재지의 지방법원 합의부가 관할한다.
② 「상법」 제239조제3항과 그 준용규정에 따른 사건은 합병무효의 소(訴)에 관한 제1심 수소법원(受訴法院)이 관할한다.
③ 「상법」 제619조에 따른 사건은 폐쇄를 명하게 될 외국회사 영업소 소재지의 지방법원이 관할한다.
④ 「상법」 제600조제1항에 따른 사건은 합병 후 존속하는 회사 또는 합병으로 인하여 설립되는 회사 본점 소재지의 지방법원이 관할한다.
⑤ 「상법」 제70조제1항 및 제808조제1항에 관한 사건은 경매할 물건 소재지의 지방법원이 관할한다.
⑥ 「상법」 제394조제2항에 관한 사건은 같은 법 제403조에 따른 사건의 관할법원이 관할한다.
제73조【검사인 선임신청의 방식】 ① 검사인의 선임신청은 서면으로 하여야 한다.
② 제1항에 따른 신청서에는 다음 각 호의 사항을 적고 신청인이 기명날인하여야 한다.
1. 신청의 사유
2. 검사의 목적
3. 신청 연월일
4. 법원의 표시
제74조【검사인의 보고】 ① 검사인의 보고는 서면으로 하여야 한다.
② 법원은 검사에 관한 설명이 필요할 때에는 검사인을 심문할 수 있다.
제75조【변태설립사항의 변경에 관한 재판】 ① 「상법」 제300조에 따른 변태설립사항의 변경에 관한 재판은 이유를 붙인 결정으로써 하여야 한다.
② 법원은 재판을 하기 전에 발기인과 이사의 진술을 들어야 한다.
③ 발기인과 이사는 제1항에 따른 재판에 대하여 즉시항고를 할 수 있다.
제76조【검사인 선임의 재판】 「상법」 제467조제1항에 따른 검사인의 선임에 관한 재판을 하는 경우 법원은 이사와 감사의 진술을 들어야 한다.
제77조【검사인의 보수】 법원은 「상법」 제298조, 제310조제1항, 제422조제1항 또는 제467조제1항에 따라 검사인을 선임한 경우 회사로 하여금 검사인에게 보수를 지급하게 할 수 있다. 이 경우 그 보수액은 이사와 감사의 의견을 들어 법원이 정한다.
제78조【즉시항고】 제76조 및 제77조에 따른 재판에 대하여는 즉시항고를 할 수 있다.
제79조【업무 · 재산상태의 검사를 위한 총회 소집】 법원은 「상법」 제467조에 따른 검사를 할 때에 주주총회의 소집이 필요하다고 인정하면 일정 기간 내에 그 소집을 할 것을 명하여야 한다.
제80조【업무 · 재산상태의 검사 및 총회소집 허가의 신청】 ① 「상법」 제277조제2항에 따른 검사의 허가를 신청하는 경우에는 검사를 필요로 하는 사유를 소명하고, 같은 법 제366조제2항에 따른 총회 소집의 허가를 신청하는 경우에는 이사가 그 소집을 게을리한 사실을 소명하여야 한다.
② 제1항에 따른 신청은 서면으로 하여야 한다.
제81조【업무 · 재산상태의 검사 등의 신청에 대한 재판】
① 제80조에 따른 신청에 대하여는 법원은 이유를 붙인 결정으로써 재판을 하여야 한다.
② 신청을 인용한 재판에 대하여는 불복신청을 할 수 없다.
제82조【납입금의 보관자 등의 변경 허가신청】 「상법」 제306조(「상법」 제425조제1항 및 제516조의9제4항에서 준용하는 경우를 포함한다)에 따른 허가의 신청은 그 사유를 소명하고 발기인 또는 이사가 공동으로 하여야 한다.
제83조【단주 매각의 허가신청】 「상법」 제443조제1항 단서(「상법」 제461조제2항 및 제530조제3항에서 준용하는 경우를 포함한다)에 따른 허가의 신청에 관하여는 제82조를 준용한다.
제84조【직무대행자 선임의 재판】 ① 「상법」 제386조제2항(「상법」 제415조에서 준용하는 경우를 포함한다)에 따른 직무대행자 선임에 관한 재판을 하는 경우 법원은 이사와 감사의 진술을 들어야 한다.
② 제1항의 경우에는 제77조, 제78조 및 제81조를 준용한다.
제84조의2【소송상 대표자 선임의 재판】 ① 「상법」 제394조제2항에 따른 소송상 대표자 선임에 관한 재판을 하는 경우 법원은 이사 또는 감사위원회의 진술을 들어야 한다.
② 제1항의 경우에는 제81조를 준용한다.
제85조【직무대행자의 상무 외 행위의 허가신청】 ① 「상법」 제408조제1항 단서에 따른 상무(常務) 외 행위의 허가 신청은 직무대행자가 하여야 한다.
② 신청을 인용한 재판에 대하여는 즉시항고를 할 수 있다. 이 경우 항고기간은 직무대행자가 재판의 고지를 받은 날부터 기산한다.
③ 제2항에 따른 항고는 집행정지의 효력이 있다.
제86조【주식의 액면 미달 발행의 인가신청 등】 ① 「상법」 제417조에 따른 주식의 액면 미달 발행의 인가신청은 서면으로 하여야 한다.
② 제1항에 따른 신청에 대한 재판은 이유를 붙인 결정으로써 하여야 한다.
③ 법원은 재판을 하기 전에 이사의 진술을 들어야 한다.
④ 제2항에 따른 재판에 대하여는 즉시항고를 할 수 있다.
⑤ 제4항에 따른 항고는 집행정지의 효력이 있다.

제86조의2【주식매도가액 및 주식매수가액 결정의 재판】 ① 법원은「상법」제335조의5 및 그 준용규정에 따른 주식매도가액의 결정 또는 같은 법 제374조의2제4항 및 그 준용규정에 따른 주식매수가액의 결정에 관한 재판을 하기 전에 주주와 매도청구인 또는 주주와 이사의 진술을 들어야 한다.
② 여러 건의 신청사건이 동시에 계속(係屬) 중일 때에는 심문과 재판을 병합하여야 한다.
③ 제1항에 따른 재판에 관하여는 제86조제1항·제2항·제4항 및 제5항을 준용한다.
제87조 (2013.5.28 삭제)
제88조【신주의 발행 무효로 인하여 신주의 주주가 받을 금액의 증감 신청】 ①「상법」제432조제2항에 따른 신청은 신주발행 무효 판결이 확정된 날부터 6개월 내에 하여야 한다.
② 심문은 제1항에 따른 기간이 경과한 후에만 할 수 있다.
③ 여러 건의 신청사건이 동시에 계속 중일 때에는 심문과 재판을 병합하여야 한다.
④ 법원은 제1항에 따른 신청을 받으면 지체 없이 그 사실을 관보에 공고하여야 한다.
제89조【제88조의 신청에 대한 재판의 효력】 ① 제88조제1항에 따른 신청에 대한 재판은 총주주(總株主)에 대하여 효력이 있다.
② 제1항에 따른 재판에 관하여는 제75조제1항, 제76조, 제78조 및 제85조제3항을 준용한다.
제90조【해산을 명하는 재판】 ①「상법」제176조제1항에 따른 재판에 관하여는 제75조제1항을 준용한다.
② 법원은 재판을 하기 전에 이해관계인의 진술과 검사의 의견을 들어야 한다.
제91조【즉시항고】 회사, 이해관계인 및 검사는 제90조에 따른 재판에 대하여 즉시항고를 할 수 있다. 이 경우 항고는 집행정지의 효력이 있다.
제92조【해산명령신청의 공고와 그 방법】「상법」제176조제1항에 따른 해산명령의 신청이 있는 경우에는 제88조제4항을 준용한다.
제93조【해산재판의 확정과 등기촉탁】 회사의 해산을 명한 재판이 확정되면 법원은 회사의 본점 소재지의 등기소에 그 등기를 촉탁하여야 한다.(2024.9.20 본조개정)
제94조【해산명령 전의 회사재산 보전에 필요한 처분】 ①「상법」제176조제2항에 따라 관리인의 선임, 그 밖에 회사재산의 보전에 필요한 처분을 하는 경우에는 제44조의9, 제77조 및 제78조를 준용한다.
② 제1항에 따른 관리인에 관하여는「민법」제681조, 제684조, 제685조 및 제688조를 준용한다.
제94조의2【관리인의 사임허가 등】 ① 법원은 제94조에 따른 관리인의 사임을 허가하거나 관리인을 해임할 수 있다. 관리인의 사임을 허가하는 경우 법원은 다시 관리인을 선임하여야 한다.
② 관리인의 사임허가 또는 해임 절차에 관하여는 제44조의11을 준용한다.
(2013.5.28 본조신설)
제95조【회사관리인의 회사 재산상태 보고 등】 ① 법원은 그 선임한 관리인에게 재산상태를 보고하고 관리계산(管理計算)을 할 것을 명할 수 있다. 이 재판에 대하여는 불복신청을 할 수 없다.
② 이해관계인은 제1항에 따른 보고와 계산에 관한 서류의 열람을 신청하거나 수수료를 내고 그 등본의 발급을 신청할 수 있다.
③ 검사는 제2항에 따른 서류를 열람할 수 있다.
제96조【비용의 부담】 ① 법원이「상법」제176조제2항에 따라 직권으로 재판을 하였거나 신청에 상응한 재판을 한 경우에는 재판 전의 절차와 재판의 고지 비용은 회사가 부담한다. 법원이 명한 처분에 필요한 비용도 또한 같다.
② 법원이 항고인의 신청에 상응한 재판을 한 경우에는 항고절차의 비용과 항고인이 부담하게 된 전심의 비용은 회사가 부담한다.
제97조【해산명령 청구자의 담보제공】「상법」제176조제3항에 따라 제공할 담보에 관하여는「민사소송법」제120조제1항 및 제121조부터 제126조까지의 규정을 준용한다.
제98조【설립 무효판결의 확정과 등기촉탁】 회사 설립을 무효로 하는 판결이 확정되면 제1심 수소법원은 회사의 본점 소재지의 등기소에 그 등기를 촉탁하여야 한다.
(2024.9.20 본조개정)
제99조【합병 등의 무효판결의 확정과 등기촉탁】 회사의 합병, 주식회사의 분할 또는 분할합병을 무효로 하는 판결이 확정된 경우에는 제98조를 준용한다.
제100조【합병회사의 채무부담부분 결정의 재판】「상법」제239조제3항(「상법」제269조 및 제530조제2항에서 준용하는 경우를 포함한다)에 따른 재판에 관하여는 제75조제1항, 제78조 및 제85조제3항을 준용한다.
제101조【유한회사와 외국회사 영업소 폐쇄에의 준용】 ① 유한회사에 관하여는 제76조부터 제81조까지, 제83조, 제84조, 제84조의2, 제85조, 제88조, 제89조 및 제100조를 준용한다.
② 외국회사 영업소의 폐쇄를 명하는 경우에는 제90조부터 제94조까지, 제94조의2 및 제95조부터 제97조까지의 규정을 준용한다.
제102조【지분압류채권자의 보전청구】 ①「상법」제224조제1항 단서(「상법」제269조에서 준용하는 경우를 포함한다)에 따른 예고를 한 채권자는 회사의 본점 소재지의 지방법원 합의부에 지분환급청구권의 보전(保全)에 필요한 처분을 할 것을 청구할 수 있다.
② 제1항에 따른 청구에 대한 재판에 관하여는 제75조제1항 및 제78조를 준용한다.
제103조 (2013.5.28 삭제)
제104조【유한회사와 주식회사의 합병 인가신청】「상법」제600조제1항에 따른 합병의 인가신청은 합병을 할 회사의 이사와 감사가 공동으로 신청하여야 한다.
제105조【유한회사의 조직 변경 인가신청】「상법」제607조제3항에 따른 인가신청을 하는 경우에는 제104조를 준용한다.
제106조【유한회사의 합병 인가신청 등에 관한 재판】 제104조 및 제105조에 따른 신청이 있는 경우에는 제81조를 준용한다.
제107조【그 밖의 등기촉탁을 할 경우】 다음 각 호의 어느 하나에 해당하는 경우에는 제1심 수소법원은 회사의 본점 소재지의 등기소에 그 등기를 촉탁하여야 한다.(2024.9.20 본문개정)
1. 회사 청산인의 해임 재판이 있는 경우
2. 합명회사, 합자회사 또는 유한회사의 설립을 취소하는 판결이 확정된 경우
3. 합명회사 또는 합자회사의 사원 제명(除名) 또는 그 업무집행권한이나 대표권 상실의 판결이 확정된 경우
4. 주식회사의 이사·감사·대표이사 또는 청산인이나 유한회사의 이사·감사 또는 청산인의 직무를 일시적으로 맡아 할 사람을 선임한 경우
5. 주식회사의 이사 또는 감사나 유한회사 이사의 해임 판결이 확정된 경우
6. 주식회사의 창립총회 또는 주주총회나 유한회사의 사원총회가 결의한 사항이 등기된 경우에 결의취소·결의무효확인·결의부존재확인(決議不存在確認) 또는 부당결의의 취소나 변경의 판결이 확정된 경우
7. 주식회사의 신주 발행 또는 자본 감소의 무효판결이 확정된 경우
8. 주식회사의 주식 교환 또는 이전(移轉)의 무효판결이 확정된 경우
9. 유한회사의 자본 증가 또는 자본 감소의 무효판결이 확정된 경우
제108조【등기촉탁서의 첨부서면】 이 법에 따라 법원이 회사의 본점 소재지의 등기소에 등기를 촉탁할 때에는 촉탁서에 재판의 등본을 첨부하여야 한다.(2024.9.20 본조개정)

제2장 사채에 관한 사건
(2013.5.28 본장개정)

제109조【관할법원】「상법」 제439조제3항(그 준용규정을 포함한다), 제481조, 제482조, 제483조제2항, 제491조제3항, 제496조 및 제507조제1항에 따른 사건은 사채를 발행한 회사의 본점 소재지의 지방법원 합의부가 관할한다.

제110조【사채모집의 수탁회사에 관한 재판】① 「상법」 제481조에 따른 허가신청, 같은 법 제482조에 따른 해임청구 또는 같은 법 제483조제2항에 따른 선임청구에 대한 재판은 이해관계인의 의견을 들은 후 이유를 붙인 결정으로써 하여야 한다.

② 신청 및 청구를 인용한 재판에 대하여는 불복신청을 할 수 없다.

③ 신청 및 청구를 인용하지 아니한 재판에 대하여는 즉시항고를 할 수 있다.

제111조 (2013.5.28 삭제)

제112조【사채권자집회의 소집 허가신청】「상법」 제491조제3항에 따른 허가신청에 관하여는 제80조 및 제81조를 준용한다.

제113조【사채권자집회의 결의 인가청구】① 「상법」 제496조에 따른 결의의 인가를 청구하는 경우에는 의사록(議事錄)을 제출하여야 한다.

② 제1항에 따른 청구가 있는 경우에는 제78조, 제85조제3항 및 제110조제1항을 준용한다.

제114조【사채모집 위탁의 보수 등 부담 허가신청】① 「상법」 제507조제1항에 따른 허가신청은 사채모집을 위탁받은 회사, 대표자 또는 집행자가 하여야 한다.

② 제1항에 따른 신청이 있는 경우에는 제113조제2항을 준용한다.

제115조【사채권자 이의기간 연장의 신청】「상법」 제439조제3항(「상법」 제530조제2항에서 준용하는 경우를 포함한다)에 따른 기간의 연장 허가신청이 있는 경우에는 제110조를 준용한다.

제116조【검사의 불참여】 이 장의 절차에 관하여는 제15조를 적용하지 아니한다.

제3장 회사의 청산에 관한 사건
(2013.5.28 본장개정)

제117조【관할법원】① 합명회사와 합자회사의 청산에 관한 사건은 회사의 본점 소재지의 지방법원이 관할한다.

② 주식회사와 유한회사의 청산에 관한 사건은 회사의 본점 소재지의 지방법원 합의부가 관할한다.

제118조【법원의 감독】① 회사의 청산은 법원의 감독을 받는다.

② 법원은 회사의 업무를 감독하는 관청에 의견의 진술을 요청하거나 조사를 촉탁할 수 있다.

③ 회사의 업무를 감독하는 관청은 법원에 그 회사의 청산에 관한 의견을 진술할 수 있다.

제119조【청산인의 선임·해임 등의 재판】 청산인의 선임 또는 해임의 재판에 대하여는 불복신청을 할 수 없다.

제120조【청산인의 업무대행자】 주식회사와 유한회사의 청산인에 관하여는 제84조 및 제85조를 준용한다.

제121조【청산인의 결격사유】 다음 각 호의 어느 하나에 해당하는 자는 청산인으로 선임될 수 없다.

1. 미성년자
2. 피성년후견인(2020.6.9 본호개정)
3. 자격이 정지되거나 상실된 자
4. 법원에서 해임된 청산인
5. 파산선고를 받은 자

제122조 (2013.5.28 삭제)

제123조【청산인의 보수】 법원이 청산인을 선임한 경우에는 제77조 및 제78조를 준용한다.

제124조【감정인의 선임 비용】 법원이 「상법」 제259조제4항 또는 그 준용규정에 따른 감정인을 선임한 경우 그 비용은 회사가 부담한다. 감정인의 소환 및 심문 비용의 경우에도 또한 같다.

제125조【감정인 선임의 절차 및 재판】 제124조에 따른 감정인의 선임 절차와 재판에 관하여는 제58조 및 제59조를 준용한다.

제126조【청산인의 변제 허가신청】「상법」 제536조제2항 또는 그 준용규정에 따른 허가의 신청에 관하여는 제81조제1항 및 제82조를 준용한다.

제127조【서류 보존인 선임의 재판】「상법」 제541조제2항 또는 그 준용규정에 따른 서류 보존인 선임의 재판에 대하여는 불복신청을 할 수 없다.

제128조【외국회사의 영업소 폐쇄 시의 청산절차】「상법」 제620조에 따른 청산에 관하여는 그 성질상 허용되지 아니하는 경우를 제외하고는 이 장의 규정을 준용한다.

제4장 상업등기

제1절 등기소와 등기관

제129조~제132조 (2007.7.27 삭제)

제133조~제135조 (1996.12.30 삭제)

제2절 등기부등

제136조~제146조 (2007.7.27 삭제)

제3절 등기절차

제147조~제238조의5 (2007.7.27 삭제)

제4절 이의등

제239조~제246조 (2007.7.27 삭제)

제4편 보 칙
(2013.5.28 본편개정)

제247조【과태료사건의 관할】 과태료사건은 다른 법령에 특별한 규정이 있는 경우를 제외하고는 과태료를 부과받을 자의 주소지의 지방법원이 관할한다.

제248조【과태료재판의 절차】① 과태료재판은 이유를 붙인 결정으로써 하여야 한다.

② 법원은 재판을 하기 전에 당사자의 진술을 듣고 검사의 의견을 구하여야 한다.

③ 당사자와 검사는 과태료재판에 대하여 즉시항고를 할 수 있다. 이 경우 항고는 집행정지의 효력이 있다.

④ 과태료재판 절차의 비용은 과태료를 부과하는 선고가 있는 경우에는 그 선고를 받은 자가 부담하고, 그 밖의 경우에는 국고에서 부담한다.

⑤ 항고법원이 당사자의 신청을 인정하는 재판을 한 경우에는 항고절차의 비용 및 전심에서 당사자가 부담하게 된 비용은 국고에서 부담한다.

제249조【과태료재판의 집행】① 과태료재판은 검사의 명령으로써 집행한다. 이 경우 그 명령은 집행력 있는 집행권원과 같은 효력이 있다.

② 과태료재판의 집행절차는 「민사집행법」의 규정에 따른다. 다만, 집행을 하기 전에 재판의 송달은 하지 아니한다.

제250조【약식재판】① 법원은 타당하다고 인정할 때에는 당사자의 진술을 듣지 아니하고 과태료재판을 할 수 있다.

② 당사자와 검사는 제1항에 따른 재판의 고지를 받은 날부터 1주일 내에 이의신청을 할 수 있다.

③ 제1항에 따른 재판은 이의신청에 의하여 그 효력을 잃는다.
④ 이의신청이 있는 경우 법원은 당사자의 진술을 듣고 다시 재판하여야 한다.
제251조【외국인에 관한 비송사건절차】 외국인에 관한 사건의 절차로서 조약(條約)에 의하여 특별히 정하여야 할 사항은 대법원규칙으로 정한다.

부 칙 (2007.7.27)

제1조【시행일】 이 법은 2008년 1월 1일부터 시행한다. 다만, 제66조제1항 및 제67조의 개정규정(「상업등기법」 제12조, 제18조제2항 및 제4항의 준용부분에 한한다)은 2008년 4월 1일부터 시행한다.
제2조【등기에 관한 적용례】 이 법은 이 법 시행 전에 발생한 등기사항에 대하여도 적용한다. 다만, 종전의 규정에 따라 등기를 마친 등기사항은 그러하지 아니하다.
제3조【등기관 지정에 관한 경과조치】 ① 이 법 시행 당시 법원에 재직 중인 법원사무직류의 일반직공무원(2002년 1월 1일 이후 시행한 채용시험에 합격하여 임용된 자를 제외한다)은 제66조제1항에서 준용하는 「상업등기법」 제4조에도 불구하고 등기관으로 지정될 수 있다.
② 이 법 시행 당시 종전의 규정에 따라 등기관으로 지정받은 자는 이 법에 따라 지정된 것으로 본다.
제4조【폐쇄등기용지 및 폐쇄등기기록에 관한 경과조치】 이 법 시행 당시 종전의 규정에 따라 폐쇄된 등기용지는 종전의 규정에 따라 처리한다. 다만, 전산정보처리조직에 의하여 폐쇄된 등기기록으로 이 법 시행 당시 종전의 규정에 따른 보존기간을 경과하지 아니한 폐쇄등기기록에 대하여는 제66조제1항의 개정규정(「상업등기법」 제14조제2항을 준용한 부분에 한한다)을 적용한다.
제5조【일반적 경과조치】 ① 이 법 시행 당시 종전의 규정에 따라 등기절차가 진행 중인 등기사무에 대하여는 종전의 규정에 따른다.
② 이 법 시행 당시 종전의 규정에 따라 행한 처분·절차, 그 밖의 행위는 이 법의 해당 규정에 따라 한 것으로 본다.

부 칙 (2013.5.28)

제1조【시행일】 이 법은 공포한 날부터 시행한다.
제2조【적용례】 이 법은 이 법 시행 당시 법원에 계속 중인 사건에 대하여도 적용한다. 다만, 종전의 규정에 따라 발생한 효력에는 영향을 미치지 아니한다.
제3조【금치산자 등에 대한 경과조치】 제121조제2호의 개정규정에 따른 피성년후견인 및 피한정후견인에는 법률 제10429호 민법 일부개정법률 부칙 제2조에 따라 금치산 또는 한정치산 선고의 효력이 유지되는 자를 포함하는 것으로 본다.
제4조【피성년후견인 등에 대한 경과조치】 제121조제2호의 개정규정 중 "피성년후견인" 및 "피한정후견인"은 2013년 6월 30일까지는 각각 "금치산자" 및 "한정치산자"로 본다.

부 칙 (2020.2.4)

제1조【시행일】 이 법은 공포 후 6개월이 경과한 날부터 시행한다.(이하 생략)

부 칙 (2020.6.9)

이 법은 공포한 날부터 시행한다.

부 칙 (2024.9.20 법20435호)
(2024.9.20 법20437호)

제1조【시행일】 이 법은 2025년 1월 31일부터 시행한다.(이하 생략)

상고심절차에 관한 특례법

(약칭 : 상고심법)

(1994년 7월 27일
법 률 제4769호)

개정
2002. 1.26법6626호(민사소송법)
2009.11. 2법9816호

제1조【목적】 이 법은 상고심절차(上告審節次)에 관한 특례를 규정함으로써 대법원이 법률심(法律審)으로서의 기능을 효율적으로 수행하고, 법률관계를 신속하게 확정함을 목적으로 한다.(2009.11.2 본조개정)
제2조【적용 범위】 이 법은 민사소송, 가사소송 및 행정소송(「특허법」 제9장과 이를 준용하는 규정에 따른 소송을 포함한다. 이하 같다)의 상고사건(上告事件)에 적용한다.
(2009.11.2 본조개정)
제3조【「민사소송법」 적용의 배제】 「민사소송법」의 규정(다른 법률에 따라 준용하는 경우를 포함한다)이 이 법의 규정에 저촉되는 경우에는 이 법에 따른다.(2009.11.2 본조개정)
제4조【심리의 불속행】 ① 대법원은 상고이유에 관한 주장이 다음 각 호의 어느 하나의 사유를 포함하지 아니한다고 인정하면 더 나아가 심리(審理)를 하지 아니하고 판결로 상고를 기각(棄却)한다.
1. 원심판결(原審判決)이 헌법에 위반되거나, 헌법을 부당하게 해석한 경우
2. 원심판결이 명령·규칙 또는 처분의 법률위반 여부에 대하여 부당하게 판단한 경우
3. 원심판결이 법률·명령·규칙 또는 처분에 대하여 대법원 판례와 상반되게 해석한 경우
4. 법률·명령·규칙 또는 처분에 대한 해석에 관하여 대법원 판례가 없거나 대법원 판례를 변경할 필요가 있는 경우
5. 제1호부터 제4호까지의 규정 외에 중대한 법령위반에 관한 사항이 있는 경우
6. 「민사소송법」 제424조제1항제1호부터 제5호까지에 규정된 사유가 있는 경우
② 가압류 및 가처분에 관한 판결에 대하여는 상고이유에 관한 주장이 제1항제1호부터 제3호까지에 규정된 사유를 포함하지 아니한다고 인정되는 경우 제1항의 예에 따른다.
③ 상고이유에 관한 주장이 제1항 각 호의 사유(가압류 및 가처분에 관한 판결의 경우에는 제1항제1호부터 제3호까지에 규정된 사유)를 포함하는 경우에도 다음 각 호의 어느 하나에 해당할 때에는 제1항의 예에 따른다.
1. 그 주장 자체로 보아 이유가 없는 때
2. 원심판결과 관계가 없거나 원심판결에 영향을 미치지 아니하는 때
(2009.11.2 본조개정)
제5조【판결의 특례】 ① 제4조 및 「민사소송법」 제429조 본문에 따른 판결에는 이유를 적지 아니할 수 있다.
② 제1항의 판결은 선고(宣告)가 필요하지 아니하며, 상고인에게 송달됨으로써 그 효력이 생긴다.
③ 제1항의 판결은 그 원본을 법원서기관, 법원사무관, 법원주사 또는 법원주사보(이하 "법원사무관등"이라 한다)에게 교부하며, 법원사무관등은 즉시 이를 받은 날짜를 덧붙여 적고 도장을 찍은 후 당사자에게 송달하여야 한다.
(2009.11.2 본조개정)
제6조【특례의 제한】 ① 제4조 및 제5조는 「법원조직법」 제7조제1항 단서에 따라 재판하는 경우에만 적용한다.

② 원심법원으로부터 상고기록을 받은 날부터 4개월 이내에 제5조에 따른 판결의 원본이 법원사무관등에게 교부되지 아니한 경우에는 제4조 및 제5조를 적용하지 아니한다.
(2009.11.2 본조개정)

제7조【재항고 및 특별항고에의 준용】 민사소송, 가사소송 및 행정소송의 재항고(再抗告) 및 특별항고 사건에는 제3조, 제4조제2항 · 제3항, 제5조제1항 · 제3항 및 제6조를 준용한다.(2009.11.2 본조개정)

부 칙

① **【시행일】** 이 법은 1994년 9월 1일부터 시행한다. 다만, 특허법 제9장의 규정과 이를 준용하는 규정에 의한 소송의 상고 · 재항고 및 특별항고 사건에 대하여는 1998년 3월 1일부터 시행한다.
② **【경과조치】** (생략)
③ **【다른 법률의 개정】** ※(해당 법령에 가제정리 하였음)

부 칙 (2009.11.2)

이 법은 공포한 날부터 시행한다.

國際民事司法共助法

(1991年 3月 8日
法 律 第4342號)

改正
2013. 3.23法11690號(정부조직)

第1章 總 則

第1條【目的】 이 法은 民事事件에 있어 外國으로의 司法共助囑託節次와 外國으로부터의 司法共助囑託에 대한 處理節次를 規定함을 目的으로 한다.

第2條【定義】 이 法에서 사용하는 用語의 定義는 다음과 같다.
1. "司法共助"라 함은 裁判上 書類의 송달 또는 證據調査에 관한 國內節次의 外國에서의 수행 또는 外國節次의 國內에서의 수행을 위하여 행하는 法院 기타 公務所등의 協助를 말한다.
2. "外國으로의 囑託"이라 함은 大韓民國 法院이 外國法院 기타 公務所 또는 外國에 駐在하는 大韓民國의 大使 · 公使 또는 領事에 대하여 하는 司法共助囑託을 말한다.
3. "外國으로부터의 囑託"이라 함은 外國法院이 大韓民國의 法院에 대하여 하는 司法共助囑託을 말한다.

第3條【條約등과의 관계】 이 法에 정한 司法共助節次에 관하여 條約 기타 이에 準하는 國際法規에 다른 規定이 있는 경우에는 그 規定에 따른다.

第4條【相互主義】 司法共助에 관한 條約이 체결되어 있지 아니한 경우에도 司法共助를 囑託하는 外國法院이 속하는 國家가 동일 또는 유사한 사항에 관하여 大韓民國 法院의 司法共助囑託에 응한다는 保證을 한 경우에는 이 法을 適用한다.

第2章 外國으로의 囑託

第5條【囑託의 相對方】 ① 外國으로의 囑託은 受訴法院의 裁判長이 그 外國의 管轄法院 기타 公務所에 대하여 한다.
② 受訴法院의 裁判長은 다음 各號에 따라 外國으로의 囑託을 할 수 있다.
1. 송달받을 者 또는 證人訊問을 받을 者가 大韓民國 國民으로서 領事關係에관한비엔나協約에 加入한 外國에 居住하는 경우에는 그 外國에 駐在하는 大韓民國의 大使 · 公使 또는 領事에 대하여 한다. 이 경우 그 外國의 法令 또는 意思表示에 違背되지 아니하여야 한다.
2. 外國이 명백한 意思表示로써 승인하는 경우에는 그 意思表示에 따른 實施機關에 대하여 한다.

第6條【囑託의 經路】 ① 外國으로의 囑託을 하고자 하는 裁判長이 속하는 法院의 長은 法院行政處長에게 囑託書 기타 關係書類를 송부할 것을 요청하여야 한다.
② 法院行政處長은 외교부장관에게 第1項의 規定에 의한 囑託書 기타 關係書類를 外交上의 經路를 통하여 第5條에 規定된 受託機關으로 송부할 것을 의뢰하여야 한다.
(2013.3.23 본항개정)

第7條【飜譯文의 첨부】 ① 外國法院 기타 公務所에 대하여 司法共助를 囑託하는 경우에는 그 外國의 公用語로 된 囑託書 기타 關係書類의 飜譯文을 첨부하여야 한다. 다만, 그 外國의 公用語를 알 수 없는 경우에는 英語로 된 飜譯文을 첨부할 수 있다.
② 當事者는 受訴法院에 제출하여야 할 外國으로의 囑託關係書類에 飜譯文을 첨부하여야 한다.

③ 송달받을 者가 外國人으로서 第5條第2項第2號의 規定에 의하여 그 外國의 승인에 따라 그 外國에 駐在하는 大韓民國의 大使·公使 또는 領事를 實施機關으로 하여 송달을 囑託하는 경우에 그 송달할 書類에 관하여는 第1項 및 第2項의 規定을 準用한다.
④ 第1項 및 第3項의 規定에 의하여 飜譯文을 첨부함에 따른 飜譯費用은 訴訟費用으로 한다.
第8條【大使등에 의한 송달방법】 外國에 駐在하는 大韓民國의 大使·公使 또는 領事가 이 法에 의한 송달을 실시하는 경우에는 송달받을 者에게 送達書類를 직접 교부하거나 송달받을 者에 대한 配達事實을 증명할 수 있는 郵便의 방법에 의하여야 한다.
第9條【囑託의 費用】 이 法에 의한 송달 또는 證據調査에 소요되는 費用을 當事者가 부담하여야 할 경우에는 費用의 槪算額을 豫納하여야 한다.
第10條【公示送達】 ① 外國에서 할 송달에 대한 公示送達은 法院書記官·法院事務官·法院主事 또는 法院主事補가 송달할 書類를 보관하고 그 사유를 法院揭示板에 게시함과 아울러 그 外國에 駐在하는 大韓民國의 大使·公使 또는 領事에게 통지하여야 한다.
② 第6條의 規定은 第1項의 規定에 의한 통지를 하는 경우에 이를 準用한다.

第3章 外國으로부터의 囑託

第11條【管轄法院】 外國으로부터의 囑託은 送達囑託의 경우에는 송달을 할 場所, 證據調査囑託의 경우에는 證人의 住所 또는 證據物 기타 檢證·鑑定目的物의 所在地를 관할하는 第1審 法院이 관할한다.
第12條【共助의 요건】 外國으로부터의 囑託에 대한 司法共助는 그 囑託이 다음 各號의 요건을 갖춘 경우에 한하여 이를 할 수 있다.
1. 囑託法院이 속하는 國家와 司法共助條約이 체결되어 있거나 第4條의 規定에 의한 保證이 있을 것
2. 大韓民國의 安寧秩序와 美風良俗을 해할 우려가 없을 것
3. 囑託이 外交上의 經路를 거칠 것
4. 送達囑託은 송달받을 者의 姓名·國籍·住所 또는 居所를 기재한 書面에 의할 것
5. 證據調査囑託은 訴訟事件의 當事者, 事件의 요지, 證據方法의 종류, 證人訊問의 경우에는 訊問받을 者의 姓名·國籍·住所 또는 居所와 訊問事項을 기재한 書面에 의할 것
6. 國語로 작성된 飜譯文이 첨부되어 있을 것
7. 囑託法院이 속하는 國家가 受託事項의 실시에 필요한 費用의 부담을 保證할 것

第13條【囑託書의 접수】 ① 外國으로부터의 司法共助囑託書는 法院行政處長이 이를 접수하여 第11條의 規定에 의한 管轄法院에 송부한다.
② 法院行政處長은 外國으로부터의 囑託이 第12條의 規定에 의한 요건을 갖추지 아니한 것으로 인정되는 때에는 이유를 기재하여 이를 返送하여야 한다.
第14條【移送】 第13條의 規定에 의하여 司法共助囑託書를 송부받은 法院은 受託事項이 그 관할에 속하지 아니할 경우 決定으로 管轄法院에 移送하고, 그 사실을 法院行政處長에게 통지하여야 한다.
第15條【準據法】 外國으로부터의 囑託에 따른 受託事項은 大韓民國의 法律에 의하여 이를 실시한다. 다만, 外國法院이 特定方式에 의한 실시를 요청하는 경우 그 方式이 大韓民國의 法律에 저촉되지 아니하는 때에는 그 方式에 의한다.
第16條【결과의 回信】 ① 外國으로부터의 囑託이 送達囑託의 경우에는 受託法院의 長이 送達結果에 관한 證明書를, 證據調査囑託의 경우에는 受託判事가 證人訊問調書 기타 證據調査의 결과를 기재한 調書 또는 證據調査가 不能하게 된 사유를 기재한 書面을 각각 外國法院에 송부하여야 한다. 다만, 外國法院이 特定方式에 의한 回信을 요청하는 경우 그 方式이 大韓民國의 法律에 저촉되지 아니하는 때에는 그 方式에 의한다.
② 第6條의 規定은 第1項의 規定에 의하여 書類를 송부하는 경우에 이를 準用한다.
第17條【大法院規則】 司法共助에 소요되는 費用의 支出, 償還 기타 이 法의 執行에 관하여 필요한 사항은 大法院規則으로 정한다.

附 則

이 法은 公布후 30日이 경과한 날부터 施行한다.

附 則 (2013.3.23)

第1條【시행일】 ① 이 법은 공포한 날부터 시행한다.(이하 생략)

가사소송법

(1990년 12월 31일
법 률 제4300호)

개정
1991.12.14법 4423호(비송)
1992.11.30법 4505호(민사조정)
2002. 1.26법 6626호(민사소송법)
2002. 1.26법 6627호(민사집행법)
2005. 3.24법 7405호
2005. 3.31법 7427호(민법)
2007. 5.17법 8433호
2007. 5.17법 8435호(가족관계등록)
2007.12.21법 8715호
2009. 5. 8법 9652호
2010. 3.31법10212호
2013. 4. 5법11725호
2013. 7.30법11949호
2014.10.15법12773호
2016. 1.19법13760호
2016.12. 2법14278호(민법)
2017.10.31법14961호
2021. 1.26법17905호(민법)
2023. 4.18법19354호(민사소송법)
2024. 9.20법20432호(민법)→2026년 1월 1일 시행

제1편 총 칙

(2010.3.31 본편개정)

제1조【목적】 이 법은 인격의 존엄과 남녀 평등을 기본으로 하고 가정의 평화 및 친족 간에 서로 돕는 미풍양속을 보존하고 발전시키기 위하여 가사(家事)에 관한 소송(訴訟)과 비송(非訟) 및 조정(調停)에 대한 절차의 특례를 규정함을 목적으로 한다.

제2조【가정법원의 관장 사항】 ① 다음 각 호의 사항(이하 "가사사건"이라 한다)에 대한 심리(審理)와 재판은 가정법원의 전속관할(專屬管轄)로 한다.

1. 가사소송사건
 가. 가류(類) 사건
  1) 혼인의 무효
  2) 이혼의 무효
  3) 인지(認知)의 무효
  4) 친생자관계 존부 확인(親生子關係 存否 確認)
  5) 입양의 무효
  6) 파양(罷養)의 무효
 나. 나류(類) 사건
  1) 사실상 혼인관계 존부 확인
  2) 혼인의 취소
  3) 이혼의 취소
  4) 재판상 이혼
  5) 아버지의 결정
  6) 친생부인(親生否認)
  7) 인지의 취소
  8) 인지에 대한 이의(異議)
  9) 인지청구
  10) 입양의 취소
  11) 파양의 취소
  12) 재판상 파양
  13) 친양자(親養子) 입양의 취소
  14) 친양자의 파양
  15) 상속권 상실 선고(2024.9.20 신설 : 2026.1.1 시행)
 다. 다류(類) 사건
  1) 약혼 해제(解除) 또는 사실혼관계 부당 파기(破棄)로 인한 손해배상청구(제3자에 대한 청구를 포함한다) 및 원상회복의 청구
  2) 혼인의 무효·취소, 이혼의 무효·취소 또는 이혼을 원인으로 하는 손해배상청구(제3자에 대한 청구를 포함한다) 및 원상회복의 청구
  3) 입양의 무효·취소, 파양의 무효·취소 또는 파양을 원인으로 하는 손해배상청구(제3자에 대한 청구를 포함한다) 및 원상회복의 청구
  4)「민법」제839조의3에 따른 재산분할청구권 보전을 위한 사해행위(詐害行爲) 취소 및 원상회복의 청구
2. 가사비송사건
 가. 라류(類) 사건
  1)「민법」제9조제1항, 제11조, 제14조의3제2항 및 제959조의20에 따른 성년후견 개시의 심판과 그 종료의 심판(2013.4.5 개정)
  1)의2「민법」제10조제2항 및 제3항에 따른 취소할 수 없는 피성년후견인의 법률행위의 범위 결정 및 그 변경(2013.4.5 신설)
  1)의3「민법」제12조제1항, 제14조, 제14조의3제1항 및 제959조의20에 따른 한정후견 개시의 심판과 그 종료의 심판(2013.4.5 신설)
  1)의4「민법」제13조제1항부터 제3항까지의 규정에 따른 피한정후견인이 한정후견인의 동의를 받아야 하는 행위의 범위 결정과 그 변경 및 한정후견인의 동의를 갈음하는 허가(2013.4.5 신설)
  1)의5「민법」제14조의2, 제14조의3 및 제959조의20에 따른 특정후견의 심판과 그 종료의 심판(2013.4.5 신설)
  2)「민법」제22조부터 제26조까지의 규정에 따른 부재자 재산의 관리에 관한 처분
  2)의2「민법」제909조의2제5항에 따라 친권자 또는 미성년후견인의 임무를 대행할 사람(이하 "임무대행자"라 한다)의 같은 법 제25조에 따른 권한을 넘는 행위의 허가(2013.7.30 신설)
  3)「민법」제27조부터 제29조까지의 규정에 따른 실종의 선고와 그 취소
  4)「민법」제781조제4항에 따른 성(姓)과 본(本)의 창설 허가
  5)「민법」제781조제5항에 따른 자녀의 종전 성과 본의 계속사용허가
  6)「민법」제781조제6항에 따른 자녀의 성과 본의 변경 허가
  7)「민법」제829조제2항 단서에 따른 부부재산약정의 변경에 대한 허가
  7)의2「민법」제854조의2에 따른 친생부인의 허가(2017.10.31 신설)
  7)의3「민법」제855조의2제1항 및 제2항에 따른 인지의 허가(2017.10.31 신설)
  8)「민법」제867조에 따른 미성년자의 입양에 대한 허가(2013.7.30 개정)
  8)의2「민법」제873조제2항에 따라 준용되는 같은 법 제867조에 따른 피성년후견인이 입양을 하거나 양자가 되는 것에 대한 허가(2013.7.30 신설)

9) 「민법」 제871조제2항에 따른 부모의 동의를 갈음하는 심판(2013.7.30 개정)
10) (2013.7.30 삭제)
11) 「민법」 제906조제1항 단서에 따른 양자의 친족 또는 이해관계인의 파양청구에 대한 허가(2013.7.30 개정)
12) 「민법」 제908조의2에 따른 친양자 입양의 허가
13) 「민법」 제909조제2항 단서에 따른 친권 행사 방법의 결정
13)의2 「민법」 제909조의2제1항부터 제5항까지(같은 법 제927조의2제1항 각 호 외의 부분 본문에 따라 준용되는 경우를 포함한다)에 따른 친권자의 지정, 미성년후견인의 선임 및 임무대행자의 선임(2013.7.30 신설)
13)의3 「민법」 제909조의2제6항에 따른 후견의 종료 및 친권자의 지정(2013.7.30 신설)
14) (2021.1.26 삭제)
15) 「민법」 제918조(같은 법 제956조에 따라 준용되는 경우를 포함한다)에 따른 재산관리인의 선임(選任) 또는 개임(改任)과 재산관리에 관한 처분
16) 「민법」 제921조(「민법」 제949조의3에 따라 준용되는 경우를 포함한다)에 따른 특별대리인의 선임(2013.4.5 개정)
17) 「민법」 제927조에 따른 친권자의 법률행위 대리권 및 재산관리권의 사퇴(辭退) 또는 회복에 대한 허가
17)의2 「민법」 제927조의2제2항에 따른 친권자의 지정(2013.7.30 신설)
17)의3 「민법」 제931조제2항에 따른 후견의 종료 및 친권자의 지정(2013.7.30 신설)
18) 「민법」 제932조, 제936조제1항부터 제3항까지, 제940조, 제959조의3 및 제959조의9에 따른 미성년후견인·성년후견인·한정후견인·특정후견인의 선임 또는 변경(2013.4.5 개정)
18)의2 「민법」 제938조제2항부터 제4항까지의 규정에 따른 성년후견인의 법정대리권의 범위 결정과 그 변경 및 성년후견인이 피성년후견인의 신상에 관하여 결정할 수 있는 권한의 범위 결정과 그 변경(2013.4.5 신설)
18)의3 「민법」 제940조의7에 따라 준용되는 제940조와 제940조의3, 제940조의4, 제959조의5 및 제959조의10에 따른 미성년후견감독인·성년후견감독인·한정후견감독인·특정후견감독인의 선임 또는 변경(2013.4.5 신설)
19) 「민법」 제939조(「민법」 제940조의7, 제959조의3제2항, 제959조의5제2항, 제959조의9제2항, 제959조의10제2항에 따라 준용되는 경우 및 제959조의16제3항에 따라 준용되는 제940조의7에 따라 다시 준용되는 경우를 포함한다)에 따른 미성년후견인·성년후견인·한정후견인·특정후견인·미성년후견감독인·성년후견감독인·한정후견감독인·특정후견감독인·임의후견감독인의 사임에 대한 허가(2013.4.5 개정)
20) 「민법」 제941조제1항 단서(같은 법 제948조에 따라 준용되는 경우를 포함한다)에 따른 후견인의 재산 목록 작성을 위한 기간의 연장허가
21) 「민법」 제947조의2제2항(「민법」 제959조의6에 따라 준용되는 경우를 포함한다)에 따른 피성년후견인 또는 피한정후견인의 격리에 대한 허가 및 「민법」 제947조의2제4항(「민법」 제940조의7, 제959조의5제2항 및 제959조의6에 따라 준용되는 경우를 포함한다)에 따른 피미성년후견인, 피성년후견인 또는 피한정후견인에 대한 의료행위의 동의에 대한 허가(2013.4.5 개정)
21)의2 「민법」 제947조의2제5항(「민법」 제940조의7, 제959조의5제2항 및 제959조의6에 따라 준용되는 경우를 포함한다)에 따른 피미성년후견인, 피성년후견인 또는 피한정후견인이 거주하는 건물 또는 그 대지에 대한 매도 등에 대한 허가(2013.4.5 신설)
21)의3 「민법」 제949조의2(「민법」 제940조의7, 제959조의5제2항, 제959조의6, 제959조의10제2항, 제959조의12에 따라 준용되는 경우 및 제959조의16제3항에 따라 준용되는 제940조의7에 따라 다시 준용되는 경우를 포함한다)에 따른 여러 명의 성년후견인·한정후견인·특정후견인·성년후견감독인·한정후견감독인·특정후견감독인·임의후견감독인의 권한 행사에 관한 결정과 그 변경 또는 취소 및 성년후견인·한정후견인·특정후견인·성년후견감독인·한정후견감독인·특정후견감독인·임의후견감독인의 의사표시를 갈음하는 재판(2013.4.5 신설)
21)의4 「민법」 제950조제2항(「민법」 제948조 및 제959조의6에 따라 준용되는 경우를 포함한다)에 따른 미성년후견감독인·성년후견감독인·한정후견감독인의 동의를 갈음하는 허가(2013.4.5 신설)
22) 「민법」 제954조(「민법」 제948조, 제959조의6 및 제959조의12에 따라 준용되는 경우를 포함한다)에 따른 피미성년후견인, 피성년후견인, 피한정후견인 또는 피특정후견인의 재산상황에 대한 조사 및 그 재산관리 등 후견임무 수행에 관하여 필요한 처분명령(2013.4.5 개정)
22)의2 「민법」 제909조의2제5항에 따라 준용되는 같은 법 제954조에 따른 미성년자의 재산상황에 대한 조사 및 그 재산관리 등 임무대행자의 임무 수행에 관하여 필요한 처분명령(2013.7.30 신설)
23) 「민법」 제955조(「민법」 제940조의7, 제948조, 제959조의5제2항, 제959조의6, 제959조의10제2항, 제959조의12에 따라 준용되는 경우 및 제959조의16제3항에 따라 준용되는 제940조의7에 따라 다시 준용되는 경우를 포함한다)에 따른 미성년후견인·성년후견인·한정후견인·특정후견인·미성년후견감독인·성년후견감독인·한정후견감독인·특정후견감독인·임의후견감독인에 대한 보수(報酬)의 수여(2013.4.5 개정)
24) 「민법」 제957조제1항 단서(「민법」 제959조의7 및 제959조의13에 따라 준용되는 경우를 포함한다)에 따른 후견 종료 시 관리계산기간의 연장허가(2013.4.5 개정)
24)의2 「민법」 제959조의4에 따른 한정후견인에게 대리권을 수여하는 심판과 그 범위 변경 및 한정후견인이 피한정후견인의 신상에 관하여 결정할 수 있는 권한의 범위 결정과 그 변경(2013.4.5 신설)
24)의3 「민법」 제959조의8에 따른 피특정후견인의 후원을 위하여 필요한 처분명령(2013.4.5 신설)
24)의4 「민법」 제959조의11에 따른 특정후견인에게 대리권을 수여하는 심판(2013.4.5 신설)
24)의5 「민법」 제959조의16제3항에 따라 준용되는 제940조의7에 따라 다시 준용되는 제940조 및 제959조의15제1항·제3항·제4항에 따른 임의후견감독인의 선임 또는 변경(2013.4.5 신설)
24)의6 「민법」 제959조의16제2항에 따른 임의후견감독인에 대한 감독사무에 관한 보고 요구, 임의후견인의 사무 또는 본인의 재산상황에 대한 조사명령 또는 임의후견감독인의 직무에 관하여 필요한 처분명령(2013.4.5 신설)
24)의7 「민법」 제959조의17제2항에 따른 임의후견인의 해임(2013.4.5 신설)
24)의8 「민법」 제959조의18제2항에 따른 후견계약 종료의 허가(2013.4.5 신설)
25)~28) (2013.4.5 삭제)
29) 「민법」 제1004조의2제7항에 따른 상속재산의 보존 및 관리를 위한 처분(2024.9.20 신설 : 2026.1.1 시행)
30) 「민법」 제1019조제1항 단서에 따른 상속의 승인 또는 포기를 위한 기간의 연장허가

31)「민법」제1023조(같은 법 제1044조에 따라 준용되는 경우를 포함한다)에 따른 상속재산 보존을 위한 처분
32)「민법」제1024조제2항, 제1030조 및 제1041조에 따른 상속의 한정승인신고 또는 포기신고의 수리(受理)와 한정승인 취소신고 또는 포기 취소신고의 수리
33)「민법」제1035조제2항(같은 법 제1040조제3항, 제1051조제3항 및 제1056조제2항에 따라 준용되는 경우를 포함한다) 및 제1113조제2항에 따른 감정인(鑑定人)의 선임
34)「민법」제1040조제1항에 따른 공동상속재산을 위한 관리인의 선임
35)「민법」제1045조에 따른 상속재산의 분리
36)「민법」제1047조에 따른 상속재산 분리 후의 상속재산 관리에 관한 처분
37)「민법」제1053조에 따른 관리인의 선임 및 그 공고와 재산관리에 관한 처분
38)「민법」제1057조에 따른 상속인 수색(搜索)의 공고
39)「민법」제1057조의2에 따른 상속재산의 분여(分與)
40)「민법」제1070조제2항에 따른 유언의 검인(檢認)
41)「민법」제1091조에 따른 유언의 증서 또는 녹음(錄音)의 검인
42)「민법」제1092조에 따른 유언증서의 개봉
43)「민법」제1096조에 따른 유언집행자의 선임 및 그 임무에 관한 처분
44)「민법」제1097조제2항에 따른 유언집행자의 승낙 또는 사퇴를 위한 통지의 수리
45)「민법」제1104조제1항에 따른 유언집행자에 대한 보수의 결정
46)「민법」제1105조에 따른 유언집행자의 사퇴에 대한 허가
47)「민법」제1106조에 따른 유언집행자의 해임
48)「민법」제1111조에 따른 부담(負擔) 있는 유언의 취소

나. 마류(類) 사건
1)「민법」제826조 및 제833조에 따른 부부의 동거·부양·협조 또는 생활비용의 부담에 관한 처분
2)「민법」제829조제3항에 따른 재산관리자의 변경 또는 공유재산(共有財産)의 분할을 위한 처분
3)「민법」제837조 및 제837조의2(같은 법 제843조에 따라 위 각 조항이 준용되는 경우 및 혼인의 취소 또는 인지를 원인으로 하는 경우를 포함한다)에 따른 자녀의 양육에 관한 처분과 그 변경, 면접교섭권(面接交涉權)의 처분 또는 제한·배제·변경(2016.12.2 개정)
4)「민법」제839조의2제2항(같은 법 제843조에 따라 준용되는 경우 및 혼인의 취소를 원인으로 하는 경우를 포함한다)에 따른 재산 분할에 관한 처분
5)「민법」제909조제4항 및 제6항(혼인의 취소를 원인으로 하는 경우를 포함한다)에 따른 친권자의 지정과 변경
6)「민법」제922조의2에 따른 친권자의 동의를 갈음하는 재판(2014.10.15 개정)
7)「민법」제924조, 제924조의2, 제925조 및 제926조에 따른 친권의 상실, 일시 정지, 일부 제한 및 그 실권 회복의 선고 또는 법률행위의 대리권과 재산관리권의 상실 및 그 실권 회복의 선고(2014.10.15 신설)
8)「민법」제976조부터 제978조까지의 규정에 따른 부양(扶養)에 관한 처분
9)「민법」제1008조의2제2항 및 제4항에 따른 기여분(寄與分)의 결정
10)「민법」제1013조제2항에 따른 상속재산의 분할에 관한 처분

② 가정법원은 다른 법률이나 대법원규칙에서 가정법원의 권한으로 정한 사항에 대하여도 심리·재판한다.
③ 제2항의 사건에 관한 절차는 법률이나 대법원규칙으로 따로 정하는 경우를 제외하고는 라류 가사비송사건의 절차에 따른다.

제3조【지방법원과 가정법원 사이의 관할의 지정】 ① 사건이 가정법원과 지방법원 중 어느 법원의 관할에 속하는지 명백하지 아니한 경우에는 관계 법원의 공통되는 고등법원이 관할법원을 지정한다.
② 제1항의 관할법원 지정에 관하여는「민사소송법」제28조를 준용한다.
③ 제1항에 따라 가정법원의 관할로 정하여진 사건은 이 법에서 정하는 절차에 따라 처리하고, 지방법원의 관할로 정하여진 사건은 민사소송 절차에 따라 처리한다.

제4조【제척·기피 및 회피】 법원 직원의 제척·기피 및 회피에 관한「민사소송법」의 규정 중 법관에 관한 사항은 조정장(調停長)과 조정위원에 준용하고, 법원사무관등에 관한 사항은 가사조사관(家事調査官)에 준용한다.

제5조【수수료】 이 법에 따른 소(訴)의 제기, 심판의 청구, 조정의 신청이나 그 밖의 재판과 처분의 신청에는 대법원규칙으로 정하는 바에 따라 수수료를 내야 한다.

제6조【가사조사관】 ① 가사조사관은 재판장, 조정장 또는 조정담당판사의 명을 받아 사실을 조사한다.
② 가사조사관의 사실조사 방법과 절차에 관한 사항은 대법원규칙으로 정한다.

제7조【본인 출석주의】 ① 가정법원, 조정위원회 또는 조정담당판사의 변론기일, 심리기일 또는 조정기일에 소환을 받은 당사자 및 이해관계인은 본인 또는 법정대리인이 출석하여야 한다. 다만, 특별한 사정이 있을 때에는 재판장, 조정장 또는 조정담당판사의 허가를 받아 대리인을 출석하게 할 수 있고 보조인을 동반할 수 있다.
② 변호사 아닌 자가 대리인 또는 보조인이 되려면 미리 재판장, 조정장 또는 조정담당판사의 허가를 받아야 한다.
③ 재판장, 조정장 또는 조정담당판사는 언제든지 제1항 및 제2항의 허가를 취소할 수 있고, 본인이 법정대리인 또는 대리인과 함께 출석할 것을 명할 수 있다.

제8조【사실조사의 촉탁】 재판장, 조정장, 조정담당판사 또는 가사조사관은 사실조사를 위하여 필요한 경우에는 경찰 등 행정기관이나 그 밖에 상당하다고 인정되는 단체 또는 개인에게 사실의 조사를 촉탁하고 필요한 사항을 보고하도록 요구할 수 있다.

제9조【가족관계등록부 기록 등의 촉탁】 가정법원은 대법원규칙으로 정하는 판결 또는 심판이 확정되거나 효력을 발생한 경우에는 대법원규칙으로 정하는 바에 따라 지체 없이 가족관계등록 사무를 처리하는 사람에게 가족관계등록부에 등록할 것을 촉탁하거나 후견등기 사무를 처리하는 사람에게 후견등기부에 등기할 것을 촉탁하여야 한다.(2013.4.5 본조개정)

제10조【보도 금지】 가정법원에서 처리 중이거나 처리한 사건에 관하여는 성명·연령·직업 및 용모 등을 볼 때 본인이 누구인지 미루어 짐작할 수 있는 정도의 사실이나 사진을 신문, 잡지, 그 밖의 출판물에 게재하거나 방송할 수 없다.

제10조의2【기록의 열람 등】 ① 당사자나 이해관계를 소명한 제3자는 다음 각 호의 사항을 법원서기관, 법원사무관, 법원주사 또는 법원주사보(이하 "법원사무관등"이라 한다)에게 신청할 수 있다.
1. 재판서의 정본(正本)·등본·초본의 발급
2. 소송에 관한 사항의 증명서 발급
② 당사자나 이해관계를 소명한 제3자는 재판장의 허가를 받아 다음 각 호의 사항을 법원사무관등에게 신청할 수 있다.
1. 조서(調書)의 정본·등본·초본의 발급
2. 기록의 열람·복사
③ 제1항제1호, 제2항제1호의 신청에 따라 발급되는 재판서·조서의 정본·등본·초본에는 그 취지를 적고 법원사무관등이 기명날인하여야 한다.
④ 제1항 또는 제2항에 따른 신청을 할 때에는 대법원규칙으로 정하는 수수료를 내야 한다.
(2013.4.5 본조개정)

제11조【위임 규정】 가사사건의 재판과 조정의 절차에 관하여 필요한 사항은 대법원규칙으로 정한다.

제2편 가사소송

(2010.3.31 본편개정)

제1장 통 칙

제12조【적용 법률】 가사소송 절차에 관하여는 이 법에 특별한 규정이 있는 경우를 제외하고는 「민사소송법」에 따른다. 다만, 가류 및 나류 가사소송사건에 관하여는 「민사소송법」 제147조제2항, 제149조, 제150조제1항, 제284조제1항, 제285조, 제349조, 제350조, 제410조의 규정 및 같은 법 제220조 중 청구의 인낙(認諾)에 관한 규정과 같은 법 제288조 중 자백에 관한 규정은 적용하지 아니한다.

제13조【관할】 ① 가사소송은 이 법에 특별한 규정이 있는 경우를 제외하고는 피고의 보통재판적(普通裁判籍)이 있는 곳의 가정법원이 관할한다.

② 당사자 또는 관계인의 주소, 거소(居所) 또는 마지막 주소에 따라 관할이 정하여지는 경우에 그 주소, 거소 또는 마지막 주소가 국내에 없거나 이를 알 수 없을 때에는 대법원이 있는 곳의 가정법원이 관할한다.

③ 가정법원은 소송의 전부 또는 일부에 대하여 관할권이 없음을 인정한 경우에는 결정(決定)으로 관할법원에 이송하여야 한다.

④ 가정법원은 그 관할에 속하는 가사소송사건에 관하여 현저한 손해 또는 지연을 피하기 위하여 필요한 경우에는 직권으로 또는 당사자의 신청에 의하여 다른 관할가정법원에 이송할 수 있다.

⑤ 이송결정과 이송신청의 기각결정에 대하여는 즉시항고를 할 수 있다.

제14조【관련 사건의 병합】 ① 여러 개의 가사소송사건 또는 가사소송사건과 가사비송사건의 청구의 원인이 동일한 사실관계에 기초하거나 1개의 청구의 당부(當否)가 다른 청구의 당부의 전제가 되는 경우에는 이를 1개의 소로 제기할 수 있다.

② 제1항의 사건의 관할법원이 다를 때에는 가사소송사건 중 1개의 청구에 대한 관할권이 있는 가정법원에 소를 제기할 수 있다.

③ 가류 또는 나류 가사소송사건의 소의 제기가 있고, 그 사건과 제1항의 관계에 있는 다류 가사소송사건 또는 가사비송사건이 각각 다른 가정법원에 계속(係屬)된 경우에는 가류 또는 나류 가사소송사건의 수소법원(受訴法院)은 직권으로 또는 당사자의 신청에 의하여 결정으로 다류 가사소송사건 또는 가사비송사건을 병합할 수 있다.

④ 제1항이나 제3항에 따라 병합된 여러 개의 청구에 관하여는 1개의 판결로 재판한다.

제15조【당사자의 추가·경정】 ① 「민사소송법」 제68조 또는 제260조에 따라 필수적 공동소송인을 추가하거나 피고를 경정(更正)하는 것은 사실심(事實審)의 변론종결 시까지 할 수 있다.

② 제1항에 따라 피고를 경정한 경우에는 신분에 관한 사항에 한정하여 처음의 소가 제기된 때에 경정된 피고와의 사이에 소가 제기된 것으로 본다.

제16조【소송 절차의 승계】 ① 가류 또는 나류 가사소송사건의 원고가 사망이나 그 밖의 사유(소송 능력을 상실한 경우는 제외한다)로 소송 절차를 계속하여 진행할 수 없게 된 때에는 다른 제소권자(提訴權者)가 소송 절차를 승계할 수 있다.

② 제1항의 승계신청은 승계 사유가 생긴 때부터 6개월 이내에 하여야 한다.

③ 제2항의 기간 내에 승계신청이 없을 때에는 소가 취하된 것으로 본다.

제17조【직권조사】 가정법원이 가류 또는 나류 가사소송사건을 심리할 때에는 직권으로 사실조사 및 필요한 증거조사를 하여야 하며, 언제든지 당사자 또는 법정대리인을 신문할 수 있다.

제18조【소송비용 부담의 특칙】 검사가 소송 당사자로서 패소한 경우 그 소송비용은 국고에서 부담한다.

제19조【항소】 ① 가정법원의 판결에 대하여 불복하는 경우에는 판결정본이 송달된 날부터 14일 이내에 항소할 수 있다. 다만, 판결정본 송달 전에도 항소할 수 있다.

② 항소법원의 소송 절차에는 제1심의 소송 절차에 관한 규정을 준용한다.

③ 항소법원은 항소가 이유 있는 경우에도 제1심 판결을 취소하거나 변경하는 것이 사회정의와 형평의 이념에 맞지 아니하거나 가정의 평화와 미풍양속을 유지하기에 적합하지 아니하다고 인정하는 경우에는 항소를 기각할 수 있다.

제20조【상고】 항소법원의 판결에 대하여 불복하는 경우에는 판결정본이 송달된 날부터 14일 이내에 대법원에 상고할 수 있다. 다만, 판결정본 송달 전에도 상고할 수 있다.

제21조【기판력의 주관적 범위에 관한 특칙】 ① 가류 또는 나류 가사소송사건의 청구를 인용(認容)한 확정판결은 제3자에게도 효력이 있다.

② 제1항의 청구를 배척한 판결이 확정된 경우에는 다른 제소권자는 사실심의 변론종결 전에 참가하지 못한 데 대하여 정당한 사유가 있지 아니하면 다시 소를 제기할 수 없다.

제2장 혼인관계소송

제22조【관할】 혼인의 무효나 취소, 이혼의 무효나 취소 및 재판상 이혼의 소는 다음 각 호의 구분에 따른 가정법원의 전속관할로 한다.

1. 부부가 같은 가정법원의 관할 구역 내에 보통재판적이 있을 때에는 그 가정법원
2. 부부가 마지막으로 같은 주소지를 가졌던 가정법원의 관할 구역 내에 부부 중 어느 한쪽의 보통재판적이 있을 때에는 그 가정법원
3. 제1호와 제2호에 해당되지 아니하는 경우로서 부부 중 어느 한쪽이 다른 한쪽을 상대로 하는 경우에는 상대방의 보통재판적이 있는 곳의 가정법원, 부부 모두를 상대로 하는 경우에는 부부 중 어느 한쪽의 보통재판적이 있는 곳의 가정법원
4. 부부 중 어느 한쪽이 사망한 경우에는 생존한 다른 한쪽의 보통재판적이 있는 곳의 가정법원
5. 부부가 모두 사망한 경우에는 부부 중 어느 한쪽의 마지막 주소지의 가정법원

제23조【혼인무효 및 이혼무효의 소의 제기권자】 당사자, 법정대리인 또는 4촌 이내의 친족은 언제든지 혼인무효나 이혼무효의 소를 제기할 수 있다.

제24조【혼인무효·취소 및 이혼무효·취소의 소의 상대방】 ① 부부 중 어느 한쪽이 혼인의 무효나 취소 또는 이혼무효의 소를 제기할 때에는 배우자를 상대방으로 한다.

② 제3자가 제1항에 규정된 소를 제기할 때에는 부부를 상대방으로 하고, 부부 중 어느 한쪽이 사망한 경우에는 그 생존자를 상대방으로 한다.

③ 제1항과 제2항에 따라 상대방이 될 사람이 사망한 경우에는 검사를 상대방으로 한다.

④ 이혼취소의 소에 관하여는 제1항과 제3항을 준용한다.

판례 이혼으로 혼인관계가 이미 해소되었다면 기왕의 혼인관계는 과거의 법률관계가 된다. 그러나 신분관계인 혼인관계는 그것을 전제로 하여 수많은 법률관계가 형성되고 그에 관하여 일일이 효력의 확인을 구하는 절차를 반복하는 것보다 과거의 법률관계인 혼인관계 자체의 무효 확인을 구하는 편이 관련된 분쟁을 한꺼번에 해결하는 유효·적절한 수단일 수 있으므로, 특별한 사정이 없는 한 혼인관계가 이미 해소된 이후라고 하더라도 혼인무효의 확인을 구할 이익이 인정된다고 보아야 한다.(대판 2024.5.23, 2020므15896)

제25조【친권자 지정 등에 관한 협의권고】 ① 가정법원은 미성년자인 자녀가 있는 부부의 혼인의 취소나 재판상 이혼의 청구를 심리할 때에는 그 청구가 인용될 경우를 대비하여 부모에게 다음 각 호의 사항에 관하여 미리 협의하도록 권고하여야 한다.
1. 미성년자인 자녀의 친권자로 지정될 사람
2. 미성년자인 자녀에 대한 양육과 면접교섭권
② 가정법원이 혼인무효의 청구를 심리하여 그 청구가 인용되는 경우에 남편과 부자관계가 존속되는 미성년자인 자녀가 있는 경우에도 제1항과 같다.

제3장 부모와 자녀 관계소송

제1절 친생자관계

제26조【관할】 ① 친생부인, 인지의 무효나 취소 또는「민법」제845조에 따른 아버지를 정하는 소는 자녀의 보통재판적이 있는 곳의 가정법원의 전속관할로 하고, 자녀가 사망한 경우에는 자녀의 마지막 주소지의 가정법원의 전속관할로 한다.
② 인지에 대한 이의(異議)의 소, 인지청구의 소 또는「민법」제865조에 따른 친생자관계 존부 확인의 소는 상대방(상대방이 여러 명일 때에는 그중 1명)의 보통재판적이 있는 곳의 가정법원의 전속관할로 하고, 상대방이 모두 사망한 경우에는 그중 1명의 마지막 주소지의 가정법원의 전속관할로 한다.
제27조【아버지를 정하는 소의 당사자】 ①「민법」제845조에 따른 아버지를 정하는 소는 자녀, 어머니, 어머니의 배우자 또는 어머니의 전(前) 배우자가 제기할 수 있다.
② 자녀가 제기하는 경우에는 어머니, 어머니의 배우자 및 어머니의 전 배우자를 상대방으로 하고, 어머니가 제기하는 경우에는 그 배우자 및 전 배우자를 상대방으로 한다.
③ 어머니의 배우자가 제기하는 경우에는 어머니 및 어머니의 전 배우자를 상대방으로 하고, 어머니의 전 배우자가 제기하는 경우에는 어머니 및 어머니의 배우자를 상대방으로 한다.
④ 제2항과 제3항의 경우에 상대방이 될 사람 중에 사망한 사람이 있을 때에는 생존자를 상대방으로 하고, 생존자가 없을 때에는 검사를 상대방으로 하여 소를 제기할 수 있다.
제28조【준용규정】 인지무효의 소에는 제23조 및 제24조를 준용하고, 인지취소의 소, 인지에 대한 이의의 소 또는 친생자관계 존부 확인의 소에는 제24조를 준용하며, 인지청구의 소에는 제25조제1항을 준용한다.
제29조【혈액형 등의 수검 명령】 ① 가정법원은 당사자 또는 관계인 사이의 혈족관계의 유무를 확정할 필요가 있는 경우에 다른 증거조사에 의하여 심증(心證)을 얻지 못한 때에는 검사를 받을 사람의 건강과 인격의 존엄을 해치지 아니하는 범위에서, 당사자 또는 관계인에게 혈액채취에 의한 혈액형의 검사 등 유전인자의 검사나 그 밖에 적당하다고 인정되는 방법에 의한 검사를 받을 것을 명할 수 있다.
② 제1항의 명령을 할 때에는 제67조에 규정된 제재(制裁)를 고지하여야 한다.

제2절 입양 · 친양자 입양관계

제30조【관할】 다음 각 호의 소는 양부모 중 1명의 보통재판적이 있는 곳의 가정법원의 전속관할로 하고, 양부모가 모두 사망한 경우에는 그중 1명의 마지막 주소지의 가정법원의 전속관할로 한다.
1. 입양의 무효
2. 입양 또는 친양자 입양의 취소
3. 파양
4. 친양자의 파양
5. 파양의 무효나 취소

제31조【준용규정】 입양무효 및 파양무효의 소에 관하여는 제23조 및 제24조를 준용하고, 입양 · 친양자 입양의 취소, 친양자의 파양 및 파양취소의 소에 관하여는 제24조를 준용한다.

제4장 호주승계관계소송

제32조~제33조 (2005.3.31 삭제)

제3편 가사비송
(2010.3.31 본편개정)

제1장 통 칙

제34조【준용 법률】 가사비송 절차에 관하여는 이 법에 특별한 규정이 없으면「비송사건절차법」제1편을 준용한다. 다만,「비송사건절차법」제15조는 준용하지 아니한다.
제35조【관할】 ① 이 법과 대법원규칙으로 관할법원을 정하지 아니한 가사비송사건은 대법원이 있는 곳의 가정법원이 관할한다.
② 가사비송사건에 관하여는 제13조제2항부터 제5항까지의 규정을 준용한다.
제36조【청구의 방식】 ① 가사비송사건의 청구는 가정법원에 심판청구를 함으로써 한다.
② 심판의 청구는 서면 또는 구술로 할 수 있다.
③ 심판청구서에는 다음 각 호의 사항을 적고 청구인이나 대리인이 기명날인하거나 서명하여야 한다.(2016.1.19 본문개정)
1. 당사자의 등록기준지, 주소, 성명, 생년월일, 대리인이 청구할 때에는 대리인의 주소와 성명
2. 청구 취지와 청구 원인
3. 청구 연월일
4. 가정법원의 표시
④ 구술로 심판청구를 할 때에는 가정법원의 법원사무관등의 앞에서 진술하여야 한다.
⑤ 제4항의 경우에 법원사무관등은 제3항 각 호의 사항을 적은 조서를 작성하고 기명날인하여야 한다.
제37조【이해관계인의 참가】 ① 심판청구에 관하여 이해관계가 있는 자는 재판장의 허가를 받아 절차에 참가할 수 있다.
② 재판장은 상당하다고 인정하는 경우에는 심판청구에 관하여 이해관계가 있는 자를 절차에 참가하게 할 수 있다.
제37조의2【절차의 구조】 ① 가정법원은 가사비송사건의 절차에 소요되는 비용을 지출할 자금능력이 없거나 그 비용을 지출하면 생활에 현저한 지장이 있는 사람에 대하여 그 사람의 신청에 따라 또는 직권으로 절차구조(節次救助)를 할 수 있다. 다만, 신청인이 부당한 목적으로 심판청구를 하는 것이 명백한 경우에는 그러하지 아니하다.
② 제1항의 절차구조에 관하여는「민사소송법」제128조제3항부터 제5항까지, 제129조부터 제133조까지를 준용한다. 다만,「민사소송법」제132조 및 제133조 단서는 마류 가사비송사건에 한정하여 준용한다.(2023.4.18 본문개정)
(2013.4.5 본조신설)
제38조【증거 조사】 가정법원은 필요하다고 인정할 경우에는 당사자 또는 법정대리인을 당사자 신문(訊問) 방식으로 심문(審問)할 수 있고, 그 밖의 관계인을 증인 신문 방식으로 심문할 수 있다.
제39조【재판의 방식】 ① 가사비송사건에 대한 제1심 종국재판(終局裁判)은 심판으로써 한다. 다만, 절차상의 이유로 종국재판을 하여야 하는 경우에는 그러하지 아니하다.
② 심판서에는 다음 각 호의 사항을 적고 심판한 법관이 기명날인하여야 한다. 심판한 법관이 기명날인하는 데 지장이 있는 경우에는 다른 법관이 그 사유를 적고 기명날인하여야 한다.

1. 당사자와 법정대리인
2. 주문(主文)
3. 이유
4. 법원
③ 라류 가사비송사건의 심판서에는 이유를 적지 아니할 수 있다.
④ 심판에 관하여는 「민사소송법」 중 결정에 관한 규정을 준용한다.

제40조【심판의 효력발생 시기】 심판의 효력은 심판을 받을 사람이 심판을 고지받음으로써 발생한다. 다만, 제43조에 따라 즉시항고를 할 수 있는 심판은 확정되어야 효력이 있다.

제41조【심판의 집행력】 금전의 지급, 물건의 인도(引渡), 등기, 그 밖에 의무의 이행을 명하는 심판은 집행권원(執行權原)이 된다.

제42조【가집행】 ① 재산상의 청구 또는 유아(幼兒)의 인도에 관한 심판으로서 즉시항고의 대상이 되는 심판에는 담보를 제공하게 하지 아니하고 가집행할 수 있음을 명하여야 한다.
② 가정법원은 직권으로 또는 당사자의 신청에 의하여 이행의 목적인 재산에 상당한 금액을 담보로 제공하고 가집행을 면제받을 수 있음을 명할 수 있다.
③ 판결로 유아의 인도를 명하는 경우에도 제1항을 준용한다.

제43조【불복】 ① 심판에 대하여는 대법원규칙으로 따로 정하는 경우에 한정하여 즉시항고만을 할 수 있다.
② 항고법원의 재판 절차에는 제1심의 재판 절차에 관한 규정을 준용한다.
③ 항고법원은 항고가 이유 있다고 인정하는 경우에는 원심판을 취소하고 스스로 적당한 결정을 하여야 한다. 다만, 항고법원이 스스로 결정하기에 적당하지 아니하다고 인정하는 경우에는 사건을 원심법원에 환송하여야 한다.
④ 항고법원의 결정에 대하여는 재판에 영향을 미친 헌법, 법률, 명령 또는 규칙 위반이 있음을 이유로 하는 경우에 한정하여 대법원에 재항고할 수 있다.
⑤ 즉시항고는 대법원규칙으로 정하는 날부터 14일 이내에 하여야 한다.

제2장 라류 가사비송사건

제44조【관할 등】 ① 라류 가사비송사건은 다음 각 호의 가정법원이 관할한다.
1. 다음 각 목의 어느 하나에 해당하는 사건은 사건 본인의 주소지의 가정법원
  가. (2013.4.5 삭제)
  나. 실종에 관한 사건
  다. 성(姓)과 본(本)의 창설에 관한 사건
  라. 자녀의 종전 성과 본의 계속 사용에 관한 사건
  마. 자녀의 성과 본의 변경에 관한 사건
1의2. 미성년후견·성년후견·한정후견·특정후견 및 임의후견에 관한 사건은 각 피후견인(피후견인이 될 사람을 포함한다)의 주소지의 가정법원. 다만, 성년후견·한정후견 개시의 심판, 특정후견의 심판, 미성년후견인·임의후견감독인 선임 심판이 각각 확정된 이후의 후견에 관한 사건은 후견개시 등의 심판을 한 가정법원(항고법원이 후견개시 등의 심판을 한 경우에는 그 제1심 법원인 가정법원) (2017.10.31 단서신설)
2. 부재자의 재산관리에 관한 사건은 부재자의 마지막 주소지 또는 부재자의 재산이 있는 곳의 가정법원
3. 부부 사이의 재산약정의 변경에 관한 사건, 공동의 자녀에 대한 친권 행사방법의 결정사건은 제22조제1호부터 제3호까지의 가정법원
3의2. 친생부인의 허가 및 인지의 허가에 관한 사건은 자녀의 주소지의 가정법원(2017.10.31 본호신설)
4. 입양, 친양자 입양 또는 파양에 관한 사건은 양자·친양자의 주소지 또는 양자·친양자가 될 사람의 주소지의 가정법원
5. 친권에 관한 사건(부부 사이의 공동의 자녀에 대한 친권 행사방법의 결정사건은 제외한다)은 미성년자인 자녀의 주소지의 가정법원(2013.4.5 본호개정)
6. 상속에 관한 사건은 상속 개시지(開始地)의 가정법원
7. 유언에 관한 사건은 상속 개시지의 가정법원. 다만, 「민법」 제1070조제2항에 따른 유언의 검인(檢認) 사건은 상속 개시지 또는 유언자 주소지의 가정법원
8. 제1호부터 제7호까지에 해당되지 아니하는 사건은 대법원규칙으로 정하는 가정법원
② 가정법원은 피후견인의 이익을 위하여 필요한 경우에는 직권 또는 후견인, 후견감독인, 피후견인, 피후견인의 배우자·4촌 이내의 친족, 검사, 지방자치단체의 장의 신청에 따른 결정으로 제1항제1호의2 단서의 관할 가정법원을 피후견인의 주소지의 가정법원으로 변경할 수 있다.(2017.10.31 본항신설)
③ 변경신청을 기각하는 결정에 대하여는 신청인이, 변경결정에 대하여는 후견인, 후견감독인, 피후견인이 즉시항고를 할 수 있다. 변경결정의 즉시항고의 경우에는 집행정지의 효력이 있다.(2017.10.31 본항신설)
(2017.10.31 본조제목개정)

제45조【심리 방법】 라류 가사비송사건의 심판은 이 법과 다른 법률 또는 대법원규칙에 특별한 규정이 있는 경우를 제외하고는 사건관계인을 심문하지 아니하고 할 수 있다.
(2013.4.5 본조개정)

제45조의2【정신상태의 감정 등】 ① 가정법원은 성년후견 개시 또는 한정후견 개시의 심판을 할 경우에는 피성년후견인이 될 사람이나 피한정후견인이 될 사람의 정신상태에 관하여 의사에게 감정을 시켜야 한다. 다만, 피성년후견인이 될 사람이나 피한정후견인이 될 사람의 정신상태를 판단할 만한 다른 충분한 자료가 있는 경우에는 그러하지 아니하다.
② 가정법원은 특정후견의 심판을 할 경우에는 의사나 그 밖에 전문지식이 있는 사람의 의견을 들어야 한다. 이 경우 의견을 말로 진술하게 하거나 진단서 또는 이에 준하는 서면으로 제출하게 할 수 있다.
(2013.4.5 본조신설)

제45조의3【성년후견·한정후견·특정후견 관련 심판에서의 진술 청취】 ① 가정법원은 다음 각 호의 어느 하나에 해당하는 심판을 하는 경우에는 해당 호에서 정한 사람의 진술을 들어야 한다. 다만, 피성년후견인(피성년후견인이 될 사람을 포함한다)이나 피임의후견인(피임의후견인이 될 사람을 포함한다)이 의식불명, 그 밖의 사유로 자신의 의사를 표명할 수 없는 경우에는 그러하지 아니하다.
1. 성년후견 개시의 심판, 한정후견 개시의 심판 및 특정후견의 심판을 하는 경우에는 피성년후견인이 될 사람, 피한정후견인이 될 사람 또는 피특정후견인이 될 사람. 다만, 후견계약이 등기되어 있는 경우에는 피임의후견인과 임의후견인
2. 성년후견·한정후견·특정후견 종료의 심판을 하는 경우에는 피성년후견인과 성년후견인, 피한정후견인과 한정후견인 또는 피특정후견인과 특정후견인
3. 성년후견인·한정후견인·특정후견인의 선임 심판을 하는 경우에는 피성년후견인(피성년후견인이 될 사람을 포함한다)과 성년후견인이 될 사람, 피한정후견인(피한정후견인이 될 사람을 포함한다)과 한정후견인이 될 사람, 피특정후견인(피특정후견인이 될 사람을 포함한다)과 특정후견인이 될 사람
4. 성년후견감독인·한정후견감독인·특정후견감독인의 선임 심판을 하는 경우에는 피성년후견인(피성년후견인이 될 사람을 포함한다)과 성년후견감독인이 될 사람, 피한정후견인(피한정후견인이 될 사람을 포함한다)과 한정후견

감독인이 될 사람, 피특정후견인(피특정후견인이 될 사람을 포함한다)과 특정후견감독인이 될 사람
5. 성년후견인 · 한정후견인 · 특정후견인의 변경 심판을 하는 경우에는 피성년후견인과 그 변경이 청구된 성년후견인 및 성년후견인이 될 사람, 피한정후견인과 그 변경이 청구된 한정후견인 및 한정후견인이 될 사람, 피특정후견인과 그 변경이 청구된 특정후견인 및 특정후견인이 될 사람
6. 성년후견감독인 · 한정후견감독인 · 특정후견감독인의 변경 심판을 하는 경우에는 피성년후견인과 그 변경이 청구된 성년후견감독인 및 성년후견감독인이 될 사람, 피한정후견인과 그 변경이 청구된 한정후견감독인 및 한정후견감독인이 될 사람, 피특정후견인과 그 변경이 청구된 특정후견감독인 및 특정후견감독인이 될 사람
7. 취소할 수 없는 피성년후견인의 법률행위의 범위 결정과 그 변경 또는 성년후견인 · 한정후견인의 대리권의 범위 결정과 그 변경 심판을 하는 경우에는 피성년후견인(피성년후견인이 될 사람을 포함한다) 또는 피한정후견인(피한정후견인이 될 사람을 포함한다)
8. 성년후견인 · 한정후견인이 피성년후견인 · 피한정후견인의 신상에 관하여 결정할 수 있는 권한의 범위 결정과 그 변경 또는 피성년후견인 · 피한정후견인의 격리에 대한 허가 심판을 하는 경우에는 피성년후견인(피성년후견인이 될 사람을 포함한다) 또는 피한정후견인(피한정후견인이 될 사람을 포함한다)
9. 피미성년후견인 · 피성년후견인 · 피한정후견인에 대한 의료행위의 동의에 대한 허가 심판을 하는 경우에는 피미성년후견인(피미성년후견인이 될 사람을 포함한다), 피성년후견인(피성년후견인이 될 사람을 포함한다) 또는 피한정후견인(피한정후견인이 될 사람을 포함한다)
10. 피한정후견인이 한정후견인의 동의를 받아야 하는 행위의 범위 결정과 그 변경 심판을 하는 경우에는 피한정후견인(피한정후견인이 될 사람을 포함한다)
11. 한정후견인의 동의를 갈음하는 허가 심판을 하는 경우에는 피한정후견인과 한정후견인
12. 피미성년후견인, 피성년후견인 또는 피한정후견인이 거주하는 건물이나 그 대지에 대한 매도 등에 대한 허가 심판을 하는 경우에는 피미성년후견인, 피성년후견인 또는 피한정후견인
13. 특정후견인에게 대리권을 수여하는 심판을 하는 경우에는 피특정후견인(피특정후견인이 될 사람을 포함한다)

② 가정법원이 제1항제1호 또는 제2호에 따라 진술을 듣는 경우에는 피성년후견인(피성년후견인이 될 사람을 포함한다), 피한정후견인(피한정후견인이 될 사람을 포함한다) 또는 피특정후견인(피특정후견인이 될 사람을 포함한다)을 심문하여야 한다. 다만, 그 사람이 자신의 의사를 밝힐 수 없거나 출석을 거부하는 등 심문할 수 없는 특별한 사정이 있는 때에는 그러하지 아니하다.
③ 제2항의 심문을 위하여 검증이 필요한 경우에는 「민사소송법」 제365조 및 제366조제1항 · 제3항을 준용한다.
(2013.4.5 본조신설)

제45조의4【후견사무의 감독】 ① 가정법원은 전문성과 공정성을 갖추었다고 인정할 수 있는 사람에게 성년후견사무 · 한정후견사무 · 특정후견사무의 실태 또는 피성년후견인 · 피한정후견인 · 피특정후견인의 재산상황을 조사하게 하거나 임시로 재산관리를 하게 할 수 있다. 이 경우 가정법원은 법원사무관등이나 가사조사관에게 사무의 실태나 재산상황을 조사하게 하거나 임시로 재산관리를 하게 할 수 있다.
② 가정법원은 제1항에 따라 사무의 실태나 재산상황을 조사하거나 임시로 재산관리를 하는 사람에게 피성년후견인 · 피한정후견인 · 피특정후견인의 재산 중에서 상당한 보수를 지급할 수 있다. 다만, 법원사무관등이나 가사조사관과 같은 법원 소속 공무원에 대하여는 별도의 보수를 지급하지 아니한다.
③ 제1항에 따라 임시로 재산관리를 하는 사람에 대하여는 「민법」 제681조, 제684조, 제685조 및 제688조를 준용한다.
(2013.4.5 본조신설)

제45조의5【진단결과 등의 청취】 가정법원은 임의후견감독인을 선임할 경우에는 피임의후견인이 될 사람의 정신상태에 관하여 의사나 그 밖에 전문지식이 있는 사람의 의견을 들어야 한다. 이 경우 의견을 말로 진술하게 하거나 진단서 또는 이에 준하는 서면으로 제출하게 할 수 있다.
(2013.4.5 본조신설)

제45조의6【임의후견 관련 심판에서의 진술 청취】 ① 가정법원은 다음 각 호의 어느 하나에 해당하는 심판을 하는 경우에는 해당 호에서 정한 사람의 진술을 들어야 한다. 다만, 피임의후견인(피임의후견인이 될 사람을 포함한다)이 의식불명, 그 밖의 사유로 그 의사를 표명할 수 없는 경우에는 그러하지 아니하다.
1. 임의후견감독인의 선임 심판을 하는 경우에는 피임의후견인이 될 사람, 임의후견감독인이 될 사람 및 임의후견인이 될 사람
2. 임의후견감독인의 변경 심판을 하는 경우에는 피임의후견인, 임의후견인, 그 변경이 청구된 임의후견감독인 및 임의후견감독인이 될 사람
3. 임의후견인의 해임 심판을 하는 경우에는 피임의후견인 및 그 해임이 청구된 임의후견인
4. 후견계약의 종료에 관한 허가 심판을 하는 경우에는 피임의후견인 및 임의후견인

② 가정법원은 제1항제1호 또는 제4호의 심판을 하는 경우에는 피임의후견인(피임의후견인이 될 사람을 포함한다)을 심문하여야 한다. 다만, 그 사람이 자신의 의사를 밝힐 수 없거나 출석을 거부하는 등 심문할 수 없는 특별한 사정이 있는 때에는 그러하지 아니하다.
③ 제2항의 심문을 위하여 검증이 필요한 경우에는 「민사소송법」 제365조 및 제366조제1항 · 제3항을 준용한다.
(2013.4.5 본조신설)

제45조의7【임의후견감독사무의 실태 조사】 가정법원은 법원사무관등이나 가사조사관에게 임의후견감독사무의 실태를 조사하게 할 수 있다.(2013.4.5 본조신설)

제45조의8【친생부인의 허가 및 인지의 허가 관련 심판에서의 진술 청취】 ① 가정법원은 다음 각 호의 어느 하나에 해당하는 심판을 하는 경우에는 어머니의 전 배우자와 그 성년후견인(성년후견인이 있는 경우에 한정한다)에게 의견을 진술할 기회를 줄 수 있다.
1. 「민법」 제854조의2에 따른 친생부인의 허가 심판
2. 「민법」 제855조의2제1항 및 제2항에 따른 인지의 허가 심판

② 제1항의 진술을 들을 때에는 심문하는 방법 외에도 가사조사관을 통한 조사나 서면조회 등의 방법으로 진술을 들을 수 있다.
(2017.10.31 본조신설)

제45조의9【입양허가의 절차】 ① 가정법원은 입양의 허가 심판을 하는 경우에 다음 각 호의 사람의 의견을 들어야 한다. 다만, 그 사람이 의식불명, 그 밖의 사유로 자신의 의사를 표명할 수 없는 경우에는 그러하지 아니하다.
1. 양자가 될 사람(양자가 될 사람이 13세 이상인 경우만 해당한다)
2. 양자가 될 사람의 법정대리인 및 후견인
3. 양자가 될 사람의 부모(「민법」 제870조에 따라 부모의 동의가 필요한 경우를 말한다)
4. 양자가 될 사람의 부모의 후견인
5. 양부모가 될 사람
6. 양부모가 될 사람의 성년후견인

② 가정법원은 양자가 될 사람의 복리를 위하여 필요하다고 인정하는 경우 다음 각 호의 구분에 따라 해당 자료를 제공할 것을 요청할 수 있다. 이 경우 자료 제공을 요청받은 기관은 정당한 사유가 없으면 이에 따라야 한다.

1. 양부모가 될 사람의 주소지 및 가족관계 등을 확인하기 위한 범위 : 시장 · 군수 · 구청장에 대하여 주민등록표 등본 · 초본
2. 양부모가 될 사람의 소득을 확인하기 위한 범위 : 국세청장에 대하여 근로소득자료 및 사업소득자료
3. 양부모가 될 사람의 범죄경력을 확인하기 위한 범위 : 경찰청장에 대하여 범죄경력자료
4. 양부모가 될 사람이 양육능력과 관련된 질병이나 심신장애를 가지고 있는지 확인하기 위하여 특히 필요하다고 인정되는 범위 : 「의료법」에 따른 의료기관의 장 또는 「국민건강보험법」에 따른 국민건강보험공단의 장에 대하여 진료기록자료

(2013.7.30 본조신설)

제3장 마류 가사비송사건
(2017.10.31 본장제목삽입)

제46조【관할】 마류 가사비송사건은 상대방의 보통재판적이 있는 곳의 가정법원이 관할한다.(2014.10.15 단서삭제)

제47조【공동소송에 관한 규정의 준용】 마류 가사비송사건의 청구인 또는 상대방이 여러 명일 때에는 「민사소송법」 중 공동소송에 관한 규정을 준용한다.

제48조【심리 방법】 마류 가사비송사건의 심판은 특별한 사정이 없으면 사건관계인을 심문하여 하여야 한다.

제48조의2【재산 명시】 ① 가정법원은 재산분할, 부양료 및 미성년자인 자녀의 양육비 청구사건을 위하여 특히 필요하다고 인정하는 경우에는 직권으로 또는 당사자의 신청에 의하여 당사자에게 재산상태를 구체적으로 밝힌 재산목록을 제출하도록 명할 수 있다.
② 제1항의 재산 명시 절차, 방법 등에 대하여 필요한 사항은 대법원규칙으로 정한다.

제48조의3【재산조회】 ① 가정법원은 제48조의2의 재산명시 절차에 따라 제출된 재산목록만으로는 재산분할, 부양료 및 미성년자인 자녀의 양육비 청구사건의 해결이 곤란하다고 인정할 경우에 직권으로 또는 당사자의 신청에 의하여 당사자 명의의 재산에 관하여 조회할 수 있다.
② 제1항의 재산조회에 관하여는 그 성질에 반하지 아니하는 범위에서 「민사집행법」 제74조를 준용한다.
③ 재산조회를 할 공공기관, 금융기관, 단체 등의 범위 및 조회절차, 당사자가 내야 할 비용, 조회결과의 관리에 관한 사항, 과태료의 부과절차 등은 대법원규칙으로 정한다.
④ 누구든지 재산조회의 결과를 심판 외의 목적으로 사용하여서는 아니 된다.

제4편 가사조정
(2010.3.31 본편개정)

제49조【준용법률】 가사조정에 관하여는 이 법에 특별한 규정이 있는 경우를 제외하고는 「민사조정법」을 준용한다. 다만, 「민사조정법」 제18조 및 제23조는 준용하지 아니한다.

제50조【조정 전치주의】 ① 나류 및 다류 가사소송사건과 마류 가사비송사건에 대하여 가정법원에 소를 제기하거나 심판을 청구하려는 사람은 먼저 조정을 신청하여야 한다.
② 제1항의 사건에 관하여 조정을 신청하지 아니하고 소를 제기하거나 심판을 청구한 경우에는 가정법원은 그 사건을 조정에 회부하여야 한다. 다만, 공시송달의 방법이 아니면 당사자의 어느 한쪽 또는 양쪽을 소환할 수 없거나 그 사건을 조정에 회부하더라도 조정이 성립될 수 없다고 인정하는 경우에는 그러하지 아니하다.

제51조【관할】 ① 가사조정사건은 그에 상응하는 가사소송사건이나 가사비송사건을 관할하는 가정법원 또는 당사자가 합의로 정한 가정법원이 관할한다.
② 가사조정사건에 관하여는 제13조제3항부터 제5항까지의 규정을 준용한다.

제52조【조정기관】 ① 가사조정사건은 조정장 1명과 2명 이상의 조정위원으로 구성된 조정위원회가 처리한다.
② 조정담당판사는 상당한 이유가 있는 경우에는 당사자가 반대의 의사를 명백하게 표시하지 아니하면 단독으로 조정할 수 있다.

제53조【조정장 등 및 조정위원의 지정】 ① 조정장이나 조정담당판사는 가정법원장 또는 가정법원지원장이 그 관할 법원의 판사 중에서 지정한다.
② 조정위원회를 구성하는 조정위원은 학식과 덕망이 있는 사람으로서 매년 미리 가정법원장이나 가정법원지원장이 위촉한 사람 또는 당사자가 합의하여 선정한 사람 중에서 각 사건마다 조정장이 지정한다.

제54조【조정위원】 조정위원은 조정위원회에서 하는 조정에 관여할 뿐 아니라 가정법원, 조정위원회 또는 조정담당판사의 촉탁에 따라 다른 조정사건에 관하여 전문적 지식에 따른 의견을 진술하거나 분쟁의 해결을 위하여 사건 관계인의 의견을 듣는다.

제55조【조정의 신청】 조정의 신청에 관하여는 제36조제2항부터 제5항까지의 규정을 준용한다.

제56조【사실의 사전 조사】 조정장이나 조정담당판사는 특별한 사정이 없으면 조정을 하기 전에 기한을 정하여 가사조사관에게 사건에 관한 사실을 조사하게 하여야 한다.

제57조【관련 사건의 병합신청】 ① 조정의 목적인 청구와 제14조에 규정된 관련 관계에 있는 나류, 다류 및 마류 가사사건의 청구는 병합하여 조정신청할 수 있다.
② 당사자 간의 분쟁을 일시에 해결하기 위하여 필요하면 당사자는 조정위원회 또는 조정담당판사의 허가를 받아 조정의 목적인 청구와 관련 있는 민사사건의 청구를 병합하여 조정신청할 수 있다.

제58조【조정의 원칙】 ① 조정위원회는 조정을 할 때 당사자의 이익뿐 아니라 조정으로 인하여 영향받게 되는 모든 이해관계인의 이익을 고려하고 분쟁을 평화적 · 종국적(終局的)으로 해결할 수 있는 방안을 마련하여 당사자를 설득하여야 한다.
② 자녀의 친권을 행사할 사람의 지정과 변경, 양육 방법의 결정 등 미성년자인 자녀의 이해(利害)에 직접적인 관련이 있는 사항을 조정할 때에는 미성년자인 자녀의 복지를 우선적으로 고려하여야 한다.

제59조【조정의 성립】 ① 조정은 당사자 사이에 합의된 사항을 조서에 적음으로써 성립한다.
② 조정이나 확정된 조정을 갈음하는 결정은 재판상 화해와 동일한 효력이 있다. 다만, 당사자가 임의로 처분할 수 없는 사항에 대하여는 그러하지 아니하다.

제60조【이의신청 등에 의한 소송으로의 이행】 제57조제2항에 따라 조정신청된 민사사건의 청구에 관하여는 「민사조정법」 제36조를 준용한다. 이 경우 가정법원은 결정으로 그 민사사건을 관할법원에 이송하여야 한다.

제61조【조정장 등의 의견 첨부】 조정의 목적인 가사사건의 청구에 관하여 「민사조정법」 제36조에 따라 소가 제기된 것으로 의제(擬制)되거나, 제50조제2항에 따라 조정에 회부된 사건을 다시 가정법원에 회부할 때에는 조정장이나 조정담당판사는 의견을 첨부하여 기록을 관할가정법원에 보내야 한다.

제5편 이행의 확보
(2010.3.31 본편개정)

제62조【사전처분】 ① 가사사건의 소의 제기, 심판청구 또는 조정의 신청이 있는 경우에 가정법원, 조정위원회 또는 조정담당판사는 사건을 해결하기 위하여 특히 필요하다고 인정하면 직권으로 또는 당사자의 신청에 의하여 상대방이나 그 밖의 관계인에게 현상(現狀)을 변경하거나 물건을 처분하는 행위의 금지를 명할 수 있고, 사건에 관련된 재산의

보존을 위한 처분, 관계인의 감호(監護)와 양육을 위한 처분 등 적당하다고 인정되는 처분을 할 수 있다.
② 제1항의 처분을 할 때에는 제67조제1항에 따른 제재를 고지하여야 한다.
③ 급박한 경우에는 재판장이나 조정장은 단독으로 제1항의 처분을 할 수 있다.
④ 제1항과 제3항의 처분에 대하여는 즉시항고를 할 수 있다.
⑤ 제1항의 처분은 집행력을 갖지 아니한다.

제63조【가압류, 가처분】 ① 가정법원은 제62조에도 불구하고 가사소송사건 또는 마류 가사비송사건을 본안(本案) 사건으로 하여 가압류 또는 가처분을 할 수 있다. 이 경우 「민사집행법」 제276조부터 제312조까지의 규정을 준용한다.
② 제1항의 재판은 담보를 제공하게 하지 아니하고 할 수 있다.
③ 「민사집행법」 제287조를 준용하는 경우 이 법에 따른 조정신청이 있으면 본안의 제소가 있는 것으로 본다.

제63조의2【양육비 직접지급명령】 ① 가정법원은 양육비를 정기적으로 지급할 의무가 있는 사람(이하 "양육비채무자"라 한다)이 정당한 사유 없이 2회 이상 양육비를 지급하지 아니한 경우에 정기금 양육비 채권에 관한 집행권원을 가진 채권자(이하 "양육비채권자"라 한다)의 신청에 따라 양육비채무자에 대하여 정기적 급여채무를 부담하는 소득세원천징수의무자(이하 "소득세원천징수의무자"라 한다)에게 양육비채무자의 급여에서 정기적으로 양육비를 공제하여 양육비채권자에게 직접 지급하도록 명할 수 있다.
② 제1항에 따른 지급명령(이하 "양육비 직접지급명령"이라 한다)은 「민사집행법」에 따라 압류명령과 전부명령을 동시에 명한 것과 같은 효력이 있고, 위 지급명령에 관하여는 압류명령과 전부명령에 관한 「민사집행법」을 준용한다. 다만, 「민사집행법」 제40조제1항과 관계없이 해당 양육비 채권 중 기한이 되지 아니한 것에 대하여도 양육비 직접지급명령을 할 수 있다.
③ 가정법원은 양육비 직접지급명령의 목적을 달성하지 못할 우려가 있다고 인정할 만한 사정이 있는 경우에는 양육비채권자의 신청에 의하여 양육비 직접지급명령을 취소할 수 있다. 이 경우 양육비 직접지급명령은 장래에 향하여 그 효력을 잃는다.
④ 가정법원은 제1항과 제3항의 명령을 양육비채무자와 소득세원천징수의무자에게 송달하여야 한다.
⑤ 제1항과 제3항의 신청에 관한 재판에 대하여는 즉시항고를 할 수 있다.
⑥ 소득세원천징수의무자는 양육비채무자의 직장 변경 등 주된 소득원의 변경사유가 발생한 경우에는 그 사유가 발생한 날부터 1주일 이내에 가정법원에 변경사실을 통지하여야 한다.

제63조의3【담보제공명령 등】 ① 가정법원은 양육비를 정기금으로 지급하게 하는 경우에 그 이행을 확보하기 위하여 양육비채무자에게 상당한 담보의 제공을 명할 수 있다.
② 가정법원은 양육비채무자가 정당한 사유 없이 그 이행을 하지 아니하는 경우에는 양육비채권자의 신청에 의하여 양육비채무자에게 상당한 담보의 제공을 명할 수 있다.
③ 제2항의 결정에 대하여는 즉시항고를 할 수 있다.
④ 제1항이나 제2항에 따라 양육비채무자가 담보를 제공하여야 할 기간 이내에 담보를 제공하지 아니하는 경우에는 가정법원은 양육비채권자의 신청에 의하여 양육비의 전부 또는 일부를 일시금으로 지급하도록 명할 수 있다.
⑤ 제2항과 제4항의 명령에 관하여는 제64조제2항을 준용한다.
⑥ 제1항과 제2항의 담보에 관하여는 그 성질에 반하지 아니하는 범위에서 「민사소송법」 제120조제1항, 제122조, 제123조, 제125조 및 제126조를 준용한다.

제64조【이행 명령】 ① 가정법원은 판결, 심판, 조정조서, 조정을 갈음하는 결정 또는 양육비부담조서에 의하여 다음 각 호의 어느 하나에 해당하는 의무를 이행하여야 할 사람이 정당한 이유 없이 그 의무를 이행하지 아니하는 경우에는 당사자의 신청에 의하여 일정한 기간 내에 그 의무를 이행할 것을 명할 수 있다.
1. 금전의 지급 등 재산상의 의무
2. 유아의 인도 의무
3. 자녀와의 면접교섭 허용 의무
② 제1항의 명령을 할 때에는 특별한 사정이 없으면 미리 당사자를 심문하고 그 의무를 이행하도록 권고하여야 하며, 제67조제1항 및 제68조에 규정된 제재를 고지하여야 한다.

제65조【금전의 임치】 ① 판결, 심판, 조정조서 또는 조정을 갈음하는 결정에 의하여 금전을 지급할 의무가 있는 자는 권리자를 위하여 가정법원에 그 금전을 임치(任置)할 것을 신청할 수 있다.
② 가정법원은 제1항의 임치신청이 의무를 이행하기에 적합하다고 인정하는 경우에는 허가하여야 한다. 이 경우 그 허가에 대하여는 불복하지 못한다.
③ 제2항의 허가가 있는 경우 그 금전을 임치하면 임치된 금액의 범위에서 의무자(義務者)의 의무가 이행된 것으로 본다.

제6편 벌 칙

(2010.3.31 본편개정)

제66조【불출석에 대한 제재】 가정법원, 조정위원회 또는 조정담당판사의 소환을 받은 사람이 정당한 이유 없이 출석하지 아니하면 가정법원, 조정위원회 또는 조정담당판사는 결정으로 50만원 이하의 과태료를 부과할 수 있고 구인(拘引)할 수 있다.

제67조【의무 불이행에 대한 제재】 ① 당사자 또는 관계인이 정당한 이유 없이 제29조, 제63조의2제1항, 제63조의3제1항·제2항 또는 제64조의 명령이나 제62조의 처분을 위반한 경우에는 가정법원, 조정위원회 또는 조정담당판사는 직권으로 또는 권리자의 신청에 의하여 결정으로 1천만원 이하의 과태료를 부과할 수 있다.
② 제29조에 따른 수검 명령을 받은 사람이 제1항에 따른 제재를 받고도 정당한 이유 없이 다시 수검 명령을 위반한 경우에는 가정법원은 결정으로 30일의 범위에서 그 의무를 이행할 때까지 위반자에 대한 감치(監置)를 명할 수 있다.
③ 제2항의 결정에 대하여는 즉시항고를 할 수 있다.

제67조의2【제출명령 위반에 대한 제재】 가정법원은 제3자가 정당한 사유 없이 제45조의3제3항 또는 제45조의6제3항에 따라 준용되는 「민사소송법」 제366조제1항의 제출명령에 따르지 아니한 경우에는 결정으로 200만원 이하의 과태료를 부과한다. 이 결정에 대하여는 즉시항고를 할 수 있다. (2013.7.30 본조개정)

제67조의3【재산목록 제출 거부 등에 대한 제재】 제48조의2제1항에 따른 명령을 받은 사람이 정당한 사유 없이 재산목록의 제출을 거부하거나 거짓 재산목록을 제출하면 1천만원 이하의 과태료를 부과한다.

제67조의4【거짓 자료 제출 등에 대한 제재】 제48조의3제2항에 따라 준용되는 「민사집행법」 제74조제1항 및 제3항의 조회를 받은 기관·단체의 장이 정당한 사유 없이 거짓 자료를 제출하거나 자료를 제출할 것을 거부하면 1천만원 이하의 과태료를 부과한다.

제68조【특별한 의무 불이행에 대한 제재】 ① 제63조의3제4항 또는 제64조의 명령을 받은 사람이 다음 각 호의 어느 하나에 해당하면 가정법원은 권리자의 신청에 의하여 결정으로 30일의 범위에서 그 의무를 이행할 때까지 의무자에 대한 감치를 명할 수 있다.
1. 금전의 정기적 지급을 명령받은 사람이 정당한 이유 없이 3기(期) 이상 그 의무를 이행하지 아니한 경우
2. 유아의 인도를 명령받은 사람이 제67조제1항에 따른 제재를 받고도 30일 이내에 정당한 이유 없이 그 의무를 이행하지 아니한 경우

3. 양육비의 일시금 지급명령을 받은 사람이 30일 이내에 정당한 사유 없이 그 의무를 이행하지 아니한 경우
② 제1항의 결정에 대하여는 즉시항고를 할 수 있다.
제69조【과태료 사건의 절차】「비송사건절차법」 제248조 및 제250조 중 검사에 관한 규정은 제66조, 제67조제1항 및 제67조의2부터 제67조의4까지의 규정에 따른 과태료 재판에 적용하지 아니한다.(2013.4.5 본조개정)
제70조【감치를 명하는 재판 절차】 제67조제2항 및 제68조에 규정된 감치를 명하는 재판 절차와 그 밖에 필요한 사항은 대법원규칙으로 정한다.
제71조【비밀누설죄】 ① 조정위원이거나 조정위원이었던 사람이 정당한 이유 없이 합의의 과정이나 조정장·조정위원의 의견 및 그 의견별 조정위원의 숫자를 누설하면 30만원 이하의 벌금에 처한다.
② 조정위원이거나 조정위원이었던 사람이 정당한 이유 없이 그 직무수행 중에 알게 된 다른 자의 비밀을 누설하면 2년 이하의 징역 또는 100만원 이하의 벌금에 처한다.
③ 제2항의 죄에 대하여 공소를 제기하려면 고소가 있어야 한다.
제72조【보도 금지 위반죄】 제10조에 따른 보도 금지 규정을 위반한 사람은 2년 이하의 금고 또는 100만원 이하의 벌금에 처한다.
제73조【재산조회 결과 등의 목적 외 사용죄】 제48조의2에 따른 재산목록, 제48조의3에 따른 재산조회 결과를 심판 외의 목적으로 사용한 사람은 2년 이하의 징역 또는 500만원 이하의 벌금에 처한다.

부 칙 (2009.5.8)

① **【시행일】** 이 법은 공포 후 6개월이 경과한 날부터 시행한다.
② **【효력의 불소급】** 이 법은 종전의 규정에 따라 생긴 효력에 영향을 미치지 아니한다.
③ **【과태료에 관한 경과조치】** 이 법 시행 전의 행위에 대한 과태료의 적용에 있어서는 종전의 규정에 따른다.

부 칙 (2013.4.5)

제1조【시행일】 이 법은 2013년 7월 1일부터 시행한다.
제2조【적용례】 이 법은 이 법 시행 당시 가정법원에 계속 중인 사건에 대하여도 적용한다. 다만, 종전의 규정에 따라 발생한 효력에는 영향을 미치지 아니한다.
제3조【계속 중인 사건에 관한 경과조치】 이 법 시행 당시 종전의 규정에 따라 청구되어 가정법원에 계속 중인 "금치산 선고 사건" 및 "한정치산 선고 사건"은 각각 이 법에 따라 청구된 "성년후견 개시 심판 사건" 및 "한정후견 개시 심판 사건"으로 본다.

부 칙 (2016.1.19)

제1조【시행일】 이 법은 공포한 날부터 시행한다.
제2조【가사비송 심판청구서 작성에 관한 적용례】 제36조제3항의 개정규정은 이 법 시행 후 최초로 심판청구서를 작성하는 경우부터 적용한다.

부 칙 (2017.10.31)

제1조【시행일】 이 법은 공포 후 3개월이 경과한 날부터 시행한다. 다만, 제44조제1항제1호의2 단서 및 같은 조 제2항·제3항의 개정규정은 공포 후 6개월이 경과한 날부터 시행한다.
제2조【후견개시 등의 심판 확정 이후의 후견에 관한 사건의 관할에 관한 적용례】 제44조제1항제1호의2의 개정규정은 같은 개정규정 시행 당시 가정법원에 계속 중인 사건에 대하여도 적용한다. 다만, 종전의 규정에 따라 발생한 효력에는 영향을 미치지 아니한다.

부 칙 (2021.1.26)

제1조【시행일】 이 법은 공포한 날부터 시행한다.
제2조~제3조 (생략)
제4조【「가사소송법」의 개정에 관한 경과조치】 이 법 시행 전에 법원에 감화 또는 교정기관 위탁에 대한 허가를 신청하여 이 법 시행 당시 법원에 계속 중인 사건에 관하여는 부칙 제3조에 따라 개정되는 「가사소송법」 제2조제1항제2호가목14)의 개정규정에도 불구하고 종전의 규정에 따른다.

부 칙 (2023.4.18)

제1조【시행일】 이 법은 공포 후 6개월이 경과한 날부터 시행한다.(이하 생략)

부 칙 (2024.9.20)

제1조【시행일】 이 법은 2026년 1월 1일부터 시행한다.(이하 생략)

가사소송규칙

(1990년 12월 31일
대법원규칙 제1139호)

개정
1998.12. 4대법원규칙1574호 2002. 6.28대법원규칙1766호
2006. 3.23대법원규칙2009호 2007.12.31대법원규칙2139호
2008. 6. 5대법원규칙2177호 2009.11. 4대법원규칙2256호
2010. 3.30대법원규칙2281호 2011.12.12대법원규칙2371호
2013. 6. 5대법원규칙2467호 2013. 6.27대법원규칙2477호
2015. 7.28대법원규칙2611호 2016. 4. 8대법원규칙2658호
2016.12.29대법원규칙2704호 2017. 2. 2대법원규칙2715호
2017.12.27대법원규칙2764호 2018. 4.27대법원규칙2785호
2019. 8. 2대법원규칙2856호

제1편 총 칙

제1장 통 칙

제1조 【규칙의 취지】 가사사건의 재판과 조정의 절차에 관하여는 「가사소송법」(이하 "법"이라 한다)의 규정에 의하는 외에 이 규칙이 정하는 바에 의한다.
(2006.3.23 본조개정)

제2조 【가정법원의 관장사항】 ① 가정법원은 법 제2조제1항 각호의 사항외에, 다음 각호의 사항에 대하여도 이를 심리·재판한다.
1. 미성년후견인의 순위확인(2013.6.5 본호개정)
2. 「민법」 제1014조의 규정에 의한 피인지자등의 상속분에 상당한 가액의 지급청구(2006.3.23 본호개정)
3. 양친자관계존부확인(1998.12.4 본호신설)
4. 「민법」 제924조제3항에 따른 친권의 일시 정지 기간 연장 청구(2015.7.28 본호개정)
5.~13. (2015.7.28 삭제)
② 제1항제1호·제3호의 사건은 법 및 이 규칙이 정한 가류 가사소송사건의 절차에 의하여, 제2호의 사건은 다류 가사소송사건의 절차에 의하여, 제4호의 사건은 마류 가사비송사건의 절차에 의하여 심리·재판한다.(2015.7.28 본항개정)

제3조 【사실조사의 촉탁등】 재판장, 조정장, 조정담당판사 또는 가사조사관은 필요한 때에는 공무소, 은행, 회사, 학교, 관계인의 고용주 기타의 자에 대하여 관계인의 예금, 재산, 수입, 교육관계 기타의 사항에 관한 사실조사를 촉탁하고 필요한 사항의 보고를 요구할 수 있다.

제3조의2 【다른 가정법원에 대한 사실조사 등의 촉탁 등】 ① 재판장, 조정장, 조정담당판사는 필요한 경우에는 다른 가정법원에 사실조사 또는 제12조에 따른 조치를 촉탁할 수 있다.
② 제1항의 촉탁을 받은 가정법원은 가사조사관으로 하여금 그 촉탁받은 사실조사 또는 제12조에 따른 조치를 하게 할 수 있다.
(2016.12.29 본조신설)

제4조 【비용의 예납등】 ① 법 및 이 규칙에 의한 사실조사·증거조사·소환·고지·공고 기타 심판절차의 비용의 예납에 관하여는 특별한 규정이 있는 경우를 제외하고는 「민사소송법」 제116조, 「민사소송규칙」 제19조, 제20조의 규정을 준용한다.
② 당사자가 예납하여야 할 비용의 범위와 액 및 그 지급에 관하여는 「민사소송비용법」 및 「민사소송비용규칙」의 규정을 준용한다.
(2006.3.23 본조개정)

제5조 【가족관계등록부기록을 촉탁하여야 할 판결등】 ① 법 제9조의 규정에 의하여 대법원 규칙으로 정하는 가족관계등록부기록을 촉탁하여야 할 판결 또는 심판은 다음 각호의 것으로 한다.(2013.6.5 본문개정)
1. 친권, 법률행위대리권, 재산관리권의 상실선고의 심판 또는 그 실권회복선고의 심판
1의2. 친권의 일시 정지, 일부 제한, 일시 정지에 대한 기간연장의 심판 또는 그 실권 회복의 심판(2015.7.28 본호신설)
2. 친권자의 지정과 변경의 판결 또는 심판(2006.3.23 본호개정)
2의2. 미성년후견의 종료 및 친권자의 지정의 심판
2의3. 친권자·미성년후견인의 임무대행자 선임의 심판
(2013.6.27 2호의2~2호의3신설)
3. 미성년후견인·미성년후견감독인의 선임, 변경 또는 사임허가의 심판(2013.6.5 본호개정)
4. 법 제62조의 규정에 의하여 친권자의 친권, 법률행위대리권, 재산관리권의 전부 또는 일부의 행사를 정지하거나 미성년후견인·미성년후견감독인의 임무수행을 정지하는 재판과 그 대행자를 선임하는 재판(2013.6.5 본호개정)
② 제1항제4호의 재판이 본안심판의 확정, 심판청구의 취하 기타의 사유로 효력을 상실하게 된 때에는 가정법원의 법원서기관, 법원사무관, 법원주사 또는 법원주사보(이하 "법원사무관등"이라 한다)는 법 제9조의 예에 의하여 가족관계등록부기록을 촉탁하여야 한다.(2007.12.31 본항개정)
(2007.12.31 본조제목개정)

제5조의2 【후견등기부기록을 촉탁하여야 할 심판등】 ① 법 제9조에 따라 대법원규칙으로 정하는 후견등기부기록을 촉탁하여야 할 심판은 다음 각 호 각 목의 것으로 한다.
1. 성년후견에 관한 심판
가. 성년후견의 개시 또는 그 종료의 심판

나. 성년후견인·성년후견감독인의 선임 또는 그 변경의 심판
다. 성년후견인·성년후견감독인의 사임에 대한 허가의 심판
라. 취소할 수 없는 피성년후견인의 법률행위의 범위 결정 또는 그 변경의 심판
마. 성년후견인의 법정대리권의 범위 결정 또는 그 변경의 심판
바. 성년후견인이 피성년후견인의 신상에 관하여 결정할 수 있는 권한의 범위 결정 또는 그 변경의 심판
사. 여러 명의 성년후견인·성년후견감독인의 권한 행사에 관한 결정과 그 변경 또는 취소의 심판
2. 한정후견에 관한 심판
가. 한정후견의 개시 또는 그 종료의 심판
나. 한정후견인·한정후견감독인의 선임 또는 변경의 심판
다. 한정후견인·한정후견감독인의 사임에 대한 허가의 심판
라. 피한정후견인이 한정후견인의 동의를 받아야 하는 행위의 범위 결정 또는 그 변경의 심판
마. 한정후견인에 대한 대리권 수여 또는 그 범위 변경의 심판
바. 한정후견인이 피한정후견인의 신상에 관하여 결정할 수 있는 권한의 범위 결정 또는 그 변경의 심판
사. 여러 명의 한정후견인·한정후견감독인의 권한 행사에 관한 결정과 그 변경 또는 취소의 심판
3. 특정후견에 관한 심판
가. 특정후견의 심판 또는 그 종료의 심판
나. 특정후견인·특정후견감독인의 선임 또는 변경의 심판
다. 특정후견인·특정후견감독인의 사임에 대한 허가의 심판
라. 피특정후견인의 후원을 위하여 필요한 처분명령의 심판
마. 특정후견인에 대한 대리권 수여의 심판(대리권 행사에 가정법원이나 특정후견감독인의 동의를 받도록 명한 부분 포함)
바. 여러 명의 특정후견인·특정후견감독인의 권한 행사에 관한 결정과 그 변경 또는 취소의 심판
4. 임의후견에 관한 심판
가. 임의후견감독인의 선임 또는 변경의 심판
나. 임의후견감독인의 사임에 대한 허가의 심판
다. 여러 명의 임의후견감독인의 권한 행사에 관한 결정과 그 변경 또는 취소의 심판
라. 임의후견인의 해임 심판
마. 후견계약 종료의 허가 심판
5. 법 제62조에 따른 재판
가. 성년후견인·한정후견인·특정후견인·임의후견인·성년후견감독인·한정후견감독인·특정후견감독인·임의후견감독인의 권한 범위를 변경하거나 그 직무집행의 전부 또는 일부를 정지하는 재판 및 그 직무대행자를 선임하는 재판
나. 성년후견, 한정후견 및 특정후견에 관한 사건에서 임시후견인을 선임하는 재판
다. 직무대행자, 임시후견인을 해임 또는 개임하는 재판 및 그 권한의 범위를 정하거나 변경하는 재판
라. 여러 명의 직무대행자, 임시후견인의 권한 행사에 관한 결정과 그 변경 또는 취소의 재판
② 제1항제5호의 재판이 본안심판의 확정, 심판청구의 취하 기타의 사유로 효력을 상실하게 된 때와 「민법」 제959조의20제1항에 따라 후견계약이 종료된 때에는 가정법원의 법원사무관등은 법 제9조의 예에 의하여 후견등기부기록을 촉탁하여야 한다.
(2013.6.5 본조신설)

제6조【가족관계등록부기록등 촉탁의 방식】 ① 가족관계등록부 또는 후견등기부기록의 촉탁은 재판장의 명을 받아 가정법원의 법원사무관등이 이를 한다.(2013.6.5 본항개정)
② 촉탁서에는 다음 각호의 사항을 기재하고 법원사무관등이 기명날인하여야 한다.
1. 당사자 및 사건본인의 성명, 등록기준지(외국인의 경우에는 국적), 주소, 주민등록번호(외국인의 경우에는 외국인등록번호, 외국인등록을 하지 아니한 외국국적동포의 경우에는 국내거소신고번호)(2016.4.8 본호개정)
2. 가족관계등록부 또는 후견등기부기록의 원인 및 그 원인 일자(2013.6.5 본호개정)
2의2. 후견등기의 목적과 등기할 사항(2013.6.5 본호신설)
3. 촉탁 연월일
4. 법원사무관등의 관직과 성명 및 소속법원의 표시
③ 제2항의 촉탁서에는 확정된 판결등본, 효력을 발생한 심판서의 등본 기타 가족관계등록부 또는 후견등기부기록의 원인을 증명하는 서면을 첨부하여야 한다.(2013.6.5 본항개정)
④ 제1항부터 제3항까지의 촉탁 및 서면 첨부는 전산정보처리조직을 이용하여 「민사소송 등에서의 전자문서 이용 등에 관한 법률」 제2조제1호의 전자문서로 할 수 있다.
(2011.12.12 본항신설)
(2013.6.5 본조제목개정)

제7조【가족관계등록사무를 처리하는 자에 대한 통지】 ① 다음 각호의 판결이 확정되거나 심판이 효력을 발생한 때에는 법원사무관등은 지체없이 당사자 또는 사건본인의 등록기준지의 가족관계등록사무를 처리하는 자에게 그 뜻을 통지하여야 한다.(2007.12.31 본문개정)
1. 가류 및 나류 가사소송사건의 청구를 인용한 판결. 다만, 사실혼관계존부확인사건을 제외한다.
2. (2013.6.5 삭제)
3. 실종선고와 그 취소의 심판
3의2. 친양자 입양 허가의 심판(2007.12.31 본호신설)
4. 친권자의 법률행위대리권, 재산관리권의 사퇴 또는 회복 허가의 심판
5. (2013.6.5 삭제)
6. 성·본 계속사용허가의 심판(2011.12.12 본호신설)
7. 성·본 변경허가의 심판(2011.12.12 본호신설)
② 제1항의 통지에는 제6조의 규정을 준용한다. 다만, 판결 또는 심판서의 등본에 확정일자 또는 효력발생일자를 부기하여 송부함으로써 통지에 갈음할 수 있다.
(2007.12.31 본조제목개정)

제2장 가사조사관

제8조【가사조사관의 임무】 가사조사관은 재판장, 조정장 또는 조정담당판사의 명을 받아 사실을 조사하고 의무이행상태를 점검하며 당사자 또는 사건관계인의 가정 기타 주위환경의 조정을 위한 조치를 행한다.

제9조【가사조사관의 사실조사】 ① 가사조사관은 조사를 명령받은 사항에 관하여 독립하여 조사한다.
② 가사조사관은 필요에 따라 사건관계인의 학력, 경력, 생활상태, 재산상태와 성격, 건강 및 가정환경 등에 대하여 심리학, 사회학, 경제학, 교육학 기타 전문적 지식을 활용하여 조사하여야 한다.

제10조【조사기간】 가사조사관이 재판장, 조정장 또는 조정담당판사의 조사명령을 받은 경우에 그 명령에 기한의 정함이 없는 때에는 그 명령을 받은 때로부터 2월이내에 조사를 완료하여야 한다.

제11조【조사보고서의 작성】 ① 가사조사관이 사실조사를 마친 때에는 조사보고서를 작성하여 조사명령을 한 재판장, 조정장 또는 조정담당판사에게 보고하여야 한다.
② 조사보고서에는 조사의 방법과 결과 및 가사조사관의 의견을 기재하여야 한다.
③ 가사조사관은 전문가의 감정 기타 조력이 필요하다고 인정할 때에는 그 취지를 기재하여야 한다.

제12조【사회복지기관과의 연락등】 재판장, 조정장 또는 조정담당판사는 사건처리를 위하여 당사자 또는 사건관계인의 가정 기타의 환경을 조정할 필요가 있는 때에는 가사조사관으로 하여금 사회복지기관과의 연락, 기타의 조정조치를 하게 할 수 있다. 이 경우에는 제11조제1항 및 제2항의 규정을 준용한다.

제12조의2【상담 권고】 ① 가정법원은 필요한 경우 당사자에게 상담에 관하여 전문적인 지식과 경험을 갖춘 전문상담인의 상담을 받을 것을 권고할 수 있다.

② 가정법원은 전문상담인을 상담위원으로 위촉하여 제1항의 상담을 담당하게 할 수 있고, 상담위원의 일당 및 수당은 매년 대법관회의에서 이를 정하여 국고 등에서 지급할 수 있다.

③ 가정법원은 당사자가 다른 가정법원 관할구역 내에 거주하는 등 필요한 경우에는 다른 가정법원에서 위촉한 상담위원으로 하여금 제1항의 상담을 담당하게 할 수 있다.

(2016.12.29 본항신설)

(2008.6.5 본조신설)

제12조의3【전문가 등의 자문】 가정법원은 미성년자인 자녀의 복리를 위하여 필요한 경우에는 정신건강의학과의사·심리학자·아동학자, 그 밖의 관련 전문가 또는 사회복지기관 등으로부터 자문을 받을 수 있다.(2016.12.29 본조신설)

제13조【가사조사관의 기일에의 출석】 가정법원, 조정위원회 또는 조정담당판사는 가사조사관을 기일에 출석시켜 의견을 진술하게 할 수 있다.

제2편 가사소송

제14조【준용규정】 가사소송절차에 관하여는 법 및 이 규칙에 특별한 규정이 있는 경우를 제외하고는「민사소송규칙」의 규정을 준용한다.(2006.3.23 본조개정)

제15조【병합신청에 대한 재판 등】 ① 법 제14조제3항의 규정에 의하여 관련사건의 병합신청을 받은 가정법원은 그 신청이 이유있다고 인정한 때에는 관련사건을 병합하는 취지의 결정을, 이유없다고 인정한 때에는 신청을 기각하는 취지의 결정을 하여야 한다.

② 병합결정을 한 때에는 당사자 전원에게, 병합신청을 기각하는 결정을 한 때에는 신청인에게 이를 고지하여야 한다.

③ 병합결정에 대하여는 즉시항고를 할 수 있다. 그러나 병합신청을 기각한 결정에 대하여는 불복하지 못한다.

④ 가정법원은 병합결정이 확정된 때에는 병합되어야 할 사건이 계속된 가정법원에 그 결정 정본을 송달하여야 하고, 이를 송달받은 가정법원은 지체없이 병합결정을 한 가정법원에 그 사건기록을 송부하여야 한다. 다만, 병합결정을 송달받은 가정법원이 이미 그 사건에 대한 변론 또는 심리를 종결하거나 종국재판을 한 경우에는 그러하지 아니하다.

⑤ 제4항 단서의 경우에는 병합결정을 한 가정법원에 그 취지를 통지하여야 한다.

제16조【소송절차의 승계신청】 ① 법 제16조제1항의 규정에 의한 소송절차의 승계신청은 서면으로 하여야 한다.

② 제1항의 승계신청서에는 다음 각호의 사항을 기재하고 신청인이 기명날인 또는 서명하여야 한다.(2002.6.28 본문개정)

1. 사건번호와 피승계인의 성명
2. 신청인의 성명, 등록기준지, 주소와 자격(2007.12.31 본호개정)
3. 승계신청의 사유

제17조【승계신청에 대한 재판등】 가정법원은 제16조의 규정에 의한 승계신청이 부적법하거나 이유없다고 인정한 때에는 결정으로 이를 기각하여야 하고, 이유있다고 인정한 때에는 소송절차를 속행하여야 한다.

제18조【친권자 지정 등에 관한 조치】 ① 법 제25조의 규정에 의한 가정법원의 협의권고에 따라 부모 사이에 미성년자인 자의 친권자로 지정될 자 또는 미성년자인 자의 양육과 면접교섭권에 관한 사항에 대한 협의가 성립되거나 가정법원이 직권으로 이를 정한 때에는 가정법원은 이를 판결주문에 기재하여야 한다. 다만, 위 협의가 자의 복리에 반하는 경우에는 가정법원은 보정을 명하거나 직권으로 해당 사항을 정하여 판결주문에 기재하여야 한다.(2008.6.5 본항개정)

② 제1항의 규정은 인지청구의 소에도 준용한다.

(2006.3.23 본조개정)

제18조의2【자의 의견의 청취】 가정법원이 미성년자인 자의 친권자 지정, 양육과 면접교섭권에 관한 사항을 직권으로 정하는 경우 자(子)가 13세이상인 때에는 가정법원은 그 자(子)의 의견을 들어야 한다. 다만, 자(子)의 의견을 들을 수 없거나 자(子)의 의견을 듣는 것이 오히려 자(子)의 복지를 해할만한 특별한 사정이 있다고 인정되는 때에는 그러하지 아니하다.(2013.6.5 본문개정)

제19조【혈액형등의 수검명령】 법 제29조제1항의 규정에 의한 수검명령을 함에는 검사를 받을 자에게 다음 각호의 사항을 고지하여야 한다.

1. 검사의 목적
2. 검사의 일시, 장소 및 방법
3. 검사자
4. 검사를 받을 자가 제2호의 일시, 장소에 출석하여 검사를 받아야 한다는 취지
5. 법 제67조의 규정에 의한 제재의 개요

제3편 가사비송

제1장 총 칙

제20조【사건본인의 기재】 심판이 당사자 이외에 사건본인의 신분관계 기타 권리, 의무에 관계된 것인 때에는 심판서에 그 사건본인의 성명, 생년월일, 등록기준지 및 주소를 기재하여야 한다.(2007.12.31 본조개정)

제20조의2【가사비송사건의 병합】 수개의 가사비송사건의 청구가 법 제14조제1항의 요건을 갖춘 때에는 이를 1개의 심판청구로 제기할 수 있다.(1998.12.4 본조신설)

제21조【이해관계인의 참가신청】 ① 법 제37조제1항의 규정에 의한 이해관계인의 참가신청은 참가의 취지와 이유를 기재한 서면으로 하여야 한다.

② 참가신청인은 참가의 이유를 소명하여야 한다.

제22조【참가신청에 대한 재판등】 ① 재판장은 제21조제1항의 참가신청이 있는 때에는 그 허부의 결정을 하여야 한다.

② 제1항의 규정에 의한 참가허가의 결정과 법 제37조제2항의 규정에 의한 참가명령은 당사자 및 참가신청인 또는 참가명령을 받은 자에게 고지하여야 한다.

③ 제1항의 규정에 의한 참가허부의 결정과 법 제37조제2항의 규정에 의한 참가명령에 대하여는 불복하지 못한다.

제22조의2【절차의 구조】 법 제37조의2제1항의 절차구조에 관하여는「민사소송규칙」제24조부터 제27조까지의 규정을 준용한다.(2013.6.5 본조신설)

제23조【증거조사 등】 ① 가정법원은 직권으로 사실을 조사하고 필요한 증거조사를 하여야 한다.

② 가정법원은 증거조사를 다른 가정법원에 촉탁할 수 있다.

(2016.12.29 본항개정)

③ (2016.12.29 삭제)

④ 증거조사에 관하여는 가사소송의 예에 의한다.

제24조 (2007.12.31 삭제)

제25조【심판의 고지】 심판은 이 규칙에 특별한 규정이 있는 경우를 제외하고는, 당사자와 절차에 참가한 이해관계인에게 고지하여야 한다.

제26조【공고】 가사비송절차에서 공고에 관하여는「민사소송규칙」제142조의 규정을 준용한다.(2006.3.23 본조개정)

제27조【청구기각심판에 대한 불복】 청구에 의하여서만 심판하여야 할 경우에 그 청구를 기각한 심판에 대하여는

특별한 규정이 있는 경우를 제외하고는 청구인에 한하여 즉시항고를 할 수 있다.

제28조【즉시항고 제기의 방식】 즉시항고는 원심가정법원에 즉시항고장을 제출함으로써 한다.

제29조【항고심의 재판절차】 항고심의 재판절차에는 이 규칙 중 제1심의 재판절차에 관한 규정을 준용한다.

제29조의2【청구인에 대한 통지】 가사비송청구를 인용한 심판에 대하여 이해관계인이 즉시항고한 경우 항고심 법원은 상당하다고 인정하는 때에는 제1심 청구인에게 사건이 계속된 사실을 통지하거나 제1심 청구인을 심문할 수 있다. (1998.12.4 본조신설)

제30조【재항고심의 재판절차】 재항고심의 재판절차에는 그 성질에 반하지 아니하는 한「민사소송법」및「민사소송규칙」중 재항고에 관한 규정을 준용한다.(2006.3.23 본조개정)

제2장 라류 가사비송사건

제1절 총 칙

제31조【즉시항고 기간의 진행】 즉시항고의 기간은, 특별한 규정이 있는 경우를 제외하고는, 즉시항고를 할 수 있는 자가 심판을 고지받는 경우에는 그 고지를 받은 날부터, 심판을 고지받지 아니하는 경우에는 청구인(청구인이 수인일 때에는 최후로 심판을 고지받은 청구인)이 심판을 고지받은 날부터 진행한다.

제31조의2【관할변경신청에 관한 처리】 ① 법 제44조제2항에 따른 변경결정은 신청인 외에 후견인, 후견감독인에게 고지하여야 하고, 가정법원의 법원사무관등은 지체 없이 피후견인에게 그 뜻을 통지하여야 한다.

② 가정법원의 법원사무관등은 법 제44조제2항에 따른 변경결정이 확정되면 바로 그 결정정본과 후견사무의 감독에 관한 소송기록을 변경된 관할법원에 보내야 한다.

(2018.4.27 본조신설)

제2절 성년후견, 한정후견, 특정후견 및 임의후견

(2013.6.5 본절제목개정)

제32조【사전처분】 ① 성년후견, 한정후견, 특정후견 및 임의후견에 관한 사건에 있어서, 가정법원이 법 제62조에 따른 사전처분으로서 직무대행자를 선임한 때에는, 그 직무대행자에 대하여는 특별한 규정이 있는 경우를 제외하고 해당 후견인 또는 해당 후견감독인에 관한 규정을 준용한다.

② 제1항에 따른 직무대행자의 선임처분은 그 선임된 자, 해당 후견인 및 해당 후견감독인에게 고지하여야 하고, 가정법원의 법원사무관등은 지체 없이 사건본인에게 그 뜻을 통지하여야 한다.

③ 가정법원은 상당하다고 인정할 때에는 언제든지 제1항의 직무대행자에게, 사건본인의 신상보호 또는 재산관리에 필요한 명령을 할 수 있고, 그 선임한 직무대행자를 해임하거나 개임할 수 있다.

④ 가정법원이 법 제62조에 따른 사전처분으로 임시후견인을 선임한 경우, 특별한 규정이 있는 경우를 제외하고, 성년후견 및 한정후견에 관한 사건의 임시후견인에 대하여는 한정후견인에 관한 규정을, 특정후견에 관한 사건의 임시후견인에 대하여는 특정후견인에 관한 규정을 각 준용한다.

⑤ 제2항 및 제3항의 규정은 제4항의 임시후견인을 선임한 경우에 이를 준용한다.

⑥ 제1항의 직무대행자에 대하여는 사건본인의 재산 중에서, 제4항의 임시후견인에 대하여는 청구인 또는 사건본인의 재산 중에서 각 상당한 보수를 지급할 것을 명할 수 있다.

(2013.6.5 본조개정)

제33조~제34조 (2013.6.5 삭제)

제35조【심판의 고지등】 ① 성년후견·한정후견·특정후견 및 임의후견에 관한 심판은 제25조에서 정한 자 이외에 후견인(그 심판 및 법률에 의하여 임무가 개시되거나 종료될 자를 포함한다) 및 후견감독인(그 심판 및 법률에 의하여 임무가 개시되거나 종료될 자를 포함한다)에게도 고지하여야 한다.

② 제1항의 심판이 있는 때에는 가정법원의 법원사무관등은 지체 없이 사건본인에게 그 뜻을 통지하여야 한다.

(2013.6.5 본조개정)

제36조【즉시항고】 ① 법 제2조제1항제2호가목에 정한 심판사항 중 다음의 각 호 각 목에서 정하는 심판에 대하여는 해당 각 호 각 목에서 정하는 자가 즉시항고를 할 수 있다.

1. 성년후견에 관한 심판
  가. 성년후견의 개시 심판 :「민법」제9조제1항에 규정한 자 및「민법」제959조의20제1항의 임의후견인, 임의후견감독인
  나. 성년후견인·성년후견감독인의 변경 심판 : 변경 대상 성년후견인·성년후견감독인
  다. 피성년후견인의 격리에 대한 허가, 피성년후견인에 대한 의료행위의 동의에 대한 허가 및 피성년후견인이 거주하는 건물 또는 그 대지에 대한 매도 등에 대한 허가 심판 : 피성년후견인, 친족, 성년후견인, 성년후견감독인, 검사, 지방자치단체의 장
2. 한정후견에 관한 심판
  가. 한정후견의 개시 심판 :「민법」제12조제1항에 규정한 자 및「민법」제959조의20제1항의 임의후견인, 임의후견감독인
  나. 한정후견인·한정후견감독인의 변경 심판 : 변경 대상 한정후견인·한정후견감독인
  다. 피한정후견인의 격리에 대한 허가, 피한정후견인에 대한 의료행위의 동의에 대한 허가 및 피한정후견인이 거주하는 건물 또는 그 대지에 대한 매도 등에 대한 허가 심판 : 피한정후견인, 친족, 한정후견인, 한정후견감독인, 검사, 지방자치단체의 장
3. 특정후견에 관한 심판
  가. 특정후견의 심판 :「민법」제14조의2제1항에 규정한 자 및「민법」제959조의20제1항의 임의후견인, 임의후견감독인
  나. 특정후견인·특정후견감독인의 변경 심판 : 변경 대상 특정후견인·특정후견감독인
4. 임의후견에 관한 심판
  가. 임의후견감독인의 변경 심판 : 변경 대상 임의후견감독인
  나. 임의후견인의 해임 심판 : 본인, 임의후견인
  다. 후견계약 종료의 허가 심판 :「민법」제959조의18제2항에 규정한 자

② 법 제2조제1항제2호가목에 정한 심판사항 중 다음의 각 호에서 정하는 심판에 대하여는 제27조에 정한 자 이외에 해당 각 호에서 정하는 자도 즉시항고를 할 수 있다.

1. 성년후견의 종료청구 기각 심판 :「민법」제11조에 규정한 자
2. 성년후견인·성년후견감독인의 변경청구 기각 심판 :「민법」제940조에 규정한 자
3. 한정후견의 종료청구 기각 심판 :「민법」제14조에 규정한 자
4. 한정후견인·한정후견감독인의 변경청구 기각 심판 :「민법」제959조의3제2항, 제959조의5제2항에 따라 준용되는 같은 법 제940조에 규정한 자
5. 특정후견인·특정후견감독인의 변경청구 기각 심판 :「민법」제959조의9제2항, 제959조의10제2항에 따라 준용되는 같은 법 제940조에 규정한 자
6. 임의후견감독인의 변경청구 기각 심판 :「민법」제959조의16제3항에 따라 준용되는 같은 법 제940조의7에 따라 다시 준용되는 같은 법 제940조에 규정한 자

7. 임의후견인의 해임청구 기각 심판 : 「민법」 제959조의17 제2항에 규정한 자
(2013.6.5 본조개정)
제37조 (2013.6.5 삭제)
제38조【정신상태의 감정】 가정법원은 성년후견 종료 또는 한정후견 종료의 심판을 할 경우에는 피성년후견인 또는 피한정후견인의 정신상태에 관하여 의사에게 감정을 시킬 수 있다.(2013.6.5 본조개정)
제38조의2【후견사무등에 관한 지시】 가정법원이 성년후견인 · 한정후견인 · 특정후견인 · 성년후견감독인 · 한정후견감독인 · 특정후견감독인 · 임의후견감독인을 선임한 때에는 그 후견인 또는 후견감독인에 대하여 그 후견사무 또는 후견감독사무에 관하여 필요하다고 인정되는 사항을 지시할 수 있다.(2013.6.5 본조신설)
제38조의3【격리치료등의 허가와 지시】 ① 가정법원이 다음 각 호의 허가를 하는 때에는, 성년후견인 · 성년후견감독인 또는 한정후견인 · 한정후견감독인에게 피성년후견인 또는 피한정후견인의 신상보호 또는 재산관리에 관하여 필요하다고 인정되는 사항을 지시할 수 있다.
1. 「민법」 제947조의2제2항(같은 법 제959조의6에 따라 준용되는 경우를 포함한다)에 따른 피성년후견인 또는 피한정후견인의 격리에 대한 허가
2. 「민법」 제947조의2제4항(같은 법 제940조의7, 제959조의5 제2항 및 제959조의6에 따라 준용되는 경우를 포함한다)에 따른 피성년후견인 또는 피한정후견인에 대한 의료행위의 동의에 대한 허가
3. 「민법」 제947조의2제5항(같은 법 제940조의7, 제959조의5 제2항 및 제959조의6에 따라 준용되는 경우를 포함한다)에 따른 피성년후견인 또는 피한정후견인이 거주하는 건물 또는 그 대지에 대한 매도 등에 대한 허가
② 가정법원은 필요하다고 인정한 때에는 언제든지 제1항 및 제38조의2의 허가 기타 지시를 취소하거나 변경할 수 있다.
(2013.6.5 본조신설)
제38조의4【특별대리인의 대리권 제한】 가정법원이 성년후견인 또는 한정후견인에 대하여 「민법」 제949조의3에 따라 준용되는 같은 법 제921조(같은 법 제959조의3제2항의 규정에 따라 준용되는 같은 법 제949조의3에 따라 다시 준용되는 경우를 포함한다)에 의하여 특별대리인을 선임할 때에는, 제68조 및 제68조의2의 규정을 준용한다.(2013.6.5 본조신설)
제38조의5【재산관리등】 제41조부터 제52조까지의 규정은 「민법」 제956조에 따라 준용되는 같은 법 제918조에 따른 재산관리인의 선임 또는 개임과 재산관리에 관한 처분 및 「민법」 제954조(같은 법 제959조의6, 제959조의12에 따라 준용되는 경우를 포함한다)에 따른 성년후견사무 · 한정후견사무 · 특정후견사무에 관한 처분에 이를 준용한다.(2013.6.5 본조신설)
제38조의6【후견사무등의 감독】 ① 법 제45조의4 및 제45조의7에 따라 가정법원으로부터 사무의 실태 또는 재산상황을 조사하거나 임시로 재산관리를 할 수 있는 권한을 부여받은 사람은 그 업무 처리를 위하여 가정법원의 허가를 얻어 그 후견인 또는 후견감독인에게 그 후견사무 또는 후견감독사무에 관한 자료의 제출을 요구하거나 제출한 자료에 대한 설명을 요구할 수 있다.
② 제1항에 규정한 사람은 업무를 수행함에 있어 그 후견인 또는 후견감독인을 변경할 필요가 있거나 「민법」 제954조에 따른 조사 또는 처분의 필요가 있다고 판단한 때에는 즉시 이를 가정법원에 보고하여야 한다.
③ 제2항의 보고에 대하여는 제11조의 규정을 준용한다.
④ 가정법원은 법 제45조의4제1항에 따라 임시로 재산관리를 하는 사람에 대하여 그 재산관리에 필요하다고 인정되는 사항을 지시할 수 있다.
(2013.6.5 본조신설)

제3절 부재자의 재산관리

제39조【부재자 재산관리 사건부의 작성】 ① 부재자의 재산관리에 관한 사건의 심판을 청구받은 재산소재지의 가정법원은 그 부재자의 최후주소지를 관할하는 가정법원(최후주소가 없거나 이를 알 수 없을 때에는 대법원 소재지의 가정법원, 이하 같다)에 그 청구의 내용과 심판의 요지를 통지하여야 한다.
② 부재자의 최후주소지를 관할하는 가정법원은 부재자의 재산관리사건에 관하여 부재자별로 심판의 청구와 그에 대한 심판의 요지를 기재한 사건부를 작성, 비치하여야 한다.
③ 부재자의 재산관리에 관한 사건의 심판을 청구받은 재산소재지의 가정법원은 심판에 앞서 그 부재자의 최후주소지를 관할하는 가정법원에 제2항의 규정에 의한 사건부의 존부와 심판의 내용에 관하여 조회하여야 한다.
제40조【사건의 이송】 부재자의 재산관리에 관한 사건의 심판을 청구받은 가정법원은 제39조제3항의 규정에 의한 조회 기타의 방법으로 다른 가정법원이 이미 동일한 부재자의 재산관리에 관한 사건을 심판을 하였음이 밝혀진 경우에는, 그 가정법원으로 사건을 이송하여야 한다. 그러나 긴급을 필요로 하는 경우에는 그러하지 아니하다.
제41조【관리인의 선임 · 개임】 ① 가정법원이 재산관리인을 선임하거나 개임할 경우에는 이해관계인의 의견을 들을 수 있다.
② 부재자가 정한 재산관리인을 개임할 때에는 그 재산관리인을 절차에 참가하게 하여야 한다.
제42조【선임한 관리인의 개임】 ① 가정법원은 언제든지 그 선임한 재산관리인을 개임할 수 있다.
② 가정법원이 선임한 재산관리인이 사임하고자 할 때에는 가정법원에 그 사유를 신고하여야 한다. 이 경우, 가정법원은 다시 재산관리인을 선임하여야 한다.
제43조【심판의 고지】 재산관리인의 선임, 개임 또는 해임의 심판은 당사자 및 절차에 참가한 이해관계인 외에 그 재산관리인에게도 고지하여야 한다.
제44조【재산상황의 보고와 관리의 계산】 ① 가정법원은 그 선임한 재산관리인에게 재산상황의 보고 및 관리의 계산을 명할 수 있다.
② 가정법원은 「민법」 제24조제3항의 경우에는, 부재자가 정한 재산관리인에게도 제1항의 보고 및 계산을 명할 수 있다.
(2006.3.23 본항개정)
제45조【담보의 증감 · 변경 · 면제】 가정법원은 재산관리인이 제공한 담보의 증감 · 변경 또는 면제를 명할 수 있다.
제46조【저당권설정등기의 촉탁】 ① 가정법원이 재산관리인의 담보제공방법으로서 그 소유의 부동산 또는 선박에 저당권을 설정할 것을 명한 때에는 그 설정등기의 촉탁을 하여야 한다.
② 제1항의 촉탁에는 저당권의 설정을 명한 심판서의 등본을 첨부하여야 한다.
③ 제1항 및 제2항의 규정은 설정한 저당권의 변경 또는 해제를 명하는 경우에 이를 준용한다.
제47조【재산목록의 내용】 ① 「민법」 제24조제1항 또는 제2항의 규정에 의하여 재산관리인이 작성할 재산목록에는 다음 각호의 사항을 기재하고 재산관리인과 참여인이 기명날인 또는 서명하여야 한다.(2006.3.23 본문개정)
1. 작성의 일시, 장소와 그 사유
2. 청구인의 성명과 주소
3. 부동산의 표시
4. 동산의 종류와 수량
5. 채권과 채무의 표시
6. 장부, 증서 기타의 서류
② 재산목록은 2통을 작성하여 그 1통은 재산관리인이 보관하고 다른 1통은 가정법원에 제출하여야 한다.

③ 이해관계인은 가정법원의 허가를 얻어 재산관리인의 재산목록 작성에 참여할 수 있다.

제48조【공증인에 의한 재산목록의 작성】 ① 가정법원은 재산관리인이 작성한 재산목록이 불충분하다고 인정하거나 기타 필요한 때에는, 재산관리인에게, 공증인으로 하여금 재산목록을 작성하게 할 것을 명할 수 있다.

② 제47조의 규정은 공증인이 재산목록을 작성할 경우에 이를 준용한다.

제49조【부재자재산의 매각】 가정법원이 부재자의 재산을 매각하게 할 경우에는 「민사집행법」 제3편, 「민사집행규칙」 제3편의 규정에 의하여 매각하게 할 수 있다.(2006.3.23 본조개정)

제49조의2【부재자에 대한 조사 등】 ① 가정법원은 재산관리인에게 부재자의 생사 여부, 재산관리의 가능 여부 등의 조사를 명할 수 있다.

② 가정법원은 재산관리인에게 부재자에 대한 실종의 선고를 관할 가정법원에 청구할 것을 명할 수 있다.

(2016.12.29 본조신설)

제50조【처분의 취소】 사건본인이 스스로 그 재산을 관리하게 된 때 또는 그 사망이 분명하게 되거나 실종선고가 있는 때 또는 관리할 재산이 더 이상 남아 있지 아니한 때에는 가정법원은 사건본인 또는 이해관계인의 청구에 의하여 그 명한 처분을 취소하여야 한다.(2016.12.29 본조개정)

제51조【즉시항고】 부재자가 정한 재산관리인을 개임하는 심판에 대하여는 그 재산관리인이 즉시항고를 할 수 있다.

제52조【비용의 부담】 ① 가정법원이 부재자의 재산관리에 관하여 직권으로 심판하거나 청구에 상응한 심판을 한 경우에는, 심판전의 절차와 심판의 고지비용은 부재자의 재산의 부담으로 한다. 가정법원이 명한 처분에 필요한 비용도 같다.

② 제1항의 규정은 항고법원이 항고인의 신청에 상응한 재판을 한 경우에 있어서의 항고절차의 비용과 항고인의 부담이 된 제1심의 비용에 관하여 이를 준용한다.

제4절 실 종

제53조【공시최고】 실종을 선고함에는 공시최고의 절차를 거쳐야 한다.

제54조【공시최고의 기재 사항】 ① 공시최고에는 다음 사항을 기재하여야 한다.

1. 청구인의 성명과 주소
2. 부재자의 성명, 출생연월일, 등록기준지 및 주소 (2007.12.31 본호개정)
3. 부재자는 공시최고 기일까지 그 생존의 신고를 할 것이며, 그 신고를 하지 않으면 실종의 선고를 받는다는 것
4. 부재자의 생사를 아는 자는 공시최고 기일까지 그 신고를 할 것
5. 공시최고 기일

② 공시최고의 기일은 공고종료일부터 6월 이후로 정하여야 한다.

제55조【공시최고의 공고】 공시최고의 공고는 제26조의 규정에 의한다.

제56조【사망간주일자의 기재】 실종선고의 심판서에는 부재자가 사망한 것으로 간주되는 일자를 기재하여야 한다.

제57조【즉시항고】 실종을 선고한 심판과 실종선고의 취소청구를 기각한 심판에 대하여는 사건본인 또는 이해관계인이, 실종선고를 취소한 심판에 대하여는 이해관계인이 즉시항고를 할 수 있다.

제58조【비용의 부담】 제52조의 규정은 실종선고의 심판이 있은 때의 절차 비용에 이를 준용한다.

제59조【심판의 공고】 실종선고 또는 실종선고의 취소 심판이 확정된 때에는 가정법원의 법원사무관등은 지체 없이 그 뜻을 공고하여야 한다.(2013.6.5 본조개정)

제5절 성과 본에 관한 사건

제59조의2【관계자의 의견의 청취】 ① 가정법원은 「민법」 제781조제5항의 규정에 의한 자의 종전의 성과 본의 계속사용허가 청구가 있는 경우, 부, 모 및 자가 13세 이상인 때에는 그 자의 의견을 들을 수 있다.

② 가정법원은 「민법」 제781조제6항의 규정에 의한 자의 성과 본의 변경허가 청구가 있는 경우, 부, 모 및 자가 13세 이상인 때에는 그 자의 의견을 들을 수 있다. 자의 부모 중 자와 성과 본이 동일한 사람의 사망 그 밖의 사유로 의견을 들을 수 없는 경우에는 자와 성과 본이 동일한 최근친 직계존속의 의견을 들을 수 있다.

(2013.6.5 본조개정)

제6절 부부재산약정의 변경에 관한 사건

제60조【청구】 「민법」 제829조제2항 단서의 규정에 의한 부부재산약정의 변경을 허가하는 심판은 부부 쌍방의 청구에 의하여야 한다.(2006.3.23 본조개정)

제61조【즉시항고】 제60조의 심판에 대하여는 이해관계인이 즉시항고를 할 수 있다.

제7절 친생부인허가와 인지허가에 관한 사건

(2017.12.27 본절신설)

제61조의2【즉시항고】 친생부인을 허가하는 심판과 인지를 허가하는 심판에 대하여는 민법 제854조의2 제1항에 규정한 자가 즉시항고를 할 수 있다.

제8절 입양 · 친양자입양 또는 파양에 관한 사건

(2007.12.31 본절제목개정)

제62조【심리검사의 촉탁】 ① 재판장 또는 가사조사관은 입양사건의 심리를 위하여 필요한 경우에는 의사, 심리검사 전문가 등에게 당사자 또는 관계인의 심리검사를 촉탁할 수 있다.

② 제1항의 심리검사에 관한 비용의 예납에 관하여는 「민사소송법」 제116조, 「민사소송규칙」 제19조, 제20조의 규정을, 예납하여야 할 비용의 범위와 액 및 그 지급에 관하여는 「민사소송비용법」 및 「민사소송비용규칙」의 규정을 각 준용한다.

③~⑤ (2016.12.29 삭제)

(2016.12.29 본조개정)

제62조의2【친양자 입양의 청구】 친양자 입양의 청구에는 다음의 사항을 명백히 하여야 한다.

1. 친양자가 될 사람의 친생부모가 친양자 입양에 동의한 사실 또는 그 동의가 없는 경우에 「민법」 제908조의2제1항제3호 단서 및 같은 조 제2항 각 호에 해당된다는 것을 나타내는 사정
2. 친양자가 될 사람에 대하여 친권을 행사하는 사람으로서 부모 이외의 사람의 이름과 주소와 친양자가 될 사람의 부모의 후견인의 이름과 주소
3. 「민법」 제908조의2제1항제4호에 따른 법정대리인의 동의 또는 같은 항 제5호에 따른 법정대리인의 입양승낙, 그 동의 또는 승낙이 없는 경우에는 「민법」 제908조의2제2항 각 호에 해당된다는 것을 나타내는 사정
4. 「사회복지사업법」에 의한 사회복지법인의 입양 알선에 의한 청구인 경우에는 해당 사회복지법인의 명칭 및 소재지와 친양자가 될 사람이 보호되고 있는 보장시설의 명칭 및 소재지

(2013.6.27 본조개정)

제62조의3【관계자의 의견의 청취】 ① 가정법원은 친양자 입양에 관한 심판을 하기 전에, 친양자가 될 사람이 13세 이상인 경우에는 친양자가 될 사람, 양부모가 될 사람, 친양자가 될 사람의 친생부모, 친양자가 될 사람의 후견인, 친양자가 될 사람에 대하여 친권을 행사하는 사람으로서 부모 이외의 사람, 친양자가 될 사람의 부모의 후견인의 의견을 들어야 한다.
② 제1항의 경우에 친양자가 될 사람의 친생부모의 사망 그 밖의 사유로 의견을 들을 수 없는 경우에는 최근친 직계존속(동순위가 수인일 때에는 연장자)의 의견을 들어야 한다.
(2013.6.27 본조개정)

제62조의4【심판의 고지 등】 ① 친양자 입양을 허가하는 심판은 제25조에서 정한 자 이외에 친양자가 될 사람의 친생부모와 친양자가 될 사람의 법정대리인에게도 고지하여야 한다.(2013.6.27 본항개정)
② 가정법원은 청구인 아닌 사람에게 심판문 정본을 송달하여 고지하는 경우 심판문 정본상의 청구인의 주민등록번호, 주소, 등록기준지 등 개인정보의 전부 또는 일부를 삭제하는 등의 조치를 하여 송달할 수 있다.(2016.12.29 본항신설)
(2016.12.29 본조제목개정)

제62조의5【즉시항고】 친양자 입양을 허가하는 심판에 대하여는 제62조의3에 규정한 자(양부모가 될 사람은 제외)가 즉시항고를 할 수 있다.(2013.6.27 본조개정)

제62조의6【사회복지법인 등에 대한 통지】 친양자 입양에 관한 심판이 확정된 때 법원사무관등은 지체 없이 해당 친양자 입양을 알선한 사회복지법인에 대하여 그 내용을 통지하여야 한다. 해당 친양자 입양에 대해서 가정법원으로부터의 촉탁에 응하여 조사를 한 보장시설에 대하여도 마찬가지이다.(2007.12.31 본조신설)

제62조의7【입양의 청구】 ① 미성년자 입양의 청구에는 다음의 사항을 명백히 하여야 한다.
1. 양자가 될 사람의 부모가 입양에 동의한 사실 또는 그 동의가 없는 경우에는 「민법」 제870조제1항 각 호 및 같은 조 제2항 각 호에 해당된다는 것을 나타내는 사정
2. 양자가 될 사람에 대하여 친권을 행사하는 사람으로서 부모 이외의 사람의 이름과 주소와 양자가 될 사람의 부모의 후견인의 이름과 주소
3. 「민법」 제869조제1항에 따른 법정대리인의 동의 또는 같은 조 제2항에 따른 법정대리인의 입양승낙, 그 동의 또는 승낙이 없는 경우에는 「민법」 제869조제3항 각 호에 해당된다는 것을 나타내는 사정
4. 「사회복지사업법」에 의한 사회복지법인의 입양 알선에 의한 청구인 경우에는 해당 사회복지법인의 명칭 및 소재지와 양자가 될 사람이 보호되고 있는 보장시설의 명칭 및 소재지

② 피성년후견인 입양의 청구에는 「민법」 제873조제1항에 따른 성년후견인의 동의, 「민법」 제871조제1항에 따른 부모의 동의 또는 그 동의가 없는 경우에는 「민법」 제873조제3항에 해당된다는 것을 나타내는 사정을 명백히 하여야 한다.
(2013.6.27 본조신설)

제62조의8【준용규정】 ① 미성년자 입양을 허가하는 심판 및 피성년후견인이 입양을 하거나 양자가 되는 것에 대한 허가 심판의 고지에 관하여는 제62조의4제1항을 준용한다. 이 경우 "친양자 입양"은 "입양"으로, "친양자"는 "양자"로 본다.(2016.12.29 본항개정)
② 미성년자 입양을 허가하는 심판 및 피성년후견인이 입양을 하거나 양자가 되는 것에 대한 허가 심판에 대한 즉시항고에 관하여는 제62조의5를 준용한다. 이 경우 "친양자 입양"은 "입양"으로, "제62조의3"은 "법 제45조의8제1항 각 호"로 본다.(2016.12.29 후단개정)
③ 미성년자 입양에 관한 심판에 관하여는 제62조의6을 준용한다. 이 경우 "친양자 입양"은 "입양"으로 본다.
(2013.6.27 본조신설)

제62조의9【미성년자 양육에 관한 교육 등】 가정법원은 친양자 입양에 관한 심판 및 미성년자 입양을 허가하는 심판을 함에 있어서 필요한 경우 양부모가 될 사람에 대하여 미성년자 양육에 관한 교육을 실시하거나 입양기관, 사회복지기관 등에서 실시하는 미성년자 양육을 위한 교육을 받을 것을 명할 수 있다.(2016.12.29 본조신설)

제9절 친권과 미성년후견에 관한 사건
(2013.6.5 본절제목개정)

제63조 (2006.3.23 삭제)

제64조【친권행사방법의 결정】 민법 제909조제2항 단서의 규정에 의하여 친권행사방법을 결정함에는 청구인이 아닌 친권자를 절차에 참가하게 하여야 한다.

제65조【미성년후견인, 미성년후견감독인의 선임·변경】 ① 미성년후견인·미성년후견감독인을 선임함에는 미성년후견인·미성년후견감독인이 될 자의 의견을 들어야 한다.
② 미성년후견인·미성년후견감독인을 변경할 때에는 그 변경이 청구된 미성년후견인·미성년후견감독인을 절차에 참가하게 하여야 한다.
③ 가정법원이 미성년후견인·미성년후견감독인을 선임한 때에는 미성년후견인·미성년후견감독인에 대하여 그 후견사무 또는 후견감독사무에 관하여 필요하다고 인정되는 사항을 지시할 수 있다.
④ 가정법원은 미성년후견인·미성년후견감독인의 선임과 변경 심판을 하는 경우 그 미성년자가 13세 이상인 때에는 그 미성년자의 의견을 들어야 한다. 다만, 미성년자의 의견을 들을 수 없거나 미성년자의 의견을 듣는 것이 오히려 미성년자의 복지를 해할만한 특별한 사정이 있다고 인정되는 때에는 그러하지 아니하다.
(2013.6.5 본조개정)

제65조의2【친권자의 지정 등】 친권자의 지정 또는 미성년후견의 종료 및 친권자의 지정에 관한 심판을 하는 경우 제65조제4항을 준용한다.(2013.6.27 본조신설)

제66조【교정기관에의 위탁등의 허가와 지시】 ① 가정법원이 다음 각 호의 허가를 하는 때에는, 친권자 또는 미성년후견인·미성년후견감독인에 대하여, 미성년자의 교육과 신상보호 및 재산관리에 관하여 필요하다고 인정되는 사항을 지시할 수 있다.
1. 「민법」 제915조 및 제945조(제948조에 따라 위 각 조항이 준용되는 경우를 포함한다)에 따른 감화 또는 교정기관에의 위탁에 대한 허가
2. 「민법」 제940조의7에 따라 준용되는 같은 법 제947조의2 제4항에 따른 피미성년후견인에 대한 의료행위의 동의에 대한 허가
3. 「민법」 제940조의7에 따라 준용되는 같은 법 제947조의2 제5항에 따른 피미성년후견인이 거주하는 건물 또는 그 대지에 대한 매도 등에 대한 허가
(2013.6.5 본항개정)
② 가정법원은 필요하다고 인정한 때에 언제든지 제1항의 허가 기타 지시를 취소하거나 변경할 수 있다.

제67조【즉시항고】 ① 법 제2조제1항제2호가목 및 이 규칙 제2조에 정한 심판사항 중 다음의 각 호에서 정하는 심판에 대하여는 해당 각 호에서 정하는 자가 즉시항고를 할 수 있다.(2013.6.27 본문개정)
1. 미성년후견인의 선임 심판 : 미성년자, 미성년자의 부모와 친족, 이해관계인, 검사, 지방자치단체의 장(2013.6.27 본호개정)
2. 미성년후견인·미성년후견감독인의 변경 심판 : 변경 대상 미성년후견인·미성년후견감독인
3. 감화 또는 교정기관에 위탁하는 것에 대한 허가, 피미성년후견인에 대한 의료행위의 동의에 대한 허가 및 피미성년후견인이 거주하는 건물 또는 그 대지에 대한 매도 등에 대한 허가 심판 : 미성년자, 미성년자의 부모와 친족, 미성

년후견인, 미성년후견감독인, 검사, 지방자치단체의 장 (2013.6.27 본호개정)
4. 친권자의 지정 심판 : 미성년자, 미성년자의 부모와 친족 (2013.6.27 본호신설)
5. 미성년후견종료 및 친권자 지정 심판 : 미성년자, 미성년자의 부모와 친족, 미성년후견인(2013.6.27 본호신설)
② 미성년후견인·미성년후견감독인의 변경청구를 기각한 심판에 대하여는 제27조에서 정한 자 이외에「민법」제940조에 규정한 자도 즉시항고를 할 수 있다.
(2013.6.5 본조개정)

제68조【특별대리인의 대리권 제한】 가정법원이「민법」제921조(미성년후견인에 대하여 같은 법 제949조의3에 따라 준용되는 경우를 포함한다)에 따라 특별대리인을 선임할 때에는, 그 특별대리인의 대리권행사에 관하여 필요한 제한을 가할 수 있다.(2013.6.5 본조개정)

제68조의2【특별대리인의 개임】 가정법원은 언제든지 법 제2조제1항제2호가목16)에 따른 특별대리인을 개임할 수 있다.(2013.6.5 본조개정)

제69조【재산관리등】 제41조 내지 제52조의 규정은「민법」제918조(제956조의 규정에 의하여 준용되는 경우를 포함한다)의 규정에 의한 재산관리인의 선임 또는 개임과 재산관리에 관한 처분 및「민법」제954조(제948조의 규정에 의하여 준용되는 경우를 포함한다)의 규정에 의한 미성년후견사무에 관한 처분에 이를 준용한다.(2013.6.5 본조개정)

제69조의2【후견사무의 감독】 미성년후견인 또는 미성년후견감독인에 대하여 제38조의6의 규정을 준용한다.
(2013.6.5 본조신설)

제10절 친족회에 관한 사건

제70조~제74조 (2013.6.5 삭제)

제11절 상속에 관한 사건

제75조【한정승인·포기의 신고】 ① 상속의 한정승인 또는 포기의 신고는 법 제36조제3항에 규정한 사항 외에 다음 각호의 사항을 기재하고, 신고인 또는 대리인이 기명날인 또는 서명한 서면에 의하여야 한다.(2002.6.28 본문개정)
1. 피상속인의 성명과 최후주소
2. 피상속인과의 관계
3. 상속개시 있음을 안 날
4. 상속의 한정승인 또는 포기를 하는 뜻
② 제1항의 신고서에는 신고인 또는 대리인의 인감증명서를 첨부하여야 한다.
③ 가정법원이 제1항의 신고를 수리할 때에는, 그 신고의 일자 및 대리인에 의한 신고인 경우에는 그 대리인의 주소와 성명을 기재한 심판서를 작성하여야 한다.

제76조【한정승인·포기의 취소】 ① 상속의 한정승인 또는 포기의 취소는, 제75조제3항의 심판을 한 가정법원에 신고인 또는 대리인이 기명날인 또는 서명한 서면으로 신고함으로써 한다.(2002.6.28 본항개정)
② 제1항의 신고서에는 제75조제1항제1호 및 제2호의 사항 외에 다음 각호의 사항을 기재하여야 한다.
1. 상속의 한정승인 또는 포기신고가 수리된 일자
2. 상속의 한정승인 또는 포기를 취소하는 원인
3. 추인할 수 있게 된 날
4. 상속의 한정승인 또는 포기의 취소를 하는 뜻
③ 제75조제2항 및 제3항의 규정은 제1항의 신고 및 그 수리에 이를 준용한다.

제77조【상속재산의 분리】 상속재산과 상속인의 고유재산의 분리를 명한 심판에 대하여는 청구인 또는「민법」제1045조제1항에 규정한 자가 즉시항고를 할 수 있다.
(2006.3.23 본조개정)

제78조【상속재산의 관리와 보존】 제41조 내지 제52조의 규정은「민법」제1023조(제1044조의 규정에 의하여 준용되는 경우를 포함한다), 제1040조제1항, 제1047조 및「민법」제1053조의 규정에 의한 상속재산의 관리와 보존에 관한 처분에 이를 준용한다.(2008.6.5 본조개정)

제79조【상속재산관리인의 공고】「민법」제1053조제1항의 공고에는 다음 각호의 사항을 기재하여야 한다.(2006.3.23 본문개정)
1. 청구인의 성명과 주소
2. 피상속인의 성명, 직업과 최후주소
3. 피상속인의 출생과 사망장소 및 그 일자
4. 상속재산관리인의 성명과 주소

제80조【상속인 수색의 공고】「민법」제1057조의 공고에는 다음 각호의 사항을 기재하여야 한다.(2006.3.23 본문개정)
1. 제79조제1호 내지 제3호의 사항
2. 상속인은 일정한 기간 내에 그 권리를 주장하라는 뜻의 최고

제81조【공고비용의 부담】 제79조 및 제80조의 공고에 필요한 비용은 상속재산의 부담으로 한다.

제82조【감정인 선임등의 비용의 부담】「민법」제1035조제2항(제1040조제3항, 제1051조제3항, 제1056조제2항의 규정에 의하여 준용되는 경우를 포함한다) 및「민법」제1113조제2항의 규정에 의한 감정인의 선임과 그 감정인의 감정에 소요된 비용은 상속재산의 부담으로 한다.(2006.3.23 본조개정)

제83조【상속재산의 분여】「민법」제1057조의2의 규정에 의한 상속재산 분여의 심판에 대하여는「민법」제1057조의2제1항에 규정한 자가 즉시항고를 할 수 있다.(2006.3.23 본조개정)

제12절 유언에 관한 사건

제84조【유언집행자의 선임·해임】 ① 유언집행자를 선임한 심판에 대하여는 이해관계인이 즉시항고를 할 수 있다.
② 유언집행자를 해임할 때에는 그 유언집행자를 절차에 참가하게 하여야 한다.
③ 제2항의 심판에 대하여는 그 유언집행자가 즉시항고를 할 수 있다.

제85조【구수증서에 의한 유언의 검인】 ①「민법」제1070조제2항의 규정에 의하여 유언을 검인함에 있어서는 유언방식에 관한 모든 사실을 조사하여야 한다.
② 유언검인의 심판에 대하여는 이해관계인이, 유언검인의 청구를 기각한 심판에 대하여는「민법」제1070조제2항에 규정한 자가 즉시항고를 할 수 있다.
(2006.3.23 본조개정)

제86조【유언증서, 녹음의 검인】 ①「민법」제1091조제1항의 규정에 의한 유언의 증서 또는 녹음의 검인을 청구함에는 그 유언의 증서 또는 녹음대를 제출하여야 한다.
(2006.3.23 본항개정)
② 봉인한 유언증서를 개봉하고자 할 때에는 미리 그 기일을 정하여 상속인 또는 그 대리인을 소환하고, 기타 이해관계인에게 통지하여야 한다.
③ 유언의 증서 또는 녹음을 검인함에 있어서는 유언방식에 관한 모든 사실을 조사하여야 한다.

제87조【조서작성】 ① 유언증서의 개봉과 검인에 관하여는 조서를 작성하여야 한다.
② 조서에는 다음 각호의 사항을 기재하고, 판사, 법원사무관등이 기명날인하여야 한다.(1998.12.4 본문개정)
1. 제출자의 성명과 주소
2. 제출, 개봉과 검인의 일자
3. 참여인의 성명과 주소
4. 심문한 증인, 감정인, 상속인, 기타 이해관계인의 성명, 주소와 그 진술의 요지
5. 사실조사의 결과

제88조【불출석한 자 등에 대한 고지】 가정법원이 유언증서의 개봉과 검인을 한 때에는 출석하지 아니한 상속인 기타 유언의 내용에 관계있는 자에게 그 사실을 고지하여야 한다.

제89조【부담있는 유언의 취소】 ①「민법」 제1111조의 규정에 의한 부담있는 유언의 취소의 심판을 할 때에는 수증자를 절차에 참가하게 하여야 한다.(2006.3.23 본항개정)

② 제1항의 심판에 대하여는 수증자 기타 이해관계인이 즉시항고를 할 수 있다.

제90조【비용의 부담】 ① 가정법원이 유언에 관한 청구에 상응한 심판을 한 경우에 심판 전의 절차비용과 심판의 고지비용은 유언자 또는 상속재산의 부담으로 한다.

② 제1항의 규정은 항고법원이 항고인의 신청에 상응한 재판을 한 경우의 항고절차의 비용과 항고인의 부담이 된 제1심의 비용에 관하여 이를 준용한다.

제3장 마류 가사비송사건

제1절 총 칙

제91조【상대방의 지정】 마류 가사비송사건의 심판청구서에는 상대방의 성명, 생년월일, 등록기준지 및 주소를 기재하여야 한다.(2007.12.31 본조개정)

제92조【상대방의 반대청구】 상대방은 제1심의 절차종결시까지 청구인의 청구와 견련관계에 있는 마류 가사비송사건으로서 금전의 지급이나 물건의 인도, 기타 재산상의 의무이행을 구하는 반대청구를 할 수 있다.

제93조【심판의 원칙 등】 ① 가정법원은 가정의 평화와 사회정의를 위하여 가장 합리적인 방법으로 청구의 목적이 된 법률관계를 조정할 수 있는 내용의 심판을 하여야 한다.

② 금전의 지급이나 물건의 인도, 기타 재산상의 의무이행을 구하는 청구에 대하여는, 그 청구의 취지를 초과하여 의무의 이행을 명할 수 없다. 다만, 가정법원이 자의 복리를 위하여 양육에 관한 사항을 정하는 경우에는 그러하지 아니하다.(2010.3.30 단서신설)

제94조【즉시항고】 ① 심판에 대하여는 청구인과 상대방이 즉시항고를 할 수 있다.

② 청구인과 상대방 이외의 제3자는 특별한 규정이 있는 경우에 한하여 즉시항고를 할 수 있다.

③ 즉시항고의 기간은, 특별한 규정이 있는 경우를 제외하고는, 즉시항고를 할 수 있는 자가 심판을 고지받는 경우에는 그 고지를 받은 날부터, 심판을 고지받지 아니하는 경우에는 당사자에게 심판이 최후로 고지된 날부터 진행한다.

제95조【비용부담액의 확정】 ① 가정법원이 수액을 정하지 아니하고 절차비용 부담의 재판을 한 경우, 그 비용액의 확정에 관하여는 「민사소송법」 중 소송비용액확정결정에 관한 규정을 준용한다.(2006.3.23 본항개정)

② 제1항의 규정은 항고심과 재항고심의 절차비용에 이를 준용한다.

제95조의2【재산명시신청】 ① 법 제48조의2제1항에 따른 당사자의 재산명시를 요구하는 신청은 신청취지와 신청사유를 적은 서면으로 하여야 한다.

② 가정법원은 제1항의 신청서를 상대방에게 송달하여 의견을 표명할 기회를 주어야 한다.

(2009.11.4 본조신설)

제95조의3【재산명시명령 등】 ① 가정법원이 법 제48조의2제1항에 따른 결정(다음부터 "재산명시명령"이라 한다)을 할 때에는 재산목록을 제출할 상당한 기간을 정하여야 한다.

② 재산명시명령은 재산명시명령을 받은 당사자(다음부터 "재산명시 대상 당사자"라 한다)에게 송달하여야 하고, 명령에 따르지 아니할 경우 법 제67조의3에 따른 제재를 받을 수 있음을 함께 고지하여야 한다.(2016.12.29 본항개정)

③ 재산명시명령을 재산명시 대상 당사자에게 송달함에 있어서는 「민사소송법」 제187조 및 제194조에 따른 방법으로는 할 수 없다.

④ 재산명시명령이 재산명시 대상 당사자에게 송달되지 아니한 때에는 가정법원은 상대방에게 상당한 기간을 정하여 재산명시 대상 당사자의 주소를 보정하도록 명하여야 한다.

⑤ 상대방이 제4항의 명령을 받고도 이를 이행하지 아니한 때에는 가정법원은 재산명시명령을 취소하고, 재산명시신청을 각하하여야 한다.

(2009.11.4 본조신설)

제95조의4【재산목록의 제출】 ① 재산명시 대상 당사자는 제95조의3제1항의 기간 이내에 자신이 보유하고 있는 재산과 다음 각 호의 사항을 명시한 재산목록을 제출하여야 한다. 다음 각 호의 사항을 명시하는 때에는 양도나 처분을 받은 사람의 이름 · 주소 · 주민등록번호 등과 그 거래내역을 함께 적어야 한다.

1. 재산명시명령이 송달되기 전 2년 이내에 한 부동산의 양도
2. 재산명시명령이 송달되기 전 2년 이내에 배우자, 직계혈족 및 4촌 이내의 방계혈족과 그 배우자, 배우자의 직계혈족과 형제자매에게 한 부동산 외의 재산으로서 권리의 이전이나 행사에 등기 · 등록 또는 명의개서(다음부터 이 조문 안에서 "등기등"이라 한다)가 필요한 재산의 양도
3. 그 밖에 가정법원이 정하는 재산의 처분행위

② 재산목록에 적어야 할 재산은 다음 각 호와 같다. 다만, 당사자 및 당사자와 같이 사는 친족(사실상 관계에 따른 친족을 포함)의 생활에 필요한 의복, 침구, 가구, 부엌기구 등 생활필수품과 그 밖의 공동생활용품은 제외한다.

1. 부동산에 관한 소유권 · 지상권 · 전세권 · 임차권 · 인도청구권과 그에 관한 권리이전청구권
2. 등기 또는 등록의 대상이 되는 자동차 · 건설기계 · 선박 · 항공기의 소유권, 인도청구권과 그에 관한 권리이전청구권
3. 광업권 · 어업권, 그 밖에 부동산에 관한 규정이 준용되는 권리와 그에 관한 권리이전청구권
4. 특허권 · 상표권 · 저작권 · 디자인권 · 실용신안권, 그 밖에 이에 준하는 권리와 그에 관한 권리이전청구권
5. 100만 원 이상의 금전과 합계액 100만 원 이상의 어음 · 수표
6. 합계액 100만 원 이상의 예금과 보험금 100만 원 이상의 보험 계약
7. 합계액 100만 원 이상의 주권 · 국채 · 공채 · 회사채, 그 밖의 유가 증권
8. 100만 원 이상의 금전채권과 가액 100만 원 이상의 대체물인도 채권(같은 채무자에 대한 채권액의 합계가 100만 원 이상인 채권을 포함한다), 저당권 등의 담보물권으로 담보되는 채권은 그 취지와 담보물권의 내용
9. 정기적으로 받을 보수 · 부양료, 그 밖의 수입
10. 「소득세법」상의 소득으로서 제9호에서 정한 소득을 제외한 각종소득 가운데 소득별 연간합계액 100만 원 이상인 것
11. 합계액 100만 원 이상의 금 · 은 · 백금 · 금은제품과 백금제품
12. 품목당 100만 원 이상의 시계 · 보석류 · 골동품 · 예술품과 악기
13. 합계액 100만 원 이상의 사무기구
14. 품목당 100만 원 이상의 가축과 농기계를 포함한 각종 기계
15. 합계액 100만 원 이상의 농 · 축 · 어업생산품(1월 안에 수확할 수 있는 과실을 포함한다), 공업생산품과 재고상품
16. 제11호부터 제15호까지 규정된 유체동산에 관한 인도청구권 · 권리이전청구권, 그 밖의 청구권
17. 제11호부터 제15호까지 규정되지 아니한 유체동산으로 품목당 100만 원 이상인 것과 그에 관한 인도청구권 · 권리이전청구권, 그 밖의 청구권

18. 가액 100만 원 이상의 회원권, 그 밖에 이에 준하는 권리와 그에 관한 이전청구권
19. 그 밖에 가정법원이 범위를 정하여 적을 것을 명한 재산
③ 가정법원은 재산목록에 기재할 재산의 종류와 하한이 되는 액수를 제2항 각 호와 다르게 정할 수 있다.
④ 재산명시 대상 당사자는 합계액 100만 원 이상의 금전채무, 합계액 100만 원 이상인 목적물에 대한 인도·권리이전채무, 재산명시명령을 송달받은 날부터 6개월이 경과한 날 이후까지 정기적으로 지출이 예상되는 비용을 재산목록에 기재할 수 있다.
⑤ 제1항부터 제3항까지의 규정에 따라 재산목록을 적는 때에는 다음 각 호의 기준을 따라야 한다.
1. 제2항에 규정된 재산 가운데 권리의 이전이나 그 행사에 등기등이 필요한 재산으로서 제3자에게 명의신탁 되어 있거나 신탁재산으로 등기등이 되어 있는 것도 적어야 한다. 이 경우에는 재산목록에 명의자와 그 주소를 표시하여야 한다.
2. 제2항제8호 및 제11호부터 제18호까지 규정된 재산의 가액은 재산목록을 작성할 당시의 시장가격에 따른다. 다만, 시장가격을 알기 어려운 경우에는 그 취득가액에 따른다.
3. 어음·수표·주권·국채·공채·회사채 등 유가증권의 가액은 액면금액으로 한다. 다만, 시장가격이 있는 증권의 가액은 재산목록을 작성할 당시의 거래가격에 따른다.
4. 제2항제1호부터 제4호까지 규정된 것 가운데 미등기 또는 미등록인 재산에 대하여는 도면·사진 등을 붙이거나 그 밖에 적당한 방법으로 특정하여야 한다.
⑥ 가정법원은 필요한 때에는 당사자에게 재산목록에 적은 사항에 관한 참고자료의 제출을 명할 수 있다.
⑦ 당사자는 가정법원에 제출한 재산목록에 형식적인 흠이 있거나 불명확한 점이 있는 때에는 가정법원의 허가를 얻어 이미 제출한 재산목록을 정정할 수 있다.
(2009.11.4 본조신설)

제95조의5【준용규정】 재산조회에 관하여는 법 및 이 규칙에 특별한 규정이 있는 경우를 제외하고는 성질에 반하지 않는 한 「민사집행규칙」·「재산조회규칙」의 규정을 준용한다. 다만, 「민사집행규칙」 제38조, 「재산조회규칙」 제13조, 제14조제2항, 제15조의 규정은 그러하지 아니하다.
(2009.11.4 본조신설)

제95조의6【재산조회신청 등】 ① 법 제48조의3제1항에 따른 당사자 명의의 재산에 관한 조회를 요구하는 신청은 다음 각 호의 사항을 적은 서면으로 하여야 한다.
1. 조회의 대상이 되는 당사자(다음부터 "조회대상자"라 한다)
2. 조회할 공공기관, 금융기관 또는 단체
3. 조회할 재산의 종류
4. 과거의 재산보유내역에 대한 조회를 요구하는 때에는 그 취지와 조회기간
5. 신청취지와 신청사유
② 제1항의 신청을 하는 때에는 신청의 사유를 소명하여야 한다.
(2009.11.4 본조신설)

제95조의7【재산조회비용의 예납 등】 ① 법 제48조의3제1항의 재산조회를 신청하는 당사자는 재산조회에 필요한 비용으로서 가정법원이 정하는 금액을 미리 내야 한다. 가정법원이 부족한 비용을 미리 내라고 명하는 때에도 또한 같다.
② 가정법원이 직권으로 재산조회를 하는 때에는 그 재산조회로 이익을 받을 당사자에게 제1항의 비용을 내게 할 수 있다. 재산조회로 이익을 받을 당사자가 분명하지 아니한 때에는 조회대상자의 상대방을 재산조회로 이익을 받을 당사자로 본다.
③ 가정법원은 제1항, 제2항의 당사자가 비용을 내지 아니하는 경우에는 신청을 각하하거나 재산조회결정을 취소할 수 있다.
(2009.11.4 본조신설)

제95조의8【과태료사건의 관할】 법 제67조의3 및 제67조의4에 따른 과태료 재판은 재산명시명령, 재산조회를 한 가정법원이 관할한다.(2016.12.29 본조개정)

제2절 부부관계에 관한 사건

제96조【당사자】「민법」 제826조, 제833조의 규정에 의한 부부의 동거·부양·협조 또는 생활비용의 부담에 관한 심판, 「민법」 제829조제3항의 규정에 의한 재산관리자의 변경 또는 공유재산의 분할의 심판 및 「민법」 제839조의2제2항(제843조의 규정에 의하여 준용되는 경우 및 혼인취소를 원인으로 하는 경우를 포함한다)의 규정에 의한 재산분할의 심판은, 부부 중 일방이 다른 일방을 상대방으로 하여 청구하여야 한다.(2006.3.23 본조개정)

제97조【이행명령】 제96조에 규정된 청구에 관한 심판을 함에 있어서는, 금전의 지급, 물건의 인도, 등기 기타의 의무이행을 동시에 명할 수 있다.

제98조【부부재산의 분할】「민법」 제269조제2항의 규정은 「민법」 제829조제3항 및 「민법」 제839조의2제2항(제843조의 규정에 의하여 준용되는 경우 및 혼인의 취소를 원인으로 하는 경우를 포함한다)의 규정에 의한 재산분할의 심판에 이를 준용한다.(2006.3.23 본조개정)

제3절 친권자의 지정과 자의 양육에 관한 사건
(2006.3.23 본절제목개정)

제99조【당사자】 ① 자(子)의 양육에 관한 처분과 변경 및 친권자의 지정과 변경에 관한 심판은 부모중 일방이 다른 일방을 상대방으로 하여 청구하여야 한다.
② 면접교섭권의 처분 또는 제한·배제·변경에 관한 심판은 다음 각 호의 자들 상호간에 일방이 다른 일방을 상대방으로 하여 청구하여야 한다.
1. 부(父)와 모(母)
2. 자를 직접 양육하지 아니하는 부(父) 또는 모(母)의 직계존속과 자를 직접 양육하는 부(父) 또는 모(母)
(2017.2.2 본항신설)
③ 제1항의 심판을 청구함에 있어, 부모 아닌 자가 자(子)를 양육하고 있을 때에는, 그 자를 공동상대방으로 하여 자(子)의 인도를 청구할 수 있다.
(2017.2.2 본조개정)

제100조【자의 의견의 청취】 제99조제1항 및 제2항에 규정한 청구가 있는 경우에, 자(子)가 13세 이상인 때에는, 가정법원은 심판에 앞서 그 자(子)의 의견을 들어야 한다. 다만, 자(子)의 의견을 들을 수 없거나 자(子)의 의견을 듣는 것이 오히려 자(子)의 복지를 해할 만한 특별한 사정이 있다고 인정되는 때에는 그러하지 아니하다.(2017.2.2 본문개정)

제4절 친권의 상실 등에 관한 사건

제101조【상대방】 ①「민법」 제922조의2의 규정에 의한 친권자의 동의를 갈음하는 심판, 「민법」 제924조, 제924조의2, 제925조의 규정에 의한 친권의 상실, 일시 정지, 일시 정지에 대한 기간 연장, 일부 제한 및 법률행위 대리권과 재산관리권의 상실 선고의 심판은 그 친권자를 상대방으로 하여 청구하여야 한다.
②「민법」 제926조의 규정에 의한 실권회복선고의 심판은, 청구 당시 친권 또는 친권의 일부, 법률행위대리권, 재산관리권을 행사하거나 이를 대행하고 있는 자를 상대방으로 하여 청구하여야 한다.
(2015.7.28 본조개정)

제102조【대행자의 지정】 ① 제101조제1항에 규정한 심판청구가 있는 경우에, 법 제62조의 규정에 의한 사전처분으로서, 친권자의 친권, 법률행위대리권, 재산관리권의 전부

또는 일부의 행사를 정지하여 이를 행사할 자가 없게 된 때에는, 심판의 확정시까지 그 권한을 행사할 자를 동시에 지정하여야 한다.
② 제1항의 권한대행자에 대하여는 미성년자의 재산중에서 상당한 보수를 지급할 것을 명할 수 있다.
제103조【즉시항고】 친권자의 동의를 갈음하는 심판, 친권의 상실, 일시 정지, 일시 정지에 대한 기간 연장, 일부 제한 및 그 실권 회복의 선고 또는 법률행위의 대리권과 재산관리권의 상실 및 그 실권 회복의 선고 심판에 대하여는 상대방 또는 「민법」 제925조에 규정한 자가 즉시항고를 할 수 있다.(2015.7.28 본조개정)

제5절 친족회의 결의에 대한 이의사건

제104조~제105조 (2013.6.5 삭제)

제6절 부양에 관한 사건

제106조【이해관계인의 참가】 「민법」 제976조 내지 제978조의 규정에 의한 부양에 관한 심판청구가 있는 경우에, 그 심판이 당사자 이외의 부양권리자 또는 부양의무자의 부양의 순위, 정도 및 방법에 직접 관련되는 것인 때에는, 가정법원은 그 부양권리자 또는 부양의무자를 절차에 참가하게 하여야 한다.(2006.3.23 본조개정)
제107조【부양의 정도, 방법의 결정과 지시】 가정법원이 부양의 정도 또는 방법을 정하거나 이를 변경하는 심판을 하는 경우에는, 필요하다고 인정되는 지시를 할 수 있다.
제108조【이행명령】 제97조의 규정은 부양에 관한 심판에 이를 준용한다.
제109조【즉시항고】 부양에 관한 심판에 대하여는 당사자 또는 이해관계인이 즉시항고를 할 수 있다.

제7절 상속에 관한 사건

제110조【당사자】 「민법」 제1008조의2제2항, 제4항의 규정에 의한 기여분의 결정 및 「민법」 제1013조제2항의 규정에 의한 상속재산의 분할에 관한 심판은 상속인중의 1인 또는 수인이 나머지 상속인 전원을 상대방으로 하여 청구하여야 한다.(2006.3.23 본조개정)
제111조【기여분의 결정】 기여분의 결정을 구하는 심판청구서에는 제75조제1항제1호 및 제2호에 규정한 사항 외에 다음 각호의 사항을 기재하여야 한다.
1. 기여의 시기, 방법, 정도 및 기타의 사정
2. 동일한 상속재산에 관한 다른 기여분결정 청구사건 또는 상속재산분할 청구사건이 있는 경우에는 그 사건 및 가정법원의 표시
제112조【사건의 병합】 ① 동일한 상속재산에 관한 수개의 기여분결정 청구사건은 병합하여 심리, 재판하여야 한다.
② 기여분결정 청구사건은 동일한 상속재산에 관한 상속재산분할 청구사건에 병합하여 심리, 재판하여야 한다.
③ 제1항 및 제2항의 규정에 의하여 병합된 수개의 청구에 관하여는 1개의 심판으로 재판하여야 한다.
제113조【청구기간의 지정】 ① 상속재산분할 청구가 있는 때에는, 가정법원은 당사자가 기여분의 결정을 청구할 수 있는 기간을 정하여 고지할 수 있다. 그 기간은 1월 이상이어야 한다.
② 가정법원은 제1항의 규정에 의하여 정한 기간을 도과하여 청구된 기여분 결정 청구는 이를 각하할 수 있다.
제114조【상속재산의 분할청구】 상속재산 분할의 심판청구서에는 다음 각호의 사항을 기재하여야 한다.
1. 이해관계인의 성명과 주소
2. 공동상속인 중 상속재산으로부터 증여 또는 유증을 받은 자가 있는 때에는 그 내용
3. 상속재산의 목록

제115조【상속재산 분할의 심판】 ① 가정법원은 제1심 심리종결시까지 분할이 청구된 모든 상속재산에 대하여 동시에 분할의 심판을 하여야 한다.
② 가정법원은 분할의 대상이 된 상속재산 중 특정의 재산을 1인 또는 수인의 상속인의 소유로 하고, 그의 상속분 및 기여분과 그 특정의 재산의 가액의 차액을 현금으로 정산할 것을 명할 수 있다.
③ 제97조의 규정은 상속재산분할의 심판에 이를 준용한다.
제116조【즉시항고】 ① 기여분 결정의 심판과 상속재산분할의 심판에 대하여는 당사자 또는 이해관계인이 즉시항고를 할 수 있다.
② 제112조제3항 또는 제115조제1항의 규정에 의한 심판이 있는 경우에, 즉시항고권자 중 1인의 즉시항고는 당사자 전원에 대하여 그 효력이 있고, 심판의 일부에 대한 즉시항고는 심판 전부에 대하여 그 효력이 있다.

제4편 가사조정

제117조【준용규정】 ① 가사조정에 관하여는 법 및 이 규칙에 특별한 규정이 있는 경우를 제외하고는 「민사조정규칙」의 규정을 준용한다.(2006.3.23 본항개정)
② 제16조, 제17조 및 제20조의 규정은 가사조정사건에 이를 준용한다.
제118조【조정장소】 조정위원회 또는 조정담당판사는 필요하다고 인정한 때에는 법원 외의 적당한 장소에서 조정할 수 있다.
제119조【격지조정】 ① 조정위원회 또는 조정담당판사는 당사자가 동시에 출석하여 조정할 수 없는 사정이 있다고 인정한 때에는, 서면으로 조정안을 작성하여 각 당사자에게 제시할 수 있다. 이 경우, 조정안에는 그 조정으로 인한 효과를 기재하여야 한다.
② 당사자가 제1항의 조정안에 동의한 때에는, 조정위원회 또는 조정담당판사가 지명한 조정위원의 면전에서 조정안에 기명날인 또는 서명하여야 한다.(2002.6.28 본항개정)
③ 당사자 전원이 제2항의 규정에 의한 동의를 한 때에는 조정이 성립된 것으로 본다. 이 경우, 조정조서에는 격지조정에 의하여 조정이 성립되었음을 기재하고, 각 당사자가 기명날인 또는 서명한 조정안을 첨부하여야 한다.(2002.6.28 본항개정)
제120조【조정장의 기명날인】 조정위원회가 작성하는 조정안, 결정서, 조서, 의견서 등에는 조정위원회를 대표하여 조정장이 기명날인한다.

제5편 이행의 확보

제1장 양육비 직접지급명령
(2009.11.4 본장신설)

제120조의2【준용규정】 양육비 직접지급명령에 관하여는 법 및 이 규칙에 특별한 규정이 있는 경우를 제외하고는 성질에 반하지 않는 한 「민사집행규칙」의 규정을 준용한다.
제120조의3【양육비 직접지급명령의 관할】 ① 법 제63조의2에 따른 양육비 직접지급명령에 관한 사건은 미성년자인 자녀의 보통재판적이 있는 곳의 가정법원의 전속관할로 한다.(2016.12.29 본항개정)
② 제1항의 가정법원이 없는 경우 소득세원천징수의무자의 보통재판적이 있는 곳의 가정법원의 전속관할로 한다.
제120조의4【양육비 직접지급명령신청의 방식】 양육비 직접지급명령신청서에는 다음 각 호의 사항을 적고 집행력 있는 정본을 붙여야 한다.
1. 양육비채권자 · 양육비채무자 · 소득세원천징수의무자와 그 대리인, 미성년자인 자녀의 표시(2016.12.29 본호개정)
2. 집행권원의 표시

3. 2회 이상 양육비가 지급되지 않은 구체적인 내역과 직접 지급을 구하고 있는 기한이 도래하지 아니한 정기금 양육비 채권의 구체적인 내용
4. 집행권원에 표시된 양육비 채권의 일부에 관하여만 직접 지급명령을 신청하거나 목적채권의 일부에 대하여만 직접 지급명령을 신청하는 때에는 그 범위

제120조의5【양육비 직접지급명령 취소의 관할】 법 제63조의2제3항에 따른 양육비 직접지급명령 취소에 관한 사건은 양육비 직접지급명령을 발령한 가정법원의 전속관할로 한다.

제120조의6【즉시항고】 법 제63조의2제5항에 따른 즉시항고는 재판을 고지 받은 날부터 1주 이내에 항고장을 그 재판을 행한 가정법원에 제출하여야 한다.

제2장 담보제공명령 · 일시금지급명령
(2009.11.4 본장신설)

제120조의7【신청에 의한 담보제공명령 및 일시금지급명령의 관할】 ① 법 제63조의3제2항 및 제4항에 따른 담보제공명령 및 일시금지급명령에 관한 사건은 미성년자인 자녀의 보통재판적이 있는 곳의 가정법원의 전속관할로 한다. (2016.12.29 본항개정)
② 제1항의 가정법원이 없는 경우 대법원소재지의 가정법원의 전속관할로 한다.

제120조의8【담보제공의 신청】 법 제63조의3제2항에 따른 채무자의 담보제공을 요구하는 신청은 다음 각 호의 사항을 기재하고 신청인 또는 대리인이 기명날인 또는 서명한 서면으로 하여야 한다.
1. 신청인, 피신청인과 그 대리인, 미성년자인 자녀의 표시 (2016.12.29 본호개정)
2. 집행권원의 표시 및 내용
3. 채무자가 이행하지 아니하는 금전채무액 및 그 기간
4. 신청취지와 신청사유

제120조의9【즉시항고】 ① 법 제63조의3제3항에 따른 즉시항고는 재판을 고지 받은 날부터 1주 이내에 하여야 한다.
② 즉시항고는 집행을 정지시키는 효력을 가진다.

제120조의10【일시금지급의 신청】 법 제63조의3제4항에 따른 일시금 지급을 요구하는 신청은 다음 각 호의 사항을 기재하고 신청인 또는 대리인이 기명날인 또는 서명한 서면으로 하여야 한다.
1. 신청인, 피신청인과 그 대리인, 미성년자인 자녀의 표시 (2016.12.29 본호개정)
2. 집행권원의 표시 및 내용
3. 법 제63조의3제1항 및 제2항에 따른 담보제공명령의 표시 및 내용
4. 신청취지와 신청사유

제3장 이행명령

제121조【이행명령의 관할】 ① 다음 각 호의 의무위반을 이유로 한 법 제64조의 규정에 의한 이행명령 사건은 미성년자인 자녀의 보통재판적이 있는 곳의 가정법원의 전속관할로 한다. 다만, 관할 가정법원이 없는 경우에는 대법원소재지의 가정법원의 전속관할로 한다.
1. 법 제64조제1항제1호 중 신청 당시 미성년자인 자녀에 관한 양육비 지급의무
2. 법 제64조제1항제2호 · 제3호의 의무
② 제1항 각 호 이외의 의무위반을 이유로 한 법 제64조의 규정에 의한 이행명령 사건은 의무자의 보통재판적이 있는 곳의 가정법원의 전속관할로 한다. 다만, 관할 가정법원이 없는 경우에는 대법원소재지의 가정법원의 전속관할로 한다. (2016.12.29 본조개정)

제122조【가사조사관에 의한 조사 등】 가정법원은 권리자의 신청이 있는 때에는, 이행명령을 하기 전이나 후에, 가사조사관으로 하여금 의무자의 재산상황과 의무이행의 실태에 관하여 조사하고, 의무이행을 권고하게 할 수 있다.

제123조【이행명령의 범위】 이행명령은 그 명령을 하기까지 의무자가 이행하지 아니한 의무의 전부 또는 일부에 대하여 이를 할 수 있다.

제4장 금전임치

제124조【금전임치의 관할】 ① 법 제65조제1항의 규정에 의한 금전임치의 신청에 대한 허가사건은 그 의무이행을 명한 판결, 심판, 조정을 한 가정법원(고등법원이 판결, 결정을 한 경우에는 제1심 가정법원)의 전속관할로 한다.
② 금전임치의 허가에 임치할 가정법원을 따로 정하지 아니한 경우에는 그 금전임치를 허가한 가정법원에 금전을 임치하여야 한다.

제125조【임치의 신청 및 납부】 ① 금전임치의 신청은 다음 각호의 사항을 기재하고 신청인 또는 대리인이 기명날인 또는 서명한 서면으로 하여야 한다.(2002.6.28 본문개정)
1. 의무자와 권리자 및 대리인의 표시
2. 집행권원의 표시 및 내용(2002.6.28 본호개정)
3. 의무자가 이행하여야 할 금전채무액 및 임치할 금액
4. 임치사유
5. 반대의무 또는 조건이 있을 때에는 그 내용
② 제1항의 신청에 대한 가정법원의 허가가 있는 때에는 가정법원의 법원사무관등은 지체없이 의무자에게 납부지시서를 발부하여야 한다.
③ 제2항의 납부지시서를 발부받은 신청인은 세입세출외 현금출납공무원에게 임치금을 납부하여야 한다.

제126조【보관표】 제125조제3항의 규정에 의하여 임치금을 수납한 세입세출외 현금출납공무원은 신청인에게 영수증을 교부하고, 그 수납에 관한 사항을 기재한 보관표를 작성하여 가정법원의 법원사무관등에게 송부하여야 한다.

제127조【통지】 제126조의 보관표를 송부받은 가정법원의 법원사무관등은 지체없이 임치금사건부에 등재하고 권리자에게 금전임치사실을 통지하여야 한다.

제128조【권리자에의 지급】 ① 임치금의 지급절차에 관하여는 「법원보관금취급규칙」의 규정을 준용한다.(2006.3.23 본항개정)
② 임치금의 수령에 조건이 붙거나 반대의무의 이행이 있어야 할 경우에는, 권리자는 그 조건의 성취 또는 반대의무의 이행을 증명하는 서면을 제출하여야 한다.

제129조【위임규정】 임치금사건의 처리에 필요한 문서양식 기타의 사항은 대법원예규로 정한다.

제6편 감치의 재판

제130조【준용규정】 법 제67조제2항 및 법 제68조의 규정에 의한 감치에 처하는 재판절차 기타의 사항에 관하여는, 법 및 이 규칙에 특별한 규정이 있는 경우를 제외하고는 성질에 반하지 아니하는 한 「법정등의질서유지를위한재판에관한규칙」의 규정을 준용한다. 다만, 「법정등의질서유지를위한재판에관한규칙」 제3조 내지 제5조, 제12조 내지 제14조, 제20조, 제21조제5항, 제23조제8항, 제25조제3항, 제4항 및 제26조의 규정은 그러하지 아니하다.(2019.8.2 본조개정)

제131조【관할】 감치에 처하는 재판은 수검명령 · 이행명령 또는 일시금지급명령을 한 가정법원의 전속관할로 한다. (2009.11.4 본조개정)

제132조【감치재판의 신청】 법 제68조제1항의 규정에 의한 권리자의 감치재판의 신청은 다음 각호의 사항을 기재하고, 권리자가 기명날인 또는 서명한 서면에 의하여야 한다. (2002.6.28 본문개정)

1. 의무자의 성명과 주소
2. 집행권원의 표시(2002.6.28 본호개정)
3. 법 제64조의 이행명령 또는 법 제63조의3제4항의 일시금 지급명령이 의무자에게 고지된 일자(2009.11.4 본호개정)
4. 의무자가 이행하지 아니한 의무의 내용
5. 감치의 재판을 구하는 뜻

제133조【신청각하의 재판】 ① 가정법원은, 제132조의 규정에 의한 권리자의 신청이 부적법하다고 인정한 때에는 그 신청을 각하하는 결정을 하여야 한다.
② 제1항의 결정에 대하여는 불복하지 못한다.

제134조【재판기일의 지정 등】 ① 가정법원의 직권으로 위반자 또는 의무자를 감치에 처하고자 할 때 또는 제132조의 규정에 의한 권리자의 신청이 이유있다고 인정한 때에는, 재판장은 재판기일을 정하여 위반자 또는 의무자를 소환하여야 한다.
② 제1항의 소환을 받은 위반자 또는 의무자가 정당한 사유없이 재판기일에 출석하지 아니한 때에는, 재판장은 위반자 또는 의무자를 구인할 수 있다.

제135조【감치의 재판등】 ① 감치에 처하는 재판에는 위반자가 위반한 수검명령의 내용 또는 의무자가 이행하지 아니한 의무의 내용, 감치의 기간, 감치할 장소 및 감치의 기간이 만료되기 이전이라도 수검명령에 응하거나 의무를 이행한 때에는 감치의 집행이 종료된다는 뜻을 명확히 하여야 한다.
② 가정법원은, 위반자 또는 의무자를 감치에 처함이 상당하지 아니하다고 인정하거나 위반자 또는 의무자가 재판기일까지 그 의무이행사실을 증명한 때에는 불처벌의 결정을 하여야 한다.
③ 제2항의 결정에 대하여는 불복하지 못한다.

제136조【즉시항고】 ① 법 제67조제3항 또는 법 제68조제2항의 규정에 의한 즉시항고는, 위반자 또는 의무자가 재판의 고지를 받은 날부터 3일 이내에 하여야 한다.
② 즉시항고는 이유를 기재한 항고장을 재판법원에 제출함으로써 한다.
③ 즉시항고는 집행정지의 효력이 없다.

제136조의2【감치의 집행기간】 법 제67조제2항 또는 법 제68조의 규정에 따른 감치에 처하는 재판은 그 선고일부터 6개월이 경과된 후에는 이를 집행할 수 없다.(2019.8.2 본조신설)

제137조【의무이행에 의한 감치집행의 종료】 ① 법 제67조제2항의 규정에 의한 감치의 재판을 받은 자가 그 감치의 집행 중에 수검명령에 응할 뜻을 표시한 때에는, 재판장은 지체없이 그 위반자에 대하여 혈액채취 기타 검사에 필요한 조치를 취한 후 위반자가 유치되어 있는 감치시설의 장에게 위반자의 석방을 명하여야 한다.
② 법 제68조제1항의 규정에 의한 감치의 재판을 받은 자가, 그 감치의 집행 중에, 의무를 이행하고 이를 증명하는 서면을 제출한 때에는, 재판장은 지체없이 의무자가 유치되어 있는 감치시설의 장에게 의무자의 석방을 명하여야 한다.
③ 제1항 및 제2항의 석방명령은 서면으로 하여야 한다. 다만, 긴급을 필요로 하는 경우에는 그러하지 아니하다.

제138조【위임규정】 감치의 재판절차에 필요한 문서양식 기타의 사항은 대법원예규로 정한다.

부　칙

제1조【시행일】 이 규칙은 1991년 1월 1일부터 시행한다.

제2조【폐지규칙】 가사심판규칙 및 임치금취급규칙은 이를 폐지한다.

제3조【계속사건에 대한 경과조치】 ① 이 규칙은 특별한 규정이 있는 경우를 제외하고는 이 규칙 시행당시 법원에 계속 중인 사건에도 이를 적용한다. 다만, 이 규칙 시행전의 소송행위의 효력에는 영향을 미치지 아니한다.
② 법 시행당시 폐지된 인사소송법 또는 가사심판법의 적용범위에 해당하지 아니하여 지방법원 및 지방법원지원에 계속 중인 사건은 종전의 예에 의한다.
③ 법 시행당시 폐지된 인사소송법 또는 가사심판법의 적용범위에 해당하여 가정법원 및 가정법원지원에 계속중인 사건으로서 법 제2조제1항 및 제2항 또는 이 규칙 제2조제1항의 규정에 해당하지 아니하는 사건은 종전의 예에 의한다.
④ 법 시행당시 법원에 계속 중인 가사사건으로서 심리종결된 사건, 상소 중인 사건 및 상소사건은 종전의 예에 의한다.

제4조【법정기간에 대한 경과조치】 이 규칙 시행전부터 진행된 법정기간과 그 계산은 종전의 규정에 의한다.

제5조【재산봉인사건에 대한 경과조치】 이 규칙 시행당시 가정법원에 계속 중인 재산봉인사건에 대하여는 종전의 규정을 적용한다.

제6조【다른 법령과의 관계】 이 규칙 시행당시 다른 법령에서 가사심판규칙 또는 임치금취급규칙이나 그 조문을 인용한 경우에 이 규칙중 그에 해당하는 규정이 있을 때에는 종전의 규정에 대치하여 이 규칙 또는 이 규칙 중 해당조문을 인용한 것으로 본다.

부　칙 (2013.6.5)

제1조【시행일】 이 규칙은 2013년 7월 1일부터 시행한다.

제2조【적용례】 이 규칙은 이 규칙 시행 당시 가정법원에 계속 중인 사건에 대해서도 적용한다. 다만, 종전의 규정에 따라 발생한 효력에는 영향을 미치지 아니한다.

제3조【금치산 등에 관한 경과조치】 ① 이 규칙 시행 당시 종전의 규정에 따라 청구되어 가정법원에 계속 중인 "금치산 선고 사건" 및 "한정치산 선고 사건"은 각각 이 규칙에 따라 청구된 "성년후견 개시 심판 사건" 및 "한정후견 개시 심판 사건"으로 본다.
② 이 규칙 시행 당시 이미 금치산 또는 한정치산의 선고를 받은 사람에 대하여는 종전의 규정을 적용한다.

제4조【가족관계등록부기록의 촉탁】 민법 부칙(2011. 3. 7. 제10429호로 개정된 것) 제2조제2항에 따라 성년후견, 한정후견, 특정후견이 개시되거나 임의후견감독인이 선임되어, 금치산 또는 한정치산 선고가 장래를 향하여 효력을 잃게 된 때에는 가정법원의 법원사무관등은 법 제9조의 예에 의하여 가족관계등록부기록을 촉탁하여야 한다.

부　칙 (2013.6.27)

제1조【시행일】 이 규칙은 2013년 7월 1일부터 시행한다.

제2조【적용례】 이 규칙은 이 규칙 시행 당시 가정법원에 계속 중인 사건에 대해서도 적용한다. 다만, 종전의 규정에 따라 발생한 효력에는 영향을 미치지 아니한다.

부　칙 (2015.7.28)

제1조【시행일】 이 규칙은 2015년 10월 16일부터 시행한다.

제2조【경과규정】 이 규칙은 이 규칙 시행 전에 법원에 접수된 사건에 대하여는 적용하지 아니한다.

부　칙 (2016.4.8)

이 규칙은 2016년 7월 1일부터 시행한다.

부　칙 (2016.12.29)

제1조【시행일】 이 규칙은 2017년 2월 1일부터 시행한다.

제2조【경과조치】 ① 이 규칙은 이 규칙 시행 당시 가정법원에 계속 중인 사건에도 적용한다. 다만 종전의 규정에 따라 발생한 효력에는 영향을 미치지 아니한다.

② 이 규칙 시행당시 가정법원에 계속 중인 사건으로서 이 규칙에 의한 관할권이 없는 사건의 경우에는 종전의 규정에 의하여 관할권이 있으면 그에 따른다.

부　칙 (2017.2.2)

이 규칙은 2017년 6월 3일부터 시행한다.

부　칙 (2017.12.27)

제1조【시행일】 이 규칙은 2018년 2월 1일부터 시행한다.
제2조【적용례】 이 규칙은 이 규칙 시행 후 최초로 접수되는 사건부터 적용한다.

부　칙 (2018.4.27)

제1조【시행일】 이 규칙은 2018년 5월 1일부터 시행한다.
제2조【경과조치】 이 규칙은 이 규칙 시행 당시 가정법원에 계속 중인 사건에도 적용한다. 다만, 종전의 규정에 따라 발생한 효력에는 영향을 미치지 아니한다.

부　칙 (2019.8.2)

제1조【시행일】 이 규칙은 공포한 날부터 시행한다.
제2조【적용례】 이 규칙은 이 규칙 시행 당시 가정법원에 계속 중인 사건에도 적용한다. 다만, 종전의 규정에 따라 발생한 효력에는 영향을 미치지 아니한다.

민사조정법

(1990년 1월 13일 법 률 제4202호)

개정
1990.12.31법 4299호(민사소송등인지법)
1992.11.30법 4505호　1995.12. 6법 5007호
1998.12.28법 5589호　2001. 1.29법 6407호
2002. 1.26법 6626호(민사소송법)
2009. 2. 6법 9417호　2010. 3.31법10200호
2012. 1.17법11157호
2016. 2. 3법13952호(민사소송법)
2020. 2. 4법16910호

제1조【목적】 이 법은 민사(民事)에 관한 분쟁을 조정(調停) 절차에 따라 당사자의 자주적·자율적 분쟁 해결 노력을 존중하면서 적정·공정·신속하고 효율적으로 해결함을 목적으로 한다.(2020.2.4 본조개정)
제2조【조정사건】 민사에 관한 분쟁의 당사자는 법원에 조정을 신청할 수 있다.(2020.2.4 본조개정)
제3조【관할법원】 ① 조정사건은 다음 각 호의 어느 하나에 해당하는 곳을 관할하는 지방법원, 지방법원지원(地方法院支院), 시법원(市法院) 또는 군법원(郡法院)(이하 "시·군법원"이라 한다)이 관할한다.
1. 피신청인에 대한 「민사소송법」 제3조부터 제6조까지의 규정에 따른 보통재판적(普通裁判籍) 소재지
2. 피신청인의 사무소 또는 영업소 소재지
3. 피신청인의 근무지
4. 분쟁의 목적물 소재지
5. 손해 발생지
② 제1항에도 불구하고 조정사건은 그에 상응하는 소송사건의 전속관할법원(專屬管轄法院)이나 당사자 사이에 합의로 정한 법원에서 관할할 수 있다.
(2010.3.31 본조개정)
제4조【이송】 ① 고등법원장, 지방법원장 또는 지방법원지원장의 지정을 받아 조정사건을 담당하는 판사 또는 조정사건을 담당하는 시·군법원의 판사(이하 "조정담당판사"라 한다)는 사건이 그 관할에 속하지 아니한다고 인정할 때에는 결정(決定)으로 사건을 관할법원에 이송하여야 한다. 다만, 피신청인이 관할위반에 대하여 항변(抗辯)을 하지 아니하고 조정절차에서 진술하거나, 사건의 해결을 위하여 특히 필요하다고 인정할 때에는 그러하지 아니하다.
② 조정담당판사는 사건이 그 관할에 속하는 경우라도 이송하는 것이 적절하다고 인정하면 직권 또는 당사자의 신청에 의한 결정으로 그 사건을 다른 관할법원에 이송할 수 있다.
③ 제1항 및 제2항에 따른 결정에 대하여는 불복의 신청을 하지 못한다.
(2010.3.31 본조개정)
제5조【신청 방식】 ① 조정의 신청은 서면(書面)이나 구술(口述)로 할 수 있다.
② 구술로 신청할 때에는 법원서기관, 법원사무관, 법원주사 또는 법원주사보(이하 "법원사무관등"이라 한다)의 앞에서 진술하여야 한다.
③ 제2항의 경우에 법원사무관등은 조정신청조서(調停申請調書)를 작성하고 이에 기명날인하여야 한다.
④ 조정신청을 할 때에는 대법원규칙으로 정하는 바에 따라 수수료를 내야 한다.
(2010.3.31 본조개정)
제5조의2【독촉절차의 조정으로의 이행】 ① 「민사소송법」 제469조제2항에 따라 채무자가 적법한 이의신청을 하여 같은 법 제473조제1항에 따라 지급명령을 발령한 법원이 인지의 보정을 명한 경우 채권자는 인지를 보정하는 대신 해당 기간 이내에 조정으로의 이행을 신청할 수 있다.

② 제1항의 이행신청이 부적법하다고 인정하는 때에는 위 법원은 결정으로 이를 각하하여야 한다. 이 결정에 대하여는 즉시항고(卽時抗告)를 할 수 있다.
③ 채권자가 제1항에 따라 적법한 이행신청을 한 경우에는 「민사소송법」 제472조제2항에도 불구하고 지급명령을 신청한 때에 이의신청된 청구목적의 값에 관하여 조정이 신청된 것으로 본다.
(2012.1.17 본조신설)
제5조의3【독촉절차의 조정으로의 이행에 따른 처리】 ① 제5조의2제3항에 따라 조정이 신청된 것으로 보는 경우, 지급명령을 발령한 법원은 채권자에게 상당한 기간을 정하여, 조정을 신청하는 경우 제5조제4항에 따라 내야 할 수수료에서 지급명령 신청 시에 붙인 인지액을 뺀 액수에 해당하는 수수료를 보정하도록 명하여야 한다.
② 채권자가 제1항의 기간 이내에 수수료를 보정하지 아니한 때에는 위 법원은 결정으로 지급명령신청서를 각하하여야 한다. 이 결정에 대하여는 즉시항고를 할 수 있다.
③ 제1항에 따른 수수료가 보정되면 법원사무관등은 바로 조정사건에 관한 기록을 제3조에 따른 관할법원에 보내야 한다.
④ 제5조의2의 경우 독촉절차의 비용은 조정절차의 비용의 일부로 한다.
(2012.1.17 본조신설)
제6조【조정 회부】 수소법원(受訴法院)은 필요하다고 인정하면 항소심(抗訴審) 판결 선고 전까지 소송이 계속(係屬) 중인 사건을 결정으로 조정에 회부(回附)할 수 있다.
(2010.3.31 본조개정)
제7조【조정기관】 ① 조정사건은 조정담당판사가 처리한다.
② 조정담당판사는 스스로 조정을 하거나, 상임(常任)으로 이 법에 따른 조정에 관한 사무를 처리하는 조정위원(이하 "상임 조정위원"이라 한다) 또는 조정위원회로 하여금 조정을 하게 할 수 있다. 다만, 당사자의 신청이 있을 때에는 조정위원회로 하여금 조정을 하게 하여야 한다.
③ 제6조에 따라 수소법원이 조정에 회부한 사건으로서 수소법원이 스스로 조정하는 것이 적절하다고 인정한 사건은 제1항 및 제2항에도 불구하고 스스로 처리할 수 있다.
④ 제2항 본문 및 제3항에 따라 조정을 하는 상임 조정위원과 수소법원은 조정담당판사와 동일한 권한을 가진다.
⑤ 제3항의 경우에 수소법원은 수명법관(受命法官)이나 수탁판사(受託判事)로 하여금 조정을 담당하게 할 수 있다. 이 경우 수명법관이나 수탁판사는 조정담당판사와 동일한 권한을 가진다.
⑥ 조정담당판사가 제2항에 따라 스스로 조정을 하거나 조정위원회로 하여금 조정을 하게 하는 경우 조정담당판사나 조정장(調停長)은 조정위원으로 하여금 분쟁해결방안을 도출하기 위하여 사건관계인의 의견을 들어 합의안을 도출하거나 그 밖에 조정사건의 처리를 위하여 필요한 사무를 수행하게 할 수 있다.(2020.2.4 본항신설)
(2010.3.31 본조개정)
제8조【조정위원회】 조정위원회는 조정장 1명과 조정위원 2명 이상으로 구성한다.(2020.2.4 본조개정)
제9조【조정장】 조정장은 다음 각 호의 구분에 따른 사람이 된다.
1. 제7조제2항의 경우 : 조정담당판사 또는 상임 조정위원
2. 제7조제3항의 경우 : 수소법원의 재판장
3. 제7조제5항의 경우 : 수명법관 또는 수탁판사
4. 시·군법원의 경우 : 시·군법원의 판사
(2010.3.31 본조개정)
제10조【조정위원】 ① 조정위원은 고등법원장, 지방법원장 또는 지방법원지원장이 학식과 덕망이 있는 사람 중에서 미리 위촉한다. 다만, 상임 조정위원은 변호사 자격이 있는 사람으로서 대법원규칙으로 정하는 일정한 경력을 가진 사람 중에서 법원행정처장이 위촉한다.
② 조정위원의 임기는 2년으로 한다. 다만, 특별한 사정이 있을 때에는 임기를 2년 이내로 정하여 조정위원을 위촉할 수 있다.
③ 제1항에 따른 조정위원은 다음 각 호의 사무를 수행한다.
1. 조정에 관여하는 일
2. 조정담당판사 또는 조정장의 촉탁(囑託)을 받아 제7조제6항에서 정한 사무를 수행하는 일(2020.2.4 본호개정)
④ 법원은 조정위원에게 정기적인 교육 및 연수기회를 제공하여야 한다.(2020.2.4 본항신설)
(2010.3.31 본조개정)
제10조의2【조정위원회를 구성하는 조정위원】 조정위원회를 구성하는 조정위원은 당사자가 합의하여 선정한 사람 또는 제10조제1항의 조정위원 중에서 사건마다 조정장이 지정한다.(2010.3.31 본조개정)
제11조【조정절차】 ① 조정위원회의 조정절차는 조정장이 지휘한다.
② 제7조에 따른 조정기관은 조정절차에서 당사자를 동등하게 대우하고, 사건에 대하여 충분히 진술할 수 있는 기회를 주어야 한다.(2020.2.4 본항신설)
(2010.3.31 본조개정)
제12조【조정위원에 대한 수당 등】 조정위원에게는 대법원규칙으로 정하는 바에 따라 수당을 지급하고, 필요한 경우에는 그 밖의 여비·일당 및 숙박료를 지급할 수 있다.
(2010.3.31 본조개정)
제13조【수수료 납부의 심사】 ① 조정담당판사는 신청인이 제5조제4항에 따른 수수료를 내지 아니한 경우에는 적절한 기간을 정하여 그 기간 내에 낼 것을 명하여야 한다.
② 신청인이 제1항의 명령을 이행하지 아니하면 조정담당판사는 명령으로 신청서를 각하(却下)하여야 한다.
③ 제2항의 명령에 대하여는 즉시항고를 할 수 있다.
(2012.1.17 본항개정)
(2010.3.31 본조개정)
제14조【조정신청서 등의 송달】 조정신청서나 조정신청조서는 지체 없이 피신청인에게 송달하여야 한다.(2010.3.31 본조개정)
제14조의2【사건의 분리·병합】 제7조에 따른 조정기관은 조정사건의 분리 또는 병합을 명하거나 이를 취소할 수 있다.(2010.3.31 본조개정)
제15조【조정기일】 ① 조정기일은 당사자에게 통지하여야 한다.
② 조정기일의 통지는 소환장을 송달하는 방법이나 그 밖의 적절한 방법으로 할 수 있다.
③ 양쪽 당사자가 법원에 출석하여 조정신청을 하는 경우에는 특별한 사정이 없으면 그 신청일을 조정기일로 한다.
(2010.3.31 본조개정)
제16조【이해관계인의 참가】 ① 조정의 결과에 관하여 이해관계가 있는 자는 조정담당판사의 허가를 받아 조정에 참가할 수 있다.
② 조정담당판사는 필요하다고 인정하면 조정의 결과에 관하여 이해관계가 있는 자를 조정에 참가하게 할 수 있다.
(2010.3.31 본조개정)
제17조【피신청인의 경정】 ① 신청인이 피신청인을 잘못 지정한 것이 명백한 경우에는 조정담당판사는 신청인의 신청을 받아 결정으로 피신청인의 경정(更正)을 허가할 수 있다.
② 제1항에 따른 허가결정이 있는 경우 새로운 피신청인에 대한 조정신청은 제1항의 경정신청이 있은 때에 한 것으로 본다.
③ 제1항에 따른 허가결정이 있는 경우 종전의 피신청인에 대한 조정신청은 제1항의 경정신청이 있은 때에 취하(取下)된 것으로 본다.
④ 제6조에 따라 제1심 수소법원이 조정에 회부한 사건에 대하여 「민사소송법」 제260조에 따른 피고의 경정을 한 경우에는 소송절차에서도 그 효력이 있다.
(2010.3.31 본조개정)

제18조【대표당사자】 ① 공동의 이해관계가 있는 다수(多數)의 당사자는 그중 한 사람 또는 여러 사람을 대표당사자로 선임할 수 있다.
② 제1항의 선임은 서면으로 증명하여야 한다.
③ 조정담당판사는 필요하다고 인정하면 당사자에게 대표당사자를 선임할 것을 명할 수 있다.
④ 대표당사자는 자신을 선임한 다른 당사자를 위하여 다음 각 호의 행위를 제외하고는 각자 조정절차에 관한 모든 행위를 할 수 있다.
1. 조정조항안(調停條項案)의 수락
2. 조정신청의 취하
3. 제30조 및 제32조에 따른 결정에 관계되는 행위
4. 대리인의 선임
⑤ 대표당사자가 선임된 경우에는 대표당사자 외의 나머지 당사자에게는 조정기일을 통지하지 아니할 수 있다.
(2010.3.31 본조개정)
제19조【조정 장소】 ① 조정담당판사는 사건의 내용, 당사자의 의사와 편의 등을 고려하여 법원 외의 적당한 장소에서 조정을 할 수 있다.(2020.2.4 본항개정)
② 제7조제6항에 따른 조정위원이 법원 외의 장소에서 조정사무를 수행하는 경우에는 미리 조정담당판사의 허가를 받아야 한다.(2020.2.4 본항신설)
제20조【비공개】 조정절차는 공개하지 아니할 수 있다. 다만, 조정절차를 공개하지 아니하는 경우에도 조정담당판사는 적당하다고 인정하는 자에게 방청을 허가할 수 있다.
(2010.3.31 본조개정)
제21조【조정 전의 처분】 ① 조정담당판사는 조정을 위하여 특히 필요하다고 인정하면 당사자의 신청을 받아 상대방과 그 밖의 사건관계인에게 조정 전의 처분으로서 다음 각 호의 사항을 명할 수 있다.
1. 현상(現狀)을 변경하거나 물건을 처분하는 행위의 금지
2. 그 밖에 조정의 내용이 되는 사항의 실현(實現)을 불가능하게 하거나 현저히 곤란하게 하는 행위의 배제(排除)
② 제1항의 처분을 할 때에는 제42조에 규정된 처분 위반에 대한 제재(制裁)를 고지하여야 한다.
③ 제1항의 처분에 대하여는 즉시항고를 할 수 있다.
④ 제1항의 처분은 집행력을 갖지 아니한다.
(2010.3.31 본조개정)
제22조【진술청취와 사실조사】 조정담당판사는 조정에 관하여 당사자나 이해관계인의 진술을 듣고 필요하다고 인정하면 적당한 방법으로 사실조사를 할 수 있다.
(2020.2.4 본조개정)
제23조【진술의 원용 제한】 조정절차에서의 의견과 진술은 민사소송(해당 조정에 대한 준재심은 제외한다)에서 원용(援用)하지 못한다.(2020.2.4 본조개정)
제24조【조서의 작성】 조정절차에 참여한 법원사무관등은 조정에 관하여 조서를 작성하여야 한다. 다만, 조정담당판사의 허가가 있는 경우에는 그 기재의 일부를 생략할 수 있다.
(2010.3.31 본조개정)
제25조【조정신청의 각하】 ① 당사자에게 조정기일을 통지할 수 없을 때에는 조정담당판사는 결정으로 조정신청을 각하할 수 있다.
② 제1항에 따른 결정에 대하여는 불복의 신청을 하지 못한다.
(2010.3.31 본조개정)
제26조【조정을 하지 아니하는 결정】 ① 조정담당판사는 사건이 그 성질상 조정을 하기에 적당하지 아니하다고 인정하거나 당사자가 부당한 목적으로 조정신청을 한 것임을 인정하는 경우에는 조정을 하지 아니하는 결정으로 사건을 종결시킬 수 있다.
② 제1항에 따른 결정에 대하여는 불복의 신청을 하지 못한다.
(2010.3.31 본조개정)
제27조【조정의 불성립】 조정담당판사는 다음 각 호의 어느 하나에 해당하는 경우 제30조에 따른 결정을 하지 아니할 때에는 조정이 성립되지 아니한 것으로 사건을 종결시켜야 한다.
1. 당사자 사이에 합의가 성립되지 아니하는 경우
2. 성립된 합의의 내용이 적당하지 아니하다고 인정하는 경우
(2010.3.31 본조개정)
제28조【조정의 성립】 조정은 당사자 사이에 합의된 사항을 조서에 기재함으로써 성립한다.(2010.3.31 본조개정)
제29조【조정의 효력】 조정은 재판상의 화해와 동일한 효력이 있다.(2010.3.31 본조개정)
제30조【조정을 갈음하는 결정】 조정담당판사는 합의가 성립되지 아니한 사건 또는 당사자 사이에 성립된 합의의 내용이 적당하지 아니하다고 인정한 사건에 관하여 직권으로 당사자의 이익이나 그 밖의 모든 사정을 고려하여 신청인의 신청 취지에 반하지 아니하는 한도에서 사건의 공평한 해결을 위한 결정을 할 수 있다.(2020.2.4 본조개정)
제31조【신청인의 불출석】 ① 신청인이 조정기일에 출석하지 아니한 때에는 다시 기일을 정하여 통지하여야 한다.
② 제1항의 새로운 기일 또는 그 후의 기일에 신청인이 출석하지 아니한 때에는 조정신청이 취하된 것으로 본다.
(2010.3.31 본조개정)
제32조【피신청인의 불출석】 피신청인이 조정기일에 출석하지 아니한 경우 조정담당판사는 상당하다고 인정하는 때에는 직권으로 제30조에 따른 결정을 할 수 있다.
(2020.2.4 본조개정)
제33조【조정에 관한 조서의 송달 등】 ① 법원사무관등은 다음 각 호의 어느 하나에 해당하는 때에는 그 사유를 조서에 기재하여야 한다.
1. 사건에 관하여 조정을 하지 아니하기로 하는 결정이 있을 때
2. 조정이 성립되지 아니한 때
3. 조정을 갈음하는 결정이 있을 때
② 법원사무관등은 제1항에 따른 조서 중 조정을 하지 아니하기로 하는 결정이 있거나 조정이 성립되지 아니한 사유를 기재한 조서는 그 등본을, 조정을 갈음하는 결정을 기재한 조서 또는 제28조에 따른 조서는 그 정본(正本)을 당사자에게 각각 송달하여야 한다.
(2010.3.31 본조개정)
제34조【이의신청】 ① 제30조 또는 제32조의 결정에 대하여 당사자는 그 조서의 정본이 송달된 날부터 2주일 이내에 이의를 신청할 수 있다. 다만, 조서의 정본이 송달되기 전에도 이의를 신청할 수 있다.
② 제1항의 기간 내에 이의신청이 있을 때에는 조정담당판사는 이의신청의 상대방에게 지체 없이 이를 통지하여야 한다.
③ 이의신청을 한 당사자는 해당 심급(審級)의 판결이 선고될 때까지 상대방의 동의를 받아 이의신청을 취하할 수 있다. 이 경우 「민사소송법」 제266조제3항부터 제6항까지의 규정을 준용하며, "소"(訴)는 "이의신청"으로 본다.
④ 다음 각 호의 어느 하나에 해당하는 경우에는 제30조 및 제32조에 따른 결정은 재판상의 화해와 동일한 효력이 있다.
1. 제1항에 따른 기간 내에 이의신청이 없는 경우
2. 이의신청이 취하된 경우
3. 이의신청이 적법하지 아니하여 대법원규칙으로 정하는 바에 따라 각하결정이 확정된 경우
⑤ 제1항의 기간은 불변기간으로 한다.
(2010.3.31 본조개정)
제35조【소멸시효의 중단】 ① 조정신청은 시효중단의 효력이 있다.
② 당사자의 신청에 의한 조정사건에 관하여 다음 각 호의 어느 하나에 해당하는 사유가 있는 때에는 1개월 이내에 소를 제기하지 아니하면 시효중단의 효력이 없다.
1. 조정신청이 취하된 때

2. 제31조제2항에 따라 조정신청이 취하된 것으로 보는 때
(2010.3.31 본조개정)

제36조【이의신청에 의한 소송으로의 이행】 ① 다음 각 호의 어느 하나에 해당하는 경우에는 조정신청을 한 때에 소가 제기된 것으로 본다.
1. 제26조에 따라 조정을 하지 아니하기로 하는 결정이 있는 경우
2. 제27조에 따라 조정이 성립되지 아니한 것으로 사건이 종결된 경우
3. 제30조 또는 제32조에 따른 조정을 갈음하는 결정에 대하여 제34조제1항에 따른 기간 내에 이의신청이 있는 경우

② 제1항에 따라 조정신청을 한 때에 소가 제기된 것으로 보는 경우 해당 신청인은 소를 제기할 때 소장(訴狀)에 붙여야 할 인지액(印紙額)에서 그 조정신청서에 붙인 인지액을 뺀 금액에 상당하는 인지를 보정(補正)하여야 한다.
(2010.3.31 본조개정)

제37조【절차비용】 ① 조정절차의 비용은 조정이 성립된 경우에는 특별한 합의가 없으면 당사자들이 각자 부담하고, 조정이 성립되지 아니한 경우에는 신청인이 부담한다.
② 조정신청이 제36조제1항에 따라 소송으로 이행(移行)되었을 때에는 제1항의 비용은 소송비용의 일부로 본다.
(2010.3.31 본조개정)

제38조【「민사소송법」의 준용】 ① 조정에 관하여는 「민사소송법」 제51조, 제52조, 제55조부터 제60조까지(제58조제1항 후단은 제외한다), 제62조, 제62조의2, 제63조제1항, 제64조, 제145조, 제152조제2항·제3항 및 제163조를 준용한다.
(2020.2.4 본항개정)
② 이 법에 따른 기일, 기간 및 서류의 송달에 관하여는 「민사소송법」을 준용한다. 다만, 「민사소송법」 제185조제2항, 제187조, 제194조부터 제196조까지의 규정은 제28조에 따라 작성된 조서를 송달하는 경우를 제외하고는 준용하지 아니한다.
(2010.3.31 본조개정)

제39조【「비송사건절차법」의 준용】 조정에 관하여는 이 법에 특별한 규정이 있는 경우를 제외하고는 그 성질에 반하지 아니하는 범위에서 「비송사건절차법」 제1편(제15조는 제외한다)을 준용한다.(2010.3.31 본조개정)

제40조【조정위원회 및 조정장의 권한】 조정위원회가 조정을 하는 경우 조정위원회와 조정장은 다음 각 호의 구분에 따른 조정담당판사의 권한을 가진다.
1. 조정위원회 : 제16조, 제17조제1항, 제18조제3항, 제19조제1항, 제21조제1항, 제22조, 제25조제1항, 제26조제1항, 제27조, 제30조 및 제32조에 규정된 조정담당판사의 권한
(2020.2.4 본호개정)
2. 조정장 : 제13조제1항·제2항, 제20조, 제24조, 제34조제2항 및 제42조에 규정된 조정담당판사의 권한
(2010.3.31 본조개정)

제40조의2【상임 조정위원의 공무원 의제】 상임 조정위원은 「형법」 제129조부터 제132조까지의 규정에 따른 벌칙을 적용할 때에는 공무원으로 본다.(2009.2.6 본조신설)

제41조【벌칙】 ① 조정위원 또는 조정위원이었던 사람이 정당한 이유 없이 합의의 과정이나 조정장 또는 조정위원의 의견 및 그 의견별 조정위원의 수(數)를 누설한 경우에는 30만원 이하의 벌금에 처한다.
② 조정위원 또는 조정위원이었던 사람이 정당한 이유 없이 그 직무수행 중에 알게 된 타인의 비밀을 누설한 경우에는 2년 이하의 징역 또는 100만원 이하의 벌금에 처한다.
③ 제2항의 죄는 고소가 있어야 공소(公訴)를 제기할 수 있다.
(2010.3.31 본조개정)

제42조【조정 전의 처분 위반자에 대한 제재】 ① 조정담당판사는 당사자 또는 참가인이 제21조에 따른 조정 전의 처분에 따르지 아니하면 직권으로 5백만원 이하의 과태료를 부과한다.(2020.2.4 본항개정)
② 「비송사건절차법」 제248조 및 제250조 중 검사(檢事)에 관한 규정은 제1항의 과태료 재판에는 적용하지 아니한다.
(2010.3.31 본조개정)

제43조【위임규정】 이 법에서 규정한 사항 외에 조정절차에서의 의견청취, 사실조사, 절차비용의 예납(豫納), 독촉절차와의 관계, 소송절차와의 관계, 집행절차와의 관계, 그 밖에 조정에 필요한 사항은 대법원규칙으로 정한다.(2020.2.4 본조개정)

부　칙 (2012.1.17)

제1조【시행일】 이 법은 공포 후 3개월이 경과한 날부터 시행한다.

제2조【독촉절차의 조정으로의 이행 및 그 처리에 관한 적용례】 제5조의2 및 제5조의3의 개정규정은 이 법 시행 후 최초로 채무자가 「민사소송법」 제469조제2항에 따라 이의신청을 한 해당 독촉절차부터 적용한다.

부　칙 (2016.2.3)

제1조【시행일】 이 법은 공포 후 1년이 경과한 날부터 시행한다.(이하 생략)

부　칙 (2020.2.4)

제1조【시행일】 이 법은 공포 후 1개월이 경과한 날부터 시행한다.

제2조【적용례】 이 법은 이 법 시행 당시 법원에 계속 중인 사건에 대해서도 적용한다. 다만, 제19조제2항, 제22조 및 제42조의 개정규정은 이 법 시행 이후 법원에 조정을 신청하거나 조정에 회부된 사건부터 적용한다.

민사조정규칙

(1990년 8월 21일
대법원규칙 제1120호)

개정
1992.12.30대법원규칙1244호 1993.12.28대법원규칙1275호
1995.12.26대법원규칙1407호 1998.10. 8대법원규칙1567호
2001.10.29대법원규칙1718호 2002. 6.28대법원규칙1775호
2011. 7.28대법원규칙2344호 2013.10.11대법원규칙2488호
2020. 3.30대법원규칙2890호 2021.10.29대법원규칙3002호

제1조【규칙의 취지】 민사조정에 관하여는 민사조정법(이하 "법"이라 한다)의 규정에 의하는 외에 이 규칙이 정하는 바에 의한다.

제2조【조정의 신청】 ① 조정신청서나 조정신청조서에는 당사자, 대리인, 신청의 취지와 분쟁의 내용을 명확히 기재하여야 하며, 증거서류가 있는 경우에는 신청과 동시에 이를 제출하여야 한다.
② 조정을 서면으로 신청하는 경우에는 피신청인 수에 상응하는 부본을 제출하여야 한다.

제2조의2【조정신청의 각하 등】 ① 조정신청서나 조정신청조서를 피신청인에게 송달할 수 없는 경우에는 조정담당판사는 상당한 기간을 정하여 주소의 보정을 명하여야 한다.
② 신청인이 주소를 보정하지 아니한 때에는 조정담당판사는 명령으로 조정신청서를 각하하여야 한다. 다만, 공시송달에 의한 소송진행이 가능하다고 인정되는 때에는 조정이 성립되지 아니한 것으로 사건을 종결시킬 수 있다.
③ 제2항의 규정에 의한 각하명령에 대하여는 불복의 신청을 하지 못한다.
(1992.12.30 본조신설)

제3조【조정수수료】 ① 조정신청의 수수료는 「민사소송 등 인지법」 제2조에 따라 산출한 금액의 10분의 1로 한다. 다만, 「민사소송 등에서의 전자문서 이용 등에 관한 법률」 제8조에 따라 등록사용자로서 전산정보처리시스템을 이용한 민사소송 등의 진행에 동의한 자가 조정신청서를 전자문서로 제출하는 경우 조정신청의 수수료는 본문에 따라 산출한 금액의 10분의 9로 한다.(2013.10.11 본문개정)
② 제1항 본문에 따른 수수료가 1천원 미만이면 1천원으로 하고, 제1항 본문 또는 단서에 따른 수수료 중 100원 미만은 계산하지 아니한다.(2013.10.11 본항신설)
③ 제1항에 따른 수수료를 제외하고 이 법 및 이 규칙에 따른 절차에 있어서의 신청수수료에 관하여는 그 성질에 반하지 아니하는 한 「민사소송 등 인지법」을 준용한다.
④ 제1항의 수수료는 인지로 납부하여야 한다. 다만, 「민사소송 등 인지규칙」이 정하는 바에 의하여 현금이나 신용카드·직불카드 등으로 납부할 수 있다.
(2011.7.28 본조개정)

제4조【소송절차와의 관계】 ① 조정의 신청이 있는 사건에 관하여 소송이 계속된 때에는, 수소법원은 결정으로 조정이 종료될 때까지 소송절차를 중지할 수 있다.
② 법 제6조의 규정에 의하여 소송사건이 조정에 회부된 때에는 그 절차가 종료될 때까지 소송절차는 중지된다.
③ 소송이 계속 중인 사건을 법 제6조의 규정에 의하여 조정에 회부한 경우, 조정이 성립하거나 조정을 갈음하는 결정이 확정된 때에는 소의 취하가 있는 것으로 본다.
(2020.3.30 본항개정)
④ 제3항의 규정에 의하여 소가 취하된 것으로 보는 경우 조정담당판사는 그 취지를 수소법원에 지체없이 통지하여야 한다. 다만, 법 제7조제3항의 규정에 의하여 수소법원이 스스로 조정한 경우에는 그러하지 아니하다.(1992.12.30 본항개정)
⑤ 법 제6조의 규정에 의하여 조정에 회부된 사건의 조정기일에 당사자 쌍방 또는 일방이 출석하지 아니한 경우 조정담당판사는 법 제30조의 규정에 의하여 조정을 갈음하는 결정을 할 수 있다. 당사자가 출석하지 아니하여 조정기일을 2회 이상 진행하지 못한 경우 조정을 갈음하는 결정을 하지 아니하는 때에는 조정절차를 종결하고 사건을 수소법원에 다시 회부하여야 한다.(2020.3.30 본항개정)
⑥ 제1항의 결정에 대하여는 불복하지 못한다.

제5조【집행절차와의 관계】 ① 조정담당판사는 분쟁의 실정에 의해 사건을 조정에 의하여 해결하는 것이 상당하다고 인정되는 경우, 조정의 성립을 불가능하게 하거나 또는 현저히 곤란하게 할 우려가 있는 때에는, 신청에 의하여 담보를 제공하게 하거나 제공하게 하지 아니하고 조정이 종료될 때까지 조정의 목적이 된 권리에 관한 집행절차의 정지를 명할 수 있다. 다만, 재판 및 조서 기타 법원에서 작성된 서면의 기재에 기한 집행절차에 관하여는 그러하지 아니하다.
② 조정담당판사는 집행절차의 정지를 명한 경우에 필요하다고 인정하는 때에는 신청에 의하여 담보를 제공하게 하거나 제공하게 하지 아니하고 이를 속행할 것을 명할 수 있다.
③ 제1항 및 제2항의 신청을 함에는 그 이유를 소명하여야 한다.
④ 민사소송법 제122조, 제123조, 제125조 및 제126조의 규정은 제1항 및 제2항의 담보에 이를 준용한다.(2002.6.28 본항개정)
⑤ 제1항 및 제2항의 규정에 의한 결정에 대하여는 당사자는 즉시항고를 할 수 있다.

제6조【당사자의 출석의무와 대리인등】 ① 법 제15조제1항의 규정에 의한 통지를 받은 당사자는 기일에 본인이 출석하여야 한다. 그러나 특별한 사정이 있는 경우에는 대리인을 출석시키거나 보조인을 동반할 수 있다.
② 다음 각 호의 어느 하나에 해당하는 경우 조정담당판사의 허가를 받아 변호사 아닌 자를 제1항의 대리인 또는 보조인으로 할 수 있다. 다만, 조정사건이 소액사건심판법 제2조제1항에 해당하는 경우에는 소액사건심판법 제8조를 준용한다.
1. 당사자의 배우자 또는 4촌 안의 친족으로서 당사자와의 생활관계에 비추어 상당하다고 인정되는 경우
2. 당사자와 고용, 그 밖에 이에 준하는 계약관계를 맺고 그 사건에 관한 통상사무를 처리·보조하는 사람으로서 그 사람이 담당하는 사무와 사건의 내용 등에 비추어 상당하다고 인정되는 경우

(2020.3.30 본항개정)
③ 법 제6조의 규정에 의하여 소송사건이 조정에 회부된 경우, 소송대리인은 조정에 관하여도 당사자를 대리할 수 있다. 다만, 화해 또는 조정에 관한 권한이 있음을 서면으로 증명하여야 한다.(1993.12.28 본항신설)
④ 조정담당판사는 언제든지 제2항의 허가를 취소할 수 있다.
⑤ 제2항의 규정에 의한 선임불허가결정 및 제4항의 규정에 의한 허가취소결정에 대하여는 불복하지 못한다.
(1993.12.28 본항개정)
⑥ 제2항에 규정된 허가신청은 서면으로 하여야 한다.
(2020.3.30 본항신설)
(1993.12.28 본조제목개정)

제6조의2【비디오 등 중계장치 등에 의한 조정기일】 ① 조정담당판사는 상당하다고 인정하는 때에는 당사자의 신청을 받거나 동의를 얻어 비디오 등 중계장치에 의한 중계시설을 통하거나 인터넷 화상장치를 이용하여 조정기일을 열 수 있다.
② 제1항의 조정기일에 관하여는 민사소송규칙 제73조의2 및 제73조의3을 준용한다.
(2021.10.29 본조신설)

제6조의3【비디오 등 중계장치 등에 의한 조정사무 수행】 법 제7조제6항의 규정에 따라 조정기일 외에서 합의안을 도출하거나 그 밖에 조정사건의 처리를 위하여 필요한 사무는 당사자의 의견을 들어 비디오 등 중계장치에 의한 중계시설을 통하거나 인터넷 화상장치를 이용하여 수행할 수 있다.
(2021.10.29 본조신설)

제7조【조정위원회를 구성하는 조정위원의 지정취소】 조정장은 사건처리상 특히 필요하다고 인정하는 때에는 조정위원회를 구성하는 조정위원의 지정을 취소할 수 있다.
(1992.12.30 본조개정)

제8조【사실조사등】 ① 조정담당판사 또는 조정위원회는 사실의 조사를 지방법원판사에게 촉탁할 수 있다.(2020.3.30 본항개정)
② 조정위원회는 조정장에게 사실의 조사를 하게 할 수 있다.
(2020.3.30 본항개정)
③ 조정담당판사 또는 조정위원회는 상당하다고 인정하는 때에는, 소속 법원의 조정위원에게 사실의 조사를 하게 할 수 있다.
④ (2020.3.30 삭제)
(2020.3.30 본조제목개정)

제9조【의견청취의 촉탁】 조정담당판사는 지방법원 판사에게 분쟁해결에 관하여 이해관계인에 대한 의견의 청취를 촉탁할 수 있다.

제10조【촉탁된 사실조사등의 조정위원에 의한 실시】 제8조제1항 또는 제9조의 촉탁을 받은 지방법원 판사는 상당하다고 인정하는 때에는 소속 법원의 조정위원에게 당해 촉탁에 관한 사실의 조사 또는 의견의 청취를 하게 할 수 있다.

제11조【조사의 촉탁】 조정담당판사는 필요한 조사를 공무소 기타 적당하다고 인정하는 자에게 촉탁할 수 있다.

제12조【전문적인 지식, 경험에 관한 의견의 청취】 ① 조정담당판사 또는 조정위원회는 필요하다고 인정하는 때에는, 소속법원의 조정위원으로부터 전문적인 지식, 경험에 기한 의견을 청취할 수 있다.
② 조정담당판사는 상당하다고 인정하는 때에는 당사자의 의견을 들어 소속법원의 조정위원으로 하여금 비디오 등 중계장치에 의한 중계시설을 통하거나 인터넷 화상장치를 이용하여 제1항의 의견을 진술하게 할 수 있다.(2021.10.29 본항신설)

제12조의2【조서의 작성】 ① 조정에 관한 조서에는 조정담당판사와 법원사무관등이 기명날인하고 조정담당판사가 지장이 있는 때에는 법원사무관등이 그 사유를 기재한다.
② 법 제7조제3항에 의하여 수소법원이 스스로 조정하는 경우에는 재판장과 법원사무관등이 기명날인하고 재판장이 지장이 있는 때에는 합의부원이 그 사유를 기재하고 기명날인 한다. 법관전원이 지장이 있는 때에는 법원사무관등이 그 사유를 기재한다.
③ 조정이 성립된 경우에 조서의 작성방식에 관하여는 민사소송규칙 제31조의 규정을 준용한다.(2002.6.28 본항개정)
(1993.12.28 본조신설)

제13조【비용의 예납 등】 ① 사실조사, 소환, 고지 기타 조정절차비용의 예납에 관하여는 민사소송법 제116조 및 민사소송규칙 제19조, 제20조의 규정을 준용한다.(2020.3.30 본항개정)
② 법 및 이 규칙에 의하여 당사자 등이 예납할 절차비용의 범위와 액에 관하여는 민사소송비용법 및 민사소송비용규칙을 준용한다.

제14조【조정위원회의 의결】 조정위원회의 의결은 과반수의 의견에 의한다. 그러나 가부동수인 경우에는 조정장의 결정에 따른다.

제15조【합의의 비공개】 조정위원회의 합의는 공개하지 아니한다.

제15조의2【조정을 갈음하는 결정】 ① 조정담당판사는 조정기일 외에서도 법 제30조, 제32조의 규정에 의한 결정을 할 수 있다. 이 경우에는 조정담당판사가 결정서를 작성하고 기명날인하여야 한다.
② 제1항의 경우 법원사무관등은 당사자에게 결정서 정본을 송달하여야 한다.
③ 제1항의 경우 법 제34조제1항의 규정에 의한 이의신청의 기간은 결정서 정본이 송달된 날로부터 기산한다.
④ 민사소송법 제185조제2항, 제187조 또는 제194조 내지 제196조의 규정에 의한 송달 이외의 방법으로 당사자 쌍방 또는 일방에게 조정을 갈음하는 결정서 정본을 송달할 수 없는 때에는 조정담당판사는 직권 또는 당사자의 신청에 의하여 조정을 갈음하는 결정을 취소하고, 법 제27조의 규정에 의하여 조정의 불성립으로 사건을 종결하여야 한다.
(2020.3.30 본항개정)
(2020.3.30 본조제목개정)
(1993.12.28 본조개정)

제16조【이의신청】 ① 조정담당판사는 법 제34조제1항의 규정에 의한 이의신청이 적법하지 아니하다고 인정하는 때에는 결정으로 이의신청을 각하하여야 한다. 이의신청이 적법하지 아니함에도 조정담당판사가 이를 각하하지 아니한 때에는 수소법원이 결정으로 이를 각하한다.(1995.12.26 후단신설)
② 제1항의 결정에 대하여는 즉시항고를 할 수 있다.
③ 제2항의 즉시항고는 집행정지의 효력이 있다.
④ 제1항의 결정에 관하여는 민사소송법 제3편제3장의 규정을 준용한다.(1995.12.26 본항신설)

제16조의2【절차비용】 법 제6조의 규정에 의하여 소송사건이 조정에 회부된 경우 조정이 성립하거나 조정을 갈음하는 결정이 확정된 때에는 소송비용은 조정절차비용의 일부로 본다. 다만, 조정을 갈음하는 결정에 대한 이의신청이 취하된 경우에 있어서 이의신청 이후의 소송비용은 그러하지 아니하다.(2020.3.30 본조개정)

제16조의3【조서의 송달】 조정을 하지 아니하기로 하는 결정이 있거나 조정이 성립되지 아니한 경우, 각 그 사유를 기재한 조서등본의 송달은 그 조정기일에 출석하지 아니한 당사자에 대하여 한다.(1993.12.28 본조신설)

제16조의4【인지액 납부의 심사】 ① 법 제36조제1항에 따라 소가 제기된 것으로 보는 경우, 조정담당판사는 신청인에게 적절한 기간을 정하여 법 제36조제2항에 따른 인지를 보정하도록 명하여야 한다.
② 신청인이 제1항의 기간 이내에 인지를 보정하지 아니한 때에는 조정담당판사는 결정으로 조정신청서를 각하하여야 한다. 이 결정에 대하여는 즉시항고를 할 수 있다.
(2013.10.11 본조신설)

제17조【기록의 열람 등】 당사자나 이해관계를 소명한 제3자는 수수료를 납부하고 기록의 열람·복사, 재판서·조서의 정본·등본·초본의 교부 또는 소송에 관한 사항의 증명서의 교부를 법원사무관등에게 신청할 수 있다.
(2002.6.28 본조개정)

제17조의2【열람 등 제한의 신청방식 등】 ① 법 제38조제1항, 민사소송법 제163조제1항의 규정에 따른 결정을 구하는 신청은 사건기록 가운데 비밀이 적혀 있는 부분을 특정하여 서면으로 하여야 한다.
② 제1항의 신청에 따른 결정은 사건기록 가운데 비밀이 적혀 있는 부분을 특정하여 하여야 한다.
(2020.3.30 본조신설)

제18조【조정위원회 및 조정장의 권한】 ① 조정위원회가 조정을 하는 경우에는 제4조제5항, 제5조제1항, 제2항, 제9조, 제11조, 제15조의2제1항 및 제4항의 규정에 의한 조정담당판사의 권한은 조정위원회에, 제2조의2제1항, 제2항, 제4조제4항, 제6조제2항, 제3항, 제12조의2제1항 및 제16조제1항의 규정에 의한 조정담당판사의 권한은 조정장에 각 속한다.
(2001.10.29 본항개정)
② 조정위원회의 명령, 결정, 처분서 등에는 조정위원회를 대표하여 조정장이 기명날인한다.(1993.12.28 본항신설)

부 칙 (2011.7.28)

제1조【시행일】 이 규칙은 공포한 날부터 시행한다. 다만, 제3조제3항의 개정규정은 2011년 9월 8일부터 시행한다.

제2조【적용례】제3조제1항의 개정규정은 이 규칙 시행 후 법원에 접수되는 신청서부터 적용한다.

부 칙 (2013.10.11)

제1조【시행일】이 규칙은 2013년 11월 1일부터 시행한다.
제2조【적용례】① 제3조의 개정규정은 이 규칙 시행 후 최초로 조정 또는 조정으로의 이행이 신청된 사건부터 적용한다.
② 제16조의4의 개정규정은 이 규칙 시행 당시 법원에 계속 중인 사건에도 적용한다. 다만, 종전의 규정에 따라 생긴 효력에는 영향을 미치지 아니한다.
제3조【다른 규칙의 개정】※(해당 법령에 가제정리 하였음)

부 칙 (2020.3.30)

제1조【시행일】이 규칙은 공포한 날부터 시행하되, 2020년 3월 5일부터 적용한다.
제2조【적용례】이 규칙은 이 규칙 시행 당시 법원에 계속 중인 사건에 대하여도 적용한다.

부 칙 (2021.10.29)

제1조【시행일】이 규칙은 2021년 11월 18일부터 시행한다.
제2조【계속사건에 관한 경과조치】이 규칙은 이 규칙 시행 당시 법원에 계속 중인 사건에 대하여도 적용한다.

국가를 당사자로 하는 소송에 관한 법률(약칭 : 국가소송법)

(1981년 12월 17일 전개법률 제3466호)

개정
1982.11.29법3563호
1990. 1.13법4201호(민사소송법)
1994.12.31법4835호 1997.12.13법5427호
1998.12.28법5587호 2009. 1.30법9359호

제1조【목적】이 법은 국가를 당사자 또는 참가인으로 하는 소송 및 행정소송(행정청을 참가인으로 하는 경우를 포함한다. 이하 같다)에 필요한 사항을 규정함으로써 소송의 효율적인 수행과 소송사무의 적정한 관리를 도모함을 목적으로 한다.(2009.1.30 본조개정)
제2조【국가의 대표자】국가를 당사자 또는 참가인으로 하는 소송(이하 "국가소송"이라 한다)에서는 법무부장관이 국가를 대표한다.(2009.1.30 본조개정)
제2조의2【행정청의 범위】이 법의 적용을 받는 행정청에는 법령에 따라 행정권한의 위임 또는 위탁을 받은 행정기관, 공공단체, 그 기관 또는 사인(私人)이 포함된다.
(2009.1.30 본조개정)
제3조【국가소송 수행자의 지정 및 소송대리인의 선임】① 법무부장관은 법무부의 직원, 각급 검찰청의 검사(이하 "검사"라 한다) 또는 「공익법무관에 관한 법률」에서 정한 공익법무관(이하 "공익법무관"이라 한다)을 지정하여 국가소송을 수행하게 할 수 있다.
② 법무부장관은 행정청의 소관사무나 감독사무에 관한 국가소송에서 필요하다고 인정하면 해당 행정청의 장의 의견을 들은 후 행정청의 직원을 지정하여 그 소송을 수행하게 할 수 있다.
③ 제2항의 지정을 받은 사람은 해당 소송에 관하여 법무부장관의 지휘를 받아야 한다.
④ 법무부장관은 변호사를 소송대리인으로 선임(選任)하여 국가소송을 수행하게 할 수 있다.
(2009.1.30 본조개정)
제4조【의견의 제출】법무부장관은 국가 이익 또는 공공복리와 중대한 관계가 있는 국가소송 및 행정소송에 관하여는 법원의 허가를 받아 법원에 법률적 의견을 제출하거나 법무부의 직원, 검사 또는 공익법무관을 지정하여 의견을 제출하게 할 수 있다.(2009.1.30 본조개정)
제5조【행정소송 수행자의 지정 및 소송대리인의 선임】① 행정청의 장은 그 행정청의 직원 또는 상급 행정청의 직원(이 경우에는 미리 해당 상급 행정청의 장의 승인을 받아야 한다)을 지정하여 행정소송을 수행하게 할 수 있다.
② 행정청의 장은 변호사를 소송대리인으로 선임하여 행정소송을 수행하게 할 수 있다.
(2009.1.30 본조개정)
제6조【행정청의 장에 대한 법무부장관의 지휘 등】① 행정소송을 수행할 때 행정청의 장은 법무부장관의 지휘를 받아야 한다.
② 법무부장관은 행정소송에 관하여 필요하다고 인정되면 법무부의 직원, 검사 또는 공익법무관을 지정하여 그 소송을 수행하게 할 수 있으며, 제5조제1항 또는 제2항에 따라 행정청의 장이 지정하거나 선임한 사람을 해임하게 할 수 있다.
(2009.1.30 본조개정)
제7조【지정대리인의 권한】제3조제1항·제2항, 제5조제1항 또는 제6조제2항에 따라 법무부장관, 각급 검찰청의 장(제13조에 따라 권한이 위임된 경우만 해당된다) 또는 행정청의 장이 지정한 사람은 그 소송에 관하여 대리인 선임을 제외한 모든 재판상의 행위를 할 수 있다.(2009.1.30 본조개정)

제8조【소송총괄관의 임명】 ① 중앙행정기관의 장은 대통령령으로 정하는 바에 따라 법무 및 송무 사무를 담당하는 4급 이상의 소속 직원 중에서 소관 소송사무를 총괄할 소송총괄관 1명을 임명하여야 한다.
② 소송총괄관은 소관 소송사무에 관하여 법무부장관의 지휘를 받아야 한다.
③ 소송총괄관은 해당 기관의 소송에 관하여 소송수행자로 지정된 그 기관의 직원을 지휘·감독한다.
(2009.1.30 본조개정)
제9조【송달의 대상】 ① 국가소송에서 국가에 대한 송달은 수소법원(受訴法院)에 대응하는 검찰청(수소법원이 지방법원 지원인 경우에는 지방검찰청을 말한다)의 장에게 한다. 다만, 고등검찰청 소재지의 지방법원(산하 지방법원 지원을 포함한다)에 소(訴)가 제기된 경우에는 그 고등검찰청의 장에게 송달한다.
② 소송수행자 또는 소송대리인이 있는 경우에는 제1항에도 불구하고 소송수행자 또는 소송대리인에게 송달한다.
(2009.1.30 본조개정)
제10조【임의변제의 절차 등】 국가소송에서 금전 지급을 목적으로 하는 사건이 국가의 패소로 확정되어 국가에서 임의변제를 하려는 경우 그 지급기관, 지급절차, 지급방법, 그 밖에 필요한 사항은 대통령령으로 정한다.(2009.1.30 본조개정)
제11조【소송비용의 계상】 ① 국가소송의 비용은 법무부 소관의 예산에 일괄 계상(計上)한다.
② 국가소송의 비용 중 특별회계로 운영되는 사무 또는 사업에 관한 비용은 법무부 세입징수관이 발행하는 고지서에 의하여 그 특별회계에서 법무부 소관 일반회계로 세입(歲入) 조치한다.
(2009.1.30 본조개정)
제12조【조정사건 등에의 준용】 조정사건, 중재사건, 그 밖의 비송사건에 관하여는 제2조부터 제8조까지의 규정을 준용한다.(2009.1.30 본조개정)
제13조【권한의 위임】 법무부장관은 대통령령으로 정하는 바에 따라 제3조, 제6조 및 제8조제2항에 따른 권한의 일부를 검찰총장, 고등검찰청검사장 또는 지방검찰청검사장에게 위임할 수 있다.(2009.1.30 본조개정)
제14조 (2009.1.30 삭제)

부 칙 (2009.1.30)

이 법은 공포한 날부터 시행한다.

증권관련 집단소송법

(2004년 1월 20일
법 률 제7074호)

개정
2005. 3.10법 7387호
2007. 8. 3법 8635호(자본시장금융투자업)
2010. 3.31법10208호
2013. 5.28법11845호(자본시장금융투자업)

제1장 총 칙

(2010.3.31 본장개정)

제1조【목적】 이 법은 증권의 거래과정에서 발생한 집단적인 피해를 효율적으로 구제하고 이를 통하여 기업의 경영투명성을 높이기 위하여 증권관련집단소송에 관하여 「민사소송법」에 대한 특례를 정하는 것을 목적으로 한다.
제2조【정의】 이 법에서 사용하는 용어의 뜻은 다음과 같다.
1. "증권관련집단소송"이란 증권의 매매 또는 그 밖의 거래과정에서 다수인에게 피해가 발생한 경우 그 중의 1인 또는 수인(數人)이 대표당사자가 되어 수행하는 손해배상청구소송을 말한다.
2. "총원"(總員)이란 증권의 매매 또는 그 밖의 거래과정에서 다수인에게 피해가 발생한 경우 그 손해의 보전(補塡)에 관하여 공통의 이해관계를 가지는 피해자 전원을 말한다.
3. "구성원"이란 총원을 구성하는 각각의 피해자를 말한다.
4. "대표당사자"란 법원의 허가를 받아 총원을 위하여 증권관련집단소송 절차를 수행하는 1인 또는 수인의 구성원을 말한다.
5. "제외신고"(除外申告)란 구성원이 증권관련집단소송에 관한 판결 등의 기판력(旣判力)을 받지 아니하겠다는 의사를 법원에 신고하는 것을 말한다.
6. "증권"이란 「자본시장과 금융투자업에 관한 법률」 제4조에 따른 증권을 말한다.
제3조【적용 범위】 ① 증권관련집단소송의 소(訴)는 다음 각 호의 손해배상청구에 한정하여 제기할 수 있다.
1. 「자본시장과 금융투자업에 관한 법률」 제125조에 따른 손해배상청구
2. 「자본시장과 금융투자업에 관한 법률」 제162조(제161조에 따른 주요사항보고서의 경우는 제외한다)에 따른 손해배상청구
3. 「자본시장과 금융투자업에 관한 법률」 제175조, 제177조 또는 제179조에 따른 손해배상청구
4. 「자본시장과 금융투자업에 관한 법률」 제170조에 따른 손해배상청구
② 제1항에 따른 손해배상청구는 「자본시장과 금융투자업에 관한 법률」 제9조제15항제3호에 따른 주권상장법인이 발행한 증권의 매매 또는 그 밖의 거래로 인한 것이어야 한다.
제4조【관할】 증권관련집단소송은 피고의 보통재판적(普通裁判籍) 소재지를 관할하는 지방법원 본원 합의부의 전속관할로 한다.
제5조【소송대리인의 선임】 ① 증권관련집단소송의 원고와 피고는 변호사를 소송대리인으로 선임(選任)하여야 한다.

② 증권관련집단소송의 대상이 된 증권을 소유하거나, 그 증권과 관련된 직접적인 금전적 이해관계가 있는 등의 사유로 이 법에 따른 소송절차에서 소송대리인의 업무를 수행하기에 부적절하다고 판단될 정도로 총원과 이해관계가 충돌되는 자는 증권관련집단소송의 원고측 소송대리인이 될 수 없다.

제6조 【「민사소송법」의 적용】 증권관련집단소송에 관하여 이 법에 특별한 규정이 없는 경우에는 「민사소송법」을 적용한다.

제2장 소의 제기 및 허가 절차

(2010.3.31 본장개정)

제7조 【소의 제기 및 소송허가 신청】 ① 대표당사자가 되기 위하여 증권관련집단소송의 소를 제기하는 자는 소장(訴狀)과 소송허가신청서를 법원에 제출하여야 한다.

② 증권관련집단소송의 소장에 붙이는 인지액(印紙額)은 「민사소송 등 인지법」 제2조제1항에 따라 산출된 금액의 2분의 1에 같은 조 제2항을 적용한 금액으로 한다. 이 경우 인지액의 상한은 5천만원으로 한다.

③ 증권관련집단소송의 항소심(抗訴審) 및 상고심(上告審)에서의 인지액에 대하여는 「민사소송 등 인지법」 제3조를 준용한다.

④ 법원은 제1항에 따라 소장과 소송허가신청서가 제출된 사실을 「자본시장과 금융투자업에 관한 법률」에 따라 거래소허가를 받은 거래소로서 금융위원회가 지정하는 거래소(이하 "지정거래소"라 한다)에 즉시 통보하여야 하며, 지정거래소는 그 사실을 일반인이 알 수 있도록 공시하여야 한다. (2013.5.28 본항개정)

제8조 【소장의 기재사항】 소장에는 다음 각 호의 사항을 적어야 한다.

1. 제7조제1항에 따라 소를 제기하는 자와 그 법정대리인
2. 원고측 소송대리인
3. 피고
4. 청구의 취지와 원인
5. 총원의 범위

제9조 【소송허가신청서의 기재사항 및 첨부서류】 ① 소송허가신청서에는 다음 각 호의 사항을 적어야 한다.

1. 제7조제1항에 따라 소를 제기하는 자와 그 법정대리인
2. 원고측 소송대리인
3. 피고
4. 총원의 범위
5. 제7조제1항에 따라 소를 제기하는 자와 원고측 소송대리인의 경력
6. 허가 신청의 취지와 원인
7. 변호사 보수(報酬)에 관한 약정

② 제7조제1항에 따라 소를 제기하는 자는 소송허가신청서에 다음 각 호의 사항을 진술한 문서를 첨부하여야 한다.

1. 해당 증권관련집단소송을 수행하기 위하여 또는 소송대리인의 지시에 따라 해당 증권관련집단소송과 관련된 증권을 취득하지 아니하였다는 사실
2. 최근 3년간 대표당사자로 관여한 증권관련집단소송의 내역

③ 소송허가신청서에는 소송대리인이 다음 각 호의 사항을 진술한 문서를 첨부하여야 한다.

1. 최근 3년간 소송대리인으로 관여한 증권관련집단소송의 내역
2. 제5조제2항에 위반되지 아니한다는 사실

제10조 【소 제기의 공고 및 대표당사자의 선임】 ① 법원은 제7조에 따른 소장 및 소송허가신청서를 접수한 날부터 10일 이내에 다음 각 호의 사항을 공고하여야 한다.

1. 증권관련집단소송의 소가 제기되었다는 사실
2. 총원의 범위
3. 청구의 취지 및 원인의 요지
4. 대표당사자가 되기를 원하는 구성원은 공고가 있는 날부터 30일 이내에 법원에 신청서를 제출하여야 한다는 사실

② 제1항에 따른 공고는 전국을 보급지역으로 하는 일간신문에 게재하는 등 대법원규칙으로 정하는 방법으로 한다.

③ 제1항제4호에 따라 대표당사자가 되기를 원하는 구성원은 경력과 신청의 취지를 적은 신청서에 제9조제2항의 문서를 첨부하여 법원에 제출하여야 한다.

④ 법원은 제1항에 따른 공고를 한 날부터 50일 이내에 제7조제1항에 따라 소를 제기하는 자와 제1항제4호에 따라 신청서를 제출한 구성원 중 제11조에 따른 요건을 갖춘 자로서 총원의 이익을 대표하기에 가장 적합한 자를 결정(決定)으로 대표당사자로 선임한다.

⑤ 제4항의 결정에 대하여는 불복할 수 없다.

⑥ 제4항에 따라 대표당사자로 선임된 자는 제7조제1항에 따라 소를 제기하는 자 중 대표당사자로 선임되지 아니한 자가 붙인 인지의 액면금액을 그에게 지급하여야 한다.

제11조 【대표당사자 및 소송대리인의 요건】 ① 대표당사자는 구성원 중 해당 증권관련집단소송으로 얻을 수 있는 경제적 이익이 가장 큰 자 등 총원의 이익을 공정하고 적절하게 대표할 수 있는 구성원이어야 한다.

② 증권관련집단소송의 원고측 소송대리인은 총원의 이익을 공정하고 적절하게 대리할 수 있는 자이어야 한다.

③ 최근 3년간 3건 이상의 증권관련집단소송에 대표당사자 또는 대표당사자의 소송대리인으로 관여하였던 자는 증권관련집단소송의 대표당사자 또는 원고측 소송대리인이 될 수 없다. 다만, 여러 사정에 비추어 볼 때 제1항 및 제2항에 따른 요건을 충족하는 데에 지장이 없다고 법원이 인정하는 자는 그러하지 아니하다.

제12조 【소송허가 요건】 ① 증권관련집단소송 사건은 다음 각 호의 요건을 갖추어야 한다.

1. 구성원이 50인 이상이고, 청구의 원인이 된 행위 당시를 기준으로 그 구성원이 보유하고 있는 증권의 합계가 피고 회사의 발행 증권 총수의 1만분의 1 이상일 것
2. 제3조제1항 각 호의 손해배상청구로서 법률상 또는 사실상의 중요한 쟁점이 모든 구성원에게 공통될 것
3. 증권관련집단소송이 총원의 권리 실현이나 이익 보호에 적합하고 효율적인 수단일 것
4. 제9조에 따른 소송허가신청서의 기재사항 및 첨부서류에 흠이 없을 것

② 증권관련집단소송의 소가 제기된 후 제1항제1호의 요건을 충족하지 못하게 된 경우에도 제소(提訴)의 효력에는 영향이 없다.

제13조 【소송허가 절차】 ① 대표당사자는 소송허가 신청의 이유를 소명(疎明)하여야 한다.

② 증권관련집단소송의 허가 여부에 관한 재판은 제7조제1항에 따라 소를 제기하는 자와 피고를 심문(審問)하여 결정으로 한다.

③ 법원은 제2항에 따른 재판을 함에 있어서 손해배상청구의 원인이 되는 행위를 감독·검사하는 감독기관으로부터 손해배상청구 원인행위에 대한 기초조사 자료를 제출받는 등 직권으로 필요한 조사를 할 수 있다.

제14조 【소송허가 신청이 경합된 경우의 처리】 ① 동일한 분쟁에 관하여 여러 개의 증권관련집단소송의 소송허가신청서가 동일한 법원에 제출된 경우 법원은 이를 병합심리(倂合審理)하여야 한다.

② 동일한 분쟁에 관한 여러 개의 증권관련집단소송의 소송허가신청서가 각각 다른 법원에 제출된 경우 관계 법원에

공통되는 바로 위의 상급법원은 관계 법원이나 제7조제1항에 따라 소를 제기하는 자, 대표당사자 또는 피고의 신청에 의하여 결정으로 이를 심리할 법원을 정한다.
③ 제2항에 따라 여러 개의 증권관련집단소송을 심리할 법원으로 결정된 법원은 이를 병합심리하여야 한다.
④ 법원은 제1항 및 제3항에 따라 병합심리하는 경우에는 제7조제1항에 따라 소를 제기하는 자, 제10조제1항제4호에 따라 신청서를 제출한 구성원 또는 대표당사자들의 의견을 들어 소송을 수행할 대표당사자 및 소송대리인을 정할 수 있다.
⑤ 제2항 및 제4항의 결정에 대하여는 불복할 수 없다.
제15조【소송허가 결정】 ① 법원은 제3조 · 제11조 및 제12조의 요건에 적합한 경우에만 결정으로 증권관련집단소송을 허가한다.
② 증권관련집단소송의 허가결정서에는 다음 각 호의 사항을 적고 결정을 한 법관이 기명날인하여야 한다.
1. 대표당사자와 그 법정대리인
2. 원고측 소송대리인
3. 피고
4. 총원의 범위
5. 주문(主文)
6. 이유
7. 청구의 취지 및 원인의 요지
8. 제외신고의 기간과 방법
9. 제16조에 따른 비용의 예납(豫納)에 관한 사항
10. 제1호부터 제9호까지에서 규정한 사항 외에 필요한 사항
③ 법원은 상당하다고 인정할 때에는 결정으로 총원의 범위를 조정(調整)하여 허가할 수 있다.
④ 제1항 및 제3항의 결정에 대하여는 즉시항고(卽時抗告)할 수 있다.
제16조【소송비용의 예납】 법원은 제15조제1항에 따른 소송허가 결정을 할 때에는 고지 · 공고 · 감정(鑑定) 등에 필요한 비용의 예납을 명하여야 한다.
제17조【소송불허가 결정】 ① 대표당사자는 증권관련집단소송의 불허가 결정에 대하여 즉시항고할 수 있다.
② 제1항에 따른 불허가 결정이 확정된 때에는 증권관련집단소송의 소가 제기되지 아니한 것으로 본다.
제18조【소송허가 결정의 고지】 ① 법원은 제15조제1항에 따른 소송허가 결정이 확정되면 지체 없이 다음 각 호의 사항을 구성원에게 고지하여야 한다.
1. 대표당사자와 그 법정대리인의 성명 · 명칭 또는 상호 및 주소
2. 원고측 소송대리인의 성명 · 명칭 또는 상호 및 주소
3. 피고의 성명 · 명칭 또는 상호 및 주소
4. 총원의 범위
5. 청구의 취지 및 원인의 요지
6. 제외신고의 기간과 방법
7. 제외신고를 한 자는 개별적으로 소를 제기할 수 있다는 사실
8. 제외신고를 하지 아니한 구성원에 대하여는 증권관련집단소송에 관한 판결 등의 효력이 미친다는 사실
9. 제외신고를 하지 아니한 구성원은 증권관련집단소송의 계속(繫屬) 중에 법원의 허가를 받아 대표당사자가 될 수 있다는 사실
10. 변호사 보수에 관한 약정
11. 제1호부터 제10호까지에서 규정한 사항 외에 법원이 필요하다고 인정하는 사항
② 제1항에 따른 고지는 구성원 모두에게 주지시킬 수 있는 적당한 방법으로서 대법원규칙으로 정하는 방법으로 하여야 한다.
③ 제1항에 따른 고지 내용은 전국을 보급지역으로 하는 일간신문에 게재하여야 한다.
제19조【소송허가 결정의 통보】 ① 법원은 제18조제1항 각 호의 사항을 지정거래소에 즉시 통보하여야 한다.
② 제1항에 따른 통보를 받은 지정거래소는 그 내용을 일반인이 알 수 있도록 공시하여야 한다.
(2013.5.28 본조개정)
제20조【복수의 대표당사자의 소송수행】 대표당사자가 둘 이상인 경우에는 「민사소송법」 제67조제1항 및 제2항을 준용한다.
제21조【대표당사자에 관한 허가】 ① 구성원은 증권관련집단소송의 계속 중에 법원의 허가를 받아 대표당사자가 될 수 있다.
② 제1항의 결정에 관하여는 제13조제2항 및 제3항을 준용한다.
③ 제1항의 결정에 대하여는 불복할 수 없다.
제22조【대표당사자의 소송수행 금지】 ① 법원은 대표당사자가 총원의 이익을 공정하고 적절하게 대표하고 있지 못하거나 그 밖의 중대한 사유가 있을 때에는 직권으로 또는 다른 대표당사자의 신청에 의하여 그 대표당사자의 소송수행을 결정으로 금지할 수 있다.
② 제1항의 결정에 관하여는 제13조제2항 및 제3항을 준용한다.
③ 제1항의 결정에 대하여는 즉시항고할 수 있다.
제23조【대표당사자의 사임】 대표당사자는 정당한 이유가 있을 때에는 법원의 허가를 받아 사임(辭任)할 수 있다.
제24조【대표당사자의 결원】 ① 대표당사자의 전부가 사망 또는 사임하거나 제22조제1항에 따라 소송수행이 금지된 경우에는 소송절차는 중단된다.
② 제1항의 경우 대표당사자가 되려는 구성원은 제21조에 따른 법원의 허가를 받아 중단된 소송절차를 수계(受繼)하여야 한다.
③ 제1항에 따른 소송절차의 중단 후 1년 이내에 수계 신청이 없는 때에는 소가 취하(取下)된 것으로 본다.
제25조【대표당사자 변경의 고지】 법원은 제21조, 제23조 또는 제24조에 따라 대표당사자가 변경된 경우에는 적절한 방법으로 구성원에게 그 사실을 고지하여야 한다.
제26조【소송대리인의 사임 등】 ① 증권관련집단소송의 원고측 소송대리인은 정당한 이유가 있을 때에는 법원의 허가를 받아 사임할 수 있다.
② 대표당사자는 상당한 사유가 있을 때에는 법원의 허가를 받아 소송대리인을 해임, 추가 선임 또는 교체할 수 있다.
③ 증권관련집단소송의 원고측 소송대리인 전원이 사망 또는 사임하거나 해임된 경우에는 소송절차는 중단된다.
④ 제3항의 경우 대표당사자는 법원의 허가를 받아 소송대리인을 선임하여 소송절차를 수계하여야 한다.
⑤ 제3항에 따른 소송절차의 중단 후 1년 이내에 수계 신청이 없는 때에는 그 증권관련집단소송은 취하된 것으로 본다.
제27조【총원의 범위 변경】 ① 법원은 필요하다고 인정할 때에는 직권 또는 신청에 의하여 결정으로 총원의 범위를 변경할 수 있다.
② 제1항의 결정에 대하여는 즉시항고할 수 있다.
③ 법원은 제1항의 결정에 의하여 구성원에서 제외되는 자와 새로 구성원이 되는 자에게 결정 내용을 고지하여야 한다. 이 경우 새로 구성원이 되는 자에게는 제18조제1항 각 호의 사항을 함께 고지하여야 한다.
④ 제3항에 따른 고지에 관하여는 제18조제2항 및 제3항을 준용한다.
제28조【제외신고】 ① 구성원은 제18조제1항 또는 제27조제3항에 따라 고지한 제외신고 기간 내에 서면으로 법원에 제외신고를 할 수 있다.

② 제1항에 따른 제외신고 기간이 끝나기 전에 증권관련집단소송의 목적으로 된 권리와 동일한 권리에 대하여 개별적으로 소를 제기하는 자는 제외신고를 한 것으로 본다. 다만, 제외신고 기간 내에 소를 취하한 경우에는 그러하지 아니하다.
③ 증권관련집단소송의 피고는 제2항에 따라 개별적으로 제기된 소에 관하여 법원에 신고하여야 한다.
④ 법원은 제1항 및 제3항에 따라 신고된 사항을 대표당사자와 피고에게 통지하여야 한다.
제29조【시효중단의 효력】 증권관련집단소송의 소 제기로 인한 시효중단의 효력은 다음 각 호의 어느 하나에 해당하는 사유가 발생한 때부터 6개월 이내에 그 청구에 관하여 소가 제기되지 아니한 경우에 소멸한다.
1. 제17조에 따라 소송불허가 결정이 확정된 경우
2. 제27조에 따른 결정에 의하여 구성원에서 제외된 경우
3. 제28조에 따른 제외신고를 한 경우

제3장 소송절차
(2010.3.31 본장개정)

제30조【직권증거조사】 법원은 필요하다고 인정할 때에는 직권으로 증거조사를 할 수 있다.
제31조【구성원 및 대표당사자의 신문】 법원은 필요하다고 인정할 때에는 구성원과 대표당사자를 신문(訊問)할 수 있다.
제32조【문서제출 명령 등】 ① 법원은 필요하다고 인정할 때에는 소송과 관련 있는 문서를 가지고 있는 자에게 그 문서의 제출을 명하거나 송부를 촉탁할 수 있다.
② 제1항에 따른 문서제출 명령이나 문서송부 촉탁을 받은 자는 정당한 이유 없이 그 제출이나 송부를 거부할 수 없다. 다만, 다음 각 호의 어느 하나에 해당하는 문서의 경우에는 그러하지 아니하다.
1.「공공기관의 정보공개에 관한 법률」제4조제3항 및 제9조제1항 각 호의 사유가 있는 문서
2.「민사소송법」에 따라 제출을 거부할 수 있는 문서
③ 대표당사자와 피고는 법원에 제1항에 따른 문서제출 명령 등을 신청할 수 있다.
제33조【증거보전】 법원은 미리 증거조사를 하지 아니하면 그 증거를 사용하기 곤란한 사정이 있지 아니한 경우에도 필요하다고 인정할 때에는 당사자의 신청에 의하여 증거조사를 할 수 있다.
제34조【손해배상액의 산정】 ① 손해배상액의 산정에 관하여「자본시장과 금융투자업에 관한 법률」이나 그 밖의 다른 법률에 규정이 있는 경우에는 그에 따른다.
② 법원은 제1항에 따르거나 증거조사를 통하여도 정확한 손해액을 산정하기 곤란한 경우에는 여러 사정을 고려하여 표본적·평균적·통계적 방법 또는 그 밖의 합리적인 방법으로 손해액을 정할 수 있다.
제35조【소 취하, 화해 또는 청구 포기의 제한】 ① 증권관련집단소송의 경우 소의 취하, 소송상의 화해 또는 청구의 포기는 법원의 허가를 받지 아니하면 그 효력이 없다.
② 법원은 제1항에 따라 소의 취하, 소송상의 화해 또는 청구의 포기의 허가에 관한 결정을 하려는 경우에는 미리 구성원에게 이를 고지하여 의견을 진술할 기회를 주어야 한다.
③ 제2항에 따른 고지에 관하여는 제18조제2항 및 제3항을 준용한다.
④ 증권관련집단소송에 관하여는「민사소송법」제268조를 적용하지 아니한다.
제36조【판결서의 기재사항 등】 ① 판결서에는「민사소송법」제208조제1항 각 호의 사항 외에 다음 각 호의 사항을 적어야 한다.
1. 원고측 소송대리인과 피고측 소송대리인
2. 총원의 범위
3. 제외신고를 한 구성원
② 법원은 금전 지급의 판결을 선고할 때에는 여러 사정을 고려하여 지급의 유예, 분할지급 또는 그 밖의 적절한 방법에 의한 지급을 허락할 수 있다.
③ 법원은 판결의 주문과 이유의 요지를 구성원에게 고지하여야 한다.
④ 제3항에 따른 고지에 관하여는 제18조제2항 및 제3항을 준용한다.
제37조【기판력의 주관적 범위】 확정판결은 제외신고를 하지 아니한 구성원에 대하여도 그 효력이 미친다.
제38조【상소 취하 및 상소권 포기의 제한】 ① 상소의 취하 또는 상소권의 포기에 관하여는 제35조를 준용한다.
② 대표당사자가 정하여진 기간 이내에 상소하지 아니한 경우에는 상소제기 기간이 끝난 때부터 30일 이내에 구성원이 법원의 허가를 받아 상소를 목적으로 하는 대표당사자가 될 수 있다.
③ 제2항에 따라 대표당사자가 된 자의 상소는 법원의 허가를 받은 날부터 2주 이내에 제기하여야 한다.

제4장 분배절차
(2010.3.31 본장개정)

제39조【분배법원】 이 장의 규정에 따른 분배에 관한 법원의 처분·감독 및 협력 등은 제1심 수소법원(受訴法院)의 전속관할로 한다.
제40조【권리실행】 ① 대표당사자는 집행권원(執行權原)을 취득하였을 때에는 지체 없이 그 권리를 실행하여야 한다.
② 대표당사자는 권리실행으로 금전 등을 취득한 경우에는 대법원규칙으로 정하는 바에 따라 보관하여야 한다.
③ 대표당사자는 권리실행이 끝나면 그 결과를 법원에 보고하여야 한다.
제41조【분배관리인의 선임】 ① 법원은 직권으로 또는 대표당사자의 신청에 의하여 분배관리인을 선임하여야 한다.
② 제1항에 따른 분배관리인(이하 "분배관리인"이라 한다)은 법원의 감독하에 권리실행으로 취득한 금전 등의 분배업무를 수행한다.
③ 법원은 분배관리인이 분배업무를 적절히 수행하지 못하거나 그 밖의 중대한 사유가 있을 때에는 직권 또는 신청에 의하여 분배관리인을 변경할 수 있다.
제42조【분배계획안의 작성】 ① 분배관리인은 법원이 정한 기간 이내에 분배계획안을 작성하여 법원에 제출하여야 한다.
② 제1항에 따른 분배계획안(이하 "분배계획안"이라 한다)에는 다음 각 호의 사항을 적어야 한다.
1. 총원의 범위와 채권의 총액
2. 집행권원의 표시금액, 권리실행금액 및 분배할 금액
3. 제44조제1항에 따른 공제항목과 그 금액
4. 분배의 기준과 방법
5. 권리신고의 기간·장소 및 방법
6. 권리의 확인방법
7. 분배금의 수령기간, 수령장소 및 수령방법
8. 제1호부터 제7호까지에서 규정한 사항 외에 필요하다고 인정되는 사항
제43조【분배의 기준 등】 ① 분배의 기준은 판결 이유 중의 판단이나 화해조서 또는 인낙조서(認諾調書)의 기재내용에 따른다.
② 권리신고 기간 내에 신고하여 확인된 권리의 총액이 분배할 금액을 초과하는 경우에는 안분비례(按分比例)의 방법으로 분배한다.

제44조【분배에서 제외하는 비용 등】 ① 분배관리인은 권리실행으로 취득한 금액에서 다음 각 호의 비용을 공제할 수 있다.
1. 소송비용 및 변호사 보수
2. 권리실행 비용
3. 분배비용(분배관리인에게 지급하는 것이 타당하다고 인정되는 액수의 보수를 포함한다)
② 분배관리인은 제46조제1항에 따른 분배계획안의 인가를 받기 전에 제1항제1호부터 제3호까지의 비용을 지급하려면 법원의 허가를 받아야 한다.
③ 법원은 분배관리인, 대표당사자 또는 구성원이 신청한 경우에는 소송의 진행과정 및 결과 등 여러 사정을 고려하여 제1항제1호의 변호사 보수를 감액할 수 있다. 이 경우 법원은 신청인과 대표당사자의 소송대리인을 심문하여야 한다.
④ 제3항의 신청은 제46조제1항에 따른 분배계획안의 인가 전까지 하여야 한다.
⑤ 제3항에 따른 결정에 대하여는 즉시항고를 할 수 있다.
제45조【금액이 비용을 지급하기에 부족한 경우】 ① 법원은 권리실행으로 취득한 금액이 제44조제1항 각 호의 비용을 지급하기에 부족한 경우에는 분배하지 아니한다는 결정을 하여야 한다.
② 제1항의 결정이 있는 경우 분배관리인은 법원의 허가를 받아 권리실행한 금액을 적절한 방법으로 제44조제1항 각 호의 비용에 분배하여야 한다.
제46조【분배계획안의 인가】 ① 법원은 분배계획안이 공정하며 형평에 맞다고 인정되면 결정으로 이를 인가하여야 한다.
② 법원은 상당하다고 인정할 때에는 직권으로 분배계획안을 수정하여 인가할 수 있다. 이 경우 법원은 미리 분배관리인을 심문하여야 한다.
③ 제1항 및 제2항의 결정에 대하여는 불복할 수 없다.
제47조【분배계획의 고지】 법원은 분배계획을 인가하였을 때에는 적절한 방법으로 다음 각 호의 사항을 구성원에게 고지하여야 한다.
1. 집행권원의 요지
2. 분배관리인의 성명 및 주소
3. 분배계획의 요지
제48조【분배계획의 변경】 ① 법원은 상당한 이유가 있다고 인정할 때에는 직권으로 또는 분배관리인의 신청에 의하여 결정으로 분배계획을 변경할 수 있다.
② 제1항의 결정에 대하여는 불복할 수 없다.
③ 법원은 분배계획을 변경하는 경우 필요하다고 인정하면 적절한 방법으로 변경의 내용을 구성원에게 고지하여야 한다.
제49조【권리의 신고와 확인】 ① 구성원은 분배계획에서 정하는 바에 따라 권리신고 기간 내에 분배관리인에게 권리를 신고하여야 한다.
② 구성원은 책임 없는 사유로 권리신고 기간 내에 신고를 하지 못한 경우에는 그 사유가 종료된 후 1개월이 지나기 전에 신고할 수 있다. 다만, 제53조에 따른 공탁금의 출급청구 기간이 끝나기 전에 신고하여야 한다.
③ 분배관리인은 신고된 권리를 확인하여야 한다.
④ 분배관리인은 권리신고를 한 자 및 피고에게 권리확인의 결과를 통지하여야 한다.
제50조【권리확인에 관한 이의】 ① 권리신고를 한 자 또는 피고는 분배관리인의 권리확인에 이의가 있을 때에는 제49조제4항에 따른 확인 결과를 통지받은 날부터 2주일 이내에 법원에 그 권리의 확인을 구하는 신청을 할 수 있다.
② 법원은 제1항의 신청에 대하여 결정으로 재판하여야 한다.
③ 제2항의 결정에 대하여는 불복할 수 없다.
제51조【잔여금의 공탁】 분배관리인은 분배금의 수령기간이 지난 후 남은 금액이 있을 때에는 지체 없이 이를 공탁하여야 한다.
제52조【분배보고서】 ① 분배관리인은 분배금의 수령기간이 지난 후 분배보고서를 법원에 제출하여야 한다.
② 제1항에 따른 분배보고서에는 다음 각 호의 사항을 적어야 한다.
1. 권리신고를 한 자의 성명, 주소 및 신고금액
2. 권리가 확인된 자 및 확인금액
3. 분배받은 자 및 분배금액
4. 남은 금액
5. 제1호부터 제4호까지에서 규정한 사항 외에 필요한 사항
③ 분배보고서는 이해관계인이 열람할 수 있도록 제56조 본문에 따른 기간이 지날 때까지 법원에 갖추어 두어야 한다.
제53조【수령기간 경과 후의 지급】 권리가 확인된 구성원으로서 분배금의 수령기간 내에 분배금을 수령하지 아니한 자 또는 신고기간이 지난 후에 권리를 신고하여 권리를 확인받은 자는 수령기간이 지난 후 6개월까지만 공탁금의 출급을 청구할 수 있다.
제54조【분배종료보고서】 ① 분배관리인은 제53조에 따른 공탁금의 출급청구 기간이 끝나면 지체 없이 법원에 분배종료보고서를 제출하여야 한다.
② 제1항에 따른 분배종료보고서에는 다음 각 호의 사항을 적어야 한다.
1. 수령기간이 지난 후에 분배금을 받은 자의 성명, 주소 및 분배금액
2. 지급한 분배금의 총액
3. 남은 금액의 처분 내용
4. 분배비용
5. 제1호부터 제4호까지에서 규정한 사항 외에 필요한 사항
③ 분배종료보고서에 관하여는 제52조제3항을 준용한다.
제55조【잔여금의 처분】 법원은 제54조제1항에 따른 분배종료보고서가 제출된 경우 남은 금액이 있을 때에는 직권으로 또는 피고의 출급청구에 의하여 이를 피고에게 지급한다.
제56조【분배관리인에 대한 손해배상청구권】 분배관리인의 직무상 행위에 관한 손해배상청구권은 분배종료보고서를 제출한 날부터 2년이 지나면 소멸한다. 다만, 분배관리인의 부정행위로 인한 손해배상청구권인 경우에는 그러하지 아니하다.
제57조【금전 외의 물건의 분배】 ① 권리의 실행으로 취득한 금전 외의 물건을 분배하는 경우에는 그 성질에 반하지 아니하는 범위에서 금전에 준하여 분배한다.
② 분배관리인은 법원의 허가를 받아 권리의 실행으로 취득한 금전 외의 물건의 전부 또는 일부를 금전으로 환산하여 분배할 수 있다.
제58조【추가 분배】 제54조제1항에 따른 분배종료보고서가 제출된 후에 새로 권리실행이 가능하게 된 경우의 분배절차에 관하여는 제39조부터 제57조까지의 규정을 준용한다.

제5장 시행규칙
(2010.3.31 본장개정)

제59조【대법원규칙】 이 법 시행에 필요한 사항은 대법원규칙으로 정한다.

제6장 벌 칙
(2010.3.31 본장개정)

제60조【배임수재】 ① 제7조제1항에 따라 증권관련집단소송의 소를 제기하는 자, 대표당사자, 원고측 소송대리인 또

는 분배관리인이 그 직무에 관하여 부정한 청탁을 받고 금품 또는 재산상의 이익을 수수(收受)·요구 또는 약속한 경우에는 다음 각 호의 구분에 따라 처벌한다.

1. 수수·요구 또는 약속한 금품 또는 재산상의 이익의 가액(이하 "수수액"이라 한다)이 1억원 이상인 경우 : 무기 또는 10년 이상의 유기징역에 처하되, 수수액에 상당하는 금액 이하의 벌금을 병과(併科)할 수 있다.
2. 수수액이 3천만원 이상 1억원 미만인 경우 : 5년 이상의 유기징역에 처하되, 수수액에 상당하는 금액 이하의 벌금을 병과할 수 있다.
3. 수수액이 3천만원 미만인 경우 : 7년 이하의 징역 또는 1억원 이하의 벌금에 처한다.

② 제7조제1항에 따라 증권관련집단소송의 소를 제기하는 자, 대표당사자, 원고측 소송대리인 또는 분배관리인이 그 직무에 관하여 부정한 청탁을 받고 제3자에게 금품 또는 재산상의 이익을 공여하게 하거나 공여하게 할 것을 요구 또는 약속한 경우에도 제1항과 같은 형에 처한다.

③ 제1항 및 제2항의 죄에 대하여는 10년 이하의 자격정지를 병과할 수 있다.

제61조【배임증재 등】 ① 제7조제1항에 따라 증권관련집단소송의 소를 제기하는 자, 대표당사자, 원고측 소송대리인 또는 분배관리인에게 그 직무에 관하여 부정한 청탁을 하고 금품 또는 재산상의 이익을 약속 또는 공여한 자나 공여의 의사를 표시한 자는 7년 이하의 징역 또는 1억원 이하의 벌금에 처한다.

② 제1항의 행위에 제공할 목적으로 제3자에게 금품을 교부하거나 그 정을 알면서 교부받은 자도 제1항과 같은 형에 처한다.

제62조【몰수·추징】 제60조 및 제61조의 죄를 범한 자 또는 그 정을 아는 제3자가 취득한 금품 또는 재산상의 이익은 몰수하며, 몰수할 수 없을 때에는 그 가액을 추징(追徵)한다.

제63조【과태료】 다음 각 호의 어느 하나에 해당하는 자에게는 3천만원 이하의 과태료를 부과한다.

1. 제9조제1항제4호의 내용을 거짓으로 적은 자
2. 제9조제2항 또는 제3항의 문서를 거짓으로 작성하여 첨부한 자
3. 정당한 이유 없이 제32조제2항에 따른 문서제출 명령 또는 문서송부 촉탁을 거부한 자

부 칙

① **【시행일】** 이 법은 2005년 1월 1일부터 시행한다.

② **【적용례】** 이 법은 이 법 시행후 최초로 행하여진 행위로 인한 손해배상청구부터 적용한다. 이 경우 제3조제1항제1호 및 제2호의 규정에 따른 손해배상청구의 원인이 되는 행위는 허위의 기재 또는 표시를 하거나 중요한 사항을 기재 또는 표시하지 아니하고 「증권거래법」 제8조·제12조, 제186조의2 또는 제186조의3의 규정에 따라 유가증권신고서, 사업설명서, 사업보고서, 반기보고서 또는 분기보고서(이하 "유가증권신고서등"이라 한다)를 이 법 시행 후 최초로 금융감독위원회 또는 한국증권선물거래소에 제출하거나 일반인에게 공람하게 하는 행위를 말한다.(2005.3.10 후단신설)

③ **【자산총액 2조원 미만인 법인에 대한 적용례】** 이 법 시행일을 기준으로 직전 사업연도말 현재 자산총액이 2조원 미만인 증권거래법 제2조제13항제3호의 규정에 의한 주권상장법인 또는 동법 제2조제15항의 규정에 의한 협회등록법인이 발행한 유가증권의 매매 그 밖의 거래로 인한 손해배상청구로서 제3조제1항제1호·제2호 및 제4호의 규정에 의한 손해배상청구에 대하여는 2007년 1월 1일 이후 최초로 행하여진 행위로 인한 손해배상청구분부터 이 법을 적용한다.

④ **【과거 회계처리기준위반에 대한 적용특례】** 부칙 제2항 및 제3항의 규정에 불구하고 손해배상청구의 원인이 된 행위가 다음 각 호에 해당하는 경우에는 이 법을 적용하지 아니한다.

1. 이 법 시행일 전에 결산일이 도래한 사업연도의 재무제표에 회계처리기준(「주식회사의 외부감사에 관한 법률」 제13조의 규정에 따른 기준을 말한다)을 위반하여 금액 등의 과대 계상, 과소 계상 또는 누락이 있을 것
2. 제1호의 규정의 금액 등이 이 법 시행 후 재무제표 작성시 그대로 반영되어 변동이 없거나 과대 계상된 금액 등의 감소, 과소 계상된 금액 등의 증가 또는 누락된 금액 등의 계상 등 실질에 맞는 방향으로 이루어질 것
3. 제2호에 해당하는 금액 등을 2006년 12월 31일까지 결산일이 도래하는 사업연도의 재무제표에 포함하여 유가증권신고서등을 「증권거래법」 제8조·제12조·제186조의2 또는 제186조의3의 규정에 따라 금융감독위원회 또는 한국증권선물거래소에 제출하거나 일반인에게 공람하게 하는 행위일 것

(2005.3.10 본항신설)

⑤ **【감사인의 손해배상책임에 대한 적용특례】** 부칙 제2항 및 제3항의 규정에 불구하고 제4항의 규정에 따라 이 법이 적용되지 않는 부분에 대한 감사인의 손해배상책임에 대하여는 이 법을 적용하지 아니한다.(2005.3.10 본항신설)

부 칙 (2013.5.28)

제1조【시행일】 이 법은 공포 후 3개월이 경과한 날부터 시행한다.(이하 생략)

刑法編

新羅 石造物의 十二支像(紋樣)

형 법

(1953年 9月 18日 法 律 第293號)

改正
1975. 3.25法 2745號　1988.12.31法 4040號
1995.12.29法 5057號
1997.12.13法 5454號(정부부처명)
2001.12.29法 6543號　2004. 1.20法 7077號
2005. 3.31法 7427號(민법)
2005. 7.29法 7623號　2010. 4.15法10259號
2012.12.18法11574號　2013. 4. 5法11731號
2014. 5.14法12575號　2014.12.30法12898號
2016. 1. 6法13719號　2016. 5.29法14178號
2016.12.20法14415號　2017.12.12法15163號
2018.10.16法15793號　2018.12.18法15982號
2020. 5.19法17265號　2020.10.20法17511號
2020.12. 8法17571號　2023. 8. 8法19582號

第1編 總 則

第1章 刑法의 適用範圍

第1條【범죄의 성립과 처벌】 ① 범죄의 성립과 처벌은 행위 시의 법률에 따른다.
② 범죄 후 법률이 변경되어 그 행위가 범죄를 구성하지 아니하게 되거나 형이 구법(舊法)보다 가벼워진 경우에는 신법(新法)에 따른다.
③ 재판이 확정된 후 법률이 변경되어 그 행위가 범죄를 구성하지 아니하게 된 경우에는 형의 집행을 면제한다.
(2020.12.8 본조개정)

改前 "第1條【犯罪의 成立과 處罰】 ① 犯罪의 成立과 處罰은 行爲時의 法律에 의한다.
② 犯罪後 法律의 變更에 의하여 그 行爲가 犯罪를 構成하지 아니하거나 刑이 舊法보다 輕한 때에는 新法에 의한다.
③ 裁判確定後 法律의 變更에 의하여 그 行爲가 犯罪를 構成하지 아니하는 때에는 刑의 執行을 免除한다."

참조 [죄형법정주의]헌12 · 13, [불처벌]9 · 10 · 12-17 · 20-24, [범죄후의 법령에 의한 형의 폐지]형소326, [판결후의 형의 변경]형소361의5, [형의 경중]50 · 부칙1-3, [범인에게 유리한 법의 적용]부칙3, [1개의 죄에 대한 신구법의 적용례]부칙4, [구형법의 인용조문]부칙9, [재판의 확정]84, 형소343 · 358 · 374 · 453 · 457 · 459, [형의 집행의 면제]6 · 62 ①단서 · 77 · 81

■ 죄형법정주의
① 명확성의 원칙

판례 명확성 판단의 기준 : 법규범이 명확한지 여부는 그 법규범이 수범자에게 법규의 의미내용을 알 수 있도록 예측가능성을 주고 있는지 여부 및 그 법규범이 법을 해석 · 집행하는 기관에게 충분한 의미내용을 규율하여 자의적인 법해석이나 법집행이 배제되는지 여부에 따라 이를 판단할 수 있으므로 법규범이 명확성원칙에 위반되는지 여부는 위와 같은 해석방법에 의하여 그 의미내용을 합리적으로 파악할 수 있는 해석기준을 얻을 수 있는지 여부에 달려 있다.
(대판 2006.5.11, 2006도920)

판례 석유판매업자가 비상표제품의 판매에 관한 표시 없이 이를 판매하는 행위를 처벌하는 구 석유사업법과 그 시행령 규정이 위 표시의무의 세부 내용이 되는 구체적 표시기준과 표시방법을 산업자원부장관의 고시로 정하도록 위임하였음에도 비상표제품의 판매행위 당시 관련 고시가 제정되지 않았다면 이를 처벌할 수 없다.
(대판 2006.4.27, 2004도1078)

판례 죄형법정주의와 명확성 원칙의 의미 : 헌법 제12조 및 제13조를 통하여 보장되고 있는 죄형법정주의의 원칙은 범죄와 형벌이 법률로 정하여져야 함을 의미하며, 이러한 죄형법정주의에서 파생되는 명확성의 원칙은 법률이 처벌하고자 하는 행위가 무엇이며 그에 대한 형벌이 어떠한 것인지를 누구나 예견할 수 있고, 그에 따라 자신의 행위를 결정할 수 있도록 구성요건을 명확하게 규정하는 것을 의미한다.(헌재결 2005.6.30, 2002헌바83)

판례 형벌법규의 입법목적이나 그 전체적 내용, 구조 등을 살펴보아 사물의 변별능력을 제대로 갖춘 일반인의 이해와 판단으로서 그의 구성요건 요소에 해당하는 행위 유형을 정형화하거나 한정할 합리적 해석 기준을 찾을 수 있다면 죄형법정주의가 요구하는 형벌법규의 명확성의 원칙에 반하는 것이 아니다.
(대판 2000.11.16, 98도3665 전원합의체)

② 소급효금지의 원칙

판례 개정된 신법이 피적용자에게 유리한 경우에 이른바 시혜적인 소급입법을 하여야 한다는 입법자의 의무가 헌법상의 원칙들로부터 도출되지는 아니한다.(헌재결 1998.11.26, 97헌바67 전원재판부)

판례 실효사유가 발생하여 형의 집행유예 선고가 효력을 잃음으로써 유예되었던 형이 집행된다고 하여 행위시의 법률에 의하여 처벌받지 아니하는 행위에 대하여 소급하여 처벌받게 하거나 동일한 범죄에 대하여 거듭 처벌하는 것이라고 볼 수 없으므로 헌법 제13조 제1항이나 형법 제1조에 위반된다고 할 수 없다.(대결 1997.7.18, 97모18)

③ 유추적용금지의 원칙

판례 재심이 개시된 사건에서 재심사유가 없는 범죄사실에 관한 법령이 재심대상판결 후 개정·폐지된 경우에는 그 범죄사실에 관하여도 재심판결 당시 법률을 적용하여야 하는데, 이러한 법리는 재심사유가 없지만 재심의 심판대상에 포함되는 재판 계속 중에 있는 보호감호 청구사건에 관한 법령이 재심대상판결 후 개정·폐지된 경우에도 마찬가지로 적용된다고 보는 것이 타당하다.
(대판 2011.6.9, 2010도13590)

판례 위법성 및 책임의 조각사유나 소추조건에 관하여 그 범위를 제한적으로 유추적용하게 되면 행위자의 가벌성의 범위는 확대되어 행위자에게 불리하게 되는바, 이는 가능한 문언의 의미를 넘어 범죄구성요건을 유추적용하는 것과 같은 결과가 초래되므로 죄형법정주의의 파생원칙인 유추해석금지의 원칙에 위반하여 허용될 수 없다고 할 것이다.(대판 1997.3.20, 96도1167 전원합의체)

판례 죄형법정주의와 유추해석금지의 원칙의 의의 : 죄형법정주의는 국가형벌권의 자의적인 행사로부터 개인의 자유와 권리를 보호하기 위하여 죄와 형을 법률로 정할 것을 요구하고, 이로부터 파생된 유추해석금지의 원칙은 성문의 규정은 엄격히 해석되어야 한다는 전제 아래 피고인에게 불리하게 성문규정이 표현하는 본래의 의미와 다른 내용으로 유추해석함을 금지하고 있다.
(대판 1992.10.13, 92도1428 전원합의체)

➡ 형의 변경

판례 사용이 금지되었던 식품첨가물이 '건강기능식품에 관한 법률' 및 이에 의하여 고시된 '건강기능식품의 기준 및 규격' 등에 의하여 그 제한적 사용이 가능하도록 법률이 변경된 경우, 위 법률 및 고시가 시행되기 전에 이미 범하여진 위반행위에 대한 가벌성이 소멸되는 것은 아니다.(대판 2005.12.23, 2005도747)

판례 2004.1.20. 법률 제7077호로 공포, 시행된 형법 중 개정법률에 의해 형법 제37조 후단의 "판결이 확정된 죄"가 "금고 이상의 형에 처한 판결이 확정된 죄"로 개정되었는바, 형법 제37조는 경합범의 처벌에 관하여 형을 가중하는 규정으로서 일반적으로 두 개의 형을 선고하는 것보다는 하나의 형을 선고하는 것이 피고인에게 유리하므로 위 개정법률을 적용하는 것이 오히려 피고인에게 불리하게 되는 등의 특별한 사정이 없는 한 형법 제1조 제2항을 유추적용하여 위 개정법률 시행 당시 법원에 계속중인 사건 중 위 개정법률 전에 벌금형에 처한 판결이 확정된 경우에도 적용되는 것으로 보아야 한다.
(대판 2004.1.27, 2001도3178)

판례 형법 제1조 제2항의 적용 범위 : 형법 제1조 제2항의 규정은 형벌법령 제정의 이유가 된 법률이념의 변천에 따라 과거에 범죄로 보던 행위에 대하여 그 평가가 달라져 이를 범죄로 인정하고 처벌한 그 자체가 부당하였다거나 또는 과형이 과중하였다는 반성적 고려에서 법령을 개폐하였을 경우에 적용하여야 할 것이고, 이와 같은 법률이념의 변경에 의한 것이 아닌 다른 사정의 변천에 따라 그때 그때의 특수한 필요에 대처하기 위하여 법령을 개폐하는 경우에는 이미 그 전에 성립한 위법행위는 현재에 관찰하여서도 여전히 가벌성이 있는 것이어서 그 법령이 개폐되었다 하더라도 그에 대한 형이 폐지된 것이라고 할 수는 없는 것이다.
(대판 2003.10.10, 2003도2770)

판례 계엄해제 후 계엄실시중의 포고령위반행위를 처벌할 수 있는지 여부 : 계엄기간중의 계엄포고위반의 죄는 계엄해제후에도 행위당시의 법령에 따라 처벌되어야 하고 계엄의 해제를 범죄후 법령의 개폐로 형이 폐지된 경우와 같이 볼 수 없다.
(대판 1985.5.28, 81도1045 전원합의체)

➡ 법정형과 입법형성권

판례 법정형의 종류와 범위에 관한 입법형성권의 범위 : 어느 범죄에 대한 법정형이 현저히 형벌체계상의 균형을 잃고 있다거나 그 범죄에 대한 형벌 본래의 목적과 기능을 달성함에 있어 필요한 정도를 일탈하였다는 등 헌법상의 평등의 원칙 및 비례의 원칙 등에 명백히 위배되는 경우가 아닌 한, 쉽사리 헌법에 위반된다고 단정하여서는 아니된다.(대판 2006.5.12, 2005도5428)

판례 법정형의 내용에 대한 입법형성권 : 어떤 범죄를 어떻게 처벌할 것인가 하는 문제, 즉 법정형의 종류와 범위의 선택은 그 범죄의 죄질과 보호법익에 대한 고려뿐만이 아니라 우리의 역사와 문화, 입법 당시의 시대적 상황, 국민 일반의 가치관 내지 법감정 그리고 범죄예방을 위한 형사정책적 측면 등 여러 가지 요소를 종합적으로 고려하여 입법자가 결정할 사항으로서 광범위한 입법재량 내지 형성의 자유가 인정되어야 할 분야이다.(헌재결 2006.4.27, 2005헌가2)

第2條【國內犯】 本法은 大韓民國領域內에서 罪를 犯한 內國人과 外國人에게 適用한다.

참조 [영역]헌3, [속인주의원칙]3, [보호주의원칙]5·6, [국내법에 의한 예외]헌45·84, 국회150

第3條【內國人의 國外犯】 本法은 大韓民國領域外에서 罪를 犯한 內國人에게 適用한다.

참조 [내국인]헌2, 국적법

판례 형법의 적용범위에 관해서 '속인주의'를 규정한 동조를 보건대, 도박죄를 처벌하지 않는 외국 카지노에서의 도박이라는 사정만으로 그 위법성이 조각된다고 할 수 없다.(대판 2004.4.23, 2002도2518)

第4條【國外에 있는 內國船舶 등에서 外國人이 犯한 罪】 本法은 大韓民國領域外에 있는 大韓民國의 船舶 또는 航空機內에서 罪를 犯한 外國人에게 適用한다.

참조 [대한민국선박·항공기]선박법2, 항공안전법8·10

第5條【外國人의 國外犯】 本法은 大韓民國領域外에서 다음에 記載한 罪를 犯한 外國人에게 適用한다.

1. 內亂의 罪
2. 外患의 罪
3. 國旗에 관한 罪
4. 通貨에 관한 罪
5. 有價證券, 郵票와 印紙에 관한 罪
6. 文書에 관한 罪중 第225條 내지 第230條
7. 印章에 관한 罪중 第238條

참조 [보호주의규정]6, [속지주의원칙]2, [속인주의원칙]3, [외국인의 법적지위보장]헌6, [세계주의]296의2

판례 외국인의 국외범에 대하여는 형법 제5조에 열거된 이외의 죄를 적용할 수 없음이 원칙인데 여기에 반공법은 포함되지 아니하였고 또 반공법 자체나 그밖의 법률에 이와 같은 외국인의 국외범에 대하여 반공법을 적용할 수 있는 근거를 찾아 볼 수 없으므로 원심이 외국인인 피고인의 대한민국영역외에서의 탈출행위에 대하여 반공법을 적용하여 처벌하였음은 외국인인 국외범에 대한 법리의 오해이다.(대판 1974.8.30, 74도1668)

第6條【大韓民國과 大韓民國國民에 대한 國外犯】 本法은 大韓民國領域外에서 大韓民國 또는 大韓民國國民에 대하여 前條에 記載한 以外의 罪를 犯한 外國人에게 適用한다. 但, 行爲地의 法律에 의하여 犯罪를 構成하지 아니하거나 訴追 또는 刑의 執行을 免除할 경우에는 例外로 한다.

참조 [보호주의규정]5, [속지주의원칙]2, [속인주의원칙]3

판례 형법 제6조 단서에 규정한 바 '행위지의 법률에 의하여 범죄를 구성'하는가 여부에 관하여는 이른바 엄격한 증명을 필요로 한다.
(대판 1973.5.1, 73도289)

第7條【외국에서 집행된 형의 산입】 죄를 지어 외국에서 형의 전부 또는 일부가 집행된 사람에 대해서는 그 집행된 형의 전부 또는 일부를 선고하는 형에 산입한다.
(2016.12.20 본조개정)

改前 "第7條【外國에서 받은 刑의 執行】 犯罪에 의하여 外國에서 刑의 全部 또는 一部의 執行을 받은 者에 대하여는 刑을 減輕 또는 免除할 수 있다."

第8條【總則의 適用】 本法 總則은 他法令에 정한 罪에 適用한다. 但, 그 法令에 特別한 規定이 있는 때에는 例外로 한다.

참조 [총칙의 적용례]부칙8, [특별규정]조세범처벌20, 관세278, 담배31

第2章 罪

第1節 罪의 成立과 刑의 減免

第9條【刑事未成年者】 14歲 되지 아니한 者의 行爲는 罰하지 아니한다.

참조 [연령계산]83, 민158, [소년보호]소년4, [본조의 주장에 대한 판단]형소323②, [보상]형사보상및명예회복에관한법1, [특별규정]조세범처벌20, 관세278, 담배31, [비용보상]형소194의2

판례 법률상 감경을 규정한 소년법 제60조 제2항의 "소년"인지 여부에 대한 판단기준시점 : 법률상 감경을 규정한 소년법 제60조 제2항에서 "소년"이라 함은 특별한 정함이 없는 한 소년법 제2조에서 말하는 "소년"인 20세 미만자를 의미하고, 소년법 제38조 제1항의 규정에 비추어 보면 20세 미만자라는 것이 심판의 조건이므로 범행시뿐만 아니라 심판시까지 계속되어야 한다고 보아야 하므로 소년법 제60조 제2항의 "소년"인지 여부의 판단은 원칙으로 심판시 즉 사실심 판결선고시를 기준으로 한다고 보아야 한다.
(대판 1991.12.10, 91도2393)

형법

第10條【심신장애인】 ① 心神障碍로 인하여 事物을 辨別할 能力이 없거나 意思를 決定할 能力이 없는 者의 行爲는 罰하지 아니한다.
② 心神障碍로 인하여 前項의 能力이 微弱한 者의 行爲는 형을 감경할 수 있다.(2018.12.18 본항개정)
③ 危險의 發生을 豫見하고 自意로 心神障碍를 惹起한 者의 行爲에는 前2項의 規定을 適用하지 아니한다.
(2014.12.30 본조제목개정)

改前 ② 心神障碍로 인하여 前項의 能力이 微弱한 者의 行爲는 "刑을 減輕한다."

참조 [본조의 주장에 대한 판단]형소323②, [보상]형사보상및명예회복에관한법1, [감경례]54 · 55, [특별규정]조세범처벌20, 관세278, 담배31

판례 정신적 장애가 있는 자에 대하여 형법 제10조에 규정된 심신장애를 인정하기 위한 요건 : 형법 제10조에 규정된 심신장애는 생물학적 요소로서 정신병 또는 비정상적 정신상태와 같은 정신적 장애가 있는 외에 심리학적 요소로서 이와 같은 정신적 장애로 말미암아 사물에 대한 변별능력과 그에 따른 행위통제능력이 결여되거나 감소되었음을 요하므로, 정신적 장애가 있는 자라고 하여도 범행 당시 정상적인 사물변별능력이나 행위통제능력이 있었다면 심신장애로 볼 수 없다.(대판 2007.2.8, 2006도7900)

판례 심신장애의 유무 판단에 있어서는 전문감정인의 정신감정결과가 중요한 참고자료가 되기는 하나, 법원으로서는 반드시 그 의견에 기속을 받는 것은 아니다.(대판 1996.5.10, 96도638)

영판 정신이상을 이유로 하는 범죄성립조각 항변이 성립되기 위하여는 범죄가 되는 행위를 할 때에 피고인이 정신질환으로 인하여 자기가 하고 있는 행위의 성질(nature and quality)을 알 수 없었거나 자기의 행위의 성질을 알고 있었을지라도 그것이 나쁜 것이라고 하는 것을 알 수 없었던 상태에 있었다고 하는 것이 확증되지 않으면 안된다.(영 · Daniel M' Naughten's Case <1843>, 8Eng. Rep. 718)

미판 범행시 정신상태가 정상이어야 하는데 자발적 주취상태로 만들었을 경우에는 이를 고려하는 것을 금한 몬타나주 법률은 적법절차조항 위반이 아니다.(미연방법원 135 L Ed 2d 361, 116 S Ct 2013)

第11條【청각 및 언어 장애인】 듣거나 말하는 데 모두 장애가 있는 사람의 행위에 대해서는 형을 감경한다.
(2020.12.8 본조개정)

改前 "第11條【聾啞者】聾啞者의 行爲는 刑을 減輕한다."

참조 [본조의 주장에 대한 판단]형소323②, [감경례]54 · 55

第12條【强要된 行爲】 抵抗할 수 없는 暴力이나 自己 또는 親族의 生命, 身體에 대한 危害를 防禦할 方法이 없는 脅迫에 의하여 强要된 行爲는 罰하지 아니한다.

참조 [기대불가능례]151② · 155④ · 328① · 365①

第13條【고의】 죄의 성립요소인 사실을 인식하지 못한 행위는 벌하지 아니한다. 다만, 법률에 특별한 규정이 있는 경우에는 예외로 한다.(2020.12.8 본조개정)

改前 "第13條【犯意】罪의 成立要素인 事實을 認識하지 못한 行爲는 罰하지 아니한다. 但, 法律에 特別한 規定이 있는 경우에는 例外로 한다."

참조 [특별규정]170 · 171 · 172② · 181 · 189 · 266－268, [본조의 주장에 대한 판단]형소323②

판례 [1] 본래 범의를 가지지 아니한 자에 대하여 수사기관이 사술이나 계략 등을 써서 범의를 유발케 하여 범죄인을 검거하는 함정수사는 위법하다 할 것인바, 구체적인 사건에 있어서 위법한 함정수사에 해당하는지 여부는 해당 범죄의 종류와 성질, 유인자의 지위와 역할, 유인의 경위와 방법, 유인에 따른 피유인자의 반응, 피유인자의 처벌 전력 및 유인행위 자체의 위법성 등을 종합하여 판단하여야 한다.
[2] 수사기관과 직접 관련이 있는 유인자가 피유인자와의 개인적인 친밀관계를 이용하여 피유인자의 동정심이나 감정에 호소하거나, 금전적 · 심리적 압박이나 위협 등을 가하거나, 거절하기 힘든 유혹을 하거나, 또는 범행방법을 구체적으로 제시하고 범행에 사용할 금전까지 제공하는 등으로 과도하게 개입함으로써 피유인자로 하여금 범의를 일으키게 하는 것은 위법한 함정수사에 해당하여 허용되지 아니하지만, 유인자가 수사기관과 직접적인 관련을 맺지 아니한 상태에서 피유인자를 상대로 단순히 수차례 반복적으로 범행을 부탁하였을 뿐 수사기관이 사술이나 계략 등을 사용하였다고 볼 수 없는 경우는, 설령 그로 인하여 피유인자의 범의가 유발되었다 하더라도 위법한 함정수사에 해당하지 아니한다.
(대판 2007.7.12, 2006도2339)

판례 함정수사의 의미 : '함정수사'라 함은 본래 범의를 가지지 아니한 자에 대하여 수사기관이 사술이나 계략 등을 써서 범죄를 유발케 하여 범죄인을 검거하는 수사방법을 말하는 것이므로, 범의를 가진 자에 대하여 범행의 기회를 주거나 범행을 용이하게 한 것에 불과한 경우에는 함정수사라고 할 수 없다.(대판 2004.5.14, 2004도1066)

판례 미필적 고의의 요건 및 그 존재 여부의 판단 방법 : '미필적 고의'라 함은 범죄사실의 발생가능성을 불확실한 것으로 표상하면서 이를 용인하고 있는 경우를 말하고, 미필적 고의가 있었다고 하려면 범죄사실의 발생가능성에 대한 인식이 있음은 물론 나아가 범죄사실이 발생할 위험을 용인하는 내심의 의사가 있어야 하며, 그 행위자가 범죄사실이 발생할 가능성을 용인하고 있었는지의 여부는 행위자의 진술에 의존하지 아니하고 외부에 나타난 행위의 형태와 행위의 상황 등 구체적인 사정을 기초로 하여 일반인이라면 당해 범죄사실이 발생할 가능성을 어떻게 평가할 것인가를 고려하면서 행위자의 입장에서 그 심리상태를 추인하여야 한다.(대판 2004.5.14, 2004도74)

판례 살인죄에 있어서 범의의 인정 기준 : 살인죄에 있어서의 범의는 반드시 살해의 목적이나 계획적인 살해의 의도가 있어야 인정되는 것은 아니고, 자기의 행위로 인하여 타인의 사망의 결과를 발생시킬 만한 가능 또는 위험이 있음을 인식하거나 예견하면 족한 것이고 그 인식이나 예견은 확정적인 것은 물론 불확정적인 것이라도 소위 미필적 고의로도 인정되는 것이다.(대판 2001.9.28, 2001도3997)

第14條【과실】 정상적으로 기울여야 할 주의(注意)를 게을리하여 죄의 성립요소인 사실을 인식하지 못한 행위는 법률에 특별한 규정이 있는 경우에만 처벌한다.
(2020.12.8 본조개정)

改前 "第14條【過失】正常의 注意를 怠慢함으로 인하여 罪의 成立要素인 事實을 認識하지 못한 行爲는 法律에 特別한 規定이 있는 경우에 한하여 處罰한다."

참조 [특별규정]170 · 171 · 173의2 · 181 · 189 · 266－268, [본조의 주장에 대한 판단]형소323②

판례 장물여부에 관한 중고품매입상의 주의의무 : 시계점을 경영하면서 중고시계의 매매도 하고 있는 피고인이 장물로 판정된 시계를 매입함에 있어 매도인에게 그 시계의 구입장소, 구입시기, 구입가격, 매각이유 등을 묻고 비치된 장부에 매입가격 및 주민등록증에 의해 확인된 위 매도인의 인적사항 일체를 사실대로 기재하였다면, 그 이상 위 매도인의 신분이나 시계출처 및 소지 경위에 대한 위 매도인의 설명의 진부에 대하여서까지 확인하여야 할 주의의무가 있다고는 보기 어렵다.(대판 1984.2.14, 83도2982)

판례 과실범 처벌규정의 명백성 : 과실범은 법률에 특별한 규정이 있는 경우에 한하여 처벌되며 형벌법규의 성질상 과실범을 처벌하는 특별규정은 그 명문에 의하여 명백, 명료하여야 한다.
(대판 1983.12.13, 83도2467)

第15條【사실의 착오】 ① 특별히 무거운 죄가 되는 사실을 인식하지 못한 행위는 무거운 죄로 벌하지 아니한다.
② 결과 때문에 형이 무거워지는 죄의 경우에 그 결과의 발생을 예견할 수 없었을 때에는 무거운 죄로 벌하지 아니한다.
(2020.12.8 본조개정)

改前 "第15條【事實의 錯誤】① 특별히 重한 罪가 되는 事實을 認識하지 못한 行爲는 重한 罪로 罰하지 아니한다.
② 結果로 인하여 刑이 重할 罪에 있어서 그 結果의 發生을 豫見할 수 없었을 때에는 重한 罪로 罰하지 아니한다."

참조 [결과적 가중범]168 · 188 · 259 · 269③ · 270③ · 275 · 281 · 301 · 305 · 337 · 338 · 340②③

판례 타격의 착오와 살인의 고의 : 소위 타격의 착오가 있는 경우라 할지라도 행위자의 살인의 범의성립에 방해가 되지 아니한다.
(대판 1984.1.24, 83도2813)

第16條【法律의 錯誤】 自己의 行爲가 法令에 의하여 罪가 되지 아니하는 것으로 誤認한 行爲는 그 誤認에 正當한 理由가 있는 때에 한하여 罰하지 아니한다.

참조 [본조의 주장에 대한 판단]형소323②, [특별규정]관세278, 조세범처벌20, 담배31

판례 법률의 착오에 관한 형법 제16조의 규정 취지 및 정당한 이유가 있는지 여부의 판단 방법 : 형법 제16조에서 자기가 행한 행위가 법령에 의하여 죄가 되지 아니한 것으로 오인한 행위는 그 오인에 정당한 이유가 있는 때에 한하여 벌하지 아니한다고 규정하고 있는 것은 일반적으로 범죄가 되는 경우이지만 자기의 특수한 경우에는 법령에 의하여 허용된 행위로서 죄가 되지 아니한다고 그릇 인식하고 그와 같이 그릇 인식함에 정당한 이유가 있는 경우에는 벌하지 아니한다는 취지이고, 이러한 정당한 이유가 있는지 여부는 행위자에게 자기 행위의 위법의 가능성에 대해 심사숙고하거나 조회할 수 있는 계기가 있어 자신의 지적능력을 다하여 이를 회피하기 위한 진지한 노력을 다하였더라면 스스로의 행위에 대하여 위법성을 인식할 수 있는 가능성이 있었음에도 이를 다하지 못한 결과 자기 행위의 위법성을 인식하지 못한 것인지 여부에 따라 판단하여야 할 것이고, 이러한 위법성의 인식에 필요한 노력의 정도는 구체적인 행위정황과 행위자 개인의 인식능력 그리고 행위자가 속한 사회집단에 따라 달리 평가되어야 한다.(대판 2006.3.24, 2005도3717)

第17條【因果關係】 어떤 行爲라도 罪의 要素되는 危險發生에 連結되지 아니한 때에는 그 結果로 인하여 罰하지 아니한다.

참조 [본조의 주장에 대한 판단]형소323②

판례 의사가 설명의무를 위반한 채 의료행위를 하여 피해자에게 상해가 발생하였다고 하더라도, 업무상 과실로 인한 형사책임을 지기 위해서는 피해자의 상해와 의사의 설명의무 위반 내지 승낙취득 과정의 잘못 사이에 상당인과관계가 존재하여야 하고, 이는 한의사의 경우에도 마찬가지이다.(대판 2011.4.14, 2010도10104)

판례 **선행차량에 이어 피고인 운전 차량이 피해자를 연속하여 역과하는 과정에서 피해자가 사망한 경우, 피고인의 업무상 과실 인정 여부** : 앞차를 뒤따라 진행하는 차량의 운전사로서는 앞차에 의하여 전방의 시야가 가리는 관계상 앞차의 어떠한 돌발적인 운전 또는 사고에 의하여서라도 자기 차량에 연쇄적인 사고가 일어나지 않도록 앞차와의 충분한 안전거리를 유지하고 진로 전방좌우를 잘 살펴 진로의 안전을 확인하면서 진행할 주의의무가 있다. 선행차량에 이어 피고인 운전 차량이 피해자를 연속하여 역과하는 과정에서 피해자가 사망한 경우, 피고인의 업무상 과실이 인정된다.
(대판 2001.12.11, 2001도5005)

판례 **피해자가 회복하기 어려운 상태에서 다른 병원으로 전원한 후 사망한 사안에서, 전원 전 진료 담당 의사의 과실과 피해자의 사망 사이의 인과관계(적극)** : 피해자가 다른 병원으로 전원할 당시 이미 후복막에 농양이 광범위하게 형성되어 있었고 췌장이나 십이지장과 같은 후복막 내 장기 등 조직의 괴사가 진행되어 이미 회복하기 어려운 상태에 빠져 있었다면, 피해자가 다른 병원으로 전원하여 진료를 받던 중 사망하였다는 사실 때문에 피고인의 진료상의 과실과 피해자의 사망과의 사이의 인과관계가 단절된다고 볼 수는 없다.
(대판 1996.9.24, 95도245)

第18條【不作爲犯】 危險의 發生을 防止할 義務가 있거나 自己의 行爲로 인하여 危險發生의 原因을 惹起한 者가 그 危險發生을 防止하지 아니한 때에는 그 發生된 結果에 의하여 處罰한다.

참조 [법령상의 작위의무]민913, [사무관리]민734, [공공의 질서와 선량한 풍속]민103, [신의성실]민2

판례 **구조의무 위반에 따른 부작위에 의한 살인** : 선장은 선박의 총책임자로서 선내에서 포괄적이고 절대적인 권한을 가지며, 사고 시에는 승객 등의 안전이 종국적으로 확보될 때까지 적극적·지속적으로 구조조치를 취할 의무가 있다. 그러나 승객 등이 익사할 수밖에 없음을 충분히 예상하고도, 선장이 승객 등을 내버려 둔 채 먼저 퇴선했다면 이는 승객 등의 안전에 대한 선장의 역할을 의식적이고 전면적으로 포기한 것으로 볼 수 있다. 또한 승객들에게 선내에서 대기하라는 명령을 내리고 이에 따라 선실 또는 복도에서 대기 중이던 승객들에게 대피·퇴선명령을 내리지 않아 상당수 피해자들이 탈출하지 못하도록 했을 뿐만 아니라 퇴선 후에도 해경에게 선내 상황 정보를 제공하지 않는 등 승객 등의 안전에 대하여 철저하게 무관심한 태도로 일관하면서 구조조치를 전혀 하지 않았다면, 이는 사실상 승객 등을 적극적으로 물에 빠뜨려 익사시키는 행위와 다르지 않다.(대판 2015.11.12, 2015도6809 전원합의체)

판례 **형법상 부작위범이 인정되기 위한 요건** : 형법이 금지하고 있는 법익침해의 결과발생을 방지할 법적인 작위의무를 지고 있는 자가 그 의무를 이행함으로써 결과발생을 쉽게 방지할 수 있었음에도 불구하고 그 결과의 발생을 용인하고 이를 방관한 채 그 의무를 이행하지 아니한 경우에, 그 부작위가 작위에 의한 법익침해와 동등한 형법적 가치가 있는 것이어서 그 범죄의 실행행위로 평가될 만한 것이라면, 작위에 의한 실행행위와 동일하게 부작위범으로 처벌할 수 있고, 여기서 작위의무는 성문법과 불문법, 공법과 사법을 불문하고 법령, 법률행위, 선행행위로 인한 경우는 물론, 기타 신의성실의 원칙이나 사회상규 혹은 조리상 작위의무가 기대되는 경우에도 인정된다 할 것이다.(대판 2005.7.22, 2005도3034)

판례 **부진정부작위범에 있어서 부작위범의 보충성** : 어떠한 범죄가 적극적 작위에 의하여 이루어질 수 있음은 물론 결과의 발생을 방지하지 아니하는 소극적 부작위에 의하여도 실현될 수 있는 경우에, 행위자가 자신의 신체적 활동이나 물리적·화학적 작용을 통하여 적극적으로 타인의 법익 상황을 악화시킴으로써 결국 그 타인의 법익을 침해하기에 이르렀다면, 이는 작위에 의한 범죄로 봄이 원칙이고, 작위에 의하여 악화된 법익 상황을 다시 되돌이키지 아니한 점에 주목하여 이를 부작위범으로 볼 것은 아니며, 나아가 악화되기 이전의 법익 상황이, 그 행위자가 과거에 행한 또 다른 작위의 결과에 의하여 유지되고 있었다 하여 이와 달리 볼 이유가 없다.
(대판 2004.6.24, 2002도995)

판례 **작위의무의 인정범위** : 작위의무는 성문법과 불문법, 공법과 사법을 불문하고 법령, 법률행위, 선행행위로 인한 경우는 물론, 기타 신의성실의 원칙이나 사회상규 혹은 조리상 작위의무가 기대되는 경우에도 인정된다 할 것이다.(대판 1997.3.14, 96도1639)

독판 음식점 주인이 손님이 취할 때까지 술을 권하고 그를 도로까지 인도했다가 그냥 내버려 둔 경우, 선행행위에 의한 보증인지위를 인정할 수 있다.(BGHSt 26, 35)

第19條【獨立行爲의 競合】 同時 또는 異時의 獨立行爲가 競合한 경우에 그 結果發生의 原因된 行爲가 判明되지 아니한 때에는 各 行爲를 未遂犯으로 處罰한다.

참조 [동시범]263, [미수범]25

판례 **독립행위 경합의 요건** : 2인 이상이 상호의사의 연락이 없이 동시에 범죄구성요건에 해당하는 행위를 하였을 때에는 원칙적으로 각인에 대하여 그 죄를 논하여야 하나, 그 결과발생의 원인이 된 행위가 분명하지 아니한 때에는 각 행위자를 미수범으로 처벌하고(독립행위의 경합), 이 독립행위가 경합하여 특히 상해의 경우에는 공동정범의 예에 따라 처단(동시범)하는 것이므로, 상호의사의 연락이 있어 공동정범이 성립한다면, 독립행위경합 등의 문제는 아예 제기될 여지가 없다.(대판 1997.11.28, 97도1740)

第20條【正當行爲】 法令에 의한 行爲 또는 業務로 인한 行爲 기타 社會常規에 違背되지 아니하는 行爲는 罰하지 아니한다.

참조 [본조의 주장에 대한 판단]형소323②, [법령에 의한 행위]형소173·212, 민915·945

판례 맞붙어 싸움을 하는 사람 사이에서는 공격행위와 방어행위가 연달아 행하여지고 방어행위가 동시에 공격행위인 양면적 성격을 띠어서 어느 한쪽 당사자의 행위만을 가려내어 방어를 위한 '정당행위'라거나 '정당방위'에 해당한다고 보기 어려운 것이 보통이다. 그러나 겉으로는 서로 싸움을 하는 것처럼 보이더라도 실제로는 한쪽 당사자가 일방적으로 위법한 공격을 가하고 상대방은 이러한 공격으로부터 자신을 보호하고 이를 벗어나기 위한 저항수단으로서 유형력을 행사한 경우에는, 그 행위가 새로운 적극적 공격이라고 평가되지 아니하는 한, 이는 사회관념상 허용될 수 있는 상당성이 있는 것으로서 위법성이 조각된다.(대판 2010.2.11, 2009도12958)

판례 **형법 제20조에 정하여진 '사회상규에 위배되지 아니하는 행위'의 의미 및 정당행위의 성립 요건** : 형법 제20조 소정의 '사회상규에 위배되지 아니하는 행위'라 함은 법질서 전체의 정신이나 그 배후에 놓여 있는 사회윤리 내지 사회통념에 비추어 용인될 수 있는 행위를 말하고, 어떠한 행위가 사회상규에 위배되지 아니하는 정당한 행위로서 위법성이 조각되는 것인지는 구체적인 사정 아래서 합목적적, 합리적으로 고찰하여 개별적으로 판단되어야 하므로, 이와 같은 정당행위를 인정하려면 첫째 그 행위의 동기나 목적의 정당성, 둘째 행위의 수단이나 방법의 상당성, 셋째 보호이익과 침해이익과의 법익균형성, 넷째 긴급성, 다섯째 그 행위 외에 다른 수단이나 방법이 없다는 보충성 등의 요건을 갖추어야 한다.
(대판 2006.4.13, 2005도9396)

第21條【정당방위】 ① 현재의 부당한 침해로부터 자기 또는 타인의 법익(法益)을 방위하기 위하여 한 행위는 상당한 이유가 있는 경우에는 벌하지 아니한다.
② 방위행위가 그 정도를 초과한 경우에는 정황(情況)에 따라 그 형을 감경하거나 면제할 수 있다.
③ 제2항의 경우에 야간이나 그 밖의 불안한 상태에서 공포를 느끼거나 경악(驚愕)하거나 흥분하거나 당황하였기 때문에 그 행위를 하였을 때에는 벌하지 아니한다.
(2020.12.8 본조개정)

改前 "第21條【正當防衛】 ① 自己 또는 他人의 法益에 대한 現在의 不當한 侵害를 防衛하기 위한 行爲는 相當한 理由가 있는 때에는 罰하지 아니한다.
② 防衛行爲가 그 程度를 超過한 때에는 情況에 의하여 그 刑을 減輕 또는 免除할 수 있다.
③ 前項의 경우에 그 行爲가 夜間 기타 不安스러운 狀態下에서 恐怖, 驚愕, 興奮 또는 唐慌으로 인한 때에는 罰하지 아니한다."

참조 [감경례]54·55, [면제의 선고]형소322, [본조의 주장에 대한 판단]형소323②, [손해배상무책임]민761, 폭력처벌8

판례 **허용범위를 벗어난 위법한 경찰관의 권총 사용과 정당방위** : 경찰관직무집행법 제10조의4 제1항에 의하면, 경찰관은 범인의 체포, 도주의 방지, 자기 또는 타인의 생명·신체에 대한 방호, 공무집행에 대한 항거의 억제를 위하여 필요하다고 인정되는 상당한 이유가 있을 때 그 사태를 합리적으로 판단하여 필요한 한도 내에서 무기를 사용할 수 있되, 다만 형법에 규정한 정당방위나 긴급피난에 해당하는 때, 사형·무기 또는 장기 3년 이상의 징역이나 금고에 해당하는 죄를 범하거나 범하였다고 의심할 만한 충분한 이유가 있는 자가 경찰관의 직무집행에 대하여 항거하거나 도주하려고 할 때 또는 체포, 도주의 방지나 항거의 억제를 위하여 다른 수단이 없다고 인정되는 상당한 이유가 있는 때를 제외하고는 무기 사용으로 인하여 사람에게 위해를 주어서는 안된다고 규정하고 있고, 경찰관의 무기 사용이 위와 같은 요건을 충족하는지 여부는 범죄의 종류, 죄질,

형법

피해법익의 경중, 위해의 급박성, 저항의 강약, 범인과 경찰관의 수, 무기의 종류, 무기 사용의 태양, 주변의 상황 등을 고려하여 사회통념상 상당하다고 평가되는지 여부에 따라 판단하여야 하고, 특히 사람에게 위해를 가할 위험성이 큰 권총의 사용에 있어서는 그 요건을 더욱 엄격하게 판단하여야 할 것이다.(대판 2004.3.25, 2003도3842)

판례 정당방위의 요건 : 어떠한 행위가 정당방위로 인정되려면 그 행위가 자기 또는 타인의 법익에 대한 현재의 부당한 침해를 방어하기 위한 것으로서 상당성이 있어야 하므로, 위법하지 않은 정당한 침해에 대한 정당방위는 인정되지 아니하고, 방위행위가 사회적으로 상당한 것인지 여부는 침해행위에 의해 침해되는 법익의 종류, 정도, 침해의 방법, 침해행위의 완급과 방위행위에 의해 침해될 법익의 종류, 정도 등 일체의 구체적 사정들을 참작하여 판단하여야 한다.(대판 2003.11.13, 2003도3606)

독판 방위자가 공격에 대한 방위를 위해 요구되는 방위수단보다 가벼운 방위수단을 자의로 선택했고 이때 요구된 것으로 여겨진 방위를 다함으로써 고의로도 초래될 수 있는 결과를 과실로 야기했다면 그 행위는 정당방위로서 위법성이 조각된다.(BGHSt 25, 229)

第22條【緊急避難】 ① 自己 또는 他人의 法益에 대한 現在의 危難을 避하기 위한 行爲는 相當한 理由가 있는 때에는 罰하지 아니한다.
② 危難을 避하지 못할 責任이 있는 者에 대하여는 前項의 規定을 適用하지 아니한다.
③ 前條 第2項과 第3項의 規定은 本條에 準用한다.

참조 [감경례]54·55, [면제의 선고]형소322, [본조의 주장에 대한 판단]형소323②, [손해배상무책임]민761

판례 스스로 야기한 강간범행의 와중에서 피해자가 손가락을 깨물며 반항하자 물린 손가락을 비틀며 잡아 뽑다가 피해자에게 치아결손의 상해를 입힌 소위를 긴급피난행위라 할 수 있는지 여부 : 강간 등에 의한 치사상죄에 있어서 사상의 결과는 간음행위 그 자체로부터 발생한 경우나 강간의 수단으로 사용한 폭행으로부터 발생한 경우는 물론 강간에 수반하는 행위에서 발생한 경우도 포함한다 할 것인바, 피고인이 판시 일시경 피해자의 집에 침입하여 잠을 자고 있는 피해자를 강제로 간음할 목적으로 동인을 향해 손을 뻗는 순간 놀라 소리치는 동인의 입을 왼손으로 막고 오른손으로 음부 부위를 더듬던 중 동인이 피고인의 손가락을 깨물며 반항하자 물린 손가락을 비틀며 잡아 뽑아 동인으로 하여금 우측하악측절치치아결손의 상해를 입게 하였다면, 피해자가 입은 위 상해는 결국 피고인이 저지르려던 강간에 수반하여 일어난 행위에서 비롯된 것이라 할 것이고, 기록상 나타난 피해자의 반항을 뿌리친 형태 등에 비추어 보면 그 결과 또한 능히 예견할 수 있었던 것임을 부인할 수는 없다. 또 피고인이 스스로 야기한 범행의 와중에서 피해자에게 위와 같은 상해를 입힌 소위를 가리켜 법에 의하여 용인되는 피난행위라 할 수도 없다.(대판 1995.1.12, 94도2781)

第23條【자구행위】 ① 법률에서 정한 절차에 따라서는 청구권을 보전(保全)할 수 없는 경우에 그 청구권의 실행이 불가능해지거나 현저히 곤란해지는 상황을 피하기 위하여 한 행위는 상당한 이유가 있는 때에는 벌하지 아니한다.
② 제1항의 행위가 그 정도를 초과한 경우에는 정황에 따라 그 형을 감경하거나 면제할 수 있다.
(2020.12.8 본조개정)

改前 "第23條【自救行爲】 ① 法定節次에 의하여 請求權을 保全하기 不能한 경우에 그 請求權의 實行不能 또는 顯著한 實行困難을 避하기 위한 行爲는 相當한 理由가 있는 때에는 罰하지 아니한다.
② 前項의 行爲가 그 程度를 超過한 때에는 情況에 의하여 刑을 減輕 또는 免除할 수 있다."

참조 [감경례]54·55, [면제의 선고]형소322, [본조의 주장에 대한 판단]형소323②, [손해배상무책임]민761, [점유자의 자력구제]민209

판례 형법상 자구행위의 의미 : 어떠한 행위가 사회상규에 위배되지 아니하는 정당한 행위로서 위법성이 조각되는 것인지는 구체적인 사정 아래서 합목적적, 합리적으로 고찰하여 개별적으로 판단하여야 할 것이고, 이와 같은 정당행위를 인정하려면, 첫째 그 행위의 동기나 목적의 정당성, 둘째 행위의 수단이나 방법의 상당성, 셋째 보호이익과 침해이익과의 법익균형성, 넷째 긴급성, 다섯째 그 행위 외에 다른 수단이나 방법이 없다는 보충성 등의 요건을 갖추어야 할 것이다.(대판 2007.5.11, 2006도4328)

第24條【被害者의 承諾】 處分할 수 있는 者의 承諾에 의하여 그 法益을 毁損한 行爲는 法律에 特別한 規定이 없는 限 罰하지 아니한다.

참조 [본조의 주장에 대한 판단]형소323②, [특별규정]252·305

판례 사문서의 위·변조죄는 작성권한 없는 자가 타인 명의를 모용하여 문서를 작성하는 것을 말하므로 사문서를 작성·수정할 때 명의자의 명시적이거나 묵시적인 승낙이 있었다면 사문서의 위·변조죄에 해당하지 않고, 한편 행위 당시 명의자의 현실적인 승낙은 없었지만 행위 당시의 모든 객관적 사정을 종합하여 명의자가 행위 당시 그 사실을 알았다면 당연히 승낙했을 것이라고 추정되는 경우 역시 사문서의 위·변조죄가 성립하지 않는다고 할 것이나, 명의자의 명시적인 승낙이나 동의가 없다는 것을 알고 있으면서도 명의자가 문서작성 사실을 알았다면 승낙하였을 것이라고 기대하거나 예측한 것만으로는 그 승낙이 추정된다고 단정할 수 없다.(대판 2011.9.29, 2010도14587)

판례 재건축조합의 규약이나 정관에 '조합은 사업의 시행으로서 그 구역 내의 건축물을 철거할 수 있다'는 취지와 '조합원은 그 철거에 응할 의무가 있다'는 취지의 규정이 있고, 조합원이 재건축조합에 가입하면서 '조합원의 권리, 의무 등 조합 정관에 규정된 모든 내용에 동의한다'는 취지의 동의서를 제출하였다고 하더라도, 조합원은 이로써 조합의 건축물 철거를 위한 명도의 의무를 부담하겠다는 의사를 표시한 것일 뿐이므로, 조합원이 그 의무이행을 거절할 경우에는 재건축조합은 명도청구소송 등의 법적 절차를 통하여 그 의무이행을 구하여야 함이 당연한 것이고, 조합원이 위와 같은 동의서를 제출한 것을 '조합원이 스스로 건축물을 명도하지 아니하는 경우에도 재건축조합이 법적 절차에 의하지 아니한 채 자력으로 건축물을 철거하는 것'에 대해서까지 사전 승낙한 것이라고 볼 수는 없다.(대판 2007.9.20, 2007도5207)

第2節 未遂犯

第25條【未遂犯】 ① 犯罪의 實行에 着手하여 行爲를 終了하지 못하였거나 結果가 發生하지 아니한 때에는 未遂犯으로 處罰한다.
② 未遂犯의 刑은 旣遂犯보다 減輕할 수 있다.

참조 [감경례]54·55, [중지미수]26

판례 구 특정범죄 가중처벌 등에 관한 법률(2010.3.31. 법률 제10210호로 개정되기 전의 것) 제5조의4 제1항은 '상습적으로 형법 제329조부터 제331조까지의 죄 또는 그 미수죄를 범한 사람은 무기 또는 3년 이상의 징역에 처한다'고 규정하고 있다. 이와 같이 위 규정에 의한 상습절도죄는 상습절도미수 행위 자체를 범죄의 구성요건으로 정하고 그에 관하여 무기 또는 3년 이상의 징역형을 법정하고 있다는 점, 약취·유인죄의 가중처벌에 관한 위 법 제5조의2 제6항에서는 일부 기수행위에 대한 미수범의 처벌규정을 별도로 두고 있는 반면 상습절도죄 등의 가중처벌에 관한 같은 법 제5조의4에서는 그와 같은 형식의 미수범 처벌규정이 아닌 위와 같은 내용의 처벌규정을 두고 있는 점을 비롯한 위 규정에 의한 상습절도죄의 입법 취지 등을 종합하면, 위 법 제5조의4 제1항이 적용되는 상습절도죄의 경우에는 형법 제25조 제2항에 의한 형의 미수감경이 허용되지 아니한다.(대판 2010.11.25, 2010도11620)

판례 강간죄의 실행의 착수시기 : 강간죄는 부녀를 간음하기 위하여 피해자의 항거를 불능하게 하거나 현저히 곤란하게 할 정도의 폭행 또는 협박을 개시한 때에 그 실행의 착수가 있다고 보아야 할 것이고, 실제로 그와 같은 폭행 또는 협박에 의하여 피해자의 항거가 불능하게 되거나 현저히 곤란하게 되어야만 실행의 착수가 있다고 볼 것은 아니다.(대판 2000.6.9, 2000도1253)

第26條【중지범】 범인이 실행에 착수한 행위를 자의(自意)로 중지하거나 그 행위로 인한 결과의 발생을 자의로 방지한 경우에는 형을 감경하거나 면제한다.
(2020.12.8 본조개정)

改前 "第26條【中止犯】 犯人이 自意로 實行에 着手한 行爲를 中止하거나 그 行爲로 인한 結果의 發生을 防止한 때에는 刑을 減輕 또는 免除한다."

참조 [감경례]54·55, [면제의 선고]형소322, [본조의 주장에 대한 판단]형소323②, [장해미수]25

第27條【不能犯】 實行의 手段 또는 對象의 錯誤로 인하여 結果의 發生이 不可能하더라도 危險性이 있는 때에는 處罰한다. 但, 刑을 減輕 또는 免除할 수 있다.

참조 [감경례]54·55, [면제의 선고]형소322, [본조의 주장에 대한 판단]형소323②

판례 일정량 이상을 먹으면 사람이 죽을 수도 있는 '초우뿌리'나 '부자' 달인 물을 마시게 하여 피해자를 살해하려다 미수에 그친 행위가 불능범이 아닌 살인미수죄에 해당한다.(대판 2007.7.26, 2007도3687)

판례 소송비용을 편취할 의사로 소송비용의 지급을 구하는 손해배상청구의 소를 제기하였다고 하더라도 이는 객관적으로 소송비용의 청구방법에 관한 법률적 지식을 가진 일반인의 판단으로 보아 결과 발생의 가능성이 없어 사기죄의 불능범에 해당한다.(대판 2005.12.8, 2005도8105)

第28條【陰謀, 豫備】 犯罪의 陰謀 또는 豫備行爲가 實行의 着手에 이르지 아니한 때에는 法律에 特別한 規定이 없는 한 罰하지 아니한다.

참조 [특별규정]90①·101①·111③·120①·150·175·183·191·197·213·224·255·296·343

第29條【미수범의 처벌】 미수범을 처벌할 죄는 각칙의 해당 죄에서 정한다.(2020.12.8 본조개정)

改前 "第29條【未遂犯의 處罰】 未遂犯을 處罰할 罪는 各 本條에 정한다."

참조 [미수범을 벌하는 각 본조의 규정]89·100·111②·119③·124②·143·149·162·174·182·190·196·202·212·223·235·240·254·257③·280·286·294·300·322·325③·342·352·359·371

第3節 共 犯

第30條【共同正犯】 2人 이상이 共同하여 罪를 犯한 때에는 各自를 그 罪의 正犯으로 處罰한다.

참조 [신분범의 공범]33, [공동상해]263, [관련사건의 정의]형소11, [공범자와 증인신문]형소148·156, [공범의 소송비용]형소187, [친고죄 고소와 공범]형소233, [공범과 시효]형소252②·253②, [본조의 적용제외]선박39

판례 공동정범은 공동가공의 의사와 그 공동의사에 의한 기능적 행위지배를 통한 범죄실행이라는 주관적·객관적 요건을 충족함으로써 성립하므로, 공모자 중 구성요건행위를 직접 분담하여 실행하지 아니한 사람도 위 요건의 충족 여부에 따라 이른바 공모공동정범으로서의 죄책을 질 수도 있다. 한편 구성요건행위를 직접 분담하여 실행하지 아니한 공모자가 공모공동정범으로 인정되기 위하여는 전체 범죄에 있어서 그가 차지하는 지위·역할이나 범죄경과에 대한 지배 내지 장악력 등을 종합하여 그가 단순한 공모자에 그치는 것이 아니라 범죄에 대한 본질적 기여를 통한 기능적 행위지배가 존재하는 것으로 인정되어야 한다.(대판 2010.7.15, 2010도3544)

판례 공모공동정범에 있어서 공모자들에게 공모한 범행외에 공모한 범행의 도중에 부수적으로 파생된 범죄에 대하여도 공모와 기능적 행위가 있다고 인정하기 위한 판단 기준 : 공동정범은 공동가공의 의사와 그 공동의사에 기한 기능적 행위지배를 통한 범죄 실행이라는 주관적·객관적 요건을 충족함으로써 성립하는바, 공모자 중 일부가 구성요건 행위 중 일부를 직접 분담하여 실행하지 않은 경우라 할지라도 전체 범죄에 있어서 그가 차지하는 지위, 역할이나 범죄 경과에 대한 지배 내지 장악력 등을 종합해 볼 때, 단순한 공모자에 그치는 것이 아니라 범죄에 대한 본질적 기여를 통한 기능적 행위지배가 존재하는 것으로 인정된다면, 이른바 공모공동정범으로서의 죄책을 면할 수 없는 것이다. 이 경우, 범죄의 수단과 태양, 가담하는 인원과 그 성향, 범행 시간과 장소의 특성, 범행과정에서 타인과의 접촉 가능성과 예상되는 반응 등 제반 상황에 비추어, 공모자들이 그 공모한 범행을 수행하거나 목적 달성을 위해 나아가는 도중에 부수적인 다른 범죄가 파생되리라고 예상하거나 충분히 예상할 수 있는데도 그러한 가능성을 외면한 채 이를 방지하기 위한 합리적인 조치를 취하지 아니하고 공모한 범행에 나아갔다가 결국 그와 같이 예상되던 범행들이 발생하였다면, 비록 그 파생적인 범행 하나하나에 대하여 개별적인 의사의 연락이 없었다 하더라도 당초의 공모자들 사이에 그 범행 전부에 대하여 암묵적인 공모는 물론 그에 대한 기능적 행위지배가 존재한다고 보아야 할 것이다. 한편, 공모공동정범에 있어서 공모 또는 모의는 '범죄될 사실'의 주요부분에 해당하는 이상 가능한 한 이를 구체적이고 상세하게 특정하여야 할 뿐 아니라 엄격한 증명의 대상에 해당한다 할 것이나, 범죄의 특성에 비추어 부득이한 예외적인 경우라면 형사소송법이 공소사실을 특정하도록 한 취지에 반하지 않는 범위 내에서 공소사실 중 일부가 다소 개괄적으로 기재되었다고 하여 위법하다고 할 수는 없는 것이므로, 그 공모 또는 모의의 판시는 모의의 구체적인 일시, 장소, 내용 등을 상세하게 판시하여야만 할 필요는 없고 의사합치가 성립된 것이 밝혀지는 정도면 된다고 할 것이다.(대판 2007.4.26, 2007도428)

판례 공무원이 아닌 자가 허위공문서작성죄의 간접정범이나 공동정범이 될 수 있는지 여부 : 공무원이 아닌 자는 형법 제228조의 경우를 제외하고는 허위공문서작성죄의 간접정범으로 처벌할 수 없으나(대판 1971.1.26, 70도2598 등), 공무원이 아닌 자가 공무원과 공동하여 허위공문서작성죄를 범한 때에는 공무원이 아닌 자도 형법 제33조, 제30조에 의하여 허위공문서작성죄의 공동정범이 된다.
(대판 2006.5.11, 2006도1663)

第31條【敎唆犯】 ① 他人을 敎唆하여 罪를 犯하게 한 者는 罪를 實行한 者와 同一한 刑으로 處罰한다.

② 敎唆를 받은 者가 犯罪의 實行을 承諾하고 實行의 着手에 이르지 아니한 때에는 敎唆者와 被敎唆者를 陰謀 또는 豫備에 準하여 處罰한다.

③ 敎唆를 받은 者가 犯罪의 實行을 承諾하지 아니한 때에도 敎唆者에 대하여는 前項과 같다.

참조 [신분범의 공범]33, [간접정범]34, [관련사건의 정의]형소11, [공범과 증인신문]형소148·156, [공범의 소송비용]형소187, [친고죄 고소와 공범]형소233

판례 무면허 운전으로 사고를 낸 사람이 동생을 경찰서에 대신 출두시켜 피의자로 조사받도록 한 행위가 범인도피교사죄를 구성하는지 여부(적극) : 범인이 자신을 위하여 타인으로 하여금 허위의 자백을 하게 하여 범인도피죄를 범하게 하는 행위는 방어권의 남용으로 범인도피교사죄에 해당하는바, 이 경우 그 타인이 형법 제151조 제2항에 의하여 처벌을 받지 아니하는 친족, 호주 또는 동거 가족에 해당한다 하여 달리 볼 것은 아니라 할 것이다.
(대판 2006.12.7, 2005도3707)

판례 상해 또는 중상해를 교사하였는데 피교사자가 살인을 실행한 경우 교사자의 죄책 : 교사자가 피교사자에 대하여 상해 또는 중상해를 교사하였는데 피교사자가 이를 넘어 살인을 실행한 경우에, 일반적으로 교사자는 상해죄 또는 중상해죄의 죄책을 지게 되는 것이지만 이 경우에 교사자에게 피해자의 사망이라는 결과에 대하여 과실 내지 예견가능성이 있는 때에는 상해치사죄의 죄책을 지울 수 있다.
(대판 2002.10.25, 2002도4089)

판례 교사범이 교사사실을 부인하는 경우의 입증방법 : 교사자의 교사행위는 정범에게 범죄의 결의를 가지게 하는 것을 말하는 것으로서, 그 범죄를 결의하게 할 수 있는 것이면 그 수단에는 아무런 제한이 없고, 반드시 명시적·직접적 방법에 의할 것을 요하지도 않으며, 이와 같은 교사범에 있어서의 교사사실은 범죄사실을 구성하는 것으로서 이를 인정하기 위하여는 엄격한 증명이 요구되지만, 피고인이 교사사실을 부인하고 있는 경우에는 사물의 성질상 그와 상당한 관련성이 있는 간접사실을 증명하는 방법에 의하여 이를 입증할 수도 있고, 이러한 경우 무엇이 상당한 관련성이 있는 간접사실에 해당할 것인가는 정상적인 경험칙에 바탕을 두고 치밀한 관찰력이나 분석력에 의하여 사실의 연결상태를 합리적으로 판단하는 방법에 의하여야 한다.(대판 2000.2.25, 99도1252)

판례 교사범의 정범종속성 : 정범의 성립은 교사범의 구성요건의 일부를 형성하고 교사범이 성립함에는 정범의 범죄행위가 인정되는 것이 그 전제요건이 된다.(대판 1998.2.24, 97도183)

일판 시비 변별능력 있는 형사 미성년자를 이용하여 범죄를 시켰을 때에는 이를 외포시켜 그 의사를 억압하고 있었을 경우에는 교사범은 아니고, 간접정범이 성립한다.(日·最高 1983.9.21)

第32條【從犯】 ① 他人의 犯罪를 幇助한 者는 從犯으로 處罰한다.

② 從犯의 刑은 正犯의 刑보다 減輕한다.

참조 [신분범의 공범]33, [간접정범]34, [관련사건의 정의]형소11, [공범과 증인신문]형소148·156, [공범의 소송비용]형소187, [친고죄 고소와 공범]형소233, [공범과 시효]형소252②·253②, [가중감경의 순서]56

판례 형법상 방조행위는 정범이 범행을 한다는 점을 알면서 그 실행행위를 용이하게 하는 직접·간접의 모든 행위를 가리키는 것으로서 유형적·물질적인 방조뿐만 아니라 정범에게 범행의 결의를 강화하도록 하는 것과 같은 무형적·정신적 방조행위까지도 해당한다.
(대판 2008.3.13, 2006도3615)

판례 사기방조죄의 성부 : 의사인 피고인이 입원치료를 받을 필요가 없는 환자들이 보험금 수령을 위하여 입원치료를 받으려고 하는 사실을 알면서도 입원을 허가하여 형식상으로 입원치료를 받도록 한 후 입원확인서를 발급하여 준 사안에서, 사기방조죄가 성립한다.
(대판 2006.1.12, 2004도6557)

판례 방조범의 성립요건으로서 고의의 의미 및 판단 방법 : 방조행위는 정범이 범행을 한다는 정을 알면서 그 실행행위를 용이하게 하는 직접·간접의 행위를 말하므로, 방조범은 정범의 실행을 방조한다는 이른바 방조의 고의와 정범의 행위가 구성요건에 해당하는 행위인 점에 대한 정범의 고의가 있어야 하나, 이와 같은 고의는 내심적 사실이므로 피고인이 이를 부정하는 경우에는 사물의 성질상 고의와 상당한 관련성이 있는 간접사실을 증명하는 방법에 의하여 입증할 수밖에 없고, 이 때 무엇이 상당한 관련성이 있는 간접사실에 해당할 것인가는 정상적인 경험칙에 바탕을 두고 치밀한 관찰력이나 분석력에 의하여 사실의 연결상태를 합리적으로 판단하는 외에 다른 방법이 없다고 할 것이며, 또한 방조범에 있어서 정범의 고의는 정범에 의하여 실현되는 범죄의 구체적 내용을 인식할 것을 요하는 것은 아니고 미필적 인식 또는 예견으로 족하다.
(대판 2005.4.29, 2003도6056)

판례 정범의 실행행위 착수 이전의 방조행위와 종범의 성부 : 종범은 정범의 실행행위 중에 이를 방조하는 경우는 물론이고 실행의 착수 전에 장래의 실행행위를 예상하고 이를 용이하게 하는 행위를 하여 방조한 경우에도 정범이 그 실행행위에 나아갔다면 성립한다.
(대판 1997.4.17, 96도3377 전원합의체)

第33條【공범과 신분】 신분이 있어야 성립되는 범죄에 신분 없는 사람이 가담한 경우에는 그 신분 없는 사람에

형법

게도 제30조부터 제32조까지의 규정을 적용한다. 다만, 신분 때문에 형의 경중이 달라지는 경우에 신분이 없는 사람은 무거운 형으로 벌하지 아니한다.(2020.12.8 본조개정)

改前 "第33條【共犯과 身分】 身分關係로 인하여 成立될 犯罪에 加功한 行爲는 身分關係가 없는 者에게도 前3條의 規定을 適用한다. 但, 身分關係로 인하여 刑의 輕重이 있는 경우에는 重한 刑으로 罰하지 아니한다."

참조 [공범]30-32, [단서해당범죄]124 · 148 · 200 · 246② · 250② · 257② · 258② · 259② · 270 · 271 · 273 · 276 · 277 · 356

판례 비신분자가 신분자와 공모하여 업무상 배임죄를 범한 경우의 처단 방법(1) : 업무상배임죄는 업무상 타인의 사무를 처리하는 지위에 있는 사람이 그 임무에 위배하는 행위로써 재산상의 이익을 취득하거나 제3자로 하여금 이를 취득하게 하여 본인에게 손해를 가한 때에 성립하는 것으로서, 이는 타인의 사무를 처리하는 지위라는 점에서 보면 신분관계로 인하여 성립될 범죄이고, 업무상 타인의 사무를 처리하는 지위라는 점에서 보면 단순배임죄에 대한 가중규정으로서 신분관계로 인하여 형의 경중이 있는 경우라고 할 것이므로, 그와 같은 신분관계가 없는 자가 그러한 신분관계가 있는 자와 공모하여 업무상배임죄를 저질렀다면 그러한 신분관계가 없는 자에 대하여는 형법 제33조 단서에 의하여 단순배임죄에 정한 형으로 처단하여야 할 것이다.(대판 1999.4.27, 99도883)

판례 비신분자가 신분자와 공모하여 업무상 배임죄를 범한 경우의 처단 방법(2) : 동업으로 인한 배임죄의 신분관계가 있음을 전제로 배임죄의 공범으로 기소된 자에 대하여 심리 결과 동업관계는 인정되지 아니하나 동업관계가 없는 자가 비신분자로서 신분이 있는 자와 공모하여 배임죄를 저지른 사실이 인정되는 경우, 피고인의 방어권 행사에 실질적인 불이익을 초래할 염려가 없다면 공소장 변경 없이도 비신분자에 대하여 형법 제33조 본문에 의하여 배임죄의 공범으로 처단할 수 있다.(대판 2003.10.24, 2003도4027)

第34條【間接正犯, 特殊한 敎唆, 幇助에 대한 刑의 加重】 ① 어느 行爲로 인하여 處罰되지 아니하는 者 또는 過失犯으로 處罰되는 者를 敎唆 또는 幇助하여 犯罪行爲의 結果를 發生하게 한 者는 敎唆 또는 幇助의 例에 의하여 處罰한다.

② 自己의 指揮, 監督을 받는 者를 敎唆 또는 幇助하여 前項의 結果를 發生하게 한 者는 敎唆인 때에는 正犯에 정한 刑의 長期 또는 多額에 그 2分의 1까지 加重하고 幇助인 때에는 正犯의 刑으로 處罰한다.

참조 [공동정범]30, [교사범]31, [종범]32, [가중감경의 순서]56, [본조의 주장에 대한 판단]형소323②

판례 공무원 아닌 자가 관공서에 허위내용의 증명원을 제출하여 그 정을 모르는 공무원으로부터 그 증명원 내용과 같은 증명서를 발급받은 경우, 공문서위조죄의 간접정범이 성립하는지 여부(소극) : 어느 문서의 작성권한을 갖는 공무원이 그 문서의 기재 사항을 인식하고 그 문서를 작성할 의사로써 이에 서명날인하였다면, 그 서명날인이 타인의 기망으로 착오에 빠진 결과 그 문서의 기재사항이 진실에 반함을 알지 못한 데 기인한다고 하여도, 그 문서의 성립은 진정하며 여기에 하등 작성명의를 모용한 사실이 있다고 할 수는 없으므로, 공무원 아닌 자가 관공서에 허위 내용의 증명원을 제출하여 그 내용이 허위인 정을 모르는 담당공무원으로부터 그 증명원 내용과 같은 증명서를 발급받은 경우 공문서위조죄의 간접정범으로 의율할 수는 없다.(대판 2001.3.9, 2000도938)

판례 경찰서 보안과장인 피고인이 갑의 음주운전을 눈감아주기 위하여 그에 대한 음주운전자 적발보고서를 찢어버리고, 부하로 하여금 일련번호가 동일한 가짜 음주운전 적발보고서에 을에 대한 음주운전 사실을 기재케 하여 그 정을 모르는 담당 경찰관으로 하여금 주취운전자 음주측정처리부에 을에 대한 음주운전 사실을 기재하도록 한 이상, 을이 음주운전으로 인하여 처벌을 받았는지 여부와는 관계없이 허위공문서작성 및 동 행사죄의 간접정범으로서의 죄책을 면할 수 없다.(대판 1996.10.11, 95도1706)

第4節　累　犯

第35條【누범】 ① 금고(禁錮) 이상의 형을 선고받아 그 집행이 종료되거나 면제된 후 3년 내에 금고 이상에 해당하는 죄를 지은 사람은 누범(累犯)으로 처벌한다.

② 누범의 형은 그 죄에 대하여 정한 형의 장기(長期)의 2배까지 가중한다.

(2020.12.8 본조개정)

改前 "第35條【累犯】 ① 禁錮 이상의 刑을 받어 그 執行을 終了하거나 免除를 받은 후 3年內에 禁錮 이상에 該當하는 罪를 犯한 者는 累犯으로 處罰한다.

② 累犯의 刑은 그 罪에 정한 刑의 長期의 2倍까지 加重한다."

참조 [외국에서 집행된 형의 산입]7, [형의 집행면제]77, 사면5 · 6, [기간계산]83-86, [가중의 한도]42, [재범자의 특수가중]국가보안13, [누범의 주장에 대한 판단]형소323②

판례 누범을 가중처벌 하는 것은 다시 범행을 하였다는데 있는 것이지 후범과 일괄하여 다시 처벌하는 것이 아니므로 누범에 대하여 형을 가중하는 것이 헌법상 일사부재리원칙에 위배하여 피고인의 기본권을 침해하는 것이라고는 볼 수 없다. 이는 합리적 근거 있는 차별이어서 헌법상의 평등의 원칙에 위배되지 아니한다.

(헌재결 1995.2.23, 93헌바43)

第36條【判決宣告後의 累犯發覺】 判決宣告後 累犯인 것이 發覺된 때에는 그 宣告한 刑을 通算하여 다시 刑을 정할 수 있다. 但, 宣告한 刑의 執行을 終了하거나 그 執行이 免除된 후에는 例外로 한다.

참조 [절차]형소336, [외국에서 집행된 형의 산입]7, [형의 집행면제]77, 사면5 · 6

第5節　競合犯

第37條【競合犯】 判決이 確定되지 아니한 數個의 罪 또는 금고 이상의 형에 처한 판결이 확정된 죄와 그 判決確定前에 犯한 罪를 競合犯으로 한다.(2004.1.20 본조개정)

改前 …또는 "判決이 確定된 罪"와 그 判決確定前에…

참조 [확정재판]형소343 · 358 · 374 · 453 · 457, [경합범의 처벌]38-40, [경합범에 대한 신법의 적용례]부칙6, [관련사건]형소11

판례 사기죄에서 수인의 피해자에 대하여 각 피해자별로 기망행위를 하여 각각 재물을 편취한 경우에 그 범의가 단일하고 범행방법이 동일하다고 하더라도 포괄일죄가 성립하는 것이 아니라 피해자별로 1개씩의 죄가 성립하는 것으로 보아야 한다. 다만 피해자들이 하나의 동업체를 구성하는 등으로 피해 법익이 동일하다고 볼 수 있는 사정이 있는 경우에는 피해자가 복수이더라도 이들에 대한 사기죄를 포괄하여 일죄로 볼 수도 있다.(대판 2011.4.14, 2011도769)

판례 항소심이 경합범으로 공소제기된 수 개의 범죄사실 중 그 일부에 대하여 유죄, 일부에 대하여 무죄를 각 선고하고 무죄 부분에 대하여는 검사가 상고하였으나 유죄 부분에 대하여는 피고인과 검사 모두 상고하지 아니한 경우, 그 유죄 부분은 상소기간의 도과로 확정되므로 무죄 부분의 상고가 이유 있는 경우에도 그 무죄 부분만이 파기되어야 한다.(대판 2007.6.28, 2005도7473)

판례 범인이 피해자로부터 직불카드 등을 강취한 경우에는, 이를 갈취 또는 편취한 경우와는 달리, 피해자가 그 직불카드 등의 사용권한을 범인에게 부여하였다고 할 수 없고, 따라서 그와 같이 강취한 직불카드를 사용하여 현금자동인출기에서 현금을 인출하여 가진 경우에는 그 현금자동인출기 관리자의 의사에 반하여 그의 지배를 배제하고 그 현금을 자기의 지배하에 옮겨 놓는 것이 되므로 절도죄가 별도로 성립한다고 할 것이다.(대판 2007.4.13, 2007도1377)

판례 법조경합의 한 형태인 '특별관계'의 의미 : 법조경합의 한 형태인 '특별관계'란 어느 구성요건이 다른 구성요건의 모든 요소를 포함하는 이외에 다른 요소를 구비하여야 성립하는 경우로서 특별관계에 있어서는 특별법의 구성요건을 충족하는 행위는 일반법의 구성요건을 충족하지만 반대로 일반법의 구성요건을 충족하는 행위는 특별법의 구성요건을 충족하지 못한다.(대판 2005.2.17, 2004도6940)

판례 상습으로 저질러진 수개의 범죄의 죄수관계 : 상습성을 갖춘 자가 여러 개의 죄를 반복하여 저지른 경우에는 각 죄를 별죄로 보아 경합범으로 처단할 것이 아니라 그 모두를 포괄하여 상습범이라고 하는 하나의 죄로 처단하는 것이 상습범의 본질 또는 상습범 가중처벌규정의 입법취지에 부합한다.(대판 2004.9.16, 2001도3206 전원합의체)

판례 경합범의 처벌에 관하여 형을 가중하는 규정으로서 일반적으로는 두 개의 형을 선고하는 것보다는 하나의 형을 선고하는 것이 피고인에게 유리하므로 개정 법률을 적용하는 것이 오히려 피고인에게 불리하게 되는 등의 특별한 사정이 없는 한 형법 제1조 제2항을 유추 적용하여 위 개정 법률 시행 당시 법원에 계속중인 사건 중 위 개정 법률 시행 전에 벌금형 및 그보다 가벼운 형에 처한 판결이 확정된 경우에도 적용되는 것으로 보아야 할 것이다.

(대판 2004.6.25, 2003도7124)

第38條【경합범과 처벌례】 ① 경합범을 동시에 판결할 때에는 다음 각 호의 구분에 따라 처벌한다.

1. 가장 무거운 죄에 대하여 정한 형이 사형, 무기징역, 무기금고인 경우에는 가장 무거운 죄에 대하여 정한 형으로 처벌한다.

2. 각 죄에 대하여 정한 형이 사형, 무기징역, 무기금고 외의 같은 종류의 형인 경우에는 가장 무거운 죄에 대하여 정한 형의 장기 또는 다액(多額)에 그 2분의 1까지 가중하되 각 죄에 대하여 정한 형의 장기 또는 다액을 합산한 형기 또는 액수를 초과할 수 없다. 다만, 과료와 과료, 몰수와 몰수는 병과(倂科)할 수 있다.
3. 각 죄에 대하여 정한 형이 무기징역, 무기금고 외의 다른 종류의 형인 경우에는 병과한다.

② 제1항 각 호의 경우에 징역과 금고는 같은 종류의 형으로 보아 징역형으로 처벌한다.
(2020.12.8 본조개정)

改前 "第38條【競合犯과 處罰例】 ① 競合犯을 同時에 判決할 때에는 다음의 區別에 의하여 處罰한다.
1. 가장 重한 罪에 정한 刑이 死刑 또는 無期懲役이나 無期禁錮인 때에는 가장 重한 罪에 정한 刑으로 處罰한다.
2. 各 罪에 정한 刑이 死刑 또는 無期懲役이나 無期禁錮이외의 同種의 刑인 때에는 가장 重한 罪에 정한 長期 또는 多額에 그 2分의 1까지 加重하되 各 罪에 정한 刑의 長期 또는 多額을 合算한 刑期 또는 額數를 超過할 수 없다. 但, 科料와 科料, 沒收와 沒收는 倂科할 수 있다.
3. 各 罪에 정한 刑이 無期懲役이나 無期禁錮 이외의 異種의 刑인 때에는 倂科한다.
② 前項 各號의 경우에 있어서 懲役과 禁錮는 同種의 刑으로 看做하여 懲役刑으로 處罰한다."

참조 [경합범]37, [형의 경중]50, [가중의 한도]42, [가중감경의 순서]56, [몰수]48 · 49, [본조의 주장에 대한 판단]형소323②, [특별규정]조세범처벌20, 관세278, 담배31

판례 형법 제38조 제1항 제3호에 의하여 징역형과 벌금형을 병과하는 경우에는 각 형에 대한 범죄의 정상에 차이가 있을 수 있으므로 징역형에만 작량감경을 하고 벌금형에는 작량감경을 하지 아니하였다고 하여 이를 위법하다고 할 수 없다.(대판 2006.3.23, 2006도1076)

第39條【判決을 받지 아니한 競合犯, 數個의 判決과 競合犯, 刑의 執行과 競合犯】 ① 競合犯중 判決을 받지 아니한 罪가 있는 때에는 그 죄와 판결이 확정된 죄를 동시에 판결할 경우와 형평을 고려하여 그 죄에 대하여 형을 선고한다. 이 경우 그 형을 감경 또는 면제할 수 있다.
(2005.7.29 본항개정)

② (2005.7.29 삭제)

③ 競合犯에 의한 判決의 宣告를 받은 者가 競合犯중의 어떤 罪에 대하여 赦免 또는 刑의 執行이 免除된 때에는 다른 罪에 대하여 다시 刑을 정한다.

④ 前3項의 刑의 執行에 있어서는 이미 執行한 刑期를 通算한다.

改前 ① …있는 때에는 "그 罪에 대하여 刑을 宣告한다."
"② 前項에 의한 數個의 判決이 있는 때에는 前條의 例에 의하여 執行한다."

참조 [형의 집행]38, [형의 집행순서]형소462, [사면]사면3 · 5 · 6, [다시 형을 정하는 절차]형소336

판례 피고인에게 집행유예 전과 이외에 사기죄의 징역형 전과가 있고, 위 두 전과가 모두 형법 제39조 제1항의 규정에 따라 '판결이 확정된 죄'에 해당하는 경우 원심판결이 형법 제39조 제1항의 법령적용을 설시함에 있어서 단지 판결서에 위 사기죄 전과의 기재를 누락하였다는 사정만으로 원심이 위 규정에 정한 형평의 고려를 다하지 아니한 것으로 위법하다고는 할 수 없다.
(대판 2006.3.23, 2005도9678)

第40條【상상적 경합】 한 개의 행위가 여러 개의 죄에 해당하는 경우에는 가장 무거운 죄에 대하여 정한 형으로 처벌한다.(2020.12.8 본조개정)

改前 "第40條【想像的 競合】 1個의 行爲가 數個의 罪에 該當하는 경우에는 가장 重한 罪에 정한 刑으로 處罰한다."

참조 [형의 경중]50, [경합례]136 · 138 · 140① · 147 · 311 · 329

판례 공무원이 취급하는 사건에 관하여 청탁 또는 알선을 할 의사와 능력이 없음에도 청탁 또는 알선을 한다고 기망하고 금품을 교부받은 경우, 사기죄와 변호사법 위반죄가 상상적 경합의 관계에 있다.
(대판 2006.1.27, 2005도8704)

판례 상상적 경합과 법조경합의 구별 기준 : 상상적 경합은 1개의 행위가 실질적으로 수개의 구성요건을 충족하는 경우를 말하고 법조경합은 1개의 행위가 외관상 수개의 죄의 구성요건에 해당하는 것처럼 보이나 실질적으로 1죄만을 구성하는 경우를 말하며, 실질적으로 1죄인가 또는 수죄인가는 구성요건적 평가와 보호법익의 측면에서 고찰하여 판단하여야 한다.(대판 2002.7.18, 2002도669 전원합의체)

판례 상상적경합범의 관계에 있는 수죄 중 일부가 무죄인 경우, 원심이 그 수죄를 모두 유죄로 인정한 것은 그 일부만이 유죄로 인정되는 경우와는 양형의 조건을 참작함에 있어서 차이가 생기게 됨으로써 판결의 결과에 영향을 주었으므로 원심판결을 파기한다.
(대판 1995.9.29, 94도2608)

第3章 刑

第1節 刑의 種類와 輕重

第41條【刑의 種類】 刑의 種類는 다음과 같다.
1. 死刑
2. 懲役
3. 禁錮
4. 資格喪失
5. 資格停止
6. 罰金
7. 拘留
8. 科料
9. 沒收

참조 [형의 경중]50, [자격상실]43, [자격정지]43 · 44, [형의 효력]부칙7

판례 사형선고의 허용요건 : 사형은 인간의 생명 자체를 영원히 박탈하는 냉엄한 궁극의 형벌로서 문명국가의 이성적인 사법제도가 상정할 수 있는 극히 예외적인 형벌이라는 점을 감안할 때, 사형의 선고는 범행에 대한 책임의 정도와 형벌의 목적에 비추어 그것이 정당화될 수 있는 특별한 사정이 있다고 누구라도 인정할 만한 객관적인 사정이 분명히 있는 경우에만 허용하여야 한다. 따라서 사형을 선고함에 있어서는 범인의 연령, 직업과 경력, 성행, 지능, 교육 정도, 성장과정, 가족관계, 전과의 유무, 피해자와의 관계, 범행의 동기, 사전계획의 유무, 준비의 정도, 수단과 방법, 잔인하고 포악한 정도, 결과의 중대성, 피해자의 수와 피해감정, 범행 후의 심정과 태도, 반성과 가책의 유무, 피해회복의 정도, 재범의 우려 등 양형의 조건이 되는 모든 사항을 철저히 심리하여 위와 같은 특별한 사정이 있음을 명확하게 밝힌 후 비로소 사형의 선택 여부를 결정하여야 한다.
(대판 2003.6.13, 2003도924)

第42條【懲役 또는 禁錮의 期間】 懲役 또는 禁錮는 無期 또는 有期로 하고 有期는 1개월 이상 30년 이하로 한다. 但, 有期懲役 또는 有期禁錮에 대하여 刑을 加重하는 때에는 50년까지로 한다.(2010.4.15 본조개정)

改前 …無期 또는 有期로 하고 有期는 "1月"이상 "15年"이하로 한다. 但, 有期懲役 또는 有期禁錮에 대하여 刑을 加重하는 때에는 "25年"까지로 한다.

참조 [소년에 대한 징역 · 금고형]소년59 – 66, [보상]형사보상및명예회복에관한법2 · 5, [집행]형소473 – 475, [특수가중]국가보안13

第43條【刑의 宣告와 資格喪失, 資格停止】 ① 死刑, 無期懲役 또는 無期禁錮의 判決을 받은 者는 다음에 記載한 資格을 喪失한다.
1. 公務員이 되는 資格
2. 公法上의 選擧權과 被選擧權
3. 法律로 要件을 정한 公法上의 業務에 關한 資格
4. 法人의 理事, 監事 또는 支配人 其他 法人의 業務에 關한 檢查役이나 財産管理人이 되는 資格

② 有期懲役 또는 有期禁錮의 判決을 받은 者는 그 刑의 執行이 終了하거나 免除될 때까지 前項第1號 내지 第3號에 記載된 資格이 停止된다. 다만, 다른 법률에 특별한 규정이 있는 경우에는 그 법률에 따른다.(2016.1.6 단서신설)

참조 [자격의 상실 · 정지]국가보안14, 국가공무원33, 지방공무원31, 법원조직43, 검찰33, 변호사5, 공인회계사4, 군인사법10, [적용제한]부칙5, [복권]사면5 · 6, [감경]55①

第44條【資格停止】 ① 前條에 記載한 資格의 全部 또는 一部에 대한 停止는 1年 이상 15年 이하로 한다.

② 有期懲役 또는 有期禁錮에 資格停止를 倂科한 때에는 懲役 또는 禁錮의 執行을 終了하거나 免除된 날로부터 停止期間을 起算한다.

참조 [기간의 계산]83, [형기의 기산]84, [감경]55①, [집행]형소476, [복권]82, [약혼해제사유]민804, [후견인 등의 결격사유]민937

第45條【罰金】 罰金은 5萬원 이상으로 한다. 다만, 減輕하는 경우에는 5萬원 미만으로 할 수 있다.
(1995.12.29 본조개정)

참조 [환형처분]69－71, [감경]55①, [집행방법]형소477－479, [가납부]형소334·480·481, [보상]형사보상및명예회복에관한법2②·5④, [구속제한]형소70②

第46條【拘留】 拘留는 1日 이상 30日 미만으로 한다.

참조 [집행]형소473－475, [감경]55①, [보상]형사보상및명예회복에관한법2③·5①②, [구속사유]형소70①②

第47條【科料】 科料는 2千원 이상 5萬원 미만으로 한다.
(1995.12.29 본조개정)

참조 [환형처분]69－71, [집행방법]형소477－479, [감경]55, [가납]형소334·480·481, [보상]형사보상및명예회복에관한법2②·5④

第48條【몰수의 대상과 추징】 ① 범인 외의 자의 소유에 속하지 아니하거나 범죄 후 범인 외의 자가 사정을 알면서 취득한 다음 각 호의 물건은 전부 또는 일부를 몰수할 수 있다.
1. 범죄행위에 제공하였거나 제공하려고 한 물건
2. 범죄행위로 인하여 생겼거나 취득한 물건
3. 제1호 또는 제2호의 대가로 취득한 물건

② 제1항 각 호의 물건을 몰수할 수 없을 때에는 그 가액(價額)을 추징한다.
③ 문서, 도화(圖畵), 전자기록(電磁記錄) 등 특수매체기록 또는 유가증권의 일부가 몰수의 대상이 된 경우에는 그 부분을 폐기한다.
(2020.12.8 본조개정)

改前 "第48條【沒收의 對象과 追徵】① 犯人이외의 者의 所有에 屬하지 아니하거나 犯罪後 犯人이외의 者가 情을 알면서 取得한 다음 記載의 物件은 全部 또는 一部를 沒收할 수 있다.
1. 犯罪行爲에 提供하였거나 提供하려고 한 物件
2. 犯罪行爲로 인하여 生하였거나 이로 인하여 取得한 物件
3. 前2號의 對價로 取得한 物件
② 前項에 記載한 物件을 沒收하기 不能한 때에는 그 價額을 追徵한다.
③ 文書, 圖畵, 電磁記錄등 特殊媒體記錄 또는 有價證券의 一部가 沒收에 該當하는 때에는 그 部分을 廢棄한다.(1995.12.29 본항개정)"

참조 [대상]134, 국가보안15, 특정범죄가중13, 저작139, 마약67, 우편법46③·52, 관세272·273·282, 공무원범죄에관한몰수특례법, [가납]형소334·480·481, [몰수물의 처분]형소483－485, [집행]형소477－479, [보상]형사보상및명예회복에관한법2②·5⑥

▣ 몰수할 수 있는 사례

판례 '범죄행위에 제공하려고 한 물건'이란 범죄행위에 사용하려고 준비하였으나 실제 사용하지 못한 물건을 의미하는바, 어떠한 물건을 '범죄행위에 제공하려고 한 물건'으로서 몰수하기 위하여는 그 물건이 유죄로 인정되는 당해 범죄행위에 제공하려고 한 물건임이 인정되어야 한다.(대판 2008.2.14, 2007도10034)

미판 범죄에 사용된 몰수는 공동소유자의 이익을 고려하지 않아도 적법절차위반이 아니다.(미연방법원 134 L Ed 2d 68, 116 S Ct 994)

▣ 필요적 몰수

판례 청탁을 한다는 명목으로 받은 금품을 분배한 경우에는 각자가 실제로 배분받은 금품만을 개별적으로 몰수하거나 그 가액을 추징하여야 한다.(대판 1996.11.29, 96도2490)

판례 피고인이 범죄행위의 대가로서 상피고인으로부터 받은 돈이라 할지라도 이는 반드시 몰수를 하여야 되는 경우가 아니고 법원의 재량에 따라 몰수할 수도 있고 안할 수도 있다.
(대판 1971.11.9, 71도1537)

▣ 몰수할 수 없는 사례

판례 범죄행위로 취득한 주식의 가액을 추징하는 경우, 주식의 취득대가를 추징금액에서 공제하여야 하는지 여부 : 범죄행위로 인하여 물건을 취득하면서 그 대가를 지급하였다고 하더라도 범죄행위로 취득한 것은 물건 자체이고 이는 몰수되어야 할 것이나, 이미 처분되어 없다면 그 가액 상당을 추징할 것이고, 그 가액에서 이를 취득하기 위한 대가로 지급한 금원을 뺀 나머지를 추징해야 하는 것은 아니다.(대판 2005.7.15, 2003도4293)

판례 관세법 제188조 제1호 소정의 물품에 대한 수입신고를 함에 있어서 주요사항을 허위로 신고한 경우에 위 물건은 신고의 대상물에 지나지 않아 신고로서 이루어지는 허위신고죄의 범죄행위자체에 제공되는 물건이라고 할 수 없으므로 형법 제48조 제1항 소정의 몰수요건에 해당한다고 볼 수 없다.(대판 1974.6.11, 74도352)

▣ 관세법 위반과 몰수 및 추징

판례 피고인이 뇌물로서 수수한 자기앞수표를 일단 소비한 후에 증뢰자에게 다시 동액의 금원을 반환하였다 하더라도 피고인에 대하여는 금액상당을 추징한 조처는 정당하다.(대판 1984.2.14, 83도2871)

第49條【沒收의 附加性】 沒收는 他刑에 附加하여 科한다. 但, 行爲者에게 有罪의 裁判을 아니할 때에도 沒收의 要件이 있는 때에는 沒收만을 宣告할 수 있다.

참조 [형의 선고유예]59－61, [형의 종류]41

판례 형법 제59조에 의하여 형의 선고의 유예를 하는 경우에도 몰수의 요건이 있는 때에는 몰수형만의 선고를 할 수 있다.
(대판 1973.12.11, 73도1133 폐기 판례 : 1960.9.21, 4293형상121 ; 1970.6.30, 70도883 ; 1970.6.30, 70도993 ; 1970.7.24, 70도1289 ; 1972.10.31, 72도2049)

第50條【형의 경중】 ① 형의 경중은 제41조 각 호의 순서에 따른다. 다만, 무기금고와 유기징역은 무기금고를 무거운 것으로 하고 유기금고의 장기가 유기징역의 장기를 초과하는 때에는 유기금고를 무거운 것으로 한다.
② 같은 종류의 형은 장기가 긴 것과 다액이 많은 것을 무거운 것으로 하고 장기 또는 다액이 같은 경우에는 단기가 긴 것과 소액이 많은 것을 무거운 것으로 한다.
③ 제1항 및 제2항을 제외하고는 죄질과 범정(犯情)을 고려하여 경중을 정한다.
(2020.12.8 본조개정)

改前 "第50條【刑의 輕重】① 刑의 輕重은 第41條 記載의 順序에 의한다. 但, 無期禁錮와 有期懲役은 禁錮를 重한 것으로 하고 有期禁錮의 長期가 有期懲役의 長期를 超過하는 때에는 禁錮를 重한 것으로 한다.
② 同種의 刑은 長期의 긴 것과 多額의 많은 것을 重한 것으로 하고 長期 또는 多額이 同一한 때에는 그 短期의 긴 것과 少額의 많은 것을 重한 것으로 한다.
③ 前2項의 規定에 의한 외에는 罪質과 犯情에 의하여 輕重을 정한다."

참조 [형집행의 순서]형소462, [형의 변경]1②, [경합범]38－40, [구형법기타 법령과 형의 경중]부칙1·2

第2節 刑의 量定

第51條【量刑의 條件】 刑을 정함에 있어서는 다음 事項을 參酌하여야 한다.
1. 犯人의 年齡, 性行, 知能과 環境
2. 被害者에 대한 關係
3. 犯行의 動機, 手段과 結果
4. 犯行後의 情況

참조 [형의 가중]35－40·42, [형의 감경]10②·11·21②·22③·25②·26·27·32·52·295의2, [기소편의주의]형소247

판례 만취한 부하 직원과 회식 자리에 단둘이 남게 되자 피해자를 자신의 집으로 데려가 침실에서 추행하던 중 창문을 통해 도망치려던 피해자가 8층 높이에서 떨어져 숨진 사건에서, 피해자가 그 침실을 벗어나려는 과정에서 발생한 결과와 추행 범행이 무관하다고 볼 수 없다. 피해자가 수차례 침실을 벗어나려고 하는데도 피의자는 이를 계속 제지하였고, 결국 피해자가 비정상적인 방법으로 그 침실을 벗어나려고 시도하는 과정에서 창문에서 떨어져 사망하였으므로, 이 경우 피해자의 사망을 형법에서 정한 양형의 조건인 '범행 후의 정황'에 해당한다고 보아야 한다.(대판 2019.8.30, 2019도8955)

판례 검사가 기소편의주의에 따라 소추권을 행사함에 있어서의 참작사항 : 검사가 기소편의주의에 따라 소추권을 행사함에 있어서 참작하여야 할 형법 제51조에 규정된 사항들은 단지 예시적인 것에 불과하고 피의자의 전과 및 전력, 법정형의 경중, 범행이 미치는 사회적 영향, 사회정세 및 가벌성에 대한 평가의 변화, 법령의 개폐, 공범의 사면, 범행 후 시간의 경과 등과 같이 위 법조에 예시되지 아니한 사항도 참작의 요소가 될 수 있다.(헌재결 1995.1.20, 94헌마246)

第52條【자수, 자복】 ① 죄를 지은 후 수사기관에 자수한 경우에는 형을 감경하거나 면제할 수 있다.
② 피해자의 의사에 반하여 처벌할 수 없는 범죄의 경우에는 피해자에게 죄를 자복(自服)하였을 때에도 형을 감경하거나 면제할 수 있다.
(2020.12.8 본조개정)

改前 "第52條【自首, 自服】① 罪를 犯한 후 搜査責任이 있는 官署에 自首한 때에는 그 刑을 減輕 또는 免除할 수 있다.
② 被害者의 意思에 반하여 處罰할 수 없는 罪에 있어서 被害者에게 自服한 때에도 前項과 같다."

참조 [감경례]54·55, [면제의 선고]형소322, [자수감면의 특별규정]90①단서·101①단서·153·154·157, 국가보안16, [피해자의 의사]260③·266②·312·318·328②·344·354·361·365, 특허225·229의2, 저작140, [고소권자]형소223－228

판례 자수를 형의 임의적 감면사유로 규정한 형법 제52조 제1항이 헌법상 평등원칙에 반하지 않으므로 헌법에 위반되지 않는다는 결정을 선고하였다.(헌재결 2013.10.24, 2012헌바278)

판례 피고인이 검찰의 소환에 따라 자진 출석하여 검사에게 범죄사실에 관하여 자백함으로써 형법상 자수의 효력이 발생하였다면, 그 후에 검찰이나 법정에서 범죄사실을 일부 부인하였다고 하더라도 일단 발생한 자수의 효력이 소멸하는 것은 아니다.
(대판 2002.8.23, 2002도46)

판례 자수의 성립 요건 : 형법 제52조 제1항 소정의 자수란 범인이 자발적으로 자신의 범죄사실을 수사기관에 신고하여 그 소추를 구하는 의사표시를 함으로써 성립하는 것이다.(대판 1999.7.9, 99도1695)

第53條【정상참작감경】 범죄의 정상(情狀)에 참작할 만한 사유가 있는 경우에는 그 형을 감경할 수 있다.
(2020.12.8 본조개정)

改前 "第53條【酌量減輕】 犯罪의 情狀에 參酌할 만한 事由가 있는 때에는 酌量하여 그 刑을 減輕할 수 있다."

참조 [방법·순서]54-56

第54條【선택형과 정상참작감경】 한 개의 죄에 정한 형이 여러 종류인 때에는 먼저 적용할 형을 정하고 그 형을 감경한다.(2020.12.8 본조개정)

改前 "第54條【選擇刑과 酌量減輕】 1個의 罪에 정한 刑이 數種인 때에는 먼저 適用할 刑을 정하고 그 刑을 減輕한다."

참조 [감경]10·11·21-23·25-27·32·33·52·53·153·154·157·295의2, 국가보안16

판례 법정형에서 무기징역을 선택한 후 작량감경을 한 결과 유기징역이 되었을 경우에는 피고인이 미성년자라 하더라도 부정기형을 선고할 수 없다.(대판 1988.5.24, 88도501)

第55條【法律上의 減輕】 ① 法律上의 減輕은 다음과 같다.
1. 死刑을 減輕할 때에는 無期 또는 20년 이상 50년 이하의 懲役 또는 禁錮로 한다.(2010.4.15 본호개정)
2. 無期懲役 또는 無期禁錮를 減輕할 때에는 10년 이상 50년 이하의 懲役 또는 禁錮로 한다.(2010.4.15 본호개정)
3. 有期懲役 또는 有期禁錮를 減輕할 때에는 그 刑期의 2分의 1로 한다.
4. 資格喪失을 減輕할 때에는 7年 이상의 資格停止로 한다.
5. 資格停止를 減輕할 때에는 그 刑期의 2分의 1로 한다.
6. 罰金을 減輕할 때에는 그 多額의 2分의 1로 한다.
7. 拘留를 減輕할 때에는 그 長期의 2分의 1로 한다.
8. 科料를 減輕할 때에는 그 多額의 2分의 1로 한다.

② 法律上 減輕할 事由가 數個있는 때에는 거듭 減輕할 수 있다.

改前 1. 死刑을…無期 또는 "10年이상"의 懲役 또는…
2. 無期懲役 또는…때에는 "7年이상"의 懲役 또는…

참조 [감경]10·11·21-23·25-27·32·33·52·53·153·154·157·295의2, 국가보안16

판례 군법회의법 제369조 제1항에 의하면 판결은 관할관이 확인하여야 하며 형법 제51조의 사항을 참작하여 그 형이 부당하다고 인정할 만한 사유가 있는 때에는 그 형을 감경 또는 형의 집행을 면할 수 있다라고만 규정함으로써 형법 제55조의 법률상의 감경례에 따라 감경하여야 한다는 제한규정을 두지 아니하고 있으니 관할관은 형법 제55조에 따르지 않아도 무방하다.(대판 1974.9.24, 74도1955)

第56條【가중·감경의 순서】 형을 가중·감경할 사유가 경합하는 경우에는 다음 각 호의 순서에 따른다.
1. 각칙 조문에 따른 가중
2. 제34조제2항에 따른 가중
3. 누범 가중
4. 법률상 감경
5. 경합범 가중
6. 정상참작감경

(2020.12.8 본조개정)

改前 "第56條【加重減輕의 順序】 刑을 加重減輕할 事由가 競合된 때에는 다음 順序에 의한다.
1. 各則本條에 의한 加重
2. 第34條第2項의 加重
3. 累犯加重
4. 法律上減輕
5. 競合犯加重
6. 酌量減輕"

참조 [누범가중]35·36, 국가보안13, [법률상 감경]10·11·21-23·25-27·32·33·52·53·153·154·157·295의2, 국가보안16, [경합범가중]38-40, [작량감경]53

第57條【判決宣告前 拘禁日數의 通算】 ① 判決宣告前의 拘禁日數는 그 전부를 有期懲役, 有期禁錮, 罰金이나 科料에 관한 留置 또는 拘留에 算入한다.(2014.12.30 본항개정)

② 前項의 경우에는 拘禁日數의 1日은 懲役, 禁錮, 罰金이나 科料에 관한 留置 또는 拘留의 期間의 1日로 計算한다.

改前 ① 判決宣告前의 拘禁日數는 그 "全部 또는 一部"를…

참조 [상소제기후의 미결구금일수통산]형소482

판례 형법 제57조 제1항 중 "또는 일부" 부분이 헌법상 무죄추정의 원칙 및 적법절차의 원칙 등을 위배하여 신체의 자유를 침해하는지 여부(적극) : 헌법상 무죄추정의 원칙에 따라 유죄판결이 확정되기 전에 피의자 또는 피고인을 죄 있는 자에 준하여 취급함으로써 법률적·사실적 측면에서 유형·무형의 불이익을 주어서는 아니 되고, 특히 미결구금은 신체의 자유를 침해받는 피의자 또는 피고인의 입장에서 보면 실질적으로 자유형의 집행과 다를 바 없으므로, 인권보호 및 공평의 원칙상 형기에 전부 산입되어야 한다. 따라서 형법 제57조 제1항 중 "또는 일부 부분"은 헌법상 무죄추정의 원칙 및 적법절차의 원칙 등을 위배하여 합리성과 정당성 없이 신체의 자유를 침해한다.(헌재결 2009.6.25, 2007헌바25)

판례 미결구금일수의 전부 또는 일부를 본형에 산입한다고 규정한 것은 미결구금이 공소의 목적을 달성하기 위하여 어쩔 수 없이 피고인 또는 피의자를 구금하는 강제처분이어서, 형의 집행은 아니지만 자유를 박탈하는 점이 자유형과 유사하기 때문이다.
(대판 2009.5.28, 2009도1446)

판례 미결구금은 도망이나 증거인멸을 방지하여 수사, 재판, 또는 형의 집행을 원활하게 진행하기 위하여 무죄추정원칙에도 불구하고 불가피하게 피의자 또는 피고인을 일정기간 일정시설에 구금하여 그 자유를 박탈하게 하는 재판확정 전의 강제적 처분이며, 형의 집행은 아니므로 성질상 그 기간을 형기에 당연히 산입하여야 하는 것은 아니다.(대결 2007.8.10, 2007모522)

판례 판결 선고 전 구금일수를 전부 산입할 것인가 또는 그 일부만을 산입할 것인가의 여부는 판결 법원의 자유재량에 속하는 것이므로, 항소심이 제1심판결을 파기하고 새로이 형을 선고함에 있어서 제1심판결 선고 전의 구금일수 중 일부를 본형에 산입하지 않았다고 하더라도 이를 위법하다 할 수 없다.(대판 2006.4.13, 2005도9268)

第58條【判決의 公示】 ① 被害者의 利益을 위하여 必要하다고 認定할 때에는 被害者의 請求가 있는 경우에 한하여 被告人의 負擔으로 判決公示의 趣旨를 宣告할 수 있다.

② 피고사건에 대하여 무죄의 판결을 선고하는 경우에는 무죄판결공시의 취지를 선고하여야 한다. 다만, 무죄판결을 받은 피고인이 무죄판결공시 취지의 선고에 동의하지 아니하거나 피고인의 동의를 받을 수 없는 경우에는 그러하지 아니하다.(2014.12.30 본항개정)

③ 피고사건에 대하여 면소의 판결을 선고하는 경우에는 면소판결공시의 취지를 선고할 수 있다.(2014.12.30 본항신설)

改前 "② 被告事件에 대하여 無罪 또는 免訴의 判決을 宣告할 때에는 判決公示의 趣旨를 宣告할 수 있다."

참조 [무죄의 판결]형소325, [면소의 판결]형소326, [무죄판결의 공시]형소440

第3節 刑의 宣告猶豫

第59條【선고유예의 요건】 ① 1년 이하의 징역이나 금고, 자격정지 또는 벌금의 형을 선고할 경우에 제51조의 사항을 고려하여 뉘우치는 정상이 뚜렷할 때에는 그 형의 선고를 유예할 수 있다. 다만, 자격정지 이상의 형을 받은 전과가 있는 사람에 대해서는 예외로 한다.

② 형을 병과할 경우에도 형의 전부 또는 일부에 대하여 선고를 유예할 수 있다.
(2020.12.8 본조개정)

改前 "第59條【宣告猶豫의 要件】① 1年 이하의 懲役이나 禁錮, 資格停止 또는 罰金의 刑을 宣告할 경우에 第51條의 事項을 參酌하여 改悛의 情狀이 顯著한 때에는 그 宣告를 猶豫할 수 있다. 但, 資格停止 이상의 刑을 받은 前科가 있는 者에 대하여는 例外로 한다.
② 刑을 倂科할 경우에도 刑의 全部 또는 一部에 대하여 그 宣告를 猶豫할 수 있다."

참조 [양형의 조건]51, [자격정지]43·44, [선고유예의 판결]형소322, [형의 병과]38·44·114·117·131·204·220·237·238·249·256·265·270·282·295·345·353·358·363

판례 형법 제59조 제1항은 "1년 이하의 징역이나 금고, 자격정지 또는 벌금의 형을 선고할 경우 제51조의 사항을 참작하여 개전의 정상이 현저한 때에는 그 선고를 유예할 수 있다. 단, 자격정지 이상의 형을 받은 전과가 있는 자에 대하여는 예외로 한다."고 규정하고 있는바, 위 단서에서 정한 "자격정지 이상의 형을 받은 전과"라 함은 자격정지 이상의 형을 선고받은 범죄경력 자체를 의미하는 것이고, 그 형의 효력이 상실된 여부는 묻지 않는 것으로 해석함이 상당하다. 따라서 형의 집행유예를 선고받은 자는 형법 제65조에 의하여 그 선고가 실효 또는 취소됨이 없이 정해진 유예기간을 무사히 경과하여 형의 선고가 효력을 잃게 되었다고 하더라도 형의 선고의 법률적 효과가 없어진다는 것일 뿐, 형의 선고가 있었다는 기왕의 사실 자체까지 없어지는 것은 아니므로, 형법 제59조 제1항 단서에서 정한 선고유예 결격사유인 "자격정지 이상의 형을 받은 전과가 있는 자"에 해당한다고 보아야 한다.(대판 2007.5.11, 2005도5756)

第59條의2【保護觀察】 ① 刑의 宣告를 猶豫하는 경우에 再犯防止를 위하여 指導 및 援護가 필요한 때에는 保護觀察을 받을 것을 명할 수 있다.
② 第1項의 規定에 의한 保護觀察의 기간은 1年으로 한다.
(1995.12.29 본조신설)

참조 형소규147의2①

第60條【宣告猶豫의 效果】 刑의 宣告猶豫를 받은 날로부터 2年을 經過한 때에는 免訴된 것으로 看做한다.

참조 [기간의 계산]83, [형의 면제]형소322

第61條【宣告猶豫의 失效】 ① 刑의 宣告猶豫를 받은 者가 猶豫期間중 資格停止 이상의 刑에 處한 判決이 確定되거나 資格停止 이상의 刑에 處한 前科가 發見된 때에는 猶豫한 刑을 宣告한다.
② 第59條의2의 規定에 의하여 保護觀察을 명한 宣告猶豫를 받은 者가 保護觀察期間중에 준수사항을 위반하고 그 정도가 무거운 때에는 猶豫한 刑을 宣告할 수 있다.
(1995.12.29 본항신설)

참조 [유예기간]60, [자격정지]44, [절차]형소336

판례 '형의 선고유예를 받은 자가 자격정지 이상의 형에 처한 전과가 발견된 때'란 형의 선고유예의 판결이 확정된 후에 위와 같은 전과가 발견된 경우를 말하고 그 판결확정 전에 이러한 전과가 발견된 경우에는 이를 취소할 수 없으며, 이때 판결확정 전에 발견되었다고 함은 검사가 명확하게 그 결격사유를 안 경우만을 말하는 것이 아니라 당연히 그 결격사유를 알 수 있는 객관적 상황이 존재함에도 부주의로 알지 못한 경우도 포함한다.(대결 2008.2.14, 2007모845)

第4節 刑의 執行猶豫

第62條【執行猶豫의 要件】 ① 3年 이하의 징역이나 금고 또는 500만원 이하의 벌금의 형을 宣告할 경우에 第51條의 事項을 參酌하여 그 情狀에 參酌할 만한 事由가 있는 때에는 1年 이상 5年 이하의 期間 刑의 執行을 猶豫할 수 있다. 다만, 금고 이상의 형을 선고한 판결이 확정된 때부터 그 집행을 종료하거나 면제된 후 3년까지의 기간에 범한 죄에 대하여 형을 선고하는 경우에는 그러하지 아니하다.(2016.1.6 본문개정)
② 刑을 倂科할 경우에는 그 刑의 一部에 대하여 執行을 猶豫할 수 있다.

改前 ① 3年 이하의 "懲役 또는 禁錮의 刑"을 宣告할…다만, 금고 이상의 형을…아니하다.(2005.7.29 단서개정)

참조 [집행유예의 선고]형소321, [구속영장의 효력]형소331, [집행유예의 취소]형소335, [외국에서 집행된 형의 산입]7, [형의 집행면제]77, 사면7, [양형의 조건]51, [구속영장의 실효]형소331

판례 준수사항이나 명령의 위반 정도가 무거운 때에 집행유예의 선고를 취소할 수 있도록 규정하고 있고, 집행유예의 취소는 자유형의 선고와 마찬가지로 자유를 박탈하는 결과를 가져올 뿐만 아니라 사회봉사·수강명령의 실패와 다름아니기 때문에 사회봉사·수강명령의 목적을 도저히 달성할 수 없을 정도에 이르렀다고 판단될 때 하여야 하는 것이 바람직하다는 사정을 보태어 보면, 법원이 보호관찰 대상자에게 특별히 부과할 수 있는 '재범의 기회나 충동을 줄 수 있는 장소에 출입하지 아니할 것'이라는 사항을 만연히 사회봉사·수강명령대상자에게 부과하고 사회봉사·수강명령대상자가 재범한 것을 집행유예 취소사유로 삼는 것은 신중하여야 한다.
(대결 2009.3.30, 2008모1116)

판례 집행유예의 요건 : 집행유예의 요건에 관한 형법 제62조 제1항이 '형'의 집행을 유예할 수 있다고만 규정하고 있다고 하더라도, 이는 같은 조 제2항이 그 형의 '일부'에 대하여 집행을 유예할 수 있는 때를 형을 '병과'할 경우로 한정하고 있는 점에 비추어 보면, 조문의 체계적 해석상 하나의 형의 전부에 대한 집행유예에 관한 규정이라 할 것이고, 또한 하나의 자유형에 대한 일부집행유예에 관하여는 그 요건, 효력 및 일부 실형에 대한 집행의 시기와 절차, 방법 등을 입법에 의해 명확하게 할 필요가 있어, 그 인정을 위해서는 별도의 근거 규정이 필요하므로 하나의 자유형 중 일부에 대해서는 실형을, 나머지에 대해서는 집행유예를 선고하는 것은 허용되지 않는다.
(대판 2007.2.22, 2006도8555)

第62條의2【保護觀察, 社會奉仕·受講命令】 ① 刑의 執行을 猶豫하는 경우에는 保護觀察을 받을 것을 명하거나 社會奉仕 또는 受講을 명할 수 있다.
② 第1項의 規定에 의한 保護觀察의 기간은 執行을 猶豫한 기간으로 한다. 다만, 法院은 猶豫期間의 범위내에서 保護觀察期間을 정할 수 있다.
③ 社會奉仕命令 또는 受講命令은 執行猶豫期間내에 이를 執行한다.
(1995.12.29 본조신설)

참조 형소규147의2

판례 법원이 명하는 사회봉사의 의미나 내용은 피고인이나 집행 담당 기관이 쉽게 이해할 수 있어 집행 과정에서 그 의미나 내용에 관한 다툼이 발생하지 않을 정도로 특정되어야 한다. 특히, 피고인으로 하여금 자신의 범죄행위와 관련하여 어떤 말이나 글을 공개적으로 발표하도록 하는 것은 경우에 따라 피고인의 명예나 인격에 대한 심각하고 중대한 침해를 초래할 수 있는바, 법원이 피고인에게 유죄로 인정된 범죄행위와 관련하여 어떤 말이나 글을 공개적으로 발표하라는 사회봉사를 명한 경우, 그 말이나 글이 어떤 의미나 내용이어야 하는 것인지 쉽게 이해할 수 없어 집행 과정에서 그 의미나 내용에 관한 다툼이 발생할 가능성이 적지 않고, 유죄로 인정된 범죄행위를 뉘우치거나 그 범죄행위를 공개하는 취지의 말이나 글을 발표하도록 하는 취지의 것으로도 해석될 가능성이 적지 않다면 이러한 사회봉사명령은 위법하다.(대판 2008.4.11, 2007도8373)

판례 보호관찰은 형벌이 아니라 보안처분의 성격을 갖는 것으로서, 과거의 불법에 대한 책임에 기초하고 있는 제재가 아니라 장래의 위험성으로부터 행위자를 보호하고 사회를 방위하기 위한 합목적적인 조치이므로, 그에 관하여 반드시 행위 이전에 규정되어 있어야 하는 것은 아니며, 재판시의 규정에 의하여 보호관찰을 받을 것을 명할 수 있다고 보아야 할 것이고, 이와 같은 해석이 형벌불소급의 원칙 내지 죄형법정주의에 위배되는 것이라고 볼 수 없다.
(대판 1997.6.13, 97도703)

第63條【執行猶豫의 失效】 執行猶豫의 宣告를 받은 者가 유예기간 중 고의로 범한 죄로 금고 이상의 실형을 선고받아 그 判決이 確定된 때에는 執行猶豫의 宣告는 效力을 잃는다.(2005.7.29 본조개정)

改前 …宣告를 받은 者가 "猶豫期間중 禁錮이상의 刑의 宣告를 받어" 그 判決이 確定된 때에는…

참조 [집행유예의 선고]형소321, [집행유예의 취소]64

판례 범죄에 대한 형의 집행유예는 합리적 목적을 위하여 법률로 규정한 사유가 발생할 경우 당연히 실효될 것 등을 조건으로 하여 선고되는 것이므로, 그러한 실효사유가 발생하여 형의 집행유예 선고가 효력을 잃음으로써 유예되었던 형이 집행된다고 하여 행위시의 법률에 의하여 처벌받지 아니하는 행위에 대하여 소급하여 처벌받게 하거나 동일한 범죄에 대하여 거듭 처벌하는 것이라고 볼 수 없으므로 헌법 제13조 제1항이나 형법 제1조에 위반된다고 할 수 없다.
(대결 1997.7.18, 97모18)

第64條【執行猶豫의 取消】 ① 執行猶豫의 宣告를 받은 後 第62條 但行의 事由가 發覺된 때에는 執行猶豫의 宣告를 取消한다.

② 第62條의2의 規定에 의하여 保護觀察이나 社會奉仕 또는 受講을 명한 執行猶豫를 받은 者가 준수사항이나 命令을 위반하고 그 정도가 무거운 때에는 執行猶豫의 宣告를 取消할 수 있다.(1995.12.29 본항신설)

참조 [집행유예의 선고]형소321, [취소절차]형소335, 형소규149의3

판례 형법 제64조에 규정된 "같은 법 제62조 제1항 단행의 사유가 발각된 때"에는 형의 집행유예의 선고를 받은 것이 발각된 경우도 포함한다.(대결 1975.11.13, 75모63)

第65條【執行猶豫의 效果】 執行猶豫의 宣告를 받은 後 그 宣告의 失效 또는 取消됨이 없이 猶豫期間을 經過한 때에는 刑의 宣告는 效力을 잃는다.

참조 [선고]62, [실효]63, [취소]64, [기간계산]83

판례 '형의 선고는 효력을 잃는다'는 취지는 형의 선고의 법률적 효과가 없어진다는 것일 뿐 형의 선고가 있었다는 기왕의 사실 자체까지 없어진다는 뜻이 아니다.(대결 1983.4.2, 83모8)

第5節 刑의 執行

第66條【사형】 사형은 교정시설 안에서 교수(絞首)하여 집행한다.(2020.12.8 본조개정)

改前 "第66條【死刑】死刑은 刑務所內에서 絞首하여 執行한다."

참조 [사형집행]형소463-469, 형의집행수용자91, 형의집행수용자시111, [수용]형의집행수용자11-21, [소년과 사형]소년59, [보상]형사보상및명예회복에관한법5③

第67條【징역】 징역은 교정시설에 수용하여 집행하며, 정해진 노역(勞役)에 복무하게 한다.(2020.12.8 본조개정)

改前 "第67條【懲役】懲役은 刑務所내에 拘置하여 定役에 服務하게 한다."

참조 [집행]형소473-475, [수용]형의집행수용자11-21, [작업과 직업훈련]형의집행수용자65-74, [소년에 대한 집행]소년63, [보상]형사보상및명예회복에관한법2②·5①

第68條【금고와 구류】 금고와 구류는 교정시설에 수용하여 집행한다.(2020.12.8 본조개정)

改前 "第68條【禁錮와 拘留】禁錮와 拘留는 刑務所에 拘置한다."

참조 [집행]형소473-475, [수용]형의집행수용자11-21, 즉결심판18②, [신청에 따른 작업]형의집행수용자67, [소년에 대한 집행]소년63, [보상]형사보상및명예회복에관한법2②·5①, [즉결심판]법원조직34, 즉결심판17·18

第69條【罰金과 科料】 ① 罰金과 科料는 判決確定日로부터 30日내에 納入하여야 한다. 但, 罰金을 宣告할 때에는 同時에 그 金額을 完納할 때까지 勞役場에 留置할 것을 命할 수 있다.
② 罰金을 納入하지 아니한 者는 1日 이상 3年 이하, 科料를 納入하지 아니한 者는 1日 이상 30日 미만의 期間 勞役場에 留置하여 作業에 服務하게 한다.

참조 [가납판결]형소334, [집행절차]형소477-479, [노역장유치]형소492, 형의집행수용자11-21, [보상]형사보상및명예회복에관한법2②·5④⑦, [기간계산]83, [작업]형의집행수용자65-76, [구속영장의 실효]형소331, [즉결심판]법원조직34, 즉결심판17·18

第70條【노역장 유치】 ① 벌금이나 과료를 선고할 때에는 이를 납입하지 아니하는 경우의 노역장 유치기간을 정하여 동시에 선고하여야 한다.
② 선고하는 벌금이 1억원 이상 5억원 미만인 경우에는 300일 이상, 5억원 이상 50억원 미만인 경우에는 500일 이상, 50억원 이상인 경우에는 1천일 이상의 노역장 유치기간을 정하여야 한다.
(2020.12.8 본조개정)

改前 第70條【"勞役場留置"】"① 罰金 또는 科料를 宣告할 때에는 納入하지 아니하는 경우의 留置期間을 정하여 同時에 宣告하여야 한다."
② 선고하는 벌금이…50억원 이상인 경우에는 "1,000일" 이상의 "유치기간을" 정하여야 한다.(2014.5.14 본항신설)

참조 [선고]형소321, [집행절차]형소492, [기간계산]83, [환형처분의 금지]소년62

第71條【유치일수의 공제】 벌금이나 과료의 선고를 받은 사람이 그 금액의 일부를 납입한 경우에는 벌금 또는 과료액과 노역장 유치기간의 일수(日數)에 비례하여 납입금액에 해당하는 일수를 뺀다.(2020.12.8 본조개정)

改前 "第71條【留置日數의 控除】罰金 또는 科料의 宣告를 받은 者가 그 一部를 納入한 때에는 罰金 또는 科料額과 留置期間의 日數에 比例하여 納入金額에 相當한 日數를 除한다."

참조 [유치기간]70, 형소321

第6節 假釋放

第72條【가석방의 요건】 ① 징역이나 금고의 집행 중에 있는 사람이 행상(行狀)이 양호하여 뉘우침이 뚜렷한 때에는 무기형은 20년, 유기형은 형기의 3분의 1이 지난 후 행정처분으로 가석방을 할 수 있다.
② 제1항의 경우에 벌금이나 과료가 병과되어 있는 때에는 그 금액을 완납하여야 한다.
(2020.12.8 본조개정)

改前 "第72條【假釋放의 要件】① 懲役 또는 禁錮의 執行중에 있는 者가 그 行狀이 良好하여 改悛의 情이 顯著한 때에는 無期에 있어서는 20년, 有期에 있어서는 刑期의 3分의 1을 經過한 後 行政處分으로 假釋放을 할 수 있다.(2010.4.15 본항개정)
② 前項의 경우에 罰金 또는 科料의 併科가 있는 때에는 그 金額을 完納하여야 한다."

참조 [가석방절차]형의집행수용자119-122·124, [준수사항]형의집행수용자시140, [기간계산]83·84, [소년과 가석방]소년65·66, [금액의 완납]69·70

第73條【판결선고 전 구금과 가석방】 ① 형기에 산입된 판결선고 전 구금일수는 가석방을 하는 경우 집행한 기간에 산입한다.
② 제72조제2항의 경우에 벌금이나 과료에 관한 노역장 유치기간에 산입된 판결선고 전 구금일수는 그에 해당하는 금액이 납입된 것으로 본다.
(2020.12.8 본조개정)

改前 "第73條【判決宣告前 拘禁과 假釋放】① 刑期에 算入된 判決宣告前 拘禁의 日數는 假釋放에 있어서 執行을 經過한 期間에 算入한다.
② 罰金 또는 科料에 관한 留置期間에 算入된 判決宣告前 拘禁日數는 前條 第2項의 경우에 있어서 그에 該當하는 金額이 納入된 것으로 看做한다."

참조 [판결전 구금일수]형소321, [유치기간]69·70

第73條의2【假釋放의 기간 및 保護觀察】 ① 假釋放의 기간은 無期刑에 있어서는 10年으로 하고, 有期刑에 있어서는 남은 刑期로 하되, 그 기간은 10年을 초과할 수 없다.
② 假釋放된 者는 假釋放期間중 保護觀察을 받는다. 다만, 假釋放을 許可한 行政官廳이 필요가 없다고 인정한 때에는 그러하지 아니하다.
(1995.12.29 본조신설)

第74條【가석방의 실효】 가석방 기간 중 고의로 지은 죄로 금고 이상의 형을 선고받아 그 판결이 확정된 경우에 가석방 처분은 효력을 잃는다.(2020.12.8 본조개정)

改前 "第74條【假釋放의 失效】假釋放中 禁錮이상의 刑의 宣告를 받어 그 判決이 確定된 때에는 假釋放處分은 效力을 잃는다. 但, 過失로 인한 罪로 刑의 宣告를 받었을 때에는 例外로 한다."

참조 [판결확정]84, 형소343·358·374·459, [가석방의 요건]72, [과실로 인한 죄]170-172②·181·189·266-268·364

第75條【假釋放의 取消】 假釋放의 처분을 받은 者가 監視에 관한 規則을 違背하거나, 保護觀察의 준수사항을 위반하고 그 정도가 무거운 때에는 假釋放處分을 取消할 수 있다.(1995.12.29 본조개정)

第76條【假釋放의 效果】 ① 假釋放의 처분을 받은 후 그 처분이 失效 또는 取消되지 아니하고 假釋放期間을 경과한 때에는 刑의 執行을 종료한 것으로 본다.
(1995.12.29 본항개정)
② 前2條의 경우에는 假釋放중의 日數는 刑期에 算入하지 아니한다.

참조 [처분의 실효·취소]74·75, [집행의 종료]86, [형기불산입]84②, [시효정지]79

第7節 刑의 時效

第77條【형의 시효의 효과】 형(사형은 제외한다)을 선고받은 자에 대해서는 시효가 완성되면 그 집행이 면제된다.(2023.8.8 본조개정)

改前 第77條【형의 시효의 효과】 "형을 선고받은 사람"에 대해서는 시효가 완성되면 그 집행이 면제된다.(2020.12.8 본조개정)

참조 [시효기간의 계산]83·85, 형소66, [집행면제]1③·6·35·36·43②·44②·62①·81, [사면]사면5②, [중단]80, [정지]79, [형의 선고]형소321·348, 즉결심판11

第78條【형의 시효의 기간】 시효는 형을 선고하는 재판이 확정된 후 그 집행을 받지 아니하고 다음 각 호의 구분에 따른 기간이 지나면 완성된다.

1. (2023.8.8 삭제)
2. 무기의 징역 또는 금고 : 20년
3. 10년 이상의 징역 또는 금고 : 15년
4. 3년 이상의 징역이나 금고 또는 10년 이상의 자격정지 : 10년
5. 3년 미만의 징역이나 금고 또는 5년 이상의 자격정지 : 7년
6. 5년 미만의 자격정지, 벌금, 몰수 또는 추징 : 5년
7. 구류 또는 과료 : 1년

(2020.12.8 본조개정)

改前 "1. 사형 : 30년"

참조 [재판의 확정]84, 형소343·358·374·453·457·459, 즉결심판15·16, [기간계산]83~85, 형소66, [시효기간의 초일]85, [형의 선고]형소321

第79條【형의 시효의 정지】 ① 時效는 刑의 執行의 猶豫나 停止 또는 假釋放 기타 執行할 수 없는 期間은 進行되지 아니한다.

② 시효는 형이 확정된 후 그 형의 집행을 받지 아니한 사람이 형의 집행을 면할 목적으로 국외에 있는 기간 동안은 진행되지 아니한다.(2023.8.8 본항개정)

(2023.8.8 본조제목개정)

改前 第79條【"時效의 停止"】 ① 時效는 刑의 執行의…
② 시효는 형이 확정된 후 그 "형의 집행을 받지 아니한 자가" 형의 집행을 면할 목적으로 국외에 있는 기간 동안은…

참조 [집행유예]62, [집행정지]형소348·428·435·462·469·470·471

第80條【형의 시효의 중단】 시효는 징역, 금고 및 구류의 경우에는 수형자를 체포한 때, 벌금, 과료, 몰수 및 추징의 경우에는 강제처분을 개시한 때에 중단된다.(2023.8.8. 본조개정)

改前 "第80條【時效의 中斷】 時效는 死刑, 懲役, 禁錮와 拘留에 있어서는 受刑者를 逮捕함으로, 罰金, 科料, 沒收와 追徵에 있어서는 强制處分을 開始함으로 인하여 中斷된다."

참조 [체포]형소473~475, [교도관에 의한 체포]형의집행수용자103, [재산형의 집행]형소477~479

第8節 刑의 消滅

第81條【刑의 失效】 懲役 또는 禁錮의 執行을 終了하거나 執行이 免除된 者가 被害者의 損害를 補償하고 資格停止 이상의 刑을 받음이 없이 7年을 經過한 때에는 本人 또는 檢事의 申請에 의하여 그 裁判의 失效를 宣告할 수 있다.

참조 [외국에서 집행된 형의 산입]7, [집행의 면제]77, [형의 소멸의 재판]형소337

판례 형의 집행종료후 7년 이내에 집행유예의 판결을 받고 그 기간을 무사히 경과하여 7년을 채우더라도 형법 제81조의 '형을 받음이 없이 7년을 경과'하는 때에 해당하지 아니하여 형의 실효를 선고할 수 없다.(대결 1983.4.2, 83모8)

第82條【復權】 資格停止의 宣告를 받은 者가 被害者의 損害를 補償하고 資格停止이상의 刑을 받음이 없이 停止期間의 2分의 1을 經過한 때에는 本人 또는 檢事의 申請에 의하여 資格의 回復을 宣告할 수 있다.

참조 [자격정지]44, [형의 선고]형소321, [자격회복의 선고]형소337

第4章 期 間

第83條【기간의 계산】 연(年) 또는 월(月)로 정한 기간은 연 또는 월 단위로 계산한다.(2020.12.8 본조개정)

改前 "第83條【期間의 計算】 年 또는 月로써 정한 期間은 曆數에 따라 計算한다."

참조 [민법상의 기간계산]민160

판례 자유형의 형기를 역수에 따라 계산하도록 한 형법 제83조에 대하여, 형기에 윤달(2월이 29일)이 포함되어 윤달이 아닌 해보다 1일 더 복역하게 되더라도 이는 자유형의 형기를 '연월'로 정하고, 태양력의 오차시정을 위해 주기적으로 윤달이 발생하는데 기인하는 것으로 신체의 자유를 침해하지 않으므로 청구인의 헌법소원을 기각하였다.(헌재결 2013.5.30, 2011헌마861)

第84條【刑期의 起算】 ① 刑期는 判決이 確定된 날로부터 起算한다.

② 懲役, 禁錮, 拘留와 留置에 있어서는 拘束되지 아니한 日數는 刑期에 算入하지 아니한다.

참조 [재판확정]형소343·358·374·453·457, 즉결심판16, [가석방 취소등의 경우]76, [구속되지 아니한 일수]형소470·473

第85條【刑의 執行과 時效期間의 初日】 刑의 執行과 時效期間의 初日은 時間을 計算함이 없이 1日로 算定한다.

참조 [시효기간]78

第86條【釋放日】 釋放은 刑期終了日에 하여야 한다.

第2編 各 則

第1章 內亂의 罪

第87條【내란】 대한민국 영토의 전부 또는 일부에서 국가권력을 배제하거나 국헌을 문란하게 할 목적으로 폭동을 일으킨 자는 다음 각 호의 구분에 따라 처벌한다.

1. 우두머리는 사형, 무기징역 또는 무기금고에 처한다.
2. 모의에 참여하거나 지휘하거나 그 밖의 중요한 임무에 종사한 자는 사형, 무기 또는 5년 이상의 징역이나 금고에 처한다. 살상, 파괴 또는 약탈 행위를 실행한 자도 같다.
3. 부화수행(附和隨行)하거나 단순히 폭동에만 관여한 자는 5년 이하의 징역이나 금고에 처한다.

(2020.12.8 본조개정)

改前 "第87條【內亂】 國土를 참절하거나 國憲을 紊亂할 目的으로 暴動한 者는 다음의 區別에 의하여 處斷한다.
1. 首魁는 死刑, 無期懲役 또는 無期禁錮에 處한다.
2. 謀議에 參與하거나 指揮하거나 기타 重要한 任務에 從事한 者는 死刑, 無期 또는 5年 이상의 懲役이나 禁錮에 處한다. 殺傷, 破壞 또는 掠奪의 行爲를 實行한 者도 같다.
3. 附和隨行하거나 單純히 暴動에만 關與한 者는 5年 이하의 懲役 또는 禁錮에 處한다."

참조 [국헌문란의 정의]91, [내란목적의 살인]88, [미수범]89, [예비·음모·선동·선전]90, [외국인의 국외범]5, [소요죄]115, [자수]90, [군법]군형5이하

판례 내란죄의 기수시기 및 내란죄가 상태범인지 여부 : 내란죄는 국토를 참절하거나 국헌을 문란할 목적으로 폭동한 행위로서, 다수인이 결합하여 위와 같은 목적으로 한 지방의 평온을 해할 정도의 폭행·협박행위를 하면 기수가 되고, 그 목적의 달성 여부는 이와 무관한 것으로 해석되므로, 다수인이 한 지방의 평온을 해할 정도의 폭동을 하였을 때 이미 내란의 구성요건은 완전히 충족된다고 할 것이어서 상태범으로 봄이 상당하다.(대판 1997.4.17, 96도3376 전원합의체)

판례 군사반란의 가벌성 : 군사반란과 내란을 통하여 국민투표를 거쳐 헌법을 개정하고 개정된 헌법에 따라 국가를 통치하여 왔다고 하더라도 그 군사반란과 내란을 통하여 새로운 법질서를 수립한 것이라고 할 수 없으며, 우리나라의 헌법질서 아래에서는 폭력에 의하여 헌법기관의 권능행사를 불가능하게 하거나 정권을 장악하는 행위는 어떠한 경우에도 용인될 수 없다. 따라서 그 군사반란과 내란행위는 처벌의 대상이 된다.(대판 1997.4.17, 96도3376 전원합의체)

판례 '폭동'의 의미 및 판단기준 : 형법 제87조의 구성요건으로서의 '폭동'이라 함은 다수인이 결합하여 폭행, 협박하는 것을 말하는 것으로 그 경우 다수인의 결합은 어느 정도 조직화될 필요는 있으나, 그 수효를 특정할 수는 없는 것이고, 또 폭행, 협박의 정도는 한 지

방의 평온을 해할 정도의 것임을 요하나, 한 지방의 평온을 해할 정도에 이르면 기수에 달하고, 이러한 정도에 달하지 않은 때는 미수로 된다 할 것이다.(대판 1980.5.20, 80도306 : 김재규 사건)

第88條【내란목적의 살인】 대한민국 영토의 전부 또는 일부에서 국가권력을 배제하거나 국헌을 문란하게 할 목적으로 사람을 살해한 자는 사형, 무기징역 또는 무기금고에 처한다.(2020.12.8 본조개정)

改前 "第88條【內亂目的의 殺人】 國土를 참절하거나 國憲을 紊亂할 目的으로 사람을 殺害한 者는 死刑, 無期懲役 또는 無期禁錮에 處한다."

참조 [내란]87, [미수범]89, [살인죄]250-256, [예비·음모·선동·선전]90, [외국인의 국외범]5, [자수]90, [보안관찰대상]보호관찰3

판례 내란의 실행과정에서 폭동행위에 수반하여 개별적으로 발생한 살인행위는 내란행위의 한 구성요소를 이루는 것이므로 내란행위에 흡수되어 내란목적살인의 별죄를 구성하지 아니하나, 특정인 또는 일정한 범위 내의 한정된 집단에 대한 살해가 내란의 와중에 폭동에 수반하여 일어난 것이 아니라 그것 자체가 의도적으로 실행된 경우에는 이러한 살인행위는 내란에 흡수될 수 없고 내란목적살인의 별죄를 구성한다.(대판 1997.4.17, 96도3376 전원합의체)

第89條【未遂犯】 前2條의 未遂犯은 處罰한다.

참조 [미수범]25-27, [외국인의 국외범]5, [보안관찰대상]보호관찰3

第90條【豫備, 陰謀, 煽動, 宣傳】 ① 第87條 또는 第88條의 罪를 犯할 目的으로 豫備 또는 陰謀한 者는 3年 이상의 有期懲役이나 有期禁錮에 處한다. 但, 그 目的한 罪의 實行에 이르기 前에 自首한 때에는 그 刑을 減輕 또는 免除한다.

② 第87條 또는 第88條의 罪를 犯할 것을 煽動 또는 宣傳한 者도 前項의 刑과 같다.

참조 [내란죄]87, [외국인의 국외범]5, [보안관찰대상]보호관찰3

第91條【國憲紊亂의 定義】 本章에서 國憲을 紊亂할 目的이라 함은 다음 各號의 1에 該當함을 말한다.

1. 憲法 또는 法律에 정한 節次에 의하지 아니하고 憲法 또는 法律의 機能을 消滅시키는 것
2. 憲法에 의하여 設置된 國家機關을 强壓에 의하여 顚覆 또는 그 權能行使를 不可能하게 하는 것

참조 [국헌문란]87·88, [특례]헌정질서파괴범죄의공소시효등에관한특례법

판례 형법 제91조 제2호 소정의 '국헌문란'의 의미 및 그 목적에 대한 판단기준 : 형법 제91조 제2호에 의하면 '권능행사를 불가능하게 한다'고 하는 것은 그 기관을 제도적으로 영구히 폐지하는 경우만을 가리키는 것은 아니고 사실상 상당기간 기능을 제대로 할 수 없게 만드는 것을 포함하며 국헌문란의 목적을 가지고 있었는지 여부는 외부적으로 드러난 행위와 그 행위에 이르게 된 경위 및 그 행위의 결과 등을 종합하여 판단하여야 한다.(대판 1997.4.17, 96도3376 전원합의체)

第2章 外患의 罪

第92條【外患誘致】 外國과 通謀하여 大韓民國에 대하여 戰端을 열게 하거나 外國人과 通謀하여 大韓民國에 抗敵한 者는 死刑 또는 無期懲役에 處한다.

참조 국가보안4, [외국인의 국외범]5, [미수범]100, [예비·음모·선동·선전]101, [동맹국에 대한 행위]104, [자수]101, [보안처분대상]보호관찰3

第93條【與敵】 敵國과 合勢하여 大韓民國에 抗敵한 者는 死刑에 處한다.

참조 [준적국]102, [외국인의 국외범]5, [미수범]100, [예비·음모·선동·선전]101, [자수]101, [동맹국에 대한 행위]104, [보안처분대상]보호관찰3, [반국가행위]국가보안2

第94條【募兵利敵】 ① 敵國을 위하여 募兵한 者는 死刑 또는 無期懲役에 處한다.

② 前項의 募兵에 應한 者는 無期 또는 5年 이상의 懲役에 處한다.

참조 [외국인의 국외범]5, [준적국]102, [미수범]100, [예비·음모·선동·선전]101, [자수]101, [동맹국에 대한 행위]104, 국가보안4①, [보안처분대상]보호관찰3

第95條【施設提供利敵】 ① 軍隊, 要塞, 陣營 또는 軍用에 供하는 船舶이나 航空機 기타 場所, 設備 또는 建造物을 敵國에 提供한 者는 死刑 또는 無期懲役에 處한다.

② 兵器 또는 彈藥 기타 軍用에 供하는 物件을 敵國에 提供한 者도 前項의 刑과 같다.

참조 [군사시설]군사기지및군사시설보호법2, [외국인의 국외범]5, [미수범]100, [예비·음모·선동·선전]101, [자수]101, [준적국]102, [동맹국에 대한 행위]104, [군법]군형11, [보안처분대상]보호관찰3, [반국가행위]국가보안3

第96條【施設破壞利敵】 敵國을 위하여 前條에 記載한 軍用施設 기타 物件을 破壞하거나 使用할 수 없게 한 者는 死刑 또는 無期懲役에 處한다.

참조 [외국인의 국외범]5, [미수범]100, [예비·음모·선동·선전]101, [자수]101, [준적국]102, [동맹국에 대한 행위]104, [보안처분대상]보호관찰3, [반국가행위]국가보안4

第97條【物件提供利敵】 軍用에 供하지 아니하는 兵器, 彈藥 또는 戰鬪用에 供할 수 있는 物件을 敵國에 提供한 者는 無期 또는 5年 이상의 懲役에 處한다.

참조 [외국인의 국외범]5, [미수범]100, [예비·음모·선동·선전]101, [자수]101, [준적국]102, [동맹국에 대한 행위]104, [보안처분대상]보호관찰2, [반국가행위]국가보안4

第98條【間諜】 ① 敵國을 위하여 間諜하거나 敵國의 間諜을 幇助한 者는 死刑, 無期 또는 7年 이상의 懲役에 處한다.

② 軍事上의 機密을 敵國에 漏泄한 者도 前項의 刑과 같다.

참조 [외국인의 국외범]5, [미수범]100, [예비·음모·선동·선전]101, [자수]101, [준적국]102, [동맹국에 대한 행위]104, [국가기밀]국가보안4, 보안업무규정2, [군사상의 기밀]군사기밀2, [군법]군형13, [보안처분대상]보호관찰3, [반국가행위]국가보안2

판례 간첩죄에 있어서의 국가기밀의 의미 : 간첩죄에 있어서의 국가(군사)기밀이란 순전한 의미에서의 국가(군사)기밀에만 국한할 것이 아니고 정치, 경제, 사회, 문화등 각 방면에 걸쳐 북한괴뢰집단의 지, 부지에 불구하고 국방정책상 위 집단에 알리지 아니하거나 확인되지 아니함을 우리나라의 이익으로 하는 모든 기밀사항을 포함한다.(대판 1986.7.8, 86도861)

판례 신문광고나 책자 등을 통하여 널리 알려진 사항도 국가기밀에 해당되는지 여부(적극) : 피고인이 탐지·수집하였다는 사항들 가운데 신문광고를 통하여 또는 국내에서 적법하게 간행된 책자 등을 통하여 국내에 널리 알려진 사항들이 포함되어 있어도 그 사항들이 모두 우리의 국방상 북괴집단에게 알리지 아니하거나 북괴집단에 의하여 확인되지 아니함이 우리의 정치·사회분야에 있어서 이익이 된다면 국가보안법상의 국가기밀에 속한다고 볼 수 있다.(대판 1984.10.23, 84도1846)

第99條【一般利敵】 前7條에 記載한 이외에 大韓民國의 軍事上 利益을 害하거나 敵國에 軍事上 利益을 供與한 者는 無期 또는 3年 이상의 懲役에 處한다.

참조 [외국인의 국외범]5, [미수범]100, [예비·음모·선동·선전]101, [자수]101, [준적국]102, [동맹국에 대한 행위]104, [군법]군형14, [보안처분대상]보호관찰3, [반국가행위]국가보안4

第100條【未遂犯】 前8條의 未遂犯은 處罰한다.

참조 [미수범]25-27, [외국인의 국외범]5, [보안처분대상]보호관찰3, [반국가행위]국가보안4

第101條【豫備, 陰謀, 煽動, 宣傳】 ① 第92條 내지 第99條의 罪를 犯할 目的으로 豫備 또는 陰謀한 者는 2年 이상의 有期懲役에 處한다. 但, 그 目的한 罪의 實行에 이르기 前에 自首한 때에는 그 刑을 減輕 또는 免除한다.

② 第92條 내지 第99條의 罪를 煽動 또는 宣傳한 者도 前項의 刑과 같다.

참조 [외국인의 국외범]5, [자수감경]52, [면제선고]형소322, [자수주장에 대한 판단]형소323②, [보안처분대상]보호관찰3

第102條【準敵國】 第93條 내지 前條의 罪에 있어서는 大韓民國에 敵對하는 外國 또는 外國人의 團體는 敵國으로 看做한다.

第103條【戰時軍需契約不履行】 ① 戰爭 또는 事變에 있어서 正當한 理由없이 政府에 대한 軍需品 또는 軍用工作物에 관한 契約을 履行하지 아니한 者는 10年 이하의 懲役에 處한다.

② 前項의 契約履行을 妨害한 者도 前項의 刑과 같다.

참조 [전시의 정의]군형2, [외국인의 국외범]5, [동맹국에 대한 행위]104

형법

第104條【同盟國】 本章의 規定은 同盟國에 대한 行爲에 適用한다.

第104條의2 (1988.12.31 삭제)

第3章 國旗에 관한 罪

第105條【國旗, 國章의 冒瀆】 大韓民國을 侮辱할 目的으로 國旗 또는 國章을 損傷, 除去 또는 汚辱한 者는 5年 이하의 懲役이나 禁錮, 10年 이하의 資格停止 또는 700萬원 이하의 罰金에 處한다.(1995.12.29 본조개정)

참조 [국장]나라문장규정, [외국인의 국외범]5, [국기의 존엄성]대한민국국기법5, 상표34①, [외국기등의 모독]109

판례 경찰의 시위 해산행위가 부당한 공권력 행사라고 생각해 불만을 품은 집회 참가자가 인근의 깨진 경찰버스 유리창 사이에 끼워져 있던 종이 태극기를 빼내 평소 담배를 피우기 위해 소지하고 있던 라이터로 불을 붙였다 하더라도 국기를 모욕할 목적이 있었다고 볼 수 없다.(대판 2020.11.13, 2020도9755)

第106條【國旗, 國章의 誹謗】 前條의 目的으로 國旗 또는 國章을 誹謗한 者는 1年 이하의 懲役이나 禁錮, 5年 이하의 資格停止 또는 200萬원 이하의 罰金에 處한다.(1995.12.29 본조개정)

참조 [국장]나라문장규정, [외국인의 국외범]5, [국기의 존엄성]대한민국국기법5, 상표34①, [외국기등의 모독]109

第4章 國交에 관한 罪

第107條【外國元首에 대한 暴行 등】 ① 大韓民國에 滯在하는 外國의 元首에 대하여 暴行 또는 脅迫을 加한 者는 7年 이하의 懲役이나 禁錮에 處한다.

② 前項의 外國元首에 대하여 侮辱을 加하거나 名譽를 毁損한 者는 5年 이하의 懲役이나 禁錮에 處한다.

참조 [폭행죄]260·261, [협박죄]283·284, [모욕죄]311, [명예훼손죄]307·309·310, [피해자의 의사]110

第108條【外國使節에 대한 暴行 등】 ① 大韓民國에 派遣된 外國使節에 대하여 暴行 또는 脅迫을 加한 者는 5年 이하의 懲役이나 禁錮에 處한다.

② 前項의 外國使節에 대하여 侮辱을 加하거나 名譽를 毁損한 者는 3年 이하의 懲役이나 禁錮에 處한다.

참조 [폭행죄]260·261, [협박죄]283·284, [모욕죄]311, [명예훼손죄]307·309·310, [피해자의 의사]110

第109條【外國의 國旗, 國章의 冒瀆】 外國을 侮辱할 目的으로 그 나라의 公用에 供하는 國旗 또는 國章을 損傷, 除去 또는 汚辱한 者는 2年 이하의 懲役이나 禁錮 또는 300萬원 이하의 罰金에 處한다.(1995.12.29 본조개정)

第110條【被害者의 意思】 第107條 내지 第109條의 罪는 그 外國政府의 明示한 意思에 反하여 公訴를 제기할 수 없다.(1995.12.29 본조개정)

참조 [피해자의 의사]52②, 형소327

第111條【外國에 대한 私戰】 ① 外國에 대하여 私戰한 者는 1年 이상의 有期禁錮에 處한다.

② 前項의 未遂犯은 處罰한다.

③ 第1項의 罪를 犯할 目的으로 豫備 또는 陰謀한 者는 3年 이하의 禁錮 또는 500萬원 이하의 罰金에 處한다. 但, 그 目的한 罪의 實行에 이르기 전에 自首한 때에는 減輕 또는 免除한다.(1995.12.29 본항개정)

참조 [자수감경]52, [면제선고]형소322, [자수주장에 대한 판단]형소323②, [미수범]25-27

第112條【中立命令違反】 外國間의 交戰에 있어서 中立에 關한 命令에 違反한 者는 3年 이하의 禁錮 또는 500萬원 이하의 罰金에 處한다.(1995.12.29 본조개정)

第113條【外交上機密의 漏泄】 ① 外交上의 機密을 漏泄한 者는 5年 이하의 懲役 또는 1千萬원 이하의 罰金에 處한다.(1995.12.29 본항개정)

② 漏泄할 目的으로 外交上의 機密을 探知 또는 蒐集한 者도 前項의 刑과 같다.

참조 [기밀]보안업무규정2·4, [국가기밀누설]국가보안4, 군사기밀12

판례 외국에 이미 널리 알려진 사항이 '외교상의 기밀'에 해당하는지 여부 : 외국에 이미 널리 알려져 있는 사항은 특단의 사정이 없는 한 이를 비밀로 하거나 확인되지 아니함이 외교정책상의 이익이 된다고 할 수 없는 것이어서 외교상의 기밀에 해당하지 아니한다. 외국언론에 이미 보도된 바 있는 우리 나라의 외교정책이나 활동에 관련된 사항들에 관하여 정부가 이른바 보도지침의 형식으로 국내언론기관의 보도 여부 등을 통제하고 있다는 사실을 알리는 것이 외교상의 기밀을 누설한 경우에 해당하지 않는다.(대판 1995.12.5, 94도2379)

第5章 공안(公安)을 해하는 죄
(2013.4.5 본장제목개정)

第114條【범죄단체 등의 조직】 사형, 무기 또는 장기 4년 이상의 징역에 해당하는 범죄를 목적으로 하는 단체 또는 집단을 조직하거나 이에 가입 또는 그 구성원으로 활동한 사람은 그 목적한 죄에 정한 형으로 처벌한다. 다만, 형을 감경할 수 있다.(2013.4.5 본조개정)

改前 "第114條【犯罪團體의 組織】 ① 犯罪를 目的으로 하는 團體를 組織하거나 이에 加入한 者는 그 目的한 罪에 정한 刑으로 處斷한다. 但, 刑을 減輕할 수 있다.

② 兵役 또는 納稅의 義務를 拒否할 目的으로 團體를 組織하거나 이에 加入한 者는 10年이하의 懲役이나 禁錮 또는 1千500萬원 이하의 罰金에 處한다.(1995.12.29 본항개정)

③ 前2項의 罪를 犯하여 有期의 懲役이나 禁錮 또는 罰金에 處한 者에 대하여는 10年이하의 資格停止를 併科할 수 있다."

참조 [반국가단체]국가보안2, [작량감경]53

판례 형법 114조 범죄단체의 뜻 : 범죄를 목적으로 하는 단체라 함은 특정다수인이 일정한 범죄를 한다는 공동목적하에 이루어진 계속적인 결합체로서 그 단체를 주도하는 최소한의 통솔체제를 갖추어야 한다.(대판 1985.10.8, 85도1515)

판례 범죄단체조직죄의 성립요건 : 형법 제114조 소정 범죄단체조직죄는 범죄를 목적으로 하는 단체를 조직함으로써 성립하는 것이고 그 후 목적한 범죄의 실행행위를 하였는가 여부는 위 죄의 성립에 영향이 없다.(대판 1975.9.23, 75도2321)

第115條【騷擾】 多衆이 集合하여 暴行, 脅迫 또는 損壞의 行爲를 한 者는 1年 이상 10年 이하의 懲役이나 禁錮 또는 1千500萬원 이하의 罰金에 處한다.(1995.12.29 본조개정)

참조 [내란죄]115, [특수폭행죄]261, [특수협박죄]284, [특수손괴죄]369, 국가보안4

第116條【多衆不解散】 暴行, 脅迫 또는 損壞의 行爲를 할 目的으로 多衆이 集合하여 그를 團束할 權限이 있는 公務員으로부터 3回 이상의 解散命令을 받고 解散하지 아니한 者는 2年 이하의 懲役이나 禁錮 또는 300萬원 이하의 罰金에 處한다.(1995.12.29 본조개정)

참조 [특수폭행죄]261, [특수협박죄]284, [특수손괴죄]369, [경찰관의 제지]경찰직무6

第117條【戰時公需契約不履行】 ① 戰爭, 天災 기타 事變에 있어서 國家 또는 公共團體와 締結한 食糧 기타 生活必需品의 供給契約을 正當한 理由없이 履行하지 아니한 者는 3年 이하의 懲役 또는 500萬원 이하의 罰金에 處한다.(1995.12.29 본항개정)

② 前項의 契約履行을 妨害한 者도 前項의 刑과 같다.

③ 前2項의 경우에는 그 所定의 罰金을 併科할 수 있다.

참조 [전시의 정의]군형2, [군수계약불이행]103, [계약불이행]민544·545

第118條【公務員資格의 詐稱】 公務員의 資格을 詐稱하여 그 職權을 行使한 者는 3年 이하의 懲役 또는 700萬원 이하의 罰金에 處한다.(1995.12.29 본조개정)

참조 [위계에 의한 공무집행방해]137

판례 합동수사반원 자격사칭죄의 구성요건 : 공무원자격사칭죄가 성립하려면 어떤 직권을 행사할 수 있는 권한을 가진 공무원임을 사칭하고 그 직권을 행사한 사실이 있어야 하는바, 피고인들이 그들이 위임받은 채권을 용이하게 추심하는 방편으로 합동수사반원임을 사칭하고 협박한 사실이 있다고 하여도 위 채권의 추심행위는 개인적인 업무이지 합동수사반의 수사업무의 범위에는 속하지 아니하므로 이를 공무원자격사칭죄로 처벌할 수 없다.(대판 1981.9.8, 81도1955)

第6章 爆發物에 관한 罪

第119條【폭발물 사용】 ① 폭발물을 사용하여 사람의 생명, 신체 또는 재산을 해하거나 그 밖에 공공의 안전을 문란하게 한 자는 사형, 무기 또는 7년 이상의 징역에 처한다.
② 전쟁, 천재지변 그 밖의 사변에 있어서 제1항의 죄를 지은 자는 사형이나 무기징역에 처한다.
③ 제1항과 제2항의 미수범은 처벌한다.
(2020.12.8 본조개정)

改前 "第119條【爆發物使用】① 爆發物을 使用하여 사람의 生命, 身體 또는 財産을 害하거나 기타 公安을 紊亂한 者는 死刑, 無期 또는 7年 이상의 懲役에 處한다.
② 戰爭, 天災 기타 事變에 있어서 前項의 罪를 犯한 者는 死刑 또는 無期懲役에 處한다.
③ 前2項의 未遂犯은 處罰한다."

참조 [공안문란]87·115, 국가보안4, [전시의 정의]군형2, [미수범]25-27, [예비·음모·선동]120, [자수]120

第120條【豫備, 陰謀, 煽動】 ① 前條 第1項, 第2項의 罪를 犯할 目的으로 豫備 또는 陰謀한 者는 2年 이상의 有期懲役에 處한다. 但, 그 目的한 罪의 實行에 이르기 前에 自首한 때에는 그 刑을 減輕 또는 免除한다.
② 前條 第1項, 第2項의 罪를 犯할 것을 煽動한 者도 前項의 刑과 같다.

참조 [예비·음모]28, [자수감경]52, [면제선고]형소322, [자수주장에 대한 판단]형소323②

第121條【戰時爆發物製造 등】 戰爭 또는 事變에 있어서 正當한 理由없이 爆發物을 製造, 輸入, 輸出, 授受 또는 所持한 者는 10年 이하의 懲役에 處한다.

참조 [전시의 정의]군형2

第7章 公務員의 職務에 관한 罪

第122條【職務遺棄】 公務員이 正當한 理由없이 그 職務遂行을 拒否하거나 그 職務를 遺棄한 때에는 1年 이하의 懲役이나 禁錮 또는 3年 이하의 資格停止에 處한다.

참조 [공무원]헌7①·29, [징계]국가공무원78이하, 지방공무원69이하, 법관징계법, 검사징계법, 군인사법56이하, 교육공무원50·51, [특수직무유기]국가보안11, 특정범죄가중15, 폭력처벌9, [군법]군형24·27·30·35·40

판례 주민이 제기한 건축물 시공 관련 민원에 대해 관계 공무원이 현장조사를 하지 않았더라도 의식적으로 업무를 방임하거나 포기한 것이 아닌 이상 직무유기로 볼 수 없다. 해당 공무원이 다소의 태만, 착각 등으로 인하여 직무를 성실히 수행하지 아니하거나 소홀히 직무를 수행한 탓으로 적절한 직무수행에 이르지 못한 것으로 볼 수는 있더라도, 이를 넘어 직무를 의식적으로 포기한 경우에는 해당하지 않아 직무를 유기한 것이라고 인정하기에는 부족하다.
(대판 2020.12.10, 2020도13384)

판례 **경찰관이 압수물을 범죄 혐의의 입증에 사용하도록 하는 등의 적절한 조치를 취하지 아니하고 피압수자에게 돌려주어 증거인멸죄를 범한 경우에 별도로 부작위범인 직무유기죄가 성립하는지 여부(소극)** : 경찰서 방범과장이 부하직원으로부터 음반·비디오물 및 게임물에 관한 법률 위반 혐의로 오락실을 단속하여 증거물로 오락기의 변조 기판을 압수하여 사무실에 보관중임을 보고받아 알고 있었음에도 그 직무상의 의무에 따라 위 압수물을 수사계에 인계하고 검찰에 송치하여 범죄 혐의의 입증에 사용하도록 하는 등의 적절한 조치를 취하지 않고, 오히려 부하직원에게 위와 같이 압수한 변조 기판을 돌려주라고 지시하여 오락실 업주에게 이를 돌려준 경우, 작위범인 증거인멸죄만이 성립하고 부작위범인 직무유기(거부)죄는 따로 성립하지 아니한다.(대판 2006.10.19, 2005도3909 전원합의체)

판례 직무유기죄의 성립요건 : 직무유기죄는 구체적으로 그 직무를 수행하여야 할 작위의무가 있는데도 불구하고 이러한 직무를 버린다는 인식하에 그 작위의무를 수행하지 아니하면 성립하는 것이다.
(대판 1999.11.26, 99도1904)

판례 직무유기죄에 있어서 '직무를 유기한 때'의 의미 : 형법 제122조 후단 소정의 공무원이 정당한 이유 없이 직무를 유기한 때라 함은 직무에 관한 의식적인 방임 내지 포기 등 정당한 사유 없이 직무를 수행하지 아니한 경우를 의미하는 것이므로 공무원이 태만, 분망, 착각 등으로 인하여 직무를 성실히 수행하지 아니한 경우나 형식적으로 또는 소홀히 직무를 수행하였기 때문에 성실한 직무수행을 못한 것에 불과한 경우에는 직무유기죄는 성립하지 아니한다.
(대판 1997.8.29, 97도675)

第123條【職權濫用】 公務員이 職權을 濫用하여 사람으로 하여금 義務없는 일을 하게 하거나 사람의 權利行使를 妨害한 때에는 5年 이하의 懲役, 10年 이하의 資格停止 또는 1千萬원 이하의 罰金에 處한다.
(1995.12.29 본조개정)

참조 [특별규정]경찰직무12, 선원161-163, [국가배상]헌29, 국가배상2

판례 정보통신부장관이 개인휴대통신 사업자선정과 관련하여 서류심사는 완결된 상태에서 청문심사의 배점방식을 변경함으로써 직권을 남용하였다 하더라도, 이로 인하여 최종 사업권자로 선정되지 못한 경쟁업체가 가진 구체적인 권리의 현실적 행사가 방해되는 결과가 발생하지는 아니하였다는 본죄의 기수를 인정할 수 없다.
(대판 2006.2.9, 2003도4599)

판례 직권남용죄의 성립요건 : 직권남용죄는 공무원이 그 일반적 직무권한에 속하는 사항에 관하여 직권의 행사에 가탁하여 실질적·구체적으로 위법·부당한 행위를 한 경우에 성립하고, 그 일반적 직무권한은 반드시 법률상의 강제력을 수반하는 것임을 요하지 아니하며, 그것이 남용될 경우 직권행사의 상대방으로 하여금 법률상 의무 없는 일을 하게 하거나 정당한 권리행사를 방해하기에 충분한 것이면 된다.(대판 2004.5.27, 2002도6251)

판례 '권리행사를 방해한 때'의 의미 : 형법 제123조가 규정하는 직권남용권리행사방해죄에서 '권리행사를 방해한 때'라 함은 법령상 행사할 수 있는 권리의 정당한 행사를 방해하는 것을 말한다고 할 것이므로 이에 해당하려면 구체화된 권리의 현실적인 행사가 방해된 경우라야 할 것이다.(대결 1986.6.30, 86모12)

일판 재판관이 사적 교제를 할 의도로 자기가 담당한 절도사건의 여성피고인을 피해변상의 건으로 만나고 싶다고 하여 야간 전화로 다방으로 불러내어 동석시킨 행위는 재판관의 직권을 남용하여 동녀로 하여금 의무없는 일을 행하게 했다고 할 수 있다.
(日·最高 1985.7.16)

第124條【不法逮捕, 不法監禁】 ① 裁判, 檢察, 警察 기타 人身拘束에 관한 職務를 行하는 者 또는 이를 補助하는 者가 그 職權을 濫用하여 사람을 逮捕 또는 監禁한 때에는 7年 이하의 懲役과 10年 이하의 資格停止에 處한다.
② 前項의 未遂犯은 處罰한다.

참조 [신체의 자유]헌12, [체포감금죄]276, [재심이유]형소420·421, [미수범]25-27, [특별사법경찰관리]형소197

판례 감금죄는 간접정범의 형태로도 행하여질 수 있는 것이므로, 인신구속에 관한 직무를 행하는 자 또는 이를 보조하는 자가 피해자를 구속하기 위하여 진술조서 등을 허위로 작성한 후 이를 기록에 첨부하여 구속영장을 신청하고, 진술조서 등이 허위로 작성된 정을 모르는 검사와 영장전담판사를 기망하여 구속영장을 발부받은 후 그 영장에 의하여 피해자를 구금하였다면 형법 제124조 제1항의 직권남용감금죄가 성립한다.(대판 2006.5.25, 2003도3945)

판례 **긴급체포가 요건을 갖추지 못하여 위법한 체포에 해당하는 경우** : 긴급체포의 요건을 갖추었는지 여부는 체포 당시의 상황을 기초로 판단하여야 하고, 이에 관한 검사나 사법경찰관 등 수사주체의 판단에는 상당한 재량의 여지가 있다고 할 것이며, 다만, 긴급체포 당시의 상황으로 보아 그 요건의 충족 여부에 관한 검사나 사법경찰관의 판단이 경험칙에 비추어 현저히 합리성을 잃은 경우에 한하여 그 긴급체포는 위법한 체포로 평가할 수 있을 뿐이다.
(대결 2003.3.27, 2002모81)

第125條【폭행, 가혹행위】 재판, 검찰, 경찰 그 밖에 인신구속에 관한 직무를 수행하는 자 또는 이를 보조하는 자가 그 직무를 수행하면서 형사피의자나 그 밖의 사람에 대하여 폭행 또는 가혹행위를 한 경우에는 5년 이하의 징역과 10년 이하의 자격정지에 처한다.(2020.12.8 본조개정)

改前 "第125條【暴行, 苛酷行爲】裁判, 檢察, 警察 기타 人身拘束에 관한 職務를 行하는 者 또는 이를 補助하는 者가 그 職務를 行함에 當하여 刑事被疑者 또는 기타 사람에 대하여 暴行 또는 苛酷한 行爲를 加한 때에는 5年 이하의 懲役과 10年 이하의 資格停止에 處한다."

참조 [신체의 자유]헌12, [인신구속]형소68-73·80·86·175·212·459, 보호소년등의처우에관한법2, [폭행죄]260, [재심이유]형소420·421

第126條【피의사실공표】 검찰, 경찰 그 밖에 범죄수사에 관한 직무를 수행하는 자 또는 이를 감독하거나 보조하는 자가 그 직무를 수행하면서 알게 된 피의사실을 공소제기 전에 공표(公表)한 경우에는 3년 이하의 징역 또는 5년 이하의 자격정지에 처한다.(2020.12.8 본조개정)

형법

改前 "第126條【被疑事實公表】檢察, 警察 기타 犯罪搜査에 관한 職務를 行하는 者 또는 이를 監督하거나 補助하는 者가 그 職務를 行함에 當하여 知得한 被疑事實을 公判請求前에 公表한 때에는 3年 이하의 懲役 또는 5年 이하의 資格停止에 處한다."

참조 [공무상 비밀누설]127, 국가공무원60, [수사비밀]형소198

판례 수사기관의 피의사실 공표행위가 허용되기 위한 요건 및 그 위법성 조각 여부의 판단 기준 : 일반 국민들은 사회에서 발생하는 제반 범죄에 관한 알권리를 가지고 있고 수사기관이 피의사실에 관하여 발표를 하는 것은 국민들의 이러한 권리를 충족하기 위한 방법의 일환이라 할 것이나, 한편 헌법 제27조 제4항은 형사피고인에 대한 무죄추정의 원칙을 천명하고 있고, 형법 제126조는 검찰, 경찰 기타 범죄수사에 관한 직무를 행하는 자 또는 이를 감독하거나 보조하는 자가 그 직무를 행함에 당하여 지득한 피의사실을 공판청구 전에 공표하는 행위를 범죄로 규정하고 있으며, 형사소송법 제198조는 검사, 사법경찰관리 기타 직무상 수사에 관계 있는 자는 비밀을 엄수하며 피의자 또는 다른 사람의 인권을 존중하여야 한다고 규정하고 있는바, 수사기관의 피의사실 공표행위는 공권력에 의한 수사결과를 바탕으로 한 것으로 국민들에게 그 내용이 진실이라는 강한 신뢰를 부여함은 물론 그로 인하여 피의자나 피해자 나아가 그 주변 인물들에 대하여 치명적인 피해를 가할 수도 있다는 점을 고려할 때, 수사기관의 발표는 원칙적으로 일반 국민들의 정당한 관심의 대상이 되는 사항에 관하여 객관적이고도 충분한 증거나 자료를 바탕으로 한 사실 발표에 한정되어야 하고, 이를 발표함에 있어서도 정당한 목적하에 수사결과를 발표할 수 있는 권한을 가진 자에 의하여 공식의 절차에 따라 행하여져야 하며, 무죄추정의 원칙에 반하여 유죄를 속단하게 할 우려가 있는 표현이나 추측 또는 예단을 불러일으킬 우려가 있는 표현을 피하는 등 그 내용이나 표현 방법에 대하여도 유념하지 않으면 안되므로, 수사기관의 피의사실 공표행위가 위법성을 조각하는지의 여부를 판단함에 있어서는 공표 목적의 공익성과 공표 내용의 공공성, 공표의 필요성, 공표된 피의사실의 객관성 및 정확성, 공표의 절차와 형식, 그 표현 방법, 피의사실의 공표로 인하여 생기는 피침해이익의 성질, 내용 등을 종합적으로 참작하여야 한다. (대판 1999.1.26, 97다10215,10222)

第127條【公務上 秘密의 漏泄】 公務員 또는 公務員이었던 者가 法令에 의한 職務上 秘密을 漏泄한 때에는 2年 이하의 懲役이나 禁錮 또는 5年 이하의 資格停止에 處한다.

참조 [공무원의 수비의무]국가공무원60, 지방공무원52, 군인의지위및복무에관한기본법28, 원자력안전법108, 원자력진흥법20, [증인자격]형소147, [수사비밀]형소198

판례 공무원 또는 공무원이었던 자가 법령에 의한 직무상 비밀을 누설하는 것을 구성요건으로 하고 있는바, 여기서 법령에 의한 직무상 비밀이란 반드시 법령에 의하여 비밀로 규정되었거나 비밀로 분류 명시된 사항에 한하지 아니하고, 정치, 군사, 외교, 경제, 사회적 필요에 따라 비밀로 된 사항은 물론 정부나 공무소 또는 국민이 객관적, 일반적인 입장에서 외부에 알려지지 않는 것에 상당한 이익이 있는 사항도 포함하나, 실질적으로 그것을 비밀로서 보호할 가치가 있다고 인정할 수 있는 것이어야 하고, 한편, 공무상비밀누설죄는 기밀 그 자체를 보호하는 것이 아니라 공무원의 비밀엄수의무의 침해에 의하여 위험하게 되는 이익, 즉 비밀의 누설에 의하여 위협받는 국가의 기능을 보호하기 위한 것이다.(대판 2007.6.14, 2004도5561)

판례 비밀로서 보호할 가치가 있는지, 즉 그것이 통상의 지식과 경험을 가진 다수인에게 알려지지 아니한 비밀성을 가졌는지, 또한 정부나 국민의 이익 또는 행정목적 달성을 위하여 비밀로서 보호할 필요성이 있는지 등이 객관적으로 검토되어야 한다. (대판 1996.10.11, 94누7171)

第128條【選擧妨害】 檢察, 警察 또는 軍의 職에 있는 公務員이 法令에 의한 選擧에 관하여 選擧人, 立候補者 또는 立候補者되려는 者에게 脅迫을 加하거나 기타 方法으로 選擧의 自由를 妨害한 때에는 10年 이하의 懲役과 5年 이상의 資格停止에 處한다.

참조 [선거사범]공직선거237－239의2, [협박죄]283

第129條【收賂, 事前收賂】 ① 公務員 또는 仲裁人이 그 職務에 관하여 賂物을 收受, 要求 또는 約束한 때에는 5年 이하의 懲役 또는 10年 이하의 資格停止에 處한다.
<2012.12.27 헌법재판소 한정위헌결정으로 이 항의 '공무원'에 구「제주특별자치도 설치 및 국제자유도시 조성을 위한 특별법」(2007.7.27 법률 제8566호로 개정되기 전의 것) 제299조제2항의 제주특별자치도통합영향평가심의위원회 심의위원 중 위촉위원이 포함되는 것으로 해석하는 한 헌법에 위반>

② 公務員 또는 仲裁人이 될 者가 그 擔當할 職務에 關하여 請託을 받고 賂物을 收受, 要求 또는 約束한 後 公務員 또는 仲裁人이 된 때에는 3年 이하의 懲役 또는 7年 이하의 資格停止에 處한다.

참조 [중재인]중재법3, [재심이유]형소420·421, [몰수·추징]134, [수뢰 후 부정처사, 사후수뢰]131, [알선수뢰]132, 상631－633, 채무자회생파산645·655, [가중처벌]특정범죄가중2, [처벌대상의 확대]특정범죄가중4, [전문심리위원]형소279의8

판례 뇌물수수죄는 공무원 또는 중재인이 그 직무에 관하여 뇌물을 수수한 때에 성립하는 것이어서 그 주체는 현재 공무원 또는 중재인의 직에 있는 자에 한정되므로, 공무원이 직무와 관련하여 뇌물수수를 약속하고 퇴직 후 이를 수수하는 경우에는, 뇌물약속과 뇌물수수가 시간적으로 근접하여 연속되어 있다고 하더라도 뇌물수수죄는 성립하지 않는다.(대판 2008.2.1, 2007도5190)

판례 [1] 공무원이 관공서에 필요한 공사의 시행이나 물품의 구입을 위하여 수의계약을 체결하면서 해당 공사업자 등으로부터 돈을 수수한 경우, 그 돈의 성격을 공무원의 직무와 관련하여 수수된 뇌물로 볼 것인지, 아니면 적정한 금액보다 과다하게 부풀린 금액으로 계약을 체결하기로 공사업자 등과 사전 약정하여 이를 횡령(국고손실)한 것으로 볼 것인지 여부는, 돈을 공여하고 수수한 당사자들의 의사, 계약의 내용과 성격, 계약금액과 수수한 금액 사이의 비율, 수수한 돈의 액수, 그 계약이행으로 공사업자 등이 얻을 수 있는 적정한 이익, 공사업자 등이 공무원으로부터 공사대금 등을 지급받은 시기와 돈을 공무원에게 교부한 시간적 간격, 공사업자 등이 공무원에게 교부한 돈이 공무원으로부터 지급받은 바로 그 돈인지 여부, 수수한 장소와 방법 등을 종합적으로 고려하여 객관적으로 평가하여 판단해야 한다.
[2] 수의계약을 체결하는 공무원이 해당 공사업자와 적정한 금액 이상으로 계약금액을 부풀려서 계약하고 부풀린 금액을 자신이 되돌려 받기로 사전에 약정한 다음 그에 따라 수수한 돈은 성격상 뇌물이 아니고 횡령금에 해당한다.
(대판 2007.10.12, 2005도7112)

판례 형법 제129조 소정의 공무원의 의미 : 형법 제129조에서의 공무원이라 함은 법령의 근거에 기하여 국가 또는 지방자치단체 및 이에 준하는 공법인의 사무에 종사하는 자로서 그 노무의 내용이 단순한 기계적 육체적인 것에 한정되어 있지 않은 자를 말한다.
(대판 2002.11.22, 2000도4593)

판례 뇌물죄에 있어 직무관련성 및 뇌물성 : 공무원이 그 직무의 대상이 되는 사람으로부터 금품 기타 이익을 받은 때에는 그것이 그 사람이 종전에 공무원으로부터 접대 또는 수수받은 것을 갚는 것으로서 사회상규에 비추어 볼 때에 의례상의 대가에 불과한 것이라고 여겨지거나, 개인적인 친분관계가 있어서 교분상의 필요에 의한 것이라고 명백하게 인정할 수 있는 경우 등 특별한 사정이 없는 한 직무와의 관련성이 없는 것으로 볼 수 없고, 공무원의 직무와 관련하여 금품을 수수하였다면 비록 사교적 의례의 형식을 빌어 금품을 주고 받았다 하더라도 그 수수한 금품은 뇌물이 된다.
(대판 2002.7.26, 2001도6721)

독판 공무원이 장래의 행위에 대한 반대급부로서 이익을 받았다면 장래의 직무행위가 이미 구체적으로 확정되어져 있을 것을 요하는 것은 아니다.(BGHSt 32, 290)

第130條【第三者賂物提供】 公務員 또는 仲裁人이 그 職務에 관하여 不正한 請託을 받고 第三者에게 賂物을 供與하게 하거나 供與를 要求 또는 約束한 때에는 5年 이하의 懲役 또는 10年 이하의 資格停止에 處한다.

참조 [중재인]중재법3, [몰수추징]134, [가중처벌]특정범죄가중2, [처벌대상의 확대]특정범죄가중4, [전문심리위원]형소279의8

판례 제3자뇌물공여죄에서 '부정한 청탁'을 요건으로 하는 취지는 처벌의 범위가 불명확해지지 않도록 하기 위한 것으로서, 이러한 '부정한 청탁'은 명시적인 의사표시에 의한 것은 물론 묵시적인 의사표시에 의한 것도 가능하다. 묵시적인 의사표시에 의한 부정한 청탁이 있다고 하기 위하여는, 당사자 사이에 청탁의 대상이 되는 직무집행의 내용과 제3자에게 제공되는 금품이 그 직무집행에 대한 대가라는 점에 대하여 공통의 인식이나 양해가 존재하여야 하고, 그러한 인식이나 양해 없이 막연히 선처하여 줄 것이라는 기대에 의하거나 직무집행과는 무관한 다른 동기에 의하여 제3자에게 금품을 공여한 경우에는 묵시적인 의사표시에 의한 부정한 청탁이 있다고 보기 어렵다. 공무원이 먼저 제3자에게 금품을 공여할 것을 요구한 경우에도 마찬가지이다.(대판 2009.1.30, 2008도6950)

판례 형법 제130조 뇌물죄에 있어서의 뇌물성 : 형법 제130조 뇌물죄에 있어서의 뇌물성은 형법 제129조 뇌물죄에 있어서와 마찬가지로 직무와의 관련성이 있으면 인정되는 것이고, 그 뇌물을 받는 제3자가 뇌물임을 인식할 것을 요하지 아니하며, 그 뇌물을 제3자에게 공여하게 한 동기를 묻지 아니하므로, 어떤 금품이 공무원의 직무행위와 관련하여 교부된 것이라면 그것이 시주의 형식으로 교부되었고 또 불심에서 우러나온 것이라 하더라도 뇌물임을 면할 수 없다.
(대판 2006.6.15, 2004도3424)

판례 제3자 뇌물공여죄에 있어서 '부정한 청탁'의 의미 : 형법 제130조의 제3자 뇌물공여죄에 있어서 '부정한 청탁'이라 함은, 그 청탁이 위법하거나 부당한 직무집행을 내용으로 하는 경우는 물론, 비록 청탁의 대상이 된 직무집행 그 자체는 위법·부당한 것이 아니라 하더라도 당해 직무집행을 어떤 대가관계와 연결시켜 그 직무집행에 관한 대가의 교부를 내용으로 하는 청탁이라면 이는 의연 '부정한 청탁'에 해당한다고 보아야 한다.(대판 2006.6.15, 2004도3424)

第131條【收賂後不正處事, 事後收賂】 ① 公務員 또는 仲裁人이 前2條의 罪를 犯하여 不正한 行爲를 한 때에는 1年 이상의 有期懲役에 處한다.

② 公務員 또는 仲裁人이 그 職務上 不正한 行爲를 한 後 賂物을 收受, 要求 또는 約束하거나 第三者에게 이를 供與하게 하거나 供與를 要求 또는 約束한 때에도 前項의 刑과 같다.

③ 公務員 또는 仲裁人이었던 者가 그 在職 중에 請託을 받고 職務上 不正한 行爲를 한 後 賂物을 收受, 要求 또는 約束한 때에는 5年 이하의 懲役 또는 10年 이하의 資格停止에 處한다.

④ 前3項의 경우에는 10年 이하의 資格停止를 併科할 수 있다.

참조 [중재인]중재법3, [몰수추징]134, [형의 가중]135, 특정범죄가중2, [처벌대상의 확대]특정범죄가중4, [전문심리위원]형소279의8

판례 수뢰후부정처사죄에서 '부정한 행위'의 의미 : 수뢰후부정처사죄에서 말하는 '부정한 행위'라 함은 직무에 위배되는 일체의 행위를 말하는 것으로 직무행위 자체는 물론 그것과 객관적으로 관련 있는 행위까지 포함한다.(대판 2003.6.13, 2003도1060)

독판 공무원이 직무 이외에 타인을 위해 대가를 받고 신청서 또는 계획서를 작성하는 것은 단지 추후에 그가 신청서나 계획서를 작성할 기회를 직무상 갖는다 하더라도 그의 직무에 포함되는 행위가 존재하는 것은 아니다. 유상의 부업이 추후의 공무행위를 위한 이익으로써 주어진 것이고 또 받아들여졌는지 여부는 검토되어져야 한다.(BGHSt 18, 263)

第132條【斡旋收賂】 公務員이 그 地位를 利用하여 다른 公務員의 職務에 屬한 事項의 斡旋에 관하여 賂物을 收受, 要求 또는 約束한 때에는 3年 이하의 懲役 또는 7年 이하의 資格停止에 處한다.

참조 [몰수추징]134, [가중처벌]특정범죄가중2, [처벌대상의 확대]특정범죄가중4, [알선수재]특정범죄가중3, [전문심리위원]형소279의8

판례 '다른 공무원의 직무에 속한 사항의 알선에 관하여 뇌물을 요구한다'고 함은, 다른 공무원의 직무에 속한 사항을 알선한다는 명목으로 뇌물을 요구하는 행위로서 반드시 알선의 상대방인 다른 공무원이나 그 직무의 내용이 구체적으로 특정될 필요까지는 없지만, 알선뇌물요구죄가 성립하려면 알선할 사항이 다른 공무원의 직무에 속하는 사항으로서 뇌물요구의 명목이 그 사항의 알선에 관련된 것임이 어느 정도 구체적으로 나타나야 한다. 단지 상대방으로 하여금 뇌물을 요구하는 자에게 잘 보이면 그로부터 어떤 도움을 받을 수 있다거나 손해를 입을 염려가 없다는 정도의 막연한 기대감을 갖게 하는 정도에 불과하고, 뇌물을 요구하는 자 역시 상대방이 그러한 기대감을 가질 것이라고 짐작하면서 뇌물을 요구하였다는 정도의 사정만으로는 알선뇌물요구죄가 성립한다고 볼 수 없다. 한편, 여기서 말하는 알선행위는 장래의 것이라도 무방하므로, 알선뇌물요구죄가 성립하기 위하여는 뇌물을 요구할 당시 반드시 상대방에게 알선에 의하여 해결을 도모하여야 할 현안이 존재하여야 할 필요는 없다.(대판 2009.7.23, 2009도3924)

판례 자동차를 뇌물로 공여한 경우 자동차등록원부에 뇌물수수자가 그 소유자로 등록되지 않았다고 하더라도 자동차의 사실상 소유자로서 자동차에 대한 실질적인 사용 및 처분권한이 있다면 자동차 자체를 뇌물로 취득한 것으로 보아야 한다.(대판 2006.5.26, 2006도1716)

판례 공무원이 향응을 제공받아 수뢰한 경우, 수뢰액의 산정 방법 : 피고인이 증뢰자와 함께 향응을 하고 증뢰자가 이에 소요되는 금원을 지출한 경우 이에 관한 피고인의 수뢰액을 인정함에 있어서는 먼저 피고인의 접대에 요한 비용과 증뢰자가 소비한 비용을 가려내어 전자의 수액을 가지고 피고인의 수뢰액으로 하여야 하고 만일 각자에 요한 비용액이 불명일 때에는 이를 평등하게 분할한 액을 가지고 피고인의 수뢰액으로 인정하여 그 가액을 추징하여야 한다.(대판 2005.11.10, 2004도42)

第133條【뇌물공여 등】 ① 제129조부터 제132조까지에 기재한 뇌물을 약속, 공여 또는 공여의 의사를 표시한 자는 5년 이하의 징역 또는 2천만원 이하의 벌금에 처한다.

② 제1항의 행위에 제공할 목적으로 제3자에게 금품을 교부한 자 또는 그 사정을 알면서 금품을 교부받은 제3자도 제1항의 형에 처한다.

(2020.12.8 본조개정)

改前 "第133條【賂物供與등】① 第129條 내지 第132條에 記載한 賂物을 約束, 供與 또는 供與의 意思를 表示한 者는 5年 이하의 懲役 또는 2千萬원 이하의 罰金에 處한다.(1995.12.29 본항개정)
② 前項의 行爲에 供할 目的으로 第三者에게 金品을 交付하거나 그 情을 알면서 交付를 받은 者도 前項의 刑과 같다.
(1995.12.29 본조제목개정)"

참조 [몰수추징]134, [발기인, 이사, 기타의 임원의 독직죄]상630②, [권리행사방해 등에 관한 증수뢰죄]상631②, 채무자회생파산656

판례 뇌물공여죄의 성립에 반드시 상대방측의 뇌물수수죄가 성립하여야만 하는지 여부 : 뇌물공여죄가 성립하기 위하여는 뇌물을 공여하는 행위와 상대방측에서 금전적으로 가치가 있는 그 물품 등을 받아들이는 행위가 필요할 뿐 반드시 상대방측에서 뇌물수수죄가 성립하여야 함을 뜻하는 것은 아니다.(대판 2006.2.24, 2005도4737)

第134條【몰수, 추징】 범인 또는 사정을 아는 제3자가 받은 뇌물 또는 뇌물로 제공하려고 한 금품은 몰수한다. 이를 몰수할 수 없을 경우에는 그 가액을 추징한다.

(2020.12.8 본조개정)

改前 "第134條【沒收, 追徵】犯人 또는 情을 아는 第三者가 받은 賂物 또는 賂物에 供할 金品은 沒收한다. 그를 沒收하기 不能한 때에는 그 價額을 追徵한다."

참조 [몰수의 대상과 추징]48, [집행절차]형소477-479, 상633, 채무자회생파산655②, [특례]공무원범죄에관한몰수특례법

판례 제3자 뇌물수수에서 그 제3자로부터 뇌물을 건네받지 않은 공무원으로부터 뇌물의 가액을 추징할 수 있는지 여부 : 형법 제134조의 규정취지가 범인 또는 정을 아는 제3자로 하여금 불법한 이득을 보유시키지 아니하려는 데에 있는 점에 비추어 볼 때, 범인이라 하더라도 불법한 이득을 보유하지 아니한 자라면 그로부터 뇌물을 몰수·추징할 수 없으므로, 제3자 뇌물수수의 경우에는 범인인 공무원이 제3자로부터 그 뇌물을 건네받아 보유한 때를 제외하고는 그 공무원으로부터 뇌물의 가액을 추징할 수 없다.
(대판 1997.4.17, 96도3376 전원합의체)

第135條【公務員의 職務上 犯罪에 대한 刑의 加重】 公務員이 職權을 利用하여 本章 이외의 罪를 犯한 때에는 그 罪에 정한 刑의 2分의 1까지 加重한다. 但, 公務員의 身分에 의하여 特別히 刑이 規定된 때에는 例外로 한다.

참조 [가중의 한도]42, [가중감경의 순서]56

第8章 公務妨害에 관한 罪

第136條【公務執行妨害】 ① 職務를 執行하는 公務員에 대하여 暴行 또는 脅迫한 者는 5年 이하의 懲役 또는 1千萬원 이하의 罰金에 處한다.(1995.12.29 본항개정)

② 公務員에 대하여 그 職務上의 行爲를 强要 또는 阻止하거나 그 職을 辭退하게 할 目的으로 暴行 또는 脅迫한 者도 前項의 刑과 같다.

참조 [특수공무방해]144, [폭행죄]260, [협박죄]283, [무기사용]경찰직무10의4, [특별규정]도로법78, 총포·도검·화약류등의안전관리에관한법72, 조세범처벌9, 관세240의3·276, 계량에관한법51, 약사76의3, 마약44·64, 농협171, 양곡관리법21·34, 농수산물유통및가격안정에관한법82, 수협177, 근기116, 민방위31

판례 시청 청사 내 주민생활복지과 사무실에 술에 취한 상태로 찾아가 소란을 피우던 피고인을 소속 공무원 갑과 을이 제지하며 밖으로 데리고 나가려 하자 피고인이 소속 공무원을 폭행한 사안에서, 담당공무원이 피고인을 사무실 밖으로 데리고 나가는 과정에서 피고인의 팔을 잡는 등 다소의 물리력을 행사했더라도 이는 피고인의 불법행위를 사회적 상당성이 있는 방법으로 저지한 것에 불과하므로 위법하다고 볼 수 없다. 또한 소란을 피우는 민원인을 제지하거나 사무실 밖으로 데리고 나가는 행위도 민원 담당 공무원의 직무에 수반되는 행위라고 볼 수 있다. 따라서 피고인의 행위는 시청 소속 공무원들의 적법한 직무집행을 방해한 것으로, 공무집행방해죄를 구성한다.
(대판 2022.3.17, 2021도13883)

판례 검문 중이던 경찰관들이 자전거를 이용한 날치기 사건 범인과 흡사한 인상착의의 피고인이 자전거를 타고 다가오는 것을 발견하고 검문을 요구하자 피고인이 경찰관들의 멱살을 잡아 밀치거나 욕설을 한 사건에서 경찰관들은 목적 달성에 필요한 최소한의 범위 내

에서 사회통념상 용인될 수 있는 상당한 방법을 통하여 경찰관직무집행법 제3조제1항에 규정된 자에 대해 의심되는 사항을 질문하기 위하여 정지시킨 것으로 보아야 하며 따라서 이에 불응한 피고의 행위는 공무집행방해에 해당한다.(대판 2012.9.13, 2010도6203)

판례 공무집행방해죄는 공무원의 직무집행이 적법한 경우에 한하여 성립하고, 여기서 적법한 공무집행은 그 행위가 공무원의 추상적 권한에 속할 뿐 아니라 구체적 직무집행에 관한 법률상 요건과 방식을 갖춘 경우를 가리키므로, 검사나 사법경찰관이 수사기관에 자진출석한 사람을 긴급체포의 요건을 갖추지 못하였음에도 실력으로 체포하려고 하였다면 적법한 공무집행이라고 할 수 없고, 자진출석한 사람이 검사나 사법경찰관에 대하여 이를 거부하는 방법으로써 폭행을 하였다고 하여 공무집행방해죄가 성립하는 것은 아니다.
(대판 2006.9.8, 2006도148)

판례 공무집행방해죄에 있어서 '직무를 집행하는'의 의미 : 형법 제136조 제1항 소정의 공무집행방해죄에 있어서 '직무를 집행하는'이라 함은 공무원이 직무수행에 직접 필요한 행위를 현실적으로 행하고 있는 때만을 가리키는 것이 아니라 공무원이 직무수행을 위하여 근무중인 상태에 있는 때를 포괄한다 할 것이고, 직무의 성질에 따라서는 그 직무수행의 과정을 개별적으로 분리하여 부분적으로 각각의 개시와 종료를 논하는 것이 부적절하고 여러 종류의 행위를 포괄하여 일련의 직무수행으로 파악함이 상당한 경우가 있다.
(대판 1999.9.21, 99도383)

第137條【僞計에 의한 公務執行妨害】 僞計로써 公務員의 職務執行을 妨害한 者는 5年 이하의 懲役 또는 1千萬원 이하의 罰金에 處한다.(1995.12.29 본조개정)

참조 [공무집행방해]136

판례 범죄행위로 인하여 강제출국당한 전력이 있는 사람이 외국 주재 한국영사관 담당직원에게 허위의 호구부 및 외국인등록신청서 등을 제출하여 사증 및 외국인등록증을 발급받은 사안에서, 위계에 의한 공무집행방해죄가 성립한다.(대판 2009.2.26, 2008도11862)

판례 변호사가 접견을 핑계로 수용자를 위하여 휴대전화와 증권거래용 단말기를 구치소 내로 몰래 반입하여 이용하게 한 행위가 위계에 의한 공무집행방해죄에 해당한다.(대판 2005.8.25, 2005도1731)

판례 음주운전을 하다가 교통사고를 야기한 후 그 형사처벌을 면하기 위하여 타인의 혈액을 자신의 혈액인 것처럼 교통사고 조사 경찰관에게 제출하여 감정하도록 한 행위는, 단순히 피의자가 수사기관에 대하여 허위사실을 진술하거나 자신에게 불리한 증거를 은닉하는 데 그친 것이 아니라 수사기관의 착오를 이용하여 적극적으로 피의사실에 관한 증거를 조작한 것으로서 위계에 의한 공무집행방해죄가 성립한다.(대판 2003.7.25, 2003도1609)

판례 '위계'라 함은 행위자의 행위목적을 이루기 위하여 상대방에게 오인, 착각, 부지를 일으키게 하여 그 오인, 착각, 부지를 이용하는 것을 말하는 것으로 상대방이 이에 따라 그릇된 행위나 처분을 하였다면 이 죄가 성립된다.(대판 1997.2.28, 96도2825)

第138條【法廷 또는 國會會議場侮辱】 法院의 裁判 또는 國會의 審議를 妨害 또는 威脅할 目的으로 法廷이나 國會會議場 또는 그 附近에서 侮辱 또는 騷動한 者는 3年 이하의 懲役 또는 700萬원 이하의 罰金에 處한다.
(1995.12.29 본조개정)

참조 [모욕죄]311, [법정질서]법원조직58－61, [국회질서]국회143－154, [형의 가중]144

第139條【人權擁護職務妨害】 警察의 職務를 行하는 者 또는 이를 補助하는 者가 人權擁護에 관한 檢事의 職務執行을 妨害하거나 그 命令을 遵守하지 아니한 때에는 5年 이하의 懲役 또는 10年 이하의 資格停止에 處한다.

참조 [본죄의 주체]형소196 · 197, [공무집행방해]136

第140條【公務上秘密標示無效】 ① 公務員이 그 職務에 관하여 實施한 封印 또는 押留 기타 强制處分의 標示를 損傷 또는 隱匿하거나 기타 方法으로 그 效用을 害한 者는 5年 이하의 懲役 또는 700萬원 이하의 罰金에 處한다.
② 公務員이 그 職務에 관하여 封緘 기타 秘密裝置한 文書 또는 圖畵를 開封한 者도 第1項의 刑과 같다.
③ 公務員이 그 職務에 관하여 封緘 기타 秘密裝置한 文書, 도화 또는 電磁記錄등 特殊媒體記錄을 技術的 手段을 이용하여 그 내용을 알아낸 者도 第1項의 刑과 같다.
(1995.12.29 본항신설)
(1995.12.29 본조개정)

참조 [봉인]민집189, [미수범]143, [형의 가중]144

판례 공무원이 실시한 봉인 등의 표시에 절차상 또는 실체상의 하자가 있으나 객관적 · 일반적으로 그것이 공무원이 그 직무에 관하여 실시한 봉인 등으로 인정할 수 있는 상태에 있는 경우, 공무상표시무효죄의 객체가 되는지 여부(적극) : 공무원이 그 직권을 남용하여 위법하게 실시한 봉인 또는 압류 기타 강제처분의 표시임이 명백하여 법률상 당연무효 또는 부존재라고 볼 수 있는 경우에는 그 봉인 등의 표시는 공무상표시무효죄의 객체가 되지 아니하여 이를 손상 또는 은닉하거나 기타 방법으로 그 효용을 해한다 하더라도 공무상표시무효죄가 성립하지 아니한다 할 것이지만, 공무원이 실시한 봉인 등의 표시에 절차상 또는 실체상의 하자가 있다고 하더라도 객관적 · 일반적으로 그것이 공무원이 그 직무에 관하여 실시한 봉인 등으로 인정할 수 있는 상태에 있다면 적법한 절차에 의하여 취소되지 아니하는 한 공무상표시무효죄의 객체로 된다고 할 것이다.
(대판 2007.3.15, 2007도312)

판례 출입금지가처분 대상이 된 건조물 등에 가처분 채권자의 승낙을 얻어 출입하는 경우 출입금지가처분 표시의 효용을 해한 것인지 여부(소극) : 출입금지가처분은 그 성질상 가처분 채권자의 의사에 반하여 건조물 등에 출입하는 것을 금지하는 것이므로 비록 가처분 결정이나 그 결정의 집행으로서 집행관이 실시한 고시에 그러한 취지가 명시되어 있지 않다고 하더라도 가처분 채권자의 승낙을 얻어 그 건조물 등에 출입하는 경우에는 출입금지가처분 표시의 효용을 해한 것이라고 할 수 없다.(대판 2006.10.13, 2006도4740)

第140條의2【不動産强制執行效用侵害】 强制執行으로 明渡 또는 引渡된 不動産에 侵入하거나 기타 방법으로 强制執行의 效用을 해한 者는 5年 이하의 懲役 또는 700萬원 이하의 罰金에 處한다.(1995.12.29 본조신설)

판례 부동산강제집행효용침해죄의 객체인 강제집행으로 명도나 인도된 부동산에는 강제집행으로 '퇴거집행'된 부동산을 포함한다.
(대판 2003.5.13, 2001도3212)

第141條【公用書類 등의 無效, 公用物의 破壞】 ① 公務所에서 使用하는 書類 기타 물건 또는 電磁記錄등 特殊媒體記錄을 損傷 또는 隱匿하거나 기타 方法으로 그 效用을 害한 者는 7年 이하의 懲役 또는 1千萬원 이하의 罰金에 處한다.(1995.12.29 본항개정)
② 公務所에서 使用하는 建造物, 船舶, 汽車 또는 航空機를 破壞한 者는 1年 이상 10年 이하의 懲役에 處한다.

참조 [손괴죄]366 · 367, [미수범]143, [형의 가중]144, [군법]군형66이하

판례 공용서류은닉죄에 있어서 범의 및 경찰 작성의 진술조서가 미완성이고 작성자와 진술자가 서명 · 날인 또는 무인한 것이 아니어서 공문서로서의 효력이 없는 경우 '공무소에서 사용하는 서류'로 볼 수 있는지 여부(적극) : 형법 제141조 제1항이 규정하고 있는 공용서류은닉죄에 있어서의 범의란 피고인에게 공무소에서 사용하는 서류라는 사실과 이를 은닉하는 방법으로 그 효용을 해한다는 사실의 인식이 있음으로써 족하고, 경찰이 작성한 진술조서가 미완성이고 작성자와 진술자가 서명 · 날인 또는 무인한 것이 아니어서 공문서로서의 효력이 없다고 하더라도 공무소에서 사용하는 서류가 아니라고 할 수는 없다.(대판 2006.5.25, 2003도3945)

판례 공문서 작성권자와 공용서류무효죄 : 형법 제141조 제1항이 규정한 공용서류무효죄는 정당한 권한 없이 공무소에서 사용하는 서류의 효용을 해함으로써 성립하는 죄이므로 권한 있는 자의 정당한 처분에 의한 공용서류의 파기에는 적용의 여지가 없고, 또 공무원이 작성하는 공문서는 그것이 작성자의 지배를 떠나 작성자로서도 그 변경 삭제가 불가능한 단계에 이르렀다면 모르되 그렇지 않고 상사가 결재하는 단계에 있어서는 작성자는 결재자인 상사와 상의하여 언제든지 그 내용을 변경 또는 일부 삭제할 수 있는 것이며 그 내용을 정당하게 변경하는 경우는 물론 내용을 허위로 변경하였다 하여도 그 행위가 허위공문서작성죄에 해당할지언정 따로 형법 제141조 소정의 공용서류의 효용을 해하는 행위에 해당한다고는 할 수 없다.
(대판 1995.11.10, 95도1395)

第142條【公務上 保管物의 無效】 公務所로부터 保管命令을 받거나 公務所의 命令으로 他人이 관리하는 自己의 物件을 損傷 또는 隱匿하거나 기타 方法으로 그 效用을 害한 者는 5年 이하의 懲役 또는 700萬원 이하의 罰金에 處한다.(1995.12.29 본조개정)

참조 [손괴죄]366 · 367, [미수범]143, [형의 가중]144

第143條【未遂犯】 第140條 내지 前條의 未遂犯은 處罰한다.

참조 [미수범]25－29, [형의 가중]144

第144條【特殊公務妨害】 ① 團體 또는 多衆의 威力을 보이거나 危險한 物件을 携帶하여 第136條, 第138條와 第140條 내지 前條의 罪를 犯한 때에는 各條에 정한 刑의 2分의 1까지 加重한다.

② 第1項의 罪를 犯하여 公務員을 傷害에 이르게 한 때에는 3年 이상의 有期懲役에 處한다. 死亡에 이르게 한 때에는 無期 또는 5年 이상의 懲役에 處한다.(1995.12.29 본항개정)

참조 [형의 가중]42, [가중경감의 순서]56, [소요죄]115, [폭행치사상]262

판례 특수공무집행방해치사상죄의 성립 요건 : 특수공무집행방해치사상죄는 단체 또는 다중의 위력을 보이거나 위험한 물건을 휴대하고 직무를 집행하는 공무원에 대하여 폭행, 협박을 하여 공무원을 사상에 이르게 한 경우에 성립하는 결과적가중범으로서 행위자가 그 결과를 의도할 필요는 없고 그 결과의 발생을 예견할 수 있으면 족하다.(대판 1997.10.10, 97도1720)

판례 형법 제144조 소정의 '다중'이라 함은 단체를 이루지 못한 다수인의 중합을 지칭하는 것이므로 불과 3인의 경우에는 그것이 어떤 집단의 힘을 발판 또는 배경으로 한다는 것이 인정되지 않는 한 '다중의 위력을 보인 것'이라고는 할 수 없다.
(대판 1971.12.21, 71도1930)

第9章 逃走와 犯人隱匿의 罪

第145條【도주, 집합명령위반】 ① 법률에 따라 체포되거나 구금된 자가 도주한 경우에는 1년 이하의 징역에 처한다.

② 제1항의 구금된 자가 천재지변이나 사변 그 밖에 법령에 따라 잠시 석방된 상황에서 정당한 이유없이 집합명령에 위반한 경우에도 제1항의 형에 처한다.
(2020.12.8 본조개정)

改前 "第145條【逃走, 集合命令違反】① 法律에 의하여 逮捕 또는 拘禁된 者가 逃走한 때에는 1年 이하의 懲役에 處한다.
② 前項의 拘禁된 者가 天災, 事變 기타 法令에 의하여 暫時 解禁된 경우에 正當한 理由없이 그 集合命令에 違反한 때에도 前項의 刑과 같다."

참조 [체포]형소200의2－201·212－214, [구금]형소72·73·81·473－475, [수용자의 이송]형의집행수용자20, [수형자의 도주]형의집행수용자103, [도주원조]147·148, [미수범]149, [무기사용]형의집행수용자101, 경찰직무10의4, 헌병무기사용령3, 군에서의형의집행및군수용자의처우에관한법88, [구속적부심]헌12⑥, 형소214의2, 군사법원110, [보석불허가]형소95, 군사법원135

판례 사법경찰관이 피고인을 수사관서까지 동행한 것이 사실상의 강제연행, 즉 불법 체포에 해당하고, 불법 체포로부터 6시간 상당이 경과한 후에 이루어진 긴급체포 또한 위법하므로 피고인이 불법체포된 자로서 형법 제145조 제1항에 정한 '법률에 의하여 체포 또는 구금된 자'가 아니어서 도주죄의 주체가 될 수 없다.
(대판 2006.7.6, 2005도6810)

第146條【特殊逃走】 收容設備 또는 機具를 損壞하거나 사람에게 暴行 또는 脅迫을 加하거나 2人 이상이 合同하여 前條第1項의 罪를 犯한 者는 7年 이하의 懲役에 處한다.

참조 [수용설비]형의집행수용자11, [보호장비]형의집행수용자97·98, [미수범]149

일판 구금장 또는 기구의 손괴에 의한 가중도주죄에 대하여는 도주의 수단으로서 손괴가 개시되었을 때에 실행의 착수가 있다.
(日·最高 1979.12.25)

第147條【逃走援助】 法律에 의하여 拘禁된 者를 奪取하거나 逃走하게 한 者는 10年 이하의 懲役에 處한다.

참조 [미수범]149, [예비·음모]150

독판 폭력을 행사하지 않고 공동으로 도주하면서 단순히 혼자 스스로 도주하는데 유용하거나 필요한 도움을 준 구금자는 타인의 자기도주에 대한 방조(형법 제120조)나 그러한 방조의 교사(형법 제120조, 제48조)로 처벌되지 않는다.(BGHSt 17, 369)

第148條【看守者의 逃走援助】 法律에 의하여 拘禁된 者를 看守 또는 護送하는 者가 이를 逃走하게 한 때에는 1年 이상 10年 이하의 懲役에 處한다.

참조 [도주원조]147, [미수범]149, [예비·음모]150

第149條【未遂犯】 前4條의 未遂犯은 處罰한다.

참조 [미수범]25－29

第150條【豫備, 陰謀】 第147條와 第148條의 罪를 犯할 目的으로 豫備 또는 陰謀한 者는 3年 이하의 懲役에 處한다.

참조 [예비·음모]28·296

第151條【犯人隱匿과 親族間의 特例】 ① 罰金 이상의 刑에 該當하는 罪를 犯한 者를 隱匿 또는 逃避하게 한 者는 3年 이하의 懲役 또는 500萬원 이하의 罰金에 處한다.(1995.12.29 본항개정)

② 친족 또는 동거의 가족이 本人을 위하여 前項의 罪를 犯한 때에는 處罰하지 아니한다.(2005.3.31 본항개정)

改前 ② "친족, 호주 또는 동거의 가족이" 本人을 위하여…

참조 [본범과의 관련]형소11, [친족]민767－769, 국가보안9

판례 범인이 자신을 위하여 형법 제151조 제2항에 의하여 처벌을 받지 아니하는 친족 등으로 하여금 허위의 자백을 하게 하여 범인도피죄를 범하게 하는 경우, 범인도피교사죄의 성립 여부(적극) : 범인이 자신을 위하여 타인으로 하여금 허위의 자백을 하게 하여 범인도피죄를 범하게 하는 행위는 방어권의 남용으로 범인도피교사죄에 해당하는바, 이 경우 그 타인이 형법 제151조 제2항에 의하여 처벌을 받지 아니하는 친족, 호주 또는 동거 가족에 해당한다 하여 달리 볼 것은 아니다.(대판 2006.12.7, 2005도3707)

판례 형법 제151조에서 규정하는 범인도피죄의 의의 : 형법 151조에서 규정하는 범인도피죄는 범인은닉 이외의 방법으로 범인에 대한 수사·재판 및 형의 집행 등 형사사법의 작용을 곤란 또는 불가능하게 하는 행위를 말하는 것으로서 그 방법에는 아무런 제한이 없고, 또한 범인도피죄는 위험범으로서 현실적으로 형사사법의 작용을 방해하는 결과가 초래되어야만 하는 것은 아니다.
(대판 2006.5.26, 2005도7528)

판례 범인도피교사죄의 성립 여부(적극) : 범인이 자신을 위하여 타인으로 하여금 허위의 자백을 하게 하여 범인도피죄를 범하게 하는 행위는 방어권의 남용으로 범인도피교사죄에 해당한다.
(대판 2000.3.24, 2000도20)

판례 범인이 아닌 자가 수사기관에서 범인임을 자처한 경우 범인은닉죄의 성부(적극) : 범인 아닌 자가 수사기관에서 범인임을 자처하고 허위사실을 진술하여 진범의 체포와 발견에 지장을 초래하게 한 행위는 범인은닉죄에 해당한다.(대판 1996.6.14, 96도1016)

第10章 僞證과 證據湮滅의 罪

第152條【僞證, 謀害僞證】 ① 法律에 의하여 宣誓한 證人이 虛僞의 陳述을 한 때에는 5年 이하의 懲役 또는 1千萬원 이하의 罰金에 處한다.(1995.12.29 본항개정)

② 刑事事件 또는 懲戒事件에 관하여 被告人, 被疑者 또는 懲戒嫌疑者를 謀害할 目的으로 前項의 罪를 犯한 때에는 10年 이하의 懲役에 處한다.

참조 [증인선서]형소156, 민소319, 비송10, 감사14②, 법관징계법22, 검사징계법26, 변호사101의2, [본범과의 관련]형소11, [자백·자수]153, [친족간의 특례]155, [재심이유]형소420, [특별규정]국가보안12, 특허227, 실용신안47, 디자인보호221, 상표232

판례 위증죄와 형사소송법의 취지, 정신과 기능을 고려하여 볼 때, 형법 제152조 제1항에서 정한 '법률에 의하여 선서한 증인'이라 함은 '법률에 근거하여 법률이 정한 절차에 따라 유효한 선서를 한 증인'이라는 의미이고, 그 증인신문은 법률이 정한 절차 조항을 준수하여 적법하게 이루어진 경우여야 한다고 볼 것이다.
(대판 2010.1.21, 2008도942 전원합의체)

판례 자기의 형사피고사건에 관하여 타인을 교사하여 위증하게 한 경우, 위증교사죄의 성립 여부(적극) : 피고인이 자기의 형사사건에 관하여 허위의 진술을 하는 행위는 피고인의 형사소송에 있어서의 방어권을 인정하는 취지에서 처벌의 대상이 되지 않으나, 법률에 의하여 선서한 증인이 타인의 형사사건에 관하여 위증을 하면 형법 제152조 제1항의 위증죄가 성립되므로 자기의 형사사건에 관하여 타인을 교사하여 위증죄를 범하게 하는 것은 이러한 방어권을 남용하는 것이라고 할 것이어서 교사범의 죄책을 부담케 함이 상당하다.
(대판 2004.1.27, 2003도5114)

판례 위증죄에 있어 증언이 기억에 반하는 허위진술인지 여부의 판단 방법 및 증언의 의미가 불분명하거나 다의적으로 이해될 수 있는 경우 증언의 허위성 여부의 판단 방법 : 증인의 증언이 기억에 반하는 허위진술인지 여부는 그 증언의 단편적인 구절에 구애될 것이 아니라 당해 신문절차에 있어서의 증언 전체를 일체로 파악하여 판단하여야 할 것이고, 증언의 의미가 그 자체로 불분명하거나 다의적으로 이해될 수 있는 경우에는 언어의 통상적인 의미와 용법, 문제된 증언이 나오게 된 전후 문맥, 신문의 취지, 증언이 행하여진 경위 등을 종합하여 당해 증언의 의미를 명확히 한 다음 허위성을 판단하여야 한다.(대판 2001.12.27, 2001도5252)

판례 증언이 객관적 사실과 부합하지 않는다는 사실만으로 위증죄가 성립하는지 여부(소극) : 위증죄는 법률에 의하여 선서한 증인이 자기의 기억에 반하는 사실을 진술함으로써 성립하는 것이므로 그 진술이 객관적 사실과 부합하지 않는다고 하여 그 증언이 곧바로 위증이라고 단정할 수는 없다.(대판 1996.8.23, 95도192)

판례 증언의 허위진술 여부에 대한 판단기준에 있어 증인의 착오와 위증의 범의 : 위증죄에서 증인의 증언이 기억에 반하는 허위의 진술인지 여부를 가릴 때에는 그 증언의 단편적인 구절에 구애될 것이 아니라 당해 신문절차에서 한 증언 전체를 일체로 파악하여야 하고, 그 결과 증인이 무엇인가 착오에 빠져 기억에 반한다는 인식 없이 증언하였음이 밝혀진 경우에는 위증의 범의를 인정할 수 없다. (대판 1991.5.10, 89도1748)

판례 사실을 "안다"라는 증언이 위증인지 여부의 판단의 전제요건 : 증인의 증언의 요지가 일정한 사실을 "안다"라는 취지인 경우에는 증인이 그 증언내용을 알게 된 경위를 심리판단하여 그 증언내용이 기억에 반한 진술인지 여부를 가려야 할 것이지 그 증언의 전체적 내용을 제쳐놓고 증언일부만을 따로 떼어서 허위의 진술이라고 단정할 것이 아니다.(대판 1983.4.26, 83도633)

일판 형사사건의 참고인이나 증인의 허위진술·증언에 증거인멸죄를 적용할 수 없으며 그러한 진술을 바탕으로 한 조서도 위조라 볼 수 없다.(日·千葉地法判 1995.6.2)

독판 형사법관 앞에서 유죄여부에 대해 선서를 대신할 위증을 하도록 교사한 자는 형사법관이 그러한 진술을 받을 권한이 있다고 잘못 생각했을 때에는 불가벌이다.(BGHSt 32, 38)

第153條【自白, 自首】 前條의 罪를 犯한 者가 그 供述한 事件의 裁判 또는 懲戒處分이 確定되기 前에 自白 또는 自首한 때에는 그 刑을 減輕 또는 免除한다.

참조 [감경례]54·55, [면제선고]형소322, [본조의 주장에 대한 판단]형소323②, [재판확정]형소343·358·374, 민소395, [징계처분]국가공무원78-83의3, 법관징계법3, 검사징계법23, 군인사법56-61, 경찰공무원27, 교육공무원51, 지방공무원69-73의3, [특별규정]특허226, 실용신안49, 디자인보호221

판례 무고죄에 있어서 형의 필요적 감면사유에 해당하는 자백이란 자신의 범죄사실, 즉 타인으로 하여금 형사처분 또는 징계처분을 받게 할 목적으로 공무소 또는 공무원에 대하여 허위의 사실을 신고하였음을 자인하는 것을 말하고, 단순히 그 신고한 내용이 객관적 사실에 반한다고 인정함에 지나지 아니하는 것은 이에 해당하지 아니한다.(대판 1995.9.5, 94도755)

第154條【虛僞의 鑑定, 通譯, 飜譯】 法律에 의하여 宣誓한 鑑定人, 通譯人 또는 飜譯人이 虛僞의 鑑定, 通譯 또는 飜譯을 한 때에는 前2條의 例에 의한다.

참조 [선서증인]형소156, 민소319, 비송10, 감사14②, 법관징계법22, 검사징계법26, 변호사101의2, [자백·자수]153, [본범과의 관련]형소11, [친족간의 특례]155, [재심이유]형소420, [특별규정]특허227, 실용신안47, 디자인보호221, 상표232

판례 허위감정죄의 죄수와 기수시기 : 하나의 소송사건에서 동일한 선서 하에 이루어진 법원의 감정명령에 따라 감정인이 동일한 감정명령 사항에 대하여 수차례에 걸쳐 허위의 감정보고서를 제출하는 경우에는 각 감정보고서 제출행위시마다 각기 허위감정죄가 성립한다 할 것이나, 이는 단일한 범의 하에 계속하여 허위의 감정을 한 것으로서 포괄하여 1개의 허위감정죄를 구성한다.(대판 2000.11.28, 2000도1089)

第155條【證據湮滅 등과 親族間의 特例】 ① 他人의 刑事事件 또는 懲戒事件에 관한 證據를 湮滅, 隱匿, 僞造 또는 變造하거나 僞造 또는 變造한 證據를 使用한 者는 5年 이하의 懲役 또는 700萬원 이하의 罰金에 處한다. (1995.12.29 본항개정)

② 他人의 刑事事件 또는 懲戒事件에 관한 證人을 隱匿 또는 逃避하게 한 者도 第1項의 刑과 같다.(1995.12.29 본항개정)

③ 被告人, 被疑者 또는 懲戒嫌疑者를 謀害할 目的으로 前2項의 罪를 犯한 者는 10年 이하의 懲役에 處한다.

④ 친족 또는 동거의 가족이 本人을 위하여 本條의 罪를 犯한 때에는 處罰하지 아니한다.(2005.3.31 본항개정)

改前 ④ "친족, 호주 또는 동거의 가족이" 本人을 위하여…

참조 [본범과의 관련]형소11, [친족]민767-769, [구속사유]헌12③, 형소70①, [보석불허가]형소95

판례 증거위조죄에서 '증거' 및 '위조'의 의미 : 타인의 형사사건 또는 징계사건에 관한 증거를 위조한 경우에 성립하는 형법 제155조 제1항의 증거위조죄에서 '증거'라 함은 타인의 형사사건 또는 징계사건에 관하여 수사기관이나 법원 또는 징계기관이 국가의 형벌권 또는 징계권의 유무를 확인하는 데 관계있다고 인정되는 일체의 자료를 의미하고, 타인에게 유리한 것이건 불리한 것이건 가리지 아니하며 또 증거가치의 유무 및 정도를 불문하는 것이고, 여기서의 '위조'란 문서에 관한 죄에 있어서의 위조 개념과는 달리 새로운 증거의 창조를 의미하는 것이므로 존재하지 아니한 증거를 이전부터 존재하고 있는 것처럼 작출하는 행위도 증거위조에 해당하며, 증거가 문서의 형식을 갖는 경우 증거위조죄에 있어서의 증거에 해당하는지 여부가 그 작성권한의 유무나 내용의 진실성에 좌우되는 것은 아니다.(대판 2007.6.28, 2002도3600)

第11章 誣告의 罪

第156條【誣告】 他人으로 하여금 刑事處分 또는 懲戒處分을 받게 할 目的으로 公務所 또는 公務員에 대하여 虛僞의 事實을 申告한 者는 10年 이하의 懲役 또는 1千500萬원 이하의 罰金에 處한다.(1995.12.29 본조개정)

참조 [자백·자수]157, [재심이유]형소420, 특정범죄가중14

판례 무고죄는 타인으로 하여금 형사처분 또는 징계처분을 받게 할 목적으로 공무소 또는 공무원에 대하여 허위의 사실을 신고하는 때에 성립하는 것으로, 여기에서 허위사실의 신고라 함은 신고사실이 객관적 사실에 반한다는 것을 확정적이거나 미필적으로 인식하고 신고하는 것을 말하는 것이므로, 신고사실의 일부에 허위의 사실이 포함되어 있다고 하더라도 그 허위 부분이 범죄의 성부에 영향을 미치는 중요한 부분이 아니고, 단지 신고한 사실을 과장한 것에 불과한 경우에는 무고죄에 해당하지 아니하지만, 그 일부 허위인 사실이 국가의 심판작용을 그르치거나 부당하게 처벌을 받지 아니할 개인의 법적 안정성을 침해할 우려가 있을 정도로 고소사실 전체의 성질을 변경시키는 때에는 무고죄가 성립될 수 있다고 할 것이다. (대판 2010.4.29, 2010도2745)

판례 무고죄는 타인으로 하여금 형사처분 등을 받게 할 목적으로 공무소 등에 허위의 사실을 신고함으로써 성립하는 범죄이므로, 그 신고된 범죄사실이 이미 공소시효가 완성된 것이어서 무고죄가 성립하지 아니하는 경우에 해당하는지 여부는 그 신고시를 기준으로 하여 판단하여야 한다.(대판 2008.3.27, 2007도11153)

판례 무고죄에 있어서 허위사실 적시의 정도 : 무고죄에 있어서 허위사실 적시의 정도는 수사관서 또는 감독관서에 대하여 수사권 또는 징계권의 발동을 촉구하는 정도의 것이면 충분하고 반드시 범죄구성요건 사실이나 징계요건 사실을 구체적으로 명시하여야 하는 것은 아니다.(대판 2006.5.25, 2005도4642)

판례 무고죄에 있어서 형사처분 또는 징계처분을 받게 할 목적은 허위신고를 함에 있어서 다른 사람이 그로 인하여 형사 또는 징계처분을 받게 될 것이라는 인식이 있으면 족한 것이고 그 결과발생을 희망하는 것을 요하는 것은 아니므로, 고소인이 고소장을 수사기관에 제출한 이상 그러한 인식은 있었다고 보아야 한다.(대판 1991.5.10, 90도2601)

독판 형법 제164조 제1항에서 '고의'의 의미는 행위의 동기와 동등한 의미를 갖는 것이 아니다. 그것은 행위자가 혐의자에 대한 공적 절차를 행하려 하고 그로써 또 다른 최후의 목적을 추구하려 하는 것으로도 충분하다.(BGHSt 13, 219)

독판 가벌적인 행위의 혐의자가 경찰조사에서 타인의 이름을 모용했다면 피모용자에 대한 무고가 당연히 그 속에 포함되는 것은 아니다. (BGHSt 18, 204)

第157條【自白·自首】 第153條는 前條에 準用한다.

참조 [감경례]54·55, [면제선고]형소322, [본조의 주장에 대한 판단]형소323②

판례 무고죄를 범한 자가 그 신고한 사건의 재판 또는 징계처분이 확정되기 전에 자백 또는 자수한 때에는 그 형을 감경 또는 면제한다고 할 때, 그가 신고한 사건을 다루는 기관에 대한 고백이나 그 사건을 다루는 재판부에 증인으로 다시 출석하여 전에 그가 한 신고가 허위의 사실이었음을 고백하는 것은 물론 무고 사건의 피고인 또는 피의자로서 법원이나 수사기관에서의 신문에 의한 고백 또한 자백의 개념에 포함된다. '재판이 확정되기 전'에는 피고인의 고소사건 수사 결과 피고인의 무고 혐의가 밝혀져 피고인에 대한 공소가 제기되고 피고소인에 대해서는 불기소결정이 내려져 재판절차가 개시되지 않은 경우도 포함된다.(대판 2018.8.1, 2018도7293)

第12章 信仰에 관한 罪

第158條【葬禮式등의 妨害】 葬禮式, 祭祀, 禮拜 또는 說敎를 妨害한 者는 3年 이하의 懲役 또는 500萬원 이하의 罰金에 處한다.(1995.12.29 본조개정)

참조 [종교의 자유]헌20, 경범1

第159條【시체 등의 오욕】 시체, 유골 또는 유발(遺髮)을 오욕한 자는 2년 이하의 징역 또는 500만원 이하의 벌금에 처한다.(2020.12.8 본조개정)

改前 "第159條【死體 등의 汚辱】 死體, 遺骨 또는 遺髮을 汚辱한 者는 2年 이하의 懲役 또는 500萬원 이하의 罰金에 處한다. (1995.12.29 본조개정)"

第160條【墳墓의 發掘】 墳墓를 發掘한 者는 5年 이하의 懲役에 處한다.

참조 [검증에 있어서의 분묘발굴]형소140·141, [개장]장사등에관한법8·9, [미수범]162, [영득죄]161

第161條【시체 등의 유기 등】 ① 시체, 유골, 유발 또는 관 속에 넣어 둔 물건을 손괴(損壞), 유기, 은닉 또는 영득(領得)한 자는 7년 이하의 징역에 처한다.
② 분묘를 발굴하여 제1항의 죄를 지은 자는 10년 이하의 징역에 처한다.
(2020.12.8 본조개정)

改前 "第161條【死體 등의 領得】 ① 死體, 遺骨, 遺髮 또는 棺內에 藏置한 物件을 損壞, 遺棄, 隱匿 또는 領得한 者는 7年 이하의 懲役에 處한다.
② 墳墓를 發掘하여 前項의 罪를 犯한 者는 10年 이하의 懲役에 處한다."

참조 [미수범]162, [사체해부]형소140·141·173

일판 본조에서 소위 '사체'라 함은 사자의 제사 혹은 기념을 위하여 분묘에 매장하거나 또는 매장해야 할 사체를 말하고(사체의 일부도 포함) 동조에 소위 유골이라 함은 전동양의 목적을 위하여 화장한 후 보존하거나 보존해야 할 유골을 말하고 인공적으로 부가한 금치와 같은 것은 인체의 일부분이 아니므로 개장작업중에 가분묘에 있었던 금치는 이미 사체 또는 유골의 일부라고 할 수 없으며 또 관내에 장치한 물건이라고도 할 수 없다.(日·東京高 1952.6.3)

第162條【未遂犯】 前2條의 未遂犯은 處罰한다.

참조 [미수범]25-29

第163條【변사체 검시 방해】 변사자의 시체 또는 변사(變死)로 의심되는 시체를 은닉하거나 변경하거나 그 밖의 방법으로 검시(檢視)를 방해한 자는 700만원 이하의 벌금에 처한다.(2020.12.8 본조개정)

改前 "第163條【變死體檢視妨害】 變死者의 死體 또는 變死의 疑心있는 死體를 은닉 또는 변경하거나 기타 방법으로 檢視를 방해한 者는 700萬원 이하의 罰金에 處한다.(1995.12.29 본조개정)"

참조 [검시]형소222

판례 '변사체검시방해죄'의 객체가 될 수 있는 사체 : 동조의 '변사자'라 함은 부자연한 사망으로 그 사인이 분명하지 않은 자를 의미하고 그 사인이 명백한 경우는 변사자라 할 수 없으므로, 범죄로 인하여 사망한 것이 명백한 자의 사체는 동조 '변사체검시방해죄'의 객체가 될 수 없다.(대판 2003.6.27, 2003도1331)

第13章 放火와 失火의 罪

第164條【현주건조물 등 방화】 ① 불을 놓아 사람이 주거로 사용하거나 사람이 현존하는 건조물, 기차, 전차, 자동차, 선박, 항공기 또는 지하채굴시설을 불태운 자는 무기 또는 3년 이상의 징역에 처한다.
② 제1항의 죄를 지어 사람을 상해에 이르게 한 경우에는 무기 또는 5년 이상의 징역에 처한다. 사망에 이르게 한 경우에는 사형, 무기 또는 7년 이상의 징역에 처한다.
(2020.12.8 본조개정)

改前 "第164條【現住建造物등에의 放火】 ① 불을 놓아 사람이 住居로 사용하거나 사람이 現存하는 建造物, 汽車, 電車, 自動車, 船舶, 航空機 또는 鑛坑을 燒毁한 者는 無期 또는 3年 이상의 懲役에 處한다.
② 第1項의 罪를 犯하여 사람을 傷害에 이르게 한 때에는 無期 또는 5年 이상의 懲役에 處한다. 死亡에 이르게 한 때에는 死刑, 無期 또는 7年 이상의 懲役에 處한다.
(1995.12.29 본조개정)"

참조 [미수]174, [예비·음모]175, [자수]175, [특별규정]국가보안4, 군형66·67

판례 현주건조물방화죄는 화력이 매개물을 떠나 목적물인 건조물 스스로 연소할 수 있는 상태에 이름으로써 기수가 된다.
(대판 2007.3.16, 2006도9164)

판례 재물을 강취한 후 피해자를 살해할 목적으로 현주건조물에 방화하여 사망에 이르게 한 경우, 강도살인죄와 현주건조물방화치사죄의 관계(=상상적 경합) : 피고인들이 피해자들의 재물을 강취한 후 그들을 살해할 목적으로 현주건조물에 방화하여 사망에 이르게 한 경우, 피고인들의 행위는 강도살인죄와 현주건조물방화치사죄에 모두 해당하고 그 두 죄는 상상적 경합범관계에 있다.(대판 1998.12.8, 98도3416)

독판 영업뿐만 아니라 주거목적으로 사용되는 건물에서 단지 영업장 부분만이 방화되었을 경우에도 형법 제306조 Nr.2의 구성요건(주거에 사용하는 건조물에 대한 중방화죄)에 해당한다.
(BGHSt 34, 115)

第165條【공용건조물 등 방화】 불을 놓아 공용(公用)으로 사용하거나 공익을 위해 사용하는 건조물, 기차, 전차, 자동차, 선박, 항공기 또는 지하채굴시설을 불태운 자는 무기 또는 3년 이상의 징역에 처한다.(2020.12.8 본조개정)

改前 "第165條【公用建造物 등에의 放火】 불을 놓아 公用 또는 公益에 供하는 建造物, 汽車, 電車, 自動車, 船舶, 航空機 또는 鑛坑을 燒毁한 者는 無期 또는 3年 이상의 懲役에 處한다."

참조 [미수]174, [예비·음모]175, [자수]175, [공익건조물파괴]367, [본조의 준용]문화유산94, [특별규정]국가보안4, 군형66·67

第166條【일반건조물 등 방화】 ① 불을 놓아 제164조와 제165조에 기재한 외의 건조물, 기차, 전차, 자동차, 선박, 항공기 또는 지하채굴시설을 불태운 자는 2년 이상의 유기징역에 처한다.
② 자기 소유인 제1항의 물건을 불태워 공공의 위험을 발생하게 한 자는 7년 이하의 징역 또는 1천만원 이하의 벌금에 처한다.
(2020.12.8 본조개정)

改前 "第166條【一般建造物 등에의 放火】 ① 불을 놓아 前2條에 記載한 이외의 建造物, 汽車, 電車, 自動車, 船舶, 航空機 또는 鑛坑을 燒毁한 者는 2年 이상의 有期懲役에 處한다.
② 自己所有에 屬하는 第1項의 物件을 燒毁하여 公共의 危險을 發生하게 한 者는 7年 이하의 懲役 또는 1千萬원 이하의 罰金에 處한다.(1995.12.29 본항개정)"

참조 [미수범]174, [예비·음모]175, [자수]175, [연소]168

일판 본조 제1항의 방화죄가 성립하기 위해서는 불을 놓아 동조 규정의 물건을 소훼한다는 인식만 있으면 족하고 소훼의 결과, 공공의 위험을 발생시킨다는 인식까지는 필요하지 아니한다.
(日·最高 1985.3.28)

第167條【일반물건 방화】 ① 불을 놓아 제164조부터 제166조까지에 기재한 외의 물건을 불태워 공공의 위험을 발생하게 한 자는 1년 이상 10년 이하의 징역에 처한다.
② 제1항의 물건이 자기 소유인 경우에는 3년 이하의 징역 또는 700만원 이하의 벌금에 처한다.
(2020.12.8 본조개정)

改前 "第167條【一般物件에의 放火】 ① 불을 놓아 前3條에 記載한 이외의 物件을 燒毁하여 公共의 危險을 發生하게 한 者는 1年 이상 10年 이하의 懲役에 處한다.
② 第1項의 物件이 自己의 所有에 屬한 때에는 3年 이하의 懲役 또는 700萬원 이하의 罰金에 處한다.(1995.12.29 본항개정)"

참조 [손괴죄]366, [연소]168, [특별규정]국가보안4, 산림자원조성관리71

판례 불을 놓아 '무주물'을 소훼하여 공공의 위험을 발생하게 한 경우, 형법 제167조제2항을 적용하여 처벌할 수 있는지 여부(적극) : 형법 제167조제2항은 방화의 객체인 물건이 자기의 소유에 속한 때에는 같은 조 제1항보다 감경하여 처벌하는 것으로 규정하고 있는바, 방화죄는 공공의 안전을 제1차적인 보호법익으로 하지만 제2차적으로는 개인의 재산권을 보호하는 것이라고 볼 수 있는 점, 현재 소유자가 없는 물건인 무주물에 방화하는 경우에 타인의 재산권을 침해하지 않는 점은 자기의 소유에 속한 물건을 방화하는 경우와 마찬가지인 점, 무주의 동산을 소유의 의사로 점유하는 경우에 소유권을 취득하는 것에 비추어(민법 제252조) 무주물에 방화하는 행위는 그 무주물을 소유의 의사로 점유하는 것이라고 볼 여지가 있는 점 등을 종합하여 보면, 불을 놓아 무주물을 소훼하여 공공의 위험을 발생하게 한 경우에는 '무주물'을 '자기 소유의 물건'에 준하는 것으로 보아 형법 제167조제2항을 적용하여 처벌하여야 한다.(노상에서 전봇대 주변에 놓인 재활용품과 쓰레기 등에 불을 놓아 공공의 위험을 발생하게 한 경우, 일반물건방화죄가 성립한다고 한 사례)
(대판 2009.10.15, 2009도7421)

第168條【延燒】 ① 第166條第2項 또는 前條第2項의 罪를 犯하여 第164條, 第165條 또는 第166條第1項에 記載한 物件에 延燒한 때에는 1年 이상 10年 이하의 懲役에 處한다.
② 前條第2項의 罪를 犯하여 前條第1項에 記載한 物件에 延燒한 때에는 5年 이하의 懲役에 處한다.

참조 [특별규정]국가보안4, 산림자원조성관리71

第169條【鎭火妨害】 火災에 있어서 鎭火用의 施設 또는 物件을 隱匿 또는 損壞하거나 기타 方法으로 鎭火를 妨害한 者는 10年 이하의 懲役에 處한다.

참조 소방기본법50-54, 경범1

第170條【실화】 ① 과실로 제164조 또는 제165조에 기재한 물건 또는 타인 소유인 제166조에 기재한 물건을 불태운 자는 1천500만원 이하의 벌금에 처한다.

② 과실로 자기 소유인 제166조의 물건 또는 제167조에 기재한 물건을 불태워 공공의 위험을 발생하게 한 자도 제1항의 형에 처한다.
(2020.12.8 본조개정)

改前 "第170條【失火】① 過失로 인하여 第164條 또는 第165條에 記載한 物件 또는 他人의 所有에 屬하는 第166條에 記載한 物件을 燒毁한 者는 1千500萬원이하의 罰金에 處한다.(1995.12.29 본항개정)
② 過失로 인하여 自己의 所有에 屬하는 第166條 또는 第167條에 記載한 物件을 燒毁하여 公共의 危險을 發生하게 한 者도 前項의 刑과 같다."

참조 [특별규정]경범1

판례 형법 제170조 제2항 소정의 '자기의 소유에 속하는 제166조 또는 제167조에 기재한 물건'의 해석과 죄형법정주의 원칙 : 형법 제170조 제2항에서 말하는 '자기의 소유에 속하는 제166조 또는 제167조에 기재한 물건'이라 함은 '자기의 소유에 속하는 제166조에 기재한 물건 또는 자기의 소유에 속하든, 타인의 소유에 속하든 불문하고 제167조에 기재한 물건'을 의미하는 것이라고 해석하여야 하며, 제170조 제1항과 제2항의 관계로 보아서도 제166조에 기재한 물건(일반건조물 등) 중 타인의 소유에 속하는 것에 관하여는 제1항에서 규정하고 있기 때문에 제2항에서는 그중 자기의 소유에 속하는 것에 관하여 규정하고, 제167조에 기재한 물건에 관하여는 소유의 귀속을 불문하고 그 대상으로 삼아 규정하고 있는 것이라고 봄이 관련조문을 전체적, 종합적으로 해석하는 방법일 것이고, 이렇게 해석한다고 하더라도 그것이 법규정의 가능한 의미를 벗어나 법형성이나 법창조행위에 이른 것이라고는 할 수 없어 죄형법정주의의 원칙상 금지되는 유추해석이나 확장해석에 해당한다고 볼 수는 없을 것이다.
(대결 1994.12.20, 94모32 전원합의체)

第171條【業務上失火, 重失火】 業務上過失 또는 重大한 過失로 인하여 第170條의 罪를 犯한 者는 3年 이하의 禁錮 또는 2千萬원 이하의 罰金에 處한다.(1995.12.29 본조개정)

第172條【爆發性物件破裂】 ① 보일러, 高壓가스 기타 爆發性있는 물건을 破裂시켜 사람의 生命, 身體 또는 財産에 대하여 위험을 발생시킨 者는 1年 이상의 有期懲役에 處한다.
② 第1項의 罪를 犯하여 사람을 傷害에 이르게 한 때에는 無期 또는 3年 이상의 懲役에 處한다. 死亡에 이르게 한 때에는 無期 또는 5年 이상의 懲役에 處한다.
(1995.12.29 본조개정)

참조 [방화]164-167, [실화]170·171, [미수범]174, [예비·음모]175, [자수]175, [폭발물 사용]119, 국가보안4, 총포·도검·화약류등의안전관리에관한법

第172條의2【가스·電氣등 放流】 ① 가스, 電氣, 蒸氣 또는 放射線이나 放射性 物質을 放出, 流出 또는 撒布시켜 사람의 生命, 身體 또는 財産에 대하여 위험을 발생시킨 者는 1年 이상 10年 이하의 懲役에 處한다.
② 第1項의 罪를 범하여 사람을 傷害에 이르게 한 때에는 無期 또는 3年 이상의 懲役에 處한다. 死亡에 이르게 한 때에는 無期 또는 5年 이상의 懲役에 處한다.
(1995.12.29 본조신설)

第173條【가스·電氣등 供給妨害】 ① 가스, 電氣 또는 蒸氣의 工作物을 損壞 또는 除去하거나 기타 方法으로 가스, 電氣 또는 蒸氣의 供給이나 使用을 妨害하여 公共의 危險을 發生하게 한 者는 1年 이상 10年 이하의 懲役에 處한다.
② 公共用의 가스, 電氣 또는 蒸氣의 工作物을 損壞 또는 除去하거나 기타 方法으로 가스, 電氣 또는 蒸氣의 供給이나 使用을 妨害한 者도 前項의 刑과 같다.
③ 第1項 또는 第2項의 罪를 犯하여 사람을 傷害에 이르게 한 때에는 2年 이상의 有期懲役에 處한다. 死亡에 이르게 한 때에는 無期 또는 3年 이상의 懲役에 處한다.
(1995.12.29 본조개정)

참조 [미수범]174, [상해죄]257-259, 전기사업법100

第173條의2【過失爆發性物件破裂등】 ① 過失로 第172條第1項, 第172條의2第1項, 第173條第1項과 第2項의 罪를 犯한 者는 5年 이하의 禁錮 또는 1千500萬원 이하의 罰金에 處한다.
② 業務上過失 또는 중대한 過失로 第1項의 罪를 犯한 者는 7年 이하의 禁錮 또는 2千萬원 이하의 罰金에 處한다.
(1995.12.29 본조신설)

第174條【未遂犯】 第164條第1項, 第165條, 第166條第1項, 第172條第1項, 第172條의2第1項, 第173條第1項과 第2項의 未遂犯은 處罰한다.(1995.12.29 본조개정)

참조 [미수범]25-29

第175條【豫備, 陰謀】 第164條第1項, 第165條, 第166條第1項, 第172條第1項, 第172條의2第1項, 第173條第1項과 第2項의 罪를 犯할 目的으로 豫備 또는 陰謀한 者는 5年 이하의 懲役에 處한다. 但, 그 目的한 罪의 實行에 이르기 前에 自首한 때에는 刑을 減輕 또는 免除한다.
(1995.12.29 본문개정)

참조 [예비·음모]28, [자수]52, [감경례]54·55, [면제선고]형소322

第176條【他人의 權利對象이 된 自己의 物件】 自己의 所有에 屬하는 物件이라도 押留 기타 强制處分을 받거나 他人의 權利 또는 保險의 目的物이 된 때에는 本章의 規定의 適用에 있어서 他人의 物件으로 看做한다.

참조 [일수죄에 대한 준용]179

第14章 溢水와 水利에 관한 罪

第177條【現住建造物등에의 溢水】 ① 물을 넘겨 사람의 住居에 사용하거나 사람이 現存하는 建造物, 汽車, 電車, 自動車, 船舶, 航空機 또는 鑛坑을 浸害한 者는 無期 또는 3年 이상의 懲役에 處한다.
② 第1項의 罪를 犯하여 사람을 傷害에 이르게 한 때에는 無期 또는 5年 이상의 懲役에 處한다. 死亡에 이르게 한 때에는 無期 또는 7年 이상의 懲役에 處한다.
(1995.12.29 본조개정)

참조 [미수범]182, [예비·음모]183, [상해죄]257-259, [특별규정]국가보안4

第178條【公用建造物 등에의 溢水】 물을 넘겨 公用 또는 公益에 供하는 建造物, 汽車, 電車, 自動車, 船舶, 航空機 또는 鑛坑을 浸害한 者는 無期 또는 2年 이상의 懲役에 處한다.

참조 [미수범]182, [예비·음모]183, [본조의 준용]문화유산94, [특별규정]국가보안4

第179條【一般建造物 등에의 溢水】 ① 물을 넘겨 前2條에 記載한 이외의 建造物, 汽車, 電車, 自動車, 船舶, 航空機 또는 鑛坑 其他 他人의 財産을 浸害한 者는 1年 이상 10年 이하의 懲役에 處한다.
② 自己의 所有에 屬하는 前項의 物件을 浸害하여 公共의 危險을 發生하게 한 때에는 3年 이하의 懲役 또는 700萬원 이하의 罰金에 處한다.(1995.12.29 본항개정)
③ 第176條의 規定은 本條의 경우에 準用한다.

참조 [미수범]182, [예비·음모]183, [타인의 권리대상이 된 자기의 물건]176, [특별규정]국가보안4

第180條【防水妨害】 水災에 있어서 防水用의 施設 또는 物件을 損壞 또는 隱匿하거나 기타 方法으로 防水를 妨害한 者는 10年 이하의 懲役에 處한다.

참조 [특별규정]자연재해대책법69이하, 경범3

판례 법률상 그 분묘를 수호, 봉사하며 관리하고 처분할 권한이 있는 자 또는 정당하게 승낙을 얻은 자가 사체에 대한 존숭의 예를 갖추어 이를 발굴하는 경우에는 그 행위의 위법성은 조각된다고 할 것이고, 한편 분묘에 대한 봉사, 수호 및 관리, 처분권은 종중이나 후손들 모두에게 속하여 있는 것이 아니라 오로지 그 분묘에 관한 호주상속인에게 전속한다.(대판 2007.12.13, 2007도8131)

第181條【過失溢水】 過失로 因하여 第177條 또는 第178條에 記載한 物件을 浸害한 者 또는 第179條에 記載한 物件을 浸害하여 公共의 危險을 發生하게 한 者는 1千萬원 이하의 罰金에 處한다.(1995.12.29 본조개정)

第182條【未遂犯】 第177條 내지 第179條第1項의 未遂犯은 處罰한다.

참조 [미수범]25－29

第183條【豫備, 陰謀】 第177條 내지 第179條第1項의 罪를 犯할 目的으로 豫備 또는 陰謀한 者는 3年 이하의 懲役에 處한다.

참조 [예비・음모]28

第184條【수리방해】 둑을 무너뜨리거나 수문을 파괴하거나 그 밖의 방법으로 수리(水利)를 방해한 자는 5년 이하의 징역 또는 700만원 이하의 벌금에 처한다.
(2020.12.8 본조개정)

改前 "第184條【水利妨害】堤防을 決潰하거나 水門을 破壞하거나 기타 方法으로 水利를 妨害한 者는 5年 이하의 懲役 또는 700萬원 이하의 罰金에 處한다.(1995.12.29 본조개정)"

판례 형법 제184조 수리방해죄에 있어 '수리(水利)'와 '수리를 방해'의 의미 및 수리방해죄의 성립 요건 : 형법 제184조는 '제방을 결궤(決潰, 무너뜨림)하거나 수문을 파괴하거나 기타 방법으로 수리를 방해'하는 것을 구성요건으로 하여 수리방해죄를 규정하고 있는바 여기서 수리(水利)라 함은, 관개용・목축용・발전이나 수차 등의 동력용・상수도의 원천용 등 널리 물이라는 천연자원을 사람의 생활에 유익하게 사용하는 것을 가리키고(다만, 형법 제185조의 교통방해죄 또는 형법 제195조의 수도불통죄의 경우 등 다른 규정에 의하여 보호되는 형태의 물의 이용은 제외될 것이다), 수리를 방해한다 함은 제방을 무너뜨리거나 수문을 파괴하는 등 위 조문에 예시된 것을 포함하여 저수시설, 유수로(流水路)나 송・인수시설 또는 이들에 부설된 여러 수리용 장치를 손괴・변경하거나 효용을 해침으로써 수리에 지장을 일으키는 행위를 가리키며, 나아가 수리방해죄는 타인의 수리권을 보호법익으로 하므로 수리방해죄가 성립하기 위하여는 법령, 계약 또는 관습 등에 의하여 타인의 권리에 속한다고 인정될 수 있는 물의 이용을 방해하는 것이어야 한다.(대판 2001.6.26, 2001도404)

第15章 交通妨害의 罪

第185條【一般交通妨害】 陸路, 水路 또는 橋梁을 損壞 또는 不通하게 하거나 기타 方法으로 交通을 妨害한 者는 10年 이하의 懲役 또는 1千500萬원 이하의 罰金에 處한다.(1995.12.29 본조개정)

참조 [미수범]190, [도로의 사용]도로교통68－72

판례 일반교통방해죄에서 말하는 '육로'의 의미 : 여기서 '육로'라 함은 사실상 일반 공중의 왕래에 공용되는 육상의 통로를 널리 일컫는 것으로서 그 부지의 소유관계나 통행권리관계 또는 통행인의 많고 적음 등을 가리지 않는다.(대판 2007.12.28, 2007도7717)

第186條【汽車, 船舶 등의 交通妨害】 軌道, 燈臺 또는 標識를 損壞하거나 기타 方法으로 汽車, 電車, 自動車, 船舶 또는 航空機의 交通을 妨害한 者는 1年이상의 有期懲役에 處한다.

참조 [미수범]190, [예비・음모]191, [특별규정]국가보안4, 철도안전법45, 항로표지법28, 공항시설법37

第187條【汽車 등의 顚覆 등】 사람의 現存하는 汽車, 電車, 自動車, 船舶 또는 航空機를 顚覆, 埋沒, 墜落 또는 破壞한 者는 無期 또는 3年 이상의 懲役에 處한다.

참조 [미수범]190, [예비・음모]191, [특별규정]국가보안4, 항공안전법138, 철도안전법48, [사고조사]항공・철도사고조사에관한법

판례 선박매몰죄의 고의 : 선박매몰죄의 고의가 성립하기 위하여는 행위시에 사람이 현존하는 것이라는 점에 대한 인식과 함께 이를 매몰한다는 결과발생에 대한 인식이 필요하며, 현존하는 사람을 사상에 이르게 한다는 등 공공의 위험에 대한 인식까지는 필요하지 않고, 사람이 현존하는 선박에 대해 매몰행위의 실행을 개시하고 그로 인하여 선박을 매몰시켰다면 매몰의 결과 발생시 사람이 현존하지 않았거나 범인이 선박에 있는 사람을 안전하게 대피시켰다고 하더라도 선박매몰죄의 기수로 보아야 한다.(대판 2000.6.23, 99도4688)

第188條【交通妨害致死傷】 第185條 내지 第187條의 罪를 犯하여 사람을 傷害에 이르게 한 때에는 無期 또는 3年 이상의 懲役에 處한다. 死亡에 이르게 한 때에는 無期 또는 5年 이상의 懲役에 處한다.(1995.12.29 본조개정)

참조 [상해죄]257－259, [특별규정]국가보안4, 항공안전법138이하

第189條【過失, 業務上過失, 重過失】 ① 過失로 인하여 第185條 내지 第187條의 罪를 犯한 者는 1千萬원 이하의 罰金에 處한다.

② 業務上過失 또는 重大한 過失로 인하여 第185條 내지 第187條의 罪를 犯한 者는 3年 이하의 禁錮 또는 2千萬원 이하의 罰金에 處한다.
(1995.12.29 본조개정)

참조 [특별규정]항공안전법149

第190條【未遂犯】 第185條 내지 第187條의 未遂犯은 處罰한다.

참조 [미수범]25－29

第191條【豫備, 陰謀】 第186條 또는 第187條의 罪를 犯할 目的으로 豫備 또는 陰謀한 者는 3年 이하의 懲役에 處한다.

참조 [예비・음모]28

第16章 먹는 물에 관한 죄

(2020.12.8 본장제목개정)

改前 第16章 飮用水에 관한 罪

第192條【먹는 물의 사용방해】 ① 일상생활에서 먹는 물로 사용되는 물에 오물을 넣어 먹는 물로 쓰지 못하게 한 자는 1년 이하의 징역 또는 500만원 이하의 벌금에 처한다.

② 제1항의 먹는 물에 독물(毒物)이나 그 밖에 건강을 해하는 물질을 넣은 사람은 10년 이하의 징역에 처한다.
(2020.12.8 본조개정)

改前 "第192條【飮用水의 使用妨害】① 日常飮用에 供하는 淨水에 汚物을 混入하여 飮用하지 못하게 한 者는 1年 이하의 懲役 또는 500萬원 이하의 罰金에 處한다.(1995.12.29 본항개정)
② 前項의 飮用水에 毒物 기타 健康을 害할 物件을 混入한 者는 10年 이하의 懲役에 處한다."

참조 [미수범]196, [예비・음모]197, 경범1

第193條【수돗물의 사용방해】 ① 수도(水道)를 통해 공중이 먹는 물로 사용하는 물 또는 그 수원(水原)에 오물을 넣어 먹는 물로 쓰지 못하게 한 자는 1년 이상 10년 이하의 징역에 처한다.

② 제1항의 먹는 물 또는 수원에 독물 그 밖에 건강을 해하는 물질을 넣은 자는 2년 이상의 유기징역에 처한다.
(2020.12.8 본조개정)

改前 "第193條【水道飮用水의 使用妨害】① 水道에 의하여 公衆의 飮用에 供하는 淨水 또는 그 水源에 汚物을 混入하여 飮用하지 못하게 한 者는 1年 이상 10年 이하의 懲役에 處한다.
② 前項의 飮用水 또는 水源에 毒物 기타 健康을 害할 物件을 混入한 者는 2年 이상의 有期懲役에 處한다."

참조 [미수범]196, [예비・음모]197

第194條【먹는 물 혼독치사상】 제192조제2항 또는 제193조제2항의 죄를 지어 사람을 상해에 이르게 한 경우에는 무기 또는 3년 이상의 징역에 처한다. 사망에 이르게 한 경우에는 무기 또는 5년 이상의 징역에 처한다.
(2020.12.8 본조개정)

改前 "第194條【飮用水混毒致死傷】第192條第2項 또는 第193條第2項의 罪를 犯하여 사람을 傷害에 이르게 한 때에는 無期 또는 3年 이상의 懲役에 處한다. 死亡에 이르게 한 때에는 無期 또는 5年 이상의 懲役에 處한다.(1995.12.29 본조개정)"

참조 [상해죄]257－259

第195條【수도불통】 공중이 먹는 물을 공급하는 수도 그 밖의 시설을 손괴하거나 그 밖의 방법으로 불통(不通)하게 한 자는 1년 이상 10년 이하의 징역에 처한다.
(2020.12.8 본조개정)

改前 "第195條【水道不通】公衆의 飮用水를 供給하는 水道 기타 施設을 損壞 기타 方法으로 不通하게 한 者는 1年 이상 10年 이하의 懲役에 處한다."

참조 [미수범]196, [예비・음모]197

第196條【未遂犯】 第192條第2項, 第193條第2項과 前條의 未遂犯은 處罰한다.

참조 [미수범]25－29

第197條【豫備, 陰謀】 第192條第2項, 第193條第2項 또는 第195條의 罪를 犯할 目的으로 豫備 또는 陰謀한 者는 2年 이하의 懲役에 處한다.

참조 [예비・음모]28

第17章　阿片에 관한 罪

第198條【阿片 등의 製造 등】 阿片, 몰핀 또는 그 化合物을 製造, 輸入 또는 販賣하거나 販賣할 目的으로 所持한 者는 10年 이하의 懲役에 處한다.

참조 마약3, [미수범]202, [상습범]203, [형의 병과]204, [몰수·추징]206, 마약67

第199條【阿片吸食器의 製造 등】 阿片을 吸食하는 器具를 製造, 輸入 또는 販賣하거나 販賣할 目的으로 所持한 者는 5年 이하의 懲役에 處한다.

참조 [미수범]202, [상습범]203, [형의 병과]204, [몰수추징]206

第200條【稅關 公務員의 阿片 등의 輸入】 稅關의 公務員이 阿片, 몰핀이나 그 化合物 또는 阿片吸食器具를 輸入하거나 그 輸入을 許容한 때에는 1年 이상의 有期懲役에 處한다.

참조 [미수범]202, [상습범]203, [형의 병과]204, [몰수·추징]206

第201條【阿片吸食 등, 同場所提供】 ① 阿片을 吸食하거나 몰핀을 注射한 者는 5年 이하의 懲役에 處한다.

② 阿片吸食 또는 몰핀 注射의 場所를 提供하여 利益을 取한 者도 前項의 刑과 같다.

참조 [미수범]202, [상습범]203, [형의 병과]204, [몰수·추징]206

第202條【未遂犯】 前4條의 未遂犯은 處罰한다.

참조 [미수범]25－29

第203條【常習犯】 常習으로 前5條의 罪를 犯한 때에는 各條에 定한 刑의 2分의 1까지 加重한다.

참조 [형의 가중]42·56, [형의 병과]204, [몰수·추징]206

第204條【資格停止 또는 罰金의 併科】 第198條 내지 第203條의 경우에는 10年 이하의 資格停止 또는 2千萬원 이하의 罰金을 併科할 수 있다.
(1995.12.29 본조개정)

第205條【阿片 등의 所持】 阿片, 몰핀이나 그 化合物 또는 阿片吸食器具를 所持한 者는 1年 이하의 懲役 또는 500萬원 이하의 罰金에 處한다.(1995.12.29 본조개정)

第206條【沒收, 追徵】 本章의 罪에 提供한 阿片, 몰핀이나 그 化合物 또는 阿片吸食器具는 沒收한다. 그를 沒收하기 不能한 때에는 그 價額을 追徵한다.

참조 [몰수대상과 추징]48

第18章　通貨에 관한 罪

第207條【通貨의 僞造 등】 ① 行使할 目的으로 通用하는 大韓民國의 貨幣, 紙幣 또는 銀行券을 僞造 또는 變造한 者는 無期 또는 2年 이상의 懲役에 處한다.

② 行使할 目的으로 內國에서 流通하는 外國의 貨幣, 紙幣 또는 銀行券을 僞造 또는 變造한 者는 1年 이상의 有期懲役에 處한다.

③ 行使할 目的으로 外國에서 通用하는 外國의 貨幣, 紙幣 또는 銀行券을 僞造 또는 變造한 者는 10年 이하의 懲役에 處한다.

④ 僞造 또는 變造한 前3項 記載의 通貨를 行使하거나 行使할 目的으로 輸入 또는 輸出한 者는 그 僞造 또는 變造의 各罪에 定한 刑에 處한다.

참조 [외국인의 국외범]5, [형의 병과]209, [미수범]212, [예비·음모]213, [자수]213, 국가보안4

판례 일반인의 관점에서 통용할 것이라고 오인할 가능성이 있는 외국의 지폐가 형법 제207조 제3항에서 규정한 '외국에서 통용하는 외국의 지폐'에 해당하는지 여부(소극) : 형법 제207조 제3항은 "행사할 목적으로 외국에서 통용하는 외국의 화폐, 지폐 또는 은행권을 위조 또는 변조한 자는 10년 이하의 징역에 처한다."고 규정하고 있는바, 여기에서 외국에서 통용한다고 함은 그 외국에서 강제통용력을 가지는 것을 의미하는 것이므로 외국에서 통용하지 아니하는 즉, 강제통용력을 가지지 아니하는 지폐는 그것이 비록 일반인의 관점에서 통용할 것이라고 오인할 가능성이 있다고 하더라도 위 형법 제207조 제3항에서 정한 외국에서 통용하는 외국의 지폐에 해당한다고 할 수 없고, 만일 그와 달리 위 형법 제207조 제3항의 외국에서 통용하는 지폐에 일반인의 관점에서 통용할 것이라고 오인할 가능성이 있는 지폐까지 포함시키면 이는 위 처벌조항을 문언상의 가능한 의미의 범위를 넘어서까지 유추해석 내지 확장해석하여 적용하는 것이 되어 죄형법정주의의 원칙에 어긋나는 것으로 허용되지 않는다.(대판 2004.5.14, 2003도3487)

판례 통화변조에 해당하기 위한 요건 : 진정한 통화에 대한 가공행위로 인하여 기존 통화의 명목가치나 실질가치가 변경되었다거나 객관적으로 보아 일반인으로 하여금 기존 통화와 다른 진정한 화폐로 오신하게 할 정도의 새로운 물건을 만들어 낸 것으로 볼 수 없다면 통화가 변조되었다고 볼 수 없다.(대판 2004.3.26, 2003도5640)

판례 형법 제207조 제2항 소정의 내국에서 '유통하는'의 의미 : 형법 제207조 제2항 소정의 내국에서 '유통하는'이란, 같은 조 제1항, 제3항 소정의 '통용하는'과 달리, 강제통용력이 없이 사실상 거래 대가의 지급수단이 되고 있는 상태를 가리킨다.(대판 2003.1.10, 2002도3340)

독판 서로 다른 국내의 은행권을 나누어서 맞붙이는 것은 허위문서작성(형법 제267조)에 상응하고, 따라서 내국의 지폐에 대한 위조의 구성요건을 충족시킨다.(BGHSt 23, 229)

독판 남아프리카 공화국에서 발행된 항아리모양의 금화는 형법 제146조 이하(통화 또는 유가증권 위조죄)에서 의미하는 화폐가 아니다.(BGHSt 32, 198)

第208條【僞造通貨의 取得】 行使할 目的으로 僞造 또는 變造한 第207條 記載의 通貨를 取得한 者는 5年 이하의 懲役 또는 1千500萬원 이하의 罰金에 處한다.
(1995.12.29 본조개정)

참조 [외국인의 국외범]5, [형의 병과]209, [미수범]212, 국가보안4

第209條【資格停止 또는 罰金의 併科】 第207條 또는 第208條의 罪를 犯하여 有期懲役에 處할 경우에는 10年 이하의 資格停止 또는 2千萬원 이하의 罰金을 併科할 수 있다.(1995.12.29 본조개정)

참조 [외국인의 국외범]5

第210條【위조통화 취득 후의 지정행사】 제207조에 기재한 통화를 취득한 후 그 사정을 알고 행사한 자는 2년 이하의 징역 또는 500만원 이하의 벌금에 처한다.
(2020.12.8 본조개정)

改前 "第210條【僞造通貨取得後의 知情行使】第207條 記載의 通貨를 取得한 後 그 情을 알고 行使한 者는 2年 이하의 懲役 또는 500萬원 이하의 罰金에 處한다.(1995.12.29 본조개정)"

참조 [외국인의 국외범]5

第211條【通貨類似物의 製造 등】 ① 販賣할 目的으로 內國 또는 外國에서 通用하거나 流通하는 貨幣, 紙幣 또는 銀行券에 類似한 物件을 製造, 輸入 또는 輸出한 者는 3年 이하의 懲役 또는 700萬원 이하의 罰金에 處한다.
(1995.12.29 본항개정)

② 前項의 物件을 販賣한 者도 前項의 刑과 같다.

참조 [외국인의 국외범]5, [미수범]212

第212條【未遂犯】 第207條, 第208條와 前條의 未遂犯은 處罰한다.

참조 [외국인의 국외범]5, [미수범]25－29

第213條【豫備, 陰謀】 第207條第1項 내지 第3項의 罪를 犯할 目的으로 豫備 또는 陰謀한 者는 5年 이하의 懲役에 處한다. 但, 그 目的한 罪의 實行에 이르기 前에 自首한 때에는 그 刑을 減輕 또는 免除한다.

참조 [외국인의 국외범]5, [예비·음모]28, [자수]52, [감경례]54·55, [면제선고]형소322, [단서의 주장에 대한 판단]형소323②

第19章　有價證券, 郵票와 印紙에 관한 罪

第214條【有價證券의 僞造 등】 ① 行使할 目的으로 大韓民國 또는 外國의 公債證書 기타 有價證券을 僞造 또는 變造한 者는 10年 이하의 懲役에 處한다.

② 行使할 目的으로 有價證券의 權利義務에 관한 記載를 僞造 또는 變造한 者도 前項의 刑과 같다.

참조 [외국인의 국외범]5, [공채]헌58, 지방자치139, [유가증권]어음법, 수표법, [사채]상469이하, [창고업]상155이하, [선하증권]상852이하, [유통증권의 기능보장]부정수표1, [형의 병과]220, [미수범]223, [예비·음모]224

판례 위조 유가증권에 대한 유가증권변조죄의 성립 여부 : 유가증권변조죄에 있어서 변조라 함은 진정으로 성립된 유가증권의 내용에 권한 없는 자가 그 유가증권의 동일성을 해하지 않는 한도에서 변경을 가하는 것을 말하므로, 이미 타인에 의하여 위조된 약속어음의 기재사항을 권한 없이 변경하였다고 하더라도 유가증권변조죄는 성립하지 아니한다.(대판 2006.1.26, 2005도4764)

판례 어음의 발행인이 약속어음을 회수한 후 지급일자를 임의로 변경한 행위가 형법 제214조 제2항 소정의 유가증권 변조에 해당하는지 여부 : 형법 제214조 제2항에 규정된 '유가증권의 권리의무에 관한 기재를 변조한다'는 것은 진정하게 성립된 타인 명의의 부수적 증권행위에 관한 유가증권의 기재내용에 작성권한이 없는 자가 변경을 가하는 것을 말하고(대법원 1989.12.8. 선고 88도753 판결 참조), 어음발행인이라 하더라도 어음상에 권리의무를 가진 자가 있는 경우에는 이러한 자의 동의를 받지 아니하고 어음의 기재 내용에 변경을 가하였다면 이는 유가증권의 권리의무에 관한 기재를 변조한 것에 해당한다 할 것이다.(대판 2003.1.10, 2001도6553)

第215條【資格冒用에 의한 有價證券의 作成】 行使할 目的으로 타인의 資格을 冒用하여 有價證券을 作成하거나 有價證券의 權利 또는 義務에 관한 事項을 記載한 者는 10年 이하의 懲役에 處한다.

참조 [외국인의 국외범]5, [형의 병과]220, [미수범]223, [예비·음모]224

第216條【虛僞有價證券의 作成 등】 行使할 目的으로 虛僞의 有價證券을 作成하거나 有價證券에 虛僞事項을 記載한 者는 7年 이하의 懲役 또는 3千萬원 이하의 罰金에 處한다.(1995.12.29 본조개정)

참조 [외국인의 국외범]5, [형의 병과]220, [미수범]223

판례 수표자금이 입금되지 않은 자기앞수표의 발행과 허위유가증권작성죄의 성립여부 : 형법 제216조 전단의 허위유가증권작성죄는 작성권한 있는 자가 자기 명의로 기본적 증권행위를 함에 있어서 유가증권의 효력에 영향을 미칠 기재사항에 관하여 진실에 반하는 내용을 기재하는 경우에 성립하는바, 자기앞수표의 발행인이 수표의뢰인으로부터 수표자금을 입금받지 아니한 채 자기앞수표를 발행하더라도 그 수표의 효력에는 아무런 영향이 없으므로 허위유가증권작성죄가 성립하지 아니한다.(대판 2005.10.27, 2005도4528)

第217條【僞造有價證券 등의 行使 등】 僞造, 變造, 作成 또는 虛僞記載한 前3條 記載의 有價證券을 行使하거나 行使할 目的으로 輸入 또는 輸出한 者는 10年 이하의 懲役에 處한다.

참조 [외국인의 국외범]5, [형의 병과]220, [미수범]223

第218條【印紙·郵票의 僞造 등】 ① 行使할 目的으로 大韓民國 또는 外國의 印紙, 郵票 기타 郵便料金을 표시하는 證票를 僞造 또는 變造한 者는 10年 이하의 懲役에 處한다.

② 僞造 또는 變造된 大韓民國 또는 外國의 印紙, 郵票 기타 郵便料金을 표시하는 證票를 行使하거나 行使할 目的으로 輸入 또는 輸出한 者도 第1項의 刑과 같다.(1995.12.29 본조개정)

참조 [외국인의 국외범]5, [형의 병과]220, [미수범]223, [예비·음모]224

第219條【僞造印紙·郵票등의 取得】 行使할 目的으로 僞造 또는 變造한 大韓民國 또는 外國의 印紙, 郵票 기타 郵便料金을 표시하는 證票를 取得한 者는 3年 이하의 懲役 또는 1千萬원 이하의 罰金에 處한다.(1995.12.29 본조개정)

참조 [외국인의 국외범]5, [형의 병과]220, [미수범]223

第220條【資格停止 또는 罰金의 併科】 第214條 내지 第219條의 罪를 犯하여 懲役에 處하는 경우에는 10年 이하의 資格停止 또는 2千萬원 이하의 罰金을 併科할 수 있다.(1995.12.29 본조개정)

참조 [외국인의 국외범]5

第221條【消印抹消】 행사할 目的으로 大韓民國 또는 外國의 印紙, 郵票 기타 郵便料金을 표시하는 證票의 消印 기타 사용의 標識를 抹消한 者는 1年이하의 懲役 또는 300萬원 이하의 罰金에 處한다.(1995.12.29 본조개정)

참조 [외국인의 국외범]5

第222條【印紙·郵票類似物의 製造 등】 ① 販賣할 目的으로 大韓民國 또는 外國의 公債證書, 印紙, 郵票 기타 郵便料金을 표시하는 證票와 유사한 물건을 製造, 輸入 또는 輸出한 者는 2年 이하의 懲役 또는 500萬원 이하의 罰金에 處한다.(1995.12.29 본항개정)

② 前項의 物件을 販賣한 者도 前項의 刑과 같다.(1995.12.29 본조제목개정)

참조 [외국인의 국외범]5, [미수범]223

第223條【未遂犯】 第214條 내지 第219條와 前條의 未遂犯은 處罰한다.

참조 [외국인의 국외범]5, [미수범]25-29

第224條【豫備, 陰謀】 第214條, 第215條와 第218條第1項의 罪를 犯할 目的으로 豫備 또는 陰謀한 者는 2年 이하의 懲役에 處한다.

참조 [외국인의 국외범]5, [예비·음모]28

第20章 文書에 관한 罪

第225條【公文書등의 僞造·變造】 行使할 目的으로 公務員 또는 公務所의 文書 또는 圖畫를 僞造 또는 變造한 者는 10年 이하의 懲役에 處한다.(1995.12.29 본조개정)

참조 [외국인의 국외범]5, [미수범]235, [형의 병과]237, [특별규정]국가보안4

판례 공문서위조죄는 공문서의 작성권한 없는 자가 공무소, 공무원의 명의를 이용하여 문서를 작성하는 것을 말하고, 공문서의 작성권한 없는 자가 공무원의 자격을 모용하여 공문서를 작성하는 경우에는 자격모용공문서작성죄가 성립한다.(대판 2008.1.17, 2007도6987)

판례 종량제 쓰레기봉투에 인쇄할 시장 명의의 문안이 새겨진 필름을 제조하는 행위에 그친 경우에는 아직 위 시장 명의의 공문서인 종량제 쓰레기봉투를 위조하는 범행의 실행의 착수에 이르지 아니한 것으로서 그 준비단계에 불과한 것으로 보아 무죄를 선고한 원심판결을 수긍한다.(대판 2007.2.23, 2005도7430)

판례 권한 없는 자가 임의로 인감증명서의 사용용도란의 기재를 고쳐 썼다고 하더라도 공무원 또는 공무소의 문서 내용에 대하여 변경을 가하여 새로운 증명력을 작출한 경우라고 볼 수 없으므로 공문서변조죄나 이를 전제로 하는 변조공문서행사죄가 성립하지 않는다.(대판 2004.8.20, 2004도2767)

판례 공문서변조죄의 의의 : 공문서변조죄는 권한 없는 자가 공무소 또는 공무원이 이미 작성한 문서내용에 대하여 동일성을 해하지 않을 정도로 변경을 가하여 새로운 증명력을 작출케 함으로써 공공적 신용을 해할 위험성이 있을 때 성립한다. 따라서 공문서의 일부만을 복사한 행위가 공문서변조죄에 해당되지 않는다.(대판 2003.12.26, 2002도7339)

독판 문서의 소유자도 법질서가 그에게 타인의 입증을 위해 제출하거나 열람을 위해 준비하라는 의무를 부여하는 경우에는 문서위조죄를 범할 수 있다.(BGHSt 29, 192)

第226條【資格冒用에 의한 公文書 등의 作成】 行使할 目的으로 公務員 또는 公務所의 資格을 冒用하여 文書 또는 圖畫를 作成한 者는 10年 이하의 懲役에 處한다.(1995.12.29 본조개정)

참조 [외국인의 국외범]5, [미수범]235, [형의 병과]237

第227條【虛僞公文書作成등】 公務員이 행사할 目的으로 그 職務에 관하여 文書 또는 圖畫를 허위로 작성하거나 變改한 때에는 7年 이하의 懲役 또는 2千萬원 이하의 罰金에 處한다.(1995.12.29 본조개정)

참조 [외국인의 국외범]5, [미수범]235, [형의 병과]237, [특별규정]병역91

판례 법무법인 소속 공증 담당 변호사인 A는 재판 업무 등을 이유로 자신이 사무실에 있지 않을 때, 직원 B가 인증서 발급 업무를 할 수 있도록 미리 자신의 자필 서명이 된 인증서 말미(끝부분)를 B에게 맡겼다. B는 이 말미를 인증서에 첨부하는 방식으로 사서 인증 업무를 처리했다. B는 C 회사의 임시 주주총회 의사록을 인증하는 업무를 맡으며 A에게 미리 건네받은 사서증서 말미를 의사록에 첨부하는 방법으로 법무법인 명의의 인증서를 작성하였다. 이에 대해 두 사람은 C 회사의 대표이사 및 촉탁 대리인의 신분을 확인하거나 임시 주주총회 의사록을 확인하지 않았음에도 확인했다는 등의 문구가 인쇄된 인증서에 A가 건넨 사서증서 말미를 의사록에 첨부하는 방식으로 인증서를 허위로 작성하였다. 공정증서 작성 과정에서 공증인이 직접 그 내용을 확인하는 것은 공정증서의 신뢰성을 확보하기 위해 가장 중요한 절차이며, 공증인은 그 직무에 관해 공무원의 지위를 가지는 점, 법인의사록의 인증은 사서증서의 인증에 해당하므로 이와 같은 경우 허위공문서작성죄가 성립한다.(대판 2024.11.20, 2024도13350)

판례 공무원이 아닌 자가 허위공문서작성죄의 간접정범이나 공동정범이 될 수 있는지 여부 : 공무원이 아닌 자는 형법 제228조의 경우를 제외하고는 허위공문서작성죄의 간접정범으로 처벌할 수 없으나(대법원 1971.1.26. 선고 70도2598 판결 등), 공무원이 아닌 자가 공무원과 공동하여 허위공문서작성죄를 범한 때에는 공무원이 아닌 자도 형법 제33조, 제30조에 의하여 허위공문서작성죄의 공동정범이 된다.(대판 2006.5.11, 2006도1663)

판례 공무원인 의사가 공무소의 명의로 허위진단서를 작성한 경우의 죄책 : 형법이 제225조 내지 제230조에서 공문서에 관한 범죄를 규정하고, 이어 제231조 내지 제236조에서 사문서에 관한 범죄를 규정하고 있는 점 등에 비추어 볼 때 형법 제233조 소정의 허위진단서작성죄의 대상은 공무원이 아닌 의사가 사문서로서 진단서를 작성한 경우에 한정되고, 공무원인 의사가 공무소의 명의로 허위진단서를 작성한 경우에는 허위공문서작성죄만이 성립하고 허위진단서작성죄는 별도로 성립하지 않는다.(대판 2004.4.9, 2003도7762)

판례 사실관계에 거짓이 없는 경우 허위공문서작성죄의 성립여부 : 허위공문서작성죄란 공문서에 진실에 반하는 기재를 하는 때에 성립하는 범죄이므로, 고의로 법령을 잘못 적용하여 공문서를 작성하였다고 하더라도 그 법령적용의 전제가 된 사실관계에 대한 내용에 거짓이 없다면 허위공문서작성죄가 성립될 수 없다.
(대판 2000.6.27, 2000도1858)

第227條의2【公電磁記錄僞作·變作】 事務處理를 그르치게 할 目的으로 公務員 또는 公務所의 電磁記錄등 特殊媒體記錄을 僞作 또는 變作한 者는 10年 이하의 懲役에 處한다.(1995.12.29 본조신설)

판례 전자기록의 '위작'이란 전자기록에 관한 시스템을 설치·운영하는 주체와의 관계에서 전자기록의 생성에 관여할 권한이 없는 사람이 전자기록을 작출하거나 전자기록의 생성에 필요한 단위 정보의 입력을 하는 경우는 물론이고, 시스템의 설치·운영 주체로부터 각자의 직무 범위에서 개개의 단위 정보의 입력 권한을 부여받은 사람이 그 권한을 남용하여 허위의 정보를 입력함으로써 시스템 설치·운영 주체의 의사에 반하는 전자기록을 생성하는 경우도 포함한다. 이 때 '허위의 정보'라 함은 진실에 반하는 내용을 의미하는 것으로서, 관계 법령에 의하여 요구되는 자격을 갖추지 못하였음에도 불구하고 고의로 이를 갖춘 것처럼 단위 정보를 입력하였다고 하더라도 그 전제 또는 관련된 사실관계에 대한 내용에 거짓이 없다면 허위의 정보를 입력하였다고 볼 수 없다.
(대판 2011.5.13, 2011도1415)

판례 '위작'의 의미 : 위작의 객체로 규정한 전자기록은, 그 자체로는 물적 실체를 가진 것이 아니어서 별도의 표시·출력장치를 통하지 아니하고는 보거나 읽을 수 없고, 그 생성 과정에 여러 사람의 의사나 행위가 개재됨은 물론 추가 입력한 정보가 프로그램에 의하여 자동으로 기존의 정보와 결합하여 새로운 전자기록을 작출하는 경우도 적지 않으며, 그 이용 과정을 보아도 그 자체로서 객관적·고정적 의미를 가지면서 독립적으로 쓰이는 것이 아니라 개인 또는 법인이 전자적 방식에 의한 정보의 생성·처리·저장·출력을 목적으로 구축하여 설치·운영하는 시스템에서 쓰임으로써 예정된 증명적 기능을 수행하는 것이므로, 위와 같은 시스템을 설치·운영하는 주체와의 관계에서 전자기록의 생성에 관여할 권한이 없는 사람이 전자기록을 작출하거나 전자기록의 생성에 필요한 단위 정보의 입력을 하는 경우는 물론 시스템의 설치·운영 주체로부터 각자의 직무 범위에서 개개의 단위정보의 입력 권한을 부여받은 사람이 그 권한을 남용하여 허위의 정보를 입력함으로써 시스템 설치·운영 주체의 의사에 반하는 전자기록을 생성하는 경우도 동조의 전자기록의 '위작'에 포함된다.(대판 2005.6.9, 2004도6132)

第228條【公正證書原本 등의 不實記載】 ① 公務員에 대하여 虛僞申告를 하여 公正證書原本 또는 이와 동일한 電磁記錄등 特殊媒體記錄에 不實의 사실을 기재 또는 記錄하게 한 者는 5年 이하의 懲役 또는 1千萬원 이하의 罰金에 處한다.

② 公務員에 대하여 虛僞申告를 하여 免許證, 許可證, 登錄證 또는 旅券에 不實의 事實을 記載하게 한 者는 3年 이하의 懲役 또는 700萬원 이하의 罰金에 處한다.
(1995.12.29 본조개정)

참조 [외국인의 국외범]5, [공정증서]부등34·40·48·64·69−72·74−76·81, 상34, 공간정보구축관리1, 공증2, [미수범]235, [특별규정]선박법34, 상625, 농협174

판례 부실(不實)의 사실 : 형법 제228조 제1항이 규정하는 공정증서원본부실기재죄나 공전자기록등부실기재죄는 특별한 신빙성이 인정되는 권리의무에 관한 공문서에 대한 공공의 신용을 보장함을 보호법익으로 하는 범죄로서 공무원에 대하여 진실에 반하는 허위신고를 하여 공정증서원본 또는 이와 동일한 전자기록 등 특수매체기록에 그 증명하는 사항에 관하여 실체관계에 부합하지 아니하는 '부실의 사실'을 기재 또는 기록하게 함으로써 성립하므로, 여기서 '부실의 사실'이란 권리의무관계에 중요한 의미를 갖는 사항이 객관적인 진실에 반하는 것을 말한다.(대판 2013.1.24, 2012도12363)

판례 공정증서원본 등에 기재된 사항이 존재하지 아니하거나 외관상 존재한다고 하더라도 무효에 해당하는 하자가 있다면 그 기재는 부실기재에 해당한다.(대판 2006.3.10, 2005도9402)

판례 동조 제2항 '등록증'의 의미 : 동조의 취지는 공문서 중 일반사회생활에 있어서 특별한 신빙성을 요하는 공문서에 대한 공공의 신용을 보장하고자 하는 것이므로 동조 제2항의 '등록증'은 공무원이 작성한 모든 등록증을 말하는 것이 아니라, 일정한 자격이나 요건을 갖춘 자에게 그 자격이나 요건에 상응한 활동을 할 수 있는 권능 등을 인정하기 위하여 공무원이 작성한 증서를 말한다.(사업자등록증은 단순한 사업사실의 등록을 증명하는 증서에 불과하고 그에 의하여 사업을 할 수 있는 자격이나 요건을 갖추었음을 인정하는 것은 아니라고 할 것이어서 동조항의 '등록증'에 해당하지 않는다고 한 사례)
(대판 2005.7.15, 2003도6934)

판례 재건축조합 임시총회의 소집절차나 결의방법이 법령이나 정관에 위반되어 임원개임결의가 사법상 무효라고 하더라도, 실제로 재건축조합의 조합총회에서 그와 같은 내용의 임원개임결의가 이루어졌고 그 결의에 따라 임원변경등기를 마쳤다면 공정증서원본부실기재죄가 성립하지 아니한다.(대판 2004.10.15, 2004도3584)

독판 허위의 생년월일을 기재하여 운전면허증을 발급하도록 한 자는 간접의 위조등록을 행한 것이다.(BGHSt 34, 299)

第229條【僞造등 公文書의 행사】 第225條 내지 第228條의 罪에 의하여 만들어진 文書, 圖畵, 電磁記錄등 特殊媒體記錄, 公正證書原本, 免許證, 許可證, 登錄證 또는 旅券을 행사한 者는 그 각 罪에 정한 刑에 處한다.
(1995.12.29 본조개정)

참조 [외국인의 국외범]5, [미수범]235, [형의 병과]237

판례 사진복사한 문서의 사본이 행사죄의 객체인 문서에 해당하는지 여부(적극) : 문서의 사본 중에서 사진기나 복사기 등을 사용하여 기계적인 방법에 의하여 원본을 복사한 이른바 복사문서는 필기의 방법 등에 의한 단순한 사본과는 달리 복사자의 의식이 개재할 여지가 없고, 내용에서부터 모양, 형태에 이르기까지 원본을 실제 그대로 재현하여 보여주므로 그와 동일한 원본이 존재하는 것으로 믿게 할 뿐만 아니라 오늘날 일상거래에서 원본에 대신하는 증명수단으로서의 기능이 증대되고 있는 실정에 비추어 이에 대한 사회적 신용을 보호할 필요가 있어서 사진복사한 문서의 사본은 행사죄의 객체인 문서에 해당한다.(대판 1992.11.27, 92도2226)

第230條【公文書 등의 不正行使】 公務員 또는 公務所의 文書 또는 圖畵를 不正行使한 者는 2年 이하의 懲役이나 禁錮 또는 500萬원 이하의 罰金에 處한다.
(1995.12.29 본조개정)

참조 [외국인의 국외범]5, [미수범]235

판례 장애인사용자동차가 아닌데도 공문서인 장애인사용자동차표지를 전면에 비치한 차량이 장애인 주차구역이 아닌 일반 주차구역에 주차하였다면 이를 '부정행사'한 경우에 해당하지 않는다. 장애인사용자동차표지를 사용할 권한이 없는 사람이 장애인사용자동차에 대한 지원을 받을 것으로 합리적으로 기대되는 상황이 아니라면 단순히 비치해 놓은 것만으로는 공문서부정행사죄가 성립하지 않는다.
(대판 2022.9.29, 2021도14514)

第231條【私文書등의 僞造·變造】 行使할 目的으로 權利·義務 또는 事實證明에 관한 他人의 文書 또는 圖畵를 僞造 또는 變造한 者는 5年 이하의 懲役 또는 1千萬원 이하의 罰金에 處한다.(1995.12.29 본조개정)

참조 [미수범]235

판례 문서위조 및 동행사죄의 보호법익은 문서에 대한 공공의 신용이므로 '문서가 원본인지 여부'가 중요한 거래에서 문서의 사본을 진정한 원본인 것처럼 행사할 목적으로 다른 조작을 가함이 없이 문서의 원본을 그대로 컬러복사기로 복사한 후 복사한 문서의 사본을 원본인 것처럼 행사한 행위는 사문서위조죄 및 동행사죄에 해당한다. 또한 사문서위조죄는 명의자가 진정으로 작성한 문서로 볼 수 있을 정도의 형식과 외관을 갖추어 일반인이 명의자의 진정한 사문서로 오신하기에 충분한 정도이면 성립한다.
(대판 2016.7.14, 2016도2081)

판례 사문서위조죄는 그 명의자가 진정으로 작성한 문서로 볼 수 있을 정도의 형식과 외관을 갖추어 일반인이 명의자의 진정한 사문서로 오신하기에 충분한 정도이면 성립하고, 반드시 그 작성명의자의 서명이나 날인이 있어야 하는 것은 아니나, 일반인이 명의자의 진정한 사문서로 오신하기에 충분한 정도인지 여부는 문서의 형식과 외관은 물론 문서의 작성 경위, 종류, 내용 및 거래에 있어서 그 문서가 가지는 기능 등 여러 가지 사정을 종합하여 판단하여야 한다.
(대판 2011.2.10, 2010도8361)

판례 '담뱃갑'이 문서 등 위조죄의 대상인 '도화'에 해당하는지 여부 : 형법상 문서에 관한 죄로써 보호하고자 하는 것은 구체적인 문서 그 자체가 아니라, 문서에 화체된 사람의 의사 표현에 관한 안전성과 신용이다. 그리고 그 객체인 '문서 또는 도화'(이하 '문서 등'이라고 한다)라고 함은 문자나 이에 준하는 가독적 부호 또는 상형적 부호로써 어느 정도 계속적으로 물체 위에 고착된 어떤 사람의 의사 또는 관념의 표현으로서, 그 내용이 법률상 또는 사회생활상 의미 있는 사항에 관한 증거가 될 수 있는 것을 말한다. 또한 그 문서 등에 작성명의인의 날인 등이 없다고 하여도 그 명의자의 문서 등이라고 믿을 만한 형식과 외관을 갖춘 경우에는 그 죄의 객체가 될 수 있다. 담뱃갑의 표면에 그 담배의 제조회사와 담배의 종류를 구별·확인할 수 있는 특유의 도안이 표시되어 있는 경우에는 일반적으로 그 담뱃갑의 도안을 기초로 특정 제조회사가 제조한 특정한 종류의 담배인지 여부를 판단하게 된다는 점에 비추어서도 그 담뱃갑은 적어도 그 담뱃갑 안에 들어 있는 담배가 특정 제조회사가 제조한 특정한 종류의 담배라는 사실을 증명하는 기능을 하고 있으므로, 그러한 담뱃갑은 문서 등 위조의 대상인 도화에 해당한다고 할 것이다. (대판 2010.7.29, 2010도2705)

판례 [1] 사문서위조죄는 그 명의자가 진정으로 작성한 문서로 볼 수 있을 정도의 형식과 외관을 갖추어 일반인이 명의자의 진정한 사문서로 오신하기에 충분한 정도이면 성립하는 것이고, 반드시 그 작성명의자의 서명이나 날인이 있어야 하는 것은 아니다.
[2] 법무사가 아닌 자가 법무사의 사무를 '업으로' 하였는지의 여부는 사무처리의 반복 계속성, 영업성 등의 유무와 그 행위의 목적이나 규모, 회수, 기간, 태양 등 여러 사정을 종합적으로 고려하여 사회통념에 따라 판단하여야 하고, 반복 계속하여 보수를 받고 그러한 사무를 처리하는 것은 물론, 반복 계속할 의사로써 그 사무를 하면 단 한 번의 행위도 이에 해당한다.
(대판 2007.5.10, 2007도1674)

판례 허무인·사망자 명의의 사문서를 위조한 경우, 사문서위조죄의 성립 여부 : 명의인이 실재하지 않는 허무인이거나 또는 문서의 작성일자 전에 이미 사망하였다고 하더라도 그러한 문서 역시 공공의 신용을 해할 위험성이 있으므로 문서위조죄가 성립한다고 봄이 상당하며, 이는 공문서뿐만 아니라 사문서의 경우에도 마찬가지라고 보아야 한다.(대판 2005.2.24, 2002도18 전원합의체)

第232條【資格冒用에 의한 私文書의 作成】 行使할 目的으로 他人의 資格을 冒用하여 權利·義務 또는 事實證明에 관한 文書 또는 圖畵를 作成한 者는 5年 이하의 懲役 또는 1千萬원 이하의 罰金에 處한다.(1995.12.29 본조개정)

참조 [미수범]235

판례 자격모용에 의한 사문서작성죄는 문서의 진정에 대한 공공의 신용을 그 보호법익으로 하는 것으로서, 행사할 목적으로 타인의 자격을 모용하여 작성된 문서가 일반인으로 하여금 당해 명의인의 권한 내에서 작성된 문서라고 믿게 할 수 있는 정도의 형식과 외관을 갖추고 있으면 성립한다.(대판 2008.2.14, 2007도9606)

판례 자격모용에 의한 사문서작성죄는 행사할 목적으로 타인의 자격을 모용하여 권리·의무 또는 사실증명에 관한 문서를 작성함으로써 성립하는 것인바, 여기에서 '행사할 목적'이라 함은 다른 사람으로 하여금 그 문서가 정당한 권한에 기하여 작성된 것으로 오신하게 할 목적을 말하므로, 사문서를 작성하는 자가 다른 사람의 대리인 또는 대표자로서의 자격을 모용하여 문서를 작성한다는 것을 인식·용인하면서 이를 진정한 문서로서 어떤 효용에 쓸 목적으로 사문서를 작성하였다면, 자격모용에 의한 사문서작성죄의 행사의 목적과 고의가 있는 것으로 보아야 한다.(대판 2007.7.27, 2006도2330)

第232條의2【私電磁記錄僞作·變作】 事務處理를 그르치게 할 目的으로 權利·義務 또는 사실증명에 관한 他人의 電磁記錄등 特殊媒體記錄을 僞作 또는 變作한 者는 5年 이하의 懲役 또는 1千萬원 이하의 罰金에 處한다.(1995.12.29 본조신설)

판례 램에 올려진 전자기록은 원본파일과 불가분적인 것으로 원본파일의 개념적 연장선상에 있는 것이므로, 비록 원본파일의 변경까지 초래하지는 아니하였더라도 이러한 전자기록에 허구의 내용을 권한없이 수정입력한 것은 그 자체로 그러한 사전자기록을 변작한 행위의 구성요건에 해당된다고 보아야 하며, 그러한 수정입력의 시점이 사전자기록변작죄의 기수에 이르는 시점이 된다.
(대판 2003.10.9, 2000도4993)

第233條【虛僞診斷書등의 作成】 醫師, 韓醫師, 齒科醫師 또는 助産師가 診斷書, 檢案書 또는 生死에 관한 證明書를 허위로 작성한 때에는 3年 이하의 懲役이나 禁錮, 7年 이하의 資格停止 또는 3千萬원 이하의 罰金에 處한다.(1995.12.29 본조개정)

참조 [미수범]235, [특별규정]병역91·91의2

판례 허위진단서작성죄의 성립요건 : 형법 제233조의 허위진단서작성죄가 성립하기 위하여는 진단서의 내용이 실질상 진실에 반하는 기재여야 할 뿐 아니라 그 내용이 허위라는 의사의 주관적 인식이 필요하고, 의사가 주관적으로 진찰을 소홀히 한다던가 착오를 일으켜 오진한 결과로 객관적으로 진실에 반한 진단서를 작성하였다면 허위진단서작성에 대한 인식이 있다고 할 수 없으므로 허위진단서작성죄가 성립하지 아니한다.(대판 2006.3.23, 2004도3360)

第234條【僞造私文書등의 행사】 第231條 내지 第233條의 罪에 의하여 만들어진 文書, 圖畵 또는 電磁記錄등 特殊媒體記錄을 행사한 者는 그 각 罪에 정한 刑에 處한다.(1995.12.29 본조개정)

참조 [미수범]235

판례 작성 명의인이 위조사문서행사죄의 상대방에 포함되는지 여부 : 위조문서행사죄에 있어서의 행사는 위조된 문서를 진정한 것으로 사용함으로써 문서에 대한 공공의 신용을 해칠 우려가 있는 행위를 말하므로, 행사의 상대방에는 아무런 제한이 없고 위조된 문서의 작성 명의인이라고 하여 행사의 상대방이 될 수 없는 것은 아니다.
(대판 2005.1.28, 2004도4663)

第235條【未遂犯】 第225條 내지 第234條의 未遂犯은 處罰한다.(1995.12.29 본조개정)

참조 [미수범]25-29

第236條【私文書의 不正行使】 權利·義務 또는 事實證明에 관한 他人의 文書 또는 圖畵를 不正行使한 者는 1年 이하의 懲役이나 禁錮 또는 300萬원이하의 罰金에 處한다.(1995.12.29 본조개정)

판례 형법 제236조 소정의 사문서부정행사죄는 사용권한자와 용도가 특정되어 작성된 권리의무 또는 사실증명에 관한 타인의 사문서 또는 사도화를 사용권한 없는 자가 사용권한이 있는 것처럼 가장하여 부정한 목적으로 행사하거나 또는 권한 있는 자라도 정당한 용법에 반하여 부정하게 행사하는 경우에 성립한다.
(대판 2007.3.30, 2007도629)

第237條【資格停止의 併科】 第225條 내지 第227條의2 및 그 行使罪를 犯하여 懲役에 處할 경우에는 10年 이하의 資格停止를 併科할 수 있다.(1995.12.29 본조개정)

참조 [자격정지]44

第237條의2【複寫文書등】 이 章의 罪에 있어서 電子複寫機, 模寫電送機 기타 이와 유사한 機器를 사용하여 複寫한 文書 또는 圖畵의 寫本도 文書 또는 圖畵로 본다.
(1995.12.29 본조신설)

第21章 印章에 관한 罪

第238條【公印 등의 僞造, 不正使用】 ① 行使할 目的으로 公務員 또는 公務所의 印章, 署名, 記名 또는 記號를 僞造 또는 不正使用한 者는 5年 이하의 懲役에 處한다.
② 僞造 또는 不正使用한 公務員 또는 公務所의 印章, 署名, 記名 또는 記號를 行使한 者도 前項의 刑과 같다.
③ 前2項의 경우에는 7年 이하의 資格停止를 併科할 수 있다.

참조 [외국인의 국외범]5, [관인]행정효율과협업촉진에관한규정33-40, 법원사무관리규칙35-40, [자격정지]44, [미수범]240

第239條【私印등의 僞造, 不正使用】 ① 行使할 目的으로 他人의 印章, 署名, 記名 또는 記號를 僞造 또는 不正使用한 者는 3年이하의 懲役에 處한다.
② 僞造 또는 不正使用한 他人의 印章, 署名, 記名 또는 記號를 行使한 때에도 前項의 刑과 같다.

참조 [미수범]240

판례 "서명" 및 "위조"에 관한 부분의 법정형이 형벌체계의 균형성 및 평등원칙에 위반되는지 여부 : 사문서위조의 경우 형 선택의 폭을 징역형과 벌금형으로 비교적 넓게 규정한 것은 형사체계상 수긍할 만한 합리적인 이유가 있는 것이고, 그와 비교하면 사인 등의 위조죄는 죄질과 정상의 폭이 넓지 않고 일반적으로 행위자의 책임에 대한 비난가능성도 크다고 할 것이므로, 사문서위조죄의 법정형에는 벌금형이 있으나 이 사건 법률조항의 법정형에는 벌금형이 없다는 점만을 이유로 형벌체계상 균형을 잃은 것으로서 헌법상 평등원칙에 반한다고 볼 수 없다.(헌재결 2006.6.29, 2006헌가7 전원재판부)

판례 사서명위조죄의 성립요건 : 사서명위조죄가 성립하기 위해서는 그 서명이 일반인으로 하여금 특정인의 진정한 서명으로 오신하게 할 정도에 이르러야 할 것이고, 어떤 문서에 권한 없는 자가 타인의 서명을 기재하는 경우에는 그 문서가 완성되기 전이라도 일반인으로서는 그 문서에 기재된 타인의 서명을 그 명의인의 진정한 서명으로 오신할 수도 있으므로, 일단 서명이 완성된 이상 문서가 완성되지 아니한 경우에도 서명의 위조죄는 성립할 수 있는 것이다.
(대판 2005.12.23, 2005도4478)

第240條【未遂犯】 本章의 未遂犯은 處罰한다.

참조 [미수범]25-29

第22章 性風俗에 관한 罪
(1995.12.29 본장제목개정)

第241條 (2016.1.6 삭제)

改前 "第241條【姦通】① 配偶者있는 者가 姦通한 때에는 2年 이하의 懲役에 處한다. 그와 相姦한 者도 같다.
② 前項의 罪는 配偶者의 告訴가 있어야 論한다. 但, 配偶者가 姦通을 慫慂 또는 宥恕한 때에는 告訴할 수 없다."

판례 헌법재판소는 간통 및 상간행위를 처벌하는 심판대상조항에 대하여 4차례 헌법에 위반되지 않는다는 결정을 선고하였으나(89헌마82 결정, 90헌가70 결정, 2000헌바60 결정, 2007헌가17등 결정), 간통 및 상간행위의 처벌 자체가 헌법에 위반된다는 의견 5인, 성적 성실 의무를 부담하지 않는 간통행위자 등까지 처벌하도록 규정한 것이 국가형벌권의 과잉행사로서 헌법에 위반된다는 의견 1인, 간통죄의 소극적 소추조건인 간통 종용이나 유서의 개념이 불명확하여 명확성 원칙에 위배되고, 죄질이 서로 다른 간통행위에 일률적으로 징역형만 부과하도록 규정한 것이 책임과 형벌 사이의 비례원칙에 위반된다는 의견 1인으로 위헌 정족수를 충족하여 심판대상조항에 대하여 위헌 결정을 선고하였다.
(헌재결 2015.2.26, 2009헌바17,2011헌가31 등(병합))

판례 형법 제241조 제2항의 간통죄는 배우자의 고소가 있어야 논한다는 취지로 규정하였음은 간통죄는 배우자의 상대방 배우자에게 대한 정조에 대한 권리를 침해한 것으로서 배우자의 피해자로서의 고소가 있어야 죄를 논할 수 있도록 규정한 취지이며 형사소송법 제226조에 피해자의 법정대리인이 피의자이거나 법정대리인의 친족이 피의자인 때에는 피해자의 친족은 독립하여 고소할 수 있다.
(대판 2010.4.29, 2009도12446)

판례 혼인 당사자가 더 이상 혼인관계를 지속할 의사가 없고 이혼의사의 합치가 있는 경우에는 비록 법률적으로 혼인관계가 존속한다고 하더라도 간통에 대한 사전 동의인 종용에 해당하는 의사표시가 그 합의 속에 포함되어 있는 것으로 보아야 할 것이나, 그러한 합의가 없는 경우에는 비록 잠정적·임시적·조건적으로 이혼의사가 쌍방으로부터 표출되어 있다고 하더라도 간통 종용의 경우에 해당하지 않는다.(대판 2009.7.9, 2008도984)

판례 간통의 종용에 해당하는 이혼의사의 합의가 있었는지 여부의 판단 기준 : 이혼의사의 명백한 합의가 있었는지 여부는 반드시 서면에 의한 합의서가 작성된 경우뿐만 아니라, 당사자의 언행 등 여러 가지 사정으로 보아 혼인당사자 쌍방이 더 이상 혼인관계를 유지할 의사가 없었던 사정이 인정되고, 어느 일방의 이혼요구에 상대방이 진정으로 응낙하는 언행을 보이는 사정이 인정되는 경우에도 그와 같은 의사의 합치가 있었다고 인정할 수 있다.
(대판 2006.5.11, 2006도1759)

판례 간통죄는 '성적 자기결정권'에 대한 필요 및 최소한의 제한이므로 자유와 권리의 '본질적 내용'을 침해하는 것이 아니다. 또한 '남녀평등 처벌주의'를 취하고 배우자 모두에게 '고소권'이 인정되어 있는 이상 평등권의 '본질적 내용'을 침해하는 법률이라 할 수 없다.
(헌재결 1990.9.10, 89헌마82 전원재판부)

판례 피고인이 간통사실을 자인하는 것을 들었고 공소사실기재의 간통범행 일시경에 피고인의 가출과 외박이 잦아 의심을 하게 되었다는 취지의 피고인의 남편에 대한 진술조서 기재는 피고인의 간통사실 자백에 대한 보강증거가 될 수 있다.(대판 1983.5.10, 83도686)

第242條【淫行媒介】 營利의 目的으로 사람을 媒介하여 姦淫하게 한 者는 3年 이하의 懲役 또는 1千500萬원 이하의 罰金에 處한다.(2012.12.18 본조개정)

改前 "第242條【淫行媒介】營利의 目的으로 未成年 또는 淫行의 常習없는 婦女를 媒介하여 姦淫하게 한 者는 3年이하의 懲役 또는 1千500萬원이하의 罰金에 處한다.(1995.12.29 본조개정)"

참조 [조약]인신매매금지및타인의매춘행위에의한착취금지에관한협약, [윤락행위방지]성매매알선등행위의처벌에관한법

第243條【淫書頒布등】 淫亂한 文書, 圖畫, 필름 기타 물건을 頒布, 販賣 또는 賃貸하거나 公然히 展示 또는 上映한 者는 1年 이하의 懲役 또는 500萬원 이하의 罰金에 處한다.(1995.12.29 본조개정)

판례 '음란'의 의미 및 그 판단 기준 : 형법 제243조 및 제244조에서 말하는 '음란'이라 함은 정상적인 성적 수치심과 선량한 성적 도의관념을 현저히 침해하기에 적합한 것을 가리킨다 할 것이고, 이를 판단함에 있어서는 그 시대의 건전한 사회통념에 따라 객관적으로 판단하되 그 사회의 평균인의 입장에서 문서 전체를 대상으로 하여 규범적으로 평가하여야 할 것이며, 문학성 내지 예술성과 음란성은 차원을 달리하는 관념이므로 어느 문학작품이나 예술작품에 문학성 내지 예술성이 있다고 하여 그 작품의 음란성이 당연히 부정되는 것은 아니라 할 것이고, 다만 그 작품의 문학적·예술적 가치, 주제와 성적 표현의 관련성 정도 등에 따라서는 그 음란성이 완화되어 결국은 형법이 처벌대상으로 삼을 수 없게 되는 경우가 있을 수 있을 뿐이다.(대판 2000.10.27, 98도679)

판례 '음란'이란 개념 자체가 사회와 시대적 변화에 따라 변동하는 상대적이고 유동적인 것이므로 외국의 애정선정물에 대한 긍정적 평가를 그대로 우리사회에 적용할 수 없다.(대판 1997.12.26, 97누11287)

第244條【淫畫製造 등】 第243條의 行爲에 供할 目的으로 淫亂한 物件을 製造, 所持, 輸入 또는 輸出한 者는 1年 이하의 懲役 또는 500萬원 이하의 罰金에 處한다.
(1995.12.29 본조개정)

판례 문학작품의 음란성여부는 그 기재사실이 그 표현에 있어서 과도하게 성욕을 자극시키거나 또는 성적질서를 크게 해칠 정도로 노골적이거나 또 구체적인 묘사인 경우에 한하고 문학작품의 전체적인 내용의 흐름을 더듬어 매듭짓는 데까지 고려하여 종합적으로 판단되어야 한다.(대판 1975.12.9, 74도1879)

일판 판매를 목적으로 하지 않는 단순한 음란문서의 소지는 처벌에 대상이 아니다라는 판단은 잘못이다.(日·最高 1995.4.13)

일판 문서의 음란성은 1. 성묘사의 정도와 수법, 2. 성묘사가 문서 전체중에 점하는 비중, 3. 문서의 사상과 성묘사의 관련성, 4. 예술·사상성에 의한 성적자극의 완화도, 5. 문서의 구성과 전개 등의 기준에 의하여, 그 문서전체가 독자의 호색적 흥미를 불러 일으키느냐의 여부를 검토해야 한다.(日·最高-同日字讀賣新聞 1980.11.28)

第245條【公然淫亂】 公然히 淫亂한 行爲를 한 者는 1年 이하의 懲役, 500萬원 이하의 罰金, 拘留 또는 科料에 處한다.(1995.12.29 본조개정)

참조 [구류]46, [병과]47

판례 요구르트 제품의 홍보를 위하여 여성 누드모델들이 일반 관람객과 기자 등 수십명이 있는 자리에서, 알몸에 밀가루를 바르고 무대에 나와 분무기로 요구르트를 몸에 뿌려 밀가루를 벗겨내는 방법으로 알몸을 완전히 드러낸 채 음부 및 유방 등이 노출된 상태에서 무대를 돌며 관람객들을 향하여 요구르트를 던진 행위는 공연음란죄에 해당한다.(대판 2006.1.13, 2005도1264)

판례 공연음란죄에서의 '음란한 행위'의 의미 : '음란한 행위'라 함은 일반 보통인의 성욕을 자극하여 성적 흥분을 유발하고 정상적인 성적 수치심을 해하여 성적 도의관념에 반하는 행위를 가리키는 것이고, 그 행위가 반드시 성행위를 묘사하거나 성적인 의도를 표출할 것을 요하는 것은 아니다.(대판 2005.7.22, 2003도2911)

第23章 도박과 복표에 관한 죄
(2013.4.5 본장개정)

第246條【도박, 상습도박】 ① 도박을 한 사람은 1천만원 이하의 벌금에 처한다. 다만, 일시오락 정도에 불과한 경우에는 예외로 한다.
② 상습으로 제1항의 죄를 범한 사람은 3년 이하의 징역 또는 2천만원 이하의 벌금에 처한다.

改前 "第246條【賭博, 常習賭博】① 財物로써 賭博한 者는 500萬원 이하의 罰金 또는 科料에 處한다. 但, 一時 娛樂程度에 不過한 때에는 例外로 한다.
② 常習으로 第1項의 罪를 犯한 者는 3年이하의 懲役 또는 2千萬원 이하의 罰金에 處한다.
(1995.12.29 본조개정)"

참조 [형의 병과]249

第247條【도박장소 등 개설】 영리의 목적으로 도박을 하는 장소나 공간을 개설한 사람은 5년 이하의 징역 또는 3천만원 이하의 벌금에 처한다.

改前 "第247條【賭博開場】營利의 目的으로 賭博을 開場한 者는 3年이하의 懲役 또는 2千萬원이하의 罰金에 處한다.
(1995.12.29 본조개정)"

참조 [형의 병과]249, [야간집행]형소126

판례 [1] 도박개장죄는 영리의 목적으로 스스로 주재자가 되어 도박장소를 개설함으로써 성립하는 것으로 도박죄와는 별개의 독립된

범죄이다. '도박'이란 참여한 당사자가 재물을 걸고 우연한 승부에 의하여 재물의 득실을 다투는 것을 의미하며, '영리의 목적'이란 도박개장의 대가로 불법한 재산상의 이익을 얻으려는 의사를 의미하고, 반드시 도박개장의 직접적 대가가 아니라 도박개장을 통하여 간접적으로 얻게 될 이익을 위한 경우에도 영리의 목적이 인정되며, 또한 현실적으로 그 이익을 얻었을 것을 요하지는 않는다.
[2] 성인피시방 운영자가 손님들로 하여금 컴퓨터에 접속하여 인터넷 도박게임을 하고 게임머니의 충전과 환전을 하도록 하면서 게임머니의 일정 금액을 수수료 명목으로 받은 행위를 도박개장죄로 인정한다.
(대판 2008.10.23, 2008도3970)
판례 추징의 대상이 되는지 여부는 엄격한 증명을 필요로 하는 것은 아니나, 그 대상이 되는 범죄수익을 특정할 수 없는 경우에는 추징할 수 없고, 또한 범죄수익은닉의 규제 및 처벌 등에 관한 법률 제10조 소정의 추징은 임의적인 것이므로 그 추징의 요건에 해당되는 재산이라도 이를 추징할 것인지의 여부는 법원의 재량에 맡겨져 있다.
(대판 2007.6.14, 2007도2451)
판례 도박개장죄의 성립요건과 인터넷상의 도박개장죄를 인정한 예 : 영리를 목적으로 스스로 주재자가 되어 그 지배하에 도박장소를 개설함으로써 성립하는 '도박개장죄'는 '도박죄'와는 별개의 독립된 범죄이고, '도박'이라 함은 참여한 당사자가 재물을 걸고 우연한 승부에 의하여 재물의 득실을 다투는 것을 의미하며, '영리의 목적'이란 도박개장의 대가로 불법한 재산상의 이익을 얻으려는 의사를 의미하는 것으로, 반드시 도박개장의 직접적 대가가 아니라 도박개장을 통하여 간접적으로 얻게 될 이익을 위한 경우에도 영리의 목적이 인정된다. 인터넷 고스톱게임 사이트를 유료화하는 과정에서 사이트를 홍보하려고 고스톱대회를 개최하면서 참가자들에게 참가비를 받고 입상자들에게 상금을 지급한 행위는 도박개장죄에 해당한다.
(대판 2002.4.12, 2001도5802)

第248條【복표의 발매 등】 ① 법령에 의하지 아니한 복표를 발매한 사람은 5년 이하의 징역 또는 3천만원 이하의 벌금에 처한다.
② 제1항의 복표발매를 중개한 사람은 3년 이하의 징역 또는 2천만원 이하의 벌금에 처한다.
③ 제1항의 복표를 취득한 사람은 1천만원 이하의 벌금에 처한다.
改前 "第248條【福票의 發賣등】① 法令에 의하지 아니한 福票를 發賣한 者는 3年이하의 懲役 또는 2千萬원이하의 罰金에 處한다.
② 前項의 福票發賣를 仲介한 者는 1年이하의 懲役 또는 500萬원이하의 罰金에 處한다.
③ 第1項의 福票를 取得한 者는 500萬원이하의 罰金 또는 科料에 處한다.
(1995.12.29 본조개정)"
参조 [복권에 관한 법령]사행행위등규제및처벌특례법2, 복권및복권기금법, [과료]47, [형의 병과]249
판례 '광고복권'은 통상의 경우 이를 홍보 및 판촉의 수단으로 사용하는 사업자들이 당첨되지 않은 참가자들의 손실을 대신 부담하여 주는 것일 뿐, 그 자체로는 추첨 등의 우연한 방법에 의하여 일부 당첨자에게 재산상의 이익을 주고 다른 참가자에게 손실을 주는 복표로서의 성질을 갖추고 있으므로 동조 '복표'에 해당한다.
(대판 2003.12.26, 2003도5433)

第249條【벌금의 병과】 제246조제2항, 제247조와 제248조제1항의 죄에 대하여는 1천만원 이하의 벌금을 병과할 수 있다.
改前 "第249條【罰金의 併科】第246條第2項, 第247條와 第248條第1項의 경우에는 500萬원이하의 罰金을 併科할 수 있다.(1995.12.29 본조개정)"

第24章 殺人의 罪

第250條【殺人, 尊屬殺害】 ① 사람을 殺害한 者는 死刑, 無期 또는 5年 이상의 懲役에 處한다.
② 自己 또는 配偶者의 直系尊屬을 殺害한 者는 死刑, 無期 또는 7年 이상의 懲役에 處한다.(1995.12.29 본항개정)
参조 [예비·음모]255, [형의 병과]256, [내란목적의 살인]88, [상속인등의 결격사유]민1004·1064, [특별규정]국가보안4, 군형59
판례 자기의 직계존속을 살해한 자는 사형, 무기 또는 7년 이상의 징역에 처하도록 한 형법 제250조 제2항에 관하여, 일반적인 살인죄보다 존속살해죄를 가중처벌하는 것은 행위자인 비속의 패륜성에 비추어 고도의 사회적 비난가능성이 인정되기 때문이므로 차별취급에 합리적 이유가 있어 평등원칙에 반하지 아니한다는 이유로 합헌결정을 내렸다.(헌재결 2013.7.25, 2011헌바267)
판례 살인죄에 있어서 범의의 인정 기준 : 살인죄에 있어서의 고의는 반드시 살해의 목적이나 계획적인 살해의 의도가 있어야 하는 것은 아니고 자기의 행위로 인하여 타인의 사망의 결과를 발생시킬 만한 가능 또는 위험이 있음을 인식하거나 예견하면 족한 것이고 그 인식 또는 예견은 확정적인 것은 물론 불확정적인 것이더라도 소위 미필적 고의로서 살인의 범의가 인정된다.(대판 2004.6.24, 2002도995)
판례 범행 당시 살인의 범의에 대한 판단 기준 : 피고인이 범행 당시 살인의 범의는 없었고 단지 상해 또는 폭행의 범의만 있었을 뿐이라고 다투는 경우에 피고인에게 범행 당시 살인의 범의가 있었는지 여부는 피고인이 범행에 이르게 된 경위, 범행의 동기, 준비된 흉기의 유무·종류·용법, 공격의 부위와 반복성, 사망의 결과발생가능성 정도 등 범행 전후의 객관적인 사정을 종합하여 판단할 수밖에 없다.
(대판 2002.2.8, 2001도6425)
일판 파킨슨병으로 오랫동안 누워있는 친어머니의 간호에 지친 딸이 어머니를 질식시킨 사건에 대하여 "간호에 지친 사실을 감안할 때 피고를 지나치게 책망하는 것은 가혹하다"며 1심실형을 파기하고 징역 3년 집행유예 4년을 선고했다.(東京高 1993.9.29)
독판 정상적인 출산진행 중의 태아는 개방진통의 개시와 함께 살인죄(과실치사죄)에서 의미하는 사람이 된다. 즉 살인죄의 객체가 된다.
(BGHSt 32, 194)

第251條 (2023.8.8 삭제)
改前 "第251條【영아살해】直系尊屬이 恥辱을 隱蔽하기 위하거나 養育할 수 없음을 豫想하거나 특히 參酌할 만한 動機로 인하여 分娩中 또는 分娩直後의 영아를 殺害한 때에는 10年 이하의 懲役에 處한다."

第252條【촉탁, 승낙에 의한 살인 등】 ① 사람의 촉탁이나 승낙을 받아 그를 살해한 자는 1년 이상 10년 이하의 징역에 처한다.
② 사람을 교사하거나 방조하여 자살하게 한 자도 제1항의 형에 처한다.
(2020.12.8 본조개정)
改前 "第252條【囑託, 承諾에 의한 殺人 등】① 사람의 囑託 또는 承諾을 받어 그를 殺害한 者는 1年 이상 10年 이하의 懲役에 處한다.
② 사람을 敎唆 또는 幇助하여 自殺하게 한 者도 前項의 刑과 같다."
参조 [피해자의 승낙]24, [살인죄]250, [미수범]254, [형의 병과]256
판례 자살방조죄의 성립요건 및 방조의 방법 : 동조 제2항의 자살방조죄는 자살하려는 사람의 자살행위를 도와 용이하게 실행하도록 함으로써 성립되는 것으로서, 그 방법에는 자살도구인 총, 칼 등을 빌려주거나 독약을 만들어 주거나 조언 또는 격려를 한다거나 기타 적극적, 소극적, 물질적, 정신적 방법이 모두 포함된다 할 것이나, 이러한 자살방조죄가 성립하기 위해서는 그 방조 상대방의 구체적인 자살의 실행을 원조하여 이를 용이하게 하는 행위의 존재 및 그 점에 대한 행위자의 인식이 요구된다.(대판 2005.6.10, 2005도1373)
독판 피고인이 자살자에게 육체를 변화시켜 시리우스 별자리에서 영원히 살게 된다고 속여 자살케 했다면 간접정범에 의한 살인죄가 성립한다.(BGHSt 32, 38)
독판 자살자의 죽음을 과실로 공동야기한 자는 처벌되지 않는다.
(BGHSt 24, 342)

第253條【僞計 등에 의한 囑託殺人 등】 前條의 경우에 僞計 또는 威力으로써 囑託 또는 承諾하게 하거나 自殺을 決意하게 한 때에는 第250條의 例에 의한다.
参조 [미수범]254, [예비·음모]255, [형의 병과]256

第254條【미수범】 제250조, 제252조 및 제253조의 미수범은 처벌한다.(2023.8.8 본조개정)
改前 "第254條【未遂犯】前4條의 未遂犯은 處罰한다."
参조 [미수범]25-29, [상속인 등의 결격사유]민1004·1064

第255條【豫備, 陰謀】 第250條와 第253條의 罪를 犯할 目的으로 豫備 또는 陰謀한 者는 10年 이하의 懲役에 處한다.
参조 [예비·음모]28

第256條【資格停止의 併科】 第250條, 第252條 또는 第253條의 경우에 有期懲役에 處할 때에는 10年이하의 資格停止를 併科할 수 있다.
参조 [자격정지]44

第25章 傷害와 暴行의 罪

第257條【傷害, 尊屬傷害】 ① 사람의 身體를 傷害한 者는 7年 이하의 懲役, 10年 이하의 資格停止 또는 1千萬원 이하의 罰金에 處한다.(1995.12.29 본항개정)

② 自己 또는 配偶者의 直系尊屬에 대하여 第1項의 罪를 犯한 때에는 10年 이하의 懲役 또는 1千500萬원 이하의 罰金에 處한다.(1995.12.29 본항개정)
③ 前2項의 未遂犯은 處罰한다.

참조 [혈족의 존수계산]민770, [동시범]263, [상습범]264, 폭력처벌2, [형의 병과]265, [과실상해]266, [반국가행위]국가보안4, [군법]군형52의2 이하, [배상명령]소송촉진25－35

판례 형사사건에서 상해진단서는 피해자의 진술과 함께 피고인의 범죄사실을 증명하는 유력한 증거가 될 수 있다. 그러나 상해 사실의 존재 및 인과관계 역시 합리적인 의심이 없는 정도의 증명에 이르러야 인정할 수 있으므로, 상해진단서의 객관성과 신빙성을 의심할 만한 사정이 있는 때에는 증명력을 판단하는 데 매우 신중하여야 한다. 특히 상해진단서가 주로 통증이 있다는 피해자의 주관적인 호소 등에 의존하여 의학적인 가능성만으로 발급된 때에는 진단 일자 및 진단서 작성일자가 상해 발생 시점과 시간상으로 근접하고 상해진단서 발급 경위에 특별히 신빙성을 의심할 만한 사정은 없는지, 상해진단서에 기재된 상해 부위 및 정도가 피해자가 주장하는 상해의 원인 내지 경위와 일치하는지, 피해자가 호소하는 불편이 기왕에 존재하던 신체 이상과 무관한 새로운 원인으로 생겼다고 단정할 수 있는지, 의사가 상해진단서를 발급한 근거 등을 두루 살피는 외에도 피해자가 상해 사건 이후 진료를 받은 시점, 진료를 받게 된 동기와 경위, 그 이후의 진료 경과 등을 면밀히 살펴 논리와 경험법칙에 따라 증명력을 판단하여야 한다.(대판 2016.11.25, 2016도15018)

판례 상해죄의 피해자가 제출하는 상해진단서는 일반적으로 의사가 당해 피해자의 진술을 토대로 상해의 원인을 파악한 후 의학적 전문지식을 동원하여 관찰・판단한 상해의 부위와 정도 등을 기재한 것으로서 거기에 기재된 상해가 곧 피고인의 범죄행위로 인하여 발생한 것이라는 사실을 직접 증명하는 증거가 되기에 부족한 것이지만, 그 상해에 대한 진단일자 및 상해진단서 작성일자가 상해 발생시점과 시간상으로 근접하고 상해진단서 발급 경위에 특별히 신빙성을 의심할 만한 사정이 없으며 거기에 기재된 상해의 부위와 정도가 피해자가 주장하는 상해의 원인 내지 경위와 일치하는 경우에는, 그 무렵 피해자가 제3자로부터 폭행을 당하는 등으로 달리 상해를 입을 만한 정황이 발견되거나 의사가 허위로 진단서를 작성한 사실이 밝혀지는 등의 특별한 사정이 없는 한, 그 상해진단서는 피해자의 진술과 더불어 피고인의 상해사실에 대한 유력한 증거가 되고, 합리적인 근거 없이 그 증명력을 함부로 배척할 수 없다고 할 것이다.
(대판 2007.5.10, 2007도136)

판례 상해사실의 인정에 있어 상해의 부위와 정도가 증거에 의하여 명백히 확정되어야 하고, 상해부위의 판시 없는 상해죄의 인정은 위법하다.(대판 2002.11.8, 2002도5016)

판례 오랜 시간 동안의 협박과 폭행을 이기지 못하고 실신하여 범인들이 불러온 구급차 안에서야 정신을 차리게 되었다면, 외부적으로 어떤 상처가 발생하지 않았다고 하더라도 생리적 기능에 훼손을 입어 신체에 대한 상해가 있었다.(대판 1996.12.10, 96도2529)

일판 상해죄는 타인의 신체에 대한 폭행에 의하여 그 생활기능의 훼손 즉 건강상태의 불량 변경을 야기하는 것에 의하여 성립한다. 모발이나 턱 수염을 절단, 제거하는 행위는 이것으로서 곧 건강상태의 불량변경을 가져왔다고 할 수 없으므로 상해죄에 해당하지 않고 폭행에 불과하다.(日・最高 1970.6.20)

독판 자책적으로 의욕하여 실현된 자기위해는, 위태화와 함께 의식적으로 떠맡은 위험부담이 실현된 것이라면, 상해죄 또는 살인죄의 구성요건에 해당하지 않는다. 이러한 자기위해를 야기하고, 가능하게 했거나 촉진시킨 자는 상해죄나 살인죄로 처벌되도록 한 것은 아니다.(BGHSt 32, 262)

第258條【重傷害, 尊屬重傷害】 ① 사람의 身體를 傷害하여 生命에 대한 危險을 發生하게 한 者는 1年 이상 10年 이하의 懲役에 處한다.
② 身體의 傷害로 인하여 不具 또는 不治나 難治의 疾病에 이르게 한 者도 前項의 刑과 같다.
③ 自己 또는 配偶者의 直系尊屬에 대하여 前2項의 罪를 犯한 때에는 2년 이상 15년 이하의 징역에 處한다.
(2016.1.6 본항개정)

改前 ③ 自己 또는 配偶者의 直系尊屬에 대하여 前2項의 罪를 犯한 때에는 "2年이상의 有期懲役"에 處한다.

참조 [배상명령]소송촉진25－35, [동시범]263, [상습범]264, [형의 병과]265

판례 중상해죄의 성립요건 : 중상해는 사람의 신체를 상해하여 생명에 대한 위험을 발생하게 하거나, 신체의 상해로 인하여 불구 또는 불치나 난치의 질병에 이르게 한 경우에 성립한다.
(대판 2005.12.9, 2005도7527)

第258條의2【특수상해】 ① 단체 또는 다중의 위력을 보이거나 위험한 물건을 휴대하여 제257조제1항 또는 제2항의 죄를 범한 때에는 1년 이상 10년 이하의 징역에 처한다.
② 단체 또는 다중의 위력을 보이거나 위험한 물건을 휴대하여 제258조의 죄를 범한 때에는 2년 이상 20년 이하의 징역에 처한다.
③ 제1항의 미수범은 처벌한다.
(2016.1.6 본조신설)

第259條【傷害致死】 ① 사람의 身體를 傷害하여 死亡에 이르게 한 者는 3年 이상의 有期懲役에 處한다.
(1995.12.29 본항개정)
② 自己 또는 配偶者의 直系尊屬에 대하여 前項의 罪를 犯한 때에는 無期 또는 5年 이상의 懲役에 處한다.

참조 [동시범]263, [상속인등의 결격사유]민1004・1064, [배상명령]소송촉진25－35

第260條【暴行, 尊屬暴行】 ① 사람의 身體에 대하여 暴行을 加한 者는 2年 이하의 懲役, 500萬원 이하의 罰金, 拘留 또는 科料에 處한다.
② 自己 또는 配偶者의 直系尊屬에 대하여 第1項의 罪를 犯한 때에는 5年 이하의 懲役 또는 700萬원 이하의 罰金에 處한다.
③ 第1項 및 第2項의 罪는 被害者의 明示한 意思에 反하여 公訴를 제기할 수 없다.
(1995.12.29 본조개정)

참조 [피해자의 의사]형소327, [구류]46, [과료]47, [상습범]264, 폭력처벌2, [형의 병과]265, [군법]군형48이하

第261條【特殊暴行】 團體 또는 多衆의 威力을 보이거나 危險한 物件을 携帶하여 第260條第1項 또는 第2項의 罪를 犯한 때에는 5年 이하의 懲役 또는 1千萬원 이하의 罰金에 處한다.(1995.12.29 본조개정)

참조 [상습범]264, [형의 병과]265, [소요죄]115, 폭력처벌3

第262條【폭행치사상】 제260조와 제261조의 죄를 지어 사람을 사망이나 상해에 이르게 한 경우에는 제257조부터 제259조까지의 예에 따른다.(2020.12.8 본조개정)

改前 "第262條【暴行致死傷】 前2條의 罪를 犯하여 사람을 死傷에 이르게 한 때에는 第257條 내지 第259條의 例에 의한다."

참조 [준현행범]형소211②, [배상명령]소송촉진25－35

판례 폭력행위등처벌에관한법률의 적용여부 : 폭력행위등처벌에관한법률 제2조 제1항에는 형법 제262조 소정의 폭행치사상죄는 열거되어 있지 아니므로 폭행치상의 정범에 대하여는 폭력행위등 처벌에 관한 법률 제2조 제2항을 적용하여서는 아니된다.
(대판 1981.3.24, 81도415)

독판 방위자가 수인에 의해 행해진 침해상황에서 공격자 중 일인을 정당방위로서 죽였을 때에도 형법 제227조는 적용된다.
(BGHSt 33, 100)

第263條【同時犯】 獨立行爲가 競合하여 傷害의 結果를 發生하게 한 경우에 있어서 原因된 行爲가 判明되지 아니한 때에는 共同正犯의 例에 의한다.

참조 [공동정범]30

第264條【常習犯】 常習으로 第257條, 제258조, 제258조의2, 第260條 또는 第261條의 罪를 犯한 때에는 그 罪에 정한 刑의 2分의 1까지 加重한다.(2016.1.6 본조개정)

改前 第264條【常習犯】 常習으로 第257條, "第258條", 第260條 또는 第261條의 罪를…

참조 [형의 가중]42・56, [형의 병과]265, 폭력처벌2・3

第265條【資格停止의 倂科】 第257條第2項, 제258조, 제258조의2, 第260條第2項, 第261條 또는 前條의 경우에는 10年이하의 資格停止를 倂科할 수 있다.(2016.1.6 본조개정)

改前 第265條【資格停止의 倂科】 第257條第2項, "第258條", 第260條第2項, 第261條 또는…

참조 [자격정지]44

第26章 過失致死傷의 罪
(1995.12.29 본장개정)

第266條【過失致傷】 ① 過失로 因하여 사람의 身體를 傷害에 이르게 한 者는 500萬원 이하의 罰金, 拘留 또는 科料에 處한다.

② 第1項의 罪는 被害者의 明示한 意思에 反하여 公訴를 제기할 수 없다.

참조 [피해자의 의사]형소223 · 232, [구류]46, [과료]47, [배상명령]소송촉진25-35

第267條【過失致死】 過失로 因하여 사람을 死亡에 이르게 한 者는 2年 이하의 禁錮 또는 700萬원 이하의 罰金에 處한다.

참조 [군법]군형4, [배상명령]소송촉진25-35

판례 피고인들이 피해자와 함께 술을 마시던 중, 피해자가 제3자와 다투다 넘어져 의식을 잃었다. 이후 피고인들은 피해자를 모텔로 옮겨 방치하였고, 피해자는 후두부 경막외출혈로 사망하였다. 피해자가 의식을 잃은 것은 제3자와 다투다 벌어진 일이므로 피고인들의 위법한 선행행위는 없었다. 또 피해자를 모텔로 옮겨 놓은 것이 위법하지도 않다. 그러나 선행행위가 위법하지 않더라도 그러한 선행행위로 인하여 법익침해의 발생위험이 상당히 증가되고, 그 선행행위가 법익침해의 발생과 밀접히 관련되어 있다면 행위자에게 보증인 지위가 발생한다. 따라서 피고인들이 피해자를 모텔로 옮기는 선행행위를 한 이상, 폭행에 의해 쓰러진 피해자를 모텔로 옮겨 타인에 의한 구조가능성을 차단한 피고인들에게는 피해자를 구조해야 할 조리상 의무가 있다.(대판 2023.7.27, 2023도6735)

第268條【업무상과실 · 중과실 치사상】 업무상과실 또는 중대한 과실로 사람을 사망이나 상해에 이르게 한 자는 5년 이하의 금고 또는 2천만원 이하의 벌금에 처한다.
(2020.12.8 본조개정)

改前 "第268條【業務上過失 · 重過失 致死傷】 業務上過失 또는 重大한 過失로 因하여 사람을 死傷에 이르게 한 者는 5年이하의 禁錮 또는 2千萬원이하의 罰金에 處한다."

참조 [원자로등의 부당조작]원자력안전법114, [군법]군형4, [도주차량운전자의 가중처벌]특정범죄가중5의3, [배상명령]소송촉진25-35

판례 경찰의 물대포 시위 진압으로 사망한 고(故) 백○○ 씨 사건과 관련하여 당시 서울지방경찰청장은 집회 당시 경찰 인력 · 장비의 운용, 안전관리의 총괄 책임자로서 사전에 이 사건 집회 · 시위가 폭력 행위 등 불법 집회 · 시위가 될 수 있고 경찰과 시위대에 부상자가 발생할 수도 있다는 점을 예상하고 있었고, 필요한 조치를 취했어야 한다. 만일 경찰이 과잉 살수가 방치되고 있음을 경고하거나 안전한 살수에 관한 조치를 취했더라면 백 씨의 사망이라는 결과의 발생을 회피할 수 있었을 것이다. 따라서 경찰의 위법 · 과잉 시위 진압에 관해 최종 지휘권자의 주의의무 위반이 인정된다.
(대판 2023.4.13, 2019도12195)

판례 사람의 생명과 신체의 안전을 보호법익으로 하고 있는 형법의 해석으로는 규칙적인 진통을 동반하면서 분만이 개시된 때(소위 진통설 또는 분만개시설)가 사람의 시기라고 봄이 타당하다.
(대판 2007.6.29, 2005도3832)

판례 의사는 전문적 지식과 기능을 가지고 환자의 전적인 신뢰하에서 환자의 생명과 건강을 보호하는 것을 업으로 하는 자로서 그 의료행위를 시술하는 기회에 환자에게 위해가 미치는 것을 방지하기 위하여 최선의 조치를 취할 의무를 지고 있으므로, 의사가 다른 의사와 의료행위를 분담하는 경우에도 자신이 환자에 대하여 주된 의사의 지위에 있거나 다른 의사를 사실상 지휘 감독하는 지위에 있다면, 그 의료행위의 영역이 자신의 전공과목이 아니라 다른 의사의 전공과목에 전적으로 속하거나 다른 의사에게 전적으로 위임된 것이 아닌 이상, 의사는 자신이 주로 담당하는 환자에 대하여 다른 의사가 하는 의료행위의 내용이 적절한 것인지의 여부를 확인하고 감독하여야 할 업무상 주의의무가 있고, 만약 의사가 이와 같은 업무상 주의의무를 소홀히 하여 환자에게 위해가 발생하였다면, 의사는 그에 대한 과실 책임을 면할 수 없다.(대판 2007.2.22, 2005도9229)

第27章 落胎의 罪

第269條【落胎】 ① 婦女가 藥物 기타 方法으로 落胎한 때에는 1年 이하의 懲役 또는 200萬원 이하의 罰金에 處한다.
<2019.4.11 헌법재판소 헌법불합치결정으로 이 항 중 '의사'에 관한 부분은 2020.12.31을 시한으로 입법자가 개정할 때까지 계속 적용>
② 婦女의 囑託 또는 承諾을 받어 落胎하게 한 者도 第1項의 刑과 같다.
③ 第2項의 罪를 犯하여 婦女를 傷害에 이르게 한 때에는 3年 이하의 懲役에 處한다. 死亡에 이르게 한 때에는 7年 이하의 懲役에 處한다.
(1995.12.29 본조개정)

참조 [상해죄]257-259, [본조의 적용배제]모자14

판례 자기낙태죄 조항은 모자보건법이 정한 일정한 예외를 제외하고는 태아의 발달단계 혹은 독자적 생존능력과 무관하게 임신기간 전체를 통틀어 모든 낙태를 전면적 · 일률적으로 금지하고, 이를 위반할 경우 형벌을 부과하도록 정함으로써, 형법적 제재 및 이에 따른 형벌의 위하력(威嚇力)으로 임신한 여성에게 임신의 유지 · 출산을 강제하고 있으므로, 임신한 여성의 자기결정권을 과도하게 침해한다. 그러나 태아의 생명을 보호하기 위하여 낙태를 금지하고 형사처벌하는 것 자체가 모든 경우에 헌법에 위반된다고 볼 수는 없다. 따라서 태아가 모체를 떠난 상태에서 독자적으로 생존할 수 있는 시점인 임신 22주 내외에 도달하기 전이면서 동시에 임신 유지와 출산 여부에 관한 자기결정권을 행사하기에 충분한 시간이 보장되는 시기(이하 착상 시부터 이 시기까지를 '결정가능기간'이라 한다)까지의 낙태에 대해서는 국가가 생명보호의 수단 및 정도를 달리 정할 수 있다고 봄이 타당하다.(헌재결 2019.4.11, 2017헌바127)

미판 몬타나주 법률이 미성년자의 낙태를 부모에게 통지하는 것이 미성년자에게 최선의 이익이 아닌 경우를 포함하는 일정한 조건하(미성년자가 성숙한 경우 또는 부모나 보호자가 학대한 경우 등)에서 사법적 우회(judicial bypass)를 인정하도록 한 것은 연방헌법에 위반된다고 할 수 없다.(미연방법원 137 L Ed 2d 464)

영판 14세 소녀가 친구의 아버지의 성폭행으로 임신한 것으로 소녀의 고통은 동정하나 중절의 권리보다 태아의 살 권리가 우선한다.
(1992.2.17 영 아일랜드고법판)

독판 낙태행위로 인하여 살아있는 태아가 태어나자 즉시 그 아이를 목졸라 살해한 경우에는 낙태죄의 기수가 살인죄의 기수와 상상적 경합관계에 있게 된다.(BGHSt 10, 291)

第270條【醫師 등의 落胎, 不同意落胎】 ① 醫師, 韓醫師, 助産師, 藥劑師 또는 藥種商이 婦女의 囑託 또는 承諾을 받어 落胎하게 한 때에는 2年 이하의 懲役에 處한다.
(1995.12.29 본항개정)
<2019.4.11 헌법재판소 헌법불합치결정으로 이 항 중 '의사'에 관한 부분은 2020.12.31을 시한으로 입법자가 개정할 때까지 계속 적용>
② 婦女의 囑託 또는 承諾없이 落胎하게 한 者는 3年 이하의 懲役에 處한다.
③ 第1項 또는 第2項의 罪를 犯하여 婦女를 傷害에 이르게 한 때에는 5年 이하의 懲役에 處한다. 死亡에 이르게 한 때에는 10年 이하의 懲役에 處한다.(1995.12.29 본항개정)
④ 前3項의 경우에는 7年 이하의 資格停止를 併科한다.

참조 [자격정지]44, [상해죄]257-259, [본조의 적용배제]모자14

판례 낙태죄는 태아를 자연분만기에 앞서서 인위적으로 모체 밖으로 배출하거나 모체 안에서 살해함으로써 성립하고, 그 결과 태아가 사망하였는지 여부는 낙태죄의 성립에 영향이 없다.
(대판 2005.4.15, 2003도2780)

독판 1. 낙태가 산모의 사망을 초래했다면 형법 제226조의 상해치사죄와 형법 제218조의 낙태죄 사이에 상상적 경합관계에 있게 된다.
2. 낙태시술에 따르는 단순상해죄나 위험한 상해죄(형법 제223조, 제223조의a)는 형법 제218조에 의하여 배제된다.
3. 낙태미수나 상해죄는 상호 상상적 경합관계에 있다.
(BGHSt 28, 11)

第28章 遺棄와 虐待의 罪
(1995.12.29 본장제목개정)

第271條【유기, 존속유기】 ① 나이가 많거나 어림, 질병 그 밖의 사정으로 도움이 필요한 사람을 법률상 또는 계약상 보호할 의무가 있는 자가 유기한 경우에는 3년 이하의 징역 또는 500만원 이하의 벌금에 처한다.
② 자기 또는 배우자의 직계존속에 대하여 제1항의 죄를 지은 경우에는 10년 이하의 징역 또는 1천500만원 이하의 벌금에 처한다.
③ 제1항의 죄를 지어 사람의 생명에 위험을 발생하게 한 경우에는 7년 이하의 징역에 처한다.
④ 제2항의 죄를 지어 사람의 생명에 위험을 발생하게 한 경우에는 2년 이상의 유기징역에 처한다.
(2020.12.8 본조개정)

改前 "第271條【遺棄, 尊屬遺棄】 ① 老幼, 疾病 기타 事情으로 因하여 扶助를 요하는 者를 保護할 法律上 또는 契約上 義務있는 者가 遺棄한 때에는 3年 이하의 懲役 또는 500萬원 이하의 罰金에 處한다.
(1995.12.29 본항개정)

② 自己 또는 配偶者의 直系尊屬에 대하여 第1項의 罪를 犯한 때에는 10年 이하의 懲役 또는 1千500萬원 이하의 罰金에 處한다.
(1995.12.29 본항개정)
③ 第1項의 罪를 犯하여 사람의 生命에 대한 危險을 發生하게 한 때에는 7年 이하의 懲役에 處한다.
④ 第2項의 罪를 犯하여 사람의 生命에 대하여 危險을 發生한 때에는 2年 이상의 有期懲役에 處한다."

참조 [생활무능력자의 보호]헌34⑤, 국민기초생활, [법률상 의무]민913·974, 경범1, [이혼원인]민840

판례 현행 형법은 유기죄에 있어서 구법과는 달리 보호법익의 범위를 넓힌 반면, 보호책임 없는 자는 유기죄는 없애고 법률상 또는 계약상의 의무 있는 자만을 유기죄의 주체로 규정하고 있어 죄책을 인정하려면 보호책임이 있게 된 경위, 사정, 관계등을 설시하여 구성요건이 요구하는 법률상 또는 계약상 보호의무를 밝혀야 하며 동행자가 구조를 요한다 할지라도 일정거리를 동행한 사실만으로서는 피고인에게 법률상, 계약상의 보호의무가 있다고 할 수 없으니 유기죄의 주체가 될 수 없다.(대판 1977.1.11, 76도3419)

第272條 (2023.8.8 삭제)

改前 "第272條【영아유기】直系尊屬이 恥辱을 隱蔽하기 위하거나 養育할 수 없음을 豫想하거나 특히 參酌할 만한 動機로 因하여 영아를 遺棄한 때에는 2年 이하의 懲役 또는 300萬원 이하의 罰金에 處한다.(1995.12.29 본조개정)"

第273條【虐待, 尊屬虐待】 ① 自己의 保護 또는 監督을 받는 사람을 虐待한 者는 2年 이하의 懲役 또는 500萬원 이하의 罰金에 處한다.
② 自己 또는 配偶者의 直系尊屬에 대하여 前項의 罪를 犯한 때에는 5年 이하의 懲役 또는 700萬원 이하의 罰金에 處한다.
(1995.12.29 본조개정)

참조 [노인학대 신고의무와 절차]노인복지39의6, [장애 유형·장애 정도별 재활 및 자립지원 서비스 제공 등]장애인35

판례 형법 제273조 제1항에서 말하는 '학대'의 의미 : 형법 제273조 제1항에서 말하는 '학대'라 함은 육체적으로 고통을 주거나 정신적으로 차별대우를 하는 행위를 가리키고, 이러한 학대행위는 형법의 규정체제상 학대와 유기의 죄가 같은 장에 위치하고 있는 점 등에 비추어 단순히 상대방의 인격에 대한 반인륜적 침해만으로는 부족하고 적어도 유기에 준할 정도에 이르러야 한다.
(대판 2000.4.25, 2000도223)

第274條【兒童酷使】 自己의 保護 또는 監督을 받는 16歲 미만의 者를 그 生命 또는 身體에 危險한 業務에 使用할 營業者 또는 從業者에게 引渡한 者는 5年 이하의 懲役에 處한다. 그 引渡를 받은 者도 같다.

참조 [아동보호조치]아동15, [연소자근로보호]헌32⑤, 근기64－69

第275條【유기등 치사상】 ① 제271조 또는 제273조의 죄를 범하여 사람을 상해에 이르게 한 때에는 7년 이하의 징역에 처한다. 사망에 이르게 한 때에는 3년 이상의 유기징역에 처한다.(2023.8.8 본항개정)
② 자기 또는 配偶者의 直系尊屬에 대하여 第271條 또는 第273條의 罪를 犯하여 傷害에 이르게 한 때에는 3年 이상의 有期懲役에 處한다. 死亡에 이르게 한 때에는 無期 또는 5年 이상의 懲役에 處한다.
(2023.8.8 본조제목개정)
(1995.12.29 본조개정)

改前 第275條【"遺棄등 致死傷"】"① 第271條 내지 第273條의 罪를 犯하여 사람을 傷害에 이르게 한 때에는 7年 이하의 懲役에 處한다. 死亡에 이르게 한 때에는 3年 이상의 有期懲役에 處한다."

참조 [상해죄]257－259

第29章 逮捕와 監禁의 罪

第276條【逮捕, 監禁, 尊屬逮捕, 尊屬監禁】 ① 사람을 逮捕 또는 監禁한 者는 5年 이하의 懲役 또는 700萬원 이하의 罰金에 處한다.
② 自己 또는 配偶者의 直系尊屬에 대하여 第1項의 罪를 犯한 때에는 10年 이하의 懲役 또는 1千500萬원 이하의 罰金에 處한다.
(1995.12.29 본조개정)

참조 [신체의 자유]헌12, [상습범]279, 폭력처벌2, [형의 병과]282, [직권남용]124

판례 감금행위가 강도상해 범행의 수단에 그치지 아니하고 강도상해의 범행이 끝난 뒤에도 계속된 경우, 감금죄와 강도상해죄의 죄수 : 감금행위가 단순히 강도상해 범행의 수단이 되는 데 그치지 아니하고 강도상해의 범행이 끝난 뒤에도 계속된 경우에는 1개의 행위가 감금죄와 강도상해죄에 해당하는 경우라고 볼 수 없고, 이 경우 감금죄와 강도상해죄는 형법 제37조의 경합범 관계에 있다.
(대판 2003.1.10, 2002도4380)

판례 감금죄의 수단과 방법 및 일정한 장소적 제약하에서 제한된 행동의 자유를 허용한 경우, 감금죄의 성립 여부(적극) : 감금죄는 사람의 행동의 자유를 그 보호법익으로 하여 사람이 특정한 구역에서 벗어나는 것을 불가능하게 하거나 또는 매우 곤란하게 하는 죄로서 그 본질은 사람의 행동의 자유를 구속하는 데에 있다. 이와 같이 행동의 자유를 구속하는 수단과 방법에는 아무런 제한이 없고, 사람이 특정한 구역에서 벗어나는 것을 불가능하게 하거나 매우 곤란하게 하는 장애는 물리적·유형적 장애뿐만 아니라 심리적·무형적 장애에 의하여서도 가능하므로 감금죄의 수단과 방법은 유형적인 것이거나 무형적인 것이거나를 가리지 아니한다. 또한 감금죄가 성립하기 위하여 반드시 사람의 행동의 자유를 전면적으로 박탈할 필요는 없고, 감금된 특정한 구역 범위 안에서 일정한 생활의 자유가 허용되어 있었다고 하더라도 유형적이거나 무형적인 수단과 방법에 의하여 사람이 특정한 구역에서 벗어나는 것을 불가능하게 하거나 매우 곤란하게 한 이상 감금죄의 성립에는 아무런 지장이 없다.
(대판 1998.5.26, 98도1036)

第277條【重逮捕, 重監禁, 尊屬重逮捕, 尊屬重監禁】 ① 사람을 逮捕 또는 監禁하여 苛酷한 行爲를 加한 者는 7年 이하의 懲役에 處한다.
② 自己 또는 配偶者의 直系尊屬에 대하여 前項의 罪를 犯한 때에는 2年 이상의 有期懲役에 處한다.

참조 [신체의 자유]헌12, [상습범]279, [미수범]280, [형의 병과]282, [직권남용]125

第278條【特殊逮捕, 特殊監禁】 團體 또는 다중의 威力을 보이거나 危險한 物件을 携帶하여 前2條의 罪를 犯한 때에는 그 罪에 定한 刑의 2分의 1까지 加重한다.

참조 [형의 가중]42·56, [미수범]280, [형의 병과]282, 폭력처벌3

第279條【常習犯】 常習으로 第276條 또는 第277條의 罪를 犯한 때에는 前條의 例에 의한다.

참조 [형의 가중]42·56, [미수범]280, [형의 병과]282, 폭력처벌2

第280條【未遂犯】 前4條의 未遂犯은 處罰한다.

참조 [미수범]25－29

第281條【逮捕·監禁등의 致死傷】 ① 第276條 내지 第280條의 罪를 犯하여 사람을 傷害에 이르게 한 때에는 1年 이상의 有期懲役에 處한다. 死亡에 이르게 한 때에는 3年 이상의 有期懲役에 處한다.
② 자기 또는 配偶者의 直系尊屬에 대하여 第276條 내지 第280條의 罪를 犯하여 傷害에 이르게 한 때에는 2年 이상의 有期懲役에 處한다. 死亡에 이르게 한 때에는 無期 또는 5年 이상의 懲役에 處한다.
(1995.12.29 본조개정)

참조 [상해죄]257－259

第282條【資格停止의 併科】 本章의 罪에는 10年이하의 資格停止를 併科할 수 있다.

참조 [자격정지]44

第30章 脅迫의 罪

第283條【脅迫, 尊屬脅迫】 ① 사람을 脅迫한 者는 3年 이하의 懲役, 500萬원 이하의 罰金, 拘留 또는 科料에 處한다.
② 自己 또는 配偶者의 直系尊屬에 대하여 第1項의 罪를 犯한 때에는 5年 이하의 懲役 또는 700萬원 이하의 罰金에 處한다.
③ 第1項 및 第2項의 罪는 被害者의 明示한 意思에 反하여 公訴를 제기할 수 없다.
(1995.12.29 본조개정)

참조 [피해자의 의사]형소223·232, [구류]46, [과료]47, [상습범]285, 폭력처벌2, [미수범]286, [국교에 관한 죄]107·108, [상속인 등의 결격사유]민1004·1064, [군법]군형48이하

판례 협박죄에서 해악을 고지하는 방법 : 협박죄에서 해악을 고지하는 행위는 통상 언어에 의하는 것이나 경우에 따라서는 거동으로 해악을 고지할 수도 있다.(대판 2011.1.27, 2010도14316)

판례 협박죄에서 협박이란 일반적으로 보아 사람으로 하여금 공포심을 일으킬 정도의 해악을 고지하는 것을 의미하며, 그 고지되는 해악의 내용, 즉 침해하겠다는 법익의 종류나 법익의 향유 주체 등에는 아무런 제한이 없다. 따라서 피해자 본인이나 그 친족뿐만 아니라 그 밖의 '제3자'에 대한 법익 침해를 내용으로 하는 해악을 고지하는 것이라고 하더라도 피해자 본인과 제3자가 밀접한 관계에 있어 그 해악의 내용이 피해자 본인에게 공포심을 일으킬 만한 정도의 것이라면 협박죄가 성립할 수 있다. 이 때 '제3자'에는 자연인뿐만 아니라 법인도 포함된다 할 것인데, 피해자 본인에게 법인에 대한 법익을 침해하겠다는 내용의 해악을 고지한 것이 피해자 본인에 대하여 공포심을 일으킬 만한 정도가 되는지 여부는 고지된 해악의 구체적 내용 및 그 표현방법, 피해자와 법인의 관계, 법인 내에서의 피해자의 지위와 역할, 해악의 고지에 이르게 된 경위, 당시 법인의 활동 및 경제적 상황 등 여러 사정을 종합하여 판단하여야 한다.
(대판 2010.7.15, 2010도1017)

판례 [1] 협박죄가 성립하려면 고지된 해악의 내용이 행위자와 상대방의 성향, 고지 당시의 주변 상황, 행위자와 상대방 사이의 친숙의 정도 및 지위 등의 상호관계, 제3자에 의한 해악을 고지한 경우에는 그에 포함되거나 암시된 제3자와 행위자 사이의 관계 등 행위 전후의 여러 사정을 종합하여 볼 때에 일반적으로 사람으로 하여금 공포심을 일으키게 하기에 충분한 것이어야 하지만, 상대방이 그에 의하여 현실적으로 공포심을 일으킬 것까지 요구하는 것은 아니며, 그와 같은 정도의 해악을 고지함으로써 상대방이 그 의미를 인식한 이상, 상대방이 현실적으로 공포심을 일으켰는지 여부와 관계없이 그로써 구성요건은 충족되어 협박죄의 기수에 이르는 것으로 해석하여야 한다.
[2] 결국, 협박죄는 사람의 의사결정의 자유를 보호법익으로 하는 위험범이라 봄이 상당하고, 협박죄의 미수범 처벌조항은 해악의 고지가 현실적으로 상대방에게 도달하지 아니한 경우나, 도달은 하였으나 상대방이 이를 지각하지 못하였거나 고지된 해악의 의미를 인식하지 못한 경우 등에 적용될 뿐이다.
(대판 2007.9.28, 2007도606 전원합의체)

판례 피고인이 피해자와의 동거를 청산하는 과정에서 피해자에 대하여 금전채권이 있다고 하더라도, 그 권리행사를 빙자하여 사회통념상 용인되기 어려운 정도를 넘는 협박을 수단으로 사용하였다면, 공갈죄가 성립한다.(대판 1996.9.24, 96도2151)

第284條【特殊脅迫】 團體 또는 多衆의 威力을 보이거나 危險한 物件을 携帶하여 前條第1項, 第2項의 罪를 犯한 때에는 7年이하의 懲役 또는 1千萬원이하의 罰金에 處한다.(1995.12.29 본조개정)

참조 [상습범]285, [미수범]286, [소요죄]115, 폭력처벌3

第285條【常習犯】 常習으로 第283條第1項, 第2項 또는 前條의 罪를 犯한 때에는 그 罪에 定한 刑의 2分의 1까지 加重한다.

참조 [형의 가중]42·56, 폭력처벌2·3, [미수범]286

第286條【未遂犯】 前3條의 未遂犯은 處罰한다.

참조 [미수범]25-29

第31章 약취(略取), 유인(誘引) 및 인신매매의 죄
(2013.4.5 본장개정)

第287條【미성년자의 약취, 유인】 미성년자를 약취 또는 유인한 사람은 10년 이하의 징역에 처한다.

改前 "第287條【未成年者의 略取, 誘引】未成年者를 略取 또는 誘引한 者는 10年이하의 懲役에 處한다."

참조 [미성년자]민4, [미수범]294, [약취강도]336, [가중처벌]특정범죄가중5의2①②, [형의 감경]295의2, [예비·음모]296, [세계주의]296의2

판례 미성년의 자녀를 부모가 함께 동거하면서 보호·양육하여 오던 중 부모의 일방이 상대방 부모나 그 자녀에게 어떠한 폭행, 협박이나 불법적인 사실상의 힘을 행사함이 없이 그 자녀를 데리고 종전의 거소를 벗어나 다른 곳으로 옮겨 자녀에 대한 보호·양육을 계속하였다면, 그 행위가 보호·양육권의 남용에 해당한다는 등 특별한 사정이 없는 한 설령 이에 관하여 법원의 결정이나 상대방 부모의 동의를 얻지 아니하였다고 하더라도 그러한 행위에 대하여 곧바로 형법상 미성년자에 대한 약취죄의 성립을 인정할 수는 없다.
(대판 2013.6.20, 2010도14328 전원합의체)

판례 미성년자를 보호감독하는 자라 하더라도 다른 보호감독자의 감호권을 침해하거나 자신의 감호권을 남용하여 미성년자 본인의 이익을 침해하는 경우에는 미성년자 약취·유인죄의 주체가 될 수 있다.(대판 2008.1.31, 2007도8011)

판례 '미성년자유인죄'라 함은 기망 또는 유혹을 수단으로 하여 미성년자를 꾀어 현재의 보호상태로부터 이탈케 하여 자기 또는 제3자의 사실적 지배하로 옮기는 행위를 말하고, 여기서의 유혹이라 함은 기망의 정도에는 이르지 아니하나 감언이설로써 상대방을 현혹시켜 판단의 적정을 그르치게 하는 것이므로 반드시 그 유혹의 내용이 허위일 것을 요하지는 않는다.(대판 1996.2.27, 95도2980)

第288條【추행 등 목적 약취, 유인 등】 ① 추행, 간음, 결혼 또는 영리의 목적으로 사람을 약취 또는 유인한 사람은 1년 이상 10년 이하의 징역에 처한다.
② 노동력 착취, 성매매와 성적 착취, 장기적출을 목적으로 사람을 약취 또는 유인한 사람은 2년 이상 15년 이하의 징역에 처한다.
③ 국외에 이송할 목적으로 사람을 약취 또는 유인하거나 약취 또는 유인된 사람을 국외에 이송한 사람도 제2항과 동일한 형으로 처벌한다.

改前 "第288條【營利등을 위한 略取, 誘引, 賣買등】① 醜行, 姦淫 또는 營利의 目的으로 사람을 略取 또는 誘引한 者는 1年이상의 有期懲役에 處한다.
② 醜業에 使用할 目的으로 사람을 賣買한 者도 前項의 刑과 같다.
(2012.12.18 본항개정)
③ 常習으로 前2項의 罪를 犯한 者는 2年이상의 有期懲役에 處한다."

참조 [윤락 금지행위]성매매알선등행위의처벌에관한법4, [미수범]294, [형의 병과]295, [형의 감경]295의2, [예비·음모]296, [세계주의]296의2

판례 형법 제288조에 정한 '유인'의 의미 : 형법 제288조에서 말하는 '유인'이란 기망 또는 유혹을 수단으로 사람을 꾀어 그 하자 있는 의사에 따라 그 사람을 자유로운 생활관계 또는 보호관계로부터 이탈하게 하여 자기 또는 제3자의 사실적 지배 아래로 옮기는 행위를 말하고, 여기서 사실적 지배라고 함은 미성년자에 대한 물리적·실력적인 지배관계를 의미한다고 할 것이다.(대판 2007.5.11, 2007도2318)

판례 추업이 명확성의 원칙에 위반되는지의 여부 : '추업(醜業)'이란 일반적으로는 성(性)을 상품화하는 영업으로 이해되므로 이러한 의미는 건전한 상식과 통상적인 법감정을 가진 사람이라면 쉽게 예측할 수 있으며, 그 구체적인 내용은 법원의 해석작용을 통하여 보충적으로 확인될 수 있다. 한편 추업에 해당하는 행위는 동태적 성격을 가지므로 입법자가 이를 구체적·서술적으로 열거하여 명확성의 원칙을 관철하는 것은 입법기술상 곤란하다. 따라서 이 사건 법률조항은 죄형법정주의의 내용인 형벌법규의 명확성의 원칙에 반한다고 할 수는 없다.(헌재결 2006.5.25, 2005헌바4 전원재판부)

판례 본죄의 성립여부는 매도인이 매매 당시 부녀자를 실력으로 지배하고 있었는가 여부 즉 계속된 협박이나 명시적 혹은 묵시적인 폭행의 위협등의 험악한 분위기로 인하여 보통의 부녀자라면 법질서에 보호를 호소하기를 단념할 정도의 상태에서 그 신체에 대한 인계인수가 이루어졌는가의 여부에 달려있다고 하여야 할 것이다.
(대판 1992.1.21, 91도1402 전원합의체)

第289條【인신매매】 ① 사람을 매매한 사람은 7년 이하의 징역에 처한다.
② 추행, 간음, 결혼 또는 영리의 목적으로 사람을 매매한 사람은 1년 이상 10년 이하의 징역에 처한다.
③ 노동력 착취, 성매매와 성적 착취, 장기적출을 목적으로 사람을 매매한 사람은 2년 이상 15년 이하의 징역에 처한다.
④ 국외에 이송할 목적으로 사람을 매매하거나 매매된 사람을 국외로 이송한 사람도 제3항과 동일한 형으로 처벌한다.

改前 "第289條【國外移送을 위한 略取, 誘引, 賣買】① 國外에 移送할 目的으로 사람을 略取, 誘引 또는 賣買한 者는 3年이상의 有期懲役에 處한다.
② 略取, 誘引 또는 賣買된 者를 國外에 移送한 者도 前項의 刑과 같다.
③ 常習으로 前2項의 罪를 犯한 者는 5年이상의 有期懲役에 處한다."

참조 [미수범]294, [형의 병과]295, [형의 감경]295의2, [예비·음모]296, [세계주의]296의2, 국가보안4

第290條【약취, 유인, 매매, 이송 등 상해·치상】 ① 제287조부터 제289조까지의 죄를 범하여 약취, 유인, 매매 또는 이송된 사람을 상해한 때에는 3년 이상 25년 이하의 징역에 처한다.
② 제287조부터 제289조까지의 죄를 범하여 약취, 유인, 매매 또는 이송된 사람을 상해에 이르게 한 때에는 2년 이상 20년 이하의 징역에 처한다.

改前 "第290條【豫備, 陰謀】前條의 罪를 犯할 目的으로 豫備 또는 陰謀한 者는 3年이하의 懲役에 處한다."

참조 [미수범]294, [형의 병과]295, [형의 감경]295의2, [예비 · 음모]296, [세계주의]296의2

第291條【약취, 유인, 매매, 이송 등 살인 · 치사】 ① 제287조부터 제289조까지의 죄를 범하여 약취, 유인, 매매 또는 이송된 사람을 살해한 때에는 사형, 무기 또는 7년 이상의 징역에 처한다.

② 제287조부터 제289조까지의 죄를 범하여 약취, 유인, 매매 또는 이송된 사람을 사망에 이르게 한 때에는 무기 또는 5년 이상의 징역에 처한다.

改前 "第291條【結婚을 위한 略取, 誘引】結婚할 目的으로 사람을 略取 또는 誘引한 者는 5年이하의 懲役에 處한다."

참조 [미수범]294, [형의 병과]295, [예비 · 음모]296, [세계주의]296의2

第292條【약취, 유인, 매매, 이송된 사람의 수수 · 은닉 등】 ① 제287조부터 제289조까지의 죄로 약취, 유인, 매매 또는 이송된 사람을 수수(授受) 또는 은닉한 사람은 7년 이하의 징역에 처한다.

② 제287조부터 제289조까지의 죄를 범할 목적으로 사람을 모집, 운송, 전달한 사람도 제1항과 동일한 형으로 처벌한다.

改前 "第292條【略取, 誘引, 賣買된 者의 授受 또는 隱匿】① 第288條 또는 第289條의 略取, 誘引이나 賣買된 者 또는 移送된 者를 授受 또는 隱匿한 者는 7年이하의 懲役에 處한다.
② 第287條 또는 第291條의 略取 또는 誘引된 者를 授受 또는 隱匿한 者는 5年이하의 懲役에 處한다.
(1995.12.29 본조개정)"

참조 [미수범]294, [형의 병과]295, [형의 감경]295의2, [예비 · 음모]296, [세계주의]296의2, [가중처벌]특정범죄가중5의2③

第293條 (2013.4.5 삭제)

改前 "第293條【常習犯】① 常習으로 前條의 罪를 犯한 者는 2年이상 10年이하의 懲役에 處한다.
② 醜行, 姦淫 또는 營利의 目的으로 前條의 罪를 犯한 者도 前項의 刑과 같다."

第294條【미수범】 제287조부터 제289조까지, 제290조제1항, 제291조제1항과 제292조제1항의 미수범은 처벌한다.

改前 "第294條【未遂犯】第287條 내지 第289條와 第291條 내지 前條의 未遂犯은 處罰한다."

참조 [미수범]25-29, [형의 감경]295의2, [세계주의]296의2

第295條【벌금의 병과】 제288조부터 제291조까지, 제292조제1항의 죄와 그 미수범에 대하여는 5천만원 이하의 벌금을 병과할 수 있다.

改前 "第295條【資格停止 또는 罰金의 倂科】第288條, 第289條, 第292條, 第293條와 그 未遂犯에는 10年이하의 資格停止 또는 2千萬원이하의 罰金을 倂科할 수 있다.(1995.12.29 본조개정)"

참조 [자격정지]44

第295條의2【형의 감경】 제287조부터 제290조까지, 제292조와 제294조의 죄를 범한 사람이 약취, 유인, 매매 또는 이송된 사람을 안전한 장소로 풀어준 때에는 그 형을 감경할 수 있다.

改前 "第295條의2【刑의 減輕】이 章의 罪를 犯한 者가 略取 · 誘引 · 賣買 또는 移送된 者를 安全한 場所로 풀어 준 때에는 그 刑을 減輕할 수 있다.(1995.12.29 본조신설)"

第296條【예비, 음모】 제287조부터 제289조까지, 제290조제1항, 제291조제1항과 제292조제1항의 죄를 범할 목적으로 예비 또는 음모한 사람은 3년 이하의 징역에 처한다.(2013.4.5 본조신설)

改前 "第296條【告訴】第288條第1項, 第292條第1項 또는 第293條第2項의 各 罪中 醜行 또는 姦淫의 目的으로 略取, 誘引, 收受 또는 隱匿한 罪, 第291條의 罪와 그 未遂犯은 告訴가 있어야 公訴를 제기할 수 있다.(1995.12.29 본조개정)"

참조 [예비 · 음모]28, 국가보안3-9

第296條의2【세계주의】 제287조부터 제292조까지 및 제294조는 대한민국 영역 밖에서 죄를 범한 외국인에게도 적용한다.(2013.4.5 본조신설)

第32章 强姦과 醜行의 罪
(1995.12.29 본장제목개정)

第297條【强姦】 暴行 또는 脅迫으로 사람을 强姦한 者는 3年 이상의 有期懲役에 處한다.(2012.12.18 본조개정)

改前 第297條【强姦】暴行 또는 脅迫으로 "婦女를" 强姦한 者는 3年 이상의 有期懲役에 處한다.

참조 [미수범]300, [결과범]301, [상습범]305의2, [군법]군형84

판례 강간죄의 객체는 부녀로서 여자를 가리키는 것이므로, 강간죄의 성립을 인정하기 위하여는 피해자를 법률상 여자로 인정할 수 있어야 한다. 종래에는 사람의 성을 성염색체와 이에 따른 생식기 · 성기 등 생물학적인 요소에 따라 결정하여 왔으나, 근래에 와서는 생물학적인 요소뿐 아니라 개인이 스스로 인식하는 남성 또는 여성으로의 귀속감 및 개인이 남성 또는 여성으로서 적합하다고 사회적으로 승인된 행동 · 태도 · 성격적 특징 등의 성역할을 수행하는 측면, 즉 정신적 · 사회적 요소들 역시 사람의 성을 결정하는 요소 중의 하나로 인정받게 되었으므로, 성의 결정에 있어 생물학적 요소와 정신적 · 사회적 요소를 종합적으로 고려하여야 한다.
(대판 2009.9.10, 2009도3580)

판례 혼인관계가 존속하는 상태에서 남편이 처의 의사에 반하여 폭행 또는 협박으로 성교행위를 한 경우 강간죄가 성립하는지 여부는 별론으로 하더라도, 적어도 당사자 사이에 혼인관계가 파탄되었을 뿐만 아니라 더 이상 혼인관계를 지속할 의사가 없고 이혼의사의 합치가 있어 실질적인 부부관계가 인정될 수 없는 상태에 이르렀다면, 법률상의 배우자인 처도 강간죄의 객체가 된다.
(대판 2009.2.12, 2008도8601)

판례 미성년자의제강간 · 강제추행죄를 규정한 형법 제305조가 "13세 미만의 부녀를 간음하거나 13세 미만의 사람에게 추행을 한 자는 제297조, 제298조, 제301조 또는 제301조의2의 예에 의한다"로 되어 있어 강간죄와 강제추행죄의 미수범의 처벌에 관한 형법 제300조를 명시적으로 인용하고 있지 아니하나, 형법 제305조의 입법 취지는 성적으로 미성숙한 13세 미만의 미성년자를 특별히 보호하기 위한 것으로 보이는바 이러한 입법 취지에 비추어 보면 동조에서 규정한 형법 제297조와 제298조의 '예에 의한다'는 의미는 미성년자의 제강간 · 강제추행죄의 처벌에 있어 그 법정형뿐만 아니라 미수범에 관하여도 강간죄와 강제추행죄의 예에 따른다는 취지로 해석되고, 이러한 해석이 형벌법규의 명확성의 원칙에 반하는 것이거나 죄형법정주의에 의하여 금지되는 확장해석이나 유추해석에 해당하는 것으로 볼 수 없다.(대판 2007.3.15, 2006도9453)

판례 **강간죄에 있어서 폭행 · 협박의 정도 및 그 판단 기준** : 강간죄가 성립하려면 가해자의 폭행 · 협박은 피해자의 항거를 불가능하게 하거나 현저히 곤란하게 할 정도의 것이어야 하고, 그 폭행 · 협박이 피해자의 항거를 불가능하게 하거나 현저히 곤란하게 할 정도의 것이었는지 여부는 그 폭행 · 협박의 내용과 정도는 물론 유형력을 행사하게 된 경위, 피해자와의 관계, 성교 당시와 그 후의 정황 등 모든 사정을 종합하여 판단하여야 한다.(대판 2004.6.25, 2004도2611)

第297條의2【유사강간】 폭행 또는 협박으로 사람에 대하여 구강, 항문 등 신체(성기는 제외한다)의 내부에 성기를 넣거나 성기, 항문에 손가락 등 신체(성기는 제외한다)의 일부 또는 도구를 넣는 행위를 한 사람은 2년 이상의 유기징역에 처한다.(2012.12.18 본조신설)

참조 [미수범]300, [상습범]305의2

第298條【强制醜行】 暴行 또는 脅迫으로 사람에 對하여 醜行을 한 者는 10年 이하의 懲役 또는 1千500萬원 이하의 罰金에 處한다.(1995.12.29 본조개정)

참조 [미수범]300, [결과범]301, [상습범]305의2

판례 **강제추행죄의 수단이 되는 폭행 또는 협박의 판단기준** : 강제추행죄의 성립 요건인 '폭행 또는 협박'은 형법상 폭행죄 또는 협박죄에서 정한 '폭행 또는 협박'과 동일하다. 따라서 상대방의 신체에 대해 불법한 유형력을 행사(폭행)하거나 일반적으로 보아 상대방으로 하여금 공포심을 일으킬 수 있는 정도의 해악을 고지(협박)하는 것이라고 보아야 한다. 종래 대법원 판례는 피해자의 항거가 곤란할 정도의 폭행이나 협박이 있을 것을 요구해 왔으나 이는 강제추행죄의 보호법익인 자유롭고 평등한 개인의 성적 자기결정권과 부합하지 않는다. 따라서 강제추행죄의 폭행 또는 협박이 상대방의 항거를 곤란하게 할 정도일 것을 요한다고 본 대법원 판결(2011도8805)을 비롯해 같은 취지의 종전 대법원 판결은 이 판결의 견해에 배치되는 범위 내에서 모두 변경한다.(대판 2023.9.21, 2018도13877 전원합의체)

판례 남성인 회사 대표가 회식자리에서 여성 직원의 머리를 팔로 감싸고 가슴 쪽으로 끌어당기는 이른바 '헤드락'을 건 행위는 강제추행에 해당한다. 기습추행의 경우 공개된 장소에서 동석한 사람들이 있는 와중에 벌어졌다는 점은 추행 여부 판단의 중요한 고려 요소가 된다고 보기 어렵다.(대판 2020.12.24, 2020도7981)

판례 추행의 고의로 상대방의 의사에 반하는 유형력의 행사, 즉 폭행행위를 하여 실행행위에 착수하였으나 추행의 결과에 이르지 못한 때에는 강제추행미수죄가 성립하며, 이러한 법리는 폭행행위 자체가 추행행위라고 인정되는 이른바 '기습추행'의 경우에도 마찬가지로 적용된다.(대판 2015.9.10, 2015도6980,2015모2524)

판례 강제추행치상죄에서 상해의 결과는 강제추행의 수단으로 사용한 폭행이나 추행행위 그 자체 또는 강제추행에 수반하는 행위로부터 발생한 것이어야 한다. 따라서 상해를 가한 부분을 고의범인 상해죄로 처벌하면서 이를 다시 결과적 가중범인 강제추행치상죄의 상해로 인정하여 이중으로 처벌할 수는 없다.(대판 2009.7.23, 2009도1934)

판례 강제추행죄에 있어서 추행의 의미 및 판단 기준 : 추행이라 함은 객관적으로 일반인에게 성적 수치심이나 혐오감을 일으키게 하고 선량한 성적 도덕관념에 반하는 행위로서 피해자의 성적 자유를 침해하는 것이라고 할 것인데, 이에 해당하는지 여부는 피해자의 의사, 성별, 연령, 행위자와 피해자의 이전부터의 관계, 그 행위에 이르게 된 경위, 구체적 행위태양, 주위의 객관적 상황과 그 시대의 성적 도덕관념 등을 종합적으로 고려하여 신중히 결정되어야 한다.
(대판 2002.4.26, 2001도2417)

일판 소위 강제음란죄가 성립함에는 그 행위가 범인의 성욕을 자재 흥분시키거나 만족시킨다는 성적의도하에 행해짐을 요한다.
(日·最高 1970.1.29)

第299條【準强姦, 準强制醜行】 사람의 心身喪失 또는 抗拒不能의 狀態를 利用하여 姦淫 또는 醜行을 한 者는 제297조, 제297조의2 및 제298조의 例에 의한다.
(2012.12.18 본조개정)

改前 第299條【準强姦, 準强制醜行】사람의 心身喪失 또는 抗拒不能의 狀態를 利用하여 姦淫 또는 醜行을 한 者는 "前2條"의 例에 의한다.

참조 [미수범]300, [결과범]301, [상습범]305의2

판례 형법 제299조 소정의 '항거불능의 상태'의 의미 : 형법 제299조에서의 항거불능의 상태라 함은 같은 법 제297조, 제298조와의 균형상 심신상실 이외의 원인때문에 심리적 또는 물리적으로 반항이 절대적으로 불가능하거나 현저히 곤란한 경우를 의미한다.
(대판 2000.5.26, 98도3257)

第300條【未遂犯】 제297조, 제297조의2, 제298조 및 제299조의 未遂犯은 處罰한다.(2012.12.18 본조개정)

改前 第300條【未遂犯】"前3條"의 未遂犯은 處罰한다.

참조 [미수범]25－29, [상습범]305의2

第301條【强姦등 傷害·致傷】 제297조, 제297조의2 및 제298조부터 제300조까지의 罪를 犯한 者가 사람을 傷害하거나 傷害에 이르게 한 때에는 無期 또는 5年 이상의 懲役에 處한다.(2012.12.18 본조개정)

改前 第301條【强姦등 傷害·致傷】"第297條 내지 第300條"의 罪를 犯한 者가 사람을 傷害하거나 傷害에 이르게 한 때에는 無期 또는 5年 이상의 懲役에 處한다.(1995.12.29 본조개정)

참조 [상해죄]257－259

판례 강간치상죄나 강제추행치상죄에 있어서의 상해는 피해자의 신체의 완전성을 훼손하거나 생리적 기능에 장애를 초래하는 것, 즉 피해자의 건강상태가 불량하게 변경되고 생활기능에 장애가 초래되는 것을 말하는 것으로, 여기서의 생리적 기능에는 육체적 기능뿐만 아니라 정신적 기능도 포함된다. 따라서 수면제와 같은 약물을 투약하여 피해자를 일시적으로 수면 또는 의식불명 상태에 이르게 한 경우에도 약물로 인하여 피해자의 건강상태가 불량하게 변경되고 생활기능에 장애가 초래되었다면 자연적으로 의식을 회복하거나 외부적으로 드러난 상처가 없더라도 이는 강간치상죄나 강제추행치상죄에서 말하는 상해에 해당한다. 그리고 피해자에게 이러한 상해가 발생하였는지는 객관적, 일률적으로 판단할 것이 아니라 피해자의 연령, 성별, 체격 등 신체·정신상의 구체적인 상태, 약물의 종류와 용량, 투약방법, 음주 여부 등 약물의 작용에 미칠 수 있는 여러 요소를 기초로 하여 약물 투약으로 인하여 피해자에게 발생한 의식장애나 기억장애 등 신체, 정신상의 변화와 내용 및 정도를 종합적으로 고려하여 판단하여야 한다.(대판 2017.6.29, 2017도3196)

판례 강간치상죄에서 '상해'의 판단 기준 : 강간행위에 수반하여 생긴 상해가 극히 경미한 것으로서 굳이 치료할 필요가 없어서 자연적으로 치유되며 일상생활을 하는 데 아무런 지장이 없는 경우에는 강간치상죄의 상해에 해당되지 아니한다고 할 수 있을 터이나, 그러한 논거는 피해자의 반항을 억압할 만한 폭행 또는 협박이 없어도 일상생활 중 발생할 수 있는 것이거나 합의에 따른 성교행위에서도 통상 발생할 수 있는 상해와 같은 정도임을 전제로 하는 것이므로 그러한 정도를 넘는 상해가 그 폭행 또는 협박에 의하여 생긴 경우라면 상해에 해당된다.(대판 2005.5.26, 2005도1039)

第301條의2【强姦등 殺人·致死】 제297조, 제297조의2 및 제298조부터 제300조까지의 罪를 犯한 者가 사람을 殺害한 때에는 死刑 또는 無期懲役에 處한다. 死亡에 이르게 한 때에는 無期 또는 10年이상의 懲役에 處한다.
(2012.12.18 전단개정)

改前 第301條의2【强姦등 殺人·致死】"第297條 내지 第300條"의 罪를 犯한 者가 사람을 殺害한 때에는 死刑…

第302條【未成年者 등에 대한 姦淫】 未成年者 또는 心身微弱者에 대하여 僞計 또는 威力으로써 姦淫 또는 醜行을 한 者는 5年 이하의 懲役에 處한다.

참조 [미성년자]민4, [상습범]305의2

판례 '위계'의 의미 : 위계에 의한 심신미약자간음죄에 있어서 위계라 함은 행위자가 간음의 목적으로 상대방에게 오인, 착각, 부지를 일으키고는 상대방의 그러한 심적 상태를 이용하여 간음의 목적을 달성하는 것을 말하는 것이고, 여기에서 오인, 착각, 부지란 간음행위 자체에 대한 오인, 착각, 부지를 말하는 것이지, 간음행위와 불가분적 관련성이 인정되지 않는 다른 조건에 관한 오인, 착각, 부지를 가리키는 것은 아니다.(대판 2002.7.12, 2002도2029)

第303條【業務上威力 등에 의한 姦淫】 ① 業務, 雇傭 기타 關係로 因하여 自己의 保護 또는 監督을 받는 사람에 對하여 僞計 또는 威力으로써 姦淫한 者는 7년 이하의 징역 또는 3천만원 이하의 벌금에 處한다.
② 法律에 의하여 拘禁된 사람을 監護하는 者가 그 사람을 姦淫한 때에는 10년 이하의 징역에 處한다.
(2018.10.16 본조개정)

改前 第303條【業務上威力 등에 의한 姦淫】① 業務, 雇傭 기타 關係로 因하여 自己의 保護 또는 監督을 받는 사람에 對하여 僞計 또는 威力으로써 姦淫한 者는 "5年 이하의 懲役" 또는 "1千500萬원 이하의 罰金"에 處한다.
② 法律에 의하여 拘禁된 사람을 監護하는 者가 그 사람을 姦淫한 때에는 "7年 이하의 懲役"에 處한다.
(2012.12.18 본조개정)

참조 [상습범]305의2

판례 전 도지사였던 피고인이 수행비서였던 피해자를 위력으로 간음·추행하였다는 범죄사실로 공소제기된 사건에서, '위력'이란 피해자의 자유의사를 제압하기에 충분한 세력을 말하고 유형적이든 무형적이든 묻지 않으므로, 폭행·협박뿐 아니라 행위자의 사회적·경제적·정치적인 지위나 권세를 이용하는 것도 가능하다. '위력'으로써 간음하였는지 여부는 행사한 유형력의 내용과 정도 내지 이용한 행위자의 지위나 권세의 종류, 피해자의 연령, 행위자와 피해자의 이전부터의 관계, 그 행위에 이르게 된 경위, 구체적인 행위 태양, 범행 당시의 정황 등 제반 사정을 종합적으로 고려하여 판단하여야 한다.
(대판 2019.9.9, 2019도2562)

第304條 (2012.12.18 삭제)

改前 "第304條【婚姻憑藉等에 의한 姦淫】婚姻을 憑藉하거나 其他 僞計로써 淫行의 常習없는 婦女를 欺罔하여 姦淫한 者는 2年이하의 懲役 또는 500萬원이하의 罰金에 處한다.(1995.12.29 본조개정)"

第305條【未成年者에 대한 姦淫, 醜行】 ① 13세 미만의 사람에 대하여 간음 또는 추행을 한 자는 제297조, 제297조의2, 제298조, 제301조 또는 제301조의2의 例에 의한다.
② 13세 이상 16세 미만의 사람에 대하여 간음 또는 추행을 한 19세 이상의 자는 제297조, 제297조의2, 제298조, 제301조 또는 제301조의2의 예에 의한다.(2020.5.19 본항신설)
(2012.12.18 본조개정)

改前 第305條【未成年者에 대한 姦淫, 醜行】"13歲미만의 婦女를 姦淫하거나 13歲미만의 사람에게 醜行을 한 者"는 "第297條, 第298條, 第301條 또는 第301條의2"의 例에 의한다.(1995.12.29 본조개정)

참조 [상습범]305의2

판례 미성년자의제강제추행죄의 성립요건 : '13세 미만의 아동이 외부로부터의 부적절한 성적 자극이나 물리력의 행사가 없는 상태에서 심리적 장애 없이 성적 정체성 및 가치관을 형성할 권익'을 보호법익으로 하는 미성년자의제강제추행죄는 그 성립에 필요한 주관적 구성요건요소는 고의만으로 충분하고, 그 외에 성욕을 자극·흥분·만족시키려는 주관적 동기나 목적까지 있어야 하는 것은 아니다.
(대판 2006.1.13, 2005도6791)

第305條의2【상습범】 상습으로 제297조, 제297조의2, 제298조부터 제300조까지, 제302조, 제303조 또는 제305조의 죄를 범한 자는 그 죄에 정한 형의 2분의 1까지 가중한다.(2012.12.18 본조개정)

改前 第305條의2【상습범】상습으로 "제297조부터" 제300조까지, 제302조, 제303조 또는 제305조의 죄를 범한 자는 그 죄에 정한 형의 2분의 1까지 가중한다.(2010.4.15 본조신설)

第305條의3【예비, 음모】 제297조, 제297조의2, 제299조(준강간죄에 한정한다), 제301조(강간 등 상해죄에 한정한다) 및 제305조의 죄를 범할 목적으로 예비 또는 음모한 사람은 3년 이하의 징역에 처한다.(2020.5.19 본조신설)

第306條 (2012.12.18 삭제)

改前 "第306條【告訴】第297條 내지 第300條와 第302條 내지 第305條의 罪는 告訴가 있어야 公訴를 제기할 수 있다.(1995.12.29 본조개정)"

第33章 名譽에 관한 罪

第307條【名譽毁損】 ① 公然히 事實을 摘示하여 사람의 名譽를 毁損한 者는 2年 이하의 懲役이나 禁錮 또는 500萬원 이하의 罰金에 處한다.

② 公然히 虛僞의 事實을 摘示하여 사람의 名譽를 毁損한 者는 5年 이하의 懲役, 10年 이하의 資格停止 또는 1千萬원 이하의 罰金에 處한다.

(1995.12.29 본조개정)

참조 [피해자의 의사]312, 형소223·232, [위법성의 조각]310, [국교에 관한 죄]107·108, [저작인격권의 침해]저작14·124②·127·128, [손해배상]민764, [군법]군형64·65

판례 횡령 전과만 있고 사기 전력은 없는 종친회장 선거 출마자에게 '사기꾼'이라고 지칭한 사안에 관하여, 이는 범죄전력이 있는 사람이 종친회 회장으로 선출되는 것은 부당하다는 의사를 적극적으로 표명한 것으로, 종친회장 선거에 출마한 후보가 회장으로서 적격한지 여부는 종친회 구성원들 전체의 관심과 이익에 관한 사항으로서 공익성이 인정되므로 위법성이 조각된다.(대판 2022.2.11, 2021도10827)

판례 특정 소수에 대한 사실적시의 경우 전파가능성 여부 : A가 B의 집 뒷길에서 자신의 남편과 B의 친척인 C가 듣는 가운데 "저것(B)이 징역 살다온 전과자다. 전과자가 늙은 부모 피를 빨아먹고 내려온 놈이다."라고 공연히 사실을 적시했다. 비록 A의 남편이 이미 B의 전과 사실을 알고 있었고, C가 B의 친척이라 하더라도 그것만으로는 전파가능성이 부정된다고 볼 수 없다. 이와 같이 다른 사람에 대한 험담을 소수에게만 개별적으로 했더라도 전파가능성이 있으면 명예훼손죄에 해당한다.(대판 2020.11.19, 2020도5813)

판례 갑 등이 트위터나 기사를 통해 을 등을 비판하는 글을 작성·게시하면서 '종북', '주사파', 'ㅇㅇㅇㅇ연합'이라는 표현으로 지칭한 사안에서, 위 표현행위의 의미가 사실 적시가 아니라 의견 표명으로 볼 여지가 있는 점, 사실의 적시가 포함되어 있다고 하더라도 상당한 이유가 있다고 볼 만한 구체적 정황의 제시를 바탕으로 하고 있는 점 등에 비추어, 갑 등이 트위터 글이나 기사들에서 한 위 표현행위는 의견 표명이나 의혹 제기에 불과하며, 을 등이 공인이라는 점을 고려할 때 위법하다고 볼 수 없다.(대판 2018.10.30, 2014다61654)

판례 명예훼손죄에서 사실의 적시란 가치판단이나 평가를 내용으로 하는 의견표현에 대치되는 개념으로서 시간과 공간적으로 구체적인 과거 또는 현재의 사실관계에 관한 보고 내지 진술을 의미하며, 그 표현내용이 증거에 의한 입증이 가능한 것을 말한다. 판단할 진술이 사실인가 또는 의견인가를 구별할 때에는 언어의 통상적 의미와 용법, 입증가능성, 문제된 말이 사용된 문맥, 그 표현이 행하여진 사회적 상황 등 전체적 정황을 고려하여 판단하여야 한다. 다른 사람의 말이나 글을 비평하면서 사용한 표현이 겉으로 보기에 증거에 의해 입증 가능한 구체적인 사실관계를 서술하는 형태를 취하고 있더라도, 글의 집필의도, 논리적 흐름, 서술체계 및 전개방식, 해당 글과 비평의 대상이 된 말 또는 글의 전체적인 내용 등을 종합하여 볼 때, 문제가 된 부분이 비평자의 주관적 의견에 해당하고, 다만 비평자가 자신의 의견을 강조하기 위한 수단으로 그와 같은 표현을 사용한 것이라고 이해된다면 명예훼손죄에서 말하는 사실의 적시에 해당한다고 볼 수 없다.(대판 2017.5.11, 2016도19255)

판례 [1] 명예훼손죄가 성립하기 위한 사실의 적시와 그 정도 : 명예훼손죄가 성립하기 위해서는 사실의 적시가 있어야 하고, 적시된 사실은 이로써 특정인의 사회적 가치 내지 평가가 침해될 가능성이 있을 정도로 구체성을 띠어야 한다. 비록 허위의 사실을 적시하였더라도 그 허위의 사실이 특정인의 사회적 가치 내지 평가를 침해할 수 있는 내용이 아니라면 형법 제307조 소정의 명예훼손죄는 성립하지 않는다.
[2] 누구든지 범죄가 있다고 생각하는 때에는 고발할 수 있는 것이므로 어떤 사람이 범죄를 고발하였다는 사실이 주위에 알려졌다고 하여 그 고발사실 자체만으로 고발인의 사회적 가치나 평가가 침해될 가능성이 있다고 볼 수는 없다. 다만, 그 고발의 동기나 경위가 불순하다거나 온당하지 못하다는 등의 사정이 함께 알려진 경우에는 고발인의 명예가 침해될 가능성이 있다.(대판 2009.9.24, 2009도6687)

판례 명예훼손죄가 성립하기 위하여는 사실의 적시가 있어야 하고 적시된 사실은 이로써 특정인의 사회적 가치 내지 평가가 침해될 가능성이 있을 정도로 구체성을 띠어야 할 것인바(대판 1994.10.25, 94도1770 등 참조), 인터넷 홈페이지에 게시한 어떠한 글(시)의 표현행위가 명예훼손과 관련하여 문제가 되는 경우 그 표현이 사실을 적시하는 것인가, 아니면 단순히 풍자를 하는 것에 불과한 것인가, 또는 풍자를 하는 것이라면 그와 동시에 묵시적으로라도 그 전제가 되는 사실을 적시하고 있는 것인가 그렇지 아니한가의 구별은, 당해 글의 객관적인 내용과 아울러 일반의 독자가 보통의 주의로 글을 접하는 방법을 전제로 글에 사용된 어휘의 통상적인 의미, 글의 전체적인 흐름, 문구의 연결 방법 등을 기준으로 판단하여야 하고, 여기에다가 당해 글이 게시된 보다 넓은 문맥이나 배경이 되는 사회적 흐름 등도 함께 고려하여야 하는 것이다.(대판 2007.5.10, 2007도1307)

판례 어느 사람에게 귀엣말 등 그 사람만 들을 수 있는 방법으로 그 사람 본인의 사회적 가치 내지 평가를 떨어뜨릴 만한 사실을 이야기하였다면, 위와 같은 이야기가 불특정 또는 다수인에게 전파될 가능성이 있다고 볼 수 없어 명예훼손의 구성요건인 공연성을 충족하지 못하는 것이며, 그 사람이 들은 말을 스스로 다른 사람들에게 전파하였더라도 위와 같은 결론에는 영향이 없다.(대판 2005.12.9, 2004도2880)

판례 명예훼손죄가 성립하려면 사실의 적시가 있어야 하는데, 여기서 '적시의 대상이 되는 사실'이란 현실적으로 발생하고 증명할 수 있는 과거나 현재의 사실을 말하며, 장래의 일을 적시하더라도 그것이 과거나 현재의 사실을 기초로 하거나 이에 대한 주장을 포함하는 경우에는 명예훼손죄가 성립한다고 할 것이고, 장래의 일을 적시하는 것이 과거나 현재의 사실을 기초로 하거나 이에 대한 주장을 포함하는지 여부는 그 적시된 표현 자체는 물론 전체적인 취지나 내용, 적시에 이르게 된 경위와 전후 상황, 기타 제반 사정을 종합적으로 참작하여 판단하여야 한다.(대판 2003.5.13, 2002도7420)

판례 기자에게 사실을 유포하였으나 기사화되지 않은 경우 공연성의 구비 여부 : 통상 기자가 아닌 보통 사람에게 사실을 적시할 경우에는 그 자체로서 적시된 사실이 외부에 공표되는 것이므로 그 때부터 곧 전파가능성을 따져 공연성 여부를 판단하여야 할 것이지만, 기자를 통해 사실을 적시하는 경우에는 기사화되어 보도되어야만 적시된 사실이 외부에 공표된다고 보아야 할 것이므로, 기자가 취재를 한 상태에서 아직 기사화하여 보도하지 아니한 경우에는 전파가능성이 없다고 할 것이어서 공연성이 없다고 봄이 상당하다.
(대판 2000.5.16, 99도5622)

판례 종교의 자유 보장과 개인의 명예보호라는 두 법익을 어떻게 조정할 것인지는, 그 비판행위로 얻어지는 이익, 가치와 공표가 이루어진 범위의 광협, 그 표현 방법 등 그 비판행위 자체에 관한 제반 사정을 감안함과 동시에 그 비판에 의하여 훼손되거나 훼손될 수 있는 타인의 명예 침해의 정도를 비교·고려하여 결정하여야 한다.
(대판 1996.9.6, 96다19246,19253)

第308條【死者의 名譽毁損】 公然히 虛僞의 事實을 摘示하여 死者의 名譽를 毁損한 者는 2年 이하의 懲役이나 禁錮 또는 500萬원 이하의 罰金에 處한다.
(1995.12.29 본조개정)

참조 [친고죄]312, 형소227·230·231

판례 역사적 인물을 모델로 한 드라마(즉, 역사드라마)가 그 소재가 된 역사적 인물의 명예를 훼손할 수 있는 허위사실을 적시하였는지 여부를 판단할 때에는 적시된 사실의 내용, 진실이라고 믿게 된 근거나 자료의 신빙성, 예술적 표현의 자유로 얻어지는 가치와 인격권의 보호에 의해 달성되는 가치의 이익형량은 물론 역사드라마의 특성에 따르는 여러 사정과 드라마의 주된 제작목적, 드라마에 등장하는 역사적 인물과 사건이 이야기의 중심인지 배경인지 여부, 실존인물에 의한 역사적 사실과 가상인물에 의한 허구적 이야기가 드라마 내에서 차지하는 비중, 드라마상에서 실존인물과 가상인물이 결합된 구조와 방식, 묘사된 사실이 이야기 전개상 상당한 정도 허구로 승화되어 시청자의 입장에서 그것이 실제로 일어난 역사적 사실로 오해되지 않을 정도에 이른 것으로 볼 수 있는지 여부 등을 종합적으로 고려하여야만 한다.(대판 2010.4.29, 2007도8411)

일판 사자의 명예를 훼손하는 행위는 허위·허망으로써 그 명예가 훼손되었을 경우에만 위법행위라고 해석함이 상당하고 고의 또는 과실로 인하여 허위·허망으로써 사자의 명예를 훼손하고 이로 인하여 사자의 친척 또는 그 자손의 사자에 대한 경애추모의 정등의 인격적 법익을 사회적으로 타당한 수인의 한도를 넘어서 침해한 자는 위 피해의 유족에 대하여 이로 인하여 생긴 손해를 배상할 책임이 있고, 또 법원은 위 피해를 입은 유족의 청구에 의하여 손해배상을 하게 하고 또 손해배상과 아울러 사자의 명예를 회복함에 적당한 처분을 명할 수 있다.(日・東京地 1977.7.19)

第309條【出版物 등에 의한 名譽毁損】 ① 사람을 誹謗할 目的으로 新聞, 雜誌 또는 라디오 기타 出版物에 의하여 第307條第1項의 罪를 犯한 者는 3年 이하의 懲役이나 禁錮 또는 700萬원 이하의 罰金에 處한다.

② 第1項의 方法으로 第307條第2項의 罪를 犯한 者는 7年 이하의 懲役, 10年 이하의 資格停止 또는 1千500萬원 이하의 罰金에 處한다.

(1995.12.29 본조개정)

참조 [피해자의 의사]312, 형소223・232

판례 '비방할 목적'의 의미 : '비방할 목적'이란 가해의 의사 내지 목적을 요하는 것으로서 공공의 이익을 위한 것과는 행위자의 주관적 의도의 방향에 있어 서로 상반되는 관계에 있다고 할 것이므로, 적시한 사실이 공공의 이익에 관한 것인 경우에는 특별한 사정이 없는 한 비방할 목적은 부인된다고 봄이 상당하다.(대판 2005.4.29, 2003도2137)

판례 '출판물에 의한 명예훼손죄'의 입증방법 : '출판물에 의한 명예훼손죄'에서 피고인이 범의를 부인하고 있는 경우에는 사물의 성질상 고의와 상당한 관련성이 있는 간접 사실을 증명하는 방법에 의하여 입증할 수밖에 없고, 무엇이 상당한 관련성이 있는 간접사실에 해당할 것인가는 정상적인 경험칙에 바탕을 두고 치밀한 관찰력이나 분석력에 의하여 사실의 연결상태를 합리적으로 판단하는 방법에 의하여야 한다.(대판 2002.12.10, 2001도7095)

판례 '사람을 비방할 목적'의 판단 방법 : 사람을 비방할 목적이 있는지 여부는 당해 적시 사실의 내용과 성질, 당해 사실의 공표가 이루어진 상대방의 범위, 그 표현의 방법 등 그 표현 자체에 관한 제반 사정을 감안함과 동시에 그 표현에 의하여 훼손되거나 훼손될 수 있는 명예의 침해 정도 등을 비교, 고려하여 결정하여야 한다.

(대판 2002.8.23, 2000도329)

第310條【違法性의 阻却】 第307條第1項의 行爲가 眞實한 事實로서 오로지 公共의 利益에 관한 때에는 處罰하지 아니한다.

참조 [본조의 주장에 대한 판단]형소323②

판례 방송 등 언론매체가 사실을 적시하여 타인의 명예를 훼손하는 행위를 한 경우 형법 제310조에 의하여 처벌되지 않기 위해서는 적시된 사실이 객관적으로 볼 때 공공의 이익에 관한 것으로서 행위자도 공공의 이익을 위하여 그 사실을 적시한 것이어야 될 뿐만 아니라, 그 적시된 사실이 진실한 것이거나 적어도 행위자가 그 사실을 진실한 것으로 믿었고, 또 그렇게 믿을 만한 상당한 이유가 있어야 할 것이며(대판 2002.9.24, 2002도3570 등 참조), 한편 그것이 진실한 사실로서 오로지 공공의 이익에 관한 때에 해당된다는 점은 행위자가 증명하여야 한다.(대판 2007.5.10, 2006도8544)

▶ 명예훼손의 성립요건

판례 '오로지 공공의 이익에 관한 때'의 판단 기준 : 적시된 사실이 공공의 이익에 관한 것인지 여부는 그 표현 자체에 관한 제반 사정을 감안함과 동시에 그 표현에 의하여 훼손되거나 훼손될 수 있는 명예의 침해 정도 등을 비교・고려하여 결정하여야 한다.

(대판 2004.10.15, 2004도3912)

판례 장래의 일을 적시하는 경우 명예훼손죄의 판단 기준 : 장래의 일을 적시하는 것이 과거 또는 현재의 사실을 기초로 하거나 이에 대한 주장을 포함하는지 여부는 그 적시된 표현 자체는 물론 전체적인 취지나 내용, 적시에 이르게 된 경위 및 전후 상황, 기타 제반 사정을 종합적으로 참작하여 판단하여야 할 것이다.

(대판 2003.5.13, 2002도7420)

판례 '진실한 사실'의 의미 : '진실한 사실'이란 그 내용 전체의 취지를 살펴볼 때 중요한 부분이 객관적 사실과 합치되는 사실이라는 의미로서 세부에 있어 진실과 약간 차이가 나거나 다소 과장된 표현이 있더라도 무방하다.(대판 1998.10.9, 97도158)

판례 '공연성'의 의미 : 명예훼손죄에 있어서 공연성은 불특정 또는 다수인이 인식할 수 있는 상태를 의미하므로, 비록 개별적으로 한 사람에 대하여 사실을 유포하더라도 이로부터 불특정 또는 다수인에게 전파될 가능성이 있다면 공연성의 요건을 충족한다 할 것이지만, 이와 달리 전파될 가능성이 없다면 특정한 한 사람에 대한 사실의 유포는 공연성을 결한다 할 것이다.(대판 1992.5.26, 92도445)

▶ 위법성 조각사유

판례 언론사의 주식투자에 관한 방송보도에 대하여 위법성이 조각되는지의 여부 : 언론사가 언론의 자유를 누리는 범위가 넓은 만큼 그에 대한 비판의 수인 범위 역시 넓어야 하고, 언론사는 스스로 반박할 수 있는 매체를 가지고 있어서 이를 통하여 왜곡된 여론의 형성을 막을 수 있으며, 일방 언론사의 인격권의 보장은 다른 한편 타방 언론사의 언론자유를 제약하는 결과가 된다는 점을 감안하면, 언론사에 대한 감시와 비판 기능은 그것이 악의적이거나 현저히 상당성을 잃은 공격이 아닌 한 쉽게 제한되어서는 아니 된다.

(대판 2006.3.23, 2003다52142)

판례 공인의 공적 활동과 밀접한 관련이 있는 사안에 관하여 진실을 공표한 경우에는 원칙적으로 '공공의 이익'에 관한 것이라는 증명이 있는 것으로 보아야 할 것이며, 행위자의 주요한 동기 내지 목적이 공공의 이익을 위한 것인 이상 부수적으로 다른 개인적인 목적이나 동기가 내포되어 있더라도 형법 제310조의 적용을 배제할 수 없는 것이다.(대판 2003.11.13, 2003도3606)

판례 한국국악협회 이사장 선거 전후에 걸쳐 이사장으로 입후보하여 당선된 자에 관한 사실을 적시한 행위가, 개인적인 동기가 다소 개재되었다고 하더라도 공공의 이익을 위한 것으로서 위법성이 조각된다.(대판 1997.4.11, 97도88)

판례 공공의 이익에 관한 것인지 여부는 당해 적시 사실의 구체적 내용, 당해 사실의 공표가 이루어진 상대방의 범위의 광협, 그 표현의 방법 등 그 표현 자체에 관한 제반 사정을 감안함과 동시에 그 표현에 의하여 훼손되거나 훼손될 수 있는 타인의 명예의 침해의 정도도 비교・고려하여 결정하여야 한다.

(대판 1996.4.12, 94도3309)

第311條【侮辱】 公然히 사람을 侮辱한 者는 1年 이하의 懲役이나 禁錮 또는 200萬원 이하의 罰金에 處한다.

(1995.12.29 본조개정)

참조 [친고죄]312, [국교에 관한 죄]107・108, [군법]군형64・65

판례 모욕죄는 특정한 사람 또는 인격을 보유하는 단체에 대하여 사회적 평가를 저하시킬 만한 경멸적 감정을 표현함으로써 성립하므로 그 피해자는 특정되어야 한다. 그리고 이른바 집단표시에 의한 모욕은, 모욕의 내용이 집단에 속한 특정인에 대한 것이라고는 해석되기 힘들고, 집단표시에 의한 비난이 개별구성원에 이르러서는 비난의 정도가 희석되어 구성원 개개인의 사회적 평가에 영향을 미칠 정도에 이르지 아니한 경우에는 구성원 개개인에 대한 모욕이 성립되지 않는다고 봄이 원칙이고, 비난의 정도가 희석되지 않아 구성원 개개인의 사회적 평가를 저하시킬 만한 것으로 평가될 경우에는 예외적으로 구성원 개개인에 대한 모욕이 성립할 수 있다. 한편 구성원 개개인에 대한 것으로 여겨질 정도로 구성원 수가 적거나 당시의 주위 정황 등으로 보아 집단 내 개별구성원을 지칭하는 것으로 여겨질 수 있는 때에는 집단 내 개별구성원이 피해자로서 특정된다고 보아야 할 것인데, 구체적인 기준으로는 집단의 크기, 집단의 성격과 집단 내에서의 피해자의 지위 등을 들 수 있다.

(대판 2014.3.27, 2011도15631)

판례 "부모가 그런 식이니 자식도 그런 것이다"와 같은 표현으로 인하여 상대방의 기분이 다소 상할 수 있다고 하더라도 그 내용이 너무나 막연하여 그것만으로 곧 상대방의 명예감정을 해하여 형법상 모욕죄를 구성한다고 보기는 어렵다고 한다.

(대판 2007.2.22, 2006도8915)

판례 여기서 말하는 '모욕'이란 사실을 적시하지 아니하고 사람의 사회적 평가를 저하시킬 만한 추상적 판단이나 경멸적 감정을 표현하는 것이다.(대판 2003.11.28, 2003도3972)

第312條【告訴와 被害者의 意思】 ① 第308條와 第311條의 罪는 告訴가 있어야 公訴를 제기할 수 있다.

② 第307條와 第309條의 罪는 被害者의 明示한 意思에 反하여 公訴를 제기할 수 없다.

(1995.12.29 본조개정)

참조 [고소]형소223・225・227・230・232, [공소기각]형소327

第34章 信用, 業務와 競賣에 관한 罪

第313條【信用毁損】 虛僞의 事實을 流布하거나 기타 僞計로써 사람의 信用을 毁損한 者는 5年 이하의 懲役 또는 1千500萬원 이하의 罰金에 處한다.(1995.12.29 본조개정)

참조 경범1

판례 신용훼손죄에서 '신용'은 경제적 신용, 즉 사람의 지급능력 또는 지급의사에 대한 사회적 신뢰를 의미한다.

(대판 2011.5.13, 2009도5549)

판례 주관적 요소로서 고의의 내용과 고의 유무의 판단 방법 : 전파가능성을 이유로 허위사실의 유포를 인정하는 경우에는 적어도 범죄구성요건의 주관적 요소로서 미필적 고의가 필요하므로 전파가능성에 대한 인식이 있음은 물론 나아가 그 위험을 용인하는 내심의 의사가 있어야 하고, 그 행위자가 전파가능성을 용인하고 있었는지의 여부는 외부에 나타난 행위의 형태와 행위의 상황 등 구체적인 사정을 기초로 하여 일반인이라면 그 전파가능성을 어떻게 평가할 것인가를 고려하면서 행위자의 입장에서 그 심리상태를 추인하여야 할 것이다.(대판 2006.5.25, 2004도1313)
판례 '허위의 사실을 유포한다'고 함은 실제의 객관적인 사실과 다른 사실을 불특정 또는 다수인에게 전파시키는 것을 말하는데, 이러한 경우 그 행위자에게 행위 당시 자신이 유포한 사실이 허위라는 점을 적극적으로 인식하였을 것을 요한다고 할 것이다.
(대판 1994.1.28, 93도1278)

第314條【業務妨害】 ① 第313條의 方法 또는 威力으로써 사람의 業務를 妨害한 者는 5年 이하의 懲役 또는 1千500萬원 이하의 罰金에 處한다.(1995.12.29 본항개정)
② 컴퓨터등 情報處理裝置 또는 電磁記錄등 特殊媒體記錄을 損壞하거나 情報處理裝置에 허위의 情報 또는 부정한 命令을 入力하거나 기타 방법으로 情報處理에 障碍를 발생하게 하여 사람의 業務를 방해한 者도 第1項의 刑과 같다.(1995.12.29 본항신설)

참조 경범1
판례 방송사 노동자들이 공정방송을 요구하며 벌인 파업의 정당성 여부 : 방송을 제작하는 데 있어서 공정방송이 가능한 환경이 조성되었는지 여부는 구체적인 근로환경 또는 근로조건을 결정짓는 중요한 요소가 된다. 따라서 공정방송을 하기 위해 근로조건과 환경을 개선해 달라는 요구는 근로자들의 근로조건에 관한 사항으로서 쟁의행위의 정당한 목적이 될 수 있다.(대판 2022.12.16, 2015도8190)
판례 실제로 봉사활동을 한 사실이 없는 사립고등학교 학생의 부모가 다른 학교 교사와 공모하여 외부기관으로부터 허위의 봉사활동 내용이 기재된 확인서를 발급받은 후 이를 학교에 제출하여 학생으로 하여금 봉사상을 받도록 했다면 업무방해죄에 해당한다.
(대판 2020.9.24, 2017도19283)
판례 노조가 파업에 돌입할 것이라는 사실을 충분히 예측할 수 있었고, 실제로도 파업을 예측하고 조업을 계속할 준비를 했다면 파업은 업무방해죄의 요건인 '전격성'을 충족시키지 않는다. 전격성이란 파업이 사용자가 예측할 수 없을 정도로 전격적으로 이루어졌음을 뜻한다. 전격성의 판단은 노동자 파업권의 대척점에 서 있는 업무방해죄의 성립 여부를 사실상 규정해 왔다. 철도파업을 주도해 철도공사의 업무를 방해한 혐의로 기소된 철도노조 간부들에 관한 사안에서 철도공사는 수서발 KTX 법인 설립이 추진될 경우 철도노조가 쟁의행위에 돌입할 수 있다는 예측이 가능했고, 노조 측 역시 필수유지업무를 수행할 조합원 명단을 통보하는 등 파업 돌입을 예고했다. 필수유지업무제도가 필수공익사업장에서 일하는 근로자의 단체행동권을 보장하려는 취지에서 도입된 이상, 노조가 필수업무 유지를 위해 노력했다고 보아야 하며, 파업의 전격성은 부정될 여지가 그만큼 커진다고 봐야 한다.(서울고등법원 2016.1.15, 2015노191)
판례 업무방해죄의 위력은 원칙적으로 피해자에게 행사되어야 하므로, 그 위력 행사의 상대방이 피해자가 아닌 제3자인 경우 그로 인하여 피해자의 자유의사가 제압될 가능성이 직접적으로 발생함으로써 이를 실질적으로 피해자에 대한 위력의 행사와 동일시할 수 있는 특별한 사정이 있는 경우가 아니라면 피해자에 대한 업무방해죄가 성립한다고 볼 수 없다. 이때 제3자에 대한 위력의 행사로 피해자의 자유의사가 직접 제압될 가능성이 있는지는 위력 행사의 의도나 목적, 위력 행사의 상대방인 제3자와 피해자의 관계, 위력의 행사 장소나 방법 등 태양, 제3자에 대한 위력의 행사에 관한 피해자의 인식 여부, 제3자에 대한 위력의 행사로 피해자가 입게 되는 불이익이나 피해의 정도, 피해자에 의한 위력의 배제나 제3자에 대한 보호의 가능성 등을 종합적으로 고려하여 판단하여야 한다.
(대판 2013.3.14, 2010도410)
판례 업무방해죄의 '위력'이란 사람의 자유의사를 제압·혼란케 할 만한 일체의 세력으로, 유형적이든 무형적이든 묻지 아니하므로, 폭력·협박은 물론 사회적·경제적·정치적 지위와 권세에 의한 압박 등도 이에 포함되고, 현실적으로 피해자의 자유의사가 제압될 것을 요하는 것은 아니지만, 범인의 위세, 사람 수, 주위의 상황 등에 비추어 피해자의 자유의사를 제압하기 족한 세력을 의미하는 것으로서, 위력에 해당하는지는 범행의 일시·장소, 범행의 동기, 목적, 인원수, 세력의 태양, 업무의 종류, 피해자의 지위 등 제반 사정을 고려하여 객관적으로 판단하여야 한다. 또한, 업무방해죄의 위력은 반드시 업무에 종사 중인 사람에게 직접 가해지는 세력만을 의미하는 것은 아니고, 사람의 자유의사를 제압하기에 족한 일정한 물적 상태를 만들어 사람으로 하여금 자유로운 행동을 불가능하게 하거나 현저히 곤란하게 하는 행위도 이에 포함될 수 있다.(대판 2009.9.10, 2009도5732)
판례 [1] 형법상 업무방해죄의 보호대상이 되는 '업무'는 직업 또는 계속적으로 종사하는 사무나 사업으로서 일정 기간 사실상 평온하게 이루어져 사회적 활동의 기반이 되는 것을 말하며, 그 업무의 기초가 된 계약 또는 행정행위 등이 반드시 적법하여야 하는 것은 아니지만 타인의 위법한 행위에 의한 침해로부터 보호할 가치가 있는 것이어야 한다. 따라서 어떠한 업무의 양도·양수 여부를 둘러싸고 분쟁이 발생한 경우에 양수인의 업무에 대한 양도인의 업무방해죄가 인정되려면, 당해 업무에 관한 양도·양수합의의 존재가 인정되어야 함은 물론이고, 더 나아가 그 합의에 따라 당해 업무가 실제로 양수인에게 양도된 후 사실상 평온하게 이루어져 양수인의 사회적 활동의 기반이 됨으로써 타인, 특히 양도인의 위법한 행위에 의한 침해로부터 보호할 가치가 있는 업무라고 볼 수 있을 정도에 이르러야 한다.
[2] 회사 운영권의 양도·양수 합의의 존부 및 효력에 관한 다툼이 있는 상황에서 양수인이 비정상적으로 위 회사의 임원변경등기를 마친 것만으로는 회사 대표이사로서 정상적인 업무에 종사하기 시작하였다거나 그 업무가 양도인에 대한 관계에서 보호할 가치가 있는 정도에 이르렀다고 보기 어려워, 양도인의 침해행위가 양수인의 '업무'에 대한 업무방해죄를 구성하는 것으로 볼 수 없다.
(대판 2007.8.23, 2006도3687)
판례 형법 제314조 제2항의 컴퓨터 등 장애업무방해죄는 컴퓨터 등 정보처리장치 또는 전자기록 등 특수매체기록을 손괴하거나 정보처리장치에 허위의 정보 또는 부정한 명령을 입력하거나 기타 방법으로 정보처리장치에 장애를 발생하게 하여 사람의 업무를 방해함으로써 성립하는 것인데, 정보처리장치를 관리, 운영할 권한이 없는 자가 그 정보처리장치에 입력되어 있던 관리자의 아이디와 비밀번호를 무단으로 변경하는 행위는 정보처리장치에 부정한 명령을 입력하여 정당한 아이디와 비밀번호를 정보처리장치에 접속할 수 없게 만드는 행위로서 정보처리장치에 장애를 현실적으로 발생시킬 뿐 아니라 이로 인하여 업무방해의 위험을 초래할 수 있으므로 이 죄를 구성한다.(대판 2007.3.16, 2006도6663)
판례 업무방해죄에서 '위계' 및 '위력'의 의미 : 여기서 '위계'라 함은 행위자의 행위목적을 달성하기 위하여 상대방에게 오인·착각 또는 부지를 일으키게 하여 이를 이용하는 것을 말하고, '위력'이라 함은 사람의 자유의사를 제압·혼란케 할 만한 일체의 세력으로, 유형적이든 무형적이든 묻지 아니하므로 폭행·협박은 물론, 사회적, 경제적, 정치적 지위와 권세에 의한 압박 등도 이에 포함된다.
(대판 2005.3.25, 2003도5004)
일판 피고가 상사인 소방장을 소방서에서 쫓겨나도록 계획을 하고, 자기 부하와 공모하여 장속에 둔 소방장 작업복 주머니에다 개똥(견분)을 넣고 또 사무책상 서랍에는 빨간 물감을 칠한 고양이 시체를 넣었다. 이튿날 소방장이 이로 인해서 부하들의 보고를 받을 수 없게 되고 여러가지 결재사무도 못보게 되었다고 하므로 이는 소방장에게 공포감과 혐오감을 준 행위로서 형법에서 말하는 '위력'에 해당한다.(日·最高 1992.11.30)

第315條【競賣, 入札의 妨害】 僞計 또는 威力 기타 方法으로 競賣 또는 入札의 公正을 害한 者는 2年 이하의 懲役 또는 700萬원 이하의 罰金에 處한다.(1995.12.29 본조개정)

참조 [담합입찰]건설산업95
판례 [1] 입찰방해죄는 위계 또는 위력 기타의 방법으로 입찰의 공정을 해하는 경우에 성립하는 위태범으로서 결과의 불공정이 현실적으로 나타나는 것을 필요로 하지 않고, 여기서 '입찰의 공정을 해하는 행위'란 공정한 자유경쟁을 방해할 염려가 있는 상태를 발생시키는 것, 즉 공정한 자유경쟁을 통한 적정한 가격형성에 부당한 영향을 주는 상태를 발생시키는 것으로, 그 행위에는 가격결정뿐 아니라 '적법하고 공정한 경쟁방법'을 해하는 행위도 포함되고, 지명경쟁입찰의 시행자인 법인의 대표자가 특정인과 공모하여 그 특정인이 낙찰자로 선정될 수 있도록 예정가격을 알려 주고 그 특정인은 나머지 입찰참가인들과 담합하여 입찰에 응하였다면 입찰의 실시 없이 서류상으로만 입찰의 근거를 조작한 경우와는 달리 현실로 실시된 입찰의 공정을 해하는 것으로 평가되어 입찰방해죄가 성립한다.
[2] 학교법인의 이사장과 직원이 특정업자와 공모하여 예정가격을 미리 알려 줌으로써 그 특정업자가 공정한 자유경쟁 없이 공사를 낙찰받을 수 있도록 한 사안에서, 위 사람들을 모두 입찰방해죄로 처단한 원심의 조치를 수긍한다.
(대판 2007.5.31, 2006도8070)
판례 형법 제315조 소정의 입찰방해죄에 있어 '위력'이란 사람의 자유의사를 제압, 혼란케 할 만한 일체의 유형적 또는 무형적 세력을 말하는 것으로서 폭행, 협박은 물론 사회적, 경제적, 정치적 지위와 권세에 의한 압력 등을 포함하는 것이다.(대판 2000.7.6, 99도4079)

第35章 秘密侵害의 罪

第316條【秘密侵害】 ① 封緘 기타 秘密裝置한 사람의 便紙, 文書 또는 圖畵를 開封한 者는 3年 이하의 懲役이나 禁錮 또는 500萬원 이하의 罰金에 處한다.(1995.12.29 본항개정)
② 封緘 기타 秘密裝置한 사람의 便紙, 文書, 圖畵 또는 電磁記錄등 特殊媒體記錄을 技術的 手段을 이용하여 그

내용을 알아 낸 者도 第1項의 刑과 같다.(1995.12.29 본항신설)

참조 [통신의 비밀]헌18, 우편법3·51·51의2, [친고죄]318, [문서손괴은닉죄]366, 우편법48, 전기통신사업법83, [우편물의 압수]형소107, [법규위반우편물의 개봉]우편법28

第317條【業務上秘密漏泄】 ① 醫師, 韓醫師, 齒科醫師, 藥劑師, 藥種商, 助産師, 辯護士, 辨理士, 公認會計士, 公證人, 代書業者나 그 職務上 補助者 또는 此等의 職에 있던 者가 그 業務處理중 知得한 他人의 秘密을 漏泄한 때에는 3年 이하의 懲役이나 禁錮, 10年 이하의 資格停止 또는 700萬원 이하의 罰金에 處한다.(1997.12.13 본항개정)

② 宗敎의 職에 있는 者 또는 있던 者가 그 職務上 知得한 사람의 秘密을 漏泄한 때에도 前項의 刑과 같다.

참조 [친고죄]318, [증언거절]형소149, 민소315, [수비의무]의료법19, 감염병74·78, 변호사26, 변리사23, 공증5, 법무사법27, [신고의무 있는 경우]감염병81

독판 변호사가 자신에 대한 형사소송에서 그에게 털어 놓은 사적 비밀을 공개하였을 때, 공개하지 않고서는 적절하게 변호할 수 없었다면 권한없이 타인의 비밀을 누설한 것은 아니다.(BGHSt 1, 366)

第318條【告訴】 本章의 罪는 告訴가 있어야 公訴를 제기할 수 있다.(1995.12.29 본조개정)

참조 [고소]형소223·225·230·232, [공소기각]형소327

第36章 住居侵入의 罪

第319條【住居侵入, 退去不應】 ① 사람의 住居, 관리하는 建造物, 船舶이나 航空機 또는 占有하는 房室에 侵入한 者는 3年 이하의 懲役 또는 500萬원 이하의 罰金에 處한다.(1995.12.29 본항개정)

② 前項의 場所에서 退去要求를 받고 應하지 아니한 者도 前項의 刑과 같다.

참조 [주거불가침]헌16, 폭력처벌2, [미수범]322, [법원에 의한 수색]형소109, 경범1

판례 피고인이 갑의 부재중에 갑의 처(을)와 혼외 성관계를 가질 목적으로 을이 열어 준 현관 출입문을 통하여 갑과 을이 공동으로 거주하는 아파트에 들어간 사안에서, 피고인이 을로부터 현실적인 승낙을 받아 통상적인 출입방법에 따라 주거에 들어갔으므로 주거의 사실상 평온상태를 해치는 행위태양으로 주거에 들어간 것이 아니어서 주거에 침입한 것으로 볼 수 없고, 피고인의 주거 출입이 부재중인 갑의 의사에 반하는 것으로 추정되더라도 주거침입죄의 성립 여부에 영향을 미치지 않는다.(대판 2021.9.9, 2020도12630)

판례 주거침입죄에서 침입행위의 객체인 '건조물'은 주거침입죄가 사실상 주거의 평온을 보호법익으로 하는 점에 비추어 엄격한 의미에서의 건조물 그 자체뿐만이 아니라 그에 부속하는 위요지를 포함한다고 할 것이나, 여기서 위요지라고 함은 건조물에 인접한 그 주변의 토지로서 외부와의 경계에 담 등이 설치되어 그 토지가 건조물의 이용에 제공되고 또 외부인이 함부로 출입할 수 없다는 점이 객관적으로 명확하게 드러나야 한다. 따라서 건조물의 이용에 기여하는 인접의 부속 토지라고 하더라도 인적 또는 물적 설비 등에 의한 구획 내지 통제가 없어 통상의 보행으로 그 경계를 쉽사리 넘을 수 있는 정도라고 한다면 일반적으로 외부인의 출입이 제한된다는 사정이 객관적으로 명확하게 드러났다고 보기 어려우므로, 이는 다른 특별한 사정이 없는 한 주거침입죄의 객체에 속하지 아니한다고 봄이 상당하다.(대판 2010.4.29, 2009도14643)

판례 침입 대상인 아파트에 사람이 있는지를 확인하기 위해 그 집의 초인종을 누른 행위만으로는 침입의 현실적 위험성을 포함하는 행위를 시작하였다거나, 주거의 사실상의 평온을 침해할 객관적인 위험성을 포함하는 행위를 한 것으로 볼 수 없다.
(대판 2008.4.10, 2008도1464)

판례 주거침입죄는 사실상의 주거의 평온을 보호법익으로 하는 것이므로 그 거주자 또는 간수자가 건조물 등에 거주 또는 간수할 권리를 가지고 있는가의 여부는 범죄의 성립을 좌우하는 것이 아니며, 점유할 권리 없는 자의 점유라고 하더라도 그 주거의 평온은 보호되어야 할 것이므로, 권리자가 그 권리실행으로서 자력구제의 수단으로 건조물에 침입한 경우에도 주거침입죄가 성립한다 할 것이다.
(대판 2007.3.15, 2006도7044)

판례 주거침입죄에 있어서 거주자의 반대의사가 추정될 수 있는지 여부 : 타인의 주거에 거주자의 의사에 반하여 들어가는 경우는 주거침입죄가 성립하며, 이때 거주자의 의사에는 명시적인 경우뿐만 아니라 묵시적인 경우도 포함되고 주변사정에 따라서는 거주자의 반대의사가 추정될 수도 있다.(대판 2003.5.30, 2003도1256)

판례 침입한 행위가 비록 불법선거운동을 적발하려는 목적으로 이루어진 것이라고 하더라도, 타인의 주거에 도청장치를 설치하는 행위는 그 수단과 방법의 상당성을 결하는 것으로서 정당행위에 해당하지 않는다.(대판 1997.3.28, 95도2674)

판례 주거침입죄의 범의는 반드시 신체의 전부가 타인의 주거 안으로 들어간다는 인식이 있어야만 하는 것이 아니라 신체의 일부라도 타인의 주거 안으로 들어간다는 인식이 있으면 족하다.
(대판 1995.9.15, 94도2561)

독판 재판장은 공판정의 위협적 정원초과를 이유로 법정경찰을 통해 더이상의 방청객의 입장을 금지한 경우에 법원의 공개재판 중 방청객이 법정에 입장하는 것은 주거침입죄가 될 수 있다.
(BGHSt 30, 350)

독판 미성년자인 가족구성원도 명시적인 수권없이도 주거권보호의 권한을 갖는다. 따라서 미성년자도 퇴거를 유효하게 명할 수 있다.
(BGHSt 21, 224)

第320條【特殊住居侵入】 團體 또는 多衆의 威力을 보이거나 危險한 物件을 携帶하여 前條의 罪를 犯한 때에는 5年 이하의 懲役에 處한다.

참조 [미수범]322, 폭력처벌3

第321條【住居·身體 搜索】 사람의 身體, 住居, 관리하는 建造物, 自動車, 船舶이나 航空機 또는 占有하는 房室을 搜索한 者는 3年 이하의 懲役에 處한다.
(1995.12.29 본조개정)

참조 [신체의 자유]헌12, [주거불가침]헌16, [미수범]322, [법원에 의한 수색]형소109

第322條【未遂犯】 本章의 未遂犯은 處罰한다.

참조 [미수범]25-29

第37章 權利行使를 妨害하는 罪

第323條【權利行使妨害】 他人의 占有 또는 權利의 目的이 된 自己의 물건 또는 電磁記錄등 特殊媒體記錄을 取去, 隱匿 또는 損壞하여 他人의 權利行使를 妨害한 者는 5年 이하의 懲役 또는 700萬원 이하의 罰金에 處한다.(1995.12.29 본조개정)

참조 [손괴죄]366, [친족간의 범행]328

판례 렌트카회사의 공동대표이사 중 1인이 회사 보유 차량을 자신의 개인적인 채무담보 명목으로 피해자에게 넘겨 주었는데 다른 공동대표이사인 피고인이 위 차량을 몰래 회수하도록 한 경우, 위 피해자의 점유는 권리행사방해죄의 보호대상인 점유에 해당한다.
(대판 2006.3.23, 2005도4455)

판례 자기의 소유가 아닌 물건이 권리행사방해죄의 객체가 될 수 있는지 여부 : 권리행사방해죄는 타인의 점유 또는 권리의 목적이 된 자기의 물건을 취거, 은닉 또는 손괴하여 타인의 권리행사를 방해함으로써 성립하는 것이므로, 그 취거, 은닉 또는 손괴한 물건이 자기의 물건이 아니라면 권리행사방해죄가 성립할 여지가 없다.
(대판 2005.11.10, 2005도6604)

판례 타인의 점유의 의미 : 형법 제323조의 권리행사방해죄에 있어서의 타인의 점유라 함은 정당한 원인에 기하여 그 물건을 점유하는 권리있는 점유를 의미하는 것으로서 본권을 갖지 아니한 절도범인의 점유는 여기에 해당하지 아니하나, 반드시 본권에 의한 점유만에 한하지 아니하고 동시이행항변권 등에 기한 점유와 같은 적법한 점유도 여기에 해당한다.(대판 2003.11.28, 2003도4257)

第324條【强要】 ① 暴行 또는 脅迫으로 사람의 權利行使를 방해하거나 義務없는 일을 하게 한 者는 5년 이하의 징역 또는 3천만원 이하의 벌금에 處한다.(2016.1.6 본항개정)

② 단체 또는 다중의 위력을 보이거나 위험한 물건을 휴대하여 제1항의 죄를 범한 자는 10년 이하의 징역 또는 5천만원 이하의 벌금에 처한다.(2016.1.6 본항신설)

改前 第324條【强要】暴行 또는 脅迫으로…"5年이하의 懲役"에 處한다.(1995.12.29 본조개정)

참조 폭력처벌2, [중권리행사방해]326, [폭행죄]260, [협박죄]283

판례 남의 집 대문 앞에 차량을 주차해 피해자가 자기 집 주차장을 이용할 수 없게 했더라도 주차하는 과정에서 실랑이 등 폭력 행위나 협박 등이 없었다면 강요죄의 구성요건인 폭행 등이 있었다고 볼 수 없으며, 단순히 주차장을 이용하지 못하게 했을 뿐이라면 이는 차량 운행에 관한 권리행사를 방해했다고 볼 수도 없다.
(대판 2021.11.25, 2018도1346)

판례 상사 계급의 피고인이 그의 잦은 폭력으로 신체에 위해를 느끼고 겁을 먹은 상태에 있던 부대원들에게 청소 불량 등을 이유로 40분 내지 50분간 머리박아(속칭 '원산폭격')를 시키거나 양손을 깍지 낀 상태에서 약 2시간 동안 팔굽혀펴기를 50~60회 정도 하게 한 행위는 형법 제324조에서 정한 강요죄에 해당한다.(대판 2006.4.27, 2003도4151)

第324條의2【人質强要】 사람을 逮捕·監禁·略取 또는 誘引하여 이를 人質로 삼아 第3者에 대하여 權利行使를 방해하거나 義務없는 일을 하게 한 者는 3年 이상의 有期懲役에 處한다.(1995.12.29 본조신설)

第324條의3【人質傷害·致傷】 第324條의2의 罪를 犯한 者가 人質을 傷害하거나 傷害에 이르게 한 때에는 無期 또는 5年 이상의 懲役에 處한다.(1995.12.29 본조신설)

第324條의4【人質殺害·致死】 第324條의2의 罪를 犯한 者가 人質을 殺害한 때에는 死刑 또는 無期懲役에 處한다. 死亡에 이르게 한 때에는 無期 또는 10年 이상의 懲役에 處한다.(1995.12.29 본조신설)

第324條의5【未遂犯】 第324條 내지 第324條의4의 未遂犯은 處罰한다.(1995.12.29 본조신설)

第324條의6【刑의 減輕】 第324條의2 또는 第324條의3의 罪를 犯한 者 및 그 罪의 未遂犯이 人質을 安全한 場所로 풀어준 때에는 그 刑을 減輕할 수 있다.
(1995.12.29 본조신설)

第325條【점유강취, 준점유강취】 ① 폭행 또는 협박으로 타인의 점유에 속하는 자기의 물건을 강취(强取)한 자는 7년 이하의 징역 또는 10년 이하의 자격정지에 처한다.

② 타인의 점유에 속하는 자기의 물건을 취거(取去)하는 과정에서 그 물건의 탈환에 항거하거나 체포를 면탈하거나 범죄의 흔적을 인멸할 목적으로 폭행 또는 협박한 때에도 제1항의 형에 처한다.

③ 제1항과 제2항의 미수범은 처벌한다.
(2020.12.8 본조개정)

改前 "第325條【占有强取, 準占有强取】① 暴行 또는 脅迫으로 他人의 占有에 屬하는 自己의 物件을 强取한 者는 7年 이하의 懲役 또는 10年 이하의 資格停止에 處한다.
② 他人의 占有에 屬하는 自己의 物件을 取去함에 當하여 그 奪還을 抗拒하거나 逮捕를 免脫하거나 罪跡을 湮滅할 目的으로 暴行 또는 脅迫을 加한 때에도 前項의 刑과 같다.
③ 前2項의 未遂犯은 處罰한다."

참조 [미수범]25－29, [중권리행사방해]326, [폭행죄]260, [협박죄]283

第326條【重權利行使妨害】 第324條 또는 第325條의 罪를 犯하여 사람의 生命에 대한 危險을 發生하게 한 者는 10年 이하의 懲役에 處한다.(1995.12.29 본조개정)

참조 [폭력에 의한 권리행사방해]324, [점유강취]325

第327條【强制執行免脫】 强制執行을 免할 目的으로 財産을 隱匿, 損壞, 虛僞讓渡 또는 虛僞의 債務를 負擔하여 債權者를 害한 者는 3年 이하의 懲役 또는 1千萬원 이하의 罰金에 處한다.(1995.12.29 본조개정)

참조 [강제집행]민집

판례 강제집행면탈죄는 위태범으로서, 현실적으로 민사소송법에 의한 강제집행 또는 가압류·가처분의 집행을 받을 우려가 있는 객관적인 상태에서, 즉 채권자가 본안 또는 보전소송을 제기하거나 제기할 태세를 보이고 있는 상태에서 주관적으로 강제집행을 면탈하려는 목적으로 재산을 은닉, 손괴, 허위양도하거나 허위의 채무를 부담하여 채권자를 해할 위험이 있으면 성립하는 것이고, 반드시 채권자를 해하는 결과가 야기되거나 행위자가 어떤 이득을 취하여야 범죄가 성립하는 것은 아니다.(대판 2009.5.28, 2009도875)

판례 여기서 말하는 재산의 '은닉'이라 함은 강제집행을 실시하는 자에 대하여 재산의 발견을 불능 또는 곤란케 하는 것을 말하는 것으로서, 재산의 소재를 불명하게 하는 경우는 물론 그 소유관계를 불명하게 하는 경우도 포함하나, 재산의 소유관계를 불명하게 하는 데 반드시 공부상의 소유자 명의를 변경하거나 폐업신고 후 다른 사람 명의로 새로 사업자등록을 할 것까지 요하는 것은 아니다.
(대판 2003.10.9, 2003도3387)

판례 횡령과 강제집행면탈 : 영득의 의사로 타인의 재산을 은닉함으로써 강제집행 면탈의 결과를 초래한 경우 횡령죄와 별도로 강제집행면탈죄를 구성하지 않는다.(대판 2000.9.8, 2000도1447)

판례 강제집행면탈죄의 성립요건 : 형법 제327조의 강제집행면탈죄는 채무자가 현실적으로 민사소송법에 의한 강제집행 또는 가압류, 가처분의 집행을 받을 우려가 있는 객관적인 상태 즉 적어도 채권자가 민사소송을 제기하거나 가압류, 가처분의 신청을 할 기세를 보이고 있는 상태에서, 채무자가 강제집행을 면탈할 목적으로, 재산을 은닉, 손괴, 허위양도하거나 허위의 채무를 부담하여 채권자를 해할 위험이 있는 경우에 성립한다.(대판 1998.9.8, 98도1949)

판례 강제집행면탈죄에 있어서 채권자를 해하는 결과발생이 필요한지 여부 : 채권자를 해할 위험이 있으면 강제집행면탈죄가 성립하고 반드시 현실적으로 채권자를 해하는 결과가 야기되어야만 강제집행면탈죄가 성립하는 것은 아니다.(대판 1996.1.26, 95도2526)

第328條【親族間의 犯行과 告訴】 ① 直系血族, 配偶者, 동거친족, 동거가족 또는 그 配偶者間의 第323條의 罪는 그 刑을 免除한다.(2005.3.31 본항개정)
<2024.6.27 헌법재판소 헌법불합치결정으로 법원 기타 국가기관 및 지방자치단체는 2025.12.31을 시한으로 입법자가 개정할 때까지 이 항의 적용을 중지>

② 第1項이외의 親族間에 第323條의 罪를 犯한 때에는 告訴가 있어야 公訴를 제기할 수 있다.(1995.12.29 본항개정)

③ 前2項의 身分關係가 없는 共犯에 대하여는 前2項을 適用하지 아니한다.

改前 ① 直系血族, 配偶者, "동거친족, 호주, 가족" 또는 그 配偶者間의 第323條의 罪는 그 刑을 免除한다.

참조 [권리행사방해]323, [친고죄]형소223·225·230·232, [형면제의 주장에 대한 판단]형소323②, [고소의 불가분]형소233, [공소기각]형소327

판례 가족·친족 관계에 관한 우리나라의 역사적·문화적 특징이나 재산범죄의 특성, 형벌의 보충성에 비추어, 친족상도례의 필요성은 수긍할 수 있다. 그런데 현행 친족상도례 규정은 재산범죄의 가해자와 피해자 사이의 일정한 친족관계를 요건으로 하여 일률적으로 형을 면제하도록 규정하고 있는바, 적용대상 친족의 범위가 지나치게 넓고, 심판대상조항이 준용되는 재산범죄들 가운데 불법성이 경미하다고 보기 어려운 경우가 있다는 점에서 제도적 취지에 부합하지 않는 결과를 초래할 우려가 있고, 미성년자나 질병, 장애 등으로 가족과 친족 사회 내에서 취약한 지위에 있는 구성원에 대한 경제적 착취를 용인할 우려가 있다. 그럼에도 법관으로 하여금 이러한 사정을 전혀 고려할 수 없도록 하고 획일적으로 형면제 판결을 선고하도록 한 현행 친족상도례 규정은 형사피해자가 법관에게 적절한 형벌권을 행사하여 줄 것을 청구할 수 없도록 하는 것으로서 입법재량을 일탈하여 현저히 불합리하거나 불공정하므로 형사피해자의 재판절차진술권을 침해한다.(헌재결 2024.6.27, 2020헌마468등)

판례 컴퓨터 등 정보처리장치를 통하여 이루어지는 금융기관 사이의 전자식 자금이체거래는 금융기관 사이의 환거래관계를 매개로 하여 금융기관 사이나 금융기관을 이용하는 고객 사이에서 현실적인 자금의 수수 없이 지급·수령을 실현하는 거래방식인바, 권한 없이 컴퓨터 등 정보처리장치를 이용하여 예금계좌 명의인이 거래하는 금융기관의 계좌 예금 잔고 중 일부를 자신이 거래하는 다른 금융기관에 개설된 그 명의 계좌로 이체한 경우, 예금계좌 명의인의 거래 금융기관에 대한 예금반환 채권은 이러한 행위로 인하여 영향을 받을 이유가 없는 것이므로, 거래 금융기관으로서는 예금계좌 명의인에 대한 예금반환 채무를 여전히 부담하면서도 환거래관계상 다른 금융기관에 대하여 자금이체로 인한 이체자금 상당액 결제채무를 추가 부담하게 됨으로써 이체된 예금 상당액의 채무를 이중으로 지급해야 할 위험에 처하게 된다. 따라서 친척 소유 예금통장을 절취한 자가 그 친척 거래 금융기관에 설치된 현금자동지급기에 예금통장을 넣고 조작하는 방법으로 친척 명의 계좌의 예금 잔고를 자신이 거래하는 다른 금융기관에 개설된 자기 계좌로 이체한 경우, 그 범행으로 인한 피해자는 이체된 예금 상당액의 채무를 이중으로 지급해야 할 위험에 처하게 되는 그 친척 거래 금융기관이라 할 것이고, 거래 약관의 면책 조항이나 채권의 준점유자에 대한 법리 적용 등에 의하여 위와 같은 범행으로 인한 피해가 최종적으로는 예금명의인인 친척에게 전가될 수 있다고 하여, 자금이체 거래의 직접적인 당사자이자 이중지급 위험의 원칙적인 부담자인 거래 금융기관을 위와 같은 컴퓨터 등 사용사기 범행의 피해자에 해당하지 않는다고 볼 수는 없으므로, 위와 같은 경우에는 친족 사이의 범행을 전제로 하는 친족상도례를 적용할 수 없다.(대판 2007.3.15, 2006도2704)

판례 인지가 범행 후에 이루어진 경우라고 하더라도 그 소급효에 따라 형성되는 친족관계를 기초로 하여 친족상도례의 규정이 적용된다.
(대판 1997.1.24, 96도1731)

第38章 절도와 強盜의 罪

第329條【절도】 他人의 財物을 절취한 者는 6年 이하의 懲役 또는 1千萬원 이하의 罰金에 處한다.
(1995.12.29 본조개정)

참조 [미수범]342, [친족간의 범행]328·344, [형의 병과]345, [동력]346, [특별규정]군형75, 한국조폐공사법19-22, 군용물등범죄3, [배상명령]소송촉진25-35

▶ 재물

판례 행위자가 범죄행위 당시 심신미약 등 정신적 장애상태에 있었다고 하여 일률적으로 그 행위자의 상습성이 부정되는 것은 아니다. 심신미약 등의 사정은 상습성을 부정할 것인지 여부를 판단하는 데 자료가 되는 여러 가지 사정들 중의 하나일 뿐이다. 따라서 행위자가 범죄행위 당시 심신미약 등 정신적 장애상태에 있었다는 이유만으로 그 범죄행위가 상습성이 발현된 것이 아니라고 단정할 수 없고 다른 사정을 종합하여 상습성을 인정할 수 있어 심신미약의 점이 상습성을 부정하는 자료로 삼을 수 없는 경우가 있는가 하면, 경우에 따라서는 심신미약 등 정신적 장애상태에 있었다는 점이 다른 사정들과 함께 참작되어 그 행위자의 상습성을 부정하는 자료가 될 수도 있다.(대판 2009.2.12, 2008도11550)

판례 **컴퓨터에 저장된 정보가 절도죄의 객체로서 재물에 해당하는지 여부 및 이를 복사하거나 출력해 간 경우 절도죄를 구성하는지 여부** : 절도죄의 객체는 관리가능한 동력을 포함한 '재물'에 한한다 할 것이고, 또 절도죄가 성립하기 위해서는 그 재물의 소유자 기타 점유자의 점유 내지 이용가능성을 배제하고 이를 자신의 점유하에 배타적으로 이전하는 행위가 있어야만 할 것인 바, 컴퓨터에 저장되어 있는 '정보' 그 자체는 유체물이라고 볼 수도 없고 물질성을 가진 동력도 아니므로 재물이 될 수 없다 할 것이며, 또 이를 복사하거나 출력하였다 할지라도 그 정보 자체가 감소하거나 피해자의 점유 및 이용가능성을 감소시키는 것이 아니므로 그 복사나 출력 행위를 가지고 절도죄를 구성한다고 볼 수도 없다.(대판 2002.7.12, 2002도745)

판례 동업체에 제공된 물품은 동업관계가 청산되지 않는 한 동업자들의 공동점유에 속하므로, 그 물품이 원래 피고인의 소유라거나 피고인이 다른 곳에서 빌려서 제공하였다는 사유만으로는 절도죄의 객체가 됨에 지장이 없다.(대판 1995.10.12, 94도2076)

일판 골퍼가 못(池) 가운데로 처넣은 로스트볼은 골퍼가 그 자리를 떠난 때 그 볼의 소유권을 포기한 것으로 보아야 할 것이 아니고, 골프장측에서 조만간에 볼을 회수하여 연습용으로 재이용할 것으로 보아야 하므로 이 볼을 몰래 수거 취득한 행위는 절도죄에 해당한다.(日·最高 1987.4.10)

영판 피고의 쓰레기는 소유권이 없는 물건이므로 절도죄에 해당하지 않는다고 주장하지만, 쓰레기를 내놓는 사람은 쓰레기를 남이 가지고 가는 것을 저지할 권리가 있으므로 절도죄가 된다.
(1992.12.26 영 아이클위스법원판)

▶ 절취

판례 **주간에 절도의 목적으로 타인의 주거에 침입한 경우, 절도죄의 실행의 착수시기** : 야간이 아닌 주간에 절도의 목적으로 다른 사람의 주거에 침입하여 절취할 재물의 물색행위를 시작하는 등 그에 대한 사실상의 지배를 침해하는 데 밀접한 행위를 개시하면 절도죄의 실행에 착수한 것으로 보아야 한다.
(대판 2003.6.24, 2003도1985,2003감도26)

판례 타인의 명의를 모용하여 발급받은 신용카드를 사용하여 현금자동지급기에서 현금대출을 받는 행위는 카드회사에 의하여 미리 포괄적으로 허용된 행위가 아니라, 현금자동지급기의 관리자의 의사에 반하여 그의 지배를 배제한 채 그 현금을 자기의 지배하에 옮겨 놓는 행위로서 절도죄에 해당한다고 봄이 상당하다.
(대판 2002.7.12, 2002도2134)

독판 매춘부는 그녀에게 약속대로 성교의 대가로 지급된 금전의 소유권을 취득한다.(BGHSt 6, 377)

▶ 불법영득의사

판례 은행이 발급한 직불카드를 사용하여 타인의 예금계좌에서 자기의 예금계좌로 돈을 이체시켰다 하더라도 직불카드 자체가 가지는 경제적 가치가 계좌이체된 금액만큼 소모되었다고 할 수는 없으므로, 이를 일시 사용하고 곧 반환한 경우에는 그 직불카드에 대한 불법영득의 의사는 없다고 보아야 한다.(대판 2006.3.9, 2005도7819)

판례 **불법영득의사 유무의 판단 기준** : 타인의 재물을 점유자의 승낙 없이 무단 사용하는 경우에 있어서 그 사용으로 인하여 물건 자체가 가지는 경제적 가치가 상당한 정도로 소모되거나 또는 사용 후 그 재물을 본래 있었던 장소가 아닌 다른 장소에 버리거나 곧 반환하지 아니하고 장시간 점유하고 있는 것과 같은 때에는 그 소유권 또는 본권을 침해할 의사가 있다고 보아 불법영득의 의사를 인정할 수 있을 것이나, 그렇지 않고 그 사용으로 인한 가치의 소모가 무시할 수 있을 정도로 경미하고, 또한 사용 후 곧 반환한 것과 같은 때에는 그 소유권 또는 본권을 침해할 의사가 있다고 할 수 없어 불법영득의 의사가 있다고 인정할 수 없다.(대판 1999.7.9, 99도857)

독판 분실한 수령물품을 피복창고에서 해고될 때 충당하기 위하여 군수품을 동료 병사로부터 절취한 군인은 불법영득의 의사로 행위한 것이 아니다.(BGHSt 19, 387)

독판 행위자가 셀프서비스의 상점에서 불법영득의 의사로 상품을 그의 옷이나 그가 휴대한 가방에 숨기는 즉시, 직원이 이를 감시하고 있었고 쉽게 그 이상의 행위를 제지를 할 수 있었다 하더라도 행위자의 점유는 취득되고 이로써 절도죄의 기수가 된다.
(BGHSt 16, 271)

第330條【야간주거침입절도】 야간에 사람의 주거, 관리하는 건조물, 선박, 항공기 또는 점유하는 방실(房室)에 침입하여 타인의 재물을 절취(竊取)한 자는 10년 이하의 징역에 처한다.(2020.12.8 본조개정)

改前 "第330條【夜間住居侵入절도】 夜間에 사람의 住居, 看守하는 邸宅, 建造物이나 船舶 또는 占有하는 房室에 侵入하여 他人의 財物을 절취한 者는 10年 이하의 懲役에 處한다."

참조 [주거불가침]헌16, [상습범]332, [미수범]342, [친족간의 범행]328·344, [형의 병과]345, [동력]346, [군법]군형75, [군용물범죄]군용물등범죄3, [배상명령]소송촉진25-35

판례 출입문이 열려 있으면 안으로 들어가겠다는 의사 아래 출입문을 당겨보는 행위는 바로 주거의 사실상의 평온을 침해할 객관적인 위험성을 포함하는 행위를 한 것으로 볼 수 있어 그것으로 주거침입의 실행에 착수가 있었고, 단지 그 출입문이 잠겨 있었다는 외부적 장애요소로 인하여 뜻을 이루지 못한 데 불과하다 할 것이다.
(대판 2006.9.14, 2006도2824)

판례 **야간주거침입절도죄의 실행의 착수시기** : 야간에 타인의 재물을 절취할 목적으로 사람의 주거에 침입한 경우에는 주거에 침입한 단계에서 이미 형법 제330조에서 규정한 야간주거침입절도죄라는 범죄행위의 실행에 착수한 것이라고 보아야 한다.
(대판 2003.10.24, 2003도4417)

第331條【특수절도】 ① 야간에 문이나 담 그 밖의 건조물의 일부를 손괴하고 제330조의 장소에 침입하여 타인의 재물을 절취한 자는 1년 이상 10년 이하의 징역에 처한다.

② 흉기를 휴대하거나 2명 이상이 합동하여 타인의 재물을 절취한 자도 제1항의 형에 처한다.
(2020.12.8 본조개정)

改前 "第331條【特殊절도】 ① 夜間에 門戶 또는 墻壁 기타 建造物의 一部를 損壞하고 前條의 場所에 侵入하여 他人의 財物을 절취한 者는 1年 이상 10年 이하의 懲役에 處한다.
② 兇器를 携帶하거나 2人 이상이 合同하여 他人의 財物을 절취한 者도 前項의 刑과 같다."

참조 [상습범]332, [미수범]342, [친족간의 범행]328·344, [형의 병과]345, [동력]346, [군용물범죄]군용물등범죄3, [배상명령]소송촉진25-35

판례 동조 제1항에 정한 '문호 또는 장벽 기타 건조물의 일부'라 함은 주거 등에 대한 침입을 방지하기 위하여 설치된 일체의 위장시설(圍障施設)을 말하고, '손괴'라 함은 물리적으로 위와 같은 위장시설을 훼손하여 그 효용을 상실시키는 것을 말한다.
(대판 2004.10.15, 2004도4505)

독판 공무수행상 총기를 휴대하고서 절도를 범한 경찰관은 흉기휴대의 특수절도의 죄책을 진다.(BGHSt 30, 44)

독판 범죄단체의 구성원이지만 직접적인 범행기여를 하지 않은 자는 다른 구성원이 행한 집단적 절도의 공동정범이 아니라면 그의 범행기여는 절도죄의 구성요건(특별히 중한 사례에서의)을 충족시킬 수 있다. 따라서 절취한 재물에 대한 장물죄를 범할 수 없다.
(BGHSt 33, 50)

第331條의2【自動車등 不法使用】 權利者의 同意없이 他人의 自動車, 船舶, 航空機 또는 原動機裝置自轉車를 일시 사용한 者는 3年 이하의 懲役, 500萬원 이하의 罰金, 拘留 또는 科料에 處한다.(1995.12.29 본조신설)

第332條【常習犯】 常習으로 第329條 내지 第331條의2의 罪를 犯한 者는 그 罪에 정한 刑의 2分의 1까지 加重한다.(1995.12.29 본조개정)

참조 [형의 가중]42·56, [본조의 주장에 대한 판단]형소323②, [미수범]342, [친족간의 범행]328·344, [형의 병과]345, [동력]346, [군용물범죄]군용물등범죄3

판례 수회의 범행이 우발적인 동기에서 또는 경제적 사정이 급박한 나머지 범행한 것으로서 범인이 평소에 가지고 있던 절도습성의 발현이라고 볼 수 없는 경우에는 이는 상습절도죄로 인정할 수 없다.
(대판 1976.4.13, 76도259)

第333條【强盜】 暴行 또는 脅迫으로 他人의 財物을 强取하거나 기타 財産上의 利益을 取得하거나 第三者로 하여금 이를 取得하게 한 者는 3年 이상의 有期懲役에 處한다.

참조 [결과범]337 · 338, [강도강간]339, [상습범]341, [미수범]342, [예비 · 음모]343, [형의 병과]345, [동력]346, [특별규정]군형75, 한국조폐공사법19－22, 군용물등범죄3 · 5, [배상명령]소송촉진25－35

판례 강도죄에 있어서 폭행 · 협박의 정도 : 강도죄에 있어서 폭행과 협박의 정도는 사회통념상 객관적으로 상대방의 반항을 억압하거나 항거불능케 할 정도의 것이라야 한다.(대판 2001.3.23, 2001도359)

판례 강도죄에 있어서의 '재산상 이익'의 의미 : 형법 제333조 후단의 강도죄(이른바 강제이득죄)의 요건이 되는 재산상의 이익이란 재물 이외의 재산상의 이익을 말하는 것으로서, 그 재산상의 이익은 반드시 사법상 유효한 재산상의 이득만을 의미하는 것이 아니고 외견상 재산상의 이득을 얻을 것이라고 인정할 수 있는 사실관계만 있으면 여기에 해당된다.(대판 1997.2.25, 96도3411)

독판 폭력을 행사하여 피해자에게 청구권의 실현을 불가능하게 하는 자는 강도적 공갈의 기수책임을 지운다.(BGHSt 25, 224)

第334條【特殊强盜】 ① 夜間에 사람의 住居, 관리하는 建造物, 船舶이나 航空機 또는 占有하는 房室에 侵入하여 第333條의 罪를 犯한 者는 無期 또는 5年 이상의 懲役에 處한다.(1995.12.29 본항개정)

② 兇器를 携帶하거나 2人 이상이 合同하여 前條의 罪를 犯한 者도 前項의 刑과 같다.

참조 [주거불가침]헌16, [결과범]337 · 338, [강도강간]339, [상습범]341, [미수범]342, [예비 · 음모]343, [형의 병과]345, [동력]346, [군용물범죄]군용물등범죄3 · 5, [배상명령]소송촉진25－35

판례 특수강도죄에 있어서의 실행의 착수시기 : 특수강도의 실행의 착수는 강도의 실행행위 즉 사람의 반항을 억압할 수 있는 정도의 폭행 또는 협박에 나아갈 때에 있다 할 것이다.(대판 1991.11.22, 91도2296)

第335條【준강도】 절도가 재물의 탈환에 항거하거나 체포를 면탈하거나 범죄의 흔적을 인멸할 목적으로 폭행 또는 협박한 때에는 제333조 및 제334조의 예에 따른다.(2020.12.8 본조개정)

改前 "第335條【準强盜】 절도가 財物의 奪還을 抗拒하거나 逮捕를 免脫하거나 罪跡을 湮滅할 目的으로 暴行 또는 脅迫을 加한 때에는 前2條의 例에 의한다."

참조 [절도]329, [형의 병과]345, [결과범]337 · 338, [군용물범죄]군용물등범죄3 · 5, [배상명령]소송촉진25－35

판례 준강도죄의 미수 · 기수의 판단 기준 : 동조에서 절도가 재물의 탈환을 항거하거나 체포를 면탈하거나 죄적을 인멸할 목적으로 폭행 또는 협박을 가한 때에 준강도로서 강도죄의 예에 따라 처벌하는 취지는, 강도죄와 준강도죄의 구성요건인 재물탈취와 폭행 · 협박 사이에 시간적 순서상 전후의 차이가 있을 뿐 실질적으로 위법성이 같다고 보기 때문인 바, 이와 같은 준강도죄의 입법 취지, 강도죄와의 균형 등을 종합적으로 고려해 보면, 준강도죄의 기수 여부는 절도행위의 기수 여부를 기준으로 하여 판단하여야 한다.
(대판 2004.11.18, 2004도5074 전원합의체 : 반대 · 별개의견 있음)

판례 '재물의 탈환을 항거할 목적'의 의미 : 준강도죄에서 '재물의 탈환을 항거할 목적'이라 함은 일단 가해자가 재물을 자기의 배타적 지배하에 옮긴 뒤 탈취한 재물을 피해자측으로부터 탈환당하지 않기 위하여 대항하는 것을 말한다.(대판 2003.7.25, 2003도2316)

판례 절도가 그 체포를 면탈할 목적으로 폭행을 가하여 피해자에게 상해의 결과를 발생케 한 경우에는 비록 재물의 절취는 미수에 그쳤다 할지라도 형법 제337조의 기수범으로 보아야 한다.
(대판 1971.1.26, 70도2518)

第336條【人質强盜】 사람을 逮捕 · 監禁 · 略取 또는 誘引하여 이를 人質로 삼아 財物 또는 財産上의 이익을 취득하거나 第3者로 하여금 이를 취득하게 한 者는 3年 이상의 有期懲役에 處한다.(1995.12.29 본조개정)

참조 [약취죄]287이하, [상습범]341, [미수범]342, [예비 · 음모]343, [형의 병과]345, [군용물범죄]군용물등범죄3 · 5, [배상명령]소송촉진25－35

第337條【强盜傷害, 致傷】 强盜가 사람을 傷害하거나 傷害에 이르게 한 때에는 無期 또는 7年 이상의 懲役에 處한다.(1995.12.29 본조개정)

참조 [강도]333－336, [상해]257 · 258, [미수범]342, [형의 병과]345, [군용물범죄]군용물등범죄3 · 5, [배상명령]소송촉진25－35

판례 날치기 수법으로 피해자가 들고 있던 가방을 탈취하면서 가방을 놓지 않고 버티는 피해자를 5m가량 끌고 감으로써 피해자의 무릎 등에 상해를 입힌 경우, 반항을 억압하기 위한 목적으로 가해진 강제력으로서 그 반항을 억압할 정도에 해당한다고 보아 강도치상죄의 성립을 인정한다.(대판 2007.12.13, 2007도7601)

판례 '날치기'와 같이 강력적으로 재물을 절취하는 행위는 때로는 피해자를 전도시키거나 부상케 하는 경우가 있고, 구체적인 상황에 따라서는 이를 강도로 인정하여야 할 때가 있다 할 것이나, 그와 같은 결과가 피해자의 반항억압을 목적으로 함이 없이 점유탈취의 과정에서 우연히 가해진 경우라면 이는 절도에 불과한 것으로 보아야 한다.(대판 2003.7.25, 2003도2316)

판례 강도상해죄에서 '상해'의 의미 : 강도상해죄에서 '상해'라 함은 피해자의 신체의 건강상태가 불량하게 변경되고 생활기능에 장애가 초래되는 것을 말하는 것으로서, 피해자가 입은 상처가 극히 경미하여 굳이 치료할 필요가 없고 치료를 받지 않더라도 일상생활을 하는 데 아무런 지장이 없으며 시일이 경과함에 따라 자연적으로 치유될 수 있는 정도라면, 그로 인하여 피해자의 신체의 건강상태가 불량하게 변경되었다거나 생활기능에 장애가 초래된 것으로 보기 어려워 강도상해죄의 '상해'에 해당한다고 할 수 없다.(대판 2003.7.11, 2003도2313)

일판 강도의 수단인 협박에 대하여 피해자가 외포하여, 그 결과 상해가 발생한 경우에도 강도치상죄는 성립한다.(日 · 大阪高 1985.2.6)

第338條【强盜殺人 · 致死】 强盜가 사람을 殺害한 때에는 死刑 또는 無期懲役에 處한다. 死亡에 이르게 한 때에는 無期 또는 10年 이상의 懲役에 處한다.
(1995.12.29 본조개정)

참조 [강도]333－336, [살인]250, [상해치사]259, [미수범]342, [형의 병과]345, [군용물범죄]군용물등범죄3 · 5, [배상명령]소송촉진25－35

판례 강도살인죄의 성립요건 : 강도살인죄는 강도범인이 강도의 기회에 살인행위를 함으로써 성립하는 것이므로, 강도범행의 실행중이거나 그 실행 직후 또는 실행의 범의(犯意)를 포기한 직후로서 사회통념상 범죄행위가 완료되지 아니하였다고 볼 수 있는 단계에서 살인이 행하여짐을 요건으로 한다.(대판 2004.6.24, 2004도1098)

第339條【强盜强姦】 强盜가 사람을 强姦한 때에는 無期 또는 10年 이상의 懲役에 處한다.(2012.12.18 본조개정)

改前 第339條【强盜强姦】 强盜가 "婦女를" 强姦한 때에는 無期 또는 10年이상의 懲役에 處한다.

참조 [강도]333－336, [강간]297, [미수범]342, [형의 병과]345, [군용물범죄]군용물등범죄3 · 5, [배상명령]소송촉진25－35

第340條【海上强盜】 ① 多衆의 威力으로 海上에서 船舶을 强取하거나 船舶內에 侵入하여 他人의 財物을 强取한 者는 無期 또는 7年 이상의 懲役에 處한다.

② 第1項의 罪를 犯한 者가 사람을 傷害하거나 傷害에 이르게 한 때에는 無期 또는 10年 이상의 懲役에 處한다.
(1995.12.29 본항개정)

③ 第1項의 罪를 犯한 者가 사람을 殺害 또는 死亡에 이르게 하거나 강간한 때에는 死刑 또는 無期懲役에 處한다.(2012.12.18 본항개정)

改前 ③ 第1項의 罪를 犯한 者가 사람을 殺害 또는 死亡에 이르게 하거나 "婦女를 强姦한" 때에는 死刑 또는 無期懲役에 處한다.
(1995.12.29 본항개정)

참조 [상습범]341, [미수범]342, [예비 · 음모]343, [형의 병과]345, [군용물범죄]군용물등범죄3 · 5, [배상명령]소송촉진25－35

第341條【常習犯】 常習으로 第333條, 第334條, 第336條 또는 前條第1項의 罪를 犯한 者는 無期 또는 10年 이상의 懲役에 處한다.

참조 [미수범]342, [형의 병과]345, [군용물범죄]군용물등범죄3 · 5

第342條【未遂犯】 第329條 내지 第341條의 未遂犯은 處罰한다.(1995.12.29 본조개정)

참조 328 · 343－346, [미수범]25－29

第343條【豫備, 陰謀】 强盜할 目的으로 豫備 또는 陰謀한 者는 7年 이하의 懲役에 處한다.

참조 경범1, [예비 · 음모]28, [군용물범죄]군용물등범죄3

판례 강도를 할 목적에 이르지 않고 준강도할 목적이 있음에 그치는 경우에 강도예비 · 음모죄가 성립하는지 여부 : 강도예비 · 음모죄가 성립하기 위해서는 예비 · 음모 행위자에게 미필적으로라도 '강도'를 할 목적이 있음이 인정되어야 하고 그에 이르지 않고 단순히 '준강도'할 목적이 있음에 그치는 경우에는 강도예비 · 음모죄로 처벌할 수 없다.(대판 2006.9.14, 2004도6432)

第344條【親族間의 犯行】 第328條의 規定은 第329條 내지 第332條의 罪 또는 未遂犯에 準用한다.

참조 [친족]민767－769, [고소]형소223 · 225 · 230 · 232 · 233, [형면제선고]형소322, [형면제의 주장에 대한 판단]형소323②, [공소기각]형소327

第345條【資格停止의 併科】 本章의 罪를 犯하여 有期懲役에 處할 경우에는 10年 이하의 資格停止를 併科할 수 있다.

참조 [자격정지]44

第346條【動力】 本章의 罪에 있어서 管理할 수 있는 動力은 財物로 看做한다.

참조 [재물]민98, [준용]354 · 361 · 372

第39章 詐欺와 恐喝의 罪

第347條【詐欺】 ① 사람을 欺罔하여 財物의 交付를 받거나 財産上의 利益을 取得한 者는 10年 이하의 懲役 또는 2千萬원 이하의 罰金에 處한다.(1995.12.29 본항개정)

② 前項의 方法으로 第三者로 하여금 財物의 交付를 받게 하거나 財産上의 利益을 取得하게 한 때에도 前項의 刑과 같다.

참조 [상습범]351, [미수범]352, [형의 병과]353, [친족간 범행]328 · 354, [동력]346 · 354 [특별규정]약사61 · 68, 조세범처벌9, 경범1, [군법]군형75, [배상명령]소송촉진25－35

판례 사기죄가 성립하는지는 행위 당시를 기준으로 판단하여야 하므로, 소비대차 거래에서 차주가 돈을 빌릴 당시에는 변제할 의사와 능력을 가지고 있었다면 비록 그 후에 변제하지 않고 있더라도 이는 민사상 채무불이행에 불과하며 형사상 사기죄가 성립하지는 아니한다. 따라서 소비대차 거래에서, 대주와 차주 사이의 친척 · 친지와 같은 인적 관계 및 계속적인 거래 관계 등에 의하여 대주가 차주의 신용 상태를 인식하고 있어 장래의 변제 지체 또는 변제불능에 대한 위험을 예상하고 있었거나 충분히 예상할 수 있는 경우에는, 차주가 차용 당시 구체적인 변제의사, 변제능력, 차용 조건 등과 관련하여 소비대차 여부를 결정지을 수 있는 중요한 사항에 관하여 허위 사실을 말하였다는 등의 다른 사정이 없다면, 차주가 그 후 제대로 변제하지 못하였다는 사실만을 가지고 변제능력에 관하여 대주를 기망하였다거나 차주에게 편취의 범의가 있었다고 단정할 수 없다.
(대판 2016.4.2, 2012도14516)

판례 **사기도박에서 실행의 착수시기** : 사기죄는 편취의 의사로 기망행위를 개시한 때에 실행에 착수한 것으로 보아야 하므로, 사기도박에서도 사기적인 방법으로 도금을 편취하려고 하는 자가 상대방에게 도박에 참가할 것을 권유하는 등 기망행위를 개시한 때에 실행의 착수가 있는 것으로 보아야 한다.(대판 2011.1.13, 2010도9330)

판례 기망행위를 수단으로 한 권리행사의 경우 그 권리행사에 속하는 행위와 그 수단에 속하는 기망행위를 전체적으로 관찰하여 그와 같은 기망행위가 사회통념상 권리행사의 수단으로서 용인할 수 없는 정도라면 그 권리행사에 속하는 행위는 사기죄를 구성하는데, 보험금을 지급받을 수 있는 사유가 있다 하더라도 이를 기화로 실제 지급받을 수 있는 보험금보다 다액의 보험금을 편취할 의사로 장기간의 입원 등을 통하여 과다한 보험금을 지급받는 경우에는 지급받은 보험금 전체에 대하여 사기죄가 성립한다.(대판 2009.5.28, 2008도4665)

판례 자동차보험의 진료수가는 관련 법령이 정한 절차에 따라 결정 · 지급되는 것으로서, 보험회사가 임의로 의료기관의 지급청구내역이나 금액을 삭감할 수 없고, 보험회사의 부당한 감액조치에 대하여는 의료기관이 진료수가분쟁심의회에 심사를 청구할 수 있는 것인바, 그럼에도 불구하고 의료기관이 청구한 진료수가 내역을 보험회사가 삭감할 것을 미리 예상하고 그만큼 허위로 과다하게 진료수가를 청구하였다면, 허위로 과다하게 청구한 부분에 대한 편취의사 및 불법영득의사가 있었다고 보아야 한다.(대판 2008.2.29, 2006도5945)

판례 부동산가압류결정을 받아 부동산에 관한 가압류집행까지 마친 자가 그 가압류를 해제하면 소유자는 가압류의 부담이 없는 부동산을 소유하는 이익을 얻게 되므로, 가압류를 해제하는 것 역시 사기죄에서 말하는 재산적 처분행위에 해당하고, 그 이후 가압류의 피보전채권이 존재하지 않는 것으로 밝혀졌다고 하더라도 가압류의 해제로 인한 재산상의 이익이 없었다고 할 수 없다.
(대판 2007.9.20, 2007도5507)

판례 소송사기는 법원을 속여 자기에게 유리한 판결을 얻음으로써 상대방의 재물 또는 재산상 이익을 취득하는 범죄로서, 이를 쉽사리 유죄로 인정하게 되면 누구든지 자기에게 유리한 주장을 하고 소송을 통하여 권리구제를 받을 수 있는 민사재판제도의 위축을 가져올 수밖에 없으므로, 피고인이 그 범행을 인정한 경우 외에는 그 소송상의 주장이 사실과 다름이 객관적으로 명백하고 피고인이 그 주장이 명백히 거짓인 것을 인식하였거나 증거를 조작하려고 하였음이 인정되는 때와 같이 범죄가 성립하는 것이 명백한 경우가 아니면 이를 유죄로 인정하여서는 아니 되고, 단순히 사실을 잘못 인식하였다거나 법률적 평가를 잘못하여 존재하지 않는 권리를 존재한다고 믿고 제소한 행위는 사기죄를 구성하지 아니하며, 소송상 주장이 다소 사실과 다르더라도 존재한다고 믿는 권리를 이유 있게 하기 위한 과장표현에 지나지 아니하는 경우 사기의 범의가 있다고 볼 수 없고, 또한 소송사기에서 말하는 증거의 조작이란 처분문서 등을 거짓으로 만들어내거나 증인의 허위 증언을 유도하는 등으로 객관적 · 제3자적 증거를 조작하는 행위를 말한다.(대판 2007.9.6, 2006도3591)

판례 [1] 사기죄는 타인을 기망하여 착오를 일으키게 하고 그로 인한 처분행위를 유발하여 재물 · 재산상의 이득을 얻음으로써 성립하고, 여기서 처분행위라 함은 재산적 처분행위로서 피해자가 자유의사로 직접 재산상 손해를 초래하는 작위에 나아가거나 또는 부작위에 이른 것을 말하므로, 피해자가 착오에 빠진 결과 채권의 존재를 알지 못하여 채권을 행사하지 아니하였다면 그와 같은 부작위도 재산의 처분행위에 해당한다.
[2] 출판사 경영자가 출고현황표를 조작하는 방법으로 실제출판부수를 속여 작가에게 인세의 일부만을 지급한 사안에서, 작가가 나머지 인세에 대한 청구권의 존재 자체를 알지 못하는 착오에 빠져 이를 행사하지 아니한 것이 사기죄에 있어 부작위에 의한 처분행위에 해당한다.
(대판 2007.7.12, 2005도9221)

▶ 기망행위

판례 **형법 제347조 제1항이 헌법이 요구하는 처벌법규의 명확성에 배치되는지 여부** : 통상의 해석방법에 의하여 건전한 상식과 통상적인 법감정을 가진 사람이면 사기죄의 보호법익과 금지된 행위를 알 수 있다고 할 것이므로, 형법 제347조 제1항이 헌법이 요구하는 처벌법규의 명확성에 배치되는 것이라고 할 수 없다.
(대판 2006.5.11, 2006도1715)

판례 **사기죄의 요건으로서 '기망'의 의미** : 사기죄의 요건으로서의 기망은 널리 재산상의 거래관계에 있어서 서로 지켜야 할 신의와 성실의 의무를 저버리는 모든 적극적 또는 소극적 행위를 말하는 것으로서, 반드시 법률행위의 중요부분에 관한 허위표시임을 요하지 아니하고, 상대방을 착오에 빠지게 하여 행위자가 희망하는 재산적 처분행위를 하도록 하기 위한 판단의 기초가 되는 사실에 관한 것이면 충분하다.(대판 2005.10.28, 2005도5774)

판례 **상품의 허위, 과장광고가 사기죄의 기망행위에 해당하는 경우** : 일반적으로 상품의 선전 · 광고에 있어 다소의 과장, 허위가 수반되는 것은 그것이 일반 상거래의 관행과 신의칙에 비추어 시인될 수 있는 한 기망성이 결여된다고 하겠으나 거래에 있어서 중요한 사항에 관하여 구체적 사실을 거래상의 신의성실의 의무에 비추어 비난받을 정도의 방법으로 허위로 고지한 경우에는 과장, 허위광고의 한계를 넘어 사기죄의 기망행위에 해당한다.(대판 2004.1.15, 2001도1429)

판례 어음의 발행인들이 각자 자력이 부족한 상태에서 자금을 편법으로 확보하기 위하여 서로 동액의 융통어음을 발행하여 교환한 경우, 자기가 발행한 어음이 그 지급기일에 결제되지 않으리라는 점을 예견하였거나 지급기일에 지급될 수 있다는 확신 없이 상대방으로부터 어음을 교부받았다고 하더라도 사기죄가 성립하는 것은 아니다.
(대판 2002.4.23, 2001도6570)

▶ 부작위에 의한 기망행위

판례 **부작위에 의한 기망의 의미** : 사기죄의 요건으로서의 부작위에 의한 기망은 법률상 고지의무 있는 자가 일정한 사실에 관하여 상대방이 착오에 빠져 있음을 알면서도 그 사실을 고지하지 아니함을 말하는 것이다.(대판 2004.5.27, 2003도4531)

판례 **법률상 고지의무가 인정되는 경우** : 거래의 상대방이 일정한 사정에 관한 고지를 받았더라면 당해 거래에 임하지 아니하였을 것이라는 관계가 인정되는 경우에는 그 거래로 인하여 재물을 수취하는 자에게는 신의성실의 원칙상 사전에 상대방에게 그와 같은 사정을 고지할 의무가 있다 할 것이고, 그럼에도 불구하고 이를 고지하지 아니한 것은 고지할 사실을 묵비함으로써 상대방을 기망한 것이 되어 사기죄를 구성한다.(대판 2004.4.9, 2003도7828)

▶ 편취

판례 **금전차용에 있어 진실에 반하는 사실을 고지하여 금전을 교부받은 경우 사기죄의 성립 여부** : 타인으로부터 금전을 차용함에 있어서 그 차용한 금전의 용도나 변제할 자금의 마련방법에 관하여 사실대로 고지하였더라면 상대방이 응하지 않았을 경우에 그 용도나 변제자금의 마련방법에 관하여 진실에 반하는 사실을 고지하여 금전을 교부받은 경우에는 사기죄가 성립한다.(대판 2005.9.15, 2003도5382)

판례 **사기죄에 있어서 편취의 범의 판단** : 사기죄의 주관적 구성요건인 편취의 범의는 피고인이 자백하지 않는 이상 범행 전후의 피고인 등의 재력, 환경, 범행의 경위와 내용, 거래의 이행과정 등과 같은 객관적인 사정 등을 종합하여 판단할 수밖에 없다.
(대판 1996.5.14, 96도481)

▶ 재산상 이익

판례 **재산상 이익의 취득의 의미** : 형법 제347조 소정의 재산상 이익처분은 그 재산상의 이익을 법률상 유효하게 취득함을 필요로 하지 아니하고 그 이익 취득이 법률상 무효라 하여도 외형상 취득한 것이면 족한 것이므로 피전부채권이 법률상으로는 유효한 것이 아니고 전부명령이 효력을 발생할 수 없다 하여도 피전부채권이나 전부명령이 외형상으로 존재하는 한 위 법조 소정의 재산상 이익취득이다.
(대판 1975.5.27, 75도760)

■ 처분행위

판례 배당이의 소송의 제1심에서 패소판결을 받고 항소한 자가 그 항소를 취하하는 것이 사기죄에서 말하는 재산적 처분행위에 해당하는지 여부 : 배당이의 소송의 제1심에서 패소판결을 받고 항소한 자가 그 항소를 취하하면 그 즉시 제1심판결이 확정되고 상대방이 배당금을 수령할 수 있는 이익을 얻게 되는 것이므로 위 항소를 취하하는 것 역시 사기죄에서 말하는 재산적 처분행위에 해당한다. (대판 2002.11.22, 2000도4419)

판례 사기죄의 성립 요건인 처분행위의 의미 : 사기죄는 타인을 기망하여 착오에 빠뜨리게 하고 그 처분행위를 유발하여 재물, 재산상의 이득을 얻음으로써 성립하는 것이고, 여기서 처분행위라고 하는 것은 재산적 처분행위를 의미하고 그것은 주관적으로 피기망자가 처분의사 즉 처분결과를 인식하고 객관적으로는 이러한 의사에 지배된 행위가 있을 것을 요한다.(대판 1999.7.9, 99도1326)

■ 재산상 손해

판례 분식회계에 의한 회사채 공모로 인한 사기죄에 있어서 피해자의 범위 : 회사채 공모는 상법, 증권거래법에서 자격이 제한된 수탁회사에 의하여 이루어지는 것이므로 발행회사로부터 기망 당하여 착오에 빠진 수탁회사를 신뢰하여 공모에 응한 투자자들도 역시 기망에 빠져 재산적 처분행위를 하였다고 볼 수 있으므로 결국 회사채 공모에 의하여 회사채를 취득한 투자자와 잔액인수한 주간사 또는 인수회사도 피해자가 된다.(대판 2005.4.29, 2002도7262)

판례 피해자의 현실적 손해발생이 사기죄의 구성요건인지 여부 : 사기죄는 타인을 기망하여 그로 인한 하자 있는 의사에 기하여 재물의 교부를 받거나 재산상의 이득을 취득함으로써 성립되는 범죄로서 그 본질은 기망행위에 의한 재산이나 재산상 이익의 취득에 있는 것이고 상대방에게 현실적으로 재산상 손해가 발생함을 요건으로 하지 아니한다.(대판 2004.4.9, 2003도7828)

판례 사기죄에 있어서 그 대가가 일부 지급된 경우의 편취액 : 재물편취를 내용으로 하는 사기죄에 있어서는 기망으로 인한 재물교부가 있으면 그 자체로써 피해자의 재산침해가 되어 이로써 곧 사기죄가 성립하는 것이고, 상당한 대가가 지급되었다거나 피해자의 전체 재산상에 손해가 없다 하여도 사기죄의 성립에는 그 영향이 없으므로 사기죄에 있어서 그 대가가 일부 지급된 경우에도 그 편취액은 피해자로부터 교부된 재물의 가치로부터 그 대가를 공제한 차액이 아니라 교부받은 재물 전부라 할 것이다.(대판 2000.7.7, 2000도1899)

■ 기수시기

판례 사기죄의 기수시기 : 타인의 명의를 빌려 예금계좌를 개설한 후, 통장과 도장은 명의인에게 보관시키고 자신은 위 계좌의 현금인출카드를 소지한 채 명의인을 기망하여 위 예금계좌로 돈을 송금하게 한 경우, 자신은 통장의 현금인출카드를 소지하고 있으면서 언제든지 카드를 이용하여 차명계좌 통장으로부터 금원을 인출할 수 있었고, 명의인을 기망하여 위 통장으로 돈을 송금받은 이상, 이로써 송금받은 돈을 자신의 지배하에 두게 되어 '편취행위'는 기수에 이르렀다고 할 것이고, 이후 편취금을 인출하지 않고 있던 중 명의인이 이를 인출하여 갔다 하더라도 이는 범죄성립 후의 사정일 뿐 사기죄의 성립에 영향이 없다.(대판 2003.7.25, 2003도2252)

판례 사기죄의 성립 요건 : 사기죄는 타인을 기망하여 착오에 빠뜨리고 그 처분행위를 유발하여 재물을 교부받거나 재산상 이익을 얻음으로써 성립하는 것으로서, 기망, 착오, 재산적 처분행위 사이에 인과관계가 있어야 한다.(대판 2000.6.27, 2000도1155)

■ 소송사기

판례 소송사기는 법원을 기망하여 제3자의 재물을 편취할 것을 기도하는 것을 내용으로 하는 것으로서, 사기죄로 인정하기 위하여는 제소 당시 그 주장과 같은 권리가 존재하지 않는다는 것만으로는 부족하고, 그 주장의 권리가 존재하지 않는 사실을 잘 알고 있으면서도 허위의 주장과 입증으로 법원을 기망한다는 인식을 요한다. 그러나 허위의 내용으로 소송을 제기하여 법원을 기망한다는 고의가 있는 경우에 법원을 기망하는 것은 반드시 허위의 증거를 이용하지 않더라도 당사자의 주장이 법원을 기망하기에 충분한 것이라면 기망수단이 된다.(대판 2011.9.8, 2011도7262)

판례 소송사기에서 증거조작의 의미 : 소송사기에서 말하는 증거의 조작이란 처분문서 등을 거짓으로 만들어내거나 증인의 허위 증언을 유도하는 등으로 객관적·제3자적 증거를 조작하는 행위를 말하는 것이다.(대판 2004.3.25, 2003도7700)

판례 '소송사기'를 '사기죄'로 인정하기 위한 요건 : 소송사기가 성립하려면 제소 당시에 그 주장과 같은 채권이 존재하지 아니하다는 것만으로는 부족하고 그 주장의 채권이 존재하지 아니한 사실을 잘 알고 있으면서도 허위의 주장과 입증으로 법원을 기망한다는 인식을 하고 있어야만 하고, 단순히 사실을 잘못 인식하거나 법률적인 평가를 그르쳐 존재하지 않는 채권을 존재한다고 믿고 제소하는 행위는 사기죄를 구성하지 않는다.(대판 2003.5.16, 2003도373)

■ 소송사기죄 적용의 엄격성

판례 소송사기 행위를 처벌하는 것은 필연적으로 누구든지 자기에게 유리한 주장을 하고 소송을 통하여 권리구제를 받을 수 있다는 민사재판제도의 위축을 초래하고 본질적으로 민사분쟁인 사안을 소송사기라는 형사분쟁으로 비화시킬 위험이 있으므로 극히 신중해야 할 것이다.(대판 2007.4.13, 2005도4222)

■ 사기죄의 요건으로서 부작위에 의한 기망의 의미와 요건

판례 [1] 사기죄의 요건으로서의 기망은 널리 재산상의 거래관계에 있어 서로 지켜야 할 신의와 성실의 의무를 저버리는 모든 적극적 또는 소극적 행위를 말하는 것이고, 그 중 소극적 행위로서의 부작위에 의한 기망은 법률상 고지의무 있는 자가 일정한 사실에 관하여 상대방이 착오에 빠져 있음을 알면서도 그 사실을 고지하지 아니함을 말하는 것으로서, 일반거래의 경험칙상 상대방이 그 사실을 알았더라면 당해 법률행위를 하지 않았을 것이 명백한 경우에는 신의칙에 비추어 그 사실을 고지할 법률상 의무가 인정된다.

[2] 사기죄의 요건으로서의 기망은 널리 재산상의 거래관계에 있어 서로 지켜야 할 신의와 성실의 의무를 저버리는 모든 적극적 또는 소극적 행위를 말하는 것이고, 이러한 소극적 행위로서의 부작위에 의한 기망은 법률상 고지의무 있는 자가 일정한 사실에 관하여 상대방이 착오에 빠져 있음을 알면서도 이를 고지하지 아니함을 말하는 것으로서, 특정 질병을 앓고 있는 사람이 보험회사가 정한 약관에 그 질병에 대한 고지의무를 규정하고 있음을 알면서도 이를 고지하지 아니한 채 그 사실을 모르는 보험회사와 그 질병을 담보하는 보험계약을 체결한 다음 바로 그 질병의 발병을 사유로 하여 보험금을 청구하였다면 특별한 사정이 없는 한 사기죄에 있어서의 기망행위 내지 편취의 범의를 인정할 수 있고, 보험회사가 그 사실을 알지 못한 데에 과실이 있다거나 고지의무위반을 이유로 보험계약을 해제할 수 있다고 하여 사기죄의 성립에 영향이 생기는 것은 아니다. (대판 2007.4.12, 2007도967)

판례 채권자가 채권배당절차에서 실제 배당받아야 할 금액을 초과하는 금액을 편취하려고 하였으나 미수에 그친 경우에 사기미수의 범죄사실을 인정할 수 있다고 한 원심의 판단을 수긍한다. (대판 2007.3.30, 2006도6350)

■ 법률적용

판례 형법 제347조 제1항의 죄와 제2항의 죄 상호간의 법령적용의 착오가 위법에 해당하는지 여부 : 사기범행의 공소사실에 대하여 형법 제347조 제2항이 아닌 같은 조 제1항의 죄가 성립하는 것이라고 하더라도 형법 제347조 제1항의 죄와 제2항의 죄는 그 형이 같아 위와 같은 사정은 판결 결과에 영향을 미치는 사유가 아니다. (대판 2005.4.29, 2005도741)

판례 수인의 피해자에 대하여 각별로 기망행위를 하여 각각 재물을 편취한 경우에는 범의가 단일하고 범행방법이 동일하더라도 각 피해자의 피해법익은 독립한 것이므로 이를 포괄일죄로 파악할 수 없고 피해자별로 독립한 사기죄가 성립된다. (대판 2001.12.28, 2001도6130)

■ 어음·신용카드 관련 사기죄의 성부

판례 딱지어음 등이 전전유통된 경우 그 발행인을 최종 소지인에 대한 관계에서 사기죄로 처벌할 수 있는지 여부 : 어음, 수표의 발행인이 그 지급기일에 결제되지 않으리라는 정을 예견하면서도 이를 발행하고 거래상대방을 속여 그 할인을 받거나 물품을 매수하였다면 위 발행인의 사기행위는 이로써 완성되는 것이고, 그 어음, 수표가 전전 유통되고 최후소지인이 지급기일에 지급제시하였으나 부도되었다고 하더라도 발행인이 최후소지인의 전자들과 사이에 공범관계에 있다는 등의 특별한 사정이 없는 한 그 최후소지인에 대한 관계에서 발행인의 행위를 사기죄로 의율할 수 없다. (대판 2005.10.13, 2005도4589)

판례 채무이행을 연기받을 목적으로 어음을 발행 교부한 경우 사기죄의 성부 : 채무이행을 연기받는 것도 사기죄에 있어서 재산상의 이익이 되므로, 채무자가 채권자에 대하여 소정기일까지 지급할 의사와 능력이 없음에도 종전 채무의 변제기를 늦출 목적에서 어음을 발행 교부한 경우에는 사기죄가 성립한다.(대판 2005.9.15, 2005도5215)

판례 편취한 어음의 할인행위가 사기죄를 구성하는지 여부 : 편취한 약속어음을 그와 같은 사실을 모르는 제3자에게 편취사실을 숨기고 할인받는 행위는 당초의 어음 편취와는 별개의 새로운 법익을 침해하는 행위로서 기망행위와 할인금의 교부행위 사이에 상당인과관계가 있어 새로운 사기죄를 구성한다 할 것이고, 설령 그 약속어음을 취득한 제3자가 선의이고 약속어음의 발행인이나 배서인이 어음금을 지급할 의사와 능력이 있었다 하더라도 이러한 사정은 사기죄의 성립에 영향이 없다.(대판 2000.9.5, 99도3590)

■ 타죄와의 관계

판례 은행예금통장을 절취한 후 이를 사용하여 마치 진실한 예금명의인이 예금을 찾는 것처럼 은행원을 기망오신시켜 예금을 인출한 행위는 절도죄외에 새로운 법익을 침해한 것이므로 별도로 사기죄를 구성하며 위 예금인출행위가 절도행위의 연장이라든가 또는 그에 흡수되는 것이라고는 볼 수 없다.(대판 1974.11.26, 74도2817)

■ 법률적용

판례 차용금의 편취나 공사대금 상당의 재산상 이익의 편취에 의한 사기죄의 성립 여부는 금원차용 당시나 도급계약 당시를 기준으로 판단하여야 하고, 금원차용이나 도급계약 이후 경제사정의 변화로 차용금이나 공사대금을 변제할 수 없게 되었다 하여 이를 사기죄로 처벌할 수 없다.(대판 1997.4.11, 97도249)

▶ 외국판례

독판 출판사의 광고회사의 대리인이 허위의 사실로 고객을 기망하여 고객에게 쓸모없는 정기간행물을 구독하도록 했다면, 회사의 소유자가 애당초 어떤 경우에도 구독자의 단순한 이의신청만으로 계약을 해지해 줄 준비가 되어 있다고 하더라도 재산상의 손해에 상응할 만한 방식으로 구독자의 재산을 위태롭게 한 것이다.
(BGHSt 23, 300)

독판 상인이 거짓으로 보증한 품질로 인하여 흠있는 상품을 구매한 구매자에게는, 만일-보증한 품질이 아니더라도-그 상품이 계약된 가격에 상응하는 가치가 있을 경우에도 계약체결시 손해가 존재한다고 본다. 그러나 이는 항상 그리고 어떤 경우라도 그런 것은 아니다.
(BGHSt 16, 220)

독판 차고의 관리자에게 권리자의 동의가 있는 것처럼 기망하여 자동차를 건네 받도록 한 자는 절도죄가 아니라 사기죄의 책임을 진다.
(BGHSt 18, 221)

第347條의2【컴퓨터등 사용사기】 컴퓨터등 정보처리장치에 허위의 정보 또는 부정한 명령을 입력하거나 권한 없이 정보를 입력·변경하여 정보처리를 하게 함으로써 재산상의 이익을 취득하거나 제3자로 하여금 취득하게 한 자는 10년 이하의 징역 또는 2천만원 이하의 벌금에 처한다.(2001.12.29 본조개정)

改前 "第347條의2【컴퓨터등 使用詐欺】컴퓨터등 情報處理裝置에 허위의 情報 또는 부정한 命令을 入力하여 情報處理를 하게 함으로써 財産상의 이익을 취득하거나 第3者로 하여금 취득하게 한 者는 10年이하의 懲役 또는 2千萬원이하의 罰金에 處한다.(1995.12.29 본조신설)"

판례 형법 제347조의2는 재산변동에 관한 사무가 사람의 개입 없이 컴퓨터 등에 의하여 기계적·자동적으로 처리되는 경우가 증가함에 따라 이를 악용하여 불법적인 이익을 취하는 행위도 증가하였으나 이들 새로운 유형의 행위는 사람에 대한 기망행위나 상대방의 처분행위 등을 수반하지 않아 기존 사기죄로는 처벌할 수 없다는 점 등을 고려하여 신설한 규정이다. 여기서 '정보처리'는 사기죄에서 피해자의 처분행위에 상응하므로 입력된 허위의 정보 등에 의하여 계산이나 데이터의 처리가 이루어짐으로써 직접적으로 재산처분의 결과를 초래하여야 하고, 행위자나 제3자의 '재산상 이익 취득'은 사람의 처분행위가 개재됨이 없이 컴퓨터 등에 의한 정보처리 과정에서 이루어져야 한다.(대판 2014.3.13, 2013도16099)

판례 금융기관 직원이 전산단말기를 이용하여 다른 공범들이 지정한 특정계좌에 돈이 입금된 것처럼 허위의 정보를 입력하는 방법으로 위 계좌로 입금되도록 한 경우, 이러한 입금절차를 완료함으로써 장차 그 계좌에서 이를 인출하여 갈 수 있는 재산상 이익을 취득하였으므로 형법 제347조의2에서 정하는 컴퓨터 등 사용사기죄는 기수에 이르렀고, 그 후 그러한 입금이 취소되어 현실적으로 인출되지 못하였다고 하더라도 이미 성립한 컴퓨터 등 사용사기죄에 어떤 영향이 있다고 할 수는 없다.(대판 2006.9.14, 2006도4127)

판례 예금주인 현금카드 소유자로부터 그 위임을 받은 금액을 초과하여 현금을 인출한 경우에는 그 인출된 현금에 대한 점유를 취득함으로써 위임받은 금액을 넘는 부분의 비율에 상당하는 재산상 이익을 취득한 것으로 볼 수 있으므로, 그 차액 상당액에 관하여 '컴퓨터등 정보처리장치에 권한 없이 정보를 입력하여 정보처리를 하게 함으로써 재산상의 이익을 취득'하는 행위로서 컴퓨터 등 사용사기죄에 해당된다.(대판 2006.3.24, 2005도3516)

판례 형법 제347조의2는 컴퓨터등사용사기죄의 객체를 재물이 아닌 재산상의 이익으로만 한정하여 규정하고 있으므로, 절취한 타인의 신용카드로 현금자동지급기에서 현금을 인출하는 행위가 재물에 관한 범죄임이 분명한 이상 이를 위 컴퓨터등사용사기죄로 처벌할 수는 없다.(대판 2003.5.13, 2003도1178)

第348條【준사기】 ① 미성년자의 사리분별력 부족 또는 사람의 심신장애를 이용하여 재물을 교부받거나 재산상 이익을 취득한 자는 10년 이하의 징역 또는 2천만원 이하의 벌금에 처한다.

② 제1항의 방법으로 제3자로 하여금 재물을 교부받게 하거나 재산상 이익을 취득하게 한 경우에도 제1항의 형에 처한다.

(2020.12.8 본조개정)

改前 "第348條【準詐欺】① 未成年者의 知慮淺薄 또는 사람의 心神障碍를 利用하여 財物의 交付를 받거나 財産上의 利益을 取得한 者는 10年 이하의 懲役 또는 2千萬원 이하의 罰金에 處한다.
(1995.12.29 본항개정)
② 前項의 方法으로 第三者로 하여금 財物의 交付를 받게 하거나 財産上의 利益을 取得하게 한 때에도 前項의 刑과 같다."

참조 [불공정한 법률행위]민104, [상습범]351, [미수범]352, [형의 병과]353, [친족간의 범행]328·354, [동력]346, [배상명령]소송촉진25-35

第348條의2【便宜施設不正利用】 부정한 방법으로 對價를 지급하지 아니하고 自動販賣機, 공중전화 기타 有料自動設備를 이용하여 財物 또는 財産上의 이익을 취득한 者는 3年 이하의 懲役, 500萬원 이하의 罰金, 拘留 또는 科料에 處한다.(1995.12.29 본조신설)

第349條【부당이득】 ① 사람의 곤궁하고 절박한 상태를 이용하여 현저하게 부당한 이익을 취득한 자는 3년 이하의 징역 또는 1천만원 이하의 벌금에 처한다.

② 제1항의 방법으로 제3자로 하여금 부당한 이익을 취득하게 한 경우에도 제1항의 형에 처한다.

(2020.12.8 본조개정)

改前 "第349條【不當利得】① 사람의 窮迫한 狀態를 利用하여 顯著하게 不當한 利益을 取得한 者는 3年 이하의 懲役 또는 1千萬원 이하의 罰金에 處한다.(1995.12.29 본항개정)
② 前項의 方法으로 第三者로 하여금 不當한 利益을 取得하게 한 때에도 前項의 刑과 같다."

참조 [불공정한 법률행위]민104, [부당이득]민741, [상습범]351, [형의 병과]353, [친족간의 범행]328·354, [동력]346·354, 경범1

판례 형법상 부당이득죄에서 궁박이라 함은 '급박한 곤궁'을 의미하고, '현저하게 부당한 이익의 취득'이라 함은 단순히 시가와 이익과의 배율로만 판단해서는 안 되고 구체적·개별적 사안에 있어서 일반인의 사회통념에 따라 결정하여야 한다. 피해자가 궁박한 상태에 있었는지 여부 및 급부와 반대급부 사이에 현저히 부당한 불균형이 존재하는지 여부는 거래당사자의 신분과 상호 간의 관계, 피해자가 처한 상황의 절박성의 정도, 계약의 체결을 둘러싼 협상과정 및 거래를 통한 피해자의 이익, 피해자가 그 거래를 통해 추구하고자 한 목적을 달성하기 위한 다른 적절한 대안의 존재 여부, 피고인에게 피해자와 거래하여야 할 신의칙상 의무가 있는지 여부 등 여러 상황을 종합하여 구체적으로 판단하여야 한다. 특히, 우리 헌법이 규정하고 있는 자유시장경제질서와 여기에서 파생되는 사적 계약자유의 원칙을 고려하여 그 범죄의 성립을 인정함에 있어서는 신중을 요한다.
(대판 2009.1.15, 2008도8577)

판례 부당이득죄에서 '궁박'의 의미 및 피해자가 궁박한 상태에 있었는지 여부의 판단 기준 : 부당이득죄에 있어서 궁박이라 함은 '급박한 곤궁'을 의미하는 것으로서, 피해자가 궁박한 상태에 있었는지 여부는 거래당사자의 신분과 상호간의 관계, 피해자가 처한 상황의 절박성의 정도 등 제반 상황을 종합하여 구체적으로 판단하여야 할 것이고, 특히 부동산의 매매와 관련하여 피고인이 취득한 이익이 현저하게 부당한지 여부는 우리 헌법이 규정하고 있는 자유시장경제질서와 여기에서 파생되는 계약자유의 원칙을 바탕으로 피고인이 당해 토지를 보유하게 된 경위 및 보유기간, 주변 부동산의 시가, 가격결정을 둘러싼 쌍방의 협상과정 및 거래를 통한 피해자의 이익 등을 종합하여 구체적으로 신중하게 판단하여야 한다.
(대판 2005.4.15, 2004도1246)

第350條【恐喝】 ① 사람을 恐喝하여 財物의 交付를 받거나 財産上의 利益을 取得한 者는 10年 이하의 懲役 또는 2千萬원 이하의 罰金에 處한다.(1995.12.29 본항개정)

② 前項의 方法으로 第三者로 하여금 財物의 交付를 받게 하거나 財産上의 利益을 取得하게 한 때에도 前項의 刑과 같다.

참조 [상습범]351, 폭력처벌2, [미수범]352, [형의 병과]353, [친족간의 범행]328·354, [군법]군형75, [배상명령]소송촉진25-35

판례 공갈죄에 있어서 공갈의 상대방의 요건 : 공갈죄에 있어서 공갈의 상대방은 재산상의 피해자와 동일함을 요하지는 아니하나, 공갈의 목적이 된 재물 기타 재산상의 이익을 처분할 수 있는 사실상 또는 법률상의 권한을 갖거나 그러한 지위에 있음을 요한다.
(대판 2005.9.29, 2005도4738)

판례 공갈죄의 수단으로서의 협박의 의미 : 공갈죄의 수단으로서 협박은 사람의 의사결정의 자유를 제한하거나 의사실행의 자유를 방해할 정도로 겁을 먹게 할 만한 해악을 고지하는 것을 말한다.
(대판 2005.7.15, 2004도1565)

판례 해악고지의 방법 : 해악의 고지는 반드시 명시의 방법에 의할 것을 요하지 아니하며 언어나 거동에 의하여 상대방으로 하여금 어떠한 해악에 이르게 할 것이라는 인식을 갖게 하는 것이면 족한 것이고, 또한 직접적이 아니더라도 피공갈자 이외의 제3자를 통해서 간접적으로 할 수도 있으며, 행위자가 그의 직업, 지위에 기하여 불법한 위세를 이용하여 재물의 교부를 요구하고 상대방으로 하여금 그 요구에 응하지 아니한 때에는 부당한 불이익을 초래할 위험이 있다는 위구심을 야기하게 하는 경우에도 해악의 고지가 된다.
(대판 2002.12.10, 2001도7095)

第350條의2【특수공갈】 단체 또는 다중의 위력을 보이거나 위험한 물건을 휴대하여 제350조의 죄를 범한 자는 1년 이상 15년 이하의 징역에 처한다.(2016.1.6 본조신설)

第351條【常習犯】 常習으로 第347條 내지 前條의 罪를 犯한 者는 그 罪에 정한 刑의 2分의 1까지 加重한다.

참조 폭력처벌2, [가중]42·56, 형소323②, [미수범]352, [형의 병과]353, [친족간의 범행]328·354

판례 처음부터 장기간에 걸쳐 불특정 다수로부터 회원가입비 명목의 금원을 편취할 목적으로 상당한 자금을 투자하여 성인사이트를 개설하고 직원까지 고용하여 사기행위를 영업으로 한 경우에는 그 행위의 반복성이 영업이라는 면에서 행위 그 자체의 속성에서 나아가 행위자의 속성으로서 상습성을 내포하는 성질을 갖게 되고, 또한 이미 투자한 자금에 얽매여 그러한 사기행위를 쉽게 그만둘 수 없다는 자본적 또는 경제활동상의 의존성도 습벽의 내용이 될 수 있으므로 상습성을 인정할 수 있다.(대판 2006.9.8, 2006도2860)

판례 상습성의 의미 및 판단 방법 : 상습사기에 있어서의 상습성이라 함은 반복하여 사기행위를 하는 습벽으로서 행위자의 속성을 말하고, 이러한 습벽의 유무를 판단함에 있어서는 사기의 전과가 중요한 판단자료가 되나 사기의 전과가 없다고 하더라도 범행의 회수, 수단과 방법, 동기 등 제반 사정을 참작하여 사기의 습벽이 인정되는 경우에는 상습성을 인정하여야 할 것이다.(대판 2001.1.19, 2000도4870)

第352條【未遂犯】 第347條 내지 第348條의2, 제350조, 제350조의2와 第351條의 未遂犯은 處罰한다.
(2016.1.6 본조개정)

改前 第352條【未遂犯】第347條 내지 第348條의2, "第350條"와 第351條의 未遂犯은 處罰한다.(1995.12.29 본조개정)

참조 [미수범]25－29

第353條【資格停止의 倂科】 本章의 罪에는 10年 이하의 資格停止를 倂科할 수 있다.

참조 [자격정지]44

第354條【親族間의 犯行, 動力】 第328條와 第346條의 規定은 本章의 罪에 準用한다.

참조 [친족]민767－769, [고소]형소223·225·230·232·233, [공범]25, [형면제의 주장에 대한 판단]형소323②, [형면제선고]형소322, [재물]민98, [공소기각]형소327

第40章 橫領과 背任의 罪

第355條【橫領, 背任】 ① 他人의 財物을 保管하는 者가 그 財物을 橫領하거나 그 返還을 拒否한 때에는 5年 이하의 懲役 또는 1千500萬원 이하의 罰金에 處한다.
(1995.12.29 본항개정)

② 他人의 事務를 處理하는 者가 그 任務에 違背하는 行爲로써 財産上의 利益을 取得하거나 第三者로 하여금 이를 取得하게 하여 本人에게 損害를 加한 때에도 前項의 刑과 같다.

참조 [형의 병과]358, [미수범]359, [친족간의 범행]328·361, [동력]346·361, [특별규정]군형75, 한국조폐공사법19·20, [배상명령]소송촉진25－35

■ 횡령죄

① 횡령죄 일반

판례 금전의 수수를 수반하는 사무처리를 위임받은 자가 그 행위에 기하여 위임자를 위하여 제3자로부터 수령한 금전은, 목적이나 용도를 한정하여 위탁된 금전과 마찬가지로, 달리 특별한 사정이 없는 한 그 수령과 동시에 위임자의 소유에 속하고, 위임을 받은 자는 이를 위임자를 위하여 보관하는 관계에 있다고 보아야 하며, 위임받은 자가 그 행위에 기하여 위임자를 위하여 제3자로부터 수령한 금전도 목적이나 용도를 한정하여 위탁된 금전의 경우와 마찬가지로 그 위임의 취지대로 사용하지 않고 마음대로 피고인의 위임자에 대한 채권에 상계충당함은, 상계정산하기로 하였다는 특별한 약정이 없는 한, 당초 위임한 취지에 반하는 것으로서 횡령죄를 구성한다고 할 것이다.(대판 2007.2.22, 2006도8939)

판례 횡령죄가 위태범인지 여부 및 보관중인 타인의 재물을 담보로 제공하는 행위가 사법상 무효인 경우 횡령죄가 성립하는지 여부 : 횡령죄는 다른 사람의 재물에 관한 소유권 등 본권을 그 보호법익으로 하고 본권이 침해될 위험성이 있으면 그 침해의 결과가 발생되지 아니하더라도 성립하는 이른바 위태범이므로, 다른 사람의 재물을 보관하는 사람이 그 사람의 동의 없이 함부로 이를 담보로 제공하는 행위는 불법영득의 의사를 표현하는 횡령행위로서 사법(私法)상 그 담보제공행위가 무효이거나 그 재물에 대한 소유권이 침해되는 결과가 발생하는지 여부에 관계없이 횡령죄를 구성한다.
(대판 2002.11.13, 2002도2219)

② 타인의 재물

판례 채무자가 채권자에 대하여 소비대차 등으로 인한 채무를 부담하고 이를 담보하기 위하여 장래에 부동산의 소유권을 이전하기로 하는 내용의 대물변제예약에서, 약정의 내용에 좇은 이행을 하여야 할 채무는 특별한 사정이 없는 한 '자기의 사무'에 해당하는 것이 원칙이다. 대물변제예약의 궁극적 목적은 차용금반환채무의 이행 확보에 있고, 채무자가 대물변제예약에 따라 부동산에 관한 소유권이전등기절차를 이행할 의무는 궁극적 목적을 달성하기 위해 채무자에게 요구되는 부수적 내용이어서 이를 가지고 배임죄에서 말하는 신임관계에 기초하여 채권자의 재산을 보호 또는 관리하여야 하는 '타인의 사무'에 해당한다고 볼 수는 없다. 그러므로 채권 담보를 위한 대물변제예약 사안에서 채무자가 대물로 변제하기로 한 부동산을 제3자에게 처분하였다고 하더라도 형법상 배임죄가 성립하는 것은 아니다.(대판 2014.8.21, 2014도3363 전원합의체)

판례 목적과 용도를 정하여 위탁받은 금원을 임의로 소비한 경우 횡령죄의 성부 : 목적과 용도를 정하여 위탁한 금전은 정해진 목적, 용도에 사용할 때까지는 이에 대한 소유권이 위탁자에게 유보되어 있는 것으로서, 수탁자가 임의로 소비하면 횡령죄를 구성한다.
(대판 2006.3.9, 2003도6733)

판례 주식이 횡령죄의 객체가 될 수 있는지 여부 : 상법상 주식은 자본구성의 단위 또는 주주의 지위(株主權)를 의미하고, 주주권을 표창하는 유가증권인 주권(株券)과는 구분이 되는 바, 주권(株券)은 유가증권으로서 재물에 해당되므로 횡령죄의 객체가 될 수 있으나, 자본의 구성단위 또는 주주권을 의미하는 주식은 재물이 아니므로 횡령죄의 객체가 될 수 없다.(대판 2005.2.18, 2002도2822)

③ 보관

판례 낙찰계의 계주가 계원들과의 약정에 따라 부담하는 계금지급의무가 배임죄에서 말하는 '타인의 사무'에 해당하려면 그 관계의 본질적 내용이 단순한 채권관계상의 의무를 넘어서 신임관계에 기초하여 타인의 재산을 보호 내지 관리하는 데 이르러야 하는바, 계주가 계원들로부터 계불입금을 징수하게 되면 그 계불입금은 실질적으로 낙찰계원에 대한 계금지급을 위하여 계주에게 위탁된 금원의 성격을 지니고 따라서 계주는 이를 낙찰·지급받을 계원과의 사이에서 단순한 채권관계를 넘어 신의칙상 그 계금지급을 위하여 위 계불입금을 보호 내지 관리하여야 하는 신임관계에 들어서게 되므로, 이에 기초한 계주의 계금지급의무는 배임죄에서 말하는 타인의 사무에 해당한다. 그러나 계주가 계원들로부터 계불입금을 징수하지 아니하였다면 그러한 상태에서 부담하는 계금지급의무는 위와 같은 신임관계에 이르지 아니한 단순한 채권관계상의 의무에 불과하여 타인의 사무에 속하지 아니하고, 이는 계주가 계원들과의 약정을 위반하여 계불입금을 징수하지 아니한 경우라 하여 달리 볼 수 없다.
(대판 2009.8.20, 2009도3143)

판례 횡령죄에 있어서 '위탁'의 의미 : 횡령죄에서 그 위탁관계는 사실상의 관계이면 족하고 위탁자에게 유효한 처분을 할 권한이 있는지 또는 수탁자가 법률상 그 재물을 수탁할 권리가 있는지 여부를 불문하는 것이다.(대판 2004.5.27, 2003도6988)

판례 횡령죄에 있어서 재물의 보관의 의미 : 횡령죄에 있어서 재물의 보관이라 함은 재물에 대한 사실상 또는 법률상 지배력이 있는 상태를 의미하고 그 보관이 위탁관계에 기인하여야 할 것임은 물론이나, 그것이 반드시 사용대차·임대차·위임 등의 계약에 의하여 설정되는 것임을 요하지 아니하고, 사무관리·관습·조리·신의칙 등에 의해서도 성립될 수 있다.(대판 2003.9.23, 2003도3840)

판례 부동산의 이중양도와 배임죄 실행의 착수 시기 : 부동산의 이중양도에서 매도인이 제2차 매수인에게서 계약금만을 지급받고 중도금을 수령한 바 없다면 배임죄의 실행의 착수가 있었다고 볼 수 없다.(피고인이 제1차 매수인으로부터 계약금과 중도금 명목의 돈을 교부받은 후 제2차 매수인에게 부동산을 매도하기로 하고 계약금만을 지급받은 뒤 더 이상의 계약 이행에 나아가지 않았다면 배임죄의 실행의 착수가 있었다고 볼 수 없다고 한 사례)
(대판 2003.3.25, 2002도7134)

판례 채권양도인과 채권양수인과의 사이에 채무자가 채권양도인에게 채무의 변제로서 금전을 교부하는 경우, 이를 채권양수인에게 귀속하는 것으로 하기로 특약을 하는 것과 같은 특별한 사정이 없는 한, 채권양도인이 채무자로부터 교부받은 금전을 그대로 채권양수인에게 넘겨야 하거나 채권양수인의 지시에 따라 처리하여야 할 의무가 있다고 볼 근거도 없으므로, 채권양도인이 위 금전을 채권양수인을 위하여 보관하는 지위에 있다고 볼 수도 없다.
(대판 1999.4.15, 97도666 전원합의체)

④ 횡령 및 반환거부

판례 중간생략등기형 명의신탁에 있어서 수탁자가 부동산을 임의로 처분한 경우, 횡령죄의 성립 여부 : 명의신탁자가 매수한 부동산에 관하여 부동산실명법을 위반하여 명의수탁자와 맺은 명의신탁약정에 따라 매도인에게서 바로 명의수탁자 명의로 소유권이전등기를 마친 이른바 중간생략등기형 명의신탁을 한 경우, 명의신탁자는 신탁부동산의 소유권을 가지지 아니하고, 명의신탁자와 명의수탁자 사이에 위탁신임관계를 인정할 수도 없다. 따라서 명의수탁자가 명의신탁자의 재물을 보관하는 자라고 할 수 없으므로, 명의수탁자가 신탁받은 부동산을 임의로 처분하여도 명의신탁자에 대한 관계에서 횡령죄가 성립하지 아니한다.(대판 2016.5.19, 2014도6992)

판례 **목적과 용도를 정하여 위탁받은 금원을 임의로 소비한 경우 횡령죄의 성부** : 목적과 용도를 정하여 위탁한 금전은 정해진 목적, 용도에 사용할 때까지는 이에 대한 소유권이 위탁자에게 유보되어 있는 것으로서, 수탁자가 임의로 소비하면 횡령죄를 구성한다.
(대판 2006.3.9, 2003도6733)

판례 **'반환의 거부'의 의미 및 그 판단 기준** : '반환의 거부'란 보관물에 대하여 소유자의 권리를 배제하는 의사표시를 하는 행위를 뜻하므로, '반환의 거부'가 횡령죄를 구성하려면 타인의 재물을 보관하는 자가 단순히 그 반환을 거부한 사실만으로는 부족하고 그 반환거부의 이유와 주관적인 의사들을 종합하여 반환거부행위가 횡령행위와 같다고 볼 수 있을 정도이어야 한다.(대판 2006.2.10, 2003도7487)

⑤ 입증

판례 피고인이 자신이 위탁받아 보관중이던 돈이 모두 없어졌는데도 그 행방이나 사용처를 설명하지 못하거나 또는 피고인이 주장하는 사용처에 사용된 자금이 다른 자금으로 충당된 것으로 드러나는 등 피고인이 주장하는 사용처에 사용되었다는 점을 인정할 수 있는 자료가 부족하고 오히려 개인적인 용도에 사용하였다는 점에 대한 신빙성 있는 자료가 많은 경우에는 일응 피고인이 위 돈을 불법영득의 의사로서 횡령한 것으로 추단할 수 있다.
(대판 2002.9.4, 2000도637)

판례 **횡령죄의 불법영득의사를 인정함에 필요한 입증의 정도** : 불법영득의사를 실현하는 행위로서의 횡령행위가 있다는 점은 검사가 입증하여야 하는 것으로서 그 입증은 법관으로 하여금 합리적인 의심을 할 여지가 없을 정도의 확신을 생기게 하는 증명력을 가진 엄격한 증거에 의하여야 하고, 이와 같은 증거가 없다면 설령 피고인에게 유죄의 의심이 간다 하더라도 피고인의 이익으로 판단할 수밖에 없다고 할 것이다.(대판 2000.3.14, 99도457)

■ 배임죄

① 타인의 사무

판례 배임죄는 타인의 사무를 처리하는 자가 그 임무에 위배하는 행위로써 재산상 이익을 취득하거나 제3자로 하여금 이를 취득하게 하여 본인에게 손해를 가함으로써 성립하는 범죄로서, 여기에서 '재산상의 손해를 가한 때'에는 현실적인 손해를 가한 경우뿐만 아니라 재산상 실해 발생의 위험을 초래한 경우도 포함된다. 재산상 손해의 유무에 대한 판단은 본인의 전 재산 상태와의 관계에서 법률적 판단에 의하지 아니하고 경제적 관점에서 파악하여야 하므로, 법률적 판단에 의하여 당해 배임행위가 무효라 하더라도 경제적 관점에서 파악하여 배임행위로 인하여 본인에게 현실적인 손해를 가하였거나 재산상 실해 발생의 위험을 초래한 경우에는 재산상의 손해를 가한 때에 해당되어 배임죄를 구성한다. 이러한 법리는 최초 배임행위가 법률적 관점에서 무효라고 하더라도 그 후 타인의 사무를 처리하는 자가 계속적으로 배임행위에 관여하여 본인에게 현실적인 손해를 가한 경우에도 마찬가지라고 할 것이다.(대판 2013.4.11, 2012도15585)

판례 종중의 임원이 종중 소유 재산의 관리·처분에 관한 사무로서 타인에게 종중의 자금을 대여함에 있어 충분한 담보를 제공받는 등 상당하고도 합리적인 채권회수조치를 취하지 아니한 채 대여해 주었다면, 종중규약의 규정 또는 종중총회의 결의 등에 기하여 그와 같은 자금대여가 허용된다고 볼 수 있는 특별한 사정이 없는 한, 이는 타인에게 이익을 얻게 하고 종중에 손해를 가하는 행위로서 종중에 대하여 배임행위가 되고, 이러한 이치는 그 타인이 종원이라 하여 달라지지 않는다.(대판 2007.12.28, 2007도6554)

판례 위임받은 타인의 사무가 부동산소유권이전등기의무인 경우에 매도인의 임무위배행위로 인하여 매도인의 소유권이전등기의무가 이행불능되거나 이행불능에 빠질 위험성이 있으면 배임죄가 성립하고, 매도인과 매수인 사이에 소유권이전등기절차를 이행하기로 하는 재판상화해가 성립한 경우에도 마찬가지이다.
(대판 2007.7.26, 2007도3882)

판례 **구두증여계약에 의한 증여자가 배임죄의 주체에 해당하는지 여부** : 서면에 의하지 아니한 증여계약이 행하여진 경우 당사자는 그 증여가 이행되기 전까지는 언제든지 이를 해제할 수 있으므로 증여자가 구두의 증여계약에 따라 수증자에 대하여 증여 목적물의 소유권을 이전하여 줄 의무를 부담한다고 하더라도 그 증여자는 수증자의 사무를 처리하는 자의 지위에 있다고 할 수 없다.
(대판 2005.12.9, 2005도5962)

판례 **배임죄의 주체인 '타인의 사무를 처리하는 자'의 의미** : '타인의 사무를 처리하는 자'란 양자 간의 신임관계에 기초를 두고 타인의 재산관리에 관한 사무를 대행하거나 타인 재산의 보전행위에 협력하는 자의 경우 등을 가리킨다.(대판 2004.6.17, 2003도7645 전원합의체)

② 사무의 처리

판례 **양도담보를 제공한 채무자가 '타인의 사무를 처리하는 자'에 해당하는지 여부** : 기계 등 동산을 은행에 담보로 제공한 채무자가 그 동산을 계속 점유하던 중 이를 제3자에게 처분하더라도 배임죄로 처벌할 수 없다. 금전채권채무 관계에서 채권자가 채무자의 급부이행에 대한 신뢰를 바탕으로 금전을 대여하고 채무자의 성실한 급부이행에 의해 채권의 만족이라는 이익을 얻게 된다 하더라도, 채권자가 채무자에 대한 신임을 기초로 그의 재산을 보호 또는 관리하는 임무를 부여하였다고 할 수 없고, 금전채무의 이행은 어디까지나 채무자가 자신의 급부의무의 이행으로서 행하는 것이므로 이를 두고 채권자의 사무를 맡아 처리하는 것으로 볼 수 없다.
(대판 2020.2.20, 2019도9756 전원합의체)

판례 자동차에 대하여 저당권이 설정되는 경우 자동차의 교환가치는 그 저당권에 포섭되고, 저당권설정자가 자동차를 매도하여 그 소유자가 달라지더라도 저당권에는 영향이 없으므로, 특별한 사정이 없는 한 저당권설정자가 단순히 그 저당권의 목적인 자동차를 다른 사람에게 매도한 것만으로는 배임죄에 해당하지 아니하나, 자동차를 담보로 제공하고 점유하는 채무자가 부당히 그 담보가치를 감소시키는 행위를 한 경우 배임죄의 죄책을 면할 수 없다.
(대판 2012.9.13, 2010도11665)

판례 배임죄에 있어서 '임무에 위배하는 행위'라 함은 처리하는 사무의 내용, 성질 등에 비추어 법령의 규정, 계약의 내용 또는 신의칙상 당연히 할 것으로 기대되는 행위를 하지 않거나 당연히 하지 않아야 할 것으로 기대되는 행위를 함으로써 본인과의 신임관계를 저버리는 일체의 행위를 포함한다.
(대판 1995.12.22, 94도3013)

판례 **단순히 타인에 대하여 채무를 부담하는 것이 배임죄에 있어서 타인의 사무처리에 해당하는지 여부** : "타인의 사무처리"로 인정되려면, 타인의 재산관리에 관한 사무의 전부 또는 일부를 타인을 위하여 대행하는 경우와 타인의 재산보전행위에 협력하는 경우라야만 되는 것이고, 단순히 타인에 대하여 채무를 부담함에 불과한 경우에는 본인의 사무로 인정될지언정, 타인의 사무처리에 해당한다 할 수는 없다.(대판 1984.12.26, 84도2127)

③ 재산상 이익 취득

판례 **배임행위로 인하여 행위자나 제3자가 재산상 이익을 취득하지 않은 경우 배임죄의 성립 여부** : 배임죄는 본인에게 재산상의 손해를 가하는 외에 배임행위로 인하여 행위자 스스로 또는 제3자로 하여금 재산상의 이익을 취득할 것을 요건으로 하므로, 본인에게 손해를 가하였다고 할지라도 재산상 이익을 행위자 또는 제3자가 취득한 사실이 없다면 배임죄가 성립하지 않는다.(대판 2006.7.27, 2006도3145)

판례 **배임죄에 있어서 '재산상의 손해를 가한 때'의 의미** : 배임죄에 있어서 '재산상의 손해를 가한 때'라 함은 현실적인 손해를 가한 경우뿐만 아니라 재산상 실해 발생의 위험을 초래한 경우도 포함된다.
(대판 2000.3.14, 99도4923)

■ 적용 및 타죄와의 관계

① 적용

판례 **횡령행위를 주선하고 그 처분행위를 적극적으로 종용한 경우, 횡령행위에 가담한 공동정범의 죄책을 부담하는지 여부** : 주식회사의 재산을 임의로 처분하려는 대표이사의 횡령행위를 주선하고 그 처분행위를 적극적으로 종용한 경우에는 대표이사의 횡령행위에 가담한 공동정범의 죄책을 면할 수 없다.(대판 2005.8.19, 2005도3045)

판례 **위탁판매와 횡령죄** : 위탁판매에 있어서는 위탁품의 소유권은 위임자에게 속하고 그 판매대금은 다른 특약이나 특별한 사정이 없는 한 이를 수령함과 동시에 위탁자에 귀속한다 할 것이므로 위탁매매인이 이를 사용, 소비한 때에는 횡령죄가 성립한다.
(대판 1982.2.23, 81도2619)

② 타죄와의 관계

판례 조합 등의 단체에 있어서 그 자금의 용도가 엄격하게 제한되어 있는 경우에는 그 용도 외의 사용은 그것이 조합을 위한 것이라고 하더라도 그 사용행위 자체로서 불법영득의 의사를 실현한 것이 되어 불법영득의 의사를 부정할 수 없다고 할 것이다.
(대판 2007.2.22, 2006도2238)

판례 **장물보관 의뢰를 받은 자가 그 정을 알면서 이를 보관하고 있다가 임의 처분한 경우, 장물보관죄 이외에 횡령죄가 성립하는지 여부** : 절도 범인으로부터 장물보관 의뢰를 받은 자가 그 정을 알면서 이를 인도받아 보관하고 있다가 임의 처분하였다 하여도 장물보관죄가 성립하는 때에는 이미 그 소유자의 소유물 추구권을 침해하였으므로 그 후의 횡령행위는 불가벌적 사후행위에 불과하여 별도로 횡령죄가 성립하지 않는다.(대판 2004.4.9, 2003도8219)

第356條【業務上의 橫領과 背任】 業務上의 任務에 違背하여 第355條의 罪를 犯한 者는 10年 이하의 懲役 또는 3千萬원 이하의 罰金에 處한다.(1995.12.29 본조개정)

참조 [형의 병과]358, [미수범]359, [친족간의 범행]328·361, [특수배임죄]상622·624, [배상명령]소송촉진25－35

■ 업무상 횡령

판례 **수개의 업무상 횡령행위가 포괄일죄로 되기 위한 요건** : 수개의 업무상 횡령행위라 하더라도 피해법익이 단일하고, 범죄의 태양이 동일하며 단일 범의의 발현에 기인하는 일련의 행위라고 인정될 때에는 포괄하여 1개의 범죄라고 봄이 타당할 것이다.
(대판 2006.6.2, 2005도3431)

판례 업무상 횡령죄에 있어서의 횡령행위란 불법영득의사를 실현하는 일체의 행위를 말하는 것으로서 불법영득의사가 외부에 인식될 수 있는 객관적 행위가 있을 때 횡령죄가 성립하는 것이다.
(대판 2004.12.9, 2004도5904)
■ 업무상 배임
판례 업무상배임죄가 성립하려면 주관적 요건으로서 임무위배의 인식과 그로 인하여 자기 또는 제3자가 이익을 취득하고 본인에게 손해를 가한다는 인식, 즉 배임의 고의가 있어야 한다. 이러한 인식은 미필적 인식으로도 족하므로, 이익을 취득하는 제3자가 같은 계열회사이고 계열그룹 전체의 회생을 위한다는 목적에서 이루어진 행위로서 그 행위의 결과가 일부 본인을 위한 측면이 있다 하더라도 본인의 이익을 위한다는 의사는 부수적일 뿐이고 이득 또는 가해의 의사가 주된 것임이 판명되면 배임죄의 고의를 부정할 수 없다.
(대판 2009.7.23, 2007도541)
판례 업무 담당자의 '상급기관'이 업무상 배임죄의 주체가 될 수 있는지 여부 : 업무상 배임죄에 있어서 '타인의 사무를 처리하는 자'라 함은 고유 권한으로 그 처리를 하는 자에 한하지 않고, 직접 업무를 담당하고 있는 자가 아니더라도 그 업무 담당자의 상급기관으로서 실행행위자의 행위가 피해자인 본인에 대한 배임행위에 해당한다는 것을 알면서도 실행행위자의 배임행위를 교사하거나 또는 배임행위의 전 과정에 관여하는 등으로 배임행위에 적극 가담한 경우에는 배임죄의 주체가 된다.(대판 2004.7.9, 2004도810)
판례 업무상배임죄의 고의와 그 입증 방법 : 업무상배임죄의 주관적 요소로 되는 사실(고의, 동기 등의 내심적 사실)은 피고인이 본인의 이익을 위하여 문제가 된 행위를 하였다고 주장하면서 범의를 부인하고 있는 경우에는 사물의 성질상 고의와 상당한 관련성이 있는 간접사실을 증명하는 방법에 의하여 입증할 수밖에 없고, 무엇이 상당한 관련성이 있는 간접사실에 해당할 것인가는 정상적인 경험칙에 바탕을 두고 치밀한 관찰력이나 분석력에 의하여 사실의 연결상태를 합리적으로 판단하는 방법에 의하여야 한다.
(대판 2003.10.10, 2003도3516)
판례 금융기관의 직원들이 대출을 함에 있어 대출채권의 회수를 확실하게 하기 위하여 충분한 담보를 제공받는 등 상당하고도 합리적인 조치를 강구함이 없이 만연히 대출을 해 주었다면 업무위배행위로 제3자로 하여금 재산상 이득을 취득하게 하고 금융기관에 손해를 가한다는 인식이 없었다고 볼 수 없다.(대판 2003.2.11, 2002도5679)
판례 대주주의 승낙과 이사회의 결의를 거치고 이사가 배임행위를 한 경우 배임죄의 성립여부 : 이사가 임무에 위배하여 주주 또는 회사 채권자에게 손해가 될 행위를 하였다면 이사회의 결의가 있었다고 하여 그 배임행위가 정당화될 수 없는 것이다.
(대판 2000.5.26, 99도2781)
판례 업무상배임죄에 있어서의 손해발생의 의미 : 업무상배임죄의 구성요건인 본인의 손해가 구체적으로 발생한 실해만을 뜻하는 것은 아니므로 현재까지 회사에 대한 약속어음금의 이행청구나 압류 등의 사실이 없다 하여 회사의 손해발생이 없는 경우라고 볼 수는 없다.(대판 1983.3.8, 82도2873)
■ 외국판례
일판 농업협동조합의 조합장인 피고인이 임무에 위배하여 조합명의로 약속어음을 발행한 때에는 배임죄가 성립하고 그 어음을 조합의 당좌예금으로부터 인출하여 지급한 행위도 또한 위 배임죄의 일부로서 따로 횡령죄를 구성하는 것은 아니다.
(日・最高 1965.5.27)

第357條【배임수증재】 ① 타인의 사무를 처리하는 자가 그 임무에 관하여 부정한 청탁을 받고 재물 또는 재산상의 이익을 취득하거나 제3자로 하여금 이를 취득하게 한 때에는 5년 이하의 징역 또는 1천만원 이하의 벌금에 처한다.(2016.5.29 본항개정)
② 제1항의 재물 또는 재산상 이익을 공여한 자는 2년 이하의 징역 또는 500만원 이하의 벌금에 처한다.
(2020.12.8 본항개정)
③ 범인 또는 그 사정을 아는 제3자가 취득한 제1항의 재물은 몰수한다. 그 재물을 몰수하기 불가능하거나 재산상의 이익을 취득한 때에는 그 가액을 추징한다.
(2020.12.8 전단개정)
(2016.5.29 본조제목개정)
改前 "② 第1項의 財物 또는 利益을 供與한 者는 2年 이하의 懲役 또는 500萬원 이하의 罰金에 處한다.(1995.12.29 본항개정)"
③ 범인 또는 "정(情)을" 아는 제3자가 취득한…
참조 [몰수대상과 추징]48, [형의 병과]358, [미수범]359, [친족간의 범행]328・361, [배상명령]소송촉진25－35
판례 배임수재죄는 타인의 사무를 처리하는 자가 임무에 관하여 부정한 청탁을 받고 재물 또는 재산상 이익을 취득함으로써 성립하는데, 배임수재죄 주체로서 '타인의 사무를 처리하는 자'란 타인과 대내관계에서 신의성실의 원칙에 비추어 사무를 처리할 신임관계가 존재한다고 인정되는 자를 의미하고, 반드시 제3자에 대한 대외관계에서 사무에 관한 권한이 존재할 것을 요하지 않으며, 또 사무가 포괄적 위탁사무일 것을 요하는 것도 아니고, 사무처리의 근거, 즉 신임관계의 발생근거는 법령의 규정, 법률행위, 관습 또는 사무관리에 의하여도 발생할 수 있다.(대판 2011.8.25, 2009도5618)
판례 주식회사의 이사가 타인의 사무를 처리하는 자로서 배임수재죄의 주체가 될 수 있는지 여부 : 주식회사의 이사는 주주총회에서 선임되며, 회사와 이사의 관계는 위임에 관한 규정을 준용하고, 이사는 법령과 정관의 규정에 따라 회사를 위하여 그 직무를 충실하게 수행하여야 할 의무가 있으므로, 주식회사의 이사는 법률의 규정에 의하여 '타인의 사무를 처리하는 자'로서 배임수재죄의 주체가 될 수 있다.(대판 2002.4.9, 99도2165)
판례 '부정한 청탁'의 의미 : 여기서 '부정한 청탁'이라 함은 사회상규와 신의성실의 원칙에 반하는 것으로, 이를 판단함에 있어서는 청탁의 내용과 이에 관련되어 교부받거나 공여한 재물의 액수, 형식, 보호법익인 사무처리자의 청렴성 등을 종합적으로 고찰하여야 한다.
(대판 2002.4.9, 99도2165)
판례 대학교수가 특정출판사의 교재를 채택하여 달라는 청탁을 받고 교재 판매대금의 일정비율에 해당하는 금원을 받은 경우 배임수증죄를 긍정한다. 그 청탁이 반드시 명시적임을 요하는 것은 아니다.
(대판 1996.10.11, 95도2090)

第358條【資格停止의 倂科】 前3條의 罪에는 10年 이하의 資格停止를 倂科할 수 있다.
참조 [자격정지]44

第359條【未遂犯】 第355條 내지 第357條의 未遂犯은 處罰한다.
참조 [미수범]25－29

第360條【占有離脫物橫領】 ① 遺失物, 漂流物 또는 他人의 占有를 離脫한 財物을 橫領한 者는 1年 이하의 懲役이나 300萬원 이하의 罰金 또는 科料에 處한다.
(1995.12.29 본항개정)
② 埋藏物을 橫領한 者도 前項의 刑과 같다.
참조 [점유]민192이하, [친족간의 범행]328・361, [유실물]유실물1・11・12, [매장물]유실물13, [선의취득]민249・250
일판 호수로 도망한 잉어는 회수가 사실상 곤란하다 하더라도 그것으로 곧 본죄의 객체가 되지 않는다는 것이 아니고 이것을 당일 부근에서 영득하는 행위는 본죄에 해당한다.(日・最高 1981.2.20)

第361條【親族間의 犯行, 動力】 第328條와 第346條의 規定은 本章의 罪에 準用한다.
참조 [고소]328, 형소223・225・230・232・233, [형면제 선고]형소322, [형면제의 주장에 대한 판단]형소323②, [동력]346, [재물]민98, [공소기각]형소327

第41章 贓物에 관한 罪

第362條【贓物의 取得, 斡旋 등】 ① 장물을 取得, 讓渡, 運搬 또는 保管한 者는 7年 이하의 懲役 또는 1千500萬원 이하의 罰金에 處한다.(1995.12.29 본항개정)
② 前項의 行爲를 斡旋한 者도 前項의 刑과 같다.
참조 [본범과 공범]형소11, [상습범]363, [친족간의 범행]328・365, [선의취득]민249・250
판례 장물알선죄에서 '알선'이란 장물을 취득・양도・운반・보관하려는 당사자 사이에 서서 이를 중개하거나 편의를 도모하는 것을 의미한다. 따라서 장물인 정을 알면서, 장물을 취득・양도・운반・보관하려는 당사자 사이에 서서 서로를 연결하여 장물의 취득・양도・운반・보관행위를 중개하거나 편의를 도모하였다면, 그 알선에 의하여 당사자 사이에 실제로 장물의 취득・양도・운반・보관에 관한 계약이 성립하지 아니하였거나 장물의 점유가 현실적으로 이전되지 아니한 경우라도 장물알선죄가 성립한다.
(대판 2009.4.23, 2009도1203)
판례 장물인 현금과 자기앞수표를 금융기관에 예치하였다가 현금으로 인출한 경우, 인출한 현금의 장물성 여부 : 장물인 현금 또는 수표를 금융기관에 예금의 형태로 보관하였다가 이를 반환받기 위하여 동일한 액수의 현금 또는 수표를 인출한 경우에 예금계약의 성질상 그 인출된 현금 또는 수표는 당초의 현금 또는 수표와 물리적인 동일성은 상실되었지만 액수에 의하여 표시되는 금전적 가치에는 아무런 변동이 없으므로, 장물로서의 성질은 그대로 유지된다.
(대판 2004.4.16, 2004도353)

판례 장물취득죄에 있어서 '취득'의 의미 : 장물취득죄에서 '취득'이라 함은 점유를 이전받아 장물에 대하여 사실상의 처분권을 획득하는 것을 의미하는 것이므로, 단순히 보수를 받고 본범을 위하여 장물을 일시 사용하거나 그와 같이 사용할 목적으로 장물을 건네 받은 것만으로는 장물을 취득한 것으로 볼 수 없다.
(대판 2003.5.13, 2003도1366)

판례 장물죄를 인정하기 위하여는 본범의 범죄행위를 구체적으로 명시하여야 하는지 여부 : 장물죄에 있어서의 장물이 되기 위하여는 본범이 절도, 강도, 사기, 공갈, 횡령 등 재산죄에 의하여 영득한 물건이면 족하고 그 중 어느 범죄에 의하여 영득한 것인지를 구체적으로 명시할 것을 요하지 않는다.(대판 2000.3.24, 99도5275)

판례 장물취득죄에 있어서 장물의 인식정도와 그 인정기준 : 장물취득죄에 있어서 장물의 인식은 확정적 인식임을 요하지 않으며 장물일지도 모른다는 의심을 가지는 정도의 미필적 인식으로서도 충분하고, 또한 장물인 정을 알고 있었느냐의 여부는 장물 소지자의 신분, 재물의 성질, 거래의 대가 기타 상황을 참작하여 이를 인정할 수 밖에 없다.(대판 1995.1.20, 94도1968)

판례 장물의 의미 : 장물이라 함은 재산죄인 범죄행위에 의하여 영득된 물건을 말하는 것으로서 절도, 강도, 사기, 공갈, 횡령 등 영득죄에 의하여 취득된 물건이어야 한다.(대판 1975.9.23, 74도1804)

판례 장물이란 영득죄에 의하여 취득한 물건 자체를 말하는 것으로서 피해자의 회복추구권이 없어진 경우에는 장물성을 상실하므로 절취한 물품을 처분하여 얻은 돈을 받았다 하더라도 장물취득죄가 성립되지 않는다.(대판 1972.2.22, 71도2296)

第363條【常習犯】 ① 常習으로 前條의 罪를 犯한 者는 1年 이상 10年 이하의 懲役에 處한다.

② 第1項의 경우에는 10年 이하의 資格停止 또는 1千500萬원 이하의 罰金을 併科할 수 있다.(1995.12.29 본항개정)

참조 [자격정지]44, [친족간의 범행]328·365

第364條【業務上過失, 重過失】 業務上過失 또는 重大한 過失로 因하여 第362條의 罪를 犯한 者는 1年 이하의 禁錮 또는 500萬원 이하의 罰金에 處한다.(1995.12.29 본조개정)

참조 [친족간의 범행]328·365

第365條【親族間의 犯行】 ① 前3條의 罪를 犯한 者와 被害者間에 第328條第1項, 第2項의 身分關係가 있는 때에는 同條의 規定을 準用한다.

② 前3條의 罪를 犯한 者와 本犯間에 第328條第1項의 身分關係가 있는 때에는 그 刑을 減輕 또는 免除한다. 但, 身分關係가 없는 共犯에 대하여는 例外로 한다.

참조 [친족]민767-769, [고소]328, 형소223·225·230·232·233, [관련사건]형소11, [형면제 선고]형소322, [형면제등의 주장에 대한 판단]형소323②, [감경례]54·55, [공소기각]형소327

第42章 損壞의 罪

第366條【財物損壞등】 他人의 財物, 文書 또는 電磁記錄등 特殊媒體記錄을 損壞 또는 隱匿 기타 方法으로 其效用을 害한 者는 3年 이하의 懲役 또는 700萬원 이하의 罰金에 處한다.(1995.12.29 본조개정)

참조 폭력처벌2, [미수범]371, [동력]346·372, [상속인등의 결격사유]민1004·1064, [문화유산 손괴]문화유산92-94, [군용물 손괴]군용물등범죄3, [특별규정]국가보안4, [배상명령]소송촉진25-35

판례 소정의 재물손괴죄는 타인의 재물을 손괴 또는 은닉하거나 기타의 방법으로 그 효용을 해하는 경우에 성립하는바, 여기에서 재물의 효용을 해한다고 함은 사실상으로나 감정상으로 그 재물을 본래의 사용목적에 제공할 수 없게 하는 상태로 만드는 것을 말하며, 일시적으로 그 재물을 이용할 수 없는 상태로 만드는 것도 여기에 포함된다. 특히, 건조물의 벽면에 낙서를 하거나 게시물을 부착하는 행위 또는 오물을 투척하는 행위 등이 그 건조물의 효용을 해하는 것에 해당하는지 여부는, 당해 건조물의 용도와 기능, 그 행위가 건조물의 채광·통풍·조망 등에 미치는 영향과 건조물의 미관을 해치는 정도, 건조물 이용자들이 느끼는 불쾌감이나 저항감, 원상회복의 난이도와 거기에 드는 비용, 그 행위의 목적과 시간적 계속성, 행위 당시의 상황 등 제반 사정을 종합하여 사회통념에 따라 판단하여야 한다.(대판 2007.6.28, 2007도2590)

판례 임차인이 가재도구를 그대로 둔 채 시골로 내려가 버린 사이에 임대인의 모인 피고인이 임차인의 승낙없이 가재도구를 옥상에 옮겨 놓으면서 그 위에다 비닐장판과 비닐천등을 덮어씌워 비가 스며들지 않게끔 하고 또한 다른 사람이 열지 못하도록 종이를 바르는등 조치를 취하였다면 설사 그 무렵 내린 비로 침수되어 그 효용을 해하였다 하더라도 손괴의 범의가 있다고 보기 어렵다.
(대판 1983.5.10, 83도595)

일판 경찰이 위법한 조사로 작성된 공술녹취서(供述錄取書)도 본조에서 말하는 문서에 해당한다.(日·最高 1982.6.24)

독판 고의적으로 차량 타이어의 공기를 빼내 버리는 행위는 차량의 손괴행위가 될 수 있다.(BGHSt 13, 207)

독판 배전반상자의 실체를 해치지 않거나 그의 효용을 해치지 않고서 독일연방우체국의 배전반상자에 광고지를 부착한 행위는 재물손괴행위가 아니다.(BGHSt 29, 129)

第367條【公益建造物破壞】 公益에 供하는 建造物을 破壞한 者는 10年 이하의 懲役 또는 2千萬원 이하의 罰金에 處한다.(1995.12.29 본조개정)

참조 [미수범]371, [동력]346·372, [본조의 준용]문화유산94, [군용물 손괴]군용물등범죄3, [배상명령]소송촉진25-35

第368條【重損壞】 ① 前2條의 罪를 犯하여 사람의 生命 또는 身體에 대하여 危險을 發生하게 한 때에는 1年 이상 10年 이하의 懲役에 處한다.

② 第366條 또는 第367條의 罪를 犯하여 사람을 傷害에 이르게 한 때에는 1年 이상의 有期懲役에 處한다. 死亡에 이르게 한 때에는 3年 이상의 有期懲役에 處한다.
(1995.12.29 본항개정)

참조 [상해죄]257-259, [동력]346·372, [군용물 손괴]군용물등범죄3, [배상명령]소송촉진25-35

第369條【特殊損壞】 ① 團體 또는 多衆의 威力을 보이거나 危險한 物件을 携帶하여 第366條의 罪를 犯한 때에는 5年 이하의 懲役 또는 1千萬원 이하의 罰金에 處한다.

② 第1項의 方法으로 第367條의 罪를 犯한 때에는 1年 이상의 有期懲役 또는 2千萬원이하의 罰金에 處한다.
(1995.12.29 본조개정)

참조 [미수범]371, [동력]346·372, [군용물 손괴]군용물등범죄3, 폭력처벌3, [배상명령]소송촉진25-35

第370條【境界侵犯】 境界標를 損壞, 移動 또는 除去하거나 기타 方法으로 土地의 境界를 認識不能하게 한 者는 3年 이하의 懲役 또는 500萬원이하의 罰金에 處한다.
(1995.12.29 본조개정)

참조 [군용물 범죄]군용물등범죄3, [배상명령]소송촉진25-35

판례 경계침범죄에서 말하는 '경계'는 반드시 법률상의 정당한 경계를 가리키는 것은 아니고, 비록 법률상의 정당한 경계에 부합되지 않는 경계라 하더라도 그것이 종래부터 일반적으로 승인되어 왔거나 이해관계인들의 명시적 또는 묵시적 합의에 의하여 정해진 것으로서 객관적으로 경계로 통용되어 왔다면 이는 본조에서 말하는 경계고, 법률상의 정당한 경계인지 여부에 대하여 다툼이 있다고 하더라도, 그 사실상의 경계가 법률상 정당한 경계가 아니라는 점이 이미 판결로 확정되었다는 등 경계로서의 객관성을 상실하는 것으로 볼 만한 특단의 사정이 없는 한, 여전히 본조에서 말하는 경계에 해당되는 것이라고 보아야 한다. 그리고 이러한 경계를 표시하는 경계표는 반드시 담장 등과 같이 인위적으로 설치된 구조물만을 의미하는 것은 아니고, 수목이나 유수 등과 같이 종래부터 자연적으로 존재하던 것이라도 경계표지로 승인된 것이면 여기의 경계표에 해당한다.(대판 2007.12.28, 2007도9181)

판례 일시적인 경계표도 경계침범죄의 객체에 해당하는지 여부(적극) : 형법 제370조에서 말하는 경계표는 그것이 어느 정도 객관적으로 통용되는 사실상의 경계를 표시하는 것이라면 영속적인 것이 아니고 일시적인 것이라도 이 죄의 객체에 해당한다.
(대판 1999.4.9, 99도480)

판례 형법 제370조 소정 계표의 의의 : 형법 제370조의 경계침범죄는 토지의 경계에 관한 권리관계의 안정을 확보하여 사권을 보호하고 사회질서를 유지하려는데 그 규정목적이 있으므로 비록 실체상의 경계선에 부합되지 않는 경계표라 할지라도 그것이 종전부터 일반적으로 승인되어 왔다거나 이해관계인들의 명시적 또는 묵시적 합의에 의하여 정하여진 것이라면 그와 같은 경계표는 위 법조 소정의 계표에 해당된다 할 것이고 반대로 기존경계가 진실한 권리상태와 맞지 않는다는 이유로 당사자의 어느 한쪽이 기존경계를 무시하고 일방적으로 경계측량을 하여 이를 실체권리관계에 맞는 경계라고 주장하면서 그 위에 계표를 설치하더라도 이와 같은 경계표는 위 법조에서 말하는 계표에 해당되지 않는다.(대판 1986.12.9, 86도1492)

第371條【未遂犯】 第366條, 第367條와 第369條의 未遂犯은 處罰한다.

참조 [미수범]25-29

第372條【動力】 本章의 罪에는 第346條를 準用한다.
참조 [동력]346, [재물]민98

附 則

第1條【舊刑法 기타 法令과 刑의 輕重】 本法 또는 本法 施行後에 施行된 다른 法律이나 命令(以下 다른 新法令이라고 稱한다)과 本法 施行直前의 刑法(以下 舊刑法이라고 稱한다), 다른 法律, 命令, 布告나 法令(이하 다른 舊法令이라고 稱한다) 또는 本法 施行前後에 걸쳐서 施行중인 다른 法律, 命令, 布告나 法令(以下 다른 存續法令이라고 稱한다)에 定한 刑의 輕重은 第50條에 의한다.

第2條【刑의 種類의 適用例】 ① 本法 施行前에 犯한 罪에 대한 刑의 輕重의 比較는 가장 重한 刑의 長期 또는 多額에 의한다.
② 가장 重한 刑의 長期 또는 多額에 輕重이 없는 때에는 그 短期 또는 少額에 의한다.
③ 前2項에 의하여 刑의 輕重을 定할 수 없는 때에는 併科할 다른 刑이 있는 것을 重한 것으로 하고 選擇할 다른 刑이 있는 것을 輕한 것으로 한다.
④ 前3項의 경우에 刑을 加重減輕할 때에는 舊刑法 또는 本法에 의하여 刑의 加重 또는 減輕한 뒤에 刑의 比較를 한다.

第3條【犯人에게 有利한 法의 適用】 本法 施行前에 犯한 罪에 대하여는 刑의 輕重에 관한 것이 아니더라도 犯人에게 有利한 法을 適用한다.

第4條【1個의 罪에 대한 新舊法의 適用例】 ① 1個의 罪가 本法 施行前後에 걸쳐서 행하여진 때에는 本法 施行前에 犯한 것으로 看做한다.
② 連續犯 또는 牽連犯이 本法 施行前後에 걸쳤을 때에는 本法 施行前에 犯한 것만을 1罪로 한다.

第5條【資格에 관한 刑의 適用制限】 本法 施行前에 犯한 罪에 대하여 本法 또는 다른 新法令을 適用할 때에도 本法 第43條는 適用하지 아니한다.

第6條【競合犯에 대한 新法의 適用例】 本法 施行前에 犯한 數罪 또는 그와 本法 施行後에 犯한 罪가 競合犯인 때에는 本法의 競合犯의 規定에 의한다.

第7條【刑의 效力】 舊刑法, 다른 舊法令 또는 存續法令에 規定된 刑은 本法에 의하여 規定된 것과 同一한 效力을 가진다.

第8條【總則의 適用例】 ① 本法 施行前에 犯한 罪에 대한 刑의 量定, 執行, 宣告猶豫, 執行猶豫, 免除, 時效 또는 消滅에 관하여는 本法을 適用한다. 累犯 또는 假釋放에 관하여도 같다.
② 本法 施行前에 宣告된 刑이나 그 執行猶豫 또는 處分된 假出獄의 效力은 이미 消滅되지 아니하는 한 本法의 該當規定에 의한다.
③ 前2項의 경우에는 本法 第49條但行, 第58條第1項, 第63條, 第69條第1項但行, 第74條와 沒收나 追徵의 時效에 관한 規定을 適用하지 아니한다.

第9條【舊刑法의 引用條文】 다른 存續法令에 引用된 舊刑法 條文은 本法중 그에 相當한 條文으로 變更된 것으로 한다.

第10條【廢止되는 法律등】 本法 施行直前까지 施行되던 다음의 法律, 布告 또는 法令은 廢止한다.

1. 舊刑法
2. 舊刑法施行法
3. 爆發物取締罰則
4. 外國에서流通하는貨幣,銀行券의僞造,變造와模造에關한法律
5. 郵便法 第48條, 第55條第1項中 第48條의 未遂犯, 同條第2項, 第55條의2와3
6. 印紙犯罪處罰法
7. 通貨와證券模造取締法
8. 決鬪罪에關한件
9. 暴力行爲等處罰에關한法律
10. 盜犯等의防止와處罰에關한法律
11. 美軍政法令 第70號(婦女子의賣買또는그賣買契約의禁止)
12. 美軍政法令 第120號(罰金의增額과特別審判員의管轄權等)
13. 美軍政法令 第172號(優良한受刑者釋放令)
14. 美軍政法令 第208號(抗命罪와海賊罪其他犯罪)

第11條【施行日】 本法은 檀紀 4286年(西紀 1953年) 10月 3日부터 施行한다.

附 則 (1975.3.25)
(1988.12.31)

이 法은 公布한 날로부터 施行한다.

附 則 (1995.12.29)

第1條【施行日】 이 法은 1996年 7月 1日부터 施行한다. 다만, 第59條의2, 第61條第2項, 第62條의2, 第64條第2項, 第73條의2第2項의 改正規定과 第75條의 改正規定중 保護觀察에 관한 사항은 1997年 1月 1日부터 施行한다.

第2條【一般的 적용례】 이 法은 이 法 施行전에 행하여진 종전의 刑法規定違反의 罪에 대하여도 적용한다. 다만, 종전의 規定이 行爲者에게 유리한 경우에는 그러하지 아니하다.

第3條【1개의 행위에 대한 經過措置】 1개의 행위가 이 法 施行전후에 걸쳐 이루어진 경우에는 이 法 施行이후에 행한 것으로 본다.

第4條【刑에 관한 經過措置】 이 法 施行전에 종전의 刑法規定에 의하여 刑의 宣告를 받은 者는 이 法에 의하여 刑의 宣告를 받은 것으로 본다. 執行猶豫 또는 宣告猶豫를 받은 경우에도 이와 같다.

第5條【다른 法令과의 관계】 이 法 施行당시 다른 法令에서 종전의 刑法 規定(章의 題目을 포함한다)을 인용하고 있는 경우에 이 法중 그에 해당하는 規定이 있는 때에는 종전의 規定에 갈음하여 이 法의 해당 條項을 인용한 것으로 본다.

附 則 (1997.12.13)

이 法은 1998年 1月 1日부터 施行한다.(단서 생략)

附 則 (2001.12.29)

이 법은 공포 후 6월이 경과한 날부터 시행한다.

附 則 (2004.1.20)

이 법은 공포한 날부터 시행한다.

附 則 (2005.3.31)

第1條【시행일】 이 법은 2008년 1월 1일부터 시행한다. (이하 생략)

附 則 (2005.7.29)

① **【시행일】** 이 법은 공포한 날부터 시행한다.
② **【적용례】** 이 법은 이 법 시행 전에 행하여진 죄에 대하여도 적용한다. 다만, 종전의 규정을 적용하는 것이 행위자에게 유리한 경우에는 그러하지 아니하다.

附 則 (2010.4.15)

① **【시행일】** 이 법은 공포 후 6개월이 경과한 날부터 시행한다. 다만, 제305조의2의 개정규정은 공포한 날부터 시행한다.
② **【가석방의 요건에 관한 적용례】** 제72조제1항의 개정규정은 이 법 시행 당시 수용 중인 사람에 대하여도 적용한다.

附 則 (2012.12.18)

第1條 【시행일】 이 법은 공포 후 6개월이 경과한 날부터 시행한다.
第2條 【친고죄 폐지에 관한 적용례】 제296조 및 제306조의 개정규정은 이 법 시행 후 최초로 저지른 범죄부터 적용한다.
第3條 【다른 법률의 개정】 ①~② ※(해당 법령에 가제정리 하였음)

附 則 (2013.4.5)

第1條 【시행일】 이 법은 공포한 날부터 시행한다. 다만, 법률 제11574호 형법 일부개정법률 제296조의 개정규정 및 부칙 제2조제10항은 2013년 6월 19일부터 시행한다.
第2條 【다른 법률의 개정】 ①~⑰ ※(해당 법령에 가제정리 하였음)
第3條 【다른 법령과의 관계】 이 법 시행 당시 다른 법령에서 종전의 「형법」의 규정을 인용한 경우에 이 법 가운데 그에 해당하는 규정이 있는 때에는 종전의 규정을 갈음하여 이 법의 해당 규정을 인용한 것으로 본다.

附 則 (2014.5.14)

第1條 【시행일】 이 법은 공포한 날부터 시행한다.
第2條 【적용례 및 경과조치】 ① 제70조제2항의 개정규정은 이 법 시행 후 최초로 저지른 범죄부터 적용한다. (2020.10.20 본항개정)
② 제79조제2항의 개정규정은 이 법 시행 당시 형의 시효가 완성되지 아니한 자에 대해서도 적용한다.

改前 ① 제70조제2항의 개정규정은 이 법 시행 후 최초로 "공소가 제기되는 경우부터" 적용한다.

附 則 (2014.12.30)

이 법은 공포한 날부터 시행한다.

附 則 (2016.1.6)

第1條 【시행일】 이 법은 공포한 날부터 시행한다. 다만, 제62조의 개정규정은 공포 후 2년이 경과한 날부터 시행한다.
第2條 【다른 법률의 개정】 ①~⑧ ※(해당 법령에 가제정리 하였음)
第3條 【다른 법령과의 관계】 이 법 시행 당시 다른 법령에서 종전의 「형법」의 규정을 인용한 경우에 이 법 가운데 그에 해당하는 규정이 있는 때에는 종전의 규정을 갈음하여 이 법의 해당 규정을 인용한 것으로 본다.

附 則 (2016.5.29)
(2016.12.20)

이 법은 공포한 날부터 시행한다.

附 則 (2017.12.12)

第1條 【시행일】 이 법은 공포한 날부터 시행한다.
第2條 【시효의 기간에 관한 적용례】 제78조제5호 및 제6호의 개정규정은 이 법 시행 후 최초로 재판이 확정되는 경우부터 적용한다.

附 則 (2018.10.16)
(2018.12.18)
(2020.5.19)
(2020.10.20)

이 법은 공포한 날부터 시행한다.

附 則 (2020.12.8)

이 법은 공포 후 1년이 경과한 날부터 시행한다.

附 則 (2023.8.8)

第1條 【시행일】 이 법은 공포한 날부터 시행한다. 다만, 제251조, 제254조, 제272조 및 제275조의 개정규정은 공포 후 6개월이 경과한 날부터 시행한다.
第2條 【사형의 시효 폐지에 관한 적용례】 제77조, 제78조제1호 및 제80조의 개정규정은 이 법 시행 전에 사형을 선고받은 경우에도 적용한다.

벌금 등 임시조치법

(1951년 9월 8일
법 률 제216호)

개정
1958. 7.24법 490호 1962. 5.31법 1084호
1966.12.15법 1850호 1976.12.22법 2907호
1990.12.31법 4296호 1996.11.23법 5167호
2010. 3.24법10179호

제1조【목적】 이 법은 경제 사정의 변동에 따른 벌금, 과료 또는 과태료의 금액에 관한 특례를 정함을 목적으로 한다.
(2010.3.24 본조개정)

제2조 (1962.5.31 삭제)

제3조【벌금의 액수에 관한 특례】 이 법 또는 다른 법령에 따라 산출되거나 다른 법령에 규정된 벌금의 다액(多額)이 10만원 미만일 때에는 그 다액을 10만원으로 한다.
(2010.3.24 본조개정)

제4조【벌금 등의 적용】 ① (1996.11.23 삭제)
② 1953년 2월 14일까지 제정된 법령 중 벌금 또는 과태료에 관한 규정을 적용할 때에는 그 규정에 정하여진 화폐단위 원(圓)을 원으로 본다.
③ 1953년 2월 15일부터 1962년 6월 9일까지 제정된 법령 중 벌금 또는 과태료에 관한 규정을 적용할 때에는 그 규정에 정하여진 화폐단위 환(圜)을 원으로 본다.
④ 1962년 6월 10일부터 1966년 12월 31일까지 제정된 법령 중 벌금 또는 과태료에 관한 규정을 적용할 때에는 그 벌금 또는 과태료의 금액은 규정된 금액의 4배에 상당하는 금액으로 한다.
⑤ 1967년 1월 1일부터 1973년 12월 31일까지 제정된 법령 중 벌금 또는 과태료에 관한 규정을 적용할 때에는 그 벌금 또는 과태료의 금액은 규정된 금액의 2배에 상당하는 금액으로 한다.
(2010.3.24 본조개정)

제5조【적용 제외】 벌금, 과료 또는 과태료의 금액을 일정한 금액에 배수를 곱하여 정할 때에는 제4조를 적용하지 아니한다.(2010.3.24 본조개정)

부 칙 (2010.3.24)

이 법은 공포한 날부터 시행한다.

교통사고처리 특례법

(약칭 : 교통사고처리법)

(1981년 12월 31일
법 률 제3490호)

개정
1984. 8. 4법 3744호(도로교통)
1993. 6.11법 4548호
1995. 1. 5법 4872호(도로교통)
1996. 8.14법 5157호
1997. 8.30법 5408호(화물자동차운수사업법)
2003. 5.29법 6891호(보험)
2005. 5.31법 7545호(도로교통)
2007.12.21법 8718호
2008. 3.21법 8979호(화물자동차운수사업법)
2010. 1.25법 9941호 2011. 4.12법10575호
2011. 6. 8법10790호(도로교통)
2016. 1.27법13829호(도로교통)
2016.12. 2법14277호 2025. 1. 7법20634호

제1조【목적】 이 법은 업무상과실(業務上過失) 또는 중대한 과실로 교통사고를 일으킨 운전자에 관한 형사처벌 등의 특례를 정함으로써 교통사고로 인한 피해의 신속한 회복을 촉진하고 국민생활의 편익을 증진함을 목적으로 한다.
(2011.4.12 본조개정)

제2조【정의】 이 법에서 사용하는 용어의 뜻은 다음과 같다.
1. "차"란 「도로교통법」 제2조제17호가목에 따른 차(車)와 「건설기계관리법」 제2조제1항제1호에 따른 건설기계를 말한다.(2011.6.8 본호개정)
2. "교통사고"란 차의 교통으로 인하여 사람을 사상(死傷)하거나 물건을 손괴(損壞)하는 것을 말한다.
(2011.4.12 본조개정)

판례 교통사고처리 특례법 제2조 제2호에서 '교통사고'란 차의 교통으로 인하여 사람을 사상하거나 물건을 손괴하는 것을 말한다고 규정하고 있는바, 교통사고를 일으킨 운전자에 대한 형사처벌의 특례를 정하는 것을 주된 목적으로 하는 교통사고처리 특례법의 입법 취지와 자동차 운행으로 인한 피해자의 보호를 주된 목적으로 하는 자동차손해배상 보장법의 입법 취지가 서로 다른 점, '교통'이란 원칙적으로 사람 또는 물건의 이동이나 운송을 전제로 하는 용어인 점 등에 비추어 보면, 교통사고처리 특례법 제2조 제2호에 정한 '교통'은 자동차손해배상 보장법 제2조 제2호에 정한 '운행'보다 제한적으로 해석하여야 한다.(대판 2009.7.9, 2009도2390)

제3조【처벌의 특례】 ① 차의 운전자가 교통사고로 인하여 「형법」 제268조의 죄를 범한 경우에는 5년 이하의 금고 또는 2천만원 이하의 벌금에 처한다.
② 차의 교통으로 제1항의 죄 중 업무상과실치상죄(業務上過失致傷罪) 또는 중과실치상죄(重過失致傷罪)와 「도로교통법」 제151조의 죄를 범한 운전자에 대하여는 피해자의 명시적인 의사에 반하여 공소(公訴)를 제기할 수 없다. 다만, 차의 운전자가 제1항의 죄 중 업무상과실치상죄 또는 중과실치상죄를 범하고도 피해자를 구호(救護)하는 등 「도로교통법」 제54조제1항에 따른 조치를 하지 아니하고 도주하거나 피해자를 사고 장소로부터 옮겨 유기(遺棄)하고 도주한 경우, 같은 죄를 범하고 「도로교통법」 제44조제2항을 위반하여 음주측정 요구에 따르지 아니하거나(운전자가 채혈 측정을 요청하거나 동의한 경우는 제외한다), 「도로교통법」 제44조제5항을 위반하여 음주측정방해행위를 한 경우와 다음 각 호의 어느 하나에 해당하는 행위로 인하여 같은 죄를 범한 경우에는 그러하지 아니하다.(2025.1.7 단서개정)
1. 「도로교통법」 제5조에 따른 신호기가 표시하는 신호 또는 교통정리를 하는 경찰공무원등의 신호를 위반하거나 통행금지 또는 일시정지를 내용으로 하는 안전표지가 표시하는 지시를 위반하여 운전한 경우
2. 「도로교통법」 제13조제3항을 위반하여 중앙선을 침범하거나 같은 법 제62조를 위반하여 횡단, 유턴 또는 후진한 경우

3. 「도로교통법」 제17조제1항 또는 제2항에 따른 제한속도를 시속 20킬로미터 초과하여 운전한 경우
4. 「도로교통법」 제21조제1항, 제22조, 제23조에 따른 앞지르기의 방법·금지시기·금지장소 또는 끼어들기의 금지를 위반하거나 같은 법 제60조제2항에 따른 고속도로에서의 앞지르기 방법을 위반하여 운전한 경우
5. 「도로교통법」 제24조에 따른 철길건널목 통과방법을 위반하여 운전한 경우
6. 「도로교통법」 제27조제1항에 따른 횡단보도에서의 보행자 보호의무를 위반하여 운전한 경우
7. 「도로교통법」 제43조, 「건설기계관리법」 제26조 또는 「도로교통법」 제96조를 위반하여 운전면허 또는 건설기계조종사면허를 받지 아니하거나 국제운전면허증을 소지하지 아니하고 운전한 경우. 이 경우 운전면허 또는 건설기계조종사면허의 효력이 정지 중이거나 운전의 금지 중인 때에는 운전면허 또는 건설기계조종사면허를 받지 아니하거나 국제운전면허증을 소지하지 아니한 것으로 본다.
8. 「도로교통법」 제44조제1항을 위반하여 술에 취한 상태에서 운전을 하거나 같은 법 제45조를 위반하여 약물의 영향으로 정상적으로 운전하지 못할 우려가 있는 상태에서 운전한 경우
9. 「도로교통법」 제13조제1항을 위반하여 보도(步道)가 설치된 도로의 보도를 침범하거나 같은 법 제13조제2항에 따른 보도 횡단방법을 위반하여 운전한 경우
10. 「도로교통법」 제39조제3항에 따른 승객의 추락 방지의무를 위반하여 운전한 경우(2016.1.27 본호개정)
11. 「도로교통법」 제12조제3항에 따른 어린이 보호구역에서 같은 조 제1항에 따른 조치를 준수하고 어린이의 안전에 유의하면서 운전하여야 할 의무를 위반하여 어린이의 신체를 상해(傷害)에 이르게 한 경우
12. 「도로교통법」 제39조제4항을 위반하여 자동차의 화물이 떨어지지 아니하도록 필요한 조치를 하지 아니하고 운전한 경우(2016.12.2 본호신설)

(2011.4.12 본조개정)

판례 편도 5차선 도로의 1차로를 신호에 따라 진행하던 자동차 운전자에게 도로의 오른쪽에 연결된 소방도로에서 오토바이가 나와 맞은편 쪽으로 가기 위해서 편도 5차선 도로를 대각선 방향으로 가로질러 진행하는 경우까지 예상하여 진행할 주의의무는 없다고 본다.
(대판 2007.4.26, 2006도9216)

판례 건설회사가 고속도로 건설공사와 관련하여 지방도의 확장공사를 위하여 우회도로를 개설하면서 기존의 도로와 우회도로가 연결되는 부분에 설치한 황색 점선이 도로교통법상 설치권한이 있는 자나 그 위임을 받은 자가 설치한 것이 아니라면 이것을 가리켜 동조 제2항 단서 제2호에서 규정하는 중앙선이라고 할 수 없다.
(대판 2003.6.27, 2003도1895)

판례 승객이 차에서 내려 도로상에 발을 딛고 선 뒤에 일어난 사고는 승객의 추락방지의무를 위반하여 운전함으로써 일어난 사고에 해당하지 아니한다.(대판 1997.6.13, 96도3266)

판례 중앙선을 침범하였다가 제차선으로 다시와서 앞차를 추돌한 경우도 중앙선침범이란 운행상 과실의 직접적인 원인으로 보아야 할 것이다.(대판 1990.9.25, 90도536)

제4조【보험 등에 가입된 경우의 특례】 ① 교통사고를 일으킨 차가 「보험업법」 제4조, 제126조, 제127조 및 제128조, 「여객자동차 운수사업법」 제60조, 제61조 또는 「화물자동차 운수사업법」 제51조에 따른 보험 또는 공제에 가입된 경우에는 제3조제2항 본문에 규정된 죄를 범한 차의 운전자에 대하여 공소를 제기할 수 없다. 다만, 다음 각 호의 어느 하나에 해당하는 경우에는 그러하지 아니하다.
1. 제3조제2항 단서에 해당하는 경우
2. 피해자가 신체의 상해로 인하여 생명에 대한 위험이 발생하거나 불구(不具)가 되거나 불치(不治) 또는 난치(難治)의 질병이 생긴 경우
3. 보험계약 또는 공제계약이 무효로 되거나 해지되거나 계약상의 면책 규정 등으로 인하여 보험회사, 공제조합 또는 공제사업자의 보험금 또는 공제금 지급의무가 없어진 경우

② 제1항에서 "보험 또는 공제"란 교통사고의 경우 「보험업법」에 따른 보험회사나 「여객자동차 운수사업법」 또는 「화물자동차 운수사업법」에 따른 공제조합 또는 공제사업자가 인가된 보험약관 또는 승인된 공제약관에 따라 피보험자와 피해자 간 또는 공제조합원과 피해자 간의 손해배상에 관한 합의 여부와 상관없이 피보험자나 공제조합원을 갈음하여 피해자의 치료비에 관하여는 통상비용의 전액을, 그 밖의 손해에 관하여는 보험약관이나 공제약관으로 정한 지급기준금액을 대통령령으로 정하는 바에 따라 우선 지급하되, 종국적으로는 확정판결이나 그 밖에 이에 준하는 집행권원(執行權原)상 피보험자 또는 공제조합원의 교통사고로 인한 손해배상금 전액을 보상하는 보험 또는 공제를 말한다.
③ 제1항의 보험 또는 공제에 가입된 사실은 보험회사, 공제조합 또는 공제사업자가 제2항의 취지를 적은 서면에 의하여 증명되어야 한다.
(2011.4.12 본조개정)

제5조【벌칙】 ① 보험회사, 공제조합 또는 공제사업자의 사무를 처리하는 사람이 제4조제3항의 서면을 거짓으로 작성한 경우에는 3년 이하의 징역 또는 1천만원 이하의 벌금에 처한다.
② 제1항의 거짓으로 작성된 문서를 그 정황을 알고 행사한 사람도 제1항의 형과 같은 형에 처한다.
③ 보험회사, 공제조합 또는 공제사업자가 정당한 사유 없이 제4조제3항의 서면을 발급하지 아니한 경우에는 1년 이하의 징역 또는 300만원 이하의 벌금에 처한다.
(2011.4.12 본조개정)

제6조【양벌규정】 법인의 대표자, 대리인, 사용인, 그 밖의 종업원이 그 법인의 업무에 관하여 제5조의 위반행위를 하면 그 행위자를 벌하는 외에 그 법인에도 해당 조문의 벌금형을 과(科)한다. 다만, 법인이 그 위반행위를 방지하기 위하여 해당 업무에 관하여 상당한 주의와 감독을 게을리하지 아니한 경우에는 그러하지 아니하다.
(2010.1.25 본조개정)

부 칙 (2016.12.2)

제1조【시행일】 이 법은 공포 후 1년이 경과한 날부터 시행한다.
제2조【적용례】 제3조제2항의 개정규정은 이 법 시행 후 최초로 발생한 교통사고부터 적용한다.

부 칙 (2025.1.7)

제1조【시행일】 이 법은 2025년 6월 4일부터 시행한다.
제2조【적용례】 제3조제2항의 개정규정은 이 법 시행 이후 발생한 교통사고부터 적용한다.

國家保安法

(1980年 12月 31日
全改法律 第3318號)

改正
1987.12. 4法 3993號(군사법원)
1991. 5.31法 4373號
1994. 1. 5法 4704號(군사법원)
1997. 1.13法 5291號(국가유공자등예우)
1997.12.13法 5454號(정부부처명)
2011. 9.15法11042號(보훈보상대상자지원에관한법)
2016. 1. 6法13722號(군사법원)

第1章 總 則

第1條【目的등】 ① 이 法은 國家의 安全을 危殆롭게 하는 反國家活動을 規制함으로써 國家의 安全과 國民의 生存 및 自由를 확보함을 目的으로 한다.
② 이 法을 解釋適用함에 있어서는 第1項의 目的達成을 위하여 필요한 最小限度에 그쳐야 하며, 이를 擴大解釋하거나 憲法上 보장된 國民의 基本的 人權을 부당하게 제한하는 일이 있어서는 아니된다.(1991.5.31 본항신설)
(1991.5.31 본조제목개정)

판례 본법 및 반공법(廢)은 헌법이 지향하는 조국의 평화통일과 자유민주적 기본질서를 부인하면서 공산계열인 북괴등 불법집단이 우리나라를 적화변란하려는 활동을 봉쇄하고 국가의 안전과 국민의 자유를 확보하기 위하여 제정된 것이므로 헌법에 위배된다고 할 수 없다.(대판 1987.7.21, 87도1081)

第2條【定義】 ① 이 法에서 "反國家團體"라 함은 政府를 僭稱하거나 國家를 變亂할 것을 目的으로 하는 國內外의 結社 또는 集團으로서 指揮統率體制를 갖춘 團體를 말한다.
② (1991.5.31 삭제)
(1991.5.31 본조개정)

판례 남북정상회담의 성사 등으로 북한의 반국가단체성이 소멸하였다고 볼 수 있는지 여부 : 북한은 조국의 평화적 통일을 위한 대화와 협력의 동반자임과 동시에 적화통일노선을 고수하면서 우리의 자유민주주의 체제를 전복하고자 획책하는 반국가단체라는 성격도 아울러 가지고 있다고 보아야 하고, 남북정상회담의 성사 등으로 북한의 반국가단체성이 소멸하였다고 볼 수는 없다.(대판 2003.5.13, 2003도604)

판례 북한이 유엔에 동시에 가입하였고 남·북한 총리들이 남북 사이의 화해, 불가침 및 교류협력에 관한 합의서에 서명하였다는 등의 사유가 있었다고 하더라도 북한이 국가보안법상 반국가단체가 아니라고 할 수는 없다.(대판 1998.7.28, 98도1395)

第2章 罪와 刑

第3條【反國家團體의 構成등】 ① 反國家團體를 構成하거나 이에 加入한 者는 다음의 區別에 따라 處罰한다.
1. 首魁의 任務에 종사한 者는 死刑 또는 無期懲役에 處한다.
2. 幹部 기타 指導的 任務에 종사한 者는 死刑·無期 또는 5年 이상의 懲役에 處한다.
3. 그 이외의 者는 2年 이상의 有期懲役에 處한다.

② 他人에게 反國家團體에 加入할 것을 勸誘한 者는 2年 이상의 有期懲役에 處한다.
③ 第1項 및 第2項의 未遂犯은 處罰한다.
④ 第1項第1號 및 第2號의 罪를 犯할 目的으로 豫備 또는 陰謀한 者는 2年 이상의 有期懲役에 處한다.
⑤ 第1項第3號의 罪를 犯할 目的으로 豫備 또는 陰謀한 者는 10年 이하의 懲役에 處한다.(1991.5.31 본항개정)

판례 피고인들이 정권타도에 관하여 상호 주장과 의견을 교환하고 북괴 수괴를 찬양하는 자리에서 계형식의 모임을 만들기로 합의하고 이 사건 '아람회'를 결성한 것인 바, 동 '아람회' 구성에 이르기까지 피고인들은 정부를 전복하려는 목적과 그 실천방법 및 임무분담내용을 정하고 이에 따라 활동하기로 숙의결정하고 국가를 변란할 목적으로 불법비밀결사를 계형식의 위장조직으로 구성키로 한 사실이 인정되는 바이니 위 '아람회'의 결성 당시에 그 목적과 임무에 관하여 명시적으로 논의된 바 없다 하여 그 특정이 없다고 볼 수는 없다.(대판 1982.9.28, 82도2016)

第4條【目的遂行】 ① 反國家團體의 構成員 또는 그 指令을 받은 者가 그 目的遂行을 위한 行爲를 한 때에는 다음의 區別에 따라 處罰한다.
1. 刑法 第92條 내지 第97條·第99條·第250條第2項·第338條 또는 第340條第3項에 規定된 行爲를 한 때에는 그 각條에 정한 刑에 處한다.
2. 刑法 第98條에 規定된 행위를 하거나 國家機密을 探知·蒐集·누설·傳達하거나 仲介한 때에는 다음의 구별에 따라 處罰한다.
 가. 軍事上 機密 또는 國家機密이 國家安全에 대한 중대한 불이익을 회피하기 위하여 한정된 사람에게만 知得이 허용되고 敵國 또는 反國家團體에 秘密로 하여야 할 사실, 물건 또는 知識인 경우에는 死刑 또는 無期懲役에 處한다.
 나. 가目외의 軍事上 機密 또는 國家機密의 경우에는 死刑·無期 또는 7年 이상의 懲役에 處한다.
 (1991.5.31 본호개정)
 <1997.1.16 헌법재판소 한정합헌결정으로 이 호 "나"목은 그 소정의 "군사상 기밀 또는 국가기밀"을 일반인에게 알려지지 아니한 것으로서 그 내용이 누설되는 경우 국가의 안전에 명백한 위험을 초래한다고 볼 만큼의 실질가치를 지닌 사실, 물건 또는 지식이라고 해석하는 한 헌법에 위반되지 아니함>
3. 刑法 第115條·第119條第1項·第147條·第148條·第164條 내지 第169條·第177條 내지 第180條·第192條 내지 第195條·第207條·第208條·第210條·第250條第1項·第252條·第253條·第333條 내지 第337條·第339條 또는 第340條第1項 및 第2項에 規定된 行爲를 한 때에는 死刑·無期 또는 10年 이상의 懲役에 處한다.(1991.5.31 본호개정)
4. 交通·通信, 國家 또는 公共團體가 사용하는 建造物 기타 重要施設을 破壞하거나 사람을 略取·誘引하거나 艦船·航空機·自動車·武器 기타 物件을 移動·取去한 때에는 死刑·無期 또는 5年 이상의 懲役에 處한다.
5. 刑法 第214條 내지 第217條·第257條 내지 第259條 또는 第262條에 規定된 行爲를 하거나 國家機密에 속하는 書類 또는 物品을 損壞·隱匿·僞造·變造한 때에는 3年 이상의 有期懲役에 處한다.
6. 第1號 내지 第5號의 行爲를 煽動·宣傳하거나 社會秩序의 混亂을 造成할 우려가 있는 事項에 관하여 허위사실을 捏造하거나 流布한 때에는 2年 이상의 有期懲役에 處한다.(1991.5.31 본호개정)

② 第1項의 未遂犯은 處罰한다.
③ 第1項第1號 내지 第4號의 罪를 犯할 目的으로 豫備 또는 陰謀한 者는 2年 이상의 有期懲役에 處한다.
④ 第1項第5號 및 第6號의 罪를 犯할 目的으로 豫備 또는 陰謀한 者는 10年 이하의 懲役에 處한다.

참조 [간첩]형98

▶ 간첩의 개념

판례 [1] (구)국가보안법 제2조 소정의 '반국가단체의 구성원 또는 그 지령을 받은 자'라는 요건은 정범인 간첩죄에 있어서만 필요로 하는 것이고 그 방조죄에 있어서는 이러한 요건이 필요없이 '반국가단체의 간첩이라는 인식'만 있으면 그 주체가 될 수 있는 것이다.(대판 1973.5.8, 73도249)
[2] 국가보안법에서 '반국가단체의 지령을 받은 자'라 함은 반국가단체로부터 직접 지령을 받은 자뿐 아니라 위 지령을 받은 자로부터 다시 받은 자도 포함한다.(대판 1972.5.23, 72도687)

▶ 국가기밀

판례 국가보안법상 간첩죄의 대상이 되는 국가기밀은 순전한 의미에서의 국가기밀에만 국한할 것은 아니고 정치, 경제, 사회, 문화등 각 분야에 걸쳐서 대한민국의 국방정책상 북한괴뢰집단에게 알리지 아니하거나 확인되지 아니함이 대한민국의 이익이 되는 모든 기밀사항이 포함되고 이러한 기밀사항이 국내에 일반적으로 알려진 것이고 일상생활을 통해서 경험할 수 있는 것이라 할지라도 북한괴뢰집단에게 유리한 자료가 될 경우에는 이를 탐지, 수집하는 행위는 간첩죄를 구성한다.(대판 1987.5.26, 87도432)

第5條【自進支援·金品收受】 ① 反國家團體나 그 構成員 또는 그 指令을 받은 者를 支援할 目的으로 自進하여 第4條第1項 각號에 規定된 行爲를 한 者는 第4條第1項의 例에 의하여 處罰한다.
② 國家의 存立·安全이나 自由民主的 基本秩序를 危殆롭게 한다는 情을 알면서 反國家團體의 構成員 또는 그 指令을 받은 者로부터 金品을 收受한 者는 7年 이하의 懲役에 處한다.(1991.5.31 본항개정)
③ 第1項 및 第2項의 未遂犯은 處罰한다.
④ 第1項의 罪를 犯할 目的으로 豫備 또는 陰謀한 者는 10年 이하의 懲役에 處한다.
⑤ (1991.5.31 삭제)
판례 제5조 제2항 소정의 금품수수죄는 금품을 교부하는 자가 반국가단체의 구성원 또는 그 지령을 받은 자라는 정을 알면서 그로부터 금품을 수수하면 금품수수의 목적이 무엇이건 가리지 않고 성립되는 것이고 그밖에 더 나아가서 반국가단체의 이익이 된다는 정을 알고 금품수수를 할 것과 그 금품수수가 반국가단체의 목적수행과 관련이 있어야만 할 것등은 같은 죄의 성립요건이 아니다. 1970.10.13, 70도1763과 1980.2.12, 78도90는 이와 상반되는 판결이므로 폐기한다.
(대판 1985.12.10, 85도1367 전원합의체)

第6條【潛入·脫出】 ① 國家의 存立·安全이나 自由民主的 基本秩序를 危殆롭게 한다는 情을 알면서 反國家團體의 支配下에 있는 地域으로부터 潛入하거나 그 地域으로 脫出한 者는 10年 이하의 懲役에 處한다.(1991.5.31 본항개정)
② 反國家團體나 그 構成員의 指令을 받거나 받기 위하여 또는 그 目的遂行을 協議하거나 協議하기 위하여 潛入하거나 脫出한 者는 死刑·無期 또는 5年 이상의 懲役에 處한다.
<1998.8.27 헌법재판소 결정으로 본항은 그 소정의 행위가 국가의 존립·안전이나 자유민주적 기본질서에 해악을 끼칠 명백한 위험이 있는 경우에 적용된다 할 것이므로, 그러한 해석하에 헌법에 위반되지 아니함>
③ (1991.5.31 삭제)
④ 第1項 및 第2項의 未遂犯은 處罰한다.(1991.5.31 본항개정)
⑤ 第1項의 罪를 犯할 目的으로 豫備 또는 陰謀한 者는 7年 이하의 懲役에 處한다.
⑥ 第2項의 罪를 犯할 目的으로 豫備 또는 陰謀한 者는 2年 이상의 有期懲役에 處한다.(1991.5.31 본항개정)
판례 국가보안법 제6조제1항, 제2항의 탈출이란 대한민국의 통치권 또는 지배력으로부터 벗어나는 행위를 뜻한다고 볼 것이고, 대한민국의 통치권은 대한민국의 영역은 물론 국민에 대하여도 미치는 것이므로 그러한 통치권이 실지로 미치는 지역 또는 상태에서 벗어나 통치권이 사실상 행사되기 어려운 지역 또는 상태로 이탈하는 행위는 모두 위 각 조항의 탈출에 해당될 수 있다.
(대판 2008.4.17, 2004도4899 전원합의체)
판례 국가보안법 제6조 제2항 소정의 잠입 및 탈출죄는 그 규정의 문언상 반국가단체의 지배하에 있는 지역으로부터 잠입 또는 그 지역으로 탈출하는 것을 구성요건으로 하고 있지 아니함이 분명하므로, 반국가단체의 지배하에 있지 아니한 지역으로부터 잠입한 경우나 탈출한 경우에도 반국가단체의 구성원으로부터 지령을 받고, 또 그 목적수행의 의사 아래 잠입 또는 탈출한 것이라면 위 법조 소정의 잠입 또는 탈출죄에 해당한다.(대판 1987.9.8, 87도1341)

第7條【讚揚·鼓舞等】 ① 國家의 存立·安全이나 自由民主的 基本秩序를 危殆롭게 한다는 情을 알면서 反國家團體나 그 構成員 또는 그 指令을 받은 者의 活動을 讚揚·鼓舞·宣傳 또는 이에 同調하거나 國家變亂을 宣傳·煽動한 者는 7年 이하의 懲役에 處한다.
② (1991.5.31 삭제)
③ 第1項의 行爲를 目的으로 하는 團體를 構成하거나 이에 加入한 者는 1年 이상의 有期懲役에 處한다.
④ 第3項에 規定된 團體의 構成員으로서 社會秩序의 混亂을 造成할 우려가 있는 事項에 관하여 허위사실을 捏造하거나 流布한 者는 2年 이상의 有期懲役에 處한다.
⑤ 第1項·第3項 또는 第4項의 行爲를 할 目的으로 文書·圖畫 기타의 表現物을 製作·輸入·複寫·所持·運搬·頒布·販賣 또는 取得한 者는 그 각項에 정한 刑에 處한다.
⑥ 第1項 또는 第3項 내지 第5項의 未遂犯은 處罰한다.
⑦ 第3項의 罪를 犯할 目的으로 豫備 또는 陰謀한 者는 5年 이하의 懲役에 處한다.
(1991.5.31 본조개정)
판례 어떤 표현물이 이적성이 있는가 여부의 판단은 결국 경험법칙과 논리법칙에 따라 자유심증에 의하여 판단하여야 하고, 표현물의 전체적인 내용뿐만 아니라 그 작성의 동기는 물론 표현행위 자체의 태양과 외부와의 관련 사항, 표현행위 당시의 정황 등 여러 사정을 종합하여 결정하여야 하며, 해당 표현물의 어느 표현 하나만을 따로 떼어 놓고 볼 것이 아니라 문맥을 통해 그 전체적 내용을 객관적으로 분석하여 이적성 유무를 판단하여야 한다.
(대판 2009.8.20, 2007도7042)
판례 '이적단체' 의미 및 그 판단 기준 : 국가보안법 제7조 제3항에 규정된 이른바 '이적단체'라 함은 국가보안법 제2조 소정의 반국가단체 등의 활동을 찬양·고무·선전 또는 이에 동조하거나 국가의 변란을 선전·선동하는 행위를 하는 것을 그 목적으로 하여 특정 다수인에 의하여 결성된 계속적이고 독자적인 결합체를 가리키는 것인데, 이러한 이적단체를 인정할 때에는 국가보안법 제1조에서 규정하고 있는 위 법의 목적과 유추해석이나 확대해석을 금지하는 죄형법정주의의 기본정신에 비추어서 그 구성요건을 엄격히 제한하여 해석하여야 한다.(대판 2007.3.30, 2003도8165)
판례 '한총련'의 이적성 여부 : 2002년의 '제10기 한국대학총학생회연합'은 강령과 규약의 일부 변경에도 불구하고 사상과 투쟁목표에 종전의 한국대학총학생회연합과 근본적인 변화가 있었다고 볼 수 없고, 지향하는 노선이 반국가단체인 북한의 통일노선과 궤(軌)를 같이함으로써 북한의 활동을 찬양·고무·선전하거나 적어도 이에 동조하는 행위를 목적으로 하는 이적단체에 해당한다.
(대판 2003.5.13, 2003도604)

第8條【會合·通信等】 ① 國家의 存立·安全이나 自由民主的 基本秩序를 危殆롭게 한다는 情을 알면서 反國家團體의 構成員 또는 그 指令을 받은 者와 會合·通信 기타의 방법으로 連絡을 한 者는 10年 이하의 懲役에 處한다.
② (1991.5.31 삭제)
③ 第1項의 未遂犯은 處罰한다.
④ (1991.5.31 삭제)
(1991.5.31 본조개정)
판례 공산계열과의 단순한 대면이나 또는 그들의 목적수행을 위한 활동과는 아무런 관련이 없는 전연 다른 의도에서의 모임이나 순수한 인도적 의미에서의 도움은 반공법 제5조 제1항 소정의 '회합죄'나 제7조 소정의 '편의제공죄'에 해당하지 않는다.
(대판 1974.2.12, 73도2186)

第9條【便宜提供】 ① 이 法 第3條 내지 第8條의 罪를 犯하거나 犯하려는 者라는 情을 알면서 銃砲·彈藥·火藥 기타 武器를 제공한 者는 5年 이상의 有期懲役에 處한다.
(1991.5.31 본항개정)
② 이 法 第3條 내지 第8條의 罪를 犯하거나 犯하려는 者라는 情을 알면서 金品 기타 財産上의 利益을 제공하거나 潛伏·會合·通信·連絡을 위한 場所를 제공하거나 기타의 方法으로 편의를 제공한 者는 10年 이하의 懲役에 處한다. 다만, 本犯과 親族關係가 있는 때에는 그 刑을 減輕 또는 免除할 수 있다.(1991.5.31 본항개정)
③ 第1項 및 第2項의 未遂犯은 處罰한다.
④ 第1項의 罪를 犯할 目的으로 豫備 또는 陰謀한 者는 1年 이상의 有期懲役에 處한다.
⑤ (1991.5.31 삭제)
판례 본조 제2항의 기타의 방법으로 편의를 제공한 경우란 국가보안법 위반 범인에 대하여 총포, 탄약, 금품 기타 재산상의 이익제공행위, 잠복, 회합, 연락을 위한 장소제공행위를 제외한 모든 방법으로 하는 일체의 편의제공행위를 포함한다.(대판 1984.10.10, 84도1796)

第10條【不告知】 第3條, 第4條, 第5條第1項·第3項(第1項의 未遂犯에 한한다)·第4項의 罪를 범한 者라는 情을 알면서 捜査機關 또는 情報機關에 告知하지 아니한 者는 5年 이하의 懲役 또는 200萬원 이하의 罰金에 處한다. 다만, 本犯과 親族關係가 있는 때에는 그 刑을 減輕 또는 免除한다.
(1991.5.31 본조개정)
판례 불고지죄가 성립하기 위하여는 본범의 행위가 반공법 제3조 내지 제7조의 죄를 범한 행위자라는 사실을 확실히 인식하고도 이를 수사정보기관에 고지하지 아니함으로써 성립한다.
(대판 1972.2.22, 71도2247)

第11條【特殊職務遺棄】 犯罪搜査 또는 情報의 職務에 종사하는 公務員이 이 法의 罪를 犯한 者라는 情을 알면서 그 職務를 遺棄한 때에는 10年 이하의 懲役에 處한다. 다만, 本犯과 親族關係가 있는 때에는 그 刑을 減輕 또는 免除할 수 있다.

第12條【誣告, 捏造】 ① 他人으로 하여금 刑事處分을 받게 할 目的으로 이 法의 罪에 대하여 誣告 또는 僞證을 하거나 證據를 捏造·湮滅·隱匿한 者는 그 각條에 정한 刑에 處한다.

② 犯罪搜査 또는 情報의 職務에 종사하는 公務員이나 이를 補助하는 者 또는 이를 指揮하는 者가 職權을 濫用하여 第1項의 行爲를 한 때에도 第1項의 刑과 같다. 다만, 그 法定刑의 最低가 2年 未滿일 때에는 이를 2年으로 한다.

第13條【特殊加重】 이 法, 軍刑法 第13條·第15條 또는 刑法 第2編第1章 內亂의 罪·第2章 外患의 罪를 犯하여 禁錮 이상의 刑의 宣告를 받고 그 刑의 執行을 終了하지 아니한 者 또는 그 執行을 終了하거나 執行을 받지 아니하기로 確定된 후 5年이 경과하지 아니한 者가 第3條第1項第3號 및 第2項 내지 第5項, 第4條第1項第1號중 刑法 第94條第2項·第97條 및 第99條, 同項 第5號 및 第6號, 第2項 내지 第4項, 第5條, 第6條第1項 및 第4項 내지 第6項, 第7條 내지 第9條의 罪를 犯한 때에는 그 罪에 대한 法定刑의 最高를 死刑으로 한다.

<2002.11.28 헌법재판소 단순위헌결정으로 이 조 중 "이 법, 군형법 제13조·제15조 또는 형법 제2편제1장 내란의 죄·제2장 외환의 죄를 범하여 금고 이상의 형의 선고를 받고 그 형의 집행을 종료하지 아니한 자 또는 그 집행을 종료하거나 집행을 받지 아니하기로 확정된 후 5년이 경과하지 아니한 자가…제7조제5항, 제1항의 죄를 범한 때에는 그 죄에 대한 법정형의 최고를 사형으로 한다." 부분은 효력 상실>

第14條【資格停止의 倂科】 이 法의 罪에 관하여 有期懲役刑을 宣告할 때에는 그 刑의 長期 이하의 資格停止를 倂科할 수 있다.(1991.5.31 본조개정)

판례 피고인이 국가보안법 위반의 죄를 범한 뒤 외국국적을 취득하였다고 하여 자격정지형을 선고할 수 없는 것은 아니다.
(대판 1988.11.8, 88도1630)

第15條【沒收·追徵】 ① 이 法의 罪를 犯하고 그 報酬를 받은 때에는 이를 沒收한다. 다만, 이를 沒收할 수 없을 때에는 그 價額을 追徵한다.

② 檢事는 이 法의 罪를 犯한 者에 대하여 訴追를 하지 아니할 때에는 押收物의 폐기 또는 國庫歸屬을 命할 수 있다.

판례 조총련에 가입된 자가 보낸 금품을 받은 사실은 있으나 국가보안법 위반죄를 범하고 그에 대한 보수로서 받았다는 증거가 없다하여 무죄를 선고한 경우에 압수된 금품을 몰수하는 부가형을 선고하지 아니하였다고 하여도 위법은 아니다.(대판 1971.9.28, 71도1336)

판례 구 국가보안법(법률 제549호) 제12조(반공법 제16조에 해당)가 규정한 검사의 압수물국고귀속처분은 범인을 소추하지 아니하는 경우에 한하여 적용되는 것이고, 소추한 경우에까지 판결결과에 관계없이 적용되는 것은 아니다.(대판 1970.7.28, 70다829)

第16條【刑의 減免】 다음 각號의 1에 해당한 때에는 그 刑을 減輕 또는 免除한다.

1. 이 法의 罪를 犯한 후 自首한 때
2. 이 法의 罪를 犯한 者가 이 法의 罪를 犯한 他人을 告發하거나 他人이 이 法의 罪를 犯하는 것을 방해한 때
3. (1991.5.31 삭제)

➡ 자수

판례 검문하는 예비군에게 파출소를 물어 동행을 구한 후 파출소에 이르러 근무순경에게 할 이야기가 있으니 안으로 들어가자고 하면서 경찰서의 소재를 묻고 경찰서까지 데려다 달라 하였다가 그 순경이 할 이야기가 있으면 여기서 하라고 하여 그때 간첩이라고 말하였다면 수사책임 있는 관서에 자수한 것으로 볼 것이다.
(대판 1970.8.18, 70도1308)

第17條【他法適用의 排除】 이 法의 罪를 犯한 者에 대하여는 勞動組合및勞動關係調整法 第39條의 規定을 適用하지 아니한다.(1997.12.13 본조개정)

第3章 特別刑事訴訟規定

第18條【參考人의 拘引·留置】 ① 檢事 또는 司法警察官으로부터 이 法에 정한 罪의 參考人으로 출석을 要求받은 者가 정당한 理由없이 2回 이상 出席要求에 불응한 때에는 管轄法院判事의 拘束令狀을 發付받아 拘引할 수 있다.

② 拘束令狀에 의하여 參考人을 拘引하는 경우에 필요한 때에는 近接한 警察署 기타 적당한 場所에 임시로 留置할 수 있다.

第19條【拘束期間의 延長】 ① 地方法院判事는 第3條 내지 第10條의 罪로서 司法警察官이 檢事에게 申請하여 檢事의 請求가 있는 경우에 搜査를 繼續함에 상당한 理由가 있다고 인정한 때에는 刑事訴訟法 第202條의 拘束期間의 延長을 1次에 한하여 許可할 수 있다.

② 地方法院判事는 第1項의 罪로서 檢事의 請求에 의하여 搜査를 계속함에 상당한 이유가 있다고 인정한 때에는 刑事訴訟法 第203條의 拘束期間의 延長을 2次에 한하여 許可할 수 있다.

③ 第1項 및 第2項의 期間의 延長은 각 10日 이내로 한다.
<1992.4.14 憲法裁判所 單純違憲決定으로 本條중 第7條 및 第10條의 죄에 관한 拘束期間 연장부분 效力喪失>

第20條【公訴保留】 ① 檢事는 이 法의 罪를 犯한 者에 대하여 刑法 第51條의 事項을 참작하여 公訴提起를 保留할 수 있다.

② 第1項에 의하여 公訴保留를 받은 者가 公訴의 提起없이 2年을 경과한 때에는 訴追할 수 없다.

③ 公訴保留를 받은 者가 法務部長官이 정한 監視·保導에 관한 規則에 違反한 때에는 公訴保留를 取消할 수 있다.

④ 第3項에 의하여 公訴保留가 取消된 경우에는 刑事訴訟法 第208條의 規定에 불구하고 동일한 犯罪事實로 再拘束할 수 있다.

第4章 報償과 援護

第21條【賞金】 ① 이 法의 罪를 犯한 者를 搜査機關 또는 情報機關에 通報하거나 逮捕한 者에게는 大統領令이 정하는 바에 따라 賞金을 支給한다.

② 이 法의 罪를 犯한 者를 認知하여 逮捕한 搜査機關 또는 情報機關에 종사하는 者에 대하여도 第1項과 같다.

③ 이 法의 罪를 犯한 者를 逮捕할 때 反抗 또는 交戰狀態下에서 부득이한 事由로 殺害하거나 自殺하게 한 경우에는 第1項에 準하여 賞金을 支給할 수 있다.

第22條【報勞金】 ① 第21條의 경우에 押收物이 있을 때에는 賞金을 支給하는 경우에 한하여 그 押收物 價額의 2分의 1에 상당하는 범위안에서 報勞金을 支給할 수 있다.

② 反國家團體나 그 構成員 또는 그 指令을 받은 者로부터 金品을 取得하여 搜査機關 또는 情報機關에 제공한 者에게는 그 價額의 2分의 1에 상당하는 범위안에서 報勞金을 支給할 수 있다. 反國家團體의 構成員 또는 그 指令을 받은 者가 제공한 때에도 또한 같다.

③ 報勞金의 請求 및 支給에 관하여 필요한 事項은 大統領令으로 정한다.

第23條【報償】 이 法의 罪를 범한 者를 申告 또는 逮捕하거나 이에 관련하여 傷痍를 입은 者와 死亡한 者의 遺族은 大統領令이 정하는 바에 따라 「국가유공자 등 예우 및 지원에 관한 법률」에 따른 공상군경 또는 순직군경의 유족이나 「보훈보상대상자 지원에 관한 법률」에 따른 재해부상군경 또는 재해사망군경의 유족으로 보아 보상할 수 있다.
(2011.9.15 본조개정)

第24條【國家保安有功者 審查委員會】 ① 이 法에 의한 賞金과 報勞金의 支給 및 第23條에 의한 報償對象者를 審議·

決定하기 위하여 法務部長官소속하에 國家保安有功者審査委員會(이하 "委員會"라 한다)를 둔다.(1991.5.31 본항개정)
② 委員會는 審議上 필요한 때에는 關係者의 출석을 要求하거나 調査할 수 있으며, 國家機關 기타 公·私團體에 照會하여 필요한 事項의 보고를 要求할 수 있다.
③ 委員會의 組織과 運營에 관하여 필요한 事項은 大統領令으로 정한다.

第25條【軍法 被適用者에 대한 準用規定】 이 法의 罪를 犯한 者가 軍事法院法 第2條第1項 각號의 1에 해당하는 者인 때에는 이 法의 規定중 判事는 軍事法院軍判事로, 檢事는 군검찰부 군검사로, 司法警察官은 軍司法警察官으로 본다.(2016.1.6 본조개정)

附 則

第1條【施行日】 이 法은 公布한 날로부터 施行한다.

第2條【廢止法律】 反共法은 이를 廢止한다. 다만, 同法 廢止前의 行爲에 대한 罰則의 適用에 있어서는 종전의 規定에 의한다.

第3條【다른 法律의 改正 및 다른 法律과의 關係】 (생략)

第4條【經過措置】 ① 舊刑法 第2編第2章 內亂에 關한 罪, 第3章 外患에 관한 罪, 舊國防警備法 第32條, 第33條, 舊海岸警備法 第8條의2, 第9條, 舊非常事態下의犯罪處罰에관한特別措置令, 종전의 國家保安法 또는 反共法의 罪를 犯하여 有罪의 判決을 받은 者는 刑法 第2編第1章 內亂의 罪, 第2章 外患의 罪, 軍刑法 第13條·第15條의 規定 또는 이 法에 의하여 有罪의 判決을 받은 者로 본다. 이 法 施行後에 종전의 國家保安法 또는 反共法의 罪를 犯하여 有罪의 判決을 받은 者도 또한 같다.
② 이 法 施行전에 特殊犯罪處罰에관한特別法 第6條의 規定에 의하여 有罪의 判決을 받은 者는 이 法의 規定에 의하여 有罪의 判決을 받은 것으로 본다.
③ 이 法 施行전에 종전의 國家保安法 또는 反共法의 規定에 의하여 행한 處分은 이 法의 規定에 의하여 행한 것으로 본다.
④ 이 法 施行전에 한 反共法의 規定에 의한 賞金 또는 報勞金의 請求는 이 法의 規定에 의하여 한 것으로 본다.

附 則 (2011.9.15)

第1條【시행일】 이 법은 2012년 7월 1일부터 시행한다.(이하 생략)

附 則 (2016.1.6)

第1條【시행일】 이 법은 공포 후 1년 6개월이 경과한 날부터 시행한다.(이하 생략)

폭력행위 등 처벌에 관한 법률

(약칭 : 폭력행위처벌법)

(1961년 6월 20일
법 률 제625호)

개정
1962. 7.14법 1108호
1980.12.18법 3279호
1990.12.31법 4294호
1993.12.10법 4590호
2001.12.19법 6534호
2004. 1.20법 7078호(검찰)
2006. 3.24법 7891호
2014.12.30법12896호
2016. 1. 6법13718호

제1조【목적】 이 법은 집단적 또는 상습적으로 폭력행위 등을 범하거나 흉기 또는 그 밖의 위험한 물건을 휴대하여 폭력행위 등을 범한 사람 등을 처벌함을 목적으로 한다.(2014.12.30 본조개정)

판례 본조의 위헌 여부 : 형사소송법 제383조 제4호, 폭력행위등처벌에관한법률 제1조, 제2조, 헌법재판소법 제42조 제1항, 형법 제35조, 제41조 제2호 등이 헌법에 위반되는 법률이라고 볼 수 없다.(대결 1990.8.24, 90초71)

제2조【폭행 등】 ① (2016.1.6 삭제)
② 2명 이상이 공동하여 다음 각 호의 죄를 범한 사람은 「형법」 각 해당 조항에서 정한 형의 2분의 1까지 가중한다.(2016.1.6 본문개정)
1. 「형법」 제260조제1항(폭행), 제283조제1항(협박), 제319조(주거침입, 퇴거불응) 또는 제366조(재물손괴 등)의 죄
2. 「형법」 제260조제2항(존속폭행), 제276조제1항(체포, 감금), 제283조제2항(존속협박) 또는 제324조제1항(강요)의 죄
3. 「형법」 제257조제1항(상해)·제2항(존속상해), 제276조제2항(존속체포, 존속감금) 또는 제350조(공갈)의 죄
(2016.1.6 1호~3호신설)
③ 이 법(「형법」 각 해당 조항 및 각 해당 조항의 상습범, 특수범, 상습특수범, 각 해당 조항의 상습범의 미수범, 특수범의 미수범, 상습특수범의 미수범을 포함한다)을 위반하여 2회 이상 징역형을 받은 사람이 다시 제2항 각 호에 규정된 죄를 범하여 누범(累犯)으로 처벌할 경우에는 다음 각 호의 구분에 따라 가중처벌한다.(2016.1.6 본문개정)
1. 제2항제1호에 규정된 죄를 범한 사람 : 7년 이하의 징역
2. 제2항제2호에 규정된 죄를 범한 사람 : 1년 이상 12년 이하의 징역
3. 제2항제3호에 규정된 죄를 범한 사람 : 2년 이상 20년 이하의 징역
(2016.1.6 1호~3호신설)
④ 제2항과 제3항의 경우에는 「형법」 제260조제3항 및 제283조제3항을 적용하지 아니한다.(2014.12.30 본조개정)

판례 형법 제354조, 제328조의 규정에 의하면, 직계혈족, 배우자, 동거친족, 동거가족 또는 그 배우자 간의 공갈죄는 그 형을 면제하여야 하고 그 외의 친족 간에는 고소가 있어야 공소를 제기할 수 있는 바, 흉기 기타 위험한 물건을 휴대하고 공갈죄를 범하여 '폭력행위 등 처벌에 관한 법률' 제3조 제1항, 제2조 제1항 제3호에 의하여 가중처벌되는 경우에도 형법상 공갈죄의 성질은 그대로 유지되는 것이고, 특별법인 위 법률에 친족상도례에 관한 형법 제354조, 제328조의 적용을 배제한다는 명시적인 규정이 없으므로, 형법 제354조는 '폭력행위 등 처벌에 관한 법률 제3조 제1항 위반죄'에도 그대로 적용된다.(대판 2010.7.29, 2010도5795)

판례 범죄에 있어서의 상습의 의미 및 구 폭력행위 등 처벌에 관한 법률 제2조 제1항에서 정한 상습성 유무의 판단 방법 : 범죄에 있어서의 상습이란 범죄자의 어떤 버릇, 범죄의 경향을 의미하는 것으로서 행위의 본질을 이루는 성질이 아니고, 행위자의 특성을 이루는 성질을 의미하는 것이므로, 구 폭력행위 등 처벌에 관한 법률(2006.3.24. 법률 제7891호로 개정되기 전의 것) 제2조 제1항에서 정한 상습성의 유무는 피고인의 연령·성격·직업·환경·전과사실, 범행의 동기·수단·방법 및 장소, 전에 범한 범죄와의 시간적 간격, 그 범행의 내용과 유사성 등 여러 사정을 종합하여 판단하여야 한다.(대판 2006.5.11, 2004도6176)

제3조【집단적 폭행 등】 ① (2016.1.6 삭제)
② (2006.3.24 삭제)
③ (2016.1.6 삭제)
④ 이 법(「형법」 각 해당 조항 및 각 해당 조항의 상습범, 특수범, 상습특수범, 각 해당 조항의 상습범의 미수범, 특수범의 미수범, 상습특수범의 미수범을 포함한다)을 위반하여 2회 이상 징역형을 받은 사람이 다시 다음 각 호의 죄를 범하여 누범으로 처벌할 경우에는 다음 각 호의 구분에 따라 가중처벌한다.(2016.1.6 본문개정)
1. 「형법」 제261조(특수폭행)(제260조제1항의 죄를 범한 경우에 한정한다), 제284조(특수협박)(제283조제1항의 죄를 범한 경우에 한정한다), 제320조(특수주거침입) 또는 제369조제1항(특수손괴)의 죄 : 1년 이상 12년 이하의 징역
2. 「형법」 제261조(특수폭행)(제260조제2항의 죄를 범한 경우에 한정한다), 제278조(특수체포, 특수감금)(제276조제1항의 죄를 범한 경우에 한정한다), 제284조(특수협박)(제283조제2항의 죄를 범한 경우에 한정한다) 또는 제324조제2항(강요)의 죄 : 2년 이상 20년 이하의 징역
3. 「형법」 제258조의2제1항(특수상해), 제278조(특수체포, 특수감금)(제276조제2항의 죄를 범한 경우에 한정한다) 또는 제350조의2(특수공갈)의 죄 : 3년 이상 25년 이하의 징역
(2016.1.6 1호~3호신설)

판례 신호위반에 따른 정지 지시를 무시하고 도주하던 사람이 자신을 추격해 온 경찰관의 하차 요구에 불응한 채 계속 도주를 시도하다가 자동차 앞 범퍼로 경찰관을 들이받고, 차 본넷 위에 경찰관을 매단 채로 그대로 차를 몰고 진행하던 중 인도에 있던 가로수를 들이받아 결국 경찰관을 사망에 이르게 한 사안에서, '위험한 물건'인 자동차를 이용하여 경찰관의 정당한 업무를 방해하고, 이로 인해 사망에 이르게 한 특수공무방해치사죄에 해당한다.
(대판 2008.2.28, 2008도3)

판례 상습범과 누범의 관계 및 폭력행위 등 처벌에 관한 법률 제3조 제4항의 누범에 대하여 같은 조 제3항의 상습범과 같은 법정형을 정한 것이 평등원칙에 반하여 위헌인지 여부 : 상습범과 누범은 서로 다른 개념으로서 누범에 해당한다고 하여 반드시 상습범이 되는 것이 아니며, 반대로 상습범에 해당한다고 하여 반드시 누범이 되는 것도 아니다. 또한, 행위자책임에 형벌가중의 본질이 있는 상습범과 행위책임에 형벌가중의 본질이 있는 누범을 단지 평면적으로 비교하여 그 경중을 가릴 수는 없고, 사안에 따라서는 폭력행위 등 처벌에 관한 법률 제3조 제4항에 정한 누범의 책임이 상습범의 경우보다 오히려 더 무거운 경우도 얼마든지 있을 수 있다. 이상과 같은 점을 고려하면, 같은 법 제3조 제4항의 누범에 대하여 같은 법 제3조 제3항의 상습범과 동일한 법정형을 정하였다고 하여 이를 두고 평등원칙에 반하는 위헌적인 규정이라고 할 수는 없다.
(대판 2007.8.23, 2007도4913)

판례 폭력행위 등 처벌에 관한 법률의 목적과 그 제3조 제1항의 규정 취지에 비추어 보면, 같은 법 제3조 제1항 소정의 '흉기 기타 위험한 물건을 휴대하여 그 죄를 범한 자'란 범행현장에서 '사용하려는 의도' 아래 흉기 기타 위험한 물건을 소지하거나 몸에 지니는 경우를 가리키는 것이고, 그 범행과는 전혀 무관하게 우연히 이를 소지하게 된 경우까지를 포함하는 것은 아니라 할 것이나, 범행 현장에서 범행에 사용하려는 의도 아래 흉기 등 위험한 물건을 소지하거나 몸에 지닌 이상 그 사실을 피해자가 인식하거나 실제로 범행에 사용하였을 것까지 요구되는 것은 아니라 할 것이다.
(대판 2007.3.30, 2007도914)

판례 '다중의 위력'의 의미 : '다중'이라 함은 단체를 이루지 못한 다수인의 집합으로 집단적 위력을 보일 정도의 다수 혹은 그에 의해 압력을 느끼게 해 불안을 줄 정도의 다수를 의미하며, 다중의 '위력'이라 함은 다수 인원으로 사람의 의사를 제압하기에 족한 세력을 지칭하는 것으로서 다수에 해당하는가는 행위 당시의 여러 사정을 참작하여 결정하여야 할 것이며, 이 경우 상대방의 의사가 현실적으로 제압될 것을 요하지는 않는다고 할 것이지만 상대방의 의사를 제압할 만한 세력을 인식시킬 정도는 되어야 한다.
(대판 2006.2.10, 2005도174)

판례 동조 제1항 '위험한 물건'에 자동차가 해당하는지 여부 : 어떤 물건이 동조항의 '위험한 물건'에 해당하는지 여부는 구체적인 사안에서 사회통념에 비추어 그 물건을 사용하면 상대방이나 제3자가 생명 또는 신체에 위험을 느낄 수 있는지 여부에 따라 판단하여야 하고, 자동차는 원래 살상용이나 파괴용으로 만들어진 것이 아니지만 사람의 생명 또는 신체에 위해를 가하거나 다른 사람의 재물을 손괴하는 데 사용되었다면 이에 해당한다.(대판 2003.1.24, 2002도5783)

제4조【단체 등의 구성·활동】 ① 이 법에 규정된 범죄를 목적으로 하는 단체 또는 집단을 구성하거나 그러한 단체 또는 집단에 가입하거나 그 구성원으로 활동한 사람은 다음 각 호의 구분에 따라 처벌한다.
1. 수괴(首魁) : 사형, 무기 또는 10년 이상의 징역
2. 간부 : 무기 또는 7년 이상의 징역
3. 수괴·간부 외의 사람 : 2년 이상의 유기징역
② 제1항의 단체 또는 집단을 구성하거나 그러한 단체 또는 집단에 가입한 사람이 단체 또는 집단의 위력을 과시하거나 단체 또는 집단의 존속·유지를 위하여 다음 각 호의 어느 하나에 해당하는 죄를 범하였을 때에는 그 죄에 대한 형의 장기(長期) 및 단기(短期)의 2분의 1까지 가중한다.
1. 「형법」에 따른 죄 중 다음 각 목의 죄
  가. 「형법」 제8장 공무방해에 관한 죄 중 제136조(공무집행방해), 제141조(공용서류 등의 무효, 공용물의 파괴)의 죄
  나. 「형법」 제24장 살인의 죄 중 제250조제1항(살인), 제252조(촉탁, 승낙에 의한 살인 등), 제253조(위계 등에 의한 촉탁살인 등), 제255조(예비, 음모)의 죄
  다. 「형법」 제34장 신용, 업무와 경매에 관한 죄 중 제314조(업무방해), 제315조(경매, 입찰의 방해)의 죄
  라. 「형법」 제38장 절도와 강도의 죄 중 제333조(강도), 제334조(특수강도), 제335조(준강도), 제336조(인질강도), 제337조(강도상해, 치상), 제339조(강도강간), 제340조제1항(해상강도)·제2항(해상강도상해 또는 치상), 제341조(상습범), 제343조(예비, 음모)의 죄
2. 제2조 또는 제3조의 죄(「형법」 각 해당 조항의 상습범, 특수범, 상습특수범을 포함한다)(2016.1.6 본호개정)
③ 타인에게 제1항의 단체 또는 집단에 가입할 것을 강요하거나 권유한 사람은 2년 이상의 유기징역에 처한다.
④ 제1항의 단체 또는 집단을 구성하거나 그러한 단체 또는 집단에 가입하여 그 단체 또는 집단의 존속·유지를 위하여 금품을 모집한 사람은 3년 이상의 유기징역에 처한다.
(2014.12.30 본조개정)

판례 법 제4조 제1항의 '활동'이란 범죄단체 또는 집단의 내부 규율 및 통솔 체계에 따른 조직적, 집단적 의사 결정에 의하여 행하는 범죄단체 또는 집단의 존속·유지를 지향하는 적극적인 행위로서 그 기여의 정도가 같은 조 제3항, 제4항에 규정된 행위에 준하는 것을 의미한다. 그리고 특정한 행위가 범죄단체 또는 집단의 구성원으로서의 '활동'에 해당하는지 여부는 당해 행위가 행해진 일시, 장소 및 그 내용, 그 행위가 이루어지게 된 동기 및 경위, 목적, 의사 결정자와 실행 행위자 사이의 관계 및 그 의사의 전달 과정 등의 구체적인 사정을 종합하여 실질적으로 판단하여야 한다. 따라서 다수의 구성원이 관여되었다고 하더라도 범죄단체 또는 집단의 존속·유지를 목적으로 하는 조직적, 집단적 의사결정에 의한 것이 아니거나, 범죄단체 또는 집단의 수괴나 간부 등 상위 구성원으로부터 모임에 참가하라는 등의 지시나 명령을 소극적으로 받고 이에 단순히 응하는데 그친 경우, 구성원 사이의 사적이고 의례적인 회식이나 경조사 모임 등을 개최하거나 참석하는 경우 등은 '활동'에 해당한다고 볼 수 없다.
(대판 2009.9.10, 2008도10177)

판례 폭력행위집단은 범죄단체의 특성상 단체로서의 계속적인 결집성이 다소 불안정하고 그 통솔체제가 대내외적으로 반드시 명확하지 않은 것처럼 보이더라도 구성원들 간의 관계가 선배·후배 혹은 형·아우로 뭉쳐지고 그들 특유의 규율에 따른 통솔이 이루어져 단체나 집단으로서의 위력을 발휘하는 경우가 많으므로, 폭력행위 등 처벌에 관한 법률 제4조 소정의 범죄를 목적으로 하는 단체는 위 법 소정의 범죄를 한다는 공동의 목적 아래 특정 다수인에 의하여 이루어진 계속적인 결합체로서 그 단체를 주도하거나 내부의 질서를 유지하는 최소한의 통솔체계를 갖추면 되는 것이고, 범죄단체의 구성이란 단체를 새로이 조직, 창설하는 것을 의미하므로, 기존의 범죄단체를 이용하여 새로운 범죄단체를 구성하는 경우는 기존의 범죄단체가 이미 해체 내지 와해된 상태에 있어 그 조직을 재건하는 경우, 기존의 범죄단체에서 분리되어 나와 별도의 범죄단체를 구성하는 경우, 현재 활동 중인 범죄단체가 다른 범죄단체를 흡수하거나 그와 통합하는 경우 등으로, 그 조직이 완전히 변경됨으로써 기존의 범죄단체와 동일성이 없는 별개의 단체로 인정될 수 있을 정도에 이른 경우를 말한다. 그리고 같은 법 제4조 제1항 제1호에서 말하는 '수괴'라 함은 그 범죄단체의 우두머리로 단체의 활동을 지휘·통솔하는 자를 가리키는 것으로서, '수괴'는 반드시 1인일 필요가 없고 2인 이상의 수괴가 역할을 분담하여 활동할 수도 있는 것이어서, 범죄단체의 배후에서 일체의 조직활동을 지휘하는 자와 전면에서 단체 구

성원의 통솔을 담당하는 자로 역할을 분담하고 있는 경우 양인을 모두 범죄단체의 수괴로 인정할 수 있다.(대판 2005.9.29, 2005도4205)

제5조【단체 등의 이용 · 지원】 ① 제4조제1항의 단체 또는 집단을 이용하여 이 법이나 그 밖의 형벌 법규에 규정된 죄를 범하게 한 사람은 그 죄에 대한 형의 장기 및 단기의 2분의 1까지 가중한다.

② 제4조제1항의 단체 또는 집단을 구성하거나 그러한 단체 또는 집단에 가입하지 아니한 사람이 그러한 단체 또는 집단의 구성 · 유지를 위하여 자금을 제공하였을 때에는 3년 이상의 유기징역에 처한다.

(2014.12.30 본조개정)

제6조【미수범】 제2조, 제3조, 제4조제2항[「형법」 제136조, 제255조, 제314조, 제315조, 제335조, 제337조(강도치상의 죄에 한정한다), 제340조제2항(해상강도치상의 죄에 한정한다) 또는 제343조의 죄를 범한 경우는 제외한다] 및 제5조의 미수범은 처벌한다.(2014.12.30 본조개정)

제7조【우범자】 정당한 이유 없이 이 법에 규정된 범죄에 공용(供用)될 우려가 있는 흉기나 그 밖의 위험한 물건을 휴대하거나 제공 또는 알선한 사람은 3년 이하의 징역 또는 300만원 이하의 벌금에 처한다.(2014.12.30 본조개정)

제8조【정당방위 등】 ① 이 법에 규정된 죄를 범한 사람이 흉기나 그 밖의 위험한 물건 등으로 사람에게 위해(危害)를 가하거나 가하려 할 때 이를 예방하거나 방위(防衛)하기 위하여 한 행위는 벌하지 아니한다.

② 제1항의 경우에 방위 행위가 그 정도를 초과한 때에는 그 형을 감경한다.

③ 제2항의 경우에 그 행위가 야간이나 그 밖의 불안한 상태에서 공포 · 경악 · 흥분 또는 당황으로 인한 행위인 때에는 벌하지 아니한다.

(2014.12.30 본조개정)

제9조【사법경찰관리의 직무유기】 ① 사법경찰관리(司法警察官吏)로서 이 법에 규정된 죄를 범한 사람을 수사하지 아니하거나 범인을 알면서 체포하지 아니하거나 수사상 정보를 누설하여 범인의 도주를 용이하게 한 사람은 1년 이상의 유기징역에 처한다.

② 뇌물을 수수(收受), 요구 또는 약속하고 제1항의 죄를 범한 사람은 2년 이상의 유기징역에 처한다.

(2014.12.30 본조개정)

제10조【사법경찰관리의 행정적 책임】 ① 관할 지방검찰청 검사장은 제2조부터 제6조까지의 범죄가 발생하였는데도 그 사실을 자신에게 보고하지 아니하거나 수사를 게을리하거나 수사능력 부족 또는 그 밖의 이유로 사법경찰관리로서 부적당하다고 인정하는 사람에 대해서는 그 임명권자에게 징계, 해임 또는 교체임용을 요구할 수 있다.

② 제1항의 요구를 받은 임명권자는 2주일 이내에 해당 사법경찰관리에 대하여 행정처분을 한 후 그 사실을 관할 지방검찰청 검사장에게 통보하여야 한다.

(2014.12.30 본조개정)

부 칙 (2014.12.30)

이 법은 공포한 날부터 시행한다.

부 칙 (2016.1.6)

제1조【시행일】 이 법은 공포한 날부터 시행한다.

제2조【다른 법률의 개정】 ①~⑩ ※(해당 법령에 가제정리 하였음)

제3조【다른 법령과의 관계】 이 법 시행 당시 다른 법령에서 종전의 「폭력행위 등 처벌에 관한 법률」의 규정을 인용한 경우에 이 법 가운데 그에 해당하는 규정이 있는 때에는 종전의 규정을 갈음하여 이 법의 해당 규정을 인용한 것으로 본다.

특정범죄 가중처벌 등에 관한 법률(약칭 : 특정범죄가중법)

(1966년 2월 23일 법 률 제1744호)

개정

1968. 7.15법 2032호	<중략>
1999.12.28법 6040호	
2000. 1.12법 6146호(마약)	
2000.12.29법 6305호(관세)	
2002. 3.25법 6664호	2004.10.16법 7226호
2005. 5.31법 7545호(도로교통)	
2005. 8. 4법 7654호	
2005. 8. 4법 7678호(산림자원조성관리)	
2005.12.29법 7767호	2007. 1. 3법 8169호
2007.12.21법 8727호	2008.12.26법 9169호
2010. 1. 1법 9919호(조세범처벌)	
2010. 3.31법10210호	
2011.12.31법11136호(지방세기본법)	
2013. 4. 5법11731호(형법)	
2013. 7.30법11955호	2015. 6.22법13351호
2015. 7.24법13440호(수상에서의수색 · 구조등에관한법)	
2016. 1. 6법13717호	
2016.12.27법14474호(지방세기본법)	
2018.12.18법15981호	2019.12.24법16829호
2020. 2. 4법16922호	2022.12.27법19104호
2023. 7.25법19572호(해사안전기본법)	
2023. 7.25법19573호(해상교통안전법)	

제1조【목적】 이 법은 「형법」, 「관세법」, 「조세범 처벌법」, 「지방세기본법」, 「산림자원의 조성 및 관리에 관한 법률」 및 「마약류관리에 관한 법률」에 규정된 특정범죄에 대한 가중처벌 등을 규정함으로써 건전한 사회질서의 유지와 국민경제의 발전에 이바지함을 목적으로 한다.(2011.12.31 본조개정)

제2조【뇌물죄의 가중처벌】 ① 「형법」 제129조 · 제130조 또는 제132조에 규정된 죄를 범한 사람은 그 수수(收受) · 요구 또는 약속한 뇌물의 가액(價額)(이하 이 조에서 "수뢰액"이라 한다)에 따라 다음 각 호와 같이 가중처벌한다.

1. 수뢰액이 1억원 이상인 경우에는 무기 또는 10년 이상의 징역에 처한다.
2. 수뢰액이 5천만원 이상 1억원 미만인 경우에는 7년 이상의 유기징역에 처한다.
3. 수뢰액이 3천만원 이상 5천만원 미만인 경우에는 5년 이상의 유기징역에 처한다.

<2012.12.27 헌법재판소 한정위헌결정으로 이 항의 「형법」 제129조제1항의 '공무원'에 구 「제주특별자치도 설치 및 국제자유도시 조성을 위한 특별법」(2007.7.27 법률 제8566호로 개정되기 전의 것) 제299조제2항의 제주특별자치도통합영향평가심의위원회 심의위원 중 위촉위원이 포함되는 것으로 해석하는 한 헌법에 위반>

② 「형법」 제129조 · 제130조 또는 제132조에 규정된 죄를 범한 사람은 그 죄에 대하여 정한 형(제1항의 경우를 포함한다)에 수뢰액의 2배 이상 5배 이하의 벌금을 병과(倂科)한다.

(2010.3.31 본조개정)

제3조【알선수재】 공무원의 직무에 속한 사항의 알선에 관하여 금품이나 이익을 수수 · 요구 또는 약속한 사람은 5년 이하의 징역 또는 1천만원 이하의 벌금에 처한다.(2010.3.31 본조개정)

제4조【뇌물죄 적용대상의 확대】 ① 다음 각 호의 어느 하나에 해당하는 기관 또는 단체로서 대통령령으로 정하는 기관 또는 단체의 간부직원은 「형법」 제129조부터 제132조까지의 규정을 적용할 때에는 공무원으로 본다.

1. 국가 또는 지방자치단체가 직접 또는 간접으로 자본금의 2분의 1 이상을 출자하였거나 출연금·보조금 등 그 재정 지원의 규모가 그 기관 또는 단체 기본재산의 2분의 1 이상인 기관 또는 단체
2. 국민경제 및 산업에 중대한 영향을 미치고 있고 업무의 공공성(公共性)이 현저하여 국가 또는 지방자치단체가 법령에서 정하는 바에 따라 지도·감독하거나 주주권의 행사 등을 통하여 중요 사업의 결정 및 임원의 임면(任免) 등 운영 전반에 관하여 실질적인 지배력을 행사하고 있는 기관 또는 단체

② 제1항의 간부직원의 범위는 제1항의 기관 또는 단체의 설립목적, 자산, 직원의 규모 및 해당 직원의 구체적인 업무 등을 고려하여 대통령령으로 정한다.
(2010.3.31 본조개정)

제4조의2【체포·감금 등의 가중처벌】 ①「형법」 제124조·제125조에 규정된 죄를 범하여 사람을 상해(傷害)에 이르게 한 경우에는 1년 이상의 유기징역에 처한다.
②「형법」 제124조·제125조에 규정된 죄를 범하여 사람을 사망에 이르게 한 경우에는 무기 또는 3년 이상의 징역에 처한다.
(2010.3.31 본조개정)

제4조의3【공무상 비밀누설의 가중처벌】「국회법」 제54조의2제2항을 위반한 사람은 5년 이하의 징역 또는 500만원 이하의 벌금에 처한다.(2010.3.31 본조개정)

제5조【국고 등 손실】「회계관계직원 등의 책임에 관한 법률」 제2조제1호·제2호 또는 제4호(제1호 또는 제2호에 규정된 사람의 보조자로서 그 회계사무의 일부를 처리하는 사람만 해당한다)에 규정된 사람이 국고(國庫) 또는 지방자치단체에 손실을 입힐 것을 알면서 그 직무에 관하여「형법」 제355조의 죄를 범한 경우에는 다음 각 호의 구분에 따라 가중처벌한다.
1. 국고 또는 지방자치단체의 손실이 5억원 이상인 경우에는 무기 또는 5년 이상의 징역에 처한다.
2. 국고 또는 지방자치단체의 손실이 1억원 이상 5억원 미만인 경우에는 3년 이상의 유기징역에 처한다.

(2010.3.31 본조개정)

제5조의2【약취·유인죄의 가중처벌】 ① 13세 미만의 미성년자에 대하여「형법」 제287조의 죄를 범한 사람은 그 약취(略取) 또는 유인(誘引)의 목적에 따라 다음 각 호와 같이 가중처벌한다.(2016.1.6 본문개정)
1. 약취 또는 유인한 미성년자의 부모나 그 밖에 그 미성년자의 안전을 염려하는 사람의 우려를 이용하여 재물이나 재산상의 이익을 취득할 목적인 경우에는 무기 또는 5년 이상의 징역에 처한다.
2. 약취 또는 유인한 미성년자를 살해할 목적인 경우에는 사형, 무기 또는 7년 이상의 징역에 처한다.

② 13세 미만의 미성년자에 대하여「형법」 제287조의 죄를 범한 사람이 다음 각 호의 어느 하나에 해당하는 행위를 한 경우에는 다음 각 호와 같이 가중처벌한다.(2016.1.6 본문개정)
1. 약취 또는 유인한 미성년자의 부모나 그 밖에 그 미성년자의 안전을 염려하는 사람의 우려를 이용하여 재물이나 재산상의 이익을 취득하거나 이를 요구한 경우에는 무기 또는 10년 이상의 징역에 처한다.
2. 약취 또는 유인한 미성년자를 살해한 경우에는 사형 또는 무기징역에 처한다.
3. 약취 또는 유인한 미성년자를 폭행·상해·감금 또는 유기(遺棄)하거나 그 미성년자에게 가혹한 행위를 한 경우에는 무기 또는 5년 이상의 징역에 처한다.
4. 제3호의 죄를 범하여 미성년자를 사망에 이르게 한 경우에는 사형, 무기 또는 7년 이상의 징역에 처한다.

③ 제1항 또는 제2항의 죄를 범한 사람을 방조(幇助)하여 약취 또는 유인된 미성년자를 은닉하거나 그 밖의 방법으로 귀가하지 못하게 한 사람은 5년 이상의 유기징역에 처한다.
④~⑤ (2013.4.5 삭제)
⑥ 제1항 및 제2항(제2항제4호는 제외한다)에 규정된 죄의 미수범은 처벌한다.(2013.4.5 본항개정)
⑦ 제1항부터 제3항까지 및 제6항의 죄를 범한 사람을 은닉하거나 도피하게 한 사람은 3년 이상 25년 이하의 징역에 처한다.(2016.1.6 본항개정)
⑧ 제1항 또는 제2항제1호·제2호의 죄를 범할 목적으로 예비하거나 음모한 사람은 1년 이상 10년 이하의 징역에 처한다.(2016.1.6 본항개정)
(2010.3.31 본조개정)

제5조의3【도주차량 운전자의 가중처벌】 ①「도로교통법」 제2조의 자동차, 원동기장치자전거 또는「건설기계관리법」 제26조제1항 단서에 따른 건설기계 외의 건설기계(이하 "자동차등"이라 한다)의 교통으로 인하여「형법」 제268조의 죄를 범한 해당 자동차등의 운전자(이하 "사고운전자"라 한다)가 피해자를 구호(救護)하는 등「도로교통법」 제54조제1항에 따른 조치를 하지 아니하고 도주한 경우에는 다음 각 호의 구분에 따라 가중처벌한다.(2022.12.27 본문개정)
1. 피해자를 사망에 이르게 하고 도주하거나, 도주 후에 피해자가 사망한 경우에는 무기 또는 5년 이상의 징역에 처한다.
2. 피해자를 상해에 이르게 한 경우에는 1년 이상의 유기징역 또는 500만원 이상 3천만원 이하의 벌금에 처한다.

② 사고운전자가 피해자를 사고 장소로부터 옮겨 유기하고 도주한 경우에는 다음 각 호의 구분에 따라 가중처벌한다.
1. 피해자를 사망에 이르게 하고 도주하거나, 도주 후에 피해자가 사망한 경우에는 사형, 무기 또는 5년 이상의 징역에 처한다.
2. 피해자를 상해에 이르게 한 경우에는 3년 이상의 유기징역에 처한다.

(2010.3.31 본조개정)

제5조의4【상습 강도·절도죄 등의 가중처벌】 ① (2016.1.6 삭제)
② 5명 이상이 공동하여 상습적으로「형법」 제329조부터 제331조까지의 죄 또는 그 미수죄를 범한 사람은 2년 이상 20년 이하의 징역에 처한다.
③~④ (2016.1.6 삭제)
⑤「형법」 제329조부터 제331조까지, 제333조부터 제336조까지 및 제340조·제362조의 죄 또는 그 미수죄로 세 번 이상 징역형을 받은 사람이 다시 이들 죄를 범하여 누범(累犯)으로 처벌하는 경우에는 다음 각 호의 구분에 따라 가중처벌한다.
1.「형법」 제329조부터 제331조까지의 죄(미수범을 포함한다)를 범한 경우에는 2년 이상 20년 이하의 징역에 처한다.(2016.1.6 본호신설)
2.「형법」 제333조부터 제336조까지의 죄 및 제340조제1항의 죄(미수범을 포함한다)를 범한 경우에는 무기 또는 10년 이상의 징역에 처한다.(2016.1.6 본호신설)
3.「형법」 제362조의 죄를 범한 경우에는 2년 이상 20년 이하의 징역에 처한다.(2016.1.6 본호신설)

⑥ 상습적으로「형법」 제329조부터 제331조까지의 죄나 그 미수죄 또는 제2항의 죄로 두 번 이상 실형을 선고받고 그 집행이 끝나거나 면제된 후 3년 이내에 다시 상습적으로「형법」 제329조부터 제331조까지의 죄나 그 미수죄 또는 제2항의 죄를 범한 경우에는 3년 이상 25년 이하의 징역에 처한다.(2016.1.6 본조개정)

판례 어떤 유형의 범죄에 대하여 특별히 형을 가중할 필요가 있는 경우라 하더라도, 그 가중의 정도가 통상의 형사처벌과 비교하여 현저히 형벌체계상의 정당성과 균형을 잃은 것이 명백한 경우에는 인간의 존엄성과 가치를 보장하는 헌법의 기본원리에 위배될 뿐 아니라 법의 내용에 있어서도 평등원칙에 반하는 위헌적 법률이 되는바, 특정범죄 가중처벌 등에 관한 법률 제5조의4 제1항 중 형법 제329조에 관한 부분, 같은 항 중 형법 제329조의 미수죄에 관한 부분, 같은 조 제4항 중 형법 제363조 가운데 형법 제362조 제1항의 '취득'에 관한 부분은 별도의 가중적 구성요건표지를 규정하지 않은 채 형법조항과 똑같은 구성요건을 규정하면서 법정형만 상향 조정하여 형사특별법으로서 갖추어야 할 형벌체계상의 정당성과 균형을 잃어 인간의 존엄성과 가치를 보장하는 헌법의 기본원리에 위배될 뿐만 아니라 그 내용에 있어서도 평등의 원칙에 위반되어 위헌이다.
(헌재결 2015.2.26, 2014헌가16)

제5조의5【강도상해 등 재범자의 가중처벌】「형법」 제337조 · 제339조의 죄 또는 그 미수죄로 형을 선고받고 그 집행이 끝나거나 면제된 후 3년 내에 다시 이들 죄를 범한 사람은 사형, 무기 또는 10년 이상의 징역에 처한다.(2010.3.31 본조개정)

제5조의6~제5조의7 (1994.1.5 삭제)

제5조의8 (2013.4.5 삭제)

제5조의9【보복범죄의 가중처벌 등】 ① 자기 또는 타인의 형사사건의 수사 또는 재판과 관련하여 고소 · 고발 등 수사단서의 제공, 진술, 증언 또는 자료제출에 대한 보복의 목적으로 「형법」 제250조제1항의 죄를 범한 사람은 사형, 무기 또는 10년 이상의 징역에 처한다. 고소 · 고발 등 수사단서의 제공, 진술, 증언 또는 자료제출을 하지 못하게 하거나 고소 · 고발을 취소하게 하거나 거짓으로 진술 · 증언 · 자료제출을 하게 할 목적인 경우에도 또한 같다.

② 제1항과 같은 목적으로 「형법」 제257조제1항 · 제260조제1항 · 제276조제1항 또는 제283조제1항의 죄를 범한 사람은 1년 이상의 유기징역에 처한다.

③ 제2항의 죄 중 「형법」 제257조제1항 · 제260조제1항 또는 제276조제1항의 죄를 범하여 사람을 사망에 이르게 한 경우에는 무기 또는 3년 이상의 징역에 처한다.

④ 자기 또는 타인의 형사사건의 수사 또는 재판과 관련하여 필요한 사실을 알고 있는 사람 또는 그 친족에게 정당한 사유 없이 면담을 강요하거나 위력(威力)을 행사한 사람은 3년 이하의 징역 또는 300만원 이하의 벌금에 처한다.
(2010.3.31 본조개정)

판례 사립대 교수 A는 자신에 대해 엄벌 탄원서를 낸 동료 교수 B에게 '내게 한 만큼 갚아 주겠다'는 내용을 담은 문자 메시지를 보내 보복 협박 혐의로 기소되었다. 그러나 A가 보낸 문자 메시지의 내용만으로는 A가 구체적으로 피해자 B의 어떠한 법익에 어떠한 해악을 가하겠다는 것인지 알기 어렵다. 또한 A가 보낸 문자 메세지에 B의 교수 지위 등에 관한 불이익한 조치를 받게 하려는 뜻이 내포되었다고 하더라도, 그것은 자신에 대하여 부당하게 형사책임을 물었던 B에게 그에 따른 책임을 묻겠다는 취지의 막연한 의사를 밝힌 것으로 보이고, A가 B의 교수직에 불이익을 줄 수 있는 위치에 있지도 않으며, A가 어떠한 이유나 근거도 없이 적법한 방식과 절차를 지키지 않은 채 사회통념상 용인되는 정도를 벗어나 피해자에게 불이익을 주려는 의사를 표현한 것으로 볼 객관적 증거는 없다.
(대판 2024.5.17, 2023도10386)

제5조의10【운행 중인 자동차 운전자에 대한 폭행 등의 가중처벌】 ① 운행 중(「여객자동차 운수사업법」 제2조제3호에 따른 여객자동차운송사업을 위하여 사용되는 자동차를 운행하는 중 운전자가 여객의 승차 · 하차 등을 위하여 일시 정차한 경우를 포함한다)인 자동차의 운전자를 폭행하거나 협박한 사람은 5년 이하의 징역 또는 2천만원 이하의 벌금에 처한다.(2015.6.22 본항개정)

② 제1항의 죄를 범하여 사람을 상해에 이르게 한 경우에는 3년 이상의 유기징역에 처하고, 사망에 이르게 한 경우에는 무기 또는 5년 이상의 징역에 처한다.
(2010.3.31 본조개정)

제5조의11【위험운전 등 치사상】 ① 음주 또는 약물의 영향으로 정상적인 운전이 곤란한 상태에서 자동차등을 운전하여 사람을 상해에 이르게 한 사람은 1년 이상 15년 이하의 징역 또는 1천만원 이상 3천만원 이하의 벌금에 처하고, 사망에 이르게 한 사람은 무기 또는 3년 이상의 징역에 처한다.
(2022.12.27 본항개정)

② 음주 또는 약물의 영향으로 정상적인 운항이 곤란한 상태에서 운항의 목적으로 「해상교통안전법」 제39조제1항에 따른 선박의 조타기를 조작, 조작 지시 또는 도선하여 사람을 상해에 이르게 한 사람은 1년 이상 15년 이하의 징역 또는 1천만원 이상 3천만원 이하의 벌금에 처하고, 사망에 이르게 한 사람은 무기 또는 3년 이상의 징역에 처한다.
(2023.7.25 본항개정)
(2020.2.4 본조제목개정)

판례 음주 또는 약물의 영향으로 정상적인 운전이 곤란한 상태에서 자동차를 운전하여 사람을 상해에 이르게 함과 동시에 다른 사람의 재물을 손괴한 때에는 특정범죄가중처벌 등에 관한 법률 위반(위험운전치사상)죄 외에 업무상과실 재물손괴로 인한 도로교통법 위반죄가 성립하고, 위 두 죄는 1개의 운전행위로 인한 것으로서 상상적 경합관계에 있다.(대판 2010.1.14, 2009도10845)

제5조의12【도주선박의 선장 또는 승무원에 대한 가중처벌】「해사안전기본법」 제3조제2호에 따른 선박의 교통으로 인하여 「형법」 제268조의 죄를 범한 해당 선박의 선장 또는 승무원이 피해자를 구호하는 등 「수상에서의 수색 · 구조 등에 관한 법률」 제18조제1항 단서에 따른 조치를 하지 아니하고 도주한 경우에는 다음 각 호의 구분에 따라 가중 처벌한다.(2023.7.25 본문개정)

1. 피해자를 사망에 이르게 하고 도주하거나, 도주 후에 피해자가 사망한 경우에는 무기 또는 5년 이상의 징역에 처한다.
2. 피해자를 상해에 이르게 한 경우에는 1년 이상의 유기징역 또는 1천만원 이상 1억원 이하의 벌금에 처한다.

(2013.7.30 본조신설)

제5조의13【어린이 보호구역에서 어린이 치사상의 가중처벌】 자동차등의 운전자가 「도로교통법」 제12조제3항에 따른 어린이 보호구역에서 같은 조 제1항에 따른 조치를 준수하고 어린이의 안전에 유의하면서 운전하여야 할 의무를 위반하여 어린이(13세 미만인 사람을 말한다. 이하 같다)에게 「교통사고처리 특례법」 제3조제1항의 죄를 범한 경우에는 다음 각 호의 구분에 따라 가중처벌한다.(2022.12.27 본문개정)

1. 어린이를 사망에 이르게 한 경우에는 무기 또는 3년 이상의 징역에 처한다.
2. 어린이를 상해에 이르게 한 경우에는 1년 이상 15년 이하의 징역 또는 500만원 이상 3천만원 이하의 벌금에 처한다.

(2019.12.24 본조신설)

제6조【「관세법」 위반행위의 가중처벌】 ①「관세법」 제269조제1항에 규정된 죄를 범한 사람은 다음 각 호의 구분에 따라 가중처벌한다.

1. 수출 또는 수입한 물품의 가액(이하 이 조에서 "물품가액"이라 한다)이 1억원 이상인 경우에는 무기 또는 7년 이상의 징역에 처한다.
2. 물품가액이 3천만원 이상 1억원 미만인 경우에는 3년 이상의 유기징역에 처한다.

②「관세법」 제269조제2항에 규정된 죄를 범한 사람은 다음 각 호의 구분에 따라 가중처벌한다.

1. 수입한 물품의 원가가 5억원 이상인 경우에는 무기 또는 5년 이상의 징역에 처한다.
2. 수입한 물품의 원가가 2억원 이상 5억원 미만인 경우에는 3년 이상의 유기징역에 처한다.

③「관세법」 제269조제3항에 규정된 죄를 범한 사람이 수출하거나 반송한 물품의 원가가 5억원 이상인 경우에는 1년 이상의 유기징역에 처한다.

④「관세법」 제270조제1항제1호 또는 같은 조 제4항·제5항에 규정된 죄를 범한 사람은 다음 각 호의 구분에 따라 가중처벌한다.

1. 포탈(逋脫)·면탈(免脫)하거나 감면(減免)·환급받은 세액이 2억원 이상인 경우에는 무기 또는 5년 이상의 징역에 처한다.
2. 포탈·면탈하거나 감면·환급받은 세액이 5천만원 이상 2억원 미만인 경우에는 3년 이상의 유기징역에 처한다.

⑤「관세법」 제270조제1항제2호 또는 같은 조 제2항에 규정된 죄를 범한 사람은 다음 각 호의 구분에 따라 가중처벌한다.

1. 수입한 물품의 원가가 5억원 이상인 경우에는 3년 이상의 유기징역에 처한다.
2. 수입한 물품의 원가가 2억원 이상 5억원 미만인 경우에는 1년 이상의 유기징역에 처한다.

⑥ 제1항부터 제5항까지의 경우에는 다음 각 호의 구분에 따른 벌금을 병과한다.

1. 제1항의 경우 : 물품가액의 2배 이상 10배 이하
2. 제2항의 경우 : 수입한 물품 원가의 2배
3. 제3항의 경우 : 수출하거나 반송한 물품의 원가
4. 제4항의 경우 : 포탈·면탈하거나 감면·환급받은 세액의 2배 이상 10배 이하
5. 제5항의 경우 : 수입한 물품의 원가

⑦「관세법」 제271조에 규정된 죄를 범한 사람은 제1항부터 제6항까지의 예에 따른 그 정범(正犯) 또는 본죄(本罪)에 준하여 처벌한다.

<2019.2.28 헌법재판소 단순위헌결정으로 이 항 중 '관세법 제271조제3항 가운데 제269조제2항'에 관한 부분은 효력 상실>

⑧ 단체 또는 집단을 구성하거나 상습적으로 「관세법」 제269조부터 제271조까지 또는 제274조에 규정된 죄를 범한 사람은 무기 또는 10년 이상의 징역에 처한다.

(2010.3.31 본조개정)

제7조【관계 공무원의 무기 사용】「관세법」 위반사범을 단속할 권한이 있는 공무원은 해상(海上)에서 「관세법」 제269조 또는 제270조에 규정된 죄를 범한 사람이 정지명령을 받고 도피하는 경우에 이를 제지(制止)하기 위하여 필요하다고 인정되는 상당한 이유가 있을 때에는 총기(銃器)를 사용할 수 있다.(2010.3.31 본조개정)

제8조【조세 포탈의 가중처벌】 ①「조세범 처벌법」 제3조제1항, 제4조 및 제5조, 「지방세기본법」 제102조제1항에 규정된 죄를 범한 사람은 다음 각 호의 구분에 따라 가중처벌한다.(2016.12.27 본문개정)

1. 포탈하거나 환급받은 세액 또는 징수하지 아니하거나 납부하지 아니한 세액(이하 "포탈세액등"이라 한다)이 연간 10억원 이상인 경우에는 무기 또는 5년 이상의 징역에 처한다.
2. 포탈세액등이 연간 5억원 이상 10억원 미만인 경우에는 3년 이상의 유기징역에 처한다.

② 제1항의 경우에는 그 포탈세액등의 2배 이상 5배 이하에 상당하는 벌금을 병과한다.

(2010.3.31 본조개정)

제8조의2【세금계산서 교부의무 위반 등의 가중처벌】 ① 영리를 목적으로 「조세범 처벌법」 제10조제3항 및 제4항 전단의 죄를 범한 사람은 다음 각 호의 구분에 따라 가중처벌한다.

1. 세금계산서 및 계산서에 기재된 공급가액이나 매출처별 세금계산서합계표·매입처별세금계산서합계표에 기재된 공급가액 또는 매출·매입금액의 합계액(이하 이 조에서 "공급가액등의 합계액"이라 한다)이 50억원 이상인 경우에는 3년 이상의 유기징역에 처한다.
2. 공급가액등의 합계액이 30억원 이상 50억원 미만인 경우에는 1년 이상의 유기징역에 처한다.

② 제1항의 경우에는 공급가액등의 합계액에 부가가치세의 세율을 적용하여 계산한 세액의 2배 이상 5배 이하의 벌금을 병과한다.

(2010.3.31 본조개정)

제9조【「산림자원의 조성 및 관리에 관한 법률」 등 위반행위의 가중처벌】 ①「산림자원의 조성 및 관리에 관한 법률」 제73조 및 제74조에 규정된 죄를 범한 사람은 다음 각 호의 구분에 따라 가중처벌한다.

1. 임산물(林産物)의 원산지 가격이 1억원 이상이거나 산림 훼손면적이 5만제곱미터 이상인 경우에는 3년 이상 25년 이하의 징역에 처한다.
2. 임산물의 원산지 가격이 1천만원 이상 1억원 미만이거나 산림 훼손면적이 5천제곱미터 이상 5만제곱미터 미만인 경우에는 2년 이상 20년 이하의 징역에 처한다.

② (2016.1.6 삭제)

(2016.1.6 본조개정)

제10조 (2016.1.6 삭제)

제11조【마약사범 등의 가중처벌】 ①「마약류관리에 관한 법률」 제58조제1항제1호부터 제4호까지 및 제6호·제7호에 규정된 죄(매매, 수수 및 제공에 관한 죄와 매매목적, 매매알선목적 또는 수수목적의 소지·소유에 관한 죄는 제외한다) 또는 그 미수죄를 범한 사람은 다음 각 호의 구분에 따라 가중처벌한다.(2016.1.6 본문개정)

1. 수출입·제조·소지·소유 등을 한 마약이나 향정신성의약품 등의 가액이 5천만원 이상인 경우에는 무기 또는 10년 이상의 징역에 처한다.(2016.1.6 본호신설)
2. 수출입·제조·소지·소유 등을 한 마약이나 향정신성의약품 등의 가액이 500만원 이상 5천만원 미만인 경우에는 무기 또는 7년 이상의 징역에 처한다.(2016.1.6 본호신설)

②「마약류관리에 관한 법률」 제59조제1항부터 제3항까지 및 제60조에 규정된 죄(마약 및 향정신성의약품에 관한 죄만 해당한다)를 범한 사람은 다음 각 호의 구분에 따라 가중처벌한다.

1. 소지·소유·재배·사용·수출입·제조 등을 한 마약 및 향정신성의약품의 가액이 5천만원 이상인 경우에는 무기 또는 7년 이상의 징역에 처한다.(2016.1.6 본호개정)
2. 소지·소유·재배·사용·수출입·제조 등을 한 마약 및 향정신성의약품의 가액이 500만원 이상 5천만원 미만인 경우에는 무기 또는 3년 이상의 징역에 처한다.

(2010.3.31 본조개정)

제12조【외국인을 위한 탈법행위】 외국인에 의한 취득이 금지 또는 제한된 재산권을 외국인을 위하여 외국인의 자금으로 취득한 사람은 다음 각 호의 구분에 따라 처벌한다.

1. 재산권의 가액이 1억원 이상인 경우에는 무기 또는 10년 이상의 징역에 처한다.
2. 재산권의 가액이 1억원 미만인 경우에는 무기 또는 3년 이상의 유기징역에 처한다.

(2010.3.31 본조개정)

제13조【몰수】 제3조 또는 제12조의 죄를 범하여 범인이 취득한 해당 재산은 몰수하며, 몰수할 수 없을 때에는 그 가액을 추징(追徵)한다.(2010.3.31 본조개정)

제14조【무고죄】 이 법에 규정된 죄에 대하여 「형법」 제156조에 규정된 죄를 범한 사람은 3년 이상의 유기징역에 처한다.(2010.3.31 본조개정)

제15조【특수직무유기】 범죄 수사의 직무에 종사하는 공무원이 이 법에 규정된 죄를 범한 사람을 인지하고 그 직무를 유기한 경우에는 1년 이상의 유기징역에 처한다.

(2010.3.31 본조개정)

제16조【소추에 관한 특례】 제6조 및 제8조의 죄에 대한 공소(公訴)는 고소 또는 고발이 없는 경우에도 제기할 수 있다.(2010.3.31 본조개정)

부 칙 (2016.1.6)

제1조【시행일】 이 법은 공포한 날부터 시행한다.
제2조【다른 법률의 개정】 ①~⑪ ※(해당 법령에 가제정리 하였음)
제3조【다른 법령과의 관계】 이 법 시행 당시 다른 법령에서 종전의 「특정범죄 가중처벌 등에 관한 법률」의 규정을 인용한 경우에 이 법 가운데 그에 해당하는 규정이 있는 때에는 종전의 규정을 갈음하여 이 법의 해당 규정을 인용한 것으로 본다.

부 칙 (2020.2.4)

이 법은 공포 후 3개월이 경과한 날부터 시행한다.

부 칙 (2022.12.27)

이 법은 공포한 날부터 시행한다.

부 칙 (2023.7.25 법19572호)
(2023.7.25 법19573호)

제1조【시행일】 이 법은 공포 후 6개월이 경과한 날부터 시행한다.(이하 생략)

특정강력범죄의 처벌에 관한 특례법(약칭 : 특정강력범죄법)

(1990년 12월 31일 법 률 제4295호)

개정
1993.12.10법 4590호(폭력처벌)
2005. 8. 4법 7653호
2009. 6. 9법 9765호(아동 · 청소년의성보호에관한법)
2010. 3.31법10209호 2010. 4.15법10256호
2010. 4.15법10258호(성폭력범죄의처벌등에관한특례법)
2011. 3. 7법10431호
2011. 9.15법11048호(청소년보호법)
2012.12.18법11556호(성폭력범죄의처벌등에관한특례법)
2012.12.18법11572호(아동 · 청소년의성보호에관한법)
2012.12.18법11574호(형법)
2013. 4. 5법11731호(형법)
2014. 1. 7법12198호 2016. 1. 6법13716호
2023.10.24법19743호(특정중대범죄피의자등신상정보공개에관한법)

제1조【목적】 이 법은 기본적 윤리와 사회질서를 침해하는 특정강력범죄에 대한 처벌과 그 절차에 관한 특례를 규정함으로써 국민의 생명과 신체의 안전을 보장하고 범죄로부터 사회를 지키는 것을 목적으로 한다.(2010.3.31 본조개정)
제2조【적용 범위】 ① 이 법에서 "특정강력범죄"란 다음 각 호의 어느 하나에 해당하는 죄를 말한다.
1. 「형법」 제2편제24장 살인의 죄 중 제250조〔살인 · 존속살해(尊屬殺害)〕, 제253조〔위계(僞計)등에 의한 촉탁살인(囑託殺人)등〕 및 제254조(미수범. 다만, 제251조 및 제252조의 미수범은 제외한다)의 죄
2. 「형법」 제2편제31장 약취(略取), 유인(誘引) 및 인신매매의 죄 중 제287조부터 제291조까지 및 제294조(제292조제1항의 미수범은 제외한다)의 죄(2013.4.5 본호개정)
3. 「형법」 제2편제32장 강간과 추행의 죄 중 제301조(강간등 상해 · 치상), 제301조의2(강간등 살인 · 치사)의 죄 및 흉기나 그 밖의 위험한 물건을 휴대하거나 2명 이상이 합동하여 범한 제297조(강간), 제297조의2(유사강간), 제298조(강제추행), 제299조(준강간 · 준강제추행), 제300조(미수범) 및 제305조(미성년자에 대한 간음, 추행)의 죄
(2012.12.18 본호개정)
4. 「형법」 제2편제32장 강간과 추행의 죄, 「성폭력범죄의 처벌 등에 관한 특례법」 제3조부터 제10조까지 및 제15조(제13조의 미수범은 제외한다)의 죄 또는 「아동 · 청소년의 성보호에 관한 법률」 제13조의 죄로 두 번 이상 실형을 선고 받은 사람이 범한 「형법」 제297조, 제297조의2, 제298조부터 제300조까지, 제305조 및 「아동 · 청소년의 성보호에 관한 법률」 제13조의 죄(2012.12.18 본호개정)
5. 「형법」 제2편제38장 절도와 강도의 죄 중 제333조(강도), 제334조(특수강도), 제335조(준강도), 제336조(인질강도), 제337조(강도상해 · 치상), 제338조(강도살인 · 치사), 제339조(강도강간), 제340조(해상강도), 제341조(상습범) 및 제342조(미수범. 다만, 제329조부터 제331조까지, 제331조의2 및 제332조의 미수범은 제외한다)의 죄
6. 「폭력행위 등 처벌에 관한 법률」 제4조(단체 등의 구성 · 활동)의 죄(2016.1.6 본호개정)

② 제1항 각 호의 범죄로서 다른 법률에 따라 가중처벌하는 죄는 특정강력범죄로 본다.
(2010.3.31 본조개정)
제3조【누범의 형】 특정강력범죄로 형(刑)을 선고받고 그 집행이 끝나거나 면제된 후 3년 이내에 다시 특정강력범죄를 범한 경우(「형법」 제337조의 죄 및 그 미수(未遂)의 죄를 범하여 「특정범죄 가중처벌 등에 관한 법률」 제5조의5에 따

라 가중처벌되는 경우는 제외한다)에는 그 죄에 대하여 정하여진 형의 장기(長期) 및 단기(短期)의 2배까지 가중한다.
(2014.1.7 본조개정)

제4조【소년에 대한 형】 ① 특정강력범죄를 범한 당시 18세 미만인 소년을 사형 또는 무기형에 처하여야 할 때에는 「소년법」 제59조에도 불구하고 그 형을 20년의 유기징역으로 한다.
② 특정강력범죄를 범한 소년에 대하여 부정기형(不定期刑)을 선고할 때에는 「소년법」 제60조제1항 단서에도 불구하고 장기는 15년, 단기는 7년을 초과하지 못한다.
(2010.3.31 본조개정)

제5조【집행유예의 결격기간】 특정강력범죄로 형을 선고받고 그 집행이 끝나거나 면제된 후 10년이 지나지 아니한 사람이 다시 특정강력범죄를 범한 경우에는 형의 집행을 유예하지 못한다.(2010.3.31 본조개정)

제6조【보석 등의 취소】 법원은 특정강력범죄사건의 피고인이 피해자나 그 밖에 사건의 재판에 필요한 사실을 알고 있다고 인정되는 사람 또는 그 친족의 생명·신체나 재산에 해를 끼치거나 끼칠 염려가 있다고 믿을 만한 충분한 이유가 있을 때에는 법원의 직권 또는 검사의 청구에 의하여 결정으로 보석 또는 구속의 집행정지를 취소할 수 있다.
(2010.3.31 본조개정)

제7조【증인에 대한 신변안전조치】 ① 검사는 특정강력범죄사건의 증인이 피고인 또는 그 밖의 사람으로부터 생명·신체에 해를 입거나 입을 염려가 있다고 인정될 때에는 관할 경찰서장에게 증인의 신변안전을 위하여 필요한 조치를 할 것을 요청하여야 한다.
② 증인은 검사에게 제1항의 조치를 하도록 청구할 수 있다.
③ 재판장은 검사에게 제1항의 조치를 하도록 요청할 수 있다.
④ 제1항의 요청을 받은 관할 경찰서장은 즉시 증인의 신변안전을 위하여 필요한 조치를 하고 그 사실을 검사에게 통보하여야 한다.
(2010.3.31 본조개정)

제8조【출판물 게재 등으로부터의 피해자 보호】 특정강력범죄 중 제2조제1항제2호부터 제6호까지 및 같은 조 제2항(제1항제1호는 제외한다)에 규정된 범죄로 수사 또는 심리(審理) 중에 있는 사건의 피해자나 특정강력범죄로 수사 또는 심리 중에 있는 사건을 신고하거나 고발한 사람에 대하여는 성명, 나이, 주소, 직업, 용모 등에 의하여 그가 피해자이거나 신고 또는 고발한 사람임을 미루어 알 수 있는 정도의 사실이나 사진을 신문 또는 그 밖의 출판물에 싣거나 방송 또는 유선방송하지 못한다. 다만, 피해자, 신고하거나 고발한 사람 또는 그 법정대리인(피해자, 신고 또는 고발한 사람이 사망한 경우에는 그 배우자, 직계친족 또는 형제자매)이 명시적으로 동의한 경우에는 그러하지 아니하다.
(2010.3.31 본조개정)

제8조의2 (2023.10.24 삭제)

제9조【소송 진행의 협의】 ① 법원은 특정강력범죄에 관하여 검사 및 변호인과 공판기일의 지정이나 그 밖에 소송의 진행에 필요한 사항을 협의할 수 있다.
② 제1항의 협의는 소송 진행에 필요한 최소한의 범위에서 하여야 하며, 판결에 영향을 주어서는 아니 된다.
③ 특정강력범죄에 관하여 증거서류 또는 증거물의 조사를 청구하는 경우에는 상대방에게 미리 열람할 기회를 주어야 한다. 다만, 상대방이 이의를 제기하지 아니하는 경우에는 그러하지 아니하다.
(2010.3.31 본조개정)

제10조【집중심리】 ① 법원은 특정강력범죄사건의 심리를 하는 데에 2일 이상이 걸리는 경우에는 가능하면 매일 계속 개정(開廷)하여 집중심리(集中審理)를 하여야 한다.
② 재판장은 특별한 사정이 없으면 직전 공판기일부터 7일 이내로 다음 공판기일을 지정하여야 한다.
③ 재판장은 소송 관계인이 공판기일을 준수하도록 요청하여야 하며, 이에 필요한 조치를 할 수 있다.
(2010.3.31 본조개정)

제11조【공판정에서의 신체구속】 재판장은 특정강력범죄로 공소제기된 피고인이 폭력을 행사하거나 도망할 염려가 있다고 인정할 때에는 공판정에서 피고인의 신체를 구속할 것을 명하거나 그 밖에 필요한 조치를 할 수 있다.(2010.3.31 본조개정)

제12조【간이공판절차의 결정】 ① 특정강력범죄의 피고인이 공판정에서 공소사실을 자백한 경우에는 법원은 간이공판절차에 따라 심판할 것을 결정할 수 있다. 특정강력범죄와 다른 죄가 병합(併合)된 경우에도 같다.
② 제1항의 결정이 있는 사건에 대하여는 「형사소송법」 제286조의3, 제297조의2, 제301조의2 및 제318조의3을 준용한다.
(2010.3.31 본조개정)

제13조【판결선고】 법원은 특정강력범죄사건에 관하여 변론을 종결한 때에는 신속하게 판결을 선고하여야 한다. 복잡한 사건이거나 그 밖에 특별한 사정이 있는 경우에도 판결의 선고는 변론 종결일부터 14일을 초과하지 못한다.
(2010.3.31 본조개정)

부 칙 (2013.4.5)

제1조【시행일】 이 법은 공포한 날부터 시행한다.(이하 생략)

부 칙 (2014.1.7)
(2016.1.6)

이 법은 공포한 날부터 시행한다.

부 칙 (2023.10.24)

제1조【시행일】 이 법은 공포 후 3개월이 경과한 날부터 시행한다.(이하 생략)

특정경제범죄 가중처벌 등에 관한 법률(약칭 : 특정경제범죄법)

(1983년 12월 31일 법 률 제3693호)

개정
1988.12.31법 4069호(보험)
1990.12.31법 4292호
1998. 1.13법 5503호(종합금융회사에관한법)
1998. 1.13법 5505호(금융감독)
2001. 3.28법 6429호(상호저축은행법)
2002.12. 5법 6746호
2004.12.31법 7311호(수협)
2007. 5.17법 8444호
2007. 8. 3법 8635호(자본시장금융투자업)
2008.12.26법 9170호 2009. 5. 8법 9646호
2012. 2.10법11304호
2016. 1. 6법13719호(형법)
2016. 3.29법14122호(기술보증기금법)
2016. 5.29법14242호(수협)
2017.12.19법15256호

제1조【목적】 이 법은 건전한 국민경제윤리에 반하는 특정경제범죄에 대한 가중처벌과 그 범죄행위자에 대한 취업제한 등을 규정함으로써 경제질서를 확립하고 나아가 국민경제 발전에 이바지함을 목적으로 한다.(2012.2.10 본조개정)

제2조【정의】 이 법에서 사용하는 용어의 뜻은 다음과 같다.
1. "금융회사등"이란 다음 각 목의 어느 하나에 해당하는 것을 말한다.
  가. 「한국은행법」에 따른 한국은행, 「금융위원회의 설치 등에 관한 법률」에 따른 금융감독원 및 「은행법」이나 그 밖의 법률에 따른 은행
  나. 「자본시장과 금융투자업에 관한 법률」에 따른 투자매매업자, 투자중개업자, 집합투자업자, 신탁업자, 증권금융회사 및 종합금융회사
  다. 「상호저축은행법」에 따른 상호저축은행과 그 중앙회
  라. 「농협협동조합법」에 따른 조합과 농협은행
  마. 「수산업협동조합법」에 따른 조합과 수협은행
  (2016.5.29 본목개정)
  바. 「신용협동조합법」에 따른 신용협동조합과 그 중앙회
  사. 「새마을금고법」에 따른 새마을금고와 그 연합회
  아. 「보험업법」에 따른 보험업을 경영하는 자
  자. 「신용보증기금법」에 따른 신용보증기금
  차. 「기술보증기금법」에 따른 기술보증기금(2016.3.29 본목개정)
  카. 그 밖에 가목부터 차목까지의 기관과 같거나 유사한 업무를 하는 기관으로서 대통령령으로 정하는 기관
2. "저축"이란 다음 각 목의 어느 하나에 해당하는 것을 금융회사등에 예입(預入), 납입(納入) 또는 신탁(信託)하거나 금융회사등으로부터 수령(受領) 또는 매입(買入)하는 것을 말한다.
  가. 예금, 적금, 부금(賦金), 계금(稧金) 및 신탁재산
  나. 주식, 채권, 수익증권, 어음, 수표 및 채무증서
  다. 보험료
  라. 그 밖에 가목부터 다목까지의 규정에 준하는 것으로서 대통령령으로 정하는 것
3. "대출등"이란 금융회사등이 취급하는 대출, 채무의 보증 또는 인수(引受), 급부(給付), 채권 또는 어음의 할인이나 그 밖에 이에 준하는 것으로서 대통령령으로 정하는 것을 말한다.

(2012.2.10 본조개정)

제3조【특정재산범죄의 가중처벌】 ① 「형법」 제347조(사기), 제347조의2(컴퓨터등 사용사기), 제350조(공갈), 제350조의2(특수공갈), 제351조(제347조, 제347조의2, 제350조 및 제350조의2의 상습범만 해당한다), 제355조(횡령·배임) 또는 제356조(업무상의 횡령과 배임)의 죄를 범한 사람은 그 범죄행위로 인하여 취득하거나 제3자로 하여금 취득하게 한 재물 또는 재산상 이익의 가액(이하 이 조에서 "이득액"이라 한다)이 5억원 이상일 때에는 다음 각 호의 구분에 따라 가중처벌한다.(2017.12.19 본문개정)
1. 이득액이 50억원 이상일 때 : 무기 또는 5년 이상의 징역
2. 이득액이 5억원 이상 50억원 미만일 때 : 3년 이상의 유기징역

② 제1항의 경우 이득액 이하에 상당하는 벌금을 병과(倂科)할 수 있다.

(2012.2.10 본조개정)

판례 피고인이 잘못 이체된 15억원어치 비트코인을 반환하지 않고 자신의 계좌로 이체한 사건에서, 가상자산을 이체 받은 자는 가상자산의 권리자 등에 대한 부당이득반환의무를 부담하게 될 수 있다. 그러나 이는 당사자 사이의 민사상 채무에 지나지 않고 이러한 사정만으로 가상자산을 이체 받은 사람이 신임관계에 기초하여 가상자산을 보존하거나 관리하는 지위에 있다고 볼 수 없다. 또한 피고인과 피해자 사이에는 아무런 계약관계가 없고 피고인은 어떠한 경위로 이 사건 비트코인을 이체 받은 것인지 불분명하여 부당이득반환청구를 할 수 있는 주체가 피해자인지 아니면 거래소인지 명확하지 않다. 설령 피고인이 피해자에게 직접 부당이득반환의무를 부담한다고 하더라도 곧바로 가상자산을 이체 받은 사람을 피해자에 대한 관계에서 배임죄의 주체인 '타인의 사무를 처리하는 자'에 해당한다고 단정할 수는 없다.(대판 2021.12.16, 2020도9789)

판례 형법 제347조의 사기죄는 사람을 기망하여 재물의 교부를 받거나 재산상의 이익을 취득하거나 제3자로 하여금 재물의 교부를 받게 하거나 재산상의 이익을 취득하게 함으로써 성립하고, 그 교부받은 재물이나 재산상 이익의 가액이 얼마인지는 문제되지 아니하는 데 비하여, 사기로 인한 특정경제범죄 가중처벌 등에 관한 법률 위반죄에 있어서는 편취한 재물이나 재산상 이익의 가액이 5억 원 이상 또는 50억 원 이상이라는 것이 범죄구성요건의 일부로 되어 있고 그 가액에 따라 그 죄에 대한 형벌도 가중되어 있으므로, 이를 적용함에 있어서는 편취한 재물이나 재산상 이익의 가액을 엄격하고 신중하게 산정함으로써, 범죄와 형벌 사이에 적정한 균형이 이루어져야 한다는 죄형균형 원칙이나 형벌은 책임에 기초하고 그 책임에 비례하여야 한다는 책임주의 원칙이 훼손되지 않도록 유의하여야 한다.
(대판 2007.4.19, 2005도7288 전원합의체)

제4조【재산국외도피의 죄】 ① 법령을 위반하여 대한민국 또는 대한민국국민의 재산을 국외로 이동하거나 국내로 반입하여야 할 재산을 국외에서 은닉 또는 처분하여 도피시켰을 때에는 1년 이상의 유기징역 또는 해당 범죄행위의 목적물 가액(이하 이 조에서 "도피액"이라 한다)의 2배 이상 10배 이하에 상당하는 벌금에 처한다.

② 제1항의 경우 도피액이 5억원 이상일 때에는 다음 각 호의 구분에 따라 가중처벌한다.
1. 도피액이 50억원 이상일 때 : 무기 또는 10년 이상의 징역
2. 도피액이 5억원 이상 50억원 미만일 때 : 5년 이상의 유기징역

③ 제1항 또는 제2항의 미수범은 각 죄에 해당하는 형으로 처벌한다.

④ 법인의 대표자나 법인 또는 개인의 대리인, 사용인, 그 밖의 종업원이 그 법인 또는 개인의 업무에 관하여 제1항부터 제3항까지의 어느 하나에 해당하는 위반행위를 하면 그 행위자를 벌하는 외에 그 법인 또는 개인에게도 제1항의 벌금형을 과(科)한다. 다만, 법인 또는 개인이 그 위반행위를 방지하기 위하여 해당 업무에 관하여 상당한 주의와 감독을 게을리하지 아니한 경우에는 그러하지 아니하다.

(2012.2.10 본조개정)

제5조【수재 등의 죄】 ① 금융회사등의 임직원이 그 직무에 관하여 금품이나 그 밖의 이익을 수수(收受), 요구 또는 약속하였을 때에는 5년 이하의 징역 또는 10년 이하의 자격정지에 처한다.

② 금융회사등의 임직원이 그 직무에 관하여 부정한 청탁을 받고 제3자에게 금품이나 그 밖의 이익을 공여(供與)하게 하거나 공여하게 할 것을 요구 또는 약속하였을 때에는 제1항과 같은 형에 처한다.

③ 금융회사등의 임직원이 그 지위를 이용하여 소속 금융회사등 또는 다른 금융회사등의 임직원의 직무에 속하는 사항의 알선에 관하여 금품이나 그 밖의 이익을 수수, 요구 또는 약속하였을 때에는 제1항과 같은 형에 처한다.
④ 제1항부터 제3항까지의 경우에 수수, 요구 또는 약속한 금품이나 그 밖의 이익의 가액(이하 이 조에서 "수수액"이라 한다)이 3천만원 이상일 때에는 다음 각 호의 구분에 따라 가중처벌한다.
1. 수수액이 1억원 이상일 때 : 무기 또는 10년 이상의 징역
2. 수수액이 5천만원 이상 1억원 미만일 때 : 7년 이상의 유기징역
3. 수수액이 3천만원 이상 5천만원 미만일 때 : 5년 이상의 유기징역
⑤ 제1항부터 제4항까지의 경우에 수수액의 2배 이상 5배 이하의 벌금을 병과한다.
(2012.2.10 본조개정)

판례 수재 행위자에 대한 엄정한 처벌을 통한 일반예방이라는 당초의 목적을 달성하지 못하고 있음은 물론 오히려 수범자들에게 법의 권위를 떨어뜨리는 위험을 초래할 수 있어 형사정책적으로도 불합리한 결과를 가져오고 있음을 의미하는 것이고, 행위 불법의 크기와 행위자 책임의 정도를 훨씬 초과하는 과중하고 가혹한 형벌을 규정한 것이며, 다른 범죄와의 관계에서 형벌체계상 균형성을 상실하여 평등의 원칙에 위반된다 할 것이다.
(헌재결 2006.4.27, 2006헌가5 전원재판부)

판례 동조 제1항의 의미 : 동조 제1항에서 말하는 '금융기관 임·직원이 그 직무에 관하여'라 함은 금융기관의 임·직원이 그 지위에 수반하여 취급하는 일체의 사무를 말하는 것으로서, 그 권한에 속하는 직무행위뿐만 아니라 이와 밀접한 관계가 있는 경우와 그 직무와 관련하여 사실상 처리하고 있는 행위까지도 모두 포함되고, 또한 그 직무가 금융기관의 신용사업 내지 주된 사업과 관련된 것인지, 그 외의 사업과 관련된 것인지 구별할 것은 아니다.
(대판 1999.10.8, 99도3225)

제6조【증재 등의 죄】 ① 제5조에 따른 금품이나 그 밖의 이익을 약속, 공여 또는 공여의 의사를 표시한 사람은 5년 이하의 징역 또는 3천만원 이하의 벌금에 처한다.
② 제1항의 행위에 제공할 목적으로 제3자에게 금품을 교부하거나 그 정황을 알면서 교부받은 사람은 제1항과 같은 형에 처한다.
(2012.2.10 본조개정)

제7조【알선수재의 죄】 금융회사등의 임직원의 직무에 속하는 사항의 알선에 관하여 금품이나 그 밖의 이익을 수수, 요구 또는 약속한 사람 또는 제3자에게 이를 공여하게 하거나 공여하게 할 것을 요구 또는 약속한 사람은 5년 이하의 징역 또는 5천만원 이하의 벌금에 처한다.(2012.2.10 본조개정)

판례 동조의 '금융기관의 임·직원의 직무에 속한 사항'이라 함은 자기 자신을 제외한 모든 자의 사건 또는 사무를 가리키는 것으로 해석하는 것이 상당하고, 회사의 이사가 대표이사로부터 돈을 받고 청탁을 부탁받은 내용이 자신이 이사로 있는 회사에 관한 것이고 위 이사가 회사의 대표이사를 대리하여 위 회사의 대표자로서 사무를 처리하였다고 보여질 경우에는 사건에 관한 청탁을 타인의 사건 또는 사무에 관한 청탁이라고 볼 수 없을 것이지만, 피고인이 청탁을 명목으로 법인의 대표이사로부터 금원을 받고 로비활동을 해 오던 중, 그 활동상의 편의를 위하여 그 법인의 통상업무에는 전혀 관여함이 없이 형식적으로 그 법인의 이사로 등기를 경료하고 그 법인의 이사 등 직함을 사용하면서 청탁 명목으로 금원을 교부받았다면, 이는 피고인 자신의 사무라고는 볼 수 없다.(대판 2002.6.11, 2000도357)

제8조【사금융 알선 등의 죄】 금융회사등의 임직원이 그 지위를 이용하여 자기의 이익 또는 소속 금융회사등 외의 제3자의 이익을 위하여 자기의 계산으로 또는 소속 금융회사등 외의 제3자의 계산으로 금전의 대부, 채무의 보증 또는 인수를 하거나 이를 알선하였을 때에는 7년 이하의 징역 또는 7천만원 이하의 벌금에 처한다.(2012.2.10 본조개정)

제9조【저축 관련 부당행위의 죄】 ① 저축을 하는 사람 또는 저축을 중개하는 사람이 금융회사등의 임직원으로부터 그 저축에 관하여 법령 또는 약관이나 그 밖에 이에 준하는 금융회사등의 규정에 따라 정하여진 이자, 복금(福金), 보험금, 배당금, 보수 외에 어떤 명목으로든 금품이나 그 밖의 이익을 수수하거나 제3자에게 공여하게 하였을 때에는 5년 이하의 징역 또는 5천만원 이하의 벌금에 처한다.
② 저축을 하는 사람이 그 저축과 관련하여 그 저축을 중개하는 자 또는 그 저축과 관계없는 제3자에게 금융회사등으로부터 대출등을 받게 하였을 때 또는 저축을 중개하는 사람이 그 저축과 관련하여 금융회사등으로부터 대출등을 받거나 그 저축과 관계없는 제3자에게 대출등을 받게 하였을 때에는 제1항과 같은 형에 처한다.
③ 금융회사등의 임직원이 제1항 또는 제2항에 규정된 금품이나 그 밖의 이익을 공여하거나 대출등을 하였을 때에는 제1항 또는 제2항과 같은 형에 처한다.
④ 제1항부터 제3항까지의 경우 징역과 벌금을 병과할 수 있다.
⑤ 금융회사등의 임직원이 소속 금융회사등의 업무에 관하여 제3항의 위반행위를 하면 그 행위자를 벌하는 외에 그 소속 금융회사등에도 같은 항의 벌금형을 과한다. 다만, 소속 금융회사등이 그 위반행위를 방지하기 위하여 해당 업무에 관하여 상당한 주의와 감독을 게을리하지 아니한 경우에는 그러하지 아니하다.
(2012.2.10 본조개정)

판례 "저축을 하는 자"의 의미 : "저축을 하는 자"에는 사법상 법률효과가 귀속되는 '저축의 주체'가 아니라고 하더라도, '저축과 관련된 행위를 한 자'도 포함되고, 그러한 자가 금융기관 임직원들의 유치 활동의 대상이 되어 당해 저축과 관련하여 특별한 이익을 수수하였다면 그 구성요건에 해당된다고 할 것이며, 이러한 해석이 "저축을 하는 자"라는 문언의 의미 한계를 넘어선 해석은 아니므로 죄형법정주의에 위반된 해석이라고 할 수도 없다.
(대판 2006.3.9, 2003도6733)

제10조【몰수·추징】 ① 제4조제1항부터 제3항까지의 경우 범인이 도피시키거나 도피시키려고 한 재산은 몰수한다.
② 제5조부터 제7조까지 및 제9조제1항·제3항의 경우 범인 또는 정황을 아는 제3자가 받은 금품이나 그 밖의 이익은 몰수한다.
③ 제1항 또는 제2항의 경우 몰수할 수 없을 때에는 그 가액을 추징한다.
(2012.2.10 본조개정)

판례 범죄행위로 취득한 주식의 가액을 추징하는 경우, 주식의 취득대가를 추징금액에서 공제하여야 하는지 여부 : 피고인이 범죄행위로 취득한 주식이, 판결 선고 전에 그 발행회사가 다른 회사에 합병됨으로써 판결 선고시의 주가를 알 수 없을뿐만 아니라, 무상증자받은 주식과 다시 매입한 주식까지 섞어서 처분되어 그 처분가액을 정확히 알 수 없는 경우, 주식의 시가가 가장 낮을 때를 기준으로 산정한 가액을 추징하여야 한다.(대판 2005.7.15, 2003도4293)

제11조【무인가 단기금융업의 가중처벌】 ①「자본시장과 금융투자업에 관한 법률」 제444조제22호(단기금융업무만 해당한다)의 죄를 범한 사람은 그 영업으로 인하여 취득한 이자, 할인 및 수입료 또는 그 밖의 수수료의 금액(이하 이 조에서 "수수료액"이라 한다)이 연 1억원 이상일 때에는 다음 각 호의 구분에 따라 가중처벌한다.
1. 수수료액이 연 10억원 이상일 때 : 3년 이상의 유기징역
2. 수수료액이 연 1억원 이상 10억원 미만일 때 : 1년 이상의 유기징역
② 제1항의 경우에 취득한 수수료액의 100분의 10 이상 수수료액 이하에 상당하는 벌금을 병과한다.
(2012.2.10 본조개정)

제12조【보고의무 등】 ① 금융회사등의 임직원은 그의 감독을 받는 사람이 그 직무에 관하여 이 법에 규정된 죄를 범한 정황을 알았을 때에는 지체 없이 소속 금융회사등의 장이나 감사 또는 검사(檢査)의 직무를 담당하는 부서의 장에게 보고하여야 한다.
② 금융회사등의 장이나 감사 또는 검사의 직무에 종사하는 임직원 또는 감독기관의 감독업무에 종사하는 사람은 그 직무를 수행할 때 금융회사등의 임직원이 그 직무에 관하여 이 법에 규정된 죄를 범한 정황을 알았을 때에는 지체 없이 수사기관에 알려야 한다.

③ 정당한 사유 없이 제1항을 위반한 사람은 100만원 이하의 벌금에 처한다.
④ 정당한 사유 없이 제2항을 위반한 사람은 200만원 이하의 벌금에 처한다.
⑤ 제3항 또는 제4항의 죄를 범한 사람이 본범과 친족일 때에는 그 형을 감경하거나 면제할 수 있다.
⑥ 제2항에 따른 감독기관 및 감독업무에 종사하는 사람의 범위는 대통령령으로 정한다.
(2012.2.10 본조개정)
제13조 (2009.5.8 삭제)
제14조【일정 기간의 취업제한 및 인가·허가 금지 등】 ① 제3조, 제4조제2항(미수범을 포함한다), 제5조제4항 또는 제8조에 따라 유죄판결을 받은 사람은 다음 각 호의 기간 동안 금융회사등, 국가·지방자치단체가 자본금의 전부 또는 일부를 출자한 기관 및 그 출연(出捐)이나 보조를 받는 기관과 유죄판결된 범죄행위와 밀접한 관련이 있는 기업체에 취업할 수 없다. 다만, 대통령령으로 정하는 바에 따라 법무부장관의 승인을 받은 경우에는 그러하지 아니하다.
1. 징역형의 집행이 종료되거나 집행을 받지 아니하기로 확정된 날부터 5년
2. 징역형의 집행유예기간이 종료된 날부터 2년
3. 징역형의 선고유예기간
② 제1항에 규정된 사람 또는 그를 대표자나 임원으로 하는 기업체는 제1항 각 호의 기간 동안 대통령령으로 정하는 관허업(官許業)의 허가·인가·면허·등록·지정 등(이하 이 조에서 "허가등"이라 한다)을 받을 수 없다. 다만, 대통령령으로 정하는 바에 따라 법무부장관의 승인을 받은 경우에는 그러하지 아니하다.
③ 제1항의 경우 국가·지방자치단체가 자본금의 전부 또는 일부를 출자한 기관 및 그 출연이나 보조를 받는 기관과 유죄판결된 범죄행위와 밀접한 관련이 있는 기업체의 범위는 대통령령으로 정한다.
④ 법무부장관은 제1항 또는 제2항을 위반한 사람이 있을 때에는 그 사람이 취업하고 있는 기관이나 기업체의 장 또는 허가등을 한 행정기관의 장에게 그의 해임(解任)이나 허가등의 취소를 요구하여야 한다.
⑤ 제4항에 따라 해임 요구를 받은 기관이나 기업체의 장은 지체 없이 그 요구에 따라야 한다.
⑥ 제1항, 제2항 또는 제5항을 위반한 자는 1년 이하의 징역 또는 500만원 이하의 벌금에 처한다.
(2012.2.10 본조개정)

부 칙 (2012.2.10)

제1조【시행일】 이 법은 공포한 날부터 시행한다. 다만, 부칙 제3조는 2012년 3월 2일부터 시행한다.
제2조【금융회사등에 대한 경과조치】 제2조제1호라목은 2012년 3월 1일까지는 다음과 같이 본다.
라. 「농업협동조합법」에 따른 조합과 그 중앙회
제3조【다른 법률의 개정】 ※(해당 법령에 가제정리 하였음)

부 칙 (2016.5.29)

제1조【시행일】 이 법은 2016년 12월 1일부터 시행한다.(이하 생략)

부 칙 (2017.12.19)

이 법은 공포 후 3개월이 경과한 날부터 시행한다.

범죄수익은닉의 규제 및 처벌 등에 관한 법률(약칭 : 범죄수익은닉규제법)

(2001년 9월 27일
법 률 제6517호)

개정
2004. 3.22법 7196호(성매매알선등행위의처벌에관한법)
2005. 3.31법 7428호(채무자회생파산)
2005. 7.29법 7625호
2006. 4.28법 7941호(게임산업진흥에관한법)
2007. 4.11법 8356호(대외무역)
2007. 8. 3법 8635호(자본시장금융투자업)
2007.12.21법 8719호(국제형사재판소관할범죄의처벌등에관한법)
2008.12.19법 9141호 2009. 3.18법 9488호
2010. 3.31법10201호
2011. 5.19법10694호(특정금융거래정보의보고및이용등에관한법)
2011. 8. 4법11002호(아동)
2012. 1.17법11158호 2013. 5.28법11824호
2014. 5.28법12710호(공중등협박목적및대량살상무기확산을위한자금조달행위의금지에관한법)
2014.11.19법12842호 2019. 4.23법16343호
2020. 3.24법17113호(특정금융거래정보의보고및이용등에관한법)
2020. 5.19법17263호 2022. 1. 4법18672호

제1조【목적】 이 법은 특정범죄와 관련된 범죄수익(犯罪收益)의 취득 등에 관한 사실을 가장(假裝)하거나 특정범죄를 조장할 목적 또는 적법하게 취득한 재산으로 가장할 목적으로 범죄수익을 은닉(隱匿)하는 행위를 규제하고, 특정범죄와 관련된 범죄수익의 몰수 및 추징(追徵)에 관한 특례를 규정함으로써 특정범죄를 조장하는 경제적 요인을 근원적으로 제거하여 건전한 사회질서의 유지에 이바지함을 목적으로 한다.(2010.3.31 본조개정)
제2조【정의】 이 법에서 사용하는 용어의 뜻은 다음과 같다.
1. "특정범죄"란 재산상의 부정한 이익을 취득할 목적으로 범한 죄로서 다음 각 목의 어느 하나에 해당하는 것을 말한다.(2022.1.4 본문개정)
가. 사형, 무기 또는 장기 3년 이상의 징역이나 금고에 해당하는 죄(제2호나목에 규정된 죄는 제외한다)
나. 별표에 규정된 죄
다. 제2호나목에 규정된 죄
라. 가목과 나목에 규정된 죄(이하 "중대범죄"라 한다) 및 제2호나목에 규정된 죄와 다른 죄가 「형법」 제40조에 따른 상상적 경합(想像的 競合) 관계에 있는 경우에는 그 다른 죄
마. 외국인이 대한민국 영역 밖에서 한 행위가 대한민국 영역 안에서 행하여졌다면 중대범죄 또는 제2호나목에 규정된 죄에 해당하고 행위지(行爲地)의 법령에 따라 죄에 해당하는 경우 그 죄
(2022.1.4 가목~마목신설)
2. "범죄수익"이란 다음 각 목의 어느 하나에 해당하는 것을 말한다.
가. 중대범죄에 해당하는 범죄행위에 의하여 생긴 재산 또는 그 범죄행위의 보수(報酬)로 얻은 재산
나. 다음의 어느 하나의 죄에 관계된 자금 또는 재산
1) 「성매매알선 등 행위의 처벌에 관한 법률」 제19조제2항제1호(성매매알선등행위 중 성매매에 제공되는 사실을 알면서 자금·토지 또는 건물을 제공하는 행위만 해당한다)의 죄
2) 「폭력행위 등 처벌에 관한 법률」 제5조제2항 및 제6조(제5조제2항의 미수범만 해당한다)의 죄
3) 「국제상거래에 있어서 외국공무원에 대한 뇌물방지법」 제3조제1항의 죄
4) 「특정경제범죄 가중처벌 등에 관한 법률」 제4조의 죄

5)「국제형사재판소 관할 범죄의 처벌 등에 관한 법률」 제8조부터 제16조까지의 죄
6)「공중 등 협박목적 및 대량살상무기확산을 위한 자금조달행위의 금지에 관한 법률」 제6조제1항·제4항(제6조제1항제1호의 미수범에 한정한다)의 죄 〈2014.5.28 개정〉
3. "범죄수익에서 유래한 재산"이란 범죄수익의 과실(果實)로 얻은 재산, 범죄수익의 대가(對價)로 얻은 재산 및 이들 재산의 대가로 얻은 재산, 그 밖에 범죄수익의 보유 또는 처분에 의하여 얻은 재산을 말한다.
4. "범죄수익등"이란 범죄수익, 범죄수익에서 유래한 재산 및 이들 재산과 그 외의 재산이 합쳐진 재산을 말한다.
5. "다중인명피해사고"란 고의 또는 과실에 의한 화재, 붕괴, 폭발, 선박·항공기·열차 사고를 포함하는 교통사고, 화생방사고, 환경오염사고 등으로서 국가 또는 지방자치단체 차원의 대처가 필요한 인명피해를 야기한 사고를 말한다. 〈2014.11.19 본호신설〉
〈2010.3.31 본조개정〉

제3조【범죄수익등의 은닉 및 가장】 ① 다음 각 호의 어느 하나에 해당하는 자는 5년 이하의 징역 또는 3천만원 이하의 벌금에 처한다.
1. 범죄수익등의 취득 또는 처분에 관한 사실을 가장한 자
2. 범죄수익의 발생 원인에 관한 사실을 가장한 자
3. 특정범죄를 조장하거나 적법하게 취득한 재산으로 가장할 목적으로 범죄수익등을 은닉한 자
② 제1항의 미수범은 처벌한다.
③ 제1항의 죄를 범할 목적으로 예비하거나 음모한 자는 2년 이하의 징역 또는 1천만원 이하의 벌금에 처한다.
〈2010.3.31 본조개정〉

제4조【범죄수익등의 수수】 그 정황을 알면서 범죄수익등을 수수(收受)한 자는 3년 이하의 징역 또는 2천만원 이하의 벌금에 처한다. 다만, 법령에 따른 의무 이행으로서 제공된 것을 수수한 자 또는 계약(채권자가 상당한 재산상의 이익을 제공하는 것만 해당한다) 시에 그 계약에 관련된 채무의 이행이 범죄수익등에 의하여 행하여지는 것이라는 정황을 알지 못하고 그 계약과 관련된 채무의 이행으로서 제공된 것을 수수한 자의 경우에는 그러하지 아니하다.
〈2010.3.31 본조개정〉

제5조【금융회사등의 신고 등】 ①「특정 금융거래정보의 보고 및 이용 등에 관한 법률」 제2조제1호에 따른 금융회사등(이하 "금융회사등"이라 한다)에 종사하는 사람은 같은 법 제2조제2호에 따른 금융거래등과 관련하여 수수한 재산이 범죄수익등이라는 사실을 알게 되었을 때 또는 금융거래등의 상대방이 제3조의 죄에 해당하는 행위를 하고 있다는 사실을 알게 되었을 때에는 다른 법률의 규정에도 불구하고 지체 없이 관할 수사기관에 신고하여야 한다.
〈2020.3.24 본항개정〉
② 금융회사등에 종사하는 사람은 제1항에 따라 신고를 하려는 경우 또는 신고를 한 경우에 그 사실을 그 신고와 관련된 금융거래등의 상대방 및 그의 관계자에게 누설하여서는 아니 된다.〈2020.3.24 본항개정〉
③ 제1항이나 제2항을 위반한 사람은 2년 이하의 징역 또는 1천만원 이하의 벌금에 처한다.
〈2011.5.19 본조제목개정〉
〈2010.3.31 본조개정〉

제6조【징역과 벌금의 병과】 제3조, 제4조 및 제5조제3항에 따른 죄를 범한 자에게는 징역과 벌금을 병과(併科)할 수 있다.〈2010.3.31 본조개정〉

제7조【양벌규정】 법인의 대표자나 법인 또는 개인의 대리인, 사용인, 그 밖의 종업원이 그 법인 또는 개인의 업무에 관하여 제3조부터 제5조까지의 어느 하나에 해당하는 위반행위를 하면 그 행위자를 벌하는 외에 그 법인 또는 개인에게도 해당 조문의 벌금형을 과(科)한다. 다만, 법인 또는 개인이 그 위반행위를 방지하기 위하여 해당 업무에 관하여 상당한 주의와 감독을 게을리하지 아니한 경우에는 그러하지 아니하다.〈2010.3.31 본조개정〉

제7조의2【국외범】 제3조 및 제4조는 대한민국 영역 밖에서 해당 죄를 범한 내국인에게도 적용한다.〈2010.3.31 본조개정〉

제8조【범죄수익등의 몰수】 ① 다음 각 호의 재산은 몰수할 수 있다.
1. 범죄수익
2. 범죄수익에서 유래한 재산
3. 제3조 또는 제4조의 범죄행위에 관계된 범죄수익등
4. 제3조 또는 제4조의 범죄행위에 의하여 생긴 재산 또는 그 범죄행위의 보수로 얻은 재산
5. 제3호 또는 제4호에 따른 재산의 과실 또는 대가로 얻은 재산 또는 이들 재산의 대가로 얻은 재산, 그 밖에 그 재산의 보유 또는 처분에 의하여 얻은 재산
② 제1항에 따라 몰수할 수 있는 재산(이하 "몰수대상재산"이라 한다)이 몰수대상재산 외의 재산과 합쳐진 경우 그 몰수대상재산을 몰수하여야 할 때에는 합쳐짐으로써 생긴 재산〔이하 "혼화재산"(混和財産)이라 한다〕 중 몰수대상재산(합쳐지는 데에 관련된 부분만 해당한다)의 금액 또는 수량에 상당하는 부분을 몰수할 수 있다.
③ 제1항에도 불구하고 같은 항 각 호의 재산이 범죄피해재산(재산에 관한 죄,「특정범죄 가중처벌 등에 관한 법률」 제5조의2제1항제1호·제2항제1호의 죄 또는「채무자 회생 및 파산에 관한 법률」 제650조·제652조 및 제654조의 죄에 해당하는 범죄행위에 의하여 그 피해자로부터 취득한 재산 또는 그 재산의 보유·처분에 의하여 얻은 재산을 말한다. 이하 같다)인 경우에는 몰수할 수 없다. 제1항 각 호의 재산 중 일부가 범죄피해재산인 경우에는 그 부분에 대하여도 또한 같다.
〈2010.3.31 본조개정〉

판례 피고인이 음란물유포 인터넷사이트를 운영하면서 정보통신망 이용촉진 및 정보보호 등에 관한 법률 위반(음란물유포)죄와 도박개장방조죄에 의하여 비트코인(Bitcoin)을 취득한 사안에서, 비트코인은 재산적 가치가 있는 무형의 재산이라고 보아야 하고, 몰수의 대상인 비트코인이 특정되어 있으므로, 피고인이 취득한 비트코인을 몰수할 수 있다.(대판 2018.5.30, 2018도3619)

제9조【몰수의 요건 등】 ① 제8조제1항에 따른 몰수는 몰수대상재산 또는 혼화재산이 범인 외의 자에게 귀속(歸屬)되지 아니하는 경우에만 할 수 있다. 다만, 범인 외의 자가 범죄 후 그 정황을 알면서 그 몰수대상재산 또는 혼화재산을 취득한 경우(그 몰수대상재산 또는 혼화재산의 취득이 제4조 단서에 해당하는 경우는 제외한다)에는 그 몰수대상재산 또는 혼화재산이 범인 외의 자에게 귀속된 경우에도 몰수할 수 있다.
② 지상권·저당권 또는 그 밖의 권리가 설정된 재산을 제8조제1항에 따라 몰수하는 경우 범인 외의 자가 범죄 전에 그 권리를 취득하였을 때 또는 범죄 후 그 정황을 알지 못하고 그 권리를 취득하였을 때에는 그 권리를 존속시킨다.
〈2010.3.31 본조개정〉

제10조【추징】 ① 제8조제1항에 따라 몰수할 재산을 몰수할 수 없거나 그 재산의 성질, 사용 상황, 그 재산에 관한 범인 외의 자의 권리 유무, 그 밖의 사정으로 인하여 그 재산을 몰수하는 것이 적절하지 아니하다고 인정될 때에는 그 가액(價額)을 범인으로부터 추징할 수 있다.
② 제1항에도 불구하고 제8조제1항의 재산이 범죄피해재산인 경우에는 그 가액을 추징할 수 없다.
〈2010.3.31 본조개정〉

제10조의2【추징 집행의 특례】 다중인명피해사고 발생에 형사적 책임이 있는 개인, 법인 및 경영지배·경제적 연관 또는 의사결정에의 참여 등을 통해 그 법인을 실질적으로 지배하는 자에 대한 이 법에 따른 몰수대상재산에 관한 추징은 범인 외의 자가 그 정황을 알면서 취득한 몰수대상재

산 및 그로부터 유래한 재산에 대하여 그 범인 외의 자를 상대로 집행할 수 있다.(2014.11.19 본조신설)

제10조의3【몰수·추징의 집행을 위한 검사의 처분】 ① 검사는 이 법에 따른 몰수·추징의 집행을 위하여 필요하다고 인정되면 그 목적에 필요한 최소한의 범위에서 다음 각 호의 처분을 할 수 있다. 다만, 범인 외의 자에 대한 제4호 및 제5호의 처분은 제3항에 따른 영장이 있어야 한다.

1. 관계인의 출석 요구 및 진술의 청취
2. 서류나 그 밖의 물건의 소유자·소지자 또는 보관자에 대한 제출 요구
3. 「특정 금융거래정보의 보고 및 이용 등에 관한 법률」 제10조제1항에 따른 특정금융거래정보의 제공 요청
(2020.3.24 본호개정)
4. 「국세기본법」 제81조의13에 따른 과세정보의 제공 요청
5. 「금융실명거래 및 비밀보장에 관한 법률」 제4조제1항에 따른 금융거래의 내용에 대한 정보 또는 자료의 제공 요청
6. 그 밖의 공공기관 또는 단체에 대한 사실조회나 필요한 사항에 대한 보고 요구

② 제1항의 자료제공 요청에 대하여 해당 기관은 군사, 외교, 대북관계 등 국가안위에 중대한 영향을 미치는 경우를 제외하고는 다른 법률을 근거로 이를 거부할 수 없다.

③ 검사는 제1항의 몰수·추징의 집행을 위하여 필요한 경우 지방법원 판사에게 청구하여 발부받은 영장에 의하여 압수·수색 또는 검증을 할 수 있다.
(2014.11.19 본조신설)

제10조의4【범죄수익등의 추정】 다음 각 호에 해당하는 죄에 관계된 범죄수익등을 산정할 때에는 범죄행위를 한 기간에 범인이 취득한 재산으로서 그 취득한 재산이 범죄수익등의 금액 및 재산 취득 시기 등 제반 사정에 비추어 같은 조의 죄를 범하여 얻은 범죄수익등으로 형성되었다고 볼만한 상당한 개연성이 있는 경우에는 그 죄에 관계된 범죄수익등으로 추정한다.

1. 「아동·청소년의 성보호에 관한 법률」 제11조, 제12조 및 제15조의 죄
2. 「성폭력범죄의 처벌 등에 관한 특례법」 제14조 및 제14조의2의 죄
(2020.5.19 본조신설)

제11조【국제 공조】 특정범죄와 제3조 및 제4조의 죄에 해당하는 행위에 대한 외국의 형사사건에 관하여 그 외국으로부터 몰수 또는 추징의 확정재판의 집행이나 몰수 또는 추징을 위한 재산 보전(保全)의 공조(共助) 요청이 있을 때에는 다음 각 호의 어느 하나에 해당하는 경우를 제외하고는 그 요청에 관하여 공조할 수 있다.

1. 공조 요청의 대상이 되는 범죄와 관련된 행위가 대한민국 내에서 행하여진 경우 그 행위가 대한민국의 법령에 따라 특정범죄 또는 제3조 및 제4조의 죄에 해당하지 아니한다고 인정되는 경우
2. 대한민국이 같은 종류의 공조 요청을 할 경우 그 요청에 응한다는 취지의 공조요청국의 보증이 없는 경우
3. 「마약류 불법거래 방지에 관한 특례법」 제64조제1항 각 호의 어느 하나에 해당하는 경우
(2010.3.31 본조개정)

제12조【「마약류 불법거래 방지에 관한 특례법」의 준용】 이 법에 따른 몰수 및 추징과 국제 공조에 관하여는 「마약류 불법거래 방지에 관한 특례법」 제19조부터 제63조까지, 제64조제2항 및 제65조부터 제78조까지의 규정을 준용한다.
(2010.3.31 본조개정)

제13조【포상금 지급】 ① 법무부장관은 몰수대상재산이 몰수·추징되어 국고에 귀속된 경우에는 수사기관에 신고한 자 또는 몰수·추징에 공로가 있는 자에게 포상금을 지급할 수 있다. 다만, 공무원이 그 직무와 관련하여 신고하거나 금융회사등에 종사하는 사람이 제5조제1항에 따라 신고한 경우에는 포상금을 감액하거나 지급하지 아니할 수 있다.

② 제1항에 따른 포상금 지급 대상이 되는 신고 또는 공로의 범위, 포상금 지급의 기준·방법 및 절차 등에 관하여 필요한 사항은 대통령령으로 정한다.
(2013.5.28 본조신설)

부 칙 (2005.7.29)

① **【시행일】** 이 법은 공포 후 1년이 경과한 날부터 시행한다.

② **【몰수·추징에 관한 경과조치】** 이 법 시행 전 「식품위생법」 제74조의2[제8조(제69조에서 준용한 경우를 포함한다) 및 제22조제1항의 규정을 위반한 부분을 제외한다], 「건강기능식품에 관한 법률」 제43조(제23조 위반의 경우에 한한다) 및 「보건범죄단속에 관한 특별조치법」 제2조제1항(「식품위생법」 제6조 위반의 경우에 한한다)의 규정을 위반하여 발생한 범죄수익등의 몰수·추징에 관하여는 종전의 규정에 의한다.

부 칙 (2008.12.19)

① **【시행일】** 이 법은 공포 후 3개월이 경과한 날부터 시행한다.

② **【몰수·추징에 관한 경과조치】** 이 법 시행 전에 「저작권법」 제136조제1항 또는 「컴퓨터프로그램 보호법」 제46조제1항제1호의 범죄행위에 의하여 발생한 범죄수익등의 몰수·추징에 관하여는 종전의 규정에 따른다.

부 칙 (2012.1.17)

제1조【시행일】 이 법은 공포 후 3개월이 경과한 날부터 시행한다.

제2조【몰수·추징에 관한 적용례】 이 법은 이 법 시행 후 「형법」 제243조·제244조·제347조의2·제351조(제347조의2의 상습범만 해당한다)의 죄, 「정보통신망 이용촉진 및 정보보호 등에 관한 법률」 제74조제1항제2호의 죄, 「영화 및 비디오물의 진흥에 관한 법률」 제95조제6호의 죄, 「폐기물관리법」 제64조제1호·제2호의 죄, 「출입국관리법」 제93조의2제2항의 죄, 「여권법」 제24조(부정한 방법으로 여권 등의 발급, 재발급을 알선한 사람만 해당한다) 또는 제25조제2호의 죄를 범하고 그 범죄행위로부터 발생한 범죄수익 등을 몰수·추징하는 경우부터 적용한다.

부 칙 (2013.5.28)

제1조【시행일】 이 법은 공포한 날부터 시행한다. 다만 제13조의 개정규정은 공포 후 1년이 경과한 날부터 시행한다.

제2조【포상금 지급에 관한 적용례】 제13조의 개정규정은 같은 개정규정 시행 후 신고하거나 몰수·추징에 공로가 있는 자부터 적용한다.

제3조【몰수·추징에 관한 경과조치】 이 법 시행 전에 「형법」 제357조제1항·제2항, 「정보통신망 이용촉진 및 정보보호 등에 관한 법률」 제74조제1항제6호, 「석유 및 석유대체연료 사업법」 제44조제3호, 「청소년 보호법」 제55조부터 제57조까지 및 제58조제5호, 「아동·청소년의 성보호에 관한 법률」 제15조 또는 「대부업 등의 등록 및 금융이용자 보호에 관한 법률」 제19조제2항제3호의 범죄행위에 의하여 발생한 범죄수익등의 몰수·추징에 관하여는 종전의 규정에 따른다.

제4조【「아동·청소년의 성보호에 관한 법률」의 시행일에 관한 경과조치】 별표 제31호의 개정규정 및 부칙 제3조 중 "제15조"는 2013년 6월 18일까지는 "제12조"로 본다.

부　칙 (2014.11.19)

제1조【시행일】 이 법은 공포한 날부터 시행한다.
제2조【몰수·추징의 집행에 관한 적용례】 제2조제5호, 제10조의2 및 제10조의3의 개정규정은 이 법 시행 당시 몰수 또는 추징 절차가 진행 중인 경우에도 적용한다.

부　칙 (2019.4.23)

제1조【시행일】 이 법은 공포한 날부터 시행한다.
제2조【몰수·추징에 관한 경과조치】 이 법 시행 전에 「형법」 제276조부터 제281조까지(체포는 제외한다), 제287조부터 제292조까지, 제294조, 제296조, 제348조 및 제350조의2, 「관세법」 제270조의2, 「대외무역법」 제53조제2항제2호 및 제3호, 「특정범죄 가중처벌 등에 관한 법률」 제8조(「조세범 처벌법」 제4조 및 「지방세기본법」 제102조제1항에 규정된 죄 중 조세 및 지방세를 환급받는 경우만 해당한다), 「정보통신망 이용촉진 및 정보보호 등에 관한 법률」 제71조제1항제2호·제3호·제5호 및 제6호, 「아동·청소년의 성보호에 관한 법률」 제11조 및 제12조, 「의료법」 제87조제1항제2호 및 제88조제2호, 「산지관리법」 제53조제1호, 「국토의 계획 및 이용에 관한 법률」 제140조제1호, 「주식회사 등의 외부감사에 관한 법률」 제40조, 「공인회계사법」 제53조제1항제1호, 「개인정보 보호법」 제71조 및 제72조, 「성폭력범죄의 처벌 등에 관한 특례법」 제14조, 「도시 및 주거환경정비법」 제135조제2호, 「산업기술의 유출방지 및 보호에 관한 법률」 제36조제1항, 「부정경쟁방지 및 영업비밀보호에 관한 법률」 제18조제1항, 「방위산업기술 보호법」 제21조제1항 및 제2항, 「화학물질관리법」 제58조제2호·제2호의2·제3호 및 제4호, 「국민보호와 공공안전을 위한 테러방지법」 제17조제1항 및 「국민체육진흥법」 제47조·제48조의 범죄행위에 따라 발생한 범죄수익등의 몰수·추징에 관하여는 종전의 규정에 따른다.

부　칙 (2020.3.24)

제1조【시행일】 이 법은 공포 후 1년이 경과한 날부터 시행한다.(이하 생략)

부　칙 (2020.5.19)

이 법은 공포한 날부터 시행한다. 다만, 제10조의4 및 별표 제39호의 개정규정 중 「성폭력범죄의 처벌 등에 관한 특례법」 제14조의2에 관한 부분은 2020년 6월 25일부터 시행한다.

부　칙 (2022.1.4)

제1조【시행일】 이 법은 공포한 날부터 시행한다.
제2조【몰수·추징에 관한 적용례】 이 법의 개정규정은 이 법 시행 후 발생한 범죄행위부터 적용한다.

〔별표〕 ➡ 「www.hyeonamsa.com」 **참조**

성폭력방지 및 피해자보호 등에 관한 법률(약칭 : 성폭력방지법)

(**2010년 4월 15일**
법 률 제10261호)

개정
2011. 3.30법10521호　2012. 2. 1법11286호
2012.12.18법11573호
2013. 3.23법11690호(정부조직)
2014. 1.21법12328호
2014. 5.28법12698호(양성평등기본법)
2015. 2. 3법13179호　2015.12. 1법13537호
2016. 3. 2법14063호　2016. 5.29법14235호
2017. 3.21법14704호　2017.12.12법15205호
2018. 3.13법15451호　2018. 4.17법15591호
2020. 1.29법16896호　2020.10.20법17538호
2021. 1.12법17895호
2023. 4.11법19339호(집행유예선고에관한결격사유명확화를위한일부개정법령등)
2023. 4.18법19363호
2024. 3.26법20416호(만나이로의통일을위한일부개정법령등)
2024.10.16법20461호

제1장 총　칙

제1조【목적】 이 법은 성폭력을 예방하고 성폭력피해자를 보호·지원함으로써 인권증진에 이바지함을 목적으로 한다.
(2015.2.3 본조개정)
제2조【정의】 이 법에서 사용하는 용어의 뜻은 다음과 같다.
1. "성폭력"이란 「성폭력범죄의 처벌 등에 관한 특례법」 제2조제1항에 규정된 죄에 해당하는 행위를 말한다.
2. "성폭력행위자"란 「성폭력범죄의 처벌 등에 관한 특례법」 제2조제1항에 해당하는 죄를 범한 사람을 말한다.
3. "성폭력피해자"란 성폭력으로 인하여 직접적으로 피해를 입은 사람을 말한다.

제3조【국가 등의 책무】 ① 국가와 지방자치단체는 성폭력을 방지하고 성폭력피해자(이하 "피해자"라 한다)를 보호·지원하기 위하여 다음 각 호의 조치를 하여야 한다.
1. 성폭력 신고체계의 구축·운영
2. 성폭력 예방을 위한 조사·연구, 교육 및 홍보
3. 피해자를 보호·지원하기 위한 시설의 설치·운영
4. 피해자에 대한 주거지원, 직업훈련 및 법률구조 등 사회복귀 지원
5. 피해자에 대한 보호·지원을 원활히 하기 위한 관련 기관 간 협력체계의 구축·운영
6. 성폭력 예방을 위한 유해환경 개선
7. 피해자 보호·지원을 위한 관계 법령의 정비와 각종 정책의 수립·시행 및 평가
8. 제7조의3제1항에 따른 불법촬영물등·신상정보의 삭제지원 및 피해자에 대한 일상회복 지원(2024.10.16 본호신설)

② 국가와 지방자치단체는 제1항에 따른 책무를 다하기 위하여 이에 따른 예산상의 조치를 하여야 한다.
제4조【성폭력 실태조사】 ① 여성가족부장관은 성폭력의 실태를 파악하고 성폭력 방지에 관한 정책을 수립하기 위하여 3년마다 성폭력 실태조사를 하고 그 결과를 발표하여야 한다.
② 제1항에 따른 성폭력 실태조사의 내용과 방법 등에 필요한 사항은 여성가족부령으로 정한다.
제5조【성폭력 예방교육 등】 ① 국가기관 및 지방자치단체의 장, 「유아교육법」 제7조에 따른 유치원의 장, 「영유아보육법」 제10조에 따른 어린이집의 원장, 「초·중등교육법」 제2조에 따른 각급 학교의 장, 「고등교육법」 제2조에 따른 학교의 장, 그 밖에 대통령령으로 정하는 공공단체의 장(이하 "국가기관등의 장"이라 한다)은 대통령령으로 정하는 바에 따라

성교육 및 성폭력 예방교육 실시, 기관 내 피해자 보호와 피해 예방을 위한 자체 예방지침 마련, 사건발생 시 재발방지대책 수립·시행 등 필요한 조치를 하고, 그 결과를 여성가족부장관에게 제출하여야 한다.(2021.1.12 본항개정)
② 제1항에 따른 교육을 실시하는 경우 「성매매방지 및 피해자보호 등에 관한 법률」 제4조에 따른 성매매 예방교육, 「양성평등기본법」 제31조에 따른 성희롱 예방교육 및 「가정폭력방지 및 피해자보호 등에 관한 법률」 제4조의3에 따른 가정폭력 예방교육 등을 성평등 관점에서 통합하여 실시할 수 있다.(2014.5.28 본항개정)
③ 국가기관등의 장은 제1항에 따라 실시하는 성교육 및 성폭력 예방교육의 참여에 관한 사항을 소속 직원 및 종사자에 대한 승진, 전보, 교육훈련 등의 인사관리에 반영할 수 있다.
(2021.1.12 본항신설)
④ 「양성평등기본법」 제3조제3호에 따른 사용자는 성교육 및 성폭력 예방교육을 실시하는 등 직장 내 성폭력 예방을 위한 노력을 하여야 한다.(2015.2.3 본항신설)
⑤ 여성가족부장관 또는 특별시장·광역시장·특별자치시장·도지사·특별자치도지사(이하 "시·도지사"라 한다)는 제1항에 따른 교육대상에 포함되지 아니하는 국민에게 성교육 및 성폭력 예방교육을 실시할 수 있다. 이 경우 여성가족부장관 또는 시·도지사는 교육에 관한 업무를 제5조의2에 따른 성폭력 예방교육 지원기관에 위탁할 수 있다.
(2018.4.17 본항개정)
⑥ 여성가족부장관은 제1항과 제2항에 따른 교육을 효과적으로 실시하기 위하여 전문강사를 양성하고, 관계 중앙행정기관의 장과 협의하여 생애주기별 교육프로그램 및 장애인 등 대상별 특성을 고려한 교육프로그램을 개발·보급하여야 한다.(2015.12.1 본항개정)
⑦ 여성가족부장관은 제1항에 따른 교육 및 성폭력 예방조치에 대한 점검을 대통령령으로 정하는 바에 따라 매년 실시하여야 한다.(2016.5.29 본항개정)
⑧ 여성가족부장관은 제7항에 따른 점검결과 교육이 부실하다고 인정되는 기관·단체에 대하여 대통령령으로 정하는 바에 따라 관리자 특별교육 등 필요한 조치를 취하여야 한다.
(2021.1.12 본항개정)
⑨ 여성가족부장관은 제7항에 따른 점검결과를 다음 각 호의 평가에 반영하도록 해당 기관·단체의 장에게 요구할 수 있다.(2021.1.12 본문개정)
1. 「정부업무평가 기본법」 제14조제1항 및 제18조제1항에 따른 중앙행정기관 및 지방자치단체의 자체평가
2. 「공공기관의 운영에 관한 법률」 제48조제1항에 따른 공기업·준정부기관의 경영실적평가
3. 「지방공기업법」 제78조제1항에 따른 지방공기업의 경영평가
4. 「초·중등교육법」 제9조제2항에 따른 학교 평가
5. 「고등교육법」 제11조의2제1항에 따른 학교 평가 및 같은 조 제2항에 따른 학교 평가·인증(2021.1.12 본호신설)
(2014.1.21 본항신설)
⑩ 여성가족부장관은 제7항에 따른 점검결과를 대통령령으로 정하는 바에 따라 언론 등에 공표하여야 한다. 다만, 다른 법률에서 공표를 제한하고 있는 경우에는 그러하지 아니하다.(2021.1.12 본문개정)
⑪ 관계 중앙행정기관의 장 및 시·도지사는 대통령령으로 정하는 바에 따라 매년 성폭력 예방에 필요한 계획을 수립·시행하여야 한다.(2018.4.17 본항개정)
⑫ 제1항에 따른 교육의 내용과 방법, 결과 제출 절차 등에 필요한 사항은 대통령령으로 정한다.
(2016.5.29 본조제목개정)
(2012.12.18 본조개정)

제5조의2【성폭력 예방교육 지원기관의 설치·운영 등】 ① 여성가족부장관 또는 시·도지사는 성교육 및 성폭력 예방교육의 실시, 생애주기별 교육프로그램 개발·보급, 장애인 등 대상별 특성을 고려한 교육프로그램 개발·보급, 전문강사 양성 등의 업무를 수행하고 지원하기 위한 기관(이하 "지원기관"이라 한다)을 설치·운영할 수 있다.(2018.4.17 본항개정)
② 여성가족부장관 또는 시·도지사는 지원기관의 운영을 대통령령으로 정하는 기관이나 단체에 위탁할 수 있다.
(2018.4.17 본항개정)
③ 지원기관의 업무 및 운영 등에 필요한 사항은 여성가족부령으로 정한다.
(2012.12.18 본조신설)

제5조의3【성폭력 예방 홍보영상의 제작·배포·송출】 ① 여성가족부장관은 성폭력의 예방과 방지, 피해자의 치료와 재활 등에 관한 홍보영상을 제작하여 「방송법」 제2조제23호의 방송편성책임자에게 배포하여야 한다.
② 여성가족부장관은 「방송법」 제2조제3호가목의 지상파방송사업자(이하 "방송사업자"라 한다)에게 같은 법 제73조제4항에 따라 대통령령으로 정하는 비상업적 공익광고 편성비율의 범위에서 제1항의 홍보영상을 채널별로 송출하도록 요청할 수 있다.
③ 방송사업자는 제1항의 홍보영상 외에 독자적으로 홍보영상을 제작하여 송출할 수 있다. 이 경우 여성가족부장관에게 필요한 협조 및 지원을 요청할 수 있다.
(2012.12.18 본조신설)

제5조의4【성폭력 사건 발생 시 조치】 ① 국가기관등의 장은 해당 기관에서 성폭력 사건이 발생한 사실을 알게 된 경우 피해자의 명시적인 반대의견이 없으면 지체 없이 그 사실을 여성가족부장관에게 통보하고, 해당 사실을 안 날부터 3개월 이내에 제5조제1항에 따른 재발방지대책을 여성가족부장관에게 제출하여야 한다. 다만, 대통령령으로 정하는 기관장 등에 의한 사건인 경우 해당 사실을 안 날부터 1개월 이내에 재발방지대책을 여성가족부장관에게 제출하여야 한다.(2023.4.18 단서신설)
② 여성가족부장관은 제1항에 따라 통보받은 사건이 중대하다고 판단되거나 재발방지대책의 점검 등을 위하여 필요한 경우 해당 기관에 대한 현장점검을 실시할 수 있으며, 점검 결과 시정이나 보완이 필요하다고 인정하는 경우에는 국가기관등의 장에게 시정이나 보완을 요구할 수 있다.
③ 제1항에 따른 재발방지대책의 제출 및 제2항에 따른 현장점검 등에 필요한 사항은 대통령령으로 정한다.
(2021.1.12 본조신설)

제6조【성폭력 추방 주간】 성폭력에 대한 사회적 경각심을 높이고 성폭력을 예방하기 위하여 대통령령으로 정하는 바에 따라 1년 중 1주간을 성폭력 추방 주간으로 한다.

제7조【피해자등에 대한 취학 및 취업 지원】 ① 국가와 지방자치단체는 피해자나 피해자의 가족구성원(이하 "피해자등"이라 한다)이 「초·중등교육법」 제2조에 따른 각급학교의 학생인 경우 주소지 외의 지역에서 취학(입학, 재입학, 전학 및 편입학을 포함한다. 이하 이 조에서 같다)할 필요가 있을 때에는 다음 각 호에 따라 그 취학이 원활히 이루어지도록 지원하여야 한다. 이 경우 취학을 지원하는 관계자는 피해자등의 사생활이 침해되지 아니하도록 유의하여야 한다.
(2020.1.29 전단개정)
1. 초등학교의 경우에는 다음 각 목에 따른다.
  가. 보호자가 피해자등을 주소지 외의 지역에 있는 초등학교에 입학시키려는 경우 초등학교의 장은 피해자등의 입학을 승낙하여야 한다.
  나. 피해자등이 초등학교에 다니고 있는 경우 그 초등학교의 장은 피해자등의 보호자(가해자가 아닌 보호자를 말한다) 1명의 동의를 받아 교육장에게 그 피해자등의 전학을 추천하여야 하고, 교육장은 전학할 학교를 지정하여 전학시켜야 한다.
2. 그 밖의 각급학교의 경우 : 각급학교의 장은 피해자등이 다른 학교로 전학·편입학할 수 있도록 추천하여야 하고,

교육장 또는 교육감은 교육과정의 이수에 지장이 없는 범위에서 전학·편입학할 학교를 지정하여 배정하여야 한다. 이 경우 그 배정된 학교의 장은 피해자등의 전학·편입학을 거부할 수 없다.
(2020.1.29 1호~2호신설)
② 출석일수 산입 등 제1항에 따른 취학 지원에 필요한 사항은 대통령령으로 정한다.
③ 국가와 지방자치단체는 피해자를 보호하는 자에 대한 직업훈련 및 취업을 알선할 수 있다.(2011.3.30 본항신설)
④ 취업 지원 대상의 범위 등 제3항에 따른 취업 지원에 필요한 사항은 여성가족부령으로 정한다.(2011.3.30 본항신설)
(2011.3.30 본조제목개정)

제7조의2【피해자에 대한 법률상담등】 ① 국가는 피해자에 대하여 법률상담과 소송대리(訴訟代理) 등의 지원(이하 "법률상담등"이라 한다)을 할 수 있다.
② 여성가족부장관은 「법률구조법」 제8조에 따른 대한법률구조공단 또는 대통령령으로 정하는 그 밖의 기관에 제1항에 따른 법률상담등을 요청할 수 있다.
③ 제1항에 따른 법률상담등에 드는 비용은 대통령령으로 정하는 바에 따라 국가가 부담할 수 있다.
④ 제1항에 따른 법률상담등의 요건과 내용 및 절차 등은 대통령령으로 정한다.
(2012.2.1 본조신설)

제7조의3【불법촬영물등으로 인한 피해자에 대한 지원 등】 ① 국가와 지방자치단체는 다음 각 호의 어느 하나에 해당하는 촬영물 또는 복제물 등(이하 "불법촬영물등"이라 한다)이 정보통신망(「정보통신망 이용촉진 및 정보보호 등에 관한 법률」 제2조제1항제1호의 정보통신망을 말한다. 이하 같다)에 유포되어 피해(불법촬영물등의 대상자로 등장하여 입은 피해를 말한다. 이하 이 조 및 제7조의4에서 같다)를 입은 사람에 대하여 불법촬영물등 및 신상정보(불법촬영물등의 대상자의 주소, 성명, 나이, 직업, 학교, 용모, 그 밖에 대상자를 특정하여 파악할 수 있게 하는 인적사항과 사진 등을 말한다. 이하 같다)의 삭제를 위한 지원을 할 수 있다.
(2024.10.16 본문개정)
1. 「성폭력범죄의 처벌 등에 관한 특례법」 제14조에 따른 촬영물 또는 복제물(복제물의 복제물을 포함한다)
(2021.1.12 본호신설)
2. 「성폭력범죄의 처벌 등에 관한 특례법」 제14조의2에 따른 편집물등 또는 복제물(복제물의 복제물을 포함한다)
(2021.1.12 본호신설)
3. 「아동·청소년의 성보호에 관한 법률」 제2조제5호에 따른 아동·청소년성착취물(2021.1.12 본호신설)
② 제1항에 따른 지원 대상자, 그 배우자(사실상의 혼인관계를 포함한다), 직계친족, 형제자매 또는 지원 대상자가 지정하는 대리인(이하 이 조에서 "삭제지원요청자"라 한다)은 국가와 지방자치단체에 불법촬영물등 및 신상정보의 삭제를 위한 지원을 요청할 수 있다. 이 경우 지원 대상자가 지정하는 대리인은 여성가족부령으로 정하는 요건을 갖추어 삭제지원을 요청하여야 한다.(2024.10.16 전단개정)
③ 국가와 지방자치단체는 다음 각 호의 어느 하나에 해당하는 불법촬영물등 및 신상정보에 대해서는 삭제지원요청자의 요청 없이도 삭제를 위한 지원을 한다. 이 경우 범죄의 증거 인멸 등을 방지하기 위하여 해당 불법촬영물등 및 신상정보와 관련된 자료를 보관하여야 한다.
1. 수사기관의 삭제지원 요청이 있는 제1항제1호 또는 제2호에 따른 불법촬영물등 및 신상정보
2. 「아동·청소년의 성보호에 관한 법률」 제2조제5호에 따른 아동·청소년성착취물 및 신상정보
(2024.10.16 본항개정)
④ 제1항에 따른 불법촬영물등 및 신상정보 삭제지원에 소요되는 비용은 「성폭력범죄의 처벌 등에 관한 특례법」 제14조·제14조의2에 해당하는 죄를 범한 성폭력행위자 또는 「아동·청소년의 성보호에 관한 법률」 제11조에 해당하는 죄를 범한 아동·청소년대상 성범죄행위자가 부담한다.
(2024.10.16 본항개정)
⑤ 국가와 지방자치단체가 제1항에 따라 불법촬영물등 및 신상정보 삭제지원에 소요되는 비용을 지출한 경우 제4항의 성폭력행위자 또는 아동·청소년대상 성범죄행위자에 대하여 구상권(求償權)을 행사할 수 있다. 이 경우 구상권 행사 금액의 산정 방식은 매년 여성가족부장관이 정하여 고시한다.
(2024.10.16 본항개정)
⑥ 국가와 지방자치단체는 제5항에 따른 구상권 행사를 위하여 대통령령으로 정하는 바에 따라 제4항의 성폭력행위자 또는 아동·청소년대상 성범죄행위자의 인적사항 및 범죄경력 확인에 필요한 자료 등을 관계 행정기관의 장에게 요청할 수 있다. 이 경우 요청을 받은 자는 정당한 사유가 없으면 이에 따라야 한다.(2024.10.16 본항신설)
⑦ 국가와 지방자치단체는 제1항, 제3항, 제5항 및 제6항의 업무를 「양성평등기본법」 제46조의2에 따라 설립된 한국여성인권진흥원 또는 전문인력과 시설을 갖춘 대통령령으로 정하는 기관이나 단체에 위탁할 수 있다.(2024.10.16 본항신설)
⑧ 그 밖에 제1항 및 제2항에 따른 불법촬영물등 및 신상정보 삭제지원의 내용·방법, 제3항 후단에 따른 자료 보관의 방법·기간 및 제5항에 따른 구상권 행사의 절차·방법 등에 필요한 사항은 여성가족부령으로 정한다.(2024.10.16 본항개정)

제7조의4【중앙디지털성범죄피해자지원센터등의 설치·운영】 ① 국가는 불법촬영물등 및 신상정보 삭제지원과 해당 불법촬영물등이 정보통신망에 유포되어 피해를 입은 사람에 대한 보호·지원업무를 수행하기 위하여 「양성평등기본법」 제46조의2에 따라 설립된 한국여성인권진흥원에 중앙디지털성범죄피해자지원센터를 둔다.
② 중앙디지털성범죄피해자지원센터는 다음 각 호의 업무를 수행한다.
1. 불법촬영물등 피해 신고 접수·긴급상담과 불법촬영물등·신상정보 삭제지원
2. 불법촬영물등·신상정보 삭제지원 및 피해 예방 관련 연구·홍보
3. 불법촬영물등·신상정보 삭제지원 및 피해 예방 관련 종사자 교육·컨설팅
4. 불법촬영물등·신상정보 삭제지원 및 피해 예방 관련 국내외 협력체계 구축·교류
5. 불법촬영물등 피해를 입은 사람의 보호·지원에 관한 종합관리시스템 구축·운영
6. 제3항에 따른 지역디지털성범죄피해자지원센터에 대한 지원
7. 그 밖에 여성가족부령으로 정하는 불법촬영물등·신상정보 삭제지원 및 피해 예방 관련 업무
③ 시·도지사는 불법촬영물등 및 신상정보 삭제지원과 해당 불법촬영물등이 정보통신망에 유포되어 피해를 입은 사람에 대한 보호·지원을 위하여 다음 각 호의 업무를 담당하는 지역디지털성범죄피해자지원센터를 특별시·광역시·특별자치시·도·특별자치도에 둘 수 있다.
1. 불법촬영물등 피해 신고 접수·상담 및 사후관리
2. 불법촬영물등·신상정보 삭제지원
3. 불법촬영물등·신상정보 삭제지원 및 피해 예방 관련 교육·홍보
4. 그 밖에 여성가족부령으로 정하는 불법촬영물등·신상정보 삭제지원 및 피해 예방 관련 업무
④ 시·도지사는 지역디지털성범죄피해자지원센터의 설치·운영을 「공공기관의 운영에 관한 법률」 제4조에 따른 공공기관 또는 불법촬영물등 피해 예방을 목적으로 하는 비영리법인에 위탁할 수 있다.
⑤ 중앙디지털성범죄피해자지원센터 및 지역디지털성범죄피해자지원센터(이하 "중앙디지털성범죄피해자지원센터

등”이라 한다)의 설치·운영 및 제4항에 따른 위탁 등에 필요한 사항은 여성가족부령으로 정한다.
(2024.10.16 본조신설)

제8조【피해자 등에 대한 불이익조치의 금지】 누구든지 피해자 또는 성폭력 발생 사실을 신고한 자를 고용하고 있는 자는 성폭력과 관련하여 피해자 또는 성폭력 발생 사실을 신고한 자에게 다음 각 호의 어느 하나에 해당하는 불이익조치를 하여서는 아니 된다.(2021.1.12 본문개정)
1. 파면, 해임, 해고, 그 밖에 신분상실에 해당하는 불이익조치
2. 징계, 정직, 감봉, 강등, 승진 제한, 그 밖의 부당한 인사조치
3. 전보, 전근, 직무 미부여, 직무 재배치, 그 밖에 본인의 의사에 반하는 인사조치
4. 성과평가 또는 동료평가 등에서의 차별이나 그에 따른 임금 또는 상여금 등의 차별 지급
5. 직업능력 개발 및 향상을 위한 교육훈련 기회의 제한, 예산 또는 인력 등 가용자원의 제한 또는 제거, 보안정보 또는 비밀정보 사용의 정지 또는 취급자격의 취소, 그 밖에 근무조건 등에 부정적 영향을 미치는 차별 또는 조치
6. 주의 대상자 명단 작성 또는 그 명단의 공개, 집단 따돌림, 폭행 또는 폭언 등 정신적·신체적 손상을 가져오는 행위 또는 그 행위의 발생을 방치하는 행위
7. 직무에 대한 부당한 감사 또는 조사나 그 결과의 공개
(2020.10.20 1호~7호신설)
8. 그 밖에 본인의 의사에 반하는 불이익조치(2021.1.12 본호개정)
(2021.1.12 본조제목개정)

제9조【신고의무】 ① 미성년자를 보호하거나 교육 또는 치료하는 시설의 장 및 관련 종사자는 자기의 보호·지원을 받는 미성년자가 「성폭력범죄의 처벌 등에 관한 특례법」 제3조부터 제9조까지, 「형법」 제301조 및 제301조의2의 피해자인 사실을 알게 된 때에는 즉시 수사기관에 신고하여야 한다.(2024.3.26 본항개정)
② 국가기관, 지방자치단체 또는 대통령령으로 정하는 공공단체의 장과 해당 기관·단체 내 피해자 보호 관련 업무 종사자는 기관 또는 단체 내에서 다음 각 호의 어느 하나에 해당하는 성폭력 사건이 발생한 사실을 직무상 알게 된 때에는 피해자의 명시적인 반대의견이 없으면 즉시 수사기관에 신고하여야 한다.
1. 「성폭력범죄의 처벌 등에 관한 특례법」 제10조제1항
2. 「형법」 제303조제1항
(2021.1.12 본항신설)

제2장 피해자 보호·지원 시설 등의 설치·운영

제10조【상담소의 설치·운영】 ① 국가 또는 지방자치단체는 성폭력피해상담소(이하 “상담소”라 한다)를 설치·운영할 수 있다.
② 국가 또는 지방자치단체 외의 자가 상담소를 설치·운영하려면 특별자치시장·특별자치도지사 또는 시장·군수·구청장(자치구의 구청장을 말한다. 이하 같다)에게 신고하여야 한다. 신고한 사항 중 여성가족부령으로 정하는 중요 사항을 변경하려는 경우에도 또한 같다.(2018.3.13 후단신설)
③ 특별자치시장·특별자치도지사 또는 시장·군수·구청장은 제2항에 따른 신고를 받은 날부터 10일 이내(변경신고의 경우 5일 이내)에 신고수리 여부 또는 민원 처리 관련 법령에 따른 처리기간의 연장을 신고인에게 통지하여야 한다.
(2018.3.13 본항신설)
④ 상담소의 설치·운영 기준, 상담소에 두는 상담원 등 종사자의 수 및 신고 등에 필요한 사항은 여성가족부령으로 정한다.

제11조【상담소의 업무】 상담소는 다음 각 호의 업무를 한다.
1. 성폭력피해의 신고접수와 이에 관한 상담
2. 성폭력피해로 인하여 정상적인 가정생활 또는 사회생활이 곤란하거나 그 밖의 사정으로 긴급히 보호할 필요가 있는 사람과 제12조에 따른 성폭력피해자보호시설 등의 연계
3. 피해자등의 질병치료와 건강관리를 위하여 의료기관에 인도하는 등 의료 지원(2011.3.30 본호개정)
4. 피해자에 대한 수사기관의 조사와 법원의 증인신문(證人訊問) 등에의 동행
5. 성폭력행위자에 대한 고소와 피해배상청구 등 사법처리 절차에 관하여 「법률구조법」 제8조에 따른 대한법률구조공단 등 관계 기관에 필요한 협조 및 지원 요청
6. 성폭력 예방을 위한 홍보 및 교육
7. 그 밖에 성폭력 및 성폭력피해에 관한 조사·연구

제12조【보호시설의 설치·운영 및 종류】 ① 국가 또는 지방자치단체는 성폭력피해자보호시설(이하 “보호시설”이라 한다)을 설치·운영할 수 있다.(2012.12.18 후단삭제)
② 「사회복지사업법」에 따른 사회복지법인이나 그 밖의 비영리법인은 특별자치시장·특별자치도지사 또는 시장·군수·구청장의 인가를 받아 보호시설을 설치·운영할 수 있다.(2012.12.18 본항개정)
③ 제1항 및 제2항에 따른 보호시설의 종류는 다음 각 호와 같다.
1. 일반보호시설 : 피해자에게 제13조제1항 각 호의 사항을 제공하는 시설
2. 장애인보호시설 : 「장애인차별금지 및 권리구제 등에 관한 법률」 제2조제2항에 따른 장애인인 피해자에게 제13조제1항 각 호의 사항을 제공하는 시설
3. 특별지원 보호시설 : 「성폭력범죄의 처벌 등에 관한 특례법」 제5조에 따른 피해자로서 19세 미만의 피해자에게 제13조제1항 각 호의 사항을 제공하는 시설
4. 외국인보호시설 : 외국인 피해자에게 제13조제1항 각 호의 사항을 제공하는 시설. 다만, 「가정폭력방지 및 피해자보호 등에 관한 법률」 제7조의2제1항제3호에 따른 외국인보호시설과 통합하여 운영할 수 있다.(2015.2.3 본호신설)
5. 자립지원 공동생활시설 : 제1호부터 제4호까지의 보호시설을 퇴소한 사람에게 제13조제1항제3호 및 그 밖에 필요한 사항을 제공하는 시설(2015.2.3 본호개정)
6. 장애인 자립지원 공동생활시설 : 제2호의 보호시설을 퇴소한 사람에게 제13조제1항제3호 및 그 밖에 필요한 사항을 제공하는 시설
(2012.12.18 본항신설)
④ 국가 또는 지방자치단체는 보호시설의 설치·운영을 대통령령으로 정하는 기관 또는 단체에 위탁할 수 있다.
(2015.12.1 본항신설)
⑤ 보호시설의 설치·운영 기준, 보호시설에 두는 상담원 등 종사자의 수 및 인가 절차 등과 제4항에 따른 위탁에 필요한 사항은 여성가족부령으로 정한다.(2015.12.1 본항개정)
(2012.12.18 본조제목개정)

제13조【보호시설의 업무 등】 ① 보호시설은 다음 각 호의 업무를 한다.
1. 피해자등의 보호 및 숙식 제공
2. 피해자등의 심리적 안정과 사회 적응을 위한 상담 및 치료(2011.3.30 본호개정)
3. 자립·자활 교육의 실시와 취업정보의 제공
4. 제11조제3호·제4호 및 제5호의 업무
5. 다른 법률에 따라 보호시설에 위탁된 업무
6. 그 밖에 피해자등을 보호하기 위하여 필요한 업무
(2011.3.30 본호개정)
② 제12조제3항제2호에 따른 장애인보호시설 및 같은 항 제6호에 따른 장애인 자립지원 공동생활시설을 설치·운영하는 자가 제1항 각 호의 업무를 할 때에는 장애인의 특성을 고려하여 적절하게 보호·지원될 수 있도록 하여야 한다.
(2015.2.3 본항개정)

제14조【보호시설에 대한 보호비용 지원】 ① 국가 또는 지방자치단체는 보호시설에 입소한 피해자등의 보호를 위하여 필요한 경우 다음 각 호의 보호비용을 보호시설의 장 또는 피해자에게 지원할 수 있다. 다만, 보호시설에 입소한 피해자등이 「국민기초생활 보장법」 등 다른 법령에 따라 보호를 받고 있는 경우에는 그 범위에서 이 법에 따른 지원을 하지 아니한다.
1. 생계비
2. 아동교육지원비
3. 아동양육비
4. 그 밖에 대통령령으로 정하는 비용
② 제1항에 따른 보호비용의 지원 방법 및 절차 등에 필요한 사항은 여성가족부령으로 정한다.
제15조【보호시설의 입소】 ① 피해자등이 다음 각 호의 어느 하나에 해당하는 경우에는 보호시설에 입소할 수 있다.
1. 본인이 입소를 희망하거나 입소에 동의하는 경우
2. 미성년자 또는 지적장애인 등 의사능력이 불완전한 사람으로서 성폭력행위자가 아닌 보호자가 입소에 동의하는 경우
② 제12조제2항에 따라 인가받은 보호시설의 장은 제1항에 따라 보호시설에 입소한 사람의 인적사항 및 입소사유 등을 특별자치시장·특별자치도지사 또는 시장·군수·구청장에게 지체 없이 보고하여야 한다.(2012.12.18 본항개정)
③ 보호시설의 장은 친족에 의한 피해자나 지적장애인 등 의사능력이 불완전한 피해자로서 상담원의 상담 결과 입소가 필요하나 보호자의 입소 동의를 받는 것이 적절하지 못하다고 인정하는 경우에는 제1항에도 불구하고 보호시설에 입소하게 할 수 있다. 이 경우 제12조제2항에 따라 인가받은 보호시설의 장은 지체 없이 관할 특별자치시장·특별자치도지사 또는 시장·군수·구청장의 승인을 받아야 한다.
(2012.12.18 후단개정)
④ 제3항에 따른 입소 및 승인에 있어서 보호시설의 장과 특별자치시장·특별자치도지사 또는 시장·군수·구청장은 피해자의 권익 보호를 최우선적으로 고려하여야 한다.
(2012.12.18 본항개정)
제16조【보호시설의 입소기간】 ① 제12조제3항에 따른 보호시설의 종류별 입소기간은 다음 각 호와 같다.
1. 일반보호시설 : 1년 이내. 다만, 여성가족부령으로 정하는 바에 따라 1년 6개월의 범위에서 한 차례 연장할 수 있다. (2014.1.21 본호개정)
2. 장애인보호시설 : 2년 이내. 다만, 여성가족부령으로 정하는 바에 따라 피해회복에 소요되는 기간까지 연장할 수 있다.
3. 특별지원 보호시설 : 19세가 될 때까지. 다만, 여성가족부령으로 정하는 바에 따라 2년의 범위에서 한 차례 연장할 수 있다.
4. 외국인보호시설 : 1년 이내. 다만, 여성가족부령으로 정하는 바에 따라 피해회복에 소요되는 기간까지 연장할 수 있다.(2015.2.3 본호신설)
5. 자립지원 공동생활시설 : 2년 이내. 다만, 여성가족부령으로 정하는 바에 따라 2년의 범위에서 한 차례 연장할 수 있다.
6. 장애인 자립지원 공동생활시설 : 2년 이내. 다만, 여성가족부령으로 정하는 바에 따라 2년의 범위에서 한 차례 연장할 수 있다.
② 제1항제1호에도 불구하고 일반보호시설에 입소한 피해자가 대통령령으로 정하는 특별한 사유에 해당하는 경우에는 입소기간을 초과하여 연장할 수 있다.
③ 제2항에 따른 입소기간의 연장에 관한 사항은 여성가족부령으로 정한다.
(2012.12.18 본조개정)
제17조【보호시설의 퇴소】 ① 제15조제1항에 따라 보호시설에 입소한 사람은 본인의 의사 또는 같은 항 제2호에 따라 입소 동의를 한 보호자의 요청에 따라 보호시설에서 퇴소할 수 있다.
② 보호시설의 장은 입소한 사람이 다음 각 호의 어느 하나에 해당하면 퇴소를 명할 수 있다.
1. 보호 목적이 달성된 경우
2. 제16조에 따른 보호기간이 끝난 경우
3. 입소자가 거짓이나 그 밖의 부정한 방법으로 입소한 경우
4. 그 밖에 보호시설 안에서 현저한 질서문란 행위를 한 경우
제18조【피해자를 위한 통합지원센터의 설치·운영】 ① 국가와 지방자치단체는 성폭력 피해상담, 치료, 제7조의2제2항에 따른 기관에 법률상담등 연계, 수사지원, 그 밖에 피해구제를 위한 지원업무를 종합적으로 수행하기 위하여 성폭력피해자통합지원센터(이하 "통합지원센터"라 한다)를 설치·운영할 수 있다.(2015.12.1 본항개정)
② 국가와 지방자치단체는 대통령령으로 정하는 기관 또는 단체로 하여금 통합지원센터를 설치·운영하게 할 수 있다.
③ 통합지원센터에 두는 상담원 등 종사자의 수 등에 필요한 사항은 여성가족부령으로 정한다.
제19조【상담원 등의 자격기준】 ① 다음 각 호의 어느 하나에 해당하는 사람은 상담소, 보호시설 및 통합지원센터의 장과 중앙디지털성범죄피해자지원센터등의 장, 상담원 또는 그 밖의 종사자가 될 수 없다.(2024.10.16 본문개정)
1. 미성년자, 피성년후견인 또는 피한정후견인(2014.1.21 본호개정)
2. (2015.2.3 삭제)
3. 금고 이상의 실형을 선고받고 그 집행이 끝나거나(집행이 끝난 것으로 보는 경우를 포함한다) 집행이 면제되지 아니한 사람(2023.4.11 본호개정)
3의2. 금고 이상의 형의 집행유예를 선고받고 그 유예기간 중에 있는 사람(2023.4.11 본호신설)
4. 「성폭력범죄의 처벌 등에 관한 특례법」 제2조의 죄 또는 「아동·청소년의 성보호에 관한 법률」 제2조제2호의 죄를 범하여 형 또는 치료감호를 선고받고 그 형 또는 치료감호의 전부 또는 일부의 집행이 끝나거나(집행이 끝난 것으로 보는 경우를 포함한다) 집행이 유예·면제된 날부터 10년이 지나지 아니한 사람(2023.4.11 본호개정)
② 상담소, 보호시설, 통합지원센터 및 중앙디지털성범죄피해자지원센터등에서 종사하려는 사람은 전문 지식이나 경력 등 대통령령으로 정하는 자격기준을 갖추어야 한다.
(2024.10.16 본항개정)
제19조의2【상담원 교육훈련시설】 ① 국가와 지방자치단체(특별시·광역시·특별자치시·도·특별자치도에 한정한다)는 상담원(상담원이 되려는 사람을 포함한다)의 자질을 향상시키기 위하여 상담원에 대한 전문적인 교육·훈련을 담당하는 시설(이하 "교육훈련시설"이라 한다)을 설치·운영할 수 있다.
② 여성가족부장관 또는 시·도지사는 상담원에 대한 전문적인 교육·훈련을 대통령령으로 정하는 기관 또는 단체에 위탁하거나 이를 교육훈련시설로 지정할 수 있다.(2018.4.17 본항개정)
③ 다음 각 호의 자로서 교육훈련시설을 설치하려는 자는 특별자치시장·특별자치도지사 또는 시장·군수·구청장에게 신고하여야 한다. 신고한 사항 중 여성가족부령으로 정하는 중요 사항을 변경하려는 경우에도 또한 같다.
(2018.3.13 후단신설)
1. 「고등교육법」에 따른 학교를 설립·운영하는 학교법인
2. 법률구조법인
3. 사회복지법인
4. 그 밖의 비영리법인이나 단체
④ 특별자치시장·특별자치도지사 또는 시장·군수·구청장은 제3항에 따른 신고를 받은 날부터 10일 이내(변경신고의 경우 5일 이내)에 신고수리 여부 또는 민원 처리 관련 법

령에 따른 처리기간의 연장을 신고인에게 통지하여야 한다. (2018.3.13 본항신설)

⑤ 교육훈련시설의 설치 및 지정 기준, 교육훈련시설에 두는 강사의 자격과 수, 상담원 교육훈련과정의 운영기준 및 신고절차 등에 필요한 사항은 여성가족부령으로 정한다. (2012.12.18 본조신설)

제20조【보수교육의 실시】 ① 여성가족부장관 또는 시·도지사는 상담소, 보호시설, 통합지원센터 및 중앙디지털성범죄피해자지원센터등 종사자의 자질을 향상시키기 위하여 보수(補修)교육을 실시하여야 한다.(2024.10.16 본항개정)

② 여성가족부장관 또는 시·도지사는 제1항에 따른 교육에 관한 업무를 「고등교육법」 제2조제1호 및 제4호에 따른 대학 및 전문대학 또는 대통령령으로 정하는 전문기관에 위탁할 수 있다.

③ 제1항에 따른 보수교육의 내용·기간 및 방법 등에 필요한 사항은 여성가족부령으로 정한다.

제21조【폐지·휴지 등의 신고】 ① 제10조제2항, 제12조제2항 또는 제19조의2제3항에 따라 설치한 상담소, 보호시설 또는 교육훈련시설을 폐지하거나 휴지(休止) 또는 재개(再開)하려는 경우에는 여성가족부령으로 정하는 바에 따라 미리 특별자치시장·특별자치도지사 또는 시장·군수·구청장에게 신고하여야 한다.(2012.12.18 본항개정)

② 특별자치시장·특별자치도지사 또는 시장·군수·구청장은 제1항에 따른 폐지 또는 휴지신고를 받은 경우 그 내용을 검토하여 이 법에 적합하면 신고를 수리하여야 한다. (2018.3.13 본항신설)

③ 상담소의 장, 보호시설의 장 또는 교육훈련시설의 장은 해당 시설을 폐지 또는 휴지하는 경우에는 여성가족부령으로 정하는 바에 따라 해당 시설을 이용하는 사람이 다른 시설로 옮길 수 있도록 하는 등 시설 이용자의 권익을 보호하기 위한 조치를 하여야 한다.(2016.3.2 본항신설)

④ 특별자치시장·특별자치도지사 또는 시장·군수·구청장은 제1항에 따른 상담소, 보호시설 또는 교육훈련시설의 폐지 또는 휴지의 신고를 받은 경우 해당 시설의 장이 제3항에 따른 시설 이용자의 권익을 보호하기 위한 조치를 하였는지 여부를 확인하는 등 여성가족부령으로 정하는 조치를 하여야 한다.(2018.3.13 본항개정)

제22조【시정 명령】 ① 여성가족부장관은 국가기관등의 장이 제5조의4제1항을 위반하여 성폭력 사건이 발생한 사실을 지체 없이 통보하지 아니하거나 재발방지대책을 기한 내에 제출하지 아니한 경우에는 기간을 정하여 시정을 명할 수 있다.(2023.4.18 본항신설)

② 특별자치시장·특별자치도지사 또는 시장·군수·구청장은 상담소, 보호시설 또는 교육훈련시설이 다음 각 호의 어느 하나에 해당하는 경우에는 기간을 정하여 시정을 명할 수 있다.(2012.12.18 본문개정)

1. 제10조제4항 또는 제12조제5항에 따른 설치·운영 기준 및 종사자의 수에 미달하게 된 경우(2018.3.13 본호개정)
2. 상담소 또는 보호시설의 상담원 등이 제19조에 따른 자격기준에 미달하게 된 경우
3. 제19조의2제5항에 따른 설치·지정 기준 또는 운영기준에 미달하게 되거나 강사의 수가 부족한 경우 또는 자격이 없는 사람을 채용한 경우(2018.3.13 본호개정)
4. 제21조제1항에 따라 신고한 휴지기간을 초과하여 운영을 재개하지 아니한 경우(2016.3.2 본호개정)

제23조【인가의 취소 등】 ① 특별자치시장·특별자치도지사 또는 시장·군수·구청장은 상담소, 보호시설 또는 교육훈련시설이 다음 각 호의 어느 하나에 해당하는 경우에는 그 업무의 폐지 또는 정지를 명하거나 인가를 취소할 수 있다. (2012.12.18 본문개정)

1. 제22조제2항에 따른 시정 명령을 위반한 경우(2023.4.18 본호개정)
2. 제29조를 위반하여 영리를 목적으로 상담소, 보호시설 또는 교육훈련시설을 설치·운영한 경우(2012.12.18 본호개정)
3. 정당한 사유 없이 제32조제1항에 따른 보고를 하지 아니하거나 거짓으로 보고한 경우 또는 조사·검사를 거부하거나 기피한 경우

② 특별자치시장·특별자치도지사 또는 시장·군수·구청장은 상담소, 보호시설 또는 교육훈련시설이 제1항에 따라 업무가 폐지 또는 정지되거나 인가가 취소되는 경우에는 해당 시설을 이용하는 사람이 다른 시설로 옮길 수 있도록 하는 등 여성가족부령으로 정하는 바에 따라 시설 이용자의 권익을 보호하기 위하여 필요한 조치를 하여야 한다. (2016.3.2 본항신설)

③ 제1항에 따른 업무의 폐지·정지 또는 인가의 취소에 관한 세부 기준은 여성가족부령으로 정한다.

제24조【피해자등의 의사 존중】 상담소, 보호시설, 통합지원센터 및 중앙디지털성범죄피해자지원센터등의 장과 종사자는 피해자등이 분명히 밝힌 의사에 반하여 제7조의4, 제11조 및 제13조제1항에 따른 업무 등을 할 수 없다.(2024.10.16 본조개정)

제25조【상담소·보호시설·통합지원센터 및 중앙디지털성범죄피해자지원센터등의 평가】 ① 여성가족부장관은 상담소·보호시설·통합지원센터 및 중앙디지털성범죄피해자지원센터등의 운영실적을 3년마다 평가하고, 시설의 감독 및 지원 등에 그 결과를 고려하여야 한다.(2024.10.16 본항개정)

② 제1항에 따른 평가의 기준과 방법 등에 필요한 사항은 여성가족부령으로 정한다. (2024.10.16 본조제목개정)

제26조【경비의 보조】 ① 국가 또는 지방자치단체는 상담소, 보호시설, 통합지원센터 또는 중앙디지털성범죄피해자지원센터등의 설치·운영에 드는 경비를 보조할 수 있다. (2024.10.16 본항개정)

② 제1항에 따라 경비를 보조할 때에는 제4조에 따른 성폭력 실태조사와 제25조에 따른 평가 및 제32조에 따른 보고 등의 결과를 고려하여야 한다.

제27조【성폭력 전담의료기관의 지정 등】 ① 여성가족부장관, 특별자치시장·특별자치도지사 또는 시장·군수·구청장은 국립·공립병원, 보건소 또는 민간의료시설을 피해자등의 치료를 위한 전담의료기관으로 지정할 수 있다. (2012.12.18 본항개정)

② 제1항에 따라 지정된 전담의료기관은 피해자 본인·가족·친지나 긴급전화센터, 상담소, 보호시설, 통합지원센터 또는 중앙디지털성범죄피해자지원센터등의 장 등이 요청하면 피해자등에 대하여 다음 각 호의 의료 지원을 하여야 한다.(2024.10.16 본문개정)

1. 보건 상담 및 지도
2. 치료
3. 그 밖에 대통령령으로 정하는 신체적·정신적 치료

③ 여성가족부장관, 특별자치시장·특별자치도지사 또는 시장·군수·구청장은 제1항에 따라 지정한 전담의료기관이 다음 각 호의 어느 하나에 해당하는 경우에는 그 지정을 취소할 수 있다. 다만, 제1호에 해당하는 경우에는 그 지정을 취소하여야 한다.

1. 거짓이나 그 밖의 부정한 방법으로 지정을 받은 경우
2. 정당한 사유 없이 제2항에 따른 의료 지원을 거부한 경우
3. 그 밖에 전담의료기관으로서 적합하지 아니하다고 대통령령으로 정하는 경우

(2015.2.3 본항신설)

④ 여성가족부장관, 특별자치시장·특별자치도지사 또는 시장·군수·구청장은 제3항에 따라 지정을 취소하는 경우에는 청문을 하여야 한다.(2015.2.3 본항신설)

⑤ 제1항 및 제3항에 따른 지정 및 지정 취소의 기준, 절차, 운영 등에 필요한 사항은 여성가족부령으로 정한다. (2015.2.3 본항신설)

제28조【의료비 지원】 ① 국가 또는 지방자치단체는 제27조제2항에 따른 치료 등 의료 지원에 필요한 경비의 전부 또는 일부를 지원할 수 있다.
② 제1항에 따른 의료비용의 지원범위 및 절차 등에 필요한 사항은 여성가족부령으로 정한다.
제29조【영리목적 운영의 금지】 누구든지 영리를 목적으로 상담소, 보호시설 또는 교육훈련시설을 설치·운영하여서는 아니 된다. 다만, 교육훈련시설의 장은 상담원 교육훈련과정을 수강하는 사람에게 여성가족부장관이 정하는 바에 따라 수강료를 받을 수 있다.
(2012.12.18 본조개정)
제30조【비밀 엄수의 의무】 상담소, 보호시설, 통합지원센터 또는 중앙디지털성범죄피해자지원센터등의 장이나 그 밖의 종사자 또는 그 직에 있었던 사람은 그 직무상 알게 된 비밀을 누설하여서는 아니 된다.(2024.10.16 본조개정)

제3장 보 칙

제31조【경찰관서의 협조】 상담소, 보호시설, 통합지원센터 또는 중앙디지털성범죄피해자지원센터등의 장은 피해자등을 긴급히 구조할 필요가 있을 때에는 경찰관서(지구대·파출소 및 출장소를 포함한다)의 장에게 그 소속 직원의 동행을 요청할 수 있으며, 요청을 받은 경찰관서의 장은 특별한 사유가 없으면 이에 따라야 한다.(2024.10.16 본조개정)
제31조의2【사법경찰관리의 현장출동 등】 ① 사법경찰관리는 성폭력 신고가 접수된 때에는 지체 없이 신고된 현장에 출동하여야 한다.
② 제1항에 따라 출동한 사법경찰관리는 신고된 현장에 출입하여 관계인에 대하여 조사를 하거나 질문을 할 수 있다.
③ 제2항에 따라 출입, 조사 또는 질문을 하는 사법경찰관리는 그 권한을 표시하는 증표를 지니고 이를 관계인에게 내보여야 한다.
④ 제2항에 따라 조사 또는 질문을 하는 사법경찰관리는 피해자·신고자·목격자 등이 자유롭게 진술할 수 있도록 성폭력행위자로부터 분리된 곳에서 조사하는 등 필요한 조치를 하여야 한다.
⑤ 누구든지 정당한 사유 없이 신고된 현장에 출동한 사법경찰관리에 대하여 현장조사를 거부하는 등 업무를 방해하여서는 아니 된다.
(2017.3.21 본조신설)
제32조【보고 및 검사 등】 ① 여성가족부장관 또는 지방자치단체의 장 상담소, 보호시설, 통합지원센터, 중앙디지털성범죄피해자지원센터등 또는 교육훈련시설의 장에게 해당 시설에 관하여 필요한 보고를 하게 할 수 있으며, 관계 공무원으로 하여금 그 시설의 운영 상황을 조사하게 하거나 장부 또는 그 밖의 서류를 검사하게 할 수 있다.(2024.10.16 본항개정)
② 제1항에 따라 검사를 하는 공무원은 사전에 검사 일시, 검사 목적 등에 관한 사항을 그 시설의 장에게 통보하여야 한다.
③ 제1항에 따라 직무를 수행하는 관계 공무원은 그 권한을 표시하는 증표를 지니고 이를 관계인에게 보여주어야 한다.
제33조【유사명칭 사용 금지】 이 법에 따른 상담소, 보호시설, 통합지원센터, 중앙디지털성범죄피해자지원센터등, 교육훈련시설이 아니면 성폭력피해상담소, 성폭력피해자보호시설, 성폭력피해자통합지원센터, 중앙디지털성범죄피해자지원센터등, 성폭력 관련 상담원 교육훈련시설 또는 이와 유사한 명칭을 사용하지 못한다.(2024.10.16 본조개정)
제34조【청문】 특별자치시장·특별자치도지사 또는 시장·군수·구청장은 제23조에 따라 업무의 폐지를 명하거나 인가를 취소하려면 청문을 하여야 한다.(2012.12.18 본조개정)
제35조【권한의 위임】 이 법에 따른 여성가족부장관의 권한은 그 일부를 대통령령으로 정하는 바에 따라 시·도지사 또는 시장·군수·구청장에게 위임할 수 있다.

제4장 벌 칙

제36조【벌칙】 ① 제8조를 위반하여 피해자 또는 성폭력 발생 사실을 신고한 자에게 불이익조치를 한 자는 3년 이하의 징역 또는 3천만원 이하의 벌금에 처한다.(2021.1.12 본항개정)
② 다음 각 호의 어느 하나에 해당하는 자는 2년 이하의 징역 또는 500만원 이하의 벌금에 처한다.
1. 제10조제2항 전단, 제12조제2항 또는 제19조의2제3항 전단을 위반하여 신고를 하지 아니하거나 인가를 받지 아니하고 상담소, 보호시설 또는 교육훈련시설을 설치·운영한 자(2018.3.13 본호개정)
2. 제23조에 따른 업무의 폐지 또는 정지 명령이나 인가취소를 받고도 상담소, 보호시설 또는 교육훈련시설을 계속 운영한 자(2012.12.18 본호개정)
3. 제29조에 따른 영리목적 운영 금지의무를 위반한 자
4. 제30조에 따른 비밀 엄수의 의무를 위반한 자

제37조【양벌규정】 법인의 대표자나 법인 또는 개인의 대리인, 사용인, 그 밖의 종사자가 그 법인 또는 개인의 업무에 관하여 제36조의 위반행위를 하면 그 행위자를 벌하는 외에 그 법인 또는 개인에게도 해당 조문의 벌금형을 과(科)한다. 다만, 법인 또는 개인이 그 위반행위를 방지하기 위하여 해당 업무에 관하여 상당한 주의와 감독을 게을리하지 아니한 경우에는 그러하지 아니하다.
제38조【과태료】 ① 다음 각 호의 어느 하나에 해당하는 자에게는 500만원 이하의 과태료를 부과한다.(2023.4.18 본문개정)
1. 제22조제1항에 따른 시정 명령을 따르지 아니한 자
2. 제31조의2제5항을 위반하여 정당한 사유 없이 현장조사를 거부하는 등 업무를 방해한 자

(2023.4.18 1호~2호신설)
② 다음 각 호의 어느 하나에 해당하는 자에게는 300만원 이하의 과태료를 부과한다.
1. 제9조제2항을 위반하여 성폭력 사건이 발생한 사실을 신고하지 아니한 자(2021.1.12 본호신설)
2. 정당한 사유 없이 제32조제1항에 따른 보고를 하지 아니하거나 거짓으로 보고한 자 또는 조사·검사를 거부하거나 기피한 자
3. 제33조에 따른 유사명칭 사용 금지의무를 위반한 자

③ 제1항 및 제2항에 따른 과태료는 대통령령으로 정하는 바에 따라 여성가족부장관 또는 지방자치단체의 장이 부과·징수한다.(2017.3.21 본항개정)

부 칙 (2012.12.18)

제1조【시행일】 이 법은 공포 후 6개월이 경과한 날부터 시행한다.
제2조【입소기간을 연장한 입소자의 입소기간에 관한 적용례】 제16조의 개정규정은 이 법 시행 당시 종전의 규정에 따라 입소기간을 연장한 사람에 대하여도 적용한다. 이 경우 종전의 규정에 따라 연장된 입소기간은 제16조의 개정규정에 따른 입소기간에 산입한다.
제3조【보호시설에 관한 경과조치】 이 법 시행 당시 종전의 규정에 따라 국가 또는 지방자치단체가 설치·운영하거나 특별자치도지사 또는 시장·군수·구청장의 인가를 받은 보호시설은 제12조제3항의 개정규정에 따라 입소자별로 구분하여 각각 해당되는 보호시설로 보되, 이 법 시행일부터 6개월 이내에 같은 조 제4항의 개정규정에 따른 설치·운영 기준 등을 갖추어야 한다.

제4조【교육훈련시설에 관한 경과조치】 이 법 시행 당시 대통령령으로 정하는 바에 따라 성폭력 관련 상담원의 교육과정을 개설·운영하고 있는 법률구조법인, 사회복지법인, 그 밖에 성폭력방지 및 피해자보호를 주된 업무로 하는 비영리법인이나 단체가 이 법 시행일부터 3개월 이내에 제19조의2제3항의 개정규정에 따른 신고를 한 경우에는 이 법 시행일에 신고를 한 것으로 본다. 다만, 이 법 시행일부터 6개월 이내에 제19조의2제4항의 개정규정에 따른 설치기준 등을 갖추어야 한다.
제5조【다른 법률의 개정】 ※(해당 법령에 가제정리 하였음)

부 칙 (2014.1.21)

제1조【시행일】 이 법은 공포 후 6개월이 경과한 날부터 시행한다.
제2조【금치산자 등에 대한 경과조치】 제19조제1항제1호의 개정규정에 따른 피성년후견인 또는 피한정후견인에는 법률 제10429호 민법 일부개정법률 부칙 제2조에 따라 금치산 또는 한정치산 선고의 효력이 유지되는 사람을 포함하는 것으로 본다.

부 칙 (2015.2.3)

제1조【시행일】 이 법은 공포한 날부터 시행한다. 다만, 제27조의 개정규정은 공포 후 6개월이 경과한 날부터 시행한다.
제2조【「양성평등기본법」에 따른 사용자에 대한 경과조치】 제5조제3항의 개정규정의 「양성평등기본법」 제3조제3호에 따른 사용자는 2015년 6월 30일까지는 「여성발전기본법」 제3조제5호에 따른 사용자로 본다.
제3조【성폭력 전담의료기관에 관한 경과조치】 이 법 시행 당시 종전의 규정에 따라 지정된 전담의료기관은 이 법 시행 후 6개월 이내에 제27조제5항의 개정규정에 따라 여성가족부령으로 정하는 지정기준을 갖추어야 한다.

부 칙 (2017.12.12)

제1조【시행일】 이 법은 공포 후 3개월이 경과한 날부터 시행한다.
제2조【상담소 등의 종사자 자격기준에 관한 적용례】 제19조제1항의 개정규정은 이 법 시행 전 상담소, 보호시설 및 통합지원센터에 고용된 종사자에 대하여도 적용한다.

부 칙 (2018.3.13)

제1조【시행일】 이 법은 공포 후 6개월이 경과한 날부터 시행한다. 다만, 제21조의 개정규정은 공포한 날부터 시행한다.
제2조【상담소 설치신고 등에 관한 적용례】 제10조제3항 및 제19조의2제4항의 개정규정은 이 법 시행 후 상담소 또는 교육훈련시설의 설치신고 또는 변경신고를 하는 경우부터 적용한다.

부 칙 (2020.1.29)

이 법은 공포 후 6개월이 경과한 날부터 시행한다. 다만, 제7조의3의 개정규정은 공포 후 3개월이 경과한 날부터 시행한다.

부 칙 (2020.10.20)

이 법은 공포 후 3개월이 경과한 날부터 시행한다.

부 칙 (2021.1.12)

이 법은 공포 후 6개월이 경과한 날부터 시행한다.

부 칙 (2023.4.11)

이 법은 공포한 날부터 시행한다.

부 칙 (2023.4.18)

이 법은 공포 후 1년이 경과한 날부터 시행한다.

부 칙 (2024.3.26)

이 법은 공포 후 3개월이 경과한 날부터 시행한다.

부 칙 (2024.10.16)

제1조【시행일】 이 법은 공포 후 6개월이 경과한 날부터 시행한다. 다만, 제3조제1항제8호의 개정규정은 공포한 날부터 시행한다.
제2조【디지털성범죄피해자지원센터에 관한 경과조치】 제7조의4의 개정규정 시행 당시 「양성평등기본법」 제46조의2에 따른 한국여성인권진흥원의 조직으로 운영 중인 디지털성범죄피해자지원센터는 제7조의4제1항의 개정규정에 따라 설치된 중앙디지털성범죄피해자지원센터로 본다.

성폭력범죄의 처벌 등에 관한 특례법(약칭 : 성폭력처벌법)

(2012년 12월 18일 전부개정법률 제11556호)

개정
2013. 4. 5법11729호
2013. 4. 5법11731호(형법)
2014.12.30법12889호 2016.12.20법14412호
2017.12.12법15156호 2018.10.16법15792호
2018.12.18법15977호 2019. 8.20법16445호
2020. 2. 4법16914호
2020. 2. 4법16923호(전자장치부착등에관한법)
2020. 3.24법17086호 2020. 5.19법17264호
2020.10.20법17507호
2021. 9.24법18465호(군사법원)
2023. 7.11법19517호
2023.10.24법19743호(특정중대범죄피의자등신상정보공개에관한법)
2024. 1.16법20005호 2024.10.16법20459호
2024.12. 3법20535호 2024.12.20법20575호

제1장 총 칙

제1조【목적】 이 법은 성폭력범죄의 처벌 및 그 절차에 관한 특례를 규정함으로써 성폭력범죄 피해자의 생명과 신체의 안전을 보장하고 건강한 사회질서의 확립에 이바지함을 목적으로 한다.

제2조【정의】 ① 이 법에서 "성폭력범죄"란 다음 각 호의 어느 하나에 해당하는 죄를 말한다.

1. 「형법」 제2편제22장 성풍속에 관한 죄 중 제242조(음행매개), 제243조(음화반포등), 제244조(음화제조등) 및 제245조(공연음란)의 죄
2. 「형법」 제2편제31장 약취(略取), 유인(誘引) 및 인신매매의 죄 중 추행, 간음 또는 성매매와 성적 착취를 목적으로 범한 제288조 또는 추행, 간음 또는 성매매와 성적 착취를 목적으로 범한 제289조, 제290조(추행, 간음 또는 성매매와 성적 착취를 목적으로 제288조 또는 추행, 간음 또는 성매매와 성적 착취를 목적으로 제289조의 죄를 범하여 약취, 유인, 매매된 사람을 상해하거나 상해에 이르게 한 경우에 한정한다), 제291조(추행, 간음 또는 성매매와 성적 착취를 목적으로 제288조 또는 추행, 간음 또는 성매매와 성적 착취를 목적으로 제289조의 죄를 범하여 약취, 유인, 매매된 사람을 살해하거나 사망에 이르게 한 경우에 한정한다), 제292조〔추행, 간음 또는 성매매와 성적 착취를 목적으로 한 제288조 또는 추행, 간음 또는 성매매와 성적 착취를 목적으로 한 제289조의 죄로 약취, 유인, 매매된 사람을 수수(授受) 또는 은닉한 죄, 추행, 간음 또는 성매매와 성적 착취를 목적으로 한 제288조 또는 추행, 간음 또는 성매매와 성적 착취를 목적으로 한 제289조의 죄를 범할 목적으로 사람을 모집, 운송, 전달한 경우에 한정한다〕 및 제294조(추행, 간음 또는 성매매와 성적 착취를 목적으로 범한 제288조의 미수범 또는 추행, 간음 또는 성매매와 성적 착취를 목적으로 범한 제289조의 미수범, 추행, 간음 또는 성매매와 성적 착취를 목적으로 제288조 또는 추행, 간음 또는 성매매와 성적 착취를 목적으로 제289조의 죄를 범하여 발생한 제290조제1항의 미수범 또는 추행, 간음 또는 성매매와 성적 착취를 목적으로 제288조 또는 추행, 간음 또는 성매매와 성적 착취를 목적으로 제289조의 죄를 범하여 발생한 제291조제1항의 미수범 및 제292조제1항의 미수범 중 추행, 간음 또는 성매매와 성적 착취를 목적으로 약취, 유인, 매매된 사람을 수수, 은닉한 죄의 미수범으로 한정한다)의 죄(2013.4.5 본호개정)
3. 「형법」 제2편제32장 강간과 추행의 죄 중 제297조(강간), 제297조의2(유사강간), 제298조(강제추행), 제299조(준강간, 준강제추행), 제300조(미수범), 제301조(강간등 상해·치상), 제301조의2(강간등 살인·치사), 제302조(미성년자등에 대한 간음), 제303조(업무상위력등에 의한 간음) 및 제305조(미성년자에 대한 간음, 추행)의 죄
4. 「형법」 제339조(강도강간)의 죄 및 제342조(제339조의 미수범으로 한정한다)의 죄(2016.12.20 본호개정)
5. 이 법 제3조(특수강도강간 등)부터 제15조(미수범)까지의 죄

② 제1항 각 호의 범죄로서 다른 법률에 따라 가중처벌되는 죄는 성폭력범죄로 본다.

제2장 성폭력범죄의 처벌 및 절차에 관한 특례

제3조【특수강도강간 등】 ① 「형법」 제319조제1항(주거침입), 제330조(야간주거침입절도), 제331조(특수절도) 또는 제342조(미수범. 다만, 제330조 및 제331조의 미수범으로 한정한다)의 죄를 범한 사람이 같은 법 제297조(강간), 제297조의2(유사강간), 제298조(강제추행) 및 제299조(준강간, 준강제추행)의 죄를 범한 경우에는 무기징역 또는 7년 이상의 징역에 처한다.(2020.5.19 본항개정)
<2023.2.23 헌법재판소 단순위헌결정으로 이 항 중 '형법 제319조 제1항(주거침입)의 죄를 범한 사람이 같은 법 제298조(강제추행), 제299조(준강제추행) 가운데 제298조의 예에 의하는 부분의 죄를 범한 경우에는 무기징역 또는 7년 이상의 징역에 처한다.' 부분은 헌법에 위반>
② 「형법」 제334조(특수강도) 또는 제342조(미수범. 다만, 제334조의 미수범으로 한정한다)의 죄를 범한 사람이 같은 법 제297조(강간), 제297조의2(유사강간), 제298조(강제추행) 및 제299조(준강간, 준강제추행)의 죄를 범한 경우에는 사형, 무기징역 또는 10년 이상의 징역에 처한다.

제4조【특수강간 등】 ① 흉기나 그 밖의 위험한 물건을 지닌 채 또는 2명 이상이 합동하여 「형법」 제297조(강간)의 죄를 범한 사람은 무기징역 또는 7년 이상의 징역에 처한다.(2020.5.19 본항개정)
② 제1항의 방법으로 「형법」 제298조(강제추행)의 죄를 범한 사람은 5년 이상의 유기징역에 처한다.(2020.5.19 본항개정)
③ 제1항의 방법으로 「형법」 제299조(준강간, 준강제추행)의 죄를 범한 사람은 제1항 또는 제2항의 예에 따라 처벌한다.

제5조【친족관계에 의한 강간 등】 ① 친족관계인 사람이 폭행 또는 협박으로 사람을 강간한 경우에는 7년 이상의 유기징역에 처한다.
② 친족관계인 사람이 폭행 또는 협박으로 사람을 강제추행한 경우에는 5년 이상의 유기징역에 처한다.
③ 친족관계인 사람이 사람에 대하여 「형법」 제299조(준강간, 준강제추행)의 죄를 범한 경우에는 제1항 또는 제2항의 예에 따라 처벌한다.
④ 제1항부터 제3항까지의 친족의 범위는 4촌 이내의 혈족·인척과 동거하는 친족으로 한다.
⑤ 제1항부터 제3항까지의 친족은 사실상의 관계에 의한 친족을 포함한다.

제6조【장애인에 대한 강간·강제추행 등】 ① 신체적인 또는 정신적인 장애가 있는 사람에 대하여 「형법」 제297조(강간)의 죄를 범한 사람은 무기징역 또는 7년 이상의 징역에 처한다.
② 신체적인 또는 정신적인 장애가 있는 사람에 대하여 폭행이나 협박으로 다음 각 호의 어느 하나에 해당하는 행위를 한 사람은 5년 이상의 유기징역에 처한다.

1. 구강·항문 등 신체(성기는 제외한다)의 내부에 성기를 넣는 행위
2. 성기·항문에 손가락 등 신체(성기는 제외한다)의 일부나 도구를 넣는 행위

③ 신체적인 또는 정신적인 장애가 있는 사람에 대하여 「형법」 제298조(강제추행)의 죄를 범한 사람은 3년 이상의 유기징역 또는 3천만원 이상 5천만원 이하의 벌금에 처한다. (2020.5.19 본항개정)
④ 신체적인 또는 정신적인 장애로 항거불능 또는 항거곤란 상태에 있음을 이용하여 사람을 간음하거나 추행한 사람은 제1항부터 제3항까지의 예에 따라 처벌한다.
⑤ 위계(僞計) 또는 위력(威力)으로써 신체적인 또는 정신적인 장애가 있는 사람을 간음한 사람은 5년 이상의 유기징역에 처한다.
⑥ 위계 또는 위력으로써 신체적인 또는 정신적인 장애가 있는 사람을 추행한 사람은 1년 이상의 유기징역 또는 1천만원 이상 3천만원 이하의 벌금에 처한다.
⑦ 장애인의 보호, 교육 등을 목적으로 하는 시설의 장 또는 종사자가 보호, 감독의 대상인 장애인에 대하여 제1항부터 제6항까지의 죄를 범한 경우에는 그 죄에 정한 형의 2분의 1까지 가중한다.

제7조【13세 미만의 미성년자에 대한 강간, 강제추행 등】 ① 13세 미만의 사람에 대하여 「형법」 제297조(강간)의 죄를 범한 사람은 무기징역 또는 10년 이상의 징역에 처한다.
② 13세 미만의 사람에 대하여 폭행이나 협박으로 다음 각 호의 어느 하나에 해당하는 행위를 한 사람은 7년 이상의 유기징역에 처한다.
1. 구강·항문 등 신체(성기는 제외한다)의 내부에 성기를 넣는 행위
2. 성기·항문에 손가락 등 신체(성기는 제외한다)의 일부나 도구를 넣는 행위
③ 13세 미만의 사람에 대하여 「형법」 제298조(강제추행)의 죄를 범한 사람은 5년 이상의 유기징역에 처한다.(2020.5.19 본항개정)
④ 13세 미만의 사람에 대하여 「형법」 제299조(준강간, 준강제추행)의 죄를 범한 사람은 제1항부터 제3항까지의 예에 따라 처벌한다.
⑤ 위계 또는 위력으로써 13세 미만의 사람을 간음하거나 추행한 사람은 제1항부터 제3항까지의 예에 따라 처벌한다.

판례 [1] 보호법익 : 13세 미만의 아동이 외부로부터의 부적절한 성적 자극이나 물리력의 행사가 없는 상태에서 심리적 장애 없이 성적 정체성 및 가치관을 형성할 권익을 보호법익으로 한다.
[2] 추행 : 객관적으로 피해자와 같은 처지에 있는 일반적·평균적인 사람으로 하여금 성적 수치심이나 혐오감을 일으키게 하고 선량한 성적 도덕관념에 반하는 행위로서 구체적인 피해자를 대상으로 하여 피해자의 성적 자유를 침해하는 것을 의미하는데, 이에 해당하는지 여부는 피해자의 의사, 성별, 연령, 행위자와 피해자의 관계, 그 행위에 이르게 된 경위, 피해자에 대하여 이루어진 구체적 행위태양, 주위의 객관적 상황과 그 시대의 성적 도덕관념 등을 종합적으로 고려하여 판단하여야 한다.
[3] 위력 : 피해자의 성적 자유의사를 제압하기에 충분한 세력으로서 유형적이든 무형적이든 묻지 않으며, 폭행·협박뿐 아니라 행위자의 사회적·경제적·정치적인 지위나 권세를 이용하는 것도 가능하다. 그리고 위력으로써 추행한 것인지 여부는 피해자에 대하여 이루어진 구체적인 행위의 경위 및 태양, 행사한 세력의 내용과 정도 내지 이용한 행위자의 지위나 권세의 종류, 피해자의 연령, 행위자와 피해자의 이전부터의 관계, 피해자에게 주는 위압감 및 성적 자유의사에 대한 침해의 정도, 범행 당시의 정황 등 여러 사정을 종합적으로 고려하여 판단하여야 한다.
(대판 2013.1.16, 2011도7164,2011전도124)

제8조【강간 등 상해·치상】 ① 제3조제1항, 제4조, 제6조, 제7조 또는 제15조(제3조제1항, 제4조, 제6조 또는 제7조의 미수범으로 한정한다)의 죄를 범한 사람이 다른 사람을 상해하거나 상해에 이르게 한 때에는 무기징역 또는 10년 이상의 징역에 처한다.
② 제5조 또는 제15조(제5조의 미수범으로 한정한다)의 죄를 범한 사람이 다른 사람을 상해하거나 상해에 이르게 한 때에는 무기징역 또는 7년 이상의 징역에 처한다.

제9조【강간 등 살인·치사】 ① 제3조부터 제7조까지, 제15조(제3조부터 제7조까지의 미수범으로 한정한다)의 죄 또는 「형법」 제297조(강간), 제297조의2(유사강간) 및 제298조(강제추행)부터 제300조(미수범)까지의 죄를 범한 사람이 다른 사람을 살해한 때에는 사형 또는 무기징역에 처한다.
② 제4조, 제5조 또는 제15조(제4조 또는 제5조의 미수범으로 한정한다)의 죄를 범한 사람이 다른 사람을 사망에 이르게 한 때에는 무기징역 또는 10년 이상의 징역에 처한다.
③ 제6조, 제7조 또는 제15조(제6조 또는 제7조의 미수범으로 한정한다)의 죄를 범한 사람이 다른 사람을 사망에 이르게 한 때에는 사형, 무기징역 또는 10년 이상의 징역에 처한다.

제10조【업무상 위력 등에 의한 추행】 ① 업무, 고용이나 그 밖의 관계로 인하여 자기의 보호, 감독을 받는 사람에 대하여 위계 또는 위력으로 추행한 사람은 3년 이하의 징역 또는 1천500만원 이하의 벌금에 처한다.
② 법률에 따라 구금된 사람을 감호하는 사람이 그 사람을 추행한 때에는 5년 이하의 징역 또는 2천만원 이하의 벌금에 처한다.
(2018.10.16 본조개정)

제11조【공중 밀집 장소에서의 추행】 대중교통수단, 공연·집회 장소, 그 밖에 공중(公衆)이 밀집하는 장소에서 사람을 추행한 사람은 3년 이하의 징역 또는 3천만원 이하의 벌금에 처한다.(2020.5.19 본조개정)

제12조【성적 목적을 위한 다중이용장소 침입행위】 자기의 성적 욕망을 만족시킬 목적으로 화장실, 목욕장·목욕실 또는 발한실(發汗室), 모유수유시설, 탈의실 등 불특정 다수가 이용하는 다중이용장소에 침입하거나 같은 장소에서 퇴거의 요구를 받고 응하지 아니하는 사람은 1년 이하의 징역 또는 1천만원 이하의 벌금에 처한다.(2020.5.19 본조개정)

제13조【통신매체를 이용한 음란행위】 자기 또는 다른 사람의 성적 욕망을 유발하거나 만족시킬 목적으로 전화, 우편, 컴퓨터, 그 밖의 통신매체를 통하여 성적 수치심이나 혐오감을 일으키는 말, 음향, 글, 그림, 영상 또는 물건을 상대방에게 도달하게 한 사람은 2년 이하의 징역 또는 2천만원 이하의 벌금에 처한다.(2020.5.19 본조개정)

판례 '성적 수치심이나 혐오감을 일으키는 말, 음향, 글, 그림, 영상 또는 물건(이하 '성적 수치심을 일으키는 그림 등'이라 한다)을 상대방에게 도달하게 한다'는 것은 '상대방이 성적 수치심을 일으키는 그림 등을 직접 접하는 경우뿐만 아니라 상대방이 실제로 이를 인식할 수 있는 상태에 두는 것'을 의미한다. 따라서 행위자의 의사와 그 내용, 웹페이지의 성격과 사용된 링크기술의 구체적인 방식 등 모든 사정을 종합하여 볼 때 상대방에게 성적 수치심을 일으키는 그림 등이 담겨 있는 웹페이지 등에 대한 인터넷 링크(internet link)를 보내는 행위를 통해 그와 같은 그림 등이 상대방에 의하여 인식될 수 있는 상태에 놓이고 실질에 있어서 이를 직접 전달하는 것과 다를 바 없다고 평가되어 상대방이 이러한 링크를 이용하여 별다른 제한 없이 성적 수치심을 일으키는 그림 등에 바로 접할 수 있는 상태가 실제로 조성되었다면, 그러한 행위는 전체로 보아 성적 수치심을 일으키는 그림 등을 상대방에게 도달하게 한다는 구성요건을 충족한다.
(대판 2017.6.8, 2016도21389)

제14조【카메라 등을 이용한 촬영】 ① 카메라나 그 밖에 이와 유사한 기능을 갖춘 기계장치를 이용하여 성적 욕망 또는 수치심을 유발할 수 있는 사람의 신체를 촬영대상자의 의사에 반하여 촬영한 자는 7년 이하의 징역 또는 5천만원 이하의 벌금에 처한다.
② 제1항에 따른 촬영물 또는 복제물(복제물의 복제물을 포함한다. 이하 이 조에서 같다)을 반포·판매·임대·제공 또는 공공연하게 전시·상영(이하 "반포등"이라 한다)한 자 또는 제1항의 촬영이 촬영 당시에는 촬영대상자의 의사에 반하지 아니한 경우(자신의 신체를 직접 촬영한 경우를 포함한다)에도 사후에 그 촬영물 또는 복제물을 촬영대상자의 의사에 반하여 반포등을 한 자는 7년 이하의 징역 또는 5천만원 이하의 벌금에 처한다.
③ 영리를 목적으로 촬영대상자의 의사에 반하여 「정보통신망 이용촉진 및 정보보호 등에 관한 법률」 제2조제1항제1호의 정보통신망(이하 "정보통신망"이라 한다)을 이용하여 제2항의 죄를 범한 자는 3년 이상의 유기징역에 처한다.
④ 제1항 또는 제2항의 촬영물 또는 복제물을 소지·구입·

저장 또는 시청한 자는 3년 이하의 징역 또는 3천만원 이하의 벌금에 처한다.(2020.5.19 본항신설)
⑤ 상습으로 제1항부터 제3항까지의 죄를 범한 때에는 그 죄에 정한 형의 2분의 1까지 가중한다.(2020.5.19 본항신설)
(2020.5.19 본조개정)

판례 본인 의사에 반해 성적 대상화 되지 않을 자유 : 버스 안에서 레깅스 바지를 입고 서 있던 피해자의 엉덩이 부위 등 하반신을 피해자 몰래 동영상 촬영한 행위에 대하여, 성적 욕망 또는 수치심을 유발할 수 있는 신체란 특정한 신체의 부분으로 일률적으로 결정되는 것이 아니고 촬영의 맥락과 촬영의 결과물을 고려해 그와 같이 촬영을 하거나 촬영을 당했을 때 '성적 욕망 또는 수치심을 유발할 수 있는 경우'를 의미한다. 따라서 피해자가 자신의 개성을 표현하거나 생활의 편의를 위해 공개된 장소에서 자신의 의사에 의하여 드러낸 신체 부분이라고 하더라도, 이를 몰래 촬영하는 것은 성적 수치심을 유발할 수 있으며 카메라등 이용 촬영죄의 대상이 될 수 있다.(대판 2020.12.24, 2019도16258)

제14조의2【허위영상물 등의 반포등】 ① 사람의 얼굴·신체 또는 음성을 대상으로 한 촬영물·영상물 또는 음성물(이하 이 조에서 "영상물등"이라 한다)을 영상물등의 대상자의 의사에 반하여 성적 욕망 또는 수치심을 유발할 수 있는 형태로 편집·합성 또는 가공(이하 이 조에서 "편집등"이라 한다)한 자는 7년 이하의 징역 또는 5천만원 이하의 벌금에 처한다.(2024.10.16 본항개정)
② 제1항에 따른 편집물·합성물·가공물(이하 이 조에서 "편집물등"이라 한다) 또는 복제물(복제물의 복제물을 포함한다. 이하 이 조에서 같다)을 반포등을 한 자 또는 제1항의 편집등을 할 당시에는 영상물등의 대상자의 의사에 반하지 아니한 경우에도 사후에 그 편집물등 또는 복제물을 영상물등의 대상자의 의사에 반하여 반포등을 한 자는 7년 이하의 징역 또는 5천만원 이하의 벌금에 처한다.(2024.10.16 본항개정)
③ 영리를 목적으로 영상물등의 대상자의 의사에 반하여 정보통신망을 이용하여 제2항의 죄를 범한 자는 3년 이상의 유기징역에 처한다.(2024.10.16 본항개정)
④ 제1항 또는 제2항의 편집물등 또는 복제물을 소지·구입·저장 또는 시청한 자는 3년 이하의 징역 또는 3천만원 이하의 벌금에 처한다.(2024.10.16 본항신설)
⑤ 상습으로 제1항부터 제3항까지의 죄를 범한 때에는 그 죄에 정한 형의 2분의 1까지 가중한다.(2020.5.19 본항신설)

제14조의3【촬영물과 편집물 등을 이용한 협박·강요】 ① 성적 욕망 또는 수치심을 유발할 수 있는 촬영물 또는 복제물(복제물의 복제물을 포함한다), 제14조의2제2항에 따른 편집물등 또는 복제물(복제물의 복제물을 포함한다)을 이용하여 사람을 협박한 자는 1년 이상의 유기징역에 처한다.
(2024.10.16 본항개정)
② 제1항에 따른 협박으로 사람의 권리행사를 방해하거나 의무 없는 일을 하게 한 자는 3년 이상의 유기징역에 처한다.
③ 상습으로 제1항 및 제2항의 죄를 범한 경우에는 그 죄에 정한 형의 2분의 1까지 가중한다.
(2024.10.16 본조제목개정)
(2020.5.19 본조신설)

판례 '촬영물 등을 이용한 협박'은 상대방에게 실제 생성된 촬영물 등의 유포가능성 등을 해악의 내용으로 고지하는 것을 의미한다고 해석함이 타당하고, 위 죄가 성립하기 위해서는 성적 욕망 또는 수치심을 유발할 수 있는 촬영물 등이 실제로 생성된 사실은 있어야 한다. 따라서 성관계 촬영물을 유포하겠다고 협박했더라도 실제로 성관계 촬영물을 소지했던 사실이 증명되지 않는다면 성폭력처벌법을 적용해 가중 처벌할 수 없다.(대판 2024.10.25, 2024도11957)

제15조【미수범】 제3조부터 제9조까지, 제14조, 제14조의2 및 제14조의3의 미수범은 처벌한다.(2020.5.19 본조개정)

제15조의2【예비, 음모】 제3조부터 제7조까지의 죄를 범할 목적으로 예비 또는 음모한 사람은 3년 이하의 징역에 처한다.(2020.5.19 본조신설)

제15조의3【몰수 및 추징】 ① 제14조부터 제14조의3까지의 죄에 해당하는 범죄행위에 의하여 생긴 재산 또는 그 범죄행위의 보수(報酬)로 얻은 재산(이하 이 항에서 "범죄수익"이라 한다)과 범죄수익에서 유래한 재산은 몰수하고, 이를 몰수할 수 없는 경우에는 그 가액(價額)을 추징한다.
② 제1항에 따른 몰수 및 추징에 관하여는 「범죄수익은닉의 규제 및 처벌 등에 관한 법률」 제8조부터 제10조까지, 제10조의3, 제10조의4, 제11조, 제12조를 준용한다.
(2024.12.20 본조신설)

제16조【형벌과 수강명령 등의 병과】 ① 법원이 성폭력범죄를 범한 사람에 대하여 형의 선고를 유예하는 경우에는 1년 동안 보호관찰을 받을 것을 명할 수 있다. 다만, 성폭력범죄를 범한 「소년법」 제2조에 따른 소년에 대하여 형의 선고를 유예하는 경우에는 반드시 보호관찰을 명하여야 한다.
② 법원이 성폭력범죄를 범한 사람에 대하여 유죄판결(선고유예는 제외한다)을 선고하거나 약식명령을 고지하는 경우에는 500시간의 범위에서 재범예방에 필요한 수강명령 또는 성폭력 치료프로그램의 이수명령(이하 "이수명령"이라 한다)을 병과하여야 한다. 다만, 수강명령 또는 이수명령을 부과할 수 없는 특별한 사정이 있는 경우에는 그러하지 아니하다.(2016.12.20 본문개정)
③ 성폭력범죄를 범한 자에 대하여 제2항의 수강명령은 형의 집행을 유예할 경우에 그 집행유예기간 내에서 병과하고, 이수명령은 벌금 이상의 형을 선고하거나 약식명령을 고지할 경우에 병과한다. 다만, 이수명령은 성폭력범죄자가 「전자장치 부착 등에 관한 법률」 제9조의2제1항제4호에 따른 이수명령을 부과받은 경우에는 병과하지 아니한다.(2020.2.4 단서개정)
④ 법원이 성폭력범죄를 범한 사람에 대하여 형의 집행을 유예하는 경우에는 제2항에 따른 수강명령 외에 그 집행유예기간 내에서 보호관찰 또는 사회봉사 중 하나 이상의 처분을 병과할 수 있다.
⑤ 제2항에 따른 수강명령 또는 이수명령은 형의 집행을 유예할 경우에는 그 집행유예기간 내에, 벌금형을 선고하거나 약식명령을 고지할 경우에는 형 확정일부터 6개월 이내에, 징역형 이상의 실형(實刑)을 선고할 경우에는 형기 내에 각각 집행한다. 다만, 수강명령 또는 이수명령은 성폭력범죄를 범한 사람이 「아동·청소년의 성보호에 관한 법률」 제21조에 따른 수강명령 또는 이수명령을 부과받은 경우에는 병과하지 아니한다.(2016.12.20 본문개정)
⑥ 제2항에 따른 수강명령 또는 이수명령이 벌금형 또는 형의 집행유예와 병과된 경우에는 보호관찰소의 장이 집행하고, 징역형 이상의 실형(치료감호와 징역형 이상의 실형이 병과된 경우를 포함한다. 이하 이 항에서 같다)과 병과된 경우에는 교정시설의 장 또는 치료감호시설의 장(이하 "교정시설등의 장"이라 한다)이 집행한다. 다만, 징역형 이상의 실형과 병과된 이수명령을 모두 이행하기 전에 석방 또는 가석방되거나 미결구금일수 산입 등의 사유로 형을 집행할 수 없게 된 경우에는 보호관찰소의 장이 남은 이수명령을 집행한다.(2024.1.16 본문개정)
⑦ 제2항에 따른 수강명령 또는 이수명령은 다음 각 호의 내용으로 한다.
1. 일탈적 이상행동의 진단·상담
2. 성에 대한 건전한 이해를 위한 교육
3. 그 밖에 성폭력범죄를 범한 사람의 재범예방을 위하여 필요한 사항
⑧ 성폭력범죄를 범한 사람으로서 형의 집행 중에 가석방된 사람은 가석방기간 동안 보호관찰을 받는다. 다만, 가석방을 허가한 행정관청이 보호관찰을 할 필요가 없다고 인정한 경우에는 그러하지 아니하다.
⑨ 보호관찰, 사회봉사, 수강명령 및 이수명령에 관하여 이 법에서 규정한 사항 외의 사항에 대하여는 「보호관찰 등에 관한 법률」을 준용한다.

제17조【판결 전 조사】 ① 법원은 성폭력범죄를 범한 피고인에 대하여 제16조에 따른 보호관찰, 사회봉사, 수강명령 또는 이수명령을 부과하기 위하여 필요하다고 인정하면 그

법원의 소재지 또는 피고인의 주거지를 관할하는 보호관찰소의 장에게 피고인의 신체적·심리적 특성 및 상태, 정신성적 발달과정, 성장배경, 가정환경, 직업, 생활환경, 교우관계, 범행동기, 병력(病歷), 피해자와의 관계, 재범위험성 등 피고인에 관한 사항의 조사를 요구할 수 있다.
② 제1항의 요구를 받은 보호관찰소의 장은 지체 없이 이를 조사하여 서면으로 해당 법원에 알려야 한다. 이 경우 필요하다고 인정하면 피고인이나 그 밖의 관계인을 소환하여 심문하거나 소속 보호관찰관에게 필요한 사항을 조사하게 할 수 있다.
③ 법원은 제1항의 요구를 받은 보호관찰소의 장에게 조사진행상황에 관한 보고를 요구할 수 있다.
제18조【고소 제한에 대한 예외】 성폭력범죄에 대하여는 「형사소송법」 제224조(고소의 제한) 및 「군사법원법」 제266조에도 불구하고 자기 또는 배우자의 직계존속을 고소할 수 있다.(2013.4.5 본조개정)
제19조 (2013.4.5 삭제)
제20조【「형법」상 감경규정에 관한 특례】 음주 또는 약물로 인한 심신장애 상태에서 성폭력범죄(제2조제1항제1호의 죄는 제외한다)를 범한 때에는 「형법」 제10조제1항·제2항 및 제11조를 적용하지 아니할 수 있다.
제21조【공소시효에 관한 특례】 ① 미성년자에 대한 성폭력범죄의 공소시효는 「형사소송법」 제252조제1항 및 「군사법원법」 제294조제1항에도 불구하고 해당 성폭력범죄로 피해를 당한 미성년자가 성년에 달한 날부터 진행한다.
(2013.4.5 본항개정)
② 제2조제3호 및 제4호의 죄와 제3조부터 제9조까지의 죄는 디엔에이(DNA)증거 등 그 죄를 증명할 수 있는 과학적인 증거가 있는 때에는 공소시효가 10년 연장된다.
③ 13세 미만의 사람 및 신체적인 또는 정신적인 장애가 있는 사람에 대하여 다음 각 호의 죄를 범한 경우에는 제1항과 제2항에도 불구하고 「형사소송법」 제249조부터 제253조까지 및 「군사법원법」 제291조부터 제295조까지에 규정된 공소시효를 적용하지 아니한다.
1. 「형법」 제297조(강간), 제298조(강제추행), 제299조(준강간, 준강제추행), 제301조(강간등 상해·치상), 제301조의2(강간등 살인·치사) 또는 제305조(미성년자에 대한 간음, 추행)의 죄(2020.5.19 본호개정)
2. 제6조제2항, 제7조제2항 및 제5항, 제8조, 제9조의 죄
(2019.8.20 본호개정)
3. 「아동·청소년의 성보호에 관한 법률」 제9조 또는 제10조의 죄
④ 다음 각 호의 죄를 범한 경우에는 제1항과 제2항에도 불구하고 「형사소송법」 제249조부터 제253조까지 및 「군사법원법」 제291조부터 제295조까지에 규정된 공소시효를 적용하지 아니한다.
1. 형법 제301조의2(강간등 살인·치사)의 죄(강간등 살인에 한정한다)
2. 제9조제1항의 죄
3. 「아동·청소년의 성보호에 관한 법률」 제10조제1항의 죄
4. 「군형법」 제92조의8의 죄(강간 등 살인에 한정한다)
(2013.4.5 본호신설)
제22조【「특정강력범죄의 처벌에 관한 특례법」의 준용】 성폭력범죄에 대한 처벌절차에는 「특정강력범죄의 처벌에 관한 특례법」 제7조(증인에 대한 신변안전조치), 제8조(출판물 게재 등으로부터의 피해자 보호), 제9조(소송 진행의 협의), 제12조(간이공판절차의 결정) 및 제13조(판결선고)를 준용한다.
제22조의2【디지털 성범죄의 수사 특례】 ① 사법경찰관리는 제14조부터 제14조의3까지의 죄(이하 "디지털 성범죄"라 한다)에 대하여 신분을 비공개하고 범죄현장(정보통신망을 포함한다) 또는 범인으로 추정되는 자들에게 접근하여 범죄행위의 증거 및 자료 등을 수집(이하 "신분비공개수사"라 한다)할 수 있다.
② 사법경찰관리는 디지털 성범죄를 계획 또는 실행하고 있거나 실행하였다고 의심할 만한 충분한 이유가 있고, 다른 방법으로는 그 범죄의 실행을 저지하거나 범인의 체포 또는 증거의 수집이 어려운 경우에 한정하여 수사 목적을 달성하기 위하여 부득이한 때에는 다음 각 호의 행위(이하 "신분위장수사"라 한다)를 할 수 있다.
1. 신분을 위장하기 위한 문서, 도화 및 전자기록 등의 작성, 변경 또는 행사
2. 위장 신분을 사용한 계약·거래
3. 다음 각 목에 해당하는 촬영물 또는 복제물 등의 소지, 제공, 판매 또는 광고. 다만, 제공이나 판매는 피해자가 없거나 피해자가 성년이고 그 동의를 받은 경우로 한정한다.
가. 제14조에 따른 촬영물 또는 복제물(복제물의 복제물을 포함한다)
나. 제14조의2에 따른 편집물·합성물·가공물 또는 복제물(복제물의 복제물을 포함한다)
다. 「아동·청소년의 성보호에 관한 법률」 제2조제5호에 따른 아동·청소년성착취물
라. 「정보통신망 이용촉진 및 정보보호 등에 관한 법률」 제44조의7제1항제1호에 따른 정보
③ 제1항에 따른 수사의 방법 등에 필요한 사항은 대통령령으로 정한다.
(2024.12.3 본조신설)
제22조의3【디지털 성범죄 수사 특례의 절차】 ① 사법경찰관리가 신분비공개수사를 진행하고자 할 때에는 사전에 상급 경찰관서 수사부서의 장의 승인을 받아야 한다. 이 경우 그 수사기간은 3개월을 초과할 수 없다.
② 제1항에 따른 승인의 절차 및 방법 등에 필요한 사항은 대통령령으로 정한다.
③ 사법경찰관리는 신분위장수사를 하려는 경우에는 검사에게 신분위장수사에 대한 허가를 신청하고, 검사는 법원에 그 허가를 청구한다.
④ 제3항의 신청은 필요한 신분위장수사의 종류·목적·대상·범위·기간·장소·방법 및 해당 신분위장수사가 제22조의2제2항의 요건을 충족하는 사유 등의 신청사유를 기재한 서면으로 하여야 하며, 신청사유에 대한 소명자료를 첨부하여야 한다.
⑤ 법원은 제3항의 신청이 이유 있다고 인정하는 경우에는 신분위장수사를 허가하고, 이를 증명하는 서류(이하 "허가서"라 한다)를 신청인에게 발부한다.
⑥ 허가서에는 신분위장수사의 종류·목적·대상·범위·기간·장소·방법 등을 특정하여 기재하여야 한다.
⑦ 신분위장수사의 기간은 3개월을 초과할 수 없으며, 그 수사기간 중 수사의 목적이 달성되었을 경우에는 즉시 종료하여야 한다.
⑧ 제7항에도 불구하고 제22조의2제2항의 요건이 존속하여 그 수사기간을 연장할 필요가 있는 경우에는 사법경찰관리는 소명자료를 첨부하여 3개월의 범위에서 수사기간의 연장을 검사에게 신청하고, 검사는 법원에 그 연장을 청구한다. 이 경우 신분위장수사의 총 기간은 1년을 초과할 수 없다.
(2024.12.3 본조신설)
제22조의4【디지털 성범죄에 대한 긴급 신분비공개수사】
① 사법경찰관리는 디지털 성범죄에 대하여 제22조의3제1항 및 제2항에 따른 절차를 거칠 수 없는 긴급을 요하는 때에는 상급 경찰관서 수사부서의 장의 승인 없이 신분비공개수사를 할 수 있다.
② 사법경찰관리는 제1항에 따른 신분비공개수사 개시 후 지체 없이 상급 경찰관서 수사부서의 장에게 보고하여야 하고, 사법경찰관리는 48시간 이내에 상급 경찰관서 수사부서의 장의 승인을 받지 못한 때에는 즉시 신분비공개수사를 중지하여야 한다.

③ 제1항 및 제2항에 따른 신분비공개수사 기간에 대해서는 제22조의3제1항 후단을 준용한다.
(2024.12.3 본조신설)

제22조의5【디지털 성범죄에 대한 긴급 신분위장수사】 ① 사법경찰관리는 제22조의2제2항의 요건을 구비하고, 제22조의3제3항부터 제8항까지에 따른 절차를 거칠 수 없는 긴급을 요하는 때에는 법원의 허가 없이 신분위장수사를 할 수 있다.
② 사법경찰관리는 제1항에 따른 신분위장수사 개시 후 지체 없이 검사에게 허가를 신청하여야 하고, 사법경찰관리는 48시간 이내에 법원의 허가를 받지 못한 때에는 즉시 신분위장수사를 중지하여야 한다.
③ 제1항 및 제2항에 따른 신분위장수사 기간에 대해서는 제22조의3제7항 및 제8항을 준용한다.
(2024.12.3 본조신설)

제22조의6【디지털 성범죄에 대한 신분비공개수사 또는 신분위장수사로 수집한 증거 및 자료 등의 사용제한】 사법경찰관리가 제22조의2부터 제22조의5까지에 따라 수집한 증거 및 자료 등은 다음 각 호의 어느 하나에 해당하는 경우 외에는 사용할 수 없다.
1. 신분비공개수사 또는 신분위장수사의 목적이 된 디지털 성범죄나 이와 관련되는 범죄를 수사·소추하거나 그 범죄를 예방하기 위하여 사용하는 경우
2. 신분비공개수사 또는 신분위장수사의 목적이 된 디지털 성범죄나 이와 관련되는 범죄로 인한 징계절차에 사용하는 경우
3. 증거 및 자료 수집의 대상자가 제기하는 손해배상청구소송에서 사용하는 경우
4. 그 밖에 다른 법률의 규정에 의하여 사용하는 경우
(2024.12.3 본조신설)

제22조의7【국가경찰위원회와 국회의 통제】 ①「국가경찰과 자치경찰의 조직 및 운영에 관한 법률」 제16조제1항에 따른 국가수사본부장(이하 "국가수사본부장"이라 한다)은 신분비공개수사가 종료된 즉시 대통령령으로 정하는 바에 따라 같은 법 제7조제1항에 따른 국가경찰위원회에 수사 관련 자료를 보고하여야 한다.
② 국가수사본부장은 대통령령으로 정하는 바에 따라 국회 소관 상임위원회에 신분비공개수사 관련 자료를 반기별로 보고하여야 한다.
(2024.12.3 본조신설)

제22조의8【비밀준수의 의무】 ① 제22조의2부터 제22조의5까지에 따른 신분비공개수사 또는 신분위장수사에 대한 승인·집행·보고 및 각종 서류작성 등에 관여한 공무원 또는 그 직에 있었던 자는 직무상 알게 된 신분비공개수사 또는 신분위장수사에 관한 사항을 외부에 공개하거나 누설하여서는 아니 된다.
② 제1항의 비밀유지에 필요한 사항은 대통령령으로 정한다.
(2024.12.3 본조신설)

제22조의9【준수사항】 사법경찰관리는 제22조의2부터 제22조의5까지에 따른 신분비공개수사 또는 신분위장수사를 할 때에는 수사 관련 법령을 준수하고, 본래 범의(犯意)를 가지지 아니한 자에게 범의를 유발하는 행위를 하지 아니하는 등 적법한 절차와 방식을 따라야 한다.(2024.12.3 본조신설)

제22조의10【면책】 ① 사법경찰관리가 신분비공개수사 또는 신분위장수사 중 부득이한 사유로 위법행위를 한 경우 그 행위에 고의나 중대한 과실이 없는 경우에는 벌하지 아니한다.
② 제1항에 따른 위법행위가 「국가공무원법」 제78조제1항에 따른 징계 사유에 해당하더라도 그 행위에 고의나 중대한 과실이 없는 경우에는 징계 요구 또는 문책 요구 등 책임을 묻지 아니한다.
③ 신분비공개수사 또는 신분위장수사 행위로 타인에게 손해가 발생한 경우라도 사법경찰관리는 그 행위에 고의나 중대한 과실이 없는 경우에는 그 손해에 대한 책임을 지지 아니한다.
(2024.12.3 본조신설)

제22조의11【수사 지원 및 교육】 상급 경찰관서 수사부서의 장은 신분비공개수사 또는 신분위장수사를 승인하거나 보고받은 경우 사법경찰관리에게 수사에 필요한 인적·물적 지원을 하고, 전문지식과 피해자 보호를 위한 수사방법 및 수사절차 등에 관한 교육을 실시하여야 한다.(2024.12.3 본조신설)

제23조【피해자, 신고인 등에 대한 보호조치】 법원 또는 수사기관이 성폭력범죄의 피해자, 성폭력범죄를 신고(고소·고발을 포함한다)한 사람을 증인으로 신문하거나 조사하는 경우에는 「특정범죄신고자 등 보호법」 제5조 및 제7조부터 제13조까지의 규정을 준용한다. 이 경우 「특정범죄신고자 등 보호법」 제9조와 제13조를 제외하고는 보복을 당할 우려가 있음을 요하지 아니한다.

제23조의2【디지털 성범죄의 피해확대 방지 및 피해자 보호 등을 위한 조치】 ① 사법경찰관리는 디지털 성범죄에 대한 신고를 받고 다음 각 호의 어느 하나에 해당하는 촬영물 또는 복제물 등(이하 이 항에서 "촬영물등"이라 한다)이 정보통신망을 통하여 게시·상영 또는 유통되고 있다는 사실을 확인한 경우에는 지체 없이 「방송통신위원회의 설치 및 운영에 관한 법률」 제18조에 따른 방송통신심의위원회와 「정보통신망 이용촉진 및 정보보호 등에 관한 법률」 제2조제1항제3호의 정보통신서비스 제공자 또는 같은 항 제9호의 게시판의 관리·운영자에게 해당 촬영물등에 대한 삭제 또는 접속차단 등의 조치를 하여줄 것을 요청하여야 한다. 이 경우 사법경찰관리는 촬영물등의 삭제 또는 접속차단 등의 처리절차에 관하여 특별한 사정이 없으면 해당 피해자에게 안내하여야 한다.
1. 제14조에 따른 촬영물 또는 복제물(복제물의 복제물을 포함한다)
2. 제14조의2에 따른 편집물·합성물·가공물 또는 복제물(복제물의 복제물을 포함한다)
② 사법경찰관리는 디지털 성범죄의 피해자가 재차 피해를 입을 위험이 현저하여 신변을 보호할 필요가 있다고 인정되는 경우 해당 피해자를 대통령령으로 정하는 보호시설 또는 상담시설로 인도할 수 있다. 이 경우 그 피해자의 동의를 얻어야 한다.
(2024.12.20 본조신설)

제24조【피해자의 신원과 사생활 비밀 누설 금지】 ① 성폭력범죄의 수사 또는 재판을 담당하거나 이에 관여하는 공무원 또는 그 직에 있었던 사람은 피해자의 주소, 성명, 나이, 직업, 학교, 용모, 그 밖에 피해자를 특정하여 파악할 수 있게 하는 인적사항과 사진 등 또는 그 피해자의 사생활에 관한 비밀을 공개하거나 다른 사람에게 누설하여서는 아니 된다.
② 누구든지 제1항에 따른 피해자의 주소, 성명, 나이, 직업, 학교, 용모, 그 밖에 피해자를 특정하여 파악할 수 있는 인적사항이나 사진 등을 피해자의 동의를 받지 아니하고 신문 등 인쇄물에 싣거나 「방송법」 제2조제1호에 따른 방송 또는 정보통신망을 통하여 공개하여서는 아니 된다.

제25조 (2023.10.24 삭제)

제26조【성폭력범죄의 피해자에 대한 전담조사제】 ① 검찰총장은 각 지방검찰청 검사장으로 하여금 성폭력범죄 전담 검사를 지정하도록 하여 특별한 사정이 없으면 이들로 하여금 피해자를 조사하게 하여야 한다.
② 경찰청장은 각 경찰서장으로 하여금 성폭력범죄 전담 사법경찰관을 지정하도록 하여 특별한 사정이 없으면 이들로 하여금 피해자를 조사하게 하여야 한다.
③ 국가는 제1항의 검사 및 제2항의 사법경찰관에게 성폭력범죄의 수사에 필요한 전문지식과 피해자보호를 위한 수사

방법 및 수사절차, 아동 심리 및 아동·장애인 조사 면담기법 등에 관한 교육을 실시하여야 한다.(2023.7.11 본항개정)
④ 성폭력범죄를 전담하여 조사하는 제1항의 검사 및 제2항의 사법경찰관은 19세 미만인 피해자나 신체적인 또는 정신적인 장애로 사물을 변별하거나 의사를 결정할 능력이 미약한 피해자(이하 "19세미만피해자등"이라 한다)를 조사할 때에는 피해자의 나이, 인지적 발달 단계, 심리 상태, 장애 정도 등을 종합적으로 고려하여야 한다.(2023.7.11 본항신설)

제27조【성폭력범죄 피해자에 대한 변호사 선임의 특례】 ① 성폭력범죄의 피해자 및 그 법정대리인(이하 "피해자등"이라 한다)은 형사절차상 입을 수 있는 피해를 방어하고 법률적 조력을 보장하기 위하여 변호사를 선임할 수 있다.
② 제1항에 따른 변호사는 검사 또는 사법경찰관의 피해자등에 대한 조사에 참여하여 의견을 진술할 수 있다. 다만, 조사 도중에는 검사 또는 사법경찰관의 승인을 받아 의견을 진술할 수 있다.
③ 제1항에 따른 변호사는 피의자에 대한 구속 전 피의자심문, 증거보전절차, 공판준비기일 및 공판절차에 출석하여 의견을 진술할 수 있다. 이 경우 필요한 절차에 관한 구체적 사항은 대법원규칙으로 정한다.
④ 제1항에 따른 변호사는 증거보전 후 관계 서류나 증거물, 소송계속 중의 관계 서류나 증거물을 열람하거나 등사할 수 있다.
⑤ 제1항에 따른 변호사는 형사절차에서 피해자등의 대리가 허용될 수 있는 모든 소송행위에 대한 포괄적인 대리권을 가진다.
⑥ 검사는 피해자에게 변호사가 없는 경우 국선변호사를 선정하여 형사절차에서 피해자의 권익을 보호할 수 있다. 다만, 19세미만피해자등에게 변호사가 없는 경우에는 국선변호사를 선정하여야 한다.(2023.7.11 단서신설)

제28조【성폭력범죄에 대한 전담재판부】 지방법원장 또는 고등법원장은 특별한 사정이 없으면 성폭력범죄 전담재판부를 지정하여 성폭력범죄에 대하여 재판하게 하여야 한다.

제29조【수사 및 재판절차에서의 배려】 ① 수사기관과 법원 및 소송관계인은 성폭력범죄를 당한 피해자의 나이, 심리 상태 또는 후유장애의 유무 등을 신중하게 고려하여 조사 및 심리·재판 과정에서 피해자의 인격이나 명예가 손상되거나 사적인 비밀이 침해되지 아니하도록 주의하여야 한다.
② 수사기관과 법원은 성폭력범죄의 피해자를 조사하거나 심리·재판할 때 피해자가 편안한 상태에서 진술할 수 있는 환경을 조성하여야 하며, 조사 및 심리·재판 횟수는 필요한 범위에서 최소한으로 하여야 한다.
③ 수사기관과 법원은 조사 및 심리·재판 과정에서 19세미만피해자등의 최상의 이익을 고려하여 다음 각 호에 따른 보호조치를 하도록 노력하여야 한다.
1. 19세미만피해자등의 진술을 듣는 절차가 타당한 이유 없이 지연되지 아니하도록 할 것
2. 19세미만피해자등의 진술을 위하여 아동 등에게 친화적으로 설계된 장소에서 피해자 조사 및 증인신문을 할 것
3. 19세미만피해자등이 피의자 또는 피고인과 접촉하거나 마주치지 아니하도록 할 것
4. 19세미만피해자등에게 조사 및 심리·재판 과정에 대하여 명확하고 충분히 설명할 것
5. 그 밖에 조사 및 심리·재판 과정에서 19세미만피해자등의 보호 및 지원 등을 위하여 필요한 조치를 할 것
(2023.7.11 본항신설)

제30조【19세미만피해자등 진술 내용 등의 영상녹화 및 보존 등】 ① 검사 또는 사법경찰관은 19세미만피해자등의 진술 내용과 조사 과정을 영상녹화장치로 녹화(녹음이 포함된 것을 말하며, 이하 "영상녹화"라 한다)하고, 그 영상녹화물을 보존하여야 한다.
② 검사 또는 사법경찰관은 19세미만피해자등을 조사하기 전에 다음 각 호의 사실을 피해자의 나이, 인지적 발달 단계, 심리 상태, 장애 정도 등을 고려한 적절한 방식으로 피해자에게 설명하여야 한다.
1. 조사 과정이 영상녹화된다는 사실
2. 영상녹화된 영상녹화물이 증거로 사용될 수 있다는 사실
③ 제1항에도 불구하고 19세미만피해자등 또는 그 법정대리인(법정대리인이 가해자이거나 가해자의 배우자인 경우는 제외한다)이 이를 원하지 아니하는 의사를 표시하는 경우에는 영상녹화를 하여서는 아니 된다.
④ 검사 또는 사법경찰관은 제1항에 따른 영상녹화를 마쳤을 때에는 지체 없이 피해자 또는 변호사 앞에서 봉인하고 피해자로 하여금 기명날인 또는 서명하게 하여야 한다.
⑤ 검사 또는 사법경찰관은 제1항에 따른 영상녹화 과정의 진행 경과를 조서(별도의 서면을 포함한다. 이하 같다)에 기록한 후 수사기록에 편철하여야 한다.
⑥ 제5항에 따라 영상녹화 과정의 진행 경과를 기록할 때에는 다음 각 호의 사항을 구체적으로 적어야 한다.
1. 피해자가 영상녹화 장소에 도착한 시각
2. 영상녹화를 시작하고 마친 시각
3. 그 밖에 영상녹화 과정의 진행경과를 확인하기 위하여 필요한 사항
⑦ 검사 또는 사법경찰관은 19세미만피해자등이나 그 법정대리인이 신청하는 경우에는 영상녹화 과정에서 작성한 조서의 사본 또는 영상녹화물에 녹음된 내용을 옮겨 적은 녹취서의 사본을 신청인에게 발급하거나 영상녹화물을 재생하여 시청하게 하여야 한다.
⑧ 누구든지 제1항에 따라 영상녹화한 영상녹화물을 수사 및 재판의 용도 외에 다른 목적으로 사용하여서는 아니 된다.
⑨ 제1항에 따른 영상녹화의 방법에 관하여는 「형사소송법」 제244조의2제1항 후단을 준용한다.
(2023.7.11 본조개정)

제30조의2【영상녹화물의 증거능력 특례】 ① 제30조제1항에 따라 19세미만피해자등의 진술이 영상녹화된 영상녹화물은 같은 조 제4항부터 제6항까지에서 정한 절차와 방식에 따라 영상녹화된 것으로서 다음 각 호의 어느 하나의 경우에 증거로 할 수 있다.
1. 증거보전기일, 공판준비기일 또는 공판기일에 그 내용에 대하여 피의자, 피고인 또는 변호인이 피해자를 신문할 수 있었던 경우. 다만, 증거보전기일에서의 신문의 경우 법원이 피의자나 피고인의 방어권이 보장된 상태에서 피해자에 대한 반대신문이 충분히 이루어졌다고 인정하는 경우로 한정한다.
2. 19세미만피해자등이 다음 각 목의 어느 하나에 해당하는 사유로 공판준비기일 또는 공판기일에 출석하여 진술할 수 없는 경우. 다만, 영상녹화된 진술 및 영상녹화가 특별히 신빙(信憑)할 수 있는 상태에서 이루어졌음이 증명된 경우로 한정한다.
가. 사망
나. 외국 거주
다. 신체적, 정신적 질병·장애
라. 소재불명
마. 그 밖에 이에 준하는 경우
② 법원은 제1항제2호에 따라 증거능력이 있는 영상녹화물을 유죄의 증거로 할지를 결정할 때에는 피고인과의 관계, 범행의 내용, 피해자의 나이, 심신의 상태, 피해자가 증언으로 인하여 겪을 수 있는 심리적 외상, 영상녹화물에 수록된 19세미만피해자등의 진술 내용 및 진술 태도 등을 고려하여야 한다. 이 경우 법원은 전문심리위원 또는 제33조에 따른 전문가의 의견을 들어야 한다.
(2023.7.11 본조신설)

제31조【심리의 비공개】 ① 성폭력범죄에 대한 심리는 그 피해자의 사생활을 보호하기 위하여 결정으로써 공개하지 아니할 수 있다.

② 증인으로 소환받은 성폭력범죄의 피해자와 그 가족은 사생활보호 등의 사유로 증인신문의 비공개를 신청할 수 있다.
③ 재판장은 제2항에 따른 신청을 받으면 그 허가 및 공개 여부, 법정 외의 장소에서의 신문 등 증인의 신문 방식 및 장소에 관하여 결정할 수 있다.
④ 제1항 및 제3항의 경우에는 「법원조직법」 제57조(재판의 공개)제2항 · 제3항 및 「군사법원법」 제67조제2항 · 제3항을 준용한다.(2013.4.5 본항개정)
제32조 【증인지원시설의 설치 · 운영 등】 ① 각급 법원은 증인으로 법원에 출석하는 피해자등이 재판 전후에 피고인이나 그 가족과 마주치지 아니하도록 하고, 보호와 지원을 받을 수 있는 적절한 시설을 설치한다.
② 각급 법원은 제1항의 시설을 관리 · 운영하고 피해자등의 보호와 지원을 담당하는 직원(이하 "증인지원관"이라 한다)을 둔다.
③ 법원은 증인지원관에 대하여 인권 감수성 향상에 필요한 교육을 정기적으로 실시한다.
④ 증인지원관의 업무 · 자격 및 교육 등에 필요한 사항은 대법원규칙으로 정한다.
제33조 【전문가의 의견 조회】 ① 법원은 정신건강의학과 의사, 심리학자, 사회복지학자, 그 밖의 관련 전문가로부터 행위자 또는 피해자의 정신 · 심리 상태에 대한 진단 소견 및 피해자의 진술 내용에 관한 의견을 조회할 수 있다.
② 법원은 성폭력범죄를 조사 · 심리할 때에는 제1항에 따른 의견 조회의 결과를 고려하여야 한다.
③ 법원은 법원행정처장이 정하는 관련 전문가 후보자 중에서 제1항에 따른 전문가를 지정하여야 한다.
④ 제1항부터 제3항까지의 규정은 수사기관이 성폭력범죄를 수사하는 경우에 준용한다. 다만, 피해자가 13세 미만이거나 신체적인 또는 정신적인 장애로 사물을 변별하거나 의사를 결정할 능력이 미약한 경우에는 관련 전문가에게 피해자의 정신 · 심리 상태에 대한 진단 소견 및 진술 내용에 관한 의견을 조회하여야 한다.
⑤ 제4항에 따라 준용할 경우 "법원행정처장"은 "검찰총장 또는 경찰청장"으로 본다.
제34조 【신뢰관계에 있는 사람의 동석】 ① 법원은 다음 각 호의 어느 하나에 해당하는 피해자를 증인으로 신문하는 경우에 검사, 피해자 또는 그 법정대리인이 신청할 때에는 재판에 지장을 줄 우려가 있는 등 부득이한 경우가 아니면 피해자와 신뢰관계에 있는 사람을 동석하게 하여야 한다.
(2023.7.11 본문개정)
1. 제3조부터 제8조까지, 제10조, 제14조, 제14조의2, 제14조의3, 제15조(제9조의 미수범은 제외한다) 및 제15조의2에 따른 범죄의 피해자(2023.7.11 본호신설)
2. 19세미만피해자등(2023.7.11 본호신설)
② 제1항은 수사기관이 같은 항 각 호의 피해자를 조사하는 경우에 관하여 준용한다.(2023.7.11 본항개정)
③ 제1항 및 제2항의 경우 법원과 수사기관은 피해자와 신뢰관계에 있는 사람이 피해자에게 불리하거나 피해자가 원하지 아니하는 경우에는 동석하게 하여서는 아니 된다.
제35조 【진술조력인 양성 등】 ① 법무부장관은 의사소통 및 의사표현에 어려움이 있는 성폭력범죄의 피해자에 대한 형사사법절차에서의 조력을 위하여 진술조력인을 양성하여야 한다.
② 진술조력인은 정신건강의학, 심리학, 사회복지학, 교육학 등 아동 · 장애인의 심리나 의사소통 관련 전문지식이 있거나 관련 분야에서 상당 기간 종사한 사람으로 법무부장관이 정하는 교육을 이수하여야 한다. 진술조력인의 자격, 양성 및 배치 등에 관하여 필요한 사항은 법무부령으로 정한다.
(2020.10.20 후단개정)
③ 법무부장관은 제1항에 따라 양성한 진술조력인 명부를 작성하여야 한다.
제35조의2 【진술조력인의 결격사유】 다음 각 호의 어느 하나에 해당하는 사람은 진술조력인이 될 수 없다.
1. 피성년후견인
2. 금고 이상의 실형을 선고받고 그 집행이 종료(집행이 종료된 것으로 보는 경우를 포함한다)되거나 집행이 면제된 날부터 5년이 지나지 아니한 사람
3. 금고 이상의 형의 집행을 유예받고 그 유예기간이 완료된 날부터 2년이 지나지 아니한 사람
4. 금고 이상의 형의 선고를 유예받고 그 유예기간 중에 있는 사람
5. 제2호부터 제4호까지의 규정에도 불구하고 다음 각 목의 어느 하나에 해당하는 범죄를 저지른 사람으로서 형 또는 치료감호를 선고받고 확정된 후 그 형 또는 치료감호의 전부 또는 일부의 집행이 끝나거나(집행이 끝난 것으로 보는 경우를 포함한다) 집행이 유예 · 면제된 날부터 10년이 지나지 아니한 사람
가. 제2조에 따른 성폭력범죄
나. 「아동 · 청소년의 성보호에 관한 법률」 제2조제2호에 따른 아동 · 청소년대상 성범죄
다. 「아동학대범죄의 처벌 등에 관한 특례법」 제2조제4호에 따른 아동학대범죄
라. 「장애인복지법」 제86조, 제86조의2 및 제87조의 죄
6. 제35조의3(이 조 제1호에 해당하게 되어 제35조의3제1항제2호에 따라 진술조력인의 자격이 취소된 경우는 제외한다)에 따라 진술조력인 자격이 취소된 후 3년이 지나지 아니한 사람
(2020.10.20 본조신설)
제35조의3 【진술조력인의 자격취소】 ① 법무부장관은 진술조력인 자격을 가진 사람이 다음 각 호의 어느 하나에 해당하는 경우에는 그 자격을 취소할 수 있다. 다만, 제1호 또는 제2호에 해당하는 경우에는 그 자격을 취소하여야 한다.
1. 거짓이나 그 밖의 부정한 방법으로 자격을 취득한 사실이 드러난 경우
2. 제35조의2 각 호의 결격사유 중 어느 하나에 해당하게 된 경우
3. 제38조에 따른 진술조력인의 의무를 위반한 경우
4. 고의나 중대한 과실로 업무 수행에 중대한 지장이 발생하게 된 경우
5. 진술조력인의 업무 수행과 관련하여 부당한 금품을 수령하는 등 부정한 행위를 한 경우
6. 정당한 사유 없이 법무부령으로 정하는 교육을 이수하지 않은 경우
7. 그 밖에 진술조력인의 업무를 수행할 수 없는 중대한 사유가 발생한 경우
② 법무부장관은 제1항에 따라 진술조력인 자격을 취소하려는 경우에는 해당 진술조력인에게 자격 취소 예정인 사실과 그 사유를 통보하여야 한다. 이 경우 통보를 받은 진술조력인은 법무부에 출석하여 소명(疏明)하거나 소명에 관한 의견서를 제출할 수 있다.
③ 법무부장관은 제2항 후단에 따라 진술조력인이 소명하거나 소명에 관한 의견서를 제출한 경우 진술조력인 자격 취소 여부를 결정하기 위하여 외부 전문가의 의견을 들을 수 있다.
④ 법무부장관은 제1항에 따라 진술조력인 자격을 취소한 경우에는 즉시 그 사람에게 진술조력인 자격 취소의 사실 및 그 사유를 서면으로 알려주어야 한다.
⑤ 제1항에 따라 진술조력인 자격이 취소된 사람의 자격증 반납에 관해서는 법무부령으로 정한다.
(2020.10.20 본조신설)
제36조 【진술조력인의 수사과정 참여】 ① 검사 또는 사법경찰관은 성폭력범죄의 피해자가 19세미만피해자등인 경우 형사사법절차에서의 조력과 원활한 조사를 위하여 직권이나 피해자, 그 법정대리인 또는 변호사의 신청에 따라 진술조력인으로 하여금 조사과정에 참여하여 의사소통을 중개

하거나 보조하게 할 수 있다. 다만, 피해자 또는 그 법정대리인이 이를 원하지 아니하는 의사를 표시한 경우에는 그러하지 아니하다.(2023.7.11 본문개정)
② 검사 또는 사법경찰관은 제1항의 피해자를 조사하기 전에 피해자, 법정대리인 또는 변호사에게 진술조력인에 의한 의사소통 중개나 보조를 신청할 수 있음을 고지하여야 한다.
③ 진술조력인은 조사 전에 피해자를 면담하여 진술조력인 조력 필요성에 관하여 평가한 의견을 수사기관에 제출할 수 있다.
④ 제1항에 따라 조사과정에 참여한 진술조력인은 피해자의 의사소통이나 표현 능력, 특성 등에 관한 의견을 수사기관이나 법원에 제출할 수 있다.
⑤ 제1항부터 제4항까지의 규정은 검증에 관하여 준용한다.
⑥ 그 밖에 진술조력인의 수사절차 참여에 관한 절차와 방법 등 필요한 사항은 법무부령으로 정한다.

제37조【진술조력인의 재판과정 참여】 ① 법원은 성폭력범죄의 피해자가 19세미만피해자등인 경우 재판과정에서의 조력과 원활한 증인 신문을 위하여 직권 또는 검사, 피해자, 그 법정대리인 및 변호사의 신청에 의한 결정으로 진술조력인으로 하여금 증인 신문에 참여하여 중개하거나 보조하게 할 수 있다.(2023.7.11 본항개정)
② 법원은 증인이 제1항에 해당하는 경우에는 신문 전에 피해자, 법정대리인 및 변호사에게 진술조력인에 의한 의사소통 중개나 보조를 신청할 수 있음을 고지하여야 한다.
③ 진술조력인의 소송절차 참여에 관한 구체적 절차와 방법은 대법원규칙으로 정한다.

제38조【진술조력인의 의무】 ① 진술조력인은 수사 및 재판 과정에 참여함에 있어 중립적인 지위에서 상호간의 진술이 왜곡 없이 전달될 수 있도록 노력하여야 한다.
② 진술조력인은 그 직무상 알게 된 피해자의 주소, 성명, 나이, 직업, 학교, 용모, 그 밖에 피해자를 특정하여 파악할 수 있게 하는 인적사항과 사진 및 사생활에 관한 비밀을 공개하거나 다른 사람에게 누설하여서는 아니 된다.

제39조【벌칙적용에 있어서 공무원의 의제】 진술조력인은 「형법」 제129조부터 제132조까지에 따른 벌칙의 적용에 있어서 이를 공무원으로 본다.

제40조【비디오 등 중계장치에 의한 증인신문】 ① 법원은 제2조제1항제3호부터 제5호까지의 범죄의 피해자를 증인으로 신문하는 경우 검사와 피고인 또는 변호인의 의견을 들어 비디오 등 중계장치에 의한 중계를 통하여 신문할 수 있다.
② 제1항에 따른 증인신문의 절차·방법 등에 관하여 필요한 사항은 대법원규칙으로 정한다.

제40조의2【19세미만피해자등에 대한 증인신문을 위한 공판준비절차】 ① 법원은 19세미만피해자등을 증인으로 신문하려는 경우에는 19세미만피해자등의 보호와 원활한 심리를 위하여 필요한 경우 검사, 피고인 또는 변호인의 의견을 들어 사건을 공판준비절차에 부칠 수 있다.
② 법원은 제1항에 따라 공판준비절차에 부치는 경우 증인신문을 위한 심리계획을 수립하기 위하여 공판준비기일을 지정하여야 한다.
③ 법원은 제2항에 따라 지정한 공판준비기일에 증인신문을 중개하거나 보조할 진술조력인을 출석하게 할 수 있다.
④ 19세미만피해자등의 변호사는 제2항에 따라 지정된 공판준비기일에 출석할 수 있다.
⑤ 법원은 제1항에 따른 공판준비절차에서 검사, 피고인 또는 변호인에게 신문할 사항을 기재한 서면을 법원에 미리 제출하게 할 수 있다. 다만, 제출한 신문사항은 증인신문을 하기 전까지는 열람·복사 등을 통하여 상대방에게 공개하지 아니한다.
⑥ 법원은 제2항에 따라 지정된 공판준비기일에서 검사, 피고인, 변호인, 19세미만피해자등의 변호사 및 진술조력인에게 신문사항과 신문방법 등에 관한 의견을 구할 수 있다.
(2023.7.11 본조신설)

제40조의3【19세미만피해자등의 증인신문 장소 등에 대한 특례】 ① 법원은 19세미만피해자등을 증인으로 신문하는 경우 사전에 피해자에게 「형사소송법」 제165조의2제1항에 따라 비디오 등 중계장치에 의한 중계시설을 통하여 신문할 수 있음을 고지하여야 한다.
② 19세미만피해자등은 제1항의 중계시설을 통하여 증인신문을 진행할지 여부 및 증인으로 출석할 장소에 관하여 법원에 의견을 진술할 수 있다.
③ 제1항에 따른 중계시설을 통하여 19세미만피해자등을 증인으로 신문하는 경우 그 중계시설은 특별한 사정이 없으면 제30조제1항에 따른 영상녹화가 이루어진 장소로 한다. 다만, 피해자가 다른 장소를 원하는 의사를 표시하거나, 제30조제1항에 따른 영상녹화가 이루어진 장소가 경찰서 등 수사기관의 시설인 경우에는 법원이 중계시설을 지정할 수 있다.
(2023.7.11 본조신설)

제41조【증거보전의 특례】 ① 피해자나 그 법정대리인 또는 사법경찰관은 피해자가 공판기일에 출석하여 증언하는 것에 현저히 곤란한 사정이 있을 때에는 그 사유를 소명하여 제30조에 따라 영상녹화된 영상녹화물 또는 그 밖의 다른 증거에 대하여 해당 성폭력범죄를 수사하는 검사에게 「형사소송법」 제184조(증거보전의 청구와 그 절차)제1항에 따른 증거보전의 청구를 할 것을 요청할 수 있다. 이 경우 피해자가 19세미만피해자등인 경우에는 공판기일에 출석하여 증언하는 것에 현저히 곤란한 사정이 있는 것으로 본다.
② 제1항의 요청을 받은 검사는 그 요청이 타당하다고 인정할 때에는 증거보전의 청구를 할 수 있다. 다만, 19세미만피해자등이나 그 법정대리인이 제1항의 요청을 하는 경우에는 특별한 사정이 없는 한 「형사소송법」 제184조제1항에 따라 관할 지방법원판사에게 증거보전을 청구하여야 한다.
(2023.7.11 본조개정)

제3장 신상정보 등록 등

제42조【신상정보 등록대상자】 ① 제2조제1항제3호·제4호, 같은 조 제2항(제1항제3호·제4호에 한정한다), 제3조부터 제15조까지의 범죄 및 「아동·청소년의 성보호에 관한 법률」 제2조제2호가목·라목의 범죄(이하 "등록대상 성범죄"라 한다)로 유죄판결이나 약식명령이 확정된 자 또는 같은 법 제49조제1항제4호에 따라 공개명령이 확정된 자는 신상정보 등록대상자(이하 "등록대상자"라 한다)가 된다. 다만, 제12조·제13조의 범죄 및 「아동·청소년의 성보호에 관한 법률」 제11조제3항 및 제5항의 범죄로 벌금형을 선고받은 자는 제외한다.
② 법원은 등록대상 성범죄로 유죄판결을 선고하거나 약식명령을 고지하는 경우에는 등록대상자라는 사실과 제43조에 따른 신상정보 제출 의무가 있음을 등록대상자에게 알려 주어야 한다.
③ 제2항에 따른 통지는 판결을 선고하는 때에는 구두 또는 서면으로 하고, 약식명령을 고지하는 때에는 통지사항이 기재된 서면을 송달하는 방법으로 한다.(2016.12.20 본항신설)
④ 법원은 제1항의 판결이나 약식명령이 확정된 날부터 14일 이내에 판결문(제45조제4항에 따라 법원이 등록기간을 달리 정한 경우에는 그 사실을 포함한다) 또는 약식명령 등본을 법무부장관에게 송달하여야 한다.
(2016.12.20 본조개정)

판례 성범죄자의 일괄적 신상정보 등록이 대상자의 개인정보자기결정권 및 일반적 행동의 자유를 침해하는지 여부 : 신상정보 등록대상자 조항은 성범죄자의 재범을 억제하고 수사의 효율성을 제고하기 위한 것이다. 범죄자의 정보를 국가가 관리하는 것은 재범을 방지하는 유효하고 현실적인 방법이 될 수 있고, 신상정보 등록대상자가 된다고 해서 사회복귀가 저해되거나 전과자라는 사회적 낙인이 찍히는 것은 아니므로 침해되는 사익은 크지 않은 반면, 이를 통해 달성되는 공익은 매우 중요하다. 또한 이와 같은 등록대상자조항은 반드시 재범의 위험성을 등록요건으로 해야 하는 것은 아니며, 더욱이 현재 사용되는 재범의 위험성 평가도구로는 성범죄자의 재범 가능성 여부를 완벽하게 예측할 수 없어 성범죄자를 일률적으로 등록대상자로 정하는 것이 불가피하다.(헌재결 2020.10.29, 2018헌마1067)

제43조 【신상정보의 제출 의무】 ① 등록대상자는 제42조제1항의 판결이 확정된 날부터 30일 이내에 다음 각 호의 신상정보(이하 "기본신상정보"라 한다)를 자신의 주소지를 관할하는 경찰관서의 장(이하 "관할경찰관서의 장"이라 한다)에게 제출하여야 한다. 다만, 등록대상자가 교정시설 또는 치료감호시설에 수용된 경우에는 그 교정시설등의 장에게 기본신상정보를 제출함으로써 이를 갈음할 수 있다.
(2024.1.16 단서개정)

1. 성명
2. 주민등록번호
3. 주소 및 실제거주지
4. 직업 및 직장 등의 소재지
5. 연락처(전화번호, 전자우편주소를 말한다)(2014.12.30 본호신설)
6. 신체정보(키와 몸무게)
7. 소유차량의 등록번호

② 관할경찰관서의 장 또는 교정시설등의 장은 제1항에 따라 등록대상자가 기본신상정보를 제출할 때에 등록대상자의 정면·좌측·우측 상반신 및 전신 컬러사진을 촬영하여 전자기록으로 저장·보관하여야 한다.(2016.12.20 본항개정)
③ 등록대상자는 제1항에 따라 제출한 기본신상정보가 변경된 경우에는 그 사유와 변경내용(이하 "변경정보"라 한다)을 변경사유가 발생한 날부터 20일 이내에 제1항에 따라 제출하여야 한다.(2016.12.20 본항개정)
④ 등록대상자는 제1항에 따라 기본신상정보를 제출한 경우에는 그 다음 해부터 매년 12월 31일까지 주소지를 관할하는 경찰관서에 출석하여 경찰관서의 장으로 하여금 자신의 정면·좌측·우측 상반신 및 전신 컬러사진을 촬영하여 전자기록으로 저장·보관하도록 하여야 한다. 다만, 교정시설등의 장은 등록대상자가 교정시설 등에 수용된 경우에는 석방 또는 치료감호 종료 전에 등록대상자의 정면·좌측·우측 상반신 및 전신 컬러사진을 새로 촬영하여 전자기록으로 저장·보관하여야 한다.(2016.12.20 본문개정)
⑤ 관할경찰관서의 장 또는 교정시설등의 장은 등록대상자로부터 제출받은 기본신상정보 및 변경정보와 제2항 및 제4항에 따라 저장·보관하는 전자기록을 지체 없이 법무부장관에게 송달하여야 한다.(2016.12.20 본항개정)
⑥ 제5항에 따라 등록대상자에 대한 기본신상정보를 송달할 때에 관할경찰관서의 장은 등록대상자에 대한 「형의 실효 등에 관한 법률」 제2조제5호에 따른 범죄경력자료를 함께 송달하여야 한다.(2016.12.20 본항개정)
⑦ 기본신상정보 및 변경정보의 송달, 등록에 관한 절차와 방법 등 필요한 사항은 대통령령으로 정한다.(2016.12.20 본항개정)

제43조의2 【출입국 시 신고의무 등】 ① 등록대상자가 6개월 이상 국외에 체류하기 위하여 출국하는 경우에는 미리 관할경찰관서의 장에게 체류국가 및 체류기간 등을 신고하여야 한다.
② 제1항에 따라 신고한 등록대상자가 입국하였을 때에는 특별한 사정이 없으면 14일 이내에 관할경찰관서의 장에게 입국 사실을 신고하여야 한다. 제1항에 따른 신고를 하지 아니하고 출국하여 6개월 이상 국외에 체류한 등록대상자가 입국하였을 때에도 같다.
③ 관할경찰관서의 장은 제1항 및 제2항에 따른 신고를 받았을 때에는 지체 없이 법무부장관에게 해당 정보를 송달하여야 한다.
④ 제1항 및 제2항에 따른 신고와 제3항에 따른 송달의 절차 및 방법 등에 관하여 필요한 사항은 대통령령으로 정한다.
(2016.12.20 본조신설)

제44조 【등록대상자의 신상정보 등록 등】 ① 법무부장관은 제43조제5항, 제6항 및 제43조의2제3항에 따라 송달받은 정보와 다음 각 호의 등록대상자 정보를 등록하여야 한다.
(2016.12.20 본문개정)

1. 등록대상 성범죄 경력정보
2. 성범죄 전과사실(죄명, 횟수)
3. 「전자장치 부착 등에 관한 법률」에 따른 전자장치 부착 여부(2020.2.4 본호개정)

② 법무부장관은 등록대상자가 제1항에 따라 등록한 정보를 정보통신망을 이용하여 열람할 수 있도록 하여야 한다. 다만, 등록대상자가 신청하는 경우에는 등록한 정보를 등록대상자에게 통지하여야 한다.(2016.12.20 본항개정)
③ 법무부장관은 제1항에 따른 등록에 필요한 정보의 조회(「형의 실효 등에 관한 법률」 제2조제8호에 따른 범죄경력조회를 포함한다)를 관계 행정기관의 장에게 요청할 수 있다.
④ 법무부장관은 등록대상자가 기본신상정보 또는 변경정보를 정당한 사유 없이 제출하지 아니한 경우에는 신상정보의 등록에 필요한 사항을 관계 행정기관의 장에게 조회를 요청하여 등록할 수 있다. 이 경우 법무부장관은 등록일자를 밝혀 등록대상자에게 신상정보를 등록한 사실 및 등록한 신상정보의 내용을 통지하여야 한다.(2016.12.20 본항개정)
⑤ 제3항 및 제4항의 요청을 받은 관계 행정기관의 장은 지체 없이 조회 결과를 법무부장관에게 송부하여야 한다.
⑥ 제4항 전단에 따라 법무부장관이 기본신상정보를 등록한 경우에 등록대상자의 변경정보 제출과 사진 촬영에 대해서는 제43조제3항 및 제4항을 준용한다.(2016.12.20 본항신설)
⑦ 제1항 또는 제4항 전단에 따라 등록한 정보(이하 "등록정보"라 한다)의 열람, 통지 신청 및 통지의 방법과 절차 등에 필요한 사항은 대통령령으로 정한다.(2016.12.20 본항신설)

제45조 【등록정보의 관리】 ① 법무부장관은 제44조제1항 또는 제4항에 따라 기본신상정보를 최초로 등록한 날(이하 "최초등록일"이라 한다)부터 다음 각 호의 구분에 따른 기간(이하 "등록기간"이라 한다) 동안 등록정보를 보존·관리하여야 한다. 다만, 법원이 제4항에 따라 등록기간을 정한 경우에는 그 기간 동안 등록정보를 보존·관리하여야 한다.

1. 신상정보 등록의 원인이 된 성범죄로 사형, 무기징역·무기금고형 또는 10년 초과의 징역·금고형을 선고받은 사람 : 30년
2. 신상정보 등록의 원인이 된 성범죄로 3년 초과 10년 이하의 징역·금고형을 선고받은 사람 : 20년
3. 신상정보 등록의 원인이 된 성범죄로 3년 이하의 징역·금고형을 선고받은 사람 또는 「아동·청소년의 성보호에 관한 법률」 제49조제1항제4호에 따라 공개명령이 확정된 사람 : 15년
4. 신상정보 등록의 원인이 된 성범죄로 벌금형을 선고받은 사람 : 10년

② 신상정보 등록의 원인이 된 성범죄와 다른 범죄가 「형법」 제37조(판결이 확정되지 아니한 수개의 죄를 경합범으로 하는 경우로 한정한다)에 따라 경합되어 「형법」 제38조에 따라 형이 선고된 경우에는 그 선고형 전부를 신상정보 등록의 원인이 된 성범죄로 인한 선고형으로 본다.
③ 제1항에 따른 등록기간을 산정하기 위한 선고형은 다음 각 호에 따라 계산한다. 제2항이 적용되는 경우도 이와 같다.

1. 하나의 판결에서 신상정보 등록의 원인이 된 성범죄로 여러 종류의 형이 선고된 경우에는 가장 무거운 종류의 형을 기준으로 한다.
2. 하나의 판결에서 신상정보 등록의 원인이 된 성범죄로 여러 개의 징역형 또는 금고형이 선고된 경우에는 각각의 기간을 합산한다. 이 경우 징역형과 금고형은 같은 종류의 형으로 본다.
3. 「소년법」 제60조에 따라 부정기형이 선고된 경우에는 단기를 기준으로 한다.

④ 법원은 제2항이 적용(제3항이 동시에 적용되는 경우를 포함한다)되어 제1항 각 호에 따라 등록기간이 결정되는 것이 부당하다고 인정하는 경우에는 판결로 제1항 각 호의 기간 중 더 단기의 기간을 등록기간으로 정할 수 있다.
⑤ 다음 각 호의 기간은 제1항에 따른 등록기간에 넣어 계산하지 아니한다.
1. 등록대상자가 신상정보 등록의 원인이 된 성범죄로 교정시설 또는 치료감호시설에 수용된 기간
2. 제1호에 따른 기간 이전의 기간으로서 제1호에 따른 기간과 이어져 등록대상자가 다른 범죄로 교정시설 또는 치료감호시설에 수용된 기간
3. 제1호에 따른 기간 이후의 기간으로서 제1호에 따른 기간과 이어져 등록대상자가 다른 범죄로 교정시설 또는 치료감호시설에 수용된 기간
⑥ 법무부장관은 제44조제1항에 따른 등록 당시 등록대상자가 교정시설 또는 치료감호시설에 수용 중인 경우에는 등록대상자가 석방된 후 지체 없이 등록정보를 등록대상자의 관할경찰관서의 장에게 송부하여야 한다.
⑦ 관할경찰관서의 장은 등록기간 중 다음 각 호의 구분에 따른 기간마다 등록대상자와의 직접 대면 등의 방법으로 등록정보의 진위와 변경 여부를 확인하여 그 결과를 법무부장관에게 송부하여야 한다.
1. 제1항에 따른 등록기간이 30년인 등록대상자 : 3개월
2. 제1항에 따른 등록기간이 20년 또는 15년인 등록대상자 : 6개월
3. 제1항에 따른 등록기간이 10년인 등록대상자 : 1년
⑧ 제7항제2호 및 제3호에도 불구하고 관할경찰관서의 장은 다음 각 호의 구분에 따른 기간 동안에는 3개월마다 제7항의 결과를 법무부장관에게 송부하여야 한다.
1. 「아동 · 청소년의 성보호에 관한 법률」 제49조에 따른 공개대상자인 경우 : 공개기간
2. 「아동 · 청소년의 성보호에 관한 법률」 제50조에 따른 고지대상자인 경우 : 고지기간
(2016.12.20 본조개정)

제45조의2 【신상정보 등록의 면제】 ① 신상정보 등록의 원인이 된 성범죄로 형의 선고를 유예받은 사람이 선고유예를 받은 날부터 2년이 경과하여 「형법」 제60조에 따라 면소된 것으로 간주되면 신상정보 등록을 면제한다.
② 등록대상자는 다음 각 호의 구분에 따른 기간(교정시설 또는 치료감호시설에 수용된 기간은 제외한다)이 경과한 경우에는 법무부령으로 정하는 신청서를 법무부장관에게 제출하여 신상정보 등록의 면제를 신청할 수 있다.(2020.2.4 본문개정)
1. 제45조제1항에 따른 등록기간이 30년인 등록대상자 : 최초등록일부터 20년
2. 제45조제1항에 따른 등록기간이 20년인 등록대상자 : 최초등록일부터 15년
3. 제45조제1항에 따른 등록기간이 15년인 등록대상자 : 최초등록일부터 10년
4. 제45조제1항에 따른 등록기간이 10년인 등록대상자 : 최초등록일부터 7년
③ 법무부장관은 제2항에 따라 등록의 면제를 신청한 등록대상자가 다음 각 호의 요건을 모두 갖춘 경우에는 신상정보 등록을 면제한다.
1. 등록기간 중 등록대상 성범죄를 저질러 유죄판결이 확정된 사실이 없을 것
2. 신상정보 등록의 원인이 된 성범죄로 선고받은 징역형 또는 금고형의 집행을 종료하거나 벌금을 완납하였을 것
3. 신상정보 등록의 원인이 된 성범죄로 부과받은 다음 각 목의 명령의 집행을 모두 종료하였을 것
가. 「아동 · 청소년의 성보호에 관한 법률」에 따른 공개명령 · 고지명령
나. 「전자장치 부착 등에 관한 법률」에 따른 전자장치 부착명령(2020.2.4 본목개정)
다. 「성폭력범죄자의 성충동 약물치료에 관한 법률」에 따른 약물치료명령
4. 신상정보 등록의 원인이 된 성범죄로 부과받은 다음 각 목의 규정에 따른 보호관찰명령, 사회봉사명령, 수강명령 또는 이수명령의 집행을 완료하였을 것
가. 제16조제1항 · 제2항 · 제4항 및 제8항
나. 「형법」 제62조의2제1항
다. 「아동 · 청소년의 성보호에 관한 법률」 제21조제1항 · 제2항 · 제4항 및 같은 법 제61조제3항
라. 「전자장치 부착 등에 관한 법률」 제21조의3(2020.2.4 본목개정)
5. 등록기간 중 다음 각 목의 범죄를 저질러 유죄판결을 선고받아 그 판결이 확정된 사실이 없을 것
가. 제50조제3항 및 제5항의 범죄
나. 「아동 · 청소년의 성보호에 관한 법률」 제65조제3항 · 제5항 및 같은 법 제66조의 범죄
다. 「전자장치 부착 등에 관한 법률」 제38조 및 제39조(성폭력범죄로 위치추적 전자장치의 부착명령이 집행 중인 사람으로 한정한다)의 범죄(2020.2.4 본목개정)
라. 「성폭력범죄자의 성충동 약물치료에 관한 법률」 제35조의 범죄
④ 법무부장관은 제3항 각 호에 따른 요건의 충족 여부를 확인하기 위하여 관계 행정기관의 장에게 협조(「형의 실효 등에 관한 법률」 제2조제8호에 따른 범죄경력조회를 포함한다)를 요청하거나 등록대상자에게 필요한 자료의 제출을 요청할 수 있다. 이 경우 협조를 요청받은 관계 행정기관의 장은 지체 없이 이에 따라야 한다.(2020.2.4 본항개정)
(2016.12.20 본조신설)

제45조의3 【신상정보 등록의 종료】 ① 신상정보의 등록은 다음 각 호의 어느 하나에 해당하는 때에 종료된다.
1. 제45조제1항의 등록기간이 지난 때
2. 제45조의2에 따라 등록이 면제된 때
② 법무부장관은 제1항에 따라 등록이 종료된 신상정보를 즉시 폐기하여야 한다.
③ 법무부장관은 제2항에 따라 등록정보를 폐기하는 경우에는 등록대상자가 정보통신망을 이용하여 폐기된 사실을 열람할 수 있도록 하여야 한다. 다만, 등록대상자가 신청하는 경우에는 폐기된 사실을 통지하여야 한다.
④ 제3항에 따른 등록정보 폐기 사실의 열람, 통지 신청과 통지의 방법 및 절차 등에 필요한 사항은 대통령령으로 정한다.
(2016.12.20 본조신설)

제46조 【등록정보의 활용 등】 ① 법무부장관은 등록정보를 등록대상 성범죄와 관련한 범죄예방 및 수사에 활용하게 하기 위하여 검사 또는 각급 경찰관서의 장에게 배포할 수 있다.
② 제1항에 따른 등록정보의 배포절차 및 관리 등에 관한 사항은 대통령령으로 정한다.

제47조 【등록정보의 공개】 ① 등록정보의 공개에 관하여는 「아동 · 청소년의 성보호에 관한 법률」 제49조, 제50조, 제52조, 제54조, 제55조 및 제65조를 적용한다.
② 등록정보의 공개는 여성가족부장관이 집행한다.
③ 법무부장관은 등록정보의 공개에 필요한 정보를 여성가족부장관에게 송부하여야 한다.
④ 제3항에 따른 정보 송부에 관하여 필요한 사항은 대통령령으로 정한다.

제48조 【비밀준수】 등록대상자의 신상정보의 등록 · 보존 및 관리 업무에 종사하거나 종사하였던 자는 직무상 알게 된 등록정보를 누설하여서는 아니 된다.

제49조 【등록정보의 고지】 ① 등록정보의 고지에 관하여는 「아동 · 청소년의 성보호에 관한 법률」 제50조 및 제51조를 적용한다.

② 등록정보의 고지는 여성가족부장관이 집행한다.
③ 법무부장관은 등록정보의 고지에 필요한 정보를 여성가족부장관에게 송부하여야 한다.
④ 제3항에 따른 정보 송부에 관한 세부사항은 대통령령으로 정한다.

제49조의2【간주규정】 ① 「군사법원법」 제2조제1항 각 호의 어느 하나에 해당하는 사람(이하 이 조에서 "군인등"이라 한다)에 대하여 군사법원이 재판권을 가지는 경우 제27조제2항 · 제6항, 제29조, 제30조, 제33조제1항부터 제4항까지, 제34조, 제40조제1항, 제41조, 제42조제2항 · 제4항을 적용함에 있어 "법원"은 "군사법원(고등법원을 포함한다)"으로, "수사기관"은 "군수사기관"으로, "검사"는 "군검사"로, "사법경찰관"은 "군사법경찰관"으로, "국선변호사"는 "변호사 자격이 있는 장교"로 간주한다.(2023.10.24 본항개정)
② 군인등에 대하여 제41조제1항을 적용함에 있어 "사법경찰관"은 "군사법경찰관"으로 간주한다.(2023.7.11 본항개정)
③ 군인등에 대하여 제33조제3항을 적용함(같은 조 제4항에 따라 준용되는 경우에도 같다)에 있어 "법원행정처장"은 "국방부장관"으로 간주한다.
(2013.4.5 본조신설)

제4장 벌 칙

제50조【벌칙】 ① 다음 각 호의 어느 하나에 해당하는 자는 5년 이하의 징역 또는 5천만원 이하의 벌금에 처한다.
1. 제22조의8을 위반하여 직무상 알게 된 신분비공개수사 또는 신분위장수사에 관한 사항을 외부에 공개하거나 누설한 자(2024.12.3 본호신설)
2. 제48조를 위반하여 직무상 알게 된 등록정보를 누설한 자
3. 정당한 권한 없이 등록정보를 변경하거나 말소한 자

② 다음 각 호의 어느 하나에 해당하는 자는 3년 이하의 징역 또는 3천만원 이하의 벌금에 처한다.(2020.10.20 본문개정)
1. 제24조제1항 또는 제38조제2항에 따른 피해자의 신원과 사생활 비밀 누설 금지 의무를 위반한 자
2. 제24조제2항을 위반하여 피해자의 인적사항과 사진 등을 공개한 자

③ 다음 각 호의 어느 하나에 해당하는 자는 1년 이하의 징역 또는 500만원 이하의 벌금에 처한다.
1. 제43조제1항을 위반하여 정당한 사유 없이 기본신상정보를 제출하지 아니하거나 거짓으로 제출한 자 및 같은 조 제2항에 따른 관할경찰관서 또는 교정시설의 장의 사진촬영에 정당한 사유 없이 응하지 아니한 자
2. 제43조제3항(제44조제6항에서 준용하는 경우를 포함한다)을 위반하여 정당한 사유 없이 변경정보를 제출하지 아니하거나 거짓으로 제출한 자
3. 제43조제4항(제44조제6항에서 준용하는 경우를 포함한다)을 위반하여 정당한 사유 없이 관할 경찰관서에 출석하지 아니하거나 촬영에 응하지 아니한 자

(2016.12.20 1호~3호개정)
④ 제2항제2호의 죄는 피해자의 명시한 의사에 반하여 공소를 제기할 수 없다.
⑤ 제16조제2항에 따라 이수명령을 부과받은 사람이 보호관찰소의 장 또는 교정시설등의 장의 이수명령 이행에 관한 지시에 불응하여 「보호관찰 등에 관한 법률」 또는 「형의 집행 및 수용자의 처우에 관한 법률」에 따른 경고를 받은 후 재차 정당한 사유 없이 이수명령 이행에 관한 지시에 불응한 경우에는 다음 각 호에 따른다.(2024.1.16 본문개정)
1. 벌금형과 병과된 경우는 500만원 이하의 벌금에 처한다.
2. 징역형 이상의 실형(치료감호와 징역형 이상의 실형이 병과된 경우를 포함한다)과 병과된 경우에는 1년 이하의 징역 또는 5백만원 이하의 벌금에 처한다.(2024.1.16 본호개정)

제51조【양벌규정】 법인의 대표자나 법인 또는 개인의 대리인, 사용인, 그 밖의 종업원이 그 법인 또는 개인의 업무에 관하여 제13조 또는 제43조의 위반행위를 하면 그 행위자를 벌하는 외에 그 법인 또는 개인에게도 해당 조문의 벌금형을 과(科)한다. 다만, 법인 또는 개인이 그 위반행위를 방지하기 위하여 해당 업무에 관하여 상당한 주의와 감독을 게을리하지 아니한 경우에는 그러하지 아니하다.

제52조【과태료】 ① 정당한 사유 없이 제43조의2제1항 또는 제2항을 위반하여 신고하지 아니하거나 거짓으로 신고한 경우에는 300만원 이하의 과태료를 부과한다.
② 제1항에 따른 과태료는 대통령령으로 정하는 바에 따라 관할경찰관서의 장이 부과 · 징수한다.
(2016.12.20 본조신설)

부 칙

제1조【시행일】 이 법은 공포 후 6개월이 경과한 날부터 시행한다. 다만, 제36조부터 제39조까지의 개정규정은 공포 후 1년이 경과한 날부터 시행한다.

제2조【「형법」상 감경규정에 관한 특례에 관한 적용례】 제20조의 개정규정은 이 법 시행 후 최초로 성폭력범죄를 범한 자부터 적용한다.

제3조【공소시효 진행에 관한 적용례】 이 법 시행 전 행하여진 성폭력범죄로 아직 공소시효가 완성되지 아니한 것에 대하여도 제21조의 개정규정을 적용한다.

제4조【공중밀집장소에서 추행한 자 등에 대한 신상정보의 등록 · 공개 등에 관한 적용례】 ① 이 법 시행 후 제11조부터 제15조(제14조의 미수범만을 말한다)까지의 개정규정의 범죄로 유죄판결이 확정된 자에 대하여는 제42조부터 제50조까지의 개정규정을 적용한다.
② 제42조부터 제50조까지의 개정규정은 종전의 「아동 · 청소년의 성보호에 관한 법률」(법률 제9765호 청소년의 성보호에 관한 법률 전부개정법률 및 법률 제11047호 아동 · 청소년의 성보호에 관한 법률 일부개정법률로 개정된 것을 말한다. 이하 같다)에 따라 등록대상자가 된 사람에 대하여도 적용한다.

제5조【신상정보의 제출 의무 등에 관한 적용례】 ① 제43조제1항의 개정규정에 따른 신상정보의 제출 의무는 이 법 시행 후 최초로 등록대상자가 된 사람부터 적용한다.
② 제43조제3항 및 제4항의 개정규정은 이 법 시행 전에 등록대상자가 된 사람(종전의 「아동 · 청소년의 성보호에 관한 법률」에 따라 등록대상자가 된 사람을 포함한다)에 대하여도 적용한다.

제6조【등록정보의 보존 · 관리 기간에 관한 적용례】 ① 제45조제1항의 개정규정은 이 법 시행 후 최초로 등록대상자가 된 사람부터 적용한다.
② 제45조제2항의 개정규정에 따른 등록기간의 계산은 이 법 시행 전에 등록대상자가 된 사람(종전의 「아동 · 청소년의 성보호에 관한 법률」에 따라 등록대상자가 된 사람을 포함한다)에 대하여도 적용한다.

제7조【신상정보의 등록 · 공개 등에 관한 특례】 ① 제42조부터 제50조까지의 개정규정은 제2조제1항제3호 · 제4호, 같은 조 제2항(제1항제3호 · 제4호에 한정한다), 제3조부터 제10조까지 및 제15조에 해당하는 범죄를 저질러 2008년 4월 16일부터 2011년 4월 15일 사이에 유죄판결(벌금형은 제외한다)이 확정된 사람(이하 이 조에서 "특례대상자"라 한다)에 대하여도 적용한다.
② 이 법 시행 후 1년 이내에 검사는 특례대상자에 대하여 제1심판결을 한 법원에 공개명령 및 고지명령을 청구하여야 하고, 법원은 「아동 · 청소년의 성보호에 관한 법률」 제49조 및 제50조에 따라 결정으로 공개명령 및 고지명령을 선고하여야 한다.

③ 검사는 제2항에 따른 공개명령의 청구를 할 때에는 청구대상자의 인적사항(성명, 생년월일 및 주소), 청구의 원인이 되는 사실 등을 기재하여야 한다. 이 경우 청구의 서식 등 필요한 사항은 법무부령으로 정한다.
④ 법원은 제2항에 따른 공개명령 또는 고지명령을 선고할 경우에 등록대상자라는 사실과 제43조의 개정규정에 따른 신상정보 제출 의무가 있음을 등록대상자에게 알려주어야 한다.
⑤ 제2항에 따른 공개명령이 확정된 사람은 제42조제1항의 개정규정에 따라 등록대상자가 된다.
⑥ 제2항의 결정에 대한 검사, 공개명령 또는 고지명령을 선고받은 본인, 그 법정대리인의 항고와 재항고에 관하여는 「성폭력범죄자의 성충동 약물치료에 관한 법률」 제22조제5항부터 제11항까지의 규정을 준용한다.
⑦ 법원은 제2항의 결정이 확정된 날부터 14일 이내에 결정의 확정일자와 제4항의 고지사항을 서면으로 결정문 등본에 첨부하여 법무부장관에게 송달하여야 한다.
제8조【장애인에 대한 준강간, 준강제추행죄에 관한 경과조치】 이 법 시행 전에 행하여진 종전의 제6조제4항의 위반행위에 대하여는 종전의 규정을 적용한다.
제9조【친고죄에 관한 경과조치】 이 법 시행 전에 행하여진 종전의 제10조제1항, 제11조 및 제12조의 죄에 대하여는 종전의 제15조를 적용한다.
제10조【다른 법률의 개정】 ①~⑮ ※(해당 법령에 가제정리 하였음)

부　칙 (2016.12.20)

제1조【시행일】 이 법은 공포한 날부터 시행한다. 다만, 제43조의2, 제44조, 제45조의2, 제45조의3 및 제52조의 개정규정은 공포 후 6개월이 경과한 날부터 시행한다.
제2조【강도강간미수범의 공소시효 연장 및 신상정보 등록에 관한 적용례】 ① 이 법 시행 전에 행하여진 제2조제1항제4호의 개정규정에 따라 성폭력범죄가 된 강도강간미수범으로 아직 공소시효가 완성되지 아니한 강도강간미수범에 대하여도 제21조제2항을 적용한다.
② 제2조제1항제4호의 개정규정에 따라 성폭력범죄가 된 강도강간미수범에 대한 신상정보의 등록은 이 법 시행 이후 강도강간미수범으로 유죄판결이 확정되는 경우부터 적용한다.
제3조【신상정보 등록대상 범죄에 관한 적용례】 제42조제1항의 개정규정은 이 법 시행 이후 등록대상 성범죄로 유죄판결이나 약식명령이 확정되는 경우 또는 이 법 시행 이후 「아동·청소년의 성보호에 관한 법률」 제49조제1항제4호에 따라 공개명령이 확정되는 경우부터 적용한다.
제4조【사진정보 갱신주기 및 신상정보 등록면제 등에 관한 적용례】 제43조제4항(제44조제6항에 따라 준용되는 경우를 포함한다), 제45조제5항·제6항, 제45조의2 및 제45조의3의 개정규정은 이 법 시행 전(제45조의2 및 제45조의3의 개정규정은 부칙 제1조 단서에 따른 시행일 전을 말한다)에 등록대상 성범죄로 유죄판결이나 약식명령이 확정되어 등록대상자가 된 사람(종전의 「아동·청소년의 성보호에 관한 법률」에 따라 등록대상자가 된 사람을 포함한다)에 대해서도 적용한다.
제5조【출입국 시 신고의무에 관한 적용례】 제43조의2의 개정규정은 부칙 제1조 단서에 따른 시행일 당시 등록대상자인 사람이 같은 시행일 이후에 출국하거나 입국하는 경우부터 적용한다.
제6조【등록기간에 관한 적용례】 ① 제45조제1항부터 제3항까지의 개정규정은 이 법 시행 전에 등록대상 성범죄로 유죄판결이나 약식명령이 확정되어 등록대상자가 된 사람(종전의 「아동·청소년의 성보호에 관한 법률」에 따라 등록대상자가 된 사람을 포함한다)에 대해서도 적용한다. 다만, 종전의 규정을 적용하는 것이 등록대상자에게 유리한 경우에는 종전의 규정에 따른다.
② 제45조제4항의 개정규정은 이 법 시행 당시 재판이 계속 중인 사건에 대해서도 적용한다.

부　칙 (2019.8.20)

제1조【시행일】 이 법은 공포한 날부터 시행한다.
제2조【공소시효 특례에 관한 적용례】 제21조제3항제2호의 개정규정은 이 법 시행 전에 행하여진 성폭력범죄로서 아직 공소시효가 완성되지 아니한 것에 대하여도 적용한다.

부　칙 (2020.2.4 법16914호)

이 법은 공포한 날부터 시행한다.

부　칙 (2020.2.4 법16923호)

제1조【시행일】 이 법은 공포 후 6개월이 경과한 날부터 시행한다.(이하 생략)

부　칙 (2020.3.24)

이 법은 공포 후 3개월이 경과한 날부터 시행한다.

부　칙 (2020.5.19)

제1조【시행일】 이 법은 공포한 날부터 시행한다. 다만, 법률 제17086호 성폭력범죄의 처벌 등에 관한 특례법 일부개정법률 제14조의2제4항 및 법률 제17086호 성폭력범죄의 처벌 등에 관한 특례법 일부개정법률 제15조의 개정규정은 2020년 6월 25일부터 시행하고, 제21조제3항제1호의 개정규정은 공포 후 6개월이 경과한 날부터 시행한다.
제2조【공소시효 진행에 관한 적용례】 제21조제3항제1호의 개정규정은 이 법 시행 전에 행하여진 성폭력범죄로서 아직 공소시효가 완성되지 아니한 것에 대하여도 적용한다.

부　칙 (2020.10.20)

이 법은 공포 후 3개월이 경과한 날부터 시행한다.

부　칙 (2021.9.24)

제1조【시행일】 이 법은 2022년 7월 1일부터 시행한다.(이하 생략)

부　칙 (2023.7.11)

제1조【시행일】 이 법은 공포 후 3개월이 경과한 날부터 시행한다.
제2조【일반적 적용례】 이 법은 이 법 시행 당시 수사 중이거나 법원에 계속 중인 사건에 대해서도 적용한다. 다만, 이 법 시행 전에 종전의 규정에 따라 행한 행위의 효력에는 영향을 미치지 아니한다.
제3조【19세미만피해자등에 대한 설명의무에 관한 적용례】 제30조제2항의 개정규정은 이 법 시행 이후 조사 과정을 영상녹화하는 경우부터 적용한다.

부　칙 (2023.10.24)

제1조 【시행일】 이 법은 공포 후 3개월이 경과한 날부터 시행한다.(이하 생략)

부　칙 (2024.1.16)
(2024.10.16)

이 법은 공포한 날부터 시행한다.

부　칙 (2024.12.3)

이 법은 공포 후 6개월이 경과한 날부터 시행한다.

부　칙 (2024.12.20)

제1조 【시행일】 이 법은 공포 후 6개월이 경과한 날부터 시행한다.
제2조 【몰수 및 추징에 관한 적용례】 제15조의3의 개정규정은 이 법 시행 후 발생한 범죄행위부터 적용한다.

아동학대범죄의 처벌 등에 관한 특례법(약칭 : 아동학대처벌법)

(2014년 1월 28일
법 률 제12341호)

개정
2015. 7.24법13426호(제주자치법)
2016. 1. 6법13719호(형법)
2016. 5.29법14172호
2016. 5.29법14224호(정신건강증진및정신질환자복지서비스지원에관한법)
2017.12.19법15255호
2019. 1.15법16248호(아동)
2020. 3.24법17087호　2021. 1.26법17906호
2021. 3.16법17932호　2022.12.27법19101호
2023. 7.18법19555호(국내입양에관한특별법)→2025년 7월 19일 시행
2023.12.26법19832호　2024.12.20법20576호

제1장 총 칙

제1조 【목적】 이 법은 아동학대범죄의 처벌 및 그 절차에 관한 특례와 피해아동에 대한 보호절차 및 아동학대행위자에 대한 보호처분을 규정함으로써 아동을 보호하여 아동이 건강한 사회 구성원으로 성장하도록 함을 목적으로 한다.
제2조 【정의】 이 법에서 사용하는 용어의 뜻은 다음과 같다.
1. "아동"이란 「아동복지법」 제3조제1호에 따른 아동을 말한다.
2. "보호자"란 「아동복지법」 제3조제3호에 따른 보호자를 말한다.
3. "아동학대"란 「아동복지법」 제3조제7호에 따른 아동학대를 말한다. 다만, 「유아교육법」과 「초·중등교육법」에 따른 교원의 정당한 교육활동과 학생생활지도는 아동학대로 보지 아니한다.(2023.12.26 단서신설)
4. "아동학대범죄"란 보호자에 의한 아동학대로서 다음 각 목의 어느 하나에 해당하는 죄를 말한다.
가. 「형법」 제2편제25장 상해와 폭행의 죄 중 제257조(상해)제1항·제3항, 제258조의2(특수상해)제1항(제257조제1항의 죄에만 해당한다)·제3항(제1항 중 제257조제1항의 죄에만 해당한다), 제260조(폭행)제1항, 제261조(특수폭행) 및 제262조(폭행치사상)(상해에 이르게 한 때에만 해당한다)의 죄(2016.1.6 본목개정)
나. 「형법」 제2편제28장 유기와 학대의 죄 중 제271조(유기)제1항, 제272조(영아유기), 제273조(학대)제1항, 제274조(아동혹사) 및 제275조(유기등 치사상)(상해에 이르게 한 때에만 해당한다)의 죄
다. 「형법」 제2편제29장 체포와 감금의 죄 중 제276조(체포, 감금)제1항, 제277조(중체포, 중감금)제1항, 제278조(특수체포, 특수감금), 제280조(미수범) 및 제281조(체포·감금등의 치사상)(상해에 이르게 한 때에만 해당한다)의 죄
라. 「형법」 제2편제30장 협박의 죄 중 제283조(협박)제1항, 제284조(특수협박) 및 제286조(미수범)의 죄
마. 「형법」 제2편제31장 약취, 유인 및 인신매매의 죄 중 제287조(미성년자 약취, 유인), 제288조(추행 등 목적 약취, 유인 등), 제289조(인신매매) 및 제290조(약취, 유인, 매매, 이송 등 상해·치상)의 죄
바. 「형법」 제2편제32장 강간과 추행의 죄 중 제297조(강간), 제297조의2(유사강간), 제298조(강제추행), 제299조(준강간, 준강제추행), 제300조(미수범), 제301조(강간등 상해·치상), 제301조의2(강간등 살인·치사), 제302조(미성년자등에 대한 간음), 제303조(업무상위력 등에 의한 간음) 및 제305조(미성년자에 대한 간음, 추행)의 죄

사. 「형법」 제2편제33장 명예에 관한 죄 중 제307조(명예훼손), 제309조(출판물등에 의한 명예훼손) 및 제311조(모욕)의 죄
아. 「형법」 제2편제36장 주거침입의 죄 중 제321조(주거·신체 수색)의 죄
자. 「형법」 제2편제37장 권리행사를 방해하는 죄 중 제324조(강요) 및 제324조의5(미수범)(제324조의 죄에만 해당한다)의 죄
차. 「형법」 제2편제39장 사기와 공갈의 죄 중 제350조(공갈), 제350조의2(특수공갈) 및 제352조(미수범)(제350조, 제350조의2의 죄에만 해당한다)의 죄(2016.1.6 본목개정)
카. 「형법」 제2편제42장 손괴의 죄 중 제366조(재물손괴등)의 죄
타. 「아동복지법」 제71조제1항 각 호의 죄(제3호의 죄는 제외한다)
파. 가목부터 타목까지의 죄로서 다른 법률에 따라 가중처벌되는 죄
하. 제4조(아동학대살해·치사), 제5조(아동학대중상해) 및 제6조(상습범)의 죄(2021.3.16 본호개정)

4의2. "아동학대범죄신고등"이란 아동학대범죄에 관한 신고·진정·고소·고발 등 수사 단서의 제공, 진술 또는 증언이나 그 밖의 자료제출행위 및 범인검거를 위한 제보 또는 검거활동을 말한다.(2016.5.29 본호신설)
4의3. "아동학대범죄신고자등"이란 아동학대범죄신고등을 한 자를 말한다.(2016.5.29 본호신설)
5. "아동학대행위자"란 아동학대범죄를 범한 사람 및 그 공범을 말한다.
6. "피해아동"이란 아동학대범죄로 인하여 직접적으로 피해를 입은 아동을 말한다.
7. "아동보호사건"이란 아동학대범죄로 인하여 제36조제1항에 따른 보호처분(이하 "보호처분"이라 한다)의 대상이 되는 사건을 말한다.
8. "피해아동보호명령사건"이란 아동학대범죄로 인하여 제47조에 따른 피해아동보호명령의 대상이 되는 사건을 말한다.
9. "아동보호전문기관"이란 「아동복지법」 제45조에 따른 아동보호전문기관을 말한다.(2016.5.29 본호개정)
9의2. "가정위탁지원센터"란 「아동복지법」 제48조에 따른 가정위탁지원센터를 말한다.(2016.5.29 본호신설)
10. "아동복지시설"이란 「아동복지법」 제50조에 따라 설치된 시설을 말한다.
11. "아동복지시설의 종사자"란 아동복지시설에서 아동의 상담·지도·치료·양육, 그 밖에 아동의 복지에 관한 업무를 담당하는 사람을 말한다.

제3조 【다른 법률과의 관계】 아동학대범죄에 대하여는 이 법을 우선 적용한다. 다만, 「성폭력범죄의 처벌 등에 관한 특례법」, 「아동·청소년의 성보호에 관한 법률」에서 가중처벌되는 경우에는 그 법에서 정한 바에 따른다.

제2장 아동학대범죄의 처벌에 관한 특례

제4조 【아동학대살해·치사】 ① 제2조제4호가목부터 다목까지의 아동학대범죄를 범한 사람이 아동을 살해한 때에는 사형, 무기 또는 7년 이상의 징역에 처한다.
② 제2조제4호가목부터 다목까지의 아동학대범죄를 범한 사람이 아동을 사망에 이르게 한 때에는 무기 또는 5년 이상의 징역에 처한다.
③ 제1항의 미수범은 처벌한다.(2024.12.20 본항신설)
(2021.3.16 본조개정)

제5조 【아동학대중상해】 제2조제4호가목부터 다목까지의 아동학대범죄를 범한 사람이 아동의 생명에 대한 위험을 발생하게 하거나 불구 또는 난치의 질병에 이르게 한 때에는 3년 이상의 징역에 처한다.

제6조 【상습범】 상습적으로 제2조제4호가목부터 파목까지의 아동학대범죄를 범한 자는 그 죄에 정한 형의 2분의 1까지 가중한다. 다만, 다른 법률에 따라 상습범으로 가중처벌되는 경우에는 그러하지 아니하다.

제7조 【아동복지시설의 종사자 등에 대한 가중처벌】 제10조제2항 각 호에 따른 아동학대 신고의무자가 보호하는 아동에 대하여 아동학대범죄를 범한 때에는 그 죄에 정한 형의 2분의 1까지 가중한다.

제8조 【형벌과 수강명령 등의 병과】 ① 법원은 아동학대행위자에 대하여 유죄판결(선고유예는 제외한다)을 선고하거나 약식명령을 고지하면서 200시간의 범위에서 재범예방에 필요한 수강명령(「보호관찰 등에 관한 법률」에 따른 수강명령을 말한다. 이하 같다) 또는 아동학대 치료프로그램의 이수명령(이하 "이수명령"이라 한다)을 병과할 수 있다.
(2024.12.20 본항개정)
② 아동학대행위자에 대하여 제1항의 수강명령은 형의 집행을 유예할 경우에 그 집행유예기간 내에서 병과하고, 이수명령은 벌금형 또는 징역형의 실형(實刑)을 선고하거나 약식명령을 고지할 경우에 병과한다.(2024.12.20 본항개정)
③ 법원이 아동학대행위자에 대하여 형의 집행을 유예하는 경우에는 제1항에 따른 수강명령 외에 그 집행유예기간 내에서 보호관찰 또는 사회봉사 중 하나 이상의 처분을 병과할 수 있다.
④ 제1항에 따른 수강명령 또는 이수명령은 형의 집행을 유예할 경우에는 그 집행유예기간 내에, 벌금형을 선고하거나 약식명령을 고지할 경우에는 형 확정일로부터 6개월 이내에, 징역형의 실형을 선고할 경우에는 형기 내에 각각 집행한다.(2024.12.20 본항개정)
⑤ 제1항에 따른 수강명령 또는 이수명령이 벌금형 또는 형의 집행유예와 병과된 경우에는 보호관찰소의 장이 집행하고, 징역형의 실형과 병과된 경우에는 교정시설의 장이 집행한다. 다만, 징역형의 실형과 병과된 이수명령을 모두 이행하기 전에 석방 또는 가석방되거나 미결구금일수 산입 등의 사유로 형을 집행할 수 없게 된 경우에는 보호관찰소의 장이 남은 이수명령을 집행한다.
⑥ 제1항에 따른 수강명령 또는 이수명령은 다음 각 호의 내용으로 한다.
1. 아동학대 행동의 진단·상담
2. 보호자로서의 기본 소양을 갖추게 하기 위한 교육
3. 그 밖에 아동학대행위자의 재범예방을 위하여 필요한 사항
⑦ 형벌과 병과하는 보호관찰, 사회봉사, 수강명령 및 이수명령에 관하여 이 법에서 규정한 사항 외에는 「보호관찰 등에 관한 법률」을 준용한다.

제9조 【친권상실청구 등】 ① 아동학대행위자가 제4조제3항, 제5조 또는 제6조의 범죄를 저지른 때에는 검사는 그 사건의 아동학대행위자가 피해아동의 친권자나 후견인인 경우에 법원에 「민법」 제924조의 친권상실의 선고 또는 같은 법 제940조의 후견인의 변경 심판을 청구하여야 한다. 다만, 친권상실의 선고 또는 후견인의 변경 심판을 하여서는 아니될 특별한 사정이 있는 경우에는 그러하지 아니하다.
(2024.12.20 본문개정)
② 검사가 제1항에 따른 청구를 하지 아니한 때에는 특별시장·광역시장·특별자치시장·도지사·특별자치도지사(이하 "시·도지사"라 한다) 또는 시장·군수·구청장(자치구의 구청장을 말한다. 이하 같다)은 검사에게 제1항의 청구를 하도록 요청할 수 있다. 이 경우 청구를 요청받은 검사는 요청받은 날부터 30일 내에 그 처리 결과를 시·도지사 또는 시장·군수·구청장에게 통보하여야 한다.(2020.3.24 본항개정)
③ 제2항 후단에 따라 처리 결과를 통보받은 시·도지사 또는 시장·군수·구청장은 그 처리 결과에 대하여 이의가 있을 경우 통보받은 날부터 30일 내에 직접 법원에 제1항의 청구를 할 수 있다.(2020.3.24 본항개정)

제3장　아동학대범죄의 처리절차에 관한 특례

제10조【아동학대범죄 신고의무와 절차】 ① 누구든지 아동학대범죄를 알게 된 경우나 그 의심이 있는 경우에는 특별시·광역시·특별자치시·도·특별자치도(이하 "시·도"라 한다), 시·군·구(자치구를 말한다. 이하 같다) 또는 수사기관에 신고할 수 있다.(2020.3.24 본항개정)

② 다음 각 호의 어느 하나에 해당하는 사람이 직무를 수행하면서 아동학대범죄를 알게 된 경우나 그 의심이 있는 경우에는 시·도, 시·군·구 또는 수사기관에 즉시 신고하여야 한다.(2020.3.24 본문개정)

1. 「아동복지법」 제10조의2에 따른 아동권리보장원(이하 "아동권리보장원"이라 한다) 및 가정위탁지원센터의 장과 그 종사자(2019.1.15 본호개정)
2. 아동복지시설의 장과 그 종사자(아동보호전문기관의 장과 그 종사자는 제외한다)(2016.5.29 본호개정)
3. 「아동복지법」 제13조에 따른 아동복지전담공무원
4. 「가정폭력방지 및 피해자보호 등에 관한 법률」 제5조에 따른 가정폭력 관련 상담소 및 같은 법 제7조의2에 따른 가정폭력피해자 보호시설의 장과 그 종사자
5. 「건강가정기본법」 제35조에 따른 건강가정지원센터의 장과 그 종사자
6. 「다문화가족지원법」 제12조에 따른 다문화가족지원센터의 장과 그 종사자
7. 「사회보장급여의 이용·제공 및 수급권자 발굴에 관한 법률」 제43조에 따른 사회복지전담공무원 및 「사회복지사업법」 제34조에 따른 사회복지시설의 장과 그 종사자(2020.3.24 본호개정)
8. 「성매매방지 및 피해자보호 등에 관한 법률」 제9조에 따른 지원시설 및 같은 법 제17조에 따른 성매매피해상담소의 장과 그 종사자(2020.3.24 본호개정)
9. 「성폭력방지 및 피해자보호 등에 관한 법률」 제10조에 따른 성폭력피해상담소, 같은 법 제12조에 따른 성폭력피해자보호시설의 장과 그 종사자 및 같은 법 제18조에 따른 성폭력피해자통합지원센터의 장과 그 종사자(2016.5.29 본호개정)
10. 「119구조·구급에 관한 법률」 제2조제4호에 따른 119구급대의 대원(2020.3.24 본호개정)
11. 「응급의료에 관한 법률」 제2조제7호에 따른 응급의료기관등에 종사하는 응급구조사(2016.5.29 본호개정)
12. 「영유아보육법」 제7조에 따른 육아종합지원센터의 장과 그 종사자 및 제10조에 따른 어린이집의 원장 등 보육교직원(2016.5.29 본호개정)
13. 「유아교육법」 제2조제2호에 따른 유치원의 장과 그 종사자(2020.3.24 본호개정)
14. 아동보호전문기관의 장과 그 종사자(2020.3.24 본호신설)
15. 「의료법」 제3조제1항에 따른 의료기관의 장과 그 의료기관에 종사하는 의료인 및 의료기사(2016.5.29 본호개정)
16. 「장애인복지법」 제58조에 따른 장애인복지시설의 장과 그 종사자로서 시설에서 장애아동에 대한 상담·치료·훈련 또는 요양 업무를 수행하는 사람
17. 「정신건강증진 및 정신질환자 복지서비스 지원에 관한 법률」 제3조제3호에 따른 정신건강복지센터, 같은 조 제5호에 따른 정신의료기관, 같은 조 제6호에 따른 정신요양시설 및 같은 조 제7호에 따른 정신재활시설의 장과 그 종사자(2016.5.29 본호개정)
18. 「청소년기본법」 제3조제6호에 따른 청소년시설 및 같은 조 제8호에 따른 청소년단체의 장과 그 종사자
19. 「청소년 보호법」 제35조에 따른 청소년 보호·재활센터의 장과 그 종사자
20. 「초·중등교육법」 제2조에 따른 학교의 장과 그 종사자(2020.3.24 본호개정)
21. 「한부모가족지원법」 제19조에 따른 한부모가족복지시설의 장과 그 종사자
22. 「학원의 설립·운영 및 과외교습에 관한 법률」 제6조에 따른 학원의 운영자·강사·직원 및 같은 법 제14조에 따른 교습소의 교습자·직원
23. 「아이돌봄 지원법」 제2조제4호에 따른 아이돌보미
24. 「아동복지법」 제37조에 따른 취약계층 아동에 대한 통합서비스지원 수행인력
25. 「국내입양에 관한 특별법」 제37조제1항 및 「국제입양에 관한 법률」 제32조제1항에 따라 업무를 위탁받은 사회복지법인 및 단체의 장과 그 종사자(2023.7.18 본호개정)
26. 「영유아보육법」 제8조에 따른 한국보육진흥원의 장과 그 종사자로서 같은 법 제30조에 따른 어린이집 평가 업무를 수행하는 사람(2022.12.27 본호신설)
27. 「대안교육기관에 관한 법률」 제2조제2호에 따른 대안교육기관과 「초·중등교육법 시행령」 제54조에 따라 학교의 장으로부터 학업에 어려움을 겪는 학생들에 대한 교육을 위탁받은 교육기관 등의 장과 그 종사자(2024.12.20 본호신설)

③ 누구든지 제1항 및 제2항에 따른 신고인의 인적 사항 또는 신고인임을 미루어 알 수 있는 사실을 다른 사람에게 알려주거나 공개 또는 보도하여서는 아니 된다.

④ 제2항에 따른 신고가 있는 경우 시·도, 시·군·구 또는 수사기관은 정당한 사유가 없으면 즉시 조사 또는 수사에 착수하여야 한다.(2021.1.26 본항신설)

제10조의2【불이익조치의 금지】 누구든지 아동학대범죄신고자등에게 아동학대범죄신고등을 이유로 불이익조치를 하여서는 아니 된다.(2016.5.29 본조신설)

제10조의3【아동학대범죄신고자등에 대한 보호조치】 아동학대범죄신고자등에 대하여는 「특정범죄신고자 등 보호법」 제7조부터 제13조까지의 규정을 준용한다.(2016.5.29 본조신설)

제10조의4【고소에 대한 특례】 ① 피해아동 또는 그 법정대리인은 아동학대행위자를 고소할 수 있다. 피해아동의 법정대리인이 아동학대행위자인 경우 또는 아동학대행위자와 공동으로 아동학대범죄를 범한 경우에는 피해아동의 친족이 고소할 수 있다.

② 피해아동은 「형사소송법」 제224조에도 불구하고 아동학대행위자가 자기 또는 배우자의 직계존속인 경우에도 고소할 수 있다. 법정대리인이 고소하는 경우에도 또한 같다.

③ 피해아동에게 고소할 법정대리인이나 친족이 없는 경우에 이해관계인이 신청하면 검사는 10일 이내에 고소할 수 있는 사람을 지정하여야 한다.

(2016.5.29 본조신설)

제11조【현장출동】 ① 아동학대범죄 신고를 접수한 사법경찰관리나 「아동복지법」 제22조제4항에 따른 아동학대전담공무원(이하 "아동학대전담공무원"이라 한다)은 지체 없이 아동학대범죄의 현장에 출동하여야 한다. 이 경우 수사기관의 장이나 시·도지사 또는 시장·군수·구청장은 서로 동행하여 줄 것을 요청할 수 있으며, 그 요청을 받은 수사기관의 장이나 시·도지사 또는 시장·군수·구청장은 정당한 사유가 없으면 사법경찰관리나 아동학대전담공무원이 아동학대범죄 현장에 동행하도록 조치하여야 한다.

② 아동학대범죄 신고를 접수한 사법경찰관리나 아동학대전담공무원은 아동학대범죄가 행하여지고 있는 것으로 신고된 현장 또는 피해아동을 보호하기 위하여 필요한 장소에 출입하여 아동 또는 아동학대행위자 등 관계인에 대하여 조사를 하거나 질문을 할 수 있다. 다만, 아동학대전담공무원은 다음 각 호를 위한 범위에서만 아동학대행위자 등 관계인에 대하여 조사 또는 질문을 할 수 있다.(2021.1.26 본문개정)

1. 피해아동의 보호(2020.3.24 본호신설)
2. 「아동복지법」 제22조의4의 사례관리계획에 따른 사례관리(이하 "사례관리"라 한다)(2020.3.24 본호신설)

③ 시·도지사 또는 시장·군수·구청장은 제1항에 따른 현장출동 시 아동보호 및 사례관리를 위하여 필요한 경우 아동보호전문기관의 장에게 아동보호전문기관의 직원이 동행할 것을 요청할 수 있다. 이 경우 아동보호전문기관의 직원은 피해아동의 보호 및 사례관리를 위한 범위에서 아동학대전담공무원의 조사에 참여할 수 있다.(2020.3.24 본항신설)
④ 제2항 및 제3항에 따라 출입이나 조사를 하는 사법경찰관리, 아동학대전담공무원 또는 아동보호전문기관의 직원은 그 권한을 표시하는 증표를 지니고 이를 관계인에게 내보여야 한다.
⑤ 제2항에 따라 조사 또는 질문을 하는 사법경찰관리 또는 아동학대전담공무원은 피해아동, 아동학대범죄신고자등, 목격자 등이 자유롭게 진술할 수 있도록 아동학대행위자로부터 분리된 곳에서 조사하는 등 필요한 조치를 하여야 한다.(2021.1.26 본항신설)
⑥ 누구든지 제1항부터 제3항까지의 규정에 따라 현장에 출동한 사법경찰관리, 아동학대전담공무원 또는 아동보호전문기관의 직원이 제2항 및 제3항에 따른 업무를 수행할 때에 폭행·협박이나 현장조사를 거부하는 등 그 업무 수행을 방해하는 행위를 하여서는 아니 된다.
⑦ 제1항에 따른 현장출동이 동행하여 이루어지지 아니한 경우 수사기관의 장이나 시·도지사 또는 시장·군수·구청장은 현장출동에 따른 조사 등의 결과를 서로에게 통지하여야 한다.(2021.1.26 본항신설)
(2020.3.24 본조개정)

제11조의2【조사】 ① 아동학대전담공무원은 피해아동의 보호 및 사례관리를 위한 조사를 할 수 있다. 이 경우 아동학대전담공무원은 아동학대행위자 및 관계인에 대하여 출석·진술 및 자료제출을 요구할 수 있으며, 아동학대행위자 및 관계인은 정당한 사유가 없으면 이에 따라야 한다.(2021.1.26 본항개정)
② 시·도지사 또는 시장·군수·구청장은 「유아교육법」 및 「초·중등교육법」에 따른 교원의 교육활동 중 행위가 아동학대범죄로 신고되어 조사 중인 사건과 관련하여 관할 교육감이 의견을 제출하는 경우 이를 「아동복지법」 제22조제3항제3호에 따른 아동학대 사례의 판단에 참고하여야 한다.(2023.12.26 본항신설)
③ 제1항에 관하여는 「행정조사기본법」 제4조, 제5조, 제9조, 제10조, 제17조, 제21조를 준용한다. 이 경우 "행정조사"는 "제1항에 따른 아동학대전담공무원의 조사"로, "행정기관"은 "시·도 또는 시·군·구"로, "조사대상자"는 "아동학대행위자 및 관계인"으로 본다.
(2020.3.24 본조신설)

제12조【피해아동 등에 대한 응급조치】 ① 제11조제1항에 따라 현장에 출동하거나 아동학대범죄 현장을 발견한 경우 또는 학대현장 이외의 장소에서 학대피해가 확인되고 재학대의 위험이 급박·현저한 경우, 사법경찰관리 또는 아동학대전담공무원은 피해아동, 피해아동의 형제자매인 아동 및 피해아동과 동거하는 아동(이하 "피해아동등"이라 한다)의 보호를 위하여 즉시 다음 각 호의 조치(이하 "응급조치"라 한다)를 하여야 한다. 이 경우 제3호 또는 제5호의 조치를 하는 때에는 피해아동등의 이익을 최우선으로 고려하여야 하며, 피해아동등을 보호하여야 할 필요가 있는 등 특별한 사정이 있는 경우를 제외하고는 피해아동등의 의사를 존중하여야 한다.(2024.12.20 후단개정)
1. 아동학대범죄 행위의 제지
2. 아동학대행위자를 피해아동등으로부터 격리
3. 피해아동등을 아동학대 관련 보호시설로 인도
(2020.3.24 2호~3호개정)
4. 긴급치료가 필요한 피해아동을 의료기관으로 인도
5. 피해아동등을 연고자 등에게 인도(2024.12.20 본호신설)
② 사법경찰관리나 아동학대전담공무원은 제1항제3호부터 제5호까지에 따라 피해아동등을 분리·인도하여 보호하는 경우 지체 없이 피해아동등을 인도받은 보호시설·의료시설의 소재지 또는 연고자 등의 주거지를 관할하는 시·도지사 또는 시장·군수·구청장에게 그 사실을 통보하여야 한다.(2024.12.20 본항개정)
③ 제1항제2호부터 제5호까지에 따른 응급조치는 72시간을 넘을 수 없다. 다만, 본문의 기간에 공휴일이나 토요일이 포함되는 경우로서 피해아동등의 보호를 위하여 필요하다고 인정되는 경우에는 48시간의 범위에서 그 기간을 연장할 수 있다.(2024.12.20 본문개정)
④ 제3항에도 불구하고 검사가 제15조제2항에 따라 임시조치를 법원에 청구한 경우에는 법원의 임시조치 결정 시까지 응급조치 기간이 연장된다.(2021.1.26 본항신설)
⑤ 사법경찰관리 또는 아동학대전담공무원이 제1항에 따라 응급조치를 한 경우에는 즉시 응급조치결과보고서를 작성하여야 한다. 이 경우 사법경찰관리가 응급조치를 한 경우에는 관할 경찰관서의 장이 시·도지사 또는 시장·군수·구청장에게, 아동학대전담공무원이 응급조치를 한 경우에는 소속 시·도지사 또는 시장·군수·구청장이 관할 경찰관서의 장에게 작성된 응급조치결과보고서를 지체 없이 송부하여야 한다.(2020.3.24 본항개정)
⑥ 제5항에 따른 응급조치결과보고서에는 피해사실의 요지, 응급조치가 필요한 사유, 응급조치의 내용 등을 기재하여야 한다.(2021.1.26 본항개정)
⑦ 누구든지 아동학대전담공무원이나 사법경찰관리가 제1항에 따른 업무를 수행할 때에 폭행·협박이나 응급조치를 저지하는 등 그 업무 수행을 방해하는 행위를 하여서는 아니 된다.(2020.3.24 본항개정)
⑧ 사법경찰관리는 제1항제1호 또는 제2호의 조치를 위하여 다른 사람의 토지·건물·배 또는 차에 출입할 수 있다.(2021.1.26 본항신설)
⑨ 사법경찰관리나 아동학대전담공무원은 제1항제5호의 조치를 하는 경우 연고자 등의 동의를 얻어 가정폭력범죄, 아동학대범죄 등 범죄경력을 확인하는 등 피해아동등의 보호를 위하여 필요한 조치를 할 수 있다.(2024.12.20 본항신설)
⑩ 제1항제5호 및 제2항에 따른 연고자 등의 기준, 제9항에 따른 범죄경력 조회 및 피해아동 보호를 위하여 필요한 조치 등에 관한 구체적인 사항은 대통령령으로 정한다.(2024.12.20 본항신설)
(2020.3.24 본조제목개정)

제13조【아동학대행위자에 대한 긴급임시조치】 ① 사법경찰관은 제12조제1항에 따른 응급조치에도 불구하고 아동학대범죄가 재발될 우려가 있고, 긴급을 요하여 제19조제1항에 따른 법원의 임시조치 결정을 받을 수 없을 때에는 직권이나 피해아동등, 그 법정대리인(아동학대행위자를 제외한다. 이하 같다), 변호사(제16조에 따른 변호사를 말한다. 제48조 및 제49조를 제외하고는 이하 같다), 시·도지사, 시장·군수·구청장 또는 아동보호전문기관의 장의 신청에 따라 제19조제1항제1호부터 제3호까지의 어느 하나에 해당하는 조치를 할 수 있다.(2020.3.24 본항개정)
② 사법경찰관은 제1항에 따른 조치(이하 "긴급임시조치"라 한다)를 한 경우에는 즉시 긴급임시조치결정서를 작성하여야 하고, 그 내용을 시·도지사 또는 시장·군수·구청장에게 지체 없이 통지하여야 한다.(2020.3.24 본항개정)
③ 제2항에 따른 긴급임시조치결정서에는 범죄사실의 요지, 긴급임시조치가 필요한 사유, 긴급임시조치의 내용 등을 기재하여야 한다.

제14조【임시조치의 청구】 ① 검사는 아동학대범죄가 재발될 우려가 있다고 인정하는 경우에는 직권으로 또는 사법경찰관이나 보호관찰관의 신청에 따라 법원에 제19조제1항 각 호의 임시조치를 청구할 수 있다.
② 피해아동등, 그 법정대리인, 변호사, 시·도지사, 시장·군수·구청장 또는 아동보호전문기관의 장은 검사 또는 사법경찰관에게 제1항에 따른 임시조치의 청구 또는 그 신청

을 요청하거나 이에 관하여 의견을 진술할 수 있다.
(2020.3.24 본항개정)
③ 제2항에 따른 요청을 받은 사법경찰관은 제1항에 따른 임시조치를 신청하지 아니하는 경우에는 검사 및 임시조치를 요청한 자에게 그 사유를 통지하여야 한다.(2020.3.24 본항개정)

제15조 【응급조치 · 긴급임시조치 후 임시조치의 청구】 ① 사법경찰관이 제12조제1항제2호부터 제5호까지에 따른 응급조치 또는 제13조제1항에 따른 긴급임시조치를 하였거나 시 · 도지사 또는 시장 · 군수 · 구청장으로부터 제12조제1항제2호부터 제5호까지에 따른 응급조치가 행하여졌다는 통지를 받은 때에는 지체 없이 검사에게 제19조에 따른 임시조치의 청구를 신청하여야 한다.(2024.12.20 본항개정)
② 제1항의 신청을 받은 검사는 임시조치를 청구하는 때에는 응급조치가 있었던 때부터 72시간(제12조제3항 단서에 따라 응급조치 기간이 연장된 경우에는 그 기간을 말한다) 이내에, 긴급임시조치가 있었던 때부터 48시간 이내에 하여야 한다. 이 경우 제12조제5항에 따라 작성된 응급조치결과보고서 및 제13조제2항에 따라 작성된 긴급임시조치결정서를 첨부하여야 한다.(2021.1.26 본항개정)
③ 사법경찰관은 검사가 제2항에 따라 임시조치를 청구하지 아니하거나 법원이 임시조치의 결정을 하지 아니한 때에는 즉시 그 긴급임시조치를 취소하여야 한다.

제16조 【피해아동에 대한 변호사 선임의 특례】 ① 아동학대범죄의 피해아동 및 그 법정대리인은 형사 및 아동보호 절차상 입을 수 있는 피해를 방지하고 법률적 조력을 보장하기 위하여 변호사를 선임할 수 있다.
② 제1항에 따른 변호사는 검사 또는 사법경찰관의 피해아동 및 그 법정대리인에 대한 조사에 참여하여 의견을 진술할 수 있다. 다만, 조사 도중에는 검사 또는 사법경찰관의 승인을 받아 의견을 진술할 수 있다.
③ 제1항에 따른 변호사는 피의자에 대한 구속 전 피의자심문, 증거보전절차, 공판준비기일 및 공판절차에 출석하여 의견을 진술할 수 있다. 이 경우 필요한 절차에 관한 구체적 사항은 대법원규칙으로 정한다.
④ 제1항에 따른 변호사는 증거보전 후 관계 서류나 증거물, 소송계속 중의 관계 서류나 증거물을 열람하거나 등사할 수 있다.
⑤ 제1항에 따른 변호사는 형사 및 아동보호 절차에서 피해아동 및 그 법정대리인의 대리가 허용될 수 있는 모든 소송행위에 대한 포괄적인 대리권을 가진다.
⑥ 검사는 피해아동에게 변호사가 없는 경우 형사 및 아동보호 절차에서 피해아동의 권익을 보호하기 위하여 국선변호사를 선정하여야 한다.
(2021.3.16 본조개정)

제17조 【준용】 ① 아동학대범죄의 조사 · 심리에 관하여는 「성폭력범죄의 처벌 등에 관한 특례법」 제29조부터 제32조까지, 제34조부터 제41조까지 및 「아동 · 청소년의 성보호에 관한 법률」 제29조를 각각 준용한다. 이 경우 "성폭력" 또는 "아동 · 청소년 대상 성범죄"는 "아동학대범죄"로, "피해자"는 "피해아동"으로 본다.
② 아동학대범죄사건의 형사 및 아동보호 절차에서 참고인이나 증인이 13세 미만의 아동이거나 신체적인 또는 정신적인 장애로 의사소통이나 의사표현에 어려움이 있는 경우 「성폭력범죄의 처벌 등에 관한 특례법」 제36조부터 제39조까지를 준용한다. 이 경우 "성폭력범죄"는 "아동학대범죄"로, "피해자"는 "참고인이나 증인"으로 본다.(2020.3.24 본항신설)

제17조의2 【증인에 대한 신변안전조치】 ① 검사는 아동학대범죄사건의 증인이 피고인 또는 그 밖의 사람으로부터 생명 · 신체에 해를 입거나 입을 염려가 있다고 인정될 때에는 관할 경찰서장에게 증인의 신변안전을 위하여 필요한 조치를 할 것을 요청하여야 한다.
② 증인은 검사에게 제1항의 조치를 하도록 청구할 수 있다.
③ 재판장은 검사에게 제1항의 조치를 하도록 요청할 수 있다.
④ 제1항의 요청을 받은 관할 경찰서장은 즉시 증인의 신변안전을 위하여 필요한 조치를 하고 그 사실을 검사에게 통보하여야 한다.
(2021.1.26 본조신설)

제17조의3 【교원에 대한 아동학대범죄사건 처리에서의 특례】 ① 사법경찰관은 「유아교육법」 및 「초 · 중등교육법」에 따른 교원의 교육활동 중 행위가 아동학대범죄로 신고되어 수사 중인 사건과 관련하여 관할 교육감이 의견을 제출하는 경우 이를 사건기록에 편철하고 아동학대범죄사건 수사 및 제24조 후단에 따른 의견을 제시할 때 참고하여야 한다.
② 검사는 제1항과 같은 아동학대범죄사건을 수사하거나 결정할 때 사건기록에 편철된 관할 교육감의 의견을 참고하여야 한다.
(2023.12.26 본조신설)

제4장 아동보호사건

제18조 【관할】 ① 아동보호사건의 관할은 아동학대행위자의 행위지, 거주지 또는 현재지를 관할하는 가정법원으로 한다. 다만, 가정법원이 설치되지 아니한 지역에서는 해당 지역의 지방법원(지원을 포함한다. 이하 같다)으로 한다.
② 아동보호사건의 심리와 결정은 단독판사(이하 "판사"라 한다)가 한다.

제19조 【아동학대행위자에 대한 임시조치】 ① 판사는 아동학대범죄의 원활한 조사 · 심리 또는 피해아동등의 보호를 위하여 필요하다고 인정하는 경우에는 결정으로 아동학대행위자에게 다음 각 호의 어느 하나에 해당하는 조치(이하 "임시조치"라 한다)를 할 수 있다.(2020.3.24 본문개정)
1. 피해아동등 또는 가정구성원(「가정폭력범죄의 처벌 등에 관한 특례법」 제2조제2호에 따른 가정구성원을 말한다. 이하 같다)의 주거로부터 퇴거 등 격리(2020.3.24 본호개정)
2. 피해아동등 또는 가정구성원의 주거, 학교 또는 보호시설 등에서 100미터 이내의 접근 금지(2020.3.24 본호개정)
3. 피해아동등 또는 가정구성원에 대한 「전기통신기본법」 제2조제1호의 전기통신을 이용한 접근 금지(2020.3.24 본호개정)
4. 친권 또는 후견인 권한 행사의 제한 또는 정지
5. 아동보호전문기관 등에의 상담 및 교육 위탁
6. 의료기관이나 그 밖의 요양시설에의 위탁
7. 경찰관서의 유치장 또는 구치소에의 유치

② 제1항 각 호의 처분은 병과할 수 있다.
③ 판사는 피해아동등에 대하여 제12조제1항제2호부터 제5호까지의 규정에 따른 응급조치가 행하여진 경우에는 임시조치가 청구된 때로부터 24시간 이내에 임시조치 여부를 결정하여야 한다.(2024.12.20 본항개정)
④ 제1항 각 호의 규정에 따른 임시조치기간은 2개월을 초과할 수 없다. 다만, 피해아동등의 보호를 위하여 그 기간을 연장할 필요가 있다고 인정하는 경우에는 결정으로 제1항제1호부터 제3호까지의 규정에 따른 임시조치는 두 차례만, 같은 항 제4호부터 제7호까지의 규정에 따른 임시조치는 한 차례만 각 기간의 범위에서 연장할 수 있다.(2020.3.24 단서개정)
⑤ 제1항제6호에 따라 위탁을 하는 경우에는 의료기관 등의 장에게 아동학대행위자를 보호하는 데에 필요한 사항을 부과할 수 있다.
⑥ 제1항제6호에 따라 민간이 운영하는 의료기관 등에 아동학대행위자를 위탁하려는 경우에는 제5항에 따라 부과할 사항을 그 의료기관 등의 장에게 미리 고지하고 동의를 받아야 한다.
⑦ 법원은 제1항에 따른 임시조치를 결정한 경우에는 검사, 피해아동등, 그 법정대리인, 변호사, 시 · 도지사 또는 시

장·군수·구청장 및 피해아동등을 보호하고 있는 기관의 장에게 통지하여야 한다.(2020.3.24 본항개정)
⑧ 제1항제5호에 따른 상담 및 교육을 행한 아동보호전문기관의 장 등은 그 결과보고서를 판사와 검사에게 제출하여야 한다.
⑨ 제1항 각 호의 위탁 대상이 되는 상담소, 의료기관, 요양시설 등의 기준과 위탁의 절차 및 제7항에 따른 통지의 절차 등 그 밖에 필요한 사항은 대법원규칙으로 정한다.
제20조【임시조치의 고지】 법원은 제19조제1항제6호 및 제7호의 조치를 한 경우에는 그 사실을 아동학대행위자의 보조인(제44조에서 준용하는 「가정폭력범죄의 처벌 등에 관한 특례법」 제28조에 따른 보조인을 말한다. 이하 같다)이 있는 경우에는 보조인에게, 보조인이 없는 경우에는 아동학대행위자가 지정한 사람에게 통지하여야 한다. 이 경우 제19조제1항제7호의 조치를 하였을 때에는 아동학대행위자에게 변호사 등 보조인을 선임할 수 있으며 항고를 제기할 수 있음을 고지하여야 한다.
제21조【임시조치의 집행】 ① 판사는 제19조제1항 각 호에 규정된 임시조치의 결정을 한 경우에는 가정보호사건조사관, 법원공무원, 사법경찰관리 또는 구치소 소속 교정직공무원으로 하여금 집행하게 할 수 있다.
② 제1항에 따른 집행담당자는 아동학대행위자의 임시조치 이행상황에 대하여 시·도지사 또는 시장·군수·구청장에게 통보하여야 한다.(2020.3.24 본항신설)
③ 피해아동등 또는 가정구성원은 제19조제1항제1호 및 제2호의 임시조치 후 주거, 학교 또는 보호시설 등을 옮긴 경우에는 관할 법원에 임시조치 결정의 변경을 신청할 수 있다.
(2020.3.24 본항개정)
④ 시·도지사 또는 시장·군수·구청장은 아동학대행위자의 임시조치 이행을 관리하고, 아동학대행위자가 임시조치 결정을 이행하지 않거나 그 집행에 따르지 아니하는 경우 적절한 조치를 하여야 한다.(2020.3.24 본항신설)
제22조【임시조치의 변경 등】 ① 아동학대행위자, 그 법정대리인이나 보조인은 제19조제1항 각 호에 따른 임시조치 결정의 취소 또는 그 종류의 변경을 관할 법원에 신청할 수 있다.
② 검사는 필요하다고 인정하는 경우에는 직권이나 사법경찰관의 신청에 따라 법원에 임시조치 기간의 연장 또는 그 종류의 변경을 청구할 수 있고, 임시조치가 필요하지 아니하다고 인정하는 경우에는 직권이나 사법경찰관의 신청에 따라 법원에 해당 임시조치의 취소를 청구할 수 있다.
(2024.12.20 본항신설)
③ 판사는 정당한 이유가 있다고 인정하는 경우에는 직권이나 제1항의 신청 또는 제2항의 청구에 따라 결정으로 해당 임시조치의 취소, 임시조치 기간의 연장 또는 그 종류의 변경을 할 수 있다.(2024.12.20 본항개정)
④ 판사는 임시조치를 받은 아동학대행위자가 제19조제1항제5호 및 제6호의 임시조치 결정을 이행하지 아니하거나 그 집행에 따르지 아니하면 직권 또는 시·도지사, 시장·군수·구청장, 피해아동등, 그 법정대리인이나 변호사 또는 제19조제1항 각 호의 위탁 대상이 되는 기관의 장의 청구에 따라 결정으로 그 임시조치를 변경할 수 있다.(2024.12.20 본항개정)
⑤ 법원이 제3항 또는 제4항에 따라 임시조치의 종류를 제19조제1항제6호 또는 제7호의 임시조치로 변경할 경우 의료기관 등의 장, 아동학대행위자, 그 보조인 등에 대한 고지 또는 통지에 관하여는 제19조제6항, 제20조를 각각 준용한다.
(2024.12.20 본항신설)
(2024.12.20 본조제목개정)
제23조【임시로 후견인의 임무를 수행할 사람】 ① 판사는 제19조제1항제4호의 임시조치로 인하여 피해아동등에게 친권을 행사하거나 후견인의 임무를 수행할 사람이 없는 경우 그 임시조치의 기간 동안 시·도지사 또는 시장·군수·구청장, 아동권리보장원의 장, 아동보호전문기관의 장 및 가정위탁지원센터의 장으로 하여금 임시로 후견인의 임무를 수행하게 하거나 그 임무를 수행할 사람을 선임하여야 한다.
(2020.3.24 본항개정)
② 제1항의 경우 판사는 피해아동등의 이익을 최우선으로 고려하고 그 의견을 존중하여야 하며, 피해아동등, 변호사, 시·도지사 또는 시장·군수·구청장, 아동권리보장원의 장, 아동보호전문기관의 장 및 가정위탁지원센터의 장 등 피해아동등을 보호하고 있는 사람은 그 선임에 관하여 의견을 제시할 수 있다.(2020.3.24 본항개정)
③ 법원이 제1항에 따른 조치를 한 경우에는 그 사실을 피해아동등, 변호사, 시·도지사 또는 시장·군수·구청장, 아동권리보장원의 장, 아동보호전문기관의 장 및 가정위탁지원센터의 장 등 피해아동등을 보호하고 있는 사람에게 고지하여야 한다.(2020.3.24 본항개정)
④ 제1항에 따라 임시로 후견인의 임무를 수행하는 사람은 피해아동등이 소유한 재산의 보존 및 피해아동등의 보호를 위한 범위에서만 후견인의 임무를 수행할 수 있다.
(2020.3.24 본항개정)
⑤ 임시로 후견인의 임무를 수행하는 사람에 대해서는 「민법」 제949조를 준용한다.
⑥ 임시로 후견인의 임무를 수행하는 사람에 대한 선임, 사임 및 변경의 절차 등에 필요한 사항은 대법원규칙으로 정한다.
제24조【사법경찰관의 사건송치】 사법경찰관은 아동학대범죄를 신속히 수사하여 사건을 검사에게 송치하여야 한다. 이 경우 사법경찰관은 해당 사건을 아동보호사건으로 처리하는 것이 적절한 지에 관한 의견을 제시할 수 있다.
제25조【검사의 결정 전 조사】 ① 검사는 아동학대범죄에 대하여 아동보호사건 송치, 공소제기 또는 기소유예 등의 처분을 결정하기 위하여 필요하다고 인정하면 아동학대행위자의 주거지 또는 검찰청 소재지를 관할하는 보호관찰소의 장에게 아동학대행위자의 경력, 생활환경, 양육능력이나 그 밖에 필요한 사항에 관한 조사를 요구할 수 있다.
② 제1항의 요구를 받은 보호관찰소의 장은 지체 없이 이를 조사하여 서면으로 해당 검사에게 통보하여야 하며, 조사를 위하여 필요한 경우에는 소속 보호관찰관에게 아동학대행위자 또는 관계인을 출석하게 하여 진술요구를 하는 등의 방법으로 필요한 사항을 조사하게 할 수 있다.
③ 제2항에 따른 조사를 할 때에는 미리 아동학대행위자 또는 관계인에게 조사의 취지를 설명하여야 하고, 그 인권을 존중하며, 직무상 비밀을 엄수하여야 한다.
④ 검사는 아동학대범죄에 관하여 필요한 경우 시·도지사, 시장·군수·구청장 또는 아동보호전문기관의 장에 대하여 제1항의 결정에 필요한 자료의 제출을 요구할 수 있다.
(2020.3.24 본항개정)
⑤ 검사는 제1항의 결정을 할 때에는 보호관찰소의 장으로부터 통보받은 조사 결과 및 시·도지사, 시장·군수·구청장 또는 아동보호전문기관의 장으로부터 제출 받은 자료 등을 참고하여 피해아동 보호와 아동학대행위자의 교화·개선에 가장 적합한 결정을 하여야 한다.(2020.3.24 본항개정)
제26조【조건부 기소유예】 검사는 아동학대범죄를 수사한 결과 다음 각 호의 사유를 고려하여 필요하다고 인정하는 경우에는 아동학대행위자에 대하여 상담, 치료 또는 교육 받는 것을 조건으로 기소유예를 할 수 있다.
1. 사건의 성질·동기 및 결과
2. 아동학대행위자와 피해아동과의 관계
3. 아동학대행위자의 성행(性行) 및 개선 가능성
4. 원가정보호의 필요성
5. 피해아동 또는 그 법정대리인의 의사
제27조【아동보호사건의 처리】 ① 검사는 아동학대범죄로서 제26조 각 호의 사유를 고려하여 제36조에 따른 보호처분을 하는 것이 적절하다고 인정하는 경우에는 아동보호사건으로 처리할 수 있다.

② 다음 각 호의 경우에는 제1항을 적용할 수 있다.
1. 피해자의 고소가 있어야 공소를 제기할 수 있는 아동학대범죄에서 고소가 없거나 취소된 경우
2. 피해자의 명시적인 의사에 반하여 공소를 제기할 수 없는 아동학대범죄에서 피해자가 처벌을 희망하지 아니한다는 명시적 의사표시를 하였거나 처벌을 희망하는 의사표시를 철회한 경우
(2016.5.29 본항신설)

제28조【검사의 송치】 ① 검사는 제27조에 따라 아동보호사건으로 처리하는 경우에는 그 사건을 제18조제1항에 따른 관할 법원(이하 "관할 법원"이라 한다)에 송치하여야 한다.
② 검사는 아동학대범죄와 그 외의 범죄가 경합(競合)하는 경우에는 아동학대범죄에 대한 사건만을 분리하여 관할 법원에 송치할 수 있다.

제29조【법원의 송치】 법원은 아동학대행위자에 대한 피고사건을 심리한 결과 제36조에 따른 보호처분을 하는 것이 적절하다고 인정하는 경우에는 결정으로 사건을 관할 법원에 송치할 수 있다.

제30조【송치 시의 아동학대행위자 처리】 ① 제28조 또는 제29조에 따른 송치결정이 있는 경우 아동학대행위자를 구금하고 있는 시설의 장은 검사의 이송지휘를 받은 때부터 관할 법원이 있는 시(특별시, 광역시, 특별자치시 및 「제주특별자치도 설치 및 국제자유도시 조성을 위한 특별법」 제10조제2항에 따른 행정시를 포함한다. 이하 같다) · 군에서는 24시간 이내에, 그 밖의 시 · 군에서는 48시간 이내에 아동학대행위자를 관할 법원에 인도하여야 한다. 이 경우 법원은 아동학대행위자에 대하여 제19조에 따른 임시조치 여부를 결정하여야 한다.(2015.7.24 전단개정)
② 제1항에 따른 인도와 결정은 「형사소송법」 제92조, 제203조 또는 제205조의 구속기간 내에 이루어져야 한다.
③ 아동학대행위자에 대한 구속영장의 효력은 제1항 후단에 따라 임시조치 여부를 결정한 때에 상실된 것으로 본다.

제31조【송치서】 ① 제28조 또는 제29조에 따라 사건을 아동보호사건으로 송치하는 경우에는 송치서를 보내야 한다.
② 제1항의 송치서에는 아동학대행위자의 성명, 주소, 생년월일, 직업, 피해아동과의 관계 및 행위의 개요와 가정 상황을 적고 그 밖의 참고자료를 첨부하여야 한다.

제32조【이송】 ① 아동보호사건을 송치 받은 법원은 사건이 그 관할에 속하지 아니하거나 적정한 조사 · 심리를 위하여 필요하다고 인정하는 경우에는 결정으로 그 사건을 즉시 다른 관할 법원에 이송하여야 한다.
② 법원은 제1항에 따른 이송결정을 한 경우에는 지체 없이 그 사유를 첨부하여 아동학대행위자와 피해아동, 그 법정대리인, 변호사 및 검사에게 통지하여야 한다.

제33조【보호처분의 효력】 제36조에 따른 보호처분이 확정된 경우에는 그 아동학대행위자에 대하여 같은 범죄사실로 다시 공소를 제기할 수 없다. 다만, 제41조제1호에 따라 송치된 경우에는 그러하지 아니하다.

제34조【공소시효의 정지와 효력】 ① 아동학대범죄의 공소시효는 「형사소송법」 제252조에도 불구하고 해당 아동학대범죄의 피해아동이 성년에 달한 날부터 진행한다.
② 아동학대범죄에 대한 공소시효는 해당 아동보호사건이 법원에 송치된 때부터 시효 진행이 정지된다. 다만, 다음 각 호의 어느 하나에 해당하는 경우에는 그 때부터 진행된다.
1. 해당 아동보호사건에 대하여 제44조에 따라 준용되는 「가정폭력범죄의 처벌 등에 관한 특례법」 제37조제1항제1호에 따른 처분을 하지 아니한다는 결정이 확정된 때
2. 해당 아동보호사건이 제41조 또는 제44조에 따라 준용되는 「가정폭력범죄의 처벌 등에 관한 특례법」 제27조제2항 및 제37조제2항에 따라 송치된 때
③ 공범 중 1명에 대한 제2항의 시효정지는 다른 공범자에게도 효력을 미친다.

제35조【비밀엄수 등의 의무】 ① 아동학대범죄의 수사 또는 아동보호사건의 조사 · 심리 및 그 집행을 담당하거나 이에 관여하는 공무원, 보조인, 진술조력인, 아동보호전문기관 직원과 그 기관장, 상담소 등에 근무하는 상담원과 그 기관장 및 제10조제2항 각 호에 규정된 사람(그 직에 있었던 사람을 포함한다)은 그 직무상 알게 된 비밀을 누설하여서는 아니 된다.
② 신문의 편집인 · 발행인 또는 그 종사자, 방송사의 편집책임자, 그 기관장 또는 종사자, 그 밖의 출판물의 저작자와 발행인은 아동보호사건에 관련된 아동학대행위자, 피해아동, 고소인, 고발인 또는 신고인의 주소, 성명, 나이, 직업, 용모, 그 밖에 이들을 특정하여 파악할 수 있는 인적 사항이나 사진 등을 신문 등 출판물에 싣거나 방송매체를 통하여 방송할 수 없다.
③ 피해아동의 교육 또는 보육을 담당하는 학교의 교직원 또는 보육교직원은 정당한 사유가 없으면 해당 아동의 취학, 진학, 전학 또는 입소(그 변경을 포함한다)의 사실을 아동학대행위자인 친권자를 포함하여 누구에게든지 누설하여서는 아니 된다.

판례 아동학대행위자 대부분은 피해아동과 평소 밀접한 관계에 있으므로 행위자를 특정하여 파악할 수 있는 식별정보를 신문, 방송 등 매체를 통해 보도하는 것은 피해아동의 사생활 노출 등 2차 피해로 이어질 가능성이 매우 높다. 식별정보 보도 후에는 2차 피해를 차단하기 어려울 수 있고, 식별정보 보도를 허용할 경우 대중에 알려질 가능성을 두려워하는 피해아동이 신고를 자발적으로 포기하게 만들 우려도 있다. 따라서 아동학대행위자에 대한 식별정보의 보도를 금지하는 것이 과도하다고 보기 어렵다.
(헌재결 2022.10.27, 2021헌가4)

제36조【보호처분의 결정 등】 ① 판사는 심리의 결과 보호처분이 필요하다고 인정하는 경우에는 결정으로 다음 각 호의 어느 하나에 해당하는 보호처분을 할 수 있다.
1. 아동학대행위자가 피해아동 또는 가정구성원에게 접근하는 행위의 제한
2. 아동학대행위자가 피해아동 또는 가정구성원에게 「전기통신기본법」 제2조제1호의 전기통신을 이용하여 접근하는 행위의 제한
3. 피해아동에 대한 친권 또는 후견인 권한 행사의 제한 또는 정지
4. 「보호관찰 등에 관한 법률」에 따른 사회봉사 · 수강명령
5. 「보호관찰 등에 관한 법률」에 따른 보호관찰
6. 법무부장관 소속으로 설치한 감호위탁시설 또는 법무부장관이 정하는 보호시설에의 감호위탁
7. 의료기관에의 치료위탁
8. 아동보호전문기관, 상담소 등에의 상담위탁
② 제1항 각 호의 처분은 병과할 수 있다.
③ 제1항제3호의 처분을 하는 경우에는 피해아동을 아동학대행위자가 아닌 다른 친권자나 친족 또는 아동복지시설 등으로 인도할 수 있다.
④ 판사가 제1항제3호의 보호처분을 하는 경우 보호처분의 기간 동안 임시로 후견인의 임무를 수행할 사람의 선임 등에 대하여는 제23조를 준용한다.
⑤ 법원은 제1항에 따라 보호처분의 결정을 한 경우에는 지체 없이 그 사실을 검사, 아동학대행위자, 피해아동, 법정대리인, 변호사, 시 · 도지사 또는 시장 · 군수 · 구청장, 보호관찰관 및 보호처분을 위탁받아 하는 보호시설, 의료기관, 아동보호전문기관 또는 상담소 등(이하 "수탁기관"이라 한다)의 장에게 통지하여야 한다. 다만, 수탁기관이 국가나 지방자치단체가 운영하는 기관이 아닌 경우에는 그 기관의 장으로부터 수탁에 대한 동의를 받아야 한다.(2020.3.24 본문개정)
⑥ 제1항제4호부터 제8호까지의 규정에 따라 처분을 한 경우에는 법원은 아동학대행위자의 교정에 필요한 참고자료를 보호관찰관 또는 수탁기관의 장에게 보내야 한다.
⑦ 제1항제6호의 감호위탁기관은 아동학대행위자에 대하여 그 성행을 교정하기 위한 교육을 하여야 한다.

제37조【보호처분의 기간】 제36조제1항제1호부터 제3호까지 및 제5호부터 제8호까지의 규정에 따른 보호처분의 기간은 1년을 초과할 수 없으며, 같은 항 제4호의 사회봉사·수강명령의 시간은 각각 200시간을 초과할 수 없다.

제38조【보호처분 결정의 집행】 ① 법원은 가정보호사건조사관, 법원공무원, 사법경찰관리, 보호관찰관 또는 수탁기관 소속 직원으로 하여금 보호처분의 결정을 집행하게 할 수 있다.

② 제1항에 따른 집행담당자는 아동학대행위자의 보호처분 이행상황에 관하여 시·도지사 또는 시장·군수·구청장에게 통보하여야 한다.(2020.3.24 본항신설)

③ 보호처분의 집행에 관하여 이 법에서 정하지 아니한 사항에 대하여는 아동보호사건의 성질에 위배되지 아니하는 범위에서 「형사소송법」, 「보호관찰 등에 관한 법률」 및 「정신건강증진 및 정신질환자 복지서비스 지원에 관한 법률」을 준용한다.(2016.5.29 본항개정)

④ 시·도지사 또는 시장·군수·구청장은 아동학대행위자의 보호처분 이행을 관리하고, 아동학대행위자가 보호처분 결정을 이행하지 않거나 그 집행에 따르지 아니하는 경우 적절한 조치를 하여야 한다.(2020.3.24 본항신설)

제39조【보고와 의견 제출 등】 ① 법원은 제36조제1항제4호부터 제8호까지의 규정에 따른 보호처분을 결정한 경우에는 보호관찰관 또는 수탁기관의 장에게 아동학대행위자에 관한 보고서 또는 의견서 제출을 요구할 수 있고, 그 집행에 대하여 필요한 지시를 할 수 있다.

② 보호관찰관 또는 수탁기관의 장은 제1항의 경우 외에도 아동학대행위자가 제36조제1항제4호부터 제8호까지의 규정에 따른 보호처분을 이행하지 아니하거나 그 집행에 따르지 아니하는 경우에는 보호처분의 이행 실태에 대한 보고서 또는 의견서를 법원에 제출하여야 한다.

제40조【보호처분의 변경】 ① 법원은 보호처분이 진행되는 동안 필요하다고 인정하는 경우에는 직권 또는 검사, 시·도지사, 시장·군수·구청장, 보호관찰관 또는 수탁기관의 장의 청구에 의하여 결정으로 보호처분의 종류와 기간을 변경할 수 있다.(2020.3.24 본항개정)

② 법원은 필요한 경우 제38조제1항에 따른 집행담당자로 하여금 집행상황을 보고하도록 할 수 있으며, 가정보호사건조사관으로 하여금 보호처분에 관한 집행상황에 대하여 조사하도록 할 수 있다.(2020.3.24 본항신설)

③ 제1항에 따라 보호처분의 종류와 기간을 변경하는 경우 종전의 처분기간을 합산하여 제36조제1항제1호부터 제3호까지 및 제5호부터 제8호까지의 규정에 따른 보호처분의 기간은 2년을, 같은 항 제4호의 규정에 따른 사회봉사·수강명령의 시간은 400시간을 각각 초과할 수 없다.

④ 법원은 제1항에 따라 처분변경 결정을 한 경우에는 지체 없이 그 사실을 검사, 아동학대행위자, 피해아동, 법정대리인, 변호사, 보조인, 시·도지사 또는 시장·군수·구청장, 보호관찰관 및 수탁기관의 장에게 통지하여야 한다.
(2020.3.24 본항개정)

제41조【보호처분의 취소】 법원은 보호처분을 받은 아동학대행위자가 제36조제1항제4호부터 제8호까지의 규정에 따른 보호처분 결정을 이행하지 아니하거나 그 집행에 따르지 아니하면 직권 또는 검사, 피해아동, 그 법정대리인, 변호사, 시·도지사, 시장·군수·구청장, 보호관찰관이나 수탁기관의 장의 청구에 의하여 결정으로 그 보호처분을 취소하고 다음 각 호에 따라 처리하여야 한다.(2020.3.24 본문개정)

1. 제28조에 따라 검사가 송치한 사건인 경우에는 관할 법원에 대응하는 검찰청의 검사에게 송치
2. 제29조에 따라 법원이 송치한 사건인 경우에는 송치한 법원에 이송

제42조【보호처분의 종료】 법원은 아동학대행위자의 성행이 교정되어 정상적인 가정생활이 유지될 수 있다고 판단되거나 그 밖에 보호처분을 계속할 필요가 없다고 인정하는 경우에는 직권 또는 검사, 피해아동, 그 법정대리인, 변호사, 시·도지사, 시장·군수·구청장, 보호관찰관이나 수탁기관의 장의 청구에 의하여 결정으로 보호처분의 전부 또는 일부를 종료할 수 있다.(2020.3.24 본조개정)

제43조【비용의 부담】 ① 제19조제1항제6호에 따른 임시조치 또는 제36조제1항제7호 및 제8호에 따른 보호처분을 받은 아동학대행위자는 위탁 또는 보호처분에 필요한 비용을 부담한다. 다만, 아동학대행위자가 지급할 능력이 없는 경우에는 국가가 부담할 수 있다.

② 판사는 아동학대행위자에게 제1항 본문에 따른 비용의 예납(豫納)을 명할 수 있다.

③ 제1항에 따라 아동학대행위자가 부담할 비용의 계산, 청구 및 지급 절차, 그 밖에 필요한 사항은 대법원규칙으로 정한다.

제44조【준용】 아동보호사건의 조사·심리·보호처분 및 민사처리에 관한 특례 등에 대하여는 「가정폭력범죄의 처벌 등에 관한 특례법」 제18조의2, 제19조부터 제28조까지, 제30조부터 제39조까지, 제42조, 제56조부터 제62조까지의 규정을 준용한다. 이 경우 "가정보호사건"은 "아동보호사건"으로, "가정폭력행위자"는 "아동학대행위자"로, "피해자"는 "피해아동"으로, "가정폭력범죄"는 "아동학대범죄"로 본다.

제45조【항고와 재항고】 ① 제19조의 임시조치(연장 또는 변경의 결정을 포함한다. 이하 같다), 제36조의 보호처분, 제40조의 보호처분의 변경 및 제41조의 보호처분의 취소에 있어서 그 결정에 영향을 미칠 법령 위반이 있거나 중대한 사실 오인이 있는 경우 또는 그 결정이 현저히 부당한 경우에는 검사, 아동학대행위자, 법정대리인 또는 보조인은 가정법원본원합의부에 항고할 수 있다. 다만, 가정법원이 설치되지 아니한 지역에서는 지방법원본원합의부에 하여야 한다.

② 법원이 제44조가 준용하는 「가정폭력범죄의 처벌 등에 관한 특례법」 제37조에 따라 처분을 하지 아니한다는 결정을 한 경우 그 결정이 현저히 부당할 때에는 검사, 피해아동, 그 법정대리인 또는 변호사는 항고할 수 있다. 이 경우 항고법원에 관하여는 제1항을 준용한다.

③ 항고는 그 결정을 고지받은 날부터 7일 이내에 하여야 한다.

④ 임시조치·보호처분의 항고·재항고에 관하여는 「가정폭력범죄의 처벌 등에 관한 특례법」 제50조부터 제54조까지의 규정을 준용한다. 이 경우 "가정보호사건"은 "아동보호사건"으로 본다.

제5장 피해아동보호명령

제46조【피해아동보호명령사건의 관할】 ① 피해아동보호명령사건의 관할은 아동학대행위자의 행위지·거주지 또는 현재지 및 피해아동의 거주지 또는 현재지를 관할하는 가정법원으로 한다. 다만, 가정법원이 설치되지 아니하는 지역에 있어서는 해당 지역의 지방법원으로 한다.

② 피해아동보호명령사건의 심리와 결정은 판사가 한다.

제47조【가정법원의 피해아동에 대한 보호명령】 ① 판사는 직권 또는 피해아동, 그 법정대리인, 검사, 변호사, 시·도지사 또는 시장·군수·구청장의 청구에 따라 결정으로 피해아동의 보호를 위하여 다음 각 호의 피해아동보호명령을 할 수 있다.(2024.12.20 본문개정)

1. 아동학대행위자를 피해아동의 주거지 또는 점유하는 방실(房室)로부터의 퇴거 등 격리
2. 아동학대행위자가 피해아동 또는 가정구성원에게 접근하는 행위의 제한
3. 아동학대행위자가 피해아동 또는 가정구성원에게 「전기통신기본법」 제2조제1호의 전기통신을 이용하여 접근하는 행위의 제한
4. 피해아동을 아동복지시설 또는 장애인복지시설로의 보호위탁
5. 피해아동을 의료기관으로의 치료위탁

5의2. 피해아동을 아동보호전문기관, 상담소 등으로의 상담·치료위탁(2017.12.19 본호신설)
6. 피해아동을 연고자 등에게 가정위탁
7. 친권자인 아동학대행위자의 피해아동에 대한 친권 행사의 제한 또는 정지
8. 후견인인 아동학대행위자의 피해아동에 대한 후견인 권한의 제한 또는 정지
9. 친권자 또는 후견인의 의사표시를 갈음하는 결정
② 아동보호전문기관의 장은 시·도지사 또는 시장·군수·구청장에게 제1항에 따른 피해아동보호명령의 청구를 요청할 수 있다. 이 경우 시·도지사 또는 시장·군수·구청장은 요청을 신속히 처리해야 하며, 요청받은 날부터 15일 이내에 그 처리 결과를 아동보호전문기관의 장에게 통보하여야 한다.(2020.3.24 본항신설)
③ 제1항 각 호의 처분은 병과할 수 있다.
④ 판사가 제1항 각 호의 피해아동보호명령을 하는 경우 피해아동, 그 법정대리인, 검사, 변호사, 시·도지사 또는 시장·군수·구청장 및 아동보호전문기관의 장은 관할 법원에 대하여 필요한 의견을 진술할 수 있다.(2024.12.20 본항개정)
⑤ 판사가 제1항제7호 및 제8호의 피해아동보호명령을 하는 경우 피해아동보호명령의 기간 동안 임시로 후견인의 임무를 수행할 자의 선임 등에 대하여는 제23조를 준용한다.
⑥ 제1항제4호·제5호·제5호의2·제6호의 규정에 따른 위탁 대상이 되는 아동복지시설, 의료기관, 아동보호전문기관·상담소 등, 연고자 등의 기준과 위탁의 절차 및 집행 등에 필요한 사항은 대법원규칙으로 정한다.(2017.12.19 본항개정)
⑦ 판사는 제1항제5호의2에 따른 피해아동보호명령을 하는 경우 필요하다고 인정하는 때에는 피해아동의 보호자를 그 과정에 참여시킬 수 있다.(2017.12.19 본항신설)

제48조【보조인】 ① 피해아동 및 아동학대행위자는 피해아동보호명령사건에 대하여 각자 보조인을 선임할 수 있다.
② 피해아동 및 아동학대행위자의 법정대리인·배우자·직계친족·형제자매, 아동학대전담공무원, 아동보호전문기관의 상담원과 그 기관장 및 제16조에 따른 변호사는 보조인이 될 수 있다.(2020.3.24 본항개정)
③ 변호사(「변호사법」에 따른 변호사를 말한다. 이하 제49조에서 같다)가 아닌 사람을 보조인으로 선임하거나 제2항에 따른 보조인이 되려면 법원의 허가를 받아야 한다.
④ 판사는 언제든지 제3항의 허가를 취소할 수 있다.
⑤ 제1항에 따른 보조인의 선임은 심급마다 보조인과 연명날인한 서면으로 제출하여야 한다.
⑥ 제2항에 따른 보조인이 되고자 하는 자는 심급별로 그 취지를 신고하여야 한다. 이 경우 보조인이 되고자 하는 자와 피해아동·아동학대행위자 사이의 신분관계 또는 보조인이 되고자 하는 자의 직위를 소명하는 서면을 첨부하여야 한다.
⑦ 제1항에 따른 보조인은 독립하여 절차행위를 할 수 있고, 제2항에 따른 보조인은 독립하여 피해아동 또는 아동학대행위자의 명시한 의사에 반하지 아니하는 절차행위를 할 수 있다. 다만, 법률에 다른 규정이 있는 때에는 예외로 한다.

제49조【국선보조인】 ① 다음 각 호의 어느 하나에 해당하는 경우 법원은 직권에 의하거나 피해아동 또는 피해아동의 법정대리인·직계친족·형제자매, 아동학대전담공무원, 아동보호전문기관의 상담원과 그 기관장의 신청에 따라 변호사를 피해아동의 보조인으로 선정하여야 한다.(2021.3.16 본문개정)
1. 피해아동에게 신체적·정신적 장애가 의심되는 경우
2. 빈곤이나 그 밖의 사유로 보조인을 선임할 수 없는 경우
3. 그 밖에 판사가 보조인이 필요하다고 인정하는 경우
② 법원은 아동학대행위자가 「형사소송법」 제33조제1항 각 호의 어느 하나에 해당하는 경우에는 직권으로 변호사를 아동학대행위자의 보조인으로 선정할 수 있다.
③ 제1항과 제2항에 따라 선정된 보조인에게 지급하는 비용에 대하여는 「형사소송비용 등에 관한 법률」을 준용한다.

제50조【피해아동보호명령의 집행 및 취소와 변경】 ① 관할 법원의 판사는 제47조제1항제1호부터 제5호까지, 제5호의2 및 제6호의 규정에 따른 피해아동보호명령을 하는 경우, 가정보호사건조사관, 법원공무원, 사법경찰관리 또는 구치소 소속 교정직공무원으로 하여금 이를 집행하게 하거나, 시·도지사 또는 시장·군수·구청장에게 그 집행을 위임할 수 있다.
② 판사는 제1항에 따른 집행담당자에게 피해아동보호명령의 집행상황보고서 또는 의견서를 요구할 수 있고, 그 집행에 필요한 지시를 할 수 있으며, 필요한 경우 가정보호사건조사관으로 하여금 피해아동보호명령의 집행과 관련한 사항에 대하여 조사하도록 할 수 있다.(2020.3.24 본항신설)
③ 피해아동, 그 법정대리인, 검사, 변호사, 시·도지사 또는 시장·군수·구청장은 제47조제1항에 따른 보호명령의 취소 또는 그 종류의 변경을 신청할 수 있으며, 아동보호전문기관의 장은 시·도지사 또는 시장·군수·구청장에게 보호명령의 취소 또는 그 종류의 변경 신청을 요청할 수 있다.
(2024.12.20 본항개정)
④ 판사는 상당한 이유가 있다고 인정하는 때에는 직권 또는 제3항의 신청에 따라 결정으로 해당 피해아동보호명령을 취소하거나 그 종류를 변경할 수 있다.
⑤ 법원은 제51조제1항에 따른 피해아동보호명령의 기간이 종료된 경우 검사, 시·도지사 또는 시장·군수·구청장에게 그 사실을 통지하여야 한다.(2024.12.20 본항개정)
(2020.3.24 본조개정)

제51조【피해아동보호명령의 기간】 ① 제47조제1항제1호부터 제5호까지, 제5호의2 및 제6호부터 제8호까지의 피해아동보호명령의 기간은 1년을 초과할 수 없다. 다만, 관할 법원의 판사는 피해아동의 보호를 위하여 그 기간의 연장이 필요하다고 인정하는 경우 직권 또는 피해아동, 그 법정대리인, 검사, 변호사, 시·도지사 또는 시장·군수·구청장의 청구에 따른 결정으로 6개월 단위로 그 기간을 연장할 수 있다.
(2024.12.20 단서개정)
② 보호관찰소의 장 및 아동보호전문기관의 장은 시·도지사 또는 시장·군수·구청장에게 제1항 단서에 따른 피해아동보호명령의 연장 청구를 요청할 수 있으며, 시·도지사 또는 시장·군수·구청장은 요청받은 날부터 15일 이내에 그 처리 결과를 요청자에게 통보하여야 한다.(2020.3.24 본항신설)
③ 제1항에 따라 연장된 기간은 피해아동이 성년에 도달하는 때를 초과할 수 없다.
(2020.3.24 본조개정)

제52조【피해아동에 대한 임시보호명령】 ① 관할 법원의 판사는 제47조에 따른 피해아동보호명령의 청구가 있는 경우에 피해아동 보호를 위하여 필요하다고 인정하는 때에는 결정으로 임시로 제47조제1항 각 호의 어느 하나에 해당하는 조치(이하 "임시보호명령"이라 한다)를 할 수 있다.
② 임시보호명령의 기간은 피해아동보호명령의 결정 시까지로 한다. 다만, 판사는 필요하다고 인정하는 경우에 그 기간을 제한할 수 있다.
③ 판사가 제47조제1항제7호 및 제8호에 따라 임시보호명령을 한 경우 그 임시보호명령의 기간 동안 임시로 후견인의 임무를 수행할 자의 선임 등에 대하여는 제23조를 준용한다.
④ 임시보호명령의 집행 및 취소와 변경에 대하여는 제50조를 준용한다. 이 경우 "피해아동보호명령"은 "임시보호명령"으로 본다.

제53조【이행실태의 조사】 ① 관할 법원은 가정보호사건조사관, 법원공무원, 사법경찰관리 또는 보호관찰관 등으로 하여금 임시보호명령 및 피해아동보호명령의 이행실태에 대하여 수시로 조사하게 하고, 지체 없이 그 결과를 보고하도록 할 수 있다.
② 관할 법원은 임시보호명령 및 피해아동보호명령을 받은 아동학대행위자가 그 결정을 이행하지 아니하거나 집행에

따르지 아니하는 때에는 그 사실을 관할 법원에 대응하는 검찰청 검사에게 통보할 수 있다.

제54조【병합심리】 법원은 사건의 관련성이 인정되어 병합하여 심리할 필요성이 있는 경우에는 피해아동보호명령 사건과 아동보호사건을 병합하여 심리할 수 있다.

제55조【아동학대전담공무원 등에 대한 교육】 법무부장관 등 관계 행정기관의 장은 아동학대전담공무원, 사법경찰관리 및 아동보호전문기관의 종사자에게 아동학대사건의 조사와 사례관리에 필요한 전문지식, 이 법에서 정한 절차, 관련 법제도, 국제인권조약에 명시된 아동의 인권 및 피해아동 보호를 위한 조사방법 등에 관하여 교육을 실시하여야 한다.(2021.1.26 본조개정)

제55조의2【자료요청 및 면담】 ① 법무부장관은 아동학대 및 아동보호의 실태를 파악하고 제도를 개선하기 위하여 시·도지사 또는 시장·군수·구청장, 아동권리보장원의 장 및 아동보호전문기관의 장에게 관련 통계 등 자료를 요청할 수 있다.

② 법무부장관은 중대한 아동학대 사건이 발생하여 필요하다고 인정하면 해당 사건의 실태파악 및 제도개선을 위하여 관련 공무원, 아동보호전문기관 또는 관계인을 면담하거나 질문할 수 있다.

(2020.3.24 본조신설)

제56조【준용】 ① 피해아동보호명령사건의 조사·심리에 관하여는 「가정폭력범죄의 처벌 등에 관한 특례법」 제19조부터 제22조까지, 제30조부터 제32조까지 및 제34조부터 제36조까지의 규정을 준용한다. 이 경우 "가정보호사건"은 "아동보호사건"으로, "가정폭력행위자"는 "아동학대행위자"로, "피해자"는 "피해아동"으로, "가정폭력범죄"는 "아동학대범죄"로, "보호처분"은 "피해아동보호명령"으로 본다.

제57조【항고와 재항고】 ① 제47조에 따른 피해아동보호명령(제51조에 따른 연장의 결정을 포함한다) 및 제50조에 따른 그 취소 또는 종류의 변경, 제52조에 따른 임시보호명령 및 그 취소 또는 종류의 변경에 있어서 그 결정에 영향을 미칠 법령 위반이 있거나 중대한 사실오인이 있는 때 또는 그 결정이 현저히 부당한 때에는 피해아동, 아동학대행위자, 법정대리인, 검사, 변호사, 시·도지사, 시장·군수·구청장 또는 보조인은 가정법원본원합의부에 항고할 수 있다. 다만, 가정법원이 설치되지 아니한 지역에서는 지방법원본원합의부에 하여야 한다.(2024.12.20 본문개정)

② 판사가 피해아동보호명령의 청구를 기각한 경우 피해아동, 그 법정대리인, 검사, 변호사, 시·도지사 또는 시장·군수·구청장은 항고할 수 있다. 이 경우 항고법원에 관하여는 제1항을 준용한다.(2024.12.20 전단개정)

③ 아동보호전문기관의 장은 시·도지사 또는 시장·군수·구청장에게 제1항 및 제2항에 따른 항고를 요청할 수 있다. (2020.3.24 본항신설)

④ 제1항 및 제2항에 따른 피해아동보호명령 등의 항고 및 재항고에 관하여는 「가정폭력범죄의 처벌 등에 관한 특례법」 제49조제3항 및 제50조부터 제53조까지의 규정을 준용한다.

제58조【위임규정】 피해아동보호명령사건의 조사·심리에 필요한 사항은 대법원규칙으로 정한다.

제6장 벌 칙

제59조【보호처분 등의 불이행죄】 ① 다음 각 호의 어느 하나에 해당하는 아동학대행위자는 2년 이하의 징역 또는 2천만원 이하의 벌금 또는 구류에 처한다.

1. 제19조제1항제1호부터 제4호까지의 어느 하나에 해당하는 임시조치를 이행하지 아니한 아동학대행위자
2. 제36조제1항제1호부터 제3호까지의 어느 하나에 해당하는 보호처분이 확정된 후에 이를 이행하지 아니한 아동학대행위자
3. 제47조에 따른 피해아동보호명령, 제52조에 따른 임시보호명령이 결정된 후에 이를 이행하지 아니한 아동학대행위자

② 상습적으로 제1항의 죄를 범한 아동학대행위자는 5년 이하의 징역이나 5천만원 이하의 벌금에 처한다.(2017.12.19 본항개정)

③ 제8조제1항에 따라 이수명령을 부과받은 사람이 보호관찰소의 장 또는 교정시설의 장의 이수명령 이행에 관한 지시에 불응하여 「보호관찰 등에 관한 법률」 또는 「형의 집행 및 수용자의 처우에 관한 법률」에 따른 경고를 받은 후 재차 정당한 사유 없이 이수명령 이행에 관한 지시에 불응한 경우 다음 각 호에 따른다.

1. 벌금형과 병과된 경우에는 500만원 이하의 벌금에 처한다.
2. 징역형의 실형과 병과된 경우에는 1년 이하의 징역 또는 1천만원 이하의 벌금에 처한다.(2017.12.19 본호개정)

제60조【피해자 등에 대한 강요행위】 폭행이나 협박으로 아동학대범죄의 피해아동 또는 제2조제2호에 따른 보호자를 상대로 합의를 강요한 사람은 7년 이하의 징역에 처한다.

제61조【업무수행 등의 방해죄】 ① 제11조제2항·제3항, 제12조제1항, 제19조제1항 각 호, 제36조제1항 각 호 또는 제47조제1항 각 호에 따른 업무를 수행 중인 사법경찰관리, 아동학대전담공무원이나 아동보호전문기관의 직원에 대하여 폭행 또는 협박하거나 위계 또는 위력으로써 그 업무수행을 방해한 사람은 5년 이하의 징역 또는 5천만원 이하의 벌금에 처한다.(2021.1.26 본항개정)

② 단체 또는 다중의 위력을 보이거나 위험한 물건을 휴대하여 제1항의 죄를 범한 때에는 그 정한 형의 2분의 1까지 가중한다.

③ 제1항의 죄를 범하여 사법경찰관리, 아동학대전담공무원이나 아동보호전문기관의 직원을 상해에 이르게 한 때에는 3년 이상의 유기징역에 처한다. 사망에 이르게 한 때에는 무기 또는 5년 이상의 징역에 처한다.(2020.3.24 전단개정)

제62조【비밀엄수 등 의무의 위반죄】 ① 제35조제1항에 따른 비밀엄수 의무를 위반한 보조인, 진술조력인, 아동보호전문기관 직원과 그 기관장, 상담소 등에 근무하는 상담원과 그 기관장 및 제10조제2항 각 호에 규정된 사람(그 직에 있었던 사람을 포함한다)은 3년 이하의 징역이나 5년 이하의 자격정지 또는 3천만원 이하의 벌금에 처한다. 다만, 보조인인 변호사에 대하여는 「형법」 제317조제1항을 적용한다. (2016.5.29 본문개정)

② 제10조제3항을 위반하여 신고인의 인적사항 또는 신고인임을 미루어 알 수 있는 사실을 다른 사람에게 알려주거나 공개 또는 보도한 자는 3년 이하의 징역이나 3천만원 이하의 벌금에 처한다.(2016.5.29 본항개정)

③ 제35조제2항의 보도 금지 의무를 위반한 신문의 편집인·발행인 또는 그 종사자, 방송사의 편집책임자, 그 기관장 또는 종사자, 그 밖의 출판물의 저작자와 발행인은 500만원 이하의 벌금에 처한다.

제62조의2【불이익조치 금지 위반죄】 ① 제10조의2를 위반하여 아동학대범죄신고자등에게 파면, 해임, 해고, 그 밖에 신분상실에 해당하는 신분상의 불이익조치를 한 자는 2년 이하의 징역 또는 2천만원 이하의 벌금에 처한다.

② 제10조의2를 위반하여 아동학대범죄신고자등에게 다음 각 호의 어느 하나에 해당하는 불이익조치를 한 자는 1년 이하의 징역 또는 1천만원 이하의 벌금에 처한다.

1. 징계, 정직, 감봉, 강등, 승진 제한, 그 밖에 부당한 인사조치
2. 전보, 전근, 직무 미부여, 직무 재배치, 그 밖에 본인의 의사에 반하는 인사조치
3. 성과평가 또는 동료평가 등에서의 차별과 그에 따른 임금 또는 상여금 등의 차별 지급
4. 교육 또는 훈련 등 자기계발 기회의 취소, 예산 또는 인력 등 가용자원의 제한 또는 제거, 보안정보 또는 비밀정보

사용의 정지 또는 취급 자격의 취소, 그 밖에 근무조건 등에 부정적 영향을 미치는 차별 또는 조치
5. 주의 대상자 명단 작성 또는 그 명단의 공개, 집단 따돌림, 폭행 또는 폭언, 그 밖에 정신적·신체적 손상을 가져오는 행위
6. 직무에 대한 부당한 감사 또는 조사나 그 결과의 공개
(2016.5.29 본조신설)

제63조【과태료】 ① 다음 각 호의 어느 하나에 해당하는 사람에게는 1천만원 이하의 과태료를 부과한다.(2021.1.26 본문개정)
1. 정당한 사유 없이 판사의 아동보호사건의 조사·심리를 위한 소환에 따르지 아니한 사람
2. 정당한 사유 없이 제10조제2항에 따른 신고를 하지 아니한 사람
3. 정당한 사유 없이 제11조제6항을 위반하여 사법경찰관리, 아동학대전담공무원 또는 아동보호전문기관의 직원이 수행하는 현장조사를 거부한 사람(2021.1.26 본호개정)
3의2. 정당한 사유 없이 제11조의2제1항 후단을 위반하여 아동학대전담공무원의 출석·진술 및 자료제출 요구에 따르지 아니하거나 거짓으로 진술 또는 자료를 제출한 사람
(2021.1.26 본호신설)
4. 정당한 사유 없이 제13조제1항에 따른 긴급임시조치를 이행하지 아니한 사람
5. 정당한 사유 없이 제36조제1항제4호부터 제8호까지의 보호처분이 확정된 후 이를 이행하지 아니하거나 집행에 따르지 아니한 사람
6. 정당한 사유 없이 제39조에 따른 보고서 또는 의견서 제출 요구에 따르지 아니한 사람

② 제1항에 따른 과태료는 대통령령으로 정하는 바에 따라 관계 행정기관의 장이 부과·징수한다.

제64조【벌칙적용에 있어서 공무원의 의제】 아동보호전문기관의 장과 그 직원 및 진술조력인은 「형법」 제129조부터 제132조까지의 규정에 따른 벌칙의 적용에서는 공무원으로 본다.

부 칙

이 법은 공포 후 8개월이 경과한 날부터 시행한다.

부 칙 (2017.12.19)

이 법은 공포 후 6개월이 경과한 날부터 시행한다. 다만, 제59조제2항 및 같은 조 제3항제2호의 개정규정은 공포한 날부터 시행한다.

부 칙 (2019.1.15)

제1조【시행일】 이 법은 공포 후 6개월이 경과한 날부터 시행한다.(이하 생략)

부 칙 (2020.3.24)

제1조【시행일】 이 법은 2020년 10월 1일부터 시행한다.
제2조【아동보호전문기관에 대한 특례】 아동보호전문기관의 장은 법률 제17206호 아동복지법 일부개정법률 부칙 제3조제1항에 따라 시·도지사 또는 시장·군수·구청장이 아동학대전담공무원을 두지 아니한 경우 제9조부터 제11조까지, 제12조(제4항 후단 중 경찰관서의 장의 응급조치결과보고서 송부에 관한 사항은 제외한다), 제15조, 제47조, 제50조 및 제57조의 개정규정에 따른 업무를 수행하여야 한다. 이 경우 "시·도지사 또는 시장·군수·구청장"은 "아동보호전문기관의 장"으로, "아동학대전담공무원"은 "아동보호전문기관의 직원"으로 본다.

부 칙 (2021.1.26)

제1조【시행일】 이 법은 공포한 날부터 시행한다. 다만, 제10조제4항의 개정규정은 공포 후 1년이 경과한 날부터 시행한다.
제2조【현장출동에 따른 결과 통지에 관한 적용례】 제11조제7항의 개정규정은 이 법 시행 이후 사법경찰관리 또는 아동학대전담공무원이 현장에 출동한 경우부터 적용한다.
제3조【응급조치 기간의 연장에 관한 적용례】 제12조제3항 단서 및 제15조제2항의 개정규정은 이 법 시행 이후 응급조치를 하는 경우부터 적용한다.

부 칙 (2021.3.16)

제1조【시행일】 이 법은 공포한 날부터 시행한다.
제2조【국선변호사 및 국선보조인 선정에 관한 적용례】 제16조 및 제49조제1항의 개정규정은 이 법 시행 이후 발생한 아동학대범죄부터 적용한다.

부 칙 (2022.12.27)

이 법은 공포 후 6개월이 경과한 날부터 시행한다.

부 칙 (2023.7.18)

제1조【시행일】 이 법은 공포 후 2년이 경과한 날부터 시행한다.(이하 생략)

부 칙 (2023.12.26)

제1조【시행일】 이 법은 공포한 날부터 시행한다.
제2조【의견 참고 등에 관한 적용례】 제11조의2제2항 및 제17조의3의 개정규정은 이 법 시행 당시 조사·수사 중인 사건에 대하여도 적용한다.

부 칙 (2024.12.20)

이 법은 공포 후 6개월이 경과한 날부터 시행한다. 다만, 제4조제3항의 개정규정은 공포한 날부터 시행한다.

성매매알선 등 행위의 처벌에 관한 법률(약칭 : 성매매처벌법)

(2004년 3월 22일 법 률 제7196호)

개정
2005. 3.24법 7404호
2010. 4.15법10261호(성폭력방지및피해자보호등에관한법)
2011. 5.23법10697호
2011. 9.15법11048호(청소년보호법)
2013. 4. 5법11731호(형법)
2014. 1.28법12349호(대중문화예술산업발전법)
2014. 3.18법12421호(출입국)
2021. 3.16법17931호 2023.12.29법19858호

제1장 총 칙
(2011.5.23 본장개정)

제1조【목적】 이 법은 성매매, 성매매알선 등 행위 및 성매매 목적의 인신매매를 근절하고, 성매매피해자의 인권을 보호함을 목적으로 한다.

제2조【정의】 ① 이 법에서 사용하는 용어의 뜻은 다음과 같다.

1. "성매매"란 불특정인을 상대로 금품이나 그 밖의 재산상의 이익을 수수(收受)하거나 수수하기로 약속하고 다음 각 목의 어느 하나에 해당하는 행위를 하거나 그 상대방이 되는 것을 말한다.
 가. 성교행위
 나. 구강, 항문 등 신체의 일부 또는 도구를 이용한 유사성교행위
2. "성매매알선 등 행위"란 다음 각 목의 어느 하나에 해당하는 행위를 하는 것을 말한다.
 가. 성매매를 알선, 권유, 유인 또는 강요하는 행위
 나. 성매매의 장소를 제공하는 행위
 다. 성매매에 제공되는 사실을 알면서 자금, 토지 또는 건물을 제공하는 행위
3. "성매매 목적의 인신매매"란 다음 각 목의 어느 하나에 해당하는 행위를 하는 것을 말한다.
 가. 성을 파는 행위 또는 「형법」 제245조에 따른 음란행위를 하게 하거나, 성교행위 등 음란한 내용을 표현하는 사진·영상물 등의 촬영 대상으로 삼을 목적으로 위계(僞計), 위력(威力), 그 밖에 이에 준하는 방법으로 대상자를 지배·관리하면서 제3자에게 인계하는 행위
 나. 가목과 같은 목적으로 미성년자, 사물을 변별하거나 의사를 결정할 능력이 없거나 미약한 사람 또는 대통령령으로 정하는 중대한 장애가 있는 사람이나 그를 보호·감독하는 사람에게 선불금 등 금품이나 그 밖의 재산상의 이익을 제공하거나 제공하기로 약속하고 대상자를 지배·관리하면서 제3자에게 인계하는 행위 (2023.12.29 본목개정)
 다. 가목 및 나목의 행위가 행하여지는 것을 알면서 가목과 같은 목적이나 전매를 위하여 대상자를 인계받는 행위
 라. 가목부터 다목까지의 행위를 위하여 대상자를 모집·이동·은닉하는 행위
4. "성매매피해자"란 다음 각 목의 어느 하나에 해당하는 사람을 말한다.
 가. 위계, 위력, 그 밖에 이에 준하는 방법으로 성매매를 강요당한 사람
 나. 업무관계, 고용관계, 그 밖의 관계로 인하여 보호 또는 감독하는 사람에 의하여 「마약류관리에 관한 법률」 제2조에 따른 마약·향정신성의약품 또는 대마(이하 "마약등"이라 한다)에 중독되어 성매매를 한 사람
 다. 미성년자, 사물을 변별하거나 의사를 결정할 능력이 없거나 미약한 사람 또는 대통령령으로 정하는 중대한 장애가 있는 사람으로서 성매매를 하도록 알선·유인된 사람(2023.12.29 본목개정)
 라. 성매매 목적의 인신매매를 당한 사람

② 다음 각 호의 어느 하나에 해당하는 경우에는 대상자를 제1항제3호가목에 따른 지배·관리하에 둔 것으로 본다.
1. 선불금 제공 등의 방법으로 대상자의 동의를 받은 경우라도 그 의사에 반하여 이탈을 제지한 경우
2. 다른 사람을 고용·감독하는 사람, 출입국·직업을 알선하는 사람 또는 그를 보조하는 사람이 성을 파는 행위를 하게 할 목적으로 여권이나 여권을 갈음하는 증명서를 채무이행 확보 등의 명목으로 받은 경우

판례 성매매에 제공되는 사실을 알면서 건물을 제공하는 행위를 처벌함으로써 성매매, 성매매알선 등 행위를 근절하고 성매매피해자의 인권을 보호하는 데 이바지하고자 하는 것으로서 입법목적의 정당성이 인정되고, 건물제공행위로 인하여 성매매와 성매매알선이 용이해지고 그로 인한 재산상의 이익은 성매매에 대한 건물제공의 유인동기가 되므로 성매매가 음성화되고 변종 성매매가 증가하는 상황에서 이를 형사처벌하는 것은 입법목적을 달성하기 위한 적절한 수단이다. 또한, 우리 사회의 심각한 성매매 실태에 비추어 볼 때 건물제공행위로 인하여 성매매가 지속적으로 이루어지고, 직접 성매매를 알선한 자만 처벌해서는 성매매 근절에 한계가 있을 수 있으므로, 성매매의 유형을 불문하고 건물제공행위에 대한 제재수단으로 형사처벌을 택한 것이 결코 과도한 기본권 제한이라고 볼 수 없고, 청구인의 경우 성매매가 아닌 다른 목적의 임대를 통해 당해 건물을 사용·수익하는 것이 충분히 가능한 반면, 성매매에 제공되는 사실을 알면서 건물을 제공하는 행위를 규제함으로써 보호하고자 하는 성매매 근절 등의 공익이 더 크고 중요하므로, 과잉금지원칙에 위반하여 재산권을 침해한다고 할 수 없다.(헌재결 2012.12.27, 2011헌바235)

제3조【국가 등의 책무】 ① 국가 및 지방자치단체는 성매매, 성매매알선 등 행위 및 성매매 목적의 인신매매를 예방하고 근절하기 위한 교육 및 홍보 등에 관하여 법적·제도적 대책을 마련하고, 필요한 재원(財源)을 조달하여야 한다.
② 국가는 성매매 목적의 인신매매를 방지하기 위하여 국제협력의 증진과 형사사법의 공조(共助) 강화에 노력하여야 한다.

제4조【금지행위】 누구든지 다음 각 호의 어느 하나에 해당하는 행위를 하여서는 아니 된다.
1. 성매매
2. 성매매알선 등 행위
3. 성매매 목적의 인신매매
4. 성을 파는 행위를 하게 할 목적으로 다른 사람을 고용·모집하거나 성매매가 행하여진다는 사실을 알고 직업을 소개·알선하는 행위
5. 제1호, 제2호 및 제4호의 행위 및 그 행위가 행하여지는 업소에 대한 광고행위

제5조【다른 법률과의 관계】 이 법에서 규정한 사항에 관하여 「아동·청소년의 성보호에 관한 법률」 및 「대중문화예술산업발전법」에 특별한 규정이 있는 경우에는 그 법에서 정하는 바에 따른다.(2014.1.28 본조개정)

제2장 성매매피해자 등의 보호
(2011.5.23 본장개정)

제6조【성매매피해자에 대한 처벌특례와 보호】 ① 성매매피해자의 성매매는 처벌하지 아니한다.
② 검사 또는 사법경찰관은 수사과정에서 피의자 또는 참고인이 성매매피해자에 해당한다고 볼 만한 상당한 이유가 있을 때에는 지체 없이 법정대리인, 친족 또는 변호인에게 통지하고, 신변보호, 수사의 비공개, 친족 또는 지원시설·성매매피해상담소에의 인계 등 그 보호에 필요한 조치를 하여야 한다. 다만, 피의자 또는 참고인의 사생활 보호 등 부득이한 사유가 있는 경우에는 통지하지 아니할 수 있다.

③ 법원 또는 수사기관이 이 법에 규정된 범죄를 신고(고소·고발을 포함한다. 이하 같다)한 사람 또는 성매매피해자(이하 "신고자등"이라 한다. 이하 같다)를 조사하거나 증인으로 신문(訊問)하는 경우에는 「특정범죄 신고자 등 보호법」 제7조부터 제13조까지의 규정을 준용한다. 이 경우 「특정범죄 신고자 등 보호법」 제9조와 제13조를 제외하고는 보복을 당할 우려가 있어야 한다는 요건이 필요하지 아니하다.

제7조【신고의무 등】 ① 「성매매방지 및 피해자보호 등에 관한 법률」 제5조제1항에 따른 지원시설 및 같은 법 제10조에 따른 성매매피해상담소의 장이나 종사자가 업무와 관련하여 성매매 피해사실을 알게 되었을 때에는 지체 없이 수사기관에 신고하여야 한다.

② 누구든지 이 법에 규정된 범죄를 신고한 사람에게 그 신고를 이유로 불이익을 주어서는 아니 된다.

③ 다른 법률에 규정이 있는 경우를 제외하고는 신고자등의 인적사항이나 사진 등 그 신원을 알 수 있는 정보나 자료를 인터넷 또는 출판물에 게재하거나 방송매체를 통하여 방송하여서는 아니 된다.

제8조【신뢰관계에 있는 사람의 동석】 ① 법원은 신고자등을 증인으로 신문할 때에는 직권으로 또는 본인·법정대리인이나 검사의 신청에 의하여 신뢰관계에 있는 사람을 동석하게 할 수 있다.

② 수사기관은 신고자등을 조사할 때에는 직권으로 또는 본인·법정대리인의 신청에 의하여 신뢰관계에 있는 사람을 동석하게 할 수 있다.

③ 법원 또는 수사기관은 미성년자, 사물을 변별하거나 의사를 결정할 능력이 없거나 미약한 사람 또는 대통령령으로 정하는 중대한 장애가 있는 사람에 대하여 제1항 및 제2항에 따른 신청을 받은 경우에는 재판이나 수사에 지장을 줄 우려가 있는 등 특별한 사유가 없으면 신뢰관계에 있는 사람을 동석하게 하여야 한다.(2023.12.29 본항개정)

④ 제1항부터 제3항까지의 규정에 따라 신문이나 조사에 동석하는 사람은 진술을 대리하거나 유도하는 등의 행위로 수사나 재판에 부당한 영향을 끼쳐서는 아니 된다.

제9조【심리의 비공개】 ① 법원은 신고자등의 사생활이나 신변을 보호하기 위하여 필요하면 결정으로 심리를 공개하지 아니할 수 있다.

② 증인으로 소환받은 신고자등과 그 가족은 사생활이나 신변을 보호하기 위하여 증인신문의 비공개를 신청할 수 있다.

③ 재판장은 제2항에 따른 신청을 받으면 그 허가 여부, 법정 외의 장소에서의 신문 등 신문의 방식 및 장소에 관하여 결정할 수 있다.

④ 제1항 및 제3항에 따른 심리의 비공개에 관하여는 「법원조직법」 제57조제2항 및 제3항을 준용한다.

제10조【불법원인으로 인한 채권무효】 ① 다음 각 호의 어느 하나에 해당하는 사람이 그 행위와 관련하여 성을 파는 행위를 하였거나 할 사람에게 가지는 채권은 그 계약의 형식이나 명목에 관계없이 무효로 한다. 그 채권을 양도하거나 그 채무를 인수한 경우에도 또한 같다.

1. 성매매알선 등 행위를 한 사람
2. 성을 파는 행위를 할 사람을 고용·모집하거나 그 직업을 소개·알선한 사람
3. 성매매 목적의 인신매매를 한 사람

② 검사 또는 사법경찰관은 제1항의 불법원인과 관련된 것으로 의심되는 채무의 불이행을 이유로 고소·고발된 사건을 수사할 때에는 금품이나 그 밖의 재산상의 이익 제공이 성매매의 유인·강요 수단이나 성매매 업소로부터의 이탈방지 수단으로 이용되었는지를 확인하여 수사에 참작하여야 한다.

③ 검사 또는 사법경찰관은 성을 파는 행위를 한 사람이나 성매매피해자를 조사할 때에는 제1항의 채권이 무효라는 사실과 지원시설 등을 이용할 수 있음을 본인 또는 법정대리인 등에게 고지하여야 한다.

제11조【외국인여성에 대한 특례】 ① 외국인여성이 이 법에 규정된 범죄를 신고한 경우나 외국인여성을 성매매피해자로 수사하는 경우에는 다음 각 호의 어느 하나에 해당하는 때까지 「출입국관리법」 제46조에 따른 강제퇴거명령 또는 같은 법 제51조에 따른 보호의 집행을 하여서는 아니 된다. 이 경우 수사기관은 지방출입국·외국인관서에 해당 외국인여성의 인적사항과 주거를 통보하는 등 출입국 관리에 필요한 조치를 하여야 한다.(2021.3.16 전단개정)

1. 사법경찰관이 해당 사건에 대하여 불송치결정을 한 때. 이 경우 「형사소송법」 제245조의5제2호에 따라 관계 서류 등을 송부받은 날부터 90일 이내에 같은 법 제245조의8에 따른 재수사요청이 없었던 경우(재수사요청이 있었으나 그 재수사결과를 통보받은 날부터 30일 이내에 사건송치요구가 없었던 경우를 포함한다)로서 해당 기간 만료일까지 같은 법 제245조의7에 따른 이의신청이 없었던 경우로 한정한다.(2021.3.16 본호신설)
2. 검사가 해당 사건에 대하여 불기소처분을 하거나 공소를 제기한 때(2021.3.16 본호신설)

② 검사는 제1항의 사건에 대하여 공소를 제기한 후에는 성매매피해 실태, 증언 또는 배상의 필요성, 그 밖의 정황을 고려하여 지방출입국·외국인관서의 장 등 관계 기관의 장에게 일정한 기간을 정하여 제1항에 따른 강제퇴거명령의 집행을 유예하거나 보호를 일시해제할 것을 요청할 수 있다.(2014.3.18 본항개정)

③ 제1항 및 제2항에 따라 강제퇴거명령의 집행을 유예하거나 보호의 일시해제를 하는 기간에는 해당 외국인여성에게 지원시설 등을 이용하게 할 수 있다.

④ 수사기관은 외국인여성을 성매매피해자로 조사할 때에는 「소송촉진 등에 관한 특례법」에 따른 배상신청을 할 수 있음을 고지하여야 한다.

⑤ 성매매피해자인 외국인여성이 「소송촉진 등에 관한 특례법」에 따른 배상신청을 한 경우에는 그 배상명령이 확정될 때까지 제1항을 준용한다.

제3장 보호사건

(2011.5.23 본장개정)

제12조【보호사건의 처리】 ① 검사는 성매매를 한 사람에 대하여 사건의 성격·동기, 행위자의 성행(性行) 등을 고려하여 이 법에 따른 보호처분을 하는 것이 적절하다고 인정할 때에는 특별한 사정이 없으면 보호사건으로 관할법원에 송치하여야 한다.

② 법원은 성매매 사건의 심리 결과 이 법에 따른 보호처분을 하는 것이 적절하다고 인정할 때에는 결정으로 사건을 보호사건의 관할법원에 송치할 수 있다.

제13조【관할】 ① 이 법에서 정한 보호사건(이하 "보호사건"이라 한다)의 관할은 성매매를 한 장소나 성매매를 한 사람의 거주지 또는 현재지를 관할하는 가정법원으로 한다. 다만, 가정법원이 설치되어 있지 아니한 지역의 경우에는 해당 지역의 지방법원(지원을 포함한다. 이하 같다)으로 한다.

② 보호사건의 심리와 결정은 단독판사가 한다.

제14조【보호처분의 결정 등】 ① 판사는 심리 결과 보호처분이 필요하다고 인정할 때에는 결정으로 다음 각 호의 어느 하나에 해당하는 처분을 할 수 있다.

1. 성매매가 이루어질 우려가 있다고 인정되는 장소나 지역에의 출입금지

2. 「보호관찰 등에 관한 법률」에 따른 보호관찰
3. 「보호관찰 등에 관한 법률」에 따른 사회봉사 · 수강명령
4. 「성매매방지 및 피해자보호 등에 관한 법률」 제10조에 따른 성매매피해상담소에의 상담위탁
5. 「성폭력방지 및 피해자보호 등에 관한 법률」 제27조제1항에 따른 전담의료기관에의 치료위탁

② 제1항 각 호의 처분은 병과(併科)할 수 있다.

③ 법원은 보호처분의 결정을 한 경우에는 지체 없이 검사, 보호처분을 받은 사람, 보호관찰관 또는 보호처분을 위탁받아 행하는 지원시설 · 성매매피해상담소 또는 의료기관(이하 "수탁기관"이라 한다)의 장에게 통지하여야 한다. 다만, 국가가 운영하지 아니하는 수탁기관에 보호처분을 위탁할 때에는 그 기관의 장으로부터 수탁에 대한 동의를 받아야 한다.

④ 법원은 제1항제2호부터 제5호까지의 처분을 한 경우에는 교육, 상담, 치료 또는 보호관찰에 필요한 자료를 보호관찰관 또는 수탁기관의 장에게 송부하여야 한다.

⑤ 보호관찰, 사회봉사 · 수강명령에 관하여 이 법에서 정한 사항 외의 사항에 관하여는 「보호관찰 등에 관한 법률」을 준용한다.

제15조 【보호처분의 기간】 제14조제1항제1호 · 제2호 및 제4호에 따른 보호처분 기간은 6개월을, 같은 항 제3호에 따른 사회봉사 · 수강명령은 100시간을 각각 초과할 수 없다.

제16조 【보호처분의 변경】 ① 법원은 검사, 보호관찰관 또는 수탁기관의 장이 청구하면 결정으로 한 번만 보호처분의 종류와 기간을 변경할 수 있다.

② 제1항에 따라 보호처분의 종류와 기간을 변경할 때에는 종전의 처분기간을 합산하여 제14조제1항제1호 · 제2호 · 제4호 · 제5호에 따른 보호처분 기간은 1년을, 같은 항 제3호에 따른 사회봉사 · 수강명령은 200시간을 각각 초과할 수 없다.

제17조 【다른 법률의 준용】 ① 성매매 사건의 보호처분에 관하여 이 법에서 정하지 아니한 사항에 대하여는 「가정폭력범죄의 처벌 등에 관한 특례법」 제13조부터 제17조까지, 제19조부터 제28조까지, 제30조, 제31조, 제32조제1항, 제34조부터 제38조까지, 제43조, 제44조 및 제46조부터 제54조까지의 규정을 준용하되, "가정폭력범죄"는 "성매매"로, "가정보호사건"은 "보호사건"으로 본다. 다만, 임시조치, 피해자 또는 법정대리인의 권리에 관한 조항 등 성질상 성매매 사건에 적용할 수 없는 규정은 준용하지 아니한다.

② 이 법에서 규정한 사항 외에 보호사건의 조사와 심리에 필요한 사항은 대법원규칙으로 정한다.

제4장 벌칙 등
(2011.5.23 본장개정)

제18조 【벌칙】 ① 다음 각 호의 어느 하나에 해당하는 사람은 10년 이하의 징역 또는 1억원 이하의 벌금에 처한다.
1. 폭행이나 협박으로 성을 파는 행위를 하게 한 사람
2. 위계 또는 이에 준하는 방법으로 성을 파는 사람을 곤경에 빠뜨려 성을 파는 행위를 하게 한 사람
3. 친족관계, 고용관계, 그 밖의 관계로 인하여 다른 사람을 보호 · 감독하는 것을 이용하여 성을 파는 행위를 하게 한 사람
4. 위계 또는 위력으로 성교행위 등 음란한 내용을 표현하는 영상물 등을 촬영한 사람

② 다음 각 호의 어느 하나에 해당하는 사람은 1년 이상의 유기징역에 처한다.
1. 제1항의 죄(미수범을 포함한다)를 범하고 그 대가의 전부 또는 일부를 받거나 이를 요구 · 약속한 사람
2. 위계 또는 위력으로 미성년자, 사물을 변별하거나 의사를 결정할 능력이 없거나 미약한 사람 또는 대통령령으로 정하는 중대한 장애가 있는 사람으로 하여금 성을 파는 행위를 하게 한 사람(2023.12.29 본호개정)
3. 「폭력행위 등 처벌에 관한 법률」 제4조에 규정된 단체나 집단의 구성원으로서 제1항의 죄를 범한 사람

③ 다음 각 호의 어느 하나에 해당하는 사람은 3년 이상의 유기징역에 처한다.
1. 다른 사람을 감금하거나 단체 또는 다중(多衆)의 위력을 보이는 방법으로 성매매를 강요한 사람
2. 성을 파는 행위를 하였거나 할 사람을 고용 · 관리하는 것을 이용하여 위계 또는 위력으로 낙태하게 하거나 불임시술을 받게 한 사람
3. (2013.4.5 삭제)
4. 「폭력행위 등 처벌에 관한 법률」 제4조에 규정된 단체나 집단의 구성원으로서 제2항제1호 또는 제2호의 죄를 범한 사람

④ 다음 각 호의 어느 하나에 해당하는 사람은 5년 이상의 유기징역에 처한다.
1. 업무관계, 고용관계, 그 밖의 관계로 인하여 보호 또는 감독을 받는 사람에게 마약등을 사용하여 성을 파는 행위를 하게 한 사람
2. 「폭력행위 등 처벌에 관한 법률」 제4조에 규정된 단체나 집단의 구성원으로서 제3항제1호부터 제3호까지의 죄를 범한 사람

제19조 【벌칙】 ① 다음 각 호의 어느 하나에 해당하는 사람은 3년 이하의 징역 또는 3천만원 이하의 벌금에 처한다.
1. 성매매알선 등 행위를 한 사람
2. 성을 파는 행위를 할 사람을 모집한 사람
3. 성을 파는 행위를 하도록 직업을 소개 · 알선한 사람

② 다음 각 호의 어느 하나에 해당하는 사람은 7년 이하의 징역 또는 7천만원 이하의 벌금에 처한다.
1. 영업으로 성매매알선 등 행위를 한 사람
2. 성을 파는 행위를 할 사람을 모집하고 그 대가를 지급받은 사람
3. 성을 파는 행위를 하도록 직업을 소개 · 알선하고 그 대가를 지급받은 사람

제20조 【벌칙】 ① 다음 각 호의 어느 하나에 해당하는 사람은 3년 이하의 징역 또는 3천만원 이하의 벌금에 처한다.
1. 성을 파는 행위 또는 「형법」 제245조에 따른 음란행위 등을 하도록 직업을 소개 · 알선할 목적으로 광고(각종 간행물, 유인물, 전화, 인터넷, 그 밖의 매체를 통한 행위를 포함한다. 이하 같다)를 한 사람
2. 성매매 또는 성매매알선 등 행위가 행하여지는 업소에 대한 광고를 한 사람
3. 성을 사는 행위를 권유하거나 유인하는 광고를 한 사람

② 영업으로 제1항에 따른 광고물을 제작 · 공급하거나 광고를 게재한 사람은 2년 이하의 징역 또는 1천만원 이하의 벌금에 처한다.

③ 영업으로 제1항에 따른 광고물이나 광고가 게재된 출판물을 배포한 사람은 1년 이하의 징역 또는 500만원 이하의 벌금에 처한다.

제21조 【벌칙】 ① 성매매를 한 사람은 1년 이하의 징역이나 300만원 이하의 벌금 · 구류 또는 과료(科料)에 처한다.

② 제7조제3항을 위반한 사람은 500만원 이하의 벌금에 처한다.

판례 외관상 강요되지 않은 자발적인 성매매행위도 인간의 성을 상품화함으로써 성판매자의 인격적 자율성을 침해할 수 있고, 성매매산업이 번창하는 것은 자금과 노동력의 정상적인 흐름을 왜곡하여 산업구조를 기형화시키는 점에서 사회적으로 매우 유해한 것이다. 성매매는 그 자체로 폭력적, 착취적 성격을 가진 것으로 경제적 대

가를 매개로 하여 경제적 약자인 성판매자의 신체와 인격을 지배하는 형태를 띠므로 대등한 당사자 사이의 자유로운 거래 행위로 볼 수 없고, 인간의 성을 상품화하여 성범죄가 발생하기 쉬운 환경을 만드는 등 사회 전반의 성풍속과 성도덕을 허물어뜨린다. 성매매를 형사처벌함에 따라 성매매 집결지를 중심으로 한 성매매 업소와 성판매 여성이 감소하는 추세에 있고, 성구매사범 대부분이 성매매처벌법에 따라 성매매가 처벌된다는 사실을 안 후 성구매를 자제하게 되었다고 응답하고 있는 점 등에 비추어 보면, 성매매를 형사처벌함으로써 사회 전반의 건전한 성풍속 및 성도덕을 확립하려는 심판대상조항의 입법목적은 정당하고 수단의 적절성도 인정된다. 따라서 심판대상조항은 개인의 성적 자기결정권, 사생활의 비밀과 자유, 직업선택의 자유를 침해하지 아니한다.(헌재결 2016.3.31, 2013헌가2)

제22조【범죄단체의 가중처벌】 제18조 또는 제19조에 규정된 범죄를 목적으로 단체 또는 집단을 구성하거나 그러한 단체 또는 집단에 가입한 사람은「폭력행위 등 처벌에 관한 법률」제4조의 예에 따라 처벌한다.

제23조【미수범】 제18조부터 제20조까지에 규정된 죄의 미수범은 처벌한다.

제24조【징역과 벌금의 병과】 제18조제1항, 제19조, 제20조 및 제23조(제18조제2항부터 제4항까지에 규정된 죄의 미수범은 제외한다)의 경우에는 징역과 벌금을 병과할 수 있다.

제25조【몰수 및 추징】 제18조부터 제20조까지에 규정된 죄를 범한 사람이 그 범죄로 인하여 얻은 금품이나 그 밖의 재산은 몰수하고, 몰수할 수 없는 경우에는 그 가액(價額)을 추징한다.

판례 성매매알선 등 행위를 한 주범이 공범인 직원에게 급여를 지급하였는데, 주범이 이를 범죄수익 분배의 일환으로 지급한 것이 아니라 단순히 범죄수익을 얻기 위하여 비용 지출의 일환으로 공범인 직원에게 급여를 지급한 것에 불과하다면 공범인 직원에 대하여「성매매알선 등 행위의 처벌에 관한 법률」제25조 후단의 규정에 의한 추징은 할 수 없다. 그러나 공범인 직원이 성매매알선 등 행위(성매매에 제공되는 사실을 알면서 자금·토지 또는 건물을 제공하는 행위는 제외한다)를 하여 그 범죄행위의 보수 명목으로 급여 등을 받아 실질적으로 귀속된 이익금이 있다면, 이에 대하여「범죄수익은닉의 규제 및 처벌 등에 관한 법률」제10조제1항, 제8조제1항제1호에 의하여 공범인 직원으로부터도 급여 등의 이익금을 추징할 수 있다.(대판 2024.9.27, 2024도8707)

제26조【형의 감면】 이 법에 규정된 죄를 범한 사람이 수사기관에 신고하거나 자수한 경우에는 형을 감경하거나 면제할 수 있다.

제27조【양벌규정】 법인의 대표자나 법인 또는 개인의 대리인, 사용인, 그 밖의 종업원이 그 법인 또는 개인의 업무에 관하여 제18조부터 제23조까지의 어느 하나에 해당하는 위반행위를 하면 그 행위자를 벌하는 외에 그 법인 또는 개인에게도 해당 조문의 벌금형을 과(科)하고, 벌금형이 규정되어 있지 아니한 경우에는 1억원 이하의 벌금에 처한다. 다만, 법인 또는 개인이 그 위반행위를 방지하기 위하여 해당 업무에 관하여 상당한 주의와 감독을 게을리하지 아니한 경우에는 그러하지 아니하다.

제28조【보상금】 ① 제18조제2항제3호, 같은 조 제3항제4호, 같은 조 제4항, 제22조의 범죄 및 성매매 목적의 인신매매의 범죄를 수사기관에 신고한 사람에게는 보상금을 지급할 수 있다.(2013.4.5 본항개정)

② 제1항에 따른 보상금의 지급 기준 및 범위에 관하여 필요한 사항은 대통령령으로 정한다.

부　칙

제1조【시행일】 이 법은 공포후 6월이 경과한 날부터 시행한다.

제2조【다른 법률의 폐지】 윤락행위등방지법은 이를 폐지한다.

제3조【벌칙에 관한 경과조치】 이 법 시행전의 행위에 대한 벌칙의 적용에 있어서는 종전의 윤락행위등방지법에 의한다.

제4조【보호처분 등에 관한 경과조치】 이 법 시행 당시 종전의 규정에 의하여 보호처분절차, 보호처분 또는 선도보호조치의 집행이 진행 중인 때에는 종전의 규정에 의한다.

제5조【다른 법률의 개정 등】 ①~③ ※(해당 법령에 가제정리 하였음)

④ 이 법 시행 당시 다른 법령에서 종전의 윤락행위등방지법 및 그 규정을 인용하고 있는 경우 이 법중 그에 해당하는 규정이 있는 때에는 이 법 또는 이 법의 해당 규정을 인용한 것으로 본다.

부　칙 (2021.3.16)

제1조【시행일】 이 법은 공포한 날부터 시행한다.

제2조【적용례】 제11조제1항의 개정규정은 이 법 시행 당시 수사 중인 사건에 대해서도 적용한다.

부　칙 (2023.12.29)

이 법은 2024년 1월 1일부터 시행한다.

가정폭력범죄의 처벌 등에 관한 특례법(약칭 : 가정폭력처벌법)

(1997년 12월 13일 법 률 제5436호)

개정
1999. 1.21법 5676호
1999.12.31법 6082호(형사소송비용등에관한법)
2000. 1.12법 6151호(아동)
2002. 1.26법 6626호(민사소송법)
2002. 1.26법 6627호(민사집행법)
2002.12.18법 6783호 2005. 1.27법 7356호
2005. 3.31법 7427호(민법)
2006. 2.21법 7849호(제주자치법)
2007. 5.17법 8434호 2007. 8. 3법 8580호
2011. 4.12법10573호
2011. 6. 7법10789호(영유아보육법)
2011. 7.25법10921호
2011. 8. 4법11002호(아동)
2011. 8. 4법11005호(의료법)
2012. 1.17법11150호 2014. 1.28법12340호
2014.12.30법12877호
2015. 7.24법13426호(제주자치법)
2016. 1. 6법13719호(형법)
2016. 5.29법14224호(정신건강증진및정신질환자복지서비스지원에관한법)
2017.10.31법14962호 2020.10.20법17499호
2022.12.13법19068호

제1장 총 칙

(2011.4.12 본장개정)

제1조【목적】 이 법은 가정폭력범죄의 형사처벌 절차에 관한 특례를 정하고 가정폭력범죄를 범한 사람에 대하여 환경의 조정과 성행(性行)의 교정을 위한 보호처분을 함으로써 가정폭력범죄로 파괴된 가정의 평화와 안정을 회복하고 건강한 가정을 가꾸며 피해자와 가족구성원의 인권을 보호함을 목적으로 한다.

제2조【정의】 이 법에서 사용하는 용어의 뜻은 다음과 같다.
1. "가정폭력"이란 가정구성원 사이의 신체적, 정신적 또는 재산상 피해를 수반하는 행위를 말한다.
2. "가정구성원"이란 다음 각 목의 어느 하나에 해당하는 사람을 말한다.
가. 배우자(사실상 혼인관계에 있는 사람을 포함한다. 이하 같다) 또는 배우자였던 사람
나. 자기 또는 배우자와 직계존비속관계(사실상의 양친자관계를 포함한다. 이하 같다)에 있거나 있었던 사람
다. 계부모와 자녀의 관계 또는 적모(嫡母)와 서자(庶子)의 관계에 있거나 있었던 사람
라. 동거하는 친족
3. "가정폭력범죄"란 가정폭력으로서 다음 각 목의 어느 하나에 해당하는 죄를 말한다.
가. 「형법」 제2편제25장 상해와 폭행의 죄 중 제257조(상해, 존속상해), 제258조(중상해, 존속중상해), 제258조의2(특수상해), 제260조(폭행, 존속폭행)제1항ㆍ제2항, 제261조(특수폭행) 및 제264조(상습범)의 죄(2016.1.6 본목개정)
나. 「형법」 제2편제28장 유기와 학대의 죄 중 제271조(유기, 존속유기)제1항ㆍ제2항, 제272조(영아유기), 제273조(학대, 존속학대) 및 제274조(아동혹사)의 죄
다. 「형법」 제2편제29장 체포와 감금의 죄 중 제276조(체포, 감금, 존속체포, 존속감금), 제277조(중체포, 중감금, 존속중체포, 존속중감금), 제278조(특수체포, 특수감금), 제279조(상습범) 및 제280조(미수범)의 죄
라. 「형법」 제2편제30장 협박의 죄 중 제283조(협박, 존속협박)제1항ㆍ제2항, 제284조(특수협박), 제285조(상습범)(제283조의 죄에만 해당한다) 및 제286조(미수범)의 죄
마. 「형법」 제2편제32장 강간과 추행의 죄 중 제297조(강간), 제297조의2(유사강간), 제298조(강제추행), 제299조(준강간, 준강제추행), 제300조(미수범), 제301조(강간등 상해ㆍ치상), 제301조의2(강간등 살인ㆍ치사), 제302조(미성년자등에 대한 간음), 제305조(미성년자에 대한 간음, 추행), 제305조의2(상습범)(제297조, 제297조의2, 제298조부터 제300조까지의 죄에 한한다)의 죄(2014.12.30 본목개정)
바. 「형법」 제2편제33장 명예에 관한 죄 중 제307조(명예훼손), 제308조(사자의 명예훼손), 제309조(출판물등에 의한 명예훼손) 및 제311조(모욕)의 죄
사. 「형법」 제2편제36장 주거침입의 죄(2020.10.20 본목개정)
아. 「형법」 제2편제37장 권리행사를 방해하는 죄 중 제324조(강요) 및 제324조의5(미수범)(제324조의 죄에만 해당한다)의 죄
자. 「형법」 제2편제39장 사기와 공갈의 죄 중 제350조(공갈), 제350조의2(특수공갈) 및 제352조(미수범)(제350조, 제350조의2의 죄에만 해당한다)의 죄(2016.1.6 본목개정)
차. 「형법」 제2편제42장 손괴의 죄 중 제366조(재물손괴등) 및 제369조(특수손괴)제1항의 죄(2020.10.20 본목개정)
카. 「성폭력범죄의 처벌 등에 관한 특례법」 제14조(카메라 등을 이용한 촬영) 및 제15조(미수범)(제14조의 죄에만 해당한다)의 죄(2020.10.20 본목신설)
타. 「정보통신망 이용촉진 및 정보보호 등에 관한 법률」 제74조제1항제3호의 죄(2020.10.20 본목신설)
파. 가목부터 타목까지의 죄로서 다른 법률에 따라 가중처벌되는 죄(2020.10.20 본목개정)
4. "가정폭력행위자"란 가정폭력범죄를 범한 사람 및 가정구성원인 공범을 말한다.
5. "피해자"란 가정폭력범죄로 인하여 직접적으로 피해를 입은 사람을 말한다.
6. "가정보호사건"이란 가정폭력범죄로 인하여 이 법에 따른 보호처분의 대상이 되는 사건을 말한다.
7. "보호처분"이란 법원이 가정보호사건에 대하여 심리를 거쳐 가정폭력행위자에게 하는 제40조에 따른 처분을 말한다.
7의2. "피해자보호명령사건"이란 가정폭력범죄로 인하여 제55조의2에 따른 피해자보호명령의 대상이 되는 사건을 말한다.(2011.7.25 본호신설)
8. "아동"이란 「아동복지법」 제3조제1호에 따른 아동을 말한다.(2011.8.4 본호개정)

제3조【다른 법률과의 관계】 가정폭력범죄에 대하여는 이 법을 우선 적용한다. 다만, 아동학대범죄에 대하여는 「아동학대범죄의 처벌 등에 관한 특례법」을 우선 적용한다.
(2014.1.28 단서신설)

제3조의2【형벌과 수강명령 등의 병과】 ① 법원은 가정폭력행위자에 대하여 유죄판결(선고유예는 제외한다)을 선고하거나 약식명령을 고지하는 경우에는 200시간의 범위에서 재범예방에 필요한 수강명령(「보호관찰 등에 관한 법률」에 따른 수강명령을 말한다. 이하 같다) 또는 가정폭력 치료프로그램의 이수명령(이하 "이수명령"이라 한다)을 병과할 수 있다.
② 가정폭력행위자에 대하여 제1항의 수강명령은 형의 집행을 유예할 경우에 그 집행유예기간 내에서 병과하고, 이수명령은 징역형의 실형 또는 벌금형을 선고하거나 약식명령을 고지할 경우에 병과한다.
③ 법원이 가정폭력행위자에 대하여 형의 집행을 유예하는 경우에는 제1항에 따른 수강명령 외에 그 집행유예기간 내에서 보호관찰 또는 사회봉사 중 하나 이상의 처분을 병과할 수 있다.
④ 제1항에 따른 수강명령 또는 이수명령은 형의 집행을 유예할 경우에는 그 집행유예기간 내에, 징역형의 실형을 선고할 경우에는 형기 내에, 벌금형을 선고하거나 약식명령을 고지할 경우에는 형 확정일부터 6개월 이내에 각각 집행한다.

⑤ 제1항에 따른 수강명령 또는 이수명령이 형의 집행유예 또는 벌금형과 병과된 경우에는 보호관찰소의 장이 집행하고, 징역형의 실형과 병과된 경우에는 교정시설의 장이 집행한다. 다만, 징역형의 실형과 병과된 이수명령을 모두 이행하기 전에 석방 또는 가석방되거나 미결구금일수 산입 등의 사유로 형을 집행할 수 없게 된 경우에는 보호관찰소의 장이 남은 이수명령을 집행한다.
⑥ 제1항에 따른 수강명령 또는 이수명령은 다음 각 호의 내용으로 한다.
1. 가정폭력 행동의 진단·상담
2. 가정구성원으로서의 기본 소양을 갖추게 하기 위한 교육
3. 그 밖에 가정폭력행위자의 재범예방을 위하여 필요한 사항
⑦ 형벌과 병과하는 보호관찰, 사회봉사, 수강명령 및 이수명령에 관하여 이 법에서 규정한 사항 외에는 「보호관찰 등에 관한 법률」을 준용한다.
(2020.10.20 본조신설)

제2장 가정보호사건
(2011.4.12 본장개정)

제1절 통 칙

제4조【신고의무 등】 ① 누구든지 가정폭력범죄를 알게 된 경우에는 수사기관에 신고할 수 있다.
② 다음 각 호의 어느 하나에 해당하는 사람이 직무를 수행하면서 가정폭력범죄를 알게 된 경우에는 정당한 사유가 없으면 즉시 수사기관에 신고하여야 한다.
1. 아동의 교육과 보호를 담당하는 기관의 종사자와 그 기관장
2. 아동, 60세 이상의 노인, 그 밖에 정상적인 판단 능력이 결여된 사람의 치료 등을 담당하는 의료인 및 의료기관의 장
3. 「노인복지법」에 따른 노인복지시설, 「아동복지법」에 따른 아동복지시설, 「장애인복지법」에 따른 장애인복지시설의 종사자와 그 기관장
4. 「다문화가족지원법」에 따른 다문화가족지원센터의 전문인력과 그 장
5. 「결혼중개업의 관리에 관한 법률」에 따른 국제결혼중개업자와 그 종사자
6. 「소방기본법」에 따른 구조대·구급대의 대원
7. 「사회복지사업법」에 따른 사회복지 전담공무원
(2012.1.17 4호~7호신설)
8. 「건강가정기본법」에 따른 건강가정지원센터의 종사자와 그 센터의 장(2014.12.30 본호신설)
③ 「아동복지법」에 따른 아동상담소, 「가정폭력방지 및 피해자보호 등에 관한 법률」에 따른 가정폭력 관련 상담소 및 보호시설, 「성폭력방지 및 피해자보호 등에 관한 법률」에 따른 성폭력피해상담소 및 보호시설(이하 "상담소등"이라 한다)에 근무하는 상담원과 그 기관장은 피해자 또는 피해자의 법정대리인 등과의 상담을 통하여 가정폭력범죄를 알게 된 경우에는 가정폭력피해자의 명시적인 반대의견이 없으면 즉시 신고하여야 한다.(2017.10.31 본항개정)
④ 누구든지 제1항부터 제3항까지의 규정에 따라 가정폭력범죄를 신고한 사람(이하 "신고자"라 한다)에게 그 신고행위를 이유로 불이익을 주어서는 아니 된다.
제5조【가정폭력범죄에 대한 응급조치】 진행 중인 가정폭력범죄에 대하여 신고를 받은 사법경찰관리는 즉시 현장에 나가서 다음 각 호의 조치를 하여야 한다.
1. 폭력행위의 제지, 가정폭력행위자·피해자의 분리 (2020.10.20 본호개정)
1의2. 「형사소송법」 제212조에 따른 현행범인의 체포 등 범죄수사(2020.10.20 본호신설)
2. 피해자를 가정폭력 관련 상담소 또는 보호시설로 인도(피해자가 동의한 경우만 해당한다)
3. 긴급치료가 필요한 피해자를 의료기관으로 인도
4. 폭력행위 재발 시 제8조에 따라 임시조치를 신청할 수 있음을 통보
5. 제55조의2에 따른 피해자보호명령 또는 신변안전조치를 청구할 수 있음을 고지(2020.10.20 본호신설)

판례 112 신고를 받고 출동한 경찰이 가정폭력 피해자를 가해자로부터 분리조치할 때는 피해자의 동의를 필요로 하지 않는다. 설령 피해자가 분리조치를 희망하지 않거나 동의하지 않는다는 의사를 표명했더라도 경찰관이 현장의 상황에 따라 분리조치를 했다면 이는 적법하다.(대판 2022.8.11, 2022도2076)

제6조【고소에 관한 특례】 ① 피해자 또는 그 법정대리인은 가정폭력행위자를 고소할 수 있다. 피해자의 법정대리인이 가정폭력행위자인 경우 또는 가정폭력행위자와 공동으로 가정폭력범죄를 범한 경우에는 피해자의 친족이 고소할 수 있다.
② 피해자는 「형사소송법」 제224조에도 불구하고 가정폭력행위자가 자기 또는 배우자의 직계존속인 경우에도 고소할 수 있다. 법정대리인이 고소하는 경우에도 또한 같다.
③ 피해자에게 고소할 법정대리인이나 친족이 없는 경우에 이해관계인이 신청하면 검사는 10일 이내에 고소할 수 있는 사람을 지정하여야 한다.
제7조【사법경찰관의 사건 송치】 사법경찰관은 가정폭력범죄를 신속히 수사하여 사건을 검사에게 송치하여야 한다. 이 경우 사법경찰관은 해당 사건을 가정보호사건으로 처리하는 것이 적절한지에 관한 의견을 제시할 수 있다.
제8조【임시조치의 청구 등】 ① 검사는 가정폭력범죄가 재발될 우려가 있다고 인정하는 경우에는 직권으로 또는 사법경찰관의 신청에 의하여 법원에 제29조제1항제1호·제2호 또는 제3호의 임시조치를 청구할 수 있다.
② 검사는 가정폭력행위자가 제1항의 청구에 의하여 결정된 임시조치를 위반하여 가정폭력범죄가 재발될 우려가 있다고 인정하는 경우에는 직권으로 또는 사법경찰관의 신청에 의하여 법원에 제29조제1항제5호의 임시조치를 청구할 수 있다.
③ 제1항 및 제2항의 경우 피해자 또는 그 법정대리인은 검사 또는 사법경찰관에게 제1항 및 제2항에 따른 임시조치의 청구 또는 그 신청을 요청하거나 이에 관하여 의견을 진술할 수 있다.
④ 제3항에 따른 요청을 받은 사법경찰관은 제1항 및 제2항에 따른 임시조치를 신청하지 아니하는 경우에는 검사에게 그 사유를 보고하여야 한다.
제8조의2【긴급임시조치】 ① 사법경찰관은 제5조에 따른 응급조치에도 불구하고 가정폭력범죄가 재발될 우려가 있고, 긴급을 요하여 법원의 임시조치 결정을 받을 수 없을 때에는 직권 또는 피해자나 그 법정대리인의 신청에 의하여 제29조제1항제1호부터 제3호까지의 어느 하나에 해당하는 조치(이하 "긴급임시조치"라 한다)를 할 수 있다.
② 사법경찰관은 제1항에 따라 긴급임시조치를 한 경우에는 즉시 긴급임시조치결정서를 작성하여야 한다.
③ 제2항에 따른 긴급임시조치결정서에는 범죄사실의 요지, 긴급임시조치가 필요한 사유 등을 기재하여야 한다.
(2011.7.25 본조신설)
제8조의3【긴급임시조치와 임시조치의 청구】 ① 사법경찰관이 제8조의2제1항에 따라 긴급임시조치를 한 때에는 지체 없이 검사에게 제8조에 따른 임시조치를 신청하고, 신청받은 검사는 법원에 임시조치를 청구하여야 한다. 이 경우 임시조치의 청구는 긴급임시조치를 한 때부터 48시간 이내에 청구하여야 하며, 제8조의2제2항에 따른 긴급임시조치결정서를 첨부하여야 한다.
② 제1항에 따라 임시조치를 청구하지 아니하거나 법원이 임시조치의 결정을 하지 아니한 때에는 즉시 긴급임시조치를 취소하여야 한다.
(2011.7.25 본조신설)

제9조【가정보호사건의 처리】 ① 검사는 가정폭력범죄로서 사건의 성질·동기 및 결과, 가정폭력행위자의 성행 등을 고려하여 이 법에 따른 보호처분을 하는 것이 적절하다고 인정하는 경우에는 가정보호사건으로 처리할 수 있다. 이 경우 검사는 피해자의 의사를 존중하여야 한다.
② 다음 각 호의 경우에는 제1항을 적용할 수 있다.
1. 피해자의 고소가 있어야 공소를 제기할 수 있는 가정폭력범죄에서 고소가 없거나 취소된 경우
2. 피해자의 명시적인 의사에 반하여 공소를 제기할 수 없는 가정폭력범죄에서 피해자가 처벌을 희망하지 아니한다는 명시적 의사표시를 하였거나 처벌을 희망하는 의사표시를 철회한 경우

제9조의2【상담조건부 기소유예】 검사는 가정폭력사건을 수사한 결과 가정폭력행위자의 성행 교정을 위하여 필요하다고 인정하는 경우에는 상담조건부 기소유예를 할 수 있다.

제10조【관할】 ① 가정보호사건의 관할은 가정폭력행위자의 행위지, 거주지 또는 현재지를 관할하는 가정법원으로 한다. 다만, 가정법원이 설치되지 아니한 지역에서는 해당 지역의 지방법원(지원을 포함한다. 이하 같다)으로 한다.
② 가정보호사건의 심리와 결정은 단독판사(이하 "판사"라 한다)가 한다.

제11조【검사의 송치】 ① 검사는 제9조에 따라 가정보호사건으로 처리하는 경우에는 그 사건을 관할 가정법원 또는 지방법원(이하 "법원"이라 한다)에 송치하여야 한다.
② 검사는 가정폭력범죄와 그 외의 범죄가 경합(競合)하는 경우에는 가정폭력범죄에 대한 사건만을 분리하여 관할 법원에 송치할 수 있다.

제12조【법원의 송치】 법원은 가정폭력행위자에 대한 피고사건을 심리한 결과 이 법에 따른 보호처분을 하는 것이 적절하다고 인정하는 경우에는 결정으로 사건을 가정보호사건의 관할 법원에 송치할 수 있다. 이 경우 법원은 피해자의 의사를 존중하여야 한다.

제13조【송치 시의 가정폭력행위자 처리】 ① 제11조제1항 또는 제12조에 따른 송치결정이 있는 경우 가정폭력행위자를 구금하고 있는 시설의 장은 검사의 이송지휘를 받은 때부터 제10조에 따른 관할 법원이 있는 시(특별시, 광역시 및 「제주특별자치도 설치 및 국제자유도시 조성을 위한 특별법」 제10조제2항에 따른 행정시를 포함한다. 이하 같다)·군에서는 24시간 이내에, 그 밖의 시·군에서는 48시간 이내에 가정폭력행위자를 관할 법원에 인도하여야 한다. 이 경우 법원은 가정폭력행위자에 대하여 제29조에 따른 임시조치 여부를 결정하여야 한다.(2015.7.24 전단개정)
② 제1항에 따른 인도와 결정은 「형사소송법」 제92조, 제203조 또는 제205조의 구속기간 내에 이루어져야 한다.
③ 구속영장의 효력은 제1항 후단에 따라 임시조치 여부를 결정한 때에 상실된 것으로 본다.

제14조【송치서】 ① 제11조 및 제12조에 따라 사건을 가정보호사건으로 송치하는 경우에는 송치서를 보내야 한다.
② 제1항의 송치서에는 가정폭력행위자의 성명, 주소, 생년월일, 직업, 피해자와의 관계 및 행위의 개요와 가정 상황을 적고 그 밖의 참고자료를 첨부하여야 한다.

제15조【이송】 ① 가정보호사건을 송치받은 법원은 사건이 그 관할에 속하지 아니하거나 적정한 조사·심리를 위하여 필요하다고 인정하는 경우에는 결정으로 그 사건을 즉시 다른 관할 법원에 이송하여야 한다.
② 법원은 제1항에 따른 이송결정을 한 경우에는 지체 없이 그 사유를 첨부하여 가정폭력행위자와 피해자 및 검사에게 통지하여야 한다.

제16조【보호처분의 효력】 제40조에 따른 보호처분이 확정된 경우에는 그 가정폭력행위자에 대하여 같은 범죄사실로 다시 공소를 제기할 수 없다. 다만, 제46조에 따라 송치된 경우에는 그러하지 아니하다.

제17조【공소시효의 정지와 효력】 ① 가정폭력범죄에 대한 공소시효는 해당 가정보호사건이 법원에 송치된 때부터 시효 진행이 정지된다. 다만, 다음 각 호의 어느 하나에 해당하는 경우에는 그 때부터 진행된다.
1. 해당 가정보호사건에 대한 제37조제1항의 처분을 하지 아니한다는 결정(제1호의 사유에 따른 결정만 해당한다)이 확정된 때
2. 해당 가정보호사건이 제27조제2항, 제37조제2항 및 제46조에 따라 송치된 때
② 공범 중 1명에 대한 제1항의 시효정지는 다른 공범자에게도 효력을 미친다.

제18조【비밀엄수 등의 의무】 ① 가정폭력범죄의 수사 또는 가정보호사건의 조사·심리 및 그 집행을 담당하거나 이에 관여하는 공무원, 보조인, 상담소등에 근무하는 상담원과 그 기관장 및 제4조제2항제1호에 규정된 사람(그 직에 있었던 사람을 포함한다)은 그 직무상 알게 된 비밀을 누설하여서는 아니 된다.
② 이 법에 따른 가정보호사건에 대하여는 가정폭력행위자, 피해자, 고소인, 고발인 또는 신고인의 주소, 성명, 나이, 직업, 용모, 그 밖에 이들을 특정하여 파악할 수 있는 인적 사항이나 사진 등을 신문 등 출판물에 싣거나 방송매체를 통하여 방송할 수 없다.
③ 피해자가 보호하고 있는 아동이나 피해자인 아동의 교육 또는 보육을 담당하는 학교의 교직원 또는 보육교직원은 정당한 사유가 없으면 해당 아동의 취학, 진학, 전학 또는 입소(그 변경을 포함한다)의 사실을 가정폭력행위자인 친권자를 포함하여 누구에게든지 누설하여서는 아니 된다.(2011.6.7 본항개정)

제18조의2【「형사소송법」의 준용】 이 장에서 따로 정하지 아니한 사항에 대하여는 가정보호사건의 성질에 위배되지 아니하는 범위에서 「형사소송법」을 준용한다.

제2절 조사·심리

제19조【조사·심리의 방향】 법원은 가정보호사건을 조사·심리할 때에는 의학, 심리학, 사회학, 사회복지학, 그 밖의 전문적인 지식을 활용하여 가정폭력행위자, 피해자, 그 밖의 가정구성원의 성행, 경력, 가정 상황, 가정폭력범죄의 동기·원인 및 실태 등을 밝혀서 이 법의 목적을 달성할 수 있는 적정한 처분이 이루어지도록 노력하여야 한다.

제20조【가정보호사건조사관】 ① 가정보호사건을 조사·심리하기 위하여 법원에 가정보호사건조사관을 둔다.
② 가정보호사건조사관의 자격, 임면(任免), 그 밖에 필요한 사항은 대법원규칙으로 정한다.

제21조【조사명령 등】 ① 판사는 가정보호사건조사관, 그 법원의 소재지 또는 가정폭력행위자의 주거지를 관할하는 보호관찰소의 장에게 가정폭력행위자, 피해자 및 가정구성원에 대한 심문(審問)이나 그들의 정신·심리상태, 가정폭력범죄의 동기·원인 및 실태 등의 조사를 명하거나 요구할 수 있다.
② 제1항에 따라 판사가 보호관찰소의 장에게 하는 조사요구에 관하여는 「보호관찰 등에 관한 법률」 제19조제2항 및 제3항을 준용한다.

제22조【전문가의 의견 조회】 ① 법원은 정신건강의학과 의사, 심리학자, 사회학자, 사회복지학자, 그 밖의 관련 전문가에게 가정폭력행위자, 피해자 또는 가정구성원의 정신·심리상태에 대한 진단소견 및 가정폭력범죄의 원인에 관한 의견을 조회할 수 있다.(2011.8.4 본항개정)
② 법원은 가정보호사건을 조사·심리할 때 제1항에 따른 의견 조회의 결과를 고려하여야 한다.

제23조【진술거부권의 고지】 판사 또는 가정보호사건조사관은 가정보호사건을 조사할 때에 미리 가정폭력행위자에 대하여 불리한 진술을 거부할 수 있음을 알려야 한다.

제24조【소환 및 동행영장】 ① 판사는 조사·심리에 필요하다고 인정하는 경우에는 기일을 지정하여 가정폭력행위자, 피해자, 가정구성원, 그 밖의 참고인을 소환할 수 있다.
② 판사는 가정폭력행위자가 정당한 이유 없이 제1항에 따른 소환에 응하지 아니하는 경우에는 동행영장을 발부할 수 있다.

제25조【긴급동행영장】 판사는 가정폭력행위자가 소환에 응하지 아니할 우려가 있거나 피해자 보호를 위하여 긴급히 필요하다고 인정하는 경우에는 제24조제1항에 따른 소환 없이 동행영장을 발부할 수 있다.

제26조【동행영장의 방식】 동행영장에는 가정폭력행위자의 성명, 생년월일, 주거, 행위의 개요, 인치(引致)하거나 수용할 장소, 유효기간 및 그 기간이 지난 후에는 집행에 착수하지 못하며 영장을 반환하여야 한다는 취지와 발부 연월일을 적고 판사가 서명·날인하여야 한다.

제27조【동행영장의 집행 등】 ① 동행영장은 가정보호사건조사관이나 법원의 법원서기관·법원사무관·법원주사·법원주사보(이하 "법원공무원"이라 한다) 또는 사법경찰관리로 하여금 집행하게 할 수 있다.
② 법원은 가정폭력행위자의 소재가 분명하지 아니하여 1년 이상 동행영장을 집행하지 못한 경우 사건을 관할 법원에 대응하는 검찰청 검사에게 송치할 수 있다.
③ 법원은 동행영장을 집행한 경우에는 그 사실을 즉시 가정폭력행위자의 법정대리인 또는 보조인에게 통지하여야 한다.

제28조【보조인】 ① 가정폭력행위자는 자신의 가정보호사건에 대하여 보조인을 선임(選任)할 수 있다.
② 변호사, 가정폭력행위자의 법정대리인·배우자·직계친족·형제자매, 상담소등의 상담원과 그 기관장은 보조인이 될 수 있다. 다만, 변호사가 아닌 사람을 보조인으로 선임하려면 법원의 허가를 받아야 한다.
③ 제2항에 따라 선임된 변호사가 아닌 보조인은 금품, 향응, 그 밖의 이익을 받거나 받을 것을 약속하거나 제3자에게 이를 제공하게 하거나 제공하게 할 것을 약속하여서는 아니 된다.
④ 법원은 가정폭력행위자가 「형사소송법」 제33조제1항 각 호의 어느 하나에 해당하는 경우에는 직권으로 변호사를 가정폭력행위자의 보조인으로 선임할 수 있다.
⑤ 제4항에 따라 선임된 보조인에게 지급하는 비용에 대하여는 「형사소송비용 등에 관한 법률」을 준용한다.

제29조【임시조치】 ① 판사는 가정보호사건의 원활한 조사·심리 또는 피해자 보호를 위하여 필요하다고 인정하는 경우에는 결정으로 가정폭력행위자에게 다음 각 호의 어느 하나에 해당하는 임시조치를 할 수 있다.
1. 피해자 또는 가정구성원의 주거 또는 점유하는 방실(房室)로부터의 퇴거 등 격리
2. 피해자 또는 가정구성원이나 그 주거·직장 등에서 100미터 이내의 접근 금지(2020.10.20 본호개정)
3. 피해자 또는 가정구성원에 대한 「전기통신기본법」 제2조제1호의 전기통신을 이용한 접근 금지
4. 의료기관이나 그 밖의 요양소에의 위탁
5. 국가경찰관서의 유치장 또는 구치소에의 유치
6. 상담소등에의 상담위탁(2020.10.20 본호신설)

② 동행영장에 의하여 동행한 가정폭력행위자 또는 제13조에 따라 인도된 가정폭력행위자에 대하여는 가정폭력행위자가 법원에 인치된 때부터 24시간 이내에 제1항의 조치 여부를 결정하여야 한다.
③ 법원은 제1항에 따른 조치를 결정한 경우에는 검사와 피해자에게 통지하여야 한다.
④ 법원은 제1항제4호 또는 제5호의 조치를 한 경우에는 그 사실을 가정폭력행위자의 보조인이 있는 경우에는 보조인에게, 보조인이 없는 경우에는 법정대리인 또는 가정폭력행위자가 지정한 사람에게 통지하여야 한다. 이 경우 제1항제5호의 조치를 하였을 때에는 가정폭력행위자에게 변호사 등 보조인을 선임할 수 있으며 제49조제1항의 항고를 제기할 수 있음을 고지하여야 한다.
⑤ 제1항제1호부터 제3호까지의 임시조치기간은 2개월, 같은 항 제4호부터 제6호까지의 임시조치기간은 1개월을 초과할 수 없다. 다만, 피해자의 보호를 위하여 그 기간을 연장할 필요가 있다고 인정하는 경우에는 결정으로 제1항제1호부터 제3호까지의 임시조치는 두 차례만, 같은 항 제4호부터 제6호까지의 임시조치는 한 차례만 각 기간의 범위에서 연장할 수 있다.(2020.10.20 본항개정)
⑥ 제1항제4호의 위탁을 하는 경우에는 의료기관 등의 장에게 가정폭력행위자를 보호하는 데에 필요한 사항을 부과할 수 있다.
⑦ 민간이 운영하는 의료기관 등에 위탁하려는 경우에는 제6항에 따라 부과할 사항을 그 의료기관 등의 장에게 미리 고지하고 동의를 받아야 한다.
⑧ 제1항제6호에 따른 상담을 한 상담소등의 장은 그 결과보고서를 판사와 검사에게 제출하여야 한다.(2020.10.20 본항신설)
⑨ 판사는 제1항 각 호에 규정된 임시조치의 결정을 한 경우에는 가정보호사건조사관, 법원공무원, 사법경찰관리 또는 구치소 소속 교정직공무원으로 하여금 집행하게 할 수 있다.
⑩ 가정폭력행위자, 그 법정대리인이나 보조인은 제1항에 따른 임시조치 결정의 취소 또는 그 종류의 변경을 신청할 수 있다.
⑪ 판사는 직권으로 또는 제10항에 따른 신청에 정당한 이유가 있다고 인정하는 경우에는 결정으로 해당 임시조치를 취소하거나 그 종류를 변경할 수 있다.(2020.10.20 본항개정)
⑫ 제1항제4호 및 제6호의 위탁의 대상이 되는 의료기관, 요양소 및 상담소등의 기준과 그 밖에 필요한 사항은 대법원규칙으로 정한다.(2020.10.20 본항개정)

제29조의2【임시조치의 집행 등】 ① 제29조제9항에 따라 임시조치 결정을 집행하는 사람은 가정폭력행위자에게 임시조치의 내용, 불복방법 등을 고지하여야 한다.(2020.10.20 본항개정)
② 피해자 또는 가정구성원은 제29조제1항제1호 및 제2호의 임시조치 후 주거나 직장 등을 옮긴 경우에는 관할 법원에 임시조치 결정의 변경을 신청할 수 있다.

제30조【심리기일의 지정】 ① 판사는 심리기일을 지정하고 가정폭력행위자를 소환하여야 한다. 이 경우 판사는 가정보호사건의 요지 및 보조인을 선임할 수 있다는 취지를 미리 고지하여야 한다.
② 제1항의 심리기일은 보조인과 피해자에게 통지하여야 한다.

제31조【심리기일의 변경】 판사는 직권으로 또는 가정폭력행위자나 보조인의 청구에 의하여 심리기일을 변경할 수 있다. 이 경우 변경된 기일을 가정폭력행위자, 피해자 및 보조인에게 통지하여야 한다.

제32조【심리의 비공개】 ① 판사는 가정보호사건을 심리할 때 사생활 보호나 가정의 평화와 안정을 위하여 필요하거나 선량한 풍속을 해칠 우려가 있다고 인정하는 경우에는 결정으로 심리를 공개하지 아니할 수 있다.
② 증인으로 소환된 피해자 또는 가정구성원은 사생활 보호나 가정의 평화와 안정의 회복을 이유로 하여 판사에게 증인신문(證人訊問)의 비공개를 신청할 수 있다. 이 경우 판사는 그 허가 여부와 공개법정 외의 장소에서의 신문 등 증인신문의 방식 및 장소에 관하여 결정을 할 수 있다.

제33조【피해자의 진술권 등】 ① 법원은 피해자가 신청하는 경우에는 그 피해자를 증인으로 신문하여야 한다. 다만, 다음 각 호의 어느 하나에 해당하는 경우에는 그러하지 아니하다.
1. 신청인이 이미 심리 절차에서 충분히 진술하여 다시 진술할 필요가 없다고 인정되는 경우
2. 신청인의 진술로 인하여 심리 절차가 현저하게 지연될 우려가 있는 경우

② 법원은 제1항에 따라 피해자를 신문하는 경우에는 해당 가정보호사건에 관한 의견을 진술할 기회를 주어야 한다.
③ 법원은 심리를 할 때에 필요하다고 인정하는 경우에는 피해자 또는 가정보호사건조사관에게 의견 진술 또는 자료 제출을 요구할 수 있다. 이 경우 판사는 공정한 의견 진술 등을 위하여 필요하다고 인정할 때에는 가정폭력행위자의 퇴장을 명할 수 있다.
④ 제1항부터 제3항까지의 경우 피해자는 변호사, 법정대리인, 배우자, 직계친족, 형제자매, 상담소등의 상담원 또는 그 기관장으로 하여금 대리하여 의견을 진술하게 할 수 있다.
⑤ 제1항에 따른 신청인이 소환을 받고도 정당한 이유 없이 출석하지 아니한 경우에는 그 신청을 철회한 것으로 본다.
제34조【증인신문 · 감정 · 통역 · 번역】 ① 법원은 증인을 신문하고 감정(鑑定)을 명하며 통역 또는 번역을 하게 할 수 있다.
② 제1항의 경우에는 가정보호사건의 성질에 위배되지 아니하는 범위에서 「형사소송법」 중 법원의 증인신문과 감정, 통역 및 번역에 관한 규정을 준용한다.
③ 증인, 감정인, 통역인, 번역인에게 지급하는 비용, 숙박료, 그 밖의 비용에 대하여는 「형사소송법」 중 비용에 관한 규정 및 「형사소송비용 등에 관한 법률」을 준용한다.
제35조【검증, 압수 및 수색】 ① 법원은 검증, 압수 및 수색을 할 수 있다.
② 제1항의 경우에는 가정보호사건의 성질에 위배되지 아니하는 범위에서 「형사소송법」 중 법원의 검증, 압수 및 수색에 관한 규정을 준용한다.
제36조【협조와 원조】 ① 법원은 가정보호사건의 조사 · 심리에 필요한 경우 관계 행정기관, 상담소등 또는 의료기관, 그 밖의 단체에 협조와 원조를 요청할 수 있다.
② 제1항의 요청을 받은 관계 행정기관, 상담소등 또는 의료기관, 그 밖의 단체가 그 요청을 거부할 때에는 정당한 이유를 제시하여야 한다.
제37조【처분을 하지 아니한다는 결정】 ① 판사는 가정보호사건을 심리한 결과 다음 각 호의 어느 하나에 해당하는 경우에는 처분을 하지 아니한다는 결정을 하여야 한다.
1. 보호처분을 할 수 없거나 할 필요가 없다고 인정하는 경우
2. 사건의 성질 · 동기 및 결과, 가정폭력행위자의 성행, 습벽(習癖) 등에 비추어 가정보호사건으로 처리하는 것이 적당하지 아니하다고 인정하는 경우
② 법원은 제1항제2호의 사유로 처분을 하지 아니한다는 결정을 한 경우에는 다음 각 호의 구분에 따라 처리하여야 한다.
1. 제11조에 따라 검사가 송치한 사건인 경우에는 관할 법원에 대응하는 검찰청의 검사에게 송치
2. 제12조에 따라 법원이 송치한 사건인 경우에는 송치한 법원에 이송
③ 제1항에 따른 결정을 한 경우에는 이를 가정폭력행위자, 피해자 및 검사에게 통지하여야 한다.
제38조【처분의 기간 등】 가정보호사건은 다른 쟁송보다 우선하여 신속히 처리하여야 한다. 이 경우 처분의 결정은 특별한 사유가 없으면 송치받은 날부터 3개월 이내에, 이송받은 경우에는 이송받은 날부터 3개월 이내에 하여야 한다.
제39조【위임규정】 가정보호사건의 조사 · 심리에 필요한 사항은 대법원규칙으로 정한다.

제3절 보호처분

제40조【보호처분의 결정 등】 ① 판사는 심리의 결과 보호처분이 필요하다고 인정하는 경우에는 결정으로 다음 각 호의 어느 하나에 해당하는 처분을 할 수 있다.
1. 가정폭력행위자가 피해자 또는 가정구성원에게 접근하는 행위의 제한
2. 가정폭력행위자가 피해자 또는 가정구성원에게 「전기통신기본법」 제2조제1호의 전기통신을 이용하여 접근하는 행위의 제한
3. 가정폭력행위자가 친권자인 경우 피해자에 대한 친권 행사의 제한
4. 「보호관찰 등에 관한 법률」에 따른 사회봉사 · 수강명령
5. 「보호관찰 등에 관한 법률」에 따른 보호관찰
6. 법무부장관 소속으로 설치한 감호위탁시설 또는 법무부장관이 정하는 보호시설에의 감호위탁(2022.12.13 본호개정)
7. 의료기관에의 치료위탁
8. 상담소등에의 상담위탁
② 제1항 각 호의 처분은 병과(併科)할 수 있다.
③ 제1항제3호의 처분을 하는 경우에는 피해자를 다른 친권자나 친족 또는 적당한 시설로 인도할 수 있다.
④ 법원은 보호처분의 결정을 한 경우에는 지체 없이 그 사실을 검사, 가정폭력행위자, 피해자, 보호관찰관 및 보호처분을 위탁받아 하는 보호시설, 의료기관 또는 상담소등(이하 "수탁기관"이라 한다)의 장에게 통지하여야 한다. 다만, 수탁기관이 민간에 의하여 운영되는 기관인 경우에는 그 기관의 장으로부터 수탁에 대한 동의를 받아야 한다.
⑤ 제1항제4호부터 제8호까지의 처분을 한 경우에는 가정폭력행위자의 교정에 필요한 참고자료를 보호관찰관 또는 수탁기관의 장에게 보내야 한다.
⑥ 제1항제6호의 감호위탁기관은 가정폭력행위자에 대하여 그 성행을 교정하기 위한 교육을 하여야 한다.
제41조【보호처분의 기간】 제40조제1항제1호부터 제3호까지 및 제5호부터 제8호까지의 보호처분의 기간은 6개월을 초과할 수 없으며, 같은 항 제4호의 사회봉사 · 수강명령의 시간은 200시간을 각각 초과할 수 없다.
제42조【몰수】 판사는 보호처분을 하는 경우에 결정으로 가정폭력범죄에 제공하거나 제공하려고 한 물건으로서 가정폭력행위자 외의 자의 소유에 속하지 아니하는 물건을 몰수할 수 있다.
제43조【보호처분 결정의 집행】 ① 법원은 가정보호사건조사관, 법원공무원, 사법경찰관리, 보호관찰관 또는 수탁기관 소속 직원으로 하여금 보호처분의 결정을 집행하게 할 수 있다.
② 보호처분의 집행에 관하여 이 법에서 정하지 아니한 사항에 대하여는 가정보호사건의 성질에 위배되지 아니하는 범위에서 「형사소송법」, 「보호관찰 등에 관한 법률」 및 「정신건강증진 및 정신질환자 복지서비스 지원에 관한 법률」을 준용한다.(2016.5.29 본항개정)
제44조【보고와 의견 제출 등】 법원은 제40조제1항제4호부터 제8호까지의 보호처분을 결정한 경우에는 보호관찰관 또는 수탁기관의 장에게 가정폭력행위자에 관한 보고서 또는 의견서 제출을 요구할 수 있고, 그 집행에 대하여 필요한 지시를 할 수 있다.
제45조【보호처분의 변경】 ① 법원은 보호처분이 진행되는 동안 필요하다고 인정하는 경우에는 직권으로 또는 검사, 보호관찰관 또는 수탁기관의 장의 청구에 의하여 결정으로 한 차례만 보호처분의 종류와 기간을 변경할 수 있다.
② 제1항에 따라 보호처분의 종류와 기간을 변경하는 경우 종전의 처분기간을 합산하여 제40조제1항제1호부터 제3호까지 및 제5호부터 제8호까지의 보호처분의 기간은 1년을, 같은 항 제4호의 사회봉사 · 수강명령의 시간은 400시간을 각각 초과할 수 없다.
③ 제1항의 처분변경 결정을 한 경우에는 지체 없이 그 사실을 검사, 가정폭력행위자, 법정대리인, 보조인, 피해자, 보호관찰관 및 수탁기관에 통지하여야 한다.
제46조【보호처분의 취소】 법원은 보호처분을 받은 가정폭력행위자가 제40조제1항제4호부터 제8호까지의 보호처분 결정을 이행하지 아니하거나 그 집행에 따르지 아니하면 직권으로 또는 검사, 피해자, 보호관찰관 또는 수탁기관의 장의 청구에 의하여 결정으로 그 보호처분을 취소하고 다음 각 호의 구분에 따라 처리하여야 한다.
1. 제11조에 따라 검사가 송치한 사건인 경우에는 관할 법원에 대응하는 검찰청의 검사에게 송치

2. 제12조에 따라 법원이 송치한 사건인 경우에는 송치한 법원에 이송

제47조【보호처분의 종료】 법원은 가정폭력행위자의 성행이 교정되어 정상적인 가정생활이 유지될 수 있다고 판단되거나 그 밖에 보호처분을 계속할 필요가 없다고 인정하는 경우에는 직권으로 또는 검사, 피해자, 보호관찰관 또는 수탁기관의 장의 청구에 의하여 결정으로 보호처분의 전부 또는 일부를 종료할 수 있다.

제48조【비용의 부담】 ① 제29조제1항제4호 및 제6호의 위탁 결정 또는 제40조제1항제7호 및 제8호의 보호처분을 받은 가정폭력행위자는 위탁 또는 보호처분에 필요한 비용을 부담한다. 다만, 가정폭력행위자가 지급할 능력이 없는 경우에는 국가가 부담할 수 있다.(2020.10.20 본문개정)

② 판사는 가정폭력행위자에게 제1항 본문에 따른 비용의 예납(豫納)을 명할 수 있다.

③ 제1항에 따라 가정폭력행위자가 부담할 비용의 계산, 청구 및 지급 절차, 그 밖에 필요한 사항은 대법원규칙으로 정한다.

제4절 항고와 재항고

제49조【항고】 ① 제8조 또는 제29조에 따른 임시조치(연장 또는 변경의 결정을 포함한다. 이하 같다), 제40조의 보호처분, 제45조의 보호처분의 변경 및 제46조의 보호처분의 취소에 있어서 그 결정에 영향을 미칠 법령 위반이 있거나 중대한 사실 오인(誤認)이 있는 경우 또는 그 결정이 현저히 부당한 경우에는 검사, 가정폭력행위자, 법정대리인 또는 보조인은 가정법원 본원합의부에 항고할 수 있다. 다만, 가정법원이 설치되지 아니한 지역에서는 지방법원 본원합의부에 하여야 한다.

② 법원이 제37조에 따라 처분을 하지 아니한다는 결정을 한 경우 그 결정이 현저히 부당할 때에는 검사, 피해자 또는 그 법정대리인은 항고할 수 있다. 이 경우 항고법원에 관하여는 제1항을 준용한다.

③ 항고는 그 결정을 고지받은 날부터 7일 이내에 하여야 한다.

제50조【항고장의 제출】 ① 항고를 할 때에는 항고장을 원심 법원에 제출하여야 한다.

② 항고장을 받은 법원은 3일 이내에 의견서를 첨부하여 기록을 항고법원에 보내야 한다.

제51조【항고의 재판】 ① 항고법원은 항고의 절차가 법률에 위반되거나 항고가 이유 없다고 인정하는 경우에는 결정으로 항고를 기각(棄却)하여야 한다.

② 항고법원은 항고가 이유 있다고 인정하는 경우에는 원결정(原決定)을 취소하고 사건을 원심법원에 환송하거나 다른 관할 법원에 이송하여야 한다. 이 경우 환송 또는 이송하기에 급박하거나 그 밖에 필요하다고 인정할 때에는 원결정을 파기하고 스스로 적절한 임시조치, 처분을 하지 아니한다는 결정 또는 보호처분의 결정을 할 수 있다.

제52조【재항고】 ① 항고의 기각 결정에 대하여는 그 결정이 법령에 위반된 경우에만 대법원에 재항고를 할 수 있다.

② 제1항의 재항고에 관하여는 제49조제3항을 준용한다.

제53조【집행의 부정지】 항고와 재항고는 결정의 집행을 정지하는 효력이 없다.

제54조【종결된 사건 기록 등의 송부】 법원은 가정보호사건이 종결된 경우에는 지체 없이 사건기록과 결정서를 대응하는 검찰청 검사에게 보내야 한다.

제3장 피해자보호명령
(2011.7.25 본장신설)

제55조【피해자보호명령사건의 관할】 ① 피해자보호명령사건의 관할은 가정폭력행위자의 행위지·거주지 또는 현재지 및 피해자의 거주지 또는 현재지를 관할하는 가정법원으로 한다. 다만, 가정법원이 설치되지 아니하는 지역에 있어서는 해당 지역의 지방법원으로 한다.

② 피해자보호명령사건의 심리와 결정은 판사가 한다.

제55조의2【피해자보호명령 등】 ① 판사는 피해자의 보호를 위하여 필요하다고 인정하는 때에는 피해자, 그 법정대리인 또는 검사의 청구에 따라 결정으로 가정폭력행위자에게 다음 각 호의 어느 하나에 해당하는 피해자보호명령을 할 수 있다.(2020.10.20 본문개정)

1. 피해자 또는 가정구성원의 주거 또는 점유하는 방실로부터의 퇴거 등 격리
2. 피해자 또는 가정구성원이나 그 주거·직장 등에서 100미터 이내의 접근금지(2020.10.20 본호개정)
3. 피해자 또는 가정구성원에 대한 「전기통신사업법」 제2조제1호의 전기통신을 이용한 접근금지
4. 친권자인 가정폭력행위자의 피해자에 대한 친권행사의 제한
5. 가정폭력행위자의 피해자에 대한 면접교섭권행사의 제한 (2020.10.20 본호신설)

② 제1항 각 호의 피해자보호명령은 이를 병과할 수 있다.

③ 피해자, 그 법정대리인 또는 검사는 제1항에 따른 피해자보호명령의 취소 또는 그 종류의 변경을 신청할 수 있다.
(2020.10.20 본항개정)

④ 판사는 직권 또는 제3항에 따른 신청에 상당한 이유가 있다고 인정하는 때에는 결정으로 해당 피해자보호명령을 취소하거나 그 종류를 변경할 수 있다.

⑤ 법원은 피해자의 보호를 위하여 필요하다고 인정하는 경우에는 피해자 또는 그 법정대리인의 청구 또는 직권으로 일정 기간 동안 검사에게 피해자에 대하여 다음 각 호의 어느 하나에 해당하는 신변안전조치를 하도록 요청할 수 있다. 이 경우 검사는 피해자의 주거지 또는 현재지를 관할하는 경찰서장에게 신변안전조치를 하도록 요청할 수 있으며, 해당 경찰서장은 특별한 사유가 없으면 이에 따라야 한다.

1. 가정폭력행위자를 상대방 당사자로 하는 가정보호사건, 피해자보호명령사건 및 그 밖의 가사소송절차에 참석하기 위하여 법원에 출석하는 피해자에 대한 신변안전조치
2. 자녀에 대한 면접교섭권을 행사하는 피해자에 대한 신변안전조치
3. 그 밖에 피해자의 신변안전을 위하여 대통령령으로 정하는 조치

(2014.12.30 본항신설)

⑥ 제5항에 따른 신변안전조치의 집행방법, 기간, 절차, 그 밖에 필요한 사항은 대통령령으로 정한다.(2014.12.30 본항신설)

(2014.12.30 본조제목개정)

제55조의3【피해자보호명령의 기간】 ① 제55조의2제1항 각 호의 피해자보호명령의 기간은 1년을 초과할 수 없다. 다만, 피해자의 보호를 위하여 그 기간의 연장이 필요하다고 인정하는 경우에는 직권이나 피해자, 그 법정대리인 또는 검사의 청구에 따른 결정으로 2개월 단위로 연장할 수 있다.

② 제1항 및 제55조의2제3항에 따라 피해자보호명령의 기간을 연장하거나 그 종류를 변경하는 경우 종전의 처분기간을 합산하여 3년을 초과할 수 없다.

(2020.10.20 본조개정)

제55조의4【임시보호명령】 ① 판사는 제55조의2제1항에 따른 피해자보호명령의 청구가 있는 경우에 피해자의 보호를 위하여 필요하다고 인정하는 경우에는 결정으로 제55조의2제1항 각 호의 어느 하나에 해당하는 임시보호명령을 할 수 있다.

② 임시보호명령의 기간은 피해자보호명령의 결정 시까지로 한다. 다만, 판사는 필요하다고 인정하는 경우에 그 기간을 제한할 수 있다.

③ 임시보호명령의 취소 또는 그 종류의 변경에 대하여는 제55조의2제3항 및 제4항을 준용한다. 이 경우 "피해자보호명령"은 "임시보호명령"으로 본다.
제55조의5【이행실태의 조사】 ① 법원은 가정보호사건조사관, 법원공무원, 사법경찰관리 또는 보호관찰관 등으로 하여금 임시보호명령 및 피해자보호명령의 이행실태에 대하여 수시로 조사하게 하고, 지체 없이 그 결과를 보고하도록 할 수 있다.
② 법원은 임시보호명령 또는 피해자보호명령을 받은 가정폭력행위자가 그 결정을 이행하지 아니하거나 집행에 따르지 아니하는 때에는 그 사실을 관할법원에 대응하는 검찰청 검사에게 통보할 수 있다.
제55조의6【병합심리】 법원은 다음 각 호의 어느 하나에 해당하는 경우에는 피해자보호명령사건과 가정보호사건을 병합하여 심리할 수 있다.
1. 가정폭력행위자 또는 피해자가 각각 동일인인 경우
2. 그 밖에 사건의 관련성이 인정되어 병합하여 심리할 필요성이 있는 경우
제55조의7【준용】 피해자보호명령의 조사·심리에 관하여는 제19조부터 제22조까지, 제30조부터 제32조까지, 제34조부터 제36조까지의 규정을 준용한다.
제55조의8【항고와 재항고】 ① 제55조의2에 따른 피해자보호명령(제55조의3에 따른 연장의 결정을 포함한다) 및 그 취소 또는 종류의 변경, 제55조의4에 따른 임시보호명령 및 그 취소 또는 종류의 변경에 있어서 그 결정에 영향을 미칠 법령위반이 있거나 중대한 사실오인이 있는 때 또는 그 결정이 현저히 부당한 때에는 검사, 피해자, 가정폭력행위자, 법정대리인 또는 보조인은 가정법원본원합의부에 항고할 수 있다. 다만, 가정법원이 설치되지 아니한 지역에서는 지방법원본원합의부에 하여야 한다.(2020.10.20 본문개정)
② 판사가 피해자보호명령을 기각한 경우 피해자, 그 법정대리인 또는 검사는 항고할 수 있다. 이 경우 항고법원에 관하여는 제1항을 준용한다.(2020.10.20 전단개정)
③ 피해자보호명령 등의 항고 및 재항고에 관하여는 제49조제3항, 제50조부터 제54조까지의 규정을 준용한다.
제55조의9【위임규정】 피해자보호명령사건의 조사·심리에 필요한 사항은 대법원규칙으로 정한다.

제4장 민사처리에 관한 특례
(2011.4.12 본장개정)

제56조【배상신청】 ① 피해자는 가정보호사건이 계속(繫屬)된 제1심 법원에 제57조의 배상명령을 신청할 수 있다. 이 경우 인지를 붙이지 아니한다.
② 제1항의 경우 「소송촉진 등에 관한 특례법」 제26조제2항부터 제8항까지의 규정을 준용한다.
제57조【배상명령】 ① 법원은 제1심의 가정보호사건 심리절차에서 보호처분을 선고할 경우 직권으로 또는 피해자의 신청에 의하여 다음 각 호의 금전 지급이나 배상(이하 "배상"이라 한다)을 명할 수 있다.
1. 피해자 또는 가정구성원의 부양에 필요한 금전의 지급
2. 가정보호사건으로 인하여 발생한 직접적인 물적 피해 및 치료비 손해의 배상
② 법원은 가정보호사건에서 가정폭력행위자와 피해자 사이에 합의된 배상액에 관하여도 제1항에 따라 배상을 명할 수 있다.
③ 제1항의 경우에는 「소송촉진 등에 관한 특례법」 제25조제3항(제2호의 경우는 제외한다)을 준용한다.
제58조【배상명령의 선고】 ① 배상명령은 보호처분의 결정과 동시에 하여야 한다.
② 배상명령은 일정액의 금전지급을 명함으로써 하고 배상의 대상과 금액을 보호처분 결정서의 주문(主文)에 표시하여야 한다. 이 경우 배상명령의 이유는 특히 필요하다고 인정되는 경우가 아니면 적지 아니할 수 있다.
③ 배상명령은 가집행할 수 있음을 선고할 수 있다.
④ 제3항의 경우에는 「민사소송법」 제213조제3항, 제215조, 제500조 및 제501조를 준용한다.
⑤ 배상명령을 한 경우에는 보호처분 결정서의 정본(正本)을 가정폭력행위자와 피해자에게 지체 없이 송달하여야 한다.
제59조【신청의 각하】 ① 배상신청이 부적법한 경우 또는 그 신청이 이유 없거나 배상명령을 하는 것이 적절하지 아니하다고 인정되는 경우에는 결정으로 각하(却下)하여야 한다.
② 보호처분의 결정과 동시에 제1항의 재판을 할 때에는 이를 보호처분 결정서의 주문에 표시할 수 있다.
③ 신청을 각하하거나 그 일부를 인용(認容)한 재판에 대하여 신청인은 불복을 신청하지 못하며 다시 동일한 배상신청을 할 수 없다.
제60조【불복】 ① 보호처분에 대한 항고가 있는 경우에는 배상명령은 가정보호사건과 함께 항고심에 이심(移審)된다. 보호처분에 대한 재항고가 있는 경우에도 또한 같다.
② 항고심에서 제1심 결정을 유지하는 경우에도 배상명령에 대하여는 취소하거나 변경할 수 있다.
③ 가정폭력행위자는 보호처분 결정에 대하여 항고하지 아니하고 배상명령에 대하여만 항고할 수 있다. 이 경우 항고는 7일 이내에 하여야 한다.
④ 제3항에 따른 항고의 기각결정에 대하여는 그 결정이 법령에 위반된 경우에만 대법원에 7일 이내에 재항고할 수 있다. 제1항 전단에 따른 항고심 결정에 대하여 배상명령에 대하여만 재항고하는 경우에도 또한 같다.
⑤ 제1항, 제3항 및 제4항에 따른 항고와 재항고는 배상명령의 집행을 정지하는 효력이 없다.
제61조【배상명령의 효력과 강제집행】 ① 확정된 배상명령 또는 가집행선고가 있는 배상명령이 적혀 있는 보호처분 결정서의 정본은 「민사집행법」에 따른 강제집행에 관하여는 집행력 있는 민사판결 정본과 동일한 효력이 있다.
② 이 법에 따른 배상명령이 확정된 경우에는 그 인용금액의 범위에서 피해자는 다른 절차에 따른 손해배상을 청구할 수 없다.
제62조【다른 법률의 준용】 이 장에서 정하지 아니한 사항에 대하여는 「소송촉진 등에 관한 특례법」과 「민사소송법」의 관련 규정(「민사소송법」 제162조제2항은 제외한다)을 준용한다.

제5장 벌 칙
(2011.4.12 본장개정)

제63조【보호처분 등의 불이행죄】 ① 다음 각 호의 어느 하나에 해당하는 가정폭력행위자는 2년 이하의 징역 또는 2천만원 이하의 벌금 또는 구류(拘留)에 처한다.
1. 제40조제1항제1호부터 제3호까지의 어느 하나에 해당하는 보호처분이 확정된 후에 이를 이행하지 아니한 가정폭력행위자
2. 제55조의2에 따른 피해자보호명령 또는 제55조의4에 따른 임시보호명령을 받고 이를 이행하지 아니한 가정폭력행위자
② 정당한 사유 없이 제29조제1항제1호부터 제3호까지의 어느 하나에 해당하는 임시조치를 이행하지 아니한 가정폭력행위자는 1년 이하의 징역 또는 1천만원 이하의 벌금 또는 구류에 처한다.(2020.10.20 본항신설)
③ 상습적으로 제1항 및 제2항의 죄를 범한 가정폭력행위자는 3년 이하의 징역이나 3천만원 이하의 벌금에 처한다.
(2020.10.20 본항개정)
④ 제3조의2제1항에 따라 이수명령을 부과받은 사람이 보호관찰소의 장 또는 교정시설의 장의 이수명령 이행에 관한 지시에 불응하여 「보호관찰 등에 관한 법률」 또는 「형의 집행 및 수용자의 처우에 관한 법률」에 따른 경고를 받은 후 재차 정당한 사유 없이 이수명령 이행에 관한 지시에 불응한 경우 다음 각 호에 따른다.

1. 벌금형과 병과된 경우에는 500만원 이하의 벌금에 처한다.
2. 징역형의 실형과 병과된 경우에는 1년 이하의 징역 또는 1천만원 이하의 벌금에 처한다.
(2020.10.20 본항신설)
(2011.7.25 본조개정)

제64조【비밀엄수 등 의무의 위반죄】 ① 제18조제1항에 따른 비밀엄수 의무를 위반한 보조인(변호사는 제외한다), 상담소등의 상담원 또는 그 기관장(그 직에 있었던 사람을 포함한다)은 1년 이하의 징역이나 2년 이하의 자격정지 또는 1천만원 이하의 벌금에 처한다.
② 제18조제2항의 보도 금지 의무를 위반한 신문의 편집인·발행인 또는 그 종사자, 방송사의 편집책임자, 그 기관장 또는 종사자, 그 밖의 출판물의 저작자와 발행인은 500만원 이하의 벌금에 처한다.

제65조【과태료】 다음 각 호의 어느 하나에 해당하는 사람에게는 500만원 이하의 과태료를 부과한다.
1. 정당한 사유 없이 제24조제1항에 따른 소환에 응하지 아니한 사람
2. 정당한 사유 없이 제44조에 따른 보고서 또는 의견서 제출 요구에 따르지 아니한 사람
3. 정당한 사유 없이 검사나 법원이 가정보호사건으로 송치한 제9조 또는 제12조에 따른 가정보호사건으로서 제40조제1항제4호부터 제8호까지의 보호처분이 확정된 후 이를 이행하지 아니하거나 집행에 따르지 아니한 사람
4. (2020.10.20 삭제)

제66조【과태료】 다음 각 호의 어느 하나에 해당하는 사람에게는 300만원 이하의 과태료를 부과한다.
1. 정당한 사유 없이 제4조제2항 각 호의 어느 하나에 해당하는 사람으로서 그 직무를 수행하면서 가정폭력범죄를 알게 된 경우에도 신고를 하지 아니한 사람
2. 정당한 사유 없이 제8조의2제1항에 따른 긴급임시조치(검사가 제8조의3제1항에 따른 임시조치를 청구하지 아니하거나 법원이 임시조치의 결정을 하지 아니한 때는 제외한다)를 이행하지 아니한 사람
(2014.12.30 본조개정)

부 칙 (2012.1.17)

제1조【시행일】 이 법은 공포한 날부터 시행한다.
제2조【벌칙에 관한 경과조치】 제63조제2항의 개정규정은 이 법 시행 전에 범한 죄에는 이를 적용하지 아니한다. 1개의 죄가 이 법 시행 전후에 걸쳐서 행하여진 때에는 이 법 시행 전에 범한 것으로 본다.
제3조【과태료에 관한 경과조치】 제66조의 개정규정은 이 법 시행 전에 행한 행위에는 이를 적용하지 아니한다.

부 칙 (2020.10.20)

제1조【시행일】 이 법은 공포 후 3개월이 경과한 날부터 시행한다.
제2조【적용례】 이 법은 이 법 시행 후 최초로 발생하는 가정폭력범죄부터 적용한다.
제3조【과태료에 관한 경과조치】 이 법 시행 전의 행위에 대하여 과태료를 적용할 때에는 종전의 규정에 따른다.

부 칙 (2022.12.13)

이 법은 공포 후 6개월이 경과한 날부터 시행한다.

가정폭력방지 및 피해자보호 등에 관한 법률(약칭 : 가정폭력방지법)

(1997년 12월 31일
법 률 제5487호)

개정
2001. 1.29법 6400호(정부조직)
2004. 1.20법 7099호
2005. 3.24법 7413호(정부조직)
2006. 4.28법 7952호
2007. 4.11법 8367호(장애인)
2007.10.17법 8653호
2008. 2.29법 8852호(정부조직)
2009. 5. 8법 9668호
2010. 1.18법 9932호(정부조직)
2010. 2. 4법10038호 2010. 5.17법10300호
2012. 2. 1법11280호
2013. 3.23법11690호(정부조직)
2013. 5.28법11832호 2013. 7.30법11981호
2014. 1.21법12327호
2014. 5.28법12698호(양성평등기본법)
2015. 6.22법13368호 2016. 3. 2법14058호
2017.12.12법15202호 2018. 3.13법15448호
2018. 3.27법15543호 2020. 6. 9법17437호
2023. 4.11법19339호(집행유예선고에관한결격사유명확화를위한일부개정법령등)

제1조【목적】 이 법은 가정폭력을 예방하고 가정폭력의 피해자를 보호·지원함을 목적으로 한다.(2006.4.28 본조개정)
제1조의2【기본이념】 가정폭력 피해자는 피해 상황에서 신속하게 벗어나 인간으로서의 존엄성과 안전을 보장받을 권리가 있다.(2017.12.12 본조신설)
제2조【정의】 이 법에서 사용하는 용어의 뜻은 다음과 같다.
1. "가정폭력"이란 「가정폭력범죄의 처벌 등에 관한 특례법」 제2조제1호의 행위를 말한다.
2. "가정폭력행위자"란 「가정폭력범죄의 처벌 등에 관한 특례법」 제2조제4호의 자를 말한다.
3. "피해자"란 가정폭력으로 인하여 직접적으로 피해를 입은 자를 말한다.
4. "아동"이란 18세 미만인 자를 말한다.
(2007.10.17 본조개정)
제3조 (2006.4.28 삭제)
제4조【국가 등의 책무】 ① 국가와 지방자치단체는 가정폭력의 예방·방지와 피해자의 보호·지원을 위하여 다음 각 호의 조치를 취하여야 한다.
1. 가정폭력 신고체계의 구축 및 운영
2. 가정폭력의 예방과 방지를 위한 조사·연구·교육 및 홍보
3. 피해자를 보호·지원하기 위한 시설의 설치·운영(2017.12.12 본호개정)
4. 임대주택의 우선 입주권 부여, 직업훈련 등 자립·자활을 위한 지원서비스 제공(2017.12.12 본호신설)
5. 법률구조 및 그 밖에 피해자에 대한 지원서비스 제공(2017.12.12 본호신설)
6. 피해자의 보호와 지원을 원활히 하기 위한 관련 기관 간의 협력체계 구축 및 운영
7. 가정폭력의 예방·방지와 피해자의 보호·지원을 위한 관계 법령의 정비와 각종 정책의 수립·시행 및 평가
8. 피해자와 제4조의6에 따른 긴급전화센터, 제5조에 따른 가정폭력 관련 상담소, 제7조에 따른 가정폭력피해자 보호시설의 상담원 등 종사자의 신변보호를 위한 안전대책 마련(2013.7.30 본호신설)
9. 가정폭력 피해의 특성을 고려한 피해자 신변노출 방지 및 보호·지원체계 구축(2017.12.12 본호개정)

10. 가정폭력을 목격하거나 피해를 당한 아동의 신체적 · 정신적 회복을 위하여 필요한 상담 · 치료프로그램 제공 (2020.6.9 본호신설)
② 국가와 지방자치단체는 제1항에 따른 책무를 다하기 위하여 이에 필요한 재원을 확보하는 등 예산상의 조치를 취하여야 한다.(2017.12.12 본항개정)
③ 특별시 · 광역시 · 특별자치시 · 도 · 특별자치도 및 시 · 군 · 구(자치구를 말한다. 이하 같다)에 가정폭력의 예방 · 방지 및 피해자의 보호 · 지원을 담당할 기구와 공무원을 두어야 한다.(2018.3.13 본항개정)
④ 국가와 지방자치단체는 제5조제2항과 제7조제2항에 따라 설치 · 운영하는 가정폭력 관련 상담소와 가정폭력피해자 보호시설에 대하여 경비(經費)를 보조하는 등 이를 육성 · 지원하여야 한다.
(2007.10.17 본조개정)

제4조의2【가정폭력 실태조사】 ① 여성가족부장관은 3년마다 가정폭력에 대한 실태조사를 실시하여 그 결과를 발표하고, 이를 가정폭력을 예방하기 위한 정책수립의 기초자료로 활용하여야 한다.
② 제1항에 따른 가정폭력 실태조사의 방법과 내용 등에 필요한 사항은 여성가족부령으로 정한다.
(2010.1.18 본조개정)

제4조의3【가정폭력 예방교육의 실시】 ① 국가기관, 지방자치단체 및 「초 · 중등교육법」에 따른 각급 학교의 장, 그 밖에 대통령령으로 정하는 공공단체의 장은 가정폭력의 예방과 방지를 위하여 필요한 교육을 실시하고, 그 결과를 여성가족부장관에게 제출하여야 한다.(2013.7.30 본항개정)
② 제1항에 따른 예방교육을 실시하는 경우 「성폭력방지 및 피해자보호 등에 관한 법률」 제5조에 따른 성교육 및 성폭력 예방교육, 「양성평등기본법」 제31조에 따른 성희롱 예방교육 및 「성매매방지 및 피해자보호 등에 관한 법률」 제4조에 따른 성매매 예방교육 등을 성평등 관점에서 통합하여 실시할 수 있다.(2014.5.28 본항개정)
③ 여성가족부장관 또는 특별시장 · 광역시장 · 특별자치시장 · 도지사 · 특별자치도지사(이하 "시 · 도지사"라 한다)는 제1항에 따른 교육의 대상이 아닌 국민에게 가정폭력의 예방과 방지를 위하여 필요한 교육을 실시할 수 있다. 이 경우 여성가족부장관 또는 시 · 도지사는 교육에 관한 업무를 제5조에 따른 가정폭력 관련 상담소 또는 대통령령으로 정하는 교육기관에 위탁할 수 있다.(2018.3.27 본항개정)
④ 여성가족부장관은 제1항에 따른 교육을 위하여 전문강사를 양성하고, 교육 프로그램을 개발 · 보급하여야 한다.
(2013.7.30 본항신설)
⑤ 여성가족부장관은 제1항에 따른 가정폭력 예방교육 실시결과에 대한 점검을 대통령령으로 정하는 바에 따라 매년 실시하여야 한다.(2014.1.21 본항신설)
⑥ 여성가족부장관은 제5항에 따른 점검결과 교육이 부실하다고 인정되는 기관 · 단체에 대하여 대통령령으로 정하는 바에 따라 관리자 특별교육 등 필요한 조치를 취하여야 한다.
(2014.1.21 본항신설)
⑦ 여성가족부장관은 제5항에 따른 점검결과를 다음 각 호의 평가에 반영하도록 해당 기관 · 단체의 장에게 요구할 수 있다.
1. 「정부업무평가 기본법」 제14조제1항 및 제18조제1항에 따른 중앙행정기관 및 지방자치단체의 자체평가
2. 「공공기관의 운영에 관한 법률」 제48조제1항에 따른 공기업 · 준정부기관의 경영실적평가
3. 「지방공기업법」 제78조제1항에 따른 지방공기업의 경영평가
4. 「초 · 중등교육법」 제9조제2항에 따른 학교 평가
(2014.1.21 본항신설)
⑧ 여성가족부장관은 제5항에 따른 점검결과를 대통령령으로 정하는 바에 따라 언론 등에 공표하여야 한다. 다만, 다른 법률에서 공표를 제한하고 있는 경우에는 그러하지 아니하다.(2014.1.21 본항신설)
⑨ 제1항에 따른 교육의 내용과 방법, 결과 제출 등에 필요한 사항은 대통령령으로 정한다.(2013.7.30 본항신설)

제4조의4【아동의 취학 지원】 ① 국가나 지방자치단체는 피해자나 피해자가 동반한 가정구성원(「가정폭력범죄의 처벌 등에 관한 특례법」 제2조제2호의 자 중 피해자의 보호나 양육을 받고 있는 자를 말한다. 이하 같다)이 아동인 경우 주소지 외의 지역에서 취학(입학 · 재입학 · 전학 및 편입학을 포함한다. 이하 같다)할 필요가 있을 때에는 그 취학이 원활히 이루어지도록 지원하여야 한다.
② 제1항에 따른 취학에 필요한 사항은 대통령령으로 정한다.
(2007.10.17 본조개정)

제4조의5【피해자에 대한 불이익처분의 금지】 피해자를 고용하고 있는 자는 누구든지 「가정폭력범죄의 처벌 등에 관한 특례법」에 따른 가정폭력범죄와 관련하여 피해자를 해고(解雇)하거나 그 밖의 불이익을 주어서는 아니 된다.
(2007.10.17 본조개정)

제4조의6【긴급전화센터의 설치 · 운영 등】 ① 여성가족부장관 또는 시 · 도지사는 다음 각 호의 업무 등을 수행하기 위하여 긴급전화센터를 설치 · 운영하여야 한다. 이 경우 외국어 서비스를 제공하는 긴급전화센터를 따로 설치 · 운영할 수 있다.(2018.3.27 전단개정)
1. 피해자의 신고접수 및 상담
2. 관련 기관 · 시설과의 연계
3. 피해자에 대한 긴급한 구조의 지원
4. 경찰관서 등으로부터 인도받은 피해자 및 피해자가 동반한 가정구성원(이하 "피해자등"이라 한다)의 임시 보호 (2015.6.22 본호신설)
② 여성가족부장관 또는 시 · 도지사는 제1항에 따른 긴급전화센터의 설치 · 운영을 대통령령으로 정하는 기관 또는 단체에 위탁할 수 있다.(2010.1.18 본항개정)
③ 여성가족부장관 또는 시 · 도지사는 제2항에 따라 긴급전화센터의 설치 · 운영을 위탁할 경우 그에 필요한 경비를 지원하여야 한다.(2010.1.18 본항개정)
④ 제1항에 따른 긴급전화센터의 설치 · 운영에 필요한 사항은 여성가족부령으로 정한다.(2010.1.18 본항개정)
(2009.5.8 본조신설)

제4조의7【가정폭력 추방 주간】 ① 가정폭력에 대한 사회적 경각심을 높이고 가정폭력을 예방하기 위하여 대통령령으로 정하는 바에 따라 1년 중 1주간을 가정폭력 추방 주간으로 한다.
② 국가와 지방자치단체는 가정폭력 추방 주간의 취지에 맞는 행사 등 사업을 시행하여야 한다. 이 경우 「성폭력방지 및 피해자보호 등에 관한 법률」 제6조에 따른 성폭력 추방 주간의 행사와 통합하여 시행할 수 있다.
(2015.6.22 본조신설)

제5조【상담소의 설치 · 운영】 ① 국가나 지방자치단체는 가정폭력 관련 상담소(이하 "상담소"라 한다)를 설치 · 운영할 수 있다.
② 국가나 지방자치단체 외의 자가 상담소를 설치 · 운영하려면 특별자치시장 · 특별자치도지사 · 시장 · 군수 · 구청장(구청장은 자치구의 구청장을 말하며, 이하 "시장 · 군수 · 구청장"이라 한다)에게 신고하여야 한다. 신고한 사항 중 여성가족부령으로 정하는 중요 사항을 변경하려는 경우에도 또한 같다.(2018.3.13 본항개정)
③ 시장 · 군수 · 구청장은 제2항에 따른 신고를 받은 날부터 10일 이내(변경신고의 경우 5일 이내)에 신고수리 여부 또는 민원 처리 관련 법령에 따른 처리기간의 연장을 신고인에게 통지하여야 한다.(2018.3.13 본항신설)

④ 상담소는 외국인, 장애인 등 대상별로 특화하여 운영할 수 있다.(2017.12.12 본항신설)
⑤ 상담소의 설치·운영기준, 상담소에 두는 상담원의 수와 신고절차 등에 필요한 사항은 여성가족부령으로 정한다.
(2010.1.18 본항개정)
(2007.10.17 본조개정)
제6조【상담소의 업무】 상담소의 업무는 다음 각 호와 같다.
1. 가정폭력을 신고받거나 이에 관한 상담에 응하는 일
1의2. 가정폭력을 신고하거나 이에 관한 상담을 요청한 사람과 그 가족에 대한 상담(2013.7.30 본호신설)
2. 가정폭력으로 정상적인 가정생활과 사회생활이 어렵거나 그 밖에 긴급히 보호를 필요로 하는 피해자등을 임시로 보호하거나 의료기관 또는 제7조제1항에 따른 가정폭력피해자 보호시설로 인도(引渡)하는 일(2015.6.22 본호개정)
3. 행위자에 대한 고발 등 법률적 사항에 관하여 자문하기 위한 대한변호사협회 또는 지방변호사회 및 「법률구조법」에 따른 법률구조법인(이하 "법률구조법인"이라 한다) 등에 대한 필요한 협조와 지원의 요청
4. 경찰관서 등으로부터 인도받은 피해자등의 임시 보호
5. 가정폭력의 예방과 방지에 관한 교육 및 홍보
(2013.7.30 본호개정)
6. 그 밖에 가정폭력과 그 피해에 관한 조사·연구
(2007.10.17 본조개정)
제7조【보호시설의 설치】 ① 국가나 지방자치단체는 가정폭력피해자 보호시설(이하 "보호시설"이라 한다)을 설치·운영할 수 있다.
② 「사회복지사업법」에 따른 사회복지법인(이하 "사회복지법인"이라 한다)과 그 밖의 비영리법인은 시장·군수·구청장의 인가(認可)를 받아 보호시설을 설치·운영할 수 있다.
③ 보호시설에는 상담원을 두어야 하고, 보호시설의 규모에 따라 생활지도원, 취사원, 관리원 등의 종사자를 둘 수 있다.
④ 보호시설의 설치·운영의 기준, 보호시설에 두는 상담원 등 종사자의 직종(職種)과 수(數) 및 인가기준(認可基準) 등에 필요한 사항은 여성가족부령으로 정한다.(2010.1.18 본항개정)
(2007.10.17 본조개정)
제7조의2【보호시설의 종류】 ① 보호시설의 종류는 다음 각 호와 같다.
1. 단기보호시설 : 피해자등을 6개월의 범위에서 보호하는 시설
2. 장기보호시설 : 피해자등에 대하여 2년의 범위에서 자립을 위한 주거편의(住居便宜) 등을 제공하는 시설
3. 외국인보호시설 : 외국인 피해자등을 2년의 범위에서 보호하는 시설(2020.6.9 본호개정)
4. 장애인보호시설 : 「장애인복지법」의 적용을 받는 장애인인 피해자등을 2년의 범위에서 보호하는 시설
② 단기보호시설의 장은 그 단기보호시설에 입소한 피해자등에 대한 보호기간을 여성가족부령으로 정하는 바에 따라 각 3개월의 범위에서 두 차례 연장할 수 있다.(2018.3.27 본항개정)
(2007.10.17 본조개정)
제7조의3【보호시설의 입소대상 등】 ① 보호시설의 입소대상은 피해자등으로서 다음 각 호의 어느 하나에 해당하는 경우로 한다.
1. 본인이 입소를 희망하거나 입소에 동의하는 경우
2. 「장애인복지법」 제2조에 따른 지적장애인이나 정신장애인, 그 밖에 의사능력이 불완전한 자로서 가정폭력행위자가 아닌 보호자가 입소에 동의하는 경우
3. 「장애인복지법」 제2조에 따른 지적장애인이나 정신장애인, 그 밖에 의사능력이 불완전한 자로서 상담원의 상담 결과 입소가 필요하나 보호자의 입소 동의를 받는 것이 적절하지 못하다고 인정되는 경우
② 제7조제2항에 따라 인가받은 보호시설의 장은 제1항에 따라 보호시설에 입소한 입소자의 인적사항 및 입소 사유 등을 시장·군수·구청장에게 지체 없이 보고하여야 하며, 제1항제3호에 해당하는 자를 입소시킨 경우에는 지체 없이 관할 시장·군수·구청장의 승인을 받아야 한다.
(2009.5.8 본조신설)
제7조의4【보호시설의 퇴소】 제7조의3에 따라 보호시설에 입소한 자는 본인의 의사 또는 같은 조 제1항제2호에 따라 입소 동의를 한 보호자의 요청에 따라 보호시설을 퇴소할 수 있으며, 보호시설의 장은 입소한 자가 다음 각 호의 어느 하나에 해당하는 경우에는 퇴소를 명할 수 있다.
1. 보호의 목적이 달성된 경우
2. 보호기간이 끝난 경우
3. 입소자가 거짓이나 그 밖의 부정한 방법으로 입소한 경우
4. 보호시설 안에서 현저한 질서문란 행위를 한 경우
(2009.5.8 본조신설)
제7조의5【보호시설에 대한 보호비용 지원】 ① 국가나 지방자치단체는 보호시설에 입소한 피해자나 피해자가 동반한 가정 구성원의 보호를 위하여 필요한 경우 다음 각 호의 보호비용을 보호시설의 장 또는 피해자에게 지원할 수 있다. 다만, 보호시설에 입소한 피해자나 피해자가 동반한 가정 구성원이 「국민기초생활 보장법」 등 다른 법령에 따라 보호를 받고 있는 경우에는 그 범위에서 이 법에 따른 지원을 하지 아니한다.
1. 생계비
2. 아동교육지원비
3. 아동양육비
4. 직업훈련비(2013.7.30 본호신설)
4의2. 퇴소 시 자립지원금(2017.12.12 본호신설)
5. 그 밖에 대통령령으로 정하는 비용
② 제1항에 따른 보호비용 지원의 기준, 방법 및 절차 등에 필요한 사항은 여성가족부령으로 정한다.(2017.12.12 본항개정)
(2010.2.4 본조신설)
제8조【보호시설의 업무】 ① 보호시설은 피해자등에 대하여 다음 각 호의 업무를 행한다. 다만, 피해자가 동반한 가정 구성원에게는 제1호 외의 업무 일부를 하지 아니할 수 있고, 장기보호시설은 피해자등에 대하여 제1호부터 제5호까지에 규정된 업무(주거편의를 제공하는 업무는 제외한다)를 하지 아니할 수 있다.
1. 숙식의 제공
2. 심리적 안정과 사회적응을 위한 상담 및 치료
3. 질병치료와 건강관리(입소 후 1개월 이내의 건강검진을 포함한다)를 위한 의료기관에의 인도 등 의료지원
(2013.5.28 본호개정)
4. 수사·재판과정에 필요한 지원 및 서비스 연계
(2017.12.12 본호개정)
5. 법률구조기관 등에 필요한 협조와 지원의 요청
6. 자립자활교육의 실시와 취업정보의 제공
7. 다른 법률에 따라 보호시설에 위탁된 사항
8. 그 밖에 피해자등의 보호를 위하여 필요한 일
② 장애인보호시설을 설치·운영하는 자가 제1항 각 호의 업무를 할 때에는 장애인의 특성을 고려하여 적절하게 지원할 수 있도록 하여야 한다.
③ (2015.6.22 삭제)
(2007.10.17 본조개정)
제8조의2【긴급전화센터, 상담소 및 보호시설 종사자의 자격기준】 ① 다음 각 호의 어느 하나에 해당하는 자는 긴급전화센터의 장, 상담소의 장, 보호시설의 장 또는 그 밖에 긴급전화센터·상담소 및 보호시설 종사자가 될 수 없다.
(2009.5.8 본문개정)
1. 미성년자, 피성년후견인 또는 피한정후견인(2015.6.22 본호개정)

2. 파산선고를 받은 자로서 복권(復權)되지 아니한 자
3. 금고 이상의 실형을 선고받고 그 집행이 끝나거나(집행이 끝난 것으로 보는 경우를 포함한다) 집행이 면제되지 아니한 사람(2023.4.11 본호개정)
4. 금고 이상의 형의 집행유예를 선고받고 그 유예기간 중에 있는 사람(2023.4.11 본호신설)

② 긴급전화센터, 상담소 및 보호시설에 근무하는 상담원은 여성가족부령으로 정하는 요건에 해당하는 자로서 제8조의3에 따른 가정폭력 관련 상담원 교육훈련시설에서 여성가족부령으로 정하는 상담원 교육훈련과정을 마친 자로 한다.
(2010.1.18 본항개정)

③ 그 밖에 긴급전화센터, 상담소 및 보호시설에 종사하는 종사자의 자격기준에 필요한 사항은 여성가족부령으로 정한다.(2010.1.18 본항개정)
(2009.5.8 본조제목개정)
(2007.10.17 본조개정)

제8조의3【가정폭력 관련 상담원 교육훈련시설】 ① 국가나 지방자치단체는 상담원(상담원이 되려는 자를 포함한다)에 대하여 교육·훈련을 실시하기 위하여 가정폭력 관련 상담원 교육훈련시설(이하 "교육훈련시설"이라 한다)을 설치·운영할 수 있다.

② 다음 각 호의 자로서 교육훈련시설을 설치하려는 자는 시장·군수·구청장에게 신고하여야 한다. 신고한 사항 중 여성가족부령으로 정하는 중요 사항을 변경하려는 경우에도 또한 같다.(2018.3.13 후단신설)
1. 「고등교육법」에 따른 학교를 설립·운영하는 학교법인
2. 법률구조법인
3. 사회복지법인
4. 그 밖의 비영리법인

③ 시장·군수·구청장은 제2항에 따른 신고를 받은 날부터 10일 이내(변경신고의 경우 5일 이내)에 신고수리 여부 또는 민원 처리 관련 법령에 따른 처리기간의 연장을 신고인에게 통지하여야 한다.(2018.3.13 본항신설)

④ 교육훈련시설의 설치기준, 교육훈련시설에 두는 강사의 자격과 수, 상담원 교육훈련과정의 운영기준 및 신고절차 등에 필요한 사항은 여성가족부령으로 정한다.(2010.1.18 본항개정)
(2007.10.17 본조개정)

제8조의4【보수교육의 실시】 ① 여성가족부장관 또는 시·도지사는 긴급전화센터·상담소 및 보호시설 종사자의 자질을 향상시키기 위하여 보수교육을 실시하여야 한다.

② 여성가족부장관 또는 시·도지사는 제1항에 따른 교육에 관한 업무를 「고등교육법」 제2조에 따른 대학, 전문대학 또는 대통령령으로 정하는 전문기관에 위탁할 수 있다.

③ 제1항에 따른 보수교육의 기간·방법 및 내용 등에 필요한 세부사항은 여성가족부령으로 정한다.
(2010.1.18 본조개정)

제8조의5【임대주택의 우선 입주권 부여】 제4조제1항제4호에서 정하는 임대주택의 우선 입주권 부여의 대상자 선정기준 및 선정방법 등에 필요한 사항은 대통령령으로 정한다.
(2017.12.12 본조개정)

제9조【피해자 의사의 존중 의무】 상담소나 보호시설의 장은 피해자등의 명시한 의사에 반하여 제8조제1항과 제18조의 보호를 할 수 없다.(2007.10.17 본조개정)

제9조의2【수사기관의 협조】 긴급전화센터, 상담소 또는 보호시설의 장은 가정폭력행위자로부터 피해자 또는 그 상담원 등 종사자를 긴급히 구조할 필요가 있는 경우 관할 경찰관서의 장에게 그 소속 직원의 동행을 요청할 수 있다. 이 경우 요청을 받은 경찰관서의 장은 특별한 사유가 없으면 이에 따라야 한다.(2013.7.30 전단개정)

제9조의3【홍보영상의 제작·배포 등】 ① 여성가족부장관은 가정폭력의 예방과 방지를 위하여 가정폭력의 위해성 및 가정폭력피해자 지원 등에 관한 홍보영상을 제작하여 「방송법」 제2조제3호에 따른 방송사업자에게 배포하여야 한다.

② 여성가족부장관은 「방송법」 제2조제3호가목의 지상파방송사업자(이하 이 조에서 "방송사업자"라 한다)에게 같은 법 제73조제4항에 따라 대통령령으로 정하는 비상업적 공익광고 편성비율의 범위에서 제1항의 홍보영상을 채널별로 송출하도록 요청할 수 있다.

③ 방송사업자는 제1항의 홍보영상 외에 독자적으로 홍보영상을 제작하여 송출할 수 있다. 이 경우 여성가족부장관에게 필요한 협조 및 지원을 요청할 수 있다.
(2013.5.28 본조개정)

제9조의4【사법경찰관리의 현장출동 등】 ① 사법경찰관리는 가정폭력범죄의 신고가 접수된 때에는 지체 없이 가정폭력의 현장에 출동하여야 한다.

② 제1항에 따라 출동한 사법경찰관리는 피해자를 보호하기 위하여 신고된 현장 또는 사건 조사를 위한 관련 장소에 출입하여 관계인에 대하여 조사를 하거나 질문을 할 수 있다.

③ 가정폭력행위자는 제2항에 따른 사법경찰관리의 현장 조사를 거부하는 등 그 업무 수행을 방해하는 행위를 하여서는 아니 된다.

④ 제2항에 따라 출입, 조사 또는 질문을 하는 사법경찰관리는 그 권한을 표시하는 증표를 지니고 이를 관계인에게 내보여야 한다.

⑤ 제1항에 따른 현장출동 시 수사기관의 장은 긴급전화센터, 상담소 또는 보호시설의 장에게 가정폭력 현장에 동행하여 줄 것을 요청할 수 있고, 요청을 받은 긴급전화센터, 상담소 또는 보호시설의 장은 정당한 사유가 없으면 그 소속 상담원을 가정폭력 현장에 동행하도록 하여야 한다.

⑥ 제2항에 따라 조사 또는 질문을 하는 사법경찰관리는 피해자·신고자·목격자 등이 자유롭게 진술할 수 있도록 가정폭력행위자로부터 분리된 곳에서 조사하는 등 필요한 조치를 하여야 한다.
(2013.7.30 본조개정)

제10조【상담소·보호시설 또는 교육훈련시설의 폐지 등】 ① 제5조제2항, 제7조제2항 또는 제8조의3제2항에 따른 상담소·보호시설 또는 교육훈련시설의 장이 그 시설의 운영을 일시적으로 중단하거나 폐지(廢止) 또는 그 운영을 재개하려면 여성가족부령으로 정하는 바에 따라 시장·군수·구청장에게 신고하여야 한다.(2018.3.13 본항개정)

② 시장·군수·구청장은 제1항에 따른 일시적 중단 또는 폐지신고를 받은 경우 그 내용을 검토하여 이 법에 적합하면 신고를 수리하여야 한다.(2018.3.13 본항신설)

③ 상담소의 장, 보호시설의 장 또는 교육훈련시설의 장은 해당 시설을 일시적으로 중단 또는 폐지하는 경우에는 여성가족부령으로 정하는 바에 따라 해당 시설을 이용하는 사람이 다른 시설로 옮길 수 있도록 하는 등 시설 이용자의 권익을 보호하기 위한 조치를 하여야 한다.(2016.3.2 본항신설)

④ 시장·군수·구청장은 제1항에 따른 상담소·보호시설 또는 교육훈련시설의 일시적 중단 또는 폐지의 신고를 받은 경우 해당 시설의 장이 제3항에 따른 시설 이용자의 권익을 보호하기 위한 조치를 하였는지 여부를 확인하는 등 여성가족부령으로 정하는 조치를 하여야 한다.(2018.3.13 본항개정)

제11조【감독】 ① 여성가족부장관 또는 시장·군수·구청장은 상담소·보호시설 또는 교육훈련시설의 장에게 그 시설에 관하여 필요한 보고를 하게 할 수 있으며, 관계 공무원으로 하여금 그 시설의 운영 상황을 조사하게 하거나 장부나 그 밖의 서류를 검사하게 할 수 있다.(2010.1.18 본항개정)

② 제1항에 따라 그 직무를 수행하는 관계 공무원은 그 권한을 표시하는 증표를 지니고 이를 관계인에게 내보여야 한다.
(2007.10.17 본조개정)
제12조【인가의 취소 등】 ① 시장·군수·구청장은 상담소·보호시설 또는 교육훈련시설이 다음 각 호의 어느 하나에 해당하면 시설의 폐쇄, 업무의 폐지 또는 6개월의 범위에서 업무의 정지를 명하거나 인가를 취소할 수 있다.
1. 제5조제5항, 제7조제4항 또는 제8조의3제4항에 따른 설치기준이나 운영기준에 미달하게 된 경우(2018.3.13 본호개정)
2. 제5조제5항, 제7조제4항, 제8조의2 또는 제8조의3제4항에 따른 상담원이나 강사의 수가 부족하거나 자격이 없는 자를 채용한 경우(2018.3.13 본호개정)
3. 정당한 사유 없이 제11조제1항에 따른 보고를 하지 아니하거나 거짓으로 보고를 한 경우 또는 관계 공무원의 조사·검사를 거부하거나 기피한 경우
4. 제15조를 위반하여 영리를 목적으로 상담소·보호시설 또는 교육훈련시설을 설치·운영한 경우
② 시장·군수·구청장은 상담소·보호시설 또는 교육훈련시설이 제1항에 따라 시설의 폐쇄, 업무의 정지·폐지 또는 인가가 취소되는 경우에는 해당 시설을 이용하는 사람이 다른 시설로 옮길 수 있도록 하는 등 여성가족부령으로 정하는 바에 따라 시설 이용자의 권익을 보호하기 위하여 필요한 조치를 하여야 한다.(2016.3.2 본항신설)
③ 제1항에 따른 업무의 정지·폐지 또는 시설의 폐쇄명령이나 인가취소에 관한 세부 기준은 여성가족부령으로 정한다.
(2010.1.18 본항개정)
(2007.10.17 본조개정)
제12조의2【청문】 시장·군수·구청장은 제12조에 따라 업무의 정지·폐지 또는 그 시설의 폐쇄를 명하거나 인가를 취소하려면 청문을 하여야 한다.(2007.10.17 본조개정)
제13조【경비의 보조】 ① 국가나 지방자치단체는 제5조제2항 또는 제7조제2항에 따른 상담소나 보호시설의 설치·운영에 드는 경비의 일부를 보조할 수 있다.
② 국가나 지방자치단체는 장애인보호시설이 여성가족부장관이 정하는 기준에 맞는 시설과 설비를 설치할 수 있도록 그 비용을 지원하여야 한다.(2010.1.18 본항개정)
(2007.10.17 본조개정)
제13조의2【긴급전화센터 등의 평가】 ① 여성가족부장관은 3년마다 긴급전화센터, 상담소 및 보호시설의 운영실적을 평가하고, 그 결과를 각 시설의 감독, 지원 등에 반영할 수 있다.
② 제1항에 따른 평가의 기준과 방법 등에 필요한 사항은 여성가족부령으로 정한다.
(2010.5.17 본조신설)
제14조【상담소 또는 보호시설의 통합 설치 및 운영】 국가나 지방자치단체는 이 법에 따라 설치·운영하는 상담소나 보호시설을 대통령령으로 정하는 유사한 성격의 상담소나 보호시설과 통합하여 설치·운영하거나 설치·운영할 것을 권고할 수 있다.
(2009.5.8 본조제목개정)
(2007.10.17 본조개정)
제15조【영리목적 운영의 금지】 누구든지 영리를 목적으로 상담소·보호시설 또는 교육훈련시설을 설치·운영하여서는 아니된다. 다만, 교육훈련시설의 장은 상담원교육훈련과정을 수강하는 자에게 여성가족부장관이 정하는 바에 따라 수강료를 받을 수 있다.(2010.1.18 단서개정)
제16조【비밀 엄수의 의무】 긴급전화센터, 상담소 또는 보호시설의 장이나 이를 보조하는 자 또는 그 직에 있었던 자는 그 직무상 알게 된 비밀을 누설하여서는 아니 된다.
(2009.5.8 본조개정)
제17조【유사 명칭의 사용 금지】 이 법에 따른 긴급전화센터·상담소·보호시설 또는 교육훈련시설이 아니면 가정폭력 관련 긴급전화센터, 상담소, 가정폭력피해자 보호시설 또는 가정폭력 관련 상담원 교육훈련시설이나 그 밖에 이와 유사한 명칭을 사용하지 못한다.(2009.5.8 본조개정)
제18조【치료보호】 ① 의료기관은 피해자 본인, 가족, 친지나 긴급전화센터, 상담소 또는 보호시설의 장 등이 요청하면 피해자에 대하여 다음 각 호의 치료보호를 실시하여야 한다.(2009.5.8 본문개정)
1. 보건에 관한 상담 및 지도
2. 신체적·정신적 피해에 대한 치료
3. 그 밖에 대통령령으로 정하는 의료에 관한 사항
② 제1항의 치료보호에 필요한 일체의 비용은 가정폭력행위자가 부담한다.
③ 제2항에도 불구하고 피해자가 치료보호비를 신청하는 경우에는 국가나 지방자치단체는 가정폭력행위자를 대신하여 제1항의 치료보호에 필요한 비용을 의료기관에 지급하여야 한다.
④ 국가나 지방자치단체가 제3항에 따라 비용을 지급한 경우에는 가정폭력행위자에 대하여 구상권(求償權)을 행사할 수 있다. 다만, 피해자가 보호시설 입소 중에 제1항의 치료보호를 받은 경우나 가정폭력행위자가 다음 각 호의 어느 하나에 해당하는 경우에는 그러하지 아니하다.
1. 「국민기초생활 보장법」 제2조에 따른 수급자(受給者)
2. 「장애인복지법」 제32조에 따라 등록된 장애인
⑤ 제3항의 비용을 지급하기 위한 절차, 제4항의 구상권 행사(行使)의 절차 등에 필요한 사항은 여성가족부령으로 정한다.(2010.1.18 본항개정)
(2007.10.17 본조개정)
제19조【권한의 위임】 이 법에 따른 여성가족부장관의 권한은 대통령령으로 정하는 바에 따라 그 일부를 시·도지사 또는 시장·군수·구청장에게 위임할 수 있다.
(2010.1.18 본조개정)
제20조【벌칙】 ① 제4조의5를 위반하여 피해자를 해고하거나 그 밖의 불이익을 준 자는 3년 이하의 징역 또는 3천만원 이하의 벌금에 처한다.(2017.12.12 본항신설)
② 다음 각 호의 어느 하나에 해당하는 자는 1년 이하의 징역 또는 1천만원 이하의 벌금에 처한다.(2014.1.21 본문개정)
1. 제5조제2항 전단, 제7조제2항 또는 제8조의3제2항 전단에 따른 신고를 하지 아니하거나 인가를 받지 아니하고 상담소·보호시설 또는 교육훈련시설을 설치·운영한 자
(2018.3.13 본호개정)
2. 제12조에 따른 업무의 정지·폐지 또는 시설의 폐쇄 명령을 받고도 상담소·보호시설 또는 교육훈련시설을 계속 운영한 자
3. 제16조에 따른 비밀 엄수의 의무를 위반한 자
(2007.10.17 본조개정)
제21조【양벌규정】 법인의 대표자나 법인 또는 개인의 대리인, 사용인, 그 밖의 종업원이 그 법인 또는 개인의 업무에 관하여 제20조의 위반행위를 하면 그 행위자를 벌하는 외에 그 법인 또는 개인에게도 해당 조문의 벌금형을 과(科)한다. 다만, 법인 또는 개인이 그 위반행위를 방지하기 위하여 해당 업무에 관하여 상당한 주의와 감독을 게을리하지 아니한 경우에는 그러하지 아니하다.(2009.5.8 본조개정)
제22조【과태료】 ① 정당한 사유 없이 제9조의4제3항을 위반하여 현장조사를 거부·기피하는 등 업무 수행을 방해한 가정폭력행위자에게는 500만원 이하의 과태료를 부과한다.
(2013.7.30 본항신설)
② 다음 각 호의 어느 하나에 해당하는 자에게는 300만원 이하의 과태료를 부과한다.
1. 정당한 사유 없이 제11조제1항에 따른 보고를 하지 아니하거나 거짓으로 보고한 자 또는 조사·검사를 거부하거나 기피한 자
2. 제17조에 따른 유사 명칭 사용 금지를 위반한 자

③ 제1항 및 제2항에 따른 과태료는 대통령령으로 정하는 바에 따라 여성가족부장관 또는 시장·군수·구청장이 부과·징수한다.(2013.7.30 본항개정)
④~⑤ (2009.5.8 삭제)
(2007.10.17 본조개정)

부 칙 (2015.6.22)

제1조【시행일】 이 법은 공포 후 6개월이 경과한 날부터 시행한다.
제2조【금치산자 등의 결격사유에 관한 경과조치】 제8조의2제1항제1호의 개정규정에도 불구하고 같은 개정규정 시행 당시 법률 제10429호 민법 일부개정법률 부칙 제2조에 따라 금치산 또는 한정치산 선고의 효력이 유지되는 사람에 대하여는 종전의 규정에 따른다.

부 칙 (2018.3.13)

제1조【시행일】 이 법은 공포 후 6개월이 경과한 날부터 시행한다. 다만, 제10조의 개정규정은 공포한 날부터 시행한다.
제2조【상담소 설치신고 등에 관한 적용례】 제5조제3항 및 제8조의3제3항의 개정규정은 이 법 시행 후 상담소 또는 교육훈련시설의 설치신고 또는 변경신고를 하는 경우부터 적용한다.

부 칙 (2018.3.27)

제1조【시행일】 이 법은 공포한 날부터 시행한다.
제2조【단기보호시설 보호기간 연장에 관한 적용례】 제7조의2제2항의 개정규정은 이 법 시행 당시 단기보호시설에 입소한 피해자등에 대하여도 적용한다.

부 칙 (2020.6.9)
(2023.4.11)

이 법은 공포한 날부터 시행한다.

환경범죄 등의 단속 및 가중처벌에 관한 법률(약칭 : 환경범죄단속법)

(1999년 12월 31일
전개법률 제6094호)

개정
2001. 1.16법 6368호(지하수법) <중략>
2007. 4. 6법 8338호(하천법)
2007. 4.11법 8343호(관광진흥법)
2007. 4.11법 8370호(수도법)
2007. 4.11법 8371호(폐기물관리법)
2007. 4.27법 8404호(대기환경)
2007. 5.17법 8466호(수질수생태계보전)
2008.12.31법 9313호(자연공원법)
2009. 2. 6법 9432호(식품위생)
2009. 6. 9법 9774호(측량·수로지적)
2010. 2. 4법10031호(악취방지법)
2011. 4.28법10616호
2011. 7.21법10893호(환경정책)
2011. 7.28법10977호(야생생물보호및관리에관한법)
2011. 8. 4법11016호(골재채취법)
2013. 5.22법11790호
2013. 6. 4법11862호(화학물질관리법)
2013. 7.30법11979호(수질수생태계보전)
2014. 3.24법12521호(야생생물보호및관리에관한법)
2014. 6. 3법12738호(공간정보구축관리)
2015. 2. 3법13175호
2015.12.22법13603호(환경오염시설의통합관리에관한법)
2017. 1.17법14532호(물환경보전법)
2019.11.26법16616호
2020. 2.18법17063호(해양조사와해양정보활용에관한법)
2021. 6.15법18284호(댐건설·관리및주변지역지원등에관한법)
2022.12.31법19208호(순환경제사회전환촉진법)
2024. 2. 6법20231호(화학물질관리법)→2025년 8월 7일 시행
2024. 3.19법20385호(환경분쟁조정및환경피해구제등에관한법)

제1조【목적】 이 법은 생활환경 또는 자연환경 등에 위해(危害)를 끼치는 환경오염 또는 환경훼손 행위에 대한 가중처벌 및 단속·예방 등에 관한 사항을 정함으로써 환경보전에 이바지하는 것을 목적으로 한다.(2011.4.28 본조개정)
제2조【정의】 이 법에서 사용하는 용어의 뜻은 다음과 같다.
1. "오염물질"이란 다음 각 목의 어느 하나에 해당하는 물질을 말한다.
 가. 「대기환경보전법」 제2조제1호에 따른 대기오염물질
 나. 「물환경보전법」 제2조제7호에 따른 수질오염물질(2017.1.17 본목개정)
 다. 「토양환경보전법」 제2조제2호에 따른 토양오염물질
 라. 「화학물질관리법」 제2조제2호·제2호의2·제2호의3에 따른 인체급성유해성물질, 인체만성유해성물질, 생태유해성물질(2024.2.6 본호개정)
 마. 「하수도법」 제2조제1호·제2호에 따른 오수(汚水)·분뇨 또는 「가축분뇨의 관리 및 이용에 관한 법률」 제2조제2호에 따른 가축분뇨
 바. 「폐기물관리법」 제2조제1호에 따른 폐기물
 사. 「농약관리법」 제2조제1호 및 제3호에 따른 농약 및 원제(原劑)
2. "불법배출"이란 다음 각 목의 어느 하나에 해당하는 행위(제5호가목 또는 나목의 불법배출시설을 운영하는 사업자가 하는 가목 또는 나목의 행위를 포함한다)를 말한다.
 가. 「대기환경보전법」 제31조제1항제1호, 제2호 또는 제5호에 해당하는 행위
 나. 「물환경보전법」 제15조제1항제1호 또는 제38조제1항 및 같은 조 제2항 각 호의 어느 하나에 해당하는 행위(2017.1.17 본목개정)
 다. 「폐기물관리법」 제8조제1항 또는 제2항을 위반하여 사업장폐기물을 버리거나 매립(埋立)하는 행위

라. 「폐기물관리법」 제13조에 따른 기준과 방법에 적합하지 아니하게 폐기물을 매립하거나 수집, 운반, 보관 또는 처리하여 주변 환경을 오염시키는 행위
마. 「폐기물관리법」 제31조제1항에 따른 관리기준에 적합하지 아니하게 폐기물처리시설을 유지·관리하여 주변 환경을 오염시키는 행위
바. 「하수도법」 제19조제2항, 제39조제1항, 제43조제2항 또는 「가축분뇨의 관리 및 이용에 관한 법률」 제17조제1항, 제25조제1항을 위반하는 행위
사. 「물환경보전법」 제15조제1항제2호 또는 제4호를 위반하는 행위(2017.1.17 본목개정)
아. 「화학물질관리법」 제13조에 따른 유해화학물질 취급기준에 적합하지 아니하게 인체급성유해성물질, 인체만성유해성물질, 생태유해성물질을 관리함으로써 「화학물질관리법」 제2조제3호부터 제5호까지에 따른 허가물질, 제한물질, 금지물질 및 제7호에 따른 유해화학물질을 배출·누출하는 행위(2024.2.6 본목개정)
자. 「대기환경보전법」 제16조 또는 제29조제3항에 따른 기준을 초과하여 오염물질을 배출하는 행위
차. 「물환경보전법」 제32조에 따른 기준을 초과하여 오염물질을 배출하는 행위(2017.1.17 본목개정)
카. 「하수도법」 제7조 또는 「가축분뇨의 관리 및 이용에 관한 법률」 제13조에 따른 기준을 초과하여 오염물질을 배출하는 행위
타. 「환경오염시설의 통합관리에 관한 법률」 제21조제1항제1호가목·나목, 같은 항 제2호 또는 제3호에 해당하는 행위(2015.12.22 본목신설)

3. "배출시설"이란 다음 각 목의 어느 하나에 해당하는 시설을 말한다.
가. 「대기환경보전법」 제2조제11호에 따른 대기오염물질 배출시설
나. 「물환경보전법」 제2조제10호에 따른 폐수배출시설 또는 같은 조 제11호에 따른 폐수무방류배출시설
(2017.1.17 본목개정)
다. 「폐기물관리법」 제2조제8호에 따른 폐기물처리시설
라. 「가축분뇨의 관리 및 이용에 관한 법률」 제2조제3호에 따른 배출시설
마. 「토양환경보전법」 제2조제4호에 따른 특정토양오염관리대상시설

4. "영업"이란 다음 각 목의 어느 하나에 해당하는 업(業)을 말한다.
가. 「물환경보전법」 제62조제1항에 따른 폐수처리업
(2017.1.17 본목개정)
나. 「화학물질관리법」 제18조제1항 단서에 따른 제조·수입·판매 또는 같은 법 제27조 각 호의 어느 하나에 해당하는 영업(사고대비물질은 제외한다)(2013.6.4 본목개정)
다. 「폐기물관리법」 제25조제5항에 따른 폐기물처리업
라. 「하수도법」 제45조제1항, 제53조제1항에 따른 분뇨수집·운반업, 개인하수처리시설관리업 또는 「가축분뇨의 관리 및 이용에 관한 법률」 제28조제2항에 따른 가축분뇨관련영업
마. 「체육시설의 설치·이용에 관한 법률」 제10조제1항제1호에 따른 골프장업 또는 스키장업
바. 「식품위생법」 제36조제1항제3호에 따른 식품접객업
사. 「공중위생관리법」 제2조제1항제2호에 따른 숙박업
아. 「관광진흥법」 제3조제1항제2호에 따른 관광숙박업
자. 「골재채취법」 제2조제1항제3호에 따른 골재채취업
(2011.8.4 본목개정)

5. "불법배출시설"이란 다음 각 목의 어느 하나에 해당하는 시설을 말한다.
가. 제3호 각 목의 법률에 따라 허가 또는 승인을 받거나 신고를 하여야 하는 배출시설로서 허가 또는 승인을 받지 아니하거나 신고를 하지 아니하고 오염물질을 배출하는 배출시설
나. 제3호 각 목의 법률에 따라 허가 또는 승인이 취소 또는 정지되거나 폐쇄명령을 받은 후 오염물질을 배출하는 배출시설
다. 제4호 각 목의 법률에 따른 허가를 받지 아니하거나 등록 또는 신고를 하지 아니하고 영업을 하는 건물이나 그 밖의 시설물
라. 제4호 각 목의 법률에 따라 허가가 취소 또는 정지되거나 폐쇄명령을 받은 후 영업을 하는 건물이나 그 밖의 시설물
마. 법률에 따라 배출시설의 설치가 금지된 지역에 설치된 배출시설 또는 영업이 금지된 지역에서 영업을 하는 건물이나 그 밖의 시설물
바. 「대기환경보전법」 제31조제1항제2호, 「물환경보전법」 제38조제1항제1호·제2호, 같은 조 제2항 각 호의 어느 하나 또는 「가축분뇨의 관리 및 이용에 관한 법률」 제17조제1항제1호·제2호에 따른 시설(2017.1.17 본목개정)

6. "사업자"란 배출시설이나 불법배출시설을 설치·운영하는 자 또는 영업을 하는 자를 말한다.

7. "환경보호지역"이란 다음 각 목의 어느 하나에 해당하는 지역, 구역 또는 섬을 말한다.
가. 「환경정책기본법」 제38조에 따라 지정·고시된 특별대책지역(2011.7.21 본목개정)
나. 「자연환경보전법」 제2조제12호에 따른 생태·경관보전지역, 같은 조 제13호에 따른 자연유보지역 또는 같은 법 제23조 및 제24조에 따라 지정·고시된 시·도 생태·경관보전지역
다. 「독도 등 도서지역의 생태계보전에 관한 특별법」 제4조에 따라 지정·고시된 특정도서(特定島嶼)
라. 「자연공원법」 제2조제1호에 따른 자연공원
마. 「수도법」 제7조에 따라 지정·공고된 상수원보호구역
바. 「습지보전법」 제8조에 따라 지정·고시된 습지보호지역
사. 「야생생물 보호 및 관리에 관한 법률」 제27조에 따라 지정된 야생생물 특별보호구역 및 같은 법 제33조에 따라 지정된 야생생물 보호구역(2011.7.28 본목개정)
아. 「한강수계 상수원수질개선 및 주민지원 등에 관한 법률」 제4조에 따라 지정·고시된 수변구역(水邊區域)
자. 「낙동강수계 물관리 및 주민지원 등에 관한 법률」 제4조에 따라 지정·고시된 수변구역
차. 「금강수계 물관리 및 주민지원 등에 관한 법률」 제4조에 따라 지정·고시된 수변구역
카. 「영산강·섬진강수계 물관리 및 주민지원 등에 관한 법률」 제4조에 따라 지정·고시된 수변구역
(2013.5.22 자목~카목신설)

8. "환경법위반행위"란 다음 각 목의 어느 하나에 해당하는 행위를 말한다.
가. 제3조부터 제9조까지의 규정에 해당하는 행위
나. 「대기환경보전법」 제43조제1항을 위반하여 비산먼지의 발생을 억제하기 위한 시설을 설치하지 아니하거나 필요한 조치를 하지 아니한 행위. 다만, 시멘트·석탄·토사(土砂)·사료·곡물 및 고철의 분체(粉體) 상태 물질을 운송한 경우는 제외한다.
다. 「폐기물관리법」 제8조제1항 또는 제2항을 위반하여 생활폐기물을 버리거나 매립 또는 소각하는 행위
(2013.5.22 본호신설)
(2011.4.28 본조개정)

제3조【오염물질 불법배출의 가중처벌】 ① 오염물질을 불법배출함으로써 사람의 생명이나 신체에 위해를 끼치거나 상수원을 오염시킴으로써 먹는 물의 사용에 위험을 끼친 자는 3년 이상 15년 이하의 유기징역에 처한다.(2015.2.3 본항개정)
② 제1항의 죄를 범하여 사람을 죽거나 다치게 한 자는 무기 또는 5년 이상의 유기징역에 처한다.
③ 오염물질을 불법배출한 자로서 다음 각 호의 어느 하나에 해당하거나 「물환경보전법」 제15조제1항제4호를 위반한 자로서 제3호에 해당하는 자는 1년 이상 7년 이하의 징역에 처한다.(2017.1.17 본문개정)
1. 농업, 축산업, 임업 또는 원예업에 이용되는 300제곱미터 이상의 토지를 해당 용도로 이용할 수 없게 한 자
2. 바다, 하천, 호소(湖沼) 또는 지하수를 별표1에서 정하는 규모 및 기준 이상으로 오염시킨 자
3. 어패류를 별표2에서 정하는 규모 이상으로 집단폐사(集團斃死)에 이르게 한 자
(2011.4.28 본조개정)

제4조【환경보호지역 오염행위 등의 가중처벌】 ① 환경보호지역에서 제3조제1항부터 제3항까지의 죄를 범한 자에 대하여는 해당 형(刑)의 2분의 1까지 가중할 수 있다.
② 환경보호지역에서 「자연환경보전법」 제15조제1항제2호(「자연환경보전법」 제22조제2항에서 준용하는 경우를 포함한다), 「독도 등 도서지역의 생태계보전에 관한 특별법」 제8조제1항제3호, 「자연공원법」 제23조제1항제3호(공원구역 중 공원자연보존지구와 공원자연환경지구의 경우만 해당한다), 「습지보전법」 제13조제1항제1호 또는 「수도법」 제7조제4항제3호를 위반하여 토지를 300제곱미터 이상 형질변경한 자는 2년 이상 15년 이하의 유기징역에 처한다.(2015.2.3 본항개정)
③ 오염물질을 불법배출하거나 제2항의 죄를 범하여 환경보호지역을 그 설정 또는 지정의 목적을 상실하게 할 정도에 이르게 한 자는 5년 이상의 유기징역에 처한다.
(2011.4.28 본조개정)

제5조【과실범】 ① 업무상 과실 또는 중대한 과실로 제3조제1항의 죄를 범한 자는 7년 이하의 징역 또는 1억원 이하의 벌금에 처한다.
② 업무상 과실 또는 중대한 과실로 제3조제2항 또는 제4조제3항의 죄를 범한 자는 10년 이하의 징역 또는 1억5천만원 이하의 벌금에 처한다.
③ 업무상 과실 또는 중대한 과실로 제3조제3항의 죄를 범한 자는 3년 이하의 징역 또는 3천만원 이하의 벌금에 처한다.
(2015.2.3 본조개정)

제6조【멸종위기 야생생물의 포획 등의 가중처벌】 매매를 목적으로 「야생생물 보호 및 관리에 관한 법률」 제67조, 제68조제1항제1호부터 제3호까지 또는 제69조제1항제1호의 죄를 범한 자는 같은 법 각 해당 조에서 정한 징역과 매매로 인하여 취득하였거나 취득할 수 있는 가액(價額)의 2배 이상 10배 이하에 해당하는 벌금을 병과(倂科)한다.(2014.3.24 본조개정)

제7조【폐기물 불법처리의 가중처벌】 단체 또는 집단의 구성원으로서 영리를 목적으로 「폐기물관리법」 제63조의 죄를 범한 자는 2년 이상 10년 이하의 징역과 폐기물을 버리거나 매립함으로 인하여 취득한 가액의 2배 이상 10배 이하에 해당하는 벌금을 병과한다.(2011.4.28 본조개정)

제8조【누범의 가중】 제3조부터 제5조까지 또는 제7조의 죄로 금고 이상의 형을 선고받고 그 집행이 끝나거나 집행을 면제받은 지 3년 내에 제3조제1항, 제4조제3항 또는 제7조의 죄를 범한 자는 무기 또는 5년 이상의 유기징역에 처한다. 이 경우 제7조의 죄를 범한 자는 폐기물을 버리거나 매립함으로 인하여 취득한 가액의 2배 이상 10배 이하에 해당하는 벌금을 병과한다.(2011.4.28 본조개정)

제9조【명령 불이행자에 대한 처벌 등】 ① 제13조제1항에 따른 명령(철거명령은 제외한다)을 위반한 자는 5년 이하의 징역에 처한다.
② 제13조제1항에 따른 철거명령을 위반한 자 또는 제13조제4항에 따라 설치된 표지판을 제거·훼손한 자는 2년 이하의 징역 또는 2천만원 이하의 벌금에 처한다.(2015.2.3 본항개정)
(2011.4.28 본조개정)

제10조【양벌규정】 법인의 대표자나 법인 또는 개인의 대리인, 사용인, 그 밖의 종업원이 그 법인 또는 개인의 업무에 관하여 제5조부터 제7조까지의 어느 하나에 해당하는 위반행위를 하면 그 행위자를 벌하는 외에 그 법인 또는 개인에게도 해당 조문의 벌금형을 과(科)한다. 다만, 법인 또는 개인이 그 위반행위를 방지하기 위하여 해당 업무에 관하여 상당한 주의와 감독을 게을리하지 아니하였을 경우에는 그러하지 아니하다.(2011.4.28 본조개정)

제11조【추정】 사람의 생명·신체, 상수원 또는 자연생태계 등(이하 "생명·신체등"이라 한다)에 위해(제3조제3항 각 호의 어느 하나에 해당하는 경우를 포함한다. 이하 이 조에서 같다)를 끼칠 정도로 오염물질을 불법배출한 사업자가 있는 경우 그 오염물질의 불법배출에 의하여 위해가 발생할 수 있는 지역에서 같은 종류의 오염물질로 인하여 생명·신체등에 위해가 발생하고 그 불법배출과 발생한 위해 사이에 상당한 개연성이 있는 때에는 그 위해는 그 사업자가 불법배출한 물질로 인하여 발생한 것으로 추정한다.(2011.4.28 본조개정)

제12조【과징금】 ① 환경부장관은 다음 각 호의 어느 하나에 해당하는 자에게 매출액에 100분의 5를 곱한 금액을 초과하지 아니하는 금액(이하 이 조에서 "위반부과금액"이라 한다)과 오염물질의 제거 및 원상회복에 드는 비용(이하 "정화비용"이라 한다)을 더한 금액을 과징금으로 부과할 수 있다. 다만, 매출액이 없거나 매출액의 산정이 곤란한 경우로서 대통령령으로 정하는 경우에는 위반부과금액을 10억원 이내로 한다.
1. 다음 각 목의 어느 하나에 해당하는 물질을 불법배출(제2조제2호가목부터 아목까지의 행위만 해당한다. 이하 이 조에서 같다)한 자
 가. 「대기환경보전법」 제2조제9호의 특정대기유해물질
 나. 「물환경보전법」 제2조제8호의 특정수질유해물질
 다. 「폐기물관리법」 제2조제4호의 지정폐기물
 라. 「하수도법」 제2조제1호 및 제2호에 따른 오수 및 분뇨와 「가축분뇨의 관리 및 이용에 관한 법률」 제2조제2호에 따른 가축분뇨 중 각각 생물화학적 산소요구량이 리터당 1천500밀리그램 이상인 오수·분뇨 및 가축분뇨
2. 다음 각 목의 어느 하나를 위반하여 배출시설에 부착된 측정기기를 조작하거나 가동하지 아니하거나 거짓으로 측정결과를 작성하거나 서류 또는 자료를 거짓, 그 밖의 부정한 방법으로 작성·기록 또는 제출하면서 제1호가목부터 다목까지의 물질 중 어느 하나를 배출한 자
 가. 「대기환경보전법」 제31조제2항, 제32조제3항, 제39조제1항, 제44조제10항
 나. 「물환경보전법」 제4조의5제4항, 제38조제3항, 제38조의3제1항, 제46조의2제1항
 다. 「폐기물관리법」 제13조의3제3항, 제18조제3항, 제18조의2제1항 또는 제2항, 제38조제1항 또는 제2항
3. 「화학물질관리법」 제23조제1항, 제41조제1항 또는 제46조제2항 중 어느 하나를 위반하여 서류나 자료를 거짓, 그 밖의 부정한 방법으로 작성, 기록 또는 제출하면서 인체급성유해성물질, 인체만성유해성물질, 생태유해성물질을 불법배출한 자(2024.2.6 본호개정)
4. 「화학물질관리법」 제13조에 따른 유해화학물질 취급기준에 적합하지 아니하게 유해화학물질을 관리함으로써 같은

법 제2조제3호부터 제5호까지의 규정에 따른 허가물질, 제한물질, 금지물질 중 어느 하나를 배출·누출한 자
5. 다음 각 목의 어느 하나를 고의로 위반하여 허가나 변경허가를 받지 아니하거나 신고나 변경신고를 하지 아니하고 설치 또는 변경한 배출시설을 운영하면서 오염물질을 배출한 자
가. 「대기환경보전법」 제23조제1항부터 제3항까지, 제38조의2제1항 또는 제2항, 제44조제1항 또는 제2항
나. 「물환경보전법」 제33조제1항부터 제3항까지
다. 「폐기물관리법」 제29조제2항 또는 제3항
라. 「가축분뇨의 관리 및 이용에 관한 법률」 제11조제1항부터 제3항까지
(2019.11.26 본항개정)
② 제1항에 따른 매출액을 계산할 때에는 해당 사업장의 최근 3년간 매출액의 평균을 기준으로 한다.(2019.11.26 본항개정)
③ 환경부장관은 제1항에 따른 과징금을 부과하기 위하여 필요한 경우에는 다음 각 호의 사항을 적은 문서로 관할 세무서의 장에게 과세정보 제공을 요청할 수 있다.
1. 납세자의 인적사항
2. 사용 목적
3. 과징금 부과기준이 되는 매출금액
(2019.11.26 본항개정)
④ 제1항에 따른 과징금을 부과함에 있어 위반행위의 횟수, 해당 사업장의 매출액 범주 등에 따른 부과기준은 대통령령으로 정한다.(2019.11.26 본항개정)
⑤ 환경부장관은 제1항에 따른 과징금을 산출함에 있어 행위자가 동일한 위반행위로 제15조의2제1항 각 호에 따른 벌금, 과징금, 과태료 또는 배출부과금을 부과 받은 경우 그 액수에 상당하는 금액을 과징금에서 뺀다.(2019.11.26 본항개정)
⑥ 환경부장관은 제1항의 위반 사실을 알게 된 즉시 이를 환경부장관에게 신고하고 시정한 자에 대하여 대통령령으로 정하는 바에 따라 과징금의 전부 또는 일부를 감면할 수 있다.(2019.11.26 본항신설)
⑦ 환경부장관은 제1항에 따라 과징금의 부과처분을 받은 자가 과징금을 기한까지 내지 아니하면 국세 체납처분의 예에 따라 징수한다.
⑧ 제1항에 따른 과징금은 「환경정책기본법」에 따른 환경개선특별회계의 세입으로 한다.(2011.7.21 본항개정)
(2011.4.28 본조개정)

제13조【행정처분 등】 ① 환경부장관은 불법배출시설의 소유자 또는 점유자에게 해당 시설의 사용중지, 철거 또는 폐쇄를 명할 수 있다.
② 불법배출시설이 제2조제4호바목부터 아목까지의 영업을 하는 시설에 해당하는 경우에는 그 불법배출시설이 다음 각 호의 어느 하나에 해당하는 지역에 있는 경우에만 제1항을 적용한다.
1. 환경보호지역
2. 하천(「하천법」 제2조제1호에 따른 하천과 「소하천정비법」 제2조제1호에 따른 소하천을 말한다), 호소(「물환경보전법」 제2조제14호에 따른 호소를 말한다), 바다(「해양조사와 해양정보 활용에 관한 법률」 제8조제1항제3호에 따른 해안선 바깥지역을 말한다) 및 그 경계로부터 직선거리 500미터 이내인 지역(2020.2.18 본호개정)
③ 환경부장관은 제1항에 따른 불법배출시설의 소유자 또는 점유자가 철거명령을 받고도 이를 이행하지 아니하면 「행정대집행법」에서 정하는 바에 따라 대집행(代執行)하고 그 비용을 소유자 또는 점유자로부터 징수할 수 있다.
④ 환경부장관은 제1항에 따라 불법배출시설에 대하여 철거명령을 하는 경우에는 해당 불법배출시설 또는 그 사업장에 대통령령으로 정하는 표지판을 설치하여야 한다.
(2011.4.28 본조개정)

제14조【행정처분 효과의 승계】 사업자가 불법배출시설을 양도하거나 사망한 경우 또는 법인인 사업자가 합병한 경우에는 종전의 사업자에 대하여 제13조에 따라 한 행정처분의 효과는 양수인, 상속인 또는 합병 후 존속하는 법인이나 합병으로 새로 설립되는 법인에 승계된다.(2011.4.28 본조개정)

제15조【포상금】 환경법위반행위가 발각되기 전에 수사기관, 환경부장관, 지방환경관서의 장, 시·도지사 또는 시장·군수·구청장(자치구의 구청장을 말한다)에게 신고한 자에게는 대통령령으로 정하는 바에 따라 포상금을 지급할 수 있다.(2013.5.22 본조개정)

제15조의2【환경감시관】 ① 이 법과 다음 각 호의 법률에서 규정하는 위반행위에 대한 단속 및 예방을 위하여 환경부 및 그 소속 기관에 환경감시관을 둔다.(2019.11.26 본문개정)
1. 「대기환경보전법」 제89조, 제90조, 제90조의2, 제91조, 제91조의2 및 제92조부터 제95조까지
2. 「물환경보전법」 제75조부터 제82조까지
3. 「소음·진동관리법」 제56조부터 제60조까지
4. 「화학물질관리법」 제57조부터 제64조까지
5. 「폐기물관리법」 제63조부터 제68조까지
6. 「가축분뇨의 관리 및 이용에 관한 법률」 제48조부터 제53조까지
(2019.11.26 1호~6호신설)
7. 「환경분쟁 조정 및 환경피해 구제 등에 관한 법률」 제90조 및 제92조(2024.3.19 본호개정)
8. 「자연환경보전법」 제63조부터 제66조까지
9. 「환경영향평가법」 제73조부터 제76조까지
10. 「폐기물의 국가 간 이동 및 그 처리에 관한 법률」 제28조, 제29조, 제29조의2 및 제30조부터 제32조까지
11. 「하수도법」 제75조부터 제80조까지
12. 「환경기술 및 환경산업 지원법」 제34조부터 제37조까지
13. 「먹는물관리법」 제57조부터 제61조까지
14. 「토양환경보전법」 제28조부터 제32조까지
15. 「폐기물처리시설 설치촉진 및 주변지역지원 등에 관한 법률」 제31조 및 제32조
16. 「자원의 절약과 재활용촉진에 관한 법률」 제39조, 제39조의2, 제40조 및 제41조
17. 「실내공기질 관리법」 제14조부터 제16조까지
18. 「수도법」 제81조부터 제87조까지
19. 「지하수법」 제37조, 제37조의2, 제37조의3 및 제38조부터 제40조까지
20. 「보건범죄 단속에 관한 특별조치법」 제4조
21. 「야생생물 보호 및 관리에 관한 법률」 제67조부터 제73조까지
22. 「악취방지법」 제26조부터 제30조까지
23. 「한강수계 상수원수질개선 및 주민지원 등에 관한 법률」 제30조부터 제32조까지
24. 「낙동강수계 물관리 및 주민지원 등에 관한 법률」 제44조부터 제46조까지
25. 「금강수계 물관리 및 주민지원 등에 관한 법률」 제41조부터 제43조까지
26. 「영산강·섬진강수계 물관리 및 주민지원 등에 관한 법률」 제41조부터 제43조까지
27. 「건설폐기물의 재활용촉진에 관한 법률」 제62조부터 제66조까지
28. 「습지보전법」 제23조부터 제27조까지
29. 「독도 등 도서지역의 생태계 보전에 관한 특별법」 제14조부터 제16조까지
30. 「수도권 대기환경개선에 관한 특별법」 제40조부터 제46조까지
31. 「환경보건법」 제31조부터 제33조까지

32. 「석면안전관리법」 제44조부터 제47조까지, 제47조의2, 제48조 및 제49조
33. 「화학물질의 등록 및 평가 등에 관한 법률」 제50조부터 제54조까지
34. 「생물다양성 보전 및 이용에 관한 법률」 제35조부터 제38조까지
35. 「환경분야 시험·검사 등에 관한 법률」 제33조부터 제35조까지
36. 「잔류성유기오염물질 관리법」 제32조, 제32조의2, 제33조, 제33조의2 및 제34조부터 제37조까지
37. 「환경오염피해 배상책임 및 구제에 관한 법률」 제47조부터 제49조까지
38. 「환경오염시설의 통합관리에 관한 법률」 제38조부터 제47조까지
39. 「생활화학제품 및 살생물제의 안전관리에 관한 법률」 제56조부터 제60조까지

(2019.11.26 8호~39호신설)

40. 「순환경제사회 전환 촉진법」 제50조부터 제52조까지 (2022.12.31 본호개정)
41. 「유전자원의 접근·이용 및 이익 공유에 관한 법률」 제26조부터 제28조까지(2019.11.26 본호신설)
42. 「수자원의 조사·계획 및 관리에 관한 법률」 제39조부터 제42조까지(2019.11.26 본호신설)
43. 「댐건설·관리 및 주변지역지원 등에 관한 법률」 제49조부터 제53조까지(2021.6.15 본호개정)
44. 「친수구역 활용에 관한 특별법」 제42조부터 제44조까지 (2019.11.26 본호신설)
45. 「하천법」 제94조제1호, 제95조제4호·제9호·제10호, 제96조제4호, 제97조 및 제98조(2019.11.26 본호신설)

② 환경감시관은 제1항에 따른 위반행위의 단속 및 예방을 위하여 필요한 경우 지방자치단체의 장에게 자료를 요청할 수 있다. 이 경우 자료의 제출을 요청받은 지방자치단체의 장은 특별한 사유가 없으면 요청받은 자료를 제출하여야 한다.(2019.11.26 전단개정)

③ 제1항에 따른 환경감시관은 환경부 및 그 소속 기관에서 환경감시업무에 종사하는 공무원 중에서 임명하되, 그 자격, 임면(任免), 직무 범위 등에 관한 사항은 대통령령으로 정한다.

④ 환경감시관은 제1항에 따른 위반행위의 단속 및 예방을 위하여 필요한 경우에는 시설 또는 사업장 등에 출입하여 조사할 수 있다. 이 경우 출입·조사를 하는 공무원은 그 권한을 표시하는 증표를 지니고 이를 관계 기관에 보여주어야 한다.(2019.11.26 전단개정)

(2011.4.28 본조신설)

제15조의3 【환경감시조직】 국가는 환경법위반행위의 감시 및 단속을 위하여 관계 행정기관과 지방자치단체의 공무원으로 구성된 환경감시조직을 설치·운영할 수 있다.
(2011.4.28 본조신설)

제16조 【사업장의 출입 등】 ① 환경부장관은 제12조에 따른 과징금의 부과 또는 제13조에 따른 행정처분을 하기 위하여 관계 공무원에게 불법배출시설 또는 사업장 등에 출입하여 오염물질을 채취하거나 관계 서류·시설·장비 등을 검사하게 할 수 있다.

② 환경부장관은 제1항에 따라 오염물질을 채취하였을 때에는 대통령령으로 정하는 검사기관에 그 오염도의 검사를 의뢰할 수 있다.

③ 제1항에 따라 출입·검사를 하는 공무원은 그 권한을 표시하는 증표를 지니고 이를 관계인에게 보여주어야 한다.
(2011.4.28 본조개정)

제17조 【관계 기관의 협조】 환경부장관은 관계 기관의 장에게 이 법에 따른 행정처분을 위하여 필요한 자료의 제출을 요구할 수 있다. 이 경우 관계 기관의 장은 특별한 사유가 없으면 요구받은 자료를 제출하여야 한다.(2011.4.28 본조개정)

제18조 【자료의 전산관리】 환경부장관은 환경법위반행위의 단속 및 예방을 위하여 필요한 자료를 전산관리할 수 있다.
(2011.4.28 본조개정)

제19조 【권한의 위임】 이 법에 따른 환경부장관의 권한은 대통령령으로 정하는 바에 따라 그 일부를 시·도지사 또는 지방환경관서의 장에게 위임할 수 있다.(2011.4.28 본조개정)

부　칙 (2019.11.26)

제1조 【시행일】 이 법은 공포 후 1년이 경과한 날부터 시행한다.

제2조 【과징금에 관한 경과조치】 이 법 시행 전의 행위에 대한 과징금 부과는 종전의 규정에 따른다.

부　칙 (2020.2.18)
(2021.6.15)
(2022.12.31)

제1조 【시행일】 이 법은 공포 후 1년이 경과한 날부터 시행한다.(이하 생략)

부　칙 (2024.2.6)

제1조 【시행일】 이 법은 공포 후 1년 6개월이 경과한 날부터 시행한다.(이하 생략)

부　칙 (2024.3.19)

제1조 【시행일】 이 법은 2025년 1월 1일부터 시행한다.(이하 생략)

[별표] ➡ 「www.hyeonamsa.com」 참조

보건범죄 단속에 관한 특별조치법(약칭 : 보건범죄단속법)

(1969년 8월 4일
법 률 제2137호)

개정
1980.12.31법 3333호
1990. 8. 1법 4252호(수산)
1990.12.31법 4293호
1997.12.13법 5443호(축산물가공처리법)
1997.12.13법 5454호(정부부처명)
1998. 2.28법 5529호(정부조직)
2002. 8.26법 6727호(건강기능식품에관한법)
2004.12.31법 7292호(유해화학)
2007. 4.11법 8365호(약사)
2007. 4.11법 8366호(의료법)
2008. 2.29법 8852호(정부조직)
2009. 2. 6법 9432호(식품위생)
2009.12.29법 9840호
2010. 1.18법 9932호(정부조직)
2010. 5.25법10310호(축산물위생관리법)
2011. 4.12법10579호
2011. 6. 7법10788호(약사)
2013. 3.23법11690호(정부조직)
2017.12.19법15252호
2020.12.29법17761호(주류면허등에관한법)
2024. 2. 6법20231호(화학물질관리법)→2025년 8월 7일 시행

<중략>

제1조【목적】 이 법은 부정식품 및 첨가물, 부정의약품 및 부정유독물의 제조나 무면허 의료행위 등의 범죄에 대하여 가중처벌 등을 함으로써 국민보건 향상에 이바지함을 목적으로 한다.(2011.4.12 본조개정)

제2조【부정식품 제조 등의 처벌】 ①「식품위생법」 제37조제1항, 제4항 및 제5항의 허가를 받지 아니하거나 신고 또는 등록을 하지 아니하고 제조·가공한 사람, 「건강기능식품에 관한 법률」 제5조에 따른 허가를 받지 아니하고 건강기능식품을 제조·가공한 사람, 이미 허가받거나 신고된 식품, 식품첨가물 또는 건강기능식품과 유사하게 위조하거나 변조한 사람, 그 사실을 알고 판매하거나 판매할 목적으로 취득한 사람 및 판매를 알선한 사람, 「식품위생법」 제6조, 제7조제4항 또는 「건강기능식품에 관한 법률」 제24조제1항을 위반하여 제조·가공한 사람, 그 정황을 알고 판매하거나 판매할 목적으로 취득한 사람 및 판매를 알선한 사람은 다음 각 호의 구분에 따라 처벌한다.(2017.12.19 본문개정)
1. 식품, 식품첨가물 또는 건강기능식품이 인체에 현저히 유해한 경우 : 무기 또는 5년 이상의 징역에 처한다.
2. 식품, 식품첨가물 또는 건강기능식품의 가액(價額)이 소매가격으로 연간 5천만원 이상인 경우 : 무기 또는 3년 이상의 징역에 처한다.
3. 제1호의 죄를 범하여 사람을 사상(死傷)에 이르게 한 경우 : 사형, 무기 또는 5년 이상의 징역에 처한다.

② 제1항의 경우에는 제조, 가공, 위조, 변조, 취득, 판매하거나 판매를 알선한 제품의 소매가격의 2배 이상 5배 이하에 상당하는 벌금을 병과(併科)한다.
(2011.4.12 본조개정)

제3조【부정의약품 제조 등의 처벌】 ①「약사법」 제31조제1항의 허가를 받지 아니하고 의약품을 제조한 사람, 그 정황을 알고 판매하거나 판매할 목적으로 취득한 사람 및 판매를 알선한 사람 또는 진료 목적으로 구입한 사람, 「약사법」 제62조제2호를 위반하여 주된 성분의 효능을 전혀 다른 성분의 효능으로 대체하거나 허가된 함량보다 현저히 부족하게 제조한 사람, 그 정황을 알고 판매하거나 판매할 목적으로 취득한 사람 및 판매를 알선한 사람 또는 진료 목적으로 구입한 사람, 이미 허가된 의약품과 유사하게 위조하거나 변조한 사람, 그 정황을 알고 판매하거나 판매할 목적으로 취득한 사람 및 판매를 알선한 사람 또는 진료 목적으로 구입한 사람은 다음 각 호의 구분에 따라 처벌한다.
1. 의약품이 인체에 현저히 유해한 경우 또는 「약사법」 제53조에 따른 국가출하승인의약품 중 대통령령으로 정하는 의약품으로서 효능 또는 함량이 현저히 부족한 경우 : 무기 또는 5년 이상의 징역에 처한다.(2011.6.7 본호개정)
2. 의약품의 가액이 소매가격으로 연간 1천만원 이상인 경우 : 무기 또는 3년 이상의 징역에 처한다.
3. 제1호의 죄를 범하여 사람을 사상에 이르게 한 경우 : 사형, 무기 또는 5년 이상의 징역에 처한다.

② 제1항의 경우에는 제조, 위조, 변조, 취득, 판매, 판매를 알선하거나 구입한 제품의 소매가격의 2배 이상 5배 이하에 상당하는 벌금을 병과한다.
(2011.4.12 본조개정)

판례 죄형법정주의에 따른 엄격해석의 원칙 및 위 법 규정의 적용을 받는 의약품 등 중에는 그에 대응하는 허가된 의약품 등을 상정할 수 없는 경우도 있을 수 있는 점 등을 고려할 때, 위 법 규정 소정의 '소매가격'은 위 법 규정에 해당하는 의약품 등 그 자체의 소매가격을 가리키는 것으로 보아야 할 것이지 그 의약품 등에 대응하는 허가된 의약품 등 또는 위·변조의 대상이 된 제품의 소매가격을 의미하는 것으로 볼 것은 아니다.(대판 2007.2.9, 2006도8797)

제3조의2【재범자의 특수가중】 제2조 또는 제3조의 죄로 형을 받아 그 집행을 종료하거나 면제받은 후 3년 내에 다시 제2조제1항제1호 또는 제3조제1항제1호의 죄를 범한 사람은 사형, 무기 또는 5년 이상의 징역에 처한다.(2011.4.12 본조개정)

제4조【부정유독물 제조 등의 처벌】 ①「화학물질관리법」 제28조에 따른 영업허가를 받지 아니하거나 신고를 하지 아니하고 유해화학물질을 제조한 사람, 이미 허가되거나 신고한 유해화학물질과 유사하게 위조하거나 변조한 사람은 다음 각 호의 구분에 따라 처벌한다.
1. 유해화학물질의 잔류 독성이 인체에 현저히 유해한 경우 : 무기 또는 5년 이상의 징역에 처한다.
2. 유해화학물질의 가액이 소매가격으로 연간 100만원 이상인 경우 : 무기 또는 3년 이상의 징역에 처한다.
(2024.2.6 본항개정)

② 제1항의 경우에는 제조, 사용, 위조 또는 변조한 제품의 소매가격의 2배 이상 5배 이하에 상당하는 벌금을 병과한다.
(2011.4.12 본조개정)

제5조【부정의료업자의 처벌】「의료법」 제27조를 위반하여 영리를 목적으로 다음 각 호의 어느 하나에 해당하는 행위를 한 사람은 무기 또는 2년 이상의 징역에 처한다. 이 경우 100만원 이상 1천만원 이하의 벌금을 병과한다.
1. 의사가 아닌 사람이 의료행위를 업(業)으로 한 행위
2. 치과의사가 아닌 사람이 치과의료행위를 업으로 한 행위
3. 한의사가 아닌 사람이 한방의료행위를 업으로 한 행위
(2011.4.12 본조개정)

판례 부항 시술행위의 위법성 판단 : 부항시술행위가 광범위하고 보편화된 민간요법이고, 그 시술로 인한 위험성이 적다는 사정만으로 그것이 바로 사회상규에 위배되지 아니하는 행위에 해당한다고 보기는 어렵고, 다만 개별적인 경우에 그 부항 시술행위의 위험성의 정도, 일반인들의 시각, 시술자의 시술의 동기, 목적, 방법, 횟수, 시술에 대한 지식수준, 시술경력, 피시술자의 나이, 체질, 건강상태, 시술행위로 인한 부작용 내지 위험발생 가능성 등을 종합적으로 고려하여 법질서 전체의 정신이나 그 배후에 놓여 있는 사회윤리 내지 사회통념에 비추어 용인될 수 있는 행위에 해당한다고 인정되는 경우에만 사회상규에 위배되지 아니하는 행위로서 위법성이 조각된다.(대판 2004.10.28, 2004도3405)

판례 문신 시술행위가 의료행위에 해당하는지 여부 : 의료행위라 함은 질병의 예방과 치료행위 뿐만 아니라 의학적 전문지식이 있는 의료인이 행하지 아니하면 사람의 생명, 신체나 공중위생에 위해를 발생시킬 우려가 있는 행위를 포함한다고 할 것인 바, 피고인이 행한 '문신 시술행위'는 위의 위해 발생의 우려가 있는 것으로, 의료행위로 본 원심의 판단은 정당하다.(대판 2000.8.22, 2000도2644)

제6조【양벌규정】 법인의 대표자나 법인 또는 개인의 대리인, 사용인, 그 밖의 종업원이 그 법인 또는 개인의 업무에 관하여 제2조, 제3조, 제4조 및 제5조의 어느 하나에 해당하

는 위반행위를 하면 그 행위자를 벌하는 외에 그 법인 또는 개인을 1억원 이하의 벌금에 처한다. 다만, 법인 또는 개인이 그 위반행위를 방지하기 위하여 해당 업무에 관하여 상당한 주의와 감독을 게을리하지 아니한 경우에는 그러하지 아니하다.(2009.12.29 본조개정)

제7조【허가 취소】 ① 이 법에 따라 처벌을 받았거나, 그 제품이 규격기준을 위반하여 인체에 유해하거나, 효능 또는 함량이 현저히 부족하다고 식품의약품안전처에서 검정된 영업에 대하여는 해당 허가, 면허 또는 등록을 관할하는 기관의 장은 보건복지부장관, 식품의약품안전처장 또는 환경부장관의 요구에 따라 그 허가, 면허 또는 등록을 취소하여야 한다.(2013.3.23 본항개정)

② 제1항의 경우 이 법에 따라 영업이 취소된 자는 취소된 날부터(처벌을 받은 자는 그 형의 집행이 종료되거나 집행을 받지 아니하기로 확정된 후) 5년간 해당 업무에 종사하지 못한다.
(2011.4.12 본조개정)

제8조【유해 등의 기준】 제2조, 제3조, 제4조 및 제7조 중 "현저히 유해" 및 "현저히 부족"의 기준은 따로 대통령령으로 정한다.(2011.4.12 본조개정)

제9조【상금 등】 ① 이 법에서 규정하는 범죄를 범죄가 발각되기 전에 수사기관 또는 감독청에 통보한 자 또는 검거한 자에게는 대통령령으로 정하는 바에 따라 상금을 지급한다.
② 타인으로 하여금 이 법에 따른 처벌 또는 행정처분을 받게 할 목적으로 거짓 정보를 제공한 사람은 1년 이상의 유기징역에 처한다.
(2011.4.12 본조개정)

제10조【적용 범위】「축산물위생관리법」 제22조,「주류 면허 등에 관한 법률」 제3조,「농약관리법」 제3조 및 제8조에 따라 그 제조, 가공 또는 판매에 관하여 허가 또는 면허를 받거나 등록을 하여야 할 축산물, 주류 또는 유독성 농약은 각각「식품위생법」 또는「화학물질관리법」에 따른 식품, 유해화학물질의 예에 따라 이 법을 적용한다.(2024.2.6 본조개정)

부　칙 (1990.12.31)

① **【시행일】** 이 법은 공포한 날부터 시행한다. 다만, 제4조제1항, 제7조제1항 및 제10조의 개정규정은 1991년 2월 1일부터 시행한다.
② **【부정독극물제조등의 처벌에 관한 한시적 적용례】** 1991년 1월 31일까지는 제4조제1항중 각호를 다음과 같이 한다.
1. 독물·극물 또는 특정독물의 잔류독성이 인체에 현저히 유해한 때에는 무기 또는 5년 이상의 징역에 처한다.
2. 독물·극물 또는 특정독물의 가액이 소매가격으로 연간 100만원 이상인 때에는 무기 또는 3년 이상의 징역에 처한다.

부　칙 (2017.12.19)

이 법은 공포한 날부터 시행한다.

부　칙 (2020.12.29)

제1조【시행일】 이 법은 2021년 1월 1일부터 시행한다.(이하 생략)

부　칙 (2024.2.6)

제1조【시행일】 이 법은 공포 후 1년 6개월이 경과한 날부터 시행한다.(이하 생략)

보호관찰 등에 관한 법률

(약칭 : 보호관찰법)

(1996년 12월 12일
전개법률 제5178호)

개정
1997.12.13법 5453호(행정절차)
2004. 1.20법 7078호(검찰)
2005.12.29법 7796호(국가공무원)
2007.12.21법 8722호(소년)
2007.12.21법 8723호(보호소년등의처우에관한법)
2007.12.21법 8728호(형의집행수용자)
2008.12.26법 9168호　　　2009. 5.28법 9748호
2010. 3.31법10220호(지방세특례제한법)
2014. 1. 7법12189호　　　2014. 5.20법12590호
2014.12.30법12888호　　　2016. 1. 6법13712호
2016.12.27법14519호(산림보호법)
2019. 4.16법16313호
2020. 2. 4법16923호(전자장치부착등에관한법)
2020.10.20법17505호(보호소년등의처우에관한법)
2021. 7.20법18299호
2025. 1.31법20751호(산림재난방지법)→2026년 2월 1일 시행이므로 추후 수록

제1장 총　칙

(2009.5.28 본장개정)

제1조【목적】 이 법은 죄를 지은 사람으로서 재범 방지를 위하여 보호관찰, 사회봉사, 수강(受講) 및 갱생보호(更生保護) 등 체계적인 사회 내 처우가 필요하다고 인정되는 사람을 지도하고 보살피며 도움으로써 건전한 사회 복귀를 촉진하고, 효율적인 범죄예방 활동을 전개함으로써 개인 및 공공의 복지를 증진함과 아울러 사회를 보호함을 목적으로 한다.

제2조【국민의 협력 등】 ① 모든 국민은 제1조의 목적을 달성하기 위하여 그 지위와 능력에 따라 협력하여야 한다.
② 국가와 지방자치단체는 죄를 지은 사람의 건전한 사회 복귀를 위하여 보호선도 사업을 육성할 책임을 진다.
③ 국가는 이 법의 집행과정에서 보호관찰을 받을 사람 등의 인권이 부당하게 침해되지 않도록 주의하여야 한다.
(2021.7.20 본항신설)

제3조【대상자】 ① 보호관찰을 받을 사람(이하 "보호관찰 대상자"라 한다)은 다음 각 호와 같다.
1.「형법」 제59조의2에 따라 보호관찰을 조건으로 형의 선고유예를 받은 사람

2. 「형법」 제62조의2에 따라 보호관찰을 조건으로 형의 집행유예를 선고받은 사람
3. 「형법」 제73조의2 또는 이 법 제25조에 따라 보호관찰을 조건으로 가석방되거나 임시퇴원된 사람
4. 「소년법」 제32조제1항제4호 및 제5호의 보호처분을 받은 사람
5. 다른 법률에서 이 법에 따른 보호관찰을 받도록 규정된 사람

② 사회봉사 또는 수강을 하여야 할 사람(이하 "사회봉사·수강명령 대상자"라 한다)은 다음 각 호와 같다.
1. 「형법」 제62조의2에 따라 사회봉사 또는 수강을 조건으로 형의 집행유예를 선고받은 사람
2. 「소년법」 제32조에 따라 사회봉사명령 또는 수강명령을 받은 사람
3. 다른 법률에서 이 법에 따른 사회봉사 또는 수강을 받도록 규정된 사람

③ 갱생보호를 받을 사람(이하 "갱생보호 대상자"라 한다)은 형사처분 또는 보호처분을 받은 사람으로서 자립갱생을 위한 숙식 제공, 주거 지원, 창업 지원, 직업훈련 및 취업 지원 등 보호의 필요성이 인정되는 사람으로 한다.(2014.5.20 본항개정)

제4조【운영의 기준】 보호관찰, 사회봉사, 수강 또는 갱생보호는 해당 대상자의 교화, 개선 및 범죄예방을 위하여 필요하고도 적절한 한도 내에서 이루어져야 하며, 대상자의 나이, 경력, 심신상태, 가정환경, 교우관계, 그 밖의 모든 사정을 충분히 고려하여 가장 적합한 방법으로 실시되어야 한다.

제2장 보호관찰기관

(2009.5.28 본장개정)

제1절 보호관찰 심사위원회

제5조【설치】 ① 보호관찰에 관한 사항을 심사·결정하기 위하여 법무부장관 소속으로 보호관찰 심사위원회(이하 "심사위원회"라 한다)를 둔다.

② 심사위원회는 고등검찰청 소재지 등 대통령령으로 정하는 지역에 설치한다.

제6조【관장 사무】 심사위원회는 이 법에 따른 다음 각 호의 사항을 심사·결정한다.
1. 가석방과 그 취소에 관한 사항
2. 임시퇴원, 임시퇴원의 취소 및 「보호소년 등의 처우에 관한 법률」 제43조제3항에 따른 보호소년의 퇴원(이하 "퇴원"이라 한다)에 관한 사항
3. 보호관찰의 임시해제와 그 취소에 관한 사항
4. 보호관찰의 정지와 그 취소에 관한 사항
5. 가석방 중인 사람의 부정기형의 종료에 관한 사항
6. 이 법 또는 다른 법령에서 심사위원회의 관장 사무로 규정된 사항
7. 제1호부터 제6호까지의 사항과 관련된 사항으로서 위원장이 회의에 부치는 사항

제7조【구성】 ① 심사위원회는 위원장을 포함하여 5명 이상 9명 이하의 위원으로 구성한다.

② 심사위원회의 위원장은 고등검찰청 검사장 또는 고등검찰청 소속 검사 중에서 법무부장관이 임명한다.

③ 심사위원회의 위원은 판사, 검사, 변호사, 보호관찰소장, 지방교정청장, 교도소장, 소년원장 및 보호관찰에 관한 지식과 경험이 풍부한 사람 중에서 법무부장관이 임명하거나 위촉한다.

④ 심사위원회의 위원 중 3명 이내의 상임위원을 둔다.

제8조【위원의 임기】 위원의 임기는 2년으로 하되, 연임할 수 있다. 다만, 공무원인 비상임위원의 임기는 그 직위에 있는 기간으로 한다.

제9조【위원의 해임 및 해촉】 위원이 다음 각 호의 어느 하나에 해당하면 해임하거나 해촉할 수 있다.
1. 심신장애로 직무수행이 불가능하거나 현저히 곤란하다고 인정될 때
2. 직무 태만, 품위 손상, 그 밖의 사유로 인하여 위원으로서 직무를 수행하기 적당하지 아니하다고 인정될 때

제10조【위원의 신분 등】 ① 상임위원은 고위공무원단에 속하는 일반직공무원 또는 4급 공무원으로서 「국가공무원법」 제26조의5에 따른 임기제공무원으로 한다.(2014.1.7 본항개정)

② 상임위원이 아닌 위원은 명예직으로 한다. 다만, 예산의 범위에서 법무부령으로 정하는 바에 따라 여비나 그 밖의 수당을 지급할 수 있다.

제11조【심사】 ① 심사위원회는 심사자료에 의하여 제6조 각 호의 사항을 심사한다.

② 심사위원회는 심사에 필요하다고 인정하면 보호관찰 대상자와 그 밖의 관계인을 소환하여 심문하거나 상임위원 또는 보호관찰관에게 필요한 사항을 조사하게 할 수 있다.

③ 심사위원회는 심사에 필요하다고 인정하면 국공립기관이나 그 밖의 단체에 사실을 알아보거나 관계 자료의 제출을 요청할 수 있다.

제12조【의결 및 결정】 ① 심사위원회의 회의는 재적위원 과반수의 출석으로 개의하고, 출석위원 과반수의 찬성으로 의결한다.

② 제1항에도 불구하고 회의를 개최할 시간적 여유가 없는 등 부득이한 경우로서 대통령령으로 정하는 경우에는 서면으로 의결할 수 있다. 이 경우 재적위원 과반수의 찬성으로 의결한다.(2021.7.20 전단개정)

③ 심사위원회의 회의는 비공개로 한다.

④ 결정은 이유를 붙이고 심사한 위원이 서명 또는 기명날인한 문서로 한다.

제12조의2【벌칙 적용에서 공무원 의제】 심사위원회의 위원 중 공무원이 아닌 사람은 「형법」 제127조 및 제129조부터 제132조까지의 규정을 적용할 때에는 공무원으로 본다.(2016.1.6 본조신설)

제13조【명칭, 관할 구역, 운영 등】 심사위원회의 명칭, 관할 구역 및 직무범위와 위원의 임명 또는 위촉, 그 밖에 심사위원회의 운영에 필요한 사항은 대통령령으로 정한다.

제2절 보호관찰소

제14조【보호관찰소의 설치】 ① 보호관찰, 사회봉사, 수강 및 갱생보호에 관한 사무를 관장하기 위하여 법무부장관 소속으로 보호관찰소를 둔다.

② 보호관찰소의 사무 일부를 처리하게 하기 위하여 그 관할 구역에 보호관찰지소를 둘 수 있다.

제15조【보호관찰소의 관장 사무】 보호관찰소(보호관찰지소를 포함한다. 이하 같다)는 다음 각 호의 사무를 관장한다.
1. 보호관찰, 사회봉사명령 및 수강명령의 집행
2. 갱생보호
3. 검사가 보호관찰관이 선도(善導)함을 조건으로 공소제기를 유예하고 위탁한 선도 업무
4. 제18조에 따른 범죄예방 자원봉사위원에 대한 교육훈련 및 업무지도
5. 범죄예방활동
6. 이 법 또는 다른 법령에서 보호관찰소의 관장 사무로 규정된 사항

제16조【보호관찰관】 ① 보호관찰소에는 제15조 각 호의 사무를 처리하기 위하여 보호관찰관을 둔다.

② 보호관찰관은 형사정책학, 행형학, 범죄학, 사회사업학, 교육학, 심리학, 그 밖에 보호관찰에 필요한 전문적 지식을 갖춘 사람이어야 한다.

제17조【보호관찰소의 명칭 등】 보호관찰소의 명칭, 관할 구역, 조직 및 정원, 그 밖에 필요한 사항은 대통령령으로 정한다.

제18조【범죄예방 자원봉사위원】 ① 범죄예방활동을 하고, 보호관찰활동과 갱생보호사업을 지원하기 위하여 범죄예방 자원봉사위원(이하 "범죄예방위원"이라 한다)을 둘 수 있다.
② 법무부장관은 법무부령으로 정하는 바에 따라 범죄예방위원을 위촉한다.
③ 범죄예방위원의 명예와 이 법에 따른 활동은 존중되어야 한다.
④ 범죄예방위원은 명예직으로 하되, 예산의 범위에서 직무수행에 필요한 비용의 전부 또는 일부를 지급할 수 있다.
⑤ 범죄예방위원의 위촉 및 해촉, 정원, 직무의 구체적 내용, 조직, 비용의 지급, 그 밖에 필요한 사항은 법무부령으로 정한다.

제3장 보호관찰
(2009.5.28 본장제목개정)

제1절 판결 전 조사
(2009.5.28 본절제목개정)

제19조【판결 전 조사】 ① 법원은 피고인에 대하여 「형법」 제59조의2 및 제62조의2에 따른 보호관찰, 사회봉사 또는 수강을 명하기 위하여 필요하다고 인정하면 그 법원의 소재지(所在地) 또는 피고인의 주거지를 관할하는 보호관찰소의 장에게 범행 동기, 직업, 생활환경, 교우관계, 가족상황, 피해회복 여부 등 피고인에 관한 사항의 조사를 요구할 수 있다.
② 제1항의 요구를 받은 보호관찰소의 장은 지체 없이 이를 조사하여 서면으로 해당 법원에 알려야 한다. 이 경우 필요하다고 인정하면 피고인이나 그 밖의 관계인을 소환하여 심문하거나 소속 보호관찰관에게 필요한 사항을 조사하게 할 수 있다.
③ 법원은 제1항의 요구를 받은 보호관찰소의 장에게 조사진행상황에 관한 보고를 요구할 수 있다.
(2009.5.28 본조개정)

제19조의2【결정 전 조사】 ① 법원은 「소년법」 제12조에 따라 소년 보호사건에 대한 조사 또는 심리를 위하여 필요하다고 인정하면 그 법원의 소재지 또는 소년의 주거지를 관할하는 보호관찰소의 장에게 소년의 품행, 경력, 가정상황, 그 밖의 환경 등 필요한 사항에 관한 조사를 의뢰할 수 있다.
② 제1항의 의뢰를 받은 보호관찰소의 장은 지체 없이 조사하여 서면으로 법원에 통보하여야 하며, 조사를 위하여 필요한 경우에는 소년 또는 관계인을 소환하여 심문하거나 소속 보호관찰관으로 하여금 필요한 사항을 조사하게 할 수 있다.
(2008.12.26 본조신설)

제2절 형의 선고유예 및 집행유예와 보호관찰
(2009.5.28 본절개정)

제20조【판결의 통지 등】 ① 법원은 「형법」 제59조의2 또는 제62조의2에 따라 보호관찰을 명하는 판결이 확정된 때부터 3일 이내에 판결문 등본 및 준수사항을 적은 서면을 피고인의 주거지를 관할하는 보호관찰소의 장에게 보내야 한다.
② 제1항의 경우 법원은 그 의견이나 그 밖에 보호관찰에 참고가 될 수 있는 자료를 첨부할 수 있다.
③ 법원은 제1항의 통지를 받은 보호관찰소의 장에게 보호관찰 상황에 관한 보고를 요구할 수 있다.

제3절 가석방 및 임시퇴원
(2009.5.28 본절제목개정)

제21조【교도소장 등의 통보의무】 ① 교도소·구치소·소년교도소의 장은 징역 또는 금고의 형을 선고받은 소년(이하 "소년수형자"라 한다)이 「소년법」 제65조 각 호의 기간을 지나면 그 교도소·구치소·소년교도소의 소재지를 관할하는 심사위원회에 그 사실을 통보하여야 한다.
② 소년원장은 보호소년이 수용된 후 6개월이 지나면 그 소년원의 소재지를 관할하는 심사위원회에 그 사실을 통보하여야 한다.
(2009.5.28 본조개정)

제22조【가석방·퇴원 및 임시퇴원의 신청】 ① 교도소·구치소·소년교도소 및 소년원(이하 "수용기관"이라 한다)의 장은 「소년법」 제65조 각 호의 기간이 지난 소년수형자 또는 수용 중인 보호소년에 대하여 법무부령으로 정하는 바에 따라 관할 심사위원회에 가석방, 퇴원 또는 임시퇴원 심사를 신청할 수 있다.
② 제1항의 신청을 할 때에는 제26조 또는 제27조에 따라 통지받은 환경조사 및 환경개선활동 결과를 고려하여야 한다.
(2009.5.28 본조개정)

제23조【가석방·퇴원 및 임시퇴원의 심사와 결정】 ① 심사위원회는 제22조제1항에 따른 신청을 받으면 소년수형자에 대한 가석방 또는 보호소년에 대한 퇴원·임시퇴원이 적절한지를 심사하여 결정한다.
② 심사위원회는 제21조에 따른 통보를 받은 사람에 대하여는 제22조제1항에 따른 신청이 없는 경우에도 직권으로 가석방·퇴원 및 임시퇴원이 적절한지를 심사하여 결정할 수 있다.
③ 심사위원회는 제1항 또는 제2항에 따라 소년수형자의 가석방이 적절한지를 심사할 때에는 보호관찰의 필요성을 심사하여 결정한다.
④ 심사위원회는 제1항부터 제3항까지의 규정에 따라 심사·결정을 할 때에는 본인의 인격, 교정성적, 직업, 생활태도, 가족관계 및 재범 위험성 등 모든 사정을 고려하여야 한다.
(2009.5.28 본조개정)

제24조【성인수형자에 대한 보호관찰의 심사와 결정】 ① 심사위원회는 「형의 집행 및 수용자의 처우에 관한 법률」 제122조에 따라 가석방되는 사람에 대하여 보호관찰의 필요성을 심사하여 결정한다.
② 심사위원회는 제1항에 따른 보호관찰심사를 할 때에는 제28조에 따른 보호관찰 사안조사 결과를 고려하여야 한다.
(2009.5.28 본조개정)

제25조【법무부장관의 허가】 심사위원회는 제23조에 따른 심사 결과 가석방, 퇴원 또는 임시퇴원이 적절하다고 결정한 경우 및 제24조에 따른 심사 결과 보호관찰이 필요없다고 결정한 경우에는 결정서에 관계 서류를 첨부하여 법무부장관에게 이에 대한 허가를 신청하여야 하며, 법무부장관은 심사위원회의 결정이 정당하다고 인정하면 이를 허가할 수 있다.(2008.12.26 본조개정)

제4절 환경조사 및 환경개선활동
(2009.5.28 본절개정)

제26조【환경조사】 ① 수용기관·병원·요양소·「보호소년 등의 처우에 관한 법률」에 따른 의료재활소년원의 장은 소년수형자 및 「소년법」 제32조제1항제7호·제9호·제10호의 보호처분 중 어느 하나에 해당하는 처분을 받은 사람(이하 "수용자"라 한다)을 수용한 경우에는 지체 없이 거주예정지를 관할하는 보호관찰소의 장에게 신상조사서를 보내 환경조사를 의뢰하여야 한다.(2020.10.20 본항개정)

② 제1항에 따라 환경조사를 의뢰받은 보호관찰소의 장은 수용자의 범죄 또는 비행의 동기, 수용 전의 직업, 생활환경, 교우관계, 가족상황, 피해회복 여부, 생계대책 등을 조사하여 수용기관의 장에게 알려야 한다. 이 경우 필요하다고 인정하면 수용자를 면담하거나 관계인을 소환하여 심문(審問)하거나 소속 보호관찰관에게 필요한 사항을 조사하게 할 수 있다.

제27조【환경개선활동】 ① 보호관찰소의 장은 제26조에 따른 환경조사 결과에 따라 수용자의 건전한 사회 복귀를 촉진하기 위하여 필요하다고 인정하면 본인의 동의를 얻거나 가족·관계인의 협력을 받아 본인의 환경개선을 위한 활동을 할 수 있다.

② 보호관찰소의 장은 제1항에 따른 환경개선활동을 위하여 필요하다고 인정하면 수용기관의 장에게 수용자의 면담 등 필요한 협조를 요청할 수 있다.

③ 보호관찰소의 장은 제1항에 따른 환경개선활동의 결과를 수용기관의 장과 수용기관의 소재지를 관할하는 심사위원회에 알려야 한다.

제28조【성인수형자에 대한 보호관찰 사안조사】 ① 교도소·구치소·소년교도소의 장은 징역 또는 금고 이상의 형을 선고받은 성인(이하 "성인수형자"라 한다)에 대하여 「형의 집행 및 수용자의 처우에 관한 법률」 제121조에 따라 가석방심사위원회에 가석방 적격심사신청을 할 때에는 신청과 동시에 가석방 적격심사신청 대상자의 명단과 신상조사서를 해당 교도소·구치소·소년교도소의 소재지를 관할하는 심사위원회에 보내야 한다.

② 심사위원회는 교도소·구치소·소년교도소의 장으로부터 가석방 적격심사신청 대상자의 명단과 신상조사서를 받으면 해당 성인수형자를 면담하여 직접 제26조제2항 전단에 규정된 사항, 석방 후의 재범 위험성 및 사회생활에 대한 적응 가능성 등에 관한 조사(이하 "보호관찰 사안조사"라 한다)를 하거나 교도소·구치소·소년교도소의 소재지 또는 해당 성인수형자의 거주예정지를 관할하는 보호관찰소의 장에게 그 자료를 보내 보호관찰 사안조사를 의뢰할 수 있다.

③ 제2항에 따라 보호관찰 사안조사를 의뢰받은 보호관찰소의 장은 지체 없이 보호관찰 사안조사를 하고 그 결과를 심사위원회에 통보하여야 한다.

④ 교도소·구치소·소년교도소의 장은 심사위원회 또는 보호관찰소의 장으로부터 보호관찰 사안조사를 위하여 성인수형자의 면담 등 필요한 협조 요청을 받으면 이에 협조하여야 한다.

제5절 보호관찰

(2009.5.28 본절제목개정)

제29조【보호관찰의 개시 및 신고】 ① 보호관찰은 법원의 판결이나 결정이 확정된 때 또는 가석방·임시퇴원된 때부터 시작된다.

② 보호관찰 대상자는 대통령령으로 정하는 바에 따라 주거, 직업, 생활계획, 그 밖에 필요한 사항을 관할 보호관찰소의 장에게 신고하여야 한다.

(2009.5.28 본조개정)

제30조【보호관찰의 기간】 보호관찰 대상자는 다음 각 호의 구분에 따른 기간에 보호관찰을 받는다.

1. 보호관찰을 조건으로 형의 선고유예를 받은 사람 : 1년
2. 보호관찰을 조건으로 형의 집행유예를 선고받은 사람 : 그 유예기간. 다만, 법원이 보호관찰 기간을 따로 정한 경우에는 그 기간
3. 가석방자 : 「형법」 제73조의2 또는 「소년법」 제66조에 규정된 기간
4. 임시퇴원자 : 퇴원일부터 6개월 이상 2년 이하의 범위에서 심사위원회가 정한 기간
5. 「소년법」 제32조제1항제4호 및 제5호의 보호처분을 받은 사람 : 그 법률에서 정한 기간
6. 다른 법률에 따라 이 법에서 정한 보호관찰을 받는 사람 : 그 법률에서 정한 기간

(2009.5.28 본조개정)

제31조【보호관찰 담당자】 보호관찰은 보호관찰 대상자의 주거지를 관할하는 보호관찰소 소속 보호관찰관이 담당한다.(2009.5.28 본조개정)

제32조【보호관찰 대상자의 준수사항】 ① 보호관찰 대상자는 보호관찰관의 지도·감독을 받으며 준수사항을 지키고 스스로 건전한 사회인이 되도록 노력하여야 한다.

② 보호관찰 대상자는 다음 각 호의 사항을 지켜야 한다.

1. 주거지에 상주(常住)하고 생업에 종사할 것
2. 범죄로 이어지기 쉬운 나쁜 습관을 버리고 선행(善行)을 하며 범죄를 저지를 염려가 있는 사람들과 교제하거나 어울리지 말 것
3. 보호관찰관의 지도·감독에 따르고 방문하면 응대할 것
4. 주거를 이전(移轉)하거나 1개월 이상 국내외 여행을 할 때에는 미리 보호관찰관에게 신고할 것

③ 법원 및 심사위원회는 판결의 선고 또는 결정의 고지를 할 때에는 제2항의 준수사항 외에 범죄의 내용과 종류 및 본인의 특성 등을 고려하여 필요하면 보호관찰 기간의 범위에서 기간을 정하여 다음 각 호의 사항을 특별히 지켜야 할 사항으로 따로 과(科)할 수 있다.

1. 야간 등 재범의 기회나 충동을 줄 수 있는 특정 시간대의 외출 제한
2. 재범의 기회나 충동을 줄 수 있는 특정 지역·장소의 출입 금지
3. 피해자 등 재범의 대상이 될 우려가 있는 특정인에 대한 접근 금지
4. 범죄행위로 인한 손해를 회복하기 위하여 노력할 것
5. 일정한 주거가 없는 자에 대한 거주장소 제한
6. 사행행위에 빠지지 아니할 것
7. 일정량 이상의 음주를 하지 말 것
8. 마약 등 중독성 있는 물질을 사용하지 아니할 것
9. 「마약류관리에 관한 법률」상의 마약류 투약, 흡연, 섭취 여부에 관한 검사에 따를 것
10. 그 밖에 보호관찰 대상자의 재범 방지를 위하여 필요하다고 인정되어 대통령령으로 정하는 사항

④ 보호관찰 대상자가 제2항 또는 제3항의 준수사항을 위반하거나 사정변경의 상당한 이유가 있는 경우에는 법원은 보호관찰소의 장의 신청 또는 검사의 청구에 따라, 심사위원회는 보호관찰소의 장의 신청에 따라 각각 준수사항의 전부 또는 일부를 추가, 변경하거나 삭제할 수 있다.(2019.4.16 본항개정)

⑤ 제2항부터 제4항까지의 준수사항은 서면으로 고지하여야 한다.

(2009.5.28 본조개정)

제33조【지도·감독】 ① 보호관찰관은 보호관찰 대상자의 재범을 방지하고 건전한 사회 복귀를 촉진하기 위하여 필요한 지도·감독을 한다.

② 제1항의 지도·감독 방법은 다음 각 호와 같다.

1. 보호관찰 대상자와 긴밀한 접촉을 가지고 항상 그 행동 및 환경 등을 관찰하는 것
2. 보호관찰 대상자에게 제32조의 준수사항을 이행하기에 적절한 지시를 하는 것
3. 보호관찰 대상자의 건전한 사회 복귀를 위하여 필요한 조치를 하는 것

(2009.5.28 본조개정)

제33조의2【분류처우】 ① 보호관찰소의 장은 범행 내용, 재범위험성 등 보호관찰 대상자의 개별적 특성을 고려하여 그에 알맞은 지도·감독의 방법과 수준에 따라 분류처우를 하여야 한다.

② 제1항에 따른 분류처우에 관하여 필요한 사항은 대통령령으로 정한다.
(2009.5.28 본조신설)

제34조 【원호】 ① 보호관찰관은 보호관찰 대상자가 자조(自助)의 노력을 할 때에는 그의 개선과 자립을 위하여 필요하다고 인정되는 적절한 원호(援護)를 한다.
② 제1항의 원호의 방법은 다음 각 호와 같다.
1. 숙소 및 취업의 알선
2. 직업훈련 기회의 제공
3. 환경의 개선
4. 보호관찰 대상자의 건전한 사회 복귀에 필요한 원조의 제공

(2009.5.28 본조개정)

제35조 【응급구호】 보호관찰소의 장은 보호관찰 대상자에게 부상, 질병, 그 밖의 긴급한 사유가 발생한 경우에는 대통령령으로 정하는 바에 따라 필요한 구호를 할 수 있다.
(2009.5.28 본조개정)

제36조 【갱생보호사업자 등의 원조와 협력】 보호관찰소의 장은 제34조에 따른 원호와 제35조에 따른 응급구호를 위하여 필요한 경우에는 국공립기관, 제67조제1항에 따라 갱생보호사업 허가를 받은 자, 제71조에 따른 한국법무보호복지공단, 그 밖의 단체에 대하여 숙식 제공이나 그 밖의 적절한 원조 또는 협력을요청할 수 있다. 이 경우 필요한 비용은 국가가 예산의 범위에서 지급한다.(2008.1.26 본조개정)

제36조의2 【정신질환 보호관찰 대상자의 치료 등을 위한 협력】 ① 보호관찰 대상자로서 정신건강의학과전문의가 「정신건강증진 및 정신질환자 복지서비스 지원에 관한 법률」 제3조제1호에 따른 정신질환자로 진단하거나 감정한 사람(이하 "정신질환보호관찰 대상자"라 한다)은 같은 조 제3호의 정신건강복지센터에 등록하여 상담, 진료, 재활 지원 등의 서비스를 받을 수 있다.
② 보호관찰소의 장은 제1항의 정신질환 보호관찰 대상자의 보호관찰이 종료되는 때에는 심사위원회의 심사를 거쳐 그 종료 사실을 정신질환 보호관찰 대상자의 주소지를 관할하는 경찰서의 장 및 지방자치단체의 장에게 통보할 수 있다.
③ 심사위원회는 제2항에 따라 정신질환 보호관찰 대상자의 보호관찰 종료사실 통보가 적절한지 심사할 때에는 정신질환 보호관찰 대상자의 재범 방지 및 치료의 필요성 여부를 심사하여 결정한다.
④ 제2항에 따라 통보하는 정보의 구체적인 범위, 통보 방법 및 통보 절차 등에 필요한 사항은 대통령령으로 정한다.
(2021.7.20 본조신설)

제37조 【보호관찰 대상자 등의 조사】 ① 보호관찰소의 장은 보호관찰을 위하여 필요하다고 인정하면 보호관찰 대상자나 그 밖의 관계인을 소환하여 심문하거나 소속 보호관찰관에게 필요한 사항을 조사하게 할 수 있다.
② 보호관찰소의 장은 보호관찰을 위하여 필요하다고 인정하면국공립기관이나 그 밖의 단체에 사실을 알아보거나 관련 자료의 열람 등 협조를 요청할 수 있다.
③ 제1항과 제2항의 직무를 담당하는 사람은 직무상 비밀을 엄수하고, 보호관찰 대상자 및 관계인의 인권을 존중하며, 보호관찰 대상자의 건전한 사회 복귀에 방해되는 일이 없도록 주의하여야 한다.
(2009.5.28 본조개정)

제38조 【경고】 보호관찰소의 장은 보호관찰 대상자가 제32조의 준수사항을 위반하거나 위반할 위험성이 있다고 인정할 상당한 이유가 있는 경우에는 준수사항의 이행을 촉구하고 형의 집행 등 불리한 처분을 받을 수 있음을 경고할 수 있다.(2009.5.28 본조개정)

제39조 【구인】 ① 보호관찰소의 장은 보호관찰 대상자가 제32조의 준수사항을 위반하였거나 위반하였다고 의심할 상당한 이유가 있고, 다음 각 호의 어느 하나에 해당하는 사유가 있는 경우에는 관할 지방검찰청의 검사에게 신청하여 검사의 청구로 관할 지방법원 판사의 구인장을 발부받아 보호관찰 대상자를 구인(拘引)할 수 있다.
1. 일정한 주거가 없는 경우
2. 제37조제1항에 따른 소환에 따르지 아니한 경우
3. 도주한 경우 또는 도주할 염려가 있는 경우

② 제1항의 구인장은 검사의 지휘에 따라 보호관찰관이 집행한다. 다만, 보호관찰관이 집행하기 곤란한 경우에는 사법경찰관리에게 집행하게 할 수 있다.
(2009.5.28 본조개정)

제40조 【긴급구인】 ① 보호관찰소의 장은 제32조의 준수사항을 위반한 보호관찰 대상자가 제39조제1항 각 호의 어느 하나에 해당하는 사유가 있는 경우로서 긴급하여 제39조에 따른 구인장을 발부받을 수 없는 경우에는 그 사유를 알리고 구인장 없이 그 보호관찰 대상자를 구인할 수 있다. 이 경우 긴급하다 함은 해당 보호관찰 대상자를 우연히 발견한 경우 등과 같이 구인장을 발부받을 시간적 여유가 없는 경우를 말한다.
② 보호관찰소의 장은 제1항에 따라 보호관찰 대상자를 구인한 경우에는 긴급구인서를 작성하여 즉시 관할 지방검찰청 검사의 승인을 받아야 한다.
③ 보호관찰소의 장은 제2항에 따른 승인을 받지 못하면 즉시 보호관찰 대상자를 석방하여야 한다.
(2009.5.28 본조개정)

제41조 【구인 기간】 보호관찰소의 장은 제39조 또는 제40조에 따라 보호관찰 대상자를 구인하였을 때에는 제42조에 따라 유치(留置) 허가를 청구한 경우를 제외하고는 구인한 때부터 48시간 이내에 석방하여야 한다. 다만, 제42조제2항에 따른 유치 허가를 받지 못하면 즉시 보호관찰 대상자를 석방하여야 한다.(2014.12.30 본조개정)

제42조 【유치】 ① 보호관찰소의 장은 다음 각 호의 신청이 필요하다고 인정되면 제39조 또는 제40조에 따라 구인한 보호관찰 대상자를 수용기관 또는 소년분류심사원에 유치할 수 있다.
1. 제47조에 따른 보호관찰을 조건으로 한 형(벌금형을 제외한다)의 선고유예의 실효(失效) 및 집행유예의 취소 청구의 신청(2019.4.16 본호개정)
2. 제48조에 따른 가석방 및 임시퇴원의 취소 신청
3. 제49조에 따른 보호처분의 변경 신청

② 제1항에 따른 유치를 하려는 경우에는 보호관찰소의 장이 검사에게 신청하여 검사의 청구로 관할 지방법원 판사의 허가를 받아야 한다. 이 경우 검사는 보호관찰 대상자가 구인된 때부터 48시간 이내에 유치 허가를 청구하여야 한다.
(2014.12.30 본항개정)
③ 보호관찰소의 장은 유치 허가를 받은 때부터 24시간 이내에 제1항 각 호의 신청을 하여야 한다.
④ 검사는 보호관찰소의 장으로부터 제1항제1호의 신청을 받고 그 이유가 타당하다고 인정되면 48시간 이내에 관할 지방법원에 보호관찰을 조건으로 한 형의 선고유예의 실효 또는 집행유예의 취소를 청구하여야 한다.
(2009.5.28 본조개정)

제43조 【유치기간】 ① 제42조에 따른 유치의 기간은 제39조제1항 또는 제40조제1항에 따라 구인한 날부터 20일로 한다.(2014.12.30 본항개정)
② 법원은 제42조제1항제1호 또는 제3호에 따른 신청이 있는 경우에 심리(審理)를 위하여 필요하다고 인정되면 심급마다 20일의 범위에서 한 차례만 유치기간을 연장할 수 있다.
③ 보호관찰소의 장은 제42조제1항제2호에 따른 신청이 있는 경우에 심사위원회의 심사에 필요하면 검사에게 신청하여 검사의 청구로 지방법원 판사의 허가를 받아 10일의 범위에서 한 차례만 유치기간을 연장할 수 있다.
(2009.5.28 본조개정)

제44조【유치의 해제】 보호관찰소의 장은 다음 각 호의 어느 하나에 해당하는 경우에는 유치를 해제하고 보호관찰 대상자를 즉시 석방하여야 한다.
1. 검사가 제47조제1항에 따른 보호관찰소의 장의 신청을 기각한 경우
2. 법원이 제47조제1항에 따른 검사의 청구를 기각한 경우
3. 심사위원회가 제48조에 따른 보호관찰소의 장의 신청을 기각한 경우
4. 법무부장관이 제48조에 따른 심사위원회의 신청을 허가하지 아니한 경우
5. 법원이 제49조에 따른 보호관찰소의 장의 신청을 기각한 경우
(2009.5.28 본조개정)

제45조【유치기간의 형기 산입】 제42조에 따라 유치된 사람에 대하여 보호관찰을 조건으로 한 형의 선고유예가 실효되거나 집행유예가 취소된 경우 또는 가석방이 취소된 경우에는 그 유치기간을 형기에 산입한다.(2009.5.28 본조개정)

제45조의2 (2019.4.16 삭제)

제46조【준용 규정】 보호관찰 대상자의 구인 및 유치에 관하여는 「형사소송법」 제72조, 제75조, 제82조, 제83조, 제85조제1항·제3항·제4항, 제86조, 제87조, 제89조, 제204조, 제214조의2 및 제214조의3을 준용한다.(2009.5.28 본조개정)

제5절의2 보호장구
(2019.4.16 본절신설)

제46조의2【보호장구의 사용】 ① 보호관찰소 소속 공무원은 보호관찰 대상자가 다음 각 호의 어느 하나에 해당하고, 정당한 직무집행 과정에서 필요하다고 인정되는 상당한 이유가 있으면 제46조의3제1항에 따른 보호장구를 사용할 수 있다.
1. 제39조 및 제40조에 따라 구인 또는 긴급구인한 보호관찰 대상자를 보호관찰소에 인치하거나 수용기관 등에 유치하기 위해 호송하는 때
2. 제39조 및 제40조에 따라 구인 또는 긴급구인한 보호관찰 대상자가 도주하거나 도주할 우려가 있는 때
3. 위력으로 보호관찰소 소속 공무원의 정당한 직무집행을 방해하는 때
4. 자살·자해 또는 다른 사람에 대한 위해의 우려가 큰 때
5. 보호관찰소 시설의 설비·기구 등을 손괴하거나 그 밖에 시설의 안전 또는 질서를 해칠 우려가 큰 때

② 보호장구를 사용하는 경우에는 보호관찰 대상자의 나이, 신체적·정신적 건강상태 및 보호관찰 집행 상황 등을 고려하여야 한다.
③ 그 밖에 보호장구의 사용절차 및 방법 등에 관하여 필요한 사항은 법무부령으로 정한다.

제46조의3【보호장구의 종류 및 사용요건】 ① 보호장구의 종류는 다음 각 호와 같다.
1. 수갑
2. 포승
3. 보호대(帶)
4. 가스총
5. 전자충격기

② 보호장구의 종류별 사용요건은 다음 각 호와 같다.
1. 수갑·포승·보호대(帶) : 제46조의2제1항제1호부터 제5호까지의 어느 하나에 해당하는 때
2. 가스총 : 제46조의2제1항제2호부터 제5호까지의 어느 하나에 해당하는 때
3. 전자충격기 : 제46조의2제1항제2호부터 제5호까지의 어느 하나에 해당하는 경우로서 상황이 긴급하여 다른 보호장구만으로는 그 목적을 달성할 수 없는 때

제46조의4【보호장구 사용의 고지 등】 ① 제46조의3제1항제1호부터 제3호까지의 보호장구를 사용할 경우에는 보호관찰 대상자에게 그 사유를 알려주어야 한다. 다만, 상황이 급박하여 시간적인 여유가 없을 때에는 보호장구 사용 직후 지체 없이 알려주어야 한다.
② 제46조의3제1항제4호 및 제5호의 보호장구를 사용할 경우에는 사전에 상대방에게 이를 경고하여야 한다. 다만, 상황이 급박하여 경고할 시간적인 여유가 없는 때에는 그러하지 아니하다.

제46조의5【보호장구 남용 금지】 제46조의3제1항에 따른 보호장구는 필요한 최소한의 범위에서 사용하여야 하며, 보호장구를 사용할 필요가 없게 되면 지체 없이 사용을 중지하여야 한다.

제6절 보호관찰의 종료
(2009.5.28 본절개정)

제47조【보호관찰을 조건으로 한 형의 선고유예의 실효 및 집행유예의 취소】 ①「형법」 제61조제2항에 따른 선고유예의 실효 및 같은 법 제64조제2항에 따른 집행유예의 취소는 검사가 보호관찰소의 장의 신청을 받아 법원에 청구한다.
② 제1항의 실효 및 취소절차에 관하여는 「형사소송법」 제335조를 준용한다.

제48조【가석방 및 임시퇴원의 취소】 ① 심사위원회는 가석방 또는 임시퇴원된 사람이 보호관찰기간 중 제32조의 준수사항을 위반하고 위반 정도가 무거워 보호관찰을 계속하기가 적절하지 아니하다고 판단되는 경우에는 보호관찰소의 장의 신청을 받거나 직권으로 가석방 및 임시퇴원의 취소를 심사하여 결정할 수 있다.
② 심사위원회는 제1항에 따른 심사 결과 가석방 또는 임시퇴원을 취소하는 것이 적절하다고 결정한 경우에는 결정서에 관계 서류를 첨부하여 법무부장관에게 이에 대한 허가를 신청하여야 하며, 법무부장관은 심사위원회의 결정이 정당하다고 인정되면 이를 허가할 수 있다.

제49조【보호처분의 변경】 ① 보호관찰소의 장은 「소년법」 제32조제1항제4호 또는 제5호의 보호처분에 따라 보호관찰을 받고 있는 사람이 보호관찰 기간 중 제32조의 준수사항을 위반하고 그 정도가 무거워 보호관찰을 계속하기 적절하지 아니하다고 판단되면 보호관찰소 소재지를 관할하는 법원에 보호처분의 변경을 신청할 수 있다.
② 제1항에 따른 보호처분의 변경을 할 경우 신청대상자가 19세 이상인 경우에도 「소년법」 제2조 및 제38조제1항에도 불구하고 같은 법 제2장의 보호사건 규정을 적용한다.

제50조【부정기형의 종료 등】 ①「소년법」 제60조제1항에 따라 형을 선고받은 후 가석방된 사람이 그 형의 단기(短期)가 지나고 보호관찰의 목적을 달성하였다고 인정되면 같은 법 제66조에서 정한 기간 전이라도 심사위원회는 보호관찰소의 장의 신청을 받거나 직권으로 형의 집행을 종료한 것으로 결정할 수 있다.
② 임시퇴원자가 임시퇴원이 취소되지 아니하고 보호관찰기간을 지난 경우에는 퇴원된 것으로 본다.

제51조【보호관찰의 종료】 ① 보호관찰은 보호관찰 대상자가 다음 각 호의 어느 하나에 해당하는 때에 종료한다.
1. 보호관찰 기간이 지난 때
2. 「형법」 제61조에 따라 보호관찰을 조건으로 한 형의 선고유예가 실효되거나 같은 법 제63조 또는 제64조에 따라 보호관찰을 조건으로 한 집행유예가 실효되거나 취소된 때
3. 제48조 또는 다른 법률에 따라 가석방 또는 임시퇴원이 실효되거나 취소된 때
4. 제49조에 따라 보호처분이 변경된 때
5. 제50조에 따른 부정기형 종료 결정이 있는 때
6. 제53조에 따라 보호관찰이 정지된 임시퇴원자가 「보호소년 등의 처우에 관한 법률」 제43조제1항의 나이가 된
7. 다른 법률에 따라 보호관찰이 변경되거나 취소·종료
(2014.12.30 본호신설)

② 보호관찰 대상자가 보호관찰 기간 중 금고 이상의 형의 집행을 받게 된 때에는 해당 형의 집행기간 동안 보호관찰 대상자에 대한 보호관찰 기간은 계속 진행되고, 해당 형의 집행이 종료·면제되거나 보호관찰 대상자가 가석방된 경우 보호관찰 기간이 남아있는 때에는 그 잔여기간 동안 보호관찰을 집행한다.(2019.4.16 본항신설)

제52조【임시해제】 ① 심사위원회는 보호관찰 대상자의 성적이 양호할 때에는 보호관찰소의 장의 신청을 받거나 직권으로 보호관찰을 임시해제할 수 있다.
② 임시해제 중에는 보호관찰을 하지 아니한다. 다만, 보호관찰 대상자는 준수사항을 계속하여 지켜야 한다.
③ 심사위원회는 임시해제 결정을 받은 사람에 대하여 다시 보호관찰을 하는 것이 적절하다고 인정되면 보호관찰소의 장의 신청을 받거나 직권으로 임시해제 결정을 취소할 수 있다.
④ 제3항에 따라 임시해제 결정이 취소된 경우에는 그 임시해제 기간을 보호관찰 기간에 포함한다.

제53조【보호관찰의 정지】 ① 심사위원회는 가석방 또는 임시퇴원된 사람이 있는 곳을 알 수 없어 보호관찰을 계속할 수 없을 때에는 보호관찰소의 장의 신청을 받거나 직권으로 보호관찰을 정지하는 결정(이하 "정지결정"이라 한다)을 할 수 있다.
② 심사위원회는 제1항에 따라 보호관찰을 정지한 사람이 있는 곳을 알게 되면 즉시 그 정지를 해제하는 결정(이하 "정지해제결정"이라 한다)을 하여야 한다.
③ 보호관찰 정지 중인 사람이 제39조 또는 제40조에 따라 구인된 경우에는 구인된 날에 정지해제결정을 한 것으로 본다.
④ 형기 또는 보호관찰 기간은 정지결정을 한 날부터 그 진행이 정지되고, 정지해제결정을 한 날부터 다시 진행된다.
⑤ 심사위원회는 제1항에 따라 정지결정을 한 후 소재 불명이 천재지변이나 그 밖의 부득이한 사정 등 보호관찰 대상자에게 책임이 있는 사유로 인한 것이 아닌 것으로 밝혀진 경우에는 그 정지결정을 취소하여야 한다. 이 경우 정지결정은 없었던 것으로 본다.

제7절 보호관찰사건의 이송 등
(2009.5.28 본절개정)

제54조【직무상 비밀과 증언 거부】 심사위원회 및 보호관찰소의 직원이거나 직원이었던 사람이 다른 법률에 따라 증인으로 신문(訊問)을 받는 경우에는 그 직무상 알게 된 다른 사람의 비밀에 대하여 증언을 거부할 수 있다. 다만, 본인의 승낙이 있거나 중대한 공익상 필요가 있는 경우에는 그러하지 아니하다.

제55조【보호관찰사건의 이송】 보호관찰소의 장은 보호관찰 대상자가 주거지를 이동한 경우에는 새 주거지를 관할하는 보호관찰소의 장에게 보호관찰사건을 이송할 수 있다.

제55조의2【기부금품의 접수】 ① 보호관찰소의 장은 기관·단체 또는 개인이 보호관찰 대상자에 대한 원호 등을 위하여 보호관찰소에 자발적으로 기탁하는 금품을 접수할 수 있다.
② 기부자에 대한 영수증 발급, 기부금품의 용도 지정, 장부의 열람, 그 밖에 필요한 사항은 대통령령으로 정한다.
(2014.1.7 본조신설)

제55조의3【보호관찰 종료사실 등의 통보】 ① 보호관찰소의 장은 다음 각 호의 어느 하나에 해당하는 범죄를 저지른 가석방자의 보호관찰이 종료된 때에 재범 방지 등을 위하여 필요하다고 인정하면 가석방자의 보호관찰 종료사실 등을 그의 주거지를 관할하는 경찰관서의 장에게 통보할 수 있다.
1.「전자장치 부착 등에 관한 법률」 제2조제2호에 따른 성폭력범죄, 같은 조 제3호의2에 따른 살인범죄, 같은 조 제3호의3에 따른 강도범죄(2020.2.4 본호개정)
2. 다음 각 목의 어느 하나에 해당하는 범죄
 가.「형법」 제2편제31장 약취(略取), 유인(誘引) 및 인신매매의 죄 중 제287조(미성년자의 약취, 유인)·제288조(추행 등 목적 약취, 유인 등)·제289조(인신매매)·제290조(약취, 유인, 매매, 이송 등 상해·치상)·제291조(약취, 유인, 매매, 이송 등 살인·치사)·제292조(약취, 유인, 매매, 이송된 사람의 수수·은닉 등)·제294조(미수범)의 죄, 같은 법 제2편제37장 권리행사를 방해하는 죄 중 제324조의2(인질강요)·제324조의3(인질상해·치상)의 죄 및 같은 법 제2편제38장 절도와 강도의 죄 중 제336조(인질강도)의 죄
 나.「특정범죄 가중처벌 등에 관한 법률」 제5조의2(약취·유인죄의 가중처벌)의 죄
 다. 가목과 나목의 죄로서 다른 법률에 따라 가중처벌되는 죄
3.「폭력행위 등 처벌에 관한 법률」 제4조(단체 등의 구성·활동), 제5조(단체 등의 이용·지원)의 죄 및「형법」 제2편 제5장 공안(公安)을 해하는 죄 중 제114조(범죄단체 등의 조직)의 죄
4. 다음 각 목의 어느 하나에 해당하는 범죄
 가.「형법」 제2편제13장 방화와 실화의 죄 중 제164조(현주건조물 등에의 방화)·제165조(공용건조물 등에의 방화)·제166조(일반건조물 등에의 방화)·제167조(일반물건에의 방화)·제168조(연소)·제172조(폭발성물건파열)·제172조의2(가스·전기 등 방류)·제173조(가스·전기 등 공급방해) 및 제174조(미수범)의 죄
 나.「산림자원의 조성 및 관리에 관한 법률」 제71조(벌칙)의 죄
 다.「산림보호법」 제53조(벌칙)의 죄(같은 조 제5항의 죄는 제외한다)(2016.12.27 본목개정)
 라. 가목부터 다목까지의 죄로서 다른 법률에 따라 가중처벌되는 죄
5.「마약류 관리에 관한 법률」 제58조(벌칙)·제59조(벌칙)·제60조(벌칙)의 죄(제59조제1항제3호·제5호·제9호·제12호의 죄 및 제60조제1항제2호 중 향정신성의약품 등을 수수, 소지, 소유, 사용, 관리, 조제, 투약, 제공한 죄 또는 향정신성의약품을 기재한 처방전을 발급한 죄는 제외한다),「마약류 불법거래 방지에 관한 특례법」 제6조(업으로서 한 불법수입 등)·제7조(불법수익등의 은닉 및 가장)·제8조(불법수익등의 수수)·제9조(마약류 물품의 수입 등)의 죄 및「특정범죄 가중처벌 등에 관한 법률」 제11조(마약사범 등의 가중처벌)의 죄
② 제1항에 따라 보호관찰소의 장이 통보할 사항은 다음 각 호와 같다.
1. 성명
2. 주민등록번호
3. 주소
4. 죄명
5. 판결내용
6. 보호관찰 종료일
③ 제1항에 따른 통보의 절차 등에 관하여 필요한 사항은 대통령령으로 정한다.
(2014.12.30 본조신설)

제55조의4【범죄경력자료 등의 조회 요청】 ① 법무부장관은 이 법에 따른 보호관찰의 집행이 종료된 사람의 재범 여부를 조사하고 보호관찰명령의 효과를 평가하기 위하여 필요한 경우에는 그 집행이 종료된 때부터 3년 동안 관계 기관에 그 사람에 관한 범죄경력자료와 수사경력자료에 대한 조회를 요청할 수 있다.
② 제1항의 요청을 받은 관계 기관의 장은 정당한 사유 없이 이를 거부해서는 아니 된다.
(2019.4.16 본조신설)

제56조【군법 적용 대상자에 대한 특례】「군사법원법」 제2조제1항 각 호의 어느 하나에 해당하는 사람에게는 이 법을 적용하지 아니한다.

제57조【「형사소송법」의 준용】 보호관찰에 관하여 이 법에 특별한 규정이 있는 경우를 제외하고는 그 성질에 반하지 아니하는 범위에서「형사소송법」을 준용한다.

제58조【「형의 집행 및 수용자의 처우에 관한 법률」 적용의 일부 배제】 이 법(제28조는 제외한다)에 따른 가석방에 관하여는「형의 집행 및 수용자의 처우에 관한 법률」 제119조부터 제122조까지의 규정을 적용하지 아니한다.

제4장 사회봉사 및 수강

(2009.5.28 본장개정)

제59조【사회봉사명령·수강명령의 범위】 ① 법원은「형법」 제62조의2에 따른 사회봉사를 명할 때에는 500시간, 수강을 명할 때에는 200시간의 범위에서 그 기간을 정하여야 한다. 다만, 다른 법률에 특별한 규정이 있는 경우에는 그 법률에서 정하는 바에 따른다.

② 법원은 제1항의 경우에 사회봉사·수강명령 대상자가 사회봉사를 하거나 수강할 분야와 장소 등을 지정할 수 있다.

제60조【판결의 통지 등】 ① 법원은「형법」 제62조의2에 따른 사회봉사 또는 수강을 명하는 판결이 확정된 때부터 3일 이내에 판결문 등본 및 준수사항을 적은 서면을 피고인의 주거지를 관할하는 보호관찰소의 장에게 보내야 한다.

② 제1항의 경우에 법원은 그 의견이나 그 밖에 사회봉사명령 또는 수강명령의 집행에 참고가 될 만한 자료를 첨부할 수 있다.

③ 법원 또는 법원의 장은 제1항의 통지를 받은 보호관찰소의 장에게 사회봉사명령 또는 수강명령의 집행상황에 관한 보고를 요구할 수 있다.

제61조【사회봉사·수강명령 집행 담당자】 ① 사회봉사명령 또는 수강명령은 보호관찰관이 집행한다. 다만, 보호관찰관은 국공립기관이나 그 밖의 단체에 그 집행의 전부 또는 일부를 위탁할 수 있다.

② 보호관찰관은 사회봉사명령 또는 수강명령의 집행을 국공립기관이나 그 밖의 단체에 위탁한 때에는 이를 법원 또는 법원의 장에게 통보하여야 한다.

③ 법원은 법원 소속 공무원으로 하여금 사회봉사 또는 수강할 시설 또는 강의가 사회봉사·수강명령 대상자의 교화·개선에 적당한지 여부와 그 운영 실태를 조사·보고하도록 하고, 부적당하다고 인정하면 그 집행의 위탁을 취소할 수 있다.

④ 보호관찰관은 사회봉사명령 또는 수강명령의 집행을 위하여 필요하다고 인정하면 국공립기관이나 그 밖의 단체에 협조를 요청할 수 있다.

제62조【사회봉사·수강명령 대상자의 준수사항】 ① 사회봉사·수강명령 대상자는 대통령령으로 정하는 바에 따라 주거, 직업, 그 밖에 필요한 사항을 관할 보호관찰소의 장에게 신고하여야 한다.

② 사회봉사·수강명령 대상자는 다음 각 호의 사항을 준수하여야 한다.

1. 보호관찰관의 집행에 관한 지시에 따를 것
2. 주거를 이전하거나 1개월 이상 국내외여행을 할 때에는 미리 보호관찰관에게 신고할 것

③ 법원은 판결의 선고를 할 때 제2항의 준수사항 외에 대통령령으로 정하는 범위에서 본인의 특성 등을 고려하여 특별히 지켜야 할 사항을 따로 과(科)할 수 있다.

④ 제2항과 제3항의 준수사항은 서면으로 고지하여야 한다.

제63조【사회봉사·수강의 종료】 ① 사회봉사·수강은 사회봉사·수강명령 대상자가 다음 각 호의 어느 하나에 해당하는 때에 종료한다.

1. 사회봉사명령 또는 수강명령의 집행을 완료한 때
2. 형의 집행유예 기간이 지난 때
3. 「형법」 제63조 또는 제64조에 따라 사회봉사·수강명령을 조건으로 한 집행유예의 선고가 실효되거나 취소된 때 (2014.12.30 본호개정)
4. 다른 법률에 따라 사회봉사·수강명령이 변경되거나 취소·종료된 때(2014.12.30 본호개정)

② 사회봉사·수강명령 대상자가 사회봉사·수강명령 집행 중 금고 이상의 형의 집행을 받게 된 때에는 해당 형의 집행이 종료·면제되거나 사회봉사·수강명령 대상자가 가석방된 경우 잔여 사회봉사·수강명령을 집행한다.(2019.4.16 본항신설)

제64조【준용 규정】 ① 사회봉사·수강명령 대상자에 대하여는 제34조부터 제36조까지, 제54조, 제55조, 제55조의4, 제56조 및 제57조를 준용한다.

② 사회봉사·수강명령 대상자의 준수사항이나 명령 위반에 따른 경고, 구인, 유치, 집행유예 취소 및 보호처분 변경 등에 관하여는 제37조부터 제45조까지, 제46조, 제46조의2부터 제46조의5까지, 제47조 및 제49조를 준용한다.
(2019.4.16 본조개정)

제5장 갱생보호

(2009.5.28 본장제목개정)

제1절 갱생보호의 방법 및 개시

(2009.5.28 본절개정)

제65조【갱생보호의 방법】 ① 갱생보호는 다음 각 호의 방법으로 한다.

1. 숙식 제공
2. 주거 지원
3. 창업 지원
4. 직업훈련 및 취업 지원
5. 출소예정자 사전상담
6. 갱생보호 대상자의 가족에 대한 지원

(2014.5.20 2호~6호개정)

7. 심리상담 및 심리치료
8. 사후관리
9. 그 밖에 갱생보호 대상자에 대한 자립 지원

(2014.5.20 7호~9호신설)

② 제1항 각 호의 구체적인 내용은 대통령령으로 정한다.

③ 제71조에 따른 한국법무보호복지공단 또는 제67조에 따라 갱생보호사업의 허가를 받은 자는 제1항 각 호의 갱생보호활동을 위하여 갱생보호시설을 설치·운영할 수 있다.

④ 제3항의 갱생보호시설의 기준은 법무부령으로 정한다.

제66조【갱생보호의 신청 및 조치】 ① 갱생보호 대상자와 관계 기관은 보호관찰소의 장, 제67조제1항에 따라 갱생보호사업 허가를 받은 자 또는 제71조에 따른 한국법무보호복지공단에 갱생보호 신청을 할 수 있다.

② 제1항의 신청을 받은 자는 지체 없이 보호가 필요한지 결정하고 보호하기로 한 경우에는 그 방법을 결정하여야 한다.

③ 제1항의 신청을 받은 자가 제2항에 따라 보호결정을 한 경우에는 지체 없이 갱생보호에 필요한 조치를 하여야 한다.

제2절 갱생보호사업자

(2009.5.28 본절개정)

제67조【갱생보호사업의 허가】 ① 갱생보호사업을 하려는 자는 법무부령으로 정하는 바에 따라 법무부장관의 허가를 받아야 한다. 허가받은 사항을 변경하려는 경우에도 또한 같다.

② 법무부장관은 갱생보호사업의 허가를 할 때에는 사업의 범위와 허가의 기간을 정하거나 그 밖에 필요한 조건을 붙일 수 있다.
제68조【허가의 기준】 법무부장관은 다음 각 호의 기준에 맞지 아니할 때에는 갱생보호사업의 허가를 하여서는 아니 된다.
1. 갱생보호사업에 필요한 경제적 능력을 가질 것
2. 갱생보호사업의 허가신청자가 사회적 신망이 있을 것
3. 갱생보호사업의 조직 및 회계처리 기준이 공개적일 것
제69조【보고의무】 갱생보호사업의 허가를 받은 자(이하 "사업자"라 한다)는 법무부령으로 정하는 바에 따라 다음 해의 사업계획과 전년도의 회계 상황 및 사업 실적을 법무부장관에게 보고하여야 한다.
제70조【갱생보호사업의 허가 취소 등】 법무부장관은 사업자가 다음 각 호의 어느 하나에 해당할 때에는 그 허가를 취소하거나 6개월 이내의 기간을 정하여 그 사업의 전부 또는 일부의 정지를 명할 수 있다. 다만, 제1호 또는 제4호에 해당하는 때에는 그 허가를 취소하여야 한다.
1. 부정한 방법으로 갱생보호사업의 허가를 받은 경우
2. 갱생보호사업의 허가 조건을 위반한 경우
3. 목적사업 외의 사업을 한 경우
4. 정당한 이유 없이 갱생보호사업의 허가를 받은 후 6개월 이내에 갱생보호사업을 시작하지 아니하거나 1년 이상 갱생보호사업의 실적이 없는 경우
5. 제69조에 따른 보고를 거짓으로 한 경우
6. 이 법 또는 이 법에 따른 명령을 위반한 경우
제70조의2【청문】 법무부장관은 제70조에 따라 갱생보호사업의 허가를 취소하거나 정지하려는 경우에는 청문을 하여야 한다.(2014.5.20 본조개정)

제3절 한국법무보호복지공단
(2008.12.26 본절제목개정)

제71조【한국법무보호복지공단의 설립】 갱생보호사업을 효율적으로 추진하기 위하여 한국법무보호복지공단(이하 "공단"이라 한다)을 설립한다.(2008.12.26 본조개정)
제72조【법인격】 공단은 법인으로 한다.(2009.5.28 본조개정)
제73조【사무소】 ① 공단의 주된 사무소의 소재지는 정관으로 정한다.
② 공단은 정관으로 정하는 바에 따라 필요한 곳에 지부와 지소를 둘 수 있다.
(2009.5.28 본조개정)
제74조【정관】 ① 공단의 정관에는 다음 각 호의 사항이 포함되어야 한다.
1. 목적
2. 명칭
3. 주된 사무소 및 지부·지소에 관한 사항
4. 기금에 관한 사항
5. 임직원에 관한 사항
6. 이사회에 관한 사항
7. 업무에 관한 사항
8. 재산 및 회계에 관한 사항
9. 공고에 관한 사항
10. 정관의 변경에 관한 사항
11. 내부규정의 제정·개정 및 폐지에 관한 사항
② 공단은 정관을 변경하려면 법무부장관의 인가를 받아야 한다.
(2009.5.28 본조개정)
제75조【등기】 공단은 그 주된 사무소의 소재지에서 설립등기를 함으로써 성립한다.(2009.5.28 본조개정)
제76조【임원 및 그 임기】 ① 공단에 이사장 1명을 포함한 15명 이내의 이사와 감사 2명을 둔다.(2014.5.20 본항개정)
② 이사장은 법무부장관이 임명하고, 그 임기는 3년으로 하되 연임할 수 있다. 다만, 임기가 만료된 이사장은 그 후임자가 임명될 때까지 그 직무를 행한다.(2014.5.20 본문개정)
③ 이사는 갱생보호사업에 열성이 있고, 학식과 덕망이 있는 사람 중에서 이사장의 제청에 의하여 법무부장관이 임명하거나 위촉하며, 임기는 3년으로 하되 연임할 수 있다. 다만, 공무원인 이사의 임기는 그 직위에 있는 동안으로 한다.
④ 감사는 이사장의 제청에 의하여 법무부장관이 임명하며, 임기는 2년으로 하되 연임할 수 있다.
(2009.5.28 본조개정)
제77조【임원의 직무】 ① 이사장은 공단을 대표하고 공단의 업무를 총괄한다.
② 감사는 공단의 업무 및 회계를 감사한다.
③ 이사장 아닌 이사와 감사는 비상근으로 할 수 있다.
(2009.5.28 본조개정)
제78조【임원의 결격사유】 다음 각 호의 어느 하나에 해당하는 사람은 공단의 임원이 될 수 없다.
1. 대한민국 국민이 아닌 사람
2. 「국가공무원법」 제33조 각 호의 어느 하나에 해당하는 사람
(2009.5.28 본조개정)
제79조【임원의 해임】 ① 임원이 제78조 각 호의 어느 하나에 해당하게 되면 당연히 퇴직한다.
② 법무부장관은 임원이 다음 각 호의 어느 하나에 해당할 때에는 그 임원을 해임하거나 해촉할 수 있다.
1. 갱생보호사업에 열성이 없다고 인정될 때
2. 직무상의 의무를 위반하거나 직무수행을 게을리하였을 때
3. 그 밖의 사유로 인하여 임원으로서 부적당하다고 인정될 때
(2009.5.28 본조개정)
제80조【이사회】 ① 공단의 업무에 관한 주요 사항을 심의·의결하기 위하여 공단에 이사회를 둔다.
② 이사회는 이사장과 이사로 구성한다.
③ 이사장은 이사회를 소집하고 그 의장이 된다.
④ 감사는 이사회에 출석하여 의견을 진술할 수 있다.
(2009.5.28 본조개정)
제81조【직원의 임면】 공단의 직원은 정관으로 정하는 바에 따라 이사장이 임면(任免)한다.(2009.5.28 본조개정)
제82조【공단의 사업】 공단은 그 목적을 달성하기 위하여 다음 각 호의 사업을 한다.
1. 갱생보호
2. 갱생보호제도의 조사·연구 및 보급·홍보
3. 갱생보호사업을 위한 수익사업
4. 공단의 목적 달성에 필요한 사업
(2009.5.28 본조개정)
제83조【공단의 자산】 공단은 다음 각 호의 재산을 그 자산으로 한다.
1. 공단이 소유하고 있는 부동산과 그 밖의 재산
2. 국고보조금
3. 자산으로부터 생기는 과실(果實)
4. 그 밖의 수입
(2009.5.28 본조개정)
제84조【공단의 사업계획 등】 ① 공단의 회계연도는 정부의 회계연도에 따른다.
② 공단은 법무부령으로 정하는 바에 따라 매 회계연도가 시작되기 전에 다음 회계연도에 실시할 공단의 사업계획 및 예산을 법무부장관에게 제출하여 그 승인을 받아야 한다. 이를 변경할 때에도 또한 같다.

③ 공단은 법무부령으로 정하는 바에 따라 매 회계연도의 종료 후 전년도의 사업 실적과 결산을 법무부장관에게 제출하여야 한다.
(2009.5.28 본조개정)

제85조【기부금품의 접수 및 보고】 ① 공단은 기관·단체 또는 개인이 갱생보호사업을 위하여 공단에 자발적으로 기탁하는 금품을 접수할 수 있다.
② 제1항에 따라 기부금품을 접수한 경우 공단은 그 접수 상황 및 처리 상황을 법무부장관에게 보고하여야 한다.
③ 기부자에 대한 영수증 발급, 기부금품의 용도 지정, 장부의 열람, 그 밖에 필요한 사항은 대통령령으로 정한다.
(2014.12.30 본조개정)

제86조【갱생보호기금의 설치】 갱생보호사업의 추진에 필요한 재원을 확보하기 위하여 공단에 갱생보호기금(이하 "기금"이라 한다)을 설치한다.(2009.5.28 본조개정)

제87조【기금의 재원】 기금은 다음 각 호의 재원으로 조성한다.
1. 기금의 운용으로 생기는 수익금
2. 공단의 사업으로 생기는 수입금
3. 관계 법령에 따른 기부금
(2009.5.28 본조개정)

제88조【기금의 운용·관리】 ① 기금은 공단이 운용·관리한다.
② 기금의 운용·관리에 필요한 사항은 대통령령으로 정한다.
(2009.5.28 본조개정)

제89조【기금의 사용】 기금은 제82조 각 호의 사업을 위하여 사용한다.(2009.5.28 본조개정)

제90조【자금의 차입】 공단은 기금 운용에 필요하다고 인정하면 법무부장관의 승인을 받아 기금의 부담으로 자금을 차입할 수 있다.(2009.5.28 본조개정)

제91조【이익금의 처리】 공단은 매 사업연도의 결산 결과 이익금이 생기면 이월손실금의 보전(補塡)에 충당하고, 그 나머지는 기금으로 적립하여야 한다.(2009.5.28 본조개정)

제92조【준용 규정】 공단에 관하여 이 법에서 규정한 것을 제외하고는 「민법」 중 재단법인에 관한 규정을 준용한다.
(2009.5.28 본조개정)

제93조【벌칙 적용 시의 공무원 의제】 공단의 임직원은 「형법」과 그 밖의 법률에 따른 벌칙을 적용할 때에는 공무원으로 본다.(2009.5.28 본조개정)

제4절 갱생보호사업의 지원 및 감독
(2009.5.28 본절개정)

제94조【보조금】 국가나 지방자치단체는 사업자와 공단에 대하여 보조할 수 있다.

제95조【조세감면】 국가나 지방자치단체는 갱생보호사업에 대하여 「조세특례제한법」 및 「지방세특례제한법」에서 정하는 바에 따라 국세 또는 지방세를 감면할 수 있다.
(2010.3.31 본조개정)

제96조【수익사업】 ① 사업자 또는 공단은 갱생보호사업을 위하여 수익사업을 하려면 사업마다 법무부장관의 승인을 받아야 한다. 이를 변경할 때에도 또한 같다.
② 법무부장관은 수익사업을 하는 사업자 또는 공단이 수익을 갱생보호사업 외의 사업에 사용한 경우에는 수익사업의 시정이나 정지를 명할 수 있다.

제97조【감독】 ① 법무부장관은 사업자와 공단을 지휘·감독한다.
② 법무부장관은 사업자와 공단에 대하여 감독상 필요한 경우에는 그 업무에 관한 사항을 보고하게 하거나 자료의 제출이나 그 밖에 필요한 명령을 할 수 있으며, 소속 공무원에게 사업자 및 공단의 운영 실태를 조사하게 할 수 있다.
③ 제2항에 따라 조사를 하는 공무원은 그 권한을 나타내는 증표를 지니고 이를 관계인에게 내보여야 한다.

제98조【유사명칭의 사용금지】 ① 이 법에 따른 공단이 아닌 자는 한국법무보호복지공단 또는 이와 유사한 명칭을 사용하지 못한다.
② 이 법에 따른 사업자가 아닌 자는 갱생보호회 또는 이와 유사한 명칭을 사용하지 못한다.

제6장 벌 칙
(2009.5.28 본장제목개정)

제99조【벌칙】 다음 각 호의 어느 하나에 해당하는 자는 1년 이하의 징역 또는 1천만원 이하의 벌금에 처한다.
(2014.1.7 본문개정)
1. 갱생보호사업의 허가를 받지 아니하고 갱생보호사업 명목으로 영리행위를 한 자
2. 갱생보호사업의 허가를 받은 후 이를 이용하여 갱생보호사업의 목적에 반하여 영리행위를 한 자
3. 제70조에 따른 정지명령을 위반한 자
4. 제96조제2항에 따른 명령을 위반한 자
(2009.5.28 본조개정)

제100조【양벌규정】 법인의 대표자나 법인 또는 개인의 대리인, 사용인, 그 밖의 종업원이 그 법인 또는 개인의 업무에 관하여 제99조의 위반행위를 하면 그 행위자를 벌하는 외에 그 법인 또는 개인에게도 해당 조문의 벌금형을 과(科)한다. 다만, 법인 또는 개인이 그 위반행위를 방지하기 위하여 해당 업무에 관하여 상당한 주의와 감독을 게을리하지 아니한 경우에는 그러하지 아니하다.(2008.12.26 본조개정)

제101조【과태료】 ① 제98조를 위반한 자에게는 200만원 이하의 과태료를 부과한다.
② 제1항에 따른 과태료는 대통령령으로 정하는 바에 따라 법무부장관이 부과·징수한다.
(2008.12.26 본조신설)

부 칙 (2014.1.7)

제1조【시행일】 이 법은 공포한 날부터 시행한다. 다만, 제55조의2의 개정규정은 공포 후 6개월이 경과한 날부터 시행한다.

제2조【보호관찰 심사위원회 상임위원의 임기제공무원 변경에 관한 경과조치】 이 법 시행 당시 재직 중인 보호관찰 심사위원회 상임위원은 이 법 시행일에 「국가공무원법」 제26조의5에 따른 임기제공무원으로 임용된 것으로 본다. 이 경우 그 임기는 상임위원으로 임명될 당시 임기의 남은 기간으로 한다.

부 칙 (2014.5.20)

제1조【시행일】 이 법은 공포 후 6개월이 경과한 날부터 시행한다.

제2조【이사장의 임기에 관한 경과조치】 이 법 시행 당시 재직 중인 이사장의 임기는 제76조제2항의 개정규정에도 불구하고 종전의 규정에 따른다.

부 칙 (2014.12.30)

제1조【시행일】 이 법은 공포한 날부터 시행한다. 다만, 제55조의3 및 제85조의 개정규정은 공포 후 6개월이 경과한 날부터 시행한다.

제2조【환경조사의 의뢰에 관한 적용례】 제26조제1항의 개정규정에 따른 환경조사의 의뢰는 이 법 시행 후 「소년법」 제32조제1항제7호의 보호처분을 받는 사람부터 적용한다.

제3조【가석방자의 보호관찰 종료사실 등에 대한 통보에 관한 적용례】 제55조의3의 개정규정에 따른 가석방자의 보호관찰 종료사실 등에 대한 통보는 같은 개정규정 제1항 각 호의 어느 하나에 해당하는 범죄를 저지른 가석방자의 보호관찰이 같은 개정규정 시행 후 종료되는 경우부터 적용한다.
제4조【구인한 보호관찰 대상자의 석방·유치, 유치 허가의 청구 및 유치기간에 관한 경과조치】 이 법 시행 전에 제39조 또는 제40조에 따라 구인한 보호관찰 대상자에 대한 석방·유치, 유치 허가의 청구 및 유치기간에 관하여는 제41조부터 제43조까지의 개정규정에도 불구하고 종전의 규정에 따른다.

부 칙 (2019.4.16)

제1조【시행일】 이 법은 공포한 날부터 시행한다. 다만, 제45조의2 및 제46조의2부터 제46조의5까지의 개정규정은 공포 후 6개월이 경과한 날부터 시행한다.
제2조【보호관찰·사회봉사 및 수강의 종료에 관한 적용례】 제51조 및 제63조의 개정규정은 이 법 시행 전에 보호관찰 또는 사회봉사·수강명령 대상자가 된 사람에 대해서도 적용한다.
제3조【범죄경력자료 등의 조회 요청에 관한 적용례】 제55조의4의 개정규정은 이 법 시행 이후 보호관찰이 종료되는 사람부터 적용한다.

부 칙 (2020.2.4)
(2020.10.20)

제1조【시행일】 이 법은 공포 후 6개월이 경과한 날부터 시행한다.(이하 생략)

부 칙 (2021.7.20)

이 법은 공포 후 6개월이 경과한 날부터 시행한다.

保安觀察法

(1989年 6月 16日
全改法律 第4132號)

改正
1991.11.22法 4396號
2002. 1.26法 6627號(민사집행법)
2004.10.16法 7227號
2004.12.23法 7247號(경찰법)
2005. 3.31法 7427號(민법)
2005. 8. 4法 7655號(치료감호법)
2007. 5.17法 8435號(가족관계등록)
2016. 1. 6法13722號(군사법원)
2016. 1.19法13764號
2020. 2. 4法16928號(군인사법)

第1條【目的】 이 法은 特定犯罪를 범한 者에 대하여 再犯의 危險性을 예방하고 건전한 社會復歸를 촉진하기 위하여 保安觀察處分을 함으로써 國家의 安全과 社會의 安寧을 유지함을 目的으로 한다.
第2條【保安觀察該當犯罪】 이 法에서 "保安觀察該當犯罪"라 함은 다음 各號의 1에 해당하는 罪를 말한다.
1. 刑法 第88條·第89條(第87條의 未遂犯을 제외한다)·第90條(第87條에 해당하는 罪를 제외한다)·第92條 내지 第98條·第100條(第99條의 未遂犯을 제외한다) 및 第101條(第99條에 해당하는 罪를 제외한다)
2. 軍刑法 第5條 내지 第8條·第9條第2項 및 第11條 내지 第16條
3. 國家保安法 第4條, 第5條(第1項중 第4條第1項第6號에 해당하는 행위를 제외한다), 第6條, 第9條第1項·第3項(第2項의 未遂犯을 제외한다)·第4項

第3條【保安觀察處分對象者】 이 法에서 "保安觀察處分對象者"라 함은 保安觀察該當犯罪 또는 이와 競合된 犯罪로 禁錮 이상의 刑의 宣告를 받고 그 刑期合計가 3年 이상인 者로서 刑의 전부 또는 일부의 執行을 받은 사실이 있는 者를 말한다.
第4條【保安觀察處分】 ① 第3條에 해당하는 者중 保安觀察該當犯罪를 다시 범할 危險性이 있다고 인정할 충분한 이유가 있어 再犯의 방지를 위한 觀察이 필요한 者에 대하여는 保安觀察處分을 한다.
② 保安觀察處分을 받은 者는 이 法이 정하는 바에 따라 소정의 사항을 住居地 管轄警察署長(이하 "管轄警察署長"이라 한다)에게 申告하고, 再犯방지에 필요한 범위안에서 그 지시에 따라 保安觀察을 받아야 한다.
第5條【保安觀察處分의 期間】 ① 保安觀察處分의 期間은 2年으로 한다.
② 法務部長官은 檢事의 請求가 있는 때에는 保安觀察處分審議委員會의 議決을 거쳐 그 期間을 更新할 수 있다.
第6條【保安觀察處分對象者의 申告】 ① 保安觀察處分對象者는 大統領令이 정하는 바에 따라 그 刑의 執行을 받고 있는 矯導所, 少年矯導所, 拘置所, 유치장 또는 군교도소(이하 "矯導所등"이라 한다)에서 出所전에 居住豫定地 기타 大統領令으로 정하는 사항을 矯導所등의 長을 경유하여 居住豫定地 管轄警察署長에게 申告하고, 出所후 7日이내에 그 居住豫定地 管轄警察署長에게 出所事實을 申告하여야 한다. 第20條第3項에 해당하는 경우에는 法務部長官이 제공하는 居住할 場所(이하 "居所"라 한다)를 居住豫定地로 申告하여야 한다.(2020.2.4 전단개정)
② 保安觀察處分對象者는 矯導所등에서 出所한 후 第1項의 申告事項에 變動이 있을 때에는 變動이 있는 날부터 7日이내에 그 變動된 사항을 管轄警察署長에게 申告하여야 한다. 다만, 第20條第3項에 의하여 居所제공을 받은 者가 住居地를 이전하고자 할 때에는 미리 管轄警察署長에게 第18條第4項 但書에 의한 申告를 하여야 한다.

<2021.6.24 헌법재판소 헌법불합치결정으로 이 항 전문에 관한 부분은 2023.6.30을 시한으로 입법자가 개정할 때까지 계속 적용>

③ 矯導所등의 長은 第3條에 해당하는 者가 생길 때에는 지체없이 保安觀察處分審議委員會와 居住豫定地를 관할하는 檢事 및 警察署長에게 통고하여야 한다.

第7條【保安觀察處分의 請求】 保安觀察處分請求는 檢事가 행한다.

第8條【請求의 방법】 ① 第7條의 規定에 의한 保安觀察處分請求는 檢事가 保安觀察處分請求書(이하 "處分請求書"라 한다)를 法務部長官에게 제출함으로써 행한다.

② 處分請求書에는 다음 사항을 기재하여야 한다.

1. 保安觀察處分을 請求받은 者(이하 "被請求者"라 한다)의 姓名 기타 被請求者를 특정할 수 있는 사항
2. 請求의 원인이 되는 사실
3. 기타 大統領令으로 정하는 사항

③ 檢事가 處分請求書를 제출할 때에는 請求의 원인이 되는 사실을 증명할 수 있는 資料와 意見書를 첨부하여야 한다.

④ 檢事는 保安觀察處分請求를 한 때에는 지체없이 處分請求書謄本을 被請求者에게 송달하여야 한다. 이 경우 송달에 관하여는 民事訴訟法중 송달에 관한 規定을 準用한다.

第9條【調査】 ① 檢事는 第7條의 規定에 의한 保安觀察處分請求를 위하여 필요한 때에는 保安觀察處分對象者, 請求의 원인이 되는 사실과 保安觀察處分을 필요로 하는 資料를 調査할 수 있다.

② 司法警察官吏와 特別司法警察官吏(이하 "司法警察官吏"라 한다)는 檢事의 指揮를 받아 第1項의 規定에 의한 調査를 할 수 있다.

第10條【審査】 ① 法務部長官은 處分請求書와 資料에 의하여 請求된 事案을 審査한다.

② 法務部長官은 第1項의 規定에 의한 審査를 위하여 필요한 때에는 法務部所屬公務員으로 하여금 調査하게 할 수 있다.

③ 第2項의 規定에 의하여 調査의 命을 받은 公務員은 다음 各號의 權限을 가진다.

1. 被請求者 기타 關係者의 召喚·審問·調査
2. 國家機關 기타 公·私團體에의 照會 및 關係資料의 제출 요구

第11條【保安觀察處分의 免除】 ① 法務部長官은 保安觀察處分對象者중 다음 各號의 요건을 갖춘 者에 대하여는 保安觀察處分을 하지 아니하는 決定(이하 "免除決定"이라 한다)을 할 수 있다.

1. 遵法精神이 확립되어 있을 것
2. 일정한 住居와 生業이 있을 것
3. 大統領令이 정하는 身元保證이 있을 것

② 法務部長官은 第1項의 요건을 갖춘 保安觀察處分對象者의 申請이 있을 때에는 부득이한 사유가 있는 경우를 제외하고는 3月내에 保安觀察處分免除與否를 決定하여야 한다.

③ 檢事는 第1項第1號 및 第2號의 요건을 갖춘 保安觀察處分對象者의 情狀을 참작하여 危險性이 없다고 인정되는 때에는 法務部長官에게 免除決定을 請求할 수 있다.

④ 免除決定을 받은 者가 그 免除決定要件에 해당하지 아니하게 된 때에는 檢事의 請求에 의하여 法務部長官은 免除決定을 取消할 수 있다.

⑤ 免除決定과 免除決定請求, 免除決定取消請求 및 그 決定에 대하여는 保安觀察處分請求 및 審査決定에 관한 規定을 準用한다.

⑥ 保安觀察處分의 免除決定을 받은 者는 그때부터 이 法에 의한 保安觀察處分對象者 또는 被保安觀察者로서의 義務를 免한다.

第12條【保安觀察處分審議委員會】 ① 保安觀察處分에 관한 事案을 審議·議決하기 위하여 法務部에 保安觀察處分審議委員會(이하 "委員會"라 한다)를 둔다.

② 委員會는 委員長 1人과 6人의 委員으로 구성한다.

③ 委員長은 法務部次官이 되고, 委員은 學識과 德望이 있는 者로 하되, 그 過半數는 辯護士의 資格이 있는 者이어야 한다.

④ 委員은 法務部長官의 提請으로 大統領이 任命 또는 위촉한다.

⑤ 위촉된 委員의 任期는 2年으로 한다. 다만, 公務員인 委員은 그 職을 免한 때에는 委員의 資格을 상실한다.

⑥ 委員중 公務員이 아닌 委員도 이 法 기타 다른 法律의 規定에 의한 罰則의 適用에 있어서는 公務員으로 본다.

⑦ 委員長은 委員會의 會務를 총괄하고 委員會를 代表하며, 委員會의 會議를 召集하고 그 議長이 된다.(2016.1.19 본항개정)

⑧ 委員長이 事故가 있을 때에는 미리 그가 지정한 委員이 그 職務를 代行한다.

⑨ 委員會는 다음 各號의 事案을 審議·議決한다.

1. 保安觀察處分 또는 그 棄却의 決定
2. 免除 또는 그 取消決定
3. 保安觀察處分의 取消 또는 期間의 更新決定

⑩ 委員會의 會議는 委員長을 포함한 在籍委員 過半數의 출석으로 開議하고 出席委員 過半數의 贊成으로 議決한다.

⑪ 委員會의 운영·庶務 기타 필요한 사항은 大統領令으로 정한다.

第13條【被請求者의 資料提出등】 ① 被請求者는 處分請求書謄本을 송달받은 날부터 7日 이내에 法務部長官 또는 委員會에 書面으로 자기에게 이익된 사실을 陳述하고 資料를 제출할 수 있다.

② 委員會는 필요하다고 인정하는 경우에는 被請求者 및 기타 關係者를 출석시켜 審問·調査하거나 公務所 기타 公·私團體에 대하여 照會할 수 있으며, 關係資料의 제출을 요구할 수 있다.

第14條【決定】 ① 保安觀察處分에 관한 決定은 委員會의 議決을 거쳐 法務部長官이 행한다.

② 法務部長官은 委員會의 議決과 다른 決定을 할 수 없다. 다만, 保安觀察處分對象者에 대하여 委員會의 議決보다 유리한 決定을 하는 때에는 그러하지 아니하다.

第15條【議決書등】 ① 委員會의 議決은 이유를 붙이고 委員長과 出席委員이 記名捺印하는 文書로써 행한다.

② 法務部長官의 決定은 이유를 붙이고 法務部長官이 記名·捺印하는 文書로써 행한다.

第16條【決定의 取消등】 ① 檢事는 法務部長官에게 保安觀察處分의 取消 또는 期間의 更新을 請求할 수 있다.

② 法務部長官은 第1項의 規定에 의한 請求를 받은 때에는 委員會의 議決을 거쳐 이를 審査·決定하여야 한다.

③ 第1項 및 第2項의 規定에 의한 請求와 그 請求의 審査·決定에 대하여는 保安觀察處分請求 및 審査決定에 관한 規定을 準用한다.

第17條【保安觀察處分의 執行】 ① 保安觀察處分의 執行은 檢事가 指揮한다.

② 第1項의 指揮는 決定書謄本을 첨부한 書面으로 하여야 한다.

③ 檢事는 被保安觀察者가 도주하거나 1月 이상 그 所在가 불명한 때에는 保安觀察處分의 執行中止決定을 할 수 있다. 그 사유가 消滅된 때에는 지체없이 그 決定을 取消하여야 한다.

第18條【申告事項】 ① 保安觀察處分을 받은 者(이하 "被保安觀察者"라 한다)는 保安觀察處分決定告知를 받은 날부터 7日 이내에 다음 各號의 사항을 住居地를 관할하는 지구대 또는 派出所의 長(이하 "지구대·파출소장"이라 한다)을 거쳐 管轄警察署長에게 申告하여야 한다. 第20條第3項에 해당하는 경우에는 法務部長官이 제공하는 居所를 住居地로 申告하여야 한다.(2004.12.23 본문개정)

1. 등록기준지, 住居(실제로 生活하는 居處), 姓名, 生年月日, 性別, 住民登錄番號(2007.5.17 본호개정)

2. 家族 및 同居人 狀況과 交友關係
3. 職業, 月收, 本人 및 家族의 財産狀況
4. 學歷, 經歷
5. 宗敎 및 加入한 團體
6. 職場의 所在地 및 連絡處
7. 保安觀察處分對象者 申告를 행한 管轄警察署 및 申告日字
8. 기타 大統領令이 정하는 사항

② 被保安觀察者는 保安觀察處分決定告知를 받은 날이 속한 달부터 每3月이 되는 달의 末日까지 다음 各號의 사항을 지구대·파출소장을 거쳐 管轄警察署長에게 申告하여야 한다.(2004.12.23 본문개정)
1. 3月間의 主要活動事項
2. 通信·會合한 다른 保安觀察處分對象者의 人的事項과 그 日時, 場所 및 내용
3. 3月間에 행한 旅行에 관한 사항(申告를 마치고 중지한 旅行에 관한 사항을 포함한다)
4. 管轄警察署長이 保安觀察과 관련하여 申告하도록 指示한 사항

③ 被保安觀察者는 第1項의 申告事項에 變動이 있을 때에는 7日 이내에 지구대·파출소장을 거쳐 管轄警察署長에게 申告하여야 한다. 被保安觀察者가 第1項의 申告를 한 후 第20條第3項에 의하여 居所제공을 받거나 第20條第5項에 의하여 居所가 變更된 때에는 제공 또는 變更된 居所로 移轉한 후 7日 이내에 지구대·파출소장을 거쳐 管轄警察署長에게 申告하여야 한다.(2004.12.23 본항개정)

④ 被保安觀察者가 住居地를 移轉하거나 國外旅行 또는 10日 이상 住居를 離脫하여 旅行하고자 할 때에는 미리 居住豫定地, 旅行豫定地 기타 大統領令이 정하는 사항을 지구대·파출소장을 거쳐 管轄警察署長에게 申告하여야 한다. 다만, 第20條第3項에 의하여 居所제공을 받은 者가 住居地를 移轉하고자 할 때에는 第20條第5項에 의하여 居所變更을 申請하여 變更決定된 居所를 居住豫定地로 申告하여야 한다.(2004.12.23 본문개정)

⑤ 管轄警察署長은 第1項 내지 第4項의 規定에 의한 申告를 받은 때에는 申告畢證을 교부하여야 한다.

第19條【指導】 ① 檢事 및 司法警察官吏는 被保安觀察者의 再犯을 방지하고 건전한 社會復歸를 촉진하기 위하여 다음 各號의 指導를 할 수 있다.
1. 被保安觀察者와 긴밀한 接觸을 가지고 항상 그 行動 및 環境등을 觀察하는 것
2. 被保安觀察者에 대하여 申告事項을 이행함에 적절한 指示를 하는 것
3. 기타 被保安觀察者가 社會의 선량한 一員이 되는데 필요한 措置를 취하는 것

② 檢事 및 司法警察官은 被保安觀察者의 再犯방지를 위하여 특히 필요한 경우에는 다음 各號의 措置를 할 수 있다.
1. 保安觀察該當犯罪를 범한 者와의 會合·通信을 금지하는 것
2. 集團的인 暴行, 脅迫, 損壞, 放火등으로 公共의 安寧秩序에 직접적인 威脅을 가할 것이 명백한 集會 또는 示威場所에의 出入을 금지하는 것
3. 被保安觀察者의 보호 또는 調査를 위하여 特定場所에의 출석을 요구하는 것

第20條【보호】 ① 檢事 및 司法警察官吏는 被保安觀察者가 自助의 노력을 함에 있어, 그의 개선과 自衛를 위하여 필요하다고 인정되는 적절한 보호를 할 수 있다.

② 第1項의 보호의 방법은 다음과 같다.
1. 住居 또는 就業을 알선하는 것
2. 職業訓鍊의 機會를 제공하는 것
3. 環境을 개선하는 것
4. 기타 本人의 건전한 社會復歸를 위하여 필요한 援助를 하는 것

③ 法務部長官은 保安觀察處分對象者 또는 被保安觀察者중 國內에 家族이 없거나 家族이 있어도 引受를 거절하는 者에 대하여는 大統領令이 정하는 바에 의하여 居所를 제공할 수 있다.

④ 社會福祉事業法에 의한 社會福祉施設로서 大統領令이 정하는 施設의 長은 法務部長官으로부터 保安觀察處分對象者 또는 被保安觀察者에 대한 居所제공의 요청을 받은 때에는 정당한 이유없이 이를 거부하여서는 아니된다.

⑤ 法務部長官은 第3項에 의하여 居所제공을 받은 者에게 國內에 인수를 희망하는 家族이 생기거나 기타 居所變更의 필요가 있는 때에는 本人의 申請 또는 檢事의 請求에 의하여 이미 제공한 居所를 變更할 수 있다. 이 경우 法務部長官은 3月 이내에 居所의 變更與否를 決定하여야 한다.

第21條【應急救護】 檢事 및 司法警察官吏는 被保安觀察者에게 負傷·疾病 기타 긴급한 사유가 발생하였을 때에는 大統領令이 정하는 바에 따라 필요한 救護를 할 수 있다.

第22條【警告】 檢事 및 司法警察官吏는 被保安觀察者가 義務를 위반하였거나 위반할 危險性이 있다고 의심할 상당한 이유가 있는 때에는 그 이행을 촉구하고 刑事處罰등 불이익한 處分을 받을 수 있음을 警告할 수 있다.

第23條【行政訴訟】 이 法에 의한 法務部長官의 決定을 받은 者가 그 決定에 異議가 있을 때에는 行政訴訟法이 정하는 바에 따라 그 決定이 執行된 날부터 60日 이내에 서울高等法院에 訴를 제기할 수 있다. 다만, 第11條의 規定에 의한 免除決定申請에 대한 棄却決定을 받은 者가 그 決定에 異議가 있을 때에는 그 決定이 있는 날부터 60日 이내에 서울高等法院에 訴를 제기할 수 있다.

第24條【行政訴訟法의 準用】 第23條의 訴訟에 관하여 이 法에 規定한 것을 제외하고는 行政訴訟法을 準用한다. 다만, 행정소송법 제18조의 규정은 준용하지 아니한다.(2004.10.16 단서개정)

第25條【期間의 計算】 ① 保安觀察處分의 期間은 保安觀察處分 決定을 執行하는 날부터 計算한다. 이 경우 初日은 算入한다.

② 第18條第1項 내지 第4項의 規定에 의한 申告를 하지 아니한 期間은 保安觀察處分 期間에 算入하지 아니한다.

③ 보안관찰처분의 집행중지결정이 있거나 징역·금고·구류·노역장유치 중에 있는 때, 「사회보호법」에 의한 감호의 집행 중에 있는 때 또는 「치료감호법」에 의한 치료감호의 집행 중에 있는 때에는 보안관찰처분의 기간은 그 진행이 정지된다.(2005.8.4 본항개정)

第26條【軍法被適用者에 대한 特則등】 ① 軍事法院法 第2條第1項 各號의 1에 게기된 者에 대한 保安觀察處分에 관하여는 國防部長官은 法務部長官의, 군검찰부 군검사는 檢事의, 軍司法警察官吏는 司法警察官吏의 이 法에 의한 職務를 행한다.(2016.1.6 본항개정)

② 軍事法院法 第2條第1項 各號의 1에 게기된 者에 대한 保安觀察處分을 審議·議決하기 위하여 國防部에 軍保安觀察處分審議委員會를 둔다.

③ 軍保安觀察處分審議委員會의 구성과 운영에 관하여는 第12條의 規定을 準用한다.

④ 國防部長官 또는 군검찰부 군검사는 保安觀察處分對象者가 軍事法院法 第2條第1項 各號의 1에 게기된 者가 아님이 명백한 때에는 당해 事案을 法務部長官 또는 檢事에게 移送한다. 이 경우 移送전에 한 審査 또는 調査는 移送후에도 그 效力에 영향이 없다.(2016.1.6 전단개정)

⑤ 法務部長官 또는 檢事는 保安觀察處分對象者가 軍事法院法 第2條第1項 各號의 1에 게기된 者임이 명백한 때에는 당해 事案을 國防部長官 또는 군검찰부 군검사에게 移送한다. 이 경우 移送전에 한 審査 또는 調査는 移送후에도 그 效力에 영향이 없다.(2016.1.6 전단개정)

第27條【罰則】 ① 保安觀察處分對象者 또는 被保安觀察者가 保安觀察處分 또는 保安觀察을 免脫할 目的으로 隱身 또는 逃走한 때에는 3年 이하의 懲役에 處한다.
② 정당한 이유없이 第6條第1項·第2項 및 第18條第1項 내지 第4項의 規定에 의한 申告를 하지 아니하거나 허위의 申告를 한 者 또는 그 申告를 함에 있어서 居住豫定地나 住居地를 명시하지 아니한 者는 2年 이하의 懲役 또는 100萬원 이하의 罰金에 處한다.
<2021.6.24 헌법재판소 헌법불합치결정으로 이 항 중 제6조 제2항 전문에 관한 부분은 2023.6.30을 시한으로 입법자가 개정할 때까지 계속 적용>
③ 정당한 이유없이 第19條第2項의 措置에 위반한 者는 1年 이하의 懲役 또는 50萬원 이하의 罰金에 處한다.
④ 第20條第4項에 위반한 者는 6月 이하의 懲役 또는 50萬원 이하의 罰金에 處한다.
⑤ 保安觀察處分에 관한 業務에 종사하는 公務員이 정당한 이유없이 그 職務遂行을 거부 또는 그 職務를 유기하거나 허위의 보고를 한 때에는 2年 이하의 懲役 또는 5年 이하의 資格停止에 處한다.
⑥ 保安觀察處分對象者 또는 被保安觀察者를 은닉하거나 逃走하게 한 者는 2年 이하의 懲役에 處한다. 다만, 친족이 本人을 위하여 本文의 罪를 범한 때에는 罰하지 아니한다. (2005.3.31 본항개정)
⑦ 保安觀察處分의 業務에 종사하는 公務員 또는 第11條의 身元保證을 한 者가 정당한 사유없이 保安觀察處分對象者에 관하여 이 法에 의하여 知得한 사실을 公表하거나 누설한 때에는 2年 이하의 懲役 또는 5年 이하의 資格停止에 處한다.

附　則

第1條【施行日】 이 法은 公布후 3月이 경과한 날부터 施行한다.
第2條【保安觀察處分對象者에 대한 經過措置】 다음 各號의 1에 해당하는 者는 이 法 適用에 있어서 保安觀察處分對象者로 본다.
1. 이 法 施行당시 法 第3條에 해당하는 者
2. 이 法 施行당시 舊刑法 第81條 내지 第85條·第87條(第86條의 未遂罪를 제외한다) 및 第88條(第86條에 해당하는 罪를 제외한다), 구비상사태하의犯罪處罰에관한特別措置令 第3條 내지 第5條, 法律 第10號 舊國家保安法 第1條 내지 第4條, 法律 第85號 舊國家保安法 第1條 내지 第5條, 法律 第500號 舊國家保安法 第6條 내지 第20條(第17條第4項을 제외한다)·第21條第1項·第25條 및 第28條(第17條第4項·第21條第2項 내지 第4項의 豫備·陰謀·未遂犯을 제외한다), 法律 第549號 舊國家保安法 第2條 내지 第8條(第1條의 未遂犯, 豫備·陰謀 및 第5條第2項의 豫備·陰謀를 제외한다), 法律 第643號 反共法 第6條(第4項중 國外의 共産系列의 指令을 받고 또는 받기 위하여 潛入·脫出한 행위 및 그 未遂犯, 豫備·陰謀를 제외한다) 및 第7條, 舊國防警備法 第32條 및 第33條, 舊海岸警備法 第8條의2 및 第9條의 規定에 의한 罪 또는 이와 競合된 犯罪로 禁錮 이상의 刑의 宣告를 받고 그 刑期合計가 3年 이상인 者로서 刑의 전부 또는 일부의 執行을 받은 사실이 있는 者 (1991.11.22 본호개정)
3. 이 法 施行당시 第2號에 게기된 罪를 범한 者중 이 法 施行후에 第2號에 게기된 罪 또는 이와 競合된 犯罪로 禁錮이상의 刑의 宣告를 받고 그 刑期合計가 3年이상인 者로서 刑의 전부 또는 일부의 執行을 받은 사실이 있는 者

第3條【保安處分을 받은 者등에 대한 經過措置】 이 法 施行당시 종전의 社會安全法의 規定에 의하여 保安處分, 그 期間更新 또는 각 그 棄却의 決定을 받은 者중 이 法에 의한 保安觀察處分對象者로 되는 者는 이 法에 의하여 保安觀察處分, 그 期間更新 또는 각 그 棄却의 決定을 받은 것으로 본다.
第4條【保安監護중에 있는 者에 대한 經過措置】 이 法 施行당시 종전의 社會安全法의 規定에 의하여 保安監護중에 있는 者에 대하여는 第20條第3項에 의한 居所제공 기타 出所에 필요한 조치를 위하여 法務部長官은 1月의 범위안에서 그 出所를 猶豫할 수 있다.
第5條【保安處分免除決定을 받은 者등에 대한 經過措置】 이 法 施行당시 종전의 社會安全法의 規定에 의하여 保安處分의 免除決定, 그 請求 또는 申請의 棄却決定 또는 免除決定의 取消決定을 받은 者중 이 法에 의한 保安觀察處分對象者로 되는 者는 이 法에 의하여 保安觀察處分의 免除決定, 그 請求 또는 申請의 棄却決定 또는 免除決定의 取消決定을 받은 것으로 본다.
第6條【申告義務에 관한 經過措置】 ① 附則 第2條에 의하여 保安觀察處分對象者로 된 者는 第6條第1項·第2項의 規定에 의한 申告를 하여야 하되, 이 法 施行당시 그 刑의 執行을 받은 矯導所등에서 出所한 者는 第6條第1項·第2項의 規定에 의하여 申告하여야 할 사항을 이 法 施行日부터 30日이내에 管轄警察署長에게 申告하여야 한다. 다만, 이 法 施行당시 종전의 社會安全法 第9條의 規定에 의하여 申告를 한 者는 第6條第1項의 規定에 의한 申告를 한 것으로 본다.
② 附則 第3條에 의하여 被保安觀察者로 된 者는 第18條第1項 내지 第4項의 規定에 의한 申告를 하여야 하되, 이 法 施行日부터 30日이내에 第18條第1項의 規定에 의하여 申告하여야 할 사항을 申告하고, 그 申告한 날이 속한 달부터 每 3月이 되는 달의 末日까지 第18條第2項의 規定에 의하여 申告하여야 할 사항을 管轄警察署長에게 申告하여야 한다.
第7條【行政訴訟에 대한 經過措置】 第23條 및 第24條의 規定은 이 法 施行당시 法院에 繫屬중인 事件에 대하여 이를 適用한다. 다만, 이 法 施行전에 행한 訴訟行爲의 效力에는 영향을 미치지 아니한다.
第8條【다른 法律과의 관계】 이 法 施行당시 다른 法律에서 社會安全法 또는 社會安全法에 의한 保安處分을 引用한 경우에는 保安觀察法 또는 保安觀察法에 의한 保安觀察處分을 각각 引用한 것으로 본다.
第9條【罰則】 附則 第6條의 規定에 의한 申告를 하지 아니한 者는 第27條第2項의 예에 의하여 處罰한다.

附　則 (1991.11.22)

① **【施行日】** 이 法은 公布한 날부터 施行한다.
② **【保安觀察處分對象者에 대한 經過措置】** 이 法 施行당시 法律 第3318號 또는 第3993號 舊國家保安法을 위반한 者에 대하여는 同法 第4條(第1項第6號중 事實을 歪曲하여 傳播한 행위 및 그 未遂犯, 豫備·陰謀를 제외한다), 第5條(第1項중 第4條第1項第6號에 해당하는 행위 및 그 未遂犯, 豫備·陰謀와 第5項을 제외한다), 第6條(第3項 및 그 未遂犯, 豫備·陰謀를 제외한다), 第9條第1項·第3項(同項중 第2項의 未遂犯 부분을 제외한다), 第4項의 規定에 의한 罪 또는 이와 競合된 犯罪로 禁錮이상의 刑의 宣告를 받고 그 刑期合計가 3年이상인 者로서 刑의 전부 또는 일부의 執行을 받은 사실이 있는 경우에 한하여 이를 保安觀察處分對象者로 본다.

附　則 (2016.1.19)

이 법은 공포한 날부터 시행한다.

附　則 (2020.2.4)

第1條【시행일】 이 법은 공포 후 6개월이 경과한 날부터 시행한다.(이하 생략)

치료감호 등에 관한 법률

(약칭 : 치료감호법)

(2005년 8월 4일 / 법 률 제7655호)

개정
2007.12.21법 8728호(형의집행수용자)
2008. 6.13법 9111호
2010. 4.15법10258호(성폭력범죄의처벌등에관한특례법)
2011. 8. 4법11005호(의료법)
2012.12.18법11556호(성폭력범죄의처벌등에관한특례법)
2013. 7.30법11954호 2014. 1. 7법12196호
2014.12.30법12894호 2015.12. 1법13525호
2016. 1. 6법13722호(군사법원)
2016. 5.29법14224호(정신건강증진및정신질환자복지서비스지원에관한법)
2017.12.12법15160호 2018.12.18법15980호
2020. 2. 4법16923호(전자장치부착등에관한법)
2020.10.20법17510호 2022. 1. 4법18678호

제1장 총 칙

(2008.6.13 본장개정)

제1조【목적】 이 법은 심신장애 상태, 마약류·알코올이나 그 밖의 약물중독 상태, 정신성적(精神性的) 장애가 있는 상태 등에서 범죄행위를 한 자로서 재범(再犯)의 위험성이 있고 특수한 교육·개선 및 치료가 필요하다고 인정되는 자에 대하여 적절한 보호와 치료를 함으로써 재범을 방지하고 사회복귀를 촉진하는 것을 목적으로 한다.

제2조【치료감호대상자】 ① 이 법에서 "치료감호대상자"란 다음 각 호의 어느 하나에 해당하는 자로서 치료감호시설에서 치료를 받을 필요가 있고 재범의 위험성이 있는 자를 말한다.
1. 「형법」 제10조제1항에 따라 벌하지 아니하거나 같은 조 제2항에 따라 형을 감경할 수 있는 심신장애인으로서 금고 이상의 형에 해당하는 죄를 지은 자(2020.10.20 본호개정)
2. 마약·향정신성의약품·대마, 그 밖에 남용되거나 해독(害毒)을 끼칠 우려가 있는 물질이나 알코올을 식음(食飮)·섭취·흡입·흡연 또는 주입받는 습벽이 있거나 그에 중독된 자로서 금고 이상의 형에 해당하는 죄를 지은 자
3. 소아성기호증(小兒性嗜好症), 성적가학증(性的加虐症) 등 성적 성벽(性癖)이 있는 정신성적 장애인으로서 금고 이상의 형에 해당하는 성폭력범죄를 지은 자(2014.12.30 본호개정)

② 제1항제2호의 남용되거나 해독을 끼칠 우려가 있는 물질에 관한 자세한 사항은 대통령령으로 정한다.

제2조의2【치료감호 대상 성폭력범죄의 범위】 제2조제1항제3호의 성폭력범죄는 다음 각 호의 범죄를 말한다.
1. 「형법」 제297조(강간)·제297조의2(유사강간)·제298조(강제추행)·제299조(준강간, 준강제추행)·제300조(미수범)·제301조(강간등 상해·치상)·제301조의2(강간등 살인·치사)·제302조(미성년자등에 대한 간음)·제303조(업무상위력등에 의한 간음)·제305조(미성년자에 대한 간음, 추행)·제305조의2(상습범)·제339조(강도강간)·제340조(해상강도)제3항(사람을 강간한 죄만을 말한다) 및 제342조(미수범)의 죄(제339조 및 제340조제3항 중 사람을 강간한 죄의 미수범만을 말한다)(2013.7.30 본호개정)
2. 「성폭력범죄의 처벌 등에 관한 특례법」 제3조부터 제10조까지 및 제15조(제3조부터 제9조까지의 미수범으로 한정한다)의 죄(2012.12.18 본호개정)
3. 「아동·청소년의 성보호에 관한 법률」 제7조(아동·청소년에 대한 강간·강제추행 등)·제9조(강간 등 상해·치상)·제10조(강간 등 살인·치사)의 죄(2013.7.30 본호개정)
4. 제1호부터 제3호까지의 죄로서 다른 법률에 따라 가중 처벌되는 죄

(2008.6.13 본조신설)

제2조의3【치료명령대상자】 이 법에서 "치료명령대상자"란 다음 각 호의 어느 하나에 해당하는 자로서 통원치료를 받을 필요가 있고 재범의 위험성이 있는 자를 말한다.
1. 「형법」 제10조제2항에 따라 형을 감경할 수 있는 심신장애인으로서 금고 이상의 형에 해당하는 죄를 지은 자 (2020.10.20 본호개정)
2. 알코올을 식음하는 습벽이 있거나 그에 중독된 자로서 금고 이상의 형에 해당하는 죄를 지은 자
3. 마약·향정신성의약품·대마, 그 밖에 대통령령으로 정하는 남용되거나 해독을 끼칠 우려가 있는 물질을 식음·섭취·흡입·흡연 또는 주입받는 습벽이 있거나 그에 중독된 자로서 금고 이상의 형에 해당하는 죄를 지은 자 (2017.12.12 본호신설)

(2015.12.1 본조신설)

제3조【관할】 ① 치료감호사건의 토지관할은 치료감호사건과 동시에 심리하거나 심리할 수 있었던 사건의 관할에 따른다.

② 치료감호사건의 제1심 재판관할은 지방법원합의부 및 지방법원지원 합의부로 한다. 이 경우 치료감호가 청구된 치료감호대상자(이하 "피치료감호청구인"이라 한다)에 대한 치료감호사건과 피고사건의 관할이 다른 때에는 치료감호사건의 관할에 따른다.

제2장 치료감호사건의 절차 등

(2008.6.13 본장개정)

제4조【검사의 치료감호 청구】 ① 검사는 치료감호대상자가 치료감호를 받을 필요가 있는 경우 관할 법원에 치료감호를 청구할 수 있다.

② 치료감호대상자에 대한 치료감호를 청구할 때에는 정신건강의학과 등의 전문의의 진단이나 감정(鑑定)을 참고하여야 한다. 다만, 제2조제1항제3호에 따른 치료감호대상자에 대하여는 정신건강의학과 등의 전문의의 진단이나 감정을 받은 후 치료감호를 청구하여야 한다.(2011.8.4 본항개정)

③ 치료감호를 청구할 때에는 검사가 치료감호청구서를 관할 법원에 제출하여야 한다. 치료감호청구서에는 피치료감호청구인 수만큼의 부본(副本)을 첨부하여야 한다.

④ 치료감호청구서에는 다음 각 호의 사항을 적어야 한다.
1. 피치료감호청구인의 성명과 그 밖에 피치료감호청구인을 특정할 수 있는 사항
2. 청구의 원인이 되는 사실
3. 적용 법 조문
4. 그 밖에 대통령령으로 정하는 사항

⑤ 검사는 공소제기한 사건의 항소심 변론종결 시까지 치료감호를 청구할 수 있다.

⑥ 법원은 치료감호 청구를 받으면 지체 없이 치료감호청구서의 부본을 피치료감호청구인이나 그 변호인에게 송달하여야 한다. 다만, 공소제기와 동시에 치료감호 청구를 받았을 때에는 제1회 공판기일 전 5일까지, 피고사건 심리 중에 치료감호 청구를 받았을 때에는 다음 공판기일 전 5일까지 송달하여야 한다.

⑦ 법원은 공소제기된 사건의 심리결과 치료감호를 할 필요가 있다고 인정할 때에는 검사에게 치료감호 청구를 요구할 수 있다.

제5조【조사】 ① 검사는 범죄를 수사할 때 범죄경력이나 심신장애 등을 고려하여 치료감호를 청구함이 상당하다고 인정되는 자에 대하여는 치료감호 청구에 필요한 자료를 조사하여야 한다.

② 사법경찰관리(특별사법경찰관리를 포함한다. 이하 같다)는 검사의 지휘를 받아 제1항에 따른 조사를 하여야 한다.

제6조【치료감호영장】 ① 치료감호대상자에 대하여 치료감호를 할 필요가 있다고 인정되고 다음 각 호의 어느 하나에 해당하는 사유가 있을 때에는 검사는 관할 지방법원 판

사에게 청구하여 치료감호영장을 발부받아 치료감호대상자를 보호구속〔보호구금(保護拘禁)과 보호구인(保護拘引)을 포함한다. 이하 같다〕할 수 있다.
1. 일정한 주거가 없을 때
2. 증거를 인멸할 염려가 있을 때
3. 도망하거나 도망할 염려가 있을 때
② 사법경찰관은 제1항의 요건에 해당하는 치료감호대상자에 대하여 검사에게 신청하여 검사의 청구로 관할 지방법원 판사의 치료감호영장을 발부받아 보호구속할 수 있다.
③ 제1항과 제2항에 따른 보호구속에 관하여는 「형사소송법」 제201조제2항부터 제4항까지, 제201조의2부터 제205조까지, 제208조, 제209조 및 제214조의2부터 제214조의4까지의 규정을 준용한다.

제7조 【치료감호의 독립 청구】 검사는 다음 각 호의 어느 하나에 해당하는 경우에는 공소를 제기하지 아니하고 치료감호만을 청구할 수 있다.
1. 피의자가 「형법」 제10조제1항에 해당하여 벌할 수 없는 경우
2. 고소·고발이 있어야 논할 수 있는 죄에서 그 고소·고발이 없거나 취소된 경우 또는 피해자의 명시적인 의사에 반(反)하여 논할 수 없는 죄에서 피해자가 처벌을 원하지 아니한다는 의사표시를 하거나 처벌을 원한다는 의사표시를 철회한 경우
3. 피의자에 대하여 「형사소송법」 제247조에 따라 공소를 제기하지 아니하는 결정을 한 경우

제8조 【치료감호 청구와 구속영장의 효력】 구속영장에 의하여 구속된 피의자에 대하여 검사가 공소를 제기하지 아니하는 결정을 하고 치료감호 청구만을 하는 때에는 구속영장은 치료감호영장으로 보며 그 효력을 잃지 아니한다.

제9조 【피치료감호청구인의 불출석】 법원은 피치료감호청구인이 「형법」 제10조제1항에 따른 심신장애로 공판기일에의 출석이 불가능한 경우에는 피치료감호청구인의 출석 없이 개정(開廷)할 수 있다.

제10조 【공판절차로의 이행】 ① 제7조제1호에 따른 치료감호청구사건의 공판을 시작한 후 피치료감호청구인이 「형법」 제10조제1항에 따른 심신장애에 해당되지 아니한다는 명백한 증거가 발견되고 검사의 청구가 있을 때에는 법원은 「형사소송법」에 따른 공판절차로 이행(移行)하여야 한다.
② 제1항에 따라 공판절차로 이행한 경우에는 치료감호를 청구하였던 때에 공소를 제기한 것으로 본다. 이 경우 치료감호청구서는 공소장과 같은 효력을 가지며, 공판절차로 이행하기 전의 심리는 공판절차에 따른 심리로 본다. 공소장에 적어야 할 사항은 「형사소송법」 제298조의 절차에 따라 변경할 수 있다.
③ 약식명령(略式命令)이 청구된 후 치료감호가 청구되었을 때에는 약식명령청구는 그 치료감호가 청구되었을 때부터 공판절차에 따라 심판하여야 한다.

제11조 【공판 내용의 고지】 제10조에 따라 공판절차로 이행하는 경우 피고인의 출석 없이 진행된 공판의 내용은 공판조서의 낭독이나 그 밖의 적당한 방법으로 피고인에게 고지(告知)하여야 한다.

제12조 【치료감호의 판결 등】 ① 법원은 치료감호사건을 심리하여 그 청구가 이유 있다고 인정할 때에는 판결로써 치료감호를 선고하여야 하고, 이유 없다고 인정할 때 또는 피고사건에 대하여 심신상실 외의 사유로 무죄를 선고하거나 사형을 선고할 때에는 판결로써 청구기각을 선고하여야 한다.
② 치료감호사건의 판결은 피고사건의 판결과 동시에 선고하여야 한다. 다만, 제7조에 따라 공소를 제기하지 아니하고 치료감호만을 청구한 경우에는 그러하지 아니하다.
③ 치료감호선고의 판결이유에는 요건으로 되는 사실, 증거의 요지와 적용 법 조문을 구체적으로 밝혀야 한다.
④ 법원은 피고사건에 대하여 「형사소송법」 제326조 각 호, 제327조제1호부터 제4호까지 및 제328조제1항 각 호(제2호 중 피고인인 법인이 존속하지 아니하게 되었을 때는 제외한다)의 사유가 있을 때에는 치료감호청구사건에 대하여도 청구기각의 판결 또는 결정을 하여야 한다. 치료감호청구사건에 대하여 위와 같은 사유가 있을 때에도 또한 같다.

제13조 【전문가의 감정 등】 법원은 제4조제2항에 따른 정신건강의학과 전문의 등의 진단 또는 감정의견만으로 피치료감호청구인의 심신장애 또는 정신성적 장애가 있는지의 여부를 판단하기 어려울 때에는 정신건강의학과 전문의 등에게 다시 감정을 명할 수 있다.(2011.8.4 본조개정)

제14조 【항소 등】 ① 검사 또는 피치료감호청구인과 「형사소송법」 제339조부터 제341조까지에 규정된 자는 「형사소송법」의 절차에 따라 상소할 수 있다.
② 피고사건의 판결에 대하여 상소 및 상소의 포기·취하가 있을 때에는 치료감호청구사건의 판결에 대하여도 상소 및 상소의 포기·취하가 있는 것으로 본다. 상소권회복 또는 재심(再審)의 청구나 비상상고가 있을 때에도 또한 같다.

제15조 【준용규정】 ① 법원에서 피치료감호청구인을 보호구속하는 경우의 치료감호영장에 관하여는 제6조제1항을 준용한다.
② 제2조제1항 각 호의 어느 하나에 해당하는 치료감호대상자에 대한 치료감호청구사건에 관하여는 「형사소송법」 제282조 및 제283조를 준용한다.

제3장 치료감호의 집행
(2008.6.13 본장개정)

제16조 【치료감호의 내용】 ① 치료감호를 선고받은 자(이하 "피치료감호자"라 한다)에 대하여는 치료감호시설에 수용하여 치료를 위한 조치를 한다.
② 피치료감호자를 치료감호시설에 수용하는 기간은 다음 각 호의 구분에 따른 기간을 초과할 수 없다.
1. 제2조제1항제1호 및 제3호에 해당하는 자 : 15년
2. 제2조제1항제2호에 해당하는 자 : 2년
③ 「전자장치 부착 등에 관한 법률」 제2조제3호의2에 따른 살인범죄(이하 "살인범죄"라 한다)를 저질러 치료감호를 선고받은 피치료감호자가 살인범죄를 다시 범할 위험성이 있고 계속 치료가 필요하다고 인정되는 경우에는 법원은 치료감호시설의 장의 신청에 따른 검사의 청구로 3회까지 매회 2년의 범위에서 제2항 각 호의 기간을 연장하는 결정을 할 수 있다.(2020.2.4 본항개정)
④ 치료감호시설의 장은 정신건강의학과 등 전문의의 진단이나 감정을 받은 후 제3항의 신청을 하여야 한다.
(2013.7.30 본항신설)
⑤ 제3항에 따른 검사의 청구는 제2항 각 호의 기간 또는 제3항에 따라 연장된 기간이 종료하기 6개월 전까지 하여야 한다.(2013.7.30 본항신설)
⑥ 제3항에 따른 법원의 결정은 제2항 각 호의 기간 또는 제3항에 따라 연장된 기간이 종료하기 3개월 전까지 하여야 한다.(2013.7.30 본항신설)
⑦ 제3항의 결정에 대한 검사, 피치료감호자, 그 법정대리인의 항고와 재항고에 관하여는 「성폭력범죄자의 성충동 약물치료에 관한 법률」 제22조제5항부터 제11항까지의 규정을 준용하되, "성폭력 수형자"는 "피치료감호자"로 본다.
(2013.7.30 본항신설)
⑧ 제1항에 따른 치료감호시설에서의 치료와 그 밖에 필요한 사항은 대통령령으로 정한다.

제16조의2 【치료감호시설】 ① 제16조제1항에서 "치료감호시설"이란 다음 각 호의 시설을 말한다.(2022.1.4 본문개정)
1. 국립법무병원(2022.1.4 본호개정)
2. 국가가 설립·운영하는 국립정신의료기관 중 법무부장관이 지정하는 기관(이하 "지정법무병원"이라 한다)

② 지정법무병원은 피치료감호자를 다른 환자와 구분하여 수용한다.
③ 국가는 지정법무병원에 대하여 예산의 범위에서 시설의 설치 및 운영에 필요한 경비를 보조하여야 한다.
④ 지정법무병원의 지정절차, 운영, 치료, 경비보조, 그 밖에 필요한 사항은 대통령령으로 정한다.
(2013.7.30 본조신설)
제17조【집행 지휘】 ① 치료감호의 집행은 검사가 지휘한다.
② 제1항에 따른 지휘는 판결서등본을 첨부한 서면으로 한다.
제18조【집행 순서 및 방법】 치료감호와 형(刑)이 병과(倂科)된 경우에는 치료감호를 먼저 집행한다. 이 경우 치료감호의 집행기간은 형 집행기간에 포함한다.
제19조【구분 수용】 피치료감호자는 특별한 사정이 없으면 제2조제1항 각 호의 구분에 따라 구분하여 수용하여야 한다.
제20조【치료감호 내용 등의 공개】 이 법에 따른 치료감호의 내용과 실태는 대통령령으로 정하는 바에 따라 공개하여야 한다. 이 경우 피치료감호자나 그의 보호자가 동의한 경우 외에는 피치료감호자의 개인신상에 관한 것은 공개하지 아니한다.
제21조【소환 및 치료감호 집행】 ① 검사는 보호구금되어 있지 아니한 피치료감호자에 대한 치료감호를 집행하기 위하여 피치료감호자를 소환할 수 있다.
② 피치료감호자가 제1항에 따른 소환에 응하지 아니하면 검사는 치료감호집행장을 발부하여 보호구인할 수 있다.
③ 피치료감호자가 도망하거나 도망할 염려가 있을 때 또는 피치료감호자의 현재지(現在地)를 알 수 없을 때에는 제2항에도 불구하고 소환 절차를 생략하고 치료감호집행장을 발부하여 보호구인할 수 있다.
④ 치료감호집행장은 치료감호영장과 같은 효력이 있다.
제21조의2【치료감호시설 간 이송】 ① 제37조에 따른 치료감호심의위원회는 피치료감호자에 대하여 치료감호 집행을 시작한 후 6개월마다 국립법무병원에서 지정법무병원으로 이송할 것인지를 심사·결정한다.(2022.1.4 본항개정)
② 지정법무병원으로 이송된 피치료감호자가 수용질서를 해치거나 증상이 악화되는 등의 사유로 지정법무병원에서 계속 치료하기 곤란할 경우 제37조에 따른 치료감호심의위원회는 지정법무병원의 피치료감호자를 국립법무병원으로 재이송하는 결정을 할 수 있다.(2022.1.4 본항개정)
③ 제37조에 따른 치료감호심의위원회는 제1항 및 제2항의 결정을 위하여 치료감호시설의 장 또는 소속 정신건강의학과 의사의 의견을 청취할 수 있다.
(2013.7.30 본조신설)
제22조【가종료 등의 심사·결정】 제37조에 따른 치료감호심의위원회는 피치료감호자에 대하여 치료감호 집행을 시작한 후 매 6개월마다 치료감호의 종료 또는 가종료(假終了) 여부를 심사·결정하고, 가종료 또는 치료위탁된 피치료감호자에 대하여는 가종료 또는 치료위탁 후 매 6개월마다 종료 여부를 심사·결정한다.
제23조【치료의 위탁】 ① 제37조에 따른 치료감호심의위원회는 치료감호만을 선고받은 피치료감호자에 대한 집행이 시작된 후 1년이 지났을 때에는 상당한 기간을 정하여 그의 법정대리인, 배우자, 직계친족, 형제자매(이하 "법정대리인등"이라 한다)에게 치료감호시설 외에서의 치료를 위탁할 수 있다.
② 제37조에 따른 치료감호심의위원회는 치료감호와 형이 병과되어 형기(刑期)에 상당하는 치료감호를 집행받은 자에 대하여는 상당한 기간을 정하여 그 법정대리인등에게 치료감호시설 외에서의 치료를 위탁할 수 있다.
③ 제1항이나 제2항에 따라 치료위탁을 결정하는 경우 치료감호심의위원회는 법정대리인등으로부터 치료감호시설 외에서의 입원·치료를 보증하는 내용의 서약서를 받아야 한다.
제24조【치료감호의 집행정지】 피치료감호자에 대하여「형사소송법」제471조제1항 각 호의 어느 하나에 해당하는 사유가 있을 때에는 같은 조에 따라 검사는 치료감호의 집행을 정지할 수 있다. 이 경우 치료감호의 집행이 정지된 자에 대한 관찰은 형집행정지자에 대한 관찰의 예에 따른다.

제4장 피치료감호자 및 피치료감호청구인 등의 처우와 권리
(2017.12.12 본장제목개정)

제25조【피치료감호자의 처우】 ① 치료감호시설의 장은 피치료감호자의 건강한 생활이 보장될 수 있도록 쾌적하고 위생적인 시설을 갖추고 의류, 침구, 그 밖에 처우에 필요한 물품을 제공하여야 한다.
② 피치료감호자에 대한 의료적 처우는 정신병원에 준하여 의사의 조치에 따르도록 한다.
③ 치료감호시설의 장은 피치료감호자의 사회복귀에 도움이 될 수 있도록 치료와 개선 정도에 따라 점진적으로 개방적이고 완화된 처우를 하여야 한다.
(2017.12.12 본조제목개정)
(2008.6.13 본조개정)
제25조의2【피치료감호청구인의 처우】 ① 피치료감호청구인은 피치료감호자와 구분하여 수용한다. 다만, 다음 각 호의 어느 하나에 해당하는 경우에는 피치료감호청구인을 피치료감호자와 같은 치료감호시설에 수용할 수 있다.
1. 치료감호시설이 부족한 경우
2. 범죄의 증거인멸을 방지하기 위하여 필요하거나 그 밖에 특별한 사정이 있는 경우
② 제1항 단서에 따라 같은 치료감호시설에 수용된 피치료감호자와 피치료감호청구인은 분리하여 수용한다.
③ 치료감호시설의 장은 피치료감호청구인이 치료감호시설에 수용된 경우에는 그 특성을 고려하여 적합한 처우를 하여야 한다.
④ 제3항에 따른 피치료감호청구인에 대한 처우의 구체적 기준 및 절차는 대통령령으로 정한다.
(2017.12.12 본조신설)
제25조의3【격리 등 제한의 금지】 ① 치료감호시설의 장은 피치료감호자 및 피치료감호청구인(이하 "피치료감호자등"이라 한다)이 다음 각 호의 어느 하나에 해당하는 경우가 아니면 피치료감호자등에 대하여 격리 또는 묶는 등의 신체적 제한을 할 수 없다. 다만, 피치료감호자등의 신체를 묶는 등으로 직접적으로 제한하는 것은 제1호의 경우에 한정한다.
1. 자신이나 다른 사람을 위험에 이르게 할 가능성이 뚜렷하게 높고 신체적 제한 외의 방법으로 그 위험을 회피하는 것이 뚜렷하게 곤란하다고 판단되는 경우
2. 중대한 범법행위 또는 규율위반 행위를 한 경우
3. 그 밖에 수용질서를 문란케 하는 중대한 행위를 한 경우
② 치료감호시설의 장은 제1항에 따라 피치료감호자등에 대하여 격리 또는 묶는 등의 신체적 제한을 하려는 경우 정신건강의학과 전문의의 지시에 따라야 한다. 다만, 제1항제2호 또는 제3호에 해당하는 경우에는 담당 의사의 지시에 따를 수 있다.(2020.10.20 단서신설)
③ 제1항 및 제2항에 따라 피치료감호자등을 격리하는 경우에는 해당 치료감호시설 안에서 하여야 한다.
④ 제1항 및 제2항에 따라 피치료감호자등을 신체적으로 제한한 경우에는 그 사유, 제한의 기간 및 해제 시기를 포함한 내용을 대통령령으로 정하는 바에 따라 작성·보존하여야 한다.
(2017.12.12 본조신설)
제26조【면회 등】 치료감호시설의 장은 수용질서 유지나 치료를 위하여 필요한 경우 외에는 피치료감호자등의 면회, 편지의 수신·발신, 전화통화 등을 보장하여야 한다.
(2017.12.12 본조개정)

제27조【텔레비전 시청 등】 피치료감호자등의 텔레비전 시청, 라디오 청취, 신문·도서의 열람은 일과시간이나 취침시간 등을 제외하고는 자유롭게 보장된다.(2017.12.12 본조개정)

제28조【환자의 치료】 ① 치료감호시설의 장은 피치료감호자등이 치료감호시설에서 치료하기 곤란한 질병에 걸렸을 때에는 외부의료기관에서 치료를 받게 할 수 있다.
(2017.12.12 본항개정)

② 치료감호시설의 장은 제1항의 경우 본인이나 보호자 등이 직접 비용을 부담하여 치료 받기를 원하면 이를 허가할 수 있다.
(2008.6.13 본조개정)

제29조【근로보상금 등의 지급】 근로에 종사하는 피치료감호자에게는 근로의욕을 북돋우고 석방 후 사회정착에 도움이 될 수 있도록 법무부장관이 정하는 바에 따라 근로보상금을 지급하여야 한다.(2008.6.13 본조개정)

제30조【처우개선의 청원】 ① 피치료감호자등이나 법정대리인등은 법무부장관에게 피치료감호자등의 처우개선에 관한 청원(請願)을 할 수 있다.(2017.12.12 본항개정)

② 제1항에 따른 청원의 제기, 청원의 심사, 그 밖에 필요한 사항에 관하여는 대통령령으로 정한다.
(2008.6.13 본조개정)

제31조【운영실태 등 점검】 법무부장관은 연 2회 이상 치료감호시설의 운영실태 및 피치료감호자등에 대한 처우상태를 점검하여야 한다.(2017.12.12 본조개정)

제31조의2【피감정유치자의 처우】「형사소송법」 또는 그 밖에 다른 법률에 따라 정신감정을 위하여 치료감호시설에 유치된 자에 대하여는 제25조의2, 제25조의3, 제26조부터 제28조까지, 제30조 및 제31조를 준용한다.(2017.12.12 본조신설)

제5장 보호관찰
(2008.6.13 본장개정)

제32조【보호관찰】 ① 피치료감호자가 다음 각 호의 어느 하나에 해당하게 되면 「보호관찰 등에 관한 법률」에 따른 보호관찰(이하 "보호관찰"이라 한다)이 시작된다.
(2017.12.12 본문개정)

1. 피치료감호자에 대한 치료감호가 가종료되었을 때
2. 피치료감호자가 치료감호시설 외에서 치료받도록 법정대리인등에게 위탁되었을 때
3. 제16조제2항 각 호에 따른 기간 또는 같은 조 제3항에 따라 연장된 기간(이하 "치료감호기간"이라 한다)이 만료되는 피치료감호자에 대하여 제37조에 따른 치료감호심의위원회가 심사하여 보호관찰이 필요하다고 결정한 경우에는 치료감호기간이 만료되었을 때(2017.12.12 본호신설)

② 보호관찰의 기간은 3년으로 한다.

③ 보호관찰을 받기 시작한 자(이하 "피보호관찰자"라 한다)가 다음 각 호의 어느 하나에 해당하게 되면 보호관찰이 종료된다.

1. 보호관찰기간이 끝났을 때
2. 보호관찰기간이 끝나기 전이라도 제37조에 따른 치료감호심의위원회의 치료감호의 종료결정이 있을 때
3. 보호관찰기간이 끝나기 전이라도 피보호관찰자가 다시 치료감호 집행을 받게 되어 재수용되었을 때(2017.12.12 본호개정)

④ 피보호관찰자가 보호관찰기간 중 새로운 범죄로 금고 이상의 형의 집행을 받게 된 때에는 보호관찰은 종료되지 아니하며, 해당 형의 집행기간 동안 피보호관찰자에 대한 보호관찰기간은 계속 진행된다.(2017.12.12 본항신설)

⑤ 피보호관찰자에 대하여 제4항에 따른 금고 이상의 형의 집행이 종료·면제되는 때 또는 피보호관찰자가 가석방되는 때에 보호관찰기간이 아직 남아있으면 그 잔여기간 동안 보호관찰을 집행한다.(2017.12.12 본항신설)

제33조【피보호관찰자의 준수사항】 ① 피보호관찰자는 「보호관찰 등에 관한 법률」 제32조제2항에 따른 준수사항을 성실히 이행하여야 한다.

② 제37조에 따른 치료감호심의위원회는 피보호관찰자의 치료경과 및 특성 등에 비추어 필요하다고 판단되면 제1항에 따른 준수사항 외에 다음 각 호의 사항 중 전부 또는 일부를 따로 보호관찰기간 동안 특별히 지켜야 할 준수사항으로 부과할 수 있다.

1. 주기적인 외래치료 및 처방받은 약물의 복용 여부에 관한 검사
2. 야간 등 재범의 기회나 충동을 줄 수 있는 특정 시간대의 외출 제한
3. 재범의 기회나 충동을 줄 수 있는 특정지역·장소에 출입 금지
4. 피해자 등 재범의 대상이 될 우려가 있는 특정인에게 접근 금지
5. 일정한 주거가 없는 경우 거주 장소 제한
6. 일정량 이상의 음주 금지
7. 마약 등 중독성 있는 물질 사용 금지
8. 「마약류 관리에 관한 법률」에 따른 마약류 투약, 흡연, 섭취 여부에 관한 검사
9. 그 밖에 피보호관찰자의 생활상태, 심신상태나 거주지의 환경 등으로 보아 피보호관찰자가 준수할 수 있고 그 자유를 부당하게 제한하지 아니하는 범위에서 피보호관찰자의 재범 방지 또는 치료감호의 원인이 된 질병·습벽의 재발 방지를 위하여 필요하다고 인정되는 사항

(2017.12.12 본항개정)

③ 제37조에 따른 치료감호심의위원회는 피보호관찰자가 제1항 또는 제2항의 준수사항을 위반하거나 상당한 사정변경이 있는 경우에는 직권 또는 보호관찰소의 장의 신청에 따라 준수사항 전부 또는 일부의 추가·변경 또는 삭제에 관하여 심사하고 결정할 수 있다.(2017.12.12 본항신설)

④ 제1항부터 제3항까지의 규정에 따른 준수사항은 서면으로 고지하여야 한다.(2017.12.12 본항신설)

⑤ 보호관찰소의 장은 피보호관찰자가 제1항부터 제3항까지의 준수사항을 위반하거나 위반할 위험성이 있다고 인정할 상당한 이유가 있는 경우에는 준수사항의 이행을 촉구하고 제22조에 따른 가종료 또는 제23조에 따른 치료의 위탁(이하 "가종료등"이라 한다)의 취소 등 불리한 처분을 받을 수 있음을 경고할 수 있다.(2017.12.12 본항신설)

제33조의2【유치 및 유치기간 등】 ① 보호관찰소의 장은 제33조에 따른 준수사항을 위반한 피보호관찰자를 구인(拘引)할 수 있다. 이 경우 피보호관찰자의 구인에 대해서는 「보호관찰 등에 관한 법률」 제39조 및 제40조를 준용한다.

② 보호관찰소의 장은 다음 각 호의 어느 하나에 해당하는 신청을 검사에게 요청할 필요가 있다고 인정하는 경우에는 구인한 피보호관찰자를 교도소, 구치소 또는 치료감호시설에 유치할 수 있다.

1. 제22조에 따른 가종료의 취소 신청
2. 제23조에 따른 치료 위탁의 취소 신청

③ 보호관찰소의 장은 제2항에 따라 피보호관찰자를 유치하려는 경우에는 검사에게 신청하여 검사의 청구로 관할 지방법원 판사의 허가를 받아야 한다. 이 경우 검사는 피보호관찰자가 구인된 때부터 48시간 이내에 유치허가를 청구하여야 한다.

④ 보호관찰소의 장은 유치허가를 받은 때부터 24시간 이내에 검사에게 가종료등의 취소 신청을 요청하여야 한다.

⑤ 검사는 보호관찰소의 장으로부터 제4항에 따른 신청을 받았을 경우에 그 이유가 타당하다고 인정되면 48시간 이내에 제37조에 따른 치료감호심의위원회에 가종료등의 취소를 신청하여야 한다.

⑥ 보호관찰소의 장이 제2항에 따라 피보호관찰자를 유치할 수 있는 기간은 구인한 날부터 30일로 한다. 다만, 보호관찰소의 장은 제5항에 따른 검사의 신청이 있는 경우에 제37조에 따른 치료감호심의위원회의 심사에 필요하면 검사에게 신청하여 검사의 청구로 관할 지방법원 판사의 허가를 받아 20일의 범위에서 한 차례만 유치기간을 연장할 수 있다.
⑦ 보호관찰소의 장은 다음 각 호의 어느 하나에 해당하는 경우에는 유치를 해제하고 피보호관찰자를 즉시 석방하여야 한다.
1. 제37조에 따른 치료감호심의위원회가 제43조제1항에 따른 검사의 가종료등의 취소 신청을 기각한 경우
2. 검사가 제43조제3항에 따른 보호관찰소의 장의 가종료등의 취소 신청에 대한 요청을 기각한 경우
⑧ 제2항에 따라 유치된 피보호관찰자에 대하여 가종료등이 취소된 경우에는 그 유치기간을 치료감호기간에 산입한다.
(2017.12.12 본조신설)

제34조【피보호관찰자 등의 신고 의무】 ① 피보호관찰자나 법정대리인등은 대통령령으로 정하는 바에 따라 출소 후의 거주 예정지나 그 밖에 필요한 사항을 미리 치료감호시설의 장에게 신고하여야 한다.
② 피보호관찰자나 법정대리인등은 출소 후 10일 이내에 주거, 직업, 치료를 받는 병원, 피보호관찰자가 등록한 「정신건강증진 및 정신질환자 복지서비스 지원에 관한 법률」 제3조제3호에 따른 정신건강복지센터(이하 "정신건강복지센터"라 한다), 그 밖에 필요한 사항을 보호관찰관에게 서면으로 신고하여야 한다.(2016.5.29 본항개정)

제35조【치료감호의 종료】 ① 제32조제1항제1호 또는 제2호에 해당하는 경우에는 보호관찰기간이 끝나면 피보호관찰자에 대한 치료감호가 끝난다.(2017.12.12 본항개정)
② 제37조에 따른 치료감호심의위원회는 피보호관찰자의 관찰성적 및 치료경과가 양호하면 보호관찰기간이 끝나기 전에 보호관찰의 종료를 결정할 수 있다.

제36조【가종료 취소와 치료감호의 재집행】 제37조에 따른 치료감호심의위원회는 피보호관찰자(제32조제1항제3호에 따라 치료감호기간 만료 후 피보호관찰자가 된 사람은 제외한다)가 다음 각 호의 어느 하나에 해당할 때에는 결정으로 가종료등을 취소하고 다시 치료감호를 집행할 수 있다.
(2017.12.12 본문개정)
1. 금고 이상의 형에 해당하는 죄를 지은 때. 다만, 과실범은 제외한다.
2. 제33조의 준수사항이나 그 밖에 보호관찰에 관한 지시·감독을 위반하였을 때
3. 제32조제1항제1호에 따라 피보호관찰자가 된 사람이 증상이 악화되어 치료감호가 필요하다고 인정될 때
(2017.12.12 본호개정)

제5장의2 치료감호시설 출소자의 치료 및 관리
(2017.12.12 본장제목개정)

제36조의2【치료감호시설 출소자의 정신건강복지센터 등록 등】 치료감호가 종료 또는 가종료되거나 제24조에 따라 집행정지된 사람(이하 "치료감호시설 출소자"라 한다)은 정신건강복지센터에 등록하여 상담, 진료, 사회복귀훈련 등 정신건강복지센터의 정신보건서비스를 받을 수 있다.
(2017.12.12 본조개정)

제36조의3【외래진료】 ① 치료감호시설 출소자가 치료감호시설에서의 외래진료를 신청한 경우에 치료감호시설의 장은 검사, 투약 등 적절한 진료 및 치료를 실시할 수 있다.
(2017.12.12 본항개정)
② 제1항에 따른 외래진료의 절차 등에 관하여 필요한 사항은 법무부령으로 정한다.

제36조의4【보호관찰소와 정신건강복지센터의 공조】 ① 보호관찰소의 장과 정신건강복지센터의 장은 피보호관찰자의 치료 및 재범방지, 사회복귀를 위하여 상호 협조하여야 한다.
② 보호관찰소의 장은 피보호관찰자에 대한 등록, 상담, 진료, 사회복귀훈련 및 이에 관한 사례 관리 등 정신보건 관련 정보를 정신건강복지센터의 장에게 요청할 수 있다.
③ 정신건강복지센터의 장은 피보호관찰자의 공동 면담 등 피보호관찰자의 치료 및 재범방지, 사회복귀를 위하여 필요한 경우 보호관찰소의 장에게 협조를 요청할 수 있다.
(2016.5.29 본조개정)

제6장 치료감호심의위원회
(2008.6.13 본장개정)

제37조【치료감호심의위원회】 ① 치료감호 및 보호관찰의 관리와 집행에 관한 사항을 심사·결정하기 위하여 법무부에 치료감호심의위원회(이하 "위원회"라 한다)를 둔다.
② 위원회는 판사, 검사, 법무부의 고위공무원단에 속하는 일반직공무원 또는 변호사의 자격이 있는 6명 이내의 위원과 정신건강의학과 등 전문의의 자격이 있는 3명 이내의 위원으로 구성하고, 위원장은 법무부차관으로 한다.
(2018.12.18 본항개정)
③ 위원회는 다음 각 호의 사항을 심사·결정한다.
1. 피치료감호자에 대한 치료감호시설 간 이송에 관한 사항
(2013.7.30 본호신설)
2. 피치료감호자에 대한 치료의 위탁·가종료 및 그 취소와 치료감호 종료 여부에 관한 사항
3. 피보호관찰자에 대한 준수사항의 부과 및 준수사항 전부 또는 일부의 추가·변경 또는 삭제에 관한 사항
(2017.12.12 본호개정)
4. 피치료감호자에 대한 치료감호기간 만료 시 보호관찰 개시에 관한 사항(2017.12.12 본호신설)
5. 그 밖에 제1호부터 제4호까지에 관련된 사항
(2017.12.12 본호개정)
④ 위원회에는 전문적 학식과 덕망이 있는 자 중에서 위원장의 제청으로 법무부장관이 위촉하는 자문위원을 둘 수 있다.
⑤ 위원회의 위원 중 공무원이 아닌 위원은 「형법」과 그 밖의 법률에 따른 벌칙을 적용할 때에는 공무원으로 본다.
(2015.12.1 본항신설)
⑥ 위원회의 구성·운영·서무 및 자문위원의 위촉과 그 밖에 필요한 사항은 대통령령으로 정한다.

제38조【결격사유】 다음 각 호의 어느 하나에 해당하는 자는 위원회의 위원이 될 수 없다.
1. 「국가공무원법」 제33조 각 호의 결격사유 어느 하나에 해당하는 자
2. 제39조에 따라 위원에서 해촉(解囑)된 후 3년이 지나지 아니한 자

제39조【위원의 해촉】 법무부장관은 위원회의 위원이 다음 각 호의 어느 하나에 해당하면 그 위원을 해촉할 수 있다.
1. 심신장애로 인하여 직무수행을 할 수 없거나 직무를 수행하기가 현저히 곤란하다고 인정될 때
2. 직무태만·품위손상, 그 밖의 사유로 위원으로서 적당하지 아니하다고 인정되는 때

제40조【심사】 ① 위원회는 심의자료에 따라 제37조제3항에 규정된 사항을 심사한다.
② 위원회는 제1항에 따른 심사를 위하여 필요하면 법무부 소속 공무원으로 하여금 결정에 필요한 사항을 조사하게 하거나 피치료감호자 및 피보호관찰자(이하 "피보호자"라 한다)나 그 밖의 관계자를 직접 소환·심문하거나 조사할 수 있다.

③ 제2항에 따라 조사 명령을 받은 공무원은 다음 각 호의 권한을 가진다.
1. 피보호자나 그 밖의 관계자의 소환·심문 및 조사
2. 국공립기관이나 그 밖의 공공단체·민간단체에 대한 조회 및 관계 자료의 제출요구
④ 피보호자나 그 밖의 관계자는 제2항과 제3항의 소환·심문 및 조사에 응하여야 하며, 국공립기관이나 그 밖의 공공단체·민간단체는 제3항에 따라 조회나 자료 제출을 요구받았을 때에는 국가기밀 또는 공공의 안녕질서에 해를 끼치는 것이 아니면 이를 거부할 수 없다.
제41조【의결 및 결정】 ① 위원회는 위원장을 포함한 재적위원 과반수의 출석으로 개의(開議)하고, 출석위원 과반수의 찬성으로 의결한다. 다만, 찬성과 반대의 수가 같을 때에는 위원장이 결정한다.
② 결정은 이유를 붙이고 출석한 위원들이 기명날인한 문서로 한다.
③ 위원회는 제1항에 따른 의결을 할 때 필요하면 치료감호시설의 장이나 보호관찰관에게 의견서를 제출하도록 할 수 있다.
④ 치료감호시설의 장은 제3항에 따른 의견서를 제출할 때에는 피보호자의 상태 및 예후, 치료감호 종료의 타당성 등에 관한 피보호자 담당 의사의 의견을 참조하여야 한다.
제42조【위원의 기피】 ① 피보호자와 그 법정대리인등은 위원회의 위원에게 공정한 심사·의결을 기대하기 어려운 사정이 있으면 위원장에게 기피신청을 할 수 있다.
② 위원장은 제1항에 따른 기피신청에 대하여 위원회의 의결을 거치지 아니하고 신청이 타당한지를 결정한다. 다만, 위원장이 결정하기에 적절하지 아니한 경우에는 위원회의 의결로 결정할 수 있다.
③ 제1항에 따라 기피신청을 받은 위원은 제2항 단서의 의결에 참여하지 못한다.
제43조【검사의 심사신청】 ① 피보호자의 주거지(시설에 수용된 경우에는 그 시설을 주거지로 본다)를 관할하는 지방검찰청 또는 지청의 검사는 제37조제3항에 규정된 사항에 관하여 위원회에 그 심사·결정을 신청할 수 있다.
② 제1항에 따른 신청을 할 때에는 심사신청서와 신청사항의 결정에 필요한 자료를 제출하여야 한다. 이 경우 치료감호시설의 장이나 보호관찰소의 장의 의견을 들어야 한다. (2017.12.12 후단개정)
③ 치료감호시설의 장이나 보호관찰소의 장은 검사에게 제1항에 따른 신청을 요청할 수 있다.(2017.12.12 본항개정)
제44조【피치료감호자 등의 심사신청】 ① 피치료감호자와 그 법정대리인등은 피치료감호자가 치료감호를 받을 필요가 없을 정도로 치유되었음을 이유로 치료감호의 종료 여부를 심사·결정하여 줄 것을 위원회에 신청할 수 있다.
② 제1항에 따른 신청을 할 때에는 심사신청서와 심사신청 이유에 대한 자료를 제출하여야 한다.
③ 제1항에 따른 신청은 치료감호의 집행이 시작된 날부터 6개월이 지난 후에 하여야 한다. 신청이 기각된 경우에는 6개월이 지난 후에 다시 신청할 수 있다.
④ 위원회는 제1항에 따른 신청에 대한 심사를 마친 때에는 지체 없이 심사 기준과 그 결정 이유를 피치료감호자와 법정대리인등에게 통보하여야 한다.(2017.12.12 본항개정)

제6장의2 치료명령사건
(2015.12.1 본장신설)

제44조의2【선고유예 시 치료명령 등】 ① 법원은 치료명령대상자에 대하여 형의 선고 또는 집행을 유예하는 경우에는 치료기간을 정하여 치료를 받을 것을 명할 수 있다.
② 제1항의 치료를 명하는 경우 보호관찰을 병과하여야 한다. (2017.12.12 본항개정)
③ 제2항에 따른 보호관찰기간은 선고유예의 경우에는 1년, 집행유예의 경우에는 그 유예기간으로 한다. 다만, 법원은 집행유예 기간의 범위에서 보호관찰기간을 정할 수 있다.
④ 제1항의 치료기간은 제3항에 따른 보호관찰기간을 초과할 수 없다.
제44조의3【판결 전 조사】 ① 법원은 제44조의2에 따른 치료를 명하기 위하여 필요하다고 인정하면 피고인의 주거지 또는 그 법원의 소재지를 관할하는 보호관찰소의 장에게 범죄의 동기, 피고인의 신체적·심리적 특성 및 상태, 가정환경, 직업, 생활환경, 병력(病歷), 치료비용 부담능력, 재범위험성 등 피고인에 관한 사항의 조사를 요구할 수 있다.
② 제1항의 요구를 받은 보호관찰소의 장은 지체 없이 이를 조사하여 서면으로 해당 법원에 알려야 한다. 이 경우 필요하다고 인정하면 피고인이나 그 밖의 관계인을 소환하여 심문하거나 소속 보호관찰관에게 필요한 사항을 조사하게 할 수 있다.
③ 보호관찰소의 장은 제2항의 조사를 위하여 필요하다고 인정하면 국공립 기관이나 그 밖의 단체에 사실을 알아보거나 관련 자료의 열람 등 협조를 요청할 수 있다.
제44조의4【전문가의 진단 등】 법원은 제44조의2에 따른 치료를 명하기 위하여 필요하다고 인정하는 때에는 정신건강의학과 전문의에게 피고인의 정신적 상태, 알코올 의존도 등에 대한 진단을 요구할 수 있다.(2017.12.12 본조개정)
제44조의5【준수사항】 치료명령을 받은 사람은 다음 각 호의 사항을 준수하여야 한다.
1. 보호관찰관의 지시에 따라 성실히 치료에 응할 것
2. 보호관찰관의 지시에 따라 인지행동 치료 등 심리치료 프로그램을 성실히 이수할 것
제44조의6【치료명령의 집행】 ① 치료명령은 검사의 지휘를 받아 보호관찰관이 집행한다.
② 치료명령은 정신건강의학과 전문의의 진단과 약물 투여, 상담 등 치료 및 「정신건강증진 및 정신질환자 복지서비스 지원에 관한 법률」에 따른 정신건강전문요원 등 전문가에 의한 인지행동 치료 등 심리치료 프로그램의 실시 등의 방법으로 집행한다.(2017.12.12 본항개정)
③ 보호관찰관은 치료명령을 받은 사람에게 치료명령을 집행하기 전에 치료기관, 치료의 방법·내용 등에 관하여 충분히 설명하여야 한다.
④ 그 밖에 치료명령의 집행에 관하여 필요한 사항은 대통령령으로 정한다.
제44조의7【치료기관의 지정 등】 ① 법무부장관은 치료명령을 받은 사람의 치료를 위하여 치료기관을 지정할 수 있다.
② 제1항에 따른 치료기관의 지정기준 등 필요한 사항은 법무부령으로 정한다.
제44조의8【선고유예의 실효 등】 ① 법원은 제44조의2에 따라 치료를 명한 선고유예를 받은 사람이 정당한 사유 없이 치료기간 중에 제44조의5의 준수사항을 위반하고 그 정도가 무거운 때에는 유예한 형을 선고할 수 있다.
② 법원은 제44조의2에 따라 치료를 명한 집행유예를 받은 사람이 정당한 사유 없이 치료기간 중에 제44조의5의 준수사항을 위반하고 그 정도가 무거운 때에는 집행유예의 선고를 취소할 수 있다.
③ 치료명령대상자에 대한 경고·구인·긴급구인·유치·선고유예의 실효 및 집행유예의 취소 등에 대하여는 「보호관찰 등에 관한 법률」 제38조부터 제45조까지, 제45조의2, 제46조 및 제47조를 준용한다.
제44조의9【비용부담】 ① 제44조의2에 따른 치료명령을 받은 사람은 치료기간 동안 치료비용을 부담하여야 한다. 다만, 치료비용을 부담할 경제력이 없는 사람의 경우에는 국가가 비용을 부담할 수 있다.
② 비용부담에 관하여 필요한 사항은 대통령령으로 정한다.

제7장 보 칙
(2008.6.13 본장개정)

제45조【치료감호 청구의 시효】 ① 치료감호 청구의 시효는 치료감호가 청구된 사건과 동시에 심리하거나 심리할 수 있었던 죄에 대한 공소시효기간이 지나면 완성된다.
② 치료감호가 청구된 사건은 판결의 확정 없이 치료감호가 청구되었을 때부터 15년이 지나면 청구의 시효가 완성된 것으로 본다.

제46조【치료감호의 시효】 ① 피치료감호자는 그 판결이 확정된 후 집행을 받지 아니하고 다음 각 호의 구분에 따른 기간이 지나면 시효가 완성되어 집행이 면제된다.
1. 제2조제1항제1호 및 제3호에 해당하는 자의 치료감호 : 10년
2. 제2조제1항제2호에 해당하는 자의 치료감호 : 7년
② 시효는 치료감호의 집행정지 기간 또는 가종료 기간이나 그 밖에 집행할 수 없는 기간에는 진행되지 아니한다.
③ 시효는 피치료감호자를 체포함으로써 중단된다.

제47조【치료감호의 선고와 자격정지】 피치료감호자는 그 치료감호의 집행이 종료되거나 면제될 때까지 다음 각 호의 자격이 정지된다.
1. 공무원이 될 자격
2. 공법상의 선거권과 피선거권
3. 법률로 요건을 정한 공법상 업무에 관한 자격

제48조【치료감호의 실효】 ① 치료감호의 집행을 종료하거나 집행이 면제된 자가 피해자의 피해를 보상하고 자격정지 이상의 형이나 치료감호를 선고받지 아니하고 7년이 지났을 때에는 본인이나 검사의 신청에 의하여 그 재판의 실효(失效)를 선고할 수 있다. 이 경우 「형사소송법」 제337조를 준용한다.
② 치료감호의 집행을 종료하거나 집행이 면제된 자가 자격정지 이상의 형이나 치료감호를 선고받지 아니하고 10년이 지났을 때에는 그 재판이 실효된 것으로 본다.

제49조【기간의 계산】 ① 치료감호의 기간은 치료감호를 집행한 날부터 기산(起算)한다. 이 경우 치료감호 집행을 시작한 첫날은 시간으로 계산하지 아니하고 1일로 산정한다.
② 치료감호의 집행을 위반한 기간은 그 치료감호의 집행기간에 포함하지 아니한다.

제50조【군법 적용 대상자에 대한 특칙】 ①「군사법원법」 제2조제1항 각 호의 어느 하나에 해당하는 자에 대한 치료감호사건에 관하여는 군사법원, 군검찰부 군검사 및 군사법경찰관리가 이 법에 따른 직무를 수행한다. 이 경우 "군사법원"은 "법원", "군검찰부 군검사"는 "검사", "군사법경찰관리"는 "사법경찰관리"로 본다.(2016.1.6 본항개정)
②「군사법원법」 제2조제1항 각 호의 어느 하나에 해당하는 자에 대한 치료감호의 관리와 그 집행사항을 심사·결정하기 위하여 국방부에 군치료감호심의위원회를 둔다.
③ 군치료감호심의위원회의 구성과 운영에 관하여는 위원회에 관한 규정을 준용한다.
④ 군사법원, 군검찰부 군검사 또는 군치료감호심의위원회는 치료감호대상자가 「군사법원법」 제2조제1항 각 호의 어느 하나에 해당하는 자가 아님이 명백할 때에는 그 치료감호사건을 대응하는 법원·검사 또는 위원회로 이송한다. 이 경우 이송 전에 한 조사·청구·재판·신청·심사 및 결정은 이송 후에도 그 효력을 잃지 아니한다.(2016.1.6 전단개정)
⑤ 법원·검사 또는 위원회는 치료감호대상자가 「군사법원법」 제2조제1항 각 호의 어느 하나에 해당하는 자임이 명백할 때에는 치료감호사건을 대응하는 군사법원·군검찰부 군검사 또는 군치료감호심의위원회로 이송한다. 이 경우 이송 전에 한 조사·청구·재판·신청·심사 및 결정은 이송 후에도 그 효력을 잃지 아니한다.(2016.1.6 전단개정)
⑥ 제44조의2에 따른 치료명령을 받은 사람에 대하여는 「보호관찰 등에 관한 법률」 제56조를 준용한다.(2015.12.1 본항신설)

제50조의2【기부금품의 접수】 ① 치료감호시설의 장은 기관·단체 또는 개인이 피치료감호자에 대한 적절한 보호와 치료 등을 위하여 치료감호시설에 자발적으로 기탁하는 금품을 접수할 수 있다.
② 기부자에 대한 영수증 발급, 기부금품의 용도 지정, 장부의 열람, 그 밖에 필요한 사항은 대통령령으로 정한다.
(2014.1.7 본조신설)

제51조【다른 법률의 준용】 치료감호 및 치료명령에 관하여는 이 법에 특별한 규정이 있는 경우 외에는 그 성질에 반하지 아니하는 범위에서 「형사소송법」과 「형의 집행 및 수용자의 처우에 관한 법률」 및 「보호관찰 등에 관한 법률」을 준용한다.(2015.12.1 본조개정)

제8장 벌 칙
(2008.6.13 본장개정)

제52조【벌칙】 ① 피치료감호자가 치료감호 집행자의 치료감호를 위한 명령에 정당한 사유 없이 복종하지 아니하거나 도주한 경우에는 1년 이하의 징역에 처한다.
② 피치료감호자 2명 이상이 공동으로 제1항의 죄를 지은 경우에는 3년 이하의 징역에 처한다.
③ 치료감호를 집행하는 자가 피치료감호자를 도주하게 하거나 도주를 용이하게 한 경우에는 1년 이상의 유기징역에 처한다.
④ 치료감호를 집행하는 자가 뇌물을 수수·요구 또는 약속하고 제3항의 죄를 지은 경우에는 2년 이상의 유기징역에 처한다.
⑤ 타인으로 하여금 치료감호처분을 받게 할 목적으로 공공기관이나 공무원에게 거짓의 사실을 신고한 자는 10년 이하의 징역 또는 1천500만원 이하의 벌금에 처한다.
⑥ 치료감호청구사건에 관하여 피치료감호청구인을 모함하여 해칠 목적으로 「형법」 제152조제1항의 위증죄를 지은 자는 10년 이하의 징역에 처한다.
⑦ 치료감호청구사건에 관하여 「형법」 제154조의 죄를 지은 자는 10년 이하의 징역에 처한다.
⑧ 치료감호청구사건에 관하여 「형법」 제233조 또는 제234조(허위작성진단서의 행사로 한정한다)의 죄를 지은 자는 5년 이하의 징역, 10년 이하의 자격정지 또는 5천만원 이하의 벌금에 처한다.(2014.1.7 본항개정)
⑨ 제23조제3항에 따라 치료의 위탁을 받은 법정대리인등이 그 서약을 위반하여 피치료감호자를 도주하게 하거나 도주를 용이하게 한 경우에는 3년 이하의 징역 또는 500만원 이하의 벌금에 처한다.
⑩ 다음 각 호의 어느 하나에 해당하는 사람은 6개월 이하의 징역 또는 500만원 이하의 벌금에 처한다.
1. 총기·도검·폭발물·독극물·흉기나 그 밖의 위험한 물품, 주류·담배·화기·현금·수표·음란물 또는 휴대전화 등 정보통신기기(이하 "금지물품"이라 한다)를 치료감호시설에 반입하거나 소지·사용·수수(授受)·교환 또는 은닉(隱匿)한 피치료감호자
2. 피치료감호자에게 전달할 목적으로 금지물품을 허가 없이 치료감호시설에 반입하거나 피치료감호자와 금지물품을 수수 또는 교환한 사람
(2017.12.12 본항신설)

⑪ 제10항의 미수범은 처벌한다.(2017.12.12 본항신설)
⑫ 금지물품은 몰수한다.(2017.12.12 본항신설)
⑬ 치료감호기간의 만료로 피보호관찰자가 된 사람이 정당한 사유 없이 제33조제1항부터 제3항까지의 준수사항을 위반하여 같은 조 제5항에 따른 경고를 받은 후 다시 정당한 사유 없이 제33조제1항부터 제3항까지의 준수사항을 위반한 경우 1년 이하의 징역 또는 1천만원 이하의 벌금에 처한다.(2017.12.12 본항신설)

부 칙

제1조【시행일】 이 법은 공포한 날부터 시행한다.
제2조【치료감호 판결을 받은 자에 대한 경과조치】 이 법 시행 전에 종전의「사회보호법」에 의하여 치료감호 판결을 받은 자는 이 법에 의하여 치료감호 판결을 받은 것으로 본다.
제3조【치료감호시설 등에 관한 경과조치】 이 법 시행 당시 종전의「사회보호법」의 치료감호시설과 그 소속 공무원은 이 법에 의한 치료감호시설과 그 소속 공무원으로 본다.
제4조~제8조 (생략)

부 칙 (2013.7.30)

제1조【시행일】 이 법은 공포한 날부터 시행한다. 다만, 제16조제3항부터 제8항까지 및 제36조의3의 개정규정은 공포 후 6개월이 경과한 날부터 시행하고, 제34조제2항, 제36조의2 및 제36조의4의 개정규정은 공포 후 1년이 경과한 날부터 시행하며, 제16조의2, 제21조의2 및 제37조제3항의 개정규정은 공포 후 1년 6개월이 경과한 날부터 시행한다.
제2조【치료감호 대상 성폭력범죄의 범위에 관한 적용례】 제2조의2제1호 및 제3호의 개정규정은 이 법 시행 당시 재판 중인 사람에 대하여도 적용한다.
제3조【살인범죄를 저지른 피치료감호자에 대한 치료감호기간에 관한 적용례】 제16조제3항부터 제7항까지의 개정규정은 같은 개정규정 시행 당시 살인범죄를 저질러 치료감호 중인 사람에 대하여도 적용한다.

부 칙 (2015.12.1)

제1조【시행일】 이 법은 공포 후 1년이 경과한 날부터 시행한다.
제2조【선고유예 시 치료명령 등에 관한 적용례】 제44조의2제1항의 개정규정에 따른 치료명령은 이 법 시행 전에 죄를 범한 치료명령대상자에 대하여도 적용한다.

부 칙 (2016.5.29)

제1조【시행일】 이 법은 공포 후 1년이 경과한 날부터 시행한다.(이하 생략)

부 칙 (2017.12.12)

제1조【시행일】 이 법은 공포 후 6개월이 경과한 날부터 시행한다.
제2조【치료감호기간 만료로 치료감호 종료 시 보호관찰의 부과 등에 관한 적용례】 제32조, 제33조 및 제33조의2의 개정규정은 이 법 시행 당시 치료감호 집행 중인 사람 또는 종전의 제32조제1항제1호 또는 제2호에 따라 보호관찰 중인 사람에 대해서도 적용한다.
제3조【보호관찰관의 의견 청취 등에 관한 경과조치】 이 법 시행 전에 종전의 제43조제2항에 따라 검사의 신청 시에 들은 보호관찰관의 의견은 제43조제2항의 개정규정에 따라 들은 보호관찰소의 장의 의견으로 보고, 종전의 제43조제3항에 따라 보호관찰관이 행한 제37조제3항 각 호에 규정된 사항에 대한 신청의 요청은 제43조제3항의 개정규정에 따라 보호관찰소의 장이 행한 신청의 요청으로 본다.

부 칙 (2018.12.18)

이 법은 공포한 날부터 시행한다.

부 칙 (2020.2.4)

제1조【시행일】 이 법은 공포 후 6개월이 경과한 날부터 시행한다.(이하 생략)

부 칙 (2020.10.20)

이 법은 공포한 날부터 시행한다. 다만, 제25조의3제2항 단서의 개정규정은 공포 후 6개월이 경과한 날부터 시행한다.

부 칙 (2022.1.4)

제1조【시행일】 이 법은 공포 후 6개월이 경과한 날부터 시행한다.
제2조【다른 법률의 개정】 ※(해당 법령에 가제정리 하였음)

형의 실효 등에 관한 법률

(약칭 : 형실효법)

(1980년 12월 18일
법 률 제3281호)

개정
1984. 7.30법 3736호
1987.12. 4법 3993호(군사법원)
1991. 5.31법 4369호(경찰법)
1993. 8. 5법 4569호 1993.12.10법 4591호
1994. 1. 5법 4704호(군사법원)
2002.12. 5법 6747호 2005. 7.29법 7624호
2007. 5.17법 8435호(가족관계등록)
2008. 3.14법 8891호 2010. 3.31법10211호
2013. 6. 4법11849호(병역)
2015. 8.11법13457호 2017.12.19법15258호
2020.12.15법17646호(국가정보원법)
2021. 3.16법17937호 2023. 7. 6법19515호

제1조【목적】 이 법은 전과기록(前科記錄) 및 수사경력자료의 관리와 형의 실효(失效)에 관한 기준을 정함으로써 전과자의 정상적인 사회복귀를 보장함을 목적으로 한다.
(2010.3.31 본조개정)

제2조【정의】 이 법에서 사용하는 용어의 뜻은 다음과 같다.
1. "수형인"이란 「형법」 제41조에 규정된 형을 받은 자를 말한다.
2. "수형인명부"란 자격정지 이상의 형을 받은 수형인을 기재한 명부로서 검찰청 및 군검찰부에서 관리하는 것을 말한다.
3. "수형인명표"란 자격정지 이상의 형을 받은 수형인을 기재한 명표로서 수형인의 등록기준지 시·구·읍·면 사무소에서 관리하는 것을 말한다.
4. "수사자료표"란 수사기관이 피의자의 지문을 채취하고 피의자의 인적사항과 죄명 등을 기재한 표(전산입력되어 관리되거나 자기테이프, 마이크로필름, 그 밖에 이와 유사한 매체에 기록·저장된 표를 포함한다)로서 경찰청에서 관리하는 것을 말한다.
5. "범죄경력자료"란 수사자료표 중 다음 각 목에 해당하는 사항에 관한 자료를 말한다.
가. 벌금 이상의 형의 선고, 면제 및 선고유예
나. 보호감호, 치료감호, 보호관찰
다. 선고유예의 실효
라. 집행유예의 취소
마. 벌금 이상의 형과 함께 부과된 몰수, 추징(追徵), 사회봉사명령, 수강명령(受講命令) 등의 선고 또는 처분
6. "수사경력자료"란 수사자료표 중 벌금 미만의 형의 선고, 사법경찰관의 불송치결정 및 검사의 불기소처분에 관한 자료 등 범죄경력자료를 제외한 나머지 자료를 말한다.
(2021.3.16 본호개정)
7. "전과기록"이란 수형인명부, 수형인명표 및 범죄경력자료를 말한다.
8. "범죄경력조회"란 수형인명부 또는 전산입력된 범죄경력자료를 열람·대조확인(정보통신망에 의한 열람·대조확인을 포함한다)하는 방법으로 신원 및 범죄경력에 관하여 조회하는 것을 말한다.
9. "수사경력조회"란 전산입력된 수사경력자료를 열람·대조확인(정보통신망에 의한 열람·대조확인을 포함한다)하는 방법으로 신원 및 수사경력에 관하여 조회하는 것을 말한다.

(2010.3.31 본조개정)

제3조【수형인명부】 지방검찰청 및 그 지청과 보통검찰부에서는 자격정지 이상의 형을 선고한 재판이 확정되면 지체 없이 그 형을 선고받은 수형인을 수형인명부에 기재하여야 한다.(2010.3.31 본조개정)

제4조【수형인명표】 ① 지방검찰청 및 그 지청과 보통검찰부에서는 자격정지 이상의 형을 선고받은 수형인에 대한 수형인명표를 작성하여 수형인의 등록기준지 시·구·읍·면 사무소에 송부하여야 한다.
② 지방검찰청 및 그 지청과 보통검찰부에서는 다음 각 호의 어느 하나에 해당할 때에는 수형인명표를 송부한 관서에 그 사실을 통지하여야 한다.
1. 형의 집행유예가 실효되거나 취소되었을 때
2. 형의 집행유예기간이 경과한 때
3. 제7조 또는 「형법」 제81조에 따라 형이 실효되었을 때
4. 사면(赦免), 감형(減刑), 복권(復權)이 있을 때
5. 재심 개시의 결정에 따라 다시 재판하였을 때
(2010.3.31 본조개정)

제5조【수사자료표】 ① 사법경찰관은 피의자에 대한 수사자료표를 작성하여 경찰청에 송부하여야 한다. 다만, 다음 각 호의 자에 대하여는 그러하지 아니하다.
1. 즉결심판(卽決審判) 대상자
2. 사법경찰관이 수리(受理)한 고소 또는 고발 사건 중 불송치결정 사유에 해당하는 사건의 피의자(2021.3.16 본호개정)
② 수사자료표를 작성할 사법경찰관의 범위는 대통령령으로 정한다.
(2010.3.31 본조개정)

제5조의2【수사자료표의 관리 등】 ① 경찰청장은 수사자료표의 보존·관리를 위하여 책임자를 지정하여야 한다.
② 경찰청장은 수사자료표를 범죄경력자료와 수사경력자료로 구분하여 전산입력한 후 관리하여야 한다.
③ 범죄경력조회 또는 수사경력조회에 대하여 회보할 때에는 그 용도, 작성자·조회자의 성명 및 작성일시, 그 밖에 필요한 사항을 구체적으로 밝혀야 한다.
(2010.3.31 본조개정)

제6조【범죄경력조회·수사경력조회 및 회보의 제한 등】
① 수사자료표에 의한 범죄경력조회 및 수사경력조회와 그에 대한 회보는 다음 각 호의 어느 하나에 해당하는 경우에 그 전부 또는 일부에 대하여 조회 목적에 필요한 최소한의 범위에서 할 수 있다. 다만, 제8조의2제2항제3호 단서 또는 같은 조 제3항제1호에 따라 보존하는 불송치결정과 관련된 수사경력자료에 대한 조회 및 회보는 제1호에 해당하는 경우로 한정한다.(2021.3.16 단서신설)
1. 범죄 수사 또는 재판을 위하여 필요한 경우
2. 형의 집행 또는 사회봉사명령, 수강명령의 집행을 위하여 필요한 경우
3. 보호감호, 치료감호, 보호관찰 등 보호처분 또는 보안관찰업무의 수행을 위하여 필요한 경우
4. 수사자료표의 내용을 확인하기 위하여 본인이 신청하거나 외국 입국·체류 허가에 필요하여 본인이 신청하는 경우
(2015.8.11 본호개정)
5. 「국가정보원법」 제4조제4항에 따른 보안업무에 관한 대통령령에 근거하여 신원조사를 하는 경우(2023.7.6 본호개정)
6. 외국인의 귀화·국적회복·체류 허가에 필요한 경우
(2015.8.11 본호개정)
7. 각군 사관생도의 입학 및 장교·준사관·부사관·군무원의 임용과 그 후보자의 선발에 필요한 경우(2017.12.19 본호개정)
8. 병역의무 부과와 관련하여 현역병 및 사회복무요원의 입영(入營)에 필요한 경우(2013.6.4 본호개정)
9. 다른 법령에서 규정하고 있는 공무원 임용, 인가·허가, 서훈(敍勳), 대통령 표창, 국무총리 표창 등의 결격사유, 징계절차가 개시된 공무원의 구체적인 징계 사유(범죄경

력조회와 그에 대한 회보에 한정한다) 또는 공무원연금 지급 제한 사유 등을 확인하기 위하여 필요한 경우(2015.8.11 본호개정)
10. 그 밖에 다른 법률에서 범죄경력조회 및 수사경력조회와 그에 대한 회보를 하도록 규정되어 있는 경우
② 수사자료표를 관리하는 사람이나 직무상 수사자료표에 의한 범죄경력조회 또는 수사경력조회를 하는 사람은 그 수사자료표의 내용을 누설하여서는 아니 된다.
③ 누구든지 제1항에서 정하는 경우 외의 용도에 사용할 목적으로 범죄경력자료 또는 수사경력자료를 취득하여서는 아니 된다.
④ 제1항에 따라 범죄경력자료 또는 수사경력자료를 회보받거나 취득한 자는 법령에 규정된 용도 외에는 이를 사용하여서는 아니 된다.
⑤ 제1항 각 호에 따라 범죄경력조회 및 수사경력조회와 그에 대한 회보를 할 수 있는 구체적인 범위는 대통령령으로 정한다.
(2010.3.31 본조개정)
제7조【형의 실효】 ① 수형인이 자격정지 이상의 형을 받지 아니하고 형의 집행을 종료하거나 그 집행이 면제된 날부터 다음 각 호의 구분에 따른 기간이 경과한 때에 그 형은 실효된다. 다만, 구류(拘留)와 과료(科料)는 형의 집행을 종료하거나 그 집행이 면제된 때에 그 형이 실효된다.
1. 3년을 초과하는 징역·금고 : 10년
2. 3년 이하의 징역·금고 : 5년
3. 벌금 : 2년
② 하나의 판결로 여러 개의 형이 선고된 경우에는 각 형의 집행을 종료하거나 그 집행이 면제된 날부터 가장 무거운 형에 대한 제1항의 기간이 경과한 때에 형의 선고는 효력을 잃는다. 다만, 제1항제1호 및 제2호를 적용할 때 징역과 금고는 같은 종류의 형으로 보고 각 형기(刑期)를 합산한다.
(2010.3.31 본조개정)
제8조【수형인명부 및 수형인명표의 정리】 ① 다음 각 호의 어느 하나에 해당하는 경우에는 수형인명부의 해당란을 삭제하고 수형인명표를 폐기한다.
1. 제7조 또는 「형법」 제81조에 따라 형이 실효되었을 때
2. 형의 집행유예기간이 경과한 때
3. 자격정지기간이 경과한 때
4. 일반사면이나 형의 선고의 효력을 상실하게 하는 특별사면 또는 복권이 있을 때
② 제1항에 따라 수형인명부의 해당란을 삭제하는 방법 등은 대통령령으로 정한다.
(2010.3.31 본조개정)
제8조의2【수사경력자료의 정리】 ① 다음 각 호의 어느 하나에 해당하는 경우에는 제2항부터 제4항까지에 따른 보존기간이 지나면 전산입력된 수사경력자료의 해당 사항을 삭제한다.
1. 사법경찰관의 혐의없음, 공소권없음 또는 죄가안됨의 불송치결정이 있는 경우
2. 검사의 혐의없음, 공소권없음, 죄가안됨 또는 기소유예의 불기소처분이 있는 경우
3. 법원의 무죄, 면소(免訴) 또는 공소기각의 판결이 확정된 경우
4. 법원의 공소기각 결정이 확정된 경우
5. 가정법원소년부 또는 지방법원소년부의 불처분 결정 또는 심리불개시 결정이 있는 경우
(2023.7.6 본항개정)
② 제1항제1호부터 제4호까지의 경우에 대한 수사경력자료의 보존기간은 다음 각 호의 구분에 따른다. 이 경우 그 기간은 불송치결정 또는 불기소처분이 있은 날이나 판결 또는 결정이 확정된 날부터 기산(起算)한다.(2023.7.6 전단개정)
1. 법정형(法定刑)이 사형, 무기징역, 무기금고, 장기(長期) 10년 이상의 징역·금고에 해당하는 죄 : 10년
2. 법정형이 장기 2년 이상의 징역·금고에 해당하는 죄 : 5년
3. 법정형이 장기 2년 미만의 징역·금고, 자격상실, 자격정지, 벌금, 구류 또는 과료에 해당하는 죄 : 즉시 삭제. 다만, 제1항제1호의 불송치결정이 있는 경우는 6개월간 보존하고, 제1항제2호의 기소유예나 제1항제3호·제4호의 판결 또는 결정이 있는 경우는 5년간 보존한다.(2021.3.16 단서개정)
③ 제2항에도 불구하고 제1항제1호·제2호의 불송치결정·불기소처분 당시 또는 같은 항 제3호·제4호의 판결·결정의 확정 당시 「소년법」 제2조의 소년에 대한 수사경력자료의 보존기간은 다음 각 호의 구분에 따른다.
1. 제1항제1호의 불송치결정 : 그 결정일부터 4개월
2. 제1항제2호의 기소유예의 불기소처분 : 그 처분일부터 3년
3. 제1항제2호의 혐의없음, 공소권없음, 죄가안됨의 불기소처분 : 그 처분 시까지
4. 제1항제3호의 판결 또는 같은 항 제4호의 결정 : 그 판결 또는 결정의 확정 시까지
(2023.7.6 본항개정)
④ 제1항제5호의 경우에 대한 수사경력자료의 보존기간은 3년으로 한다. 이 경우 그 기간은 불처분 결정 또는 심리불개시 결정이 있은 날부터 기산한다.(2023.7.6 본항신설)
⑤ 제1항에 따라 수사경력자료의 해당 사항을 삭제하는 방법은 대통령령으로 정한다.
(2010.3.31 본조개정)
제8조의3【자료제출 및 시정 요구】 ① 법무부장관은 전과기록이나 수사경력자료의 보관·관리 또는 조회와 관련된 업무의 개선이나 위법·부당한 사항의 시정 등을 위하여 필요하다고 인정하면 전과기록이나 수사경력자료의 보관·관리 또는 조회 업무를 담당하는 기관의 장에게 조회·회보대장 등 관련 자료의 제출을 요청할 수 있다. 이 경우 자료의 제출을 요청받은 기관의 장은 특별한 사유가 없으면 요청에 따라야 한다.
② 법무부장관은 제1항에 따라 제출받은 자료를 검토한 결과 개선이나 시정이 필요한 사항이 발견되었을 때에는 해당 기관의 장에게 시정 등 필요한 조치를 할 것을 요구할 수 있다.
(2010.3.31 본조개정)
제9조【벌칙】 ① 전과기록이나 수사경력자료를 관리하는 사람이 부정한 청탁을 받고 다음 각 호의 어느 하나에 해당하는 행위를 하였을 때에는 1년 이상의 유기징역에 처한다.
1. 전과기록 또는 수사경력자료를 손상시키거나 은닉(隱匿)하거나 그 밖의 방법으로 그 효용을 해친 행위
2. 전과기록 또는 수사경력자료의 내용을 거짓으로 기재하거나 정당한 사유 없이 그 내용을 변경한 행위
3. 전과기록 또는 수사경력자료에 의한 증명사항의 내용을 거짓으로 기재한 행위
② 전과기록 또는 수사경력자료의 작성에 필요한 서류에 대하여 다음 각 호의 어느 하나에 해당하는 행위를 한 사람도 제1항과 같은 형에 처한다.
1. 손상, 은닉 또는 그 밖의 방법으로 그 효용을 해친 행위
2. 그 내용을 거짓으로 기재하거나 변작(變作)한 행위
(2010.3.31 본조개정)
제10조【벌칙】 ① 제6조제1항 또는 제2항을 위반하여 수사자료표의 내용을 회보하거나 누설한 사람은 5년 이하의 징역 또는 5천만원 이하의 벌금에 처한다.
② 제6조제3항을 위반하여 범죄경력자료 또는 수사경력자료를 취득한 사람은 2년 이하의 징역 또는 2천만원 이하의 벌금에 처한다.

③ 제6조제4항을 위반하여 범죄경력자료 및 수사경력자료를 사용한 사람도 제2항과 같은 형에 처한다.
(2010.3.31 본조개정)
제11조 (2002.12.5 삭제)

부　칙 (2017.12.19)

이 법은 공포한 날부터 시행한다.

부　칙 (2020.12.15)

제1조【시행일】 이 법은 2021년 1월 1일부터 시행한다.(이하 생략)

부　칙 (2021.3.16)

제1조【시행일】 이 법은 공포한 날부터 시행한다.
제2조【적용례】 제2조제6호, 제5조제1항제2호, 제6조제1항 및 제8조의2제1항부터 제3항까지의 개정규정은 이 법 시행 전 사법경찰관이 불송치결정을 한 경우에도 적용한다.

부　칙 (2023.7.6)

제1조【시행일】 이 법은 공포한 날부터 시행한다.
제2조【수사경력자료의 정리에 관한 적용례】 제8조의2의 개정규정은 이 법 시행 전에 가정법원소년부 또는 지방법원 소년부의 불처분 결정 또는 심리불개시 결정이 있었던 경우에도 적용한다.

경범죄 처벌법

(2012년 3월 21일
전부개정법률 제11401호)

개정
2013. 5.22법11778호
2014.11.19법12844호(정부조직)
2016. 1.22법13813호
2017. 7.26법14839호(정부조직)
2017.10.24법14908호

제1장 총　칙

제1조【목적】 이 법은 경범죄의 종류 및 처벌에 필요한 사항을 정함으로써 국민의 자유와 권리를 보호하고 사회공공의 질서유지에 이바지함을 목적으로 한다.
제2조【남용금지】 이 법을 적용할 때에는 국민의 권리를 부당하게 침해하지 아니하도록 세심한 주의를 기울여야 하며, 본래의 목적에서 벗어나 다른 목적을 위하여 이 법을 적용하여서는 아니 된다.

제2장 경범죄의 종류와 처벌

제3조【경범죄의 종류】 ① 다음 각 호의 어느 하나에 해당하는 사람은 10만원 이하의 벌금, 구류 또는 과료(科料)의 형으로 처벌한다.
1. (빈집 등에의 침입) 다른 사람이 살지 아니하고 관리하지 아니하는 집 또는 그 울타리 · 건조물(建造物) · 배 · 자동차 안에 정당한 이유 없이 들어간 사람
2. (흉기의 은닉휴대) 칼 · 쇠몽둥이 · 쇠톱 등 사람의 생명 또는 신체에 중대한 위해를 끼치거나 집이나 그 밖의 건조물에 침입하는 데에 사용될 수 있는 연장이나 기구를 정당한 이유 없이 숨겨서 지니고 다니는 사람
3. (폭행 등 예비) 다른 사람의 신체에 위해를 끼칠 것을 공모(共謀)하여 예비행위를 한 사람이 있는 경우 그 공모를 한 사람
4. (2013.5.22 삭제)
5. (시체 현장변경 등) 사산아(死産兒)를 감추거나 정당한 이유 없이 변사체 또는 사산아가 있는 현장을 바꾸어 놓은 사람
6. (도움이 필요한 사람 등의 신고불이행) 자기가 관리하고 있는 곳에 도움을 받아야 할 노인, 어린이, 장애인, 다친 사람 또는 병든 사람이 있거나 시체 또는 사산아가 있는 것을 알면서 이를 관계 공무원에게 지체 없이 신고하지 아니한 사람
7. (관명사칭 등) 국내외의 공직(公職), 계급, 훈장, 학위 또는 그 밖에 법령에 따라 정하여진 명칭이나 칭호 등을 거짓으로 꾸며 대거나 자격이 없으면서 법령에 따라 정하여진 제복, 훈장, 기장 또는 기념장(記念章), 그 밖의 표장(標章) 또는 이와 비슷한 것을 사용한 사람
8. (물품강매 · 호객행위) 요청하지 아니한 물품을 억지로 사라고 한 사람, 요청하지 아니한 일을 해주거나 재주 등을 부리고 그 대가로 돈을 달라고 한 사람 또는 여러 사람이 모이거나 다니는 곳에서 영업을 목적으로 떠들썩하게 손님을 부른 사람
9. (광고물 무단부착 등) 다른 사람 또는 단체의 집이나 그 밖의 인공구조물과 자동차 등에 함부로 광고물 등을 붙이거나 내걸거나 끼우거나 글씨 또는 그림을 쓰거나 그리거나 새기는 행위 등을 한 사람 또는 다른 사람이나 단체의 간판, 그 밖의 표시물 또는 인공구조물을 함부로 옮기거나 더럽히거나 훼손한 사람 또는 공공장소에서 광고물 등을 함부로 뿌린 사람

10. (마시는 물 사용방해) 사람이 마시는 물을 더럽히거나 사용하는 것을 방해한 사람
11. (쓰레기 등 투기) 담배꽁초, 껌, 휴지, 쓰레기, 죽은 짐승, 그 밖의 더러운 물건이나 못쓰게 된 물건을 함부로 아무 곳에나 버린 사람
12. (노상방뇨 등) 길, 공원, 그 밖에 여러 사람이 모이거나 다니는 곳에서 함부로 침을 뱉거나 대소변을 보거나 또는 그렇게 하도록 시키거나 개 등 짐승을 끌고 와서 대변을 보게 하고 이를 치우지 아니한 사람
13. (의식방해) 공공기관이나 그 밖의 단체 또는 개인이 하는 행사나 의식을 못된 장난 등으로 방해하거나 행사나 의식을 하는 자 또는 그 밖에 관계 있는 사람이 말려도 듣지 아니하고 행사나 의식을 방해할 우려가 뚜렷한 물건을 가지고 행사장 등에 들어간 사람
14. (단체가입 강요) 싫다고 하는데도 되풀이하여 단체 가입을 억지로 강요한 사람
15. (자연훼손) 공원·명승지·유원지나 그 밖의 녹지구역 등에서 풀·꽃·나무·돌 등을 함부로 꺾거나 캔 사람 또는 바위·나무 등에 글씨를 새기거나 하여 자연을 훼손한 사람
16. (타인의 가축·기계 등 무단조작) 다른 사람 또는 단체의 소나 말, 그 밖의 짐승 또는 매어 놓은 배·뗏목 등을 함부로 풀어 놓거나 자동차 등의 기계를 조작한 사람
17. (물길의 흐름 방해) 개천·도랑이나 그 밖의 물길의 흐름에 방해될 행위를 한 사람
18. (구걸행위 등) 다른 사람에게 구걸하도록 시켜 올바르지 아니한 이익을 얻은 사람 또는 공공장소에서 구걸을 하여 다른 사람의 통행을 방해하거나 귀찮게 한 사람
19. (불안감조성) 정당한 이유 없이 길을 막거나 시비를 걸거나 주위에 모여들거나 뒤따르거나 몹시 거칠게 겁을 주는 말이나 행동으로 다른 사람을 불안하게 하거나 귀찮고 불쾌하게 한 사람 또는 여러 사람이 이용하거나 다니는 도로·공원 등 공공장소에서 고의로 험악한 문신(文身)을 드러내어 다른 사람에게 혐오감을 준 사람
20. (음주소란 등) 공회당·극장·음식점 등 여러 사람이 모이거나 다니는 곳 또는 여러 사람이 타는 기차·자동차·배 등에서 몹시 거친 말이나 행동으로 주위를 시끄럽게 하거나 술에 취하여 이유 없이 다른 사람에게 주정한 사람
21. (인근소란 등) 악기·라디오·텔레비전·전축·종·확성기·전동기(電動機) 등의 소리를 지나치게 크게 내거나 큰소리로 떠들거나 노래를 불러 이웃을 시끄럽게 한 사람
22. (위험한 불씨 사용) 충분한 주의를 하지 아니하고 건조물, 수풀, 그 밖에 불붙기 쉬운 물건 가까이에서 불을 피우거나 휘발유 또는 그 밖에 불이 옮아붙기 쉬운 물건 가까이에서 불씨를 사용한 사람
23. (물건 던지기 등 위험행위) 다른 사람의 신체나 다른 사람 또는 단체의 물건에 해를 끼칠 우려가 있는 곳에 충분한 주의를 하지 아니하고 물건을 던지거나 붓거나 또는 쏜 사람
24. (인공구조물 등의 관리소홀) 무너지거나 넘어지거나 떨어질 우려가 있는 인공구조물이나 그 밖의 물건에 대하여 관계 공무원으로부터 고칠 것을 요구받고도 필요한 조치를 게을리하여 여러 사람을 위험에 빠트릴 우려가 있게 한 사람
25. (위험한 동물의 관리 소홀) 사람이나 가축에 해를 끼치는 버릇이 있는 개나 그 밖의 동물을 함부로 풀어놓거나 제대로 살피지 아니하여 나다니게 한 사람
26. (동물 등에 의한 행패 등) 소나 말을 놀라게 하여 달아나게 하거나 개나 그 밖의 동물을 시켜 사람이나 가축에게 달려들게 한 사람
27. (무단소등) 여러 사람이 다니거나 모이는 곳에 켜 놓은 등불이나 다른 사람 또는 단체가 표시를 하기 위하여 켜 놓은 등불을 함부로 끈 사람
28. (공중통로 안전관리소홀) 여러 사람이 다니는 곳에서 위험한 사고가 발생하는 것을 막을 의무가 있으면서도 등불을 켜 놓지 아니하거나 그 밖의 예방조치를 게을리한 사람
29. (공무원 원조불응) 눈·비·바람·해일·지진 등으로 인한 재해, 화재·교통사고·범죄, 그 밖의 급작스러운 사고가 발생하였을 때에 현장에 있으면서도 정당한 이유 없이 관계 공무원 또는 이를 돕는 사람의 현장출입에 관한 지시에 따르지 아니하거나 공무원이 도움을 요청하여도 도움을 주지 아니한 사람
30. (거짓 인적사항 사용) 성명, 주민등록번호, 등록기준지, 주소, 직업 등을 거짓으로 꾸며대고 배나 비행기를 타거나 인적사항을 물을 권한이 있는 공무원이 적법한 절차를 거쳐 묻는 경우 정당한 이유 없이 다른 사람의 인적사항을 자기의 것으로 거짓으로 꾸며댄 사람
31. (미신요법) 근거 없이 신기하고 용한 약방문인 것처럼 내세우거나 그 밖의 미신적인 방법으로 병을 진찰·치료·예방한다고 하여 사람들의 마음을 홀리게 한 사람
32. (야간통행제한 위반) 전시·사변·천재지변, 그 밖에 사회에 위험이 생길 우려가 있을 경우에 경찰청장이나 해양경찰청장이 정하는 야간통행제한을 위반한 사람(2017.7.26 본호개정)
33. (과다노출) 공개된 장소에서 공공연하게 성기·엉덩이 등 신체의 주요한 부위를 노출하여 다른 사람에게 부끄러운 느낌이나 불쾌감을 준 사람(2017.10.24 본호개정)
34. (지문채취 불응) 범죄 피의자로 입건된 사람의 신원을 지문조사 외의 다른 방법으로는 확인할 수 없어 경찰공무원이나 검사가 지문을 채취하려고 할 때에 정당한 이유 없이 이를 거부한 사람
35. (자릿세 징수 등) 여러 사람이 모이거나 쓸 수 있도록 개방된 시설 또는 장소에서 좌석이나 주차할 자리를 잡아 주기로 하거나 잡아주면서, 돈을 받거나 요구하거나 돈을 받으려고 다른 사람을 귀찮게 따라다니는 사람
36. (행렬방해) 공공장소에서 승차·승선, 입장·매표 등을 위한 행렬에 끼어들거나 떠밀거나 하여 그 행렬의 질서를 어지럽힌 사람
37. (무단 출입) 출입이 금지된 구역이나 시설 또는 장소에 정당한 이유 없이 들어간 사람
38. (총포 등 조작장난) 여러 사람이 모이거나 다니는 곳에서 충분한 주의를 하지 아니하고 총포, 화약류, 그 밖에 폭발의 우려가 있는 물건을 다루거나 이를 가지고 장난한 사람
39. (무임승차 및 무전취식) 영업용 차 또는 배 등을 타거나 다른 사람이 파는 음식을 먹고 정당한 이유 없이 제 값을 치르지 아니한 사람
40. (장난전화 등) 정당한 이유 없이 다른 사람에게 전화·문자메시지·편지·전자우편·전자문서 등을 여러 차례 되풀이하여 괴롭힌 사람
41. (지속적 괴롭힘) 상대방의 명시적 의사에 반하여 지속적으로 접근을 시도하여 면회 또는 교제를 요구하거나 지켜보기, 따라다니기, 잠복하여 기다리기 등의 행위를 반복하여 하는 사람

② 다음 각 호의 어느 하나에 해당하는 사람은 20만원 이하의 벌금, 구류 또는 과료의 형으로 처벌한다.

1. (출판물의 부당게재 등) 올바르지 아니한 이익을 얻을 목적으로 다른 사람 또는 단체의 사업이나 사사로운 일에 관하여 신문, 잡지, 그 밖의 출판물에 어떤 사항을 싣거나 싣지 아니할 것을 약속하고 돈이나 물건을 받은 사람
2. (거짓 광고) 여러 사람에게 물품을 팔거나 나누어 주거나 일을 해주면서 다른 사람을 속이거나 잘못 알게 할 만한 사실을 들어 광고한 사람
3. (업무방해) 못된 장난 등으로 다른 사람, 단체 또는 공무수행 중인 자의 업무를 방해한 사람
4. (암표매매) 흥행장, 경기장, 역, 나루터, 정류장, 그 밖에 정하여진 요금을 받고 입장시키거나 승차 또는 승선시키는 곳에서 웃돈을 받고 입장권·승차권 또는 승선권을 다른 사람에게 되판 사람

③ 다음 각 호의 어느 하나에 해당하는 사람은 60만원 이하의 벌금, 구류 또는 과료의 형으로 처벌한다.

1. (관공서에서의 주취소란) 술에 취한 채로 관공서에서 몹시 거친 말과 행동으로 주정하거나 시끄럽게 한 사람
2. (거짓신고) 있지 아니한 범죄나 재해 사실을 공무원에게 거짓으로 신고한 사람
(2013.5.22 본항개정)

제4조【교사·방조】 제3조의 죄를 짓도록 시키거나 도와준 사람은 죄를 지은 사람에 준하여 벌한다.

제5조【형의 면제와 병과】 제3조에 따라 사람을 벌할 때에는 그 사정과 형편을 헤아려서 그 형을 면제하거나 구류와 과료를 함께 과(科)할 수 있다.

제3장 경범죄 처벌의 특례

제6조【정의】 ① 이 장에서 "범칙행위"란 제3조제1항 각 호 및 제2항 각 호의 어느 하나에 해당하는 위반행위를 말하며, 그 구체적인 범위는 대통령령으로 정한다.
② 이 장에서 "범칙자"란 범칙행위를 한 사람으로서 다음 각 호의 어느 하나에 해당하지 아니하는 사람을 말한다.
1. 범칙행위를 상습적으로 하는 사람
2. 죄를 지은 동기나 수단 및 결과를 헤아려볼 때 구류처분을 하는 것이 적절하다고 인정되는 사람
3. 피해자가 있는 행위를 한 사람
4. 18세 미만인 사람
③ 이 장에서 "범칙금"이란 범칙자가 제7조에 따른 통고처분에 따라 국고 또는 제주특별자치도의 금고에 납부하여야 할 금전을 말한다.

제7조【통고처분】 ① 경찰서장, 해양경찰서장, 제주특별자치도지사 또는 철도특별사법경찰대장은 범칙자로 인정되는 사람에 대하여 그 이유를 명백히 나타낸 서면으로 범칙금을 부과하고 이를 납부할 것을 통고할 수 있다. 다만, 다음 각 호의 어느 하나에 해당하는 사람에게는 통고하지 아니한다.
(2017.7.26 본문개정)
1. 통고처분서 받기를 거부한 사람
2. 주거 또는 신원이 확실하지 아니한 사람
3. 그 밖에 통고처분을 하기가 매우 어려운 사람
② 제1항에 따라 통고할 범칙금의 액수는 범칙행위의 종류에 따라 대통령령으로 정한다.
③ 제주특별자치도지사, 철도특별사법경찰대장은 제1항에 따라 통고처분을 한 경우에는 관할 경찰서장에게 그 사실을 통보하여야 한다.

제8조【범칙금의 납부】 ① 제7조에 따라 통고처분서를 받은 사람은 통고처분서를 받은 날부터 10일 이내에 경찰청장·해양경찰청장 또는 철도특별사법경찰대장이 지정한 은행, 그 지점이나 대리점, 우체국 또는 제주특별자치도지사가 지정하는 금융기관이나 그 지점에 범칙금을 납부하여야 한다. 다만, 천재지변이나 그 밖의 부득이한 사유로 말미암아 그 기간 내에 범칙금을 납부할 수 없을 때에는 그 부득이한 사유가 없어지게 된 날부터 5일 이내에 납부하여야 한다.
(2017.7.26 본문개정)
② 제1항에 따른 납부기간에 범칙금을 납부하지 아니한 사람은 납부기간의 마지막 날의 다음 날부터 20일 이내에 통고받은 범칙금에 그 금액의 100분의 20을 더한 금액을 납부하여야 한다.
③ 제1항 또는 제2항에 따라 범칙금을 납부한 사람은 그 범칙행위에 대하여 다시 처벌받지 아니한다.

제8조의2【범칙금의 납부】 ① 범칙금은 제8조에 따른 납부방법 외에 대통령령으로 정하는 범칙금 납부대행기관을 통하여 신용카드, 직불카드 등(이하 "신용카드등"이라 한다)으로 낼 수 있다. 이 경우 "범칙금 납부대행기관"이란 정보통신망을 이용하여 신용카드등에 의한 결제를 수행하는 기관으로서 대통령령으로 정하는 바에 따라 범칙금 납부대행기관으로 지정받은 자를 말한다.
② 제1항에 따라 신용카드등으로 내는 경우에는 범칙금 납부대행기관의 승인일을 납부일로 본다.
③ 범칙금 납부대행기관은 납부자로부터 신용카드등에 의한 과태료 납부대행 용역의 대가로 대통령령으로 정하는 바에 따라 납부대행 수수료를 받을 수 있다.
④ 범칙금 납부대행기관의 지정 및 운영, 납부대행 수수료 등에 관하여 필요한 사항은 대통령령으로 정한다.
(2016.1.22 본조신설)

제9조【통고처분 불이행자 등의 처리】 ① 경찰서장, 해양경찰서장 및 제주특별자치도지사는 다음 각 호의 어느 하나에 해당하는 사람에 대하여는 지체 없이 즉결심판을 청구하여야 한다. 다만, 즉결심판이 청구되기 전까지 통고받은 범칙금에 그 금액의 100분의 50을 더한 금액을 납부한 사람에 대하여는 그러하지 아니하다.(2017.7.26 본문개정)
1. 제7조제1항 각 호의 어느 하나에 해당하는 사람
2. 제8조제2항에 따른 납부기간에 범칙금을 납부하지 아니한 사람
② 제1항제2호에 따라 즉결심판이 청구된 피고인이 통고받은 범칙금에 그 금액의 100분의 50을 더한 금액을 납부하고 그 증명서류를 즉결심판 선고 전까지 제출하였을 때에는 경찰서장, 해양경찰서장 및 제주특별자치도지사는 그 피고인에 대한 즉결심판 청구를 취소하여야 한다.(2017.7.26 본항개정)
③ 제1항 단서 또는 제2항에 따라 범칙금을 납부한 사람은 그 범칙행위에 대하여 다시 처벌받지 아니한다.
④ 철도특별사법경찰대장은 제1항 각 호의 어느 하나에 해당하는 사람이 있는 경우에는 즉시 관할 경찰서장 또는 해양경찰서장에게 그 사실을 통보하고 관련 서류를 넘겨야 한다. 이 경우 통보를 받은 경찰서장 또는 해양경찰서장은 제1항부터 제3항까지의 규정에 따라 이를 처리하여야 한다.
(2017.7.26 본항개정)

부 칙

제1조【시행일】 이 법은 공포 후 1년이 경과한 날로부터 시행한다.

제2조【벌칙적용에 관한 경과조치】 이 법 시행 전의 행위에 대한 벌칙을 적용할 때에는 종전의 규정에 따른다.

제3조【다른 법률의 개정】 ①~② ※(해당 법령에 가제정리 하였음)

부 칙 (2016.1.22)

제1조【시행일】 이 법은 공포 후 6개월이 경과한 날부터 시행한다. 다만, 제9조의 개정규정은 2016년 1월 25일부터 시행한다.

제2조【통고처분 불이행자 등에 대한 즉결심판 청구에 관한 경과조치】 이 법 시행 전에 관할 경찰서장이 제주특별자치도지사로부터 즉결심판 대상이라는 사실을 통보받아 즉결심판을 청구한 경우에는 제9조의 개정규정에도 불구하고 종전의 규정에 따른다.

부 칙 (2017.7.26)

제1조【시행일】 ① 이 법은 공포한 날부터 시행한다.(이하 생략)

부 칙 (2017.10.24)

이 법은 공포한 날부터 시행한다.

질서위반행위규제법

(2007년 12월 21일
법 률 제8725호)

개정
2009. 4. 1법 9617호(신용정보의이용및보호에관한법)
2011. 4. 5법10544호 2016.12. 2법14280호
2018.12.18법15979호
2020. 2. 4법16957호(신용정보의이용및보호에관한법)
2020.12.29법17758호(국세징수)

제1장 총 칙

제1조【목적】 이 법은 법률상 의무의 효율적인 이행을 확보하고 국민의 권리와 이익을 보호하기 위하여 질서위반행위의 성립요건과 과태료의 부과·징수 및 재판 등에 관한 사항을 규정하는 것을 목적으로 한다.

제2조【정의】 이 법에서 사용하는 용어의 뜻은 다음과 같다.
1. "질서위반행위"란 법률(지방자치단체의 조례를 포함한다. 이하 같다)상의 의무를 위반하여 과태료에 처하는 행위를 말한다. 다만, 다음 각 목의 어느 하나에 해당하는 행위를 제외한다.
  가. 대통령령으로 정하는 사법(私法)상·소송법상 의무를 위반하여 과태료를 부과하는 행위
  나. 대통령령으로 정하는 법률에 따른 징계사유에 해당하여 과태료를 부과하는 행위
2. "행정청"이란 행정에 관한 의사를 결정하여 표시하는 국가 또는 지방자치단체의 기관, 그 밖의 법령 또는 자치법규에 따라 행정권한을 가지고 있거나 위임 또는 위탁받은 공공단체나 그 기관 또는 사인(私人)을 말한다.
3. "당사자"란 질서위반행위를 한 자연인 또는 법인(법인이 아닌 사단 또는 재단으로서 대표자 또는 관리인이 있는 것을 포함한다. 이하 같다)을 말한다.

제3조【법 적용의 시간적 범위】 ① 질서위반행위의 성립과 과태료 처분은 행위시의 법률에 따른다.
② 질서위반행위 후 법률이 변경되어 그 행위가 질서위반행위에 해당하지 아니하게 되거나 과태료가 변경되기 전의 법률보다 가볍게 된 때에는 법률에 특별한 규정이 없는 한 변경된 법률을 적용한다.
③ 행정청의 과태료 처분이나 법원의 과태료 재판이 확정된 후 법률이 변경되어 그 행위가 질서위반행위에 해당하지 아니하게 된 때에는 변경된 법률에 특별한 규정이 없는 한 과태료의 징수 또는 집행을 면제한다.

제4조【법 적용의 장소적 범위】 ① 이 법은 대한민국 영역안에서 질서위반행위를 한 자에게 적용한다.
② 이 법은 대한민국 영역 밖에서 질서위반행위를 한 대한민국의 국민에게 적용한다.
③ 이 법은 대한민국 영역 밖에 있는 대한민국의 선박 또는 항공기 안에서 질서위반행위를 한 외국인에게 적용한다.

제5조【다른 법률과의 관계】 과태료의 부과·징수, 재판 및 집행 등의 절차에 관한 다른 법률의 규정 중 이 법의 규정에 저촉되는 것은 이 법으로 정하는 바에 따른다.

제2장 질서위반행위의 성립 등

제6조【질서위반행위 법정주의】 법률에 따르지 아니하고는 어떤 행위도 질서위반행위로 과태료를 부과하지 아니한다.

제7조【고의 또는 과실】 고의 또는 과실이 없는 질서위반행위는 과태료를 부과하지 아니한다.

제8조【위법성의 착오】 자신의 행위가 위법하지 아니한 것으로 오인하고 행한 질서위반행위는 그 오인에 정당한 이유가 있는 때에 한하여 과태료를 부과하지 아니한다.

제9조【책임연령】 14세가 되지 아니한 자의 질서위반행위는 과태료를 부과하지 아니한다. 다만, 다른 법률에 특별한 규정이 있는 경우에는 그러하지 아니하다.

제10조【심신장애】 ① 심신(心神)장애로 인하여 행위의 옳고 그름을 판단할 능력이 없거나 그 판단에 따른 행위를 할 능력이 없는 자의 질서위반행위는 과태료를 부과하지 아니한다.
② 심신장애로 인하여 제1항에 따른 능력이 미약한 자의 질서위반행위는 과태료를 감경한다.
③ 스스로 심신장애 상태를 일으켜 질서위반행위를 한 자에 대하여는 제1항 및 제2항을 적용하지 아니한다.

제11조【법인의 처리 등】 ① 법인의 대표자, 법인 또는 개인의 대리인·사용인 및 그 밖의 종업원이 업무에 관하여 법인 또는 그 개인에게 부과된 법률상의 의무를 위반한 때에는 법인 또는 그 개인에게 과태료를 부과한다.
② 제7조부터 제10조까지의 규정은 「도로교통법」 제56조제1항에 따른 고용주등을 같은 법 제160조제3항에 따라 과태료를 부과하는 경우에는 적용하지 아니한다.

제12조【다수인의 질서위반행위 가담】 ① 2인 이상이 질서위반행위에 가담한 때에는 각자가 질서위반행위를 한 것으로 본다.
② 신분에 의하여 성립하는 질서위반행위에 신분이 없는 자가 가담한 때에는 신분이 없는 자에 대하여도 질서위반행위가 성립한다.
③ 신분에 의하여 과태료를 감경 또는 가중하거나 과태료에 처하지 아니하는 때에는 그 신분의 효과는 신분이 없는 자에게는 미치지 아니한다.

제13조【수개의 위반행위의 처리】 ① 하나의 행위가 2 이상의 질서위반행위에 해당하는 경우에는 각 질서위반행위에 대하여 정한 과태료 중 가장 중한 과태료를 부과한다.
② 제1항의 경우를 제외하고 2 이상의 질서위반행위가 경합하는 경우에는 각 질서위반행위에 대하여 정한 과태료에 각각 부과한다. 다만, 다른 법령(지방자치단체의 조례를 포함한다. 이하 같다)에 특별한 규정이 있는 경우에는 그 법령으로 정하는 바에 따른다.

제14조【과태료의 산정】 행정청 및 법원은 과태료를 정함에 있어서 다음 각 호의 사항을 고려하여야 한다.
1. 질서위반행위의 동기·목적·방법·결과
2. 질서위반행위 이후의 당사자의 태도와 정황
3. 질서위반행위자의 연령·재산상태·환경
4. 그 밖에 과태료의 산정에 필요하다고 인정되는 사유

제15조【과태료의 시효】 ① 과태료는 행정청의 과태료 부과처분이나 법원의 과태료 재판이 확정된 후 5년간 징수하지 아니하거나 집행하지 아니하면 시효로 인하여 소멸한다.
② 제1항에 따른 소멸시효의 중단·정지 등에 관하여는 「국세기본법」 제28조를 준용한다.

제3장 행정청의 과태료 부과 및 징수

제16조【사전통지 및 의견 제출 등】 ① 행정청이 질서위반행위에 대하여 과태료를 부과하고자 하는 때에는 미리 당사자(제11조제2항에 따른 고용주등을 포함한다. 이하 같다)에게 대통령령으로 정하는 사항을 통지하고, 10일 이상의 기간을 정하여 의견을 제출할 기회를 주어야 한다. 이 경우 지정된 기일까지 의견 제출이 없는 경우에는 의견이 없는 것으로 본다.
② 당사자는 의견 제출 기한 이내에 대통령령으로 정하는 방법에 따라 행정청에 의견을 진술하거나 필요한 자료를 제출할 수 있다.
③ 행정청은 제2항에 따라 당사자가 제출한 의견에 상당한 이유가 있는 경우에는 과태료를 부과하지 아니하거나 통지한 내용을 변경할 수 있다.

제17조【과태료의 부과】 ① 행정청은 제16조의 의견 제출 절차를 마친 후에 서면(당사자가 동의하는 경우에는 전자문서를 포함한다. 이하 이 조에서 같다)으로 과태료를 부과하여야 한다.(2011.4.5 본항개정)
② 제1항에 따른 서면에는 질서위반행위, 과태료 금액, 그 밖에 대통령령으로 정하는 사항을 명시하여야 한다.
③ (2016.12.2 삭제)
제17조의2【신용카드 등에 의한 과태료의 납부】 ① 당사자는 과태료, 제24조에 따른 가산금, 중가산금 및 체납처분비를 대통령령으로 정하는 과태료 납부대행기관을 통하여 신용카드, 직불카드 등(이하 "신용카드등"이라 한다)으로 낼 수 있다.
② 제1항에 따라 신용카드등으로 내는 경우에는 과태료 납부대행기관의 승인일을 납부일로 본다.
③ 과태료 납부대행기관은 납부자로부터 신용카드등에 의한 과태료 납부대행 용역의 대가로 납부대행 수수료를 받을 수 있다.
④ 과태료 납부대행기관의 지정 및 운영, 납부대행 수수료에 관한 사항은 대통령령으로 정한다.
(2016.12.2 본조신설)
제18조【자진납부자에 대한 과태료 감경】 ① 행정청은 당사자가 제16조에 따른 의견 제출 기한 이내에 과태료를 자진하여 납부하고자 하는 경우에는 대통령령으로 정하는 바에 따라 과태료를 감경할 수 있다.
② 당사자가 제1항에 따라 감경된 과태료를 납부한 경우에는 해당 질서위반행위에 대한 과태료 부과 및 징수절차는 종료한다.
제19조【과태료 부과의 제척기간】 ① 행정청은 질서위반행위가 종료한 날(다수인이 질서위반행위에 가담한 경우에는 최종행위가 종료한 날을 말한다)부터 5년을 경과한 경우에는 해당 질서위반행위에 대하여 과태료를 부과할 수 없다.
② 제1항에도 불구하고 행정청은 제36조 또는 제44조에 따른 법원의 결정이 있는 경우에는 그 결정이 확정된 날부터 1년이 경과하기 전까지는 과태료를 정정부과 하는 등 해당 결정에 따라 필요한 처분을 할 수 있다.
제20조【이의제기】 ① 행정청의 과태료 부과에 불복하는 당사자는 제17조제1항에 따른 과태료 부과 통지를 받은 날부터 60일 이내에 해당 행정청에 서면으로 이의제기를 할 수 있다.
② 제1항에 따른 이의제기가 있는 경우에는 행정청의 과태료 부과처분은 그 효력을 상실한다.
③ 당사자는 행정청으로부터 제21조제3항에 따른 통지를 받기 전까지는 행정청에 대하여 서면으로 이의제기를 철회할 수 있다.
제21조【법원에의 통보】 ① 제20조제1항에 따른 이의제기를 받은 행정청은 이의제기를 받은 날부터 14일 이내에 이에 대한 의견 및 증빙서류를 첨부하여 관할 법원에 통보하여야 한다. 다만, 다음 각 호의 어느 하나에 해당하는 경우에는 그러하지 아니하다.
1. 당사자가 이의제기를 철회한 경우
2. 당사자의 이의제기에 이유가 있어 과태료에 처할 필요가 없는 것으로 인정되는 경우
② 행정청은 사실상 또는 법률상 같은 원인으로 말미암아 다수인을 과태료에 처할 필요가 있는 경우에는 다수인 가운데 1인에 대한 관할권이 있는 법원에 제1항에 따른 이의제기 사실을 통보할 수 있다.
③ 행정청이 제1항 및 제2항에 따라 관할 법원에 통보를 하거나, 통보하지 아니하는 경우에는 그 사실을 즉시 당사자에게 통지하여야 한다.
제22조【질서위반행위의 조사】 ① 행정청은 질서위반행위가 발생하였다는 합리적 의심이 있어 그에 대한 조사가 필요하다고 인정할 때에는 대통령령으로 정하는 바에 따라 다음 각 호의 조치를 할 수 있다.
1. 당사자 또는 참고인의 출석 요구 및 진술의 청취
2. 당사자에 대한 보고 명령 또는 자료 제출의 명령
② 행정청은 질서위반행위가 발생하였다는 합리적 의심이 있어 그에 대한 조사가 필요하다고 인정할 때에는 그 소속 직원으로 하여금 당사자의 사무소 또는 영업소에 출입하여 장부·서류 또는 그 밖의 물건을 검사하게 할 수 있다.
③ 제2항에 따른 검사를 하고자 하는 행정청 소속 직원은 당사자에게 검사 개시 7일 전까지 검사 대상 및 검사 이유 그 밖에 대통령령으로 정하는 사항을 통지하여야 한다. 다만, 긴급을 요하거나 사전통지의 경우 증거인멸 등으로 검사목적을 달성할 수 없다고 인정되는 때에는 그러하지 아니하다.
④ 제2항에 따라 검사를 하는 직원은 그 권한을 표시하는 증표를 지니고 이를 관계인에게 내보여야 한다.
⑤ 제1항 및 제2항에 따른 조치 또는 검사는 그 목적 달성에 필요한 최소한에 그쳐야 한다.
제23조【자료제공의 요청】 행정청은 과태료의 부과·징수를 위하여 필요한 때에는 관계 행정기관, 지방자치단체, 그 밖에 대통령령으로 정하는 공공기관(이하 "공공기관등"이라 한다)의 장에게 그 필요성을 소명하여 자료 또는 정보의 제공을 요청할 수 있으며, 그 요청을 받은 공공기관등의 장은 특별한 사정이 없는 한 이에 응하여야 한다.
제24조【가산금 징수 및 체납처분 등】 ① 행정청은 당사자가 납부기한까지 과태료를 납부하지 아니한 때에는 납부기한을 경과한 날부터 체납된 과태료에 대하여 100분의 3에 상당하는 가산금을 징수한다.(2016.12.2 본항개정)
② 체납된 과태료를 납부하지 아니한 때에는 납부기한이 경과한 날부터 매 1개월이 경과할 때마다 체납된 과태료의 1천분의 12에 상당하는 가산금(이하 이 조에서 "중가산금"이라 한다)을 제1항에 따른 가산금에 가산하여 징수한다. 이 경우 중가산금을 가산하여 징수하는 기간은 60개월을 초과하지 못한다.
③ 행정청은 당사자가 제20조제1항에 따른 기한 이내에 이의를 제기하지 아니하고 제1항에 따른 가산금을 납부하지 아니한 때에는 국세 또는 지방세 체납처분의 예에 따라 징수한다.
④ (2018.12.18 삭제)
제24조의2【상속재산 등에 대한 집행】 ① 과태료는 당사자가 과태료 부과처분에 대하여 이의를 제기하지 아니한 채 제20조제1항에 따른 기한이 종료한 후 사망한 경우에는 그 상속재산에 대하여 집행할 수 있다.
② 법인에 대한 과태료는 법인이 과태료 부과처분에 대하여 이의를 제기하지 아니한 채 제20조제1항에 따른 기한이 종료한 후 합병에 의하여 소멸한 경우에는 합병 후 존속한 법인 또는 합병에 의하여 설립된 법인에 대하여 집행할 수 있다.
(2011.4.5 본조신설)
제24조의3【과태료의 징수유예 등】 ① 행정청은 당사자가 다음 각 호의 어느 하나에 해당하여 과태료(체납된 과태료와 가산금, 중가산금 및 체납처분비를 포함한다. 이하 이 조에서 같다)를 납부하기가 곤란하다고 인정되면 1년의 범위에서 대통령령으로 정하는 바에 따라 과태료의 분할납부나 납부기일의 연기(이하 "징수유예등"이라 한다)를 결정할 수 있다.
1. 「국민기초생활 보장법」에 따른 수급권자
2. 「국민기초생활 보장법」에 따른 차상위계층 중 다음 각 목의 대상자
가. 「의료급여법」에 따른 수급권자
나. 「한부모가족지원법」에 따른 지원대상자
다. 자활사업 참여자
3. 「장애인복지법」 제2조제2항에 따른 장애인
4. 본인 외에는 가족을 부양할 사람이 없는 사람
5. 불의의 재난으로 피해를 당한 사람

6. 납부의무자 또는 그 동거 가족이 질병이나 중상해로 1개월 이상의 장기 치료를 받아야 하는 경우
7. 「채무자 회생 및 파산에 관한 법률」에 따른 개인회생절차 개시결정자
8. 「고용보험법」에 따른 실업급여수급자
9. 그 밖에 제1호부터 제8호까지에 준하는 것으로서 대통령령으로 정하는 부득이한 사유가 있는 경우
② 제1항에 따라 징수유예등을 받으려는 당사자는 대통령령으로 정하는 바에 따라 이를 행정청에 신청할 수 있다.
③ 행정청은 제1항에 따라 징수유예등을 하는 경우 그 유예하는 금액에 상당하는 담보의 제공이나 제공된 담보의 변경을 요구할 수 있고, 그 밖에 담보보전에 필요한 명령을 할 수 있다.
④ 행정청은 제1항에 따른 징수유예등의 기간 중에는 그 유예한 과태료 징수금에 대하여 가산금, 중가산금의 징수 또는 체납처분(교부청구는 제외한다)을 할 수 없다.
⑤ 행정청은 다음 각 호의 어느 하나에 해당하는 경우 그 징수유예등을 취소하고, 유예된 과태료 징수금을 한꺼번에 징수할 수 있다. 이 경우 그 사실을 당사자에게 통지하여야 한다.
1. 과태료 징수금을 지정된 기한까지 납부하지 아니하였을 때
2. 담보의 제공이나 변경, 그 밖에 담보보전에 필요한 행정청의 명령에 따르지 아니하였을 때
3. 재산상황이나 그 밖의 사정의 변화로 유예할 필요가 없다고 인정될 때
4. 제1호부터 제3호까지에 준하는 대통령령으로 정하는 사유에 해당되어 유예한 기한까지 과태료 징수금의 전액을 징수할 수 없다고 인정될 때
⑥ 과태료 징수유예등의 방식과 절차, 그 밖에 징수유예등에 관하여 필요한 사항은 대통령령으로 정한다.
(2016.12.2 본조신설)

제24조의4【결손처분】 ① 행정청은 당사자에게 다음 각 호의 어느 하나에 해당하는 사유가 있을 경우에는 결손처분을 할 수 있다.
1. 제15조제1항에 따라 과태료의 소멸시효가 완성된 경우
2. 체납자의 행방이 분명하지 아니하거나 재산이 없는 등 징수할 수 없다고 인정되는 경우로서 대통령령으로 정하는 경우
② 행정청은 제1항제2호에 따라 결손처분을 한 후 압류할 수 있는 다른 재산을 발견하였을 때에는 지체 없이 그 처분을 취소하고 체납처분을 하여야 한다.
(2018.12.18 본조신설)

제4장 질서위반행위의 재판 및 집행

제25조【관할 법원】 과태료 사건은 다른 법령에 특별한 규정이 있는 경우를 제외하고는 당사자의 주소지의 지방법원 또는 그 지원의 관할로 한다.

제26조【관할의 표준이 되는 시기】 법원의 관할은 행정청이 제21조제1항 및 제2항에 따라 이의제기 사실을 통보한 때를 표준으로 정한다.

제27조【관할위반에 따른 이송】 ① 법원은 과태료 사건의 일부 또는 전부에 대하여 관할권이 없다고 인정하는 경우에는 결정으로 이를 관할 법원으로 이송한다.
② 당사자 또는 검사는 이송결정에 대하여 즉시항고를 할 수 있다.

제28조【준용규정】 「비송사건절차법」 제2조부터 제4조까지, 제6조, 제7조, 제10조(인증과 감정을 제외한다) 및 제24조부터 제26조까지의 규정은 이 법에 따른 과태료 재판(이하 "과태료 재판"이라 한다)에 준용한다.

제29조【법원직원의 제척 등】 법원직원의 제척·기피 및 회피에 관한 「민사소송법」의 규정은 과태료 재판에 준용한다.

제30조【행정청 통보사실의 통지】 법원은 제21조제1항 및 제2항에 따른 행정청의 통보가 있는 경우 이를 즉시 검사에게 통지하여야 한다.

제31조【심문 등】 ① 법원은 심문기일을 열어 당사자의 진술을 들어야 한다.
② 법원은 검사의 의견을 구하여야 하고, 검사는 심문에 참여하여 의견을 진술하거나 서면으로 의견을 제출하여야 한다.
③ 법원은 당사자 및 검사에게 제1항에 따른 심문기일을 통지하여야 한다.

제32조【행정청에 대한 출석 요구 등】 ① 법원은 행정청의 참여가 필요하다고 인정하는 때에는 행정청으로 하여금 심문기일에 출석하여 의견을 진술하게 할 수 있다.
② 행정청은 법원의 허가를 받아 소속 공무원으로 하여금 심문기일에 출석하여 의견을 진술하게 할 수 있다.

제33조【직권에 의한 사실탐지와 증거조사】 ① 법원은 직권으로 사실의 탐지와 필요하다고 인정하는 증거의 조사를 하여야 한다.
② 제1항의 증거조사에 관하여는 「민사소송법」에 따른다.

제34조【촉탁할 수 있는 사항】 사실탐지·소환 및 고지에 관한 행위는 촉탁할 수 있다.

제35조【조서의 작성】 법원서기관·법원사무관·법원주사 또는 법원주사보(이하 "법원사무관등"이라 한다)는 증인 또는 감정인의 심문에 관하여는 조서를 작성하고, 그 밖의 심문에 관하여는 필요하다고 인정하는 경우에 한하여 조서를 작성한다.

제36조【재판】 ① 과태료 재판은 이유를 붙인 결정으로써 한다.
② 결정서의 원본에는 판사가 서명날인하여야 한다. 다만, 제20조제1항에 따른 이의제기서 또는 조서에 재판에 관한 사항을 기재하고 판사가 이에 서명날인함으로써 원본에 갈음할 수 있다.
③ 결정서의 정본과 등본에는 법원사무관등이 기명날인하고, 정본에는 법원인을 찍어야 한다.
④ 제2항의 서명날인은 기명날인으로 갈음할 수 있다.

제37조【결정의 고지】 ① 결정은 당사자와 검사에게 고지함으로써 효력이 생긴다.
② 결정의 고지는 법원이 적당하다고 인정하는 방법으로 한다. 다만, 공시송달을 하는 경우에는 「민사소송법」에 따라야 한다.
③ 법원사무관등은 고지의 방법·장소와 연월일을 결정서의 원본에 부기하고 이에 날인하여야 한다.

제38조【항고】 ① 당사자와 검사는 과태료 재판에 대하여 즉시항고를 할 수 있다. 이 경우 항고는 집행정지의 효력이 있다.
② 검사는 필요한 경우에는 제1항에 따른 즉시항고 여부에 대한 행정청의 의견을 청취할 수 있다.

제39조【항고법원의 재판】 항고법원의 과태료 재판에는 이유를 적어야 한다.

제40조【항고의 절차】 「민사소송법」의 항고에 관한 규정은 특별한 규정이 있는 경우를 제외하고는 이 법에 따른 항고에 준용한다.

제41조【재판비용】 ① 과태료 재판절차의 비용은 과태료에 처하는 선고가 있는 경우에는 그 선고를 받은 자의 부담으로 하고, 그 외의 경우에는 국고의 부담으로 한다.
② 항고법원이 당사자의 신청을 인정하는 과태료 재판을 한 때에는 항고절차의 비용과 전심에서 당사자의 부담이 된 비용은 국고의 부담으로 한다.

제42조【과태료 재판의 집행】 ① 과태료 재판은 검사의 명령으로써 집행한다. 이 경우 그 명령은 집행력 있는 집행권원과 동일한 효력이 있다.

② 과태료 재판의 집행절차는 「민사집행법」에 따르거나 국세 또는 지방세 체납처분의 예에 따른다. 다만, 「민사집행법」에 따를 경우에는 집행을 하기 전에 과태료 재판의 송달은 하지 아니한다.
③ 과태료 재판의 집행에 대하여는 제24조 및 제24조의2를 준용한다. 이 경우 제24조의2제1항 및 제2항 중 "과태료 부과처분에 대하여 이의를 제기하지 아니한 채 제20조제1항에 따른 기한이 종료한 후"는 "과태료 재판이 확정된 후"로 본다. (2011.4.5 본항개정)
④ 검사는 제1항부터 제3항까지의 규정에 따른 과태료 재판을 집행한 경우 그 결과를 해당 행정청에 통보하여야 한다. (2011.4.5 본항신설)
제43조【과태료 재판 집행의 위탁】 ① 검사는 과태료를 최초 부과한 행정청에 대하여 과태료 재판의 집행을 위탁할 수 있고, 위탁을 받은 행정청은 국세 또는 지방세 체납처분의 예에 따라 집행한다.
② 지방자치단체의 장이 제1항에 따라 집행을 위탁받은 경우에는 그 집행한 금원(金員)은 당해 지방자치단체의 수입으로 한다.
제44조【약식재판】 법원은 상당하다고 인정하는 때에는 제31조제1항에 따른 심문 없이 과태료 재판을 할 수 있다.
제45조【이의신청】 ① 당사자와 검사는 제44조에 따른 약식재판의 고지를 받은 날부터 7일 이내에 이의신청을 할 수 있다.
② 검사는 필요한 경우에는 제1항에 따른 이의신청 여부에 대하여 행정청의 의견을 청취할 수 있다.
③ 제1항의 기간은 불변기간으로 한다.
④ 당사자와 검사가 책임질 수 없는 사유로 제1항의 기간을 지킬 수 없었던 경우에는 그 사유가 없어진 날부터 14일 이내에 이의신청을 할 수 있다. 다만, 그 사유가 없어질 당시 외국에 있던 당사자에 대하여는 그 기간을 30일로 한다.
제46조【이의신청 방식】 ① 이의신청은 대통령령으로 정하는 이의신청서를 제44조에 따른 약식재판을 한 법원에 제출함으로써 한다.
② 법원은 제1항에 따른 이의신청이 있은 때에는 이의신청의 상대방에게 이의신청서 부본을 송달하여야 한다.
제47조【이의신청 취하】 ① 이의신청을 한 당사자 또는 검사는 정식재판 절차에 따른 결정을 고지받기 전까지 이의신청을 취하할 수 있다.
② 이의신청의 취하는 대통령령으로 정하는 이의신청취하서를 제46조제1항에 따른 법원에 제출함으로써 한다. 다만, 심문기일에는 말로 할 수 있다.
③ 법원은 제46조제2항에 따라 이의신청서 부본을 송달한 뒤에 제1항에 따른 이의신청의 취하가 있은 때에는 그 상대방에게 이의신청취하서 부본을 송달하여야 한다.
제48조【이의신청 각하】 ① 법원은 이의신청이 법령상 방식에 어긋나거나 이의신청권이 소멸된 뒤의 것임이 명백한 경우에는 결정으로 이를 각하하여야 한다. 다만, 그 흠을 보정할 수 있는 경우에는 그러하지 아니하다.
② 제1항의 결정에 대하여는 즉시항고를 할 수 있다.
제49조【약식재판의 확정】 약식재판은 다음 각 호의 어느 하나에 해당하는 때에 확정된다.
1. 제45조에 따른 기간 이내에 이의신청이 없는 때
2. 이의신청에 대한 각하결정이 확정된 때
3. 당사자 또는 검사가 이의신청을 취하한 때
제50조【이의신청에 따른 정식재판절차로의 이행】 ① 법원이 이의신청이 적법하다고 인정하는 때에는 약식재판은 그 효력을 잃는다.
② 제1항의 경우 법원은 제31조제1항에 따른 심문을 거쳐 다시 재판하여야 한다.

제5장 보 칙

제51조【자료제출 요구】 법무부장관은 과태료 징수 관련 통계 작성 등 이 법의 운용과 관련하여 필요한 경우에는 중앙행정기관의 장이나 그 밖의 관계 기관의 장에게 과태료 징수 현황 등에 관한 자료의 제출을 요구할 수 있다.
제52조【관허사업의 제한】 ① 행정청은 허가·인가·면허·등록 및 갱신(이하 "허가등"이라 한다)을 요하는 사업을 경영하는 자로서 다음 각 호의 사유에 모두 해당하는 체납자에 대하여는 사업의 정지 또는 허가등의 취소를 할 수 있다.
1. 해당 사업과 관련된 질서위반행위로 부과받은 과태료를 3회 이상 체납하고 있고, 체납발생일부터 각 1년이 경과하였으며, 체납금액의 합계가 500만원 이상인 체납자 중 대통령령으로 정하는 횟수와 금액 이상을 체납한 자
2. 천재지변이나 그 밖의 중대한 재난 등 대통령령으로 정하는 특별한 사유 없이 과태료를 체납한 자
② 허가등을 요하는 사업의 주무관청이 따로 있는 경우에는 행정청은 당해 주무관청에 대하여 사업의 정지 또는 허가등의 취소를 요구할 수 있다.
③ 행정청은 제1항 또는 제2항에 따라 사업의 정지 또는 허가등을 취소하거나 주무관청에 대하여 그 요구를 한 후 당해 과태료를 징수한 때에는 지체 없이 사업의 정지 또는 허가등의 취소나 그 요구를 철회하여야 한다.
④ 제2항에 따른 행정청의 요구가 있는 때에는 당해 주무관청은 정당한 사유가 없는 한 이에 응하여야 한다.
제53조【신용정보의 제공 등】 ① 행정청은 과태료 징수 또는 공익목적을 위하여 필요한 경우 「국세징수법」 제110조를 준용하여 「신용정보의 이용 및 보호에 관한 법률」 제25조제2항제1호에 따른 종합신용정보집중기관의 요청에 따라 체납 또는 결손처분자료를 제공할 수 있다. 이 경우 「국세징수법」 제110조를 준용할 때 "체납자"는 "체납자 또는 결손처분자"로, "체납자료"는 "체납 또는 결손처분 자료"로 본다. (2020.12.29 본항개정)
② 행정청은 당사자에게 과태료를 납부하지 아니할 경우에는 체납 또는 결손처분자료를 제1항의 신용정보집중기관에게 제공할 수 있음을 미리 알려야 한다.(2020.2.4 본항개정)
③ 행정청은 제1항에 따라 체납 또는 결손처분자료를 제공한 경우에는 대통령령으로 정하는 바에 따라 해당 체납자에게 그 제공사실을 통보하여야 한다.
제54조【고액·상습체납자에 대한 제재】 ① 법원은 검사의 청구에 따라 결정으로 30일의 범위 이내에서 과태료의 납부가 있을 때까지 다음 각 호의 사유에 모두 해당하는 경우 체납자(법인인 경우에는 대표자를 말한다. 이하 이 조에서 같다)를 감치(監置)에 처할 수 있다.
1. 과태료를 3회 이상 체납하고 있고, 체납발생일부터 각 1년이 경과하였으며, 체납금액의 합계가 1천만원 이상인 체납자 중 대통령령으로 정하는 횟수와 금액 이상을 체납한 경우
2. 과태료 납부능력이 있음에도 불구하고 정당한 사유 없이 체납한 경우
② 행정청은 과태료 체납자가 제1항 각 호의 사유에 모두 해당하는 경우에는 관할 지방검찰청 또는 지청의 검사에게 체납자의 감치를 신청할 수 있다.
③ 제1항의 결정에 대하여는 즉시항고를 할 수 있다.
④ 제1항에 따라 감치에 처하여진 과태료 체납자는 동일한 체납사실로 인하여 재차 감치되지 아니한다.
⑤ 제1항에 따른 감치에 처하는 재판 절차 및 그 집행, 그 밖에 필요한 사항은 대법원규칙으로 정한다.

제55조【자동차 관련 과태료 체납자에 대한 자동차 등록번호판의 영치】 ① 행정청은 「자동차관리법」 제2조제1호에 따른 자동차의 운행·관리 등에 관한 질서위반행위 중 대통령령으로 정하는 질서위반행위로 부과받은 과태료(이하 "자동차 관련 과태료"라 한다)를 납부하지 아니한 자에 대하여 체납된 자동차 관련 과태료와 관계된 그 소유의 자동차의 등록번호판을 영치할 수 있다.
② 자동차 등록업무를 담당하는 주무관청이 아닌 행정청이 제1항에 따라 등록번호판을 영치한 경우에는 지체 없이 주무관청에 등록번호판을 영치한 사실을 통지하여야 한다.
③ 자동차 관련 과태료를 납부하지 아니한 자가 체납된 자동차 관련 과태료를 납부한 경우 행정청은 영치한 자동차 등록번호판을 즉시 내주어야 한다.
④ 행정청은 제1항에 따라 자동차의 등록번호판이 영치된 당사자가 해당 자동차를 직접적인 생계유지 목적으로 사용하고 있어 자동차 등록번호판을 영치할 경우 생계유지가 곤란하다고 인정되는 경우 자동차 등록번호판을 내주고 영치를 일시 해제할 수 있다. 다만, 그 밖의 다른 과태료를 체납하고 있는 당사자에 대하여는 그러하지 아니하다.(2016.12.2 본항신설)
⑤ 제1항부터 제4항까지에서 규정한 사항 외에 자동차 등록번호판 영치의 요건·방법·절차, 영치 해제의 요건·방법·절차 및 영치 일시 해제의 기간·요건·방법·절차에 관하여 필요한 사항은 대통령령으로 정한다.(2016.12.2 본항개정)
(2011.4.5 본조신설)
제56조【자동차 관련 과태료 납부증명서의 제출】 자동차 관련 과태료와 관계된 자동차가 그 자동차 관련 과태료의 체납으로 인하여 압류등록된 경우 그 자동차에 대하여 소유권 이전등록을 하려는 자는 압류등록의 원인이 된 자동차 관련 과태료(제24조에 따른 가산금 및 중가산금을 포함한다)를 납부한 증명서를 제출하여야 한다. 다만, 「전자정부법」 제36조제1항에 따른 행정정보의 공동이용을 통하여 납부사실을 확인할 수 있는 경우에는 그러하지 아니하다.
(2011.4.5 본조신설)
제57조【과태료】 ① 제22조제2항에 따른 검사를 거부·방해 또는 기피한 자에게는 500만원 이하의 과태료를 부과한다.
② 제1항에 따른 과태료는 제22조에 따른 행정청이 부과·징수한다.

부　칙

①【**시행일**】 이 법은 공포 후 6개월이 경과한 날부터 시행한다.
②【**가산금의 징수 등에 관한 적용례**】 제24조 및 제52조부터 제54조까지의 규정은 이 법 시행 후 최초로 발생한 체납 과태료부터 적용한다.
③【**과태료에 관한 적용례**】 제55조는 이 법 시행 전에 발생한 사항에 대하여는 적용하지 아니한다.
④【**일반적 경과조치**】 이 법은 특별한 규정이 있는 경우를 제외하고는 이 법 시행 전에 발생한 사항에 대하여도 적용한다. 다만, 이 법 시행 전에 다른 법률에 따라 발생한 효력에 관하여는 영향을 미치지 아니한다.

부　칙 (2011.4.5)

①【**시행일**】 이 법은 공포 후 3개월이 경과한 날부터 시행한다.
②【**과태료 재판 집행결과의 통보에 관한 적용례**】 제42조제4항의 개정규정은 이 법 시행 후 최초로 집행한 과태료 재판부터 적용한다.
③【**자동차 관련 과태료의 특례에 관한 적용례**】 제55조 및 제56조의 개정규정은 이 법 시행 후 최초로 자동차 관련 과태료를 체납한 자부터 적용한다.

부　칙 (2016.12.2)

제1조【시행일】 이 법은 공포 후 6개월이 경과한 날부터 시행한다.
제2조【신용카드 등에 의한 과태료의 납부에 관한 적용례】 제17조의2의 개정규정은 이 법 시행 이후 납부하는 과태료 징수금부터 적용한다.
제3조【가산금 징수에 관한 적용례】 제24조의 개정규정은 이 법 시행 후 최초로 발생한 체납 과태료부터 적용한다.
제4조【자동차 등록번호판 영치의 일시 해제에 관한 적용례】 제55조의 개정규정은 이 법 시행 당시 자동차 등록번호판이 영치 중인 당사자에 대하여도 적용한다.

부　칙 (2018.12.18)

이 법은 공포한 날부터 시행한다.

부　칙 (2020.2.4)

제1조【시행일】 이 법은 공포 후 6개월이 경과한 날부터 시행한다.(이하 생략)

부　칙 (2020.12.29)

제1조【시행일】 이 법은 2021년 1월 1일부터 시행한다.(이하 생략)

부정수표 단속법

(1961년 7월 3일
법 률 제645호)

개정
1966. 2.26법 1747호 1993.12.10법 4587호
2010. 3.24법10185호

제1조【목적】 이 법은 부정수표(不正手票) 등의 발행을 단속·처벌함으로써 국민의 경제생활의 안전과 유통증권인 수표의 기능을 보장함을 목적으로 한다.(2010.3.24 본조개정)

제2조【부정수표 발행인의 형사책임】 ① 다음 각 호의 어느 하나에 해당하는 부정수표를 발행하거나 작성한 자는 5년 이하의 징역 또는 수표금액의 10배 이하의 벌금에 처한다.
1. 가공인물의 명의로 발행한 수표
2. 금융기관(우체국을 포함한다. 이하 같다)과의 수표계약 없이 발행하거나 금융기관으로부터 거래정지처분을 받은 후에 발행한 수표
3. 금융기관에 등록된 것과 다른 서명 또는 기명날인으로 발행한 수표

② 수표를 발행하거나 작성한 자가 수표를 발행한 후에 예금부족, 거래정지처분이나 수표계약의 해제 또는 해지로 인하여 제시기일에 지급되지 아니하게 한 경우에도 제1항과 같다.
③ 과실로 제1항과 제2항의 죄를 범한 자는 3년 이하의 금고 또는 수표금액의 5배 이하의 벌금에 처한다.
④ 제2항과 제3항의 죄는 수표를 발행하거나 작성한 자가 그 수표를 회수한 경우 또는 회수하지 못하였더라도 수표 소지인의 명시적 의사에 반하는 경우 공소를 제기할 수 없다.
(2010.3.24 본조개정)

제3조【법인·단체 등의 형사책임】 ① 제2조의 경우에 발행인이 법인이나 그 밖의 단체일 때에는 그 수표에 적혀 있는 대표자 또는 작성자를 처벌하며, 그 법인 또는 그 밖의 단체에도 해당 조문의 벌금형을 과(科)한다. 다만, 법인 또는 그 밖의 단체가 그 위반행위를 방지하기 위하여 해당 업무에 관하여 상당한 주의와 감독을 게을리하지 아니한 경우에는 그러하지 아니하다.
② 대리인이 수표를 발행한 경우에는 본인을 처벌하는 외에 그 대리인도 처벌한다.
(2010.3.24 본조개정)

제4조【거짓 신고자의 형사책임】 수표금액의 지급 또는 거래정지처분을 면할 목적으로 금융기관에 거짓 신고를 한 자는 10년 이하의 징역 또는 20만원 이하의 벌금에 처한다.
(2010.3.24 본조개정)

제5조【위조·변조자의 형사책임】 수표를 위조하거나 변조한 자는 1년 이상의 유기징역과 수표금액의 10배 이하의 벌금에 처한다.(2010.3.24 본조개정)

제6조【「형사소송법」의 특례】 이 법에 따라 벌금을 선고하는 경우 「형사소송법」 제334조제1항에 따른 가납판결(假納判決)을 하여야 하며, 구속된 피고인에 대하여는 같은 법 제331조에도 불구하고 벌금을 가납할 때까지 계속 구속한다.
(2010.3.24 본조개정)

제7조【금융기관의 고발의무】 ① 금융기관에 종사하는 사람이 직무상 제2조제1항(발행인이 법인이나 그 밖의 단체인 경우를 포함한다) 또는 제5조에 규정된 수표를 발견한 때에는 48시간 이내에 수사기관에 고발하여야 하며, 제2조제2항(발행인이 법인이나 그 밖의 단체인 경우를 포함한다)에 규정된 수표를 발견한 때에는 30일 이내에 수사기관에 고발하여야 한다.
② 제1항의 고발을 하지 아니하면 100만원 이하의 벌금에 처한다.
(2010.3.24 본조개정)

부 칙 (2010.3.24)

이 법은 공포한 날부터 시행한다.

형사보상 및 명예회복에 관한 법률(약칭 : 형사보상법)

(2011년 5월 23일
전부개정법률 제10698호)

개정
2016. 1. 6법13722호(군사법원)
2018. 3.20법15496호 2021. 3.16법17936호
2023.12.29법19857호

제1장 총 칙

제1조【목적】 이 법은 형사소송 절차에서 무죄재판 등을 받은 자에 대한 형사보상 및 명예회복을 위한 방법과 절차 등을 규정함으로써 무죄재판 등을 받은 자에 대한 정당한 보상과 실질적 명예회복에 이바지함을 목적으로 한다.

제2장 형사보상

제2조【보상 요건】 ① 「형사소송법」에 따른 일반 절차 또는 재심(再審)이나 비상상고(非常上告) 절차에서 무죄재판을 받아 확정된 사건의 피고인이 미결구금(未決拘禁)을 당하였을 때에는 이 법에 따라 국가에 대하여 그 구금에 대한 보상을 청구할 수 있다.
② 상소권회복에 의한 상소, 재심 또는 비상상고의 절차에서 무죄재판을 받아 확정된 사건의 피고인이 원판결(原判決)에 의하여 구금되거나 형 집행을 받았을 때에는 구금 또는 형의 집행에 대한 보상을 청구할 수 있다.
③ 「형사소송법」 제470조제3항에 따른 구치(拘置)와 같은 법 제473조부터 제475조까지의 규정에 따른 구속은 제2항을 적용할 때에는 구금 또는 형의 집행으로 본다.

제3조【상속인에 의한 보상청구】 ① 제2조에 따라 보상을 청구할 수 있는 자가 그 청구를 하지 아니하고 사망하였을 때에는 그 상속인이 이를 청구할 수 있다.
② 사망한 자에 대하여 재심 또는 비상상고의 절차에서 무죄재판이 있었을 때에는 보상의 청구에 관하여는 사망한 때에 무죄재판이 있었던 것으로 본다.

제4조【보상하지 아니할 수 있는 경우】 다음 각 호의 어느 하나에 해당하는 경우에는 법원은 재량(裁量)으로 보상청구의 전부 또는 일부를 기각(棄却)할 수 있다.
1. 「형법」 제9조 및 제10조제1항의 사유로 무죄재판을 받은 경우
2. 본인이 수사 또는 심판을 그르칠 목적으로 거짓 자백을 하거나 다른 유죄의 증거를 만듦으로써 기소(起訴), 미결구금 또는 유죄재판을 받게 된 것으로 인정된 경우
3. 1개의 재판으로 경합범(競合犯)의 일부에 대하여 무죄재판을 받고 다른 부분에 대하여 유죄재판을 받았을 경우

제5조【보상의 내용】 ① 구금에 대한 보상을 할 때에는 그 구금일수(拘禁日數)에 따라 1일당 보상청구의 원인이 발생한 연도의 「최저임금법」에 따른 일급(日給) 최저임금액 이상 대통령령으로 정하는 금액 이하의 비율에 의한 보상금을 지급한다.
② 법원은 제1항의 보상금액을 산정할 때 다음 각 호의 사항을 고려하여야 한다.
1. 구금의 종류 및 기간의 장단(長短)
2. 구금기간 중에 입은 재산상의 손실과 얻을 수 있었던 이익의 상실 또는 정신적인 고통과 신체 손상
3. 경찰·검찰·법원의 각 기관의 고의 또는 과실 유무
4. 무죄재판의 실질적 이유가 된 사정(2018.3.20 본호신설)
5. 그 밖에 보상금액 산정과 관련되는 모든 사정

③ 사형 집행에 대한 보상을 할 때에는 집행 전 구금에 대한 보상금 외에 3천만원 이내에서 모든 사정을 고려하여 법원이 타당하다고 인정하는 금액을 더하여 보상한다. 이 경우 본인의 사망으로 인하여 발생한 재산상의 손실액이 증명되었을 때에는 그 손실액도 보상한다.
④ 벌금 또는 과료(科料)의 집행에 대한 보상을 할 때에는 이미 징수한 벌금 또는 과료의 금액에 징수일의 다음 날부터 보상 결정일까지의 일수에 대하여 「민법」 제379조의 법정이율을 적용하여 계산한 금액을 더한 금액을 보상한다.
⑤ 노역장유치(勞役場留置)의 집행을 한 경우 그에 대한 보상에 관하여는 제1항을 준용한다.
⑥ 몰수(沒收) 집행에 대한 보상을 할 때에는 그 몰수물을 반환하고, 그것이 이미 처분되었을 때에는 보상결정 시의 시가(時價)를 보상한다.
⑦ 추징금(追徵金)에 대한 보상을 할 때에는 그 액수에 징수일의 다음 날부터 보상 결정일까지의 일수에 대하여 「민법」 제379조의 법정이율을 적용하여 계산한 금액을 더한 금액을 보상한다.

제6조【손해배상과의 관계】 ① 이 법은 보상을 받을 자가 다른 법률에 따라 손해배상을 청구하는 것을 금지하지 아니한다.
② 이 법에 따른 보상을 받을 자가 같은 원인에 대하여 다른 법률에 따라 손해배상을 받은 경우에 그 손해배상의 액수가 이 법에 따라 받을 보상금의 액수와 같거나 그보다 많을 때에는 보상하지 아니한다. 그 손해배상의 액수가 이 법에 따라 받을 보상금의 액수보다 적을 때에는 그 손해배상 금액을 빼고 보상금의 액수를 정하여야 한다.
③ 다른 법률에 따라 손해배상을 받을 자가 같은 원인에 대하여 이 법에 따른 보상을 받았을 때에는 그 보상금의 액수를 빼고 손해배상의 액수를 정하여야 한다.

판례 수사기관이 자행한 고문 등에 의해 이뤄진 자백을 기초로 유죄 판결이 확정돼 사형이 집행된 후 유족이 재심에서 무죄 판결을 받아 국가로부터 국가배상금과 형사보상금을 모두 받았더라도 이는 국가의 실수에 의한 것으로, 이중지급으로 판단해 환수에 나서는 것은 신의성실 원칙에 반해 허용될 수 없다.
(대판 2021.11.25, 2017다258381)

제7조【관할법원】 보상청구는 무죄재판을 한 법원에 대하여 하여야 한다.

제8조【보상청구의 기간】 보상청구는 무죄재판이 확정된 사실을 안 날부터 3년, 무죄재판이 확정된 때부터 5년 이내에 하여야 한다.

제9조【보상청구의 방식】 ① 보상청구를 할 때에는 보상청구서에 재판서의 등본과 그 재판의 확정증명서를 첨부하여 법원에 제출하여야 한다.
② 보상청구서에는 다음 각 호의 사항을 적어야 한다.
1. 청구자의 등록기준지, 주소, 성명, 생년월일
2. 청구의 원인이 된 사실과 청구액

제10조【상속인의 소명】 상속인이 보상을 청구할 때에는 본인과의 관계와 같은 순위의 상속인 유무를 소명(疏明)할 수 있는 자료를 제출하여야 한다.

제11조【상속인의 보상청구의 효과】 ① 보상청구를 할 수 있는 같은 순위의 상속인이 여러 명인 경우에 그 중 1명이 보상청구를 하였을 때에는 보상을 청구할 수 있는 모두를 위하여 그 전부에 대하여 보상청구를 한 것으로 본다.
② 제1항의 경우에 청구를 한 상속인 외의 상속인은 공동청구인으로서 절차에 참가할 수 있다.
③ 법원은 제1항의 경우에 보상을 청구할 수 있는 같은 순위의 다른 상속인이 있다는 사실을 알았을 때에는 지체 없이 그 상속인에게 보상청구가 있었음을 통지하여야 한다.

제12조【보상청구의 취소】 ① 같은 순위의 상속인이 여러 명인 경우에 보상을 청구한 자는 나머지 모두의 동의 없이 청구를 취소할 수 없다.
② 보상청구를 취소한 경우에 보상청구권자는 다시 보상을 청구할 수 없다.

제13조【대리인에 의한 보상청구】 보상청구는 대리인을 통하여서도 할 수 있다.

제14조【보상청구에 대한 재판】 ① 보상청구는 법원 합의부에서 재판한다.
② 보상청구에 대하여는 법원은 검사와 청구인의 의견을 들은 후 결정을 하여야 한다.
③ 보상청구를 받은 법원은 6개월 이내에 보상결정을 하여야 한다.(2018.3.20 본항신설)
④ 제2항에 따른 결정의 정본(正本)은 검사와 청구인에게 송달하여야 한다.

제15조【직권조사사항】 법원은 보상청구의 원인이 된 사실인 구금일수 또는 형 집행의 내용에 관하여 직권으로 조사를 하여야 한다.

제16조【보상청구 각하의 결정】 법원은 다음 각 호의 어느 하나에 해당하는 경우에는 보상청구를 각하(却下)하는 결정을 하여야 한다.
1. 보상청구의 절차가 법령으로 정한 방식을 위반하여 보정(補正)할 수 없을 경우
2. 청구인이 법원의 보정명령에 따르지 아니할 경우
3. 제8조에 따른 보상청구의 기간이 지난 후에 보상을 청구하였을 경우

제17조【보상 또는 청구기각의 결정】 ① 보상의 청구가 이유 있을 때에는 보상결정을 하여야 한다.
② 보상의 청구가 이유 없을 때에는 청구기각의 결정을 하여야 한다.

제18조【결정의 효과】 보상청구를 할 수 있는 같은 순위의 상속인이 여러 명인 경우에 그 중 1명에 대한 제17조의 보상결정이나 청구기각의 결정은 같은 순위자 모두에 대하여 한 것으로 본다.

제19조【보상청구의 중단과 승계】 ① 보상을 청구한 자가 청구절차 중 사망하거나 상속인 자격을 상실한 경우에 다른 청구인이 없을 때에는 청구의 절차는 중단된다.
② 제1항의 경우에 보상을 청구한 자의 상속인 또는 보상을 청구한 상속인과 같은 순위의 상속인은 2개월 이내에 청구의 절차를 승계할 수 있다.
③ 법원은 제2항에 따라 절차를 승계할 수 있는 자로서 법원에 알려진 자에게는 지체 없이 제2항의 기간 내에 청구의 절차를 승계할 것을 통지하여야 한다.
④ 제2항의 기간 내에 절차를 승계하는 신청이 없을 때에는 법원은 청구를 각하하는 결정을 하여야 한다.

제20조【불복신청】 ① 제17조제1항에 따른 보상결정에 대하여는 1주일 이내에 즉시항고(卽時抗告)를 할 수 있다.
② 제17조제2항에 따른 청구기각 결정에 대하여는 즉시항고를 할 수 있다.

제21조【보상금 지급청구】 ① 보상금 지급을 청구하려는 자는 보상을 결정한 법원에 대응하는 검찰청에 보상금 지급청구서를 제출하여야 한다.
② 제1항의 청구서에는 법원의 보상결정서를 첨부하여야 한다.
③ 보상결정이 송달된 후 2년 이내에 보상금 지급청구를 하지 아니할 때에는 권리를 상실한다.
④ 보상금을 받을 수 있는 자가 여러 명인 경우에는 그 중 1명이 한 보상금 지급청구는 보상결정을 받은 모두를 위하여 그 전부에 대하여 보상금 지급청구를 한 것으로 본다.

제21조의2【보상금 지급기한 등】 ① 보상금 지급청구서를 제출받은 검찰청은 3개월 이내에 보상금을 지급하여야 한다.
② 제1항에 따른 기한까지 보상금을 지급하지 아니한 경우에는 그 다음 날부터 지급하는 날까지의 지연 일수에 대하

여 「민법」 제379조의 법정이율에 따른 지연이자를 지급하여야 한다.
(2018.3.20 본조신설)
제22조 【보상금 지급의 효과】 보상금을 받을 수 있는 자가 여러 명인 경우에는 그 중 1명에 대한 보상금 지급은 그 모두에 대하여 효력이 발생한다.
제23조 【보상청구권의 양도 및 압류의 금지】 보상청구권은 양도하거나 압류할 수 없다. 보상금 지급청구권도 또한 같다.
제24조 【준용규정】 이 법에 따른 결정과 즉시항고에 관하여는 이 법에 특별한 규정이 있는 것을 제외하고는 「형사소송법」의 규정을 준용한다. 기간에 관하여도 또한 같다.
제25조 【보상결정의 공시】 ① 법원은 보상결정이 확정되었을 때에는 2주일 내에 보상결정의 요지를 관보에 게재하여 공시하여야 한다. 이 경우 보상결정을 받은 자의 신청이 있을 때에는 그 결정의 요지를 신청인이 선택하는 두 종류 이상의 일간신문에 각각 한 번씩 공시하여야 하며 그 공시는 신청일부터 30일 이내에 하여야 한다.
② 제6조제2항 전단에 규정된 이유로 보상청구를 기각하는 결정이 확정되었을 때에는 제1항을 준용한다.
제26조 【면소 등의 경우】 ① 다음 각 호의 어느 하나에 해당하는 경우에도 국가에 대하여 구금에 대한 보상을 청구할 수 있다. 다만, 제3호의 경우 재심 절차에서 선고된 형을 초과하여 집행된 구금일수를 제5조제1항에 따른 구금일수로 본다.(2023.12.29 단서신설)
1. 「형사소송법」에 따라 면소(免訴) 또는 공소기각(公訴棄却)의 재판을 받아 확정된 피고인이 면소 또는 공소기각의 재판을 할 만한 사유가 없었더라면 무죄재판을 받을 만한 현저한 사유가 있었을 경우
2. 「치료감호법」 제7조에 따라 치료감호의 독립 청구를 받은 피치료감호청구인의 치료감호사건이 범죄로 되지 아니하거나 범죄사실의 증명이 없는 때에 해당되어 청구기각의 판결을 받아 확정된 경우
3. 「헌법재판소법」에 따른 재심 절차에서 원판결보다 가벼운 형으로 확정됨에 따라 원판결에 의한 형 집행이 재심절차에서 선고된 형을 초과한 경우(2023.12.29 본호신설)
② 제1항에 따른 보상에 대하여는 무죄재판을 받아 확정된 사건의 피고인에 대한 보상에 관한 규정을 준용한다. 보상결정의 공시에 대하여도 또한 같다.
③ 제1항제3호에 따른 보상청구의 경우에 법원은 재량으로 보상청구의 전부 또는 일부를 기각할 수 있다.(2023.12.29 본항신설)
제27조 【피의자에 대한 보상】 ① 피의자로서 구금되었던 자 중 검사로부터 불기소처분을 받거나 사법경찰관으로부터 불송치결정을 받은 자는 국가에 대하여 그 구금에 대한 보상(이하 "피의자보상"이라 한다)을 청구할 수 있다. 다만, 구금된 이후 불기소처분 또는 불송치결정의 사유가 있는 경우와 해당 불기소처분 또는 불송치결정이 종국적(終局的)인 것이 아니거나 「형사소송법」 제247조에 따른 것일 경우에는 그러하지 아니하다.(2021.3.16 본항개정)
② 다음 각 호의 어느 하나에 해당하는 경우에는 피의자보상의 전부 또는 일부를 지급하지 아니할 수 있다.
1. 본인이 수사 또는 재판을 그르칠 목적으로 거짓 자백을 하거나 다른 유죄의 증거를 만듦으로써 구금된 것으로 인정되는 경우
2. 구금기간 중에 다른 사실에 대하여 수사가 이루어지고 그 사실에 관하여 범죄가 성립한 경우
3. 보상을 하는 것이 선량한 풍속이나 그 밖에 사회질서에 위배된다고 인정할 특별한 사정이 있는 경우
③ 피의자보상에 관한 사항을 심의·결정하기 위하여 지방검찰청에 피의자보상심의회(이하 "심의회"라 한다)를 둔다.
④ 심의회는 법무부장관의 지휘·감독을 받는다.
⑤ 심의회의 관할·구성·운영, 그 밖에 필요한 사항은 대통령령으로 정한다.
제28조 【피의자보상의 청구 등】 ① 피의자보상을 청구하려는 자는 불기소처분을 한 검사가 소속된 지방검찰청(지방검찰청 지청의 검사가 불기소처분을 한 경우에는 그 지청이 소속하는 지방검찰청을 말한다) 또는 불송치결정을 한 사법경찰관이 소속된 경찰관서에 대응하는 지방검찰청의 심의회에 보상을 청구하여야 한다.(2021.3.16 본항개정)
② 제1항에 따라 피의자보상을 청구하는 자는 보상청구서에 불기소처분 또는 불송치결정을 받은 사실을 증명하는 서류를 첨부하여 제출하여야 한다.(2021.3.16 본항개정)
③ 피의자보상의 청구는 불기소처분 또는 불송치결정의 고지(告知) 또는 통지를 받은 날부터 3년 이내에 하여야 한다.
(2021.3.16 본항개정)
④ 피의자보상의 청구에 대한 심의회의 결정에 대하여는 「행정심판법」에 따른 행정심판을 청구하거나 「행정소송법」에 따른 행정소송을 제기할 수 있다.
⑤ 심의회의 보상결정이 송달(제4항의 심판을 청구하거나 소송을 제기한 경우에는 그 재결 또는 판결에 따른 심의회의 보상결정이 송달된 때를 말한다)된 후 2년 이내에 보상금 지급청구를 하지 아니할 때에는 그 권리를 상실한다.
제29조 【준용규정】 ① 피의자보상에 대하여 이 장에 특별한 규정이 있는 경우를 제외하고는 그 성질에 반하지 아니하는 범위에서 무죄재판을 받아 확정된 사건의 피고인에 대한 보상에 관한 이 장의 규정을 준용한다.
② 다음 각 호의 어느 하나에 해당하는 자에 대한 형사보상에 대하여는 이 장의 규정을 준용한다. 이 경우 "법원"은 "군사법원"으로, "검찰청"은 "군검찰부"로, "심의회"는 "「국가배상법」 제10조제2항에 따른 특별심의회 소속 지구심의회(地區審議會)"로, "법무부장관"은 "국방부장관"으로 본다.
1. 군사법원에서 무죄재판을 받아 확정된 자
2. 군사법원에서 제26조제1항 각 호에 해당하는 재판을 받은 자
3. 군검찰부 군검사로부터 공소를 제기하지 아니하는 처분을 받은 자(2016.1.6 본호개정)

제3장 명예회복

제30조 【무죄재판서 게재 청구】 무죄재판을 받아 확정된 사건(이하 "무죄재판사건"이라 한다)의 피고인은 무죄재판이 확정된 때부터 3년 이내에 확정된 무죄재판사건의 재판서(이하 "무죄재판서"라 한다)를 법무부 인터넷 홈페이지에 게재하도록 해당 사건을 기소한 검사가 소속된 지방검찰청(지방검찰청 지청을 포함한다)에 청구할 수 있다.
제31조 【청구방법】 ① 제30조에 따른 청구를 할 때에는 무죄재판서 게재 청구서에 재판서의 등본과 그 재판의 확정증명서를 첨부하여 제출하여야 한다.
② 상속인에 의한 청구 및 그 소명에 대하여는 제3조 및 제10조를 준용한다. 이 경우 "보상"은 "게재"로 보며, 같은 순위의 상속인이 여러 명일 때에는 상속인 모두가 무죄재판서 게재 청구에 동의하였음을 소명할 자료를 제출하여야 한다.
③ 대리인에 의한 청구에 대하여는 제13조를 준용한다. 이 경우 "보상"은 "게재"로 본다.
④ 청구의 취소에 대하여는 제12조를 준용한다. 이 경우 "보상"은 "게재"로 본다.
제32조 【청구에 대한 조치】 ① 제30조에 따른 청구가 있을 때에는 그 청구를 받은 날부터 1개월 이내에 무죄재판서를 법무부 인터넷 홈페이지에 게재하여야 한다. 다만, 청구를 받은 때에 무죄재판사건의 확정재판기록이 해당 지방검찰청에 송부되지 아니한 경우에는 무죄재판사건의 확정재판기록이 해당 지방검찰청에 송부된 날부터 1개월 이내에 게재하여야 한다.

② 다음 각 호의 어느 하나에 해당할 때에는 무죄재판서의 일부를 삭제하여 게재할 수 있다.
1. 청구인이 무죄재판서 중 일부 내용의 삭제를 원하는 의사를 명시적으로 밝힌 경우
2. 무죄재판서의 공개로 인하여 사건 관계인의 명예나 사생활의 비밀 또는 생명·신체의 안전이나 생활의 평온을 현저히 해칠 우려가 있는 경우
③ 제2항제1호의 경우에는 청구인의 의사를 서면으로 확인하여야 한다. 다만, 소재불명 등으로 청구인의 의사를 확인할 수 없을 때에는 「민법」 제779조에 따른 가족 중 1명의 의사를 서면으로 확인하는 것으로 대신할 수 있다.
④ 제1항에 따른 무죄재판서의 게재기간은 1년으로 한다.
제33조【청구에 대한 조치의 통지 등】 ① 제32조제1항에 따라 무죄재판서를 법무부 인터넷 홈페이지에 게재한 경우에는 지체 없이 그 사실을 청구인에게 서면으로 통지하여야 한다.
② 제30조의 청구에 따른 집행절차 등에 관한 세부사항은 대통령령으로 정한다.
제34조【면소 등의 경우】 ① 제26조제1항 각 호의 경우에 해당하는 자는 확정된 사건의 재판서를 게재하도록 청구할 수 있다.
② 제1항에 따른 청구에 대하여는 무죄재판사건 피고인의 무죄재판서 게재 청구에 관한 규정을 준용한다.
제35조【준용규정】 다음 각 호의 어느 하나에 해당하는 자에 대한 명예회복에 대하여는 이 장의 규정을 준용한다. 이 경우 "법원"은 "군사법원"으로, "검찰청"은 "군검찰부"로, "법무부장관"은 "국방부장관"으로 본다.
1. 군사법원에서 무죄재판을 받아 확정된 자
2. 군사법원에서 제26조제1항 각 호에 해당하는 재판을 받은 자

부 칙

제1조【시행일】 이 법은 공포한 날부터 시행한다. 다만, 제30조부터 제35조까지의 개정규정은 공포 후 6개월이 경과한 날부터 시행한다.
제2조【보상금의 하한에 관한 적용례】 제5조제1항의 개정규정은 이 법 시행 당시 보상이 청구되어 재판 또는 심사 중인 경우에 대하여도 적용한다.
제3조【청구기각 판결에 관한 적용례】 제26조제1항제2호의 개정규정은 이 법 시행 후 최초로 확정된 청구기각 판결부터 적용한다.
제4조【군사법원에서의 면소, 공소기각 또는 청구기각 판결에 관한 적용례】 제29조제2항제2호의 개정규정은 이 법 시행 후 최초로 확정된 군사법원의 면소, 공소기각 또는 청구기각의 판결부터 적용한다.
제5조【명예회복제도에 관한 적용례】 제30조부터 제35조까지의 개정규정은 이 법 시행 후 최초로 확정된 무죄, 면소, 공소기각 및 청구기각의 재판부터 적용한다.
제6조【형사보상 청구기간에 관한 적용례】 이 법 시행 당시 법원이나 군사법원의 무죄재판(종전의 제25조제2항에 따라 준용되는 경우를 포함한다)이 확정된 때부터 1년이 경과한 경우에도 제8조의 개정규정에 따라 형사보상을 청구할 수 있다.
제7조【보상금지급 청구기간에 관한 적용례】 이 법 시행 당시 보상결정이 송달된 후 1년이 경과한 경우에도 제21조제3항의 개정규정에 따라 보상금 지급을 청구할 수 있다.
제8조【피의자보상 청구기간에 관한 적용례】 이 법 시행 당시 검사 또는 군검찰부 검찰관으로부터 공소를 제기하지 아니하는 처분의 고지 또는 통지를 받은 날부터 1년이 경과한 경우에도 제28조제3항의 개정규정에 따라 피의자보상을 청구할 수 있다.
제9조【피의자보상금지급 청구기간에 관한 적용례】 이 법 시행 당시 피의자보상심의회 또는 「국가배상법」 제10조제2항에 따른 특별심의회 소속 지구심의회의 보상결정이 송달된 후 1년이 경과한 경우에도 제28조제5항의 개정규정에 따라 보상금 지급을 청구할 수 있다.
제10조【다른 법률의 개정】 ①~③ ※(해당 법령에 가제정리 하였음)
제11조【다른 법령과의 관계】 이 법 시행 당시 다른 법령에서 종전의 「형사보상법」 또는 그 규정을 인용한 경우에 이 법 가운데 그에 해당하는 규정이 있으면 종전의 「형사보상법」 또는 그 규정을 갈음하여 이 법 또는 이 법의 해당 규정을 인용한 것으로 본다.

부 칙 (2021.3.16)

제1조【시행일】 이 법은 공포한 날부터 시행한다.
제2조【적용례】 제27조제1항 및 제28조제1항부터 제3항까지의 개정규정은 이 법 시행 전 사법경찰관으로부터 불송치결정을 받은 경우에도 적용한다.

부 칙 (2023.12.29)

제1조【시행일】 이 법은 공포한 날부터 시행한다.
제2조【형사보상청구에 관한 적용례】 제26조제1항 각 호 외의 부분 단서 및 같은 항 제3호, 같은 조 제3항의 개정규정은 이 법 시행 이후 형사보상이 청구된 사건과 이 법 시행 당시 형사보상청구절차가 계속 중인 사건에도 적용한다.

범죄피해자 보호법

(2010년 5월 14일
전부개정법률 제10283호)

개정
2011. 7.25법10898호(보조금관리에관한법)
2014. 1. 7법12187호 2014.10.15법12779호
2014.12.30법12883호 2016.12. 2법14279호
2017. 3.14법14583호 2024. 9.20법20433호

제1장 총 칙

제1조【목적】 이 법은 범죄피해자 보호·지원의 기본 정책 등을 정하고 타인의 범죄행위로 인하여 생명·신체에 피해를 받은 사람을 구조(救助)함으로써 범죄피해자의 복지 증진에 기여함을 목적으로 한다.

제2조【기본이념】 ① 범죄피해자는 범죄피해 상황에서 빨리 벗어나 인간의 존엄성을 보장받을 권리가 있다.
② 범죄피해자의 명예와 사생활의 평온은 보호되어야 한다.
③ 범죄피해자는 해당 사건과 관련하여 각종 법적 절차에 참여할 권리가 있다.

제3조【정의】 ① 이 법에서 사용하는 용어의 뜻은 다음과 같다.
1. "범죄피해자"란 타인의 범죄행위로 피해를 당한 사람과 그 배우자(사실상의 혼인관계를 포함한다), 직계친족 및 형제자매를 말한다.
2. "범죄피해자 보호·지원"이란 범죄피해자의 손실 복구, 정당한 권리 행사 및 복지 증진에 기여하는 행위를 말한다. 다만, 수사·변호 또는 재판에 부당한 영향을 미치는 행위는 포함되지 아니한다.
3. "범죄피해자 지원법인"이란 범죄피해자 보호·지원을 주된 목적으로 설립된 비영리법인을 말한다.
4. "구조대상 범죄피해"란 대한민국의 영역 안에서 또는 대한민국의 영역 밖에 있는 대한민국의 선박이나 항공기 안에서 행하여진 사람의 생명 또는 신체를 해치는 죄에 해당하는 행위(「형법」 제9조, 제10조제1항, 제12조, 제22조제1항에 따라 처벌되지 아니하는 행위를 포함하며, 같은 법 제20조 또는 제21조제1항에 따라 처벌되지 아니하는 행위 및 과실에 의한 행위는 제외한다)로 인하여 사망하거나 장해 또는 중상해를 입은 것을 말한다.
5. "장해"란 범죄행위로 입은 부상이나 질병이 치료(그 증상이 고정된 때를 포함한다)된 후에 남은 신체의 장해로서 대통령령으로 정하는 경우를 말한다.
6. "중상해"란 범죄행위로 인하여 신체나 그 생리적 기능에 손상을 입은 것으로서 대통령령으로 정하는 경우를 말한다.

② 제1항제1호에 해당하는 사람 외에 범죄피해 방지 및 범죄피해자 구조 활동으로 피해를 당한 사람도 범죄피해자로 본다.

제4조【국가의 책무】 국가는 범죄피해자 보호·지원을 위하여 다음 각 호의 조치를 취하고 이에 필요한 재원을 조달할 책무를 진다.
1. 범죄피해자 보호·지원 체제의 구축 및 운영
2. 범죄피해자 보호·지원을 위한 실태조사, 연구, 교육, 홍보
3. 범죄피해자 보호·지원을 위한 관계 법령의 정비 및 각종 정책의 수립·시행

제5조【지방자치단체의 책무】 ① 지방자치단체는 범죄피해자 보호·지원을 위하여 적극적으로 노력하고, 국가의 범죄피해자 보호·지원 시책이 원활하게 시행되도록 협력하여야 한다.
② 지방자치단체는 제1항에 따른 책무를 다하기 위하여 필요한 재원을 조달하여야 한다.(2014.12.30 본항신설)

제6조【국민의 책무】 국민은 범죄피해자의 명예와 사생활의 평온을 해치지 아니하도록 유의하여야 하고, 국가 및 지방자치단체가 실시하는 범죄피해자를 위한 정책의 수립과 추진에 최대한 협력하여야 한다.

제2장 범죄피해자 보호·지원의 기본 정책

제7조【손실 복구 지원 등】 ① 국가 및 지방자치단체는 범죄피해자의 피해정도 및 보호·지원의 필요성 등에 따라 상담, 의료제공(치료비 지원을 포함한다), 구조금 지급, 법률구조, 취업 관련 지원, 주거지원, 그 밖에 범죄피해자의 보호에 필요한 대책을 마련하여야 한다.(2014.12.30 본항개정)
② 국가는 범죄피해자와 그 가족에게 신체적·정신적 안정을 제공하고 사회복귀를 돕기 위하여 일시적 보호시설(이하 "보호시설"이라 한다)을 설치·운영하여야 한다. 이 경우 국가는 보호시설의 운영을 범죄피해자 지원법인, 「의료법」에 따른 종합병원, 「고등교육법」에 따른 학교를 설립·운영하는 학교법인, 그 밖에 대통령령으로 정하는 기관 또는 단체에 위탁할 수 있다.(2014.12.30 후단개정)
③ 국가는 범죄피해자와 그 가족의 정신적 회복을 위한 상담 및 치료 프로그램을 운영하여야 한다.
④ 보호시설의 설치·운영 기준, 입소·퇴소의 기준 및 절차, 위탁운영의 절차, 감독의 기준 및 절차와 제3항에 따른 상담 및 치료 프로그램의 운영 등에 관한 사항은 대통령령으로 정한다.

제8조【형사절차 참여 보장 등】 ① 국가는 범죄피해자가 해당 사건과 관련하여 수사담당자와 상담하거나 재판절차에 참여하여 진술하는 등 형사절차상의 권리를 행사할 수 있도록 보장하여야 한다.
② 국가는 범죄피해자가 요청하면 가해자에 대한 수사 결과, 공판기일, 재판 결과, 형 집행 및 보호관찰 집행 상황 등 형사절차 관련 정보를 대통령령으로 정하는 바에 따라 제공할 수 있다.

제8조의2【범죄피해자에 대한 정보 제공 등】 ① 국가는 수사 및 재판 과정에서 다음 각 호의 정보를 범죄피해자에게 제공하여야 한다.
1. 범죄피해자의 해당 재판절차 참여 진술권 등 형사절차상 범죄피해자의 권리에 관한 정보
2. 범죄피해 구조금 지급 및 범죄피해자 보호·지원 단체 현황 등 범죄피해자의 지원에 관한 정보
3. 그 밖에 범죄피해자의 권리보호 및 복지증진을 위하여 필요하다고 인정되는 정보

② 제1항에 따른 정보 제공의 구체적인 방법 및 절차 등에 필요한 사항은 대통령령으로 정한다.
(2014.10.15 본조신설)

제9조【사생활의 평온과 신변의 보호 등】 ① 국가 및 지방자치단체는 범죄피해자의 명예와 사생활의 평온을 보호하기 위하여 필요한 조치를 하여야 한다.
② 국가 및 지방자치단체는 범죄피해자가 형사소송절차에서 한 진술이나 증언과 관련하여 보복을 당할 우려가 있는 등 범죄피해자를 보호할 필요가 있을 경우에는 적절한 조치를 마련하여야 한다.

제10조【교육·훈련】 국가 및 지방자치단체는 범죄피해자에 대한 이해 증진과 효율적 보호·지원 업무 수행을 위하여 범죄 수사에 종사하는 자, 범죄피해자에 관한 상담·의료 제공 등의 업무에 종사하는 자, 그 밖에 범죄피해자 보호·지원 활동과 관계가 있는 자에 대하여 필요한 교육과 훈련을 실시하여야 한다.

제11조【홍보 및 조사연구】 ① 국가 및 지방자치단체는 범죄피해자에 대한 이해와 관심을 높이기 위하여 필요한 홍보를 하여야 한다.

② 국가 및 지방자치단체는 범죄피해자에 대하여 전문적 지식과 경험을 바탕으로 한 적절한 지원이 이루어질 수 있도록 범죄피해의 실태 조사, 지원정책 개발 등을 위하여 노력하여야 한다.

제11조의2【범죄피해자 인권 주간】 범죄피해자에 대한 사회적 관심을 높이고 범죄피해자의 복지를 증진하기 위하여 대통령령으로 정하는 바에 따라 1년 중 1주간을 범죄피해자 인권 주간으로 한다.(2024.9.20 본조신설)

제3장 범죄피해자 보호·지원의 기본계획 등

제12조【기본계획 수립】 ① 법무부장관은 제15조에 따른 범죄피해자 보호위원회의 심의를 거쳐 범죄피해자 보호·지원에 관한 기본계획(이하 "기본계획"이라 한다)을 5년마다 수립하여야 한다.

② 기본계획에는 다음 각 호의 사항이 포함되어야 한다.

1. 범죄피해자 보호·지원 정책의 기본방향과 추진목표
2. 범죄피해자 보호·지원을 위한 실태조사, 연구, 교육과 홍보
3. 범죄피해자 보호·지원 단체에 대한 지원과 감독
4. 범죄피해자 보호·지원과 관련된 재원의 조달과 운용
5. 그 밖에 범죄피해자를 보호·지원하기 위하여 법무부장관이 필요하다고 인정한 사항

제13조【연도별 시행계획의 수립】 ① 법무부장관, 관계 중앙행정기관의 장과 특별시장·광역시장·도지사·특별자치도지사(이하 "시·도지사"라 한다)는 기본계획에 따라 연도별 시행계획(이하 "시행계획"이라 한다)을 수립·시행하여야 한다.

② 관계 중앙행정기관의 장과 시·도지사는 다음 연도의 시행계획과 전년도 추진 실적을 매년 법무부장관에게 제출하여야 한다. 이 경우 법무부장관은 그 시행계획이 부적합하다고 판단할 때에는 그 시행계획을 수립한 장에게 시행계획의 보완·조정을 요구할 수 있다.

③ 제1항 및 제2항에서 정한 사항 외에 시행계획의 수립과 시행에 필요한 사항은 대통령령으로 정한다.

제14조【관계 기관의 협조】 ① 법무부장관은 기본계획과 시행계획을 수립·시행하기 위하여 필요하면 관계 중앙행정기관의 장, 지방자치단체의 장 또는 관계 공공기관의 장에게 협조를 요청할 수 있다.

② 중앙행정기관의 장 또는 시·도지사는 시행계획을 수립·시행하기 위하여 필요하면 관계 중앙행정기관의 장, 지방자치단체의 장 또는 공공기관의 장에게 협조를 요청할 수 있다.

③ 제1항과 제2항에 따른 협조요청을 받은 기관의 장이나 지방자치단체의 장은 특별한 사유가 없으면 협조하여야 한다.

제15조【범죄피해자보호위원회】 ① 범죄피해자 보호·지원에 관한 기본계획 및 주요 사항 등을 심의하기 위하여 법무부장관 소속으로 범죄피해자보호위원회(이하 "보호위원회"라 한다)를 둔다.

② 보호위원회는 다음 각 호의 사항을 심의한다.

1. 기본계획 및 시행계획에 관한 사항
2. 범죄피해자 보호·지원을 위한 주요 정책의 수립·조정에 관한 사항
3. 범죄피해자 보호·지원 단체에 대한 지원·감독에 관한 사항
4. 그 밖에 위원장이 심의를 요청한 사항

③ 보호위원회는 위원장을 포함하여 20명 이내의 위원으로 구성한다.

④ 제1항부터 제3항까지의 규정에서 정한 사항 외에 보호위원회의 구성 및 운영 등에 관한 사항은 대통령령으로 정한다.

제4장 구조대상 범죄피해에 대한 구조

제16조【구조금의 지급요건】 국가는 구조대상 범죄피해를 받은 사람(이하 "구조피해자"라 한다)이 다음 각 호의 어느 하나에 해당하면 구조피해자 또는 그 유족에게 범죄피해 구조금(이하 "구조금"이라 한다)을 지급한다.

1. 구조피해자가 피해의 전부 또는 일부를 배상받지 못하는 경우
2. 자기 또는 타인의 형사사건의 수사 또는 재판에서 고소·고발 등 수사단서를 제공하거나 진술, 증언 또는 자료제출을 하다가 구조피해자가 된 경우

제17조【구조금의 종류 등】 ① 구조금은 유족구조금·장해구조금 및 중상해구조금으로 구분한다.(2024.9.20 본항개정)

② 유족구조금은 구조피해자가 사망하였을 때 제18조에 따라 맨 앞의 순위인 유족에게 지급한다. 다만, 순위가 같은 유족이 2명 이상이면 똑같이 나누어 지급한다.

③ 장해구조금 및 중상해구조금은 해당 구조피해자에게 지급한다. 다만, 장해구조금 또는 중상해구조금의 지급을 신청한 구조피해자가 장해구조금 또는 중상해구조금을 지급받기 전에 사망(해당 구조대상 범죄피해의 원인이 된 범죄행위로 사망한 경우는 제외한다)한 경우에는 제18조에 따라 맨 앞의 순위인 유족에게 지급하되, 순위가 같은 유족이 2명 이상이면 똑같이 나누어 지급한다.(2024.9.20 단서신설)

④ 구조금은 일시금으로 지급한다. 다만, 구조피해자 또는 그 유족이 연령, 장애, 질병이나 그 밖에 대통령령으로 정하는 사유로 구조금을 관리할 능력이 부족하다고 인정되는 경우로서 다음 각 호의 어느 하나에 해당하는 경우에는 대통령령으로 정하는 바에 따라 구조금을 분할하여 지급할 수 있다.

1. 구조피해자나 그 유족이 구조금의 분할 지급을 청구하여 제24조제1항에 따른 범죄피해구조심의회가 구조금의 분할 지급을 결정한 경우
2. 제24조제1항에 따른 범죄피해구조심의회가 직권으로 구조금의 분할 지급을 결정한 경우

(2024.9.20 본항신설)

제18조【유족의 범위 및 순위】 ① 유족구조금이나 제17조제3항 단서에 따라 유족에게 지급하는 장해구조금 또는 중상해구조금(이하 "유족구조금등"이라 한다)을 지급받을 수 있는 유족은 다음 각 호의 어느 하나에 해당하는 사람으로 한다.(2024.9.20 본문개정)

1. 배우자(사실상 혼인관계를 포함한다) 및 구조피해자의 사망 당시 구조피해자의 수입으로 생계를 유지하고 있는 구조피해자의 자녀
2. 구조피해자의 사망 당시 구조피해자의 수입으로 생계를 유지하고 있는 구조피해자의 부모, 손자·손녀, 조부모 및 형제자매
3. 제1호 및 제2호에 해당하지 아니하는 구조피해자의 자녀, 부모, 손자·손녀, 조부모 및 형제자매

② 제1항에 따른 유족의 범위에서 태아는 구조피해자가 사망할 때 이미 출생한 것으로 본다.

③ 유족구조금등을 받을 유족의 순위는 제1항 각 호에 열거한 순서로 하고, 같은 항 제2호 및 제3호에 열거한 사람 사이에서는 해당 각 호에 열거한 순서로 하며, 부모의 경우에는 양부모를 선순위로 하고 친부모를 후순위로 한다.
(2024.9.20 본항개정)

④ 유족이 다음 각 호의 어느 하나에 해당하면 유족구조금등을 받을 수 있는 유족으로 보지 아니한다.(2024.9.20 본문개정)

1. 구조피해자를 고의로 사망하게 한 경우
2. 구조피해자가 사망하기 전에 그가 사망하면 유족구조금등을 받을 수 있는 선순위 또는 같은 순위의 유족이 될 사람을 고의로 사망하게 한 경우(2024.9.20 본호개정)
3. 구조피해자가 사망한 후 유족구조금등을 받을 수 있는 선순위 또는 같은 순위의 유족을 고의로 사망하게 한 경우
(2024.9.20 본호개정)

제19조【구조금을 지급하지 아니할 수 있는 경우】 ① 범죄행위 당시 구조피해자와 가해자 사이에 다음 각 호의 어느 하나에 해당하는 친족관계가 있는 경우에는 구조금을 지급하지 아니한다.
1. 부부(사실상의 혼인관계를 포함한다)
2. 직계혈족
3. 4촌 이내의 친족
4. 동거친족
② 범죄행위 당시 구조피해자와 가해자 사이에 제1항 각 호의 어느 하나에 해당하지 아니하는 친족관계가 있는 경우에는 구조금의 일부를 지급하지 아니한다.
③ 구조피해자가 다음 각 호의 어느 하나에 해당하는 행위를 한 때에는 구조금을 지급하지 아니한다.
1. 해당 범죄행위를 교사 또는 방조하는 행위
2. 과도한 폭행·협박 또는 중대한 모욕 등 해당 범죄행위를 유발하는 행위
3. 해당 범죄행위와 관련하여 현저하게 부정한 행위
4. 해당 범죄행위를 용인하는 행위
5. 집단적 또는 상습적으로 불법행위를 행할 우려가 있는 조직에 속하는 행위(다만, 그 조직에 속하고 있는 것이 해당 범죄피해를 당한 것과 관련이 없다고 인정되는 경우는 제외한다)
6. 범죄행위에 대한 보복으로 가해자 또는 그 친족이나 그 밖에 가해자와 밀접한 관계가 있는 사람의 생명을 해치거나 신체를 중대하게 침해하는 행위
④ 구조피해자가 다음 각 호의 어느 하나에 해당하는 행위를 한 때에는 구조금의 일부를 지급하지 아니한다.
1. 폭행·협박 또는 모욕 등 해당 범죄행위를 유발하는 행위
2. 해당 범죄피해의 발생 또는 증대에 가공(加功)한 부주의한 행위 또는 부적절한 행위
⑤ 유족구조금등을 지급하지 아니할 수 있는 경우에 관하여는 제1항부터 제4항까지를 준용한다. 이 경우 "구조피해자"는 "구조피해자 또는 맨 앞의 순위인 유족"으로 본다.
(2024.9.20 본항개정)
⑥ 구조피해자 또는 그 유족과 가해자 사이의 관계, 그 밖의 사정을 고려하여 구조금의 전부 또는 일부를 지급하는 것이 사회통념에 위배된다고 인정될 때에는 구조금의 전부 또는 일부를 지급하지 아니할 수 있다.
⑦ 제1항부터 제6항까지의 규정에도 불구하고 구조금의 실질적인 수혜자가 가해자로 귀착될 우려가 없는 경우 등 구조금을 지급하지 아니하는 것이 사회통념에 위배된다고 인정할 만한 특별한 사정이 있는 경우에는 구조금의 전부 또는 일부를 지급할 수 있다.(2014.10.15 본항개정)

제20조【다른 법령에 따른 급여 등과의 관계】 구조피해자나 유족이 해당 구조대상 범죄피해를 원인으로 하여 「국가배상법」이나 그 밖의 법령에 따른 급여 등을 받을 수 있는 경우에는 대통령령으로 정하는 바에 따라 구조금을 지급하지 아니한다.

제21조【손해배상과의 관계】 ① 국가는 구조피해자나 유족이 해당 구조대상 범죄피해를 원인으로 하여 손해배상을 받았으면 그 범위에서 구조금을 지급하지 아니한다.
② 국가는 지급한 구조금의 범위에서 해당 구조금을 받은 사람이 구조대상 범죄피해를 원인으로 하여 가지고 있는 손해배상청구권을 대위한다.
③ 국가는 제2항에 따라 손해배상청구권을 대위할 때 대통령령으로 정하는 바에 따라 가해자인 수형자나 보호감호대상자의 작업장려금 또는 근로보상금에서 손해배상금을 받을 수 있다.

제22조【구조금액】 ① 유족구조금은 구조피해자의 사망 당시(신체에 손상을 입고 그로 인하여 사망한 경우에는 신체에 손상을 입은 당시를 말한다)의 월급액이나 월실수입액 또는 평균임금에 24개월 이상 48개월 이하의 범위에서 유족의 수와 연령 및 생계유지상황 등을 고려하여 대통령령으로 정하는 개월 수를 곱한 금액으로 한다.(2014.12.30 본항개정)
② 장해구조금과 중상해구조금은 구조피해자가 신체에 손상을 입은 당시의 월급액이나 월실수입액 또는 평균임금에 2개월 이상 48개월 이하의 범위에서 피해자의 장해 또는 중상해의 정도와 부양가족의 수 및 생계유지상황 등을 고려하여 대통령령으로 정한 개월 수를 곱한 금액으로 한다.
(2014.12.30 본항개정)
③ 제1항 및 제2항에 따른 월급액이나 월실수입액 또는 평균임금 등은 피해자의 주소지를 관할하는 세무서장, 시장·군수·구청장(자치구의 구청장을 말한다) 또는 피해자의 근무기관의 장(長)의 증명이나 그 밖에 대통령령으로 정하는 공신력 있는 증명에 따른다.
④ 제1항 및 제2항에서 구조피해자의 월급액이나 월실수입액이 평균임금의 2배를 넘는 경우에는 평균임금의 2배에 해당하는 금액을 구조피해자의 월급액이나 월실수입액으로 본다.

제23조【외국인에 대한 구조】 구조피해자 또는 그 유족이 외국인인 때에는 다음 각 호의 어느 하나에 해당하는 경우에만 이 법을 적용한다.
1. 해당 국가의 상호 보증이 있는 경우
2. 해당 외국인이 구조대상 범죄피해 발생 당시 대한민국 국민의 배우자이거나 대한민국 국민과 혼인관계(사실상의 혼인관계를 포함한다)에서 출생한 자녀를 양육하고 있는 자로서 다음 각 목의 어느 하나에 해당하는 체류자격을 가지고 있는 경우
가. 「출입국관리법」 제10조제2호의 영주자격
나. 「출입국관리법」 제10조의2제1항제2호의 장기체류자격으로서 법무부령으로 정하는 체류자격
(2024.9.20 본조개정)

제24조【범죄피해구조심의회 등】 ① 구조금 지급 및 제21조제2항에 따른 손해배상청구권 대위에 관한 사항을 심의·결정하기 위하여 각 지방검찰청에 범죄피해구조심의회(이하 "지구심의회"라 한다)를 두고 법무부에 범죄피해구조본부심의회(이하 "본부심의회"라 한다)를 둔다.(2024.9.20 본항개정)
② 지구심의회는 설치된 지방검찰청 관할 구역(지청이 있는 경우에는 지청의 관할 구역을 포함한다)의 구조금 지급 및 제21조제2항에 따른 손해배상청구권 대위에 관한 사항을 심의·결정한다.(2024.9.20 본항개정)
③ 본부심의회는 다음 각 호의 사항을 심의·결정한다.
1. 제27조에 따른 재심신청사건
2. 그 밖에 법령에 따라 그 소관에 속하는 사항
④ 지구심의회 및 본부심의회는 법무부장관의 지휘·감독을 받는다.
⑤ 지구심의회 및 본부심의회 위원 중 공무원이 아닌 위원은 「형법」 제127조 및 제129조부터 제132조까지의 규정을 적용할 때에는 공무원으로 본다.(2017.3.14 본항신설)
⑥ 지구심의회 및 본부심의회의 구성 및 운영 등에 관한 사항은 대통령령으로 정한다.

제25조【구조금의 지급신청】 ① 구조금을 받으려는 사람은 법무부령으로 정하는 바에 따라 그 주소지, 거주지 또는 범죄 발생지를 관할하는 지구심의회에 신청하여야 한다.
② 제1항에 따른 신청은 해당 구조대상 범죄피해의 발생을 안 날부터 3년이 지나거나 해당 구조대상 범죄피해가 발생한 날부터 10년이 지나면 할 수 없다.

제26조【구조결정】 지구심의회는 제25조제1항에 따른 신청을 받으면 신속하게 구조금을 지급하거나 지급하지 아니한다는 결정(지급한다는 결정을 하는 경우에는 그 금액을 정하는 것을 포함한다)을 하여야 한다.

제27조【재심신청】 ① 지구심의회에서 구조금 지급신청을 기각(일부기각된 경우를 포함한다) 또는 각하하면 신청인은 결정의 정본이 송달된 날부터 2주일 이내에 그 지구심의회를 거쳐 본부심의회에 재심을 신청할 수 있다.

② 제1항의 재심신청이 있으면 지구심의회는 1주일 이내에 구조금 지급신청 기록 일체를 본부심의회에 송부하여야 한다.
③ 본부심의회는 제1항의 신청에 대하여 심의를 거쳐 4주일 이내에 다시 구조결정을 하여야 한다.
④ 본부심의회는 구조금 지급신청을 각하한 지구심의회의 결정이 법령에 위반되면 사건을 그 지구심의회에 환송할 수 있다.
⑤ 본부심의회는 구조금 지급신청이 각하된 신청인이 잘못된 부분을 보정하여 재심신청을 하면 사건을 해당 지구심의회에 환송할 수 있다.

제28조【긴급구조금의 지급 등】 ① 지구심의회는 제25조제1항에 따른 신청을 받았을 때 구조피해자의 장해 또는 중상해 정도가 명확하지 아니하거나 그 밖의 사유로 인하여 신속하게 결정을 할 수 없는 사정이 있으면 신청 또는 직권으로 대통령령으로 정하는 금액의 범위에서 긴급구조금을 지급하는 결정을 할 수 있다.
② 제1항에 따른 긴급구조금 지급신청은 법무부령으로 정하는 바에 따라 그 주소지, 거주지 또는 범죄 발생지를 관할하는 지구심의회에 할 수 있다.
③ 국가는 지구심의회가 긴급구조금 지급 결정을 하면 긴급구조금을 지급한다.
④ 긴급구조금을 받은 사람에 대하여 구조금을 지급하는 결정이 있으면 국가는 긴급구조금으로 지급된 금액 내에서 구조금을 지급할 책임을 면한다.
⑤ 긴급구조금을 받은 사람은 지구심의회에서 결정된 구조금의 금액이 긴급구조금으로 받은 금액보다 적을 때에는 그 차액을 국가에 반환하여야 하며, 지구심의회에서 구조금을 지급하지 아니한다는 결정을 하면 긴급구조금으로 받은 금액을 모두 반환하여야 한다.

제29조【결정을 위한 조사 등】 ① 지구심의회는 구조금 지급 및 제21조제2항에 따른 손해배상청구권 대위에 관한 사항을 심의하기 위하여 필요하면 신청인이나 그 밖의 관계인을 조사하거나 의사의 진단을 받게 할 수 있고 행정기관, 공공기관이나 그 밖의 단체에 조회하여 필요한 사항을 보고하게 할 수 있다.(2024.9.20 본항개정)
② 지구심의회는 신청인이 정당한 이유 없이 제1항에 따른 조사에 따르지 아니하거나 의사의 진단을 거부하면 그 신청을 기각할 수 있다.

제29조의2【자료요청】 ① 지구심의회는 제21조제2항에 따른 손해배상청구권 대위에 관한 업무와 관련하여 가해자의 손해배상금 지급능력을 조사하기 위하여 필요한 경우에는 다음 각 호의 자료를 보유하고 있는 법원행정처·행정안전부·국토교통부·국세청 등 국가기관과 지방자치단체의 장 및 「국민건강보험법」에 따른 국민건강보험공단 등 관계 기관·단체의 장(이하 이 조에서 "관계 기관의 장"이라 한다)에게 다음 각 호의 자료의 제공 또는 관계 전산망의 이용을 요청할 수 있다.
1. 가해자의 주민등록표 초본
2. 가해자의 토지·건물에 관한 부동산 등기정보자료
3. 가해자의 재산에 관한 건축물대장, 토지대장 및 임야대장
4. 가해자의 전세권에 관한 부동산 등기정보자료
5. 가해자의 자동차·건설기계·항공기 등록자료 및 선박 등기자료
6. 가해자가 임차한 주택에 관한 주택 임대차 계약의 신고 자료
7. 가해자의 입목, 광업권, 어업권, 양식업권 및 「지방세법」 제6조제14호부터 제18호까지의 회원권에 관한 자료
8. 「국민건강보험법」에 따른 가해자의 보수·소득 자료(가해자가 직장가입자인 경우에는 그 사용자의 성명·명칭 또는 상호와 주소에 관한 정보를 포함한다)
9. 가해자에 대한 재산세·종합부동산세 부과자료
② 제1항에 따른 요청을 받은 관계 기관의 장은 정당한 사유가 있는 경우를 제외하고는 그 요청에 따라야 한다.
③ 제1항 및 제2항에 따라 제공받거나 수집한 자료를 활용하여 업무를 수행하거나 수행하였던 사람은 그 자료나 해당 업무를 수행하면서 취득한 정보를 이 법에서 정한 목적 외의 다른 용도로 사용하거나 다른 자에게 제공 또는 누설하여서는 아니 된다.
④ 제1항 및 제2항에 따라 제공되는 자료에 대해서는 수수료 및 사용료 등을 면제한다.
⑤ 지구심의회는 손해배상청구권 추심이 완료되는 등 손해배상청구권 대위에 관한 업무의 목적을 달성한 경우에는 제1항 및 제2항에 따라 제공받거나 수집한 자료를 지체 없이 파기하여야 한다.
(2024.9.20 본조신설)

제29조의3【금융정보등의 제공 요청】 ① 지구심의회는 제21조제2항에 따른 손해배상청구권 대위에 관한 업무와 관련하여 가해자에 대한 다음 각 호의 자료 또는 정보(이하 "금융정보등"이라 한다)에 의하지 아니하고는 가해자의 손해배상금 지급능력이나 재산은닉 여부를 확인할 수 없다고 인정하는 경우에는 「금융실명거래 및 비밀보장에 관한 법률」 제4조에도 불구하고 같은 법 제2조제1호에 따른 금융회사등의 장이나 그 특정점포에 가해자에 대한 금융정보등의 제공을 요청할 수 있다. 이 경우 금융정보등의 제공 요청은 필요한 최소한의 범위에 그쳐야 한다.
1. 「금융실명거래 및 비밀보장에 관한 법률」 제2조제2호·제3호에 따른 금융자산 및 금융거래의 내용에 대한 자료 또는 정보 중 예금·적금·저축의 잔액 또는 불입금·지급금과 유가증권 등 금융자산에 대한 증권·증서의 가액
2. 「보험업법」 제4조제1항 각 호에 따른 보험에 가입하여 납부한 보험료, 환급금 및 지급금
② 지구심의회는 다음 각 호의 어느 하나에 해당하는 경우에만 제1항에 따른 금융정보등의 제공을 요청할 수 있다.
1. 구조대상 범죄피해를 원인으로 하여 가해자에게 유죄판결이 선고되거나 약식명령이 확정된 경우
2. 구조대상 범죄피해를 원인으로 하는 수사 또는 재판 절차에서 가해자가 범죄사실 또는 공소사실을 자백하는 경우
③ 제1항에 따라 금융정보등의 제공 요청을 받은 금융회사등의 장이나 그 특정점포는 특별한 사유가 없으면 이에 따라야 한다.
④ 제1항에 따라 금융회사등의 장이나 그 특정점포에 금융정보등을 요청하는 경우에는 「금융실명거래 및 비밀보장에 관한 법률」 제4조제6항, 제4조의2제5항 및 제4조의3제3항을 준용한다.
⑤ 제1항부터 제3항까지에 따라 제공받거나 수집한 금융정보등을 활용하여 업무를 수행하거나 수행하였던 사람은 그 자료나 해당 업무를 수행하면서 취득한 정보를 이 법에서 정한 목적 외의 다른 용도로 사용하거나 다른 자에게 제공 또는 누설하여서는 아니 된다.
⑥ 제1항부터 제3항까지에 따라 제공된 금융정보등은 가해자 또는 제3자에 대한 수사 또는 형사재판에서 증거로 할 수 없다.
⑦ 지구심의회는 손해배상청구권 추심이 완료되는 등 손해배상청구권 대위에 관한 업무의 목적을 달성한 경우에는 제1항부터 제3항까지에 따라 제공받거나 수집한 금융정보등을 지체 없이 파기하여야 한다.
(2024.9.20 본조신설)

제30조【구조금의 환수】 ① 국가는 이 법에 따라 구조금을 받은 사람이 다음 각 호의 어느 하나에 해당하면 지구심의회 또는 본부심의회의 결정을 거쳐 그가 받은 구조금의 전부 또는 일부를 환수할 수 있다.
1. 거짓이나 그 밖의 부정한 방법으로 구조금을 받은 경우
2. 구조금을 받은 후 제19조에 규정된 사유가 발견된 경우
3. 구조금이 잘못 지급된 경우
② 국가가 제1항에 따라 환수를 할 때에는 국세징수의 예에 따르고, 그 환수의 우선순위는 국세 및 지방세 다음으로 한다.

제31조【소멸시효】 구조금을 받을 권리는 그 구조결정이 해당 신청인에게 송달된 날부터 2년간 행사하지 아니하면 시효로 인하여 소멸된다.

제32조【구조금 수급권의 보호】 구조금을 받을 권리는 양도하거나 담보로 제공하거나 압류할 수 없다.

제5장 범죄피해자 보호·지원사업의 지원 및 감독
(2014.12.30 본장제목개정)

제33조【범죄피해자 지원법인의 등록 등】 ① 범죄피해자 지원법인이 이 법에 따른 지원을 받으려면 자산 및 인적 구성 등 대통령령으로 정하는 요건을 갖추고 대통령령으로 정하는 절차에 따라 법무부장관에게 등록하여야 한다.
② 범죄피해자 지원법인의 설립·운영에 관하여 이 법에 규정이 없는 사항에 대하여는 「민법」과 「공익법인의 설립·운영에 관한 법률」을 적용한다.

제34조【보조금】 ① 국가 또는 지방자치단체는 제33조에 따라 등록한 범죄피해자 지원법인(이하 "등록법인"이라 한다)의 건전한 육성과 발전을 위하여 필요한 경우에는 예산의 범위에서 등록법인에 운영 또는 사업에 필요한 경비를 보조할 수 있다.(2016.12.2 본항개정)
② 국가는 제7조제2항 후단에 따른 위탁기관(범죄피해자 지원법인을 제외한다. 이하 "위탁기관"이라 한다)의 보호시설 운영에 필요한 경비를 보조할 수 있다.(2014.12.30 본항신설)
③ 법무부장관으로부터 보조금을 받으려는 등록법인과 위탁기관은 대통령령으로 정하는 바에 따라 사업의 목적과 내용, 보조사업에 드는 경비 등 필요한 사항을 적은 신청서와 첨부서류를 법무부장관에게 제출하여야 한다.
④ 제3항에 따른 보조금의 지급 기준 및 절차에 관한 사항은 대통령령으로 정한다.
(2014.12.30 본조개정)

제35조【보조금의 목적 외 사용금지 및 반환】 ① 등록법인 또는 위탁기관은 제34조에 따라 교부받은 보조금을 범죄피해자 보호·지원 또는 보호시설 운영을 위한 용도로만 사용할 수 있다.(2014.12.30 본항개정)
② 법무부장관은 등록법인 또는 위탁기관이 제34조제3항에 따른 신청서 등에 거짓 사실을 적거나 그 밖의 부정한 방법으로 보조금을 받은 경우 또는 교부받은 보조금을 다른 용도에 사용한 경우에는 교부한 보조금의 전부 또는 일부를 반환하게 할 수 있다.(2014.12.30 본항개정)
③ 보조금의 반환에 관하여는 「보조금 관리에 관한 법률」을 준용한다.(2011.7.25 본항개정)

제36조【감독 등】 ① 법무부장관은 필요하다고 인정하면 등록법인 또는 위탁기관에 대하여 그 업무·회계 및 재산에 관한 사항을 보고하게 하거나 자료의 제출이나 그 밖에 필요한 명령을 할 수 있으며, 소속 공무원으로 하여금 그 운영실태를 조사하게 할 수 있다.(2014.12.30 본항개정)
② 법무부장관은 등록법인 또는 위탁기관의 임직원이 다음 각 호의 어느 하나에 해당하면 해당 등록법인 또는 위탁기관의 대표자에게 이를 시정하게 하거나 해당 임원의 직무정지 또는 직원의 징계를 요구할 수 있으며, 해당 법인의 등록을 취소하거나 보호시설의 운영 위탁을 취소할 수 있다.
(2014.12.30 본문개정)
1. 제1항에 따라 법무부장관이 요구하는 보고서 또는 자료를 거짓으로 작성하거나 그 보고 또는 제출을 거부한 경우
2. 제1항에 따른 검사를 거부, 방해 또는 기피한 경우
3. 법무부장관의 시정명령, 직무정지 또는 징계요구에 대한 이행을 게을리한 경우

③ 법무부장관은 제2항에 따라 등록법인의 등록을 취소할 경우 청문을 하여야 한다.

제37조【등록법인 오인 표시의 금지】 누구든지 등록법인이 아니면서 등록법인으로 표시하거나 등록법인으로 오인하게 할 수 있는 명칭을 사용하여서는 아니 된다.

제38조【재판 등에 대한 영향력 행사 금지】 범죄피해자 보호·지원 업무에 종사하는 자는 형사절차에서 가해자에 대한 처벌을 요구하거나 소송관계인에게 위력을 가하는 등 수사, 변호 또는 재판에 부당한 영향을 미치기 위한 행위를 하여서는 아니 된다.

제39조【비밀누설의 금지】 범죄피해자 보호·지원 업무에 종사하고 있거나 종사하였던 자는 그 업무를 수행하는 과정에서 알게 된 타인의 사생활에 관한 비밀을 누설하여서는 아니 되며, 범죄피해자를 보호하고 지원하는 목적으로만 그 비밀을 사용하여야 한다.

제40조【수수료 등의 금품 수수 금지】 범죄피해자 보호·지원 업무에 종사하고 있거나 종사하였던 자는 범죄피해자를 보호·지원한다는 이유로 수수료 등의 명목으로 금품을 요구하거나 받아서는 아니 된다. 다만, 다른 법률에 규정이 있는 경우에는 그러하지 아니하다.(2014.12.30 본문개정)

제6장 형사조정

제41조【형사조정 회부】 ① 검사는 피의자와 범죄피해자(이하 "당사자"라 한다) 사이에 형사분쟁을 공정하고 원만하게 해결하여 범죄피해자가 입은 피해를 실질적으로 회복하는 데 필요하다고 인정하면 당사자의 신청 또는 직권으로 수사 중인 형사사건을 형사조정에 회부할 수 있다.
② 형사조정에 회부할 수 있는 형사사건의 구체적인 범위는 대통령령으로 정한다. 다만, 다음 각 호의 어느 하나에 해당하는 경우에는 형사조정에 회부하여서는 아니 된다.
1. 피의자가 도주하거나 증거를 인멸할 염려가 있는 경우
2. 공소시효의 완성이 임박한 경우
3. 불기소처분의 사유에 해당함이 명백한 경우(다만, 기소유예처분의 사유에 해당하는 경우는 제외한다)

제42조【형사조정위원회】 ① 제41조에 따른 형사조정을 담당하기 위하여 각급 지방검찰청 및 지청에 형사조정위원회를 둔다.
② 형사조정위원회는 2명 이상의 형사조정위원으로 구성한다.
③ 형사조정위원은 형사조정에 필요한 법적 지식 등 전문성과 덕망을 갖춘 사람 중에서 관할 지방검찰청 또는 지청의 장이 미리 위촉한다.
④ 「국가공무원법」 제33조 각 호의 어느 하나에 해당하는 사람은 형사조정위원으로 위촉될 수 없다.
⑤ 형사조정위원의 임기는 2년으로 하며, 연임할 수 있다.
⑥ 형사조정위원회의 위원장은 관할 지방검찰청 또는 지청의 장이 형사조정위원 중에서 위촉한다.
⑦ 형사조정위원에게는 예산의 범위에서 법무부령으로 정하는 바에 따라 수당을 지급할 수 있으며, 필요한 경우에는 여비, 일당 및 숙박료를 지급할 수 있다.
⑧ 제1항부터 제7항까지에서 정한 사항 외에 형사조정위원회의 구성과 운영 및 형사조정위원의 임면(任免) 등에 관한 사항은 대통령령으로 정한다.

제43조【형사조정의 절차】 ① 형사조정위원회는 당사자 사이의 공정하고 원만한 화해와 범죄피해자가 입은 피해의 실질적인 회복을 위하여 노력하여야 한다.
② 형사조정위원회는 형사조정이 회부되면 지체 없이 형사조정 절차를 진행하여야 한다.
③ 형사조정위원회는 필요하다고 인정하면 형사조정의 결과에 이해관계가 있는 사람의 신청 또는 직권으로 이해관계인을 형사조정에 참여하게 할 수 있다.
④ 제1항부터 제3항까지에서 정한 사항 외에 형사조정의 절차에 관한 사항은 대통령령으로 정한다.

제44조【관련 자료의 송부 등】 ① 형사조정위원회는 형사사건을 형사조정에 회부한 검사에게 해당 형사사건에 관하여 당사자가 제출한 서류, 수사서류 및 증거물 등 관련 자료의 사본을 보내 줄 것을 요청할 수 있다.

② 제1항의 요청을 받은 검사는 그 관련 자료가 형사조정에 필요하다고 판단하면 형사조정위원회에 보낼 수 있다. 다만, 당사자 또는 제3자의 사생활의 비밀이나 명예를 침해할 우려가 있거나 수사상 비밀을 유지할 필요가 있다고 인정하는 부분은 제외할 수 있다.
③ 당사자는 해당 형사사건에 관한 사실의 주장과 관련된 자료를 형사조정위원회에 제출할 수 있다.
④ 형사조정위원회는 제1항부터 제3항까지의 규정에 따른 자료의 제출자 또는 진술자의 동의를 받아 그 자료를 상대방 당사자에게 열람하게 하거나 사본을 교부 또는 송부할 수 있다.
⑤ 관련 자료의 송부나 제출 절차 및 열람 등에 대한 동의의 확인 방법 등에 관한 사항은 대통령령으로 정한다.
제45조【형사조정절차의 종료】 ① 형사조정위원회는 조정기일마다 형사조정의 과정을 서면으로 작성하고, 형사조정이 성립되면 그 결과를 서면으로 작성하여야 한다.
② 형사조정위원회는 조정 과정에서 증거위조나 거짓 진술 등의 사유로 명백히 혐의가 없는 것으로 인정하는 경우에는 조정을 중단하고 담당 검사에게 회송하여야 한다.
③ 형사조정위원회는 형사조정 절차가 끝나면 제1항의 서면을 붙여 해당 형사사건을 형사조정에 회부한 검사에게 보내야 한다.
④ 검사는 형사사건을 수사하고 처리할 때 형사조정 결과를 고려할 수 있다. 다만, 형사조정이 성립되지 아니하였다는 사정을 피의자에게 불리하게 고려하여서는 아니 된다.
⑤ 형사조정의 과정 및 그 결과를 적은 서면의 서식 등에 관한 사항은 법무부령으로 정한다.
제46조【준용규정】 형사조정위원이나 형사조정위원이었던 사람에 관하여는 제38조부터 제40조까지의 규정을 준용한다.

제7장 보 칙

(2014.12.30 본장신설)

제46조의2【경찰관서의 협조】 범죄피해자 지원법인의 장 또는 보호시설의 장은 피해자나 피해자의 가족구성원을 긴급히 구조할 필요가 있을 때에는 경찰관서(지구대 · 파출소 및 출장소를 포함한다)의 장에게 그 소속 직원의 동행을 요청할 수 있으며, 요청을 받은 경찰관서의 장은 특별한 사유가 없으면 이에 따라야 한다.

제8장 벌 칙

제47조【벌칙】 ① 제29조의3제5항을 위반하여 금융정보등을 사용 · 제공 또는 누설한 사람은 5년 이하의 징역 또는 5천만원 이하의 벌금에 처한다.(2024.9.20 본항신설)
② 거짓이나 그 밖의 부정한 방법으로 제34조에 따른 보조금을 받은 자는 5년 이하의 징역 또는 2천만원 이하의 벌금에 처한다.
③ 제29조의2제3항을 위반하여 자료 또는 정보를 사용 · 제공 또는 누설한 사람은 3년 이하의 징역 또는 2천만원 이하의 벌금에 처한다.(2024.9.20 본항신설)
④ 제35조제1항을 위반하여 보조금을 범죄피해자 보호 · 지원 외의 다른 용도로 사용한 자는 3년 이하의 징역 또는 1천만원 이하의 벌금에 처한다.
제48조【벌칙】 다음 각 호의 어느 하나에 해당하는 자는 1년 이하의 징역 또는 1천만원 이하의 벌금에 처한다.(2014.1.7 본문개정)
1. 제39조 또는 제46조를 위반하여 타인의 비밀을 누설하거나 범죄피해자 보호 · 지원 또는 형사조정 업무 외의 목적에 사용한 자
2. 제40조 또는 제46조를 위반하여 금품을 요구하거나 받은 자

제49조【양벌규정】 법인의 대표자나 법인 또는 개인의 대리인, 사용인, 그 밖의 종업원이 그 법인 또는 개인의 업무에 관하여 제47조제2항 · 제4항 또는 제48조의 위반행위를 하면 그 행위자를 벌하는 외에 그 법인 또는 개인에게도 해당 조문의 벌금형을 과(科)한다. 다만, 법인 또는 개인이 그 위반행위를 방지하기 위하여 해당 업무에 관하여 상당한 주의와 감독을 게을리하지 아니한 경우에는 그러하지 아니하다.
(2024.9.20 본문개정)
제50조【과태료】 ① 다음 각 호의 어느 하나에 해당하는 자에게는 300만원 이하의 과태료를 부과한다.
1. 제36조제2항 각 호의 어느 하나에 해당하는 자
2. 제37조를 위반하여 등록법인으로 표시하거나 등록법인으로 오인하게 할 수 있는 명칭을 사용한 자
3. 제38조 또는 제46조를 위반하여 수사, 변호 또는 재판에 부당한 영향을 미치기 위한 행위를 한 자
② 제1항에 따른 과태료는 대통령령으로 정하는 바에 따라 법무부장관이 부과 · 징수한다.

부 칙

제1조【시행일】 이 법은 공포 후 3개월이 경과한 날부터 시행한다.
제2조【다른 법률의 폐지】 범죄피해자구조법은 폐지한다.
제3조【일반적 경과조치】 이 법 시행 당시 종전의 「범죄피해자구조법」에 따른 처분이나 절차, 그 밖의 행위는 이 법에 따라 한 것으로 본다.
제4조【구조에 관한 경과조치】 이 법 시행 전에 발생한 범죄피해에 대한 구조는 종전의 「범죄피해자구조법」에 따른다.
제5조【다른 법령과의 관계】 이 법 시행 당시 다른 법령에서 종전의 「범죄피해자구조법」이나 종전의 「범죄피해자보호법」 또는 그 규정을 인용한 경우 이 법 가운데 그에 해당하는 규정이 있으면 종전의 규정을 갈음하여 이 법 또는 이 법의 해당 규정을 인용한 것으로 본다.

부 칙 (2017.3.14)

이 법은 공포한 날부터 시행한다.

부 칙 (2024.9.20)

제1조【시행일】 이 법은 공포 후 6개월이 경과한 날부터 시행한다.
제2조【유족에 대한 장해구조금 또는 중상해구조금 지급에 관한 적용례】 제17조제3항 단서, 제18조제1항 각 호 외의 부분, 같은 조 제3항, 같은 조 제4항 각 호 외의 부분, 같은 항 제2호 · 제3호 및 제19조제5항의 개정규정은 이 법 시행 전에 구조금의 지급을 신청한 구조피해자가 이 법 시행 이후 구조금을 지급받기 전에 사망하는 경우에도 적용한다.
제3조【구조금 분할 지급에 관한 적용례】 제17조제4항의 개정규정은 이 법 시행 전에 구조금의 지급을 신청한 경우로서 이 법 시행 이후 구조금을 지급하는 결정을 하는 경우에도 적용한다.
제4조【외국인 구조에 관한 적용례】 제23조제2호의 개정규정은 이 법 시행 이후 행하여진 범죄행위로 피해를 당하는 경우부터 적용한다.

刑事訴訟編

童子紋(高麗銅鏡)

형사소송법

(1954年 9月 23日
法 律 第341號)

改正
1961. 9. 1法 705號 1963.12.13法 1500號
1973. 1.25法 2450號 1973.12.20法 2653號
1980.12.18法 3282號 1987.11.28法 3955號
1994.12.22法 4796號(도농복합)
1995.12.29法 5054號 1997.12.13法 5435號
1997.12.13法 5454號(정부부처명)
2002. 1.26法 6627號(민사집행법)
2004. 1.20法 7078號(검찰)
2004.10.16法 7225號
2005. 3.31法 7427號(민법)
2006. 7.19法 7965號
2007. 5.17法 8435號(가족관계등록)
2007. 6. 1法 8496號 2007.12.21法 8730號
2009. 6. 9法 9765號(아동·청소년의성보호에관한법)
2011. 7.18法10864號
2011. 8. 4法11002號(아동)
2012.12.18法11572號(아동·청소년의성보호에관한법)
2013. 4. 5法11731號(형법)
2014. 5.14法12576號 2014.10.15法12784號
2014.12.30法12899號 2015. 7.31法13454號
2016. 1. 6法13720號
2016. 1. 6法13722號(군사법원)
2016. 5.29法14179號 2017.12.12法15164號
2017.12.19法15257號 2019.12.31法16850號
2020. 2. 4法16924號 2020.12. 8法17572號
2021. 8.17法18398號 2021.12.21法18598號
2022. 2. 3法18799號 2022. 5. 9法18862號
2024. 2.13法20265號 2024.10.16法20460號

第1編 總 則

第1章 法院의 管轄

第1條【管轄의 職權調査】 法院은 職權으로 管轄을 調査하여야 한다.

참조 [사물관할]법원조직7④·32①·34, [토지관할]4, [심급관할]372·415, 법원조직14·28·32②, [재정관할]14-16

판례 감금치사죄의 사물관할 : 형법 제281조에 의하면 "체포, 감금 등의 죄를 범하여 사람을 사상에 이르게 한 자는 상해죄와 비교하여 중한 형으로 처단한다"고 규정하고 있는바, 여기에서 말하는 상해죄란 치상의 경우에는 형법 제257조의 상해죄, 치사의 경우에는 제259조의 상해치사죄를 가리키는 것으로 해석되므로, 감금치사죄는 법원조직법 제32조 제1항 제3호의 규정에 따라 지방법원 합의부의 사물관할에 속한다고 할 것이다.(대판 1992.2.11, 91도2877)

第2條【管轄違反과 訴訟行爲의 效力】 訴訟行爲는 管轄違反인 경우에도 그 效力에 影響이 없다.

참조 [시효정지]253, [관할위반의 선고]319·320

판례 경범죄처벌법 제7조 제2항의 범칙금 납부행위의 효력 : 경범죄처벌법 제7조 제2항에 범칙자가 통고처분을 받고 범칙금을 납부한 경우에는 그 범칙행위에 대하여 다시 벌받지 아니한다고 규정하고 있음은 위 범칙금의 납부에 확정재판의 효력에 준하는 효력을 인정하는 취지로 해석할 것이므로 이에 위반하여 공소가 제기된 경우에는 면소의 판결을 하여야 한다.(대판 1986.2.25, 85도2664)

第3條【管轄區域 外에서의 執務】 ① 法院은 事實發見을 爲하여 必要하거나 緊急을 要하는 때에는 管轄區域 外에서 職務를 行하거나 事實調査에 必要한 處分을 할 수 있다.

② 前項의 規定은 受命法官에게 準用한다.

참조 [촉탁규정]37④·77·80·136·145·167·431, [사실발견]106-168, [수명법관]136·145·167

第4條【土地管轄】 ① 土地管轄은 犯罪地, 被告人의 住所, 居所 또는 現在地로 한다.

② 國外에 있는 大韓民國 船舶 內에서 犯한 罪에 관하여는 前項에 規定한 곳 外에 船籍地 또는 犯罪 後의 船着地로 한다.

③ 前項의 規定은 國外에 있는 大韓民國 航空機 內에서 犯한 罪에 관하여 準用한다.

참조 [주소·거소]민18·19·36, 상171, [한국선박]선박법2, [선적]선박법8, [예외]320, [관할위반]319·366·394

판례 피고인의 현재지와 토지관할 : 본조 제1항은 토지관할을 범죄지, 피고인의 주소, 거소 또는 현재지로 하고 있으므로, 제1심 법원이 피고인의 현재지인 이상, 그 범죄지나 주소지가 아니더라도 그 판결에 토지관할 위반의 위법은 없다.(대판 1984.2.28, 83도3333)

第5條【土地管轄의 倂合】 土地管轄을 달리하는 數個의 事件이 關聯된 때에는 1個의 事件에 관하여 管轄權 있는 法院은 다른 事件까지 管轄할 수 있다.

참조 [토지관할]4, [관련사건]11

第6條【토지관할의 병합심리】 토지관할이 다른 여러 개의 관련사건이 각각 다른 법원에 계속된 때에는 공통되는 바로 위의 상급법원은 검사나 피고인의 신청에 의하여 결정(決定)으로 한 개 법원으로 하여금 병합심리하게 할 수 있다.(2020.12.8 본조개정)

改前 "第6條【土地管轄의 併合審理】 土地管轄을 달리하는 數個의 關聯事件이 各各 다른 法院에 係屬된 때에는 共通되는 直近 上級法院은 檢事 또는 被告人의 申請에 의하여 決定으로 1個 法院으로 하여금 併合審理하게 할 수 있다."

참조 [토지관할]4, 형소규2·3·7·8, [관련사건]11

판례 본조에 따른 토지관할 : 병합심리 신청사건의 관할법원 사물관할은 같지만 토지관할을 달리하는 수개의 제1심 법원(지원을 포함한다. 이하 같다)들에 관련 사건이 계속된 경우에 있어서, 형사소송법 제6조에서 말하는 '공통되는 직근상급법원'은 그 성질상 형사사건의 토지관할 구역을 정해 놓은 '각급 법원의 설치와 관할구역에 관한 법률' 제4조에 기한 [별표3]의 관할구역 구분을 기준으로 정하여야 할 것인바, 형사사건의 제1심 법원은 각각 일정한 토지관할 구역을 나누어 가지는 대등한 관계에 있으므로 그 상급법원은 위 표에서 정한 제1심 법원들의 토지관할 구역을 포괄하여 관할하는 고등법원이 된다. 따라서 토지관할을 달리하는 수개의 제1심 법원들에 관련 사건이 계속된 경우에 그 소속 고등법원이 같은 경우에는 그 고등법원이, 그 소속 고등법원이 다른 경우에는 대법원이 위 제1심 법원들의 공통되는 직근상급법원으로서 위 조항에 의한 토지관할 병합심리 신청사건의 관할법원이 된다.
(대결 2006.12.5, 2006초기335 전원합의체)

第7條【土地管轄의 審理分離】 土地管轄을 달리하는 數個의 關聯事件이 同一法院에 係屬된 경우에 併合審理의 必要가 없는 때에는 法院은 決定으로 이를 分離하여 管轄權 있는 다른 法院에 移送할 수 있다.

참조 [토지관할]4, [관련사건]11, [결정과 항고불허가]403①

第8條【事件의 職權移送】 ① 法院은 被告人이 그 管轄區域 內에 現在하지 아니하는 경우에 特別한 事情이 있으면 決定으로 事件을 被告人의 現在地를 管轄하는 同級 法院에 移送할 수 있다.
② 單獨判事의 管轄事件이 公訴狀變更에 의하여 合議部管轄事件으로 변경된 경우에 法院은 決定으로 管轄權이 있는 法院에 移送한다.(1995.12.29 본항신설)

참조 [토지관할]4, [결정]37·39·403①, 형소규8

第9條【事物管轄의 併合】 事物管轄을 달리하는 數個의 事件이 關聯된 때에는 法院合議部는 併合管轄한다. 但, 決定으로 管轄權 있는 法院單獨判事에게 移送할 수 있다.

참조 [사물관할]법원조직7④·32①·34, [결정]37·39·403①

第10條【事物管轄의 併合審理】 事物管轄을 달리하는 數個의 關聯事件이 各各 法院合議部와 單獨判事에 係屬된 때에는 合議部는 決定으로 單獨判事에 屬한 事件을 併合하여 審理할 수 있다.

참조 [사물관할]법원조직7④·32①·34, 형소규4·8, [관련사건]11

第11條【關聯事件의 定義】 關聯事件은 다음과 같다.
1. 1人이 犯한 數罪
2. 數人이 共同으로 犯한 罪
3. 數人이 同時에 同一場所에서 犯한 罪
4. 犯人隱匿罪, 證據湮滅罪, 僞證罪, 虛僞鑑定通譯罪 또는 贓物에 관한 罪와 그 本犯의 罪

참조 [관련사건과 관할]5－7·9·10, [수죄]342, 형37, [공동으로 범한 죄]형30－34·87·115·129·133, [범인은닉죄]형151, [증거인멸죄]형155, [위증죄]형152, [허위감정통역죄]형154, [장물죄]형362

第12條【同一事件과 數個의 訴訟係屬】 同一事件이 事物管轄을 달리하는 數個의 法院에 係屬된 때에는 法院合議部가 審判한다.

참조 [사물관할]법원조직7④·32①·34, [본조와 공소기각]328

第13條【관할의 경합】 같은 사건이 사물관할이 같은 여러 개의 법원에 계속된 때에는 먼저 공소를 받은 법원이 심판한다. 다만, 각 법원에 공통되는 바로 위의 상급법원은 검사나 피고인의 신청에 의하여 결정으로 뒤에 공소를 받은 법원으로 하여금 심판하게 할 수 있다.
(2020.12.8 본조개정)

改前 "第13條【管轄의 競合】 同一事件이 事物管轄을 같이하는 數個의 法院에 係屬된 때에는 먼저 公訴를 받은 法院이 審判한다. 但, 各 法院에 共通되는 直近 上級法院은 檢事 또는 被告人의 申請에 의하여 決定으로 뒤에 公訴를 받은 法院으로 하여금 審判하게 할 수 있다."

참조 [사물관할]법원조직7④·32①·34, [본조와 공소기각]328

第14條【관할지정의 청구】 검사는 다음 각 호의 경우 관계있는 제1심법원에 공통되는 바로 위의 상급법원에 관할지정을 신청하여야 한다.
1. 법원의 관할이 명확하지 아니한 때
2. 관할위반을 선고한 재판이 확정된 사건에 관하여 다른 관할법원이 없는 때
(2020.12.8 본조개정)

改前 "第14條【管轄指定의 請求】 檢事는 다음 경우에는 關係있는 第1審法院에 共通되는 直近 上級法院에 管轄指定을 申請하여야 한다.
1. 法院의 管轄이 明確하지 아니한 때
2. 管轄違反을 宣告한 裁判이 確定된 事件에 관하여 다른 管轄法院이 없는 때"

참조 [관할구역]법원조직3③, [지정의 신청]16

第15條【管轄移轉의 申請】 檢事는 다음 경우에는 直近 上級法院에 管轄移轉을 申請하여야 한다. 被告人도 이 申請을 할 수 있다.
1. 管轄法院이 法律上의 理由 또는 特別한 事情으로 裁判權을 行할 수 없는 때
2. 犯罪의 性質, 地方의 民心, 訴訟의 狀況 其他 事情으로 裁判의 公平을 維持하기 어려운 念慮가 있는 때

참조 [이전의 신청]16

第16條【관할의 지정 또는 이전 신청의 방식】 ① 관할의 지정 또는 이전을 신청하려면 그 사유를 기재한 신청서를 바로 위의 상급법원에 제출하여야 한다.
② 공소를 제기한 후 관할의 지정 또는 이전을 신청할 때에는 즉시 공소를 접수한 법원에 통지하여야 한다.
(2020.12.8 본조개정)

改前 "第16條【管轄의 指定 또는 移轉申請의 方式】 ① 管轄의 指定 또는 移轉을 申請함에는 그 事由를 記載한 申請書를 直近 上級法院에 提出하여야 한다.
② 公訴를 提起한 後 管轄의 指定 또는 移轉을 申請하는 때에는 卽時 公訴를 接受한 法院에 通知하여야 한다."

참조 [관할지정의 신청]14, 형소규5－7, [관할이전의 신청]15

第16條의2【事件의 軍事法院 移送】 法院은 公訴가 提起된 事件에 대하여 軍事法院이 裁判權을 가지게 되었거나 裁判權을 가졌음이 判明된 때에는 決定으로 事件을 裁判權이 있는 같은 審級의 軍事法院으로 移送한다. 이 경우에 移送前에 行한 訴訟行爲는 移送後에도 그 效力에 影響이 없다.(1987.11.28 본조개정)

참조 [군사법원의 재판권]군사법원2－3의2, 계엄10·12

판례 관할군사법원에 이송해야 할 경우 : 소송촉진 등에 관한 특례법에 의해 피고인이 불출석한 상태에서 공시송달로 공판을 진행하여 유죄판결이 선고, 확정되었으나, 위 판결 선고 당시 피고인이 군복무 중이었던 경우, 이를 이유로 한 비상상고를 받아들여 원판결을 파기하고 관할군사법원에 이송한 사례이다.(대판 2006.4.14, 2006오1)

第2章 法院職員의 除斥, 忌避, 回避

第17條【除斥의 原因】 法官은 다음 경우에는 職務執行에서 除斥된다.
1. 法官이 被害者인 때
2. 法官이 被告人 또는 被害者의 친족 또는 친족관계가 있었던 者인 때(2005.3.31 본호개정)
3. 法官이 被告人 또는 被害者의 法定代理人, 後見監督人인 때
4. 法官이 事件에 관하여 證人, 鑑定人, 被害者의 代理人으로 된 때
5. 法官이 事件에 관하여 被告人의 代理人, 辯護人, 補助人으로 된 때
6. 法官이 事件에 관하여 檢事 또는 司法警察官의 職務를 行한 때
7. 法官이 事件에 관하여 前審裁判 또는 그 基礎되는 調査, 審理에 關與한 때
8. 법관이 사건에 관하여 피고인의 변호인이거나 피고인·피해자의 대리인인 법무법인, 법무법인(유한), 법무조합, 법률사무소, 「외국법자문사법」 제2조제9호에 따른 합작법무법인에서 퇴직한 날부터 2년이 지나지 아니한 때(2020.12.8 본호신설)
9. 법관이 피고인인 법인·기관·단체에서 임원 또는 직원으로 퇴직한 날부터 2년이 지나지 아니한 때
(2020.12.8 본호신설)

改前 2. 法官이 被告人 또는 被害者의 "親族, 戶主, 家族 또는 이러한 關係"가 있었던 者인 때

참조 [제척법관의 심판관여와 항소이유]361의5, [친족]민767이하, [가족]민779, [법정대리인]민59·911·938, [후견감독]민953, [증인]146이하, [감정인]169이하, [대리인]26－28·277, [변호인]30·33·426, [보조인]29, [전문심리위원에의 준용]279의5

판례 약식명령을 발부한 법관이 정식재판절차의 제1심판결에 관여한 경우 : 약식절차와 피고인 또는 검사의 정식재판청구에 의하여 개시된 제1심 공판절차는 동일한 심급 내에서 서로 절차만 달리할 뿐이므로, 약식명령이 제1심 공판절차의 전심재판에 해당하는 것은 아니고, 따라서 약식명령을 발부한 법관이 정식재판절차의 제1심판결에 관여하였다고 하여 형사소송법 제17조 제7호에 정한 '법관이 사건에 관하여 전심재판 또는 그 기초되는 조사, 심리에 관여한 때'에 해당하여 제척의 원인이 된다고 볼 수는 없다.
(대판 2002.4.12, 2002도944)

판례 약식명령을 발부하고 그 정식재판 절차의 항소심 공판에 관여한 경우 : 약식명령을 발부한 법관이 그 정식재판 절차의 항소심판결에 관여함은 형사소송법 제17조 제7호, 제18조 제1항 제1호 소정의 법관이 사건에 관하여 전심재판 또는 그 기초되는 조사심리에 관여한 때에 해당하여 제척, 기피의 원인이 되나, 제척 또는 기피되는 재판은 불복이 신청된 당해 사건의 판결절차를 말하는 것이므로 약식명령을 발부한 법관이 그 정식재판 절차의 항소심 공판에 관여한 바 있어도 후에 경질되어 그 판결에는 관여하지 아니한 경우는 전심재판에 관여한 법관이 불복이 신청된 당해 사건의 재판에 관여하였다고 할 수 없다.(대판 1985.4.23, 85도281)

第18條【忌避의 原因과 申請權者】 ① 檢事 또는 被告人은 다음 경우에 法官의 忌避를 申請할 수 있다.
1. 法官이 前條 各 號의 事由에 해당되는 때
2. 法官이 不公平한 裁判을 할 念慮가 있는 때
② 辯護人은 被告人의 明示한 意思에 反하지 아니하는 때에 限하여 法官에 對한 忌避를 申請할 수 있다.

참조 [제척의 원인]17, [기피신청]19-23, 형소규9, [변호인의 기피신청]36, [전문심리위원에의 준용]279의5

판례 형사소송법 제18조 제1항 제2호 소정의 "불공평한 재판을 할 염려가 있는 때"의 의미 : 기피원인에 관한 본조 제1항 제2호 소정의 "불공평한 재판을 할 염려가 있는 때"라 함은, 당사자가 불공평한 재판이 될지도 모른다고 추측할 만한 주관적인 사정이 있는 때를 말하는 것이 아니라, 통상인의 판단으로써 법관과 사건과의 관계상 불공평한 재판을 할 것이라는 의혹을 갖는 것이 합리적이라고 인정할 만한 객관적인 사정이 있는 때를 말한다. 재판부가 당사자의 증거신청을 채택하지 아니하거나 이미 한 증거결정을 취소하였다 하더라도 그러한 사유만으로는 재판의 공평을 기대하기 어려운 객관적인 사정이 있다고 할 수 없고, 형사소송법 제299조 규정상 재판장이 피고인의 증인신문권의 본질적인 부분을 침해하였다고 볼 만한 아무런 소명자료가 없다면, 재판장이 피고인의 증인에 대한 신문을 제지한 사실이 있다는 것만으로는 법관과 사건과의 관계상 불공평한 재판을 할 것이라는 의혹을 갖는 것이 합리적이라고 인정할 만한 객관적인 사정이 있는 경우에 해당한다고 볼 수 없다.(대결 1995.4.3, 95모10)

第19條【忌避申請의 管轄】 ① 合議法院의 法官에 對한 忌避는 그 法官의 所屬法院에 申請하고 受命法官, 受託判事 또는 單獨判事에 對한 忌避는 當該法官에게 申請하여야 한다.
② 忌避事由는 申請한 날로부터 3日 이내에 書面으로 疎明하여야 한다.

참조 [합의법원]법원조직7, [단독판사]법원조직7④, [기피의 원인]18①, [기피신청에 대한 재판]21, [전문심리위원에의 준용]279의5

第20條【忌避申請棄却과 處理】 ① 忌避申請이 訴訟의 지연을 目的으로 함이 명백하거나 第19條의 規定에 違背된 때에는 申請을 받은 法院 또는 法官은 決定으로 이를 棄却한다.(1995.12.29 본항개정)
② 忌避당한 法官은 前項의 경우를 除한 외에는 遲滯없이 忌避申請에 대한 意見書를 提出하여야 한다.
③ 前項의 경우에 忌避당한 法官이 忌避의 申請을 理由있다고 認定하는 때에는 그 決定이 있은 것으로 看做한다.

참조 형소규9, [기피신청의 관할]19, [결정]37-39·42, [즉시항고]23, [전문심리위원에의 준용]279의5

第21條【忌避申請에 대한 裁判】 ① 忌避申請에 대한 裁判은 忌避당한 法官의 所屬法院合議部에서 決定으로 하여야 한다.
② 忌避당한 法官은 前項의 決定에 關與하지 못한다.
③ 忌避당한 判事의 所屬法院이 合議部를 構成하지 못하는 때에는 直近 上級法院이 決定하여야 한다.

참조 [기피신청기각]20①, [합의부]법원조직7, [신청에 대한 의견서]20②, [소송진행의 정지]22, [즉시항고]23

第22條【忌避申請과 訴訟의 停止】 忌避申請이 있는 때에는 第20條第1項의 경우를 除한 외에는 訴訟進行을 停止하여야 한다. 但, 急速을 要하는 경우에는 例外로 한다.

참조 [기피의 원인과 신청권자]18, [기피신청의 관할]19, [기피신청기각과 처리]20, [기피신청에 대한 재판]21, [즉시항고]23

판례 법관에 대한 기피신청이 있는 경우, 동조에 따라 정지되는 소송진행에 판결의 선고는 포함되지 아니한다.
(대판 2002.11.13, 2002도4893)

第23條【忌避申請棄却과 即時抗告】 ① 忌避申請을 棄却한 決定에 대하여는 即時抗告를 할 수 있다.
② 第20條第1項의 棄却決定에 대한 即時抗告는 裁判의 執行을 정지하는 효력이 없다.(1995.12.29 본항신설)

참조 [즉시항고]403①, 405이하, [전문심리위원에의 준용]279의5

第24條【回避의 原因 등】 ① 法官이 第18條의 規定에 해당하는 事由가 있다고 思料한 때에는 回避하여야 한다.
② 回避는 所屬法院에 書面으로 申請하여야 한다.
③ 第21條의 規定은 回避에 準用한다.

참조 [제척의 원인]17, [기피의 원인]18①

第25條【법원사무관등에 대한 제척·기피·회피】 ① 本章의 規定은 第17條第7號의 規定을 除한 외에는 법원서기관·법원사무관·법원주사 또는 법원주사보(이하 "법원사무관등"이라 한다)와 通譯人에 準用한다.
② 前項의 법원사무관등과 通譯人에 대한 忌避裁判은 그 所屬法院이 決定으로 하여야 한다. 但, 第20條第1項의 決定은 忌避당한 者의 所屬法官이 한다.
(2007.6.1 본조개정)

改前 第25條【"法院書記官등에 대한 除斥, 忌避, 回避"】 ① 本章의 規定은 第17條第7號의 規定을 除한 외에는 "法院의 書記官, 書記"와 通譯人에 準用한다.
② 前項의 "書記官, 書記와" 通譯人에 대한 忌避裁判은…

참조 [불복신청]23·416, [서기관]180·181, 법원조직10

第3章 訴訟行爲의 代理와 輔助

第26條【意思無能力者와 訴訟行爲의 代理】 「형법」 第9條 내지 第11條의 規定의 適用을 받지 아니하는 犯罪事件에 관하여 被告人 또는 被疑者가 意思能力이 없는 때에는 그 法定代理人이 訴訟行爲를 代理한다.
(2007.6.1 본조개정)

참조 [형9-11의 적용제외]담배31, [법정대리인]민911·938, [특별대리인]28

第27條【法人과 訴訟行爲의 代表】 ① 被告人 또는 被疑者가 法人인 때에는 그 代表者가 訴訟行爲를 代表한다.
② 數人이 共同하여 法人을 代表하는 경우에도 訴訟行爲에 관하여는 各自가 代表한다.

참조 [법인]328①, 민소57, [대표자]민59, 상207·208·269·389·562, [특별대리인]28, [공동대표]상208·269·389·562

판례 정리회사가 피고인인 형사소송에서 그 관리인이 정리회사의 대표자가 되는지 여부 : 주식회사에 대하여 회사정리개시결정이 내려져 있는 경우라고 하더라도 적법하게 선임되어 있는 대표이사가 있는 한 그 대표이사가 형사소송법 제27조 제1항에 의하여 피고인인 회사를 대표하여 소송행위를 할 수 있고, 정리회사의 관리인은 정리회사의 기관이거나 그 대표자가 아니고 정리회사와 그 채권자 및 주주로 구성되는 소외 이해관계인단체의 관리자로서 일종의 공적 수탁자이므로 관리인이 형사소송에서 피고인인 정리회사의 대표자가 된다고 볼 수 없다.(대결 1994.10.28, 94모25)

第28條【訴訟行爲의 特別代理人】 ① 前2條의 規定에 의하여 被告人을 代理 또는 代表할 者가 없는 때에는 法院은 職權 또는 檢事의 請求에 의하여 特別代理人을 選任하여야 하며 被疑者를 代理 또는 代表할 者가 없는 때에는 法院은 檢事 또는 利害關係人의 請求에 의하여 特別代理人을 選任하여야 한다.
② 特別代理人은 被告人 또는 被疑者를 代理 또는 代表하여 訴訟行爲를 할 者가 있을 때까지 그 任務를 行한다.

참조 [소송행위의 대리, 대표]26·27, [청구사건관할]형소규10

형사소송

第29條【輔助人】 ① 被告人 또는 被疑者의 法定代理人, 配偶者, 직계친족과 형제자매는 輔助人이 될 수 있다.
(2005.3.31 본항개정)
② 보조인이 될 수 있는 자가 없거나 장애 등의 사유로 보조인으로서 역할을 할 수 없는 경우에는 피고인 또는 피의자와 신뢰관계 있는 자가 보조인이 될 수 있다.
(2015.7.31 본항신설)
③ 輔助人이 되고자 하는 者는 심급별로 그 취지를 申告하여야 한다.(2007.6.1 본항개정)
④ 輔助人은 獨立하여 被告人 또는 被疑者의 明示한 意思에 反하지 아니하는 訴訟行爲를 할 수 있다. 但, 法律에 다른 規定이 있는 때에는 例外로 한다.

改前 ① 被告人 또는 被疑者의 法定代理人, 配偶者, "直系親族, 兄弟姉妹와 戶主"는 輔助人이 될 수 있다.
"②" 輔助人이 되고자 하는 者는 "書面으로" 申告하여야 한다.

참조 [법정대리인]민911 · 938, [친족]민767이하, [보조인의 신고]형소규11, [특별규정]351

第4章 辯 護

第30條【辯護人選任權者】 ① 被告人 또는 被疑者는 辯護人을 選任할 수 있다.
② 被告人 또는 被疑者의 法定代理人, 配偶者, 직계친족과 형제자매는 獨立하여 辯護人을 選任할 수 있다.
(2005.3.31 본항개정)

改前 ② 被告人 또는 被疑者의 法定代理人, 配偶者, "直系親族, 兄弟姉妹와 戶主"는 獨立하여 辯護人을 選任할 수 있다.

참조 [변호인의 선임권]32, 헌12④, 형소규12 · 13, [선임권의 고지]72 · 87 · 88 · 209, 형소규16 · 17, [국선변호인]33, 형소규14 · 15 · 18 · 20 · 21, [피의자의 변호인의 권한]35 · 94 · 163 · 164 · 184, [선임절차]90 · 209, [법정대리인]민59 · 911 · 938, 상207 · 269 · 389 · 562, [친족]민767이하

판례 임의동행된 피의자와 피내사자에게 변호인의 접견교통권이 인정되는지 여부 : 변호인의 조력을 받을 권리를 실질적으로 보장하기 위하여는 변호인과의 접견교통권의 인정이 당연한 전제가 되므로, 임의동행의 형식으로 수사기관에 연행된 피의자에게도 변호인 또는 변호인이 되려는 자와의 접견교통권은 당연히 인정된다고 보아야 하고, 임의동행의 형식으로 연행된 피내사자의 경우에도 이는 마찬가지이다.(대결 1996.6.3, 96모18)

第31條【辯護人의 資格과 特別辯護人】 辯護人은 辯護士중에서 選任하여야 한다. 但, 大法院 이외의 法院은 特別한 事情이 있으면 辯護士 아닌 者를 辯護人으로 選任함을 許可할 수 있다.

참조 [변호사]헌12④, 변호사4, [상고심의 변호인]386

第32條【辯護人選任의 效力】 ① 辯護人의 選任은 審級마다 辯護人과 連名捺印한 書面으로 提出하여야 한다.
② 公訴提起 前의 辯護人 選任은 第1審에도 그 效力이 있다.

참조 [변호인 선임]30 · 31, [공소제기]246 · 254

第32條의2【代表辯護人】 ① 數人의 辯護人이 있는 때에는 裁判長은 被告人 · 被疑者 또는 辯護人의 申請에 의하여 代表辯護人을 지정할 수 있고 그 지정을 撤回 또는 변경할 수 있다.
② 第1項의 申請이 없는 때에는 裁判長은 職權으로 代表辯護人을 지정할 수 있고 그 지정을 撤回 또는 변경할 수 있다.
③ 代表辯護人은 3人을 초과할 수 없다.
④ 代表辯護人에 대한 통지 또는 書類의 송달은 辯護人 全員에 대하여 효력이 있다.
⑤ 第1項 내지 第4項의 規定은 被疑者에게 數人의 辯護人이 있는 때에 檢事가 代表辯護人을 지정하는 경우에 이를 準用한다.
(1995.12.29 본조신설)

第33條【국선변호인】 ① 다음 각 호의 어느 하나에 해당하는 경우에 변호인이 없는 때에는 법원은 직권으로 변호인을 선정하여야 한다.
1. 피고인이 구속된 때
2. 피고인이 미성년자인 때
3. 피고인이 70세 이상인 때
4. 피고인이 듣거나 말하는 데 모두 장애가 있는 사람인 때(2020.12.8 본호개정)
5. 피고인이 심신장애가 있는 것으로 의심되는 때
(2020.12.8 본호개정)
6. 피고인이 사형, 무기 또는 단기 3년 이상의 징역이나 금고에 해당하는 사건으로 기소된 때
② 법원은 피고인이 빈곤이나 그 밖의 사유로 변호인을 선임할 수 없는 경우에 피고인이 청구하면 변호인을 선정하여야 한다.(2020.12.8 본항개정)
③ 법원은 피고인의 나이 · 지능 및 교육 정도 등을 참작하여 권리보호를 위하여 필요하다고 인정하면 피고인의 명시적 의사에 반하지 아니하는 범위에서 변호인을 선정하여야 한다.(2020.12.8 본항개정)
(2006.7.19 본조개정)

改前 ① 4. 피고인이 "농아자"인 때
5. 피고인이 "심신장애의 의심이 있는 때"
② 법원은 피고인이 "빈곤" 그 밖의 사유로 변호인을 선임할 수 없는 경우에 "피고인의 청구가 있는 때에는" 변호인을 선정하여야 한다.
③ 법원은 피고인의 "연령" · 지능 및 교육 정도 등을 참작하여 권리보호를 위하여 필요하다고 "인정하는 때에는" 피고인의 명시적 의사에 반하지 아니하는 "범위 안에서" 변호인을 선정하여야 한다.

참조 [변호인의 선임]30, [국선변호인]283, 형소규9, 법원조직72④, [미성년]민4, [변호인의 불출석]283, [심신장애인]형10, [농아자]형11, [소송비용의 면제]487, [국선변호인에게 지급하는 비용]형사소송비용등에관한법1 · 2 · 8 · 10

판례 상해 혐의로 기소된 피고인이 자신이 「국민기초생활 보장법」에 따른 수급권자에 해당한다는 소명자료를 제출하면서 국선변호인 선정청구를 했다. 그런데 재판부는 청구를 기각하고 이후 공판기일에 피고인만 출석한 상태에서 심리를 진행한 다음 판결을 선고했다. 그러나 피고인의 제출한 소명자료에 의하면 빈곤으로 인하여 변호인을 선임할 수 없는 경우에 해당하는 것으로 인정할 여지가 충분하고 기록상 이와 달리 판단할 만한 사정을 찾아볼 수 없다. 사정이 이러하다면 특별한 사정이 없는 한 국선변호인 선정결정을 하여 그 선정된 변호인으로 하여금 공판심리에 참여하도록 했어야 한다.
(대판 2024.5.9, 2024도1336)

판례 헌법상 변호인의 조력을 받을 권리 및 형사소송법상 국선변호인 제도의 취지와 점자자료로 작성된 소송계속 중의 관계 서류 등의 제공이 이루어지지 아니하는 현행 형사소송실무 등에 비추어, 법원으로서는 형사소송법 제33조 제3항의 규정을 준용하여 피고인의 연령 · 지능 · 교육 정도를 비롯한 시각장애의 정도 등을 확인한 다음 권리보호를 위하여 필요하다고 인정하는 때에는 시각장애인인 피고인의 명시적 의사에 반하지 아니하는 범위 안에서 국선변호인을 선정하여 방어권을 보장해 줄 필요가 있다. 그럼에도 국선변호인의 선정 없이 공판심리가 이루어져 피고인의 방어권이 침해됨으로써 판결에 영향을 미쳤다고 인정되는 경우에는 위 법 제33조 제3항을 위반한 위법이 있다고 보아야 한다.(대판 2010.4.29, 2010도881)

판례 항소심법원이 피고인으로부터 국선변호인 선정청구를 받고도 그에 대한 허부의 결정을 지체하다가 피고인이 항소이유서 제출기간 내에 항소이유서를 제출하지 않은 경우 : 피고인이 빈곤 등을 이유로 국선변호인의 선정을 청구하면서, 국선변호인의 조력을 받아 항소이유서를 작성 · 제출하는 데 필요한 충분한 시간 여유를 두고 선정청구를 하였는데도 법원이 정당한 이유 없이 그 선정을 지연하여 항소이유서 제출기간이 경과한 후에야 비로소 항소기각결정을 함과 동시에 국선변호인 선정청구를 기각함으로써 항소이유서의 작성 · 제출에 필요한 변호인의 조력을 받지도 못한 상태로 피고인에 대한 항소이유서 제출기간이 도과해 버렸다면 이는 변호인의 조력을 받을 피고인의 권리가 법원에 의하여 침해된 것과 다를 바 없으므로, 설사 항소이유서 제출기간 내에 그 피고인으로부터 적법한 항소이유서의 제출이 없었다고 하더라도 그러한 사유를 들어 곧바로 결정으로 피고인의 항소를 기각하여서는 아니 된다. 항소심법원으로서는 항소이유서 제출기간이 지난 후에라도 국선변호인 선정 결정과 함께 그 변호인에게 소송기록접수 통지를 하여 국선변호인이 그 통지를 받은 날로부터 기산하여 소정의 기간 내에 피고인을 위하여 항소이유서를 제출할 기회를 주든지, 형사소송규칙 제44조를 유추적용하여 항소이유서 제출기간을 연장하는 조치를 취하는 방법으로 피고인에게 사선 변호인을 선임하여 항소이유서를 제출할 수 있는 기회를 실질적으로 부여함으로써 피고인으로 하여금 변호인의 조력을 받을 수 있도록 해주어야 한다.(대결 2003.10.27, 2003모306)

第34條【피고인 · 피의자와의 접견, 교통, 진료】 변호인이나 변호인이 되려는 자는 신체가 구속된 피고인 또는 피의자와 접견하고 서류나 물건을 수수(授受)할 수 있으며 의사로 하여금 피고인이나 피의자를 진료하게 할 수 있다.(2020.12.8 본조개정)

改前 "第34條【被告人, 被疑者와의 接見, 交通, 受診】 辯護人 또는 辯護人이 되려는 者는 身體拘束을 당한 被告人 또는 被疑者와 接見하고 書類 또는 物件을 授受할 수 있으며 醫師로 하여금 診療하게 할 수 있다."

참조 [신체구속을 당한 피고인]70, [피의자]201 · 212, [변호인 선임권자]30, [피고인의 교통, 수진]89, 형의집행수용자41－44, 형의집행수용자시55, [교통의 금지, 제한]91

판례 집회나 시위, 파업 현장에서 체포된 사람을 접견하게 해 달라고 요구하며 호송차량의 진행을 막은 변호사를 경찰이 공무집행방해죄의 현행범으로 체포한 사안에 대하여, 변호사가 피의자를 호송하는 차량의 진행을 막은 것은 변호인이 되려는 자의 정당한 접견교통권을 행사한 것으로 볼 수 있으므로, 경찰이 변호사를 현행범으로 체포한 것은 직권을 남용한 불법체포일 뿐만 아니라 변호사의 정당한 접견교통권을 방해한 행위로 볼 수 있다.(대판 2017.3.9, 2013도16162)

판례 변호인이 피의자를 접견할 때 국가정보원 직원이 승낙 없이 사진촬영을 한 것은 접견교통권 침해에 해당한다.
(대판 2003.1.10, 2002다56628)

판례 변호인의 접견교통권의 법적 성격 및 수사기관의 처분에 의하여 제한할 수 있는지 여부 : 변호인의 구속된 피고인 또는 피의자와의 접견교통권은 피고인 또는 피의자 자신이 가지는 변호인과의 접견교통권과는 성질을 달리하는 것으로서 헌법상 보장된 권리라고는 할 수 없고, 본조에 의하여 비로소 보장되는 권리이지만, 신체구속을 당한 피고인 또는 피의자의 인권보장과 방어준비를 위하여 필수불가결한 권리이므로, 수사기관의 처분 등에 의하여 이를 제한할 수 없고, 다만 법령에 의하여서만 제한이 가능하다.
(대결 2002.5.6, 2000모112)

第35條【서류 · 증거물의 열람 · 복사】 ① 피고인과 변호인은 소송계속 중의 관계 서류 또는 증거물을 열람하거나 복사할 수 있다.(2016.5.29 본항개정)
② 피고인의 법정대리인, 제28조에 따른 특별대리인, 제29조에 따른 보조인 또는 피고인의 배우자 · 직계친족 · 형제자매로서 피고인의 위임장 및 신분관계를 증명하는 문서를 제출한 자도 제1항과 같다.
③ 재판장은 피해자, 증인 등 사건관계인의 생명 또는 신체의 안전을 현저히 해칠 우려가 있는 경우에는 제1항 및 제2항에 따른 열람 · 복사에 앞서 사건관계인의 성명 등 개인정보가 공개되지 아니하도록 보호조치를 할 수 있다.(2016.5.29 본항신설)
④ 제3항에 따른 개인정보 보호조치의 방법과 절차, 그 밖에 필요한 사항은 대법원규칙으로 정한다.
(2016.5.29 본항신설)
(2016.5.29 본조제목개정)
(2007.6.1 본조개정)

改前 第35條【서류 · 증거물의 "열람 · 등사"】 ① 피고인과 변호인은…열람하거나 "등사"할 수 있다.

참조 [증거보전]45 · 55 · 185, [감정의 참여]176, [변호인이 없는 경우]33, [비공개]47

판례 검사보관의 수사기록에 대한 열람 · 등사 : 검사가 보관하는 수사기록에 대한 변호인의 열람 · 등사는 실질적 당사자대등을 확보하고, 신속 · 공정한 재판을 실현하기 위하여 필요불가결한 것이며, 그에 대한 지나친 제한은 피고인의 신속 · 공정한 재판을 받을 권리를 침해하는 것이다. 변호인의 조력을 받을 권리는 변호인과의 자유로운 접견교통권에 그치지 아니하고 더 나아가 변호인을 통하여 수사서류를 포함한 소송관계 서류를 열람 · 등사하고 이에 대한 검토결과를 토대로 공격과 방어의 준비를 할 수 있는 권리도 포함된다고 보아야 할 것이므로 변호인의 수사기록 열람 · 등사에 대한 지나친 제한은 결국 피고인에게 보장된 변호인의 조력을 받을 권리를 침해하는 것이다. 수사기록에 대한 열람 · 등사권이 헌법상 피고인에게 보장된 신속 · 공정한 재판을 받을 권리와 변호인의 조력을 받을 권리 등에 의하여 보호되는 권리라 하더라도 무제한적인 것은 아니며, 또한 헌법상 보장된 다른 기본권과 사이에 조화를 이루어야 한다. 즉, 변호인의 수사기록에 대한 열람 · 등사권도 기본권제한의 일반적 법률유보조항인 국가안전보장 · 질서유지 또는 공공복리를 위하여 제한되는 경우가 있을 수 있으며, 검사가 보관중인 수사기록에 대한 열람 · 등사는 당해 사건의 성질과 상황, 열람 · 등사를 구하는 증거의 종류 및 내용 등 제반 사정을 감안하여 그 열람 · 등사가 피고인의 방어를 위하여 특히 중요하고 또 그로 인하여 국가기밀의 누설이나 증거인멸, 증인협박, 사생활침해, 관련사건 수사의 현저한 지장 등과 같은 폐해를 초래할 우려가 없는 때에 한하여 허용된다고 할 것이다. 수사기록에 대한 열람 · 등사신청은 수사기록을 보관하고 있는 검사에게 직접 하여야 한다. 이는 수사기록을 보관하고 있는 자에게 신청하는 것이 원칙일 뿐만 아니라 신청을 받은 검사도 신속하고 간편하게 열람 · 등사를 허용할 수 있을 것이고, 또 비록 검사의 공소제기에 의하여 법원에 소송계속이 생겼다 하더라도 증거조사 전단계에서는 검사가 보관중인 수사기록에 대하여 법원이 열람 · 등사를 허용할 근거는 없기 때문이다.(헌재결 1997.11.27, 94헌마60 전원재판부)

第36條【辯護人의 獨立訴訟行爲權】 辯護人은 獨立하여 訴訟行爲를 할 수 있다. 但, 法律에 다른 規定이 있는 때에는 例外로 한다.

참조 [독립행위권]18 · 34 · 35 · 54② · 87 · 93 · 94 · 121 · 145 · 163 · 176 · 184① · 185 · 270 · 294 · 296 · 341

第5章 裁 判

第37條【판결, 결정, 명령】 ① 판결은 법률에 다른 규정이 없으면 구두변론(口頭辯論)을 거쳐서 하여야 한다.
② 결정이나 명령은 구두변론을 거치지 아니할 수 있다.
③ 결정이나 명령을 할 때 필요하면 사실을 조사할 수 있다.
④ 제3항의 조사는 부원(部員)에게 명할 수 있고 다른 지방법원의 판사에게 촉탁할 수 있다.
(2020.12.8 본조개정)

改前 "第37條【判決, 決定, 命令】 ① 判決은 法律에 다른 規定이 없으면 口頭辯論에 依據하여야 한다.
② 決定 또는 命令은 口頭辯論에 依據하지 아니할 수 있다.
③ 決定 또는 命令을 함에 必要한 경우에는 事實을 調査할 수 있다.
④ 前項의 調査는 部員에게 命할 수 있고 다른 地方法院의 判事에게 囑託할 수 있다."

참조 [특별규정]276 · 277 · 306 · 330 · 370 · 390 · 401, [사실조사]형소규24, [선고 · 명령등의 기간]소송촉진21 · 22, [결정]6－10 · 13 · 97 · 100 · 105 · 133 · 134 · 306 · 328 · 347 · 348 · 360 · 361의4 · 362 · 363 · 376 · 380－382, [배상명령]소송촉진25－35

第38條【裁判書의 方式】 裁判은 法官이 作成한 裁判書에 依하여야 한다. 但, 決定 또는 命令을 告知하는 경우에는 裁判書를 作成하지 아니하고 調書에만 記載하여 할 수 있다.

참조 [재판]37, [재판서의 기재요건]40, [재판서의 경정]형소규25

第39條【裁判의 理由】 裁判에는 理由를 明示하여야 한다. 但, 上訴를 不許하는 決定 또는 命令은 例外로 한다.

참조 [이유]323 · 370 · 398, [결정, 명령과 상소]402 · 403 · 415 · 416

판례 그 사유의 존부에 관하여 자세하고 구체적인 설명을 생략하고 그 신청의 당부에 대한 이유를 다만 신청의 이유가 있다 또는 그 이유가 없다고 간단히 밝히면 된다.(대결 1996.11.14, 96모94)

第40條【裁判書의 記載要件】 ① 裁判書에는 法律에 다른 規定이 없으면 裁判을 받는 者의 姓名, 年齡, 職業과 住居를 記載하여야 한다.
② 裁判을 받는 者가 法人인 때에는 그 名稱과 事務所를 記載하여야 한다.
③ 판결서에는 기소한 검사와 공판에 관여한 검사의 관직, 성명과 변호인의 성명을 기재하여야 한다.
(2011.7.18 본항개정)

改前 "③ 判決書에는 公判에 關與한 檢事의 官職, 姓名과 辯護人의 姓名을 記載하여야 한다.(1961.9.1 본항개정)"

참조 [특별규정]74 · 75 · 77 · 114 · 153 · 155, [관여검사]275

第41條【裁判書의 署名 등】 ① 裁判書에는 裁判한 法官이 署名捺印하여야 한다.
② 裁判長이 署名捺印할 수 없는 때에는 다른 法官이 그 事由를 附記하고 署名捺印하여야 하며 다른 法官이 署名捺印할 수 없는 때에는 裁判長이 그 事由를 附記하고 署名捺印하여야 한다.
③ 判決書 기타 大法院規則이 정하는 裁判書를 제외한 裁判書에 대하여는 第1項 및 第2項의 署名捺印에 갈음하여 記名捺印할 수 있다.(1995.12.29 본항신설)

형사소송

참조 [예외]74·75·77·114·153·155

판례 검찰의 공소권 남용에 따른 공소기각 : 소위 '서울시 공무원 간첩' 사건으로 무죄가 선고된 피고인에게 이미 4년 전 기소유예 처분했던 불법 외환거래 혐의를 들춰내 추가 기소한 사건에서, 종전 사건의 피의사실과 현재 사건의 공소사실 사이에 기소유예 처분을 번복하고 공소를 제기해야 할 만한 의미 있는 사정변경이 없으며, 검사가 해당 사건을 기소한 것은 통상적이거나 적정한 소추재량권 행사라고 보기 어렵고 어떠한 의도가 있다고 보여지므로 공소권을 자의적으로 행사한 것으로 위법하다. 또한 이로 인해 유씨가 실질적인 불이익을 받았기 때문에 현재 사건에 대한 기소는 소추재량권을 현저히 일탈한 경우에 해당한다. 따라서 이 부분 공소는 공소제기의 절차가 법률의 규정에 위반해 무효이다.(대판 2021.11.14, 2016도14772)

판례 1심 판결서에 재판한 법관의 서명날인이 누락되어 있었는데 2심이 이를 간과한 채 피고인들의 항소를 기각하는 판결을 선고하였다면 형사소송법이 정한 '판결에 영향을 미친 법률의 위반이 있는 때'에 해당해 파기되어야 한다.(대판 2020.11.26, 2020도12358)

판례 재판장의 서명날인이 누락된 재판서에 의한 판결과 파기사유 : 재판장의 서명날인이 누락되어 있고 재판장이 서명날인을 할 수 없는 사유의 부기도 없는 재판서에 의한 판결은 형사소송법 제383조 제1호 소정의 판결에 영향을 미친 법률위반으로서 파기사유가 된다.(대판 1990.2.27, 90도145)

第42條【裁判의 宣告, 告知의 方式】 裁判의 宣告 또는 告知는 公判廷에서는 裁判書에 의하여야 하고 기타의 경우에는 裁判書謄本의 送達 또는 다른 適當한 方法으로 하여야 한다. 但, 法律에 다른 規定이 있는 때에는 例外로 한다.

참조 [선고]43, [선고기간]소송촉진21, [송달]60이하, [특별규정]76·81·270②

판례 결정의 고지와 재판서등본의 송달 : 형사소송법 제42조, 제43조의 규정에 비추어 보면 공판정에서 결정을 고지하는 경우에는 그 결정등본을 피고인에게 송달할 필요가 없는 것이다.
(대판 1995.6.13, 95도826)

第43條【同前】 裁判의 宣告 또는 告知는 裁判長이 한다. 判決을 宣告함에는 主文을 朗讀하고 理由의 要旨를 說明하여야 한다.

참조 [상소에 대한 고지]324

第44條【檢事의 執行指揮를 要하는 事件】 檢事의 執行指揮를 要하는 裁判은 裁判書 또는 裁判을 記載한 調書의 謄本 또는 抄本을 裁判의 宣告 또는 告知한 때로부터 10日 이내에 檢事에게 送付하여야 한다. 但, 法律에 다른 規定이 있는 때에는 例外로 한다.(1961.9.1 본문개정)

참조 [집행지휘]460·461, [재판서]38, [재판을 기재한 조서]38단서, [특별규정]81·155

第45條【裁判書의 謄本, 抄本의 請求】 被告人 기타의 訴訟關係人은 費用을 納入하고 裁判書 또는 裁判을 記載한 調書의 謄本 또는 抄本의 交付를 請求할 수 있다.

참조 [재판서, 재판조서]38, [구속영장의 등본등]형소규50, [인지]부칙5, [기타의 소송관계인]형소규26-28

판례 확정된 형사소송기록의 복사신청에 대한 거부행위의 기본권침해 여부 : 확정된 형사소송기록의 복사신청에 대한 서울지방검찰청 의정부지청장의 거부행위는 청구인의 헌법상의 기본권인 "알 권리"를 침해한 것이다.(헌재결 1991.5.13, 90헌마133 전원재판부)

第46條【裁判書의 謄, 抄本의 作成】 裁判書 또는 裁判을 記載한 調書의 謄本 또는 抄本은 原本에 의하여 作成하여야 한다. 但, 不得已한 경우에는 謄本에 의하여 作成할 수 있다.

참조 [재판서, 재판조서]38, [등본, 초본]42·44·45, [작성자]38·51

第6章 書 類

第47條【訴訟書類의 非公開】 訴訟에 관한 書類는 公判의 開廷前에는 公益上 必要 기타 相當한 理由가 없으면 公開하지 못한다.

참조 [공개금지]198, 형126, [공익상 필요한 경우]국회118·158

판례 변호인의 조력을 받을 권리와 변호인의 기본권 : 본조의 입법목적은, 형사소송에 있어서 유죄의 판결이 확정될 때까지는 무죄로 추정을 받아야 할 피의자가 수사단계에서의 수사서류 공개로 말미암아 그의 기본권이 침해되는 것을 방지하고자 함에 목적이 있는 것이지 구속적부심사를 포함하는 형사소송절차에서 피의자의 방어권행사를 제한하려는 데 그 목적이 있는 것은 원래가 아니라는 점, 그리고 형사소송법이 구속적부심사를 기소 전에만 인정하고 있기 때문에 만일 기소 전에 변호인이 미리 고소장과 피의자신문조서를 열람하지 못한다면 구속적부심제도를 헌법에서 직접 보장함으로써 이 제도가 피구속자의 인권옹호를 위하여 충실히 기능할 것을 요청하는 헌법정신은 훼손을 면할 수 없다는 점 등에서, 이 규정은 구속적부심사단계에서 변호인이 고소장과 피의자신문조서를 열람하여 피구속자의 방어권을 조력하는 것까지를 일체 금지하는 것은 아니다. 결국 변호인에게 고소장과 피의자신문조서에 대한 열람 및 등사를 거부한 경찰서장의 정보비공개결정은 변호인의 피구속자를 조력할 권리 및 알 권리를 침해하여 헌법에 위반된다.
(헌재결 2003.3.27, 2000헌마474 전원재판부)

第48條【조서의 작성 방법】 ① 피고인, 피의자, 증인, 감정인, 통역인 또는 번역인을 신문(訊問)하는 때에는 신문에 참여한 법원사무관등이 조서를 작성하여야 한다.
② 조서에는 다음 각 호의 사항을 기재하여야 한다.
1. 피고인, 피의자, 증인, 감정인, 통역인 또는 번역인의 진술
2. 증인, 감정인, 통역인 또는 번역인이 선서를 하지 아니한 때에는 그 사유
③ 조서는 진술자에게 읽어 주거나 열람하게 하여 기재 내용이 정확한지를 물어야 한다.
④ 진술자가 조서에 대하여 추가, 삭제 또는 변경의 청구를 한 때에는 그 진술내용을 조서에 기재하여야 한다.
⑤ 신문에 참여한 검사, 피고인, 피의자 또는 변호인이 조서 기재 내용의 정확성에 대하여 이의(異議)를 진술한 때에는 그 진술의 요지를 조서에 기재하여야 한다.
⑥ 제5항의 경우 재판장이나 신문한 법관은 그 진술에 대한 의견을 기재하게 할 수 있다.
⑦ 조서에는 진술자로 하여금 간인(間印)한 후 서명날인하게 하여야 한다. 다만, 진술자가 서명날인을 거부한 때에는 그 사유를 기재하여야 한다.
(2020.12.8 본조개정)

改前 "第48條【調書의 作成方法】 ① 被告人, 被疑者, 證人, 鑑定人, 通譯人 또는 飜譯人을 訊問하는 때에는 參與한 법원사무관등이 調書를 作成하여야 한다.(2007.6.1 본항개정)
② 調書에는 다음 事項을 記載하여야 한다.
1. 被告人, 被疑者, 證人, 鑑定人, 通譯人 또는 飜譯人의 陳述
2. 證人, 鑑定人, 通譯人 또는 飜譯人이 宣誓를 하지 아니한 때에는 그 事由
③ 調書는 陳述者에게 읽어주거나 閱覽하게 하여 記載內容의 正確與否를 물어야 한다.
④ 陳述者가 增減變更의 請求를 한 때에는 그 陳述을 調書에 記載하여야 한다.
⑤ 訊問에 參與한 檢事, 被告人, 被疑者 또는 辯護人이 調書의 記載의 正確性에 대하여 異議를 陳述한 때에는 그 陳述의 要旨를 調書에 記載하여야 한다.
⑥ 前項의 경우에는 裁判長 또는 訊問한 法官은 그 陳述에 대한 意見을 記載하게 할 수 있다.
⑦ 調書에는 陳述者로 하여금 間印한 後 署名捺印하게 하여야 한다. 但, 陳述者가 署名捺印을 拒否한 때에는 그 事由를 記載하여야 한다."

참조 [피고인 신문]284·287, [피의자 신문]241-244, [증인신문]146이하, [감정]169이하, [통역과 번역]180이하, [선서를 하지 않는 증인]159-161, [공무원의 서류]57·58, [조서의 기재요건]50, 형소규29·34

第49條【檢證 등의 調書】 ① 檢證, 押收 또는 搜索에 관하여는 調書를 作成하여야 한다.
② 檢證調書에는 檢證目的物의 現狀을 明確하게 하기 위하여 圖畵나 寫眞을 添附할 수 있다.
③ 押收調書에는 品種, 外形上의 特徵과 數量을 記載하여야 한다.

참조 [검증]139이하, [압수와 수색]106이하, [조서의 기재요건]50

第50條【各種 調書의 記載要件】 前2條의 調書에는 調査 또는 處分의 年月日時와 場所를 記載하고 그 調査 또는 處分을 行한 者와 參與한 법원사무관등이 기명날인 또는 서명하여야 한다. 但, 公判期日 외에 法院이 調査 또는 處分을 行한 때에는 裁判長 또는 法官과 參與한 법원사무관등이 기명날인 또는 서명하여야 한다.(2007.6.1 본조개정)

改前 …그 調査 또는 處分을 行한 者와 參與한 "書記官 또는 書記가 署名捺印"하여야 한다. 但,…法官과 參與한 "書記官 또는 書記가 署名捺印"하여야 한다.

참조 [조서작성]48 · 49, [공무원의 서류]57 · 58

第51條【公判調書의 記載要件】 ① 公判期日의 訴訟節次에 관하여는 參與한 법원사무관등이 公判調書를 作成하여야 한다.(2007.6.1 본항개정)

② 公判調書에는 다음 事項 기타 모든 訴訟節次를 記載하여야 한다.

1. 公判을 行한 日時와 法院
2. 法官, 檢事, 법원사무관등의 官職, 姓名(2007.6.1 본호개정)
3. 被告人, 代理人, 代表者, 辯護人, 輔助人과 通譯人의 姓名
4. 被告人의 出席與否
5. 公開의 與否와 公開를 禁한 때에는 그 理由
6. 公訴事實의 陳述 또는 그를 變更하는 書面의 朗讀
7. 被告人에게 그 權利를 保護함에 必要한 陳述의 機會를 준 事實과 그 陳述한 事實
8. 第48條第2項에 記載한 事項
9. 證據調査를 한 때에는 證據될 書類, 證據物과 證據調査의 方法
10. 公判廷에서 行한 檢證 또는 押收
11. 辯論의 要旨
12. 裁判長이 記載를 命한 事項 또는 訴訟關係人의 請求에 의하여 記載를 許可한 事項
13. 被告人 또는 辯護人에게 最終 陳述할 機會를 준 事實과 그 陳述한 事實
14. 判決 기타의 裁判을 宣告 또는 告知한 事實

改前 ① …관하여는 參與한 "書記官 또는 書記가" 公判調書를 作成하여야 한다.
② 2. 法官, 檢事, "書記官 또는 書記"의 官職, 姓名

참조 [재판의 기재]38단서, [상소포기 취하의 기재]352②, [공판정의 구성]275, [대리인]276 · 277, [변호인]30 · 33, [보조인]29, [통역인]180 · 181, [출석여부]276 · 277 · 306 · 365, [공개여부]헌109, 법원조직57, [공소사실의 진술]285, [피고인의 진술권]286, [신문조서 기재사항]48②, [증거조사]290–292, [검증]139이하, [압수]106이하, [변론]299 · 300 · 302 · 303 · 305 · 388 · 443, [최종진술]303, [선고, 고지]42 · 43 · 324

판례 공판조서의 일부가 된 변호인의 피고인에 대한 신문사항을 기재한 별지가 공판조서에 첨부되지 않은 경우 : 공판조서의 일부가 된 변호인의 피고인에 대한 신문사항을 기재한 별지가 공판조서에 첨부되지 않았으나, 공판조서에 의하면 피고인은 판사의 신문과 공소사실에 대한 검사의 신문에 대하여 범행을 부인하고, 변호인이 '별지 신문사항과 같이 피고인을 신문'한 데 대하여 피고인은 모두 '예'라고 대답한 것으로 기재되어 있는 점에 비추어 볼 때 공판기일에서 변호인이 별지로 된 신문사항에 의하여 피고인을 신문하였지만 공판조서 작성상의 잘못으로 인하여 별지 첨부가 누락된 것으로 보이고, 또 변호인의 신문에 앞선 판사와 검사의 신문에 대한 피고인의 진술이 기재되어 있는 점을 고려하면 변호인의 피고인에 대한 신문사항 첨부 누락으로 인하여 위 공판조서가 무효로 된다고는 할 수 없다. (대판 1999.11.26, 98도3040)

第52條【公判調書作成上의 特例】 公判調書 및 公判期日외의 證人訊問調書에는 第48條第3項 내지 第7項의 規定에 의하지 아니한다. 但, 陳述者의 請求가 있는 때에는 그 陳述에 관한 部分을 읽어주고 增減變更의 請求가 있는 때에는 그 陳述을 記載하여야 한다.(1995.12.29 본조개정)

참조 [조서의 작성방법]48

第53條【公判調書의 署名 등】 ① 公判調書에는 裁判長과 參與한 법원사무관등이 기명날인 또는 서명하여야 한다.

② 裁判長이 기명날인 또는 서명할 수 없는 때에는 다른 法官이 그 事由를 附記하고 기명날인 또는 서명하여야 하며 法官全員이 기명날인 또는 서명할 수 없는 때에는 參與한 법원사무관등이 그 事由를 附記하고 기명날인 또는 서명하여야 한다.

③ 법원사무관등이 기명날인 또는 서명할 수 없는 때에는 裁判長 또는 다른 法官이 그 事由를 附記하고 기명날인 또는 서명하여야 한다.

(2007.6.1 본조개정)

改前 ① 公判調書에는 裁判長과 參與한 "書記官이나 書記가 署名捺印하여야" 한다.
② 裁判長이 "署名捺印"할 수 없는…事由를 附記하고 "署名捺印"하여야 하며 法官全員이 "署名捺印"할 수 없는 때에는 參與한 "書記官 또는 書記"가 그 事由를 附記하고 "署名捺印"하여야 한다.
③ "書記官 또는 書記가 署名捺印"할 수 없는 때에는…그 事由를 附記하고 "署名捺印"하여야 한다.

참조 [공판조서]51, [공판정의 심리]275

第54條【公判調書의 整理 등】 ① 公判調書는 各 公判期日後 신속히 整理하여야 한다.

② 다음 회의 公判期日에 있어서는 前回의 公判審理에 관한 主要事項의 要旨를 調書에 의하여 告知하여야 한다. 다만, 다음 회의 공판기일까지 전회의 공판조서가 정리되지 아니한 때에는 조서에 의하지 아니하고 고지할 수 있다.

③ 검사, 피고인 또는 변호인은 공판조서의 기재에 대하여 변경을 청구하거나 이의를 제기할 수 있다.

④ 제3항에 따른 청구나 이의가 있는 때에는 그 취지와 이에 대한 재판장의 의견을 기재한 조서를 당해 공판조서에 첨부하여야 한다.(2007.6.1 본항신설)

(2007.6.1 본조개정)

改前 ① 公判調書는 各 公判期日後 "5日이내에 迅速히" 整理하여야 한다.
② "次回"의 公判期日에 있어서는…의하여 告知하여야 한다. "檢事, 被告人 또는 辯護人이 그 變更을 請求하거나 異議를 陳述한 때에는 그 趣旨를 公判調書에 記載하여야 한다."
"③ 前項의 경우에는 裁判長은 그 請求 또는 異議에 대한 意見을 記載하게 할 수 있다."

참조 [공판조서의 작성]51, [공판기일]267

第55條【被告人의 公判調書閱覽權등】 ① 被告人은 公判調書의 閱覽 또는 謄寫를 請求할 수 있다.(1995.12.29 본항개정)

② 被告人이 公判調書를 읽지 못하는 때에는 公判調書의 朗讀을 請求할 수 있다.(1995.12.29 본항개정)

③ 前2項의 請求에 應하지 아니한 때에는 그 公判調書를 有罪의 證據로 할 수 없다.

(1995.12.29 본조제목개정)

참조 형소규30, [이의진술]54

판례 피고인의 공판조서열람권의 의미 : 본조 제1항이 피고인에게 공판조서의 열람 또는 등사청구권을 부여한 이유는 공판조서의 열람 또는 등사를 통하여 피고인으로 하여금 진술자의 진술내용과 그 기재된 조서의 기재내용의 일치 여부를 확인할 수 있도록 기회를 줌으로써 그 조서의 정확성을 담보함과 아울러 피고인의 방어권을 충실하게 보장하려는 데 있으므로 피고인의 공판조서에 대한 열람 또는 등사청구에 법원이 불응하여 피고인의 열람 또는 등사청구권이 침해된 경우에는 그 공판조서를 유죄의 증거로 할 수 없을 뿐만 아니라, 공판조서에 기재된 당해 피고인이나 증인의 진술도 증거로 할 수 없다.(대판 2003.10.10, 2003도3282)

第56條【公判調書의 證明力】 公判期日의 訴訟節次로서 公判調書에 記載된 것은 그 調書만으로써 證明한다.

참조 [공판조서의 기재]51 · 54

판례 공판조서의 증명력에 관한 규정인 형사소송법 제56조가 위헌인지 여부 : 형사소송법 제48조, 제50조, 제51조, 제53조가 공판조서의 작성자, 작성방식, 기재요건 등을 엄격하게 규정하고 있는 점, 법 제52조가 공판조서의 경우 진술자의 청구가 있는 때에는 그 진술에 관한 부분을 읽어주고 증감변경의 청구가 있는 때에는 그 진술을 기재하도록 규정하고 있는 점, 법 제54조가 차회의 공판기일에 있어서는 전회의 공판심리에 관한 주요사항의 요지를 조서에 의하여 고지하고, 검사, 피고인 또는 변호인이 그 변경을 청구하거나 이의를 진술한 때에는 그 취지를 공판조서에 기재하며, 그 경우 재판장이 그 청구 또는 이의에 대한 의견을 기재할 수 있도록 규정하고 있는 점, 법 제55조가 피고인은 공판조서의 열람 또는 등사를 청구할 수 있고 그 청구에 응하지 아니한 때에는 그 공판조서를 유죄의 증거로 할 수 없도록 규정하고 있는 점, 공판조서의 기재가 소송기록상 명백한 오기인 경우에는 공판조서는 그 올바른 내용에 따라 증명력을 가진

형사소송

다고 해석되는 점 등에 비추어 보면, 위 조항이 비록 다음에서 보는 바와 같이 공판조서의 절대적 증명력을 인정하는 취지라고 하더라도 그것이 공판조서 작성자를 다른 공무원이나 국민보다 지나치게 보호함으로써 헌법상 평등의 원칙이나 과잉금지의 원칙에 위반된다고 볼 수는 없으므로, 위 조항이 헌법에 위반된다는 취지의 상고 주장은 이유 없다.(대판 2005.10.28, 2005도5996)

第56條의2【공판정에서의 속기·녹음 및 영상녹화】 ① 법원은 검사, 피고인 또는 변호인의 신청이 있는 때에는 특별한 사정이 없는 한 공판정에서의 심리의 전부 또는 일부를 속기사로 하여금 속기하게 하거나 녹음장치 또는 영상녹화장치를 사용하여 녹음 또는 영상녹화(녹음이 포함된 것을 말한다. 이하 같다)하여야 하며, 필요하다고 인정하는 때에는 직권으로 이를 명할 수 있다.
② 법원은 속기록·녹음물 또는 영상녹화물을 공판조서와 별도로 보관하여야 한다.
③ 검사, 피고인 또는 변호인은 비용을 부담하고 제2항에 따른 속기록·녹음물 또는 영상녹화물의 사본을 청구할 수 있다.
(2007.6.1 본조개정)

改前 "第56條의2【公判廷에서의 速記·錄取】① 法院은 被告人, 辯護人 또는 檢事의 申請이 있는 때에는 特別한 사유가 없는 한 被告人, 證人 또는 기타의 者에 대한 訊問의 전부 또는 일부를 速記者로 하여금 筆記하게 하거나 錄音裝置를 사용하여 錄取하여야 한다. 法院은 필요하다고 인정하는 때에는 職權으로 이를 명할 수 있다.
② 第1項의 申請에 의한 速記나 錄取에 費用을 요하는 때에 被告人, 辯護人 또는 檢事는 法院이 정하는 금액을 豫納하여야 한다.
③ 第1項의 申請에 의하여 速記나 錄取를 한 때에는 申請人은 實費額을 부담하고 速記錄 또는 錄音帶의 謄本 또는 抄本을 請求할 수 있다.
(1995.12.29 본조개정)"

참조 [공판조서의 기재]51·54, [속기]형소규30의2·33·34, [녹취]형소규38

第57條【公務員의 書類】 ① 公務員이 作成하는 書類에는 法律에 다른 規定이 없는 때에는 作成 年月日과 所屬公務所를 記載하고 기명날인 또는 서명하여야 한다.
(2007.6.1 본항개정)
② 書類에는 間印하거나 이에 준하는 措置를 하여야 한다.(1995.12.29 본항개정)
③ (2007.6.1 삭제)

改前 ① …다른 規定이 없는 때에는 作成 年月日과 所屬公務所를 記載하고 "署名捺印"하여야 한다.
"③ 第1項의 署名捺印은 大法院規則이 정하는 바에 따라 記名捺印으로 갈음할 수 있다.(1995.12.29 본항신설)"

참조 [서류의 방식]41·50·74·75·114·153·155·474

판례 검사 작성의 피의자신문조서에 작성자인 검사의 서명날인이 누락된 경우, 그 피의자신문조서의 증거능력 : 형사소송법 제57조 제1항의 서명날인은 공무원이 작성하는 서류에 관하여 그 기재 내용의 정확성과 완전성을 담보하는 것이므로 검사 작성의 피의자신문조서에 작성자인 검사의 서명날인이 되어 있지 아니한 경우 그 피의자신문조서는 공무원이 작성하는 서류로서의 요건을 갖추지 못한 것으로서 위 법규정에 위반되어 무효이고 따라서 이에 대하여 증거능력을 인정할 수 없다고 보아야 할 것이며, 그 피의자신문조서에 진술자인 피고인의 서명날인이 되어 있다거나, 피고인이 법정에서 그 피의자신문조서에 대하여 진정성립과 임의성을 인정하였다고 하여 달리 볼 것은 아니다.(대판 2001.9.28, 2001도4091)

第58條【公務員의 書類】 ① 公務員이 書類를 作成함에는 文字를 變改하지 못한다.
② 挿入, 削除 또는 欄外記載를 할 때에는 이 記載한 곳에 捺印하고 그 字數를 記載하여야 한다. 但, 削除한 部分은 解得할 수 있도록 字體를 存置하여야 한다.

第59條【非公務員의 書類】 公務員 아닌 者가 作成하는 書類에는 年月日을 記載하고 기명날인 또는 서명하여야 한다. 印章이 없으면 指章으로 한다.(2017.12.12 전단개정)

改前 …作成하는 書類에는 年月日을 記載하고 "記名捺印"하여야 한다. 印章이 없으면…

참조 형소규41, [외국인의 경우]외국인의서명날인에관한법

第59條의2【재판확정기록의 열람·등사】 ① 누구든지 권리구제·학술연구 또는 공익적 목적으로 재판이 확정된 사건의 소송기록을 보관하고 있는 검찰청에 그 소송기록의 열람 또는 등사를 신청할 수 있다.
② 검사는 다음 각 호의 어느 하나에 해당하는 경우에는 소송기록의 전부 또는 일부의 열람 또는 등사를 제한할 수 있다. 다만, 소송관계인이나 이해관계 있는 제3자가 열람 또는 등사에 관하여 정당한 사유가 있다고 인정되는 경우에는 그러하지 아니하다.
1. 심리가 비공개로 진행된 경우
2. 소송기록의 공개로 인하여 국가의 안전보장, 선량한 풍속, 공공의 질서유지 또는 공공복리를 현저히 해할 우려가 있는 경우
3. 소송기록의 공개로 인하여 사건관계인의 명예나 사생활의 비밀 또는 생명·신체의 안전이나 생활의 평온을 현저히 해할 우려가 있는 경우
4. 소송기록의 공개로 인하여 공범관계에 있는 자 등의 증거인멸 또는 도주를 용이하게 하거나 관련 사건의 재판에 중대한 영향을 초래할 우려가 있는 경우
5. 소송기록의 공개로 인하여 피고인의 개선이나 갱생에 현저한 지장을 초래할 우려가 있는 경우
6. 소송기록의 공개로 인하여 사건관계인의 영업비밀(「부정경쟁방지 및 영업비밀보호에 관한 법률」 제2조제2호의 영업비밀을 말한다)이 현저하게 침해될 우려가 있는 경우
7. 소송기록의 공개에 대하여 당해 소송관계인이 동의하지 아니하는 경우
③ 검사는 제2항에 따라 소송기록의 열람 또는 등사를 제한하는 경우에는 신청인에게 그 사유를 명시하여 통지하여야 한다.
④ 검사는 소송기록의 보존을 위하여 필요하다고 인정하는 경우에는 그 소송기록의 등본을 열람 또는 등사하게 할 수 있다. 다만, 원본의 열람 또는 등사가 필요한 경우에는 그러하지 아니하다.
⑤ 소송기록을 열람 또는 등사한 자는 열람 또는 등사에 의하여 알게 된 사항을 이용하여 공공의 질서 또는 선량한 풍속을 해하거나 피고인의 개선 및 갱생을 방해하거나 사건관계인의 명예 또는 생활의 평온을 해하는 행위를 하여서는 아니 된다.
⑥ 제1항에 따라 소송기록의 열람 또는 등사를 신청한 자는 열람 또는 등사에 관한 검사의 처분에 불복하는 경우에는 당해 기록을 보관하고 있는 검찰청에 대응한 법원에 그 처분의 취소 또는 변경을 신청할 수 있다.
⑦ 제418조 및 제419조는 제6항의 불복신청에 관하여 준용한다.
(2007.6.1 본조신설)

참조 검찰보존사무규칙20

第59條의3【확정 판결서등의 열람·복사】 ① 누구든지 판결이 확정된 사건의 판결서 또는 그 등본, 증거목록 또는 그 등본, 그 밖에 검사나 피고인 또는 변호인이 법원에 제출한 서류·물건의 명칭·목록 또는 이에 해당하는 정보(이하 "판결서등"이라 한다)를 보관하는 법원에서 해당 판결서등을 열람 및 복사(인터넷, 그 밖의 전산정보처리시스템을 통한 전자적 방법을 포함한다. 이하 이 조에서 같다)할 수 있다. 다만, 다음 각 호의 어느 하나에 해당하는 경우에는 판결서등의 열람 및 복사를 제한할 수 있다.
1. 심리가 비공개로 진행된 경우
2. 「소년법」 제2조에 따른 소년에 관한 사건인 경우
3. 공범관계에 있는 자 등의 증거인멸 또는 도주를 용이하게 하거나 관련 사건의 재판에 중대한 영향을 초래할 우려가 있는 경우
4. 국가의 안전보장을 현저히 해할 우려가 명백하게 있는 경우

형사
소송

5. 제59조의2제2항제3호 또는 제6호의 사유가 있는 경우. 다만, 소송관계인의 신청이 있는 경우에 한정한다.
② 법원사무관등이나 그 밖의 법원공무원은 제1항에 따른 열람 및 복사에 앞서 판결서등에 기재된 성명 등 개인정보가 공개되지 아니하도록 대법원규칙으로 정하는 보호조치를 하여야 한다.
③ 제2항에 따른 개인정보 보호조치를 한 법원사무관등이나 그 밖의 법원공무원은 고의 또는 중대한 과실로 인한 것이 아니면 제1항에 따른 열람 및 복사와 관련하여 민사상·형사상 책임을 지지 아니한다.
④ 열람 및 복사에 관하여 정당한 사유가 있는 소송관계인이나 이해관계 있는 제3자는 제1항 단서에도 불구하고 제1항 본문에 따른 법원의 법원사무관등이나 그 밖의 법원공무원에게 판결서등의 열람 및 복사를 신청할 수 있다. 이 경우 법원사무관등이나 그 밖의 법원공무원의 열람 및 복사에 관한 처분에 불복하는 경우에는 제1항 본문에 따른 법원에 처분의 취소 또는 변경을 신청할 수 있다.
⑤ 제4항의 불복신청에 대하여는 제417조 및 제418조를 준용한다.
⑥ 판결서등의 열람 및 복사의 방법과 절차, 개인정보 보호조치의 방법과 절차, 그 밖에 필요한 사항은 대법원규칙으로 정한다.
(2011.7.18 본조신설)

第7章 送 達

第60條【送達받기 위한 申告】 ① 被告人, 代理人, 代表者, 辯護人 또는 輔助人이 法院 所在地에 書類의 送達을 받을 수 있는 住居 또는 事務所를 두지 아니한 때에는 法院 所在地에 住居 또는 事務所 있는 者를 送達領受人으로 選任하여 連名한 書面으로 申告하여야 한다.
② 送達領受人은 送達에 관하여 本人으로 看做하고 그 住居 또는 事務所는 本人의 住居 또는 事務所로 看做한다.
③ 送達領受人의 選任은 같은 地域에 있는 各 審級法院에 대하여 效力이 있다.
④ 前3項의 規定은 身體拘束을 당한 者에게 適用하지 아니한다.

참조 [대리인]277, [보조인]29, [주거]민18·19, 상171, [사무소]변호사21, [법원소재지]형소규42, [신고없는 경우]61

第61條【郵遞에 부치는 送達】 ① 住居, 事務所 또는 送達領受人의 選任을 申告하여야 할 者가 그 申告를 하지 아니하는 때에는 법원사무관등은 書類를 郵遞에 부치거나 기타 適當한 方法에 의하여 送達할 수 있다.(2007.6.1 본항개정)
② 書類를 郵遞에 부친 경우에는 到達된 때에 送達된 것으로 看做한다.

改前 ① …그 申告를 하지 아니하는 때에는 "法院의 書記官 또는 書記는" 書類를 郵遞에 부치거나…

참조 [신고]60, [민사소송법의 준용]65, 민소186

판례 소송기록접수통지서가 적법하게 재항고인에게 송달되었는지 여부 : 원심법원이 제1심판결에 기재된 재항고인 회사의 본점 소재지로 소송기록접수통지서를 송달하였으나 위 회사의 본점은 그 훨씬 전에 다른 곳으로 이전하였고 송달보고서에 기재된 수령인도 송달하기 훨씬 전에 위 회사를 퇴직하였다면 위 소송기록접수통지서는 재항고인 회사에 적법하게 도달하였다고 단정할 수 없다.
(대결 2002.8.16, 2002모99)

第62條【檢事에 대한 送達】 檢事에 대한 送達은 書類를 所屬檢察廳에 送付하여야 한다.

第63條【公示送達의 原因】 ① 被告人의 住居, 事務所와 現在地를 알 수 없는 때에는 公示送達을 할 수 있다.
② 被告人이 裁判權이 미치지 아니하는 場所에 있는 경우에 다른 方法으로 送達할 수 없는 때에도 前項과 같다.

참조 형소규43, [공시송달의 방식]64

판례 제1심이 위법한 공시송달로 피고인의 출석 없이 재판한 경우 항소심이 취하여야 할 조치 : 제1심이 위법한 공시송달결정에 터잡아 공소장부본과 공판기일소환장을 송달하고 피고인이 2회 이상 출석하지 아니하였다고 보아 피고인의 출석 없이 심리·판단한 이상, 이는 피고인에게 출석의 기회를 주지 아니한 것이 되어 그 소송절차는 위법하다 할 것이고, 항소법원은 판결에 영향을 미친 사유에 관하여는 항소이유서에 포함되지 아니한 경우에도 직권으로 심판할 수 있으므로 원심으로서는 마땅히 직권으로 제1심의 위법을 시정하는 조치를 취했어야 할 것이다. 즉, 이러한 경우에는 원심으로서는 다시 적법한 절차에 의하여 소송행위를 새로이 한 후 위법한 제1심판결을 파기하고, 원심에서의 진술 및 증거조사 등 심리결과에 기하여 다시 판결하여야 할 것이다.(대판 2004.2.27, 2002도5800)

第64條【公示送達의 方式】 ① 公示送達은 大法院規則의 정하는 바에 의하여 法院이 命한 때에 한하여 할 수 있다.
② 公示送達은 법원사무관등이 送達할 書類를 保管하고 그 事由를 法院揭示場에 公示하여야 한다.(2007.6.1 본항개정)
③ 法院은 前項의 事由를 官報나 新聞紙上에 公告할 것을 命할 수 있다.(1961.9.1 본항개정)
④ 最初의 公示送達은 第2項의 公示를 한 날로부터 2週日을 經過하면 그 效力이 생긴다. 但, 第2回이후의 公示送達은 5日을 經過하면 그 效力이 생긴다.(1961.9.1 본항개정)

改前 ② 公示送達은 "法院書記官 또는 書記가" 送達할 書類를 保管하고 그 事由를 法院揭示場에 公示하여야 한다.

참조 [공시송달의 원인]63, [기간]66

판례 위법한 공시송달결정으로 인한 문제 : 위법한 공시송달결정으로 인하여 피고인의 출석 없이 이루어진 판결에 대하여 검사만이 양형부당으로 항소하였으나 항소가 기각된 후에 상고권회복결정이 확정되어 피고인이 상고에 이르게 된 경우, 외관상으로만 볼 때, 제1심판결에 대하여 피고인은 항소하지 않고 검사만 항소하여 그 항소가 기각된 것이므로 항소심판결은 피고인에게 불이익한 판결이 아니어서 피고인은 그 판결에 대하여 상고할 수 없다고 보는 법리에 따르면 피고인의 상고는 부적법하다고 보이기도 하나 위와 같은 법리는 제1심이 통상적인 절차에 따라 진행되어 피고인이 공격·방어권을 제대로 행사할 수 있었던 경우에만 적용될 수 있고, 제1심 및 원심의 소송절차에서 피고인이 부당하게 배제되어 공격·방어권을 전혀 행사할 수 없었던 경우에는 적용될 수 없다고 보아야 할 것이고, 만약 그렇게 해석하지 않고 위 법리에 따라 피고인의 상고가 부적법하다고 해석한다면, 제1심이나 원심에서 피고인의 공격·방어권이 부당하게 침해된 사실을 인정하면서도, 그 위법을 시정하지 않고 오히려 피고인이 공격·방어권을 행사할 기회조차 영원히 박탈하는 결과에 이르고, 이는 재판을 받을 권리를 기본권으로 규정하는 한편 적법절차를 보장하고 있는 헌법의 정신에 반한다.
(대판 2003.11.14, 2003도4983)

第65條【「민사소송법」의 準用】 書類의 送達에 관하여 法律에 다른 規定이 없는 때에는 「민사소송법」을 準用한다.(2007.6.1 본조개정)

참조 [특별규정]62·64, [송달에 관한 민소의 규정]민소174이하

판례 형사소송절차에서의 보충송달 : 형사소송절차에 있어서도 보충송달에 관한 민사소송법 규정이 준용되어야 하므로, 피고인의 동거가족에게 서류가 교부되고 그 동거가족이 사리를 변식할 지능이 있는 이상 피고인이 그 서류의 내용을 알지 못한 경우에도 송달의 효력은 있다 할 것인바, 사리를 변식할 지능이 있다고 하려면, 사법제도 일반이나 소송행위의 효력까지 이해할 필요는 없다 하더라도 적어도 송달의 취지를 이해하고 영수한 서류를 수송달자에게 교부하는 것을 기대할 수 있는 정도의 능력은 있어야 한다. 피고인의 아들이 이 사건 송달 당시 10세 정도라면 송달로 인하여 생기는 형사소송절차에 있어서의 효력까지 이해하였다고 볼 수는 없으나 그 송달 자체의 취지를 이해하고 영수한 서류를 송달을 받을 아버지(피고인)에게 교부하는 것을 기대할 수 있는 능력 정도는 있다고 볼 것이므로, 피고인에 대한 소송기록접수통지서의 송달은 적법하다.
(대결 1996.6.3, 96모32)

第8章 期 間

第66條【기간의 계산】 ① 기간의 계산에 관하여는 시(時)로 계산하는 것은 즉시(卽時)부터 기산하고 일(日), 월(月) 또는 연(年)으로 계산하는 것은 초일을 산입하지

아니한다. 다만, 시효(時效)와 구속기간의 초일은 시간을 계산하지 아니하고 1일로 산정한다.
② 연 또는 월로 정한 기간은 연 또는 월 단위로 계산한다.
③ 기간의 말일이 공휴일이거나 토요일이면 그날은 기간에 산입하지 아니한다. 다만, 시효와 구속기간에 관하여는 예외로 한다.
(2020.12.8 본조개정)

改前 "第66條【期間의 計算】① 期間의 計算에 관하여는 時로써 計算하는 것은 卽時부터 起算하고 日, 月 또는 年으로써 計算하는 것은 初日을 算入하지 아니한다. 但, 時效와 拘束期間의 初日은 時間을 計算함이 없이 1日로 算定한다.
② 年 또는 月로써 정한 期間은 曆書에 따라 計算한다.
③ 期間의 末日이 공휴일 또는 토요일에 해당하는 날은 期間에 算入하지 아니한다. 但, 時效와 拘束의 期間에 관하여서는 例外로 한다.
(2007.12.21 본항개정)"

참조 [시효]249-251, [공휴일]관공서의공휴일에관한규정, 지방공휴일에관한규정

第67條【法定期間의 연장】 法定期間은 訴訟行爲를 할 者의 住居 또는 事務所의 所在地와 法院 또는 檢察廳 所在地와의 거리 및 交通通信의 불편정도에 따라 大法院規則으로 이를 연장할 수 있다.(1995.12.29 본조개정)

참조 [대법원규칙]형소규44

판례 상고를 제기한 검찰청 소속 검사가 상고이유서를 제출한 경우 법정기간의 연장 여부 : 상고를 제기한 검찰청 소속 검사가 그 이름으로 상고이유서를 제출하여도 유효한 것으로 취급되지만, 이 경우 상고를 제기한 검찰청이 있는 곳을 기준으로 법정기간인 상고이유서 제출기간이 동조에 따라 연장될 수 없다.(대결 2003.6.26, 2003도2008)

第9章 被告人의 召喚, 拘束

第68條【召喚】 法院은 被告人을 召喚할 수 있다.

참조 [소환장]73·74·76, [유예기간]269, 형소규45

第69條【拘束의 定義】 本法에서 拘束이라 함은 拘引과 拘禁을 포함한다.

참조 [구인의 효력]71, [구금]헌44

판례 수사기관이 구속영장 없이 피의자를 구금한 경우 : 수사기관이 피의자를 수사하는 과정에서 구속영장없이 피의자를 함부로 구금하여 피의자의 신체의 자유를 박탈하였다면 직권을 남용한 불법감금의 죄책을 면할 수 없고, 수사의 필요상 피의자를 임의동행한 경우에도 조사 후 귀가시키지 아니하고 그의 의사에 반하여 경찰서 조사실 또는 보호실 등에 계속 유치함으로써 신체의 자유를 속박하였다면 이는 구금에 해당한다.(대결 1985.7.29, 85모16)

第70條【拘束의 事由】 ① 法院은 被告人이 罪를 犯하였다고 疑心할 만한 相當한 理由가 있고 다음 各號의 1에 해당하는 事由가 있는 경우에는 被告人을 拘束할 수 있다.
1. 被告人이 一定한 住居가 없는 때
2. 被告人이 證據를 湮滅할 念慮가 있는 때
3. 被告人이 도망하거나 도망할 염려가 있는 때
(1995.12.29 본호개정)
② 법원은 제1항의 구속사유를 심사함에 있어서 범죄의 중대성, 재범의 위험성, 피해자 및 중요 참고인 등에 대한 위해우려 등을 고려하여야 한다.(2007.6.1 본항신설)
③ 多額 50萬원이하의 罰金, 拘留 또는 科料에 해당하는 事件에 관하여는 第1項第1號의 경우를 除한 外에는 拘束할 수 없다.(1995.12.29 본항개정)
(1973.1.25 본조개정)

참조 [국회의원의 경우]헌44, [구속적부심]214의2, 헌12⑥, [선거관계자의 경우]선거관리위13

판례 구속기간이 만료될 무렵 종전 구속영장 기재와 다른 범죄사실로 다시 구속한 경우 : 구속의 효력은 원칙적으로 구속영장에 기재된 범죄사실에만 미친다는 점, 재항고인과 함께 병합심리되고 있는 공동피고인이 상당수에 이를 뿐만 아니라 재항고인과 공동피고인들에 대한 공소사실이 방대하고 복잡하여 그 심리에 상당한 시일이 요구될 것으로 예상된다는 점 등에 비추어 보면, 구속기간이 만료될 무렵에 종전 구속영장에 기재된 범죄사실과는 다른 범죄사실로 재항고인을 구속하였다는 사정만으로는 재항고인에 대한 구속이 위법하다고 단정할 수는 없다.(대결 1996.8.12, 96모46)

第71條【拘引의 效力】 拘引한 被告人을 法院에 引致한 경우에 拘禁할 필요가 없다고 認定한 때에는 그 引致한 때로부터 24時間 내에 釋放하여야 한다.

참조 [인치]85, [송치의 경우]78

第71條의2【구인 후의 유치】 법원은 인치받은 피고인을 유치할 필요가 있는 때에는 교도소·구치소 또는 경찰서 유치장에 유치할 수 있다. 이 경우 유치기간은 인치한 때부터 24시간을 초과할 수 없다.(2007.6.1 본조신설)

참조 [간이입소절차]형의집행수용자16의2

第72條【拘束과 이유의 告知】 被告人에 대하여 犯罪事實의 요지, 拘束의 이유와 辯護人을 選任할 수 있음을 말하고 辨明할 機會를 준 후가 아니면 拘束할 수 없다. 다만, 피고인이 도망한 경우에는 그러하지 아니하다.
(2007.6.1 단서신설)

참조 [변호인의 선임]30·200의5·244의3, 헌12④

판례 형사소송법 제72조의 규정은 피고인의 절차적 권리를 보장하기 위한 규정이므로 이미 변호인을 선정하여 공판절차에서 변명과 증거의 제출을 다하고 그의 변호 아래 판결을 선고받은 경우 등과 같이 위 규정에서 정한 절차적 권리가 실질적으로 보장되었다고 볼 수 있는 경우에는 이에 해당하는 절차의 전부 또는 일부를 거치지 아니한 채 구속영장을 발부하였더라도 이러한 점만으로 발부결정을 위법하다고 볼 것은 아니지만, 사전 청문절차의 흠결에도 불구하고 구속영장 발부를 적법하다고 보는 이유는 공판절차에서 증거의 제출과 조사 및 변론 등을 거치면서 판결이 선고될 수 있을 정도로 범죄사실에 대한 충분한 소명과 공방이 이루어지고 그 과정에서 피고인에게 자신의 범죄사실 및 구속사유에 관하여 변명을 할 기회가 충분히 부여되기 때문이므로, 이와 동일시할 수 있을 정도의 사유가 아닌 이상 함부로 청문절차 흠결의 위법이 치유된다고 해석하여서는 아니 된다.(대결 2016.6.14, 자2015모1032)

판례 사법경찰관 등이 체포영장을 소지하고 피의자를 체포하는 경우, 범죄사실의 요지와 구속의 이유 및 변호인 선임권 등을 고지하여야 하는 시기 : 이러한 고지는 체포를 위한 실력행사에 들어가기 이전에 미리 하여야 하는 것이 원칙이나, 달아나는 피의자를 쫓아가 붙들거나 폭력으로 대항하는 피의자를 실력으로 제압하는 경우에는 붙들거나 제압하는 과정에서 하거나, 그것이 여의치 않은 경우에라도 일단 붙들거나 제압한 후에 지체 없이 행하여야 한다.
(대판 2004.8.30, 2004도3212)

第72條의2【고지의 방법】 ① 법원은 합의부원으로 하여금 제72조의 절차를 이행하게 할 수 있다.
② 법원은 피고인이 출석하기 어려운 특별한 사정이 있고 상당하다고 인정하는 때에는 검사와 변호인의 의견을 들어 비디오 등 중계장치에 의한 중계시설을 통하여 제72조의 절차를 진행할 수 있다.(2021.8.17 본항신설)
(2021.8.17 본조제목개정)
(2014.10.15 본조신설)

改前 第72條의2【"수명법관"】법원은…이행하게 할 수 있다.
(2014.10.15 본조신설)

第73條【令狀의 發付】 被告人을 召喚함에는 召喚狀을, 拘引 또는 拘禁함에는 拘束令狀을 發付하여야 한다.

참조 [소환장]74·76, [구속영장]75·81·85, [소년에 대한 구속영장의 제한]소년55

판례 법원이 재판 중인 피고인에 대하여 구속영장을 발부하는 경우 : 헌법상 영장제도의 취지에 비추어 볼 때, 헌법 제12조 제3항은 헌법 제12조 제1항과 함께 이른바 적법절차의 원칙을 규정한 것으로서 범죄수사를 위하여 구속 등의 강제처분을 함에 있어서는 법관이 발부한 영장이 필요하다는 것과 수사기관 중 검사만 법관에게 영장을 신청할 수 있다는 데에 그 의의가 있고, 형사재판을 주재하는 법원이 피고인에 대하여 구속영장을 발부하는 경우에도 검사의 신청이 있어야 한다는 것이 그 규정의 취지라고 볼 수는 없다.
(대결 1996.8.12, 96모46)

第74條【召喚狀의 方式】 召喚狀에는 被告人의 姓名, 住居, 罪名, 出席日時, 場所와 정당한 理由없이 出席하지 아니하는 때에는 逃亡할 念慮가 있다고 認定하여 拘束令狀을 發付할 수 있음을 記載하고 裁判長 또는 受命法官이 기명날인 또는 서명하여야 한다.(2017.12.12 본조개정)

改前 …裁判長 또는 受命法官이 "記名捺印"하여야 한다.
(1995.12.29 본조개정)

참조 [재판서의 방식]40, [송달]76

형사소송

第75條【拘束令狀의 方式】 ① 拘束令狀에는 被告人의 姓名, 住居, 罪名, 公訴事實의 要旨, 引致拘禁할 場所, 發付年月日, 그 有效期間과 그 期間을 經過하면 執行에 着手하지 못하며 令狀을 返還하여야 할 趣旨를 記載하고 裁判長 또는 受命法官이 署名捺印하여야 한다.
② 被告人의 姓名이 分明하지 아니한 때에는 人相, 體格, 기타 被告人을 特定할 수 있는 事項으로 被告人을 表示할 수 있다.
③ 被告人의 住居가 分明하지 아니한 때에는 그 住居의 記載를 省略할 수 있다.

참조 [재판서의 방식]40, [기재사항]형소규46, [집행절차]85

판례 구속영장의 효력이 미치는 공소사실의 범위 및 그 판단 기준 : 구속영장의 효력은 구속영장에 기재된 범죄사실 및 그 사실의 기초가 되는 사회적 사실관계가 기본적인 점에서 동일한 공소사실에 미친다고 할 것이고, 이러한 기본적 사실관계의 동일성을 판단함에 있어서는 그 사실의 동일성이 갖는 기능을 염두에 두고 피고인의 행위와 그 사회적인 사실관계를 기본으로 하되 규범적 요소도 아울러 고려하여야 한다.(대결 2001.5.25, 2001모85)

第76條【召喚狀의 送達】 ① 召喚狀은 送達하여야 한다.
② 被告人이 期日에 出席한다는 書面을 提出하거나 出席한 被告人에 대하여 次回期日을 정하여 出席을 命한 때에는 召喚狀의 送達과 同一한 效力이 있다.
③ 前項의 出席을 命한 때에는 그 要旨를 調書에 記載하여야 한다.
④ 拘禁된 被告人에 대하여는 교도관에게 通知하여 召喚한다.(2007.6.1 본항개정)
⑤ 被告人이 교도관으로부터 召喚通知를 받은 때에는 召喚狀의 送達과 同一한 效力이 있다.(2007.6.1 본항개정)

改前 ④ 拘禁된 被告人에 대하여는 "矯導官吏"에게 通知하여 召喚한다.(1963.12.13 본항개정)
⑤ 被告人이 "矯導官吏로부터" 召喚通知를 받은 때에는…

참조 [송달]60－65

판례 공시송달할 사유가 없는 경우 : 피고인이 제1심법원에 자신의 주거를 신고하여 제1심 판결서에도 기재되어 있음에도 불구하고 항소심이 피고인의 주거가 아닌 곳으로 소송기록접수 통지서를 송달하여 송달불능되자 곧바로 소환장 등의 서류를 공시송달하기로 결정하고, 각 공판기일에 소환장을 모두 공시송달하여 피고인이 공판기일에 한번도 출석하지 아니한 채 공판절차를 진행하였다면, 소환장을 공시송달할 사유가 없는데도 공시송달을 한 것이므로 피고인이 정당한 사유 없이 공판기일에 출석하지 아니하였다고는 볼 수 없다.(대판 1990.9.14, 90도1297)

第77條【拘束의 囑託】 ① 法院은 被告人의 現在地의 地方法院判事에게 被告人의 拘束을 囑託할 수 있다.
② 受託判事는 被告人이 管轄區域內에 現在하지 아니한 때에는 그 現在地의 地方法院判事에게 轉囑할 수 있다.
③ 受託判事는 拘束令狀을 發付하여야 한다.
④ 第75條의 規定은 前項의 拘束令狀에 準用한다.

참조 [구속영장의 방식]75, [기재요건]형소규47

第78條【囑託에 의한 拘束의 節次】 ① 前條의 경우에 囑託에 의하여 拘束令狀을 發付한 判事는 被告人을 引致한 때로부터 24時間이내에 그 被告人임에 틀림없는가를 調査하여야 한다.
② 被告人임에 틀림없는 때에는 迅速히 指定된 場所에 送致하여야 한다.

참조 [인치]85, [인정신문]284

第79條【出席, 同行命令】 法院은 필요한 때에는 指定한 場所에 被告人의 出席 또는 同行을 命할 수 있다.

참조 [동행명령]166

第80條【要急處分】 裁判長은 急速을 要하는 경우에는 제68조부터 제71조까지, 제71조의2, 제73조, 第76條, 第77條와 前條에 規定한 處分을 할 수 있고 또는 合議部員으로 하여금 處分을 하게 할 수 있다.(2014.10.15 본조개정)

改前 …要하는 경우에는 "第68條 乃至 第73條," 第76條, 第77條와 前條에 規定한 處分을…

참조 [소환·구속]68－73, [소환장의 송달]76, [구속의 촉탁]77, [출석·동행명령]79, [기재요건]형소규47

第81條【拘束令狀의 執行】 ① 拘束令狀은 檢事의 指揮에 의하여 司法警察官吏가 執行한다. 但, 急速을 要하는 경우에는 裁判長, 受命法官 또는 受託判事가 그 執行을 指揮할 수 있다.
② 제1항 단서의 경우에는 법원사무관등에게 그 執行을 命할 수 있다. 이 경우에 법원사무관등은 그 執行에 관하여 必要한 때에는 사법경찰관리·교도관 또는 법원경위에게 輔助를 要求할 수 있으며 管轄區域 外에서도 執行할 수 있다.(2007.6.1 본항개정)
③ 矯導所 또는 拘置所에 있는 被告人에 대하여 發付된 拘束令狀은 檢事의 指揮에 의하여 교도관이 執行한다.(2007.6.1 본항개정)

改前 ② "前項 但行의 경우에는 法院의 書記官 또는 書記"에게 그 執行을 命할 수 있다. 이 경우에 "書記官 또는 書記"는 그 執行에 관하여 必要한 때에는 "司法警察官吏"에게 輔助를 要求할 수 있으며 管轄區域外에서도 執行할 수 있다.
③ 矯導所 또는 拘置所에…檢事의 指揮에 의하여 "矯導官吏가" 執行한다.(1963.12.13 본항개정)

참조 [검사에 대한 영장송부]형소규48, [지휘]461, [사법경찰관리]196－198, [집행]82－86·137·138, 형소규49, [구속의 통지]87, 형소규51, [집행정지]형소규54, [무기사용]경찰직무10의4, [집행정지]101, [미결수용]형의집행수용자79－87, [본조의 준용]155·475

第82條【數通의 拘束令狀의 作成】 ① 拘束令狀은 數通을 作成하여 司法警察官吏 數人에게 交付할 수 있다.
② 前項의 경우에는 그 事由를 拘束令狀에 記載하여야 한다.

참조 [구속영장의 방식]75, [준용규정]155·209

第83條【管轄區域 外에서의 拘束令狀의 執行과 그 囑託】 ① 檢事는 필요에 의하여 管轄區域 外에서 拘束令狀의 執行을 指揮할 수 있고 또는 當該 管轄區域의 檢事에게 執行指揮를 囑託할 수 있다.
② 司法警察官吏는 필요에 의하여 管轄區域 外에서 拘束令狀을 執行할 수 있고 또는 當該 管轄區域의 司法警察官吏에게 執行을 囑託할 수 있다.

참조 [관할구역외에서의 집무]3, [사법경찰관리]196－198, 사법경찰관리

第84條【고등검찰청검사장 또는 지방검찰청검사장에 대한 搜査囑託】 被告人의 現在地가 분명하지 아니한 때에는 裁判長은 고등검찰청검사장 또는 지방검찰청검사장에게 그 搜査와 拘束令狀의 執行을 囑託할 수 있다.(2004.1.20 본조개정)

참조 [검사장]검찰7의2, [영장의 방식]75, [영장의 집행]81

第85條【拘束令狀執行의 節次】 ① 拘束令狀을 執行함에는 被告人에게 반드시 이를 제시하고 그 사본을 교부하여야 하며 迅速히 指定된 法院 기타 場所에 引致하여야 한다.(2022.2.3 본항개정)
② 第77條第3項의 拘束令狀에 관하여는 이를 發付한 판사에게 引致하여야 한다.
③ 拘束令狀을 所持하지 아니한 경우에 急速을 요하는 때에는 被告人에 대하여 公訴事實의 要旨와 令狀이 發付되었음을 告하고 執行할 수 있다.
④ 前項의 執行을 完了한 후에는 迅速히 拘束令狀을 제시하고 그 사본을 교부하여야 한다.(2022.2.3 본항개정)

改前 ① 拘束令狀을 執行함에는 被告人에게 반드시 이를 "提示하여야" 하며 迅速히 指定된 法院 기타 場所에 引致하여야 한다.
④ 前項의 執行을 完了한 후에는 迅速히 拘束令狀을 "提示하여야" 한다.

참조 [집행과 수색]137·138, [집행과 가유치]86, [구속의 통지]87, 형소규51

판례 사전에 구속영장을 제시하지 아니한 채 구속영장을 집행하고, 그 구속중 수집한 피고인의 진술증거 중 피고인의 제1심 법정진술은, 피고인이 구속집행절차의 위법성을 주장하면서 청구한 구속적부심사의 심문 당시 구속영장을 제시받은 바 있어 그 이후에는 구속영장에 기재된 범죄사실에 대하여 숙지하고 있었던 것으로 보이고, 구속 이후 원심에 이르기까지 구속적부심사와 보석의 청구를 통하여 구속집행절차의 위법성만을 다투었을 뿐, 그 구속중 이루어진 진술증거의 임의성이나 신빙성에 대하여는 전혀 다투지 않았을 뿐만 아니라, 변호인과의 충분한 상의를 거친 후 공소사실 전부에 대하여 자백한 것이라면, 유죄 인정의 증거로 삼을 수 있는 예외적인 경우에 해당한다.(대판 2009.4.23, 2009도526)

형사소송

第86條【호송 중의 가유치】 구속영장의 집행을 받은 피고인을 호송할 경우에 필요하면 가장 가까운 교도소 또는 구치소에 임시로 유치할 수 있다.(2020.12.8 본조개정)

改前 "第86條【護送 중의 假留置】拘束令狀의 執行을 받은 被告人을 護送할 경우에 필요한 때에는 가장 接近한 矯導所 또는 拘置所에 臨時로 留置할 수 있다.(1963.12.13 본조개정)"

참조 [집행]85, [교도소 또는 구치소]형의집행수용자2·11, [미결수용]형의집행수용자79-87

第87條【拘束의 通知】 ① 被告人을 拘束한 때에는 辯護人이 있는 경우에는 辯護人에게, 辯護人이 없는 경우에는 第30條第2項에 規定한 者 중 被告人이 指定한 者에게 被告事件名, 拘束日時·場所, 犯罪事實의 요지, 拘束의 이유와 辯護人을 選任할 수 있는 趣旨를 알려야 한다.(1995.12.29 본항개정)

② 第1項의 通知는 지체없이 書面으로 하여야 한다.(1987.11.28 본조개정)

참조 형소규51, [집행]85, [변호인의 선임]30·90, [가족등에의 통지]헌12⑤

第88條【拘束과 公訴事實 등의 告知】 被告人을 拘束한 때에는 즉시 公訴事實의 要旨와 辯護人을 選任할 수 있음을 알려야 한다.

참조 [공소사실]254, [변호인의 선임]30·90

판례 본조의 규정을 위반한 경우, 구속영장의 효력 상실 여부 : 본조는 사후 청문절차에 관한 규정으로서 이를 위반하였다 하여 구속영장의 효력에 어떠한 영향을 미치는 것은 아니다.
(대결 2000.11.10, 2000모134)

第89條【구속된 피고인의 접견·진료】 구속된 피고인은 관련 법률이 정한 범위에서 타인과 접견하고 서류나 물건을 수수하며 의사의 진료를 받을 수 있다.(2020.12.8 본조개정)

改前 "第89條【拘束된 被告人과의 接見, 受診】拘束된 被告人은 法律의 範圍內에서 他人과 接見하고 書類 또는 物件을 授受하며 醫師의 診療를 받을 수 있다."

참조 [접견]형의집행수용자41-42, [편지수수]형의집행수용자43, [의료]형의집행수용자37-40, 형의집행수용자시55

第90條【辯護人의 依賴】 ① 拘束된 被告人은 法院, 矯導所長 또는 拘置所長 또는 그 代理者에게 辯護士를 指定하여 辯護人의 選任을 依賴할 수 있다.

② 前項의 依賴를 받은 法院, 矯導所長 또는 拘置所長 또는 그 代理者는 急速히 被告人이 指名한 辯護士에게 그 趣旨를 通知하여야 한다.
(1963.12.13 본조개정)

참조 [변호인의 선임]30

第91條【변호인 아닌 자와의 접견·교통】 법원은 도망하거나 범죄의 증거를 인멸할 염려가 있다고 인정할 만한 상당한 이유가 있는 때에는 직권 또는 검사의 청구에 의하여 결정으로 구속된 피고인과 제34조에 규정한 외의 타인과의 접견을 금지할 수 있고, 서류나 그 밖의 물건을 수수하지 못하게 하거나 검열 또는 압수할 수 있다. 다만, 의류·양식·의료품은 수수를 금지하거나 압수할 수 없다.(2020.12.8 본조개정)

改前 "第91條【非辯護人과의 接見, 交通의 接見】法院은 逃亡하거나 또는 罪證을 湮滅할 念慮가 있다고 認定할 만한 相當한 理由가 있는 때에는 職權 또는 檢事의 請求에 의하여 決定으로 拘束된 被告人과 第34條에 規定한 외의 他人과의 接見을 禁하거나 授受할 書類 기타 物件의 檢閱, 授受의 禁止 또는 押收를 할 수 있다. 但, 衣類, 糧食, 醫療品의 授受를 禁止 또는 押收할 수 없다."

참조 [항고]403

第92條【拘束期間과 更新】 ① 구속기간은 2개월로 한다.

② 제1항에도 불구하고 특히 구속을 계속할 필요가 있는 경우에는 심급마다 2개월 단위로 2차에 한하여 결정으로 갱신할 수 있다. 다만, 상소심은 피고인 또는 변호인이 신청한 증거의 조사, 상소이유를 보충하는 서면의 제출 등으로 추가 심리가 필요한 부득이한 경우에는 3차에 한하여 갱신할 수 있다.

③ 第22條, 第298條第4項, 第306條第1項 및 第2項의 規定에 의하여 公判節次가 停止된 기간 및 공소제기 전의 체포·구인·구금 기간은 第1項 및 第2項의 期間에 算入하지 아니한다.
(2007.6.1 본조개정)

改前 "① 拘束期間은 2月로 한다. 특히 繼續할 필요가 있는 경우에는 審級마다 2次에 한하여 決定으로 更新할 수 있다.
② 更新한 期間도 2月로 한다."
③ 第22條, 第298條第4項…停止된 "期間"은 第1項 및 第2項의 期間에 算入하지 아니한다.(1995.12.29 본항개정)

참조 [기간]66, [상소와 갱신]105, [결정]37②③, [항고]403

第93條【拘束의 取消】 拘束의 事由가 없거나 消滅된 때에는 法院은 職權 또는 檢事, 被告人, 辯護人과 第30條第2項에 規定한 者의 請求에 의하여 決定으로 拘束을 取消하여야 한다.

참조 [구속의 사유]70, [법원의 의견요청]형소규54, [상소와 구속취소]93, [결정]37②③, [항고]403

판례 구속영장이 이미 실효된 경우 구속취소의 가부 : 구속의 취소는 구속영장에 의하여 구속된 피고인에 대하여 구속의 사유가 없거나 소멸된 때에 법원이 직권 또는 피고인 등의 청구에 의하여 결정으로 구속을 취소하는 것으로서, 그 결정에 의하여 구속영장이 실효되므로, 구속영장의 효력이 존속하고 있음을 전제로 하는 것이고, 다른 사유로 이미 구속영장이 실효된 경우에는 피고인이 계속 구금되어 있더라도 위 규정에 의한 구속의 취소 결정을 할 수 없다.
(대결 1999.9.7, 99초355,99도3454)

第94條【보석의 청구】 피고인, 피고인의 변호인·법정대리인·배우자·직계친족·형제자매·가족·동거인 또는 고용주는 법원에 구속된 피고인의 보석을 청구할 수 있다.(2007.6.1 본조개정)

改前 "第94條【保釋의 請求】被告人, 辯護人과 第30條第2項에 規定한 者는 拘束된 被告人의 保釋을 請求할 수 있다."

참조 형소규53, [변호인]30·33, [보석불허]95, [직권보석]96, [상소와 보석]105

第95條【必要的 保釋】 保釋의 請求가 있는 때에는 다음 이외의 경우에는 保釋을 許可하여야 한다.

1. 被告人이 死刑, 無期 또는 長期 10年이 넘는 懲役이나 禁錮에 해당하는 罪를 犯한 때(1995.12.29 본호개정)
2. 被告人이 累犯에 해당하거나 常習犯인 罪를 犯한 때
3. 被告人이 罪證을 湮滅하거나 湮滅할 念慮가 있다고 믿을 만한 충분한 理由가 있는 때
4. 被告人이 逃亡하거나 逃亡할 念慮가 있다고 믿을 만한 충분한 理由가 있는 때
5. 被告人의 住居가 분명하지 아니한 때
6. 被告人이 被害者, 당해 事件의 裁判에 필요한 사실을 알고 있다고 인정되는 者 또는 그 親族의 生命·身體나 財産에 해를 가하거나 가할 염려가 있다고 믿을 만한 충분한 이유가 있는 때(1995.12.29 본호신설)

(1973.1.25 본조개정)

참조 [보석의 청구]94, [직권보석]96, [상소와 보석]105, [항고]416①·493②

第96條【任意的 保釋】 法院은 第95條의 規定에 不拘하고 相當한 理由가 있는 때에는 職權 또는 第94條에 規定한 者의 請求에 의하여 決定으로 保釋을 許可할 수 있다.(1995.12.29 본조개정)

참조 형소규54, [필요적 보석]95, [상소와 보석]105

第97條【保釋, 拘束의 取消와 檢事의 意見】 ① 재판장은 보석에 관한 결정을 하기 전에 검사의 의견을 물어야 한다.(2007.6.1 본항개정)

② 拘束의 取消에 관한 決定을 함에 있어서도 檢事의 請求에 의하거나 급속을 요하는 경우외에는 第1項과 같다.(1995.12.29 본항개정)

③ 검사는 제1항 및 제2항에 따른 의견요청에 대하여 지체 없이 의견을 표명하여야 한다.(2007.6.1 본항신설)

④ 拘束을 取消하는 決定에 대하여는 檢事는 卽時抗告를 할 수 있다.(1995.12.29 본항개정)

改前 "① 保釋에 관한 決定을 함에는 檢事의 意見을 물어야 한다. 但, 檢事가 3日이내에 意見을 表明하지 아니한 때에는 保釋許可에 대하여 同意한 것으로 看做한다."

형사
소송

참조 [보석에 관한 결정]94-96, 형소규53-55, [구속의 취소에 관한 결정]93, [상소와 보석]105, [항고]403

第98條【보석의 조건】 법원은 보석을 허가하는 경우에는 필요하고 상당한 범위 안에서 다음 각 호의 조건 중 하나 이상의 조건을 정해야 한다.
1. 법원이 지정하는 일시·장소에 출석하고 증거를 인멸하지 아니하겠다는 서약서를 제출할 것
2. 법원이 정하는 보증금에 해당하는 금액을 납입할 것을 약속하는 약정서를 제출할 것
3. 법원이 지정하는 장소로 주거를 제한하고 주거를 변경할 필요가 있는 경우에는 법원의 허가를 받는 등 도주를 방지하기 위하여 행하는 조치를 받아들일 것
4. 피해자, 당해 사건의 재판에 필요한 사실을 알고 있다고 인정되는 사람 또는 그 친족의 생명·신체·재산에 해를 가하는 행위를 하지 아니하고 주거·직장 등 그 주변에 접근하지 아니할 것
5. 피고인 아닌 자가 작성한 출석보증서를 제출할 것
(2020.12.8 2호~5호개정)
6. 법원의 허가 없이 외국으로 출국하지 아니할 것을 서약할 것
7. 법원이 지정하는 방법으로 피해자의 권리 회복에 필요한 금전을 공탁하거나 그에 상당하는 담보를 제공할 것
(2020.12.8 본호개정)
8. 피고인이나 법원이 지정하는 자가 보증금을 납입하거나 담보를 제공할 것(2020.12.8 본호개정)
9. 그 밖에 피고인의 출석을 보증하기 위하여 법원이 정하는 적당한 조건을 이행할 것
(2007.6.1 본조개정)

改前 2. 법원이 정하는 "보증금 상당의" 금액을 납입할…
3. 법원이 지정하는 장소로 주거를 제한하고 "이를" 변경할 필요가 있는…도주를 방지하기 위하여 행하는 조치를 "수인할" 것
4. 피해자, 당해 사건의 재판에 필요한 사실을 알고 있다고 "인정되는 자" 또는 그 친족의 생명·신체·재산에…
5. 피고인 "외의" 자가 작성한 출석보증서를 제출할 것
7. 법원이 지정하는 방법으로 피해자의 "권리회복"에 필요한 "금원"을 공탁하거나 그에 "상당한" 담보를 제공할 것
8. "피고인 또는" 법원이 지정하는 자가…

참조 [보증금의 몰수]102·103, [보증금의 환부]104, [출석보증인에 대한 과태료]100의2

第99條【보석조건의 결정 시 고려사항】 ① 법원은 제98조의 조건을 정할 때 다음 각 호의 사항을 고려하여야 한다.(2020.12.8 본문개정)
1. 범죄의 성질 및 죄상(罪狀)
2. 증거의 증명력
3. 피고인의 전과(前科)·성격·환경 및 자산(2020.12.8 본호개정)
4. 피해자에 대한 배상 등 범행 후의 정황에 관련된 사항

② 법원은 피고인의 자금능력 또는 자산 정도로는 이행할 수 없는 조건을 정할 수 없다.(2020.12.8 본항개정)
(2007.6.1 본조개정)

改前 ① 법원은 제98조의 조건을 "정함에 있어서" 다음…
3. 피고인의 "전과"·성격·환경 및 자산
② 법원은 피고인의 "자력" 또는 자산 정도로는…

참조 [보석허가]95·96, [주거]민18·19, [거주·이전의 자유]헌14

第100條【보석집행의 절차】 ① 제98조제1호·제2호·제5호·제7호 및 제8호의 조건은 이를 이행한 후가 아니면 보석허가결정을 집행하지 못하며, 법원은 필요하다고 인정하는 때에는 다른 조건에 관하여도 그 이행 이후 보석허가결정을 집행하도록 정할 수 있다.(2007.6.1 본항개정)

② 法院은 保釋請求者 이외의 者에게 保證金의 納入을 許可할 수 있다.

③ 法院은 有價證券 또는 피고인 외의 자가 提出한 保證書로써 保證金에 갈음함을 許可할 수 있다.(2007.6.1 본항개정)

④ 前項의 保證書에는 保證金額을 언제든지 納入할 것을 記載하여야 한다.

⑤ 법원은 보석허가결정에 따라 석방된 피고인이 보석조건을 준수하는데 필요한 범위 안에서 관공서나 그 밖의 공사단체에 대하여 적절한 조치를 취할 것을 요구할 수 있다.(2007.6.1 본항신설)
(2007.6.1 본조제목개정)

改前 第100條【"保釋執行의 節次"】"① 保釋의 許可決定은 保證金을 納入한 후가 아니면 執行하지 못한다."
③ 法院은 有價證券 또는 "被告人 이외의 者의" 提出한 保證書로써 保證金에 갈음함을 許可할 수 있다.

참조 [보증금액]98, [보석의 허가]95·96

第100條의2【출석보증인에 대한 과태료】 ① 법원은 제98조제5호의 조건을 정한 보석허가결정에 따라 석방된 피고인이 정당한 사유 없이 기일에 불출석하는 경우에는 결정으로 그 출석보증인에 대하여 500만원 이하의 과태료를 부과할 수 있다.

② 제1항의 결정에 대하여는 즉시항고를 할 수 있다.
(2007.6.1 본조신설)

第101條【拘束의 執行停止】 ① 法院은 상당한 理由가 있는 때에는 決定으로 拘束된 被告人을 親族, 保護團體 기타 적당한 者에게 付託하거나 被告人의 住居를 制限하여 拘束의 執行을 停止할 수 있다.

② 前項의 決定을 함에는 檢事의 意見을 물어야 한다. 但, 急速을 요하는 경우에는 그러하지 아니한다.

③ (2015.7.31 삭제)

④ 憲法 第44條에 의하여 拘束된 國會議員에 대한 釋放要求가 있으면 당연히 拘束令狀의 執行이 停止된다.
(1987.11.28 본항개정)

⑤ 前項의 釋放要求의 通告를 받은 檢察總長은 즉시 釋放을 指揮하고 그 事由를 受訴法院에 通知하여야 한다.
(1973.1.25 본조개정)

改前 "③ 第1項의 決定에 대하여는 檢事는 卽時抗告를 할 수 있다."

참조 형소규54, [상소와 집행정지]105, [친족]민767이하, [보석조건의 변경과 취소]102

第102條【보석조건의 변경과 취소 등】 ① 법원은 직권 또는 제94조에 규정된 자의 신청에 따라 결정으로 피고인의 보석조건을 변경하거나 일정기간 동안 당해 조건의 이행을 유예할 수 있다.

② 법원은 피고인이 다음 각 호의 어느 하나에 해당하는 경우에는 직권 또는 검사의 청구에 따라 결정으로 보석 또는 구속의 집행정지를 취소할 수 있다. 다만, 제101조제4항에 따른 구속영장의 집행정지는 그 회기 중 취소하지 못한다.
1. 도망한 때
2. 도망하거나 죄증을 인멸할 염려가 있다고 믿을 만한 충분한 이유가 있는 때
3. 소환을 받고 정당한 사유 없이 출석하지 아니한 때
4. 피해자, 당해 사건의 재판에 필요한 사실을 알고 있다고 인정되는 자 또는 그 친족의 생명·신체·재산에 해를 가하거나 가할 염려가 있다고 믿을 만한 충분한 이유가 있는 때
5. 법원이 정한 조건을 위반한 때

③ 법원은 피고인이 정당한 사유 없이 보석조건을 위반한 경우에는 결정으로 피고인에 대하여 1천만원 이하의 과태료를 부과하거나 20일 이내의 감치에 처할 수 있다.

④ 제3항의 결정에 대하여는 즉시항고를 할 수 있다.
(2007.6.1 본조개정)

改前 "第102條【保釋등의 取消와 保證金의 沒取】① 被告人이 다음 各號의 1에 해당하는 경우에는 法院은 職權 또는 檢事의 請求에 의하여 決定으로 保釋 또는 拘束의 執行停止를 取消할 수 있다. 다만, 第101條第4項의 規定에 의한 拘束令狀의 執行停止는 그 會期중 取消하지 못한다.
1. 도망한 때

2. 도망하거나 罪證을 湮滅할 염려가 있다고 믿을만한 충분한 이유가 있는 때
3. 召喚을 받고 정당한 이유없이 출석하지 아니한 때
4. 被害者, 당해 事件의 裁判에 필요한 사실을 알고 있다고 인정되는 者 또는 그 親族의 生命·身體나 財産에 해를 가하거나 가할 염려가 있다고 믿을 만한 충분한 이유가 있는 때
5. 住居의 제한 기타 法院이 정한 조건을 위반한 때
(1995.12.29 본항개정)
② 保釋을 取消할 때에는 決定으로 保證金의 全部 또는 一部를 沒取할 수 있다."

참조 [보석]94-100, [구속의 집행정지]101, 형소규54, [상소와 취소의 재판]105, [결정]37②③, [항고]403, [보증금몰수의 집행]477, [재구금절차]형소규56

판례 보석보증금몰수결정은 반드시 보석취소와 동시에 하여야만 하는지 여부(다수의견) : 형사소송법 제102조 제2항은 "보석을 취소할 때에는 결정으로 보증금의 전부 또는 일부를 몰수할 수 있다."라고 규정하고 있는바, 이는 보석취소사유가 있어 보석취소결정을 할 경우에는 보석보증금의 전부 또는 일부를 몰수하는 것도 가능하다는 의미로 해석될 뿐, 문언상 보석보증금의 몰수는 반드시 보석취소와 동시에 결정하여야 한다는 취지라고 단정하기는 어려운 점, 같은 법 제103조에서 보석된 자가 유죄판결 확정 후의 집행을 위한 소환에 불응하거나 도망한 경우 보증금을 몰수하도록 규정하고 있어 보석보증금은 형벌의 집행 단계에서의 신체 확보까지 담보하고 있으므로, 보석보증금의 기능은 유죄의 판결이 확정될 때까지의 신체 확보도 담보하는 취지로 봄이 상당한 점, 보석취소결정은 그 성질상 신속을 요하는 경우가 대부분임에 반하여, 보증금몰수결정에 있어서는 그 몰수의 요부(보석조건위반 등 귀책사유의 유무) 및 몰수 금액의 범위 등에 관하여 신중히 검토하여야 할 필요성도 있는 점 등을 아울러 고려하여 보면, 보석보증금을 몰수하려면 반드시 보석취소와 동시에 하여야만 가능한 것이 아니라 보석취소 후에 별도로 보증금몰수결정을 할 수도 있다. 그리고 형사소송법 제104조가 구속 또는 보석을 취소하거나 구속영장의 효력이 소멸된 때에는 몰수하지 아니한 보증금을 청구한 날로부터 7일 이내에 환부하도록 규정되어 있다고 하여도, 이 규정의 해석상 보석취소 후에 보증금몰수를 하는 것이 불가능하게 되는 것도 아니다.(대결 2001.5.29, 2000모22 전원합의체)

第103條【보증금 등의 몰취】 ① 법원은 보석을 취소하는 때에는 직권 또는 검사의 청구에 따라 결정으로 보증금 또는 담보의 전부 또는 일부를 몰취할 수 있다.
② 법원은 보증금의 납입 또는 담보제공을 조건으로 석방된 피고인이 동일한 범죄사실에 관하여 형의 선고를 받고 그 판결이 확정된 후 집행하기 위한 소환을 받고 정당한 사유 없이 출석하지 아니하거나 도망한 때에는 직권 또는 검사의 청구에 따라 결정으로 보증금 또는 담보의 전부 또는 일부를 몰취하여야 한다.
(2007.6.1 본조개정)

改前 "第103條【有罪判決確定과 保證金의 沒取】保釋된 者가 刑의 宣告를 받고 그 判決이 確定된 후 執行하기 위한 召喚을 받고 정당한 理由없이 出席하지 아니하거나 逃亡한 때에는 職權 또는 檢事의 請求에 의하여 決定으로 保證金의 全部 또는 一部를 沒取하여야 한다."

참조 [보석]94-100, [형의 선고]321, [형의 집행을 위한 소환]473, [보증금몰수의 집행]477

第104條【보증금 등의 환부】 拘束 또는 保釋을 取消하거나 拘束令狀의 效力이 消滅된 때에는 沒取하지 아니한 보증금 또는 담보를 請求한 날로부터 7日이내에 還付하여야 한다.(2007.6.1 본조개정)

改前 第104條【"保證金의 還付"】拘束 또는 保釋을 取消하거나…아니한 "保證金을" 請求한 날로부터 7日이내에…

참조 [구속취소]93, [보석취소]102, [구속영장의 효력소멸]92·331

第104條의2【보석조건의 효력상실 등】 ① 구속영장의 효력이 소멸한 때에는 보석조건은 즉시 그 효력을 상실한다.
② 보석이 취소된 경우에도 제1항과 같다. 다만, 제98조제8호의 조건은 예외로 한다.
(2007.6.1 본조신설)

第105條【上訴와 拘束에 관한 決定】 上訴期間 중 또는 上訴 중의 事件에 관하여 拘束期間의 更新, 拘束의 取消, 保釋, 拘束의 執行停止와 그 停止의 取消에 대한 決定은 訴訟記錄이 原審法院에 있는 때에는 原審法院이 하여야 한다.

참조 형소규57, [상소제기기간]358·374, [구속기간 갱신]92, [구속취소]93, [보석]94-100, [구속의 집행정지]101, [구속의 집행정지의 취소]102

第10章 押收와 搜索

第106條【押收】 ① 法院은 필요한 때에는 피고사건과 관계가 있다고 인정할 수 있는 것에 한정하여 증거물 또는 몰수할 것으로 사료하는 물건을 압수할 수 있다. 但, 法律에 다른 規定이 있는 때에는 例外로 한다.(2011.7.18 본문개정)
② 法院은 押收할 物件을 指定하여 所有者, 所持者 또는 保管者에게 提出을 命할 수 있다.
③ 법원은 압수의 목적물이 컴퓨터용디스크, 그 밖에 이와 비슷한 정보저장매체(이하 이 항에서 "정보저장매체등"이라 한다)인 경우에는 기억된 정보의 범위를 정하여 출력하거나 복제하여 제출받아야 한다. 다만, 범위를 정하여 출력 또는 복제하는 방법이 불가능하거나 압수의 목적을 달성하기에 현저히 곤란하다고 인정되는 때에는 정보저장매체등을 압수할 수 있다.(2011.7.18 본항신설)
④ 법원은 제3항에 따라 정보를 제공받은 경우 「개인정보 보호법」 제2조제3호에 따른 정보주체에게 해당 사실을 지체 없이 알려야 한다.(2011.7.18 본항신설)

改前 ① 法院은 "필요한 때에는 證據物 또는 沒收할 것으로 思料하는 物件을 押收할 수 있다." 但, 法律에…

참조 [특별규정]110-112, [몰수]형48, [조서기재]49·50·51②, 형소규58, [항고]403

판례 경찰이 긴급 압수수색한 휴대전화를 피의자가 유치장에 입감된 상태에서 탐색하며 피의자의 참여권을 보장하지 않았거나 피의자에게 압수한 전자정보 목록을 교부하지 않았다면 사후에 관련 전자정보에 대한 압수수색영장을 받았더라도 위법성이 치유되지 않아 증거능력이 부정된다.(대판 2022.7.28, 2022도2960)

판례 공범이 유죄 및 압수물 몰수의 확정판결을 받고 자신도 기소중지처분되어 피의사건이 완결되지 않은 경우 : 원고의 직원이 원고의 소유인 일화를 원고의 지시에 따라 일본국으로 반출하려다가 이를 압수당하고 원고와의 공범으로 재판을 받아 특정경제범죄가중처벌등에관한법률위반죄(재산국외도피)로 징역형의 선고유예 및 위 일화에 대한 몰수의 확정판결을 받았고, 원고는 위 직원과 공동피의자로 입건되고서도 조사에 응하지 아니하여 기소중지처분이 되어 지금까지 그 피의사건이 완결되지 아니하고 있다면, 그 일화에 대한 압수의 효력은 원고에 대한 관계에 있어서는 여전히 남아 있으므로, 원고가 그 압수물에 대한 소유권에 의하여 인도를 구하는 몰수금반환청구는 배척될 수밖에 없다.(대판 1995.3.3, 94다37097)

第107條【郵遞物의 押收】 ① 법원은 필요한 때에는 피고사건과 관계가 있다고 인정할 수 있는 것에 한정하여 우체물 또는 「통신비밀보호법」 제2조제3호에 따른 전기통신(이하 "전기통신"이라 한다)에 관한 것으로서 체신관서, 그 밖의 관련 기관 등이 소지 또는 보관하는 물건의 제출을 명하거나 압수를 할 수 있다.
② (2011.7.18 삭제)
③ 제1항에 따른 處分을 할 때에는 發信人이나 受信人에게 그 趣旨를 通知하여야 한다. 但, 審理에 妨害될 念慮가 있는 경우에는 例外로 한다.
(2011.7.18 본조개정)

改前 "① 法院은 被告人이 發送한 것이나 被告人에게 대하여 發送된 郵遞物 또는 電信에 관한 것으로서 遞信官署 기타가 所持 또는 保管하는 物件의 提出을 命하거나 押收를 할 수 있다."
"② 前項 이외의 郵遞物 또는 電信에 관한 것으로서 遞信官署 기타가 所持 또는 保管하는 物件은 被告事件과 關係가 있다고 認定할 수 있는 것에 한하여 그 提出을 命하거나 押收를 할 수 있다."
③ "前2項의" 處分을 할 때에는 發信人이나…

참조 [압류의 거부]우편법8, [조서작성]49·50·51②, [항고]403

第108條【任意 提出物 등의 押收】 所有者, 所持者 또는 保管者가 任意로 提出한 物件 또는 遺留한 物件은 令狀없이 押收할 수 있다.

참조 [조서작성]49·50·51②, [압수물건]106

판례 소유권을 포기한 압수물의 반환방법 : 수사단계에서 소유권을 포기한 압수물에 대하여 형사재판에서 몰수형이 선고되지 않은 경우, 피압수자는 국가에 대하여 민사소송으로 그 반환을 청구할 수 있다.(대판 2000.12.22, 2000다27725)

형사
소송

第109條【搜索】 ① 법원은 필요한 때에는 피고사건과 관계가 있다고 인정할 수 있는 것에 한정하여 피고인의 신체, 물건 또는 주거, 그 밖의 장소를 수색할 수 있다. (2011.7.18 본항개정)

② 被告人 아닌 者의 身體, 物件, 住居 기타 場所에 관하여는 押收할 物件이 있음을 認定할 수 있는 경우에 한하여 搜索할 수 있다.

改前 "① 法院은 필요한 때에는 被告人의 身體, 物件 또는 住居 기타 場所를 搜索할 수 있다."

참조 [수색의 제한]110 · 125 · 126, [압수와 참여]121 · 123, 형소규60, [압수할 물건]106

미판 수색을 위하여 가택에 들어갈 때에 사전에 경찰신분과 영장소지에 관하여 사전고지하여야 불합리한 수색과 압수금지에 위반되지 않는다.(미연방법원 514 US927, 131 L Ed 2d 976)

미판 학생실기(實技)프로그램에 참가하는 학생에 대한 오줌분석을 통한 마약검사를 실시할 권한을 부여하는 학구(學區)의 정책은 수정헌법 제4조의 부당한 수색에 해당되지 않는다.
(미연방법원 515 US646, 132 L Ed 2d 564)

第110條【軍事上 秘密과 押收】 ① 軍事上 秘密을 요하는 場所는 그 責任者의 承諾 없이는 押收 또는 搜索할 수 없다.

② 前項의 責任者는 國家의 중대한 利益을 害하는 경우를 제외하고는 承諾을 拒否하지 못한다.

참조 [책임자의 참여]123

第111條【公務上 秘密과 押收】 ① 公務員 또는 公務員이었던 者가 所持 또는 保管하는 物件에 관하여는 本人 또는 그 당해 公務所가 職務上의 秘密에 관한 것임을 申告한 때에는 그 所屬公務所 또는 當該 監督官公署의 承諾 없이는 押收하지 못한다.

② 所屬公務所 또는 當該 監督官公署는 國家의 중대한 利益을 害하는 경우를 제외하고는 承諾을 拒否하지 못한다.

참조 [책임자의 참여]123

第112條【業務上秘密과 押收】 辯護士, 辨理士, 公證人, 公認會計士, 稅務士, 代書業者, 醫師, 漢醫師, 齒科醫師, 藥師, 藥種商, 助産師, 看護師, 宗敎의 職에 있는 者 또는 이러한 職에 있던 者가 그 業務上 委託을 받아 所持 또는 保管하는 物件으로 他人의 秘密에 관한 것은 押收를 拒否할 수 있다. 但, 그 他人의 承諾이 있거나 중대한 公益上 필요가 있는 때에는 例外로 한다.(1997.12.13 본문개정)

참조 [업무상 비밀]변호사26, 변리사23, 공증5, 공인회계사법20, 법무사법27, 의료법19, [비밀침해죄]형317

판례 경찰관이 간호사로부터 진료 목적으로 채혈된 피고인의 혈액 중 일부를 주취운전 여부에 대한 감정을 목적으로 제출받아 압수한 경우 : 의료인이 진료 목적으로 채혈한 환자의 혈액을 수사기관에 임의로 제출하였다면 그 혈액의 증거사용에 대하여도 환자의 사생활의 비밀 기타 인격적 법익이 침해되는 등의 특별한 사정이 없는 한 반드시 그 환자의 동의를 받아야 하는 것이 아니므로, 경찰관이 간호사로부터 진료 목적으로 이미 채혈되어 있던 피고인의 혈액 중 일부를 주취운전 여부에 대한 감정을 목적으로 임의로 제출 받아 압수한 경우, 당시 간호사가 위 혈액의 소지자 겸 보관자인 병원 또는 담당의사를 대리하여 혈액을 경찰관에게 임의로 제출할 수 있는 권한이 없었다고 볼 특별한 사정이 없는 이상, 압수절차가 피고인 또는 피고인의 가족의 동의 및 영장 없이 행하여졌다고 하더라도 적법절차를 위반한 위법이 있다고 할 수 없다.(대판 1999.9.3, 98도968)

第113條【押收 · 搜索令狀】 公判廷 외에서 押收 또는 搜索을 함에는 令狀을 發付하여 施行하여야 한다.

참조 [영장의 방식]114, [영장의 집행]115

第114條【영장의 방식】 ① 압수 · 수색영장에는 다음 각 호의 사항을 기재하고 재판장이나 수명법관이 서명날인하여야 한다. 다만, 압수 · 수색할 물건이 전기통신에 관한 것인 경우에는 작성기간을 기재하여야 한다.

1. 피고인의 성명
2. 죄명
3. 압수할 물건
4. 수색할 장소 · 신체 · 물건
5. 영장 발부 연월일
6. 영장의 유효기간과 그 기간이 지나면 집행에 착수할 수 없으며 영장을 반환하여야 한다는 취지
7. 그 밖에 대법원규칙으로 정하는 사항

(2020.12.8 1호~7호신설)

② 제1항의 영장에 관하여는 제75조제2항을 준용한다. (2020.12.8 본조개정)

改前 第114條【"令狀의 方式"】 "① 押收 · 搜索令狀에는 被告人의 姓名, 罪名, 押收할 物件, 搜索할 場所, 身體, 物件, 發付年月日, 有效期間과 그 期間을 經過하면 執行에 着手하지 못하며 令狀을 返還하여야 한다는 趣旨 기타 大法院規則으로 정한 事項을 記載하고 裁判長 또는 受命法官이 署名捺印하여야 한다." 다만, 압수 · 수색할 물건이…
"② 第75條第2項의 規定은 前項의 令狀에 準用한다."

참조 형소규59, [압수물]106 · 107, [수색장소]109

판례 압수수색할 물건의 기재가 누락된 압수수색영장을 발부한 법관의 행위가 불법행위를 구성하는지 여부 : 법관의 재판에 법령의 규정을 따르지 아니한 잘못이 있다 하더라도 바로 그 재판상 직무행위가 국가배상법 제2조 제1항에서 말하는 위법한 행위로 되어 국가의 손해배상책임이 발생하는 것은 아니고, 압수수색할 물건의 기재가 누락된 압수수색영장을 발부한 법관이 위법 · 부당한 목적을 가지고 있었다거나 법이 직무수행상 준수할 것을 요구하고 있는 기준을 현저히 위반하였다는 등의 자료를 찾아볼 수 없다면 그와 같은 압수수색영장의 발부행위는 불법행위를 구성하지 않는다.
(대판 2001.10.12, 2001다47290)

第115條【令狀의 執行】 ① 押收 · 搜索令狀은 檢事의 指揮에 의하여 司法警察官吏가 執行한다. 但, 필요한 경우에는 裁判長은 법원사무관등에게 그 執行을 命할 수 있다.(2007.6.1 단서개정)

② 第83條의 規定은 押收 · 搜索令狀의 執行에 準用한다.

改前 ① …但, 필요한 경우에는 裁判長은 "法院書記官 또는 書記에게" 그 執行을 命할 수 있다.

참조 형소규59, [사법경찰관리]196 · 197, [법원서기관 · 서기]법원조직10, [관할구역외에서의 집행과 그 촉탁]83, [무기사용]경찰직무10의4

第116條【주의사항】 압수 · 수색영장을 집행할 때에는 타인의 비밀을 보호하여야 하며 처분받은 자의 명예를 해하지 아니하도록 주의하여야 한다.(2020.12.8 본조개정)

改前 "第116條【注意事項】 押收 · 搜索令狀의 執行에 있어서는 他人의 秘密을 保持하여야 하며 處分받은 者의 名譽를 害하지 아니하도록 注意하여야 한다."

참조 [영장의 집행]115

第117條【執行의 輔助】 법원사무관등은 押收 · 搜索令狀의 執行에 관하여 필요한 때에는 司法警察官吏에게 輔助를 求할 수 있다.(2007.6.1 본조개정)

改前 第117條【執行의 輔助】 "法院의 書記官 또는 書記는" 押收 · 搜索令狀의 執行에…

참조 [사법경찰관리]197

第118條【令狀의 제시와 사본교부】 押收 · 搜索令狀은 處分을 받는 者에게 반드시 提示하여야 하고, 처분을 받는 자가 피고인인 경우에는 그 사본을 교부하여야 한다. 다만, 처분을 받는 자가 현장에 없는 등 영장의 제시나 그 사본의 교부가 현실적으로 불가능한 경우 또는 처분을 받는 자가 영장의 제시나 사본의 교부를 거부한 때에는 예외로 한다.(2022.2.3 본조개정)

改前 第118條【令狀의 "提示"】 押收 · 搜索令狀은 處分을 받는 者에게 반드시 提示하여야 "한다".

참조 [영장]113

판례 형사소송법 제118조는 "압수 · 수색영장은 처분을 받는 자에게 반드시 제시하여야 한다."고 규정하고 있으나, 이는 영장제시가 현실적으로 가능한 상황을 전제로 한 규정으로 보아야 하고, 피처분자가 현장에 없거나 현장에서 그를 발견할 수 없는 경우 등 영장제시가 현실적으로 불가능한 경우에는 영장을 제시하지 아니한 채 압수 · 수색을 하더라도 위법하다고 볼 수 없다.
(대판 2015.1.22, 2014도10978 전원합의체)

판례 압수 · 수색영장은 처분을 받는 자에게 반드시 제시하여야 하는바, 현장에서 압수 · 수색을 당하는 사람이 여러 명일 경우에는 그 사람들 모두에게 개별적으로 영장을 제시해야 하는 것이 원칙이다. 수사기관이 압수 · 수색에 착수하면서 그 장소의 관리책임자에게 영장을 제시하였다고 하더라도, 물건을 소지하고 있는 다른 사람으로부터 이를 압수하고자 하는 때에는 그 사람에게 따로 영장을 제시하여야 한다.(대판 2009.3.12, 2008도763)

第119條【執行 중의 出入禁止】 ① 押收·搜索令狀의 執行 중에는 他人의 出入을 禁止할 수 있다.
② 前項의 規定에 違背한 者에게는 退去하게 하거나 執行終了時까지 看守者를 붙일 수 있다.
참조 [집행중지와 필요한 처분]127, [준용]138

第120條【執行과 必要한 處分】 ① 押收·搜索令狀의 執行에 있어서는 鍵錠을 열거나 開封 기타 필요한 處分을 할 수 있다.
② 前項의 處分은 押收物에 대하여도 할 수 있다.
참조 [압수물]106

第121條【令狀執行과 當事者의 參與】 檢事, 被告人 또는 辯護人은 押收·搜索令狀의 執行에 參與할 수 있다.
참조 [집행통지]122, [영장의 집행]115

第122條【令狀執行과 參與權者에의 通知】 押收·搜索令狀을 執行함에는 미리 執行의 日時와 場所를 前條에 規定한 者에게 通知하여야 한다. 但, 前條에 規定한 者가 參與하지 아니한다는 意思를 明示한 때 또는 急速을 요하는 때에는 例外로 한다.
참조 [영장의 집행]115

第123條【영장의 집행과 책임자의 참여】 ① 공무소, 군사용 항공기 또는 선박·차량 안에서 압수·수색영장을 집행하려면 그 책임자에게 참여할 것을 통지하여야 한다.
② 제1항에 규정한 장소 외에 타인의 주거, 간수자 있는 가옥, 건조물(建造物), 항공기 또는 선박·차량 안에서 압수·수색영장을 집행할 때에는 주거주(住居主), 간수자 또는 이에 준하는 사람을 참여하게 하여야 한다.
③ 제2항의 사람을 참여하게 하지 못할 때에는 이웃 사람 또는 지방공공단체의 직원을 참여하게 하여야 한다.
(2020.12.8 본조개정)
改前 "第123條【令狀의 執行과 責任者의 參與】 ① 公務所, 軍事用의 航空機 또는 船車 내에서 押收·搜索令狀을 執行함에는 그 責任者에게 參與할 것을 通知하여야 한다.
② 前項에 規定한 이외의 他人의 住居, 看守者 있는 家屋, 建造物, 航空機 또는 船車내에서 押收, 搜索令狀을 執行함에는 住居主, 看守者 또는 이에 準하는 者를 參與하게 하여야 한다.
③ 前項의 者를 參與하게 하지 못할 때에는 隣居人 또는 地方公共團體의 職員을 參與하게 하여야 한다."
참조 [영장의 집행]115

第124條【女子의 搜索과 參與】 女子의 身體에 대하여 搜索할 때에는 成年의 女子를 參與하게 하여야 한다.
참조 [신체의 수색]109, [여자의 신체검사]141③

第125條【夜間執行의 制限】 日出前, 日沒後에는 押收·搜索令狀에 夜間執行을 할 수 있는 記載가 없으면 그 令狀을 執行하기 위하여 他人의 住居, 看守者있는 家屋, 建造物, 航空機 또는 船車내에 들어가지 못한다.
참조 [예외]126

第126條【夜間執行制限의 例外】 다음 場所에서 押收·搜索令狀을 執行함에는 前條의 制限을 받지 아니한다.
1. 賭博 기타 風俗을 害하는 行爲에 常用된다고 認定하는 場所
2. 旅館, 飮食店 기타 夜間에 公衆이 出入할 수 있는 場所. 但, 公開한 時間내에 한한다.
참조 [원칙]125, [도박]형246·247, [풍속문란]형242-245

第127條【執行中止와 必要한 處分】 押收·搜索令狀의 執行을 中止한 경우에 필요한 때에는 執行이 終了될 때까지 그 場所를 閉鎖하거나 看守者를 둘 수 있다.
참조 [집행중의 출입금지]119

第128條【證明書의 交付】 搜索한 경우에 證據物 또는 沒取할 物件이 없는 때에는 그 趣旨의 證明書를 交付하여야 한다.
참조 [압수]106, 형소규61, [수색]109

第129條【押收目錄의 交付】 押收한 경우에는 目錄을 作成하여 所有者, 所持者, 保管者 기타 이에 準할 者에게 交付하여야 한다.
판례 압수절차의 하자 : 압수수색 대상물의 기재가 누락된 압수수색영장에 기하여 물건을 압수하고, 일부 압수물에 대하여는 압수조서·압수목록을 작성하지 아니하고 보관한 일련의 조치가 불법행위를 구성한다.(대판 2001.10.12, 2001다47290)

第130條【押收物의 保管과 廢棄】 ① 運搬 또는 保管에 不便한 押收物에 관하여는 看守者를 두거나 所有者 또는 適當한 者의 承諾을 얻어 保管하게 할 수 있다.
② 危險發生의 念慮가 있는 押收物은 廢棄할 수 있다.
③ 법령상 생산·제조·소지·소유 또는 유통이 금지된 압수물로서 부패의 염려가 있거나 보관하기 어려운 압수물은 소유자 등 권한 있는 자의 동의를 받아 폐기할 수 있다.(2007.6.1 본항신설)
참조 [압수물]106, [조서기재]형소규62

第131條【注意事項】 押收物에 대하여는 그 喪失 또는 破損등의 防止를 위하여 相當한 措置를 하여야 한다.
참조 형소규63

第132條【압수물의 대가보관】 ① 몰수하여야 할 압수물로서 멸실·파손·부패 또는 현저한 가치 감소의 염려가 있거나 보관하기 어려운 압수물은 매각하여 대가를 보관할 수 있다.
② 환부하여야 할 압수물 중 환부를 받을 자가 누구인지 알 수 없거나 그 소재가 불명한 경우로서 그 압수물의 멸실·파손·부패 또는 현저한 가치 감소의 염려가 있거나 보관하기 어려운 압수물은 매각하여 대가를 보관할 수 있다.
(2007.6.1 본조개정)
改前 "第132條【押收物의 代價保管】 沒取하여야 할 押收物로서 滅失, 破損 또는 腐敗의 念慮가 있거나 保管하기 불편한 경우에는 이를 賣却하여 代價를 保管할 수 있다."
참조 [통지]135

第133條【押收物의 還付, 假還付】 ① 押收를 繼續할 필요가 없다고 認定되는 押收物은 被告事件 終結 前이라도 決定으로 還付하여야 하고 證據에 供할 押收物은 所有者, 所持者, 保管者 또는 提出人의 請求에 의하여 假還付할 수 있다.
② 證據에만 供할 目的으로 押收한 物件으로서 그 所有者 또는 所持者가 繼續使用하여야 할 物件은 寫眞撮影 기타 原型保存의 措置를 取하고 迅速히 假還付하여야 한다.
참조 [결정]37②③·38·39·42, [항고]403, [판결선고와 압수관계]332·333, [통지]135
판례 수사 도중에 피의자가 수사관에게 소유권포기 각서를 제출한 경우 수사기관의 압수물 환부의무가 면제되는지 여부 및 피의자의 압수물 환부청구권도 소멸하는지 여부(다수의견) : 형사소송법 제133조 제1항, 제219조, 제486조 각 규정의 취지를 종합하여 보면, 압수물에 대하여 더 이상 압수를 계속할 필요가 없어진 때에는 수사기관은 환부가 불가능하여 국고에 귀속시키는 경우를 제외하고는 반드시 그 압수물을 환부하여야 하고, 환부를 받을 자로 하여금 그 환부청구권을 포기하게 하는 등의 방법으로 압수물의 환부의무를 면할 수는 없다. 법률이 압수물을 국고에 귀속시키는 절차와 방법에 관하여 엄격히 규정함과 아울러 압수된 범칙물이 범인에게 복귀되지 아니하도록 필요에 따른 준비를 하여 두고 있는데도, 법률이 정하고 있는 이러한 방법 이외에 피압수자 등으로 하여금 그 압수물에 대한 환부청구권을 포기하게 하는 등의 방법으로 압수물의 환부의무를 면하게 함으로써 압수를 계속할 필요가 없어진 물건을 국고에 귀속시킬 수 있는 길을 허용하는 것은 적법절차에 의한 인권보장 및 재산권 보장의 헌법정신에도 어긋나고, 압수물의 환부를 필요적이고 의무적인 것으로 규정한 본조를 사문화시키며, 나아가 몰수제도를 잠탈할 수 있는 길을 열어 놓게 되는 것이다. 따라서 피압수자 등 압수물을 환부받을 자가 수사기관에 대하여 형사소송법상의 환부청구권을 포기한다는 의사표시를 한 경우에 있어서도, 그 효력이 없어 그에 의하여 수사기관의 필요적 환부의무가 면제된다고 볼 수는 없으므로, 그 환부의무에 대응하는 압수물의 환부를 청구할 수 있는 절차법상의 권리가 소멸하는 것은 아니다.
(대결 1996.8.16, 94모51 전원합의체)

第134條【押收贓物의 被害者還付】 押收한 贓物은 被害者에게 還付할 理由가 明白한 때에는 被告事件의 終結前이라도 決定으로 被害者에게 還付할 수 있다.

참조 [결정]37②③ · 38 · 39 · 42, [항고]403, [판결선고와 압수관계]332 · 333, [통지]135

第135條【押收物處分과 當事者에의 通知】 前3條의 決定을 함에는 檢事, 被害者, 被告人 또는 辯護人에게 미리 通知하여야 한다.

참조 [압수물처분]132-134

第136條【受命法官, 受託判事】 ① 法院은 押收 또는 搜索을 合議部員에게 命할 수 있고 그 目的物의 所在地를 管轄하는 地方法院 判事에게 囑託할 수 있다.
② 受託判事는 押收 또는 搜索의 目的物이 그 管轄區域 내에 없는 때에는 그 目的物 所在地 地方法院 判事에게 轉囑할 수 있다.
③ 受命法官, 受託判事가 行하는 押收 또는 搜索에 관하여는 法院이 行하는 押收 또는 搜索에 관한 規定을 準用한다.

참조 [준항고]416

第137條【拘束令狀執行과 搜索】 檢事, 司法警察官吏 또는 第81條第2項의 規定에 의한 법원사무관등이 拘束令狀을 執行할 경우에 필요한 때에는 미리 수색영장을 발부받기 어려운 긴급한 사정이 있는 경우에 한정하여 他人의 住居, 看守者있는 家屋, 建造物, 航空機, 船車 내에 들어가 被告人을 搜索할 수 있다.(2019.12.31 본조개정)

改前 …拘束令狀을 執行할 경우에 필요한 "때에는" 他人의 住居, 看守者있는 家屋,…

참조 [구속영장집행]81 · 85, [준용규정]119 · 120 · 123 · 127 · 138

第138條【準用規定】 第119條, 第120條, 第123條와 第127條의 規定은 前條의 規定에 의한 檢事, 司法警察官吏, 법원사무관등의 搜索에 準用한다.(2007.6.1 본조개정)

改前 …司法警察官吏, "法院의 書記官 또는 書記의" 搜索에 準用한다.

참조 [집행 중의 출입금지]119, [집행과 필요한 처분]120, [책임자 참여]123, [집행중지와 필요한 처분]127

第11章 檢 證

第139條【檢證】 法院은 事實을 發見함에 필요한 때에는 檢證을 할 수 있다.

참조 [조서작성]49 · 50 · 51②, [검증물의 제한]110 · 145, [검사 · 사법경찰관리의 검증]215-217

第140條【檢證과 필요한 處分】 檢證을 함에는 身體의 檢査, 死體의 解剖, 墳墓의 發掘, 物件의 破壞 기타 필요한 處分을 할 수 있다.

참조 [조사에의 준용]219, [신체의 검사]141 · 142, [분묘의 발굴]형160-162, [물건의 파괴]형20 · 366

第141條【신체검사에 관한 주의】 ① 신체의 검사에 관하여는 검사를 받는 사람의 성별, 나이, 건강상태, 그 밖의 사정을 고려하여 그 사람의 건강과 명예를 해하지 아니하도록 주의하여야 한다.
② 피고인 아닌 사람의 신체검사는 증거가 될 만한 흔적을 확인할 수 있는 현저한 사유가 있는 경우에만 할 수 있다.
③ 여자의 신체를 검사하는 경우에는 의사나 성년 여자를 참여하게 하여야 한다.
④ 시체의 해부 또는 분묘의 발굴을 하는 때에는 예(禮)에 어긋나지 아니하도록 주의하고 미리 유족에게 통지하여야 한다.
(2020.12.8 본조개정)

改前 "第141條【身體檢査에 관한 注意】 ① 身體의 檢査에 관하여는 檢査를 당하는 者의 性別, 年齡, 健康狀態 기타 事情을 考慮하여 그 사람의 健康과 名譽를 害하지 아니하도록 注意하여야 한다.
② 被告人 아닌 者의 身體檢査는 證跡의 存在를 確認할 수 있는 顯著한 事由가 있는 경우에 한하여 할 수 있다.
③ 女子의 身體를 檢査하는 경우에는 醫師나 成年의 女子를 參與하게 하여야 한다.
④ 死體의 解剖 또는 墳墓의 發掘을 하는 때에는 禮를 잊지 아니하도록 注意하고 미리 遺族에게 通知하여야 한다."

참조 형소규64 · 65, [검찰관 기타의 검증에의 준용]219, [부녀의 수색]124, [성년]민4

第142條【身體檢査와 召喚】 法院은 身體를 檢査하기 위하여 被告人 아닌 者를 法院 기타 指定한 場所에 召喚할 수 있다.

참조 [피고인의 소환]68, 형소규65

第143條【時刻의 制限】 ① 日出前, 日沒後에는 家主, 看守者 또는 이에 準하는 者의 承諾이 없으면 檢證을 하기 위하여 他人의 住居, 看守者있는 家屋, 建造物, 航空機, 船車 내에 들어가지 못한다. 但, 日出後에는 檢證의 目的을 達成할 수 없을 念慮가 있는 경우에는 例外로 한다.
② 日沒前에 檢證에 着手한 때에는 日沒後라도 檢證을 繼續할 수 있다.
③ 第126條에 規定한 場所에는 第1項의 制限을 받지 아니한다.

참조 [압수, 수색영장의 야간집행]125, [시각제한의 예외]126

第144條【檢證의 輔助】 檢證을 함에 필요한 때에는 司法警察官吏에게 輔助를 命할 수 있다.

참조 [사법경찰관리]197

第145條【準用規定】 第110條, 第119條 내지 第123條, 第127條와 第136條의 規定은 檢證에 관하여 準用한다.

참조 [군사상 비밀]110, [집행중의 출입금지]119, [집행과 필요한 처분]120, [당사자등의 참여]121-123, [집행중지와 필요한 처분]127, [수명법관 · 수탁판사]136

第12章 證人訊問

第146條【證人의 資格】 法院은 法律에 다른 規定이 없으면 누구든지 證人으로 訊問할 수 있다.

참조 [소환장]형소규68 · 69, [소환의 유예기간]형소규70, [특별규정]147-149, [조서기재]48 · 50 · 51②

판례 유아의 증언능력 : 사고 당시 만 3세 3개월 내지 만 3세 7개월 가량이던 피해자인 여아의 증언능력 및 그 진술의 신빙성을 인정한다.(대판 2006.4.14, 2005도9561)

판례 본조의 위헌여부 : 본조는 무죄추정의 원칙과 적법절차의 원칙에 반하지 않으며, 피고인의 진술거부권이나 인간으로서의 존엄과 가치를 침해하지도 아니한다.(헌재결 2001.11.29, 2001헌바41 전원재판부)

판례 법원이 당해 사건의 수사경찰관을 증인으로 신문하는 것이 위법한지 여부 : 법원이 당해 사건의 수사경찰관을 증인으로 신문한 것이 증거재판주의나 증인의 자격에 관한 법리를 오해하였다거나 헌법위반의 위법이 있다고 할 수 없다.(대판 2001.5.29, 2000도2933)

第147條【公務上 秘密과 證人資格】 ① 公務員 또는 公務員이었던 者가 그 職務에 관하여 알게 된 事實에 관하여 本人 또는 當該 公務所가 職務上 秘密에 속한 事項임을 申告한 때에는 그 所屬公務所 또는 監督官公署의 承諾없이는 證人으로 訊問하지 못한다.
② 그 所屬公務所 또는 當該監督官公署는 國家에 중대한 利益을 害하는 경우를 제외하고는 承諾을 拒否하지 못한다.

참조 [증인자격]146, [공무상비밀]국가공무원60, 지방공무원52, 군인의 지위및복무에관한기본법28

第148條【근친자의 형사책임과 증언 거부】 누구든지 자기나 다음 각 호의 어느 하나에 해당하는 자가 형사소추(刑事訴追) 또는 공소제기를 당하거나 유죄판결을 받을 사실이 드러날 염려가 있는 증언을 거부할 수 있다.
1. 친족이거나 친족이었던 사람
2. 법정대리인, 후견감독인
(2020.12.8 본조개정)

改前 "第148條【近親者의 刑事責任과 證言拒否】 누구든지 自己나 다음 各號의 1에 해당한 關係있는 者가 刑事訴追 또는 公訴提起를 당하거나 有罪判決을 받을 事實이 發露될 念慮있는 證言을 拒否할 수 있다.
1. 친족 또는 친족관계가 있었던 자(2005.3.31 본호개정)
2. 法定代理人, 後見監督人"

참조 [친족]민767이하, [법정대리인]민911 · 938, [후견감독]민953, [증언거부]150 · 160

판례 [1] 유죄판결이 확정된 피고인이 공범의 형사사건에서 사실대로 자신의 범행을 시인하는 증언을 할 것이라는 기대가능성이 있는지 여부(적극) : 이미 유죄의 확정판결을 받은 피고인은 공범의 형사사건에서 그 범행에 대한 증언을 거부할 수 없을 뿐만 아니라 나아가 사실대로 증언하여야 하고, 설사 피고인이 자신의 형사사건에서 시종일관 그 범행을 부인하였다 하더라도 이러한 사정은 위증죄에 관한 양형참작사유로 볼 수 있음은 별론으로 하고 이를 이유로 피고인에게 사실대로 진술할 것을 기대할 가능성이 없다고 볼 수는 없다.
[2] 자신의 강도상해 범행을 일관되게 부인하였으나 유죄판결이 확정된 피고인이 별건으로 기소된 공범의 형사사건에서 자신의 범행사실을 부인하는 증언을 한 사안에서, 피고인에게 사실대로 진술할 기대가능성이 있으므로 위증죄가 성립한다.
(대판 2008.10.23, 2005도10101)

第149條【業務上秘密과 證言拒否】 辯護士, 辨理士, 公證人, 公認會計士, 稅務士, 代書業者, 醫師, 漢醫師, 齒科醫師, 藥師, 藥種商, 助産師, 看護師, 宗敎의 職에 있는 者 또는 이러한 職에 있던 者가 그 業務上 委託을 받은 關係로 알게 된 事實로서 他人의 秘密에 관한 것은 證言을 拒否할 수 있다. 但, 本人의 承諾이 있거나 중대한 公益上 必要있는 때에는 例外로 한다.(1997.12.13 본조개정)

참조 [업무상의 비밀]형317, [증언거부]150·160

第150條【證言拒否事由의 疏明】 證言을 拒否하는 者는 拒否事由를 疏明하여야 한다.

참조 [증언거부]148·149, [증언거부의 제재]161, [여비일당등 청구권 상실]168단서

第150條의2【증인의 소환】 ① 법원은 소환장의 송달, 전화, 전자우편, 그 밖의 상당한 방법으로 증인을 소환한다.
② 증인을 신청한 자는 증인이 출석하도록 합리적인 노력을 할 의무가 있다.
(2007.6.1 본조신설)

참조 294, 형소규67의2

第151條【증인이 출석하지 아니한 경우의 과태료 등】
① 법원은 소환장을 송달받은 증인이 정당한 사유 없이 출석하지 아니한 때에는 결정으로 당해 불출석으로 인한 소송비용을 증인이 부담하도록 명하고, 500만원 이하의 과태료를 부과할 수 있다. 제153조에 따라 준용되는 제76조제2항·제5항에 따라 소환장의 송달과 동일한 효력이 있는 경우에도 또한 같다.
② 법원은 증인이 제1항에 따른 과태료 재판을 받고도 정당한 사유 없이 다시 출석하지 아니한 때에는 결정으로 증인을 7일 이내의 감치에 처한다.
③ 법원은 감치재판기일에 증인을 소환하여 제2항에 따른 정당한 사유가 있는지의 여부를 심리하여야 한다.
④ 감치는 그 재판을 한 법원의 재판장의 명령에 따라 사법경찰관리·교도관·법원경위 또는 법원사무관등이 교도소·구치소 또는 경찰서유치장에 유치하여 집행한다.
⑤ 감치에 처하는 재판을 받은 증인이 제4항에 규정된 감치시설에 유치된 경우 당해 감치시설의 장은 즉시 그 사실을 법원에 통보하여야 한다.
⑥ 법원은 제5항의 통보를 받은 때에는 지체 없이 증인 신문기일을 열어야 한다.
⑦ 법원은 감치의 재판을 받은 증인이 감치의 집행 중에 증언을 한 때에는 즉시 감치결정을 취소하고 그 증인을 석방하도록 명하여야 한다.
⑧ 제1항과 제2항의 결정에 대하여는 즉시항고를 할 수 있다. 이 경우 제410조는 적용하지 아니한다.
(2007.6.1 본조개정)

改前 "第151條【不出席과 過怠料등】 ① 召喚받은 證人이 정당한 事由없이 出席하지 아니한 때에는 決定으로 50萬원 이하의 過怠料에 처하고 出席하지 아니함으로써 생긴 費用의 賠償을 命할 수 있다.
② 第1項의 決定에 대하여는 卽時抗告를 할 수 있다.
(1995.12.29 본조개정)"

참조 형소규69, [결정]37, [과태료]477, [즉시항고]339·405·410, [준항고]416, 국회에서의증언12

第152條【召喚不應과 拘引】 정당한 事由없이 召喚에 應하지 아니하는 證人은 拘引할 수 있다.

참조 [영장]형소규68, [증인 구인]국가보안법18, [준용규정]73·75·77·81–83·85①②

第153條【準用規定】 第73條, 第74條, 第76條의 規定은 證人의 召喚에 準用한다.

참조 [소환장의 발부]73, [소환장의 방식]74, [소환장의 송달]76

第154條【構內證人의 召喚】 證人이 法院의 構內에 있는 때에는 召喚함이 없이 訊問할 수 있다.

참조 [증인의 소환]73·74·76·153

第155條【準用規定】 第73條, 第75條, 第77條, 第81條 내지 第83條, 第85條第1項, 第2項의 規定은 證人의 拘引에 準用한다.

참조 [영장 발부]73, [영장의 방식]75, [구인의 촉탁]77, [영장 집행]81·83·85①②, [수통의 영장의 작성]82

第156條【證人의 宣誓】 證人에게는 訊問前에 宣誓하게 하여야 한다. 但, 法律에 다른 規定이 있는 경우에는 例外로 한다.

참조 [특별규정]159, [선서의 방식]157, [선서거부의 제재]161, [위증죄]158, 형152

第157條【선서의 방식】 ① 선서는 선서서(宣誓書)에 따라 하여야 한다.
② 선서서에는 "양심에 따라 숨김과 보탬이 없이 사실 그대로 말하고 만일 거짓말이 있으면 위증의 벌을 받기로 맹세합니다."라고 기재하여야 한다.
③ 재판장은 증인에게 선서서를 낭독하고 기명날인하거나 서명하게 하여야 한다. 다만, 증인이 선서서를 낭독하지 못하거나 서명을 하지 못하는 경우에는 참여한 법원사무관등이 대행한다.
④ 선서는 일어서서 엄숙하게 하여야 한다.
(2020.12.8 본조개정)

改前 "第157條【宣誓의 方式】 ① 宣誓는 宣誓書에 의하여야 한다.
② 宣誓書에는 「양심에 따라 숨김과 보탬이 없이 사실 그대로 말하고 만일 거짓말이 있으면 위증의 벌을 받기로 맹세합니다」라고 記載하여야 한다.
③ 裁判長은 證人으로 하여금 宣誓書를 朗讀하고 기명날인 또는 서명하게 하여야 한다. 但, 證人이 宣誓書를 朗讀하지 못하거나 署名을 하지 못하는 경우에는 參與한 법원사무관등이 이를 代行한다.
(2007.6.1 본항개정)
④ 宣誓는 起立하여 嚴肅히 하여야 한다."

참조 [선서취지의 설명]형소규72, [비공무원의 서류]59

第158條【宣誓한 證人에 대한 警告】 裁判長은 宣誓할 證人에 대하여 宣誓 前에 僞證의 罰을 警告하여야 한다.

참조 [선서취지의 설명]형소규72, [위증죄]형152

第159條【宣誓 無能力】 證人이 다음 各號의 1에 해당하는 때에는 宣誓하게 하지 아니하고 訊問하여야 한다.
1. 16歲미만의 者
2. 宣誓의 趣旨를 理解하지 못하는 者

참조 [증인의 선서]156

第160條【證言拒否權의 告知】 證人이 第148條, 第149條에 해당하는 경우에는 裁判長은 訊問 前에 證言을 拒否할 수 있음을 說明하여야 한다.

참조 [근친자의 형사책임과 증언거부]148, [업무상 비밀과 증언거부]149

第161條【宣誓, 證言의 拒否와 過怠料】 ① 證人이 정당한 理由없이 宣誓나 證言을 拒否한 때에는 決定으로 50萬원이하의 過怠料에 處할 수 있다.
② 第1項의 決定에 대하여는 卽時抗告를 할 수 있다.
(1995.12.29 본조개정)

참조 [결정]37, [과태료]477, [즉시항고]339·405·410, [준항고]416

第161條의2【證人訊問의 方式】 ① 證人은 申請한 檢事, 辯護人 또는 被告人이 먼저 이를 訊問하고 다음에 다른 檢事, 辯護人 또는 被告人이 訊問한다.
② 裁判長은 前項의 訊問이 끝난 뒤에 訊問할 수 있다.
③ 裁判長은 必要하다고 認定하면 前2項의 規定에 不拘하고 어느 때나 訊問할 수 있으며 第1項의 訊問順序를 變更할 수 있다.

④ 法院이 職權으로 訊問할 證人이나 犯罪로 인한 被害者의 申請에 의하여 訊問할 證人의 訊問方式은 裁判長이 정하는 바에 의한다.(1987.11.28 본항개정)
⑤ 合議部員은 裁判長에게 告하고 訊問할 수 있다.
(1961.9.1 본조신설)

참조 형소규73-84의10, [피고인신문]287 · 296의2, [본조 적용제외]297의2

판례 피고인이 신청한 증인에 대하여 재판장이 먼저 신문하였다 하여 잘못이라 할 수 없다.(대판 1971.9.28, 71도1496)

미판 증인의 잘못된 거짓말탐지기 증언을 피고인에게 제시하지 않았다고 해서 적법절차에 위반한 것은 아니다.(미연방법원 133 L Ed 2d 1)

第162條【個別訊問과 對質】 ① 證人訊問은 各 證人에 대하여 訊問하여야 한다.(1961.9.1 본항개정)
② 訊問하지 아니한 證人이 在廷한 때에는 退廷을 命하여야 한다.
③ 必要한 때에는 證人과 다른 證人 또는 被告人과 對質하게 할 수 있다.
④ (1961.9.1 삭제)

참조 [증언거부의 제재]161, [피고인등의 퇴정]297, [당사자의 참여 · 신문]163

第163條【當事者의 參與權, 訊問權】 ① 檢事, 被告人 또는 辯護人은 證人訊問에 參與할 수 있다.
② 證人訊問의 時日과 場所는 前項의 規定에 의하여 參與할 수 있는 者에게 미리 通知하여야 한다. 但, 參與하지 아니한다는 意思를 明示한 때에는 例外로 한다.
③ (1961.9.1 삭제)

참조 [압수 · 수색과 당사자 참여]121 · 122, [신문의 청구]164, 형소규66 · 67

판례 피고인의 불출석과 증인신문 : 법원이 공판기일에 증인을 채택하여 다음 공판기일에 증인신문을 하기로 피고인에게 고지하였는데 그 다음 공판기일에 증인은 출석하였으나 피고인이 정당한 사유 없이 출석하지 아니한 경우, 그 사건이 형사소송법 제277조 본문에 규정된 다액 100만 원 이하의 벌금 또는 과료에 해당하거나 공소기각 또는 면소의 재판을 할 것이 명백한 사건이 아니어서 같은 법 제276조의 규정에 의하여 공판기일을 연기할 수밖에 없더라도, 이미 출석하여 있는 증인에 대하여 공판기일 외의 신문으로서 증인신문을 하고 다음 공판기일에 그 증인신문조서에 대한 서증조사를 하는 것은 증거조사절차로서 적법하다.(대판 2000.10.13, 2000도3265)

미판 부당한 증언을 피고인에게 통보하지 않은 것은 적법절차 위반이라고 할 수 없다.(미연방법원 133 L Ed 2d 1)

第163條의2【신뢰관계에 있는 자의 동석】 ① 법원은 범죄로 인한 피해자를 증인으로 신문하는 경우 증인의 연령, 심신의 상태, 그 밖의 사정을 고려하여 증인이 현저하게 불안 또는 긴장을 느낄 우려가 있다고 인정하는 때에는 직권 또는 피해자 · 법정대리인 · 검사의 신청에 따라 피해자와 신뢰관계에 있는 자를 동석하게 할 수 있다.
② 법원은 범죄로 인한 피해자가 13세 미만이거나 신체적 또는 정신적 장애로 사물을 변별하거나 의사를 결정할 능력이 미약한 경우에 재판에 지장을 초래할 우려가 있는 등 부득이한 경우가 아닌 한 피해자와 신뢰관계에 있는 자를 동석하게 하여야 한다.
③ 제1항 또는 제2항에 따라 동석한 자는 법원 · 소송관계인의 신문 또는 증인의 진술을 방해하거나 그 진술의 내용에 부당한 영향을 미칠 수 있는 행위를 하여서는 아니 된다.
④ 제1항 또는 제2항에 따라 동석할 수 있는 신뢰관계에 있는 자의 범위, 동석의 절차 및 방법 등에 관하여 필요한 사항은 대법원규칙으로 정한다.
(2007.6.1 본조신설)

第164條【訊問의 請求】 ① 檢事, 被告人 또는 辯護人이 證人訊問에 參與하지 아니할 경우에는 法院에 대하여 필요한 事項의 訊問을 請求할 수 있다.
② 被告人 또는 辯護人의 參與없이 證人을 訊問한 경우에 被告人에게 豫期하지 아니한 不利益의 證言이 陳述된 때에는 반드시 그 陳述內容을 被告人 또는 辯護人에게 알려주어야 한다.
③ (1961.9.1 삭제)

참조 형소규66 · 67, [당사자의 참여 · 신문]163

第165條【證人의 法廷 外 訊問】 法院은 證人의 年齡, 職業, 健康狀態 기타의 事情을 考慮하여 檢事, 被告人 또는 辯護人의 意見을 묻고 法廷 外에 召喚하거나 現在地에서 訊問할 수 있다.

참조 [소환]73 · 74 · 76 · 153, [당사자의 참여]163

第165條의2【비디오 등 중계장치 등에 의한 증인신문】 ① 법원은 다음 각 호의 어느 하나에 해당하는 사람을 증인으로 신문하는 경우 상당하다고 인정할 때에는 검사와 피고인 또는 변호인의 의견을 들어 비디오 등 중계장치에 의한 중계시설을 통하여 신문하거나 가림 시설 등을 설치하고 신문할 수 있다.(2020.12.8 본문개정)
1. 「아동복지법」 제71조제1항제1호 · 제1호의2 · 제2호 · 제3호에 해당하는 죄의 피해자(2020.12.8 본호개정)
2. 「아동 · 청소년의 성보호에 관한 법률」 제7조, 제8조, 제11조부터 제15조까지 및 제17조제1항의 규정에 해당하는 죄의 대상이 되는 아동 · 청소년 또는 피해자(2012.12.18 본호개정)
3. 범죄의 성질, 증인의 나이, 심신의 상태, 피고인과의 관계, 그 밖의 사정으로 인하여 피고인 등과 대면하여 진술할 경우 심리적인 부담으로 정신의 평온을 현저하게 잃을 우려가 있다고 인정되는 사람(2020.12.8 본호개정)
② 법원은 증인이 멀리 떨어진 곳 또는 교통이 불편한 곳에 살고 있거나 건강상태 등 그 밖의 사정으로 말미암아 법정에 직접 출석하기 어렵다고 인정하는 때에는 검사와 피고인 또는 변호인의 의견을 들어 비디오 등 중계장치에 의한 중계시설을 통하여 신문할 수 있다.
(2021.8.17 본항신설)
③ 제1항과 제2항에 따른 증인신문은 증인이 법정에 출석하여 이루어진 증인신문으로 본다.(2021.8.17 본항신설)
④ 제1항과 제2항에 따른 증인신문의 실시에 필요한 사항은 대법원규칙으로 정한다.(2021.8.17 본항신설)

改前 第165條의2【비디오 등 중계장치 등에 의한 증인신문】 법원은 다음 각 호의 어느 하나에 해당하는 "자를" 증인으로 신문하는 경우 상당하다고 "인정하는" 때에는 검사와…신문하거나 "차폐(遮蔽)시설" 등을 설치하고 신문할 수 있다.
1. 「아동복지법」 "제71조제1항제1호부터 제3호까지"에 해당하는 죄의 피해자(2011.8.4 본호개정)
3. 범죄의 성질, 증인의 "연령", 심신의 상태, 피고인과의 관계, 그 밖의 사정으로 인하여 피고인 등과 대면하여 "진술하는" 경우 심리적인 부담으로 정신의 평온을 현저하게 잃을 우려가 있다고 인정되는 "자"

第166條【同行命令과 拘引】 ① 法院은 필요한 때에는 決定으로 指定한 場所에 證人의 同行을 命할 수 있다.
② 證人이 정당한 事由없이 同行을 拒否하는 때에는 拘引할 수 있다.

참조 [결정]37, [구인절차]73 · 75 · 77 · 81-83 · 85①② · 155

第167條【受命法官, 受託判事】 ① 法院은 合議部員에게 法廷 外의 證人訊問을 命할 수 있고 또는 證人 現在地의 地方法院判事에게 그 訊問을 囑託할 수 있다.
② 受託判事는 證人이 管轄區域 內에 現在하지 아니한 때에는 그 現在地의 地方法院判事에게 轉囑할 수 있다.
③ 受命法官 또는 受託判事는 證人의 訊問에 관하여 法院 또는 裁判長에 속한 處分을 할 수 있다.

참조 [법정외 신문]165, [과태료등의 재판과 준항고]416

第168條【證人의 旅費, 日當, 宿泊料】 召喚받은 證人은 法律의 規定한 바에 의하여 旅費, 日當과 宿泊料를 請求할 수 있다. 但, 정당한 事由없이 宣誓 또는 證言을 拒否한 者는 例外로 한다.

참조 형사소송비용등에관한법2-6, [선서거부]161, [증언거부]148 · 149 · 161

第13章 鑑 定

第169條【鑑定】 法院은 學識 經驗있는 者에게 鑑定을 命할 수 있다.

참조 [감정유치장]형소규85, [조서기재]48·50·51②, [감정보고]171, [법정외의 감정]172, [감정증인]179, [준용]형소규90

판례 감정인의 자격과 감정의 신빙성 : 감정인은 그 감정에 필요한 학식과 경험이 있는 사람이면 되고, 그 감정인이 공무소 등에 소속되지 않고 직업이 없거나 또는 임의단체 등 사법인에 속한다고 하여 그 감정에 특별히 신빙성이 희박하다고 할 이유가 없다.
(대판 1983.12.13, 83도2266)

판례 심신장애 판단방법 : 심신장애자의 행위인 여부는 전문가의 감정에 의하여서만 결정할 수 있는 것이 아니고 그 행위의 전후사정이나 기록에 나타난 제반자료 등을 참작하여 결정하여도 위법이 아니다.
(대판 1981.5.26, 81도1344)

第170條【宣誓】 ① 鑑定人에게는 鑑定 前에 宣誓하게 하여야 한다.
② 宣誓는 宣誓書에 의하여야 한다.
③ 宣誓書에는 「양심에 따라 성실히 감정하고 만일 거짓이 있으면 허위감정의 벌을 받기로 맹서합니다」라고 記載하여야 한다.
④ 第157條第3項, 第4項과 第158條의 規定은 鑑定人의 宣誓에 準用한다.

참조 [허위의 감정]158, 형154, [선서의 방식]157

第171條【鑑定報告】 ① 鑑定의 經過와 結果는 鑑定人으로 하여금 書面으로 提出하게 하여야 한다.
② 鑑定人이 數人인 때에는 各各 또는 共同으로 提出하게 할 수 있다.
③ 鑑定의 結果에는 그 判斷의 理由를 明示하여야 한다.
④ 필요한 때에는 鑑定人에게 說明하게 할 수 있다.

참조 [감정인 신문]48·50

판례 거짓말탐지기의 검사결과에 대하여 증거능력을 인정하기 위한 전제요건 : 거짓말탐지기의 검사결과에 대하여 증거능력을 인정할 수 있으려면 첫째로 거짓말을 하면 반드시 일정한 심리상태의 변동이 일어나고, 둘째로 그 심리상태의 변동은 반드시 일정한 생리적 반응을 일으키며, 셋째로 그 생리적 반응에 의하여 피검사자의 말이 거짓인지 여부가 정확히 판정될 수 있다는 전제요건이 충족되어야 하며 특히 생리적 반응에 대한 거짓여부의 판정은 거짓말탐지기가 위 생리적 반응을 정확히 측정할 수 있는 장치이어야 하고 검사자가 탐지기의 측정내용을 객관성 있고 정확하게 판독할 능력을 갖춘 경우라야 그 정확성을 확보할 수 있어 증거능력을 부여할 것이다.
(대판 1983.9.13, 83도712)

第172條【法院 外의 鑑定】 ① 法院은 필요한 때에는 鑑定人으로 하여금 法院 외에서 鑑定하게 할 수 있다.
② 前項의 경우에는 鑑定을 요하는 物件을 鑑定人에게 交付할 수 있다.
③ 被告人의 精神 또는 身體에 관한 鑑定에 必要한 때에는 法院은 期間을 정하여 病院 기타 적당한 場所에 被告人을 留置하게 할 수 있고 鑑定이 完了되면 即時 留置를 解除하여야 한다.
④ 前項의 留置를 함에는 鑑定留置狀을 發付하여야 한다.
(1973.1.25 본항개정)
⑤ 第3項의 留置를 함에 있어서 必要한 때에는 法院은 職權 또는 被告人을 收容할 病院 기타 場所의 管理者의 申請에 의하여 司法警察官吏에게 被告人의 看守를 命할 수 있다.(1973.1.25 본항신설)
⑥ 法院은 필요한 때에는 留置期間을 延長하거나 短縮할 수 있다.(1973.1.25 본항신설)
⑦ 拘束에 관한 規定은 이 法律에 특별한 規定이 없는 경우에는 第3項의 留置에 관하여 이를 準用한다. 但, 保釋에 관한 規定은 그러하지 아니하다.(1973.1.25 본항신설)
⑧ 第3項의 留置는 未決拘禁日數의 算入에 있어서는 이를 拘束으로 看做한다.(1973.1.25 본항신설)

참조 [감정]169, [감정유치]221의3, 형소규85, [간수의 신청]형소규86－88, [항고]403②·416①, [구속에 관한 규정]70－93, [미결구금일수의 산입]형57, [전문가의 감정]치료감호등에관한법13

第172條의2【鑑定留置와 拘束】 ① 拘束 중인 被告人에 대하여 鑑定留置狀이 執行되었을 때에는 被告人이 留置되어 있는 期間 拘束은 그 執行이 停止된 것으로 看做한다.
② 前項의 경우에 前條 第3項의 留置處分이 取消되거나 留置期間이 滿了된 때에는 拘束의 執行停止가 取消된 것으로 看做한다.
(1973.1.25 본조신설)

참조 [감정유치장]172, 형소규85, [구속의 집행정지]101

第173條【鑑定에 필요한 處分】 ① 鑑定人은 鑑定에 관하여 필요한 때에는 法院의 許可를 얻어 他人의 住居, 看守者 있는 家屋, 建造物, 航空機, 船車 内에 들어 갈 수 있고 身體의 檢査, 死體의 解剖, 墳墓發掘, 物件의 破壞를 할 수 있다.
② 前項의 許可에는 被告人의 姓名, 罪名, 들어갈 場所, 檢査할 身體, 解剖할 死體, 發掘할 墳墓, 破壞할 物件, 鑑定人의 姓名과 有效期間을 記載한 許可狀을 發付하여야 한다.
③ 鑑定人은 第1項의 處分을 받는 者에게 許可狀을 提示하여야 한다.
④ 前2項의 規定은 鑑定人이 公判廷에서 行하는 第1項의 處分에는 適用하지 아니한다.
⑤ 第141條, 第143條의 規定은 第1項의 경우에 準用한다.

참조 [분묘발굴]형160, [감정허가장]형소규89, [물건파괴]형366, [신체검사]141

第174條【鑑定人의 參與權, 訊問權】 ① 鑑定人은 鑑定에 관하여 필요한 경우에는 裁判長의 許可를 얻어 書類와 證據物을 閱覽 또는 謄寫하고 被告人 또는 證人의 訊問에 參與할 수 있다.
② 鑑定人은 被告人 또는 證人의 訊問을 구하거나 裁判長의 許可를 얻어 直接 發問할 수 있다.

참조 [증인신문]146이하

第175條【受命法官】 法院은 合議部員으로 하여금 鑑定에 관하여 必要한 處分을 하게 할 수 있다.

第176條【當事者의 參與】 ① 檢事, 被告人 또는 辯護人은 鑑定에 參與할 수 있다.
② 第122條의 規定은 前項의 경우에 準用한다.

참조 [통지]122

第177條【준용규정】 감정에 관하여는 제12장(구인에 관한 규정은 제외한다)을 준용한다.(2020.12.8 본조개정)

改前 "第177條【準用規定】 前章의 規定은 拘引에 관한 規定을 除한 외에는 鑑定에 관하여 準用한다."

참조 [구인에 관한 규정]152·155·166

第178條【旅費, 鑑定料 등】 鑑定人은 法律의 정하는 바에 의하여 旅費, 日當, 宿泊料외에 鑑定料와 替當金의 辨償을 請求할 수 있다.

참조 168·177, 형사소송비용법2·4·5－7·9

第179條【鑑定證人】 特別한 知識에 의하여 알게 된 過去의 事實을 訊問하는 경우에는 本章의 規定에 의하지 아니하고 前章의 規定에 의한다.

참조 [증인과 감정인의 차이]177, [감정료·체당금의 청구]178

第179條의2【鑑定의 촉탁】 ① 法院은 필요하다고 인정하는 때에는 公務所·學校·病院 기타 상당한 設備가 있는 團體 또는 機關에 대하여 鑑定을 촉탁할 수 있다. 이 경우 宣誓에 관한 規定은 이를 적용하지 아니한다.
② 第1項의 경우 法院은 당해 公務所·學校·病院·團體 또는 機關이 지정한 者로 하여금 鑑定書의 說明을 하게 할 수 있다.
(1995.12.29 본조신설)

第14章 通譯과 飜譯

第180條【通譯】 國語에 通하지 아니하는 者의 陳述에는 通譯人으로 하여금 通譯하게 하여야 한다.

참조 [국어]법원조직62, [조서기재]48·51②

판례 '국어에 통하지 아니하는 자'의 의미 및 판단 방법 : '국어에 통하지 아니하는 자'라 함은 국어에 의한 일상적 회화에 상당히 지장이 있는 자를 말하고, 외국인이라도 국어에 통하는 자인 경우에는 통역하게 할 필요가 없으나 대한민국 국민이라도 국어에 통하지 아니하면 통역하게 하여야 하며, 피고인 등이 국어에 통하지 아니하는 자인지의 여부는 법원이 피고인 등의 학력, 경력, 직업, 공판기일에서의 진술내용 및 태도 등을 종합하여 합리적으로 판단하여야 한다. (대판 2008.1.18, 2007도9327)

第181條【청각 또는 언어장애인의 통역】 듣거나 말하는 데 장애가 있는 사람의 진술에 대해서는 통역인으로 하여금 통역하게 할 수 있다.(2020.12.8 본조개정)

改前 "第181條【聾啞者의 通譯】 聾者 또는 啞者의 陳述에는 通譯人으로 하여금 通譯하게 할 수 있다."

第182條【飜譯】 國語 아닌 文字 또는 符號는 飜譯하게 하여야 한다.

참조 [국어]법원조직62, [조서기재]48 · 51②

판례 항소법원이 항소이유서를 번역하지 아니한 채 판결을 선고한 경우의 효력 : 피고인들이 외국어로 작성하여 원심에 제출한 항소이유서를 원심이 번역하게 하지 아니한 것은 잘못이나, 이는 판결내용 자체가 아니라 소송절차가 법령에 위반된 경우로서 그로 인하여 피고인들의 방어권이나 변호권이 본질적으로 침해되어 판결의 정당성이 인정받기 어렵다고 보이지 아니하는 한 그것 자체만으로는 판결에 영향을 미친 상고이유가 된다고 할 수 없다.(대판 1998.6.23, 98도1038)

第183條【準用規定】 前章의 規定은 通譯과 飜譯에 準用한다.

참조 형사소송비용등에관한법2－7

第15章 證據保全

第184條【證據保全의 請求와 그 節次】 ① 檢事, 被告人, 被疑者 또는 辯護人은 미리 證據를 保全하지 아니하면 그 證據를 使用하기 困難한 事情이 있는 때에는 第1回 公判期日 前이라도 判事에게 押收, 搜索, 檢證, 證人訊問 또는 鑑定을 請求할 수 있다.

② 前項의 請求를 받은 判事는 그 處分에 관하여 法院 또는 裁判長과 同一한 權限이 있다.

③ 第1項의 請求를 함에는 書面으로 그 事由를 疎明하여야 한다.

④ 제1항의 청구를 기각하는 결정에 대하여는 3일 이내에 항고할 수 있다.(2007.6.1 본항신설)

참조 [보전처분]형소규91 · 92, [권한]106 · 139 · 146 · 169, [조서의 증거능력]311

미판 법원서기의 오기(誤記)로 인하여 수집된 증거는 불법수집한 것이라 할 수 없다.(미연방법원 131 L Ed 2d 24)

第185條【書類의 閱覽등】 檢事, 被告人, 被疑者 또는 辯護人은 判事의 許可를 얻어 前條의 處分에 관한 書類와 證據物을 閱覽 또는 謄寫할 수 있다.

참조 [증거보전의 청구]184

第16章 訴訟費用

第186條【被告人의 訴訟費用負擔】 ① 刑의 宣告를 하는 때에는 被告人에게 訴訟費用의 全部 또는 一部를 負擔하게 하여야 한다. 다만, 被告人의 經濟的 事情으로 訴訟費用을 납부할 수 없는 때에는 그러하지 아니하다. (1995.12.29 단서신설)

② 被告人에게 責任지울 事由로 發生된 費用은 刑의 宣告를 하지 아니하는 경우에도 被告人에게 負擔하게 할 수 있다.

참조 [형의 선고]321, [형의 선고를 하지 않는 경우]322 · 325－328, [소송비용]형사소송비용등에관한법1 · 2

판례 소송비용의 부담에 불이익변경금지원칙이 적용되는지 여부 : 소송비용의 부담은 형이 아니고 실질적인 의미에서 형에 준하여 평가되어야 할 것도 아니므로 불이익변경금지원칙의 적용이 없으므로, 제1심법원이 소송비용의 부담을 명하는 재판을 하지 않았음에도 항소심법원이 제1심의 소송비용에 관하여 피고인에게 부담하도록 재판을 한 경우, 불이익변경금지원칙에 위배되지 않는다. (대판 2001.4.24, 2001도872)

第187條【共犯의 訴訟費用】 共犯의 訴訟費用은 共犯人에게 連帶負擔하게 할 수 있다.

참조 [공범]형30－34

第188條【告訴人등의 訴訟費用負擔】 告訴 또는 告發에 의하여 公訴를 提起한 事件에 관하여 被告人이 無罪 또는 免訴의 判決을 받은 경우에 告訴人 또는 告發人에게 故意 또는 중대한 過失이 있는 때에는 그 者에게 訴訟費用의 全部 또는 一部를 負擔하게 할 수 있다.

참조 [고소]223－233, [고발]224 · 234 · 235, [무죄]325, [면소]326

第189條【檢事의 上訴取下와 訴訟費用負擔】 檢事만이 上訴 또는 再審請求를 한 경우에 上訴 또는 再審의 請求가 棄却되거나 取下된 때에는 그 訴訟費用을 被告人에게 負擔하게 하지 못한다.

참조 [상소기각]360 · 361의4 · 362 · 380 · 381, [상소의 취하]349 · 351, [재심청구기각]433 · 434 · 436, [재심청구의 취하]429

第190條【第三者의 訴訟費用負擔】 ① 檢事 아닌 者가 上訴 또는 再審請求를 한 경우에 上訴 또는 再審의 請求가 棄却되거나 取下된 때에는 그 者에게 그 訴訟費用을 負擔하게 할 수 있다.

② 被告人 아닌 者가 被告人이 提起한 上訴 또는 再審의 請求를 取下한 경우에도 前項과 같다.

참조 [상소권자]338－341, [상소의 취하]349 · 351, [재심청구권자]424, [재심청구의 취하]429

第191條【訴訟費用負擔의 裁判】 ① 裁判으로 訴訟節次가 終了되는 경우에 被告人에게 訴訟費用을 負擔하게 하는 때에는 職權으로 裁判하여야 한다.

② 前項의 裁判에 대하여는 本案의 裁判에 관하여 上訴하는 경우에 한하여 不服할 수 있다.

참조 [피고인의 비용부담]186 · 187

第192條【第三者負擔의 裁判】 ① 裁判으로 訴訟節次가 終了되는 경우에 被告人 아닌 者에게 訴訟費用을 負擔하게 하는 때에는 職權으로 決定을 하여야 한다.

② 前項의 決定에 대하여는 卽時抗告를 할 수 있다.

참조 [결정]37, [즉시항고]339 · 405 · 410, [피고인이외의 비용부담]188

第193條【裁判에 의하지 아니한 節次終了】 ① 裁判에 의하지 아니하고 訴訟節次가 終了되는 경우에 訴訟費用을 負擔하게 하는 때에는 事件의 最終係屬法院의 職權으로 決定을 하여야 한다.

② 前項의 決定에 대하여는 卽時抗告를 할 수 있다.

참조 [재판에 의하지 않는 경우]349 · 351 · 429, [결정]37, [즉시항고]339 · 405 · 410

第194條【負擔額의 算定】 訴訟費用의 負擔을 命하는 裁判에 그 金額을 表示하지 아니한 때에는 執行을 指揮하는 檢事가 算定한다.

참조 [비용부담의 재판]191－193, [집행지휘]460, [이의신청]489

第194條의2【무죄판결과 비용보상】 ① 국가는 무죄판결이 확정된 경우에는 당해 사건의 피고인이었던 자에 대하여 그 재판에 소요된 비용을 보상하여야 한다.

② 다음 각 호의 어느 하나에 해당하는 경우에는 제1항에 따른 비용의 전부 또는 일부를 보상하지 아니할 수 있다.

1. 피고인이었던 자가 수사 또는 재판을 그르칠 목적으로 거짓 자백을 하거나 다른 유죄의 증거를 만들어 기소된 것으로 인정된 경우
2. 1개의 재판으로써 경합범의 일부에 대하여 무죄판결이 확정되고 다른 부분에 대하여 유죄판결이 확정된 경우
3. 「형법」 제9조 및 제10조제1항의 사유에 따른 무죄판결이 확정된 경우
4. 그 비용이 피고인이었던 자에게 책임지울 사유로 발생한 경우

(2007.6.1 본조신설)

第194條의3【비용보상의 절차 등】 ① 제194조의2제1항에 따른 비용의 보상은 피고인이었던 자의 청구에 따라 무죄판결을 선고한 법원의 합의부에서 결정으로 한다.
② 제1항에 따른 청구는 무죄판결이 확정된 사실을 안 날부터 3년, 무죄판결이 확정된 때부터 5년 이내에 하여야 한다.(2014.12.30 본항개정)
③ 제1항의 결정에 대하여는 즉시항고를 할 수 있다.
(2007.6.1 본조신설)
改前 ② 제1항에 따른 청구는 "무죄판결이 확정된 날부터 6개월" 이내에 하여야 한다.

第194條의4【비용보상의 범위】 ① 제194조의2에 따른 비용보상의 범위는 피고인이었던 자 또는 그 변호인이었던 자가 공판준비 및 공판기일에 출석하는데 소요된 여비·일당·숙박료와 변호인이었던 자에 대한 보수에 한한다. 이 경우 보상금액에 관하여는 「형사소송비용 등에 관한 법률」을 준용하되, 피고인이었던 자에 대하여는 증인에 관한 규정을, 변호인이었던 자에 대하여는 국선변호인에 관한 규정을 준용한다.
② 법원은 공판준비 또는 공판기일에 출석한 변호인이 2인 이상이었던 경우에는 사건의 성질, 심리 상황, 그 밖의 사정을 고려하여 변호인이었던 자의 여비·일당 및 숙박료를 대표변호인이나 그 밖의 일부 변호인의 비용만으로 한정할 수 있다.
(2007.6.1 본조신설)

第194條의5【준용규정】 비용보상청구, 비용보상절차, 비용보상과 다른 법률에 따른 손해배상과의 관계, 보상을 받을 권리의 양도·압류 또는 피고인이었던 자의 상속인에 대한 비용보상에 관하여 이 법에 규정한 것을 제외하고는 「형사보상법」에 따른 보상의 예에 따른다.
(2007.6.1 본조신설)

第2編 第1審

第1章 搜 査

第195條【검사와 사법경찰관의 관계 등】 ① 검사와 사법경찰관은 수사, 공소제기 및 공소유지에 관하여 서로 협력하여야 한다.
② 제1항에 따른 수사를 위하여 준수하여야 하는 일반적 수사준칙에 관한 사항은 대통령령으로 정한다.
(2020.2.4 본조신설)

第196條【검사의 수사】 ① 검사는 범죄의 혐의가 있다고 사료하는 때에는 범인, 범죄사실과 증거를 수사한다.
② 검사는 제197조의3제6항, 제198조의2제2항 및 제245조의7제2항에 따라 사법경찰관으로부터 송치받은 사건에 관하여는 해당 사건과 동일성을 해치지 아니하는 범위 내에서 수사할 수 있다.(2022.5.9 본항신설)
(2020.2.4 본조개정)
改前 "第195條【檢事의 搜査】 檢事는 犯罪의 嫌疑있다고 思料하는 때에는 犯人, 犯罪事實과 證據를 搜査하여야 한다."
참조 검찰4·5·7·8·9, [영장청구]형소규93－95
판례 친고죄나 세무공무원 등의 고발이 있어야 논할 수 있는 죄에 있어서 고소나 고발이 있기 전에 행해진 수사는 위법한지 여부 : 친고죄나 세무공무원 등의 고발이 있어야 논할 수 있는 죄에 있어서 고소 또는 고발은 이른바 소추조건에 불과하고 당해 범죄의 성립 요건이나 수사의 조건은 아니므로, 위와 같은 범죄에 관하여 고소나 고발이 있기 전에 수사를 하였다고 하더라도, 그 수사가 장차 고소나 고발이 있을 가능성이 없는 상태 하에서 행해졌다는 등의 특단의 사정이 없는 한, 고소나 고발이 있기 전에 수사를 하였다는 이유만으로 그 수사가 위법하다고 볼 수는 없다.(대판 1995.2.24, 94도252)

第197條【사법경찰관리】 ① 경무관, 총경, 경정, 경감, 경위는 사법경찰관으로서 범죄의 혐의가 있다고 사료하는 때에는 범인, 범죄사실과 증거를 수사한다.
② 경사, 경장, 순경은 사법경찰리로서 수사의 보조를 하여야 한다.
③~⑥ (2020.2.4 삭제)
(2020.2.4 본조개정)
改前 "第196條【사법경찰관리】 ① 수사관, 경무관, 총경, 경정, 경감, 경위는 사법경찰관으로서 모든 수사에 관하여 검사의 지휘를 받는다.
② 사법경찰관은 범죄의 혐의가 있다고 인식하는 때에는 범인, 범죄사실과 증거에 관하여 수사를 개시·진행하여야 한다.
③ 사법경찰관리는 검사의 지휘가 있는 때에는 이에 따라야 한다. 검사의 지휘에 관한 구체적 사항은 대통령령으로 정한다.
④ 사법경찰관은 범죄를 수사한 때에는 관계 서류와 증거물을 지체 없이 검사에게 송부하여야 한다.
⑤ 경사, 경장, 순경은 사법경찰리로서 수사의 보조를 하여야 한다.
⑥ 제1항 또는 제5항에 규정한 자 이외에 법률로써 사법경찰관리를 정할 수 있다.
(2011.7.18 본조개정)"
改前 "第197條【特別司法警察官吏】 森林, 海事, 專賣, 稅務, 軍搜査機關 기타 특별한 事項에 관하여 司法警察官吏의 職務를 行할 者와 그 職務의 範圍는 法律로써 정한다."
참조 [검사의 지휘]검찰4, [수사관]검찰46②, [제3항의 사법경찰관리]검찰47, [교체임용의 요구]검찰54, [영장신청]201, 형소규93－95
판례 본조 제2항의 규정이 헌법상의 적법절차 등에 위배되었는지 여부 : 우리 헌법에는 수사기관의 조직과 운영, 특히 수사주체 및 기타 수사에 관여하는 공무원의 권한범위 등에 대해 구체적으로 규정을 두고 있지 않다. 따라서, 입법자는 비교적 넓은 범위의 재량을 가지고 수사절차에서의 인권보장, 수사인력의 수요 및 공급에 관한 제반 여건, 수사조직의 합리적 구성과 효율적 운영 등 여러 측면을 종합적으로 고려하여 그 구체적 내용을 정하는 입법을 할 수 있다. 이 사건 법률조항에서 검사나 사법경찰관이 아닌 사법경찰리에게 기계적 사무보조에 한정되지 않는 수사의 보조를 하도록 정하였다 하더라도 사법경찰리는 여전히 검사와 사법경찰관의 구체적 명령과 지휘하에서 수사를 '보조'함에 그치고 독자적 수사권이 없음은 물론 사건을 종결할 권한이 부여된 것은 더욱 아니다. 이와 같이 사법경찰리의 '수사의 보조'에 대한 근거를 마련하는데 그치는 이 사건 법률조항이 적법절차원칙에 위배되는 등 그 자체에 위헌성이 내재되어 있다고 볼 수 없다.(헌재결 2001.10.25, 2001헌바9 전원재판부)

第197條의2【보완수사요구】 ① 검사는 다음 각 호의 어느 하나에 해당하는 경우에 사법경찰관에게 보완수사를 요구할 수 있다.
1. 송치사건의 공소제기 여부 결정 또는 공소의 유지에 관하여 필요한 경우
2. 사법경찰관이 신청한 영장의 청구 여부 결정에 관하여 필요한 경우
② 사법경찰관은 제1항의 요구가 있는 때에는 정당한 이유가 없는 한 지체 없이 이를 이행하고, 그 결과를 검사에게 통보하여야 한다.
③ 검찰총장 또는 각급 검찰청 검사장은 사법경찰관이 정당한 이유 없이 제1항의 요구에 따르지 아니하는 때에는 권한 있는 사람에게 해당 사법경찰관의 직무배제 또는 징계를 요구할 수 있고, 그 징계 절차는 「공무원 징계령」 또는 「경찰공무원 징계령」에 따른다.
(2020.2.4 본조신설)

第197條의3【시정조치요구 등】 ① 검사는 사법경찰관리의 수사과정에서 법령위반, 인권침해 또는 현저한 수사권 남용이 의심되는 사실의 신고가 있거나 그러한 사실을 인식하게 된 경우에는 사법경찰관에게 사건기록 등본의 송부를 요구할 수 있다.
② 제1항의 송부 요구를 받은 사법경찰관은 지체 없이 검사에게 사건기록 등본을 송부하여야 한다.
③ 제2항의 송부를 받은 검사는 필요하다고 인정되는 경우에는 사법경찰관에게 시정조치를 요구할 수 있다.
④ 사법경찰관은 제3항의 시정조치 요구가 있는 때에는 정당한 이유가 없으면 지체 없이 이를 이행하고, 그 결과를 검사에게 통보하여야 한다.
⑤ 제4항의 통보를 받은 검사는 제3항에 따른 시정조치 요구가 정당한 이유 없이 이행되지 않았다고 인정되는 경우에는 사법경찰관에게 사건을 송치할 것을 요구할 수 있다.

⑥ 제5항의 송치 요구를 받은 사법경찰관은 검사에게 사건을 송치하여야 한다.
⑦ 검찰총장 또는 각급 검찰청 검사장은 사법경찰관리의 수사과정에서 법령위반, 인권침해 또는 현저한 수사권 남용이 있었던 때에는 권한 있는 사람에게 해당 사법경찰관리의 징계를 요구할 수 있고, 그 징계 절차는 「공무원 징계령」 또는 「경찰공무원 징계령」에 따른다.
⑧ 사법경찰관은 피의자를 신문하기 전에 수사과정에서 법령위반, 인권침해 또는 현저한 수사권 남용이 있는 경우 검사에게 구제를 신청할 수 있음을 피의자에게 알려주어야 한다.
(2020.2.4 본조신설)

第197條의4【수사의 경합】 ① 검사는 사법경찰관과 동일한 범죄사실을 수사하게 된 때에는 사법경찰관에게 사건을 송치할 것을 요구할 수 있다.
② 제1항의 요구를 받은 사법경찰관은 지체 없이 검사에게 사건을 송치하여야 한다. 다만, 검사가 영장을 청구하기 전에 동일한 범죄사실에 관하여 사법경찰관이 영장을 신청한 경우에는 해당 영장에 기재된 범죄사실을 계속 수사할 수 있다.
(2020.2.4 본조신설)

第198條【준수사항】 ① 피의자에 대한 수사는 불구속 상태에서 함을 원칙으로 한다.
② 검사·사법경찰관리와 그 밖에 직무상 수사에 관계 있는 자는 피의자 또는 다른 사람의 인권을 존중하고 수사과정에서 취득한 비밀을 엄수하며 수사에 방해되는 일이 없도록 하여야 한다.
③ 검사·사법경찰관리와 그 밖에 직무상 수사에 관계 있는 자는 수사과정에서 수사와 관련하여 작성하거나 취득한 서류 또는 물건에 대한 목록을 빠짐 없이 작성하여야 한다.(2011.7.18 본항신설)
④ 수사기관은 수사 중인 사건의 범죄 혐의를 밝히기 위한 목적으로 합리적인 근거 없이 별개의 사건을 부당하게 수사하여서는 아니 되고, 다른 사건의 수사를 통하여 확보된 증거 또는 자료를 내세워 관련 없는 사건에 대한 자백이나 진술을 강요하여서도 아니 된다.(2022.5.9 본항신설)
(2007.6.1 본조개정)

改前 "第198條【注意事項】檢事, 司法警察官吏 기타 職務上 搜査에 關係있는 者는 秘密을 嚴守하며 被疑者 또는 다른 사람의 人權을 尊重하고 搜査에 妨害되는 일이 없도록 注意하여야 한다."

참조 [피의사실공표]212·213, 형126

第198條의2【檢事의 逮捕·拘束場所監察】 ① 地方檢察廳 檢事長 또는 支廳長은 不法逮捕·拘束의 有無를 調査하기 위하여 檢事로 하여금 每月 1회 이상 管下搜査官署의 被疑者의 逮捕·拘束場所를 監察하게 하여야 한다. 監察하는 檢事는 逮捕 또는 拘束된 者를 審問하고 關聯書類를 調査하여야 한다.
② 檢事는 適法한 節次에 의하지 아니하고 逮捕 또는 拘束된 것이라고 疑心할 만한 상당한 理由가 있는 경우에는 즉시 逮捕 또는 拘束된 者를 釋放하거나 事件을 檢察에 送致할 것을 命하여야 한다.
(1995.12.29 본조개정)

참조 165의2·221·244의2

第199條【搜査와 필요한 調査】 ① 搜査에 관하여는 그 目的을 達成하기 위하여 필요한 調査를 할 수 있다. 다만, 强制處分은 이 法律에 특별한 規定이 있는 경우에 한하며, 필요한 최소한도의 범위안에서만 하여야 한다.
(1995.12.29 단서개정)
② 搜査에 관하여는 公務所 기타 公私團體에 照會하여 필요한 事項의 報告를 要求할 수 있다.

참조 [특별규정]201·203·212·214－218, [조회]272

판례 형사소송법 제199조 제1항은 임의수사 원칙을 명시하고 있는데, 수사관이 수사과정에서 동의를 받는 형식으로 피의자를 수사관서 등에 동행하는 것은, 피의자의 신체의 자유가 제한되어 실질적으로 체포와 유사한데도 이를 억제할 방법이 없어서 이를 통해서는 제도적으로는 물론 현실적으로도 임의성을 보장할 수 없을 뿐만 아니라, 아직 정식 체포·구속단계 이전이라는 이유로 헌법 및 형사소송법이 체포·구속된 피의자에게 부여하는 각종 권리보장 장치가 제공되지 않는 등 형사소송법의 원리에 반하는 결과를 초래할 가능성이 크므로, 수사관이 동행에 앞서 피의자에게 동행을 거부할 수 있음을 알려 주었거나 동행한 피의자가 언제든지 자유로이 동행과정에서 이탈 또는 동행장소에서 퇴거할 수 있었음이 인정되는 등 오로지 피의자의 자발적인 의사에 의하여 수사관서 등에 동행이 이루어졌다는 것이 객관적인 사정에 의하여 명백하게 입증된 경우에 한하여, 동행의 적법성이 인정된다고 보는 것이 타당하다.
(대판 2011.6.30, 2009도6717)

판례 범인식별 절차에 있어 목격자 진술의 신빙성을 높이기 위한 절차적 요건 : 범인식별 절차에 있어 목격자의 진술의 신빙성을 높게 평가할 수 있게 하려면, 범인의 인상착의 등에 관한 목격자의 진술 내지 묘사를 사전에 상세히 기록화한 다음, 용의자를 포함하여 그와 인상착의가 비슷한 여러 사람을 동시에 목격자와 대면시켜 범인을 지목하도록 하여야 하고, 용의자와 목격자 및 비교대상자들이 상호 사전에 접촉하지 못하도록 하여야 하며, 사후에 증거가치를 평가할 수 있도록 대질 과정과 결과를 문자와 사진 등으로 서면화하는 등의 조치를 취하여야 한다.(대판 2004.2.27, 2003도7033)

第200條【피의자의 출석요구】 검사 또는 사법경찰관은 수사에 필요한 때에는 피의자의 출석을 요구하여 진술을 들을 수 있다.(2007.6.1 본조개정)

改前 "第200條【被疑者의 出席要求와 陳述拒否權의 告知】① 檢事 또는 司法警察官은 搜査에 필요한 때에는 被疑者의 出席을 要求하여 陳述을 들을 수 있다.(1961.9.1 본항개정)
② 前項의 陳述을 들을 때에는 미리 被疑者에 대하여 陳述을 拒否할 수 있음을 알려야 한다."

참조 [피고인의 소환]68

第200條의2【영장에 의한 체포】 ① 被疑者가 罪를 犯하였다고 疑心할 만한 상당한 이유가 있고, 정당한 이유없이 第200條의 規定에 의한 出席要求에 응하지 아니하거나 응하지 아니할 우려가 있는 때에는 檢事는 관할 地方法院判事에게 請求하여 逮捕令狀을 발부받아 被疑者를 逮捕할 수 있고, 司法警察官은 檢事에게 申請하여 檢事의 請求로 관할 地方法院判事의 逮捕令狀을 발부받아 被疑者를 逮捕할 수 있다. 다만, 多額 50萬원이하의 罰金, 拘留 또는 科料에 해당하는 事件에 관하여는 被疑者가 일정한 住居가 없는 경우 또는 정당한 이유없이 第200條의 規定에 의한 출석요구에 응하지 아니한 경우에 한한다.
② 第1項의 請求를 받은 地方法院判事는 상당하다고 인정할 때에는 逮捕令狀을 발부한다. 다만, 명백히 逮捕의 필요가 인정되지 아니하는 경우에는 그러하지 아니하다.
③ 第1項의 請求를 받은 地方法院判事가 逮捕令狀을 발부하지 아니할 때에는 請求書에 그 취지 및 이유를 기재하고 署名捺印하여 請求한 檢事에게 교부한다.
④ 檢事가 第1項의 請求를 함에 있어서 동일한 犯罪事實에 관하여 그 被疑者에 대하여 전에 逮捕令狀을 請求하였거나 발부받은 사실이 있는 때에는 다시 逮捕令狀을 請求하는 취지 및 이유를 기재하여야 한다.
⑤ 逮捕한 被疑者를 拘束하고자 할 때에는 逮捕한 때부터 48時間이내에 第201條의 規定에 의하여 拘束令狀을 請求하여야 하고, 그 기간내에 拘束令狀을 請求하지 아니하는 때에는 被疑者를 즉시 釋放하여야 한다.
(2007.6.1 본조제목개정)
(1995.12.29 본조신설)

改前 第200條의2【"逮捕"】① 被疑者가 罪를 犯하였다고…

참조 [간이입소절차]형의집행수용자16의2

第200條의3【緊急逮捕】 ① 檢事 또는 司法警察官은 被疑者가 死刑·無期 또는 長期 3年 이상의 懲役이나 禁錮에 해당하는 罪를 犯하였다고 疑心할 만한 상당한 이유가 있고, 다음 각 호의 어느 하나에 해당하는 사유가 있는 경우에 긴급을 요하여 地方法院判事의 逮捕令

狀을 받을 수 없는 때에는 그 사유를 알리고 令狀없이 被疑者를 逮捕할 수 있다. 이 경우 緊急을 요한다 함은 被疑者를 우연히 발견한 경우등과 같이 逮捕令狀을 받을 時間的 여유가 없는 때를 말한다.(2007.6.1 본문개정)
1. 피의자가 증거를 인멸할 염려가 있는 때
2. 피의자가 도망하거나 도망할 우려가 있는 때
(2007.6.1 1호~2호신설)
② 司法警察官이 第1項의 規定에 의하여 被疑者를 逮捕한 경우에는 즉시 檢事의 承認을 얻어야 한다.
③ 檢事 또는 司法警察官은 第1項의 規定에 의하여 被疑者를 逮捕한 경우에는 즉시 緊急逮捕書를 作成하여야 한다.
④ 第3項의 規定에 의한 緊急逮捕書에는 犯罪事實의 要旨, 緊急逮捕의 事由등을 記載하여야 한다.
(1995.12.29 본조신설)

改前 ① 檢事 또는 司法警察官은…이유가 있고, "第70條第1項 第2號 및 第3號"에 해당하는 사유가 있는 경우에 긴급을…

참조 [간이입소절차]형의집행수용자16의2

판례 긴급체포의 요건에 관한 판단기준 : 긴급체포의 요건을 갖추었는지 여부는 사후에 밝혀진 사정을 기초로 판단하는 것이 아니라 체포 당시의 상황을 기초로 판단하여야 하고, 이에 관한 검사나 사법경찰관 등 수사주체의 판단에는 상당한 재량의 여지가 있다고 할 것이나, 긴급체포 당시의 상황으로 보아서도 그 요건의 충족 여부에 관한 검사나 사법경찰관의 판단이 경험칙에 비추어 현저히 합리성을 잃은 경우에는 그 체포는 위법한 체포라 할 것이다.
(대판 2005.11.10, 2004도42)

판례 긴급체포가 요건을 갖추지 못하여 위법한 체포에 해당하는 경우 : 긴급체포는 영장주의원칙에 대한 예외인 만큼 형사소송법 제200조의3 제1항의 요건을 모두 갖춘 경우에 한하여 예외적으로 허용되어야 하고, 요건을 갖추지 못한 긴급체포는 법적 근거에 의하지 아니한 영장 없는 체포로서 위법한 체포에 해당하는 것이다.
(대판 2002.6.11, 2000도5701)

第200條의4【緊急逮捕와 令狀請求期間】 ① 檢事 또는 司法警察官이 第200條의3의 規定에 의하여 被疑者를 逮捕한 경우 被疑者를 拘束하고자 할 때에는 지체 없이 檢事는 관할地方法院判事에게 拘束令狀을 請求하여야 하고, 司法警察官은 檢事에게 申請하여 檢事의 請求로 관할地方法院判事에게 拘束令狀을 請求하여야 한다. 이 경우 구속영장은 피의자를 체포한 때부터 48시간 이내에 청구하여야 하며, 제200조의3제3항에 따른 긴급체포서를 첨부하여야 한다.(2007.6.1 본항개정)
② 第1項의 規定에 의하여 拘束令狀을 請求하지 아니하거나 발부받지 못한 때에는 被疑者를 즉시 釋放하여야 한다.
③ 第2項의 規定에 의하여 釋放된 者는 令狀없이는 동일한 犯罪事實에 관하여 逮捕하지 못한다.
④ 검사는 제1항에 따른 구속영장을 청구하지 아니하고 피의자를 석방한 경우에는 석방한 날부터 30일 이내에 서면으로 다음 각 호의 사항을 법원에 통지하여야 한다. 이 경우 긴급체포서의 사본을 첨부하여야 한다.
1. 긴급체포 후 석방된 자의 인적사항
2. 긴급체포의 일시·장소와 긴급체포하게 된 구체적 이유
3. 석방의 일시·장소 및 사유
4. 긴급체포 및 석방한 검사 또는 사법경찰관의 성명
(2007.6.1 본항신설)
⑤ 긴급체포 후 석방된 자 또는 그 변호인·법정대리인·배우자·직계친족·형제자매는 통지서 및 관련 서류를 열람하거나 등사할 수 있다.(2007.6.1 본항신설)
⑥ 사법경찰관은 긴급체포한 피의자에 대하여 구속영장을 신청하지 아니하고 석방한 경우에는 즉시 검사에게 보고하여야 한다.(2007.6.1 본항신설)
(1995.12.29 본조신설)

改前 ① 檢事 또는 司法警察官이…拘束하고자 할 때에는 "逮捕한 때부터 48時間이내에" 檢事는…拘束令狀을 請求하여야 한다. "檢事가 拘束令狀을 請求하거나, 司法警察官이 拘束令狀을 申請할 때에는 第200條의3第3項의 規定에 의한 緊急逮捕書를 첨부하여야 한다."

판례 긴급체포되었다가 수사기관의 조치로 석방된 후 법원이 발부한 구속영장에 의하여 구속이 이루어진 경우 : 형사소송법 제200조의4 제3항은 영장 없이는 긴급체포 후 석방된 피의자를 동일한 범죄사실에 관하여 체포하지 못한다는 규정으로, 위와 같이 석방된 피의자라도 법원으로부터 구속영장을 발부받아 구속할 수 있음은 물론이고, 같은 법 제208조 소정의 '구속되었다가 석방된 자'라 함은 구속영장에 의하여 구속되었다가 석방된 경우를 말하는 것이지, 긴급체포나 현행범으로 체포되었다가 사후영장발부 전에 석방된 경우는 포함되지 않는다 할 것이므로, 피고인이 수사 당시 긴급체포되었다가 수사기관의 조치로 석방된 후 법원이 발부한 구속영장에 의하여 구속이 이루어진 경우 앞서 본 법조에 위배되는 위법한 구속이라고 볼 수 없다.(대판 2001.9.28, 2001도4291)

第200條의5【체포와 피의사실 등의 고지】 검사 또는 사법경찰관은 피의자를 체포하는 경우에는 피의사실의 요지, 체포의 이유와 변호인을 선임할 수 있음을 말하고 변명할 기회를 주어야 한다.(2007.6.1 본조신설)

참조 [구속과 이유의 고지]72

第200條의6【準用規定】 제75조, 第81條第1項 本文 및 第3項, 第82條, 第83條, 第85條第1項·第3項 및 第4項, 제86조, 제87조, 제89조부터 제91조까지, 제93조, 제101조제4항 및 제102조제2항 단서의 規定은 檢事 또는 司法警察官이 被疑者를 逮捕하는 경우에 이를 準用한다. 이 경우 "拘束"은 이를 "逮捕"로, "拘束令狀"은 이를 "逮捕令狀"으로 본다.(2007.6.1 본조개정)

改前 第200條의6【準用規定】"第72條, 第75條," 第81條第1項 本文…第3項 및 第4項, "第86條 내지 第91條, 第93條, 第101條第4項 및 第102條第1項 但書"의 規定은 檢事 또는…

第201條【拘束】 ① 被疑者가 罪를 犯하였다고 疑心할 만한 상당한 理由가 있고 第70條第1項 各號의 1에 해당하는 事由가 있을 때에는 檢事는 管轄地方法院判事에게 請求하여 拘束令狀을 받아 被疑者를 拘束할 수 있고 司法警察官은 檢事에게 申請하여 檢事의 請求로 管轄地方法院判事의 拘束令狀을 받아 被疑者를 拘束할 수 있다. 다만, 多額 50萬원이하의 罰金, 拘留 또는 科料에 해당하는 犯罪에 관하여는 被疑者가 一定한 住居가 없는 경우에 한한다.(1995.12.29 본항개정)
② 拘束令狀의 請求에는 拘束의 필요를 認定할 수 있는 資料를 提出하여야 한다.
③ 第1項의 請求를 받은 地方法院判事는 신속히 拘束令狀의 발부여부를 決定하여야 한다.(1995.12.29 본항신설)
④ 第1項의 請求를 받은 地方法院判事는 相當하다고 認定할 때에는 拘束令狀을 發付한다. 이를 發付하지 아니할 때에는 請求書에 그 趣旨 및 理由를 記載하고 署名捺印하여 請求한 檢事에게 交付한다.
⑤ 檢事가 第1項의 請求를 함에 있어서 同一한 犯罪事實에 관하여 그 被疑者에 대하여 前에 拘束令狀을 請求하거나 發付받은 事實이 있을 때에는 다시 拘束令狀을 請求하는 趣旨 및 理由를 記載하여야 한다.
(1980.12.18 본조개정)

참조 [영장주의]75·209, 헌12③, [영장청구방식]형소규93·95, [영장의 방식]형소규94, [국회의원의 경우]헌44, 계엄13, [구속사유]70, [선거관계자의 경우]선거관리위13, [소년의 경우]소년55, [구속의 경우의 압수등]216, 형소규100, [준용규정]71·72·75·81①③·82·83·85-91·93·209, 형소규100, [불심검문]경찰직무3, [구속연장]205, 국가보안19

판례 법원이 판결선고 전의 구금일수를 구속영장이 발부되지 아니한 다른 범죄사실에 관한 죄의 형에 산입할 수 있는지 여부 : 수개의 공소사실로 공소가 제기된 피고인이 그 중 일부의 범죄사실만으로 구속영장이 발부되어 구금되어 있었고, 법원이 그 수개의 범죄사실을 병합심리한 끝에 피고인에게 구속영장이 발부된 일부 범죄사실에 관한 죄의 형과 나머지 범죄사실에 관한 죄의 형으로 나누어 2개의 형을 선고할 경우에 일부 범죄사실에 의한 구금의 효과는 피고인의 신병에 관한 한 나머지 범죄사실에도 미친다고 보아 그 구금일수를 어느 죄에 관한 형에 산입할 것인가의 문제는 법원의 재량에 속하는 사항이라고 할 것이므로 법원이 판결선고 전의 구금일수를 구속영장이 발부되지 아니한 다른 범죄사실에 관한 죄의 형에 산입할 수도 있다.(대판 1996.5.10, 96도800)

第201條의2【구속영장 청구와 피의자 심문】 ① 제200조의2 · 제200조의3 또는 제212조에 따라 체포된 피의자에 대하여 구속영장을 청구받은 판사는 지체 없이 피의자를 심문하여야 한다. 이 경우 특별한 사정이 없는 한 구속영장이 청구된 날의 다음날까지 심문하여야 한다.
② 제1항 외의 피의자에 대하여 구속영장을 청구받은 판사는 피의자가 죄를 범하였다고 의심할 만한 이유가 있는 경우에 구인을 위한 구속영장을 발부하여 피의자를 구인한 후 심문하여야 한다. 다만, 피의자가 도망하는 등의 사유로 심문할 수 없는 경우에는 그러하지 아니하다.
③ 판사는 제1항의 경우에는 즉시, 제2항의 경우에는 피의자를 인치한 후 즉시 검사, 피의자 및 변호인에게 심문기일과 장소를 통지하여야 한다. 이 경우 검사는 피의자가 체포되어 있는 때에는 심문기일에 피의자를 출석시켜야 한다.
④ 검사와 변호인은 제3항에 따른 심문기일에 출석하여 의견을 진술할 수 있다.
⑤ 판사는 제1항 또는 제2항에 따라 심문하는 때에는 공범의 분리심문이나 그 밖에 수사상의 비밀보호를 위하여 필요한 조치를 하여야 한다.
⑥ 제1항 또는 제2항에 따라 피의자를 심문하는 경우 법원사무관등은 심문의 요지 등을 조서로 작성하여야 한다.
⑦ 피의자심문을 하는 경우 법원이 구속영장청구서 · 수사 관계 서류 및 증거물을 접수한 날부터 구속영장을 발부하여 검찰청에 반환한 날까지의 기간은 제202조 및 제203조의 적용에 있어서 그 구속기간에 산입하지 아니한다.
⑧ 심문할 피의자에게 변호인이 없는 때에는 지방법원판사는 직권으로 변호인을 선정하여야 한다. 이 경우 변호인의 선정은 피의자에 대한 구속영장 청구가 기각되어 효력이 소멸한 경우를 제외하고는 제1심까지 효력이 있다.
⑨ 법원은 변호인의 사정이나 그 밖의 사유로 변호인 선정결정이 취소되어 변호인이 없게 된 때에는 직권으로 변호인을 다시 선정할 수 있다.
⑩ 제71조, 제71조의2, 제75조, 제81조부터 제83조까지, 제85조제1항 · 제3항 · 제4항, 제86조, 제87조제1항, 제89조부터 제91조까지 및 제200조의5는 제2항에 따라 구인을 하는 경우에 준용하고, 제48조, 제51조, 제53조, 제56조의2 및 제276조의2는 피의자에 대한 심문의 경우에 준용한다.
(2007.6.1 본조개정)

改前 "第201條의2【拘束令狀請求와 被疑者審問 등】① 第200條의2 · 第200條의3 또는 第212條의 規定에 의하여 逮捕된 被疑者에 대하여 拘束令狀을 請求받은 地方法院判事는 被疑者 또는 그 辯護人, 法定代理人, 配偶者, 直系親族, 형제자매나 同居人 또는 雇用主의 申請이 있을 때에는 被疑者를 審問할 수 있다. 이 경우 被疑者 이외의 者는 被疑者의 明示한 意思에 反하여서도 그 審問을 申請할 수 있다.
(2005.3.31 본항개정)
② 檢事 또는 司法警察官은 被疑者에 대하여 第1項의 審問을 申請할 수 있음을 말하고, 被疑者 訊問調書에 判事의 審問을 申請하는지 여부를 記載하여야 한다. 다만, 被疑者 訊問調書에 그 내용을 記載할 수 없는 특별한 사정이 있는 경우에는 被疑者 作成의 確認書 기타 被疑者의 意思를 표시한 書面으로 이를 갈음할 수 있다.(1997.12.13 본항신설)
③ 第1項외의 被疑者에 대하여 拘束令狀을 請求받은 地方法院判事는 被疑者가 罪를 犯하였다고 疑心할 만한 이유가 있는 경우에 拘束의 사유를 판단하기 위하여 필요하다고 인정하는 때에는 拘引을 위한 拘束令狀을 발부하여 被疑者를 拘引한 후 審問할 수 있다.
④ 地方法院判事는 第1項의 경우에는 즉시, 第3項의 경우에는 被疑者를 引致한 후 즉시 審問期日과 場所를 檢事 · 被疑者 및 辯護人에게 통지하여야 하고, 檢事는 被疑者가 逮捕되어 있는 때에는 그 期日에 被疑者를 출석시켜야 한다.(1997.12.13 본항개정)
⑤ 檢事와 辯護人은 第4項의 審問期日에 출석하여 의견을 陳述할 수 있다.(1997.12.13 본항개정)
⑥ 第1項 및 第3項의 審問을 함에 있어 地方法院判事는 共犯의 分離審問 기타 捜査상의 秘密保護를 위하여 필요한 措置를 하여야 한다.
(1997.12.13 본항개정)
⑦ 地方法院判事는 第3項의 規定에 의하여 被疑者를 審問한 후 被疑者를 拘束할 사유가 있다고 인정하는 때에는 第3項의 拘束令狀請求에 기하여 拘禁을 위한 拘束令狀을 발부하여야 한다.(1997.12.13 본항개정)
⑧ 被疑者審問을 하는 경우 法院이 拘束令狀請求書 · 捜査關係書類 및 證據物을 接受한 날부터 拘束令狀을 발부하여 檢察廳에 返還한 날까지의 期間은 第202條 및 第203條의 適用에 있어서는 그 拘束期間에 이를 算入하지 아니한다.(1997.12.13 본항신설)
⑨ 심문할 피의자에게 변호인이 없는 때에는 지방법원판사는 직권으로 변호인을 선정하여야 한다. 이 경우 변호인의 선정은 피의자에 대한 구속영장 청구가 기각되어 효력이 소멸한 경우를 제외하고는 제1심까지 효력이 있다.(2006.7.19 본항신설)
⑩ 법원은 변호인의 사정 그 밖의 사유로 변호인 선정결정이 취소되어 변호인이 없게 된 때에는 직권으로 변호인을 다시 선정할 수 있다.
(2006.7.19 본항신설)
⑪ 第71條, 第72條, 第75條, 第81條 내지 第83條, 第85條第1項 · 第3項 및 第4項, 第86條, 第87條第1項 및 第88條 내지 第91條의 規定은 第3項의 規定에 의하여 拘引을 하는 경우에 이를 準用한다.
(1997.12.13 본항개정)
(2006.7.19 본조제목개정)
(1995.12.29 본조신설)"

참조 ⑩[간이입소절차]형의집행수용자16의2

판례 본조 제8항(현행 제7항)의 위헌을 주장하면서 구속기간연장결정 기간정정신청을 제기한 경우 : 청구인이 구속기간연장결정 기간정정신청사건에서 법원의 구속기간연장결정에 대하여 다툰 것은 형사소송법 제201조의2 제8항을 적용하여 계산한 결과 연장된 구속수사기간을 단축하고자 함에 그 목적이 있는 것이므로, 후에 청구인이 정정을 요구하는 일자에 이루어진 검사의 기소로 인하여 그 목적이 달성되었으므로 위 기간정정신청사건은 신청의 이익이 소멸되어 배척될 것이다. 따라서 형사소송법 제201조의2 제8항의 위헌 여부는 당해 사건의 결론에 아무런 영향을 미칠 수 없게 되었고, 이러한 사정을 고려하면 재판의 전제성이 없다.
(헌재결 2005.9.29, 2003헌바101 전원재판부)

第202條【司法警察官의 拘束期間】 司法警察官이 被疑者를 拘束한 때에는 10日 이내에 被疑者를 檢事에게 引致하지 아니하면 釋放하여야 한다.

참조 [검사의 피의자 구속]203, [사법경찰관]196 · 197, [구속기간의 연장]국가보안19

第203條【檢事의 拘束期間】 檢事가 被疑者를 拘束한 때 또는 司法警察官으로부터 被疑者의 引致를 받은 때에는 10日 이내에 公訴를 提起하지 아니하면 釋放하여야 한다.

참조 [기간계산]66, [공소제기]246 · 254, [구속기간연장]205, 국가보안19

第203條의2【拘束期間에의 算入】 被疑者가 第200條의2 · 第200條의3 · 제201조의2제2항 또는 第212條의 規定에 의하여 逮捕 또는 拘引된 경우에는 第202條 또는 第203條의 拘束期間은 被疑者를 逮捕 또는 拘引한 날부터 起算한다.(2007.6.1 본조개정)

改前 第203條의2【拘束期間에의 算入】被疑者가 第200條의2 · 第200條의3 · "第201條의2第3項" 또는 第212條의…

第204條【令狀發付와 法院에 대한 통지】 逮捕令狀 또는 拘束令狀의 發付를 받은 후 被疑者를 逮捕 또는 拘束하지 아니하거나 逮捕 또는 拘束한 被疑者를 釋放한 때에는 遲滯없이 檢事는 令狀을 發付한 法院에 그 事由를 書面으로 通知하여야 한다.(1995.12.29 본조개정)

참조 [피의자의 석방]202 · 203

第205條【拘束期間의 延長】 ① 地方法院判事는 檢事의 申請에 의하여 捜査를 繼續함에 相當한 理由가 있다고 認定한 때에는 10日을 超過하지 아니하는 限度에서 第203條의 拘束期間의 延長을 1次에 한하여 許可할 수 있다.
② 前項의 申請에는 拘束期間의 延長의 필요를 認定할 수 있는 資料를 提出하여야 한다.

참조 [연장신청서]형소규97, [기간계산]66, 형소규98, [구속기간]203, [적용제외]국가보안19

판례 제1항 소정의 구속기간의 연장을 허가하지 아니하는 지방법원판사의 결정에 대하여는 같은 법 제402조, 제403조가 정하는 항고의 방법으로는 불복할 수 없고, 나아가 그 지방법원 판사는 수소법원으로서의 재판장 또는 수명법관도 아니므로 그가 한 재판은 같은 법 제416조가 정하는 준항고의 대상이 되지도 않는다.
(대결 1997.6.16, 97모1)

第206條～第207條 (1995.12.29 삭제)

第208條【再拘束의 制限】 ① 檢事 또는 司法警察官에 의하여 拘束되었다가 釋放된 者는 다른 중요한 證據를 發見한 경우를 除外하고는 同一한 犯罪事實에 관하여 再次 拘束하지 못한다.
② 前項의 경우에는 1個의 目的을 위하여 同時 또는 手段結果의 관계에서 行하여진 行爲는 同一한 犯罪事實로 看做한다.
(1973.1.25 본조개정)

참조 214의3, [피의자 석방]202·203, [재구속영장]형소규99, [예외]국가보안20

第209條【준용규정】 제70조제2항, 제71조, 제75조, 제81조제1항 본문·제3항, 제82조, 제83조, 제85조부터 제87조까지, 제89조부터 제91조까지, 제93조, 제101조제1항, 제102조제2항 본문(보석의 취소에 관한 부분은 제외한다) 및 제200조의5는 검사 또는 사법경찰관의 피의자 구속에 관하여 준용한다.(2007.12.21 본조개정)

改前 第209條【준용규정】제70조제2항, 제71조, 제75조, 제81조제1항 본문·제3항, 제82조, 제83조, 제85조부터 제87조까지, "제89조부터 제91조까지," 제101조제1항, 제102조제2항 본문(보석의 취소에 관한 부분은 제외한다) 및 제200조의5는 검사 또는 사법경찰관의 피의자 구속에 관하여 준용한다.(2007.6.1 본조개정)

참조 [구속의 효력]71, [구금과 범죄사실의 고지]72, [영장의 방식]75, [영장의 집행]81①③, [수통의 영장]82, [관할구역 외에서의 영장집행]83, [영장집행의 절차]85, [가영치]86, [구속의 통지]87, [공소사실 등의 고지]88, [접견·수진]89·91, [변호인의 의뢰]90, [구속의 취소]93, [구속의 집행정지]101①, [구속의 집행정지의 취소]102①

第210條【司法警察官吏의 管轄區域 외의 搜査】 司法警察官吏가 管轄區域 外에서 搜査하거나 管轄區域 外의 司法警察官吏의 囑託을 받어 搜査할 때에는 管轄地方檢察廳 檢事長 또는 支廳長에게 報告하여야 한다. 다만, 第200條의3, 第212條, 第214條, 第216條와 第217條의 規定에 의한 搜査를 하는 경우에 緊急을 요할 때에는 事後에 報告할 수 있다.(1995.12.29 단서개정)

참조 [관할구역외에서의 집무]83②·115②·155·209

第211條【현행범인과 준현행범인】 ① 범죄를 실행하고 있거나 실행하고 난 직후의 사람을 현행범인이라 한다.
② 다음 각 호의 어느 하나에 해당하는 사람은 현행범인으로 본다.
1. 범인으로 불리며 추적되고 있을 때
2. 장물이나 범죄에 사용되었다고 인정하기에 충분한 흉기나 그 밖의 물건을 소지하고 있을 때
3. 신체나 의복류에 증거가 될 만한 뚜렷한 흔적이 있을 때
4. 누구냐고 묻자 도망하려고 할 때
(2020.12.8 본조개정)

改前 "第211條【現行犯人과 準現行犯人】① 犯罪의 實行 中이거나 實行의 卽後인 者를 現行犯人이라 한다.
② 다음 各 號의 1에 해당하는 者는 現行犯人으로 看做한다.
1. 犯人으로 呼唱되어 追跡되고 있는 때
2. 贓物이나 犯罪에 使用되었다고 認定함에 充分한 兇器 기타의 物件을 所持하고 있는 때
3. 身體 또는 衣服類에 顯著한 證跡이 있는 때
4. 누구임을 물음에 대하여 逃亡하려 하는 때"

참조 [현행범체포]헌12③, 212－214

판례 형사소송법 제211조가 현행범인으로 규정한 "범죄의 실행(實行)의 즉후(卽後)인 자"라고 함은, 범죄의 실행행위를 종료한 직후의 범인이라는 것이 체포하는 자의 입장에서 볼 때 명백한 경우를 일컫는 것으로서, 위 법조가 제1항에서 본래의 의미의 현행범인에 관하여 규정하면서 "범죄의 실행의 즉후인 자"를 "범죄의 실행 중인 자"와 마찬가지로 현행범인으로 보고 있고, 제2항에서는 현행범인으로 간주되는 준현행범인에 관하여 별도로 규정하고 있는 점 등으로 미루어 볼 때, "범죄의 실행행위를 종료한 직후"라고 함은, 범죄행위를 실행하여 끝마친 순간 또는 이에 아주 접착된 시간적 단계를 의미하는 것으로 해석되므로, 시간적으로나 장소적으로 보아 체포를 당하는 자가 방금 범죄를 실행한 범인이라는 점에 관한 죄증이 명백히 존재하는 것으로 인정되는 경우에만 현행범인으로 볼 수 있는 것이다.(대판 2007.4.13, 2007도1249)

第212條【現行犯人의 逮捕】 現行犯人은 누구든지 令狀없이 逮捕할 수 있다.

참조 [영장에 의하지 않는 체포]헌12③, [현행범]211, [제한]214, [체포와 압수등]216, [간이입소절차]형의집행수용자16의2

판례 식당에서 피의자가 술에 취한 상태로 피해자를 폭행하다 현행범으로 체포된 사건에서, 경찰관 출동 당시 범행이 실행 중이거나 실행 직후였다고 볼 수 있고, 술에 취한 상태에서 늦은 밤에 식당에서 전혀 알지 못하는 사람에게 시비를 걸어 일방적으로 폭행에 이른 범행 경위에 비추어 볼 때 사안 자체도 경미하다고 볼 수 없었다. 또한 CCTV에 폭행 증거가 있음에도 불구하고 피의자는 범행을 부인하며 오히려 피해자로부터 폭행을 당했다고 주장했고, 신분증의 주소지가 사건 현장과 떨어져 있어 추가적인 거소 확인이 필요하다고 판단되는 등 피의자에게 도망 또는 증거인멸의 염려가 없다고 단정하기 어려운 상황이었다. 따라서 피의자가 출동한 경찰관에게 신분증을 제시했고, 경찰관이 폭행 장면이 촬영된 사건 현장 CCTV를 확보했다 하더라도 피의자를 현행범으로 체포한 경찰관의 행위가 현저히 합리성을 잃은, 위법한 체포라고 볼 수 없다.
(대판 2022.2.11, 2021도12213)

第212條의2 (1987.11.28 삭제)

第213條【逮捕된 現行犯人의 引渡】 ① 檢事 또는 司法警察官吏 아닌 者가 現行犯人을 逮捕한 때에는 卽時 檢事 또는 司法警察官吏에게 引渡하여야 한다.
② 司法警察官吏가 現行犯人의 引渡를 받은 때에는 逮捕者의 姓名, 住居, 逮捕의 事由를 물어야 하고 필요한 때에는 逮捕者에 대하여 警察官署에 同行함을 要求할 수 있다.
③ (1987.11.28 삭제)

참조 [현행범의 체포]212, [경미사건]214

第213條의2【準用規定】 제87조, 제89조, 제90조, 제200조의2제5항 및 제200조의5의 規定은 檢事 또는 司法警察官吏가 現行犯人을 逮捕하거나 現行犯人을 引渡받은 경우에 이를 準用한다.(2007.6.1 본조개정)

改前 第213條의2【準用規定】"第72條, 第87條 내지 第90條 및 第200條의2第5項"의 規定은 檢事 또는 司法警察官吏가…

판례 사법경찰리가 현행범인의 체포 또는 긴급체포를 하는 경우의 절차 : 사법경찰리가 현행범인으로 체포하는 경우에는 반드시 범죄사실의 요지, 구속의 이유와 변호인을 선임할 수 있음을 말하고 변명할 기회를 주어야 할 것임은 명백하며, 이러한 법리는 비단 현행범인을 체포하는 경우뿐만 아니라 긴급체포의 경우에도 마찬가지로 적용되는 것이고, 이와 같은 고지는 체포를 위한 실력행사에 들어가기 이전에 미리 하여야 하는 것이 원칙이나, 달아나는 피의자를 쫓아가 붙들거나 폭력으로 대항하는 피의자를 실력으로 제압하는 경우에는 붙들거나 제압하는 과정에서 하거나, 그것이 여의치 않은 경우에라도 일단 붙들거나 제압한 후에는 지체 없이 행하여야 한다.
(대판 2000.7.4, 99도4341)

第214條【輕微事件과 現行犯人의 逮捕】 多額 50萬원 이하의 罰金, 拘留 또는 科料에 해당하는 罪의 現行犯人에 대하여는 犯人의 住居가 分明하지 아니한 때에 한하여 第212條 내지 第213條의 規定을 適用한다.(1995.12.29 본조개정)

참조 [현행범]211, [구류에 관한 제한]70②

第214條의2【체포와 구속의 적부심사】 ① 체포되거나 구속된 피의자 또는 그 변호인, 법정대리인, 배우자, 직계친족, 형제자매나 가족, 동거인 또는 고용주는 관할법원에 체포 또는 구속의 적부심사(適否審査)를 청구할 수 있다.(2020.12.8 본항개정)
② 피의자를 체포하거나 구속한 검사 또는 사법경찰관은 체포되거나 구속된 피의자와 제1항에 규정된 사람 중에서 피의자가 지정하는 사람에게 제1항에 따른 적부심사를 청구할 수 있음을 알려야 한다.(2020.12.8 본항개정)
③ 법원은 제1항에 따른 청구가 다음 각 호의 어느 하나에 해당하는 때에는 제4항에 따른 심문 없이 결정으로 청구를 기각할 수 있다.(2007.6.1 본문개정)

1. 청구권자 아닌 사람이 청구하거나 동일한 체포영장 또는 구속영장의 발부에 대하여 재청구한 때
2. 공범이나 공동피의자의 순차청구(順次請求)가 수사 방해를 목적으로 하고 있음이 명백한 때
(2020.12.8 1호~2호개정)
④ 제1항의 청구를 받은 법원은 청구서가 접수된 때부터 48시간 이내에 체포되거나 구속된 피의자를 심문하고 수사 관계 서류와 증거물을 조사하여 그 청구가 이유 없다고 인정한 경우에는 결정으로 기각하고, 이유 있다고 인정한 경우에는 결정으로 체포되거나 구속된 피의자의 석방을 명하여야 한다. 심사 청구 후 피의자에 대하여 공소제기가 있는 경우에도 또한 같다.(2020.12.8 본항개정)
⑤ 법원은 구속된 피의자(심사청구 후 공소제기된 사람을 포함한다)에 대하여 피의자의 출석을 보증할 만한 보증금의 납입을 조건으로 하여 결정으로 제4항의 석방을 명할 수 있다. 다만, 다음 각 호에 해당하는 경우에는 그러하지 아니하다.
1. 범죄의 증거를 인멸할 염려가 있다고 믿을 만한 충분한 이유가 있는 때
2. 피해자, 당해 사건의 재판에 필요한 사실을 알고 있다고 인정되는 사람 또는 그 친족의 생명·신체나 재산에 해를 가하거나 가할 염려가 있다고 믿을 만한 충분한 이유가 있는 때
(2020.12.8 본항개정)
⑥ 제5항의 석방 결정을 하는 경우에는 주거의 제한, 법원 또는 검사가 지정하는 일시·장소에 출석할 의무, 그 밖의 적당한 조건을 부가할 수 있다.(2020.12.8 본항개정)
⑦ 제5항에 따라 보증금 납입을 조건으로 석방을 하는 경우에는 제99조와 제100조를 준용한다.(2020.12.8 본항개정)
⑧ 제3항과 제4항의 결정에 대해서는 항고할 수 없다.(2020.12.8 본항개정)
⑨ 검사·변호인·청구인은 제4항의 심문기일에 출석하여 의견을 진술할 수 있다.(2020.12.8 본항개정)
⑩ 체포되거나 구속된 피의자에게 변호인이 없는 때에는 제33조를 준용한다.(2020.12.8 본항개정)
⑪ 법원은 제4항의 심문을 하는 경우 공범의 분리심문이나 그 밖에 수사상의 비밀보호를 위한 적절한 조치를 하여야 한다.(2020.12.8 본항개정)
⑫ 체포영장이나 구속영장을 발부한 법관은 제4항부터 제6항까지의 심문·조사·결정에 관여할 수 없다. 다만, 체포영장이나 구속영장을 발부한 법관 외에는 심문·조사·결정을 할 판사가 없는 경우에는 그러하지 아니하다.(2020.12.8 본항개정)
⑬ 법원이 수사 관계 서류와 증거물을 접수한 때부터 결정 후 검찰청에 반환된 때까지의 기간은 제200조의2제5항(제213조의2에 따라 준용되는 경우를 포함한다) 및 제200조의4제1항을 적용할 때에는 그 제한기간에 산입하지 아니하고, 제202조·제203조 및 제205조를 적용할 때에는 그 구속기간에 산입하지 아니한다.(2020.12.8 본항개정)
⑭ 제4항에 따라 피의자를 심문하는 경우에는 제201조의2제6항을 준용한다.(2020.12.8 본항개정)
(2020.12.8 본조제목개정)

改前 第214條의2【"逮捕와 拘束의 適否審査"】"① 체포 또는 구속된 被疑者 또는 그 辯護人, 法定代理人, 配偶者, 直系親族, 형제자매나 가족, 동거인 또는 고용주는 管轄法院에 逮捕 또는 拘束의 適否審査를 請求할 수 있다.(2007.6.1 본항개정)"
② "피의자를 체포 또는" 구속한 검사 또는 "사법경찰관은 체포 또는" 구속된 피의자와 제1항에 "규정된 자" 중에서 피의자가 지정하는 "자에게" 제1항에 따른…
③ "1. 請求權者 아닌 者가 請求하거나 同一한 逮捕令狀 또는 拘束令狀의 發付에 대하여 再請求한 때(1995.12.29 본호개정)
2. 共犯 또는 共同被疑者의 順次請求가 捜査妨害의 目的임이 明白한 때"
"④ 第1項의 請求를 받은 法院은 청구서가 접수된 때부터 48시간 이내에 逮捕 또는 拘束된 被疑者를 審問하고 捜査關係書類와 證據物을 調査하여 그 請求가 理由없다고 인정한 때에는 決定으로 이를 棄却하고, 理由있다고 인정한 때에는 決定으로 逮捕 또는 拘束된 被疑者의 釋放을 命하여야 한다. 심사청구후 피의자에 대하여 공소제기가 있는 경우에도 또한 같다.(2007.6.1 본항개정)"
"⑤ 법원은 구속된 피의자(심사청구후 공소제기된 자를 포함한다)에 대하여 被疑者의 출석을 보증할 만한 保證金의 納入을 조건으로 하여 決定으로 제4항의 釋放을 명할 수 있다. 다만, 다음 各號에 해당하는 경우에는 그러하지 아니하다.(2007.6.1 본문개정)
1. 罪證을 湮滅할 염려가 있다고 믿을만한 충분한 이유가 있는 때
2. 被害者, 당해 事件의 裁判에 필요한 사실을 알고 있다고 인정되는 者 또는 그 親族의 生命·身體나 財産에 해를 가하거나 가할 염려가 있다고 믿을만한 충분한 이유가 있는 때
(1995.12.29 본항신설)"
"⑥ 제5항의 釋放決定을 하는 경우에 住居의 제한, 法院 또는 檢事가 지정하는 日時·場所에 출석할 義務 기타 적당한 조건을 부가할 수 있다.(2007.6.1 본항개정)"
"⑦ 제99조 및 제100조는 제5항에 따라 保證金의 納入을 조건으로 하는 釋放을 하는 경우에 이를 準用한다.(2007.6.1 본항개정)"
"⑧ 제3항과 제4항의 決定에 대하여는 抗告하지 못한다.(2007.6.1 본항개정)"
"⑨ 檢事·辯護人·請求人은 제4항의 審問期日에 출석하여 의견을 陳述할 수 있다.(2007.6.1 본항개정)"
"⑩ 逮捕 또는 拘束된 被疑者에게 辯護人이 없는 때에는 第33條의 規定을 準用한다.(1995.12.29 본항개정)"
⑪ 법원은 제4항의 심문을…적절한 조치를 "취하여야" 한다.(2007.6.1 본항개정)
"⑫ 逮捕令狀 또는 拘束令狀을 發付한 法官은 제4항부터 제6항까지의 審問·調査·決定에 關與하지 못한다. 다만, 逮捕令狀 또는 拘束令狀을 발부한 法官외에는 審問·調査·決定을 할 判事가 없는 경우에는 그러하지 아니하다.(2007.6.1 본항개정)"
⑬ 법원이…경우를 포함한다) 및 "제200조의4제1항의 적용에 있어서는" 그 제한기간에 산입하지 아니하고, 제202조·제203조 및 "제205조의 적용에 있어서는" 그 구속기간에…
"⑭ 제201조의2제6항은 제4항에 따라 피의자를 심문하는 경우에 준용한다.(2007.6.1 본항신설)"

참조 헌12⑥, [구속영장]73·75·474, 형소규94, [영장등본청구]형소규101, [변호사]30·36·93·94, [법정대리인]민911, [친권자]민909, [후견인]민931·936·949, [부재자의 재산관리인]민1053, [배우자·친족·가족등]민767·777·779, [동거인]형155, [구속의 취소]93, [구속집행정지]101, [피의자에 유리한 자료제출]형소규96, [청구서기재사항]형소규102, [심문·결정의 기한등]형소규106, [보증금의 몰수]214의4

판례 본조 제1항이 헌법에 합치되는지 여부 : 우리 형사소송법상 구속적부심사의 청구인적격을 피의자 등으로 한정하고 있어서 청구인이 구속적부심사청구권을 행사한 다음 검사가 법원의 결정이 있기 전에 기소하는 경우(이른바 전격기소), 영장에 근거한 구속의 헌법적 정당성에 대하여 법원이 실질적인 판단을 하지 못하고 그 청구를 기각할 수밖에 없다. 그러나 구속된 피의자가 적부심사청구권을 행사한 경우 검사는 그 적부심사절차에서 피구속자와 대립하는 반대 당사자의 지위만을 가지게 됨에도 불구하고 헌법상 독립된 법관으로부터 심사를 받고자 하는 청구인의 '절차적 기회'가 반대 당사자의 '전격기소'라고 하는 일방적 행위에 의하여 제한되어야 할 합리적인 이유가 없고, 검사가 전격기소를 한 이후 청구인에게 '구속취소'라는 후속절차가 보장되어 있다고 하더라도 그에 따르는 적지 않은 시간적, 정신적, 경제적인 부담을 청구인에게 지워야 할 이유도 없으며, 기소이전 단계에서 이미 행사된 적부심사청구권의 당부에 대하여 법원으로부터 실질적인 심사를 받을 수 있는 청구인의 절차적 기회를 완전히 박탈하여야 하는 합리적인 근거도 없기 때문에, 입법자는 그 한도 내에서 적부심사청구권의 본질적 내용을 제대로 구현하지 아니하였다고 보아야 한다.(헌재결 2004.3.25, 2002헌바104 전원재판부)

第214條의3【재체포 및 재구속의 제한】 ① 제214조의2제4항에 따른 체포 또는 구속 적부심사결정에 의하여 석방된 피의자가 도망하거나 범죄의 증거를 인멸하는 경우를 제외하고는 동일한 범죄사실로 재차 체포하거나 구속할 수 없다.(2020.12.8 본항개정)
② 제214조의2제5항에 따라 석방된 피의자에게 다음 각 호의 어느 하나에 해당하는 사유가 있는 경우를 제외하고는 동일한 범죄사실로 재차 체포하거나 구속할 수 없다.(2020.12.8 본문개정)
1. 도망한 때
2. 도망하거나 범죄의 증거를 인멸할 염려가 있다고 믿을 만한 충분한 이유가 있는 때(2020.12.8 본호개정)

3. 출석요구를 받고 정당한 이유없이 출석하지 아니한 때
4. 주거의 제한이나 그 밖에 법원이 정한 조건을 위반한 때(2020.12.8 본호개정)
(1995.12.29 본항신설)
(2020.12.8 본조제목개정)

改前 第214條의3【"再逮捕 및 再拘束의 制限"】"① 제214조의2제4항의 規定에 의한 逮捕 또는 拘束適否審査決定에 의하여 釋放된 被疑者가 逃亡하거나 罪證을 湮滅하는 경우를 제외하고는 同一한 犯罪事實에 관하여 再次 逮捕 또는 拘束하지 못한다.(2007.6.1 본항개정)"
"② 제214조의2제5항에 따라 釋放된 被疑者에 대하여 다음 各號의 1에 해당하는 사유가 있는 경우를 제외하고는 동일한 犯罪事實에 관하여 再次 逮捕 또는 拘束하지 못한다.(2007.6.1 본문개정)"
"2. 도망하거나 罪證을 湮滅할 염려가 있다고 믿을만한 충분한 이유가 있는 때"
"4. 住居의 제한 기타 法院이 정한 조건을 위반한 때"

第214條의4【保證金의 沒收】 ① 法院은 다음 各號의 1의 경우에 職權 또는 檢事의 請求에 의하여 決定으로 제214조의2제5항에 따라 納入된 保證金의 전부 또는 일부를 沒收할 수 있다.
1. 제214조의2제5항에 따라 釋放된 者를 第214條의3第2項에 열거된 사유로 再次 拘束할 때
2. 公訴가 제기된 후 法院이 제214조의2제5항에 따라 釋放된 者를 동일한 犯罪事實에 관하여 再次 拘束할 때

② 法院은 제214조의2제5항에 따라 釋放된 者가 동일한 犯罪事實에 관하여 刑의 宣告를 받고 그 判決이 확정된 후, 執行하기 위한 召喚을 받고 정당한 이유없이 출석하지 아니하거나 도망한 때에는 職權 또는 檢事의 請求에 의하여 決定으로 保證金의 전부 또는 일부를 沒收하여야 한다.
(2007.6.1 본조개정)

改前 ① 法院은 다음 各號의 1의 경우에 職權 또는 檢事의 請求에 의하여 決定으로 "第214條의2第4項의 規定에 의하여" 納入된 保證金의 전부 또는 일부를 沒收할 수 있다.
1. "第214條의2第4項의 規定에 의하여" 釋放된 者를 第214條의3第2項에 열거된 사유로 再次 拘束할 때
2. 公訴가 제기된 후 法院이 "第214條의2第4項의 規定에 의하여" 釋放된 者를 동일한 犯罪事實에 관하여 再次 拘束할 때
② 法院은 "第214條의2第4項의 規定에 의하여" 釋放된 者가 동일한 犯罪事實에 관하여 刑의 宣告를 받고…

第215條【압수, 수색, 검증】 ① 검사는 범죄수사에 필요한 때에는 피의자가 죄를 범하였다고 의심할 만한 정황이 있고 해당 사건과 관계가 있다고 인정할 수 있는 것에 한정하여 지방법원판사에게 청구하여 발부받은 영장에 의하여 압수, 수색 또는 검증을 할 수 있다.
② 사법경찰관이 범죄수사에 필요한 때에는 피의자가 죄를 범하였다고 의심할 만한 정황이 있고 해당 사건과 관계가 있다고 인정할 수 있는 것에 한정하여 검사에게 신청하여 검사의 청구로 지방법원판사가 발부한 영장에 의하여 압수, 수색 또는 검증을 할 수 있다.
(2011.7.18 본조개정)

改前 "第215條【押收, 搜索, 檢證】① 檢事는 犯罪搜査에 필요한 때에는 地方法院判事에게 請求하여 發付받은 令狀에 의하여 押收, 搜索 또는 檢證을 할 수 있다.
② 司法警察官이 犯罪搜査에 필요한 때에는 檢事에게 申請하여 檢事의 請求로 地方法院判事가 發付한 令狀에 의하여 押收, 搜索 또는 檢證을 할 수 있다.
(1980.12.18 본조개정)"

參照 [영장에 의한 수색]헌12③, [영장]113·114, 형소규107, [영장불요]216－218, [자료제출]형소규108, [검증의 결과를 기재한 조서의 증거력]312, [준용]형소규109, [압수등에의 참여]형소규110

판례 동조 '범죄수사에 필요한 때'의 의미 및 판단 방법 : 동조에 의하면 검사나 사법경찰관이 범죄수사에 필요한 때에는 영장에 의하여 압수를 할 수 있으나, 여기서 '범죄수사에 필요한 때'라 함은 단지 수사를 위해 필요할 뿐만 아니라 강제처분으로서 압수를 행하지 않으면 수사의 목적을 달성할 수 없는 경우를 말하고, 그 필요성이 인정되는 경우에도 무제한적으로 허용되는 것은 아니며, 압수물이 증거물 내지 몰수하여야 할 물건으로 보이는 것이라 하더라도, 범죄의 형태나 경중, 압수물의 증거가치 및 중요성, 증거인멸의 우려 유무, 압수로 인하여 피압수자가 받을 불이익의 정도 등 제반 사정을 종합적으로 고려하여 판단해야 한다.(대결 2004.3.23, 2003모126)

第216條【令狀에 의하지 아니한 强制處分】 ① 檢事 또는 司法警察官은 第200條의2·第200條의3·第201條 또는 第212條의 規定에 의하여 被疑者를 逮捕 또는 拘束하는 경우에 필요한 때에는 令狀없이 다음 處分을 할 수 있다.(1995.12.29 본문개정)
1. 他人의 住居나 他人이 看守하는 家屋, 建造物, 航空機, 船車 內에서의 被疑者 수색. 다만, 제200조의2 또는 제201조에 따라 피의자를 체포 또는 구속하는 경우의 피의자 수색은 미리 수색영장을 발부받기 어려운 긴급한 사정이 있는 때에 한정한다.(2019.12.31 본호개정)
2. 逮捕現場에서의 押收, 搜索, 檢證
② 前項 第2號의 規定은 檢事 또는 司法警察官이 被告人에 대한 拘束令狀의 執行의 경우에 準用한다.
③ 犯行 중 또는 犯行 直後의 犯罪 場所에서 緊急을 요하여 法院判事의 令狀을 받을 수 없는 때에는 令狀없이 押收, 搜索 또는 檢證을 할 수 있다. 이 경우에는 事後에 遲滯없이 令狀을 받아야 한다.(1961.9.1 본항신설)

改前 ① 1. 他人의 住居나 他人이 看守하는 家屋, 建造物, 航空機, 船車內에서의 被疑者"搜査"<2018.4.26 헌법재판소 헌법불합치결정으로 이 호 중 제200조의2에 관한 부분은 2020.3.31을 시한으로 입법자가 개정할 때까지 계속 적용>

參照 [현행범]211·212, [참여]121·219, [구속영장집행]81·85, [시각의 제한]125·126·143·219, [준용규정]219

판례 경찰관이 피고인이 운영하는 성매매업소를 단속하며, 손님으로 가장하여 성매매가 가능한지 여부를 문의하였다. 경찰은 이 과정에서 여종업원 및 피고인과 나눈 대화를 비밀 녹음하고 업소 내부를 촬영하였으며, 피고인을 성매매를 알선한 혐의로 현행범으로 체포하였다. 이와 같은 수사기관의 비밀 녹음에 대한 증거능력 인정 여부에 대하여, 수사기관이 적법한 절차와 방법에 따라 범죄를 수사하면서 현재 그 범행이 행해지고 있거나 행한 직후이고, 증거보전의 필요성과 긴급성이 있으며, 일반적으로 허용되는 상당한 방법으로 범행 현장에서 현행범인 등 관련자들과 수사기관의 대화를 녹음한 경우라면 이러한 녹음이 영장 없이 이루어졌다고 해서 위법하다고 단정할 수 없다. 이는 설령 그 녹음이 행하여지고 있는 사실을 현장에 있던 대화상대방, 즉 현행범인 등 관련자들이 인식하지 못하고 있었더라도, 통신비밀보호법 제3조제1항이 금지하는 공개되지 아니한 타인 간의 대화를 녹음한 경우에 해당하지 않는 이상 마찬가지이다.(대판 2024.5.30, 2020도9370)

第217條【영장에 의하지 아니하는 강제처분】 ① 검사 또는 사법경찰관은 제200조의3에 따라 체포된 자가 소유·소지 또는 보관하는 물건에 대하여 긴급히 압수할 필요가 있는 경우에는 체포한 때부터 24시간 이내에 한하여 영장 없이 압수·수색 또는 검증을 할 수 있다.
② 검사 또는 사법경찰관은 제1항 또는 제216조제1항제2호에 따라 압수한 물건을 계속 압수할 필요가 있는 경우에는 지체 없이 압수수색영장을 청구하여야 한다. 이 경우 압수수색영장의 청구는 체포한 때부터 48시간 이내에 하여야 한다.
③ 검사 또는 사법경찰관은 제2항에 따라 청구한 압수수색영장을 발부받지 못한 때에는 압수한 물건을 즉시 반환하여야 한다.
(2007.6.1 본조개정)

改前 "第217條【同前】① 檢事 또는 司法警察官은 第200條의3의 規定에 의하여 逮捕할 수 있는 者의 所有, 所持 또는 保管하는 物件에 대하여는 第200條의4에 規定한 期間內에 한하여 令狀없이 押收, 搜索 또는 檢證을 할 수 있다.(1995.12.29 본항개정)
② 前條第1項第2號와 前項의 規定에 의하여 押收한 物件은 拘束令狀의 發付를 받지 못한 때에는 即時 還付하여야 한다. 但, 押收를 繼續할 필요가 있는 때에는 押收, 搜索令狀의 發付를 받아야 한다."

參照 [영장]114·219, [준항고]417

第218條【令狀에 의하지 아니한 押收】 檢事, 司法警察官은 被疑者 其他人의 遺留한 物件이나 所有者, 所持者 또는 保管者가 任意로 提出한 物件을 令狀없이 押收할 수 있다.

參照 [영장에 의한 압수]215, [영장에 의하지 아니한 압수]216·217

판례 압수수색 직전 피의자가 집 밖으로 던져 숨긴 디지털 저장장치를 수사기관이 유류물로 보고 영장 없이 압수한 뒤 별건 혐의 증거를 발견해 기소했더라도 증거능력을 인정할 수 있다. 범죄수사를 위

해 정보저장매체의 압수가 필요하고, 정보저장매체를 소지하던 사람이 그에 관한 권리를 포기하였거나 포기한 것으로 인식할 수 있는 경우에는 해당 사건과 관계가 있다고 인정할 수 있는 것에 압수의 대상이나 범위가 한정된다거나 참여권자의 참여가 필수적이라고 볼 수는 없다.(대판 2024.7.25, 2021도1181)

판례 불법촬영 피해자가 임의제출한 피의자의 휴대폰에서 원래 수사 대상과 다른 범행의 단서가 발견됐더라도 법원으로부터 해당 범행에 대한 별도의 압수수색 영장을 발부받고 피의자 참여권을 보장하는 등 적법절차를 거치지 않았다면 증거로 쓸 수 없다.
(대판 2021.11.18, 2016도348)

第218條의2【압수물의 환부, 가환부】 ① 검사는 사본을 확보한 경우 등 압수를 계속할 필요가 없다고 인정되는 압수물 및 증거에 사용할 압수물에 대하여 공소제기 전이라도 소유자, 소지자, 보관자 또는 제출인의 청구가 있는 때에는 환부 또는 가환부하여야 한다.
② 제1항의 청구에 대하여 검사가 이를 거부하는 경우에는 신청인은 해당 검사의 소속 검찰청에 대응한 법원에 압수물의 환부 또는 가환부 결정을 청구할 수 있다.
③ 제2항의 청구에 대하여 법원이 환부 또는 가환부를 결정하면 검사는 신청인에게 압수물을 환부 또는 가환부하여야 한다.
④ 사법경찰관의 환부 또는 가환부 처분에 관하여는 제1항부터 제3항까지의 규정을 준용한다. 이 경우 사법경찰관은 검사의 지휘를 받아야 한다.
(2011.7.18 본조신설)

第219條【準用規定】 第106條, 第107條, 第109條 내지 第112條, 第114條, 第115條第1項 本文·第2項, 제118조부터 제132조까지, 제134조, 제135조, 第140條, 第141條, 第333條第2項, 第486條의 規定은 檢事 또는 司法警察官의 本章의 規定에 의한 押收, 搜索 또는 檢證에 準用한다. 但, 사법경찰관이 제130조, 제132조 및 제134조에 따른 處分을 함에는 檢事의 指揮를 받아야 한다.(2011.7.18 본조개정)

改前 第219條【準用規定】第106條, 第107條, 第109條 내지 第112條, 第114條, 第115條第1項本文·第2項, "第118條 내지 第135條," 第140條, 第141條, 第333條第2項, 第486條의 規定은 檢事 또는 司法警察官의 本章의 規定에 의한 押收, 搜索 또는 檢證에 準用한다. 但, 사법경찰관이 "제130조 및 제132조부터 제134조까지의 규정"에 따른 處分을 함에는 檢事의 指揮를 받아야 한다.(2007.6.1 본조개정)

참조 [압수]106·107, [수색]109, [비밀과 압수]110-112, [영장의 방식]114, [영장의 집행]115①②, [영장의 제시]118, [집행중의 출입금지]119, [집행과 필요한 처분]120, [참여]121-124, [시각의 제한]125·126, [집행중지와 필요한 처분]127, [증명서의 교부]128, [목록의 교부]129, [보관, 매각, 폐기]130-132, [환부]133·134, [처분통지]135, [검증]140·141

第220條【要急處分】 第216條의 規定에 의한 處分을 하는 경우에 急速을 요하는 때에는 第123條第2項, 第125條의 規定에 의함을 요하지 아니한다.

참조 [영장에 의하지 아니한 강제처분]216, [참여]123②, [시각의 제한]125

第221條【제3자의 출석요구 등】 ① 검사 또는 사법경찰관은 수사에 필요한 때에는 피의자가 아닌 자의 출석을 요구하여 진술을 들을 수 있다. 이 경우 그의 동의를 받아 영상녹화할 수 있다.
② 검사 또는 사법경찰관은 수사에 필요한 때에는 감정·통역 또는 번역을 위촉할 수 있다.
③ 제163조의2제1항부터 제3항까지는 검사 또는 사법경찰관이 범죄로 인한 피해자를 조사하는 경우에 준용한다.
(2007.6.1 본조개정)

改前 "第221條【第三者의 出席要求】檢事 또는 司法警察官은 搜査에 필요한 때에는 被疑者 아닌 者의 出席을 要求하여 陳述을 들을 수 있고 鑑定, 通譯 또는 飜譯을 委囑할 수 있다.(1961.9.1 본조개정)"

참조 [피의자의 출석요구]200, [비용]형사소송비용등에관한법2-9

第221條의2【證人訊問의 請求】 ① 犯罪의 捜査에 없어서는 아니될 事實을 안다고 明白히 認定되는 者가 前條의 規定에 의한 出席 또는 陳述을 拒否한 경우에는 檢事는 第1回 公判期日前에 한하여 判事에게 그에 대한 證人訊問을 請求할 수 있다.
② (2007.6.1 삭제)
③ 제1항의 請求를 함에는 書面으로 그 事由를 소명하여야 한다.(2007.6.1 본항개정)
④ 제1항의 請求를 받은 判事는 證人訊問에 관하여 法院 또는 裁判長과 同一한 權限이 있다.(2007.6.1 본항개정)
⑤ 판사는 제1항의 청구에 따라 증인신문기일을 정한 때에는 피고인·피의자 또는 변호인에게 이를 통지하여 증인신문에 참여할 수 있도록 하여야 한다.(2007.6.1 본항개정)
⑥ 判事는 제1항의 請求에 의한 證人訊問을 한 때에는 遲滯없이 이에 관한 書類를 檢事에게 送付하여야 한다.
(2007.6.1 본항개정)
(1973.1.25 본조신설)

改前 "② 前條의 規定에 의하여 檢事 또는 司法警察官에게 任意의 陳述을 한 者가 公判期日에 前의 陳述과 다른 陳述을 할 念慮가 있고 그의 陳述이 犯罪의 證明에 없어서는 아니될 것으로 認定될 경우에는 檢事는 第1回 公判期日前에 한하여 판사에게 그에 대한 證人訊問을 請求할 수 있다.<1996.12.26 헌법재판소 위헌결정으로 본조제2항 효력상실>"
③ "前2項"의 請求를 함에는 書面으로 그 事由를…
④ "第1項 또는 第2項"의 請求를 받은 判事는…
"⑤ 判事는 특별히 捜査에 지장이 있다고 인정하는 경우를 제외하고는 被告人, 被疑者 또는 辯護人을 第1項 또는 第2項의 請求에 의한 證人訊問에 參與하게 하여야 한다.(1995.12.29 본항개정)
<1996.12.26 헌법재판소 위헌결정 이전인 1995.12.29 법률 제5054호로 이 조 제5항이 개정되었으나 위 결정으로 이 조 제2항이 무효로 되었으므로 제5항중 제2항에 관한 부분은 자동 효력 상실>"
⑥ 判事는 "第1項 또는 第2項"의 請求에 의한 證人訊問을…

참조 [청구서기재사항]형소규111, [신문기일통지]형소규112, [증언의 증거능력]311, [법원 또는 재판장과 동일한 권한]146-168, [피고인등의 참여]163

第221條의3【鑑定의 委囑과 鑑定留置의 請求】 ① 檢事는 第221條의 規定에 의하여 鑑定을 委囑하는 경우에 第172條第3項의 留置處分이 필요할 때에는 判事에게 이를 請求하여야 한다.
② 判事는 第1項의 請求가 상당하다고 認定할 때에는 留置處分을 하여야 한다. 第172條 및 第172條의2의 規定은 이 경우에 準用한다.
(1980.12.18 본조개정)

참조 [청구서기재사항]형소규113, [감정유치]172③, 형소규85, [준항고]416①, [법원외의 감정]172, [감정유치와 구속]172의2, [준용]형소규115

第221條의4【鑑定에 필요한 處分, 許可狀】 ① 第221條의 規定에 의하여 鑑定의 委囑을 받은 者는 判事의 許可를 얻어 第173條第1項에 規定된 處分을 할 수 있다.
② 第1項의 許可의 請求는 檢事가 하여야 한다.
(1980.12.18 본항개정)
③ 判事는 第2項의 請求가 상당하다고 認定할 때에는 許可狀을 發付하여야 한다.(1980.12.18 본항개정)
④ 第173條第2項, 第3項 및 第5項의 規定은 第3項의 許可狀에 準用한다.(1980.12.18 본항개정)
(1973.1.25 본조신설)

참조 [허가청구서]형소규114, [감정에 필요한 처분]173, [준용]형소규115

第221條의5【사법경찰관이 신청한 영장의 청구 여부에 대한 심의】 ① 검사가 사법경찰관이 신청한 영장을 정당한 이유 없이 판사에게 청구하지 아니한 경우 사법경찰관은 그 검사 소속의 지방검찰청 소재지를 관할하는 고등검찰청에 영장 청구 여부에 대한 심의를 신청할 수 있다.
② 제1항에 관한 사항을 심의하기 위하여 각 고등검찰청에 영장심의위원회(이하 이 조에서 "심의위원회"라 한다)를 둔다.
③ 심의위원회는 위원장 1명을 포함한 10명 이내의 외부 위원으로 구성하고, 위원은 각 고등검찰청 검사장이 위촉한다.
④ 사법경찰관은 심의위원회에 출석하여 의견을 개진할 수 있다.

⑤ 심의위원회의 구성 및 운영 등 그 밖에 필요한 사항은 법무부령으로 정한다.
(2020.2.4 본조신설)

第222條【變死者의 檢視】 ① 變死者 또는 變死의 疑心있는 死體가 있는 때에는 그 所在地를 管轄하는 地方檢察廳 檢事가 檢視하여야 한다.
② 前項의 檢視로 犯罪의 嫌疑를 認定하고 緊急을 요할 때에는 令狀없이 檢證을 할 수 있다.(1961.9.1 본항신설)
③ 檢事는 司法警察官에게 前2項의 處分을 命할 수 있다.(1961.9.1 본항신설)

참조 [검시]형163

第223條【告訴權者】 犯罪로 인한 被害者는 告訴할 수 있다.

참조 [제한]224, [비피해자인 고소권자]225－227, [고소의 방식]237·238

판례 고소를 할 때는 소송행위능력, 즉 고소능력이 있어야 하나, 고소능력은 피해를 입은 사실을 이해하고 고소에 따른 사회생활상의 이해관계를 알아차릴 수 있는 사실상의 의사능력으로 충분하므로, 민법상 행위능력이 없는 사람이라도 위와 같은 능력을 갖추었다면 고소능력이 인정된다.(대판 2011.6.24, 2011도4451,2011전도76)

판례 범행 당시 피해자에게 고소능력이 없었다가 그 후에 비로소 고소능력이 생겼다면 그 고소기간은 고소능력이 생긴 때로부터 기산하여야 한다.(대판 2007.10.11, 2007도4962)

第224條【告訴의 制限】 自己 또는 配偶者의 直系尊屬을 告訴하지 못한다.

참조 [고소권자의 지정]228, [공범과 고소]233

第225條【非被害者인 告訴權者】 ① 被害者의 法定代理人은 獨立하여 告訴할 수 있다.
② 被害者가 死亡한 때에는 그 配偶者, 直系親族 또는 兄弟姉妹는 告訴할 수 있다. 但, 被害者의 明示한 意思에 反하지 못한다.

참조 [신분관계서면]형소규116, [법정대리인]민918·938, [친족]민767이하, [고소권자]223·226·227, [고소의 방식]237

第226條【同前】 被害者의 法定代理人이 被疑者이거나 法定代理人의 親族이 被疑者인 때에는 被害者의 親族은 獨立하여 告訴할 수 있다.

참조 [신분관계서면]형소규116, [법정대리인]민911·938, [친족]민767이하, [고소의 방식]237

第227條【同前】 死者의 名譽를 毁損한 犯罪에 대하여는 그 親族 또는 子孫은 告訴할 수 있다.

참조 [신분관계서면]형소규116, [친족]민767이하, [명예훼손죄]형308·312

第228條【告訴權者의 指定】 親告罪에 대하여 告訴할 者가 없는 경우에 利害關係人의 申請이 있으면 檢事는 10日 이내에 告訴할 수 있는 者를 指定하여야 한다.

참조 [친고죄]형308·311·312·316－318·323·328－332·344·347－365, 저작140, [고소권자]225－227·323, [신분관계서면]형소규116, [기간의 계산]66

第229條【配偶者의 告訴】 ①「형법」第241條의 경우에는 婚姻이 解消되거나 離婚訴訟을 提起한 後가 아니면 告訴할 수 없다.(2007.6.1 본항개정)
② 前項의 경우에 다시 婚姻을 하거나 離婚訴訟을 取下한 때에는 告訴는 取消된 것으로 看做한다.

참조 [혼인해소등의 서면]형소규116, [이혼]민834이하, [고소의 취소]232

판례 협의이혼신고 후 이혼소송을 취하한 경우에 간통죄의 고소취소로 간주되는지 여부 : 본조 제2항에 의하여 고소를 취소한 것으로 간주되는 이혼소송의 취하는 그것에 의하여 혼인관계를 해소하려는 의사가 철회되어 결과적으로 혼인관계가 존속하는 경우를 의미하는 것일 뿐, 배우자가 이혼소송을 제기한 후 그 소송 외에서 협의이혼 등의 방법으로 혼인 해소의 목적을 달성하게 되어 더 이상 이혼소송을 유지할 실익이 없어 이혼소송을 취하한 경우까지 의미하는 것이라고는 볼 수 없고, 이러한 경우 간통고소는 '이혼소송의 계속'과 선택적 관계에 있는 '혼인관계의 부존재'라는 고소의 유효조건을 충족시키고 있어 여전히 유효하게 존속한다.(대판 2007.1.25, 2006도7939)

第230條【告訴期間】 ① 親告罪에 대하여는 犯人을 알게 된 날로부터 6月을 經過하면 告訴하지 못한다. 但, 告訴할 수 없는 不可抗力의 事由가 있는 때에는 그 事由가 없어진 날로부터 起算한다.
② (2013.4.5 삭제)

改前 "②「형법」第291條의 罪로 略取, 誘引된 者가 婚姻을 한 경우의 告訴는 婚姻의 無效 또는 取消의 裁判이 確定된 날로부터 前項의 期間이 進行된다.(2007.6.1 본항개정)"

참조 [기간의 계산]66, [혼인의 무효와 취소]민815이하

판례 동조 제1항 '범인을 알게 된 날'이란 범죄행위가 종료된 후에 범인을 알게 된 날을 가리키는 것으로서, 고소권자가 범죄행위가 계속되는 도중에 범인을 알았다 하여도, 그 날부터 곧바로 위 조항에서 정한 친고죄의 고소기간이 진행된다고는 볼 수 없고, 이러한 경우 고소기간은 범죄행위가 종료된 때부터 계산하여야 하며, 동종행위의 반복이 당연히 예상되는 영업범 등 포괄일죄의 경우에는 최후의 범죄행위가 종료한 때에 전체 범죄행위가 종료된 것으로 보아야 한다.(대판 2004.10.28, 2004도5014)

第231條【數人의 告訴權者】 告訴할 수 있는 者가 數人인 경우에는 1人의 期間의 懈怠는 他人의 告訴에 影響이 없다.

참조 [고소권자]223·225－227

第232條【고소의 취소】 ① 고소는 제1심 판결선고 전까지 취소할 수 있다.
② 고소를 취소한 자는 다시 고소할 수 없다.
③ 피해자의 명시한 의사에 반하여 공소를 제기할 수 없는 사건에서 처벌을 원하는 의사표시를 철회한 경우에도 제1항과 제2항을 준용한다.
(2020.12.8 본조개정)

改前 "第232條【告訴의 取消】 ① 告訴는 第1審 判決宣告前까지 取消할 수 있다.
② 告訴를 取消한 者는 다시 告訴하지 못한다.
③ 被害者의 明示한 意思에 反하여 罪를 論할 수 없는 事件에 있어서 處罰을 希望하는 意思表示의 撤回에 관하여도 前2項의 規定을 準用한다."

참조 [공범과 고소의 취소]233, [피해자의 의사]110·260·266·283·307·309·312②, [제1심판결선고]321·322·325－327, [취소절차]236－239

판례 도로교통법 제151조(업무상 과실재물손괴)의 죄를 범한 운전자에 대하여는 피해자의 명시적인 의사에 반하여 공소를 제기할 수 없다. 이 사건 피고인은 술을 마시고 차를 운전하다 택시를 들이받아 택시 운전사인 피해자에게 전치 2주의 상해를 입게 하고, 택시 수리비 250여 만 원이 들도록 손괴하여 교통사고처리특례법위반(치상), 도로교통법위반(음주운전), 도로교통법위반, 자동차손해배상보장법위반으로 기소되었다. 이후 피고인의 변호사는 1심 판결 선고 전에 피고인의 형사처벌을 원치 않는다는 피해자 명의의 합의서를 제출했다. 이후 1심에서 업무상 과실재물손괴 부분과 유죄로 인정된 나머지 부분 전체에 대하여 상상적 경합 또는 형법 제37조 전단의 경합범 관계에 있음을 이유로 하나의 형이 선고되었으며, 다만 피고인이 피해자와 합의하였던 점을 피고인에게 유리한 정상으로 삼았다. 그러나 피고인의 처벌을 원하지 않는다는 내용의 피해자 명의 합의서가 제출되었으므로, 원심으로서는 제1심 판결을 파기하고 이 부분 공소사실(도로교통법상 업무상 과실재물손괴)에 대하여 형사소송법 제327조제6호에 따라 공소를 기각하였어야 한다. 그럼에도 불구하고 이 부분 공소사실을 유죄로 판단한 원심판결에는 법리를 오해한 나머지 판결에 영향을 미친 잘못이 있다.
(대판 2023.11.30, 2023도12694)

판례 항소심에서 비로소 공소사실이 친고죄로 변경된 경우에도 항소심을 제1심이라 할 수는 없는 것이므로, 항소심에 이르러 고소인이 고소를 취소하였다면 이는 친고죄에 대한 고소취소로서의 효력이 없다.(대판 2007.3.15, 2007도210)

第233條【告訴의 不可分】 親告罪의 共犯 중 그 1人 또는 數人에 대한 告訴 또는 그 取消는 다른 共犯者에 대하여도 效力이 있다.

참조 [친고죄]형312·318·328·344·354·361·365, 저작140, [공범]형30－34, [고소]237, [고소의 취소]239

第234條【告發】 ① 누구든지 犯罪가 있다고 思料하는 때에는 告發할 수 있다.
② 公務員은 그 職務를 行함에 있어 犯罪가 있다고 思料하는 때에는 告發하여야 한다.

참조 [고발]조세범처벌21, 관세284·312·316·318, 특정범죄가중16, 부정수표7, 출입국101, [고발의 제한]235, [절차]237·238

第235條【告發의 制限】 第224條의 規定은 告發에 準用한다.

참조 [고소의 제한]224

第236條【代理告訴】 告訴 또는 그 取消는 代理人으로 하여금 하게 할 수 있다.

참조 [고소권자]223 · 225－227, [고소의 취소]232

판례 대리인에 의한 고소의 방식 및 그 경우 고소기간의 산정 기준 : 동조의 대리인에 의한 고소의 경우, 대리권이 정당한 고소권자에 의하여 수여되었음이 실질적으로 증명되면 충분하고, 그 방식에 특별한 제한은 없으므로, 고소를 할 때 반드시 위임장을 제출한다거나 '대리'라는 표시를 하여야 하는 것은 아니고, 또 고소기간은 대리고소인이 아니라 정당한 고소권자를 기준으로 고소권자가 범인을 알게 된 날부터 기산한다.(대판 2001.9.4, 2001도3081)

第237條【告訴, 告發의 方式】 ① 告訴 또는 告發은 書面 또는 口述로써 檢事 또는 司法警察官에게 하여야 한다.

② 檢事 또는 司法警察官이 口述에 의한 告訴 또는 告發을 받은 때에는 調書를 作成하여야 한다.

참조 [고소]223 · 225－227, [고발]234, [사법경찰관의 조치]238, [준용]239 · 240

第238條【告訴, 告發과 司法警察官의 措置】 司法警察官이 告訴 또는 告發을 받은 때에는 迅速히 調査하여 關係書類와 證據物을 檢事에게 送付하여야 한다.

참조 [사법경찰관]197, [준용]239 · 240

第239條【準用規定】 前2條의 規定은 告訴 또는 告發의 取消에 관하여 準用한다.

참조 [방식]237, [사법경찰관의 조치]238

第240條【自首와 準用規定】 第237條와 第238條의 規定은 自首에 대하여 準用한다.

참조 [방식]237, [사법경찰관의 조치]238, [자수]형52

第241條【被疑者訊問】 檢事 또는 司法警察官이 被疑者를 訊問함에는 먼저 그 姓名, 年齡, 등록기준지, 住居와 職業을 물어 被疑者임에 틀림없음을 確認하여야 한다. (2007.5.17 본조개정)

改前 第241條【被疑者訊問】 檢事…年齡, "本籍," 住居와 職業을 물어 被疑者임에 틀림없음을 確認하여야 한다.

참조 [공판]284

第242條【被疑者訊問事項】 檢事 또는 司法警察官은 被疑者에 대하여 犯罪事實과 情狀에 관한 必要事項을 訊問하여야 하며 그 利益되는 事實을 陳述할 機會를 주어야 한다.

참조 [공판]286 · 287

第243條【被疑者訊問과 參與者】 檢事가 被疑者를 訊問함에는 檢察廳搜査官 또는 서기관이나 서기를 參與하게 하여야 하고 司法警察官이 被疑者를 訊問함에는 司法警察官吏를 參與하게 하여야 한다.(2007.12.21 본조개정)

改前 第243條【被疑者訊問과 參與者】 檢事가 被疑者를 訊問함에는 檢察廳搜査官 또는 "법원사무관등을" 參與하게 하여야 하고 司法警察官이 被疑者를 訊問함에는 司法警察官吏를 參與하게 하여야 한다. (2007.6.1 본조개정)

참조 [검찰청 수사관]검찰46②, [압수등에의 참여]형소규110

판례 피의자신문조서를 검사가 직접 기록한 경우에도 입회서기가 시종 입회하여 검사의 신문내용을 듣고 신문과 기록이 완료된 후 이를 피의자에게 읽어 주고 조서에 간인하고 그 말미에 입회서기 자신이 하등의 이의없이 서명날인하였다면 이는 검찰청법 제30조 제2항 제2호, 형사소송법 제243조에 위배된 것이 아니다. (대판 1973.12.24, 73도2361)

第243條의2【변호인의 참여 등】 ① 검사 또는 사법경찰관은 피의자 또는 그 변호인 · 법정대리인 · 배우자 · 직계친족 · 형제자매의 신청에 따라 변호인을 피의자와 접견하게 하거나 정당한 사유가 없는 한 피의자에 대한 신문에 참여하게 하여야 한다.

② 신문에 참여하고자 하는 변호인이 2인 이상인 때에는 피의자가 신문에 참여할 변호인 1인을 지정한다. 지정이 없는 경우에는 검사 또는 사법경찰관이 이를 지정할 수 있다.

③ 신문에 참여한 변호인은 신문 후 의견을 진술할 수 있다. 다만, 신문 중이라도 부당한 신문방법에 대하여 이의를 제기할 수 있고, 검사 또는 사법경찰관의 승인을 받아 의견을 진술할 수 있다.

④ 제3항에 따른 변호인의 의견이 기재된 피의자신문조서는 변호인에게 열람하게 한 후 변호인으로 하여금 그 조서에 기명날인 또는 서명하게 하여야 한다.

⑤ 검사 또는 사법경찰관은 변호인의 신문참여 및 그 제한에 관한 사항을 피의자신문조서에 기재하여야 한다. (2007.6.1 본조신설)

第244條【被疑者訊問調書의 作成】 ① 被疑者의 陳述은 調書에 記載하여야 한다.

② 제1항의 조서는 피의자에게 열람하게 하거나 읽어 들려주어야 하며, 진술한 대로 기재되지 아니하였거나 사실과 다른 부분의 유무를 물어 피의자가 증감 또는 변경의 청구 등 이의를 제기하거나 의견을 진술한 때에는 이를 조서에 추가로 기재하여야 한다. 이 경우 피의자가 이의를 제기하였던 부분은 읽을 수 있도록 남겨두어야 한다.(2007.6.1 본항개정)

③ 피의자가 조서에 대하여 이의나 의견이 없음을 진술한 때에는 피의자로 하여금 그 취지를 자필로 기재하게 하고 조서에 간인한 후 기명날인 또는 서명하게 한다. (2007.6.1 본항개정)

改前 "② 前項의 調書는 被疑者에게 閱覽하게 하거나 읽어 들려야 하며 誤記가 있고 없음을 물어 被疑者가 增減 · 變更의 請求를 하였을 때에는 그 陳述을 調書에 記載하여야 한다."
"③ 被疑者가 調書에 誤記가 없음을 陳述한 때에는 被疑者로 하여금 그 調書에 間印한 後 署名 또는 記名捺印하게 한다."

참조 [조서작성]48 · 50

第244條의2【피의자진술의 영상녹화】 ① 피의자의 진술은 영상녹화할 수 있다. 이 경우 미리 영상녹화사실을 알려주어야 하며, 조사의 개시부터 종료까지의 전 과정 및 객관적 정황을 영상녹화하여야 한다.

② 제1항에 따른 영상녹화가 완료된 때에는 피의자 또는 변호인 앞에서 지체 없이 그 원본을 봉인하고 피의자로 하여금 기명날인 또는 서명하게 하여야 한다.

③ 제2항의 경우에 피의자 또는 변호인의 요구가 있는 때에는 영상녹화물을 재생하여 시청하게 하여야 한다. 이 경우 그 내용에 대하여 이의를 진술하는 때에는 그 취지를 기재한 서면을 첨부하여야 한다.
(2007.6.1 본조신설)

第244條의3【진술거부권 등의 고지】 ① 검사 또는 사법경찰관은 피의자를 신문하기 전에 다음 각 호의 사항을 알려주어야 한다.

1. 일체의 진술을 하지 아니하거나 개개의 질문에 대하여 진술을 하지 아니할 수 있다는 것
2. 진술을 하지 아니하더라도 불이익을 받지 아니한다는 것
3. 진술을 거부할 권리를 포기하고 행한 진술은 법정에서 유죄의 증거로 사용될 수 있다는 것
4. 신문을 받을 때에는 변호인을 참여하게 하는 등 변호인의 조력을 받을 수 있다는 것

② 검사 또는 사법경찰관은 제1항에 따라 알려 준 때에는 피의자가 진술을 거부할 권리와 변호인의 조력을 받을 권리를 행사할 것인지의 여부를 질문하고, 이에 대한 피의자의 답변을 조서에 기재하여야 한다. 이 경우 피의자의 답변은 피의자로 하여금 자필로 기재하게 하거나 검사 또는 사법경찰관이 피의자의 답변을 기재한 부분에 기명날인 또는 서명하게 하여야 한다.
(2007.6.1 본조신설)

참조 [구속과 이유의 고지]72

판례 검사가 국가보안법 위반죄로 구속영장을 발부받아 피의자신문을 한 다음, 구속 기소한 후 다시 피의자를 소환하여 공범들과의 조직구성 및 활동 등에 관한 신문을 하면서 피의자신문조서가 아닌 일반적인 진술조서의 형식으로 조서를 작성한 사안에서, 진술조서의 내용이 피의자신문조서와 실질적으로 같고, 진술의 임의성이 인정되는 경우라도 미리 피의자에게 진술거부권을 고지하지 않았다면 위법수집증거에 해당하므로, 유죄인정의 증거로 사용할 수 없다. (대판 2009.8.20, 2008도8213)

第244條의4【수사과정의 기록】 ① 검사 또는 사법경찰관은 피의자가 조사장소에 도착한 시각, 조사를 시작하고 마친 시각, 그 밖에 조사과정의 진행경과를 확인하기 위하여 필요한 사항을 피의자신문조서에 기록하거나 별도의 서면에 기록한 후 수사기록에 편철하여야 한다.
② 제244조제2항 및 제3항은 제1항의 조서 또는 서면에 관하여 준용한다.
③ 제1항 및 제2항은 피의자가 아닌 자를 조사하는 경우에 준용한다.
(2007.6.1 본조신설)

第244條의5【장애인 등 특별히 보호를 요하는 자에 대한 특칙】 검사 또는 사법경찰관은 피의자를 신문하는 경우 다음 각 호의 어느 하나에 해당하는 때에는 직권 또는 피의자·법정대리인의 신청에 따라 피의자와 신뢰관계에 있는 자를 동석하게 할 수 있다.
1. 피의자가 신체적 또는 정신적 장애로 사물을 변별하거나 의사를 결정·전달할 능력이 미약한 때
2. 피의자의 연령·성별·국적 등의 사정을 고려하여 그 심리적 안정의 도모와 원활한 의사소통을 위하여 필요한 경우
(2007.6.1 본조신설)

판례 검사 또는 사법경찰관은 피의자를 신문하는 경우 피의자가 신체적 또는 정신적 장애로 사물을 변별하거나 의사를 결정·전달할 능력이 미약한 때나 피의자의 연령·성별·국적 등의 사정을 고려하여 그 심리적 안정의 도모와 원활한 의사소통을 위하여 필요한 경우에는, 직권 또는 피의자·법정대리인의 신청에 따라 피의자와 신뢰관계에 있는 자를 동석하게 할 수 있도록 규정하고 있다. 구체적인 사안에서 위와 같은 동석을 허락할 것인지는 원칙적으로 검사 또는 사법경찰관이 피의자의 건강 상태 등 여러 사정을 고려하여 재량에 따라 판단하여야 할 것이나, 이를 허락하는 경우에도 동석한 사람으로 하여금 피의자를 대신하여 진술하도록 하여서는 안 된다. 만약 동석한 사람이 피의자를 대신하여 진술한 부분이 조서에 기재되어 있다면 그 부분은 피의자의 진술을 기재한 것이 아니라 동석한 사람의 진술을 기재한 조서에 해당하므로, 그 사람에 대한 진술조서로서의 증거능력을 취득하기 위한 요건을 충족하지 못하는 한 이를 유죄 인정의 증거로 사용할 수 없다.(대판 2009.6.23, 2009도1322)

第245條【参考人과의 對質】 檢事 또는 司法警察官이 事實을 發見함에 필요한 때에는 被疑者와 다른 被疑者 또는 被疑者 아닌 者와 對質하게 할 수 있다.

참조 [대질]162

일판 형사사건의 참고인이나 증인의 허위진술·증언에 증거인멸죄를 적용할 수 없으며 그러한 진술을 바탕으로 한 조서도 위조라 볼 수 없다.(1995.6.2 日·千葉地法判)

第245條의2【전문수사자문위원의 참여】 ① 검사는 공소제기 여부와 관련된 사실관계를 분명하게 하기 위하여 필요한 경우에는 직권이나 피의자 또는 변호인의 신청에 의하여 전문수사자문위원을 지정하여 수사절차에 참여하게 하고 자문을 들을 수 있다.
② 전문수사자문위원은 전문적인 지식에 의한 설명 또는 의견을 기재한 서면을 제출하거나 전문적인 지식에 의하여 설명이나 의견을 진술할 수 있다.
③ 검사는 제2항에 따라 전문수사자문위원이 제출한 서면이나 전문수사자문위원의 설명 또는 의견의 진술에 관하여 피의자 또는 변호인에게 구술 또는 서면에 의한 의견진술의 기회를 주어야 한다.
(2007.12.21 본조신설)

第245條의3【전문수사자문위원 지정 등】 ① 제245조의2제1항에 따라 전문수사자문위원을 수사절차에 참여시키는 경우 검사는 각 사건마다 1인 이상의 전문수사자문위원을 지정한다.
② 검사는 상당하다고 인정하는 때에는 전문수사자문위원의 지정을 취소할 수 있다.
③ 피의자 또는 변호인은 검사의 전문수사자문위원 지정에 대하여 관할 고등검찰청검사장에게 이의를 제기할 수 있다.
④ 전문수사자문위원에게는 수당을 지급하고, 필요한 경우에는 그 밖의 여비, 일당 및 숙박료를 지급할 수 있다.
⑤ 전문수사자문위원의 지정 및 지정취소, 이의제기 절차 및 방법, 수당지급, 그 밖에 필요한 사항은 법무부령으로 정한다.
(2007.12.21 본조신설)

第245條의4【준용규정】 제279조의7 및 제279조의8은 검사의 전문수사자문위원에게 준용한다.(2007.12.21 본조신설)

第245條의5【사법경찰관의 사건송치 등】 사법경찰관은 고소·고발 사건을 포함하여 범죄를 수사한 때에는 다음 각 호의 구분에 따른다.
1. 범죄의 혐의가 있다고 인정되는 경우에는 지체 없이 검사에게 사건을 송치하고, 관계 서류와 증거물을 검사에게 송부하여야 한다.
2. 그 밖의 경우에는 그 이유를 명시한 서면과 함께 관계 서류와 증거물을 지체 없이 검사에게 송부하여야 한다. 이 경우 검사는 송부받은 날부터 90일 이내에 사법경찰관에게 반환하여야 한다.
(2020.2.4 본조신설)

第245條의6【고소인 등에 대한 송부통지】 사법경찰관은 제245조의5제2호의 경우에는 그 송부한 날부터 7일 이내에 서면으로 고소인·고발인·피해자 또는 그 법정대리인(피해자가 사망한 경우에는 그 배우자·직계친족·형제자매를 포함한다)에게 사건을 검사에게 송치하지 아니하는 취지와 그 이유를 통지하여야 한다.
(2020.2.4 본조신설)

第245條의7【고소인 등의 이의신청】 ① 제245조의6의 통지를 받은 사람(고발인을 제외한다)은 해당 사법경찰관의 소속 관서의 장에게 이의를 신청할 수 있다.
(2022.5.9 본항개정)
② 사법경찰관은 제1항의 신청이 있는 때에는 지체 없이 검사에게 사건을 송치하고 관계 서류와 증거물을 송부하여야 하며, 처리결과와 그 이유를 제1항의 신청인에게 통지하여야 한다.
(2020.2.4 본조신설)

改前 ① 제245조의6의 통지를 받은 "사람"은 해당 사법경찰관의 소속 관서의 장에게 이의를 신청할 수 있다.

第245條의8【재수사요청 등】 ① 검사는 제245조의5제2호의 경우에 사법경찰관이 사건을 송치하지 아니한 것이 위법 또는 부당한 때에는 그 이유를 문서로 명시하여 사법경찰관에게 재수사를 요청할 수 있다.
② 사법경찰관은 제1항의 요청이 있는 때에는 사건을 재수사하여야 한다.
(2020.2.4 본조신설)

第245條의9【검찰청 직원】 ① 검찰청 직원으로서 사법경찰관리의 직무를 행하는 자와 그 직무의 범위는 법률로 정한다.
② 사법경찰관의 직무를 행하는 검찰청 직원은 검사의 지휘를 받아 수사하여야 한다.
③ 사법경찰리의 직무를 행하는 검찰청 직원은 검사 또는 사법경찰관의 직무를 행하는 검찰청 직원의 수사를 보조하여야 한다.
④ 사법경찰관리의 직무를 행하는 검찰청 직원에 대하여는 제197조의2부터 제197조의4까지, 제221조의5, 제245조의5부터 제245조의8까지의 규정을 적용하지 아니한다.
(2020.2.4 본조신설)

第245條의10【특별사법경찰관리】 ① 삼림, 해사, 전매, 세무, 군수사기관, 그 밖에 특별한 사항에 관하여 사법경찰관리의 직무를 행할 특별사법경찰관리와 그 직무의 범위는 법률로 정한다.

② 특별사법경찰관은 모든 수사에 관하여 검사의 지휘를 받는다.
③ 특별사법경찰관은 범죄의 혐의가 있다고 인식하는 때에는 범인, 범죄사실과 증거에 관하여 수사를 개시·진행하여야 한다.
④ 특별사법경찰관리는 검사의 지휘가 있는 때에는 이에 따라야 한다. 검사의 지휘에 관한 구체적 사항은 법무부령으로 정한다.
⑤ 특별사법경찰관은 범죄를 수사한 때에는 지체 없이 검사에게 사건을 송치하고, 관계 서류와 증거물을 송부하여야 한다.
⑥ 특별사법경찰관리에 대하여는 제197조의2부터 제197조의4까지, 제221조의5, 제245조의5부터 제245조의8까지의 규정을 적용하지 아니한다.
(2020.2.4 본조신설)

第2章 公 訴

第246條【國家訴追主義】 公訴는 檢事가 提起하여 遂行한다.

참조 [검사의 직무]검찰4, [공소의 제기]254, [공소시효]249－251

판례 검사에게 자의적으로 무제한적인 소추권을 부여한 것은 아니라고 할지라도 검사는 범죄의 구성요건에 해당하여 형사적 제재를 함이 상당하다고 판단되는 경우에는 공소를 제기할 수 있고 또 형법 제51조의 사항을 참작하여 공소를 제기하지 아니할 수 있는 재량권이 부여되어 있다.(대판 1996.2.13, 94도2658)

第247條【기소편의주의】 검사는 「형법」 제51조의 사항을 참작하여 공소를 제기하지 아니할 수 있다.
(2007.6.1 본조개정)

改前 "第247條【起訴便宜主義와 公訴不可分】① 檢事는 刑法 第51條의 事項을 參酌하여 公訴를 提起하지 아니할 수 있다.
② 犯罪事實의 一部에 대한 公訴는 그 效力이 全部에 미친다."

참조 [양형의 조건]형51, [공소제기의 절차]254, [불기소처분]257－262, [공소보류]국가보안20, [공소장의 변경]298

판례 기업들에 대하여 막강한 영향력을 가지고 있던 국세청의 고위 공무원들과 공모하여 기업들로부터 거액의 정치자금을 모금한 행위는 정치자금의 투명한 조달을 왜곡하고 공정한 선거를 방해할 뿐만 아니라 기업들에 대하여는 막중한 경제적 부담을 지우는 것으로서, 검찰이 수사와 기소 단계에서 제15대 대통령 선거의 당선자측과 낙선자측을 불평등하게 취급하는 '정치적인 고려'가 있었다고 하더라도, 그 범죄행위에 상응한 책임을 묻는 검사의 공소제기가 소추재량권을 현저히 일탈하였다고 볼 수 없다.(대판 2004.4.27, 2004도482)

第248條【공소의 효력 범위】 ① 공소의 효력은 검사가 피고인으로 지정한 자에게만 미친다.
② 범죄사실의 일부에 대한 공소의 효력은 범죄사실 전부에 미친다.
(2020.12.8 본조개정)

改前 第248條【"공소효력의" 범위】① "공소는" 검사가 피고인으로 지정한 "사람 외의 다른 사람에게는 그 효력이 미치지 아니한다."
② 범죄사실의 일부에 대한 "공소는 그 효력이" 전부에 미친다.
(2007.6.1 본조개정)

참조 [피고인의 지정]254, [공범과의 관계]187·252

第249條【公訴時效의 期間】 ① 公訴時效는 다음 期間의 經過로 完成한다.
1. 死刑에 해당하는 犯罪에는 25년
2. 無期懲役 또는 無期禁錮에 해당하는 犯罪에는 15년
3. 長期 10年 이상의 懲役 또는 禁錮에 해당하는 犯罪에는 10년
4. 長期 10年 미만의 懲役 또는 禁錮에 해당하는 犯罪에는 7년
5. 長期 5年 미만의 懲役 또는 禁錮, 長期 10年 이상의 資格停止 또는 벌금에 해당하는 범죄에는 5년
6. 長期 5年 이상의 資格停止에 해당하는 犯罪에는 3년
7. 長期 5年 미만의 資格停止, 구류, 科料 또는 沒收에 해당하는 犯罪에는 1年
(2007.12.21 1호～7호개정)
② 公訴가 提起된 犯罪는 判決의 確定이 없이 公訴를 提起한 때로부터 25년을 經過하면 公訴時效가 完成한 것으로 看做한다.(2007.12.21 본항개정)

改前 ① 1. 死刑에 해당하는 犯罪에는 "15年"
2. 無期懲役 또는 無期禁錮에 해당하는 犯罪에는 "10年"
3. 長期 10年이상의 懲役 또는 禁錮에 해당하는 犯罪에는 "7年"
4. 長期 10年미만의 懲役 또는 禁錮에 해당하는 犯罪에는 "5年"
5. 長期 5年미만의 懲役 또는 禁錮, 長期 10年이상의 資格停止 "또는 多額 1萬원이상의 罰金에 해당하는 犯罪에는 3年"
6. 長期 5年이상의 資格停止에 해당하는 犯罪에는 "2年"
7. 長期 5年미만의 資格停止, "多額 1萬원미만의 罰金, 拘留," 科料 또는 沒收에 해당하는 犯罪에는 1年
② 公訴가 提起된 犯罪는 判決의 確定이 없이 公訴를 提起한 때로부터 "15年"을 經過하면 公訴時效가 完成한 것으로 看做한다.
(1961.9.1 본항신설)

참조 [시효특례]헌정질서파괴범죄의공소시효등에관한특례법, 5·18민주화운동등에관한특별법, [기간의 계산]66, [시효완성과 면소]326, 조세범처벌22, [형의 시효]형78

판례 공소사실의 변경과 공소시효기간의 기준이 되는 법정형 및 법원의 판결 : 공소장변경절차에 의하여 공소사실이 변경됨에 따라 그 법정형에 차이가 있는 경우에는 변경된 공소사실에 대한 법정형이 공소시효기간의 기준이 된다. 공소제기 당시의 공소사실에 대한 법정형을 기준으로 하면 공소제기 당시 아직 공소시효가 완성되지 않았으나 변경된 공소사실에 대한 법정형을 기준으로 하면 공소제기 당시 이미 공소시효가 완성된 경우에는 공소시효의 완성을 이유로 면소판결을 선고하여야 한다.(대판 2001.8.24, 2001도2902)

第250條【두 개 이상의 형과 시효기간】 두 개 이상의 형을 병과(倂科)하거나 두 개 이상의 형에서 한 개를 과(科)할 범죄에 대해서는 무거운 형에 의하여 제249조를 적용한다.(2020.12.8 본조개정)

改前 "第250條【2個 이상의 刑과 時效期間】2個 이상의 刑을 倂科하거나 2個 이상의 刑에서 그 1個를 科할 犯罪에는 重한 刑에 의하여 前條의 規定을 適用한다."

참조 [형의 종류]형41, [형의 병과]형38·117·131·204·209·220·237·238·249·256·265·270·282·295·345·353·358·363, 국가보안14, 경범5, [형의 경중]형50

第251條【刑의 加重, 減輕과 時效期間】 「형법」에 의하여 刑을 加重 또는 減輕할 경우에는 加重 또는 減輕하지 아니한 刑에 의하여 第249條의 規定을 適用한다.
(2007.6.1 본조개정)

참조 [가중]형34·35·38·42·135·144·203·264·278·279·285·305의2·332·351, [감경]형10·11·21·23·25－27·32·39·52－55·90·101·111·114·120·153·157·175·213·295의2·324의6·365

第252條【時效의 起算點】 ① 時效는 犯罪行爲의 終了한 때로부터 進行한다.
② 共犯에는 最終行爲의 終了한 때로부터 全共犯에 대한 時效期間을 起算한다.

참조 [시효의 기간]249, [공범]253②, 형30－34

판례 공소시효의 기산점에 당해 범죄행위의 결과까지도 포함되는지 여부 : 공소시효의 기산점에 관하여 규정하는 형사소송법 제252조 제1항의 '범죄행위'는 당해 범죄행위의 결과까지도 포함하는 취지로 해석함이 상당하다.(대판 2003.9.26, 2002도3924)

第253條【時效의 停止와 效力】 ① 時效는 公訴의 提起로 進行이 停止되고 公訴棄却 또는 管轄違反의 裁判이 確定된 때로부터 進行한다.(1961.9.1 본항개정)
② 共犯의 1人에 대한 前項의 時效停止는 다른 共犯者에게 대하여 效力이 미치고 當該事件의 裁判이 確定된 때로부터 進行한다.(1961.9.1 본항개정)
③ 犯人이 刑事處分을 면할 目的으로 國外에 있는 경우 그 기간동안 公訴時效는 정지된다.(1995.12.29 본항신설)
④ 피고인이 형사처분을 면할 목적으로 국외에 있는 경우 그 기간 동안 제249조제2항에 따른 기간의 진행은 정지된다.(2024.2.13 본항신설)

참조 [공소의 제기]254, [공소기각]327·328·363·382, [재정신청과 공소시효]262의2, [공범]형30－34

판례 형사소송법 제253조 제3항의 입법 취지는 범인이 우리나라의 사법권이 실질적으로 미치지 못하는 국외에 체류한 것이 도피의 수단으로 이용된 경우에 체류기간 동안은 공소시효가 진행되는 것을 저지하여 범인을 처벌할 수 있도록 하여 형벌권을 적정하게 실현하고자 하는 데 있다. 따라서 위 규정이 정한 '범인이 형사처분을 면할

목적으로 국외에 있는 경우'는 범인이 국내에서 범죄를 저지르고 형사처분을 면할 목적으로 국외로 도피한 경우에 한정되지 아니하고, 범인이 국외에서 범죄를 저지르고 형사처분을 면할 목적으로 국외에서 체류를 계속하는 경우도 포함된다.
(대판 2015.6.24, 2015도5916)

판례 동조 제3항 '범인이 형사처분을 면할 목적으로 국외에 있는 경우'의 의미 : 이 경우, 범인의 국외체류의 목적은 오로지 형사처분을 면할 목적만으로 국외체류하는 것에 한정되는 것은 아니고 범인이 가지는 여러 국외체류 목적 중 형사처분을 면할 목적이 포함되어 있으면 족하다.(대판 2003.1.24, 2002도4994)

第253條의2【공소시효의 적용 배제】 사람을 살해한 범죄(종범은 제외한다)로 사형에 해당하는 범죄에 대하여는 제249조부터 제253조까지에 규정된 공소시효를 적용하지 아니한다.(2015.7.31 본조신설)

第254條【公訴提起의 方式과 公訴狀】 ① 公訴를 提起함에는 公訴狀을 管轄法院에 提出하여야 한다.

② 公訴狀에는 被告人數에 相應한 副本을 添附하여야 한다.

③ 公訴狀에는 다음 事項을 記載하여야 한다.

1. 被告人의 姓名 기타 被告人을 特定할 수 있는 事項
2. 罪名
3. 公訴事實
4. 適用法條

④ 公訴事實의 記載는 犯罪의 時日, 場所와 方法을 明示하여 事實을 特定할 수 있도록 하여야 한다.

⑤ 數個의 犯罪事實과 適用法條를 豫備的 또는 擇一的으로 記載할 수 있다.

참조 [공소장기재요건등]형소규117 · 118, [공소제기]246, [공소의 효력]248, [약식명령의 청구]449, [제기절차무효와 재판]327, [적용법조]298 · 323, [공소장의 부본]266, [모두진술]285

■ 공소사실과 특정

판례 법정형에 징역형과 벌금형을 병과할 수 있도록 규정되어 있는 경우, 법원은 공소장에 기재된 적용법조나 검사의 구형과 관계없이 심리 · 확정한 사실에 대하여 재량으로 벌금형의 병과 여부를 정할 수 있다.(대판 2011.2.24, 2010도7404)

판례 "공소사실의 기재는 범죄의 시일 · 장소와 방법을 명시하여 사실을 특정하여야 한다."고 규정하고 있는바, 이와 같이 범죄의 일시 · 장소와 방법을 명시하여 공소사실을 특정하도록 한 법의 취지는 법원에 대하여 심판의 대상을 한정하고 피고인에게 방어의 범위를 특정하여 그 방어권행사를 용이하게 하기 위한 데 있으므로, 검사로서는 위 세 가지 특정 요소를 종합하여 다른 사실과의 식별이 가능하도록 범죄구성요건에 해당하는 구체적 사실을 기재하여야 할 것이다.(대판 2011.2.10, 2010도16361)

판례 고발은 범죄사실에 대한 소추를 요구하는 의사표시로서 그 효력은 고발장에 기재된 범죄사실과 동일성이 인정되는 사실 모두에 미치므로, 범칙사건에 대한 고발이 있는 경우 그 고발의 효과는 범칙사건에 관련된 범칙사실의 전부에 미치고 한 개의 범칙사실의 일부에 대한 고발은 그 전부에 대하여 효력이 생기므로, 동일한 부가가치세의 과세기간 내에 행하여진 조세포탈기간이나 포탈액수의 일부에 대한 조세포탈죄의 고발이 있는 경우 그 고발의 효력은 그 과세기간 내의 조세포탈기간 및 포탈액수 전부에 미친다. 따라서 일부에 대한 고발이 있는 경우 기본적 사실관계의 동일성이 인정되는 범위 내에서 조세포탈기간이나 포탈액수를 추가하는 공소장변경은 적법하다.(대판 2009.7.23, 2009도3282)

판례 공모에 관한 공소사실의 특정 정도 : 본조 제4항에서 범죄의 일시 · 장소와 방법을 명시하여 공소사실을 특정하도록 한 취지는 법원에 대하여 심판의 대상을 한정하고 피고인에게 방어의 범위를 특정하여 그 방어권 행사를 용이하게 하기 위한 데 있으므로, 공소제기된 범죄의 성격에 비추어 그 공소의 원인이 된 사실을 다른 사실과 구별할 수 있을 정도로 그 일시 · 장소 · 방법 · 목적 등을 적시하여 특정하면 족하고, 공모의 시간 · 장소 · 내용 등을 구체적으로 명시하지 아니하였다거나 그 일부가 다소 불명확하더라도 그와 함께 적시된 다른 사항들에 의하여 그 공소사실을 특정할 수 있고, 그리하여 피고인의 방어권 행사에 지장이 없다면 그와 같은 이유만으로 공소사실이 특정되지 아니하였다고 할 수 없다.
(대판 2007.6.14, 2004도5561)

판례 사기죄에서의 공소사실 특정정도 : 사기죄에 있어서 수인의 피해자에 대하여 각별로 기망행위를 하여 각각 재물을 편취한 경우에 그 범의가 단일하고 범행방법이 동일하다고 하더라도 포괄1죄가 되는 것이 아니라 피해자별로 1개씩의 죄가 성립하는 것으로 보아야 할 것이고, 이러한 경우 그 공소사실은 각 피해자와 피해자별 피해액을 특정할 수 있도록 기재하여야 할 것인바, '일정한 기간 사이에 성명불상의 고객들에게 1일 평균 매상액 상당을 판매하여 그 대금 상당액을 편취하였다'는 내용은 피해자나 피해액이 특정되었다고 할 수 없다.(대판 1996.2.13, 95도2121)

판례 특별 구성요건에 해당하는 범죄방법에 관한 기재가 없는 공소장과 동 공소 제기의 효력 : 공소사실이란 범죄의 특별구성요건을 충족하는 구체적 사실을 말하며 공소장에 공소사실을 기재함에 있어서 범죄의 일시와 장소 및 방법을 명시하여 범죄의 특별구성요건 해당사실을 특정할 수 있도록 하여야 하는데 만일 공소장에 범죄의 방법에 관한 기재가 없어서 범죄 사실을 뚜렷이 특정할 수 없을 경우에는 그 공소제기의 절차는 무효라 할 것이다.(대판 1984.5.22, 84도471)

■ 적용법조

판례 '공소장의 제출'이 공소제기의 본질적 요소인지 여부 : 형사소송법이 공소의 제기에 관하여 '서면주의'와 엄격한 요식행위를 채용하고 있고 공소의 제기에 의해서 법원의 심판이 개시되는 바, 이는 심판을 구하는 대상(공소사실 및 피고인)을 명확하게 하고 피고인의 방어권을 보장하기 위한 것이라 할 것이어서 검사에 의한 공소장의 제출은 공소제기라는 소송행위가 성립하기 위한 본질적 요소라고 보아야 할 것이므로, 이러한 공소장의 제출이 없는 경우에는 소송행위로서의 공소제기가 성립되었다고 할 수 없다.
(대판 2003.11.14, 2003도2735)

판례 공소장 기재 적용 법조가 명백한 오기인 경우 그와 다른 법조를 적용하여 처벌한 원심의 조치가 위법한지 여부 : 공소장에는 적용 법조로서 각 보건범죄단속에관한특별조치법 제6조, 제2조 제2항, 제1항 제1호, 식품위생법 제22조 제2항이 기재되어 있기는 하나 이를 위 공소장 기재 공소사실과 대비하여 검토하여 보면 위 보건범죄단속에관한특별조치법 제2조 제1항 제1호는 같은 법 조항 제2호의 오기임이 명백함을 알 수 있으므로(회사들의 대표자들의 위반행위에 대하여 보건범죄단속에관한특별조치법 제2조 제1항 제2호로 의율하여 기소한 점을 보아도 그러하다), 원심이 증거를 취사하여 위 회사들에 대하여 판시와 같은 범죄사실을 인정한 다음, 같은 법 제6조, 제2조 제1항 제2호를 적용하여 처벌한 조치에 불고불리의 원칙에 위배하는 등의 위법이 있다고 할 수 없다.(대판 1995.12.12, 95도1893)

판례 법원이 택일적 공소사실 중 중경한 죄에 대한 유죄를 인정한 경우에 중한 죄를 유죄로 인정하지 아니한 것이 위법이라는 이유의 검사의 상소의 가부 : 본래의 강도살인죄에 택일적으로 살인 및 절도죄를 추가하는 공소장변경을 하여 법원이 택일적으로 공소제기된 살인 및 절도죄에 대하여 유죄로 인정한 이상 검사는 중한 강도살인죄를 유죄로 인정하지 아니한 것이 위법이라는 이유로 상소할 수 없다.
(대판 1981.6.9, 81도1269)

第255條【公訴의 取消】 ① 公訴는 第1審判決의 宣告前까지 取消할 수 있다.

② 公訴取消는 理由를 記載한 書面으로 하여야 한다. 但, 公判廷에서는 口述로써 할 수 있다.

참조 [기소편의주의]247, [공소취소와 재판]328①, [고소인등에 대한 통지]258, [재기소]329

판례 실체적 경합관계에 있는 수개의 공소사실 중 일부의 소추대상에서의 철회절차 : 공소장변경의 방식에 의한 공소사실의 철회는 공소사실의 동일성이 인정되는 범위내의 일부 공소사실에 한하여 가능한 것이므로, 공소장에 기재된 수개의 공소사실이 서로 동일성이 없고 실체적 경합관계에 있는 경우에 그 일부를 소추대상에서 철회하려면 공소장변경의 방식에 의할 것이 아니라 공소의 일부취소절차에 의하여야 한다.(대판 1988.3.22, 88도67)

第256條【他管送致】 檢事는 事件이 그 所屬檢察廳에 對應한 法院의 管轄에 屬하지 아니한 때에는 事件을 書類와 證據物과 함께 管轄法院에 對應한 檢察廳檢事에게 送致하여야 한다.

참조 [법원의 관할]2, 법원조직28 · 32, [대응한 검찰청]검찰3, [송치의 통지]258, [특례]소년45

第256條의2【군검사에의 事件送致】 檢事는 事件이 軍事法院의 裁判權에 屬하는 때에는 事件을 書類와 證據物과 함께 裁判權을 가진 관할 군검찰부 군검사에게 送致하여야 한다. 이 경우에 送致前에 行한 訴訟行爲는 送致後에도 그 效力에 影響이 없다.(2016.1.6 본조개정)

改前 第256條의2【"軍檢察官"에의 事件送致】 檢事는…裁判權을 가진 "管轄軍事法院檢察部檢察官"에게 送致하여야 한다. 이 경우에…影響이 없다.(1987.11.28 본조개정)

참조 [군사법원의 재판권]군사법원2-3의2, 계엄10 · 12, [군사법원검찰관]군사법원36이하

第257條【告訴등에 의한 事件의 處理】 檢事가 告訴 또는 告發에 의하여 犯罪를 捜査할 때에는 告訴 또는 告發을 受理한 날로부터 3月이내에 捜査를 完了하여 公訴提起與否를 決定하여야 한다.

참조 [고소 · 고발]237 · 238, [기간계산]66, [공소제기]246 · 247

第258條【告訴人등에의 處分告知】 ① 檢事는 告訴 또는 告發있는 事件에 관하여 公訴를 提起하거나 提起하지 아니하는 處分, 公訴의 取消 또는 第256條의 送致를 한 때에는 그 處分한 날로부터 7日이내에 書面으로 告訴人 또는 告發人에게 그 趣旨를 通知하여야 한다.
② 檢事는 不起訴 또는 第256條의 處分을 한 때에는 被疑者에게 卽時 그 趣旨를 通知하여야 한다.

참조 [고소인]223 · 225－227, [고발인]234, [공소의 제기]246 · 254, [불기소처분]247, [공소의 취소]255, [타관송치]256, [기간계산]66

第259條【告訴人등에의 公訴不提起理由告知】 檢事는 告訴 또는 告發있는 事件에 관하여 公訴를 提起하지 아니하는 處分을 한 경우에 告訴人 또는 告發人의 請求가 있는 때에는 7日이내에 告訴人 또는 告發人에게 그 理由를 書面으로 說明하여야 한다.

참조 [고소]223 · 225－227, [고발]234, [불기소처분]247

第259條의2【피해자 등에 대한 통지】 검사는 범죄로 인한 피해자 또는 그 법정대리인(피해자가 사망한 경우에는 그 배우자 · 직계친족 · 형제자매를 포함한다)의 신청이 있는 때에는 당해 사건의 공소제기 여부, 공판의 일시 · 장소, 재판결과, 피의자 · 피고인의 구속 · 석방 등 구금에 관한 사실 등을 신속하게 통지하여야 한다.
(2007.6.1 본조신설)

第260條【재정신청】 ① 고소권자로서 고소를 한 자(「형법」 제123조부터 제126조까지의 죄에 대하여는 고발을 한 자를 포함한다. 이하 이 조에서 같다)는 검사로부터 공소를 제기하지 아니한다는 통지를 받은 때에는 그 검사 소속의 지방검찰청 소재지를 관할하는 고등법원(이하 "관할 고등법원"이라 한다)에 그 당부에 관한 재정을 신청할 수 있다. 다만, 「형법」 제126조의 죄에 대하여는 피공표자의 명시한 의사에 반하여 재정을 신청할 수 없다.(2011.7.18 본항개정)
② 제1항에 따른 재정신청을 하려면 「검찰청법」 제10조에 따른 항고를 거쳐야 한다. 다만, 다음 각 호의 어느 하나에 해당하는 경우에는 그러하지 아니하다.
1. 항고 이후 재기수사가 이루어진 다음에 다시 공소를 제기하지 아니한다는 통지를 받은 경우
2. 항고 신청 후 항고에 대한 처분이 행하여지지 아니하고 3개월이 경과한 경우
3. 검사가 공소시효 만료일 30일 전까지 공소를 제기하지 아니하는 경우
③ 제1항에 따른 재정신청을 하려는 자는 항고기각 결정을 통지받은 날 또는 제2항 각 호의 사유가 발생한 날부터 10일 이내에 지방검찰청검사장 또는 지청장에게 재정신청서를 제출하여야 한다. 다만, 제2항제3호의 경우에는 공소시효 만료일 전날까지 재정신청서를 제출할 수 있다.
④ 재정신청서에는 재정신청의 대상이 되는 사건의 범죄사실 및 증거 등 재정신청을 이유있게 하는 사유를 기재하여야 한다.
(2007.6.1 본조개정)

改前 ① 고소권자로서 고소를 한 자(「형법」 제123조부터 "제125조"까지의 죄에 대하여는 고발을 한 자를 포함한다.…

참조 [타인의 권리행사방해, 불법체포 · 불법감금, 폭행 · 가혹행위]형123－125, [재정신청과 공소제기]261, [신청기각의 결정]262, [기간계산]66 · 67, [고소인등에 대한 통지]258, [항고]검찰10, [신청의 취소]264

판례 재정신청 제기기간 후에 재정신청 대상을 추가할 수 있는지 여부 : 재정신청 제기기간이 경과된 후에 재정신청보충서를 제출하면서 원래의 재정신청에 재정신청 대상으로 포함되어 있지 않은 고발사실을 재정신청의 대상으로 추가한 경우, 그 재정신청보충서에서 추가한 부분에 관한 재정신청은 법률상 방식에 어긋난 것으로서 부적법하다.(대결 1997.4.22, 97모30)

第261條【지방검찰청검사장 등의 처리】 제260조제3항에 따라 재정신청서를 제출받은 지방검찰청검사장 또는 지청장은 재정신청서를 제출받은 날부터 7일 이내에 재정신청서 · 의견서 · 수사 관계 서류 및 증거물을 관할 고등검찰청을 경유하여 관할 고등법원에 송부하여야 한다. 다만, 제260조제2항 각 호의 어느 하나에 해당하는 경우에는 지방검찰청검사장 또는 지청장은 다음의 구분에 따른다.
1. 신청이 이유 있는 것으로 인정하는 때에는 즉시 공소를 제기하고 그 취지를 관할 고등법원과 재정신청인에게 통지한다.
2. 신청이 이유 없는 것으로 인정하는 때에는 30일 이내에 관할 고등법원에 송부한다.
(2007.6.1 본조개정)

改前 "第261條【지방검찰청검사장 또는 지청장 및 고등검찰청검사장 또는 支廳長의 處理】 ① 裁定申請을 受理한 地方檢察廳檢事長 또는 支廳長은 다음과 같이 處理한다.
1. 申請이 理由있는 것으로 認定한 때에는 卽時 公訴를 提起하고 그 趣旨를 所轄高等法院과 裁定申請人에게 通知하여야 한다.
2. 申請이 理由없는 것으로 認定한 때에는 그 記錄에 意見書를 添附하여 7日이내에 所轄高等檢察廳檢事長에게 送致한다.
② 前項第2號의 規定에 의하여 記錄을 受理한 高等檢察廳檢事長은 다음과 같이 處理한다.
1. 申請이 理由있는 것으로 認定한 때에는 그 記錄에 公訴提起命令書를 添附하여 所轄地方檢察廳檢事長에게 送致하고 그 趣旨를 所轄高等法院과 裁定申請人에게 通知하여야 한다.
2. 申請이 理由없는 것으로 認定한 때에는 30日이내에 그 記錄을 所轄高等法院에 送致한다.(1961.9.1 본호개정)
(2004.1.20 본조제목개정)"

참조 [검사장]검찰17 · 21, [지청장]검찰22, [재정신청]260, [공소제기]254, [재정결정]262

第262條【심리와 결정】 ① 법원은 재정신청서를 송부받은 때에는 송부받은 날부터 10일 이내에 피의자에게 그 사실을 통지하여야 한다.
② 법원은 재정신청서를 송부받은 날부터 3개월 이내에 항고의 절차에 준하여 다음 각 호의 구분에 따라 결정한다. 이 경우 필요한 때에는 증거를 조사할 수 있다.
1. 신청이 법률상의 방식에 위배되거나 이유 없는 때에는 신청을 기각한다.
2. 신청이 이유 있는 때에는 사건에 대한 공소제기를 결정한다.
③ 재정신청사건의 심리는 특별한 사정이 없는 한 공개하지 아니한다.
④ 제2항제1호의 결정에 대하여는 제415조에 따른 즉시항고를 할 수 있고, 제2항제2호의 결정에 대하여는 불복할 수 없다. 제2항제1호의 결정이 확정된 사건에 대하여는 다른 중요한 증거를 발견한 경우를 제외하고는 소추할 수 없다.(2016.1.6 전단개정)
⑤ 법원은 제2항의 결정을 한 때에는 즉시 그 정본을 재정신청인 · 피의자와 관할 지방검찰청검사장 또는 지청장에게 송부하여야 한다. 이 경우 제2항제2호의 결정을 한 때에는 관할 지방검찰청검사장 또는 지청장에게 사건기록을 함께 송부하여야 한다.
⑥ 제2항제2호의 결정에 따른 재정결정서를 송부받은 관할 지방검찰청 검사장 또는 지청장은 지체 없이 담당 검사를 지정하고 지정받은 검사는 공소를 제기하여야 한다.
(2007.6.1 본조개정)

改前 ④ "제2항의" 결정에 대하여는 "불복할" 수 없다. 제2항제1호의 결정이 확정된 사건에 대하여는…

참조 [재정신청]260, [수리통지]형소규120, [항고절차]402, [기간계산]66, [결정]37, [재판서]38, [공소장기재사항]254③, [관할위반선고불허]319 단서

第262條의2【재정신청사건 기록의 열람 · 등사 제한】 재정신청사건의 심리 중에는 관련 서류 및 증거물을 열람 또는 등사할 수 없다. 다만, 법원은 제262조제2항 후단의 증거조사과정에서 작성된 서류의 전부 또는 일부의 열람 또는 등사를 허가할 수 있다.(2007.6.1 본조신설)

第262條의3【비용부담 등】 ① 법원은 제262조제2항제1호의 결정 또는 제264조제2항의 취소가 있는 경우에는 결정으로 재정신청인에게 신청절차에 의하여 생긴 비용의 전부 또는 일부를 부담하게 할 수 있다.
② 법원은 직권 또는 피의자의 신청에 따라 재정신청인에게 피의자가 재정신청절차에서 부담하였거나 부담할 변호인선임료 등 비용의 전부 또는 일부의 지급을 명할 수 있다.
③ 제1항 및 제2항의 결정에 대하여는 즉시항고를 할 수 있다.
④ 제1항 및 제2항에 따른 비용의 지급범위와 절차 등에 대하여는 대법원규칙으로 정한다.
(2007.6.1 본조신설)

第262條의4【공소시효의 정지 등】 ① 제260조에 따른 재정신청이 있으면 제262조에 따른 재정결정이 확정될 때까지 공소시효의 진행이 정지된다.(2016.1.6 본항개정)
② 제262조제2항제2호의 결정이 있는 때에는 공소시효에 관하여 그 결정이 있는 날에 공소가 제기된 것으로 본다.
(2007.6.1 본조개정)

改前 ① 제260조에 따른…재정결정이 "있을" 때까지…

參照 [시효의 정지와 효력]253

第263條 (2007.6.1 삭제)

改前 "第263條【公訴提起의 擬制】第262條第1項第2號의 決定이 있는 때에는 그 事件에 대하여 公訴의 提起가 있는 것으로 看做한다.(1980.12.18 본조개정)"

第264條【代理人에 의한 申請과 1人의 申請의 效力, 取消】 ① 裁定申請은 代理人에 의하여 할 수 있으며 共同申請權者 중 1人의 申請은 그 全員을 위하여 效力을 發生한다.
② 裁定申請은 제262조제2항의 決定이 있을 때까지 取消할 수 있다. 取消한 者는 다시 裁定申請을 할 수 없다.
(2007.6.1 본항개정)
③ 前項의 取消는 다른 共同申請權者에게 效力을 미치지 아니한다.

改前 ② 裁定申請은 "第262條第1項"의 決定이 있을…

參照 [재정신청]260, [신청취소방식]형소규121, [재정결정]262①

第264條의2【공소취소의 제한】 검사는 제262조제2항제2호의 결정에 따라 공소를 제기한 때에는 이를 취소할 수 없다.(2007.6.1 본조신설)

第265條 (2007.6.1 삭제)

改前 "第265條【公訴의 維持와 指定辯護士】① 法院은 第262條第1項第2號의 規定에 의하여 事件이 그 法院의 審判에 付하여진 때에는 그 事件에 대하여 公訴의 維持를 擔當할 者를 辯護士중에서 指定하여야 한다.
② 前項의 指定을 받은 辯護士는 當該 事件과 이와 併合된 事件에 대한 公訴를 維持하기 위하여 終局裁判이 確定될 때까지 檢事로서의 모든 職權을 行使한다. 但, 司法警察官吏에 대한 捜査의 指揮는 裁判長이 認定한 事項에 한한다.
③ 前項의 規定에 의하여 檢事의 職務를 行하는 辯護士는 法令에 의하여 公務에 從事하는 者로 看做한다.
④ 法院은 指定을 받은 辯護士가 그 職務를 行함에 있어서 부적당하다고 認定하거나 기타 特殊한 事情이 있을 경우에는 언제든지 그 指定을 取消하고 다른 辯護士를 指定할 수 있다.
⑤ 指定된 辯護士는 國家로부터 法律로써 정한 額의 報酬를 받는다."

第3章 公 判

第1節 公判準備와 公判節次

第266條【公訴狀副本의 送達】 法院은 公訴의 提起가 있는 때에는 遲滯없이 公訴狀의 副本을 被告人 또는 辯護人에게 送達하여야 한다. 但, 第1回 公判期日 前 5日까지 送達하여야 한다.

參照 [공소제기]246, [공소장]254, [공판기일]267, 형소규123-125, [기간계산]66, [송달불능]소송촉진23

판례 피고인에 대한 공소장의 부적법한 송달과 상소이유 : 공소장의 송달이 부적법하다 하여도 피고인이 제1심에서 이의함이 없이 공소사실에 관하여 충분히 진술할 기회를 부여받은 이상 판결결과에는 영향이 없어 그것이 적법한 상소이유가 된다고 할 수 없다.
(대판 1992.3.10, 91도3272)

第266條의2【의견서의 제출】 ① 피고인 또는 변호인은 공소장 부본을 송달받은 날부터 7일 이내에 공소사실에 대한 인정 여부, 공판준비절차에 관한 의견 등을 기재한 의견서를 법원에 제출하여야 한다. 다만, 피고인이 진술을 거부하는 경우에는 그 취지를 기재한 의견서를 제출할 수 있다.
② 법원은 제1항의 의견서가 제출된 때에는 이를 검사에게 송부하여야 한다.
(2007.6.1 본조신설)

第266條의3【공소제기 후 검사가 보관하고 있는 서류등의 열람·등사】 ① 피고인 또는 변호인은 검사에게 공소제기된 사건에 관한 서류 또는 물건(이하 "서류등"이라 한다)의 목록과 공소사실의 인정 또는 양형에 영향을 미칠 수 있는 다음 서류등의 열람·등사 또는 서면의 교부를 신청할 수 있다. 다만, 피고인에게 변호인이 있는 경우에는 피고인은 열람만을 신청할 수 있다.
1. 검사가 증거로 신청할 서류등
2. 검사가 증인으로 신청할 사람의 성명, 사건과의 관계 등을 기재한 서면 또는 그 사람이 공판기일 전에 행한 진술을 기재한 서류등
3. 제1호 또는 제2호의 서면 또는 서류등의 증명력과 관련된 서류등
4. 피고인 또는 변호인이 행한 법률상·사실상 주장과 관련된 서류등(관련 형사재판확정기록, 불기소처분기록 등을 포함한다)

② 검사는 국가안보, 증인보호의 필요성, 증거인멸의 염려, 관련 사건의 수사에 장애를 가져올 것으로 예상되는 구체적인 사유 등 열람·등사 또는 서면의 교부를 허용하지 아니할 상당한 이유가 있다고 인정하는 때에는 열람·등사 또는 서면의 교부를 거부하거나 그 범위를 제한할 수 있다.
③ 검사는 열람·등사 또는 서면의 교부를 거부하거나 그 범위를 제한하는 때에는 지체 없이 그 이유를 서면으로 통지하여야 한다.
④ 피고인 또는 변호인은 검사가 제1항의 신청을 받은 때부터 48시간 이내에 제3항의 통지를 하지 아니하는 때에는 제266조의4제1항의 신청을 할 수 있다.
⑤ 검사는 제2항에도 불구하고 서류등의 목록에 대하여는 열람 또는 등사를 거부할 수 없다.
⑥ 제1항의 서류등은 도면·사진·녹음테이프·비디오테이프·컴퓨터용 디스크, 그 밖에 정보를 담기 위하여 만들어진 물건으로서 문서가 아닌 특수매체를 포함한다. 이 경우 특수매체에 대한 등사는 필요 최소한의 범위에 한한다.
(2007.6.1 본조신설)

第266條의4【법원의 열람·등사에 관한 결정】 ① 피고인 또는 변호인은 검사가 서류등의 열람·등사 또는 서면의 교부를 거부하거나 그 범위를 제한한 때에는 법원에 그 서류등의 열람·등사 또는 서면의 교부를 허용하도록 할 것을 신청할 수 있다.
② 법원은 제1항의 신청이 있는 때에는 열람·등사 또는 서면의 교부를 허용하는 경우에 생길 폐해의 유형·정도, 피고인의 방어 또는 재판의 신속한 진행을 위한 필요성 및 해당 서류등의 중요성 등을 고려하여 검사에게 열람·등사 또는 서면의 교부를 허용할 것을 명할 수 있다. 이 경우 열람 또는 등사의 시기·방법을 지정하거나 조건·의무를 부과할 수 있다.

③ 법원은 제2항의 결정을 하는 때에는 검사에게 의견을 제시할 수 있는 기회를 부여하여야 한다.
④ 법원은 필요하다고 인정하는 때에는 검사에게 해당 서류등의 제시를 요구할 수 있고, 피고인이나 그 밖의 이해관계인을 심문할 수 있다.
⑤ 검사는 제2항의 열람·등사 또는 서면의 교부에 관한 법원의 결정을 지체 없이 이행하지 아니하는 때에는 해당 증인 및 서류등에 대한 증거신청을 할 수 없다.
(2007.6.1 본조신설)

第266條의5【공판준비절차】 ① 재판장은 효율적이고 집중적인 심리를 위하여 사건을 공판준비절차에 부칠 수 있다.
② 공판준비절차는 주장 및 입증계획 등을 서면으로 준비하게 하거나 공판준비기일을 열어 진행한다.
③ 검사, 피고인 또는 변호인은 증거를 미리 수집·정리하는 등 공판준비절차가 원활하게 진행될 수 있도록 협력하여야 한다.
(2007.6.1 본조신설)

第266條의6【공판준비를 위한 서면의 제출】 ① 검사, 피고인 또는 변호인은 법률상·사실상 주장의 요지 및 입증취지 등이 기재된 서면을 법원에 제출할 수 있다.
② 재판장은 검사, 피고인 또는 변호인에 대하여 제1항에 따른 서면의 제출을 명할 수 있다.
③ 법원은 제1항 또는 제2항에 따라 서면이 제출된 때에는 그 부본을 상대방에게 송달하여야 한다.
④ 재판장은 검사, 피고인 또는 변호인에게 공소장 등 법원에 제출된 서면에 대한 설명을 요구하거나 그 밖에 공판준비에 필요한 명령을 할 수 있다.
(2007.6.1 본조신설)

第266條의7【공판준비기일】 ① 법원은 검사, 피고인 또는 변호인의 의견을 들어 공판준비기일을 지정할 수 있다.
② 검사, 피고인 또는 변호인은 법원에 대하여 공판준비기일의 지정을 신청할 수 있다. 이 경우 당해 신청에 관한 법원의 결정에 대하여는 불복할 수 없다.
③ 법원은 합의부원으로 하여금 공판준비기일을 진행하게 할 수 있다. 이 경우 수명법관은 공판준비기일에 관하여 법원 또는 재판장과 동일한 권한이 있다.
④ 공판준비기일은 공개한다. 다만, 공개하면 절차의 진행이 방해될 우려가 있는 때에는 공개하지 아니할 수 있다.
(2007.6.1 본조신설)

第266條의8【검사 및 변호인 등의 출석】 ① 공판준비기일에는 검사 및 변호인이 출석하여야 한다.
② 공판준비기일에는 법원사무관등이 참여한다.
③ 법원은 검사, 피고인 및 변호인에게 공판준비기일을 통지하여야 한다.
④ 법원은 공판준비기일이 지정된 사건에 관하여 변호인이 없는 때에는 직권으로 변호인을 선정하여야 한다.
⑤ 법원은 필요하다고 인정하는 때에는 피고인을 소환할 수 있으며, 피고인은 법원의 소환이 없는 때에도 공판준비기일에 출석할 수 있다.
⑥ 재판장은 출석한 피고인에게 진술을 거부할 수 있음을 알려주어야 한다.
(2007.6.1 본조신설)

第266條의9【공판준비에 관한 사항】 ① 법원은 공판준비절차에서 다음 행위를 할 수 있다.
1. 공소사실 또는 적용법조를 명확하게 하는 행위
2. 공소사실 또는 적용법조의 추가·철회 또는 변경을 허가하는 행위
3. 공소사실과 관련하여 주장할 내용을 명확히 하여 사건의 쟁점을 정리하는 행위
4. 계산이 어렵거나 그 밖에 복잡한 내용에 관하여 설명하도록 하는 행위
5. 증거신청을 하도록 하는 행위
6. 신청된 증거와 관련하여 입증 취지 및 내용 등을 명확하게 하는 행위
7. 증거신청에 관한 의견을 확인하는 행위
8. 증거 채부(採否)의 결정을 하는 행위
9. 증거조사의 순서 및 방법을 정하는 행위
10. 서류등의 열람 또는 등사와 관련된 신청의 당부를 결정하는 행위
11. 공판기일을 지정 또는 변경하는 행위
12. 그 밖에 공판절차의 진행에 필요한 사항을 정하는 행위

② 제296조 및 제304조는 공판준비절차에 관하여 준용한다.
(2007.6.1 본조신설)

第266條의10【공판준비기일 결과의 확인】 ① 법원은 공판준비기일을 종료하는 때에는 검사, 피고인 또는 변호인에게 쟁점 및 증거에 관한 정리결과를 고지하고, 이에 대한 이의의 유무를 확인하여야 한다.
② 법원은 쟁점 및 증거에 관한 정리결과를 공판준비기일조서에 기재하여야 한다.
(2007.6.1 본조신설)

第266條의11【피고인 또는 변호인이 보관하고 있는 서류등의 열람·등사】 ① 검사는 피고인 또는 변호인이 공판기일 또는 공판준비절차에서 현장부재·심신상실 또는 심신미약 등 법률상·사실상의 주장을 한 때에는 피고인 또는 변호인에게 다음 서류등의 열람·등사 또는 서면의 교부를 요구할 수 있다.
1. 피고인 또는 변호인이 증거로 신청할 서류등
2. 피고인 또는 변호인이 증인으로 신청할 사람의 성명, 사건과의 관계 등을 기재한 서면
3. 제1호의 서류등 또는 제2호의 서면의 증명력과 관련된 서류등
4. 피고인 또는 변호인이 행한 법률상·사실상의 주장과 관련된 서류등

② 피고인 또는 변호인은 검사가 제266조의3제1항에 따른 서류등의 열람·등사 또는 서면의 교부를 거부한 때에는 제1항에 따른 서류등의 열람·등사 또는 서면의 교부를 거부할 수 있다. 다만, 법원이 제266조의4제1항에 따른 신청을 기각하는 결정을 한 때에는 그러하지 아니하다.
③ 검사는 피고인 또는 변호인이 제1항에 따른 요구를 거부한 때에는 법원에 그 서류등의 열람·등사 또는 서면의 교부를 허용하도록 할 것을 신청할 수 있다.
④ 제266조의4제2항부터 제5항까지의 규정은 제3항의 신청이 있는 경우에 준용한다.
⑤ 제1항에 따른 서류등에 관하여는 제266조의3제6항을 준용한다.
(2007.6.1 본조신설)

第266條의12【공판준비절차의 종결사유】 법원은 다음 각 호의 어느 하나에 해당하는 사유가 있는 때에는 공판준비절차를 종결하여야 한다. 다만, 제2호 또는 제3호에 해당하는 경우로서 공판의 준비를 계속하여야 할 상당한 이유가 있는 때에는 그러하지 아니하다.
1. 쟁점 및 증거의 정리가 완료된 때
2. 사건을 공판준비절차에 부친 뒤 3개월이 지난 때
3. 검사·변호인 또는 소환받은 피고인이 출석하지 아니한 때

(2007.6.1 본조신설)

第266條의13【공판준비기일 종결의 효과】 ① 공판준비기일에서 신청하지 못한 증거는 다음 각 호의 어느 하나에 해당하는 경우에 한하여 공판기일에 신청할 수 있다.
1. 그 신청으로 인하여 소송을 현저히 지연시키지 아니하는 때
2. 중대한 과실 없이 공판준비기일에 제출하지 못하는 등 부득이한 사유를 소명한 때
② 제1항에도 불구하고 법원은 직권으로 증거를 조사할 수 있다.
(2007.6.1 본조신설)

第266條의14【준용규정】 제305조는 공판준비기일의 재개에 관하여 준용한다.(2007.6.1 본조신설)

第266條의15【기일간 공판준비절차】 법원은 쟁점 및 증거의 정리를 위하여 필요한 경우에는 제1회 공판기일 후에도 사건을 공판준비절차에 부칠 수 있다. 이 경우 기일전 공판준비절차에 관한 규정을 준용한다.(2007.6.1 본조신설)

第266條의16【열람·등사된 서류등의 남용금지】 ① 피고인 또는 변호인(피고인 또는 변호인이었던 자를 포함한다. 이하 이 조에서 같다)은 검사가 열람 또는 등사하도록 한 제266조의3제1항에 따른 서면 및 서류등의 사본을 당해 사건 또는 관련 소송의 준비에 사용할 목적이 아닌 다른 목적으로 다른 사람에게 교부 또는 제시(전기통신설비를 이용하여 제공하는 것을 포함한다)하여서는 아니 된다.
② 피고인 또는 변호인이 제1항을 위반하는 때에는 1년 이하의 징역 또는 500만원 이하의 벌금에 처한다.
(2007.6.1 본조신설)

第266條의17【비디오 등 중계장치 등에 의한 공판준비기일】 ① 법원은 피고인이 출석하지 아니하는 경우 상당하다고 인정하는 때에는 검사와 변호인의 의견을 들어 비디오 등 중계장치에 의한 중계시설을 통하거나 인터넷 화상장치를 이용하여 공판준비기일을 열 수 있다.
② 제1항에 따른 기일은 검사와 변호인이 법정에 출석하여 이루어진 공판준비기일로 본다.
③ 제1항에 따른 기일의 절차와 방법, 그 밖에 필요한 사항은 대법원규칙으로 정한다.
(2021.8.17 본조신설)

第267條【公判期日의 指定】 ① 裁判長은 公判期日을 정하여야 한다.
② 公判期日에는 被告人, 代表者 또는 代理人을 召喚하여야 한다.
③ 公判期日은 檢事, 辯護人과 補助人에게 通知하여야 한다.

参조 [유예기간]269, [피고인의 소환]68·73·76·268·269, [보조인]29, [기일의 변경]270

판례 적법한 기일 소환 또는 통지아래 적법하게 개정된 공판정에서 다음 기일을 고지한 때에는 그 기일고지는 불출석한 소송관계인에 대하여도 효력이 있다.(대판 1970.10.13, 70도1619)

第267條의2【집중심리】 ① 공판기일의 심리는 집중되어야 한다.
② 심리에 2일 이상이 필요한 경우에는 부득이한 사정이 없는 한 매일 계속 개정하여야 한다.
③ 재판장은 여러 공판기일을 일괄하여 지정할 수 있다.
④ 재판장은 부득이한 사정으로 매일 계속 개정하지 못하는 경우에도 특별한 사정이 없는 한 전회의 공판기일부터 14일 이내로 다음 공판기일을 지정하여야 한다.
⑤ 소송관계인은 기일을 준수하고 심리에 지장을 초래하지 아니하도록 하여야 하며, 재판장은 이에 필요한 조치를 할 수 있다.
(2007.6.1 본조신설)

第268條【召喚狀送達의 擬制】 法院의 構內에 있는 被告人에 대하여 公判期日을 通知한 때에는 召喚狀送達의 效力이 있다.

参조 [공판기일의 지정]267, [소환장의 송달]76

第269條【第1回 公判期日의 猶豫期間】 ① 第1回公判期日은 召喚狀의 送達後 5日이상의 猶豫期間을 두어야 한다.
② 被告人이 異議없는 때에는 前項의 猶豫期間을 두지 아니할 수 있다.

参조 [기간]66·67, [소환장의 송달]76·268

第270條【公判期日의 變更】 ① 裁判長은 職權 또는 檢事, 被告人이나 辯護人의 申請에 의하여 公判期日을 變更할 수 있다.
② 公判期日 變更申請을 棄却한 命令은 送達하지 아니한다.

参조 [재판고지의 원칙]42, [공판기일의 지정]267

第271條【不出席事由, 資料의 提出】 公判期日에 召喚 또는 通知書를 받은 者가 疾病 기타의 事由로 出席하지 못할 때에는 醫師의 診斷書 기타의 資料를 提出하여야 한다.

参조 [출석하지 못할 때의 처치]306②③

第272條【公務所등에 대한 照會】 ① 法院은 職權 또는 檢事, 被告人이나 辯護人의 申請에 의하여 公務所 또는 公私團體에 照會하여 필요한 事項의 報告 또는 그 保管書類의 送付를 要求할 수 있다.
② 前項의 申請을 棄却함에는 決定으로 하여야 한다.

参조 [수사와 필요한 보고]199②, [결정]37, [공판정에서의 조사]291

第273條【公判期日 前의 證據調査】 ① 法院은 檢事, 被告人 또는 辯護人의 申請에 의하여 公判準備에 필요하다고 認定한 때에는 公判期日 前에 被告人 또는 證人을 訊問할 수 있고 檢證, 鑑定 또는 飜譯을 命할 수 있다.
② 裁判長은 部員으로 하여금 前項의 行爲를 하게 할 수 있다.
③ 第1項의 申請을 棄却함에는 決定으로 하여야 한다.

参조 [증인신문]146이하, [검증]139이하, [감정]169이하, [번역]182·183, [결정]37, [공판정에서의 조사]291

第274條【當事者의 公判期日 前의 證據提出】 檢事, 被告人 또는 辯護人은 公判期日 前에 書類나 物件을 證據로 法院에 提出할 수 있다.(1961.9.1 본조개정)

参조 [공판정에서의 조사]291

第275條【公判廷의 審理】 ① 公判期日에는 公判廷에서 審理한다.
② 공판정은 판사와 검사, 법원사무관등이 출석하여 개정한다.(2007.6.1 본항개정)
③ 검사의 좌석과 피고인 및 변호인의 좌석은 대등하며, 법대의 좌우측에 마주 보고 위치하고, 증인의 좌석은 법대의 정면에 위치한다. 다만, 피고인신문을 하는 때에는 피고인은 증인석에 좌석한다.(2007.6.1 본항개정)

改前 "② 公判廷은 判事와 書記官 또는 書記가 列席하고 檢事가 出席하여 開廷한다.
③ 檢事의 座席은 辯護人의 座席과 對等하며 被告人은 裁判長의 正前에 座席한다."

参조 [판결법원의 불구성과 항소이유]361의5, [공판정]법원조직56, [판사의 경질]301, [좌석]법정좌석에관한규칙

판례 형사소송법이 공판중심주의의 한 요소로서 채택하는 실질적 직접심리주의의 취지 및 법원이 취하여야 할 조치 : 우리 형사소송법은 형사사건의 실체에 대한 유죄·무죄의 심증 형성은 법정에서의 심리에 의하여야 한다는 공판중심주의의 한 요소로서, 법관의 면전에서 직접 조사한 증거만을 재판의 기초로 삼을 수 있고 증명 대상이 되는 사실과 가장 가까운 원본 증거를 재판의 기초로 삼아야 하며 원본 증거의 대체물 사용은 원칙적으로 허용되어서는 안 된다는 실질적 직접심리주의를 채택하고 있는바, 이는 법관이 법정에서 직접 원본 증거를 조사하는 방법을 통하여 사건에 대한 신선하고 정확한 심증을 형성할 수 있고 피고인에게 원본 증거에 관한 직접적인 의견진술의 기회를 부여함으로써 실체적 진실을 발견하고 공정한 재판을 실현할 수 있기 때문이다. 형사소송절차를 주재하는 법원으

로서는 형사소송절차의 진행과 심리 과정에서 법정을 중심으로 특히, 당사자의 주장과 증거조사가 이루어지는 원칙적인 절차인 제1심의 법정에서 위와 같은 실질적 직접심리주의의 정신이 충분하고도 완벽하게 구현될 수 있도록 하여야 할 것이다.
(대판 2006.11.24, 2006도4994)

第275條의2【被告人의 無罪推定】 被告人은 有罪의 判決이 確定될 때까지는 無罪로 推定된다.(1980.12.18 본조신설)

참조 헌27④, [무죄추정과 명예훼손]형307·309·310

판례 수사기관에서 구속된 피의자의 도주 등을 억제하는데 필요한 한도 내에서 포승이나 수갑을 사용하는 것이 무죄추정의 원칙에 위배되는 것인지 여부 : 무죄추정을 받는 피의자라고 하더라도 그에게 구속의 사유가 있어 구속영장이 발부, 집행된 이상 신체의 자유가 제한되는 것은 당연한 것이고, 특히 수사기관에서 구속된 피의자의 도주, 항거 등을 억제하는데 필요하다고 인정할 상당한 이유가 있는 경우에는 필요한 한도 내에서 포승이나 수갑을 사용할 수 있는 것이며, 이러한 조치가 무죄추정의 원칙에 위배되는 것이라고 할 수는 없다.(대판 1996.5.14, 96도561)

第275條의3【구두변론주의】 공판정에서의 변론은 구두로 하여야 한다.(2007.6.1 본조신설)

第276條【被告人의 出席權】 被告人이 公判期日에 出席하지 아니한 때에는 特別한 規定이 없으면 開廷하지 못한다. 但, 被告人이 法人인 경우에는 代理人을 出席하게 할 수 있다.

참조 [특별규정]277·306·330·365, [대리인]27, 즉결심판8

판례 피고인의 소재를 확인할 수 없는 때 피고인의 진술없이 재판할 수 있도록 제1심 공판의 특례를 규정한 소송촉진등에관한특례법 제23조의 위헌여부 : 피고인의 공판기일출석권을 제한하고 있는 이 사건 법률조항은 피고인 불출석 상태에서 중형이 선고될 수도 있는 가능성을 배제하고 있지 아니할 뿐만 아니라 그 적용대상이 너무 광범위하므로, 비록 정당한 입법목적 아래 마련된 조항이라 할지라도 헌법 제37조 제2항의 과잉금지의 원칙에 위배되어 피고인의 공정한 재판을 받을 권리를 침해하는 것이다. 또 자기에게 아무런 책임없는 사유로 출석하지 못한 피고인에 대하여 별다른 증거조사도 없이 곧바로 유죄판결을 선고할 수 있도록 한 것은 그 절차의 내용이 심히 적정치 못한 경우로서 헌법 제12조 제1항 후문의 적법절차원칙에 반한다.(헌재결 1998.7.16, 97헌바22 전원재판부)

第276條의2【장애인 등 특별히 보호를 요하는 자에 대한 특칙】 ① 재판장 또는 법관은 피고인을 신문하는 경우 다음 각 호의 어느 하나에 해당하는 때에는 직권 또는 피고인·법정대리인·검사의 신청에 따라 피고인과 신뢰관계에 있는 자를 동석하게 할 수 있다.
1. 피고인이 신체적 또는 정신적 장애로 사물을 변별하거나 의사를 결정·전달할 능력이 미약한 경우
2. 피고인의 연령·성별·국적 등의 사정을 고려하여 그 심리적 안정의 도모와 원활한 의사소통을 위하여 필요한 경우

② 제1항에 따라 동석할 수 있는 신뢰관계에 있는 자의 범위, 동석의 절차 및 방법 등에 관하여 필요한 사항은 대법원규칙으로 정한다.
(2007.6.1 본조신설)

第277條【경미사건 등과 피고인의 불출석】 다음 각 호의 어느 하나에 해당하는 사건에 관하여는 피고인의 출석을 요하지 아니한다. 이 경우 피고인은 대리인을 출석하게 할 수 있다.
1. 다액 500만원 이하의 벌금 또는 과료에 해당하는 사건
2. 공소기각 또는 면소의 재판을 할 것이 명백한 사건
3. 장기 3년 이하의 징역 또는 금고, 다액 500만원을 초과하는 벌금 또는 구류에 해당하는 사건에서 피고인의 불출석허가신청이 있고 법원이 피고인의 불출석이 그의 권리를 보호함에 지장이 없다고 인정하여 이를 허가한 사건. 다만, 제284조에 따른 절차를 진행하거나 판결을 선고하는 공판기일에는 출석하여야 한다.
4. 제453조제1항에 따라 피고인만이 정식재판의 청구를 하여 판결을 선고하는 사건

(2007.6.1 본조개정)

改前 "第277條【輕微事件등과 被告人의 不出席】 多額 100萬원이하의 罰金 또는 科料에 해당하거나 公訴棄却 또는 免訴의 裁判을 할 것이 明白한 事件에 관하여는 被告人의 出席을 요하지 아니한다. 다만, 被告人은 代理人을 出席하게 할 수 있다.(1995.12.29 본조개정)"

第277條의2【被告人의 출석거부와 公判節次】 ① 被告人이 출석하지 아니하면 開廷하지 못하는 경우에 拘束된 被告人이 정당한 사유없이 출석을 거부하고, 교도관에 의한 引致가 불가능하거나 현저히 곤란하다고 인정되는 때에는 被告人의 출석없이 公判節次를 진행할 수 있다.(2007.6.1 본항개정)

② 第1項의 規定에 의하여 公判節次를 진행할 경우에는 출석한 檢事 및 辯護人의 의견을 들어야 한다.
(1995.12.29 본조신설)

改前 ① 被告人이 출석하지 아니하면…거부하고, "矯導官吏"에 의한 引致가 불가능하거나 현저히 곤란하다고…

참조 [원칙]276, [단서]형소규126

第278條【檢事의 不出席】 檢事가 公判期日의 通知를 2回 이상 받고 출석하지 아니하거나 判決만을 宣告하는 때에는 檢事의 出席없이 開廷할 수 있다.(1995.12.29 본조개정)

참조 [원칙]275, [공판기일의 통지]267②

第279條【裁判長의 訴訟指揮權】 公判期日의 訴訟指揮는 裁判長이 한다.

참조 [소송지휘권의 내용]296·298－300·305, [이의신청]304

판례 항소심법원이 선거범에 대한 재판을 함에 있어서 일정한 선고기일을 염두에 두고 공판기일을 정하여 진행한 경우 : 공직선거및선거부정방지법 제270조는 "선거범과 그 공범에 대한 재판은 다른 재판에 우선하여 신속히 하여야 하며, 그 판결의 선고는 제1심에서는 공소가 제기된 날로부터 6월 이내에, 제2심 및 제3심에서는 전심의 판결의 선고가 있은 날로부터 각각 3월 이내에 반드시 하여야 한다."라고 규정하고 있는바, 항소심법원이 일정한 선고기일을 염두에 두고 공판기일을 정하여 진행하였다 하더라도 그와 같은 조치는 검사의 공소유지 및 피고인의 방어권 행사에 실질적인 지장을 초래하지 않는 범위 내에서 위 법규정을 최대한 준수하기 위한 것으로 보기에 충분하므로 이를 자의적인 재판 진행이라고 할 수 없고, 또한 공판기일의 지정과 공판기일의 소송지휘는 재판장의 권한이라고 할 것이다.(대판 2002.6.25, 2002도45)

第279條의2【전문심리위원의 참여】 ① 법원은 소송관계를 분명하게 하거나 소송절차를 원활하게 진행하기 위하여 필요한 경우에는 직권으로 또는 검사, 피고인 또는 변호인의 신청에 의하여 결정으로 전문심리위원을 지정하여 공판준비 및 공판기일 등 소송절차에 참여하게 할 수 있다.

② 전문심리위원은 전문적인 지식에 의한 설명 또는 의견을 기재한 서면을 제출하거나 기일에 전문적인 지식에 의하여 설명이나 의견을 진술할 수 있다. 다만, 재판의 합의에는 참여할 수 없다.

③ 전문심리위원은 기일에 재판장의 허가를 받아 피고인 또는 변호인, 증인 또는 감정인 등 소송관계인에게 소송관계를 분명하게 하기 위하여 필요한 사항에 관하여 직접 질문할 수 있다.

④ 법원은 제2항에 따라 전문심리위원이 제출한 서면이나 전문심리위원의 설명 또는 의견의 진술에 관하여 검사, 피고인 또는 변호인에게 구술 또는 서면에 의한 의견진술의 기회를 주어야 한다.
(2007.12.21 본조신설)

第279條의3【전문심리위원 참여결정의 취소】 ① 법원은 상당하다고 인정하는 때에는 검사, 피고인 또는 변호인의 신청이나 직권으로 제279조의2제1항에 따른 결정을 취소할 수 있다.

② 법원은 검사와 피고인 또는 변호인이 합의하여 제279조의2제1항의 결정을 취소할 것을 신청한 때에는 그 결정을 취소하여야 한다.
(2007.12.21 본조신설)

第279條의4【전문심리위원의 지정 등】 ① 제279조의2제1항에 따라 전문심리위원을 소송절차에 참여시키는

경우 법원은 검사, 피고인 또는 변호인의 의견을 들어 각 사건마다 1인 이상의 전문심리위원을 지정한다.
② 전문심리위원에게는 대법원규칙으로 정하는 바에 따라 수당을 지급하고, 필요한 경우에는 그 밖의 여비, 일당 및 숙박료를 지급할 수 있다.
③ 그 밖에 전문심리위원의 지정에 관하여 필요한 사항은 대법원규칙으로 정한다.
(2007.12.21 본조신설)

第279條의5【전문심리위원의 제척 및 기피】 ① 제17조부터 제20조까지 및 제23조는 전문심리위원에게 준용한다.
② 제척 또는 기피 신청이 있는 전문심리위원은 그 신청에 관한 결정이 확정될 때까지 그 신청이 있는 사건의 소송절차에 참여할 수 없다. 이 경우 전문심리위원은 해당 제척 또는 기피 신청에 대하여 의견을 진술할 수 있다.
(2007.12.21 본조신설)

第279條의6【수명법관 등의 권한】 수명법관 또는 수탁판사가 소송절차를 진행하는 경우에는 제279조의2제2항부터 제4항까지의 규정에 따른 법원 및 재판장의 직무는 그 수명법관이나 수탁판사가 행한다.(2007.12.21 본조신설)

第279條의7【비밀누설죄】 전문심리위원 또는 전문심리위원이었던 자가 그 직무수행 중에 알게 된 다른 사람의 비밀을 누설한 때에는 2년 이하의 징역이나 금고 또는 1천만원 이하의 벌금에 처한다.(2007.12.21 본조신설)

第279條의8【벌칙 적용에서의 공무원 의제】 전문심리위원은 「형법」 제129조부터 제132조까지의 규정에 따른 벌칙의 적용에서는 공무원으로 본다.(2007.12.21 본조신설)

第280條【公判廷에서의 身體拘束의 禁止】 公判廷에서는 被告人의 身體를 拘束하지 못한다. 다만, 裁判長은 被告人이 暴力을 행사하거나 도망할 염려가 있다고 인정하는 때에는 被告人의 身體의 拘束을 명하거나 기타 필요한 措置를 할 수 있다.(1995.12.29 단서개정)

第281條【被告人의 在廷義務, 法廷警察權】 ① 被告人은 裁判長의 許可없이 退廷하지 못한다.
② 裁判長은 被告人의 退廷을 制止하거나 法廷의 秩序를 維持하기 위하여 필요한 處分을 할 수 있다.

참조 [피고인의 퇴정]330, [처분에 대한 이의]304, [법정경찰권]법원조직60, [심리방해죄]법원조직61

第282條【필요적 변호】 제33조제1항 각 호의 어느 하나에 해당하는 사건 및 같은 조 제2항·제3항의 규정에 따라 변호인이 선정된 사건에 관하여는 辯護人없이 開廷하지 못한다. 但, 判決만을 宣告할 경우에는 例外로 한다.
(2006.7.19 본조개정)

改前 第282條【"必要的 辯護"】"死刑, 無期 또는 短期 3年以上의 懲役이나 禁錮에 該當하는 事件"에 관하여는…

참조 [국선변호인의 선임]33·283

판례 '필요적 변호'사건에서 변호인 없이 개정하여 심리를 진행하고 판결한 것은 소송절차의 법령위반에 해당하지만, 피고인의 이익을 위하여 만들어진 필요적 변호의 규정 때문에 피고인에게 불리한 결과를 가져오게 할 수는 없으므로, 그와 같은 법령위반은 무죄판결에 영향을 미치지 않는다.(대판 2003.3.25, 2002도5748)

第283條【국선변호인】 제282조 본문의 경우 변호인이 출석하지 아니한 때에는 法院은 職權으로 辯護人을 選定하여야 한다.(2006.7.19 본조개정)

改前 第283條 "【國選辯護人】第33條 各號의 경우 또는 前條의 경우에 辯護人이 없거나 出席하지 아니한 때에는" 法院은 職權으로 辯護人을 選定하여야 한다.

참조 [국선변호인]33, 법원조직72④, [필요적 변호]282

第283條의2【피고인의 진술거부권】 ① 피고인은 진술하지 아니하거나 개개의 질문에 대하여 진술을 거부할 수 있다.
② 재판장은 피고인에게 제1항과 같이 진술을 거부할 수 있음을 고지하여야 한다.
(2007.6.1 본조신설)

참조 즉결심판9

第284條【人定訊問】 裁判長은 被告人의 姓名, 年齡, 등록기준지, 住居와 職業을 물어서 被告人임에 틀림없음을 確認하여야 한다.(2007.5.17 본조개정)

改前 第284條【人定訊問】裁判長은…年齡, "本籍," 住居와 職業을 물어서 被告人임에 틀림없음을 確認하여야 한다.

참조 [피의자 신문]241

第285條【검사의 모두진술】 검사는 공소장에 의하여 공소사실·죄명 및 적용법조를 낭독하여야 한다. 다만, 재판장은 필요하다고 인정하는 때에는 검사에게 공소의 요지를 진술하게 할 수 있다.(2007.6.1 본조개정)

改前 "第285條【檢事의 冒頭陳述】裁判長은 檢事로 하여금 公訴狀에 의하여 起訴의 요지를 陳述하게 할 수 있다.(1995.12.29 본조개정)"

참조 [공소장]254, [모두절차]320, [검사의 불출석]278

第286條【피고인의 모두진술】 ① 피고인은 검사의 모두진술이 끝난 뒤에 공소사실의 인정 여부를 진술하여야 한다. 다만, 피고인이 진술거부권을 행사하는 경우에는 그러하지 아니하다.
② 피고인 및 변호인은 이익이 되는 사실 등을 진술할 수 있다.
(2007.6.1 본조개정)

改前 "第286條【被告人의 陳述權】裁判長은 被告人에게 그 利益되는 事實을 陳述할 機會를 주어야 한다."

참조 [피고인 진술거부권등의 고지]형소규127, [취소와 갱신]301의2, [강제등 자백]309, [불이익한 자백]310

第286條의2【簡易公判節次의 決定】 被告人이 公判廷에서 公訴事實에 대하여 自白한 때에는 法院은 그 公訴事實에 한하여 簡易公判節次에 의하여 審判할 것을 決定할 수 있다.(1995.12.29 본조개정)

참조 [결정전의 조치]형소규131, [공판정]275, [공소사실]254③④, [단서의 사건]법원조직32①, [결정의 취소]286의3, [간이공판절차에서의 증거조사]297의2, [증거능력의 특례]318의3, [본조의 경과조치]1973.1.25부칙⑤

판례 피고인이 법정에서 '공소사실은 모두 사실과 다름없다'고 하면서 술에 만취되어 기억이 없다는 취지로 진술한 경우, 피고인은 적어도 공소사실을 부인하거나 심신상실의 책임조각사유를 주장하고 있는 것으로 볼 여지가 충분하므로 간이공판절차에 의하여 심판할 대상에 해당하지 아니한다.(대판 2004.7.9, 2004도2116)

第286條의3【決定의 取消】 法院은 前條의 決定을 한 事件에 대하여 被告人의 自白이 信憑할 수 없다고 認定되거나 簡易公判節次로 審判하는 것이 顯著히 不當하다고 認定할 때에는 檢事의 意見을 들어 그 決定을 取消하여야 한다.(1973.1.25 본조신설)

참조 [자백의 증거능력]309·310, [공판절차의 갱신]301

第287條【재판장의 쟁점정리 및 검사·변호인의 증거관계 등에 대한 진술】 ① 재판장은 피고인의 모두진술이 끝난 다음에 피고인 또는 변호인에게 쟁점의 정리를 위하여 필요한 질문을 할 수 있다.
② 재판장은 증거조사를 하기에 앞서 검사 및 변호인으로 하여금 공소사실 등의 증명과 관련된 주장 및 입증계획 등을 진술하게 할 수 있다. 다만, 증거로 할 수 없거나 증거로 신청할 의사가 없는 자료에 기초하여 법원에 사건에 대한 예단 또는 편견을 발생하게 할 염려가 있는 사항은 진술할 수 없다.
(2007.6.1 본조개정)

改前 "第287條【被告人訊問의 方式】① 檢事와 辯護人은 順次로 被告人에게 대하여 公訴事實과 情狀에 관한 必要事項을 直接 訊問할 수 있다.
② 裁判長은 前項의 訊問이 끝난 뒤에 訊問할 수 있다.
③ 合議部員은 裁判長에게 告하고 訊問할 수 있다.
(1961.9.1 본조개정)"

참조 [피고인 진술거부권등의 고지]형소규127, [공소사실]254, [증인신문방식]161의2

第288條 (1961.9.1 삭제)

第289條 (2007.6.1 삭제)

改前 "第289條【被告人의 陳述拒否權】被告人은 各個의 訊問에 대하여 陳述을 拒否할 수 있다."

第290條【증거조사】 증거조사는 제287조에 따른 절차가 끝난 후에 실시한다.(2007.6.1 본조개정)

改前 "第290條【證據調査】證據調査는 被告人에 대한 訊問이 終了한 뒤에 하여야 한다. 但, 必要한 때에는 訊問중에도 이를 할 수 있다.(1961.9.1 본조개정)"

참조 [공판기일전의 증거조사]273, [피고인의 신문]287, [조사방식]292, [이의신청]296, [본조의 적용제외]297의2

第291條【同前】 ① 訴訟關係人이 證據로 提出한 書類나 物件 또는 第272條, 第273條의 規定에 의하여 作成 또는 送付된 書類는 檢事, 辯護人 또는 被告人이 公判廷에서 個別的으로 指示說明하여 調査하여야 한다.

② 裁判長은 職權으로 前項의 書類나 物件을 公判廷에서 調査할 수 있다.

(1961.9.1 본조개정)

참조 [공무소등에 대한 조회]272, [공판기일전의 증거조사]273, [공판기일전의 증거제출]274, [본조의 적용제외]297의2

第291條의2【증거조사의 순서】 ① 법원은 검사가 신청한 증거를 조사한 후 피고인 또는 변호인이 신청한 증거를 조사한다.

② 법원은 제1항에 따른 조사가 끝난 후 직권으로 결정한 증거를 조사한다.

③ 법원은 직권 또는 검사, 피고인·변호인의 신청에 따라 제1항 및 제2항의 순서를 변경할 수 있다.

(2007.6.1 본조신설)

第292條【증거서류에 대한 조사방식】 ① 검사, 피고인 또는 변호인의 신청에 따라 증거서류를 조사하는 때에는 신청인이 이를 낭독하여야 한다.

② 법원이 직권으로 증거서류를 조사하는 때에는 소지인 또는 재판장이 이를 낭독하여야 한다.

③ 재판장은 필요하다고 인정하는 때에는 제1항 및 제2항에도 불구하고 내용을 고지하는 방법으로 조사할 수 있다.

④ 재판장은 법원사무관등으로 하여금 제1항부터 제3항까지의 규정에 따른 낭독이나 고지를 하게 할 수 있다.

⑤ 재판장은 열람이 다른 방법보다 적절하다고 인정하는 때에는 증거서류를 제시하여 열람하게 하는 방법으로 조사할 수 있다.

(2007.6.1 본조개정)

改前 "第292條【證據調査의 方式】① 裁判長은 檢事, 辯護人 또는 被告人에게 證據物을 提示하고 證據物이 書類인 때에는 그 要旨를 告知하여야 한다.

② 被告人의 請求가 있는 때에는 裁判長은 證據된 書類를 閱覽 또는 謄寫하게 하거나 書記로 하여금 朗讀하게 할 수 있다.(1995.12.29 본항개정)

(1961.9.1 본조개정)"

참조 [증거조사]290·291, [본조의 적용제외]297의2

판례 증거신청의 채택 여부는 법원의 재량으로서 법원이 필요하지 아니하다고 인정할 때에는 이를 조사하지 아니할 수 있다.
(대판 2003.10.10, 2003도3282)

第292條의2【증거물에 대한 조사방식】 ① 검사, 피고인 또는 변호인의 신청에 따라 증거물을 조사하는 때에는 신청인이 이를 제시하여야 한다.

② 법원이 직권으로 증거물을 조사하는 때에는 소지인 또는 재판장이 이를 제시하여야 한다.

③ 재판장은 법원사무관등으로 하여금 제1항 및 제2항에 따른 제시를 하게 할 수 있다.

(2007.6.1 본조신설)

第292條의3【그 밖의 증거에 대한 조사방식】 도면·사진·녹음테이프·비디오테이프·컴퓨터용디스크, 그 밖에 정보를 담기 위하여 만들어진 물건으로서 문서가 아닌 증거의 조사에 관하여 필요한 사항은 대법원규칙으로 정한다.(2007.6.1 본조신설)

第293條【證據調査 結果와 被告人의 意見】 裁判長은 被告人에게 各 證據調査의 結果에 대한 意見을 묻고 權利를 保護함에 필요한 證據調査를 申請할 수 있음을 告知하여야 한다.

참조 [당사자의 증거신청]294, [본조의 적용제외]297의2

第294條【당사자의 증거신청】 ① 검사, 피고인 또는 변호인은 서류나 물건을 증거로 제출할 수 있고, 증인·감정인·통역인 또는 번역인의 신문을 신청할 수 있다.

② 법원은 검사, 피고인 또는 변호인이 고의로 증거를 뒤늦게 신청함으로써 공판의 완결을 지연하는 것으로 인정할 때에는 직권 또는 상대방의 신청에 따라 결정으로 이를 각하할 수 있다.

(2007.6.1 본조개정)

改前 "第294條【當事者 證據申請權】檢事, 被告人 또는 辯護人은 書類나 物件을 證據로 提出할 수 있고 證人, 鑑定人, 通譯人 또는 飜譯人의 訊問을 申請할 수 있다.(1961.9.1 본조개정)"

참조 [신청방식]형소규132·133, [증거신청에 대한 결정]295

第294條의2【피해자등의 진술권】 ① 법원은 범죄로 인한 피해자 또는 그 법정대리인(피해자가 사망한 경우에는 배우자·직계친족·형제자매를 포함한다. 이하 이 조에서 "피해자등"이라 한다)의 신청이 있는 때에는 그 피해자등을 증인으로 신문하여야 한다. 다만, 다음 각 호의 어느 하나에 해당하는 경우에는 그러하지 아니하다.

1. (2007.6.1 삭제)
2. 피해자등 이미 당해 事件에 관하여 공판절차에서 충분히 陳述하여 다시 陳述할 필요가 없다고 인정되는 경우
3. 피해자등의 陳述로 인하여 公判節次가 현저하게 지연될 우려가 있는 경우

② 법원은 제1항에 따라 피해자등을 신문하는 경우 피해의 정도 및 결과, 피고인의 처벌에 관한 의견, 그 밖에 당해 사건에 관한 의견을 진술할 기회를 주어야 한다.

③ 法院은 동일한 犯罪事實에서 第1項의 規定에 의한 신청인이 여러 명인 경우에는 진술할 者의 數를 제한할 수 있다.

④ 第1項의 規定에 의한 申請人이 출석통지를 받고도 정당한 이유없이 출석하지 아니한 때에는 그 申請을 撤回한 것으로 본다.

(2007.6.1 본조개정)

改前 第294條의2【"被害者의 陳述權"】"① 法院은 犯罪로 인한 被害者의 申請이 있는 경우에는 그 被害者를 證人으로 訊問하여야 한다. 다만, 다음 各號의 1에 해당하는 경우에는 그러하지 아니하다."
"1. 被害者가 아닌 者가 申請한 경우"
2. "申請人이" 이미 당해 事件에 관하여 "公判節次 또는 搜査節次"에서 충분히 陳述하여 다시 陳述할 필요가 없다고…
3. "申請人"의 陳述로 인하여 公判節次가 현저하게…
"② 法院은 第1項의 規定에 의하여 犯罪로 인한 被害者를 訊問하는 경우에는 당해 事件에 관한 의견을 陳述할 機會를 주어야 한다."
③ 法院은 동일한 犯罪事實에서…의한 "申請人의 數가 多數인 경우에는 證人으로 訊問할" 者의 數를 제한할 수 있다.
④ 第1項의 規定에 의한 申請人이 "召喚을" 받고도…

판례 본조 제3항에 의하여 피해자 진술신청을 기각할 경우 그 판단기준 : 형사소송법 제294조의2 제1항, 제3항 규정에 의하여, 법원으로서는 동일한 범죄사실에 대하여 피해자 진술신청을 한 자가 수인인 경우에는 피고인과의 관계, 피해의 정도와 그 결과, 신청인들이 진술하려는 취지와 내용, 재판절차가 지연될 가능성 등 여러 사정을 고려하여 그 신청인들 중에서 가장 적합하다고 여겨지는 자의 신청만을 받아들이고 그 나머지 자의 신청은 이를 기각할 수 있다.
(대결 1996.11.14, 96모94)

第294條의3【피해자 진술의 비공개】 ① 법원은 범죄로 인한 피해자를 증인으로 신문하는 경우 당해 피해자·법정대리인 또는 검사의 신청에 따라 피해자의 사생활의 비밀이나 신변보호를 위하여 필요하다고 인정하는 때에는 결정으로 심리를 공개하지 아니할 수 있다.

② 제1항의 결정은 이유를 붙여 고지한다.

③ 법원은 제1항의 결정을 한 경우에도 적당하다고 인

정되는 자의 재정(在廷)을 허가할 수 있다.
(2007.6.1 본조신설)

第294條의4【피해자 등의 공판기록 열람·등사】 ① 소송계속 중인 사건의 피해자(피해자가 사망하거나 그 심신에 중대한 장애가 있는 경우에는 그 배우자·직계친족 및 형제자매를 포함한다), 피해자 본인의 법정대리인 또는 이들로부터 위임을 받은 피해자 본인의 배우자·직계친족·형제자매·변호사는 소송기록의 열람 또는 등사를 재판장에게 신청할 수 있다.
② 재판장은 제1항의 신청이 있는 때에는 지체 없이 검사, 피고인 또는 변호인에게 그 취지를 통지하여야 한다.
③ 재판장은 피해자 등의 권리구제를 위하여 필요하다고 인정하거나 그 밖의 정당한 사유가 있는 경우 범죄의 성질, 심리의 상황, 그 밖의 사정을 고려하여 상당하다고 인정하는 때에는 열람 또는 등사를 허가할 수 있다.
④ 재판장은 제3항에 따라 등사를 허가하는 경우에는 등사한 소송기록의 사용목적을 제한하거나 적당하다고 인정하는 조건을 붙일 수 있다.
⑤ 제1항에 따라 소송기록을 열람 또는 등사한 자는 열람 또는 등사에 의하여 알게 된 사항을 사용함에 있어서 부당히 관계인의 명예나 생활의 평온을 해하거나 수사와 재판에 지장을 주지 아니하도록 하여야 한다.
⑥ 제3항 및 제4항에 관한 재판에 대하여는 불복할 수 없다.
(2007.6.1 본조신설)

第294條의5【금전 공탁과 피해자 등의 의견 청취】 ① 법원은 피고인이 피해자의 권리 회복에 필요한 금전을 공탁한 경우에는 판결을 선고하기 전에 피해자 또는 그 법정대리인(피해자가 사망한 경우에는 배우자·직계친족·형제자매를 포함한다)의 의견을 들어야 한다. 다만, 그 의견을 청취하기 곤란한 경우로서 대법원규칙으로 정하는 특별한 사정이 있는 경우에는 그러하지 아니하다.
② 제1항에 따른 의견 청취의 방법·절차 및 그 밖에 필요한 사항은 대법원규칙으로 정한다.
(2024.10.16 본조신설)

第295條【證據申請에 대한 決定】 法院은 第294條 및 第294條의2의 證據申請에 대하여 決定을 하여야 하며 職權으로 證據調査를 할 수 있다.(1987.11.28 본조개정)

참조 [결정의 절차]형소규134, [증거신청]294, [직권조사]291, [이의신청]296, [증거조사의 방식]292

第296條【證據調査에 대한 異議申請】 ① 檢事, 被告人 또는 辯護人은 證據調査에 관하여 異議申請을 할 수 있다.
② 法院은 前項의 申請에 대하여 決定을 하여야 한다.

참조 [신청사유]형소규135의2·136, [신청방식등]형소규137, [증거조사]290－295, [결정]37·39, 형소규138－140, [항고불허]403①, [석명권등]형소규141, [공판준비절차에 대한 준용]266의9

第296條의2【피고인신문】 ① 검사 또는 변호인은 증거조사 종료 후에 순차로 피고인에게 공소사실 및 정상에 관하여 필요한 사항을 신문할 수 있다. 다만, 재판장은 필요하다고 인정하는 때에는 증거조사가 완료되기 전이라도 이를 허가할 수 있다.
② 재판장은 필요하다고 인정하는 때에는 피고인을 신문할 수 있다.
③ 제161조의2제1항부터 제3항까지 및 제5항은 제1항의 신문에 관하여 준용한다.
(2007.6.1 본조신설)

第297條【被告人등의 退廷】 ① 裁判長은 證人 또는 鑑定人이 被告人 또는 어떤 在廷人의 面前에서 충분한 陳述을 할 수 없다고 認定한 때에는 그를 退廷하게 하고 陳述하게 할 수 있다. 被告人이 다른 被告人의 面前에서 충분한 陳述을 할 수 없다고 認定한 때에도 같다.
② 前項의 規定에 의하여 被告人을 退廷하게 한 경우에 證人, 鑑定人 또는 共同被告人의 陳述이 終了한 때에는 退廷한 被告人을 入廷하게 한 後 법원사무관등으로 하여금 陳述의 要旨를 告知하게 하여야 한다.(2007.6.1 본항개정)

改前 ② …被告人을 入廷하게 한 후 "書記로" 하여금 陳述의 要旨를 告知하게 하여야 한다.

참조 [재정의무]281, [재판장의 처분에 대한 이의]304, [본조의 적용제외]297의2

第297條의2【簡易公判節次에서의 證據調査】 第286條의2의 決定이 있는 事件에 대하여는 第161條의2, 第290條 내지 第293條, 第297條의 規定을 適用하지 아니하며 法院이 相當하다고 認定하는 方法으로 證據調査를 할 수 있다.(1973.1.25 본조신설)

참조 [간이공판절차의 결정]286의2, [증인신문의 방법]161의2, [증거조사]290·291, [증거조사의 방식]292, [증거조사결과와 피고인의 의견]293, [피고인등의 퇴정]297

第298條【公訴狀의 變更】 ① 檢事는 法院의 許可를 얻어 公訴狀에 記載한 公訴事實 또는 適用法條의 追加·撤回 또는 變更을 할 수 있다. 이 경우에 法院은 公訴事實의 同一性을 害하지 아니하는 限度에서 許可하여야 한다.
② 法院은 審理의 經過에 비추어 相當하다고 認定할 때에는 公訴事實 또는 適用法條의 追加 또는 變更을 要求하여야 한다.
③ 法院은 公訴事實 또는 適用法條의 追加, 撤回 또는 變更이 있을 때에는 그 事由를 迅速히 被告人 또는 辯護人에게 告知하여야 한다.
④ 法院은 前3項의 規定에 의한 公訴事實 또는 適用法條의 追加, 撤回 또는 變更이 被告人의 不利益을 增加할 念慮가 있다고 認定한 때에는 職權 또는 被告人이나 辯護人의 請求에 의하여 被告人으로 하여금 필요한 防禦의 準備를 하게 하기 위하여 決定으로 필요한 期間 公判節次를 停止할 수 있다.
(1973.1.25 본조개정)

참조 형소규142, [공소장]254, [공소사실]254③, [적용법조]254③·⑤, [결정]37

판례 형사소송절차에서 두 죄 사이에 공소사실이나 범죄사실의 동일성이 있는지는 기본적 사실관계가 동일한지에 따라 판단하여야 한다. 이는 순수한 사실관계의 동일성이라는 관점에서만 파악할 수 없고, 피고인의 행위와 자연적·사회적 사실관계 이외에 규범적 요소를 고려하여 기본적 사실관계가 실질적으로 동일한지에 따라 결정해야 한다.(대판 2017.1.25, 2016도15526)

판례 공소사실이나 범죄사실의 동일성 여부의 판단 기준 : 공소사실이나 범죄사실의 동일성 여부는 사실의 동일성이 갖는 법률적 기능을 염두에 두고 피고인의 행위와 그 사회적인 사실관계를 기본으로 하되 그 규범적 요소도 고려하여 판단하여야 한다.
(대판 2007.2.23, 2005도10233)

판례 법원이 공소장 변경 없이 직권으로 공소장에 기재된 공소사실과 다른 범죄사실을 인정하여야 하는 경우 : 법원은 공소사실의 동일성이 인정되는 범위 내에서 심리의 경과에 비추어 피고인의 방어권 행사에 실질적인 불이익을 초래할 염려가 없다고 인정되는 때에는, 공소장이 변경되지 않았더라도 직권으로 공소장에 기재된 공소사실과 다른 범죄사실을 인정할 수 있고, 이와 같은 경우 공소가 제기된 범죄사실과 대비하여 볼 때 실제로 인정되는 범죄사실의 사안이 중대하여 공소장이 변경되지 않았다는 이유로 이를 처벌하지 않는다면 적정절차에 의한 신속한 실체적 진실의 발견이라는 형사소송의 목적에 비추어 현저히 정의와 형평에 반하는 것으로 인정되는 경우라면 법원으로서는 직권으로 그 범죄사실을 인정하여야 할 것이다.(대판 2002.11.22, 2000도4419)

판례 살인죄의 공소사실에 대하여 공소장 변경 없이 폭행치사죄로 처단할 수 있는지 여부 : 공소가 제기된 살인죄의 범죄사실에 대하여는 그 증명이 없으나 폭행치사죄의 증명이 있는 경우에도 살인죄의 구성요건이 반드시 폭행치사 사실을 포함한다고 할 수 없고, 따라서 공소장의 변경 없이 폭행치사죄를 인정함은 결국 폭행치사죄에 대한 피고인의 방어권 행사에 불이익을 주는 것이므로, 법원은 위와 같은 경우에 검사의 공소장 변경 없이는 이를 폭행치사죄로 처단할 수는 없다.(대판 2001.6.29, 2001도1091)

第299條【不必要한 辯論등의 制限】 裁判長은 訴訟關係人의 陳述 또는 訊問이 重複된 事項이거나 그 訴訟에

관계없는 事項인 때에는 訴訟關係人의 本質的 權利를 害하지 아니하는 限度에서 이를 制限할 수 있다.

참조 [소송지휘권]279

第300條【辯論의 分離와 併合】 法院은 필요하다고 認定한 때에는 職權 또는 檢事, 被告人이나 辯護人의 申請에 의하여 決定으로 辯論을 分離하거나 併合할 수 있다.

참조 [결정]403①

판례 별개로 기소된 수개의 죄를 병합심리하지 않았다고 하여 위법이라고 할 수 없다.(대판 1970.11.24, 70도1945)

第301條【公判節次의 更新】 公判開廷後 判事의 更迭이 있는 때에는 公判節次를 更新하여야 한다. 但, 判決의 宣告만을 하는 경우에는 例外로 한다.

참조 형소규144, [간이공판절차결정의 취소로 인한 갱신]301의2

第301條의2【簡易公判節次決定의 取消와 公判節次의 更新】 第286條의2의 決定이 取消된 때에는 公判節次를 更新하여야 한다. 但, 檢事, 被告人 또는 辯護人이 異議가 없는 때에는 그러하지 아니하다.(1973.1.25 본조신설)

참조 형소규144, [간이공판절차결정의 취소]286의3, [판사의 경질로 인한 갱신]301

第302條【證據調査 後의 檢事의 意見陳述】 被告人訊問과 證據調査가 終了한 때에는 檢事는 事實과 法律適用에 관하여 意見을 陳述하여야 한다. 但, 第278條의 경우에는 公訴狀의 記載事項에 의하여 檢事의 意見陳述이 있는 것으로 看做한다.

참조 [변론시간의 제한]형소규145, [검사의 불출석]278

판례 검사가 양형에 관한 의견진술을 하지 않은 것이 판결에 영향을 미친 법률위반이 있는 경우에 해당하는지 여부 : 검사가 양형에 관한 의견진술을 하지 않았다 하더라도 이로써 판결에 영향을 미친 법률위반이 있는 경우에 해당한다고 할 수 없고, 검사의 구형은 양형에 관한 의견진술에 불과하여 법원이 그 의견에 구속된다고 할 수 없다.(대판 2001.11.30, 2001도5225)

第303條【被告人의 最後陳述】 裁判長은 檢事의 意見을 들은 後 被告人과 辯護人에게 最終의 意見을 陳述할 機會를 주어야 한다.

참조 [변론시간의 제한]형소규145, [피고인의 진술권]286

第304條【裁判長의 處分에 대한 異議】 ① 檢事, 被告人 또는 辯護人은 裁判長의 處分에 대하여 異議申請을 할 수 있다.

② 前項의 異議申請이 있는 때에는 法院은 決定을 하여야 한다.

참조 [신청사유]형소규136, [신청방식등]형소규137, [결정]37·39, 형소규138, [재판장의 처분]279·281·299, [항고불허]403①, [공판준비절차의 준용]266의9

第305條【辯論의 再開】 法院은 必要하다고 認定한 때에는 職權 또는 檢事, 被告人이나 辯護人의 申請에 의하여 決定으로 終結한 辯論을 再開할 수 있다.

참조 [변론시간의 제한]형소규145, [항고불허]403①, [공판준비기일의 재개에 관한 준용]266의14

판례 종결한 변론을 재개하느냐의 여부는 법원의 재량에 속하는 사항으로서 원심이 변론종결후 선임된 변호인의 변론재개신청을 들어주지 아니하였다 하여 심리미진의 위법이 있는 것은 아니다.(대판 1986.6.10, 86도769)

第306條【公判節次의 停止】 ① 被告人이 事物의 辨別 또는 意思의 決定을 할 能力이 없는 狀態에 있는 때에는 法院은 檢事와 辯護人의 意見을 들어서 決定으로 그 狀態가 繼續하는 期間 公判節次를 停止하여야 한다.

② 被告人이 疾病으로 인하여 出廷할 수 없는 때에는 法院은 檢事와 辯護人의 意見을 들어서 決定으로 出廷할 수 있을 때까지 公判節次를 停止하여야 한다.

③ 前2項의 規定에 의하여 公判節次를 停止함에는 醫師의 意見을 들어야 한다.

④ 被告事件에 대하여 無罪, 免訴, 刑의 免除 또는 公訴棄却의 裁判을 할 것으로 明白한 때에는 第1項, 第2項의 事由있는 경우에도 被告人의 出廷없이 裁判할 수 있다.

⑤ 第277條의 規定에 의하여 代理人이 出廷할 수 있는 경우에는 第1項 또는 第2項의 規定을 適用하지 아니한다.

참조 [정지후의 절차갱신]형소규143, [심신상실]26, [무죄]325, [면소]326, [형의 면제]322, [공소기각]327·328, [출정의 원칙]276, [대리인의 출정]277

第2節 證 據

第307條【증거재판주의】 ① 사실의 인정은 증거에 의하여야 한다.

② 범죄사실의 인정은 합리적인 의심이 없는 정도의 증명에 이르러야 한다.

(2007.6.1 본조개정)

改前 "第307條【證據裁判主義】 事實의 認定은 證據에 의하여야 한다."

참조 [사실]254④·323, [증거]309-318, [법률상 추정사실]형263

판례 '합리적 의심'의 의미 : 형사재판에 있어 심증형성은 반드시 직접증거에 의하여 형성되어야만 하는 것은 아니고 간접증거에 의할 수도 있으며, 간접증거는 이를 개별적·고립적으로 평가하여서는 아니 되고 모든 관점에서 빠짐없이 상호 관련시켜 종합적으로 평가하고, 치밀하고 모순 없는 논증을 거쳐야 한다. 그리고 증거의 증명력은 법관의 자유판단에 맡겨져 있으나 그 판단은 논리와 경험칙에 합치하여야 하고, 형사재판에 있어서 유죄로 인정하기 위한 심증형성의 정도는 합리적인 의심을 할 여지가 없을 정도여야 하나, 이는 모든 가능한 의심을 배제할 정도에 이를 것까지 요구하는 것은 아니며, 증명력이 있는 것으로 인정되는 증거를 합리적인 근거가 없는 의심을 일으켜 이를 배척하는 것은 자유심증주의의 한계를 벗어나는 것으로 허용되지 않고, 여기에서 말하는 합리적 의심이라 함은 모든 의문, 불신을 포함하는 것이 아니라 논리와 경험칙에 기하여 요증사실과 양립할 수 없는 사실의 개연성에 대한 합리성 있는 의문을 의미하는 것으로서, 피고인에게 유리한 정황을 사실인정과 관련하여 파악한 이성적 추론에 그 근거를 두어야 하는 것이므로 단순히 관념적인 의심이나 추상적인 가능성에 기초한 의심은 합리적 의심에 포함된다고 할 수 없다.(대판 2011.2.24, 2010도14262)

판례 거짓말탐지기 검사 결과에 대하여 증거능력을 인정하기 위한 요건 : 거짓말탐지기의 검사 결과에 대하여 사실적 관련성을 가진 증거로서 증거능력을 인정할 수 있으려면, 첫째로 거짓말을 하면 반드시 일정한 심리상태의 변동이 일어나고, 둘째로 그 심리상태의 변동은 반드시 일정한 생리적 반응을 일으키며, 셋째로 그 생리적 반응에 의하여 피검사자의 말이 거짓인지 아닌지가 정확히 판정될 수 있다는 세 가지 전제요건이 충족되어야 할 것이며, 특히 마지막 생리적 반응에 대한 거짓 여부 판정은 거짓말탐지기가 검사에 동의한 피검사자의 생리적 반응을 정확히 측정할 수 있는 장치이어야 하고, 질문사항의 작성과 검사의 기술 및 방법이 합리적이어야 하며, 검사자가 탐지기의 측정내용을 객관성 있고 정확하게 판독할 능력을 갖춘 경우라야만 그 정확성을 확보할 수 있는 것이므로, 이상과 같은 여러 가지 요건이 충족되지 않는 한 거짓말탐지기 검사 결과에 대하여 형사소송법상 증거능력을 부여할 수는 없다.(대판 2005.5.26, 2005도130)

판례 형사재판에 있어 관련 민사사건의 판결에서 인정된 사실의 증명력 : 형사재판에 있어서 관련된 민사사건의 판결에서 인정된 사실은 공소사실에 대하여 유력한 인정자료가 된다고 할지라도, 반드시 그 민사판결의 확정사실에 구속을 받는 것은 아니다.(대판 1996.8.23, 95도192)

第308條【自由心證主義】 證據의 證明力은 法官의 自由判斷에 의한다.

참조 [예외]310, [대법원의 판단]법원조직8, [유죄판결에 명시될 이유]323, [상고이유]361의5·383, [합의부의 경우]법원조직66

판례 자유심증주의의 의미와 한계 : 형사소송법 제308조는 증거에 의하여 사실을 인정하되 증거의 증명력은 법관의 자유판단에 의하도록 규정하고 있는데, 이는 법관이 증거능력 있는 증거 중 필요한 증거를 채택·사용하고 증거의 실질적인 가치를 평가하여 사실을 인정하는 것은 법관의 자유심증에 속한다는 것을 의미한다. 따라서 충분한 증명력이 있는 증거를 합리적인 근거 없이 배척하거나 반대로 객관적인 사실에 명백히 반하는 증거를 아무런 합리적인 근거 없이 채택·사용하는 등으로 논리와 경험의 법칙에 어긋나는 것이 아닌 이상, 법관은 자유심증으로 증거를 채택하여 사실을 인정할 수 있다.(대판 2015.8.20, 2013도11650 전원합의체)

판례 목격자의 진술 등 직접증거가 전혀 없는 사건에 있어서는 적법한 증거들에 의하여 인정되는 간접사실들에 논리법칙과 경험칙을 적용하여 공소사실이 합리적인 의심을 할 여지가 없이 진실한 것이라는 확신을 가지게 할 정도로 추단될 수 있을 경우에만 이를 유죄로 인정할 수 있고, 이러한 정도의 심증을 형성할 수 없다면 설령 피고인에게 유죄의 의심이 간다고 하더라도 피고인의 이익으로 판단할 수밖에 없다는 것이 형사소송의 대원칙이다.(대판 2011.1.13, 2010도13226)

판례 자백의 신빙성 유무에 관한 판단 기준 : 검찰에서의 피고인의 자백이 법정진술과 다르다거나 피고인에게 지나치게 불리한 내용이라는 사유만으로는 그 자백의 신빙성이 의심스럽다고 할 수는 없는 것이고, 자백의 신빙성 유무를 판단할 때에는 자백의 진술 내용 자체가 객관적으로 합리성을 띠고 있는지, 자백의 동기나 이유가 무엇이며, 자백에 이르게 된 경위는 어떠한지 그리고 자백 이외의 정황증거 중 자백과 저촉되거나 모순되는 것이 없는지 하는 점 등을 고려하여 피고인의 자백에 형사소송법 제309조에 정한 사유 또는 자백의 동기나 과정에 합리적인 의심을 갖게 할 상황이 있었는지를 판단하여야 한다.(대판 2010.7.22, 2009도1151)

판례 유전자검사나 혈액형검사 등 과학적 증거방법은 그 전제로 하는 사실이 모두 진실임이 입증되고 그 추론의 방법이 과학적으로 정당하여 오류의 가능성이 전무하거나 무시할 정도로 극소한 것으로 인정되는 경우에는 법관이 사실인정을 함에 있어 상당한 정도로 구속력을 가지므로, 비록 사실의 인정이 사실심의 전권이라 하더라도 아무런 합리적 근거 없이 함부로 이를 배척하는 것은 자유심증주의의 한계를 벗어나는 것으로서 허용될 수 없다. 과학적 증거방법이 당해 범죄에 관한 적극적 사실과 이에 반하는 소극적 사실 모두에 존재하는 경우에는 각 증거방법에 의한 분석결과에 발생할 수 있는 오류가능성 및 그 정도, 그 증거방법에 의하여 증명되는 사실의 내용 등을 종합적으로 고려하여 범죄의 유무 등을 판단하여야 하고, 여러 가지 변수로 인하여 반증의 여지가 있는 소극적 사실에 관한 증거로써 과학적 증거방법에 의하여 증명되는 적극적 사실을 쉽사리 뒤집어서는 안 된다.(대판 2009.3.12, 2008도8486)

판례 자유심증주의의 의미와 과학적 증거방법의 증명력 : 자유심증주의를 규정한 본조가 증거의 증명력을 법관의 자유판단에 의하도록 한 것은 그것이 실체적 진실발견에 적합하기 때문이지 법관의 자의적인 판단을 인용한다는 것은 아니므로, 증거판단에 관한 전권을 가지고 있는 사실심 법관은 사실인정에 있어 공판절차에서 획득된 인식과 조사된 증거를 남김없이 고려하여야 한다. 그리고 증거의 증명력은 법관의 자유판단에 맡겨져 있으나 그 판단은 논리와 경험법칙에 합치하여야 하고, 형사재판에 있어서 유죄로 인정하기 위한 심증형성의 정도는 합리적인 의심을 할 여지가 없을 정도여야 한다. 특히, 유전자검사나 혈액형검사 등 과학적 증거방법은 그 전제로 하는 사실이 모두 진실임이 입증되고 그 추론의 방법이 과학적으로 정당하여 오류의 가능성이 전무하거나 무시할 정도로 극소한 것으로 인정되는 경우에는 법관이 사실인정을 함에 있어 상당한 정도로 구속력을 가지므로, 비록 사실의 인정이 사실심의 전권이라 하더라도 아무런 합리적 근거 없이 함부로 이를 배척하는 것은 자유심증주의의 한계를 벗어나는 것으로서 허용될 수 없다.
(대판 2007.5.10, 2007도1950)

판례 증인 진술의 신빙성을 부정한 제1심의 판단을 항소심이 뒤집을 수 있는 경우 : 제1심판결 내용과 제1심에서 적법하게 증거조사를 거친 증거들에 비추어 제1심 증인이 한 진술의 신빙성 유무에 대한 제1심의 판단이 명백하게 잘못되었다고 볼 특별한 사정이 있거나, 제1심의 증거조사 결과와 항소심 변론종결시까지 추가로 이루어진 증거조사 결과를 종합하면 제1심 증인이 한 진술의 신빙성 유무에 대한 제1심의 판단을 그대로 유지하는 것이 현저히 부당하다고 인정되는 예외적인 경우가 아니라면, 항소심으로서는 제1심 증인이 한 진술의 신빙성 유무에 대한 제1심의 판단이 항소심의 판단과 다르다는 이유만으로 이에 대한 제1심의 판단을 함부로 뒤집어서는 아니 된다. 특히 공소사실을 뒷받침하는 증거의 경우에는, 증인신문 절차를 진행하면서 진술에 임하는 증인의 모습과 태도를 직접 관찰한 제1심이 증인의 진술에 대하여 그 신빙성을 인정할 수 없다고 판단하였음에도 불구하고, 항소심이 이를 뒤집어 그 진술의 신빙성을 인정할 수 있다고 판단할 수 있으려면, 진술의 신빙성을 배척한 제1심의 판단을 수긍할 수 없는 충분하고도 납득할 만한 현저한 사정이 나타나는 경우이어야 한다.(대판 2006.11.24, 2006도4994)

第308條의2【위법수집증거의 배제】 적법한 절차에 따르지 아니하고 수집한 증거는 증거로 할 수 없다.
(2007.6.1 본조신설)

판례 변호인에 대한 참여통지 누락에 의한 압수·수색 절차의 위반과 증거능력 인정 여부 : 몰카 촬영 범죄의 증거로 압수한 컴퓨터를 탐색하면서 변호인에게 참여할 기회를 제공하지 않는 등 적법절차를 위반했더라도, 피고인(피의자)이 앞서 참여하지 않겠다는 의사를 밝혔고 관련 범죄사실을 진술했다면 증거로 사용할 수 있다. 수사기관이 압수절차를 위반한 것은 사실이나 수사기관의 절차 위반행위가 적법절차의 실질적인 내용을 침해하는 경우에 해당하지 않고, 오히려 증거능력을 배제하는 것이 적법절차의 원칙과 실체적 진실 규명의 조화를 도모하고 이를 통해 형사 사법 정의를 실현하려 한 취지에 반하는 결과를 초래하는 것으로 평가되는 예외적인 경우라면 법원은 그 증거를 유죄 인정의 증거로 사용할 수 있다.
(대판 2020.11.26, 2020도10729)

판례 체포의 이유와 변호인 선임권의 고지 등 적법한 절차를 무시한 채 이루어진 강제연행은 전형적인 위법한 체포에 해당하고, 위법한 체포 상태에서 이루어진 음주측정요구는 주취운전의 범죄행위에 대한 증거수집을 목적으로 한 일련의 과정에서 이루어진 것이므로, 그 측정 결과는 형사소송법 제308조의2에 규정된 '적법한 절차에 따르지 아니하고 수집한 증거'에 해당하여 증거능력을 인정할 수 없다(대법원 2007.11.15. 선고 2007도3061 전원합의체 판결 등 참조). 또한 위법한 강제연행 상태에서 호흡측정의 방법에 의한 음주측정을 한 다음 그 강제연행 상태로부터 시간적·장소적으로 단절되었다고 볼 수도 없고 피의자의 심적 상태 또한 강제연행 상태로부터 완전히 벗어났다고 볼 수 없는 상황에서 피의자가 호흡측정 결과에 대한 탄핵을 하기 위하여 스스로 혈액채취 방법에 의한 측정을 할 것을 요구하여 혈액채취가 이루어졌다고 하더라도 그 사이에 위법한 체포상태에 의한 영향이 완전하게 배제되고 피의자의 의사결정의 자유가 확실하게 보장되었다고 볼 만한 다른 사정이 개입되지 않은 이상 불법체포와 증거수집 사이의 인과관계가 단절된 것으로 볼 수는 없다. 따라서 그러한 혈액채취에 의한 측정 결과 역시 유죄 인정의 증거로 쓸 수 없다고 보아야 한다. 그리고 이는 수사기관이 위법한 체포 상태를 이용하여 증거를 수집하는 등의 행위를 효과적으로 억지하기 위한 것이므로, 피고인이나 변호인이 이를 증거로 함에 동의하였다고 하여도 달리 볼 것은 아니다.(대판 2013.3.14, 2010도2094)

第309條【强制등 自白의 證據能力】 被告人의 自白이 拷問, 暴行, 脅迫, 身體拘束의 不當한 長期化 또는 欺罔 기타의 方法으로 任意로 陳述한 것이 아니라고 疑心할 만한 理由가 있는 때에는 이를 有罪의 證據로 하지 못한다.(1963.12.13 본조제목개정)

참조 [자유의 증거능력]310, [재심이유]420

판례 [1] 강요죄에서 '의무 없는 일'의 의미 및 폭행 또는 협박으로 법률상 의무 있는 일을 하게 한 경우 강요죄가 성립하는지 여부(소극) : '의무 없는 일'이란 법령, 계약 등에 기하여 발생하는 법률상 의무 없는 일을 말하므로, 폭행 또는 협박으로 법률상 의무 있는 일을 하게 한 경우에는 폭행 또는 협박죄만 성립할 뿐 강요죄는 성립하지 아니한다.
[2] 폭력조직 전력이 있는 피고인이 특정 연예인에게 팬미팅 공연을 하도록 강요하면서 만날 것을 요구하고, 팬미팅 공연을 하지 않으면 안 좋은 일을 당할 것이라고 협박한 사안에서, 강요죄의 고의가 피고인에게 있었다고 단정하기 어렵다고 판단한 원심을 수긍한다.
(대판 2008.5.15, 2008도1097)

판례 자백의 신빙성 유무에 대한 판단기준 : 자백의 신빙성 유무를 판단함에는 자백의 진술내용 자체가 객관적으로 합리성을 띠고 있는지, 자백의 동기나 이유가 무엇이며, 자백에 이르게 된 경위는 어떠한지 그리고 자백 이외의 정황증거 중 자백과 저촉되거나 모순되는 것은 없는지를 고려하여, 피고인의 자백에 동조 소정의 사유 또는 자백의 동기나 과정에 합리적인 의심을 갖게 할 상황이 있었는지를 판단하여야 한다.
(대판 2003.6.24, 2000도5442)

第310條【不利益한 自白의 證據能力】 被告人의 自白이 그 被告人에게 不利益한 唯一의 證據인 때에는 이를 有罪의 證據로 하지 못한다.

참조 [자유심증주의]308, [자백의 증거능력]309, [적용제외]즉결심판10

판례 자백에 대한 보강증거는 자백사실이 가공적인 것이 아니고 진실한 것이라고 인정할 수 있는 정도이면 족한 것이지 범죄사실 전부나 그 중요부분의 전부에 일일이 그 보강증거를 필요로 하는 것이 아니고, 이러한 증거는 직접증거뿐만 아니라 간접증거 내지 정황증거라도 족하다.(대판 1997.4.11, 97도470)

판례 검사가 피고인들에게 공소장기재를 낭독하다시피 공소사실 그대로의 사실유무를 물은 즉 피고인들이 동시에 "예, 그랬습니다"하고 답한 것은 얼핏보면 피고인들이 범죄사실을 자백한 것처럼 보이나, 계속되는 검사와 변호인 및 재판장의 물음에서는 다시 범행을 부인하는 취지의 답을 한 점으로 미루어 보면 공소사실의 경과일부를 시인한 것 뿐이지 피고인들이 공모하여 기망 내지 편취하였다는 내용까지 자백한 것이라고는 볼 수 없다.(대판 1983.5.10, 82도214)

第310條의2【傳聞證據와 證據能力의 制限】 第311條 내지 第316條에 規定한 것 이외에는 公判準備 또는 公判期日에서의 陳述에 대신하여 陳述을 記載한 書類나 公判準備 또는 公判期日외에서의 他人의 陳述을 內容으로 하는 陳述은 이를 證據로 할 수 없다.(1961.9.1 본조신설)

참조 [증거능력]309-316, [당사자동의의 의제]318의3

판례 형사소송법은 전문진술에 대하여 제316조에서 실질상 단순한 전문의 형태를 취하는 경우에 한하여 예외적으로 그 증거능력을 인정하는 규정을 두고 있을 뿐, 재전문진술이나 재전문진술을 기재한 조서에 대하여는 달리 그 증거능력을 인정하는 규정을 두고 있지 아니하고 있으므로, 피고인이 증거로 하는 데 동의하지 아니하는 한 동조의 규정에 의하여 이를 증거로 할 수 없다.
(대판 2004.3.11, 2003도171)

판례 녹음테이프의 녹음 내용이나 검증조서의 기재는 실질적으로는 공판준비 또는 공판기일에서의 진술에 대신하여 진술을 기재한 서류와 다를 바 없어서 형사소송법 제311조 내지 제315조에 규정한 것이 아니면 이를 유죄의 증거로 할 수 없다.(대판 1996.10.15, 96도1669)

第311條【法院 또는 法官의 調書】 公判準備 또는 公判期日에 被告人이나 被告人 아닌 者의 陳述을 記載한 調書와 法院 또는 法官의 檢證의 結果를 記載한 調書는 證據로 할 수 있다. 第184條 및 第221條의2의 規定에 의하여 作成한 調書도 또한 같다.(1995.12.29 본조개정)

참조 [조서작성]48·49·51, [검증]139, [감정]169·171·184, [증거보전의 청구]221의2, [증인신문의 청구]164

판례 피고인과 상대방 사이의 대화 내용에 관한 녹취서가 공소사실의 증거로 제출되어 그 녹취서의 기재 내용과 녹음테이프의 녹음 내용이 동일한지 여부에 대하여 법원이 검증을 실시한 경우에, 증거자료가 되는 것은 녹음테이프에 녹음된 대화 내용 그 자체이고 그 중 피고인의 진술 내용은 진술을 기재한 서류와 다름없다. 피고인이 그 녹음테이프를 증거로 할 수 있다고 동의하지 않은 이상, 그 녹음테이프에 녹음된 피고인의 진술 내용을 증거로 사용하기 위해서는 그 작성자인 상대방의 진술에 의하여 녹음테이프에 녹음된 피고인의 진술 내용이 피고인이 진술한 대로 녹음된 것임이 증명되고, 나아가 그 진술이 특히 신빙할 수 있는 상태에서 행하여진 것임이 인정되어야 한다.(대판 2012.9.13, 2012도7461)

판례 대화내용을 녹음한 녹음테이프의 증거능력 : 녹음테이프는 그 성질상 작성자나 진술자의 서명 혹은 날인이 없을 뿐만 아니라, 녹음자의 의도나 특정한 기술에 의하여 그 내용이 편집·조작될 위험성이 있음을 고려하여, 인위적 개작 없이 원본의 내용 그대로 복사된 사본임이 입증되어야만 하고, 그러한 입증이 없는 경우에는 쉽게 그 증거능력을 인정할 수 없다.(대판 2005.12.23, 2005도2945)

第312條【검사 또는 사법경찰관의 조서 등】 ① 검사가 작성한 피의자신문조서는 적법한 절차와 방식에 따라 작성된 것으로서 공판준비, 공판기일에 그 피의자였던 피고인 또는 변호인이 그 내용을 인정할 때에 한정하여 증거로 할 수 있다.(2020.2.4 본항개정)

② (2020.2.4 삭제)

③ 검사 이외의 수사기관이 작성한 피의자신문조서는 적법한 절차와 방식에 따라 작성된 것으로서 공판준비 또는 공판기일에 그 피의자였던 피고인 또는 변호인이 그 내용을 인정할 때에 한하여 증거로 할 수 있다.

④ 검사 또는 사법경찰관이 피고인이 아닌 자의 진술을 기재한 조서는 적법한 절차와 방식에 따라 작성된 것으로서 그 조서가 검사 또는 사법경찰관 앞에서 진술한 내용과 동일하게 기재되어 있음이 원진술자의 공판준비 또는 공판기일에서의 진술이나 영상녹화물 또는 그 밖의 객관적인 방법에 의하여 증명되고, 피고인 또는 변호인이 공판준비 또는 공판기일에 그 기재 내용에 관하여 원진술자를 신문할 수 있었던 때에는 증거로 할 수 있다. 다만, 그 조서에 기재된 진술이 특히 신빙할 수 있는 상태하에서 행하여졌음이 증명된 때에 한한다.

⑤ 제1항부터 제4항까지의 규정은 피고인 또는 피고인이 아닌 자가 수사과정에서 작성한 진술서에 관하여 준용한다.

⑥ 검사 또는 사법경찰관이 검증의 결과를 기재한 조서는 적법한 절차와 방식에 따라 작성된 것으로서 공판준비 또는 공판기일에서의 작성자의 진술에 따라 그 성립의 진정함이 증명된 때에는 증거로 할 수 있다.

(2007.6.1 본조개정)

改前 "① 검사가 피고인이 된 피의자의 진술을 기재한 조서는 적법한 절차와 방식에 따라 작성된 것으로서 피고인이 진술한 내용과 동일하게 기재되어 있음이 공판준비 또는 공판기일에서의 피고인의 진술에 의하여 인정되고, 그 조서에 기재된 진술이 특히 신빙할 수 있는 상태하에서 행하여졌음이 증명된 때에 한하여 증거로 할 수 있다."

"② 제1항에도 불구하고 피고인이 그 조서의 성립의 진정을 부인하는 경우에는 그 조서에 기재된 진술이 피고인이 진술한 내용과 동일하게 기재되어 있음이 영상녹화물이나 그 밖의 객관적인 방법에 의하여 증명되고, 그 조서에 기재된 진술이 특히 신빙할 수 있는 상태하에서 행하여졌음이 증명된 때에 한하여 증거로 할 수 있다."

참조 [피의자 신문조서]244, [증거능력에 대한 예외]314, [당사자동의의 의제]318의3, [즉결심판의 경우]즉결심판10

판례 사전 동의 및 조사 전 과정이 녹화되지 않은 녹화영상물 : 형사소송법 제312조제4항의 영상녹화물에 대하여는 형사소송법 및 형사소송규칙에서 녹화의 과정, 방식 및 절차 등을 엄격하게 규정하고 있다. 그런데 이 규정을 위반하여 사법경찰관이 피해자들의 진술을 녹화하면서 사전에 녹화에 동의한다는 취지의 서면 동의서를 받지 않고, 피해자들이 조서를 열람하는 도중 영상녹화가 중단되어 피해자들의 조서 열람과정 일부와 조서에 기명날인 또는 서명을 마치는 과정이 녹화되지 않았다면, 피해자들에 대한 진술조서의 실질적 진정성립이 증명되었다고 볼 수 없다. 따라서 해당 영상녹화물에 대하여 증거능력을 인정할 수 없다.(대판 2022.6.16, 2022도364)

판례 검사 이외의 수사기관 작성의 피의자신문조서는 공판준비 또는 공판기일에 그 피의자였던 피고인이나 변호인이 그 내용을 인정할 때에 한하여 증거로 할 수 있다고 규정하고 있는바, 위 규정은 검사 이외의 수사기관이 작성한 당해 피고인에 대한 피의자신문조서를 유죄의 증거로 하는 경우뿐만 아니라 검사 이외의 수사기관이 작성한 당해 피고인과 공범관계에 있는 다른 피고인이나 피의자에 대한 피의자신문조서를 당해 피고인에 대한 유죄의 증거로 채택할 경우에도 적용되고(법원 2004.7.15. 선고 2003도7185 전원합의체 판결 등 참조), 위 규정에서 그 내용을 인정할 때라 함은 위 피의자신문조서의 기재 내용이 진술내용대로 기재되어 있다는 의미가 아니고, 그와 같이 진술한 내용이 실제사실과 부합한다는 것을 의미한다.(대판 2007.5.10, 2007도1807)

판례 피의자신문조서 일부에 대한 증거능력의 인정 여부 : 검사가 피의자나 피의자 아닌 자의 진술을 기재한 조서 중 일부에 관하여만 원진술자가 공판준비 또는 공판기일에서 실질적 진정성립을 인정하는 경우에는 법원은 당해 조서 중 어느 부분이 원진술자가 진술한 대로 기재되어 있고 어느 부분이 달리 기재되어 있는지 여부를 구체적으로 심리한 다음 진술한 대로 기재되어 있다고 하는 부분에 한하여 증거능력을 인정하여야 하고, 그 밖에 실질적 진정성립이 부정되는 부분에 대해서는 증거능력을 부정하여야 할 것이다.(대판 2005.6.10, 2005도1849)

판례 '성립의 진정'의 의미 : 성립의 진정이라 함은 간인·서명·날인 등 조서의 형식적인 진정성립과 그 조서의 내용이 원진술자가 진술한 대로 기재된 것이라는 실질적인 진정성립을 모두 의미하는 것이고, 검사가 피의자나 피의자 아닌 자의 진술을 기재한 조서는 공판준비 또는 공판기일에서 원진술자의 진술에 의하여 형식적 진정성립뿐만 아니라 실질적 진정성립까지 인정된 때에 한하여 비로소 그 성립의 진정함이 인정되어 증거로 사용할 수 있다.(대판 2005.1.14, 2004도6646)

第313條【陳述書등】 ① 前2條의 規定이외에 被告人 또는 被告人이 아닌 者가 作成한 陳述書나 그 陳述을 記載한 書類로서 그 作成者 또는 陳述者의 自筆이거나 그 서명 또는 날인이 있는 것(피고인 또는 피고인 아닌 자가 작성하였거나 진술한 내용이 포함된 문자·사진·영상 등의 정보로서 컴퓨터용디스크, 그 밖에 이와 비슷한 정보저장매체에 저장된 것을 포함한다. 이하 이 조에서 같다)은 公判準備나 公判期日에서의 그 作成者 또는 陳述者의 陳述에 의하여 그 成立의 眞正함이 證明된 때에는 證據로 할 수 있다. 但, 被告人의 陳述을 記載한 書類는 公判準備 또는 公判期日에서의 그 作成者의 陳述에 의하여 그 成立의 眞正함이 證明되고 그 陳述이 특히 信憑할 수 있는 狀態下에서 行하여진 때에 한하여 被告人의 公判準備 또는 公判期日에서의 陳述에 不拘하고 證據로 할 수 있다.

② 제1항 본문에도 불구하고 진술서의 작성자가 공판준비나 공판기일에서 그 성립의 진정을 부인하는 경우에는 과학적 분석결과에 기초한 디지털포렌식 자료, 감정 등 객관적 방법으로 성립의 진정함이 증명되는 때에는 증거로 할 수 있다. 다만, 피고인 아닌 자가 작성한 진술서는 피고인 또는 변호인이 공판준비 또는 공판기일에 그 기재 내용에 관하여 작성자를 신문할 수 있었을 것을 요한다.

③ 감정의 경과와 결과를 기재한 서류도 제1항 및 제2항과 같다.(2016.5.29 본항신설)

(2016.5.29 본조개정)

改前 第313條【陳述書등】① 前2條의… "그 署名 또는 捺印이 있는 것"은 公判準備나 公判期日에서…

"② 鑑定의 經過와 結果를 記載한 書類도 前項과 같다."

참조 [증거능력에 대한 예외]314, [당사자동의의 의제]318의3, [적용제외]즉결심판10

판례 압수물인 디지털 저장매체로부터 출력된 문건이 증거로 사용되기 위해서는 디지털 저장매체 원본에 저장된 내용과 출력된 문건의 동일성이 인정되어야 할 것인데, 그 동일성을 인정하기 위해서는 디지털 저장매체 원본이 압수된 이후 문건 출력에 이르기까지 변경되지 않았음이 담보되어야 하고 특히 디지털 저장매체 원본에 변화가 일어나는 것을 방지하기 위해 디지털 저장매체 원본을 대신하여 디지털 저장매체에 저장된 자료를 '하드카피'·'이미징'한 매체로부터 문건이 출력된 경우에는 디지털 저장매체 원본과 '하드카피'·'이미징'한 매체 사이에 자료의 동일성도 인정되어야 한다. 나아가 법원 감정을 통해 디지털 저장매체 원본 혹은 '하드카피'·'이미징'한 매체에 저장된 내용과 출력된 문건의 동일성을 확인하는 과정에서 이용된 컴퓨터의 기계적 정확성, 프로그램의 신뢰성, 입력·처리·출력의 각 단계에서 조작자의 전문적인 기술능력과 정확성이 담보되어야 한다.(대판 2007.12.13, 2007도7257)

판례 사인(私人)이 피고인 아닌 사람과의 대화 내용을 촬영한 비디오테이프의 증거능력 : 수사기관이 아닌 사인(私人)이 피고인 아닌 사람과의 대화 내용을 촬영한 비디오테이프는 형사소송법 제311조, 제312조의 규정 이외에 피고인 아닌 자의 진술을 기재한 서류와 다를 바 없으므로, 피고인이 그 비디오테이프를 증거로 함에 동의하지 아니하는 이상 그 진술 부분에 대하여 증거능력을 부여하기 위하여는, 첫째 비디오테이프가 원본이거나 원본으로부터 복사한 사본일 경우에는 복사과정에서 편집되는 등 인위적 개작 없이 원본의 내용 그대로 복사된 사본일 것, 둘째 본법 제313조 제1항에 따라 공판준비나 공판기일에서 원진술자의 진술에 의하여 그 비디오테이프에 녹음된 각자의 진술내용이 자신이 진술한 대로 녹음된 것이라는 점이 인정되어야 할 것인바, 비디오테이프의 내용에 인위적인 조작이 가해지지 않은 것이 전제된다면, 비디오테이프에 촬영, 녹음된 내용을 재생기에 의해 시청을 마친 원진술자가 비디오테이프의 피촬영자의 모습과 음성을 확인하고 자신과 동일인이라고 진술한 것은 비디오테이프에 녹음된 진술내용이 자신이 진술한 대로 녹음된 것이라는 취지의 진술을 한 것으로 보아야 한다.
(대판 2004.9.13, 2004도3161)

第314條【증거능력에 대한 예외】 제312조 또는 제313조의 경우에 공판준비 또는 공판기일에 진술을 요하는 자가 사망·질병·외국거주·소재불명, 그 밖에 이에 준하는 사유로 인하여 진술할 수 없는 때에는 그 조서 및 그 밖의 서류(피고인 또는 피고인 아닌 자가 작성하였거나 진술한 내용이 포함된 문자·사진·영상 등의 정보로서 컴퓨터용디스크, 그 밖에 이와 비슷한 정보저장매체에 저장된 것을 포함한다)를 증거로 할 수 있다. 다만, 그 진술 또는 작성이 특히 신빙할 수 있는 상태하에서 행하여졌음이 증명된 때에 한한다.(2016.5.29 본문개정)

改前 第314條【증거능력에 대한 예외】 제312조…때에는 그 "조서 및 그 밖의 서류"를 증거로 할 수 있다.…

참조 [원칙]312·313, [법정외 신문]165, [당사자동의의 의제]318의3

판례 피고인이 증인에게 필로폰을 매도하였다는 공소사실로 기소되었는데 증인이 자신에 대한 관련 형사판결이 확정되었음에도 정당한 이유 없이 법정 증언을 거부한 사안에서, 증인이 증언을 거부하여 피고인이 반대신문을 하지 못하였다면, 피고인이 그러한 증언거부 상황을 초래하였다는 등 특별한 사정이 없는 한 이 조의 '그 밖에 이에 준하는 사유로 인하여 진술할 수 없는 때'에 해당하지 않는다. 따라서 수사기관에서 그 증인의 진술을 기재한 서류는 증거능력이 없다.(대판 2019.11.21, 2018도13945)

판례 진술을 요하는 자가 외국에 거주하고 있어 공판정 출석을 거부하면서 공판정에 출석할 수 없는 사정을 밝히고 있더라도 증언 자체를 거부하는 의사가 분명한 경우가 아닌 한 거주하는 외국의 주소나 연락처 등이 파악되고, 해당 국가와 대한민국 간에 국제형사사법공조조약이 체결된 상태라면 우선 사법공조의 절차에 의하여 증인을 소환할 수 있는지를 검토해 보아야 하고, 소환을 할 수 없는 경우라도 외국의 법원에 사법공조로 증인신문을 실시하도록 요청하는 등의 절차를 거쳐야 하고, 이러한 절차를 전혀 시도해 보지도 아니한 것은 가능하고 상당한 수단을 다하더라도 진술을 요하는 자를 법정에 출석하게 할 수 없는 사정이 있는 때에 해당한다고 보기 어렵다.
(대판 2016.2.18, 2015도17115)

판례 변호사가 의뢰인에게 법률자문을 한 내용을 적은 '법률의견서'는 형사소송법상 전문증거로 보아야 하며, 법률의견서를 의뢰인에 대한 유죄의 증거로 사용하기 위해서는 작성자인 변호사가 법정에 직접 출석해 법률의견서가 진정하게 작성됐다는 점을 진술해야 하고, 변호사가 법정에 출석했더라도 정당하게 증언 거부권을 행사해 진술하지 않으면 그 법률의견서를 증거로 할 수 없다.
(대판 2012.5.17, 2009도6788 전원합의체)

판례 본조의 적용범위 : 직접주의와 전문법칙의 예외를 정한 형사소송법 제314조의 요건 충족 여부는 엄격히 심사하여야 하고 전문증거의 증거능력을 갖추기 위한 요건에 관한 입증책임은 검사에게 있는 것이므로, 법원이 증인에 대한 구인장 집행불능 상황을 형사소송법 제314조의 '기타 사유로 인하여 진술할 수 없는 때'에 해당한다고 인정할 수 있으려면, 형식적으로 구인장 집행이 불가능하다는 취지의 서면이 제출되었다는 것만으로는 부족하고, 증인에 대한 구인장의 강제력에 기하여 증인의 법정 출석을 위한 가능하고도 충분한 노력을 다하였음에도 불구하고, 부득이 증인의 법정 출석이 불가능하게 되었다는 사정을 검사가 입증한 경우여야 한다. 경찰이 증인과 가족의 실거주지를 방문하지 않은 상태에서 전화상으로 증인의 모(母)로부터 법정에 출석케 할 의사가 없다는 취지의 진술을 들었다는 내용의 구인장 집행불능 보고서를 제출하고 있을 뿐이고, 검사가 기록상 확인된 증인의 휴대전화번호로 연락하여 법정 출석의사가 있는지를 확인하는 등의 방법으로 출석을 적극적으로 권유·독려하는 등 증인의 법정 출석을 위하여 상당한 노력을 기울이지 않은 경우, 본조의 '기타 사유로 인하여 진술할 수 없는 때'에 해당하지 않는다.
(대판 2007.1.11, 2006도7228)

第315條【當然히 證據能力이 있는 書類】 다음에 揭記한 書類는 證據로 할 수 있다.

1. 가족관계기록사항에 관한 증명서, 公正證書謄本 기타 公務員 또는 外國公務員의 職務上 證明할 수 있는 事項에 관하여 作成한 文書(2007.5.17 본호개정)
2. 商業帳簿, 航海日誌 기타 業務上 必要로 作成한 通常文書
3. 기타 특히 信用할 만한 情況에 의하여 作成된 文書

改前 1. "戶籍의 謄本 또는 抄本," 公正證書謄本 기타…

참조 [가족관계등록부의 작성과 등록사무의 처리]가족관계등록9-15의2, [공정증서등본]공증50·51, [상업장부]상29·30, [항해일지]선원20

판례 특히 신빙할 수 있는 정황에 의하여 작성된 문서를 당연히 증거능력 있는 문서로 규정하고 있는 형사소송법 제315조 제3호에'다른 사건에서 공범의 피고인으로서의 진술을 기재한 공판조서'가 적용된다고 해석하는 것이 피고인의 공정한 재판을 받을 권리를 침해하지 않는다는 취지의 합헌결정을 하였다.(헌재결 2013.10.24, 2011헌바79)

판례 성매매업소에 고용된 여성들이 성매매를 업으로 하면서 영업에 참고하기 위하여 성매매 상대방의 아이디와 전화번호 및 성매매 방법 등을 메모지에 적어두었다가 직접 메모리카드에 입력하거나 업주가 고용한 다른 여직원이 그 내용을 입력한 사안에서, 위 메모리카드의 내용은 형사소송법 제315조 제2호의 '영업상 필요로 작성한 통상문서'로서 당연히 증거능력 있는 문서에 해당한다.
(대판 2007.7.26, 2007도3219)

第316條【傳聞의 陳述】 ① 피고인이 아닌 자(공소제기 전에 피고인을 피의자로 조사하였거나 그 조사에 참여하였던 자를 포함한다. 이하 이 조에서 같다)의 公判準備 또는 公判期日에서의 陳述이 被告人의 陳述을 그 內容으로 하는 것인 때에는 그 陳述이 특히 信憑할 수 있는 狀態下에서 행하여졌음이 증명된 때에 한하여 이를 證據로 할 수 있다.

② 被告人 아닌 者의 公判準備 또는 公判期日에서의 陳述이 被告人 아닌 他人의 陳述을 그 內容으로 하는 것인 때에는 原陳述者가 死亡, 疾病, 外國居住, 소재불명, 그 밖에 이에 준하는 事由로 인하여 陳述할 수 없고 그 陳述이 특히 信憑할 수 있는 狀態下에서 행하여졌음이 증명된 때에 한하여 이를 證據로 할 수 있다.
(2007.6.1 본조개정)

改前 ① "被告人 아닌 者"의 公判準備 또는…信憑할 수 있는 狀態下에서 "行하여진" 때에 한하여 이를 證據로…
② 被告人 아닌 者의…死亡, 疾病, 外國居住 "기타" 事由로 인하여…狀態下에서 "行하여진" 때에 한하여…

참조 [증거능력의 제한]309·318, [피고인의 반대신문권]163

第317條【陳述의 任意性】 ① 被告人 또는 被告人 아닌 者의 陳述이 任意로 된 것이 아닌 것은 證據로 할 수 없다.

② 前項의 書類는 그 作成 또는 內容인 陳述이 任意로 되었다는 것이 證明된 것이 아니면 證據로 할 수 없다.

③ 檢證調書의 一部가 被告人 또는 被告人 아닌 者의 陳述을 記載한 것인 때에는 그 部分에 한하여 前2項의 例에 의한다.

참조 [강제등 자백]309, [검증조서]49

판례 임의성에 대한 입증책임의 소재 : 임의성에 다툼이 있을 때에는 임의성을 의심할 만한 합리적이고 구체적인 사실을 피고인이 입증할 것이 아니고 '검사'가 그 임의성의 의문점을 해소하는 입증을 하여야 한다.(대판 2002.10.8, 2001도3931)

第318條【當事者의 同意와 證據能力】 ① 檢事와 被告人이 證據로 할 수 있음을 同意한 書類 또는 物件은 眞正한 것으로 認定한 때에는 證據로 할 수 있다.

② 被告人의 出廷없이 證據調査를 할 수 있는 경우에 被告人이 出廷하지 아니한 때에는 前項의 同意가 있는 것으로 看做한다. 但, 代理人 또는 辯護人이 出廷한 때에는 例外로 한다.

참조 [피고인의 불출정]277 · 330 · 365 · 438③, [당사자동의의 의제]318의3

판례 증거동의의 의사표시를 취소 또는 철회할 수 있는 시한 : 동조에 규정된 증거동의의 의사표시는 증거조사가 완료되기 전까지 취소 또는 철회할 수 있으나, 일단 '증거조사가 완료된 뒤'에는 취소 또는 철회가 인정되지 아니하므로 취소 또는 철회 이전에 이미 취득한 증거능력은 상실되지 않는다.(대판 2004.6.25, 2004도2611)

판례 문서의 사본이라도 피고인이 증거로 함에 동의하였고 진정으로 작성되었음이 인정되는 경우에는 증거능력이 있다.
(대판 1996.1.26, 95도2526)

第318條의2【증명력을 다투기 위한 증거】 ① 제312조부터 제316조까지의 규정에 따라 증거로 할 수 없는 서류나 진술이라도 공판준비 또는 공판기일에서의 피고인 또는 피고인이 아닌 자(공소제기 전에 피고인을 피의자로 조사하였거나 그 조사에 참여하였던 자를 포함한다. 이하 이 조에서 같다)의 진술의 증명력을 다투기 위하여 증거로 할 수 있다.
② 제1항에도 불구하고 피고인 또는 피고인이 아닌 자의 진술을 내용으로 하는 영상녹화물은 공판준비 또는 공판기일에 피고인 또는 피고인이 아닌 자가 진술함에 있어서 기억이 명백하지 아니한 사항에 관하여 기억을 환기시켜야 할 필요가 있다고 인정되는 때에 한하여 피고인 또는 피고인이 아닌 자에게 재생하여 시청하게 할 수 있다.
(2007.6.1 본조개정)

改前 "第318條의2【證明力을 다투기 위한 證據】第312條 내지 第316條의 規定에 의하여 證據로 할 수 없는 書類나 陳述이라도 公判準備 또는 公判期日에서의 被告人 또는 被告人 아닌 者의 陳述의 證明力을 다투기 위하여는 이를 證據로 할 수 있다.(1961.9.1 본조신설)"

판례 탄핵증거의 증거조사 : 비록 증거목록에 기재되지 않았고 증거결정이 있지 아니하였다 하더라도 공판과정에서 그 입증취지가 구체적으로 명시되고 제시까지 된 이상 위 각 서증들에 대하여 탄핵증거로서의 증거조사는 이루어졌다고 보아야 할 것이다.
(대판 2006.5.26, 2005도6271)

第318條의3【簡易公判節次에서의 證據能力에 관한 特例】 第286條의2의 決定이 있는 事件의 證據에 관하여는 第310條의2, 第312條 내지 第314條 및 第316條의 規定에 의한 證據에 대하여 第318條第1項의 同意가 있는 것으로 看做한다. 但, 檢事, 被告人 또는 辯護人이 證據로 함에 異議가 있는 때에는 그러하지 아니하다.(1973.1.25 본조신설)

참조 [간이공판절차의 결정]286의2, [증거결정의 절차]형소규134②단서

第3節 公判의 裁判

第318條의4【판결선고기일】 ① 판결의 선고는 변론을 종결한 기일에 하여야 한다. 다만, 특별한 사정이 있는 때에는 따로 선고기일을 지정할 수 있다.
② 변론을 종결한 기일에 판결을 선고하는 경우에는 판결의 선고 후에 판결서를 작성할 수 있다.
③ 제1항 단서의 선고기일은 변론종결 후 14일 이내로 지정되어야 한다.
(2007.6.1 본조신설)

판례 재판장이 1회 공판기일에 변론을 종결하면서 피해자와의 합의서 등 피고인에게 유리한 양형자료 제출을 위한 기간을 고려하여 제2회 공판기일을 지정하여 고지하였다. 그러나 지정 · 고지된 날짜보다 2주 먼저 갑작스럽게 피고인에 대한 선고기일이 진행되어 교도소에 재감 중이던 피고인이 교도관의 지시에 따라 법정에 출석하였고, 여기서 피고인의 항소를 기각하는 판결이 선고되었다. 이 사건에서 피고인과 변호인에게 사전에 통지하는 절차를 거치지 않은 채 선고기일을 급박하게 변경하여 판결을 선고하였다면 설령 피고인이 재정한 상태였다 하더라도 이는 피고인의 양형자료 제출 기회를 빼앗고 피고인의 방어권과 변호인의 변호권을 침해한 것이다. 따라서 이 사건은 공판기일의 지정에 관한 법령을 위반하여 판결에 영향을 미친 잘못이 있다.(대판 2023.7.13, 2023도4371)

第319條【管轄違反의 判決】 被告事件이 法院의 管轄에 屬하지 아니한 때에는 判決로써 管轄違反의 宣告를 하여야 한다.(2007.12.21 단서삭제)

改前 第319條【管轄違反의 判決】被告事件이 法院의 管轄에 屬하지 아니한 때에는 判決로써 管轄違反의 宣告를 하여야 한다. "但, 第262條第1項第2號의 規定에 의하여 地方法院의 審判에 付하여진 事件에 대하여는 管轄違反의 宣告를 할 수 없다."

참조 [관할]4-10 · 12-16, 법원조직7④ · 32① · 34, [관할위반선고의 제한]320 · 362①, [시효의 진행]253

第320條【土地管轄 違反】 ① 法院은 被告人의 申請이 없으면 土地管轄에 관하여 管轄 違反의 宣告를 하지 못한다.
② 管轄 違反의 申請은 被告事件에 대한 陳述前에 하여야 한다.

참조 [토지관할]4 · 5, [관할위반의 선고]319, [진술]285-287

第321條【刑宣告와 同時에 宣告될 事項】 ① 被告事件에 대하여 犯罪의 證明이 있는 때에는 刑의 免除 또는 宣告猶豫의 경우 외에는 判決로써 刑을 宣告하여야 한다.
② 刑의 執行猶豫, 判決 前 拘禁의 算入日數, 勞役場의 留置期間은 刑의 宣告와 同時에 判決로써 宣告하여야 한다.

참조 즉결심판11, [범죄의 증명]307 · 310, [형의 면제]322, [형의 선고유예]322, [선고기일]형소규146, [선고시의 훈계]형소규147, [형의 선고]254 · 298 · 323 · 331, [판결등본송부]형소규148, [판결]37① · 323 · 334, [형의 집행유예]형62, [판결전 구금일수]형57, [노역장유치]형70, [형의 집행유예선고와 구속영장의 효력]331, [소송비용부담]186 · 187

판례 미결구금일수의 산입방법 : 형법 제37조 후단의 경합범의 경우 확정판결 전 · 후의 각 죄는 각 별개로 심리 · 판단되고, 분리하여 확정되는 관계에 있으므로, 위 각 죄에 대하여 원심이 각 별개의 유죄판결을 선고하고 이에 대하여 피고인이 상고를 하였는데, 대법원이 그 중 일부에 대한 상고만을 이유 있는 것으로 받아들여 이를 파기환송하고, 나머지 부분에 대한 상고를 기각한 경우에는 위 상고가 기각된 유죄 부분은 분리 · 확정되고, 환송을 받은 원심의 심판범위는 위 파기된 부분에 한정된다. 그 경우 당초 환송 전 원심이 1심판결 선고 전의 미결구금일수 중 일부를 파기된 유죄부분에 대한 형에 산입하였으나, 환송 후의 절차에서 그 부분에 대하여 무죄를 선고함으로써 위 미결구금일수를 산입할 본형이 남아있지 않게 되더라도 이를 이미 분리되어 확정된 위 유죄부분에 대한 형에 산입할 수 있는 것도 아니다.(대판 2001.3.23, 2000도486)

第322條【刑免除 또는 刑의 宣告猶豫의 判決】 被告事件에 대하여 刑의 免除 또는 宣告猶豫를 하는 때에는 判決로써 宣告하여야 한다.

참조 [형의 면제]형21-23 · 26 · 27 · 90 · 101 · 120 · 153 · 157 · 175 · 213, 국가보안16, [형의 선고유예]형59-61, [선고와 피고인의 사면]331

第323條【有罪判決에 明示될 理由】 ① 刑의 宣告를 하는 때에는 判決理由에 犯罪될 事實, 證據의 要旨와 法令의 適用을 明示하여야 한다.
② 法律上 犯罪의 成立을 阻却하는 理由 또는 刑의 加重, 減免의 理由되는 事實의 陳述이 있은 때에는 이에 대한 判斷을 明示하여야 한다.

참조 즉결심판11, [유죄선고]321 · 322, [범죄될 사실]254③ · 298 · 328①, [증거의 요지]361의5, [법령의 적용]254③⑤ · 298, [범죄의 불성립]형9 · 10 · 12-17 · 20-24, [형의 가중]형35② · 38①, [형의 감경]형10 · 11 · 22③ · 23② · 25② · 27 · 32② · 52 · 53 · 213②, 국가보안16, [형의 면제]형21-23 · 26 · 27 · 52 · 90 · 101 · 111 · 120 · 153 · 157 · 175 · 213 · 328 · 365, 국가보안16

판례 유죄판결 이유에 명시할 증거설시의 정도 : 판결에 범죄사실에 대한 증거를 설시함에 있어 어느 증거의 어느 부분에 의하여 어느 범죄사실을 인정한다고 구체적으로 설시하지 아니하였다 하더라도 그 적시한 증거들에 의하여 판시 범죄사실을 인정할 수 있으면 이를 위법한 증거설시라고 할 수 없다.(대판 2001.7.27, 2000도4298)

第324條【上訴에 대한 告知】 刑을 宣告하는 경우에는 裁判長은 被告人에게 上訴할 期間과 上訴할 法院을 告知하여야 한다.

참조 [상소기간]358 · 374, 즉결심판11

第325條【無罪의 判決】 被告事件이 犯罪로 되지 아니하거나 犯罪事實의 證明이 없는 때에는 判決로써 無罪를 宣告하여야 한다.

참조 [범죄의 증명]307 · 310, [무죄선고와 구속영장의 효력]331, [보상]형사보상및명예회복에관한법2, [판결의 공시]형58

판례 형벌에 관한 법령이 헌법재판소의 위헌결정으로 소급하여 그 효력을 상실하였거나 법원에서 위헌·무효로 선언된 경우 그 법령을 적용하여 공소가 제기된 사건에 대해서는 무죄를 선고하여야 한다. 나아가 재심이 개시된 사건에서 형벌에 관한 법령이 재심판결 당시 폐지되었더라도 그 폐지가 당초부터 헌법에 위배되어 효력이 없는 법령에 대한 것이었다면 형사소송법 제325조 전단에서 규정하는 '범죄로 되지 아니한 때'의 무죄사유에 해당한다. 1979년 10월 18일 부산지역에 선포된 비상계엄에 따라 발령된 계엄포고 제1호는 유언비어 날조·유포와 국론분열 언동은 엄금한다는 내용이 포함되어 있었다. 그러나 이러한 내용은 이른바 유신체제에 대한 국민적 저항인 부마민주항쟁을 탄압하기 위한 것이었을 뿐이고, 구 계엄법 제13조에서 특별한 조치를 취할 수 있는 조건인 '군사상 필요할 때'에 해당하였다고 보기 어렵다. 따라서 계엄포고 제1호는 유신헌법 제54조제1항, 구 계엄법 제13조에서 정한 요건을 갖추었다고 볼 수 없다. 따라서 계엄포고 제1호는 위헌이고 위법한 것으로 무효이며, 부마항쟁 당시 유언비어를 퍼뜨렸다는 이유로 계엄법 위반 혐의로 기소돼 징역 2년을 확정받은 피고인 역시 무죄이다.(대판 2018.11.29, 2016도14781)

판례 형벌에 관한 법령이 헌법재판소의 위헌결정으로 인하여 소급하여 그 효력을 상실하였거나 법원에서 위헌·무효로 선언된 경우 : 1974년 5월 버스 등에서 여고생에게 "정부가 분식을 장려하는데 고관과 부유층은 국수 약간에 계란과 육류가 태반인 분식을 하니 국민이 정부 시책에 어떻게 순응하겠나" 등의 정부 비판 발언을 한 혐의로 기소되어 징역 3년에 자격정지 3년을 선고받은 청구인에 대하여, 이와 같은 발언을 금지한 대통령 긴급조치 1호는 한계를 벗어나 국민의 기본권을 침해했기 때문에 위헌이며, 법령이 폐지되었더라도 그 범죄사실에 관하여 적용할 법령이 당초부터 위헌이라면 이를 적용할 수 없어 무죄가 선고되어야 한다.(대판 2010.12.16, 2010도5986 전원합의체)

第326條【免訴의 判決】 다음 경우에는 判決로써 免訴의 宣告를 하여야 한다.

1. 確定判決이 있은 때
2. 赦免이 있은 때
3. 公訴의 時效가 完成되었을 때
4. 犯罪 後의 法令改廢로 刑이 廢止되었을 때

참조 [면소선고와 구속영장의 효력]331, [판결]321·322·325·337·457, [사면]사면2·3, [공소시효]249-253, [보상]형사보상및명예회복에관한법26, [판결의 공시]형58

판례 피고인이 면소판결에 대하여 상소할 수 있는지 여부 : 공소시효가 완성되었다는 이유로 면소의 판결을 한 것이 명백한 경우 피고인이 이에 대하여는 실체판결을 구하여 상소를 할 수 없다.
(대판 2005.9.29, 2005도4738)

第327條【공소기각의 판결】 다음 각 호의 경우에는 판결로써 공소기각의 선고를 하여야 한다.

1. 피고인에 대하여 재판권이 없을 때
2. 공소제기의 절차가 법률의 규정을 위반하여 무효일 때
3. 공소가 제기된 사건에 대하여 다시 공소가 제기되었을 때
4. 제329조를 위반하여 공소가 제기되었을 때
5. 고소가 있어야 공소를 제기할 수 있는 사건에서 고소가 취소되었을 때
6. 피해자의 명시한 의사에 반하여 공소를 제기할 수 없는 사건에서 처벌을 원하지 아니하는 의사표시를 하거나 처벌을 원하는 의사표시를 철회하였을 때

(2020.12.8 본조개정)

改前 "第327條【公訴棄却의 判決】 다음 경우에는 判決로써 公訴棄却의 宣告를 하여야 한다.
1. 被告人에 대하여 裁判權이 없는 때
2. 公訴提起의 節次가 法律의 規定에 違反하여 無效인 때
3. 公訴가 提起된 事件에 대하여 다시 公訴가 提起되었을 때
4. 第329條의 規定에 違反하여 公訴가 提起되었을 때
5. 告訴가 있어야 罪를 論할 事件에 대하여 告訴의 取消가 있은 때
6. 被害者의 明示한 意思에 반하여 罪를 論할 수 없는 事件에 대하여 處罰을 希望하지 아니하는 意思表示가 있거나 處罰을 希望하는 意思表示가 撤回되었을 때"

참조 [공소기각과 구속영장]331, [재판권]법원조직3, [공소제기의 절차]254, [재기소]329, [친고죄]형312①·318·328·344·354·361·365, [고소의 방식]237, [고소의 취소]232, [피해자의 의사]형110·260·266·283·312②, [처벌을 희망하는 의사표시의 철회]232, [보상]형사보상및명예회복에관한법26

판례 반의사불벌죄에 있어서 피해자가 처벌을 희망하지 아니하는 의사표시나 처벌을 희망하는 의사표시의 철회를 하였다고 인정하기 위해서는 피해자의 진실한 의사가 명백하고 믿을 수 있는 방법으로 표현되어야 하는바(대판 2001.6.15, 2001도1809 참조), 피해자가 나이 어린 미성년자인 경우 그 법정대리인이 피고인 등에 대하여 밝힌 처벌불원의 의사표시에 피해자 본인의 의사가 포함되어 있는지는 대상 사건의 유형 및 내용, 피해자의 나이, 합의의 실질적인 주체 및 내용, 합의 전후의 정황, 법정대리인 및 피해자의 태도 등을 종합적으로 고려하여 판단하여야 할 것이다.(대판 2010.5.13, 2009도5658)

판례 검사가 수 개의 협박 범행을 먼저 기소하고 다시 별개의 협박 범행을 추가로 기소하였는데 이를 병합하여 심리하는 과정에서 전후에 기소된 각각의 범행이 모두 포괄하여 하나의 협박죄를 구성하는 것으로 밝혀진 경우, 이중기소에 대하여 공소기각판결을 하도록 한 형사소송법 제327조 제3호의 취지는 동일사건에 대하여 피고인으로 하여금 이중처벌의 위험을 받지 아니하게 하고 법원이 2개의 실체판결을 하지 아니하도록 함에 있으므로, 위와 같은 경우 법원이 각각의 범행을 포괄하여 하나의 협박죄를 인정한다고 하여 이중기소를 금하는 위 법의 취지에 반하는 것이 아닌 점과 법원이 실체적 경합범으로 기소된 범죄사실에 대하여 그 범죄사실을 그대로 인정하면서 다만 죄수에 관한 법률적인 평가만을 달리하여 포괄일죄로 처단하는 것이 피고인의 방어에 불이익을 주는 것이 아니어서 공소장변경 없이도 포괄일죄로 처벌할 수 있는 점에 비추어 보면, 비록 협박죄의 포괄일죄로 공소장을 변경하는 절차가 없었다거나 추가로 공소장을 제출한 것이 포괄일죄를 구성하는 행위로서 기존의 공소장에 누락된 것을 추가·보충하는 취지의 것이라는 석명절차를 거치지 아니하였다 하더라도, 법원은 전후에 기소된 범죄사실 전부에 대하여 실체판단을 할 수 있고, 추가기소된 부분에 대하여 공소기각판결을 할 필요는 없다.(대판 2007.8.23, 2007도2595)

第328條【公訴棄却의 決定】 ① 다음 경우에는 決定으로 公訴를 棄却하여야 한다.

1. 公訴가 取消되었을 때
2. 被告人이 死亡하거나 被告人인 法人이 存續하지 아니하게 되었을 때
3. 第12條 또는 第13條의 規定에 의하여 裁判할 수 없는 때
4. 公訴狀에 記載된 事實이 眞實하다 하더라도 犯罪가 될만한 事實이 包含되지 아니하는 때

② 前項의 決定에 대하여는 卽時抗告를 할 수 있다.

참조 [공소기각]253·331, [공소의 취소]255, [피고인의 사망]424④, [법인의 불존속]민77-96, 상227·269·285·517·609, [동일사건과 수개의 소송계속]12, [관할의 경합]13, [공소장의 기재]254, [즉시항고]405·406·410, [보상]형사보상및명예회복에관한법26

판례 형사소송법 제328조 제1항 제4호의 의미 : 본조 제1항 제4호에 규정된 "공소장에 기재된 사실이 진실하다 하더라도 범죄가 될만한 사실이 포함되지 아니한 때"라 함은 공소장기재사실 자체에 대한 판단으로 그 사실자체가 죄가 되지 아니함이 명백한 경우를 가리키는 것인 바, 공중위생법위반의 이 사건 주위적 공소사실에 기재된 유기기구인 에이트라인 및 고스톱기가 같은 법 소정의 유기기구에 해당하는지의 여부가 공소사실 기재자체에 의하여 명백하다고 할 수 없다면, 위 주위적 공소사실이 형사소송법 제328조 제1항 제4호에 의하여 공소기각의 결정을 할 경우에 해당한다고 할 수 없다.
(대판 1990.4.10, 90도174)

第329條【公訴取消와 再起訴】 公訴取消에 의한 公訴棄却의 決定이 確定된 때에는 公訴取消 後 그 犯罪事實에 대한 다른 重要한 證據를 發見한 경우에 한하여 다시 公訴를 提起할 수 있다.

참조 [공소의 취소]255, 헌13①, [공소기각의 결정]328①

판례 공소취소에 의한 공소기각의 결정이 확정된 때에는 공소취소 후 그 범죄사실에 대한 다른 중요한 증거를 발견한 경우에 한하여 다시 공소를 제기할 수 있다고 규정하고 있는바, 이는 단순일죄인 범죄사실에 대하여 공소가 제기되었다가 공소취소에 의한 공소기각결정이 확정된 후 다시 종전 범죄사실 그대로 재기소하는 경우뿐만 아니라 범죄의 태양, 수단, 피해의 정도, 범죄로 얻은 이익 등 범죄사실의 내용을 추가 변경하여 재기소하는 경우에도 마찬가지로 적용된다. 따라서 단순일죄인 범죄사실에 대하여 공소취소로 인한 공소기각결정이 확정된 후에 종전의 범죄사실을 변경하여 재기소하기 위하여는 변경된 범죄사실에 대한 다른 중요한 증거가 발견되어야 한다.(대판 2009.8.20, 2008도9634)

第330條【被告人의 陳述없이 하는 判決】 被告人이 陳述하지 아니하거나 裁判長의 許可없이 退廷하거나 裁判長의 秩序維持를 위한 退廷命令을 받은 때에는 被告人의 陳述없이 判決할 수 있다.

참조 [재정의무]281

第331條【無罪등 宣告와 拘束令狀의 效力】 無罪, 免訴, 刑의 免除, 刑의 宣告猶豫, 刑의 執行猶豫, 公訴棄却

또는 罰金이나 科料를 科하는 判決이 宣告된 때에는 拘束令狀은 效力을 잃는다.(1995.12.29 단서삭제)

참조 [무죄]325, [면소]326, [형의 면제]322, [형의 선고유예]322, [형의 집행유예]321②, [공소기각]327·328, [구속영장]73·75, [예외]부정수표6

第332條【沒收의 宣告와 押收物】 押收한 書類 또는 物品에 대하여 沒收의 宣告가 없는 때에는 押收를 解除한 것으로 看做한다.

참조 [압수]106, [몰수]형48·49

第333條【押收贓物의 還付】 ① 押收한 贓物로서 被害者에게 還付할 理由가 明白한 것은 判決로써 被害者에게 還付하는 宣告를 하여야 한다.

② 前項의 경우에 贓物을 處分하였을 때에는 判決로써 그 代價로 取得한 것을 被害者에게 交付하는 宣告를 하여야 한다.

③ 假還付한 贓物에 대하여 別段의 宣告가 없는 때에는 還付의 宣告가 있는 것으로 看做한다.

④ 前3項의 規定은 利害關係人이 民事訴訟節次에 의하여 그 權利를 主張함에 影響을 미치지 아니한다.

참조 [장물의 환부]134, [가환부]133

第334條【財産刑의 假納判決】 ① 法院은 罰金, 科料 또는 追徵의 宣告를 하는 경우에 判決의 確定 後에는 執行할 수 없거나 執行하기 困難할 念慮가 있다고 認定한 때에는 職權 또는 檢事의 請求에 의하여 被告人에게 罰金, 科料 또는 追徵에 相當한 金額의 假納을 命할 수 있다.

② 前項의 裁判은 刑의 宣告와 同時에 判決로써 宣告하여야 한다.

③ 前項의 判決은 卽時로 執行할 수 있다.

참조 [가납판결]부정수표6, [재판의 집행]459, [노역장유치]형69-71, [가납의 집행]477·480·481, [준용]즉결심판17

第335條【刑의 執行猶豫 取消의 節次】 ① 刑의 執行猶豫를 取消할 경우에는 檢事는 被告人의 現在地 또는 最後의 居住地를 管轄하는 法院에 請求하여야 한다.

② 前項의 請求를 받은 法院은 被告人 또는 그 代理人의 意見을 물은 後에 決定을 하여야 한다.

③ 前項의 決定에 대하여는 卽時抗告를 할 수 있다.

④ 前2項의 規定은 猶豫한 刑을 宣告할 경우에 準用한다.

참조 [집행유예의 취소]형64, [취소방식등]형소규149-151, [즉시항고]405·410

第336條【競合犯 중 다시 刑을 정하는 節次】 ①「형법」第36條, 同 第39條第4項 또는 同 第61條의 規定에 의하여 刑을 정할 경우에는 檢事는 그 犯罪事實에 대한 最終判決을 한 法院에 請求하여야 한다. 但,「형법」第61條의 規定에 의하여 猶豫한 刑을 宣告할 때에는 第323條에 의하여야 하고 宣告猶豫를 解除하는 理由를 明示하여야 한다.(2007.6.1 본항개정)

② 前條 第2項의 規定은 前項의 경우에 準用한다.

참조 [경합범]형36·39, [선고유예의 실효]형61, [유죄판결에 명시될 이유]323

第337條【刑의 消滅의 裁判】 ①「형법」第81條 또는 同 第82條의 規定에 의한 宣告는 그 事件에 관한 記錄이 保管되어 있는 檢察廳에 對應하는 法院에 대하여 申請하여야 한다.(2007.6.1 본항개정)

② 前項의 申請에 의한 宣告는 決定으로 한다.

③ 第1項의 申請을 却下하는 決定에 대하여는 卽時抗告를 할 수 있다.

참조 [형의 실효]형81, [복권]형82, [즉시항고]405·406·410

第3編 上 訴

第1章 通 則

第338條【上訴權者】 ① 檢事 또는 被告人은 上訴를 할 수 있다.

② (2007.12.21 삭제)

改前 "② 第262條第1項第2號의 規定에 의하여 法院의 審判에 付하여진 事件과 다른 事件이 併合審判되어 1個의 裁判이 있는 경우에는 第265條의 規定에 의하여 檢事의 職務를 行하는 辯護士와 當該 다른 事件의 檢事는 그 裁判에 대하여 各各 獨立하여 上訴할 수 있다."

참조 [상소권자]339-341, [상소의 종류]357·371·402, [상소의 제한]403·415·419, [심판에 부하는 결정]262①, [상소등과 구속에 관한 결정]형소규57

第339條【抗告權者】 檢事 또는 被告人 아닌 者가 決定을 받은 때에는 抗告할 수 있다.

참조 [결정을 받은 자]151·161·192·193, [항고를 할 수 있는 경우]18·23·96-108·133·151·161·177·183·188·190·192·347·437·491

第340條【當事者 이외의 上訴權者】 被告人의 法定代理人은 被告人을 위하여 上訴할 수 있다.

참조 [법정대리인]민911·938, [불이익변경의 금지]368, [준용]즉결심판14

第341條【同前】 ① 被告人의 配偶者, 直系親族, 형제자매 또는 原審의 代理人이나 辯護人은 被告人을 위하여 上訴할 수 있다.(2005.3.31 본항개정)

② 前項의 上訴는 被告人의 明示한 意思에 反하여 하지 못한다.

改前 ① 被告人의 配偶者, 直系親族, "兄弟姉妹, 戶主" 또는 原審의 代理人이나 辯護人은 被告人을 위하여…

참조 [상소권자]338-340, [대리인]276·277, [변호인]30·32·33, [불이익변경의 금지]368, [준용]즉결심판14

판례 피고인이 상소권을 포기한 후에 변호인이 상소를 제기한 경우, 그 상소의 효력 : 본조 제1항에 원심의 변호인은 피고인을 위하여 상소할 수 있다 함은 변호인에게 고유의 상소권을 인정한 것이 아니고 피고인의 상소권을 대리하여 행사하게 한 것에 불과하므로, 변호인은 피고인의 상소권이 소멸된 후에는 상소를 제기할 수 없는 것이고, 상소를 포기한 자는 형사소송법 제354조에 의하여 그 사건에 대하여 다시 상소를 할 수 없다.(대판 1998.3.27, 98도253)

第342條【一部上訴】 ① 上訴는 裁判의 一部에 대하여 할 수 있다.

② 一部에 대한 上訴는 그 一部와 不可分의 關係에 있는 部分에 대하여도 效力이 미친다.

참조 [상소권자]338-341, [준용]즉결심판14

판례 주위적 공소사실까지 상소심의 심판대상에 포함되는지 여부 : 원래 주위적·예비적 공소사실의 일부에 대한 상소제기의 효력은 나머지 공소사실 부분에 대하여도 미치는 것이고, 동일한 사실관계에 대하여 서로 양립할 수 없는 적용법조의 적용을 주위적·예비적으로 구하는 경우에는 예비적 공소사실만 유죄로 인정되고 그 부분에 대하여 피고인만 상소하였다고 하더라도 주위적 공소사실까지 함께 상소심의 심판대상에 포함된다.(대판 2006.5.25, 2006도1146)

판례 항소장에 경합범으로서 2개의 형이 선고된 죄 중 1죄에 대한 형만을 기재하고 나머지 1죄에 대한 형을 기재하지 아니하였다 하더라도 항소이유서에서 그 나머지 1죄에 대하여도 항소이유를 개진한 경우에는 판결 전부에 대한 항소로 봄이 상당하다.
(대판 2004.12.10, 2004도3515)

第343條【上訴 提起期間】 ① 上訴의 提起는 그 期間 內에 書面으로 한다.

② 上訴의 提起期間은 裁判을 宣告 또는 告知한 날로부터 進行한다.

참조 [상소의 제기기간]358·374·405·416③, [재판의 선고, 고지]42·43, [기간]66, [상소권 회복]345, [특칙]344①

판례 형사소송에 있어서 상소기간의 기산일 : 본조 제2항의 규정상, 형사소송에 있어서는 판결등본이 당사자에게 송달되는 여부에 관계없이 공판정에서 판결이 선고된 날로부터 상소기간이 기산되며, 이는 피고인이 불출석한 상태에서 재판을 하는 경우에도 마찬가지이다.
(대결 2002.9.27, 2002모6)

第344條【在所者에 대한 特則】 ① 矯導所 또는 拘置所에 있는 被告人이 上訴의 提起期間 內에 上訴狀을 矯導所長 또는 拘置所長 또는 그 職務를 代理하는 者에게 提出한 때에는 上訴의 提起期間 內에 上訴한 것으로 看做한다.

② 前項의 경우에 被告人이 上訴狀을 作成할 수 없는 때에는 矯導所長 또는 拘置所長은 所屬公務員으로 하여금 代書하게 하여야 한다.
(1963.12.13 본조개정)

참조 형소규177, [상소의 제기기간]358 · 374 · 405 · 416③, [상소장등의 처리]형소규152, [준용]즉결심판14

第345條【상소권회복 청구권자】 제338조부터 제341조까지의 규정에 따라 상소할 수 있는 자는 자기 또는 대리인이 책임질 수 없는 사유로 상소 제기기간 내에 상소를 하지 못한 경우에는 상소권회복의 청구를 할 수 있다.
(2020.12.8 본조개정)

改前 "第345條【上訴權回復請求權者】第338條 내지 第341條의 規定에 의하여 上訴할 수 있는 者는 自己 또는 代理人이 責任질 수 없는 事由로 인하여 上訴의 提起期間 內에 上訴를 하지 못한 때에는 上訴權回復의 請求를 할 수 있다."

참조 [상소권자]338-341, [상소의 제기기간]358 · 374 · 405 · 416③, [청구절차]346 · 355, [준용]즉결심판14

판례 상소권회복청구는 자기 또는 대리인이 책임질 수 없는 사유로 인하여 상소의 제기기간 내에 상소를 하지 못한 때에만 청구할 수 있는바, 형사피고사건으로 법원에 재판이 계속 있는 사람은 공소제기 당시의 주소지나 그 후 신고한 주소지를 옮길 때에는 자기의 새로운 주소지를 법원에 신고하거나 기타 소송 진행 상태를 알 수 있는 방법을 강구하여야 하고, 만일 이러한 조치를 취하지 않았다면 소송서류가 송달되지 않아서 공판기일에 출석하지 못하거나 판결선고사실을 알지 못하여 상고기간을 도과하는 등 불이익을 받는 책임을 면할 수 없다.(대결 2008.3.10, 2007모795)

판례 상고를 포기한 후 상고제기기간 내에 그 포기가 무효라고 주장하면서 상소권회복청구를 할 수 있는지 여부 : 상소권회복은 자기 또는 대리인이 책임질 수 없는 사유로 인하여 상소제기기간 내에 상소를 하지 못한 사람이 이를 청구하는 것이고, 상고를 포기한 후 그 포기가 무효라고 주장하는 경우 상고제기기간이 경과하기 전에는 상고포기의 효력을 다투면서 상고를 제기하여 그 상고의 적법 여부에 대한 판단을 받으면 되고, 별도로 상소권회복청구를 할 여지는 없다.
(대결 1999.5.18, 99모40)

第346條【상소권회복 청구의 방식】 ① 상소권회복을 청구할 때에는 제345조의 사유가 해소된 날부터 상소 제기기간에 해당하는 기간 내에 서면으로 원심법원에 제출하여야 한다.
② 상소권회복을 청구할 때에는 제345조의 책임질 수 없는 사유를 소명하여야 한다.
③ 상소권회복을 청구한 자는 그 청구와 동시에 상소를 제기하여야 한다.
(2020.12.8 본조개정)

改前 "第346條【上訴權回復請求의 方式】① 上訴權回復의 請求는 事由가 終止한 날로부터 上訴의 提起期間에 相當한 期間內에 書面으로 原審法院에 提出하여야 한다.
② 上訴權回復의 請求를 할 때에는 原因된 事由를 소명하여야 한다.
③ 上訴權의 回復을 請求한 者는 그 請求와 同時에 上訴를 提起하여야 한다."

참조 [상소의 제기기간]358 · 374 · 405 · 416③, [재소자에 대한 특칙]344 · 355, [준용]즉결심판14

第347條【上訴權回復에 대한 決定과 卽時抗告】 ① 上訴權回復의 請求를 받은 法院은 請求의 許否에 관한 決定을 하여야 한다.
② 前項의 決定에 대하여는 卽時抗告를 할 수 있다.

참조 [결정]37, [즉시항고]405 · 406 · 410, [준용]즉결심판14

第348條【上訴權回復請求와 執行停止】 ① 上訴權回復의 請求가 있는 때에는 法院은 前條의 決定을 할 때까지 裁判의 執行을 停止하는 決定을 할 수 있다.(2007.6.1 본항개정)
② 前項의 執行停止의 決定을 한 경우에 被告人의 拘禁을 요하는 때에는 拘束令狀을 發付하여야 한다. 但, 第70條의 要件이 具備된 때에 한한다.

改前 ① 上訴權回復의 請求가…決定을 "하여야 한다."

참조 [구속영장]70 · 73 · 75, [구금에 대한 항고]403②, [준용]즉결심판14

第349條【上訴의 拋棄, 取下】 檢事나 被告人 또는 第339條에 規定한 者는 上訴의 拋棄 또는 取下를 할 수 있다. 但, 被告人 또는 第341條에 規定한 者는 死刑 또는 無期懲役이나 無期禁錮가 宣告된 判決에 대하여는 上訴의 拋棄를 할 수 없다.

참조 [포기, 취하의 효력]354, [상소취하자의 비용부담]190, [포기, 취하의 절차]352 · 355, [당사자이외의 상소권자]341

第350條【上訴의 拋棄등과 法定代理人의 同意】 法定代理人이 있는 被告人이 上訴의 拋棄 또는 取下를 함에는 法定代理人의 同意를 얻어야 한다. 但, 法定代理人의 死亡 기타 事由로 인하여 그 同意를 얻을 수 없는 때에는 例外로 한다.

참조 [상소 포기, 취하]349, 형소규153 · 154, [법정대리인]민911 · 938, [준용]즉결심판14

第351條【上訴의 取下와 被告人의 同意】 被告人의 法定代理人 또는 第341條에 規定한 者는 被告人의 同意를 얻어 上訴를 取下할 수 있다.

참조 [법정대리인]민911 · 938, [당사자이외의 상소권자]341, [포기, 취하의 효력]354, [상소취하자의 비용부담]190, [포기, 취하의 절차]352 · 355, [준용]즉결심판14

第352條【上訴拋棄 등의 方式】 ① 上訴의 拋棄 또는 取下는 書面으로 하여야 한다. 但, 公判廷에서는 口述로써 할 수 있다.
② 口述로써 上訴의 拋棄 또는 取下를 한 경우에는 그 事由를 調書에 記載하여야 한다.

참조 [상소의 포기, 취하]349-351, [조서기재]51② · 56, [준용]즉결심판14

第353條【上訴拋棄 등의 管轄】 上訴의 拋棄는 原審法院에, 上訴의 取下는 上訴法院에 하여야 한다. 但, 訴訟記錄이 上訴法院에 送付되지 아니한 때에는 上訴의 取下를 原審法院에 提出할 수 있다.

참조 [상소의 포기, 취하]349 · 351 · 352

第354條【上訴拋棄 後의 再上訴의 禁止】 上訴를 取下한 者 또는 上訴의 拋棄나 取下에 同意한 者는 그 事件에 대하여 다시 上訴를 하지 못한다.

참조 [상소취하자]349-352, [포기, 취하에 동의한 자]350 · 351, [준용]즉결심판14

第355條【在所者에 대한 特則】 第344條의 規定은 矯導所 또는 拘置所에 있는 被告人이 上訴權回復의 請求 또는 上訴의 拋棄나 取下를 하는 경우에 準用한다.
(1963.12.13 본조개정)

참조 [재소자에 대한 특칙]344, [상소권회복청구]345-348, [상소의 포기, 취하]349-352, [상소장등의 처리]형소규152

판례 신탁자와 수탁자가 명의신탁약정을 맺고 그에 따라 수탁자가 당사자가 되어 명의신탁약정이 있다는 사실을 알지 못하는 소유자와 사이에서 부동산에 관한 매매계약을 체결한 이른바 계약명의신탁에 있어서, 수탁자는 신탁자에 대한 관계에서도 신탁 부동산의 소유권을 완전히 취득하고 단지 신탁자에 대하여 명의신탁약정의 무효로 인한 부당이득반환의무만을 부담할 뿐인바, 그와 같은 부당이득반환의무는 명의신탁약정의 무효로 인하여 수탁자가 신탁자에 대하여 부담하는 통상의 채무에 불과할 뿐 아니라, 신탁자와 수탁자 간의 명의신탁약정이 무효인 이상, 특별한 사정이 없는 한 신탁자와 수탁자 간에 명의신탁약정과 함께 이루어진 부동산 매입의 위임 약정 역시 무효라고 볼 것이다.(대판 2007.3.29, 2007도766)

第356條【上訴拋棄등과 相對方의 通知】 上訴, 上訴의 拋棄나 取下 또는 上訴權回復의 請求가 있는 때에는 法院은 지체없이 相對方에게 그 事由를 通知하여야 한다.

참조 [상소]338-344, [상소의 포기, 취하]349-352, [상소권회복의 청구]345-348

第2章 抗 訴
(1963.12.13 본장제목개정)

第357條【抗訴할 수 있는 判決】 第1審法院의 判決에 대하여 不服이 있으면 地方法院 單獨判事가 宣告한 것은 地方法院 本院合議部에 抗訴할 수 있으며 地方法院合議部가 宣告한 것은 高等法院에 抗訴할 수 있다.
(1963.12.13 본조개정)

참조 [항소권자]338 · 340 · 341, [제1심판결]319 · 321 · 322 · 325-327, [항소심의 관할]법원조직28 · 32②, [공판절차]형소규159

판례 현행 형사소송법상 항소심은 기본적으로 실체적 진실을 추구하는 면에서 속심적 기능이 강조되고 있고, 다만 사후심적 요소를 도입한 형사소송법의 조문들이 남상소의 폐단을 억제하고 항소법원의 부담을 감소시킨다는 소송경제상의 필요에서 항소심의 속심적 성격에 제한을 가하고 있음에 불과하다.
(대판 1983.4.26, 82도2829,82감도612)

第358條【抗訴提起期間】 抗訴의 提起期間은 7日로 한다.(1963.12.13 본조개정)

참조 [기간의 계산]66 · 67 · 344① · 345, [기산점]343②, [항소와 구속에 관한 결정]105

第359條【抗訴提起의 方式】 抗訴를 함에는 抗訴狀을 原審法院에 提出하여야 한다.(1963.12.13 본조개정)

참조 [항소이유 · 답변서등]형소규155 · 156, [항소할 수 있는 판결]357, [재소자의 항소제기]344

第360條【原審法院의 抗訴棄却 決定】 ① 抗訴의 提起가 法律上의 方式에 違反하거나 抗訴權消滅 後인 것이 明白한 때에는 原審法院은 決定으로 抗訴를 棄却하여야 한다.(1963.12.13 본항개정)

② 前項의 決定에 대하여는 卽時抗告를 할 수 있다.

(1963.12.13 본조제목개정)

참조 [항소권 소멸]354 · 358, [결정]37 · 39, [즉시항고]405 · 406 · 410

第361條【訴訟記錄과 證據物의 송부】 第360條의 경우를 제외하고는 原審法院은 抗訴狀을 받은 날부터 14日이내에 訴訟記錄과 證據物을 抗訴法院에 송부하여야 한다.(1995.12.29 본조개정)

참조 [항소기각 결정]360 · 361의4, [기간계산]66 · 67

판례 형사소송의 구조와 항소법원에의 기록송부방식 : 형사소송의 구조를 당사자주의와 직권주의 중 어느 것으로 할 것인가의 문제는 입법정책의 문제로서 우리나라 형사소송법은 그 해석상 소송절차의 전반에 걸쳐 기본적으로 당사자주의 소송구조를 취하고 있는 것으로 이해되는바, 당사자주의에 충실하려면 제1심 법원에서 항소법원으로 소송기록을 바로 송부함이 바람직하다.
(헌재결 1995.11.30, 92헌마44 전원재판부)

第361條의2【訴訟記錄接受와 通知】 ① 抗訴法院이 記錄의 送付를 받은 때에는 卽時 抗訴人과 相對方에게 그 事由를 通知하여야 한다.(1963.12.13 본항개정)

② 前項의 通知 前에 辯護人의 選任이 있는 때에는 辯護人에게도 前項의 通知를 하여야 한다.

③ 被告人이 矯導所 또는 拘置所에 있는 경우에는 原審法院에 대응한 檢察廳檢事는 第1項의 通知를 받은 날부터 14日 이내에 被告人을 抗訴法院所在地의 矯導所 또는 拘置所에 移送하여야 한다.(1995.12.29 본항신설)

(1961.9.1 본조신설)

판례 형사소송법 제361조의2 제2항의 규정에 의하면 항소법원은 소송기록접수통지를 하기 전에 변호인의 선임이 있는 때에는 변호인에게도 소송기록접수통지를 하도록 되어 있으므로, 피고인에게 소송기록접수통지를 한 후에 변호인의 선임이 있는 경우에는 변호인에게 다시 같은 통지를 할 필요가 없는 것이고, 항소법원이 국선변호인을 선정하고 피고인과 그 변호인에게 소송기록접수통지를 한 후 피고인이 사선변호인을 선임함에 따라 항소법원이 국선변호인의 선정을 취소한 경우에도 마찬가지라고 할 것이며, 이러한 경우 항소이유서의 제출기간은 국선변호인 또는 피고인이 소송기록접수통지를 받은 날로부터 계산하여야 한다.(대판 2007.3.29, 2006도5547)

第361條의3【抗訴理由書와 答辯書】 ① 抗訴人 또는 辯護人은 前條의 通知를 받은 날로부터 20日 이내에 抗訴理由書를 抗訴法院에 提出하여야 한다. 이 경우 제344조를 준용한다.(2007.12.21 후단신설)

② 抗訴理由書의 提出을 받은 抗訴法院은 遲滯없이 그 副本 또는 謄本을 相對方에게 送達하여야 한다.

③ 相對方은 前項의 送達을 받은 날로부터 10日 이내에 答辯書를 抗訴法院에 提出하여야 한다.

④ 答辯書의 提出을 받은 抗訴法院은 遲滯없이 그 副本 또는 謄本을 抗訴人 또는 辯護人에게 送達하여야 한다.

(1963.12.13 본조개정)

참조 [항소법원]357, 법원조직28 · 32②

판례 항소이유서 부본이 상대방에게 송달되지 아니한 채 진행된 항소심 공판절차의 적법 여부 : 본조 제1항 내지 제4항은 항소한 소송관계인의 상대방으로 하여금 방어를 준비할 기회를 주기 위한 것이므로 상대방이 항소이유서의 부본을 송달 받지 못하여 방어를 준비할 기회를 갖지 못하였다 하더라도 항소한 소송관계인 본인이 이를 탓할 수 없다 할 것인바, 항소인이 제출한 항소이유서 부본이 상대방에게 송달되지 아니하였고 이로 인하여 상대방이 답변서를 제출할 기회를 갖지 못하였으나 상대방이 항소심 공판기일에 출석하여 항소이유서 부본의 불송달과 이로 인한 답변서를 제출하지 못한 점에 대하여 아무런 이의를 제기하지 않은 채 항소인이 항소이유서를 진술하고 상대방이 이에 대하여 항소가 이유 없다는 취지의 답변을 한 다음 쌍방이 이에 기하여 변론을 하는 등으로 항소심 공판절차의 진행에 협조하였다면 항소인이 항소이유서 부본이 송달되지 아니하였음을 비난할 수 없다.(대판 2001.12.27, 2001도5810)

第361條의4【抗訴棄却의 決定】 ① 抗訴人이나 辯護人이 前條第1項의 期間 內에 抗訴理由書를 提出하지 아니한 때에는 決定으로 抗訴를 棄却하여야 한다. 但, 職權調査事由가 있거나 抗訴狀에 抗訴理由의 記載가 있는 때에는 例外로 한다.

② 前項의 決定에 대하여는 卽時抗告를 할 수 있다.

(1963.12.13 본항신설)

(1963.12.13 본조개정)

참조 [항소이유서]361의3, [항소기각의 결정]360 · 362, [항소장]359, [항소이유]361의5

판례 제1심법원이 일죄의 일부는 유죄, 나머지는 무죄라고 판단하자 피고인만 유죄 부분에 대해 항소하고 검사는 무죄 부분에 대해 항소하지 않은 경우, 무죄 부분에 관한 제1심판결의 위법이 형사소송법상 직권조사사항 또는 직권심판대상에 해당하는지 여부(소극) 및 제1심판결에서 무죄 부분에 관한 이유 기재를 누락한 경우에도 마찬가지인지 여부(적극) : 제1심법원이 공소사실의 동일성이 인정되는 범위 내에서 공소가 제기된 범죄사실에 포함된 보다 가벼운 범죄사실을 유죄로 인정하면서 법정형이 보다 가벼운 다른 법조를 적용하여 피고인을 처벌하고, 유죄로 인정된 부분을 제외한 나머지 부분에 대하여는 범죄의 증명이 없다는 이유로 판결 이유에서 무죄로 판단한 경우, 그에 대하여 피고인만이 유죄 부분에 대하여 항소하고 검사는 무죄로 판단된 부분에 대하여 항소하지 아니하였다면, 비록 그 죄 전부가 피고인의 항소와 상소불가분의 원칙으로 인하여 항소심에 이심되었다고 하더라도 무죄 부분은 심판대상이 되지 않는다. 따라서 그 부분에 관한 제1심판결의 위법은 형사소송법 제361조의4 제1항 단서의 '직권조사사유' 또는 같은 법 제364조 제2항에 정한 '항소법원은 판결에 영향을 미친 사유에 관하여는 항소이유서에 포함되지 아니한 경우에도 직권으로 심판할 수 있다'는 경우에 해당하지 않으므로, 항소심법원이 직권으로 심판대상이 아닌 무죄 부분까지 심리한 후 이를 유죄로 인정하여 법정형이 보다 무거운 법조를 적용하여 처벌하는 것은 피고인의 방어권 행사에 불이익을 초래하는 것으로서 허용되지 않는다. 이는 제1심판결에 무죄로 판단된 부분에 대한 이유를 누락한 잘못이 있다고 하더라도 동일하다.
(대판 2008.9.25, 2008도4740)

판례 검사가 제1심 무죄판결에 대한 항소장의 '항소의 이유'란에 '사실오인 및 법리오해'라고만 기재한 경우 : 검사가 제출한 제1심 무죄판결에 대한 항소장의 '항소의 이유'란에 '사실오인 및 법리오해'라는 문구만 기재되어 있을 뿐 다른 구체적인 항소이유가 명시되어 있지 않은 경우, 위와 같은 항소장의 기재는 적법한 항소이유의 기재에 해당하지 않는다.(대결 2006.3.30, 2005모564)

第361條의5【抗訴理由】 다음 事由가 있을 경우에는 原審判決에 대한 抗訴理由로 할 수 있다.(1963.12.13 본문개정)

1. 判決에 影響을 미친 憲法 · 法律 · 命令 또는 規則의 違反이 있는 때(1963.12.13 본호개정)
2. 判決 後 刑의 廢止나 變更 또는 赦免이 있는 때
3. 管轄 또는 管轄違反의 認定이 法律에 違反한 때
4. 判決法院의 構成이 法律에 違反한 때
5.~6. (1963.12.13 삭제)
7. 法律上 그 裁判에 關與하지 못할 判事가 그 事件의 審判에 關與한 때
8. 事件의 審理에 關與하지 아니한 判事가 그 事件의 判決에 關與한 때
9. 公判의 公開에 관한 規定에 違反한 때
10. (1963.12.13 삭제)
11. 判決에 理由를 붙이지 아니하거나 理由에 矛盾이 있는 때
12. (1963.12.13 삭제)
13. 再審請求의 事由가 있는 때
14. 事實의 誤認이 있어 判決에 影響을 미칠 때
15. 刑의 量定이 부당하다고 인정할 事由가 있는 때

(1963.12.13 14호~15호개정)
(1963.12.13 본조제목개정)
(1961.9.1 본조신설)

참조 (1)383, (2)382·형1, 사면2·3, (3)1-16, 법원조직28·32, (4)275, (7)17·18·24, (8)275·301, (9)헌109, 법원조직57, (11)43·323, (13)383·420·421, (14)323, (15)383·형51이하

판례 본조 제14호 소정의 '사실의 오인이 있어 판결에 영향을 미친 때'의 의미 : 형사소송법 제361조의5 제14호에서 항소이유의 하나로 규정한 '사실의 오인이 있어 판결에 영향을 미친 때'라는 것은 사실오인에 의하여 판결의 주문에 영향을 미쳤을 경우와 범죄에 대한 구성요건적 평가에 직접 또는 간접으로 영향을 미쳤을 경우를 의미한다. (대판 1996.9.20, 96도1665)

第362條【抗訴棄却의 決定】 ① 第360條의 規定에 해당한 경우에 原審法院이 抗訴棄却의 決定을 하지 아니한 때에는 抗訴法院은 決定으로 抗訴를 棄却하여야 한다. (1963.12.13 본항개정)

② 前項의 決定에 대하여는 卽時抗告를 할 수 있다. (1963.12.13 본조제목개정)

참조 [항소제기]359, [항소권의 소멸]354·358, [결정]37·39, [즉시항고]405·406·410

第363條【公訴棄却의 決定】 ① 第328條第1項 各號의 規定에 해당한 事由가 있는 때에는 抗訴法院은 決定으로 公訴를 棄却하여야 한다.(1995.12.29 본항개정)

② 前項의 決定에 대하여는 卽時抗告를 할 수 있다.

참조 [제1심에서의 공소기각의 결정]328, [결정]37·39, [즉시항고]405·406·410

第364條【抗訴法院의 審判】 ① 抗訴法院은 抗訴理由에 包含된 事由에 관하여 審判하여야 한다.

② 抗訴法院은 判決에 影響을 미친 事由에 관하여는 抗訴理由書에 포함되지 아니한 경우에도 職權으로 審判할 수 있다.

③ 第1審法院에서 證據로 할 수 있었던 證據는 抗訴法院에서도 證據로 할 수 있다.(1963.12.13 본항신설)

④ 抗訴理由 없다고 認定한 때에는 判決로써 抗訴를 棄却하여야 한다.

⑤ 抗訴理由 없음이 明白한 때에는 抗訴狀, 抗訴理由書 기타의 訴訟記錄에 의하여 辯論없이 判決로써 抗訴를 棄却할 수 있다.

⑥ 抗訴理由있다고 認定한 때에는 原審判決을 破棄하고 다시 判決을 하여야 한다.

(1963.12.13 본조개정)

참조 [항소할 수 있는 판결]357, [항소이유]361의5

판례 제1심이 실체적 경합범 관계에 있는 공소사실 중 일부에 대하여 재판을 누락한 경우, 항소심으로서는 당사자의 주장이 없더라도 직권으로 제1심의 누락부분을 파기하고 그 부분에 대하여 재판하여야 한다. 다만, 피고인만이 항소한 경우라면 불이익변경금지의 원칙에 따라 제1심의 형보다 중한 형을 선고하지 못한다. (대판 2009.2.12, 2008도7848)

판례 불명확한 항소이유 철회의 효력 : 항소이유서를 제출한 자는 항소심의 공판기일에 항소이유서에 기재된 항소이유의 일부를 철회할 수 있으나 항소이유를 철회하면 이를 다시 상고이유로 삼을 수 없게 되는 제한을 받을 수도 있으므로, 항소이유의 철회는 명백히 이루어져야만 그 효력이 있다.(대판 2003.2.26, 2002도6834)

판례 항소법원의 심판 범위 : 항소법원은 직권조사사유에 관하여는 항소제기가 적법하다면 항소이유서가 제출되었는지 여부나 항소이유서에 포함되었는지 여부를 가릴 필요 없이 반드시 심판하여야 할 것이지만, 직권조사사유가 아닌 것에 관하여는 그것이 항소장에 기재되었거나 그렇지 아니하면 소정 기간 내에 제출된 항소이유서에 포함된 경우에 한하여 심판의 대상으로 할 수 있고, 다만 판결에 영향을 미친 사유에 한하여 예외적으로 항소이유서에 포함되지 아니하였다 하더라도 직권으로 심판할 수 있다 할 것이고, 한편 피고인이나 변호인이 항소이유서에 포함시키지 아니한 사항을 항소심 공판정에서 진술한다 하더라도 그 진술에 포함된 주장과 같은 항소이유가 있다고 볼 수 없다.(대판 1998.9.22, 98도1234)

第364條의2【共同被告人을 위한 破棄】 被告人을 위하여 原審判決을 破棄하는 경우에 破棄의 理由가 抗訴한 共同被告人에게 共通되는 때에는 그 共同被告人에게 대하여도 原審判決을 破棄하여야 한다.(1963.12.13 본조개정)

판례 본조가 규정하는 공통파기의 취지를 간과한 경우 : 본조는 공동피고인 상호간의 재판의 공평을 도모하려는 취지이므로, 원심이 공동피고인에 대한 제1심판결을 파기함에 있어서는 파기의 이유가 공통되는 각 공소사실에 관하여 직권으로 공범인 피고인에 대하여도 같은 이유로 제1심판결을 파기하여야 함에도 이를 간과한 원심판결을 파기해야 한다.(대판 2003.2.26, 2002도6834)

第365條【被告人의 出廷】 ① 被告人이 公判期日에 出廷하지 아니한 때에는 다시 期日을 정하여야 한다. (1961.9.1 본항개정)

② 被告人이 정당한 事由없이 다시 정한 期日에 出廷하지 아니한 때에는 被告人의 陳述없이 判決을 할 수 있다.

참조 [피고인의 출정]276, [피고인의 진술없이 하는 판결]330

판례 피고인이 불출석한 상태에서 진술 없이 판결할 수 있기 위해서는 피고인이 적법한 공판기일 통지를 받고서도 2회 연속으로 정당한 이유 없이 출정하지 않은 경우에 해당하여야 한다. 피고인이 제3회 공판에 불출석한 후, 제4회 공판에 출석하고, 다시 제5회 공판에 불출석하는 등 징검다리로 출석하였다면, 고지된 선고기일인 제5회 공판기일에 출석하지 않았더라도 제4회 공판기일에 출석한 이상 '2회 연속'으로 정당한 이유 없이 출정하지 않은 경우에는 해당하지 않으므로 피고인이 불출석한 상태에서 재판 결과를 선고해서는 안 된다. (대판 2019.10.31, 2019도5426)

第366條【原審法院에의 還送】 公訴棄却 또는 管轄違反의 裁判이 法律에 違反됨을 理由로 原審判決을 破棄하는 때에는 判決로써 事件을 原審法院에 還送하여야 한다.

참조 [환송처리]형소규157, [변호인의 선임]형소규158, [공소기각]327, [관할위반의 재판]319, [원심판결의 파기]364⑥

第367條【管轄法院에의 移送】 管轄認定이 法律에 違反됨을 理由로 原審判決을 破棄하는 때에는 判決로써 事件을 管轄法院에 移送하여야 한다. 但, 抗訴法院이 그 事件의 第1審管轄權이 있는 때에는 第1審으로 審判하여야 한다.(1963.12.13 본조개정)

참조 [이송처리]형소규157, [변호인의 선임]형소규158, [항소심의 심판]370

第368條【불이익변경의 금지】 피고인이 항소한 사건과 피고인을 위하여 항소한 사건에 대해서는 원심판결의 형보다 무거운 형을 선고할 수 없다.(2020.12.8 본조개정)

改前 "第368條【不利益變更의 禁止】 被告人이 抗訴한 事件과 被告人을 위하여 抗訴한 事件에 대하여는 原審判決의 刑보다 重한 刑을 宣告하지 못한다.(1963.12.13 본조개정)"

참조 [피고인의 항소]338①, [피고인을 위한 항소]340·341, [형의 경중]형50

판례 불이익변경금지와 판단 기준 : 불이익변경금지의 원칙은 피고인의 상소권 또는 약식명령에 대한 정식재판청구권을 보장하려는 것으로, 피고인만이 또는 피고인을 위하여 상소한 상급심 또는 정식재판청구사건에서 법원은 피고인이 같은 범죄사실에 대하여 이미 선고 또는 고지 받은 형보다 중한 형을 선고하지 못한다는 원칙이며, 선고된 형이 피고인에게 불이익하게 변경되었는지에 관한 판단은 형법상 형의 경중을 일응의 기준으로 하되, 병과형이나 부가형, 집행유예, 미결구금일수의 통산, 노역장 유치기간 등 주문 전체를 고려하여 피고인에게 실질적으로 불이익한가의 여부에 의하여 판단하여야 한다.(대판 2005.10.28, 2005도5822)

第369條【裁判書의 記載方式】 抗訴法院의 裁判書에는 抗訴理由에 대한 判斷을 記載하여야 하며 原審判決에 記載한 事實과 證據를 引用할 수 있다.(1963.12.13 본조개정)

참조 [원심판결]319·321·322·325-327, [사실]323·325, [증거]307이하·323①

第370條【準用規定】 第2編 중 公判에 관한 規定은 本章에 特別한 規定이 없으면 抗訴의 審判에 準用한다. (1963.12.13 본조개정)

판례 항소심 법원이 공소장 변경을 허가한 경우 위헌 여부 : 변경된 공소사실이 당초의 공소사실과 기본적 사실관계에서 동일하다고 보는 이상 설사 그것이 새로운 공소의 추가적 제기와 다름 바 없다고 하더라도, 현행법상 형사항소심의 구조가 오로지 사후심으로서의 성격만을 가지고 있는 것은 아니어서 공소장의 변경은 항소심에서도 할 수 있는 것이므로 이를 허가한 항소심 법원의 조처에 피고인의 제1심판결을 받을 기회를 박탈하여 헌법 제27조 제1항의 법률에 의한 재판을 받을 권리를 침해한 위법이 있다고 할 수 없다. (대판 1995.2.17, 94도3297)

第3章　上　告

第371條【上告할 수 있는 判決】 第2審判決에 대하여 不服이 있으면 大法院에 上告할 수 있다.(1963.12.13 본조개정)

참조 [고등법원의 심판권]법원조직7③·28, [대법원의 심판권]법원조직7①·14, [항소할 수 있는 판결]357

第372條【飛躍的 上告】 다음 경우에는 第1審判決에 대하여 抗訴를 提起하지 아니하고 上告를 할 수 있다.(1963.12.13 본문개정)

1. 原審判決이 認定한 事實에 대하여 法令을 適用하지 아니하였거나 法令의 適用에 錯誤가 있는 때
2. 原審判決이 있은 後 刑의 廢止나 變更 또는 赦免이 있는 때

참조 [사면]사면2·3

第373條【抗訴와 飛躍的 上告】 第1審判決에 대한 上告는 그 事件에 대한 抗訴가 提起된 때에는 그 效力을 잃는다. 但, 抗訴의 取下 또는 抗訴棄却의 決定이 있는 때에는 例外로 한다.(1963.12.13 본조개정)

참조 [비약상고]372, [항소의 제기]359, [항소의 취하]349·351·352, [항소기각의 결정]360·362

판례 검사가 1심판결에 불복하여 비약상고를 하고 뒤따라 피고인이 항소를 제기한 경우에는 불이익변경금지의 원칙에 의거하여 1심판결 이상의 형을 과할 수 없다.(대판 1971.2.9, 71도28)

第374條【上告期間】 上告의 提起期間은 7日로 한다.

참조 [기간의 계산]66·67, [기산점]343②, [항소제기기간]358

第375條【上告提起의 方式】 上告를 함에는 上告狀을 原審法院에 提出하여야 한다.

참조 [이유서등의 제출]형소규160, [재소자에 대한 특칙]344, [항소제기의 방식]359

第376條【原審法院에서의 上告棄却 決定】 ① 上告의 提起가 法律上의 方式에 違反하거나 上告權消滅後인 것이 明白한 때에는 原審法院은 決定으로 上告를 棄却하여야 한다.

② 前項의 決定에 대하여는 卽時抗告를 할 수 있다.

참조 [상고제기방식]375, [상고권 소멸]354·355·374, [결정]37·39, [즉시항고]405·406·410

第377條【訴訟記錄과 證據物의 송부】 第376條의 경우를 제외하고는 原審法院은 上告狀을 받은 날부터 14日이내에 訴訟記錄과 證據物을 上告法院에 송부하여야 한다.(1995.12.29 본조개정)

참조 [원심법원에서의 상고기각결정]376, [상고장]375, [기간의 계산]66·67

第378條【訴訟記錄接受와 通知】 ① 上告法院이 訴訟記錄의 送付를 받은 때에는 卽時 上告人과 相對方에 대하여 그 事由를 通知하여야 한다.(1961.9.1 본항개정)

② 前項의 通知前에 辯護人의 選任이 있는 때에는 辯護人에 대하여도 前項의 通知를 하여야 한다.

참조 [공판기일통지]형소규161, [상고인]338·340·341, [변호인의 선임]30·32①·33

第379條【上告理由書와 答辯書】 ① 上告人 또는 辯護人이 前條의 通知를 받은 날로부터 20日이내에 上告理由書를 上告法院에 提出하여야 한다. 이 경우 제344조를 준용한다.(2007.12.21 후단신설)

② 上告理由書에는 訴訟記錄과 原審法院의 證據調査에 表現된 事實을 引用하여 그 理由를 明示하여야 한다.

③ 上告理由書의 提出을 받은 上告法院은 遲滯없이 그 副本 또는 謄本을 相對方에 送達하여야 한다.(1961.9.1 본항개정)

④ 相對方은 前項의 送達을 받은 날로부터 10日이내에 答辯書를 上告法院에 提出할 수 있다.(1961.9.1 본항개정)

⑤ 答辯書의 提出을 받은 上告法院은 遲滯없이 그 副本 또는 謄本을 上告人 또는 辯護人에게 送達하여야 한다.(1961.9.1 본항개정)

참조 형소규160·164, [상고인]338·340·341, [변호인]30·32·33, [상고이유]383, [소송기록접수와 통지]378, [기간계산]66, [증거조사]290－292, [송달]60이하

판례 검사가 상고한 경우 상고이유서 제출 명의인(=대검찰청 검사) : 검사가 상고한 경우에는 상고법원에 대응하는 검찰청 소속 검사가 소송기록접수통지를 받은 날로부터 20일 이내에 그 이름으로 상고이유서를 제출하여야 한다.(대결 2003.6.26, 2003도2008)

第380條【上告棄却決定】 ① 上告人이나 辯護人이 前條第1項의 期間내에 上告理由書를 提出하지 아니한 때에는 決定으로 上告를 棄却하여야 한다. 但, 上告狀에 理由의 記載가 있는 때에는 例外로 한다.(1961.9.1 단서개정)

② 상고장 및 상고이유서에 기재된 상고이유의 주장이 제383조 각 호의 어느 하나의 사유에 해당하지 아니함이 명백한 때에는 결정으로 상고를 기각하여야 한다.(2014.5.14 본항신설)

참조 [상고이유서]379, [결정]37·39, [상고장]375, [상고이유]383

第381條【同前】 第376條의 規定에 해당한 경우에 原審法院이 上告棄却의 決定을 하지 아니한 때에는 上告法院은 決定으로 上告를 棄却하여야 한다.(1961.9.1 본조개정)

참조 [원심법원에서의 상고기각결정]376, [결정]37·39

第382條【公訴棄却의 決定】 第328條第1項 各號의 規定에 해당하는 사유가 있는 때에는 上告法院은 決定으로 公訴를 棄却하여야 한다.(1995.12.29 본조개정)

참조 [공소기각의 결정]328·363

第383條【上告理由】 다음 事由가 있을 경우에는 原審判決에 대한 上告理由로 할 수 있다.(1961.9.1 본문개정)

1. 判決에 影響을 미친 憲法·法律·命令 또는 規則의 違反이 있는 때
2. 判決후 刑의 廢止나 變更 또는 赦免이 있는 때
3. 再審請求의 事由가 있는 때
4. 死刑, 無期 또는 10年 이상의 懲役이나 禁錮가 宣告된 事件에 있어서 重大한 事實의 誤認이 있어 判決에 影響을 미친 때 또는 刑의 量定이 甚히 부당하다고 認定할 顯著한 事由가 있는 때

(1963.12.13 1호~4호개정)

참조 (1)361의5, (2)형1, 사면2·3, (3)361의5·420·421, (4)형51이하

판례 피고인에게 불이익한 결과를 초래하는 주장을 피고인측에서 상고이유로 삼을 수 있는지 여부 : 피고인에게 불이익한 결과를 초래하는 주장을 피고인측에서 상고이유로 삼을 수 없다.(대판 2006.6.15, 2006도1718)

판례 원심판결 선고 후 형법 제39조 제1항이 개정된 경우 : 원심판결 선고 후 형법 제39조 제1항이 개정되어 판결 후 형의 변경이 있는 때에 해당하는 사유가 있게 되었다고 보아 원심판결을 파기하여야 한다.(대판 2005.9.29, 2005도4738)

판례 상고이유서에 단순히 원심판결에 사실오인 내지 법리오해의 위배가 있다고만 기재한 경우 : 상고법원은 상고이유에 의하여 불복신청한 한도 내에서만 조사·판단할 수 있으므로, 상고이유서에는 상고이유를 특정하여 원심판결의 어떤 점이 법령에 어떻게 위반되었는지에 관하여 구체적이고도 명시적인 이유의 설시가 있어야 할 것이므로, 상고인이 제출한 상고이유서에 위와 같은 구체적이고도 명시적인 이유의 설시가 없이 상고이유로 단순히 원심판결에 사실오인 내지 법리오해의 위배가 있다고만 기재함에 그치고만 경우는 어느 증거에 관한 취사조치가 채증법칙에 위반되었다는 것인지, 또 어떠한 법령적용의 잘못이 있고 어떠한 점이 부당하다는 것인지 전혀 구체적 사유를 주장하지 아니한 것이어서 적법한 상고이유가 제출된 것이라고 볼 수 없다.(대판 2000.4.21, 99도5513)

第384條【審判範圍】 上告法院은 上告理由書에 포함된 事由에 관하여 審判하여야 한다. 그러나 前條第1號 내지 第3號의 경우에는 上告理由書에 포함되지 아니한 때에도 職權으로 審判할 수 있다.(1963.12.13 본조개정)

참조 [상고이유서]379, [상고사유]383, [부에서 할 수 있는 재판]형소규162

第385條 (1961.9.1 삭제)

第386條【辯護人의 資格】 上告審에는 辯護士 아닌 者를 辯護人으로 選任하지 못한다.

참조 [변호사 아닌 변호인]31단서

第387條【辯論能力】 上告審에는 辯護人 아니면 被告人을 위하여 辯論하지 못한다.

참조 [상고심의 변호인]386

第388條【辯論方式】 檢事와 辯護人은 上告理由書에 의하여 辯論하여야 한다.

참조 [상고이유서]379

第389條【辯護人의 不出席등】 ① 辯護人의 選任이 없거나 辯護人이 公判期日에 出廷하지 아니한 때에는 檢事의 陳述을 듣고 判決을 할 수 있다. 但, 第283條의 規定에 해당한 경우에는 例外로 한다.

② 前項의 경우에 適法한 理由書의 提出이 있는 때에는 그 陳述이 있는 것으로 看做한다.

참조 [변호인의 선임]30 · 32① · 386, [필요적 변호]282, [국선변호인]33 · 283

第389條의2【被告人의 召喚 여부】 上告審의 公判期日에는 被告人의 召喚을 요하지 아니한다.(1995.12.29 본조신설)

第390條【書面審理에 의한 判決】 ① 上告法院은 上告狀, 上告理由書 기타의 訴訟記錄에 의하여 辯論없이 判決할 수 있다.

② 상고법원은 필요한 경우에는 특정한 사항에 관하여 변론을 열어 참고인의 진술을 들을 수 있다.(2007.6.1 본항신설)

참조 [상고이유]383, [변호]282 · 387 · 388

第391條【原審判決의 破棄】 上告理由가 있는 때에는 判決로써 原審判決을 破棄하여야 한다.

참조 [상고이유]383, [파기후의 절차]393－397

판례 항소심이 몰수나 추징을 선고하지 아니한 조치가 위법한 경우, 상고심의 파기의 범위 : 주형과 몰수 또는 추징을 선고한 항소심판결 중 몰수 또는 추징부분에 관해서만 파기사유가 있을 때에는 상고심이 그 부분만을 파기할 수 있으나, 항소심이 몰수나 추징을 선고하지 아니하였음을 이유로 파기하는 경우에는 항소심판결에 몰수나 추징부분이 없어 그 부분만 특정하여 파기할 수 없으므로, 결국 항소심판결의 유죄부분 전부를 파기하여야 한다.(대판 2005.10.28, 2005도5822)

第392條【共同被告人을 위한 破棄】 被告人의 利益을 위하여 原審判決을 破棄하는 경우에 破棄의 理由가 上告한 共同被告人에 共通되는 때에는 그 共同被告人에 대하여도 原審判決을 破棄하여야 한다.

참조 [원심판결의 파기]391, [관련사건]11

판례 동조는 상고가 법률상 방식에 위반하거나 상고권 소멸 후인 것이 명백한 공동피고인에게는 이를 적용할 수 없다.
(대판 2004.7.22, 2003도6412)

第393條【公訴棄却과 還送의 判決】 適法한 公訴를 棄却하였다는 理由로 原審判決 또는 第1審判決을 破棄하는 경우에는 判決로써 事件을 原審法院 또는 第1審法院에 還送하여야 한다.

참조 형소규164, [공소기각]327, [심판범위]384, [항소심의 환송판결]366

第394條【管轄認定과 移送의 判決】 管轄의 認定이 法律에 違反됨을 理由로 原審判決 또는 第1審判決을 破棄하는 경우에는 判決로써 事件을 管轄있는 法院에 移送하여야 한다.

참조 형소규164, [관할]1－16, 법원조직28 · 32, [심판범위]384, [항소심의 이송판결]367

第395條【管轄違反과 還送의 判決】 管轄違反의 認定이 法律에 違反됨을 理由로 原審判決 또는 第1審判決을 破棄하는 경우에는 判決로써 事件을 原審法院 또는 第1審法院에 還送하여야 한다.

참조 [관할위반]319 · 320, [심판범위]384, [항소심의 환송판결]366

第396條【破棄自判】 ① 上告法院은 原審判決을 破棄한 경우에 그 訴訟記錄과 原審法院과 第1審法院이 調査한 證據에 의하여 判決하기 충분하다고 認定한 때에는 被告事件에 대하여 直接判決을 할 수 있다.(1961.9.1 본항개정)

② 第368條의 規定은 前項의 判決에 準用한다.

참조 [원심판결의 파기]391, [불이익변경의 금지]368

第397條【還送 또는 移送】 前4條의 경우 외에 原審判決을 破棄한 때에는 判決로써 事件을 原審法院에 還送하거나 그와 同等한 다른 法院에 移送하여야 한다.

참조 [원심판결의 파기]391, [환송판결]393 · 395, [이송판결]394

판례 상고심에서 상고이유의 주장이 이유 없다고 배척된 경우의 재상고 : 상고심에서 상고이유의 주장이 이유 없다고 판단되어 배척된 부분은 그 판결 선고와 동시에 확정력이 발생하여 이 부분에 대하여는 피고인은 더 이상 다툴 수 없고, 또한 환송받은 법원으로서도 이와 배치되는 판단을 할 수 없다고 할 것이므로, 피고인으로서는 더 이상 이 부분에 대한 주장을 상고이유로 삼을 수 없다.
(대판 2005.10.28, 2005도1247)

第398條【裁判書의 記載方式】 裁判書에는 上告의 理由에 관한 判斷을 記載하여야 한다.(1961.9.1 본조개정)

第399條【準用規定】 前章의 規定은 本章에 특별한 規定이 없으면 上告의 審判에 準用한다.

第400條【判決訂正의 申請】 ① 上告法院은 그 判決의 內容에 誤謬가 있음을 發見한 때에는 職權 또는 檢事, 上告人이나 辯護人의 申請에 의하여 判決로써 訂正할 수 있다.(1961.9.1 본항개정)

② 前項의 申請은 判決의 宣告가 있은 날로부터 10日 이내에 하여야 한다.

③ 第1項의 申請은 申請의 理由를 記載한 書面으로 하여야 한다.

참조 [정정의 판결]401, [정정신청통지]형소규163, [기간계산]66 · 67

판례 판결정정의 예 : 대법원이 착오에 의한 송달일자를 신뢰하여 피고인이 법정기간 내에 상고이유서를 제출하였음에도 제출하지 아니하였다는 이유로 한 상고기각결정을 판결로써 정정해야 한다.
(대판 2005.4.29, 2005도1581)

第401條【訂正의 判決】 ① 訂正의 判決은 辯論없이 할 수 있다.

② 訂正할 필요가 없다고 認定한 때에는 遲滯없이 決定으로 申請을 棄却하여야 한다.

참조 [판결의 정정]400, [변론]302 · 303, [결정]37

第4章 抗 告

第402條【抗告할 수 있는 裁判】 法院의 決定에 대하여 不服이 있으면 抗告를 할 수 있다. 但, 이 法律에 特別한 規定이 있는 경우에는 例外로 한다.

참조 [결정]37 · 39, 형소규165, [항고의 관할]법원조직14 · 28 · 32②, [특별규정]403 · 415, [절차]406

第403條【判決 前의 決定에 대한 抗告】 ① 法院의 管轄 또는 判決 前의 訴訟節次에 관한 決定에 대하여는 특히 卽時抗告를 할 수 있는 경우 외에는 抗告를 하지 못한다.

② 前項의 規定은 拘禁, 保釋, 押收나 押收物의 還付에 관한 決定 또는 鑑定하기 위한 被告人의 留置에 관한 決定에 適用하지 아니한다.

참조 [관할에 관한 결정]6－10 · 13, [소송절차에 관한 결정]272② · 273③ · 295 · 296② · 304②, [특히 즉시항고를 할 수 있는 경우]23 · 328 · 407, [구금에 관한 결정]70 · 72 · 91－93 · 101① · 102①, [보석에 관한 결정]96 · 97 · 102 · 103, [압수, 압수물환부에 관한 결정]106－108 · 133 · 134, [감정유치]172

第404條【普通抗告의 時期】 抗告는 卽時抗告외에는 언제든지 할 수 있다. 但, 原審決定을 取消하여도 實益이 없게 된 때에는 例外로 한다.(1963.12.13 본조제목개정)

참조 [즉시항고의 제기기간]405 · 410

第405條【卽時抗告의 提起期間】 卽時抗告의 提起期間은 7일로 한다.(2019.12.31 본조개정)

改前 第405條【卽時抗告의 提起期間】卽時抗告의 提起期間은 "3日"로 한다.<2018.12.27 헌법재판소 헌법불합치결정으로 이 조는 2019.12.31을 시한으로 입법자가 개정할 때까지 계속 적용>

참조 [기간의 계산]66, [기산점]343②

판례 제1심 법원이 재심청구기각결정을 재항고인에게 송달한 후 다시 구치소장에게 송달한 사안에서, 위 결정을 구치소장이 아닌 재항고인에게 송달한 것은 부적법하여 무효이고 송달받을 사람을 구치소장으로 하여 다시 송달한 때 비로소 그 송달의 효력이 발생하는 것이어서, 그로부터 3일의 즉시항고기간 내에 제기된 재항고인의 즉시항고는 적법함에도 불구하고, 재항고인의 결정등본 수령일을 기준으로 즉시항고 제기기간을 기산하여 재항고인의 즉시항고를 기각한 원심의 결정이 위법하다.(대결 2009.8.20, 2008모630)

판례 형사소송법상 즉시항고의 제기기간을 제한하고 그 기간 내에 즉시항고를 제기하지 아니할 경우 항소를 기각하도록 할 것인지 아니면 그 제기기간에 제한을 두지 아니할 것인지 여부는 기본적으로 입법자가 형사 항소심의 구조와 성격, 형사사법 절차의 특성 등을 고려하여 결정할 입법재량에 속하는 문제라 할 것이므로, 형사소송법 제405조가 헌법 제11조제1항의 평등권을 침해하는 위헌적인 법률규정이라고 할 수 없다.(대결 2008.3.21, 2007초기318)

第406條【抗告의 節次】 抗告를 함에는 抗告狀을 原審法院에 提出하여야 한다.

참조 [원심법원의 결정]407 · 408

第407條【原審法院의 抗告棄却 決定】 ① 抗告의 提起가 法律上의 方式에 違反하거나 抗告權消滅 後인 것이 明白한 때에는 原審法院은 決定으로 抗告를 棄却하여야 한다.

② 前項의 決定에 대하여는 卽時抗告를 할 수 있다.

참조 [항고의 절차]406, [항고권의 소멸]354 · 404 · 405, [항고법원의 항고기각결정]413 · 414

第408條【原審法院의 更新決定】 ① 原審法院은 抗告가 理由있다고 認定한 때에는 決定을 更正하여야 한다.

② 抗告의 全部 또는 一部가 理由없다고 認定한 때에는 抗告狀을 받은 날로부터 3日 이내에 意見書를 添附하여 抗告法院에 送付하여야 한다.

참조 [항고장]406, [기간의 계산]66, [항고법원]법원조직14 · 28 · 32②, [항고법원의 항고이유인정]414

第409條【普通抗告와 執行停止】 抗告는 卽時抗告외에는 裁判의 執行을 停止하는 效力이 없다. 但, 原審法院 또는 抗告法院은 決定으로 抗告에 대한 決定이 있을 때까지 執行을 停止할 수 있다.

第410條【卽時抗告와 執行停止의 效力】 卽時抗告의 提起期間 내와 그 提起가 있는 때에는 裁判의 執行은 停止된다.

참조 [즉시항고의 제기기간]405, [보통항고의 효력]409

第411條【訴訟記錄등의 送付】 ① 原審法院이 필요하다고 認定한 때에는 訴訟記錄과 證據物을 抗告法院에 送付하여야 한다.

② 抗告法院은 訴訟記錄과 證據物의 送付를 要求할 수 있다.

③ 前2項의 경우에 抗告法院이 訴訟記錄과 證據物의 送付를 받은 날로부터 5日 이내에 當事者에게 그 事由를 通知하여야 한다.

참조 [항고법원]법원조직14 · 28 · 32②, [기간의 계산]66

판례 항고법원이 제1심법원으로부터 소송기록을 송부받고 피고인에게 소송기록접수통지서를 발송한 후 송달보고서를 통해 피고인이 이를 송달받았는지 여부를 확인하지도 않은 상태에서 피고인이 위 통지서를 수령한 다음날 곧바로 피고인의 즉시항고를 기각한 것은 위법하다.(대결 2006.7.25, 2006모389)

第412條【檢事의 意見陳述】 檢事는 抗告事件에 대하여 意見을 陳述할 수 있다.

第413條【抗告棄却의 決定】 第407條의 規定에 해당한 경우에 原審法院이 抗告棄却의 決定을 하지 아니한 때에는 抗告法院은 決定으로 抗告를 棄却하여야 한다.

참조 [원심법원의 항고기각결정]407

第414條【抗告棄却과 抗告理由 認定】 ① 抗告를 理由없다고 認定한 때에는 決定으로 抗告를 棄却하여야 한다.

② 抗告를 理由있다고 認定한 때에는 決定으로 原審決定을 取消하고 필요한 경우에는 抗告事件에 대하여 直接裁判을 하여야 한다.

참조 [항고기각]407 · 413, [결정]37 · 39

第415條【再抗告】 抗告法院 또는 高等法院의 決定에 대하여는 裁判에 影響을 미친 憲法 · 法律 · 命令 또는 規則의 違反이 있음을 理由로 하는 때에 한하여 大法院에 卽時抗告를 할 수 있다.(1963.12.13 본조개정)

참조 [판결에 영향을 미친 법령위반]361의5 · 383, [고등법원의 재정 결정]262, [즉시항고]405 · 406 · 410

판례 항소법원의 결정에 대한 항고가 재항고인지 여부(적극) : 본조의 규정상, 항소법원의 결정에 대하여도 대법원에 재항고하는 방법으로 다투어야만 한다.(대결 2002.9.27, 2002모6)

第416條【準抗告】 ① 裁判長 또는 受命法官이 다음 各號의 1에 해당한 裁判을 告知한 경우에 不服이 있으면 그 法官所屬의 法院에 裁判의 取消 또는 變更을 請求할 수 있다.

1. 忌避申請을 棄却한 裁判
2. 拘禁, 保釋, 押收 또는 押收物還付에 관한 裁判
3. 鑑定하기 위하여 被告人의 留置를 命한 裁判
4. 證人, 鑑定人, 通譯人 또는 飜譯人에 대하여 過怠料 또는 費用의 賠償을 命한 裁判

② 地方法院이 前項의 請求를 받은 때에는 合議部에서 決定을 하여야 한다.

③ 第1項의 請求는 裁判의 告知있는 날로부터 7일이내에 하여야 한다.(2019.12.31 본항개정)

④ 第1項第4號의 裁判은 前項請求期間 내와 請求가 있는 때에는 그 裁判의 執行은 停止된다.

改前 ③ 第1項의 請求는 裁判의 告知있는 날로부터 "3日"이내에 하여야 한다.

참조 ①[청구절차]418, (1)20 · 21 · 23, (2)[구금]70 · 80, [보석]95 · 96, [압수]106 · 108 · 136, [압수물 환부]133 · 134, (3)172, (4)151 · 161 · 167 · 175 · 177 · 183, ④[집행정지]410

판례 검사의 체포영장 또는 구속영장 청구에 대한 지방법원판사의 재판이 항고나 준항고의 대상이 되는지 여부 : 검사의 체포영장 또는 구속영장 청구에 대한 지방법원판사의 재판은 형사소송법 제402조의 규정에 의하여 항고의 대상이 되는 '법원의 결정'에 해당하지 아니하고, 제416조 제1항의 규정에 의하여 준항고의 대상이 되는 '재판장 또는 수명법관의 구금 등에 관한 재판'에도 해당하지 아니한다.(대결 2006.12.18, 2006모646)

第417條【同前】 檢事 또는 司法警察官의 拘禁, 押收 또는 押收物의 還付에 관한 처분과 제243조의2에 따른 변호인의 참여 등에 관한 처분에 대하여 不服이 있으면 그 職務執行地의 管轄法院 또는 檢事의 所屬檢察廳에 對應한 法院에 그 처분의 취소 또는 변경을 청구할 수 있다.(2007.12.21 본조개정)

改前 第417條【同前】檢事 또는 司法警察官의 拘禁, 押收 또는 押收物의 還付에 관한 그 처분과 제243조의2에 따른 변호인의 참여 등에 관한 처분에 대하여 不服이 있으면 그 職務執行地의 管轄法院 또는 檢事의 所屬檢察廳에 對應한 法院에 "그 處分의 取消 또는 變更을 請求할 수 있다."(2007.6.1 본조개정)

참조 [청구절차]418, [압수]215-220, [압수물 환부]219 · 332

판례 헌법과 형사소송법 및 검찰청법 등의 규정을 종합해 보면, 고소인 또는 고발인, 그 밖의 일반국민이 검사에 대하여 영장청구 등의 강제처분을 위한 조치를 취하도록 요구하거나 신청할 수 있는 권리를 가진다고 할 수 없고, 검사가 수사과정에서 영장의 청구 등 강제처분을 위한 조치를 취하지 아니함으로 말미암아 고소인 또는 고발인, 그 밖의 일반국민의 법률상의 지위가 직접적으로 어떤 영향을 받는다고도 할 수 없다. 따라서 검사가 수사과정에서 증거수집을 위한 압수·수색영장의 청구 등 강제처분을 위한 조치를 취하지 아니하고 그로 인하여 증거를 확보하지 못하고 불기소처분에 이르렀다면, 그 불기소처분에 대하여 형사소송법상의 재정신청이나 검찰청법상의 항고·재항고 등으로써 불복하는 것은 별론으로 하고, 검사가 압수·수색영장의 청구 등 강제처분을 위한 조치를 취하지 아니한 것 그 자체를 형사소송법 제417조 소정의 '압수에 관한 처분'으로 보아 이에 대해 준항고로써 불복할 수는 없다. 검사의 불기소처분에 대하여 검찰청법의 규정에 따른 항고 또는 재항고의 결과 고등검찰청검사장 등이 하는 이른바 재기수사명령은 검찰 내부에서의 지휘권의 행사에 지나지 아니하므로 그 재기수사명령에서 증거물의 압수·수색이 필요하다는 등의 지적이 있었다고 하여 달리 볼 것은 아니다.(대결 2007.5.25, 2007모82)

第418條【準抗告의 方式】 前2條의 請求는 書面으로 管轄法院에 提出하여야 한다.

참조 [준항고]416 · 417, [관할법원]417, [불복신청의 준용]59의2 · 59의3

第419條【準用規定】 第409條, 第413條, 第414條, 第415條의 規定은 第416條, 第417條의 請求있는 경우에 準用한다.(1995.12.29 본조개정)

참조 [보통항고와 집행정지]409, [항고기각의 결정]413 · 414①, [항고이유인정]414②, [재항고의 제한]415, [준항고]416 · 417, [불복신청의 준용]59의2 · 59의3

第4編　特別訴訟節次

第1章　再　審

第420條【재심이유】 재심은 다음 각 호의 어느 하나에 해당하는 이유가 있는 경우에 유죄의 확정판결에 대하여 그 선고를 받은 자의 이익을 위하여 청구할 수 있다.
1. 원판결의 증거가 된 서류 또는 증거물이 확정판결에 의하여 위조되거나 변조된 것임이 증명된 때
2. 원판결의 증거가 된 증언, 감정, 통역 또는 번역이 확정판결에 의하여 허위임이 증명된 때
3. 무고(誣告)로 인하여 유죄를 선고받은 경우에 그 무고의 죄가 확정판결에 의하여 증명된 때
4. 원판결의 증거가 된 재판이 확정재판에 의하여 변경된 때
5. 유죄를 선고받은 자에 대하여 무죄 또는 면소를, 형의 선고를 받은 자에 대하여 형의 면제 또는 원판결이 인정한 죄보다 가벼운 죄를 인정할 명백한 증거가 새로 발견된 때
6. 저작권, 특허권, 실용신안권, 디자인권 또는 상표권을 침해한 죄로 유죄의 선고를 받은 사건에 관하여 그 권리에 대한 무효의 심결 또는 무효의 판결이 확정된 때
7. 원판결, 전심판결 또는 그 판결의 기초가 된 조사에 관여한 법관, 공소의 제기 또는 그 공소의 기초가 된 수사에 관여한 검사나 사법경찰관이 그 직무에 관한 죄를 지은 것이 확정판결에 의하여 증명된 때. 다만, 원판결의 선고 전에 법관, 검사 또는 사법경찰관에 대하여 공소가 제기되었을 경우에는 원판결의 법원이 그 사유를 알지 못한 때로 한정한다.

(2020.12.8 본조개정)

改前 "第420條【再審理由】再審은 다음 各 號의 1에 該當하는 事由가 있는 경우에 有罪의 確定判決에 대하여 그 宣告를 받은 者의 利益을 위하여 請求할 수 있다.
1. 原判決의 證據된 書類 또는 證據物이 確定判決에 의하여 僞造 또는 變造인 것이 證明된 때
2. 原判決의 證據된 證言, 鑑定, 通譯 또는 飜譯이 確定判決에 의하여 虛僞인 것이 證明된 때
3. 誣告로 인하여 有罪의 宣告를 받은 경우에 그 誣告의 罪가 確定判決에 의하여 證明된 때
4. 原判決의 證據된 裁判이 確定裁判에 의하여 變更된 때
5. 有罪의 宣告를 받은 者에 대하여 無罪 또는 免訴를, 刑의 宣告를 받은 者에 대하여 刑의 免除 또는 原判決이 認定한 罪보다 輕한 罪를 認定할 明白한 證據가 새로 發見된 때
6. 著作權, 特許權, 實用新案權, 意匠權 또는 商標權을 侵害한 罪로 有罪의 宣告를 받은 事件에 관하여 그 權利에 대한 無效의 審決 또는 無效의 判決이 確定된 때
7. 原判決, 前審判決 또는 그 判決의 基礎된 調査에 關與한 法官, 公訴의 提起 또는 그 公訴의 基礎된 捜査에 관여한 檢事나 司法警察官이 그 職務에 관한 罪를 犯한 것이 確定判決에 의하여 證明된 때. 但, 原判決의 宣告前에 法官, 檢事 또는 司法警察官에 대하여 公訴의 提起가 있는 경우에는 原判決의 法院이 그 事由를 알지 못한 때에 限한다."

참조 [시효특례]헌정질서파괴범죄의공소시효등에관한특례법, 5·18민주화운동등에관한특별법, [재심청구권자]424, [청구방식]형소규166·167, [유죄의 선고]321·322, [확정판결]358·374, [확정판결에 대신하는 증명]422, (1)421, [위조·변조]형155, (2)421, [허위]형152·154, (3)[무고]형156, (5)[유죄]321, [무죄]325, [면소]326, [형의 면제]322, (6)특허132의17이하, 실용신안31이하, 디자인보호119이하, 상표116, (7)[확정판결]422, [직무에 관한 죄]형122이하

판례 '여순사건' 당시 내란 및 국권문란 혐의로 군법회의에 회부되어 사형을 선고받고 그 판결에 따라 사형이 집행된 피고인들의 유족들이 그 후 위 판결(이하 '재심대상판결'이라 한다)에 대해 재심을 청구한 사건에서, 피고인들은 여순사건 당시 진압군이 순천지역을 회복한 후 군경에 의하여 반란군에 가담하거나 협조하였다는 혐의로 체포되어 감금되었다가 유죄판결을 받았다. 그러나 이 과정에서 군경은 법원으로부터 구속영장을 발부받지 않고 피고인들을 불법적으로 체포·감금하였다. 이는 제420조제7호 및 제422조의 재심사유에 해당한다.(대판 2019.3.21, 2015모2229)

판례 제주 4·3사건 당시 수형인 신분으로 교도소에 구금되었던 청구인들이 제기한 재심신청에 관하여, 당시 청구인들의 형벌법규 위반 여부 및 그 처우에 관한 사법기관의 판단이 있었고, 청구인들에 대한 불법구금 내지 가혹행위가 있었다고 보아 재심개시결정을 한 사례 : 당시 다수의 사람들이 비교적 짧은 기간 내에 한꺼번에 제주도 내의 수용 장소에 집단적으로 구금되어 재판을 받기에 이른 점, 재심청구인들뿐만 아니라 당시 군법회의의 재판을 받은 사람들에 대한 구속영장의 존재가 전혀 확인되지 않았으며 영장이 발부되었음을 추정할 수 있을 만한 기록조차도 발견되지 않은 점 및 제주 4·3사건의 진행 경위와 당시의 상황에 관한 조사 내용을 담은 <제주 4·3사건 진상조사보고서>의 기재와 재심청구인들의 진술 등을 종합하면, 재심청구인들은 당시 법원이 발부한 사전 또는 사후 영장 없이 불법적으로 체포·구금되어 군법회의에 이르게 된 것으로 판단된다. 따라서 이 사건은 형사소송법 제420조제7호 및 제422조가 정한 재심 이유가 있다.(제주지법 2018.9.3, 2017재고합4)

■ 제2호 관련

판례 위증을 한 자가 사실대로 증언한 증인을 위증으로 고소하였다가 무고죄로 유죄의 확정판결을 받은 경우, 동조 제2호에서 정한 '확정판결'에 포함되는지 여부 : 동조 제2호 '원판결의 증거된 증언'이라 함은 원판결의 증거로 채택되어 범죄사실을 인정하는 데 사용된 증언을 뜻하는 것이고 단순히 증거 조사의 대상이 되었을 뿐 범죄사실을 인정하는 증거로 사용되지 않은 증언은 위 '증거된 증언'에 포함되지 않는 것이며, '원판결의 증거된 증언이 확정판결에 의하여 허위인 것이 증명된 때'라 함은 그 증인이 위증을 하여 그 죄에 의하여 처벌되어 그 판결이 확정된 경우를 말하는 것이고, 원판결의 증거된 증언을 한 자가 그 재판 과정에서 자신의 증언과 반대되는 취지의 증언을 한 다른 증인을 위증죄로 고소하였다가 그 고소가 허위임이 밝혀져 무고죄로 유죄의 확정판결을 받은 경우는 위 재심사유에 포함되지 아니한다.(대판 2005.4.14, 2003도1080)

판례 제2호 소정의 '원판결의 증거된 증언'이 나중에 확정판결에 의하여 허위인 것이 증명된 이상, 그 허위증언 부분을 제외하고서도 다른 증거에 의하여 그 '죄로 되는 사실'이 유죄로 인정될 것인지 여부에 관계없이 형사소송법 제420조 제2호의 재심사유가 있는 것으로 보아야 한다.(대결 1997.1.16, 95모38)

미판 살인죄로 사형을 선고받은 피고인은 자신에게 유리한 증거를 밝혀냄에 있어서 소추상의 잘못이 있을 경우, 이를 이유로 새로운 재판을 받을 권리가 있다.(미연방대법 514US419, 131 L Ed 2d 490)

영판 항소법원에 검사의 청구에 의하여 살인, 강간등 성범죄, 마약범죄 등의 중대범죄로 무죄 평결이 내려진 사건에 대하여 유죄를 입증할 수 있는 새로운 설득력 있는 증거(New and compelling evidence)가 밝혀지고, 정당성(Interest of justice)이 있다고 인정되는 경우에 재심을 명할 수 있다.(Criminal Justice Act 2003)

第421條【同前】 ① 抗訴 또는 上告의 棄却判決에 대하여는 前條第1號, 第2號, 第7號의 事由있는 경우에 한하여 그 宣告를 받은 者의 利益을 위하여 再審을 請求할 수 있다.(1963.12.13 본항개정)

② 第1審確定判決에 대한 再審請求事件의 判決이 있은 후에는 抗訴棄却判決에 대하여 다시 再審을 請求하지 못한다.(1963.12.13 본항개정)

③ 第1審 또는 第2審의 確定判決에 대한 再審請求事件의 判決이 있은 후에는 上告棄却判決에 대하여 다시 再審을 請求하지 못한다.

참조 [재심청구권자]424, [항소기각판결]364

第422條【確定判決에 代身하는 證明】 前2條의 規定에 의하여 確定判決로써 犯罪가 證明됨을 再審請求의 理由로 할 경우에 그 確定判決을 얻을 수 없는 때에는 그 事實을 證明하여 再審의 請求를 할 수 있다. 但, 證據가 없다는 理由로 確定判決을 얻을 수 없는 때에는 例外로 한다.

참조 [재심이유]420·421, [증거가 없다는 이유]325

第423條【再審의 管轄】 再審의 請求는 原判決의 法院이 管轄한다.

참조 [공판절차의 정지]형소규169

第424條【再審請求權者】 다음 各號의 1에 해당하는 者는 再審의 請求를 할 수 있다.
1. 檢事
2. 有罪의 宣告를 받은 者
3. 有罪의 宣告를 받은 者의 法定代理人
4. 有罪의 宣告를 받은 者가 死亡하거나 心神障碍가 있는 경우에는 그 配偶者, 直系親族 또는 兄弟姉妹

참조 [법정대리인]민59·911·938, 상207·269·389·562, [배우자]민812, [친족]민767이하

第425條【檢事만이 請求할 수 있는 再審】 第420條第7號의 事由에 의한 再審의 請求는 有罪의 宣告를 받은 者가 그 罪를 犯하게 한 경우에는 檢事가 아니면 하지 못한다.

第426條【辯護人의 選任】 ① 檢事 이외의 者가 再審의 請求를 하는 경우에는 辯護人을 選任할 수 있다.

② 前項의 規定에 의한 辯護人의 選任은 再審의 判決이 있을 때까지 그 效力이 있다.

참조 [검사이외의 재심청구권자]424, [변호인의 선임]30-32

第427條【再審請求의 時期】 再審의 請求는 刑의 執行을 終了하거나 刑의 執行을 받지 아니하게 된 때에도 할 수 있다.

참조 [형의 집행을 받지 않게 된 때]형77, 사면5, [보상]형사보상및명예회복에관한법2②

第428條【再審과 執行停止의 效力】 再審의 請求는 刑의 執行을 停止하는 效力이 없다. 但, 管轄法院에 對應한 檢察廳檢事는 再審請求에 대한 裁判이 있을 때까지 刑의 執行을 停止할 수 있다.

참조 [관할법원]423, [재심청구에 대한 재판]433-436

第429條【再審請求의 取下】 ① 再審의 請求는 取下할 수 있다.

② 再審의 請求를 取下한 者는 同一한 理由로써 다시 再審을 請求하지 못한다.

第430條【在所者에 대한 特則】 第344條의 規定은 再審의 請求와 그 取下에 準用한다.

참조 형소규168, [상소에 관한 특칙]344

第431條【事實調査】 ① 再審의 請求를 받은 法院은 필요하다고 認定한 때에는 合議部員에게 再審請求의 理由에 대한 事實調査를 命하거나 다른 法院判事에게 이를 囑託할 수 있다.

② 前項의 경우에는 受命法官 또는 受託判事는 法院 또는 裁判長과 同一한 權限이 있다.

참조 [재심청구이유]420·421

第432條【再審에 대한 決定과 當事者의 意見】 再審의 請求에 대하여 決定을 함에는 請求한 者와 相對方의 意見을 들어야 한다. 但, 有罪의 宣告를 받은 者의 法定代理人이 請求한 경우에는 有罪의 宣告를 받은 者의 意見을 들어야 한다.

참조 [재심청구에 대한 결정]433-436, [법정대리인]민59·911·938, 상207·269·389·562

판례 재심청구인에게 의견진술의 기회를 주었음에도 불구하고 재심청구인이 그 기회에 의견을 진술하지 아니한 이상 재심청구에 대한 결정 절차에 위법이 있다고 할 수 없다.(대결 1997.1.16, 95모38)

第433條【請求棄却 決定】 再審의 請求가 法律上의 方式에 違反하거나 請求權의 消滅 後인 것이 明白한 때에는 決定으로 棄却하여야 한다.

참조 [청구권의 소멸]421②③·429·434, [결정절차]432, [즉시항고]437

第434條【同前】 ① 再審의 請求가 理由없다고 認定한 때에는 決定으로 棄却하여야 한다.

② 前項의 決定이 있는 때에는 누구든지 同一한 理由로써 다시 再審을 請求하지 못한다.

참조 [재심청구이유]420·421, [결정절차]432, [즉시항고]437

第435條【再審開始의 決定】 ① 再審의 請求가 理由있다고 認定한 때에는 再審開始의 決定을 하여야 한다.

② 再審開始의 決定을 할 때에는 決定으로 刑의 執行을 정지할 수 있다.(1995.12.29 본항개정)

참조 [이유]420·421, [결정절차]432, [즉시항고]437

第436條【請求의 競合과 請求棄却의 決定】 ① 抗訴棄却의 確定判決과 그 判決에 의하여 確定된 第1審判決에 대하여 再審의 請求가 있는 경우에 第1審法院이 再審의 判決을 한 때에는 抗訴法院은 決定으로 再審의 請求를 棄却하여야 한다.

② 第1審 또는 第2審判決에 대한 上告棄却의 判決과 그 判決에 의하여 確定된 第1審 또는 第2審의 判決에 대하여 再審의 請求가 있는 경우에 第1審法院 또는 抗訴法院이 再審의 判決을 한 때에는 上告法院은 決定으로 再審의 請求를 棄却하여야 한다.

(1963.12.13 본조개정)

참조 [항소기각판결]364②, [즉시항고]437

第437條【卽時抗告】 第433條, 第434條第1項, 第435條第1項과 前條第1項의 決定에 대하여는 卽時抗告를 할 수 있다.

참조 [재심청구에 대한 결정]433-436, [즉시항고]405·406·410

판례 **재심대상사건의 기록이 폐기된 경우 재심심판절차에서 법원이 취할 조치** : 재심대상사건의 기록이 보존기간의 만료로 이미 폐기되었다 하더라도 가능한 노력을 다하여 그 기록을 복구하여야 하며, 부득이 기록의 완전한 복구가 불가능한 경우에는 판결서 등 수집한 잔존자료에 의하여 알 수 있는 원판결의 증거들과 재심공판절차에서 새롭게 제출된 증거들의 증거가치를 종합적으로 평가하여 원판결의 원심인 제1심판결의 당부를 새로이 판단하여야 한다.
(대판 2004.9.24, 2004도2154)

第438條【再審의 審判】 ① 再審開始의 決定이 確定한 事件에 대하여는 第436條의 경우외에는 法院은 그 審級에 따라 다시 審判을 하여야 한다.

② 다음 경우에는 第306條第1項, 第328條第1項第2號의 規定은 前項의 審判에 適用하지 아니한다.

1. 死亡者 또는 回復할 수 없는 심신장애인을 위하여 再審의 請求가 있는 때
2. 有罪의 宣告를 받은 者가 再審의 判決前에 死亡하거나 回復할 수 없는 심신장애인으로 된 때

(2014.12.30 1호~2호개정)

③ 前項의 경우에는 被告人이 出廷하지 아니하여도 審判을 할 수 있다. 但, 辯護人이 出廷하지 아니하면 開廷하지 못한다.

④ 前2項의 경우에 再審을 請求한 者가 辯護人을 選任하지 아니한 때에는 裁判長은 職權으로 辯護人을 選任하여야 한다.

改前 1. 死亡者 또는…"心神障碍者를" 위하여 再審의…
2. 有罪의 宣告를 받은 者가 再審의…"心神障碍者로" 된 때

참조 [재심개시의 결정]435, [청구경합]436, [공판절차의 정지]306①, [공소기각의 결정]328①, [피고인의 출정]276, [변호인의 선임]33

판례 형사소송법 제438조 제1항은 "재심개시의 결정이 확정한 사건에 대하여는 제436조의 경우 외에는 법원은 그 심급에 따라 다시 심판을 하여야 한다."고 규정하고 있다. 여기서 '다시' 심판한다는 것은 재심대상판결의 당부를 심사하는 것이 아니라 피고 사건 자체를 처음부터 새로 심판하는 것을 의미하므로, 재심대상판결이 상소심을 거쳐 확정되었더라도 재심사건에서는 재심대상판결의 기초가 된 증거와 재심사건의 심리과정에서 제출된 증거를 모두 종합하여 공소사실이 인정되는지를 새로이 판단하여야 한다. 그리고 재심사건의 공소사실에 관한 증거취사와 이에 근거한 사실인정도 다른 사건과 마찬가지로 그것이 논리와 경험의 법칙을 위반하거나 자유심증주의의 한계를 벗어나지 아니하는 한 사실심으로서 재심사건을 심리하는 법원의 전권에 속한다.(대판 2015.5.14, 2014도2946)

第439條【불이익변경의 금지】 재심에는 원판결의 형보다 무거운 형을 선고할 수 없다.(2020.12.8 본조개정)

改前 "第439條【不利益變更의 禁止】 再審에는 原判決의 刑보다 重한 刑을 宣告하지 못한다."

참조 [형의 경중]형50, [불이익변경의 금지]368

第440條【무죄판결의 공시】 재심에서 무죄의 선고를 한 때에는 그 판결을 관보와 그 법원소재지의 신문지에 기재하여 공고하여야 한다. 다만, 다음 각 호의 어느 하나에 해당하는 사람이 이를 원하지 아니하는 의사를 표시한 경우에는 그러하지 아니하다.

1. 제424조제1호부터 제3호까지의 어느 하나에 해당하는 사람이 재심을 청구한 때에는 재심에서 무죄의 선고를 받은 사람
2. 제424조제4호에 해당하는 사람이 재심을 청구한 때에는 재심을 청구한 그 사람

(2016.5.29 본조개정)

改前 "第440條【無罪判決의 公示】再審에서 無罪의 宣告를 한 때에는 그 判決을 官報와 그 法院所在地의 新聞紙에 記載하여 公告하여야 한다."

참조 [무죄선고]325 · 370 · 399, [판결의 공시]형58, 형사보상및명예회복에관한법30, [보상의 공시]형사보상및명예회복에관한법25

第2章 非常上告

第441條【非常上告理由】 檢察總長은 判決이 確定한 후 그 事件의 審判이 法令에 違反한 것을 發見한 때에는 大法院에 非常上告를 할 수 있다.

참조 [검찰총장]검찰6 · 8, [판결확정]358 · 374 · 400, [대법원]헌102, 법원조직11

판례 비상상고의 취지 : 법원이 원판결의 선고 전에 피고인이 이미 사망한 사실을 알지 못하여 공소기각의 결정을 하지 않고 실체판결에 나아감으로써 법령위반의 결과를 초래하였다고 하더라도, 이는 동조에 정한 '그 심판이 법령에 위반한 것'에 해당한다고 볼 수 없다. (대판 2005.3.11, 2004오2)

第442條【非常上告의 方式】 非常上告를 함에는 그 理由를 記載한 申請書를 大法院에 提出하여야 한다.

참조 [신청서에 의한 진술]443, [조사범위]444

第443條【公判期日】 公判期日에는 檢事는 申請書에 의하여 陳述하여야 한다.

참조 [신청서]442

第444條【調査의 範圍, 事實의 調査】 ① 大法院은 申請書에 포함된 理由에 한하여 調査하여야 한다.

② 法院의 管轄, 公訴의 受理와 訴訟節次에 관하여는 事實調査를 할 수 있다.

③ 前項의 경우에는 第431條의 規定을 準用한다.

참조 [신청서]442, [이유]441, [재심에서의 사실조사]431

第445條【棄却의 判決】 非常上告가 理由 없다고 認定한 때에는 判決로써 이를 棄却하여야 한다.

참조 [비상상고의 이유]441

第446條【破棄의 判決】 非常上告가 理由 있다고 認定한 때에는 다음의 區別에 따라 判決을 하여야 한다.

1. 原判決이 法令에 違反한 때에는 그 違反된 部分을 破棄하여야 한다. 但, 原判決이 被告人에게 不利益한 때에는 原判決을 破棄하고 被告事件에 대하여 다시 判決을 한다.
2. 原審訴訟節次가 法令에 違反한 때에는 그 違反된 節次를 破棄한다.

참조 [비상상고의 이유]441, [판결의 효력]447, [보상]형사보상및명예회복에관한법2②

판례 비상상고의 절차에서 보호감호를 기각하는 재판을 받은 자가 원판결에 의하여 보호감호의 집행을 받은 경우, 보호감호의 집행에 대한 형사보상을 청구할 수 있는지 여부 : 공소제기되어 유죄 확정된 범죄가 사회보호법의 보호감호요건을 갖추지 못하였음에도 불구하고 원판결이 청구인에게 보호감호를 선고한 것은 법령에 위반한 것으로서 청구인에게 불이익한 때에 해당한다는 이유로 비상상고를 받아들여 원판결 중 보호감호사건에 대한 부분을 파기하고 보호감호청구를 기각하는 재판을 받은 자가 원판결에 의하여 보호감호의 집행을 받았을 때에도, 보호감호의 집행에 대한 형사보상을 청구할 수 있다고 해석함이 상당하다.(대결 2004.10.18, 2004코1(2004오1))

第447條【判決의 效力】 非常上告의 判決은 前條第1號但行의 規定에 의한 判決외에는 그 效力이 被告人에게 미치지 아니한다.

참조 [피고인의 이익]446

第3章 略式節次

第448條【略式命令을 할 수 있는 事件】 ① 地方法院은 그 管轄에 屬한 事件에 대하여 檢事의 請求가 있는 때에는 公判節次없이 略式命令으로 被告人을 罰金, 科料 또는 沒收에 處할 수 있다.

② 前項의 경우에는 追徵 기타 附隨의 處分을 할 수 있다.

참조 [약식명령의 청구]449, 형소규170 · 171, [벌금]형45, [과료]형47, [몰수]형48 · 49, [추징금]형48②

第449條【略式命令의 請求】 略式命令의 請求는 公訴의 提起와 同時에 書面으로 하여야 한다.

참조 [공소제기]254

第450條【普通의 審判】 略式命令의 請求가 있는 경우에 그 事件이 略式命令으로 할 수 없거나 略式命令으로 하는 것이 適當하지 아니하다고 認定한 때에는 公判節次에 의하여 審判하여야 한다.

참조 형소규172, [약식명령의 청구]449, 형소규170 · 171, [약식명령을 할 수 있는 사건]448

第451條【略式命令의 方式】 略式命令에는 犯罪事實, 適用法令, 主刑, 附隨處分과 略式命令의 告知를 받은 날로부터 7日이내에 正式裁判의 請求를 할 수 있음을 明示하여야 한다.

참조 [재판과 이유 설명]323, [약식명령의 기간]소송촉진22, [상소에 대한 고지]324, [정식재판의 청구]453, [즉결재판과 정식재판 청구]즉결심판14

第452條【略式命令의 告知】 略式命令의 告知는 檢事와 被告人에 대한 裁判書의 送達에 의하여 한다.

참조 [재판서의 송달]42, [약식명령의 기간]소송촉진22

第453條【正式裁判의 請求】 ① 檢事 또는 被告人은 略式命令의 告知를 받은 날로부터 7日이내에 正式裁判의 請求를 할 수 있다. 但, 被告人은 正式裁判의 請求를 抛棄할 수 없다.

② 正式裁判의 請求는 略式命令을 한 法院에 書面으로 提出하여야 한다.

③ 正式裁判의 請求가 있는 때에는 法院은 遲滯없이 檢事 또는 被告人에게 그 事由를 通知하여야 한다.

第454條【正式裁判請求의 取下】 正式裁判의 請求는 第1審判決宣告前까지 取下할 수 있다.

참조 [정식재판의 청구]453, 즉결심판14, [취하의 효력]457, [절차]349-352 · 354 · 458

第455條【棄却의 決定】 ① 正式裁判의 請求가 法令上의 方式에 違反하거나 請求權의 消滅後인 것이 明白한 때에는 決定으로 棄却하여야 한다.

② 前項의 決定에 대하여는 卽時抗告를 할 수 있다.

③ 正式裁判의 請求가 適法한 때에는 公判節次에 의하여 審判하여야 한다.

참조 [정식재판의 청구]453, 즉결심판14, [청구권 소멸]354 · 453① · 458, [기각결정]457, [즉시항고]405 · 406 · 410

판례 정식재판청구기간의 도과를 간과하고 본안판결을 한 원심판결을 파기하고 정식재판의 청구를 기각한다.(대판 2007.4.12, 2007도891)

第456條【略式命令의 失效】 略式命令은 正式裁判의 請求에 의한 判決이 있는 때에는 그 效力을 잃는다.

참조 [정식재판의 청구]453, [정식재판]455③

第457條【略式命令의 效力】 略式命令은 正式裁判의 請求期間이 經過하거나 그 請求의 取下 또는 請求棄却의 決定이 確定한 때에는 確定判決과 同一한 效力이 있다.

참조 [정식재판청구기간]453①, [청구의 취하]454, [청구기각의 결정]455①, [확정판결의 효력]326

第457條의2【형종 상향의 금지 등】 ① 피고인이 정식재판을 청구한 사건에 대하여는 약식명령의 형보다 중한 종류의 형을 선고하지 못한다.

② 피고인이 정식재판을 청구한 사건에 대하여 약식명령의 형보다 중한 형을 선고하는 경우에는 판결서에 양형의 이유를 적어야 한다.

(2017.12.19 본조개정)

改前 "第457條의2【不利益變更의 禁止】被告人이 正式裁判을 請求한 事件에 대하여는 略式命令의 刑보다 重한 刑을 宣告하지 못한다. (1995.12.29 본조신설)"

판례 피고인이 약식명령에 대하여 정식재판을 청구한 사건에서, 법원이 다른 사건을 병합심리한 후 경합범으로 처단하면서 약식명령의 형량보다 중한 형을 선고한 것은 본조가 규정하는 '불이익변경금지의 원칙'에 어긋나지 않는다.(대판 2003.5.13, 2001도3212)

第458條【準用規定】 ① 第340條 내지 第342條, 第345條 내지 第352條, 第354條의 規定은 正式裁判의 請求 또는 그 取下에 準用한다.

② 第365條의 規定은 正式裁判節次의 公判期日에 正式裁判을 請求한 被告人이 출석하지 아니한 경우에 이를 準用한다.(1995.12.29 본항신설)
(1995.12.29 본조제목개정)
참조 [당사자이외의 상소권자]340 · 341, [일부상소]342, [상소권회복의 청구]345－348, [상소의 포기 · 취하]349－352, [재상소의 금지]354, [정식재판의 청구]453, [정식재판청구의 취하등]454, 형소규173

第5編 裁判의 執行

第459條【裁判의 確定과 執行】 裁判은 이 法律에 특별한 規定이 없으면 確定한 후에 執行한다.
참조 [특별규정]334 · 409 · 419 · 472 · 477 · 480 · 481, [재판의 확정]358 · 374 · 400
판례 집행유예기간의 시기(始期) : 형법에 집행유예기간의 시기(始期)에 관하여 명문의 규정이 없지만 본조의 규정 취지나 집행유예 제도의 본질 등에 비추어 보면 집행유예를 함에 있어 그 집행유예기간의 시기는 집행유예를 선고한 판결 확정일로 하여야 하고 법원이 판결 확정일 이후의 시점을 임의로 선택할 수는 없고, 형법 제37조 후단의 경합범 관계에 있는 죄에 대하여 두 개의 징역형을 선고하면서 하나의 징역형에 대하여만 집행유예를 선고하고 그 집행유예기간의 시기를 다른 하나의 징역형의 집행종료일로 한 것은 위법하다. (대판 2002.2.26, 2000도4637)

第460條【執行指揮】 ① 裁判의 執行은 그 裁判을 한 法院에 對應한 檢察廳檢事가 指揮한다. 但, 裁判의 性質上 法院 또는 法官이 指揮할 경우에는 例外로 한다.
② 上訴의 裁判 또는 上訴의 取下로 인하여 下級法院의 裁判을 執行할 경우에는 上訴法院에 對應한 檢察廳檢事가 指揮한다. 但, 訴訟記錄이 下級法院 또는 그 法院에 對應한 檢察廳에 있는 때에는 그 檢察廳檢事가 指揮한다.
참조 [사형의 집행지휘]463, [상소의 재판]362 · 390 · 399 · 413 · 414①, [상소의 취하]349－353, [즉결심판의 집행]즉결심판17①

第461條【執行指揮의 方式】 裁判의 執行指揮는 裁判書 또는 裁判을 記載한 調書의 謄本 또는 抄本을 添附한 書面으로 하여야 한다. 但, 刑의 執行을 指揮하는 경우 외에는 裁判書의 原本, 謄本이나 抄本 또는 調書의 謄本이나 抄本에 認定하는 捺印으로 할 수 있다.
참조 [집행지휘]460, [재판서등의 등본등]44

第462條【형 집행의 순서】 2이상의 형을 집행하는 경우에 자격상실, 자격정지, 벌금, 과료와 몰수 외에는 무거운 형을 먼저 집행한다. 다만, 검사는 소속 장관의 허가를 얻어 무거운 형의 집행을 정지하고 다른 형의 집행을 할 수 있다.(2020.12.8 본조개정)
改前 "第462條【刑執行의 順序】 2이상의 刑의 執行은 資格喪失, 資格停止, 罰金, 科料와 沒收 외에는 그 重한 刑을 먼저 執行한다. 但, 檢事는 所屬長官의 許可를 얻어 重한 刑의 執行을 停止하고 다른 刑의 執行을 할 수 있다."
참조 [형]형41, [형의 경중]형50, [형의 집행정지]형79, [치료감호의 집행순서]치료감호법18

第463條【死刑의 執行】 死刑은 法務部長官의 命令에 의하여 執行한다.
참조 [사형집행]형66, 형의집행수용자82 · 84 · 85 · 88－91, [명령의 시기]465

第464條【死刑判決確定과 訴訟記錄의 提出】 死刑을 宣告한 判決이 確定한 때에는 檢事는 遲滯없이 訴訟記錄을 法務部長官에게 提出하여야 한다.
참조 [사형집행명령]463

第465條【死刑執行命令의 時期】 ① 死刑執行의 命令은 判決이 確定된 날로부터 6月 이내에 하여야 한다.
② 上訴權回復의 請求, 再審의 請求 또는 非常上告의 申請이 있는 때에는 그 節次가 終了할 때까지의 期間은 前項의 期間에 算入하지 아니한다.
참조 [사형집행명령]463, [상소권회복의 청구]345, [재심의 청구]420, [비상상고]441

第466條【死刑執行의 期間】 法務部長官이 死刑의 執行을 命한 때에는 5日 이내에 執行하여야 한다.
참조 [사형의 집행]형66, 형의집행수용자91, [사형집행명령의 시기]465

第467條【死刑執行의 參與】 ① 死刑의 執行에는 檢事와 檢察廳書記官과 矯導所長 또는 拘置所長이나 그 代理者가 參與하여야 한다.
② 檢事 또는 矯導所長 또는 拘置所長의 許可가 없으면 누구든지 刑의 執行場所에 들어가지 못한다.
(1963.12.13 본조개정)
참조 [사형의 집행]형66, 형의집행수용자91

第468條【死刑執行調書】 死刑의 執行에 參與한 檢察廳書記官은 執行調書를 作成하고 檢事와 矯導所長 또는 拘置所長이나 그 代理者와 함께 기명날인 또는 서명하여야 한다.(2007.6.1 본조개정)
改前 第468條【死刑執行調書】 死刑의…代理者와 함께 "署名捺印"하여야 한다.(1963.12.13 본조개정)
참조 [사형집행의 참여]467

第469條【사형 집행의 정지】 ① 사형선고를 받은 사람이 심신의 장애로 의사능력이 없는 상태이거나 임신 중인 여자인 때에는 법무부장관의 명령으로 집행을 정지한다.
② 제1항에 따라 형의 집행을 정지한 경우에는 심신장애의 회복 또는 출산 후에 법무부장관의 명령에 의하여 형을 집행한다.
(2020.12.8 본조개정)
改前 "第469條【死刑執行의 停止】 ① 死刑의 宣告를 받은 者가 心神의 障碍로 意思能力이 없는 狀態에 있거나 孕胎중에 있는 女子인 때에는 法務部長官의 命令으로 執行을 停止한다.
② 前項의 規定에 의하여 刑의 執行을 停止한 경우에는 心神障碍의 回復 또는 出産後 法務部長官의 命令에 의하여 刑을 執行한다."
참조 [집행정지와 시효]형79

第470條【自由刑執行의 停止】 ① 懲役, 禁錮 또는 拘留의 宣告를 받은 者가 心神의 障碍로 意思能力이 없는 狀態에 있는 때에는 刑을 宣告한 法院에 對應한 檢察廳檢事 또는 刑의 宣告를 받은 者의 現在地를 管轄하는 檢察廳檢事의 指揮에 의하여 心神障碍가 回復될 때까지 刑의 執行을 停止한다.
② 前項의 規定에 의하여 刑의 執行을 停止한 경우에는 檢事는 刑의 宣告를 받은 者를 監護義務者 또는 地方公共團體에 引渡하여 病院 기타 적당한 場所에 收容하게 할 수 있다.
③ 刑의 執行이 停止된 者는 前項의 處分이 있을 때까지 矯導所 또는 拘置所에 拘置하고 그 期間을 刑期에 算入한다.(1963.12.13 본항개정)
참조 [집행정지와 시효]형79, [보상]형사보상및명예회복에관한법2③

第471條【同前】 ① 懲役, 禁錮 또는 拘留의 宣告를 받은 者에 대하여 다음 各號의 1에 해당한 事由가 있는 때에는 刑을 宣告한 法院에 對應한 檢察廳檢事 또는 刑의 宣告를 받은 者의 現在地를 管轄하는 檢察廳檢事의 指揮에 의하여 刑의 執行을 停止할 수 있다.
1. 刑의 執行으로 인하여 顯著히 健康을 害하거나 生命을 保全할 수 없을 念慮가 있는 때
2. 年齡 70歲 이상인 때
3. 孕胎後 6月 이상인 때
4. 出産後 60日을 經過하지 아니한 때
5. 直系尊屬이 年齡 70歲이상 또는 重病이나 장애인으로 保護할 다른 親族이 없는 때(2007.12.21 본호개정)
6. 直系卑屬이 幼年으로 保護할 다른 親族이 없는 때
7. 기타 중대한 事由가 있는 때
② 檢事가 前項의 指揮를 함에는 소속 고등검찰청검사장 또는 지방검찰청검사장의 許可를 얻어야 한다.
(2007.6.1 본항개정)
改前 ① 5. 直系尊屬이 年齡 70歲이상 또는 重病이나 "不具者로" 保護할 다른 親族이 없는 때
② 檢事가 前項의 指揮를 함에는 소속 "고등검찰청검사장 및 지방검찰청검사장"의 許可를 얻어야 한다.(2004.1.20 본항개정)
참조 [집행정지와 시효]형79, [수용자의 이송]형의집행수용자20 · 21

第471條의2【형집행정지 심의위원회】 ① 제471조제1항제1호의 형집행정지 및 그 연장에 관한 사항을 심의하기 위하여 각 지방검찰청에 형집행정지 심의위원회(이하 이 조에서 "심의위원회"라 한다)를 둔다.
② 심의위원회는 위원장 1명을 포함한 10명 이내의 위원으로 구성하고, 위원은 학계, 법조계, 의료계, 시민단체 인사 등 학식과 경험이 있는 사람 중에서 각 지방검찰청 검사장이 임명 또는 위촉한다.
③ 심의위원회의 구성 및 운영 등 그 밖에 필요한 사항은 법무부령으로 정한다.
(2015.7.31 본조신설)

第472條【訴訟費用의 執行停止】 第487條에 規定된 申請期間내와 그 申請이 있는 때에는 訴訟費用負擔의 裁判의 執行은 그 申請에 대한 裁判이 確定될 때까지 停止된다.

참조 [소송비용부담의 재판]186－194, [집행]477, [면제의 신청]487

第473條【執行하기 위한 召喚】 ① 死刑, 懲役, 禁錮 또는 拘留의 宣告를 받은 者가 拘禁되지 아니한 때에는 檢事는 刑을 執行하기 위하여 이를 召喚하여야 한다.
② 召喚에 應하지 아니한 때에는 檢事는 刑執行狀을 發付하여 拘引하여야 한다.(1973.1.25 본항개정)
③ 第1項의 경우에 刑의 宣告를 받은 者가 逃亡하거나 逃亡할 念慮가 있는 때 또는 現在地를 알 수 없는 때에는 召喚함이 없이 刑執行狀을 發付하여 拘引할 수 있다.
(1973.1.25 본항개정)

참조 [집행하기 위한 소환]103, [형집행장]474·475, [보상]형사보상및명예회복에관한법2③

第474條【刑執行狀의 方式과 效力】 ① 前條의 刑執行狀에는 刑의 宣告를 받은 者의 姓名·住居·年齡·刑名·刑期 기타 필요한 事項을 記載하여야 한다.
② 刑執行狀은 拘束令狀과 同一한 效力이 있다.
(1973.1.25 본조개정)

참조 [형집행장의 집행]475, [보상]형사보상및명예회복에관한법2③, [구속영장]73·85·137

第475條【刑執行狀의 執行】 前2條의 規定에 의한 刑執行狀의 執行에는 第1編第9章 被告人의 拘束에 관한 規定을 準用한다.(1973.1.25 본조개정)

참조 [피고인의 구속]81·83－86, [보상]형사보상및명예회복에관한법2③

第476條【資格刑의 執行】 資格喪失 또는 資格停止의 宣告를 받은 者에 대하여는 이를 受刑者原簿에 記載하고 遲滯없이 그 謄本을 刑의 宣告를 받은 者의 등록기준지와 住居地의 市(區가 設置되지 아니한 市를 말한다. 이하 같다)·區·邑·面長(都農複合形態의 市에 있어서는 洞地域인 경우에는 市·區의 長, 邑·面地域인 경우에는 邑·面의 長으로 한다)에게 送付하여야 한다.
(2007.5.17 본조개정)

改前 第476條【資格刑의 執行】 資格喪失…者의 "本籍地"와 住居地의 市(區가 設置되지 아니한 市를 말한다.…

참조 [자격상실]형43①, [자격정지]형43②·44

第477條【財産刑 등의 執行】 ① 罰金, 科料, 沒收, 追徵, 過怠料, 訴訟費用, 費用賠償 또는 假納의 裁判은 檢事의 命令에 의하여 執行한다.
② 前項의 命令은 執行力 있는 債務名義와 同一한 效力이 있다.
③ 第1項의 裁判의 執行에는 「민사집행법」의 執行에 관한 規定을 準用한다. 但, 執行前에 裁判의 送達을 要하지 아니한다.(2007.6.1 본문개정)
④ 제3항에도 불구하고 제1항의 재판은 「국세징수법」에 따른 국세체납처분의 예에 따라 집행할 수 있다.
(2007.6.1 본항신설)
⑤ 검사는 제1항의 재판을 집행하기 위하여 필요한 조사를 할 수 있다. 이 경우 제199조제2항을 준용한다.
(2007.6.1 본항신설)
⑥ 벌금, 과료, 추징, 과태료, 소송비용 또는 비용배상의 분할납부, 납부연기 및 납부대행기관을 통한 납부 등 납부방법에 필요한 사항은 법무부령으로 정한다.(2016.1.6 본항신설)

참조 [벌금·과료·추징]321·448, [과태료·비용배상]151·161·177·183, [소송비용]191－193, [가납의 재판]334, [채무명의]민소519·520·523, [집행전 송달]민집39·57, [재판집행의 비용]493, [보상반환결정의 집행]형사보상및명예회복에관한법5⑥⑦, [즉결심판의 집행]즉결심판18③

판례 재산형의 일종인 추징을 집행하는 검사의 명령이 채무명의와 동일한 효력을 가져올 수 있다 하여도 민사소송절차에 의하여 권리보호를 받는 것이라고 볼 수는 없어 가압류명령으로 보존될 수 있는 피보전권리라고 보기 어렵다.(대판 1971.3.9, 70다2783)

第478條【相續財産에 대한 執行】 沒收 또는 租稅, 專賣 기타 公課에 관한 法令에 의하여 裁判한 罰金 또는 追徵은 그 裁判을 받은 者가 裁判確定後 死亡한 경우에는 그 相續財産에 대하여 執行할 수 있다.

참조 [사망]민997, [상속재산]민1005·1006

第479條【合併 後 法人에 대한 執行】 法人에 대하여 罰金, 科料, 沒收, 追徵, 訴訟費用 또는 費用賠償을 命한 경우에 法人이 그 裁判確定 後 合併에 의하여 消滅한 때에는 合併 후 存續한 法人 또는 合併에 의하여 設立된 法人에 대하여 執行할 수 있다.

참조 [법인의 합병]상174

第480條【假納執行의 調整】 第1審假納의 裁判을 執行한 後에 第2審假納의 裁判이 있는 때에는 第1審裁判의 執行은 第2審假納金額의 限度에서 第2審裁判의 執行으로 看做한다.

참조 [가납재판]334·370·477

第481條【假納執行과 本刑의 執行】 假納의 裁判을 執行한 후 罰金, 科料 또는 追徵의 裁判이 確定한 때에는 그 金額의 限度에서 刑의 執行이 된 것으로 看做한다.

참조 [가납재판]334·370·477

第482條【판결확정 전 구금일수 등의 산입】 ① 판결선고 후 판결확정 전 구금일수(판결선고 당일의 구금일수를 포함한다)는 전부를 본형에 산입한다.(2015.7.31 본항개정)
② 상소기각 결정 시에 송달기간이나 즉시항고기간 중의 미결구금일수는 전부를 본형에 산입한다.(2007.6.1 본항신설)
③ 제1항 및 제2항의 경우에는 구금일수의 1일을 형기의 1일 또는 벌금이나 과료에 관한 유치기간의 1일로 계산한다.(2015.7.31 본항개정)
(2015.7.31 본조제목개정)

改前 第482條【"상소제기후 판결전 구금일수 등의 산입"】 "① 上訴提起後의 判決宣告前 拘禁日數는 다음 경우에는 全部를 本刑에 算入한다.
1. 檢事가 上訴를 提起한 때
2. 검사가 아닌 자가 上訴를 提起한 경우에 原審判決이 破棄된 때
(2007.6.1 본호개정)"
"② 상소제기기간 중의 판결확정전 구금일수(상소제기후의 구금일수를 제외한다)는 전부 본형에 산입한다.(2004.10.16 본항신설)"
"④ 제1항부터 제3항까지의 경우에는 구금일수의 1일을 刑期의 1日 또는 罰金이나 科料에 관한 留置期間의 1日로 計算한다.(2007.6.1 본항개정)"
"⑤ 上訴法院이 原審判決을 破棄한 後의 判決宣告前 拘禁日數는 上訴중의 判決宣告 前 拘禁日數에 準하여 通算한다."

참조 [판결전 구금]70·172⑦·348, [통산에 관한 불복]489, [판결전구금일수의 통산]형57, [상소제기기간]343·358·374, [검사의 상소]338, [검사이외의 상소]338·340·341, [파기판결]364·366·367·391－397

第483條【沒收物의 處分】 沒收物은 檢事가 처분하여야 한다.(1995.12.29 본조개정)

참조 [몰수]형48, [몰수물]321·332·477

第484條【沒收物의 交付】 ① 沒收를 執行한 後 3月이내에 그 沒收物에 대하여 정당한 權利있는 者가 沒收物의 交付를 請求한 때에는 檢事는 破壞 또는 廢棄할 것이 아니면 이를 交付하여야 한다.

② 沒收物을 處分한 後 前項의 請求가 있는 경우에는 檢事는 公賣에 의하여 取得한 代價를 交付하여야 한다.

참조 [몰수의 집행]477, [몰수물의 처분]483

第485條【僞造등의 表示】 ① 僞造 또는 變造한 物件을 還付하는 경우에는 그 物件의 全部 또는 一部에 僞造나 變造인 것을 表示하여야 한다.

② 僞造 또는 變造한 物件이 押收되지 아니한 경우에는 그 物件을 提出하게 하여 前項의 處分을 하여야 한다. 但, 그 物件이 公務所에 屬한 것인 때에는 僞造나 變造의 事由를 公務所에 通知하여 적당한 處分을 하게 하여야 한다.

참조 [압수]106－108

第486條【還付不能과 公告】 ① 押收物의 還付를 받을 者의 所在가 不明하거나 기타 事由로 인하여 還付를 할 수 없는 경우에는 檢事는 그 事由를 官報에 公告하여야 한다.

② 公告한 後 3月 이내에 還付의 請求가 없는 때에는 그 物件은 國庫에 歸屬한다.(1973.1.25 본항개정)

③ 前項의 期間 내에도 價値없는 物件은 廢棄할 수 있고 保管하기 어려운 物件은 公賣하여 그 代價를 保管할 수 있다.(2007.6.1 본항개정)

改前 ③ 前項의…保管하기 "困難한" 物件은 公賣하여…

참조 [압수의 해제, 환부]133 · 134 · 332 · 333, [기간의 계산]66

第487條【訴訟費用의 執行免除의 申請】 訴訟費用負擔의 裁判을 받은 者가 貧困하여 이를 完納할 수 없는 때에는 그 裁判의 確定후 10日이내에 裁判을 宣告한 法院에 訴訟費用의 全部 또는 一部에 대한 裁判의 執行免除를 申請할 수 있다.

참조 [소송비용의 부담]186－194, [기간의 계산]66, [비용부담의 집행정지]472, [신청 및 취하]490, 형소규174 · 175 · 176, [즉시항고]491

第488條【疑義申請】 刑의 宣告를 받은 者는 執行에 관하여 裁判의 解釋에 대한 疑義가 있는 때에는 裁判을 宣告한 法院에 疑義申請을 할 수 있다.

참조 [형의 선고]321 · 364 · 370 · 396 · 399 · 448, [신청 및 취하]490, 형소규174－176, [즉시항고]491

第489條【異議申請】 裁判의 執行을 받은 者 또는 그 法定代理人이나 配偶者는 執行에 관한 檢事의 處分이 不當함을 理由로 裁判을 宣告한 法院에 異議申請을 할 수 있다.

참조 [신청 및 취하]490, 형소규174－176, [즉시항고]491, [법정대리인]민911 · 938

판례 동조에 규정한 '재판의 집행에 관한 검사의 처분에 대한 이의신청'은, 검사가 형사소송법의 규정에 기하여 한 재판의 집행에 관한 일체의 처분을 그 대상으로 한다고 풀이되는 바, 벌금형 등의 재판의 집행에 관한 사항을 정한 검찰징수사무규칙 제17조에 규정한 '검사의 벌금 등의 징수명령'도 동조 이의신청의 대상이 된다.
(대결 2001.8.23, 2001모91)

第490條【申請의 取下】 ① 前3條의 申請은 法院의 決定이 있을 때까지 取下할 수 있다.

② 第344條의 規定은 前3條의 申請과 그 取下에 準用한다.

참조 [소송비용의 집행면제의 신청]487, [의의신청]488, [이의신청]489, [재소자에 대한 특칙]344

第491條【卽時抗告】 ① 第487條 내지 第489條의 申請이 있는 때에는 法院은 決定을 하여야 한다.

② 前項의 決定에 대하여는 卽時抗告를 할 수 있다.

참조 [결정]37 · 39, [즉시항고]339 · 402 · 405 · 410 · 415

第492條【勞役場留置의 執行】 罰金 또는 科料를 完納하지 못한 者에 대한 勞役場留置의 執行에는 刑의 執行에 관한 規定을 準用한다.

참조 [노역장유치]형70, [형의 집행에 관한 규정]470 · 471 · 473－475

第493條【執行費用의 負擔】 第477條第1項의 裁判執行費用은 執行을 받은 者의 負擔으로 하고 「민사집행법」의 規定에 準하여 執行과 同時에 徵收하여야 한다.
(2007.6.1 본조개정)

참조 [재산형등의 집행]477①, [민사소송법의 규정]민소513

附　則

第1條 本法 施行前에 公訴를 提起한 事件에는 舊法을 適用한다.

第2條 本法 施行後에 公訴를 提起한 事件에는 本法을 適用한다. 但, 本法 施行前에 舊法에 의하여 行한 訴訟行爲의 效力에는 影響을 미치지 아니한다.

第3條 本法 施行前에 舊法에 의하여 行한 訴訟節次로 本法의 規定에 상당한 것은 本法에 의하여 行한 것으로 看做한다.

第4條 本法 施行前 進行된 法定期間과 訴訟行爲를 할 者의 住居나 事務所의 所在地와 法院所在地의 距離에 의한 附加期間은 舊法의 規定에 의한다.

第5條 本法 第45條의 規定에 의하여 訴訟關係人이 裁判書나 裁判을 記載한 調書의 謄本 또는 抄本의 交付를 請求할 경우에는 用紙 1枚 50圜으로 計算한 收入印紙를 貼付하여야 한다.

第6條 本法 施行當時 法院에 係屬된 事件의 處理에 관한 必要事項은 本法에 特別한 規定이 없으면 大法院規則의 定한 바에 의한다.

第7條 당분간 本法에 規定한 過怠料와 附則 第5條의 用紙料金額은 經濟事情의 變動에 따라 大法院規則으로 增減할 수 있다.

第8條 本法 施行直前까지 施行된 다음 法令은 廢止한다.

1. 朝鮮刑事令중 本法에 抵觸되는 法條
2. 美軍政法令중 本法에 抵觸되는 法條

第9條【施行日】 이 法律은 檀紀 4287年(西紀 1954年) 5月 30日부터 施行한다.

附　則 (1961.9.1)

【經過規定】 ① 本法은 本法 施行當時 法院에 係屬된 事件에 適用한다. 但, 本法施行前의 訴訟行爲의 效力에 影響을 미치지 아니한다.

② 本法 施行前에 上訴한 事件은 從前의 例에 의하여 處理한다.

【施行日】 本法은 公布한 날로부터 施行한다.

附　則 (1963.12.13)

① 이 法은 1963年 12月 17日부터 施行한다.

② 이 法은 이 法 施行당시 法院에 係屬된 事件에 適用한다. 그러나, 이 法 施行전에 舊法에 의하여 행한 訴訟行爲의 效力에 影響을 미치지 아니한다.

③ 이 法 施行당시 係屬중인 上訴事件으로서 提出期間이 경과하였거나 記錄接受 통지를 받은 事件의 上訴理由書는 이 法 施行日로부터 20日까지 다시 제출할 수 있다.

附　則 (1973.1.25)

① **【施行日】** 이 法은 1973年 2月 1日부터 施行한다.

② **【經過措置】** 이 法은 이 法 施行당시 法院에 係屬된 事件에 適用한다. 그러나 이 法 施行前에 舊法에 의하여 行한 訴訟行爲의 效力에 影響을 미치지 아니한다.

③ **【同前】** 이 法 施行前에 舊法에 의하여 過怠料에 處할 行爲를 한 者의 處罰에 대하여는 이 法 施行後에도 舊法을 適用한다.

④【同前】이 法 施行前에 進行이 開始된 法定期間에 관하여는 이 法 施行後에도 舊法을 適用한다.
⑤【同前】第286條의2의 規定은 이 法 施行前에 公訴가 提起된 事件에 대하여는 適用하지 아니한다.

附 則 (1973.12.20)
(1980.12.18)

이 法은 公布한 날로부터 施行한다.

附 則 (1987.11.28)

①【施行日】이 法은 1988年 2月 25日부터 施行한다.
②【經過措置】이 法은 이 法 施行당시 法院에 繫屬된 事件에 대하여 適用한다. 다만, 이 法 施行전에 종전의 規定에 의하여 행한 訴訟行爲의 效力에는 영향을 미치지 아니한다.

附 則 (1994.12.22)

第1條【施行日】이 法은 1995年 1月 1日부터 施行한다. (이하 생략)

附 則 (1995.12.29)

①【施行日】이 法은 1997年 1月 1日부터 施行한다. 다만, 第56條의2, 第361條, 第361條의2, 第377條의 改正規定은 公布한 날부터 施行한다.
②【經過措置】이 法은 이 法 施行당시 法院 또는 檢察에 係屬된 事件에 대하여 적용한다. 다만, 이 法 施行전 종전의 規定에 의하여 행한 訴訟行爲의 효력에는 영향을 미치지 아니한다.
판례 동조항은 형사절차가 개시된 후 종결되기 전에 형사소송법이 개정된 경우 신법과 구법 중 어느 법을 적용할 것인지에 관한 입법례 중 이른바 '혼합주의'를 채택하여 구법 당시 진행된 소송행위의 효력은 그대로 인정하되 신법 시행 후의 소송절차에 대하여는 신법을 적용한다는 취지에서 규정된 것으로서, 위 개정 법률 시행 당시 법원 또는 검찰에 계속된 사건이 아닌 경우에 위 개정 법률이 적용되지 않는다는 것은 아니며, 위 개정 법률은 그 시행일인 1997년 1월 1일부터 적용된다.(대판 2003.11.27, 2003도4327)

附 則 (1997.12.13 法5435號)

①【施行日】이 法은 公布한 날부터 施行한다.
②【經過措置】이 法은 이 法 施行당시 逮捕 또는 拘引된 者부터 適用한다.

附 則 (1997.12.13 法5454號)

이 法은 1998年 1月 1日부터 施行한다.(이하 생략)

附 則 (2002.1.26)

第1條【시행일】이 법은 2002년 7월 1일부터 시행한다. (이하 생략)

附 則 (2004.1.20)

第1條【시행일】이 법은 공포한 날부터 시행한다.(이하 생략)

附 則 (2004.10.16)

이 법은 공포한 날부터 시행한다.

附 則 (2005.3.31)

第1條【시행일】이 법은 2008년 1월 1일부터 시행한다. (이하 생략)

附 則 (2006.7.19)

①【시행일】이 법은 공포 후 1개월이 경과한 날부터 시행한다.
②【일반적 경과조치】이 법은 이 법 시행 당시 수사 중이거나 법원에 계속 중인 사건에도 적용한다. 다만, 이 법 시행 전에 종전의 규정에 따라 행한 행위의 효력에는 영향을 미치지 아니한다.

附 則 (2007.5.17)

第1條【시행일】이 법은 2008년 1월 1일부터 시행한다. (이하 생략)

附 則 (2007.6.1)

第1條【시행일】이 법은 2008년 1월 1일부터 시행한다.
第2條【일반적 경과조치】이 법은 이 법 시행 당시 수사 중이거나 법원에 계속 중인 사건에도 적용한다. 다만, 이 법 시행 전에 종전의 규정에 따라 행한 행위의 효력에는 영향을 미치지 아니한다.
第3條【구속기간에 관한 경과조치】① 제92조제2항의 개정규정은 이 법 시행 후 최초로 제기된 상소사건부터 적용한다.
② 제92조제3항의 개정규정은 이 법 시행 후 최초로 공소제기 전의 체포·구인·구금이 이루어지는 사건부터 적용한다.
第4條【과태료 등에 관한 경과조치】제151조의 개정규정은 이 법 시행 후 소환장을 송달받은 증인이 최초로 출석하지 아니하는 분부터 적용한다.
第5條【재정신청사건에 관한 경과조치】① 이 법의 재정신청에 관한 개정규정은 이 법 시행 후 최초로 불기소처분된 사건, 이 법 시행 전에 「검찰청법」에 따라 항고 또는 재항고를 제기할 수 있는 사건, 이 법 시행 당시 고등검찰청 또는 대검찰청에 항고 또는 재항고가 계속 중인 사건에 대하여 적용한다. 다만, 이 법 시행 전에 동일한 범죄사실에 관하여 이미 불기소처분을 받은 경우에는 그러하지 아니하다.
② 이 법 시행 전에 지방검찰청검사장 또는 지청장에게 재정신청서를 제출한 사건은 종전의 규정에 따른다.
③ 제260조제3항의 개정규정에도 불구하고 이 법 시행 전에 대검찰청에 재항고할 수 있는 사건의 재정신청기간은 이 법 시행일부터 10일 이내, 대검찰청에 재항고가 계속 중인 사건의 경우에는 재항고기각결정을 통지받은 날부터 10일 이내로 한다.
第6條【상고 등에 관한 경과조치】이 법 시행 전에 상고되거나 재항고된 사건은 종전의 규정에 따른다.
第7條【다른 법률의 개정】①~④ ※(해당 법령에 가제정리 하였음)

附 則 (2007.12.21)

第1條【시행일】이 법은 공포한 날부터 시행한다. 다만, 제245조의2부터 제245조의4까지 및 제279조의2부터 제279조의8까지의 개정규정은 공포 후 1개월이 경과한 날부터 시행하고, 제209조, 제243조, 제262조의4제1항,

제319조 단서, 제338조제2항 및 제417조의 개정규정과 부칙 제4조는 2008년 1월 1일부터 시행한다.
第2條【전문수사자문위원 및 전문심리위원에 대한 적용례】 제245조의2부터 제245조의4까지 및 제279조의2부터 제279조의8까지의 개정규정은 이 법 시행 당시 수사 중이거나 법원에 계속 중인 사건에도 적용한다.
第3條【공소시효에 관한 경과조치】 이 법 시행 전에 범한 죄에 대하여는 종전의 규정을 적용한다.
第4條【다른 법률의 개정】 ①~③ ※(해당 법령에 가제정리 하였음)

附　則 (2009.6.9)

第1條【시행일】 이 법은 2010년 1월 1일부터 시행한다.(이하 생략)

附　則 (2011.7.18)

第1條【시행일】 ① 이 법은 2012년 1월 1일부터 시행한다.
② 제1항에도 불구하고 제59조의3의 개정규정은 2013년 1월 1일부터 시행한다. 다만, 다음 각 호의 사항은 2014년 1월 1일부터 시행한다.
1. 증거목록이나 그 등본, 그 밖에 검사나 피고인 또는 변호인이 법원에 제출한 서류·물건의 명칭·목록 또는 이에 해당하는 정보의 전자적 방법에 따른 열람 및 복사에 관한 사항
2. 단독판사가 심판하는 사건 및 그에 대한 상소심 사건에서 증거목록이나 그 등본, 그 밖에 검사나 피고인 또는 변호인이 법원에 제출한 서류·물건의 명칭·목록 또는 이에 해당하는 정보의 열람 및 복사에 관한 사항(전자적 방법에 따른 열람 및 복사를 포함한다)

第2條【확정 판결서등의 열람·복사에 관한 적용례】 제59조의3의 개정규정은 같은 개정규정 시행 후 최초로 판결이 확정되는 사건의 판결서등부터 적용한다.
第3條【재정신청사건에 관한 적용례 및 경과조치】 ① 제260조의 개정규정은 이 법 시행 후 최초로 불기소처분된 사건, 이 법 시행 전에 「검찰청법」에 따라 항고 또는 재항고를 제기할 수 있는 사건, 이 법 시행 당시 고등검찰청 또는 대검찰청에 항고 또는 재항고가 계속 중인 사건에 대하여 적용한다. 다만, 이 법 시행 전에 동일한 범죄사실에 관하여 이미 불기소처분을 받은 경우에는 그러하지 아니하다.
② 이 법 시행 전에 지방검찰청검사장 또는 지청장에게 재정신청서를 제출한 사건은 종전의 규정에 따른다.
第4條【일반적 경과조치】 이 법은 이 법 시행 당시 수사 중이거나 법원에 계속 중인 사건에도 적용한다. 다만, 이 법 시행 전에 종전의 규정에 따라 행한 행위의 효력에는 영향을 미치지 아니한다.

附　則 (2011.8.4)

第1條【시행일】 이 법은 공포 후 1년이 경과한 날부터 시행한다.(이하 생략)

附　則 (2012.12.18)

第1條【시행일】 이 법은 공포 후 6개월이 경과한 날부터 시행한다.(이하 생략)

附　則 (2013.4.5)

第1條【시행일】 이 법은 공포한 날부터 시행한다.(이하 생략)

附　則 (2014.5.14)
(2014.10.15)

이 법은 공포한 날부터 시행한다.

附　則 (2014.12.30)

第1條【시행일】 이 법은 공포한 날부터 시행한다.
第2條【보상청구의 기간에 관한 적용례】 제194조의3제2항의 개정규정은 이 법 시행 후 최초로 확정된 무죄판결부터 적용한다.

附　則 (2015.7.31)

第1條【시행일】 이 법은 공포한 날부터 시행한다. 다만, 제471조의2의 개정규정은 공포 후 6개월이 경과한 날부터 시행한다.
第2條【공소시효의 적용 배제에 관한 경과조치】 제253조의2의 개정규정은 이 법 시행 전에 범한 범죄로 아직 공소시효가 완성되지 아니한 범죄에 대하여도 적용한다.

附　則 (2016.1.6 法13720號)

第1條【시행일】 이 법은 공포한 날부터 시행한다. 다만, 제477조제6항의 개정규정은 공포 후 2년이 경과한 날부터 시행한다.
第2條【재정신청사건에 관한 적용례】 제262조제4항 전단 및 제262조의4제1항의 개정규정은 이 법 시행 후 최초로 제260조제3항에 따라 지방검찰청검사장 또는 지청장에게 재정신청서를 제출한 사건부터 적용한다.

附　則 (2016.1.6 法13722號)

第1條【시행일】 이 법은 공포 후 1년 6개월이 경과한 날부터 시행한다.(이하 생략)

附　則 (2016.5.29)

第1條【시행일】 이 법은 공포한 날부터 시행한다. 다만, 제35조제3항 및 제4항의 개정규정은 2016년 10월 1일부터 시행한다.
第2條【진술서 등의 증거능력에 관한 적용례】 제313조 및 제314조 본문의 개정규정은 이 법 시행 후 최초로 공소제기되는 사건부터 적용한다.

附　則 (2017.12.12)

第1條【시행일】 이 법은 공포한 날부터 시행한다.
第2條【적용례】 제59조 및 제74조의 개정규정은 이 법 시행 후 최초로 공무원 아닌 사람이 이 법에 따라 서류를 작성하거나 법원이 피고인에게 소환장을 발부하는 경우부터 적용한다.

附　則 (2017.12.19)

第1條【시행일】 이 법은 공포한 날부터 시행한다.

第2條【정식재판 청구 사건의 불이익변경의 금지에 관한 경과조치】 이 법 시행 전에 제453조에 따라 정식재판을 청구한 사건에 대해서는 제457조의2의 개정규정에도 불구하고 종전의 규정에 따른다.

附 則 (2019.12.31)

第1條【시행일】 이 법은 공포한 날부터 시행한다.
第2條【즉시항고 및 준항고 제기기간에 관한 적용례】 제405조 및 제416조제3항의 개정규정은 이 법 시행 당시 종전의 규정에 따른 즉시항고 및 준항고의 제기기간이 지나지 않은 경우에도 적용한다.

附 則 (2020.2.4)

第1條【시행일】 이 법은 공포 후 6개월이 경과한 날부터 1년 내에 시행하되, 그 기간 내에 대통령령으로 정하는 시점부터 시행한다. 다만, 제312조제1항의 개정규정은 공포 후 4년 내에 시행하되, 그 기간 내에 대통령령으로 정하는 시점부터 시행한다.
<시행일 : 2021.1.1. 다만, 단서의 개정규정은 2022.1.1 시행>
第1條의2【검사가 작성한 피의자신문조서의 증거능력에 관한 적용례 및 경과조치】 ① 제312조제1항의 개정규정은 같은 개정규정 시행 후 공소제기된 사건부터 적용한다.
② 제312조제1항의 개정규정 시행 전에 공소제기된 사건에 관하여는 종전의 규정에 따른다.
(2021.12.21 본조신설)
第2條【다른 법률의 개정】 ※(해당 법령에 가제정리 하였음)

附 則 (2020.12.8)

第1條【시행일】 이 법은 공포 후 1년이 경과한 날부터 시행한다. 다만, 제17조제8호 및 제9호의 개정규정은 공포 후 6개월이 경과한 날부터 시행한다.
第2條【법관의 제척에 관한 적용례】 제17조제8호 및 제9호의 개정규정은 이 법 시행 후 최초로 공소장이 제출된 사건부터 적용한다.

附 則 (2021.8.17)

第1條【시행일】 이 법은 공포 후 3개월이 경과한 날부터 시행한다. 다만, 법률 제17572호 형사소송법 일부개정법률 제165조의2의 개정규정은 2021년 12월 9일부터 시행한다.
第2條【계속사건에 대한 경과조치】 이 법은 이 법 시행 당시 법원에 계속 중인 사건에 대하여도 적용한다.

附 則 (2021.12.21)
(2022.2.3)

이 법은 공포한 날부터 시행한다.

附 則 (2022.5.9)

第1條【시행일】 이 법은 공포 후 4개월이 경과한 날부터 시행한다.
第2條【이의신청에 관한 적용례】 제245조의7의 개정규정은 이 법 시행 후 해당 개정규정에 따른 이의신청을 하는 경우부터 적용한다.

附 則 (2024.2.13)

第1條【시행일】 이 법은 공포한 날부터 시행한다.
第2條【공소시효가 완성한 것으로 간주하기 위한 기간의 정지에 관한 적용례】 제253조제4항의 개정규정은 이 법 시행 전에 공소가 제기된 범죄로서 이 법 시행 당시 공소시효가 완성한 것으로 간주되지 아니한 경우에도 적용한다. 이 경우 같은 개정규정에 따라 정지되는 기간에는 이 법 시행 전에 피고인이 형사처분을 면할 목적으로 국외에 있던 기간을 포함한다.

附 則 (2024.10.16)

第1條【시행일】 이 법은 공포 후 3개월이 경과한 날부터 시행한다.
第2條【의견 청취에 관한 적용례】 제294조의5의 개정규정은 이 법 시행 이후 피고인이 피해자의 권리 회복에 필요한 금전을 공탁한 경우부터 적용한다.

형사소송규칙

(1982년 12월 31일
대법원규칙 제828호)

개정
1988. 3.23대법원규칙1004호(등기소의설치와그관할구역에관한규)
1989. 6. 7대법원규칙1067호 1991. 8. 3대법원규칙1171호
1995. 7.10대법원규칙1375호 1996.12. 3대법원규칙1441호
1997.12.31대법원규칙1508호 1998. 5.19대법원규칙1540호
1998. 6.20대법원규칙1550호
1999.12.31대법원규칙1628호(형사소송비용등에관한규)
2000. 7.15대법원규칙1664호 2004. 8.20대법원규칙1901호
2006. 3.23대법원규칙2013호 2006. 8.17대법원규칙2038호
2007.10.29대법원규칙2106호 2007.12.31대법원규칙2144호
2011.12.30대법원규칙2376호 2012. 5.29대법원규칙2403호
2014. 8. 6대법원규칙2546호 2014.12.30대법원규칙2576호
2015. 1.28대법원규칙2587호 2015. 6.29대법원규칙2608호
2016. 2.19대법원규칙2641호 2016. 6.27대법원규칙2667호
2016. 9. 6대법원규칙2678호
2016.11.29대법원규칙2696호(소년심판규)
2020. 6.26대법원규칙2906호 2020.12.28대법원규칙2939호
2021. 1.29대법원규칙2949호(고위공직자범죄수사처설치에따른일부개정법령등)
2021.10.29대법원규칙3004호 2021.12.31대법원규칙3016호
2024.12.31대법원규칙3184호

제1편 총 칙

제1조【목적】 이 규칙은 「형사소송법」(다음부터 "법"이라 한다)이 대법원규칙에 위임한 사항, 그 밖에 형사소송절차에 관하여 필요한 사항을 규정함을 목적으로 한다.
(2007.10.29 본조개정)

제1장 법원의 관할

제2조【토지관할의 병합심리 신청 등】 ① 법 제6조의 규정에 의한 신청을 함에는 그 사유를 기재한 신청서를 공통되는 직근 상급법원에 제출하여야 한다.
② 검사의 신청서에는 피고인의 수에 상응한 부본을, 피고인의 신청서에는 부본 1통을 각 첨부하여야 한다.
③ 법 제6조의 신청을 받은 법원은 지체없이 각 사건계속법원에 그 취지를 통지하고 제2항의 신청서 부본을 신청인의 상대방에게 송달하여야 한다.
④ 사건계속법원과 신청인의 상대방은 제3항의 송달을 받은 날로부터 3일 이내에 의견서를 제1항의 법원에 제출할 수 있다.(1991.8.3 본항개정)

제3조【토지관할의 병합심리절차】 ① 법 제6조의 신청을 받은 법원이 신청을 이유있다고 인정한 때에는 관련사건을 병합심리할 법원을 지정하여 그 법원으로 하여금 병합심리하게 하는 취지의 결정을, 이유없다고 인정한 때에는 신청을 기각하는 취지의 결정을 각하고, 그 결정등본을 신청인과 그 상대방에게 송달하고 사건계속법원에 송부하여야 한다.
② 제1항의 결정에 의하여 병합심리하게 된 법원 이외의 법원은 그 결정등본을 송부받은 날로부터 7일 이내에 소송기록과 증거물을 병합심리하게 된 법원에 송부하여야 한다.

제4조【사물관할의 병합심리】 ① 법 제10조의 규정은 법원합의부와 단독판사에 계속된 각 사건이 토지관할을 달리하는 경우에도 이를 적용한다.
② 단독판사는 그가 심리중인 사건과 관련된 사건이 합의부에 계속된 사실을 알게 된 때에는 즉시 합의부의 재판장에게 그 사실을 통지하여야 한다.
③ 합의부가 법 제10조의 규정에 의한 병합심리 결정을 한 때에는 즉시 그 결정등본을 단독판사에게 송부하여야 하고, 단독판사는 그 결정등본을 송부받은 날로부터 5일 이내에 소송기록과 증거물을 합의부에 송부하여야 한다.

제4조의2【항소사건의 병합심리】 ① 사물관할을 달리하는 수개의 관련항소사건이 각각 고등법원과 지방법원본원합의부에 계속된 때에는 고등법원은 결정으로 지방법원본원합의부에 계속한 사건을 병합하여 심리할 수 있다. 수개의 관련항소사건이 토지관할을 달리하는 경우에도 같다.
② 지방법원본원합의부의 재판장은 그 부에서 심리중인 항소사건과 관련된 사건이 고등법원에 계속된 사실을 알게 된 때에는 즉시 고등법원의 재판장에게 그 사실을 통지하여야 한다.
③ 고등법원이 제1항의 규정에 의한 병합심리결정을 한 때에는 즉시 그 결정등본을 지방법원본원합의부에 송부하여야 하고, 지방법원본원합의부는 그 결정등본을 송부받은 날로부터 5일 이내에 소송기록과 증거물을 고등법원에 송부하여야 한다.
(1991.8.3 본조신설)

제5조【관할지정 또는 관할이전의 신청 등】 ① 법 제16조 제1항의 규정에 의하여, 검사가 관할지정 또는 관할이전의 신청서를 제출할 때에는 피고인 또는 피의자의 수에 상응한 부본을, 피고인이 관할이전의 신청서를 제출할 때에는 부본 1통을 각 첨부하여야 한다.
② 제1항의 신청서를 제출받은 법원은 지체없이 검사의 신청서부본을 피고인 또는 피의자에게 송달하여야 하고, 피고인의 신청서 부본을 검사에게 송달함과 함께 공소를 접수한 법원에 그 취지를 통지하여야 한다.
③ 검사, 피고인 또는 피의자는 제2항의 신청서 부본을 송부받은 날로부터 3일 이내에 의견서를 제2항의 법원에 제출할 수 있다.

제6조【관할지정 또는 관할이전의 결정에 의한 처리절차】 ① 공소 제기전의 사건에 관하여 관할지정 또는 관할이전의 결정을 한 경우 결정을 한 법원은 결정등본을 검사와 피의

자에게 각 송부하여야 하며, 검사가 그 사건에 관하여 공소를 제기할 때에는 공소장에 그 결정등본을 첨부하여야 한다.
② 공소가 제기된 사건에 관하여 관할지정 또는 관할이전의 결정을 한 경우 결정을 한 법원은 결정등본을 검사와 피고인 및 사건계속법원에 각 송부하여야 한다.
③ 제2항의 경우 사건계속법원은 지체없이 소송기록과 증거물을 제2항의 결정등본과 함께 그 지정 또는 이전된 법원에 송부하여야 한다. 다만, 사건계속법원이 관할법원으로 지정된 경우에는 그러하지 아니하다.
제7조【소송절차의 정지】 법원은 그 계속 중인 사건에 관하여 토지관할의 병합심리신청, 관할지정신청 또는 관할이전신청이 제기된 경우에는 그 신청에 대한 결정이 있기까지 소송절차를 정지하여야 한다. 다만, 급속을 요하는 경우에는 그러하지 아니하다.
제8조【소송기록 등의 송부방법 등】 ① 제3조제2항, 제4조제3항, 제4조의2제3항 또는 제6조제3항의 각 규정에 의하여 또는 법 제8조의 규정에 의한 이송결정에 의하여 소송기록과 증거물을 다른 법원으로 송부할 때에는 이를 송부받을 법원으로 직접 송부한다.
② 제1항의 송부를 한 법원 및 송부를 받은 법원은 각각 그 법원에 대응하는 검찰청 검사 또는 고위공직자범죄수사처에 소속된 검사(이하 "수사처검사"라고 한다)에게 그 사실을 통지하여야 한다.(2021.1.29 본항개정)
(1991.8.3 본조개정)

제2장 법원직원의 기피

제9조【기피신청의 방식 등】 ① 법 제18조의 규정에 의한 기피신청을 함에 있어서는 기피의 원인되는 사실을 구체적으로 명시하여야 한다.
② 제1항에 위배된 기피신청의 처리는 법 제20조제1항의 규정에 의한다.

제3장 소송행위의 대리와 보조

제10조【피의자의 특별대리인 선임청구사건의 관할】 법 제28조제1항 후단의 규정에 의한 피의자의 특별대리인 선임청구는 그 피의사건을 수사 중인 검사 또는 사법경찰관이 소속된 관서의 소재지를 관할하는 지방법원에 이를 하여야 한다.
제11조【보조인의 신고】 ① 법 제29조제2항에 따른 보조인의 신고는 보조인이 되고자 하는 자와 피고인 또는 피의자 사이의 신분관계를 소명하는 서면을 첨부하여 이를 하여야 한다.(2007.10.29 본항개정)
② 공소제기전의 보조인 신고는 제1심에도 그 효력이 있다.

제4장 변 호

제12조【법정대리인 등의 변호인 선임】 법 제30조제2항에 규정한 자가 변호인을 선임하는 때에는 그 자와 피고인 또는 피의자와의 신분관계를 소명하는 서면을 법 제32조제1항의 서면에 첨부하여 제출하여야 한다.
제13조【사건이 병합되었을 경우의 변호인 선임의 효력】 하나의 사건에 관하여 한 변호인 선임은 동일법원의 동일피고인에 대하여 병합된 다른 사건에 관하여도 그 효력이 있다. 다만, 피고인 또는 변호인이 이와 다른 의사표시를 한 때에는 그러하지 아니하다.(1996.12.3 본조개정)
제13조의2【대표변호인 지정등의 신청】 대표변호인의 지정, 지정의 철회 또는 변경의 신청은 그 사유를 기재한 서면으로 한다. 다만, 공판기일에서는 구술로 할 수 있다.
(1996.12.3 본조개정)
제13조의3【대표변호인의 지정등의 통지】 대표변호인의 지정, 지정의 철회 또는 변경은 피고인 또는 피의자의 신청에 의한 때에는 검사 및 대표변호인에게, 변호인의 신청에 의하거나 직권에 의한 때에는 피고인 또는 피의자 및 검사에게 이를 통지하여야 한다.(2007.10.29 본조개정)
제13조의4【기소전 대표변호인 지정의 효력】 법 제32조의2 제5항에 의한 대표변호인의 지정은 기소후에도 그 효력이 있다.(1996.12.3 본조개정)
제13조의5【준용규정】 제13조의 규정은 대표변호인의 경우에 이를 준용한다.(1996.12.3 본조신설)
제14조【국선변호인의 자격】 ① 국선변호인은 법원의 관할구역안에 사무소를 둔 변호사, 그 관할구역안에서 근무하는 공익법무관에관한법률에 의한 공익법무관(법무부와 그 소속기관 및 각급검찰청에서 근무하는 공익법무관을 제외한다. 이하 "공익법무관"이라 한다) 또는 그 관할구역안에서 수습중인 사법연수생중에서 이를 선정한다.
② 제1항의 변호사, 공익법무관 또는 사법연수생이 없거나 기타 부득이한 때에는 인접한 법원의 관할구역안에 사무소를 둔 변호사, 그 관할구역안에서 근무하는 공익법무관 또는 그 관할구역안에서 수습중인 사법연수생중에서 이를 선정할 수 있다.
③ 제1항 및 제2항의 변호사, 공익법무관 또는 사법연수생이 없거나 기타 부득이한 때에는 법원의 관할구역안에서 거주하는 변호사 아닌 자중에서 이를 선정할 수 있다.
(1995.7.10 본조개정)
제15조【변호인의 수】 ① 국선변호인은 피고인 또는 피의자마다 1인을 선정한다. 다만, 사건의 특수성에 비추어 필요하다고 인정할 때에는 1인의 피고인 또는 피의자에게 수인의 국선변호인을 선정할 수 있다.
② 피고인 또는 피의자 수인간에 이해가 상반되지 아니할 때에는 그 수인의 피고인 또는 피의자를 위하여 동일한 국선변호인을 선정할 수 있다.
제15조의2【국선전담변호사】 법원은 기간을 정하여 법원의 관할구역 안에 사무소를 둔 변호사(그 관할구역 안에 사무소를 둘 예정인 변호사를 포함한다) 중에서 국선변호를 전담하는 변호사를 지정할 수 있다.(2006.8.17 본조신설)
제16조【공소가 제기되기 전의 국선변호인 선정】 ① 법 제201조의2에 따라 심문할 피의자에게 변호인이 없거나 법 제214조의2에 따라 체포 또는 구속의 적부심사가 청구된 피의자에게 변호인이 없는 때에는 법원 또는 지방법원 판사는 지체 없이 국선변호인을 선정하고, 피의자와 변호인에게 그 뜻을 고지하여야 한다.(2007.10.29 본항개정)
② 제1항의 경우 국선변호인에게 피의사실의 요지 및 피의자의 연락처 등을 함께 고지할 수 있다.(2007.10.29 본항개정)
③ 제1항의 고지는 서면 이외에 구술·전화·모사전송·전자우편·휴대전화 문자전송 그 밖에 적당한 방법으로 할 수 있다.(2007.10.29 본항개정)
④ 구속영장이 청구된 후 또는 체포·구속의 적부심사를 청구한 후에 변호인이 없게 된 때에도 제1항 및 제2항의 규정을 준용한다.
(2007.10.29 본조제목개정)
(2006.8.17 본조개정)
제16조의2【국선변호인 예정자명부의 작성】 ① 지방법원 또는 지원은 국선변호를 담당할 것으로 예정된 변호사, 공익법무관, 사법연수생 등을 일괄 등재한 국선변호인 예정자명부(이하 '명부'라고 한다)를 작성할 수 있다. 이 경우 국선변호 업무의 내용 및 국선변호 예정일자를 미리 지정할 수 있다.
② 지방법원 또는 지원의 장은 제1항의 명부 작성에 관하여 관할구역 또는 인접한 법원의 관할구역 안에 있는 지방변호사회장에게 협조를 요청할 수 있다.
③ 지방법원 또는 지원은 제1항의 명부를 작성한 후 지체없이 국선변호인 예정자에게 명부의 내용을 고지하여야 한다. 이 경우 제16조제3항의 규정을 적용한다.
④ 제1항의 명부에 기재된 국선변호인 예정자는 제3항의 고지를 받은 후 3일 이내에 명부의 변경을 요청할 수 있다.
⑤ 제1항의 명부가 작성된 경우 법원 또는 지방법원 판사는

특별한 사정이 없는 한 명부의 기재에 따라 국선변호인을 선정하여야 한다.
(2006.8.17 본조신설)

제17조【공소제기의 경우 국선변호인의 선정등】 ① 재판장은 공소제기가 있는 때에는 변호인 없는 피고인에게 다음 각호의 취지를 고지한다.

1. 법 제33조제1항제1호 내지 제6호의 어느 하나에 해당하는 때에는 변호인 없이 개정할 수 없는 취지와 피고인 스스로 변호인을 선임하지 아니할 경우에는 법원이 국선변호인을 선정하게 된다는 취지
2. 법 제33조제2항에 해당하는 때에는 법원에 대하여 국선변호인의 선정을 청구할 수 있다는 취지
3. 법 제33조제3항에 해당하는 때에는 법원에 대하여 국선변호인의 선정을 희망하지 아니한다는 의사를 표시할 수 있다는 취지

② 제1항의 고지는 서면으로 하여야 한다.
③ 법원은 제1항의 고지를 받은 피고인이 변호인을 선임하지 아니한 때 및 법 제33조제2항의 규정에 의하여 국선변호인 선정청구가 있거나 같은 조 제3항에 의하여 국선변호인을 선정하여야 할 때에는 지체없이 국선변호인을 선정하고, 피고인 및 변호인에게 그 뜻을 고지하여야 한다.
④ 공소제기가 있은 후 변호인이 없게 된 때에도 제1항 내지 제3항의 규정을 준용한다.
(2006.8.17 본조개정)

제17조의2【국선변호인 선정청구 사유의 소명】 법 제33조제2항에 의하여 국선변호인 선정을 청구하는 경우 피고인은 소명자료를 제출하여야 한다. 다만, 기록에 의하여 그 사유가 소명되었다고 인정될 때에는 그러하지 아니하다.
(2006.8.17 본조신설)

제18조【선정취소】 ① 법원 또는 지방법원 판사는 다음 각호의 어느 하나에 해당하는 때에는 국선변호인의 선정을 취소하여야 한다.(2006.8.17 본문개정)

1. 피고인 또는 피의자에게 변호인이 선임된 때
2. 국선변호인이 제14조제1항 및 제2항에 규정한 자격을 상실한 때
3. 법원 또는 지방법원 판사가 제20조의 규정에 의하여 국선변호인의 사임을 허가한 때(2006.8.17 본호개정)

② 법원 또는 지방법원 판사는 다음 각호의 어느 하나에 해당하는 때에는 국선변호인의 선정을 취소할 수 있다.

1. 국선변호인이 그 직무를 성실하게 수행하지 아니하는 때
2. 피고인 또는 피의자의 국선변호인 변경 신청이 상당하다고 인정하는 때
3. 그 밖에 국선변호인의 선정결정을 취소할 상당한 이유가 있는 때

(2006.8.17 본항개정)
③ 법원이 국선변호인의 선정을 취소한 때에는 지체없이 그 뜻을 해당되는 국선변호인과 피고인 또는 피의자에게 통지하여야 한다.

제19조【법정에서의 선정등】 ① 제16조제1항 또는 법 제283조의 규정에 의하여 국선변호인을 선정할 경우에 이미 선임된 변호인 또는 선정된 국선변호인이 출석하지 아니하거나 퇴정한 경우에 부득이한 때에는 피고인 또는 피의자의 의견을 들어 재정 중인 변호사 등 제14조에 규정된 사람을 국선변호인으로 선정할 수 있다.(2006.8.17 본항개정)
② 제1항의 경우에는 이미 선정되었던 국선변호인에 대하여 그 선정을 취소할 수 있다.
③ 국선변호인이 공판기일 또는 피의자 심문기일에 출석할 수 없는 사유가 발생한 때에는 그 지체없이 법원 또는 지방법원 판사에게 그 사유를 소명하여 통지하여야 한다.
(2006.8.17 본항개정)

제20조【사임】 국선변호인은 다음 각호의 어느 하나에 해당하는 경우에는 법원 또는 지방법원 판사의 허가를 얻어 사임할 수 있다.(2006.8.17 본문개정)

1. 질병 또는 장기여행으로 인하여 국선변호인의 직무를 수행하기 곤란할 때
2. 피고인 또는 피의자로부터 폭행, 협박 또는 모욕을 당하여 신뢰관계를 지속할 수 없을 때
3. 피고인 또는 피의자로부터 부정한 행위를 할 것을 종용받았을 때
4. 그 밖에 국선변호인으로서의 직무를 수행하는 것이 어렵다고 인정할 만한 상당한 사유가 있을 때(2006.8.17 본호개정)

제21조【감독】 법원은 국선변호인이 그 임무를 해태하여 국선변호인으로서의 불성실한 사적이 현저하다고 인정할 때에는 그 사유를 대한변호사협회장 또는 소속 지방변호사회장에게 통고할 수 있다.

제22조 (1999.12.31 삭제)

제23조 (2007.10.29 삭제)

제5장 재 판

제24조【결정, 명령을 위한 사실조사】 ① 결정 또는 명령을 함에 있어 법 제37조제3항의 규정에 의하여 사실을 조사하는 때 필요한 경우에는 법 및 이 규칙의 정하는 바에 따라 증인을 신문하거나 감정을 명할 수 있다.
② 제1항의 경우에는 검사, 피고인, 피의자 또는 변호인을 참여하게 할 수 있다.

제25조【재판서의 경정】 ① 재판서에 잘못된 계산이나 기재, 그 밖에 이와 비슷한 잘못이 있음이 분명한 때에는 법원은 직권으로 또는 당사자의 신청에 따라 경정결정(更正決定)을 할 수 있다.(2007.10.29 본항개정)
② 경정결정은 재판서의 원본과 등본에 덧붙여 적어야 한다. 다만, 등본에 덧붙여 적을 수 없을 때에는 경정결정의 등본을 작성하여 재판서의 등본을 송달받은 자에게 송달하여야 한다.(2007.10.29 본항개정)
③ 경정결정에 대하여는 즉시 항고를 할 수 있다. 다만, 재판에 대하여 적법한 상소가 있는 때에는 그러하지 아니하다.

제25조의2【기명날인할 수 없는 재판서】 법 제41조제3항에 따라 서명날인에 갈음하여 기명날인할 수 없는 재판서는 판결과 각종 영장(감정유치장 및 감정처분허가장을 포함한다)을 말한다.(2007.10.29 본조신설)

제26조【재판서의 등, 초본 청구권자의 범위】 ① 법 제45조에 규정한 기타의 소송관계인이라 함은 검사, 변호인, 보조인, 법인인 피고인의 대표자, 법 제28조의 규정에 의한 특별대리인, 법 제340조 및 제341조제1항의 규정에 의한 상소권자를 말한다.
② 고소인, 고발인 또는 피해자는 비용을 납입하고 재판서 또는 재판을 기재한 조서의 등본 또는 초본의 교부를 청구할 수 있다. 다만, 그 청구하는 사유를 소명하여야 한다.

제27조【소송에 관한 사항의 증명서의 청구】 피고인과 제26조제1항에 규정한 소송관계인 및 고소인, 고발인 또는 피해자는 소송에 관한 사항의 증명서의 교부를 청구할 수 있다. 다만, 고소인, 고발인 또는 피해자의 청구에 관하여는 제26조제2항 단서의 규정을 준용한다.

제28조【등, 초본 등의 작성방법】 법 제45조에 규정한 등본, 초본(제26조제2항에 규정한 등본, 초본을 포함한다) 또는 제27조에 규정한 증명서를 작성함에 있어서는 담당 법원서기관, 법원사무관, 법원주사, 법원주사보(이하 "법원사무관등"이라 한다)가 등본, 초본 또는 소송에 관한 사항의 증명서라는 취지를 기재하고 기명날인하여야 한다.

제6장 서 류

제29조【조서에의 인용】 ① 조서에는 서면, 사진, 속기록, 녹음물, 영상녹화물, 녹취서 등 법원이 적당하다고 인정한 것을 인용하고 소송기록에 첨부하거나 전자적 형태로 보관하여 조서의 일부로 할 수 있다.

② 제1항에 따라 속기록, 녹음물, 영상녹화물, 녹취서를 조서의 일부로 한 경우라도 재판장은 법원사무관 등으로 하여금 피고인, 증인, 그 밖의 소송관계인의 진술 중 중요한 사항을 요약하여 조서의 일부로 기재하게 할 수 있다.(2014.12.30 본항신설)
(2012.5.29 본조개정)

제29조의2【변경청구나 이의제기가 있는 경우의 처리】 공판조서의 기재에 대하여 법 제54조제3항에 따른 변경청구나 이의제기가 있는 경우, 법원사무관 등은 신청의 연월일 및 그 요지와 그에 대한 재판장의 의견을 기재하여 조서를 작성한 후 당해 공판조서 뒤에 이를 첨부하여야 한다.
(2007.10.29 본조신설)

제30조【공판조서의 낭독 등】 법 제55조제2항에 따른 피고인의 낭독청구가 있는 때에는 재판장의 명에 의하여 법원사무관 등이 낭독하거나 녹음물 또는 영상녹화물을 재생한다.
(2012.5.29 본조개정)

제30조의2【속기 등의 신청】 ① 속기, 녹음 또는 영상녹화(녹음이 포함된 것을 말한다. 다음부터 같다)의 신청은 공판기일·공판준비기일을 열기 전까지 하여야 한다.(2014.12.30 본항개정)
② 피고인, 변호인 또는 검사의 신청이 있음에도 불구하고 특별한 사정이 있는 때에는 속기, 녹음 또는 영상녹화를 하지 아니하거나 신청하는 것과 다른 방법으로 속기, 녹음 또는 영상녹화를 할 수 있다. 다만, 이 경우 재판장은 공판기일에 그 취지를 고지하여야 한다.
(2007.10.29 본조개정)

제31조~제32조 (2007.10.29 삭제)

제33조【속기록에 대한 조치】 속기를 하게 한 경우에 재판장은 법원사무관 등으로 하여금 속기록의 전부 또는 일부를 조서에 인용하고 소송기록에 첨부하여 조서의 일부로 하게 할 수 있다.(2007.10.29 본조개정)

제34조【진술자에 대한 확인 등】 속기를 하게 한 경우 법 제48조제3항 또는 법 제52조 단서에 따른 절차의 이행은 법원사무관 등 또는 법원에 소속되어 있거나 법원이 선정한 속기능력소지자(다음부터 "속기사 등"이라고 한다)로 하여금 속기록의 내용을 읽어주게 하거나 진술자에게 속기록을 열람하도록 하는 방법에 의한다.(2007.10.29 본조개정)

제35조~제37조 (2007.10.29 삭제)

제38조【녹취서의 작성등】 ① 재판장은 필요하다고 인정하는 때에는 법원사무관 등 또는 속기사 등에게 녹음 또는 영상녹화된 내용의 전부 또는 일부를 녹취할 것을 명할 수 있다.
② 재판장은 법원사무관 등으로 하여금 제1항에 따라 작성된 녹취서의 전부 또는 일부를 조서에 인용하고 소송기록에 첨부하여 조서의 일부로 하게 할 수 있다.
(2007.10.29 본조개정)

제38조의2【속기록, 녹음물 또는 영상녹화물의 사본 교부】 ① 재판장은 법 제56조의2제3항에도 불구하고 피해자 또는 그 밖의 소송관계인의 사생활에 관한 비밀 보호 또는 신변에 대한 위해 방지 등을 위하여 특히 필요하다고 인정하는 경우에는 속기록, 녹음물 또는 영상녹화물의 사본의 교부를 불허하거나 그 범위를 제한할 수 있다.(2014.12.30 본항개정)
② 법 제56조의2제3항에 따라 속기록, 녹음물 또는 영상녹화물의 사본을 교부받은 사람은 그 사본을 당해 사건 또는 관련 소송의 수행과 관계 없는 용도로 사용하여서는 아니 된다.
(2007.10.29 본조신설)

제39조【속기록 등의 보관과 폐기】 속기록, 녹음물, 영상녹화물 또는 녹취서는 전자적 형태로 이를 보관할 수 있으며, 재판이 확정되면 폐기한다. 다만, 속기록, 녹음물, 영상녹화물 또는 녹취서가 조서의 일부가 된 경우에는 그러하지 아니하다.(2012.5.29 본조개정)

제40조 (2007.10.29 삭제)

제41조【서명의 특칙】 공무원이 아닌 자가 서명날인을 하여야 할 경우에 서명을 할 수 없으면 타인이 대서한다. 이 경우에는 대서한 자가 그 사유를 기재하고 기명날인 또는 서명하여야 한다.(2007.10.29 본조개정)

제7장 송 달

제42조【법 제60조에 의한 법원소재지의 범위】 법 제60조 제1항에 규정한 법원소재지는 당해 법원이 위치한 특별시, 광역시, 시 또는 군(다만, 광역시내의 군은 제외)으로 한다.
(1996.12.3 본조개정)

제43조【공시송달을 명하는 재판】 법원은 공시송달의 사유가 있다고 인정한 때에는 직권으로 결정에 의하여 공시송달을 명한다.

제8장 기 간

제44조【법정기간의 연장】 ① 소송행위를 할 자가 국내에 있는 경우 주거 또는 사무소의 소재지와 법원 또는 검찰청, 고위공직자범죄수사처(이하 "수사처"라고 한다) 소재지와의 거리에 따라 해로는 100킬로미터, 육로는 200킬로미터마다 각 1일을 부가한다. 그 거리의 전부 또는 잔여가 기준에 미달할지라도 50킬로미터이상이면 1일을 부가한다. 다만, 법원은 홍수, 천재지변등 불가피한 사정이 있거나 교통통신의 불편정도를 고려하여 법정기간을 연장함이 상당하다고 인정하는 때에는 이를 연장할 수 있다.(2021.1.29 본항개정)
② 소송행위를 할 자가 외국에 있는 경우의 법정기간에는 그 거주국의 위치에 따라 다음 각호의 기간을 부가한다.
1. 아시아주 및 오세아니아주 : 15일
2. 북아메리카주 및 유럽주 : 20일
3. 중남아메리카주 및 아프리카주 : 30일
(1996.12.3 본조개정)

제9장 피고인의 소환, 구속

제45조【소환의 유예기간】 피고인에 대한 소환장은 법 제269조의 경우를 제외하고는 늦어도 출석할 일시 12시간 이전에 송달하여야 한다. 다만, 피고인이 이의를 하지 아니하는 때에는 그러하지 아니하다.

제45조의2【비디오 등 중계장치에 의한 구속사유 고지】 ① 법 제72조의2제2항에 따른 절차를 위한 기일의 통지는 서면 이외에 전화·모사전송·전자우편·휴대전화 문자전송 그 밖에 적당한 방법으로 할 수 있다. 이 경우 통지의 증명은 그 취지를 조서에 기재함으로써 할 수 있다.
② 법 제72조의2제2항에 따른 절차 진행에 관하여는 제123조의13제1항 내지 제4항과 제6항 내지 제8항을 준용한다.
(2021.10.29 본조신설)

제46조【구속영장의 기재사항】 구속영장에는 법 제75조에 규정한 사항외에 피고인의 주민등록번호(외국인인 경우에는 외국인등록번호, 위 번호들이 없거나 이를 알 수 없는 경우에는 생년월일 및 성별, 다음부터 '주민등록번호 등'이라 한다)·직업 및 법 제70조제1항 각호에 규정한 구속의 사유를 기재하여야 한다.(2007.10.29 본조개정)

제47조【수탁판사 또는 재판장 등의 구속영장 등의 기재요건】 수탁판사가 법 제77조제3항의 규정에 의하여 구속영장을 발부하는 때나 재판장 또는 합의부원이 법 제80조의 규정에 의하여 소환장 또는 구속영장을 발부하는 때에는 그 취지를 소환장 또는 구속영장에 기재하여야 한다.

제48조【검사에 대한 구속영장의 송부】 검사의 지휘에 의하여 구속영장을 집행하는 경우에는 구속영장을 발부한 법원이 그 원본을 검사에게 송부하여야 한다.

제49조【구속영장집행후의 조치】① 구속영장집행사무를 담당한 자가 구속영장을 집행한 때에는 구속영장에 집행일시와 장소를, 집행할 수 없었을 때에는 그 사유를 각 기재하고 기명날인하여야 한다.(1996.12.3 본항개정)
② 구속영장의 집행에 관한 서류는 집행을 지휘한 검사 또는 수탁판사를 경유하여 구속영장을 발부한 법원에 이를 제출하여야 한다.
③ (2007.10.29 삭제)
제49조의2【구인을 위한 구속영장 집행후의 조치】구인을 위한 구속영장의 집행에 관한 서류를 제출받은 법원의 재판장은 법원사무관 등에게 피고인이 인치된 일시를 구속영장에 기재하게 하여야 하고, 법 제71조의2에 따라 피고인을 유치할 경우에는 유치할 장소를 구속영장에 기재하고 서명날인하여야 한다.(2007.10.29 본조신설)
제50조【구속영장등본의 교부청구】① 피고인, 변호인, 피고인의 법정대리인, 법 제28조에 따른 피고인의 특별대리인, 배우자, 직계친족과 형제자매는 구속영장을 발부한 법원에 구속영장의 등본의 교부를 청구할 수 있다.(2007.10.29 본항개정)
② 제1항의 경우에 고소인, 고발인 또는 피해자에 대하여는 제26조제2항의 규정을 준용한다.
제51조【구속의 통지】① 피고인을 구속한 때에 그 변호인이나 법 제30조제2항에 규정한 자가 없는 경우에는 피고인이 지정하는 자 1인에게 법 제87조제1항에 규정한 사항을 통지하여야 한다.
② 구속의 통지는 구속을 한 때로부터 늦어도 24시간이내에 서면으로 하여야 한다. 제1항에 규정한 자가 없어 통지를 하지 못한 경우에는 그 취지를 기재한 서면을 기록에 철하여야 한다.
③ 급속을 요하는 경우에는 구속되었다는 취지 및 구속의 일시·장소를 전화 또는 모사전송기 기타 상당한 방법에 의하여 통지할 수 있다. 다만, 이 경우에도 구속통지는 다시 서면으로 하여야 한다.(1996.12.3 본항신설)
(1996.12.3 본조개정)
제52조【구속과 범죄사실등의 고지】법원 또는 법관은 법 제72조 및 법 제88조의 규정에 의한 고지를 할 때에는 법원사무관등을 참여시켜 조서를 작성하게 하거나 피고인 또는 피의자로 하여금 확인서 기타 서면을 작성하게 하여야 한다.(1997.12.31 본조개정)
제53조【보석 등의 청구】① 보석청구서 또는 구속취소청구서에는 다음 사항을 기재하여야 한다.
1. 사건번호
2. 구속된 피고인의 성명, 주민등록번호 등, 주거
3. 청구의 취지 및 청구의 이유
4. 청구인의 성명 및 구속된 피고인과의 관계
② 보석의 청구를 하거나 검사 아닌 자가 구속취소의 청구를 할 때에는 그 청구서의 부본을 첨부하여야 한다.
③ 법원은 제1항의 보석 또는 구속취소에 관하여 검사의 의견을 물을 때에는 제2항의 부본을 첨부하여야 한다.
(2007.10.29 본조개정)
제53조의2【진술서 등의 제출】① 보석의 청구인은 적합한 보석조건에 관한 의견을 밝히고 이에 관한 소명자료를 낼 수 있다.
② 보석의 청구인은 보석조건을 결정함에 있어 법 제99조제2항에 따른 이행가능한 조건인지 여부를 판단하기 위하여 필요한 범위 내에서 피고인(피고인이 미성년자인 경우에는 그 법정대리인 등)의 자력 또는 자산 정도에 관한 서면을 제출하여야 한다.
(2007.10.29 본조개정)
제54조【기록 등의 제출】① 검사는 법원으로부터 보석, 구속취소 또는 구속집행정지에 관한 의견요청이 있을 때에는 의견서와 소송서류 및 증거물을 지체 없이 법원에 제출하여야 한다. 이 경우 특별한 사정이 없는 한 의견요청을 받은 날의 다음날까지 제출하여야 한다.(2007.10.29 본항개정)
② 보석에 대한 의견 요청을 받은 검사는 보석허가가 상당하지 아니하다는 의견일 때에는 그 사유를 명시하여야 한다.
(1997.12.31 본항신설)
③ 제2항의 경우 보석허가가 상당하다는 의견일 때에는 보석조건에 대하여 의견을 나타낼 수 있다.(2007.10.29 본항개정)
제54조의2【보석의 심리】① 보석의 청구를 받은 법원은 지체없이 심문기일을 정하여 구속된 피고인을 심문하여야 한다. 다만, 다음 각 호의 어느 하나에 해당하는 때에는 그러하지 아니하다.(2007.10.29 단서개정)
1. 법 제94조에 규정된 청구권자 이외의 사람이 보석을 청구한 때
2. 동일한 피고인에 대하여 중복하여 보석을 청구하거나 재청구한 때
3. 공판준비 또는 공판기일에 피고인에게 그 이익되는 사실을 진술할 기회를 준 때(2007.10.29 본호개정)
4. 이미 제출한 자료만으로 보석을 허가하거나 불허가할 것이 명백한 때
② 제1항의 규정에 의하여 심문기일을 정한 법원은 즉시 검사, 변호인, 보석청구인 및 피고인을 구금하고 있는 관서의 장에게 심문기일과 장소를 통지하여야 하고, 피고인을 구금하고 있는 관서의 장은 위 심문기일에 피고인을 출석시켜야 한다.
③ 제2항의 통지는 서면 외에 전화·모사전송·전자우편·휴대전화 문자전송 그 밖에 적당한 방법으로 할 수 있다. 이 경우 통지의 증명은 그 취지를 심문조서에 기재함으로써 할 수 있다.(2007.10.29 본항개정)
④ 피고인, 변호인, 보석청구인은 피고인에게 유리한 자료를 낼 수 있다.(2007.10.29 본항개정)
⑤ 검사, 변호인, 보석청구인은 제1항의 심문기일에 출석하여 의견을 진술할 수 있다.
⑥ 법원은 피고인, 변호인 또는 보석청구인에게 보석조건을 결정함에 있어 필요한 자료의 제출을 요구할 수 있다.
(2007.10.29 본항신설)
⑦ 법원은 피고인의 심문을 합의부원에게 명할 수 있다.
(1996.12.3 본항신설)
(1989.6.7 본조신설)
제55조【보석 등의 결정기한】법원은 특별한 사정이 없는 한 보석 또는 구속취소의 청구를 받은 날부터 7일 이내에 그에 관한 결정을 하여야 한다.(2007.10.29 본조개정)
제55조의2【불허가 결정의 이유】보석을 허가하지 아니하는 결정을 하는 때에는 결정이유에 법 제95조 각호중 어느 사유에 해당하는지를 명시하여야 한다.(1989.6.7 본조신설)
제55조의3【보석석방 후의 조치】① 법원은 법 제98조제3호의 보석조건으로 석방된 피고인이 보석조건을 이행함에 있어 피고인의 주거지를 관할하는 경찰서장에게 피고인이 주거제한을 준수하고 있는지 여부 등에 관하여 조사할 것을 요구하는 등 보석조건의 준수를 위하여 적절한 조치를 취할 것을 요구할 수 있다.
② 법원은 법 제98조제6호의 보석조건을 정한 경우 출입국사무를 관리하는 관서의 장에게 피고인에 대한 출국을 금지하는 조치를 취할 것을 요구할 수 있다.
③ 법 제100조제5항에 따라 보석조건 준수에 필요한 조치를 요구받은 관공서 그 밖의 공사단체의 장은 그 조치의 내용과 경과 등을 법원에 통지하여야 한다.
(2007.10.29 본조신설)
제55조의4【보석조건 변경의 통지】법원은 보석을 허가한 후에 보석의 조건을 변경하거나 보석조건의 이행을 유예하는 결정을 한 경우에는 그 취지를 검사에게 지체없이 통지하여야 한다.(2007.10.29 본조개정)

제55조의5【보석조건의 위반과 피고인에 대한 과태료 등】 ① 법 제102조제3항 · 제4항에 따른 과태료 재판의 절차에 관하여는 비송사건절차법 제248조, 제250조(다만, 검사에 관한 부분을 제외한다)를 준용한다.
② 법 제102조제3항에 따른 감치재판절차는 법원의 감치재판개시결정에 따라 개시된다. 이 경우 감치사유가 있은 날부터 20일이 지난 때에는 감치재판개시결정을 할 수 없다.
③ 법원은 감치재판절차를 개시한 이후에도 감치에 처함이 상당하지 아니하다고 인정되는 때에는 불처벌의 결정을 할 수 있다.
④ 제2항의 감치재판개시결정과 제3항의 불처벌결정에 대하여는 불복할 수 없다.
⑤ 제2항부터 제4항까지 및 법 제102조제3항 · 제4항에 따른 감치절차에 관하여는 「법정 등의 질서유지를 위한 재판에 관한 규칙」 제3조, 제6조, 제7조의2, 제8조, 제10조, 제11조, 제13조, 제15조, 제16조, 제18조, 제19조, 제21조부터 제23조, 제25조제1항을 준용한다.
(2007.10.29 본조신설)

제56조【보석 등의 취소에 의한 재구금절차】 ① 법 제102조제2항에 따른 보석취소 또는 구속집행정지취소의 결정이 있는 때 또는 기간을 정한 구속집행정지결정의 기간이 만료된 때에는 검사는 그 취소결정의 등본 또는 기간을 정한 구속집행정지결정의 등본에 의하여 피고인을 재구금하여야 한다. 다만, 급속을 요하는 경우에는 재판장, 수명법관 또는 수탁판사가 재구금을 지휘할 수 있다.(2007.10.29 본문개정)
② 제1항 단서의 경우에는 법원사무관등에게 그 집행을 명할 수 있다. 이 경우에 법원사무관등은 그 집행에 관하여 필요한 때에는 사법경찰관리 또는 교도관에게 보조를 요구할 수 있으며 관할구역외에서도 집행할 수 있다.(1996.12.3 본항신설)

제57조【상소 등과 구속에 관한 결정】 ① 상소기간중 또는 상소 중의 사건에 관한 피고인의 구속, 구속기간갱신, 구속취소, 보석, 보석의 취소, 구속집행정지와 그 정지의 취소의 결정은 소송기록이 상소법원에 도달하기까지는 원심법원이 이를 하여야 한다.(1997.12.31 본항개정)
② 이송, 파기환송 또는 파기이송 중의 사건에 관한 제1항의 결정은 소송기록이 이송 또는 환송법원에 도달하기까지는 이송 또는 환송한 법원이 이를 하여야 한다.

제10장 압수와 수색

제58조【압수수색영장의 기재사항】 압수수색영장에는 압수수색의 사유를 기재하여야 한다.(1996.12.3 본조개정)

제59조【준용규정】 제48조의 규정은 압수수색영장에 이를 준용한다.

제60조【압수와 수색의 참여】 ① 법원이 압수수색을 할 때에는 법원사무관등을 참여하게 하여야 한다.
② 법원사무관등 또는 사법경찰관리가 압수수색영장에 의하여 압수수색을 할 때에는 다른 법원사무관등 또는 사법경찰관리를 참여하게 하여야 한다.

제61조【수색증명서, 압수품목록의 작성등】 법 제128조에 규정된 증명서 또는 법 제129조에 규정된 목록은 제60조제1항의 규정에 의한 압수수색을 한 때에는 참여한 법원사무관등이, 제60조제2항의 규정에 의한 압수수색을 한 때에는 그 집행을 한 자가 각 작성 교부한다.

제62조【압수수색조서의 기재】 압수수색에 있어서 제61조의 규정에 의한 증명서 또는 목록을 교부하거나 법 제130조의 규정에 의한 처분을 한 경우에는 압수수색의 조서에 그 취지를 기재하여야 한다.

제63조【압수수색영장 집행후의 조치】 압수수색영장의 집행에 관한 서류와 압수한 물건은 압수수색영장을 발부한 법원에 이를 제출하여야 한다. 다만, 검사의 지휘에 의하여 집행한 경우에는 검사를 경유하여야 한다.

제11장 검 증

제64조【피고인의 신체검사 소환장의 기재사항】 피고인에 대한 신체검사를 하기 위한 소환장에는 신체검사를 하기 위하여 소환한다는 취지를 기재하여야 한다.

제65조【피고인 아닌 자의 신체검사의 소환장의 기재사항】 피고인이 아닌 자에 대한 신체검사를 하기 위한 소환장에는 그 성명 및 주거, 피고인의 성명, 죄명, 출석일시 및 장소와 신체검사를 하기 위하여 소환한다는 취지를 기재하고 재판장 또는 수명법관이 기명날인하여야 한다.(1996.12.3 본조개정)

제12장 증인신문

제66조【신문사항 등】 재판장은 피해자 · 증인의 인적사항의 공개 또는 누설을 방지하거나 그 밖에 피해자 · 증인의 안전을 위하여 필요하다고 인정할 때에는 증인의 신문을 청구한 자에 대하여 사전에 신문사항을 기재한 서면의 제출을 명할 수 있다.(2007.10.29 본조개정)

제67조【결정의 취소】 법원은 제66조의 명을 받은 자가 신속히 그 서면을 제출하지 아니한 경우에는 증거결정을 취소할 수 있다.(2007.10.29 본조개정)

제67조의2【증인의 소환방법】 ① 법 제150조의2제1항에 따른 증인의 소환은 소환장의 송달, 전화, 전자우편, 모사전송, 휴대전화 문자전송 그 밖에 적당한 방법으로 할 수 있다.
② 증인을 신청하는 자는 증인의 소재, 연락처와 출석 가능성 및 출석 가능 일시 그 밖에 증인의 소환에 필요한 사항을 미리 확인하는 등 증인 출석을 위한 합리적인 노력을 다하여야 한다.
(2007.10.29 본조신설)

제68조【소환장 · 구속영장의 기재사항】 ① 증인에 대한 소환장에는 그 성명, 피고인의 성명, 죄명, 출석일시 및 장소, 정당한 이유없이 출석하지 아니할 경우에는 과태료에 처하거나 출석하지 아니함으로써 생긴 비용의 배상을 명할 수 있고 또 구인할 수 있음을 기재하고 재판장이 기명날인하여야 한다.
② 증인에 대한 구속영장에는 그 성명, 주민등록번호(주민등록번호가 없거나 이를 알 수 없는 경우에는 생년월일), 직업 및 주거, 피고인의 성명, 죄명, 인치할 일시 및 장소, 발부연월일 및 유효기간과 그 기간이 경과한 후에는 집행에 착수하지 못하고 구속영장을 반환하여야 한다는 취지를 기재하고 재판장이 서명날인하여야 한다.
(1996.12.3 본조개정)

제68조의2【불출석의 신고】 증인이 출석요구를 받고 기일에 출석할 수 없을 경우에는 법원에 바로 그 사유를 밝혀 신고하여야 한다.(2007.10.29 본조신설)

제68조의3【증인에 대한 과태료 등】 법 제151조제1항에 따른 과태료와 소송비용 부담의 재판절차에 관하여는 비송사건절차법 제248조, 제250조(다만, 제248조제3항 후문과 검사에 관한 부분을 제외한다)를 준용한다.(2007.10.29 본조신설)

제68조의4【증인에 대한 감치】 ① 법 제151조제2항부터 제8항까지의 감치재판절차는 법원의 감치재판개시결정에 따라 개시된다. 이 경우 감치사유가 발생한 날부터 20일이 지난 때에는 감치재판개시결정을 할 수 없다.
② 감치재판절차를 개시한 후 감치결정 전에 그 증인이 증언을 하거나 그 밖에 감치에 처하는 것이 상당하지 아니하다고 인정되는 때에는 법원은 불처벌결정을 하여야 한다.
③ 제1항의 감치재판개시결정과 제2항의 불처벌결정에 대하여는 불복할 수 없다.
④ 법 제151조제7항의 규정에 따라 증인을 석방한 때에는 재판장은 바로 감치시설의 장에게 그 취지를 서면으로 통보하여야 한다.

⑤ 제1항부터 제4항 및 법 제151조제2항부터 제8항까지에 따른 감치절차에 관하여는 「법정 등의 질서유지를 위한 재판에 관한 규칙」 제3조, 제6조부터 제8조까지, 제10조, 제11조, 제13조, 제15조부터 제19조까지, 제21조부터 제23조까지 및 제25조제1항(다만, 제23조제8항 중 "감치의 집행을 한 날"은 "법 제151조제5항의 규정에 따른 통보를 받은 날"로 고쳐 적용한다)을 준용한다.
(2007.10.29 본조신설)

제69조【준용규정】 제48조, 제49조, 제49조의2 전단의 규정은 증인의 구인에 이를 준용한다.(2007.10.29 본조개정)

제70조【소환의 유예기간】 증인에 대한 소환장은 늦어도 출석할 일시 24시간 이전에 송달하여야 한다. 다만, 급속을 요하는 경우에는 그러하지 아니하다.

제70조의2【소환장이 송달불능된 때의 조치】 제68조에 따른 증인에 대한 소환장이 송달불능된 경우 증인을 신청한 자는 재판장의 명에 의하여 증인의 주소를 서면으로 보정하여야 하고, 이 때 증인의 소재, 연락처와 출석가능성 등을 충분히 조사하여 성실하게 기재하여야 한다.(2007.10.29 본조신설)

제71조【증인의 동일성 확인】 재판장은 증인으로부터 주민등록증 등 신분증을 제시받거나 그 밖의 적당한 방법으로 증인임이 틀림없음을 확인하여야 한다.(2006.3.23 본조개정)

제72조【선서취지의 설명】 증인이 선서의 취지를 이해할 수 있는가에 대하여 의문이 있는 때에는 선서전에 그 점에 대하여 신문하고, 필요하다고 인정할 때에는 선서의 취지를 설명하여야 한다.

제73조【서면에 의한 신문】 증인이 들을 수 없는 때에는 서면으로 묻고 말할 수 없는 때에는 서면으로 답하게 할 수 있다.

제74조【증인신문의 방법】 ① 재판장은 증인신문을 행함에 있어서 증명할 사항에 관하여 가능한 한 증인으로 하여금 개별적이고 구체적인 내용을 진술하게 하여야 한다.
(1996.12.3 본항개정)
② 다음 각호의 1에 규정한 신문을 하여서는 아니된다. 다만, 제2호 내지 제4호의 신문에 관하여 정당한 이유가 있는 경우에는 그러하지 아니하다.
1. 위협적이거나 모욕적인 신문
2. 전의 신문과 중복되는 신문
3. 의견을 묻거나 의논에 해당하는 신문
4. 증인이 직접 경험하지 아니한 사항에 해당하는 신문

제75조【주신문】 ① 법 제161조의2제1항 전단의 규정에 의한 신문(이하 "주신문"이라 한다)은 증명할 사항과 이에 관련된 사항에 관하여 한다.
② 주신문에 있어서는 유도신문을 하여서는 아니된다. 다만, 다음 각호의 1의 경우에는 그러하지 아니하다.
1. 증인과 피고인과의 관계, 증인의 경력, 교우관계등 실질적인 신문에 앞서 미리 밝혀둘 필요가 있는 준비적인 사항에 관한 신문의 경우
2. 검사, 피고인 및 변호인 사이에 다툼이 없는 명백한 사항에 관한 신문의 경우
3. 증인이 주신문을 하는 자에 대하여 적의 또는 반감을 보일 경우
4. 증인이 종전의 진술과 상반되는 진술을 하는 때에 그 종전진술에 관한 신문의 경우
5. 기타 유도신문을 필요로 하는 특별한 사정이 있는 경우
③ 재판장은 제2항 단서의 각호에 해당하지 아니하는 경우의 유도신문은 이를 제지하여야 하고, 유도신문의 방법이 상당하지 아니하다고 인정할 때에는 이를 제한할 수 있다.

제76조【반대신문】 ① 법 제161조의2제1항 후단의 규정에 의한 신문(이하 "반대신문"이라 한다)은 주신문에 나타난 사항과 이에 관련된 사항에 관하여 한다.
② 반대신문에 있어서 필요할 때에는 유도신문을 할 수 있다.
③ 재판장은 유도신문의 방법이 상당하지 아니하다고 인정할 때에는 이를 제한할 수 있다.
④ 반대신문의 기회에 주신문에 나타나지 아니한 새로운 사항에 관하여 신문하고자 할 때에는 재판장의 허가를 받아야 한다.
⑤ 제4항의 신문은 그 사항에 관하여는 주신문으로 본다.

제77조【증언의 증명력을 다투기 위하여 필요한 사항의 신문】 ① 주신문 또는 반대신문의 경우에는 증언의 증명력을 다투기 위하여 필요한 사항에 관한 신문을 할 수 있다.
② 제1항에 규정한 신문은 증인의 경험, 기억 또는 표현의 정확성등 증언의 신빙성에 관한 사항 및 증인의 이해관계, 편견 또는 예단등 증인의 신용성에 관한 사항에 관하여 한다. 다만, 증인의 명예를 해치는 내용의 신문을 하여서는 아니된다.

제78조【재 주신문】 ① 주신문을 한 검사, 피고인 또는 변호인은 반대신문이 끝난 후 반대신문에 나타난 사항과 이와 관련된 사항에 관하여 다시 신문(이하 "재 주신문"이라 한다)을 할 수 있다.
② 재 주신문은 주신문의 예에 의한다.
③ 제76조제4항, 제5항의 규정은 재 주신문의 경우에 이를 준용한다.

제79조【재판장의 허가에 의한 재신문】 검사, 피고인 또는 변호인은 주신문, 반대신문 및 재 주신문이 끝난 후에도 재판장의 허가를 얻어 다시 신문을 할 수 있다.

제80조【재판장에 의한 신문순서 변경의 경우】 ① 재판장이 법 제161조의2제3항 전단의 규정에 의하여 검사, 피고인 및 변호인에 앞서 신문을 한 경우에 있어서 그 후에 하는 검사, 피고인 및 변호인의 신문에 관하여는 이를 신청한 자와 상대방의 구별에 따라 제75조 내지 제79조의 규정을 각 준용한다.
② 재판장이 법 제161조의2제3항 후단의 규정에 의하여 신문순서를 변경한 경우의 신문방법은 재판장이 정하는 바에 의한다.

제81조【직권에 의한 증인의 신문】 법 제161조의2제4항에 규정한 증인에 대하여 재판장이 신문한 후 검사, 피고인 또는 변호인이 신문하는 때에는 반대신문의 예에 의한다.

제82조【서류 또는 물건에 관한 신문】 ① 증인에 대하여 서류 또는 물건의 성립, 동일성 기타 이에 준하는 사항에 관한 신문을 할 때에는 그 서류 또는 물건을 제시할 수 있다.
② 제1항의 서류 또는 물건이 증거조사를 마치지 않은 것일 때에는 먼저 상대방에게 이를 열람할 기회를 주어야 한다. 다만, 상대방이 이의하지 아니할 때에는 그러하지 아니한다.

제83조【기억의 환기가 필요한 경우】 ① 증인의 기억이 명백치 아니한 사항에 관하여 기억을 환기시켜야 할 필요가 있을 때에는 재판장의 허가를 얻어 서류 또는 물건을 제시하면서 신문할 수 있다.
② 제1항의 경우에는 제시하는 서류의 내용이 증인의 진술에 부당한 영향을 미치지 아니하도록 하여야 한다.
③ 제82조제2항의 규정은 제1항의 경우에 이를 준용한다.

제84조【증언을 명확히 할 필요가 있는 경우】 ① 증인의 진술을 명확히 할 필요가 있을 때에는 도면, 사진, 모형, 장치등을 이용하여 신문할 수 있다.
② 제83조제2항의 규정은 제1항의 경우에 이를 준용한다.

제84조의2【증인의 증인신문조서 열람 등】 증인은 자신에 대한 증인신문조서 및 그 일부로 인용된 속기록, 녹음물, 영상녹화물 또는 녹취서의 열람, 등사 또는 사본을 청구할 수 있다.(2012.5.29 본조개정)

제84조의3【신뢰관계에 있는 사람의 동석】 ① 법 제163조의2에 따라 피해자와 동석할 수 있는 신뢰관계에 있는 사람은 피해자의 배우자, 직계친족, 형제자매, 가족, 동거인, 고용주, 변호사, 그 밖에 피해자의 심리적 안정과 원활한 의사소통에 도움을 줄 수 있는 사람을 말한다.(2012.5.29 본항개정)

② 법 제163조의2제1항에 따른 동석 신청에는 동석하고자 하는 자와 피해자 사이의 관계, 동석이 필요한 사유 등을 명시하여야 한다.
③ 재판장은 법 제163조의2제1항 또는 제2항에 따라 동석한 자가 부당하게 재판의 진행을 방해하는 때에는 동석을 중지시킬 수 있다.
(2012.5.29 본조제목개정)
(2007.10.29 본조신설)

제84조의4【비디오 등 중계장치 등에 의한 신문 여부의 결정】 ① 법원은 신문할 증인이 법 제165조의2제1항에서 정한 자에 해당한다고 인정될 경우, 증인으로 신문하는 결정을 할 때 비디오 등 중계장치에 의한 중계시설 또는 차폐시설을 통한 신문 여부를 함께 결정하여야 한다. 이 때 증인의 연령, 증언할 당시의 정신적·심리적 상태, 범행의 수단과 결과 및 범행 후의 피고인이나 사건관계인의 태도 등을 고려하여 판단하여야 한다.(2021.10.29 본항개정)
② 법원은 증인신문 전 또는 증인신문 중에도 비디오 등 중계장치에 의한 중계시설 또는 차폐시설을 통하여 신문할 것을 결정할 수 있다.
(2007.10.29 본조신설)

제84조의5【비디오 등 중계장치에 의한 신문의 실시】 제123조의13제1항내지 제4항과 제6항 내지 제8항은 법 제165조의2제1항, 제2항에 따라 비디오 등 중계장치에 의한 중계시설을 통하여 증인신문을 하는 경우에 준용한다.
(2021.10.29 본조개정)

제84조의6【심리의 비공개】 ① 법원은 법 제165조의2제1항에 따라 비디오 등 중계장치에 의한 중계시설 또는 차폐시설을 통하여 증인을 신문하는 경우, 증인의 보호를 위하여 필요하다고 인정하는 경우에는 결정으로 이를 공개하지 아니할 수 있다.(2021.10.29 본항개정)
② 증인으로 소환받은 증인과 그 가족은 증인보호 등의 사유로 증인신문의 비공개를 신청할 수 있다.
③ 재판장은 제2항의 신청이 있는 때에는 그 허가 여부 및 공개, 법정외의 장소에서의 신문 등 증인의 신문방식 및 장소에 관하여 결정하여야 한다.
④ 제1항의 결정을 한 경우에도 재판장은 적당하다고 인정되는 자의 재정을 허가할 수 있다.
(2007.10.29 본조신설)

제84조의7【중계시설의 동석 등】 ① 법원은 비디오 등 중계장치에 의한 중계시설을 통하여 증인신문을 하는 경우, 법 제163조의2의 규정에 의하여 신뢰관계에 있는 자를 동석하게 할 때에는 제84조의5에 정한 비디오 등 중계장치에 의한 중계시설에 동석하게 한다.
② 법원은 법원 직원이나 비디오 등 중계장치에 의한 중계시설을 관리하는 사람으로 하여금 비디오 등 중계장치의 조작과 증인신문 절차를 보조하게 할 수 있다.
(2021.10.29 본조개정)

제84조의8【증인을 위한 배려】 ① 법 제165조의2제1항에 따라 증인신문을 하는 경우, 증인은 증언을 보조할 수 있는 인형, 그림 그 밖에 적절한 도구를 사용할 수 있다.
(2021.10.29 본항개정)
② 제1항의 증인은 증언을 하는 동안 담요, 장난감, 인형 등 증인이 선택하는 물품을 소지할 수 있다.
(2007.10.29 본조신설)

제84조의9【차폐시설 등】 ① 법원은 법 제165조의2제1항에 따라 차폐시설을 설치함에 있어 피고인과 증인이 서로의 모습을 볼 수 없도록 필요한 조치를 취하여야 한다.
② 법 제165조의2제1항에 따라 비디오 등 중계장치에 의한 중계시설을 통하여 증인신문을 할 때 중계장치를 통하여 증인이 피고인을 대면하거나 피고인이 증인을 대면하는 것이 증인의 보호를 위하여 상당하지 않다고 인정되는 경우 재판장은 검사, 변호인의 의견을 들어 증인 또는 피고인이 상대방을 영상으로 인식할 수 있는 장치의 작동을 중지시킬 수 있다.(2021.10.29 본항신설)
(2021.10.29 본조개정)

제84조의10【증인지원시설의 설치 및 운영】 ① 법원은 특별한 사정이 없는 한 예산의 범위 안에서 증인의 보호 및 지원에 필요한 시설을 설치한다.
② 법원은 제1항의 시설을 설치한 경우, 예산의 범위 안에서 그 시설을 관리·운영하고 증인의 보호 및 지원을 담당하는 직원을 둔다.
(2012.5.29 본조신설)

제13장 감정 등
(2021.10.29 본장제목개정)

제85조【감정유치장의 기재사항 등】 ① 감정유치장에는 피고인의 성명, 주민등록번호 등, 직업, 주거, 죄명, 범죄사실의 요지, 유치할 장소, 유치기간, 감정의 목적 및 유효기간과 그 기간 경과후에는 집행에 착수하지 못하고 영장을 반환하여야 한다는 취지를 기재하고 재판장 또는 수명법관이 서명날인하여야 한다.(2007.10.29 본항개정)
② 감정유치기간의 연장이나 단축 또는 유치할 장소의 변경 등은 결정으로 한다.

제86조【간수의 신청방법】 법 제172조제5항의 규정에 의한 신청은 피고인의 간수를 필요로 하는 사유를 명시하여 서면으로 하여야 한다.(1996.12.3 본조개정)

제87조【비용의 지급】 ① 법원은 감정하기 위하여 피고인을 병원 기타 장소에 유치한 때에는 그 관리자의 청구에 의하여 입원료 기타 수용에 필요한 비용을 지급하여야 한다.
② 제1항의 비용은 법원이 결정으로 정한다.

제88조【준용규정】 구속에 관한 규정은 이 규칙에 특별한 규정이 없는 경우에는 감정하기 위한 피고인의 유치에 이를 준용한다. 다만, 보석에 관한 규정은 그러하지 아니하다.

제89조【감정허가장의 기재사항】 ① 감정에 필요한 처분의 허가장에는 법 제173조제2항에 규정한 사항외에 감정인의 직업, 유효기간을 경과하면 허가된 처분에 착수하지 못하며 허가장을 반환하여야 한다는 취지 및 발부연월일을 기재하고 재판장 또는 수명법관이 서명날인하여야 한다.
② 법원이 감정에 필요한 처분의 허가에 관하여 조건을 붙인 경우에는 제1항의 허가장에 이를 기재하여야 한다.

제89조의2【감정자료의 제공】 재판장은 필요하다고 인정하는 때에는 감정인에게 소송기록에 있는 감정에 참고가 될 자료를 제공할 수 있다.(1996.12.3 본조신설)

제89조의3【감정서의 설명】 ① 법 제179조의2제2항의 규정에 의하여 감정서의 설명을 하게 할 때에는 검사, 피고인 또는 변호인을 참여하게 하여야 한다.
② 제1항의 설명의 요지는 조서에 기재하여야 한다.
(1996.12.3 본조신설)

제90조【준용규정】 제12장의 규정은 구인에 관한 규정을 제외하고는 감정, 통역과 번역에 이를 준용한다.(2021.10.29 본조개정)

제14장 증거보전

제91조【증거보전처분을 하여야 할 법관】 ① 증거보전의 청구는 다음 지역을 관할하는 지방법원 판사에게 하여야 한다.
1. 압수에 관하여는 압수할 물건의 소재지
2. 수색 또는 검증에 관하여는 수색 또는 검증할 장소, 신체 또는 물건의 소재지
3. 증인신문에 관하여는 증인의 주거지 또는 현재지
4. 감정에 관하여는 감정대상의 소재지 또는 현재지
② 감정의 청구는 제1항제4호의 규정에 불구하고 감정함에 편리한 지방법원판사에게 할 수 있다.

제92조【청구의 방식】① 증거보전청구서에는 다음 사항을 기재하여야 한다.
1. 사건의 개요
2. 증명할 사실
3. 증거 및 보전의 방법
4. 증거보전을 필요로 하는 사유
② (1996.12.3 삭제)

제15장 소송비용
(2020.6.26 본장신설)

제92조의2【듣거나 말하는 데 장애가 있는 사람을 위한 비용 등】듣거나 말하는 데 장애가 있는 사람을 위한 통역·속기·녹음·녹화 등에 드는 비용은 국고에서 부담하고, 형사소송법 제186조부터 제194조까지에 따라 피고인 등에게 부담하게 할 소송비용에 산입하지 아니한다.

제2편 제1심

제1장 수 사

제93조【영장청구의 방식】① 영장의 청구는 서면으로 하여야 한다.
② 체포영장 및 구속영장의 청구서에는 범죄사실의 요지를 따로 기재한 서면 1통(수통의 영장을 청구하는 때에는 그에 상응하는 통수)을 첨부하여야 한다.(2007.10.29 본항개정)
③ 압수·수색·검증영장의 청구서에는 범죄사실의 요지, 압수·수색·검증의 장소 및 대상을 따로 기재한 서면 1통(수통의 영장을 청구하는 때에는 그에 상응하는 통수)을 첨부하여야 한다.(2007.10.29 본항신설)
제94조【영장의 방식】검사의 청구에 의하여 발부하는 영장에는 그 영장을 청구한 검사의 성명과 그 검사의 청구에 의하여 발부한다는 취지를 기재하여야 한다.(1996.12.3 본조개정)
제95조【체포영장청구서의 기재사항】체포영장의 청구서에는 다음 각 호의 사항을 기재하여야 한다.
1. 피의자의 성명(분명하지 아니한 때에는 인상, 체격, 그 밖에 피의자를 특정할 수 있는 사항), 주민등록번호 등, 직업, 주거
2. 피의자에게 변호인이 있는 때에는 그 성명
3. 죄명 및 범죄사실의 요지
4. 7일을 넘는 유효기간을 필요로 하는 때에는 그 취지 및 사유
5. 여러 통의 영장을 청구하는 때에는 그 취지 및 사유
6. 인치구금할 장소
7. 법 제200조의2제1항에 규정한 체포의 사유
8. 동일한 범죄사실에 관하여 그 피의자에 대하여 전에 체포영장을 청구하였거나 발부받은 사실이 있는 때에는 다시 체포영장을 청구하는 취지 및 이유
9. 현재 수사 중인 다른 범죄사실에 관하여 그 피의자에 대하여 발부된 유효한 체포영장이 있는 경우에는 그 취지 및 그 범죄사실
(2007.10.29 본조개정)
제95조의2【구속영장청구서의 기재사항】구속영장의 청구서에는 다음 각 호의 사항을 기재하여야 한다.
1. 제95조제1호부터 제6호까지 규정한 사항
2. 법 제70조제1항 각 호에 규정한 구속의 사유
3. 피의자의 체포여부 및 체포된 경우에는 그 형식
4. 법 제200조의6, 법 제87조에 의하여 피의자가 지정한 사람에게 체포이유 등을 알린 경우에는 그 사람의 성명과 연락처
(2007.10.29 본조신설)
제96조【자료의 제출등】① 체포영장의 청구에는 체포의 사유 및 필요를 인정할 수 있는 자료를 제출하여야 한다.
② 체포영장에 의하여 체포된 자 또는 현행범인으로 체포된 자에 대하여 구속영장을 청구하는 경우에는 법 제201조제2항에 규정한 자료외에 다음 각호의 자료를 제출하여야 한다.
1. 피의자가 체포영장에 의하여 체포된 자인 때에는 체포영장
2. 피의자가 현행범인으로 체포된 자인 때에는 그 취지와 체포의 일시 및 장소가 기재된 서류
③ 법 제214조의2제1항에 규정한 자는 체포영장 또는 구속영장의 청구를 받은 판사에게 유리한 자료를 제출할 수 있다.
④ 판사는 영장 청구서의 기재 사항에 흠결이 있는 경우에는 전화 기타 신속한 방법으로 영장을 청구한 검사에게 그 보정을 요구할 수 있다.(1997.12.31 본항신설)
(1997.12.31 본조제목개정)
(1996.12.3 본조개정)
제96조의2【체포의 필요】체포영장의 청구를 받은 판사는 체포의 사유가 있다고 인정되는 경우에도 피의자의 연령과 경력, 가족관계나 교우관계, 범죄의 경중 및 태양 기타 제반 사정에 비추어 피의자가 도망할 염려가 없고 증거를 인멸할 염려가 없는 등 명백히 체포의 필요가 없다고 인정되는 때에는 체포영장의 청구를 기각하여야 한다.(1996.12.3 본조신설)
제96조의3【인치·구금할 장소의 변경】검사는 체포영장을 발부받은 후 피의자를 체포하기 이전에 체포영장을 첨부하여 판사에게 인치·구금할 장소의 변경을 청구할 수 있다.
(1997.12.31 본조신설)
제96조의4【체포영장의 갱신】검사는 체포영장의 유효기간을 연장할 필요가 있다고 인정하는 때에는 그 사유를 소명하여 다시 체포영장을 청구하여야 한다.(1997.12.31 본조개정)
제96조의5【영장전담법관의 지정】지방법원 또는 지원의 장은 구속영장청구에 대한 심사를 위한 전담법관을 지정할 수 있다.(1996.12.3 본조신설)
제96조의6~제96조의10 (2007.10.29 삭제)
제96조의11【구인 피의자의 유치등】① 구인을 위한 구속영장의 집행을 받아 인치된 피의자를 법원에 유치한 경우에 법원사무관등은 피의자의 도망을 방지하기 위한 적절한 조치를 취하여야 한다.
② 제1항의 피의자를 법원외의 장소에 유치하는 경우에 판사는 구인을 위한 구속영장에 유치할 장소를 기재하고 서명날인하여 이를 교부하여야 한다.
(1997.12.31 본조신설)
제96조의12【심문기일의 지정, 통지】① (2007.10.29 삭제)
② 체포된 피의자외의 피의자에 대한 심문기일은 관계인에 대한 심문기일의 통지 및 그 출석에 소요되는 시간 등을 고려하여 피의자가 법원에 인치된 때로부터 가능한 한 빠른 일시로 지정하여야 한다.(1997.12.31 본항신설)
③ 심문기일의 통지는 서면 이외에 구술·전화·모사전송·전자우편·휴대전화 문자전송 그 밖에 적당한 방법으로 신속하게 하여야 한다. 이 경우 통지의 증명은 그 취지를 심문조서에 기재함으로써 할 수 있다.(2007.10.29 본항개정)
제96조의13【피의자의 심문절차】① 판사는 피의자가 심문기일에의 출석을 거부하거나 질병 그 밖의 사유로 출석이 현저하게 곤란하고, 피의자를 심문 법정에 인치할 수 없다고 인정되는 때에는 피의자의 출석 없이 심문절차를 진행할 수 있다.
② 검사는 피의자가 심문기일에의 출석을 거부하는 때에는 판사에게 그 취지 및 사유를 기재한 서면을 작성 제출하여야 한다.
③ 제1항의 규정에 의하여 심문절차를 진행할 경우에는 출석한 검사 및 변호인의 의견을 듣고, 수사기록 그 밖에 적당하다고 인정하는 방법으로 구속사유의 유무를 조사할 수 있다.
(2007.10.29 본조개정)
제96조의14【심문의 비공개】피의자에 대한 심문절차는 공개하지 아니한다. 다만, 판사는 상당하다고 인정하는 경우에는 피의자의 친족, 피해자 등 이해관계인의 방청을 허가할 수 있다.(1996.12.3 본조신설)

제96조의15【심문장소】 피의자의 심문은 법원청사내에서 하여야 한다. 다만, 피의자가 출석을 거부하거나 질병 기타 부득이한 사유로 법원에 출석할 수 없는 때에는 경찰서, 구치소 기타 적당한 장소에서 심문할 수 있다.(1996.12.3 본조신설)

제96조의16【심문기일의 절차】 ① 판사는 피의자에게 구속영장청구서에 기재된 범죄사실의 요지를 고지하고, 피의자에게 일체의 진술을 하지 아니하거나 개개의 질문에 대하여 진술을 거부할 수 있으며, 이익 되는 사실을 진술할 수 있음을 알려주어야 한다.

② 판사는 구속 여부를 판단하기 위하여 필요한 사항에 관하여 신속하고 간결하게 심문하여야 한다. 증거인멸 또는 도망의 염려를 판단하기 위하여 필요한 때에는 피의자의 경력, 가족관계나 교우관계 등 개인적인 사항에 관하여 심문할 수 있다.

③ 검사와 변호인은 판사의 심문이 끝난 후에 의견을 진술할 수 있다. 다만, 필요한 경우에는 심문 도중에도 판사의 허가를 얻어 의견을 진술할 수 있다.

④ 피의자는 판사의 심문 도중에도 변호인에게 조력을 구할 수 있다.

⑤ 판사는 구속 여부의 판단을 위하여 필요하다고 인정하는 때에는 심문장소에 출석한 피해자 그 밖의 제3자를 심문할 수 있다.

⑥ 구속영장이 청구된 피의자의 법정대리인, 배우자, 직계친족, 형제자매나 가족, 동거인 또는 고용주는 판사의 허가를 얻어 사건에 관한 의견을 진술할 수 있다.

⑦ 판사는 심문을 위하여 필요하다고 인정하는 경우에는 호송경찰관 기타의 자를 퇴실하게 하고 심문을 진행할 수 있다.

(2007.10.29 본조개정)

제96조의17 (2007.10.29 삭제)

제96조의18【처리시각의 기재】 구속영장을 청구받은 판사가 피의자심문을 한 경우 법원사무관등은 구속영장에 구속영장청구서·수사관계서류 및 증거물을 접수한 시각과 이를 반환한 시각을 기재하여야 한다. 다만, 체포된 피의자 외의 피의자에 대하여는 그 반환 시각을 기재한다.

(1997.12.31 본조신설)

제96조의19【영장발부와 통지】 ① 법 제204조의 규정에 의한 통지는 다음 각호의 1에 해당하는 사유가 발생한 경우에 이를 하여야 한다.

1. 피의자를 체포 또는 구속하지 아니하거나 못한 경우
2. 체포 후 구속영장 청구기간이 만료하거나 구속 후 구속기간이 만료하여 피의자를 석방한 경우
3. 체포 또는 구속의 취소로 피의자를 석방한 경우
4. 체포된 국회의원에 대하여 헌법 제44조의 규정에 의한 석방요구가 있어 체포영장의 집행이 정지된 경우
5. 구속집행정지의 경우

② 제1항의 통지서에는 다음 각호의 사항을 기재하여야 한다.

1. 피의자의 성명
2. 제1항 각호의 사유 및 제1항제2호 내지 제5호에 해당하는 경우에는 그 사유 발생일
3. 영장 발부 연월일 및 영장번호

③ 제1항제1호에 해당하는 경우에는 체포영장 또는 구속영장의 원본을 첨부하여야 한다.

(1997.12.31 본조신설)

제96조의20【변호인의 접견 등】 ① 변호인은 구속영장이 청구된 피의자에 대한 심문 시작 전에 피의자와 접견할 수 있다.

② 지방법원 판사는 심문할 피의자의 수, 사건의 성격 등을 고려하여 변호인과 피의자의 접견 시간을 정할 수 있다.

③ 지방법원 판사는 검사 또는 사법경찰관에게 제1항의 접견에 필요한 조치를 요구할 수 있다.

(2006.8.17 본조신설)

제96조의21【구속영장청구서 및 소명자료의 열람】 ① 피의자 심문에 참여할 변호인은 지방법원 판사에게 제출된 구속영장청구서 및 그에 첨부된 고소·고발장, 피의자의 진술을 기재한 서류와 피의자가 제출한 서류를 열람할 수 있다.

② 검사는 증거인멸 또는 피의자나 공범 관계에 있는 자가 도망할 염려가 있는 등 수사에 방해가 될 염려가 있는 때에는 지방법원 판사에게 제1항에 규정된 서류(구속영장청구서는 제외한다)의 열람 제한에 관한 의견을 제출할 수 있고, 지방법원 판사는 검사의 의견이 상당하다고 인정하는 때에는 그 전부 또는 일부의 열람을 제한할 수 있다.(2011.12.30 본항개정)

③ 지방법원 판사는 제1항의 열람에 관하여 그 일시, 장소를 지정할 수 있다.

(2006.8.17 본조신설)

제96조의22【심문기일의 변경】 판사는 지정된 심문기일에 피의자를 심문할 수 없는 특별한 사정이 있는 경우에는 그 심문기일을 변경할 수 있다.(2007.10.29 본조신설)

제97조【구속기간연장의 신청】 ① 구속기간연장의 신청은 서면으로 하여야 한다.

② 제1항의 서면에는 수사를 계속하여야 할 상당한 이유와 연장을 구하는 기간을 기재하여야 한다.

제98조【구속기간연장기간의 계산】 구속기간연장허가결정이 있은 경우에 그 연장기간은 법 제203조의 규정에 의한 구속기간만료 다음날로부터 기산한다.

제99조【재체포·재구속영장의 청구】 ① 재체포영장의 청구서에는 재체포영장의 청구라는 취지와 법 제200조의2제4항에 규정한 재체포의 이유 또는 법 제214조의3에 규정한 재체포의 사유를 기재하여야 한다.

② 재구속영장의 청구서에는 재구속영장의 청구라는 취지와 법 제208조제1항 또는 법 제214조의3에 규정한 재구속의 사유를 기재하여야 한다.

③ 제95조, 제95조의2, 제96조, 제96조의2 및 제96조의4의 규정은 재체포 또는 재구속의 영장의 청구 및 그 심사에 이를 준용한다.(2007.10.29 본항개정)

(1996.12.3 본조개정)

제100조【준용규정】 ① 제46조, 제49조제1항 및 제51조의 규정은 검사 또는 사법경찰관의 피의자 체포 또는 구속에 이를 준용한다. 다만, 체포영장에는 법 제200조의2제1항에서 규정한 체포의 사유를 기재하여야 한다.(1996.12.3 본항개정)

② 체포영장에 의하여 체포되었거나 현행범으로 체포된 피의자에 대하여 구속영장청구가 기각된 경우에는 법 제200조의4제2항의 규정을 준용한다.(1996.12.3 본항신설)

③ 제96조의3의 규정은 구속영장의 인치·구금할 장소의 변경 청구에 준용한다.(2020.12.28 본항신설)

제101조【체포·구속적부심사청구권자의 체포·구속영장등본 교부청구 등】 구속영장이 청구되거나 체포 또는 구속된 피의자, 그 변호인, 법정대리인, 배우자, 직계친족, 형제자매나 동거인 또는 고용주는 긴급체포서, 현행범인체포서, 체포영장, 구속영장 또는 그 청구서를 보관하고 있는 검사, 사법경찰관 또는 법원사무관등에게 그 등본의 교부를 청구할 수 있다.(2007.10.29 본조개정)

판례 기소 전이라고 할지라도 변호인에게는 체포영장에 대한 열람등사청구권이 존재하므로 등사를 거부한 행위는 피체포자를 조력할 권리와 알권리를 침해해 위법하다. 또한 체포영장과 같은 소송서류에 대한 등사신청이나 그 등본의 수령행위는 단순한 사실행위에 불과해 신청권자의 위임을 받은 대리인 내지 사자(使者)가 대신 행사한다고 하여 그 내용이 달라지는 것도 아니어서 변호인이 반드시 이를 직접 행사해야 할 필요가 없으며, 신청권자 본인만이 등사신청을 할 수 있는 것으로 제한하는 근거 규정도 없으므로 변호인은 직원 등사자를 통해 이를 신청할 수 있다.(대판 2012.9.13, 2010다24879)

제102조【체포·구속적부심사청구서의 기재사항】 체포 또는 구속의 적부심사청구서에는 다음 사항을 기재하여야 한다.(1996.12.3 본문개정)

1. 체포 또는 구속된 피의자의 성명, 주민등록번호 등, 주거(2007.10.29 본호개정)
2. 체포 또는 구속된 일자(2007.10.29 본호개정)

3. 청구의 취지 및 청구의 이유
4. 청구인의 성명 및 체포 또는 구속된 피의자와의 관계(1996.12.3 본호개정)
(1996.12.3 본조제목개정)
제103조 (2007.10.29 삭제)
제104조【심문기일의 통지 및 수사관계서류 등의 제출】 ① 체포 또는 구속의 적부심사의 청구를 받은 법원은 지체없이 청구인, 변호인, 검사 및 피의자를 구금하고 있는 관서(경찰서, 교도소 또는 구치소 등)의 장에게 심문기일과 장소를 통지하여야 한다.(2007.10.29 본항개정)
② 사건을 수사 중인 검사 또는 사법경찰관은 제1항의 심문기일까지 수사관계서류와 증거물을 법원에 제출하여야 하고, 피의자를 구금하고 있는 관서의 장은 위 심문기일에 피의자를 출석시켜야 한다. 법원사무관 등은 체포적부심사청구사건의 기록표지에 수사관계서류와 증거물의 접수 및 반환의 시각을 기재하여야 한다.(1996.12.3 후단신설)
③ 제54조의2제3항의 규정은 제1항에 따른 통지에 이를 준용한다.(2007.10.29 본항개정)
제104조의2【준용규정】 제96조의21의 규정은 체포·구속의 적부심사를 청구한 피의자의 변호인에게 이를 준용한다.(2006.8.17 본조신설)
제105조【심문기일의 절차】 ① 법 제214조의2제9항에 따라 심문기일에 출석한 검사·변호인·청구인은 법원의 심문이 끝난 후 의견을 진술할 수 있다. 다만, 필요한 경우에는 심문 도중에도 판사의 허가를 얻어 의견을 진술할 수 있다.
② 피의자는 판사의 심문 도중에도 변호인에게 조력을 구할 수 있다.
③ 체포 또는 구속된 피의자, 변호인, 청구인은 피의자에게 유리한 자료를 낼 수 있다.
④ 법원은 피의자의 심문을 합의부원에게 명할 수 있다.
(2007.10.29 본조개정)
제106조【결정의 기한】 체포 또는 구속의 적부심사청구에 대한 결정은 체포 또는 구속된 피의자에 대한 심문이 종료된 때로부터 24시간이내에 이를 하여야 한다.(1996.12.3 본조개정)
제107조【압수, 수색, 검증 영장청구서의 기재사항】 ① 압수, 수색 또는 검증을 위한 영장의 청구서에는 다음 각호의 사항을 기재하여야 한다.
1. 제95조제1호부터 제5호까지에 규정한 사항(2007.10.29 본호개정)
2. 압수할 물건, 수색 또는 검증할 장소, 신체나 물건
3. 압수, 수색 또는 검증의 사유
4. 일출전 또는 일몰후에 압수, 수색 또는 검증을 할 필요가 있는 때에는 그 취지 및 사유
5. 법 제216조제3항에 따라 청구하는 경우에는 영장 없이 압수, 수색 또는 검증을 한 일시 및 장소(2007.10.29 본호신설)
6. 법 제217조제2항에 따라 청구하는 경우에는 체포한 일시 및 장소와 영장 없이 압수, 수색 또는 검증을 한 일시 및 장소(2007.10.29 본호신설)
7. 「통신비밀보호법」 제2조제3호에 따른 전기통신을 압수·수색하고자 할 경우 그 작성기간(2011.12.30 본호신설)
(1996.12.3 본항개정)
② 신체검사를 내용으로 하는 검증을 위한 영장의 청구서에는 제1항 각호의 사항외에 신체검사를 필요로 하는 이유와 신체검사를 받을 자의 성별, 건강상태를 기재하여야 한다.
제108조【자료의 제출】 ① 법 제215조의 규정에 의한 청구를 할 때에는 피의자에게 범죄의 혐의가 있다고 인정되는 자료와 압수, 수색 또는 검증의 필요 및 해당 사건과의 관련성을 인정할 수 있는 자료를 제출하여야 한다.(2011.12.30 본항개정)
② 피의자 아닌 자의 신체, 물건, 주거 기타 장소의 수색을 위한 영장의 청구를 할 때에는 압수하여야 할 물건이 있다고 인정될 만한 자료를 제출하여야 한다.
제109조【준용규정】 제58조, 제62조의 규정은 검사 또는 사법경찰관의 압수, 수색에 제64조, 제65조의 규정은 검사 또는 사법경찰관의 검증에 각 이를 준용한다.
제110조【압수, 수색, 검증의 참여】 검사 또는 사법경찰관이 압수, 수색, 검증을 함에는 법 제243조에 규정한 자를 각 참여하게 하여야 한다.
제111조【제1회 공판기일 전 증인신문청구서의 기재사항】 법 제221조의2에 따른 증인신문 청구서에는 다음 각 호의 사항을 기재하여야 한다.
1. 증인의 성명, 직업 및 주거
2. 피의자 또는 피고인의 성명
3. 죄명 및 범죄사실의 요지
4. 증명할 사실
5. 신문사항
6. 증인신문청구의 요건이 되는 사실
7. 피의자 또는 피고인에게 변호인이 있는 때에는 그 성명
(2007.10.29 본조개정)
제112조【증인신문등의 통지】 판사가 법 제221조의2에 따른 증인신문을 실시할 경우에는 피고인, 피의자 또는 변호인에게 신문기일과 장소 및 증인신문에 참여할 수 있다는 취지를 통지하여야 한다.(2007.10.29 본조개정)
제113조【감정유치청구서의 기재사항】 법 제221조의3에 따른 감정유치청구서에는 다음 각호의 사항을 기재하여야 한다.(2007.10.29 본문개정)
1. 제95조제1호부터 제5호까지에 규정한 사항(2007.10.29 본호개정)
2. 유치할 장소 및 유치기간
3. 감정의 목적 및 이유
4. 감정인의 성명, 직업
(1996.12.3 본조개정)
제114조【감정에 필요한 처분허가청구서의 기재사항】 법 제221조의4의 규정에 의한 처분허가청구서에는 다음 각호의 사항을 기재하여야 한다.
1. 법 제173조제2항에 규정한 사항. 다만, 피의자의 성명이 분명하지 아니한 때에는 인상, 체격 기타 피의자를 특정할 수 있는 사항을 기재하여야 한다.
2. 제95조제2호 내지 제5호에 규정한 사항
3. 감정에 필요한 처분의 이유
(1996.12.3 본조개정)
제115조【준용규정】 제85조, 제86조 및 제88조의 규정은 법 제221조의3에 규정한 유치처분에, 제89조의 규정은 법 제221조의4에 규정한 허가장에 각 이를 준용한다.
제116조【고소인의 신분관계 자료제출】 ① 법 제225조 내지 제227조의 규정에 의하여 고소할 때에는 고소인과 피해자와의 신분관계를 소명하는 서면을, 법 제229조에 의하여 고소할 때에는 혼인의 해소 또는 이혼소송의 제기사실을 소명하는 서면을 각 제출하여야 한다.
② 법 제228조의 규정에 의하여 검사의 지정을 받은 고소인이 고소할 때에는 그 지정받은 사실을 소명하는 서면을 제출하여야 한다.

제2장 공 소

제117조【공소장의 기재요건】 ① 공소장에는 법 제254조제3항에 규정한 사항외에 다음 각호의 사항을 기재하여야 한다.
1. 피고인의 주민등록번호 등, 직업, 주거 및 등록기준지. 다만, 피고인이 법인인 때에는 사무소 및 대표자의 성명과 주소(2007.10.29 본호개정)
2. 피고인이 구속되어 있는지 여부
② 제1항제1호에 규정한 사항이 명백하지 아니할 때에는 그 취지를 기재하여야 한다.
제118조【공소장의 첨부서류】 ① 공소장에는, 공소제기전에 변호인이 선임되거나 보조인의 신고가 있는 경우 그 변

호인선임서 또는 보조인신고서를, 공소제기전에 특별대리인의 선임이 있는 경우 그 특별대리인 선임결정등본을, 공소제기 당시 피고인이 구속되어 있거나, 체포 또는 구속된 후 석방된 경우 체포영장, 긴급체포서, 구속영장 기타 구속에 관한 서류를 각 첨부하여야 한다.
② 공소장에는 제1항에 규정한 서류외에 사건에 관하여 법원에 예단이 생기게 할 수 있는 서류 기타 물건을 첨부하거나 그 내용을 인용하여서는 아니된다.
(1996.12.3 본조개정)

제119조 (2007.10.29 삭제)

제120조【재정신청인에 대한 통지】 법원은 재정신청서를 송부받은 때에는 송부받은 날로부터 10일 이내에 피의자 이외에 재정신청인에게도 그 사유를 통지하여야 한다.
(2007.10.29 본조개정)

제121조【재정신청의 취소방식 및 취소의 통지】 ① 법 제264조제2항에 규정된 취소는 관할 고등법원에 서면으로 하여야 한다. 다만, 기록이 관할고등법원에 송부되기 전에는 그 기록이 있는 검찰청 검사장 또는 지청장에게 하여야 한다.
② 제1항의 취소서를 제출받은 고등법원의 법원사무관등은 즉시 관할 고등검찰청 검사장 및 피의자에게 그 사유를 통지하여야 한다.(2007.10.29 본항개정)

제122조【재정신청에 대한 결정과 이유의 기재】 법 제262조제2항제2호에 따라 공소제기를 결정하는 때에는 죄명과 공소사실이 특정될 수 있도록 이유를 명시하여야 한다.
(2007.10.29 본조개정)

제122조의2【국가에 대한 비용부담의 범위】 법 제262조의3제1항에 따른 비용은 다음 각 호에 해당하는 것으로 한다.
1. 증인 · 감정인 · 통역인(듣거나 말하는 데 장애가 있는 사람을 위한 통역인을 제외한다) · 번역인에게 지급되는 일당 · 여비 · 숙박료 · 감정료 · 통역료 · 번역료(2020.6.26 본호개정)
2. 현장검증 등을 위한 법관, 법원사무관 등의 출장경비
3. 그 밖에 재정신청 사건의 심리를 위하여 법원이 지출한 송달료 등 절차진행에 필요한 비용
(2007.10.29 본조신설)

제122조의3【국가에 대한 비용부담의 절차】 ① 법 제262조의3제1항에 따른 재판의 집행에 관하여는 법 제477조의 규정을 준용한다.
② 제1항의 비용의 부담을 명하는 재판에 그 금액을 표시하지 아니한 때에는 집행을 지휘하는 검사가 산정한다.
(2007.10.29 본조신설)

제122조의4【피의자에 대한 비용지급의 범위】 ① 법 제262조의3제2항과 관련한 비용은 다음 각 호에 해당하는 것으로 한다.
1. 피의자 또는 변호인이 출석함에 필요한 일당 · 여비 · 숙박료
2. 피의자가 변호인에게 부담하였거나 부담하여야 할 선임료
3. 기타 재정신청 사건의 절차에서 피의자가 지출한 비용으로 법원이 피의자의 방어권행사에 필요하다고 인정한 비용
② 제1항제2호의 비용을 계산함에 있어 선임료를 부담하였거나 부담할 변호인이 여러 명이 있은 경우에는 그 중 가장 고액의 선임료를 상한으로 한다.
③ 제1항제2호의 변호사 선임료는 사안의 성격 · 난이도, 조사에 소요된 기간 그 밖에 변호인의 변론활동에 소요된 노력의 정도 등을 종합적으로 고려하여 상당하다고 인정되는 금액으로 정한다.
(2007.10.29 본조신설)

제122조의5【피의자에 대한 비용지급의 절차】 ① 피의자가 법 제262조의3제2항에 따른 신청을 할 때에는 다음 각 호의 사항을 기재한 서면을 재정신청사건의 관할 법원에 제출하여야 한다.
1. 재정신청 사건번호
2. 피의자 및 재정신청인
3. 피의자가 재정신청절차에서 실제 지출하였거나 지출하여야 할 금액 및 그 용도
4. 재정신청인에게 지급을 구하는 금액 및 그 이유
② 피의자는 제1항의 서면을 제출함에 있어 비용명세서 그 밖에 비용액을 소명하는 데 필요한 서면과 고소인 수에 상응하는 부본을 함께 제출하여야 한다.
③ 법원은 제1항 및 제2항의 서면의 부본을 재정신청인에게 송달하여야 하고, 재정신청인은 위 서면을 송달받은 날로부터 10일 이내에 이에 대한 의견을 서면으로 법원에 낼 수 있다.
④ 법원은 필요하다고 인정하는 경우에는 피의자 또는 변호인에게 비용액의 심리를 위하여 필요한 자료의 제출 등을 요구할 수 있고, 재정신청인, 피의자 또는 변호인을 심문할 수 있다.
⑤ 비용지급명령에는 피의자 및 재정신청인, 지급을 명하는 금액을 표시하여야 한다. 비용지급명령의 이유는 특히 필요하다고 인정되는 경우가 아니면 이를 기재하지 아니한다.
⑥ 비용지급명령은 피의자 및 재정신청인에게 송달하여야 하고, 법 제262조의3제3항에 따른 즉시항고기간은 피의자 또는 재정신청인이 비용지급명령서를 송달받은 날부터 진행한다.
⑦ 확정된 비용지급명령정본은 「민사집행법」에 따른 강제집행에 관하여는 민사절차에서의 집행력 있는 판결정본과 동일한 효력이 있다.
(2007.10.29 본조신설)

제3장 공 판

제1절 공판준비와 공판절차

제123조【제1회 공판기일소환장의 송달시기】 피고인에 대한 제1회 공판기일소환장은 법 제266조의 규정에 의한 공소장부본의 송달전에는 이를 송달하여서는 아니된다.

제123조의2【공소제기 후 검사가 보관하는 서류 등의 열람 · 등사 신청】 법 제266조의3제1항의 신청은 다음 사항을 기재한 서면으로 하여야 한다.
1. 사건번호, 사건명, 피고인
2. 신청인 및 피고인과의 관계
3. 열람 또는 등사할 대상
(2007.10.29 본조신설)

제123조의3【영상녹화물과 열람 · 등사】 법 제221조 · 법 제244조의2에 따라 작성된 영상녹화물에 대한 법 제266조의3의 열람 · 등사는 원본과 함께 작성된 부본에 의하여 이를 행할 수 있다.(2007.10.29 본조신설)

제123조의4【법원에 대한 열람 · 등사 신청】 ① 법 제266조의4제1항의 신청은 다음 사항을 기재한 서면으로 하여야 한다.
1. 열람 또는 등사를 구하는 서류 등의 표목
2. 열람 또는 등사를 필요로 하는 사유
② 제1항의 신청서에는 다음 각 호의 서류를 첨부하여야 한다.
1. 제123조의2의 신청서 사본
2. 검사의 열람 · 등사 불허 또는 범위 제한 통지서. 다만 검사가 서면으로 통지하지 않은 경우에는 그 사유를 기재한 서면
3. 신청서 부본 1부
③ 법원은 제1항의 신청이 있는 경우, 즉시 신청서 부본을 검사에게 송부하여야 하고, 검사는 이에 대한 의견을 제시할 수 있다.
④ 제1항, 제2항제1호 · 제3호의 규정은 법 제266조의11제3항에 따른 검사의 신청에 이를 준용한다. 법원은 검사의 신청이 있는 경우 즉시 신청서 부본을 피고인 또는 변호인에

게 송부하여야 하고, 피고인 또는 변호인은 이에 대한 의견을 제시할 수 있다.
(2007.10.29 본조신설)

제123조의5【공판준비기일 또는 공판기일에서의 열람·등사】 ① 검사, 피고인 또는 변호인은 공판준비 또는 공판기일에서 법원의 허가를 얻어 구두로 상대방에게 법 제266조의3·제266조의11에 따른 서류 등의 열람 또는 등사를 신청할 수 있다.
② 상대방이 공판준비 또는 공판기일에서 서류 등의 열람 또는 등사를 거부하거나 그 범위를 제한한 때에는 법원은 법 제266조의4제2항의 결정을 할 수 있다.
③ 제1항, 제2항에 따른 신청과 결정은 공판준비 또는 공판기일의 조서에 기재하여야 한다.
(2007.10.29 본조신설)

제123조의6【재판의 고지 등에 관한 특례】 법원은 서면 이외에 전화·모사전송·전자우편·휴대전화 문자전송 그 밖에 적당한 방법으로 검사·피고인 또는 변호인에게 공판준비와 관련된 의견을 요청하거나 결정을 고지할 수 있다.
(2007.10.29 본조신설)

제123조의7【쟁점의 정리】 ① 사건이 공판준비절차에 부쳐진 때에는 검사는 증명하려는 사실을 밝히고 이를 증명하는 데 사용할 증거를 신청하여야 한다.
② 피고인 또는 변호인은 검사의 증명사실과 증거신청에 대한 의견을 밝히고, 공소사실에 관한 사실상·법률상 주장과 그에 대한 증거를 신청하여야 한다.
③ 검사·피고인 또는 변호인은 필요한 경우 상대방의 주장 및 증거신청에 대하여 필요한 의견을 밝히고, 그에 관한 증거를 신청할 수 있다.
(2007.10.29 본조신설)

제123조의8【심리계획의 수립】 ① 법원은 사건을 공판준비절차에 부친 때에는 집중심리를 하는 데 필요한 심리계획을 수립하여야 한다.
② 검사·피고인 또는 변호인은 특별한 사정이 없는 한 필요한 증거를 공판준비절차에서 일괄하여 신청하여야 한다.
③ 법원은 증인을 신청한 자에게 증인의 소재, 연락처, 출석가능성 및 출석이 가능한 일시 등 증인의 신문에 필요한 사항의 준비를 명할 수 있다.
(2007.10.29 본조신설)

제123조의9【기일외 공판준비】 ① 재판장은 검사·피고인 또는 변호인에게 기한을 정하여 공판준비 절차의 진행에 필요한 사항을 미리 준비하게 하거나 그 밖에 공판준비에 필요한 명령을 할 수 있다.
② 재판장은 기한을 정하여 법 제266조의6제2항에 규정된 서면의 제출을 명할 수 있다.
③ 제2항에 따른 서면에는 필요한 사항을 구체적이고 간결하게 기재하여야 하고, 증거로 할 수 없거나 증거로 신청할 의사가 없는 자료에 기초하여 법원에 사건에 대한 예단 또는 편견을 발생하게 할 염려가 있는 사항을 기재하여서는 아니 된다.
④ 피고인이 제2항에 따른 서면을 낼 때에는 1통의 부본을, 검사가 제2항에 따른 서면을 낼 때에는 피고인의 수에 1을 더한 수에 해당하는 부본을 함께 제출하여야 한다. 다만, 여러 명의 피고인에 대하여 동일한 변호인이 선임된 경우에는 검사는 변호인의 수에 1을 더한 수에 해당하는 부본만을 낼 수 있다.
(2007.10.29 본조신설)

제123조의10【공판준비기일의 변경】 검사·피고인 또는 변호인은 부득이한 사유로 공판준비기일을 변경할 필요가 있는 때에는 그 사유와 기간 등을 구체적으로 명시하여 공판준비기일의 변경을 신청할 수 있다.(2007.10.29 본조신설)

제123조의11【공판준비기일이 지정된 사건의 국선변호인 선정】 ① 법 제266조의7에 따라 공판준비 기일이 지정된 사건에 관하여 피고인에게 변호인이 없는 때에는 법원은 지체 없이 국선변호인을 선정하고, 피고인 및 변호인에게 그 뜻을 고지하여야 한다.
② 공판준비기일이 지정된 후에 변호인이 없게 된 때에도 제1항을 준용한다.
(2007.10.29 본조신설)

제123조의12【공판준비기일조서】 ① 법원이 공판준비기일을 진행한 경우에는 참여한 법원사무관 등이 조서를 작성하여야 한다.
② 제1항의 조서에는 피고인, 증인, 감정인, 통역인 또는 번역인의 진술의 요지와 쟁점 및 증거에 관한 정리결과 그 밖에 필요한 사항을 기재하여야 한다.
③ 제1항, 제2항의 조서에는 재판장 또는 법관과 참여한 법원사무관 등이 기명날인 또는 서명하여야 한다.
(2007.10.29 본조신설)

제123조의13【비디오 등 중계장치 등에 의한 공판준비기일】 ① 법 제266조의17제1항에 따른 공판준비기일(이하 "영상공판준비기일"이라 한다)은 검사, 변호인을 비디오 등 중계장치에 의한 중계시설에 출석하게 하거나 인터넷 화상장치를 이용하여 지정된 인터넷주소에 접속하게 하고, 영상과 음향의 송수신에 의하여 법관, 검사, 변호인이 상대방을 인식할 수 있는 방법으로 한다.
② 제1항의 비디오 등 중계장치에 의한 중계시설은 법원 청사 안에 설치하되, 필요한 경우 법원 청사 밖의 적당한 곳에 설치할 수 있다.
③ 법원은 제2항 후단에 따라 비디오 등 중계장치에 의한 중계시설이 설치된 관공서나 그 밖의 공사단체의 장에게 영상공판준비기일의 원활한 진행에 필요한 조치를 요구할 수 있다.
④ 영상공판준비기일에서의 서류 등의 제시는 비디오 등 중계장치에 의한 중계시설이나 인터넷 화상장치를 이용하거나 모사전송, 전자우편, 그 밖에 이에 준하는 방법으로 할 수 있다.
⑤ 인터넷 화상장치를 이용하는 경우 영상공판준비기일에 지정된 인터넷 주소에 접속하지 아니한 때에는 불출석한 것으로 본다. 다만, 당사자가 책임질 수 없는 사유로 접속할 수 없었던 때에는 그러하지 아니하다.
⑥ 통신불량, 소음, 서류 등 확인의 불편, 제3자 관여 우려 등의 사유로 영상공판준비기일의 실시가 상당하지 아니한 당사자가 있는 경우 법원은 기일을 연기 또는 속행하면서 그 당사자가 법정에 직접 출석하는 기일을 지정할 수 있다.
⑦ 법원조직법 제58조제2항에 따른 명령을 위반하는 행위, 같은 법 제59조에 위반하는 행위, 심리방해행위 또는 재판의 위신을 현저히 훼손하는 행위가 있는 경우 감치 또는 과태료에 처하는 재판에 관하여는 법정등의질서유지를위한재판에관한규칙에 따른다.
⑧ 영상공판준비기일을 실시한 경우 그 취지를 조서에 적어야 한다.
(2021.10.29 본조신설)

제124조【공판개정시간의 구분 지정】 재판장은 가능한 한 각 사건에 대한 공판개정시간을 구분하여 지정하여야 한다.

제124조의2【일괄 기일 지정과 당사자의 의견 청취】 재판장은 법 제267조의2제3항의 규정에 의하여 여러 공판기일을 일괄하여 지정할 경우에는 검사, 피고인 또는 변호인의 의견을 들어야 한다.(2007.10.29 본조신설)

제125조【공판기일 변경신청】 법 제270조제1항에 규정한 공판기일 변경신청에는 공판기일의 변경을 필요로 하는 사유와 그 사유가 계속되리라고 예상되는 기간을 명시하여야 하며 진단서 기타의 자료로써 이를 소명하여야 한다.

제125조의2【변론의 방식】 공판정에서의 변론은 구체적이고 명료하게 하여야 한다.(2007.10.29 본조신설)

제126조【피고인의 대리인의 대리권】 피고인이 법 제276조 단서 또는 법 제277조에 따라 공판기일에 대리인을 출석하게 할 때에는 그 대리인에게 대리권을 수여한 사실을 증명하는 서면을 법원에 제출하여야 한다.(2007.10.29 본조개정)

제126조의2【신뢰관계 있는 자의 동석】 ① 법 제276조의2 제1항에 따라 피고인과 동석할 수 있는 신뢰관계에 있는 자는 피고인의 배우자, 직계친족, 형제자매, 가족, 동거인, 고용주 그 밖에 피고인의 심리적 안정과 원활한 의사소통에 도움을 줄 수 있는 자를 말한다.
② 법 제276조의2제1항에 따른 동석 신청에는 동석하고자 하는 자와 피고인 사이의 관계, 동석이 필요한 사유 등을 밝혀야 한다.
③ 피고인과 동석한 신뢰관계에 있는 자는 재판의 진행을 방해하여서는 아니 되며, 재판장은 동석한 신뢰관계 있는 자가 부당하게 재판의 진행을 방해하는 때에는 동석을 중지시킬 수 있다.
(2007.10.29 본조신설)

제126조의3【불출석의 허가와 취소】 ① 법 제277조제3호에 규정한 불출석허가신청은 공판기일에 출석하여 구술로 하거나 공판기일 외에서 서면으로 할 수 있다.
② 법원은 피고인의 불출석허가신청에 대한 허가 여부를 결정하여야 한다.
③ 법원은 피고인의 불출석을 허가한 경우에도 피고인의 권리보호 등을 위하여 그 출석이 필요하다고 인정되는 때에는 불출석 허가를 취소할 수 있다.
(2007.10.29 본조신설)

제126조의4【출석거부의 통지】 법 제277조의2의 사유가 발생하는 경우에는 교도소장은 즉시 그 취지를 법원에 통지하여야 한다.(1996.12.3 본조신설)

제126조의5【출석거부에 관한 조사】 ① 법원이 법 제277조의2에 따라 피고인의 출석 없이 공판절차를 진행하고자 하는 경우에는 미리 그 사유가 존재하는가의 여부를 조사하여야 한다.(2007.10.29 본항개정)
② 법원이 제1항의 조사를 함에 있어서 필요하다고 인정하는 경우에는 교도관리 기타 관계자의 출석을 명하여 진술을 듣거나 그들로 하여금 보고서를 제출하도록 명할 수 있다.
(2007.10.29 본항개정)
③ 법원은 합의부원으로 하여금 제1항의 조사를 하게 할 수 있다.
(2007.10.29 본조제목개정)
(1996.12.3 본조신설)

제126조의6【피고인 또는 검사의 출석없이 공판절차를 진행한다는 취지의 고지】 법 제277조의2의 규정에 의하여 피고인의 출석없이 공판절차를 진행하는 경우 또는 법 제278조의 규정에 의하여 검사의 2회이상 불출석으로 공판절차를 진행하는 경우에는 재판장은 공판정에서 소송관계인에게 그 취지를 고지하여야 한다.(1996.12.3 본조신설)

제126조의7【전문심리위원의 지정】 법원은 전문심리위원 규칙에 따라 정해진 전문심리위원 후보자 중에서 전문심리위원을 지정하여야 한다.(2007.12.31 본조신설)

제126조의8【기일 외의 전문심리위원에 대한 설명 등의 요구와 통지】 재판장이 기일 외에서 전문심리위원에 대하여 설명 또는 의견을 요구한 사항이 소송관계를 분명하게 하는데 중요한 사항일 때에는 법원사무관 등은 검사, 피고인 또는 변호인에게 그 사항을 통지하여야 한다.(2007.12.31 본조신설)

제126조의9【서면의 사본 송부】 전문심리위원이 설명이나 의견을 기재한 서면을 제출한 경우에는 법원사무관등은 검사, 피고인 또는 변호인에게 그 사본을 보내야 한다.
(2007.12.31 본조신설)

제126조의10【전문심리위원에 대한 준비지시】 ① 재판장은 전문심리위원을 소송절차에 참여시키기 위하여 필요하다고 인정한 때에는 쟁점의 확인 등 적절한 준비를 지시할 수 있다.
② 재판장이 제1항의 준비를 지시한 때에는 법원사무관등은 검사, 피고인 또는 변호인에게 그 취지를 통지하여야 한다.
(2007.12.31 본조신설)

제126조의11【증인신문기일에서의 재판장의 조치】 재판장은 전문심리위원의 말이 증인의 증언에 영향을 미치지 않게 하기 위하여 필요하다고 인정할 때에는 직권 또는 검사, 피고인 또는 변호인의 신청에 따라 증인의 퇴정 등 적절한 조치를 취할 수 있다.(2007.12.31 본조신설)

제126조의12【조서의 기재】 ① 전문심리위원이 공판준비기일 또는 공판기일에 참여한 때에는 조서에 그 성명을 기재하여야 한다.
② 전문심리위원이 재판장, 수명법관 또는 수탁판사의 허가를 받아 소송관계인에게 질문을 한 때에는 조서에 그 취지를 기재하여야 한다.
(2007.12.31 본조신설)

제126조의13【전문심리위원 참여 결정의 취소 신청방식 등】 ① 법 제279조의2제1항에 따른 결정의 취소 신청은 기일에서 하는 경우를 제외하고는 서면으로 하여야 한다.
② 제1항의 신청을 할 때에는 신청 이유를 밝혀야 한다. 다만, 검사와 피고인 또는 변호인이 동시에 신청할 때에는 그러하지 아니하다.
(2007.12.31 본조신설)

제126조의14【수명법관 등의 권한】 수명법관 또는 수탁판사가 소송절차를 진행하는 경우에는 제126조의10부터 제126조의12까지의 규정에 따른 재판장의 직무는 그 수명법관이나 수탁판사가 행한다.(2007.12.31 본조신설)

제127조【피고인에 대한 진술거부권 등의 고지】 재판장은 법 제284조에 따른 인정신문을 하기 전에 피고인에게 진술을 하지 아니하거나 개개의 질문에 대하여 진술을 거부할 수 있고, 이익 되는 사실을 진술할 수 있음을 알려 주어야 한다.(2007.10.29 본조개정)

제127조의2【피고인의 모두진술】 ① 재판장은 법 제285조에 따른 검사의 모두진술 절차를 마친 뒤에 피고인에게 공소사실을 인정하는지 여부에 관하여 물어야 한다.
② 피고인 및 변호인은 공소에 관한 의견 그 밖에 이익이 되는 사실 등을 진술할 수 있다.
(2007.10.29 본조신설)

제128조~제130조 (2007.10.29 삭제)

제131조【간이공판절차의 결정전의 조치】 법원이 법 제286조의2의 규정에 의한 결정을 하고자 할 때에는 재판장은 이미 피고인에게 간이공판절차의 취지를 설명하여야 한다.

제132조【증거의 신청】 검사·피고인 또는 변호인은 특별한 사정이 없는 한 필요한 증거를 일괄하여 신청하여야 한다.
(2007.10.29 본조신설)

제132조의2【증거신청의 방식】 ① 검사, 피고인 또는 변호인이 증거신청을 함에 있어서는 그 증거와 증명하고자 하는 사실과의 관계를 구체적으로 명시하여야 한다.
② 피고인의 자백을 보강하는 증거나 정상에 관한 증거는 보강증거 또는 정상에 관한 증거라는 취지를 특히 명시하여 그 조사를 신청하여야 한다.
③ 서류나 물건의 일부에 대한 증거신청을 함에 있어서는 증거로 할 부분을 특정하여 명시하여야 한다.
④ 법원은 필요하다고 인정할 때에는 증거신청을 한 자에게, 신문할 증인, 감정인, 통역인 또는 번역인의 성명, 주소, 서류나 물건의 표목 및 제1항 내지 제3항에 규정된 사항을 기재한 서면의 제출을 명할 수 있다.
⑤ 제1항 내지 제4항의 규정에 위반한 증거신청은 이를 기각할 수 있다.
(1989.6.7 본조개정)

제132조의3【수사기록의 일부에 대한 증거신청방식】 ① 법 제311조부터 법 제315조까지 또는 법 제318조에 따라 증거로 할 수 있는 서류나 물건이 수사기록의 일부인 때에는 검사는 이를 특정하여 개별적으로 제출함으로써 그 조사를 신청하여야 한다. 수사기록의 일부인 서류나 물건을 자백에 대한 보강증거나 피고인의 정상에 관한 증거로 낼 경우 또

는 법 제274조에 따라 공판기일전에 서류나 물건을 낼 경우에도 이와 같다.(2007.10.29 본항개정)
② 제1항의 규정에 위반한 증거신청은 이를 기각할 수 있다.
(1989.6.7 본조신설)
제132조의4【보관서류에 대한 송부요구】 ① 법 제272조에 따른 보관서류의 송부요구신청은 법원, 검찰청, 수사처, 기타의 공무소 또는 공사단체(이하 "법원등"이라고 한다)가 보관하고 있는 서류의 일부에 대하여도 할 수 있다.
(2021.1.29 본항개정)
② 제1항의 신청을 받은 법원이 송부요구신청을 채택하는 경우에는 서류를 보관하고 있는 법원 등에 대하여 그 서류 중 신청인 또는 변호인이 지정하는 부분의 인증등본을 송부하여 줄 것을 요구할 수 있다.
③ 제2항의 규정에 의한 요구를 받은 법원등은 당해 서류를 보관하고 있지 아니하거나 기타 송부요구에 응할 수 없는 사정이 있는 경우를 제외하고는 신청인 또는 변호인에게 당해 서류를 열람하게 하여 필요한 부분을 지정할 수 있도록 하여야 하며 정당한 이유없이 이에 대한 협력을 거절하지 못한다.
④ 서류의 송부요구를 받은 법원등이 당해 서류를 보관하고 있지 아니하거나 기타 송부요구에 응할 수 없는 사정이 있는 때에는 그 사유를 요구법원에 통지하여야 한다.
(2007.10.29 본조제목개정)
(1996.12.3 본조신설)
제132조의5【민감정보 등의 처리】 ① 법원은 재판업무 및 그에 부수하는 업무의 수행을 위하여 필요한 경우 「개인정보 보호법」 제23조의 민감정보, 제24조의 고유식별정보, 제24조의2의 주민등록번호 및 그 밖의 개인정보를 처리할 수 있다.(2014.8.6 본항개정)
② 법원은 필요하다고 인정하는 경우 법 제272조에 따라 법원등에 대하여 제1항의 민감정보, 고유식별정보, 주민등록번호 및 그 밖의 개인정보가 포함된 자료의 송부를 요구할 수 있다.(2014.8.6 본항개정)
③ 제2항에 따른 송부에 관하여는 제132조의4제2항부터 제4항까지의 규정을 준용한다.
(2012.5.29 본조신설)
제133조【증거신청의 순서】 증거신청은 검사가 먼저 이를 한 후 다음에 피고인 또는 변호인이 이를 한다.
제134조【증거결정의 절차】 ① 법원은 증거결정을 함에 있어서 필요하다고 인정할 때에는 그 증거에 대한 검사, 피고인 또는 변호인의 의견을 들을 수 있다.
② 법원은 서류 또는 물건이 증거로 제출된 경우에 이에 관한 증거결정을 함에 있어서는 제출한 자로 하여금 그 서류 또는 물건을 상대방에게 제시하게 하여 상대방으로 하여금 그 서류 또는 물건의 증거능력 유무에 관한 의견을 진술하게 하여야 한다. 다만, 법 제318조의3의 규정에 의하여 동의가 있는 것으로 간주되는 경우에는 그러하지 아니하다.
③ (2021.12.31 삭제)
④ 법원은 증거신청을 기각·각하하거나, 증거신청에 대한 결정을 보류하는 경우, 증거신청인으로부터 당해 증거서류 또는 증거물을 제출받아서는 아니 된다.(2007.10.29 본항신설)
제134조의2【영상녹화물의 조사 신청】 ① 검사는 피고인이 아닌 피의자의 진술을 영상녹화한 사건에서 피고인이 아닌 피의자가 그 조서에 기재된 내용이 자신이 진술한 내용과 동일하게 기재되어 있음을 인정하지 아니하는 경우 그 부분의 성립의 진정을 증명하기 위하여 영상녹화물의 조사를 신청할 수 있다.(2020.12.28 본항개정)
② (2020.12.28 삭제)
③ 제1항의 영상녹화물은 조사가 개시된 시점부터 조사가 종료되어 피의자가 조서에 기명날인 또는 서명을 마치는 시점까지 전과정이 영상녹화된 것으로, 다음 각 호의 내용을 포함하는 것이어야 한다.
1. 피의자의 신문이 영상녹화되고 있다는 취지의 고지
2. 영상녹화를 시작하고 마친 시각 및 장소의 고지
3. 신문하는 검사와 참여한 자의 성명과 직급의 고지
4. 진술거부권·변호인의 참여를 요청할 수 있다는 점 등의 고지
5. 조사를 중단·재개하는 경우 중단 이유와 중단 시각, 중단 후 재개하는 시각
6. 조사를 종료하는 시각
④ 제1항의 영상녹화물은 조사가 행해지는 동안 조사실 전체를 확인할 수 있도록 녹화된 것으로 진술자의 얼굴을 식별할 수 있는 것이어야 한다.
⑤ 제1항의 영상녹화물의 재생 화면에는 녹화 당시의 날짜와 시간이 실시간으로 표시되어야 한다.
⑥ (2020.12.28 삭제)
(2007.10.29 본조신설)
제134조의3【제3자의 진술과 영상녹화물】 ① 검사는 피의자가 아닌 자가 공판준비 또는 공판기일에서 조서가 자신이 검사 또는 사법경찰관 앞에서 진술한 내용과 동일하게 기재되어 있음을 인정하지 아니하는 경우 그 부분의 성립의 진정을 증명하기 위하여 영상녹화물의 조사를 신청할 수 있다.
② 검사는 제1항에 따라 영상녹화물의 조사를 신청하는 때에는 피의자가 아닌 자가 영상녹화에 동의하였다는 취지로 기재하고 기명날인 또는 서명한 서면을 첨부하여야 한다.
③ 제134조의2제3항제1호부터 제3호, 제5호, 제6호, 제4항, 제5항은 검사가 피의자가 아닌 자에 대한 영상녹화물의 조사를 신청하는 경우에 준용한다.
(2007.10.29 본조신설)
제134조의4【영상녹화물의 조사】 ① 법원은 검사가 영상녹화물의 조사를 신청한 경우 이에 관한 결정을 함에 있어 원진술자와 함께 피고인 또는 변호인으로 하여금 그 영상녹화물이 적법한 절차와 방식에 따라 작성되어 봉인된 것인지 여부에 관한 의견을 진술하게 하여야 한다.(2020.12.28 본항개정)
② (2020.12.28 삭제)
③ 법원은 공판준비 또는 공판기일에서 봉인을 해체하고 영상녹화물의 전부 또는 일부를 재생하는 방법으로 조사하여야 한다. 이 때 영상녹화물은 그 재생과 조사에 필요한 전자적 설비를 갖춘 법정 외의 장소에서 이를 재생할 수 있다.
④ 재판장은 조사를 마친 후 지체 없이 법원사무관 등으로 하여금 다시 원본을 봉인하도록 하고, 원진술자와 함께 피고인 또는 변호인에게 기명날인 또는 서명하도록 하여 검사에게 반환한다. 다만, 피고인의 출석 없이 개정하는 사건에서 변호인이 없는 때에는 피고인 또는 변호인의 기명날인 또는 서명을 요하지 아니한다.
(2007.10.29 본조신설)
제134조의5【기억 환기를 위한 영상녹화물의 조사】 ① 법 제318조의2제2항에 따른 영상녹화물의 재생은 검사의 신청이 있는 경우에 한하고, 기억의 환기가 필요한 피고인 또는 피고인 아닌 자에게만 이를 재생하여 시청하게 하여야 한다.
② 제134조의2제3항부터 제5항까지와 제134조의4는 검사가 법 제318조의2제2항에 의하여 영상녹화물의 재생을 신청하는 경우에 준용한다.
(2007.10.29 본조신설)
제134조의6【증거서류에 대한 조사방법】 ① 법 제292조제3항에 따른 증거서류 내용의 고지는 그 요지를 고지하는 방법으로 한다.
② 재판장은 필요하다고 인정하는 때에는 법 제292조제1항·제2항·제4항의 낭독에 갈음하여 그 요지를 진술하게 할 수 있다.
(2007.10.29 본조신설)
제134조의7【컴퓨터용디스크 등에 기억된 문자정보 등에 대한 증거조사】 ① 컴퓨터용디스크 그 밖에 이와 비슷한 정보저장매체(다음부터 이 조문 안에서 이 모두를 "컴퓨터디스크 등"이라 한다)에 기억된 문자정보를 증거자료로 하는 경우에는 읽을 수 있도록 출력하여 인증한 등본을 낼 수 있다.

② 컴퓨터디스크 등에 기억된 문자정보를 증거로 하는 경우에 증거조사를 신청한 당사자는 법원이 명하거나 상대방이 요구한 때에는 컴퓨터디스크 등에 입력한 사람과 입력한 일시, 출력한 사람과 출력한 일시를 밝혀야 한다.
③ 컴퓨터디스크 등에 기억된 정보가 도면·사진 등에 관한 것인 때에는 제1항과 제2항의 규정을 준용한다.
(2007.10.29 본조신설)
제134조의8【음성·영상자료 등에 대한 증거조사】 ① 녹음·녹화테이프, 컴퓨터용디스크, 그 밖에 이와 비슷한 방법으로 음성이나 영상을 녹음 또는 녹화(다음부터 이 조문 안에서 "녹음·녹화 등"이라 한다)하여 재생할 수 있는 매체(다음부터 이 조문 안에서 "녹음·녹화매체 등"이라 한다)에 대한 증거조사를 신청하는 때에는 음성이나 영상이 녹음·녹화 등이 된 사람, 녹음·녹화 등을 한 사람 및 녹음·녹화 등을 한 일시·장소를 밝혀야 한다.
② 녹음·녹화매체 등에 대한 증거조사를 신청한 당사자는 법원이 명하거나 상대방이 요구한 때에는 녹음·녹음매체 등의 녹취서, 그 밖에 그 내용을 설명하는 서면을 제출하여야 한다.
③ 녹음·녹화매체 등에 대한 증거조사는 녹음·녹화매체 등을 재생하여 청취 또는 시청하는 방법으로 한다.
(2007.10.29 본조신설)
제134조의9【준용규정】 도면·사진 그 밖에 정보를 담기 위하여 만들어진 물건으로서 문서가 아닌 증거의 조사에 관하여는 특별한 규정이 없으면 법 제292조, 법 제292조의2의 규정을 준용한다.(2007.10.29 본조신설)
제134조의10【피해자등의 의견진술】 ① 법원은 필요하다고 인정하는 경우에는 직권으로 또는 법 제294조의2제1항에 정한 피해자등(이하 이 조 및 제134조의11에서 '피해자등'이라 한다)의 신청에 따라 피해자등을 공판기일에 출석하게 하여 법 제294조의2제2항에 정한 사항으로서 범죄사실의 인정에 해당하지 않는 사항에 관하여 증인신문에 의하지 아니하고 의견을 진술하게 할 수 있다.
② 재판장은 재판의 진행상황 등을 고려하여 피해자등의 의견진술에 관한 사항과 그 시간을 미리 정할 수 있다.
③ 재판장은 피해자등의 의견진술에 대하여 그 취지를 명확하게 하기 위하여 피해자등에게 질문할 수 있고, 설명을 촉구할 수 있다.
④ 합의부원은 재판장에게 알리고 제3항의 행위를 할 수 있다.
⑤ 검사, 피고인 또는 변호인은 피해자등이 의견을 진술한 후 그 취지를 명확하게 하기 위하여 재판장의 허가를 받아 피해자등에게 질문할 수 있다.
⑥ 재판장은 다음 각 호의 어느 하나에 해당하는 경우에는 피해자등의 의견진술이나 검사, 피고인 또는 변호인의 피해자등에 대한 질문을 제한할 수 있다.
1. 피해자등이나 피해자 변호사가 이미 해당 사건에 관하여 충분히 진술하여 다시 진술할 필요가 없다고 인정되는 경우
2. 의견진술 또는 질문으로 인하여 공판절차가 현저하게 지연될 우려가 있다고 인정되는 경우
3. 의견진술과 질문이 해당 사건과 관계없는 사항에 해당된다고 인정되는 경우
4. 범죄사실의 인정에 관한 것이거나, 그 밖의 사유로 피해자등의 의견진술로서 상당하지 아니하다고 인정되는 경우
⑦ 제1항의 경우 법 제163조의2제1항, 제3항 및 제84조의3을 준용한다.
(2015.6.29 본조신설)
제134조의11【의견진술에 갈음한 서면의 제출】 ① 재판장은 재판의 진행상황, 그 밖의 사정을 고려하여 피해자등에게 제134조의10제1항의 의견진술에 갈음하여 의견을 기재한 서면을 제출하게 할 수 있다.
② 피해자등의 의견진술에 갈음하는 서면이 법원에 제출된 때에는 검사 및 피고인 또는 변호인에게 그 취지를 통지하여야 한다.
③ 제1항에 따라 서면이 제출된 경우 재판장은 공판기일에서 의견진술에 갈음하는 서면의 취지를 명확하게 하여야 한다. 이 경우 재판장은 상당하다고 인정하는 때에는 그 서면을 낭독하거나 요지를 고지할 수 있다.
④ 제2항의 통지는 서면, 전화, 전자우편, 모사전송, 휴대전화 문자전송 그 밖에 적당한 방법으로 할 수 있다.
(2015.6.29 본조신설)
제134조의12【의견진술·의견진술에 갈음한 서면】 제134조의10제1항에 따른 진술과 제134조의11제1항에 따른 서면은 범죄사실의 인정을 위한 증거로 할 수 없다.(2015.6.29 본조신설)
제134조의13【금전 공탁에 대한 피해자등의 의견 청취】
① 법원이 법 제294조의5제1항 본문에 따라 피해자 또는 그 법정대리인(피해자가 사망한 경우에는 배우자·직계친족·형제자매를 포함한다. 이하 이 조에서 '피해자등'이라 한다)의 의견을 듣는 경우에는 다음 각 호의 어느 하나에 해당하는 방법으로 한다.
1. 검사 또는 피해자 변호사에게 의견조회서를 교부 또는 송부하여 그로부터 해당 의견조회서를 제출받는 방법
2. 서면·전화·전자우편·모사전송·휴대전화 문자전송 그 밖에 적당한 방법으로 피해자등의 의견을 확인하는 방법. 이 경우 법원사무관등은 의견 확인의 상대방·방법·연월일 및 피해자등이 제출한 의견(피해자등이 의견제출을 거절하는 등의 경우에는 그러한 취지)을 기재한 서면을 기록에 편철하여야 한다. 다만, 조서에 그 내용을 기재한 경우에는 그러하지 아니하다.
② 법 제294조의5제1항 단서에서 "대법원규칙으로 정하는 특별한 사정이 있는 경우"란 다음 각 호의 어느 하나에 해당하는 경우를 말한다.
1. 피해자등이 이미 해당 사건에서 피고인의 공탁에 관하여 의사를 진술하여 다시 그 의사를 확인할 필요가 없는 경우
2. 피해자등의 의견 청취로 인하여 공판절차가 현저하게 지연될 우려가 있는 경우
3. 피공탁자의 인적사항을 확인할 수 없는 등의 사유로 피해자등의 의견을 듣기 곤란한 경우
4. 그 밖에 심리나 절차 진행의 상황 등에 비추어 피해자등의 의견을 듣기 곤란한 경우
③ 법 제294조의5에 따라 피해자등이 제출한 의견은 범죄사실의 인정을 위한 증거로 할 수 없다.
(2024.12.31 본조신설)
제135조【자백의 조사 시기】 법 제312조 및 법 제313조에 따라 증거로 할 수 있는 피고인 또는 피고인 아닌 자의 진술을 기재한 조서 또는 서류가 피고인의 자백 진술을 내용으로 하는 경우에는 범죄사실에 관한 다른 증거를 조사한 후에 이를 조사하여야 한다.(2007.10.29 본조신설)
제135조의2【증거조사에 관한 이의신청의 사유】 법 제296조제1항의 규정에 의한 이의신청은 법령의 위반이 있거나 상당하지 아니함을 이유로 하여 이를 할 수 있다. 다만, 법 제295조의 규정에 의한 결정에 대한 이의신청은 법령의 위반이 있음을 이유로 하여서만 이를 할 수 있다.
제136조【재판장의 처분에 대한 이의신청의 사유】 법 제304조제1항의 규정에 의한 이의신청은 법령의 위반이 있음을 이유로 하여서만 이를 할 수 있다.
제137조【이의신청의 방식과 시기】 제135조 및 제136조에 규정한 이의신청(이하 이 절에서는 "이의신청"이라 한다)은 개개의 행위, 처분 또는 결정시마다 그 이유를 간결하게 명시하여 즉시 이를 하여야 한다.
제138조【이의신청에 대한 결정의 시기】 이의신청에 대한 법 제296조제2항 또는 법 제304조제2항의 결정은 이의신청이 있은 후 즉시 이를 하여야 한다.

제139조【이의신청에 대한 결정의 방식】① 시기에 늦은 이의신청, 소송지연만을 목적으로 하는 것임이 명백한 이의신청은 결정으로 이를 기각하여야 한다. 다만, 시기에 늦은 이의신청이 중요한 사항을 대상으로 하고 있는 경우에는 시기에 늦은 것만을 이유로 하여 기각하여서는 아니된다.
② 이의신청이 이유없다고 인정되는 경우에는 결정으로 이를 기각하여야 한다.
③ 이의신청이 이유있다고 인정되는 경우에는 결정으로 이의신청의 대상이 된 행위, 처분 또는 결정을 중지, 철회, 취소, 변경하는 등 그 이의신청에 상응하는 조치를 취하여야 한다.
④ 증거조사를 마친 증거가 증거능력이 없음을 이유로 한 이의신청을 이유있다고 인정할 경우에는 그 증거의 전부 또는 일부를 배제한다는 취지의 결정을 하여야 한다.

제140조【중복된 이의신청의 금지】이의신청에 대한 결정에 의하여 판단이 된 사항에 대하여는 다시 이의신청을 할 수 없다.

제140조의2【피고인신문의 방법】피고인을 신문함에 있어서 그 진술을 강요하거나 답변을 유도하거나 그 밖에 위압적·모욕적 신문을 하여서는 아니 된다.(2007.10.29 본조신설)

제140조의3【재정인의 퇴정】재판장은 피고인이 어떤 재정인의 앞에서 충분한 진술을 할 수 없다고 인정한 때에는 그 재정인을 퇴정하게 하고 진술하게 할 수 있다.(2007.10.29 본조신설)

제141조【석명권등】① 재판장은 소송관계를 명료하게 하기 위하여 검사, 피고인 또는 변호인에게 사실상과 법률상의 사항에 관하여 석명을 구하거나 입증을 촉구할 수 있다.
② 합의부원은 재판장에게 고하고 제1항의 조치를 할 수 있다.
③ 검사, 피고인 또는 변호인은 재판장에 대하여 제1항의 석명을 위한 발문을 요구할 수 있다.

제142조【공소장의 변경】① 검사가 법 제298조제1항에 따라 공소장에 기재한 공소사실 또는 적용법조의 추가, 철회 또는 변경(이하 "공소장의 변경"이라 한다)을 하고자 하는 때에는 그 취지를 기재한 공소장변경허가신청서를 법원에 제출하여야 한다.(2007.10.29 본항개정)
② 제1항의 공소장변경허가신청서에는 피고인의 수에 상응한 부본을 첨부하여야 한다.
③ 법원은 제2항의 부본을 피고인 또는 변호인에게 즉시 송달하여야 한다.
④ 공소장의 변경이 허가된 때에는 검사는 공판기일에 제1항의 공소장변경허가신청서에 의하여 변경된 공소사실·죄명 및 적용법조를 낭독하여야 한다. 다만, 재판장은 필요하다고 인정하는 때에는 공소장변경의 요지를 진술하게 할 수 있다.(2007.10.29 본항개정)
⑤ 법원은 제1항의 규정에도 불구하고 피고인이 재정하는 공판정에서는 피고인에게 이익이 되거나 피고인이 동의하는 경우 구술에 의한 공소장변경을 허가할 수 있다.
(1996.12.3 본항신설)

제143조【공판절차정지후의 공판절차의 갱신】공판개정 후 법 제306조제1항의 규정에 의하여 공판절차가 정지된 경우에는 그 정지사유가 소멸한 후의 공판기일에 공판절차를 갱신하여야 한다.

제144조【공판절차의 갱신절차】① 법 제301조, 법 제301조의2 또는 제143조에 따른 공판절차의 갱신은 다음 각 호의 규정에 의한다.
1. 재판장은 제127조의 규정에 따라 피고인에게 진술거부권 등을 고지한 후 법 제284조에 따른 인정신문을 하여 피고인임에 틀림없음을 확인하여야 한다.
2. 재판장은 검사로 하여금 공소장 또는 공소장변경허가신청서에 의하여 공소사실, 죄명 및 적용법조를 낭독하게 하거나 그 요지를 진술하게 하여야 한다.
3. 재판장은 피고인에게 공소사실의 인정 여부 및 정상에 관하여 진술할 기회를 주어야 한다.
4. 재판장은 갱신전의 공판기일에서의 피고인이나 피고인이 아닌 자의 진술 또는 법원의 검증결과를 기재한 조서에 관하여 증거조사를 하여야 한다.
5. 재판장은 갱신전의 공판기일에서 증거조사된 서류 또는 물건에 관하여 다시 증거조사를 하여야 한다. 다만, 증거능력 없다고 인정되는 서류 또는 물건과 증거로 함이 상당하지 아니하다고 인정되고 검사, 피고인 및 변호인이 이의를 하지 아니하는 서류 또는 물건에 대하여는 그러하지 아니하다.
② 재판장은 제1항제4호 및 제5호에 규정한 서류 또는 물건에 관하여 증거조사를 함에 있어서 검사, 피고인 및 변호인의 동의가 있는 때에는 그 전부 또는 일부에 관하여 법 제292조·제292조의2·제292조의3에 규정한 방법에 갈음하여 상당하다고 인정하는 방법으로 이를 할 수 있다.
(2007.10.29 본조개정)

제145조【변론시간의 제한】재판장은 필요하다고 인정하는 경우 검사, 피고인 또는 변호인의 본질적인 권리를 해치지 아니하는 범위내에서 법 제302조 및 법 제303조의 규정에 의한 의견진술의 시간을 제한할 수 있다.

제2절 공판의 재판

제146조【판결서의 작성】변론을 종결한 기일에 판결을 선고하는 경우에는 선고 후 5일 내에 판결서를 작성하여야 한다.(2007.10.29 본조개정)

제147조【판결의 선고】① 재판장은 판결을 선고할 때 피고인에게 이유의 요지를 말이나 판결서 등본 또는 판결서 초본의 교부 등 적절한 방법으로 설명한다.
② 재판장은 판결을 선고하면서 피고인에게 적절한 훈계를 할 수 있다.
(2016.6.27 본조개정)

제147조의2【보호관찰의 취지등의 고지, 보호처분의 기간】① 재판장은 판결을 선고함에 있어서 피고인에게 형법 제59조의2, 형법 제62조의2의 규정에 의하여 보호관찰, 사회봉사 또는 수강(이하 "보호관찰등"이라고 한다)을 명하는 경우에는 그 취지 및 필요하다고 인정하는 사항이 적힌 서면을 교부하여야 한다.(2016.2.19 본항개정)
② 법원은 판결을 선고함에 있어 형법 제62조의2의 규정에 의하여 사회봉사 또는 수강을 명하는 경우에는 피고인이 이행하여야 할 총 사회봉사시간 또는 수강시간을 정하여야 한다. 이 경우 필요하다고 인정하는 때에는 사회봉사 또는 수강할 강의의 종류나 방법 및 그 시설등을 지정할 수 있다.
③ 형법 제62조의2제2항의 사회봉사명령은 500시간, 수강명령은 200시간을 각 초과할 수 없으며, 보호관찰관이 그 명령을 집행함에는 본인의 정상적인 생활을 방해하지 아니하도록 한다.(1998.6.20 단서삭제)
④ 형법 제62조의2제1항의 보호관찰·사회봉사·수강명령은 둘 이상 병과할 수 있다.(1998.6.20 본항신설)
⑤ 사회봉사·수강명령이 보호관찰과 병과하여 부과된 때에는 보호관찰기간내에 이를 집행하여야 한다.(1998.6.20 본항신설)
(1996.12.3 본조신설)

제147조의3【보호관찰의 판결등의 통지】① 보호관찰등을 조건으로 한 판결이 확정된 때에 당해 사건이 확정된 법원의 법원사무관등은 3일 이내에 판결문 등본을 대상자의 주거지를 관할하는 보호관찰소의 장에게 송부하여야 한다.
(1998.6.20 본항개정)
② 제1항의 서면에는 법원의 의견 기타 보호관찰 등의 자료가 될 만한 사항을 기재한 서면을 첨부할 수 있다.
(1996.12.3 본조신설)

제147조의4【보호관찰등의 성적보고】보호관찰 등을 명한 판결을 선고한 법원은 보호관찰등의 기간 중 보호관찰소장에게 보호관찰등을 받고 있는 자의 성적에 관하여 보고를 하게 할 수 있다.(1996.12.3 본조신설)

제148조【피고인에 대한 판결서 등본 등의 송달】 ① 법원은 피고인에 대하여 판결을 선고한 때에는 선고일부터 7일 이내에 피고인에게 그 판결서 등본을 송달하여야 한다. 다만, 피고인이 동의하는 경우에는 그 판결서 초본을 송달할 수 있다.
② 제1항에 불구하고 불구속 피고인과 법 제331조의 규정에 의하여 구속영장의 효력이 상실된 구속 피고인에 대하여는 피고인이 송달을 신청하는 경우에 한하여 판결서 등본 또는 판결서 초본을 송달한다.
(2016.6.27 본조개정)
제149조【집행유예취소청구의 방식】 법 제335조제1항에 규정한 형의 집행유예취소청구는 취소의 사유를 구체적으로 기재한 서면으로 하여야 한다.
제149조의2【자료의 제출】 형의 집행유예취소청구를 한 때에는 취소의 사유가 있다는 것을 인정할 수 있는 자료를 제출하여야 한다.(1996.12.3 본조신설)
제149조의3【청구서부본의 제출과 송달】 ① 형법 제64조제2항의 규정에 의한 집행유예취소청구를 한 때에는 검사는 청구와 동시에 청구서의 부본을 법원에 제출하여야 한다.
② 법원은 제1항의 부본을 받은 때에는 지체없이 집행유예의 선고를 받은 자에게 송달하여야 한다.
(1996.12.3 본조신설)
제150조【출석명령】 형의 집행유예취소청구를 받은 법원은 법 제335조제2항의 규정에 의한 의견을 묻기 위하여 필요하다고 인정할 경우에는 집행유예의 선고를 받은 자 또는 그 대리인의 출석을 명할 수 있다.(1996.12.3 본조개정)
제150조의2【준용규정】 제149조 내지 제150조의 규정은 형법 제61조제2항의 규정에 의하여 유예한 형을 선고하는 경우에 준용한다.(1996.12.3 본조신설)
제151조【경합범중 다시 형을 정하는 절차등에의 준용】 제149조, 제149조의2 및 제150조의 규정은 법 제336조에 규정한 절차에 이를 준용한다.(1996.12.3 본조개정)

제3편 상 소

제1장 통 칙

제152조【재소자의 상소장등의 처리】 ① 교도소장, 구치소장 또는 그 직무를 대리하는 자가 법 제344조제1항의 규정에 의하여 상소장을 제출받은 때에는 그 제출받은 연월일을 상소장에 부기하여 즉시 이를 원심법원에 송부하여야 한다.
② 제1항의 규정은 교도소장, 구치소장 또는 그 직무를 대리하는 자가 법 제355조에 따라 정식재판청구나 상소권회복청구 또는 상소의 포기나 취하의 서면 및 상소이유서를 제출받은 때 및 법 제487조부터 법 제489조까지의 신청과 그 취하에 이를 준용한다.(2007.10.29 본항개정)
제153조【상소의 포기 또는 취하에 관한 동의서의 제출】 ① 법 제350조에 규정한 피고인이 상소의 포기 또는 취하를 할 때에는 법정대리인이 이에 동의하는 취지의 서면을 제출하여야 한다.
② 피고인의 법정대리인 또는 법 제341조에 규정한 자가 상소의 취하를 할 때에는 피고인이 이에 동의하는 취지의 서면을 제출하여야 한다.
제154조【상소의 포기 또는 취하의 효력을 다투는 절차】 ① 상소의 포기 또는 취하가 부존재 또는 무효임을 주장하는 자는 그 포기 또는 취하당시 소송기록이 있었던 법원에 절차속행의 신청을 할 수 있다.
② 제1항의 신청을 받은 법원은 신청이 이유있다고 인정하는 때에는 신청을 인용하는 결정을 하고 절차를 속행하여야 하며, 신청이 이유없다고 인정하는 때에는 결정으로 신청을 기각하여야 한다.
③ 제2항 후단의 신청기각결정에 대하여는 즉시 항고할 수 있다.

제2장 항 소

제155조【항소이유서, 답변서의 기재】 항소이유서 또는 답변서에는 항소이유 또는 답변내용을 구체적으로 간결하게 명시하여야 한다.
제156조【항소이유서, 답변서의 부본제출】 항소이유서 또는 답변서에는 상대방의 수에 2를 더한 수의 부본을 첨부하여야 한다.(1996.12.3 본조개정)
제156조의2【국선변호인의 선정 및 소송기록접수통지】 ① 기록의 송부를 받은 항소법원은 법 제33조제1항제1호부터 제6호까지의 필요적 변호사건에 있어서 변호인이 없는 경우에는 지체없이 변호인을 선정한 후 그 변호인에게 소송기록접수통지를 하여야 한다. 법 제33조제3항에 의하여 국선변호인을 선정한 경우에도 그러하다.(2016.6.27 본항개정)
② 항소법원은 항소이유서 제출기간이 도과하기 전에 피고인으로부터 법 제33조제2항의 규정에 따른 국선변호인 선정청구가 있는 경우에는 지체없이 그에 관한 결정을 하여야 하고, 이 때 변호인을 선정한 경우에는 그 변호인에게 소송기록접수통지를 하여야 한다.(2006.8.17 본항개정)
③ 제1항, 제2항의 규정에 따라 국선변호인 선정결정을 한 후 항소이유서 제출기간 내에 피고인이 책임질 수 없는 사유로 그 선정결정을 취소하고 새로운 국선변호인을 선정한 경우에도 그 변호인에게 소송기록접수통지를 하여야 한다.
(2006.3.23 본항신설)
④ 항소법원이 제2항의 국선변호인 선정청구를 기각한 경우에는 피고인이 국선변호인 선정청구를 한 날로부터 선정청구기각결정등본을 송달받은 날까지의 기간을 법 제361조의3제1항이 정한 항소이유서 제출기간에 산입하지 아니한다. 다만, 피고인이 최초의 국선변호인 선정청구기각결정을 받은 이후 같은 법원에 다시 선정청구를 한 경우에는 그 국선변호인 선정청구일로부터 선정청구기각결정등본 송달일까지의 기간에 대해서는 그러하지 아니하다.(2006.3.23 본항신설)
제156조의3【항소이유 및 답변의 진술】 ① 항소인은 그 항소이유를 구체적으로 진술하여야 한다.
② 상대방은 항소인의 항소이유 진술이 끝난 뒤에 항소이유에 대한 답변을 구체적으로 진술하여야 한다.
③ 피고인 및 변호인은 이익이 되는 사실 등을 진술할 수 있다.
(2007.10.29 본조신설)
제156조의4【쟁점의 정리】 법원은 항소이유와 답변에 터잡아 해당 사건의 사실상·법률상 쟁점을 정리하여 밝히고 그 증명되어야 하는 사실을 명확히 하여야 한다.(2007.10.29 본조신설)
제156조의5【항소심과 증거조사】 ① 재판장은 증거조사절차에 들어가기에 앞서 제1심의 증거관계와 증거조사결과의 요지를 고지하여야 한다.
② 항소심 법원은 다음 각호의 어느 하나에 해당하는 경우에 한하여 증인을 신문할 수 있다.
1. 제1심에서 조사되지 아니한 데에 대하여 고의나 중대한 과실이 없고, 그 신청으로 인하여 소송을 현저하게 지연시키지 아니하는 경우
2. 제1심에서 증인으로 신문하였으나 새로운 중요한 증거의 발견 등으로 항소심에서 다시 신문하는 것이 부득이하다고 인정되는 경우
3. 그 밖에 항소의 당부에 관한 판단을 위하여 반드시 필요하다고 인정되는 경우
(2007.10.29 본조신설)
제156조의6【항소심에서의 피고인 신문】 ① 검사 또는 변호인은 항소심의 증거조사가 종료한 후 항소이유의 당부를 판단함에 필요한 사항에 한하여 피고인을 신문할 수 있다.

② 재판장은 제1항에 따라 피고인 신문을 실시하는 경우에도 제1심의 피고인 신문과 중복되거나 항소이유의 당부를 판단하는 데 필요 없다고 인정하는 때에는 그 신문의 전부 또는 일부를 제한할 수 있다.
③ 재판장은 필요하다고 인정하는 때에는 피고인을 신문할 수 있다.
(2007.10.29 본조신설)
제156조의7【항소심에서의 의견진술】 ① 항소심의 증거조사와 피고인 신문절차가 종료한 때에는 검사는 원심 판결의 당부와 항소이유에 대한 의견을 구체적으로 진술하여야 한다.
② 재판장은 검사의 의견을 들은 후 피고인과 변호인에게도 제1항의 의견을 진술할 기회를 주어야 한다.
(2007.10.29 본조신설)
제157조【환송 또는 이송판결이 확정된 경우 소송기록등의 송부】 법 제366조 또는 법 제367조 본문의 규정에 의한 환송 또는 이송판결이 확정된 경우에는 다음 각호의 규정에 의하여 처리하여야 한다.
1. 항소법원은 판결확정일로부터 7일이내에 소송기록과 증거물을 환송 또는 이송받을 법원에 송부하고, 항소법원에 대응하는 검찰청 검사 또는 수사처검사에게 그 사실을 통지하여야 한다.
2. 제1호의 송부를 받은 법원은 지체없이 그 법원에 대응한 검찰청 검사 또는 수사처검사에게 그 사실을 통지하여야 한다.
3. 피고인이 교도소 또는 구치소에 있는 경우에는 항소법원에 대응한 검찰청 검사 또는 수사처검사는 제1호의 통지를 받은 날로부터 10일 이내에 피고인을 환송 또는 이송받을 법원소재지의 교도소나 구치소에 이감한다.
(2021.1.29 1호~3호개정)
제158조【변호인 선임의 효력】 원심법원에서의 변호인 선임은 법 제366조 또는 법 제367조의 규정에 의한 환송 또는 이송이 있은 후에도 효력이 있다.
제159조【준용규정】 제2편중 공판에 관한 규정은 항소법원의 공판절차에 이를 준용한다.

제3장　상　고

제160조【상고이유서, 답변서의 부본 제출】 상고이유서 또는 답변서에는 상대방의 수에 4를 더한 수의 부본을 첨부하여야 한다.(1996.12.3 본조개정)
제161조【피고인에 대한 공판기일의 통지 등】 ① 법원사무관등은 피고인에게 공판기일통지서를 송달하여야 한다.
② 상고심에서는 공판기일을 지정하는 경우에도 피고인의 이감을 요하지 아니한다.
③ 상고한 피고인에 대하여 이감이 있는 경우에는 검사는 지체없이 이를 대법원에 통지하여야 한다.(1996.12.3 본항신설)
(1996.12.3 본조개정)
제161조의2【참고인 의견서 제출】 ① 국가기관과 지방자치단체는 공익과 관련된 사항에 관하여 대법원에 재판에 관한 의견서를 제출할 수 있고, 대법원은 이들에게 의견서를 제출하게 할 수 있다.
② 대법원은 소송관계를 분명하게 하기 위하여 공공단체 등 그 밖의 참고인에게 의견서를 제출하게 할 수 있다.
(2015.1.28 본조신설)
제162조【대법관전원합의체사건에 관하여 부에서 할 수 있는 재판】 대법관전원합의체에서 본안재판을 하는 사건에 관하여 구속, 구속기간의 갱신, 구속의 취소, 보석, 보석의 취소, 구속의 집행정지, 구속의 집행정지의 취소를 함에는 대법관 3인 이상으로써 구성된 부에서 재판할 수 있다.
(1988.3.23 본조개정)
제163조【판결정정신청의 통지】 법 제400조제1항에 규정한 판결정정의 신청이 있는 때에는 즉시 그 취지를 상대방에게 통지하여야 한다.
제164조【준용규정】 제155조, 제156조의2, 제157조제1호, 제2호의 규정은 상고심의 절차에 이를 준용한다.(1996.12.3 본조개정)

제4장　항　고

제165조【항고법원의 결정등본의 송부】 항고법원이 법 제413조 또는 법 제414조에 규정한 결정을 한 때에는 즉시 그 결정의 등본을 원심법원에 송부하여야 한다.

제4편　특별소송절차

제1장　재　심

제166조【재심청구의 방식】 재심의 청구를 함에는 재심청구의 취지 및 재심청구의 이유를 구체적으로 기재한 재심청구서에 원판결의 등본 및 증거자료를 첨부하여 관할법원에 제출하여야 한다.
제167조【재심청구 취하의 방식】 ① 재심청구의 취하는 서면으로 하여야 한다. 다만, 공판정에서는 구술로 할 수 있다.
② 구술로 재심청구의 취하를 한 경우에는 그 사유를 조서에 기재하여야 한다.
제168조【준용규정】 제152조의 규정은 재심의 청구와 그 취하에 이를 준용한다.
제169조【청구의 경합과 공판절차의 정지】 ① 항소기각의 확정판결과 그 판결에 의하여 확정된 제1심판결에 대하여 각각 재심의 청구가 있는 경우에 항소법원은 결정으로 제1심법원의 소송절차가 종료할 때까지 소송절차를 정지하여야 한다.
② 상고기각의 판결과 그 판결에 의하여 확정된 제1심 또는 제2심의 판결에 대하여 각각 재심의 청구가 있는 경우에 상고법원은 결정으로 제1심 법원 또는 항소법원의 소송절차가 종료할 때까지 소송절차를 정지하여야 한다.

제2장　약식절차

제170조【서류 등의 제출】 검사는 약식명령의 청구와 동시에 약식명령을 하는데 필요한 증거서류 및 증거물을 법원에 제출하여야 한다.
제171조【약식명령의 시기】 약식명령은 그 청구가 있은 날로부터 14일내에 이를 하여야 한다.
제172조【보통의 심판】 ① 법원사무관등은 약식명령의 청구가 있는 사건을 법 제450조의 규정에 따라 공판절차에 의하여 심판하기로 한 때에는 즉시 그 취지를 검사에게 통지하여야 한다.(1996.12.3 본항개정)
② 제1항의 통지를 받은 검사는 5일이내에 피고인수에 상응한 공소장 부본을 법원에 제출하여야 한다.(1996.12.3 본항개정)
③ 법원은 제2항의 공소장 부본에 관하여 법 제266조에 규정한 조치를 취하여야 한다.
제173조【준용규정】 제153조의 규정은 정식재판청구의 취하에 이를 준용한다.

제5편　재판의 집행

제174조【소송비용의 집행면제 등의 신청 등】 ① 법 제487조 내지 법 제489조의 규정에 의한 신청 및 그 취하는 서면으로 하여야 한다.
② 제152조의 규정은 제1항의 신청과 그 취하에 이를 준용한다.

제175조【소송비용의 집행면제 등의 신청 등의 통지】 법원은 제174조제1항에 규정한 신청 또는 그 취하의 서면을 제출받은 경우에는 즉시 그 취지를 검사에게 통지하여야 한다.

제6편 보 칙

제176조【신청 기타 진술의 방식】 ① 법원 또는 판사에 대한 신청 기타 진술은 법 및 이 규칙에 다른 규정이 없으면 서면 또는 구술로 할 수 있다.
② 구술에 의하여 신청 기타의 진술을 할 때에는 법원사무관등의 면전에서 하여야 한다.
③ 제2항의 경우에 법원사무관등은 조서를 작성하고 기명날인하여야 한다.(1996.12.3 본항개정)
제177조【재소자의 신청 기타 진술】 교도소장, 구치소장 또는 그 직무를 대리하는 자는 교도소 또는 구치소에 있는 피고인이나 피의자가 법원 또는 판사에 대한 신청 기타 진술에 관한 서면을 작성하고자 할 때에는 그 편의를 도모하여야 하고, 특히 피고인이나 피의자가 그 서면을 작성할 수 없을 때에는 법 제344조제2항의 규정에 준하는 조치를 취하여야 한다.
제177조의2【기일 외 주장 등의 금지】 ① 소송관계인은 기일 외에서 구술, 전화, 휴대전화 문자전송, 그 밖에 이와 유사한 방법으로 신체구속, 공소사실 또는 양형에 관하여 법률상·사실상 주장을 하는 등 법령이나 재판장의 지휘에 어긋나는 절차와 방식으로 소송행위를 하여서는 아니 된다.
② 재판장은 제1항을 어긴 소송관계인에게 주의를 촉구하고 기일에서 그 위반사실을 알릴 수 있다.
(2016.9.6 본조신설)
제178조【영장의 유효기간】 영장의 유효기간은 7일로 한다. 다만, 법원 또는 법관이 상당하다고 인정하는 때에는 7일을 넘는 기간을 정할 수 있다.(1996.12.3 본조신설)
제179조 (2016.11.29 삭제)

부 칙 (2006.3.23)

① **【시행일】** 이 규칙은 공포일로부터 시행한다.
② **【경과조치】** 제156조의2의 개정규정은 이 규칙 시행 이후 국선변호인선정청구가 있는 사건부터 적용한다.

부 칙 (2006.8.17)

① **【시행일】** 이 규칙은 2006년 8월 20일부터 시행한다.
② **【경과조치】** 이 규칙은 이 규칙 시행 당시 수사 중이거나 법원에 계속 중인 사건에도 적용한다.

부 칙 (2007.10.29)

제1조【시행일】 이 규칙은 2008년 1월 1일부터 시행한다.
제2조【일반적 경과조치】 이 규칙은 이 규칙 시행 당시 수사 중이거나 법원에 계속 중인 사건에도 적용한다. 다만, 이 규칙 시행 전에 종전의 규정에 따라 행한 행위의 효력에는 영향을 미치지 아니한다.
제3조【다른 규칙의 개정】 ①~② ※(해당 법령에 가제정리 하였음)

부 칙 (2007.12.31)

제1조【시행일】 이 규칙은 2008년 1월 22일부터 시행한다.
제2조【경과조치】 이 규칙은 이 규칙 시행 당시에 법원에 계속 중인 사건에도 적용한다.

부 칙 (2011.12.30)

제1조【시행일】 이 규칙은 2012년 1월 1일부터 시행한다.
제2조【경과조치】 이 규칙은 이 규칙 시행 당시 수사 중이거나 법원에 계속 중인 사건에도 적용한다.

부 칙 (2012.5.29)

이 규칙은 공포한 날부터 시행한다. 다만, 제84조의10의 개정규정은 2013년 1월 1일부터 시행한다.

부 칙 (2014.8.6)

이 규칙은 2014년 8월 7일부터 시행한다.

부 칙 (2014.12.30)

이 규칙은 2015년 1월 1일부터 시행한다.

부 칙 (2015.1.28)

이 규칙은 공포한 날부터 시행한다.

부 칙 (2015.6.29)

제1조【시행일】 이 규칙은 공포한 날부터 시행한다.
제2조【경과규정】 이 규칙은 이 규칙 시행 당시 법원에 계속 중인 사건에도 적용한다.

부 칙 (2016.2.19)

제1조【시행일】 이 규칙은 2016년 3월 1일부터 시행한다.
제2조【경과규정】 이 규칙은 이 규칙 시행 당시 법원에 계속 중인 사건에도 적용한다. 다만, 이 규칙 시행 전에 종전의 규정에 따라 행한 행위의 효력에는 영향을 미치지 아니한다.

부 칙 (2016.6.27)

제1조【시행일】 이 규칙은 2016년 7월 1일부터 시행한다.
제2조【경과규정】 이 규칙은 이 규칙 시행 당시 법원에 계속 중인 사건에도 적용한다. 다만, 이 규칙 시행 전에 종전의 규정에 따라 행한 행위의 효력에는 영향을 미치지 아니한다.

부 칙 (2016.9.6)

제1조【시행일】 이 규칙은 공포한 날부터 시행한다.
제2조【경과규정】 이 규칙은 이 규칙 시행 당시 법원에 계속 중인 사건에도 적용한다.

부 칙 (2016.11.29)

제1조【시행일】 이 규칙은 2016년 12월 1일부터 시행한다.
(이하 생략)

부 칙 (2020.6.26)

이 규칙은 공포한 날부터 시행한다.

부 칙 (2020.12.28)

제1조【시행일】 이 규칙은 2021년 1월 1일부터 시행한다.

제2조【경과조치】 이 규칙은 이 규칙 시행 당시에 법원에 계속 중인 사건에도 적용한다. 다만, 이 규칙 시행 전에 종전의 규정에 따라 행한 행위의 효력에는 영향을 미치지 아니한다.

부 칙 (2021.1.29)

이 규칙은 공포한 날부터 시행한다.

부 칙 (2021.10.29)

제1조【시행일】 이 규칙은 2021년 11월 18일부터 시행한다.
제2조【계속사건에 대한 경과조치】 이 규칙은 이 규칙 시행 당시 법원에 계속 중인 사건에 대하여도 적용한다.

부 칙 (2021.12.31)

제1조【시행일】 이 규칙은 2022년 1월 1일부터 시행한다.
제2조【경과조치】 ① 이 규칙은 이 규칙 시행 후 공소제기된 사건부터 적용한다.
② 이 규칙 시행 전에 종전의 규정에 따라 행한 행위의 효력에는 영향을 미치지 아니한다.

부 칙 (2024.12.31)

제1조【시행일】 이 규칙은 2025년 1월 17일부터 시행한다.
제2조【의견 청취에 관한 적용례】 제134조의13 개정규정은 이 규칙 시행 이후 피고인이 피해자의 권리 회복에 필요한 금전을 공탁한 경우부터 적용한다.

국민의 형사재판 참여에 관한 법률(약칭 : 국민참여재판법)

(2007년 6월 1일
법 률 제8495호)

개정
2010. 4.15법10258호(성폭력범죄의처벌등에관한특례법)
2012. 1.17법11155호
2013. 3.23법11690호(정부조직)
2014.11.19법12844호(정부조직)
2016. 1.19법13762호
2016. 5.29법14184호(예비군법)
2017. 7.26법14839호(정부조직)

제1장 총 칙

제1조【목적】 이 법은 사법의 민주적 정당성과 신뢰를 높이기 위하여 국민이 형사재판에 참여하는 제도를 시행함에 있어서 참여에 따른 권한과 책임을 명확히 하고, 재판절차의 특례와 그 밖에 필요한 사항에 관하여 규정함을 목적으로 한다.
제2조【정의】 이 법에서 사용하는 용어의 정의는 다음과 같다.
1. "배심원"이란 이 법에 따라 형사재판에 참여하도록 선정된 사람을 말한다.
2. "국민참여재판"이란 배심원이 참여하는 형사재판을 말한다.
제3조【국민의 권리와 의무】 ① 누구든지 이 법으로 정하는 바에 따라 국민참여재판을 받을 권리를 가진다.
② 대한민국 국민은 이 법으로 정하는 바에 따라 국민참여재판에 참여할 권리와 의무를 가진다.
제4조【다른 법령과의 관계】 국민참여재판에 관하여 이 법에 특별한 규정이 없는 때에는 「법원조직법」·「형사소송법」 등 다른 법령을 적용한다.

제2장 대상사건 및 관할

제5조【대상사건】 ① 다음 각 호에 정하는 사건을 국민참여재판의 대상사건(이하 "대상사건"이라 한다)으로 한다.
1. 「법원조직법」 제32조제1항(제2호 및 제5호는 제외한다)에 따른 합의부 관할 사건
2. 제1호에 해당하는 사건의 미수죄·교사죄·방조죄·예비죄·음모죄에 해당하는 사건
3. 제1호 및 제2호에 해당하는 사건과 「형사소송법」 제11조에 따른 관련 사건으로서 병합하여 심리하는 사건
(2012.1.17 본항개정)
② 피고인이 국민참여재판을 원하지 아니하거나 제9조제1항에 따른 배제결정이 있는 경우는 국민참여재판을 하지 아니한다.
제6조【공소사실의 변경 등】 ① 법원은 공소사실의 일부 철회 또는 변경으로 인하여 대상사건에 해당하지 아니하게 된 경우에도 이 법에 따른 재판을 계속 진행한다. 다만, 법원은 심리의 상황이나 그 밖의 사정을 고려하여 국민참여재판으로 진행하는 것이 적당하지 아니하다고 인정하는 때에는 결정으로 당해 사건을 지방법원 본원 합의부가 국민참여재판에 의하지 아니하고 심판하게 할 수 있다.
② 제1항 단서의 결정에 대하여는 불복할 수 없다.
③ 제1항 단서의 결정이 있는 경우에는 당해 재판에 참여한 배심원과 예비배심원은 해임된 것으로 본다.
④ 제1항 단서의 결정 전에 행한 소송행위는 그 결정 이후에도 그 효력에 영향이 없다.
제7조【필요적 국선변호】 이 법에 따른 국민참여재판에 관하여 변호인이 없는 때에는 법원은 직권으로 변호인을 선정하여야 한다.

제8조【피고인 의사의 확인】 ① 법원은 대상사건의 피고인에 대하여 국민참여재판을 원하는지 여부에 관한 의사를 서면 등의 방법으로 반드시 확인하여야 한다. 이 경우 피고인 의사의 구체적인 확인 방법은 대법원규칙으로 정하되, 피고인의 국민참여재판을 받을 권리가 최대한 보장되도록 하여야 한다.
② 피고인은 공소장 부본을 송달받은 날부터 7일 이내에 국민참여재판을 원하는지 여부에 관한 의사가 기재된 서면을 제출하여야 한다. 이 경우 피고인이 서면을 우편으로 발송한 때, 교도소 또는 구치소에 있는 피고인이 서면을 교도소장·구치소장 또는 그 직무를 대리하는 자에게 제출한 때에 법원에 제출한 것으로 본다.
③ 피고인이 제2항의 서면을 제출하지 아니한 때에는 국민참여재판을 원하지 아니하는 것으로 본다.
④ 피고인은 제9조제1항의 배제결정 또는 제10조제1항의 회부결정이 있거나 공판준비기일이 종결되거나 제1회 공판기일이 열린 이후에는 종전의 의사를 바꿀 수 없다.
판례 제8조는 피고인이 공소장 부본을 송달받은 날부터 7일 이내에 국민참여재판을 원하는지 여부에 관한 의사가 기재된 서면(이하 '의사확인서')을 제출하도록 하고, 피고인이 그 기간 내에 의사확인서를 제출하지 아니한 때에는 국민참여재판을 원하지 아니하는 것으로 보며, 공판준비기일이 종결되거나 제1회 공판기일이 열린 이후 등에는 종전의 의사를 바꿀 수 없도록 규정하고 있다. 위 규정의 취지를 위 기한이 지나면 피고인이 국민참여재판 신청을 할 수 없도록 하려는 것으로는 보기 어려운 점 등에 비추어 볼 때, 공소장 부본을 송달받은 날부터 7일 이내에 의사확인서를 제출하지 아니한 피고인도 제1회 공판기일이 열리기 전까지는 국민참여재판 신청을 할 수 있고, 법원은 그 의사를 확인하여 국민참여재판으로 진행할 수 있다고 봄이 상당하다.
(대결 2009.10.23, 2009모1032)
제9조【배제결정】 ① 법원은 공소제기 후부터 공판준비기일이 종결된 다음 날까지 다음 각 호의 어느 하나에 해당하는 경우 국민참여재판을 하지 아니하기로 하는 결정을 할 수 있다.
1. 배심원·예비배심원·배심원후보자 또는 그 친족의 생명·신체·재산에 대한 침해 또는 침해의 우려가 있어서 출석의 어려움이 있거나 이 법에 따른 직무를 공정하게 수행하지 못할 염려가 있다고 인정되는 경우
2. 공범 관계에 있는 피고인들 중 일부가 국민참여재판을 원하지 아니하여 국민참여재판의 진행에 어려움이 있다고 인정되는 경우
3. 「성폭력범죄의 처벌 등에 관한 특례법」 제2조의 범죄로 인한 피해자(이하 "성폭력범죄 피해자"라 한다) 또는 법정대리인이 국민참여재판을 원하지 아니하는 경우(2012.1.17 본호신설)
4. 그 밖에 국민참여재판으로 진행하는 것이 적절하지 아니하다고 인정되는 경우
② 법원은 제1항의 결정을 하기 전에 검사·피고인 또는 변호인의 의견을 들어야 한다.
③ 제1항의 결정에 대하여는 즉시항고를 할 수 있다.
판례 [1] 무죄추정원칙 위배 여부 : 참여재판 배제조항은 국민참여재판의 특성에 비추어 그 절차로 진행함이 부적당한 사건에 대하여 법원의 재량으로 국민참여재판을 하지 아니하기로 하는 결정을 할 수 있도록 한 것일 뿐, 피고인에 대한 범죄사실 인정이나 유죄판결을 전제로 하여 불이익을 과하는 것이 아니므로 무죄추정원칙에 위배된다고 볼 수 없다.
[2] 적법절차원칙 위배 여부 : 공소사실의 다양한 태양과 그로 인하여 쟁점이 지나치게 복잡하게 될 가능성, 예상되는 심리기간의 장단, 주요 증인의 소재 확보 여부와 사생활의 비밀 보호 등 공판절차에서 나타나는 여러 사정을 고려하여 보았을 때 참여재판 배제사유를 일일이 열거하는 것은 불가능하거나 현저히 곤란하다. 그러므로 참여재판 배제조항과 같이 포괄적, 일반적 배제사유를 두는 것은 불가피하고, 그 실질적 기준은 법원의 재판을 통하여 합리적으로 결정될 수 있다. 따라서 참여재판 배제조항은 그 절차와 내용에 있어 합리성과 정당성을 갖추었다고 할 것이므로, 적법절차원칙에 위배되지 아니한다.
(헌재결 2014.1.28, 2012헌바298)
제10조【지방법원 지원 관할 사건의 특례】 ① 제8조에 따라 피고인이 국민참여재판을 원하는 의사를 표시한 경우 지방법원 지원 합의부가 제9조제1항의 배제결정을 하지 아니하는 경우에는 국민참여재판절차 회부결정을 하여 사건을 지방법원 본원 합의부로 이송하여야 한다.
② 지방법원 지원 합의부가 심판권을 가지는 사건 중 지방법원 지원 합의부가 제1항의 회부결정을 한 사건에 대하여는 지방법원 본원 합의부가 관할권을 가진다.
제11조【통상절차 회부】 ① 법원은 피고인의 질병 등으로 공판절차가 장기간 정지되거나 피고인에 대한 구속기간의 만료, 성폭력범죄 피해자의 보호, 그 밖에 심리의 제반 사정에 비추어 국민참여재판을 계속 진행하는 것이 부적절하다고 인정하는 경우에는 직권 또는 검사·피고인·변호인이나 성폭력범죄 피해자 또는 법정대리인의 신청에 따라 결정으로 사건을 지방법원 본원 합의부가 국민참여재판에 의하지 아니하고 심판하게 할 수 있다.(2012.1.17 본항개정)
② 법원은 제1항의 결정을 하기 전에 검사·피고인 또는 변호인의 의견을 들어야 한다.
③ 제1항의 결정에 대하여는 불복할 수 없다.
④ 제1항의 결정이 있는 경우에는 제6조제3항 및 제4항을 준용한다.

제3장 배심원

제1절 총 칙

제12조【배심원의 권한과 의무】 ① 배심원은 국민참여재판을 하는 사건에 관하여 사실의 인정, 법령의 적용 및 형의 양정에 관한 의견을 제시할 권한이 있다.
② 배심원은 법령을 준수하고 독립하여 성실히 직무를 수행하여야 한다.
③ 배심원은 직무상 알게 된 비밀을 누설하거나 재판의 공정을 해하는 행위를 하여서는 아니 된다.
제13조【배심원의 수】 ① 법정형이 사형·무기징역 또는 무기금고에 해당하는 대상사건에 대한 국민참여재판에는 9인의 배심원이 참여하고, 그 외의 대상사건에 대한 국민참여재판에는 7인의 배심원이 참여한다. 다만, 법원은 피고인 또는 변호인이 공판준비절차에서 공소사실의 주요내용을 인정한 때에는 5인의 배심원이 참여하게 할 수 있다.
② 법원은 사건의 내용에 비추어 특별한 사정이 있다고 인정되고 검사·피고인 또는 변호인의 동의가 있는 경우에 한하여 결정으로 배심원의 수를 7인과 9인 중에서 제1항과 달리 정할 수 있다.
제14조【예비배심원】 ① 법원은 배심원의 결원 등에 대비하여 5인 이내의 예비배심원을 둘 수 있다.
② 이 법에서 정하는 배심원에 대한 사항은 그 성질에 반하지 아니하는 한 예비배심원에 대하여 준용한다.
제15조【여비·일당 등】 대법원규칙으로 정하는 바에 따라 배심원·예비배심원 및 배심원후보자에게 여비·일당 등을 지급한다.

제2절 배심원의 자격

제16조【배심원의 자격】 배심원은 만 20세 이상의 대한민국 국민 중에서 이 법으로 정하는 바에 따라 선정된다.
제17조【결격사유】 다음 각 호의 어느 하나에 해당하는 사람은 배심원으로 선정될 수 없다.
1. 피성년후견인 또는 피한정후견인(2016.1.19 본호개정)
2. 파산자를 받고 복권되지 아니한 사람
3. 금고 이상의 실형을 선고받고 그 집행이 종료(종료된 것으로 보는 경우를 포함한다)되거나 집행이 면제된 후 5년을 경과하지 아니한 사람
4. 금고 이상의 형의 집행유예를 선고받고 그 기간이 완료된 날부터 2년을 경과하지 아니한 사람
5. 금고 이상의 형의 선고유예를 받고 그 선고유예기간 중에 있는 사람
6. 법원의 판결에 의하여 자격이 상실 또는 정지된 사람

제18조【직업 등에 따른 제외사유】 다음 각 호의 어느 하나에 해당하는 사람을 배심원으로 선정하여서는 아니된다.
1. 대통령
2. 국회의원 · 지방자치단체의 장 및 지방의회의원
3. 입법부 · 사법부 · 행정부 · 헌법재판소 · 중앙선거관리위원회 · 감사원의 정무직 공무원
4. 법관 · 검사
5. 변호사 · 법무사
6. 법원 · 검찰 공무원
7. 경찰 · 교정 · 보호관찰 공무원
8. 군인 · 군무원 · 소방공무원 또는 「예비군법」에 따라 동원되거나 교육훈련의무를 이행 중인 예비군(2016.5.29 본호개정)

제19조【제척사유】 다음 각 호의 어느 하나에 해당하는 사람은 당해 사건의 배심원으로 선정될 수 없다.
1. 피해자
2. 피고인 또는 피해자의 친족이나 이러한 관계에 있었던 사람
3. 피고인 또는 피해자의 법정대리인
4. 사건에 관한 증인 · 감정인 · 피해자의 대리인
5. 사건에 관한 피고인의 대리인 · 변호인 · 보조인
6. 사건에 관한 검사 또는 사법경찰관의 직무를 행한 사람
7. 사건에 관하여 전심 재판 또는 그 기초가 되는 조사 · 심리에 관여한 사람

제20조【면제사유】 법원은 직권 또는 신청에 따라 다음 각 호의 어느 하나에 해당하는 사람에 대하여 배심원 직무의 수행을 면제할 수 있다.
1. 만 70세 이상인 사람
2. 과거 5년 이내에 배심원후보자로서 선정기일에 출석한 사람
3. 금고 이상의 형에 해당하는 죄로 기소되어 사건이 종결되지 아니한 사람
4. 법령에 따라 체포 또는 구금되어 있는 사람
5. 배심원 직무의 수행이 자신이나 제3자에게 위해를 초래하거나 직업상 회복할 수 없는 손해를 입게 될 우려가 있는 사람
6. 중병 · 상해 또는 장애로 인하여 법원에 출석하기 곤란한 사람
7. 그 밖의 부득이한 사유로 배심원 직무를 수행하기 어려운 사람

제21조【보고 · 서류송부 요구】 지방법원장 또는 재판장은 국가, 지방자치단체, 공공단체, 그 밖의 법인 · 단체에 배심원후보자 · 배심원 · 예비배심원의 선정 또는 해임에 관한 판단을 위하여 필요한 사항의 보고 또는 그 보관서류의 송부를 요구할 수 있다.

제3절 배심원의 선정

제22조【배심원후보예정자명부의 작성】 ① 지방법원장은 배심원후보예정자명부를 작성하기 위하여 행정안전부장관에게 매년 그 관할 구역 내에 거주하는 만 20세 이상 국민의 주민등록정보에서 일정한 수의 배심원후보예정자의 성명 · 생년월일 · 주소 및 성별에 관한 주민등록정보를 추출하여 전자파일의 형태로 송부하여 줄 것을 요청할 수 있다.
(2017.7.26 본항개정)
② 제1항의 요청을 받은 행정안전부장관은 30일 이내에 주민등록자료를 지방법원장에게 송부하여야 한다.(2017.7.26 본항개정)
③ 지방법원장은 매년 주민등록자료를 활용하여 배심원후보예정자명부를 작성한다.

제23조【배심원후보자의 결정 및 출석통지】 ① 법원은 배심원후보예정자명부 중에서 필요한 수의 배심원후보자를 무작위 추출 방식으로 정하여 배심원과 예비배심원의 선정기일을 통지하여야 한다.
② 제1항의 통지를 받은 배심원후보자는 선정기일에 출석하여야 한다.
③ 법원은 제1항의 통지 이후 배심원의 직무 종사 예정기간을 마칠 때까지 제17조부터 제20조까지에 해당하는 사유가 있다고 인정되는 배심원후보자에 대하여는 즉시 그 출석통지를 취소하고 신속하게 당해 배심원후보자에게 그 내용을 통지하여야 한다.

제24조【선정기일의 진행】 ① 법원은 합의부원으로 하여금 선정기일의 절차를 진행하게 할 수 있다. 이 경우 수명법관은 선정기일에 관하여 법원 또는 재판장과 동일한 권한이 있다.
② 선정기일은 공개하지 아니한다.
③ 선정기일에서는 배심원후보자의 명예가 손상되지 아니하고 사생활이 침해되지 아니하도록 배려하여야 한다.
④ 법원은 선정기일의 속행을 위하여 새로운 기일을 정할 수 있다. 이 경우 선정기일에 출석한 배심원후보자에 대하여 새로운 기일을 통지한 때에는 출석통지서의 송달이 있었던 경우와 동일한 효력이 있다.

제25조【질문표】 ① 법원은 배심원후보자가 제28조제1항에서 정하는 사유에 해당하는지의 여부를 판단하기 위하여 질문표를 사용할 수 있다.
② 배심원후보자는 정당한 사유가 없는 한 질문표에 기재된 질문에 답하여 이를 법원에 제출하여야 한다.

제26조【후보자명부 송부 등】 ① 법원은 선정기일의 2일 전까지 검사와 변호인에게 배심원후보자의 성명 · 성별 · 출생연도가 기재된 명부를 송부하여야 한다.
② 법원은 선정절차에 질문표를 사용하는 때에는 선정기일을 진행하기 전에 배심원후보자가 제출한 질문표 사본을 검사와 변호인에게 교부하여야 한다.

제27조【선정기일의 참여자】 ① 법원은 검사 · 피고인 또는 변호인에게 선정기일을 통지하여야 한다.
② 검사와 변호인은 선정기일에 출석하여야 하며, 피고인은 법원의 허가를 받아 출석할 수 있다.
③ 법원은 변호인이 선정기일에 출석하지 아니한 경우 국선변호인을 선정하여야 한다.

제28조【배심원후보자에 대한 질문과 기피신청】 ① 법원은 배심원후보자가 제17조부터 제20조까지의 사유에 해당하는지 여부 또는 불공평한 판단을 할 우려가 있는지 여부 등을 판단하기 위하여 배심원후보자에게 질문을 할 수 있다. 검사 · 피고인 또는 변호인은 법원으로 하여금 필요한 질문을 하도록 요청할 수 있고, 법원은 검사 또는 변호인으로 하여금 직접 질문하게 할 수 있다.
② 배심원후보자는 제1항의 질문에 대하여 정당한 사유 없이 진술을 거부하거나 거짓 진술을 하여서는 아니 된다.
③ 법원은 배심원후보자가 제17조부터 제20조까지의 사유에 해당하거나 불공평한 판단을 할 우려가 있다고 인정되는 때에는 직권 또는 검사 · 피고인 · 변호인의 기피신청에 따라 당해 배심원후보자에 대하여 불선정 결정을 하여야 한다. 검사 · 피고인 또는 변호인의 기피신청을 기각하는 경우에는 이유를 고지하여야 한다.

제29조【이의신청】 ① 제28조제3항의 기피신청을 기각하는 결정에 대하여는 즉시 이의신청을 할 수 있다.
② 제1항의 이의신청에 대한 결정은 기피신청 기각결정을 한 법원이 한다.
③ 이의신청에 대한 결정에 대하여는 불복할 수 없다.

제30조【무이유부기피신청】 ① 검사와 변호인은 각자 다음 각 호의 범위 내에서 배심원후보자에 대하여 이유를 제시하지 아니하는 기피신청(이하 "무이유부기피신청"이라 한다)을 할 수 있다.
1. 배심원이 9인인 경우는 5인

2. 배심원이 7인인 경우는 4인
3. 배심원이 5인인 경우는 3인
② 무이유부기피신청이 있는 때에는 법원은 당해 배심원후보자를 배심원으로 선정할 수 없다.
③ 법원은 검사·피고인 또는 변호인에게 순서를 바꿔가며 무이유부기피신청을 할 수 있는 기회를 주어야 한다.
제31조【선정결정 및 불선정결정】 ① 법원은 출석한 배심원후보자 중에서 당해 재판에서 필요한 배심원과 예비배심원의 수에 해당하는 배심원후보자를 무작위로 뽑고 이들을 대상으로 직권, 기피신청 또는 무이유부기피신청에 따른 불선정결정을 한다.
② 제1항의 불선정결정이 있는 경우에는 그 수만큼 제1항의 절차를 반복한다.
③ 제1항 및 제2항의 절차를 거쳐 필요한 수의 배심원과 예비배심원 후보자가 확정되면 법원은 무작위의 방법으로 배심원과 예비배심원을 선정한다. 예비배심원이 2인 이상인 경우에는 그 순번을 정하여야 한다.
④ 법원은 배심원과 예비배심원에게 누가 배심원으로 선정되었는지 여부를 알리지 아니할 수 있다.

제4절 배심원의 해임 등

제32조【배심원의 해임】 ① 법원은 배심원 또는 예비배심원이 다음 각 호의 어느 하나에 해당하는 때에는 직권 또는 검사·피고인·변호인의 신청에 따라 배심원 또는 예비배심원을 해임하는 결정을 할 수 있다.
1. 배심원 또는 예비배심원이 제42조제1항의 선서를 하지 아니한 때
2. 배심원 또는 예비배심원이 제41조제2항 각 호의 의무를 위반하여 그 직무를 담당하게 하는 것이 적당하지 아니하다고 인정되는 때
3. 배심원 또는 예비배심원이 출석의무에 위반하고 계속하여 그 직무를 행하는 것이 적당하지 아니한 때
4. 배심원 또는 예비배심원에게 제17조부터 제20조까지의 사유에 해당하는 사실이 있거나 불공평한 판단을 할 우려가 있는 때
5. 배심원 또는 예비배심원이 질문표에 거짓 기재를 하거나 선정절차에서의 질문에 대하여 정당한 사유 없이 진술을 거부하거나 거짓의 진술을 한 것이 밝혀지고 계속하여 그 직무를 행하는 것이 적당하지 아니한 때
6. 배심원 또는 예비배심원이 법정에서 재판장이 명한 사항을 따르지 아니하거나 폭언 그 밖의 부당한 언행을 하는 등 공판절차의 진행을 방해한 때
② 제1항의 결정을 함에 있어서는 검사·피고인 또는 변호인의 의견을 묻고 출석한 당해 배심원 또는 예비배심원에게 진술기회를 부여하여야 한다.
③ 제1항의 결정에 대하여는 불복할 수 없다.
제33조【배심원의 사임】 ① 배심원과 예비배심원은 직무를 계속 수행하기 어려운 사정이 있는 때에는 법원에 사임을 신청할 수 있다.
② 법원은 제1항의 신청에 이유가 있다고 인정하는 때에는 당해 배심원 또는 예비배심원을 해임하는 결정을 할 수 있다.
③ 제2항의 결정을 함에 있어서는 검사·피고인 또는 변호인의 의견을 들어야 한다.
④ 제2항의 결정에 대하여는 불복할 수 없다.
제34조【배심원의 추가선정 등】 ① 제32조 및 제33조에 따라 배심원이 부족하게 된 경우 예비배심원은 미리 정한 순서에 따라 배심원이 된다. 이 때 배심원이 될 예비배심원이 없는 경우 배심원을 추가로 선정한다.
② 국민참여재판 도중 심리의 진행 정도에 비추어 배심원을 추가 선정하여 재판에 관여하게 하는 것이 부적절하다고 판단되는 경우 법원은 다음 각 호의 구분에 따라 남은 배심원만으로 계속하여 국민참여재판을 진행하는 결정을 할 수 있다. 다만, 배심원이 5인 미만이 되는 경우에는 그러하지 아니하다.
1. 1인의 배심원이 부족한 때에는 검사·피고인 또는 변호인의 의견을 들어야 한다.
2. 2인 이상의 배심원이 부족한 때에는 검사·피고인 또는 변호인의 동의를 받아야 한다.
제35조【배심원 등의 임무 종료】 배심원과 예비배심원의 임무는 다음 각 호의 어느 하나에 해당하면 종료한다.
1. 종국재판을 고지한 때
2. 제6조제1항 단서 또는 제11조에 따라 통상절차 회부결정을 고지한 때

제4장 국민참여재판의 절차

제1절 공판의 준비

제36조【공판준비절차】 ① 재판장은 제8조에 따라 피고인이 국민참여재판을 원하는 의사를 표시한 경우에 사건을 공판준비절차에 부쳐야 한다. 다만, 공판준비절차에 부치기 전에 제9조제1항의 배제결정이 있는 때에는 그러하지 아니하다.
② 공판준비절차에 부친 이후 피고인이 국민참여재판을 원하지 아니하는 의사를 표시하거나 제9조제1항의 배제결정이 있는 때에는 공판준비절차를 종결할 수 있다.
③ 지방법원 본원 합의부가 지방법원 지원 합의부로부터 제10조제1항에 따라 이송받은 사건에 대하여는 이미 공판준비절차를 거친 경우에도 필요한 때에는 공판준비절차에 부칠 수 있다.
④ 검사·피고인 또는 변호인은 증거를 미리 수집·정리하는 등 공판준비절차가 원활하게 진행되도록 협력하여야 한다.
제37조【공판준비기일】 ① 법원은 주장과 증거를 정리하고 심리계획을 수립하기 위하여 공판준비기일을 지정하여야 한다.
② 법원은 합의부원으로 하여금 공판준비기일을 진행하게 할 수 있다. 이 경우 수명법관은 공판준비기일에 관하여 법원 또는 재판장과 동일한 권한이 있다.
③ 공판준비기일은 공개한다. 다만, 법원은 공개함으로써 절차의 진행이 방해될 우려가 있는 때에는 공판준비기일을 공개하지 아니할 수 있다.
④ 공판준비기일에는 배심원이 참여하지 아니한다.

제2절 공판절차

제38조【공판기일의 통지】 공판기일은 배심원과 예비배심원에게 통지하여야 한다.
제39조【소송관계인의 좌석】 ① 공판정은 판사·배심원·예비배심원·검사·변호인이 출석하여 개정한다.
② 검사와 피고인 및 변호인은 대등하게 마주 보고 위치한다. 다만, 피고인신문을 하는 때에는 피고인은 증인석에 위치한다.
③ 배심원과 예비배심원은 재판장과 검사·피고인 및 변호인의 사이 왼쪽에 위치한다.
④ 증인석은 재판장과 검사·피고인 및 변호인의 사이 오른쪽에 배심원과 예비배심원을 마주 보고 위치한다.
제40조【공판정에서의 속기·녹취】 ① 법원은 특별한 사정이 없는 한 공판정에서의 심리를 속기사로 하여금 속기하게 하거나 녹음장치 또는 영상녹화장치를 사용하여 녹음 또는 영상녹화하여야 한다.

② 제1항에 따른 속기록·녹음테이프 또는 비디오테이프는 공판조서와는 별도로 보관되어야 하며, 검사·피고인 또는 변호인은 비용을 부담하고 속기록·녹음테이프 또는 비디오테이프의 사본을 청구할 수 있다.

제41조【배심원의 절차상 권리와 의무】 ① 배심원과 예비배심원은 다음 각 호의 행위를 할 수 있다.

1. 피고인·증인에 대하여 필요한 사항을 신문하여 줄 것을 재판장에게 요청하는 행위
2. 필요하다고 인정되는 경우 재판장의 허가를 받아 각자 필기를 하여 이를 평의에 사용하는 행위

② 배심원과 예비배심원은 다음 각 호의 행위를 하여서는 아니된다.

1. 심리 도중에 법정을 떠나거나 평의·평결 또는 토의가 완결되기 전에 재판장의 허락 없이 평의·평결 또는 토의 장소를 떠나는 행위
2. 평의가 시작되기 전에 당해 사건에 관한 자신의 견해를 밝히거나 의논하는 행위
3. 재판절차 외에서 당해 사건에 관한 정보를 수집하거나 조사하는 행위
4. 이 법에서 정한 평의·평결 또는 토의에 관한 비밀을 누설하는 행위

제42조【선서 등】 ① 배심원과 예비배심원은 법률에 따라 공정하게 그 직무를 수행할 것을 다짐하는 취지의 선서를 하여야 한다.

② 재판장은 배심원과 예비배심원에 대하여 배심원과 예비배심원의 권한·의무·재판절차, 그 밖에 직무수행을 원활히 하는 데 필요한 사항을 설명하여야 한다.

제43조【간이공판절차 규정의 배제】 국민참여재판에는 「형사소송법」 제286조의2를 적용하지 아니한다.

제44조【배심원의 증거능력 판단 배제】 배심원 또는 예비배심원은 법원의 증거능력에 관한 심리에 관여할 수 없다.

제45조【공판절차의 갱신】 ① 공판절차가 개시된 후 새로 재판에 참여하는 배심원 또는 예비배심원이 있는 때에는 공판절차를 갱신하여야 한다.

② 제1항의 갱신절차는 새로 참여한 배심원 또는 예비배심원이 쟁점 및 조사한 증거를 이해할 수 있도록 하되, 그 부담이 과중하지 아니하도록 하여야 한다.

제3절 평의·평결·토의 및 판결 선고

제46조【재판장의 설명·평의·평결·토의 등】 ① 재판장은 변론이 종결된 후 법정에서 배심원에게 공소사실의 요지와 적용법조, 피고인과 변호인 주장의 요지, 증거능력, 그 밖에 유의할 사항에 관하여 설명하여야 한다. 이 경우 필요한 때에는 증거의 요지에 관하여 설명할 수 있다.

② 심리에 관여한 배심원은 제1항의 설명을 들은 후 유·무죄에 관하여 평의하고, 전원의 의견이 일치하면 그에 따라 평결한다. 다만, 배심원 과반수의 요청이 있으면 심리에 관여한 판사의 의견을 들을 수 있다.

③ 배심원은 유·무죄에 관하여 전원의 의견이 일치하지 아니하는 때에는 평결을 하기 전에 심리에 관여한 판사의 의견을 들어야 한다. 이 경우 유·무죄의 평결은 다수결의 방법으로 한다. 심리에 관여한 판사는 평의에 참석하여 의견을 진술한 경우에도 평결에는 참여할 수 없다.

④ 제2항 및 제3항의 평결이 유죄인 경우 배심원은 심리에 관여한 판사와 함께 양형에 관하여 토의하고 그에 관한 의견을 개진한다. 재판장은 양형에 관한 토의 전에 처벌의 범위와 양형의 조건 등을 설명하여야 한다.

⑤ 제2항부터 제4항까지의 평결과 의견은 법원을 기속하지 아니한다.

⑥ 제2항 및 제3항의 평결결과와 제4항의 의견을 집계한 서면은 소송기록에 편철한다.

판례 사법의 민주적 정당성과 신뢰를 높이기 위해 도입된 국민참여재판의 형식으로 진행된 형사공판절차에서, 엄격한 선정절차를 거쳐 양식 있는 시민으로 구성된 배심원이 사실의 인정에 관하여 재판부에 제시하는 집단적 의견은 실질적 직접심리주의 및 공판중심주의하에서 증거의 취사와 사실의 인정에 관한 전권을 가지는 사실심 법관의 판단을 돕기 위한 권고적 효력을 가지는 것인바, 배심원이 증인신문 등 사실심리의 전 과정에 함께 참여한 후 증인이 한 진술의 신빙성 등 증거의 취사와 사실의 인정에 관하여 만장일치의 의견으로 내린 무죄의 평결이 재판부의 심증에 부합하여 그대로 채택된 경우라면, 이러한 절차를 거쳐 이루어진 증거의 취사 및 사실의 인정에 관한 제1심의 판단은 실질적 직접심리주의 및 공판중심주의의 취지와 정신에 비추어 항소심에서의 새로운 증거조사를 통해 그에 명백히 반대되는 충분하고도 납득할 만한 현저한 사정이 나타나지 않는 한 한층 더 존중될 필요가 있다.(대판 2010.3.25, 2009도14065)

제47조【평의 등의 비밀】 배심원은 평의·평결 및 토의 과정에서 알게 된 판사 및 배심원 각자의 의견과 그 분포 등을 누설하여서는 아니 된다.

제48조【판결선고기일】 ① 판결의 선고는 변론을 종결한 기일에 하여야 한다. 다만, 특별한 사정이 있는 때에는 따로 선고기일을 지정할 수 있다.

② 변론을 종결한 기일에 판결을 선고하는 경우에는 판결서를 선고 후에 작성할 수 있다.

③ 제1항 단서의 선고기일은 변론종결 후 14일 이내로 정하여야 한다.

④ 재판장은 판결선고 시 피고인에게 배심원의 평결결과를 고지하여야 하며, 배심원의 평결결과와 다른 판결을 선고하는 때에는 피고인에게 그 이유를 설명하여야 한다.

제49조【판결서의 기재사항】 ① 판결서에는 배심원이 재판에 참여하였다는 취지를 기재하여야 하고, 배심원의 의견을 기재할 수 있다.

② 배심원의 평결결과와 다른 판결을 선고하는 때에는 판결서에 그 이유를 기재하여야 한다.

제5장 배심원 등의 보호를 위한 조치

제50조【불이익취급의 금지】 누구든지 배심원·예비배심원 또는 배심원후보자인 사실을 이유로 해고하거나 그 밖의 불이익한 처우를 하여서는 아니 된다.

제51조【배심원 등에 대한 접촉의 규제】 ① 누구든지 당해 재판에 영향을 미치거나 배심원 또는 예비배심원이 직무상 취득한 비밀을 알아낼 목적으로 배심원 또는 예비배심원과 접촉하여서는 아니 된다.

② 누구든지 배심원 또는 예비배심원이 직무상 취득한 비밀을 알아낼 목적으로 배심원 또는 예비배심원의 직무에 종사하였던 사람과 접촉하여서는 아니 된다. 다만, 연구에 필요한 경우는 그러하지 아니하다.

제52조【배심원 등의 개인정보 공개금지】 ① 법령으로 정하는 경우를 제외하고는 누구든지 배심원·예비배심원 또는 배심원후보자의 성명·주소와 그 밖의 개인 정보를 공개하여서는 아니 된다.

② 배심원·예비배심원 또는 배심원후보자의 직무를 수행하였던 사람들의 개인정보에 대하여는 본인이 동의하는 경우에 한하여 공개할 수 있다.

제53조【배심원 등에 대한 신변보호조치】 ① 재판장은 배심원 또는 예비배심원이 피고인이나 그 밖의 사람으로부터 위해를 받거나 받을 염려가 있다고 인정하는 때 또는 공정한 심리나 평의에 지장을 초래하거나 초래할 염려가 있다고 인정하는 때에는 배심원 또는 예비배심원의 신변안전을 위하여 보호, 격리, 숙박, 그 밖에 필요한 조치를 취할 수 있다.

② 검사, 피고인, 변호인, 배심원 또는 예비배심원은 재판장에게 제1항의 조치를 취하도록 요청할 수 있다.

제6장 연구조직

제54조【사법참여기획단】 ① 국민참여재판에 관한 조사·연구 등을 수행하기 위하여 대법원에 사법참여기획단을 둔다.
② 사법참여기획단은 다음 각 호의 사항에 관한 임무를 수행한다.
1. 모의재판의 실시
2. 국민참여재판의 녹화 및 분석
3. 수사·변호 및 재판 절차에 관한 연구
4. 법조 실무자에 대한 교육
5. 국민에 대한 교육 및 홍보
6. 공청회·학술토론회의 개최
7. 그 밖에 국민참여재판의 연구에 필요한 사항
③ 사법참여기획단의 조직과 활동, 그 밖에 필요한 사항은 대법원규칙으로 정한다.

제55조【국민사법참여위원회】 ① 국민참여재판의 시행경과에 대한 분석 등을 통하여 국민참여재판 제도의 최종적인 형태를 결정하기 위하여 대법원에 국민사법참여위원회를 둔다.
② 국민사법참여위원회의 조직과 활동, 그 밖에 필요한 사항은 대법원규칙으로 정한다.

제7장 벌 칙

제56조【배심원 등에 대한 청탁죄】 ① 배심원 또는 예비배심원에게 그 직무에 관하여 청탁을 한 자는 2년 이하의 징역 또는 500만원 이하의 벌금에 처한다.
② 배심원후보자에게 그 직무에 관하여 청탁을 한 자도 제1항과 같다.

제57조【배심원 등에 대한 위협죄】 ① 피고사건에 관하여 당해 피고사건의 배심원·예비배심원 또는 그러한 직에 있었던 자나 그 친족에 대하여 전화·편지·면회, 그 밖의 다른 방법으로 겁을 주거나 불안감을 조성하는 등의 위협행위를 한 자는 2년 이하의 징역 또는 500만원 이하의 벌금에 처한다.
② 피고사건에 관하여 당해 피고사건의 배심원후보자 또는 그 친족에 대하여 제1항의 방법으로 위협행위를 한 자도 제1항과 같다.

제58조【배심원 등에 의한 비밀누설죄】 ① 배심원 또는 예비배심원이 직무상 알게 된 비밀을 누설한 때에는 6개월 이하의 징역 또는 300만원 이하의 벌금에 처한다.
② 배심원 또는 예비배심원이었던 자가 직무상 알게 된 비밀을 누설한 때에도 제1항과 같다. 다만, 연구에 필요한 협조를 한 경우는 그러하지 아니하다.

제59조【배심원 등의 금품 수수 등】 ① 배심원·예비배심원 또는 배심원후보자가 직무와 관련하여 재물 또는 재산상 이익을 수수·요구·약속한 때에는 3년 이하의 징역 또는 1천만원 이하의 벌금에 처한다.
② 배심원·예비배심원 또는 배심원후보자에게 제1항의 재물 또는 재산상 이익을 약속·공여 또는 공여의 의사를 표시한 자도 제1항과 같다.

제60조【배심원후보자의 불출석 등에 대한 과태료】 ① 다음 각 호의 어느 하나에 해당하는 때에 법원은 결정으로 200만원 이하의 과태료를 부과한다.
1. 출석통지를 받은 배심원·예비배심원·배심원후보자가 정당한 사유 없이 지정된 일시에 출석하지 아니한 때
2. 배심원 또는 예비배심원이 정당한 사유 없이 제42조제1항의 선서를 거부한 때
3. 배심원후보자가 배심원 또는 예비배심원 선정을 위한 질문서에 허위 기재를 하여 법원에 제출하거나 선정절차에서의 질문에 대하여 거짓 진술을 한 때
② 제1항의 결정에 대하여는 즉시항고할 수 있다.

부 칙 (2012.1.17)

제1조【시행일】 이 법은 2012년 7월 1일부터 시행한다. 다만, 제22조제1항 및 제2항의 개정규정은 공포한 날부터 시행한다.
제2조【대상사건 등에 관한 적용례】 제5조제1항, 제9조제1항 및 제11조제1항의 개정규정은 이 법 시행 후 최초로 공소를 제기하는 사건부터 적용한다.

부 칙 (2016.1.19)

제1조【시행일】 이 법은 공포한 날부터 시행한다.
제2조【금치산자 등에 대한 경과조치】 제17조제1호의 개정규정에도 불구하고 법률 제10429호 민법 일부개정법률 부칙 제2조에 따라 금치산 또는 한정치산 선고의 효력이 유지되는 사람에 대하여는 종전의 규정에 따른다.

부 칙 (2017.7.26)

제1조【시행일】 ① 이 법은 공포한 날부터 시행한다.(이하 생략)

국제형사재판소 관할 범죄의 처벌 등에 관한 법률

(약칭 : 국제형사범죄법)

(2007년 12월 21일
법 률 제8719호)

개정
2011. 4.12법10577호

제1장 총 칙

제1조【목적】 이 법은 인간의 존엄과 가치를 존중하고 국제사회의 정의를 실현하기 위하여 「국제형사재판소에 관한 로마규정」에 따른 국제형사재판소의 관할 범죄를 처벌하고 대한민국과 국제형사재판소 간의 협력에 관한 절차를 정함을 목적으로 한다.

제2조【정의】 이 법에서 사용하는 용어의 뜻은 다음과 같다.

1. "집단살해죄등"이란 제8조부터 제14조까지의 죄를 말한다.
2. "국제형사재판소"란 1998년 7월 17일 이탈리아 로마에서 개최된 국제연합 전권외교회의에서 채택되어 2002년 7월 1일 발효된 「국제형사재판소에 관한 로마규정」(이하 "국제형사재판소규정"이라 한다)에 따라 설립된 재판소를 말한다.
3. "제네바협약"이란 「육전에 있어서의 군대의 부상자 및 병자의 상태 개선에 관한 1949년 8월 12일자 제네바협약」(제1협약), 「해상에 있어서의 군대의 부상자, 병자 및 조난자의 상태 개선에 관한 1949년 8월 12일자 제네바협약」(제2협약), 「포로의 대우에 관한 1949년 8월 12일자 제네바협약」(제3협약) 및 「전시에 있어서의 민간인의 보호에 관한 1949년 8월 12일자 제네바협약」(제4협약)을 말한다.
4. "외국인"이란 대한민국의 국적을 가지지 아니한 사람을 말한다.
5. "노예화"란 사람에 대한 소유권에 부속되는 모든 권한의 행사를 말하며, 사람 특히 여성과 아동을 거래하는 과정에서 그러한 권한을 행사하는 것을 포함한다.
6. "강제임신"이란 주민의 민족적 구성에 영향을 미치거나 다른 중대한 국제법 위반을 실행할 의도로 강제로 임신시키거나 강제로 임신하게 된 여성을 정당한 사유 없이 불법적으로 감금하여 그 임신 상태를 유지하도록 하는 것을 말한다.
7. "인도(人道)에 관한 국제법규에 따라 보호되는 사람"이란 다음 각 목의 어느 하나에 해당하는 사람을 말한다.
   가. 국제적 무력충돌의 경우에 제네바협약 및 「1949년 8월 12일자 제네바협약에 대한 추가 및 국제적 무력충돌의 희생자 보호에 관한 의정서」(제1의정서)에 따라 보호되는 부상자, 병자, 조난자, 포로 또는 민간인
   나. 비국제적 무력충돌의 경우에 부상자, 병자, 조난자 또는 적대행위에 직접 참여하지 아니한 사람으로서 무력충돌 당사자의 지배하에 있는 사람
   다. 국제적 무력충돌 또는 비국제적 무력충돌의 경우에 항복하거나 전투 능력을 잃은 적대 당사자 군대의 구성원이나 전투원

(2011.4.12 본조개정)

제3조【적용범위】 ① 이 법은 대한민국 영역 안에서 이 법으로 정한 죄를 범한 내국인과 외국인에게 적용한다.
② 이 법은 대한민국 영역 밖에서 이 법으로 정한 죄를 범한 내국인에게 적용한다.
③ 이 법은 대한민국 영역 밖에 있는 대한민국의 선박 또는 항공기 안에서 이 법으로 정한 죄를 범한 외국인에게 적용한다.
④ 이 법은 대한민국 영역 밖에서 대한민국 또는 대한민국 국민에 대하여 이 법으로 정한 죄를 범한 외국인에게 적용한다.
⑤ 이 법은 대한민국 영역 밖에서 집단살해죄등을 범하고 대한민국영역 안에 있는 외국인에게 적용한다.

제4조【상급자의 명령에 따른 행위】 ① 정부 또는 상급자의 명령에 복종할 법적 의무가 있는 사람이 그 명령에 따른 자기의 행위가 불법임을 알지 못하고 집단살해죄등을 범한 경우에는 명령이 명백한 불법이 아니고 그 오인(誤認)에 정당한 이유가 있을 때에만 처벌하지 아니한다.
② 제1항의 경우에 제8조 또는 제9조의 죄를 범하도록 하는 명령은 명백히 불법인 것으로 본다.
(2011.4.12 본조개정)

제5조【지휘관과 그 밖의 상급자의 책임】 군대의 지휘관(지휘관의 권한을 사실상 행사하는 사람을 포함한다. 이하 같다) 또는 단체·기관의 상급자(상급자의 권한을 사실상 행사하는 사람을 포함한다. 이하 같다)가 실효적인 지휘와 통제하에 있는 부하 또는 하급자가 집단살해죄등을 범하고 있거나 범하려는 것을 알고도 이를 방지하기 위하여 필요한 상당한 조치를 하지 아니하였을 때에는 그 집단살해죄등을 범한 사람을 처벌하는 외에 그 지휘관 또는 상급자도 각 해당 조문에서 정한 형으로 처벌한다.(2011.4.12 본조개정)

제6조【시효의 적용 배제】 집단살해죄등에 대하여는 「형사소송법」 제249조부터 제253조까지 및 「군사법원법」 제291조부터 제295조까지의 규정에 따른 공소시효와 「형법」 제77조부터 제80조까지의 규정에 따른 형의 시효에 관한 규정을 적용하지 아니한다.(2011.4.12 본조개정)

제7조【면소의 판결】 집단살해죄등의 피고사건에 관하여 이미 국제형사재판소에서 유죄 또는 무죄의 확정판결이 있은 경우에는 판결로써 면소(免訴)를 선고하여야 한다.
(2011.4.12 본조개정)

제2장 국제형사재판소 관할 범죄의 처벌

(2011.4.12 본장개정)

제8조【집단살해죄】 ① 국민적·인종적·민족적 또는 종교적 집단 자체를 전부 또는 일부 파괴할 목적으로 그 집단의 구성원을 살해한 사람은 사형, 무기 또는 7년 이상의 징역에 처한다.
② 제1항과 같은 목적으로 다음 각 호의 어느 하나에 해당하는 행위를 한 사람은 무기 또는 5년 이상의 징역에 처한다.

1. 제1항의 집단의 구성원에 대하여 중대한 신체적 또는 정신적 위해(危害)를 끼치는 행위
2. 신체의 파괴를 불러일으키기 위하여 계획된 생활조건을 제1항의 집단에 고의적으로 부과하는 행위
3. 제1항의 집단 내 출생을 방지하기 위한 조치를 부과하는 행위
4. 제1항의 집단의 아동을 강제로 다른 집단으로 이주하도록 하는 행위

③ 제2항 각 호의 어느 하나에 해당하는 행위를 하여 사람을 사망에 이르게 한 사람은 제1항에서 정한 형에 처한다.
④ 제1항 또는 제2항의 죄를 선동한 사람은 5년 이상의 유기징역에 처한다.
⑤ 제1항 또는 제2항에 규정된 죄의 미수범은 처벌한다.

제9조【인도에 반한 죄】 ① 민간인 주민을 공격하려는 국가 또는 단체·기관의 정책과 관련하여 민간인 주민에 대한 광범위하거나 체계적인 공격으로 사람을 살해한 사람은 사형, 무기 또는 7년 이상의 징역에 처한다.
② 민간인 주민을 공격하려는 국가 또는 단체·기관의 정책과 관련하여 민간인 주민에 대한 광범위하거나 체계적인 공격으로 다음 각 호의 어느 하나에 해당하는 행위를 한 사람은 무기 또는 5년 이상의 징역에 처한다.

1. 식량과 의약품에 대한 주민의 접근을 박탈하는 등 일부 주민의 말살을 불러올 생활조건을 고의적으로 부과하는 행위
2. 사람을 노예화하는 행위

3. 국제법규를 위반하여 강제로 주민을 그 적법한 주거지에서 추방하거나 이주하도록 하는 행위
4. 국제법규를 위반하여 사람을 감금하거나 그 밖의 방법으로 신체적 자유를 박탈하는 행위
5. 자기의 구금 또는 통제하에 있는 사람에게 정당한 이유 없이 중대한 신체적 또는 정신적 고통을 주어 고문하는 행위
6. 강간, 성적 노예화, 강제매춘, 강제임신, 강제불임 또는 이와 유사한 중대한 성적 폭력 행위
7. 정치적 · 인종적 · 국민적 · 민족적 · 문화적 · 종교적 사유, 성별 또는 그 밖의 국제법규에 따라 인정되지 아니하는 사유로 집단 또는 집합체 구성원의 기본적 인권을 박탈하거나 제한하는 행위
8. 사람을 장기간 법의 보호로부터 배제시킬 목적으로 국가 또는 정치단체의 허가 · 지원 또는 묵인하에 이루어지는 다음 각 목의 어느 하나에 해당하는 행위
가. 사람을 체포 · 감금 · 약취 또는 유인(이하 "체포등"이라 한다)한 후 그 사람에 대한 체포등의 사실, 인적 사항, 생존 여부 및 소재지 등에 대한 정보 제공을 거부하거나 거짓 정보를 제공하는 행위
나. 가목에 규정된 정보를 제공할 의무가 있는 사람이 정보 제공을 거부하거나 거짓 정보를 제공하는 행위
9. 제1호부터 제8호까지의 행위 외의 방법으로 사람의 신체와 정신에 중대한 고통이나 손상을 주는 행위
③ 인종집단의 구성원으로서 다른 인종집단을 조직적으로 억압하고 지배하는 체제를 유지할 목적으로 제1항 또는 제2항에 따른 행위를 한 사람은 각 항에서 정한 형으로 처벌한다.
④ 제2항 각 호의 어느 하나에 해당하는 행위 또는 제3항의 행위(제2항 각 호의 어느 하나에 해당하는 행위로 한정한다)를 하여 사람을 사망에 이르게 한 사람은 제1항에서 정한 형에 처한다.
⑤ 제1항부터 제3항까지에 규정된 죄의 미수범은 처벌한다.
제10조【사람에 대한 전쟁범죄】 ① 국제적 무력충돌 또는 비국제적 무력충돌(폭동이나 국지적이고 산발적인 폭력행위와 같은 국내적 소요나 긴장 상태는 제외한다. 이하 같다)과 관련하여 인도에 관한 국제법규에 따라 보호되는 사람을 살해한 사람은 사형, 무기 또는 7년 이상의 징역에 처한다.
② 국제적 무력충돌 또는 비국제적 무력충돌과 관련하여 다음 각 호의 어느 하나에 해당하는 행위를 한 사람은 무기 또는 5년 이상의 징역에 처한다.
1. 인도에 관한 국제법규에 따라 보호되는 사람을 인질로 잡는 행위
2. 인도에 관한 국제법규에 따라 보호되는 사람에게 고문이나 신체의 절단 등으로 신체 또는 건강에 중대한 고통이나 손상을 주는 행위
3. 인도에 관한 국제법규에 따라 보호되는 사람을 강간, 강제매춘, 성적 노예화, 강제임신 또는 강제불임의 대상으로 삼는 행위
③ 국제적 무력충돌 또는 비국제적 무력충돌과 관련하여 다음 각 호의 어느 하나에 해당하는 행위를 한 사람은 3년 이상의 유기징역에 처한다.
1. 인도에 관한 국제법규에 따라 보호되는 사람을 국제법규를 위반하여 주거지로부터 추방하거나 이송하는 행위
2. 공정한 정식재판에 의하지 아니하고 인도에 관한 국제법규에 따라 보호되는 사람에게 형을 부과하거나 집행하는 행위
3. 치료의 목적 등 정당한 사유 없이 인도에 관한 국제법규에 따라 보호되는 사람을 그의 자발적이고 명시적인 사전 동의 없이 생명 · 신체에 중대한 위해를 끼칠 수 있는 의학적 · 과학적 실험의 대상으로 삼는 행위
4. 조건 없이 항복하거나 전투능력을 잃은 군대의 구성원이나 전투원에게 상해(傷害)를 입히는 행위
5. 15세 미만인 사람을 군대 또는 무장집단에 징집 또는 모병의 방법으로 참여하도록 하거나 적대행위에 참여하도록 하는 행위
④ 국제적 무력충돌 또는 비국제적 무력충돌과 관련하여 인도에 관한 국제법규에 따라 보호되는 사람을 중대하게 모욕하거나 품위를 떨어뜨리는 처우를 한 사람은 1년 이상의 유기징역에 처한다.
⑤ 국제적 무력충돌과 관련하여 다음 각 호의 어느 하나에 해당하는 행위를 한 사람은 3년 이상의 유기징역에 처한다.
1. 정당한 사유 없이 인도에 관한 국제법규에 따라 보호되는 사람을 감금하는 행위
2. 자국의 주민 일부를 점령지역으로 이주시키는 행위
3. 인도에 관한 국제법규에 따라 보호되는 사람으로 하여금 강제로 적국의 군대에 복무하도록 하는 행위
4. 적국의 국민을 강제로 자신의 국가에 대한 전쟁 수행에 참여하도록 하는 행위
⑥ 제2항 · 제3항 또는 제5항의 죄를 범하여 사람을 사망에 이르게 한 사람은 사형, 무기 또는 7년 이상의 징역에 처한다.
⑦ 제1항부터 제5항까지에 규정된 죄의 미수범은 처벌한다.
제11조【재산 및 권리에 대한 전쟁범죄】 ① 국제적 무력충돌 또는 비국제적 무력충돌과 관련하여 적국 또는 적대 당사자의 재산을 약탈하거나 무력충돌의 필요상 불가피하지 아니한데도 적국 또는 적대 당사자의 재산을 국제법규를 위반하여 광범위하게 파괴 · 징발하거나 압수한 사람은 무기 또는 3년 이상의 징역에 처한다.
② 국제적 무력충돌과 관련하여 국제법규를 위반하여 적국의 국민 전부 또는 다수의 권리나 소송행위가 법정에서 폐지 · 정지되거나 허용되지 아니한다고 선언한 사람은 3년 이상의 유기징역에 처한다.
③ 제1항 또는 제2항에 규정된 죄의 미수범은 처벌한다.
제12조【인도적 활동이나 식별표장 등에 관한 전쟁범죄】
① 국제적 무력충돌 또는 비국제적 무력충돌과 관련하여 다음 각 호의 어느 하나에 해당하는 행위를 한 사람은 3년 이상의 유기징역에 처한다.
1. 국제연합헌장에 따른 인도적 원조나 평화유지임무와 관련된 요원 · 시설 · 자재 · 부대 또는 차량이 무력충돌에 관한 국제법에 따라 민간인 또는 민간 대상물에 부여되는 보호를 받을 자격이 있는데도 그들을 고의적으로 공격하는 행위
2. 제네바협약에 규정된 식별표장(識別表裝)을 정당하게 사용하는 건물, 장비, 의무부대, 의무부대의 수송수단 또는 요원을 공격하는 행위
② 국제적 무력충돌 또는 비국제적 무력충돌과 관련하여 제네바협약에 규정된 식별표장 · 휴전기(休戰旗), 적이나 국제연합의 깃발 · 군사표지 또는 제복을 부정한 방법으로 사용하여 사람을 사망에 이르게 하거나 사람의 신체에 중대한 손상을 입힌 사람은 다음의 구분에 따라 처벌한다.
1. 사람을 사망에 이르게 한 사람은 사형, 무기 또는 7년 이상의 징역에 처한다.
2. 사람의 신체에 중대한 손상을 입힌 사람은 무기 또는 5년 이상의 징역에 처한다.
③ 제1항 또는 제2항에 규정된 죄의 미수범은 처벌한다.
제13조【금지된 방법에 의한 전쟁범죄】 ① 국제적 무력충돌 또는 비국제적 무력충돌과 관련하여 다음 각 호의 어느 하나에 해당하는 행위를 한 사람은 무기 또는 3년 이상의 징역에 처한다.
1. 민간인 주민을 공격의 대상으로 삼거나 적대행위에 직접 참여하지 아니한 민간인 주민을 공격의 대상으로 삼는 행위
2. 군사목표물이 아닌 민간 대상물로서 종교 · 교육 · 예술 · 과학 또는 자선 목적의 건물, 역사적 기념물, 병원, 병자 및 부상자를 수용하는 장소, 무방비 상태의 마을 · 거주지 · 건물 또는 위험한 물리력을 포함하고 있는 댐 등 시설물을 공격하는 행위

3. 군사작전상 필요에 비하여 지나치게 민간인의 신체·생명 또는 민간 대상물에 중대한 위해를 끼치는 것이 명백한 공격 행위
4. 특정한 대상에 대한 군사작전을 막을 목적으로 인도에 관한 국제법규에 따라 보호되는 사람을 방어수단으로 이용하는 행위
5. 인도에 관한 국제법규를 위반하여 민간인들의 생존에 필수적인 물품을 박탈하거나 그 물품의 공급을 방해함으로써 기아(飢餓)를 전투수단으로 사용하는 행위
6. 군대의 지휘관으로서 예외 없이 적군을 살해할 것을 협박하거나 지시하는 행위
7. 국제법상 금지되는 배신행위로 적군 또는 상대방 전투원을 살해하거나 상해를 입히는 행위

② 제1항제1호부터 제6호까지의 죄를 범하여 인도에 관한 국제법규에 따라 보호되는 사람을 사망 또는 상해에 이르게 한 사람은 다음의 구분에 따라 처벌한다.
1. 사망에 이르게 한 사람은 사형, 무기 또는 7년 이상의 징역에 처한다.
2. 중대한 상해에 이르게 한 사람은 무기 또는 5년 이상의 징역에 처한다.

③ 국제적 무력충돌 또는 비국제적 무력충돌과 관련하여 자연환경에 군사작전상 필요한 것보다 지나치게 광범위하고 장기간의 중대한 훼손을 가하는 것이 명백한 공격 행위를 한 사람은 3년 이상의 유기징역에 처한다.
④ 제1항 또는 제3항에 규정된 죄의 미수범은 처벌한다.

제14조【금지된 무기를 사용한 전쟁범죄】 ① 국제적 무력충돌 또는 비국제적 무력충돌과 관련하여 다음 각 호의 어느 하나에 해당하는 무기를 사용한 사람은 무기 또는 5년 이상의 징역에 처한다.
1. 독물(毒物) 또는 유독무기(有毒武器)
2. 생물무기 또는 화학무기
3. 인체 내에서 쉽게 팽창하거나 펼쳐지는 총탄

② 제1항의 죄를 범하여 사람의 생명·신체 또는 재산을 침해한 사람은 사형, 무기 또는 7년 이상의 징역에 처한다.
③ 제1항에 규정된 죄의 미수범은 처벌한다.

제15조【지휘관 등의 직무태만죄】 ① 군대의 지휘관 또는 단체·기관의 상급자로서 직무를 게을리하거나 유기(遺棄)하여 실효적인 지휘와 통제하에 있는 부하가 집단살해죄등을 범하는 것을 방지하거나 제지하지 못한 사람은 7년 이하의 징역에 처한다.
② 과실로 제1항의 행위에 이른 사람은 5년 이하의 징역에 처한다.
③ 군대의 지휘관 또는 단체·기관의 상급자로서 집단살해죄등을 범한 실효적인 지휘와 통제하에 있는 부하 또는 하급자를 수사기관에 알리지 아니한 사람은 5년 이하의 징역에 처한다.

제16조【사법방해죄】 ① 국제형사재판소에서 수사 또는 재판 중인 사건과 관련하여 다음 각 호의 어느 하나에 해당하는 사람은 5년 이하의 징역 또는 1천500만원 이하의 벌금에 처하거나 이를 병과(倂科)할 수 있다.
1. 거짓 증거를 제출한 사람
2. 폭행 또는 협박으로 참고인 또는 증인의 출석·진술 또는 증거의 수집·제출을 방해한 사람
3. 참고인 또는 증인의 출석·진술 또는 증거의 수집·제출을 방해하기 위하여 그에게 금품이나 그 밖의 재산상 이익을 약속·제공하거나 제공의 의사를 표시한 사람
4. 제3호의 금품이나 그 밖의 재산상 이익을 수수(收受)·요구하거나 약속한 참고인 또는 증인

② 제1항은 국제형사재판소의 청구 또는 요청에 의하여 대한민국 내에서 진행되는 절차에 대하여도 적용된다.
③ 제1항의 사건과 관련하여 「형법」 제152조, 제154조 또는 제155조제1항부터 제3항까지의 규정이나 「특정범죄 가중처벌 등에 관한 법률」 제5조의9에 따른 행위를 한 사람은 각 해당 규정에서 정한 형으로 처벌한다. 이 경우 「형법」 제155조제4항은 적용하지 아니한다.
④ 제1항의 사건과 관련하여 국제형사재판소 직원에게 「형법」 제136조, 제137조 또는 제144조에 따른 행위를 한 사람은 각 해당 규정에서 정한 형으로 처벌한다. 이 경우 국제형사재판소 직원은 각 해당 규정에 따른 공무원으로 본다.
⑤ 제1항의 사건과 관련하여 국제형사재판소 직원에게 「형법」 제133조의 행위를 한 사람은 같은 조에서 정한 형으로 처벌한다. 이 경우 국제형사재판소 직원은 해당 조문에 따른 공무원으로 본다.
⑥ 이 조에서 "국제형사재판소 직원"이란 재판관, 소추관, 부소추관, 사무국장 및 사무차장을 포함하여 국제형사재판소규정에 따라 국제형사재판소의 사무를 담당하는 사람을 말한다.

제17조【친고죄·반의사불벌죄의 배제】 집단살해죄등은 고소가 없거나 피해자의 명시적 의사에 반하여도 공소를 제기할 수 있다.

제18조【국제형사재판소규정 범죄구성요건의 고려】 제8조부터 제14조까지의 적용과 관련하여 필요할 때에는 국제형사재판소규정 제9조에 따라 2002년 9월 9일 국제형사재판소규정 당사국총회에서 채택된 범죄구성요건을 고려할 수 있다.

제3장 국제형사재판소와의 협력

(2011.4.12 본장개정)

제19조【「범죄인 인도법」의 준용】 ① 대한민국과 국제형사재판소 간의 범죄인 인도에 관하여는 「범죄인 인도법」을 준용한다. 다만, 국제형사재판소규정에 「범죄인 인도법」과 다른 규정이 있는 경우에는 그 규정에 따른다.
② 제1항의 경우 「범죄인 인도법」 중 "청구국"은 "국제형사재판소"로, "인도조약"은 "국제형사재판소규정"으로 본다.

제20조【「국제형사사법 공조법」의 준용】 ① 국제형사재판소의 형사사건 수사 또는 재판과 관련하여 국제형사재판소의 요청에 따라 실시하는 공조 및 국제형사재판소에 대하여 요청하는 공조에 관하여는 「국제형사사법 공조법」을 준용한다. 다만, 국제형사재판소규정에 「국제형사사법 공조법」과 다른 규정이 있는 경우에는 그 규정에 따른다.
② 제1항의 경우 「국제형사사법 공조법」 중 "외국"은 "국제형사재판소"로, "공조조약"은 "국제형사재판소규정"으로 본다.

부 칙 (2011.4.12)

이 법은 공포한 날부터 시행한다.

형사사법절차 전자화 촉진법

(약칭 : 형사절차전자화법)

(2010년 1월 25일
법 률 제9942호)

개정
2014. 3.18법12424호
2014.11.19법12844호(정부조직)
2017. 7.26법14839호(정부조직)
2021.12.28법18653호

제1조【목적】 이 법은 형사사법절차의 전자화를 촉진하여 신속하고 공정하며 투명한 형사사법절차를 실현하고, 형사사법 분야의 대국민 서비스를 개선하여 국민의 권익 신장에 이바지함을 목적으로 한다.

제2조【정의】 이 법에서 사용하는 용어의 뜻은 다음과 같다.

1. "형사사법업무"란 수사, 공소, 공판, 재판의 집행 등 형사사건의 처리와 관련된 업무를 말한다.
2. "형사사법업무 처리기관"이란 법원, 법무부, 검찰청, 경찰청, 해양경찰청, 고위공직자범죄수사처 및 그 소속 기관과 그 밖에 형사사법업무를 처리하는 기관으로서 대통령령으로 정하는 기관을 말한다.(2021.12.28 본호개정)
3. "형사사법정보"란 형사사법업무 처리기관이 형사사법업무 처리와 관련하여 형사사법정보시스템을 이용하여 작성하거나 취득하여 관리하고 있는 자료로서 전자적 방식으로 처리되어 부호, 문자, 음성, 음향 또는 영상 등으로 표현된 것을 말한다.
4. "형사사법정보시스템"이란 형사사법업무 처리기관이 형사사법정보를 작성, 취득, 저장, 송신·수신하는 데 이용할 수 있도록 하드웨어, 소프트웨어, 데이터베이스, 네트워크, 보안요소 등을 결합시켜 구축한 전자적 관리체계를 말한다.
5. "형사사법정보공통시스템"이란 형사사법정보시스템(이하 "시스템"이라 한다) 중 둘 이상의 형사사법업무 처리기관이 공동으로 사용하는 시스템을 말한다.
6. "형사사법포털"이란 국민이 형사사법정보에 쉽고 신속하게 접근할 수 있도록 형사사법정보공통시스템(이하 "공통시스템"이라 한다)에 구축된 형사사법 관련 서비스 포털을 말한다.

제3조【형사사법절차의 전자화 촉진】 ① 형사사법업무 처리기관은 형사사법절차의 전자화에 필요한 제도 개선과 이를 반영할 수 있는 시스템 개발을 위하여 노력하여야 한다.
② 형사사법업무 처리기관은 형사사법절차의 전자화를 위하여 시스템의 유통표준을 준수하고 시스템이 안정적으로 운영될 수 있도록 협력하여야 한다.

제4조【형사사법절차 전자화 계획】 형사사법업무 처리기관이 수립하는 「국가정보화 기본법」 제6조제4항의 국가정보화에 관한 부문계획에는 다음 각 호의 사항이 포함되어야 한다.

1. 형사사법업무 전자화 추진의 기본방향
2. 형사사법업무 전자화 추진조직 및 체계에 관한 사항
3. 전자화 대상 문서 등의 선정·개발 등에 관한 사항
4. 공동 활용되는 형사사법정보의 범위에 관한 사항
5. 형사사법업무 전자화에 따르는 관련 법령 및 제도의 정비에 관한 사항
6. 전자화된 형사사법절차에서의 정보공개, 정보보호 대책 등 기본권 보장에 관한 사항
7. 그 밖에 형사사법업무의 전자화 촉진을 위하여 필요한 사항

제5조【시스템의 안정적 운영을 위한 협력 의무】 ① 형사사법업무 처리기관은 판결문, 공소장, 영장, 조서 등 형사사법업무와 관련된 문서를 시스템을 이용하여 저장·보관하여야 한다. 다만, 업무의 성격상 시스템을 이용하는 것이 곤란한 경우에는 법무부, 검찰청, 경찰청, 해양경찰청 및 고위공직자범죄수사처의 업무에 관하여는 대통령령으로, 법원의 업무에 관하여는 대법원규칙으로 예외를 정할 수 있다.(2021.12.28 단서개정)
② 형사사법업무 처리기관은 제1항의 문서를 작성하거나 활용할 때 시스템에서 정하는 형사사법정보의 유통표준에 따라야 한다.
③ 형사사법업무 처리기관은 형사사법정보를 생성하거나 유통할 때에는 그 형사사법정보의 정확성을 유지하여야 한다.

제6조【정보의 공동 활용을 위한 협력 의무】 ① 형사사법업무 처리기관은 형사사법정보가 시스템을 통하여 공동 활용되고 신속히 유통되도록 노력하여야 한다.
② 형사사법업무 처리기관은 형사사법업무를 신속하고 정확하게 처리하기 위하여 필요하면 제9조에 따른 형사사법정보체계 협의회가 정한 형사사법정보를 시스템을 통하여 다른 형사사법업무 처리기관에 제공할 수 있다.
③ 형사사법업무 처리기관은 형사사법업무 처리 외의 목적으로 형사사법정보를 수집·저장 또는 이용할 수 없다.

제7조【대국민 포털서비스】 형사사법업무 처리기관은 형사사법정보에 국민이 쉽고 신속하게 접근할 수 있도록 형사사법포털을 통하여 형사사법 관련 서비스를 종합적으로 제공한다.

제8조【시스템의 운영 주체】 ① 시스템의 운영·관리는 이를 사용하는 각 형사사법업무 처리기관이 한다. 다만, 형사사법포털 및 각 형사사법업무 처리기관이 운영·관리하는 시스템을 연계·지원하는 공통시스템은 법무부에 운영기구를 두어 운영·관리한다.
② 제1항의 운영기구의 조직과 운영 등에 필요한 사항은 대통령령으로 정한다.
③ 각 형사사법업무 처리기관은 시스템의 안정적인 운영과 관리를 위하여 필요하다고 인정하면 시스템의 유지·보수 등 지원업무의 일부를 다른 국가기관 또는 정보화를 지원하는 법인에 위탁할 수 있다.

제9조【형사사법정보체계 협의회】 시스템의 유통표준에 영향을 미치는 변경, 개발 및 개선에 관한 사항 및 전자화를 통한 형사사법절차의 개선 등을 협의·조정하기 위하여 형사사법정보체계 협의회(이하 "협의회"라 한다)를 구성한다.

제10조【협의회의 구성】 ① 협의회는 법무부차관, 법원행정처 차장, 대검찰청 차장검사, 경찰청 차장, 해양경찰청 차장 및 고위공직자범죄수사처 차장으로 구성한다.(2021.12.28 본항개정)
② 협의회의 위원장은 위원 중에서 호선(互選)한다.

제11조【협의회의 회의】 ① 협의회의 정기회의는 반기(半期)에 1회 개최한다.
② 협의회에서 협의할 사항이 있으면 각 위원은 위원장에게 임시협의회 개최를 요구할 수 있다.
③ 협의회의 협의와 조정은 위원 전원의 합의에 의하여 한다.
④ 협의회는 제12조제1항 각 호의 사항 중 대한변호사협회의 소관 사무와 관련되는 내용이 있는 때에는 대한변호사협회의 의견을 들어야 한다.
⑤ 제1항부터 제4항까지에서 규정한 사항 외에 협의회의 운영 등에 필요한 사항은 대통령령으로 정한다.

제12조【협의회의 기능】 ① 협의회는 다음 각 호의 사항에 대하여 협의·조정한다.

1. 형사사법업무의 전자화를 통한 형사사법절차의 개선에 관한 사항
2. 형사사법정보의 유통표준 및 그 변경에 관한 사항
3. 시스템을 통한 형사사법업무 처리기관 간 형사사법정보의 공동 활용 및 그 변경에 관한 사항
4. 공통시스템을 통한 형사사법정보의 공개 등 형사사법포털의 내용 및 운영에 관한 사항
5. 공통시스템의 대상, 범위, 변경, 운영 및 관리에 관한 사항
6. 형사사법업무 처리기관 간 공동 활용되는 형사사법정보의 보호에 관한 사항

7. 형사사법정보의 유통표준에 영향을 미치는 시스템의 변경, 개발 및 개선에 관한 사항

② 협의회의 운영에는 각 형사사법업무 처리기관의 시스템 운영상의 독립성이 존중되어야 한다.

제13조【실무협의회】 ① 협의회의 업무를 효율적으로 지원하기 위하여 협의회에 형사사법정보체계 실무협의회(이하 "실무협의회"라 한다)를 둔다.

② 실무협의회는 협의회의 회의에 부칠 의안(議案)을 미리 검토·조정하며, 협의회로부터 위임받은 사항을 처리한다.

③ 실무협의회는 협의회의 각 위원이 지명하는 사람으로 구성한다.

④ 제1항부터 제3항까지에서 규정한 사항 외에 실무협의회의 운영 등에 필요한 사항은 대통령령으로 정한다.

제14조【형사사법정보의 보호 및 유출금지】 ① 형사사법업무 처리기관은 형사사법업무를 처리할 때 형사사법정보가 분실, 도난, 유출, 변조 또는 훼손되지 아니하도록 안전성 확보에 필요한 조치를 하여야 한다.

② 형사사법업무에 종사하는 사람 또는 제8조제3항에 따라 시스템의 지원업무를 위탁받아 그 업무에 종사하는 사람은 권한 없이 다른 기관 또는 다른 사람이 관리하는 형사사법정보를 열람, 복사 또는 전송하여서는 아니 된다.

③ 형사사법업무에 종사하거나 종사하였던 사람 또는 제8조제3항에 따라 시스템의 지원업무를 위탁받아 그 업무에 종사하거나 종사하였던 사람은 직무상 알게 된 형사사법정보를 누설하거나 권한 없이 처리하거나 타인이 이용하도록 제공하는 등 부당한 목적으로 사용하여서는 아니 된다.

제15조【벌칙】 ① 형사사법업무 처리기관의 업무를 방해할 목적으로 형사사법정보를 위작(僞作) 또는 변작(變作)하거나 말소한 사람은 10년 이하의 징역에 처한다.

② 제14조제3항을 위반하여 형사사법정보를 누설하거나 권한 없이 처리하거나 타인이 이용하도록 제공하는 등 부당한 목적으로 사용한 사람은 5년 이하의 징역 또는 5천만원 이하의 벌금에 처한다.

③ 제14조제2항을 위반하여 권한 없이 다른 기관 또는 다른 사람이 관리하는 형사사법정보를 열람, 복사 또는 전송한 사람은 3년 이하의 징역 또는 3천만원 이하의 벌금에 처한다.

제16조【벌칙 적용 시의 공무원 의제】 제8조제3항에 따라 위탁받은 업무에 종사하는 법인의 직원은 「형법」 제129조부터 제132조까지의 규정에 따른 벌칙을 적용할 때에는 공무원으로 본다.

제17조【위임규정】 형사사법정보의 정확성 유지 등 이 법 시행에 필요한 사항 중 법무부, 검찰청, 경찰청, 해양경찰청 및 고위공직자범죄수사처 관련 사항은 대통령령으로 정하고, 법원 관련 사항은 대법원규칙으로 정한다.(2021.12.28 본조개정)

부 칙 (2014.3.18)

이 법은 공포한 날부터 시행한다.

부 칙 (2017.7.26)

제1조【시행일】 ① 이 법은 공포한 날부터 시행한다.(이하 생략)

부 칙 (2021.12.28)

제1조【시행일】 이 법은 공포한 날부터 시행한다.

제2조【협의회 및 실무협의회 구성·운영에 관한 경과조치】 이 법 시행 당시 종전의 규정에 따라 구성·운영되는 협의회 및 실무협의회의 구성·운영에 관하여는 제10조제1항의 개정규정에도 불구하고 종전의 규정에 따른다.

형사사법절차에서의 전자문서 이용 등에 관한 법률

(약칭 : 형사절차전자문서법)

(2021년 10월 19일 법 률 제18485호)

제1조【목적】 이 법은 형사사법절차에서 전자문서의 이용 및 관리 등에 관한 기본 원칙과 절차를 규정함으로써 형사사법절차의 전자화를 실현하여 형사사법절차의 신속성과 투명성을 높이고 국민의 권익 보호에 이바지함을 목적으로 한다.

제2조【정의】 이 법에서 사용하는 용어의 뜻은 다음과 같다.

1. "전자문서"란 「전자문서 및 전자거래 기본법」 제2조제1호에 따른 전자문서를 말한다.
2. "전자화문서"란 종이문서나 그 밖에 전자적인 형태로 작성되지 아니한 서류 또는 도면·사진·음성·영상자료 등(이하 "전자화대상문서"라 한다)을 전자적인 형태로 변환하여 전산정보처리시스템에 등재한 전자문서를 말한다.
3. "형사사법업무"란 「형사사법절차 전자화 촉진법」 제2조제1호에 따른 형사사법업무를 말한다.
4. "형사사법업무 처리기관"이란 「형사사법절차 전자화 촉진법」 제2조제2호에 따른 형사사법업무 처리기관을 말한다.
5. "전산정보처리시스템"이란 「형사사법절차 전자화 촉진법」 제2조제4호에 따른 형사사법정보시스템으로서 이 법 제3조 각 호의 어느 하나에 해당하는 법률에 따른 형사사법절차에 필요한 전자문서를 작성, 제출, 송신·수신하거나 관리하는 데 이용되는 것을 말한다.
6. "전자서명"이란 「전자서명법」 제2조제2호에 따른 전자서명을 말한다.
7. "행정전자서명"이란 「전자정부법」 제2조제9호에 따른 행정전자서명을 말한다.
8. "사법전자서명"이란 행정전자서명으로서 법관 또는 법원서기관·법원사무관·법원주사·법원주사보(이하 "법원사무관등"이라 한다)가 형사사법절차에서 사용하는 것을 말한다.

제3조【적용 범위】 이 법은 다음 각 호의 법률에 따른 형사사법절차에 적용한다.

1. 「형사소송법」
2. 「가정폭력범죄의 처벌 등에 관한 특례법」(제2장에 한정한다)
3. 「보안관찰법」
4. 「성매매알선 등 행위의 처벌에 관한 법률」(제3장에 한정한다)
5. 「성폭력범죄의 처벌 등에 관한 특례법」
6. 「소년법」
7. 「아동학대범죄의 처벌 등에 관한 특례법」(제4장에 한정한다)
8. 「즉결심판에 관한 절차법」
9. 「통신비밀보호법」
10. 「형사보상 및 명예회복에 관한 법률」
11. 제1호부터 제10호까지의 법률을 적용하거나 준용하는 법률

제4조【다른 법률과의 관계】 ① 이 법은 형사사법절차의 전자적 처리에 관하여 다른 법률에 우선하여 적용한다.

② 형사사법절차의 전자적 처리에 관하여 이 법에 특별한 규정이 없으면 「형사소송법」 및 「형사사법절차 전자화 촉진법」을 적용한다.

제5조【전자문서에 의한 형사사법절차의 수행】 ① 피의자, 피고인, 피해자, 고소인, 고발인, 변호인 및 그 밖에 대통령령 또는 대법원규칙으로 정하는 자는 제7조에 따른 사용자등록

을 한 경우 형사사법업무 처리기관에 제출할 서류 또는 도면·사진·음성·영상자료 등(이하 이 조에서 "서류등"이라 한다)을 대통령령 또는 대법원규칙으로 정하는 바에 따라 전산정보처리시스템을 통하여 전자문서로 제출할 수 있다.
② 「전자문서 및 전자거래 기본법」 제4조의2에 따른 요건을 갖춘 전자문서를 이 법에 따라 작성, 제출·송달 및 보존한 경우에는 제3조 각 호의 법률에서 정한 요건과 절차에 따라 서류등을 작성, 제출·송달 및 보존한 것으로 본다.
③ 이 법에 따라 변환·등재한 전자화문서는 전자화대상문서와 동일한 것으로 본다.
④ 이 법에 따라 전산정보처리시스템을 통하여 전자문서를 출력한 서면은 전자문서와 동일한 것으로 본다.
⑤ 제3조 각 호의 법률에서 서류등의 사본을 발급·교부, 제출·송달 및 보존하도록 한 경우 전산정보처리시스템을 통하여 전자문서를 출력한 서면은 제3조 각 호의 법률에 따른 서류등의 원본 또는 사본으로 본다.

제6조【전산정보처리시스템의 운영】 ① 형사사법업무 처리기관의 장은 전산정보처리시스템을 각각 설치·운영한다.
② 형사사법업무 처리기관은 전자문서의 이용 및 관리에 관한 표준을 마련하기 위하여 서로 협력하여야 한다.
③ 형사사법업무 처리기관은 이 법을 적용하거나 전산정보처리시스템을 운영할 때 장애인이나 노약자 등이 형사사법절차에서 권리를 충분히 행사할 수 있도록 노력하여야 한다.

제7조【사용자등록】 ① 전산정보처리시스템을 이용하려는 자(형사사법업무 처리기관 소속 공무원은 제외한다)는 대통령령 또는 대법원규칙으로 정하는 바에 따라 사용자등록을 하여야 한다.
② 제1항에 따른 사용자등록(이하 "사용자등록"이라 한다)을 한 자(이하 "등록사용자"라 한다)는 대통령령 또는 대법원규칙으로 정하는 바에 따라 사용자등록을 철회할 수 있다.
③ 형사사법업무 처리기관의 장은 다음 각 호의 어느 하나에 해당하는 사유가 있는 경우에는 대통령령 또는 대법원규칙으로 정하는 바에 따라 등록사용자의 전산정보처리시스템 사용을 정지하거나 사용자등록을 말소할 수 있다.
1. 등록사용자의 동일성이 인정되지 아니하는 경우
2. 사용자등록을 신청하거나 사용자정보를 변경할 때 전산정보처리시스템에 거짓된 내용을 입력한 경우
3. 다른 등록사용자의 전산정보처리시스템 사용을 방해하거나 다른 등록사용자의 정보를 도용하는 등 전산정보처리시스템을 이용한 형사사법절차의 진행에 지장을 준 경우
4. 고의 또는 중대한 과실로 전산정보처리시스템에 장애를 일으킨 경우
5. 그 밖에 제1호부터 제4호까지에 준하는 사유로서 대통령령 또는 대법원규칙으로 정하는 사유가 있는 경우

제8조【전자서명】 ① 형사사법업무 처리기관에 전자문서를 제출하려는 자는 그 전자문서에 전자서명(서명자의 실지명의를 확인할 수 있는 것으로 한정한다. 이하 이 항에서 같다)을 하여야 한다. 다만, 전자서명을 이용할 수 없는 경우로서 제출자의 신원이 확인된 경우 등 대통령령 또는 대법원규칙으로 정하는 경우에는 전자서명을 하지 아니할 수 있다.
② 법관 또는 법원사무관등은 재판서, 조서 등을 전자문서로 작성하는 경우에는 대법원규칙으로 정하는 바에 따라 사법전자서명을 한다. 이 경우 제3조 각 호의 법률에 따라 진술자의 서명이 필요한 경우에는 진술자에게 전자서명을 하게 하여야 한다.
③ 법원 외의 형사사법업무 처리기관 소속 공무원은 결정문, 조서, 보고서 등을 전자문서로 작성하는 경우에는 대통령령으로 정하는 바에 따라 행정전자서명을 한다. 이 경우 제3조 각 호의 법률에 따라 진술자의 서명이 필요한 경우에는 진술자에게 전자서명을 하게 하여야 한다.
④ 제1항부터 제3항까지의 규정에 따른 전자서명, 사법전자서명 또는 행정전자서명을 한 경우에는 제3조 각 호의 법률에 따른 서명, 서명날인 또는 기명날인을 한 것으로 본다.
⑤ 제1항부터 제3항까지의 규정에 따라 제출하거나 작성하는 전자문서에 면수(面數)를 표시한 경우에는 제3조 각 호의 법률에 따른 간인(間印)을 한 것으로 본다.

제9조【전자문서의 접수】 ① 전자문서는 전산정보처리시스템에 전자적으로 기록된 때에 접수된 것으로 본다.
② 전산정보처리시스템을 통하여 제출된 전자문서를 접수하는 절차와 방법은 대통령령 또는 대법원규칙으로 정한다. 이 경우 제출된 전자문서의 동일성 유지를 위한 기술적 조치에 관한 사항을 그 내용에 포함하여야 한다.
③ 형사사법업무 처리기관은 제5조제1항에 따라 전자문서를 제출한 등록사용자가 접수된 전자문서의 동일성 확인을 요구하는 경우 대통령령 또는 대법원규칙으로 정하는 바에 따라 그 동일성을 확인할 수 있는 기회를 주어야 한다.
④ 등록사용자는 제5조제1항에 따라 제출한 전자문서와 접수된 전자문서의 내용이 일치하지 아니하는 경우에는 대통령령 또는 대법원규칙으로 정하는 바에 따라 형사사법업무 처리기관에 수정을 요구할 수 있다.
⑤ 형사사법업무 처리기관은 접수된 전자문서의 위조 또는 변조 여부를 확인할 필요가 있는 경우에는 제5조제1항에 따라 전자문서를 제출한 등록사용자에게 그 원본을 제시하거나 제출할 것을 요구할 수 있다.

제10조【전자문서의 작성】 ① 형사사법업무 처리기관 소속 공무원은 재판서, 공판조서, 공소장, 불기소결정서, 송치결정서, 피의자신문조서 등 형사사법업무와 관련된 문서를 작성하는 경우에는 전자문서로 작성하여야 한다. 다만, 다음 각 호의 어느 하나에 해당하는 경우로서 대통령령 또는 대법원규칙으로 정하는 사유가 있는 경우에는 그러하지 아니하다.
1. 전산정보처리시스템에 장애가 있는 경우
2. 전자문서로 작성하는 것이 현저히 곤란하거나 적합하지 아니한 경우
② 형사사법업무 처리기관 소속 공무원은 제1항 각 호 외의 부분 본문에 따라 피의자신문조서를 전자문서로 작성하는 경우에는 대통령령으로 정하는 바에 따라 「형사소송법」에 따른 피의자신문조서 작성 절차와 방식이 전자적으로 구현되도록 하여야 한다.

제11조【전자화문서의 작성】 ① 형사사법업무 처리기관 소속 공무원은 전자화대상문서를 전자적인 형태로 변환하여 전산정보처리시스템에 등재하여야 한다. 다만, 전자화대상문서를 전자적인 형태로 변환하는 것이 현저히 곤란하거나 적합하지 아니한 경우로서 대통령령 또는 대법원규칙으로 정하는 경우에는 변환·등재하지 아니할 수 있다.
② 전자화대상문서를 전자적인 형태로 변환하여 전산정보처리시스템에 등재하는 절차와 방법은 대통령령 또는 대법원규칙으로 정한다. 이 경우 전자화대상문서의 동일성 유지를 위한 기술적 조치에 관한 사항을 그 내용에 포함하여야 한다.

제12조【전자화대상문서의 보관】 ① 형사사법업무 처리기관은 제11조에 따라 변환·등재한 전자화대상문서를 대통령령 또는 대법원규칙으로 정하는 기간까지 보관하여야 한다.
② 형사사법업무 처리기관은 전자화대상문서를 제출한 자의 요청이 있는 경우에는 제1항에도 불구하고 전자화대상문서를 반환할 수 있다.
③ 형사사법업무 처리기관은 제2항에 따라 전자화대상문서를 제출한 사람에게 전자화대상문서를 반환하는 경우 대통령령 또는 대법원규칙으로 정하는 바에 따라 전자화문서와 전자화대상문서의 동일성을 확인할 수 있는 기회를 주고 확인서를 받아야 한다.

제13조【전자문서의 유통】 ① 형사사법업무 처리기관은 형사사법절차와 관련하여 작성한 전자문서를 다른 형사사법업무 처리기관에 송부할 때에는 전산정보처리시스템을 통하여 송부하여야 한다.
② 형사사법업무 처리기관이 형사사법업무 처리기관 외의 기관에 사건을 이송 또는 송치할 때에는 전자문서를 전산정보처리시스템을 통하여 출력한 후 그 서면을 송부한다. 다만,

전자문서를 송신 · 수신할 수 있는 시스템을 갖춘 기관으로서 대통령령 또는 대법원규칙으로 정하는 기관에 이송 또는 송치할 때에는 전자문서를 전자적 방법으로 송부할 수 있다.
③ 제2항 본문에 따라 전자문서를 출력하는 절차와 방법은 대통령령 또는 대법원규칙으로 정한다. 이 경우 전자문서의 동일성 유지를 위한 기술적 조치에 관한 사항을 그 내용에 포함하여야 한다.

제14조【전자적 송달 또는 통지】 ① 형사사법업무 처리기관은 송달 또는 통지를 받을 자가 다음 각 호의 어느 하나에 해당하는 경우에는 송달 또는 통지를 전산정보처리시스템을 통하여 전자적으로 할 수 있다.
1. 형사사법업무 처리기관인 경우
2. 형사사법업무 처리기관 소속 공무원인 경우
3. 전자적 송달 및 통지에 동의한 등록사용자로서 대통령령 또는 대법원규칙으로 정하는 자에 해당하는 경우

② 제1항에 따른 송달 또는 통지는 형사사법업무 처리기관이 전자문서를 전산정보처리시스템에 등재하고 그 사실을 송달 또는 통지받을 자에게 전자적으로 통지하는 방법으로 한다.
③ 제2항에 따라 송달 또는 통지한 경우에는 그 송달 또는 통지를 받을 자가 전산정보처리시스템에 등재된 전자문서를 대통령령 또는 대법원규칙으로 정하는 절차와 방법에 따라 확인한 때에 송달 또는 통지된 것으로 본다.
④ 제3항에도 불구하고 송달 또는 통지를 받을 자가 전산정보처리시스템에 등재된 전자문서를 확인하지 아니하는 경우에는 제2항에 따라 등재 사실을 전자적으로 통지한 날부터 14일이 지난 날에 송달 또는 통지된 것으로 본다. 다만, 피의자 또는 피고인 등의 형사사법절차상의 권리를 보호하기 위하여 필요한 경우로서 대통령령 또는 대법원규칙으로 정하는 경우에는 통지된 것으로 보지 아니한다.
⑤ 전산정보처리시스템의 장애 등 대통령령 또는 대법원규칙으로 정하는 사유로 송달 또는 통지를 받을 자가 전자문서를 확인할 수 없는 기간은 제4항 본문의 기간에 산입하지 아니한다. 이 경우 전자문서를 확인할 수 없는 기간의 계산방법은 대통령령 또는 대법원규칙으로 정한다.

제15조【전자문서를 출력한 서면에 의한 송달】 ① 형사사법업무 처리기관은 다음 각 호의 어느 하나에 해당하는 경우에는 전산정보처리시스템을 통하여 전자문서를 출력한 서면을 「형사소송법」 제60조부터 제65조까지의 규정에 따른 방법으로 송달하여야 한다.
1. 송달을 받을 자가 제14조제1항 각 호의 어느 하나에 해당하지 아니하는 경우
2. 송달을 받을 자가 「민사소송법」 제181조 또는 제192조에 해당하는 경우
3. 전산정보처리시스템의 장애 등 대통령령 또는 대법원규칙으로 정하는 사유가 있는 경우

② 제1항에 따라 전자문서를 출력하는 절차와 방법은 대통령령 또는 대법원규칙으로 정한다. 이 경우 전자문서의 동일성 유지를 위한 기술적 조치에 관한 사항을 그 내용에 포함하여야 한다.

제16조【전자문서의 열람 · 복사 등】 ① 「형사소송법」 제35조, 제55조, 제59조의2, 제59조의3, 제174조, 제185조, 제200조의4, 제262조의2 단서, 제266조의3, 제266조의4, 제266조의11 및 제294조의4에도 불구하고 이 법에 따라 작성된 전자문서를 열람 · 등사 또는 복사하는 경우에는 인터넷이나 전산정보처리시스템을 통하여 전자적으로 열람 또는 복사하거나 전송하는 방법으로 할 수 있다.
② 제1항에도 불구하고 등록사용자가 아닌 자가 전자문서의 열람 또는 복사를 신청하는 경우에는 전자문서를 전산정보처리시스템을 통하여 출력한 서면을 교부하는 방법으로 할 수 있다.
③ 제1항에 따라 전자문서를 열람 또는 복사하거나 전송하는 절차와 방법은 대통령령 또는 대법원규칙으로 정한다. 이 경우 전자문서의 동일성 유지를 위한 기술적 조치에 관한 사항을 그 내용에 포함하여야 한다.
④ 피고인(피고인이었던 사람을 포함한다) 또는 변호인(변호인이었던 사람을 포함한다)은 제1항에 따라 열람 또는 복사하거나 전송받은 「형사소송법」 제266조의3제1항에 따른 서류(그 목록을 포함한다)에 해당하는 전자문서를 해당 사건 또는 관련 사건의 소송을 준비하기 위한 목적이 아닌 다른 목적으로 다른 사람에게 인터넷 또는 전산정보처리시스템을 통하여 전송하거나 교부(전자문서를 서면으로 출력하여 교부하는 것을 말한다) 또는 제시(전자문서를 서면으로 출력하여 제시하는 것과 전기통신설비를 통하여 제공하는 것을 포함한다)하여서는 아니 된다.

제17조【영장 등의 집행에 관한 특례】 ① 검사 또는 사법경찰관리는 다음 각 호의 영장, 감정유치장, 허가장, 허가서 및 요청서 등(이하 "영장등"이라 한다)이 전자문서로 발부된 경우에는 대법원규칙으로 정하는 바에 따라 전자문서를 제시하거나 전송하는 방법으로 영장등을 집행할 수 있다.
1. 「형사소송법」 제73조, 제113조, 제200조의2, 제201조 및 제215조에 따른 영장
2. 「형사소송법」 제172조 및 제221조의3에 따른 감정유치장
3. 「형사소송법」 제173조 및 제221조의4에 따른 허가장
4. 「형사소송법」 제473조에 따른 형집행장
5. 「금융실명거래 및 비밀보장에 관한 법률」 제4조에 따른 영장
6. 「통신비밀보호법」 제6조 및 제8조에 따른 통신제한조치 허가서
7. 「통신비밀보호법」 제13조에 따른 통신사실 확인자료제공 요청 허가서
8. 「통신비밀보호법」 제13조의2에 따른 통신사실확인자료 제공 요청서

② 제1항에 따라 영장등을 전자문서의 형태로 집행하는 것이 현저히 곤란하거나 적합하지 아니한 경우에는 전자문서로 발부된 영장등을 전산정보처리시스템을 통하여 출력한 서면으로 집행할 수 있다.
③ 제2항에 따라 전자문서로 발부된 영장등을 전산정보처리시스템을 통하여 출력하는 절차와 방법은 대법원규칙으로 정한다. 이 경우 전자문서의 동일성을 유지하고 법관이 발부한 취지와 다르게 여러 통이 출력되지 아니하도록 하기 위한 기술적 조치에 관한 사항을 그 내용에 포함하여야 한다.

제18조【증거조사에 관한 특례】 「형사소송법」 제292조 및 제292조의3에도 불구하고 형사재판에서 전자문서에 대한 증거조사는 다음 각 호의 구분에 따른 방법으로 할 수 있다.
1. 문자, 그 밖의 기호, 도면 · 사진 등에 대한 증거조사 : 해당 전자문서를 모니터, 스크린 등을 통하여 열람하는 방법
2. 음성이나 영상정보에 대한 증거조사 : 해당 전자문서의 음성을 청취하거나 영상을 재생하는 방법

제19조【재판의 집행지휘 방식에 관한 특례】 ① 검사는 재판서 또는 재판을 기재한 조서가 전자문서로 작성된 경우에는 「형사소송법」 제461조 본문에도 불구하고 전자문서로 재판의 집행을 지휘한다.
② 제1항에도 불구하고 전자문서로 재판의 집행을 지휘하기 곤란한 경우에는 전자문서로 작성된 재판서 또는 재판을 기재한 조서를 전산정보처리시스템을 통하여 출력한 서면으로 재판의 집행을 지휘한다.
③ 제2항에 따라 전자문서를 출력하는 절차와 방법은 대통령령 또는 대법원규칙으로 정한다. 이 경우 전자문서의 동일성 유지를 위한 기술적 조치에 관한 사항을 그 내용에 포함하여야 한다.

제20조【전자문서의 폐기】 ① 전산정보처리시스템을 통하여 작성된 전자문서는 다음 각 호의 구분에 따라 정하여진 때에 폐기하여야 한다.
1. 형을 선고하는 재판이 확정된 사건 : 형의 시효가 완성된 때. 다만, 구류 또는 과료의 형이 선고된 경우에는 재판 확정일부터 3년이 지난 때로 한다.

2. 무죄, 면소, 형의 면제, 공소기각 또는 선고유예의 재판이 확정된 사건 : 공소시효가 완성된 때
3. 불기소처분된 사건 및 「형사소송법」 제245조의5제2호에 따라 불송치결정된 사건 : 공소시효가 완성된 때

② 제1항에도 불구하고 국내외적으로 중대한 사건, 공범에 대한 수사가 필요한 사건 등 대통령령 또는 대법원규칙으로 정하는 사건의 경우에는 대통령령 또는 대법원규칙으로 정하는 바에 따라 전자문서를 영구 보관하거나 제1항에 따른 폐기 시기를 늦출 수 있다.

제21조【위임규정】 이 법에서 대통령령 또는 대법원규칙으로 위임한 사항 및 이 법에서 규정한 사항 외에 형사사법절차에서의 전자문서의 이용·관리 및 전산정보처리시스템의 운영 등에 필요한 사항 중 법원 외의 형사사법업무 처리기관의 형사사법업무에 관하여는 대통령령으로, 법원의 형사사법업무에 관하여는 대법원규칙으로 정한다.

제22조【벌칙】 제16조제4항을 위반하여 전자문서를 다른 사람에게 전송하거나 교부 또는 제시한 사람은 1년 이하의 징역 또는 1천만원 이하의 벌금에 처한다.

부 칙

제1조【시행일】 이 법은 공포 후 3년이 경과한 날부터 시행한다. 다만, 공포한 날부터 5년을 넘지 아니하는 범위에서 법원 외의 형사사법업무 처리기관의 형사사법절차에 대해서는 대통령령으로, 법원의 형사사법절차에 대해서는 대법원규칙으로 각각 적용시기를 달리 정할 수 있다.

제2조【다른 법률의 폐지】 약식절차 등에서의 전자문서 이용 등에 관한 법률은 폐지한다.

제3조【일반적 적용례】 이 법은 이 법 시행 이후 수사를 개시하는 사건부터 적용한다.

제4조【「약식절차 등에서의 전자문서 이용 등에 관한 법률」 폐지에 따른 경과조치】 ① 이 법 시행 전에 부칙 제2조에 따라 폐지되는 「약식절차 등에서의 전자문서 이용 등에 관한 법률」에 따라 전자문서로 약식명령을 청구한 사건에 관하여는 종전의 「약식절차 등에서의 전자문서 이용 등에 관한 법률」의 규정에 따른다.

② 이 법 시행 전에 수사를 개시하여 이 법 시행 당시 수사가 진행 중인 사건에 대하여 부칙 제2조에 따라 폐지되는 「약식절차 등에서의 전자문서 이용 등에 관한 법률」에 따라 이 법 시행 전에 진행된 절차는 이 법에 따라 진행된 절차로 본다.

즉결심판에 관한 절차법

(약칭 : 즉결심판법)

(1989年 6月 16日 全改法律 第4131號)

改正
1991.11.22法 4398號
1994. 7.27法 4765號(법원조직)
1996. 8. 8法 5153號(정부조직)
2007.12.21法 8730號(형사소송법)
2009.12.29法 9831號
2014.11.19法12844號(정부조직)
2017. 7.26法14839號(정부조직)

第1條【目的】 이 法은 犯證이 명백하고 罪質이 경미한 犯罪事件을 신속·적정한 節次로 審判하기 위하여 卽決審判에 관한 節次를 정함을 目的으로 한다.(1994.7.27 본조개정)

第2條【卽決審判의 대상】 地方法院, 支院 또는 市·郡 法院의 判事(이하 "判事"라 한다)는 卽決審判節次에 의하여 被告人에게 20萬원 이하의 罰金, 拘留 또는 科料에 처할 수 있다.(1994.7.27 본조개정)

第3條【卽決審判請求】 ① 卽決審判은 관할경찰서장 또는 관할해양경찰서장(이하 "경찰서장"이라 한다)이 管轄法院에 이를 請求한다.(2017.7.26 본항개정)

② 卽決審判을 請求함에는 卽決審判請求書를 제출하여야 하며, 卽決審判請求書에는 被告人의 姓名 기타 被告人을 특정할 수 있는 사항, 罪名, 犯罪事實과 適用法條를 기재하여야 한다.

③ 즉결심판을 청구할 때에는 사전에 피고인에게 즉결심판의 절차를 이해하는 데 필요한 사항을 서면 또는 구두로 알려주어야 한다.(2009.12.29 본항신설)

판례 즉결심판에 관한 절차법이 즉결심판의 청구와 동시에 판사에게 증거서류 및 증거물을 제출하도록 한 것은 즉결심판이 범증이 명백하고 죄질이 경미한 범죄사건을 신속·적정하게 심판하기 위한 입법적 고려에서 공소장일본주의가 배제되도록 한 것이라고 보아야 한다. (대판 2011.1.27, 2008도7375)

第3條의2【관할에 대한 特例】 地方法院 또는 그 支院의 判事는 소속 地方法院長의 命令을 받아 소속 法院의 管轄事務와 관계없이 卽決審判請求事件을 審判할 수 있다. (1994.7.27 본조신설)

第4條【書類·證據物의 제출】 警察署長은 卽決審判의 請求와 동시에 卽決審判을 함에 필요한 書類 또는 證據物을 判事에게 제출하여야 한다.

第5條【請求의 棄却등】 ① 判事는 事件이 卽決審判을 할 수 없거나 卽決審判節次에 의하여 審判함이 적당하지 아니하다고 인정할 때에는 決定으로 卽決審判의 請求를 棄却하여야 한다.

② 第1項의 決定이 있는 때에는 警察署長은 지체없이 事件을 管轄地方檢察廳 또는 支廳의 長에게 送致하여야 한다.

第6條【審判】 卽決審判의 請求가 있는 때에는 判事는 第5條第1項의 경우를 제외하고 즉시 審判을 하여야 한다.

第7條【開廷】 ① 卽決審判節次에 의한 審理와 裁判의 宣告는 公開된 法廷에서 행하되, 그 法廷은 경찰관서(해양경찰관서를 포함한다)외의 場所에 설치되어야 한다.(2017.7.26 본항개정)

② 法廷은 判事와 法院書記官, 法院事務官, 法院主事 또는 法院主事補(이하 "法院事務官등"이라 한다)가 列席하여 開廷한다.(1991.11.22 본항개정)

③ 第1項 및 第2項의 規定에 불구하고 判事는 상당한 이유가 있는 경우에는 開廷없이 被告人의 陳述書와 第4條의 書類 또는 證據物에 의하여 審判할 수 있다. 다만, 拘留에 처하는 경우에는 그러하지 아니하다.

第8條【被告人의 출석】 被告人이 期日에 출석하지 아니한 때에는 이 法 또는 다른 法律에 특별한 規定이 있는 경우를 제외하고는 開廷할 수 없다.(1991.11.22 본조개정)

第8條의2【不出席審判】 ① 罰金 또는 科料를 宣告하는 경우에는 被告人이 출석하지 아니하더라도 審判할 수 있다.
② 被告人 또는 卽決審判出席通知書를 받은 者(이하 "被告人등"이라 한다)는 法院에 不出席審判을 請求할 수 있고, 法院이 이를 許可한 때에는 被告人이 출석하지 아니하더라도 審判할 수 있다.
③ 第2項의 規定에 의한 不出席審判의 請求와 그 許可節次에 관하여 필요한 사항은 大法院規則으로 정한다.
(1991.11.22 본조신설)

第9條【期日의 審理】 ① 判事는 被告人에게 被告事件의 내용과 「형사소송법」 제283조의2에 規定된 陳述拒否權이 있음을 알리고 辨明할 機會를 주어야 한다.(2007.12.21 본항개정)
② 判事는 필요하다고 인정할 때에는 적당한 방법에 의하여 在廷하는 證據에 한하여 調査할 수 있다.
③ 辯護人은 期日에 출석하여 第2項의 證據調査에 참여할 수 있으며 의견을 陳述할 수 있다.

第10條【證據能力】 卽決審判節次에 있어서는 刑事訴訟法 第310條, 제312조제3항 및 第313條의 規定은 適用하지 아니한다.(2007.12.21 본조개정)

第11條【卽決審判의 宣告】 ① 卽決審判으로 有罪를 宣告할 때에는 刑, 犯罪事實과 適用法條를 명시하고 被告人은 7日 이내에 正式裁判을 請求할 수 있다는 것을 告知하여야 한다.(1991.11.22 본항개정)
② 참여한 法院事務官등은 第1項의 宣告의 내용을 記錄하여야 한다.(1991.11.22 본항개정)
③ 被告人이 判事에게 正式裁判請求의 意思를 표시하였을 때에는 이를 第2項의 記錄에 명시하여야 한다.
④ 第7條第3項 또는 第8條의2의 경우에는 法院事務官등은 7日 이내에 正式裁判을 請求할 수 있음을 附記한 卽決審判書의 謄本을 被告人에게 송달하여 告知한다. 다만, 第8條의2第2項의 경우에 被告人등이 미리 卽決審判書의 謄本送達을 요하지 아니한다는 뜻을 표시한 때에는 그러하지 아니하다.
(1991.11.22 본항개정)
⑤ 判事는 事件이 無罪·免訴 또는 公訴棄却을 함이 명백하다고 인정할 때에는 이를 宣告·告知할 수 있다.

第12條【卽決審判書】 ① 有罪의 卽決審判書에는 被告人의 姓名 기타 被告人을 특정할 수 있는 사항, 主文, 犯罪事實과 適用法條를 명시하고 判事가 署名·捺印하여야 한다.
② 被告人이 犯罪事實을 自白하고 正式裁判의 請求를 포기한 경우에는 第11條의 記錄作成을 생략하고 卽決審判書에 宣告한 主文과 適用法條를 명시하고 判事가 記名·捺印한다.

第13條【卽決審判書등의 보존】 卽決審判의 判決이 확정된 때에는 卽決審判書 및 關係書類와 證據는 관할경찰서 또는 지방해양경찰관서가 이를 보존한다.(2017.7.26 본조개정)

第14條【正式裁判의 請求】 ① 正式裁判을 請求하고자 하는 被告人은 卽決審判의 宣告·告知를 받은 날부터 7日 이내에 正式裁判請求書를 警察署長에게 제출하여야 한다. 正式裁判請求書를 받은 警察署長은 지체없이 判事에게 이를 송부하여야 한다.(1991.11.22 본항개정)
② 警察署長은 第11條第5項의 경우에 그 宣告·告知를 한 날부터 7日 이내에 正式裁判을 請求할 수 있다. 이 경우 警察署長은 管轄地方檢察廳 또는 支廳의 檢事(이하 "檢事"라 한다)의 승인을 얻어 正式裁判請求書를 判事에게 제출하여야 한다.(1991.11.22 본항개정)
③ 判事는 正式裁判請求書를 받은 날부터 7日 이내에 警察署長에게 正式裁判請求書를 첨부한 事件記錄과 證據物을 송부하고, 警察署長은 지체없이 管轄地方檢察廳 또는 支廳의 長에게 이를 송부하여야 하며, 그 檢察廳 또는 支廳의 長은 지체없이 管轄法院에 이를 송부하여야 한다.(1991.11.22 본항개정)
④ 刑事訴訟法 第340條 내지 第342條, 第344條 내지 第352條, 第354條, 第454條, 第455條의 規定은 正式裁判의 請求 또는 그 포기·취하에 이를 準用한다.

第15條【卽決審判의 失效】 卽決審判은 正式裁判의 請求에 의한 判決이 있는 때에는 그 效力을 잃는다.

第16條【卽決審判의 效力】 卽決審判은 正式裁判의 請求期間의 경과, 正式裁判請求權의 포기 또는 그 請求의 취하에 의하여 確定判決과 동일한 效力이 생긴다. 正式裁判請求를 棄却하는 裁判이 확정된 때에도 같다.

第17條【留置命令등】 ① 判事는 拘留의 宣告를 받은 被告人이 일정한 住所가 없거나 또는 도망할 염려가 있을 때에는 5日을 초과하지 아니하는 期間 경찰서유치장(지방해양경찰관서의 유치장을 포함한다. 이하 같다)에 留置할 것을 命令할 수 있다. 다만, 이 期間은 宣告期間을 초과할 수 없다.
(2017.7.26 본문개정)
② 執行된 留置期間은 本刑의 執行에 算入한다.
③ 刑事訴訟法 第334條의 規定은 判事가 罰金 또는 科料를 宣告하였을 때에 이를 準用한다.

第18條【刑의 執行】 ① 刑의 執行은 警察署長이 하고 그 執行結果를 지체없이 檢事에게 보고하여야 한다.
② 拘留는 警察署留置場·拘置所 또는 矯導所에서 執行하며 拘置所 또는 矯導所에서 執行할 때에는 檢事가 이를 指揮한다.
③ 罰金, 科料, 沒收는 그 執行을 종료하면 지체없이 檢事에게 이를 引繼하여야 한다. 다만, 卽決審判 확정후 相當期間 내에 執行할 수 없을 때에는 檢事에게 통지하여야 한다. 통지를 받은 檢事는 刑事訴訟法 第477條에 의하여 執行할 수 있다.
④ 刑의 執行停止는 사전에 檢事의 許可를 얻어야 한다.

第19條【刑事訴訟法의 準用】 卽決審判節次에 있어서 이 法에 특별한 規定이 없는 한 그 性質에 반하지 아니한 것은 刑事訴訟法의 規定을 準用한다.

판례 즉결심판에 대하여 피고인만이 정식재판을 청구한 경우, 불이익변경금지의 원칙이 적용되는지 여부 : 즉결심판에 대하여 피고인만이 정식재판을 청구한 사건에 대하여도 즉결심판에관한절차법 제19조의 규정에 따라 형사소송법 제457조의2 규정을 준용하여, 즉결심판의 형보다 무거운 형을 선고하지 못한다.(대판 1999.1.15, 98도2550)

附 則 (2014.11.19)

第1條【시행일】 이 법은 공포한 날부터 시행한다.(이하 생략)

附 則 (2017.7.26)

第1條【시행일】 ① 이 법은 공포한 날부터 시행한다.(이하 생략)

사법경찰관리의 직무를 수행할 자와 그 직무범위에 관한 법률(약칭 : 사법경찰직무법)

(1956년 1월 12일
법 률 제380호)

개정
1961. 5. 5법 608호 <중략>
2015. 2. 3법13186호(선박의입항및출항등에관한법)
2015. 7.24법13426호(제주자치법)
2015. 8.11법13456호
2015.12.22법13601호(실내공기질관리법)
2016. 1. 6법13729호(광산안전법)
2016. 5.29법14183호(병역)
2016.12.20법14411호
2017. 1.17법14532호(물환경보전법)
2017. 7.26법14839호(정부조직)
2017.12.19법15253호
2018.10.16법15830호(국립공원공단법)
2018.12.18법15976호
2019. 4. 2법16305호(대기관리권역의대기환경개선에관한특별법)
2019. 4.30법16413호(파견근로자보호)
2019. 8.27법16557호(고용보험법)
2019. 8.27법16568호(양식산업발전법)
2019.12.10법16768호(소방공무원법)
2020. 1.29법16902호(항만법)
2020.12. 8법17570호
2020.12.15법17646호(국가정보원법)
2021. 3.16법17929호
2021. 6.15법18256호(농약관리법)
2021. 6.15법18285호(가사근로자의고용개선등에관한법)
2021. 8.17법18425호(국민평생직업능력개발법)
2021.11.30법18522호(소방시설설치및관리에관한법)
2021.11.30법18525호(농수산물의원산지표시등에관한법)
2022. 1. 4법18674호
2022. 4.26법18853호(동물보호법)
2023. 3. 4법19228호(정부조직)
2023. 5.16법19409호(국가유산기본법)
2023. 7.18법19548호
2023. 8. 8법19587호(매장유산보호및조사에관한법)
2023. 8. 8법19590호(문화유산)
2024. 1.16법20004호
2024. 2.13법20309호(정부조직)
2024. 3.19법20385호(환경분쟁조정및환경피해구제등에관한법)

제1조【목적】 이 법은 「형사소송법」 제245조의10제1항에 따라 사법경찰관리의 직무를 수행할 자와 그 직무범위를 정함을 목적으로 한다.(2021.3.16 본조개정)

제2조 (1981.12.31 삭제)

제3조【교도소장 등】 ① 교도소·소년교도소·구치소 또는 그 지소(支所)의 장은 해당 교도소·소년교도소·구치소 또는 그 지소 안에서 발생하는 범죄에 관하여 「형사소송법」 제197조제1항에 따른 사법경찰관(이하 "사법경찰관"이라 한다)의 직무를 수행한다.(2021.3.16 본항개정)

② 소년원 또는 그 분원(分院)의 장이나 소년분류심사원 또는 그 지원(支院)의 장은 각각 해당 소년원 또는 그 분원이나 소년분류심사원 또는 그 지원 안에서 발생하는 범죄에 관하여 사법경찰관의 직무를 수행한다.

③ 보호감호소·치료감호시설 또는 그 지소의 장은 해당 감호소·치료감호시설 또는 그 지소 안에서 발생하는 범죄에 관하여 사법경찰관의 직무를 수행한다.

④ 「형의 집행 및 수용자의 처우에 관한 법률」 제8조에 따른 교정시설 순회점검 업무에 종사하는 4급부터 7급까지의 국가공무원은 교정시설 안에서 발생하는 범죄에 관하여 사법경찰관의 직무를, 8급·9급의 국가공무원은 그 범죄에 관하여 「형사소송법」 제197조제2항에 따른 사법경찰리(이하 "사법경찰리"라 한다)의 직무를 수행한다.(2021.3.16 본항개정)

⑤ 출입국관리 업무에 종사하는 4급부터 7급까지의 국가공무원은 출입국관리에 관한 범죄와 다음 각 호에 해당하는 범죄에 관하여 사법경찰관의 직무를, 8급·9급의 국가공무원은 그 범죄에 관하여 사법경찰리의 직무를 수행한다.

1. 출입국관리에 관한 범죄와 경합범 관계에 있는 「형법」 제2편제20장 문서에 관한 죄 및 같은 편 제21장 인장에 관한 죄에 해당하는 범죄(2015.8.11 본호개정)
2. 출입국관리에 관한 범죄와 경합범 관계에 있는 「여권법」 위반범죄
3. 출입국관리에 관한 범죄와 경합범 관계에 있는 「밀항단속법」 위반범죄

⑥ 보호관찰소 또는 그 지소의 장은 「전자장치 부착 등에 관한 법률」 제38조 또는 제39조에 규정된 피부착자의 범죄에 관하여 사법경찰관의 직무를 수행한다.(2020.12.8 본항신설)

(2008.6.13 본조개정)

제4조【산림 보호에 종사하는 공무원】 산림청과 그 소속기관(산림항공관리소는 제외한다), 특별시·광역시·특별자치시·도·특별자치도(이하 "특별시·광역시·도"라 한다) 및 시·군·구(자치구를 말한다. 이하 같다)에서 산림보호를 위한 단속 사무를 전담할 자로서 그 소속 기관의 장이 관할 지방검찰청검사장에게 보고한 임업주사 및 임업주사보는 사법경찰관의 직무를, 임업서기 및 임업서기보는 사법경찰리의 직무를 수행한다.(2015.8.11 본조개정)

제5조【검사장의 지명에 의한 사법경찰관리】 다음 각 호에 규정된 자로서 그 소속 관서의 장의 제청에 의하여 그 근무지를 관할하는 지방검찰청검사장이 지명한 자 중 7급 이상의 국가공무원 또는 지방공무원 및 소방위 이상의 소방공무원은 사법경찰관의 직무를, 8급·9급의 국가공무원 또는 지방공무원 및 소방장 이하의 소방공무원은 사법경찰리의 직무를 수행한다.(2019.12.10 본문개정)

1. 교도소·소년교도소·구치소 또는 그 지소의 장이 아닌 4급부터 9급까지의 국가공무원
2. 지방교정청에 근무하는 4급부터 9급까지의 국가공무원
3. 소년원 또는 그 분원의 장이나 소년분류심사원 또는 그 지원의 장이 아닌 4급부터 9급까지의 국가공무원
4. 보호감호소·치료감호시설 또는 그 지소의 장이 아닌 4급부터 9급까지의 국가공무원

4의2. 보호관찰소 또는 그 지소의 장이 아닌 4급부터 9급까지의 국가공무원(2020.12.8 본호신설)

5. 산림청과 그 소속 기관(산림항공관리소는 제외한다)에 근무하며 산림 보호·경영 사무, 목재제품 규격·품질 단속 사무 및 미이용 산림바이오매스에 관한 단속 사무에 종사하는 4급부터 9급까지의 국가공무원(2024.1.16 본호개정)
6. 특별시·광역시·도에 근무하며 산림 보호와 국유림 경영 사무, 목재제품 규격·품질 단속 사무 및 미이용 산림바이오매스에 관한 단속 사무에 종사하는 4급부터 9급까지의 국가공무원 또는 지방공무원(2024.1.16 본호개정)
7. 시·군·구 또는 읍·면에 근무하며 산림 보호 사무, 목재제품 규격·품질 단속 사무 및 미이용 산림바이오매스에 관한 단속 사무에 종사하는 6급부터 9급까지의 국가공무원 및 4급부터 9급까지의 지방공무원(2024.1.16 본호개정)
8. 식품의약품안전처와 그 소속 기관, 특별시·광역시·도 및 시·군·구에 근무하며 식품 단속 사무에 종사하는 4급부터 9급까지의 국가공무원 및 지방공무원(2017.12.19 본호개정)
9. 식품의약품안전처와 그 소속 기관, 특별시·광역시·도 및 시·군·구에 근무하며 의약품·화장품·의료기기·위생용품 단속 사무 및 「식품·의약품분야 시험·검사 등에 관한 법률」에 규정된 시험·검사에 관한 단속 사무에 종사하는 4급부터 9급까지의 국가공무원 및 지방공무원(2023.7.18 본호개정)

10. 등대에서 근무하며 등대 사무에 종사하는 6급부터 9급까지의 국가공무원
11. 국토교통부와 그 소속 기관에 근무하며 철도경찰 사무에 종사하는 4급부터 9급까지의 국가공무원(2017.12.19 본호개정)
12. 소방준감 이하의 소방공무원(2019.12.10 본호개정)
13. 국립학교에 근무하며 그 학교의 실습림 및 관리림의 보호 사무에 종사하는 6급부터 9급까지의 국가공무원
14. 국가유산청과 그 사무소·지구관리사무소와 출장소·현충사관리소·칠백의총(七百義塚)관리소·세종대왕유적관리소 또는 특별시·광역시·도 및 시·군·구에 근무하며 「국가유산기본법」 제3조에 따른 국가유산의 보호 사무에 종사하는 4급부터 9급까지의 국가공무원 및 지방공무원(2024.2.13 본호개정)
15. 「계량에 관한 법률」에 따른 계량검사공무원
16. 「자연공원법」 제34조에 따라 공원관리청에 근무하며 같은 법에 따른 공원관리 업무에 종사하는 4급부터 9급까지의 국가공무원 및 지방공무원
17. 「관세법」에 따라 관세범(關稅犯)의 조사 업무에 종사하는 세관공무원
18. 「수산업법」에 따른 어업감독 공무원
19. 「광산안전법」에 따른 광산안전관(2016.1.6 본호개정)
20. 국가보훈부와 그 소속 기관의 공무원(2023.3.4 본호개정)
21. 보건복지부와 그 소속 기관, 특별시·광역시·도 및 시·군·구에 근무하며 다음 각 목에 규정된 사무에 종사하는 4급부터 9급까지의 국가공무원 및 지방공무원(2017.12.19 본문개정)
    가. 「공중위생관리법」에 규정된 공중위생에 관한 단속 사무
    나. 「의료법」에 규정된 의료에 관한 단속 사무
    다. 「정신건강증진 및 정신질환자 복지서비스 지원에 관한 법률」에 규정된 정신건강증진시설 입·퇴원 또는 입·퇴소, 시설 내 인권침해 및 시설운영에 관한 단속 사무
    라. 「사회복지사업법」에 규정된 사회복지법인, 사회복지시설 및 보조금에 관한 단속 사무

    (2017.12.19 가목~라목신설)
21의2. 「검역법」에 따른 검역공무원 또는 「감염병의 예방 및 관리에 관한 법률」에 따른 방역관 또는 역학조사관(2017.12.19 본호신설)
22. 환경부와 그 소속 기관, 특별시·광역시·도 및 시·군·구에 근무하며 환경 관계 단속 사무에 종사하는 4급부터 9급까지의 국가공무원 및 지방공무원(2017.12.19 본호개정)
23. 과학기술정보통신부와 그 소속 기관 및 방송통신위원회에 근무하며 무선설비, 전기통신설비, 방송통신설비, 감청설비, 미등록 불법감청설비탐지업자, 「전파법」 제58조의2 제1항에 따른 방송통신기자재등 및 영리목적의 광고성 정보에 관한 단속 사무에 종사하는 4급부터 9급까지의 국가공무원(2017.12.19 본호개정)
23의2. (2009.4.22 삭제)
24. 지방국토관리청·국토관리사무소, 특별시·광역시·도 및 그 산하 건설사업소 또는 도로관리사업소 및 시·군·구에 근무하며 차량운행제한 단속 사무 및 도로시설 관리 사무에 종사하는 4급부터 9급까지의 국가공무원 및 지방공무원(2017.12.19 본호개정)
25. 문화체육관광부, 특별시·광역시·도 및 시·군·구에 근무하며 관광지도(觀光指導) 업무에 종사하는 4급부터 9급까지의 국가공무원 및 지방공무원
26. 문화체육관광부, 특별시·광역시·도 및 시·군·구에 근무하며 저작권 침해에 관한 단속 사무에 종사하는 4급부터 9급까지의 국가공무원 및 지방공무원
27. 여성가족부, 특별시·광역시·도 및 시·군·구에 근무하며 청소년보호 업무에 종사하는 4급부터 9급까지의 국가공무원 및 지방공무원(2010.1.18 본호개정)
28. 농림축산식품부와 그 소속 기관, 해양수산부와 그 소속 기관, 식품의약품안전처와 그 소속 기관, 특별시·광역시·도 및 시·군·구에 근무하며 다음 각 목에 규정된 사무에 종사하는 4급부터 9급까지의 국가공무원 및 지방공무원(2017.12.19 본문개정)
    가. 「농수산물의 원산지 표시 등에 관한 법률」에 규정된 원산지 표시 등에 관한 단속 사무(2021.11.30 본목개정)
    나. 「농수산물 품질관리법」에 규정된 농수산물에 관한 단속 사무
    다. 「친환경농어업 육성 및 유기식품 등의 관리·지원에 관한 법률」에 규정된 친환경농산물에 관한 단속 사무(2012.6.1 본목개정)
    라. 「축산물위생관리법」에 규정된 축산물에 관한 단속 사무
    마. 「인삼산업법」에 규정된 인삼에 관한 단속 사무
    바. 「양곡관리법」에 규정된 양곡에 관한 단속 사무

    (2012.1.17 본호개정)
29. 산업통상자원부, 특별시·광역시·도 및 시·군·구에 근무하며 「대외무역법」에 규정된 원산지 표시에 관한 단속 사무에 종사하는 4급부터 9급까지의 국가공무원 및 지방공무원(2013.3.23 본호개정)
30. 산업통상자원부, 특별시·광역시·도에 근무하며 외화획득용 원료·기재의 수입 및 사용목적 변경승인 업무에 종사하는 4급부터 9급까지의 국가공무원 및 지방공무원(2013.3.23 본호개정)
31. 농림축산식품부, 특별시·광역시·도 및 시·군·구에 근무하며 농약 및 비료 단속 사무에 종사하는 4급부터 9급까지의 국가공무원 및 지방공무원(2021.6.15 본호개정)
32. 국토교통부, 특별시·광역시·도 및 시·군·구에 근무하며 하천 감시 사무에 종사하는 4급부터 9급까지의 국가공무원 및 지방공무원(2013.3.23 본호개정)
33. 국토교통부, 특별시·광역시·도 및 시·군·구에 근무하며 개발제한구역 단속 사무에 종사하는 4급부터 9급까지의 국가공무원 및 지방공무원(2013.3.23 본호개정)
34. 농림축산식품부, 농림축산검역본부 및 그 지역본부, 특별시·광역시·도 및 시·군·구에 근무하며 「가축전염병 예방법」에 따라 가축방역관이나 동물검역관으로 임명되거나 「식물방역법」 제7조의2에 따라 식물검역관으로 임명된 4급부터 9급까지의 국가공무원 및 지방공무원(2017.12.19 본호개정)
35. 특별시·광역시·도 및 시·군·구에 근무하며 무등록 자동차정비업, 자동차 소유권 이전등록 미신청, 자동차 무단방치 및 의무보험 미가입 자동차 운행에 관한 단속 사무에 종사하는 5급부터 9급까지의 지방공무원(2015.8.11 본호개정)
36. (2017.12.19 삭제)
37. 해양수산부와 그 소속 기관, 광역시·도 및 시·군·구에 근무하며 해양환경 관련 단속 사무에 종사하는 4급부터 9급까지의 국가공무원 및 지방공무원(2013.3.23 본호개정)
38. 특허청, 특별시·광역시·도 및 시·군·구에 근무하며 부정경쟁행위, 상표권 및 전용사용권 침해에 관한 단속 사무에 종사하는 4급부터 9급까지의 국가공무원 및 지방공무원(2010.5.4 본호신설)
38의2. 특허청에 근무하며 특허권·전용실시권 침해, 부정경쟁행위, 영업비밀 침해, 디자인·전용실시권 및 실용신안권·전용실시권 침해에 관한 단속 사무에 종사하는 4급부터 9급까지의 국가공무원(2024.1.16 본호개정)
39. 특별시·광역시·도 및 시·군·구에 근무하며 여객자동차 운수사업 및 화물자동차 운수사업의 단속 사무에 종사하는 4급부터 9급까지의 지방공무원(2010.5.4 본호신설)
40. 「도시공원 및 녹지 등에 관한 법률」 제20조에 따른 공원관리청에 근무하며 같은 법에 따라 도시공원 관리업무에 종사하는 4급부터 9급까지의 지방공무원(2010.5.4 본호신설)

41. 병무청과 그 소속 기관에 근무하며 「병역법」 제86조, 제87조, 제87조의2 및 제88조제1항(같은 항 제4호에 해당하는 경우는 제외한다)에 관한 단속 사무에 종사하는 4급부터 9급까지의 국가공무원(2024.1.16 본호개정)
42. 농림축산식품부와 그 소속 기관, 산림청, 특별시·광역시·도 및 시·군·구에 근무하며 「종자산업법」 및 「식물신품종 보호법」에 규정된 품종보호권 침해행위의 조사 사무 및 종자의 유통 조사 등에 관한 사무에 종사하는 4급부터 9급까지의 국가공무원 및 지방공무원(2013.3.23 본호개정)
42의2. 「동물보호법」 제88조제1항에 따른 동물보호관 (2022.4.26 본호개정)
43. 행정안전부와 그 소속 기관, 특별시·광역시·도 및 시·군·구에 근무하며 「재난 및 안전관리 기본법」 제30조에 따른 긴급안전점검 업무에 종사하는 4급부터 9급까지의 국가공무원 및 지방공무원(2017.7.26 본호개정)
44. 산업통상자원부, 특별시·광역시·도 및 시·군·구에 근무하며 석유 및 석유대체연료 관련 검사·단속 등에 관한 사무에 종사하는 4급부터 9급까지의 국가공무원 및 지방공무원(2015.8.11 본호신설)
45. 특별시·광역시·도 및 시·군·구에 근무하며 대부업 및 대부중개업의 검사·단속 등에 관한 사무에 종사하는 4급부터 9급까지의 지방공무원(2015.8.11 본호신설)
46. 특별시·광역시·도 및 시·군·구에 근무하며 방문판매, 전화권유판매, 다단계판매, 후원방문판매, 계속거래 및 사업권유거래 관련 조사·단속 등에 관한 사무에 종사하는 4급부터 9급까지의 지방공무원(2015.8.11 본호신설)
47. 특별시·광역시·도 및 시·군·구에 근무하며 선불식 할부거래업의 조사·단속 등에 관한 사무에 종사하는 4급부터 9급까지의 지방공무원(2015.8.11 본호신설)
48. 「수산생물질병 관리법」 제7조제1항에 따른 수산생물방역관 및 같은 법 제22조제1항에 따른 수산생물검역관 (2015.8.11 본호신설)
49. 금융위원회에 근무하며 자본시장 불공정거래 조사·단속 등에 관한 사무에 종사하는 4급부터 9급까지의 국가공무원(2015.8.11 본호신설)
50. 원자력안전위원회와 그 소속기관에 근무하며 원자력안전관리와 관련된 조사·단속 등에 관한 사무에 종사하는 4급부터 9급까지의 국가공무원(2016.12.20 본호신설)
51. 고용노동부와 그 소속 기관에 근무하며 「고용보험법」에 따른 실업급여, 육아휴직 급여, 출산전후휴가 급여등의 부정수급에 관한 사무에 종사하거나 「국민 평생 직업능력 개발법」에 따른 직업능력개발 훈련비용·훈련수당 등의 부정수급에 관한 사무에 종사하는 4급부터 9급까지의 국가공무원(2021.8.17 본호개정)
52. 국토교통부와 그 소속 기관, 특별시·광역시·도 및 시·군·구에 근무하며 「시설물의 안전 및 유지관리에 관한 특별법」 제13조에 따른 긴급안전점검 업무에 종사하는 4급부터 9급까지의 국가공무원 및 지방공무원(2017.12.19 본호신설)
53. 국토교통부, 특별시·광역시·도 및 시·군·구에 근무하며 부동산 관련 불법행위 조사·단속 등에 관한 사무에 종사하는 4급부터 9급까지의 국가공무원 및 지방공무원 (2017.12.19 본호신설)

(2008.6.13 본조개정)

제6조【직무범위와 수사 관할】 제4조와 제5조에 따라 사법경찰관리의 직무를 수행할 자의 직무범위와 수사 관할은 다음 각 호에 규정된 범죄로 한정한다.
1. 제5조제1호에 규정된 자의 경우에는 해당 교도소·소년교도소·구치소 또는 그 지소 안에서 발생하는 범죄
2. 제5조제2호에 규정된 자의 경우에는 해당 지방교정청이 관할하는 교정시설 안에서 발생하는 범죄
3. 제5조제3호에 규정된 자의 경우에는 소년원 또는 그 분원이나 소년분류심사원 또는 그 지원 안에서 발생하는 범죄 또는 재원자(在院者)나 가위탁자(假委託者)가 도주한 경우에 있어서의 체포. 다만, 그 도주에 관한 수사는 도주 후 72시간 이내로 제한한다.(2010.5.4 단서개정)
4. 제5조제4호에 규정된 자의 경우에는 해당 감호소 또는 그 지소 안에서 발생하는 범죄
4의2. 제5조제4호의2에 규정된 자의 경우에는 소속 관서 관할 구역에서 발생하는 「전자장치 부착 등에 관한 법률」 제38조 또는 제39조에 규정된 피부착자의 범죄(2020.12.8 본호신설)
5. 제4조와 제5조제5호부터 제7호까지 및 제13호에 규정된 사람의 경우에는 다음 각 목의 구분에 따른 범죄
가. 산림 보호·경영 사무에 종사하는 사람 : 소속 관서 소관 임야에서 발생하는 산림, 그 임산물과 수렵에 관한 범죄
나. 목재제품 규격·품질 단속 사무 및 미이용 산림바이오매스에 관한 단속 사무에 종사하는 사람 : 소속 관서 관할 구역에서 발생하는 「목재의 지속가능한 이용에 관한 법률」에 규정된 범죄(2024.1.16 본목개정)
(2015.8.11 본호개정)
6. 제5조제8호에 규정된 자의 경우에는 소속 행정관서 관할 구역에서 발생하는 「식품위생법」, 「수입식품안전관리 특별법」, 「건강기능식품에 관한 법률」 및 「식품 등의 표시·광고에 관한 법률」에 규정된 범죄와 「보건범죄 단속에 관한 특별조치법」 중 식품위생에 관한 범죄(2023.7.18 본호개정)
7. 제5조제9호에 규정된 자의 경우에는 소속 행정관서 관할 구역에서 발생하는 「약사법」·「화장품법」·「의료기기법」·「식품·의약품분야 시험·검사 등에 관한 법률」·「위생용품 관리법」·「체외진단의료기기법」에 규정된 범죄와 「보건범죄 단속에 관한 특별조치법」 중 약사(藥事)에 관한 범죄(2023.7.18 본호개정)
8. 제5조제10호에 규정된 자의 경우에는 소속 등대에서 발생하는 범죄
9. 제5조제11호에 규정된 자의 경우에는 소속 관서 관할구역인 철도시설 및 열차 안에서 발생하는 「철도안전법」에 규정된 범죄와 그 소속 관서 역 구내 및 열차 안에서의 범죄
10. 제5조제12호에 규정된 자의 경우에는 소속 관서 관할 구역에서 발생하는 「소방기본법」, 「소방시설 설치 및 관리에 관한 법률」, 「소방시설공사업법」, 「위험물안전관리법」, 「다중이용업소의 안전관리에 관한 특별법」, 「119구조·구급에 관한 법률」 및 「초고층 및 지하연계 복합건축물 재난관리에 관한 특별법」에 규정된 범죄(2021.11.30 본호개정)
11. 제5조제14호에 규정된 자의 경우에는 소속 관서 관할 구역에서 발생하는 「문화유산의 보존 및 활용에 관한 법률」, 「자연유산의 보존 및 활용에 관한 법률」, 「매장유산 보호 및 조사에 관한 법률」에 규정된 범죄 및 「문화유산의 보존 및 활용에 관한 법률」 또는 「자연유산의 보존 및 활용에 관한 법률」에 따라 지정된 국가지정문화유산 또는 천연기념물·명승의 구역이나 그 보호구역과 관리사무소가 설치되어 있는 시·도지정문화유산 또는 시·도자연유산의 구역 또는 그 보호구역 안에서 발생하는 「경범죄처벌법」에 규정된 범죄의 현행범(2023.8.8 본호개정)
12. 제5조제15호에 규정된 자의 경우에는 그 소속 관서 관할 구역에서 발생하는 「계량에 관한 법률」에 규정된 범죄
13. 제5조제16호에 규정된 자의 경우에는 그 관할 공원구역에서 발생하는 「자연공원법」에 규정된 범죄와 「경범죄처벌법」에 규정된 범죄의 현행범(2008.12.31 본호개정)
14. 제5조제17호에 규정된 자의 경우에는 다음 각 목의 범죄
가. 소속 관서 관할 구역에서 발생하는 「관세법」, 「관세사법」, 「수출용 원재료에 대한 관세 등 환급에 관한 특례

법」, 「자유무역협정의 이행을 위한 관세법의 특례에 관한 법률」, 「자유무역지역의 지정 및 운영에 관한 법률」, 「대한민국과 아메리카합중국 간의 상호방위조약 제4조에 의한 시설과 구역 및 대한민국에서의 합중국군대의 지위에 관한 협정의 실시에 따른 관세법 등의 임시특례에 관한 법률」, 「대외무역법」에 규정된 범죄, 「불공정무역행위 조사 및 산업피해구제에 관한 법률」 제4조제1항제2호를 위반한 범죄, 수출입 물품의 통관 및 환적과 관련된 지식재산권을 침해하는 범죄, 「외국환거래법」에 규정된 지급수단·증권의 수출입에 관한 범죄, 「외국환거래법」에 규정된 수출입거래에 관한 범죄, 수출입거래와 관련되거나 대체송금을 목적으로 「외국환거래법」 제16조제3호·제4호의 방법으로 지급 또는 수령하는 경우의 용역거래·자본거래에 관하여 「외국환거래법」에 규정된 범죄, 「외국환거래법」 제8조제3항을 위반한 범죄, 「외국환거래법」 제8조제3항제1호의 외국환업무를 한 자와 그 거래 당사자·관계인에 관하여 「외국환거래법」에 규정된 범죄(2017.12.19 본목개정)

나. 소속 관서 관할 구역에서 발생하는 가목에 규정된 범죄에 대한 「특정경제범죄 가중처벌 등에 관한 법률」 제4조에 규정된 재산국외도피사범

다. 소속 관서 관할 구역에서 발생하는 가목 및 나목에 규정된 범죄에 대한 「범죄수익은닉의 규제 및 처벌 등에 관한 법률」 위반사범

라. 소속 관서 관할 구역 중 우리나라와 외국을 왕래하는 항공기 또는 선박이 입·출항하는 공항·항만과 보세구역에서 발생하는 마약·향정신성의약품 및 대마사범

마. 소속 관서 관할 구역에서 발생하는 가목에 규정된 범죄와 경합범 관계에 있는 「형법」 제2편제20장 문서에 관한 죄 및 같은 편 제21장 인장에 관한 죄에 해당하는 범죄(2015.8.11 본목신설)

바. 소속 관서 관할 구역에서 발생하는 수출입물품 및 그 가공품(「대외무역법」 제33조에 따른 원산지표시대상물품)과 관련된 「농수산물의 원산지 표시 등에 관한 법률」에 규정된 범죄, 수입물품에 대한 「식품위생법」 제4조부터 제7조까지, 제8조부터 제10조까지 및 제12조의2, 「건강기능식품에 관한 법률」 제17조의2 및 제23조부터 제25조까지, 「수입식품안전관리 특별법」 제20조, 「약사법」 제42조, 제43조, 제56조부터 제58조까지, 제61조(「약사법」 제56조부터 제58조까지의 규정에 한정한다), 제62조부터 제65조까지, 제65조의2, 제65조의3 및 제66조, 「화장품법」 제7조, 제9조, 제10조, 제15조 및 제16조제1항제1호, 「의료기기법」 제20조부터 제23조까지 및 제26조를 위반한 범죄(2021.11.30 본목개정)

15. 제5조제18호에 규정된 자의 경우에는 소속 관서 관할 구역에서 발생하는 「수산업법」에 규정된 범죄, 「양식산업발전법」에 규정된 범죄, 「어업자원보호법」에 규정된 범죄, 「수산자원관리법」에 규정된 범죄, 「어선법」에 규정된 범죄 및 「내수면어업법」에 규정된 범죄(2019.8.27 본호개정)

16. 제5조제19호에 규정된 자의 경우에는 관할 구역에서 발생하는 「광산안전법」에 규정된 범죄(2016.1.6 본호개정)

17. 제5조제20호에 규정된 자의 경우에는 「국가유공자 등 예우 및 지원에 관한 법률」 제42조, 제63조 및 제64조에 따른 시설에서 발생하는 범죄(2011.9.15 본호개정)

18. 제5조제21호 각 목에 규정된 사람의 경우에는 소속 관서 관할 구역에서 발생하는 다음 각 목의 구분에 따른 범죄

가. 제5조제21호가목에 규정된 사람의 경우에는 「공중위생관리법」에 규정된 범죄

나. 제5조제21호나목에 규정된 사람의 경우에는 「의료법」에 규정된 범죄

다. 제5조제21호다목에 규정된 사람의 경우에는 「정신건강증진 및 정신질환자 복지서비스 지원에 관한 법률」 제84조부터 제87조에 규정된 범죄와 이와 관련되는 같은 법 제88조에 규정된 범죄

라. 제5조제21호라목에 규정된 사람의 경우에는 「사회복지사업법」 제53조 및 제54조에 규정된 범죄와 이와 관련되는 같은 법 제56조에 규정된 범죄

(2017.12.19 본호개정)

18의2. 제5조제21호의2에 규정된 사람의 경우에는 소속 관서 관할 구역에서 발생하는 「검역법」 제39조제1항제1호부터 제4호까지, 같은 조 제2항 및 이와 관련되는 같은 법 제40조에 규정된 범죄와 「감염병의 예방 및 관리에 관한 법률」 제77조, 제79조, 제79조의2, 제80조, 제81조 및 이와 관련되는 같은 법 제82조에 규정된 범죄(2017.12.19 본호신설)

19. 제5조제22호에 규정된 자의 경우에는 소속 관서 관할 구역에서 발생하는 다음 각 목의 법률에 규정된 범죄

가. 「대기환경보전법」

나. 「물환경보전법」(2017.1.17 본목개정)

다. 「소음·진동관리법」(2009.6.9 본목개정)

라. 「화학물질관리법」(2013.6.4 본목개정)

마. 「폐기물관리법」

바. 「가축분뇨의 관리 및 이용에 관한 법률」

사. 「환경분쟁 조정 및 환경피해 구제 등에 관한 법률」(2024.3.19 본호개정)

아. 「환경범죄 등의 단속 및 가중처벌에 관한 법률」(2011.4.28 본목개정)

자. 「자연환경보전법」

차. 「환경영향평가법」

카. 「폐기물의 국가 간 이동 및 그 처리에 관한 법률」(2013.7.30 본목개정)

타. 「하수도법」

파. 「환경기술 및 환경산업 지원법」(2011.4.28 본목개정)

하. 「먹는물관리법」

거. 「토양환경보전법」

너. 「폐기물처리시설 설치촉진 및 주변지역지원 등에 관한 법률」

더. 「자원의 절약과 재활용촉진에 관한 법률」

러. 「실내공기질 관리법」(2015.12.22 본목개정)

머. 「수도법」(제83조제1호만 해당한다)

버. 「지하수법」(제37조제3호만 해당한다)(2011.5.30 본목개정)

서. 「보건범죄단속에 관한 특별조치법」(제4조만 해당한다)

어. 「야생생물 보호 및 관리에 관한 법률」(2011.7.28 본목개정)

저. 「악취방지법」

처. 「한강수계 상수원수질개선 및 주민지원 등에 관한 법률」

커. 「낙동강수계 물관리 및 주민지원 등에 관한 법률」

터. 「금강수계 물관리 및 주민지원 등에 관한 법률」

퍼. 「영산강·섬진강수계 물관리 및 주민지원 등에 관한 법률」

허. 「건설폐기물의 재활용촉진에 관한 법률」

고. 「습지보전법」

노. 「독도 등 도서지역의 생태계보전에 관한 법률」

도. 「대기관리권역의 대기환경개선에 관한 특별법」(2019.4.2 본목개정)

로. 「환경보건법」(2015.8.11 본목신설)

모. 「석면안전관리법」

보. 「화학물질의 등록 및 평가 등에 관한 법률」

소. 「생물다양성 보전 및 이용에 관한 법률」

오. 「환경분야 시험·검사 등에 관한 법률」

조. 「잔류성유기오염물질 관리법」

초. 「환경오염피해 배상책임 및 구제에 관한 법률」

코.「환경오염시설의 통합관리에 관한 법률」
(2017.12.19 모목~코목신설)
20. 제5조제23호에 규정된 자의 경우에는 소속 관서 관할 구역에서 발생하는 다음 각 목의 법률에 규정된 범죄
가.「전파법」 중 무선설비나 같은 법 제58조의2제1항에 따른 방송통신기자재등에 관한 범죄(2017.12.19 본목개정)
나.「전기통신사업법」 중 전기통신설비에 관한 범죄 및 「방송통신발전 기본법」 중 방송통신설비에 관한 범죄
(2017.12.19 본목개정)
다.「통신비밀보호법」 제10조제1항·제4항 및 제10조의3을 위반한 범죄(2017.12.19 본목개정)
라.「정보통신망 이용촉진 및 정보보호 등에 관한 법률」 중 영리목적의 광고성 정보에 관한 범죄
20의2. (2009.4.22 삭제)
21. 제5조제24호에 규정된 자의 경우에는 소속 관서 관할 구역에서 발생하는「도로법」 제40조, 제46조, 제49조, 제52조, 제61조 및 제75조부터 제78조까지의 규정을 위반한 범죄
(2017.12.19 본호개정)
22. 제5조제25호에 규정된 자의 경우에는 소속 관서 관할 구역에서 발생하는「관광진흥법」에 규정된 범죄
23. 제5조제26호에 규정된 자의 경우에는 소속 관서 관할 구역에서 발생하는「저작권법」 중 저작권 침해에 관한 범죄
24. 제5조제27호에 규정된 자의 경우에는 소속 관서 관할 구역에서 발생하는「청소년 보호법」에 규정된 범죄
(2011.9.15 본호개정)
25. 제5조제28호에 규정된 자의 경우에는 소속 관서 관할 구역에서 발생하는 다음 각 목에 규정된 범죄(2012.1.17 본문개정)
가.「농수산물의 원산지 표시 등에 관한 법률」에 규정된 범죄(2021.11.30 본목개정)
나.「농수산물 품질관리법」에 규정된 범죄(2012.1.17 본목신설)
다.「친환경농어업 육성 및 유기식품 등의 관리·지원에 관한 법률」에 규정된 범죄(2012.6.1 본목개정)
라.「축산물위생관리법」에 규정된 범죄
마.「인삼산업법」에 규정된 범죄
바.「양곡관리법」에 규정된 범죄
(2012.1.17 라목~바목신설)
26. 제5조제29호에 규정된 자의 경우에는 소속 관서 관할 구역에서 발생하는「대외무역법」 중 원산지 표시에 관한 범죄
27. 제5조제30호에 규정된 자의 경우에는 소속 관서 관할 구역에서 발생하는「대외무역법」 제54조제2호부터 제4호까지 및 이와 관련되는 같은 법 제57조에 규정된 범죄
(2010.5.4 본호개정)
28. 제5조제31호에 규정된 자의 경우에는 소속 관서 관할 구역에서 발생하는「농약관리법」 및「비료관리법」에 규정된 범죄
29. 제5조제32호에 규정된 자의 경우에는 소속 관서 관할 구역에서 발생하는「하천법」에 규정된 범죄
30. 제5조제33호에 규정된 자의 경우에는 소속 관서 관할 구역에서 발생하는「개발제한구역의 지정 및 관리에 관한 특별조치법」에 규정된 범죄
31. 제5조제34호에 규정된 가축방역관 또는 동물검역관의 경우에는 소속 관서 관할 구역에서 발생하는「가축전염병 예방법」에 규정된 범죄, 식물검역관의 경우에는 소속 관서 관할 구역에서 발생하는「식물방역법」에 규정된 범죄
(2017.12.19 본호개정)
32. 제5조제35호에 규정된 자의 경우에는 소속 관서 관할 구역에서 발생하는「자동차관리법」에 규정된 무등록 자동차 정비업, 자동차 소유권 이전등록 미신청 및 자동차 무단방치에 관한 범죄와「자동차손해배상 보장법」에 규정된 의무보험 미가입 자동차 운행에 관한 범죄(2015.8.11 본호개정)
33. (2017.12.19 삭제)
34. 제5조제37호에 규정된 자의 경우에는 소속 관서 관할 구역에서 발생하는 다음 각 목의 법률에 규정된 범죄
가.「해양환경관리법」
나.「해양생태계의 보전 및 관리에 관한 법률」
다.「공유수면 관리 및 매립에 관한 법률」(2015.8.11 본목개정)
라.「습지보전법」
마.「무인도서의 보전 및 관리에 관한 법률」
바.「해양심층수의 개발 및 관리에 관한 법률」
사.「선박의 입항 및 출항 등에 관한 법률」(제38조만 해당한다)(2015.2.3 본목개정)
아.「어촌·어항법」(제45조만 해당한다)
자.「항만법」(제28조만 해당한다)(2020.1.29 본목개정)
35. 제5조제38호에 규정된 자의 경우에는 소속 관서 관할 구역에서 발생하는「부정경쟁방지 및 영업비밀보호에 관한 법률」에 규정된 같은 법 제2조제1호가목, 나목 및 다목의 부정경쟁행위에 관한 범죄와「상표법」에 규정된 상표권 또는 전용사용권 침해에 관한 범죄(2024.1.16 본호개정)
35의2. 제5조제38호의2에 규정된 자의 경우에는 다음 각 목의 범죄
가.「특허법」에 규정된 특허권 또는 전용실시권 침해에 관한 범죄
나.「부정경쟁방지 및 영업비밀보호에 관한 법률」 제2조제1호자목에 규정된 상품형태 모방 및 제2조제1호카목4)에 규정된 데이터 보호를 위한 기술적 보호조치를 무력화하기 위한 행위 등 부정경쟁행위에 관한 범죄
다.「부정경쟁방지 및 영업비밀보호에 관한 법률」 제18조제1항·제2항, 제18조의2 및 제18조의3에 규정된 영업비밀 침해에 관한 범죄와 이와 관련되는 같은 법 제19조에 규정된 범죄
라.「디자인보호법」에 규정된 디자인권 또는 전용실시권 침해에 관한 범죄
마.「실용신안법」에 규정된 실용신안권 또는 전용실시권 침해에 관한 범죄
(2024.1.16 본호개정)
36. 제5조제39호에 규정된 자의 경우에는 소속 관서 관할 구역에서 발생하는「여객자동차 운수사업법」 제90조, 제92조제2호부터 제6호까지·제8호부터 제11호까지 및 이와 관련되는 같은 법 제93조에 규정된 범죄와「화물자동차 운수사업법」에 규정된 범죄(2010.5.4 본호신설)
37. 제5조제40호에 규정된 자의 경우에는 그 관할 공원구역에서 발생하는「도시공원 및 녹지 등에 관한 법률」 제54조에 규정된 범죄의 현행범(2010.5.4 본호신설)
38. 제5조제41호에 규정된 사람의 경우에는 소속 관서 관할 구역에서 발생하는「병역법」 제86조, 제87조, 제87조의2 및 제88조제1항(같은 항 제4호에 해당하는 경우는 제외한다)에 규정된 범죄(2024.1.16 본호개정)
39. 제5조제42호에 규정된 사람의 경우에는 소속 관서 관할 구역에서 발생하는「종자산업법」 제54조와 이와 관련되는 같은 법 제55조에 규정된 범죄,「식물신품종 보호법」 제131조 및 제133조와 이와 관련되는 같은 법 제135조에 규정된 범죄(2012.6.1 본호개정)
39의2. 제5조제42호의2에 규정된 사람의 경우에는 소속 관서 관할 구역에서 발생하는「동물보호법」에 규정된 범죄
(2017.12.19 본호신설)
40. 제5조제43호에 규정된 자의 경우에는 관할 구역에서 발생하는「재난 및 안전관리 기본법」에 규정된 범죄
(2014.12.30 본호신설)
41. 제5조제44호에 규정된 사람의 경우에는 소속 관서 관할 구역에서 발생하는「석유 및 석유대체연료 사업법」에 규정된 범죄

42. 제5조제45호에 규정된 사람의 경우에는 소속 관서 관할 구역에서 발생하는 「대부업 등의 등록 및 금융이용자 보호에 관한 법률」에 규정된 범죄
43. 제5조제46호에 규정된 사람의 경우에는 소속 관서 관할 구역에서 발생하는 「방문판매 등에 관한 법률」에 규정된 범죄
44. 제5조제47호에 규정된 사람의 경우에는 소속 관서 관할 구역에서 발생하는 「할부거래에 관한 법률」에 규정된 범죄
45. 제5조제48호에 규정된 사람의 경우에는 소속 관서 관할 구역에서 발생하는 「수산생물질병 관리법」에 규정된 범죄
46. 제5조제49호에 규정된 사람의 경우에는 「자본시장과 금융투자업에 관한 법률」에 규정된 범죄
(2015.8.11 41호~46호신설)
47. 제5조제50호에 규정된 사람의 경우에는 소속 관서 관할 구역에서 발생하는 다음 각 목의 범죄
가. 「원자력안전법」 제116조부터 제118조까지 및 이와 관련되는 같은 법 제120조에 규정된 범죄
나. 「원자력시설 등의 방호 및 방사능 방재 대책법」 제49조, 제50조 및 이와 관련되는 같은 법 제51조에 규정된 범죄
다. 「생활주변방사선 안전관리법」 제29조 및 이와 관련되는 같은 법 제30조에 규정된 범죄
(2016.12.20 본호신설)
48. 제5조제51호에 규정된 사람의 경우에는 소속 관서 관할 구역에서 발생하는 「고용보험법」 제116조제1항 및 제2항 제2호에 규정된 범죄 및 이와 관련되는 제117조에 규정된 범죄, 「국민 평생 직업능력 개발법」 제62조의3에 규정된 범죄(2021.8.17 본호개정)
49. 제5조제52호에 규정된 사람의 경우에는 관할 구역에서 발생하는 「시설물의 안전 및 유지관리에 관한 특별법」에 규정된 긴급안전점검과 관련된 범죄
50. 제5조제53호에 규정된 사람의 경우에는 소속 관서 관할 구역에서 발생하는 다음 각 목의 구분에 따른 범죄
가. 「공인중개사법」에 규정된 범죄
나. 「부동산 거래신고 등에 관한 법률」에 규정된 범죄
다. 「주택법」 제64조제1항 및 제65조제1항을 위반한 범죄
(2017.12.19 49호~50호신설)
(2008.6.13 본조개정)

제6조의2【근로감독관 등】 ① 「근로기준법」에 따른 근로감독관은 그의 관할 구역에서 발생하는 다음 각 호의 법률에 규정된 범죄에 관하여 사법경찰관의 직무를 수행한다.
1. 「근로기준법」
2. 「최저임금법」
3. 「남녀고용평등법」
4. 「임금채권보장법」
5. 「산업안전보건법」
6. 「진폐의 예방과 진폐근로자의 보호 등에 관한 법률」
7. 「노동조합 및 노동관계조정법」
8. 「교원의 노동조합 설립 및 운영 등에 관한 법률」
9. 「근로자참여 및 협력증진에 관한 법률」
10. 「근로복지기본법」(2010.6.8 본호개정)
11. 「건설근로자의 고용개선 등에 관한 법률」
12. 「파견근로자 보호 등에 관한 법률」(2019.4.30 본호개정)
13. 「근로자퇴직급여 보장법」
14. 「공무원의 노동조합 설립 및 운영 등에 관한 법률」
15. 「기간제 및 단시간근로자 보호 등에 관한 법률」
16. 「고용상 연령차별금지 및 고령자고용촉진에 관한 법률」(2010.5.4 본호신설)
17. 「가사근로자의 고용개선 등에 관한 법률」(2021.6.15 본호신설)
18. 「중대재해 처벌 등에 관한 법률」(제6조 및 제7조만 해당한다)(2022.1.4 본호신설)
19. 「산업재해보상보험법」(제127조제3항제3호만 해당한다)(2022.1.4 본호신설)

② 지방고용노동청, 지방고용노동청 지청 및 그 출장소에 근무하며 근로감독, 노사협력, 산업안전, 근로여성 보호 등의 업무에 종사하는 8급·9급의 국가공무원 중 그 소속 관서의 장의 추천에 의하여 그 근무지를 관할하는 지방검찰청검사장이 지명한 자는 제1항의 범죄에 관하여 사법경찰리의 직무를 수행한다.(2010.6.4 본항개정)
③ 「선원법」에 따른 선원근로감독관은 그의 관할 구역에서 발생하는 선박소유자와 선원의 「선원법」 또는 「근로기준법」에서 규정한 범죄에 관하여 사법경찰관의 직무를 수행한다.
(2008.6.13 본조개정)

제7조【선장과 해원 등】 ① 해선(海船)〔연해항로(沿海航路) 이상의 항로를 항행구역으로 하는 총톤수 20톤 이상 또는 적석수(積石數) 2백 석 이상의 것〕 안에서 발생하는 범죄에 관하여는 선장은 사법경찰관의 직무를, 사무장 또는 갑판부, 기관부, 사무부의 해원(海員) 중 선장의 지명을 받은 자는 사법경찰리의 직무를 수행한다.
② 항공기 안에서 발생하는 범죄에 관하여는 기장과 승무원이 제1항에 준하여 사법경찰관 및 사법경찰리의 직무를 수행한다.
(2008.6.13 본조개정)

제7조의2【국립공원공단 임직원】 국립공원공단 또는 그 분사무소에 근무하는 임직원으로서 국립공원공단이사장의 추천에 의하여 그 근무지를 관할하는 지방검찰청검사장이 지명한 자 중 임원 및 분사무소의 장은 관할 공원구역에서 발생하는 「경범죄 처벌법」 제6조제1항에 따른 범칙행위 중 같은 법 제3조제1항제11호, 제12호, 제15호, 제17호, 제19호부터 제21호까지, 제23호부터 제25호까지, 제27호부터 제29호까지, 제32호, 제36호 및 제37호에 해당하는 위반행위에 해당하는 범죄의 현행범에 관하여 사법경찰관의 직무를, 그 외의 직원은 그 범죄에 관하여 사법경찰리의 직무를 수행한다.
(2018.10.16 본조개정)

제7조의3【금융감독원 직원】 ① 금융감독원 또는 그 지원이나 출장소에 근무하는 직원으로서 금융위원회 위원장의 추천에 의하여 그 근무지를 관할하는 지방검찰청 검사장이 지명한 사람 중 다음 각 호의 직원은 관할 구역에서 발생하는 「자본시장과 금융투자업에 관한 법률」에 규정된 범죄에 관하여 사법경찰관의 직무를 수행하고, 그 밖의 직원은 그 범죄에 관하여 사법경찰리의 직무를 수행한다.
1. 4급 이상의 직원
2. 금융위원회 위원장이 사법경찰관의 직무를 수행하는 것이 적절하다고 인정하여 사법경찰관으로 추천한 5급 직원
② 금융위원회 위원장은 제1항에 따른 추천을 할 때에는 금융감독원 원장의 의견을 들어야 한다.
(2015.8.11 본조신설)

제8조 (2020.12.15 삭제)

제9조【군사법경찰관리】 ① 「군사법원법」 제43조제1호 및 제46조제1호에 따른 군사법경찰관리로서 지방검찰청검사장의 지명을 받은 자는 「군용물 등 범죄에 관한 특별조치법」에 규정된 범죄에 관하여 사법경찰관리의 직무를 수행한다.
② 「군사법원법」 제43조제2호와 제46조제2호에 규정된 군사법경찰관리로서 지방검찰청검사장의 지명을 받은 자는 「군사기밀보호법」에 규정된 범죄에 관하여 사법경찰관리의 직무를 수행한다.
(2008.6.13 본조개정)

제10조【자치경찰공무원】 「제주특별자치도 설치 및 국제자유도시 조성을 위한 특별법」에 따른 자치경찰공무원 중 자치경무관·자치총경·자치경정·자치경감·자치경위는 제주특별자치도의 관할 구역에서 발생하는 범죄 가운데 이 법 제6조제5호(제5조제6호 및 제7호에 해당하는 자의 소관

만 해당한다) · 제6호 · 제7호 · 제11호 · 제13호 · 제15호 · 제18호 · 제19호 · 제21호 · 제22호 · 제24호 · 제25호 · 제26호 · 제28호 · 제29호 · 제31호 · 제32호 및 제41호부터 제46호까지의 범죄와 「제주특별자치도 설치 및 국제자유도시 조성을 위한 특별법」 제471조 · 제473조 및 이와 관련되는 같은 법 제477조 · 제478조에 규정된 범죄에 관하여 사법경찰관의 직무를, 자치경사 · 자치경장 · 자치순경은 그 범죄에 관하여 사법경찰리의 직무를 수행한다.(2015.8.11 본조개정)

제11조 【범죄경력조회 및 수사경력조회】 지방검찰청 검사장은 이 법에 따른 사법경찰관리 및 군사법경찰관리의 지명, 적격 여부 확인 등을 위하여 「형의 실효 등에 관한 법률」 제6조에 따른 범죄경력조회 및 수사경력조회를 할 수 있다.(2015.8.11 본조신설)

제12조 【사법경찰 직무 전담 부서 설치】 이 법에 따른 사법경찰관리의 소속 관서의 장은 사법경찰 직무의 효율적인 수행을 위하여 그 직무를 전담하는 부서를 설치할 수 있다.(2015.8.11 본조신설)

부 칙 (2012.1.17)

제1조 【시행일】 이 법은 공포 후 3개월이 경과한 날부터 시행한다.

제2조 【「농수산물 품질관리법」의 시행에 따른 경과조치】 제5조제28호나목 및 제6조제25호나목의 개정규정 중 "「농수산물 품질관리법」"은 2012년 7월 21일까지는 "「농산물품질관리법」 및 「수산물품질관리법」"으로 본다.

부 칙 (2017.12.19)

이 법은 공포한 날부터 시행한다. 다만, 다음 각 호의 사항은 그 구분에 따른 날부터 시행한다.
1. 제5조제52호 및 제6조제49호의 개정규정 : 2018년 1월 18일
2. 제6조제14호바목의 개정규정 중 「약사법」 제65조의2 및 제65조의3 : 2018년 10월 25일

부 칙 (2018.10.16)

제1조 【시행일】 이 법은 공포 후 3개월이 경과한 날부터 시행한다.(이하 생략)

부 칙 (2018.12.18)

이 법은 공포 후 3개월이 경과한 날부터 시행한다.

부 칙 (2019.4.2)

제1조 【시행일】 이 법은 공포 후 1년이 경과한 날부터 시행한다.(이하 생략)

부 칙 (2019.4.30)

제1조 【시행일】 이 법은 공포한 날부터 시행한다.(이하 생략)

부 칙 (2019.8.27 법16557호)
(2019.8.27 법16568호)

제1조 【시행일】 이 법은 공포 후 1년이 경과한 날부터 시행한다.(이하 생략)

부 칙 (2019.12.10)

제1조 【시행일】 이 법은 2020년 4월 1일부터 시행한다.(이하 생략)

부 칙 (2020.1.29)

제1조 【시행일】 이 법은 공포 후 6개월이 경과한 날부터 시행한다.(이하 생략)

부 칙 (2020.12.8)

이 법은 공포 후 6개월이 경과한 날부터 시행한다.

부 칙 (2020.12.15)

제1조 【시행일】 이 법은 2024년 1월 1일부터 시행한다.(이하 생략)

부 칙 (2021.3.16)

이 법은 공포한 날부터 시행한다.

부 칙 (2021.6.15 법18256호)

제1조 【시행일】 이 법은 2023년 1월 1일부터 시행한다.(이하 생략)

부 칙 (2021.6.15 법18285호)

제1조 【시행일】 이 법은 공포 후 1년이 경과한 날부터 시행한다.(이하 생략)

부 칙 (2021.8.17)

제1조 【시행일】 이 법은 공포 후 6개월이 경과한 날부터 시행한다.(이하 생략)

부 칙 (2021.11.30 법18522호)

제1조 【시행일】 이 법은 공포 후 1년이 경과한 날부터 시행한다.(이하 생략)

부 칙 (2021.11.30 법18525호)

제1조 【시행일】 이 법은 2022년 1월 1일부터 시행한다.(이하 생략)

부 칙 (2022.1.4)

이 법은 2022년 1월 27일부터 시행한다.

부 칙 (2022.4.26)

제1조 【시행일】 이 법은 공포 후 1년이 경과한 날부터 시행한다.(이하 생략)

부 칙 (2023.3.4)

제1조 【시행일】 이 법은 공포 후 3개월이 경과한 날부터 시행한다.(이하 생략)

부 칙 (2023.5.16)

제1조 【시행일】 이 법은 공포 후 1년이 경과한 날부터 시행한다.(이하 생략)

부　칙 (2023.7.18)

이 법은 공포한 날부터 시행한다.

부　칙 (2023.8.8 법19587호)
(2023.8.8 법19590호)

제1조 【시행일】 이 법은 2024년 5월 17일부터 시행한다.(이하 생략)

부　칙 (2024.1.16)

이 법은 공포 후 6개월이 경과한 날부터 시행한다. 다만, 제5조제38호의2 및 제6조제35호 · 제35호의2 개정규정은 공포한 날부터 시행한다.

부　칙 (2024.2.13)

제1조 【시행일】 이 법은 2024년 5월 17일부터 시행한다.(이하 생략)

부　칙 (2024.3.19)

제1조 【시행일】 이 법은 2025년 1월 1일부터 시행한다.(이하 생략)

검사와 사법경찰관의 상호협력과 일반적 수사준칙에 관한 규정

(2020년 10월 7일 대통령령 제31089호)

개정
2023.10.17영33808호

제1장 총 칙

제1조 【목적】 이 영은 「형사소송법」 제195조에 따라 검사와 사법경찰관의 상호협력과 일반적 수사준칙에 관한 사항을 규정함으로써 수사과정에서 국민의 인권을 보호하고, 수사절차의 투명성과 수사의 효율성을 보장함을 목적으로 한다.
제2조 【적용 범위】 검사와 사법경찰관의 협력관계, 일반적인 수사의 절차와 방법에 관하여 다른 법령에 특별한 규정이 있는 경우를 제외하고는 이 영이 정하는 바에 따른다.
제3조 【수사의 기본원칙】 ① 검사와 사법경찰관은 모든 수사과정에서 헌법과 법률에 따라 보장되는 피의자와 그 밖의 피해자 · 참고인 등(이하 "사건관계인"이라 한다)의 권리를 보호하고, 적법한 절차에 따라야 한다.
② 검사와 사법경찰관은 예단(豫斷)이나 편견 없이 신속하게 수사해야 하고, 주어진 권한을 자의적으로 행사하거나 남용해서는 안 된다.
③ 검사와 사법경찰관은 수사를 할 때 다음 각 호의 사항에 유의하여 실체적 진실을 발견해야 한다.
1. 물적 증거를 기본으로 하여 객관적이고 신빙성 있는 증거를 발견하고 수집하기 위해 노력할 것
2. 과학수사 기법과 관련 지식 · 기술 및 자료를 충분히 활용하여 합리적으로 수사할 것
3. 수사과정에서 선입견을 갖지 말고, 근거 없는 추측을 배제하며, 사건관계인의 진술을 과신하지 않도록 주의할 것
④ 검사와 사법경찰관은 다른 사건의 수사를 통해 확보된 증거 또는 자료를 내세워 관련이 없는 사건에 대한 자백이나 진술을 강요해서는 안 된다.
제4조 【불이익 금지】 검사와 사법경찰관은 피의자나 사건관계인이 인권침해 신고나 그 밖에 인권 구제를 위한 신고, 진정, 고소, 고발 등의 행위를 하였다는 이유로 부당한 대우를 하거나 불이익을 주어서는 안 된다.
제5조 【형사사건의 공개금지 등】 ① 검사와 사법경찰관은 공소제기 전의 형사사건에 관한 내용을 공개해서는 안 된다.
② 검사와 사법경찰관은 수사의 전(全) 과정에서 피의자와 사건관계인의 사생활의 비밀을 보호하고 그들의 명예나 신용이 훼손되지 않도록 노력해야 한다.
③ 제1항에도 불구하고 법무부장관, 경찰청장 또는 해양경찰청장은 무죄추정의 원칙과 국민의 알권리 등을 종합적으로 고려하여 형사사건 공개에 관한 준칙을 정할 수 있다.

제2장 협 력

제6조 【상호협력의 원칙】 ① 검사와 사법경찰관은 상호 존중해야 하며, 수사, 공소제기 및 공소유지와 관련하여 협력해야 한다.
② 검사와 사법경찰관은 수사와 공소제기 및 공소유지를 위해 필요한 경우 수사 · 기소 · 재판 관련 자료를 서로 요청할 수 있다.
③ 검사와 사법경찰관의 협의는 신속히 이루어져야 하며, 협의의 지연 등으로 수사 또는 관련 절차가 지연되어서는 안 된다.
제7조 【중요사건 협력절차】 ① 검사와 사법경찰관은 다음 각 호의 어느 하나에 해당하는 사건(이하 "중요사건"이라 한다)의 경우에는 송치 전에 수사할 사항, 증거 수집의 대상,

법령의 적용, 범죄수익 환수를 위한 조치 등에 관하여 상호 의견을 제시·교환할 것을 요청할 수 있다. 이 경우 검사와 사법경찰관은 특별한 사정이 없으면 상대방의 요청에 응해야 한다.
1. 공소시효가 임박한 사건
2. 내란, 외환, 대공(對共), 선거(정당 및 정치자금 관련 범죄를 포함한다), 노동, 집단행동, 테러, 대형참사 또는 연쇄살인 관련 사건
3. 범죄를 목적으로 하는 단체 또는 집단의 조직·구성·가입·활동 등과 관련된 사건
4. 주한 미합중국 군대의 구성원·외국인군무원 및 그 가족이나 초청계약자의 범죄 관련 사건
5. 그 밖에 많은 피해자가 발생하거나 국가적·사회적 피해가 큰 중요한 사건
② 제1항에도 불구하고 검사와 사법경찰관은 다음 각 호의 어느 하나에 따른 공소시효가 적용되는 사건에 대해서는 공소시효 만료일 3개월 전까지 제1항 각 호 외의 부분 전단에 규정된 사항 등에 관하여 상호 의견을 제시·교환해야 한다. 다만, 공소시효 만료일 전 3개월 이내에 수사를 개시한 때에는 지체 없이 상호 의견을 제시·교환해야 한다.
1. 「공직선거법」 제268조
2. 「공공단체등 위탁선거에 관한 법률」 제71조
3. 「농업협동조합법」 제172조제4항
4. 「수산업협동조합법」 제178조제5항
5. 「산림조합법」 제132조제4항
6. 「소비자생활협동조합법」 제86조제4항
7. 「염업조합법」 제59조제4항
8. 「엽연초생산협동조합법」 제42조제5항
9. 「중소기업협동조합법」 제137조제3항
10. 「새마을금고법」 제85조제6항
11. 「교육공무원법」 제62조제5항
(2023.10.17 본조개정)

제8조【검사와 사법경찰관의 협의】 ① 검사와 사법경찰관은 수사와 사건의 송치, 송부 등에 관한 이견의 조정이나 협력 등이 필요한 경우 서로 협의를 요청할 수 있다. 이 경우 특별한 사정이 없으면 상대방의 협의 요청에 응해야 한다.
② 제1항에 따른 협의에도 불구하고 이견이 해소되지 않는 경우로서 다음 각 호의 어느 하나에 해당하는 경우에는 해당 검사가 소속된 검찰청의 장과 해당 사법경찰관이 소속된 경찰관서(지방해양경찰관서를 포함한다. 이하 같다)의 장의 협의에 따른다.
1. 중요사건에 관하여 상호 의견을 제시·교환하는 것에 대해 이견이 있거나 제시·교환한 의견의 내용에 대해 이견이 있는 경우
2. 「형사소송법」(이하 "법"이라 한다) 제197조의2제2항 및 제3항에 따른 정당한 이유의 유무에 대해 이견이 있는 경우
3. 법 제197조의4제2항 단서에 따라 사법경찰관이 계속 수사할 수 있는지 여부나 사법경찰관이 계속 수사할 수 있는 경우 수사를 계속할 주체 또는 사건의 이송 여부 등에 대해 이견이 있는 경우
4. 법 제245조의8제2항에 따른 재수사의 결과에 대해 이견이 있는 경우
(2023.10.17 1호~4호신설)
(2023.10.17 본조개정)

제9조【수사기관협의회】 ① 대검찰청, 경찰청 및 해양경찰청 간에 수사에 관한 제도 개선 방안 등을 논의하고, 수사기관 간 협조가 필요한 사항에 대해 서로 의견을 협의·조정하기 위해 수사기관협의회를 둔다.
② 수사기관협의회는 다음 각 호의 사항에 대해 협의·조정한다.
1. 국민의 인권보호, 수사의 신속성·효율성 등을 위한 제도 개선 및 정책 제안
2. 국가적 재난 상황 등 관련 기관 간 긴밀한 협조가 필요한 업무를 공동으로 수행하기 위해 필요한 사항
3. 그 밖에 제1항의 어느 한 기관이 수사기관협의회의 협의 또는 조정이 필요하다고 요구한 사항
③ 수사기관협의회는 반기마다 정기적으로 개최하되, 제1항의 어느 한 기관이 요청하면 수시로 개최할 수 있다.
④ 제1항의 각 기관은 수사기관협의회에서 협의·조정된 사항의 세부 추진계획을 수립·시행해야 한다.
⑤ 제1항부터 제4항까지의 규정에서 정한 사항 외에 수사기관협의회의 운영 등에 필요한 사항은 수사기관협의회에서 정한다.

제3장 수 사

제1절 통 칙

제10조【임의수사 우선의 원칙과 강제수사 시 유의사항】
① 검사와 사법경찰관은 수사를 할 때 수사 대상자의 자유로운 의사에 따른 임의수사를 원칙으로 해야 하고, 강제수사는 법률에서 정한 바에 따라 필요한 경우에만 최소한의 범위에서 하되, 수사 대상자의 권익 침해의 정도가 더 적은 절차와 방법을 선택해야 한다.
② 검사와 사법경찰관은 피의자를 체포·구속하는 과정에서 피의자 및 현장에 있는 가족 등 지인들의 인격과 명예를 침해하지 않도록 유의해야 한다.
③ 검사와 사법경찰관은 압수·수색 과정에서 사생활의 비밀, 주거의 평온을 최대한 보장하고, 피의자 및 현장에 있는 가족 등 지인들의 인격과 명예를 침해하지 않도록 유의해야 한다.

제11조【회피】 검사 또는 사법경찰관리는 피의자나 사건관계인과 친족관계 또는 이에 준하는 관계가 있거나 그 밖에 수사의 공정성을 의심 받을 염려가 있는 사건에 대해서는 소속 기관의 장의 허가를 받아 그 수사를 회피해야 한다.

제12조【수사 진행상황의 통지】 ① 검사 또는 사법경찰관은 수사에 대한 진행상황을 사건관계인에게 적절히 통지하도록 노력해야 한다.
② 제1항에 따른 통지의 구체적인 방법·절차 등은 법무부장관, 경찰청장 또는 해양경찰청장이 정한다.

제13조【변호인의 피의자신문 참여·조력】 ① 검사 또는 사법경찰관은 피의자신문에 참여한 변호인이 피의자의 옆자리 등 실질적인 조력을 할 수 있는 위치에 앉도록 해야 하고, 정당한 사유가 없으면 피의자에 대한 법적인 조언·상담을 보장해야 하며, 법적인 조언·상담을 위한 변호인의 메모를 허용해야 한다.
② 검사 또는 사법경찰관은 피의자에 대한 신문이 아닌 단순 면담 등이라는 이유로 변호인의 참여·조력을 제한해서는 안 된다.
③ 제1항 및 제2항은 검사 또는 사법경찰관의 사건관계인에 대한 조사·면담 등의 경우에도 적용한다.

제14조【변호인의 의견진술】 ① 피의자신문에 참여한 변호인은 검사 또는 사법경찰관의 신문 후 조서를 열람하고 의견을 진술할 수 있다. 이 경우 변호인은 별도의 서면으로 의견을 제출할 수 있으며, 검사 또는 사법경찰관은 해당 서면을 사건기록에 편철한다.
② 피의자신문에 참여한 변호인은 신문 중이라도 검사 또는 사법경찰관의 승인을 받아 의견을 진술할 수 있다. 이 경우 검사 또는 사법경찰관은 정당한 사유가 있는 경우를 제외하고는 변호인의 의견진술 요청을 승인해야 한다.
③ 피의자신문에 참여한 변호인은 제2항에도 불구하고 부당한 신문방법에 대해서는 검사 또는 사법경찰관의 승인 없이 이의를 제기할 수 있다.
④ 검사 또는 사법경찰관은 제1항부터 제3항까지의 규정에 따른 의견진술 또는 이의제기가 있는 경우 해당 내용을 조서에 적어야 한다.

제15조【피해자 보호】 ① 검사 또는 사법경찰관은 피해자의 명예와 사생활의 평온을 보호하기 위해 「범죄피해자 보호법」 등 피해자 보호 관련 법령의 규정을 준수해야 한다.
② 검사 또는 사법경찰관은 피의자의 범죄수법, 범행 동기, 피해자와의 관계, 언동 및 그 밖의 상황으로 보아 피해자가 피의자 또는 그 밖의 사람으로부터 생명·신체에 위해를 입거나 입을 염려가 있다고 인정되는 경우에는 직권 또는 피해자의 신청에 따라 신변보호에 필요한 조치를 강구해야 한다.

제2절 수사의 개시

제16조【수사의 개시】 ① 검사 또는 사법경찰관이 다음 각 호의 어느 하나에 해당하는 행위에 착수한 때에는 수사를 개시한 것으로 본다. 이 경우 검사 또는 사법경찰관은 해당 사건을 즉시 입건해야 한다.
1. 피혐의자의 수사기관 출석조사
2. 피의자신문조서의 작성
3. 긴급체포
4. 체포·구속영장의 청구 또는 신청
5. 사람의 신체, 주거, 관리하는 건조물, 자동차, 선박, 항공기 또는 점유하는 방실에 대한 압수·수색 또는 검증영장(부검을 위한 검증영장은 제외한다)의 청구 또는 신청

② 검사 또는 사법경찰관은 수사 중인 사건의 범죄 혐의를 밝히기 위한 목적으로 관련 없는 사건의 수사를 개시하거나 수사기간을 부당하게 연장해서는 안 된다.
③ 검사 또는 사법경찰관은 입건 전에 범죄를 의심할 만한 정황이 있어 수사 개시 여부를 결정하기 위한 사실관계의 확인 등 필요한 조사를 할 때에는 적법절차를 준수하고 사건관계인의 인권을 존중하며, 조사가 부당하게 장기화되지 않도록 신속하게 진행해야 한다.
④ 검사 또는 사법경찰관은 제3항에 따른 조사 결과 입건하지 않는 결정을 한 때에는 피해자에 대한 보복범죄나 2차 피해가 우려되는 경우 등을 제외하고는 피혐의자 및 사건관계인에게 통지해야 한다.
⑤ 제4항에 따른 통지의 구체적인 방법 및 절차 등은 법무부장관, 경찰청장 또는 해양경찰청장이 정한다.
⑥ 제3항에 따른 조사와 관련한 서류 등의 열람 및 복사에 관하여는 제69조제1항, 제3항, 제5항(같은 조 제1항 및 제3항을 준용하는 부분으로 한정한다. 이하 이 항에서 같다) 및 제6항(같은 조 제1항, 제3항 및 제5항에 따른 신청을 받은 경우로 한정한다)을 준용한다.
제16조의2【고소·고발 사건의 수리 등】 ① 검사 또는 사법경찰관은 고소 또는 고발을 받은 경우에는 이를 수리해야 한다.
② 검사 또는 사법경찰관은 고소 또는 고발에 따라 범죄를 수사하는 경우에는 고소 또는 고발을 수리한 날부터 3개월 이내에 수사를 마쳐야 한다.
(2023.10.17 본조신설)
제17조【변사자의 검시 등】 ① 사법경찰관은 변사자 또는 변사한 것으로 의심되는 사체가 있으면 변사사건 발생사실을 검사에게 통보해야 한다.
② 검사는 법 제222조제1항에 따라 검시를 했을 경우에는 검시조서를, 검증영장이나 같은 조 제2항에 따라 검증을 했을 경우에는 검증조서를 각각 작성하여 사법경찰관에게 송부해야 한다.
③ 사법경찰관은 법 제222조제1항 및 제3항에 따라 검시를 했을 경우에는 검시조서를, 검증영장이나 같은 조 제2항 및 제3항에 따라 검증을 했을 경우에는 검증조서를 각각 작성하여 검사에게 송부해야 한다.
④ 검사와 사법경찰관은 법 제222조에 따라 변사자의 검시를 한 사건에 대해 사건 종결 전에 수사할 사항 등에 관하여 상호 의견을 제시·교환해야 한다.
제18조【검사의 사건 이송 등】 ① 검사는 「검찰청법」 제4조제1항제1호 각 목에 해당되지 않는 범죄에 대한 고소·고발·진정 등이 접수된 때에는 사건을 검찰청 외의 수사기관에 이송해야 한다.(2023.10.17 본항개정)
② 검사는 다음 각 호의 어느 하나에 해당하는 때에는 사건을 검찰청 외의 수사기관에 이송할 수 있다.
1. 법 제197조의4제2항 단서에 따라 사법경찰관이 범죄사실을 계속 수사할 수 있게 된 때
2. 그 밖에 다른 수사기관에서 수사하는 것이 적절하다고 판단되는 때

③ 검사는 제1항 또는 제2항에 따라 사건을 이송하는 경우에는 관계 서류와 증거물을 해당 수사기관에 함께 송부해야 한다.
④ 검사는 제2항제2호에 따른 이송을 하는 경우에는 특별한 사정이 없으면 사건을 수리한 날부터 1개월 이내에 이송해야 한다.(2023.10.17 본항신설)

제3절 임의수사

제19조【출석요구】 ① 검사 또는 사법경찰관은 피의자에게 출석요구를 할 때에는 다음 각 호의 사항을 유의해야 한다.
1. 출석요구를 하기 전에 우편·전자우편·전화를 통한 진술 등 출석을 대체할 수 있는 방법의 선택 가능성을 고려할 것
2. 출석요구의 방법, 출석의 일시·장소 등을 정할 때에는 피의자의 명예 또는 사생활의 비밀이 침해되지 않도록 주의할 것
3. 출석요구를 할 때에는 피의자의 생업에 지장을 주지 않도록 충분한 시간적 여유를 두도록 하고, 피의자가 출석 일시의 연기를 요청하는 경우 특별한 사정이 없으면 출석 일시를 조정할 것
4. 불필요하게 여러 차례 출석요구를 하지 않을 것

② 검사 또는 사법경찰관은 피의자에게 출석요구를 하려는 경우 피의자와 조사의 일시·장소에 관하여 협의해야 한다. 이 경우 변호인이 있는 경우에는 변호인과도 협의해야 한다.
③ 검사 또는 사법경찰관은 피의자에게 출석요구를 하려는 경우 피의사실의 요지 등 출석요구의 취지를 구체적으로 적은 출석요구서를 발송해야 한다. 다만, 신속한 출석요구가 필요한 경우 등 부득이한 사정이 있는 경우에는 전화, 문자메시지, 그 밖의 상당한 방법으로 출석요구를 할 수 있다.
④ 검사 또는 사법경찰관은 제3항 본문에 따른 방법으로 출석요구를 했을 때에는 출석요구서의 사본을, 같은 항 단서에 따른 방법으로 출석요구를 했을 때에는 그 취지를 적은 수사보고서를 각각 사건기록에 편철한다.
⑤ 검사 또는 사법경찰관은 피의자가 치료 등 수사관서에 출석하여 조사를 받는 것이 현저히 곤란한 사정이 있는 경우에는 수사관서 외의 장소에서 조사할 수 있다.
⑥ 제1항부터 제5항까지의 규정은 피의자 외의 사람에 대한 출석요구의 경우에도 적용한다.
제20조【수사상 임의동행 시의 고지】 검사 또는 사법경찰관은 임의동행을 요구하는 경우 상대방에게 동행을 거부할 수 있다는 것과 동행하는 경우에도 언제든지 자유롭게 동행과정에서 이탈하거나 동행 장소에서 퇴거할 수 있다는 것을 알려야 한다.
제21조【심야조사 제한】 ① 검사 또는 사법경찰관은 조사, 신문, 면담 등 그 명칭을 불문하고 피의자나 사건관계인에 대해 오후 9시부터 오전 6시까지 사이에 조사(이하 "심야조사"라 한다)를 해서는 안 된다. 다만, 이미 작성된 조서의 열람을 위한 절차는 자정 이전까지 진행할 수 있다.
② 제1항에도 불구하고 다음 각 호의 어느 하나에 해당하는 경우에는 심야조사를 할 수 있다. 이 경우 심야조사의 사유를 조서에 명확하게 적어야 한다.
1. 피의자를 체포한 후 48시간 이내에 구속영장의 청구 또는 신청 여부를 판단하기 위해 불가피한 경우

2. 공소시효가 임박한 경우
3. 피의자나 사건관계인이 출국, 입원, 원거리 거주, 직업상 사유 등 재출석이 곤란한 구체적인 사유를 들어 심야조사를 요청한 경우(변호인이 심야조사에 동의하지 않는다는 의사를 명시한 경우는 제외한다)로서 해당 요청에 상당한 이유가 있다고 인정되는 경우
4. 그 밖에 사건의 성질 등을 고려할 때 심야조사가 불가피하다고 판단되는 경우 등 법무부장관, 경찰청장 또는 해양경찰청장이 정하는 경우로서 검사 또는 사법경찰관의 소속 기관의 장이 지정하는 인권보호 책임자의 허가 등을 받은 경우

제22조【장시간 조사 제한】 ① 검사 또는 사법경찰관은 조사, 신문, 면담 등 그 명칭을 불문하고 피의자나 사건관계인을 조사하는 경우에는 대기시간, 휴식시간, 식사시간 등 모든 시간을 합산한 조사시간(이하 "총조사시간"이라 한다)이 12시간을 초과하지 않도록 해야 한다. 다만, 다음 각 호의 어느 하나에 해당하는 경우에는 예외로 한다.
1. 피의자나 사건관계인의 서면 요청에 따라 조서를 열람하는 경우
2. 제21조제2항 각 호의 어느 하나에 해당하는 경우

② 검사 또는 사법경찰관은 특별한 사정이 없으면 총조사시간 중 식사시간, 휴식시간 및 조서의 열람시간 등을 제외한 실제 조사시간이 8시간을 초과하지 않도록 해야 한다.
③ 검사 또는 사법경찰관은 피의자나 사건관계인에 대한 조사를 마친 때부터 8시간이 지나기 전에는 다시 조사할 수 없다. 다만, 제1항제2호에 해당하는 경우에는 예외로 한다.

제23조【휴식시간 부여】 ① 검사 또는 사법경찰관은 조사에 상당한 시간이 소요되는 경우에는 특별한 사정이 없으면 피의자 또는 사건관계인에게 조사 도중에 최소한 2시간마다 10분 이상의 휴식시간을 주어야 한다.
② 검사 또는 사법경찰관은 조사 도중 피의자, 사건관계인 또는 그 변호인으로부터 휴식시간의 부여를 요청받았을 때에는 그때까지 조사에 소요된 시간, 피의자 또는 사건관계인의 건강상태 등을 고려해 적정하다고 판단될 경우 휴식시간을 주어야 한다.
③ 검사 또는 사법경찰관은 조사 중인 피의자 또는 사건관계인의 건강상태에 이상 징후가 발견되면 의사의 진료를 받게 하거나 휴식하게 하는 등 필요한 조치를 해야 한다.

제24조【신뢰관계인의 동석】 ① 법 제244조의5에 따라 피의자와 동석할 수 있는 신뢰관계에 있는 사람과 법 제221조제3항에서 준용하는 법 제163조의2에 따라 피해자와 동석할 수 있는 신뢰관계에 있는 사람은 피의자 또는 피해자의 직계친족, 형제자매, 배우자, 가족, 동거인, 보호·교육시설의 보호·교육담당자 등 피의자 또는 피해자의 심리적 안정과 원활한 의사소통에 도움을 줄 수 있는 사람으로 한다.
② 피의자, 피해자 또는 그 법정대리인이 제1항에 따른 신뢰관계에 있는 사람의 동석을 신청한 경우 검사 또는 사법경찰관은 그 관계를 적은 동석신청서를 제출받거나 조서 또는 수사보고서에 그 관계를 적어야 한다.

제25조【자료·의견의 제출기회 보장】 ① 검사 또는 사법경찰관은 조사과정에서 피의자, 사건관계인 또는 그 변호인이 사실관계 등의 확인을 위해 자료를 제출하는 경우 그 자료를 수사기록에 편철한다.
② 검사 또는 사법경찰관은 조사를 종결하기 전에 피의자, 사건관계인 또는 그 변호인에게 자료 또는 의견을 제출할 의사가 있는지를 확인하고, 자료 또는 의견을 제출받은 경우에는 해당 자료 및 의견을 수사기록에 편철한다.

제26조【수사과정의 기록】 ① 검사 또는 사법경찰관은 법 제244조의4에 따라 조사(신문, 면담 등 명칭을 불문한다. 이하 이 조에서 같다) 과정의 진행경과를 다음 각 호의 구분에 따른 방법으로 기록해야 한다.
1. 조서를 작성하는 경우 : 조서에 기록(별도의 서면에 기록한 후 조서의 끝부분에 편철하는 것을 포함한다)
2. 조서를 작성하지 않는 경우 : 별도의 서면에 기록한 후 수사기록에 편철

② 제1항에 따라 조사과정의 진행경과를 기록할 때에는 다음 각 호의 구분에 따른 사항을 구체적으로 적어야 한다.
1. 조서를 작성하는 경우에는 다음 각 목의 사항
   가. 조사 대상자가 조사장소에 도착한 시각
   나. 조사의 시작 및 종료 시각
   다. 조사 대상자가 조사장소에 도착한 시각과 조사를 시작한 시각에 상당한 시간적 차이가 있는 경우에는 그 이유
   라. 조사가 중단되었다가 재개된 경우에는 그 이유와 중단 시각 및 재개 시각
2. 조서를 작성하지 않는 경우에는 다음 각 목의 사항
   가. 조사 대상자가 조사장소에 도착한 시각
   나. 조사 대상자가 조사장소를 떠난 시각
   다. 조서를 작성하지 않는 이유
   라. 조사 외에 실시한 활동
   마. 변호인 참여 여부

제4절 강제수사

제27조【긴급체포】 ① 사법경찰관은 법 제200조의3제2항에 따라 긴급체포 후 12시간 내에 검사에게 긴급체포의 승인을 요청해야 한다. 다만, 다음 각 호의 어느 하나에 해당하는 경우에는 긴급체포 후 24시간 이내에 긴급체포의 승인을 요청해야 한다.(2023.10.17 단서개정)
1. 제51조제1항제4호가목에 따른 피의자중지 또는 제52조제1항제3호에 따른 기소중지 결정이 된 피의자를 소속 경찰관서가 위치하는 특별시·광역시·특별자치시·도 또는 특별자치도 외의 지역에서 긴급체포한 경우
2. 「해양경비법」 제2조제2호에 따른 경비수역에서 긴급체포한 경우

(2023.10.17 1호~2호신설)
② 제1항에 따라 긴급체포의 승인을 요청할 때에는 범죄사실의 요지, 긴급체포의 일시·장소, 긴급체포의 사유, 체포를 계속해야 하는 사유 등을 적은 긴급체포 승인요청서로 요청해야 한다. 다만, 긴급한 경우에는 「형사사법절차 전자화 촉진법」 제2조제4호에 따른 형사사법정보시스템(이하 "형사사법정보시스템"이라 한다) 또는 팩스를 이용하여 긴급체포의 승인을 요청할 수 있다.
③ 검사는 사법경찰관의 긴급체포 승인 요청이 이유 있다고 인정하는 경우에는 지체 없이 긴급체포 승인서를 사법경찰관에게 송부해야 한다.
④ 검사는 사법경찰관의 긴급체포 승인 요청이 이유 없다고 인정하는 경우에는 지체 없이 사법경찰관에게 불승인 통보를 해야 한다. 이 경우 사법경찰관은 긴급체포된 피의자를 즉시 석방하고 그 석방 일시와 사유 등을 검사에게 통보해야 한다.

제28조【현행범인 조사 및 석방】 ① 검사 또는 사법경찰관은 법 제212조 또는 제213조에 따라 현행범인을 체포하거나 체포된 현행범인을 인수했을 때에는 조사가 현저히 곤란하다고 인정되는 경우가 아니면 지체 없이 조사해야 하며, 조사 결과 계속 구금할 필요가 없다고 인정할 때에는 현행범인을 즉시 석방해야 한다.
② 검사 또는 사법경찰관은 제1항에 따라 현행범인을 석방했을 때에는 석방 일시와 사유 등을 적은 피의자 석방서를 작성해 사건기록에 편철한다. 이 경우 사법경찰관은 석방 후 지체 없이 검사에게 석방 사실을 통보해야 한다.

제29조【구속영장의 청구·신청】 ① 검사 또는 사법경찰관은 구속영장을 청구하거나 신청하는 경우 법 제209조에서 준용하는 법 제70조제2항의 필요적 고려사항이 있을 때에는 구속영장 청구서 또는 신청서에 그 내용을 적어야 한다.
② 검사 또는 사법경찰관은 체포한 피의자에 대해 구속영장을 청구하거나 신청할 때에는 구속영장 청구서 또는 신청서

에 체포영장, 긴급체포서, 현행범인 체포서 또는 현행범인 인수서를 첨부해야 한다.

제30조【구속 전 피의자 심문】 사법경찰관은 법 제201조의2 제3항 및 같은 조 제10항에서 준용하는 법 제81조제1항에 따라 판사가 통지한 피의자 심문 기일과 장소에 체포된 피의자를 출석시켜야 한다.

제31조【체포·구속영장의 재청구·재신청】 검사 또는 사법경찰관은 동일한 범죄사실로 다시 체포·구속영장을 청구하거나 신청하는 경우(체포·구속영장의 청구 또는 신청이 기각된 후 다시 체포·구속영장을 청구하거나 신청하는 경우와 이미 발부받은 체포·구속영장과 동일한 범죄사실로 다시 체포·구속영장을 청구하거나 신청하는 경우를 말한다)에는 그 취지를 체포·구속영장 청구서 또는 신청서에 적어야 한다.

제32조【체포·구속영장 집행 시의 권리 고지】 ① 검사 또는 사법경찰관은 피의자를 체포하거나 구속할 때에는 법 제200조의5(법 제209조에서 준용하는 경우를 포함한다)에 따라 피의자에게 피의사실의 요지, 체포·구속의 이유와 변호인을 선임할 수 있음을 말하고, 변명할 기회를 주어야 하며, 진술거부권을 알려주어야 한다.
② 제1항에 따라 피의자에게 알려주어야 하는 진술거부권의 내용은 법 제244조의3제1항제1호부터 제3호까지의 사항으로 한다.
③ 검사와 사법경찰관이 제1항에 따라 피의자에게 그 권리를 알려준 경우에는 피의자로부터 권리 고지 확인서를 받아 사건기록에 편철한다.

제32조의2【체포·구속영장 사본의 교부】 ① 검사 또는 사법경찰관은 영장에 따라 피의자를 체포하거나 구속하는 경우에는 법 제200조의6 또는 제209조에서 준용하는 법 제85조제1항 또는 제4항에 따라 피의자에게 반드시 영장을 제시하고 그 사본을 교부해야 한다.
② 검사 또는 사법경찰관은 제1항에 따라 피의자에게 영장을 제시하거나 영장의 사본을 교부할 때에는 사건관계인의 개인정보가 피의자의 방어권 보장을 위해 필요한 정도를 넘어 불필요하게 노출되지 않도록 유의해야 한다.
③ 검사 또는 사법경찰관은 제1항에 따라 피의자에게 영장의 사본을 교부한 경우에는 피의자로부터 영장 사본 교부 확인서를 받아 사건기록에 편철한다.
④ 피의자가 영장의 사본을 수령하기를 거부하거나 영장 사본 교부 확인서에 기명날인 또는 서명하는 것을 거부하는 경우에는 검사 또는 사법경찰관이 영장 사본 교부 확인서 끝 부분에 그 사유를 적고 기명날인 또는 서명해야 한다.
(2023.10.17 본조신설)

제33조【체포·구속 등의 통지】 ① 검사 또는 사법경찰관은 피의자를 체포하거나 구속하였을 때에는 법 제200조의6 또는 제209조에서 준용하는 법 제87조에 따라 변호인이 있으면 변호인에게, 변호인이 없으면 법 제30조제2항에 따른 사람 중 피의자가 지정한 사람에게 24시간 이내에 서면으로 사건명, 체포·구속의 일시·장소, 범죄사실의 요지, 체포·구속의 이유와 변호인을 선임할 수 있음을 통지해야 한다.
② 검사 또는 사법경찰관은 제1항에 따른 통지를 하였을 때에는 그 통지서 사본을 사건기록에 편철한다. 다만, 변호인 및 법 제30조제2항에 따른 사람이 없어서 체포·구속의 통지를 할 수 없을 때에는 그 취지를 수사보고서에 적어 사건기록에 편철한다.
③ 제1항 및 제2항은 법 제214조의2제2항에 따라 검사 또는 사법경찰관이 같은 조 제1항에 따른 자 중에서 피의자가 지정한 자에게 체포 또는 구속의 적부심사를 청구할 수 있음을 통지하는 경우에도 준용한다.

제34조【체포·구속영장 등본의 교부】 검사 또는 사법경찰관은 법 제214조의2제1항에 따른 자가 체포·구속영장 등본의 교부를 청구하면 그 등본을 교부해야 한다.

제35조【체포·구속영장의 반환】 ① 검사 또는 사법경찰관은 체포·구속영장의 유효기간 내에 영장의 집행에 착수하지 못했거나, 그 밖의 사유로 영장의 집행이 불가능하거나 불필요하게 되었을 때에는 즉시 해당 영장을 법원에 반환해야 한다. 이 경우 체포·구속영장이 여러 통 발부된 경우에는 모두 반환해야 한다.
② 검사 또는 사법경찰관은 제1항에 따라 체포·구속영장을 반환하는 경우에는 반환사유 등을 적은 영장반환서에 해당 영장을 첨부하여 반환하고, 그 사본을 사건기록에 편철한다.
③ 제1항에 따라 사법경찰관이 체포·구속영장을 반환하는 경우에는 그 영장을 청구한 검사에게 반환하고, 검사는 사법경찰관이 반환한 영장을 법원에 반환한다.

제36조【피의자의 석방】 ① 검사 또는 사법경찰관은 법 제200조의2제5항 또는 제200조의4제2항에 따라 구속영장을 청구하거나 신청하지 않고(사법경찰관이 구속영장의 청구를 신청하였으나 검사가 그 신청을 기각한 경우를 포함한다) 체포 또는 긴급체포한 피의자를 석방하려는 때에는 다음 각 호의 구분에 따른 사항을 적은 피의자 석방서를 작성해야 한다.(2023.10.17 본문개정)
1. 체포한 피의자를 석방하려는 때 : 체포 일시·장소, 체포 사유, 석방 일시·장소, 석방 사유 등
2. 긴급체포한 피의자를 석방하려는 때 : 법 제200조의4제4항 각 호의 사항
② 사법경찰관은 제1항에 따라 피의자를 석방한 경우 다음 각 호의 구분에 따라 처리한다.
1. 체포한 피의자를 석방한 때 : 지체 없이 검사에게 석방사실을 통보하고, 그 통보서 사본을 사건기록에 편철한다.
2. 긴급체포한 피의자를 석방한 때 : 즉시 검사에게 석방 사실을 보고하고, 그 보고서 사본을 사건기록에 편철한다.
(2023.10.17 본호개정)

제37조【압수·수색 또는 검증영장의 청구·신청】 검사 또는 사법경찰관은 압수·수색 또는 검증영장을 청구하거나 신청할 때에는 압수·수색 또는 검증의 범위를 범죄 혐의의 소명에 필요한 최소한으로 정해야 하고, 수색 또는 검증할 장소·신체·물건 및 압수할 물건 등을 구체적으로 특정해야 한다. 이 경우 수사기밀이나 사건관계인의 개인정보가 압수·수색 또는 검증을 필요로 하는 사유의 소명에 필요한 정도를 넘어 불필요하게 노출되지 않도록 유의해야 한다.
(2023.10.17 후단신설)

제38조【압수·수색 또는 검증영장의 제시·교부】 ① 검사 또는 사법경찰관은 법 제219조에서 준용하는 법 제118조에 따라 영장을 제시할 때에는 처분을 받는 자에게 법관이 발부한 영장에 따른 압수·수색 또는 검증이라는 사실과 영장에 기재된 범죄사실 및 수색 또는 검증할 장소·신체·물건, 압수할 물건 등을 명확히 알리고, 처분을 받는 자가 해당 영장을 열람할 수 있도록 해야 한다. 이 경우 처분을 받는 자가 피의자인 경우에는 해당 영장의 사본을 교부해야 한다.
② 압수·수색 또는 검증의 처분을 받는 자가 여럿인 경우에는 모두에게 개별적으로 영장을 제시해야 한다. 이 경우 피의자에게는 개별적으로 해당 영장의 사본을 교부해야 한다.
(2023.10.17 후단신설)
③ 검사 또는 사법경찰관은 제1항 및 제2항에 따라 피의자에게 영장을 제시하거나 영장의 사본을 교부할 때에는 사건관계인의 개인정보가 피의자의 방어권 보장을 위해 필요한 정도를 넘어 불필요하게 노출되지 않도록 유의해야 한다.
(2023.10.17 본항신설)
④ 검사 또는 사법경찰관은 제1항 후단 및 제2항 후단에 따라 피의자에게 영장의 사본을 교부한 경우에는 피의자로부터 영장 사본 교부 확인서를 받아 사건기록에 편철한다.
(2023.10.17 본항신설)

⑤ 피의자가 영장의 사본을 수령하기를 거부하거나 영장 사본 교부 확인서에 기명날인 또는 서명하는 것을 거부하는 경우에는 검사 또는 사법경찰관이 영장 사본 교부 확인서 끝 부분에 그 사유를 적고 기명날인 또는 서명해야 한다.
(2023.10.17 본항신설)
(2023.10.17 본조개정)

제39조【압수·수색 또는 검증영장의 재청구·재신청 등】 압수·수색 또는 검증영장의 재청구·재신청(압수·수색 또는 검증영장의 청구 또는 신청이 기각된 후 다시 압수·수색 또는 검증영장을 청구하거나 신청하는 경우와 이미 발부받은 압수·수색 또는 검증영장과 동일한 범죄사실로 다시 압수·수색 또는 검증영장을 청구하거나 신청하는 경우를 말한다)과 반환에 관해서는 제31조 및 제35조를 준용한다.

제40조【압수조서와 압수목록】 검사 또는 사법경찰관은 증거물 또는 몰수할 물건을 압수했을 때에는 압수의 일시·장소, 압수 경위 등을 적은 압수조서와 압수물건의 품종·수량 등을 적은 압수목록을 작성해야 한다. 다만, 피의자신문조서, 진술조서, 검증조서에 압수의 취지를 적은 경우에는 그렇지 않다.

제41조【전자정보의 압수·수색 또는 검증 방법】 ① 검사 또는 사법경찰관은 법 제219조에서 준용하는 법 제106조제3항에 따라 컴퓨터용디스크 및 그 밖에 이와 비슷한 정보저장매체(이하 이 항에서 "정보저장매체등"이라 한다)에 기억된 정보(이하 "전자정보"라 한다)를 압수하는 경우에는 해당 정보저장매체등의 소재지에서 수색 또는 검증한 후 범죄사실과 관련된 전자정보의 범위를 정하여 출력하거나 복제하는 방법으로 한다.
② 제1항에도 불구하고 제1항에 따른 압수 방법의 실행이 불가능하거나 그 방법으로는 압수의 목적을 달성하는 것이 현저히 곤란한 경우에는 압수·수색 또는 검증 현장에서 정보저장매체등에 들어 있는 전자정보 전부를 복제하여 그 복제본을 정보저장매체등의 소재지 외의 장소로 반출할 수 있다.
③ 제1항 및 제2항에도 불구하고 제1항 및 제2항에 따른 압수 방법의 실행이 불가능하거나 그 방법으로는 압수의 목적을 달성하는 것이 현저히 곤란한 경우에는 피압수자 또는 법 제123조에 따라 압수·수색영장을 집행할 때 참여하게 해야 하는 사람(이하 "피압수자등"이라 한다)이 참여한 상태에서 정보저장매체등의 원본을 봉인(封印)하여 정보저장매체등의 소재지 외의 장소로 반출할 수 있다.

제42조【전자정보의 압수·수색 또는 검증 시 유의사항】 ① 검사 또는 사법경찰관은 전자정보의 탐색·복제·출력을 완료한 경우에는 지체 없이 피압수자등에게 압수한 전자정보의 목록을 교부해야 한다.
② 검사 또는 사법경찰관은 제1항의 목록에 포함되지 않은 전자정보가 있는 경우에는 해당 전자정보를 지체 없이 삭제 또는 폐기하거나 반환해야 한다. 이 경우 삭제·폐기 또는 반환확인서를 작성하여 피압수자등에게 교부해야 한다.
③ 검사 또는 사법경찰관은 전자정보의 복제본을 취득하거나 전자정보를 복제할 때에는 해시값(파일의 고유값으로서 일종의 전자지문을 말한다)을 확인하거나 압수·수색 또는 검증의 과정을 촬영하는 등 전자적 증거의 동일성과 무결성(無缺性)을 보장할 수 있는 적절한 방법과 조치를 취해야 한다.
④ 검사 또는 사법경찰관은 압수·수색 또는 검증의 전 과정에 걸쳐 피압수자등이나 변호인의 참여권을 보장해야 하며, 피압수자등과 변호인이 참여를 거부하는 경우에는 신뢰성과 전문성을 담보할 수 있는 상당한 방법으로 압수·수색 또는 검증을 해야 한다.
⑤ 검사 또는 사법경찰관은 제4항에 따라 참여한 피압수자등이나 변호인이 압수 대상 전자정보와 사건의 관련성에 관하여 의견을 제시한 때에는 이를 조서에 적어야 한다.

제43조【검증조서】 검사 또는 사법경찰관은 검증을 한 경우에는 검증의 일시·장소, 검증 경위 등을 적은 검증조서를 작성해야 한다.

제44조【영장심의위원회】 법 제221조의5에 따른 영장심의위원회의 위원은 해당 업무에 전문성을 가진 중립적 외부 인사 중에서 위촉해야 하며, 영장심의위원회의 운영은 독립성·객관성·공정성이 보장되어야 한다.

제5절 시정조치요구

제45조【시정조치 요구의 방법 및 절차 등】 ① 검사는 법 제197조의3제1항에 따라 사법경찰관에게 사건기록 등본의 송부를 요구할 때에는 그 내용과 이유를 구체적으로 적은 서면으로 해야 한다.
② 사법경찰관은 제1항에 따른 요구를 받은 날부터 7일 이내에 사건기록 등본을 검사에게 송부해야 한다.
③ 검사는 제2항에 따라 사건기록 등본을 송부받은 날부터 30일(사안의 경중 등을 고려하여 10일의 범위에서 한 차례 연장할 수 있다) 이내에 법 제197조의3제3항에 따른 시정조치 요구 여부를 결정하여 사법경찰관에게 통보해야 한다. 이 경우 시정조치 요구의 통보는 그 내용과 이유를 구체적으로 적은 서면으로 해야 한다.
④ 사법경찰관은 제3항에 따라 시정조치 요구를 통보받은 경우 정당한 이유가 있는 경우를 제외하고는 지체 없이 시정조치를 이행하고, 그 이행 결과를 서면에 구체적으로 적어 검사에게 통보해야 한다.
⑤ 검사는 법 제197조의3제5항에 따라 사법경찰관에게 사건송치를 요구하는 경우에는 그 내용과 이유를 구체적으로 적은 서면으로 해야 한다.
⑥ 사법경찰관은 제5항에 따라 서면으로 사건송치를 요구받은 날부터 7일 이내에 사건을 검사에게 송치해야 한다. 이 경우 관계 서류와 증거물을 함께 송부해야 한다.
⑦ 제5항 및 제6항에도 불구하고 검사는 공소시효 만료일의 임박 등 특별한 사유가 있을 때에는 제5항에 따른 서면에 그 사유를 명시하고 별도의 송치기한을 정하여 사법경찰관에게 통지할 수 있다. 이 경우 사법경찰관은 정당한 이유가 있는 경우를 제외하고는 통지받은 송치기한까지 사건을 검사에게 송치해야 한다.

제46조【징계요구의 방법 등】 ① 검찰총장 또는 각급 검찰청 검사장은 법 제197조의3제7항에 따라 사법경찰관리의 징계를 요구할 때에는 서면에 그 사유를 구체적으로 적고 이를 증명할 수 있는 관계 자료를 첨부하여 해당 사법경찰관리가 소속된 경찰관서의 장(이하 "경찰관서장"이라 한다)에게 통보해야 한다.
② 경찰관서장은 제1항에 따른 징계요구에 대한 처리 결과와 그 이유를 징계를 요구한 검찰총장 또는 각급 검찰청 검사장에게 통보해야 한다.

제47조【구제신청 고지의 확인】 사법경찰관은 법 제197조의3제8항에 따라 검사에게 구제를 신청할 수 있음을 피의자에게 알려준 경우에는 피의자로부터 고지 확인서를 받아 사건기록에 편철한다. 다만, 피의자가 고지 확인서에 기명날인 또는 서명하는 것을 거부하는 경우에는 사법경찰관이 고지 확인서 끝부분에 그 사유를 적고 기명날인 또는 서명해야 한다.

제6절 수사의 경합

제48조【동일한 범죄사실 여부의 판단 등】 ① 검사와 사법경찰관은 법 제197조의4에 따른 수사의 경합과 관련하여 동일한 범죄사실 여부나 영장(「통신비밀보호법」 제6조 및 제8조에 따른 통신제한조치허가서 및 같은 법 제13조에 따른 통신사실 확인자료제공 요청 허가서를 포함한다. 이하 이 조에서 같다) 청구·신청의 시간적 선후관계 등을 판단하기 위해 필요한 경우에는 그 필요한 범위에서 사건기록의 상호 열람을 요청할 수 있다.

② 제1항에 따른 영장 청구·신청의 시간적 선후관계는 검사의 영장청구서와 사법경찰관의 영장신청서가 각각 법원과 검찰청에 접수된 시점을 기준으로 판단한다.
③ 검사는 제2항에 따른 사법경찰관의 영장신청서의 접수를 거부하거나 지연해서는 안 된다.
제49조【수사경합에 따른 사건송치】 ① 검사는 법 제197조의4제1항에 따라 사법경찰관에게 사건송치를 요구할 때에는 그 내용과 이유를 구체적으로 적은 서면으로 해야 한다.
② 사법경찰관은 제1항에 따른 요구를 받은 날부터 7일 이내에 사건을 검사에게 송치해야 한다. 이 경우 관계 서류와 증거물을 함께 송부해야 한다.
제50조【중복수사의 방지】 검사는 법 제197조의4제2항 단서에 따라 사법경찰관이 범죄사실을 계속 수사할 수 있게 된 경우에는 정당한 사유가 있는 경우를 제외하고는 그와 동일한 범죄사실에 대한 사건을 이송하는 등 중복수사를 피하기 위해 노력해야 한다.

제4장 사건송치와 수사종결

제1절 통 칙

제51조【사법경찰관의 결정】 ① 사법경찰관은 사건을 수사한 경우에는 다음 각 호의 구분에 따라 결정해야 한다.
1. 법원송치
2. 검찰송치
3. 불송치
  가. 혐의없음
    1) 범죄인정안됨
    2) 증거불충분
  나. 죄가안됨
  다. 공소권없음
  라. 각하
4. 수사중지
  가. 피의자중지
  나. 참고인중지
5. 이송
② 사법경찰관은 하나의 사건 중 피의자가 여러 사람이거나 피의사실이 여러 개인 경우로서 분리하여 결정할 필요가 있는 경우 그중 일부에 대해 제1항 각 호의 결정을 할 수 있다.
③ 사법경찰관은 제1항제3호나목 또는 다목에 해당하는 사건이 다음 각 호의 어느 하나에 해당하는 경우에는 해당 사건을 검사에게 이송한다.
1. 「형법」 제10조제1항에 따라 벌할 수 없는 경우
2. 기소되어 사실심 계속 중인 사건과 포괄일죄를 구성하는 관계에 있거나 「형법」 제40조에 따른 상상적 경합 관계에 있는 경우(2023.10.17 본호개정)
④ 사법경찰관은 제1항제4호에 따른 수사중지 결정을 한 경우 7일 이내에 사건기록을 검사에게 송부해야 한다. 이 경우 검사는 사건기록을 송부받은 날부터 30일 이내에 반환해야 하며, 그 기간 내에 법 제197조의3에 따라 시정조치요구를 할 수 있다.
⑤ 사법경찰관은 제4항 전단에 따라 검사에게 사건기록을 송부한 후 피의자 등의 소재를 발견한 경우에는 소재 발견 및 수사 재개 사실을 검사에게 통보해야 한다. 이 경우 통보를 받은 검사는 지체 없이 사법경찰관에게 사건기록을 반환해야 한다.
제52조【검사의 결정】 ① 검사는 사법경찰관으로부터 사건을 송치받거나 직접 수사한 경우에는 다음 각 호의 구분에 따라 결정해야 한다.
1. 공소제기
2. 불기소
  가. 기소유예
  나. 혐의없음
    1) 범죄인정안됨
    2) 증거불충분
  다. 죄가안됨
  라. 공소권없음
  마. 각하
3. 기소중지
4. 참고인중지
5. 보완수사요구
6. 공소보류
7. 이송
8. 소년보호사건 송치
9. 가정보호사건 송치
10. 성매매보호사건 송치
11. 아동보호사건 송치
② 검사는 하나의 사건 중 피의자가 여러 사람이거나 피의사실이 여러 개인 경우로서 분리하여 결정할 필요가 있는 경우 그중 일부에 대해 제1항 각 호의 결정을 할 수 있다.
제53조【수사 결과의 통지】 ① 검사 또는 사법경찰관은 제51조 또는 제52조에 따른 결정을 한 경우에는 그 내용을 고소인·고발인·피해자 또는 그 법정대리인(피해자가 사망한 경우에는 그 배우자·직계친족·형제자매를 포함한다. 이하 "고소인등"이라 한다)과 피의자에게 통지해야 한다. 다만, 다음 각 호의 어느 하나에 해당하는 경우에는 고소인등에게만 통지한다.(2023.10.17 단서개정)
1. 제51조제1항제4호가목에 따른 피의자중지 결정 또는 제52조제1항제3호에 따른 기소중지 결정을 한 경우
2. 제51조제1항제5호 또는 제52조제1항제7호에 따른 이송(법 제256조에 따른 송치는 제외한다) 결정을 한 경우로서 검사 또는 사법경찰관이 해당 피의자에 대해 출석요구 또는 제16조제1항 각 호의 어느 하나에 해당하는 행위를 하지 않은 경우
(2023.10.17 1호~2호신설)
② 고소인등은 법 제245조의6에 따른 통지를 받지 못한 경우 사법경찰관에게 불송치 통지서로 통지해 줄 것을 요구할 수 있다.
③ 제1항에 따른 통지의 구체적인 방법·절차 등은 법무부장관, 경찰청장 또는 해양경찰청장이 정한다.
제54조【수사중지 결정에 대한 이의제기 등】 ① 제53조에 따라 사법경찰관으로부터 제51조제1항제4호에 따른 수사중지 결정의 통지를 받은 사람은 해당 사법경찰관이 소속된 바로 위 상급경찰관서의 장에게 이의를 제기할 수 있다.
② 제1항에 따른 이의제기의 절차·방법 및 처리 등에 관하여 필요한 사항은 경찰청장 또는 해양경찰청장이 정한다.
③ 제1항에 따른 통지를 받은 사람은 해당 수사중지 결정이 법령위반, 인권침해 또는 현저한 수사권 남용이라고 의심되는 경우 검사에게 법 제197조의3제1항에 따른 신고를 할 수 있다.
④ 사법경찰관은 제53조에 따라 고소인등에게 제51조제1항제4호에 따른 수사중지 결정의 통지를 할 때에는 제3항에 따라 신고할 수 있다는 사실을 함께 고지해야 한다.
제55조【소재수사에 관한 협력 등】 ① 검사와 사법경찰관은 소재불명(所在不明)인 피의자나 참고인을 발견한 때에는 해당 사실을 통보하는 등 서로 협력해야 한다.
② 검사는 법 제245조의5제1호 또는 법 제245조의7제2항에 따라 송치된 사건의 피의자나 참고인의 소재 확인이 필요하다고 판단하는 경우 피의자나 참고인의 주소지 또는 거소지 등을 관할하는 경찰관서의 사법경찰관에게 소재수사를 요청할 수 있다. 이 경우 요청을 받은 사법경찰관은 이에 협력해야 한다.
③ 검사 또는 사법경찰관은 제51조제1항제4호 또는 제52조제1항제3호·제4호에 따라 수사중지 또는 기소중지·참고인중지된 사건의 피의자 또는 참고인을 발견하는 등 수사중지 결정 또는 기소중지·참고인중지 결정의 사유가 해소된 경우에는 즉시 수사를 진행해야 한다.

제56조【사건기록의 등본】 ① 검사 또는 사법경찰관은 사건 관계 서류와 증거물을 분리하여 송부하거나 반환할 필요가 있으나 해당 서류와 증거물의 분리가 불가능하거나 현저히 곤란한 경우에는 그 서류와 증거물을 등사하여 송부하거나 반환할 수 있다.
② 검사 또는 사법경찰관은 제45조제1항, 이 조 제1항 등에 따라 사건기록 등본을 송부받은 경우 이를 다른 목적으로 사용할 수 없으며, 다른 법령에 특별한 규정이 있는 경우를 제외하고는 그 사용 목적을 위한 기간이 경과한 때에 즉시 이를 반환하거나 폐기해야 한다.
제57조【송치사건 관련 자료 제공】 검사는 사법경찰관이 송치한 사건에 대해 검사의 공소장, 불기소결정서, 송치결정서 및 법원의 판결문을 제공할 것을 요청하는 경우 이를 사법경찰관에게 지체 없이 제공해야 한다.

제2절　사건송치와 보완수사요구

제58조【사법경찰관의 사건송치】 ① 사법경찰관은 관계 법령에 따라 검사에게 사건을 송치할 때에는 송치의 이유와 범위를 적은 송치 결정서와 압수물 총목록, 기록목록, 범죄경력 조회 회보서, 수사경력 조회 회보서 등 관계 서류와 증거물을 함께 송부해야 한다.
② 사법경찰관은 피의자 또는 참고인에 대한 조사과정을 영상녹화한 경우에는 해당 영상녹화물을 봉인한 후 검사에게 사건을 송치할 때 봉인된 영상녹화물의 종류와 개수를 표시하여 사건기록과 함께 송부해야 한다.
③ 사법경찰관은 사건을 송치한 후에 새로운 증거물, 서류 및 그 밖의 자료를 추가로 송부할 때에는 이전에 송치한 사건명, 송치 연월일, 피의자의 성명과 추가로 송부하는 서류 및 증거물 등을 적은 추가송부서를 첨부해야 한다.
제59조【보완수사요구의 대상과 범위】 ① 검사는 사법경찰관으로부터 송치받은 사건에 대해 보완수사가 필요하다고 인정하는 경우에는 직접 보완수사를 하거나 법 제197조의2제1항제1호에 따라 사법경찰관에게 보완수사를 요구할 수 있다. 다만, 송치사건의 공소제기 여부 결정에 필요한 경우로서 다음 각 호의 어느 하나에 해당하는 경우에는 특별히 사법경찰관에게 보완수사를 요구할 필요가 있다고 인정되는 경우를 제외하고는 검사가 직접 보완수사를 하는 것을 원칙으로 한다.
1. 사건을 수리한 날(이미 보완수사요구가 있었던 사건의 경우 보완수사 이행 결과를 통보받은 날을 말한다)부터 1개월이 경과한 경우
2. 사건이 송치된 이후 검사가 해당 피의자 및 피의사실에 대해 상당한 정도의 보완수사를 한 경우
3. 법 제197조의3제5항, 제197조의4제1항 또는 제198조의2제2항에 따라 사법경찰관으로부터 사건을 송치받은 경우
4. 제7조 또는 제8조에 따라 검사와 사법경찰관이 사건 송치 전에 수사할 사항, 증거수집의 대상 및 법령의 적용 등에 대해 협의를 마치고 송치한 경우

(2023.10.17 본항개정)
② 검사는 법 제197조의2제1항에 따른 보완수사요구 여부를 판단하는 경우 필요한 보완수사의 정도, 수사 진행 기간, 구체적 사건의 성격에 따른 수사 주체의 적합성 및 검사와 사법경찰관의 상호 존중과 협력의 취지 등을 종합적으로 고려한다.(2023.10.17 본항신설)
③ 검사는 법 제197조의2제1항제1호에 따라 사법경찰관에게 송치사건 및 관련사건(법 제11조에 따른 관련사건 및 법 제208조제2항에 따라 간주되는 동일한 범죄사실에 관한 사건을 말한다. 다만, 법 제11조제1호의 경우에는 수사기록에 명백히 현출(現出)되어 있는 사건으로 한정한다)에 대해 다음 각 호의 사항에 관한 보완수사를 요구할 수 있다.
1. 범인에 관한 사항
2. 증거 또는 범죄사실 증명에 관한 사항
3. 소송조건 또는 처벌조건에 관한 사항
4. 양형 자료에 관한 사항
5. 죄명 및 범죄사실의 구성에 관한 사항
6. 그 밖에 송치받은 사건의 공소제기 여부를 결정하는 데 필요하거나 공소유지와 관련해 필요한 사항

④ 검사는 사법경찰관이 신청한 영장(「통신비밀보호법」 제6조 및 제8조에 따른 통신제한조치허가서 및 같은 법 제13조에 따른 통신사실 확인자료 제공 요청 허가서를 포함한다. 이하 이 항에서 같다)의 청구 여부를 결정하기 위해 필요한 경우 법 제197조의2제1항제2호에 따라 사법경찰관에게 보완수사를 요구할 수 있다. 이 경우 보완수사를 요구할 수 있는 범위는 다음 각 호와 같다.
1. 범인에 관한 사항
2. 증거 또는 범죄사실 소명에 관한 사항
3. 소송조건 또는 처벌조건에 관한 사항
4. 해당 영장이 필요한 사유에 관한 사항
5. 죄명 및 범죄사실의 구성에 관한 사항
6. 법 제11조(법 제11조제1호의 경우는 수사기록에 명백히 현출되어 있는 사건으로 한정한다)와 관련된 사항
7. 그 밖에 사법경찰관이 신청한 영장의 청구 여부를 결정하기 위해 필요한 사항

제60조【보완수사요구의 방법과 절차】 ① 검사는 법 제197조의2제1항에 따라 보완수사를 요구할 때에는 그 이유와 내용 등을 구체적으로 적은 서면과 관계 서류 및 증거물을 사법경찰관에게 함께 송부해야 한다. 다만, 보완수사 대상의 성질, 사안의 긴급성 등을 고려하여 관계 서류와 증거물을 송부할 필요가 없거나 송부하는 것이 적절하지 않다고 판단하는 경우에는 해당 관계 서류와 증거물을 송부하지 않을 수 있다.
② 보완수사를 요구받은 사법경찰관은 제1항 단서에 따라 송부받지 못한 관계 서류와 증거물이 보완수사를 위해 필요하다고 판단하면 해당 서류와 증거물을 대출하거나 그 전부 또는 일부를 등사할 수 있다.
③ 사법경찰관은 법 제197조의2제1항에 따른 보완수사요구가 접수된 날부터 3개월 이내에 보완수사를 마쳐야 한다.
(2023.10.17 본항신설)
④ 사법경찰관은 법 제197조의2제2항에 따라 보완수사를 이행한 경우에는 그 이행 결과를 검사에게 서면으로 통보해야 하며, 제1항 본문에 따라 관계 서류와 증거물을 송부받은 경우에는 그 서류와 증거물을 함께 반환해야 한다. 다만, 관계 서류와 증거물을 반환할 필요가 없는 경우에는 보완수사의 이행 결과만을 검사에게 통보할 수 있다.
⑤ 사법경찰관은 법 제197조의2제1항제1호에 따라 보완수사를 이행한 결과 법 제245조의5제1호에 해당하지 않는다고 판단한 경우에는 제51조제1항제3호에 따라 사건을 불송치하거나 같은 항 제4호에 따라 수사중지할 수 있다.
제61조【직무배제 또는 징계 요구의 방법과 절차】 ① 검찰총장 또는 각급 검찰청 검사장은 법 제197조의2제3항에 따라 사법경찰관의 직무배제 또는 징계를 요구할 때에는 그 이유를 구체적으로 적은 서면에 이를 증명할 수 있는 관계자료를 첨부하여 해당 사법경찰관이 소속된 경찰관서장에게 통보해야 한다.
② 제1항의 직무배제 요구를 통보받은 경찰관서장은 정당한 이유가 있는 경우를 제외하고는 그 요구를 받은 날부터 20일 이내에 해당 사법경찰관을 직무에서 배제해야 한다.
③ 경찰관서장은 제1항에 따른 요구의 처리 결과와 그 이유를 직무배제 또는 징계를 요구한 검찰총장 또는 각급 검찰청 검사장에게 통보해야 한다.

제3절　사건불송치와 재수사요청

제62조【사법경찰관의 사건불송치】 ① 사법경찰관은 법 제245조의5제2호 및 이 영 제51조제1항제3호에 따라 불송치 결정을 하는 경우 불송치의 이유를 적은 불송치 결정서와

함께 압수물 총목록, 기록목록 등 관계 서류와 증거물을 검사에게 송부해야 한다.
② 제1항의 경우 영상녹화물의 송부 및 새로운 증거물 등의 추가 송부에 관하여는 제58조제2항 및 제3항을 준용한다.
제63조【재수사요청의 절차 등】 ① 검사는 법 제245조의8에 따라 사법경찰관에게 재수사를 요청하려는 경우에는 법 제245조의5제2호에 따라 관계 서류와 증거물을 송부받은 날부터 90일 이내에 해야 한다. 다만, 다음 각 호의 어느 하나에 해당하는 경우에는 관계 서류와 증거물을 송부받은 날부터 90일이 지난 후에도 재수사를 요청할 수 있다.
1. 불송치 결정에 영향을 줄 수 있는 명백히 새로운 증거 또는 사실이 발견된 경우
2. 증거 등의 허위, 위조 또는 변조를 인정할 만한 상당한 정황이 있는 경우
② 검사는 제1항에 따라 재수사를 요청할 때에는 그 내용과 이유를 구체적으로 적은 서면으로 해야 한다. 이 경우 법 제245조의5제2호에 따라 송부받은 관계 서류와 증거물을 사법경찰관에게 반환해야 한다.
③ 검사는 법 제245조의8에 따라 재수사를 요청한 경우 그 사실을 고소인등에게 통지해야 한다.
④ 사법경찰관은 법 제245조의8제1항에 따른 재수사의 요청이 접수된 날부터 3개월 이내에 재수사를 마쳐야 한다.
(2023.10.17 본항신설)
제64조【재수사 결과의 처리】 ① 사법경찰관은 법 제245조의8제2항에 따라 재수사를 한 경우 다음 각 호의 구분에 따라 처리한다.
1. 범죄의 혐의가 있다고 인정되는 경우 : 법 제245조의5제1호에 따라 검사에게 사건을 송치하고 관계 서류와 증거물을 송부
2. 기존의 불송치 결정을 유지하는 경우 : 재수사 결과서에 그 내용과 이유를 구체적으로 적어 검사에게 통보
② 검사는 사법경찰관이 제1항제2호에 따라 재수사 결과를 통보한 사건에 대해서 다시 재수사를 요청하거나 송치 요구를 할 수 없다. 다만, 검사는 사법경찰관이 사건을 송치하지 않은 위법 또는 부당이 시정되지 않아 사건을 송치받아 수사할 필요가 있는 다음 각 호의 경우에는 법 제197조의3에 따라 사건송치를 요구할 수 있다.
1. 관련 법령 또는 법리에 위반된 경우
2. 범죄 혐의의 유무를 명확히 하기 위해 재수사를 요청한 사항에 관하여 그 이행이 이루어지지 않은 경우. 다만, 불송치 결정의 유지에 영향을 미치지 않음이 명백한 경우는 제외한다.
3. 송부받은 관계 서류 및 증거물과 재수사 결과만으로도 범죄의 혐의가 명백히 인정되는 경우
4. 공소시효 또는 형사소추의 요건을 판단하는 데 오류가 있는 경우
(2023.10.17 본항개정)
③ 검사는 제2항 각 호 외의 부분 단서에 따른 사건송치 요구 여부를 판단하기 위해 필요한 경우에는 사법경찰관에게 관계 서류와 증거물의 송부를 요청할 수 있다. 이 경우 요청을 받은 사법경찰관은 이에 협력해야 한다.(2023.10.17 본항신설)
④ 검사는 재수사 결과를 통보받은 날(제3항에 따라 관계 서류와 증거물의 송부를 요청한 경우에는 관계 서류와 증거물을 송부받은 날을 말한다)부터 30일 이내에 제2항 각 호 외의 부분 단서에 따른 사건송치 요구를 해야 하고, 그 기간 내에 사건송치 요구를 하지 않을 경우에는 송부받은 관계 서류와 증거물을 사법경찰관에게 반환해야 한다.(2023.10.17 본항신설)
제65조【재수사 중의 이의신청】 사법경찰관은 법 제245조의8제2항에 따라 재수사 중인 사건에 대해 법 제245조의7제1항에 따른 이의신청이 있는 경우에는 재수사를 중단해야 하며, 같은 조 제2항에 따라 해당 사건을 지체 없이 검사에게 송치하고 관계 서류와 증거물을 송부해야 한다.

제5장 보 칙

제66조【재정신청 접수에 따른 절차】 ① 사법경찰관이 수사 중인 사건이 법 제260조제2항제3호에 해당하여 같은 조 제3항에 따라 지방검찰청 검사장 또는 지청장에게 재정신청서가 제출된 경우 해당 지방검찰청 또는 지청 소속 검사는 즉시 사법경찰관에게 그 사실을 통보해야 한다.
② 사법경찰관은 제1항의 통보를 받으면 즉시 검사에게 해당 사건을 송치하고 관계 서류와 증거물을 송부해야 한다.
③ 검사는 제1항에 따른 재정신청에 대해 법원이 법 제262조제2항제1호에 따라 기각하는 결정을 한 경우에는 해당 결정서를 사법경찰관에게 송부해야 한다. 이 경우 제2항에 따라 송치받은 사건을 사법경찰관에게 이송해야 한다.
제67조【형사사법정보시스템의 이용】 검사 또는 사법경찰관은 「형사사법절차 전자화 촉진법」 제2조제1호에 따른 형사사법업무와 관련된 문서를 작성할 때에는 형사사법정보시스템을 이용해야 하며, 그에 따라 작성한 문서는 형사사법정보시스템에 저장·보관해야 한다. 다만, 다음 각 호의 어느 하나에 해당하는 문서로서 형사사법정보시스템을 이용하는 것이 곤란한 경우는 그렇지 않다.
1. 피의자나 사건관계인이 직접 작성한 문서
2. 형사사법정보시스템에 작성 기능이 구현되어 있지 않은 문서
3. 형사사법정보시스템을 이용할 수 없는 시간 또는 장소에서 불가피하게 작성해야 하거나 형사사법정보시스템의 장애 또는 전산망 오류 등으로 형사사법정보시스템을 이용할 수 없는 상황에서 불가피하게 작성해야 하는 문서
제68조【사건 통지 시 주의사항 등】 검사 또는 사법경찰관은 제12조에 따라 수사 진행상황을 통지하거나 제53조에 따라 수사 결과를 통지할 때에는 해당 사건의 피의자 또는 사건관계인의 명예나 권리 등이 부당하게 침해되지 않도록 주의해야 한다.
제69조【수사서류 등의 열람·복사】 ① 피의자, 사건관계인 또는 그 변호인은 검사 또는 사법경찰관이 수사 중인 사건에 관한 본인의 진술이 기재된 부분 및 본인이 제출한 서류의 전부 또는 일부에 대해 열람·복사를 신청할 수 있다.
② 피의자, 사건관계인 또는 그 변호인은 검사가 불기소 결정을 하거나 사법경찰관이 불송치 결정을 한 사건에 관한 기록의 전부 또는 일부에 대해 열람·복사를 신청할 수 있다.
③ 피의자 또는 그 변호인은 필요한 사유를 소명하고 고소장, 고발장, 이의신청서, 항고장, 재항고장(이하 “고소장등”이라 한다)의 열람·복사를 신청할 수 있다. 이 경우 열람·복사의 범위는 피의자에 대한 혐의사실 부분으로 한정하고, 그 밖에 사건관계인에 관한 사실이나 개인정보, 증거방법 또는 고소장등에 첨부된 서류 등은 제외한다.
④ 체포·구속된 피의자 또는 그 변호인은 현행범인체포서, 긴급체포서, 체포영장, 구속영장의 열람·복사를 신청할 수 있다.
⑤ 피의자 또는 사건관계인의 법정대리인, 배우자, 직계친족, 형제자매로서 피의자 또는 사건관계인의 위임장 및 신분관계를 증명하는 문서를 제출한 사람도 제1항부터 제4항까지의 규정에 따라 열람·복사를 신청할 수 있다.
⑥ 검사 또는 사법경찰관은 제1항부터 제5항까지의 규정에 따른 신청을 받은 경우에는 해당 서류의 공개로 사건관계인의 개인정보나 영업비밀이 침해될 우려가 있거나 범인의 증거인멸·도주를 용이하게 할 우려가 있는 경우 등 정당한 사유가 있는 경우를 제외하고는 열람·복사를 허용해야 한다.
제70조【영의 해석 및 개정】 ① 이 영을 해석하거나 개정하는 경우에는 법무부장관은 행정안전부장관과 협의하여 결정해야 한다.
② 제1항에 따른 해석 및 개정에 관한 법무부장관의 자문에 응하기 위해 법무부에 외부전문가로 구성된 자문위원회를 둔다.

제71조【민감정보 및 고유식별정보 등의 처리】 검사 또는 사법경찰관리는 범죄 수사 업무를 수행하기 위해 불가피한 경우 「개인정보 보호법」 제23조에 따른 민감정보, 같은 법 시행령 제19조에 따른 주민등록번호, 여권번호, 운전면허의 면허번호 또는 외국인등록번호나 그 밖의 개인정보가 포함된 자료를 처리할 수 있다.

부 칙

제1조【시행일】 이 영은 2021년 1월 1일부터 시행한다.
제2조【다른 법령의 폐지】「검사의 사법경찰관리에 대한 수사지휘 및 사법경찰관리의 수사준칙에 관한 규정」은 폐지한다.
제3조【일반적 적용례】 이 영은 이 영 시행 당시 수사 중이거나 법원에 계속 중인 사건에 대해서도 적용한다. 다만, 이 영 시행 전에 부칙 제2조에 따라 폐지되는 「검사의 사법경찰관리에 대한 수사지휘 및 사법경찰관리의 수사준칙에 관한 규정」에 따라 한 행위의 효력에는 영향을 미치지 않는다.

부 칙 (2023.10.17)

제1조【시행일】 이 영은 2023년 11월 1일부터 시행한다.
제2조【일반적 적용례】 이 영은 이 영 시행 당시 수사 중이거나 법원에 계속 중인 사건에 대해서도 적용한다.

범죄인 인도법

(1988년 8월 5일 / 법 률 제4015호)

개정
2005. 3.31법 7427호(민법)
2005.12.14법 7727호
2007.12.21법 8730호(형사소송법)
2010. 3.31법10202호
2013. 3.23법11690호(정부조직)
2016. 1. 6법13722호(군사법원)
2021. 1. 5법17827호

제1장 총 칙

(2010.3.31 본장개정)

제1조【목적】 이 법은 범죄인 인도(引渡)에 관하여 그 범위와 절차 등을 정함으로써 범죄 진압 과정에서의 국제적인 협력을 증진함을 목적으로 한다.
제2조【정의】 이 법에서 사용하는 용어의 뜻은 다음과 같다.
1. "인도조약"이란 대한민국과 외국 간에 체결된 범죄인의 인도에 관한 조약·협정 등의 합의를 말한다.
2. "청구국"이란 범죄인의 인도를 청구한 국가를 말한다.
3. "인도범죄"란 범죄인의 인도를 청구할 때 그 대상이 되는 범죄를 말한다.
4. "범죄인"이란 인도범죄에 관하여 청구국에서 수사나 재판을 받고 있는 사람 또는 유죄의 재판을 받은 사람을 말한다.
5. "긴급인도구속"이란 도망할 염려가 있는 경우 등 긴급하게 범죄인을 체포·구금(拘禁)하여야 할 필요가 있는 경우에 범죄인 인도청구가 뒤따를 것을 전제로 하여 범죄인을 체포·구금하는 것을 말한다.

제3조【범죄인 인도사건의 전속관할】 이 법에 규정된 범죄인의 인도심사 및 그 청구와 관련된 사건은 서울고등법원과 서울고등검찰청의 전속관할로 한다.
제3조의2【인도조약과의 관계】 범죄인 인도에 관하여 인도조약에 이 법과 다른 규정이 있는 경우에는 그 규정에 따른다.
제4조【상호주의】 인도조약이 체결되어 있지 아니한 경우에도 범죄인의 인도를 청구하는 국가가 같은 종류 또는 유사한 인도범죄에 대한 대한민국의 범죄인 인도청구에 응한다는 보증을 하는 경우에는 이 법을 적용한다.

제2장 외국으로의 범죄인 인도

(2010.3.31 본장개정)

제1절 인도의 사유와 인도의 제한

제5조【인도에 관한 원칙】 대한민국 영역에 있는 범죄인은 이 법에서 정하는 바에 따라 청구국의 인도청구에 의하여 소추(訴追), 재판 또는 형의 집행을 위하여 청구국에 인도할 수 있다.
제6조【인도범죄】 대한민국과 청구국의 법률에 따라 인도범죄가 사형, 무기징역, 무기금고, 장기(長期) 1년 이상의 징역 또는 금고에 해당하는 경우에만 범죄인을 인도할 수 있다.
제7조【절대적 인도거절 사유】 다음 각 호의 어느 하나에 해당하는 경우에는 범죄인을 인도하여서는 아니 된다.
1. 대한민국 또는 청구국의 법률에 따라 인도범죄에 관한 공소시효 또는 형의 시효가 완성된 경우
2. 인도범죄에 관하여 대한민국 법원에서 재판이 계속(係屬) 중이거나 재판이 확정된 경우
3. 범죄인이 인도범죄를 범하였다고 의심할 만한 상당한 이유가 없는 경우. 다만, 인도범죄에 관하여 청구국에서 유죄의 재판이 있는 경우는 제외한다.

4. 범죄인이 인종, 종교, 국적, 성별, 정치적 신념 또는 특정 사회단체에 속한 것 등을 이유로 처벌되거나 그 밖의 불리한 처분을 받을 염려가 있다고 인정되는 경우

제8조【정치적 성격을 지닌 범죄 등의 인도거절】 ① 인도범죄가 정치적 성격을 지닌 범죄이거나 그와 관련된 범죄인 경우에는 범죄인을 인도하여서는 아니 된다. 다만, 인도범죄가 다음 각 호의 어느 하나에 해당하는 경우에는 그러하지 아니하다.

1. 국가원수(國家元首)·정부수반(政府首班) 또는 그 가족의 생명·신체를 침해하거나 위협하는 범죄
2. 다자간 조약에 따라 대한민국이 범죄인에 대하여 재판권을 행사하거나 범죄인을 인도할 의무를 부담하고 있는 범죄
3. 여러 사람의 생명·신체를 침해·위협하거나 이에 대한 위험을 발생시키는 범죄

② 인도청구가 범죄인이 범한 정치적 성격을 지닌 다른 범죄에 대하여 재판을 하거나 그러한 범죄에 대하여 이미 확정된 형을 집행할 목적으로 행하여진 것이라고 인정되는 경우에는 범죄인을 인도하여서는 아니 된다.

제9조【임의적 인도거절 사유】 다음 각 호의 어느 하나에 해당하는 경우에는 범죄인을 인도하지 아니할 수 있다.

1. 범죄인이 대한민국 국민인 경우
2. 인도범죄의 전부 또는 일부가 대한민국 영역에서 범한 것인 경우
3. 범죄인의 인도범죄 외의 범죄에 관하여 대한민국 법원에 재판이 계속 중인 경우 또는 범죄인이 형을 선고받고 그 집행이 끝나지 아니하거나 면제되지 아니한 경우
4. 범죄인이 인도범죄에 관하여 제3국(청구국이 아닌 외국을 말한다. 이하 같다)에서 재판을 받고 처벌되었거나 처벌받지 아니하기로 확정된 경우
5. 인도범죄의 성격과 범죄인이 처한 환경 등에 비추어 범죄인을 인도하는 것이 비인도적(非人道的)이라고 인정되는 경우

제10조【인도가 허용된 범죄 외의 범죄에 대한 처벌 금지에 관한 보증】 인도된 범죄인이 다음 각 호의 어느 하나에 해당하는 경우를 제외하고는 인도가 허용된 범죄 외의 범죄로 처벌받지 아니하고 제3국에 인도되지 아니한다는 청구국의 보증이 없는 경우에는 범죄인을 인도하여서는 아니 된다.

1. 인도가 허용된 범죄사실의 범위에서 유죄로 인정될 수 있는 범죄 또는 인도된 후에 범한 범죄로 범죄인을 처벌하는 경우
2. 범죄인이 인도된 후 청구국의 영역을 떠났다가 자발적으로 청구국에 재입국한 경우
3. 범죄인이 자유롭게 청구국을 떠날 수 있게 된 후 45일 이내에 청구국의 영역을 떠나지 아니한 경우
4. 대한민국이 동의하는 경우

제10조의2【동의 요청에 대한 법무부장관의 조치】 법무부장관은 범죄인을 인도받은 청구국으로부터 인도가 허용된 범죄 외의 범죄로 처벌하거나 범죄인을 제3국으로 다시 인도하는 것에 관한 동의 요청을 받은 경우 그 요청에 타당한 이유가 있다고 인정될 때에는 이를 승인할 수 있다. 다만, 청구국이나 제3국에서 처벌하려는 범죄가 제7조 각 호 또는 제8조에 해당되는 경우에는 그 요청을 승인하여서는 아니 된다.

제2절 인도심사 절차

제11조【인도청구를 받은 외교부장관의 조치】 외교부장관은 청구국으로부터 범죄인의 인도청구를 받았을 때에는 인도청구서와 관련 자료를 법무부장관에게 송부하여야 한다.
(2013.3.23 본조개정)

제12조【법무부장관의 인도심사청구명령】 ① 법무부장관은 외교부장관으로부터 제11조에 따른 인도청구서 등을 받았을 때에는 이를 서울고등검찰청 검사장(檢事長)에게 송부하고 그 소속 검사로 하여금 서울고등법원(이하 "법원"이라 한다)에 범죄인의 인도허가 여부에 관한 심사(이하 "인도심사"라 한다)를 청구하도록 명하여야 한다. 다만, 인도조약 또는 이 법에 따라 범죄인을 인도할 수 없거나 인도하지 아니하는 것이 타당하다고 인정되는 경우에는 그러하지 아니하다.

② 법무부장관은 제1항 단서에 따라 인도심사청구명령을 하지 아니하는 경우에는 그 사실을 외교부장관에게 통지하여야 한다.
(2013.3.23 본조개정)

제13조【인도심사청구】 ① 검사는 제12조제1항에 따른 법무부장관의 인도심사청구명령이 있을 때에는 지체 없이 법원에 인도심사를 청구하여야 한다. 다만, 범죄인의 소재(所在)를 알 수 없는 경우에는 그러하지 아니하다.

② 범죄인이 제20조에 따른 인도구속영장에 의하여 구속되었을 때에는 구속된 날부터 3일 이내에 인도심사를 청구하여야 한다.

③ 인도심사의 청구는 관계 자료를 첨부하여 서면으로 하여야 한다.

④ 검사는 인도심사를 청구하였을 때에는 그 청구서의 부본(副本)을 범죄인에게 송부하여야 한다.

제14조【법원의 인도심사】 ① 법원은 제13조에 따른 인도심사의 청구를 받았을 때에는 지체 없이 인도심사를 시작하여야 한다.

② 법원은 범죄인이 인도구속영장에 의하여 구속 중인 경우에는 구속된 날부터 2개월 이내에 인도심사에 관한 결정(決定)을 하여야 한다.

③ 범죄인은 인도심사에 관하여 변호인의 도움을 받을 수 있다.

④ 제3항의 경우에는 「형사소송법」 제33조를 준용한다.

⑤ 법원은 인도심사에 관한 결정을 하기 전에 범죄인과 그의 변호인에게 의견을 진술할 기회를 주어야 한다. 다만, 인도심사청구 각하결정(却下決定) 또는 인도거절 결정을 하는 경우에는 그러하지 아니하다.

⑥ 법원은 인도심사를 하면서 필요하다고 인정할 때에는 증인을 신문(訊問)할 수 있고, 감정(鑑定)·통역 또는 번역을 명할 수 있다.

⑦ 제6항의 경우에는 심사청구의 성질에 반하지 아니하는 범위에서 「형사소송법」 제1편제12장부터 제14장까지 및 제16장을 준용한다.

제15조【법원의 결정】 ① 법원은 인도심사의 청구에 대하여 다음 각 호의 구분에 따라 결정을 하여야 한다.

1. 인도심사의 청구가 적법하지 아니하거나 취소된 경우 : 인도심사청구 각하결정
2. 범죄인을 인도할 수 없다고 인정되는 경우 : 인도거절 결정
3. 범죄인을 인도할 수 있다고 인정되는 경우 : 인도허가 결정

② 제1항에 따른 결정에는 그 이유를 구체적으로 밝혀야 한다.

③ 제1항에 따른 결정은 그 주문(主文)을 검사에게 통지함으로써 효력이 발생한다.

④ 법원은 제1항에 따른 결정을 하였을 때에는 지체 없이 검사와 범죄인에게 결정서의 등본을 송달하고, 검사에게 관계 서류를 반환하여야 한다.

제15조의2【범죄인의 인도 동의】 ① 범죄인이 청구국으로 인도되는 것에 동의하는 경우 법원은 신속하게 제15조에 따른 결정을 하여야 한다. 이 경우 제9조에 해당한다는 이유로 인도거절 결정을 할 수 없다.

② 제1항에 따른 동의는 서면으로 법원에 제출되어야 하며, 법원은 범죄인의 진의(眞意) 여부를 직접 확인하여야 한다.

③ 제1항에 따른 결정이 있는 경우 법무부장관은 제34조제1항에 따른 명령 여부를 신속하게 결정하여야 한다.

제16조【인도청구의 경합】 ① 법무부장관은 둘 이상의 국가로부터 동일 또는 상이한 범죄에 관하여 동일한 범죄인에 대한 인도청구를 받은 경우에는 범죄인을 인도할 국가를 결정하여야 하며, 필요한 경우 외교부장관과 협의할 수 있다.(2013.3.23 본항개정)
② 제1항에 따른 결정을 할 때에는 인도범죄의 발생일시, 발생장소, 중요성, 인도청구 날짜, 범죄인의 국적 및 거주지 등을 고려하여야 한다.
제17조【물건의 양도】 ① 법원은 인도범죄로 인하여 생겼거나 인도범죄로 인하여 취득한 물건 또는 인도범죄에 관한 증거로 사용될 수 있는 물건 중 대한민국 영역에서 발견된 것은 검사의 청구에 의하여 청구국에 양도할 것을 허가할 수 있다. 범죄인의 사망 또는 도망으로 인하여 범죄인 인도가 불가능한 경우에도 또한 같다.
② 제1항에 따라 청구국에 양도할 물건에 대한 압수·수색은 검사의 청구로 서울고등법원 판사(이하 "판사"라 한다)가 발부하는 압수·수색영장에 의하여 한다.
③ 제2항의 경우에는 그 성질에 반하지 아니하는 범위에서 「형사소송법」 제1편제10장을 준용한다.
제18조【인도심사청구명령의 취소】 ① 외교부장관은 제11조에 따른 서류를 송부한 후에 청구국으로부터 범죄인의 인도청구를 철회한다는 통지를 받았을 때에는 그 사실을 법무부장관에게 통지하여야 한다.(2013.3.23 본항개정)
② 법무부장관은 제12조제1항 본문에 따른 인도심사청구명령을 한 후에 외교부장관으로부터 제1항에 따른 통지를 받거나 제12조제1항 단서에 해당하게 되었을 때에는 인도심사청구명령을 취소하여야 한다.(2013.3.23 본항개정)
③ 검사는 제13조제1항에 따른 인도심사청구를 한 후에 인도심사청구명령이 취소되었을 때에는 지체 없이 인도심사청구를 취소하고 범죄인에게 그 내용을 통지하여야 한다.
④ 제3항에 따른 인도심사청구의 취소는 서면으로 하여야 한다.

제3절 범죄인의 인도구속

제19조【인도구속영장의 발부】 ① 검사는 제12조제1항에 따른 법무부장관의 인도심사청구명령이 있을 때에는 인도구속영장에 의하여 범죄인을 구속하여야 한다. 다만, 범죄인이 주거가 일정하고 도망할 염려가 없다고 인정되는 경우에는 그러하지 아니하다.
② 인도구속영장은 검사의 청구에 의하여 판사가 발부한다.
③ 인도구속영장에는 다음 각 호의 사항을 적고 판사가 서명날인하여야 한다.
1. 범죄인의 성명·주거·국적
2. 청구국의 국명(國名)
3. 인도범죄명
4. 인도범죄 사실의 요지
5. 인치구금(引致拘禁)할 장소
6. 영장 발부일 및 그 유효기간과 그 기간이 지나면 집행에 착수하지 못하며 영장을 반환하여야 한다는 취지

제20조【인도구속영장의 집행】 ① 인도구속영장은 검사의 지휘에 따라 사법경찰관리가 집행한다.
② 검사는 범죄인이 군복무 중인 경우에는 군검사에게 인도구속영장의 집행을 촉탁(囑託)할 수 있다. 이 경우 인도구속영장은 군검사의 지휘에 따라 군사법경찰관리가 집행한다.(2016.1.6 본항개정)
③ 인도구속영장을 집행할 때에는 반드시 범죄인에게 이를 제시하여야 한다.
④ 사법경찰관리 등이 범죄인을 구속할 때에는 구속의 이유와 변호인을 선임(選任)할 수 있음을 알려주고, 신속히 범죄인 소재지를 관할하는 지방검찰청 또는 그 지청(支廳)의 소속 검사에게 범죄인을 인치하여야 한다.
⑤ 인도구속영장에 의한 구속에 관하여는 「형사소송법」 제83조, 제85조제3항·제4항, 제86조, 제87조, 제89조, 제90조, 제137조 및 제138조를 준용한다.

제21조【교도소 등에의 구금】 검사는 인도구속영장에 의하여 구속된 범죄인을 인치받으면 인도구속영장에 기재된 사람과 동일인인지를 확인한 후 지체 없이 교도소, 구치소 또는 그 밖에 인도구속영장에 기재된 장소에 구금하여야 한다.

제22조【인도구속의 적부심사】 ① 인도구속영장에 의하여 구속된 범죄인 또는 그 변호인, 법정대리인, 배우자, 직계친족, 형제자매, 가족이나 동거인 또는 고용주는 법원에 구속의 적부심사(適否審査)를 청구할 수 있다.
② 인도구속의 적부심사에 관하여는 그 성질에 반하지 아니하는 범위에서 「형사소송법」 제214조의2제2항부터 제14항까지, 제214조의3 및 제214조의4를 준용한다.

제23조【인도구속의 집행정지와 효력 상실】 ① 검사는 타당한 이유가 있을 때에는 인도구속영장에 의하여 구속된 범죄인을 친족, 보호단체 또는 그 밖의 적당한 자에게 맡기거나 범죄인의 주거를 제한하여 구속의 집행을 정지할 수 있다.
② 검사는 범죄인이 다음 각 호의 어느 하나에 해당할 때에는 구속의 집행정지를 취소할 수 있다.
1. 도망하였을 때
2. 도망할 염려가 있다고 믿을 만한 충분한 이유가 있을 때
3. 주거의 제한이나 그 밖에 검사가 정한 조건을 위반하였을 때
③ 검사는 법무부장관으로부터 범죄인에 대하여 제36조에 따른 인도장(引渡狀)이 발부되었을 때에는 지체 없이 구속의 집행정지를 취소하여야 한다.
④ 검사는 제2항이나 제3항에 따라 구속의 집행정지를 취소하였을 때에는 사법경찰관리로 하여금 범죄인을 구속하게 하여야 한다.
⑤ 검사는 제3항에 따른 구속의 집행정지 취소로 인하여 범죄인을 구속하였을 때에는 법무부장관에게 그 내용을 보고하여야 한다.
⑥ 다음 각 호의 어느 하나에 해당하는 경우에는 인도구속영장은 효력을 잃는다.
1. 제15조제1항제1호 또는 제2호에 따라 인도심사청구 각하 결정 또는 인도거절 결정이 있는 경우
2. 제18조제3항에 따라 인도심사청구가 취소된 경우
3. 제34조제3항에 따른 통지가 있는 경우

제24조【긴급인도구속의 청구를 받은 외교부장관의 조치】 외교부장관은 청구국으로부터 범죄인의 긴급인도구속을 청구받았을 때에는 긴급인도구속 청구서와 관련 자료를 법무부장관에게 송부하여야 한다.(2013.3.23 본조개정)

제25조【긴급인도구속에 관한 법무부장관의 조치】 법무부장관은 제24조에 따른 서류를 송부받은 경우에 범죄인을 긴급인도구속하는 것이 타당하다고 인정할 때에는 그 서류를 서울고등검찰청 검사장에게 송부하고 그 소속 검사로 하여금 범죄인을 긴급인도구속하도록 명하여야 한다. 다만, 다음 각 호의 어느 하나에 해당하는 경우에는 긴급인도구속을 명할 수 없다.
1. 청구국에서 범죄인을 구속하여야 할 뜻의 영장이 발부되었거나 형의 선고가 있었다고 믿을 만한 상당한 이유가 없는 경우
2. 청구국에서 범죄인의 인도청구를 하겠다는 뜻의 보증이 있다고 믿을 만한 상당한 이유가 없는 경우

제26조【긴급인도구속영장에 의한 구속】 ① 검사는 제25조에 따른 법무부장관의 긴급인도구속명령이 있을 때에는 긴급인도구속영장에 의하여 범죄인을 구속하여야 한다.
② 긴급인도구속영장의 발부 및 그 영장에 의한 구속에 대하여는 제19조제2항·제3항, 제20조부터 제22조까지 및 제23조제1항부터 제4항까지의 규정을 준용한다.

제27조【긴급인도구속된 범죄인의 석방】 ① 법무부장관은 긴급인도구속영장에 의하여 구속된 범죄인에 대하여 제12조제1항 단서에 따라 인도심사청구명령을 하지 아니하는 경우에는 서울고등검찰청 검사장에게 그 소속 검사로 하여금 범죄인을 석방하도록 명함과 동시에 외교부장관에게 그 사실을 통지하여야 한다.(2013.3.23 본항개정)
② 검사는 제1항에 따른 법무부장관의 석방명령이 있을 때에는 지체 없이 범죄인에게 그 내용을 통지하고 그를 석방하여야 한다.

제28조【범죄인에 대한 통지】 ① 검사는 긴급인도구속영장에 의하여 구속된 범죄인에 대하여 제12조제1항에 따른 법무부장관의 인도심사청구명령을 받았을 때에는 지체 없이 범죄인에게 그 사실을 서면으로 통지하여야 한다.
② 긴급인도구속영장에 의하여 구속된 범죄인에 대하여 제1항에 따른 통지가 있은 때에는 그 구속은 인도구속영장에 의한 구속으로 보고, 제13조제2항과 제14조제2항을 적용할 때에는 그 통지가 있은 때에 인도구속영장에 의하여 범죄인이 구속된 것으로 본다.

제29조【인도 불청구 통지 시의 석방】 ① 외교부장관은 제24조에 따른 서류를 송부한 후에 청구국으로부터 범죄인의 인도청구를 하지 아니한다는 통지를 받았을 때에는 지체 없이 법무부장관에게 그 사실을 통지하여야 한다.(2013.3.23 본항개정)
② 법무부장관은 제1항에 따른 통지를 받았을 때에는 서울고등검찰청 검사장에게 그 소속 검사로 하여금 범죄인을 석방하도록 명하여야 한다.
③ 검사는 제2항에 따른 법무부장관의 석방명령이 있을 때에는 지체 없이 범죄인에게 그 내용을 통지하고 그를 석방하여야 한다.

제30조【검사의 조치사항】 검사는 긴급인도구속영장에 의하여 구속된 범죄인에 대하여 그가 구속된 날부터 2개월 이내에 법무부장관의 인도심사청구명령이 없을 때에는 범죄인을 석방하고, 법무부장관에게 그 내용을 보고하여야 한다.

제31조【긴급인도구속에 대한 인도구속의 준용】 ① 긴급인도구속영장에 의하여 구속된 후 그 구속의 집행이 정지된 범죄인에 대하여 제28조제1항에 따른 통지가 있는 경우에 긴급인도구속영장에 의한 구속의 집행정지는 제23조제1항에 따른 구속의 집행정지로 본다.
② 다음 각 호의 어느 하나에 해당하는 경우에는 긴급인도구속영장은 효력을 잃는다.
1. 범죄인에 대하여 제27조제2항 또는 제29조제3항에 따른 통지가 있는 경우
2. 범죄인이 긴급인도구속영장에 의하여 구속된 날부터 2개월 이내에 제28조제1항에 따른 통지가 없는 경우

제4절 범죄인의 인도

제32조【범죄인의 석방】 ① 검사는 다음 각 호의 어느 하나에 해당하는 경우에는 지체 없이 구속 중인 범죄인을 석방하고, 법무부장관에게 그 내용을 보고하여야 한다.
1. 제18조제2항에 따라 법무부장관의 인도심사청구명령의 취소가 있는 경우
2. 법원의 인도심사청구 각하결정이 있는 경우
3. 법원의 인도거절 결정이 있는 경우
② 법무부장관은 제1항에 따라 범죄인이 석방되었을 때에는 외교부장관에게 그 사실을 통지하여야 한다.(2013.3.23 본항개정)

제33조【결정서 등본 등의 송부】 검사는 제15조제4항에 따른 결정서 등본을 송달받았을 때에는 지체 없이 그 결정서 등본에 관계 서류를 첨부하여 법무부장관에게 송부하여야 한다.

제34조【인도에 관한 법무부장관의 명령 등】 ① 법무부장관은 제15조제1항제3호에 따른 인도허가 결정이 있는 경우에는 서울고등검찰청 검사장에게 그 소속 검사로 하여금 범죄인을 인도하도록 명하여야 한다. 다만, 청구국이 인도청구를 철회하였거나 대한민국의 이익 보호를 위하여 범죄인의 인도가 특히 부적당하다고 인정되는 경우에는 그러하지 아니하다.
② 법무부장관은 제1항 단서에 따라 범죄인을 인도하지 아니하는 경우에는 서울고등검찰청 검사장에게 그 소속 검사로 하여금 구속 중인 범죄인을 석방하도록 명함과 동시에 외교부장관에게 그 사실을 통지하여야 한다.(2013.3.23 본항개정)
③ 검사는 제2항에 따른 법무부장관의 석방명령이 있을 때에는 지체 없이 범죄인에게 그 내용을 통지하고 그를 석방하여야 한다.
④ 법무부장관은 제3항에 따른 통지가 있은 후에는 해당 인도청구에 대한 범죄인의 인도를 명할 수 없다. 다만, 제9조제3호의 경우에 관하여 인도조약에 특별한 규정이 있는 경우에 대한민국에서 인도범죄 외의 사건에 관한 재판 또는 형의 집행이 끝나지 아니하였음을 이유로 범죄인 불인도 통지를 한 후 그에 해당하지 아니하게 되었을 때에는 그러하지 아니하다.

제35조【인도장소와 인도기한】 ① 법무부장관의 인도명령에 따른 범죄인의 인도는 범죄인이 구속되어 있는 교도소, 구치소 또는 그 밖에 법무부장관이 지정하는 장소에서 한다.
② 인도기한은 인도명령을 한 날부터 30일로 한다.
③ 제2항에도 불구하고 인도명령을 할 당시 범죄인이 구속되어 있지 아니한 경우의 인도기한은 범죄인이 인도집행장(引渡執行狀)에 의하여 구속되었거나 구속의 집행정지 취소에 의하여 다시 구속된 날부터 30일로 한다.

제36조【인도장과 인수허가장의 송부】 ① 법무부장관은 제34조제1항에 따른 인도명령을 할 때에는 인도장을 발부하여 서울고등검찰청 검사장에게 송부하고, 인수허가장(引受許可狀)을 발부하여 외교부장관에게 송부하여야 한다.(2013.3.23 본항개정)
② 인도장과 인수허가장에는 다음 각 호의 사항을 적고, 법무부장관이 서명날인하여야 한다.
1. 범죄인의 성명·주거·국적
2. 청구국의 국명
3. 인도범죄명
4. 인도범죄 사실의 요지
5. 인도장소
6. 인도기한
7. 발부날짜

제37조【인도를 위한 구속】 ① 검사는 법무부장관으로부터 제36조에 따른 인도장을 받았을 때에는 범죄인이 구속되어 있거나 구속의 집행이 정지될 때까지 구속되어 있던 교도소·구치소 또는 그 밖에 인도구속영장에 기재된 구금장소의 장에게 인도장을 교부하고 범죄인을 인도할 것을 지휘하여야 한다.
② 제1항의 경우 범죄인이 구속되어 있지 아니하면 검사는 인도집행장을 발부하여 범죄인을 구속하여야 한다.
③ 인도집행장에는 다음 각 호의 사항을 적고, 검사가 서명날인하여야 한다.
1. 범죄인의 성명·주거·국적
2. 청구국의 국명
3. 인도범죄명
4. 인도범죄 사실의 요지
5. 인치구금할 장소
6. 발부날짜

④ 인도집행장에 의한 범죄인의 구속에 관하여는 제20조와 제21조를 준용한다.
⑤ 검사는 범죄인이 인도집행장에 의하여 교도소, 구치소 또는 그 밖에 인도집행장에 기재된 구금장소에 구속되었을 때에는 지체 없이 그 교도소 등의 장에게 인도장을 교부하여 범죄인을 인도할 것을 지휘하고 법무부장관에게 그 내용을 보고하여야 한다.
제38조【법무부장관의 통지】 법무부장관은 제23조제5항 또는 제37조제5항에 따른 보고를 받았을 때에는 지체 없이 외교부장관에게 범죄인을 인도할 장소에 구속하였다는 사실과 인도할 기한을 통지하여야 한다.(2013.3.23 본조개정)
제39조【청구국에의 통지】 ① 외교부장관은 법무부장관으로부터 제36조에 따른 인수허가장을 송부받았을 때에는 지체 없이 청구국에 이를 송부하여야 한다.
② 외교부장관은 법무부장관으로부터 제38조에 따른 통지를 받았을 때에는 지체 없이 그 내용을 청구국에 통지하여야 한다.
(2013.3.23 본조개정)
제40조【교도소장 등의 인도】 ① 제37조제1항 또는 제5항에 따라 범죄인의 인도 지휘를 받은 교도소·구치소 등 인도구속영장 또는 인도집행장에 기재된 구금장소의 장은 청구국의 공무원이 인수허가장을 제시하면서 범죄인 인도를 요청하는 경우에는 범죄인을 인도하여야 한다.
② 검사는 범죄인의 인도기한까지 제1항에 따른 인도 요청이 없는 경우에는 범죄인을 석방하고, 법무부장관에게 그 내용을 보고하여야 한다.
제41조【청구국의 범죄인 호송】 제40조제1항에 따라 범죄인을 인도받은 청구국의 공무원은 지체 없이 범죄인을 청구국으로 호송하여야 한다.

제3장 외국에 대한 범죄인 인도청구
(2010.3.31 본장개정)

제42조【법무부장관의 인도청구 등】 ① 법무부장관은 대한민국 법률을 위반한 범죄인이 외국에 있는 경우 그 외국에 대하여 범죄인 인도 또는 긴급인도구속을 청구할 수 있다.
② 법무부장관은 외국에 대한 범죄인 인도청구 또는 긴급인도구속청구 등과 관련하여 필요하다고 판단할 때에는 적절하다고 인정되는 검사장·지청장 또는 고위공직자범죄수사처장 등에게 필요한 조치를 명하거나 요구할 수 있다.
(2021.1.5 본항개정)
제42조의2【검사장 등의 조치】 ① 제42조제2항에 따른 명령 또는 요구를 받은 검사장·지청장 또는 고위공직자범죄수사처장 등은 소속 검사에게 관련 자료의 검토·작성·보완 등 필요한 조치를 하도록 명하여야 한다.(2021.1.5 본항개정)
② 제1항에 따른 명령을 받은 검사는 그 명령을 신속히 이행하고 관련 자료를 첨부하여 그 결과를 법무부장관에게 보고하여야 한다.
제42조의3【검사의 범죄인 인도청구 등의 건의】 ① 검사 또는 고위공직자범죄수사처장은 외국에 대한 범죄인 인도청구 또는 긴급인도구속청구가 타당하다고 판단할 때에는 법무부장관에게 외국에 대한 범죄인 인도청구 또는 긴급인도구속청구를 건의 또는 요청할 수 있다.(2021.1.5 본항개정)
② 제1항의 경우 검사는 인도조약 및 법무부장관이 지정한 사항을 적은 서면과 관련 자료를 첨부하여야 한다.
제42조의4【외국에 대한 동의 요청】 ① 법무부장관은 외국으로부터 인도받은 범죄인을 인도가 허용된 범죄 외의 범죄로도 처벌할 필요가 있다고 판단하는 경우에는 그 외국에 대하여 처벌에 대한 동의를 요청할 수 있다.
② 검사 또는 고위공직자범죄수사처장은 제1항에 따른 동의 요청이 필요하다고 판단하는 경우에는 법무부장관에게 동의 요청을 건의 또는 요청할 수 있다. 이 경우 제42조의3제2항을 준용한다.(2021.1.5 전단개정)
제43조【인도청구서 등의 송부】 법무부장관은 제42조 및 제42조의4에 따라 범죄인 인도청구, 긴급인도구속청구, 동의 요청 등을 결정한 경우에는 인도청구서 등과 관계 자료를 외교부장관에게 송부하여야 한다.(2013.3.23 본조개정)
제44조【외교부장관의 조치】 외교부장관은 법무부장관으로부터 제43조에 따른 인도청구서 등을 송부받았을 때에는 이를 해당 국가에 송부하여야 한다.(2013.3.23 본조개정)

제4장 보 칙
(2010.3.31 본장개정)

제45조【통과호송 승인】 ① 법무부장관은 외국으로부터 외교기관을 거쳐 그 외국의 공무원이 다른 외국에서 인도받은 사람을 대한민국 영역을 통과하여 호송하기 위한 승인을 요청하는 경우에 그 요청에 타당한 이유가 있다고 인정되는 경우에는 이를 승인할 수 있다. 다만, 다음 각 호의 어느 하나에 해당되는 경우에는 그 요청을 승인하여서는 아니 된다.
1. 청구대상자의 인도 원인이 된 행위가 대한민국의 법률에 따라 죄가 되지 아니하는 경우
2. 청구대상자의 인도 원인이 된 범죄가 정치적 성격을 지닌 경우 또는 인도청구가 청구대상자가 범한 정치적 성격을 지닌 다른 범죄에 관하여 재판을 하거나 그러한 범죄에 대하여 이미 확정된 형을 집행할 목적으로 행하여진 것이라고 인정되는 경우
3. 청구가 인도조약에 의하지 아니한 경우에 그 청구대상자가 대한민국 국민인 경우

② 법무부장관은 제1항에 따른 승인을 할 것인지에 관하여 미리 외교부장관과 협의하여야 한다.(2013.3.23 본항개정)
제45조의2【통과호송 승인 요청】 ① 법무부장관은 외국으로부터 국내로 범죄인을 호송할 때 제3국의 영토를 통과하여야 할 필요가 있는 경우에는 그 제3국에 대하여 통과호송에 관한 승인을 요청할 수 있다.
② 제1항의 승인 요청에 관하여는 제43조와 제44조를 준용한다.
제46조【비용】 범죄인의 인도에 드는 비용에 관하여 청구국과 특별한 약정이 없는 경우 청구국의 공무원에게 범죄인을 인도할 때까지 범죄인의 구속 등으로 인하여 대한민국의 영역에서 발생하는 비용은 대한민국이 부담하고, 청구국의 공무원이 범죄인을 대한민국으로부터 인도받은 후에 발생하는 비용은 청구국이 부담한다.
제47조【검찰총장 경유】 이 법에 따라 법무부장관이 검사장 등에게 하는 명령과 검사장·지청장 또는 검사가 법무부장관에게 하는 건의·보고 또는 서류 송부는 검찰총장을 거쳐야 한다. 다만, 고위공직자범죄수사처장 또는 그 소속 검사의 경우에는 그러하지 아니하다.(2021.1.5 단서신설)
제48조【인도조약 효력 발생 전의 범죄에 관한 인도청구】 인도조약에 특별한 규정이 없는 경우에는 인도조약의 효력 발생 전에 범한 범죄에 관한 범죄인의 인도청구에 대하여도 이 법을 적용한다.
제49조【대법원규칙】 법원의 인도심사 절차와 인도구속영장 및 긴급인도구속영장의 발부 절차 등에 관하여 필요한 사항은 대법원규칙으로 정한다.
제50조【시행령】 제49조에 따라 대법원규칙으로 정하는 사항 외에 이 법 시행에 필요한 사항은 대통령령으로 정한다.
제51조【출입국에 관한 특칙】 ① 법무부장관은 범죄인이 유효한 여권을 소지하지 아니하거나 제시하지 아니하는 등

의 경우에 범죄인 인도의 목적을 달성하기 위하여 특히 필요하다고 판단될 때에는 「출입국관리법」 제3조 · 제6조제1항 · 제7조 · 제12조 · 제13조 및 제28조에도 불구하고 이 법 제36조에 따른 인도장 · 인수허가장 또는 외국정부가 발행한 범죄인 인도명령장 등 범죄인 인도 관련 서류로 출입국심사를 하고 입국 또는 출국하게 할 수 있다.
② 법무부장관은 외국으로 인도할 범죄인이 대한민국 국민으로서 「병역법」 제70조에 따른 국외여행 허가대상 병역의무자인 경우에는 제1항의 출국조치를 하기 전에 국방부장관과 협의하여야 한다.

부 칙

① **【시행일】** 이 법은 공포한 날로부터 시행한다.
② **【경과조치】** 이 법은 이 법 시행전에 행하여진 인도범죄에 관한 범죄인의 인도청구 및 통과호송의 승인청구에 대하여도 이를 적용한다.

부 칙 (2016.1.6)

제1조 【시행일】 이 법은 공포 후 1년 6개월이 경과한 날부터 시행한다.(이하 생략)

부 칙 (2021.1.5)

이 법은 공포한 날부터 시행한다.

국제형사사법 공조법

(1991년 3월 8일
법 률 제4343호)

개정
2009.11. 2법 9811호
2013. 3.23법11690호(정부조직)
2014.11.19법12844호(정부조직)
2017. 7.26법14839호(정부조직)
2021. 1. 5법17825호

제1장 총 칙
(2009.11.2 본장개정)

제1조 【목적】 이 법은 형사사건의 수사 또는 재판과 관련하여 외국의 요청에 따라 실시하는 공조(共助) 및 외국에 대하여 요청하는 공조의 범위와 절차 등을 정함으로써 범죄를 진압하고 예방하는 데에 국제적인 협력을 증진함을 목적으로 한다.
제2조 【정의】 이 법에서 사용하는 용어의 뜻은 다음과 같다.
1. "공조"란 대한민국과 외국 간에 형사사건의 수사 또는 재판에 필요한 협조를 제공하거나 제공받는 것을 말한다.
2. "공조조약"이란 대한민국과 외국 간에 체결된 공조에 관한 조약 · 협정 등을 말한다.
3. "요청국"이란 대한민국에 공조를 요청한 국가를 말한다.
4. "공조범죄"란 공조의 대상이 되어 있는 범죄를 말한다.

제3조 【공조조약과의 관계】 공조에 관하여 공조조약에 이 법과 다른 규정이 있는 경우에는 그 규정에 따른다.
제4조 【상호주의】 공조조약이 체결되어 있지 아니한 경우에도 동일하거나 유사한 사항에 관하여 대한민국의 공조요청에 따른다는 요청국의 보증이 있는 경우에는 이 법을 적용한다.

제2장 공조의 범위와 제한
(2009.11.2 본장개정)

제5조 【공조의 범위】 공조의 범위는 다음 각 호와 같다.
1. 사람 또는 물건의 소재에 대한 수사
2. 서류 · 기록의 제공
3. 서류 등의 송달
4. 증거 수집, 압수 · 수색 또는 검증
5. 증거물 등 물건의 인도(引渡)
6. 진술 청취, 그 밖에 요청국에서 증언하게 하거나 수사에 협조하게 하는 조치

제6조 【공조의 제한】 다음 각 호의 어느 하나에 해당하는 경우에는 공조를 하지 아니할 수 있다.
1. 대한민국의 주권, 국가안전보장, 안녕질서 또는 미풍양속을 해칠 우려가 있는 경우
2. 인종, 국적, 성별, 종교, 사회적 신분 또는 특정 사회단체에 속한다는 사실이나 정치적 견해를 달리한다는 이유로 처벌되거나 형사상 불리한 처분을 받을 우려가 있다고 인정되는 경우
3. 공조범죄가 정치적 성격을 지닌 범죄이거나, 공조요청이 정치적 성격을 지닌 다른 범죄에 대한 수사 또는 재판을 할 목적으로 한 것이라고 인정되는 경우
4. 공조범죄가 대한민국의 법률에 의하여는 범죄를 구성하지 아니하거나 공소를 제기할 수 없는 범죄인 경우
5. 이 법에 요청국이 보증하도록 규정되어 있음에도 불구하고 요청국의 보증이 없는 경우

제7조 【공조의 연기】 대한민국에서 수사가 진행 중이거나 재판에 계속(係屬)된 범죄에 대하여 외국의 공조요청이 있는 경우에는 그 수사 또는 재판 절차가 끝날 때까지 공조를 연기할 수 있다.

제8조【물건의 인도】 ① 다음 각 호의 어느 하나에 해당하는 물건은 요청국에 인도할 수 있다. 다만, 그 물건에 대한 제3자의 권리는 침해하지 못한다.
1. 공조범죄에 제공하였거나 제공하려고 한 것
2. 공조범죄로 인하여 생겼거나 취득한 것
3. 공조범죄의 대가로 취득한 것
② 제1항에 따라 물건을 인도할 때에는 대한민국이 그 물건에 대한 권리를 포기한 경우가 아니면 그 반환에 대한 요청국의 보증이 있어야 한다.

제9조【요청국에서의 협조】 ① 요청국으로부터 공조범죄와 관계있는 사람 등에 대하여 수사 또는 재판 절차에 협조하도록 요청받은 경우에는, 그 요청된 당사자가 서면으로 동의하는 경우에만 요청국에서 협조하게 할 수 있다.
② 제1항의 경우 협조요청의 당사자에 대하여는 그 이전에 한 행위로 요청국에서 기소되거나 처벌받지 아니하고 자유를 제한당하지 아니한다는 요청국의 보증이 있어야 한다.
③ 교정시설(矯正施設)에서 형을 받고 있는 사람(이하 "수형자"라 한다)이 제1항에 따른 요청의 당사자인 경우 그 수형자에 대하여는 제2항에도 불구하고 대한민국의 요구대로 계속 구금되며 구금 상태로 대한민국으로 송환된다는 요청국의 보증이 있어야 한다. 이 경우 요청국에서 구금한 기간은 대한민국에서 집행할 구금 일수에 포함한다.

제10조【외국으로의 송환을 위한 구속】 ① 외국에서 구금되어 있던 사람이 공조에 따라 대한민국에 인도되는 경우에는, 공조 목적을 이행한 후 그 사람을 다시 외국으로 송환하기 위하여 공조요청한 곳을 관할하는 지방법원 판사가 발부한 영장에 의하여 구속할 수 있다.
② 제1항의 구속영장에는 다음 각 호의 사항을 기재하고 판사가 서명날인하여야 한다.
1. 외국으로 송환할 사람의 성명, 주거지, 국적
2. 공조범죄 사실
3. 공조요청의 목적 및 내용
4. 인치(引致) 구금할 장소
5. 영장 발부연월일, 그 유효기간 및 그 기간이 지나면 집행에 착수하지 못하며 영장을 반환하여야 한다는 취지
③ 제1항의 송환에 관하여는 그 성질에 반하지 아니하는 범위에서 「범죄인인도법」 제2장제3절 및 제4절을 준용한다.

제3장 외국의 요청에 따른 수사에 관한 공조
(2009.11.2 본장개정)

제11조【공조요청의 접수 및 공조 자료의 송부】 공조요청 접수 및 요청국에 대한 공조 자료의 송부는 외교부장관이 한다. 다만, 긴급한 조치가 필요한 경우나 특별한 사정이 있는 경우에는 법무부장관이 외교부장관의 동의를 받아 이를 할 수 있다.(2013.3.23 본조개정)

제12조【공조요청서】 ① 공조요청은 다음 각 호의 사항을 기재한 서면(이하 "공조요청서"라 한다)으로 한다.
1. 공조요청과 관련된 수사 또는 재판을 담당하는 기관
2. 공조요청 사건의 요지
3. 공조요청의 목적과 내용
4. 그 밖에 공조를 하기 위하여 필요한 사항
② 공조요청이 증인신문, 물건의 인도, 요청국에서의 증언 등의 협조에 관한 것일 때에는 그것이 수사 또는 재판에 반드시 필요하다는 요청국의 소명(疏明)이 있어야 한다.

제13조【공조의 방식】 요청국에 대한 공조는 대한민국의 법률에서 정하는 방식으로 한다. 다만, 요청국이 요청한 공조 방식이 대한민국의 법률에 저촉되지 아니하는 경우에는 그 방식으로 할 수 있다.

제14조【외교부장관의 조치】 외교부장관은 요청국으로부터 형사사건의 수사에 관한 공조요청을 받았을 때에는 공조요청서에 관계 자료 및 의견을 첨부하여 법무부장관에게 송부하여야 한다.(2013.3.23 본조개정)

제15조【법무부장관의 조치】 ① 공조요청서를 받은 법무부장관은 공조요청에 응하는 것이 타당하다고 인정하는 경우에는 제2항의 경우를 제외하고는 다음 각 호의 어느 하나의 조치를 하여야 한다.
1. 공조를 위하여 적절하다고 인정되는 지방검찰청 검사장(이하 "검사장"이라 한다) 또는 고위공직자범죄수사처장에게 관계 자료를 송부하고 공조에 필요한 조치를 하도록 명하거나 요구하는 것(2021.1.5 본호개정)
2. 제9조제3항의 경우에는 수형자가 수용되어 있는 교정시설의 장에게 수형자의 이송에 필요한 조치를 명하는 것
② 법무부장관은 공조요청이 법원이나 검사 또는 고위공직자범죄수사처장이 보관하는 소송서류의 제공에 관한 것일 경우에는 그 서류를 보관하고 있는 법원이나 검사 또는 고위공직자범죄수사처장에게 공조요청서를 송부하여야 한다.(2021.1.5 본항개정)
③ 법무부장관은 이 법 또는 공조조약에 따라 공조할 수 없거나 공조하지 아니하는 것이 타당하다고 인정하는 경우 또는 공조를 연기하려는 경우에는 외교부장관과 협의하여야 한다.(2013.3.23 본항개정)

제16조【검사장 등의 조치】 제15조제1항제1호에 따른 명령 또는 요구를 받은 검사장 또는 고위공직자범죄수사처장은 소속 검사에게 공조에 필요한 자료를 수집하거나 그 밖에 필요한 조치를 하도록 명하여야 한다.(2021.1.5 본조개정)

제17조【검사 등의 처분】 ① 검사는 공조에 필요한 자료를 수집하기 위하여 관계인의 출석을 요구하여 진술을 들을 수 있고, 감정·통역 또는 번역을 촉탁할 수 있으며, 서류나 그 밖의 물건의 소유자·소지자(所持者) 또는 보관자에게 그 제출을 요구하거나, 행정기관이나 그 밖의 공사단체(公私團體)에 공조에 필요한 사실을 조회하거나 필요한 사항의 보고를 요구할 수 있다.
② 검사는 공조에 필요한 경우에는 판사에게 청구하여 발급받은 영장에 의하여 압수·수색 또는 검증을 할 수 있다.
③ 검사는 요청국에 인도하여야 할 증거물 등이 법원에 제출되어 있는 경우에는 법원의 인도허가 결정을 받아야 한다.
④ 검사는 사법경찰관리를 지휘하여 제1항의 수사를 하게 할 수 있고, 사법경찰관은 검사에게 신청하여 검사의 청구로 판사가 발부한 영장에 의하여 제2항에 따른 압수·수색 또는 검증을 할 수 있다.

제18조【증인신문의 청구】 검사는 공조요청이 증인신문에 관계되는 경우이거나 관계인이 제17조제1항에 따른 출석 또는 진술을 거부한 경우에는 판사에게 증인신문을 청구할 수 있다.

제19조【영장 등 청구 시 첨부서류】 검사가 공조를 위하여 영장, 인도허가 또는 증인신문을 청구할 때에는 제14조에 따른 공조요청서 등본을 첨부하여야 한다.

제20조【관할 법원】 ① 제17조제2항에 따른 영장 청구와 제18조에 따른 증인신문 청구는 그 검사가 소속한 지방검찰청 또는 고위공직자범죄수사처에 대응하는 지방법원의 판사에게 하여야 한다.(2021.1.5 본항개정)
② 제17조제3항에 따른 증거물 등의 인도허가 청구는 그 증거물 등이 제출되어 있는 법원에 하여야 한다.

제21조【공조 자료 등의 송부 등】 ① 제15조제1항제1호에 따른 명령 또는 요구를 받은 검사장 또는 고위공직자범죄수사처장은 공조에 필요한 조치를 마치면 지체 없이 수집한 공조 자료 등을 법무부장관에게 송부하여야 한다.(2021.1.5 본항개정)

② 제15조제1항제2호에 따른 명령을 받은 교정시설의 장은 수형자를 이송하는 데 필요한 조치를 마치면 지체 없이 법무부장관에게 보고하여야 한다.
③ 제15조제2항에 따라 공조요청서를 받은 법원 또는 검사는 지체 없이 의견을 첨부하여 소송서류 또는 그 등본을 법무부장관에게 송부하여야 하고, 송부할 수 없는 경우에는 이유를 붙여 그 공조요청서를 법무부장관에게 반송하여야 한다.
제22조【법무부장관의 공조 자료 송부 등】 ① 법무부장관은 제21조에 따른 공조 자료 등을 받거나 보고받았을 때에는 공조에 필요한 자료를 외교부장관에게 송부하여야 한다.
② 법무부장관은 제1항에 따라 자료를 송부할 때에는 그 자료 등의 사용·반환 또는 기밀 유지 등에 관하여 요청국이 지켜야 할 준수사항을 정하여, 그 이행에 대한 보증을 요구하도록 외교부장관에게 요청할 수 있다.
③ 외교부장관은 법무부장관으로부터 제2항에 따른 요청을 받았을 때에는 적절한 조치를 한 후 그 결과를 법무부장관에게 통지하여야 한다.
(2013.3.23 본조개정)

제4장 외국의 요청에 따른 형사재판에 관한 공조
(2009.11.2 본장개정)

제23조【법무부장관의 조치】 ① 법무부장관은 법원에서 하여야 할 형사재판에 관한 공조요청서를 받았을 때에는 이를 법원행정처장에게 송부하여야 한다. 다만, 이 법 또는 공조조약에 따라 공조할 수 없거나 공조하지 아니하는 것이 타당하다고 인정하는 경우에는 그러하지 아니하다.
② 법무부장관은 제1항 단서에 따라 공조하지 아니하는 것이 타당하다고 인정하는 경우에는 법원행정처장과 협의하여야 한다.
제24조【법원행정처장의 조치】 법원행정처장은 법무부장관으로부터 제23조제1항에 따른 공조요청서를 받았을 때에는 이를 관할 지방법원장에게 송부하여야 한다.
제25조【관할 법원】 형사재판에 관한 공조는 서류 등의 송달에 관한 요청인 경우에는 송달할 장소를 관할하는 지방법원이 하고, 증거조사에 관한 요청인 경우에는 증인 등의 주거지나 증거물 또는 검증·감정 목적물의 소재지를 관할하는 지방법원이 한다.
제26조【이송】 공조요청서를 받은 법원은 요청 사항이 그 관할에 속하지 아니하는 경우에는 결정(決定)으로 공조요청서를 관할 법원에 이송하고, 그 사실을 법원행정처장에게 통지하여야 한다.
제27조【증명서 등의 송부】 ① 제24조에 따라 공조요청서를 받은 관할 지방법원장은 서류 등의 송달에 관한 요청인 경우에는 송달 결과에 관한 증명서를 법원행정처장에게 송부하고, 증거조사에 관한 요청인 경우에는 증인신문 조서나 그 밖에 증거조사 결과를 기재한 조서 또는 증거조사가 불가능하게 된 사유를 기재한 서면을 법원행정처장에게 송부하여야 한다.
② 법원행정처장은 관할 지방법원장으로부터 제1항에 따른 자료를 받았을 때에는 이를 법무부장관에게 송부하여야 한다.
제28조【준용규정】 외국의 요청에 따른 형사재판에 관한 공조에 관하여는 제11조부터 제14조까지, 제15조제3항 및 제22조를 준용한다.

제5장 외국에 대한 수사에 관한 공조요청
(2009.11.2 본장개정)

제29조【검사 등의 공조요청】 검사 또는 고위공직자범죄수사처장은 외국에 수사에 관한 공조요청을 하려면 법무부장관에게 공조요청서를 송부하여야 하고, 사법경찰관은 검사에게 신청하여 법무부장관에게 공조요청서를 송부하여야 한다.(2021.1.5 본조개정)
제30조【법무부장관의 조치】 제29조에 따른 공조요청서를 받은 법무부장관은 외국에 공조요청하는 것이 타당하다고 인정하는 경우에는 그 공조요청서를 외교부장관에게 송부하여야 한다. 다만, 긴급한 조치가 필요한 경우나 특별한 사정이 있는 경우에는 외교부장관의 동의를 받아 공조요청서를 직접 외국에 송부할 수 있다.(2013.3.23 본조개정)
제31조【외교부장관의 조치】 외교부장관은 법무부장관으로부터 제30조에 따른 공조요청서를 받았을 때에는 이를 외국에 송부하여야 한다. 다만, 외교 관계상 공조요청하는 것이 타당하지 아니하다고 인정하는 경우에는 이에 관하여 법무부장관과 협의하여야 한다.(2013.3.23 본조개정)
제32조【번역문의 첨부】 외국에 공조요청을 하는 경우에는 그 외국의 공용어로 된 공조요청서와 그 밖의 관계 서류의 번역문을 첨부하여야 한다. 다만, 해당 외국의 공용어를 알 수 없는 경우에는 영어로 된 번역문을 첨부할 수 있다.

제6장 외국에 대한 형사재판에 관한 공조요청
(2009.11.2 본장개정)

제33조【법원의 공조요청】 ① 법원이 형사재판에 관하여 외국에 공조요청을 하는 경우에는 법원행정처장에게 공조요청서를 송부하여야 한다. 이 경우 법원은 그 사실을 검사에게 통지하여야 한다.
② 법원행정처장은 제1항에 따른 공조요청서를 받았을 때에는 법무부장관에게 이를 송부하여야 한다.
제34조【법원행정처장과의 협의】 제33조제2항에 따른 공조요청서를 받은 법무부장관은 외국에 공조요청을 하는 것이 타당하지 아니하다고 인정하는 경우에는 법원행정처장과 협의하여야 한다.
제35조【준용규정】 외국에 대한 형사재판에 관한 공조요청에 대하여는 제30조부터 제32조까지의 규정을 준용한다.

제7장 보 칙
(2009.11.2 본장개정)

제36조【비용】 ① 외국의 공조요청에 드는 비용은 요청국과 특별한 약정이 없으면 요청국이 부담한다. 다만, 대한민국의 영역에서 발생하는 비용은 대한민국이 부담할 수 있다.
② 이 법 또는 공조조약에 따라 요청국이 공조에 드는 비용을 부담하도록 되어 있는 경우에는 요청국으로부터 그 비용 지급에 대한 보증을 받아야 한다.
제37조【명령 등의 검찰총장 경유】 법무부장관이 이 법에 따라 검사장 또는 검사에게 하는 명령이나 서류송부, 검사장 또는 검사가 법무부장관에게 하는 보고나 서류송부는 검찰총장을 거쳐야 한다. 다만, 고위공직자범죄수사처장 또는 그 소속 검사의 경우에는 그러하지 아니하다.(2021.1.5 단서신설)
제38조【국제형사경찰기구와의 협력】 ① 행정안전부장관은 국제형사경찰기구로부터 외국의 형사사건 수사에 대하여 협력을 요청받거나 국제형사경찰기구에 협력을 요청하는 경우에는 다음 각 호의 조치를 취할 수 있다.(2017.7.26 본문개정)
1. 국제범죄의 정보 및 자료 교환
2. 국제범죄의 동일증명(同一證明) 및 전과 조회
3. 국제범죄에 관한 사실 확인 및 그 조사
② 제1항 각 호를 제외한 협력요청이 이 법에 따른 공조에 관한 것인 경우에는 이 법에 따른다.

제39조【「형사소송법」의 준용】 이 법에 따라 법원이나 판사가 하는 재판, 판사가 하는 영장 발급이나 증인신문, 검사나 사법경찰관이 하는 처분 등과 그 불복절차에 대하여는 이 법에 특별한 규정이 있는 경우를 제외하고는 그 성질에 반하지 아니하는 범위에서 「형사소송법」을 준용한다.
제40조【대법원규칙】 이 법에 따른 영장 발급, 증거물의 인도허가 결정, 증인신문 등의 절차에 관하여 필요한 사항은 대법원규칙으로 정한다.

부 칙 (2014.11.19)

제1조【시행일】 이 법은 공포한 날부터 시행한다.(이하 생략)

부 칙 (2017.7.26)

제1조【시행일】 ① 이 법은 공포한 날부터 시행한다.(이하 생략)

부 칙 (2021.1.5)

이 법은 공포한 날부터 시행한다.

형의 집행 및 수용자의 처우에 관한 법률(약칭 : 형집행법)

(2007년 12월 21일 전부개정법률 제8728호)

개정
2008.12.11법 9136호
2009.12.29법 9847호(감염병)
2010. 5. 4법10273호
2011. 7.18법10865호
2011. 8. 4법11005호(의료법)
2014.12.30법12900호
2015. 3.27법13235호
2016. 1. 6법13721호
2016. 5.29법14170호(경비교도대폐지에따른보상등에관한법)
2016.12. 2법14281호
2017.12.19법15259호
2019. 4.23법16345호
2020. 2. 4법16925호
2022.12.27법19105호

제1편 총 칙

제1조【목적】 이 법은 수형자의 교정교화와 건전한 사회복귀를 도모하고, 수용자의 처우와 권리 및 교정시설의 운영에 관하여 필요한 사항을 규정함을 목적으로 한다.
제2조【정의】 이 법에서 사용하는 용어의 뜻은 다음과 같다.
1. "수용자"란 수형자 · 미결수용자 · 사형확정자 등 법률과 적법한 절차에 따라 교도소 · 구치소 및 그 지소(이하 "교정시설"이라 한다)에 수용된 사람을 말한다.
2. "수형자"란 징역형 · 금고형 또는 구류형의 선고를 받아 그 형이 확정되어 교정시설에 수용된 사람과 벌금 또는 과료를 완납하지 아니하여 노역장 유치명령을 받아 교정시설에 수용된 사람을 말한다.
3. "미결수용자"란 형사피의자 또는 형사피고인으로서 체포되거나 구속영장의 집행을 받아 교정시설에 수용된 사람을 말한다.
4. "사형확정자"란 사형의 선고를 받아 그 형이 확정되어 교정시설에 수용된 사람을 말한다.

(2016.12.2 1호~4호개정)
제3조【적용범위】 이 법은 교정시설의 구내와 교도관이 수용자를 계호(戒護)하고 있는 그 밖의 장소로서 교도관의 통제가 요구되는 공간에 대하여 적용한다.

제4조【인권의 존중】 이 법을 집행하는 때에 수용자의 인권은 최대한으로 존중되어야 한다.

판례 교정시설에서 하나의 거실에 다수의 수용자가 함께 수용되어 1인당 수용면적이 인간으로서의 기본적인 욕구에 따른 일상생활조차 어려울 만큼 협소하다면, 그러한 과밀수용 상태가 예상할 수 없었던 일시적인 수용률의 폭증에 따른 것으로 교정기관이 부득이하게 거실 내 수용 인원수를 조정하기 위하여 합리적이고 필요한 정도로 단기간 내에 이루어졌다는 등의 특별한 사정이 없는 한, 그 자체로 수용자의 인간으로서의 존엄과 가치를 침해한다고 보아야 한다.
(대판 2022.7.14, 2017다266771)

제5조【차별금지】 수용자는 합리적인 이유 없이 성별, 종교, 장애, 나이, 사회적 신분, 출신지역, 출신국가, 출신민족, 용모 등 신체조건, 병력(病歷), 혼인 여부, 정치적 의견 및 성적(性的) 지향 등을 이유로 차별받지 아니한다.

제5조의2【기본계획의 수립】 ① 법무부장관은 이 법의 목적을 효율적으로 달성하기 위하여 5년마다 형의 집행 및 수용자 처우에 관한 기본계획(이하 "기본계획"이라 한다)을 수립하고 추진하여야 한다.
② 기본계획에는 다음 각 호의 사항이 포함되어야 한다.
1. 형의 집행 및 수용자 처우에 관한 기본 방향
2. 인구·범죄의 증감 및 수사 또는 형 집행의 동향 등 교정시설의 수요 증감에 관한 사항
3. 교정시설의 수용 실태 및 적정한 규모의 교정시설 유지 방안
4. 수용자에 대한 처우 및 교정시설의 유지·관리를 위한 적정한 교도관 인력 확충 방안
5. 교도작업과 직업훈련의 현황, 수형자의 건전한 사회복귀를 위한 작업설비 및 프로그램의 확충 방안
6. 수형자의 교육·교화 및 사회적응에 필요한 프로그램의 추진방향
7. 수용자 인권보호 실태와 인권 증진 방안
8. 교정사고의 발생 유형 및 방지에 필요한 사항
9. 형의 집행 및 수용자 처우와 관련하여 관계 기관과의 협력에 관한 사항
10. 그 밖에 법무부장관이 필요하다고 인정하는 사항
③ 법무부장관은 기본계획을 수립 또는 변경하려는 때에는 법원, 검찰 및 경찰 등 관계 기관과 협의하여야 한다.
④ 법무부장관은 기본계획을 수립하기 위하여 실태조사와 수요예측 조사를 실시할 수 있다.
⑤ 법무부장관은 기본계획을 수립하기 위하여 필요하다고 인정하는 경우에는 관계 기관의 장에게 필요한 자료를 요청할 수 있다. 이 경우 자료를 요청받은 관계 기관의 장은 특별한 사정이 없으면 요청에 따라야 한다.
(2019.4.23 본조신설)

제5조의3【협의체의 설치 및 운영】 ① 법무부장관은 형의 집행 및 수용자 처우에 관한 사항을 협의하기 위하여 법원, 검찰 및 경찰 등 관계 기관과 협의체를 설치하여 운영할 수 있다.
② 제1항에 따른 협의체의 설치 및 운영 등에 필요한 사항은 대통령령으로 정한다.
(2019.4.23 본조신설)

제6조【교정시설의 규모 및 설비】 ① 신설하는 교정시설은 수용인원이 500명 이내의 규모가 되도록 하여야 한다. 다만, 교정시설의 기능·위치나 그 밖의 사정을 고려하여 그 규모를 늘릴 수 있다.(2020.2.4 단서개정)
② 교정시설의 거실·작업장·접견실이나 그 밖의 수용생활을 위한 설비는 그 목적과 기능에 맞도록 설치되어야 한다. 특히, 거실은 수용자가 건강하게 생활할 수 있도록 적정한 수준의 공간과 채광·통풍·난방을 위한 시설이 갖추어져야 한다.
③ 법무부장관은 수용자에 대한 처우 및 교정시설의 유지·관리를 위한 적정한 인력을 확보하여야 한다.(2019.4.23 본항신설)

제7조【교정시설 설치·운영의 민간위탁】 ① 법무부장관은 교정시설의 설치 및 운영에 관한 업무의 일부를 법인 또는 개인에게 위탁할 수 있다.
② 제1항에 따라 위탁을 받을 수 있는 법인 또는 개인의 자격요건, 교정시설의 시설기준, 수용대상자의 선정기준, 수용자 처우의 기준, 위탁절차, 국가의 감독, 그 밖에 필요한 사항은 따로 법률로 정한다.

제8조【교정시설의 순회점검】 법무부장관은 교정시설의 운영, 교도관의 복무, 수용자의 처우 및 인권실태 등을 파악하기 위하여 매년 1회 이상 교정시설을 순회점검하거나 소속 공무원으로 하여금 순회점검하게 하여야 한다.
(2016.5.29 본조개정)

제9조【교정시설의 시찰 및 참관】 ① 판사와 검사는 직무상 필요하면 교정시설을 시찰할 수 있다.
② 제1항의 판사와 검사 외의 사람은 교정시설을 참관하려면 학술연구 등 정당한 이유를 명시하여 교정시설의 장(이하 "소장"이라 한다)의 허가를 받아야 한다.

제10조【교도관의 직무】 이 법에 규정된 사항 외에 교도관의 직무에 관하여는 따로 법률로 정한다.

제2편 수용자의 처우

제1장 수 용

제11조【구분수용】 ① 수용자는 다음 각 호에 따라 구분하여 수용한다.
1. 19세 이상 수형자 : 교도소
2. 19세 미만 수형자 : 소년교도소
3. 미결수용자 : 구치소
4. 사형확정자 : 교도소 또는 구치소. 이 경우 구체적인 구분 기준은 법무부령으로 정한다.
(2008.12.11 1호~4호개정)
② 교도소 및 구치소의 각 지소에는 교도소 또는 구치소에 준하여 수용자를 수용한다.

제12조【구분수용의 예외】 ① 다음 각 호의 어느 하나에 해당하는 사유가 있으면 교도소에 미결수용자를 수용할 수 있다.
1. 관할 법원 및 검찰청 소재지에 구치소가 없는 때
2. 구치소의 수용인원이 정원을 훨씬 초과하여 정상적인 운영이 곤란한 때
3. 범죄의 증거인멸을 방지하기 위하여 필요하거나 그 밖에 특별한 사정이 있는 때
② 취사 등의 작업을 위하여 필요하거나 그 밖에 특별한 사정이 있으면 구치소에 수형자를 수용할 수 있다.
③ 수형자가 소년교도소에 수용 중에 19세가 된 경우에도 교육·교화프로그램, 작업, 직업훈련 등을 실시하기 위하여 특히 필요하다고 인정되면 23세가 되기 전까지는 계속하여 수용할 수 있다.(2008.12.11 본항개정)
④ 소장은 특별한 사정이 있으면 제11조의 구분수용기준에 따라 다른 교정시설로 이송하여야 할 수형자를 6개월을 초과하지 아니하는 기간 동안 계속하여 수용할 수 있다.

제13조【분리수용】 ① 남성과 여성은 분리하여 수용한다.
② 제12조에 따라 수형자와 미결수용자, 19세 이상의 수형자와 19세 미만의 수형자를 같은 교정시설에 수용하는 경우에는 서로 분리하여 수용한다.(2008.12.11 본항개정)

제14조【독거수용】 수용자는 독거수용한다. 다만, 다음 각 호의 어느 하나에 해당하는 사유가 있으면 혼거수용할 수 있다.
1. 독거실 부족 등 시설여건이 충분하지 아니한 때
2. 수용자의 생명 또는 신체의 보호, 정서적 안정을 위하여 필요한 때
3. 수형자의 교화 또는 건전한 사회복귀를 위하여 필요한 때

제15조【수용거실 지정】 소장은 수용자의 거실을 지정하는 경우에는 죄명·형기·죄질·성격·범죄전력·나이·경력 및 수용생활 태도, 그 밖에 수용자의 개인적 특성을 고려하여야 한다.

제16조【신입자의 수용 등】 ① 소장은 법원·검찰청·경찰관서 등으로부터 처음으로 교정시설에 수용되는 사람(이하 "신입자"라 한다)에 대하여는 집행지휘서, 재판서, 그 밖에 수용에 필요한 서류를 조사한 후 수용한다.
② 소장은 신입자에 대하여는 지체 없이 신체·의류 및 휴대품을 검사하고 건강진단을 하여야 한다.(2017.12.19 본항개정)
③ 신입자는 제2항에 따라 소장이 실시하는 검사 및 건강진단을 받아야 한다.(2017.12.19 본항개정)

제16조의2【간이입소절차】 다음 각 호의 어느 하나에 해당하는 신입자의 경우에는 법무부장관이 정하는 바에 따라 간이입소절차를 실시한다.
1.「형사소송법」제200조의2, 제200조의3 또는 제212조에 따라 체포되어 교정시설에 유치된 피의자
2.「형사소송법」제201조의2제10항 및 제71조의2에 따른 구속영장 청구에 따라 피의자 심문을 위하여 교정시설에 유치된 피의자
(2017.12.19 본조신설)

제17조【고지사항】 신입자 및 다른 교정시설로부터 이송되어 온 사람에게는 말이나 서면으로 다음 각 호의 사항을 알려 주어야 한다.(2020.2.4 본문개정)
1. 형기의 기산일 및 종료일
2. 접견·편지, 그 밖의 수용자의 권리에 관한 사항(2020.2.4 본호개정)
3. 청원,「국가인권위원회법」에 따른 진정, 그 밖의 권리구제에 관한 사항
4. 징벌·규율, 그 밖의 수용자의 의무에 관한 사항
5. 일과(日課) 그 밖의 수용생활에 필요한 기본적인 사항

제18조【수용의 거절】 ① 소장은 다른 사람의 건강에 위해를 끼칠 우려가 있는 감염병에 걸린 사람의 수용을 거절할 수 있다.(2009.12.29 본항개정)
② 소장은 제1항에 따라 수용을 거절하였으면 그 사유를 지체 없이 수용지휘기관과 관할 보건소장에게 통보하고 법무부장관에게 보고하여야 한다.

제19조【사진촬영 등】 ① 소장은 신입자 및 다른 교정시설로부터 이송되어 온 사람에 대하여 다른 사람과의 식별을 위하여 필요한 한도에서 사진촬영, 지문채취, 수용자 번호지정, 그 밖에 대통령령으로 정하는 조치를 하여야 한다.
② 소장은 수용목적상 필요하면 수용 중인 사람에 대하여도 제1항의 조치를 할 수 있다.

제20조【수용자의 이송】 ① 소장은 수용자의 수용·작업·교화·의료, 그 밖의 처우를 위하여 필요하거나 시설의 안전과 질서유지를 위하여 필요하다고 인정하면 법무부장관의 승인을 받아 수용자를 다른 교정시설로 이송할 수 있다.
② 법무부장관은 제1항의 이송승인에 관한 권한을 대통령령으로 정하는 바에 따라 지방교정청장에게 위임할 수 있다.

제21조【수용사실의 알림】 소장은 신입자 또는 다른 교정시설로부터 이송되어 온 사람이 있으면 그 사실을 수용자의 가족(배우자, 직계존속·비속 또는 형제자매를 말한다. 이하 같다)에게 지체 없이 알려야 한다. 다만, 수용자가 알리는 것을 원하지 아니하면 그러하지 아니하다.(2020.2.4 본조개정)

제2장 물품지급

제22조【의류 및 침구 등의 지급】 ① 소장은 수용자에게 건강유지에 적합한 의류·침구, 그 밖의 생활용품을 지급한다.
② 의류·침구, 그 밖의 생활용품의 지급기준 등에 관하여 필요한 사항은 법무부령으로 정한다.

제23조【음식물의 지급】 ① 소장은 수용자에게 건강상태, 나이, 부과된 작업의 종류, 그 밖의 개인적 특성을 고려하여 건강 및 체력을 유지하는 데에 필요한 음식물을 지급한다.
② 음식물의 지급기준 등에 관하여 필요한 사항은 법무부령으로 정한다.

제24조【물품의 자비구매】 ① 수용자는 소장의 허가를 받아 자신의 비용으로 음식물·의류·침구, 그 밖에 수용생활에 필요한 물품을 구매할 수 있다.
② 물품의 자비구매 허가범위 등에 관하여 필요한 사항은 법무부령으로 정한다.

제3장 금품관리

제25조【휴대금품의 보관 등】 ① 소장은 수용자의 휴대금품을 교정시설에 보관한다. 다만, 휴대품이 다음 각 호의 어느 하나에 해당하는 것이면 수용자로 하여금 자신이 지정하는 사람에게 보내게 하거나 그 밖에 적당한 방법으로 처분하게 할 수 있다.(2020.2.4 본문개정)
1. 썩거나 없어질 우려가 있는 것(2020.2.4 본호개정)
2. 물품의 종류·크기 등을 고려할 때 보관하기에 적당하지 아니한 것
3. 사람의 생명 또는 신체에 위험을 초래할 우려가 있는 것
4. 시설의 안전 또는 질서를 해칠 우려가 있는 것
5. 그 밖에 보관할 가치가 없는 것(2020.2.4 본호개정)
② 소장은 수용자가 제1항 단서에 따라 처분하여야 할 휴대품을 상당한 기간 내에 처분하지 아니하면 폐기할 수 있다.
(2020.2.4 본조제목개정)

제26조【수용자가 지니는 물품 등】 ① 수용자는 편지·도서, 그 밖에 수용생활에 필요한 물품을 법무부장관이 정하는 범위에서 지닐 수 있다.(2020.2.4 본항개정)
② 소장은 제1항에 따라 법무부장관이 정하는 범위를 벗어난 물품으로서 교정시설에 특히 보관할 필요가 있다고 인정하지 아니하는 물품은 수용자로 하여금 자신이 지정하는 사람에게 보내게 하거나 그 밖에 적당한 방법으로 처분하게 할 수 있다.(2020.2.4 본항개정)
③ 소장은 수용자가 제2항에 따라 처분하여야 할 물품을 상당한 기간 내에 처분하지 아니하면 폐기할 수 있다.
(2020.2.4 본조제목개정)

제27조【수용자에 대한 금품 전달】 ① 수용자 외의 사람이 수용자에게 금품을 건네줄 것을 신청하는 때에는 소장은 다음 각 호의 어느 하나에 해당하지 아니하면 허가하여야 한다.
(2020.2.4 본항개정)
1. 수형자의 교화 또는 건전한 사회복귀를 해칠 우려가 있는 때
2. 시설의 안전 또는 질서를 해칠 우려가 있는 때
② 소장은 수용자 외의 사람이 수용자에게 주려는 금품이 제1항 각 호의 어느 하나에 해당하거나 수용자가 금품을 받지 아니하려는 경우에는 해당 금품을 보낸 사람에게 되돌려 보내야 한다.(2020.2.4 본항개정)
③ 소장은 제2항의 경우에 금품을 보낸 사람을 알 수 없거나 보낸 사람의 주소가 불명한 경우에는 금품을 다시 가지고 갈 것을 공고하여야 하며, 공고한 후 6개월이 지나도 금품을 돌려달라고 청구하는 사람이 없으면 그 금품은 국고에 귀속된다.(2020.2.4 본항개정)
④ 소장은 제2항 또는 제3항에 따른 조치를 하였으면 그 사실을 수용자에게 알려 주어야 한다.
(2020.2.4 본조제목개정)

제28조【유류금품의 처리】 ① 소장은 사망자 또는 도주자가 남겨두고 간 금품이 있으면 사망자의 경우에는 그 상속인에게, 도주자의 경우에는 그 가족에게 그 내용 및 청구절차 등을 알려 주어야 한다. 다만, 썩거나 없어질 우려가 있는 것은 폐기할 수 있다.
② 소장은 상속인 또는 가족이 제1항의 금품을 내어달라고

청구하면 지체 없이 내어주어야 한다. 다만, 제1항에 따른 알림을 받은 날(알려 줄 수가 없는 경우에는 청구사유가 발생한 날)부터 1년이 지나도 청구하지 아니하면 그 금품은 국고에 귀속된다.
(2020.2.4 본조개정)

제29조【보관금품의 반환 등】 ① 소장은 수용자가 석방될 때 제25조에 따라 보관하고 있던 수용자의 휴대금품을 본인에게 돌려주어야 한다. 다만, 보관품을 한꺼번에 가져가기 어려운 경우 등 특별한 사정이 있어 수용자가 석방 시 소장에게 일정 기간 동안(1개월 이내의 범위로 한정한다) 보관품을 보관하여 줄 것을 신청하는 경우에는 그러하지 아니하다.
② 제1항 단서에 따른 보관 기간이 지난 보관품에 관하여는 제28조를 준용한다. 이 경우 "사망자" 및 "도주자"는 "피석방자"로, "금품"은 "보관품"으로, "상속인" 및 "가족"은 "피석방자 본인 또는 가족"으로 본다.
(2020.2.4 본조개정)

제4장 위생과 의료

제30조【위생·의료 조치의무】 소장은 수용자가 건강한 생활을 하는 데에 필요한 위생 및 의료상의 적절한 조치를 하여야 한다.

제31조【청결유지】 소장은 수용자가 사용하는 모든 설비와 기구가 항상 청결하게 유지되도록 하여야 한다.

제32조【청결의무】 ① 수용자는 자신의 신체 및 의류를 청결히 하여야 하며, 자신이 사용하는 거실·작업장, 그 밖의 수용시설의 청결유지에 협력하여야 한다.
② 수용자는 위생을 위하여 머리카락과 수염을 단정하게 유지하여야 한다.(2020.2.4 본항개정)

제33조【운동 및 목욕】 ① 소장은 수용자가 건강유지에 필요한 운동 및 목욕을 정기적으로 할 수 있도록 하여야 한다.
② 운동시간·목욕횟수 등에 관하여 필요한 사항은 대통령령으로 정한다.

제34조【건강검진】 ① 소장은 수용자에 대하여 건강검진을 정기적으로 하여야 한다.
② 건강검진의 횟수 등에 관하여 필요한 사항은 대통령령으로 정한다.

제35조【감염병 등에 관한 조치】 소장은 감염병이나 그 밖에 감염의 우려가 있는 질병의 발생과 확산을 방지하기 위하여 필요한 경우 수용자에 대하여 예방접종·격리수용·이송, 그 밖에 필요한 조치를 하여야 한다.(2016.12.2 본조개정)

제36조【부상자 등 치료】 ① 소장은 수용자가 부상을 당하거나 질병에 걸리면 적절한 치료를 받도록 하여야 한다.
② 제1항의 치료를 위하여 교정시설에 근무하는 간호사는 야간 또는 공휴일 등에 「의료법」 제27조에도 불구하고 대통령령으로 정하는 경미한 의료행위를 할 수 있다.
(2010.5.4 본항신설)

제37조【외부의료시설 진료 등】 ① 소장은 수용자에 대한 적절한 치료를 위하여 필요하다고 인정하면 교정시설 밖에 있는 의료시설(이하 "외부의료시설"이라 한다)에서 진료를 받게 할 수 있다.
② 소장은 수용자의 정신질환 치료를 위하여 필요하다고 인정하면 법무부장관의 승인을 받아 치료감호시설로 이송할 수 있다.
③ 제2항에 따라 이송된 사람은 수용자에 준하여 처우한다.
④ 소장은 제1항 또는 제2항에 따라 수용자가 외부의료시설에서 진료받거나 치료감호시설로 이송되면 그 사실을 그 가족(가족이 없는 경우에는 수용자가 지정하는 사람)에게 지체 없이 알려야 한다. 다만, 수용자가 알리는 것을 원하지 아니하면 그러하지 아니하다.(2020.2.4 본항개정)
⑤ 소장은 수용자가 자신의 고의 또는 중대한 과실로 부상 등이 발생하여 외부의료시설에서 진료를 받은 경우에는 그 진료비의 전부 또는 일부를 그 수용자에게 부담하게 할 수 있다.

제38조【자비치료】 소장은 수용자가 자신의 비용으로 외부의료시설에서 근무하는 의사(이하 "외부의사"라 한다)에게 치료받기를 원하면 교정시설에 근무하는 의사(공중보건의사를 포함하며, 이하 "의무관"이라 한다)의 의견을 고려하여 이를 허가할 수 있다.

제39조【진료환경 등】 ① 교정시설에는 수용자의 진료를 위하여 필요한 의료 인력과 설비를 갖추어야 한다.
② 소장은 정신질환이 있다고 의심되는 수용자가 있으면 정신건강의학과 의사의 진료를 받을 수 있도록 하여야 한다.
(2011.8.4 본항개정)
③ 외부의사는 수용자를 진료하는 경우에는 법무부장관이 정하는 사항을 준수하여야 한다.
④ 교정시설에 갖추어야 할 의료설비의 기준에 관하여 필요한 사항은 법무부령으로 정한다.

제40조【수용자의 의사에 반하는 의료조치】 ① 소장은 수용자가 진료 또는 음식물의 섭취를 거부하면 의무관으로 하여금 관찰·조언 또는 설득을 하도록 하여야 한다.
② 소장은 제1항의 조치에도 불구하고 수용자가 진료 또는 음식물의 섭취를 계속 거부하여 그 생명에 위험을 가져올 급박한 우려가 있으면 의무관으로 하여금 적당한 진료 또는 영양보급 등의 조치를 하게 할 수 있다.

제5장 접견·편지수수(便紙授受) 및 전화통화
(2020.2.4 본장제목개정)

제41조【접견】 ① 수용자는 교정시설의 외부에 있는 사람과 접견할 수 있다. 다만, 다음 각 호의 어느 하나에 해당하는 사유가 있으면 그러하지 아니하다.
1. 형사 법령에 저촉되는 행위를 할 우려가 있는 때
2. 「형사소송법」이나 그 밖의 법률에 따른 접견금지의 결정이 있는 때
3. 수형자의 교화 또는 건전한 사회복귀를 해칠 우려가 있는 때
4. 시설의 안전 또는 질서를 해칠 우려가 있는 때
② 수용자의 접견은 접촉차단시설이 설치된 장소에서 하게 한다. 다만, 다음 각 호의 어느 하나에 해당하는 경우에는 접촉차단시설이 설치되지 아니한 장소에서 접견하게 한다.
1. 미결수용자(형사사건으로 수사 또는 재판을 받고 있는 수형자와 사형확정자를 포함한다)가 변호인(변호인이 되려는 사람을 포함한다. 이하 같다)과 접견하는 경우
2. 수용자가 소송사건의 대리인인 변호사와 접견하는 경우 등 수용자의 재판청구권 등을 실질적으로 보장하기 위하여 대통령령으로 정하는 경우로서 교정시설의 안전 또는 질서를 해칠 우려가 없는 경우
(2022.12.27 1호~2호개정)
(2019.4.23 본항신설)
③ 제2항에도 불구하고 다음 각 호의 어느 하나에 해당하는 경우에는 접촉차단시설이 설치되지 아니한 장소에서 접견하게 할 수 있다.
1. 수용자가 미성년자인 자녀와 접견하는 경우
2. 그 밖에 대통령령으로 정하는 경우
(2019.4.23 본항신설)
④ 소장은 다음 각 호의 어느 하나에 해당하는 사유가 있으면 교도관으로 하여금 수용자의 접견내용을 청취·기록·녹음 또는 녹화하게 할 수 있다.
1. 범죄의 증거를 인멸하거나 형사 법령에 저촉되는 행위를 할 우려가 있는 때
2. 수형자의 교화 또는 건전한 사회복귀를 위하여 필요한 때
3. 시설의 안전과 질서유지를 위하여 필요한 때
⑤ 제4항에 따라 녹음·녹화하는 경우에는 사전에 수용자 및 그 상대방에게 그 사실을 알려 주어야 한다.(2019.4.23 본항개정)

⑥ 접견의 횟수·시간·장소·방법 및 접견내용의 청취·기록·녹음·녹화 등에 관하여 필요한 사항은 대통령령으로 정한다.

제42조【접견의 중지 등】 교도관은 접견 중인 수용자 또는 그 상대방이 다음 각 호의 어느 하나에 해당하면 접견을 중지할 수 있다.
1. 범죄의 증거를 인멸하거나 인멸하려고 하는 때
2. 제92조의 금지물품을 주고받거나 주고받으려고 하는 때
3. 형사 법령에 저촉되는 행위를 하거나 하려고 하는 때
4. 수용자의 처우 또는 교정시설의 운영에 관하여 거짓사실을 유포하는 때
5. 수형자의 교화 또는 건전한 사회복귀를 해칠 우려가 있는 행위를 하거나 하려고 하는 때
6. 시설의 안전 또는 질서를 해하는 행위를 하거나 하려고 하는 때

제43조【편지수수】 ① 수용자는 다른 사람과 편지를 주고받을 수 있다. 다만, 다음 각 호의 어느 하나에 해당하는 사유가 있으면 그러하지 아니하다.(2020.2.4 본문개정)
1. 「형사소송법」이나 그 밖의 법률에 따른 편지의 수수금지 및 압수의 결정이 있는 때(2020.2.4 본호개정)
2. 수형자의 교화 또는 건전한 사회복귀를 해칠 우려가 있는 때
3. 시설의 안전 또는 질서를 해칠 우려가 있는 때

② 제1항 각 호 외의 부분 본문에도 불구하고 같은 교정시설의 수용자 간에 편지를 주고받으려면 소장의 허가를 받아야 한다.(2020.2.4 본항개정)
③ 소장은 수용자가 주고받는 편지에 법령에 따라 금지된 물품이 들어 있는지 확인할 수 있다.(2020.2.4 본항개정)
④ 수용자가 주고받는 편지의 내용은 검열받지 아니한다. 다만, 다음 각 호의 어느 하나에 해당하는 사유가 있으면 그러하지 아니하다.(2020.2.4 본문개정)
1. 편지의 상대방이 누구인지 확인할 수 없는 때(2020.2.4 본호개정)
2. 「형사소송법」이나 그 밖의 법률에 따른 편지검열의 결정이 있는 때(2020.2.4 본호개정)
3. 제1항제2호 또는 제3호에 해당하는 내용이나 형사 법령에 저촉되는 내용이 기재되어 있다고 의심할 만한 상당한 이유가 있는 때
4. 대통령령으로 정하는 수용자 간의 편지인 때(2020.2.4 본호개정)

⑤ 소장은 제3항 또는 제4항 단서에 따라 확인 또는 검열한 결과 수용자의 편지에 법령으로 금지된 물품이 들어 있거나 편지의 내용이 다음 각 호의 어느 하나에 해당하면 발신 또는 수신을 금지할 수 있다.(2020.2.4 본문개정)
1. 암호·기호 등 이해할 수 없는 특수문자로 작성되어 있는 때
2. 범죄의 증거를 인멸할 우려가 있는 때
3. 형사 법령에 저촉되는 내용이 기재되어 있는 때
4. 수용자의 처우 또는 교정시설의 운영에 관하여 명백한 거짓사실을 포함하고 있는 때
5. 사생활의 비밀 또는 자유를 침해할 우려가 있는 때
6. 수형자의 교화 또는 건전한 사회복귀를 해칠 우려가 있는 때
7. 시설의 안전 또는 질서를 해칠 우려가 있는 때

⑥ 소장이 편지를 발송하거나 내어주는 경우에는 신속히 하여야 한다.(2020.2.4 본항개정)
⑦ 소장은 제1항 단서 또는 제5항에 따라 발신 또는 수신이 금지된 편지는 그 구체적인 사유를 서면으로 작성해 관리하고, 수용자에게 그 사유를 알린 후 교정시설에 보관한다. 다만, 수용자가 동의하면 폐기할 수 있다.(2020.2.4 본문개정)
⑧ 편지발송의 횟수, 편지 내용물의 확인방법 및 편지 내용의 검열절차 등에 관하여 필요한 사항은 대통령령으로 정한다.(2020.2.4 본항개정)
(2020.2.4 본조제목개정)

판례 살인미수죄 등으로 복역하다 교도관에게 상해를 가한 혐의로 새로운 형사사건의 피고인으로 기소된 수용자의 변호인이 보낸 편지를 교도소장이 개봉하여 교부한 사건에서, 비록 교도소장이 이해관계인인 것은 사실이나 변호인이 보낸 형사소송 관련 편지라는 이유만으로 금지물품 확인 과정 없이 서신이 무분별하게 교정시설에 들어가게 된다면 이를 악용해 금지물품이 반입될 가능성을 배제하기 어렵다. 또한 미결수용자와 같은 지위에 있는 수형자는 서신 외에도 접견 또는 전화통화에 의해서도 변호사와 접촉해 형사소송을 준비할 수 있으므로 방어권 행사에 불이익이 예상된다고 보기도 어렵다. 따라서 교도소장의 편지개봉행위는 과잉금지원칙에 위반되지 않아 청구인의 변호인의 조력을 받을 권리를 침해하지 않는다.
(헌재결 2021.10.28, 2019헌마973)

제44조【전화통화】 ① 수용자는 소장의 허가를 받아 교정시설의 외부에 있는 사람과 전화통화를 할 수 있다.
② 제1항에 따른 허가에는 통화내용의 청취 또는 녹음을 조건으로 붙일 수 있다.
③ 제42조는 수용자의 전화통화에 관하여 준용한다.
④ 제2항에 따라 통화내용을 청취 또는 녹음하려면 사전에 수용자 및 상대방에게 그 사실을 알려 주어야 한다.
⑤ 전화통화의 허가범위, 통화내용의 청취·녹음 등에 관하여 필요한 사항은 법무부령으로 정한다.

제6장 종교와 문화

제45조【종교행사의 참석 등】 ① 수용자는 교정시설의 안에서 실시하는 종교의식 또는 행사에 참석할 수 있으며, 개별적인 종교상담을 받을 수 있다.
② 수용자는 자신의 신앙생활에 필요한 책이나 물품을 지닐 수 있다.(2020.2.4 본항개정)
③ 소장은 다음 각 호의 어느 하나에 해당하는 사유가 있으면 제1항 및 제2항에서 규정하고 있는 사항을 제한할 수 있다.
1. 수형자의 교화 또는 건전한 사회복귀를 위하여 필요한 때
2. 시설의 안전과 질서유지를 위하여 필요한 때

④ 종교행사의 종류·참석대상·방법, 종교상담의 대상·방법 및 종교도서·물품을 지닐 수 있는 범위 등에 관하여 필요한 사항은 법무부령으로 정한다.(2020.2.4 본항개정)

제46조【도서비치 및 이용】 소장은 수용자의 지식함양 및 교양습득에 필요한 도서를 비치하고 수용자가 이용할 수 있도록 하여야 한다.

제47조【신문등의 구독】 ① 수용자는 자신의 비용으로 신문·잡지 또는 도서(이하 "신문등"이라 한다)의 구독을 신청할 수 있다.
② 소장은 제1항에 따라 구독을 신청한 신문등이 「출판문화산업 진흥법」에 따른 유해간행물인 경우를 제외하고는 구독을 허가하여야 한다.
③ 제1항에 따라 구독을 신청할 수 있는 신문등의 범위 및 수량은 법무부령으로 정한다.

제48조【라디오 청취와 텔레비전 시청】 ① 수용자는 정서안정 및 교양습득을 위하여 라디오 청취와 텔레비전 시청을 할 수 있다.
② 소장은 다음 각 호의 어느 하나에 해당하는 사유가 있으면 수용자에 대한 라디오 및 텔레비전의 방송을 일시 중단하거나 개별 수용자에 대하여 라디오 및 텔레비전의 청취 또는 시청을 금지할 수 있다.
1. 수형자의 교화 또는 건전한 사회복귀를 해칠 우려가 있는 때
2. 시설의 안전과 질서유지를 위하여 필요한 때

③ 방송설비·방송프로그램·방송시간 등에 관하여 필요한 사항은 법무부령으로 정한다.

제49조【집필】 ① 수용자는 문서 또는 도화(圖畫)를 작성하거나 문예·학술, 그 밖의 사항에 관하여 집필할 수 있다. 다만, 소장이 시설의 안전 또는 질서를 해칠 명백한 위험이 있다고 인정하는 경우는 예외로 한다.(2020.2.4 본문개정)
② 제1항에 따라 작성 또는 집필한 문서나 도화를 지니거나 처리하는 것에 관하여는 제26조를 준용한다.(2020.2.4 본항개정)

③ 제1항에 따라 작성 또는 집필한 문서나 도화가 제43조제5항 각 호의 어느 하나에 해당하면 제43조제7항을 준용한다.
④ 집필용구의 관리, 집필의 시간·장소, 집필한 문서 또는 도화의 외부반출 등에 관하여 필요한 사항은 대통령령으로 정한다.

제7장 특별한 보호

제50조【여성수용자의 처우】 ① 소장은 여성수용자에 대하여 여성의 신체적·심리적 특성을 고려하여 처우하여야 한다.
② 소장은 여성수용자에 대하여 건강검진을 실시하는 경우에는 나이·건강 등을 고려하여 부인과질환에 관한 검사를 포함시켜야 한다.(2014.12.30 본항개정)
③ 소장은 생리 중인 여성수용자에 대하여는 위생에 필요한 물품을 지급하여야 한다.(2014.12.30 본항개정)
④ (2019.4.23 삭제)
제51조【여성수용자 처우 시의 유의사항】 ① 소장은 여성수용자에 대하여 상담·교육·작업 등(이하 이 조에서 "상담등"이라 한다)을 실시하는 때에는 여성교도관이 담당하도록 하여야 한다. 다만, 여성교도관이 부족하거나 그 밖의 부득이한 사정이 있으면 그러하지 아니하다.
② 제1항 단서에 따라 남성교도관이 1인의 여성수용자에 대하여 실내에서 상담등을 하려면 투명한 창문이 설치된 장소에서 다른 여성을 입회시킨 후 실시하여야 한다.
제52조【임산부인 수용자의 처우】 ① 소장은 수용자가 임신 중이거나 출산(유산·사산을 포함한다)한 경우에는 모성보호 및 건강유지를 위하여 정기적인 검진 등 적절한 조치를 하여야 한다.(2019.4.23 본항개정)
② 소장은 수용자가 출산하려고 하는 경우에는 외부의료시설에서 진료를 받게 하는 등 적절한 조치를 하여야 한다.
제53조【유아의 양육】 ① 여성수용자는 자신이 출산한 유아를 교정시설에서 양육할 것을 신청할 수 있다. 이 경우 소장은 다음 각 호의 어느 하나에 해당하는 사유가 없으면, 생후 18개월에 이르기까지 허가하여야 한다.
1. 유아가 질병·부상, 그 밖의 사유로 교정시설에서 생활하는 것이 특히 부적당하다고 인정되는 때
2. 수용자가 질병·부상, 그 밖의 사유로 유아를 양육할 능력이 없다고 인정되는 때
3. 교정시설에 감염병이 유행하거나 그 밖의 사정으로 유아양육이 특히 부적당한 때(2009.12.29 본호개정)
② 소장은 제1항에 따라 유아의 양육을 허가한 경우에는 필요한 설비와 물품의 제공, 그 밖에 양육을 위하여 필요한 조치를 하여야 한다.
제53조의2【수용자의 미성년 자녀 보호에 대한 지원】 ① 소장은 신입자에게 「아동복지법」 제15조에 따른 보호조치를 의뢰할 수 있음을 알려주어야 한다.
② 소장은 수용자가 「아동복지법」 제15조에 따른 보호조치를 의뢰하려는 경우 보호조치 의뢰가 원활하게 이루어질 수 있도록 지원하여야 한다.
③ 제1항에 따른 안내 및 제2항에 따른 보호조치 의뢰 지원의 방법·절차, 그 밖에 필요한 사항은 법무부장관이 정한다.
(2019.4.23 본조신설)
제54조【수용자에 대한 특별한 처우】 ① 소장은 노인수용자에 대하여 나이·건강상태 등을 고려하여 그 처우에 있어 적정한 배려를 하여야 한다.
② 소장은 장애인수용자에 대하여 장애의 정도를 고려하여 그 처우에 있어 적정한 배려를 하여야 한다.
③ 소장은 외국인수용자에 대하여 언어·생활문화 등을 고려하여 적정한 처우를 하여야 한다.
④ 소장은 소년수용자에 대하여 나이·적성 등을 고려하여 적정한 처우를 하여야 한다.(2015.3.27 본항신설)
⑤ 노인수용자·장애인수용자·외국인수용자 및 소년수용자에 대한 적정한 배려 또는 처우에 관하여 필요한 사항은 법무부령으로 정한다.(2015.3.27 본항개정)
(2015.3.27 본조제목개정)

제8장 수형자의 처우

제1절 통 칙

제55조【수형자 처우의 원칙】 수형자에 대하여는 교육·교화프로그램, 작업, 직업훈련 등을 통하여 교정교화를 도모하고 사회생활에 적응하는 능력을 함양하도록 처우하여야 한다.
제56조【개별처우계획의 수립 등】 ① 소장은 제62조의 분류처우위원회의 의결에 따라 수형자의 개별적 특성에 알맞은 교육·교화프로그램, 작업, 직업훈련 등의 처우에 관한 계획(이하 "개별처우계획"이라 한다)을 수립하여 시행한다.
② 소장은 수형자가 스스로 개선하여 사회에 복귀하려는 의욕이 고취되도록 개별처우계획을 정기적으로 또는 수시로 점검하여야 한다.
제57조【처우】 ① 수형자는 제59조의 분류심사의 결과에 따라 그에 적합한 교정시설에 수용되며, 개별처우계획에 따라 그 특성에 알맞은 처우를 받는다.
② 교정시설은 도주방지 등을 위한 수용설비 및 계호의 정도(이하 "경비등급"이라 한다)에 따라 다음 각 호로 구분한다. 다만, 동일한 교정시설이라도 구획을 정하여 경비등급을 달리할 수 있다.
1. 개방시설 : 도주방지를 위한 통상적인 설비의 전부 또는 일부를 갖추지 아니하고 수형자의 자율적 활동이 가능하도록 통상적인 관리·감시의 전부 또는 일부를 하지 아니하는 교정시설
2. 완화경비시설 : 도주방지를 위한 통상적인 설비 및 수용자에 대한 관리·감시를 일반경비시설보다 완화한 교정시설
3. 일반경비시설 : 도주방지를 위한 통상적인 설비를 갖추고 수형자에 대하여 통상적인 관리·감시를 하는 교정시설
4. 중(重)경비시설 : 도주방지 및 수형자 상호간의 접촉을 차단하는 설비를 강화하고 수형자에 대한 관리·감시를 엄중히 하는 교정시설
③ 수형자에 대한 처우는 교화 또는 건전한 사회복귀를 위하여 교정성적에 따라 상향 조정될 수 있으며, 특히 그 성적이 우수한 수형자는 개방시설에 수용되어 사회생활에 필요한 적정한 처우를 받을 수 있다.
④ 소장은 가석방 또는 형기 종료를 앞둔 수형자 중에서 법무부령으로 정하는 일정한 요건을 갖춘 사람에 대해서는 가석방 또는 형기 종료 전 일정 기간 동안 지역사회 또는 교정시설에 설치된 개방시설에 수용하여 사회적응에 필요한 교육, 취업지원 등의 적정한 처우를 할 수 있다.(2015.3.27 본항신설)
⑤ 수형자는 교화 또는 건전한 사회복귀를 위하여 교정시설 밖의 적당한 장소에서 봉사활동·견학, 그 밖에 사회적응에 필요한 처우를 받을 수 있다.
⑥ 학과교육생·직업훈련생·외국인·여성·장애인·노인·환자·소년(19세 미만인 자를 말한다), 제4항에 따른 처우(이하 "중간처우"라 한다)의 대상자, 그 밖에 별도의 처우가 필요한 수형자는 법무부장관이 특히 그 처우를 전담하도록 정하는 시설(이하 "전담교정시설"이라 한다)에 수용되며, 그 특성에 알맞은 처우를 받는다. 다만, 전담교정시설의 부족이나 그 밖의 부득이한 사정이 있는 경우에는 예외로 할 수 있다.(2015.3.27 본문개정)
⑦ 제2항 각 호의 시설의 설비 및 계호의 정도에 관하여 필요한 사항은 대통령령으로 정한다.
제58조【외부전문가의 상담 등】 소장은 수형자의 교화 또는 건전한 사회복귀를 위하여 필요하면 교육학·교정학·범죄학·사회학·심리학·의학 등에 관한 학식 또는 교정에 관한 경험이 풍부한 외부전문가로 하여금 수형자에 대한 상담·심리치료 또는 생활지도 등을 하게 할 수 있다.

제2절 분류심사

제59조【분류심사】 ① 소장은 수형자에 대한 개별처우계획을 합리적으로 수립하고 조정하기 위하여 수형자의 인성, 행동특성 및 자질 등을 과학적으로 조사·측정·평가(이하 "분류심사"라 한다)하여야 한다. 다만, 집행할 형기가 짧거나 그 밖의 특별한 사정이 있는 경우에는 예외로 할 수 있다.
② 수형자의 분류심사는 형이 확정된 경우에 개별처우계획을 수립하기 위하여 하는 심사와 일정한 형기가 지나거나 상벌 그 밖의 사유가 발생한 경우에 개별처우계획을 조정하기 위하여 하는 심사로 구분한다.
③ 소장은 분류심사를 위하여 수형자를 대상으로 상담 등을 통한 신상에 관한 개별사안의 조사, 심리·지능·적성 검사, 그 밖에 필요한 검사를 할 수 있다.
④ 소장은 분류심사를 위하여 외부전문가로부터 필요한 의견을 듣거나 외부전문가에게 조사를 의뢰할 수 있다.
⑤ 이 법에 규정된 사항 외에 분류심사에 관하여 필요한 사항은 법무부령으로 정한다.
제60조【관계기관등에 대한 사실조회 등】 ① 소장은 분류심사와 그 밖에 수용목적의 달성을 위하여 필요하면 수용자의 가족 등을 면담하거나 법원·경찰관서, 그 밖의 관계 기관 또는 단체(이하 "관계기관등"이라 한다)에 대하여 필요한 사실을 조회할 수 있다.
② 제1항의 조회를 요청받은 관계기관등의 장은 특별한 사정이 없으면 지체 없이 그에 관하여 답하여야 한다.
(2020.2.4 본항개정)
제61조【분류전담시설】 법무부장관은 수형자를 과학적으로 분류하기 위하여 분류심사를 전담하는 교정시설을 지정·운영할 수 있다.
제62조【분류처우위원회】 ① 수형자의 개별처우계획, 가석방심사신청 대상자 선정, 그 밖에 수형자의 분류처우에 관한 중요사항을 심의·의결하기 위하여 교정시설에 분류처우위원회(이하 이 조에서 "위원회"라 한다)를 둔다.
② 위원회는 위원장을 포함한 5명 이상 7명 이하의 위원으로 구성하고, 위원장은 소장이 되며, 위원은 위원장이 소속기관의 부소장 및 과장(지소의 경우에는 7급 이상의 교도관) 중에서 임명한다.(2020.2.4 본항개정)
③ 위원회는 그 심의·의결을 위하여 외부전문가로부터 의견을 들을 수 있다.
④ 이 법에 규정된 사항 외에 위원회에 관하여 필요한 사항은 법무부령으로 정한다.

제3절 교육과 교화프로그램

제63조【교육】 ① 소장은 수형자가 건전한 사회복귀에 필요한 지식과 소양을 습득하도록 교육할 수 있다.
② 소장은 「교육기본법」 제8조의 의무교육을 받지 못한 수형자에 대하여는 본인의 의사·나이·지식정도, 그 밖의 사정을 고려하여 그에 알맞게 교육하여야 한다.
③ 소장은 제1항 및 제2항에 따른 교육을 위하여 필요하면 수형자를 중간처우를 위한 전담교정시설에 수용하여 다음 각 호의 조치를 할 수 있다.
1. 외부 교육기관에의 통학
2. 외부 교육기관에서의 위탁교육
(2015.3.27 본항개정)
④ 교육과정·외부통학·위탁교육 등에 관하여 필요한 사항은 법무부령으로 정한다.
제64조【교화프로그램】 ① 소장은 수형자의 교정교화를 위하여 상담·심리치료, 그 밖의 교화프로그램을 실시하여야 한다.
② 소장은 제1항에 따른 교화프로그램의 효과를 높이기 위하여 범죄원인별로 적절한 교화프로그램의 내용, 교육장소 및 전문인력의 확보 등 적합한 환경을 갖추도록 노력하여야 한다.(2019.4.23 본항신설)
③ 교화프로그램의 종류·내용 등에 관하여 필요한 사항은 법무부령으로 정한다.

제4절 작업과 직업훈련

제65조【작업의 부과】 ① 수형자에게 부과하는 작업은 건전한 사회복귀를 위하여 기술을 습득하고 근로의욕을 고취하는 데에 적합한 것이어야 한다.
② 소장은 수형자에게 작업을 부과하려면 나이·형기·건강상태·기술·성격·취미·경력·장래생계, 그 밖의 수형자의 사정을 고려하여야 한다.
제66조【작업의무】 수형자는 자신에게 부과된 작업과 그 밖의 노역을 수행하여야 할 의무가 있다.
제67조【신청에 따른 작업】 소장은 금고형 또는 구류형의 집행 중에 있는 사람에 대하여는 신청에 따라 작업을 부과할 수 있다.
제68조【외부 통근 작업 등】 ① 소장은 수형자의 건전한 사회복귀와 기술습득을 촉진하기 위하여 필요하면 외부기업체 등에 통근 작업하게 하거나 교정시설의 안에 설치된 외부기업체의 작업장에서 작업하게 할 수 있다.
② 외부 통근 작업 대상자의 선정기준 등에 관하여 필요한 사항은 법무부령으로 정한다.
제69조【직업능력개발훈련】 ① 소장은 수형자의 건전한 사회복귀를 위하여 기술 습득 및 향상을 위한 직업능력개발훈련(이하 "직업훈련"이라 한다)을 실시할 수 있다.
② 소장은 수형자의 직업훈련을 위하여 필요하면 외부의 기관 또는 단체에서 훈련을 받게 할 수 있다.
③ 직업훈련 대상자의 선정기준 등에 관하여 필요한 사항은 법무부령으로 정한다.
제70조【집중근로에 따른 처우】 ① 소장은 수형자의 신청에 따라 제68조의 작업, 제69조제2항의 훈련, 그 밖에 집중적인 근로가 필요한 작업을 부과하는 경우에는 접견·전화통화·교육·공동행사 참가 등의 처우를 제한할 수 있다. 다만, 접견 또는 전화통화를 제한한 때에는 휴일이나 그 밖에 해당 수용자의 작업이 없는 날에 접견 또는 전화통화를 할 수 있게 하여야 한다.
② 소장은 제1항에 따라 작업을 부과하거나 훈련을 받게 하기 전에 수형자에게 제한되는 처우의 내용을 충분히 설명하여야 한다.
제71조【작업시간 등】 ① 1일의 작업시간(휴식·운동·식사·접견 등 실제 작업을 실시하지 않는 시간을 제외한다. 이하 같다)은 8시간을 초과할 수 없다.
② 제1항에도 불구하고 취사·청소·간병 등 교정시설의 운영과 관리에 필요한 작업의 1일 작업시간은 12시간 이내로 한다.
③ 1주의 작업시간은 52시간을 초과할 수 없다. 다만, 수형자가 신청하는 경우에는 1주의 작업시간을 8시간 이내의 범위에서 연장할 수 있다.
④ 제2항 및 제3항에도 불구하고 19세 미만 수형자의 작업시간은 1일에 8시간을, 1주에 40시간을 초과할 수 없다.
⑤ 공휴일·토요일과 대통령령으로 정하는 휴일에는 작업을 부과하지 아니한다. 다만, 다음 각 호의 어느 하나에 해당하는 경우에는 작업을 부과할 수 있다.
1. 제2항에 따른 교정시설의 운영과 관리에 필요한 작업을 하는 경우
2. 작업장의 운영을 위하여 불가피한 경우
3. 공공의 안전이나 공공의 이익을 위하여 긴급히 필요한 경우
4. 수형자가 신청하는 경우
(2022.12.27 본조개정)
제72조【작업의 면제】 ① 소장은 수형자의 가족 또는 배우자의 직계존속이 사망하면 2일간, 부모 또는 배우자의 제삿

날에는 1일간 해당 수형자의 작업을 면제한다. 다만, 수형자가 작업을 계속하기를 원하는 경우는 예외로 한다.(2020.2.4 본문개정)
② 소장은 수형자에게 부상·질병, 그 밖에 작업을 계속하기 어려운 특별한 사정이 있으면 그 사유가 해소될 때까지 작업을 면제할 수 있다.
제73조【작업수입 등】 ① 작업수입은 국고수입으로 한다.
② 소장은 수형자의 근로의욕을 고취하고 건전한 사회복귀를 지원하기 위하여 법무부장관이 정하는 바에 따라 작업의 종류, 작업성적, 교정성적, 그 밖의 사정을 고려하여 수형자에게 작업장려금을 지급할 수 있다.
③ 제2항의 작업장려금은 석방할 때에 본인에게 지급한다. 다만, 본인의 가족생활 부조, 교화 또는 건전한 사회복귀를 위하여 특히 필요하면 석방 전이라도 그 전부 또는 일부를 지급할 수 있다.
제74조【위로금·조위금】 ① 소장은 수형자가 다음 각 호의 어느 하나에 해당하면 법무부장관이 정하는 바에 따라 위로금 또는 조위금을 지급한다.
1. 작업 또는 직업훈련으로 인한 부상 또는 질병으로 신체에 장해가 발생한 때
2. 작업 또는 직업훈련 중에 사망하거나 그로 인하여 사망한 때
② 위로금은 본인에게 지급하고, 조위금은 그 상속인에게 지급한다.(2022.12.27 본항개정)
제75조【다른 보상·배상과의 관계】 위로금 또는 조위금을 지급받을 사람이 국가로부터 동일한 사유로 「민법」이나 그 밖의 법령에 따라 제74조의 위로금 또는 조위금에 상당하는 금액을 지급받은 경우에는 그 금액을 위로금 또는 조위금으로 지급하지 아니한다.
제76조【위로금·조위금을 지급받을 권리의 보호】 ① 제74조의 위로금 또는 조위금을 지급받을 권리는 다른 사람 또는 법인에게 양도하거나 담보로 제공할 수 없으며, 다른 사람 또는 법인은 이를 압류할 수 없다.
② 제74조에 따라 지급받은 금전을 표준으로 하여 조세와 그 밖의 공과금(公課金)을 부과하여서는 아니 된다.

제5절 귀 휴

제77조【귀휴】 ① 소장은 6개월 이상 형을 집행받은 수형자로서 그 형기의 3분의 1(21년 이상의 유기형 또는 무기형의 경우에는 7년)이 지나고 교정성적이 우수한 사람이 다음 각 호의 어느 하나에 해당하면 1년 중 20일 이내의 귀휴를 허가할 수 있다.(2020.2.4 본문개정)
1. 가족 또는 배우자의 직계존속이 위독한 때
2. 질병이나 사고로 외부의료시설에의 입원이 필요한 때
3. 천재지변이나 그 밖의 재해로 가족, 배우자의 직계존속 또는 수형자 본인에게 회복할 수 없는 중대한 재산상의 손해가 발생하였거나 발생할 우려가 있는 때
4. 그 밖에 교화 또는 건전한 사회복귀를 위하여 법무부령으로 정하는 사유가 있는 때
② 소장은 다음 각 호의 어느 하나에 해당하는 사유가 있는 수형자에 대하여는 제1항에도 불구하고 5일 이내의 특별귀휴를 허가할 수 있다.
1. 가족 또는 배우자의 직계존속이 사망한 때
2. 직계비속의 혼례가 있는 때
③ 소장은 귀휴를 허가하는 경우에 법무부령이 정하는 바에 따라 거소의 제한이나 그 밖에 필요한 조건을 붙일 수 있다.
④ 제1항 및 제2항의 귀휴기간은 형 집행기간에 포함한다.
제78조【귀휴의 취소】 소장은 귀휴 중인 수형자가 다음 각 호의 어느 하나에 해당하면 그 귀휴를 취소할 수 있다.
1. 귀휴의 허가사유가 존재하지 아니함이 밝혀진 때
2. 거소의 제한이나 그 밖에 귀휴허가에 붙인 조건을 위반한 때

제9장 미결수용자의 처우

제79조【미결수용자 처우의 원칙】 미결수용자는 무죄의 추정을 받으며 그에 합당한 처우를 받는다.
제80조【참관금지】 미결수용자가 수용된 거실은 참관할 수 없다.
제81조【분리수용】 소장은 미결수용자로서 사건에 서로 관련이 있는 사람은 분리수용하고 서로 간의 접촉을 금지하여야 한다.
제82조【사복착용】 미결수용자는 수사·재판·국정감사 또는 법률이 정하는 조사에 참석할 때에는 사복을 착용할 수 있다. 다만, 소장은 도주우려가 크거나 특히 부적당한 사유가 있다고 인정하면 교정시설에서 지급하는 의류를 입게 할 수 있다.
제83조【이발】 미결수용자의 머리카락과 수염은 특히 필요한 경우가 아니면 본인의 의사에 반하여 짧게 깎지 못한다.(2020.2.4 본조개정)
제84조【변호인과의 접견 및 편지수수】 ① 제41조제4항에도 불구하고 미결수용자와 변호인과의 접견에는 교도관이 참여하지 못하며 그 내용을 청취 또는 녹취하지 못한다. 다만, 보이는 거리에서 미결수용자를 관찰할 수 있다.
(2022.12.27 본문개정)
② 미결수용자와 변호인 간의 접견은 시간과 횟수를 제한하지 아니한다.
③ 제43조제4항 단서에도 불구하고 미결수용자와 변호인 간의 편지는 교정시설에서 상대방이 변호인임을 확인할 수 없는 경우를 제외하고는 검열할 수 없다.(2020.2.4 본항개정)
(2020.2.4 본조제목개정)
제85조【조사 등에서의 특칙】 소장은 미결수용자가 징벌대상자로서 조사받고 있거나 징벌집행 중인 경우에도 소송서류의 작성, 변호인과의 접견·편지수수, 그 밖의 수사 및 재판 과정에서의 권리행사를 보장하여야 한다.(2020.2.4 본조개정)
제86조【작업과 교화】 ① 소장은 미결수용자에 대하여는 신청에 따라 교육 또는 교화프로그램을 실시하거나 작업을 부과할 수 있다.
② 제1항에 따라 미결수용자에게 교육 또는 교화프로그램을 실시하거나 작업을 부과하는 경우에는 제63조부터 제65조까지 및 제70조부터 제76조까지의 규정을 준용한다.
제87조【유치장】 경찰관서에 설치된 유치장은 교정시설의 미결수용실로 보아 이 법을 준용한다.
제88조【준용규정】 형사사건으로 수사 또는 재판을 받고 있는 수형자와 사형확정자에 대하여는 제82조, 제84조 및 제85조를 준용한다.(2016.12.2 본조개정)

제10장 사형확정자

제89조【사형확정자의 수용】 ① 사형확정자는 독거수용한다. 다만, 자살방지, 교육·교화프로그램, 작업, 그 밖의 적절한 처우를 위하여 필요한 경우에는 법무부령으로 정하는 바에 따라 혼거수용할 수 있다.
② 사형확정자가 수용된 거실은 참관할 수 없다.
(2008.12.11 본조개정)
제90조【개인상담 등】 ① 소장은 사형확정자의 심리적 안정 및 원만한 수용생활을 위하여 교육 또는 교화프로그램을 실시하거나 신청에 따라 작업을 부과할 수 있다.
② 사형확정자에 대한 교육·교화프로그램, 작업, 그 밖의 처우에 필요한 사항은 법무부령으로 정한다.
(2008.12.11 본조개정)
제91조【사형의 집행】 ① 사형은 교정시설의 사형장에서 집행한다.
② 공휴일과 토요일에는 사형을 집행하지 아니한다.

제11장 안전과 질서

제92조【금지물품】 ① 수용자는 다음 각 호의 물품을 지녀서는 아니 된다.(2020.2.4 본문개정)
1. 마약·총기·도검·폭발물·흉기·독극물, 그 밖에 범죄의 도구로 이용될 우려가 있는 물품
2. 무인비행장치, 전자·통신기기, 그 밖에 도주나 다른 사람과의 연락에 이용될 우려가 있는 물품(2019.4.23 본호신설)
3. 주류·담배·화기·현금·수표, 그 밖에 시설의 안전 또는 질서를 해칠 우려가 있는 물품
4. 음란물, 사행행위에 사용되는 물품, 그 밖에 수형자의 교화 또는 건전한 사회복귀를 해칠 우려가 있는 물품

② 제1항에도 불구하고 소장이 수용자의 처우를 위하여 허가하는 경우에는 제1항제2호의 물품을 지닐 수 있다.(2020.2.4 본항개정)

제93조【신체검사 등】 ① 교도관은 시설의 안전과 질서유지를 위하여 필요하면 수용자의 신체·의류·휴대품·거실 및 작업장 등을 검사할 수 있다.
② 수용자의 신체를 검사하는 경우에는 불필요한 고통이나 수치심을 느끼지 아니하도록 유의하여야 하며, 특히 신체를 면밀하게 검사할 필요가 있으면 다른 수용자가 볼 수 없는 차단된 장소에서 하여야 한다.
③ 교도관은 시설의 안전과 질서유지를 위하여 필요하면 교정시설을 출입하는 수용자 외의 사람에 대하여 의류와 휴대품을 검사할 수 있다. 이 경우 출입자가 제92조의 금지물품을 지니고 있으면 교정시설에 맡기도록 하여야 하며, 이에 따르지 아니하면 출입을 금지할 수 있다.(2020.2.4 후단개정)
④ 여성의 신체·의류 및 휴대품에 대한 검사는 여성교도관이 하여야 한다.
⑤ 소장은 제1항에 따라 검사한 결과 제92조의 금지물품이 발견되면 형사 법령으로 정하는 절차에 따라 처리할 물품을 제외하고는 수용자에게 알린 후 폐기한다. 다만, 폐기하는 것이 부적당한 물품은 교정시설에 보관하거나 수용자로 하여금 자신이 지정하는 사람에게 보내게 할 수 있다.(2020.2.4 단서개정)

제94조【전자장비를 이용한 계호】 ① 교도관은 자살·자해·도주·폭행·손괴, 그 밖에 수용자의 생명·신체를 해하거나 시설의 안전 또는 질서를 해하는 행위(이하 "자살등"이라 한다)를 방지하기 위하여 필요한 범위에서 전자장비를 이용하여 수용자 또는 시설을 계호할 수 있다. 다만, 전자영상장비로 거실에 있는 수용자를 계호하는 것은 자살등의 우려가 큰 때에만 할 수 있다.
② 제1항 단서에 따라 거실에 있는 수용자를 전자영상장비로 계호하는 경우에는 계호직원·계호시간 및 계호대상 등을 기록하여야 한다. 이 경우 수용자가 여성이면 여성교도관이 계호하여야 한다.
③ 제1항 및 제2항에 따라 계호하는 경우에는 피계호자의 인권이 침해되지 아니하도록 유의하여야 한다.
④ 전자장비의 종류·설치장소·사용방법 및 녹화기록물의 관리 등에 관하여 필요한 사항은 법무부령으로 정한다.

제95조【보호실 수용】 ① 소장은 수용자가 다음 각 호의 어느 하나에 해당하면 의무관의 의견을 고려하여 보호실(자살 및 자해 방지 등의 설비를 갖춘 거실을 말한다. 이하 같다)에 수용할 수 있다.
1. 자살 또는 자해의 우려가 있는 때
2. 신체적·정신적 질병으로 인하여 특별한 보호가 필요한 때

② 수용자의 보호실 수용기간은 15일 이내로 한다. 다만, 소장은 특히 계속하여 수용할 필요가 있으면 의무관의 의견을 고려하여 1회당 7일의 범위에서 기간을 연장할 수 있다.(2019.4.23 단서개정)
③ 제2항에 따라 수용자를 보호실에 수용할 수 있는 기간은 계속하여 3개월을 초과할 수 없다.(2019.4.23 본항개정)
④ 소장은 수용자를 보호실에 수용하거나 수용기간을 연장하는 경우에는 그 사유를 본인에게 알려 주어야 한다.
⑤ 의무관은 보호실 수용자의 건강상태를 수시로 확인하여야 한다.
⑥ 소장은 보호실 수용사유가 소멸한 경우에는 보호실 수용을 즉시 중단하여야 한다.

제96조【진정실 수용】 ① 소장은 수용자가 다음 각 호의 어느 하나에 해당하는 경우로서 강제력을 행사하거나 제98조의 보호장비를 사용하여도 그 목적을 달성할 수 없는 경우에만 진정실(일반 수용거실로부터 격리되어 있고 방음설비 등을 갖춘 거실을 말한다. 이하 같다)에 수용할 수 있다.
1. 교정시설의 설비 또는 기구 등을 손괴하거나 손괴하려고 하는 때
2. 교도관의 제지에도 불구하고 소란행위를 계속하여 다른 수용자의 평온한 수용생활을 방해하는 때(2016.5.29 본호개정)

② 수용자의 진정실 수용기간은 24시간 이내로 한다. 다만, 소장은 특히 계속하여 수용할 필요가 있으면 의무관의 의견을 고려하여 1회당 12시간의 범위에서 기간을 연장할 수 있다.(2019.4.23 단서개정)
③ 제2항에 따라 수용자를 진정실에 수용할 수 있는 기간은 계속하여 3일을 초과할 수 없다.(2019.4.23 본항개정)
④ 진정실 수용자에 대하여는 제95조제4항부터 제6항까지의 규정을 준용한다.

제97조【보호장비의 사용】 ① 교도관은 수용자가 다음 각 호의 어느 하나에 해당하면 보호장비를 사용할 수 있다.
1. 이송·출정, 그 밖에 교정시설 밖의 장소로 수용자를 호송하는 때
2. 도주·자살·자해 또는 다른 사람에 대한 위해의 우려가 큰 때
3. 위력으로 교도관의 정당한 직무집행을 방해하는 때(2016.5.29 본호개정)
4. 교정시설의 설비·기구 등을 손괴하거나 그 밖에 시설의 안전 또는 질서를 해칠 우려가 큰 때

② 보호장비를 사용하는 경우에는 수용자의 나이, 건강상태 및 수용생활 태도 등을 고려하여야 한다.
③ 교도관이 교정시설의 안에서 수용자에 대하여 보호장비를 사용한 경우 의무관은 그 수용자의 건강상태를 수시로 확인하여야 한다.

제98조【보호장비의 종류 및 사용요건】 ① 보호장비의 종류는 다음 각 호와 같다.
1. 수갑
2. 머리보호장비
3. 발목보호장비
4. 보호대(帶)
5. 보호의자
6. 보호침대
7. 보호복
8. 포승

② 보호장비의 종류별 사용요건은 다음 각 호와 같다.
1. 수갑·포승 : 제97조제1항제1호부터 제4호까지의 어느 하나에 해당하는 때
2. 머리보호장비 : 머리부분을 자해할 우려가 큰 때
3. 발목보호장비·보호대·보호의자 : 제97조제1항제2호부터 제4호까지의 어느 하나에 해당하는 때
4. 보호침대·보호복 : 자살·자해의 우려가 큰 때

③ 보호장비의 사용절차 등에 관하여 필요한 사항은 대통령령으로 정한다.

제99조【보호장비 남용 금지】 ① 교도관은 필요한 최소한의 범위에서 보호장비를 사용하여야 하며, 그 사유가 없어지면 사용을 지체 없이 중단하여야 한다.(2020.2.4 본항개정)
② 보호장비는 징벌의 수단으로 사용되어서는 아니 된다.

제100조【강제력의 행사】 ① 교도관은 수용자가 다음 각 호의 어느 하나에 해당하면 강제력을 행사할 수 있다.(2016.5.29 본문개정)
1. 도주하거나 도주하려고 하는 때
2. 자살하려고 하는 때
3. 자해하거나 자해하려고 하는 때
4. 다른 사람에게 위해를 끼치거나 끼치려고 하는 때
5. 위력으로 교도관의 정당한 직무집행을 방해하는 때(2016.5.29 본호개정)
6. 교정시설의 설비·기구 등을 손괴하거나 손괴하려고 하는 때
7. 그 밖에 시설의 안전 또는 질서를 크게 해치는 행위를 하거나 하려고 하는 때

② 교도관은 수용자 외의 사람이 다음 각 호의 어느 하나에 해당하면 강제력을 행사할 수 있다.(2016.5.29 본문개정)
1. 수용자를 도주하게 하려고 하는 때
2. 교도관 또는 수용자에게 위해를 끼치거나 끼치려고 하는 때(2016.5.29 본호개정)
3. 위력으로 교도관의 정당한 직무집행을 방해하는 때(2016.5.29 본호개정)
4. 교정시설의 설비·기구 등을 손괴하거나 하려고 하는 때
5. 교정시설에 침입하거나 하려고 하는 때
6. 교정시설의 안(교도관이 교정시설의 밖에서 수용자를 계호하고 있는 경우 그 장소를 포함한다)에서 교도관의 퇴거요구를 받고도 이에 따르지 아니하는 때(2020.2.4 본호개정)

③ 제1항 및 제2항에 따라 강제력을 행사하는 경우에는 보안장비를 사용할 수 있다.
④ 제3항에서 "보안장비"란 교도봉·가스분사기·가스총·최루탄 등 사람의 생명과 신체의 보호, 도주의 방지 및 시설의 안전과 질서유지를 위하여 교도관이 사용하는 장비와 기구를 말한다.(2016.5.29 본항개정)
⑤ 제1항 및 제2항에 따라 강제력을 행사하려면 사전에 상대방에게 이를 경고하여야 한다. 다만, 상황이 급박하여 경고할 시간적인 여유가 없는 때에는 그러하지 아니하다.
⑥ 강제력의 행사는 필요한 최소한도에 그쳐야 한다.
⑦ 보안장비의 종류, 종류별 사용요건 및 사용절차 등에 관하여 필요한 사항은 법무부령으로 정한다.

제101조【무기의 사용】 ① 교도관은 다음 각 호의 어느 하나에 해당하는 사유가 있으면 수용자에 대하여 무기를 사용할 수 있다.(2016.5.29 본문개정)
1. 수용자가 다른 사람에게 중대한 위해를 끼치거나 끼치려고 하여 그 사태가 위급한 때
2. 수용자가 폭행 또는 협박에 사용할 위험물을 지니고 있어 교도관이 버릴 것을 명령하였음에도 이에 따르지 아니하는 때(2020.2.4 본호개정)
3. 수용자가 폭동을 일으키거나 일으키려고 하여 신속하게 제지하지 아니하면 그 확산을 방지하기 어렵다고 인정되는 때
4. 도주하는 수용자에게 교도관이 정지할 것을 명령하였음에도 계속하여 도주하는 때(2016.5.29 본호개정)
5. 수용자가 교도관의 무기를 탈취하거나 탈취하려고 하는 때(2016.5.29 본호개정)
6. 그 밖에 사람의 생명·신체 및 설비에 대한 중대하고도 뚜렷한 위험을 방지하기 위하여 무기의 사용을 피할 수 없는 때

② 교도관은 교정시설의 안(교도관이 교정시설의 밖에서 수용자를 계호하고 있는 경우 그 장소를 포함한다)에서 자기 또는 타인의 생명·신체를 보호하거나 수용자의 탈취를 저지하거나 건물 또는 그 밖의 시설과 무기에 대한 위험을 방지하기 위하여 급박하다고 인정되는 상당한 이유가 있으면 수용자 외의 사람에 대하여도 무기를 사용할 수 있다.(2016.5.29 본항개정)
③ 교도관은 소장 또는 그 직무를 대행하는 사람의 명령을 받아 무기를 사용한다. 다만, 그 명령을 받을 시간적 여유가 없으면 그러하지 아니하다.(2016.5.29 본문개정)
④ 제1항 및 제2항에 따라 무기를 사용하려면 공포탄을 발사하거나 그 밖에 적당한 방법으로 사전에 상대방에 대하여 이를 경고하여야 한다.
⑤ 무기의 사용은 필요한 최소한도에 그쳐야 하며, 최후의 수단이어야 한다.
⑥ 사용할 수 있는 무기의 종류, 무기의 종류별 사용요건 및 사용절차 등에 관하여 필요한 사항은 법무부령으로 정한다.

제102조【재난 시의 조치】 ① 천재지변이나 그 밖의 재해가 발생하여 시설의 안전과 질서유지를 위하여 긴급한 조치가 필요하면 소장은 수용자로 하여금 피해의 복구나 그 밖의 응급용무를 보조하게 할 수 있다.
② 소장은 교정시설의 안에서 천재지변이나 그 밖의 사변에 대한 피난의 방법이 없는 경우에는 수용자를 다른 장소로 이송할 수 있다.
③ 소장은 제2항에 따른 이송이 불가능하면 수용자를 일시 석방할 수 있다.
④ 제3항에 따라 석방된 사람은 석방 후 24시간 이내에 교정시설 또는 경찰관서에 출석하여야 한다.(2020.2.4 본항개정)

제103조【수용을 위한 체포】 ① 교도관은 수용자가 도주 또는 제134조 각 호의 어느 하나에 해당하는 행위(이하 "도주등"이라 한다)를 한 경우에는 도주 후 또는 출석기한이 지난 후 72시간 이내에만 그를 체포할 수 있다.(2019.4.23 본항개정)
② 교도관은 제1항에 따른 체포를 위하여 긴급히 필요하면 도주등을 하였다고 의심할 만한 상당한 이유가 있는 사람 또는 도주등을 한 사람의 이동경로나 소재를 안다고 인정되는 사람을 정지시켜 질문할 수 있다.
③ 교도관은 제2항에 따라 질문을 할 때에는 그 신분을 표시하는 증표를 제시하고 질문의 목적과 이유를 설명하여야 한다.
④ 교도관은 제1항에 따른 체포를 위하여 영업시간 내에 공연장·여관·음식점·역, 그 밖에 다수인이 출입하는 장소의 관리자 또는 관계인에게 그 장소의 출입이나 그 밖에 특히 필요한 사항에 관하여 협조를 요구할 수 있다.(2020.2.4 본항개정)
⑤ 교도관은 제4항에 따라 필요한 장소에 출입하는 경우에는 그 신분을 표시하는 증표를 제시하여야 하며, 그 장소의 관리자 또는 관계인의 정당한 업무를 방해하여서는 아니 된다.

제104조【마약류사범 등의 관리】 ① 소장은 마약류사범·조직폭력사범 등 법무부령으로 정하는 수용자에 대하여는 시설의 안전과 질서유지를 위하여 필요한 범위에서 다른 수용자와의 접촉을 차단하거나 계호를 엄중히 하는 등 법무부령으로 정하는 바에 따라 다른 수용자와 달리 관리할 수 있다.
② 소장은 제1항에 따라 관리하는 경우에도 기본적인 처우를 제한하여서는 아니 된다.

판례 마약류사범인 수용자에 대하여는 시설의 안전과 질서유지를 위하여 필요한 범위 내에서 다른 수용자와의 접촉을 차단하거나 계호를 엄중히 하는 등 법무부령으로 정하는 바에 따라 다른 수용자와 달리 관리할 수 있다고 규정한 '형의 집행 및 수용자의 처우에 관한 법률' 제104조 제1항 중 마약류사범에 관한 부분은 포괄위임금지원칙, 무죄추정원칙 및 평등원칙에 위반되지 아니한다는 결정을 선고하였다.(헌재결 2013.7.25, 2012헌바63)

제12장 규율과 상벌

제105조【규율 등】 ① 수용자는 교정시설의 안전과 질서유지를 위하여 법무부장관이 정하는 규율을 지켜야 한다.
② 수용자는 소장이 정하는 일과시간표를 지켜야 한다.
③ 수용자는 교도관의 직무상 지시에 따라야 한다.(2020.2.4 본조개정)

제106조【포상】 소장은 수용자가 다음 각 호의 어느 하나에 해당하면 법무부령으로 정하는 바에 따라 포상할 수 있다.

1. 사람의 생명을 구조하거나 도주를 방지한 때
2. 제102조제1항에 따른 응급용무에 공로가 있는 때
3. 시설의 안전과 질서유지에 뚜렷한 공이 인정되는 때
4. 수용생활에 모범을 보이거나 건설적이고 창의적인 제안을 하는 등 특히 포상할 필요가 있다고 인정되는 때

제107조【징벌】 소장은 수용자가 다음 각 호의 어느 하나에 해당하는 행위를 하면 제111조의 징벌위원회의 의결에 따라 징벌을 부과할 수 있다.
1. 「형법」, 「폭력행위 등 처벌에 관한 법률」, 그 밖의 형사 법률에 저촉되는 행위
2. 수용생활의 편의 등 자신의 요구를 관철할 목적으로 자해하는 행위
3. 정당한 사유 없이 작업·교육·교화프로그램 등을 거부하거나 태만히 하는 행위(2019.4.23 본호개정)
4. 제92조의 금지물품을 지니거나 반입·제작·사용·수수·교환·은닉하는 행위(2020.2.4 본호개정)
5. 다른 사람을 처벌받게 하거나 교도관의 직무집행을 방해할 목적으로 거짓 사실을 신고하는 행위
6. 그 밖에 시설의 안전과 질서유지를 위하여 법무부령으로 정하는 규율을 위반하는 행위

제108조【징벌의 종류】 징벌의 종류는 다음 각 호와 같다.
1. 경고
2. 50시간 이내의 근로봉사
3. 3개월 이내의 작업장려금 삭감
4. 30일 이내의 공동행사 참가 정지
5. 30일 이내의 신문열람 제한
6. 30일 이내의 텔레비전 시청 제한
7. 30일 이내의 자비구매물품(의사가 치료를 위하여 처방한 의약품을 제외한다) 사용 제한
8. 30일 이내의 작업 정지(신청에 따른 작업에 한정한다) (2019.4.23 본호개정)
9. 30일 이내의 전화통화 제한
10. 30일 이내의 집필 제한
11. 30일 이내의 편지수수 제한(2020.2.4 본호개정)
12. 30일 이내의 접견 제한
13. 30일 이내의 실외운동 정지
14. 30일 이내의 금치(禁置)

제109조【징벌의 부과】 ① 제108조제4호부터 제13호까지의 처분은 함께 부과할 수 있다.
② 수용자가 다음 각 호의 어느 하나에 해당하면 제108조제2호부터 제14호까지의 규정에서 정한 징벌의 장기의 2분의 1까지 가중할 수 있다.
1. 2 이상의 징벌사유가 경합하는 때
2. 징벌이 집행 중에 있거나 징벌의 집행이 끝난 후 또는 집행이 면제된 후 6개월 내에 다시 징벌사유에 해당하는 행위를 한 때

③ 징벌은 동일한 행위에 관하여 거듭하여 부과할 수 없으며, 행위의 동기 및 경중, 행위 후의 정황, 그 밖의 사정을 고려하여 수용목적을 달성하는 데에 필요한 최소한도에 그쳐야 한다.
④ 징벌사유가 발생한 날부터 2년이 지나면 이를 이유로 징벌을 부과하지 못한다.

제110조【징벌대상자의 조사】 ① 소장은 징벌사유에 해당하는 행위를 하였다고 의심할 만한 상당한 이유가 있는 수용자(이하 "징벌대상자"라 한다)가 다음 각 호의 어느 하나에 해당하면 조사기간 중 분리하여 수용할 수 있다.
1. 증거를 인멸할 우려가 있는 때
2. 다른 사람에게 위해를 끼칠 우려가 있거나 다른 수용자의 위해로부터 보호할 필요가 있는 때

② 소장은 징벌대상자가 제1항 각 호의 어느 하나에 해당하면 접견·편지수수·전화통화·실외운동·작업·교육훈련, 공동행사 참가, 중간처우 등 다른 사람과의 접촉이 가능한 처우의 전부 또는 일부를 제한할 수 있다.(2020.2.4 본항개정)

제111조【징벌위원회】 ① 징벌대상자의 징벌을 결정하기 위하여 교정시설에 징벌위원회(이하 이 조에서 "위원회"라 한다)를 둔다.
② 위원회는 위원장을 포함한 5명 이상 7명 이하의 위원으로 구성하고, 위원장은 소장의 바로 다음 순위자가 되며, 위원은 소장이 소속기관의 과장(지소의 경우에는 7급 이상의 교도관) 및 교정에 관한 학식과 경험이 풍부한 외부인사 중에서 임명 또는 위촉한다. 이 경우 외부위원은 3명 이상으로 한다.(2020.2.4 본항개정)
③ 위원회는 소장의 징벌요구에 따라 개회하며, 징벌은 그 의결로써 정한다.
④ 위원이 징벌대상자의 친족이거나 그 밖에 공정한 심의·의결을 기대할 수 없는 특별할 사유가 있는 경우에는 위원회에 참석할 수 없다.
⑤ 징벌대상자는 위원에 대하여 기피신청을 할 수 있다. 이 경우 위원회의 의결로 기피 여부를 결정하여야 한다.
⑥ 위원회는 징벌대상자가 위원회에 출석하여 충분한 진술을 할 수 있는 기회를 부여하여야 하며, 징벌대상자는 서면 또는 말로써 자기에게 유리한 사실을 진술하거나 증거를 제출할 수 있다.
⑦ 위원회의 위원 중 공무원이 아닌 사람은 「형법」 제127조 및 제129조부터 제132조까지의 규정을 적용할 때에는 공무원으로 본다.(2016.1.6 본항신설)

제111조의2【징벌대상행위에 관한 양형 참고자료 통보】 소장은 미결수용자에게 징벌을 부과한 경우에는 그 징벌대상행위를 양형(量刑) 참고자료로 작성하여 관할 검찰청 검사 또는 관할 법원에 통보할 수 있다.(2020.2.4 본조신설)

제112조【징벌의 집행】 ① 징벌은 소장이 집행한다.
② 소장은 징벌집행을 위하여 필요하다고 인정하면 수용자를 분리하여 수용할 수 있다.
③ 제108조제14호의 처분을 받은 사람에게는 그 기간 중 같은 조 제4호부터 제12호까지의 처우제한이 함께 부과된다. 다만, 소장은 수용자의 권리구제, 수형자의 교화 또는 건전한 사회복귀를 위하여 특히 필요하다고 인정하면 집필·편지수수 또는 접견을 허가할 수 있다.(2020.2.4 단서개정)
④ 소장은 제108조제14호의 처분을 받은 사람에게 다음 각 호의 어느 하나에 해당하는 사유가 있어 필요하다고 인정하는 경우에는 건강유지에 지장을 초래하지 아니하는 범위에서 실외운동을 제한할 수 있다.(2020.2.4 단서삭제)
1. 도주의 우려가 있는 경우
2. 자해의 우려가 있는 경우
3. 다른 사람에게 위해를 끼칠 우려가 있는 경우
4. 그 밖에 시설의 안전 또는 질서를 크게 해칠 우려가 있는 경우로서 법무부령으로 정하는 경우

(2016.12.2 본항신설)
⑤ 소장은 제108조제13호에 따른 실외운동 정지를 부과하는 경우 또는 제4항에 따라 실외운동을 제한하는 경우라도 수용자가 매주 1회 이상 실외운동을 할 수 있도록 하여야 한다. (2020.2.4 본항신설)
⑥ 소장은 제108조제13호 또는 제14호의 처분을 집행하는 경우에는 의무관으로 하여금 사전에 수용자의 건강을 확인하도록 하여야 하며, 집행 중인 경우에도 수시로 건강상태를 확인하여야 한다.

제113조【징벌집행의 정지·면제】 ① 소장은 질병이나 그 밖의 사유로 징벌집행이 곤란하면 그 사유가 해소될 때까지 그 집행을 일시 정지할 수 있다.
② 소장은 징벌집행 중인 사람이 뉘우치는 빛이 뚜렷한 경우에는 그 징벌을 감경하거나 남은 기간의 징벌집행을 면제할 수 있다.

제114조【징벌집행의 유예】 ① 징벌위원회는 징벌을 의결하는 때에 행위의 동기 및 정황, 교정성적, 뉘우치는 정도 등 그 사정을 고려할 만한 사유가 있는 수용자에 대하여 2개월 이상 6개월 이하의 기간 내에서 징벌의 집행을 유예할 것을 의결할 수 있다.

② 소장은 징벌집행의 유예기간 중에 있는 수용자가 다시 제107조의 징벌대상행위를 하여 징벌이 결정되면 그 유예한 징벌을 집행한다.
③ 수용자가 징벌집행을 유예받은 후 징벌을 받음이 없이 유예기간이 지나면 그 징벌의 집행은 종료된 것으로 본다.
제115조 【징벌의 실효 등】 ① 소장은 징벌의 집행이 종료되거나 집행이 면제된 수용자가 교정성적이 양호하고 법무부령으로 정하는 기간 동안 징벌을 받지 아니하면 법무부장관의 승인을 받아 징벌을 실효시킬 수 있다.
② 제1항에도 불구하고 소장은 수용자가 교정사고 방지에 뚜렷한 공로가 있다고 인정되면 분류처우위원회의 의결을 거친 후 법무부장관의 승인을 받아 징벌을 실효시킬 수 있다.
③ 이 법에 규정된 사항 외에 징벌에 관하여 필요한 사항은 법무부령으로 정한다.

제13장 권리구제

제116조 【소장 면담】 ① 수용자는 그 처우에 관하여 소장에게 면담을 신청할 수 있다.
② 소장은 수용자의 면담신청이 있으면 다음 각 호의 어느 하나에 해당하는 사유가 있는 경우를 제외하고는 면담을 하여야 한다.(2020.2.4 본문개정)
1. 정당한 사유 없이 면담사유를 밝히지 아니하는 때
2. 면담목적이 법령에 명백히 위배되는 사항을 요구하는 것인 때
3. 동일한 사유로 면담한 사실이 있음에도 정당한 사유 없이 반복하여 면담을 신청하는 때
4. 교도관의 직무집행을 방해할 목적이라고 인정되는 상당한 이유가 있는 때
③ 소장은 특별한 사정이 있으면 소속 교도관으로 하여금 그 면담을 대리하게 할 수 있다. 이 경우 면담을 대리한 사람은 그 결과를 소장에게 지체 없이 보고하여야 한다.
④ 소장은 면담한 결과 처리가 필요한 사항이 있으면 그 처리결과를 수용자에게 알려야 한다.(2020.2.4 본항개정)
제117조 【청원】 ① 수용자는 그 처우에 관하여 불복하는 경우 법무부장관·순회점검공무원 또는 관할 지방교정청장에게 청원할 수 있다.
② 제1항에 따라 청원하려는 수용자는 청원서를 작성하여 봉한 후 소장에게 제출하여야 한다. 다만, 순회점검공무원에 대한 청원은 말로도 할 수 있다.
③ 소장은 청원서를 개봉하여서는 아니 되며, 이를 지체 없이 법무부장관·순회점검공무원 또는 관할 지방교정청장에게 보내거나 순회점검공무원에게 전달하여야 한다.
④ 제2항 단서에 따라 순회점검공무원이 청원을 청취하는 경우에는 해당 교정시설의 교도관이 참여하여서는 아니 된다.(2016.5.29 본항개정)
⑤ 청원에 관한 결정은 문서로 하여야 한다.(2020.2.4 본항개정)
⑥ 소장은 청원에 관한 결정서를 접수하면 청원인에게 지체 없이 전달하여야 한다.
제117조의2 【정보공개청구】 ① 수용자는 「공공기관의 정보공개에 관한 법률」에 따라 법무부장관, 지방교정청장 또는 소장에게 정보의 공개를 청구할 수 있다.
② 현재의 수용기간 동안 법무부장관, 지방교정청장 또는 소장에게 제1항에 따른 정보공개청구를 한 후 정당한 사유 없이 그 청구를 취하하거나 「공공기관의 정보공개에 관한 법률」 제17조에 따른 비용을 납부하지 아니한 사실이 2회 이상 있는 수용자가 제1항에 따른 정보공개청구를 한 경우에 법무부장관, 지방교정청장 또는 소장은 그 수용자에게 정보의 공개 및 우송 등에 들 것으로 예상되는 비용을 미리 납부하게 할 수 있다.
③ 제2항에 따라 정보의 공개 및 우송 등에 들 것으로 예상되는 비용을 미리 납부하여야 하는 수용자가 비용을 납부하지 아니한 경우 법무부장관, 지방교정청장 또는 소장은 그 비용을 납부할 때까지 「공공기관의 정보공개에 관한 법률」 제11조에 따른 정보공개 여부의 결정을 유예할 수 있다.
④ 제2항에 따른 예상비용의 산정방법, 납부방법, 납부기간, 그 밖에 비용납부에 관하여 필요한 사항은 대통령령으로 정한다.
(2010.5.4 본조신설)
제118조 【불이익처우 금지】 수용자는 청원, 진정, 소장과의 면담, 그 밖의 권리구제를 위한 행위를 하였다는 이유로 불이익한 처우를 받지 아니한다.

제3편 수용의 종료

제1장 가석방

제119조 【가석방심사위원회】 「형법」 제72조에 따른 가석방의 적격 여부를 심사하기 위하여 법무부장관 소속하에 가석방심사위원회(이하 이 장에서 "위원회"라 한다)를 둔다.
제120조 【위원회의 구성】 ① 위원회는 위원장을 포함한 5명 이상 9명 이하의 위원으로 구성한다.(2020.2.4 본항개정)
② 위원장은 법무부차관이 되고, 위원은 판사, 검사, 변호사, 법무부 소속 공무원, 교정에 관한 학식과 경험이 풍부한 사람 중에서 법무부장관이 임명 또는 위촉한다.
③ 위원회의 심사과정 및 심사내용의 공개범위와 공개시기는 다음 각 호와 같다. 다만, 제2호 및 제3호의 내용 중 개인의 신상을 특정할 수 있는 부분은 삭제하고 공개하되, 국민의 알권리를 충족할 필요가 있는 등의 사유가 있는 경우에는 위원회가 달리 의결할 수 있다.
1. 위원의 명단과 경력사항은 임명 또는 위촉한 즉시
2. 심의서는 해당 가석방 결정 등을 한 후부터 즉시(2020.2.4 본호개정)
3. 회의록은 해당 가석방 결정 등을 한 후 5년이 경과한 때부터(2020.2.4 본호개정)
(2011.7.18 본항개정)
④ 위원회의 위원 중 공무원이 아닌 사람은 「형법」 제127조 및 제129조부터 제132조까지의 규정을 적용할 때에는 공무원으로 본다.(2016.1.6 본항신설)
⑤ 그 밖에 위원회에 관하여 필요한 사항은 법무부령으로 정한다.(2011.7.18 본항신설)
제121조 【가석방 적격심사】 ① 소장은 「형법」 제72조제1항의 기간이 지난 수형자에 대하여는 법무부령으로 정하는 바에 따라 위원회에 가석방 적격심사를 신청하여야 한다.
② 위원회는 수형자의 나이, 범죄동기, 죄명, 형기, 교정성적, 건강상태, 가석방 후의 생계능력, 생활환경, 재범의 위험성, 그 밖에 필요한 사정을 고려하여 가석방의 적격 여부를 결정한다.
제122조 【가석방 허가】 ① 위원회는 가석방 적격결정을 하였으면 5일 이내에 법무부장관에게 가석방허가를 신청하여야 한다.
② 법무부장관은 제1항에 따른 위원회의 가석방 허가신청이 적정하다고 인정하면 허가할 수 있다.

제2장 석 방

제123조 【석방】 소장은 사면·형기종료 또는 권한이 있는 사람의 명령에 따라 수용자를 석방한다.(2020.2.4 본조개정)
제124조 【석방시기】 ① 사면, 가석방, 형의 집행면제, 감형에 따른 석방은 그 서류가 교정시설에 도달한 후 12시간 이내에 하여야 한다. 다만, 그 서류에서 석방일시를 지정하고 있으면 그 일시에 한다.
② 형기종료에 따른 석방은 형기종료일에 하여야 한다.
③ 권한이 있는 사람의 명령에 따른 석방은 서류가 도달한 후 5시간 이내에 하여야 한다.
(2020.2.4 본조개정)

제125조【피석방자의 일시수용】 소장은 피석방자가 질병이나 그 밖에 피할 수 없는 사정으로 귀가하기 곤란한 경우에 본인의 신청이 있으면 일시적으로 교정시설에 수용할 수 있다.

제126조【귀가여비의 지급 등】 소장은 피석방자에게 귀가에 필요한 여비 또는 의류가 없으면 법무부장관이 정하는 범위에서 이를 지급하거나 빌려 줄 수 있다.

제126조의2【석방예정자의 수용이력 등 통보】 ① 소장은 석방될 수형자의 재범방지, 자립지원 및 피해자 보호를 위하여 필요하다고 인정하면 해당 수형자의 수용이력 또는 사회복귀에 관한 의견을 그의 거주지를 관할하는 경찰관서나 자립을 지원할 법인 또는 개인에게 통보할 수 있다. 다만, 법인 또는 개인에게 통보하는 경우에는 해당 수형자의 동의를 받아야 한다.

② 제1항에 따라 통보하는 수용이력 또는 사회복귀에 관한 의견의 구체적인 사항은 대통령령으로 정한다.

(2020.2.4 본조신설)

제3장 사 망

제127조【사망 알림】 소장은 수용자가 사망한 경우에는 그 사실을 즉시 그 가족(가족이 없는 경우에는 다른 친족)에게 알려야 한다.(2020.2.4 본조개정)

제128조【시신의 인도 등】 ① 소장은 사망한 수용자의 친족 또는 특별한 연고가 있는 사람이 그 시신 또는 유골의 인도를 청구하는 경우에는 인도하여야 한다. 다만, 제3항에 따라 자연장(自然葬)을 하거나 집단으로 매장을 한 후에는 그러하지 아니하다.(2015.3.27 단서개정)

② 소장은 제127조에 따라 수용자가 사망한 사실을 알게 된 사람이 다음 각 호의 어느 하나에 해당하는 기간 이내에 그 시신을 인수하지 아니하거나 시신을 인수할 사람이 없으면 임시로 매장하거나 화장(火葬) 후 봉안하여야 한다. 다만, 감염병 예방 등을 위하여 필요하면 즉시 화장하여야 하며, 그 밖에 필요한 조치를 할 수 있다.

1. 임시로 매장하려는 경우 : 사망한 사실을 알게 된 날부터 3일
2. 화장하여 봉안하려는 경우 : 사망한 사실을 알게 된 날부터 60일

(2020.2.4 본항개정)

③ 소장은 제2항에 따라 시신을 임시로 매장하거나 화장하여 봉안한 후 2년이 지나도록 시신의 인도를 청구하는 사람이 없을 때에는 다음 각 호의 구분에 따른 방법으로 처리할 수 있다.

1. 임시로 매장한 경우 : 화장 후 자연장을 하거나 일정한 장소에 집단으로 매장
2. 화장하여 봉안한 경우 : 자연장

(2015.3.27 본항개정)

④ 소장은 병원이나 그 밖의 연구기관이 학술연구상의 필요에 따라 수용자의 시신인도를 신청하면 본인의 유언 또는 상속인의 승낙이 있는 경우에 한하여 인도할 수 있다.

⑤ 소장은 수용자가 사망하면 법무부장관이 정하는 범위에서 화장·시신인도 등에 필요한 비용을 인수자에게 지급할 수 있다.

제4편 교정자문위원회 등

제129조【교정자문위원회】 ① 수용자의 관리·교정교화 등 사무에 관한 지방교정청장의 자문에 응하기 위하여 지방교정청에 교정자문위원회(이하 이 조에서 "위원회"라 한다)를 둔다.(2019.4.23 본항개정)

② 위원회는 10명 이상 15명 이하의 위원으로 성별을 고려하여 구성하고, 위원장은 위원 중에서 호선하며, 위원은 교정에 관한 학식과 경험이 풍부한 외부인사 중에서 지방교정청장의 추천을 받아 법무부장관이 위촉한다.(2019.4.23 본항개정)

③ 이 법에 규정된 사항 외에 위원회에 관하여 필요한 사항은 법무부령으로 정한다.

제130조【교정위원】 ① 수용자의 교육·교화·의료, 그 밖에 수용자의 처우를 후원하기 위하여 교정시설에 교정위원을 둘 수 있다.

② 교정위원은 명예직으로 하며 소장의 추천을 받아 법무부장관이 위촉한다.

제131조【기부금품의 접수】 소장은 기관·단체 또는 개인이 수용자의 교화 등을 위하여 교정시설에 자발적으로 기탁하는 금품을 받을 수 있다.

제5편 벌 칙

제132조【금지물품을 지닌 경우】 ① 수용자가 제92조제2항을 위반하여 소장의 허가 없이 무인비행장치, 전자·통신기기를 지닌 경우 2년 이하의 징역 또는 2천만원 이하의 벌금에 처한다.

② 수용자가 제92조제1항제3호를 위반하여 주류·담배·화기·현금·수표를 지닌 경우 1년 이하의 징역 또는 1천만원 이하의 벌금에 처한다.

(2020.2.4 본조개정)

제133조【금지물품의 반입】 ① 소장의 허가 없이 무인비행장치, 전자·통신기기를 교정시설에 반입한 사람은 3년 이하의 징역 또는 3천만원 이하의 벌금에 처한다.

② 주류·담배·화기·현금·수표·음란물·사행행위에 사용되는 물품을 수용자에게 전달할 목적으로 교정시설에 반입한 사람은 1년 이하의 징역 또는 1천만원 이하의 벌금에 처한다.

③ 상습적으로 제2항의 죄를 범한 사람은 2년 이하의 징역 또는 2천만원 이하의 벌금에 처한다.

(2019.4.23 본조신설)

제134조【출석의무 위반 등】 다음 각 호의 어느 하나에 해당하는 행위를 한 수용자는 1년 이하의 징역에 처한다.

1. 정당한 사유 없이 제102조제4항을 위반하여 일시석방 후 24시간 이내에 교정시설 또는 경찰관서에 출석하지 아니하는 행위
2. 귀휴·외부통근, 그 밖의 사유로 소장의 허가를 받아 교도관의 계호 없이 교정시설 밖으로 나간 후에 정당한 사유 없이 기한까지 돌아오지 아니하는 행위(2020.2.4 본호개정)

제135조【녹화 등의 금지】 소장의 허가 없이 교정시설 내부를 녹화·촬영한 사람은 1년 이하의 징역 또는 1천만원 이하의 벌금에 처한다.(2019.4.23 본조신설)

제136조【미수범】 제133조 및 제135조의 미수범은 처벌한다.(2019.4.23 본조신설)

제137조【몰수】 제132조 및 제133조에 해당하는 금지물품은 몰수한다.(2019.4.23 본조신설)

부 칙

제1조【시행일】 이 법은 공포 후 1년이 경과한 날부터 시행한다.

제2조【위로금 및 조위금 채권에 관한 적용례】 제76조의 개정규정은 이 법 시행 후 취득한 위로금 및 조위금을 지급받을 권리부터 적용한다.

제3조【유류금품의 교부에 관한 경과조치】 이 법 시행 당시 사망자 또는 도주자가 남겨두고 간 금품이 있는 경우에는 제28조의 개정규정에도 불구하고 종전의 규정에 따른다.

제4조【징벌에 관한 경과조치】 ① 이 법 시행 전에 행하여진 징벌사유에 해당하는 위반행위에 대하여는 종전의 규정에 따른다. 다만, 이 법의 규정이 행위자에게 유리한 경우에는 이 법에 따른다.

② 징벌사유에 해당하는 1개의 행위가 이 법 시행 전후에 걸쳐 이루어진 경우에는 이 법 시행 이후에 한 것으로 본다.

③ 이 법 시행 전에 종전의 규정에 따라 부과된 징벌은 이 법에 따라 부과된 것으로 본다. 다만, 이 법에 따른 징벌의 부과범위를 초과하여 부과한 경우에는 그 초과부분은 부과하지 아니한 것으로 보며, 이 법에 규정하지 아니한 징벌을 부과한 경우에는 징벌을 부과하지 아니한 것으로 본다.
제5조【다른 법률의 개정】 ①~⑫ ※(해당 법령에 가제정리 하였음)
제6조【다른 법령과의 관계】 이 법 시행 당시 다른 법령에서 종전의 「행형법」 또는 그 규정을 인용한 경우 이 법 중 그에 해당하는 규정이 있는 때에는 종전의 규정을 갈음하여 이 법 또는 이 법의 해당 조항을 인용한 것으로 본다.

부 칙 (2015.3.27)

제1조【시행일】 이 법은 공포 후 3개월이 경과한 날부터 시행한다.
제2조【영치품의 반환 등에 관한 적용례】 제29조의 개정규정은 이 법 시행 후 수용자가 석방되는 경우부터 적용한다.
제3조【시신의 화장 등에 관한 적용례】 제128조제1항부터 제3항까지의 개정규정은 이 법 시행 후 사망한 수용자부터 적용한다.

부 칙 (2016.12.2)

제1조【시행일】 이 법은 공포한 날부터 시행한다.
제2조【금치처분 중 실외운동 제한에 관한 적용례】 제112조제4항의 개정규정은 이 법 시행 후의 행위로 제108조제14호의 처분을 받는 경우부터 적용한다.

부 칙 (2017.12.19)

제1조【시행일】 이 법은 공포 후 6개월이 경과한 날부터 시행한다.
제2조【간이입소절차에 관한 적용례】 제16조의2의 개정규정은 이 법 시행 후 최초로 체포되거나 구속영장이 청구된 피의자부터 적용한다.

부 칙 (2019.4.23)

제1조【시행일】 이 법은 공포 후 6개월이 경과한 날부터 시행한다. 다만, 제52조제1항, 제64조제2항 및 제3항, 제95조제2항 및 제3항, 제96조제2항 및 제3항, 제108조제8호의 개정규정은 공포한 날부터 시행한다.
제2조【기본계획에 관한 경과조치】 법무부장관은 이 법 시행 후 1년 이내에 제5조의2의 개정규정에 따른 기본계획을 수립하여야 한다.

부 칙 (2020.2.4)

이 법은 공포 후 6개월이 경과한 날부터 시행한다.

부 칙 (2022.12.27)

제1조【시행일】 이 법은 공포한 날부터 시행한다.
제2조【1주의 작업시간에 관한 적용례】 제71조제3항 및 제4항(1주의 작업시간에 관한 부분으로 한정한다)의 개정규정은 이 법 시행일이 속하는 주의 다음 주간(週間)의 작업시간부터 적용한다.
제3조【위로금 지급 시기의 변경에 따른 적용례】 제74조제2항의 개정규정은 이 법 시행 전에 같은 조 제1항제1호의 위로금 지급사유가 발생하였으나 위로금을 지급받지 아니한 수형자로서 이 법 시행 당시 수용 중에 있는 수형자에 대해서도 적용한다.

소년법

(1988년 12월 31일 전개법률 제4057호)

개정
1995. 1. 5법 4929호(소년원법)
2007. 5.17법 8439호 2007.12.21법 8722호
2011. 8. 4법11005호(의료법)
2014. 1. 7법12192호 2014.12.30법12890호
2015.12. 1법13524호 2018. 9.18법15757호
2020.10.20법17505호(보호소년등의처우에관한법)

제1장 총 칙
(2007.12.21 본장개정)

제1조【목적】 이 법은 반사회성(反社會性)이 있는 소년의 환경 조정과 품행 교정(矯正)을 위한 보호처분 등의 필요한 조치를 하고, 형사처분에 관한 특별조치를 함으로써 소년이 건전하게 성장하도록 돕는 것을 목적으로 한다.
제2조【소년 및 보호자】 이 법에서 "소년"이란 19세 미만인 자를 말하며, "보호자"란 법률상 감호교육(監護敎育)을 할 의무가 있는 자 또는 현재 감호하는 자를 말한다.

제2장 보호사건
(2007.12.21 본장개정)

제1절 통 칙

제3조【관할 및 직능】 ① 소년 보호사건의 관할은 소년의 행위지, 거주지 또는 현재지로 한다.
② 소년 보호사건은 가정법원소년부 또는 지방법원소년부〔이하 "소년부(少年部)"라 한다〕에 속한다.
③ 소년 보호사건의 심리(審理)와 처분 결정은 소년부 단독판사가 한다.
제4조【보호의 대상과 송치 및 통고】 ① 다음 각 호의 어느 하나에 해당하는 소년은 소년부의 보호사건으로 심리한다.
1. 죄를 범한 소년
2. 형벌 법령에 저촉되는 행위를 한 10세 이상 14세 미만인 소년
3. 다음 각 목에 해당하는 사유가 있고 그의 성격이나 환경에 비추어 앞으로 형벌 법령에 저촉되는 행위를 할 우려가 있는 10세 이상인 소년
가. 집단적으로 몰려다니며 주위 사람들에게 불안감을 조성하는 성벽(性癖)이 있는 것
나. 정당한 이유 없이 가출하는 것
다. 술을 마시고 소란을 피우거나 유해환경에 접하는 성벽이 있는 것
② 제1항제2호 및 제3호에 해당하는 소년이 있을 때에는 경찰서장은 직접 관할 소년부에 송치(送致)하여야 한다.
③ 제1항 각 호의 어느 하나에 해당하는 소년을 발견한 보호자 또는 학교·사회복리시설·보호관찰소(보호관찰지소를 포함한다. 이하 같다)의 장은 이를 관할 소년부에 통고할 수 있다.
제5조【송치서】 소년 보호사건을 송치하는 경우에는 송치서에 사건 본인의 주거·성명·생년월일 및 행위의 개요와 가정 상황을 적고, 그 밖의 참고자료를 첨부하여야 한다.
제6조【이송】 ① 보호사건을 송치받은 소년부는 보호의 적정을 기하기 위하여 필요하다고 인정하면 결정(決定)으로써 사건을 다른 관할 소년부에 이송할 수 있다.
② 소년부는 사건이 그 관할에 속하지 아니한다고 인정하면 결정으로써 그 사건을 관할 소년부에 이송하여야 한다.
제7조【형사처분 등을 위한 관할 검찰청으로의 송치】 ① 소년부는 조사 또는 심리한 결과 금고 이상의 형에 해당하는 범죄 사실이 발견된 경우 그 동기와 죄질이 형사처분을

할 필요가 있다고 인정하면 결정으로써 사건을 관할 지방법원에 대응한 검찰청 검사에게 송치하여야 한다.
② 소년부는 조사 또는 심리한 결과 사건의 본인이 19세 이상인 것으로 밝혀진 경우에는 결정으로써 사건을 관할 지방법원에 대응하는 검찰청 검사에게 송치하여야 한다. 다만, 제51조에 따라 법원에 이송하여야 할 경우에는 그러하지 아니하다.
제8조【통지】 소년부는 제6조와 제7조에 따른 결정을 하였을 때에는 지체 없이 그 사유를 사건 본인과 그 보호자에게 알려야 한다.

제2절 조사와 심리

제9조【조사 방침】 조사는 의학·심리학·교육학·사회학이나 그 밖의 전문적인 지식을 활용하여 소년과 보호자 또는 참고인의 품행, 경력, 가정 상황, 그 밖의 환경 등을 밝히도록 노력하여야 한다.
제10조【진술거부권의 고지】 소년부 또는 조사관이 범죄사실에 관하여 소년을 조사할 때에는 미리 소년에게 불리한 진술을 거부할 수 있음을 알려야 한다.
제11조【조사명령】 ① 소년부 판사는 조사관에게 사건 본인, 보호자 또는 참고인의 심문이나 그 밖에 필요한 사항을 조사하도록 명할 수 있다.
② 소년부는 제4조제3항에 따라 통고된 소년을 심리할 필요가 있다고 인정하면 그 사건을 조사하여야 한다.
제12조【전문가의 진단】 소년부는 조사 또는 심리를 할 때에 정신건강의학과 의사·심리학자·사회사업가·교육자나 그 밖의 전문가의 진단, 소년 분류심사원의 분류심사 결과와 의견, 보호관찰소의 조사결과와 의견 등을 고려하여야 한다.(2011.8.4 본조개정)
제13조【소환 및 동행영장】 ① 소년부 판사는 사건의 조사 또는 심리에 필요하다고 인정하면 기일을 지정하여 사건 본인이나 보호자 또는 참고인을 소환할 수 있다.
② 사건 본인이나 보호자가 정당한 이유 없이 소환에 응하지 아니하면 소년부 판사는 동행영장을 발부할 수 있다.
제14조【긴급동행영장】 소년부 판사는 사건 본인을 보호하기 위하여 긴급조치가 필요하다고 인정하면 제13조제1항에 따른 소환 없이 동행영장을 발부할 수 있다.
제15조【동행영장의 방식】 동행영장에는 다음 각 호의 사항을 적고 소년부 판사가 서명날인하여야 한다.
1. 소년이나 보호자의 성명
2. 나이
3. 주거
4. 행위의 개요
5. 인치(引致)하거나 수용할 장소
6. 유효기간 및 그 기간이 지나면 집행에 착수하지 못하며 영장을 반환하여야 한다는 취지
7. 발부연월일

제16조【동행영장의 집행】 ① 동행영장은 조사관이 집행한다.
② 소년부 판사는 소년부 법원서기관·법원사무관·법원주사·법원주사보나 보호관찰관 또는 사법경찰관리에게 동행영장을 집행하게 할 수 있다.
③ 동행영장을 집행하면 지체 없이 보호자나 보조인에게 알려야 한다.
제17조【보조인 선임】 ① 사건 본인이나 보호자는 소년부 판사의 허가를 받아 보조인을 선임할 수 있다.
② 보호자나 변호사를 보조인으로 선임하는 경우에는 제1항의 허가를 받지 아니하여도 된다.
③ 보조인을 선임함에 있어서는 보조인과 연명날인한 서면을 제출하여야 한다. 이 경우 변호사가 아닌 사람을 보조인으로 선임할 경우에는 위 서면에 소년과 보조인과의 관계를 기재하여야 한다.
④ 소년부 판사는 보조인이 심리절차를 고의로 지연시키는 등 심리진행을 방해하거나 소년의 이익에 반하는 행위를 할 우려가 있다고 판단하는 경우에는 보조인 선임의 허가를 취소할 수 있다.
⑤ 보조인의 선임은 심급마다 하여야 한다.
⑥ 「형사소송법」 중 변호인의 권리의무에 관한 규정은 소년보호사건의 성질에 위배되지 아니하는 한 보조인에 대하여 준용한다.
제17조의2【국선보조인】 ① 소년이 소년분류심사원에 위탁된 경우 보조인이 없을 때에는 법원은 변호사 등 적정한 자를 보조인으로 선정하여야 한다.
② 소년이 소년분류심사원에 위탁되지 아니하였을 때에도 다음의 경우 법원은 직권에 의하거나 소년 또는 보호자의 신청에 따라 보조인을 선정할 수 있다.
1. 소년에게 신체적·정신적 장애가 의심되는 경우
2. 빈곤이나 그 밖의 사유로 보조인을 선임할 수 없는 경우
3. 그 밖에 소년부 판사가 보조인이 필요하다고 인정하는 경우

③ 제1항과 제2항에 따라 선정된 보조인에게 지급하는 비용에 대하여는 「형사소송비용 등에 관한 법률」을 준용한다.
(2007.12.21 본조신설)
제18조【임시조치】 ① 소년부 판사는 사건을 조사 또는 심리하는 데에 필요하다고 인정하면 소년의 감호에 관하여 결정으로써 다음 각 호의 어느 하나에 해당하는 조치를 할 수 있다.
1. 보호자, 소년을 보호할 수 있는 적당한 자 또는 시설에 위탁
2. 병원이나 그 밖의 요양소에 위탁
3. 소년분류심사원에 위탁

② 동행된 소년 또는 제52조제1항에 따라 인도된 소년에 대하여는 도착한 때로부터 24시간 이내에 제1항의 조치를 하여야 한다.
③ 제1항제1호 및 제2호의 위탁기간은 3개월을, 제1항제3호의 위탁기간은 1개월을 초과하지 못한다. 다만, 특별히 계속 조치할 필요가 있을 때에는 한 번에 한하여 결정으로써 연장할 수 있다.
④ 제1항제1호 및 제2호의 조치를 할 때에는 보호자 또는 위탁받은 자에게 소년의 감호에 관한 필요 사항을 지시할 수 있다.
⑤ 소년부 판사는 제1항의 결정을 하였을 때에는 소년부 법원서기관·법원사무관·법원주사·법원주사보, 소년분류심사원 소속 공무원, 교도소 또는 구치소 소속 공무원, 보호관찰관 또는 사법경찰관리에게 그 결정을 집행하게 할 수 있다.
⑥ 제1항의 조치는 언제든지 결정으로써 취소하거나 변경할 수 있다.
제19조【심리 불개시의 결정】 ① 소년부 판사는 송치서와 조사관의 조사보고에 따라 사건의 심리를 개시(開始)할 수 없거나 개시할 필요가 없다고 인정하면 심리를 개시하지 아니한다는 결정을 하여야 한다. 이 결정은 사건 본인과 보호자에게 알려야 한다.
② 사안이 가볍다는 이유로 심리를 개시하지 아니한다는 결정을 할 때에는 소년에게 훈계하거나 보호자에게 소년을 엄격히 관리하거나 교육하도록 고지할 수 있다.
③ 제1항의 결정이 있을 때에는 제18조의 임시조치는 취소된 것으로 본다.
④ 소년부 판사는 소재가 분명하지 아니하다는 이유로 심리를 개시하지 아니한다는 결정을 받은 소년의 소재가 밝혀진 경우에는 그 결정을 취소하여야 한다.
제20조【심리 개시의 결정】 ① 소년부 판사는 송치서와 조사관의 조사보고에 따라 사건을 심리할 필요가 있다고 인정하면 심리 개시 결정을 하여야 한다.
② 제1항의 결정은 사건 본인과 보호자에게 알려야 한다. 이

경우 심리 개시 사유의 요지와 보조인을 선임할 수 있다는 취지를 아울러 알려야 한다.

제21조【심리 기일의 지정】 ① 소년부 판사는 심리 기일을 지정하고 본인과 보호자를 소환하여야 한다. 다만, 필요가 없다고 인정한 경우에는 보호자는 소환하지 아니할 수 있다.
② 보조인이 선정된 경우에는 보조인에게 심리 기일을 알려야 한다.

제22조【기일 변경】 소년부 판사는 직권에 의하거나 사건 본인, 보호자 또는 보조인의 청구에 의하여 심리 기일을 변경할 수 있다. 기일을 변경한 경우에는 이를 사건 본인, 보호자 또는 보조인에게 알려야 한다.

제23조【심리의 개시】 ① 심리 기일에는 소년부 판사와 서기가 참석하여야 한다.
② 조사관, 보호자 및 보조인은 심리 기일에 출석할 수 있다.

제24조【심리의 방식】 ① 심리는 친절하고 온화하게 하여야 한다.
② 심리는 공개하지 아니한다. 다만, 소년부판사는 적당하다고 인정하는 자에게 참석을 허가할 수 있다.

제25조【의견의 진술】 ① 조사관, 보호자 및 보조인은 심리에 관하여 의견을 진술할 수 있다.
② 제1항의 경우에 판사는 필요하다고 인정하면 사건 본인의 퇴장을 명할 수 있다.

제25조의2【피해자 등의 진술권】 소년부 판사는 피해자 또는 그 법정대리인·변호인·배우자·직계친족·형제자매(이하 이 조에서 "대리인등"이라 한다)가 의견진술을 신청할 때에는 피해자나 그 대리인등에게 심리 기일에 의견을 진술할 기회를 주어야 한다. 다만, 다음 각 호의 어느 하나에 해당하는 경우에는 그러하지 아니하다.
1. 신청인이 이미 심리절차에서 충분히 진술하여 다시 진술할 필요가 없다고 인정되는 경우
2. 신청인의 진술로 심리절차가 현저하게 지연될 우려가 있는 경우

(2007.12.21 본조신설)

제25조의3【화해권고】 ① 소년부 판사는 소년의 품행을 교정하고 피해자를 보호하기 위하여 필요하다고 인정하면 소년에게 피해 변상 등 피해자와의 화해를 권고할 수 있다.
② 소년부 판사는 제1항의 화해를 위하여 필요하다고 인정하면 기일을 지정하여 소년, 보호자 또는 참고인을 소환할 수 있다.
③ 소년부 판사는 소년이 제1항의 권고에 따라 피해자와 화해하였을 경우에는 보호처분을 결정할 때 이를 고려할 수 있다.

(2007.12.21 본조신설)

제26조【증인신문, 감정, 통역·번역】 ① 소년부 판사는 증인을 신문(訊問)하고 감정(鑑定)이나 통역 및 번역을 명할 수 있다.
② 제1항의 경우에는 「형사소송법」 중 법원의 증인신문, 감정이나 통역 및 번역에 관한 규정을 보호사건의 성질에 위반되지 아니하는 한도에서 준용한다.

제27조【검증, 압수, 수색】 ① 소년부 판사는 검증, 압수 또는 수색을 할 수 있다.
② 제1항의 경우에는 「형사소송법」 중 법원의 검증, 압수 및 수색에 관한 규정은 보호사건의 성질에 위반되지 아니하는 한도에서 준용한다.

제28조【원조, 협력】 ① 소년부 판사는 그 직무에 관하여 모든 행정기관, 학교, 병원, 그 밖의 공사단체(公私團體)에 필요한 원조와 협력을 요구할 수 있다.
② 제1항의 요구를 거절할 때에는 정당한 이유를 제시하여야 한다.

제29조【불처분 결정】 ① 소년부 판사는 심리 결과 보호처분을 할 수 없거나 할 필요가 없다고 인정하면 그 취지의 결정을 하고, 이를 사건 본인과 보호자에게 알려야 한다.
② 제1항의 결정에 관하여는 제19조제2항과 제3항을 준용한다.

제30조【기록의 작성】 ① 소년부 법원서기관·법원사무관·법원주사 또는 법원주사보는 보호사건의 조사 및 심리에 대한 기록을 작성하여 조사 및 심리의 내용과 모든 결정을 명확히 하고 그 밖에 필요한 사항을 적어야 한다.
② 조사 기록에는 조사관 및 소년부 법원서기관·법원사무관·법원주사 또는 법원주사보가, 심리기록에는 소년부 판사 및 법원서기관·법원사무관·법원주사 또는 법원주사보가 서명날인하여야 한다.

제30조의2【기록의 열람·등사】 소년 보호사건의 기록과 증거물은 소년부 판사의 허가를 받은 경우에만 열람하거나 등사할 수 있다. 다만, 보조인이 심리 개시 결정 후에 소년 보호사건의 기록과 증거물을 열람하는 경우에는 소년부 판사의 허가를 받지 아니하여도 된다.

제31조【위임규정】 소년 보호사건의 심리에 필요한 사항은 대법원규칙으로 정한다.

제3절 보호처분

제32조【보호처분의 결정】 ① 소년부 판사는 심리 결과 보호처분을 할 필요가 있다고 인정하면 결정으로써 다음 각 호의 어느 하나에 해당하는 처분을 하여야 한다.
1. 보호자 또는 보호자를 대신하여 소년을 보호할 수 있는 자에게 감호 위탁
2. 수강명령
3. 사회봉사명령
4. 보호관찰관의 단기(短期) 보호관찰
5. 보호관찰관의 장기(長期) 보호관찰
6. 「아동복지법」에 따른 아동복지시설이나 그 밖의 소년보호시설에 감호 위탁
7. 병원, 요양소 또는 「보호소년 등의 처우에 관한 법률」에 따른 의료재활소년원에 위탁(2020.10.20 본호개정)
8. 1개월 이내의 소년원 송치
9. 단기 소년원 송치
10. 장기 소년원 송치

② 다음 각 호 안의 처분 상호 간에는 그 전부 또는 일부를 병합할 수 있다.
1. 제1항제1호·제2호·제3호·제4호 처분
2. 제1항제1호·제2호·제3호·제5호 처분
3. 제1항제4호·제6호 처분
4. 제1항제5호·제6호 처분
5. 제1항제5호·제8호 처분

③ 제1항제3호의 처분은 14세 이상의 소년에게만 할 수 있다.
④ 제1항제2호 및 제10호의 처분은 12세 이상의 소년에게만 할 수 있다.
⑤ 제1항 각 호의 어느 하나에 해당하는 처분을 한 경우에는 소년부는 소년을 인도하면서 소년의 교정에 필요한 참고자료를 위탁받는 자나 처분을 집행하는 자에게 넘겨야 한다.
⑥ 소년의 보호처분은 그 소년의 장래 신상에 어떠한 영향도 미치지 아니한다.

제32조의2【보호관찰처분에 따른 부가처분 등】 ① 제32조제1항제4호 또는 제5호의 처분을 할 때에 3개월 이내의 기간을 정하여 「보호소년 등의 처우에 관한 법률」에 따른 대안교육 또는 소년의 상담·선도·교화와 관련된 단체나 시설에서의 상담·교육을 받을 것을 동시에 명할 수 있다.
② 제32조제1항제4호 또는 제5호의 처분을 할 때에 1년 이내의 기간을 정하여 야간 등 특정 시간대의 외출을 제한하는 명령을 보호관찰대상자의 준수 사항으로 부과할 수 있다.
③ 소년부 판사는 가정상황 등을 고려하여 필요하다고 판단되면 보호자에게 소년원·소년분류심사원 또는 보호관찰소 등에서 실시하는 소년의 보호를 위한 특별교육을 받을 것을 명할 수 있다.

(2007.12.21 본조신설)

제33조【보호처분의 기간】 ① 제32조제1항제1호·제6호·제7호의 위탁기간은 6개월로 하되, 소년부 판사는 결정으로써 6개월의 범위에서 한 번에 한하여 그 기간을 연장할 수 있다. 다만, 소년부 판사는 필요한 경우에는 언제든지 결정으로써 그 위탁을 종료시킬 수 있다.
② 제32조제1항제4호의 단기 보호관찰기간은 1년으로 한다.
③ 제32조제1항제5호의 장기 보호관찰기간은 2년으로 한다. 다만, 소년부 판사는 보호관찰관의 신청에 따라 결정으로써 1년의 범위에서 한 번에 한하여 그 기간을 연장할 수 있다.
④ 제32조제1항제2호의 수강명령은 100시간을, 제32조제1항제3호의 사회봉사명령은 200시간을 초과할 수 없으며, 보호관찰관이 그 명령을 집행할 때에는 사건 본인의 정상적인 생활을 방해하지 아니하도록 하여야 한다.
⑤ 제32조제1항제9호에 따라 단기로 소년원에 송치된 소년의 보호기간은 6개월을 초과하지 못한다.
⑥ 제32조제1항제10호에 따라 장기로 소년원에 송치된 소년의 보호기간은 2년을 초과하지 못한다.
⑦ 제32조제1항제6호부터 제10호까지의 어느 하나에 해당하는 처분을 받은 소년이 시설위탁이나 수용 이후 그 시설을 이탈하였을 때에는 위 처분기간은 진행이 정지되고, 재위탁 또는 재수용된 때로부터 다시 진행한다.
제34조【몰수의 대상】 ① 소년부 판사는 제4조제1항제1호·제2호에 해당하는 소년에 대하여 제32조의 처분을 하는 경우에는 결정으로써 다음의 물건을 몰수할 수 있다.
1. 범죄 또는 형벌 법령에 저촉되는 행위에 제공하거나 제공하려 한 물건
2. 범죄 또는 형벌 법령에 저촉되는 행위로 인하여 생기거나 이로 인하여 취득한 물건
3. 제1호와 제2호의 대가로 취득한 물건
② 제1항의 몰수는 그 물건이 사건 본인 이외의 자의 소유에 속하지 아니하는 경우에만 할 수 있다. 다만, 사건 본인의 행위가 있은 후 그 정을 알고도 취득한 자가 소유한 경우에는 그러하지 아니하다.
제35조【결정의 집행】 소년부 판사는 제32조제1항 또는 제32조의2에 따른 처분 결정을 하였을 때에는 조사관, 소년부 법원서기관·법원사무관·법원주사·법원주사보, 보호관찰관, 소년원 또는 소년분류심사원 소속 공무원, 그 밖에 위탁 또는 송치받은 기관 소속의 직원에게 그 결정을 집행하게 할 수 있다.
제36조【보고와 의견 제출】 ① 소년부 판사는 제32조제1항제1호·제6호·제7호의 처분을 한 경우에는 위탁받은 자에게 소년에 관한 보고서나 의견서를 제출하도록 요구할 수 있다.
② 소년부 판사는 조사관에게 제32조제1항제1호·제6호·제7호의 처분에 관한 집행상황을 보고하게 할 수 있고, 필요하다고 인정되면 위탁받은 자에게 그 집행과 관련된 사항을 지시할 수 있다.
제37조【처분의 변경】 ① 소년부 판사는 위탁받은 자나 보호처분을 집행하는 자의 신청에 따라 결정으로써 제32조의 보호처분과 제32조의2의 부가처분을 변경할 수 있다. 다만, 제32조제1항제1호, 제6호, 제7호의 보호처분과 제32조의2제1항의 부가처분은 직권으로 변경할 수 있다.
② 제1항에 따른 결정을 집행할 때에는 제35조를 준용한다.
③ 제1항의 결정은 지체 없이 사건 본인과 보호자에게 알리고 그 취지를 위탁받은 자나 보호처분을 집행하는 자에게 알려야 한다.
제38조【보호처분의 취소】 ① 보호처분이 계속 중일 때에 사건 본인이 처분 당시 19세 이상인 것으로 밝혀진 경우에는 소년부 판사는 결정으로써 그 보호처분을 취소하고 다음의 구분에 따라 처리하여야 한다.
1. 검사·경찰서장의 송치 또는 제4조제3항의 통고에 의한 사건인 경우에는 관할 지방법원에 대응하는 검찰청 검사에게 송치한다.
2. 제50조에 따라 법원이 송치한 사건인 경우에는 송치한 법원에 이송한다.
② 제4조제1항제1호·제2호의 소년에 대한 보호처분이 계속 중일 때에 사건 본인이 행위 당시 10세 미만으로 밝혀진 경우 또는 제4조제1항제3호의 소년에 대한 보호처분이 계속 중일 때에 사건 본인이 처분 당시 10세 미만으로 밝혀진 경우에는 소년부 판사는 결정으로써 그 보호처분을 취소하여야 한다.
제39조【보호처분과 유죄판결】 보호처분이 계속 중일 때에 사건 본인에 대하여 유죄판결이 확정된 경우에 보호처분을 한 소년부 판사는 그 처분을 존속할 필요가 없다고 인정하면 결정으로써 보호처분을 취소할 수 있다.
제40조【보호처분의 경합】 보호처분이 계속 중일 때에 사건 본인에 대하여 새로운 보호처분이 있었을 때에는 그 처분을 한 소년부 판사는 이전의 보호처분을 한 소년부에 조회하여 어느 하나의 보호처분을 취소하여야 한다.
제41조【비용의 보조】 제18조제1항제1호·제2호의 조치에 관한 결정이나 제32조제1항제1호·제6호·제7호(「보호소년 등의 처우에 관한 법률」에 따른 의료재활소년원 위탁처분은 제외한다)의 처분을 받은 소년의 보호자는 위탁받은 자에게 그 감호에 관한 비용의 전부 또는 일부를 지급하여야 한다. 다만, 보호자가 지급할 능력이 없을 때에는 소년부가 지급할 수 있다.(2020.10.20 본문개정)
제42조【증인 등의 비용】 ① 증인·감정인·통역인·번역인에게 지급하는 비용, 숙박료, 그 밖의 비용에 대하여는 「형사소송법」 중 비용에 관한 규정을 준용한다.
② 참고인에게 지급하는 비용에 관하여는 제1항을 준용한다.

제4절 항 고

제43조【항고】 ① 제32조에 따른 보호처분의 결정 및 제32조의2에 따른 부가처분 등의 결정 또는 제37조의 보호처분·부가처분 변경 결정이 다음 각 호의 어느 하나에 해당하면 사건 본인·보호자·보조인 또는 그 법정대리인은 관할 가정법원 또는 지방법원 본원 합의부에 항고할 수 있다.
1. 해당 결정에 영향을 미칠 법령 위반이 있거나 중대한 사실 오인(誤認)이 있는 경우
2. 처분이 현저히 부당한 경우
② 항고를 제기할 수 있는 기간은 7일로 한다.
제44조【항고장의 제출】 ① 항고를 할 때에는 항고장을 원심(原審) 소년부에 제출하여야 한다.
② 항고장을 받은 소년부는 3일 이내에 의견서를 첨부하여 항고법원에 송부하여야 한다.
제45조【항고의 재판】 ① 항고법원은 항고 절차가 법률에 위반되거나 항고가 이유 없다고 인정한 경우에는 결정으로써 항고를 기각하여야 한다.
② 항고법원은 항고가 이유가 있다고 인정한 경우에는 원결정(原決定)을 취소하고 사건을 원소년부에 환송(還送)하거나 다른 소년부에 이송하여야 한다. 다만, 환송 또는 이송할 여유가 없이 급하거나 그 밖에 필요하다고 인정한 경우에는 원결정을 파기하고 불처분 또는 보호처분의 결정을 할 수 있다.
③ 제2항에 따라 항고가 이유가 있다고 인정되어 보호처분의 결정을 다시 하는 경우에는 원결정에 따른 보호처분의 집행 기간은 그 전부를 항고에 따른 보호처분의 집행 기간에 산입(제32조제1항제8호·제9호·제10호 처분 상호 간에만 해당한다)한다.(2015.12.1 본항신설)
제46조【집행 정지】 항고는 결정의 집행을 정지시키는 효력이 없다.
제47조【재항고】 ① 항고를 기각하는 결정에 대하여는 그 결정이 법령에 위반되는 경우에만 대법원에 재항고를 할 수 있다.
② 제1항의 재항고에 관하여는 제43조제2항 및 제45조제3항을 준용한다.(2015.12.1 본항개정)

제3장 형사사건
(2007.12.21 본장개정)

제1절 통 칙

제48조【준거법례】 소년에 대한 형사사건에 관하여는 이 법에 특별한 규정이 없으면 일반 형사사건의 예에 따른다.
제49조【검사의 송치】 ① 검사는 소년에 대한 피의사건을 수사한 결과 보호처분에 해당하는 사유가 있다고 인정한 경우에는 사건을 관할 소년부에 송치하여야 한다.
② 소년부는 제1항에 따라 송치된 사건을 조사 또는 심리한 결과 그 동기와 죄질이 금고 이상의 형사처분을 할 필요가 있다고 인정할 때에는 결정으로써 해당 검찰청 검사에게 송치할 수 있다.
③ 제2항에 따라 송치한 사건은 다시 소년부에 송치할 수 없다.
제49조의2【검사의 결정 전 조사】 ① 검사는 소년 피의사건에 대하여 소년부 송치, 공소제기, 기소유예 등의 처분을 결정하기 위하여 필요하다고 인정하면 피의자의 주거지 또는 검찰청 소재지를 관할하는 보호관찰소의 장, 소년분류심사원장 또는 소년원장(이하 "보호관찰소장등"이라 한다)에게 피의자의 품행, 경력, 생활환경이나 그 밖에 필요한 사항에 관한 조사를 요구할 수 있다.
② 제1항의 요구를 받은 보호관찰소장등은 지체 없이 이를 조사하여 서면으로 해당 검사에게 통보하여야 하며, 조사를 위하여 필요한 경우에는 소속 보호관찰관·분류심사관 등에게 피의자 또는 관계인을 출석하게 하여 진술요구를 하는 등의 방법으로 필요한 사항을 조사하게 할 수 있다.
③ 제2항에 따른 조사를 할 때에는 미리 피의자 또는 관계인에게 조사의 취지를 설명하여야 하고, 피의자 또는 관계인의 인권을 존중하며, 직무상 비밀을 엄수하여야 한다.
④ 검사는 보호관찰소장등으로부터 통보받은 조사 결과를 참고하여 소년 피의자를 교화·개선하는 데에 가장 적합한 처분을 결정하여야 한다.
(2007.12.21 본조신설)
제49조의3【조건부 기소유예】 검사는 피의자에 대하여 다음 각 호에 해당하는 선도(善導) 등을 받게 하고, 피의사건에 대한 공소를 제기하지 아니할 수 있다. 이 경우 소년과 소년의 친권자·후견인 등 법정대리인의 동의를 받아야 한다.
1. 범죄예방자원봉사위원의 선도
2. 소년의 선도·교육과 관련된 단체·시설에서의 상담·교육·활동 등
(2007.12.21 본조신설)
제50조【법원의 송치】 법원은 소년에 대한 피고사건을 심리한 결과 보호처분에 해당할 사유가 있다고 인정하면 결정으로써 사건을 관할 소년부에 송치하여야 한다.
제51조【이송】 소년부는 제50조에 따라 송치받은 사건을 조사 또는 심리한 결과 사건의 본인이 19세 이상인 것으로 밝혀지면 결정으로써 송치한 법원에 사건을 다시 이송하여야 한다.
제52조【소년부 송치 시의 신병 처리】 ① 제49조제1항이나 제50조에 따른 소년부 송치결정이 있는 경우에는 소년을 구금하고 있는 시설의 장은 검사의 이송 지휘를 받은 때로부터 법원 소년부가 있는 시·군에서는 24시간 이내에, 그 밖의 시·군에서는 48시간 이내에 소년을 소년부에 인도하여야 한다. 이 경우 구속영장의 효력은 소년부 판사가 제18조제1항에 따른 소년의 감호에 관한 결정을 한 때에 상실한다.
② 제1항에 따른 인도와 결정은 구속영장의 효력기간 내에 이루어져야 한다.
제53조【보호처분의 효력】 제32조의 보호처분을 받은 소년에 대하여는 그 심리가 결정된 사건은 다시 공소를 제기하거나 소년부에 송치할 수 없다. 다만, 제38조제1항제1호의 경우에는 공소를 제기할 수 있다.
제54조【공소시효의 정지】 제20조에 따른 심리 개시 결정이 있었던 때로부터 그 사건에 대한 보호처분의 결정이 확정될 때까지 공소시효는 그 진행이 정지된다.
제55조【구속영장의 제한】 ① 소년에 대한 구속영장은 부득이한 경우가 아니면 발부하지 못한다.
② 소년을 구속하는 경우에는 특별한 사정이 없으면 다른 피의자나 피고인과 분리하여 수용하여야 한다.

제2절 심 판

제56조【조사의 위촉】 법원은 소년에 대한 형사사건에 관하여 필요한 사항을 조사하도록 조사관에게 위촉할 수 있다.
제57조【심리의 분리】 소년에 대한 형사사건의 심리는 다른 피의사건과 관련된 경우에도 심리에 지장이 없으면 그 절차를 분리하여야 한다.
제58조【심리의 방침】 ① 소년에 대한 형사사건의 심리는 친절하고 온화하게 하여야 한다.
② 제1항의 심리에는 소년의 심신상태, 품행, 경력, 가정상황, 그 밖의 환경 등에 대하여 정확한 사실을 밝힐 수 있도록 특별히 유의하여야 한다.
제59조【사형 및 무기형의 완화】 죄를 범할 당시 18세 미만인 소년에 대하여 사형 또는 무기형(無期刑)으로 처할 경우에는 15년의 유기징역으로 한다.
제60조【부정기형】 ① 소년이 법정형으로 장기 2년 이상의 유기형(有期刑)에 해당하는 죄를 범한 경우에는 그 형의 범위에서 장기와 단기를 정하여 선고한다. 다만, 장기는 10년, 단기는 5년을 초과하지 못한다.
② 소년의 특성에 비추어 상당하다고 인정되는 때에는 그 형을 감경할 수 있다.
③ 형의 집행유예나 선고유예를 선고할 때에는 제1항을 적용하지 아니한다.
④ 소년에 대한 부정기형을 집행하는 기관의 장은 형의 단기가 지난 소년범의 행형(行刑) 성적이 양호하고 교정의 목적을 달성하였다고 인정되는 경우에는 관할 검찰청 검사의 지휘에 따라 그 형의 집행을 종료시킬 수 있다.(2018.9.18 본항개정)
제61조【미결구금일수의 산입】 제18조제1항제3호의 조치가 있었을 때에는 그 위탁기간은 「형법」 제57조제1항의 판결선고 전 구금일수(拘禁日數)로 본다.
제62조【환형처분의 금지】 18세 미만인 소년에게는 「형법」 제70조에 따른 유치선고를 하지 못한다. 다만, 판결선고 전 구속되었거나 제18조제1항제3호의 조치가 있었을 때에는 그 구속 또는 위탁의 기간에 해당하는 기간은 노역장(勞役場)에 유치된 것으로 보아 「형법」 제57조를 적용할 수 있다.
제63조【징역·금고의 집행】 징역 또는 금고를 선고받은 소년에 대하여는 특별히 설치된 교도소 또는 일반 교도소 안에 특별히 분리된 장소에서 그 형을 집행한다. 다만, 소년이 형의 집행 중에 23세가 되면 일반 교도소에서 집행할 수 있다.
제64조【보호처분과 형의 집행】 보호처분이 계속 중일 때에 징역, 금고 또는 구류를 선고받은 소년에 대하여는 먼저 그 형을 집행한다.
제65조【가석방】 징역 또는 금고를 선고받은 소년에 대하여는 다음 각 호의 기간이 지나면 가석방(假釋放)을 허가할 수 있다.
1. 무기형의 경우에는 5년
2. 15년 유기형의 경우에는 3년
3. 부정기형의 경우에는 단기의 3분의 1
제66조【가석방 기간의 종료】 징역 또는 금고를 선고받은 소년이 가석방된 후 그 처분이 취소되지 아니하고 가석방 전에 집행을 받은 기간과 같은 기간이 지난 경우에는 형의 집행을 종료한 것으로 한다. 다만, 제59조의 형기(刑期) 또는 제60조제1항에 따른 장기의 기간이 먼저 지난 경우에는 그 때에 형의 집행을 종료한 것으로 한다.

제67조【자격에 관한 법령의 적용】 ① 소년이었을 때 범한 죄에 의하여 형의 선고 등을 받은 자에 대하여 다음 각 호의 경우 자격에 관한 법령을 적용할 때 장래에 향하여 형의 선고를 받지 아니한 것으로 본다.

1. 형을 선고받은 자가 그 집행을 종료하거나 면제받은 경우(2018.9.18 본호신설)
2. 형의 선고유예나 집행유예를 선고받은 경우(2018.9.18 본호신설)

② 제1항에도 불구하고 형의 선고유예가 실효되거나 집행유예가 실효·취소된 때에는 그 때에 형을 선고받은 것으로 본다.(2018.9.18 본항신설)
(2018.9.18 본조개정)

제3장의2 비행 예방

(2007.12.21 본장신설)

제67조의2【비행 예방정책】 법무부장관은 제4조제1항에 해당하는 자(이하 "비행소년"이라 한다)가 건전하게 성장하도록 돕기 위하여 다음 각 호의 사항에 대한 필요한 조치를 취하여야 한다.

1. 비행소년이 건전하게 성장하도록 돕기 위한 조사·연구·교육·홍보 및 관련 정책의 수립·시행
2. 비행소년의 선도·교육과 관련된 중앙행정기관·공공기관 및 사회단체와의 협조체계의 구축 및 운영

제4장 벌 칙

(2007.12.21 본장개정)

제68조【보도 금지】 ① 이 법에 따라 조사 또는 심리 중에 있는 보호사건이나 형사사건에 대하여는 성명·연령·직업·용모 등으로 비추어 볼 때 그 자가 당해 사건의 당사자라고 미루어 짐작할 수 있는 정도의 사실이나 사진을 신문이나 그 밖의 출판물에 싣거나 방송할 수 없다.
② 제1항을 위반한 다음 각 호의 자는 1년 이하의 징역 또는 1천만원 이하의 벌금에 처한다.(2014.1.7 본문개정)

1. 신문 : 편집인 및 발행인
2. 그 밖의 출판물 : 저작자 및 발행자
3. 방송 : 방송편집인 및 방송인

제69조【나이의 거짓 진술】 성인(成人)이 고의로 나이를 거짓으로 진술하여 보호처분이나 소년 형사처분을 받은 경우에는 1년 이하의 징역에 처한다.

제70조【조회 응답】 ① 소년 보호사건과 관계있는 기관은 그 사건 내용에 관하여 재판, 수사 또는 군사상 필요한 경우 외의 어떠한 조회에도 응하여서는 아니 된다.
② 제1항을 위반한 자는 1년 이하의 징역 또는 1천만원 이하의 벌금에 처한다.

제71조【소환의 불응 및 보호자 특별교육명령 불응】 다음 각 호의 어느 하나에 해당하는 자에게는 300만원 이하의 과태료를 부과한다.(2014.12.30 본문개정)

1. 제13조제1항에 따른 소환에 정당한 이유 없이 응하지 아니한 자
2. 제32조의2제3항의 특별교육명령에 정당한 이유 없이 응하지 아니한 자

부 칙 (2007.12.21)

제1조【시행일】 이 법은 공포 후 6개월이 경과한 날부터 시행한다.

제2조【일반적 경과조치】 이 법은 이 법 시행 당시 조사 또는 심리 중에 있는 보호사건 또는 형사사건에 대하여도 적용한다. 다만, 이 법 시행 전에 종전의 규정에 따라 행한 보호절차 또는 형사절차의 효력에는 영향을 미치지 아니한다.

제3조【소년의 나이 조정에 따른 경과조치】 이 법 시행 전에 제4조제1항 각 호의 요건의 어느 하나에 해당하는 자에 대하여는 제7조제2항, 제38조제1항 및 제51조의 개정규정에도 불구하고 종전의 규정에 따른다.

제4조【벌칙에 관한 경과조치】 이 법 시행 전의 행위에 대하여 벌칙을 적용할 때에는 종전의 규정에 따른다.

제5조~제6조 (생략)

부 칙 (2014.12.30)

이 법은 공포 후 6개월이 경과한 날부터 시행한다.

부 칙 (2015.12.1)

제1조【시행일】 이 법은 공포한 날부터 시행한다.

제2조【적용례】 제45조제3항 및 제47조제2항의 개정규정은 이 법 시행 후 최초로 제43조제1항 또는 제47조제1항에 따라 항고 또는 재항고하는 경우부터 적용한다.

부 칙 (2018.9.18)

제1조【시행일】 이 법은 공포한 날부터 시행한다.

제2조【자격에 관한 법령의 적용에 관한 적용례】 제67조의 개정규정은 이 법 시행 전 소년이었을 때 범한 죄에 의하여 형의 집행유예나 선고유예를 받은 사람에게도 적용한다.

부 칙 (2020.10.20)

제1조【시행일】 이 법은 공포 후 6개월이 경과한 날부터 시행한다.(이하 생략)

청소년 보호법

(2011년 9월 15일 전부개정법률 제11048호)

개정
2012. 1.17법11179호 2013. 3.22법11673호
2013. 6. 4법11862호(화학물질관리법)
2013. 8. 6법11998호(지방세외수입금의징수등에관한법)
2014. 3.24법12534호 2014. 5.28법12699호
2015. 6.22법13371호
2016. 1. 6법13726호(옥외광고물등의관리와옥외광고산업진흥에관한법)
2016. 3. 2법14067호 2016.12.20법14446호
2017.12.12법15209호 2018. 1.16법15353호
2018.12.11법15913호 2018.12.18법15987호
2020. 3.24법17091호(지방행정제재·부과금의징수등에관한법)
2020.12.29법17761호(주류면허등에관한법)
2021.12. 7법18550호
2023.12.26법19841호(주민등록)
2024. 3.26법20423호(행정법제혁신을위한일부개정법령등)

제1장 총 칙

제1조【목적】 이 법은 청소년에게 유해한 매체물과 약물 등이 청소년에게 유통되는 것과 청소년이 유해한 업소에 출입하는 것 등을 규제하고 청소년을 유해한 환경으로부터 보호·구제함으로써 청소년이 건전한 인격체로 성장할 수 있도록 함을 목적으로 한다.

제2조【정의】 이 법에서 사용하는 용어의 뜻은 다음과 같다.
1. "청소년"이란 만 19세 미만인 사람을 말한다. 다만, 만 19세가 되는 해의 1월 1일을 맞이한 사람은 제외한다.
2. "매체물"이란 다음 각 목의 어느 하나에 해당하는 것을 말한다.
 가. 「영화 및 비디오물의 진흥에 관한 법률」에 따른 영화 및 비디오물
 나. 「게임산업진흥에 관한 법률」에 따른 게임물
 다. 「음악산업진흥에 관한 법률」에 따른 음반, 음악파일, 음악영상물 및 음악영상파일
 라. 「공연법」에 따른 공연(국악공연은 제외한다)
 마. 「전기통신사업법」에 따른 전기통신을 통한 부호·문언·음향 또는 영상정보
 바. 「방송법」에 따른 방송프로그램(보도 방송프로그램은 제외한다)
 사. 「신문 등의 진흥에 관한 법률」에 따른 일반일간신문(주로 정치·경제·사회에 관한 보도·논평 및 여론을 전파하는 신문은 제외한다), 특수일간신문(경제·산업·과학·종교 분야는 제외한다), 일반주간신문(정치·경제 분야는 제외한다), 특수주간신문(경제·산업·과학·시사·종교 분야는 제외한다), 인터넷신문(주로 보도·논평 및 여론을 전파하는 기사는 제외한다) 및 인터넷뉴스서비스(2017.12.12 본목개정)
 아. 「잡지 등 정기간행물의 진흥에 관한 법률」에 따른 잡지(정치·경제·사회·시사·산업·과학·종교 분야는 제외한다), 정보간행물, 전자간행물 및 그 밖의 간행물
 자. 「출판문화산업 진흥법」에 따른 간행물, 전자출판물 및 외국간행물(사목 및 아목에 해당하는 매체물은 제외한다)
 차. 「옥외광고물 등의 관리와 옥외광고산업 진흥에 관한 법률」에 따른 옥외광고물과 가목부터 자목까지의 매체물에 수록·게재·전시되거나 그 밖의 방법으로 포함된 상업적 광고선전물(2016.1.6 본목개정)
 카. 그 밖에 청소년의 정신적·신체적 건강을 해칠 우려가 있어 대통령령으로 정하는 매체물
3. "청소년유해매체물"이란 다음 각 목의 어느 하나에 해당하는 것을 말한다.
 가. 제7조제1항 본문 및 제11조에 따라 청소년보호위원회가 청소년에게 유해한 것으로 결정하거나 확인하여 여성가족부장관이 고시한 매체물
 나. 제7조제1항 단서 및 제11조에 따라 각 심의기관이 청소년에게 유해한 것으로 심의하거나 확인하여 여성가족부장관이 고시한 매체물
4. "청소년유해약물등"이란 청소년에게 유해한 것으로 인정되는 다음 가목의 약물(이하 "청소년유해약물"이라 한다)과 청소년에게 유해한 것으로 인정되는 다음 나목의 물건(이하 "청소년유해물건"이라 한다)을 말한다.
 가. 청소년유해약물
  1) 「주세법」에 따른 주류
  2) 「담배사업법」에 따른 담배
  3) 「마약류 관리에 관한 법률」에 따른 마약류
  4) 「화학물질관리법」에 따른 환각물질(2013.6.4 개정)
  5) 그 밖에 중추신경에 작용하여 습관성, 중독성, 내성 등을 유발하여 인체에 유해하게 작용할 수 있는 약물 등 청소년의 사용을 제한하지 아니하면 청소년의 심신을 심각하게 손상시킬 우려가 있는 약물로서 대통령령으로 정하는 기준에 따라 관계 기관의 의견을 들어 제36조에 따른 청소년보호위원회(이하 "청소년보호위원회"라 한다)가 결정하고 여성가족부장관이 고시한 것
 나. 청소년유해물건
  1) 청소년에게 음란한 행위를 조장하는 성기구 등 청소년의 사용을 제한하지 아니하면 청소년의 심신을 심각하게 손상시킬 우려가 있는 성 관련 물건으로서 대통령령으로 정하는 기준에 따라 청소년보호위원회가 결정하고 여성가족부장관이 고시한 것
  2) 청소년에게 음란성·포악성·잔인성·사행성 등을 조장하는 완구류 등 청소년의 사용을 제한하지 아니하면 청소년의 심신을 심각하게 손상시킬 우려가 있는 물건으로서 대통령령으로 정하는 기준에 따라 청소년보호위원회가 결정하고 여성가족부장관이 고시한 것
  3) 청소년유해약물과 유사한 형태의 제품으로 청소년의 사용을 제한하지 아니하면 청소년의 청소년유해약물 이용습관을 심각하게 조장할 우려가 있는 물건으로서 대통령령으로 정하는 기준에 따라 청소년보호위원회가 결정하고 여성가족부장관이 고시한 것(2016.12.20 신설)
5. "청소년유해업소"란 청소년의 출입과 고용이 청소년에게 유해한 것으로 인정되는 다음 가목의 업소(이하 "청소년 출입·고용금지업소"라 한다)와 청소년의 출입은 가능하나 고용이 청소년에게 유해한 것으로 인정되는 다음 나목의 업소(이하 "청소년고용금지업소"라 한다)를 말한다. 이 경우 업소의 구분은 그 업소가 영업을 할 때 다른 법령에 따라 요구되는 허가·인가·등록·신고 등의 여부와 관계없이 실제로 이루어지고 있는 영업행위를 기준으로 한다.
 가. 청소년 출입·고용금지업소
  1) 「게임산업진흥에 관한 법률」에 따른 일반게임제공업 및 복합유통게임제공업 중 대통령령으로 정하는 것
  2) 「사행행위 등 규제 및 처벌 특례법」에 따른 사행행위영업
  3) 「식품위생법」에 따른 식품접객업 중 대통령령으로 정하는 것
  4) 「영화 및 비디오물의 진흥에 관한 법률」 제2조제16호에 따른 비디오물감상실업·제한관람가비디오물소극장업 및 복합영상물제공업(2013.3.22 개정)
  5) 「음악산업진흥에 관한 법률」에 따른 노래연습장업 중 대통령령으로 정하는 것
  6) 「체육시설의 설치·이용에 관한 법률」에 따른 무도학원업 및 무도장업
  7) 전기통신설비를 갖추고 불특정한 사람들 사이의 음성대화 또는 화상대화를 매개하는 것을 주된 목적으로 하는 영업. 다만, 「전기통신사업법」 등 다른 법률에 따라 통신을 매개하는 영업은 제외한다.

8) 불특정한 사람 사이의 신체적인 접촉 또는 은밀한 부분의 노출 등 성적 행위가 이루어지거나 이와 유사한 행위가 이루어질 우려가 있는 서비스를 제공하는 영업으로서 청소년보호위원회가 결정하고 여성가족부장관이 고시한 것
9) 청소년유해매체물 및 청소년유해약물등을 제작·생산·유통하는 영업 등 청소년의 출입과 고용이 청소년에게 유해하다고 인정되는 영업으로서 대통령령으로 정하는 기준에 따라 청소년보호위원회가 결정하고 여성가족부장관이 고시한 것
10) 「한국마사회법」 제6조제2항에 따른 장외발매소 (2018.12.11 개정)
11) 「경륜·경정법」 제9조제2항에 따른 장외매장 (2018.12.11 개정)

나. 청소년고용금지업소
1) 「게임산업진흥에 관한 법률」에 따른 청소년게임제공업 및 인터넷컴퓨터게임시설제공업
2) 「공중위생관리법」에 따른 숙박업, 목욕장업, 이용업 중 대통령령으로 정하는 것
3) 「식품위생법」에 따른 식품접객업 중 대통령령으로 정하는 것
4) 「영화 및 비디오물의 진흥에 관한 법률」에 따른 비디오물소극장업
5) 「화학물질관리법」에 따른 유해화학물질 영업. 다만, 유해화학물질 사용과 직접 관련이 없는 영업으로서 대통령령으로 정하는 영업은 제외한다.(2013.6.4 개정)
6) 회비 등을 받거나 유료로 만화를 빌려 주는 만화대여업
7) 청소년유해매체물 및 청소년유해약물등을 제작·생산·유통하는 영업 등 청소년의 고용이 청소년에게 유해하다고 인정되는 영업으로서 대통령령으로 정하는 기준에 따라 청소년보호위원회가 결정하고 여성가족부장관이 고시한 것

6. "유통"이란 매체물 또는 약물 등을 판매·대여·배포·방송·공연·상영·전시·진열·광고하거나 시청 또는 이용하도록 제공하는 행위와 이러한 목적으로 매체물 또는 약물 등을 인쇄·복제 또는 수입하는 행위를 말한다.
7. "청소년폭력·학대"란 폭력이나 학대를 통하여 청소년에게 신체적·정신적 피해를 발생하게 하는 행위를 말한다.
8. "청소년유해환경"이란 청소년유해매체물, 청소년유해약물등, 청소년유해업소 및 청소년폭력·학대를 말한다.

판례 업주의 종업원에 대한 연령확인 의무 : 유흥주점영업의 업주가 당해 유흥업소에 종업원을 고용함에 있어서는 주민등록증이나 이와 유사한 정도로 연령에 관한 공적 증명력이 있는 증거에 의하여 대상자의 연령을 확인하여야 하고, 만일 대상자의 연령 확인이 당장 용이하지 아니한 경우에는 대상자의 연령을 공적 증명에 의하여 확인할 수 있을 때까지는 그 채용을 보류하거나 거부하여야 할 것이다. (대판 2005.11.25, 2005도6455)

판례 주로 주류의 조리·판매를 목적으로 하는 영업을 청소년고용금지업소로 규정한 예 : 식품위생법상의 일반음식점 영업허가를 받은 업소라고 하더라도 실제로는 음식류의 조리·판매보다는 주로 주류를 조리·판매하는 영업행위가 이루어지고 있고, 나아가 일반음식점의 실제의 영업형태 중에서는 주간에는 주로 음식류를 조리·판매하고 야간에는 주로 주류를 조리·판매하는 형태도 있을 수 있는데, 이러한 경우 음식류의 조리·판매보다는 주로 주류를 조리·판매하는 야간의 영업형태에 있어서의 그 업소는 청소년보호법상의 청소년고용금지업소에 해당한다.(대판 2004.2.12, 2003도6282)

제3조【가정의 역할과 책임】 ① 청소년에 대하여 친권을 행사하는 사람 또는 친권자를 대신하여 청소년을 보호하는 사람(이하 "친권자등"이라 한다)은 청소년이 청소년유해환경에 접촉하거나 출입하지 못하도록 필요한 노력을 하여야 하며, 청소년이 유해한 매체물 또는 유해한 약물 등을 이용하고 있거나 유해한 업소에 출입하려고 하면 즉시 제지하여야 한다.
② 친권자등은 제1항에 따른 노력이나 제지를 할 때 필요한 경우에는 청소년 보호와 관련된 상담기관과 단체 등에 상담하여야 하고, 해당 청소년이 가출하거나 비행 등을 할 우려가 있다고 인정되면 청소년 보호와 관련된 지도·단속 기관에 협조를 요청하여야 한다.

제4조【사회의 책임】 ① 누구든지 청소년 보호를 위하여 다음 각 호의 조치 등 필요한 노력을 하여야 한다.
1. 청소년이 청소년유해환경에 접할 수 없도록 하거나 출입을 하지 못하도록 할 것
2. 청소년이 유해한 매체물 또는 유해한 약물 등을 이용하고 있거나 청소년폭력·학대 등을 하고 있음을 알게 되었을 때에는 이를 제지하고 선도할 것
3. 청소년에게 유해한 매체물과 유해한 약물 등이 유통되고 있거나 청소년유해업소에 청소년이 고용되어 있거나 출입하고 있음을 알게 되었을 때 또는 청소년이 청소년폭력·학대 등의 피해를 입고 있음을 알게 되었을 때에는 제21조제3항에 따른 관계기관등에 신고·고발하는 등의 조치를 할 것

② 매체물과 약물 등의 유통을 업으로 하거나 청소년유해업소의 경영을 업으로 하는 자와 이들로 구성된 단체 및 협회 등은 청소년유해매체물과 청소년유해약물등이 청소년에게 유통되지 아니하도록 하고 청소년유해업소에 청소년을 고용하거나 청소년이 출입하지 못하도록 하는 등 청소년을 보호하기 위하여 자율적인 노력을 다하여야 한다.

제5조【국가와 지방자치단체의 책무】 ① 국가는 청소년 보호를 위하여 청소년유해환경의 개선에 필요한 시책을 마련하고 시행하여야 하며, 지방자치단체는 해당 지역의 청소년유해환경으로부터 청소년을 보호하기 위하여 필요한 노력을 하여야 한다.
② 국가와 지방자치단체는 전자·통신기술 및 의약품 등의 발달에 따라 등장하는 새로운 형태의 매체물과 약물 등이 청소년의 정신적·신체적 건강을 해칠 우려가 있음을 인식하고, 이들 매체물과 약물 등으로부터 청소년을 보호하기 위하여 필요한 기술개발과 연구사업의 지원, 국가 간의 협력체제 구축 등 필요한 노력을 하여야 한다.
③ 국가와 지방자치단체는 청소년 관련 단체 등 민간의 자율적인 유해환경 감시·고발 활동을 장려하고 이에 필요한 지원을 할 수 있으며 민간의 건의사항을 관련 시책에 반영할 수 있다.
④ 국가와 지방자치단체는 청소년을 보호하기 위하여 청소년유해환경을 규제할 때 그 의무를 충실히 수행하여야 한다.

제6조【다른 법률과의 관계】 이 법은 청소년유해환경의 규제에 관한 형사처벌을 할 때 다른 법률보다 우선하여 적용한다.

제2장 청소년유해매체물의 결정 및 유통 규제

제7조【청소년유해매체물의 심의·결정】 ① 청소년보호위원회는 매체물이 청소년에게 유해한지를 심의하여 청소년에게 유해하다고 인정되는 매체물을 청소년유해매체물로 결정하여야 한다. 다만, 다른 법령에 따라 해당 매체물의 윤리성·건전성을 심의할 수 있는 기관(이하 "각 심의기관"이라 한다)이 있는 경우에는 예외로 한다.
② 청소년보호위원회는 매체물이 청소년에게 유해한지를 각 심의기관에서 심의하지 아니하는 경우 청소년 보호를 위하여 필요하다고 인정할 때에는 심의를 하도록 요청할 수 있다.
③ 청소년보호위원회는 제1항 단서에도 불구하고 다음 각 호의 어느 하나에 해당하는 매체물에 대하여는 청소년에게 유해한지를 심의하여 유해하다고 인정하는 경우에는 그 매체물을 청소년유해매체물로 결정할 수 있다.
1. 각 심의기관이 심의를 요청한 매체물
2. 청소년에게 유해한지에 대하여 각 심의기관의 심의를 받지 아니하고 유통되는 매체물

④ 청소년보호위원회나 각 심의기관은 매체물 심의 결과 그 매체물의 내용이 「형법」 등 다른 법령에 따라 유통이 금지되는 내용이라고 판단하는 경우에는 지체 없이 관계 기관에 형사처벌이나 행정처분을 요청하여야 한다. 다만, 각 심의기관별로 해당 법령에 따로 절차가 있는 경우에는 그 절차에 따른다.
⑤ 청소년보호위원회나 각 심의기관은 다음 각 호의 어느 하나에 해당하는 매체물에 대하여는 신청을 받거나 직권으로 매체물의 종류, 제목, 내용 등을 특정하여 청소년유해매체물로 결정할 수 있다.
1. 제작 · 발행의 목적 등에 비추어 청소년이 아닌 자를 상대로 제작 · 발행된 매체물
2. 매체물 각각을 청소년유해매체물로 결정하여서는 청소년에게 유통되는 것을 차단할 수 없는 매체물
⑥ 청소년보호위원회 심의 · 결정의 절차 등에 필요한 사항은 대통령령으로 정한다.
제8조 【등급 구분 등】 ① 청소년보호위원회와 각 심의기관은 제7조에 따라 매체물을 심의 · 결정하는 경우 청소년유해매체물로 심의 · 결정하지 아니한 매체물에 대하여는 그 매체물의 특성, 청소년 유해의 정도, 이용시간과 장소 등을 고려하여 이용 대상 청소년의 나이에 따른 등급을 구분할 수 있다.(2015.6.22 후단삭제)
② 제1항에 따른 등급 구분의 종류 및 방법 등에 필요한 사항은 대통령령으로 정한다.(2015.6.22 본항개정)
제9조 【청소년유해매체물의 심의 기준】 ① 청소년보호위원회와 각 심의기관은 제7조에 따른 심의를 할 때 해당 매체물이 다음 각 호의 어느 하나에 해당하는 경우에는 청소년유해매체물로 결정하여야 한다.
1. 청소년에게 성적인 욕구를 자극하는 선정적인 것이거나 음란한 것
2. 청소년에게 포악성이나 범죄의 충동을 일으킬 수 있는 것
3. 성폭력을 포함한 각종 형태의 폭력 행위와 약물의 남용을 자극하거나 미화하는 것
4. 도박과 사행심을 조장하는 등 청소년의 건전한 생활을 현저히 해칠 우려가 있는 것
5. 청소년의 건전한 인격과 시민의식의 형성을 저해(沮害)하는 반사회적 · 비윤리적인 것
6. 그 밖에 청소년의 정신적 · 신체적 건강에 명백히 해를 끼칠 우려가 있는 것
② 제1항에 따른 기준을 구체적으로 적용할 때에는 사회의 일반적인 통념에 따르며 그 매체물이 가지고 있는 문학적 · 예술적 · 교육적 · 의학적 · 과학적 측면과 그 매체물의 특성을 함께 고려하여야 한다.
③ 청소년 유해 여부에 관한 구체적인 심의 기준과 그 적용에 필요한 사항은 대통령령으로 정한다.
제10조 【심의 결과의 조정】 청소년보호위원회는 청소년보호와 관련하여 각 심의기관이 동일한 매체물을 심의한 결과에 상당한 차이가 있을 경우 그 심의 결과의 조정을 요구할 수 있으며 요구를 받은 각 심의기관은 특별한 사유가 없으면 그 요구에 따라야 한다.
제11조 【청소년유해매체물의 자율 규제】 ① 매체물의 제작자 · 발행자, 유통행위자 또는 매체물과 관련된 단체는 자율적으로 청소년 유해 여부를 결정하고 결정한 내용의 확인을 청소년보호위원회나 각 심의기관에 요청할 수 있다.
② 제1항에 따른 확인 요청을 받은 청소년보호위원회 또는 각 심의기관은 심의 결과 그 결정 내용이 적합한 경우에는 이를 확인하여야 하며, 청소년보호위원회는 필요한 경우 이를 각 심의기관에 위탁하여 처리할 수 있다.
③ 제2항에 따라 청소년보호위원회나 각 심의기관이 확인을 한 경우에는 해당 매체물에 확인 표시를 부착할 수 있다.
④ 매체물의 제작자 · 발행자, 유통행위자 또는 매체물과 관련된 단체는 청소년에게 유해하다고 판단하는 매체물에 대하여 제13조에 따른 청소년유해표시에 준하는 표시를 하거나 제14조에 따른 포장에 준하는 포장을 하여야 한다.
⑤ 청소년보호위원회나 각 심의기관은 제4항에 따라 청소년유해표시 또는 포장을 한 매체물을 발견한 경우 청소년 유해 여부를 결정하여야 한다.
⑥ 매체물의 제작자 · 발행자, 유통행위자 또는 매체물과 관련된 단체가 제4항에 따라 청소년유해표시 또는 포장을 한 매체물은 청소년보호위원회나 각 심의기관의 최종 결정이 있을 때까지 이 법에 따른 청소년유해매체물로 본다.
⑦ 정부는 자율 규제의 활성화를 위하여 매체물의 제작자 · 발행자, 유통행위자 또는 매체물과 관련된 단체에 청소년유해매체물 심의 기준 등에 관한 교육 및 관련 정보와 자료를 제공할 수 있다.
⑧ 제1항부터 제6항까지에 따른 청소년 유해 여부의 결정과 확인의 절차 및 방법 등에 필요한 사항은 대통령령으로 정한다.
제12조 【청소년유해매체물의 재심의】 ① 매체물의 제작자 · 발행자나 유통행위자는 제7조에 따른 청소년보호위원회의 심의 · 결정에 이의가 있는 경우 심의 · 결정의 결과를 통지받은 날부터 30일 이내에 청소년보호위원회에 재심의를 청구할 수 있다.
② 제1항에 따른 재심의 청구는 제7조에 따른 심의 · 결정의 효력 및 제21조에 따른 청소년유해매체물 고시 절차의 진행에 영향을 주지 아니한다.
③ 청소년보호위원회는 제1항에 따른 재심의 청구를 받은 날부터 30일 이내에 심의 · 결정하여 그 결과를 청구인에게 통보하여야 한다. 다만, 30일 이내에 재심의 결정을 하기 어려운 경우에는 청소년보호위원회의 의결을 거쳐 30일의 범위에서 그 기간을 연장할 수 있다.(2012.1.17 본항개정)
④ 제1항에 따른 재심의 청구 및 결정 등에 필요한 사항은 여성가족부령으로 정한다.
제13조 【청소년유해표시 의무】 ① 다음 각 호의 구분에 따른 자는 청소년유해매체물에 대하여 청소년에게 유해한 것임을 나타내는 표시(이하 "청소년유해표시"라 한다)를 하여야 한다. 다만, 다른 법령에서 청소년유해표시를 하여야 할 자를 따로 정한 경우에는 해당 법령에서 정하는 바에 따른다.
1. 청소년유해매체물이 「영화 및 비디오물의 진흥에 관한 법률」에 따른 영화인 경우 : 「영화 및 비디오물의 진흥에 관한 법률」 제2조제9호라목에 따른 영화상영업자
2. 청소년유해매체물이 「영화 및 비디오물의 진흥에 관한 법률」에 따른 비디오물인 경우 : 해당 비디오물을 제작 · 수입 · 복제한 자 또는 제공하는 자
3. 청소년유해매체물이 「게임산업진흥에 관한 법률」에 따른 게임물인 경우 : 해당 게임물을 제작 · 수입 · 복제한 자 또는 제공하는 자
4. 청소년유해매체물이 「음악산업진흥에 관한 법률」에 따른 음반, 음악파일, 음악영상물 및 음악영상파일인 경우 : 해당 음반, 음악파일, 음악영상물 및 음악영상파일을 제작 · 수입 · 복제한 자 또는 제공하는 자
5. 청소년유해매체물이 「공연법」에 따른 공연(국악공연은 제외한다)인 경우 : 「공연법」 제2조제3호에 따른 공연자 중 공연을 주재(主宰)하는 자
6. 청소년유해매체물이 「전기통신사업법」에 따른 전기통신을 통한 부호 · 문언 · 음향 또는 영상 정보인 경우 : 해당 부호 · 문언 · 음향 또는 영상 정보를 제공하는 자
7. 청소년유해매체물이 「방송법」에 따른 방송프로그램인 경우 : 「방송법」 제2조제3호에 따른 방송사업자
8. 청소년유해매체물이 「신문 등의 진흥에 관한 법률」에 따른 신문, 인터넷신문인 경우 : 「신문 등의 진흥에 관한 법률」 제2조제7호에 따른 발행인

9. 청소년유해매체물이 「잡지 등 정기간행물의 진흥에 관한 법률」에 따른 잡지, 정보간행물, 전자간행물, 기타간행물인 경우 : 해당 잡지, 정보간행물, 전자간행물, 기타간행물을 제작·수입·발행한 자 또는 제공하는 자
10. 청소년유해매체물이 「출판문화산업 진흥법」에 따른 간행물, 전자출판물, 외국간행물인 경우 : 해당 간행물, 전자출판물, 외국간행물을 제작·수입·발행한 자 또는 제공하는 자
11. 청소년유해매체물이 광고선전물 중 간행물에 포함된 것인 경우 : 해당 간행물의 표시의무자
② 제1항에 따른 청소년유해표시의 종류와 시기·방법, 그 밖에 필요한 사항은 대통령령으로 정한다.
(2013.3.22 본조개정)

제14조【포장 의무】 ① 청소년유해매체물은 포장하여야 한다. 이 경우 매체물의 특성으로 인하여 포장할 수 없는 것은 포장에 준하는 보호조치를 마련하여 시행하여야 한다.
② 제1항에 따라 포장을 하여야 할 매체물의 종류, 포장에 준하는 보호조치, 포장의무자, 포장방법, 그 밖에 포장에 필요한 사항은 대통령령으로 정한다.

제15조【표시·포장의 훼손 금지】 누구든지 제13조에 따른 청소년유해표시와 제14조에 따른 포장을 훼손하여서는 아니 된다.

제16조【판매 금지 등】 ① 청소년유해매체물로서 대통령령으로 정하는 매체물을 판매·대여·배포하거나 시청·관람·이용하도록 제공하려는 자는 그 상대방의 나이 및 본인 여부를 확인하여야 하고, 청소년에게 판매·대여·배포하거나 시청·관람·이용하도록 제공하여서는 아니 된다.
② 제13조에 따라 청소년유해표시를 하여야 할 매체물은 청소년유해표시가 되지 아니한 상태로 판매나 대여를 위하여 전시하거나 진열하여서는 아니 된다.
③ 제14조에 따라 포장을 하여야 할 매체물은 포장을 하지 아니한 상태로 판매나 대여를 위하여 전시하거나 진열하여서는 아니 된다.
④ 제1항에 따른 상대방의 나이 및 본인 여부의 확인방법, 그 밖에 청소년유해매체물의 판매 금지 등에 필요한 사항은 대통령령으로 정한다.

제17조【구분·격리 등】 ① 청소년유해매체물은 청소년에게 유통이 허용된 매체물과 구분·격리하지 아니하고서는 판매나 대여를 위하여 전시하거나 진열하여서는 아니 된다.
② 청소년유해매체물로서 제2조제2호가목부터 다목까지 및 사목부터 자목까지에 해당하는 매체물은 자동기계장치 또는 무인판매장치를 통하여 유통시킬 목적으로 전시하거나 진열하여서는 아니 된다. 다만, 다음 각 호의 어느 하나에 해당하는 경우에는 예외로 한다.
1. 자동기계장치나 무인판매장치를 설치하는 자가 이를 이용하는 청소년의 청소년유해매체물 구입 행위 등을 제지할 수 있는 경우
2. 청소년 출입·고용금지업소 안에 설치하는 경우
③ 제1항 및 제2항에 따른 구분·격리의 방법 등에 필요한 사항은 대통령령으로 정한다.

제18조【방송시간 제한】 청소년유해매체물로서 제2조제2호바목에 해당하는 매체물과 같은 호 차목·카목에 해당하는 매체물 중 방송을 이용하는 매체물은 대통령령으로 정하는 시간에는 방송하여서는 아니 된다.

제19조【광고선전 제한】 ① 청소년유해매체물로서 제2조제2호차목에 해당하는 매체물 중 「옥외광고물 등의 관리와 옥외광고산업 진흥에 관한 법률」에 따른 옥외광고물을 다음 각 호의 어느 하나에 해당하는 장소에 공공연하게 설치·부착 또는 배포하여서는 아니 되며, 상업적 광고선전물을 청소년의 접근을 제한하는 기능이 없는 컴퓨터 통신을 통하여 설치·부착 또는 배포하여서도 아니 된다.(2016.1.6 본문개정)
1. 청소년 출입·고용금지업소 외의 업소
2. 일반인들이 통행하는 장소
② 청소년유해매체물로서 제2조제2호차목에 해당하는 매체물(「옥외광고물 등의 관리와 옥외광고산업 진흥에 관한 법률」에 따른 옥외광고물은 제외한다)은 청소년을 대상으로 판매·대여·배포하거나 시청·관람 또는 이용하도록 제공하여서는 아니 된다.(2016.1.6 본항개정)
③ 제1항과 제2항에 따른 광고선전의 제한 방법과 제한 장소, 그 밖에 광고 제한에 필요한 사항은 대통령령으로 정한다.

제20조【청소년유해매체물의 결정 취소】 청소년보호위원회와 각 심의기관은 청소년유해매체물이 더 이상 청소년에게 유해하지 아니하다고 인정할 때에는 제7조에 따른 청소년유해매체물의 결정을 취소하여야 한다.

제21조【청소년유해매체물 결정 등의 통보·고시】 ① 각 심의기관은 청소년유해매체물의 결정, 확인 또는 결정 취소를 한 경우 청소년유해매체물의 목록과 그 사유를 청소년보호위원회에 통보하여야 한다.
② 여성가족부장관은 청소년보호위원회와 각 심의기관이 결정, 확인 또는 결정 취소한 청소년유해매체물의 목록과 그 사유 및 효력 발생 시기를 구체적으로 밝힌 목록표(이하 "청소년유해매체물 목록표"라 한다)를 고시하여야 한다.
③ 여성가족부장관은 청소년유해매체물 목록표를 각 심의기관, 청소년 또는 매체물과 관련이 있는 중앙행정기관, 지방자치단체, 청소년 보호와 관련된 지도·단속 기관, 그 밖에 청소년 보호를 위한 관련 단체 등(이하 "관계기관등"이라 한다)에 통보하여야 하고, 필요한 경우 매체물의 유통을 업으로 하는 개인·법인·단체에 통보할 수 있으며, 친권자등의 요청이 있는 경우 친권자등에게 통지할 수 있다.
④ 제2항 및 제3항에 따른 청소년유해매체물 목록표의 고시 및 통보 등에 필요한 사항은 여성가족부령으로 정한다.

제22조【외국 매체물에 대한 특례】 누구든지 외국에서 제작·발행된 매체물로서 제9조의 심의 기준에 해당하는 청소년유해매체물(번역, 번안, 편집, 자막삽입 등을 한 경우를 포함한다)을 영리를 목적으로 청소년을 대상으로 유통하게 하거나 이와 같은 목적으로 소지하여서는 아니 된다.

제23조【정보통신망을 통한 청소년유해매체물 제공자 등의 공표】 ① 여성가족부장관은 「정보통신망 이용촉진 및 정보보호 등에 관한 법률」 제2조제1항제1호에 따른 정보통신망을 이용하여 청소년유해매체물을 제작·발행하거나 유통하는 자가 다음 각 호의 어느 하나에 해당하는 경우 해당 청소년유해매체물의 제작자·발행자나 유통행위자 등의 업체명·대표자명·위반행위의 내용 등을 공표할 수 있다.
1. 청소년유해매체물임을 표시하지 아니하고 청소년유해매체물을 청소년에게 제공한 경우
2. 청소년유해매체물의 광고를 청소년에게 전송하거나 청소년 접근을 제한하는 조치 없이 공개적으로 전시한 경우
② 여성가족부장관은 제1항에 따라 정보를 공표하기 전에 정보 공표 대상자에게 의견제출의 기회를 주어야 한다.
③ 제1항에 따른 공표의 방법과 절차 등에 필요한 사항은 대통령령으로 정한다.

제3장 청소년의 인터넷게임 중독·과몰입 예방
(2021.12.7 본장제목개정)

제24조【인터넷게임 이용자의 친권자등의 동의】 ① 「게임산업진흥에 관한 법률」에 따른 게임물 중 「정보통신망 이용촉진 및 정보보호 등에 관한 법률」 제2조제1항제1호에 따른 정보통신망을 통하여 실시간으로 제공되는 게임물(이하 "인터넷게임"이라 한다)의 제공자(「전기통신사업법」 제22조에 따라 부가통신사업자로 신고한 자를 말하며, 같은 조 제1항 후단 및 제4항에 따라 신고한 것으로 보는 경우를 포함한다.

이하 같다)는 회원으로 가입하려는 사람이 16세 미만의 청소년일 경우에는 친권자등의 동의를 받아야 한다.
② 제1항의 친권자등의 동의에 필요한 사항은 「게임산업진흥에 관한 법률」에서 정하는 바에 따른다.
제25조【인터넷게임 제공자의 고지 의무】 ① 인터넷게임의 제공자는 16세 미만의 청소년 회원가입자의 친권자등에게 해당 청소년과 관련된 다음 각 호의 사항을 알려야 한다.
1. 제공되는 게임의 특성·등급(「게임산업진흥에 관한 법률」 제21조에 따른 게임물의 등급을 말한다)·유료화정책 등에 관한 기본적인 사항
2. (2021.12.7 삭제)
3. 인터넷게임 이용 등에 따른 결제정보
② 제1항에 따른 고지에 필요한 사항은 「게임산업진흥에 관한 법률」에서 정하는 바에 따른다.
제26조 (2021.12.7 삭제)
제27조【인터넷게임 중독·과몰입 등의 예방 및 피해 청소년 지원】 ① 여성가족부장관은 관계 중앙행정기관의 장과 협의하여 인터넷게임 중독·과몰입(인터넷게임의 지나친 이용으로 인하여 인터넷게임 이용자가 일상생활에서 쉽게 회복할 수 없는 신체적·정신적·사회적 기능 손상을 입은 것을 말한다) 등 매체물의 오용·남용을 예방하고 신체적·정신적·사회적 피해를 입은 청소년과 그 가족에 대하여 상담·교육 및 치료와 재활 등의 서비스를 지원할 수 있다.
(2021.12.7 본항개정)
② 제1항에 따른 지원에 관하여 구체적인 사항은 대통령령으로 정한다.
(2021.12.7 본조제목개정)

제4장 청소년유해약물등, 청소년유해행위 및 청소년유해업소 등의 규제

제28조【청소년유해약물등의 판매·대여 등의 금지】 ① 누구든지 청소년을 대상으로 청소년유해약물등을 판매·대여·배포(자동기계장치·무인판매장치·통신장치를 통하여 판매·대여·배포하는 경우를 포함한다)하거나 무상으로 제공하여서는 아니 된다. 다만, 교육·실험 또는 치료를 위한 경우로서 대통령령으로 정하는 경우는 예외로 한다.
② 누구든지 청소년의 의뢰를 받아 청소년유해약물등을 구입하여 청소년에게 제공하여서는 아니 된다.
③ 누구든지 청소년에게 권유·유인·강요하여 청소년유해약물등을 구매하게 하여서는 아니 된다.(2018.12.11 본항신설)
④ 청소년유해약물등을 판매·대여·배포하고자 하는 자는 그 상대방의 나이 및 본인 여부를 확인하여야 한다.
(2018.1.16 본항개정)
⑤ 다음 각 호의 어느 하나에 해당하는 자가 청소년유해약물 중 주류나 담배(이하 "주류등"이라 한다)를 판매·대여·배포하는 경우 그 업소(자동기계장치·무인판매장치를 포함한다)에 청소년을 대상으로 주류등의 판매·대여·배포를 금지하는 내용을 표시하여야 한다. 다만, 청소년 출입·고용금지업소는 제외한다.
1. 「주류 면허 등에 관한 법률」에 따른 주류소매업의 영업자
(2020.12.29 본호개정)
2. 「담배사업법」에 따른 담배소매업의 영업자
3. 그 밖에 대통령령으로 정하는 업소의 영업자
(2014.3.24 본항신설)
⑥ 여성가족부장관은 청소년유해약물등 목록표를 작성하여 청소년유해약물등과 관련이 있는 관계기관등에 통보하여야 하고, 필요한 경우 약물 유통을 업으로 하는 개인·법인·단체에 통보할 수 있으며, 친권자등의 요청이 있는 경우 친권자등에게 통지할 수 있다.
⑦ 다음 각 호의 어느 하나에 해당하는 자는 청소년유해약물등에 대하여 청소년유해표시를 하여야 한다.
1. 청소년유해약물을 제조·수입한 자
2. 청소년유해물건을 제작·수입한 자
(2013.3.22 본항개정)
⑧ 제6항에 따른 청소년유해약물등 목록표의 작성 방법, 통보 시기, 통보 대상, 그 밖에 필요한 사항은 여성가족부령으로 정한다.(2018.12.11 본항개정)
⑨ 제5항에 따른 표시의 문구, 크기와 제7항에 따른 청소년유해표시의 종류와 시기·방법, 그 밖에 필요한 사항은 대통령령으로 정한다.(2018.12.11 본항개정)
⑩ 청소년유해약물등의 포장에 관하여는 제14조 및 제15조를 준용한다. 이 경우 "청소년유해매체물" 및 "매체물"은 각각 "청소년유해약물등"으로 본다.(2013.3.22 본항신설)
제29조【청소년 고용 금지 및 출입 제한 등】 ① 청소년유해업소의 업주는 청소년을 고용하여서는 아니 된다. 청소년유해업소의 업주가 종업원을 고용하려면 미리 나이를 확인하여야 한다.
② 청소년 출입·고용금지업소의 업주와 종사자는 출입자의 나이를 확인하여 청소년이 그 업소에 출입하지 못하게 하여야 한다.
③ 제2조제5호나목2)의 숙박업을 운영하는 업주는 종사자를 배치하거나 대통령령으로 정하는 설비 등을 갖추어 출입자의 나이를 확인하고 제30조제8호의 우려가 있는 경우에는 청소년의 출입을 제한하여야 한다.(2016.12.20 본항신설)
④ 청소년유해업소의 업주와 종사자는 제1항부터 제3항까지에 따른 나이 확인을 위하여 필요한 경우 주민등록증(모바일 주민등록증을 포함한다)이나 그 밖에 나이를 확인할 수 있는 증표(이하 이 항에서 "증표"라 한다)의 제시를 요구할 수 있으며, 증표 제시를 요구받고도 정당한 사유 없이 증표를 제시하지 아니하는 사람에게는 그 업소의 출입을 제한할 수 있다.(2023.12.26 본항개정)
⑤ 제2항에도 불구하고 청소년이 친권자등을 동반할 때에는 대통령령으로 정하는 바에 따라 출입하게 할 수 있다. 다만, 「식품위생법」에 따른 식품접객업 중 대통령령으로 정하는 업소의 경우에는 출입할 수 없다.
⑥ 청소년유해업소의 업주와 종사자는 그 업소에 대통령령으로 정하는 바에 따라 청소년의 출입과 고용을 제한하는 내용을 표시하여야 한다.
판례 동조 제1항 '고용'의 의미 : 청소년유해업소인 노래연습장 또는 유흥주점의 각 업주는 청소년을 접대부로 고용할 수 없는 바, 여기의 고용에는 시간제로 보수를 받고 근무하는 경우도 포함된다.
(대판 2005.7.29, 2005도3801)
판례 동조 제2항 '출입'의 의미 : 동법의 입법목적과 이를 달성하기 위한 제 규정들의 취지, 그리고 동조 제2항이 유해업소의 출입과 이용을 병렬적으로 규제하고 있는 입법형식을 취하고 있는 점 등 제반 사정에 비추어 볼 때, 동조항의 '출입'은 '이용'과는 별개의 개념으로서 위 규정에 의하여 금지되는 '출입'은 청소년이 유해업소의 시설을 이용하기 위한 것인지를 묻지 아니하고 청소년이 법령이 허용하는 경우 이외에 유해업소의 시설에 출입하는 행위 일체를 의미한다.
(대판 2002.6.14, 2002도651)
제30조【청소년유해행위의 금지】 누구든지 청소년에게 다음 각 호의 어느 하나에 해당하는 행위를 하여서는 아니 된다.
1. 영리를 목적으로 청소년으로 하여금 신체적인 접촉 또는 은밀한 부분의 노출 등 성적 접대행위를 하게 하거나 이러한 행위를 알선·매개하는 행위
2. 영리를 목적으로 청소년으로 하여금 손님과 함께 술을 마시거나 노래 또는 춤 등으로 손님의 유흥을 돋우는 접객행위를 하게 하거나 이러한 행위를 알선·매개하는 행위
3. 영리나 흥행을 목적으로 청소년에게 음란한 행위를 하게 하는 행위
4. 영리나 흥행을 목적으로 청소년의 장애나 기형 등의 모습을 일반인들에게 관람시키는 행위
5. 청소년에게 구걸을 시키거나 청소년을 이용하여 구걸하는 행위

6. 청소년을 학대하는 행위
7. 영리를 목적으로 청소년으로 하여금 거리에서 손님을 유인하는 행위를 하게 하는 행위
8. 청소년을 남녀 혼숙하게 하는 등 풍기를 문란하게 하는 영업행위를 하거나 이를 목적으로 장소를 제공하는 행위
9. 주로 차 종류를 조리 · 판매하는 업소에서 청소년으로 하여금 영업장을 벗어나 차 종류를 배달하는 행위를 하게 하거나 이를 조장하거나 묵인하는 행위

판례 동조 제8호 '청소년 이성혼숙'의 의미 : 위 법률의 입법 취지가 청소년을 각종 유해행위로부터 보호함으로써 청소년이 건전한 인격체로 성장할 수 있도록 하기 위한 것인 점 등을 감안하면, 위 법문이 규정하는 '이성혼숙'은 남녀 중 일방이 청소년이면 족하고, 반드시 남녀 쌍방이 청소년임을 요하는 것은 아니다.
(대판 2003.12.26, 2003도5980)

제31조【청소년 통행금지 · 제한구역의 지정 등】 ① 특별자치시장 · 특별자치도지사 · 시장 · 군수 · 구청장(구청장은 자치구의 구청장을 말하며, 이하 "시장 · 군수 · 구청장"이라 한다)은 청소년 보호를 위하여 필요하다고 인정할 경우 청소년의 정신적 · 신체적 건강을 해칠 우려가 있는 구역을 청소년 통행금지구역 또는 청소년 통행제한구역으로 지정하여야 한다.(2013.3.22 본항개정)
② 시장 · 군수 · 구청장은 청소년 범죄 또는 탈선의 예방 등 특별한 이유가 있으면 대통령령으로 정하는 바에 따라 시간을 정하여 제1항에 따라 지정된 구역에 청소년이 통행하는 것을 금지하거나 제한할 수 있다.
③ 제1항과 제2항에 따른 청소년 통행금지구역 또는 통행제한구역의 구체적인 지정기준과 선도 및 단속 방법 등은 조례로 정하여야 한다. 이 경우 관할 경찰관서 및 학교 등 해당 지역의 관계 기관과 지역 주민의 의견을 반영하여야 한다.
④ 시장 · 군수 · 구청장 및 관할 경찰서장은 청소년이 제2항을 위반하여 청소년 통행금지구역 또는 통행제한구역을 통행하려고 할 때에는 통행을 막을 수 있으며, 통행하고 있는 청소년은 해당 구역 밖으로 나가게 할 수 있다.

제32조【청소년에 대하여 가지는 채권의 효력 제한】 ① 제30조에 따른 행위를 한 자가 그 행위와 관련하여 청소년에 대하여 가지는 채권은 그 계약의 형식이나 명목에 관계없이 무효로 한다.
② 제2조제5호가목3) 및 나목3)에 따른 업소의 업주가 고용과 관련하여 청소년에 대하여 가지는 채권은 그 계약의 형식이나 명목에 관계없이 무효로 한다.

제5장 청소년 보호 사업의 추진

제33조【청소년보호종합대책의 수립 등】 ① 여성가족부장관은 3년마다 관계 중앙행정기관의 장 및 지방자치단체의 장과 협의하여 청소년유해환경으로부터 청소년을 보호하기 위한 종합대책(이하 이 조에서 "종합대책"이라 한다)을 수립 · 시행하여야 한다.
② 여성가족부장관은 종합대책의 추진상황을 매년 점검하여야 하고, 이를 위하여 관계 기관 점검회의를 운영할 수 있다.
③ 여성가족부장관은 종합대책 수립 및 제2항에 따른 점검회의의 운영을 위하여 필요한 자료를 관계 기관의 장에게 요청할 수 있다. 이 경우 관계 기관의 장은 정당한 사유가 없으면 이에 따라야 한다.
④ 여성가족부장관은 종합대책의 효과적 수립 · 시행을 위하여 청소년의 유해환경에 대한 접촉실태 조사를 정기적으로 실시하여야 하고, 관계 중앙행정기관 또는 지방자치단체의 장과 협력하여 청소년유해환경에 대한 종합적인 점검 및 단속 등을 실시할 수 있다.
⑤ 종합대책의 수립 · 시행과 제2항에 따른 점검회의의 운영 등에 필요한 사항은 대통령령으로 정한다.

제34조【청소년의 유해환경에 대한 대응능력 제고 등】 ① 여성가족부장관은 관계 중앙행정기관의 장과 협의하여 청소년의 유해환경에 대한 대응능력 제고와 청소년의 매체물 오용 · 남용으로 인한 피해의 예방 및 해소 등을 위하여 다음 각 호의 사업을 추진할 수 있다.
1. 청소년의 유해환경에 대한 대응능력 제고를 위한 교육 및 프로그램의 개발과 보급
2. 청소년의 유해환경에 대한 대응능력 제고와 관련된 전문 인력의 양성
3. 청소년의 매체물 이용과 관련한 상담 및 안내
4. 매체물 오용 · 남용으로 피해를 입은 청소년에 대한 전문적 상담과 치료 등
5. 청소년유해약물 피해 예방 및 피해를 입은 청소년에 대한 치료와 재활

② 여성가족부장관은 제1항 각 호의 사업을 청소년 보호를 목적으로 하는 법인 또는 단체에 위탁하여 실시할 수 있다. 이 경우 여성가족부장관은 예산의 범위에서 사업 수행에 필요한 경비의 전부 또는 일부를 지원할 수 있다.

제34조의2【환각물질 중독치료 등】 ① 여성가족부장관은 다음 각 호의 사항을 지원하기 위하여 중독정신의학 또는 청소년정신의학 전문의 등의 인력과 관련 장비를 갖춘 시설 또는 기관을 청소년 환각물질 중독 전문 치료기관(이하 "청소년 전문 치료기관"이라 한다)으로 지정 · 운영할 수 있다. 이 경우 판별 검사, 치료와 재활에 필요한 비용의 전부 또는 일부를 지원할 수 있다.
1. 환각물질 흡입 청소년의 중독 여부 판별 검사
2. 환각물질 중독으로 판명된 청소년에 대한 치료와 재활

② 여성가족부장관은 환각물질 흡입 청소년에 대하여 본인, 친권자 등 대통령령으로 정하는 사람의 신청, 「소년법」에 따른 법원의 보호처분결정 또는 검사의 조건부기소유예처분 등이 있는 경우 청소년 전문 치료기관에서 중독 여부를 판별하기 위한 검사를 받도록 지원할 수 있다. 이 경우 검사기간은 1개월 이내로 한다.
③ 여성가족부장관은 환각물질 중독자로 판명된 청소년에 대하여 본인, 친권자 등 대통령령으로 정하는 사람의 신청, 「소년법」에 따른 법원의 보호처분결정 또는 검사의 조건부기소유예처분 등이 있는 경우 청소년 전문 치료기관에서 치료와 재활을 받도록 지원할 수 있다. 이 경우 치료 및 재활 기간은 6개월 이내로 하되, 3개월의 범위에서 연장할 수 있다.
④ 여성가족부장관은 제2항 및 제3항에 따른 결정을 하는 경우에 정신과 전문의 등에게 자문할 수 있다.
⑤ 청소년 전문 치료기관의 장과 그 종사자 또는 그 직에 있었던 사람은 직무상 알게 된 비밀을 누설하여서는 아니 된다.
⑥ 제1항부터 제4항까지의 규정에 따른 청소년 전문 치료기관의 지정 · 운영, 중독 판별 검사 및 치료와 재활, 친권자 등의 신청 및 자문, 그 밖에 필요한 사항은 대통령령으로 정한다.
(2014.5.28 본조신설)

제35조【청소년 보호 · 재활센터의 설치 · 운영】 ① 여성가족부장관은 청소년유해환경으로부터 청소년을 보호하고 피해 청소년의 치료와 재활을 지원하기 위하여 청소년 보호 · 재활센터(이하 "청소년 보호 · 재활센터"라 한다)를 설치 · 운영할 수 있다.
② 여성가족부장관은 청소년 보호 · 재활센터의 설치 · 운영을 청소년 보호를 목적으로 하는 법인 또는 단체에 위탁할 수 있다. 이 경우 청소년 보호 · 재활센터의 설치 · 운영에 필요한 경비의 전부 또는 일부를 지원할 수 있다.
③ 청소년 보호 · 재활센터의 설치 · 운영에 필요한 세부사항은 대통령령으로 정한다.

제6장 청소년보호위원회

제36조 【청소년보호위원회의 설치】 다음 각 호의 사항에 관하여 심의·결정하기 위하여 여성가족부장관 소속으로 청소년보호위원회(이하 이 장에서 "위원회"라 한다)를 둔다.
1. 청소년유해매체물, 청소년유해약물등, 청소년유해업소 등의 심의·결정 등에 관한 사항
2. 제54조제1항에 따른 과징금 부과에 관한 사항
3. 여성가족부장관이 청소년보호를 위하여 필요하다고 인정하여 심의를 요청한 사항
4. 그 밖에 다른 법률에서 위원회가 심의·결정하도록 정한 사항

제37조 【위원회의 구성】 ① 위원회는 위원장 1명을 포함한 11명 이내의 위원으로 구성하되, 고위공무원단에 속하는 공무원 중 여성가족부장관이 지명하는 청소년 업무 담당 공무원 1명을 당연직 위원으로 한다.
② 위원회의 위원장은 청소년 관련 경험과 식견이 풍부한 사람 중에서 여성가족부장관의 제청으로 대통령이 임명하고, 그 밖의 위원은 다음 각 호의 어느 하나에 해당하는 사람 중에서 위원장의 추천을 받아 여성가족부장관의 제청으로 대통령이 임명하거나 위촉한다.
1. 판사, 검사 또는 변호사로 5년 이상 재직한 사람
2. 대학이나 공인된 연구기관에서 부교수 이상 또는 이에 상당하는 직에 있거나 있었던 사람으로서 청소년 관련 분야를 전공한 사람
3. 3급 또는 3급 상당 이상의 공무원이나 고위공무원단에 속하는 공무원과 공공기관에서 이에 상당하는 직에 있거나 있었던 사람으로서 청소년 관련 업무에 실무 경험이 있는 사람
4. 청소년 시설·단체 및 각급 교육기관 등에서 청소년 관련 업무를 10년 이상 담당한 사람

제38조 【위원장의 직무 및 회의】 ① 위원장은 위원회를 대표하고 위원회의 업무를 총괄한다.
② 위원장이 부득이한 사유로 직무를 수행할 수 없을 때에는 위원장이 지명한 위원이 그 직무를 대행한다.
③ 위원장은 위원회의 회의를 소집하고 그 의장이 된다.
④ 위원회의 회의는 재적위원 과반수의 출석으로 개의하고, 출석위원 과반수의 찬성으로 의결한다.

제39조 【위원의 임기】 ① 위원의 임기는 2년으로 하며, 연임할 수 있다. 다만, 당연직 위원의 임기는 그 재임기간으로 한다.(2018.12.18 단서신설)
② 당연직 위원이 아닌 위원에 결원이 생겼을 때에는 결원된 날부터 30일 이내에 보궐위원을 임명하거나 위촉하여야 하며, 보궐위원의 임기는 전임자 임기의 남은 기간으로 한다. 다만, 전임자 임기의 남은 기간이 3개월 미만이고 재임 중인 위원의 수가 8명 이상인 경우에는 보궐위원을 선임하지 아니할 수 있다.(2013.3.22 단서신설)

제40조 【위원의 직무상 독립과 신분보장】 ① 위원은 직무와 관련하여 외부의 지시나 간섭을 받지 아니한다.
② 위원은 다음 각 호의 어느 하나에 해당하는 경우가 아니면 본인의 의사에 반하여 면직되지 아니한다.
1. 금고 이상의 형을 선고받은 경우
2. 장기간의 심신쇠약으로 직무를 수행할 수 없게 된 경우

제41조 【회의 및 운영】 이 법에서 정한 사항 외에 위원회의 운영에 필요한 사항은 대통령령으로 정한다.

제41조의2 【유해매체물 심의 분과위원회】 ① 여성가족부장관은 청소년보호위원회의 청소년유해매체물 심의·결정을 지원하기 위하여 유해매체물 심의 분과위원회를 둘 수 있다.
② 제1항에 따른 분과위원회의 구성과 운영 등에 필요한 사항은 대통령령으로 정한다.
(2012.1.17 본조신설)

제7장 보 칙

제42조 【보고 등】 여성가족부장관 또는 시장·군수·구청장은 이 법에서 정하고 있는 사항의 이행 및 위반 여부를 확인하기 위하여 필요하다고 인정하면 청소년유해매체물과 청소년유해약물등을 유통하는 자와 청소년유해업소의 업주 등에게 대통령령으로 정하는 바에 따라 필요한 보고와 자료 제출을 요구할 수 있다.

제43조 【검사 및 조사 등】 ① 여성가족부장관 또는 시장·군수·구청장은 이 법에서 정하고 있는 사항의 이행 및 위반 여부를 확인하기 위하여 필요하다고 인정하면 소속 공무원으로 하여금 청소년유해매체물 및 청소년유해약물등의 유통과 청소년의 청소년유해업소 고용 및 출입 등에 관련된 장부, 서류, 장소, 그 밖에 필요한 물건을 검사·조사하게 할 수 있으며, 대통령령으로 정하는 장소에서 당사자·이해관계인 또는 참고인의 진술을 듣게 할 수 있다.
② 여성가족부장관 또는 시장·군수·구청장은 필요하다고 인정하면 특별한 학식·경험이 있는 자에게 감정을 의뢰할 수 있다.
③ 제1항에 따라 업무를 수행하는 공무원은 그 권한을 표시하는 증표를 지니고 이를 관계인에게 보여주어야 한다.

제44조 【수거·파기】 ① 여성가족부장관 또는 시장·군수·구청장은 청소년유해매체물 및 청소년유해약물등이 다음 각 호의 어느 하나에 해당하면 소유자나 유통에 종사하는 자에게 그 청소년유해매체물 또는 청소년유해약물등의 수거를 명할 수 있다.
1. 제13조제1항 및 제28조제7항에 따른 청소년유해표시가 되어 있지 아니하거나 제14조(제28조제10항에서 준용하는 경우를 포함한다)에 따라 포장되지 아니하고 유통되고 있는 경우(2018.12.11 본호개정)
2. 청소년에게 유해한지에 대하여 각 심의기관의 심의를 받지 아니하고 유통되고 있는 매체물로서 청소년유해매체물로 결정된 경우
② 여성가족부장관 또는 시장·군수·구청장은 제1항에 따른 수거명령을 받을 자를 알 수 없거나 수거명령을 받은 자가 이에 따르지 아니할 경우에는 대통령령으로 정하는 바에 따라 청소년유해매체물 또는 청소년유해약물등을 직접 수거하거나 파기할 수 있다.
③ 여성가족부장관, 시장·군수·구청장 또는 관할 경찰서장은 청소년이 소유하거나 소지하는 청소년유해약물등과 청소년유해매체물을 수거하여 폐기하거나 그 밖에 필요한 처분을 할 수 있다.
④ 여성가족부장관, 시장·군수·구청장 또는 관할 경찰서장은 제3항에 따른 처분을 한 경우에는 그 품명·수량·소유자 또는 소지자 및 그 처분 내용 등을 관계 장부에 적어야 한다.
⑤ 제1항부터 제3항까지에 따른 수거·파기 등에 필요한 사항은 대통령령으로 정한다.

제45조 【시정명령】 ① 여성가족부장관 또는 시장·군수·구청장은 다음 각 호의 어느 하나에 해당하는 자에게 그 시정을 명할 수 있다.
1. 제13조제1항 및 제28조제7항을 위반하여 청소년유해매체물 또는 청소년유해약물등에 청소년유해표시를 하지 아니한 자(2018.12.11 본호개정)
2. 제14조(제28조제10항에서 준용하는 경우를 포함한다)를 위반하여 청소년유해매체물 또는 청소년유해약물등을 포장하지 아니한 자(2018.12.11 본호개정)
3. 영리를 목적으로 제16조제2항을 위반하여 청소년유해매체물을 청소년유해표시가 되지 아니한 상태에서 판매나 대여를 위하여 전시하거나 진열한 자

4. 영리를 목적으로 제16조제3항을 위반하여 청소년유해매체물을 포장하지 아니한 상태에서 판매나 대여를 위하여 전시하거나 진열한 자
5. 영리를 목적으로 제17조제1항을 위반하여 청소년유해매체물을 구분·격리하지 아니하고 판매나 대여를 위하여 전시하거나 진열한 자
6. 영리를 목적으로 제17조제2항을 위반하여 청소년유해매체물로서 제2조제2호가목부터 다목까지 및 사목부터 자목까지에 해당하는 매체물을 자동기계장치나 무인판매장치를 통하여 유통시킬 목적으로 전시하거나 진열한 자
7. 제19조제1항을 위반하여 청소년유해매체물로서 제2조제2호차목에 해당하는 매체물 중 「옥외광고물 등의 관리와 옥외광고산업 진흥에 관한 법률」에 따른 옥외광고물을 청소년 출입·고용금지업소 외의 업소나 일반인들이 통행하는 장소에 공공연하게 설치·부착 또는 배포한 자 또는 상업적 광고선전물을 청소년의 접근을 제한하는 기능이 없는 컴퓨터 통신을 통하여 설치·부착 또는 배포한 자 (2016.1.6 본호개정)
7의2. 제28조제5항을 위반하여 주류등의 판매·대여·배포를 금지하는 내용을 표시하지 아니한 자(2018.12.11 본호개정)
8. 제29조제6항을 위반하여 청소년유해업소에 청소년의 출입과 고용을 제한하는 내용을 표시하지 아니한 자 (2016.12.20 본호개정)

② 제1항에 따른 시정명령의 종류·절차 및 그 이행 등에 필요한 사항은 대통령령으로 정한다.

제46조 【처분의 이유 명시】 여성가족부장관 또는 시장·군수·구청장은 제44조와 제45조에 따른 처분을 할 때에는 대통령령으로 정하는 바에 따라 처분의 이유를 구체적으로 밝혀야 한다.

제47조 【관계 행정기관의 장의 협조】 ① 여성가족부장관은 이 법의 시행을 위하여 필요하다고 인정할 때에는 관계 행정기관의 장의 의견을 들을 수 있다.

② 여성가족부장관은 이 법에 따른 의무를 반드시 이행하도록 하기 위하여 필요하다고 인정할 때에는 관계 행정기관의 장에게 필요한 협조를 의뢰할 수 있다.

제48조 【민간단체에 대한 행정적 지원 등】 ① 여성가족부장관 또는 지방자치단체의 장은 청소년유해환경 개선활동을 수행하는 민간단체에 행정적·재정적 지원을 할 수 있으며, 지방자치단체의 장은 필요한 경우 효율적인 업무 수행을 위하여 대통령령으로 정하는 바에 따라 청소년유해환경으로부터 청소년을 보호하는 활동을 하고 있음을 나타내는 증표를 발급할 수 있다.

② 제1항에 따른 민간단체의 구체적인 종류 등은 여성가족부령으로 정한다.

제49조 【신고】 ① 다음 각 호의 어느 하나에 해당하는 경우에는 누구든지 그 사실을 시장·군수·구청장에게 신고하여야 한다.
1. 청소년에게 유해하다고 생각되는 매체물과 약물 등이 청소년에게 유통되고 있는 것을 발견하였을 때
2. 청소년에게 유해한 업소에 청소년이 고용되어 있거나 출입하고 있는 것을 발견하였을 때
3. 그 밖에 이 법을 위반하는 사실이 있다고 인정할 때

② 시장·군수·구청장은 제1항에 따른 신고의 활성화를 위하여 필요한 시책을 시행하여야 하며 필요한 경우 신고자 포상 등을 할 수 있다.

제50조 【선도·보호조치 대상 청소년의 통보】 ① 여성가족부장관, 시장·군수·구청장 및 관할 경찰서장은 제16조제1항, 제28조제1항, 제29조제1항·제2항, 제30조제1호부터 제3호까지 및 제7호부터 제9호까지를 위반하는 행위를 적극적으로 유발하게 하거나 나이를 속이는 등 그 위반행위의 원인을 제공한 청소년에 대하여는 친권자등에게 그 사실을 통보하여야 한다.

② 여성가족부장관, 시장·군수·구청장 및 관할 경찰서장은 제1항의 청소년 중 그 내용·정도 등을 고려하여 선도·보호조치가 필요하다고 인정되는 청소년에 대하여는 소속 학교의 장(학생인 경우만 해당한다) 및 친권자등에게 그 사실을 통보하여야 한다.

제51조 【지방청소년사무소의 설치 등】 특별시장·광역시장·특별자치시장·도지사 또는 특별자치도지사는 그 관할 구역의 청소년을 보호하기 위하여 조례로 정하는 바에 따라 지방청소년사무소를 설치하거나 그 밖에 필요한 조치를 할 수 있다.(2013.3.22 본조개정)

제52조 【권한의 위탁】 여성가족부장관은 이 법에 따른 권한의 일부를 대통령령으로 정하는 바에 따라 청소년 보호, 매체물 또는 약물 등과 관련된 비영리법인 또는 단체에 위탁할 수 있다.

제53조 【벌칙 적용 시의 공무원 의제】 청소년보호위원회의 사무에 종사하는 사람 중 공무원이 아닌 위원 또는 직원은 「형법」 제129조부터 제132조까지 및 「특정범죄 가중처벌 등에 관한 법률」 제2조를 적용할 때에는 공무원으로 본다.

제54조 【과징금】 ① 여성가족부장관은 제2조제2호사목·아목에 따른 매체물을 발행하거나 수입한 자가 제9조제1항 각 호의 심의 기준에 저촉되는 매체물을 제13조 및 제14조에 준하는 청소년유해표시 또는 포장을 하지 아니하고 해당 청소년유해매체물의 결정·고시 전에 유통하였거나 유통 중일 때에는 그 매체물을 발행하거나 수입한 자에게 2천만원 이하의 과징금을 부과·징수할 수 있다.

② 시장·군수·구청장은 제58조 각 호의 어느 하나 또는 제59조 각 호의 어느 하나에 해당하는 행위로 인하여 이익을 취득한 자에게 대통령령으로 정하는 바에 따라 1천만원 이하의 과징금을 부과·징수할 수 있다. 다만, 다른 법률에 따라 영업허가 취소, 영업소 폐쇄, 영업정지 또는 과징금 부과 등의 처분이 이루어진 경우에는 과징금을 부과·징수하지 아니한다.

③ 시장·군수·구청장은 제58조제1호·제3호·제4호 또는 제59조제6호·제8호에 해당하는 행위로 인하여 이익을 취득한 자에 대하여 과징금을 부과하는 경우 청소년이 위·변조 또는 도용된 신분증을 사용하여 그 행위자로 하여금 청소년인 사실을 알지 못하게 한 사정 또는 행위자에게 폭행 또는 협박을 하여 청소년임을 확인하지 못하게 한 사정이 인정되면 대통령령으로 정하는 바에 따라 과징금을 부과·징수하지 아니할 수 있다.(2016.3.2 본항신설)

④ 제1항 또는 제2항에 따른 과징금을 기한까지 납부하지 아니한 경우에는 여성가족부장관 또는 시장·군수·구청장이 국세 체납처분의 예 또는 「지방행정제재·부과금의 징수 등에 관한 법률」에 따라 징수한다.(2020.3.24 본항개정)

⑤ 여성가족부장관 또는 시장·군수·구청장은 「행정기본법」 제29조 각 호 외의 부분 단서에 따라 과징금 납부기한을 연기하거나 과징금을 분할 납부하게 할 수 있다.(2024.3.26 본항개정)

⑥ 제1항, 제2항 및 제4항까지에 따라 과징금으로 징수한 금액은 징수 주체가 사용하되, 다음 각 호의 용도로 사용하여야 한다.(2016.3.2 본문개정)
1. 청소년유해환경 개선을 위한 프로그램의 개발과 보급
2. 청소년에게 유익한 매체물의 제작과 지원
3. 민간의 청소년 선도·보호사업 및 청소년유해환경 개선을 위한 시민운동 지원
4. 그 밖에 청소년 선도·보호를 위한 사업으로서 대통령령으로 정하는 사업

⑦ 제1항, 제2항, 제4항 및 제5항에 따른 과징금의 부과기준, 과징금의 부과 및 납부방법, 그 밖에 과징금의 부과·징수에 필요한 사항은 대통령령으로 정한다.(2016.3.2 본항개정)

제8장 벌 칙

제55조【벌칙】 제30조제1호의 위반행위를 한 자는 1년 이상 10년 이하의 징역에 처한다.

제56조【벌칙】 제30조제2호 또는 제3호의 위반행위를 한 자는 10년 이하의 징역에 처한다.

제57조【벌칙】 제30조제4호부터 제6호까지의 위반행위를 한 자는 5년 이하의 징역에 처한다.

제58조【벌칙】 다음 각 호의 어느 하나에 해당하는 자는 3년 이하의 징역 또는 3천만원 이하의 벌금에 처한다. (2016.3.2 본문개정)

1. 영리를 목적으로 제16조제1항을 위반하여 청소년에게 청소년유해매체물을 판매·대여·배포하거나 시청·관람·이용하도록 제공한 자
2. 영리를 목적으로 제22조를 위반하여 청소년을 대상으로 청소년유해매체물을 유통하게 한 자
3. 제28조제1항을 위반하여 청소년에게 제2조제4호가목4)·5)의 청소년유해약물 또는 같은 호 나목1)·2)의 청소년유해물건을 판매·대여·배포(자동기계장치·무인판매장치·통신장치를 통하여 판매·대여·배포한 경우를 포함한다)한 자(2016.12.20 본호개정)
4. 제29조제1항을 위반하여 청소년을 청소년유해업소에 고용한 자
5. 제30조제7호부터 제9호까지의 위반행위를 한 자
6. 제44조제1항을 위반하여 청소년유해매체물 또는 청소년유해약물등을 수거하지 아니한 자

제59조【벌칙】 다음 각 호의 어느 하나에 해당하는 자는 2년 이하의 징역 또는 2천만원 이하의 벌금에 처한다. (2016.3.2 본문개정)

1. 제13조제1항 및 제28조제7항을 위반하여 청소년유해매체물 또는 청소년유해약물등에 청소년유해표시를 하지 아니한 자(2018.12.11 본호개정)
2. 제14조(제28조제10항에서 준용하는 경우를 포함한다)를 위반하여 청소년유해매체물 또는 청소년유해약물등을 포장하지 아니한 자(2018.12.11 본호개정)
3. 제18조를 위반하여 청소년유해매체물을 방송한 자
4. 제19조제1항을 위반하여 청소년유해매체물로서 제2조제2호차목에 해당하는 매체물 중 「옥외광고물 등의 관리와 옥외광고산업 진흥에 관한 법률」에 따른 옥외광고물을 청소년 출입·고용금지업소 외의 업소나 일반인들이 통행하는 장소에 공공연하게 설치·부착 또는 배포한 자 또는 상업적 광고선전물을 청소년의 접근을 제한하는 기능이 없는 컴퓨터 통신을 통하여 설치·부착 또는 배포한 자 (2016.1.6 본호개정)
5. (2021.12.7 삭제)
6. 제28조제1항을 위반하여 청소년에게 제2조제4호가목1)·2)의 청소년유해약물 또는 같은 호 나목3)의 청소년유해물건을 판매·대여·배포(자동기계장치·무인판매장치·통신장치를 통하여 판매·대여·배포한 경우를 포함한다)하거나 영리를 목적으로 무상 제공한 자(2016.12.20 본호개정)
7. 제28조제2항을 위반하여 청소년의 의뢰를 받아 제2조제4호가목1)·2)의 청소년유해약물을 구입하여 청소년에게 제공한 자

7의2. 영리를 목적으로 제28조제3항을 위반하여 청소년에게 청소년유해약물등을 구매하게 한 자(2018.12.11 본호신설)

7의3. 제28조제5항을 위반하여 주류등의 판매·대여·배포를 금지하는 내용을 표시하지 아니한 자(2018.12.11 본호개정)

8. 제29조제2항을 위반하여 청소년을 청소년 출입·고용금지업소에 출입시킨 자
9. 제29조제6항을 위반하여 청소년유해업소에 청소년의 출입과 고용을 제한하는 내용을 표시하지 아니한 자 (2016.12.20 본호개정)

판례 [1] '청소년에게 주류를 판매하는 행위'의 의미 및 그 기수시기 : '청소년에게 주류를 판매하는 행위'란 청소년에게 주류를 유상으로 제공하는 행위를 말하고, 청소년에게 주류를 제공하였다고 하려면 청소년이 실제 주류를 마시거나 마실 수 있는 상태에 이르러야 한다.
[2] 유흥주점 운영자가 업소에 들어온 미성년자의 신분을 의심하여 주문 받은 술을 들고 룸에 들어가 신분증의 제시를 요구하고 밖으로 데리고 나온 사안에서, 미성년자가 실제 주류를 마시거나 마실 수 있는 상태에 이르지 않았으므로 술값의 선불지급 여부 등과 무관하게 주류판매에 관한 청소년보호법 위반죄가 성립하지 않는다.
(대판 2008.7.24, 2008도3211)

제60조【벌칙】 제15조(제28조제10항에서 준용하는 경우를 포함한다)를 위반하여 청소년유해매체물이나 청소년유해약물등의 청소년유해표시 또는 포장을 훼손한 자는 500만원 이하의 벌금에 처한다.(2018.12.11 본조개정)

제61조【벌칙】 ① 제34조의2제5항을 위반하여 직무상 알게 된 비밀을 누설한 사람은 2년 이하의 징역 또는 2천만원 이하의 벌금에 처한다.(2015.6.22 본항개정)
② 제43조를 위반하여 관계 공무원의 검사 및 조사를 거부·방해 또는 기피한 사람은 300만원 이하의 벌금에 처한다. (2014.5.28 본조개정)

제62조【양벌규정】 법인의 대표자나 법인 또는 개인의 대리인, 사용인, 그 밖의 종업원이 그 법인 또는 개인의 업무에 관하여 제55조부터 제57조까지의 어느 하나에 해당하는 위반행위를 하면 그 행위자를 벌하는 외에 그 법인 또는 개인을 5천만원 이하의 벌금에 처하고, 제58조부터 제61조까지의 어느 하나에 해당하는 위반행위를 하면 그 행위자를 벌하는 외에 그 법인 또는 개인에게도 해당 조문의 벌금형을 과(科)한다. 다만, 법인 또는 개인이 그 위반행위를 방지하기 위하여 해당 업무에 관하여 상당한 주의와 감독을 게을리하지 아니한 경우에는 그러하지 아니하다.

제63조【형의 감경】 제59조의 죄를 범한 자가 제45조에 따른 시정명령을 받고 이를 이행하면 그 형을 감경할 수 있다.

제64조【과태료】 ① 제45조제1항제1호·제2호·제7호·제7호의2·제8호에 대한 시정명령을 이행하지 아니한 자에게는 500만원 이하의 과태료를 부과한다.(2014.3.24 본항개정)
② 다음 각 호의 어느 하나에 해당하는 자에게는 100만원 이하의 과태료를 부과한다.
1. 제42조에 따른 보고와 자료 제출을 요구받고도 요구에 따르지 아니한 자 또는 거짓으로 보고하거나 자료를 제출한 자
2. 제45조제1항제3호부터 제6호까지에 따른 시정명령을 이행하지 아니한 자

③ 제1항 및 제2항에 따른 과태료는 대통령령으로 정하는 바에 따라 여성가족부장관 또는 시장·군수·구청장이 부과·징수한다.

부 칙

제1조【시행일】 이 법은 공포 후 1년이 경과한 날부터 시행한다. 다만, 제26조제1항의 개정규정에 따른 인터넷게임 중 심각한 인터넷게임 중독의 우려가 없는 것으로서 대통령령으로 정하는 기기를 이용한 인터넷게임에 대한 심야시간대 제공시간 제한에 관한 부분은 2013년 5월 20일부터 시행한다.

제2조【게임물의 범위 평가에 관한 특례】 이 법 시행 후 최초로 실시하는 심야시간대 인터넷게임의 제공시간 제한대상 게임물의 범위에 대한 평가는 제26조제2항의 개정규정에도 불구하고 2012년 11월 20일까지 완료하여야 한다.

제3조【벌칙 등에 관한 경과조치】 이 법 시행 전의 행위에 대하여 벌칙이나 과태료의 규정을 적용할 때에는 종전의 규정(종전의 제54조는 제외한다)에 따른다.

제4조【다른 법률의 개정】 ①~⑰ ※(해당 법령에 가제정리 하였음)

제5조【다른 법령과의 관계】 이 법 시행 당시 다른 법령에서 종전의 「청소년보호법」 또는 그 규정을 인용한 경우에 이 법 가운데 그에 해당하는 규정이 있으면 종전의 규정을 갈음하여 이 법 또는 이 법의 해당 규정을 인용한 것으로 본다.

부　칙 (2016.12.20)

제1조【시행일】 이 법은 공포 후 6개월이 경과한 날부터 시행한다.
제2조【벌칙에 관한 경과조치】 이 법 시행 전의 행위에 대하여 벌칙을 적용할 때에는 제58조제3호와 제59조제6호의 개정규정에도 불구하고 종전의 규정에 따른다.

부　칙 (2020.3.24)

제1조【시행일】 이 법은 공포한 날부터 시행한다.(이하 생략)

부　칙 (2020.12.29)

제1조【시행일】 이 법은 2021년 1월 1일부터 시행한다.(이하 생략)

부　칙 (2021.12.7)

제1조【시행일】 이 법은 2022년 1월 1일부터 시행한다.
제2조【다른 법률의 개정】 ①~② ※(해당 법령에 가제정리 하였음)

부　칙 (2023.12.26)

제1조【시행일】 이 법은 공포 후 1년이 경과한 날부터 시행한다.(이하 생략)

부　칙 (2024.3.26)

제1조【시행일】 이 법은 공포한 날부터 시행한다.(이하 생략)

아동·청소년의 성보호에 관한 법률(약칭 : 청소년성보호법)

(2012년 12월 18일
전부개정법률 제11572호)

개정
2012.12.18법11574호(형법)
2013. 3.23법11690호(정부조직)
2014. 1.21법12329호(청소년활동진흥법)
2014. 1.28법12361호(아동)
2016. 1.19법13805호(주택법)
2016. 5.29법14236호
2018. 1.16법15352호
2018. 3.13법15452호
2019. 1.15법16248호(아동)
2019. 1.15법16275호
2019.11.26법16622호
2020. 2. 4법16923호(전자장치부착등에관한법)
2020. 2.18법17007호(권한지방이양)
2020. 5.19법17282호
2020. 6. 2법17338호
2020. 6. 9법17352호(전기통신사업법)
2020.12. 8법17574호(도로명주소법)
2020.12. 8법17641호
2020.12.22법17689호(국가자치경찰)
2021. 1.12법17893호(지방자치)
2021. 3.23법17972호
2023. 4.11법19337호
2024. 3.26법20416호(만나이로의통일을위한일부개정법령등)
2024. 9.20법20445호(간호법)
2024.10.16법20462호

제1장 총　칙

제1조【목적】 이 법은 아동·청소년대상 성범죄의 처벌과 절차에 관한 특례를 규정하고 피해아동·청소년을 위한 구제 및 지원절차를 마련하며 아동·청소년대상 성범죄자를 체계적으로 관리함으로써 아동·청소년을 성범죄로부터 보호하고 아동·청소년이 건강한 사회구성원으로 성장할 수 있도록 함을 목적으로 한다.
제2조【정의】 이 법에서 사용하는 용어의 뜻은 다음과 같다.
1. "아동·청소년"이란 19세 미만의 사람을 말한다.
(2024.3.26 본호개정)
2. "아동·청소년대상 성범죄"란 다음 각 목의 어느 하나에 해당하는 죄를 말한다.
가. 제7조, 제7조의2, 제8조, 제8조의2, 제9조부터 제11조까지, 제11조의2, 제12조부터 제15조까지 및 제15조의2의 죄
(2024.10.16 본목개정)
나. 아동·청소년에 대한 「성폭력범죄의 처벌 등에 관한 특례법」 제3조부터 제15조까지의 죄
다. 아동·청소년에 대한 「형법」 제297조, 제297조의2 및 제298조부터 제301조까지, 제301조의2, 제302조, 제303조, 제305조, 제339조 및 제342조(제339조의 미수범에 한정한다)의 죄(2018.1.16 본목개정)
라. 아동·청소년에 대한 「아동복지법」 제17조제2호의 죄
(2014.1.28 본목개정)
3. "아동·청소년대상 성폭력범죄"란 아동·청소년대상 성범죄에서 제11조, 제11조의2, 제12조부터 제15조까지 및 제15조의2의 죄를 제외한 죄를 말한다.(2024.10.16 본호개정)
3의2. "성인대상 성범죄"란 「성폭력범죄의 처벌 등에 관한 특례법」 제2조에 따른 성폭력범죄를 말한다. 다만, 아동·청소년에 대한 「형법」 제302조 및 제305조의 죄는 제외한다.
(2018.1.16 본호신설)
4. "아동·청소년의 성을 사는 행위"란 아동·청소년, 아동·청소년의 성(性)을 사는 행위를 알선한 자 또는 아동·청소년을 실질적으로 보호·감독하는 자 등에게 금품이나 그 밖의 재산상 이익, 직무·편의제공 등 대가를 제공하거나 약속하고 다음 각 목의 어느 하나에 해당하는 행위를 아동·청소년을 대상으로 하거나 아동·청소년으로 하여금 하게 하는 것을 말한다.

가. 성교 행위
나. 구강·항문 등 신체의 일부나 도구를 이용한 유사 성교 행위
다. 신체의 전부 또는 일부를 접촉·노출하는 행위로서 일반인의 성적 수치심이나 혐오감을 일으키는 행위
라. 자위 행위
5. "아동·청소년성착취물"이란 아동·청소년 또는 아동·청소년으로 명백하게 인식될 수 있는 사람이나 표현물이 등장하여 제4호 각 목의 어느 하나에 해당하는 행위를 하거나 그 밖의 성적 행위를 하는 내용을 표현하는 것으로서 필름·비디오물·게임물 또는 컴퓨터나 그 밖의 통신매체를 통한 화상·영상 등의 형태로 된 것을 말한다.
(2021.3.23 본호개정)
6. "피해아동·청소년"이란 제2호나목부터 라목까지, 제7조, 제7조의2, 제8조, 제8조의2, 제9조부터 제11조까지, 제11조의2, 제12조부터 제15조까지 및 제15조의2의 죄의 피해자가 된 아동·청소년(제13조제1항의 죄의 상대방이 된 아동·청소년을 포함한다)을 말한다.(2024.10.16 본호개정)
6의2. "성매매 피해아동·청소년"이란 피해아동·청소년 중 제13조제1항의 죄의 상대방 또는 제13조제2항·제14조·제15조의 죄의 피해자가 된 아동·청소년을 말한다.
(2020.5.19 본호신설)
7. (2020.5.19 삭제)
8. (2020.6.9 삭제)
9. "등록정보"란 법무부장관이 「성폭력범죄의 처벌 등에 관한 특례법」 제42조제1항의 등록대상자에 대하여 같은 법 제44조제1항에 따라 등록한 정보를 말한다.

제3조【해석상·적용상의 주의】 이 법을 해석·적용할 때에는 아동·청소년의 권익을 우선적으로 고려하여야 하며, 이해관계인과 그 가족의 권리가 부당하게 침해되지 아니하도록 주의하여야 한다.

제4조【국가와 지방자치단체의 의무】 ① 국가와 지방자치단체는 아동·청소년대상 성범죄를 예방하고, 아동·청소년을 성적 착취와 학대 행위로부터 보호하기 위하여 필요한 조사·연구·교육 및 계도와 더불어 법적·제도적 장치를 마련하며 필요한 재원을 조달하여야 한다.
② 국가는 아동·청소년에 대한 성적 착취와 학대 행위가 국제적 범죄임을 인식하고 범죄 정보의 공유, 범죄 조사·연구, 국제사법 공조, 범죄인 인도 등 국제협력을 강화하는 노력을 하여야 한다.

제5조【사회의 책임】 모든 국민은 아동·청소년이 이 법에서 정한 범죄의 피해자가 되거나 이 법에서 정한 범죄를 저지르지 아니하도록 사회 환경을 정비하고 아동·청소년을 보호·지원·교육하는 데에 최선을 다하여야 한다.
(2020.5.19 본조개정)

제6조【홍보영상의 제작·배포·송출】 ① 여성가족부장관은 아동·청소년대상 성범죄의 예방과 계도, 피해자의 치료와 재활 등에 관한 홍보영상을 제작하여 「방송법」 제2조제23호의 방송편성책임자에게 배포하여야 한다.
② 여성가족부장관은 「방송법」 제2조제3호가목의 지상파방송사업자(이하 "방송사업자"라 한다)에게 같은 법 제73조제4항에 따라 대통령령으로 정하는 비상업적 공익광고 편성비율의 범위에서 제1항의 홍보영상을 채널별로 송출하도록 요청할 수 있다.
③ 방송사업자는 제1항의 홍보영상 외에 독자적인 홍보영상을 제작하여 송출할 수 있다. 이 경우 여성가족부장관에게 필요한 협조 및 지원을 요청할 수 있다.

제2장 아동·청소년대상 성범죄의 처벌과 절차에 관한 특례

제7조【아동·청소년에 대한 강간·강제추행 등】 ① 폭행 또는 협박으로 아동·청소년을 강간한 사람은 무기 또는 5년 이상의 징역에 처한다.(2023.4.11 본항개정)
② 아동·청소년에 대하여 폭행이나 협박으로 다음 각 호의 어느 하나에 해당하는 행위를 한 자는 5년 이상의 유기징역에 처한다.
1. 구강·항문 등 신체(성기는 제외한다)의 내부에 성기를 넣는 행위
2. 성기·항문에 손가락 등 신체(성기는 제외한다)의 일부나 도구를 넣는 행위
③ 아동·청소년에 대하여 「형법」 제298조의 죄를 범한 자는 2년 이상의 유기징역 또는 1천만원 이상 3천만원 이하의 벌금에 처한다.
④ 아동·청소년에 대하여 「형법」 제299조의 죄를 범한 자는 제1항부터 제3항까지의 예에 따른다.
⑤ 위계(僞計) 또는 위력으로써 아동·청소년을 간음하거나 아동·청소년을 추행한 자는 제1항부터 제3항까지의 예에 따른다.
⑥ 제1항부터 제5항까지의 미수범은 처벌한다.

제7조의2【예비, 음모】 제7조의 죄를 범할 목적으로 예비 또는 음모한 사람은 3년 이하의 징역에 처한다.
(2020.6.2 본조신설)

제8조【장애인인 아동·청소년에 대한 간음 등】 ① 19세 이상의 사람이 13세 이상의 장애 아동·청소년(「장애인복지법」 제2조제1항에 따른 장애인으로서 신체적인 또는 정신적인 장애로 사물을 변별하거나 의사를 결정할 능력이 미약한 아동·청소년을 말한다. 이하 같다)을 간음하거나 13세 이상의 장애 아동·청소년으로 하여금 다른 사람을 간음하게 하는 경우에는 3년 이상의 유기징역에 처한다.
② 19세 이상의 사람이 13세 이상의 장애 아동·청소년을 추행한 경우 또는 13세 이상의 장애 아동·청소년으로 하여금 다른 사람을 추행하게 하는 경우에는 10년 이하의 징역 또는 5천만원 이하의 벌금에 처한다.(2021.3.23 본항개정)
(2020.12.8 본조개정)

제8조의2【13세 이상 16세 미만 아동·청소년에 대한 간음 등】 ① 19세 이상의 사람이 13세 이상 16세 미만인 아동·청소년(제8조에 따른 장애 아동·청소년으로서 16세 미만인 자는 제외한다. 이하 이 조에서 같다)의 궁박(窮迫)한 상태를 이용하여 해당 아동·청소년을 간음하거나 해당 아동·청소년으로 하여금 다른 사람을 간음하게 하는 경우에는 3년 이상의 유기징역에 처한다.
② 19세 이상의 사람이 13세 이상 16세 미만인 아동·청소년의 궁박한 상태를 이용하여 해당 아동·청소년을 추행한 경우 또는 해당 아동·청소년으로 하여금 다른 사람을 추행하게 하는 경우에는 10년 이하의 징역 또는 5천만원 이하의 벌금에 처한다.(2021.3.23 본항개정)
(2019.1.15 본조신설)

제9조【강간 등 상해·치상】 제7조의 죄를 범한 사람이 다른 사람을 상해하거나 상해에 이르게 한 때에는 무기 또는 7년 이상의 징역에 처한다.(2023.4.11 본조개정)

제10조【강간 등 살인·치사】 ① 제7조의 죄를 범한 사람이 다른 사람을 살해한 때에는 사형 또는 무기징역에 처한다.
② 제7조의 죄를 범한 사람이 다른 사람을 사망에 이르게 한 때에는 사형, 무기 또는 10년 이상의 징역에 처한다.
(2023.4.11 본항개정)

제11조【아동·청소년성착취물의 제작·배포 등】 ① 아동·청소년성착취물을 제작·수입 또는 수출한 자는 무기 또는 5년 이상의 징역에 처한다.(2023.4.11 본항개정)
② 영리를 목적으로 아동·청소년성착취물을 판매·대여·배포·제공하거나 이를 목적으로 소지·운반·광고·소개하거나 공연히 전시 또는 상영한 자는 5년 이상의 유기징역에 처한다.(2023.4.11 본항개정)
③ 아동·청소년성착취물을 배포·제공하거나 이를 목적으로 광고·소개하거나 공연히 전시 또는 상영한 자는 3년 이상의 유기징역에 처한다.(2023.4.11 본항개정)

④ 아동·청소년성착취물을 제작할 것이라는 정황을 알면서 아동·청소년을 아동·청소년성착취물의 제작자에게 알선한 자는 3년 이상의 유기징역에 처한다.(2023.4.11 본항개정)
⑤ 아동·청소년성착취물을 구입하거나 아동·청소년성착취물임을 알면서 이를 소지·시청한 자는 1년 이상의 유기징역에 처한다.(2023.4.11 본항개정)
⑥ 제1항의 미수범은 처벌한다.
⑦ 상습적으로 제1항의 죄를 범한 자는 그 죄에 대하여 정하는 형의 2분의 1까지 가중한다.(2020.6.2 본항신설)
(2020.6.2 본조제목개정)
제11조의2 【아동·청소년성착취물을 이용한 협박·강요】 ① 아동·청소년성착취물을 이용하여 그 아동·청소년을 협박한 자는 3년 이상의 유기징역에 처한다.
② 제1항에 따른 협박으로 그 아동·청소년의 권리행사를 방해하거나 의무 없는 일을 하게 한 자는 5년 이상의 유기징역에 처한다.
③ 제1항과 제2항의 미수범은 처벌한다.
④ 상습적으로 제1항 및 제2항의 죄를 범한 자는 그 죄에 대하여 정하는 형의 2분의 1까지 가중한다.
(2024.10.16 본조신설)
제12조 【아동·청소년 매매행위】 ① 아동·청소년의 성을 사는 행위 또는 아동·청소년성착취물을 제작하는 행위의 대상이 될 것을 알면서 아동·청소년을 매매 또는 국외에 이송하거나 국외에 거주하는 아동·청소년을 국내에 이송한 자는 무기 또는 5년 이상의 징역에 처한다.(2023.4.11 본항개정)
② 제1항의 미수범은 처벌한다.
제13조 【아동·청소년의 성을 사는 행위 등】 ① 아동·청소년의 성을 사는 행위를 한 자는 1년 이상 10년 이하의 징역 또는 2천만원 이상 5천만원 이하의 벌금에 처한다.
② 아동·청소년의 성을 사기 위하여 아동·청소년을 유인하거나 성을 팔도록 권유한 자는 3년 이하의 징역 또는 3천만원 이하의 벌금에 처한다.(2021.3.23 본항개정)
③ 16세 미만의 아동·청소년 및 장애 아동·청소년을 대상으로 제1항 또는 제2항의 죄를 범한 경우에는 그 죄에 정한 형의 2분의 1까지 가중처벌한다.(2020.12.8 본항개정)
제14조 【아동·청소년에 대한 강요행위 등】 ① 다음 각 호의 어느 하나에 해당하는 자는 5년 이상의 유기징역에 처한다.
1. 폭행이나 협박으로 아동·청소년으로 하여금 아동·청소년의 성을 사는 행위의 상대방이 되게 한 자
2. 선불금(先拂金), 그 밖의 채무를 이용하는 등의 방법으로 아동·청소년을 곤경에 빠뜨리거나 위계 또는 위력으로 아동·청소년으로 하여금 아동·청소년의 성을 사는 행위의 상대방이 되게 한 자
3. 업무·고용이나 그 밖의 관계로 자신의 보호 또는 감독을 받는 것을 이용하여 아동·청소년으로 하여금 아동·청소년의 성을 사는 행위의 상대방이 되게 한 자
4. 영업으로 아동·청소년을 아동·청소년의 성을 사는 행위의 상대방이 되도록 유인·권유한 자
② 제1항제1호부터 제3호까지의 죄를 범한 자가 그 대가의 전부 또는 일부를 받거나 이를 요구 또는 약속한 때에는 7년 이상의 유기징역에 처한다.
③ 아동·청소년의 성을 사는 행위의 상대방이 되도록 유인·권유한 자는 7년 이하의 징역 또는 5천만원 이하의 벌금에 처한다.
④ 제1항과 제2항의 미수범은 처벌한다.
제15조 【알선영업행위 등】 ① 다음 각 호의 어느 하나에 해당하는 자는 7년 이상의 유기징역에 처한다.
1. 아동·청소년의 성을 사는 행위의 장소를 제공하는 행위를 업으로 하는 자
2. 아동·청소년의 성을 사는 행위를 알선하거나 정보통신망(「정보통신망 이용촉진 및 정보보호 등에 관한 법률」 제2조제1항제1호의 정보통신망을 말한다. 이하 같다)에서 알선정보를 제공하는 행위를 업으로 하는 자(2021.3.23 본호개정)
3. 제1호 또는 제2호의 범죄에 사용되는 사실을 알면서 자금·토지 또는 건물을 제공한 자
4. 영업으로 아동·청소년의 성을 사는 행위의 장소를 제공·알선하는 업소에 아동·청소년을 고용하도록 한 자
② 다음 각 호의 어느 하나에 해당하는 자는 7년 이하의 징역 또는 5천만원 이하의 벌금에 처한다.
1. 영업으로 아동·청소년의 성을 사는 행위를 하도록 유인·권유 또는 강요한 자
2. 아동·청소년의 성을 사는 행위의 장소를 제공한 자
3. 아동·청소년의 성을 사는 행위를 알선하거나 정보통신망에서 알선정보를 제공한 자
4. 영업으로 제2호 또는 제3호의 행위를 약속한 자
③ 아동·청소년의 성을 사는 행위를 하도록 유인·권유 또는 강요한 자는 5년 이하의 징역 또는 3천만원 이하의 벌금에 처한다.
제15조의2 【아동·청소년에 대한 성착취 목적 대화 등】 ① 19세 이상의 사람이 성적 착취를 목적으로 정보통신망을 통하여 아동·청소년에게 다음 각 호의 어느 하나에 해당하는 행위를 한 경우에는 3년 이하의 징역 또는 3천만원 이하의 벌금에 처한다.
1. 성적 욕망이나 수치심 또는 혐오감을 유발할 수 있는 대화를 지속적 또는 반복적으로 하거나 그러한 대화에 지속적 또는 반복적으로 참여시키는 행위
2. 제2조제4호 각 목의 어느 하나에 해당하는 행위를 하도록 유인·권유하는 행위
② 19세 이상의 사람이 정보통신망을 통하여 16세 미만인 아동·청소년에게 제1항 각 호의 어느 하나에 해당하는 행위를 한 경우 제1항과 동일한 형으로 처벌한다.
(2021.3.23 본조신설)
제16조 【피해자 등에 대한 강요행위】 폭행이나 협박으로 아동·청소년대상 성범죄의 피해자 또는 「아동복지법」 제3조제3호에 따른 보호자를 상대로 합의를 강요한 자는 7년 이하의 징역에 처한다.(2023.4.11 본조개정)
제17조 (2020.6.9 삭제)
제18조 【신고의무자의 성범죄에 대한 가중처벌】 제34조제2항 각 호의 기관·시설 또는 단체의 장과 그 종사자가 자기의 보호·감독 또는 진료를 받는 아동·청소년을 대상으로 성범죄를 범한 경우에는 그 죄에 정한 형의 2분의 1까지 가중처벌한다.
제19조 【「형법」상 감경규정에 관한 특례】 음주 또는 약물로 인한 심신장애 상태에서 아동·청소년대상 성폭력범죄를 범한 때에는 「형법」 제10조제1항·제2항 및 제11조를 적용하지 아니할 수 있다.
제20조 【공소시효에 관한 특례】 ① 아동·청소년대상 성범죄의 공소시효는 「형사소송법」 제252조제1항에도 불구하고 해당 성범죄로 피해를 당한 아동·청소년이 성년에 달한 날부터 진행한다.
② 제7조의 죄는 디엔에이(DNA)증거 등 그 죄를 증명할 수 있는 과학적인 증거가 있는 때에는 공소시효가 10년 연장된다.
③ 13세 미만의 사람 및 신체적인 또는 정신적인 장애가 있는 아동·청소년에 대하여 다음 각 호의 죄를 범한 경우에는 제1항과 제2항에도 불구하고 「형사소송법」 제249조부터 제253조까지 및 「군사법원법」 제291조부터 제295조까지에 규정된 공소시효를 적용하지 아니한다.(2023.4.11 본문개정)
1. 「형법」 제297조(강간), 제298조(강제추행), 제299조(준강간, 준강제추행), 제301조(강간등 상해·치상), 제301조의2(강간등 살인·치사) 또는 제305조(미성년자에 대한 간음, 추행)의 죄(2020.5.19 본호개정)
2. 제9조 및 제10조의 죄
3. 「성폭력범죄의 처벌 등에 관한 특례법」 제6조제2항, 제7조제2항·제5항, 제8조, 제9조의 죄(2019.1.15 본호개정)

④ 다음 각 호의 죄를 범한 경우에는 제1항과 제2항에도 불구하고 「형사소송법」 제249조부터 제253조까지 및 「군사법원법」 제291조부터 제295조까지에 규정된 공소시효를 적용하지 아니한다.
1. 「형법」 제301조의2(강간등 살인 · 치사)의 죄(강간등 살인에 한정한다)
2. 제10조제1항 및 제11조제1항의 죄(2021.3.23 본호개정)
3. 「성폭력범죄의 처벌 등에 관한 특례법」 제9조제1항의 죄
제21조【형벌과 수강명령 등의 병과】 ① 법원은 아동 · 청소년 대상 성범죄를 범한 「소년법」 제2조의 소년에 대하여 형의 선고를 유예하는 경우에는 반드시 보호관찰을 명하여야 한다.
② 법원은 아동 · 청소년대상 성범죄를 범한 자에 대하여 유죄판결을 선고하거나 약식명령을 고지하는 경우에는 500시간의 범위에서 재범예방에 필요한 수강명령 또는 성폭력 치료프로그램의 이수명령(이하 "이수명령"이라 한다)을 병과(倂科)하여야 한다. 다만, 수강명령 또는 이수명령을 부과할 수 없는 특별한 사정이 있는 경우에는 그러하지 아니하다.(2018.1.16 본문개정)
③ 아동 · 청소년대상 성범죄를 범한 자에 대하여 제2항의 수강명령은 형의 집행을 유예할 경우에 그 집행유예기간 내에서 병과하고, 이수명령은 벌금 이상의 형을 선고하거나 약식명령을 고지할 경우에 병과한다. 다만, 이수명령은 아동 · 청소년대상 성범죄자가 「전자장치 부착 등에 관한 법률」 제9조의2제1항제4호에 따른 성폭력 치료 프로그램의 이수명령을 부과받은 경우에는 병과하지 아니한다.(2020.2.4 단서개정)
④ 법원이 아동 · 청소년대상 성범죄를 범한 사람에 대하여 형의 집행을 유예하는 경우에는 제2항에 따른 수강명령 외에 그 집행유예기간 내에서 보호관찰 또는 사회봉사 중 하나 이상의 처분을 병과할 수 있다.
⑤ 제2항에 따른 수강명령 또는 이수명령은 형의 집행을 유예할 경우에는 그 집행유예기간 내에, 벌금형을 선고할 경우에는 형 확정일부터 6개월 이내에, 징역형 이상의 실형(實刑)을 선고할 경우에는 형기 내에 각각 집행한다. 다만, 수강명령 또는 이수명령은 아동 · 청소년대상 성범죄를 범한 사람이 「성폭력범죄의 처벌 등에 관한 특례법」제16조에 따른 수강명령 또는 이수명령을 부과받은 경우에는 병과하지 아니한다.
⑥ 제2항에 따른 수강명령 또는 이수명령이 형의 집행유예 또는 벌금형과 병과된 경우에는 보호관찰소의 장이 집행하고, 징역형 이상의 실형과 병과된 경우에는 교정시설의 장이 집행한다. 다만, 징역형 이상의 실형과 병과된 수강명령 또는 이수명령을 모두 이행하기 전에 석방 또는 가석방되거나 미결구금일수 산입 등의 사유로 형을 집행할 수 없게 된 경우에는 보호관찰소의 장이 남은 수강명령 또는 이수명령을 집행한다.
⑦ 제2항에 따른 수강명령 또는 이수명령은 다음 각 호의 내용으로 한다.
1. 일탈적 이상행동의 진단 · 상담
2. 성에 대한 건전한 이해를 위한 교육
3. 그 밖에 성범죄를 범한 사람의 재범예방을 위하여 필요한 사항
⑧ 보호관찰소의 장 또는 교정시설의 장은 제2항에 따른 수강명령 또는 이수명령 집행의 전부 또는 일부를 여성가족부장관에게 위탁할 수 있다.
⑨ 보호관찰, 사회봉사, 수강명령 및 이수명령에 관하여 이 법에 규정한 사항 외의 사항에 대하여는 「보호관찰 등에 관한 법률」을 준용한다.
제21조의2【재범여부 조사】 ① 법무부장관은 제21조제2항에 따라 수강명령 또는 이수명령을 선고받아 그 집행을 마친 사람에 대하여 그 효과를 평가하기 위하여 아동 · 청소년대상 성범죄 재범여부를 조사할 수 있다.
② 법무부장관은 제1항에 따른 재범여부 조사를 위하여 수강명령 또는 이수명령의 집행을 마친 때부터 5년 동안 관계기관의 장에게 그 사람에 관한 범죄경력자료 및 수사경력자료를 요청할 수 있다.
(2016.5.29 본조신설)
제22조【판결 전 조사】 ① 법원은 피고인에 대하여 제21조에 따른 보호관찰, 사회봉사, 수강명령 또는 이수명령을 부과하거나 제56조에 따른 취업제한 명령을 부과하기 위하여 필요하다고 인정하면 그 법원의 소재지 또는 피고인의 주거지를 관할하는 보호관찰소의 장에게 피고인의 신체적 · 심리적 특성 및 상태, 정신성적 발달과정, 성장배경, 가정환경, 직업, 생활환경, 교우관계, 범행동기, 병력(病歷), 피해자와의 관계, 재범위험성 등 피고인에 관한 사항의 조사를 요구할 수 있다.(2018.1.16 본항개정)
② 제1항의 요구를 받은 보호관찰소의 장은 지체 없이 이를 조사하여 서면으로 해당 법원에 알려야 한다. 이 경우 필요하다고 인정하면 피고인이나 그 밖의 관계인을 소환하여 심문하거나 소속 보호관찰관에게 필요한 사항을 조사하게 할 수 있다.
③ 법원은 제1항의 요구를 받은 보호관찰소의 장에게 조사진행상황에 관한 보고를 요구할 수 있다.
제23조【친권상실청구 등】 ① 아동 · 청소년대상 성범죄 사건을 수사하는 검사는 그 사건의 가해자가 피해아동 · 청소년의 친권자나 후견인인 경우에 법원에 「민법」 제924조의 친권상실선고 또는 같은 법 제940조의 후견인 변경 결정을 청구하여야 한다. 다만, 친권상실선고 또는 후견인 변경 결정을 하여서는 아니 될 특별한 사정이 있는 경우에는 그러하지 아니하다.
② 다음 각 호의 기관 · 시설 또는 단체의 장은 검사에게 제1항의 청구를 하도록 요청할 수 있다. 이 경우 청구를 요청받은 검사는 요청받은 날부터 30일 내에 해당 기관 · 시설 또는 단체의 장에게 그 처리 결과를 통보하여야 한다.
1. 「아동복지법」 제10조의2에 따른 아동권리보장원 또는 같은 법 제45조에 따른 아동보호전문기관(2019.1.15 본호개정)
2. 「성폭력방지 및 피해자보호 등에 관한 법률」 제10조의 성폭력피해상담소 및 같은 법 제12조의 성폭력피해자보호시설
3. 「청소년복지 지원법」 제29조제1항에 따른 청소년상담복지센터 및 같은 법 제31조제1호에 따른 청소년쉼터
③ 제2항 각 호 외의 부분 후단에 따라 처리 결과를 통보받은 기관 · 시설 또는 단체의 장은 그 처리 결과에 대하여 이의가 있을 경우 통보받은 날부터 30일 내에 직접 법원에 제1항의 청구를 할 수 있다.
제24조【피해아동 · 청소년의 보호조치 결정】 법원은 아동 · 청소년대상 성범죄 사건의 가해자에게 「민법」 제924조에 따라 친권상실선고를 하는 경우에는 피해아동 · 청소년을 다른 친권자 또는 친족에게 인도하거나 제45조 또는 제46조의 기관 · 시설 또는 단체에 인도하는 등의 보호조치를 결정할 수 있다. 이 경우 그 아동 · 청소년의 의견을 존중하여야 한다.
제25조【수사 및 재판 절차에서의 배려】 ① 수사기관과 법원 및 소송관계인은 아동 · 청소년대상 성범죄를 당한 피해자의 나이, 심리 상태 또는 후유장애의 유무 등을 신중하게 고려하여 조사 및 심리 · 재판 과정에서 피해자의 인격이나 명예가 손상되거나 사적인 비밀이 침해되지 아니하도록 주의하여야 한다.
② 수사기관과 법원은 아동 · 청소년대상 성범죄의 피해자를 조사하거나 심리 · 재판할 때 피해자가 편안한 상태에서 진술할 수 있는 환경을 조성하여야 하며, 조사 및 심리 · 재판 횟수는 필요한 범위에서 최소한으로 하여야 한다.
③ 수사기관과 법원은 제2항에 따른 조사나 심리 · 재판을 할 때 피해아동 · 청소년이 13세 미만이거나 신체적인 또는 정신적인 장애로 의사소통이나 의사표현에 어려움이 있는 경우 조력을 위하여 「성폭력범죄의 처벌 등에 관한 특례법」

제36조부터 제39조까지를 준용한다. 이 경우 "성폭력범죄"는 "아동·청소년대상 성범죄"로, "피해자"는 "피해아동·청소년"으로 본다.(2020.12.8 본항신설)

제25조의2 【아동·청소년대상 디지털 성범죄의 수사 특례】 ① 사법경찰관리는 다음 각 호의 어느 하나에 해당하는 범죄(이하 "디지털 성범죄"라 한다)에 대하여 신분을 비공개하고 범죄현장(정보통신망을 포함한다) 또는 범인으로 추정되는 자들에게 접근하여 범죄행위의 증거 및 자료 등을 수집(이하 "신분비공개수사"라 한다)할 수 있다.
1. 제11조 및 제15조의2의 죄
2. 아동·청소년에 대한 「성폭력범죄의 처벌 등에 관한 특례법」 제14조제2항 및 제3항의 죄
② 사법경찰관리는 디지털 성범죄를 계획 또는 실행하고 있거나 실행하였다고 의심할 만한 충분한 이유가 있고, 다른 방법으로는 그 범죄의 실행을 저지하거나 범인의 체포 또는 증거의 수집이 어려운 경우에 한정하여 수사 목적을 달성하기 위하여 부득이한 때에는 다음 각 호의 행위(이하 "신분위장수사"라 한다)를 할 수 있다.
1. 신분을 위장하기 위한 문서, 도화 및 전자기록 등의 작성, 변경 또는 행사
2. 위장 신분을 사용한 계약·거래
3. 아동·청소년성착취물 또는 「성폭력범죄의 처벌 등에 관한 특례법」 제14조제2항의 촬영물 또는 복제물(복제물의 복제물을 포함한다)의 소지, 판매 또는 광고
③ 제1항에 따른 수사의 방법 등에 필요한 사항은 대통령령으로 정한다.
(2021.3.23 본조신설)

제25조의3 【아동·청소년대상 디지털 성범죄 수사 특례의 절차】 ① 사법경찰관리가 신분비공개수사를 진행하고자 할 때에는 사전에 상급 경찰관서 수사부서의 장의 승인을 받아야 한다. 이 경우 그 수사기간은 3개월을 초과할 수 없다.
② 제1항에 따른 승인의 절차 및 방법 등에 필요한 사항은 대통령령으로 정한다.
③ 사법경찰관리는 신분위장수사를 하려는 경우에는 검사에게 신분위장수사에 대한 허가를 신청하고, 검사는 법원에 그 허가를 청구한다.
④ 제3항의 신청은 필요한 신분위장수사의 종류·목적·대상·범위·기간·장소·방법 및 해당 신분위장수사가 제25조의2제2항의 요건을 충족하는 사유 등의 신청사유를 기재한 서면으로 하여야 하며, 신청사유에 대한 소명자료를 첨부하여야 한다.
⑤ 법원은 제3항의 신청이 이유 있다고 인정하는 경우에는 신분위장수사를 허가하고, 이를 증명하는 서류(이하 "허가서"라 한다)를 신청인에게 발부한다.
⑥ 허가서에는 신분위장수사의 종류·목적·대상·범위·기간·장소·방법 등을 특정하여 기재하여야 한다.
⑦ 신분위장수사의 기간은 3개월을 초과할 수 없으며, 그 수사기간 중 수사의 목적이 달성되었을 경우에는 즉시 종료하여야 한다.
⑧ 제7항에도 불구하고 제25조의2제2항의 요건이 존속하여 그 수사기간을 연장할 필요가 있는 경우에는 사법경찰관리는 소명자료를 첨부하여 3개월의 범위에서 수사기간의 연장을 검사에게 신청하고, 검사는 법원에 그 연장을 청구한다. 이 경우 신분위장수사의 총 기간은 1년을 초과할 수 없다.
(2021.3.23 본조신설)

제25조의4 【아동·청소년대상 디지털 성범죄에 대한 긴급 신분비공개수사】 ① 사법경찰관리는 디지털 성범죄에 대하여 제25조의3제1항 및 제2항에 따른 절차를 거칠 수 없는 긴급을 요하는 때에는 상급 경찰관서 수사부서의 장의 승인 없이 신분비공개수사를 할 수 있다.
② 사법경찰관리는 제1항에 따른 신분비공개수사 개시 후 지체 없이 상급 경찰관서 수사부서의 장에게 보고하여야 하고, 사법경찰관리는 48시간 이내에 상급 경찰관서 수사부서의 장의 승인을 받지 못한 때에는 즉시 신분비공개수사를 중지하여야 한다.
③ 제1항 및 제2항에 따른 신분비공개수사 기간에 대해서는 제25조의3제1항 후단을 준용한다.
(2024.10.16 본조신설)

제25조의5 【아동·청소년대상 디지털 성범죄에 대한 긴급 신분위장수사】 ① 사법경찰관리는 제25조의2제2항의 요건을 구비하고, 제25조의3제3항부터 제8항까지에 따른 절차를 거칠 수 없는 긴급을 요하는 때에는 법원의 허가 없이 신분위장수사를 할 수 있다.
② 사법경찰관리는 제1항에 따른 신분위장수사 개시 후 지체 없이 검사에게 허가를 신청하여야 하고, 사법경찰관리는 48시간 이내에 법원의 허가를 받지 못한 때에는 즉시 신분위장수사를 중지하여야 한다.
③ 제1항 및 제2항에 따른 신분위장수사 기간에 대해서는 제25조의3제7항 및 제8항을 준용한다.
(2021.3.23 본조신설)

제25조의6 【아동·청소년대상 디지털 성범죄에 대한 신분비공개수사 또는 신분위장수사로 수집한 증거 및 자료 등의 사용제한】 사법경찰관리가 제25조의2부터 제25조의5까지에 따라 수집한 증거 및 자료 등은 다음 각 호의 어느 하나에 해당하는 경우 외에는 사용할 수 없다.(2024.10.16 본문개정)
1. 신분비공개수사 또는 신분위장수사의 목적이 된 디지털 성범죄나 이와 관련되는 범죄를 수사·소추하거나 그 범죄를 예방하기 위하여 사용하는 경우
2. 신분비공개수사 또는 신분위장수사의 목적이 된 디지털 성범죄나 이와 관련되는 범죄로 인한 징계절차에 사용하는 경우
3. 증거 및 자료 수집의 대상자가 제기하는 손해배상청구소송에서 사용하는 경우
4. 그 밖에 다른 법률의 규정에 의하여 사용하는 경우
(2021.3.23 본조신설)

제25조의7 【국가경찰위원회와 국회의 통제】 ① 「국가경찰과 자치경찰의 조직 및 운영에 관한 법률」 제16조제1항에 따른 국가수사본부장(이하 "국가수사본부장"이라 한다)은 신분비공개수사가 종료된 즉시 대통령령으로 정하는 바에 따라 같은 법 제7조제1항에 따른 국가경찰위원회에 수사 관련 자료를 보고하여야 한다.
② 국가수사본부장은 대통령령으로 정하는 바에 따라 국회 소관 상임위원회에 신분비공개수사 관련 자료를 반기별로 보고하여야 한다.
(2021.3.23 본조신설)

제25조의8 【비밀준수의 의무】 ① 제25조의2부터 제25조의7까지에 따른 신분비공개수사 또는 신분위장수사에 대한 승인·집행·보고 및 각종 서류작성 등에 관여한 공무원 또는 그 직에 있었던 자는 직무상 알게 된 신분비공개수사 또는 신분위장수사에 관한 사항을 외부에 공개하거나 누설하여서는 아니 된다.(2024.10.16 본항개정)
② 제1항의 비밀유지에 관하여 필요한 사항은 대통령령으로 정한다.
(2021.3.23 본조신설)

제25조의9 【면책】 ① 사법경찰관리가 신분비공개수사 또는 신분위장수사 중 부득이한 사유로 위법행위를 한 경우 그 행위에 고의나 중대한 과실이 없는 경우에는 벌하지 아니한다.
② 제1항에 따른 위법행위가 「국가공무원법」 제78조제1항에 따른 징계 사유에 해당하더라도 그 행위에 고의나 중대한 과실이 없는 경우에는 징계 요구 또는 문책 요구 등 책임을 묻지 아니한다.
③ 신분비공개수사 또는 신분위장수사 행위로 타인에게 손해가 발생한 경우라도 사법경찰관리는 그 행위에 고의나 중대한 과실이 없는 경우에는 그 손해에 대한 책임을 지지 아니한다.
(2021.3.23 본조신설)

제25조의10【수사 지원 및 교육】 상급 경찰관서 수사부서의 장은 신분비공개수사 또는 신분위장수사를 승인하거나 보고받은 경우 사법경찰관리에게 수사에 필요한 인적·물적 지원을 하고, 전문지식과 피해자 보호를 위한 수사방법 및 수사절차 등에 관한 교육을 실시하여야 한다.(2021.3.23 본조신설)

제26조【영상물의 촬영·보존 등】 ① 아동·청소년대상 성범죄 피해자의 진술내용과 조사과정은 비디오녹화기 등 영상물 녹화장치로 촬영·보존하여야 한다.

② 제1항에 따른 영상물 녹화는 피해자 또는 법정대리인이 이를 원하지 아니하는 의사를 표시한 때에는 촬영을 하여서는 아니 된다. 다만, 가해자가 친권자 중 일방인 경우는 그러하지 아니하다.

③ 제1항에 따른 영상물 녹화는 조사의 개시부터 종료까지의 전 과정 및 객관적 정황을 녹화하여야 하고, 녹화가 완료된 때에는 지체 없이 그 원본을 피해자 또는 변호사 앞에서 봉인하고 피해자로 하여금 기명날인 또는 서명하게 하여야 한다.

④ 검사 또는 사법경찰관은 피해자가 제1항의 녹화장소에 도착한 시각, 녹화를 시작하고 마친 시각, 그 밖에 녹화과정의 진행경과를 확인하기 위하여 필요한 사항을 조서 또는 별도의 서면에 기록한 후 수사기록에 편철하여야 한다.

⑤ 검사 또는 사법경찰관은 피해자 또는 법정대리인이 신청하는 경우에는 영상물 촬영과정에서 작성한 조서의 사본을 신청인에게 교부하거나 영상물을 재생하여 시청하게 하여야 한다.

⑥ 제1항부터 제4항까지의 절차에 따라 촬영한 영상물에 수록된 피해자의 진술은 공판준비기일 또는 공판기일에 피해자 또는 조사과정에 동석하였던 신뢰관계에 있는 자의 진술에 의하여 그 성립의 진정함이 인정된 때에는 증거로 할 수 있다.

⑦ 누구든지 제1항에 따라 촬영한 영상물을 수사 및 재판의 용도 외에 다른 목적으로 사용하여서는 아니 된다.

제27조【증거보전의 특례】 ① 아동·청소년대상 성범죄의 피해자, 그 법정대리인 또는 경찰은 피해자가 공판기일에 출석하여 증언하는 것에 현저히 곤란한 사정이 있을 때에는 그 사유를 소명하여 제26조에 따라 촬영된 영상물 또는 그 밖의 다른 증거물에 대하여 해당 성범죄를 수사하는 검사에게 「형사소송법」 제184조제1항에 따른 증거보전의 청구를 할 것을 요청할 수 있다.

② 제1항의 요청을 받은 검사는 그 요청이 상당한 이유가 있다고 인정하는 때에는 증거보전의 청구를 하여야 한다.

제28조【신뢰관계에 있는 사람의 동석】 ① 법원은 아동·청소년대상 성범죄의 피해자를 증인으로 신문하는 경우에 검사, 피해자 또는 법정대리인이 신청하는 경우에는 재판에 지장을 줄 우려가 있는 등 부득이한 경우가 아니면 피해자와 신뢰관계에 있는 사람을 동석하게 하여야 한다.

② 제1항은 수사기관이 제1항의 피해자를 조사하는 경우에 관하여 준용한다.

③ 제1항 및 제2항의 경우 법원과 수사기관은 피해자와 신뢰관계에 있는 사람이 피해자에게 불리하거나 피해자가 원하지 아니하는 경우에는 동석하게 하여서는 아니 된다.

제29조【서류·증거물의 열람·등사】 아동·청소년대상 성범죄의 피해자, 그 법정대리인 또는 변호사는 재판장의 허가를 받아 소송계속 중의 관계 서류 또는 증거물을 열람하거나 등사할 수 있다.

제30조【피해아동·청소년 등에 대한 변호사선임의 특례】 ① 아동·청소년대상 성범죄의 피해자 및 그 법정대리인은 형사절차상 입을 수 있는 피해를 방어하고 법률적 조력을 보장하기 위하여 변호사를 선임할 수 있다.

② 제1항에 따른 변호사에 관하여는 「성폭력범죄의 처벌 등에 관한 특례법」 제27조제2항부터 제6항까지를 준용한다.

제31조【비밀누설 금지】 ① 아동·청소년대상 성범죄의 수사 또는 재판을 담당하거나 이에 관여하는 공무원 또는 그 직에 있었던 사람은 피해아동·청소년의 주소·성명·연령·학교 또는 직업·용모 등 그 아동·청소년을 특정할 수 있는 인적사항이나 사진 등 또는 그 아동·청소년의 사생활에 관한 비밀을 공개하거나 타인에게 누설하여서는 아니 된다.(2020.5.19 본항개정)

② 제45조 및 제46조의 기관·시설 또는 단체의 장이나 이를 보조하는 자 또는 그 직에 있었던 자는 직무상 알게 된 비밀을 타인에게 누설하여서는 아니 된다.

③ 누구든지 피해아동·청소년의 주소·성명·연령·학교 또는 직업·용모 등 그 아동·청소년을 특정하여 파악할 수 있는 인적사항이나 사진 등을 신문 등 인쇄물에 싣거나 「방송법」 제2조제1호에 따른 방송(이하 "방송"이라 한다) 또는 정보통신망을 통하여 공개하여서는 아니 된다.(2020.5.19 본항개정)

④ 제1항부터 제3항까지를 위반한 자는 7년 이하의 징역 또는 5천만원 이하의 벌금에 처한다. 이 경우 징역형과 벌금형은 병과할 수 있다.

제32조【양벌규정】 법인의 대표자나 법인 또는 개인의 대리인, 사용인, 그 밖의 종업원이 그 법인 또는 개인의 업무에 관하여 제14조제3항, 제15조제2항·제3항 또는 제31조제3항의 어느 하나에 해당하는 위반행위를 하면 그 행위자를 벌하는 외에 그 법인 또는 개인에게도 해당 조문의 벌금형을 과(科)하고, 제11조제1항부터 제6항까지, 제12조, 제14조제1항·제2항·제4항 또는 제15조제1항의 어느 하나에 해당하는 위반행위를 하면 그 행위자를 벌하는 외에 그 법인 또는 개인을 5천만원 이하의 벌금에 처한다. 다만, 법인 또는 개인이 그 위반행위를 방지하기 위하여 해당 업무에 관하여 상당한 주의와 감독을 게을리하지 아니한 경우에는 그러하지 아니하다.(2023.4.11 본문개정)

제33조【내국인의 국외범 처벌】 국가는 국민이 대한민국 영역 외에서 아동·청소년대상 성범죄를 범하여 「형법」 제3조에 따라 형사처벌하여야 할 경우에는 외국으로부터 범죄 정보를 신속히 입수하여 처벌하도록 노력하여야 한다.

제3장 아동·청소년대상 성범죄의 신고·응급조치와 피해아동·청소년의 보호·지원

(2020.5.19 본장제목개정)

제34조【아동·청소년대상 성범죄의 신고】 ① 누구든지 아동·청소년대상 성범죄의 발생 사실을 알게 된 때에는 수사기관에 신고할 수 있다.

② 다음 각 호의 어느 하나에 해당하는 기관·시설 또는 단체의 장과 그 종사자는 직무상 아동·청소년대상 성범죄의 발생 사실을 알게 된 때에는 즉시 수사기관에 신고하여야 한다.

1. 「유아교육법」 제2조제2호의 유치원
2. 「초·중등교육법」 제2조의 학교, 같은 법 제28조와 같은 법 시행령 제54조에 따른 위탁 교육기관 및 「고등교육법」 제2조의 학교(2020.12.8 본호개정)

2의2. 특별시·광역시·특별자치시·도·특별자치도 교육청 또는 「지방교육자치에 관한 법률」 제34조에 따른 교육지원청이 「초·중등교육법」 제28조에 따라 직접 설치·운영하거나 위탁하여 운영하는 학생상담지원시설 또는 위탁 교육시설(2020.12.8 본호신설)

2의3. 「제주특별자치도 설치 및 국제자유도시 조성을 위한 특별법」 제223조에 따라 설립된 국제학교(2020.12.8 본호신설)

3. 「의료법」 제3조의 의료기관
4. 「아동복지법」 제3조제10호의 아동복지시설 및 같은 법 제37조에 따른 통합서비스 수행기관(2020.12.8 본호개정)
5. 「장애인복지법」 제58조의 장애인복지시설
6. 「영유아보육법」 제2조제3호의 어린이집, 같은 법 제7조에 따른 육아종합지원센터 및 같은 법 제26조의2에 따른 시간제보육서비스지정기관(2023.4.11 본호개정)

7. 「학원의 설립 · 운영 및 과외교습에 관한 법률」 제2조제1호의 학원 및 같은 조 제2호의 교습소
8. 「성매매방지 및 피해자보호 등에 관한 법률」 제9조의 성매매피해자등을 위한 지원시설 및 같은 법 제17조의 성매매피해상담소(2020.12.8 본호개정)
9. 「한부모가족지원법」 제19조에 따른 한부모가족복지시설
10. 「가정폭력방지 및 피해자보호 등에 관한 법률」 제5조의 가정폭력 관련 상담소 및 같은 법 제7조의 가정폭력피해자 보호시설
11. 「성폭력방지 및 피해자보호 등에 관한 법률」 제10조의 성폭력피해상담소 및 같은 법 제12조의 성폭력피해자보호시설
12. 「청소년활동 진흥법」 제2조제2호의 청소년활동시설(2014.1.21 본호개정)
13. 「청소년복지 지원법」 제29조제1항에 따른 청소년상담복지센터 및 같은 법 제31조제1호에 따른 청소년쉼터
13의2. 「학교 밖 청소년 지원에 관한 법률」 제12조에 따른 학교 밖 청소년 지원센터(2020.12.8 본호신설)
14. 「청소년 보호법」 제35조의 청소년 보호 · 재활센터
15. 「국민체육진흥법」 제2조제9호가목 및 나목의 체육단체(2019.11.26 본호신설)
16. 「대중문화예술산업발전법」 제2조제7호에 따른 대중문화예술기획업자가 같은 조 제6호에 따른 대중문화예술기획업 중 같은 조 제3호에 따른 대중문화예술인에 대한 훈련 · 지도 · 상담 등을 하는 영업장(이하 "대중문화예술기획업소"라 한다)(2020.12.8 본호신설)

③ 다른 법률에 규정이 있는 경우를 제외하고는 누구든지 신고자 등의 인적사항이나 사진 등 그 신원을 알 수 있는 정보나 자료를 출판물에 게재하거나 방송 또는 정보통신망을 통하여 공개하여서는 아니 된다.

제35조 【신고의무자에 대한 교육】 ① 관계 행정기관의 장은 제34조제2항 각 호의 기관 · 시설 또는 단체의 장과 그 종사자의 자격취득 과정에 아동 · 청소년대상 성범죄 예방 및 신고의무와 관련된 교육내용을 포함시켜야 한다.

② 여성가족부장관은 제34조제2항 각 호의 기관 · 시설 또는 단체의 장과 그 종사자에 대하여 성범죄 예방 및 신고의무와 관련된 교육을 실시할 수 있다.

③ 제2항의 교육에 필요한 사항은 대통령령으로 정한다.

제36조 【피해아동 · 청소년의 보호】 아동 · 청소년대상 성범죄를 저지른 자가 피해아동 · 청소년과 「가정폭력범죄의 처벌 등에 관한 특례법」 제2조제2호의 가정구성원인 관계에 있는 경우로서 피해아동 · 청소년을 보호할 필요가 있는 때에는 같은 법 제5조, 제8조, 제29조 및 제49조부터 제53조까지의 규정을 준용한다.

제37조 【피해아동 · 청소년 등의 상담 및 치료】 ① 국가는 피해아동 · 청소년 등의 신체적 · 정신적 회복을 위하여 제46조의 상담시설 또는 「성폭력방지 및 피해자보호 등에 관한 법률」 제27조의 성폭력 전담의료기관으로 하여금 다음 각 호의 사람에게 상담이나 치료프로그램(이하 "상담 · 치료프로그램"이라 한다)을 제공하도록 요청할 수 있다.
1. 피해아동 · 청소년
2. 피해아동 · 청소년의 보호자 및 형제 · 자매
3. 그 밖에 대통령령으로 정하는 사람

② 제1항에 따라 상담 · 치료프로그램 제공을 요청받은 기관은 정당한 이유 없이 그 요청을 거부할 수 없다.

제38조 【성매매 피해아동 · 청소년에 대한 조치 등】 ① 「성매매알선 등 행위의 처벌에 관한 법률」 제21조제1항에도 불구하고 제13조제1항의 죄의 상대방이 된 아동 · 청소년에 대하여는 보호를 위하여 처벌하지 아니한다.

② 검사 또는 사법경찰관은 성매매 피해아동 · 청소년을 발견한 경우 신속하게 사건을 수사한 후 지체 없이 여성가족부장관 및 제47조의2에 따른 성매매 피해아동 · 청소년 지원센터를 관할하는 특별시장 · 광역시장 · 특별자치시장 · 도지사 · 특별자치도지사(이하 "시 · 도지사"라 한다)에게 통지하여야 한다.

③ 여성가족부장관은 제2항에 따른 통지를 받은 경우 해당 성매매 피해아동 · 청소년에 대하여 다음 각 호의 어느 하나에 해당하는 조치를 하여야 한다.
1. 제45조에 따른 보호시설 또는 제46조에 따른 상담시설과의 연계(2020.5.19 본호신설)
2. 제47조의2에 따른 성매매 피해아동 · 청소년 지원센터에서 제공하는 교육 · 상담 및 지원 프로그램 등의 참여(2020.5.19 본호신설)

④ (2020.5.19 삭제)

(2020.5.19 본조개정)

제38조의2 【아동 · 청소년대상 디지털 성범죄의 피해확대 방지 및 피해자 보호 등을 위한 조치】 ① 사법경찰관리는 아동 · 청소년성착취물에 대한 신고를 받고 해당 아동 · 청소년성착취물이 정보통신망을 통하여 게시 · 상영 또는 유통되고 있다는 사실을 확인한 경우에는 지체 없이 「방송통신위원회의 설치 및 운영에 관한 법률」 제18조에 따른 방송통신심의위원회에 해당 아동 · 청소년성착취물에 대한 삭제 또는 접속차단 등의 조치를 하여줄 것을 요청하여야 한다. 이 경우 사법경찰관리는 아동 · 청소년성착취물의 삭제 또는 접속차단 등의 처리절차에 관하여 특별한 사정이 없으면 해당 피해아동 · 청소년(보호자가 있는 경우에는 그 보호자를 포함한다)에게 안내하여야 한다.

② 사법경찰관리는 제15조의2에 해당하는 위반행위에 대한 신고를 받은 경우 그 위반행위를 하고 있다고 의심될 만한 상당한 이유가 있는 사람에 대하여는 즉시 그 위반행위를 중단할 것을 통보하고, 그 위반행위를 중단하지 아니할 경우 처벌받을 수 있음을 서면으로 경고하여야 한다. 다만, 사법경찰관리가 신분비공개수사 및 신분위장수사가 필요하다고 판단하는 경우에는 그러하지 아니하다.

③ 사법경찰관리는 디지털 성범죄의 피해아동 · 청소년이 재차 피해를 입을 위험이 현저하여 신변을 보호할 필요가 있다고 인정되는 경우 해당 피해아동 · 청소년을 제45조에 따른 보호시설 또는 제46조에 따른 상담시설로 인도할 수 있다. 이 경우 그 피해아동 · 청소년의 동의를 얻어야 한다.

(2024.10.16 본조신설)

제39조~제40조 (2020.5.19 삭제)

제41조 【피해아동 · 청소년 등을 위한 조치의 청구】 검사는 성범죄의 피해를 받은 아동 · 청소년을 위하여 지속적으로 위해의 배제와 보호가 필요하다고 인정하는 경우 법원에 제1호의 보호관찰과 함께 제2호부터 제5호까지의 조치를 청구할 수 있다. 다만, 「전자장치 부착 등에 관한 법률」 제9조의2제1항제2호 및 제3호에 따라 가해자에게 특정지역 출입금지 등의 준수사항을 부과하는 경우에는 그러하지 아니하다.(2020.2.4 단서개정)
1. 가해자에 대한 「보호관찰 등에 관한 법률」에 따른 보호관찰
2. 피해를 받은 아동 · 청소년의 주거 등으로부터 가해자를 분리하거나 퇴거하는 조치
3. 피해를 받은 아동 · 청소년의 주거, 학교, 유치원 등으로부터 100미터 이내에 가해자 또는 가해자의 대리인의 접근을 금지하는 조치(2020.12.8 본호개정)
4. 「전기통신기본법」 제2조제1호의 전기통신이나 우편물을 이용하여 가해자가 피해를 받은 아동 · 청소년 또는 그 보호자와 접촉을 하는 행위의 금지
5. 제45조에 따른 보호시설에 대한 보호위탁결정 등 피해를 받은 아동 · 청소년의 보호를 위하여 필요한 조치

제42조 【피해아동 · 청소년 등에 대한 보호처분의 판결 등】 ① 법원은 제41조에 따른 보호처분의 청구가 이유 있다고 인정할 때에는 6개월의 범위에서 기간을 정하여 판결로 보호처분을 선고하여야 한다.

② 제41조 각 호의 보호처분은 병과할 수 있다.

③ 검사는 제1항에 따른 보호처분 기간의 연장이 필요하다고 인정하는 경우 법원에 그 기간의 연장을 청구할 수 있다. 이 경우 보호처분 기간의 연장 횟수는 3회 이내로 하고, 연장기간은 각각 6개월 이내로 한다.
④ 보호처분 청구사건의 판결은 아동·청소년대상 성범죄 사건의 판결과 동시에 선고하여야 한다.
⑤ 피해자 또는 법정대리인은 제41조제1호 및 제2호의 보호처분 후 주거 등을 옮긴 때에는 관할 법원에 보호처분 결정의 변경을 신청할 수 있다.
⑥ 법원은 제1항에 따른 보호처분을 결정한 때에는 검사, 피해자, 가해자, 보호관찰관 및 보호처분을 위탁받아 행하는 보호시설의 장에게 각각 통지하여야 한다. 다만, 보호시설이 민간에 의하여 운영되는 기관인 경우에는 그 시설의 장으로부터 수탁에 대한 동의를 받아야 한다.
⑦ 보호처분 결정의 집행에 관하여 필요한 사항은 「가정폭력범죄의 처벌 등에 관한 특례법」 제43조를 준용한다.

제43조【피해아동·청소년 등에 대한 보호처분의 변경과 종결】 ① 검사는 제42조에 따른 보호처분에 대하여 그 내용의 변경 또는 종결을 법원에 청구할 수 있다.
② 법원은 제1항에 따른 청구가 있는 경우 해당 보호처분이 피해를 받은 아동·청소년의 보호에 적절한지 여부에 대하여 심사한 후 보호처분의 변경 또는 종결이 필요하다고 인정하는 경우에는 이를 변경 또는 종결하여야 한다.

제44조【가해아동·청소년의 처리】 ① 10세 이상 14세 미만의 아동·청소년이 제2조제2호나목 및 다목의 죄와 제7조의 죄를 범한 경우에 수사기관은 신속히 수사하고, 그 사건을 관할 법원 소년부에 송치하여야 한다.
② 14세 이상 16세 미만의 아동·청소년이 제1항의 죄를 범하여 그 사건이 관할 법원 소년부로 송치된 경우 송치받은 법원 소년부 판사는 그 아동·청소년에게 다음 각호의 어느 하나에 해당하는 보호처분을 할 수 있다.
1. 「소년법」 제32조제1항 각 호의 보호처분
2. 「청소년 보호법」 제35조의 청소년 보호·재활센터에 선도보호를 위탁하는 보호처분
③ 사법경찰관은 제1항에 따른 가해아동·청소년을 발견한 경우 특별한 사정이 없으면 그 사실을 가해아동·청소년의 법정대리인 등에게 통지하여야 한다.
④ 판사는 제1항 및 제2항에 따라 관할 법원 소년부에 송치된 가해아동·청소년에 대하여 「소년법」 제32조제1항제4호 또는 제5호의 처분을 하는 경우 재범예방에 필요한 수강명령을 하여야 한다.
⑤ 검사는 가해아동·청소년에 대하여 소년부 송치 여부를 검토한 결과 소년부 송치가 적절하지 아니한 경우 가해아동·청소년으로 하여금 재범예방에 필요한 교육과정이나 상담과정을 마치게 하여야 한다.
⑥ 제5항에 따른 교육과정이나 상담과정에 관하여 필요한 사항은 대통령령으로 정한다.

제45조【보호시설】 「성매매방지 및 피해자보호 등에 관한 법률」 제9조제1항제2호의 청소년 지원시설, 「청소년복지 지원법」 제29조제1항에 따른 청소년상담복지센터 및 같은 법 제31조제1호에 따른 청소년쉼터 또는 「청소년 보호법」 제35조의 청소년 보호·재활센터는 다음 각 호의 업무를 수행할 수 있다.(2020.5.19 본문개정)
1. 제46조제1항 각 호의 업무
2. 성매매 피해아동·청소년의 보호·자립지원(2020.5.19 본호개정)
3. 장기치료가 필요한 성매매 피해아동·청소년의 다른 기관과의 연계 및 위탁(2020.5.19 본호개정)

제46조【상담시설】 ① 「성매매방지 및 피해자보호 등에 관한 법률」 제17조의 성매매피해상담소 및 「청소년복지 지원법」 제29조제1항에 따른 청소년상담복지센터는 다음 각 호의 업무를 수행할 수 있다.(2020.5.19 본문개정)
1. 제7조부터 제18조까지의 범죄 신고의 접수 및 상담
2. 성매매 피해아동·청소년과 병원 또는 관련 시설과의 연계 및 위탁(2020.5.19 본호개정)
3. 그 밖에 아동·청소년 성매매 등과 관련한 조사·연구
② 「성폭력방지 및 피해자보호 등에 관한 법률」 제10조의 성폭력피해상담소 및 같은 법 제12조의 성폭력피해자보호시설은 다음 각 호의 업무를 수행할 수 있다.
1. 제7조, 제8조, 제8조의2, 제9조부터 제11조까지 및 제16조의 범죄에 대한 신고의 접수 및 상담(2020.5.19 본호개정)
2. 아동·청소년대상 성폭력범죄로 인하여 정상적인 생활이 어렵거나 그 밖의 사정으로 긴급히 보호를 필요로 하는 피해아동·청소년을 병원이나 성폭력피해자보호시설로 데려다 주거나 일시 보호하는 업무
3. 피해아동·청소년의 신체적·정신적 안정회복과 사회복귀를 돕는 업무
4. 가해자에 대한 민사상·형사상 소송과 피해배상청구 등의 사법처리절차에 관하여 대한변호사협회·대한법률구조공단 등 관계 기관에 필요한 협조와 지원을 요청하는 업무
5. 아동·청소년대상 성폭력범죄의 가해아동·청소년과 그 법정대리인에 대한 교육·상담 프로그램의 운영
6. 아동·청소년 관련 성보호 전문가에 대한 교육
(2020.5.19 5호~6호신설)
7. 아동·청소년대상 성폭력범죄의 예방과 방지를 위한 홍보
8. 아동·청소년대상 성폭력범죄 및 그 피해에 관한 조사·연구
9. 그 밖에 피해아동·청소년의 보호를 위하여 필요한 업무

제47조【아동·청소년대상 성교육 전문기관의 설치·운영】 ① 국가와 지방자치단체는 아동·청소년의 건전한 성가치관 조성과 성범죄 예방을 위하여 아동·청소년대상 성교육 전문기관(이하 "성교육 전문기관"이라 한다)을 설치하거나 해당 업무를 전문단체에 위탁할 수 있다.
② 제1항에 따른 위탁 관련 사항, 성교육 전문기관에 두는 종사자 등 직원의 자격 및 설치기준과 운영에 관하여 필요한 사항은 대통령령으로 정한다.

제47조의2【성매매 피해아동·청소년 지원센터의 설치】 ① 여성가족부장관 또는 시·도지사 및 시장·군수·구청장(자치구의 구청장을 말한다. 이하 같다)은 성매매 피해아동·청소년의 보호를 위하여 성매매 피해아동·청소년 지원센터(이하 "성매매 피해아동·청소년 지원센터"라 한다)를 설치·운영할 수 있다.
② 성매매 피해아동·청소년 지원센터는 다음 각 호의 업무를 수행한다.
1. 제12조부터 제15조까지의 범죄에 대한 신고의 접수 및 상담
2. 성매매 피해아동·청소년의 교육·상담 및 지원
3. 성매매 피해아동·청소년을 병원이나 「성매매방지 및 피해자보호 등에 관한 법률」 제9조에 따른 지원시설로 데려다 주거나 일시 보호하는 업무
4. 성매매 피해아동·청소년의 신체적·정신적 치료·안정회복과 사회복귀를 돕는 업무
5. 성매매 피해아동·청소년의 법정대리인을 대상으로 한 교육·상담프로그램 운영
6. 아동·청소년 성매매 등에 관한 조사·연구
7. 그 밖에 성매매 피해아동·청소년의 보호 및 지원을 위하여 필요한 업무로서 대통령령으로 정하는 업무
③ 국가와 지방자치단체는 제2항에 따른 성매매 피해아동·청소년 지원센터의 업무에 대하여 예산의 범위에서 그 경비의 일부를 보조하여야 한다.
④ 성매매 피해아동·청소년 지원센터의 운영은 여성가족부령으로 정하는 바에 따라 비영리법인 또는 단체에 위탁할 수 있다.
(2020.5.19 본조신설)

제48조 (2020.5.19 삭제)

제4장 성범죄로 유죄판결이 확정된 자의 신상정보 공개와 취업제한 등

제49조【등록정보의 공개】 ① 법원은 다음 각 호의 어느 하나에 해당하는 자에 대하여 판결로 제4항의 공개정보를 「성폭력범죄의 처벌 등에 관한 특례법」 제45조제1항의 등록기간 동안 정보통신망을 이용하여 공개하도록 하는 명령(이하 "공개명령"이라 한다)을 등록대상 사건의 판결과 동시에 선고하여야 한다. 다만, 피고인이 아동·청소년인 경우, 그 밖에 신상정보를 공개하여서는 아니 될 특별한 사정이 있다고 판단되는 경우에는 그러하지 아니하다.(2019.11.26 본문개정)
1. 아동·청소년대상 성범죄를 저지른 자(2020.5.19 본호개정)
2. 「성폭력범죄의 처벌 등에 관한 특례법」 제2조제1항제3호·제4호, 같은 조 제2항(제1항제3호·제4호에 한정한다), 제3조부터 제15조까지의 범죄를 저지른 자
3. 제1호 또는 제2호의 죄를 범하였으나 「형법」 제10조제1항에 따라 처벌할 수 없는 자로서 제1호 또는 제2호의 죄를 다시 범할 위험성이 있다고 인정되는 자

② 제1항에 따른 등록정보의 공개기간(「형의 실효 등에 관한 법률」 제7조에 따른 기간을 초과하지 못한다)은 판결이 확정된 때부터 기산한다.(2019.11.26 단서삭제)

③ 다음 각 호의 기간은 제1항에 따른 공개기간에 넣어 계산하지 아니한다.
1. 공개명령을 받은 자(이하 "공개대상자"라 한다)가 신상정보 공개의 원인이 된 성범죄로 교정시설 또는 치료감호시설에 수용된 기간. 이 경우 신상정보 공개의 원인이 된 성범죄와 다른 범죄가 「형법」 제37조(판결이 확정되지 아니한 수개의 죄를 경합범으로 하는 경우로 한정한다)에 따라 경합되어 같은 법 제38조에 따라 형이 선고된 경우에는 그 선고형 전부를 신상정보 공개의 원인이 된 성범죄로 인한 선고형으로 본다.
2. 제1호에 따른 기간 이전의 기간으로서 제1호에 따른 기간과 이어져 공개대상자가 다른 범죄로 교정시설 또는 치료감호시설에 수용된 기간
3. 제1호에 따른 기간 이후의 기간으로서 제1호에 따른 기간과 이어져 공개대상자가 다른 범죄로 교정시설 또는 치료감호시설에 수용된 기간

(2019.11.26 본항신설)

④ 제1항에 따라 공개하도록 제공되는 등록정보(이하 "공개정보"라 한다)는 다음 각 호와 같다.
1. 성명
2. 나이
3. 주소 및 실제거주지(「도로명 주소법」 제2조제3호에 따른 도로명 및 같은 조 제5호에 따른 건물번호까지로 한다)(2020.12.8 본호개정)
4. 신체정보(키와 몸무게)
5. 사진
6. 등록대상 성범죄 요지(판결일자, 죄명, 선고형량을 포함한다)
7. 성폭력범죄 전과사실(죄명 및 횟수)
8. 「전자장치 부착 등에 관한 법률」에 따른 전자장치 부착 여부(2020.2.4 본호개정)

⑤ 공개정보의 구체적인 형태와 내용에 관하여는 대통령령으로 정한다.

⑥ 공개정보를 정보통신망을 이용하여 열람하고자 하는 자는 실명인증 절차를 거쳐야 한다.

⑦ 실명인증, 공개정보 유출 방지를 위한 기술 및 관리에 관한 구체적인 방법과 절차는 대통령령으로 정한다.

제50조【등록정보의 고지】 ① 법원은 공개대상자 중 다음 각 호의 어느 하나에 해당하는 자에 대하여 판결로 제49조에 따른 공개명령 기간 동안 제4항에 따른 고지정보를 제5항에 규정된 사람에 대하여 고지하도록 하는 명령(이하 "고지명령"이라 한다)을 등록대상 성범죄 사건의 판결과 동시에 선고하여야 한다. 다만, 피고인이 아동·청소년인 경우, 그 밖에 신상정보를 고지하여서는 아니 될 특별한 사정이 있다고 판단하는 경우에는 그러하지 아니하다.
1. 아동·청소년대상 성범죄를 저지른 자(2020.5.19 본호개정)
2. 「성폭력범죄의 처벌 등에 관한 특례법」 제2조제1항제3호·제4호, 같은 조 제2항(제1항제3호·제4호에 한정한다), 제3조부터 제15조까지의 범죄를 저지른 자
3. 제1호 또는 제2호의 죄를 범하였으나 「형법」 제10조제1항에 따라 처벌할 수 없는 자로서 제1호 또는 제2호의 죄를 다시 범할 위험성이 있다고 인정되는 자

② 고지명령을 선고받은 자(이하 "고지대상자"라 한다)는 공개명령을 선고받은 자로 본다.

③ 고지명령은 다음 각 호의 기간 내에 하여야 한다.
1. 집행유예를 선고받은 고지대상자는 신상정보 최초 등록일부터 1개월 이내
2. 금고 이상의 실형을 선고받은 고지대상자는 출소 후 거주할 지역에 전입한 날부터 1개월 이내
3. 고지대상자가 다른 지역으로 전출하는 경우에는 변경정보 등록일부터 1개월 이내

④ 제1항에 따라 고지하여야 하는 고지정보는 다음 각 호와 같다.
1. 고지대상자가 이미 거주하고 있거나 전입하는 경우에는 제49조제4항의 공개정보. 다만, 제49조제4항제3호에 따른 주소 및 실제거주지는 상세주소를 포함한다.(2019.11.26 본호개정)
2. 고지대상자가 전출하는 경우에는 제1호의 고지정보와 그 대상자의 전출 정보

⑤ 제4항의 고지정보는 고지대상자가 거주하는 읍·면·동의 아동·청소년이 속한 세대의 세대주와 다음 각 호의 자에게 고지한다.(2023.4.11 본문개정)
1. 「영유아보육법」에 따른 어린이집의 원장 및 육아종합지원센터·시간제보육서비스지정기관의 장
2. 「유아교육법」에 따른 유치원의 장
3. 「초·중등교육법」 제2조에 따른 학교의 장
4. 읍·면사무소와 동 주민센터의 장(경계를 같이 하는 읍·면 또는 동을 포함한다)
5. 「학원의 설립·운영 및 과외교습에 관한 법률」 제2조제2호에 따른 교습소의 장, 같은 조 제3호에 따른 개인과외교습자 및 제2조의2에 따른 학교교과교습학원의 장
6. 「아동복지법」 제52조제1항에 따른 아동복지시설 중 다음 각 목의 시설의 장
   가. 아동양육시설
   나. 아동일시보호시설
   다. 아동보호치료시설
   라. 공동생활가정
   마. 지역아동센터
7. 「청소년복지 지원법」 제31조에 따른 청소년복지시설의 장
8. 「청소년활동 진흥법」 제10조제1호에 따른 청소년수련시설의 장

(2023.4.11 1호~8호신설)

제51조【고지명령의 집행】 ① 고지명령의 집행은 여성가족부장관이 한다.

② 법원은 고지명령의 판결이 확정되면 판결문 등본을 판결이 확정된 날부터 14일 이내에 법무부장관에게 송달하여야 하며, 법무부장관은 제50조제3항에 따른 기간 내에 고지명령이 집행될 수 있도록 최초등록 및 변경등록 시 고지대상자, 고지기간 및 같은 조 제4항 각 호에 규정된 고지정보를 지체 없이 여성가족부장관에게 송부하여야 한다.

③ 법무부장관은 고지대상자가 출소하는 경우 출소 1개월 전까지 다음 각 호의 정보를 여성가족부장관에게 송부하여야 한다.
1. 고지대상자의 출소 예정일

2. 고지대상자의 출소 후 거주지 상세주소
④ 여성가족부장관은 제50조제4항에 따른 고지정보를 관할구역에 거주하는 아동·청소년이 속한 세대의 세대주와 다음 각 호의 자에게 우편·이동통신단말장치 등 여성가족부령으로 정하는 바에 따라 송부하고, 읍·면 또는 동(경계를 같이 하는 읍·면 또는 동을 포함한다) 주민센터 게시판에 30일간 게시하는 방법으로 고지명령을 집행한다.(2023.4.11 본문개정)
1. 「영유아보육법」에 따른 어린이집의 원장 및 육아종합지원센터·시간제보육서비스지정기관의 장
2. 「유아교육법」에 따른 유치원의 장
3. 「초·중등교육법」 제2조에 따른 학교의 장
4. 읍·면사무소와 동 주민센터의 장(경계를 같이 하는 읍·면 또는 동을 포함한다)
5. 「학원의 설립·운영 및 과외교습에 관한 법률」 제2조제2호에 따른 교습소의 장, 제2조제3호에 따른 개인과외교습자 및 제2조의2에 따른 학교교과교습학원의 장
6. 「아동복지법」 제52조제1항에 따른 아동복지시설 중 다음 각 목의 시설의 장
가. 아동양육시설
나. 아동일시보호시설
다. 아동보호치료시설
라. 공동생활가정
마. 지역아동센터
7. 「청소년복지 지원법」 제31조에 따른 청소년복지시설의 장
8. 「청소년활동 진흥법」 제10조제1호에 따른 청소년수련시설의 장
(2023.4.11 1호~8호신설)
⑤ 여성가족부장관은 제4항에 따른 고지명령의 집행 이후 관할구역에 출생신고·입양신고·전입신고가 된 아동·청소년이 속한 세대의 세대주와 관할구역에 설립·설치된 다음 각 호의 자로서 고지대상자의 고지정보를 송부받지 못한 자에 대하여 제50조제4항에 따른 고지정보를 우편·이동통신단말장치 등 여성가족부령으로 정하는 바에 따라 송부한다.
(2023.4.11 본문개정)
1. 「영유아보육법」에 따른 어린이집의 원장 및 육아종합지원센터·시간제보육서비스지정기관의 장
2. 「유아교육법」에 따른 유치원의 장
3. 「초·중등교육법」 제2조에 따른 학교의 장
4. 「학원의 설립·운영 및 과외교습에 관한 법률」 제2조제2호에 따른 교습소의 장, 제2조제3호에 따른 개인과외교습자 및 제2조의2에 따른 학교교과교습학원의 장
5. 「아동복지법」 제52조제1항에 따른 아동복지시설 중 다음 각 목의 시설의 장
가. 아동양육시설
나. 아동일시보호시설
다. 아동보호치료시설
라. 공동생활가정
마. 지역아동센터
6. 「청소년복지 지원법」 제31조에 따른 청소년복지시설의 장
7. 「청소년활동 진흥법」 제10조제1호에 따른 청소년수련시설의 장
(2023.4.11 1호~7호신설)
⑥ 여성가족부장관은 고지명령의 집행에 관한 업무 중 제4항 및 제5항에 따른 송부 및 게시판 게시 업무를 고지대상자가 실제 거주하는 읍·면사무소의 장 또는 동 주민센터의 장에게 위임할 수 있다.(2023.4.11 본항개정)
⑦ 제6항에 따른 위임을 받은 읍·면사무소의 장 또는 동 주민센터의 장은 송부 및 게시판 게시 업무를 집행하여야 한다.
(2023.4.11 본항개정)
⑧ (2023.4.11 삭제)
⑨ 고지명령의 집행 및 고지절차 등에 필요한 사항은 여성가족부령으로 정한다.

제51조의2 (2023.4.11 삭제)

제52조【공개명령의 집행】 ① 공개명령은 여성가족부장관이 정보통신망을 이용하여 집행한다.
② 법원은 공개명령의 판결이 확정되면 판결문 등본을 판결이 확정된 날부터 14일 이내에 법무부장관에게 송달하여야 하며, 법무부장관은 제49조제2항에 따른 공개기간 동안 공개명령이 집행될 수 있도록 최초등록 및 변경등록 시 공개대상자, 공개기간 및 같은 조 제4항 각 호에 규정된 공개정보를 지체 없이 여성가족부장관에게 송부하여야 한다.
(2019.11.26 본항개정)
③ 공개명령의 집행·공개절차·관리 등에 관한 세부사항은 대통령령으로 정한다.

제52조의2【고지정보 및 공개정보의 정정 등】 ① 누구든지 제51조에 따라 집행된 고지정보 또는 제52조에 따라 집행된 공개정보에 오류가 있음을 발견한 경우 여성가족부장관에게 그 정정을 요청할 수 있다.
② 여성가족부장관은 제1항에 따른 정정 요청을 받은 경우 법무부장관에게 그 사실을 통보하고, 법무부장관은 해당 정보의 진위와 변경 여부를 확인하기 위하여 고지대상자 또는 공개대상자의 주소지를 관할하는 경찰관서의 장에게 직접 대면 등의 방법으로 진위와 변경 여부를 확인하도록 요구할 수 있다.
③ 법무부장관은 제2항에 따라 고지정보 또는 공개정보에 오류가 있음을 확인한 경우 대통령령으로 정하는 바에 따라 변경정보를 등록한 후 여성가족부장관에게 그 결과를 송부하고, 여성가족부장관은 제51조제4항 또는 같은 조 제5항에 따른 방법으로 집행된 고지정보나 제52조제1항에 따른 방법으로 집행된 공개정보에 정정 사항이 있음을 알려야 한다.
④ 여성가족부장관은 제3항에 따른 처리 결과를 제1항에 따라 고지정보 또는 공개정보의 정정을 요청한 자에게 알려야 한다.
⑤ 제1항에 따른 고지정보 또는 공개정보의 정정 요청의 방법 및 절차, 제2항에 따른 법무부장관에 대한 통보, 조회 또는 정보 제공의 요청, 확인 요구 방법 및 절차, 제4항에 따른 처리 결과 통지 방법 등에 필요한 사항은 대통령령으로 정한다.
(2023.4.11 본조신설)

제53조【계도 및 범죄정보의 공표】 ① 여성가족부장관은 아동·청소년 대상 성범죄의 발생추세와 동향, 그 밖에 계도에 필요한 사항을 연 2회 이상 공표하여야 한다.
② 여성가족부장관은 제1항에 따른 성범죄 동향 분석 등을 위하여 성범죄로 유죄판결이 확정된 자에 대한 자료를 관계 행정기관에 요청할 수 있다.

제53조의2【아동·청소년성착취물 관련 범죄 실태조사】
① 여성가족부장관은 아동·청소년성착취물과 관련한 범죄 예방과 재발 방지 등을 위하여 정기적으로 아동·청소년성착취물 관련 범죄에 대한 실태조사를 하여야 한다.
② 제1항에 따른 실태조사의 주기, 방법과 내용 등에 관하여 필요한 사항은 여성가족부령으로 정한다.
(2020.12.8 본조신설)

제54조【비밀준수】 등록대상 성범죄자의 신상정보의 공개 및 고지 업무에 종사하거나 종사하였던 자는 직무상 알게 된 등록정보를 누설하여서는 아니 된다.

제55조【공개정보의 악용금지】 ① 공개정보는 아동·청소년 등을 등록대상 성범죄로부터 보호하기 위하여 성범죄 우려가 있는 자를 확인할 목적으로만 사용되어야 한다.
② 공개정보를 확인한 자는 공개정보를 활용하여 다음 각 호의 행위를 하여서는 아니 된다.
1. 신문·잡지 등 출판물, 방송 또는 정보통신망을 이용한 공개
2. 공개정보의 수정 또는 삭제
③ 공개정보를 확인한 자는 공개정보를 등록대상 성범죄로부터 보호할 목적 외에 다음 각 호와 관련된 목적으로 사용하여 공개대상자를 차별하여서는 아니 된다.

1. 고용(제56조제1항의 아동·청소년 관련기관등에의 고용은 제외한다)(2018.1.16 본호개정)
2. 주택 또는 사회복지시설의 이용
3. 교육기관의 교육 및 직업훈련

제56조【아동·청소년 관련기관등에의 취업제한 등】 ① 법원은 아동·청소년대상 성범죄 또는 성인대상 성범죄(이하 "성범죄"라 한다)로 형 또는 치료감호를 선고하는 경우에는 판결(약식명령을 포함한다. 이하 같다)로 그 형 또는 치료감호의 전부 또는 일부의 집행을 종료하거나 집행이 유예·면제된 날(벌금형을 선고받은 경우에는 그 형이 확정된 날)부터 일정기간(이하 "취업제한 기간"이라 한다) 동안 다음 각 호에 따른 시설·기관 또는 사업장(이하 "아동·청소년 관련기관등"이라 한다)을 운영하거나 아동·청소년 관련기관등에 취업 또는 사실상 노무를 제공할 수 없도록 하는 명령(이하 "취업제한 명령"이라 한다)을 성범죄 사건의 판결과 동시에 선고(약식명령의 경우에는 고지)하여야 한다. 다만, 재범의 위험성이 현저히 낮은 경우, 그 밖에 취업을 제한하여서는 아니 되는 특별한 사정이 있다고 판단하는 경우에는 그러하지 아니한다.(2020.6.2 본문개정)
1. 「유아교육법」 제2조제2호의 유치원
2. 「초·중등교육법」 제2조의 학교, 같은 법 제28조와 같은 법 시행령 제54조에 따른 위탁 교육기관 및 「고등교육법」 제2조의 학교(2018.1.16 본호개정)
2의2. 특별시·광역시·특별자치시·도·특별자치도 교육청 또는 「지방교육자치에 관한 법률」 제34조에 따른 교육지원청이 「초·중등교육법」 제28조에 따라 직접 설치·운영하거나 위탁하여 운영하는 학생상담지원시설 또는 위탁교육시설(2018.1.16 본호신설)
2의3. 「제주특별자치도 설치 및 국제자유도시 조성을 위한 특별법」 제223조에 따라 설립된 국제학교(2019.11.26 본호신설)
3. 「학원의 설립·운영 및 과외교습에 관한 법률」 제2조제1호의 학원, 같은 조 제2호의 교습소 및 같은 조 제3호의 개인과외교습자(아동·청소년의 이용이 제한되지 아니하는 학원·교습소로서 교육부장관이 지정하는 학원·교습소 및 아동·청소년을 대상으로 하는 개인과외교습자를 말한다)(2013.3.23 본호개정)
4. 「청소년 보호법」 제35조의 청소년 보호·재활센터
5. 「청소년활동 진흥법」 제2조제2호의 청소년활동시설(2014.1.21 본호개정)
6. 「청소년복지 지원법」 제29조제1항에 따른 청소년상담복지센터, 같은 법 제30조제1항에 따른 이주배경청소년지원센터 및 같은 법 제31조에 따른 청소년복지시설(2023.4.11 본호개정)
6의2. 「학교 밖 청소년 지원에 관한 법률」 제12조의 학교 밖 청소년 지원센터(2019.11.26 본호신설)
7. 「영유아보육법」 제2조제3호의 어린이집, 같은 법 제7조에 따른 육아종합지원센터 및 같은 법 제26조의2에 따른 시간제보육서비스지정기관(2023.4.11 본호개정)
8. 「아동복지법」 제3조제10호의 아동복지시설, 같은 법 제37조에 따른 통합서비스 수행기관 및 같은 법 제44조의2에 따른 다함께돌봄센터(2023.4.11 본호개정)
9. 「성매매방지 및 피해자보호 등에 관한 법률」 제9조의 성매매피해자등을 위한 지원시설 및 같은 법 제17조의 성매매피해상담소(2023.4.11 본호개정)
9의2. 성교육 전문기관 및 성매매 피해아동·청소년 지원센터(2023.4.11 본호신설)
10. 「주택법」 제2조제3호의 공동주택의 관리사무소. 이 경우 경비업무에 직접 종사하는 사람에 한정한다.(2018.1.16 본호개정)
11. 「체육시설의 설치·이용에 관한 법률」 제3조에 따라 설립된 체육시설 중 아동·청소년의 이용이 제한되지 아니하는 체육시설로서 문화체육관광부장관이 지정하는 체육시설(2018.1.16 본호개정)
12. 「의료법」 제3조의 의료기관(같은 법 제2조의 의사·치과의사·한의사·조산사, 「간호법」 제2조의 간호사·간호조무사 및 「의료기사 등에 관한 법률」 제2조의 의료기사로 한정한다)(2024.9.20 본호개정)
13. 「게임산업진흥에 관한 법률」에 따른 다음 각 목의 영업을 하는 사업장
가. 「게임산업진흥에 관한 법률」 제2조제7호의 인터넷컴퓨터게임시설제공업
나. 「게임산업진흥에 관한 법률」 제2조제8호의 복합유통게임제공업
14. 「경비업법」 제2조제1호의 경비업을 행하는 법인. 이 경우 경비업무에 직접 종사하는 사람에 한정한다.(2018.1.16 본호개정)
15. 영리의 목적으로 「청소년기본법」 제3조제3호의 청소년활동의 기획·주관·운영을 하는 사업장(이하 "청소년활동기획업소"라 한다)
16. 대중문화예술기획업소(2020.12.8 본호개정)
17. 아동·청소년의 고용 또는 출입이 허용되는 다음 각 목의 어느 하나에 해당하는 기관·시설 또는 사업장(이하 이 호에서 "시설등"이라 한다)으로서 대통령령으로 정하는 유형의 시설등
가. 아동·청소년과 해당 시설등의 운영자·근로자 또는 사실상 노무 제공자 사이에 업무상 또는 사실상 위력 관계가 존재하거나 존재할 개연성이 있는 시설등
나. 아동·청소년이 선호하거나 자주 출입하는 시설등으로서 해당 시설등의 운영 과정에서 운영자·근로자·사실상 노무 제공자에 의한 아동·청소년대상 성범죄의 발생이 우려되는 시설등
18. 가정을 방문하거나 아동·청소년이 찾아오는 방식 등으로 아동·청소년에게 직접교육서비스를 제공하는 사람을 모집하거나 채용하는 사업장(이하 "가정방문 등 학습교사 사업장"이라 한다). 이 경우 아동·청소년에게 직접교육서비스를 제공하는 업무에 종사하는 사람에 한정한다.(2018.1.16 본호개정)
19. 「장애인 등에 대한 특수교육법」 제11조의 특수교육지원센터 및 같은 법 제28조에 따라 특수교육 관련서비스를 제공하는 기관·단체(2018.1.16 본호신설)
20. 「지방자치법」 제161조에 따른 공공시설 중 아동·청소년이 이용하는 시설로서 행정안전부장관이 지정하는 공공시설(2021.1.12 본호개정)
21. 「지방교육자치에 관한 법률」 제32조에 따른 교육기관 중 아동·청소년을 대상으로 하는 교육기관(2018.3.13 본호신설)
22. 「어린이 식생활안전관리 특별법」 제21조제1항의 어린이급식관리지원센터(2019.11.26 본호신설)
23. 「아이돌봄 지원법」 제11조에 따른 서비스제공기관
24. 「건강가정기본법」 제35조에 따른 건강가정지원센터
25. 「다문화가족지원법」 제12조에 따른 다문화가족지원센터(2023.4.11 23호～25호신설)

② 제1항에 따른 취업제한 기간은 10년을 초과하지 못한다.(2018.1.16 본항신설)

③ 법원은 제1항에 따라 취업제한 명령을 선고하려는 경우에는 정신건강의학과 의사, 심리학자, 사회복지학자, 그 밖의 관련 전문가로부터 취업제한 명령 대상자의 재범 위험성 등에 관한 의견을 들을 수 있다.(2018.1.16 본항신설)

④ 제1항 각 호(제10호는 제외한다)의 아동·청소년 관련기관등의 설치 또는 설립 인가·신고를 관할하는 지방자치단체의 장, 교육감 또는 교육장은 아동·청소년 관련기관등을 운영하려는 자에 대한 성범죄 경력 조회를 관계 기관의 장에게 요청하여야 한다. 다만, 아동·청소년 관련기관등을 운영하려는 자가 성범죄 경력 조회 회신서를 지방자치단체의

장, 교육감 또는 교육장에게 직접 제출한 경우에는 성범죄 경력 조회를 한 것으로 본다.(2018.1.16 본항개정)
⑤ 아동·청소년 관련기관등의 장은 그 기관에 취업 중이거나 사실상 노무를 제공 중인 자 또는 취업하려 하거나 사실상 노무를 제공하려는 자(이하 "취업자등"이라 한다)에 대하여 성범죄의 경력을 확인하여야 하며, 이 경우 본인의 동의를 받아 관계 기관의 장에게 성범죄의 경력 조회를 요청하여야 한다. 다만, 취업자등이 성범죄 경력 조회 회신서를 아동·청소년 관련기관등의 장에게 직접 제출한 경우에는 성범죄 경력 조회를 한 것으로 본다.(2018.1.16 본항개정)
⑥ 제4항 및 제5항에 따라 성범죄 경력 조회 요청을 받은 관계 기관의 장은 성범죄 경력 조회 회신서를 발급하여야 한다.(2018.1.16 본항개정)
⑦ 제1항제7호의 육아종합지원센터 및 같은 항 제22호의 어린이급식관리지원센터의 장이 제5항에 따라 취업자등에 대하여 성범죄 경력 조회를 한 경우, 그 취업자등이 직무를 집행함에 있어서 다른 아동·청소년 관련기관등에 사실상 노무를 제공하는 경우에는 제5항에도 불구하고 다른 아동·청소년 관련기관등의 장이 성범죄 경력 조회를 한 것으로 본다.(2023.4.11 본항개정)
⑧ 제5항에도 불구하고 교육감 또는 교육장은 다음 각 호의 아동·청소년 관련기관등의 취업자등에 대하여는 본인의 동의를 받아 성범죄의 경력을 확인할 수 있다. 이 경우 아동·청소년 관련기관등의 장이 성범죄 경력 조회를 한 것으로 본다.
1. 제1항제1호의 유치원
2. 제1항제2호의 학교 및 위탁 교육기관
3. 제1항제2호의2의 학생상담지원시설 및 위탁 교육시설
4. 제1항제19호의 특수교육지원센터 및 특수교육 관련서비스를 제공하는 기관·단체
5. 제1항제21호의 아동·청소년을 대상으로 하는 교육기관
(2023.4.11 본항신설)
⑨ 제4항부터 제6항까지에 따른 성범죄경력 조회의 요청 절차·범위 등에 관하여 필요한 사항은 대통령령으로 정한다.(2018.1.16 본항개정)
(2018.1.16 본조제목개정)

제57조【성범죄의 경력자 점검·확인】 ① 여성가족부장관 또는 관계 중앙행정기관의 장은 다음 각 호의 구분에 따라 성범죄로 취업제한 명령을 선고받은 자가 아동·청소년 관련기관등을 운영하거나 아동·청소년 관련기관등에 취업 또는 사실상 노무를 제공하고 있는지를 직접 또는 관계 기관 조회 등의 방법으로 연 1회 이상 점검·확인하여야 한다.
1. 교육부장관 : 제56조제1항제2호의 기관 중 「고등교육법」 제2조의 학교
2. 행정안전부장관 : 제56조제1항제20호의 공공시설
3. 여성가족부장관 : 제56조제1항제4호의 청소년 보호·재활센터, 같은 항 제6호의 이주배경청소년지원센터 및 같은 항 제18호의 가정방문 등 학습교사 사업장(2023.4.11 본호개정)
4. (2023.4.11 삭제)
5. 경찰청장 : 제56조제1항제14호의 경비업을 행하는 법인
② 제1항 각 호에 해당하지 아니하는 아동·청소년 관련기관등으로서 교육부, 행정안전부, 문화체육관광부, 보건복지부, 여성가족부, 국토교통부 등 관계 중앙행정기관이 설치하여 운영하는 아동·청소년 관련기관등의 경우에는 해당 중앙행정기관의 장이 제1항에 따른 점검·확인을 하여야 한다.
③ 시·도지사 또는 시장·군수·구청장은 성범죄로 취업제한 명령을 선고받은 자가 다음 각 호의 아동·청소년 관련기관등을 운영하거나 아동·청소년 관련기관등에 취업 또는 사실상 노무를 제공하고 있는지를 직접 또는 관계 기관 조회 등의 방법으로 연 1회 이상 점검·확인하여야 한다. 다만, 제2항에 해당하는 아동·청소년 관련기관등의 경우에는 그러하지 아니하다.(2020.5.19 본문개정)
1. 제56조제1항제5호의 청소년활동시설
2. 제56조제1항제6호의 청소년상담복지센터 및 청소년복지시설(2023.4.11 본호개정)
2의2. 제56조제1항제6호의2의 학교 밖 청소년 지원센터(2023.4.11 본호신설)
3. 제56조제1항제7호의 어린이집, 육아종합지원센터 및 시간제보육서비스지정기관(2023.4.11 본호개정)
4. 제56조제1항제8호의 아동복지시설, 통합서비스 수행기관 및 다함께돌봄센터(2023.4.11 본호개정)
5. 제56조제1항제9호의 성매매피해자등을 위한 지원시설 및 성매매피해상담소(2023.4.11 본호개정)
5의2. 제56조제1항제9호의2의 아동·청소년대상 성교육 전문기관 및 성매매 피해아동·청소년 지원센터(2023.4.11 본호신설)
6. 제56조제1항제10호의 공동주택의 관리사무소
7. 제56조제1항제11호의 체육시설
8. 제56조제1항제12호의 의료기관
9. 제56조제1항제13호 각 목의 인터넷컴퓨터게임시설제공업 또는 복합유통게임제공업을 하는 사업장
10. 제56조제1항제15호의 청소년활동기획업소
11. 대중문화예술기획업소(2020.12.8 본호개정)
12. 제56조제1항제17호의 아동·청소년의 고용 또는 출입이 허용되는 시설등으로서 대통령령으로 정하는 유형의 시설등
13. (2023.4.11 삭제)
14. 제56조제1항제22호의 어린이급식관리지원센터
15. 제56조제1항제23호의 서비스제공기관
16. 제56조제1항제24호의 건강가정지원센터
17. 제56조제1항제25호의 다문화가족지원센터
(2023.4.11 14호~17호신설)
④ 교육감은 성범죄로 취업제한 명령을 선고받은 자가 다음 각 호의 아동·청소년 관련기관등을 운영하거나 아동·청소년 관련기관등에 취업 또는 사실상 노무를 제공하고 있는지를 직접 또는 관계 기관 조회 등의 방법으로 연 1회 이상 점검·확인하여야 한다. 다만, 제2항에 해당하는 아동·청소년 관련기관등의 경우에는 그러하지 아니하다.
1. 제56조제1항제1호의 유치원
2. 제56조제1항제2호의 기관 중 「초·중등교육법」 제2조의 학교 및 같은 법 제28조에 따른 위탁 교육기관
3. 제56조제1항제2호의2의 학생상담지원시설 및 위탁 교육시설
4. 제56조제1항제2호의3의 국제학교
5. 제56조제1항제3호의 학원, 교습소 및 개인과외교습자
6. 제56조제1항제19호의 특수교육지원센터 및 특수교육 관련서비스를 제공하는 기관·단체
7. 제56조제1항제21호의 아동·청소년을 대상으로 하는 교육기관
⑤ 제1항 각 호 및 제2항에 따른 중앙행정기관의 장, 시·도지사, 시장·군수·구청장 또는 교육감은 제1항부터 제4항까지의 규정에 따른 점검·확인을 위하여 필요한 경우에는 아동·청소년 관련기관등의 장 또는 관련 감독기관에 해당 자료의 제출을 요구할 수 있다.
⑥ 여성가족부장관, 관계 중앙행정기관의 장, 시·도지사, 시장·군수·구청장 또는 교육감은 제1항부터 제4항까지의 규정에 따른 점검·확인 결과를 대통령령으로 정하는 바에 따라 인터넷 홈페이지 등을 이용하여 공개하여야 한다.
(2020.2.18 본조개정)

제58조【취업자의 해임요구 등】 ① 제57조제1항 각 호 및 같은 조 제2항에 따른 중앙행정기관의 장, 시·도지사, 시장·군수·구청장 또는 교육감은 제56조제1항에 따른 취업제한 기간 중에 아동·청소년 관련기관등에 취업하거나 사실상 노무를 제공하는 자가 있으면 아동·청소년 관련기관등의 장에게 그의 해임을 요구할 수 있다.(2020.2.18 본항개정)

② 제57조제1항 각 호 및 같은 조 제2항에 따른 중앙행정기관의 장, 시·도지사, 시장·군수·구청장 또는 교육감은 제56조제1항에 따른 취업제한 기간 중에 아동·청소년 관련기관등을 운영 중인 아동·청소년 관련기관등의 장에게 운영 중인 아동·청소년 관련기관등의 폐쇄를 요구할 수 있다. (2020.2.18 본항개정)
③ 제57조제1항 각 호 및 같은 조 제2항에 따른 중앙행정기관의 장, 시·도지사, 시장·군수·구청장 또는 교육감은 아동·청소년 관련기관등의 장이 제2항의 폐쇄요구를 정당한 사유 없이 거부하거나 1개월 이내에 요구사항을 이행하지 아니하는 경우에는 관계 행정기관의 장에게 해당 아동·청소년 관련기관등의 폐쇄, 등록·허가 등의 취소를 요구할 수 있다.(2020.2.18 본항개정)
④ 제3항에 따른 폐쇄, 등록·허가 등의 취소요구에 대하여는 대통령령으로 정하는 바에 따른다.
제59조【포상금】 ① 여성가족부장관은 제8조, 제8조의2, 제11조제1항·제2항·제4항 및 제13조부터 제15조까지에 해당하는 범죄를 저지른 사람을 수사기관에 신고한 사람에 대하여는 예산의 범위에서 포상금을 지급할 수 있다.(2020.6.2 본항개정)
② 제1항에 따른 포상금의 지급 기준, 방법과 절차 및 구체적인 지급액 등에 필요한 사항은 대통령령으로 정한다.
제60조【권한의 위임】 ① 제57조제1항 각 호 및 같은 조 제2항에 따른 중앙행정기관의 장(교육부장관은 제외한다)은 제67조에 따른 권한의 일부를 대통령령으로 정하는 바에 따라 시·도지사 또는 시장·군수·구청장에게 위임할 수 있다.(2020.5.19 본항개정)
② 제67조에 따른 교육부장관 또는 교육감의 권한은 대통령령으로 정하는 바에 따라 그 일부를 교육감·교육장에게 위임할 수 있다.(2020.2.18 본항개정)
③ 제57조, 제58조 및 제67조에 따른 식품의약품안전처장의 권한은 대통령령으로 정하는 바에 따라 그 일부를 지방식품의약품안전청장에게 위임할 수 있다.(2019.11.26 본항신설)
④ 제57조, 제58조 및 제67조에 따른 경찰청장의 권한은 대통령령으로 정하는 바에 따라 그 일부를 시·도경찰청장에게 위임할 수 있다.(2020.12.22 본항개정)

제5장 보호관찰

제61조【보호관찰】 ① 검사는 아동·청소년대상 성범죄를 범하고 재범의 위험성이 있다고 인정되는 사람에 대하여는 형의 집행이 종료한 때부터 「보호관찰 등에 관한 법률」에 따른 보호관찰을 받도록 하는 명령(이하 "보호관찰명령"이라 한다)을 법원에 청구하여야 한다. 다만, 검사가 「전자장치 부착 등에 관한 법률」 제21조의2에 따른 보호관찰명령을 청구한 경우에는 그러하지 아니하다.(2020.2.4 단서개정)
② 법원은 공소가 제기된 아동·청소년대상 성범죄 사건을 심리한 결과 보호관찰명령을 선고할 필요가 있다고 인정하는 때에는 검사에게 보호관찰명령의 청구를 요청할 수 있다.
③ 법원은 아동·청소년대상 성범죄를 범한 사람이 금고 이상의 선고형에 해당하고 보호관찰명령 청구가 이유있다고 인정하는 때에는 2년 이상 5년 이하의 범위에서 기간을 정하여 보호관찰명령을 병과하여 선고하여야 한다.
④ 법원은 보호관찰을 명하기 위하여 필요한 때에는 피고인의 주거지 또는 소속 법원(지원을 포함한다. 이하 같다) 소재지를 관할하는 보호관찰소(지소를 포함한다. 이하 같다)의 장에게 범죄 동기, 피해자와의 관계, 심리상태, 재범의 위험성 등 피고인에 관하여 필요한 사항의 조사를 요청할 수 있다. 이 경우 보호관찰소의 장은 지체 없이 이를 조사하여 서면으로 해당 법원에 통보하여야 한다.
⑤ 보호관찰 기간은 보호관찰을 받을 자(이하 "보호관찰 대상자"라 한다)의 형의 집행이 종료한 날부터 기산하되, 보호관찰 대상자가 가석방된 경우에는 가석방된 날부터 기산한다.
제62조【보호관찰 대상자의 보호관찰 기간 연장 등】 ① 보호관찰 대상자가 보호관찰 기간 중에 「보호관찰 등에 관한 법률」 제32조에 따른 준수사항을 위반하는 등 재범의 위험성이 증대한 경우에 법원은 보호관찰소의 장의 신청에 따른 검사의 청구로 제61조제3항에 따른 5년을 초과하여 보호관찰의 기간을 연장할 수 있다.
② 제1항의 준수사항은 재판장이 재판정에서 설명하고 서면으로도 알려 주어야 한다.
제63조【보호관찰 대상자의 신고 의무】 ① 보호관찰 대상자는 출소 후의 거주 예정지, 근무 예정지, 교우(交友) 관계, 그 밖에 보호관찰을 위하여 필요한 사항으로서 대통령령으로 정하는 사항을 출소 전에 미리 교도소·소년교도소·구치소·군교도소 또는 치료감호시설의 장에게 신고하여야 한다.
② 보호관찰 대상자는 출소 후 10일 이내에 거주지, 직업 등 보호관찰을 위하여 필요한 사항으로서 대통령령으로 정하는 사항을 보호관찰관에게 서면으로 신고하여야 한다.
제64조【보호관찰의 종료】 「보호관찰 등에 관한 법률」에 따른 보호관찰 심사위원회는 보호관찰 대상자의 관찰성적이 양호하여 재범의 위험성이 없다고 판단하는 경우 보호관찰 기간이 끝나기 전이라도 보호관찰의 종료를 결정할 수 있다.

제6장 벌 칙

제65조【벌칙】 ① 다음 각 호의 어느 하나에 해당하는 자는 5년 이하의 징역 또는 5천만원 이하의 벌금에 처한다.
1. 제25조의8을 위반하여 직무상 알게 된 신분비공개수사 또는 신분위장수사에 관한 사항을 외부에 공개하거나 누설한 자(2024.10.16 본호개정)
2. 제54조를 위반하여 직무상 알게 된 등록정보를 누설한 자
3. 제55조제1항 또는 제2항을 위반한 자
4. 정당한 권한 없이 등록정보를 변경하거나 말소한 자

② 제42조에 따른 보호처분을 위반한 자는 2년 이하의 징역 또는 2천만원 이하의 벌금에 처한다.
③ 제21조제2항에 따라 징역형 이상의 실형과 이수명령이 병과된 자가 보호관찰소의 장 또는 교정시설의 장의 이수명령 이행에 관한 지시에 불응하여 「보호관찰 등에 관한 법률」 또는 「형의 집행 및 수용자의 처우에 관한 법률」에 따른 경고를 받은 후 재차 정당한 사유 없이 이수명령 이행에 관한 지시에 불응한 경우에는 1년 이하의 징역 또는 1천만원 이하의 벌금에 처한다.
④ 다음 각 호의 어느 하나에 해당하는 자는 1년 이하의 징역 또는 500만원 이하의 벌금에 처한다.
1. 제34조제3항을 위반하여 신고자 등의 신원을 알 수 있는 정보나 자료를 출판물에 게재하거나 방송 또는 정보통신망을 통하여 공개한 자
2. 제55조제3항을 위반한 자

⑤ 제21조제2항에 따라 벌금형과 이수명령이 병과된 자가 보호관찰소의 장의 이수명령 이행에 관한 지시에 불응하여 「보호관찰 등에 관한 법률」에 따른 경고를 받은 후 재차 정당한 사유 없이 이수명령 이행에 관한 지시에 불응한 경우에는 1천만원 이하의 벌금에 처한다.
제66조【벌칙】 보호관찰 대상자가 제62조제1항에 따른 제재조치를 받은 이후 재차 정당한 이유 없이 준수사항을 위반하면 3년 이하의 징역 또는 1천만원 이하의 벌금에 처한다.
제67조【과태료】 ① (2020.6.9 삭제)
② 다음 각 호의 어느 하나에 해당하는 자에게는 1천만원 이하의 과태료를 부과한다.
1. 제37조제2항을 위반하여 상담·치료프로그램의 제공을 정당한 이유 없이 거부한 상담시설 또는 의료기관의 장
2. 제58조에 따른 해임요구를 정당한 사유 없이 거부하거나 1개월 이내에 이행하지 아니하는 아동·청소년 관련기관등의 장(2018.1.16 본호개정)

③ 아동·청소년 관련기관등의 장이 제56조제5항을 위반하여 그 기관에 취업 중이거나 사실상 노무를 제공 중인 사람 또는 취업하려 하거나 사실상 노무를 제공하려는 사람에 대하여 성범죄의 경력을 확인하지 아니하는 경우에는 500만원 이하의 과태료를 부과한다.(2018.1.16 본항개정)
④ 제34조제2항 각 호의 어느 하나에 해당하는 기관·시설 또는 단체의 장과 그 종사자가 직무상 아동·청소년대상 성범죄 발생 사실을 알고 수사기관에 신고하지 아니하거나 거짓으로 신고한 경우에는 300만원 이하의 과태료를 부과한다.
⑤ 제2항부터 제4항까지의 규정에 따른 과태료는 대통령령으로 정하는 바에 따라 제57조제1항 각 호 및 같은 조 제2항에 따른 중앙행정기관의 장, 시·도지사, 시장·군수·구청장 또는 교육감이 부과·징수한다.(2020.6.9 본항개정)

부 칙

제1조【시행일】 이 법은 공포 후 6개월이 경과한 날부터 시행한다.
제2조【「형법」상 감경규정에 관한 특례에 관한 적용례】 제19조의 개정규정은 이 법 시행 후 최초로 아동·청소년대상 성범죄를 범한 자부터 적용한다.
제3조【공소시효 진행에 관한 적용례】 제20조의 개정규정은 이 법 시행 전에 행하여진 아동·청소년대상 성범죄로 아직 공소시효가 완성되지 아니한 것에 대하여도 적용한다.
제4조【형벌과 수강명령 등의 병과에 관한 적용례】 제21조의 개정규정은 이 법 시행 후 최초로 유죄판결, 형의 선고유예 또는 집행유예를 받은 자부터 적용한다.
제5조【등록정보 공개명령 및 집행에 관한 적용례】 ① 부칙 제1조에도 불구하고 이 법 시행 당시 법률 제7801호 靑少年의性保護에관한法律 일부개정법률 또는 법률 제8634호 청소년의 성보호에 관한 법률 전부개정법률을 위반하고 확정판결을 받지 아니한 자에 대한 공개명령에 관하여는 제49조의 개정규정에 따른다.
② 제49조제3항 및 제52조의 개정규정은 법률 제7801호 靑少年의性保護에관한法律 일부개정법률 제22조부터 제24조까지의 규정에 따라 국가청소년위원회가 등록대상자로 결정한 자(예비등록대상자로 통보한 자를 포함한다) 및 법률 제8634호 청소년의 성보호에 관한 법률 전부개정법률 제37조에 따라 열람명령을 받은 자에 대하여도 적용한다.
(2020.12.8 본항개정)
③ 제2항의 경우 검사는 여성가족부장관의 요청을 받아 같은 항에 규정된 사람에 대하여 제1심판결을 한 법원에 공개명령을 청구한다.
④ 검사는 제3항에 따른 공개명령의 청구를 할 때에는 청구대상자의 인적사항(성명, 생년월일 및 주소), 청구의 원인이 되는 사실 등을 기재하여야 한다. 이 경우 청구의 서식 등 필요한 사항은 여성가족부령으로 정한다.
⑤ 법원은 제3항의 청구에 대하여 공개명령을 결정한 경우에는 14일 이내에 결정의 확정일자와 결정문 등본을 법무부장관에게 송달하여야 한다.
⑥ 법무부장관은 등록 후 지체 없이 여성가족부장관에게 공개대상자, 공개기간 및 공개정보를 송부하여야 하며, 여성가족부장관은 제52조의 개정규정에 따라 공개명령을 집행하여야 한다.
⑦ (2020.12.8 삭제)
⑧ 제2항에 따라 공개명령된 자의 신상정보가 종전의 법률에 따라 열람에 제공되고 있는 때에는 공개기간을 그 잔여 열람기간으로 한다.
⑨ 법률 제8634호 청소년의 성보호에 관한 법률 전부개정법률 제32조, 제35조 및 제37조는 같은 법의 시행일인 2008년 2월 4일 이후 최초로 청소년대상 성범죄를 범하고 유죄판결이 확정된 자부터 적용한다.
⑩ 법률 제7801호 靑少年의性保護에관한法律 일부개정법률 제20조에 따른 신상공개, 제22조부터 제25조까지의 신상정보 등록에 관하여는 같은 법 시행 당시의 규정을 적용한다. 다만, 법률 제7801호 靑少年의性保護에관한法律 일부개정법률 제20조제3항 및 제5항의 "국가청소년위원회"는 "「청소년 보호법」 제36조의 청소년보호위원회"로 본다.
제6조【등록정보의 고지에 관한 적용례】 제50조제5항 및 제51조제4항의 개정규정은 이 법 시행 당시 종전의 규정에 따라 고지명령을 받은 자〔법률 제7801호 靑少年의性保護에관한法律 일부개정법률 제22조부터 제24조까지의 규정에 따라 국가청소년위원회가 등록대상자로 결정한 자(예비등록대상자로 통보한 자를 포함한다) 및 법률 제8634호 청소년의 성보호에 관한 법률 전부개정법률 제37조에 따라 열람명령을 받은 자를 포함한다〕에 대하여도 적용하되, 이 법 시행 후 고지명령 집행분부터 적용한다.
제7조【아동·청소년 관련기관 등에의 취업제한 등에 관한 적용례】 제56조의 개정규정은 이 법 시행 후 최초로 아동·청소년대상 또는 성인대상 성범죄를 범하고 형이 확정된 자부터 적용한다. 다만, 이 법 시행 전의 범죄에 대한 취업제한은 종전의 규정에 따른다.
제8조【등록정보의 고지 등에 관한 특례】 ① 제50조제1항, 제51조의 개정규정은 2008년 4월 16일부터 2010년 12월 31일 사이에 제2조제2호의 개정규정의 아동·청소년대상 성범죄(제11조제5항의 개정규정의 죄는 제외한다)를 범하고 유죄판결(벌금형은 제외한다)이 확정되어 종전의 규정에 따라 공개명령을 받은 사람에 대하여도 적용하되, 공개기간이 종료된 자는 제외한다.
② 이 경우 검사는 여성가족부장관의 요청을 받아 제1항에 규정된 사람에 대하여 제1심판결을 한 법원에 고지명령을 청구한다.
③ 검사는 제2항에 따른 고지명령의 청구를 할 때에는 청구대상자의 인적사항(성명, 생년월일 및 주소), 청구의 원인이 되는 사실 등을 기재하여야 한다. 이 경우 청구의 서식 등 필요한 사항은 여성가족부령으로 정한다.
④ 법원은 제2항의 청구에 대하여 고지명령을 결정한 경우에는 14일 이내에 결정의 확정일자와 결정문 등본을 법무부장관에게 송달하여야 한다.
⑤ 법무부장관은 등록 후 지체 없이 여성가족부장관에게 고지대상자, 고지기간 및 고지정보를 송부하여야 하며, 여성가족부장관은 제51조의 개정규정에 따라 고지명령을 집행하되, 제1항에 따른 공개가 종료되는 날 고지명령의 집행을 함께 종료한다.
제9조【피해자의 의사에 관한 경과조치】 이 법 시행 전에 행하여진 아동·청소년을 대상으로 한 법률 제11162호 성폭력범죄의 처벌 등에 관한 특례법 일부개정법률 제11조 및 제12조의 죄에 대하여는 종전의 「아동·청소년의 성보호에 관한 법률」 제16조를 적용한다.
제10조【다른 법률의 개정】 ①~⑨ ※(해당 법령에 가제정리 하였음)

부 칙 (2018.1.16)

제1조【시행일】 이 법은 공포 후 6개월이 경과한 날부터 시행한다.
제2조【강도강간미수범에 관한 적용례】 제2조제2호다목의 개정규정에 따라 아동·청소년대상 성범죄가 된 강도강간미수범에 대한 제49조 및 제50조에 따른 등록정보의 공개·고지 및 제56조에 따른 아동·청소년 관련기관등에의 취업제한 등은 이 법 시행 후 강도강간미수범으로 유죄판결이 확정되는 경우부터 적용한다.
제3조【아동·청소년 관련기관등에의 취업제한 등에 관한 적용례】 제56조의 개정규정은 이 법 시행 전에 성범죄를 범하고 확정판결을 받지 아니한 사람에 대해서도 적용한다.

제4조【종전의 규정에 따라 성범죄를 범하고 확정판결을 받은 사람의 취업제한 기간에 관한 특례】 ① 법률 제7801호 청소년의 성보호에 관한 법률 일부개정법률 제28조제1항, 법률 제8634호 청소년의 성보호에 관한 법률 전부개정법률 제42조제1항, 법률 제9765호 아동·청소년의 성보호에 관한 법률 전부개정법률 제44조제1항, 법률 제10260호 아동·청소년의 성보호에 관한 법률 일부개정법률 제44조제1항, 법률 제11287호 아동·청소년의 성보호에 관한 법률 일부개정법률 제44조제1항 또는 법률 제11572호 아동·청소년의 성보호에 관한 법률 전부개정법률 제56조제1항, 법률 제14236호 아동·청소년의 성보호에 관한 법률 일부개정법률 제56조제1항(이하 "종전의 규정"이라 한다)에 따라 취업제한을 받는 사람(이하 이 조에서 "취업제한대상자"라 한다)의 취업제한 기간은 종전의 규정에도 불구하고 다음 각 호의 구분에 따른 기간으로 한다. 다만, 종전의 규정을 적용하는 것이 성범죄를 범하고 확정판결을 받은 사람에게 유리한 경우에는 종전의 규정에 따른다.

1. 법률 제7801호 청소년의 성보호에 관한 법률 일부개정법률 제28조제1항에 따라 취업제한 등을 받는 사람
   가. 3년 초과의 징역 또는 금고형을 선고받아 그 형이 확정된 사람 : 그 형이 확정된 날부터 5년
   나. 3년 이하의 징역 또는 금고형을 선고받아 그 형이 확정된 사람 : 그 형이 확정된 날부터 3년
   다. 벌금형을 선고받아 그 형이 확정된 사람 : 그 형이 확정된 날부터 1년
2. 법률 제8634호 청소년의 성보호에 관한 법률 전부개정법률 제42조제1항에 따라 취업제한 등을 받는 사람
   가. 3년 초과의 징역 또는 금고형을 선고받아 그 형이 확정된 사람 : 그 형이 확정된 날부터 5년
   나. 3년 이하의 징역 또는 금고형을 선고받아 그 형이 확정된 사람 : 그 형이 확정된 날부터 3년
   다. 벌금형을 선고받아 그 형이 확정된 사람 : 그 형이 확정된 날부터 1년
3. 법률 제9765호 아동·청소년의 성보호에 관한 법률 전부개정법률 제44조제1항, 법률 제10260호 아동·청소년의 성보호에 관한 법률 일부개정법률 제44조제1항, 법률 제11287호 아동·청소년의 성보호에 관한 법률 일부개정법률 제44조제1항, 법률 제11572호 아동·청소년의 성보호에 관한 법률 전부개정법률 제56조제1항, 법률 제14236호 아동·청소년의 성보호에 관한 법률 일부개정법률 제56조제1항에 따라 취업제한 등을 받는 사람
   가. 3년 초과의 징역 또는 금고형이나 치료감호를 선고받아 그 형이 확정된 사람 : 그 형 또는 치료감호의 전부 또는 일부의 집행을 종료하거나 집행이 유예·면제된 날부터 5년
   나. 3년 이하의 징역 또는 금고형이나 치료감호를 선고받아 그 형이 확정된 사람 : 그 형 또는 치료감호의 전부 또는 일부의 집행을 종료하거나 집행이 유예·면제된 날부터 3년
   다. 벌금형을 선고받아 그 형이 확정된 사람 : 그 형이 확정된 날부터 1년

② 이 법 시행 후 취업제한대상자 또는 그 법정대리인은 제1심판결을 한 법원에 제1항에 따른 취업제한 기간이 현저히 부당하거나 취업제한을 하여서는 아니 되는 특별한 사정이 있음을 이유로 제1항에 따른 취업제한 기간의 변경 또는 취업제한의 면제를 신청할 수 있다.
③ 취업제한대상자 또는 그 법정대리인은 제2항에 따른 신청을 할 때에는 취업제한대상자의 인적사항(성명, 생년월일 및 주소), 신청의 원인이 되는 사실 등을 기재하여야 한다.
④ 법원은 제2항의 신청에 대하여 결정을 하기 전에 검사의 의견을 물을 수 있다.
⑤ 법원은 제2항의 신청이 이유 없다고 인정하는 때에는 신청을 기각하는 결정을 고지하여야 한다.
⑥ 법원은 제2항의 신청이 이유 있다고 인정하는 때에는 제1항 각 호의 기간을 초과하지 아니하는 범위에서 취업제한 기간을 새로이 정하거나 취업제한을 면제하는 결정을 고지하고, 검사에게 결정문 등본을 송부하여야 한다.
⑦ 검사, 취업제한대상자 또는 그 법정대리인은 제5항 또는 제6항의 결정이 법령을 위반하거나 현저히 부당한 경우 결정을 고지받은 날부터 7일 이내에 항고할 수 있다.
⑧ 항고할 때에는 항고장을 원심법원에 제출하여야 하며, 항고장을 제출받은 법원은 3일 이내에 의견서를 첨부하여 기록을 항고법원에 송부하여야 한다.
⑨ 항고법원은 항고 절차가 법률에 위반되거나 항고가 이유 없다고 인정한 경우에는 결정으로써 항고를 기각하여야 한다.
⑩ 항고법원은 항고가 이유 있다고 인정한 경우에는 원결정을 파기하고 스스로 결정을 하거나 다른 관할 법원에 이송하여야 한다.
⑪ 항고법원의 결정에 대하여는 그 결정이 법령에 위반된 때에만 대법원에 재항고를 할 수 있다.
⑫ 재항고의 제기기간은 항고기각 결정을 고지받은 날부터 7일로 한다.
⑬ 항고와 재항고는 결정의 집행을 정지하는 효력이 없다.
⑭ 법원은 제6항의 결정이 확정된 날부터 14일 이내에 결정의 확정일자를 결정문 등본에 첨부하여 여성가족부장관에게 송달하여야 한다.

제5조【헌법재판소 위헌결정 후 이 법 시행일 전까지 성범죄로 형 또는 치료감호를 선고받아 그 형이 확정된 사람의 취업제한 기간 등에 관한 특례】 다음 각 호의 어느 하나에 해당하는 사람은 부칙 제4조제1항제3호 각 목의 구분에 따른 기간 동안 다음 각 호의 구분에 따른 시설·기관 또는 사업장을 운영하거나 그 시설·기관 또는 사업장에 취업 또는 사실상 노무를 제공할 수 없다.

1. 2016년 3월 31일부터 이 법 시행일 전까지 성인대상 성범죄로 형을 선고받아 그 형이 확정된 사람 : 제56조제1항제12호에 따른 의료기관
2. 2016년 4월 28일부터 이 법 시행일 전까지 아동·청소년대상 성범죄로 형 또는 치료감호를 선고받아 그 형 또는 치료감호가 확정된 사람 : 아동·청소년 관련기관등
3. 2016년 7월 28일부터 이 법 시행일 전까지 성인대상 성범죄로 형을 선고받아 그 형 또는 치료감호가 확정된 사람 : 제56조제1항제3호에 따른 학원 등
4. 2016년 10월 27일부터 이 법 시행일 전까지 성인대상 성범죄 중 「성폭력범죄의 처벌 등에 관한 특례법」 제12조의 범죄(성적 목적을 위한 다중이용장소 침입행위)로 형을 선고받아 그 형이 확정된 사람 : 제56조제1항제1호부터 제11호까지, 제13호부터 제17호까지

제6조【성범죄의 경력자 점검·확인에 관한 특례】 제57조제1항의 개정규정은 이 법 시행 전에 성범죄를 범하고 유죄판결이 확정된 사람으로서 부칙 제4조 및 부칙 제5조에 따라 취업제한 등을 받는 사람에 대해서도 적용한다.

부　칙 (2019.1.15 법16275호)

제1조【시행일】 이 법은 공포 후 6개월이 경과한 날부터 시행한다.

제2조【공소시효 특례에 관한 적용례】 제20조제3항제3호의 개정규정은 이 법 시행 전에 행하여진 아동·청소년대상 성범죄로 아직 공소시효가 완성되지 아니한 것에 대하여도 적용한다.

부　칙 (2019.11.26)

제1조【시행일】 이 법은 공포 후 6개월이 경과한 날부터 시행한다.

제2조【취업제한에 관한 적용례】 제56조제1항제2호의3, 제6호의2 및 제22호의 개정규정은 이 법 시행 후 취업제한을 적용받거나 취업제한 명령이 확정되는 사람 및 이 법 시행 당시 취업제한 기간 중에 있는 사람에게 적용한다.

부 칙 (2020.2.18)

제1조【시행일】 이 법은 2021년 1월 1일부터 시행한다.(이하 생략)
제2조【사무이양을 위한 사전조치】 ① 관계 중앙행정기관의 장은 이 법에 따른 중앙행정권한 및 사무의 지방 일괄 이양에 필요한 인력 및 재정 소요 사항을 지원하기 위하여 필요한 조치를 마련하여 이 법에 따른 시행일 3개월 전까지 국회 소관 상임위원회에 보고하여야 한다.
② 「지방자치분권 및 지방행정체제개편에 관한 특별법」 제44조에 따른 자치분권위원회는 제1항에 따른 인력 및 재정 소요 사항을 사전에 전문적으로 조사·평가할 수 있다.
제3조【행정처분 등에 관한 일반적 경과조치】 이 법 시행 당시 종전의 규정에 따라 행정기관이 행한 처분 또는 그 밖의 행위는 이 법의 규정에 따라 행정기관이 행한 처분 또는 그 밖의 행위로 보고, 종전의 규정에 따라 행정기관에 대하여 행한 신청·신고, 그 밖의 행위는 이 법의 규정에 따라 행정기관에 대하여 행한 신청·신고, 그 밖의 행위로 본다.
제4조 (생략)

부 칙 (2020.5.19)

제1조【시행일】 이 법은 공포 후 6개월이 경과한 날부터 시행한다. 다만, 부칙 제4조는 2021년 1월 1일부터 시행한다.
제2조【공소시효 특례에 관한 적용례】 제20조제3항제1호의 개정규정은 이 법 시행 전에 행하여진 아동·청소년대상 성범죄로 아직 공소시효가 완성되지 아니한 것에 대해서도 적용한다.
제3조【등록정보의 공개 및 고지에 관한 적용례】 제49조제1항제1호 및 제50조제1항제1호의 개정규정은 이 법 시행 후 아동·청소년대상 성범죄를 저지른 자부터 적용한다.
제4조【다른 법률의 개정】 ※(해당 법령에 가제정리 하였음)

부 칙 (2020.6.9)

제1조【시행일】 이 법은 공포 후 6개월이 경과한 날부터 시행한다.(단서 생략)
제2조부터 **제5조**까지 생략
제6조【「아동·청소년의 성보호에 관한 법률」 제17조 삭제에 따른 경과조치】 이 법 시행 전의 종전의 「아동·청소년의 성보호에 관한 법률」에 따른 온라인서비스제공자가 같은 법 제17조제1항 또는 제2항을 위반한 행위에 대하여 벌칙이나 과태료를 적용할 때에는 종전의 「아동·청소년의 성보호에 관한 법률」의 규정에 따른다.

부 칙 (2021.1.12)

제1조【시행일】 이 법은 공포 후 1년이 경과한 날부터 시행한다.(이하 생략)

부 칙 (2021.3.23)

제1조【시행일】 이 법은 공포 후 6개월이 경과한 날부터 시행한다.
제2조【공소시효 특례에 관한 적용례】 제20조제4항제2호의 개정규정은 이 법 시행 전에 행하여진 아동·청소년대상 성범죄로 아직 공소시효가 완성되지 아니한 것에 대하여도 적용한다.

부 칙 (2023.4.11)

제1조【시행일】 이 법은 공포 후 6개월이 경과한 날부터 시행한다.
제2조【등록정보의 고지 등에 관한 적용례】 제50조제5항 및 제51조제4항·제5항의 개정규정은 이 법 시행 전에 고지명령을 선고받고 이 법 시행 이후 고지명령이 집행되거나 이 법 시행 당시 고지명령이 집행 중인 사람에게도 적용한다.
제3조【아동·청소년 관련기관등에의 취업제한 등에 관한 적용례】 제56조제1항제6호, 제7호부터 제9호까지, 제9호의2, 제12호, 제23호부터 제25호까지의 개정규정은 이 법 시행 전에 취업제한 명령을 선고받고 이 법 시행 이후 취업이 제한되거나 이 법 시행 당시 취업제한 기간 중에 있는 사람에게도 적용한다.

부 칙 (2024.3.26)

이 법은 공포 후 3개월이 경과한 날부터 시행한다.

부 칙 (2024.9.20)

제1조【시행일】 이 법은 공포 후 9개월이 경과한 날부터 시행한다.(이하 생략)

부 칙 (2024.10.16)

이 법은 공포 후 6개월이 경과한 날부터 시행한다. 다만, 제2조제2호가목, 같은 조 제3호·제6호 및 제11조의2의 개정규정은 공포한 날부터 시행한다.

벌금 미납자의 사회봉사 집행에 관한 특례법(약칭 : 벌금미납자법)

(2009년 3월 25일
법 률 제9523호)

제1조【목적】 이 법은 「형법」 제69조제2항의 벌금 미납자에 대한 노역장 유치를 사회봉사로 대신하여 집행할 수 있는 특례와 절차를 규정함으로써 경제적인 이유로 벌금을 낼 수 없는 사람의 노역장 유치로 인한 구금을 최소화하여 그 편익을 도모함을 목적으로 한다.

제2조【정의】 이 법에서 사용하는 용어의 뜻은 다음과 같다.
1. "벌금 미납자"란 법원으로부터 벌금을 선고받아 확정되었는데도 그 벌금을 내지 아니한 사람을 말한다.
2. "사회봉사"란 보호관찰관이 지정한 일시와 장소에서 공공의 이익을 위하여 실시하는 무보수 근로를 말한다.
3. "사회봉사 대상자"란 벌금 미납자의 신청에 따른 검사의 청구로 법원이 사회봉사를 허가한 사람을 말한다.

제3조【국가의 책무】 국가는 경제적인 이유로 인한 노역장 유치를 최소화하기 위하여 벌금 미납자에 대한 사회봉사 집행 등에 관한 시책을 적극적으로 수립·시행하여야 한다.

제4조【사회봉사의 신청】 ① 대통령령으로 정한 금액 범위 내의 벌금형이 확정된 벌금 미납자는 검사의 납부명령일부터 30일 이내에 주거지를 관할하는 지방검찰청(지방검찰청 지청을 포함한다. 이하 같다)의 검사에게 사회봉사를 신청할 수 있다. 다만, 검사로부터 벌금의 일부납부 또는 납부연기를 허가받은 자는 그 허가기한 내에 사회봉사를 신청할 수 있다.
② 제1항에도 불구하고 다음 각 호의 어느 하나에 해당하는 사람은 사회봉사를 신청할 수 없다.
1. 징역 또는 금고와 동시에 벌금을 선고받은 사람
2. 「형법」 제69조제1항 단서에 따라 법원으로부터 벌금 선고와 동시에 벌금을 완납할 때까지 노역장에 유치할 것을 명받은 사람
3. 다른 사건으로 형 또는 구속영장이 집행되거나 노역장에 유치되어 구금 중인 사람
4. 사회봉사를 신청하는 해당 벌금에 대하여 법원으로부터 사회봉사를 허가받지 못하거나 취소당한 사람. 다만, 사회봉사 불허가 사유가 소멸한 경우에는 그러하지 아니하다.
③ 제1항의 사회봉사를 신청할 때에 필요한 서류 및 제출방법에 관한 사항은 대통령령으로 정하되, 신청서식 및 서식에 적을 내용 등은 법무부령으로 정한다.

제5조【사회봉사의 청구】 ① 제4조제1항의 신청을 받은 검사는 사회봉사 신청인(이하 "신청인"이라 한다)이 제6조제2항 각 호의 요건에 해당하지 아니하는 때에는 법원에 사회봉사의 허가를 청구하여야 한다.
② 검사는 사회봉사의 청구 여부를 결정하기 위하여 필요한 경우 신청인에게 출석 또는 자료의 제출을 요구하거나, 신청인의 동의를 받아 공공기관, 민간단체 등에 벌금 납입 능력 확인에 필요한 자료의 제출을 요구할 수 있다.
③ 신청인이 정당한 이유 없이 검사의 출석 요구나 자료제출 요구를 거부한 경우 검사는 신청을 기각할 수 있다.
④ 검사는 신청일부터 7일 이내에 사회봉사의 청구 여부를 결정하여야 한다. 다만, 제2항에 따른 출석 요구, 자료제출 요구에 걸리는 기간은 위 기간에 포함하지 아니한다.
⑤ 검사는 사회봉사의 신청을 기각한 때에는 이를 지체 없이 신청인에게 서면으로 알려야 한다.
⑥ 사회봉사의 신청을 기각하는 검사의 처분에 대한 이의신청에 관하여는 「형사소송법」 제489조를 준용한다.

제6조【사회봉사 허가】 ① 법원은 검사로부터 사회봉사 허가 청구를 받은 날부터 14일 이내에 벌금 미납자의 경제적 능력, 사회봉사 이행에 필요한 신체적 능력, 주거의 안정성 등을 고려하여 사회봉사 허가 여부를 결정한다. 다만, 제3항에 따른 출석 요구, 자료제출 요구에 걸리는 기간은 위 기간에 포함하지 아니한다.
② 다음 각 호의 어느 하나에 해당하는 경우에는 사회봉사를 허가하지 아니한다.
1. 제4조제1항에 따른 벌금의 범위를 초과하거나 신청 기간이 지난 사람이 신청을 한 경우
2. 제4조제2항에 따라 사회봉사를 신청할 수 없는 사람이 신청을 한 경우
3. 정당한 사유 없이 제3항에 따른 법원의 출석 요구나 자료제출 요구를 거부한 경우
4. 신청인이 일정한 수입원이나 재산이 있어 벌금을 낼 수 있다고 판단되는 경우
5. 질병이나 그 밖의 사유로 사회봉사를 이행하기에 부적당하다고 판단되는 경우
③ 법원은 사회봉사 허가 여부를 결정하기 위하여 필요한 경우 신청인에게 출석 또는 자료의 제출을 요구하거나 신청인의 동의를 받아 공공기관, 민간단체 등에 벌금 납입 능력 확인에 필요한 자료의 제출을 요구할 수 있다.
④ 법원은 사회봉사를 허가하는 경우 벌금 미납액에 의하여 계산된 노역장 유치 기간에 상응하는 사회봉사시간을 산정하여야 한다. 다만, 산정된 사회봉사시간 중 1시간 미만은 집행하지 아니한다.
⑤ 사회봉사를 허가받지 못한 벌금 미납자는 그 결정을 고지받은 날부터 15일 이내에 벌금을 내야 하며, 위의 기간 내에 벌금을 내지 아니할 경우 노역장에 유치한다. 다만, 사회봉사 불허가에 관한 통지를 받은 날부터 15일이 지나도록 벌금을 내지 아니한 사람 중 「형법」 제69조제1항에 따른 벌금 납입기간이 지나지 아니한 사람의 경우에는 그 납입기간이 지난 후 노역장에 유치한다.

제7조【사회봉사 허가 여부에 대한 통지】 ① 법원은 제6조제1항의 결정을 검사와 신청인에게 서면으로 알려야 한다.
② 법원은 사회봉사를 허가하는 경우 그 확정일부터 3일 이내에 사회봉사 대상자의 주거지를 관할하는 보호관찰소(보호관찰지소를 포함한다. 이하 같다)의 장에게 사회봉사 허가서, 판결문 등본, 약식명령 등본 등 사회봉사 집행에 필요한 서류를 송부하여야 한다.

제8조【사회봉사의 신고】 ① 사회봉사 대상자는 법원으로부터 사회봉사 허가의 고지를 받은 날부터 10일 이내에 사회봉사 대상자의 주거지를 관할하는 보호관찰소의 장에게 주거, 직업, 그 밖에 대통령령으로 정하는 사항을 신고하여야 한다.
② 사회봉사 대상자로부터 제1항의 신고를 받은 보호관찰소의 장은 사회봉사 대상자에게 사회봉사의 내용, 준수사항, 사회봉사 종료 및 취소 사유 등에 대하여 고지하여야 한다.

제9조【사회봉사의 집행담당자】 ① 사회봉사는 보호관찰관이 집행한다. 다만, 보호관찰관은 그 집행의 전부 또는 일부를 국공립기관이나 그 밖의 단체 또는 시설의 협력을 받아 집행할 수 있다.
② 검사는 보호관찰관에게 사회봉사 집행실태에 대한 관련 자료의 제출을 요구할 수 있고, 집행방법 및 내용이 부적당하다고 인정하는 경우에는 이에 대한 변경을 요구할 수 있다.
③ 보호관찰관은 검사로부터 제2항의 변경 요구를 받으면 그에 따라 사회봉사의 집행방법 및 내용을 변경하여 집행하여야 한다.

제10조【사회봉사의 집행】 ① 보호관찰관은 사회봉사 대상자의 성격, 사회경력, 범죄의 원인 및 개인적 특성 등을 고려하여 사회봉사의 집행분야를 정하여야 한다.
② 사회봉사는 1일 9시간을 넘겨 집행할 수 없다. 다만, 사회봉사의 내용상 연속집행의 필요성이 있어 보호관찰관이 승낙하고 사회봉사 대상자가 분명히 동의한 경우에만 연장하여 집행할 수 있다.

③ 사회봉사의 집행시간은 사회봉사 기간 동안의 집행시간을 합산하여 시간 단위로 인정한다. 다만, 집행시간을 합산한 결과 1시간 미만이면 1시간으로 인정한다.
④ 집행 개시 시기와 그 밖의 사회봉사 집행기준에 관한 사항은 대통령령으로 정하되, 구체적인 절차 및 서식에 적을 내용 등은 법무부령으로 정한다.
제11조【사회봉사의 집행기간】 사회봉사의 집행은 사회봉사가 허가된 날부터 6개월 이내에 마쳐야 한다. 다만, 보호관찰관은 특별한 사정이 있으면 검사의 허가를 받아 6개월의 범위에서 한 번 그 기간을 연장하여 집행할 수 있다.
제12조【사회봉사 대상자의 벌금 납입】 ① 사회봉사 대상자는 사회봉사의 이행을 마치기 전에 벌금의 전부 또는 일부를 낼 수 있다.
② 사회봉사 집행 중에 벌금을 내려는 사회봉사 대상자는 보호관찰소의 장으로부터 사회봉사집행확인서를 발급받아 주거지를 관할하는 지방검찰청의 검사에게 제출하여야 한다.
③ 제2항의 사회봉사집행확인서를 제출받은 검사는 미납한 벌금에서 이미 집행한 사회봉사시간에 상응하는 금액을 공제하는 방법으로 남은 벌금을 산정하여 사회봉사 대상자에게 고지한다.
④ 검사는 사회봉사 대상자가 벌금을 전부 또는 일부 낸 경우 그 사실을 지체 없이 사회봉사를 집행 중인 보호관찰소의 장에게 통보하여야 한다.
⑤ 사회봉사 대상자가 미납벌금의 일부를 낸 경우 검사는 법원이 결정한 사회봉사시간에서 이미 납입한 벌금에 상응하는 사회봉사시간을 공제하는 방법으로 남은 사회봉사시간을 다시 산정하여 사회봉사 대상자와 사회봉사를 집행 중인 보호관찰소의 장에게 통보하여야 한다.
제13조【사회봉사 이행의 효과】 이 법에 따른 사회봉사를 전부 또는 일부 이행한 경우에는 집행한 사회봉사시간에 상응하는 벌금액을 낸 것으로 본다.
제14조【사회봉사 허가의 취소】 ① 사회봉사 대상자가 다음 각 호의 어느 하나에 해당하는 경우 보호관찰소 관할 지방검찰청의 검사는 보호관찰소의 장의 신청에 의하여 사회봉사 허가의 취소를 법원에 청구한다.
1. 정당한 사유 없이 제8조제1항의 신고를 하지 아니하는 경우
2. 제11조의 기간 내에 사회봉사를 마치지 아니한 경우
3. 정당한 사유 없이 「보호관찰 등에 관한 법률」 제62조제2항의 준수사항을 위반하거나 구금 등의 사유로 사회봉사를 계속 집행하기에 적당하지 아니하다고 판단되는 경우
② 제1항의 취소신청이 있는 경우 보호관찰관은 사회봉사의 집행을 중지하여야 한다. 다만, 제1항의 취소신청에 따라 사회봉사의 집행이 중지된 기간은 제11조의 기간에 포함하지 아니한다.
③ 제1항의 청구를 받은 법원은 사회봉사 대상자의 의견을 듣거나 필요한 자료의 제출을 요구할 수 있다.
④ 법원은 제1항의 청구가 있는 날부터 14일 이내에 사회봉사 취소 여부를 결정한다. 다만, 사회봉사 대상자의 의견을 듣거나 필요한 자료의 제출 요구 등에 걸리는 기간은 위 기간에 포함하지 아니한다.
⑤ 법원은 제4항의 결정을 검사와 사회봉사 대상자에게 서면으로 알려야 한다.
⑥ 제5항의 고지를 받은 검사는 보호관찰소의 장에게 지체 없이 서면으로 알려야 한다.
⑦ 사회봉사 허가가 취소된 사회봉사 대상자는 취소통지를 받은 날부터 7일 이내에 남은 사회봉사시간에 해당하는 미납벌금을 내야 하며, 그 기간 내에 미납벌금을 내지 아니하면 노역장에 유치한다.
⑧ 사회봉사의 취소를 구하는 보호관찰소의 장의 신청 또는 검사의 취소청구가 받아들여지지 아니하는 경우 보호관찰관은 지체 없이 사회봉사를 집행하여야 한다.
제15조【사회봉사의 종료】 ① 사회봉사는 다음 각 호의 어느 하나에 해당하는 경우에 종료한다.
1. 사회봉사의 집행을 마친 경우
2. 사회봉사 대상자가 벌금을 완납한 경우
3. 제14조에 따라 사회봉사 허가가 취소된 경우
4. 사회봉사 대상자가 사망한 경우
② 보호관찰소의 장은 사회봉사 대상자가 제1호 또는 제4호에 해당되면 사회봉사 대상자의 주거지를 관할하는 지방검찰청의 검사에게 지체 없이 통보하여야 한다.
제16조【즉시항고】 신청인과 검사는 제6조제1항의 사회봉사 허가 여부 결정 및 제14조제4항의 사회봉사 허가의 취소 여부 결정에 대하여는 즉시항고 할 수 있다.
제17조【사회봉사 대상자에 대한 준용】 ① 사회봉사 대상자에 대하여는 「보호관찰 등에 관한 법률」 제34조부터 제38조까지, 제54조, 제55조, 제59조 및 제62조제2항을 준용한다.
② 이 법에 따른 결정에 대하여는 이 법에 특별한 규정이 있는 경우를 제외하고는 「형사소송법」을 준용한다.

부　칙

제1조【시행일】 이 법은 공포 후 6개월이 경과한 날부터 시행한다.
제2조【적용범위에 관한 경과규정】 ① 이 법은 이 법 시행 전에 벌금을 선고받은 사람에 대하여도 적용한다. 다만, 이 법 시행 당시 벌금이 확정된 사람은 이 법 시행일부터 60일 이내에 사회봉사를 신청하여야 한다.
② 이 법 시행 당시 벌금 미납으로 지명수배 중이거나 노역장에 유치 중인 사람이 사회봉사를 신청한 경우 사회봉사 허가 결정이 있을 때까지 노역장에 유치할 수 있다.
제3조【시효중단】 이 법 시행 당시 벌금이 확정된 사람에 대하여는 사회봉사의 허가로 벌금형의 시효가 중단된다.
제4조【집행기간의 특례】 이 법 시행 당시 벌금이 확정된 사람에 대하여 사회봉사가 허가된 경우 제11조에도 불구하고 그 결정일부터 3년 내에 집행할 수 있다.

保健·環境
福祉·勞動
國土·建築

高句麗 平壤 第 1 號墳 壁畫(紋樣)

의료법

(2007년 4월 11일
전부개정법률 제8366호)

개정
2007. 7.27법 8559호 <중략>
2011. 4. 7법10565호 2011. 4.28법10609호
2011. 6. 7법10785호(노인복지)
2011. 8. 4법11005호
2011.12.31법11141호(국민보험)
2012. 2. 1법11252호 2013. 4. 5법11748호
2013. 8.13법12069호 2015. 1.28법13107호
2015. 1.28법13108호(장사등에관한법)
2015. 6.22법13367호(한국보건의료인국가시험원법)
2015.12.22법13599호(의료해외진출및외국인환자유치지원에관한법)
2015.12.22법13605호(고엽제후유의증등환자지원및단체설립에관한법)
2015.12.29법13658호
2016. 1. 6법13726호(옥외광고물등의관리와옥외광고산업진흥에관한법)
2016. 3.22법14084호(국민보험)
2016. 5.29법14183호(병역)
2016. 5.29법14220호
2016. 5.29법14224호(정신건강증진및정신질환자복지서비스지원에관한법)
2016.12.20법14438호
2018. 3.20법15522호(공무원재해보상법)
2018. 3.27법15540호 2018. 8.14법15716호
2019. 1.15법16254호 2019. 4.23법16375호
2019. 8.27법16555호 2020. 3. 4법17069호
2020. 4. 7법17203호(시체해부및보존등에관한법)
2020. 8.11법17472호(정부조직)
2020.12.29법17787호 2021. 9.24법18468호
2023. 5.19법19421호 2023.10.31법19818호
2024. 1.23법20105호
2024. 1.30법20171호(권한지방이양)→2025년 7월 31일 시행
2024. 9.20법20445호(간호법)
2024.10.22법20513호(집행유예선고에관한결격사유명확화를위한일부개정법령등)
2024.12.20법20593호→시행일 부칙 참조

제1장 총 칙

보건
복지
국토

제1조【목적】 이 법은 모든 국민이 수준 높은 의료 혜택을 받을 수 있도록 국민의료에 필요한 사항을 규정함으로써 국민의 건강을 보호하고 증진하는 데에 목적이 있다.

제2조【의료인】 ① 이 법에서 "의료인"이란 보건복지부장관의 면허를 받은 의사·치과의사·한의사·조산사 및 「간호법」에 따른 간호사(이하 "간호사"라 한다)를 말한다.(2024.9.20 본항개정)

② 의료인은 종별에 따라 다음 각 호의 임무를 수행하여 국민보건 향상을 이루고 국민의 건강한 생활 확보에 이바지할 사명을 가진다.

1. 의사는 의료와 보건지도를 임무로 한다.
2. 치과의사는 치과 의료와 구강 보건지도를 임무로 한다.
3. 한의사는 한방 의료와 한방 보건지도를 임무로 한다.
4. 조산사는 조산(助産)과 임산부 및 신생아에 대한 보건과 양호지도를 임무로 한다.(2019.4.23 본호개정)
5. 간호사는 「간호법」 제12조의 업무를 임무로 한다.
(2024.9.20 본문개정)
가.～라. (2024.9.20 삭제)

판례 치과의사인 피고인이 보톡스 시술법을 이용하여 환자의 눈가와 미간의 주름 치료를 함으로써 면허된 것 이외의 의료행위를 하였다고 하여 의료법 위반으로 기소된 사안에서, 의료법 등 관련 법령이 구강악안면외과를 치과 영역으로 인정하고 치과의사 국가시험과목으로 규정하고 있는데, 구강악안면외과의 진료영역에 문언적 의미나 사회통념상 치과 의료행위로 여겨지는 '치아와 구강, 턱뼈 그리고 턱뼈를 둘러싼 안면부'에 대한 치료는 물론 정형외과나 성형외과의 영역과 중첩되는 안면부 골절상 치료나 악교정수술 등도 포함되고, 여기에 관련 규정의 개정 연혁과 관련 학회의 설립 경위, 국민건강보험공단의 요양급여 지급 결과 등을 더하여 보면 치아, 구강 그리고 턱과 관련되지 아니한 안면부에 대한 의료행위라 하여 모두 치과 의료행위의 대상에서 배제된다고 보기 어려운 점, 의학과 치의학은 의료행위의 기초가 되는 학문적 원리가 다르지 아니하고, 각각의 대학 교육과정 및 수련과정도 공통되는 부분이 적지 않게 존재하며, 대부분의 치과대학이나 치의학전문대학원에서 보톡스 시술에 대하여 교육하고 있고, 치과 의료 현장에서 보톡스 시술이 활용되고 있으며, 시술부위가 안면부라도 치과대학이나 치의학전문대학원에서는 치아, 혀, 턱뼈, 침샘, 안면의 상당 부분을 형성하는 저작근육과 이에 관련된 주위 조직 등 악안면에 대한 진단 및 처치에 관하여 중점적으로 교육하고 있으므로, 보톡스 시술이 의사만의 업무영역에 전속하는 것이라고 단정할 수 없는 점 등을 종합하면, 환자의 안면부인 눈가와 미간에 보톡스를 시술한 피고인의 행위가 치과의사에게 면허된 것 이외의 의료행위라고 볼 수 없고, 시술이 미용 목적이라 하여 달리 볼 것은 아니다.(대판 2016.7.21, 2013도850 전원합의체)

제3조【의료기관】 ① 이 법에서 "의료기관"이란 의료인이 공중(公衆) 또는 특정 다수인을 위하여 의료·조산의 업(이하 "의료업"이라 한다)을 하는 곳을 말한다.

② 의료기관은 다음 각 호와 같이 구분한다.

1. 의원급 의료기관 : 의사, 치과의사 또는 한의사가 주로 외래환자를 대상으로 각각 그 의료행위를 하는 의료기관으로서 그 종류는 다음 각 목과 같다.
가. 의원
나. 치과의원
다. 한의원
2. 조산원 : 조산사가 조산과 임산부 및 신생아를 대상으로 보건활동과 교육·상담을 하는 의료기관을 말한다.(2019.4.23 본호개정)
3. 병원급 의료기관 : 의사, 치과의사 또는 한의사가 주로 입원환자를 대상으로 의료행위를 하는 의료기관으로서 그 종류는 다음 각 목과 같다.
가. 병원
나. 치과병원
다. 한방병원
라. 요양병원(「장애인복지법」 제58조제1항제4호에 따른 의료재활시설로서 제3조의2의 요건을 갖춘 의료기관을 포함한다. 이하 같다)(2020.3.4 본목개정)
마. 정신병원(2020.3.4 본목신설)
바. 종합병원

(2009.1.30 본항개정)

③ 보건복지부장관은 보건의료정책에 필요하다고 인정하는 경우에는 제2항제1호부터 제3호까지의 규정에 따른 의료기관의 종류별 표준업무를 정하여 고시할 수 있다.(2010.1.18 본항개정)

④～⑧ (2009.1.30 삭제)

제3조의2【병원등】 병원·치과병원·한방병원 및 요양병원(이하 "병원등"이라 한다)은 30개 이상의 병상(병원·한방병원만 해당한다) 또는 요양병상(요양병원만 해당하며, 장기입원이 필요한 환자를 대상으로 의료행위를 하기 위하여 설치한 병상을 말한다)을 갖추어야 한다.(2009.1.30 본조신설)

제3조의3【종합병원】 ① 종합병원은 다음 각 호의 요건을 갖추어야 한다.

1. 100개 이상의 병상을 갖출 것
2. 100병상 이상 300병상 이하인 경우에는 내과·외과·소아청소년과·산부인과 중 3개 진료과목, 영상의학과, 마취통증의학과와 진단검사의학과 또는 병리과를 포함한 7개 이상의 진료과목을 갖추고 각 진료과목마다 전속하는 전문의를 둘 것
3. 300병상을 초과하는 경우에는 내과, 외과, 소아청소년과, 산부인과, 영상의학과, 마취통증의학과, 진단검사의학과 또는 병리과, 정신건강의학과 및 치과를 포함한 9개 이상의 진료과목을 갖추고 각 진료과목마다 전속하는 전문의를 둘 것
(2011.8.4 본호개정)

② 종합병원은 제1항제2호 또는 제3호에 따른 진료과목(이하 이 항에서 "필수진료과목"이라 한다) 외에 필요하면 추가로 진료과목을 설치·운영할 수 있다. 이 경우 필수진료과목 외의 진료과목에 대하여는 해당 의료기관에 전속하지 아니한 전문의를 둘 수 있다.
(2009.1.30 본조신설)

제3조의4【상급종합병원 지정】 ① 보건복지부장관은 다음 각 호의 요건을 갖춘 종합병원 중에서 중증질환에 대하여 난이도가 높은 의료행위를 전문적으로 하는 종합병원을 상급종합병원으로 지정할 수 있다.(2010.1.18 본문개정)
1. 보건복지부령으로 정하는 20개 이상의 진료과목을 갖추고 각 진료과목마다 전속하는 전문의를 둘 것(2010.1.18 본호개정)
2. 제77조제1항에 따라 전문의가 되려는 자를 수련시키는 기관일 것
3. 보건복지부령으로 정하는 인력·시설·장비 등을 갖출 것(2010.1.18 본호개정)
4. 질병군별(疾病群別) 환자구성 비율이 보건복지부령으로 정하는 기준에 해당할 것(2010.1.18 본호개정)
② 보건복지부장관은 제1항에 따른 지정을 하는 경우 제1항 각 호의 사항 및 전문성 등에 대하여 평가를 실시하여야 한다.(2010.1.18 본항개정)
③ 보건복지부장관은 제1항에 따라 상급종합병원으로 지정받은 종합병원에 대하여 3년마다 제2항에 따른 평가를 실시하여 재지정하거나 지정을 취소할 수 있다.(2010.1.18 본항개정)
④ 보건복지부장관은 제2항 및 제3항에 따른 평가업무를 관계 전문기관 또는 단체에 위탁할 수 있다.(2010.1.18 본항개정)
⑤ 상급종합병원 지정·재지정의 기준·절차 및 평가업무의 위탁 절차 등에 관하여 필요한 사항은 보건복지부령으로 정한다.(2010.1.18 본항개정)
(2009.1.30 본조신설)

제3조의5【전문병원 지정】 ① 보건복지부장관은 병원급 의료기관 중에서 특정 진료과목이나 특정 질환 등에 대하여 난이도가 높은 의료행위를 하는 병원을 전문병원으로 지정할 수 있다.(2010.1.18 본항개정)
② 제1항에 따른 전문병원은 다음 각 호의 요건을 갖추어야 한다.
1. 특정 질환별·진료과목별 환자의 구성비율 등이 보건복지부령으로 정하는 기준에 해당할 것(2010.1.18 본호개정)
2. 보건복지부령으로 정하는 수 이상의 진료과목을 갖추고 각 진료과목마다 전속하는 전문의를 둘 것(2010.1.18 본호개정)
3. 최근 3년간 해당 의료기관 또는 그 개설자가 제64조제1항에 따른 3개월 이상의 의료업 정지나 개설 허가의 취소 또는 폐쇄 명령을 받은 사실이 없을 것(2024.12.20 본호신설)
③ 보건복지부장관은 제1항에 따라 전문병원으로 지정하는 경우 제2항 각 호의 사항 및 진료의 난이도 등에 대하여 평가를 실시하여야 한다.(2010.1.18 본항개정)
④ 보건복지부장관은 제1항에 따라 전문병원으로 지정받은 의료기관에 대하여 3년마다 제3항에 따른 평가를 실시하여 전문병원으로 재지정할 수 있다.(2015.1.28 본항개정)
⑤ 보건복지부장관은 제1항 또는 제4항에 따라 지정받거나 재지정받은 전문병원이 다음 각 호의 어느 하나에 해당하는 경우에는 그 지정 또는 재지정을 취소할 수 있다. 다만, 제1호에 해당하는 경우에는 그 지정 또는 재지정을 취소하여야 한다.
1. 거짓이나 그 밖의 부정한 방법으로 지정 또는 재지정을 받은 경우
2. 지정 또는 재지정의 취소를 원하는 경우
3. 제2항제1호 또는 제2호의 요건에 해당하지 아니하여 제63조에 따른 시정명령을 받고 이를 이행하지 아니한 경우(2024.12.20 본호개정)
4. 제64조제1항에 따라 의료업이 3개월 이상 정지되거나 개설 허가의 취소 또는 폐쇄 명령을 받은 경우
5. 전문병원에 소속된 의료인, 의료기관 개설자 또는 종사자가 제27조제1항 또는 제5항을 위반하여 전문병원 지정을 계속 유지하는 것이 부적절하다고 인정되는 경우
(2024.12.20 4호~5호신설)
(2015.1.28 본항신설)
⑥ 보건복지부장관은 제3항 및 제4항에 따른 평가업무를 관계 전문기관 또는 단체에 위탁할 수 있다.(2010.1.18 본항개정)
⑦ 전문병원 지정·재지정의 기준·절차 및 평가업무의 위탁 절차 등에 관하여 필요한 사항은 보건복지부령으로 정한다.(2010.1.18 본항개정)
(2009.1.30 본조신설)

제2장 의료인

제1절 자격과 면허

제4조【의료인과 의료기관의 장의 의무】 ① 의료인과 의료기관의 장은 의료의 질을 높이고 의료관련감염(의료기관 내에서 환자, 환자의 보호자, 의료인 또는 의료기관 종사자 등에게 발생하는 감염을 말한다. 이하 같다)을 예방하며 의료기술을 발전시키는 등 환자에게 최선의 의료서비스를 제공하기 위하여 노력하여야 한다.(2020.3.4 본항개정)
② 의료인은 다른 의료인 또는 의료법인 등의 명의로 의료기관을 개설하거나 운영할 수 없다.(2019.8.27 본항개정)
③ 의료기관의 장은 「보건의료기본법」 제6조·제12조 및 제13조에 따른 환자의 권리 등 보건복지부령으로 정하는 사항을 환자가 쉽게 볼 수 있도록 의료기관 내에 게시하여야 한다. 이 경우 게시 방법, 게시 장소 등 게시에 필요한 사항은 보건복지부령으로 정한다.(2012.2.1 본항신설)
④ (2020.3.4 삭제)
⑤ 의료기관의 장은 환자와 보호자가 의료행위를 하는 사람의 신분을 알 수 있도록 의료인, 제27조제1항 각 호 외의 부분 단서에 따라 의료행위를 하는 같은 항 제3호에 따른 학생, 「간호법」 제2조제3호에 따른 간호조무사(이하 "간호조무사"라 한다) 및 「의료기사 등에 관한 법률」 제2조에 따른 의료기사에게 의료기관 내에서 대통령령으로 정하는 바에 따라 명찰을 달도록 지시·감독하여야 한다. 다만, 응급의료상황, 수술실 내인 경우, 의료행위를 하지 아니할 때, 그 밖에 대통령령으로 정하는 경우에는 명찰을 달지 아니하도록 할 수 있다.(2024.9.20 본문개정)
⑥ 의료인은 일회용 의료기기(한 번 사용할 목적으로 제작되거나 한 번의 의료행위에서 한 환자에게 사용하여야 하는 의료기기로서 보건복지부령으로 정하는 의료기기를 말한다. 이하 같다)를 한 번 사용한 후 다시 사용하여서는 아니 된다.(2020.3.4 본항개정)

제4조의2【간호·간병통합서비스 제공 등】 ① 간호·간병통합서비스란 보건복지부령으로 정하는 입원 환자를 대상으로 보호자 등이 상주하지 아니하고 간호사, 간호조무사 및 그 밖에 간병지원인력(이하 이 조에서 "간호·간병통합서비스 제공인력"이라 한다)에 의하여 포괄적으로 제공되는 입원서비스를 말한다.(2024.9.20 본항개정)
② 보건복지부령으로 정하는 병원급 의료기관은 간호·간병통합서비스를 제공할 수 있도록 노력하여야 한다.
③ 제2항에 따라 간호·간병통합서비스를 제공하는 병원급 의료기관(이하 이 조에서 "간호·간병통합서비스 제공기관"이라 한다)은 보건복지부령으로 정하는 인력, 시설, 운영 등의 기준을 준수하여야 한다.
④ 「공공보건의료에 관한 법률」 제2조제3호에 따른 공공보건의료기관 중 보건복지부령으로 정하는 병원급 의료기관은 간호·간병통합서비스를 제공하여야 한다. 이 경우 국가 및 지방자치단체는 필요한 비용의 전부 또는 일부를 지원할 수 있다.
⑤ 간호·간병통합서비스 제공기관은 보호자 등의 입원실 내 상주를 제한하고 환자 병문안에 관한 기준을 마련하는 등 안전관리를 위하여 노력하여야 한다.
⑥ 간호·간병통합서비스 제공기관은 간호·간병통합서비스 제공인력의 근무환경 및 처우 개선을 위하여 필요한 지원을 하여야 한다.
⑦ 국가 및 지방자치단체는 간호·간병통합서비스의 제공·확대, 간호·간병통합서비스 제공인력의 원활한 수급 및 근무환경 개선을 위하여 필요한 시책을 수립하고 그에 따른 지원을 하여야 한다.
(2015.12.29 본조신설)

제4조의3【의료인의 면허 대여 금지 등】 ① 의료인은 제5조(의사·치과의사 및 한의사를 말한다), 제6조(조산사를 말한다) 및 「간호법」 제4조(간호사를 말한다)에 따라 받은 면허를 다른 사람에게 대여하여서는 아니 된다.

보건
복지
국토

② 누구든지 제5조, 제6조 및 「간호법」 제4조에 따라 받은 면허를 대여받아서는 아니 되며, 면허 대여를 알선하여서도 아니 된다.
(2024.9.20 본조개정)

제5조 【의사·치과의사 및 한의사 면허】 ① 의사·치과의사 또는 한의사가 되려는 자는 다음 각 호의 어느 하나에 해당하는 자격을 가진 자로서 제9조에 따른 의사·치과의사 또는 한의사 국가시험에 합격한 후 보건복지부장관의 면허를 받아야 한다.(2010.1.18 본문개정)

1. 「고등교육법」 제11조의2에 따른 인정기관(이하 "평가인증기구"라 한다)의 인증(이하 "평가인증기구의 인증"이라 한다)을 받은 의학·치의학 또는 한의학을 전공하는 대학을 졸업하고 의학사·치의학사 또는 한의학사 학위를 받은 자
(2012.2.1 본호개정)
2. 평가인증기구의 인증을 받은 의학·치의학 또는 한의학을 전공하는 전문대학원을 졸업하고 석사학위 또는 박사학위를 받은 자(2012.2.1 본호개정)
3. 외국의 제1호나 제2호에 해당하는 학교(보건복지부장관이 정하여 고시하는 인정기준에 해당하는 학교를 말한다)를 졸업하고 외국의 의사·치과의사 또는 한의사 면허를 받은 자로서 제9조에 따른 예비시험에 합격한 자(2019.8.27 본호개정)

② 평가인증기구의 인증을 받은 의학·치의학 또는 한의학을 전공하는 대학 또는 전문대학원을 6개월 이내에 졸업하고 해당 학위를 받을 것으로 예정된 자는 제1항제1호 및 제2호의 자격을 가진 자로 본다. 다만, 그 졸업예정시기에 졸업하고 해당 학위를 받아야 면허를 받을 수 있다.(2012.2.1 본항개정)
③ 제1항에도 불구하고 입학 당시 평가인증기구의 인증을 받은 의학·치의학 또는 한의학을 전공하는 대학 또는 전문대학원에 입학한 사람으로서 그 대학 또는 전문대학원을 졸업하고 해당 학위를 받은 사람은 같은 항 제1호 및 제2호의 자격을 가진 사람으로 본다.(2012.2.1 본항신설)

제6조 【조산사 면허】 조산사가 되려는 자는 다음 각 호의 어느 하나에 해당하는 자로서 제9조에 따른 조산사 국가시험에 합격한 후 보건복지부장관의 면허를 받아야 한다.

1. 간호사 면허를 가지고 보건복지부장관이 인정하는 의료기관에서 1년간 조산 수습과정을 마친 자
2. 외국의 조산사 면허(보건복지부장관이 정하여 고시하는 인정기준에 해당하는 면허를 말한다)를 받은 자(2019.8.27 본호개정)

(2010.1.18 본조개정)

제7조 (2024.9.20 삭제)

제8조 【결격사유 등】 다음 각 호의 어느 하나에 해당하는 자는 의료인이 될 수 없다. 다만, 간호사에 대하여는 「간호법」에서 정하는 바에 따른다.(2024.9.20 단서신설)

1. 「정신건강증진 및 정신질환자 복지서비스 지원에 관한 법률」 제3조제1호에 따른 정신질환자. 다만, 전문의가 의료인으로서 적합하다고 인정하는 사람은 그러하지 아니하다.
(2018.3.27 본문개정)
2. 마약·대마·향정신성의약품 중독자
3. 피성년후견인·피한정후견인(2018.8.14 본호개정)
4. 금고 이상의 실형을 선고받고 그 집행이 끝나거나 그 집행을 받지 아니하기로 확정된 후 5년이 지나지 아니한 자
(2023.5.19 본호개정)
5. 금고 이상의 형의 집행유예를 선고받고 그 유예기간이 지난 후 2년이 지나지 아니한 자(2023.5.19 본호신설)
6. 금고 이상의 형의 선고유예를 받고 그 유예기간 중에 있는 자
(2023.5.19 본호신설)

제9조 【국가시험 등】 ① 의사·치과의사·한의사 또는 조산사 국가시험과 의사·치과의사·한의사 예비시험(이하 "국가시험등"이라 한다)은 매년 보건복지부장관이 시행한다.
(2024.9.20 본항개정)
② 보건복지부장관은 국가시험등의 관리를 대통령령으로 정하는 바에 따라 「한국보건의료인국가시험원법」에 따른 한국보건의료인국가시험원에 맡길 수 있다.(2015.6.22 본항개정)
③ 보건복지부장관은 제2항에 따라 국가시험등의 관리를 맡긴 때에는 그 관리에 필요한 예산을 보조할 수 있다.(2010.1.18 본항개정)
④ 국가시험등에 필요한 사항은 대통령령으로 정한다.

제10조 【응시자격 제한 등】 ① 제8조 각 호의 어느 하나에 해당하는 자는 국가시험등에 응시할 수 없다.(2009.1.30 본항개정)
② 부정한 방법으로 국가시험등에 응시한 자나 국가시험등에 관하여 부정행위를 한 자는 그 수험을 정지시키거나 합격을 무효로 한다.
③ 보건복지부장관은 제2항에 따라 수험이 정지되거나 합격이 무효가 된 사람에 대하여 처분의 사유와 위반 정도 등을 고려하여 대통령령으로 정하는 바에 따라 그 다음에 치러지는 이 법에 따른 국가시험등의 응시를 3회의 범위에서 제한할 수 있다.(2016.12.20 본항개정)

제11조 【면허 조건과 등록】 ① 보건복지부장관은 보건의료 시책에 필요하다고 인정하면 제5조 및 제6조에 따른 면허를 내줄 때 3년 이내의 기간을 정하여 특정 지역이나 특정 업무에 종사할 것을 면허의 조건으로 붙일 수 있다.(2024.9.20 본항개정)
② 보건복지부장관은 제5조 및 제6조에 따른 면허를 내줄 때에는 그 면허에 관한 사항을 등록대장에 등록하고 면허증을 내주어야 한다.(2024.9.20 본항개정)
③ 제2항의 등록대장은 의사·치과의사·한의사·조산사를 구분하여 따로 작성·비치하여야 한다.(2024.9.20 본항개정)
④ 면허등록과 면허증에 필요한 사항은 보건복지부령으로 정한다.(2010.1.18 본항개정)

제12조 【의료기술 등에 대한 보호】 ① 의료인이 하는 의료·조산·간호 등 의료기술의 시행(이하 "의료행위"라 한다)에 대하여는 이 법이나 다른 법령에 따로 규정된 경우 외에는 누구든지 간섭하지 못한다.
② 누구든지 의료기관의 의료용 시설·기재·약품, 그 밖의 기물 등을 파괴·손상하거나 의료기관을 점거하여 진료를 방해하여서는 아니 되며, 이를 교사하거나 방조하여서는 아니 된다.
③ 누구든지 의료행위가 이루어지는 장소에서 의료행위를 행하는 의료인, 간호조무사 및 「의료기사 등에 관한 법률」 제2조에 따른 의료기사 또는 의료행위를 받는 사람을 폭행·협박하여서는 아니 된다.(2024.9.20 본항개정)

제13조 【의료기재 압류 금지】 의료인의 의료 업무에 필요한 기구·약품, 그 밖의 재료는 압류하지 못한다.

제14조 【기구 등 우선공급】 ① 의료인은 의료행위에 필요한 기구·약품, 그 밖의 시설 및 재료를 우선적으로 공급받을 권리가 있다.
② 의료인은 제1항의 권리에 부수(附隨)되는 물품, 노력, 교통수단에 대하여서도 제1항과 같은 권리가 있다.

제15조 【진료거부 금지 등】 ① 의료인 또는 의료기관 개설자는 진료나 조산 요청을 받으면 정당한 사유 없이 거부하지 못한다.(2016.12.20 본항개정)
② 의료인은 응급환자에게 「응급의료에 관한 법률」에서 정하는 바에 따라 최선의 처치를 하여야 한다.

제16조 【세탁물 처리】 ① 의료기관에서 나오는 세탁물은 의료인·의료기관 또는 특별자치시장·특별자치도지사·시장·군수·구청장(자치구의 구청장을 말한다. 이하 같다)에게 신고한 자가 아니면 처리할 수 없다.(2015.1.28 본항개정)
② 제1항에 따라 세탁물을 처리하는 자는 보건복지부령으로 정하는 바에 따라 위생적으로 보관·운반·처리하여야 한다.
(2010.1.18 본항개정)
③ 의료기관의 개설자와 제1항에 따라 의료기관세탁물처리업 신고를 한 자(이하 이 조에서 "세탁물처리업자"라 한다)는 제1항에 따른 세탁물의 처리업무에 종사하는 사람에게 보건복지부령으로 정하는 바에 따라 감염 예방에 관한 교육을 실시하고 그 결과를 기록하고 유지하여야 한다.(2015.1.28 본항신설)
④ 세탁물처리업자가 보건복지부령으로 정하는 신고사항을 변경하거나 그 영업의 휴업(1개월 이상의 휴업을 말한다)·폐업 또는 재개업을 하려는 경우에는 보건복지부령으로 정하는 바에 따라 특별자치시장·특별자치도지사·시장·군수·구청장에게 신고하여야 한다.(2015.1.28 본항신설)

보건
복지
국토

⑤ 제1항에 따른 세탁물을 처리하는 자의 시설·장비 기준, 신고 절차 및 지도·감독, 그 밖에 관리에 필요한 사항은 보건복지부령으로 정한다.(2010.1.18 본항개정)

제17조【진단서 등】 ① 의료업에 종사하고 직접 진찰하거나 검안(檢案)한 의사〔이하 이 항에서는 검안서에 한하여 검시(檢屍)업무를 담당하는 국가기관에 종사하는 의사를 포함한다〕, 치과의사, 한의사가 아니면 진단서·검안서·증명서를 작성하여 환자(환자가 사망하거나 의식이 없는 경우에는 직계존속·비속, 배우자 또는 배우자의 직계존속을 말하며, 환자가 사망하거나 의식이 없는 경우로서 환자의 직계존속·비속, 배우자 및 배우자의 직계존속이 모두 없는 경우에는 형제자매를 말한다) 또는 「형사소송법」 제222조제1항에 따라 검시(檢屍)를 하는 지방검찰청검사(검안서에 한한다)에게 교부하지 못한다. 다만, 진료 중이던 환자가 최종 진료 시부터 48시간 이내에 사망한 경우에는 다시 진료하지 아니하더라도 진단서나 증명서를 내줄 수 있으며, 환자 또는 사망자를 직접 진찰하거나 검안한 의사·치과의사 또는 한의사가 부득이한 사유로 진단서·검안서 또는 증명서를 내줄 수 없으면 같은 의료기관에 종사하는 다른 의사·치과의사 또는 한의사가 환자의 진료기록부 등에 따라 내줄 수 있다.(2019.8.27 본문개정)

② 의료업에 종사하고 직접 조산한 의사·한의사 또는 조산사가 아니면 출생·사망 또는 사산 증명서를 내주지 못한다. 다만, 직접 조산한 의사·한의사 또는 조산사가 부득이한 사유로 증명서를 내줄 수 없으면 같은 의료기관에 종사하는 다른 의사·한의사 또는 조산사가 진료기록부 등에 따라 증명서를 내줄 수 있다.

③ 의사·치과의사 또는 한의사는 자신이 진찰하거나 검안한 자에 대한 진단서·검안서 또는 증명서 교부를 요구받은 때에는 정당한 사유 없이 거부하지 못한다.

④ 의사·한의사 또는 조산사는 자신이 조산(助産)한 것에 대한 출생·사망 또는 사산 증명서 교부를 요구받은 때에는 정당한 사유 없이 거부하지 못한다.

⑤ 제1항부터 제4항까지의 규정에 따른 진단서, 증명서의 서식·기재사항, 그 밖에 필요한 사항은 보건복지부령으로 정한다.(2010.1.18 본항개정)

제17조의2【처방전】 ① 의료업에 종사하고 직접 진찰한 의사, 치과의사 또는 한의사가 아니면 처방전〔의사나 치과의사가 「전자서명법」에 따른 전자서명이 기재된 전자문서 형태로 작성한 처방전(이하 "전자처방전"이라 한다)을 포함한다. 이하 같다〕을 작성하여 환자에게 교부하거나 발송(전자처방전에 한정한다. 이하 이 조에서 같다)하지 못하며, 의사, 치과의사 또는 한의사에게 직접 진찰을 받은 환자가 아니면 누구든지 그 의사, 치과의사 또는 한의사가 작성한 처방전을 수령하지 못한다.

② 제1항에도 불구하고 의사, 치과의사 또는 한의사는 다음 각 호의 어느 하나에 해당하는 경우로서 해당 환자 및 의약품에 대한 안전성을 인정하는 경우에는 환자의 직계존속·비속, 배우자 및 배우자의 직계존속, 형제자매 또는 「노인복지법」 제34조에 따른 노인의료복지시설에서 근무하는 사람 등 대통령령으로 정하는 사람(이하 이 조에서 "대리수령자"라 한다)에게 처방전을 교부하거나 발송할 수 있으며 대리수령자는 환자를 대리하여 그 처방전을 수령할 수 있다.
1. 환자의 의식이 없는 경우
2. 환자의 거동이 현저히 곤란하고 동일한 상병(傷病)에 대하여 장기간 동일한 처방이 이루어지는 경우

③ 처방전의 발급 방법·절차 등에 필요한 사항은 보건복지부령으로 정한다.
(2019.8.27 본조신설)

제18조【처방전 작성과 교부】 ① 의사나 치과의사는 환자에게 의약품을 투여할 필요가 있다고 인정하면 「약사법」에 따라 자신이 직접 의약품을 조제할 수 있는 경우가 아니면 보건복지부령으로 정하는 바에 따라 처방전을 작성하여 환자에게 내주거나 발송(전자처방전만 해당된다)하여야 한다.(2010.1.18 본항개정)

② 제1항에 따른 처방전의 서식, 기재사항, 보존, 그 밖에 필요한 사항은 보건복지부령으로 정한다.(2010.1.18 본항개정)

③ 누구든지 정당한 사유 없이 전자처방전에 저장된 개인정보를 탐지하거나 누출·변조 또는 훼손하여서는 아니 된다.

④ 제1항에 따라 처방전을 발행한 의사 또는 치과의사(처방전을 발행한 한의사를 포함한다)는 처방전에 따라 의약품을 조제하는 약사 또는 한약사가 「약사법」 제26조제2항에 따라 문의한 때 즉시 이에 응하여야 한다. 다만, 다음 각 호의 어느 하나에 해당하는 사유로 약사 또는 한약사의 문의에 응할 수 없는 경우 사유가 종료된 때 즉시 이에 응하여야 한다.
1. 「응급의료에 관한 법률」 제2조제1호에 따른 응급환자를 진료 중인 경우
2. 환자를 수술 또는 처치 중인 경우
3. 그 밖에 약사의 문의에 응할 수 없는 정당한 사유가 있는 경우

(2007.7.27 본항신설)

⑤ 의사, 치과의사 또는 한의사가 「약사법」에 따라 자신이 직접 의약품을 조제하여 환자에게 그 의약품을 내어주는 경우에는 그 약제의 용기 또는 포장에 환자의 이름, 용법 및 용량, 그 밖에 보건복지부령으로 정하는 사항을 적어야 한다. 다만, 급박한 응급의료상황 등 환자의 진료 상황이나 의약품의 성질상 그 약제의 용기 또는 포장에 적는 것이 어려운 경우로서 보건복지부령으로 정하는 경우에는 그러하지 아니하다.(2016.5.29 본항신설)

제18조의2【의약품정보의 확인】 ① 의사 및 치과의사는 제18조에 따른 처방전을 작성하거나 「약사법」 제23조제4항에 따라 의약품을 자신이 직접 조제하는 경우에는 다음 각 호의 정보(이하 "의약품정보"라 한다)를 미리 확인하여야 한다.
1. 환자에게 처방 또는 투여되고 있는 의약품과 동일한 성분의 의약품인지 여부
2. 식품의약품안전처장이 병용금기, 특정연령대 금기 또는 임부금기 등으로 고시한 성분이 포함되는지 여부
3. 그 밖에 보건복지부령으로 정하는 정보

② 제1항에도 불구하고 의사 및 치과의사는 급박한 응급의료 상황 등 의약품정보를 확인할 수 없는 정당한 사유가 있을 때에는 이를 확인하지 아니할 수 있다.

③ 제1항에 따른 의약품정보의 확인방법·절차, 제2항에 따른 의약품정보를 확인할 수 없는 정당한 사유 등은 보건복지부령으로 정한다.

(2015.12.29 본조신설)

제19조【정보 누설 금지】 ① 의료인이나 의료기관 종사자는 이 법이나 다른 법령에 특별히 규정된 경우 외에는 의료·조산 또는 간호업무나 제17조에 따른 진단서·검안서·증명서 작성·교부 업무, 제18조에 따른 처방전 작성·교부 업무, 제21조에 따른 진료기록 열람·사본 교부 업무, 제22조제2항에 따른 진료기록부등 보존 업무 및 제23조에 따른 전자의무기록 작성·보관·관리 업무를 하면서 알게 된 다른 사람의 정보를 누설하거나 발표하지 못한다.

② 제58조제2항에 따라 의료기관 인증에 관한 업무에 종사하는 자 또는 종사하였던 자는 그 업무를 하면서 알게 된 정보를 다른 사람에게 누설하거나 부당한 목적으로 사용하여서는 아니 된다.(2016.5.29 본항신설)

(2016.5.29 본조개정)

판례 이 법에서 누설을 금지하고 있는 '다른 사람의 비밀'은 당사자의 동의 없이는 원칙적으로 공개되어서는 안 되는 비밀영역으로 보호되어야 한다. 헌법 제10조는 인간의 존엄과 가치를 선언하고 있고, 헌법 제17조는 사생활의 비밀과 자유를 보장하고 있다. 따라서 모든 국민은 자신에 관한 정보를 스스로 통제할 수 있는 자기결정권과 사생활이 함부로 공개되지 않고 사적 영역의 평온과 비밀을 요구할 수 있는 권리를 갖는다. 이러한 보호의 필요성은 환자가 나중에 사망하더라도 소멸하지 않는다. 따라서 이와 같은 비밀누설 금지의무는 환자가 사망한 후에도 그 본질적인 내용이 변한다고 볼 수 없다.(대판 2018.5.11, 2018도2844)

제20조【태아 성 감별 행위 등 금지】 ① 의료인은 태아 성 감별을 목적으로 임부를 진찰하거나 검사하여서는 아니 되며, 같은 목적을 위한 다른 사람의 행위를 도와서도 아니 된다.
② (2024.12.20 삭제)

제21조【기록 열람 등】 ① 환자는 의료인, 의료기관의 장 및 의료기관 종사자에게 본인에 관한 기록(추가기재·수정된 경우 추가기재·수정된 기록 및 추가기재·수정 전의 원본을 모두 포함한다. 이하 같다)의 전부 또는 일부에 대하여 열람 또는 그 사본의 발급 등 내용의 확인을 요청할 수 있다. 이 경우 의료인, 의료기관의 장 및 의료기관 종사자는 정당한 사유가 없으면 이를 거부하여서는 아니 된다.(2018.3.27 전단개정)
② 의료인, 의료기관의 장 및 의료기관 종사자는 환자가 아닌 다른 사람에게 환자에 관한 기록을 열람하게 하거나 그 사본을 내주는 등 내용을 확인할 수 있게 하여서는 아니 된다.
(2016.12.20 본항개정)
③ 제2항에도 불구하고 의료인, 의료기관의 장 및 의료기관 종사자는 다음 각 호의 어느 하나에 해당하면 그 기록을 열람하게 하거나 그 사본을 교부하는 등 그 내용을 확인할 수 있게 하여야 한다. 다만, 의사·치과의사 또는 한의사가 환자의 진료를 위하여 불가피하다고 인정한 경우에는 그러하지 아니하다.(2016.12.20 본문개정)
1. 환자의 배우자, 직계 존속·비속, 형제·자매(환자의 배우자 및 직계 존속·비속, 배우자의 직계존속이 모두 없는 경우에 한정한다) 또는 배우자의 직계 존속이 환자 본인의 동의서와 친족관계임을 나타내는 증명서 등을 첨부하는 등 보건복지부령으로 정하는 요건을 갖추어 요청한 경우(2016.5.29 본호개정)
2. 환자가 지정하는 대리인이 환자 본인의 동의서와 대리권이 있음을 증명하는 서류를 첨부하는 등 보건복지부령으로 정하는 요건을 갖추어 요청한 경우(2010.1.18 본호개정)
3. 환자가 사망하거나 의식이 없는 등 환자의 동의를 받을 수 없어 환자의 배우자, 직계 존속·비속, 형제·자매(환자의 배우자 및 직계 존속·비속, 배우자의 직계존속이 모두 없는 경우에 한정한다) 또는 배우자의 직계 존속이 친족관계임을 나타내는 증명서 등을 첨부하는 등 보건복지부령으로 정하는 요건을 갖추어 요청한 경우(2016.5.29 본호개정)
4. 「국민건강보험법」 제14조, 제47조, 제48조 및 제63조에 따라 급여비용 심사·지급·대상여부 확인·사후관리 및 요양급여의 적정성 평가·가감지급 등을 위하여 국민건강보험공단 또는 건강보험심사평가원에 제공하는 경우(2011.12.31 본호개정)
5. 「의료급여법」 제5조, 제11조, 제11조의3 및 제33조에 따라 의료급여 수급권자 확인, 급여비용의 심사·지급, 사후관리 등 의료급여 업무를 위하여 보장기관(시·군·구), 국민건강보험공단, 건강보험심사평가원에 제공하는 경우
6. 「형사소송법」 제106조, 제215조 또는 제218조에 따른 경우
6의2. 「군사법원법」 제146조, 제254조 또는 제257조에 따른 경우(2020.3.4 본호신설)
7. 「민사소송법」 제347조에 따라 문서제출을 명한 경우
8. 「산업재해보상보험법」 제118조에 따라 근로복지공단이 보험급여를 받는 근로자를 진료한 산재보험 의료기관(의사를 포함한다)에 대하여 그 근로자의 진료에 관한 보고 또는 서류 등 제출을 요구하거나 조사하는 경우
9. 「자동차손해배상 보장법」 제12조제2항 및 제14조에 따라 의료기관으로부터 자동차보험진료수가를 청구받은 보험회사등이 그 의료기관에 대하여 관계 진료기록의 열람을 청구한 경우
10. 「병역법」 제11조의2에 따라 지방병무청장이 병역판정검사와 관련하여 질병 또는 심신장애의 확인을 위하여 필요하다고 인정하여 의료기관의 장에게 병역판정검사대상자의 진료기록·치료 관련 기록의 제출을 요구한 경우(2016.5.29 본호개정)
11. 「학교안전사고 예방 및 보상에 관한 법률」 제42조에 따라 공제회가 공제급여의 지급 여부를 결정하기 위하여 필요하다고 인정하여 「국민건강보험법」 제42조에 따른 요양기관에 대하여 관계 진료기록의 열람 또는 필요한 자료의 제출을 요청하는 경우(2011.12.31 본호개정)
12. 「고엽제후유의증 등 환자지원 및 단체설립에 관한 법률」 제7조제3항에 따라 의료기관의 장이 진료기록 및 임상소견서를 보훈병원장에게 보내는 경우(2015.12.22 본호개정)
13. 「의료사고 피해구제 및 의료분쟁 조정 등에 관한 법률」 제28조제1항 또는 제3항에 따른 경우(2015.12.29 본호개정)
14. 「국민연금법」 제123조에 따라 국민연금공단이 부양가족연금, 장애연금 및 유족연금 급여의 지급심사와 관련하여 가입자 또는 가입자였던 사람을 진료한 의료기관에 해당 진료에 관한 사항의 열람 또는 사본 교부를 요청하는 경우(2012.2.1 본호신설)
14의2. 다음 각 목의 어느 하나에 따라 공무원 또는 공무원이었던 사람을 진료한 의료기관에 해당 진료에 관한 사항의 열람 또는 사본 교부를 요청하는 경우
가. 「공무원연금법」 제92조에 따라 인사혁신처장이 퇴직유족급여 및 비공무상장해급여와 관련하여 요청하는 경우
나. 「공무원연금법」 제93조에 따라 공무원연금공단이 퇴직유족급여 및 비공무상장해급여와 관련하여 요청하는 경우
다. 「공무원 재해보상법」 제57조 및 제58조에 따라 인사혁신처장(같은 법 제61조에 따라 업무를 위탁받은 자를 포함한다)이 요양급여, 재활급여, 장해급여, 간병급여 및 재해유족급여와 관련하여 요청하는 경우
(2018.3.20 본호개정)
14의3. 「사립학교교직원 연금법」 제19조제4항제4호의2에 따라 사립학교교직원연금공단이 요양급여, 장해급여 및 재해유족급여의 지급심사와 관련하여 교직원 또는 교직원이었던 자를 진료한 의료기관에 해당 진료에 관한 사항의 열람 또는 사본 교부를 요청하는 경우(2018.8.14 본호신설)
14의4. 다음 각 목의 어느 하나에 따라 군인 또는 군인이었던 사람을 진료한 의료기관에 해당 진료에 관한 사항의 열람 또는 사본 교부를 요청하는 경우
가. 「군인연금법」 제54조제2항에 따라 국방부장관이 퇴직유족급여와 관련하여 요청하는 경우
나. 「군인 재해보상법」 제52조제2항에 따라 국방부장관(같은 법 제54조에 따라 권한을 위임받거나 업무를 위탁받은 자를 포함한다)이 공무상요양비, 장해급여 및 재해유족급여와 관련하여 요청하는 경우
(2023.10.31 본호신설)
15. 「장애인복지법」 제32조제7항에 따라 대통령령으로 정하는 공공기관의 장이 장애 정도에 관한 심사와 관련하여 장애인 등록을 신청한 사람 및 장애인으로 등록한 사람을 진료한 의료기관에 해당 진료에 관한 사항의 열람 또는 사본 교부를 요청하는 경우(2015.12.29 본호신설)
16. 「감염병의 예방 및 관리에 관한 법률」 제18조의4 및 제29조에 따라 질병관리청장, 시·도지사 또는 시장·군수·구청장이 감염병의 역학조사 및 예방접종에 관한 역학조사를 위하여 필요하다고 인정하여 의료기관의 장에게 감염병환자등의 진료기록 및 예방접종을 받은 사람의 예방접종 후 이상반응에 관한 진료기록의 제출을 요청하는 경우
(2020.8.11 본호개정)
17. 「국가유공자 등 예우 및 지원에 관한 법률」 제74조의8제1항제7호에 따라 보훈심사위원회가 보훈심사와 관련하여 보훈심사대상자를 진료한 의료기관에 해당 진료에 관한 사항의 열람 또는 사본 교부를 요청하는 경우(2020.3.4 본호신설)
18. 「한국보훈복지의료공단법」 제24조의2에 따라 한국보훈복지의료공단이 같은 법 제6조제1호에 따른 국가유공자등에 대한 진료기록등의 제공을 요청하는 경우(2020.12.29 본호신설)
19. 「군인사법」 제54조의6에 따라 중앙전공사상심사위원회 또는 보통전공사상심사위원회가 전공사상 심사와 관련하여

보건복지국토

전사자등을 진료한 의료기관에 대하여 해당 진료에 관한 사항의 열람 또는 사본 교부를 요청하는 경우(2023.10.31 본호신설)
④ 진료기록을 보관하고 있는 의료기관이나 진료기록이 이관된 보건소에 근무하는 의사·치과의사 또는 한의사는 자신이 직접 진료하지 아니한 환자의 과거 진료 내용의 확인 요청을 받은 경우에는 진료기록을 근거로 하여 사실을 확인하여 줄 수 있다.(2009.1.30 본항신설)
⑤ 제1항, 제3항 또는 제4항의 경우 의료인, 의료기관의 장 및 의료기관 종사자는 「전자서명법」에 따른 전자서명이 기재된 전자문서를 제공하는 방법으로 환자 또는 환자가 아닌 다른 사람에게 기록의 내용을 확인하게 할 수 있다.(2020.3.4 본항신설)
(2009.1.30 본조개정)

제21조의2 【진료기록의 송부 등】 ① 의료인 또는 의료기관의 장은 다른 의료인 또는 의료기관의 장으로부터 제22조 또는 제23조에 따른 진료기록의 내용 확인이나 진료기록의 사본 및 환자의 진료경과에 대한 소견 등을 송부 또는 전송할 것을 요청받은 경우 해당 환자나 환자 보호자의 동의를 받아 그 요청에 응하여야 한다. 다만, 해당 환자의 의식이 없거나 응급환자인 경우 또는 환자의 보호자가 없어 동의를 받을 수 없는 경우에는 환자나 환자 보호자의 동의 없이 송부 또는 전송할 수 있다.
② 의료인 또는 의료기관의 장이 응급환자를 다른 의료기관에 이송하는 경우에는 지체 없이 내원 당시 작성된 진료기록의 사본 등을 이송하여야 한다.
③ 보건복지부장관은 제1항 및 제2항에 따른 진료기록의 사본 및 진료경과에 대한 소견 등의 전송 업무를 지원하기 위하여 전자정보시스템(이하 "진료기록전송지원시스템"이라 한다)을 구축·운영할 수 있다.(2024.12.20 본항개정)
④ 보건복지부장관은 진료기록전송지원시스템의 구축·운영을 대통령령으로 정하는 바에 따라 관계 전문기관에게 위탁할 수 있다. 이 경우 보건복지부장관은 그 소요 비용의 전부 또는 일부를 지원할 수 있다.
⑤ 제4항에 따라 업무를 위탁받은 전문기관은 다음 각 호의 사항을 준수하여야 한다.
1. 진료기록전송지원시스템이 보유한 정보의 누출, 변조, 훼손 등을 방지하기 위하여 접근 권한자의 지정, 방화벽의 설치, 암호화 소프트웨어의 활용, 접속기록 보관 등 대통령령으로 정하는 바에 따라 안전성 확보에 필요한 기술적·관리적 조치를 할 것
2. 진료기록전송지원시스템 운영 업무를 다른 기관에 재위탁하지 아니할 것
3. 진료기록전송지원시스템이 보유한 정보를 제3자에게 임의로 제공하거나 유출하지 아니할 것
⑥ 보건복지부장관은 의료인 또는 의료기관의 장에게 보건복지부령으로 정하는 바에 따라 제1항 본문에 따른 환자나 환자 보호자의 동의에 관한 자료 등 진료기록전송지원시스템의 구축·운영에 필요한 자료의 제출을 요구하고 제출받은 목적의 범위에서 보유·이용할 수 있다. 이 경우 자료 제출을 요구받은 자는 정당한 사유가 없으면 이에 따라야 한다.
⑦ 그 밖에 진료기록전송지원시스템의 구축·운영 등에 필요한 사항은 보건복지부령으로 정한다.
⑧ 누구든지 정당한 사유 없이 진료기록전송지원시스템에 저장된 정보를 누출·변조 또는 훼손하여서는 아니 된다.
⑨ 진료기록전송지원시스템의 구축·운영에 관하여 이 법에서 규정된 것을 제외하고는 「개인정보 보호법」에 따른다.
(2016.12.20 본조신설)

제21조의3 【진료기록의 전송등 요청】 ① 환자는 다른 의료기관으로 전원(轉院)하는 경우 의료인, 의료기관의 장 및 의료기관 종사자에게 본인에 관한 기록의 전부 또는 일부를 전원하는 의료기관에 전송 또는 송부(이하 이 조에서 "전송등"이라 한다)하여 줄 것을 요청할 수 있다. 이 경우 의료인, 의료기관의 장 및 의료기관 종사자는 정당한 사유가 없으면 이를 거부하여서는 아니 된다.
② 환자는 전송등의 요청을 대리인에게 하게 할 수 있다.
③ 전송등은 진료기록전송지원시스템 또는 그 밖에 대통령령으로 정하는 방법으로 할 수 있다.
④ 그 밖에 전송등 요청의 방법·절차, 전송등의 절차 및 기한, 대리인의 요건 등 진료기록의 전송등에 필요한 사항은 보건복지부령으로 정한다.
(2024.12.20 본조신설)

제2절 권리와 의무

제22조 【진료기록부 등】 ① 의료인은 각각 진료기록부, 조산기록부, 간호기록부, 그 밖의 진료에 관한 기록(이하 "진료기록부등"이라 한다)을 갖추어 두고 환자의 주된 증상, 진단 및 치료 내용 등 보건복지부령으로 정하는 의료행위에 관한 사항과 의견을 상세히 기록하고 서명하여야 한다.(2013.4.5 본항개정)
② 의료인이나 의료기관 개설자는 진료기록부등〔제23조제1항에 따른 전자의무기록(電子醫務記錄)을 포함하며, 추가기재·수정된 경우 추가기재·수정된 진료기록부등 및 추가기재·수정 전의 원본을 모두 포함한다. 이하 같다〕을 보건복지부령으로 정하는 바에 따라 보존하여야 한다.(2018.3.27 본항개정)
③ 의료인은 진료기록부등을 거짓으로 작성하거나 고의로 사실과 다르게 추가기재·수정하여서는 아니 된다.(2011.4.7 본항신설)
④ 보건복지부장관은 의료인이 진료기록부등에 기록하는 질병명, 검사명, 약제명 등 의학용어와 진료기록부등의 서식 및 세부내용에 관한 표준을 마련하여 고시하고 의료인 또는 의료기관 개설자에게 그 준수를 권고할 수 있다.(2019.8.27 본항신설)

제23조 【전자의무기록】 ① 의료인이나 의료기관 개설자는 제22조의 규정에도 불구하고 진료기록부등을 「전자서명법」에 따른 전자서명이 기재된 전자문서(이하 "전자의무기록"이라 한다)로 작성·보관할 수 있다.
② 의료인이나 의료기관 개설자는 보건복지부령으로 정하는 바에 따라 전자의무기록을 안전하게 관리·보존하는 데에 필요한 시설과 장비를 갖추어야 한다.(2010.1.18 본항개정)
③ 누구든지 정당한 사유 없이 전자의무기록에 저장된 개인정보를 탐지하거나 누출·변조 또는 훼손하여서는 아니 된다.
④ 의료인이나 의료기관 개설자는 전자의무기록에 추가기재·수정을 한 경우 보건복지부령으로 정하는 바에 따라 접속기록을 별도로 보관하여야 한다.(2018.3.27 본항신설)

제23조의2 【전자의무기록의 표준화 등】 ① 보건복지부장관은 전자의무기록이 효율적이고 통일적으로 관리·활용될 수 있도록 기록의 작성, 관리 및 보존에 필요한 전산정보처리시스템(이하 이 조에서 "전자의무기록시스템"이라 한다), 시설, 장비 및 기록 서식 등에 관한 표준을 정하여 고시하고 전자의무기록시스템을 제조·공급하는 자, 의료인 또는 의료기관 개설자에게 그 준수를 권고할 수 있다.
② 보건복지부장관은 전자의무기록시스템이 제1항에 따른 표준, 전자의무기록시스템 간 호환성, 정보 보안 등 대통령령으로 정하는 인증 기준에 적합한 경우에는 인증을 할 수 있다.
③ 제2항에 따라 인증을 받은 자는 대통령령으로 정하는 바에 따라 인증의 내용을 표시할 수 있다. 이 경우 인증을 받지 아니한 자는 인증의 표시 또는 이와 유사한 표시를 하여서는 아니 된다.
④ 보건복지부장관은 다음 각 호의 어느 하나에 해당하는 경우에는 제2항에 따른 인증을 취소할 수 있다. 다만, 제1호에 해당하는 경우에는 인증을 취소하여야 한다.
1. 거짓이나 그 밖의 부정한 방법으로 인증을 받은 경우
2. 제2항에 따른 인증 기준에 미달하게 된 경우
⑤ 보건복지부장관은 전자의무기록시스템의 기술 개발 및 활용을 촉진하기 위한 사업을 할 수 있다.
⑥ 제1항에 따른 표준의 대상, 제2항에 따른 인증의 방법·절차 등에 필요한 사항은 대통령령으로 정한다.
(2016.12.20 본조신설)

제23조의3 【진료정보 침해사고의 통지】 ① 의료인 또는 의료기관 개설자는 전자의무기록에 대한 전자적 침해행위로 진

보건
복지
국토

료정보가 유출되거나 의료기관의 업무가 교란·마비되는 등 대통령령으로 정하는 사고(이하 "진료정보 침해사고"라 한다)가 발생한 때에는 보건복지부장관에게 즉시 그 사실을 통지하여야 한다.
② 보건복지부장관은 제1항에 따라 진료정보 침해사고의 통지를 받거나 진료정보 침해사고가 발생한 사실을 알게 되면 이를 관계 행정기관에 통보하여야 한다.
(2019.8.27 본조신설)

제23조의4【진료정보 침해사고의 예방 및 대응 등】 ① 보건복지부장관은 진료정보 침해사고의 예방 및 대응을 위하여 다음 각 호의 업무를 수행한다.
1. 진료정보 침해사고에 관한 정보의 수집·전파
2. 진료정보 침해사고의 예보·경보
3. 진료정보 침해사고에 대한 긴급조치
4. 전자의무기록에 대한 전자적 침해행위의 탐지·분석
5. 그 밖에 진료정보 침해사고 예방 및 대응을 위하여 대통령령으로 정하는 사항

② 보건복지부장관은 제1항에 따른 업무의 전부 또는 일부를 전문기관에 위탁할 수 있다.
③ 제1항에 따른 업무를 수행하는 데 필요한 절차 및 방법, 제2항에 따른 업무의 위탁 절차 등에 필요한 사항은 보건복지부령으로 정한다.
(2019.8.27 본조신설)

제23조의5【부당한 경제적 이익등의 취득 금지】 ① 의료인, 의료기관 개설자(법인의 대표자, 이사, 그 밖에 이에 종사하는 자를 포함한다. 이하 이 조에서 같다) 및 의료기관 종사자는 「약사법」 제47조제2항에 따른 의약품공급자로부터 의약품 채택·처방유도·거래유지 등 판매촉진을 목적으로 제공되는 금전, 물품, 편익, 노무, 향응, 그 밖의 경제적 이익(이하 "경제적 이익등"이라 한다)을 받거나 의료기관으로 하여금 받게 하여서는 아니 된다. 다만, 견본품 제공, 학술대회 지원, 임상시험 지원, 제품설명회, 대금결제조건에 따른 비용할인, 시판 후 조사 등의 행위(이하 "견본품 제공등의 행위"라 한다)로서 보건복지부령으로 정하는 범위 안의 경제적 이익등인 경우에는 그러하지 아니하다.
② 의료인, 의료기관 개설자 및 의료기관 종사자는 「의료기기법」 제6조에 따른 제조업자, 같은 법 제15조에 따른 의료기기 수입업자, 같은 법 제17조에 따른 의료기기 판매업자 또는 임대업자로부터 의료기기 채택·사용유도·거래유지 등 판매촉진을 목적으로 제공되는 경제적 이익등을 받거나 의료기관으로 하여금 받게 하여서는 아니 된다. 다만, 견본품 제공등의 행위로서 보건복지부령으로 정하는 범위 안의 경제적 이익등인 경우에는 그러하지 아니하다.
③ 의료인, 의료기관 개설자(의료기관을 개설하려는 자를 포함한다) 및 의료기관 종사자는 「약사법」 제24조의2에 따른 약국개설자로부터 처방전의 알선·수수·제공 또는 환자 유인의 목적으로 경제적 이익등을 요구·취득하거나 의료기관으로 하여금 받게 하여서는 아니 된다.(2024.1.23 본항신설)
(2015.12.29 본조개정)

제24조【요양방법 지도】 의료인은 환자나 환자의 보호자에게 요양방법이나 그 밖에 건강관리에 필요한 사항을 지도하여야 한다.

제24조의2【의료행위에 관한 설명】 ① 의사·치과의사 또는 한의사는 사람의 생명 또는 신체에 중대한 위해를 발생하게 할 우려가 있는 수술, 수혈, 전신마취(이하 이 조에서 "수술등"이라 한다)를 하는 경우 제2항에 따른 사항을 환자(환자가 의사결정능력이 없는 경우 환자의 법정대리인을 말한다. 이하 이 조에서 같다)에게 설명하고 서면(전자문서를 포함한다. 이하 이 조에서 같다)으로 그 동의를 받아야 한다. 다만, 설명 및 동의 절차로 인하여 수술등이 지체되면 환자의 생명이 위험하여지거나 심신상의 중대한 장애를 가져오는 경우에는 그러하지 아니하다.
② 제1항에 따라 환자에게 설명하고 동의를 받아야 하는 사항은 다음 각 호와 같다.
1. 환자에게 발생하거나 발생 가능한 증상의 진단명
2. 수술등의 필요성, 방법 및 내용
3. 환자에게 설명을 하는 의사, 치과의사 또는 한의사 및 수술등에 참여하는 주된 의사, 치과의사 또는 한의사의 성명
4. 수술등에 따라 전형적으로 발생이 예상되는 후유증 또는 부작용
5. 수술등 전후 환자가 준수하여야 할 사항

③ 환자는 의사, 치과의사 또는 한의사에게 제1항에 따른 동의서 사본의 발급을 요청할 수 있다. 이 경우 요청을 받은 의사, 치과의사 또는 한의사는 정당한 사유가 없으면 이를 거부하여서는 아니 된다.
④ 제1항에 따라 동의를 받은 사항 중 수술등의 방법 및 내용, 수술등에 참여한 주된 의사, 치과의사 또는 한의사가 변경된 경우에는 변경 사유와 내용을 환자에게 서면으로 알려야 한다.
⑤ 제1항 및 제4항에 따른 설명, 동의 및 고지의 방법·절차 등 필요한 사항은 대통령령으로 정한다.
(2016.12.20 본조신설)

판례 환자가 의료행위에 응할 것인지 합리적으로 결정하기 위해서는 그 의료행위의 필요성과 위험성 등을 환자 스스로 숙고하고, 필요하다면 가족 등 주변 사람과 상의하고 결정할 수 있는 시간적 여유가 환자에게 주어져야 한다. 의사가 환자에게 의사를 결정하기에 충분한 시간을 주지 않고 의료행위에 관한 설명을 한 다음 곧바로 의료행위로 나아간다면 이는 환자가 의료행위에 응할 것인지 선택할 기회를 침해한 것으로서 의사의 설명의무가 이행되었다고 볼 수 없다.
(대판 2022.1.27, 2021다265010)

제25조【신고】 ① 의사·치과의사·한의사 및 조산사는 대통령령으로 정하는 바에 따라 최초로 면허를 받은 후부터 3년마다 그 실태와 취업상황 등을 보건복지부장관에게 신고하여야 한다.(2024.9.20 본항개정)
② 보건복지부장관은 제30조제3항의 보수교육을 이수하지 아니한 의사·치과의사·한의사 및 조산사에 대하여 제1항에 따른 신고를 반려할 수 있다.(2024.9.20 본항개정)
③ 보건복지부장관은 제1항에 따른 신고 수리 업무를 대통령령으로 정하는 바에 따라 관련 단체 등에 위탁할 수 있다.
(2011.4.28 본항신설)

제26조【변사체 신고】 의사·치과의사·한의사 및 조산사는 사체를 검안하여 변사(變死)한 것으로 의심되는 때에는 사체의 소재지를 관할하는 경찰서장에게 신고하여야 한다.

제3절 의료행위의 제한

제27조【무면허 의료행위 등 금지】 ① 의료인이 아니면 누구든지 의료행위를 할 수 없으며 의료인도 면허된 것 이외의 의료행위를 할 수 없다. 다만, 다음 각 호의 어느 하나에 해당하는 자는 보건복지부령으로 정하는 범위에서 의료행위를 할 수 있다.(2010.1.18 단서개정)
1. 외국의 의료인 면허를 가진 자로서 일정 기간 국내에 체류하는 자
2. 의과대학, 치과대학, 한의과대학, 의학전문대학원, 치의학전문대학원, 한의학전문대학원, 종합병원 또는 외국 의료원조기관의 의료봉사 또는 연구 및 시범사업을 위하여 의료행위를 하는 자(2009.1.30 본호개정)
3. 의학·치과의학·한방의학 또는 간호학을 전공하는 학교의 학생

② 의료인이 아니면 의사·치과의사·한의사·조산사 또는 간호사 명칭이나 이와 비슷한 명칭을 사용하지 못한다.
③ 누구든지 「국민건강보험법」이나 「의료급여법」에 따른 본인부담금을 면제하거나 할인하는 행위, 금품 등을 제공하거나 불특정 다수인에게 교통편의를 제공하는 행위 등 영리를 목적으로 환자를 의료기관이나 의료인에게 소개·알선·유인하는 행위 및 이를 사주하는 행위를 하여서는 아니 된다. 다만, 다음 각 호의 어느 하나에 해당하는 행위는 할 수 있다.(2009.1.30 단서개정)
1. 환자의 경제적 사정 등을 이유로 개별적으로 관할 시장·군수·구청장의 사전승인을 받아 환자를 유치하는 행위
(2009.1.30 본호신설)
2. 「국민건강보험법」 제109조에 따른 가입자나 피부양자가 아닌 외국인(보건복지부령으로 정하는 바에 따라 국내에 거주하는 외국인은 제외한다)환자를 유치하기 위한 행위
(2011.12.31 본호개정)

④ 제3항제2호에도 불구하고 「보험업법」 제2조에 따른 보험회사, 상호회사, 보험설계사, 보험대리점 또는 보험중개사는 외국인환자를 유치하기 위한 행위를 하여서는 아니 된다.
(2009.1.30 본항신설)
⑤ 누구든지 의료인이 아닌 자에게 의료행위를 하게 하거나 의료인에게 면허 사항 외의 의료행위를 하게 하여서는 아니 된다.(2020.12.29 본항개정)
판례 비뇨기과 의사인 피고인은 의료기기 판매업자로부터 발기부전 수술에 필요한 보형물을 구매하는 조건으로 의료기기 판매업자의 영업사원을 수술에 참여시켜 수술부위인 남성의 성기를 수술 도구를 이용하여 잡아 벌리거나 수술부위에 연결된 실이나 연결관을 잡아주는 행위 등을 하도록 하였다. 이와 같은 행위는 해당 영업사원이 수술과정에 직접 참여하는 것으로서, 그 행위의 성격이 진료를 보조하는 행위(즉, 간호사 등이 의사의 지도하에 수행할 수 있는 행위)인지 여부를 불문하고 의료인이 아니면 허용되지 아니하는 의료행위에 해당하므로 의료법 위반이다.(대판 2021.5.6, 2021도1769)
판례 무면허 의료행위를 금지하고 있는 의료법 제27조 제1항 등에 대하여 죄형법정주의의 명확성 원칙에 위반되지 아니하고, 실질적 비례의 원칙에 부합하여 청구인들의 직업선택의 자유 등을 침해하지 아니한다는 이유로 심판청구를 기각하는 결정을 선고하였다. 이에 대하여 의료행위의 태양에 따라 필요한 지식 및 기술의 정도나 위험성의 정도가 다름에도 불구하고 비의료인의 의료행위를 전면적으로 금지하는 것은, 위험성이 낮은 의료행위를 하려는 자의 직업선택의 자유를 과도하게 제한하는 것으로서 비의료인의 직업선택의 자유를 침해한다.(헌재결 2013.6.27, 2010헌마658)
판례 피고인들이 공모하여 보험회사와 방문검진 위탁계약을 체결한 후 고용된 간호사들로 하여금 보험가입자들의 주거에 방문하여 의사의 지도·감독 없이 문진, 신체계측 등을 하게 한 뒤 건강검진결과서를 작성하여 보험회사에 통보하는 등 의료행위를 한 경우, 의사가 간호사에게 의료행위의 실시를 개별적으로 지시하거나 위임한 적이 없음에도 간호사가 본인의 주도 아래 전반적인 의료행위의 실시 여부를 결정하고, 이에 대한 실시 과정에도 의사가 지시, 관여하지 아니한 경우라면 이는 무면허의료행위에 해당한다.
(대판 2012.5.10, 2010도5964)
제27조의2 (2015.12.22 삭제)

제4절 의료인 단체

제28조【중앙회와 지부】 ① 의사·치과의사·한의사 및 조산사는 대통령령으로 정하는 바에 따라 각각 전국적 조직을 두는 의사회·치과의사회·한의사회 및 조산사회(이하 "중앙회"라 한다)를 각각 설립하여야 한다.(2024.9.20 본항개정)
② 중앙회는 법인으로 한다.
③ 제1항에 따라 중앙회가 설립된 경우에는 의사·치과의사·한의사 및 조산사는 당연히 해당하는 중앙회의 회원이 되며, 중앙회의 정관을 지켜야 한다.(2024.9.20 본항개정)
④ 중앙회에 관하여 이 법에 규정되지 아니한 사항에 대하여는 「민법」 중 사단법인에 관한 규정을 준용한다.
⑤ 중앙회는 대통령령으로 정하는 바에 따라 특별시·광역시·도와 특별자치도(이하 "시·도"라 한다)에 지부를 설치하여야 하며, 시·군·구(자치구만을 말한다. 이하 같다)에 분회를 설치할 수 있다. 다만, 그 외의 지부나 외국에 의사회 지부를 설치하려면 보건복지부장관의 승인을 받아야 한다.
(2010.1.18 단서개정)
⑥ 중앙회가 지부나 분회를 설치한 때에는 그 지부나 분회의 책임자는 지체 없이 특별시장·광역시장·도지사·특별자치도지사(이하 "시·도지사"라 한다) 또는 시장·군수·구청장에게 신고하여야 한다.
⑦ 각 중앙회는 제66조의2에 따른 자격정지 처분 요구에 관한 사항 등을 심의·의결하기 위하여 윤리위원회를 둔다.
(2011.4.28 본항신설)
⑧ 윤리위원회의 구성, 운영 등에 관한 사항은 대통령령으로 정한다.(2011.4.28 본항신설)
제29조【설립 허가 등】 ① 중앙회를 설립하려면 대표자는 대통령령으로 정하는 바에 따라 정관과 그 밖에 필요한 서류를 보건복지부장관에게 제출하여 설립 허가를 받아야 한다.
(2010.1.18 본항개정)
② 중앙회의 정관에 적을 사항은 대통령령으로 정한다.
③ 중앙회가 정관을 변경하려면 보건복지부장관의 허가를 받아야 한다.(2010.1.18 본항개정)
제30조【협조 의무】 ① 중앙회는 보건복지부장관으로부터 의료와 국민보건 향상에 관한 협조 요청을 받으면 협조하여야 한다.(2010.1.18 본항개정)
② 중앙회는 보건복지부령으로 정하는 바에 따라 회원의 자질 향상을 위하여 필요한 보수(補修)교육을 실시하여야 한다.
(2010.1.18 본항개정)
③ 의사·치과의사·한의사 및 조산사는 제2항에 따른 보수교육을 받아야 한다.(2024.9.20 본항개정)
제31조 (2011.4.7 삭제)
제32조【감독】 보건복지부장관은 중앙회나 그 지부가 정관으로 정한 사업 외의 사업을 하거나 국민보건 향상에 장애가 되는 행위를 한 때 또는 제30조제1항에 따른 요청을 받고 협조하지 아니한 경우에는 정관을 변경하거나 임원을 새로 뽑을 것을 명할 수 있다.(2010.1.18 본조개정)

제3장 의료기관

제1절 의료기관의 개설

제33조【개설 등】 ① 의료인은 이 법에 따른 의료기관을 개설하지 아니하고는 의료업을 할 수 없으며, 다음 각 호의 어느 하나에 해당하는 경우 외에는 그 의료기관 내에서 의료업을 하여야 한다.
1. 「응급의료에 관한 법률」 제2조제1호에 따른 응급환자를 진료하는 경우
2. 환자나 환자 보호자의 요청에 따라 진료하는 경우
3. 국가나 지방자치단체의 장이 공익상 필요하다고 인정하여 요청하는 경우
4. 보건복지부령으로 정하는 바에 따라 가정간호를 하는 경우
(2010.1.18 본호개정)
5. 그 밖에 이 법 또는 다른 법령으로 특별히 정한 경우나 환자가 있는 현장에서 진료를 하여야 하는 부득이한 사유가 있는 경우
② 다음 각 호의 어느 하나에 해당하는 자가 아니면 의료기관을 개설할 수 없다. 이 경우 의사는 종합병원·병원·요양병원·정신병원 또는 의원을, 치과의사는 치과병원 또는 치과의원을, 한의사는 한방병원·요양병원 또는 한의원을, 조산사는 조산원만을 개설할 수 있다.(2020.3.4 후단개정)
1. 의사, 치과의사, 한의사 또는 조산사
2. 국가나 지방자치단체
3. 의료업을 목적으로 설립된 법인(이하 "의료법인"이라 한다)
4. 「민법」이나 특별법에 따라 설립된 비영리법인
5. 「공공기관의 운영에 관한 법률」에 따른 준정부기관, 「지방의료원의 설립 및 운영에 관한 법률」에 따른 지방의료원, 「한국보훈복지의료공단법」에 따른 한국보훈복지의료공단
(2009.1.30 본호개정)
③ 제2항에 따라 의원·치과의원·한의원 또는 조산원을 개설하려는 자는 보건복지부령으로 정하는 바에 따라 시장·군수·구청장에게 신고하여야 한다.(2010.1.18 본항개정)
④ 제2항에 따라 종합병원·병원·치과병원·한방병원·요양병원 또는 정신병원을 개설하려면 보건복지부령으로 정하는 바에 따라 제33조의2에 따른 시·도 의료기관개설위원회의 사전심의 및 본심의를 거쳐 시·도지사의 허가를 받아야 하고, 종합병원을 개설하려는 경우 또는 300병상 이상 종합병원의 의료기관 개설자가 병원급 의료기관을 추가로 개설하려는 경우에는 보건복지부령으로 정하는 바에 따라 시·도 의료기관개설위원회의 사전심의 단계에서 보건복지부장관의 승인을 받아야 한다. 이 경우 시·도지사는 개설하려는 의료기관이 다음 각 호의 어느 하나에 해당하는 경우에는 개설허가를 할 수 없다.(2024.12.20 전단개정)
1. 제36조에 따른 시설기준에 맞지 아니하는 경우
2. 제60조제1항에 따른 기본시책과 같은 조 제2항에 따른 수급 및 관리계획에 적합하지 아니한 경우
(2019.8.27 1호~2호신설)

보건복지국토

⑤ 제3항과 제4항에 따라 개설된 의료기관이 개설 장소를 이전하거나 개설에 관한 신고 또는 허가사항 중 보건복지부령으로 정하는 중요사항을 변경하려는 때에도 제3항 또는 제4항과 같다.(2010.1.18 본항개정)
⑥ 조산원을 개설하는 자는 반드시 지도의사(指導醫師)를 정하여야 한다.
⑦ 다음 각 호의 어느 하나에 해당하는 경우에는 의료기관을 개설할 수 없다.
1. 약국 시설 안이나 구내인 경우
2. 약국의 시설이나 부지 일부를 분할·변경 또는 개수하여 의료기관을 개설하는 경우
3. 약국과 전용 복도·계단·승강기 또는 구름다리 등의 통로가 설치되어 있거나 이런 것들을 설치하여 의료기관을 개설하는 경우
4. 「건축법」 등 관계 법령에 따라 허가를 받지 아니하거나 신고를 하지 아니하고 건축 또는 증축·개축한 건축물에 의료기관을 개설하는 경우(2019.8.27 본호신설)
⑧ 제2항제1호의 의료인은 어떠한 명목으로도 둘 이상의 의료기관을 개설·운영할 수 없다. 다만, 2 이상의 의료인 면허를 소지한 자가 의원급 의료기관을 개설하려는 경우에는 하나의 장소에 한하여 면허 종별에 따른 의료기관을 함께 개설할 수 있다.(2012.2.1 본문개정)
⑨ 의료법인 및 제2항제4호에 따른 비영리법인(이하 이 조에서 "의료법인등"이라 한다)이 의료기관을 개설하려면 그 법인의 정관에 개설하고자 하는 의료기관의 소재지를 기재하여 대통령령으로 정하는 바에 따라 정관의 변경허가를 얻어야 한다(의료법인등을 설립할 때에는 설립 허가를 말한다. 이하 이 항에서 이와 같다). 이 경우 그 법인의 주무관청은 정관의 변경허가를 하기 전에 그 법인이 개설하고자 하는 의료기관이 소재하는 시·도지사 또는 시장·군수·구청장과 협의하여야 한다.
(2015.12.29 본항신설)
⑩ 의료기관을 개설·운영하는 의료법인등은 다른 자에게 그 법인의 명의를 빌려주어서는 아니 된다.(2015.12.29 본항신설)
(2012.2.1 본조제목개정)

판례 의료기관 내에서만 행하여야 하는 의료업의 범위 : 의료법 제33조에서 '의료기관 내에서 의료업을 해야 한다'는 규정은 '진료, 검안, 처방, 투약 등을 시행하는 질병의 예방 또는 치료행위 등의 의료행위가 모두 의료기관 내에서 환자와 대면해 행해져야 한다'는 것을 의미한다. 따라서 현직 한의사가 전화상의 문진을 통해 환자에게 다이어트 한약을 처방했다면 비록 한의사가 직접 환자와 전화로 상담했고, 환자 상태에 맞는 처방에 관한 판단을 의료기관 내에서 했으며, 그에 필요한 약은 모두 의료기관 내에 보관된 것을 사용하는 등 의료행위의 주요 부분이 의료기관에서 이뤄졌다 하더라도 이는 위법한 의료행위이다.(대판 2020.12.3, 2016도309)

판례 이 법이 금지하는 중복운영방식은 주로 1인의 의료인이 주도적인 지위에서 여러 개의 의료기관을 지배·관리하는 형태이다. 이러한 형태의 중복운영은 의료행위에 외부적인 요인을 개입하게 하고, 의료기관의 운영주체와 실제 의료행위를 하는 의료인을 분리시켜 실제 의료행위를 하는 의료인이 다른 의료인에게 종속되게 하며, 지나친 영리추구로 나아갈 우려도 크다. 그 외에 의료의 중요성, 우리나라의 취약한 공공의료의 실태, 의료인이 여러 개의 의료기관을 운영할 때 의료계 및 국민건강보험 재정 등 국민보건 전반에 미치는 영향, 국가가 국민의 건강을 보호하고 적정한 의료급여를 보장해야 하는 사회국가적 의무 등을 종합하여 볼 때, 이 사건 법률조항은 과잉금지원칙에 반한다고 할 수 없다.(헌재결 2019.8.29, 2014헌바212, 2014헌가15, 2015헌마561, 2016헌바21(병합))

판례 이 법에서 정신병원 등의 개설에 관해서는 허가제로, 정신과의원 개설에 관해서는 신고제로 각각 규정하고 있는 것은 법령에서 정하고 있는 요건 이외의 사유를 들어 그 신고 수리를 반려하는 것을 원칙적으로 배제함으로써 개설 주체가 신속하게 해당 의료기관을 개설할 수 있도록 하기 위한 것이다. 따라서 법령에 정한 요건을 모두 갖춰 정신과의원 개설신고를 했음에도 불구하고 정신과의원 개설신고에 관한 법령상 요건에 해당하지 않는 '공공복리' 등의 이유를 내세워 정신과의원의 개설신고 수리를 거부한 것은 위법하다.
(대판 2018.10.25, 2018두44302)

판례 한 명의 의료인이 둘 이상의 의료기관에 대하여 그 존폐·이전, 의료행위 시행 여부, 자금 조달, 인력·시설·장비의 충원과 관리, 운영성과의 귀속·배분 등의 경영사항에 관하여 의사 결정 권한을 보유하면서 관련 업무를 처리했다면 의료기관의 중복 운영에 해당한다.(대판 2018.7.12, 2018도3672)

판례 의료법이 원칙적으로 의료인이 개설한 의료기관 내에서 의료업을 영위하도록 한 것은 의료행위가 의료기관 밖에서 행하여질 경우 의료의 질 저하와 적정 진료를 받을 환자의 권리 침해 등으로 인해 의료질서가 문란하게 되고, 국민의 보건위생에 심각한 위험을 초래하게 되는 것을 사전에 방지하고자 하는 보건의료정책상의 필요성에 의한 것인 점, 진료는 의료인이 아니면 할 수 없는 의료행위의 일종으로서 의료행위가 의료인이 의학적 전문지식을 기초로 하는 경험과 기능으로 진료, 검안, 처방, 투약 또는 외과적 시술을 시행하여 하는 질병의 예방 또는 치료행위 등을 의미하고, 의료인은 위와 같은 의료행위를 할 때 사람의 생명·신체·건강을 관리하는 업무의 성질상 환자의 구체적인 증상이나 상황에 따라 위험을 방지하기 위하여 요구되는 최선의 조치를 취하여야 할 주의의무를 부담하고 있으므로, 환자나 환자 보호자의 요청을 받은 의료인으로서는 최선의 의료행위를 하기 위해서 해당 환자의 증상이나 상황 등을 미리 숙지하여 대비하고 환자의 진료에 필요한 기구, 장비 등을 구비한 다음 그 환자가 있는 장소를 방문하여 진료행위를 할 필요가 있는 점 등을 감안하여 볼 때, 의료법 제33조 제1항 제2호가 정한 '환자나 환자 보호자의 요청에 따라 진료하는 경우'란 특별한 사정이 없는 한 특정 환자에 대한 개별적이고 구체적인 요청에 응하여 이루어지는 진료를 의미한다고 해석하는 것이 타당하다.
(대판 2011.4.14, 2010두26315)

제33조의2 【의료기관개설위원회 설치 등】 ① 제33조제4항에 따른 의료기관 개설 허가에 관한 사항을 심의하기 위하여 시·도지사 소속으로 의료기관개설위원회를 둔다.
② 제1항의 의료기관개설위원회의 위원은 제28조에 따른 의사회·치과의사회·한의사회·조산사회 및 「간호법」 제18조에 따른 간호사중앙회의 의료인으로서 경험이 풍부한 사람과 제52조에 따른 의료기관단체의 회원으로서 해당 지역 내 의료기관의 개설·운영 등에 관한 경험이 풍부한 사람으로 한다.
(2024.9.20 본항개정)
③ 의료기관개설위원회의 구성과 운영에 필요한 사항과 그 밖에 필요한 사항은 보건복지부령으로 정한다.
(2020.3.4 본조신설)

제33조의3 【실태조사】 ① 보건복지부장관은 제33조제2항을 위반하여 의료기관을 개설할 수 없는 자가 개설·운영하는 의료기관의 실태를 파악하기 위하여 보건복지부령으로 정하는 바에 따라 조사(이하 이 조에서 "실태조사"라 한다)를 실시하고, 위법이 확정된 경우 그 결과를 공표하여야 한다. 이 경우 수사기관의 수사로 제33조제2항을 위반한 의료기관의 위법이 확정된 경우도 공표 대상에 포함한다.
② 보건복지부장관은 실태조사를 위하여 관계 중앙행정기관의 장, 지방자치단체의 장, 관련 기관·법인 또는 단체 등에 협조를 요청할 수 있다. 이 경우 요청을 받은 자는 특별한 사정이 없으면 이에 협조하여야 한다.
③ 실태조사의 시기·방법 및 결과 공표의 방법 등에 관하여 필요한 사항은 보건복지부령으로 정한다.
(2020.12.29 본조신설)

제34조 【원격의료】 ① 의료인(의료업에 종사하는 의사·치과의사·한의사만 해당한다)은 제33조제1항에도 불구하고 컴퓨터·화상통신 등 정보통신기술을 활용하여 먼 곳에 있는 의료인에게 의료지식이나 기술을 지원하는 원격의료(이하 "원격의료"라 한다)를 할 수 있다.
② 원격의료를 행하거나 받으려는 자는 보건복지부령으로 정하는 시설과 장비를 갖추어야 한다.(2010.1.18 본항개정)
③ 원격의료를 하는 자(이하 "원격지의사"라 한다)는 환자를 직접 대면하여 진료하는 경우와 같은 책임을 진다.
④ 원격지의사의 원격의료에 따라 의료행위를 한 의료인이 의사·치과의사 또는 한의사(이하 "현지의사"라 한다)인 경우에는 그 의료행위에 대하여 원격지의사의 과실을 인정할 만한 명백한 근거가 없으면 환자에 대한 책임은 제3항에도 불구하고 현지의사에게 있는 것으로 본다.

제35조 【의료기관 개설 특례】 ① 제33조제1항·제2항 및 제8항에 따른 자 외의 자가 그 소속 직원, 종업원, 그 밖의 구성원(수용자를 포함한다)이나 그 가족의 건강관리를 위하여 부속 의료기관을 개설하려면 그 개설 장소를 관할하는 시장·군수·구청장에게 신고하여야 한다. 다만, 부속 의료기관으로 병원급 의료기관을 개설하려면 그 개설 장소를 관할하는 시·도지사의 허가를 받아야 한다.(2009.1.30 본항개정)

② 제1항에 따른 개설 신고 및 허가에 관한 절차·조건, 그 밖에 필요한 사항과 그 의료기관의 운영에 필요한 사항은 보건복지부령으로 정한다.(2010.1.18 본항개정)

제36조【준수사항】 제33조제2항 및 제8항에 따라 의료기관을 개설하는 자는 보건복지부령으로 정하는 바에 따라 다음 각 호의 사항을 지켜야 한다.(2010.1.18 본문개정)

1. 의료기관의 종류에 따른 시설기준 및 규격에 관한 사항
2. 의료기관의 안전관리시설 기준에 관한 사항
3. 의료기관 및 요양병원의 운영 기준에 관한 사항
4. 고가의료장비의 설치·운영 기준에 관한 사항
5. 의료기관의 종류에 따른 의료인 등의 정원 기준에 관한 사항
6. 급식관리 기준에 관한 사항
7. 의료기관의 위생 관리에 관한 사항(2016.5.29 본호신설)
8. 의료기관의 의약품 및 일회용 의료기기의 사용에 관한 사항(2020.3.4 본호개정)
9. 의료기관의 「감염병의 예방 및 관리에 관한 법률」 제41조제4항에 따른 감염병환자등의 진료 기준에 관한 사항(2016.5.29 본호신설)
10. 의료기관 내 수술실, 분만실, 중환자실 등 감염관리가 필요한 시설의 출입 기준에 관한 사항(2019.4.23 본호신설)
11. 의료인 및 환자 안전을 위한 보안장비 설치 및 보안인력 배치 등에 관한 사항(2019.4.23 본호신설)
12. 의료기관의 신체보호대 사용에 관한 사항(2019.8.27 본호신설)
13. 의료기관의 의료관련감염 예방에 관한 사항(2020.3.4 본호신설)
14. 종합병원과 요양병원의 임종실 설치에 관한 사항(2023.10.31 본호신설)

제36조의2【공중보건의사 등의 고용금지】 ① 의료기관 개설자는 「농어촌 등 보건의료를 위한 특별조치법」 제5조의2에 따른 배치기관 및 배치시설이나 같은 법 제6조의2에 따른 파견근무기관 및 시설이 아니면 같은 법 제2조제1호의 공중보건의사에게 의료행위를 하게 하거나, 제41조제1항에 따른 당직의료인으로 두어서는 아니 된다.

② 의료기관 개설자는 「병역법」 제34조의2제2항에 따라 군병원 또는 병무청장이 지정하는 병원에서 직무와 관련된 수련을 실시하는 경우가 아니면 같은 법 제2조제14호의 병역판정검사전담의사에게 의료행위를 하게 하거나 제41조제1항에 따른 당직의료인으로 두어서는 아니 된다.(2018.3.27 본항신설)

(2018.3.27 본조제목개정)

(2016.12.20 본조개정)

제37조【진단용 방사선 발생장치】 ① 진단용 방사선 발생장치를 설치·운영하려는 의료기관은 보건복지부령으로 정하는 바에 따라 시장·군수·구청장에게 신고하여야 하며, 보건복지부령으로 정하는 안전관리기준에 맞도록 설치·운영하여야 한다.

② 의료기관 개설자나 관리자는 진단용 방사선 발생장치를 설치한 경우에는 보건복지부령으로 정하는 바에 따라 안전관리책임자를 선임하고, 정기적으로 검사와 측정을 받아야 하며, 방사선 관계 종사자에 대한 피폭관리(被曝管理)를 하여야 한다.

③ 제2항에 따라 안전관리책임자로 선임된 사람은 선임된 날부터 1년 이내에 질병관리청장이 지정하는 방사선 분야 관련 단체(이하 이 조에서 "안전관리책임자 교육기관"이라 한다)가 실시하는 안전관리책임자 교육을 받아야 하며, 주기적으로 보수교육을 받아야 한다.(2020.12.29 본항신설)

④ 제1항과 제2항에 따른 진단용 방사선 발생장치의 범위·신고·검사·설치 및 측정기준 등에 필요한 사항은 보건복지부령으로 정하고, 제3항에 따른 안전관리책임자 교육 및 안전관리책임자 교육기관의 지정에 필요한 사항은 질병관리청장이 정하여 고시한다.(2020.12.29 본항개정)

(2010.1.18 본조개정)

제38조【특수의료장비의 설치·운영】 ① 의료기관은 보건의료 시책상 적정한 설치와 활용이 필요하여 보건복지부장관이 정하여 고시하는 의료장비(이하 "특수의료장비"라 한다)를 설치·운영하려면 보건복지부령으로 정하는 바에 따라 시장·군수·구청장에게 등록하여야 하며, 보건복지부령으로 정하는 설치인정기준에 맞게 설치·운영하여야 한다.(2012.2.1 본항개정)

② 의료기관의 개설자나 관리자는 제1항에 따라 특수의료장비를 설치하면 보건복지부령으로 정하는 바에 따라 보건복지부장관에게 정기적인 품질관리검사를 받아야 한다.(2010.1.18 본항개정)

③ 의료기관의 개설자나 관리자는 제2항에 따른 품질관리검사에서 부적합하다고 판정받은 특수의료장비를 사용하여서는 아니 된다.

④ 보건복지부장관은 제2항에 따른 품질관리검사업무의 전부 또는 일부를 보건복지부령으로 정하는 바에 따라 관계 전문기관에 위탁할 수 있다.(2010.1.18 본항개정)

제38조의2【수술실 내 폐쇄회로 텔레비전의 설치·운영】 ① 전신마취 등 환자의 의식이 없는 상태에서 수술을 시행하는 의료기관의 개설자는 수술실 내부에 「개인정보 보호법」 및 관련 법령에 따른 폐쇄회로 텔레비전을 설치하여야 한다. 이 경우 국가 및 지방자치단체는 폐쇄회로 텔레비전의 설치 등에 필요한 비용을 지원할 수 있다.

② 환자 또는 환자의 보호자가 요청하는 경우(의료기관의 장이나 의료인이 요청하여 환자 또는 환자의 보호자가 동의하는 경우를 포함한다) 의료기관의 장이나 의료인은 전신마취 등 환자의 의식이 없는 상태에서 수술을 하는 장면을 제1항에 따라 설치한 폐쇄회로 텔레비전으로 촬영하여야 한다. 이 경우 의료기관의 장이나 의료인은 다음 각 호의 어느 하나에 해당하는 정당한 사유가 없으면 이를 거부할 수 없다.

1. 수술이 지체되면 환자의 생명이 위험하여지거나 심신상의 중대한 장애를 가져오는 응급 수술을 시행하는 경우
2. 환자의 생명을 구하기 위하여 적극적 조치가 필요한 위험도 높은 수술을 시행하는 경우
3. 「전공의의 수련환경 개선 및 지위 향상을 위한 법률」 제2조제2호에 따른 수련병원등의 전공의의 수련 등 그 목적 달성을 현저히 저해할 우려가 있는 경우
4. 그 밖에 제1호부터 제3호까지의 규정에 준하는 경우로서 보건복지부령으로 정하는 사유가 있는 경우

③ 의료기관의 장이나 의료인이 제2항에 따라 수술을 하는 장면을 촬영하는 경우 녹음 기능은 사용할 수 없다. 다만, 환자 및 해당 수술에 참여한 의료인 등 정보주체 모두의 동의를 받은 경우에는 그러하지 아니하다.

④ 제1항에 따라 폐쇄회로 텔레비전이 설치된 의료기관의 장은 제2항에 따라 촬영한 영상정보가 분실·도난·유출·변조 또는 훼손되지 아니하도록 보건복지부령으로 정하는 바에 따라 내부 관리계획의 수립, 저장장치와 네트워크의 분리, 접속기록 보관 및 관련 시설의 출입자 관리 방안 마련 등 안전성 확보에 필요한 기술적·관리적 및 물리적 조치를 하여야 한다.

⑤ 의료기관의 장은 다음 각 호의 어느 하나에 해당하는 경우를 제외하고는 제2항에 따라 촬영한 영상정보를 열람(의료기관의 장 스스로 열람하는 경우를 포함한다. 이하 이 조에서 같다)하게 하거나 제공(사본의 발급을 포함한다. 이하 이 조에서 같다)하여서는 아니 된다.

1. 범죄의 수사와 공소의 제기 및 유지, 법원의 재판업무 수행을 위하여 관계 기관이 요청하는 경우
2. 「의료사고 피해구제 및 의료분쟁 조정 등에 관한 법률」 제6조에 따른 한국의료분쟁조정중재원이 의료분쟁의 조정 또는 중재 절차 개시 이후 환자 또는 환자 보호자의 동의를 받아 해당 업무의 수행을 위하여 요청하는 경우
3. 환자 및 해당 수술에 참여한 의료인 등 정보주체 모두의 동의를 받은 경우

⑥ 누구든지 이 법의 규정에 따르지 아니하고 제2항에 따라 촬영한 영상정보를 탐지하거나 누출·변조 또는 훼손하여서는 아니 된다.

⑦ 누구든지 제2항에 따라 촬영한 영상정보를 이 법에서 정하는 목적 외의 용도로 사용하여서는 아니 된다.

⑧ 의료기관의 개설자는 보건복지부장관이 정하는 범위에서

제2항에 따라 촬영한 영상정보의 열람 등에 소요되는 비용을 열람 등을 요청한 자에게 청구할 수 있다.
⑨ 의료기관의 장은 제2항에 따라 촬영한 영상정보를 30일 이상 보관하여야 한다.
⑩ 제1항에 따른 폐쇄회로 텔레비전의 설치 기준, 제2항에 따른 촬영의 범위 및 촬영 요청의 절차, 제2항제1호부터 제3호까지의 규정에 따른 사유의 구체적인 기준, 제5항에 따른 열람·제공의 절차, 제9항에 따른 보관기준 및 보관기간의 연장 사유 등에 필요한 사항은 보건복지부령으로 정한다.
⑪ 이 법에서 정한 것 외에 폐쇄회로 텔레비전의 설치·운영 등에 관한 사항은 「개인정보 보호법」에 따른다.
(2021.9.24 본조신설)
제39조【시설 등의 공동이용】 ① 의료인은 다른 의료기관의 장의 동의를 받아 그 의료기관의 시설·장비 및 인력 등을 이용하여 진료할 수 있다.
② 의료기관의 장은 그 의료기관의 환자를 진료하는 데에 필요하면 해당 의료기관에 소속되지 아니한 의료인에게 진료하도록 할 수 있다.
③ 의료인이 다른 의료기관의 시설·장비 및 인력 등을 이용하여 진료하는 과정에서 발생한 의료사고에 대하여는 진료를 한 의료인의 과실 때문이면 그 의료인에게, 의료기관의 시설·장비 및 인력 등의 결함 때문이면 그것을 제공한 의료기관 개설자에게 각각 책임이 있는 것으로 본다.
제40조【폐업·휴업의 신고】 ① 의료기관 개설자는 의료업을 폐업하거나 1개월 이상 휴업(입원환자가 있는 경우에는 1개월 미만의 휴업도 포함한다. 이하 이 조에서 이와 같다)하려면 보건복지부령으로 정하는 바에 따라 관할 시장·군수·구청장에게 신고하여야 한다.(2016.12.20 본항개정)
② (2020.3.4 삭제)
③ 시장·군수·구청장은 제1항에 따른 신고에도 불구하고 「감염병의 예방 및 관리에 관한 법률」 제18조 및 제29조에 따라 질병관리청장, 시·도지사 또는 시장·군수·구청장이 감염병의 역학조사 및 예방접종에 관한 역학조사를 실시하거나 같은 법 제18조의2에 따라 의료인 또는 의료기관의 장이 질병관리청장, 시·도지사 또는 시장·군수·구청장에게 역학조사 실시를 요청한 경우로서 그 역학조사를 위하여 필요하다고 판단하는 때에는 의료기관 폐업 신고를 수리하지 아니할 수 있다.
(2024.1.30 본항개정)
④ 의료기관 개설자는 의료업을 폐업 또는 휴업하는 경우 보건복지부령으로 정하는 바에 따라 해당 의료기관에 입원 중인 환자를 다른 의료기관으로 옮길 수 있도록 하는 등 환자의 권익을 보호하기 위한 조치를 하여야 한다.(2016.12.20 본항신설)
⑤ 시장·군수·구청장은 제1항에 따른 폐업 또는 휴업 신고를 받은 경우 의료기관 개설자가 제4항에 따른 환자의 권익을 보호하기 위한 조치를 취하였는지 여부를 확인하는 등 대통령령으로 정하는 조치를 하여야 한다.(2016.12.20 본항신설)
(2020.3.4 본조제목개정)
제40조의2【진료기록부등의 이관】 ① 의료기관 개설자는 제40조제1항에 따라 폐업 또는 휴업 신고를 할 때 제22조나 제23조에 따라 기록·보존하고 있는 진료기록부등의 수량 및 목록을 확인하고 진료기록부등을 관할 보건소장에게 넘겨야 한다. 다만, 의료기관 개설자가 보건복지부령으로 정하는 바에 따라 진료기록부등의 보관계획서를 제출하여 관할 보건소장의 허가를 받은 경우에는 직접 보관할 수 있다.
② 제1항에 따라 관할 보건소장의 허가를 받아 진료기록부등을 직접 보관하는 의료기관 개설자는 보관계획서에 기재된 사항 중 보건복지부령으로 정하는 사항이 변경된 경우 관할 보건소장에게 이를 신고하여야 하며, 직접 보관 중 질병, 국외 이주 등 보건복지부령으로 정하는 사유로 보존 및 관리가 어려운 경우 이를 대행할 책임자를 지정하여 보관하게 하거나 진료기록부등을 관할 보건소장에게 넘겨야 한다.
③ 제1항에 따라 관할 보건소장의 허가를 받아 진료기록부등을 직접 보관하는 의료기관 개설자는 보관 기간, 방법 등 보건복지부령으로 정하는 사항을 준수하여야 한다.
④ 제1항에 따라 관할 보건소장의 허가를 받아 진료기록부등을 직접 보관하는 의료기관 개설자(제2항에 따라 지정된 책임자를 포함한다)의 기록 열람 및 보존에 관하여는 제21조 및 제22조제2항을 준용한다.
⑤ 그 밖에 진료기록부등의 이관 방법, 절차 등에 필요한 사항은 보건복지부령으로 정한다.
(2020.3.4 본조신설)
제40조의3【진료기록보관시스템의 구축·운영】 ① 보건복지부장관은 제40조의2에 따라 폐업 또는 휴업한 의료기관의 진료기록부등을 보관하는 관할 보건소장 및 의료기관 개설자가 안전하고 효과적으로 진료기록부등을 보존·관리할 수 있도록 지원하기 위한 시스템(이하 "진료기록보관시스템"이라 한다)을 구축·운영할 수 있다.
② 제40조의2에 따라 폐업 또는 휴업한 의료기관의 진료기록부등을 보관하는 관할 보건소장 및 의료기관 개설자는 진료기록보관시스템에 진료기록부등을 보관할 수 있다.
③ 제2항에 따라 진료기록부등을 진료기록보관시스템에 보관한 관할 보건소장 및 의료기관 개설자(해당 보건소 및 의료기관 소속 의료인 및 그 종사자를 포함한다)는 직접 보관한 진료기록부등 외에는 진료기록보관시스템에 보관된 정보를 열람하는 등 그 내용을 확인하여서는 아니 된다.
④ 보건복지부장관은 제1항에 따른 진료기록보관시스템의 구축·운영 업무를 관계 전문기관 또는 단체에 위탁할 수 있다. 이 경우 보건복지부장관은 진료기록보관시스템의 구축·운영 업무에 소요되는 비용의 전부 또는 일부를 지원할 수 있다.
⑤ 제4항 전단에 따라 진료기록보관시스템의 구축·운영 업무를 위탁받은 전문기관 또는 단체는 보건복지부령으로 정하는 바에 따라 진료기록부등을 안전하게 관리·보존하는 데에 필요한 시설과 장비를 갖추어야 한다.
⑥ 보건복지부장관은 진료기록보관시스템의 효율적 운영을 위하여 원본에 기재된 정보가 변경되지 않는 범위에서 진료기록부등의 형태를 변경하여 보존·관리할 수 있으며, 변경된 형태로 진료기록부등의 사본을 발급할 수 있다.
⑦ 누구든지 정당한 접근 권한 없이 또는 허용된 접근 권한을 넘어 진료기록보관시스템에 보관된 정보를 훼손·멸실·변경·위조·유출하거나 검색·복제하여서는 아니 된다.
⑧ 진료기록보관시스템의 구축 범위 및 운영 절차 등에 필요한 사항은 보건복지부령으로 정한다.
(2020.3.4 본조신설)
제41조【당직의료인】 ① 각종 병원에는 응급환자와 입원환자의 진료 등에 필요한 당직의료인을 두어야 한다.
② 제1항에 따른 당직의료인의 수와 배치 기준은 병원의 종류, 입원환자의 수 등을 고려하여 보건복지부령으로 정한다.
(2016.12.20 본항신설)
제41조의2 (2024.9.20 삭제)
제42조【의료기관의 명칭】 ① 의료기관은 제3조제2항에 따른 의료기관의 종류에 따르는 명칭 외의 명칭을 사용하지 못한다. 다만, 다음 각 호의 어느 하나에 해당하는 경우에는 그러하지 아니하다.
1. 종합병원 또는 정신병원이 그 명칭을 병원으로 표시하는 경우(2020.3.4 본호개정)
2. 제3조의4제1항에 따라 상급종합병원으로 지정받거나 제3조의5제1항에 따라 전문병원으로 지정받은 의료기관이 지정받은 기간 동안 그 명칭을 사용하는 경우(2009.1.30 본호신설)
3. 제33조제8항 단서에 따라 개설한 의원급 의료기관이 면허 종별에 따른 종별명칭을 함께 사용하는 경우(2009.1.30 본호신설)
4. 국가나 지방자치단체에서 개설하는 의료기관이 보건복지부장관이나 시·도지사와 협의하여 정한 명칭을 사용하는 경우(2010.1.18 본호개정)
5. 다른 법령으로 따로 정한 명칭을 사용하는 경우
② 의료기관의 명칭 표시에 관한 사항은 보건복지부령으로 정한다.(2010.1.18 본항개정)
③ 의료기관이 아니면 의료기관의 명칭이나 이와 비슷한 명칭을 사용하지 못한다.

제43조 【진료과목 등】 ① 병원·치과병원 또는 종합병원은 한의사를 두어 한의과 진료과목을 추가로 설치·운영할 수 있다.
<2025.1.23 헌법재판소 헌법불합치결정으로 이 항은 2025.12.31을 시한으로 개정될 때까지 계속 적용>
② 한방병원 또는 치과병원은 의사를 두어 의과 진료과목을 추가로 설치·운영할 수 있다.
③ 병원·한방병원·요양병원 또는 정신병원은 치과의사를 두어 치과 진료과목을 추가로 설치·운영할 수 있다.
(2020.3.4 본항개정)
④ 제1항부터 제3항까지의 규정에 따라 추가로 진료과목을 설치·운영하는 경우에는 보건복지부령으로 정하는 바에 따라 진료에 필요한 시설·장비를 갖추어야 한다.(2010.1.18 본항개정)
⑤ 제1항부터 제3항까지의 규정에 따라 추가로 설치한 진료과목을 포함한 의료기관의 진료과목은 보건복지부령으로 정하는 바에 따라 표시하여야 한다. 다만, 치과의 진료과목은 종합병원과 제77조제2항에 따라 보건복지부령으로 정하는 치과병원에 한하여 표시할 수 있다.(2010.1.18 본항개정)
<이 항 단서의 개정규정 중 치과의사에 대한 부분은 2013.12.31까지 유효>
(2009.1.30 본조개정)
제44조 (2009.1.30 삭제)
제45조 【비급여 진료비용 등의 고지】 ① 의료기관 개설자는 「국민건강보험법」 제41조제4항에 따라 요양급여의 대상에서 제외되는 사항 또는 「의료급여법」 제7조제3항에 따라 의료급여의 대상에서 제외되는 사항의 비용(이하 "비급여 진료비용"이라 한다)을 환자 또는 환자의 보호자가 쉽게 알 수 있도록 보건복지부령으로 정하는 바에 따라 고지하여야 한다.
(2016.3.22 본항개정)
② 의료기관 개설자는 보건복지부령으로 정하는 바에 따라 의료기관이 환자로부터 징수하는 제증명수수료의 비용을 게시하여야 한다.(2010.1.18 본항개정)
③ 의료기관 개설자는 제1항 및 제2항에서 고지·게시한 금액을 초과하여 징수할 수 없다.
(2009.1.30 본조개정)
제45조의2 【비급여 진료비용 등의 보고 및 현황조사 등】 ① 의료기관의 장은 보건복지부령으로 정하는 바에 따라 비급여 진료비용 및 제45조제2항에 따른 제증명수수료(이하 이 조에서 "비급여진료비용등"이라 한다)의 항목, 기준, 금액 및 진료내역 등에 관한 사항을 보건복지부장관에게 보고하여야 한다.
(2020.12.29 본항신설)
② 보건복지부장관은 제1항에 따라 보고받은 내용을 바탕으로 모든 의료기관에 대한 비급여진료비용등의 항목, 기준, 금액 및 진료내역 등에 관한 현황을 조사·분석하여 그 결과를 공개할 수 있다. 다만, 병원급 의료기관에 대하여는 그 결과를 공개하여야 한다.
③ 보건복지부장관은 제2항에 따른 비급여진료비용등의 현황에 대한 조사·분석을 위하여 필요하다고 인정하는 경우에는 의료기관의 장에게 관련 자료의 제출을 명할 수 있다. 이 경우 해당 의료기관의 장은 특별한 사유가 없으면 그 명령에 따라야 한다.
④ 제2항에 따른 현황조사·분석 및 결과 공개의 범위·방법·절차 등에 필요한 사항은 보건복지부령으로 정한다.
(2020.12.29 본조개정)
제45조의3 【제증명수수료의 기준 고시】 보건복지부장관은 제45조의2제2항에 따른 현황조사·분석의 결과를 고려하여 제증명수수료의 항목 및 금액에 관한 기준을 정하여 고시하여야 한다.(2020.12.29 본조개정)
제46조 【환자의 진료의사 선택 등】 ① 환자나 환자의 보호자는 종합병원·병원·치과병원·한방병원·요양병원 또는 정신병원의 특정한 의사·치과의사 또는 한의사를 선택하여 진료를 요청할 수 있다. 이 경우 의료기관의 장은 특별한 사유가 없으면 환자나 환자의 보호자가 요청한 의사·치과의사 또는 한의사가 진료하도록 하여야 한다.(2020.3.4 전단개정)
② 제1항에 따라 진료의사를 선택하여 진료를 받는 환자나 환자의 보호자는 진료의사의 변경을 요청할 수 있다. 이 경우 의료기관의 장은 정당한 사유가 없으면 이에 응하여야 한다.
③ 의료기관의 장은 환자 또는 환자의 보호자에게 진료의사 선택을 위한 정보를 제공하여야 한다.
④ 의료기관의 장은 제1항에 따라 진료하게 한 경우에도 환자나 환자의 보호자로부터 추가비용을 받을 수 없다.
⑤~⑥ (2018.3.27 삭제)
(2018.3.27 본조개정)
제47조 【의료관련감염 예방】 ① 보건복지부령으로 정하는 일정 규모 이상의 병원급 의료기관의 장은 의료관련감염 예방을 위하여 감염관리위원회와 감염관리실을 설치·운영하고 보건복지부령으로 정하는 바에 따라 감염관리 업무를 수행하는 전담 인력을 두는 등 필요한 조치를 하여야 한다.(2020.3.4 본항개정)
② 의료기관의 장은 「감염병의 예방 및 관리에 관한 법률」 제2조제1호에 따른 감염병의 예방을 위하여 해당 의료기관에 소속된 의료인, 의료기관 종사자 및 「보건의료인력지원법」 제2조제3호의 보건의료인력을 양성하는 학교 및 기관의 학생으로서 해당 의료기관에서 실습하는 자에게 보건복지부령으로 정하는 바에 따라 정기적으로 교육을 실시하여야 한다.
(2020.12.29 본항개정)
③ 의료기관의 장은 「감염병의 예방 및 관리에 관한 법률」 제2조제1호에 따른 감염병이 유행하는 경우 환자, 환자의 보호자, 의료인, 의료기관 종사자 및 「경비업법」 제2조제3호에 따른 경비원 등 해당 의료기관 내에서 업무를 수행하는 사람에게 감염병의 확산 방지를 위하여 필요한 정보를 제공하여야 한다.
(2019.4.23 본항개정)
④ 질병관리청장은 의료관련감염의 발생·원인 등에 대한 의과학적인 감시를 위하여 의료관련감염 감시 시스템을 구축·운영할 수 있다.(2020.8.11 본항개정)
⑤ 의료기관은 제4항에 따른 시스템을 통하여 매월 의료관련감염 발생 사실을 등록할 수 있다.(2020.3.4 본항신설)
⑥ 질병관리청장은 제4항에 따른 시스템의 구축·운영 업무를 대통령령으로 정하는 바에 따라 관계 전문기관에 위탁할 수 있다.(2020.8.11 본항개정)
⑦ 질병관리청장은 제6항에 따라 업무를 위탁한 전문기관에 대하여 그 업무에 관한 보고 또는 자료의 제출을 명할 수 있다.
(2020.8.11 본항개정)
⑧ 의료관련감염이 발생한 사실을 알게 된 의료기관의 장, 의료인, 의료기관 종사자 또는 환자 등은 보건복지부령으로 정하는 바에 따라 질병관리청장에게 그 사실을 보고(이하 이 조에서 "자율보고"라 한다)할 수 있다. 이 경우 질병관리청장은 자율보고한 사람의 의사에 반하여 그 신분을 공개하여서는 아니 된다.(2020.8.11 본항개정)
⑨ 자율보고한 사람이 해당 의료관련감염과 관련하여 관계 법령을 위반한 사실이 있는 경우에는 그에 따른 행정처분을 감경하거나 면제할 수 있다.(2020.3.4 본항신설)
⑩ 자율보고가 된 의료관련감염에 관한 정보는 보건복지부령으로 정하는 검증을 한 후에는 개인식별이 가능한 부분을 삭제하여야 한다.(2020.3.4 본항신설)
⑪ 자율보고의 접수 및 분석 등의 업무에 종사하거나 종사하였던 사람은 직무상 알게 된 비밀을 다른 사람에게 누설하거나 직무 외의 목적으로 사용하여서는 아니 된다.(2020.3.4 본항신설)
⑫ 의료기관의 장은 해당 의료기관에 속한 자율보고를 한 보고자에게 그 보고를 이유로 해고 또는 전보나 그 밖에 신분 또는 처우와 관련하여 불리한 조치를 할 수 없다.(2020.3.4 본항신설)
⑬ 질병관리청장은 제4항 또는 제8항에 따라 수집한 의료관련감염 관련 정보를 감염 예방·관리에 필요한 조치, 계획 수립, 조사·연구, 교육 등에 활용할 수 있다.(2020.8.11 본항개정)
⑭ 제1항에 따른 감염관리위원회의 구성과 운영, 감염관리실 운영, 제2항에 따른 교육, 제3항에 따른 정보 제공, 제5항에 따라 등록하는 의료관련감염의 종류와 그 등록의 절차·방법 등에 필요한 사항은 보건복지부령으로 정한다.(2020.3.4 본항개정)
(2020.3.4 본조제목개정)

제47조의2【입원환자의 전원】 의료기관의 장은 천재지변, 감염병 의심 상황, 집단 사망사고의 발생 등 입원환자를 긴급히 전원시키지 않으면 입원환자의 생명·건강에 중대한 위험이 발생할 수 있음에도 환자나 보호자의 동의를 받을 수 없는 등 보건복지부령으로 정하는 불가피한 사유가 있는 경우에는 보건복지부령으로 정하는 바에 따라 시장·군수·구청장의 승인을 받아 입원환자를 다른 의료기관으로 전원시킬 수 있다.
(2024.12.20 본조개정)

제47조의3【간병서비스의 관리·감독】 ① 보건복지부령으로 정하는 일정 규모 이상의 병원급 의료기관의 장은 입원서비스 및 간병의 질 향상을 위하여 입원실 내에서 상주하여 환자를 간병하는 사람이 제공하는 간병서비스에 대한 관리·감독 방안을 마련하여야 한다.
② 보건복지부장관은 간병서비스 관리·감독에 관한 표준지침을 정하고 제1항에 따른 의료기관의 장에게 이를 적용하도록 권장할 수 있다.
(2024.12.20 본조신설 : 2025.12.21 시행)

제2절 의료법인

제48조【설립 허가 등】 ① 제33조제2항에 따른 의료법인을 설립하려는 자는 대통령령으로 정하는 바에 따라 정관과 그 밖의 서류를 갖추어 그 법인의 주된 사무소의 소재지를 관할하는 시·도지사의 허가를 받아야 한다.
② 의료법인은 그 법인이 개설하는 의료기관에 필요한 시설이나 시설을 갖추는 데에 필요한 자금을 보유하여야 한다.
③ 의료법인이 재산을 처분하거나 정관을 변경하려면 시·도지사의 허가를 받아야 한다.
④ 이 법에 따른 의료법인이 아니면 의료법인이나 이와 비슷한 명칭을 사용할 수 없다.
제48조의2【임원】 ① 의료법인에는 5명 이상 15명 이하의 이사와 2명의 감사를 두되, 보건복지부장관의 승인을 받아 그 수를 증감할 수 있다.
② 이사와 감사의 임기는 정관으로 정하되, 이사는 4년, 감사는 2년을 초과할 수 없다. 다만, 이사와 감사는 각각 연임할 수 있다.
③ 이사회의 구성에 있어서 각 이사 상호 간에 「민법」 제777조에 규정된 친족관계에 있는 사람이 그 정수의 4분의 1을 초과해서는 아니 된다.
④ 다음 각 호의 어느 하나에 해당하는 사람은 의료법인의 임원이 될 수 없다.
1. 미성년자
2. 피성년후견인 또는 피한정후견인
3. 파산선고를 받은 사람으로서 복권되지 아니한 사람
4. 금고 이상의 실형을 선고받고 그 집행이 끝나거나(집행이 끝난 것으로 보는 경우를 포함한다) 집행이 면제된 날부터 3년이 지나지 아니한 사람(2024.10.22 본호개정)
5. 금고 이상의 형의 집행유예를 선고받고 그 유예기간 중에 있는 사람(2024.10.22 본호신설)
⑤ 감사는 이사와 제3항에 따른 특별한 관계에 있는 사람이 아니어야 한다.
(2019.8.27 본조신설)
제49조【부대사업】 ① 의료법인은 그 법인이 개설하는 의료기관에서 의료업무 외에 다음의 부대사업을 할 수 있다. 이 경우 부대사업으로 얻은 수익에 관한 회계는 의료법인의 다른 회계와 구분하여 계산하여야 한다.
1. 의료인과 의료관계자 양성이나 보수교육
2. 의료나 의학에 관한 조사 연구
3. 「노인복지법」 제31조제2호에 따른 노인의료복지시설의 설치·운영
4. 「장사 등에 관한 법률」 제29조제1항에 따른 장례식장의 설치·운영(2015.1.28 본호개정)
5. 「주차장법」 제19조제1항에 따른 부설주차장의 설치·운영
6. 의료업 수행에 수반되는 의료정보시스템 개발·운영사업 중 대통령령으로 정하는 사업
7. 그 밖에 휴게음식점영업, 일반음식점영업, 이용업, 미용업 등 환자 또는 의료법인이 개설한 의료기관 종사자 등의 편의를 위하여 보건복지부령으로 정하는 사업(2010.1.18 본호개정)
② 제1항제4호·제5호 및 제7호의 부대사업을 하려는 의료법인은 타인에게 임대 또는 위탁하여 운영할 수 있다.
③ 제1항 및 제2항에 따라 부대사업을 하려는 의료법인은 보건복지부령으로 정하는 바에 따라 미리 의료기관의 소재지를 관할하는 시·도지사에게 신고하여야 한다. 신고사항을 변경하려는 경우에도 또한 같다.(2010.1.18 전단개정)
제50조【「민법」의 준용】 의료법인에 대하여 이 법에 규정된 것 외에는 「민법」 중 재단법인에 관한 규정을 준용한다.
제51조【설립 허가 취소】 보건복지부장관 또는 시·도지사는 의료법인이 다음 각 호의 어느 하나에 해당하면 그 설립 허가를 취소할 수 있다.(2010.1.18 본문개정)
1. 정관으로 정하지 아니한 사업을 한 때
2. 설립된 날부터 2년 안에 의료기관을 개설하지 아니한 때
3. 의료법인이 개설한 의료기관이 제64조에 따라 개설허가를 취소당한 때
4. 보건복지부장관 또는 시·도지사가 감독을 위하여 내린 명령을 위반한 때(2010.1.18 본호개정)
5. 제49조제1항에 따른 부대사업 외의 사업을 한 때
제51조의2【임원 선임 관련 금품 등 수수의 금지】 누구든지 의료법인의 임원 선임과 관련하여 금품, 향응 또는 그 밖의 재산상 이익을 주고받거나 주고받을 것을 약속해서는 아니 된다.(2019.8.27 본조신설)

제3절 의료기관 단체

제52조【의료기관단체 설립】 ① 병원급 의료기관의 장은 의료기관의 건전한 발전과 국민보건 향상에 기여하기 위하여 전국 조직을 두는 단체를 설립할 수 있다.(2009.1.30 본항개정)
② 제1항에 따른 단체는 법인으로 한다.
제52조의2【대한민국의학한림원】 ① 의료인에 관련되는 의학 및 관계 전문분야(이하 이 조에서 "의학등"이라 한다)의 연구·진흥기반을 조성하고 우수한 보건의료인을 발굴·활용하기 위하여 대한민국의학한림원(이하 이 조에서 "한림원"이라 한다)을 둔다.
② 한림원은 법인으로 한다.
③ 한림원은 다음 각 호의 사업을 한다.
1. 의학등의 연구진흥에 필요한 조사·연구 및 정책자문
2. 의학등의 분야별 중장기 연구 기획 및 건의
3. 의학등의 국내외 교류협력사업
4. 의학등 및 국민건강과 관련된 사회문제에 관한 정책자문 및 홍보
5. 보건의료인의 명예를 기리고 보전(保全)하는 사업
6. 보건복지부장관이 의학등의 발전을 위하여 지정 또는 위탁하는 사업
④ 보건복지부장관은 한림원의 사업수행에 필요한 경비의 전부 또는 일부를 예산의 범위에서 지원할 수 있다.
⑤ 한림원에 대하여 이 법에서 정하지 아니한 사항에 관하여는 「민법」 중 사단법인에 관한 규정을 준용한다.
⑥ 한림원이 아닌 자는 대한민국의학한림원 또는 이와 유사한 명칭을 사용하지 못한다.
⑦ 한림원의 운영 및 업무수행에 필요한 사항은 대통령령으로 정한다.
(2015.12.29 본조신설)

제4장 신의료기술평가

제53조【신의료기술의 평가】 ① 보건복지부장관은 국민건강을 보호하고 의료기술의 발전을 촉진하기 위하여 대통령령으로 정하는 바에 따라 제54조에 따른 신의료기술평가위원회의 심의를 거쳐 신의료기술의 안전성·유효성 등에 관한 평가(이하 "신의료기술평가"라 한다)를 하여야 한다.

② 제1항에 따른 신의료기술은 새로 개발된 의료기술로서 보건복지부장관이 안전성 · 유효성을 평가할 필요성이 있다고 인정하는 것을 말한다.
③ 보건복지부장관은 신의료기술평가의 결과를 「국민건강보험법」 제64조에 따른 건강보험심사평가원의 장에게 알려야 한다. 이 경우 신의료기술평가의 결과를 보건복지부령으로 정하는 바에 따라 공표할 수 있다.(2011.12.31 전단개정)
④ 그 밖에 신의료기술평가의 대상 및 절차 등에 필요한 사항은 보건복지부령으로 정한다.
(2010.1.18 본조개정)

제54조【신의료기술평가위원회의 설치 등】 ① 보건복지부장관은 신의료기술평가에 관한 사항을 심의하기 위하여 보건복지부에 신의료기술평가위원회(이하 "위원회"라 한다)를 둔다.
(2010.1.18 본항개정)
② 위원회는 위원장 1명을 포함하여 20명 이내의 위원으로 구성한다.
③ 위원은 다음 각 호의 자 중에서 보건복지부장관이 위촉하거나 임명한다. 다만, 위원장은 제1호 또는 제2호의 자 중에서 임명한다.(2010.1.18 본문개정)
1. 제28조제1항에 따른 의사회 · 치과의사회 · 한의사회에서 각각 추천하는 자
2. 보건의료에 관한 학식이 풍부한 자
3. 소비자단체에서 추천하는 자
4. 변호사의 자격을 가진 자로서 보건의료와 관련된 업무에 5년 이상 종사한 경력이 있는 자
5. 보건의료정책 관련 업무를 담당하고 있는 보건복지부 소속 5급 이상의 공무원(2010.1.18 본호개정)
④ 위원장과 위원의 임기는 3년으로 하되, 연임할 수 있다. 다만, 제3항제5호에 따른 공무원의 경우에는 재임기간으로 한다.
⑤ 위원의 자리가 빈 때에는 새로 위원을 임명하고, 새로 임명된 위원의 임기는 임명된 날부터 기산한다.
⑥ 위원회의 심의사항을 전문적으로 검토하기 위하여 위원회에 분야별 전문평가위원회를 둔다.
⑦ 그 밖에 위원회 · 전문평가위원회의 구성 및 운영 등에 필요한 사항은 보건복지부령으로 정한다.(2010.1.18 본항개정)

제55조【자료의 수집 업무 등의 위탁】 보건복지부장관은 신의료기술평가에 관한 업무를 수행하기 위하여 필요한 경우 보건복지부령으로 정하는 바에 따라 자료 수집 · 조사 등 평가에 수반되는 업무를 관계 전문기관 또는 단체에 위탁할 수 있다.
(2010.1.18 본조개정)

제5장 의료광고

제56조【의료광고의 금지 등】 ① 의료기관 개설자, 의료기관의 장 또는 의료인(이하 "의료인등"이라 한다)이 아닌 자는 의료에 관한 광고(의료인등이 신문 · 잡지 · 음성 · 음향 · 영상 · 인터넷 · 인쇄물 · 간판, 그 밖의 방법에 의하여 의료행위, 의료기관 및 의료인등에 대한 정보를 소비자에게 나타내거나 알리는 행위를 말한다. 이하 "의료광고"라 한다)를 하지 못한다.
(2018.3.27 본항개정)
② 의료인등은 다음 각 호의 어느 하나에 해당하는 의료광고를 하지 못한다.(2018.3.27 본문개정)
1. 제53조에 따른 평가를 받지 아니한 신의료기술에 관한 광고
2. 환자에 관한 치료경험담 등 소비자로 하여금 치료 효과를 오인하게 할 우려가 있는 내용의 광고(2018.3.27 본호개정)
3. 거짓된 내용을 표시하는 광고(2018.3.27 본호신설)
4. 다른 의료인등의 기능 또는 진료 방법과 비교하는 내용의 광고(2018.3.27 본호개정)
5. 다른 의료인등을 비방하는 내용의 광고(2018.3.27 본호개정)
6. 수술 장면 등 직접적인 시술행위를 노출하는 내용의 광고
7. 의료인등의 기능, 진료 방법과 관련하여 심각한 부작용 등 중요한 정보를 누락하는 광고(2018.3.27 본호개정)
8. 객관적인 사실을 과장하는 내용의 광고(2018.3.27 본호개정)
9. 법적 근거가 없는 자격이나 명칭을 표방하는 내용의 광고
(2018.3.27 본호신설)
10. 신문, 방송, 잡지 등을 이용하여 기사(記事) 또는 전문가의 의견 형태로 표현되는 광고
11. 제57조에 따른 심의를 받지 아니하거나 심의받은 내용과 다른 내용의 광고
12. 제27조제3항에 따라 외국인환자를 유치하기 위한 국내광고(2009.1.30 본호신설)
13. 소비자를 속이거나 소비자로 하여금 잘못 알게 할 우려가 있는 방법으로 제45조에 따른 비급여 진료비용을 할인하거나 면제하는 내용의 광고(2016.5.29 본호신설)
14. 각종 상장 · 감사장 등을 이용하는 광고 또는 인증 · 보증 · 추천을 받았다는 내용을 사용하거나 이와 유사한 내용을 표현하는 광고. 다만, 다음 각 목의 어느 하나에 해당하는 경우는 제외한다.
가. 제58조에 따른 의료기관 인증을 표시한 광고
나. 「정부조직법」 제2조부터 제4조까지의 규정에 따른 중앙행정기관 · 특별지방행정기관 및 그 부속기관, 「지방자치법」 제2조에 따른 지방자치단체 또는 「공공기관의 운영에 관한 법률」 제4조에 따른 공공기관으로부터 받은 인증 · 보증을 표시한 광고
다. 다른 법령에 따라 받은 인증 · 보증을 표시한 광고
라. 세계보건기구와 협력을 맺은 국제평가기구로부터 받은 인증을 표시한 광고 등 대통령령으로 정하는 광고
(2018.3.27 본호신설)
15. 그 밖에 의료광고의 방법 또는 내용이 국민의 보건과 건전한 의료경쟁의 질서를 해치거나 소비자에게 피해를 줄 우려가 있는 것으로서 대통령령으로 정하는 내용의 광고
(2018.3.27 본호개정)
③ 의료광고는 다음 각 호의 방법으로는 하지 못한다.
1. 「방송법」 제2조제1호의 방송
2. 그 밖에 국민의 보건과 건전한 의료경쟁의 질서를 유지하기 위하여 제한할 필요가 있는 경우로서 대통령령으로 정하는 방법
④ 제2항에 따라 금지되는 의료광고의 구체적인 내용 등 의료광고에 관하여 필요한 사항은 대통령령으로 정한다.(2018.3.27 본항개정)
⑤ 보건복지부장관, 시장 · 군수 · 구청장은 제2항제2호부터 제5호까지 및 제7호부터 제9호까지를 위반한 의료인등에 대하여 제63조, 제64조 및 제67조에 따른 처분을 하려는 경우에는 지체 없이 그 내용을 공정거래위원회에 통보하여야 한다.
(2018.3.27 본항개정)

판례 의료인이 아닌 자가 행하는 잘못된 광고 내용에 현혹된 일반인들은 올바른 의료 선택을 하지 못하게 되므로 무면허 의료행위의 조장 및 확산이 유발되고, 의약품 등을 취급, 판매하는 업무에 종사하는 자가 단순 판매로 위장하여 무면허 의료행위로 나아갈 위험이 있는 점, 광고내용 심사만으로는 무면허 의료행위 확산을 사전에 차단할 수 없는 점, 의료인에 해당하지 않는 자도 약사법이나 의료기기법 등이 허용하는 한도에서 의약품이나 의료기기에 관한 광고는 허용되는 점 등에 비추어 침해의 최소성 원칙에도 반하지 않는다. 나아가 사람의 생명, 신체나 일반 공중위생상의 위해 방지라는 공익은 의료인이 아닌 자가 제한받게 되는 표현의 자유와 직업 수행의 자유에 비하여 현저히 크다고 할 것이므로 법익균형성 요건도 충족한다. 따라서 의료법 제56조제1항은 의료인이 아닌 자의 표현의 자유 및 직업수행의 자유를 침해하지 아니한다.
(헌재결 2014.3.27, 2012헌바293)

판례 의료광고가 객관적인 사실에 기인한 것으로서 의료소비자에게 해당 의료인의 의료기술이나 진료방법을 과장 없이 알려주는 것이라면, 이는 소비자의 합리적 선택에 도움을 주고, 의료인들 사이에 공정한 경쟁을 촉진시켜 공익을 증진시킬 수 있으므로 허용되어야 할 것이지만, 의료행위가 사람의 생명 · 신체에 직접적이고 중대한 영향을 미치는 것임에 비추어 객관적 사실이 아니거나 근거가 없는, 또는 현대의학상 안전성 및 유효성이 과학적으로 검증되지 않은 내용을 기재하여 의료서비스 소비자에게 막연하거나 헛된 의학적 기대를 갖게 하는 광고는 허위 또는 과대광고로서 금지되어야 한다.(대판 2010.5.27, 2006도9083)

판례 구 의료법 제56조 제2항 제2호가 '허위 · 과장광고'를 금지하는 것과는 별개로 '치료효과를 보장하는 등 소비자를 현혹할 우려가 있는 내용의 광고'를 금지하고 있는 취지는, 공익상의 요구 등에 의한 의료광고 규제의 필요성과 더불어 의료광고의 경우에는 그 표현내용의 진실성 여부와 상관없이 일정한 표현방식 내지 표현방법만으로도 의료서비스 소비자의 절박하고 간절한 심리상태에 편승하

여 의료기관이나 치료방법의 선택에 관한 판단을 흐리게 하고 그것이 실제 국민들의 건강보호나 의료제도에 영향을 미칠 가능성이 매우 큰 점을 고려하여 일정한 표현방식 내지 표현방법에 의한 광고를 규제하겠다는 것으로 해석된다.(대판 2010.3.25, 2009두21345)

제57조【의료광고의 심의】 ① 의료인등이 다음 각 호의 어느 하나에 해당하는 매체를 이용하여 의료광고를 하려는 경우 미리 의료광고가 제56조제1항부터 제3항까지의 규정에 위반되는지 여부에 관하여 제2항에 따른 기관 또는 단체의 심의를 받아야 한다.(2018.3.27 본문개정)

1. 「신문 등의 진흥에 관한 법률」 제2조에 따른 신문·인터넷신문 또는 「잡지 등 정기간행물의 진흥에 관한 법률」 제2조에 따른 정기간행물(2011.8.4 본호신설)
2. 「옥외광고물 등의 관리와 옥외광고산업 진흥에 관한 법률」 제2조제1호에 따른 옥외광고물 중 현수막(懸垂幕), 벽보, 전단(傳單) 및 교통시설·교통수단에 표시(교통수단 내부에 표시되거나 영상·음성·음향 및 이들의 조합으로 이루어지는 광고를 포함한다)되는 것(2018.3.27 본호개정)
3. 전광판(2011.8.4 본호신설)
4. 대통령령으로 정하는 인터넷 매체〔이동통신단말장치에서 사용되는 애플리케이션(Application)을 포함한다〕(2018.3.27 본호개정)
5. 그 밖에 매체의 성질, 영향력 등을 고려하여 대통령령으로 정하는 광고매체(2018.3.27 본호신설)

② 다음 각 호의 기관 또는 단체는 대통령령으로 정하는 바에 따라 자율심의를 위한 조직 등을 갖추어 보건복지부장관에게 신고한 후 의료광고 심의 업무를 수행할 수 있다.

1. 제28조제1항에 따른 의사회·치과의사회·한의사회
2. 「소비자기본법」 제29조에 따라 등록한 소비자단체로서 대통령령으로 정하는 기준을 충족하는 단체

(2018.3.27 본항개정)

③ 의료인등은 제1항에도 불구하고 다음 각 호의 사항으로만 구성된 의료광고에 대해서는 제2항에 따라 보건복지부장관에게 신고한 기관 또는 단체(이하 "자율심의기구"라 한다)의 심의를 받지 아니할 수 있다.

1. 의료기관의 명칭·소재지·전화번호
2. 의료기관이 설치·운영하는 진료과목(제43조제5항에 따른 진료과목을 말한다)
3. 의료기관에 소속된 의료인의 성명·성별 및 면허의 종류
4. 그 밖에 대통령령으로 정하는 사항

(2018.3.27 본항개정)

④ 자율심의기구는 제1항에 따른 심의를 할 때 적용하는 심의기준을 상호 협의하여 마련하여야 한다.(2018.3.27 본항개정)

⑤ 의료광고 심의를 받으려는 자는 자율심의기구가 정하는 수수료를 내야 한다.(2018.3.27 본항신설)

⑥ 제2항제1호에 따른 자율심의기구가 수행하는 의료광고 심의 업무 및 이와 관련된 업무의 수행에 관하여는 제29조제3항, 제30조제1항, 제32조, 제83조제1항 및 「민법」 제37조를 적용하지 아니하며, 제2항제2호에 따른 자율심의기구가 수행하는 의료광고 심의 업무 및 이와 관련된 업무의 수행에 관하여는 「민법」 제37조를 적용하지 아니한다.(2018.3.27 본항신설)

⑦ 자율심의기구는 의료광고 제도 및 법령의 개선에 관하여 보건복지부장관에게 의견을 제시할 수 있다.(2018.3.27 본항신설)

⑧ 제1항에 따른 심의의 유효기간은 심의를 신청하여 승인을 받은 날부터 3년으로 한다.(2018.3.27 본항신설)

⑨ 의료인등이 제8항에 따른 유효기간의 만료 후 계속하여 의료광고를 하려는 경우에는 유효기간 만료 6개월 전에 자율심의기구에 의료광고 심의를 신청하여야 한다.(2018.3.27 본항신설)

⑩ 제1항부터 제9항까지의 규정에서 정한 것 외에 자율심의기구의 구성·운영 및 심의에 필요한 사항은 자율심의기구가 정한다.(2018.3.27 본항신설)

⑪ 자율심의기구는 제1항 및 제4항에 따른 심의 관련 업무를 수행할 때에는 제56조제1항부터 제3항까지의 규정에 따라 공정하고 투명하게 하여야 한다.(2018.3.27 본항신설)

(2018.3.27 본조제목개정)

제57조의2【의료광고에 관한 심의위원회】 ① 자율심의기구는 의료광고를 심의하기 위하여 제2항 각 호의 구분에 따른 심의위원회(이하 이 조에서 "심의위원회"라 한다)를 설치·운영하여야 한다.

② 심의위원회의 종류와 심의 대상은 다음 각 호와 같다.

1. 의료광고심의위원회 : 의사, 의원, 의원의 개설자, 병원, 병원의 개설자, 요양병원(한의사가 개설한 경우는 제외한다), 요양병원의 개설자, 정신병원, 정신병원의 개설자, 종합병원(치과는 제외한다. 이하 이 호에서 같다), 종합병원의 개설자, 조산사, 조산원, 조산원의 개설자가 하는 의료광고의 심의(2020.3.4 본호개정)
2. 치과의료광고심의위원회 : 치과의사, 치과의원, 치과의원의 개설자, 치과병원, 치과병원의 개설자, 종합병원(치과만 해당한다. 이하 이 호에서 같다), 종합병원의 개설자가 하는 의료광고의 심의
3. 한방의료광고심의위원회 : 한의사, 한의원, 한의원의 개설자, 한방병원, 한방병원의 개설자, 요양병원(한의사가 개설한 경우만 해당한다. 이하 이 호에서 같다), 요양병원의 개설자가 하는 의료광고의 심의

③ 제57조제2항제1호에 따른 자율심의기구 중 의사회는 제2항제1호에 따른 심의위원회만, 치과의사회는 같은 항 제2호에 따른 심의위원회만, 한의사회는 같은 항 제3호에 따른 심의위원회만 설치·운영하고, 제57조제2항제2호에 따른 자율심의기구는 제2항 각 호의 어느 하나에 해당하는 심의위원회만 설치·운영할 수 있다.

④ 심의위원회는 위원장 1명과 부위원장 1명을 포함하여 15명 이상 25명 이하의 위원으로 구성한다. 이 경우 제2항 각 호의 심의위원회 종류별로 다음 각 호의 구분에 따라 구성하여야 한다.

1. 의료광고심의위원회 : 제5항제2호부터 제9호까지의 사람을 각각 1명 이상 포함하되, 같은 항 제4호부터 제9호까지의 사람이 전체 위원의 3분의 1 이상이 되도록 구성하여야 한다.
2. 치과의료광고심의위원회 : 제5항제1호 및 제3호부터 제9호까지의 사람을 각각 1명 이상 포함하되, 같은 항 제4호부터 제9호까지의 사람이 전체 위원의 3분의 1 이상이 되도록 구성하여야 한다.
3. 한방의료광고심의위원회 : 제5항제1호·제2호 및 제4호부터 제9호까지의 사람을 각각 1명 이상 포함하되, 같은 항 제4호부터 제9호까지의 사람이 전체 위원의 3분의 1 이상이 되도록 구성하여야 한다.

⑤ 심의위원회 위원은 다음 각 호의 어느 하나에 해당하는 사람 중에서 자율심의기구의 장이 위촉한다.

1. 의사
2. 치과의사
3. 한의사
4. 「약사법」 제2조제2호에 따른 약사
5. 「소비자기본법」 제2조제3호에 따른 소비자단체의 장이 추천하는 사람
6. 「변호사법」 제7조제1항에 따라 같은 법 제78조에 따른 대한변호사협회에 등록한 변호사로서 대한변호사협회의 장이 추천하는 사람
7. 「민법」 제32조에 따라 설립된 법인 중 여성의 사회참여 확대 및 복지 증진을 주된 목적으로 설립된 법인의 장이 추천하는 사람
8. 「비영리민간단체 지원법」 제4조에 따라 등록된 단체로서 환자의 권익 보호를 주된 목적으로 하는 단체의 장이 추천하는 사람
9. 그 밖에 보건의료 또는 의료광고에 관한 학식과 경험이 풍부한 사람

⑥ 제1항부터 제5항까지의 규정에서 정한 것 외에 심의위원회의 구성 및 운영에 필요한 사항은 자율심의기구가 정한다.

(2018.3.27 본조신설)

제57조의3【의료광고 모니터링】 자율심의기구는 의료광고가 제56조제1항부터 제3항까지의 규정을 준수하는지 여부에 관하여 모니터링하고, 보건복지부령으로 정하는 바에 따라 모니터링 결과를 보건복지부장관에게 제출하여야 한다.(2018.3.27 본조신설)

보건복지국토

제6장 감 독

제58조 【의료기관 인증】 ① 보건복지부장관은 의료의 질과 환자 안전의 수준을 높이기 위하여 병원급 의료기관 및 대통령령으로 정하는 의료기관에 대한 인증(이하 "의료기관 인증"이라 한다)을 할 수 있다.
② 보건복지부장관은 대통령령으로 정하는 바에 따라 의료기관 인증에 관한 업무를 제58조의11에 따른 의료기관평가인증원에 위탁할 수 있다.
③ 보건복지부장관은 다른 법률에 따라 의료기관을 대상으로 실시하는 평가를 통합하여 제58조의11에 따른 의료기관평가인증원으로 하여금 시행하도록 할 수 있다.
(2020.3.4 본조개정)

제58조의2 【의료기관인증위원회】 ① 보건복지부장관은 의료기관 인증에 관한 주요 정책을 심의하기 위하여 보건복지부장관 소속으로 의료기관인증위원회(이하 이 조에서 "위원회"라 한다)를 둔다.
② 위원회는 위원장 1명을 포함한 15인 이내의 위원으로 구성한다.
③ 위원회의 위원장은 보건복지부차관으로 하고, 위원회의 위원은 다음 각 호의 사람 중에서 보건복지부장관이 임명 또는 위촉한다.
1. 제28조에 따른 의료인 단체 및 제52조에 따른 의료기관단체에서 추천하는 자
2. 노동계, 시민단체(「비영리민간단체지원법」 제2조에 따른 비영리민간단체를 말한다), 소비자단체(「소비자기본법」 제29조에 따른 소비자단체를 말한다)에서 추천하는 자
3. 보건의료에 관한 학식과 경험이 풍부한 자
4. 시설물 안전진단에 관한 학식과 경험이 풍부한 자(2016.5.29 본호신설)
5. 보건복지부 소속 3급 이상 공무원 또는 고위공무원단에 속하는 공무원
④ 위원회는 다음 각 호의 사항을 심의한다.
1. 인증기준 및 인증의 공표를 포함한 의료기관 인증과 관련된 주요 정책에 관한 사항
2. 제58조제3항에 따른 의료기관 대상 평가제도 통합에 관한 사항
3. 제58조의7제2항에 따른 의료기관 인증 활용에 관한 사항
4. 그 밖에 위원장이 심의에 부치는 사항
⑤ 위원회의 구성 및 운영, 그 밖에 필요한 사항은 대통령령으로 정한다.
(2010.7.23 본조신설)

제58조의3 【의료기관 인증기준 및 방법 등】 ① 의료기관 인증기준은 다음 각 호의 사항을 포함하여야 한다.
1. 환자의 권리와 안전
2. 의료기관의 의료서비스 질 향상 활동
3. 의료서비스의 제공과정 및 성과
4. 의료기관의 조직·인력관리 및 운영
5. 환자 만족도
② 인증등급은 인증, 조건부인증 및 불인증으로 구분한다.
③ 인증의 유효기간은 4년으로 한다. 다만, 조건부인증의 경우에는 유효기간을 1년으로 한다.
④ 조건부인증을 받은 의료기관의 장은 유효기간 내에 보건복지부령으로 정하는 바에 따라 재인증을 받아야 한다.
⑤ 제1항에 따른 인증기준의 세부 내용은 보건복지부장관이 정한다.
(2010.7.23 본조신설)

제58조의4 【의료기관 인증의 신청 및 평가】 ① 의료기관 인증을 받고자 하는 의료기관의 장은 보건복지부령으로 정하는 바에 따라 보건복지부장관에게 신청할 수 있다.
② 제1항에도 불구하고 제3조제2항제3호에 따른 요양병원(「장애인복지법」 제58조제1항제4호에 따른 의료재활시설로서 제3조의2에 따른 요건을 갖춘 의료기관은 제외한다)의 장은 보건복지부령으로 정하는 바에 따라 보건복지부장관에게 인증을 신청하여야 한다.(2020.3.4 본항개정)
③ 제2항에 따라 인증을 신청하여야 하는 요양병원이 조건부인증 또는 불인증을 받거나 제58조의10제1항제4호 및 제5호에 따라 인증 또는 조건부인증이 취소된 경우 해당 요양병원의 장은 보건복지부령으로 정하는 기간 내에 다시 인증을 신청하여야 한다.(2020.3.4 본항개정)
④ 보건복지부장관은 인증을 신청한 의료기관에 대하여 제58조의3제1항에 따른 인증기준 적합 여부를 평가하여야 한다. 이 경우 보건복지부장관은 보건복지부령으로 정하는 바에 따라 필요한 조사를 할 수 있고, 인증을 신청한 의료기관은 정당한 사유가 없으면 조사에 협조하여야 한다.(2020.3.4 본항신설)
⑤ 보건복지부장관은 제4항에 따른 평가 결과와 인증등급을 지체 없이 해당 의료기관의 장에게 통보하여야 한다.
(2020.3.4 본항신설)
(2020.3.4 본조제목개정)
(2010.7.23 본조신설)

제58조의5 【이의신청】 ① 의료기관 인증을 신청한 의료기관의 장은 평가결과 또는 인증등급에 관하여 보건복지부장관에게 이의신청을 할 수 있다.
② 제1항에 따른 이의신청은 평가결과 또는 인증등급을 통보받은 날부터 30일 이내에 하여야 한다. 다만, 책임질 수 없는 사유로 그 기간을 지킬 수 없었던 경우에는 그 사유가 없어진 날부터 기산한다.
③ 제1항에 따른 이의신청의 방법 및 처리 결과의 통보 등에 필요한 사항은 보건복지부령으로 정한다.
(2010.7.23 본조신설)

제58조의6 【인증서와 인증마크】 ① 보건복지부장관은 인증을 받은 의료기관에 인증서를 교부하고 인증을 나타내는 표시(이하 "인증마크"라 한다)를 제작하여 인증을 받은 의료기관이 사용하도록 할 수 있다.
② 누구든지 제58조제1항에 따른 인증을 받지 아니하고 인증서나 인증마크를 제작·사용하거나 그 밖의 방법으로 인증을 사칭하여서는 아니 된다.
③ 인증마크의 도안 및 표시방법 등에 필요한 사항은 보건복지부령으로 정한다.
(2010.7.23 본조신설)

제58조의7 【인증의 공표 및 활용】 ① 보건복지부장관은 인증을 받은 의료기관에 관하여 인증기준, 인증 유효기간 및 제58조의4제4항에 따라 평가한 결과 등 보건복지부령으로 정하는 사항을 인터넷 홈페이지 등에 공표하여야 한다.(2020.3.4 본항개정)
② 보건복지부장관은 제58조의4제4항에 따른 평가 결과와 인증등급을 활용하여 의료기관에 대하여 다음 각 호에 해당하는 행정적·재정적 지원 등 필요한 조치를 할 수 있다.(2020.3.4 본문개정)
1. 제3조의4에 따른 상급종합병원 지정
2. 제3조의5에 따른 전문병원 지정
3. 의료의 질 및 환자 안전 수준 향상을 위한 교육, 컨설팅 지원 (2020.3.4 본호신설)
4. 그 밖에 다른 법률에서 정하거나 보건복지부장관이 필요하다고 인정한 사항
③ 제1항에 따른 공표 등에 필요한 사항은 보건복지부령으로 정한다.
(2010.7.23 본조신설)

제58조의8 【자료의 제공요청】 ① 보건복지부장관은 인증과 관련하여 필요한 경우에는 관계 행정기관, 의료기관, 그 밖의 공공단체 등에 대하여 자료의 제공 및 협조를 요청할 수 있다.
② 제1항에 따른 자료의 제공과 협조를 요청받은 자는 정당한 사유가 없는 한 요청에 따라야 한다.
(2010.7.23 본조신설)

제58조의9 【의료기관 인증의 사후관리】 보건복지부장관은 인증의 실효성을 유지하기 위하여 보건복지부령으로 정하는 바에 따라 인증을 받은 의료기관에 대하여 제58조의3제1항에 따른 인증기준의 충족 여부를 조사할 수 있다.(2020.3.4 본조신설)

제58조의10【의료기관 인증의 취소 등】 ① 보건복지부장관은 인증을 받은 의료기관이 인증 유효기간 중 다음 각 호의 어느 하나에 해당하는 경우에는 의료기관 인증 또는 조건부인증을 취소하거나 인증마크의 사용정지 또는 시정을 명할 수 있다. 다만, 제1호 및 제2호에 해당하는 경우에는 인증 또는 조건부인증을 취소하여야 한다.(2020.3.4 본문개정)
1. 거짓이나 그 밖의 부정한 방법으로 인증 또는 조건부인증을 받은 경우
2. 제64조제1항에 따라 의료기관 개설 허가가 취소되거나 폐쇄명령을 받은 경우
3. 의료기관의 종별 변경 등 인증 또는 조건부인증의 전제나 근거가 되는 중대한 사실이 변경된 경우
4. 제58조의3제1항에 따른 인증기준을 충족하지 못하게 된 경우(2020.3.4 본호신설)
5. 인증마크의 사용정지 또는 시정명령을 위반한 경우 (2020.3.4 본호신설)

② 제1항제1호에 따라 인증이 취소된 의료기관은 인증 또는 조건부인증이 취소된 날부터 1년 이내에 인증 신청을 할 수 없다.
③ 제1항에 따른 의료기관 인증 또는 조건부인증의 취소 및 인증마크의 사용정지 등에 필요한 절차와 처분의 기준 등은 보건복지부령으로 정한다.(2020.3.4 본항신설)
(2020.3.4 본조제목개정)
(2010.7.23 본조신설)

제58조의11【의료기관평가인증원의 설립 등】 ① 의료기관 인증에 관한 업무와 의료기관을 대상으로 실시하는 각종 평가 업무를 효율적으로 수행하기 위하여 의료기관평가인증원(이하 "인증원"이라 한다)을 설립한다.
② 인증원은 다음 각 호의 업무를 수행한다.
1. 의료기관 인증에 관한 업무로서 제58조제2항에 따라 위탁받은 업무
2. 다른 법률에 따라 의료기관을 대상으로 실시하는 평가 업무로서 보건복지부장관으로부터 위탁받은 업무
3. 그 밖에 이 법 또는 다른 법률에 따라 보건복지부장관으로부터 위탁받은 업무

③ 인증원은 법인으로 하고, 주된 사무소의 소재지에 설립등기를 함으로써 성립한다.
④ 인증원에는 정관으로 정하는 바에 따라 임원과 필요한 직원을 둔다.
⑤ 보건복지부장관은 인증원의 운영 및 사업에 필요한 경비를 예산의 범위에서 지원할 수 있다.
⑥ 인증원은 보건복지부장관의 승인을 받아 의료기관 인증을 신청한 의료기관의 장으로부터 인증에 소요되는 비용을 징수할 수 있다.
⑦ 인증원은 제2항에 따른 업무 수행에 지장이 없는 범위에서 보건복지부령으로 정하는 바에 따라 교육, 컨설팅 등 수익사업을 할 수 있다.
⑧ 인증원에 관하여 이 법 및 「공공기관의 운영에 관한 법률」에서 정하는 사항 외에는 「민법」 중 재단법인에 관한 규정을 준용한다.
(2020.3.4 본조신설)

제58조의12【의료평가통합정보시스템의 구축·운영】 ① 보건복지부장관은 이 법 및 다른 법률에 따라 의료기관을 대상으로 실시하는 평가, 인증, 지정 등에 관한 정보를 통합·연계하여 처리·기록 및 관리하는 시스템(이하 이 조에서 "의료평가통합정보시스템"이라 한다)을 구축·운영할 수 있다.
② 보건복지부장관은 평가 수행기관, 지방자치단체, 관계 행정기관 및 단체 등 관계 기관의 장에게 의료평가통합정보시스템의 구축·운영에 필요한 자료 또는 정보의 제공 및 연계를 요청할 수 있다. 이 경우 요청을 받은 기관의 장은 정당한 사유가 없으면 이에 따라야 한다.
③ 보건복지부장관은 의료평가통합정보시스템의 구축·운영에 관한 업무의 전부 또는 일부를 관계 전문기관 또는 단체에 위탁할 수 있다.
④ 제1항부터 제3항까지에서 규정한 사항 외에 의료평가통합정보시스템의 구축·운영, 정보의 제공 및 연계 요청 등에 필요한 사항은 보건복지부령으로 정한다.
(2024.12.20 본조신설 : 2025.12.21 시행)

제59조【지도와 명령】 ① 보건복지부장관 또는 시·도지사는 보건의료정책을 위하여 필요하거나 국민보건에 중대한 위해(危害)가 발생하거나 발생할 우려가 있으면 의료기관이나 의료인에게 필요한 지도와 명령을 할 수 있다.(2010.1.18 본항개정)
② 보건복지부장관, 시·도지사 또는 시장·군수·구청장은 의료인이 정당한 사유 없이 진료를 중단하거나 의료기관 개설자가 집단으로 휴업하거나 폐업하여 환자 진료에 막대한 지장을 초래하거나 초래할 우려가 있다고 인정할 만한 상당한 이유가 있으면 그 의료인이나 의료기관 개설자에게 업무개시 명령을 할 수 있다.(2010.1.18 본항개정)
③ 의료인과 의료기관 개설자는 정당한 사유 없이 제2항의 명령을 거부할 수 없다.

제60조【병상 수급계획의 수립 등】 ① 보건복지부장관은 병상의 합리적인 공급과 배치에 관한 기본시책을 5년마다 수립하여야 한다.
② 시·도지사는 제1항에 따른 기본시책에 따라 지역 실정을 고려하여 특별시·광역시 또는 도 단위의 지역별·기능별·종별 의료기관 병상 수급 및 관리계획을 수립한 후 보건복지부장관에게 제출하여야 한다.
③ 보건복지부장관은 제2항에 따라 제출된 병상 수급 및 관리계획이 제1항에 따른 기본시책에 맞지 아니하는 등 보건복지부령으로 정하는 사유가 있으면 시·도지사와 협의하여 보건복지부령으로 정하는 바에 따라 이를 조정하여야 한다.
(2019.8.27 본조개정)

제60조의2【의료인 수급계획 등】 ① 보건복지부장관은 우수한 의료인의 확보와 적절한 공급을 위한 기본시책을 수립하여야 한다.
② 제1항에 따른 기본시책은 「보건의료기본법」 제15조에 따른 보건의료발전계획과 연계하여 수립한다.
(2015.12.29 본조신설)

제60조의3 (2024.9.20 삭제)

제61조【보고와 업무 검사 등】 ① 보건복지부장관, 시·도지사 또는 시장·군수·구청장은 의료기관 개설자 또는 의료인에게 필요한 사항을 보고하도록 명할 수 있고, 관계 공무원을 시켜 그 업무 상황, 시설 또는 진료기록부·조산기록부·간호기록부 등 관계 서류를 검사하게 하거나 관계인에게서 진술을 들어 사실을 확인받게 할 수 있다. 이 경우 의료기관 개설자 또는 의료인은 정당한 사유 없이 이를 거부하지 못한다.
(2019.8.27 본항개정)
② 제1항의 경우에 관계 공무원은 권한을 증명하는 증표 및 조사기간, 조사범위, 조사담당자, 관계 법령 등이 기재된 조사명령서를 지니고 이를 관계인에게 내보여야 한다.
③ 제1항의 보고 및 제2항의 조사명령서에 관한 사항은 보건복지부령으로 정한다.
(2011.8.4 본조개정)

제61조의2【자료제공의 요청】 ① 보건복지부장관은 이 법의 위반 사실을 확인하기 위한 경우 등 소관 업무를 수행하기 위하여 필요한 경우에는 의료인, 의료기관의 장, 「국민건강보험법」에 따른 국민건강보험공단 및 건강보험심사평가원, 그 밖의 관계 행정기관 및 단체 등에 대하여 필요한 자료의 제출이나 의견의 진술 등을 요청할 수 있다.
② 제1항에 따른 자료의 제공 또는 협조를 요청받은 자는 특별한 사유가 없으면 이에 따라야 한다.
(2019.8.27 본조신설)

제62조【의료기관 회계기준】 ① 의료기관 개설자는 의료기관 회계를 투명하게 하도록 노력하여야 한다.
② 100병상 이상의 병원급 의료기관으로서 보건복지부령으로 정하는 일정 규모 이상의 병원급 의료기관 개설자는 회계를 투명하게 하기 위하여 의료기관 회계기준을 지켜야 한다.
(2020.3.4 본항개정)

③ 제2항에 따른 의료기관 회계기준은 보건복지부령으로 정한다.(2010.1.18 본항개정)

제63조【시정 명령 등】 ① 보건복지부장관 또는 시장·군수·구청장은 의료기관이 제15조제1항, 제16조제2항, 제21조제1항 후단 및 같은 조 제2항·제3항, 제21조의3제1항 후단, 제23조제2항, 제34조제2항, 제35조제2항, 제36조, 제36조의2, 제37조제1항·제2항, 제38조제1항·제2항, 제38조의2, 제41조부터 제43조까지, 제45조, 제46조, 제47조제1항, 제58조의4제2항 및 제3항, 제62조제2항을 위반한 때, 종합병원·상급종합병원·전문병원이 각각 제3조의3제1항·제3조의4제1항·제3조의5제2항제1호 또는 제2호에 따른 요건에 해당하지 아니하게 된 때, 의료기관의 장이 제4조제5항을 위반한 때 또는 자율심의기구가 제57조제11항을 위반한 때에는 일정한 기간을 정하여 그 시설·장비 등의 전부 또는 일부의 사용을 제한 또는 금지하거나 위반한 사항을 시정하도록 명할 수 있다.(2024.12.20 본항개정)

② 보건복지부장관 또는 시장·군수·구청장은 의료인등이 제56조제2항·제3항을 위반한 때에는 다음 각 호의 조치를 명할 수 있다.
1. 위반행위의 중지
2. 위반사실의 공표
3. 정정광고
(2018.3.27 본항신설)

③ 제2항제2호·제3호에 따른 조치에 필요한 사항은 대통령령으로 정한다.(2018.3.27 본항신설)

제64조【개설 허가 취소 등】 ① 보건복지부장관 또는 시장·군수·구청장은 의료기관이 다음 각 호의 어느 하나에 해당하면 그 의료업을 1년의 범위에서 정지시키거나 개설 허가의 취소 또는 의료기관 폐쇄를 명할 수 있다. 다만, 제8호에 해당하는 경우에는 의료기관 개설 허가의 취소 또는 의료기관 폐쇄를 명하여야 하며, 의료기관 폐쇄는 제33조제3항과 제35조제1항 본문에 따라 신고한 의료기관에만 명할 수 있다.(2016.12.20 본문개정)
1. 개설 신고나 개설 허가를 한 날부터 3개월 이내에 정당한 사유 없이 업무를 시작하지 아니한 때
1의2. 제4조제2항을 위반하여 의료인이 다른 의료인 또는 의료법인 등의 명의로 의료기관을 개설하거나 운영한 때(2020.12.29 본호신설)
2. 제27조제5항을 위반하여 무자격자에게 의료행위를 하게 하거나 의료인에게 면허 사항 외의 의료행위를 하게 한 때(2019.4.23 본호개정)
3. 제61조에 따른 관계 공무원의 직무 수행을 기피 또는 방해하거나 제59조 또는 제63조에 따른 명령을 위반한 때
4. 제33조제2항제3호부터 제5호까지의 규정에 따른 의료법인·비영리법인, 준정부기관·지방의료원 또는 한국보훈복지의료공단의 설립허가가 취소되거나 해산된 때(2009.1.30 본호개정)
4의2. 제33조제2항을 위반하여 의료기관을 개설한 때(2015.12.29 본호신설)
4의3. 제33조제8항을 위반하여 둘 이상의 의료기관을 개설·운영한 때(2020.12.29 본호신설)
5. 제33조제5항·제7항·제9항·제10항, 제40조, 제40조의2 또는 제56조를 위반한 때. 다만, 의료기관 개설자 본인에게 책임이 없는 사유로 제33조제7항제4호를 위반한 때에는 그러하지 아니하다.(2020.3.4 본호개정)
5의2. 정당한 사유 없이 제40조제1항에 따른 폐업·휴업 신고를 하지 아니하고 6개월 이상 의료업을 하지 아니한 때(2019.8.27 본호신설)
6. 제63조에 따른 시정명령(제4조제5항 위반에 따른 시정명령을 제외한다)을 이행하지 아니한 때(2016.5.29 본호개정)
7. 「약사법」 제24조제2항을 위반하여 담합행위를 한 때
8. 의료기관 개설자가 거짓으로 진료비를 청구하여 금고 이상의 형을 선고받고 그 형이 확정된 때
9. 제36조에 따른 준수사항을 위반하여 사람의 생명 또는 신체에 중대한 위해를 발생하게 한 때(2018.8.14 본호신설)

② 제1항에 따라 개설 허가를 취소당하거나 폐쇄 명령을 받은 자는 그 취소된 날이나 폐쇄 명령을 받은 날부터 6개월 이내에, 의료업 정지처분을 받은 자는 그 업무 정지기간 중에 각각 의료기관을 개설·운영하지 못한다. 다만, 제1항제8호에 따라 의료기관 개설 허가를 취소당하거나 폐쇄 명령을 받은 자는 취소당한 날이나 폐쇄 명령을 받은 날부터 3년 안에는 의료기관을 개설·운영하지 못한다.

③ 보건복지부장관 또는 시장·군수·구청장은 의료기관이 제1항에 따라 그 의료업이 정지되거나 개설 허가의 취소 또는 폐쇄 명령을 받은 경우 해당 의료기관에 입원 중인 환자를 다른 의료기관으로 옮기도록 하는 등 환자의 권익을 보호하기 위하여 필요한 조치를 하여야 한다.(2016.12.20 본항신설)

제65조【면허 취소와 재교부】 ① 보건복지부장관은 의료인이 다음 각 호의 어느 하나에 해당할 경우에는 그 면허를 취소할 수 있다. 다만, 제1호·제8호의 경우에는 면허를 취소하여야 한다.(2023.5.19 단서개정)
1. 제8조 각 호의 어느 하나에 해당하게 된 경우. 다만, 의료행위 중 「형법」 제268조의 죄를 범하여 제8조제4호부터 제6호까지의 어느 하나에 해당하게 된 경우에는 그러하지 아니하다.(2023.5.19 단서신설)
2. 제66조에 따른 자격 정지 처분 기간 중에 의료행위를 하거나 3회 이상 자격 정지 처분을 받은 경우
2의2. 제2항에 따라 면허를 재교부받은 사람이 제66조제1항 각 호의 어느 하나에 해당하는 경우(2023.5.19 본호신설)
3. 제11조제1항에 따른 면허 조건을 이행하지 아니한 경우
4. 제4조의3제1항을 위반하여 면허를 대여한 경우(2020.3.4 본호개정)
5. (2016.12.20 삭제)
6. 제4조제6항을 위반하여 사람의 생명 또는 신체에 중대한 위해를 발생하게 한 경우(2016.5.29 본호신설)
7. 제27조제5항을 위반하여 사람의 생명 또는 신체에 중대한 위해를 발생하게 할 우려가 있는 수술, 수혈, 전신마취를 의료인 아닌 자에게 하게 하거나 의료인에게 면허 사항 외로 하게 한 경우(2020.12.29 본호신설)
8. 거짓이나 그 밖의 부정한 방법으로 제5조 및 제6조에 따른 의료인 면허 발급 요건을 취득하거나 제9조에 따른 국가시험에 합격한 경우(2024.9.20 본호개정)

② 보건복지부장관은 제1항에 따라 면허가 취소된 자라도 취소의 원인이 된 사유가 없어지거나 개전(改悛)의 정이 뚜렷하다고 인정되고 대통령령으로 정하는 교육프로그램을 이수한 경우에는 면허를 재교부할 수 있다. 다만, 제1항제3호에 따라 면허가 취소된 경우에는 취소된 날부터 1년 이내, 제1항제2호·제2호의2에 따라 면허가 취소된 경우에는 취소된 날부터 2년 이내, 제1항제4호·제6호·제7호 또는 제8조제4호부터 제6호까지에 따른 사유로 면허가 취소된 경우에는 취소된 날부터 3년 이내, 제8조제4호에 따른 사유로 면허가 취소된 사람이 다시 제8조제4호에 따른 사유로 면허가 취소된 경우에는 취소된 날부터 10년 이내에는 재교부하지 못하고, 제1항제8호에 따라 면허가 취소된 경우에는 재교부할 수 없다.(2023.5.19 본항개정)

제66조【자격정지 등】 ① 보건복지부장관은 의료인이 다음 각 호의 어느 하나에 해당하면(제65조제1항제2호의2에 해당하는 경우는 제외한다) 1년의 범위에서 면허자격을 정지시킬 수 있다. 이 경우 의료기술과 관련한 판단이 필요한 사항에 관하여는 관계 전문가의 의견을 들어 결정할 수 있다.(2023.5.19 전단개정)
1. 의료인의 품위를 심하게 손상시키는 행위를 한 때
2. 의료기관 개설자가 될 수 없는 자에게 고용되어 의료행위를 한 때
2의2. 제4조제6항을 위반한 때(2016.5.29 본호신설)
3. 제17조제1항 및 제2항에 따른 진단서·검안서 또는 증명서를 거짓으로 작성하여 내주거나 제22조제1항에 따른 진료기록부등을 거짓으로 작성하거나 고의로 사실과 다르게 추가기재·수정한 때(2011.4.7 본호개정)
4. 제20조를 위반한 경우(2009.12.31 본호신설)
5. (2020.12.29 삭제)

6. 의료기사가 아닌 자에게 의료기사의 업무를 하게 하거나 의료기사에게 그 업무 범위를 벗어나게 한 때
7. 관련 서류를 위조·변조하거나 속임수 등 부정한 방법으로 진료비를 거짓 청구한 때
8. (2011.8.4 삭제)
9. 제23조의5를 위반하여 경제적 이익등을 제공받은 때 (2019.8.27 본호개정)
10. 그 밖에 이 법 또는 이 법에 따른 명령을 위반한 때
② 제1항제1호에 따른 행위의 범위는 대통령령으로 정한다.
③ 의료기관은 그 의료기관 개설자가 제1항제7호에 따라 자격정지 처분을 받은 경우에는 그 자격정지 기간 중 의료업을 할 수 없다.(2010.7.23 본항개정)
④ 보건복지부장관은 의료인이 제25조에 따른 신고를 하지 아니한 때에는 신고할 때까지 면허의 효력을 정지할 수 있다. (2011.4.28 본항신설)
⑤ 제1항제2호를 위반한 의료인이 자진하여 그 사실을 신고한 경우에는 제1항에도 불구하고 보건복지부령으로 정하는 바에 따라 그 처분을 감경하거나 면제할 수 있다.(2012.2.1 본항신설)
⑥ 제1항에 따른 자격정지처분은 그 사유가 발생한 날부터 5년(제1항제5호·제7호에 따른 자격정지처분의 경우에는 7년으로 한다)이 지나면 하지 못한다. 다만, 그 사유에 대하여 「형사소송법」 제246조에 따른 공소가 제기된 경우에는 공소가 제기된 날부터 해당 사건의 재판이 확정된 날까지의 기간은 시효기간에 산입하지 아니 한다.(2016.5.29 본항신설)
제66조의2【중앙회의 자격정지 처분 요구 등】 각 중앙회의 장은 의사·치과의사·한의사 또는 조산사가 제66조제1항제1호에 해당하는 경우에는 각 중앙회의 윤리위원회의 심의·의결을 거쳐 보건복지부장관에게 자격정지 처분을 요구할 수 있다.(2024.9.20 본조개정)
제67조【과징금 처분】 ① 보건복지부장관이나 시장·군수·구청장은 의료기관이 제64조제1항 각 호의 어느 하나에 해당할 때에는 대통령령으로 정하는 바에 따라 의료업 정지 처분을 갈음하여 10억원 이하의 과징금을 부과할 수 있으며, 이 경우 과징금은 3회까지만 부과할 수 있다. 다만, 동일한 위반행위에 대하여 「표시·광고의 공정화에 관한 법률」 제9조에 따른 과징금 부과처분이 이루어진 경우에는 과징금(의료업 정지 처분을 포함한다)을 감경하여 부과하거나 부과하지 아니할 수 있다.(2019.8.27 본문개정)
② 제1항에 따른 과징금을 부과하는 위반 행위의 종류와 정도 등에 따른 과징금의 액수와 그 밖에 필요한 사항은 대통령령으로 정한다.
③ 보건복지부장관이나 시장·군수·구청장은 제1항에 따른 과징금을 기한 안에 내지 아니한 때에는 지방세 체납처분의 예에 따라 징수한다.(2010.1.18 본항개정)
제68조【행정처분의 기준】 제63조, 제64조제1항, 제65조제1항, 제66조제1항에 따른 행정처분의 세부적인 기준은 보건복지부령으로 정한다.(2010.1.18 본조개정)
제69조【의료지도원】 ① 제61조에 따른 관계 공무원의 직무를 행하게 하기 위하여 보건복지부, 시·도 및 시·군·구에 의료지도원을 둔다.(2010.1.18 본항개정)
② 의료지도원은 보건복지부장관, 시·도지사 또는 시장·군수·구청장이 그 소속 공무원 중에서 임명하되, 자격과 임명 등에 필요한 사항은 보건복지부령으로 정한다.(2010.1.18 본항개정)
③ 의료지도원 및 그 밖의 공무원은 직무를 통하여 알게 된 의료기관, 의료인, 환자의 비밀을 누설하지 못한다.

제7장 분쟁의 조정

제70조~제76조 (2011.4.7 삭제)

제8장 보 칙

제77조【전문의】 ① 의사·치과의사 또는 한의사로서 전문의가 되려는 자는 대통령령으로 정하는 수련을 거쳐 보건복지부장관에게 자격 인정을 받아야 한다.(2010.1.18 본항개정)
② 제1항에 따라 전문의 자격을 인정받은 자가 아니면 전문과목을 표시하지 못한다. 다만, 보건복지부장관은 의료체계를 효율적으로 운영하기 위하여 전문의 자격을 인정받은 치과의사와 한의사에 대하여 종합병원·치과병원·한방병원 중 보건복지부령으로 정하는 의료기관에 한하여 전문과목을 표시하도록 할 수 있다.(2010.1.18 단서개정)
<이 항 단서의 개정규정 중 치과의사에 대한 부분은 2013.12.31까지, 한의사에 대한 부분은 2009.12.31까지 유효>
③ (2016.12.20 삭제)
④ 전문의 자격 인정과 전문과목에 관한 사항은 대통령령으로 정한다.
제78조 (2024.9.20 삭제)
제79조【한지 의료인】 ① 이 법이 시행되기 전의 규정에 따라 면허를 받은 한지 의사(限地 醫師), 한지 치과의사 및 한지 한의사는 허가받은 지역에서 의료업무에 종사하는 경우 의료인으로 본다.
② 보건복지부장관은 제1항에 따른 의료인이 허가받은 지역 밖에서 의료행위를 하는 경우에는 그 면허를 취소할 수 있다. (2010.1.18 본항개정)
③ 제1항에 따른 의료인의 허가지역 변경, 그 밖에 필요한 사항은 보건복지부령으로 정한다.(2010.1.18 본항개정)
④ 한지 의사, 한지 치과의사, 한지 한의사로서 허가받은 지역에서 10년 이상 의료업무에 종사한 경력이 있는 자 또는 이 법 시행 당시 의료업무에 종사하고 있는 자 중 경력이 5년 이상인 자에게는 제5조에도 불구하고 보건복지부령으로 정하는 바에 따라 의사, 치과의사 또는 한의사의 면허를 줄 수 있다. (2010.1.18 본항개정)
제80조~제80조의2 (2024.9.20 삭제)
제80조의3【준용규정】 간호조무사에 대하여는 제12조, 제16조, 제19조, 제20조, 제22조, 제23조, 제59조제1항, 제61조, 제66조, 제68조, 제84조, 제87조, 제87조의2, 제88조, 제88조의2 및 제91조를 준용하며, 이 경우 "면허"는 "자격"으로, "면허증"은 "자격증"으로 본다.(2024.9.20 본조개정)
제81조【의료유사업자】 ① 이 법이 시행되기 전의 규정에 따라 자격을 받은 접골사(接骨士), 침사(鍼士), 구사(灸士)(이하 "의료유사업자"라 한다)는 제27조에도 불구하고 각 해당 시술소에서 시술(施術)을 업(業)으로 할 수 있다.
② 의료유사업자에 대하여는 이 법 중 의료인과 의료기관에 관한 규정을 준용한다. 이 경우 "의료인"은 "의료유사업자"로, "면허"는 "자격"으로, "면허증"은 "자격증"으로, "의료기관"은 "시술소"로 한다.
③ 의료유사업자의 시술행위, 시술업무의 한계 및 시술소의 기준 등에 관한 사항은 보건복지부령으로 정한다.(2010.1.18 본항개정)
제82조【안마사】 ① 안마사는 「장애인복지법」에 따른 시각장애인 중 다음 각 호의 어느 하나에 해당하는 자로서 시·도지사에게 자격인정을 받아야 한다.
1. 「초·중등교육법」 제2조제5호에 따른 특수학교 중 고등학교에 준한 교육을 하는 학교에서 제4항에 따른 안마사의 업무한계에 따라 물리적 시술에 관한 교육과정을 마친 자
2. 중학교 과정 이상의 교육을 받고 보건복지부장관이 지정하는 안마수련기관에서 2년 이상의 안마수련과정을 마친 자 (2010.1.18 본호개정)
② 제1항의 안마사는 제27조에도 불구하고 안마업무를 할 수 있다.
③ 안마사에 대하여는 이 법 중 제8조, 제25조, 제28조부터 제32조까지, 제33조제2항제1호·제3항·제5항·제8항 본문, 제36조, 제40조, 제59조제1항, 제61조, 제63조(제36조를 위반한 경우만을 말한다), 제64조부터 제66조까지, 제68조, 제83조, 제84조를 준용한다. 이 경우 "의료인"은 "안마사"로, "면허"는 "자격"으로, "면허증"은 "자격증"으로, "의료기관"은 "안마시술소 또는 안마원"으로, "해당 의료관계단체의 장"은 "안마사회장"으로 한다.(2009.1.30 전단개정)
④ 제3항에도 불구하고 국가나 지방자치단체가 관계 법령에

따라 시행하는 장애인일자리 사업 등을 수행하는 자로서 보건복지부령으로 정하는 자가 그 사업 수행과정에서 안마사를 고용하는 경우에는 제66조제1항제2호를 준용하지 아니한다. (2023.10.31 본항신설)

⑤ 안마사의 업무한계, 안마시술소나 안마원의 시설 기준 등에 관한 사항은 보건복지부령으로 정한다.(2010.1.18 본항개정)

판례 의료법 제82조제1항이 비시각장애인의 직업선택의 자유의 본질적 내용을 침해하여 헌법에 위반되는지 여부 : 이 사건 법률조항은 시각장애인에게 삶의 보람을 얻게 하고 인간다운 생활을 할 권리를 실현시키려는 데에 그 목적이 있으므로 입법목적이 정당하고, 다른 직종에 비해 공간이동과 기동성을 거의 요구하지 않을 뿐더러 촉각이 발달한 시각장애인이 영위하기에 용이한 안마업의 특성 등에 비추어 시각장애인에게 안마업을 독점시킴으로써 그들의 생계를 지원하고 직업활동에 참여할 수 있는 기회를 제공하는 이 사건 법률조항의 경우 이러한 입법목적을 달성하는 데 적절한 수단임을 인정할 수 있다. 나아가 시각장애인에 대한 복지정책이 미흡한 현실에서 안마사가 시각장애인이 선택할 수 있는 거의 유일한 직업이라는 점, 안마사 직역을 비시각장애인에게 허용할 경우 시각장애인의 생계를 보장하기 위한 다른 대안이 충분하지 않다는 점, 시각장애인은 역사적으로 교육, 고용 등 일상생활에서 차별을 받아온 소수자로서 실질적인 평등을 구현하기 위해서 이들을 우대하는 조치를 취할 필요가 있는 점 등에 비추어 최소침해성 원칙에 반하지 아니하고, 이 사건 법률조항으로 인해 얻게 되는 시각장애인의 생존권 등 공익과 그로 인해 잃게 되는 일반국민의 직업선택의 자유 등 사익을 비교해 보더라도, 공익과 사익 사이에 법익 불균형이 발생한다고 단정할 수도 없다. 따라서 위 법조항의 내용이 헌법 제37조 제2항에서 정한 기본권제한 입법의 한계를 벗어나서 비시각장애인의 직업선택의 자유의 본질적 내용을 침해하여 헌법에 위반된다는 상고이유의 주장은 받아들일 수 없다.(대판 2010.3.25, 2010도1824)

제83조【경비 보조 등】 ① 보건복지부장관 또는 시·도지사는 국민보건 향상을 위하여 필요하다고 인정될 때에는 의료인·의료기관·중앙회 또는 의료 관련 단체에 대하여 시설, 운영 경비, 조사·연구 비용의 전부 또는 일부를 보조할 수 있다. (2010.1.18 본항개정)

② 보건복지부장관은 다음 각 호의 의료기관이 인증을 신청할 때 예산의 범위에서 인증에 소요되는 비용의 전부 또는 일부를 보조할 수 있다.

1. 제58조의4제2항 및 제3항에 따라 인증을 신청하여야 하는 의료기관(2020.3.4 본호개정)
2. 300병상 미만인 의료기관(종합병원은 제외한다) 중 보건복지부장관이 정하는 기준에 해당하는 의료기관

(2010.7.23 본항신설)

제84조【청문】 보건복지부장관, 시·도지사 또는 시장·군수·구청장은 다음 각 호의 어느 하나에 해당하는 처분을 하려면 청문을 실시하여야 한다.(2010.1.18 본문개정)

1. 제23조의2제4항에 따른 인증의 취소(2016.12.20 본호신설)
2. 제51조에 따른 설립 허가의 취소
3. 제58조의10에 따른 의료기관 인증 또는 조건부인증의 취소(2020.3.4 본호개정)
4. 제63조에 따른 시설·장비 등의 사용금지 명령
5. 제64조제1항에 따른 개설허가 취소나 의료기관 폐쇄 명령
6. 제65조제1항에 따른 면허의 취소

제85조【수수료】 ① 이 법에 따른 의료인의 면허나 면허증을 재교부 받으려는 자, 국가시험등에 응시하려는 자, 진단용 방사선 발생 장치의 검사를 받으려는 자, 진단용 방사선 발생장치 안전관리책임자 교육을 받으려는 자는 보건복지부령으로 정하는 바에 따라 수수료를 내야 한다.(2020.12.29 본항개정)

② 제9조제2항에 따른 한국보건의료인국가시험원은 제1항에 따라 납부받은 국가시험등의 응시수수료를 보건복지부장관의 승인을 받아 시험 관리에 필요한 경비에 직접 충당할 수 있다. (2015.6.22 본항개정)

제86조【권한의 위임 및 위탁】 ① 이 법에 따른 보건복지부장관 또는 시·도지사의 권한은 그 일부를 대통령령으로 정하는 바에 따라 질병관리청장, 시·도지사 또는 시장·군수·구청장이나 보건소장에게 위임할 수 있다.(2020.8.11 본항개정)

② 보건복지부장관은 이 법에 따른 업무의 일부를 대통령령으로 정하는 바에 따라 관계 전문기관에 위탁할 수 있다. (2010.1.18 본조개정)

제86조의2【벌칙 적용에서 공무원 의제】 제57조의2제4항에 따른 심의위원회 위원은 「형법」 제129조부터 제132조까지의 규정을 적용할 때에는 공무원으로 본다.(2018.3.27 본조신설)

제86조의3【기록의 보존·보관 의무에 대한 면책】 제22조제2항, 제23조제1항, 제38조의2 또는 제40조의2제1항에 따라 보존·보관하여야 하는 기록이 천재지변이나 그 밖의 불가항력으로 멸실된 경우에는 해당 기록의 보존·보관의무자는 제64조, 제66조 또는 제90조에 따른 책임을 면한다.(2021.9.24 본조개정)

제9장 벌 칙

제87조【벌칙】 제33조제2항을 위반하여 의료기관을 개설하거나 운영하는 자는 10년 이하의 징역이나 1억원 이하의 벌금에 처한다.(2019.8.27 본조신설)

제87조의2【벌칙】 ① 제12조제3항을 위반한 죄를 범하여 사람을 상해에 이르게 한 경우에는 7년 이하의 징역 또는 1천만원 이상 7천만원 이하의 벌금에 처하고, 중상해에 이르게 한 경우에는 3년 이상 10년 이하의 징역에 처하며, 사망에 이르게 한 경우에는 무기 또는 5년 이상의 징역에 처한다.(2019.4.23 본항신설)

② 다음 각 호의 어느 하나에 해당하는 자는 5년 이하의 징역이나 5천만원 이하의 벌금에 처한다.(2016.12.20 본문개정)

1. 제4조의3제1항을 위반하여 면허를 대여한 사람(2020.3.4 본호개정)

1의2. 제4조의3제2항을 위반하여 면허를 대여받거나 면허 대여를 알선한 사람(2020.3.4 본호신설)

2. 제12조제2항 및 제3항, 제18조제3항, 제21조의2제5항·제8항, 제23조제3항, 제27조제1항, 제33조제2항(제82조제3항에서 준용하는 경우만을 말한다)·제8항(제82조제3항에서 준용하는 경우를 포함한다)·제10항을 위반한 자. 다만, 제12조제3항의 죄는 피해자의 명시한 의사에 반하여 공소를 제기할 수 없다.(2019.8.27 본호개정)
3. 제27조제5항을 위반하여 의료인이 아닌 자에게 의료행위를 하게 하거나 의료인에게 면허 사항 외의 의료행위를 하게 한 자(2020.12.29 본호신설)

3의2. 제38조의2제5항을 위반하여 촬영한 영상정보를 열람하게 하거나 제공한 자

3의3. 제38조의2제6항을 위반하여 촬영한 영상정보를 탐지하거나 누출·변조 또는 훼손한 자

3의4. 제38조의2제7항을 위반하여 촬영한 영상정보를 이 법에서 정한 목적 외의 용도로 사용한 자

(2021.9.24 3호의2~3호의4신설)

4. 제40조의3제3항을 위반하여 직접 보관한 진료기록부등 외 진료기록보관시스템에 보관된 정보를 열람하는 등 그 내용을 확인한 사람(2020.3.4 본호신설)
5. 제40조의3제7항을 위반하여 정당한 접근 권한 없이 또는 허용된 접근 권한을 넘어 진료기록보관시스템에 보관된 정보를 훼손·멸실·변경·위조·유출하거나 검색·복제한 사람(2020.3.4 본호신설)

제88조【벌칙】 다음 각 호의 어느 하나에 해당하는 자는 3년 이하의 징역이나 3천만원 이하의 벌금에 처한다.

1. 제19조, 제21조제2항(제40조의2제4항에서 준용하는 경우를 포함한다), 제22조제3항, 제27조제3항·제4항, 제33조제4항, 제35조제1항 단서, 제38조제3항, 제47조제11항, 제59조제3항, 제64조제2항(제82조제3항에서 준용하는 경우를 포함한다), 제69조제3항을 위반한 자. 다만, 제19조, 제21조제2항(제40조의2제4항에서 준용하는 경우를 포함한다) 또는 제69조제3항을 위반한 자에 대한 공소는 고소가 있어야 한다. (2020.3.4 본호개정)
2. 제23조의5를 위반한 자. 이 경우 취득한 경제적 이익등은 몰수하고, 몰수할 수 없을 때에는 그 가액을 추징한다. (2019.8.27 전단개정)
3. 제38조의2제2항에 따른 절차에 따르지 아니하고 같은 조 제

1항에 따른 폐쇄회로 텔레비전으로 의료행위를 하는 장면을 임의로 촬영한 자(2021.9.24 본호신설)
4. 제82조제1항에 따른 안마사의 자격인정을 받지 아니하고 영리를 목적으로 안마를 한 자
(2016.12.20 본조개정)

제88조의2【벌칙】 다음 각 호의 어느 하나에 해당하는 자는 2년 이하의 징역이나 2천만원 이하의 벌금에 처한다.
(2020.3.4 본문개정)
1. 제20조를 위반한 자(2020.3.4 본호신설)
2. 제38조의2제4항을 위반하여 안전성 확보에 필요한 조치를 하지 아니하여 폐쇄회로 텔레비전으로 촬영한 영상정보를 분실·도난·유출·변조 또는 훼손당한 자(2021.9.24 본호신설)
3. 제47조제12항을 위반하여 자율보고를 한 사람에게 불리한 조치를 한 자(2020.3.4 본호신설)

제89조【벌칙】 다음 각 호의 어느 하나에 해당하는 자는 1년 이하의 징역이나 1천만원 이하의 벌금에 처한다.
1. 제15조제1항, 제17조제1항·제2항(제1항 단서 후단과 제2항 단서는 제외한다), 제17조의2제1항·제2항(처방전을 교부하거나 발송한 경우만을 말한다), 제23조의2제3항 후단, 제33조제9항, 제56조제1항부터 제3항까지 또는 제58조의6제2항을 위반한 자(2019.8.27 본호개정)
2. 정당한 사유 없이 제40조제4항에 따른 권익보호조치를 하지 아니한 자
3. 제51조의2를 위반하여 의료법인의 임원 선임과 관련하여 금품 등을 주고받거나 주고받을 것을 약속한 자
4. 제61조제1항에 따른 검사를 거부·방해 또는 기피한 자(제33조제2항·제10항 위반 여부에 관한 조사임을 명시한 경우에 한정한다)
(2019.8.27 3호~4호신설)
(2016.12.20 본조개정)

제90조【벌칙】 제16조제1항·제2항, 제17조제3항·제4항, 제17조의2제1항·제2항(처방전을 수령한 경우만을 말한다), 제18조제4항, 제21조제1항 후단(제40조의2제4항에서 준용하는 경우를 포함한다), 제21조의2제1항·제2항, 제21조의3제1항 후단, 제22조제1항·제2항(제40조의2제4항에서 준용하는 경우를 포함한다), 제23조제4항, 제26조, 제27조제2항, 제33조제1항·제3항(제82조제3항에서 준용하는 경우를 포함한다)·제5항(허가의 경우만을 말한다), 제35조제1항 본문, 제38조의2제1항부터 제4항까지·제9항, 제41조, 제42조제1항, 제48조제3항·제4항, 제77조제2항을 위반한 자나 제63조에 따른 시정명령을 위반한 자와 의료기관 개설자가 될 수 없는 자에게 고용되어 의료행위를 한 자는 500만원 이하의 벌금에 처한다.(2024.12.20 본조개정)

제90조의2【「형법」상 감경규정에 관한 특례】 음주로 인한 심신장애 상태에서 제12조제3항을 위반하는 죄를 범한 때에는 「형법」 제10조제1항을 적용하지 아니할 수 있다.(2019.4.23 본조신설)

제91조【양벌규정】 법인의 대표자나 법인 또는 개인의 대리인, 사용인, 그 밖의 종업원이 그 법인 또는 개인의 업무에 관하여 제87조, 제87조의2, 제88조, 제88조의2, 제89조 또는 제90조의 위반행위를 하면 그 행위자를 벌하는 외에 그 법인 또는 개인에게도 해당 조문의 벌금형을 과(科)한다. 다만, 법인 또는 개인이 그 위반행위를 방지하기 위하여 해당 업무에 관하여 상당한 주의와 감독을 게을리하지 아니한 경우에는 그러하지 아니하다.(2019.8.27 본문개정)

제92조【과태료】 ① 다음 각 호의 어느 하나에 해당하는 자에게는 300만원 이하의 과태료를 부과한다.
1. 제16조제3항에 따른 교육을 실시하지 아니한 자(2015.1.28 본호신설)
1의2. 제23조의3제1항을 위반하여 진료정보 침해사고를 통지하지 아니한 자(2019.8.27 본호신설)
1의3. 제24조의2제1항을 위반하여 환자에게 설명을 하지 아니하거나 서면 동의를 받지 아니한 자(2016.12.20 본호신설)
1의4. 제24조의2제4항을 위반하여 환자에게 변경 사유와 내용을 서면으로 알리지 아니한 자(2016.12.20 본호신설)
2. 제37조제1항에 따른 신고를 하지 아니하고 진단용 방사선 발생장치를 설치·운영한 자
3. 제37조제2항에 따른 안전관리책임자를 선임하지 아니하거나 정기검사와 측정 또는 방사선 관계 종사자에 대한 피폭관리를 실시하지 아니한 자
4. (2018.3.27 삭제)
5. 제49조제3항을 위반하여 신고하지 아니한 자
② 다음 각 호의 어느 하나에 해당하는 자에게는 200만원 이하의 과태료를 부과한다.
1. 제21조의2제6항 후단을 위반하여 자료를 제출하지 아니하거나 거짓 자료를 제출한 자
2. 제45조의2제1항을 위반하여 보고를 하지 아니하거나 거짓으로 보고한 자(2020.12.29 본호신설)
3. 제45조의2제3항을 위반하여 자료를 제출하지 아니하거나 거짓으로 제출한 자(2020.12.29 본호개정)
4. 제61조제1항에 따른 보고를 하지 아니하거나 검사를 거부·방해 또는 기피한 자(제89조제4호에 해당하는 경우는 제외한다)(2019.8.27 본호개정)
(2016.12.20 본항개정)
③ 다음 각 호의 어느 하나에 해당하는 자에게는 100만원 이하의 과태료를 부과한다.
1. 제16조제3항에 따른 기록 및 유지를 하지 아니한 자(2015.1.28 본호신설)
1의2. 제16조제4항에 따른 변경이나 휴업·폐업 또는 재개업을 신고하지 아니한 자(2015.1.28 본호신설)
2. 제33조제5항(제82조제3항에서 준용하는 경우를 포함한다)에 따른 변경신고를 하지 아니한 자
2의2. 제37조제3항에 따른 안전관리책임자 교육을 받지 아니한 사람(2020.12.29 본호신설)
3. 제40조제1항(제82조제3항에서 준용하는 경우를 포함한다)에 따른 휴업 또는 폐업 신고를 하지 아니한 자(2020.3.4 본호개정)
3의2. 제40조의2제1항을 위반하여 진료기록부등을 관할 보건소장에게 넘기지 아니하거나 수량 및 목록 등을 거짓으로 보고한 자
3의3. 제40조의2제2항을 위반하여 변경신고를 하지 아니하거나 거짓으로 변경신고를 한 자
3의4. 제40조의2제2항을 위반하여 진료기록부등의 보존 및 열람을 대행할 책임자를 지정하지 아니하거나 진료기록부등을 관할 보건소장에게 넘기지 아니한 자
3의5. 제40조의2제3항에 따른 준수사항을 위반한 자
(2020.3.4 3호의2~3호의5신설)
4. 제42조제3항을 위반하여 의료기관의 명칭 또는 이와 비슷한 명칭을 사용한 자
5. 제43조제5항에 따른 진료과목 표시를 위반한 자(2009.1.30 본호개정)
6. 제4조제3항에 따라 환자의 권리 등을 게시하지 아니한 자(2012.2.1 본호신설)
7. 제52조의2제6항을 위반하여 대한민국의학한림원 또는 이와 유사한 명칭을 사용한 자(2015.12.29 본호신설)
8. 제4조제5항을 위반하여 그 위반행위에 대하여 내려진 제63조에 따른 시정명령을 따르지 아니한 사람(2016.5.29 본호신설)
④ 제1항부터 제3항까지의 과태료는 대통령령으로 정하는 바에 따라 보건복지부장관 또는 시장·군수·구청장이 부과·징수한다.(2010.1.18 본항개정)

제93조 (2009.1.30 삭제)

부 칙

제1조【시행일】 이 법은 공포한 날부터 시행한다. 다만, 제4조, 제17조제1항, 제36조, 제46조제3항부터 제6항까지, 제49조, 제51조 각 호 외의 부분, 같은 조 제5호, 제4장(제53조부터 제55조까지), 제56조제2항제1호 및 제92조제1항제3호·제4호의 개정규정은 2007년 4월 28일부터 시행하고, 제3조제3항제2호의 개정규정은 2007년 6월 27일부터 시행하며, 부칙 제20조제

17항의 개정규정은 2007년 9월 1일부터 시행한다.
제2조【시행일에 관한 경과조치】 부칙 제1조 단서에 따라 제3조제3항제2호, 제4조, 제17조제1항, 제36조, 제46조제4항부터 제6항까지, 제49조, 제51조 각 호 외의 부분 및 제56조제2항제1호의 개정규정이 시행되기 전까지는 그에 해당하는 종전의 제3조제3항제2호, 제4조, 제18조제1항, 제32조, 제37조의2제3항부터 제5항까지, 제42조, 제45조 각 호 외의 부분 및 제46조제2항제1호를 각각 적용한다.
제3조【유효기간】 제43조 단서 및 제77조제2항 단서의 개정규정은 2008년 12월 31일까지 효력을 가진다.
제4조【의료광고의 규제 및 의료광고 심의에 관한 적용례】 제56조 및 제57조의 개정규정은 법률 제8203호 의료법 일부개정법률의 시행일인 2007년 4월 4일 이후 최초로 행하는 의료광고부터 적용한다.
제5조【의사 등의 면허 등에 관한 경과조치】 이 법 시행 당시 종전의 규정에 따라 의사·치과의사·한의사·조산사(조산원)·간호사(간호원) 또는 간호조무사(간호보조원)의 면허를 받은 자, 전문의·전문간호사(업무분야별 간호사의 자격을 포함한다) 또는 안마사의 자격인정을 받은 자는 이 법에 따라 받은 것으로 본다.
제6조【의료기관 등에 관한 경과조치】 이 법 시행 당시 종전의 규정에 따라 개설된 의료기관과 안마시술소는 이 법에 따라 개설된 것으로 본다.
제7조【의사회 등의 설립에 관한 경과조치】 법률 제2533호 의료법개정법률 시행일인 1973년 8월 17일 당시 종전의 규정에 따라 설립된 의사회·치과의사회·한의사회·조산사회·간호사회는 이 법에 따라 설립된 것으로 본다.
제8조【조산사국가시험 실시에 따른 경과조치】 법률 제3948호 의료법중개정법률 시행일인 1988년 3월 29일 당시 제6조제1호에 따른 의료기관에서 수습 중인 자에 대한 조산사면허에 관하여는 종전의 규정에 따른다.
제9조【의사·치과의사·한의사 및 간호사의 국가시험 응시자격에 관한 경과조치】 법률 제4732호 의료법중개정법률 시행일인 1994년 7월 8일 당시 종전의 규정에 따라 보건사회부장관으로부터 응시자격을 인정받은 자와 보건사회부장관이 인정하는 외국의 대학에 재학 중인 자는 종전의 규정에 따른다.
제10조【공제사업의 허가에 관한 경과조치】 법률 제4732호 의료법중개정법률 시행일인 1994년 7월 8일 당시 종전의 규정에 따라 중앙회가 보건사회부장관으로부터 허가받은 공제사업은 이 법에 따라 신고한 것으로 본다.
제11조【의료지도원의 임명에 관한 경과조치】 법률 제4732호 의료법중개정법률 시행일인 1994년 7월 8일 당시 종전의 규정에 따라 임명된 의료감시원은 이 법에 따라 임명된 의료지도원으로 본다.
제12조【국·공립의료기관등의 특례에 관한 경과조치】 법률 제6157호 의료법중개정법률 시행일인 2000년 7월 13일 당시 개설허가를 받았거나 개설신고를 한 의료기관 중 종전의 제38조에 따라 국·공립의료기관등의 특례에 관한 규정을 적용받던 의료기관에 대하여는 제36조의 개정규정을 적용하지 아니한다.
제13조【의료보수에 관한 경과조치】 법률 제6157호 의료법중개정법률 시행일인 2000년 7월 13일 당시 종전의 규정에 따라 시·도지사의 인가를 받은 의료보수에 대하여는 제45조의 개정규정에 따라 시·도지사 또는 시장·군수·구청장에게 각각 신고한 것으로 본다.
제14조【요양급여비용 내역에 포함된 의료행위 등에 관한 경과조치】 법률 제8067호 의료법 일부개정법률 시행일인 2007년 4월 28일 당시 「국민건강보험법」 제42조제4항에 따라 보건복지부장관이 고시한 요양급여비용으로 정한 내역에 포함된 의료행위(비급여 의료행위를 포함한다)에 대하여는 제53조의 개정규정에 따라 신의료기술평가를 받은 것으로 본다.
제15조【의료인의 면허재교부에 관한 경과조치】 법률 제6157호 의료법중개정법률 시행일인 2000년 7월 13일 당시 제65조제1항의 개정규정에 따른 면허취소사유 외의 사유로 면허가 취소된 의료인에 대하여는 제65조제2항의 개정규정에도 불구하고 법률 제6157호 의료법중개정법률 시행일인 2000년 7월 13일부터 취소된 면허를 재교부할 수 있다.
제16조【병상수급계획의 수립에 관한 경과조치】 법률 제8154호 의료법 일부개정법률의 시행일인 2007년 1월 1일 전에 종전의 「국민건강보험 재정건전화 특별법」 제13조에 따라 수립된 기본시책과 병상수급계획은 제60조의 개정규정에 따른 기본시책과 병상수급계획으로 본다.
제17조【시정명령 등에 관한 경과조치】 법률 제8154호 의료법 일부개정법률의 시행일인 2007년 1월 1일 전에 종전의 「국민건강보험 재정건전화 특별법」 제14조제1항 또는 제2항을 위반한 행위와 이에 대하여 이미 행한 제한·금지 또는 시정명령은 제38조제1항 또는 제2항의 개정규정에 따른 위반행위와 제63조의 개정규정에 따른 시정명령 등으로 본다.
제18조【처분 등에 관한 일반적 경과조치】 이 법 시행 당시 종전의 규정에 따른 행정기관의 행위나 행정기관에 대한 행위는 그에 해당하는 이 법에 따른 행정기관의 행위나 행정기관에 대한 행위로 본다.
제19조【벌칙이나 과태료에 관한 경과조치】 ① 이 법 시행 전의 행위에 대하여 벌칙이나 과태료 규정을 적용할 때에는 종전의 규정에 따른다.
② 법률 제8154호 의료법 일부개정법률의 시행일인 2007년 1월 1일 전에 종전의 「국민건강보험 재정건전화 특별법」 제14조제3항의 위반행위에 대한 벌칙을 적용할 때에는 종전의 규정에 따른다.
제20조【다른 법률의 개정】 ①~⑰ ※(해당 법령에 가제정리하였음)
제21조【다른 법령과의 관계】 이 법 시행 당시 다른 법령에서 종전의 「의료법」 또는 그 규정을 인용한 경우에 이 법 가운데 그에 해당하는 규정이 있으면 종전의 규정을 갈음하여 이 법 또는 이 법의 해당 규정을 인용한 것으로 본다.

부 칙 (2012.2.1)

제1조【시행일】 이 법은 공포 후 6개월이 경과한 날부터 시행한다. 다만, 제5조 및 제7조의 개정규정은 공포 후 5년이 경과한 날부터 시행한다.
제2조【국가시험 응시 자격에 관한 적용례 및 경과조치】 ① 제5조 및 제7조의 개정규정은 의학·치의학·한의학 또는 간호학에 해당하는 평가인증기구가 해당 과목을 전공하는 모든 대학, 전문대학 또는 전문대학원에 대하여 「고등교육법」 제11조의2제2항에 따른 인증 심사를 실시하여 해당 과목의 학교별 인증 결과가 1회 이상 공개된 이후에 해당 과목의 대학, 전문대학 또는 전문대학원에 입학하는 사람부터 적용한다.
② 제1항에 따라 의학·치의학·한의학 또는 간호학을 전공하는 학교별 인증 결과가 1회 이상 공개되기 전에 입학한 사람에 대하여는 제5조 및 제7조의 개정규정에도 불구하고 종전의 규정에 따른다.
제3조【행정처분의 감경 등에 관한 경과조치】 이 법 시행 전에 발생한 위반행위에 대하여는 제66조제5항의 개정규정에도 불구하고 종전의 규정에 따른다.

부 칙 (2015.12.29)

제1조【시행일】 이 법은 공포 후 9개월이 경과한 날부터 시행한다. 다만, 제4조제4항, 제21조제2항제13호, 제33조제10항, 제36조의2, 제63조, 제64조의 개정규정은 공포한 날부터 시행하고, 제18조의2의 개정규정은 공포 후 1년이 경과한 날부터 시행하며, 제21조제2항제15호의 개정규정은 공포 후 6개월이 경과한 날부터 시행하고, 제23조의2의 개정규정은 공포 후 3개월이 경과한 날부터 시행하며, 제2조제2항제5호, 제80조, 제80조의2, 제80조의3의 개정규정은 2017년 1월 1일부터 시행하고, 제80조제2항의 개정규정(이 법 시행 당시 설치·운영 중인 간호조무사 교육훈련기관에 한한다)은 2019년 1월 1일부터 시행한다.

제2조【대한민국의학한림원에 관한 경과조치】 이 법 시행 당시 보건복지부장관의 설립 허가를 받아 설립한 대한민국의학한림원은 제52조의2의 개정규정에 따른 대한민국의학한림원으로 본다.
제3조【간호조무사 자격에 관한 경과조치】 이 법 시행 당시 종전의 규정에 따라 간호조무사 자격인정을 받은 사람은 이 법에 따라 간호조무사 자격인정을 받은 것으로 본다.
제4조【간호조무사 신고에 관한 경과조치】 ① 이 법 시행 당시 종전의 규정에 따라 간호조무사 자격인정을 받은 사람은 이 법 시행 후 1년 이내에 보건복지부령으로 정하는 바에 따라 실태와 취업상황 등을 신고하여야 한다.
② 보건복지부장관은 간호조무사 자격인정을 받은 사람이 제1항에 따른 신고를 하지 아니한 경우 신고기간이 종료하는 시점부터 신고할 때까지 자격의 효력을 정지할 수 있다.
제5조【법률 제11252호 의료법 일부개정법률 시행 예정에 따른 경과조치】 제60조의3제1항제2호 및 제80조제1항제6호의 개정규정에 따른 "제7조제1항제1호" 및 "제7조제1항제1호 또는 제2호"는 2017년 2월 1일까지는 각각 "제7조제1호" 및 "제7조제1호 또는 제2호"로 본다.

부　칙 (2016.5.29 법14220호)

제1조【시행일】 이 법은 공포한 날부터 시행한다. 다만, 제4조제5항, 제18조제5항, 제21조제2항제1호·제3호, 제36조, 제56조제2항제11호, 제63조, 제64조제1항제6호 및 제92조제3항제8호의 개정규정은 공포 후 9개월이 경과한 날부터 시행한다.
제2조【의료광고 금지규정 위반 행위 통보에 관한 적용례】 제56조제6항의 개정규정은 이 법 시행 후 행하여진 위반행위부터 적용한다.
제3조【자격정지처분 시효의 적용에 관한 경과조치】 이 법 시행 전에 발생한 사유로 인하여 종전의 제66조제1항 각 호에 해당하게 된 경우의 자격정지처분은 이 법 시행일 이전 그 사유가 발생한 날부터 5년(제66조제1항제5호·제7호에 따른 자격정지처분의 경우에는 7년으로 한다)이 지나면 하지 못한다. 다만, 그 사유에 대하여 「형사소송법」 제246조에 따른 공소가 제기된 때에는 공소가 제기된 날부터 해당 사건의 재판이 확정된 날까지의 기간은 시효 기간에 산입하지 아니한다.
제4조【행정처분에 관한 경과조치】 이 법 시행 전의 위반행위에 대한 행정처분에 관하여는 종전의 규정에 따른다.
제5조【과징금 처분에 관한 경과조치】 이 법 시행 전의 행위에 대한 과징금 처분의 적용에 있어서는 종전의 규정에 따른다.

부　칙 (2016.12.20)

제1조【시행일】 이 법은 공포한 날부터 시행한다. 다만, 제10조제3항, 제21조의2제3항부터 제9항까지의 규정, 제23조의2, 제24조의2, 제40조, 제41조제2항, 제64조제3항, 제84조, 제87조제2호(제21조의2제5항·제8항을 위반한 자에 대한 벌칙에 한정한다), 제89조제1호(제23조의2제3항 후단을 위반한 자에 대한 벌칙에 한정한다)·제2호, 제92조제1항제1호의2·제1호의3, 같은 조 제2항제1호의 개정규정은 공포 후 6개월이 경과한 날부터 시행하고, 제45조의3의 개정규정은 공포 후 9개월이 경과한 날부터 시행한다.
제2조【국가시험등 응시에 관한 적용례】 제10조제3항의 개정규정은 같은 개정규정 시행 후 최초로 시행하는 국가시험등에서 수험이 정지되거나 합격이 무효가 된 사람부터 적용한다.
제3조【벌칙에 관한 경과조치】 이 법 시행 전의 행위에 대한 벌칙을 적용할 때에는 종전의 규정에 따른다.
제4조【과태료 처분에 관한 경과조치】 이 법 시행 전의 행위에 대한 과태료 처분의 적용에 있어서는 종전의 규정에 따른다.
제5조【다른 법률의 개정】 ①~② ※(해당 법령에 가제정리 하였음)

부　칙 (2018.3.27)

제1조【시행일】 이 법은 공포 후 6개월이 경과한 날부터 시행한다. 다만, 제8조제1호, 제46조 및 제92조제1항제4호의 개정규정은 공포한 날부터 시행하고, 제78조의 개정규정은 공포 후 2년이 경과한 날부터 시행한다.
제2조【의료광고 사전 심의에 관한 적용례】 제57조의 개정규정은 이 법 시행 후 최초로 의료광고 사전 심의를 신청한 자부터 적용된다.
제3조【행정처분에 관한 적용례】 제63조의 개정규정은 이 법 시행 후 최초로 행하여진 위반행위부터 적용된다.
제4조【벌칙에 관한 적용례】 제89조 및 제90조의 개정규정은 이 법 시행 후 최초로 행하여진 위반행위부터 적용된다.
제5조【다른 법률의 개정】 ①~② ※(해당 법령에 가제정리 하였음)

부　칙 (2018.8.14)

제1조【시행일】 이 법은 공포한 날부터 시행한다. 다만, 제21조제3항제14호의3의 개정규정은 공포 후 3개월이 경과한 날부터 시행한다.
제2조【개설 허가 취소 등에 대한 적용례】 제64조제1항제9호의 개정규정은 이 법 시행 후 최초로 제36조에 따른 준수사항을 위반하는 경우부터 적용한다.

부　칙 (2019.4.23)

제1조【시행일】 이 법은 공포 후 6개월이 경과한 날부터 시행한다. 다만, 제3조제2항제3호라목, 제86조의3, 제87조 및 제90조의2의 개정규정은 공포한 날부터 시행한다.
제2조【「형법」상 감경규정에 관한 특례에 관한 적용례】 제90조의2의 개정규정은 같은 개정규정 시행 후 최초로 제12조제3항을 위반하는 죄를 범한 때부터 적용한다.

부　칙 (2019.8.27)

제1조【시행일】 이 법은 공포 후 6개월이 경과한 날부터 시행한다. 다만, 제51조의2, 제89조제3호의 개정규정은 공포한 날부터 시행하고, 제4조제2항, 제65조제2항 단서, 제87조, 제87조의2제2항제2호 본문, 제89조제4호, 제92조제2항제3호의 개정규정은 공포 후 3개월이 경과한 날부터 시행한다.
제2조【무허가·무신고 건축물에 의료기관 개설 금지에 관한 적용례】 제33조제7항제4호의 개정규정은 이 법 시행 후 최초로 제33조제3항 또는 제4항에 따라 시장·군수·구청장에게 신고하거나 시·도지사의 허가를 받은 의료기관부터 적용한다.
제3조【의료법인의 임원 선임에 관한 적용례】 제48조의2의 개정규정은 이 법 시행 후 최초로 의료법인의 임원을 선임하는 경우부터 적용한다.
제4조【면허 재교부 제한에 관한 적용례】 제65조제2항 단서의 개정규정(제1항제4호에 관한 개정부분만 해당한다)은 같은 개정규정 시행 후 최초로 의료인이 제4조제4항을 위반하여 면허증을 빌려준 경우부터 적용한다.
제5조【국가시험등의 응시자격에 관한 경과조치】 이 법 시행 당시 종전의 제5조제1항제3호, 제6조제2호, 제7조제1항제2호 및 제80조제1항제5호에 따라 국가시험등의 응시자격을 인정받은 사람은 이 법에 따른 응시자격이 있는 것으로 본다.
제6조【과징금에 관한 경과조치】 이 법 시행 전의 위반행위에 대한 과징금 부과는 제67조제1항의 개정규정에도 불구하고 종전의 규정에 따른다.
제7조【과태료에 관한 경과조치】 제92조제2항제3호의 개정규정 시행 전의 행위에 대한 과태료의 부과는 같은 개정규정에도 불구하고 종전의 규정에 따른다.

부　칙 (2020.3.4)

제1조【시행일】 이 법은 공포 후 6개월이 경과한 날부터 시행한다. 다만, 제21조제3항의 개정규정은 공포한 날부터 시행하고, 제4조제4항, 제4조의3, 제65조제1항제4호 및 제87조의2제2항제1호ㆍ제1호의2의 개정규정은 공포 후 3개월이 경과한 날부터 시행하며, 제3조제2항제3호, 제33조제2항 각 호 외의 부분 후단 및 같은 조 제4항 각 호 외의 부분 전단(시ㆍ도 의료기관개설위원회의 심의에 관한 사항은 제외한다), 제42조제1항제1호, 제43조제3항, 제46조제1항, 제57조의2제2항제1호 및 제62조제2항의 개정규정은 공포 후 1년이 경과한 날부터 시행하고, 제40조, 제40조의2, 제40조의3, 제64조제1항제5호, 제86조의3, 제87조의2제2항제3호ㆍ제4호, 제90조 및 제92조제3항의 개정규정과 제88조의 개정규정 중 "제21조제2항"에 관한 부분은 공포 후 3년이 경과한 날부터 시행한다.
제2조【진료기록부등의 이관에 관한 적용례】 제40조의2의 개정규정은 의료기관 개설자가 같은 개정규정 시행 후 최초로 보건복지부장관에게 폐업ㆍ휴업 신고에 따라 진료기록부등을 이관하는 경우부터 적용한다.
제3조【요양병원의 인증에 관한 적용례】 제58조의4제3항의 개정규정은 같은 개정규정 시행 전에 조건부인증 또는 불인증을 받은 요양병원에 대하여도 적용한다.
제4조【의료기관 회계기준에 관한 적용례】 제62조제2항의 개정규정은 같은 개정규정 시행 후 최초 회계연도 시작시점부터 적용한다.
제5조【정신병원 개설 허가에 관한 경과조치】 이 법 시행 당시 종전의 규정에 따라 병원 또는 요양병원으로 개설 허가를 받은 의료기관 중 「정신건강증진 및 정신질환자 복지서비스 지원에 관한 법률」 제19조제1항 후단에 따른 기준에 적합하게 설치된 의료기관은 제3조제2항제3호마목의 개정규정에 따른 정신병원으로 개설 허가를 받은 것으로 본다.
제6조【재단법인 의료기관평가인증원에 관한 경과조치】 ① 이 법 공포일부터 시행일 전까지 「민법」 제32조에 따라 설립된 재단법인 의료기관평가인증원(이하 "구법인"이라 한다)은 이사회의 의결을 거쳐 모든 재산과 권리ㆍ의무를 이 법에 따른 의료기관평가인증원(이하 "신법인"이라 한다)이 승계하도록 보건복지부장관에게 승인을 신청하여야 한다.
② 제1항에 따라 보건복지부장관의 승인을 받은 구법인은 신법인의 설립과 동시에 「민법」 중 법인의 해산 및 청산에 관한 규정에도 불구하고 해산된 것으로 보며, 구법인에 속하였던 모든 재산과 권리ㆍ의무는 신법인이 포괄 승계한다.
③ 제2항에 따라 신법인에 승계될 재산의 가액은 신법인 설립 등기일 전일의 장부 가액으로 한다.
④ 신법인 설립 당시 등기부나 그 밖의 공부(公簿)에 표시된 구법인의 명의는 신법인의 명의로 본다.
⑤ 신법인 설립 당시 구법인의 임직원은 신법인의 임직원으로 보며, 임직원의 임기는 종전의 임명일부터 기산한다.
⑥ 신법인 설립 이전에 구법인이 행한 행위 또는 구법인에 대하여 행하여진 행위는 신법인이 행한 행위 또는 신법인에 대하여 행하여진 행위로 본다.
⑦ 신법인 설립 당시 다른 법령에서 인증전담기관을 인용하고 있는 경우에는 그에 갈음하여 신법인을 인용한 것으로 본다.
제7조【다른 법률의 개정】 ※(해당 법령에 가제정리 하였음)

부　칙 (2020.4.7)

제1조【시행일】 이 법은 공포 후 1년이 경과한 날부터 시행한다.(이하 생략)

부　칙 (2020.8.11)

제1조【시행일】 이 법은 공포 후 1개월이 경과한 날부터 시행한다. 다만, 이 법 시행 전에 공포되었으나 시행일이 도래하지 아니한 법률을 개정한 부분은 각각 해당 법률의 시행일부터 시행한다.(이하 생략)

부　칙 (2020.12.29)

제1조【시행일】 이 법은 공포 후 6개월이 경과한 날부터 시행한다. 다만, 제27조제5항, 제65조제1항제7호, 제66조제1항제5호 및 제87조의2제2항제3호의 개정규정은 공포 후 3개월이 경과한 날부터 시행하고, 제47조제2항의 개정규정은 공포 후 1년이 경과한 날부터 시행하며, 법률 제17069호 의료법 일부개정법률 제87조의2제2항의 개정규정은 2023년 3월 5일부터 시행한다.
제2조【적용례】 ① 제64조제1항제1호의2ㆍ제4호의3의 개정규정은 같은 개정규정 시행 이후 제4조제2항 또는 제33조제8항을 위반하여 의료기관을 개설하거나 운영 중인 경우부터 적용한다.
② 제65조제1항제7호, 제87조의2제2항제3호 및 법률 제17069호 의료법 일부개정법률 제87조의2제2항제3호의 개정규정은 같은 개정규정 시행 이후의 위반행위부터 적용한다.

부　칙 (2021.9.24)

이 법은 공포 후 2년이 경과한 날부터 시행한다.

부　칙 (2023.5.19)

제1조【시행일】 이 법은 공포 후 6개월이 경과한 날부터 시행한다. 다만, 제65조제1항 각 호 외의 부분 단서 및 같은 항 제8호의 개정규정은 공포한 날부터 시행하고, 제41조의2, 제60조의3제1항, 법률 제18468호 의료법 일부개정법률 제63조제1항의 개정규정은 공포 후 1년이 경과한 날부터 시행한다.
제2조【의료인 결격사유에 관한 적용례】 이 법 시행 전에 저지른 범죄로 금고 이상의 실형이나 형의 집행유예 또는 선고유예를 받은 경우에는 제8조제4호부터 제6호까지의 개정규정에도 불구하고 종전의 규정에 따른다.
제3조【의료인 면허 취소 및 재교부에 관한 적용례】 ① 제65조제1항제2호의2의 개정규정은 이 법 시행 이후 같은 조 제2항에 따라 면허를 재교부받은 사람이 제66조제1항 각 호의 어느 하나에 해당하는 경우부터 적용한다.
② 제65조제1항 각 호 외의 부분 단서 및 같은 항 제8호의 개정규정은 같은 개정규정 시행 전에 거짓이나 그 밖의 부정한 방법으로 의료인 면허 발급 요건을 취득하거나 국가시험에 합격한 경우에 대하여도 적용한다.
③ 제65조제2항 본문의 개정규정은 이 법 시행 이후 면허를 재교부하는 경우부터 적용한다.
④ 제65조제2항 단서의 개정규정(제8조제4호에 따른 사유로 면허가 취소된 사람이 다시 제8조제4호에 따른 사유로 면허가 취소된 경우에 관한 개정 부분만 해당한다)은 이 법 시행 이후 저지른 범죄로 금고 이상의 실형을 선고받는 경우부터 적용한다.

부　칙 (2023.10.31)

제1조【시행일】 이 법은 공포 후 6개월이 경과한 날부터 시행한다. 다만, 제36조제14호의 개정규정은 공포 후 9개월이 경과한 날부터 시행한다.
제2조【임종실 설치에 관한 경과조치】 제36조제14호 시행 당시 종전의 규정에 따라 의료기관을 개설하여 운영하고 있는 자는 같은 개정규정 시행일부터 1년 이내에 제36조제14호의 개정규정에 따른 시설을 갖추어야 한다.

부　칙 (2024.1.23)

이 법은 공포한 날부터 시행한다.

부 칙 (2024.1.30)

제1조【시행일】 이 법은 공포 후 1년 6개월이 경과한 날부터 시행한다.(이하 생략)

부 칙 (2024.9.20)

제1조【시행일】 이 법은 공포 후 9개월이 경과한 날부터 시행한다.(이하 생략)

부 칙 (2024.10.22)

이 법은 공포한 날부터 시행한다.

부 칙 (2024.12.20)

제1조【시행일】 이 법은 공포 후 6개월이 경과한 날부터 시행한다. 다만, 제20조의 개정규정은 공포한 날부터 시행하고, 제47조의3, 제58조의12의 개정규정은 공포 후 1년이 경과한 날부터 시행한다.
제2조【의료기관의 개설허가에 관한 적용례】 제33조제4항의 개정규정은 이 법 시행 이후 개설허가를 신청하는 경우부터 적용한다.
제3조【전문병원 지정 및 지정취소에 관한 경과조치】 ① 이 법 시행 전에 발생한 사유로 인하여 제64조제1항에 따른 3개월 이상의 의료업 정지나 개설 허가의 취소 또는 폐쇄 명령을 받은 의료기관 또는 그 개설자에 대하여는 제3조의5제2항제3호 및 같은 조 제5항제4호의 개정규정에도 불구하고 종전의 규정에 따른다.
② 이 법 시행 전에 제3조의5제2항제1호 또는 제2호의 요건에 해당하지 아니하여 제63조에 따른 시정명령을 받은 전문병원에 대하여는 제3조의5제5항제3호의 개정규정에도 불구하고 종전의 규정에 따른다.
제4조【다른 법률의 개정】 ※(해당 법령에 가제정리 하였음)

식품위생법

(2009년 2월 6일 전부개정법률 제9432호)

개정
2009. 5.21법 9692호 <중략>
2013. 5.22법11819호
2013. 6. 7법11873호(부가세)
2013. 7.30법11985호(식품·의약품분야시험·검사등에관한법)
2013. 7.30법11986호
2013. 8. 6법11998호(지방세외수입금의징수등에관한법)
2014. 1.28법12390호 2014. 3.18법12496호
2014. 5.28법12719호
2015. 2. 3법13201호(수입식품안전관리특별법)
2015. 3.27법13277호 2015. 5.18법13332호
2016. 2. 3법13983호(공중위생관리법)
2016. 2. 3법14022호
2016. 2. 3법14026호(한국식품안전관리인증원의설립및운영에관한법)
2016. 5.29법14262호 2016.12. 2법14355호
2016.12.27법14476호(지방세징수법)
2017. 4.18법14835호 2017.12.19법15277호
2018. 3.13법15484호
2018. 3.27법15534호(감염병)
2018.12.11법15943호 2019. 1.15법16296호
2019. 4.30법16431호
2019. 8.27법16568호(양식산업발전법)
2019.12. 3법16717호
2020. 3.24법17091호(지방행정제재·부과금의징수등에관한법)
2020. 8.11법17472호(정부조직)
2020.12.29법17761호(주류면허등에관한법)
2020.12.29법17809호 2021. 7.27법18363호
2021. 8.17법18445호(식품등의표시·광고에관한법)
2022. 6.10법18967호 2024. 1. 2법19917호
2024. 1.23법20140호 2024. 2. 6법20246호
2024. 2.13법20307호 2024. 2.20법20347호
2024. 9.20법20438호(자치입법권강화및지방자율성제고를위한일부개정법령등)

제1장 총 칙

제1조【목적】 이 법은 식품으로 인하여 생기는 위생상의 위해(危害)를 방지하고 식품영양의 질적 향상을 도모하며 식품에 관한 올바른 정보를 제공함으로써 국민 건강의 보호·증진에 이바지함을 목적으로 한다.(2022.6.10 본조개정)
제2조【정의】 이 법에서 사용하는 용어의 뜻은 다음과 같다.
1. "식품"이란 모든 음식물(의약으로 섭취하는 것은 제외한다)을 말한다.
2. "식품첨가물"이란 식품을 제조·가공·조리 또는 보존하는 과정에서 감미(甘味), 착색(着色), 표백(漂白) 또는 산화방지 등을 목적으로 식품에 사용되는 물질을 말한다. 이 경우 기

구(器具)·용기·포장을 살균·소독하는 데에 사용되어 간접적으로 식품으로 옮아갈 수 있는 물질을 포함한다. (2016.2.3 전단개정)
3. "화학적 합성품"이란 화학적 수단으로 원소(元素) 또는 화합물에 분해 반응 외의 화학 반응을 일으켜서 얻은 물질을 말한다.
4. "기구"란 다음 각 목의 어느 하나에 해당하는 것으로서 식품 또는 식품첨가물에 직접 닿는 기계·기구나 그 밖의 물건(농업과 수산업에서 식품을 채취하는 데에 쓰는 기계·기구나 그 밖의 물건 및 「위생용품 관리법」 제2조제1호에 따른 위생용품은 제외한다)을 말한다.(2017.4.18 본문개정)
가. 음식을 먹을 때 사용하거나 담는 것
나. 식품 또는 식품첨가물을 채취·제조·가공·조리·저장·소분〔(小分) : 완제품을 나누어 유통을 목적으로 재포장하는 것을 말한다. 이하 같다〕·운반·진열할 때 사용하는 것
5. "용기·포장"이란 식품 또는 식품첨가물을 넣거나 싸는 것으로서 식품 또는 식품첨가물을 주고받을 때 함께 건네는 물품을 말한다.
5의2. "공유주방"이란 식품의 제조·가공·조리·저장·소분·운반에 필요한 시설 또는 기계·기구 등을 여러 영업자가 함께 사용하거나, 동일한 영업자가 여러 종류의 영업에 사용할 수 있는 시설 또는 기계·기구 등이 갖춰진 장소를 말한다.(2020.12.29 본호신설)
6. "위해"란 식품, 식품첨가물, 기구 또는 용기·포장에 존재하는 위험요소로서 인체의 건강을 해치거나 해칠 우려가 있는 것을 말한다.
7.~8. (2018.3.13 삭제)
9. "영업"이란 식품 또는 식품첨가물을 채취·제조·가공·조리·저장·소분·운반 또는 판매하거나 기구 또는 용기·포장을 제조·운반·판매하는 업(농업과 수산업에 속하는 식품 채취업은 제외한다. 이하 이 호에서 "식품제조업등"이라 한다)을 말한다. 이 경우 공유주방을 운영하는 업과 공유주방에서 식품제조업등을 영위하는 업을 포함한다.(2020.12.29 본호개정)
10. "영업자"란 제37조제1항에 따라 영업허가를 받은 자나 같은 조 제4항에 따라 영업신고를 한 자 또는 같은 조 제5항에 따라 영업등록을 한 자를 말한다.(2011.6.7 본호개정)
11. "식품위생"이란 식품, 식품첨가물, 기구 또는 용기·포장을 대상으로 하는 음식에 관한 위생을 말한다.
12. "집단급식소"란 영리를 목적으로 하지 아니하면서 특정 다수인에게 계속하여 음식물을 공급하는 다음 각 목의 어느 하나에 해당하는 곳의 급식시설로서 대통령령으로 정하는 시설을 말한다.
가. 기숙사
나. 학교, 유치원, 어린이집(2020.12.29 본목개정)
다. 병원
라. 「사회복지사업법」 제2조제4호의 사회복지시설(2013.5.22 본목개정)
마. 산업체(2013.5.22 본목신설)
바. 국가, 지방자치단체 및 「공공기관의 운영에 관한 법률」 제4조제1항에 따른 공공기관(2013.5.22 본목신설)
사. 그 밖의 후생기관 등(2013.5.22 본목신설)
13. "식품이력추적관리"란 식품을 제조·가공단계부터 판매단계까지 각 단계별로 정보를 기록·관리하여 그 식품의 안전성 등에 문제가 발생할 경우 그 식품을 추적하여 원인을 규명하고 필요한 조치를 할 수 있도록 관리하는 것을 말한다. (2015.2.3 본호개정)
14. "식중독"이란 식품 섭취로 인하여 인체에 유해한 미생물 또는 유독물질에 의하여 발생하였거나 발생한 것으로 판단되는 감염성 질환 또는 독소형 질환을 말한다.
15. "집단급식소에서의 식단"이란 급식대상 집단의 영양섭취기준에 따라 음식명, 식재료, 영양성분, 조리방법, 조리인력 등을 고려하여 작성한 급식계획서를 말한다.(2011.6.7 본호신설)

제3조【식품 등의 취급】 ① 누구든지 판매(판매 외의 불특정 다수인에 대한 제공을 포함한다. 이하 같다)를 목적으로 식품 또는 식품첨가물을 채취·제조·가공·사용·조리·저장·소분·운반 또는 진열을 할 때에는 깨끗하고 위생적으로 하여야 한다.
② 영업에 사용하는 기구 및 용기·포장은 깨끗하고 위생적으로 다루어야 한다.
③ 제1항 및 제2항에 따른 식품, 식품첨가물, 기구 또는 용기·포장(이하 "식품등"이라 한다)의 위생적인 취급에 관한 기준은 총리령으로 정한다.(2013.3.23 본항개정)

제2장 식품과 식품첨가물

제4조【위해식품등의 판매 등 금지】 누구든지 다음 각 호의 어느 하나에 해당하는 식품등을 판매하거나 판매할 목적으로 채취·제조·수입·가공·사용·조리·저장·소분·운반 또는 진열하여서는 아니 된다.
1. 썩거나 상하거나 설익어서 인체의 건강을 해칠 우려가 있는 것
2. 유독·유해물질이 들어 있거나 묻어 있는 것 또는 그러할 염려가 있는 것. 다만, 식품의약품안전처장이 인체의 건강을 해칠 우려가 없다고 인정하는 것은 제외한다.(2013.3.23 단서개정)
3. 병(病)을 일으키는 미생물에 오염되었거나 그러할 염려가 있어 인체의 건강을 해칠 우려가 있는 것
4. 불결하거나 다른 물질이 섞이거나 첨가(添加)된 것 또는 그 밖의 사유로 인체의 건강을 해칠 우려가 있는 것
5. 제18조에 따른 안전성 심사 대상인 농·축·수산물 등 가운데 안전성 심사를 받지 아니하였거나 안전성 심사에서 식용(食用)으로 부적합하다고 인정된 것(2016.2.3 본호개정)
6. 수입이 금지된 것 또는 「수입식품안전관리 특별법」 제20조제1항에 따른 수입신고를 하지 아니하고 수입한 것(2015.2.3 본호개정)
7. 영업자가 아닌 자가 제조·가공·소분한 것

제5조【병든 동물 고기 등의 판매 등 금지】 누구든지 총리령으로 정하는 질병에 걸렸거나 걸렸을 염려가 있는 동물이나 그 질병에 걸려 죽은 동물의 고기·뼈·젖·장기 또는 혈액을 식품으로 판매하거나 판매할 목적으로 채취·수입·가공·사용·조리·저장·소분 또는 운반하거나 진열하여서는 아니 된다.(2013.3.23 본조개정)

제6조【기준·규격이 정하여지지 아니한 화학적 합성품 등의 판매 등 금지】 누구든지 다음 각 호의 어느 하나에 해당하는 행위를 하여서는 아니 된다. 다만, 식품의약품안전처장이 제57조에 따른 식품위생심의위원회(이하 "심의위원회"라 한다)의 심의를 거쳐 인체의 건강을 해칠 우려가 없다고 인정하는 경우에는 그러하지 아니하다.(2013.3.23 단서개정)
1. 제7조제1항 및 제2항에 따라 기준·규격이 정하여지지 아니한 화학적 합성품인 첨가물과 이를 함유한 물질을 식품첨가물로 사용하는 행위(2016.2.3 본호개정)
2. 제1호에 따른 식품첨가물이 함유된 식품을 판매하거나 판매할 목적으로 제조·수입·가공·사용·조리·저장·소분·운반 또는 진열하는 행위
(2016.2.3 본조제목개정)

제7조【식품 또는 식품첨가물에 관한 기준 및 규격】 ① 식품의약품안전처장은 국민 건강을 보호·증진하기 위하여 필요하면 판매를 목적으로 하는 식품 또는 식품첨가물에 관한 다음 각 호의 사항을 정하여 고시한다.(2022.6.10 본문개정)
1. 제조·가공·사용·조리·보존 방법에 관한 기준
2. 성분에 관한 규격
② 식품의약품안전처장은 제1항에 따라 기준과 규격이 고시되지 아니한 식품 또는 식품첨가물의 기준과 규격을 인정받으려는 자에게 제1항 각 호의 사항을 제출하게 하여 「식품·의약품분야 시험·검사 등에 관한 법률」 제6조제3항제1호에 따라 식품의약품안전처장이 지정한 식품전문 시험·검사기관 또는 같은 조 제4항 단서에 따라 총리령으로 정하는 시험·검사기관의 검토를 거쳐 제1항에 따른 기준과 규격이 고시될 때까지 그

식품 또는 식품첨가물의 기준과 규격으로 인정할 수 있다. (2016.2.3 본항개정)
③ 수출할 식품 또는 식품첨가물의 기준과 규격은 제1항 및 제2항에도 불구하고 수입자가 요구하는 기준과 규격을 따를 수 있다.
④ 제1항 및 제2항에 따라 기준과 규격이 정하여진 식품 또는 식품첨가물은 그 기준에 따라 제조·수입·가공·사용·조리·보존하여야 하며, 그 기준과 규격에 맞지 아니하는 식품 또는 식품첨가물은 판매하거나 판매할 목적으로 제조·수입·가공·사용·조리·저장·소분·운반·보존 또는 진열하여서는 아니 된다.
⑤ 식품의약품안전처장은 거짓이나 그 밖의 부정한 방법으로 제2항에 따른 기준 및 규격의 인정을 받은 자에 대하여 그 인정을 취소하여야 한다.(2024.2.13 본항신설)
제7조의2【권장규격】 ① 식품의약품안전처장은 판매를 목적으로 하는 제7조 및 제9조에 따른 기준 및 규격이 설정되지 아니한 식품등이 국민 건강에 위해를 미칠 우려가 있어 예방조치가 필요하다고 인정하는 경우에는 그 기준 및 규격이 설정될 때까지 위해 우려가 있는 성분 등의 안전관리를 권장하기 위한 규격(이하 "권장규격"이라 한다)을 정할 수 있다.(2022.6.10 본항개정)
② 식품의약품안전처장은 제1항에 따라 권장규격을 정할 때에는 국제식품규격위원회 및 외국의 규격 또는 다른 식품등에 이미 규격이 신설되어 있는 유사한 성분 등을 고려하여야 하고 심의위원회의 심의를 거쳐야 한다.(2022.6.10 본항개정)
③ 식품의약품안전처장은 영업자가 제1항에 따른 권장규격을 준수하도록 요청할 수 있으며 이행하지 아니한 경우 그 사실을 공개할 수 있다.
(2022.6.10 본조제목개정)
(2013.3.23 본조개정)
제7조의3【농약 등의 잔류허용기준 설정 요청 등】 ① 식품에 잔류하는 「농약관리법」에 따른 농약, 「약사법」에 따른 동물용 의약품의 잔류허용기준 설정이 필요한 자는 식품의약품안전처장에게 신청하여야 한다.
② 수입식품에 대한 농약 및 동물용 의약품의 잔류허용기준 설정을 원하는 자는 식품의약품안전처장에게 관련 자료를 제출하여 기준 설정을 요청할 수 있다.
③ 식품의약품안전처장은 제1항의 신청에 따라 잔류허용기준을 설정하는 경우 관계 행정기관의 장에게 자료제공 등의 협조를 요청할 수 있다. 이 경우 요청을 받은 관계 행정기관의 장은 특별한 사유가 없으면 이에 따라야 한다.
④ 제1항 및 제2항에 따른 신청 절차·방법 및 자료제출의 범위 등 세부사항은 총리령으로 정한다.
(2013.7.30 본조신설)
제7조의4【식품등의 기준 및 규격 관리계획 등】 ① 식품의약품안전처장은 관계 중앙행정기관의 장과의 협의 및 심의위원회의 심의를 거쳐 식품등의 기준 및 규격 관리 기본계획(이하 "관리계획"이라 한다)을 5년마다 수립·추진할 수 있다.
(2016.2.3 본항개정)
② 관리계획에는 다음 각 호의 사항이 포함되어야 한다.
1. 식품등의 기준 및 규격 관리의 기본 목표 및 추진방향
2. 식품등의 유해물질 노출량 평가
3. 식품등의 유해물질의 총 노출량 적정관리 방안
4. 식품등의 기준 및 규격의 재평가에 관한 사항
5. 그 밖에 식품등의 기준 및 규격 관리에 필요한 사항
③ 식품의약품안전처장은 관리계획을 시행하기 위하여 해마다 관계 중앙행정기관의 장과 협의하여 식품등의 기준 및 규격 관리 시행계획(이하 "시행계획"이라 한다)을 수립하여야 한다.
④ 식품의약품안전처장은 관리계획 및 시행계획을 수립·시행하기 위하여 필요한 때에는 관계 중앙행정기관의 장 및 지방자치단체의 장에게 협조를 요청할 수 있다. 이 경우 협조를 요청받은 관계 중앙행정기관의 장 등은 특별한 사유가 없으면 이에 따라야 한다.
⑤ 관리계획에 포함되는 노출량 평가·관리의 대상이 되는 유해물질의 종류, 관리계획 및 시행계획의 수립·시행 등에 필요한 사항은 총리령으로 정한다.
(2014.5.28 본조신설)
제7조의5【식품등의 기준 및 규격의 재평가 등】 ① 식품의약품안전처장은 관리계획에 따라 식품등에 관한 기준 및 규격을 주기적으로 재평가하여야 한다.
② 식품의약품안전처장은 제1항에 따른 재평가 결과에 따라 식품등의 기준 및 규격을 개정하는 등 필요한 조치를 하여야 한다.(2022.6.10 본항신설)
③ 제1항에 따른 재평가 대상, 방법 및 절차 등에 필요한 사항은 총리령으로 정한다.
(2014.5.28 본조신설)

제3장 기구와 용기·포장

제8조【유독기구 등의 판매·사용 금지】 유독·유해물질이 들어 있거나 묻어 있어 인체의 건강을 해칠 우려가 있는 기구 및 용기·포장과 식품 또는 식품첨가물에 직접 닿으면 해로운 영향을 끼쳐 인체의 건강을 해칠 우려가 있는 기구 및 용기·포장을 판매하거나 판매할 목적으로 제조·수입·저장·운반·진열하거나 영업에 사용하여서는 아니 된다.
제9조【기구 및 용기·포장에 관한 기준 및 규격】 ① 식품의약품안전처장은 국민보건을 위하여 필요한 경우에는 판매하거나 영업에 사용하는 기구 및 용기·포장에 관하여 다음 각 호의 사항을 정하여 고시한다.(2013.3.23 본문개정)
1. 제조 방법에 관한 기준
2. 기구 및 용기·포장과 그 원재료에 관한 규격
② 식품의약품안전처장은 제1항에 따라 기준과 규격이 고시되지 아니한 기구 및 용기·포장의 기준과 규격을 인정받으려는 자에게 제1항 각 호의 사항을 제출하게 하여 「식품·의약품분야 시험·검사 등에 관한 법률」 제6조제3항제1호에 따라 식품의약품안전처장이 지정한 식품전문 시험·검사기관 또는 같은 조 제4항 단서에 따라 총리령으로 정하는 시험·검사기관의 검토를 거쳐 제1항에 따라 기준과 규격이 고시될 때까지 해당 기구 및 용기·포장의 기준과 규격으로 인정할 수 있다.(2016.2.3 본항개정)
③ 수출할 기구 및 용기·포장과 그 원재료에 관한 기준과 규격은 제1항 및 제2항에도 불구하고 수입자가 요구하는 기준과 규격을 따를 수 있다.
④ 제1항 및 제2항에 따라 기준과 규격이 정하여진 기구 및 용기·포장은 그 기준에 따라 제조하여야 하며, 그 기준과 규격에 맞지 아니한 기구 및 용기·포장은 판매하거나 판매할 목적으로 제조·수입·저장·운반·진열하거나 영업에 사용하여서는 아니 된다.
⑤ 식품의약품안전처장은 거짓이나 그 밖의 부정한 방법으로 제2항에 따른 기준 및 규격의 인정을 받은 자에 대하여 그 인정을 취소하여야 한다.(2024.2.13 본항신설)
제9조의2【기구 및 용기·포장에 사용하는 재생원료에 관한 인정】 ① 식품의약품안전처장은 기구 및 용기·포장을 제조할 때 원재료로 사용하기에 적합한 재생원료(이미 사용한 기구 및 용기·포장을 다시 사용할 수 있도록 처리한 원료물질을 말한다. 이하 같다)의 기준을 정하여 고시한다.
② 기구 및 용기·포장의 원재료로 사용할 재생원료를 제조하려는 자는 해당 재생원료가 제1항에 따른 기준에 적합한지에 관하여 식품의약품안전처장의 인정을 받아야 한다. 다만, 가열·화학반응 등에 의해 분해·정제·중합하는 등 총리령으로 정하는 공정을 거친 재생원료의 경우에는 그러하지 아니하다.
③ 제2항에 따라 인정을 받으려는 자는 총리령으로 정하는 서류를 첨부하여 식품의약품안전처장에게 신청하여야 한다.
④ 제3항에 따라 신청을 받은 식품의약품안전처장은 인정을 신청한 자에게 재생원료의 안전성 확인 등 인정에 필요한 자료를 제출하게 할 수 있다.
⑤ 식품의약품안전처장은 제3항에 따라 인정을 신청한 재생원료가 제1항에 따른 기준에 적합하면 제2항에 따라 재생원료에 관한 인정을 하고, 총리령으로 정하는 바에 따라 인정서를 발급하여야 한다.

⑥ 식품의약품안전처장은 거짓이나 그 밖의 부정한 방법으로 제5항에 따른 재생원료에 관한 인정을 받은 자에 대하여 그 인정을 취소하여야 한다.(2024.2.13 본항신설)
⑦ 제1항부터 제5항까지에서 규정한 사항 외에 재생원료의 인정 절차, 인정서 발급 절차 등에 필요한 세부사항은 총리령으로 정한다.
(2022.6.10 본조신설)
제9조의3【인정받지 않은 재생원료의 기구 및 용기·포장에의 사용 등 금지】 누구든지 제9조의2제2항에 따른 인정을 받지 아니한 재생원료를 사용한 기구 및 용기·포장을 판매하거나 판매할 목적으로 제조·수입·저장·운반·진열하거나 영업에 사용하여서는 아니 된다.(2022.6.10 본조신설)

제4장 표 시

제10조～제11조의2 (2018.3.13 삭제)
제12조 (2010.2.4 삭제)
제12조의2【유전자변형식품등의 표시】 ① 다음 각 호의 어느 하나에 해당하는 생명공학기술을 활용하여 재배·육성된 농산물·축산물·수산물 등을 원재료로 하여 제조·가공한 식품 또는 식품첨가물(이하 "유전자변형식품등"이라 한다)은 유전자변형식품임을 표시하여야 한다. 다만, 제조·가공 후에 유전자변형 디엔에이(DNA, Deoxyribonucleic acid) 또는 유전자변형 단백질이 남아 있는 유전자변형식품등에 한정한다.
(2016.2.3 본문개정)
1. 인위적으로 유전자를 재조합하거나 유전자를 구성하는 핵산을 세포 또는 세포 내 소기관으로 직접 주입하는 기술
2. 분류학에 따른 과(科)의 범위를 넘는 세포융합기술
(2016.2.3 1호～2호신설)
② 제1항에 따라 표시하여야 하는 유전자변형식품등은 표시가 없으면 판매하거나 판매할 목적으로 수입·진열·운반하거나 영업에 사용하여서는 아니 된다.(2016.2.3 본항개정)
③ 제1항에 따른 표시의무자, 표시대상 및 표시방법 등에 필요한 사항은 식품의약품안전처장이 정한다.(2013.3.23 본항개정)
(2016.2.3 본조제목개정)
제12조의3～제13조 (2018.3.13 삭제)

제5장 식품등의 공전(公典)

제14조【식품등의 공전】 식품의약품안전처장은 다음 각 호의 기준 등을 실은 식품등의 공전을 작성·보급하여야 한다.
(2013.3.23 본문개정)
1. 제7조제1항에 따라 정하여진 식품 또는 식품첨가물의 기준과 규격
2. 제9조제1항에 따라 정하여진 기구 및 용기·포장의 기준과 규격
3. (2018.3.13 삭제)

제6장 검사 등

제15조【위해평가】 ① 식품의약품안전처장은 국내외에서 유해물질이 함유된 것으로 알려지는 등 위해의 우려가 제기되는 식품등이 제4조 또는 제8조에 따른 식품등에 해당한다고 의심되는 경우에는 그 식품등의 위해요소를 신속히 평가하여 그것이 위해식품등인지를 결정하여야 한다.(2013.3.23 본항개정)
② 식품의약품안전처장은 제1항에 따른 위해평가가 끝나기 전까지 국민건강을 위하여 예방조치가 필요한 식품등에 대하여는 판매하거나 판매할 목적으로 채취·제조·수입·가공·사용·조리·저장·소분·운반 또는 진열하는 것을 일시적으로 금지할 수 있다. 다만, 국민건강에 급박한 위해가 발생하였거나 발생할 우려가 있다고 식품의약품안전처장이 인정하는 경우에는 그 금지조치를 하여야 한다.(2013.3.23 본항개정)
③ 식품의약품안전처장은 제2항에 따른 일시적 금지조치를 하려면 미리 심의위원회의 심의·의결을 거쳐야 한다. 다만, 국민건강을 급박하게 위해할 우려가 있어서 신속히 금지조치를 하여야 할 필요가 있는 경우에는 먼저 일시적 금지조치를 한 뒤 지체 없이 심의위원회의 심의·의결을 거칠 수 있다.
(2013.3.23 본문개정)
④ 심의위원회는 제3항 본문 및 단서에 따라 심의하는 경우 대통령령으로 정하는 이해관계인의 의견을 들어야 한다.
⑤ 식품의약품안전처장은 제1항에 따른 위해평가나 제3항 단서에 따른 사후 심의위원회의 심의·의결에서 위해가 없다고 인정된 식품등에 대하여는 지체 없이 제2항에 따른 일시적 금지조치를 해제하여야 한다.(2013.3.23 본항개정)
⑥ 제1항에 따른 위해평가의 대상, 방법 및 절차, 그 밖에 필요한 사항은 대통령령으로 정한다.
제15조의2【위해평가 결과 등에 관한 공표】 ① 식품의약품안전처장은 제15조에 따른 위해평가 결과에 관한 사항을 공표할 수 있다.(2013.3.23 본항개정)
② 중앙행정기관의 장, 특별시장·광역시장·특별자치시장·도지사·특별자치도지사(이하 "시·도지사"라 한다), 시장·군수·구청장(자치구의 구청장을 말한다. 이하 같다) 또는 대통령령으로 정하는 공공기관의 장은 식품의 위해 여부가 의심되는 경우나 위해와 관련된 사실을 공표하려는 경우로서 제15조에 따른 위해평가가 필요한 경우에는 반드시 식품의약품안전처장에게 그 사실을 미리 알리고 협의하여야 한다.(2016.2.3 본항개정)
③ 제1항에 따른 공표방법 등 공표에 필요한 사항은 대통령령으로 정한다.
(2011.6.7 본조신설)
제16조【소비자 등의 위생검사등 요청】 ① 식품의약품안전처장(대통령령으로 정하는 그 소속 기관의 장을 포함한다. 이하 이 조에서 같다), 시·도지사 또는 시장·군수·구청장은 대통령령으로 정하는 일정 수 이상의 소비자, 소비자단체 또는 「식품·의약품분야 시험·검사 등에 관한 법률」 제6조에 따른 시험·검사기관 중 총리령으로 정하는 시험·검사기관이 식품등 또는 영업시설 등에 대하여 제22조에 따른 출입·검사·수거 등(이하 이 조에서 "위생검사등"이라 한다)을 요청하는 경우에는 이에 따라야 한다. 다만, 다음 각 호의 어느 하나에 해당하는 경우에는 그러하지 아니하다.
1. 같은 소비자, 소비자단체 또는 시험·검사기관이 특정 영업자의 영업을 방해할 목적으로 같은 내용의 위생검사등을 반복적으로 요청하는 경우
2. 식품의약품안전처장, 시·도지사 또는 시장·군수·구청장이 기술 또는 시설, 재원(財源) 등의 사유로 위생검사등을 할 수 없다고 인정하는 경우
(2013.7.30 본항개정)
② 식품의약품안전처장, 시·도지사 또는 시장·군수·구청장은 제1항에 따라 위생검사등의 요청에 따르는 경우 14일 이내에 위생검사등을 하고 그 결과를 대통령령으로 정하는 바에 따라 위생검사등의 요청을 한 소비자, 소비자단체 또는 시험·검사기관에 알리고 인터넷 홈페이지에 게시하여야 한다.
(2013.7.30 본항개정)
③ 위생검사등의 요청 요건 및 절차, 그 밖에 필요한 사항은 대통령령으로 정한다.
(2013.7.30 본조제목개정)
제17조【위해식품등에 대한 긴급대응】 ① 식품의약품안전처장은 판매하거나 판매할 목적으로 채취·제조·수입·가공·조리·저장·소분 또는 운반(이하 이 조에서 "제조·판매등"이라 한다)되고 있는 식품등이 다음 각 호의 어느 하나에 해당하는 경우에는 긴급대응방안을 마련하고 필요한 조치를 하여야 한다.(2013.3.23 본문개정)
1. 국내외에서 식품등 위해발생 우려가 총리령으로 정하는 과학적 근거에 따라 제기되었거나 제기된 경우(2013.3.23 본호개정)
2. 그 밖에 식품등으로 인하여 국민건강에 중대한 위해가 발생하거나 발생할 우려가 있는 경우로서 대통령령으로 정하는 경우
② 제1항에 따른 긴급대응방안은 다음 각 호의 사항이 포함되어야 한다.
1. 해당 식품등의 종류
2. 해당 식품등으로 인하여 인체에 미치는 위해의 종류 및 정도

3. 제3항에 따른 제조·판매등의 금지가 필요한 경우 이에 관한 사항
4. 소비자에 대한 긴급대응요령 등의 교육·홍보에 관한 사항
5. 그 밖에 식품등의 위해 방지 및 확산을 막기 위하여 필요한 사항
③ 식품의약품안전처장은 제1항에 따른 긴급대응이 필요하다고 판단되는 식품등에 대하여는 그 위해 여부가 확인되기 전까지 해당 식품등의 제조·판매등을 금지하여야 한다.(2013.3.23 본항개정)
④ 영업자는 제3항에 따른 식품등에 대하여는 제조·판매등을 하여서는 아니 된다.
⑤ 식품의약품안전처장은 제3항에 따라 제조·판매등을 금지하려면 미리 대통령령으로 정하는 이해관계인의 의견을 들어야 한다.(2013.3.23 본항개정)
⑥ 영업자는 제3항에 따른 금지조치에 대하여 이의가 있는 경우에는 대통령령으로 정하는 바에 따라 식품의약품안전처장에게 해당 금지의 전부 또는 일부의 해제를 요청할 수 있다.
(2013.3.23 본항개정)
⑦ 식품의약품안전처장은 식품등으로 인하여 국민건강에 위해가 발생하지 아니하였거나 발생할 우려가 없어졌다고 인정하는 경우에는 제3항에 따른 금지의 전부 또는 일부를 해제하여야 한다.(2013.3.23 본항개정)
⑧ 식품의약품안전처장은 국민건강에 급박한 위해가 발생하거나 발생할 우려가 있다고 인정되는 위해식품에 관한 정보를 국민에게 긴급하게 전달하여야 하는 경우로서 대통령령으로 정하는 요건에 해당하는 경우에는 「방송법」 제2조제3호에 따른 방송사업자 중 대통령령으로 정하는 방송사업자에 대하여 이를 신속하게 방송하도록 요청하거나 「전기통신사업법」 제5조에 따른 기간통신사업자 중 대통령령으로 정하는 기간통신사업자에 대하여 이를 신속하게 문자 또는 음성으로 송신하도록 요청할 수 있다.(2013.3.23 본항개정)
⑨ 제8항에 따라 요청을 받은 방송사업자 및 기간통신사업자는 특별한 사유가 없는 한 이에 응하여야 한다.

제18조【유전자변형식품등의 안전성 심사 등】 ① 유전자변형식품등을 식용(食用)으로 수입·개발·생산하는 자는 최초로 유전자변형식품등을 수입하는 경우 등 대통령령으로 정하는 경우에는 식품의약품안전처장에게 해당 식품등에 대한 안전성 심사를 받아야 한다.
② 식품의약품안전처장은 제1항에 따른 유전자변형식품등의 안전성 심사를 위하여 식품의약품안전처에 유전자변형식품등 안전성심사위원회(이하 "안전성심사위원회"라 한다)를 둔다.
③ 안전성심사위원회는 위원장 1명을 포함한 20명 이내의 위원으로 구성한다. 이 경우 공무원이 아닌 위원이 전체 위원의 과반수가 되도록 하여야 한다.(2019.1.15 본항신설)
④ 안전성심사위원회의 위원은 유전자변형식품등에 관한 학식과 경험이 풍부한 사람으로서 다음 각 호의 어느 하나에 해당하는 사람 중에서 식품의약품안전처장이 위촉하거나 임명한다.
1. 유전자변형식품 관련 학회 또는 「고등교육법」 제2조제1호 및 제2호에 따른 대학 또는 산업대학의 추천을 받은 사람
2. 「비영리민간단체 지원법」 제2조에 따른 비영리민간단체의 추천을 받은 사람
3. 식품위생 관계 공무원
(2019.1.15 본항신설)
⑤ 안전성심사위원회의 위원장은 위원 중에서 호선한다.
(2019.1.15 본항신설)
⑥ 위원의 임기는 2년으로 한다. 다만, 공무원인 위원의 임기는 해당 직(職)에 재직하는 기간으로 한다.(2019.1.15 본항신설)
⑦ 식품의약품안전처장은 거짓이나 그 밖의 부정한 방법으로 제1항에 따른 안전성 심사를 받은 자에 대하여 그 심사에 따른 안전성 승인을 취소하여야 한다.(2024.2.13 본항신설)
⑧ 제2항부터 제6항까지에서 규정한 사항 외에 안전성심사위원회의 구성·기능·운영에 필요한 사항은 대통령령으로 정한다.(2024.2.13 본항개정)
⑨ 제1항에 따른 안전성 심사의 대상, 안전성 심사를 위한 자료제출의 범위 및 심사절차 등에 관하여는 식품의약품안전처장이 정하여 고시한다.
(2016.2.3 본조개정)

제19조~제19조의3 (2015.2.3 삭제)

제19조의4【검사명령 등】 ① 식품의약품안전처장은 다음 각 호의 어느 하나에 해당하는 식품등을 채취·제조·가공·사용·조리·저장·소분·운반 또는 진열하는 영업자에 대하여 「식품·의약품분야 시험·검사 등에 관한 법률」 제6조제3항제1호에 따른 식품전문 시험·검사기관 또는 같은 법 제8조에 따른 국외시험·검사기관에서 검사를 받을 것을 명(이하 "검사명령"이라 한다)할 수 있다. 다만, 검사로써 위해성분을 확인할 수 없다고 식품의약품안전처장이 인정하는 경우에는 관계 자료 등으로 갈음할 수 있다.(2015.2.3 본문개정)
1. 국내외에서 유해물질이 검출된 식품등
2. (2015.2.3 삭제)
3. 그 밖에 국내외에서 위해발생의 우려가 제기되었거나 제기된 식품등
② 검사명령을 받은 영업자는 총리령으로 정하는 검사기한 내에 검사를 받거나 관련 자료 등을 제출하여야 한다.(2013.3.23 본항개정)
③ 제1항 및 제2항에 따른 검사명령 대상 식품등의 범위, 제출자료 등 세부사항은 식품의약품안전처장이 정하여 고시한다.
(2013.3.23 본항개정)
(2011.6.7 본조신설)

제20조 (2015.2.3 삭제)

제21조【특정 식품등의 수입·판매 등 금지】 ① 식품의약품안전처장은 특정 국가 또는 지역에서 채취·제조·가공·사용·조리 또는 저장된 식품등이 그 특정 국가 또는 지역에서 위해한 것으로 밝혀졌거나 위해의 우려가 있다고 인정되는 경우에는 그 식품등을 수입·판매하거나 판매할 목적으로 제조·가공·사용·조리·저장·소분·운반 또는 진열하는 것을 금지할 수 있다.(2013.3.23 본항개정)
② 식품의약품안전처장은 제15조제1항에 따른 위해평가 또는 「수입식품안전관리 특별법」 제21조제1항에 따른 검사 후 식품등에서 제4조제2호에 따른 유독·유해물질이 검출된 경우에는 해당 식품등의 수입을 금지하여야 한다. 다만, 인체의 건강을 해칠 우려가 없다고 식품의약품안전처장이 인정하는 경우는 그러하지 아니하다.(2015.2.3 본문개정)
③ 식품의약품안전처장은 제1항 및 제2항에 따른 금지를 하려면 미리 관계 중앙행정기관의 장의 의견을 듣고 심의위원회의 심의·의결을 거쳐야 한다. 다만, 국민건강을 급박하게 위해할 우려가 있어서 신속히 금지 조치를 하여야 할 필요가 있는 경우 먼저 금지조치를 한 뒤 지체 없이 심의위원회의 심의·의결을 거칠 수 있다.(2013.3.23 본문개정)
④ 제3항 본문 및 단서에 따라 심의위원회가 심의하는 경우 대통령령으로 정하는 이해관계인은 심의위원회에 출석하여 의견을 진술하거나 문서로 의견을 제출할 수 있다.
⑤ 식품의약품안전처장은 직권으로 또는 제1항 및 제2항에 따라 수입·판매 등이 금지된 식품등에 대하여 이해관계가 있는 국가 또는 수입한 영업자의 신청을 받아 그 식품등에 위해가 없는 것으로 인정되면 심의위원회의 심의·의결을 거쳐 제1항 및 제2항에 따른 금지의 전부 또는 일부를 해제할 수 있다.
(2013.3.23 본항개정)
⑥ 식품의약품안전처장은 제1항 및 제2항에 따른 금지나 제5항에 따른 해제를 하는 경우에는 고시하여야 한다.(2013.3.23 본항개정)
⑦ 식품의약품안전처장은 제1항 및 제2항에 따라 수입·판매 등이 금지된 해당 식품등의 제조업소, 이해관계가 있는 국가 또는 수입한 영업자가 원인 규명 및 개선사항을 제시할 경우에는 제1항 및 제2항에 따른 금지의 전부 또는 일부를 해제할 수 있다. 이 경우 개선사항에 대한 확인이 필요한 때에는 현지 조사를 할 수 있다.(2013.3.23 전단개정)

제22조【출입·검사·수거 등】 ① 식품의약품안전처장(대통령령으로 정하는 그 소속 기관의 장을 포함한다. 이하 이 조에서 같다), 시·도지사 또는 시장·군수·구청장은 식품등의

위해방지·위생관리와 영업질서의 유지를 위하여 필요하면 다음 각 호의 구분에 따른 조치를 할 수 있다.(2013.3.23 본문개정)

1. 영업자나 그 밖의 관계인에게 필요한 서류나 그 밖의 자료의 제출 요구
2. 관계 공무원으로 하여금 다음 각 목에 해당하는 출입·검사·수거 등의 조치
   가. 영업소(사무소, 창고, 제조소, 저장소, 판매소, 그 밖에 이와 유사한 장소를 포함한다)에 출입하여 판매를 목적으로 하거나 영업에 사용하는 식품등 또는 영업시설 등에 대하여 하는 검사
   나. 가목에 따른 검사에 필요한 최소량의 식품등의 무상 수거
   다. 영업에 관계되는 장부 또는 서류의 열람

② 식품의약품안전처장은 시·도지사 또는 시장·군수·구청장이 제1항에 따른 출입·검사·수거 등의 업무를 수행하면서 식품등으로 인하여 발생하는 위생 관련 위해방지 업무를 효율적으로 하기 위하여 필요한 경우에는 관계 행정기관의 장, 다른 시·도지사 또는 시장·군수·구청장에게 행정응원(行政應援)을 하도록 요청할 수 있다. 이 경우 행정응원을 요청받은 관계 행정기관의 장, 시·도지사 또는 시장·군수·구청장은 특별한 사유가 없으면 이에 따라야 한다.(2013.3.23 전단개정)

③ 제1항 및 제2항의 경우에 출입·검사·수거 또는 열람하려는 공무원은 그 권한을 표시하는 증표 및 조사기간, 조사범위, 조사담당자, 관계 법령 등 대통령령으로 정하는 사항이 기재된 서류를 지니고 이를 관계인에게 내보여야 한다.(2016.2.3 본항개정)

④ 제2항에 따른 행정응원의 절차, 비용 부담 방법, 그 밖에 필요한 사항은 대통령령으로 정한다.

판례 A가 운영하는 일반음식점에서 음향시설을 갖추고 손님이 춤추는 것을 허용하는 영업을 하고 있다는 내용의 민원이 여러 번 들어오자 구청은 경찰에 합동단속을 요청했다. 경찰은 해당 음식점에 손님인 것처럼 가장해 들어간 뒤 음식점 내에서 흥겨운 음악이 나오자 손님이 일제히 자리에서 일어나 춤을 추는 모습을 확인했고 이를 촬영한 뒤 업소 직원으로부터 미리 작성한 현장확인서 초안에 서명을 받았다. 이후 검찰은 경찰이 촬영한 현장동영상 등을 주요증거로 하여 A를 식품위생법 위반 혐의로 기소했다. 이 사건에서 경찰은 식품위생법이 정하는 증표나 서류를 제시하지 않았으나 범죄혐의가 포착된 상태에서 증거를 보전하기 위해 공개된 장소에 통상적인 방법으로 출입했고, 음식점 내에 있는 사람이라면 누구나 볼 수 있었던 춤추는 모습을 촬영했다. 따라서 영장 없이 범행현장을 찍었다고 해서 경찰의 증거수집 절차가 위법했다고 할 수 없다.
(대판 2023.7.13, 2021도10763)

제22조의2 (2015.2.3 삭제)

제22조의3【영업소 등에 대한 비대면 조사 등】 식품의약품안전처장은 다음 각 호의 어느 하나에 해당하는 경우 제22조제1항에 따른 출입·검사 등의 조치 또는 제48조의3에 따른 조사·평가를 컴퓨터·화상통신 등 정보통신기술을 활용하여 비대면으로 실시할 수 있다.

1. 천재지변, 감염병 발생 등의 사유로 출입·검사·조사 등이 어렵다고 판단되는 경우
2. 신속한 점검 등 효율적인 검사·조사 등을 위하여 필요한 경우

(2024.1.2 본조신설)

제23조【식품등의 재검사】 ① 식품의약품안전처장(대통령령으로 정하는 그 소속 기관의 장을 포함한다. 이하 이 조에서 같다), 시·도지사 또는 시장·군수·구청장은 제22조, 「수입식품안전관리 특별법」 제21조 또는 제25조에 따라 식품등을 검사한 결과 해당 식품등이 제7조 또는 제9조에 따른 식품등의 기준이나 규격에 맞지 아니하면 대통령령으로 정하는 바에 따라 해당 영업자에게 그 검사 결과를 통보하여야 한다.(2015.2.3 본항개정)

② 제1항에 따른 통보를 받은 영업자가 그 검사 결과에 이의가 있으면 검사한 제품과 같은 제품(같은 날에 같은 영업시설에서 같은 제조 공정을 통하여 제조·생산된 제품에 한정한다)을 식품의약품안전처장이 인정하는 국내외 검사기관 2곳 이상에서 같은 검사 항목에 대하여 검사를 받아 그 결과가 제1항에 따라 통보받은 검사 결과와 다를 때에는 그 검사기관의 검사성적서 또는 검사증명서를 첨부하여 식품의약품안전처장, 시·도지사 또는 시장·군수·구청장에게 재검사를 요청할 수 있다. 다만, 시간이 경과함에 따라 검사 결과가 달라질 수 있는 검사항목 등 총리령으로 정하는 검사항목은 재검사 대상에서 제외한다.(2014.5.28 본항개정)

③ 제2항에 따른 재검사 요청을 받은 식품의약품안전처장, 시·도지사 또는 시장·군수·구청장은 영업자가 제출한 검사 결과가 제1항에 따른 검사 결과와 다르다고 확인되거나 같은 항의 검사에 따른 검체(檢體)의 채취·취급방법, 검사방법·검사과정 등이 제7조제1항 또는 제9조제1항에 따른 식품등의 기준 및 규격에 위반된다고 인정되는 때에는 지체 없이 재검사하고 해당 영업자에게 재검사 결과를 통보하여야 한다. 이 경우 재검사 수수료와 보세창고료 등 재검사에 드는 비용은 영업자가 부담한다.(2014.5.28 본항개정)

④ 제2항 및 제3항에 따른 재검사 요청 절차, 재검사 방법 및 결과 통보 등에 필요한 사항은 총리령으로 정한다.(2018.12.11 본항신설)

제24조~제30조 (2013.7.30 삭제)

제31조【자가품질검사 의무】 ① 식품등을 제조·가공하는 영업자는 총리령으로 정하는 바에 따라 제조·가공하는 식품등이 제7조 또는 제9조에 따른 기준과 규격에 맞는지를 검사하여야 한다.

② 식품등을 제조·가공하는 영업자는 제1항에 따른 검사를 「식품·의약품분야 시험·검사 등에 관한 법률」 제6조제3항제2호에 따른 자가품질위탁 시험·검사기관에 위탁하여 실시할 수 있다.(2018.12.11 본항개정)

③ 제1항에 따른 검사를 직접 행하는 영업자는 제1항에 따른 검사 결과 해당 식품등이 제4조부터 제6조까지, 제7조제4항, 제8조, 제9조제4항 또는 제9조의3을 위반하여 국민 건강에 위해가 발생하거나 발생할 우려가 있는 경우에는 지체 없이 식품의약품안전처장에게 보고하여야 한다.(2022.6.10 본항개정)

④ 제1항에 따른 검사의 항목·절차, 그 밖에 검사에 필요한 사항은 총리령으로 정한다.(2013.7.30 본항개정)

(2013.3.23 본조개정)

제31조의2【자가품질검사의무의 면제】 식품의약품안전처장 또는 시·도지사는 제48조제3항에 따른 식품안전관리인증기준적용업소가 다음 각 호에 해당하는 경우에는 제31조제1항에도 불구하고 총리령으로 정하는 바에 따라 자가품질검사를 면제할 수 있다.

1. 제48조제3항에 따른 식품안전관리인증기준적용업소가 제31조제1항에 따른 검사가 포함된 식품안전관리인증기준을 지키는 경우
2. 제48조제8항에 따른 조사·평가 결과 그 결과가 우수하다고 총리령으로 정하는 바에 따라 식품의약품안전처장이 인정하는 경우

(2016.2.3 본조신설)

제31조의3【자가품질검사의 확인검사】 ① 제31조제2항에 따라 자가품질검사를 위탁하여 실시한 영업자가 「식품·의약품분야 시험·검사 등에 관한 법률」 제11조제3항에 따라 부적합으로 통보받은 검사 결과에 이의가 있으면 자가품질검사를 실시한 제품과 같은 제품(같은 날에 같은 영업시설에서 같은 제조 공정을 통하여 제조·생산된 제품에 한정한다. 이하 이 조에서 같다)에 대한 확인검사를 2곳 이상의 다른 「식품·의약품분야 시험·검사 등에 관한 법률」 제6조제2항제1호에 따른 식품 등 시험·검사기관에 요청할 수 있다. 이 경우 영업자는 식품의약품안전처장, 시·도지사 또는 시장·군수·구청장에게 확인검사 요청 사실을 지체 없이 보고하여야 한다.

② 제1항에 따라 확인검사를 요청받은 식품 등 시험·검사기관은 자가품질검사를 실시한 제품과 같은 제품에 대하여 같은 검사 항목, 기준 및 방법에 따라 확인검사를 실시한 후 영업자에게 시험·검사성적서를 발급하여야 한다. 다만, 시간이 경과함에 따라 검사 결과가 달라질 수 있는 검사항목 등 총리령으로 정하는 검사항목은 확인검사 대상에서 제외한다.

③ 제2항에 따라 시험·검사성적서를 발급받은 영업자는 해당 시험·검사의 결과가 모두 적합인 경우에는 관할 지방식품의약품안전청장에게 그 시험·검사성적서를 첨부하여 최종 확인검사를 요청할 수 있다. 이 경우 확인검사에 드는 비용은 영업자가 부담한다.
④ 제3항에 따라 최종 확인검사를 요청받은 지방식품의약품안전청장은 제2항에 따른 검사 항목, 기준 및 방법에 따라 검사를 실시하고 영업자에게 시험·검사성적서를 발급하여야 한다.
⑤ 식품의약품안전처장, 시·도지사 또는 시장·군수·구청장은 제1항에 따른 확인검사를 요청한 영업자가 제4항에 따른 검사 결과 적합으로 판정된 시험·검사성적서를 제출하는 경우에는 제45조에 따른 회수조치, 제73조제1항에 따른 공표 명령을 철회하는 등 지체없이 필요한 조치를 하여야 한다.
⑥ 제1항에 따른 확인검사 요청·보고 절차, 제2항에 따른 시험검사성적서의 발급, 제3항에 따른 최종 확인검사의 요청 및 제4항에 따른 지방식품의약품안전청장의 시험·검사성적서 발급 등에 필요한 사항은 총리령으로 정한다.
(2021.7.27 본조신설)

제32조【식품위생감시원】 ① 제22조제1항에 따른 관계 공무원의 직무와 그 밖에 식품위생에 관한 지도 등을 하기 위하여 식품의약품안전처(대통령령으로 정하는 그 소속 기관을 포함한다), 특별시·광역시·특별자치시·도·특별자치도(이하 "시·도"라 한다) 또는 시·군·구(자치구를 말한다. 이하 같다)에 식품위생감시원을 둔다.(2016.2.3 본항개정)
② 제1항에 따른 식품위생감시원의 자격·임명·직무범위, 그 밖에 필요한 사항은 대통령령으로 정한다.

제33조【소비자식품위생감시원】 ① 식품의약품안전처장(대통령령으로 정하는 그 소속 기관의 장을 포함한다. 이하 이 조에서 같다), 시·도지사 또는 시장·군수·구청장은 식품위생관리를 위하여 「소비자기본법」 제29조에 따라 등록한 소비자단체의 임직원 중 해당 단체의 장이 추천한 자나 식품위생에 관한 지식이 있는 자를 소비자식품위생감시원으로 위촉할 수 있다.(2013.3.23 본항개정)
② 제1항에 따라 위촉된 소비자식품위생감시원(이하 "소비자식품위생감시원"이라 한다)의 직무는 다음 각 호와 같다.
1. 제36조제1항제3호에 따른 식품접객업을 하는 자(이하 "식품접객영업자"라 한다)에 대한 위생관리 상태 점검
2. 유통 중인 식품등이 「식품등의 표시·광고에 관한 법률」 제4조부터 제7조까지에 따른 표시·광고의 기준에 맞지 아니하거나 같은 법 제8조에 따른 부당한 표시 또는 광고행위의 금지 규정을 위반한 경우 관할 행정관청에 신고하거나 그에 관한 자료 제공(2018.3.13 본호개정)
3. 제32조에 따른 식품위생감시원이 하는 식품등에 대한 수거 및 검사 지원
4. 그 밖에 식품위생에 관한 사항으로서 대통령령으로 정하는 사항
③ 소비자식품위생감시원은 제2항 각 호의 직무를 수행하는 경우 그 권한을 남용하여서는 아니 된다.
④ 제1항에 따라 소비자식품위생감시원을 위촉한 식품의약품안전처장, 시·도지사 또는 시장·군수·구청장은 소비자식품위생감시원에게 직무 수행에 필요한 교육을 하여야 한다.
(2013.3.23 본항개정)
⑤ 식품의약품안전처장, 시·도지사 또는 시장·군수·구청장은 소비자식품위생감시원이 다음 각 호의 어느 하나에 해당하면 그 소비자식품위생감시원을 해촉(解囑)하여야 한다.
(2013.3.23 본문개정)
1. 추천한 소비자단체에서 퇴직하거나 해임된 경우
2. 제2항 각 호의 직무와 관련하여 부정한 행위를 하거나 권한을 남용한 경우
3. 질병이나 부상 등의 사유로 직무 수행이 어렵게 된 경우
⑥ 소비자식품위생감시원이 제2항제1호의 직무를 수행하기 위하여 식품접객영업자의 영업소에 단독으로 출입하려면 미리 식품의약품안전처장, 시·도지사 또는 시장·군수·구청장의 승인을 받아야 한다.(2013.3.23 본항개정)
⑦ 소비자식품위생감시원이 제6항에 따른 승인을 받아 식품접객영업자의 영업소에 단독으로 출입하는 경우에는 승인서와 신분을 표시하는 증표 및 조사기간, 조사범위, 조사담당자, 관계 법령 등 대통령령으로 정하는 사항이 기재된 서류를 지니고 이를 관계인에게 내보여야 한다.(2016.2.3 본항개정)
⑧ 소비자식품위생감시원의 자격, 직무 범위 및 교육, 그 밖에 필요한 사항은 대통령령으로 정한다.

제34조 (2015.3.27 삭제)

제35조【소비자 위생점검 참여 등】 ① 대통령령으로 정하는 영업자는 식품위생에 관한 전문적인 지식이 있는 자 또는 「소비자기본법」 제29조에 따라 등록한 소비자단체의 장이 추천한 자로서 식품의약품안전처장이 정하는 자에게 위생관리 상태를 점검받을 수 있다.(2013.3.23 본항개정)
② 제1항에 따른 점검 결과 식품의약품안전처장이 정하는 기준에 적합하여 합격한 경우 해당 영업자는 그 합격사실을 총리령으로 정하는 바에 따라 해당 영업소에서 제조·가공한 식품등에 표시하거나 광고할 수 있다.(2013.3.23 본항개정)
③ 식품의약품안전처장(대통령령으로 정하는 그 소속 기관의 장을 포함한다. 이하 이 조에서 같다), 시·도지사 또는 시장·군수·구청장은 제1항에 따라 위생점검을 받은 영업소 중 식품의약품안전처장이 정하는 기준에 따른 우수 등급의 영업소에 대하여는 관계 공무원으로 하여금 총리령으로 정하는 일정 기간 동안 제22조에 따른 출입·검사·수거 등을 하지 아니하게 할 수 있다.(2016.2.3 본항개정)
④ 식품의약품안전처장, 시·도지사 또는 시장·군수·구청장은 제22조제1항에 따른 출입·검사·수거 등에 참여를 희망하는 소비자를 참여하게 하여 위생 상태를 점검할 수 있다.
(2016.2.3 본항개정)
⑤ 제1항에 따른 위생점검의 시기 등은 대통령령으로 정한다.

제7장 영 업

제36조【시설기준】 ① 다음의 영업을 하려는 자는 총리령으로 정하는 시설기준에 맞는 시설을 갖추어야 한다.(2013.3.23 본문개정)
1. 식품 또는 식품첨가물의 제조업, 가공업, 운반업, 판매업 및 보존업
2. 기구 또는 용기·포장의 제조업
3. 식품접객업
4. 공유주방 운영업(제2조제5호의2에 따라 여러 영업자가 함께 사용하는 공유주방을 운영하는 경우에 한정한다. 이하 같다)
(2020.12.29 본호신설)
② 제1항에 따른 시설은 영업을 하려는 자별로 구분되어야 한다. 다만, 공유주방을 운영하는 경우에는 그러하지 아니하다.
(2020.12.29 본항신설)
③ 제1항 각 호에 따른 영업의 세부 종류와 그 범위는 대통령령으로 정한다.

제37조【영업허가 등】 ① 제36조제1항 각 호에 따른 영업 중 대통령령으로 정하는 영업을 하려는 자는 대통령령으로 정하는 바에 따라 영업 종류별 또는 영업소별로 식품의약품안전처장 또는 특별자치시장·특별자치도지사·시장·군수·구청장의 허가를 받아야 한다. 허가받은 사항 중 대통령령으로 정하는 중요한 사항을 변경할 때에도 또한 같다.(2016.2.3 전단개정)
② 식품의약품안전처장 또는 특별자치시장·특별자치도지사·시장·군수·구청장은 제1항에 따른 영업허가를 하는 때에는 필요한 조건을 붙일 수 있다.(2016.2.3 본항개정)
③ 제1항에 따라 영업허가를 받은 자가 폐업하거나 허가받은 사항 중 같은 항 후단의 중요한 사항을 제외한 경미한 사항을 변경할 때에는 식품의약품안전처장 또는 특별자치시장·특별자치도지사·시장·군수·구청장에게 신고하여야 한다.
(2016.2.3 본항개정)
④ 제36조제1항 각 호에 따른 영업 중 대통령령으로 정하는 영업을 하려는 자는 대통령령으로 정하는 바에 따라 영업 종류별 또는 영업소별로 식품의약품안전처장 또는 특별자치시장·특별자치도지사·시장·군수·구청장에게 신고하여야 한다. 신

고한 사항 중 대통령령으로 정하는 중요한 사항을 변경하거나 폐업할 때에도 또한 같다.(2016.2.3 전단개정)

⑤ 제36조제1항 각 호에 따른 영업 중 대통령령으로 정하는 영업을 하려는 자는 대통령령으로 정하는 바에 따라 영업 종류별 또는 영업소별로 식품의약품안전처장 또는 특별자치시장·특별자치도지사·시장·군수·구청장에게 등록하여야 하며, 등록한 사항 중 대통령령으로 정하는 중요한 사항을 변경할 때에도 또한 같다. 다만, 폐업하거나 대통령령으로 정하는 중요한 사항을 제외한 경미한 사항을 변경할 때에는 식품의약품안전처장 또는 특별자치시장·특별자치도지사·시장·군수·구청장에게 신고하여야 한다.(2016.2.3 본항개정)

⑥ 제1항, 제4항 또는 제5항에 따라 식품 또는 식품첨가물의 제조업·가공업(공유주방에서 식품을 제조·가공하는 영업을 포함한다)의 허가를 받거나 신고 또는 등록을 한 자가 식품 또는 식품첨가물을 제조·가공하는 경우에는 총리령으로 정하는 바에 따라 식품의약품안전처장 또는 특별자치시장·특별자치도지사·시장·군수·구청장에게 그 사실을 보고하여야 한다. 보고한 사항 중 총리령으로 정하는 중요한 사항을 변경하는 경우에도 또한 같다.(2020.12.29 전단개정)

⑦ 식품의약품안전처장 또는 특별자치시장·특별자치도지사·시장·군수·구청장은 영업자(제4항에 따른 영업신고 또는 제5항에 따른 영업등록을 한 자만 해당한다)가 「부가가치세법」 제8조에 따라 관할세무서장에게 폐업신고를 하거나 관할세무서장이 사업자등록을 말소한 경우에는 신고 또는 등록 사항을 직권으로 말소할 수 있다.(2016.2.3 본항개정)

⑧ 제3항부터 제5항까지의 규정에 따라 폐업하고자 하는 자는 제71조부터 제76조까지의 규정에 따른 영업정지 등 행정 제재처분기간과 그 처분을 위한 절차가 진행 중인 기간(「행정절차법」 제21조에 따른 처분의 사전 통지 시점부터 처분이 확정되기 전까지의 기간을 말한다) 중에는 폐업신고를 할 수 없다.(2019.4.30 본항개정)

⑨ 식품의약품안전처장 또는 특별자치시장·특별자치도지사·시장·군수·구청장은 제7항의 직권말소를 위하여 필요한 경우 관할 세무서장에게 영업자의 폐업여부에 대한 정보 제공을 요청할 수 있다. 이 경우 요청을 받은 관할 세무서장은 「전자정부법」 제39조에 따라 영업자의 폐업여부에 대한 정보를 제공한다.(2016.2.3 전단개정)

⑩ 식품의약품안전처장 또는 특별자치시장·특별자치도지사·시장·군수·구청장은 제1항에 따른 허가 또는 변경허가의 신청을 받은 날부터 총리령으로 정하는 기간 내에 허가 여부를 신청인에게 통지하여야 한다.(2018.12.11 본항신설)

⑪ 식품의약품안전처장 또는 특별자치시장·특별자치도지사·시장·군수·구청장이 제10항에서 정한 기간 내에 허가 여부 또는 민원 처리 관련 법령에 따른 처리기간의 연장을 신청인에게 통지하지 아니하면 그 기간(민원 처리 관련 법령에 따라 처리기간이 연장 또는 재연장된 경우에는 해당 처리기간을 말한다)이 끝난 날의 다음 날에 허가를 한 것으로 본다.(2018.12.11 본항신설)

⑫ 식품의약품안전처장 또는 특별자치시장·특별자치도지사·시장·군수·구청장은 다음 각 호의 어느 하나에 해당하는 신고 또는 등록의 신청을 받은 날부터 3일 이내에 신고수리 여부 또는 등록 여부를 신고인 또는 신청인에게 통지하여야 한다.

1. 제3항에 따른 변경신고
2. 제4항에 따른 영업신고 또는 변경신고
3. 제5항에 따른 영업의 등록·변경등록 또는 변경신고

(2018.12.11 본항신설)

⑬ 식품의약품안전처장 또는 특별자치시장·특별자치도지사·시장·군수·구청장이 제12항에서 정한 기간 내에 신고수리 여부, 등록 여부 또는 민원 처리 관련 법령에 따른 처리기간의 연장을 신고인이나 신청인에게 통지하지 아니하면 그 기간(민원 처리 관련 법령에 따라 처리기간이 연장 또는 재연장된 경우에는 해당 처리기간을 말한다)이 끝난 날의 다음 날에 신고를 수리하거나 등록을 한 것으로 본다.(2018.12.11 본항신설)

판례 식품위생법상 신고 대상인 영업장 면적 관련 신고의 영업장 면적은 영업장이 처음 지어진 때가 아니라 새 주인이 양수한 때를 기준으로 판단해야 한다.(대판 2020.3.26, 2019두38830)

제38조【영업허가 등의 제한】 ① 다음 각 호의 어느 하나에 해당하면 제37조제1항에 따른 영업허가를 하여서는 아니 된다.

1. 해당 영업 시설이 제36조에 따른 시설기준에 맞지 아니한 경우
2. 제75조제1항 또는 제2항에 따라 영업허가가 취소(제44조제2항제1호를 위반하여 영업허가가 취소된 경우와 제75조제1항제19호 및 제20호에 따라 영업허가가 취소된 경우는 제외한다)되거나 「식품 등의 표시·광고에 관한 법률」 제16조제1항·제2항에 따라 영업허가가 취소되고 6개월이 지나기 전에 같은 장소에서 같은 종류의 영업을 하려는 경우. 다만, 영업시설 전부를 철거하여 영업허가가 취소된 경우에는 그러하지 아니하다.(2024.2.6 본문개정)
3. 제44조제2항제1호를 위반하여 영업허가가 취소되거나 제75조제1항제19호 및 제20호에 따라 영업허가가 취소되고 2년이 지나기 전에 같은 장소에서 제36조제1항제3호에 따른 식품접객업을 하려는 경우(2024.2.6 본호개정)
4. 제75조제1항 또는 제2항에 따라 영업허가가 취소(제4조부터 제6조까지, 제8조 또는 제44조제2항제1호를 위반하여 영업허가가 취소된 경우와 제75조제1항제19호 및 제20호에 따라 영업허가가 취소된 경우는 제외한다)되거나 「식품 등의 표시·광고에 관한 법률」 제16조제1항·제2항에 따라 영업허가가 취소되고 2년이 지나기 전에 같은 자(법인인 경우에는 그 대표자를 포함한다)가 취소된 영업과 같은 종류의 영업을 하려는 경우. 다만, 영업시설 전부를 철거(행정 제재처분을 회피하기 위하여 영업시설을 철거한 경우는 제외한다)하여 영업허가가 취소된 경우에는 그러하지 아니하다.(2024.2.6 본문개정)
5. 제44조제2항제1호를 위반하여 영업허가가 취소되거나 제75조제1항제19호 및 제20호에 따라 영업허가가 취소된 후 3년이 지나기 전에 같은 자(법인인 경우에는 그 대표자를 포함한다)가 제36조제1항제3호에 따른 식품접객업을 하려는 경우(2024.2.6 본호개정)
6. 제4조부터 제6조까지 또는 제8조를 위반하여 영업허가가 취소되고 5년이 지나기 전에 같은 자(법인인 경우에는 그 대표자를 포함한다)가 취소된 영업과 같은 종류의 영업을 하려는 경우
7. 제36조제1항제3호에 따른 식품접객업 중 국민의 보건위생을 위하여 허가를 제한할 필요가 뚜렷하다고 인정되어 시·도지사가 지정하여 고시하는 영업에 해당하는 경우
8. 영업허가를 받으려는 자가 피성년후견인이거나 파산선고를 받고 복권되지 아니한 자인 경우(2014.3.18 본호개정)

② 다음 각 호의 어느 하나에 해당하는 경우에는 제37조제4항에 따른 영업신고 또는 같은 조 제5항에 따른 영업등록을 할 수 없다.

1. 제75조제1항 또는 제2항에 따른 등록취소 또는 영업소 폐쇄명령(제44조제2항제1호를 위반하여 영업소 폐쇄명령을 받은 경우와 제75조제1항제19호 및 제20호에 따라 영업소 폐쇄명령을 받은 경우는 제외한다)이나 「식품 등의 표시·광고에 관한 법률」 제16조제1항부터 제4항까지에 따른 등록취소 또는 영업소 폐쇄명령을 받고 6개월이 지나기 전에 같은 장소에서 같은 종류의 영업을 하려는 경우. 다만, 영업시설 전부를 철거하여 등록취소 또는 영업소 폐쇄명령을 받은 경우에는 그러하지 아니하다.(2024.2.6 본호개정)
2. 제44조제2항제1호를 위반하여 영업소 폐쇄명령을 받거나 제75조제1항제19호 및 제20호에 따라 영업소 폐쇄명령을 받은 후 1년이 지나기 전에 같은 장소에서 제36조제1항제3호에 따른 식품접객업을 하려는 경우(2024.2.6 본호개정)
3. 제75조제1항 또는 제2항에 따른 등록취소 또는 영업소 폐쇄명령(제4조부터 제6조까지, 제8조 또는 제44조제2항제1호를 위반하여 등록취소 또는 영업소 폐쇄명령을 받은 경우와 제75조제1항제19호 및 제20호에 따라 영업소 폐쇄명령을 받은 경우는 제외한다)이나 「식품 등의 표시·광고에 관한 법률」 제16조제1항부터 제4항까지에 따른 등록취소 또는 영업소 폐쇄명령을 받고 2년이 지나기 전에 같은 자(법인인 경우에는 그 대표자를 포함한다)가 등록취소 또는 폐쇄명령을 받은

영업과 같은 종류의 영업을 하려는 경우. 다만, 영업시설 전부를 철거(행정 제재처분을 회피하기 위하여 영업시설을 철거한 경우는 제외한다)하여 등록취소 또는 영업소 폐쇄명령을 받은 경우에는 그러하지 아니하다.(2024.2.6 본호개정)
4. 제44조제2항제1호를 위반하여 영업소 폐쇄명령을 받거나 제75조제1항제19호 및 제20호에 따라 영업소 폐쇄명령을 받고 2년이 지나기 전에 같은 자(법인인 경우에는 그 대표자를 포함한다)가 제36조제1항제3호에 따른 식품접객업을 하려는 경우(2024.2.6 본호개정)
5. 제4조부터 제6조까지 또는 제8조를 위반하여 등록취소 또는 영업소 폐쇄명령을 받고 5년이 지나지 아니한 자(법인인 경우에는 그 대표자를 포함한다)가 등록취소 또는 폐쇄명령을 받은 영업과 같은 종류의 영업을 하려는 경우
(2011.6.7 본항개정)

제39조【영업 승계】 ① 영업자가 영업을 양도하거나 사망한 경우 또는 법인이 합병한 경우에는 그 양수인·상속인 또는 합병 후 존속하는 법인이나 합병에 따라 설립되는 법인은 그 영업자의 지위를 승계한다.
② 다음 각 호의 어느 하나에 해당하는 절차에 따라 영업 시설의 전부를 인수한 자는 그 영업자의 지위를 승계한다. 이 경우 종전의 영업자에 대한 영업 허가·등록 또는 그가 한 신고는 그 효력을 잃는다.(2016.2.3 전단개정)
1. 「민사집행법」에 따른 경매(2016.2.3 본호신설)
2. 「채무자 회생 및 파산에 관한 법률」에 따른 환가(換價)(2016.2.3 본호신설)
3. 「국세징수법」, 「관세법」 또는 「지방세징수법」에 따른 압류재산의 매각(2016.12.27 본호개정)
4. 그 밖에 제1호부터 제3호까지의 절차에 준하는 절차(2016.2.3 본호신설)
③ 제1항 또는 제2항에 따라 그 영업자의 지위를 승계한 자는 총리령으로 정하는 바에 따라 1개월 이내에 그 사실을 식품의약품안전처장 또는 특별자치시장·특별자치도지사·시장·군수·구청장에게 신고하여야 한다.(2016.2.3 본항개정)
④ 식품의약품안전처장 또는 특별자치시장·특별자치도지사·시장·군수·구청장은 제3항에 따른 신고를 받은 날부터 3일 이내에 신고수리 여부를 신고인에게 통지하여야 한다.
(2018.12.11 본항신설)
⑤ 식품의약품안전처장 또는 특별자치시장·특별자치도지사·시장·군수·구청장이 제4항에서 정한 기간 내에 신고수리 여부 또는 민원 처리 관련 법령에 따른 처리기간의 연장을 신고인에게 통지하지 아니하면 그 기간(민원 처리 관련 법령에 따라 처리기간이 연장 또는 재연장된 경우에는 해당 처리기간을 말한다)이 끝난 날의 다음 날에 신고를 수리한 것으로 본다.
(2018.12.11 본항신설)
⑥ 제1항 및 제2항에 따른 승계에 관하여는 제38조를 준용한다. 다만, 상속인이 제38조제1항제8호에 해당하면 상속받은 날부터 3개월 동안은 그러하지 아니하다.

제40조【건강진단】 ① 총리령으로 정하는 영업자 및 그 종업원은 건강진단을 받아야 한다. 다만, 다른 법령에 따라 같은 내용의 건강진단을 받는 경우에는 이 법에 따른 건강진단을 받은 것으로 본다.(2013.3.23 본문개정)
② 제1항에 따라 건강진단을 받은 결과 타인에게 위해를 끼칠 우려가 있는 질병이 있다고 인정된 자는 그 영업에 종사하지 못한다.
③ 영업자는 제1항을 위반하여 건강진단을 받지 아니한 자나 제2항에 따른 건강진단 결과 타인에게 위해를 끼칠 우려가 있는 질병이 있는 자를 그 영업에 종사시키지 못한다.
④ 제1항에 따른 건강진단의 실시방법 등과 제2항 및 제3항에 따른 타인에게 위해를 끼칠 우려가 있는 질병의 종류는 총리령으로 정한다.(2013.3.23 본항개정)

제41조【식품위생교육】 ① 대통령령으로 정하는 영업자 및 유흥종사자를 둘 수 있는 식품접객업 영업자의 종업원은 매년 식품위생에 관한 교육(이하 "식품위생교육"이라 한다)을 받아야 한다.
② 제36조제1항 각 호에 따른 영업을 하려는 자는 미리 식품위생교육을 받아야 한다. 다만, 부득이한 사유로 미리 식품위생교육을 받을 수 없는 경우에는 영업을 시작한 뒤에 식품의약품안전처장이 정하는 바에 따라 식품위생교육을 받을 수 있다.
(2013.3.23 단서개정)
③ 제1항 및 제2항에 따라 교육을 받아야 하는 자가 영업에 직접 종사하지 아니하거나 두 곳 이상의 장소에서 영업을 하는 경우에는 종업원 중에서 식품위생에 관한 책임자를 지정하여 영업자 대신 교육을 받게 할 수 있다. 다만, 집단급식소에 종사하는 조리사 및 영양사(「국민영양관리법」 제15조에 따라 영양사 면허를 받은 사람을 말한다. 이하 같다)가 식품위생에 관한 책임자로 지정되어 제56조제1항 단서에 따라 교육을 받은 경우에는 제1항 및 제2항에 따른 해당 연도의 식품위생교육을 받은 것으로 본다.(2010.3.26 단서개정)
④ 제2항에도 불구하고 다음 각 호의 어느 하나에 해당하는 면허를 받은 자가 제36조제1항제3호에 따른 식품접객업을 하려는 경우에는 식품위생교육을 받지 아니하여도 된다.(2015.3.27 본문개정)
1. 제53조에 따른 조리사 면허(2015.3.27 본호신설)
2. 「국민영양관리법」 제15조에 따른 영양사 면허(2015.3.27 본호신설)
3. 「공중위생관리법」 제6조의2에 따른 위생사 면허(2016.2.3 본호개정)
⑤ 영업자는 특별한 사유가 없는 한 식품위생교육을 받지 아니한 자를 그 영업에 종사하게 하여서는 아니 된다.
⑥ 식품위생교육은 집합교육 또는 정보통신매체를 이용한 원격교육으로 실시한다. 다만, 제2항(제88조제3항에서 준용하는 경우를 포함한다)에 따라 영업을 하려는 자가 미리 받아야 하는 식품위생교육은 집합교육으로 실시한다.(2019.12.3 본항신설)
⑦ 제6항에도 불구하고 식품위생교육을 받기 어려운 도서·벽지 등의 영업자 및 종업원인 경우 또는 식품의약품안전처장이 「감염병의 예방 및 관리에 관한 법률」 제2조에 따른 감염병이 유행하여 국민건강을 해칠 우려가 있다고 인정하는 경우 등 불가피한 사유가 있는 경우에는 총리령으로 정하는 바에 따라 식품위생교육을 실시할 수 있다.(2020.12.29 본항개정)
⑧ 제1항 및 제2항에 따른 교육의 내용, 교육비 및 교육 실시 기관 등에 관하여 필요한 사항은 총리령으로 정한다.
(2013.3.23 본항개정)

제41조의2【위생관리책임자】 ① 제36조제1항에 따라 공유주방 운영업을 하려는 자는 대통령령으로 정하는 자격기준을 갖춘 위생관리책임자(이하 "위생관리책임자"라 한다)를 두어야 한다. 다만, 공유주방 운영업을 하려는 자가 위생관리책임자의 자격기준을 갖추고 해당 직무를 수행하는 경우에는 그러하지 아니하다.
② 위생관리책임자는 공유주방에서 상시적으로 다음 각 호의 직무를 수행한다.
1. 공유주방의 위생적 관리 및 유지
2. 공유주방 사용에 관한 기록 및 유지
3. 식중독 등 식품사고 원인 조사 및 피해 예방 조치에 관한 지원
4. 공유주방 이용자에 대한 위생관리 지도 및 교육
③ 공유주방을 운영 또는 이용하는 자는 위생관리책임자의 업무를 방해하여서는 아니 되며, 그로부터 업무 수행에 필요한 요청을 받았을 때에는 정당한 사유가 없으면 요청에 따라야 한다.
④ 제1항에 따라 공유주방 운영업을 하는 자가 위생관리책임자를 선임하거나 해임할 때에는 총리령으로 정하는 바에 따라 식품의약품안전처장에게 신고하여야 한다.
⑤ 식품의약품안전처장은 제4항에 따른 신고를 받은 날부터 3일 이내에 신고수리 여부를 신고인에게 통지하여야 한다.
⑥ 식품의약품안전처장이 제5항에서 정한 기간 내에 신고수리 여부나 민원 처리 관련 법령에 따른 처리기간의 연장을 신고인에게 통지하지 아니하면 그 기간(민원 처리 관련 법령에 따라 처리기간이 연장 또는 재연장된 경우에는 해당 처리기간을 말한다)이 끝난 날의 다음 날에 신고를 수리한 것으로 본다.

⑦ 위생관리책임자는 제2항에 따른 직무 수행내역 등을 총리령으로 정하는 바에 따라 기록·보관하여야 한다.
⑧ 위생관리책임자는 매년 식품위생에 관한 교육을 받아야 한다.
⑨ 제8항에 따른 교육의 내용, 시간, 교육 실시 기관 등에 관하여 필요한 사항은 총리령으로 정한다.
(2020.12.29 본조신설)

제42조【실적보고】 ① (2016.2.3 삭제)
② 식품 또는 식품첨가물을 제조·가공하는 영업자는 총리령으로 정하는 바에 따라 식품 및 식품첨가물을 생산한 실적 등을 식품의약품안전처장 또는 시·도지사에게 보고하여야 한다.
(2016.2.3 본조개정)

제43조【영업 제한】 ① 특별자치시장·특별자치도지사·시장·군수·구청장은 영업 질서와 선량한 풍속을 유지하는 데에 필요한 경우에는 영업자 중 식품접객영업자와 그 종업원에 대하여 영업시간 및 영업행위를 제한할 수 있다.
② 제1항에 따른 제한 사항은 대통령령으로 정하는 범위에서 해당 특별자치시·특별자치도·시·군·구의 조례로 정한다.
(2019.1.15 본조개정)

제44조【영업자 등의 준수사항】 ① 제36조제1항 각 호의 영업을 하는 자 중 대통령령으로 정하는 영업자와 그 종업원은 영업의 위생관리와 질서유지, 국민의 보건위생 증진을 위하여 영업의 종류에 따라 다음 각 호에 해당하는 사항을 지켜야 한다.
(2017.12.19 본문개정)
1. 「축산물 위생관리법」 제12조에 따른 검사를 받지 아니한 축산물 또는 실험 등의 용도로 사용한 동물은 운반·보관·진열·판매하거나 식품의 제조·가공에 사용하지 말 것
(2016.2.3 본호신설)
2. 「야생생물 보호 및 관리에 관한 법률」을 위반하여 포획·채취한 야생생물은 이를 식품의 제조·가공에 사용하거나 판매하지 말 것(2016.2.3 본호신설)
3. 소비기한이 경과된 제품·식품 또는 그 원재료를 제조·가공·조리·판매의 목적으로 소분·운반·진열·보관하거나 이를 판매 또는 식품의 제조·가공·조리에 사용하지 말 것
(2021.8.17 본호개정)
4. 수돗물이 아닌 지하수 등을 먹는 물 또는 식품의 조리·세척 등에 사용하는 경우에는 「먹는물관리법」 제43조에 따른 먹는물 수질검사기관에서 총리령으로 정하는 바에 따라 검사를 받아 마시기에 적합하다고 인정된 물을 사용할 것. 다만, 둘 이상의 업소가 같은 건물에서 같은 수원(水原)을 사용하는 경우에는 하나의 업소에 대한 시험결과로 나머지 업소에 대한 검사를 갈음할 수 있다.
5. 제15조제2항에 따라 위해평가가 완료되기 전까지 일시적으로 금지된 식품등을 제조·가공·판매·수입·사용 및 운반하지 말 것
6. 식중독 발생 시 보관 또는 사용 중인 식품은 역학조사가 완료될 때까지 폐기하거나 소독 등으로 현장을 훼손하여서는 아니 되고 원상태로 보존하여야 하며, 식중독 원인규명을 위한 행위를 방해하지 말 것
7. 손님을 꾀어서 끌어들이는 행위를 하지 말 것
8. 그 밖에 영업의 원료관리, 제조공정 및 위생관리와 질서유지, 국민의 보건위생 증진 등을 위하여 총리령으로 정하는 사항
(2016.2.3 4호~8호신설)
② 식품접객영업자는 「청소년 보호법」 제2조에 따른 청소년(이하 이 항에서 "청소년"이라 한다)에게 다음 각 호의 어느 하나에 해당하는 행위를 하여서는 아니 된다.(2011.9.15 본문개정)
1. 청소년을 유흥접객원으로 고용하여 유흥행위를 하게 하는 행위
2. 「청소년 보호법」 제2조제5호가목3)에 따른 청소년출입·고용 금지업소에 청소년을 출입시키거나 고용하는 행위
(2011.9.15 본호개정)
3. 「청소년 보호법」 제2조제5호나목3)에 따른 청소년고용금지업소에 청소년을 고용하는 행위(2011.9.15 본호개정)
4. 청소년에게 주류(酒類)를 제공하는 행위
③ 누구든지 영리를 목적으로 제36조제1항제3호의 식품접객업을 하는 장소(유흥종사자를 둘 수 있도록 대통령령으로 정하는 영업을 하는 장소는 제외한다)에서 손님과 함께 술을 마시거나 노래 또는 춤으로 손님의 유흥을 돋우는 접객행위(공연을 목적으로 하는 가수, 악사, 댄서, 무용수 등이 하는 행위는 제외한다)를 하거나 다른 사람에게 그 행위를 알선하여서는 아니 된다.
④ 제3항에 따른 식품접객영업자는 유흥종사자를 고용·알선하거나 호객행위를 하여서는 아니 된다.
⑤ (2015.2.3 삭제)

판례 소주방·호프·카페 등의 형태로 운영되는 영업이 식품위생법상 일반음식점 영업자가 적법하게 할 수 있는 행위에 속하는지 여부 : 단란주점영업과 유흥주점영업은 주로 주류를 조리·판매하는 영업으로서 손님이 노래를 부르는 행위가 허용되는 영업 및 유흥종사자를 두거나 유흥시설을 설치하는 것 등이 해당하며 주로 주류를 판매하지만 단란주점영업이나 유흥주점영업에서만 허용되는 행위를 하지 않는 형태의 영업에 대해서는 별도의 영업허가 종류로 구분해 분류하고 있지 않다. 따라서 이와 같은 유흥종사자나 유흥시설이 없다면 음식류의 조리·판매보다는 주로 주류의 조리·판매를 목적으로 하면서 손님이 술과 안주를 시키면 여종업원이 술을 따르고 옆에서 대화하는 형태의 영업을 하는 술집이라 하더라도 식품위생법상 일반음식점 영업자가 적법하게 할 수 있는 행위에 속한다.
(대판 2012.6.28, 2011도15097)

제44조의2【보험 가입】 ① 제36조제1항에 따라 공유주방 운영업을 하는 자는 식품등의 위해로 인하여 소비자에게 발생할 수 있는 손해를 배상하기 위하여 책임보험에 가입하여야 한다.
② 제1항에 따른 책임보험의 종류 등 보험 가입에 필요한 사항은 대통령령으로 정한다.
(2020.12.29 본조신설)

제45조【위해식품등의 회수】 ① 판매의 목적으로 식품등을 제조·가공·소분·수입 또는 판매한 영업자(「수입식품안전관리 특별법」 제15조에 따라 등록한 수입식품등 수입·판매업자를 포함한다. 이하 이 조에서 같다)는 해당 식품등이 제4조부터 제6조까지, 제7조제4항, 제8조, 제9조제4항, 제9조의3 또는 제12조의2제2항을 위반한 사실(식품등의 위해와 관련이 없는 위반사항을 제외한다)을 알게 된 경우에는 지체 없이 유통 중인 해당 식품등을 회수하거나 회수하는 데에 필요한 조치를 하여야 한다. 이 경우 영업자는 회수계획을 식품의약품안전처장, 시·도지사 또는 시장·군수·구청장에게 미리 보고하여야 하며, 회수결과를 보고받은 시·도지사 또는 시장·군수·구청장은 이를 지체 없이 식품의약품안전처장에게 통보하여야 한다. 다만, 해당 식품등이 「수입식품안전관리 특별법」에 따라 수입한 식품등이고, 보고의무자가 해당 식품등을 수입한 자인 경우에는 식품의약품안전처장에게 보고하여야 한다.
(2024.9.20 후단개정)
② 식품의약품안전처장, 시·도지사 또는 시장·군수·구청장은 제1항에 따른 회수에 필요한 조치를 성실히 이행한 영업자에 대하여 해당 식품등으로 인하여 받게 되는 제75조 또는 제76조에 따른 행정처분을 대통령령으로 정하는 바에 따라 감면할 수 있다.
③ 제1항에 따른 회수대상 식품등·회수계획·회수절차 및 회수결과 보고 등에 관하여 필요한 사항은 총리령으로 정한다.
(2013.3.23 본조개정)

제46조【식품등의 이물 발견보고 등】 ① 판매의 목적으로 식품등을 제조·가공·소분·수입 또는 판매하는 영업자는 소비자로부터 판매제품에서 식품의 제조·가공·조리·유통 과정에서 정상적으로 사용된 원료 또는 재료가 아닌 것으로서 섭취할 때 위생상 위해가 발생할 우려가 있거나 섭취하기에 부적합한 물질〔이하 "이물(異物)"이라 한다〕을 발견한 사실을 신고받은 경우 지체 없이 이를 식품의약품안전처장, 시·도지사 또는 시장·군수·구청장에게 보고하여야 한다.
② 「소비자기본법」에 따른 한국소비자원 및 소비자단체와 「전자상거래 등에서의 소비자보호에 관한 법률」에 따른 통신판매중개업자로서 식품접객업소에서 조리한 식품의 통신판매를 전문적으로 알선하는 자는 소비자로부터 이물 발견의 신고를 접수하는 경우 지체 없이 이를 식품의약품안전처장에게 통보하여야 한다.(2019.1.15 본항개정)

③ 시·도지사 또는 시장·군수·구청장은 소비자로부터 이물 발견의 신고를 접수하는 경우 이를 식품의약품안전처장에게 통보하여야 한다.
④ 식품의약품안전처장은 제1항부터 제3항까지의 규정에 따라 이물 발견의 신고를 통보받은 경우 이물혼입 원인 조사를 위하여 필요한 조치를 취하여야 한다.
⑤ 제1항에 따른 이물 보고의 기준·대상 및 절차 등에 필요한 사항은 총리령으로 정한다.
(2013.3.23 본조개정)

제46조의2 【식품등의 오염사고의 보고 등】 ① 식품등을 제조·가공하는 영업자는 식품등의 제조·가공 과정에서 「산업안전보건법」 제2조제1호에 따른 산업재해로 인하여 식품등에 이물이 섞이거나 섞일 우려가 있는 등 대통령령으로 정하는 경우에는 해당 식품등의 폐기, 시설 개선 또는 세척 등 오염 예방을 위한 필요한 조치(이하 "오염예방조치"라 한다)를 취하고 지체 없이 식품의약품안전처장에게 보고하여야 한다.
② 제1항에 따른 보고를 받은 식품의약품안전처장은 현장조사를 실시하여야 한다.
③ 제1항에 따른 보고 방법·절차 및 오염예방조치 등에 필요한 사항은 총리령으로 정한다.
(2024.1.2 본조신설)

제47조 【모범업소의 지정 등】 ① 특별자치시장·특별자치도지사·시장·군수·구청장은 총리령으로 정하는 위생등급 기준에 따라 위생관리 상태 등이 우수한 식품접객업소(공유주방에서 조리·판매하는 업소를 포함한다) 또는 집단급식소를 모범업소로 지정할 수 있다.
② 시·도지사 또는 시장·군수·구청장은 제1항에 따라 지정한 모범업소에 대하여 관계 공무원으로 하여금 총리령으로 정하는 일정 기간 동안 제22조에 따른 출입·검사·수거 등을 하지 아니하게 할 수 있으며, 제89조제3항제1호에 따른 영업자의 위생관리시설 및 위생설비시설 개선을 위한 융자 사업과 같은 항 제6호에 따른 음식문화 개선과 좋은 식단 실천을 위한 사업에 대하여 우선 지원 등을 할 수 있다.
③ 특별자치시장·특별자치도지사·시장·군수·구청장은 제1항에 따라 모범업소로 지정된 업소가 그 지정기준에 미치지 못하거나 영업정지 이상의 행정처분을 받게 되면 지체 없이 그 지정을 취소하여야 한다.
④ 제1항 및 제3항에 따른 모범업소의 지정 및 그 취소에 관한 사항은 총리령으로 정한다.
(2024.1.2 본조개정)

제47조의2 【식품접객업소의 위생등급 지정 등】 ① 식품의약품안전처장, 시·도지사 또는 시장·군수·구청장은 식품접객업소의 위생 수준을 높이기 위하여 식품접객영업자의 신청을 받아 식품접객업소(공유주방에서 조리·판매하는 업소를 포함한다)의 위생상태를 평가하여 위생등급을 지정할 수 있다.
(2020.12.29 본항개정)
② 식품의약품안전처장은 제1항에 따른 식품접객업소의 위생상태 평가 및 위생등급 지정에 필요한 기준 및 방법 등을 정하여 고시하여야 한다.
③ 식품의약품안전처장, 시·도지사 또는 시장·군수·구청장은 제1항에 따른 위생등급 지정 결과를 공표할 수 있다.
④ 위생등급을 지정받은 식품접객영업자는 그 위생등급을 표시하여야 하며, 광고할 수 있다.
⑤ 위생등급의 유효기간은 위생등급을 지정한 날부터 2년으로 한다. 다만, 총리령으로 정하는 바에 따라 그 기간을 연장할 수 있다.
⑥ 식품의약품안전처장, 시·도지사 또는 시장·군수·구청장은 제1항에 따라 위생등급을 지정받은 식품접객영업자가 다음 각 호의 어느 하나에 해당하는 경우 그 지정을 취소하거나 시정을 명할 수 있다.
1. 위생등급을 지정받은 후 그 기준에 미달하게 된 경우
2. 위생등급을 표시하지 아니하거나 허위로 표시·광고하는 경우
3. 제75조에 따라 영업정지 이상의 행정처분을 받은 경우
4. 그 밖에 제1호부터 제3호까지에 준하는 사항으로서 총리령으로 정하는 사항을 지키지 아니한 경우

⑦ 식품의약품안전처장, 시·도지사 또는 시장·군수·구청장은 위생등급 지정을 받았거나 받으려는 식품접객영업자에게 필요한 기술적 지원을 할 수 있다.
⑧ 식품의약품안전처장, 시·도지사 또는 시장·군수·구청장은 제1항에 따라 위생등급을 지정한 식품접객업소에 대하여 제22조에 따른 출입·검사·수거 등을 총리령으로 정하는 기간 동안 하지 아니하게 할 수 있다.
⑨ 시·도지사 또는 시장·군수·구청장은 제89조의 식품진흥기금을 같은 조 제3항제1호에 따른 영업자의 위생관리시설 및 위생설비시설 개선을 위한 융자 사업과 같은 항 제7호의2에 따른 식품접객업소의 위생등급 지정 사업에 우선 지원할 수 있다.
⑩ 식품의약품안전처장, 시·도지사 또는 시장·군수·구청장은 위생등급 지정에 관한 업무를 「한국식품안전관리인증원의 설립 및 운영에 관한 법률」에 따른 한국식품안전관리인증원에 위탁할 수 있다. 이 경우 필요한 예산을 지원할 수 있다.
(2020.12.29 전단개정)
⑪ 제1항에 따른 위생등급과 그 지정 절차, 제3항에 따른 위생등급 지정 결과 공표 및 제7항에 따른 기술적 지원 등에 필요한 사항은 총리령으로 정한다.
(2015.5.18 본조신설)

제48조 【식품안전관리인증기준】 ① 식품의약품안전처장은 식품의 원료관리 및 제조·가공·조리·소분·유통의 모든 과정에서 위해한 물질이 식품에 섞이거나 식품이 오염되는 것을 방지하기 위하여 각 과정의 위해요소를 확인·평가하여 중점적으로 관리하는 기준(이하 "식품안전관리인증기준"이라 한다)을 식품별로 정하여 고시할 수 있다.(2014.5.28 본항개정)
② 총리령으로 정하는 식품을 제조·가공·조리·소분·유통하는 영업자는 제1항에 따라 식품의약품안전처장이 식품별로 고시한 식품안전관리인증기준을 지켜야 한다.(2014.5.28 본항개정)
③ 식품의약품안전처장은 제2항에 따라 식품안전관리인증기준을 지켜야 하는 영업자와 그 밖에 식품안전관리인증기준을 지키기 원하는 영업자의 업소를 식품별 식품안전관리인증기준 적용업소(이하 "식품안전관리인증기준적용업소"라 한다)로 인증할 수 있다. 이 경우 식품안전관리인증기준적용업소로 인증을 받은 영업자가 그 인증을 받은 사항 중 총리령으로 정하는 사항을 변경하려는 경우에는 식품의약품안전처장의 변경 인증을 받아야 한다.(2016.2.3 후단신설)
④ 식품의약품안전처장은 식품안전관리인증기준적용업소로 인증받은 영업자에게 총리령으로 정하는 바에 따라 그 인증 사실을 증명하는 서류를 발급하여야 한다. 제3항 후단에 따라 변경 인증을 받은 경우에도 또한 같다.(2016.2.3 후단신설)
⑤ 식품안전관리인증기준적용업소의 영업자와 종업원은 총리령으로 정하는 교육훈련을 받아야 한다.(2014.5.28 본항개정)
⑥ 식품의약품안전처장은 제3항에 따라 식품안전관리인증기준적용업소의 인증을 받거나 받으려는 영업자에게 위해요소중점관리에 필요한 기술적·경제적 지원을 할 수 있다.(2014.5.28 본항개정)
⑦ 식품안전관리인증기준적용업소의 인증요건·인증절차 및 제6항에 따른 기술적·경제적 지원에 필요한 사항은 총리령으로 정한다.(2020.12.29 본항개정)
⑧ 식품의약품안전처장은 식품안전관리인증기준적용업소의 효율적 운영을 위하여 총리령으로 정하는 식품안전관리인증기준의 준수 여부 등에 관한 조사·평가를 할 수 있으며, 그 결과 식품안전관리인증기준적용업소가 다음 각 호의 어느 하나에 해당하면 그 인증을 취소하거나 시정을 명할 수 있다. 다만, 식품안전관리인증기준적용업소가 제1호의2 및 제2호에 해당할 경우 인증을 취소하여야 한다.(2016.2.3 단서개정)
1. 식품안전관리인증기준을 지키지 아니한 경우(2014.5.28 본호개정)
1의2. 거짓이나 그 밖의 부정한 방법으로 인증을 받은 경우(2016.2.3 본호신설)
2. 제75조 또는 「식품 등의 표시·광고에 관한 법률」 제16조제1항·제3항에 따라 영업정지 2개월 이상의 행정처분을 받은 경우(2018.3.13 본호개정)

3. 영업자와 그 종업원이 제5항에 따른 교육훈련을 받지 아니한 경우
4. 그 밖에 제1호부터 제3호까지에 준하는 사항으로서 총리령으로 정하는 사항을 지키지 아니한 경우(2013.3.23 본호개정)
⑨ 식품안전관리인증기준적용업소가 아닌 업소의 영업자는 식품안전관리인증기준적용업소라는 명칭을 사용하지 못한다.
(2014.5.28 본항개정)
⑩ 식품안전관리인증기준적용업소의 영업자는 인증받은식품을 다른 업소에 위탁하여 제조·가공하여서는 아니 된다. 다만, 위탁하려는 식품과 동일한 식품에 대하여 식품안전관리인증기준적용업소로 인증된 업소에 위탁하여 제조·가공하려는 경우 등 대통령령으로 정하는 경우에는 그러하지 아니하다.
(2014.5.28 본항개정)
⑪ 식품의약품안전처장(대통령령으로 정하는 그 소속 기관의 장을 포함한다), 시·도지사 또는 시장·군수·구청장은 식품안전관리인증기준적용업소에 대하여 관계 공무원으로 하여금 총리령으로 정하는 일정 기간 동안 제22조에 따른 출입·검사·수거 등을 하지 아니하게 할 수 있으며, 시·도지사 또는 시장·군수·구청장은 제89조제3항제1호에 따른 영업자의 위생관리시설 및 위생설비시설 개선을 위한 융자 사업에 대하여 우선 지원 등을 할 수 있다.(2014.5.28 본항개정)
⑫ 식품의약품안전처장은 식품안전관리인증기준적용업소의 공정별·품목별 위해요소의 분석, 기술지원 및 인증 등의 업무를 「한국식품안전관리인증원의 설립 및 운영에 관한 법률」에 따른 한국식품안전관리인증원 등 대통령령으로 정하는 기관에 위탁할 수 있다.(2016.2.3 본항개정)
⑬ 식품의약품안전처장은 제12항에 따른 위탁기관에 대하여 예산의 범위에서 사용경비의 전부 또는 일부를 보조할 수 있다.
(2013.3.23 본항개정)
⑭ 제12항에 따른 위탁기관의 업무 등에 필요한 사항은 대통령령으로 정한다.
(2014.5.28 본조제목개정)

제48조의2【인증 유효기간】 ① 제48조제3항에 따른 인증의 유효기간은 인증을 받은 날부터 3년으로 하며, 같은 항 후단에 따른 변경 인증의 유효기간은 당초 인증 유효기간의 남은 기간으로 한다.
② 제1항에 따른 인증 유효기간을 연장하려는 자는 총리령으로 정하는 바에 따라 식품의약품안전처장에게 연장신청을 하여야 한다.
③ 식품의약품안전처장은 제2항에 따른 연장신청을 받았을 때에는 안전관리인증기준에 적합하다고 인정하는 경우 3년의 범위에서 그 기간을 연장할 수 있다.
(2016.2.3 본조신설)

제48조의3【식품안전관리인증기준적용업소에 대한 조사·평가 등】 ① 식품의약품안전처장은 식품안전관리인증기준적용업소로 인증받은 업소에 대하여 식품안전관리인증기준의 준수 여부와 제48조제5항에 따른 교육훈련 수료 여부를 연 1회 이상 조사·평가하여야 한다.
② 식품의약품안전처장은 제1항에 따른 조사·평가 결과 그 결과가 우수한 식품안전관리인증기준적용업소에 대해서는 제1항에 따른 조사·평가를 면제하는 등 행정적·재정적 지원을 할 수 있다. 다만, 식품안전관리인증기준적용업소가 제48조의2제1항에 따른 인증 유효기간 내에 이 법을 위반하여 영업의 정지, 허가 취소 등 행정처분을 받은 경우에는 제1항에 따른 조사·평가를 면제하여서는 아니 된다.
③ 그 밖에 조사·평가의 방법 및 절차 등에 필요한 사항은 총리령으로 정한다.
(2016.2.3 본조신설)

제48조의4【식품안전관리인증기준의 교육훈련기관 지정 등】
① 식품의약품안전처장은 제48조제5항에 따른 교육훈련을 전문적으로 수행하기 위하여 식품안전관리인증기준 교육훈련기관(이하 "교육훈련기관"이라 한다)을 지정하여 교육훈련의 실시를 위탁할 수 있다.
② 제1항에 따라 교육훈련기관으로 지정받으려는 자는 총리령으로 정하는 지정기준을 갖추어 식품의약품안전처장에게 신청하여야 한다.
③ 제1항에 따라 교육훈련기관으로 지정받은 자는 지정된 내용 중 총리령으로 정하는 사항이 변경된 경우에는 변경사유가 발생한 날부터 1개월 이내에 식품의약품안전처장에게 신고하여야 한다.
④ 교육훈련기관은 제48조제5항에 따른 교육훈련을 수료한 사람에게 교육훈련수료증을 발급하여야 한다.
⑤ 교육훈련기관은 교육훈련에 관한 자료의 보관 등 총리령으로 정하는 사항을 준수하여야 한다.
⑥ 식품의약품안전처장은 지정된 교육훈련기관의 인력·시설·설비 보유현황 및 활용도, 교육·훈련과정 운영실태 및 교육서비스의 적절성·충실성 등을 평가하여 그 평가 내용을 공표할 수 있다.
⑦ 식품의약품안전처장은 제6항에 따른 평가를 위하여 필요한 경우에는 교육훈련기관에 관련 자료의 제출을 요구할 수 있다.
⑧ 식품의약품안전처장은 교육훈련기관이 다음 각 호의 어느 하나에 해당하는 경우에는 기간을 정하여 시정을 명할 수 있다.
1. 제3항에 따른 변경신고를 하지 아니한 경우
2. 제5항에 따른 교육훈련기관의 준수사항을 위반한 경우
⑨ 제1항부터 제8항까지에서 규정한 사항 외에 교육훈련기관의 지정 절차, 교육 내용·시기·방법, 실시 비용 등에 필요한 사항은 총리령으로 정한다.
(2020.12.29 본조신설)

제48조의5【교육훈련기관의 지정취소 등】 ① 식품의약품안전처장은 교육훈련기관이 다음 각 호의 어느 하나에 해당하는 경우에는 그 지정을 취소하거나 1년 이내의 범위에서 기간을 정하여 업무의 전부 또는 일부를 정지할 수 있다. 다만, 제1호 및 제4호의 경우에는 그 지정을 취소하여야 한다.
1. 거짓 또는 그 밖의 부정한 방법으로 교육훈련기관의 지정을 받은 경우
2. 정당한 사유 없이 1년 이상 계속하여 교육훈련과정을 운영하지 아니하는 경우
3. 제48조의4제2항에 따른 지정기준에 적합하지 아니하게 된 경우
4. 제48조의4제4항에 따른 교육훈련수료증을 거짓 또는 그 밖의 부정한 방법으로 발급한 경우
5. 제48조의4제6항에 따른 평가를 실시한 결과 교육훈련실적 및 교육훈련내용이 매우 부실하여 지정 목적을 달성할 수 없다고 인정되는 경우
6. 제48조의4제8항에 따른 시정명령을 받고도 정당한 사유 없이 정해진 기간 내에 이를 시정하지 아니하는 경우
② 식품의약품안전처장은 제1항에 따라 교육훈련기관의 지정이 취소된 자(법인인 경우 그 대표자를 포함한다)에 대해서는 지정이 취소된 날부터 3년 이내에 교육훈련기관으로 지정해서는 아니 된다.
③ 제1항에 따른 지정취소 및 업무정지 처분의 세부기준은 그 위반 행위의 유형과 위반 정도 등을 고려하여 총리령으로 정한다.
(2020.12.29 본조신설)

제49조【식품이력추적관리 등록기준 등】 ① 식품을 제조·가공 또는 판매하는 자 중 식품이력추적관리를 하려는 자는 총리령으로 정하는 등록기준을 갖추어 해당 식품을 식품의약품안전처장에게 등록할 수 있다. 다만, 영유아식 제조·가공업자, 일정 매출액·매장면적 이상의 식품판매업자 등 총리령으로 정하는 자는 식품의약품안전처장에게 등록하여야 한다.
(2015.2.3 본항개정)
② 제1항에 따라 등록한 식품을 제조·가공 또는 판매하는 자는 식품이력추적관리에 필요한 기록의 작성·보관 및 관리 등에 관하여 식품의약품안전처장이 정하여 고시하는 기준(이하 "식품이력추적관리기준"이라 한다)을 지켜야 한다.(2015.2.3 본항개정)
③ 제1항에 따라 등록을 한 자는 등록사항이 변경된 경우 변경사유가 발생한 날부터 1개월 이내에 식품의약품안전처장에게 신고하여야 한다.
④ 제1항에 따라 등록한 식품에는 식품의약품안전처장이 정하여 고시하는 바에 따라 식품이력추적관리의 표시를 할 수 있다.

⑤ 식품의약품안전처장은 제1항에 따라 등록한 식품을 제조·가공 또는 판매하는 자에 대하여 식품이력추적관리기준의 준수 여부 등을 3년마다 조사·평가하여야 한다. 다만, 제1항 단서에 따라 등록한 식품을 제조·가공 또는 판매하는 자에 대하여는 2년마다 조사·평가하여야 한다.(2015.2.3 본항개정)
⑥ 식품의약품안전처장은 제1항에 따라 등록을 한 자에게 예산의 범위에서 식품이력추적관리에 필요한 자금을 지원할 수 있다.
⑦ 식품의약품안전처장은 제1항에 따라 등록을 한 자가 식품이력추적관리기준을 지키지 아니하면 그 등록을 취소하거나 시정을 명할 수 있다.
⑧ 식품의약품안전처장은 제1항에 따른 등록의 신청을 받은 날부터 40일 이내에, 제3항에 따른 변경신고를 받은 날부터 15일 이내에 등록 여부 또는 신고수리 여부를 신청인 또는 신고인에게 통지하여야 한다.(2018.12.11 본항신설)
⑨ 식품의약품안전처장이 제8항에서 정한 기간 내에 등록 여부, 신고수리 여부 또는 민원 처리 관련 법령에 따른 처리기간의 연장을 신청인 또는 신고인에게 통지하지 아니하면 그 기간(민원 처리 관련 법령에 따라 처리기간이 연장 또는 재연장된 경우에는 해당 처리기간을 말한다)이 끝난 날의 다음 날에 등록을 하거나 신고를 수리한 것으로 본다.(2018.12.11 본항신설)
⑩ 식품이력추적관리의 등록절차, 등록사항, 등록취소 등의 기준 및 조사·평가, 그 밖에 등록에 필요한 사항은 총리령으로 정한다.(2013.7.30 본항개정)
(2013.3.23 본조개정)

제49조의2【식품이력추적관리정보의 기록·보관 등】 ① 제49조제1항에 따라 등록한 자(이하 이 조에서 "등록자"라 한다)는 식품이력추적관리기준에 따른 식품이력추적관리정보를 총리령으로 정하는 바에 따라 전산기록장치에 기록·보관하여야 한다.
② 등록자는 제1항에 따른 식품이력추적관리정보의 기록을 해당 제품의 소비기한 등이 경과한 날부터 2년 이상 보관하여야 한다.(2021.8.17 본항개정)
③ 등록자는 제1항에 따라 기록·보관된 정보가 제49조의3제1항에 따른 식품이력추적관리시스템에 연계되도록 협조하여야 한다.
(2014.5.28 본조신설)

제49조의3【식품이력추적관리시스템의 구축 등】 ① 식품의약품안전처장은 식품이력추적관리시스템을 구축·운영하고, 식품이력추적관리시스템과 제49조의2제1항에 따른 식품이력추적관리정보가 연계되도록 하여야 한다.
② 식품의약품안전처장은 제1항에 따라 식품이력추적관리시스템에 연계된 정보 중 총리령으로 정하는 정보는 소비자 등이 인터넷 홈페이지를 통하여 쉽게 확인할 수 있도록 하여야 한다.
③ 제2항에 따른 정보는 해당 제품의 소비기한 또는 품질유지기한이 경과한 날부터 1년 이상 확인할 수 있도록 하여야 한다.(2021.8.17 본항개정)
④ 누구든지 제1항에 따라 연계된 정보를 식품이력추적관리 목적 외에 사용하여서는 아니 된다.
(2014.5.28 본조신설)

제50조 (2015.3.27 삭제)

제8장 조리사 등
(2010.3.26 본장제목개정)

제51조【조리사】 ① 집단급식소 운영자와 대통령령으로 정하는 식품접객업자는 조리사(調理士)를 두어야 한다. 다만, 다음 각 호의 어느 하나에 해당하는 경우에는 조리사를 두지 아니하여도 된다.(2013.5.22 본문개정)
1. 집단급식소 운영자 또는 식품접객영업자 자신이 조리사로서 직접 음식물을 조리하는 경우(2013.5.22 본호신설)
2. 1회 급식인원 100명 미만의 산업체인 경우(2013.5.22 본호신설)
3. 제52조제1항에 따른 영양사가 조리사의 면허를 받은 경우. 다만, 총리령으로 정하는 규모 이하의 집단급식소에 한정한다.(2024.2.20 단서신설)
② 집단급식소에 근무하는 조리사는 다음 각 호의 직무를 수행한다.
1. 집단급식소에서의 식단에 따른 조리업무[식재료의 전(前)처리에서부터 조리, 배식 등의 전 과정을 말한다]
2. 구매식품의 검수 지원
3. 급식설비 및 기구의 위생·안전 실무
4. 그 밖에 조리실무에 관한 사항
(2011.6.7 본항신설)

제52조【영양사】 ① 집단급식소 운영자는 영양사(營養士)를 두어야 한다. 다만, 다음 각 호의 어느 하나에 해당하는 경우에는 영양사를 두지 아니하여도 된다.(2013.5.22 본문개정)
1. 집단급식소 운영자 자신이 영양사로서 직접 영양 지도를 하는 경우(2013.5.22 본호신설)
2. 1회 급식인원 100명 미만의 산업체인 경우(2013.5.22 본호신설)
3. 제51조제1항에 따른 조리사가 영양사의 면허를 받은 경우. 다만, 총리령으로 정하는 규모 이하의 집단급식소에 한정한다.(2024.2.20 단서신설)
② 집단급식소에 근무하는 영양사는 다음 각 호의 직무를 수행한다.
1. 집단급식소에서의 식단 작성, 검식(檢食) 및 배식관리
2. 구매식품의 검수(檢受) 및 관리
3. 급식시설의 위생적 관리
4. 집단급식소의 운영일지 작성
5. 종업원에 대한 영양 지도 및 식품위생교육
(2011.6.7 본항신설)

제53조【조리사의 면허】 ① 조리사가 되려는 자는 「국가기술자격법」에 따라 해당 기능분야의 자격을 얻은 후 특별자치시장·특별자치도지사·시장·군수·구청장의 면허를 받아야 한다.(2016.2.3 본항개정)
② 제1항에 따른 조리사의 면허 등에 관하여 필요한 사항은 총리령으로 정한다.(2013.3.23 본항개정)
③~④ (2010.3.26 삭제)
(2010.3.26 본조제목개정)

제54조【결격사유】 다음 각 호의 어느 하나에 해당하는 자는 조리사 면허를 받을 수 없다.(2010.3.26 본문개정)
1. 「정신건강증진 및 정신질환자 복지서비스 지원에 관한 법률」 제3조제1호에 따른 정신질환자. 다만, 전문의가 조리사로서 적합하다고 인정하는 자는 그러하지 아니하다.(2018.12.11 본문개정)
2. 「감염병의 예방 및 관리에 관한 법률」 제2조제13호에 따른 감염병환자. 다만, 같은 조 제4호나목에 따른 B형간염환자는 제외한다.(2018.3.27 단서개정)
3. 「마약류관리에 관한 법률」 제2조제2호에 따른 마약이나 그 밖의 약물 중독자
4. 조리사 면허의 취소처분을 받고 그 취소된 날부터 1년이 지나지 아니한 자(2010.3.26 본호개정)

제55조【명칭 사용 금지】 조리사가 아니면 조리사라는 명칭을 사용하지 못한다.(2010.3.26 본조개정)

제56조【교육】 ① 식품의약품안전처장은 식품위생 수준 및 자질의 향상을 위하여 필요한 경우 조리사와 영양사에게 교육(조리사의 경우 보수교육을 포함한다. 이하 이 조에서 같다)을 받을 것을 명할 수 있다. 다만, 집단급식소에 종사하는 조리사와 영양사는 1년마다 교육을 받아야 한다.(2021.7.27 단서개정)
② 제1항에 따른 교육의 대상자·실시기관·내용 및 방법 등에 관하여 필요한 사항은 총리령으로 정한다.
③ 식품의약품안전처장은 제1항에 따른 교육 등 업무의 일부를 대통령령으로 정하는 바에 따라 관계 전문기관이나 단체에 위탁할 수 있다.
(2013.3.23 본조개정)

제9장 식품위생심의위원회

제57조【식품위생심의위원회의 설치 등】 식품의약품안전처장의 자문에 응하여 다음 각 호의 사항을 조사·심의하기 위하여 식품의약품안전처에 식품위생심의위원회를 둔다.(2013.3.23 본문개정)
1. 식중독 방지에 관한 사항
2. 농약·중금속 등 유독·유해물질 잔류 허용 기준에 관한 사항
3. 식품등의 기준과 규격에 관한 사항
4. 그 밖에 식품위생에 관한 중요 사항

제58조【심의위원회의 조직과 운영】 ① 심의위원회는 위원장 1명과 부위원장 2명을 포함한 100명 이내의 위원으로 구성한다.(2011.8.4 본항신설)

② 심의위원회의 위원은 다음 각 호의 어느 하나에 해당하는 사람 중에서 식품의약품안전처장이 임명하거나 위촉한다. 다만, 제3호의 사람을 전체 위원의 3분의 1 이상 위촉하고, 제2호와 제4호의 사람을 합하여 전체 위원의 3분의 1 이상 위촉하여야 한다.(2013.3.23 본문개정)
1. 식품위생 관계 공무원
2. 식품등에 관한 영업에 종사하는 사람
3. 시민단체의 추천을 받은 사람
4. 제59조에 따른 동업자조합 또는 제64조에 따른 한국식품산업협회(이하 "식품위생단체"라 한다)의 추천을 받은 사람
5. 식품위생에 관한 학식과 경험이 풍부한 사람

(2011.8.4 본항신설)

③ 심의위원회 위원의 임기는 2년으로 하되, 공무원인 위원은 그 직위에 재직하는 기간 동안 재임한다. 다만, 위원이 궐위된 경우 그 보궐위원의 임기는 전임위원 임기의 남은 기간으로 한다.(2011.8.4 본항신설)

④ 심의위원회에 식품등의 국제 기준 및 규격을 조사·연구할 연구위원을 둘 수 있다.

⑤ 제4항에 따른 연구위원의 업무는 다음 각 호와 같다. 다만, 다른 법령에 따라 수행하는 관련 업무는 제외한다.(2011.8.4 본문개정)
1. 국제식품규격위원회에서 제시한 기준·규격 조사·연구
2. 국제식품규격의 조사·연구에 필요한 외국정부, 관련 소비자단체 및 국제기구와 상호협력
3. 외국의 식품의 기준·규격에 관한 정보 및 자료 등의 조사·연구
4. 그 밖에 제1호부터 제3호까지에 준하는 사항으로서 대통령령으로 정하는 사항

(2011.6.7 본항신설)

⑥ 이 법에서 정한 것 외에 심의위원회의 조직 및 운영에 필요한 사항은 대통령령으로 정한다.

제10장 식품위생단체 등

제1절 동업자조합

제59조【설립】 ① 영업자는 영업의 발전과 국민 건강의 보호·증진을 위하여 대통령령으로 정하는 영업 또는 식품의 종류별로 동업자조합(이하 "조합"이라 한다)을 설립할 수 있다.(2022.6.10 본항개정)

② 조합은 법인으로 한다.

③ 조합을 설립하려는 경우에는 대통령령으로 정하는 바에 따라 조합원 자격이 있는 자 10분의 1(20명을 초과하면 20명으로 한다) 이상의 발기인이 정관을 작성하여 식품의약품안전처장의 설립인가를 받아야 한다.(2013.3.23 본항개정)

④ 식품의약품안전처장은 제3항에 따라 설립인가의 신청을 받은 날부터 30일 이내에 설립인가 여부를 신청인에게 통지하여야 한다.(2018.12.11 본항신설)

⑤ 식품의약품안전처장이 제4항에서 정한 기간 내에 인가 여부 또는 민원 처리 관련 법령에 따른 처리기간의 연장을 신청인에게 통지하지 아니하면 그 기간(민원 처리 관련 법령에 따라 처리기간이 연장 또는 재연장된 경우에는 해당 처리기간을 말한다)이 끝난 날의 다음 날에 인가를 한 것으로 본다.(2018.12.11 본항신설)

⑥ 조합은 제3항에 따른 설립인가를 받는 날 또는 제5항에 따라 설립인가를 한 것으로 보는 날에 성립된다.(2018.12.11 본항개정)

⑦ 조합은 정관으로 정하는 바에 따라 하부조직을 둘 수 있다.

제60조【조합의 사업】 조합은 다음 각 호의 사업을 한다.
1. 영업의 건전한 발전과 조합원 공동의 이익을 위한 사업
2. 조합원의 영업시설 개선에 관한 지도
3. 조합원을 위한 경영지도
4. 조합원과 그 종업원을 위한 교육훈련
5. 조합원과 그 종업원의 복지증진을 위한 사업
6. 식품의약품안전처장이 위탁하는 조사·연구 사업(2013.3.23 본호개정)
7. 조합원의 생활안정과 복지증진을 위한 공제사업(2011.8.4 본호신설)
8. 제1호부터 제5호까지에 규정된 사업의 부대사업

제60조의2【조합의 공제회 설립·운영】 ① 조합은 조합원의 생활안정과 복지증진을 도모하기 위하여 식품의약품안전처장의 인가를 받아 공제회를 설립하여 공제사업을 영위할 수 있다.(2017.12.19 본항개정)

② 공제회의 구성원(이하 "공제회원"이라 한다)은 공제사업에 필요한 출자금을 납부하여야 한다.

③ 공제회의 설립인가 절차, 운영 등에 관하여 필요한 사항은 대통령령으로 정한다.(2017.12.19 본항개정)

④ 조합이 제1항에 따라 공제사업을 하기 위하여 공제회를 설립하고자 하는 때에는 공제회원의 자격에 관한 사항, 출자금의 부담기준, 공제방법, 공제사업에 충당하기 위한 책임준비금 및 비상위험준비금 등 공제회의 운영에 관하여 필요한 사항을 포함하는 공제정관을 작성하여 식품의약품안전처장의 인가를 받아야 한다. 공제정관을 변경하고자 하는 때에도 또한 같다.(2017.12.19 본항개정)

⑤ 공제회는 법인으로 하며, 주된 사무소의 소재지에서 설립등기를 함으로써 성립한다.(2017.12.19 본항신설)

(2017.12.19 본조제목개정)

(2011.8.4 본조신설)

제60조의3【공제사업의 내용】 공제회는 다음 각 호의 사업을 한다.
1. 공제회원에 대한 공제급여 지급
2. 공제회원의 복리·후생 향상을 위한 사업
3. 기금 조성을 위한 사업
4. 식품위생 영업자의 경영개선을 위한 조사·연구 및 교육사업
5. 식품위생단체 등의 법인에의 출연
6. 공제회의 목적달성에 필요한 대통령령으로 정하는 수익사업

(2011.8.4 본조신설)

제60조의4【공제회에 대한 감독】 ① 식품의약품안전처장은 공제회에 대하여 감독상 필요한 경우에는 그 업무에 관한 사항을 보고하게 하거나 자료의 제출을 명할 수 있으며, 소속 공무원으로 하여금 장부·서류, 그 밖의 물건을 검사하게 할 수 있다.(2017.12.19 본항개정)

② 제1항에 따라 조사 또는 검사를 하는 공무원 등은 그 권한을 표시하는 증표 및 조사기간, 조사범위, 조사담당자, 관계 법령 등 대통령령으로 정하는 사항이 기재된 서류를 가지고 이를 관계인에게 보여주어야 한다.(2016.2.3 본항개정)

③ 식품의약품안전처장은 공제회의 운영이 적정하지 아니하거나 자산상황이 불량하여 공제회원 등의 권익을 해칠 우려가 있다고 인정하면 업무집행방법 및 자산예탁기관의 변경, 가치가 없다고 인정되는 자산의 손실처리 등 필요한 조치를 명할 수 있다.(2017.12.19 본항개정)

④ 공제회가 제3항의 개선명령을 이행하지 아니한 경우 식품의약품안전처장은 공제회의 임직원의 징계·해임을 요구할 수 있다.(2017.12.19 본항개정)

제61조【대의원회】 ① 조합원이 500명을 초과하는 조합은 정관으로 정하는 바에 따라 총회를 갈음할 수 있는 대의원회를 둘 수 있다.
② 대의원은 조합원이어야 한다.
제62조【다른 법률의 준용】 ① 조합에 관하여 이 법에서 규정하지 아니한 것에 대하여는 「민법」 중 사단법인에 관한 규정을 준용한다.
② 공제회에 관하여 이 법에서 규정하지 아니한 것에 대해서는 「민법」 중 사단법인에 관한 규정과 「상법」 중 주식회사의 회계에 관한 규정을 준용한다.(2019.4.30 본항신설)
(2019.4.30 본조개정)
제63조【자율지도원 등】 ① 조합은 조합원의 영업시설 개선과 경영에 관한 지도 사업 등을 효율적으로 수행하기 위하여 자율지도원을 둘 수 있다.
② 조합의 관리 및 운영 등에 필요한 기준은 대통령령으로 정한다.

제2절 식품산업협회
(2011.8.4 본절제목개정)

제64조【설립】 ① 식품산업의 발전과 식품위생의 향상을 위하여 한국식품산업협회(이하 "협회"라 한다)를 설립한다.
(2011.8.4 본항개정)
② 제1항에 따라 설립되는 협회는 법인으로 한다.
③ 협회의 회원이 될 수 있는 자는 영업자 중 식품 또는 식품첨가물을 제조·가공·운반·판매·보존하는 자 및 그 밖에 식품 관련 산업을 운영하는 자로 한다.(2011.8.4 본항개정)
④ 협회에 관하여 이 법에서 규정하지 아니한 것에 대하여는 「민법」 중 사단법인에 관한 규정을 준용한다.
제65조【협회의 사업】 협회는 다음 각 호의 사업을 한다.
1. 식품산업에 관한 조사·연구(2011.8.4 본호개정)
2. 식품 및 식품첨가물과 그 원재료(原材料)에 대한 시험·검사 업무
3. 식품위생과 관련한 교육
4. 영업자 중 식품이나 식품첨가물을 제조·가공·운반·판매 및 보존하는 자의 영업시설 개선에 관한 지도(2011.8.4 본호개정)
5. 회원을 위한 경영지도
6. 식품안전과 식품산업 진흥 및 지원·육성에 관한 사업(2011.8.4 본호신설)
7. 제1호부터 제5호까지에 규정된 사업의 부대사업
제66조【준용】 협회에 관하여는 제63조제1항을 준용한다. 이 경우 "조합"은 "협회"로, "조합원"은 "협회의 회원"으로 본다.

제3절 식품안전정보원
(2011.8.4 본절제목개정)

제67조【식품안전정보원의 설립】 ① 식품의약품안전처장의 위탁을 받아 제49조에 따른 식품이력추적관리업무와 식품안전에 관한 업무 중 제68조제1항 각 호에 관한 업무를 효율적으로 수행하기 위하여 식품안전정보원(이하 "정보원"이라 한다)를 둔다.(2013.3.23 본항개정)
② 정보원은 법인으로 한다.
③ 정보원의 정관에는 다음 각 호의 사항을 기재하여야 한다.
1. 목적
2. 명칭
3. 주된 사무소가 있는 곳
4. 자산에 관한 사항
5. 임원 및 직원에 관한 사항
6. 이사회의 운영
7. 사업범위 및 내용과 그 집행
8. 회계
9. 공고의 방법
10. 정관의 변경
11. 그 밖에 정보원의 운영에 관한 중요 사항
(2018.12.11 본항신설)
④ 정보원이 정관의 기재사항을 변경하려는 경우에는 식품의약품안전처장의 인가를 받아야 한다.(2018.12.11 본항신설)
⑤ 정보원에 관하여 이 법에서 규정된 것 외에는 「민법」 중 재단법인에 관한 규정을 준용한다.
(2011.8.4 본조개정)
제68조【정보원의 사업】 ① 정보원은 다음 각 호의 사업을 한다.(2011.8.4 본문개정)
1. 국내외 식품안전정보의 수집·분석·정보제공 등
1의2. 식품안전정책 수립을 지원하기 위한 조사·연구 등(2016.2.3 본호신설)
2. 식품안전정보의 수집·분석 및 식품이력추적관리 등을 위한 정보시스템의 구축·운영 등(2016.2.3 본호개정)
3. 식품이력추적관리의 등록·관리 등
4. 식품이력추적관리에 관한 교육 및 홍보
5. 식품사고가 발생한 때 사고의 신속한 원인규명과 해당 식품의 회수·폐기 등을 위한 정보제공
6. 식품위해정보의 공동활용 및 대응을 위한 기관·단체·소비자단체 등과의 협력 네트워크 구축·운영
7. 소비자 식품안전 관련 신고의 안내·접수·상담 등을 위한 지원(2016.2.3 본호신설)
8. 그 밖에 식품안전정보 및 식품이력추적관리에 관한 사항으로서 식품의약품안전처장이 정하는 사업(2013.3.23 본호개정)
② 식품의약품안전처장은 정보원의 설립·운영 등에 필요한 비용을 지원할 수 있다.(2013.3.23 본항개정)
(2011.8.4 본조제목개정)
제69조【사업계획서 등의 제출】 ① 정보원은 총리령으로 정하는 바에 따라 매 사업연도 개시 전에 사업계획서와 예산서를 식품의약품안전처장에게 제출하여 승인을 받아야 한다.
② 정보원은 식품의약품안전처장이 지정하는 공인회계사의 검사를 받은 매 사업연도의 세입·세출결산서를 식품의약품안전처장에게 제출하여 승인을 받아 결산을 확정한 후 그 결과를 다음 사업연도 5월 말까지 국회에 보고하여야 한다.(2013.3.23 본조개정)
제70조【지도·감독 등】 ① 식품의약품안전처장은 정보원에 대하여 감독상 필요한 때에는 그 업무에 관한 사항을 보고하게 하거나 자료의 제출, 그 밖에 필요한 명령을 할 수 있고, 소속 공무원으로 하여금 그 사무소에 출입하여 장부·서류 등을 검사하게 할 수 있다.(2013.3.23 본항개정)
② 제1항에 따라 출입·검사를 하는 공무원은 그 권한을 표시하는 증표 및 조사기간, 조사범위, 조사담당자, 관계 법령 등 대통령령으로 정하는 사항이 기재된 서류를 지니고 이를 관계인에게 내보여야 한다.(2016.2.3 본항개정)
③ 정보원에 대한 지도·감독에 관하여 그 밖에 필요한 사항은 총리령으로 정한다.(2013.3.23 본항개정)

제4절 한국식품안전관리인증원

제70조의2~제70조의6 (2016.2.3 삭제)

제5절 건강 위해가능 영양성분 관리
(2016.5.29 본절신설)

제70조의7【건강 위해가능 영양성분 관리】 ① 국가 및 지방자치단체는 식품의 나트륨, 당류, 트랜스지방 등 영양성분(이하 "건강 위해가능 영양성분"이라 한다)의 과잉섭취로 인하여 국민 건강에 발생할 수 있는 위해를 예방하기 위하여 노력하여야 한다.(2022.6.10 본항개정)
② 식품의약품안전처장은 관계 중앙행정기관의 장과 협의하여 건강 위해가능 영양성분 관리 기술의 개발·보급, 적정섭취를 위한 실천방법의 교육·홍보 등을 실시하여야 한다.
③ 건강 위해가능 영양성분의 종류는 대통령령으로 정한다.
제70조의8【건강 위해가능 영양성분 관리 주관기관 설립·지정】 ① 식품의약품안전처장은 건강 위해가능 영양성분 관리를 위하여 다음 각 호의 사업을 주관하여 수행할 기관(이하 "주관기관"이라 한다)을 설립하거나 건강 위해가능 영양성분

관리와 관련된 사업을 하는 기관·단체 또는 법인을 주관기관으로 지정할 수 있다.
1. 건강 위해가능 영양성분 적정섭취 실천방법 교육·홍보 및 국민 참여 유도
2. 건강 위해가능 영양성분 함량 모니터링 및 정보제공
3. 건강 위해가능 영양성분을 줄인 급식과 외식, 가공식품 생산 및 구매 활성화
4. 건강 위해가능 영양성분 관리 실천사업장 운영 지원
5. 그 밖에 식품의약품안전처장이 필요하다고 인정하는 건강 위해가능 영양성분 관리사업
② 식품의약품안전처장은 주관기관에 대하여 예산의 범위에서 설립·운영 및 제1항 각 호의 사업을 수행하는 데 필요한 경비의 전부 또는 일부를 지원할 수 있다.
③ 제1항에 따라 설립되는 주관기관은 법인으로 한다.
④ 제1항에 따라 설립되는 주관기관에 관하여 이 법에서 규정된 것을 제외하고는 「민법」 중 재단법인에 관한 규정을 준용한다.
⑤ 식품의약품안전처장은 제1항에 따라 지정된 주관기관이 다음 각 호의 어느 하나에 해당하는 경우 지정을 취소할 수 있다. 다만, 제1호에 해당하는 경우에는 지정을 취소하여야 한다.
1. 거짓이나 그 밖의 부정한 방법으로 지정을 받은 경우
2. 제6항에 따른 지정기준에 적합하지 아니하게 된 경우
⑥ 주관기관의 설립, 지정 및 지정 취소의 기준·절차 등에 필요한 사항은 대통령령으로 정한다.
제70조의9【사업계획서 등의 제출】 주관기관은 총리령으로 정하는 바에 따라 전년도의 사업 실적보고서와 해당 연도의 사업계획서를 작성하여 식품의약품안전처장에게 제출하여야 한다. 다만, 제70조의8제1항에 따라 지정된 주관기관의 경우 같은 항 각 호의 사업 수행과 관련된 사항으로 한정한다.
제70조의10【지도·감독 등】 ① 식품의약품안전처장은 주관기관에 대하여 감독상 필요한 때에는 그 업무에 관한 사항을 보고하게 하거나 자료의 제출, 그 밖에 필요한 명령을 할 수 있다. 다만, 제70조의8제1항에 따라 지정된 주관기관에 대한 지도·감독은 같은 항 각 호의 사업 수행과 관련된 사항으로 한정한다.
② 주관기관에 대한 지도·감독에 관하여 그 밖에 필요한 사항은 총리령으로 정한다.

제11장 시정명령과 허가취소 등 행정 제재

제71조【시정명령】 ① 식품의약품안전처장, 시·도지사 또는 시장·군수·구청장은 제3조에 따른 식품등의 위생적 취급에 관한 기준에 맞지 아니하게 영업하는 자와 이 법을 지키지 아니하는 자에게는 필요한 시정을 명하여야 한다.(2013.3.23 본항개정)
② 식품의약품안전처장, 시·도지사 또는 시장·군수·구청장은 제1항의 시정명령을 한 경우에는 그 영업을 관할하는 관서의 장에게 그 내용을 통보하여 시정명령이 이행되도록 협조를 요청할 수 있다.(2013.3.23 본항개정)
③ 제2항에 따라 요청을 받은 관계 기관의 장은 정당한 사유가 없으면 이에 응하여야 하며, 그 조치결과를 지체 없이 요청한 기관의 장에게 통보하여야 한다.(2011.6.7 본항신설)
제72조【폐기처분 등】 ① 식품의약품안전처장, 시·도지사 또는 시장·군수·구청장은 영업자(「수입식품안전관리 특별법」 제15조에 따라 등록한 수입식품등 수입·판매업자를 포함한다. 이하 이 조에서 같다)가 제4조부터 제6조까지, 제7조제4항, 제8조, 제9조제4항, 제9조의3, 제12조의2제2항 또는 제44조제1항제3호를 위반한 경우에는 관계 공무원에게 그 식품등을 압류 또는 폐기하게 하거나 용도·처리방법 등을 정하여 영업자에게 위해를 없애는 조치를 하도록 명하여야 한다.(2022.6.10 본항개정)
② 식품의약품안전처장, 시·도지사 또는 시장·군수·구청장은 제37조제1항, 제4항 또는 제5항을 위반하여 허가받지 아니하거나 신고 또는 등록하지 아니하고 제조·가공·조리한 식품 또는 식품첨가물이나 여기에 사용한 기구 또는 용기·포장등을 관계 공무원에게 압류하거나 폐기하게 할 수 있다.(2013.3.23 본항개정)
③ 식품의약품안전처장, 시·도지사 또는 시장·군수·구청장은 식품위생상의 위해가 발생하였거나 발생할 우려가 있는 경우에는 영업자에게 유통 중인 해당 식품등을 회수·폐기하게 하거나 해당 식품등의 원료, 제조 방법, 성분 또는 그 배합 비율을 변경할 것을 명할 수 있다.(2013.3.23 본항개정)
④ 제1항 및 제2항에 따른 압류나 폐기를 하는 공무원은 그 권한을 표시하는 증표 및 조사기간, 조사범위, 조사담당자, 관계법령 등 대통령령으로 정하는 사항이 기재된 서류를 지니고 이를 관계인에게 내보여야 한다.(2016.2.3 본항개정)
⑤ 제1항 및 제2항에 따른 압류 또는 폐기에 필요한 사항과 제3항에 따른 회수·폐기 대상 식품등의 기준 등은 총리령으로 정한다.(2013.3.23 본항개정)
⑥ 식품의약품안전처장, 시·도지사 및 시장·군수·구청장은 제1항에 따라 폐기처분명령을 받은 자가 그 명령을 이행하지 아니하는 경우에는 「행정대집행법」에 따라 대집행을 하고 그 비용을 명령위반자로부터 징수할 수 있다.(2013.3.23 본항개정)
제73조【위해식품등의 공표】 ① 식품의약품안전처장, 시·도지사 또는 시장·군수·구청장은 다음 각 호의 어느 하나에 해당되는 경우에는 해당 영업자에 대하여 그 사실의 공표를 명할 수 있다. 다만, 식품위생에 관한 위해가 발생한 경우에는 공표를 명하여야 한다.(2013.3.23 본문개정)
1. 제4조부터 제6조까지, 제7조제4항, 제8조, 제9조제4항 또는 제9조의3 등을 위반하여 식품위생에 관한 위해가 발생하였다고 인정되는 때(2022.6.10 본호개정)
2. 제45조제1항 또는 「식품 등의 표시·광고에 관한 법률」 제15조제2항에 따른 회수계획을 보고받은 때(2018.3.13 본호개정)
② 제1항에 따른 공표방법 등 공표에 관하여 필요한 사항은 대통령령으로 정한다.
제74조【시설 개수명령 등】 ① 식품의약품안전처장, 시·도지사 또는 시장·군수·구청장은 영업시설이 제36조에 따른 시설기준에 맞지 아니한 경우에는 기간을 정하여 그 영업자에게 시설을 개수(改修)할 것을 명할 수 있다.(2013.3.23 본항개정)
② 건축물의 소유자와 영업자 등이 다른 경우 건축물의 소유자는 제1항에 따른 시설 개수명령을 받은 영업자 등이 시설을 개수하는 데에 최대한 협조하여야 한다.
제75조【허가취소 등】 ① 식품의약품안전처장 또는 특별자치시장·특별자치도지사·시장·군수·구청장은 영업자가 다음 각 호의 어느 하나에 해당하는 경우에는 대통령령으로 정하는 바에 따라 영업허가 또는 등록을 취소하거나 6개월 이내의 기간을 정하여 그 영업의 전부 또는 일부를 정지하거나 영업소 폐쇄(제37조제4항에 따라 신고한 영업만 해당한다. 이하 이 조에서 같다)를 명할 수 있다. 다만, 식품접객영업자가 제13호(제44조제2항에 관한 부분만 해당한다)를 위반한 경우로서 청소년의 신분증 위조·변조 또는 도용으로 식품접객영업자가 청소년인 사실을 알지 못하였거나 폭행 또는 협박으로 청소년임을 확인하지 못한 사정이 인정되는 경우에는 대통령령으로 정하는 바에 따라 해당 행정처분을 면제할 수 있다.(2018.12.11 단서신설)
1. 제4조부터 제6조까지, 제7조제4항, 제8조, 제9조제4항, 제9조의3 또는 제12조의2제2항을 위반한 경우(2022.6.10 본호개정)
2. (2018.3.13 삭제)
3. 제17조제4항을 위반한 경우
4. 제22조제1항(제22조의3에 따라 비대면으로 실시하는 경우를 포함한다)에 따른 출입·검사·수거를 거부·방해·기피한 경우(2024.1.2 본호개정)
4의2. (2015.2.3 삭제)
5. 제31조제1항 및 제3항을 위반한 경우(2016.2.3 본호개정)
6. 제36조를 위반한 경우
7. 제37조제1항 후단, 제3항, 제4항 후단을 위반하거나 같은 조 제2항에 따른 조건을 위반한 경우(2018.12.11 본호개정)

7의2. 제37조제5항에 따른 변경 등록을 하지 아니하거나 같은 항 단서를 위반한 경우(2011.6.7 본호신설)
8. 제38조제1항제8호에 해당하는 경우
9. 제40조제3항을 위반한 경우
10. 제41조제5항을 위반한 경우
10의2. 제41조의2제1항을 위반한 경우(2020.12.29 본호신설)
11. (2016.2.3 삭제)
12. 제43조에 따른 영업 제한을 위반한 경우
13. 제44조제1항 · 제2항 및 제4항을 위반한 경우
14. 제45조제1항 전단에 따른 회수 조치를 하지 아니한 경우
14의2. 제45조제1항 후단에 따른 회수계획을 보고하지 아니하거나 거짓으로 보고한 경우(2011.6.7 본호신설)
14의3. 제46조의2제1항에 따른 보고를 하지 아니하거나 거짓으로 보고한 경우(2024.1.2 본호신설)
15. 제48조제2항에 따른 식품안전관리인증기준을 지키지 아니한 경우(2014.5.28 본호개정)
15의2. 제49조제1항 단서에 따른 식품이력추적관리를 등록하지 아니한 경우(2013.7.30 본호신설)
16. 제51조제1항을 위반한 경우(2011.6.7 본호개정)
17. 제71조제1항, 제72조제1항 · 제3항, 제73조제1항 또는 제74조제1항(제88조에 따라 준용되는 제71조제1항, 제72조제1항 · 제3항 또는 제74조제1항을 포함한다)에 따른 명령을 위반한 경우
18. 제72조제1항 · 제2항에 따른 압류 · 폐기를 거부 · 방해 · 기피한 경우(2019.4.30 본호신설)
19. 「성매매알선 등 행위의 처벌에 관한 법률」 제4조에 따른 금지행위를 한 경우
20. 「마약류 관리에 관한 법률」 제3조제11호에 따른 행위를 하거나 이를 교사 · 방조한 경우(2024.2.6 본호신설)

② 식품의약품안전처장 또는 특별자치시장 · 특별자치도지사 · 시장 · 군수 · 구청장은 영업자가 제1항에 따른 영업정지 명령을 위반하여 영업을 계속하면 영업허가 또는 등록을 취소하거나 영업소 폐쇄를 명할 수 있다.(2016.2.3 본항개정)

③ 식품의약품안전처장 또는 특별자치시장 · 특별자치도지사 · 시장 · 군수 · 구청장은 다음 각 호의 어느 하나에 해당하는 경우에는 영업허가 또는 등록을 취소하거나 영업소 폐쇄를 명할 수 있다.(2016.2.3 본문개정)
1. 영업자가 정당한 사유 없이 6개월 이상 계속 휴업하는 경우
2. 영업자(제37조제1항에 따라 영업허가를 받은 자만 해당한다)가 사실상 폐업하여 「부가가치세법」 제8조에 따라 관할세무서장에게 폐업신고를 하거나 관할세무서장이 사업자등록을 말소한 경우(2013.6.7 본호개정)

④ 식품의약품안전처장 또는 특별자치시장 · 특별자치도지사 · 시장 · 군수 · 구청장은 제3항제2호의 사유로 영업허가를 취소하기 위하여 필요한 경우 관할 세무서장에게 영업자의 폐업여부에 대한 정보 제공을 요청할 수 있다. 이 경우 요청을 받은 관할 세무서장은 「전자정부법」 제39조에 따라 영업자의 폐업여부에 대한 정보를 제공한다.(2016.2.3 전단개정)

⑤ 제1항 및 제2항에 따른 행정처분의 세부기준은 그 위반 행위의 유형과 위반 정도 등을 고려하여 총리령으로 정한다.(2013.3.23 본항개정)

제76조【품목 제조정지 등】 ① 식품의약품안전처장 또는 특별자치시장 · 특별자치도지사 · 시장 · 군수 · 구청장은 영업자가 다음 각 호의 어느 하나에 해당하면 대통령령으로 정하는 바에 따라 해당 품목 또는 품목류(제7조 또는 제9조에 따라 정하여진 식품등의 기준 및 규격 중 동일한 기준 및 규격을 적용받아 제조 · 가공되는 모든 품목을 말한다. 이하 같다)에 대하여 기간을 정하여 6개월 이내의 제조정지를 명할 수 있다.(2016.2.3 본문개정)
1. 제7조제4항을 위반한 경우
2. 제9조제4항을 위반한 경우
3. (2018.3.13 삭제)
3의2. 제12조의2제2항을 위반한 경우(2011.6.7 본호신설)
4. (2018.3.13 삭제)
5. 제31조제1항을 위반한 경우

② 제1항에 따른 행정처분의 세부기준은 그 위반 행위의 유형과 위반 정도 등을 고려하여 총리령으로 정한다.(2013.3.23 본항개정)

제77조【영업허가 등의 취소 요청】 ① 식품의약품안전처장은 「축산물위생관리법」, 「수산업법」, 「양식산업발전법」 또는 「주류 면허 등에 관한 법률」에 따라 허가 또는 면허를 받은 자가 제4조부터 제6조까지 또는 제7조제4항을 위반한 경우에는 해당 허가 또는 면허 업무를 관할하는 중앙행정기관의 장에게 다음 각 호의 조치를 하도록 요청할 수 있다. 다만, 주류(酒類)는 「보건범죄단속에 관한 특별조치법」 제8조에 따른 유해 등의 기준에 해당하는 경우로 한정한다.(2020.12.29 본문개정)
1. 허가 또는 면허의 전부 또는 일부 취소
2. 일정 기간의 영업정지
3. 그 밖에 위생상 필요한 조치

② 제1항에 따라 영업허가 등의 취소 요청을 받은 관계 중앙행정기관의 장은 정당한 사유가 없으면 이에 따라야 하며, 그 조치결과를 지체 없이 식품의약품안전처장에게 통보하여야 한다.(2013.3.23 본항개정)

제78조【행정 제재처분 효과의 승계】 영업자가 영업을 양도하거나 법인이 합병되는 경우에는 제75조제1항 각 호, 같은 조 제2항 또는 제76조제1항 각 호를 위반한 사유로 종전의 영업자에게 행한 행정 제재처분의 효과는 그 처분기간이 끝난 날부터 1년간 양수인이나 합병 후 존속하는 법인에 승계되며, 행정 제재처분 절차가 진행 중인 경우에는 양수인이나 합병 후 존속하는 법인에 대하여 행정 제재처분 절차를 계속할 수 있다. 다만, 양수인이나 합병 후 존속하는 법인이 양수하거나 합병할 때에 그 처분 또는 위반사실을 알지 못하였음을 증명하는 때에는 그러하지 아니하다.

제79조【폐쇄조치 등】 ① 식품의약품안전처장, 시 · 도지사 또는 시장 · 군수 · 구청장은 제37조제1항, 제4항 또는 제5항을 위반하여 허가받지 아니하거나 신고 또는 등록하지 아니하고 영업을 하는 경우 또는 제75조제1항 또는 제2항에 따라 허가 또는 등록이 취소되거나 영업소 폐쇄명령을 받은 후에도 계속하여 영업을 하는 경우에는 해당 영업소를 폐쇄하기 위하여 관계 공무원에게 다음 각 호의 조치를 하게 할 수 있다.(2013.3.23 본문개정)
1. 해당 영업소의 간판 등 영업 표지물의 제거나 삭제
2. 해당 영업소가 적법한 영업소가 아님을 알리는 게시문 등의 부착
3. 해당 영업소의 시설물과 영업에 사용하는 기구 등을 사용할 수 없게 하는 봉인(封印)

② 식품의약품안전처장, 시 · 도지사 또는 시장 · 군수 · 구청장은 제1항제3호에 따라 봉인한 후 봉인을 계속할 필요가 없거나 해당 영업을 하는 자 또는 그 대리인이 해당 영업소 폐쇄를 약속하거나 그 밖의 정당한 사유를 들어 봉인의 해제를 요청하는 경우에는 봉인을 해제할 수 있다. 제1항제2호에 따른 게시문 등의 경우에도 또한 같다.(2013.3.23 전단개정)

③ 식품의약품안전처장, 시 · 도지사 또는 시장 · 군수 · 구청장은 제1항에 따른 조치를 하려면 해당 영업을 하는 자 또는 그 대리인에게 문서로 미리 알려야 한다. 다만, 급박한 사유가 있으면 그러하지 아니하다.(2013.3.23 본문개정)

④ 제1항에 따른 조치는 그 영업을 할 수 없게 하는 데에 필요한 최소한의 범위에 그쳐야 한다.

⑤ 제1항의 경우에 관계 공무원은 그 권한을 표시하는 증표 및 조사기간, 조사범위, 조사담당자, 관계 법령 등 대통령령으로 정하는 사항이 기재된 서류를 지니고 이를 관계인에게 내보여야 한다.(2016.2.3 본항개정)

제80조【면허취소 등】 ① 식품의약품안전처장 또는 특별자치시장 · 특별자치도지사 · 시장 · 군수 · 구청장은 조리사가 다음 각 호의 어느 하나에 해당하면 그 면허를 취소하거나 6개월 이내의 기간을 정하여 업무정지를 명할 수 있다. 다만, 조리사가 제1호 또는 제5호에 해당할 경우 면허를 취소하여야 한다.(2016.2.3 본문개정)
1. 제54조 각 호의 어느 하나에 해당하게 된 경우

2. 제56조에 따른 교육을 받지 아니한 경우
3. 식중독이나 그 밖에 위생과 관련한 중대한 사고 발생에 직무상의 책임이 있는 경우
4. 면허를 타인에게 대여하여 사용하게 한 경우
5. 업무정지기간 중에 조리사의 업무를 하는 경우(2010.3.26 본호개정)
② 제1항에 따른 행정처분의 세부기준은 그 위반 행위의 유형과 위반 정도 등을 고려하여 총리령으로 정한다.(2013.3.23 본항개정)

제81조【청문】 식품의약품안전처장, 시·도지사 또는 시장·군수·구청장은 다음 각 호의 어느 하나에 해당하는 처분을 하려면 청문을 하여야 한다.(2013.3.23 본문개정)
1. (2015.2.3 삭제)
1의2. (2013.7.30 삭제)
1의3. 제7조제5항·제9조제5항·제9조의2제6항에 따른 인정의 취소 또는 제18조제7항에 따른 안전성 승인의 취소(2024.2.13 본호신설)
2. 제48조제8항에 따른 식품안전관리인증기준적용업소의 인증취소(2014.5.28 본호개정)
2의2. 제48조의5제1항에 따른 교육훈련기관의 지정취소(2020.12.29 본호신설)
3. 제75조제1항부터 제3항까지의 규정에 따른 영업허가 또는 등록의 취소나 영업소의 폐쇄명령(2011.6.7 본호개정)
4. 제80조제1항에 따른 면허의 취소

제82조【영업정지 등의 처분에 갈음하여 부과하는 과징금 처분】 ① 식품의약품안전처장, 시·도지사 또는 시장·군수·구청장은 영업자가 제75조제1항 각 호 또는 제76조제1항 각 호의 어느 하나에 해당하는 경우에는 대통령령으로 정하는 바에 따라 영업정지, 품목 제조정지 또는 품목류 제조정지 처분을 갈음하여 10억원 이하의 과징금을 부과할 수 있다. 다만, 제6조를 위반하여 제75조제1항에 해당하는 경우와 제4조, 제5조, 제7조, 제12조의2, 제37조, 제43조 및 제44조를 위반하여 제75조제1항 또는 제76조제1항에 해당하는 중대한 사항으로서 총리령으로 정하는 경우는 제외한다.(2018.3.13 단서개정)
② 제1항에 따른 과징금을 부과하는 위반 행위의 종류·정도 등에 따른 과징금의 금액과 그 밖에 필요한 사항은 대통령령으로 정한다.
③ 식품의약품안전처장, 시·도지사 또는 시장·군수·구청장은 과징금을 징수하기 위하여 필요한 경우에는 다음 각 호의 사항을 적은 문서로 관할 세무관서의 장에게 과세 정보 제공을 요청할 수 있다.(2013.3.23 본문개정)
1. 납세자의 인적 사항
2. 사용 목적
3. 과징금 부과기준이 되는 매출금액
④ 식품의약품안전처장, 시·도지사 또는 시장·군수·구청장은 제1항에 따른 과징금을 기한 내에 납부하지 아니하는 때에는 대통령령으로 정하는 바에 따라 제1항에 따른 과징금 부과처분을 취소하고 제75조제1항 또는 제76조제1항에 따른 영업정지 또는 제조정지 처분을 하거나 국세 체납처분의 예 또는 「지방행정제재·부과금의 징수 등에 관한 법률」에 따라 징수한다. 다만, 다음 각 호의 어느 하나에 해당하는 경우에는 국세 체납처분의 예 또는 「지방행정제재·부과금의 징수 등에 관한 법률」에 따라 징수한다.(2020.3.24 본문개정)
1. (2013.7.30 삭제)
2. 제37조제3항, 제4항 및 제5항에 따른 폐업 등으로 제75조제1항 또는 제76조제1항에 따른 영업정지 또는 제조정지 처분을 할 수 없는 경우(2011.6.7 본호개정)
⑤ 제1항 및 제4항 단서에 따라 징수한 과징금 중 식품의약품안전처장이 부과·징수한 과징금은 국가에 귀속되고, 시·도지사가 부과·징수한 과징금은 시·도의 식품진흥기금(제89조에 따른 식품진흥기금을 말한다. 이하 이 항에서 같다)에 귀속되며, 시장·군수·구청장이 부과·징수한 과징금은 시·도와 시·군·구의 식품진흥기금에 귀속된다. 이 경우 시·도 및 시·군·구에 귀속시키는 방법 등은 대통령령으로 정한다.(2013.3.23 전단개정)
⑥ 시·도지사는 제91조에 따라 제1항에 따른 과징금을 부과·징수할 권한을 시장·군수·구청장에게 위임한 경우에는 그에 필요한 경비를 대통령령으로 정하는 바에 따라 시장·군수·구청장에게 교부할 수 있다.
⑦ 식품의약품안전처장, 시·도지사 또는 시장·군수·구청장은 제4항에 따라 체납된 과징금의 징수를 위하여 다음 각 호의 어느 하나에 해당하는 자료 또는 정보를 해당 각 호의 자에게 각각 요청할 수 있다. 이 경우 요청을 받은 자는 정당한 사유가 없으면 그 요청에 따라야 한다.
1. 「건축법」 제38조에 따른 건축물대장 등본 : 국토교통부장관
2. 「공간정보의 구축 및 관리 등에 관한 법률」 제71조에 따른 토지대장 등본 : 국토교통부장관
3. 「자동차관리법」 제7조에 따른 자동차등록원부 등본 : 시·도지사
(2020.12.29 본항신설)

제83조【위해식품등의 판매 등에 따른 과징금 부과 등】 ① 식품의약품안전처장, 시·도지사 또는 시장·군수·구청장은 위해식품등의 판매 등 금지에 관한 제4조부터 제6조까지의 규정 또는 제8조를 위반한 경우 다음 각 호의 어느 하나에 해당하는 자에 대하여 그가 해당 식품등을 판매한 금액의 2배 이하의 범위에서 과징금을 부과할 수 있다.(2024.1.23 본문개정)
1. 제4조제2호·제3호 및 제5호부터 제7호까지의 규정을 위반하여 제75조에 따라 영업정지 2개월 이상의 처분, 영업허가 및 등록의 취소 또는 영업소의 폐쇄명령을 받은 자(2011.6.7 본호개정)
2. 제5조, 제6조 또는 제8조를 위반하여 제75조에 따라 영업허가 및 등록의 취소 또는 영업소의 폐쇄명령을 받은 자(2011.6.7 본호개정)
3. (2018.3.13 삭제)
② 식품의약품안전처장, 시·도지사 또는 시장·군수·구청장은 제1항에 따른 과징금을 부과하는 경우 다음 각 호의 사항을 고려하여야 한다.
1. 위반행위의 내용 및 정도
2. 위반행위의 기간 및 횟수
3. 위반행위로 인하여 취득한 이익의 규모
(2024.1.23 본항신설)
③ 제1항 및 제2항에 따른 과징금의 산출금액은 대통령령으로 정하는 바에 따라 결정하여 부과한다.(2024.1.23 본항개정)
④ 제3항에 따라 부과된 과징금을 기한 내에 납부하지 아니하는 경우 또는 제37조제3항, 제4항 및 제5항에 따라 폐업한 경우에는 국세 체납처분의 예 또는 「지방행정제재·부과금의 징수 등에 관한 법률」에 따라 징수한다.(2024.1.23 본항개정)
⑤ 제1항에 따른 과징금 및 체납 과징금의 징수를 위한 정보·자료의 제공 요청, 부과·징수한 과징금의 귀속 및 귀속 비율과 징수 절차 등에 관하여는 제82조제3항 및 제5항부터 제7항까지의 규정을 준용한다.(2020.12.29 본항개정)

제84조【위반사실 공표】 식품의약품안전처장, 시·도지사 또는 시장·군수·구청장은 제72조, 제75조, 제76조, 제79조, 제82조 또는 제83조에 따라 행정처분이 확정된 영업자에 대한 처분 내용, 해당 영업소와 식품등의 명칭 등 처분과 관련한 영업 정보를 대통령령으로 정하는 바에 따라 공표하여야 한다.(2013.3.23 본조개정)

제12장 보 칙

제85조【국고 보조】 식품의약품안전처장은 예산의 범위에서 다음 경비의 전부 또는 일부를 보조할 수 있다.(2013.3.23 본문개정)
1. 제22조제1항(제88조에서 준용하는 경우를 포함한다)에 따른 수거에 드는 경비
2. (2013.7.30 삭제)
3. 조합에서 실시하는 교육훈련에 드는 경비
4. 제32조제1항에 따른 식품위생감시원과 제33조에 따른 소비자식품위생감시원 운영에 드는 경비
5. 정보원의 설립·운영에 드는 경비(2011.8.4 본호개정)
6. 제60조제6호에 따른 조사·연구 사업에 드는 경비

7. 제63조제1항(제66조에서 준용하는 경우를 포함한다)에 따른 조합 또는 협회의 자율지도원 운영에 드는 경비
8. 제72조(제88조에서 준용하는 경우를 포함한다)에 따른 폐기에 드는 경비

제86조【식중독에 관한 조사 보고 등】 ① 다음 각 호의 어느 하나에 해당하는 자는 지체 없이 관할 특별자치시장·시장(「제주특별자치도 설치 및 국제자유도시 조성을 위한 특별법」에 따른 행정시장을 포함한다. 이하 이 조에서 같다)·군수·구청장에게 보고하여야 한다. 이 경우 의사나 한의사는 대통령령으로 정하는 바에 따라 식중독 환자나 식중독이 의심되는 자의 혈액 또는 배설물을 보관하는 데에 필요한 조치를 하여야 한다.(2018.12.11 전단개정)
1. 식중독 환자나 식중독이 의심되는 자를 진단하였거나 그 사체를 검안(檢案)한 의사 또는 한의사
2. 집단급식소에서 제공한 식품등으로 인하여 식중독 환자나 식중독으로 의심되는 증세를 보이는 자를 발견한 집단급식소의 설치·운영자

② 특별자치시장·시장·군수·구청장은 제1항에 따른 보고를 받은 때에는 지체 없이 그 사실을 식품의약품안전처장 및 시·도지사(특별자치시장은 제외한다)에게 통보하고, 대통령령으로 정하는 바에 따라 원인을 조사하여 그 결과를 제출하여야 한다.(2024.9.20 본항개정)
③ 식품의약품안전처장은 제2항에 따른 통보의 내용이 국민건강상 중대하다고 인정하는 경우에는 해당 시·도지사 또는 시장·군수·구청장과 합동으로 원인을 조사할 수 있다.
(2024.9.20 본항개정)
④ 식품의약품안전처장은 식중독 발생의 원인을 규명하기 위하여 식중독 의심환자가 발생한 원인시설 등에 대한 조사절차와 시험·검사 등에 필요한 사항을 정할 수 있다.(2013.3.23 본항개정)
(2024.9.20 본조제목개정)

제87조【식중독대책협의기구 설치】 ① 식품의약품안전처장은 식중독 발생의 효율적인 예방 및 확산방지를 위하여 교육부, 농림축산식품부, 보건복지부, 환경부, 해양수산부, 식품의약품안전처, 질병관리청, 시·도 등 유관기관으로 구성된 식중독대책협의기구를 설치·운영하여야 한다.(2020.8.11 본항개정)
② 제1항에 따른 식중독대책협의기구의 구성과 세부적인 운영사항 등은 대통령령으로 정한다.

제88조【집단급식소】 ① 집단급식소를 설치·운영하려는 자는 총리령으로 정하는 바에 따라 특별자치시장·특별자치도지사·시장·군수·구청장에게 신고하여야 한다. 신고한 사항 중 총리령으로 정하는 사항을 변경하려는 경우에도 또한 같다.
(2018.12.11 후단신설)
② 집단급식소를 설치·운영하는 자는 집단급식소 시설의 유지·관리 등 급식을 위생적으로 관리하기 위하여 다음 각 호의 사항을 지켜야 한다.
1. 식중독 환자가 발생하지 아니하도록 위생관리를 철저히 할 것
2. 조리·제공한 식품의 매회 1인분 분량을 총리령으로 정하는 바에 따라 144시간 이상 보관할 것(2013.3.23 본호개정)
3. 영양사를 두고 있는 경우 그 업무를 방해하지 아니할 것
4. 영양사를 두고 있는 경우 영양사가 집단급식소의 위생관리를 위하여 요청하는 사항에 대하여는 정당한 사유가 없으면 따를 것
5. 「축산물 위생관리법」 제12조에 따라 검사를 받지 아니한 축산물 또는 실험 등의 용도로 사용한 동물을 음식물의 조리에 사용하지 말 것(2020.12.19 본호신설)
6. 「야생생물 보호 및 관리에 관한 법률」을 위반하여 포획·채취한 야생생물을 음식물의 조리에 사용하지 말 것(2020.12.19 본호신설)
7. 소비기한이 경과한 원재료 또는 완제품을 조리할 목적으로 보관하거나 이를 음식물의 조리에 사용하지 말 것(2021.8.17 본호개정)
8. 수돗물이 아닌 지하수 등을 먹는 물 또는 식품의 조리·세척 등에 사용하는 경우에는 「먹는물관리법」 제43조에 따른 먹는물 수질검사기관에서 총리령으로 정하는 바에 따라 검사를 받아 마시기에 적합하다고 인정된 물을 사용할 것. 다만, 둘 이상의 업소가 같은 건물에서 같은 수원(水源)을 사용하는 경우에는 하나의 업소에 대한 시험결과로 나머지 업소에 대한 검사를 갈음할 수 있다.
9. 제15조제2항에 따라 위해평가가 완료되기 전까지 일시적으로 금지된 식품등을 사용·조리하지 말 것
10. 식중독 발생 시 보관 또는 사용 중인 식품은 역학조사가 완료될 때까지 폐기하거나 소독 등으로 현장을 훼손하여서는 아니 되고 원상태로 보존하여야 하며, 식중독 원인규명을 위한 행위를 방해하지 말 것
(2020.12.29 8호～10호신설)
11. 그 밖에 식품등의 위생적 관리를 위하여 필요하다고 총리령으로 정하는 사항을 지킬 것(2013.3.23 본호개정)

③ 집단급식소에 관하여는 제3조부터 제6조까지, 제7조제4항, 제8조, 제9조제4항, 제9조의3, 제22조, 제37조제7항·제9항, 제39조, 제40조, 제41조, 제48조, 제71조, 제72조 및 제74조를 준용한다.(2022.6.10 본항개정)
④ 특별자치시장·특별자치도지사·시장·군수·구청장은 제1항에 따른 신고 또는 변경신고를 받은 날부터 3일 이내에 신고수리 여부를 신고인에게 통지하여야 한다.(2018.12.11 본항신설)
⑤ 특별자치시장·특별자치도지사·시장·군수·구청장이 제4항에서 정한 기간 내에 신고수리 여부 또는 민원 처리 관련 법령에 따른 처리기간의 연장을 신고인에게 통지하지 아니하면 그 기간(민원 처리 관련 법령에 따라 처리기간이 연장 또는 재연장된 경우에는 해당 처리기간을 말한다)이 끝난 날의 다음 날에 신고를 수리한 것으로 본다.(2018.12.11 본항신설)
⑥ 제1항에 따라 신고한 자가 집단급식소 운영을 종료하려는 경우에는 특별자치시장·특별자치도지사·시장·군수·구청장에게 신고하여야 한다.(2018.12.11 본항신설)
⑦ 집단급식소의 시설기준과 그 밖의 운영에 관한 사항은 총리령으로 정한다.(2013.3.23 본항개정)

제89조【식품진흥기금】 ① 식품위생과 국민의 영양수준 향상을 위한 사업을 하는 데에 필요한 재원에 충당하기 위하여 시·도 및 시·군·구에 식품진흥기금(이하 "기금"이라 한다)을 설치한다.
② 기금은 다음 각 호의 재원으로 조성한다.
1. 식품위생단체의 출연금
2. 제82조, 제83조 및 「건강기능식품에 관한 법률」 제37조, 「식품 등의 표시·광고에 관한 법률」 제19조 및 제20조에 따라 징수한 과징금(2018.3.13 본호개정)
3. 기금 운용으로 생기는 수익금
4. 그 밖에 대통령령으로 정하는 수입금

③ 기금은 다음 각 호의 사업에 사용한다.
1. 영업자(「건강기능식품에 관한 법률」에 따른 영업자를 포함한다)의 위생관리시설 및 위생설비시설 개선을 위한 융자사업
2. 식품위생에 관한 교육·홍보 사업(소비자단체의 교육·홍보 지원을 포함한다)과 소비자식품위생감시원의 교육·활동 지원
3. 식품위생과 「국민영양관리법」에 따른 영양관리(이하 "영양관리"라 한다)에 관한 조사·연구 사업(2010.3.26 본호개정)
4. 제90조에 따른 포상금 지급 지원
4의2. 「공익신고자 보호법」 제29조제2항에 따라 지방자치단체가 부담하는 보상금(이 법 및 「건강기능식품에 관한 법률」 위반행위에 관한 신고를 원인으로 한 보상금에 한정한다) 상환액의 지원(2016.12.2 본호신설)
5. 식품위생에 관한 교육·연구 기관의 육성 및 지원
6. 음식문화의 개선과 좋은 식단 실천을 위한 사업 지원
7. 집단급식소(위탁에 의하여 운영되는 집단급식소만 해당한다)의 급식시설 개수·보수를 위한 융자 사업
7의2. 제47조의2에 따른 식품접객업소의 위생등급 지정 사업 지원(2015.5.18 본호신설)

8. 그 밖에 대통령령으로 정하는 식품위생, 영양관리, 식품산업 진흥 및 건강기능식품에 관한 사업(2010.3.26 본호개정)
④ 기금은 시 · 도지사 및 시장 · 군수 · 구청장이 관리 · 운용하되, 그에 필요한 사항은 대통령령으로 정한다.
제89조의2【영업자 등에 대한 행정적 · 기술적 지원】 국가와 지방자치단체는 식품안전에 대한 영업자 등의 관리능력을 향상하기 위한 기반조성 및 역량 강화에 필요한 시책을 수립 · 시행하여야 하며, 이를 위한 재원을 마련하고 기술개발, 조사 · 연구 사업, 해외 정보의 제공 및 국제협력체계의 구축 등에 필요한 행정적 · 기술적 지원을 할 수 있다.(2020.12.29 본조신설)
제90조【포상금 지급】 ① 식품의약품안전처장, 시 · 도지사 또는 시장 · 군수 · 구청장은 이 법에 위반되는 행위를 신고한 자에게 신고 내용별로 1천만원까지 포상금을 줄 수 있다.
(2013.3.23 본항개정)
② 제1항에 따른 포상금 지급의 기준 · 방법 및 절차 등에 관하여 필요한 사항은 대통령령으로 정한다.
제90조의2【정보공개】 ① 식품의약품안전처장은 보유 · 관리하고 있는 식품등의 안전에 관한 정보 중 국민이 알아야 할 필요가 있다고 인정하는 정보에 대하여는 「공공기관의 정보공개에 관한 법률」에서 허용하는 범위에서 이를 국민에게 제공하도록 노력하여야 한다.(2013.3.23 본항개정)
② 제1항에 따라 제공되는 정보의 범위, 제공 방법 및 절차 등에 필요한 사항은 대통령령으로 정한다.
(2011.8.4 본조신설)
제90조의3【식품안전관리 업무 평가】 ① 식품의약품안전처장은 식품안전관리 업무 수행 실적이 우수한 시 · 도 또는 시 · 군 · 구에 표창 수여, 포상금 지급 등의 조치를 하기 위하여 시 · 도 및 시 · 군 · 구에서 수행하는 식품안전관리업무를 평가할 수 있다.
② 제1항에 따른 평가 기준 · 방법 등에 관하여 필요한 사항은 총리령으로 정한다.
(2016.2.3 본조신설)
제90조의4【벌칙 적용에서 공무원 의제】 안전성심사위원회 및 심의위원회의 위원 중 공무원이 아닌 사람은 「형법」 제129조부터 제132조까지의 규정을 적용할 때에는 공무원으로 본다.
(2018.12.11 본조신설)
제91조【권한의 위임】 이 법에 따른 식품의약품안전처장의 권한은 대통령령으로 정하는 바에 따라 그 일부를 시 · 도지사, 식품의약품안전평가원장 또는 지방식품의약품안전청장에게, 시 · 도지사의 권한은 그 일부를 시장 · 군수 · 구청장 또는 보건소장에게 각각 위임할 수 있다.(2018.12.11 본조개정)
제92조【수수료】 다음 각 호의 어느 하나에 해당하는 자는 총리령으로 정하는 수수료를 내야 한다.(2013.3.23 본문개정)
1. 제7조제2항 또는 제9조제2항에 따른 기준과 규격의 인정을 신청하는 자(2016.2.3 본호신설)
1의2. 제7조의3제2항에 따른 농약 및 동물용 의약품의 잔류허용기준 설정을 요청하는 자(2013.7.30 본호신설)
1의3. (2018.3.13 삭제)
2. 제18조에 따른 안전성 심사를 받는 자(2016.2.3 본호개정)
3.~3의2. (2015.2.3 삭제)
3의3. 제23조제2항에 따른 재검사를 요청하는 자(2014.5.28 본호신설)
4. (2013.7.30 삭제)
5. 제37조에 따른 허가를 받거나 신고 또는 등록을 하는 자 (2011.6.7 본호개정)
6. 제48조제3항(제88조에서 준용하는 경우를 포함한다)에 따른 식품안전관리인증기준적용업소 인증 또는 변경 인증을 신청하는 자(2016.12.2 본호개정)
6의2. 제48조의2제2항에 따른 식품안전관리인증기준적용업소 인증 유효기간의 연장신청을 하는 자(2016.12.2 본호신설)
7. 제49조제1항에 따른 식품이력추적관리를 위한 등록을 신청하는 자
8. 제53조에 따른 조리사 면허를 받는 자(2010.3.26 본호개정)
9. 제88조에 따른 집단급식소의 설치 · 운영을 신고하는 자

제13장 벌 칙

제93조【벌칙】 ① 다음 각 호의 어느 하나에 해당하는 질병에 걸린 동물을 사용하여 판매할 목적으로 식품 또는 식품첨가물을 제조 · 가공 · 수입 또는 조리한 자는 3년 이상의 징역에 처한다.(2011.6.7 본문개정)
1. 소해면상뇌증(狂牛病)
2. 탄저병
3. 가금 인플루엔자
② 다음 각 호의 어느 하나에 해당하는 원료 또는 성분 등을 사용하여 판매할 목적으로 식품 또는 식품첨가물을 제조 · 가공 · 수입 또는 조리한 자는 1년 이상의 징역에 처한다.
(2011.6.7 본문개정)
1. 마황(麻黃)
2. 부자(附子)
3. 천오(川烏)
4. 초오(草烏)
5. 백부자(白附子)
6. 섬수(蟾酥)
7. 백선피(白鮮皮)
8. 사리풀
③ 제1항 및 제2항의 경우 제조 · 가공 · 수입 · 조리한 식품 또는 식품첨가물을 판매하였을 때에는 그 판매금액의 2배 이상 5배 이하에 해당하는 벌금을 병과(倂科)한다.(2018.12.11 본항개정)
④ 제1항 또는 제2항의 죄로 형을 선고받고 그 형이 확정된 후 5년 이내에 다시 제1항 또는 제2항의 죄를 범한 자가 제3항에 해당하는 경우 제3항에서 정한 형의 2배까지 가중한다.
(2013.7.30 본항신설)
제94조【벌칙】 ① 다음 각 호의 어느 하나에 해당하는 자는 10년 이하의 징역 또는 1억원 이하의 벌금에 처하거나 이를 병과할 수 있다.(2014.3.18 본문개정)
1. 제4조부터 제6조까지(제88조에서 준용하는 경우를 포함하고, 제93조제1항 및 제3항에 해당하는 경우는 제외한다)를 위반한 자
2. 제8조(제88조에서 준용하는 경우를 포함한다)를 위반한 자
2의2. (2018.3.13 삭제)
3. 제37조제1항을 위반한 자
② 제1항의 죄로 금고 이상의 형을 선고받고 그 형이 확정된 후 5년 이내에 다시 제1항의 죄를 범한 자는 1년 이상 10년 이하의 징역에 처한다.(2018.12.11 본항개정)
③ 제2항의 경우 그 해당 식품 또는 식품첨가물을 판매한 때에는 그 판매금액의 4배 이상 10배 이하에 해당하는 벌금을 병과한다.(2018.12.11 본항개정)
제95조【벌칙】 다음 각 호의 어느 하나에 해당하는 자는 5년 이하의 징역 또는 5천만원 이하의 벌금에 처하거나 이를 병과할 수 있다.
1. 제7조제4항(제88조에서 준용하는 경우를 포함한다), 제9조제4항(제88조에서 준용하는 경우를 포함한다) 또는 제9조의3(제88조에서 준용하는 경우를 포함한다)을 위반한 자 (2022.6.10 본호개정)
1의2. 거짓이나 그 밖의 부정한 방법으로 제7조제2항 · 제9조제2항 · 제9조의2제5항에 따른 인정 또는 제18조제1항에 따른 안전성 심사를 받은 자(2024.2.13 본호신설)
2. (2013.7.30 삭제)
2의2. 제37조제5항을 위반한 자(2013.7.30 본호신설)
3. 제43조에 따른 영업 제한을 위반한 자
3의2. 제45조제1항 전단을 위반한 자(2016.2.3 본호신설)
4. 제72조제1항 · 제3항(제88조에서 준용하는 경우를 포함한다) 또는 제73조제1항에 따른 명령을 위반한 자
5. 제75조제1항에 따른 영업정지 명령을 위반하여 영업을 계속한 자(제37조제1항에 따른 영업허가를 받은 자만 해당한다)
제96조【벌칙】 제51조 또는 제52조를 위반한 자는 3년 이하의 징역 또는 3천만원 이하의 벌금에 처하거나 이를 병과할 수 있다.
<2023.3.23 헌법재판소 단순위헌결정으로 이 조 중 '제52조제2항을 위반한 자'에 관한 부분은 헌법에 위반>

제97조【벌칙】 다음 각 호의 어느 하나에 해당하는 자는 3년 이하의 징역 또는 3천만원 이하의 벌금에 처한다.

1. 제12조의2제2항, 제17조제4항, 제31조제1항·제3항, 제37조제3항·제4항, 제39조제3항, 제48조제2항·제10항, 제49조제1항 단서 또는 제55조를 위반한 자(2018.3.13 본호개정)
2. 제22조제1항(제22조의3에 따라 비대면으로 실시하는 경우와 제88조에서 준용하는 경우를 포함한다) 또는 제72조제1항·제2항(제88조에서 준용하는 경우를 포함한다)에 따른 검사·출입·수거·압류·폐기를 거부·방해 또는 기피한 자(2024.1.2 본호개정)
3. (2015.2.3 삭제)
4. 제36조에 따른 시설기준을 갖추지 못한 영업자
5. 제37조제2항에 따른 조건을 갖추지 못한 영업자
6. 제44조제1항에 따라 영업자가 지켜야 할 사항을 지키지 아니한 자. 다만, 총리령으로 정하는 경미한 사항을 위반한 자는 제외한다.(2016.2.3 본문개정)

6의2. 제46조의2제1항을 위반하여 오염예방조치를 하지 아니한 자(2024.1.2 본호신설)

7. 제75조제1항에 따른 영업정지 명령을 위반하여 계속 영업한 자(제37조제4항 또는 제5항에 따라 영업신고 또는 등록을 한 자만 해당한다) 또는 같은 조 제1항 및 제2항에 따른 영업소 폐쇄명령을 위반하여 영업을 계속한 자(2011.6.7 본호개정)
8. 제76조제1항에 따른 제조정지 명령을 위반한 자
9. 제79조제1항에 따라 관계 공무원이 부착한 봉인 또는 게시문 등을 함부로 제거하거나 손상시킨 자
10. 제86조제2항·제3항에 따른 식중독 원인조사를 거부·방해 또는 기피한 자(2020.12.29 본호신설)

제98조【벌칙】 다음 각 호의 어느 하나에 해당하는 자는 1년 이하의 징역 또는 1천만원 이하의 벌금에 처한다.
(2014.3.18 본문개정)

1. 제44조제3항을 위반하여 접객행위를 하거나 다른 사람에게 그 행위를 알선한 자
2. 제46조제1항을 위반하여 소비자로부터 이물 발견의 신고를 접수하고 이를 거짓으로 보고한 자
3. 이물의 발견을 거짓으로 신고한 자
4. 제45조제1항 후단을 위반하여 보고를 하지 아니하거나 거짓으로 보고한 자(2011.6.7 본호신설)

제99조 (2013.7.30 삭제)

제100조【양벌규정】 법인의 대표자나 법인 또는 개인의 대리인, 사용인, 그 밖의 종업원이 그 법인 또는 개인의 업무에 관하여 제93조제3항 또는 제94조부터 제97조까지의 어느 하나에 해당하는 위반행위를 하면 그 행위자를 벌하는 외에 그 법인 또는 개인에게도 해당 조문의 벌금형을 과(科)하고, 제93조제1항의 위반행위를 하면 그 법인 또는 개인에 대하여도 1억5천만원 이하의 벌금에 처하며, 제93조제2항의 위반행위를 하면 그 법인 또는 개인에 대하여도 5천만원 이하의 벌금에 처한다. 다만, 법인 또는 개인이 그 위반행위를 방지하기 위하여 해당 업무에 관하여 상당한 주의와 감독을 게을리하지 아니한 경우에는 그러하지 아니하다.

제101조【과태료】 ① 다음 각 호의 어느 하나에 해당하는 자에게는 1천만원 이하의 과태료를 부과한다.

1. 제46조의2제2항에 따른 현장조사를 거부하거나 방해한 자(2024.1.2 본호신설)
2. 제86조제1항을 위반한 자
3. 제88조제1항 전단을 위반하여 신고하지 아니하거나 허위의 신고를 한 자
4. 제88조제2항을 위반한 자. 다만, 총리령으로 정하는 경미한 사항을 위반한 자는 제외한다.

(2020.12.29 본항신설)

② 다음 각 호의 어느 하나에 해당하는 자에게는 500만원 이하의 과태료를 부과한다.

1. 제3조를 위반한 자(2021.7.27 본호개정)

1의2. (2015.2.3 삭제)

1의3. 제19조의4제2항을 위반하여 검사기한 내에 검사를 받지 아니하거나 자료 등을 제출하지 아니한 영업자(2011.6.7 본호신설)

1의4. (2016.2.3 삭제)

2. (2015.3.27 삭제)
3. 제37조제6항을 위반하여 보고를 하지 아니하거나 허위의 보고를 한 자(2011.6.7 본호개정)
4. (2021.7.27 삭제)
5. (2011.6.7 삭제)

5의2. 제46조제1항을 위반하여 소비자로부터 이물 발견신고를 받고 보고하지 아니한 자(2021.7.27 본호신설)

6. 제48조제9항(제88조에서 준용하는 경우를 포함한다)을 위반한 자
7. (2021.7.27 삭제)
8. 제74조제1항(제88조에서 준용하는 경우를 포함한다)에 따른 명령에 위반한 자

9.~10. (2020.12.29 삭제)

③ 다음 각 호의 어느 하나에 해당하는 자에게는 300만원 이하의 과태료를 부과한다.

1. 제40조제1항 및 제3항(제88조에서 준용하는 경우를 포함한다)을 위반한 자(2021.7.27 본호신설)

1의2. 제41조의2제3항을 위반하여 위생관리책임자의 업무를 방해한 자

1의3. 제41조의2제4항에 따른 위생관리책임자 선임·해임 신고를 하지 아니한 자

1의4. 제41조의2제7항을 위반하여 직무 수행내역 등을 기록·보관하지 아니하거나 거짓으로 기록·보관한 자

1의5. 제41조의2제8항에 따른 교육을 받지 아니한 자

(2020.12.29 1호의2~1호의5신설)

2. (2021.7.27 삭제)

2의2. 제44조의2제1항을 위반하여 책임보험에 가입하지 아니한 자(2020.12.29 본호신설)

3. (2021.7.27 삭제)
4. 제49조제3항을 위반하여 식품이력추적관리 등록사항이 변경된 경우 변경사유가 발생한 날부터 1개월 이내에 신고하지 아니한 자
5. 제49조의3제4항을 위반하여 식품이력추적관리정보를 목적 외에 사용한 자(2014.5.28 본호신설)
6. 제88조제2항에 따라 집단급식소를 설치·운영하는 자가 지켜야 할 사항 중 총리령으로 정하는 경미한 사항을 지키지 아니한 자(2020.12.29 본호신설)

④ 다음 각 호의 어느 하나에 해당하는 자에게는 100만원 이하의 과태료를 부과한다.

1. 제41조제1항 및 제5항(제88조에서 준용하는 경우를 포함한다)을 위반한 자
2. 제42조제2항을 위반하여 보고를 하지 아니하거나 허위의 보고를 한 자
3. 제44조제1항에 따라 영업자가 지켜야 할 사항 중 총리령으로 정하는 경미한 사항을 지키지 아니한 자
4. 제56조제1항을 위반하여 교육을 받지 아니한 자

(2021.7.27 본항신설)

⑤ 제1항부터 제4항까지의 규정에 따른 과태료는 대통령령으로 정하는 바에 따라 식품의약품안전처장, 시·도지사 또는 시장·군수·구청장이 부과·징수한다.(2021.7.27 본항개정)

제102조【과태료에 관한 규정 적용의 특례】 제101조의 과태료에 관한 규정을 적용하는 경우 제82조에 따라 과징금을 부과한 행위에 대하여는 과태료를 부과할 수 없다. 다만, 제82조제4항 본문에 따라 과징금 부과처분을 취소하고 영업정지 또는 제조정지 처분을 한 경우에는 그러하지 아니하다.

부 칙

제1조【시행일】 이 법은 공포 후 6개월이 경과한 날부터 시행한다. 다만, 부칙 제6조제12항(제11조제1항의 개정부분으로 한정한다)은 2010년 1월 1일부터 시행한다.

제2조【영업허가 등의 제한에 관한 적용례】 제38조제1항제6호 및 같은 조 제2항제5호의 개정규정은 법률 제7374호 식품위생법중개정법률의 시행일인 2005년 7월 28일 이후 최초로 위반행위를 한 영업자부터 적용한다.

제3조【집단급식소에 관한 적용례】 제88조제2항제2호의 개정규정은 이 법 시행 후 최초로 집단급식소에서 식품을 조리·제공하는 경우부터 적용한다.
제4조【처분 등에 관한 경과조치】 이 법 시행 당시 종전의 규정에 따라 행정기관이 행한 허가나 그 밖의 행정기관의 행위 또는 각종 신고나 그 밖의 행정기관에 대한 행위는 이 법에 따른 행정기관의 행위 또는 행정기관에 대한 행위로 본다.
제5조【벌칙이나 과태료에 관한 경과조치】 이 법 시행 전의 행위에 대하여 벌칙이나 과태료 규정을 적용할 때에는 종전의 규정을 따른다.
제6조【다른 법률의 개정】 ①~㉚ ※(해당 법령에 가제정리하였음)
제7조【다른 법령과의 관계】 이 법 시행 당시 다른 법령에서 종전의 「식품위생법」의 규정을 인용한 경우 이 법 중 그에 해당하는 규정이 있으면 종전의 규정을 갈음하여 이 법의 해당 규정을 인용한 것으로 본다.

부 칙 (2016.2.3 법14022호)

제1조【시행일】 이 법은 공포 후 6개월이 경과한 날부터 시행한다. 다만, 제12조의2의 개정규정은 공포 후 1년이 경과한 날부터 시행한다.
제2조【영업자의 회수에 관한 적용례】 제45조의 개정규정은 이 법 시행 이후 식품등을 제조·가공·소분·수입 또는 판매를 한 영업자부터 적용한다.
제3조【유전자재조합식품등의 표시에 관한 경과조치】 제12조의2의 개정규정 시행 전에 식품 또는 식품첨가물에 대하여 한 유전자재조합식품등의 표시는 같은 개정규정에 따라 식품 또는 식품첨가물에 대하여 한 유전자변형식품등의 표시로 본다.
제4조【유전자재조합식품등의 안전성 평가 등에 관한 경과조치】 ① 이 법 시행 전에 식품등에 대하여 받은 안전성 평가는 제18조제1항의 개정규정에 따라 받은 안전성 심사로 본다.
② 이 법 시행 당시 종전의 안전성평가자료심사위원회는 제18조제2항의 개정규정에 따른 안전성심사위원회로 본다.
제5조【인증 유효기간에 관한 경과조치】 이 법 시행 당시 종전의 규정에 따라 인증을 받은 식품안전관리인증기준적용업소의 유효기간은 제48조의2의 개정규정에도 불구하고 이 법 시행일부터 역산하여 인증을 받은 날이 3년 이상이 경과된 경우 4년, 2년 이상이 경과된 경우 5년, 2년 미만이 경과된 경우 6년으로 본다.
제6조【영업정지 등의 처분에 갈음하여 부과하는 과징금 처분에 관한 경과조치】 이 법 시행 전의 위반행위로 제75조제1항 각 호 또는 제76조제1항 각 호의 어느 하나에 해당하여 과징금을 부과하는 경우에는 제82조제1항 본문의 개정규정에도 불구하고 종전의 규정에 따른다.

부 칙 (2016.12.2)

제1조【시행일】 이 법은 공포한 날부터 시행한다.
제2조【보상금 상환에 관한 적용례】 제89조제3항의 개정규정은 이 법 시행 후 최초로 「공익신고자 보호법」 제29조제2항에 따라 지방자치단체가 국민권익위원회로부터 보상금 상환요청을 받은 경우부터 적용한다.
제3조【수수료에 관한 적용례】 제92조제6호·제6호의2의 개정규정은 이 법 시행 후 최초로 식품안전관리인증기준적용업소의 변경 인증 신청 또는 인증 유효기간의 연장신청을 하는 자부터 적용한다.

부 칙 (2017.12.19)

제1조【시행일】 이 법은 공포 후 6개월이 경과한 날부터 시행한다. 다만, 제44조제1항의 개정규정은 공포한 날부터 시행한다.
제2조【조합이 수행하는 공제사업에 관한 경과조치】 ① 이 법 시행 당시 종전의 제60조의2제1항에 따라 공제사업을 영위하는 조합은 같은 조 제5항의 개정규정에 따른 공제회가 설립되기 전까지는 같은 개정규정에 따른 공제회로 본다. 이 경우 이 법 시행 후 6개월 이내에 제60조의2제1항의 개정규정에 따라 식품의약품안전처장에게 공제회 설립인가를 받아야 한다.
② 이 법 시행 당시 종전의 제60조의2제1항에 따라 조합이 수행하는 공제사업과 관련된 모든 재산과 권리·의무는 제60조의2제5항의 개정규정에 따라 설립되는 공제회가 승계한다.
③ 조합의 공제사업과 관련하여 조합에 대하여 한 행위 및 조합이 한 행위는 각각 제60조의2제5항의 개정규정에 따라 설립되는 공제회에 대한 행위와 공제회의 행위로 본다.
④ 공제사업과 관련하여 조합에 출자한 조합원은 제60조의2제5항의 개정규정에 따라 설립되는 공제회에 출자한 공제회원으로 본다.
⑤ 공제사업과 관련하여 조합에 납부된 출자금은 제60조의2제5항의 개정규정에 따라 설립되는 공제회에 납부된 출자금으로 본다.

부 칙 (2018.3.13)

제1조【시행일】 이 법은 공포 후 1년이 경과한 날부터 시행한다.
제2조【식품등의 표시에 관한 경과조치】 이 법 시행일부터 2년 이내에 제조·가공·소분 또는 수입하는 식품등에 대하여는 제10조·제11조·제11조의2의 개정규정 및 「식품 등의 표시·광고에 관한 법률」에도 불구하고 종전의 제10조·제11조·제11조의2에 따른 식품등의 표시기준에 따라 표시할 수 있다. 이 경우 해당 식품등은 그 유통기한까지 판매하거나 판매할 목적으로 진열 또는 운반하거나 영업에 사용할 수 있다.
제3조【표시·광고의 심의에 관한 경과조치】 이 법 시행 전에 종전의 제12조의3 및 제12조의4에 따라 신청된 식품에 대한 표시·광고의 심의 및 이의신청에 관하여는 제12조의3 및 제12조의4의 개정규정 및 「식품 등의 표시·광고에 관한 법률」에도 불구하고 종전의 규정에 따른다.
제4조【행정처분 및 과징금의 부과·징수에 관한 경과조치】 이 법 시행 전의 식품등의 표시 또는 광고와 관련된 위반행위에 대한 행정처분 및 과징금의 부과·징수에 관하여는 종전의 규정에 따른다.
제5조【벌칙 및 과태료에 관한 경과조치】 이 법 시행 전의 식품등의 표시 또는 광고와 관련된 행위에 대한 벌칙 및 과태료의 적용에 관하여는 종전의 규정에 따른다.

부 칙 (2018.12.11)

제1조【시행일】 이 법은 공포 후 6개월이 경과한 날부터 시행한다. 다만, 제37조제10항부터 제13항까지, 제39조제4항부터 제6항까지, 제49조제8항부터 제10항까지, 제54조제1호, 제59조제4항부터 제7항까지, 제88조제1항 후단 및 제4항부터 제7항까지, 제101조제2항제9호의 개정규정은 공포 후 1개월이 경과한 날부터 시행한다.
제2조【영업허가 등에 관한 적용례】 제37조제10항부터 제13항까지, 제39조제4항·제5항, 제49조제8항·제9항, 제59조제4항부터 제6항까지, 제88조제1항 후단 및 제4항부터 제6항까지의 개정규정은 같은 개정규정 시행 후 인가, 허가 또는 등록을 신청하거나 신고를 하는 경우부터 적용한다.
제3조【식품접객영업자에 대한 행정처분의 면제에 관한 적용례】 제75조제1항 단서의 개정규정은 이 법 시행 후 최초로 제44조제2항을 위반하는 경우부터 적용한다.
제4조【행정처분에 관한 경과조치】 이 법 시행 전에 제37조제6항을 위반한 행위에 대한 행정처분에 관하여는 제75조제1항 제7호의 개정규정에도 불구하고 종전의 규정에 따른다.

부 칙 (2019.1.15)

제1조【시행일】 이 법은 공포 후 6개월이 경과한 날부터 시행한다.
제2조【안전성심사위원회 위원 구성에 관한 경과조치】 ① 이 법 시행 후 위원을 임명 또는 위촉할 당시 제18조제3항 후단의

개정규정을 충족하지 못하는 경우에는 해당 개정규정의 요건이 충족될 때까지는 공무원이 아닌 위원을 위촉하여야 한다.
② 위원회의 위원 구성에 관하여는 제1항에 따라 제18조제3항 후단의 개정규정을 충족할 때까지는 종전의 규정에 따른다.
제3조【행정처분 등에 관한 경과조치】 이 법 시행 전에 특별시·광역시·도의 조례로 정한 영업 제한 사항을 위반한 행위에 대하여 행정처분 또는 행정처분을 갈음하여 부과하는 과징금 처분을 하는 경우에는 제43조의 개정규정에도 불구하고 종전의 규정에 따른다.
제4조【벌칙에 관한 경과조치】 이 법 시행 전에 특별시·광역시·도의 조례로 정한 영업 제한 사항을 위반한 행위에 대하여 벌칙을 적용하는 경우에는 제43조의 개정규정에도 불구하고 종전의 규정에 따른다.

부　칙 (2019.4.30)

제1조【시행일】 이 법은 공포 후 6개월이 경과한 날부터 시행한다. 다만, 제62조의 개정규정은 공포 후 3개월이 경과한 날부터 시행한다.
제2조【폐업신고 제한에 관한 적용례】 제37조제8항의 개정규정은 이 법 시행 후 최초로 이 법에 위반되는 행위를 한 경우부터 적용한다.
제3조【허가취소 등에 관한 적용례】 제75조제1항제4호 및 제18호의 개정규정은 이 법 시행 후 최초로 제22조제1항에 따른 출입·검사·수거 또는 제72조제1항·제2항에 따른 압류·폐기를 거부·방해·기피한 경우부터 적용한다.

부　칙 (2019.12.3)

제1조【시행일】 이 법은 2021년 1월 1일부터 시행한다.
제2조【신규 영업자의 식품위생교육에 관한 경과조치】 이 법 시행 당시 제41조제2항(제88조제3항에서 준용하는 경우를 포함한다)에 따라 식품위생교육을 받은 자는 제41조제6항의 개정규정에 따른 집합교육을 받은 것으로 본다.
제3조【다른 법률의 개정】 ※(해당 법령에 가제정리 하였음)

부　칙 (2020.8.11)

제1조【시행일】 이 법은 공포 후 1개월이 경과한 날부터 시행한다. 다만, 이 법 시행 전에 공포되었으나 시행일이 도래하지 아니한 법률을 개정한 부분은 각각 해당 법률의 시행일부터 시행한다.(이하 생략)

부　칙 (2020.12.29 법17761호)

제1조【시행일】 이 법은 2021년 1월 1일부터 시행한다.(이하 생략)

부　칙 (2020.12.29 법17809호)

제1조【시행일】 이 법은 공포 후 1년이 경과한 날부터 시행한다. 다만, 다음 각 호의 사항은 그 구분에 따른 날부터 시행한다.
1. 제38조·제48조·제48조의4·제48조의5·제81조·제88조제3항·제97조·제101조제1항·제2항 및 제3항제6호의 개정규정 : 공포 후 6개월이 경과한 날
2. 제2조제12호·제82조·제83조 및 제88조제2항의 개정규정 : 공포한 날
3. 제47조의2제10항의 개정규정 : 2021년 7월 1일
4. 법률 제16717호 식품위생법 일부개정법률 제41조의 개정규정 : 2021년 1월 1일

제2조【영업제한에 관한 적용례】 제38조제1항제4호 및 같은 조 제2항제3호의 개정규정은 이 법 시행 후 영업허가 또는 등록이 취소되거나 영업소가 폐쇄된 경우부터 적용한다.
제3조【교육훈련기관의 청문에 관한 적용례】 제81조제2호의2의 개정규정은 이 법 시행 이후 교육훈련기관에 대하여 지정취소 처분을 하는 경우부터 적용한다.
제4조【교육훈련기관의 지정에 관한 경과조치】 이 법 시행 당시 종전의 규정에 따라 제48조제5항에 따른 교육훈련을 실시하는 기관은 제48조의4제1항의 개정규정에 따라 교육훈련기관으로 지정받은 것으로 본다.
제5조【벌칙이나 과태료에 관한 경과조치】 이 법 시행 전의 위반행위에 대하여 벌칙이나 과태료를 적용할 때에는 종전의 규정에 따른다.

부　칙 (2021.7.27)

제1조【시행일】 이 법은 공포한 날부터 시행한다. 다만, 제31조의3의 개정규정은 공포 후 1년이 경과한 날부터 시행하고, 제56조의 개정규정은 2022년 1월 1일부터 시행한다.
제2조【자가품질검사의 확인검사에 관한 적용례】 제31조의3의 개정규정은 같은 개정규정 시행 당시 종전의 규정에 따라 자가품질검사를 위탁하여 실시한 영업자가 부적합으로 통보받은 검사 결과에 이의가 있는 경우에 대하여도 적용한다.
제3조【과태료에 관한 경과조치】 이 법 시행 전의 위반행위에 대하여 과태료를 부과할 때에는 종전의 규정에 따른다.

부　칙 (2021.8.17)

제1조【시행일】 이 법은 2023년 1월 1일부터 시행한다.(이하 생략)

부　칙 (2022.6.10)

이 법은 공포 후 6개월이 경과한 날부터 시행한다. 다만, 제1조, 제7조제1항, 제7조의2제1항·제2항, 제7조의5제2항, 제59조제1항, 제70조의7제1항 및 제86조제3항의 개정규정은 공포한 날부터 시행한다.

부　칙 (2024.1.2)

이 법은 공포한 날부터 시행한다. 다만, 제46조의2, 제75조제1항제14호의3, 제97조제6호의2 및 제101조제1항의 개정규정은 공포 후 1년이 경과한 날부터 시행한다.

부　칙 (2024.1.23)

제1조【시행일】 이 법은 공포 후 6개월이 경과한 날부터 시행한다.
제2조【경과조치】 이 법 시행 전의 위반행위에 대하여 위해식품등의 판매등에 따른 과징금을 부과할 때에는 제83조의 개정규정에도 불구하고 종전의 규정에 따른다.

부　칙 (2024.2.6)

이 법은 공포 후 6개월이 경과한 날부터 시행한다.

부　칙 (2024.2.13)

이 법은 공포 후 3개월이 경과한 날부터 시행한다.

부　칙 (2024.2.20)

이 법은 공포 후 1년이 경과한 날부터 시행한다.

부　칙 (2024.9.20)

이 법은 공포한 날부터 시행한다. 다만, 제86조의 개정규정은 공포 후 6개월이 경과한 날부터 시행한다.

공중위생관리법

(1999년 2월 8일 법 률 제5839호)

개정
2000. 1.12법 6155호
2001. 1.29법 6400호(정부조직)
2002. 1.19법 6616호　　2002. 8.26법 6726호
2004. 1.29법 7147호
2005. 3.31법 7428호(채무자회생파산)
2005. 3.31법 7455호　　2006. 9.27법 8003호
2007. 5.25법 8488호　　2007.12.14법 8689호
2008. 2.29법 8852호(정부조직)
2008. 3.28법 9026호
2009.12.29법 9847호(감염병)
2010. 1.18법 9932호(정부조직)
2010. 3.31법10219호(지방세기본법)
2011. 3.30법10506호
2011. 9.15법11048호(청소년보호법)
2013. 3.23법11690호(정부조직)
2013. 8. 6법11998호(지방세외수입금의징수등에관한법)
2015.12.22법13596호　　2016. 2. 3법13983호
2016.12.27법14476호(지방세징수법)
2017.12.12법15184호　　2018.12.11법15873호
2019. 1.15법16237호　　2019.12. 3법16718호
2020. 3.24법17091호(지방행정제재·부과금의징수등에관한법)
2020. 4. 7법17195호　　2021.12.21법18605호
2023. 3.28법19291호　　2023. 6.13법19444호
2024. 1.30법20171호(권한지방이양)→2025년 7월 31일 시행
2024. 2. 6법20210호　　2024.10.22법20504호

제1조【목적】 이 법은 공중이 이용하는 영업의 위생관리등에 관한 사항을 규정함으로써 위생수준을 향상시켜 국민의 건강증진에 기여함을 목적으로 한다.(2016.2.3 본조개정)

제2조【정의】 ① 이 법에서 사용하는 용어의 정의는 다음과 같다.

1. "공중위생영업"이라 함은 다수인을 대상으로 위생관리서비스를 제공하는 영업으로서 숙박업·목욕장업·이용업·미용업·세탁업·건물위생관리업을 말한다.(2016.2.3 본호개정)
2. "숙박업"이라 함은 손님이 잠을 자고 머물 수 있도록 시설 및 설비 등의 서비스를 제공하는 영업을 말한다. 다만, 농어촌에 소재하는 민박 등 대통령령이 정하는 경우를 제외한다.
3. "목욕장업"이라 함은 다음 각목의 어느 하나에 해당하는 서비스를 손님에게 제공하는 영업을 말한다. 다만, 숙박업 영업소에 부설된 욕실 등 대통령령이 정하는 경우를 제외한다.
   가. 물로 목욕을 할 수 있는 시설 및 설비 등의 서비스
   나. 맥반석·황토·옥 등을 직접 또는 간접 가열하여 발생되는 열기 또는 원적외선 등을 이용하여 땀을 낼 수 있는 시설 및 설비 등의 서비스
   (2005.3.31 본호개정)
4. "이용업"이라 함은 손님의 머리카락 또는 수염을 깎거나 다듬는 등의 방법으로 손님의 용모를 단정하게 하는 영업을 말한다.
5. "미용업"이라 함은 손님의 얼굴, 머리, 피부 및 손톱·발톱 등을 손질하여 손님의 외모를 아름답게 꾸미는 다음 각 목의 영업을 말한다.(2019.12.3 본문개정)
   가. 일반미용업 : 파마·머리카락자르기·머리카락모양내기·머리피부손질·머리카락염색·머리감기, 의료기기나 의약품을 사용하지 아니하는 눈썹손질을 하는 영업
   나. 피부미용업 : 의료기기나 의약품을 사용하지 아니하는 피부상태분석·피부관리·제모(除毛)·눈썹손질을 하는 영업
   다. 네일미용업 : 손톱과 발톱을 손질·화장(化粧)하는 영업
   라. 화장·분장 미용업 : 얼굴 등 신체의 화장, 분장 및 의료기기나 의약품을 사용하지 아니하는 눈썹손질을 하는 영업
   마. 그 밖에 대통령령으로 정하는 세부 영업
   바. 종합미용업 : 가목부터 마목까지의 업무를 모두 하는 영업
   (2019.12.3 가목~바목신설)
6. "세탁업"이라 함은 의류 기타 섬유제품이나 피혁제품 등을 세탁하는 영업을 말한다.
7. "건물위생관리업"이라 함은 공중이 이용하는 건축물·시설물 등의 청결유지와 실내공기정화를 위한 청소 등을 대행하는 영업을 말한다.(2016.2.3 본호개정)
8. (2015.12.22 삭제)

② 제1항제2호부터 제4호까지, 제6호 및 제7호의 영업은 대통령령이 정하는 바에 의하여 이를 세분할 수 있다.(2019.12.3 본항개정)

제3조【공중위생영업의 신고 및 폐업신고】 ① 공중위생영업을 하고자 하는 자는 공중위생영업의 종류별로 보건복지부령이 정하는 시설 및 설비를 갖추고 시장·군수·구청장(자치구의 구청장에 한한다. 이하 같다)에게 신고하여야 한다. 보건복지부령이 정하는 중요사항을 변경하고자 하는 때에도 또한 같다.(2010.1.18 본항개정)

② 제1항의 규정에 의하여 공중위생영업의 신고를 한 자(이하 "공중위생영업자"라 한다)는 공중위생영업을 폐업한 날부터 20일 이내에 시장·군수·구청장에게 신고하여야 한다. 다만, 제11조에 따른 영업정지 등의 기간 중에는 폐업신고를 할 수 없다.(2016.2.3 단서신설)

③ 제2항에도 불구하고 이용업 또는 미용업의 신고를 한 자의 사망으로 제6조에 따른 면허를 소지하지 아니한 자가 상속인이 된 경우에는 그 상속인은 상속받은 날부터 3개월 이내에 시장·군수·구청장에게 폐업신고를 하여야 한다.(2023.3.28 본항신설)

④ 시장·군수·구청장은 공중위생영업자가 「부가가치세법」 제8조에 따라 관할 세무서장에게 폐업신고를 하거나 관할 세무서장이 사업자등록을 말소한 경우에는 보건복지부령으로 정하는 바에 따라 신고 사항을 직권으로 말소할 수 있다.
(2021.12.21 본항개정)

⑤ 시장·군수·구청장은 제4항의 직권말소를 위하여 필요한 경우 관할 세무서장에게 공중위생영업자의 폐업여부에 대한 정보 제공을 요청할 수 있다. 이 경우 요청을 받은 관할 세무서장은 「전자정부법」 제36조제1항에 따라 공중위생영업자의 폐업여부에 대한 정보를 제공하여야 한다.(2023.3.28 전단개정)

⑥ 제1항부터 제3항까지에 따른 신고의 방법 및 절차 등에 필요한 사항은 보건복지부령으로 정한다.(2023.3.28 본항개정)
(2005.3.31 본조제목개정)

제3조의2【공중위생영업의 승계】 ① 공중위생영업자가 그 공중위생영업을 양도하거나 사망한 때 또는 법인의 합병이 있는 때에는 그 양수인·상속인 또는 합병후 존속하는 법인이나 합병에 의하여 설립되는 법인은 그 공중위생영업자의 지위를 승계한다.(2005.3.31 본항개정)

② 민사집행법에 의한 경매, 「채무자 회생 및 파산에 관한 법률」에 의한 환가나 국세징수법·관세법 또는 「지방세징수법」에 의한 압류재산의 매각 그 밖에 이에 준하는 절차에 따라 공중위생영업 관련시설 및 설비의 전부를 인수한 자는 이 법에 의한 그 공중위생영업자의 지위를 승계한다.(2016.12.27 본항개정)

③ 제1항 또는 제2항의 규정에 불구하고 이용업 또는 미용업의 경우에는 제6조의 규정에 의한 면허를 소지한 자에 한하여 공중위생영업자의 지위를 승계할 수 있다.

④ 제1항 또는 제2항의 규정에 의하여 공중위생영업자의 지위를 승계한 자는 1월 이내에 보건복지부령이 정하는 바에 따라 시장·군수 또는 구청장에게 신고하여야 한다.(2010.1.18 본항개정)
(2002.8.26 본조신설)

제4조【공중위생영업자의 준수사항】 ① 공중위생영업자는 그 이용자에게 건강상 위해요인이 발생하지 아니하도록 영업관련 시설 및 설비를 위생적이고 안전하게 관리하여야 한다.

② 목욕장업을 하는 자는 다음 각 호의 사항을 지켜야 한다.

1. 제2조제1항제3호가목의 서비스를 제공하는 경우 : 목욕장의 수질기준 및 수질검사방법 등 수질 관리에 관한 사항. 이 경우 세부기준은 보건복지부령으로 정한다.

2. 제2조제1항제3호나목의 서비스를 제공하는 경우 : 다음 각 목의 사항
가. 위생기준 등에 관한 사항. 이 경우 세부기준은 보건복지부령으로 정한다.(2024.10.22 본목신설)
나. 보건복지부령으로 정하는 바에 따라 청소년 출입시간을 준수할 것. 다만, 친권자 등 보호자를 동반하거나 그의 출입동의서를 받은 경우 또는 그 밖에 보건복지부령으로 정하는 경우는 제외한다.(2024.10.22 본목신설)
(2024.10.22 본항개정)
③ 이용업을 하는 자는 다음 각호의 사항을 지켜야 한다.
1. 이용기구는 소독을 한 기구와 소독을 하지 아니한 기구로 분리하여 보관하고, 면도기는 1회용 면도날만을 손님 1인에 한하여 사용할 것. 이 경우 이용기구의 소독기준 및 방법은 보건복지부령으로 정한다.(2010.1.18 후단개정)
2. 이용사면허증을 영업소안에 게시할 것
3. 이용업소표시등을 영업소 외부에 설치할 것(2008.3.28 본호신설)
④ 미용업을 하는 자는 다음 각호의 사항을 지켜야 한다.
1. 의료기구와 의약품을 사용하지 아니하는 순수한 화장 또는 피부미용을 할 것
2. 미용기구는 소독을 한 기구와 소독을 하지 아니한 기구로 분리하여 보관하고, 면도기는 1회용 면도날만을 손님 1인에 한하여 사용할 것. 이 경우 미용기구의 소독기준 및 방법은 보건복지부령으로 정한다.(2010.1.18 후단개정)
3. 미용사면허증을 영업소안에 게시할 것
⑤ 세탁업을 하는 자는 세제를 사용함에 있어서 국민건강에 유해한 물질이 발생되지 아니하도록 기계 및 설비를 안전하게 관리하여야 한다. 이 경우 유해한 물질이 발생되는 세제의 종류와 기계 및 설비의 안전관리에 관하여 필요한 사항은 보건복지부령으로 정한다.(2010.1.18 후단개정)
⑥ 건물위생관리업을 하는 자는 사용장비 또는 약제의 취급시 인체의 건강에 해를 끼치지 아니하도록 위생적이고 안전하게 관리하여야 한다.(2016.2.3 본항개정)
⑦ 제1항 내지 제6항의 규정에 의하여 공중위생영업자가 준수하여야 할 위생관리기준 기타 위생관리서비스의 제공에 관하여 필요한 사항으로서 그 각항에 규정된 사항외의 사항 및 감염병환자 기타 함께 출입시켜서는 아니되는 자의 범위와 목욕장내에 둘 수 있는 종사자의 범위 등 건전한 영업질서유지를 위하여 영업자가 준수하여야 할 사항은 보건복지부령으로 정한다.(2010.1.18 본항개정)
⑧ 공중위생영업자는 제2항제2호나목을 준수하기 위하여 필요한 경우 주민등록증 또는 그 밖의 나이를 확인할 수 있는 증표의 제시를 요구할 수 있으며, 정당한 사유 없이 증표를 제시하지 아니하는 사람의 입장을 제한할 수 있다.(2024.10.22 본항신설)
(2024.10.22 본조제목개정)

판례 일반적으로 술에 취한 사람은 자신을 통제할 능력이 감퇴된다고 보아야 할 것이므로, 그와 같은 상태의 사람에게 재차 영리의 목적으로 술을 판매하는 영업자로서는 추가적인 음주로 말미암아 그가 안전상 사고를 당하지 않도록 구체적인 상황하에서 요구되는 필요한 조치를 취하여야 할 안전배려의무는 인정될 수 있고, 이러한 안전배려의무는 고온의 찜질실 등 이용객의 구체적 상태 여하에 따라 안전에 위해를 초래할 수도 있는 시설을 제공하는 찜질방 영업자에게도 마찬가지로 요구된다.(대판 2010.2.11, 2009다79316)

제5조【공중위생영업자의 불법카메라 설치 금지】 공중위생영업자는 영업소에 「성폭력범죄의 처벌 등에 관한 특례법」 제14조제1항에 위반되는 행위에 이용되는 카메라나 그 밖에 이와 유사한 기능을 갖춘 기계장치를 설치하여서는 아니 된다.
(2018.12.11 본조신설)

제6조【이용사 및 미용사의 면허 등】 ① 이용사 또는 미용사가 되고자 하는 자는 다음 각호의 1에 해당하는 자로서 보건복지부령이 정하는 바에 의하여 시장·군수·구청장의 면허를 받아야 한다.(2010.1.18 본문개정)
1. 전문대학 또는 이와 같은 수준 이상의 학력이 있다고 교육부장관이 인정하는 학교에서 이용 또는 미용에 관한 학과를 졸업한 자(2018.12.11 본호개정)
1의2. 「학점인정 등에 관한 법률」 제8조에 따라 대학 또는 전문대학을 졸업한 자와 같은 수준 이상의 학력이 있는 것으로 인정되어 같은 법 제9조에 따라 이용 또는 미용에 관한 학위를 취득한 자(2018.12.11 본호개정)
2. 고등학교 또는 이와 같은 수준의 학력이 있다고 교육부장관이 인정하는 학교에서 이용 또는 미용에 관한 학과를 졸업한 자(2018.12.11 본호개정)
3. 초·중등교육법령에 따른 특성화고등학교, 고등기술학교나 고등학교 또는 고등기술학교에 준하는 각종학교에서 1년 이상 이용 또는 미용에 관한 소정의 과정을 이수한 자
(2019.12.3 본호개정)
4. 국가기술자격법에 의한 이용사 또는 미용사의 자격을 취득한 자
② 다음 각호의 1에 해당하는 자는 이용사 또는 미용사의 면허를 받을 수 없다.
1. 피성년후견인(2015.12.22 본호개정)
2. 「정신건강증진 및 정신질환자 복지서비스 지원에 관한 법률」 제3조제1호에 따른 정신질환자. 다만, 전문의가 이용사 또는 미용사로서 적합하다고 인정하는 사람은 그러하지 아니하다.
(2018.12.11 본문개정)
3. 공중의 위생에 영향을 미칠 수 있는 감염병환자로서 보건복지부령이 정하는 자(2010.1.18 본호개정)
4. 마약 기타 대통령령으로 정하는 약물 중독자
5. 제7조제1항제2호, 제4호, 제6호 또는 제7호의 사유로 면허가 취소된 후 1년이 경과되지 아니한 자(2016.2.3 본호개정)
③ 제1항에 따라 면허증을 발급받은 사람은 다른 사람에게 그 면허증을 빌려주어서는 아니 되고, 누구든지 그 면허증을 빌려서는 아니 된다.(2020.4.7 본항신설)
④ 누구든지 제3항에 따라 금지된 행위를 알선하여서는 아니 된다.(2020.4.7 본항신설)

제6조의2【위생사의 면허 등】 ① 위생사가 되려는 사람은 다음 각 호의 어느 하나에 해당하는 사람으로서 위생사 국가시험에 합격한 후 보건복지부장관의 면허를 받아야 한다.
1. 전문대학이나 이와 같은 수준 이상에 해당된다고 교육부장관이 인정하는 학교(보건복지부장관이 정하여 고시하는 인정기준에 해당하는 외국의 학교를 포함한다. 이하 같다)에서 보건 또는 위생에 관한 교육과정을 이수한 사람(2018.12.11 본호개정)
2. 「학점인정 등에 관한 법률」 제8조에 따라 전문대학을 졸업한 사람과 같은 수준 이상의 학력이 있는 것으로 인정되어 같은 법 제9조에 따라 보건 또는 위생에 관한 학위를 취득한 사람
3. 외국의 위생사 면허 또는 자격(보건복지부장관이 정하여 고시하는 인정기준에 해당하는 면허 또는 자격을 말한다)을 가진 사람(2018.12.11 본호개정)
② 제1항에 따른 위생사 국가시험은 매년 1회 이상 보건복지부장관이 실시하며, 시험과목·시험방법·합격기준과 그 밖에 시험에 필요한 사항은 대통령령으로 정한다.
③ 보건복지부장관은 위생사 국가시험의 실시에 관한 업무를 「한국보건의료인국가시험원법」에 따른 한국보건의료인국가시험원에 위탁할 수 있다.
④ 위생사 국가시험에서 대통령령으로 정하는 부정행위를 한 사람에 대하여는 그 시험을 정지시키거나 합격을 무효로 한다.
⑤ 제4항에 따라 시험이 정지되거나 합격이 무효가 된 사람은 해당 위생사 국가시험 후에 치러지는 위생사 국가시험에 2회 응시할 수 없다.
⑥ 보건복지부장관은 위생사 면허를 부여하는 경우에는 보건복지부령으로 정하는 바에 따라 면허대장에 등록하고 면허증을 발급하여야 한다. 다만, 면허 발급 신청일 기준으로 제7항에 따른 결격사유에 해당하는 사람에게는 면허 등록 및 면허증 발급을 하여서는 아니 된다.(2019.12.3 단서신설)
⑦ 다음 각 호의 어느 하나에 해당하는 사람은 위생사 면허를 받을 수 없다.
1. 「정신건강증진 및 정신질환자 복지서비스 지원에 관한 법률」 제3조제1호에 따른 정신질환자. 다만, 전문의가 위생사로서 적합하다고 인정하는 사람은 그러하지 아니하다.(2018.12.11 본문개정)

2. 「마약류 관리에 관한 법률」에 따른 마약류 중독자
3. 이 법, 「감염병의 예방 및 관리에 관한 법률」, 「검역법」, 「식품위생법」, 「의료법」, 「약사법」, 「마약류 관리에 관한 법률」 또는 「보건범죄 단속에 관한 특별조치법」을 위반하여 금고 이상의 실형을 선고받고 그 집행이 끝나지 아니하거나 그 집행을 받지 아니하기로 확정되지 아니한 사람

⑧ 제6항에 따른 면허의 등록, 수수료 및 면허증에 필요한 사항은 보건복지부령으로 정한다.

⑨ 제6항에 따라 면허증을 발급받은 사람은 다른 사람에게 그 면허증을 빌려주어서는 아니 되고, 누구든지 그 면허증을 빌려서는 아니 된다.(2020.4.7 본항신설)

⑩ 누구든지 제9항에 따라 금지된 행위를 알선하여서는 아니 된다.(2020.4.7 본항신설)

(2016.2.3 본조신설)

제7조【이용사 및 미용사의 면허취소 등】 ① 시장·군수·구청장은 이용사 또는 미용사가 다음 각호의 1에 해당하는 때에는 그 면허를 취소하거나 6월 이내의 기간을 정하여 그 면허의 정지를 명할 수 있다. 다만, 제1호, 제2호, 제4호, 제6호 또는 제7호에 해당하는 경우에는 그 면허를 취소하여야 한다.
(2018.12.11 단서개정)

1. 제6조제2항제1호(2018.12.11 본호신설)
2. 제6조제2항제2호 내지 제4호에 해당하게 된 때(2018.12.11 본호개정)
3. 면허증을 다른 사람에게 대여한 때
4. 「국가기술자격법」에 따라 자격이 취소된 때
5. 「국가기술자격법」에 따라 자격정지처분을 받은 때(「국가기술자격법」에 따른 자격정지처분 기간에 한정한다)
6. 이중으로 면허를 취득한 때(나중에 발급받은 면허를 말한다)
7. 면허정지처분을 받고도 그 정지 기간 중에 업무를 한 때
8. 「성매매알선 등 행위의 처벌에 관한 법률」이나 「풍속영업의 규제에 관한 법률」을 위반하여 관계 행정기관의 장으로부터 그 사실을 통보받은 때

(2016.2.3 4호~8호신설)

② 제1항의 규정에 의한 면허취소·정지처분의 세부적인 기준은 그 처분의 사유와 위반의 정도 등을 감안하여 보건복지부령으로 정한다.(2010.1.18 본항개정)

제7조의2【위생사 면허의 취소 등】 ① 보건복지부장관은 위생사가 다음 각 호의 어느 하나에 해당하는 경우에는 그 면허를 취소한다.

1. 제6조의2제7항 각 호의 어느 하나에 해당하게 된 경우
2. 면허증을 대여한 경우

② 위생사가 제1항제1호에 따라 면허가 취소된 후 그 처분의 원인이 된 사유가 소멸된 때에는 보건복지부장관은 그 사람에 대하여 다시 면허를 부여할 수 있다.

(2016.2.3 본조신설)

제8조【이용사 및 미용사의 업무범위 등】 ① 제6조제1항의 규정에 의한 이용사 또는 미용사의 면허를 받은 자가 아니면 이용업 또는 미용업을 개설하거나 그 업무에 종사할 수 없다. 다만, 이용사 또는 미용사의 감독을 받아 이용 또는 미용 업무의 보조를 행하는 경우에는 그러하지 아니하다.

② 이용 및 미용의 업무는 영업소외의 장소에서 행할 수 없다. 다만, 보건복지부령이 정하는 특별한 사유가 있는 경우에는 그러하지 아니하다.(2010.1.18 단서개정)

③ 제1항의 규정에 의한 이용사 및 미용사의 업무범위와 이용·미용의 업무보조 범위에 관하여 필요한 사항은 보건복지부령으로 정한다.(2016.2.3 본항개정)

제8조의2【위생사의 업무범위】 위생사의 업무범위는 다음 각 호와 같다.

1. 공중위생영업소, 공중이용시설 및 위생용품의 위생관리
2. 음료수의 처리 및 위생관리
3. 쓰레기, 분뇨, 하수, 그 밖의 폐기물의 처리
4. 식품·식품첨가물과 이에 관련된 기구·용기 및 포장의 제조와 가공에 관한 위생관리
5. 유해 곤충·설치류 및 매개체 관리
6. 그 밖에 보건위생에 영향을 미치는 것으로서 대통령령으로 정하는 업무

(2016.2.3 본조신설)

제9조【보고 및 출입·검사】 ① 특별시장·광역시장·도지사(이하 "시·도지사"라 한다) 또는 시장·군수·구청장은 공중위생관리상 필요하다고 인정하는 때에는 공중위생영업자에 대하여 필요한 보고를 하게 하거나 소속공무원으로 하여금 영업소·사무소 등에 출입하여 공중위생영업자의 위생관리의무이행 등에 대하여 검사하게 하거나 필요에 따라 공중위생영업장부나 서류를 열람하게 할 수 있다.(2015.12.22 본항개정)

② 시·도지사 또는 시장·군수·구청장은 공중위생영업자의 영업소에 제5조에 따라 설치가 금지되는 카메라나 기계장치가 설치되었는지를 검사할 수 있다. 이 경우 공중위생영업자는 특별한 사정이 없으면 검사에 따라야 한다.(2018.12.11 본항신설)

③ 제2항의 경우에 시·도지사 또는 시장·군수·구청장은 관할 경찰관서의 장에게 협조를 요청할 수 있다.(2018.12.11 본항신설)

④ 제2항의 경우에 시·도지사 또는 시장·군수·구청장은 영업소에 대하여 검사 결과에 대한 확인증을 발부할 수 있다.
(2018.12.11 본항신설)

⑤ 제1항 및 제2항의 경우에 관계공무원은 그 권한을 표시하는 증표를 지녀야 하며, 관계인에게 이를 내보여야 한다.
(2018.12.11 본항개정)

⑥ 제1항 및 제2항의 규정을 적용함에 있어서 「관광진흥법」 제4조에 따라 등록한 관광숙박업(이하 "관광숙박업"이라 한다)의 경우에는 해당 관광숙박업의 관할 행정기관의 장과 사전에 협의하여야 한다. 다만, 보건위생관리상 위해요인을 방지하기 위하여 긴급한 사유가 있는 경우에는 그러하지 아니하다.
(2021.12.21 본문개정)

제9조의2【영업의 제한】 시·도지사 또는 시장·군수·구청장은 공익상 또는 선량한 풍속을 유지하기 위하여 필요하다고 인정하는 때에는 공중위생영업자 및 종사원에 대하여 영업시간 및 영업행위에 관한 필요한 제한을 할 수 있다.(2024.1.30 본조개정)

제10조【위생지도 및 개선명령】 시·도지사 또는 시장·군수·구청장은 다음 각 호의 어느 하나에 해당하는 자에 대하여 보건복지부령으로 정하는 바에 따라 기간을 정하여 그 개선을 명할 수 있다.(2016.2.3 본문개정)

1. 제3조제1항의 규정에 의한 공중위생영업의 종류별 시설 및 설비기준을 위반한 공중위생영업자
2. 제4조의 규정에 의한 준수사항을 위반한 공중위생영업자 (2024.10.22 본호개정)
3. (2015.12.22 삭제)

(2002.8.26 본조개정)

제11조【공중위생영업소의 폐쇄 등】 ① 시장·군수·구청장은 공중위생영업자가 다음 각 호의 어느 하나에 해당하면 6월 이내의 기간을 정하여 영업의 정지 또는 일부 시설의 사용중지를 명하거나 영업소폐쇄 등을 명할 수 있다. 다만, 관광숙박업의 경우에는 해당 관광숙박업의 관할 행정기관의 장과 미리 협의하여야 한다.(2019.12.3 단서개정)

1. 제3조제1항 전단에 따른 영업신고를 하지 아니하거나 시설과 설비기준을 위반한 경우
2. 제3조제1항 후단에 따른 변경신고를 하지 아니한 경우
3. 제3조의2제4항에 따른 지위승계신고를 하지 아니한 경우

(2016.2.3 1호~3호신설)

4. 제4조에 따른 공중위생영업자의 준수사항을 지키지 아니한 경우(2024.10.22 본호개정)

4의2. 제5조를 위반하여 카메라나 기계장치를 설치한 경우 (2018.12.11 본호신설)

5. 제8조제2항을 위반하여 영업소 외의 장소에서 이용 또는 미용 업무를 한 경우(2016.2.3 본호신설)
6. 제9조에 따른 보고를 하지 아니하거나 거짓으로 보고한 경우 또는 관계 공무원의 출입, 검사 또는 공중위생영업 장부 또는 서류의 열람을 거부·방해하거나 기피한 경우(2016.2.3 본호신설)

7. 제10조에 따른 개선명령을 이행하지 아니한 경우(2016.2.3 본호신설)
8. 「성매매알선 등 행위의 처벌에 관한 법률」, 「풍속영업의 규제에 관한 법률」, 「청소년 보호법」, 「아동·청소년의 성보호에 관한 법률」, 「의료법」 또는 「마약류 관리에 관한 법률」을 위반하여 관계 행정기관의 장으로부터 그 사실을 통보받은 경우(2024.2.6 본호개정)

② 시장·군수·구청장은 다음 각 호의 어느 하나에 해당하는 경우로서 신분증의 위조·변조 또는 도용으로 청소년인 사실을 알지 못하였거나 폭행 또는 협박으로 청소년임을 확인하지 못한 사정이 인정되는 때에는 보건복지부령으로 정하는 바에 따라 해당 행정처분을 면제할 수 있다.
1. 제1항제4호에 해당하는 경우로서 공중위생영업자가 제4조제2항제2호나목에 따른 영업자의 준수사항을 위반한 경우
2. 제1항제8호에 해당하는 경우로서 공중위생영업자가 「청소년 보호법」을 위반한 경우

(2024.10.22 본항신설)

③ 시장·군수·구청장은 제1항에 따른 영업정지처분을 받고도 그 영업정지 기간에 영업을 한 경우에는 영업소 폐쇄를 명할 수 있다.(2016.2.3 본항신설)

④ 시장·군수·구청장은 다음 각 호의 어느 하나에 해당하는 경우에는 영업소 폐쇄를 명할 수 있다.
1. 공중위생영업자가 정당한 사유 없이 6개월 이상 계속 휴업하는 경우
2. 공중위생영업자가 「부가가치세법」 제8조에 따라 관할 세무서장에게 폐업신고를 하거나 관할 세무서장이 사업자 등록을 말소한 경우
3. 공중위생영업자가 영업을 하지 아니하기 위하여 영업시설의 전부를 철거한 경우(2023.6.13 본호신설)

(2016.2.3 본항신설)

⑤ 제1항에 따른 행정처분의 세부기준은 그 위반행위의 유형과 위반 정도 등을 고려하여 보건복지부령으로 정한다.
(2016.2.3 본항개정)

⑥ 시장·군수·구청장은 공중위생영업자가 제1항의 규정에 의한 영업소폐쇄명령을 받고도 계속하여 영업을 하는 때에는 관계공무원으로 하여금 해당 영업소를 폐쇄하기 위하여 다음 각호의 조치를 하게 할 수 있다. 제3조제1항 전단을 위반하여 신고를 하지 아니하고 공중위생영업을 하는 경우에도 또한 같다.(2019.12.3 전단개정)
1. 해당 영업소의 간판 기타 영업표지물의 제거(2019.12.3 본호개정)
2. 해당 영업소가 위법한 영업소임을 알리는 게시물 등의 부착(2019.12.3 본호개정)
3. 영업을 위하여 필수불가결한 기구 또는 시설물을 사용할 수 없게 하는 봉인

⑦ 시장·군수·구청장은 제6항제3호에 따른 봉인을 한 후 봉인을 계속할 필요가 없다고 인정되는 때와 영업자 등이나 그 대리인이 해당 영업소를 폐쇄할 것을 약속하는 때 및 정당한 사유를 들어 봉인의 해제를 요청하는 때에는 그 봉인을 해제할 수 있다. 제6항제2호에 따른 게시물 등의 제거를 요청하는 경우에도 또한 같다.(2024.10.22 본항개정)

판례 공중위생영업을 양수한 사람에 대한 영업정지처분의 가부 : 구 공중위생관리법(2000.1.12. 법률 제6155호로 개정 전) 제3조제1항에서 보건복지부장관은 공중위생영업자로 하여금 일정한 시설 및 설비를 갖추고 이를 유지·관리하게 할 수 있으며, 제2항에서 공중위생영업자가 영업소를 개설한 후 시장 등에게 영업소개설사실을 통보하도록 규정하는 외에 공중위생영업에 대한 어떠한 제한 규정도 두고 있지 않는 바, 이는 공중위생영업의 양도가 가능함을 전제로 한 것이라 할 것이므로, 양수인이 그 양수 후 행정청에 새로운 영업소개설통보를 하였더라도, 그로 인하여 영업양도·양수로 영업소에 관한 권리의무가 양수인에게 이전하는 법률효과까지 부정되는 것은 아니라 할 것인 바, 만일 어떠한 공중위생영업에 대하여 그 영업을 정지할 위법사유가 있다면, 관할 행정청은 그 영업이 양도·양수되었다 하더라도 그 업소의 양수인에 대하여 영업정지처분을 할 수 있다.
(대판 2001.6.29, 2001두1611)

제11조의2【과징금처분】 ① 시장·군수·구청장은 제11조제1항의 규정에 의한 영업정지가 이용자에게 심한 불편을 주거나 그 밖에 공익을 해할 우려가 있는 경우에는 영업정지 처분에 갈음하여 1억원 이하의 과징금을 부과할 수 있다. 다만, 제5조, 「성매매알선 등 행위의 처벌에 관한 법률」, 「아동·청소년의 성보호에 관한 법률」, 「풍속영업의 규제에 관한 법률」 제3조 각 호의 어느 하나, 「마약류 관리에 관한 법률」 또는 이에 상응하는 위반행위로 인하여 처분을 받게 되는 경우를 제외한다.(2024.2.6 단서개정)

② 제1항의 규정에 의한 과징금을 부과하는 위반행위의 종별·정도 등에 따른 과징금의 금액 등에 관하여 필요한 사항은 대통령령으로 정한다.

③ 시장·군수·구청장은 제1항의 규정에 의한 과징금을 납부하여야 할 자가 납부기한까지 이를 납부하지 아니한 경우에는 대통령령으로 정하는 바에 따라 제1항에 따른 과징금 부과처분을 취소하고, 제11조제1항에 따른 영업정지 처분을 하거나 「지방행정제재·부과금의 징수 등에 관한 법률」에 따라 이를 징수한다.(2020.3.24 본항개정)

④ 제1항 및 제3항의 규정에 의하여 시장·군수·구청장이 부과·징수한 과징금은 해당 시·군·구에 귀속된다.(2019.12.3 본항개정)

⑤ 시장·군수·구청장은 과징금의 징수를 위하여 필요한 경우에는 다음 각 호의 사항을 기재한 문서로 관할 세무관서의 장에게 과세정보의 제공을 요청할 수 있다.
1. 납세자의 인적사항
2. 사용목적
3. 과징금 부과기준이 되는 매출금액

(2016.2.3 본항신설)
(2002.8.26 본조신설)

제11조의3【행정제재처분효과의 승계】 ① 공중위생영업자가 그 영업을 양도하거나 사망한 때 또는 법인의 합병이 있는 때에는 종전의 영업자에 대하여 제11조제1항의 위반을 사유로 행한 행정제재처분의 효과는 그 처분기간이 만료된 날부터 1년간 양수인·상속인 또는 합병후 존속하는 법인에 승계된다.

② 공중위생영업자가 그 영업을 양도하거나 사망한 때 또는 법인의 합병이 있는 때에는 제11조제1항의 위반을 사유로 하여 종전의 영업자에 대하여 진행 중인 행정제재처분 절차를 양수인·상속인 또는 합병 후 존속하는 법인에 대하여 속행할 수 있다.

③ 제1항 및 제2항에도 불구하고 양수인이나 합병 후 존속하는 법인이 양수하거나 합병할 때에 그 처분 또는 위반사실을 알지 못한 경우에는 그러하지 아니하다.(2019.12.3 본항신설)
(2002.8.26 본조신설)

제11조의4【같은 종류의 영업 금지】 ① 제5조, 「성매매알선 등 행위의 처벌에 관한 법률」·「아동·청소년의 성보호에 관한 법률」, 「풍속영업의 규제에 관한 법률」·「청소년 보호법」 또는 「마약류 관리에 관한 법률」(이하 이 조에서 "「성매매알선 등 행위의 처벌에 관한 법률」 등"이라 한다)을 위반하여 제11조제1항의 폐쇄명령을 받은 자(법인인 경우에는 그 대표자를 포함한다. 이하 제2항에서 같다)는 그 폐쇄명령을 받은 후 2년이 경과하지 아니한 때에는 같은 종류의 영업을 할 수 없다.(2024.2.6 본항개정)

② 「성매매알선 등 행위의 처벌에 관한 법률」 등 외의 법률을 위반하여 제11조제1항의 폐쇄명령을 받은 자는 그 폐쇄명령을 받은 후 1년이 경과하지 아니한 때에는 같은 종류의 영업을 할 수 없다.

③ 「성매매알선 등 행위의 처벌에 관한 법률」 등의 위반으로 제11조제1항에 따른 폐쇄명령이 있은 후 1년이 경과하지 아니한 때에는 누구든지 그 폐쇄명령이 이루어진 영업장소에서 같은 종류의 영업을 할 수 없다.

④ 「성매매알선 등 행위의 처벌에 관한 법률」 등 외의 법률의 위반으로 제11조제1항에 따른 폐쇄명령이 있은 후 6개월이 경과하지 아니한 때에는 누구든지 그 폐쇄명령이 이루어진 영업장소에서 같은 종류의 영업을 할 수 없다.
(2007.5.25 본조신설)

제11조의5【이용업소표시등의 사용제한】 누구든지 시·군·구에 이용업 신고를 하지 아니하고 이용업소표시등을 설치할 수 없다.(2008.3.28 본조신설)

제11조의6【위반사실 공표】 시장·군수·구청장은 제7조, 제11조 또는 제11조의2에 따라 행정처분이 확정된 공중위생영업자에 대한 처분 내용, 해당 영업소의 명칭 등 처분과 관련한 영업 정보를 대통령령으로 정하는 바에 따라 공표하여야 한다.
(2016.2.3 본조신설)

제12조【청문】 보건복지부장관 또는 시장·군수·구청장은 다음 각 호의 어느 하나에 해당하는 처분을 하려면 청문을 하여야 한다.
1. (2021.12.21 삭제)
2. 제7조에 따른 이용사와 미용사의 면허취소 또는 면허정지
3. 제7조의2에 따른 위생사의 면허 취소
4. 제11조에 따른 영업정지명령, 일부 시설의 사용중지명령 또는 영업소 폐쇄명령

(2016.2.3 본조개정)

제13조【위생서비스수준의 평가】 ① 시·도지사는 공중위생영업소(관광숙박업의 경우를 제외한다. 이하 이 조에서 같다)의 위생관리수준을 향상시키기 위하여 위생서비스평가계획(이하 "평가계획"이라 한다)을 수립하여 시장·군수·구청장에게 통보하여야 한다.(2005.3.31 본항개정)
② 시장·군수·구청장은 평가계획에 따라 관할지역별 세부평가계획을 수립한 후 공중위생영업소의 위생서비스수준을 평가(이하 "위생서비스평가"라 한다)하여야 한다.(2005.3.31 본항개정)
③ 시장·군수·구청장은 위생서비스평가의 전문성을 높이기 위하여 필요하다고 인정하는 경우에는 관련 전문기관 및 단체로 하여금 위생서비스평가를 실시하게 할 수 있다.(2005.3.31 본항개정)
④ 제1항 내지 제3항의 규정에 의한 위생서비스평가의 주기·방법, 위생관리등급의 기준 기타 평가에 관하여 필요한 사항은 보건복지부령으로 정한다.(2010.1.18 본항개정)

제14조【위생관리등급 공표 등】 ① 시장·군수·구청장은 보건복지부령이 정하는 바에 의하여 위생서비스평가의 결과에 따른 위생관리등급을 해당 공중위생영업자에게 통보하고 이를 공표하여야 한다.(2010.1.18 본항개정)
② 공중위생영업자는 제1항의 규정에 의하여 시장·군수·구청장으로부터 통보받은 위생관리등급의 표지를 영업소의 명칭과 함께 영업소의 출입구에 부착할 수 있다.(2005.3.31 본항개정)
③ 시·도지사 또는 시장·군수·구청장은 위생서비스평가의 결과 위생서비스의 수준이 우수하다고 인정되는 영업소에 대하여 포상을 실시할 수 있다.(2005.3.31 본항개정)
④ 시·도지사 또는 시장·군수·구청장은 위생서비스평가의 결과에 따른 위생관리등급별로 영업소에 대한 위생감시를 실시하여야 한다. 이 경우 영업소에 대한 출입·검사와 위생감시의 실시주기 및 횟수 등 위생관리등급별 위생감시기준은 보건복지부령으로 정한다.(2010.1.18 후단개정)

제15조【공중위생감시원】 ① 제3조, 제3조의2, 제4조 또는 제8조 내지 제11조의 규정에 의한 관계공무원의 업무를 행하게 하기 위하여 특별시·광역시·도 및 시·군·구(자치구에 한한다)에 공중위생감시원을 둔다.(2015.12.22 본항개정)
② 제1항의 규정에 의한 공중위생감시원의 자격·임명·업무범위 기타 필요한 사항은 대통령령으로 정한다.

제15조의2【명예공중위생감시원】 ① 시·도지사는 공중위생의 관리를 위한 지도·계몽 등을 행하게 하기 위하여 명예공중위생감시원을 둘 수 있다.(2005.3.31 본항개정)
② 제1항의 규정에 의한 명예공중위생감시원의 자격 및 위촉방법, 업무범위 등에 관하여 필요한 사항은 대통령령으로 정한다.
(2002.8.26 본조신설)

제16조【공중위생영업자단체의 설립】 공중위생영업자는 공중위생과 국민보건의 향상을 기하고 그 영업의 건전한 발전을 도모하기 위하여 영업의 종류별로 전국적인 조직을 가지는 영업자단체를 설립할 수 있다.

제17조【위생교육】 ① 공중위생영업자는 매년 위생교육을 받아야 한다.(2004.1.29 본항개정)
② 제3조제1항 전단의 규정에 의하여 신고를 하고자 하는 자는 미리 위생교육을 받아야 한다. 다만, 보건복지부령으로 정하는 부득이한 사유로 미리 교육을 받을 수 없는 경우에는 영업개시 후 6개월 이내에 위생교육을 받을 수 있다.(2016.2.3 단서개정)
③ 제1항 및 제2항의 규정에 따른 위생교육을 받아야 하는 자 중 영업에 직접 종사하지 아니하거나 2 이상의 장소에서 영업을 하는 자는 종업원 중 영업장별로 공중위생에 관한 책임자를 지정하고 그 책임자로 하여금 위생교육을 받게 하여야 한다.
(2008.3.28 본항개정)
④ 제1항부터 제3항까지의 규정에 따른 위생교육은 보건복지부장관이 허가한 단체 또는 제16조에 따른 단체가 실시할 수 있다.(2010.1.18 본항개정)
⑤ 제1항부터 제4항까지의 규정에 따른 위생교육의 방법·절차 등에 관하여 필요한 사항은 보건복지부령으로 정한다.
(2010.1.18 본항개정)

제18조【위임 및 위탁】 ① 보건복지부장관은 이 법에 의한 권한의 일부를 대통령령이 정하는 바에 의하여 시·도지사 또는 시장·군수·구청장에게 위임할 수 있다.
② 보건복지부장관은 대통령령이 정하는 바에 의하여 관계 전문기관에 그 업무의 일부를 위탁할 수 있다.(2018.12.11 본항개정)
(2010.1.18 본조개정)

제19조【국고보조】 국가 또는 지방자치단체는 제13조제3항의 규정에 의하여 위생서비스평가를 실시하는 자에 대하여 예산의 범위안에서 위생서비스평가에 소요되는 경비의 전부 또는 일부를 보조할 수 있다.

제19조의2【수수료】 제6조의 규정에 의하여 이용사 또는 미용사 면허를 받고자 하는 자는 대통령령이 정하는 바에 따라 수수료를 납부하여야 한다.(2005.3.31 본조신설)

제19조의3【같은 명칭의 사용금지】 위생사가 아니면 위생사라는 명칭을 사용하지 못한다.(2016.2.3 본조신설)

제19조의4【벌칙 적용에서 공무원 의제】 제18조제2항에 따라 위탁받은 업무에 종사하는 관계 전문기관의 임직원은 「형법」 제129조부터 제132조까지의 규정을 적용할 때에는 공무원으로 본다.(2018.12.11 본조신설)

제20조【벌칙】 ① 제3조제1항 전단에 따른 신고를 하지 아니하고 숙박업 영업을 한 자는 2년 이하의 징역 또는 2천만원 이하의 벌금에 처한다.(2021.12.21 본항신설)
② 다음 각호의 1에 해당하는 자는 1년 이하의 징역 또는 1천만원 이하의 벌금에 처한다.
1. 제3조제1항 전단에 따른 신고를 하지 아니하고 공중위생영업(숙박업은 제외한다)을 한 자(2021.12.21 본호개정)
2. 제11조제1항의 규정에 의한 영업정지명령 또는 일부 시설의 사용중지명령을 받고도 그 기간 중에 영업을 하거나 그 시설을 사용한 자 또는 영업소 폐쇄명령을 받고도 계속하여 영업을 한 자

(2002.8.26 본항개정)
③ 다음 각호의 1에 해당하는 자는 6월 이하의 징역 또는 500만원 이하의 벌금에 처한다.
1. 제3조제1항 후단의 규정에 의한 변경신고를 하지 아니한 자
2. 제3조의2제1항의 규정에 의하여 공중위생영업자의 지위를 승계한 자로서 동조제4항의 규정에 의한 신고를 하지 아니한 자
3. 제4조제7항의 규정에 위반하여 건전한 영업질서를 위하여 공중위생영업자가 준수하여야 할 사항을 준수하지 아니한 자

(2002.8.26 본항개정)
④ 다음 각 호의 어느 하나에 해당하는 사람은 300만원 이하의 벌금에 처한다.
1. 제6조제3항을 위반하여 다른 사람에게 이용사 또는 미용사의 면허증을 빌려주거나 빌린 사람
2. 제6조제4항을 위반하여 이용사 또는 미용사의 면허증을 빌려주거나 빌리는 것을 알선한 사람
3. 제6조의2제9항을 위반하여 다른 사람에게 위생사의 면허증을 빌려주거나 빌린 사람

4. 제6조의2제10항을 위반하여 위생사의 면허증을 빌려주거나 빌리는 것을 알선한 사람
(2020.4.7 1호~4호신설)
5. 제7조제1항에 따른 면허의 취소 또는 정지 중에 이용업 또는 미용업을 한 사람
6. 제8조제1항을 위반하여 면허를 받지 아니하고 이용업 또는 미용업을 개설하거나 그 업무에 종사한 사람
(2015.12.22 본항개정)
제21조【양벌규정】 법인의 대표자나 법인 또는 개인의 대리인, 사용인, 그 밖의 종업원이 그 법인 또는 개인의 업무에 관하여 제20조의 위반행위를 하면 그 행위자를 벌하는 외에 그 법인 또는 개인에게도 해당 조문의 벌금형을 과(科)한다. 다만, 법인 또는 개인이 그 위반행위를 방지하기 위하여 해당 업무에 관하여 상당한 주의와 감독을 게을리하지 아니한 경우에는 그러하지 아니하다.(2011.3.30 본조개정)
제22조【과태료】 ① 다음 각호의 1에 해당하는 자는 300만원 이하의 과태료에 처한다.(2002.8.26 본문개정)
1. (2016.2.3 삭제)
1의2. 제4조제2항의 규정을 위반하여 목욕장의 수질기준 또는 위생기준을 준수하지 아니한 자로서 제10조의 규정에 의한 개선명령에 따르지 아니한 자(2005.3.31 본호개정)
2. 제4조제7항의 규정에 위반하여 숙박업소의 시설 및 설비를 위생적이고 안전하게 관리하지 아니한 자
3. 제4조제7항의 규정에 위반하여 목욕장업소의 시설 및 설비를 위생적이고 안전하게 관리하지 아니한 자
4. 제9조의 규정에 의한 보고를 하지 아니하거나 관계공무원의 출입·검사 기타 조치를 거부·방해 또는 기피한 자
5. 제10조의 규정에 의한 개선명령에 위반한 자
6. 제11조의5를 위반하여 이용업소표시등을 설치한 자
(2008.3.28 본호신설)
② 다음 각호의 1에 해당하는 자는 200만원 이하의 과태료에 처한다.(2002.8.26 본문개정)
1. 제4조제3항 각호 및 제7항의 규정에 위반하여 이용업소의 위생관리 의무를 지키지 아니한 자
2. 제4조제4항 각호 및 제7항의 규정에 위반하여 미용업소의 위생관리 의무를 지키지 아니한 자
3. 제4조제5항 및 제7항의 규정에 위반하여 세탁업소의 위생관리 의무를 지키지 아니한 자
4. 제4조제6항 및 제7항의 규정에 위반하여 건물위생관리업소의 위생관리 의무를 지키지 아니한 자
(2016.2.3 본호개정)
5. 제8조제2항의 규정에 위반하여 영업소외의 장소에서 이용 또는 미용업무를 행한 자
6. 제17조제1항의 규정에 위반하여 위생교육을 받지 아니한 자
③ 제19조의3을 위반하여 위생사의 명칭을 사용한 자에게는 100만원 이하의 과태료를 부과한다.(2016.2.3 본항신설)
④ 제1항부터 제3항까지의 규정에 따른 과태료는 대통령령으로 정하는 바에 따라 보건복지부장관 또는 시장·군수·구청장이 부과·징수한다.(2016.2.3 본항신설)
제23조 (2016.2.3 삭제)

부 칙

제1조【시행일】 이 법은 공포후 6월이 경과한 날부터 시행한다.
제2조【다른 법률의 폐지】 공중위생법은 이를 폐지한다.
제3조【유기장업·위생처리업 및 위생용품제조업에 관한 경과조치】 이 법 시행이후의 유기장업·위생처리업 및 위생용품제조업에 관하여는 관련 법률의 제정 또는 개정시까지 종전의 공중위생법을 적용한다.
제4조【이용사·미용사 면허에 관한 경과조치】 이 법 시행당시 종전의 공중위생법에 의한 이용사·미용사 면허는 이 법에 의한 면허로 본다.
제5조【영업자단체에 관한 경과조치】 이 법 시행당시 종전의 공중위생법에 의하여 설립된 영업자단체는 이 법에 의하여 설립된 공중위생영업자단체로 본다.
제6조【종전의 행위 등에 대한 경과조치】 ① 이 법 시행전의 공중위생법 위반행위에 대한 처분에 관하여는 종전의 공중위생법에 의한다.
② 이 법 시행당시 종전의 공중위생법에 의하여 행정기관이 행한 처분은 이 법에 의하여 행한 처분으로 본다.
③ 이 법 시행당시 종전의 공중위생법에 의하여 행한 청문은 이 법에 의하여 행한 청문으로 본다.
제7조【벌칙 등에 관한 경과조치】 이 법 시행전의 공중위생법 위반행위에 대한 벌칙 또는 과태료의 적용에 있어서는 종전의 공중위생법에 의한다.
제8조【다른 법률과의 관계】 이 법 시행당시 다른 법령에서 종전의 공중위생법을 인용하고 있는 경우 이 법중 그에 해당하는 규정이 있는 때에는 종전의 규정에 갈음하여 이 법 또는 이 법의 해당 규정을 인용한 것으로 본다.

부 칙 (2015.12.22)

제1조【시행일】 이 법은 공포 후 1년이 경과한 날부터 시행한다.
제2조【금치산자에 대한 경과조치】 제6조제2항제1호의 개정규정에 따른 피성년후견인에는 법률 제10429호 민법 일부개정법률 부칙 제2조에 따라 금치산 선고의 효력이 유지되는 사람을 포함하는 것으로 본다.
제3조【벌칙에 관한 경과조치】 이 법 시행 전의 행위에 대한 벌칙의 적용에 있어서는 종전의 규정에 따른다.

부 칙 (2016.2.3)

제1조【시행일】 이 법은 공포 후 6개월이 경과한 날부터 시행한다.
제2조【다른 법률의 폐지】 위생사에 관한 법률은 폐지한다.
제3조【과징금 부과처분 취소 및 재영업정지 처분에 관한 적용례】 제11조의2제3항의 개정규정은 이 법 시행 후 최초로 과징금 부과처분을 받은 공중위생영업자부터 적용한다.
제4조【위반사실 공표에 관한 적용례】 제11조의6의 개정규정은 이 법 시행 후 최초로 행정처분이 확정된 경우부터 적용한다.
제5조【위생사 국가시험 응시자격에 관한 특례】 이 법 시행일부터 5년까지의 기간 내에 종전의 「위생사에 관한 법률」 제3조제1항제2호 또는 제3호에 해당하는 자는 제6조의2제1항의 개정규정에도 불구하고 위생사 국가시험에 응시할 수 있다.
제6조【위생관리용역업에 관한 경과조치】 이 법 시행 당시 종전의 규정에 따라 위생관리용역업의 신고를 한 자는 제2조제1항제7호의 개정규정에 따른 건물위생관리업의 신고를 한 것으로 본다.
제7조【위생사에 대한 경과조치】 ① 이 법 시행 당시 종전의 「위생사에 관한 법률」에 따라 위생사 면허를 받은 사람은 이 법에 따라 면허를 받은 것으로 본다.
② 이 법 시행 당시 종전의 衛生士등에관한法律(법률 제5842호로 개정되기 전의 것을 말한다)에 따른 위생시험사로서 법률 제5842호 衛生士등에관한法律改正法律 부칙 제3항에 따라 교육과정을 이수한 사람은 이 법에 따른 위생사로 본다.
제8조【행정처분에 관한 경과조치】 이 법 시행 전의 위반행위에 대한 행정처분에 관하여는 종전의 규정에 따른다.
제9조【과태료에 관한 경과조치】 이 법 시행 전의 위반행위에 대한 과태료를 적용할 때에는 종전의 규정에 따른다.
제10조【다른 법률의 개정】 ①~② ※(해당 법령에 가제정리 하였음)
제11조【다른 법령과의 관계】 이 법 시행 당시 다른 법령에서 「위생사에 관한 법률」 또는 그 규정을 인용하고 있는 경우 이 법 중 그에 해당하는 규정이 있으면 「위생사에 관한 법률」 또는 종전의 규정을 갈음하여 이 법 또는 이 법의 해당 규정을 인용한 것으로 본다.

부　칙 (2018.12.11)

제1조【시행일】 이 법은 공포한 날부터 시행한다. 다만, 제5조, 제9조제2항부터 제6항까지, 제11조제1항제4호의2, 제11조의2제1항 및 제11조의4제1항의 개정규정은 공포 후 6개월이 경과한 날부터 시행하며, 제6조의2제1항제1호 및 제3호의 개정규정은 공포 후 1년이 경과한 날부터 시행한다.
제2조【위생사 국가시험의 응시자격에 관한 경과조치】 이 법 시행 당시 종전의 제6조의2제1항제1호 및 제3호에 따라 위생사 국가시험의 응시자격을 인정받은 사람은 이 법에 따른 응시자격이 있는 것으로 본다.

부　칙 (2019.1.15)

제1조【시행일】 이 법은 공포 후 3개월이 경과한 날부터 시행한다.
제2조【과징금 부과에 관한 경과조치】 이 법 시행 전의 위반행위에 대한 과징금 부과에 관해서는 종전의 규정에 따른다.

부　칙 (2019.12.3)

제1조【시행일】 이 법은 공포한 날부터 시행한다. 다만, 제2조제1항제5호, 같은 조 제2항 및 제6조제1항제3호의 개정규정은 공포 후 6개월이 경과한 날부터 시행한다.
제2조【이용사 및 미용사의 면허에 관한 적용례】 제6조제1항제3호의 개정규정은 이 법 시행 이전에 특성화고등학교 및 각종학교(고등학교 또는 고등기술학교에 준하는 경우만 해당한다)에서 1년 이상 이용 또는 미용에 관한 소정의 과정을 이수한 자에게도 적용한다.
제3조【위생사 국가시험에 관한 적용례】 제6조의2제6항의 개정규정은 이 법 시행 후 공고되는 위생사 국가시험부터 적용한다.

부　칙 (2020.3.24)

제1조【시행일】 이 법은 공포한 날부터 시행한다.(이하 생략)

부　칙 (2020.4.7)

이 법은 공포 후 3개월이 경과한 날부터 시행한다.

부　칙 (2021.12.21)

이 법은 공포 후 6개월이 경과한 날부터 시행한다.

부　칙 (2023.3.28)

제1조【시행일】 이 법은 공포 후 6개월이 경과한 날부터 시행한다.
제2조【상속인의 폐업신고에 관한 경과조치】 이용업 또는 미용업의 신고를 한 자의 사망으로 제6조에 따른 면허를 소지하지 아니한 자가 이 법 시행 전에 상속인이 된 경우에는 제3조제3항의 개정규정에도 불구하고 이 법 시행일부터 3개월 이내에 폐업신고를 할 수 있다.
제3조【다른 법률의 개정】 ※(해당 법령에 가제정리 하였음)

부　칙 (2023.6.13)

이 법은 공포 후 6개월이 경과한 날부터 시행한다.

부　칙 (2024.1.30)

제1조【시행일】 이 법은 공포 후 1년 6개월이 경과한 날부터 시행한다.(이하 생략)

부　칙 (2024.2.6)

제1조【시행일】 이 법은 공포 후 6개월이 경과한 날부터 시행한다.
제2조【공중위생영업소의 폐쇄등에 관한 적용례】 제11조제1항제8호의 개정규정은 이 법 시행 이후 「마약류 관리에 관한 법률」을 위반하여 관계 행정기관의 장으로부터 그 사실을 통보받은 경우부터 적용한다.

부　칙 (2024.10.22)

제1조【시행일】 이 법은 공포 후 6개월이 경과한 날부터 시행한다.
제2조【공중위생영업자에 대한 행정처분 면제에 관한 적용례】 제11조제2항의 개정규정은 이 법 시행 이후 공중위생영업자가 이 법 또는 「청소년 보호법」을 위반한 경우부터 적용한다.
제3조【다른 법률의 개정】 ※(해당 법령에 가제정리 하였음)

약사법

(2007년 4월 11일
전부개정법률 제8365호)

개정
2007. 7.27법 8558호 <중략>
2015. 1.28법13114호 2015. 3.13법13219호
2015. 5.18법13320호
2015. 5.18법13331호(마약)
2015. 6.22법13367호(한국보건의료인국가시험원법)
2015. 7.24법13425호(의무경찰대설치및운영에관한법)
2015.12.22법13598호 2015.12.29법13655호
2016. 5.29법14170호(경비교도대폐지에따른보상등에관한법)
2016.12. 2법14328호 2017. 2. 8법14560호
2017. 7.26법14839호(정부조직)
2017.10.24법14926호
2018. 3.27법15534호(감염병)
2018. 6.12법15709호 2018.12.11법15891호
2019. 1.15법16250호
2019. 8.27법16556호(첨단재생의료및첨단바이오의약품안전및지원에관한법)
2020. 3.24법17091호(지방행정제재·부과금의징수등에관한법)
2020. 4. 7법17208호
2020. 8.11법17472호(정부조직)
2020.12.29법17799호(독점)
2021. 1. 5법17883호(5·18민주유공자예우및단체설립에관한법)
2021. 3. 9법17922호(공중보건위기대응의료제품의개발촉진및긴급공급을위한특별법)
2021. 7.20법18307호 2022. 6.10법18970호
2023. 4.18법19359호 2023. 7.11법19528호
2023. 8.16법19652호 2024. 1. 2법19897호
2024. 1.23법20102호
2024. 1.23법20139호(디지털의료제품법)
2024. 2.20법20328호
2024.10.22법20513호(집행유예선고에관한결격사유명확화를위한일부개정법령등)
2024.12.20법20592호→2024년 12월 20일 시행하는 부분은 가제 수록 하였고 2026년 6월 21일 시행하는 부분은 추후 수록

제1장 총 칙

제1조 【목적】 이 법은 약사(藥事)에 관한 일들이 원활하게 이루어질 수 있도록 필요한 사항을 규정하여 국민보건 향상에 기여하는 것을 목적으로 한다.

제2조 【정의】 이 법에서 사용하는 용어의 뜻은 다음과 같다.

1. "약사(藥事)"란 의약품·의약외품의 제조·조제·감정(鑑定)·보관·수입·판매〔수여(授與)를 포함한다. 이하 같다〕와 그 밖의 약학 기술에 관련된 사항을 말한다.
2. "약사(藥師)"란 한약에 관한 사항 외의 약사(藥事)에 관한 업무(한약제제에 관한 사항을 포함한다)를 담당하는 자로서, "한약사"란 한약과 한약제제에 관한 약사(藥事) 업무를 담당하는 자로서 각각 보건복지부장관의 면허를 받은 자를 말한다.(2010.1.18 본호개정)
3. "약국"이란 약사나 한약사가 수여할 목적으로 의약품 조제 업무〔약국제제(藥局製劑)를 포함한다〕를 하는 장소(그 개설자가 의약품 판매업을 겸하는 경우에는 그 판매업에 필요한 장소를 포함한다)를 말한다. 다만, 의료기관의 조제실은 예외로 한다.
4. "의약품"이란 다음 각 목의 어느 하나에 해당하는 물품을 말한다.
   가. 대한민국약전(大韓民國藥典)에 실린 물품 중 의약외품이 아닌 것(2011.6.7 본목개정)
   나. 사람이나 동물의 질병을 진단·치료·경감·처치 또는 예방할 목적으로 사용하는 물품 중 기구·기계 또는 장치가 아닌 것
   다. 사람이나 동물의 구조와 기능에 약리학적(藥理學的) 영향을 줄 목적으로 사용하는 물품 중 기구·기계 또는 장치가 아닌 것
5. "한약"이란 동물·식물 또는 광물에서 채취된 것으로 주로 원형대로 건조·절단 또는 정제된 생약(生藥)을 말한다.
6. "한약제제(韓藥製劑)"란 한약을 한방원리에 따라 배합하여 제조한 의약품을 말한다.
7. "의약외품(醫藥外品)"이란 다음 각 목의 어느 하나에 해당하는 물품(제4호나목 또는 다목에 따른 목적으로 사용되는 물품은 제외한다)으로서 식품의약품안전처장이 지정하는 것을 말한다.(2013.3.23 본문개정)
   가. 사람이나 동물의 질병을 치료·경감(輕減)·처치 또는 예방할 목적으로 사용되는 섬유·고무제품 또는 이와 유사한 것
   나. 인체에 대한 작용이 약하거나 인체에 직접 작용하지 아니하며, 기구 또는 기계가 아닌 것과 이와 유사한 것
   다. 감염병 예방을 위하여 살균·살충 및 이와 유사한 용도로 사용되는 제제(2009.12.29 본목개정)
8. "신약"이란 화학구조나 본질 조성이 전혀 새로운 신물질의약품 또는 신물질을 유효성분으로 함유한 복합제제 의약품으로서 식품의약품안전처장이 지정하는 의약품을 말한다.(2013.3.23 본호개정)
9. "일반의약품"이란 다음 각 목의 어느 하나에 해당하는 것으로서 보건복지부장관과 협의하여 식품의약품안전처장이 정하여 고시하는 기준에 해당하는 의약품을 말한다.(2013.3.23 본문개정)
   가. 오용·남용될 우려가 적고, 의사나 치과의사의 처방 없이 사용하더라도 안전성 및 유효성을 기대할 수 있는 의약품
   나. 질병 치료를 위하여 의사나 치과의사의 전문지식이 없어도 사용할 수 있는 의약품
   다. 의약품의 제형(劑型)과 약리작용상 인체에 미치는 부작용이 비교적 적은 의약품
10. "전문의약품"이란 일반의약품이 아닌 의약품을 말한다.
11. "조제"란 일정한 처방에 따라서 두 가지 이상의 의약품을 배합하거나 한 가지 의약품을 그대로 일정한 분량으로 나누어서 특정한 용법에 따라 특정인의 특정된 질병을 치료하거나 예방하는 등의 목적으로 사용하도록 약제를 만드는 것을 말한다.
12. "복약지도(服藥指導)"란 다음 각 목의 어느 하나에 해당하는 것을 말한다.
   가. 의약품의 명칭, 용법·용량, 효능·효과, 저장 방법, 부작용, 상호 작용이나 성상(性狀) 등의 정보를 제공하는 것(2014.3.18 본목개정)

나. 일반의약품을 판매할 때 진단적 판단을 하지 아니하고 구매자가 필요한 의약품을 선택할 수 있도록 도와주는 것
13. "안전용기·포장"이란 5세 미만 어린이가 열기 어렵게 설계·고안된 용기나 포장을 말한다.
14. "위탁제조판매업"이란 제조시설을 갖추지 아니하고 식품의약품안전처장으로부터 제조판매품목허가를 받은 의약품을 의약품제조업자에게 위탁하여 제조판매하는 영업을 말한다.(2013.3.23 본호개정)
15. "임상시험"이란 의약품 등의 안전성과 유효성을 증명하기 위하여 사람을 대상으로 해당 약물의 약동(藥動)·약력(藥力)·약리·임상적 효과를 확인하고 이상반응을 조사하는 시험(생물학적 동등성시험을 포함한다)을 말한다. 다만, 「첨단재생의료 및 첨단바이오의약품 안전 및 지원에 관한 법률」 제2조제3호에 따른 첨단재생의료 임상연구는 제외한다.(2019.8.27 단서신설)
16. "비임상시험"이란 사람의 건강에 영향을 미치는 시험물질의 성질이나 안전성에 관한 각종 자료를 얻기 위하여 실험실과 같은 조건에서 동물·식물·미생물과 물리적·화학적 매체 또는 이들의 구성 성분으로 이루어진 것을 사용하여 실시하는 시험을 말한다.(2011.6.7 본호신설)
17. "생물학적 동등성시험"이란 임상시험 중 생물학적 동등성을 입증하기 위한 생체시험으로서 동일 주성분을 함유한 두 제제의 생체이용률이 통계학적으로 동등하다는 것을 보여주는 시험을 말한다.(2017.10.24 본호개정)
18. "희귀의약품"이란 제4호에 따른 의약품 중 다음 각 목의 어느 하나에 해당하는 의약품으로서 식품의약품안전처장의 지정을 받은 의약품을 말한다.
가. 「희귀질환관리법」 제2조제1호에 따른 희귀질환을 진단하거나 치료하기 위한 목적으로 사용되는 의약품
나. 적용 대상이 드문 의약품으로서 대체 가능한 의약품이 없거나 대체 가능한 의약품보다 현저히 안전성 또는 유효성이 개선된 의약품
19. "국가필수의약품"이란 질병 관리, 방사능 방재 등 보건의료상 필수적이나 시장 기능만으로는 안정적 공급이 어려운 의약품으로서 보건복지부장관과 식품의약품안전처장이 관계 중앙행정기관의 장과 협의하여 지정하는 의약품을 말한다.
(2016.12.2 18호~19호신설)

제2조의2 【약의 날】 ① 국민의 생명, 신체 및 건강상의 안전을 확보하는 의약품의 중요성을 널리 알리고 적절한 정보 제공을 통하여 의약품의 오남용을 방지하기 위하여 매년 11월 18일을 약의 날로 한다.
② 국가와 지방자치단체는 약의 날 취지에 적합한 행사와 교육·홍보 등 관련 사업을 실시하거나 관련 단체 등의 활동을 지원할 수 있다.
③ 제2항에 따른 약의 날 행사 및 교육·홍보 등 관련 사업 등에 관하여 필요한 사항은 대통령령으로 정한다.
(2021.7.20 본조신설)

제2장 약사 및 한약사

제1절 자격과 면허

제3조 【약사 자격과 면허】 ① 약사(藥師)가 되려는 자는 보건복지부령으로 정하는 바에 따라 보건복지부장관의 면허를 받아야 한다.(2010.1.18 본항개정)
② 제1항에 따른 약사면허는 다음 각 호의 어느 하나에 해당하는 자에게 준다.
1. 「고등교육법」 제11조의2에 따른 인정기관의 인증을 받은 약학을 전공하는 대학을 졸업하고 약학사 학위를 받은 자로서 약사국가시험에 합격한 자(2020.4.7 본호개정)
2. 외국의 약학을 전공하는 대학(보건복지부장관이 정하여 고시하는 인정기준에 해당하는 대학을 말한다)을 졸업하고 외국의 약사면허를 받은 자로서 약사예비시험과 약사국가시험에 합격한 자(2019.1.15 본호개정)
③ 약사면허를 받지 아니한 자는 약사라는 명칭을 사용할 수 없다.
④ 제2항에도 불구하고 입학 당시 「고등교육법」 제11조의2에 따른 인정기관의 인증을 받은 약학을 전공하는 대학에 입학한 사람으로서 그 대학을 졸업하고 해당 학위를 받은 사람은 제2항제1호에 따른 약학사 학위를 받은 사람으로 본다.(2020.4.7 본항신설)

제4조 【한약사 자격과 면허】 ① 한약사가 되려는 자는 보건복지부령으로 정하는 바에 따라 보건복지부장관의 면허를 받아야 한다.(2010.1.18 본항개정)
② 제1항에 따른 한약사면허는 대학에서 한약학과를 졸업하고 한약학사 학위를 받은 자로서 한약사국가시험에 합격한 자에게 준다.
③ 한약사면허를 받지 아니한 자는 한약사라는 명칭을 사용할 수 없다.

제5조 【결격 사유】 다음 각 호의 어느 하나에 해당하는 자는 약사면허 또는 한약사면허를 받을 수 없다.
1. 「정신건강증진 및 정신질환자 복지서비스 지원에 관한 법률」 제3조제1호에 따른 정신질환자. 다만, 전문의가 약사(藥事)에 관한 업무를 담당하는 것이 적합하다고 인정하는 사람은 그러하지 아니하다.(2018.12.11 본문개정)
2. 피성년후견인·피한정후견인(2014.3.18 본호개정)
3. 마약·대마·향정신성의약품 중독자(2012.2.1 본호개정)
4. 이 법이나 「마약류 관리에 관한 법률」·「보건범죄 단속에 관한 특별조치법」·「의료법」·「형법」 제347조(거짓으로 약제비를 청구하여 환자나 약제비를 지급하는 기관 또는 단체를 속인 경우만 해당한다. 이하 같다), 그 밖에 약사(藥事)에 관한 법령을 위반한 죄를 범하여 금고 이상의 실형을 선고받고 그 집행이 끝나거나(집행이 끝난 것으로 보는 경우를 포함한다) 집행이 면제되지 아니한 사람(2024.10.22 본호개정)
4의2. 제4호의 죄를 범하여 금고 이상의 형의 집행유예를 선고받고 그 유예기간 중에 있는 사람(2024.10.22 본호신설)
5. 「형법」 제347조의 죄를 범하여 면허취소 처분을 받고 3년이 지나지 아니하였거나 약사(藥事)에 관한 법령을 위반하여 면허취소의 처분을 받고 2년이 지나지 아니한 자

제6조 【면허증 교부와 등록】 ① 보건복지부장관은 약사면허 또는 한약사면허를 줄 때에는 각각 등록대장에 면허에 관한 사항을 등록하고 면허증을 내주어야 한다.(2010.1.18 본항개정)
② 제1항의 면허증을 분실 또는 훼손하였거나 기재 사항이 변경된 경우에는 면허증을 다시 교부받을 수 있다.
③ 약사 및 한약사는 제3조 및 제4조에 따라 받은 면허를 다른 사람에게 대여하여서는 아니 된다.(2020.4.7 본항개정)
④ 누구든지 제3조 및 제4조에 따라 받은 면허를 대여받아서는 아니 되며 면허 대여를 알선하여서도 아니 된다.(2020.4.7 본항신설)
⑤ 약사면허 또는 한약사면허의 등록과 면허증 교부에 필요한 사항은 보건복지부령으로 정한다.(2010.1.18 본항개정)

제7조 【약사·한약사 신고】 ① 약사 또는 한약사는 보건복지부령으로 정하는 바에 따라 최초로 면허를 받은 후부터 3년마다 취업상황 등 그 실태를 보건복지부장관에게 신고하여야 한다.(2020.4.7 본항개정)
② 보건복지부장관은 제15조제1항에 따라 연수교육을 명한 경우에는 해당 연수교육을 이수하지 아니한 약사 또는 한약사에 대하여 제1항에 따른 신고를 반려할 수 있다.(2020.4.7 본항신설)
③ 보건복지부장관은 제1항에 따른 신고 수리 업무를 대통령령으로 정하는 바에 따라 관련 단체 등에 위탁할 수 있다.
(2020.4.7 본항신설)

제8조 【약사·한약사 국가시험 등】 ① 약사·한약사국가시험 및 약사예비시험(이하 "국가시험등"이라 한다)은 매년 1회 이상 보건복지부장관이 시행한다.(2017.2.8 본항개정)
② 보건복지부장관은 제1항에 따른 국가시험등의 관리를 대통령령으로 정하는 바에 따라 「한국보건의료인국가시험원법」에 따른 한국보건의료인국가시험원으로 하여금 수행하게 할 수 있다.(2017.2.8 본항개정)
③ 보건복지부장관은 제2항에 따라 국가시험의 관리를 하는 한국보건의료인국가시험원에 경비를 보조할 수 있다.
(2015.6.22 본항개정)

④ 국가시험등에 관한 사항은 대통령령으로 정한다.(2017.2.8 본항개정)
(2017.2.8 본조제목개정)
제9조【응시자격 제한】 제5조제1호부터 제3호까지의 규정에 해당하는 자는 국가시험등에 응시할 수 없다.(2017.2.8 본조개정)
제10조【수험자의 부정행위】 ① 국가시험등에서 부정행위를 한 자에 대하여는 그 시험을 정지시키며, 합격 후에 부정행위가 발견된 자에 대하여는 합격을 무효로 한다.
② 보건복지부장관은 제1항에 해당하는 자에게 2년간 국가시험등에 응시하지 못하게 할 수 있다.
(2017.2.8 본조개정)

제2절 약사회 및 한약사회

제11조【약사회】 ① 약사(藥師)는 약사(藥事)에 관한 연구와 약사윤리(藥師倫理) 확립, 약사의 권익 증진 및 자질 향상을 위하여 대통령령으로 정하는 바에 따라 대한약사회(이하 "약사회"라 한다)를 설립하여야 한다.
② 약사회는 법인으로 한다.
③ 약사회가 설립되면 약사는 당연히 그 회원이 된다.
④ 약사회에 대하여는 이 법에서 규정한 것 외에 「민법」 중 사단법인에 관한 규정을 준용한다.
⑤ 약사회는 제79조의2에 따른 면허취소 및 자격정지 처분 요구에 대한 심의·의결을 위하여 윤리위원회를 둔다.
(2017.10.24 본항개정)
⑥ 윤리위원회의 구성, 운영 등에 관한 사항은 대통령령으로 정한다.(2011.6.7 본항신설)
제12조【한약사회】 ① 한약사는 한약 및 한약제제에 관련된 약사(藥事)에 관한 연구와 한약사윤리 확립, 한약사의 권익 증진 및 자질 향상을 위하여 대통령령으로 정하는 바에 따라 대한한약사회(이하 "한약사회"라 한다)를 설립하여야 한다.
② 한약사회는 법인으로 한다.
③ 한약사회가 설립되면 한약사는 당연히 그 회원이 된다.
④ 한약사회에 대하여는 이 법에서 규정한 것 외에 「민법」 중 사단법인에 관한 규정을 준용한다.
⑤ 한약사회는 제79조의2에 따른 면허취소 및 자격정지 처분 요구에 대한 심의·의결을 위하여 윤리위원회를 둔다.
(2017.10.24 본항개정)
⑥ 윤리위원회의 구성, 운영 등에 관한 사항은 대통령령으로 정한다.(2011.6.7 본항신설)
제13조【인가 등】 ① 약사회 또는 한약사회를 설립하려면 대통령령으로 정하는 바에 따라 정관이나 그 밖에 필요한 서류를 보건복지부장관에게 제출하고 보건복지부장관의 인가를 받아야 한다.(2010.1.18 본항개정)
② 약사회 또는 한약사회가 정관에 적어야 할 사항은 대통령령으로 정한다.
③ 약사회 또는 한약사회가 정관을 변경하려면 보건복지부장관의 인가를 받아야 한다.(2010.1.18 본항개정)
제14조【약사회 및 한약사회의 지부 등】 ① 약사회 및 한약사회는 대통령령으로 정하는 바에 따라 특별시·광역시·특별자치시·도·특별자치도(이하 "시·도"라 한다)에 지부를 설치하여야 하며, 특별시·광역시의 구와 시(특별자치도의 경우에는 행정시를 말한다. 이하 같다)·군에 분회를 설치할 수 있다.
② 약사회 또는 한약사회가 그 지부 또는 분회를 설치하면 지체 없이 특별시장·광역시장·특별자치시장·도지사·특별자치도지사(이하 "시·도지사"라 한다)에게 신고하여야 한다.
(2015.1.28 본조개정)
제15조【연수교육】 ① 보건복지부장관은 약사 및 한약사의 자질 향상을 위하여 필요한 연수교육을 명할 수 있다.
② 제1항의 연수교육에 필요한 사항은 보건복지부령으로 정한다.
(2010.1.18 본조개정)
제16조【협조의무와 위탁】 ① 약사회 또는 한약사회는 보건복지부장관으로부터 국민보건 향상에 필요한 사업이나, 약사(藥事) 및 약사 윤리 또는 한약사 윤리에 대한 협조 요청을 받으면 이에 협조하여야 한다.
② 보건복지부장관은 대통령령으로 정하는 바에 따라 약사(藥事) 및 약사 윤리 또는 한약사 윤리에 관한 업무의 일부를 약사회 또는 한약사회에 위탁할 수 있다.(2010.1.18 본조개정)
제17조【경비 보조】 보건복지부장관은 약사회 또는 한약사회의 사업이 국민보건 향상에 필요하다고 인정할 때나 약사회 또는 한약사회에 대하여 약사(藥事) 또는 한약사(韓藥事)에 관한 교육·조사·연구를 명령하거나 위탁한 경우에는 필요한 경비의 전부 또는 일부를 보조할 수 있다.(2010.1.18 본조개정)

제3장 약사(藥事)심의위원회

제18조【중앙약사심의위원회】 ① 보건복지부장관과 식품의약품안전처장의 자문에 응하게 하기 위하여 식품의약품안전처에 중앙약사심의위원회(이하 이 조에서 "위원회"라 한다)를 둔다.
② 위원회는 위원장 2명과 부위원장 2명을 포함한 300명 이내의 위원으로 구성한다. 이 경우 공무원이 아닌 위원이 전체 위원의 과반수가 되도록 하여야 한다.(2021.7.20 전단개정)
③ 위원장은 식품의약품안전처차장과 식품의약품안전처장이 지명하는 민간위원이 공동으로 하고, 부위원장은 보건복지부 및 식품의약품안전처의 고위공무원단에 속하는 공무원 각 1명으로 한다.(2021.7.20 본항개정)
④ 위원은 약사 관계 공무원, 약사 관련 단체의 장이 추천하는 사람 또는 약사에 관한 학식과 경험이 풍부한 사람 중에서 식품의약품안전처장이 임명하거나 위촉하며, 보건복지부장관은 위원을 추천할 수 있다.(2019.1.15 본항신설)
⑤ 위원의 임기는 2년으로 한다. 다만, 공무원인 위원의 임기는 해당 직(職)에 재직하는 기간으로 한다.(2019.1.15 본항신설)
⑥ 위원회의 업무를 효율적으로 수행하기 위하여 분야별로 분과위원회를 둘 수 있다.(2021.7.20 본항신설)
⑦ 위원회와 분과위원회의 위원장은 심의와 관련하여 필요한 경우 약사(藥事)에 관한 전문적인 지식과 경험이 있는 관계 전문가를 참석하게 하여 의견을 들을 수 있다.(2021.7.20 본항신설)
⑧ 그 밖에 위원회 및 분과위원회의 구성과 운영 등에 필요한 사항은 대통령령으로 정한다.(2021.7.20 본항개정)
(2019.1.15 본조개정)
제19조 (2011.3.30 삭제)

제4장 약국과 조제

제1절 약 국

제20조【약국 개설등록】 ① 약사 또는 한약사가 아니면 약국을 개설할 수 없다.
<2002.9.19 헌법재판소 헌법불합치결정으로 이 항은 입법자가 개정할 때까지 계속 적용>
② 약국을 개설하려는 자는 보건복지부령으로 정하는 바에 따라 시장·군수·구청장(자치구의 구청장을 말한다. 이하 같다)에게 개설등록을 하여야 한다. 등록된 사항을 변경할 때에도 또한 같다.(2010.1.18 전단개정)
③ 제2항에 따른 등록을 하려는 자는 대통령령으로 정하는 시설 기준에 따라 필요한 시설을 갖추어야 한다.
④ 시·도지사는 대통령령으로 정하는 기준에 따라 시·도의 규칙으로 약국의 개설등록 기준을 정할 수 있다.
⑤ 다음 각 호의 어느 하나에 해당하는 경우에는 개설등록을 받지 아니한다.
1. 제76조에 따라 개설등록이 취소된 날부터 6개월이 지나지 아니한 자인 경우
2. 약국을 개설하려는 장소가 의료기관의 시설 안 또는 구내인 경우
3. 의료기관의 시설 또는 부지의 일부를 분할·변경 또는 개수(改修)하여 약국을 개설하는 경우

4. 의료기관과 약국 사이에 전용(專用) 복도 · 계단 · 승강기 또는 구름다리 등의 통로가 설치되어 있거나 이를 설치하는 경우
⑥ 제2항에 따라 개설등록한 약국이 아니면 약국의 명칭이나 이와 비슷한 명칭을 사용하지 못한다.(2014.3.18 본항신설)

판례 약사 또는 한약사로 구성된 법인의 약국 개설 : 법인의 설립은 그 자체가 간접적인 직업선택의 한 방법으로서 직업수행의 자유의 본질적 부분의 하나이다. 따라서 본래 약국개설권이 있는 약사들만으로 구성된 법인에게 정당한 이유 없이 약국개설을 금지하는 것은 과도한 제한이라고 할 수 있다. 이는 법인을 구성하여 약국을 개설 · 운영하려고 하는 약사들 및 이들로 구성된 법인의 직업선택(직업수행)의 자유, 약국경영을 위한 법인을 설립하고 운영하는 것에 관한 결사의 자유를 침해하는 것이다. 또한 변호사, 공인회계사 등 여타 전문직과 의약품제조업자 등 약사법의 규율을 받는 다른 직종들에 대하여는 법인을 구성하여 업무를 수행할 수 있도록 하면서, 약사에게만 합리적 이유 없이 이를 금지한다면 이는 헌법상의 평등권을 침해하는 것이다. 다만 법적 혼란을 초래할 우려가 있으므로 입법자가 이 사건 법률조항을 대체할 합헌적 법률을 입법할 때까지는 위헌적인 법규정을 존속케 하고 또한 잠정적으로 적용하게 할 필요가 있어 헌법불합치결정을 선고한다.
(헌재결 2002.9.19, 2000헌바84(헌법불합치))

판례 약사 또는 한약사가 아닌 자연인의 약국 개설 금지 : 일정한 교육과 시험을 거쳐 자격을 갖춘 약사에게만 약국을 개설할 수 있도록 하는 규정은 의약품 오 · 남용 및 국민 건강상의 위험을 예방하는 한편 건전한 의약품 유통체계 및 판매질서를 확립함으로써 궁극적으로는 국민보건 향상에 기여하는 데 적합한 수단이다. 비약사의 약국 개설을 허용하되 관리약사를 반드시 두도록 하고 의약품의 조제 · 판매는 해당 관리약사만이 할 수 있도록 하는 등의 대안만으로는 약사법과 같은 정도로 입법목적을 달성할 수 없다. 따라서 약사 또는 한약사가 아닌 자연인이 약국을 개설하는 것을 금지하는 조항은 헌법에 위반되지 아니한다.(헌재결 2020.10.29, 2019헌바249)

판례 약국개설등록을 받지 않는 경우의 하나로 '의료기관의 시설 또는 부지의 일부를 분할하여 약국을 개설하는 경우'를 들고 있고, 그 입법 취지는 의료기관과 약국 사이의 장소적 관련성이 긴밀하면 의료기관과 약국이 담합할 가능성이 현저히 높은 반면, 일반적인 행정감독으로는 양자 사이의 구체적인 담합행위를 적발해내기가 매우 어려운 점을 감안하여, 의료기관과 약국 사이에 일정한 장소적 관련성이 있는 경우 그곳에 약국을 개설하지 못하도록 함으로써 의약분업의 시행에 따라 의료기관과 약국의 담합행위를 근원적으로 방지하는 데에 있다.(대판 2009.6.11, 2009두4265)

제20조의2 【실태조사】 ① 보건복지부장관은 제6조제3항 · 제4항, 제20조제1항 및 제21조제1항을 위반하여 약국을 개설할 수 없는 자가 개설 · 운영하는 약국의 실태를 파악하기 위하여 보건복지부령으로 정하는 바에 따라 조사(이하 이 조에서 "실태조사"라 한다)를 실시하고, 법원의 판결로써 위법이 확정된 경우 그 결과를 공표하여야 한다. 이 경우 실태조사 없이 수사기관의 수사를 거쳐 법원의 판결로써 위법이 확정된 경우도 공표 대상에 포함한다.
② 보건복지부장관은 실태조사를 위하여 관계 중앙행정기관의 장, 지방자치단체의 장, 관련 기관 · 법인 또는 단체 등에 협조를 요청할 수 있다. 이 경우 요청을 받은 자는 특별한 사정이 없으면 이에 협조하여야 하며, 협조를 요청할 수 있는 관련 기관 · 법인 또는 단체 등의 범위는 대통령령으로 정한다.
③ 보건복지부장관은 제1항에 따른 실태조사에 관한 업무의 일부를 대통령령으로 정하는 바에 따라 관계 전문기관 또는 단체에 위탁할 수 있다.
④ 실태조사의 시기 · 방법, 결과 공표의 방법 등에 관하여 필요한 사항은 보건복지부령으로 정한다.
(2023.7.11 본조신설)

제21조 【약국의 관리의무】 ① 약사 또는 한약사는 하나의 약국만을 개설할 수 있다.
② 약국개설자는 자신이 그 약국을 관리하여야 한다. 다만, 약국개설자 자신이 그 약국을 관리할 수 없는 경우에는 대신할 약사 또는 한약사를 지정하여 약국을 관리하게 하여야 한다.
③ 약국을 관리하는 약사 또는 한약사는 약국 관리에 필요한 다음 각 호의 사항을 지켜야 한다.
1. 약국의 시설과 의약품을 보건위생상 위해(危害)가 없고 의약품의 효능이 떨어지지 아니하도록 관리할 것
2. 보건위생과 관련된 사고가 없도록 종업원을 철저히 감독할 것
3. 보건위생에 위해를 끼칠 염려가 있는 물건을 약국에 두지 아니할 것
4. 의약품 등의 사용과 관련하여 부작용 등이 발생한 경우에는 필요한 안전대책을 강구할 것(2011.6.7 본호개정)
5. 약사, 한약사가 의약품을 조제 또는 판매하는 경우에는 보건복지부령으로 정하는 바에 따라 환자가 그 신분을 알 수 있도록 명찰을 달 것(제23조제1항 단서 또는 제44조제1항 단서에 따라 조제 또는 판매행위를 하는 대학의 학생이 보건복지부령으로 정하는 바에 따라 환자가 그 신분을 알 수 있도록 명찰을 달도록 지시 · 감독할 것을 포함한다)(2015.12.29 본호신설)
6. 그 밖에 제1호부터 제5호까지의 규정에 준하는 사항으로서 약국의 시설과 의약품을 보건상 위해가 없도록 관리하기 위하여 필요하다고 인정하여 식품의약품안전처장과 협의하여 보건복지부령으로 정하는 사항(2015.12.29 본호개정)

제21조의2 【약국개설자의 지위 승계】 ① 약국개설자가 영업을 양도한 경우에 그 양수인이 종전의 약국개설자의 지위를 승계하려는 경우에는 그 양도일부터 1개월 이내에 보건복지부령으로 정하는 바에 따라 그 사실을 시장 · 군수 · 구청장에게 신고하여야 한다.
② 시장 · 군수 · 구청장은 제1항에 따른 신고를 받은 경우에는 그 내용을 검토하여 이 법에 적합하면 신고를 수리하여야 한다. 이 경우 시장 · 군수 · 구청장은 양수인이 약사 또는 한약사가 아니거나 제5조 각 호의 어느 하나에 해당하는 경우에는 신고를 수리하여서는 아니 된다.
③ 제1항에 따른 신고가 수리된 경우에는 양수인은 그 양수일부터 종전 약국개설자의 지위를 승계한다.
(2019.1.15 본조신설)

제21조의3 【공공심야약국의 지정 · 운영 등】 ① 시 · 도지사 또는 시장 · 군수 · 구청장은 보건복지부령으로 정하는 심야시간대 및 공휴일에 의약품 또는 의약외품을 판매하는 약국(이하 "공공심야약국"이라 한다)을 지정할 수 있다.
② 공공심야약국으로 지정받으려는 약국개설자는 시 · 도지사 또는 시장 · 군수 · 구청장에게 신청하여야 한다.
③ 공공심야약국을 관리하는 약사 또는 한약사는 보건복지부령으로 정하는 심야시간대 및 공휴일의 운영시간을 준수하여야 한다.
④ 보건복지부장관, 시 · 도지사 또는 시장 · 군수 · 구청장은 예산의 범위에서 공공심야약국의 운영에 필요한 비용의 전부 또는 일부를 지원할 수 있다.
⑤ 시 · 도지사 또는 시장 · 군수 · 구청장은 공공심야약국이 다음 각 호의 어느 하나에 해당하는 경우 그 지정을 취소할 수 있다. 다만, 제1호에 해당하는 경우에는 지정을 취소하여야 한다.
1. 거짓이나 그 밖의 부정한 방법으로 지정을 받은 경우
2. 보건복지부장관, 시 · 도지사 또는 시장 · 군수 · 구청장이 지원한 예산을 부당하게 집행하거나 목적과 다르게 사용한 경우
3. 제8항에 따른 지정 기준에 미달하게 된 경우
4. 제69조의4제1호의2에 따른 시정명령을 이행하지 아니한 경우
5. 그 밖에 보건복지부령으로 정하는 사유에 해당하는 경우
⑥ 보건복지부장관, 시 · 도지사 또는 시장 · 군수 · 구청장은 제5항에 따라 지정이 취소된 경우 해당 공공심야약국에 지급한 지원금의 전부 또는 일부를 환수할 수 있다.
⑦ 제5항에 따라 지정이 취소된 자는 지정이 취소된 날부터 1년 이내에 다시 공공심야약국으로 지정받을 수 없다.
⑧ 제1항에 따른 공공심야약국 지정의 기준 · 방법 및 절차, 제2항에 따른 신청 및 제5항에 따른 지정 취소의 방법 · 절차 등에 관하여 필요한 사항은 보건복지부령으로 정한다.
(2023.4.18 본조신설)

제22조 【폐업 등의 신고】 약국개설자는 약국을 폐업 또는 휴업하거나 휴업하였던 약국을 다시 연 경우에는 폐업 · 휴업 또는 다시 연 날부터 7일 이내에 보건복지부령으로 정하는 바에 따라 이를 관할 시장 · 군수 · 구청장에게 신고하여야 한다. 다만, 휴업기간이 1개월 미만인 경우에는 그러하지 아니하다.
(2010.1.18 본문개정)

제22조의2【약국·약사 등의 보호】 ① 누구든지 약국(약국 외에서 조제 업무가 이루어지는 경우 그 장소를 포함한다. 이하 이 조에서 같다)에서 약국의 시설, 기재, 의약품, 그 밖의 기물 등을 파괴·손상하거나 점거하여 약사 또는 한약사의 업무를 방해하여서는 아니 되며, 이를 교사하여서는 아니 된다.
② 누구든지 약국에서 조제 또는 복약지도 업무를 수행하는 약사·한약사 또는 약국 이용자를 폭행·협박하여서는 아니 된다.
(2024.2.20 본조신설)

제2절 조 제

제23조【의약품 조제】 ① 약사 및 한약사가 아니면 의약품을 조제할 수 없으며, 약사 및 한약사는 각각 면허 범위에서 의약품을 조제하여야 한다. 다만, 약학을 전공하는 대학의 학생은 보건복지부령으로 정하는 범위에서 의약품을 조제할 수 있다.(2010.1.18 단서개정)
② 약사 또는 한약사가 의약품을 조제할 때에는 약국 또는 의료기관의 조제실(제92조제1항제2호 후단에 따라 한국희귀·필수의약품센터에 설치된 조제실을 포함한다)에서 하여야 한다. 다만, 시장·군수·구청장의 승인을 받은 경우에는 예외로 한다.(2016.12.2 본문개정)
③ 의사 또는 치과의사는 전문의약품과 일반의약품을 처방할 수 있고, 약사는 의사 또는 치과의사의 처방전에 따라 전문의약품과 일반의약품을 조제하여야 한다. 다만, 다음 각 호의 어느 하나에 해당하면 의사 또는 치과의사의 처방전 없이 조제할 수 있다.
1. 의료기관이 없는 지역에서 조제하는 경우
2. 재해가 발생하여 사실상 의료기관이 없게 되어 재해 구호를 위하여 조제하는 경우
3. 감염병이 집단으로 발생하거나 발생할 우려가 있다고 보건복지부장관 또는 질병관리청장이 인정하여 경구용(經口用) 감염병 예방접종약을 판매하는 경우(2020.8.11 본호개정)
4. 사회봉사 활동을 위하여 조제하는 경우
④ 제1항에도 불구하고 의사 또는 치과의사는 다음 각 호의 어느 하나에 해당하는 경우에는 자신이 직접 조제할 수 있다.
1. 약국이 없는 지역에서 조제하는 경우
2. 재해가 발생하여 사실상 약국이 없게 되어 재해 구호를 위하여 조제하는 경우
3. 응급환자 및 조현병(調絃病) 또는 조울증 등으로 자신 또는 타인을 해칠 우려가 있는 정신질환자에 대하여 조제하는 경우(2012.2.1 본호개정)
4. 입원환자, 「감염병의 예방 및 관리에 관한 법률」 제2조제13호에 따른 감염병환자 중 콜레라·장티푸스·파라티푸스·세균성이질·장출혈성대장균감염증·A형간염환자 및 「사회복지사업법」에 따른 사회복지시설에 입소한 자에 대하여 조제하는 경우(사회복지시설에서 숙식을 하지 아니하는 자인 경우에는 해당 시설을 이용하는 동안에 조제하는 경우만 해당한다)(2018.3.27 본호개정)
5. 주사제를 주사하는 경우
6. 감염병 예방접종약·진단용 의약품 등 보건복지부령으로 정하는 의약품을 투여하는 경우(2010.1.18 본호개정)
7. 「지역보건법」에 따른 보건소 및 보건지소의 의사·치과의사가 그 업무(보건소와 보건복지부장관이 지정하는 보건지소의 지역 주민에 대한 외래 진료 업무는 제외한다)로서 환자에 대하여 조제하는 경우(2010.1.18 본호개정)
8. 국가유공자 등 예우 및 지원에 관한 법령에 따른 상이등급 1급부터 3급까지에 해당하는 자, 「5·18민주유공자예우 및 단체설립에 관한 법률」에 따른 5·18민주화운동부상자 중 장해등급 1급부터 4급까지에 해당하는 자, 고엽제 후유의증 환자 지원 등에 관한 법령에 따른 고도장애인, 장애인복지 관련 법령에 따른 1급·2급 장애인 및 이에 준하는 장애인, 파킨슨병 환자 또는 한센병 환자에 대하여 조제하는 경우(2021.1.5 본호개정)
9. 장기이식을 받은 자에 대하여 이에 관련된 치료를 하거나 후천성 면역결핍증 환자에 대하여 해당 질병을 치료하기 위하여 조제하는 경우
10. 병역의무를 수행 중인 군인·의무경찰과 「형의 집행 및 수용자의 처우에 관한 법률」 및 「군에서의 형의 집행 및 군수용자의 처우에 관한 법률」에 따른 교정시설, 「보호소년 등의 처우에 관한 법률」에 따른 보호소년 수용시설 및 「출입국관리법」에 따른 외국인 보호시설에 수용 중인 자에 대하여 조제하는 경우(2016.5.29 본호개정)
11. 「결핵예방법」에 따라 결핵치료제를 투여하는 경우(보건소·보건지소 및 대한결핵협회 부속의원만 해당한다)
12. 사회봉사 활동을 위하여 조제하는 경우
13. 국가안전보장에 관련된 정보 및 보안을 위하여 처방전을 공개할 수 없는 경우
14. 그 밖에 대통령령으로 정하는 경우
⑤ 제3항제1호에 따른 의료기관이 없는 지역 및 제4항제1호에 따른 약국이 없는 지역의 범위에 관하여는 보건복지부장관이 정한다.(2010.1.18 본항개정)
⑥ 한약사가 한약을 조제할 때에는 한의사의 처방전에 따라야 한다. 다만, 보건복지부장관이 정하는 한약 처방의 종류 및 조제 방법에 따라 조제하는 경우에는 한의사의 처방전 없이도 조제할 수 있다.(2010.1.18 단서개정)
⑦ 의료기관의 조제실에서 조제업무에 종사하는 약사는 「의료법」 제18조에 따라 처방전이 교부된 환자를 위하여 의약품을 조제하여서는 아니 된다.

제23조의2【의약품정보의 확인】 ① 약사는 제23조제3항에 따라 의약품을 조제하는 경우에는 다음 각 호의 정보(이하 "의약품정보"라 한다)를 미리 확인하여야 한다.
1. 환자에게 처방 또는 투여되고 있는 의약품과 동일한 성분의 의약품인지 여부
2. 식품의약품안전처장이 병용금기, 특정연령대 금기 또는 임부금기 등으로 고시한 성분이 포함되는지 여부
3. 그 밖에 보건복지부령으로 정하는 정보
② 제1항에도 불구하고 약사는 의약품정보를 확인할 수 없는 정당한 사유가 있을 때에는 이를 확인하지 아니할 수 있다.
③ 제1항에 따른 의약품정보의 확인방법·절차, 제2항에 따른 의약품정보를 확인할 수 없는 정당한 사유 등은 보건복지부령으로 정한다.
(2015.12.29 본조신설)

제23조의3【의약품안전사용정보시스템의 구축·운영 등】 ① 보건복지부장관은 제23조의2 및 「의료법」 제18조의2에 따른 의약품정보의 확인을 지원하기 위하여 의약품안전사용정보시스템(이하 "정보시스템"이라 한다)을 구축·운영할 수 있다.
② 보건복지부장관은 정보시스템의 운영을 보건복지부령으로 정하는 전문기관에 위탁할 수 있다. 이 경우 보건복지부장관은 정보시스템의 운영에 소요되는 비용의 전부 또는 일부를 지원할 수 있다.
③ 보건복지부장관 또는 제2항에 따라 위탁받은 전문기관의 장은 의사, 치과의사, 약사 등에 대하여 정보시스템 운영에 필요한 정보(「개인정보 보호법」 제23조에 따른 민감정보 및 같은 법 제24조에 따른 고유식별정보를 포함한다. 이 경우 해당 정보는 「개인정보 보호법」에 따라 보호하여야 한다)로서 보건복지부령으로 정하는 자료를 요청하여 처리할 수 있다. 이 경우 요청을 받은 의사, 치과의사, 약사 등은 특별한 사유가 없으면 이에 따라야 한다.
④ 보건복지부장관은 제1항에 따른 정보시스템의 원활한 운영을 위하여 의약품안전사용정보시스템 운영위원회(이하 이 조에서 "운영위원회"라 한다)를 설치·운영할 수 있다.
⑤ 제1항에 따른 정보시스템의 구축·운영, 제2항에 따른 위탁, 제4항에 따른 운영위원회의 구성·운영 등에 필요한 사항은 보건복지부령으로 정한다.
(2015.12.29 본조신설)

제24조【의무 및 준수 사항】 ① 약국에서 조제에 종사하는 약사 또는 한약사는 조제 요구를 받으면 정당한 이유 없이 조제를 거부할 수 없다.
② 약국개설자(해당 약국 종사자를 포함한다. 이하 이 조에서 같다)와 의료기관 개설자(해당 의료기관의 종사자를 포함한다.

이하 이 조에서 같다)는 다음 각 호의 어느 하나에 해당하는 담합 행위를 하여서는 아니 된다.
1. 약국개설자가 특정 의료기관의 처방전을 가진 자에게 약제비의 전부 또는 일부를 면제하여 주는 행위
2. (2024.1.23 삭제)
3. 의료기관 개설자가 처방전을 가진 자에게 특정 약국에서 조제 받도록 지시하거나 유도하는 행위(환자의 요구에 따라 지역 내 약국들의 명칭·소재지 등을 종합하여 안내하는 행위는 제외한다)
4. 의사 또는 치과의사가 제25조제2항에 따라 의사회 분회 또는 치과의사회 분회가 약사회 분회에 제공한 처방의약품 목록에 포함되어 있는 의약품과 같은 성분의 다른 품목을 반복하여 처방하는 행위(그 처방전에 따라 의약품을 조제한 약사의 행위도 또한 같다)
5. 제1호부터 제4호까지의 규정에 해당하는 행위와 유사하여 담합의 소지가 있는 행위로서 대통령령으로 정하는 행위
③ 제23조제2항에 따른 의료기관의 조제실에 근무하는 약사 또는 한약사가 의약품을 조제할 때에는 식품의약품안전처장과 협의하여 보건복지부령으로 정하는 사항을 지켜야 한다.
(2013.3.23 본항개정)
④ 약사는 의약품을 조제하면 환자 또는 환자보호자에게 필요한 복약지도(服藥指導)를 구두 또는 복약지도서(복약지도에 관한 내용을 환자가 읽기 쉽고 이해하기 쉬운 용어로 설명한 서면 또는 전자문서를 말한다)로 하여야 한다. 이 경우 복약지도서의 양식 등 필요한 사항은 보건복지부령으로 정한다.
(2014.3.18 본항개정)
⑤ 보건복지부장관은 약사가 적정한 처방건수를 조제하게 하여 제4항에 따른 복약지도를 충실히 할 수 있도록 필요한 조치를 강구할 수 있다.(2010.1.18 본항개정)

제24조의2 【부당한 경제적 이익 등의 제공 금지】 ① 약국개설자(약국을 개설하려는 자 및 해당 약국 종사자를 포함한다)는 처방전의 알선·수수·제공 또는 환자 유인의 목적으로 의료인, 「의료법」 제23조의5제3항에 따른 의료기관 개설자 또는 의료기관 종사자에게 금전, 물품, 편익, 노무, 향응, 그 밖의 경제적 이익(이하 "경제적 이익등"이라 한다)을 제공·약속하거나 의료인, 의료기관 개설자 또는 의료기관 종사자로 하여금 의료기관이 경제적 이익등을 취득하게 하여서는 아니 된다.
② 누구든지 제1항에 위반되는 경제적 이익등의 제공행위를 알선 또는 중개하거나 알선 또는 중개의 목적으로 광고를 하여서는 아니 된다.
(2024.1.23 본조신설)

제24조의3 【책임의 감면 등】 ① 제24조의2를 위반한 자가 자진하여 그 사실을 신고한 경우에는 그 신고자에 대하여 형을 감경하거나 면제할 수 있다.
② 제1항에 따른 신고를 한 자가 다음 각 호의 어느 하나에 해당하는 경우에는 이 법에 따른 보호 또는 보상을 받지 못한다.
1. 신고의 내용이 거짓이라는 사실을 알았거나 알 수 있었음에도 신고한 경우
2. 그 밖에 부정한 목적으로 신고한 경우
(2024.1.23 본조신설)

제25조 【처방의약품 목록 작성 등】 ① 의료기관 개설자는 해당 의료기관에서 처방하려는 의약품의 목록을 그 의료기관이 소재하는 시·군·구의 「의료법」 제28조제5항에 따라 설치된 시·군·구 의사회 분회 또는 치과의사회 분회(이하 "의사회분회등"이라 한다)에 제출한다.
② 의사회분회등은 제1항에 따른 의료기관별 처방의약품 목록에서 품목 수를 적정하게 조정한 지역처방의약품 목록과 그 지역처방의약품 목록의 범위에서 조정된 의료기관별 처방의약품 목록을 해당 시·군·구의 약사회 분회에 제공한다.
③ 약사회 분회는 제2항에 따라 의사회분회등으로부터 지역처방의약품 목록과 의료기관별 처방의약품 목록을 받으면 해당 지역의 약국개설자에게 이를 통보하여 갖추도록 한다.
④ 약국개설자가 제2항에 따른 처방의약품 목록에 따라 의약품을 갖추는 데 어려움이 있어서 그 품목 수를 조정할 필요가 있으면 의사회분회등과 약사회 분회가 협의하여 조정할 수 있다. 품목 수가 추가되거나 변경되는 경우에도 또한 같다.
⑤ 의사회분회등은 제2항에 따른 처방의약품 목록을 변경하거나 추가하려면 30일 전에 약사회 분회에 이를 통보한다.

제26조 【처방의 변경·수정】 ① 약사 또는 한약사는 처방전을 발행한 의사·치과의사·한의사 또는 수의사의 동의 없이 처방을 변경하거나 수정하여 조제할 수 없다.
② 약사 또는 한약사는 처방전에 표시된 의약품의 명칭·분량·용법 및 용량 등이 다음 각 호의 어느 하나로 의심되는 경우 처방전을 발행한 의사·치과의사·한의사 또는 수의사에게 전화 및 팩스를 이용하거나 「정보통신망 이용촉진 및 정보보호 등에 관한 법률」 제2조제1항제1호에 따른 정보통신망을 통하여 의심스러운 점을 확인한 후가 아니면 조제를 하여서는 아니 된다.(2015.12.29 본문개정)
1. 식품의약품안전처장이 의약품의 안정성·유효성 문제로 의약품 품목 허가 또는 신고를 취소한 의약품이 기재된 경우
(2013.3.23 본호개정)
2. 의약품의 제품명 또는 성분명을 확인할 수 없는 경우
3. 식품의약품안전처장이 병용금기, 특정연령대 금기 또는 임부금기 성분으로 고시한 의약품이 기재된 경우. 다만, 의사 또는 치과의사가 「의료법」 제18조의2제1항에 따라 정보시스템을 활용하여 그 사유를 기재하거나, 처방전에 그 사유를 기재한 경우 등 보건복지부령으로 정하는 경우는 제외한다.
(2015.12.29 본호개정)
(2007.7.27 본항개정)
③ 제1항에 따른 처방의 변경 및 수정 방법과 절차 등 세부적인 사항은 보건복지부령으로 정한다.(2010.1.18 본항개정)

제27조 【대체조제】 ① 약사는 의사 또는 치과의사가 처방전에 적은 의약품을 성분·함량 및 제형이 같은 다른 의약품으로 대체하여 조제하려는 경우에는 미리 그 처방전을 발행한 의사 또는 치과의사의 동의를 받아야 한다.
② 제1항에도 불구하고 약사는 다음 각 호의 어느 하나에 해당하면 그 처방전을 발행한 의사 또는 치과의사의 사전 동의 없이 대체조제를 할 수 있다.
1. 식품의약품안전처장이 생물학적 동등성이 있다고 인정한 품목(생체를 이용한 시험을 할 필요가 없거나 할 수 없어서 생체를 이용하지 아니하는 시험을 통하여 생물학적 동등성을 입증한 의약품을 포함한다)으로 대체하여 조제하는 경우. 다만, 의사 또는 치과의사가 처방전에 대체조제가 불가하다는 표시를 하고 임상적 사유 등을 구체적으로 적은 품목은 제외한다.(2013.3.23 본문개정)
2. 처방전에 기재된 의약품의 제조업자와 같은 제조업자가 제조한 의약품으로서 처방전에 적힌 의약품과 성분·제형은 같으나 함량이 다른 의약품으로 같은 처방 용량을 대체조제하는 경우. 다만, 일반의약품은 일반의약품으로, 전문의약품은 전문의약품으로 대체조제하는 경우만 해당한다.
3. 약국이 소재하는 시·군·구 외의 지역에 소재하는 의료기관에서 발행한 처방전에 적힌 의약품이 해당 약국이 있는 지역의 지역처방의약품 목록에 없고, 해당 약국의 지역처방의약품 목록 중 처방전에 적힌 의약품과 그 성분·함량 및 제형이 같은 의약품으로 대체조제하는 경우로서 그 처방전을 발행한 의사 또는 치과의사의 동의를 미리 받기 어려운 부득이한 사정이 있는 경우
③ 약사는 제1항 또는 제2항에 따라 처방전에 적힌 의약품을 대체조제한 경우에는 그 처방전을 지닌 자에게 즉시 대체조제한 내용을 알려야 한다.
④ 약사는 제2항에 따라 처방전에 적힌 의약품을 대체조제한 경우에는 그 처방전을 발행한 의사 또는 치과의사에게 대체조제한 내용을 1일(부득이한 사유가 있는 경우에는 3일) 이내에 통보하여야 한다. 다만, 미리 그 처방전을 발행한 의사 또는 치과의사의 동의를 받거나 처방전에 기재한 전화·팩스번호가 사실과 다른 경우 등 보건복지부령으로 정하는 사유가 있는 경우에는 그러하지 아니하다.(2015.12.29 단서개정)
⑤ 의사 또는 치과의사의 사전 동의 없이 처방전에 적힌 의약품을 대체조제한 경우에는 그 대체조제한 의약품으로 인하여 발생한 약화(藥禍) 사고에 대하여 의사 또는 치과의사는 책임을 지지 아니한다.
⑥ 제1항과 제4항에 따른 동의와 통보의 방법 및 절차 등에 필

요한 사항은 보건복지부령으로 정한다.(2010.1.18 본항개정)

제28조【조제된 약제의 표시 및 기입】 ① 약사 또는 한약사는 판매할 목적으로 조제한 약제의 용기 또는 포장에 그 처방전에 적힌 환자의 이름·용법 및 용량, 그 밖에 보건복지부령으로 정하는 사항을 적어야 한다.

② 약사 또는 한약사가 조제를 한 경우에는 그 처방전에 조제 연월일과 그 밖에 보건복지부령으로 정하는 사항을 적어야 한다.

(2010.1.18 본조개정)

제29조【처방전의 보존】 약사 또는 한약사가 약국에서 조제한 처방전은 조제한 날부터 2년 동안 보존하여야 한다.

제30조【조제기록부】 ① 약사는 약국에서 의약품을 조제(제23조제3항 각 호 외의 부분 단서 및 각 호에 따라 처방전 없이 조제하는 경우를 포함한다. 이하 이 조에서 같다)하면 환자의 인적 사항, 조제 연월일, 처방 약품명과 일수, 조제 내용 및 복약지도 내용, 그 밖에 보건복지부령으로 정하는 사항을 조제기록부(전자문서로 작성한 것을 포함한다)에 적어 5년 동안 보존하여야 한다.(2011.3.30 본항개정)

② 환자는 약사에게 본인에 관한 기록의 열람 또는 사본의 발급 등 그 내용의 확인을 요청할 수 있다. 이 경우 약사는 정당한 사유 없이 이를 거부하여서는 아니 된다.(2015.12.29 본항개정)

③ 약사는 환자가 아닌 다른 사람에게 환자에 관한 조제기록부를 열람하게 하거나 그 사본을 내주는 등 내용을 확인할 수 있게 하여서는 아니 된다. 다만, 다음 각 호의 어느 하나에 해당하는 경우에는 그 내용을 확인하게 할 수 있다.

1. 환자의 배우자, 직계존속·비속, 형제·자매(환자의 배우자 및 직계존속·비속, 배우자의 직계존속이 모두 없는 경우에 한정한다) 또는 배우자의 직계존속이 환자 본인의 동의서와 친족관계임을 나타내는 증명서 등을 첨부하는 등 보건복지부령으로 정하는 요건을 갖추어 요청한 경우
2. 환자가 지정하는 대리인이 환자 본인의 동의서와 대리권이 있음을 증명하는 서류를 첨부하는 등 보건복지부령으로 정하는 요건을 갖추어 요청한 경우
3. 환자의 법정대리인(「민법」 제928조 또는 제936조에 따른 후견인으로 한정한다)이 대리권이 있음을 증명하는 서류를 첨부하는 등 보건복지부령으로 정하는 요건을 갖추어 요청한 경우
4. 환자가 사망하거나 의식이 없는 등 환자의 동의를 받을 수 없어 환자의 배우자, 직계존속·비속, 형제·자매(환자의 배우자 및 직계존속·비속, 배우자의 직계존속이 모두 없는 경우에 한정한다) 또는 배우자의 직계존속이 친족관계임을 나타내는 증명서 등을 첨부하는 등 보건복지부령으로 정하는 요건을 갖추어 요청한 경우
5. 「국민건강보험법」 제14조, 제47조, 제48조 및 제63조에 따라 급여비용 심사·지급·대상여부 확인·사후관리 및 요양급여의 적정성 평가·가감지급 등을 위하여 국민건강보험공단 또는 건강보험심사평가원에 제공하는 경우
6. 「의료급여법」 제5조, 제11조, 제11조의3 및 제33조에 따라 의료급여 수급권자 확인, 급여비용의 심사·지급, 사후관리 등 의료급여 업무를 위하여 보장기관(시·군·구), 국민건강보험공단, 건강보험심사평가원에 제공하는 경우
7. 「형사소송법」 제106조, 제215조 또는 제218조에 따른 경우
8. 「민사소송법」 제347조에 따라 문서제출을 명한 경우

(2015.12.29 본항신설)

제5장 의약품등의 제조 및 수입 등

제1절 의약품등의 제조업

제31조【제조업 허가 등】 ① 의약품 제조를 업(業)으로 하려는 자는 대통령령으로 정하는 시설기준에 따라 필요한 시설을 갖추고 총리령으로 정하는 바에 따라 식품의약품안전처장의 허가를 받아야 한다.(2013.3.23 본항개정)

② 제1항에 따른 제조업자가 그 제조(다른 제조업자에게 제조를 위탁하는 경우를 포함한다)한 의약품을 판매하려는 경우에는 총리령으로 정하는 바에 따라 품목별로 식품의약품안전처장의 제조판매품목허가(이하 "품목허가"라 한다)를 받거나 제조판매품목 신고(이하 "품목신고"라 한다)를 하여야 한다.

(2013.3.23 본항개정)

③ 제1항에 따른 제조업자 외의 자(제4호의 경우 제91조제1항에 따른 한국희귀·필수의약품센터만 해당한다)가 다음 각 호의 어느 하나에 해당하는 의약품을 제조업자에게 위탁제조하여 판매하려는 경우에는 총리령으로 정하는 바에 따라 식품의약품안전처장에게 위탁제조판매업신고를 하여야 하며, 품목별로 품목허가를 받아야 한다.

1. 제34조제1항에 따라 식품의약품안전처장으로부터 임상시험계획의 승인을 받아 임상시험(생물학적 동등성시험은 제외한다. 이하 이 항에서 같다)을 실시한 의약품
2. 제1호에 따른 임상시험 외에 외국에서 실시한 임상시험 중 총리령으로 정하는 임상시험을 실시한 의약품
3. 외국에서 판매되고 있는 의약품 중 국내 제조업자에게 제제기술을 이전한 의약품으로서 총리령으로 정하는 의약품 (2017.10.24 본호신설)
4. 제91조제1항에 따른 한국희귀·필수의약품센터에서 취급하는 같은 항 각 호에 따른 의약품(2018.12.11 본호개정)

(2017.10.24 본항개정)

④ 의약외품의 제조를 업으로 하려는 자는 대통령령으로 정하는 시설기준에 따라 필요한 시설을 갖추고 식품의약품안전처장에게 제조업신고를 하여야 하며, 품목별로 품목허가를 받거나 품목신고를 하여야 한다.(2013.3.23 본항개정)

⑤ 제2항 및 제3항에 따라 품목허가를 받거나 품목신고를 한 자(이하 "품목허가를 받은 자"라 한다)는 총리령으로 정하는 바에 따라 영업소를 설치할 수 있다.(2013.3.23 본항개정)

⑥ 제1항부터 제4항까지의 규정에도 불구하고 제34조에 따른 임상시험용 의약품 등 총리령으로 정하는 의약품 또는 의약외품(이하 "의약품등"이라 한다)에 대하여는 제조업허가 또는 품목허가를 받지 아니하거나 품목신고를 하지 아니할 수 있다.

(2013.3.23 본항개정)

⑦ 제2항부터 제4항까지의 규정에도 불구하고 의약품등과 의료기기가 조합되어 있거나 복합 구성된 것으로서 주된 기능이 의료기기에 해당하여 「의료기기법」에 따라 허가를 받거나 신고한 제품·품목 또는 의약품과 디지털의료기기가 조합된 것으로서 주된 기능이 디지털의료기기에 해당하여 「디지털의료제품법」에 따라 허가를 받은 제품·품목은 제2항부터 제4항까지의 규정에 따라 품목허가를 받거나 품목신고를 한 것으로 본다.(2024.1.23 본항개정)

⑧ 다음 각 호의 어느 하나에 해당하는 자는 의약품등의 제조업이나 위탁제조판매업에 대한 허가를 받거나 신고를 할 수 없다.(2011.3.30 본문개정)

1. 제5조 각 호의 어느 하나에 해당하는 자
2. 제76조에 따라 제조업 허가가 취소되거나 위탁제조판매업소 또는 제조소(製造所)가 폐쇄된 날부터 1년이 지나지 아니한 자. 다만, 다음 각 목의 어느 하나에 해당하는 경우는 제외한다.(2017.10.24 단서신설)
   가. 제5조제1호 또는 제3호에 해당하여 취소 또는 폐쇄된 후 정신건강의학과 전문의가 약사(藥事)에 관한 업무를 담당하는 것이 적합하다고 인정한 경우
   나. 제5조제2호에 해당하여 취소 또는 폐쇄된 후 가정법원의 성년후견·한정후견 종료의 심판을 받은 경우
   (2017.10.24 가목~나목신설)
3. 파산선고를 받고 복권되지 아니한 자

⑨ 제1항부터 제4항까지의 경우에 허가받은 사항 또는 신고한 사항 중 총리령으로 정하는 사항을 변경하려는 때에는 총리령으로 정하는 바에 따라 변경허가를 받거나 변경신고를 하여야 한다.(2013.3.23 본항개정)

⑩ 제2항 및 제3항에 따라 허가를 받거나 신고하려는 품목이 신약 또는 식품의약품안전처장이 지정하는 의약품인 경우에는 안전성·유효성 등에 관한 다음 각 호의 자료 중 의약품의 특성, 종류 등에 따라 총리령으로 정하는 자료를 제출하여야 한다.

1. 품질에 관한 자료

2. 비임상시험자료
3. 임상시험자료
4. 특허관계 확인서와 그 사유를 적은 서류 및 근거자료
5. 그 밖에 총리령으로 정하는 자료
(2021.7.20 본항개정)
⑪ 제10항에 따라 자료를 제출하는 의약품이 임상시험자료를 작성한 자의 의약품과 동일한 제조소에서 동일한 처방 및 제조방법으로 모든 제조공정을 동일하게 하여 제조되는 경우(완제품 포장 공정만 다르게 하여 제조되는 경우를 포함한다)에는 해당 임상시험자료를 사용할 수 있도록 하는 작성자의 동의서로 같은 항 제3호의 자료를 갈음할 수 있다. 이 경우 전문의약품(「첨단재생의료 및 첨단바이오의약품 안전 및 지원에 관한 법률」 제2조제7호에 따른 첨단바이오의약품, 생물학적 제제 및 그 밖에 식품의약품안전처장이 정하는 의약품은 제외한다)의 임상시험자료를 작성한 자는 3회에 한정하여 해당 자료의 사용에 동의할 수 있다.(2024.2.20 후단개정)
⑫ 제2항에 따라 허가를 받거나 신고하려는 품목이 신약 또는 식품의약품안전처장이 지정하는 의약품과 주성분의 종류, 함량, 투여경로, 효능·효과 및 용법·용량이 동일한 경우에는 다음 각 호의 자료를 총리령으로 정하는 바에 따라 제출하여야 한다. 다만, 생체를 이용하지 아니하는 시험을 하는 품목의 경우에는 식품의약품안전처장이 정하여 고시하는 자료로 제2호의 자료를 갈음할 수 있다.(2024.2.20 본문개정)
1. 품질에 관한 자료
2. 제10항에 따라 자료를 제출하여야 하는 의약품과의 생물학적 동등성자료(생물학적 동등성에 관한 시험자료 또는 비교임상시험 성적서에 관한 자료를 말한다. 이하 이 조에서 같다)(2024.2.20 본호개정)
3. 특허관계 확인서와 그 사유를 적은 서류 및 근거자료
4. 그 밖에 총리령으로 정하는 자료
(2021.7.20 본항신설)
⑬ 제12항에 따라 자료를 제출하는 의약품이 생물학적 동등성자료(같은 항 단서에 따라 식품의약품안전처장이 정하여 고시하는 자료를 포함한다. 이하 이 항에서 같다)를 작성한 자의 의약품과 동일한 제조소에서 동일한 처방 및 제조방법으로 모든 제조공정을 동일하게 하여 제조되는 경우(완제품 포장 공정만 다르게 하여 제조되는 경우를 포함한다)에는 해당 생물학적 동등성자료를 사용할 수 있도록 하는 작성자의 동의서로 같은 항 제2호의 자료를 갈음할 수 있다. 이 경우 생물학적 동등성자료를 작성한 자는 3회에 한정하여 해당 자료의 사용에 동의할 수 있다.(2021.7.20 본항신설)
⑭ 식품의약품안전처장은 제2항부터 제4항까지 및 제9항에 따른 신고(품목신고를 제외한다)를 받은 경우에는 그 내용을 검토하여 이 법에 적합하면 신고를 수리하여야 하고, 품목허가(변경허가를 포함한다) 신청을 받거나 품목신고(변경신고를 포함한다)를 받은 경우에는 다음 각 호의 요건을 모두 갖춘 경우에 한정하여 허가를 하거나 신고를 수리하여야 한다. 다만, 제31조의6제1항 본문에 해당하는 경우에는 그러하지 아니하다.(2024.2.20 단서신설)
1. 의약품등의 안전성·유효성이 인정될 것
2. 의약품등의 품질이 인정될 것
3. 제12항에 따라 자료를 제출하는 의약품의 경우 동등성이 인정될 것
4. 그 밖에 총리령으로 정하는 사항에 적합할 것
(2021.7.20 1호~4호신설)
⑮ 제1항부터 제4항까지 및 제9항부터 제14항까지에 따른 의약품등의 제조업·위탁제조판매업 및 제조판매품목의 허가 또는 신고를 할 때 허가 또는 신고의 대상·기준·조건, 제출 자료의 종류·요건·면제·변경과 제출 방법·절차 및 관리 등에 관하여 필요한 사항은 총리령으로 정한다.(2021.7.20 본항개정)
⑯ 의약품등의 제조업자 또는 위탁제조판매업 신고를 한 자는 다음 각 호의 어느 하나에 해당하는 의약품등의 품목허가를 받거나 품목신고를 할 수 없다.
1. 거짓이나 그 밖의 부정한 방법으로 품목허가·변경허가를 받거나 품목신고·변경신고를 하여 품목허가 또는 품목신고가 취소된 날부터 5년이 지나지 아니한 의약품등
2. 거짓이나 그 밖의 부정한 방법으로 제53조에 따른 국가출하승인을 받아 품목허가가 취소된 날부터 3년이 지나지 아니한 의약품
(2021.7.20 본항신설)
(2007.10.17 본조개정)

판례 제조업체로부터 포장이 봉합된 의약외품뿐 아니라 반제품이나 포장되지 않은 상태의 제품을 공급받아 완제품 형태로 포장하여 그 제품이 자신의 회사가 제조한 것처럼 상호를 표시하고 제품의 용도와 용량 등을 표기한 사건에서, 소비자 등이 상호의 회사를 제조업체로 오인하거나 원래의 제품과의 동일성을 상실해 별개의 제품으로 여길 가능성이 크기 때문에 이와 같은 재포장행위는 의약외품 제조행위로 봐야 한다.(대판 2019.9.9, 2019도9078)

제31조의2【원료의약품의 등록 등】 ① 신약의 원료의약품 또는 식품의약품안전처장이 정하여 고시하는 원료의약품을 제조하여 판매하려는 자는 총리령으로 정하는 바에 따라 그 성분·명칭과 제조방법 등 총리령으로 정하는 사항을 식품의약품안전처장에게 등록할 수 있다.(2013.3.23 본항개정)
② 식품의약품안전처장은 제1항에 따른 등록사항이 총리령으로 정하는 기준에 적합한지 여부를 검토하여 그 결과를 신청인에게 알리고, 그 내용을 원료의약품 등록대장에 기록하고 보관하여야 한다. 이 경우 해당 원료의약품의 성분 및 제조원 등 총리령으로 정하는 사항을 공고하여야 한다.(2013.3.23 본항개정)
③ 제1항 및 제2항에 따라 등록된 사항 중 총리령으로 정하는 중요한 사항을 변경하려는 자는 식품의약품안전처장에게 변경등록을 하여야 한다. 다만, 그 밖의 사항을 변경하려는 자는 보고하여야 한다.(2013.3.23 본문개정)
④ 제1항부터 제3항까지의 규정에 따라 등록된 원료의약품은 제31조제2항에 따른 품목허가를 받거나 품목신고를 한 것으로 본다.
⑤ 제1항부터 제3항까지에서 규정한 사항 외에 원료의약품의 등록·변경등록 또는 변경보고, 등록된 원료의약품의 공고 등에 필요한 사항은 총리령으로 정한다.(2013.3.23 본항개정)
(2011.3.30 본조신설)

제31조의3~제31조의4 (2015.3.13 삭제)

제31조의5【의약품 품목허가 등의 갱신】 ① 제31조제2항 및 제3항에 따른 의약품의 품목허가 및 품목신고의 유효기간은 5년으로 한다. 다만, 다음 각 호의 어느 하나에 해당하는 의약품은 유효기간을 적용하지 아니한다.
1. 원료의약품
2. 수출만을 목적으로 생산하는 수출용 의약품
3. 그 밖에 제1호 및 제2호에 준하는 의약품으로서 총리령으로 정하는 의약품(2013.3.23 본호개정)
② (2024.2.20 삭제)
③ 품목허가를 받은 자는 제1항에 따른 유효기간이 끝난 후에 계속하여 해당 의약품을 판매하려면 그 유효기간이 끝나기 전에 식품의약품안전처장에게 품목허가를 갱신받거나 품목신고를 갱신하여야 한다.(2024.2.20 본항개정)
④ 식품의약품안전처장은 의약품의 안전성 또는 유효성에 중대한 문제가 있다고 인정하는 경우, 제3항에 따른 갱신에 필요한 자료를 제출하지 아니한 경우 등에는 해당 의약품에 대한 품목허가 또는 품목신고를 갱신하지 아니할 수 있다.(2013.3.23 본항개정)
⑤ 품목허가를 받은 자는 제1항에 따른 유효기간 동안 제조되지 아니한 의약품에 대하여는 제3항에 따라 품목허가를 갱신받거나 품목신고를 갱신할 수 없다. 다만, 총리령으로 정하는 부득이한 사유로 제조되지 못한 의약품의 경우에는 그러하지 아니하다.(2013.3.23 단서개정)
⑥ 제1항에 따른 유효기간의 산정방법과 제3항 및 제4항에 따른 품목허가 및 품목신고 갱신의 기준, 방법 및 절차 등에 관하여 필요한 사항은 총리령으로 정한다.(2024.2.20 본항개정)
(2012.5.14 본조신설)

제31조의6【허가 시 제출된 임상시험자료의 보호】 ① 제31조제1항에 따른 의약품 제조업자 또는 같은 조 제3항에 따른 위탁제조판매업신고를 한 자는 다음 각 호의 어느 하나에 해당하는 의약품(이하 "자료보호의약품"이라 한다)의 품목허가(변경허가를 포함한다. 이하 이 조에서 같다) 당시 제출되었던 임상시험자료(생물학적 동등성시험에 관한 자료는 제외한다. 이

하 이 조에서 같다)를 근거로 하여 다음 각 호의 구분에 따른 기간(이하 "자료보호기간"이라 한다) 동안 새롭게 의약품의 품목허가를 신청하거나 품목신고(변경신고를 포함한다. 이하 이 조에서 같다)를 할 수 없다. 다만, 제31조제10항제2호 및 제3호와 동등한 수준 이상의 자료를 별도로 작성하여 제출한 경우에는 그러하지 아니하다.
1. 희귀의약품 : 품목허가를 받은 날부터 10년(소아 적응증을 추가하는 경우에는 1년을 연장할 수 있다)
2. 신약 : 품목허가를 받은 날부터 6년
3. 이미 품목허가를 받은 의약품의 안전성·유효성·유용성을 개선하기 위하여 유효성분 종류를 변경하는 등 중요한 사항을 변경함에 따라 새로운 임상시험자료를 제출하여야 하는 총리령으로 정하는 의약품 : 새로운 임상시험자료를 제출하여 품목허가를 받은 날부터 6년
4. 그 밖에 자료를 보호할 필요가 있다고 인정되는 경우로서 새로운 임상시험자료를 제출하여야 하는 총리령으로 정하는 의약품 : 새로운 임상시험자료를 제출하여 품목허가를 받은 날부터 4년
② 제1항에도 불구하고 다음 각 호의 어느 하나에 해당하는 경우에는 자료보호기간에도 품목허가를 신청하거나 품목신고를 할 수 있다.
1. 자료보호의약품의 품목허가를 받은 자가 해당 의약품의 임상시험자료를 근거로 하여 다른 의약품의 제조업자 또는 위탁제조판매업 신고를 한 자가 품목허가를 신청하거나 품목신고를 하는 것에 동의한 경우
2. 그 밖에 식품의약품안전처장이 「공중보건 위기대응 의료제품의 개발 촉진 및 긴급 공급을 위한 특별법」에 따른 공중보건 위기상황에 효과적으로 대응하기 위하여 필요하다고 인정하는 경우
③ 식품의약품안전처장은 자료보호의약품의 제품명 및 자료보호기간 등 총리령으로 정하는 사항을 인터넷 홈페이지에 공개하여야 한다.
④ 제1항부터 제3항까지에서 규정한 사항 외에 자료보호의약품의 자료보호 및 공개 등에 필요한 사항은 총리령으로 정한다.
(2024.2.20 본조신설)

제32조 (2024.2.20 삭제)

제32조의2 【신약 등의 위해성 관리】 ① 다음 각 호의 어느 하나에 해당하는 의약품에 대하여 제31조제2항 및 제3항에 따라 품목허가를 신청하거나 품목신고를 하려는 자(「첨단재생의료 및 첨단바이오의약품 안전 및 지원에 관한 법률」 제23조제2항·제3항에 따라 품목허가를 신청하려는 자를 포함한다)는 안전성·유효성에 관한 정보 수집이 필요한 항목 및 위해성 완화 조치방법 등을 포함하는 종합적인 의약품 안전관리 계획(이하 "위해성 관리 계획"이라 한다)을 수립하여 식품의약품안전처장에게 제출하여야 한다. 위해성 관리 계획의 내용을 변경하려는 경우에도 또한 같다.
1. 신약
2. 희귀의약품
3. 「첨단재생의료 및 첨단바이오의약품 안전 및 지원에 관한 법률」 제2조제7호에 따른 첨단바이오의약품
4. 이미 품목허가를 받은 의약품과 유효성분의 종류 또는 배합비율이 다른 전문의약품 등 총리령으로 정하는 의약품
② 식품의약품안전처장은 제31조제2항 및 제3항에 따라 품목허가를 받거나 품목신고를 한 의약품이 제1항 각 호의 어느 하나에는 해당하지 아니하나 시판 후 안전성 등에 우려가 있어 위해성 관리 계획의 수립이 필요하다고 인정되면 해당 의약품의 품목허가를 받은 자에게 위해성 관리 계획을 수립하여 제출하도록 명할 수 있다.
③ 제1항 및 제2항에 따라 위해성 관리 계획을 수립한 의약품의 품목허가를 받은 자는 위해성 관리 계획에 따라 위해성 관리를 실시하고 그 결과를 식품의약품안전처장에게 정기적으로 제출하여야 한다.
④ 제1항 및 제2항에 따른 위해성 관리 계획의 수립·제출 방법 및 변경 절차와 제3항에 따른 위해성 관리의 방법 및 결과 제출 등에 필요한 사항은 총리령으로 정한다.
(2024.2.20 본조신설)

제33조 【의약품등 재평가】 ① 식품의약품안전처장은 제31조제2항부터 제4항까지의 규정에 따라 품목허가를 하거나 품목신고를 받은 의약품등 중 그 효능 또는 성분별로 안전성 및 유효성을 검토할 필요가 있거나, 의약품 동등성(同等性)을 입증할 필요가 있다고 인정되는 의약품에 대하여는 재평가를 할 수 있다.(2015.1.28 본항개정)
② 제1항에 따른 재평가 방법·절차 등에 필요한 사항은 식품의약품안전처장이 정한다.
(2015.1.28 본조제목개정)
(2013.3.23 본조개정)

제34조 【임상시험의 계획 승인 등】 ① 의약품등으로 임상시험을 하려는 자는 그에 관한 계획서를 작성하여 식품의약품안전처장의 승인을 받아야 하며, 승인받은 사항을 변경하려는 경우에도 총리령으로 정하는 바에 따라 변경승인을 받아야 한다. 다만, 임상시험 계획서 중 총리령으로 정하는 사항을 변경하려는 경우에는 식품의약품안전처장에게 보고하여야 한다.
② 제1항에도 불구하고 판매 중인 의약품등에 대하여 그 품목허가를 받거나 품목신고를 한 범위에서 임상적인 효과 등을 관찰하고 이상 반응이 있는지를 조사하기 위한 시험 등 총리령으로 정하는 임상시험은 제1항에 따른 승인을 받지 아니할 수 있다.
③ 제1항에 따라 임상시험을 하려는 자는 다음 각 호의 사항을 지켜야 한다.
1. 제34조의2제1항에 따라 지정된 임상시험실시기관 또는 임상시험검체분석기관에서 임상시험을 실시할 것. 다만, 임상시험의 특성상 임상시험실시기관 또는 임상시험검체분석기관이 아닌 의료기관의 참여가 필요하다고 인정되는 총리령으로 정하는 임상시험은 그러하지 아니하다.
2. 총리령으로 정하는 적합한 제조시설에서 제조되거나 제조되어 수입된 의약품등을 사용하는 등 임상시험의 실시 기준을 준수할 것
3. 임상시험을 실시하기 위한 대상자의 모집 공고 시 임상시험의 명칭, 목적, 방법, 대상자 자격과 선정기준, 의뢰자와 책임자의 성명(법인명)·주소·연락처 및 예측 가능한 부작용에 관한 사항을 알릴 것
4. (2017.10.24 삭제)
5. 임상시험 대상자에게 발생할 수 있는 건강상의 피해를 배상 또는 보상하기 위하여 보험에 가입하고, 피해 발생으로 보상하는 경우에는 제34조의2제3항제2호에 따라 임상시험 대상자에게 사전에 설명한 보상 절차 등을 준수할 것(2018.12.11 본호신설)
6. 임상시험용 의약품 등의 안전성 정보를 총리령으로 정하는 바에 따라 평가·기록·보존·보고할 것(2018.12.11 본호신설)
④ 임상시험(생물학적 동등성시험은 제외한다. 이하 이 항에서 같다)을 위하여 제조되거나 제조되어 수입된 의약품등은 임상시험이 아닌 다른 용도에 사용하여서는 아니 된다.(2023.4.18 단서삭제)
1.~3. (2023.4.18 삭제)
⑤ 식품의약품안전처장은 안전성·유효성에 문제가 있는 성분을 포함한 제제, 혈액 제제, 유전자 치료제, 세포 치료제 등에 대한 임상시험이 공익상 또는 보건위생상 위해를 끼치거나 끼칠 우려가 있으면 제1항에 따라 승인을 받으려는 임상시험을 제한할 수 있다.
⑥ 식품의약품안전처장은 제1항 전단 및 후단에 따라 승인을 받은 임상시험이 그 승인을 받은 사항에 위반되거나 임상시험에 대하여 중대한 안전성·윤리성 문제가 제기되는 경우에는 임상시험을 중지하거나 임상시험의 용도로 의약품등을 사용하는 것을 금지하거나 해당 의약품등을 회수·폐기하는 등 필요한 조치를 명할 수 있다.
⑦ 제1항에 따른 임상시험의 계획 승인 및 계획에 포함될 사항, 제3항제2호에 따른 임상시험의 실시 기준 등에 관하여 필요한 사항은 총리령으로 정한다.
(2017.10.24 본조개정)

제34조의2【임상시험실시기관 등의 지정 등】 ① 다음 각 호의 어느 하나에 해당하는 기관은 해당 호의 구분에 따라 총리령으로 정하는 시설, 전문인력 및 기구(機構)를 갖추어 총리령으로 정하는 바에 따라 식품의약품안전처장의 지정을 받아야 한다.

1. 임상시험〔인체로부터 수집·채취된 검체의 분석(이하 "검체분석"이라 한다)은 제외한다〕을 실시하려는 기관(「의료법」 제3조에 따른 의료기관으로 한정한다)
2. 임상시험 중 검체분석을 실시하려는 기관

(2017.10.24 1호~2호신설)

② 제1항제1호에 따라 지정을 받아 임상시험을 실시하는 기관(이하 "임상시험실시기관"이라 한다) 또는 같은 항 제2호에 따라 지정을 받아 검체분석을 실시하는 기관(이하 "임상시험검체분석기관"이라 한다)이 지정받은 사항을 변경하려는 경우에는 총리령으로 정하는 바에 따라 식품의약품안전처장의 변경지정을 받아야 한다. 다만, 총리령으로 정하는 사항을 변경하려는 경우에는 식품의약품안전처장에게 보고하여야 한다.

③ 임상시험실시기관 또는 임상시험검체분석기관은 다음 각 호의 사항을 지켜야 한다. 다만, 제1호부터 제5호까지의 규정은 임상시험실시기관에만 해당한다.(2021.7.20 단서개정)

1. 사회복지시설 등 총리령으로 정하는 집단시설에 수용 중인 자(이하 이 호에서 "수용자"라 한다)를 임상시험의 대상자로 선정하지 아니할 것. 다만, 임상시험의 특성상 수용자를 그 대상으로 하는 것이 불가피한 경우로서 총리령으로 정하는 기준에 해당하는 경우에는 수용자를 임상시험의 대상자로 선정할 수 있다.
2. 임상시험의 내용, 임상시험으로 인하여 그 대상자에게 발생할 가능성이 예상되는 건강상의 피해 정도와 보상 내용 및 보상 신청 절차 등을 임상시험의 대상자에게 사전에 설명하고 서면 동의(「전자서명법」에 따른 전자서명이 기재된 전자문서를 포함한다. 이하 이 조에서 같다)를 받을 것(2018.12.11 본호개정)
3. 제2호에도 불구하고 임상시험 대상자의 이해능력·의사표현능력의 결여 등의 사유로 동의를 받을 수 없는 경우에는 다음 각 목에서 정한 대리인의 서면 동의를 받을 것. 이 경우 대리인의 동의는 임상시험 대상자의 의사에 어긋나서는 아니 된다.
   가. 법정대리인
   나. 법정대리인이 없는 경우 배우자, 직계존속, 직계비속의 순으로 하되, 직계존속 또는 직계비속이 여러 사람일 경우 협의하여 정하고, 협의가 되지 아니하면 연장자가 대리인이 된다.

   (2018.12.11 본호신설)
4. 건강한 사람을 대상으로 임상시험을 실시하는 경우에는 임상시험일 전 6개월 이내에 임상시험에 참여하지 아니한 사람을 총리령으로 정하는 바에 따라 임상시험 대상자로 선정할 것(2018.12.11 본호신설)
5. 임상시험에 참여하는 대상자의 권리·안전·복지를 위하여 임상시험 실시에 관한 심사 등 업무를 수행하는 임상시험심사위원회(이하 "심사위원회"라 한다)를 설치·운영할 것. 다만, 총리령으로 정하는 바에 따라 임상시험 실시에 관한 심사 등 업무를 제34조의5제2항에 따른 중앙임상시험심사위원회 또는 다른 심사위원회에 위탁하는 경우에는 그러하지 아니하다.(2021.7.20 본호신설)
6. 임상시험을 실시하였을 때에는 임상시험성적서 또는 임상시험검체분석성적서를 작성·발급하고 그 임상시험의 대상자 정보(「개인정보 보호법」 제24조에 따른 고유식별정보를 포함한다)에 관한 기록, 임상시험에서 발생한 이상반응에 관한 기록, 임상시험에 사용된 의약품의 관리에 관한 기록 및 임상시험에 관한 계약서(이하 "임상시험에 관한 기록"이라 한다)를 작성·보관·보고하는 등 총리령으로 정하는 사항을 지킬 것(2018.12.11 본호개정)

④ 식품의약품안전처장 및 임상시험실시기관은 임상시험 대상자의 선정·관리 등에 관한 업무를 수행하기 위하여 당사자의 동의를 받아 「개인정보 보호법」 제23조에 따른 건강에 관한 정보와 같은 법 제24조에 따른 고유식별정보가 포함된 자료를 처리할 수 있다. 이 경우 식품의약품안전처장 및 임상시험실시기관은 「개인정보 보호법」에 따라 해당 정보를 보호하여야 한다.(2018.12.11 본항신설)

⑤ 제1항부터 제4항까지에서 규정한 사항 외에 임상시험실시기관 또는 임상시험검체분석기관의 지정요건과 절차·방법 및 운영과 관리 등에 관하여 필요한 사항은 총리령으로 정한다.
(2018.12.11 본항개정)

(2017.10.24 본조개정)

제34조의3【비임상시험실시기관의 지정 등】 ① 의약품등의 안전성과 유효성에 관하여 사람 외의 것을 대상으로 식품의약품안전처장이 정하여 고시하는 비임상시험을 실시하려는 기관은 총리령으로 정하는 시설, 전문인력 및 기구를 갖추어 총리령으로 정하는 바에 따라 식품의약품안전처장의 지정을 받아야 한다.(2015.1.28 본항개정)

② 제1항에 따른 지정을 받아 비임상시험을 실시하는 기관(이하 "비임상시험실시기관"이라 한다)이 지정받은 사항을 변경하려는 경우에는 총리령으로 정하는 바에 따라 식품의약품안전처장의 변경지정을 받아야 한다. 다만, 총리령으로 정하는 사항을 변경하려는 경우에는 식품의약품안전처장에게 보고하여야 한다.(2015.1.28 본항개정)

③ 비임상시험실시기관은 제1항에 따른 비임상시험을 실시하였을 때에는 비임상시험성적서를 작성·발급하고 그 비임상시험에 관한 기록을 보관하는 등 총리령으로 정하는 사항을 지켜야 한다.(2013.3.23 본항개정)

④ 제1항부터 제3항까지에서 규정한 사항 외에 비임상시험실시기관의 지정요건과 절차·방법 및 운영과 관리 등에 관하여 필요한 사항은 총리령으로 정한다.(2013.3.23 본항개정)

제34조의4【임상시험 종사자에 대한 교육】 ① 임상시험실시기관의 장과 제34조제1항에 따라 임상시험을 하려는 자는 임상시험 계획서에 따라 임상시험에 참여하는 다음 각 호의 인력(이하 "임상시험 종사자"라 한다)에 대하여 전문성 향상 및 임상시험 대상자의 보호를 위하여 필요한 교육(이하 "임상시험 교육"이라 한다)을 받도록 하여야 한다.

1. 임상시험실시기관의 임상시험 수행 책임자
2. 임상시험을 감독·확인·검토하는 모니터요원
3. 임상시험실시기관에서 제1호에 따른 책임자의 위임 및 감독에 따라 임상시험 업무를 담당하는 사람
4. 임상시험에 참여하는 임상시험 대상자의 권리 보호 및 안전에 관한 업무를 수행하는 사람으로서 총리령으로 정하는 사람

② 식품의약품안전처장은 임상시험실시기관의 장과 임상시험을 하려는 자에게 그가 고용하고 있는 임상시험 종사자가 임상시험 교육을 받을 것을 명할 수 있다.

③ 식품의약품안전처장은 임상시험 관련 전문 단체 또는 기관 등을 임상시험 교육을 할 기관(이하 "임상시험 교육실시기관"이라 한다)으로 지정할 수 있다. 이 경우 식품의약품안전처장은 그 지정 내용을 고시하여야 한다.

④ 임상시험 교육실시기관은 임상시험 교육에 관한 기록을 작성·보관하는 등 총리령으로 정하는 사항을 지켜야 한다.

⑤ 제1항부터 제4항까지에서 규정한 사항 외에 교육의 내용·시간·방법 및 교육비 등 임상시험 교육에 필요한 사항과 임상시험 교육실시기관의 지정 요건 및 절차, 운영, 지정취소 등에 관하여 필요한 사항은 총리령으로 정한다.

(2017.10.24 본조개정)

제34조의5【임상시험안전지원기관 및 중앙임상시험심사위원회】 ① 식품의약품안전처장은 다음 각 호의 업무를 수행하게 하기 위하여 총리령으로 정하는 바에 따라 관계 전문기관 또는 단체를 임상시험안전지원기관으로 지정할 수 있다.

1. 심사위원회의 운영에 대한 자문 등 지원
2. 제2항에 따른 중앙임상시험심사위원회의 운영에 대한 지원
3. 임상시험 안전성 정보에 대한 분석 및 연구
4. 임상시험 대상자의 권리 보호를 위한 상담 및 정보 제공
5. 임상시험 관련 홍보 및 교육 지원
6. 그 밖에 총리령으로 정하는 업무

② 제1항에 따른 임상시험안전지원기관은 제34조의2제3항제5호 단서에 따라 위탁받은 임상시험 실시에 관한 심사 업무를

수행하게 하기 위하여 중앙임상시험심사위원회(이하 "중앙심사위원회"라 한다)를 구성·운영할 수 있다.
③ 식품의약품안전처장은 임상시험안전지원기관 및 중앙심사위원회의 운영과 업무 수행 등에 필요한 비용을 지원할 수 있다.
④ 임상시험안전지원기관의 지정·운영 및 중앙심사위원회의 구성·운영 등에 필요한 사항은 총리령으로 정한다.
(2021.7.20 본조신설)

제34조의6【임상시험용의약품의 치료목적 사용승인 등】 ① 제34조제4항에도 불구하고 다음 각 호의 어느 하나에 해당하는 경우에는 식품의약품안전처장의 승인을 받아 임상시험을 위하여 제조되거나 제조되어 수입된 의약품(이하 이 조에서 "임상시험용의약품"이라 한다)을 임상시험이 아닌 다른 용도에 사용할 수 있다. 다만, 제1호와 제2호의 경우에는 총리령으로 정하는 바에 따라 미리 환자의 동의를 받아야 한다.
1. 말기암 또는 후천성면역결핍증 등 생명을 위협하는 중대한 질환을 가진 환자를 치료하려는 경우
2. 생명이 위급하거나 대체치료수단이 없는 등 총리령으로 정하는 응급환자를 치료하려는 경우
3. 해당 임상시험용의약품을 연구 또는 분석(사람을 대상으로 하지 아니하는 연구 또는 분석을 말한다)의 목적으로 사용하려는 경우

② 외국에서 임상시험 중인 임상시험용의약품으로서 제1항제1호 또는 제2호 중 어느 하나에 해당하는 경우에는 식품의약품안전처장의 승인을 받아 해당 의약품을 사용할 수 있다. 이 경우 총리령으로 정하는 바에 따라 미리 환자의 동의를 받아야 한다.
③ 제1항 및 제2항에 따른 승인 시 대상범위·절차·방법 등에 관하여 필요한 사항은 총리령으로 정한다.
(2023.4.18 본조신설)

제35조【조건부 허가 등】 ① 식품의약품안전처장은 제31조제1항 및 제2항에 따른 허가를 할 때 의약품 제조업 또는 총리령으로 정하는 품목에 대하여는 일정한 기간 내에 제31조제1항에 따른 시설을 갖출 것을 조건으로 허가(이하 "시설 조건부 허가"라 한다)할 수 있다.
② 식품의약품안전처장은 심각한 중증질환 또는 「희귀질환관리법」 제2조제1호에 따른 희귀질환을 치료하기 위한 목적으로 사용되는 의약품 중 총리령으로 정하는 의약품에 대하여 다음 각 호의 어느 하나에 해당하는 자료를 근거로 하여 품목허가를 신청하는 경우에는 해당 의약품의 인체에 대한 안전성·유효성 등을 확증하기 위하여 투약자 대상 임상시험 자료 등을 별도로 정하는 기간 내에 제출할 것을 조건으로 중앙약사심의위원회의 의견을 들어 품목허가(이하 "품목 조건부 허가"라 한다)를 할 수 있다.
1. 해당 품목이 총리령으로 정하는 임상적 평가변수에 대하여 효과가 있음을 입증하는 임상시험 자료
2. 해당 품목이 약물역학(藥物疫學), 약물치료학(藥物治療學), 병태생리학(病態生理學) 등의 관점에서 임상적 효과를 합리적으로 예측할 수 있는 대리평가변수를 통해 효과가 있음을 입증하는 임상시험 자료

③ 품목 조건부 허가에 관하여는 「공중보건 위기대응 의료제품의 개발 촉진 및 긴급 공급을 위한 특별법」 제13조부터 제16조까지, 제22조 및 제36조를 준용한다. 이 경우 "의료제품"은 "의약품"으로, "위원회"는 "중앙약사심의위원회"로 각각 본다.
(2021.7.20 본항신설)
④ 제1항부터 제3항까지에서 규정한 사항 외에 시설 조건부 허가 또는 품목 조건부 허가 등에 필요한 사항은 총리령으로 정한다.(2021.7.20 본항신설)
(2021.7.20 본조개정)

제35조의2【조건의 이행 점검】 ① 품목 조건부 허가를 받은 자는 투약자 대상 임상시험의 실시 상황 등 제35조제2항에 따른 조건의 이행 상황을 총리령으로 정하는 바에 따라 식품의약품안전처장에게 보고하여야 한다.
② 식품의약품안전처장은 제1항에 따른 보고 내용을 검토하여 조건의 이행 상황을 점검하고, 조건의 이행을 위하여 필요한 조치를 명할 수 있다.
(2021.7.20 본조신설)

제35조의3【조건부 허가의 취소】 식품의약품안전처장은 다음 각 호의 어느 하나에 해당하는 경우 제35조에 따른 시설 조건부 허가 또는 품목 조건부 허가를 취소할 수 있다. 다만, 제1호 또는 제2호에 해당하는 경우에는 그 허가를 취소하여야 한다.
1. 거짓이나 그 밖의 부정한 방법으로 시설 조건부 허가 또는 품목 조건부 허가를 받은 경우
2. 시설 조건부 허가 또는 품목 조건부 허가를 받은 자가 정당한 사유 없이 그 조건을 이행하지 아니하는 경우
3. 품목 조건부 허가를 받은 자가 제35조의2제1항에 따른 보고를 하지 아니하거나 같은 조 제2항에 따른 조치 명령을 이행하지 아니하는 경우

(2021.7.20 본조신설)

제35조의4【우선심사 대상 지정】 ① 의약품을 개발하는 자는 식품의약품안전처장에게 개발 중인 의약품을 우선심사 대상으로 지정하여 줄 것을 신청할 수 있다.
② 식품의약품안전처장은 제1항에 따라 신청된 의약품이 다음 각 호의 어느 하나에 해당하는 경우 우선심사 대상으로 지정할 수 있다.
1. 심각한 중증질환 또는 「희귀질환관리법」 제2조제1호에 따른 희귀질환을 치료하기 위한 목적으로 사용되는 의약품으로서 총리령으로 정하는 의약품
2. 「제약산업 육성 및 지원에 관한 특별법」 제2조제3호에 따른 혁신형 제약기업이 개발한 신약 중 보건복지부장관의 지정 요청이 있는 의약품

③ 식품의약품안전처장은 제1항에 따른 신청을 받은 날부터 30일 이내에 지정 여부를 결정하고 그 결과를 신청자에게 통보하여야 한다.
④ 식품의약품안전처장은 제2항에 따라 우선심사 대상으로 지정된 의약품의 품목허가 신청에 대하여는 우선심사 대상으로 지정되지 아니한 의약품의 품목허가 신청에 우선하여 심사하여야 한다.
⑤ 제1항부터 제4항까지의 규정에 따른 우선심사 대상 지정의 기준·절차·방법 및 우선심사의 절차 등에 필요한 사항은 총리령으로 정한다.
(2021.7.20 본조신설)

제35조의5【우선심사 대상 지정의 취소】 식품의약품안전처장은 제35조의4제2항에 따라 우선심사 대상으로 지정된 의약품이 다음 각 호의 어느 하나에 해당하는 경우 그 우선심사 대상 지정을 취소하여야 한다.
1. 거짓이나 그 밖의 부정한 방법으로 지정을 받은 경우
2. 품목허가를 받기 전에 제35조의4제2항 각 호의 어느 하나에 해당하지 아니하게 된 경우

(2021.7.20 본조신설)

제35조의6【의약품등의 품목허가 등의 사전 검토】 ① 제31조에 따라 의약품등의 품목허가를 받거나 품목신고를 하려는 자와 제34조에 따라 임상시험을 하려는 자는 허가·신고·승인 등에 필요한 자료의 작성기준에 관하여 미리 식품의약품안전처장에게 검토를 요청할 수 있다.(2017.10.24 본항개정)
② 식품의약품안전처장은 제1항에 따라 검토 요청을 받으면 이를 확인한 후 그 결과를 신청인에게 서면(전자문서를 포함한다)으로 알려야 한다.(2020.4.7 본항개정)
③ 식품의약품안전처장은 제31조 및 제34조에 따른 허가·신고·승인 등을 할 때에 제2항에 따른 검토 결과를 고려하여야 한다.
④ 제1항에 따른 사전 검토의 대상·범위와 그 절차·방법 등 사전 검토에 필요한 사항은 총리령으로 정한다.
(2013.3.23 본조개정)

제36조【의약품등의 제조관리자】 ① 의약품등 제조업자(제2조제7호가목에 해당하는 물품만을 제조하는 의약외품 제조업자는 제외한다)는 그 제조소마다 총리령으로 정하는 바에 따라 필요한 수(數)의 약사 또는 한약사를 두고 제조 업무를 관리하게 하여야 한다. 다만, 생물학적 제제를 제조하는 제조업의 경우에는 식품의약품안전처장의 승인을 받은 의사 또는 총리령으로 정하는 세균학적 지식을 가진 전문기술자에게 그 제조 업무를 관리하게 할 수 있다.(2019.8.27 단서개정)

② 제2조제7호가목에 해당하는 물품만을 제조하는 의약외품 제조업자는 제조소마다 식품의약품안전처장의 승인을 받은 기술자를 두고 그 제조 업무를 관리하게 하여야 한다. 다만, 제조업자 자신이 식품의약품안전처장의 승인을 받은 기술자로서 제조 업무를 관리하는 제조소는 따로 기술자를 두지 아니하여도 된다.
③ 의약품등의 제조업자는 제1항 또는 제2항에 따라 의약품등의 제조 업무를 관리하는 자(이하 "제조관리자"라 한다)를 두려는 경우에는 총리령으로 정하는 바에 따라 식품의약품안전처장에게 신고하여야 한다.
④ 식품의약품안전처장은 제3항에 따른 신고를 받은 경우에는 그 내용을 검토하여 이 법에 적합하면 신고를 수리하여야 한다.(2019.1.15 본항신설)
(2015.1.28 본조제목개정)
(2013.3.23 본조개정)
제37조【의약품등의 제조 관리의무】 ① 제조관리자는 의약품등의 제조 업무에 종사하는 종업원에 대한 지도·감독, 품질 관리 및 제조 시설 관리, 그 밖에 의약품등의 제조 관리에 관하여 총리령으로 정하는 사항을 지켜야 한다.(2013.3.23 본항개정)
② 제조관리자는 해당 제조소의 제조 관리 업무 외의 업무에 종사할 수 없다.
③ 의약품등의 제조업자 또는 품목허가를 받은 자는 제조관리자의 관리 업무를 방해하여서는 아니 되며, 제조관리자가 업무 수행을 위하여 필요한 사항을 요청하면 정당한 사유 없이 그 요청을 거부하여서는 아니 된다.(2007.10.17 본항개정)
제37조의2【제조관리자 등에 대한 교육】 ① 제조관리자는 의약품등의 안전성·유효성 확보 및 제조·품질관리에 관한 교육을 정기적으로 받아야 한다.
② 식품의약품안전처장은 국민건강상 위해를 방지하기 위하여 필요한 경우 제조관리자에게 제1항에 따른 교육을 받을 것을 명할 수 있다.(2013.3.23 본항개정)
③ 제조관리자(제40조제1항제3호에 따라 제조관리자를 변경신고한 경우에는 그 변경된 제조관리자를 포함한다)는 제조 관리 업무를 시작하는 날부터 6개월 이내에 제1항에 따른 교육을 받아야 한다. 다만, 제조관리자가 되기 전 2년 이내에 해당 교육을 받은 자는 그러하지 아니하다.(2016.12.2 본문개정)
④ 식품의약품안전처장은 제1항부터 제3항까지의 규정에 따른 교육을 실시하기 위하여 관련 전문단체 또는 기관을 교육실시기관으로 지정·고시할 수 있다.(2013.3.23 본항개정)
⑤ 제4항에 따라 지정된 교육실시기관(이하 "제조관리자 교육실시기관"이라 한다)은 교육을 한 경우 교육 수료증을 발급하고 교육에 관한 기록을 작성·보관하는 등 총리령으로 정하는 사항을 지켜야 한다.(2015.1.28 본항신설)
⑥ 제1항부터 제5항까지에서 규정한 사항 외에 교육의 내용·시간·방법 및 교육비 등 제조관리자의 교육에 필요한 사항과 제조관리자 교육실시기관의 지정 요건 및 절차, 운영, 지정취소 등에 필요한 사항은 총리령으로 정한다.(2015.1.28 본항개정)
(2011.6.7 본조신설)
제37조의3【의약품의 시판 후 안전관리】 ① 품목허가를 받은 자는 총리령으로 정하는 바에 따라 의사·약사 또는 한약사를 두고 신약 등의 위해성 관리, 의약품의 재평가, 부작용 보고 등 시판 후 안전관리업무를 하여야 한다. 다만, 동물용으로만 사용할 것을 목적으로 하는 의약품의 품목허가를 받은 자는 수의사를 두고 시판 후 안전관리업무를 할 수 있다.
(2024.2.20 본문개정)
② 제1항에 따른 안전관리업무를 실시하는 자(이하 "안전관리책임자"라 한다)는 유통 중인 의약품의 안전관리에 관하여 총리령으로 정하는 사항을 준수하여야 한다.
(2013.3.23 본조개정)
제37조의4【안전관리책임자에 대한 교육】 ① 안전관리책임자는 제37조의3제1항에 따른 안전관리업무에 관한 교육을 정기적으로 받아야 한다.
② 식품의약품안전처장은 국민건강상 위해를 방지하기 위하여 필요한 경우에는 안전관리책임자에게 제1항에 따른 교육을 정기적으로 받는 것 외에 수시로 교육을 받을 것을 명할 수 있다.
③ 안전관리책임자(제40조제1항제3호에 따라 안전관리책임자를 변경신고한 경우에는 그 변경된 안전관리책임자를 포함한다)는 안전관리업무를 시작하는 날부터 6개월 이내에 제1항에 따른 교육을 받아야 한다. 다만, 안전관리책임자가 되기 전 2년 이내에 해당 교육을 받은 자는 그러하지 아니하다.(2016.12.2 본문개정)
④ 식품의약품안전처장은 제1항부터 제3항까지에 따른 교육을 실시하기 위하여 관련 전문단체·기관을 교육기관으로 지정할 수 있다.
⑤ 제4항에 따른 교육기관은 교육을 실시한 경우 총리령으로 정하는 바에 따라 수료자에 대한 교육 수료증을 발급하고 교육에 관한 기록을 작성·보관하여야 한다.
⑥ 제1항부터 제4항까지에서 규정한 사항 외에 교육의 내용·시간·방법 및 교육비 등 교육에 필요한 사항과 교육기관의 지정, 운영, 지정 취소 등에 필요한 사항은 총리령으로 정한다.
(2014.3.18 본조신설)
제38조【의약품등의 생산 관리의무 및 보고】 ① 의약품등의 제조업자 또는 의약품의 품목허가를 받은 자는 자가(自家)시험을 포함한 의약품등의 제조 및 품질관리 기준(이하 "제조 및 품질관리기준"이라 한다), 그 밖의 생산 관리에 관하여 총리령으로 정하는 사항을 지켜야 한다.(2022.6.10 본항개정)
② 의약품의 품목허가를 받은 자 또는 의약외품의 제조업자는 총리령으로 정하는 바에 따라 의약품등의 생산 실적 등을 식품의약품안전처장 또는 제47조의3제1항에 따른 의약품관리종합정보센터의 장에게 보고하여야 한다.(2016.12.2 본항개정)
제38조의2【제조 및 품질관리기준에 대한 적합판정】 ① 의약품등의 제조업자는 의약품등을 제조하여 판매하려는 경우에는 총리령으로 정하는 바에 따라 제형 또는 제조방법별로 제38조제1항에 따른 제조 및 품질관리기준에 적합하다는 식품의약품안전처의 판정(이하 "적합판정"이라 한다)을 받아야 한다.
② 제1항에 따라 적합판정을 받은 사항을 변경하려는 때에는 변경적합판정을 받아야 한다. 다만, 총리령으로 정하는 경미한 사항을 변경하고자 하는 경우에는 그러하지 아니하다.
③ 제1항 또는 제2항에 따라 적합판정 또는 변경적합판정을 받으려는 의약품등의 제조업자는 총리령으로 정하는 바에 따라 제조 및 품질관리에 관한 자료를 제출하여야 한다.
④ 제1항에 따른 적합판정의 유효기간은 적합판정을 받은 날부터 3년으로 한다. 다만, 이미 적합판정을 받은 제조소에서 다른 제형 또는 제조방법에 대하여 적합판정을 받으려는 경우 그 유효기간은 이미 받은 적합판정의 유효기간의 남은 기간으로 할 수 있다.
(2022.6.10 본조신설)
제38조의3【적합판정 확인·조사 등】 ① 식품의약품안전처장은 적합판정을 받은 의약품등의 제조업자에 대하여 적합판정의 유효기간 만료 전에 제조 및 품질관리기준 준수 여부를 확인·조사(이하 이 조에서 "정기조사"라 한다)하여야 한다. 다만, 식품의약품안전처장이 필요하다고 인정하는 경우에는 수시로 확인·조사할 수 있다.
② 식품의약품안전처장은 제1항에 따른 정기조사 결과 적합하다고 판단하는 경우 적합판정의 유효기간을 3년의 범위에서 연장할 수 있다.
③ 식품의약품안전처장은 제1항에 따른 확인·조사의 결과 다음 각 호의 어느 하나에 해당하는 경우 총리령으로 정하는 바에 따라 해당 의약품등의 적합판정을 취소하거나 시정명령 등 필요한 조치를 명할 수 있다. 다만, 의약품등의 제조업자가 제1호에 해당하는 경우에 그 적합판정을 취소하여야 한다.
1. 거짓이나 그 밖의 부정한 방법으로 적합판정 또는 변경적합판정을 받은 경우
2. 적합판정을 받은 이후 반복적으로 의약품등의 제조 및 품질관리에 관한 기록을 거짓으로 작성하거나 잘못 작성하여 의약품등을 판매하는 경우
3. 그 밖에 제조 및 품질관리기준에 관한 사항 중 총리령으로 정하는 사항을 지키지 아니한 경우

④ 식품의약품안전처장은 제3항에 따라 적합판정이 취소된 의약품등이 환자의 치료 등에 필수적인 의약품등으로서 대체 가능한 의약품등이 없다고 인정되는 품목인 경우에는 제38조의2 제1항에도 불구하고 식품의약품안전처장이 정하는 기간 동안 적합판정 없이 해당 품목을 제조하여 판매하도록 할 수 있다.
⑤ 제1항에 따른 확인·조사에 필요한 사항은 총리령으로 정한다.
(2022.6.10 본조신설)

제38조의4【의약품등의 제조·품질관리 조사관】 ① 식품의약품안전처장은 제조 및 품질관리기준의 준수 여부를 조사·평가하기 위하여 다음 각 호에 해당하는 사람 중 제38조의5에 따른 제조 및 품질관리기준 교육·훈련 과정을 이수한 사람을 의약품등의 제조·품질관리 조사관(이하 "제조·품질관리 조사관"이라 한다)으로 임명한다.
1. 제78조에 따른 약사감시원
2. 식품의약품안전처 소속 직원 중 제조 및 품질관리기준과 관련하여 전문지식과 경험이 있다고 식품의약품안전처장이 인정하는 사람

② 식품의약품안전처장은 제조·품질관리 조사관으로 하여금 의약품등을 제조·저장 또는 취급하는 공장·창고·점포나 사무소(제42조제7항에 따른 해외제조소를 포함한다), 그 밖에 조사의 필요성이 있다고 인정되는 장소에 출입하여 관련 장부나 서류, 그 밖의 물건을 조사하거나 관계인에게 질문을 하게 할 수 있다. 이 경우 제조·품질관리 조사관은 그 권한을 표시하는 증표 및 조사기간, 조사범위, 조사 담당자, 관계 법령 등 대통령령으로 정하는 사항이 기재된 서류를 지니고 이를 관계인에게 내보여야 한다.
③ 제조·품질관리 조사관의 자격 및 업무 범위, 그 밖에 필요한 사항은 총리령으로 정한다.
④ 제2항에 따른 조사 또는 질문의 절차·방법 등에 관하여는 이 법에서 정하는 사항을 제외하고는 「행정조사기본법」에서 정하는 바에 따른다.
(2022.6.10 본조신설)

제38조의5【제조·품질관리 조사관의 교육 등】 ① 식품의약품안전처장은 제38조의4제1항 각 호에 해당하는 사람에 대하여 정기적으로 제조 및 품질관리기준에 관한 교육·훈련을 실시할 수 있다.
② 식품의약품안전처장은 제1항에 따른 교육·훈련을 전문적으로 수행하기 위하여 제조·품질관리기준 교육·훈련기관을 지정하여 교육·훈련의 실시를 위탁할 수 있다.
③ 제1항에 따른 교육·훈련 과정과 제2항에 따른 교육·훈련기관의 지정 및 위탁 등에 필요한 사항은 총리령으로 정한다.
(2022.6.10 본조신설)

제38조의6【의약품 식별표시】 ① 식품의약품안전처장이 정하여 고시하는 제형에 해당하는 의약품의 품목허가를 받은 자는 해당 의약품이 다른 의약품과 구별될 수 있도록 표시(이하 "식별표시"라 한다)를 하여야 하며, 해당 식별표시를 총리령으로 정하는 바에 따라 식품의약품안전처장에게 등록한 후 시판하여야 한다.
② 제1항에 따라 식별표시를 등록한 자가 식별표시를 변경하는 경우에는 식품의약품안전처장에게 변경등록을 하여야 한다.
③ 식품의약품안전처장은 제1항 및 제2항에 따른 식별표시 등록 업무를 제67조에 따라 설립된 법인이나 대통령령으로 정하는 관련 전문기관에 위탁할 수 있다.
④ 제1항부터 제3항까지의 규정에 따른 식별표시 방법, 등록 절차 등 식별표시 제도 운영에 필요한 사항은 총리령으로 정한다.
(2015.1.28 본조신설)

제39조【위해의약품등의 회수】 ① 다음 각 호의 어느 하나에 해당하는 자는 의약품등이 제53조제1항·제61조(제66조에서 준용하는 경우를 포함한다) 또는 제62조(제66조에서 준용하는 경우를 포함한다)에 위반되어 안전성·유효성에 문제가 있는 사실을 알게 되면 지체 없이 유통 중인 의약품등을 회수하거나 회수에 필요한 조치를 하여야 한다. 이 경우 제1호부터 제3호까지의 어느 하나에 해당하는 자는 미리 식품의약품안전처장에게 회수 계획을 보고하여야 한다.
1. 의약품의 품목허가를 받은 자
2. 의약외품의 제조업자
3. 제42조제2항에 따른 의약품등의 수입자
4. 의약품등의 판매업자
5. 약국개설자
6. 의료기관의 개설자
7. 그 밖에 이 법 또는 다른 법률에 따라 의약품을 판매하거나 취급할 수 있는 자 중 총리령으로 정하는 자

(2015.1.28 본항개정)
② 식품의약품안전처장, 시·도지사 또는 시장·군수·구청장은 제1항에 따른 회수 또는 회수에 필요한 조치를 성실히 이행한 의약품의 품목허가를 받은 자, 의약외품의 제조업자 또는 의약품등의 수입자, 약국개설자, 의약품의 판매업자에 대하여 총리령으로 정하는 바에 따라 제76조에 따른 행정처분을 감면할 수 있다.
③ 제1항에 따른 의약품등의 회수에 필요한 위해성 등급 및 평가 기준, 회수 계획 또는 회수 절차, 회수의약품등의 폐기 및 사후조치 등에 필요한 사항은 총리령으로 정한다.
(2013.3.23 본조개정)

제40조【폐업 등의 신고】 ① 의약품등의 제조업자 또는 품목허가를 받은 자가 다음 각 호의 어느 하나에 해당하는 경우에는 7일 이내에 식품의약품안전처장에게 그 사실을 신고하여야 한다. 다만, 휴업기간이 1개월 미만인 경우에는 신고하지 아니할 수 있다.(2016.12.2 본문개정)
1. 제조소 또는 위탁제조판매업소를 폐업 또는 휴업하는 경우
2. 휴업한 제조소 또는 위탁제조판매업소를 다시 연 경우
3. 제조관리자·안전관리책임자와 그 밖에 총리령으로 정하는 사항이 변경된 경우(2013.3.23 본호개정)

② 의약품등의 제조업자 또는 품목허가를 받은 자가 제1항에 따라 폐업 또는 휴업의 신고를 하려면 제39조에 따라 유통 중인 의약품등을 회수하거나 회수에 필요한 조치를 하는 등 총리령으로 정하는 바에 따라 필요한 조치를 하여야 한다.
(2016.12.2 본항신설)
③ 의약품등의 제조업자 또는 품목허가를 받은 자가 제1항제2호에 따른 재개업 신고를 할 때에는 의약품등 제조소의 시설 점검결과, 의약품등 보유 현황 등 총리령으로 정하는 서류 또는 자료를 첨부하여 식품의약품안전처장에게 제출하여야 한다. 다만, 식품의약품안전처장은 휴업 기간이 1년 미만인 의약품등의 제조업자 또는 품목허가를 받은 자가 재개업 신고를 할 때에는 서류 또는 자료의 제출 의무를 면제할 수 있다.
(2016.12.2 본항신설)
④ 식품의약품안전처장은 제1항에 따른 신고를 받은 경우에는 그 내용을 검토하여 이 법에 적합하면 신고를 수리하여야 한다.(2019.1.15 본항신설)
(2007.10.17 본조개정)

제41조【약국제제의 제조】 ① 약국개설자가 약국제제를 제조하거나 보건복지부장관이 지정하는 의료기관의 조제실에서 제제를 제조하려면 보건복지부장관과 협의하여 총리령으로 정하는 바에 따라 제조하려는 품목을 시장·군수·구청장에게 신고하여야 한다. 다만, 「의료법」에 따라 시·도지사의 허가를 받아 개설한 의료기관의 조제실에서 제제를 제조하려는 경우에는 시·도지사에게 신고하여야 한다.
② 시장·군수·구청장 또는 시·도지사는 제1항에 따른 신고를 받은 경우에는 그 내용을 검토하여 이 법에 적합하면 신고를 수리하여야 한다.(2019.1.15 본항신설)
③ 약국제제 및 조제실제제의 범위·조제실 시설, 그 밖에 필요한 사항은 보건복지부장관과 협의하여 총리령으로 정한다.
(2013.3.23 본조개정)

제2절 의약품등의 수입허가 등

제42조【의약품등의 수입허가 등】 ① 의약품등의 수입을 업으로 하려는 자는 총리령으로 정하는 바에 따라 식품의약품안전처장에게 수입업 신고를 하여야 하며, 총리령으로 정하는 바에 따라 품목마다 식품의약품안전처장의 허가를 받거나 신고를 하여야 한다. 허가받은 사항 또는 신고한 사항을 변경하려

는 경우에도 또한 같다.(2015.1.28 전단개정)
② 제1항에도 불구하고 국방부장관 또는 제1항 전단에 따라 수입업 신고를 한 자(이하 "수입자"라 한다)는 다음 각 호의 어느 하나에 해당하는 경우에는 해당 의약품등에 대하여 제1항에 따른 품목별 허가를 받거나 신고를 하지 아니하고 수입할 수 있다.(2015.1.28 본문개정)
1. 국방부장관이 긴급히 군사 목적에 사용하기 위하여 국내에서 생산되지 아니하는 의약품등을 미리 식품의약품안전처장과 품목 및 수량에 대한 협의를 거쳐 수입하려는 경우
(2013.3.23 본호개정)
2. 수입자가 의약품등의 제조를 위하여 원료의약품을 수입하거나 임상시험용 의약품 등 총리령으로 정하는 의약품등을 수입하려는 경우(2013.3.23 본호개정)
③ 수입자는 대통령령으로 정하는 시설 기준에 따라 영업소 등 필요한 시설을 갖추어야 한다.(2015.1.28 본항개정)
④ 다음 각 호의 어느 하나에 해당하는 자는 제1항에 따른 수입업 신고를 할 수 없다. 법인의 경우 그 대표자가 다음 각 호의 어느 하나에 해당하는 경우에도 또한 같다.
1. 제5조 각 호의 어느 하나에 해당하는 자
2. 제76조에 따라 영업소가 폐쇄된 날부터 1년이 지나지 아니한 자. 다만, 다음 각 목의 어느 하나에 해당하는 경우는 제외한다.(2017.10.24 단서신설)
가. 제5조제1호 또는 제3호에 해당하여 폐쇄된 후 정신건강의학과 전문의가 약사(藥事)에 관한 업무를 담당하는 것이 적합하다고 인정한 경우
나. 제5조제2호에 해당하여 폐쇄된 후 가정법원의 성년후견·한정후견 종료의 심판을 받은 경우
(2017.10.24 가목~나목신설)
3. 파산선고를 받고 복권되지 아니한 자
(2015.1.28 본항신설)
⑤ 제1항에 따라 수입되는 의약품등 또는 그 수입자에 관하여는 제31조제7항, 같은 조 제10항부터 제16항까지, 제31조의2, 제31조의5, 제31조의6, 제32조의2, 제33조, 제35조제2항부터 제4항까지, 제35조의2부터 제35조의6까지, 제36조, 제37조, 제37조의2부터 제37조의4까지, 제38조, 제38조의4부터 제38조의6까지, 제40조, 제50조의2부터 제50조의10까지, 제69조의3 및 제75조를 준용한다. 이 경우 "제조" 또는 "생산"은 각각 "수입"으로, "제조업자" 또는 "품목허가를 받은 자"는 각각 "수입자"로, "제조소 또는 위탁제조판매업소"는 각각 "영업소"로 본다.
(2024.2.20 전단개정)
⑥ 식품의약품안전처장은 제1항에 따른 신고를 받은 경우에는 그 내용을 검토하여 이 법에 적합하면 신고를 수리하여야 한다.(2019.1.15 본항신설)
⑦ 수입자는 다음 각 호의 어느 하나에 해당하는 의약품등 중 총리령으로 정하는 의약품등을 수입하려면 그 해외제조소(의약품 등의 제조 및 품질관리를 하는 해외에 소재하는 시설을 말한다. 이하 같다)의 명칭 및 소재지를 총리령으로 정하는 사항을 식품의약품안전처장에게 등록하여야 한다.(2021.7.20 본문개정)
1. 제1항에 따라 품목별 허가를 받거나 신고를 한 의약품등
2. 제2항제2호에 따른 의약품등의 제조를 위하여 수입하는 원료의약품
3. 제31조의2제4항에 따라 등록된 원료의약품(이 조 제5항에서 준용하는 경우로 한정한다)
(2021.7.20 1호~3호신설)
⑧ 수입자는 제7항에 따라 등록한 사항 중 총리령으로 정하는 사항을 변경하려는 경우에는 식품의약품안전처장에게 변경등록을 하여야 하며, 총리령으로 정하는 사항 외의 사항을 변경한 경우에는 식품의약품안전처장에게 신고하여야 한다.
(2019.1.15 본항개정)
⑨ 제1항에 따른 수입업 신고나 품목 허가 또는 신고의 대상·기준·조건 및 관리와 제7항 및 제8항에 따른 등록·변경등록·변경신고의 절차·방법 등에 관하여 필요한 사항은 총리령으로 정한다.(2019.1.15 본항개정)
제43조【멸종 위기에 놓인 야생 동·식물의 국제교역 등】 ① 「멸종 위기에 놓인 야생 동·식물의 국제거래에 관한 협약」에 따른 동·식물의 가공품 중 의약품을 수출·수입 또는 공해(公海)를 통하여 반입하려는 자는 총리령으로 정하는 바에 따라 식품의약품안전처장의 허가를 받아야 한다.(2013.3.23 본항개정)
② 누구든지 멸종 위기에 놓인 야생동물을 이용한 가공품인 코뿔소 뿔 또는 호랑이 뼈에 대하여 다음 각 호의 행위를 하여서는 아니 된다.
1. 코뿔소 뿔 또는 호랑이 뼈를 수입·판매하거나 판매할 목적으로 저장 또는 진열하는 행위
2. 코뿔소 뿔 또는 호랑이 뼈를 사용하여 의약품을 제조 또는 조제하는 행위
3. 코뿔소 뿔 또는 호랑이 뼈를 사용하여 제조 또는 조제된 의약품을 판매하거나 판매할 목적으로 저장 또는 진열하는 행위

제3절 의약품등의 판매업

제44조【의약품 판매】 ① 약국 개설자(해당 약국에 근무하는 약사 또는 한약사를 포함한다. 제47조, 제48조 및 제50조에서도 같다)가 아니면 의약품을 판매하거나 판매할 목적으로 취득할 수 없다. 다만, 의약품의 품목허가를 받은 자 또는 수입자가 그 제조 또는 수입한 의약품을 이 법에 따라 의약품을 제조 또는 판매할 수 있는 자에게 판매하는 경우와 약학을 전공하는 대학의 학생이 보건복지부령으로 정하는 범위에서 의약품을 판매하는 경우에는 그러하지 아니하다.
(2015.12.29 단서개정)
② 제1항에도 불구하고 다음 각 호의 어느 하나에 해당하는 자는 의약품을 판매하거나 판매할 목적으로 의약품을 취득할 수 있다.
1. 제91조에 따라 설립된 한국희귀·필수의약품센터(2016.12.2 본호개정)
1의2. 제44조의2에 따라 등록한 안전상비의약품 판매자(제44조의2제1항에 따른 안전상비의약품을 판매하는 경우만 해당한다)(2012.5.14 본호신설)
2. 제45조에 따라 허가를 받은 한약업사 및 의약품 도매상
제44조의2【안전상비의약품 판매자의 등록】 ① 안전상비의약품(일반의약품 중 주로 가벼운 증상에 시급하게 사용하며 환자 스스로 판단하여 사용할 수 있는 것으로서 해당 품목의 성분, 부작용, 함량, 제형, 인지도, 구매의 편의성 등을 고려하여 20개 품목 이내의 범위에서 보건복지부장관이 정하여 고시하는 의약품을 말한다. 이하 같다)을 약국이 아닌 장소에서 판매하려는 자는 시장·군수·구청장에게 안전상비의약품 판매자로 등록하여야 한다.
② 제1항에 따라 안전상비의약품 판매자로 등록하려는 자는 24시간 연중 무휴(無休) 점포를 갖춘 자로서 지역 주민의 이용편리성, 위해의약품의 회수 용이성 등을 고려하여 보건복지부령으로 정하는 등록기준을 갖추어야 한다.
③ 안전상비의약품 판매자는 등록한 사항 중 보건복지부령으로 정하는 사항을 변경하려면 시장·군수·구청장에게 변경등록을 하여야 한다.
④ 안전상비의약품 판매자는 안전상비의약품의 판매 업무를 폐업 또는 휴업하거나 휴업 이후 그 업무를 재개한 경우에는 시장·군수·구청장에게 신고하여야 한다. 다만, 휴업기간이 1개월 미만인 경우에는 그러하지 아니하다.
⑤ 제1항부터 제3항까지에 따른 등록, 변경등록 등에 필요한 사항과 제4항에 따른 폐업·휴업·재개 신고의 방법, 절차 등에 관하여 필요한 사항은 보건복지부령으로 정한다.
(2012.5.14 본조신설)
제44조의3【안전상비의약품 판매자의 교육】 ① 제44조의2제1항에 따라 안전상비의약품 판매자로 등록하려는 자는 미리 안전상비의약품의 안전성 확보와 품질관리에 관한 교육을 받아야 한다.
② 보건복지부장관은 국민건강상 위해를 방지하기 위하여 필요하다고 인정하는 경우에는 안전상비의약품 판매자(종업원을 포함한다)에게 안전상비의약품의 안전성 확보와 품질관리에 관한 교육을 받을 것을 명할 수 있다.

③ 보건복지부장관은 제1항 및 제2항에 따른 교육을 실시하기 위하여 관련 단체 또는 기관을 교육기관으로 지정할 수 있다.
④ 제1항 및 제2항에 따른 교육의 내용, 시간, 방법, 절차, 교육비 등에 관하여 필요한 사항과 제3항에 따른 교육기관의 지정, 운영, 지정취소 등에 필요한 사항은 보건복지부령으로 정한다.
(2012.5.14 본조신설)

제44조의4【안전상비의약품 판매자의 준수사항】 안전상비의약품 판매자는 다음 각 호의 사항을 지켜야 한다.
1. 안전상비의약품이 보건위생상 위해가 없고 그 효능이 떨어지지 아니하도록 시설과 안전상비의약품을 관리할 것
2. 보건위생과 관련된 사고가 일어나지 아니하도록 종업원을 철저히 감독할 것
3. 1회 판매 수량 제한, 연령에 따른 판매 제한 등 판매 시 안전관리에 관하여 보건복지부령으로 정하는 사항을 지킬 것
4. 그 밖에 제1호부터 제3호까지의 사항에 준하는 사항으로서 보건복지부령으로 정하는 사항을 지킬 것

(2012.5.14 본조신설)

제44조의5【안전상비의약품 판매자의 지위 승계】 ① 안전상비의약품 판매자가 영업을 양도한 경우에 그 양수인이 종전의 안전상비의약품 판매자의 지위를 승계하려는 경우에는 그 양도일부터 1개월 이내에 보건복지부령으로 정하는 바에 따라 그 사실을 시장·군수·구청장에게 신고하여야 한다.
② 시장·군수·구청장은 제1항에 따른 신고를 받은 경우에는 그 내용을 검토하여 이 법에 적합하면 신고를 수리하여야 한다. 다만, 시장·군수·구청장은 양수인이 제44조의2제2항에 따른 등록기준을 갖추지 아니하거나 제44조의3제1항에 따른 안전상비의약품의 안전성 확보와 품질관리에 관한 교육을 받지 아니한 경우에는 신고를 수리하여서는 아니 된다.
③ 제1항에 따른 신고가 수리된 경우에는 양수인은 그 양수일부터 종전의 안전상비의약품 판매자의 지위를 승계한다.
(2020.4.7 본조신설)

제44조의6【준용】 ① 제39조제1항, 제47조제1항, 제50조제1항 및 제3항, 제56조제2항, 제68조의7, 제69조, 제71조, 제72조제2항은 제44조의2제1항에 따라 등록한 안전상비의약품 판매자에 준용한다. 이 경우 "약국개설자"는 "제44조의2제1항에 따라 등록한 안전상비의약품 판매자"로 보고, 제50조제3항 중 "일반의약품"은 "제44조의2제1항에 따른 안전상비의약품"으로 본다.
② 제47조의3제2항은 제44조의2제1항에 따라 등록한 안전상비의약품 판매자에게 준용한다. 이 경우 "약국"은 "안전상비의약품 판매자"로 본다.(2016.12.2 전단개정)
(2012.5.14 본조신설)

제45조【의약품 판매업의 허가】 ① 제44조제2항제2호에 따른 한약업사 및 의약품 도매상이 되려는 자는 보건복지부령으로 정하는 바에 따라 시장·군수·구청장의 허가를 받아야 한다. 허가 받은 사항을 변경할 경우에도 또한 같다.(2011.6.7 전단개정)
② 제1항에 따라 허가를 받으려는 한약업사 또는 의약품 도매상은 다음 각 호의 구분과 같이 시설을 갖추어야 한다.
1. 한약업사는 영업소와 그 밖에 대통령령으로 정하는 기준에 맞는 시설
2. 의약품 도매상은 영업소와 창고 및 그 밖에 대통령령으로 정하는 기준에 맞는 시설. 이 경우 창고의 면적은 165제곱미터 이상이어야 한다. 다만, 수입의약품·시약·원료의약품만을 취급하는 경우에는 창고의 면적이 66제곱미터 이상이어야 하고, 동물용의약품만을 취급하는 경우에는 창고의 면적이 33제곱미터 이상이어야 하며, 한약·의료용고압가스 및 방사성의약품만을 취급하는 경우에는 창고의 면적기준을 적용하지 아니한다.(2015.1.28 후단개정)

(2011.3.30 본항개정)
③ 제1항에 따른 한약업사는 보건복지부령이 정하는 지역에 한정하여 대통령령으로 정하는 한약업사시험에 합격한 자에게 허가한다.(2010.1.18 본항개정)
④ 제1항에 따라 허가를 받은 한약업사는 환자가 요구하면 기존 한약서에 실린 처방 또는 한의사의 처방전에 따라 한약을 혼합 판매할 수 있다.
⑤ 제1항에 따라 허가를 받은 의약품 도매상은 약사를 두고 업무를 관리하게 하여야 하며, 한약 도매상은 다음 각 호의 어느 하나에 해당하는 자를 두고 업무를 관리하게 하여야 한다. 다만, 의약품 도매상 자신이 약사로서 업무를 직접 관리하거나, 한약 도매상이 다음 각 호의 어느 하나에 해당한 자로서 업무를 직접 관리하는 경우에는 그러하지 아니하다.
1. 약사
2. 한약사
3. 한약업사
4. 보건복지부장관이 인정하는 대학의 한약 관련 학과를 졸업한 자(2010.1.18 본호개정)

⑥ 의약품 도매상 및 한약 도매상은 제5항에 따라 업무를 관리하는 자를 두려는 경우에는 보건복지부령으로 정하는 바에 따라 시장·군수·구청장에게 신고하여야 한다. 이 경우 시장·군수·구청장은 그 내용을 검토하여 이 법에 적합하면 신고를 수리하여야 한다.(2019.1.15 후단신설)
⑦ 제1항에 따른 허가의 기준, 조건 및 관리에 필요한 사항은 보건복지부령으로 정한다.(2010.1.18 본항개정)
⑧ 제5항에도 불구하고 보건복지부령으로 정하는 요건을 갖춘 다른 의약품 도매상에 의약품의 보관·배송 등 유통관리 업무를 위탁하는 경우에는 제5항에 따른 업무관리자를 두지 아니할 수 있다. 다만, 이 경우 해당 유통관리 업무를 위탁받는 자는 보건복지부령으로 정하는 바에 따라 제5항에 따른 업무관리자를 두어야 한다.(2015.12.29 본항신설)

제46조【한약업사 또는 의약품 도매상 허가의 결격사유】 다음 각 호의 어느 하나에 해당하는 자에게는 한약업사 또는 의약품 도매상의 허가를 하지 아니한다.
1. 제5조 각 호의 어느 하나에 해당하는 자
2. 제76조에 따라 허가가 취소된 후 1년이 지나지 아니한 자
3. 의료기관의 개설자(의료기관이 법인인 경우에는 그 임원 및 직원) 또는 약국개설자(2011.6.7 본호개정)
4. 파산선고를 받고 복권되지 아니한 자

제46조의2【의약품 판촉영업자 신고】 ① 의약품의 품목허가를 받은 자, 수입자 또는 의약품 도매상(이하 "의약품공급자"라 한다)으로부터 의약품의 판매촉진 업무를 위탁받아 수행하려는 자(위탁된 판매촉진 업무를 다시 위탁받아 수행하려는 자도 포함한다)는 보건복지부령으로 정하는 기준에 따라 특별자치시장·특별자치도지사·시장·군수·구청장(자치구의 구청장을 말한다. 이하 같다)에게 신고하여야 한다. 신고한 사항 중 보건복지부령으로 정하는 중요한 사항을 변경하려는 경우에도 또한 같다.
② 제1항에 따라 신고한 자(이하 "의약품 판촉영업자"라 한다)가 다음 각 호의 어느 하나에 해당하는 경우에는 보건복지부령으로 정하는 바에 따라 특별자치시장·특별자치도지사·시장·군수·구청장에게 신고하여야 한다. 다만, 휴업기간이 1개월 미만인 경우에는 그러하지 아니하다.
1. 폐업 또는 휴업하려는 경우
2. 휴업 후 그 업을 재개하려는 경우

③ 다음 각 호의 어느 하나에 해당하는 자의 의약품 판촉영업자 신고는 수리하지 아니한다.
1. 제5조 각 호의 어느 하나에 해당하는 자
2. 제76조에 따라 허가가 취소된 후 1년이 지나지 아니한 자
3. 의료기관의 개설자와 종사자(의료기관이 법인인 경우에는 그 임원 및 직원, 법인이 아닌 경우 그 종사자를 포함한다) 또는 약국개설자

(2024.12.20 본항개정)
④ 특별자치시장·특별자치도지사·시장·군수·구청장은 제1항에 따른 신고를 받거나 제2항에 따른 폐업, 휴업 또는 영업 재개의 신고를 받은 날부터 3일 이내에 신고수리 여부를 신고인에게 통지하여야 한다.
⑤ 특별자치시장·특별자치도지사·시장·군수·구청장이 제4항에서 정한 기간 내에 신고수리 여부 또는 민원 처리 관련 법령에 따른 처리기간의 연장을 신고인에게 통지하지 아니하면 그 기간(민원 처리 관련 법령에 따라 처리기간이 연장 또는 재연장된 경우에는 해당 처리기간을 말한다)이 끝난 날의 다음 날에 신고를 수리한 것으로 본다.
(2023.4.18 본조신설)

제46조의3【의약품 판촉영업자에 대한 교육】 ① 의약품 판촉영업자(법인의 대표자나 이사, 그 밖에 이에 종사하는 자를 포함하고, 법인이 아닌 경우 그 종사자를 포함한다)는 의약품의 판매질서 등에 관한 교육을 받아야 한다.
② 보건복지부장관은 제1항에 따른 교육을 실시하기 위하여 관련 단체 또는 기관을 교육기관으로 지정할 수 있다.
③ 보건복지부장관은 제2항에 따라 지정된 교육기관이 다음 각 호의 어느 하나에 해당하는 경우 그 지정을 취소할 수 있다. 다만, 제1호 또는 제2호에 해당하는 경우에는 그 지정을 취소하여야 한다.
1. 거짓이나 그 밖의 부정한 방법으로 지정을 받은 경우
2. 정당한 사유 없이 6개월 이상 교육과정을 개설하지 아니한 경우
3. 정당한 사유 없이 3개월 이상 교육을 중단하는 등 교육기관을 적정하게 운영하지 아니한 경우
4. 거짓이나 그 밖의 부정한 방법으로 교육 이수를 인정한 경우
(2024.12.20 본항개정)
④ 제1항에 따른 교육 내용 및 방법, 제2항에 따른 교육기관의 지정 기준·절차 및 운영 등에 필요한 사항은 보건복지부령으로 정한다.(2024.12.20 본항신설)
(2023.4.18 본조신설)

제47조【의약품등의 판매 질서】 ① 다음 각 호의 어느 하나에 해당하는 자는 의약품등의 유통 체계 확립과 판매 질서 유지를 위하여 다음 사항을 지켜야 한다.
1. 의약품공급자는 다음 각 목의 어느 하나에 해당하는 행위를 할 수 없다.(2023.4.18 본문개정)
  가. 의약품의 소매
  나. 약국개설자, 안전상비의약품 판매자, 한약업사, 법률 제8365호 약사법 전부개정법률 부칙 제5조에 따른 약업사 또는 매약상(이하 "약국등의 개설자"라 한다), 다른 의약품 도매상, 그 밖에 이 법에 따라 의약품을 판매할 수 있는 자 외의 자에게의 의약품 판매
2. 제1호에도 불구하고 의약품공급자는 공익 목적을 위한 경우 등 대통령령으로 정하는 사유에 해당하는 때에는 의약품을 소매하거나 판매할 수 있다.
3. 의약품 도매상 또는 약국등의 개설자는 다음 각 목의 사항을 준수하여야 한다.
  가. 의약품공급자가 아닌 자로부터 의약품을 구입하지 아니할 것. 다만, 폐업하는 약국등의 개설자로부터 의약품을 구입하거나 의사 또는 치과의사가 처방한 의약품이 없어 약국개설자가 다른 약국개설자로부터 해당 의약품을 긴급하게 구입하는 경우에는 그러하지 아니하다.
  나. 의약품 도매상의 경우 제45조제2항에 따라 갖춘 창고 외의 장소에 의약품을 보관하지 아니할 것
4. 의약품공급자, 약국등의 개설자 및 그 밖에 이 법에 따라 의약품을 판매할 수 있는 자는 다음 각 목의 사항을 준수하여야 한다.
  가. 불량·위해 의약품 유통 금지, 의약품 도매상의 의약품 유통품질관리기준 준수 등 의약품등의 안전 및 품질 관련 유통관리에 관한 사항으로서 총리령으로 정하는 사항
  나. 매점매석(買占賣惜) 등 시장 질서를 어지럽히는 행위, 약국의 명칭 등으로 소비자를 유인하는 행위나 의약품의 조제·판매 제한을 넘어서는 행위를 금지하는 등 의약품 유통관리 및 판매질서 유지와 관련한 사항으로서 보건복지부령으로 정하는 사항
(2015.12.29 본항개정)
② 의약품공급자(법인의 대표자나 이사, 그 밖에 이에 종사하는 자를 포함하고, 법인이 아닌 경우 그 종사자를 포함한다. 이하 이 조에서 같다) 및 의약품 판촉영업자(법인의 대표자나 이사, 그 밖에 이에 종사하는 자를 포함하고, 법인이 아닌 경우 그 종사자를 포함한다. 이하 이 조에서 같다)는 의약품 채택·처방유도·거래유지 등 판매촉진을 목적으로 약사·한약사(해당 약국 종사자를 포함한다. 이하 이 조에서 같다)·의료인·의료기관 개설자(법인의 대표자나 이사, 그 밖에 이에 종사하는 자를 포함한다. 이하 이 조에서 같다) 또는 의료기관 종사자에게 경제적 이익등을 제공하거나 약사·한약사·의료인·의료기관 개설자 또는 의료기관 종사자로 하여금 약국 또는 의료기관이 경제적 이익등을 취득하게 하여서는 아니 된다. 다만, 견본품 제공, 학술대회 지원, 임상시험 지원, 제품설명회, 대금결제조건에 따른 비용할인, 시판 후 조사 등의 행위(이하 "견본품 제공등의 행위"라 한다)로서 식품의약품안전처장과 협의하여 보건복지부령으로 정하는 범위 안의 경제적 이익등인 경우에는 그러하지 아니하다.(2024.1.23 본항개정)
③ 의약품공급자는 의약품 판촉영업자가 아닌 자에게 의약품의 판매촉진 업무를 위탁하여서는 아니 된다.(2023.4.18 본항신설)
④ 의약품 판촉영업자가 위탁받은 판매촉진 업무의 전부 또는 일부를 다른 의약품 판촉영업자에게 다시 위탁하는 경우에는 보건복지부령으로 정하는 바에 따라 해당 업무를 위탁한 의약품공급자에게 서면(「전자문서 및 전자거래 기본법」 제2조제1호에 따른 전자문서를 포함한다)으로 그 사실을 알려야 한다.
(2023.4.18 본항신설)
⑤ 의약품 판촉영업자는 의약품공급자를 위하여 선량한 관리자의 주의로 위탁받은 업무를 수행하여야 한다.(2023.4.18 본항신설)
⑥ 약사 또는 한약사는 의약품공급자 및 의약품 판촉영업자(이하 "의약품공급자등"이라 한다)로부터 의약품 채택·처방유도·거래유지 등 판매촉진을 목적으로 제공되는 경제적 이익등을 제공받거나 약국이 경제적 이익등을 취득하게 하여서는 아니 된다. 다만, 견본품 제공등의 행위로서 식품의약품안전처장과 협의하여 보건복지부령으로 정하는 범위 안의 경제적 이익등인 경우에는 그러하지 아니하다.(2023.4.18 본문개정)
⑦ 의약품 도매상은 다음 각 호의 어느 하나에 해당하는 특수한 관계에 있는 의료기관이나 약국에 직접 또는 다른 의약품 도매상을 통하여 의약품을 판매하여서는 아니 된다. 다만, 한약의 경우에는 이를 적용하지 아니한다.
1. 의약품 도매상과 다음 각 목의 어느 하나에 해당하는 특수한 관계에 있는 자(이하 "특수관계인"이라 한다)가 의료기관 개설자 또는 약국개설자인 경우 해당 의료기관 또는 약국
  가. 의약품 도매상이 개인인 경우 그의 2촌 이내의 친족(「민법」 제767조에 따른 친족을 말한다. 이하 같다)
  나. 의약품 도매상이 법인인 경우 해당 법인의 임원 및 그의 2촌 이내의 친족
  다. 의약품 도매상이 법인인 경우 해당 법인을 사실상 지배하고 있는 자(해당 법인의 총출연금액·총발행주식·총출자지분의 100분의 50을 초과하여 출연 또는 소유하는 자 및 해당 법인의 임원 구성이나 사업운영 등에 대하여 지배적인 영향력을 행사하는 자를 말한다. 이하 같다)
  라. 다목의 특수관계인이 법인인 경우 해당 법인의 임원 및 해당 법인을 사실상 지배하고 있는 자
  마. 다목 및 라목의 특수관계인이 개인인 경우 그의 2촌 이내의 친족
  바. 의약품 도매상을 사실상 지배하고 있는 법인
  사. 이 호의 특수관계인이 사실상 지배하고 있는 법인
  아. 의약품 도매상 및 이 호의 특수관계인의 사용인(법인의 경우에는 임원을, 개인의 경우에는 상업사용인 및 고용계약에 의한 피용인을 말한다. 이하 이 조에서 같다)
2. 의료기관 개설자 또는 약국개설자와 다음 각 목의 어느 하나에 해당하는 특수관계인이 의약품 도매상인 경우 해당 의료기관 또는 약국
  가. 의료기관 개설자 또는 약국개설자가 개인인 경우 그의 2촌 이내의 친족
  나. 의료기관 개설자가 법인인 경우 해당 법인의 임원 및 그의 2촌 이내의 친족
  다. 의료기관 개설자가 법인인 경우 해당 법인을 사실상 지배하고 있는 자
  라. 다목의 특수관계인이 법인인 경우 해당 법인의 임원 및 해당 법인을 사실상 지배하고 있는 자
  마. 다목 및 라목의 특수관계인이 개인인 경우 그의 2촌 이내의 친족
  바. 법인인 의료기관을 사실상 지배하고 있는 법인

사. 이 호의 특수관계인이 사실상 지배하고 있는 법인
아. 의료기관 개설자, 약국개설자 또는 이 호의 특수관계인의 사용인
(2011.6.7 본항신설)
⑧ 약국 개설자 또는 의료기관 개설자가 의약품공급자에게 의약품 거래 대금을 지급하는 경우에는 의약품을 수령한 날부터 6개월 이내에 대금을 지급하여야 한다. 다만, 약국 개설자 또는 의료기관 개설자가 의약품공급자에 대하여 거래상 우월적 지위에 있다고 인정되지 아니하는 경우로서 의약품 거래규모 등을 고려하여 보건복지부령으로 정하는 경우에는 그러하지 아니하다.(2015.12.22 본항신설)
⑨ 약국 개설자 또는 의료기관 개설자가 의약품공급자에게 제8항에서 정한 기간이 지난 후에 의약품 거래 대금을 지급하는 경우에는 그 초과기간에 대하여 연 100분의 20 이내에서 「은행법」에 따른 은행이 적용하는 연체금리 등 경제사정을 고려하여 보건복지부장관이 정하여 고시하는 이율에 따른 이자를 지급하여야 한다.(2023.4.18 본항개정)
⑩ 제8항에 따른 의약품 거래 대금을 어음 또는 「하도급거래 공정화에 관한 법률」에 따른 어음대체결제수단으로 지급하는 경우에 대해서는 같은 법 제13조를 준용한다. 이 경우 "원사업자"는 "약국 개설자 또는 의료기관 개설자"로, "수급사업자"는 "의약품공급자"로, "하도급대금"은 "의약품 거래 대금"으로, "60일"은 "6개월"로, "100분의 40"은 "100분의 20"으로, "공정거래위원회"는 "보건복지부"로 본다.(2023.4.18 전단개정)
⑪ 의약품 판촉영업자는 특수한 관계에 있는 의료기관이나 약국에 직접 또는 다른 의약품 판촉영업자를 통하여 의약품 판촉영업을 하여서는 아니 되고, 특수한 관계에 관하여는 제7항제1호 및 제2호를 준용한다. 이 경우 "의약품 도매상"은 "의약품 판촉영업자"로, "판매"는 "판촉영업"으로 본다.(2024.12.20 본항신설)
판례 의약품을 판매하면서 '추석선물 특가'라는 단어를 사용하여 광고한 것은 추석을 맞이하여 의약품을 합리적인 가격에 판매한다는 정보를 소비자에게 제공할 의도였을 뿐이고, 「약사법」 제47조제1항제4호나목 및 「약사법 시행규칙」 제44조제2항제3호바목에서 금지하는 '다른 약국과 판매의약품의 가격을 비교하는 표시·광고'에 해당한다고 볼 수 없다.(헌재결 2021.5.27, 2020헌마1163)

제47조의2 【경제적 이익등 제공 내역에 관한 지출보고서 제출 등】 ① 의약품공급자등은 보건복지부령으로 정하는 바에 따라 매 회계연도 종료 후 3개월 이내에 약사·한약사·의료인·의료기관 개설자 또는 의료기관 종사자에게 제공한 경제적 이익등 내역에 관한 지출보고서를 작성하여 보건복지부령으로 정하는 바에 따라 공개하고, 해당 지출보고서와 관련 장부 및 근거 자료를 5년간 보관하여야 한다.(2023.4.18 본항개정)
② 의약품공급자가 의약품 판촉영업자에게 의약품 판매촉진 업무를 위탁(의약품 판촉영업자가 위탁받은 판매촉진 업무를 다른 의약품 판촉영업자에게 다시 위탁하는 경우를 포함한다)하는 경우 보건복지부령으로 정하는 바에 따라 위탁계약서를 작성하고 해당 위탁계약서 및 관련 근거 자료를 5년간 각자 보관하여야 한다.(2023.4.18 본항신설)
③ 보건복지부장관은 필요하다고 인정하는 경우 제1항에 따른 지출보고서, 관련 장부 및 근거 자료 또는 제2항에 따른 위탁계약서 및 관련 근거 자료의 제출을 요구할 수 있다. 이 경우 의약품공급자등은 정당한 사유가 없으면 이에 따라야 한다.
(2023.4.18 전단개정)
④ 보건복지부장관은 의약품공급자등에 대하여 보건복지부령으로 정하는 바에 따라 지출보고서에 관한 실태조사를 실시하고 그 결과를 공표하여야 한다.(2021.7.20 본항신설)
⑤ 보건복지부장관은 제1항에 따른 공개와 관련된 업무와 제4항에 따른 실태조사업무를 관계 전문기관 또는 단체에 위탁할 수 있다.(2023.4.18 본항개정)

제47조의3 【의약품관리종합정보센터의 지정·운영 등】 ① 보건복지부장관은 의약품의 생산·수입·공급 및 사용내역 등 의약품유통정보의 수집·조사·가공·이용 및 제공을 위하여 대통령령으로 정하는 바에 따라 관계 전문기관 또는 단체를 의약품 유통정보관리기관(이하 "의약품관리종합정보센터"라 한다)으로 지정하여 그 업무를 수행하게 할 수 있다.(2010.1.18 본항개정)
② 의약품 품목허가를 받은 자·수입자 및 의약품 도매상은 의료기관, 약국 및 의약품 도매상에 의약품을 공급한 경우에는 의약품관리종합정보센터에 그 공급 내역을 보건복지부령으로 정하는 바에 따라 제출하여야 한다. 다만, 보건복지부령으로 정하는 바에 따라 공급 내역의 확인이 가능한 방법으로 의약품을 공급한 때에는 이를 생략할 수 있다.
③ 의약품관리종합정보센터는 국가·지방자치단체, 그 밖의 공공단체 등에 대하여 의약품유통정보의 효율적 관리를 위하여 필요한 자료의 제공을 요청할 수 있으며, 자료의 제공을 요청받은 국가·지방자치단체, 그 밖의 공공단체 등은 특별한 사유가 없는 한 이에 응하여야 한다. 이 경우 의약품관리종합정보센터에 제공되는 자료에 대하여는 사용료, 수수료 등을 면제한다.
④ 보건복지부장관 및 식품의약품안전처장은 의약품관리종합정보센터의 장에게 의약품 유통관리현황에 대하여 보고를 명할 수 있다.(2013.3.23 본항개정)
⑤ 보건복지부장관은 의약품관리종합정보센터의 운영에 사용되는 비용의 전부 또는 일부를 지원할 수 있다.(2010.1.18 본항개정)
⑥ 의약품관리종합정보센터의 운영 등에 관하여 필요한 사항은 대통령령으로 정한다.
(2007.10.17 본조신설)

제47조의4 【전문의약품 유통 질서 확립을 위한 특례】 의약품의 소비자는 제44조에 따라 의약품을 판매할 수 있는 자 이외의 자로부터 다음 각 호의 어느 하나에 해당하는 의약품을 취득하여서는 아니 된다.
1. 스테로이드 성분의 주사제
2. 에페드린 성분의 주사제
3. 그 밖에 제1호 및 제2호에 준하는 전문의약품으로서 총리령으로 정하는 의약품
(2021.7.20 본조신설)

제48조 【개봉 판매 금지】 누구든지 제63조에 따라 의약품등 제조업자·품목허가를 받은 자나 수입자가 봉함(封緘)한 의약품의 용기나 포장을 개봉하여 판매할 수 없다. 다만, 다음 각 호의 어느 하나에 해당하는 경우에는 개봉하여 판매할 수 있다.
(2007.10.17 본문개정)
1. 약국개설자가 의사·치과의사 또는 한의사의 처방전에 따르거나 제23조제3항 단서 및 같은 조 제6항 단서 또는 법률 제4731호 「약사법중개정법률」 부칙 제4조에 따라 의약품을 조제·판매하는 경우
2. 약국개설자가 한약제제를 개봉하여 판매하는 경우
3. 보건복지부장관이 지정하는 자가 보건복지부령에서 정하는 범위의 의약품을 개봉하여 판매하는 경우(2010.1.18 본호개정)

제49조 【매약상의 판매 품목 제한】 매약상(賣藥商)은 보건복지부장관이 따로 지정하는 의약품 외의 의약품을 판매하거나 판매할 목적으로 저장하거나 진열하여서는 아니 된다.
(2010.1.18 본조개정)

제50조 【의약품 판매】 ① 약국개설자 및 의약품판매업자는 그 약국 또는 점포 이외의 장소에서 의약품을 판매하여서는 아니 된다. 다만, 시장·군수·구청장의 승인을 받은 경우에는 예외로 한다.
② 약국개설자는 의사 또는 치과의사의 처방전에 따라 조제하는 경우 외에는 전문의약품을 판매하여서는 아니 된다. 다만, 「수의사법」에 따른 동물병원 개설자에게 보건복지부령으로 정하는 바에 따라 판매하는 경우에는 그러하지 아니하다.
(2010.1.18 단서개정)
③ 약국개설자는 의사 또는 치과의사의 처방전이 없이 일반의약품을 판매할 수 있다.
④ 약국개설자는 일반의약품을 판매할 때에 필요하다고 판단되면 복약지도를 할 수 있다.

제5장의2 의약품에 관한 특허권의 등재 및 판매금지 등
(2015.3.13 본장신설)

제1절 의약품에 관한 특허권의 등재

제50조의2【의약품에 관한 특허권의 등재】 ① 제31조제2항 및 제3항에 따른 품목허가 또는 같은 조 제9항에 따른 품목에 관한 변경허가(이하 "품목허가 또는 변경허가"라 한다)를 받은 자는 식품의약품안전처장이 품목허가 또는 변경허가를 받은 의약품에 관한 특허권(이하 "의약품특허권"이라 한다)을 등재·관리하는 의약품 특허목록(이하 "특허목록"이라 한다)에 의약품특허권의 등재를 신청할 수 있다.
② 제1항에 따라 특허목록에 의약품특허권의 등재를 신청하려는 자는 해당 의약품의 품목허가 또는 변경허가를 받은 날, 「특허법」 제87조에 따라 특허권의 설정등록이 있은 날, 또는 「특허법」 제136조에 따른 정정을 한다는 심결이 확정된 날부터 30일 이내에 다음 각 호의 사항을 기재한 등재 신청서에 특허등록원부 사본, 「특허법」에 따른 특허권자 또는 전용실시권자(이하 "특허권자등"이라 한다)의 동의서 등 총리령으로 정하는 서류를 첨부하여 식품의약품안전처장에게 제출하여야 한다.(2023.8.16 본문개정)
1. 의약품의 명칭
2. 등재신청자의 인적사항
3. 특허권자등의 인적사항(국내에 주소 또는 영업소가 없는 경우 국내에 주소 또는 영업소가 있는 대리인의 인적사항)
4. 특허번호
5. 특허권의 존속기간 만료일
6. 특허로 보호받으려는 사항(이하 "특허청구항"이라 한다)
7. 그 밖에 총리령으로 정하는 사항

③ 제1항에 따라 의약품특허권의 등재를 신청한 자는 신청에 대한 결정이 있기 전에 식품의약품안전처장에게 제2항에 따른 등재 신청서 내용의 변경을 신청할 수 있다. 다만, 특허청구항을 추가하는 경우에는 제2항에 따른 신청기간 내에 신청하여야 한다.
④ 식품의약품안전처장은 제1항에 따라 등재를 신청하거나 제3항에 따라 등재 신청서 내용의 변경을 신청한 의약품특허권이 다음 각 호의 대상 및 요건을 모두 충족하는 경우에는 의약품의 명칭, 특허권자등의 인적사항, 특허번호, 특허존속기간 등 총리령으로 정하는 사항을 특허목록에 등재하고, 이를 인터넷 홈페이지에 공개하여야 한다.
1. 다음 각 목의 어느 하나에 관한 것일 것
   가. 물질
   나. 제형
   다. 조성물
   라. 의약적 용도
2. 해당 의약품의 품목허가 또는 변경허가를 받은 사항과 직접 관련되었을 것. 이 경우 제2항에 따라 정정을 한다는 심결이 확정된 이후 등재를 신청한 경우에는 정정받은 사항이 해당 의약품의 품목허가 또는 변경허가를 받은 사항과 직접 관련된 경우로 한정한다.(2023.8.16 후단신설)
3. 해당 의약품의 품목허가일 또는 변경허가일 이전에 「특허법」 제42조에 따라 출원되었을 것
4. 의약품특허권이 존속기간 만료, 무효, 포기 등으로 소멸하지 아니하였을 것
5. 해당 의약품의 품목허가 또는 변경허가가 유효할 것

⑤ 식품의약품안전처장은 제4항 각 호의 대상 및 요건을 충족하는지를 검토하기 위하여 필요한 경우 의약품특허권의 등재를 신청한 자에게 추가 자료의 제출을 명할 수 있다.
⑥ 제1항에 따른 의약품특허권의 등재 신청 또는 제3항에 따른 등재 신청서 내용 변경의 신청 절차·방법 등에 관하여 필요한 사항은 총리령으로 정한다.

제50조의3【등재사항의 변경 등】 ① 제50조의2제1항에 따라 의약품특허권의 등재를 신청하여 특허목록에 의약품특허권을 등재받은 자(이하 "특허권등재자"라 한다)는 제50조의2제4항에 따라 특허목록에 등재된 사항(이하 이 조에서 "등재사항"이라 한다)의 변경 또는 삭제를 식품의약품안전처장에게 신청할 수 있다.
② 등재사항 중 특허목록에 등재된 특허권(이하 "등재특허권"이라 한다)의 존속기간 만료일 변경은 그 변경이 있은 날부터 30일 이내에 신청하여야 한다. 다만, 식품의약품안전처장은 특허권등재자의 신청에 따라 추가로 30일 이내의 변경 기간을 부여할 수 있다.
③ 식품의약품안전처장은 제1항에 따른 신청 내용을 확인한 후 신청 내용이 적합하다고 인정되면 등재사항을 변경 또는 삭제할 수 있다. 이 경우 식품의약품안전처장은 의약품의 명칭 등 총리령으로 정하는 경미한 사항이 변경되는 경우를 제외하고는 미리 특허목록에 의약품특허권이 등재된 의약품(이하 "등재의약품"이라 한다)의 특허권자등(이하 "등재특허권자등"이라 한다)과 등재의약품의 안전성·유효성에 관한 자료를 근거로 의약품의 품목허가 또는 변경허가를 신청한 자 등 이해관계인의 의견을 들어야 한다.(2023.8.16 후단개정)
④ 식품의약품안전처장은 다음 각 호의 어느 하나에 해당하는 경우에는 직권으로 등재사항을 변경 또는 삭제할 수 있다. 이 경우 제1호부터 제3호까지의 어느 하나에 해당하는 때에는 식품의약품안전처장은 미리 특허권등재자의 의견을 들어야 한다.(2023.8.16 후단개정)
1. 특허권자등이 동의를 철회한 경우
2. 제50조의2제4항의 대상 및 요건을 충족하지 아니하게 된 경우
3. 거짓이나 그 밖의 부정한 방법으로 의약품특허권이 등재된 경우
4. 제31조제9항에 따라 변경허가를 한 경우 등 총리령으로 정하는 경미한 사항이 변경된 경우(2023.8.16 본호신설)

⑤ 식품의약품안전처장은 제3항 및 제4항에 따라 등재사항을 변경하거나 삭제하는 경우 이를 인터넷 홈페이지에 공개하여야 한다.
⑥ 제1항에 따른 등재사항의 변경·삭제 신청의 절차, 방법 등에 관하여 필요한 사항은 총리령으로 정한다.

제2절 품목허가 신청사실의 통지 및 판매금지 등

제50조의4【품목허가 등 신청사실의 통지】 ① 등재의약품의 안전성·유효성에 관한 자료를 근거로 제31조제2항 또는 제3항에 따라 의약품의 품목허가를 신청하거나 같은 조 제9항에 따라 효능·효과에 관한 변경허가를 신청한 자는 허가를 신청한 사실, 허가신청일 등 총리령으로 정하는 사항을 특허권등재자와 등재특허권자등에게 통지하여야 한다. 다만, 다음 각 호의 어느 하나에 해당하는 경우에는 그러하지 아니하다.
1. 등재특허권의 존속기간이 만료된 경우
2. 등재특허권의 존속기간이 만료된 후에 의약품을 판매하기 위하여 품목허가 또는 변경허가를 신청한 경우
3. 특허권등재자와 등재특허권자등이 통지하지 아니하는 것에 동의한 경우
4. 제1호부터 제3호까지의 규정에 준하는 것으로서 대통령령으로 정하는 경우

② 제1항 단서에도 불구하고 제1항제2호부터 제4호까지의 규정에 따른 사유가 소멸한 경우에는 제1항 본문에 따른 통지를 하여야 한다.
③ 제1항 또는 제2항에 따른 통지는 특허목록에 기재된 특허권자등 또는 그 대리인의 국내 주소에 도달하면 이루어진 것으로 본다.
④ 제1항 또는 제2항에 따른 통지는 품목허가 또는 변경허가 신청일부터 20일 이내에 하여야 한다. 그 기한 내에 통지를 하지 아니한 경우에는 품목허가 또는 변경허가를 신청한 자가 특허권등재자 또는 등재특허권자등에게 통지한 날 중 통지가 늦은 날을 품목허가 또는 변경허가 신청일로 본다.
⑤ 제1항 또는 제2항에 따라 통지를 한 자는 그 통지한 사실을 증명할 수 있는 서류를 지체 없이 식품의약품안전처장에게 제출하여야 한다. 이 경우 식품의약품안전처장은 통지된 의약

품(이하 "통지의약품"이라 한다)의 허가신청일, 주성분, 제형 등 총리령으로 정하는 사항을 인터넷 홈페이지에 공개하여야 한다.
⑥ 식품의약품안전처장은 제1항 또는 제2항에 따른 통지가 되지 아니한 경우 해당 품목허가 또는 변경허가를 하여서는 아니 된다.
⑦ 제1항에 따른 통지의 방법, 절차 등에 관하여 필요한 사항은 총리령으로 정한다.

제50조의5【판매금지 신청】 ① 등재특허권자등은 제50조의4에 따른 통지를 받은 날부터 45일 이내에 식품의약품안전처장에게 다음 각 호의 사항이 기재된 진술서를 첨부하여 통지의약품의 판매금지를 신청할 수 있다.
1. 판매금지 신청은 정당하게 등록된 특허권에 기하여 이루어졌을 것
2. 제2항에 따른 심판 또는 소송을 선의로 청구 또는 제기하였으며, 승소의 전망이 있고, 심판 또는 소송 절차를 불합리하게 지연하지 아니할 것
② 등재특허권자등은 판매금지를 신청하기 전에 통지의약품을 대상으로 등재특허권과 관련한 다음 각 호의 어느 하나에 해당하는 소를 제기하거나 심판을 청구하거나 받아야 한다.
1. 「특허법」 제126조에 따른 특허침해의 금지 또는 예방 청구의 소
2. 「특허법」 제135조에 따른 권리범위 확인심판
③ 제1항에도 불구하고 이미 제50조의6제1항에 따라 판매금지를 하였던 의약품에 대해서는 추가적으로 판매금지를 신청할 수 없다. 다만, 제31조제9항에 따른 효능·효과에 관한 변경허가 신청에 따른 통지의약품에 대해서는 그러하지 아니하다.
④ 식품의약품안전처장은 제1항에 따른 판매금지 신청기간이 경과할 때까지 통지의약품에 대한 품목허가 또는 변경허가를 하여서는 아니 된다. 다만, 다음 각 호의 어느 하나에 해당하는 경우에는 그러하지 아니하다.
1. 판매금지가 신청된 의약품이 등재특허권의 권리범위에 속하지 아니한다는 취지의 「특허법」 제162조에 따른 심결 또는 같은 법 제189조에 따른 판결이 있는 경우
2. 등재특허권이 무효라는 취지의 「특허법」 제162조에 따른 심결 또는 같은 법 제189조에 따른 판결이 있는 경우
3. 의약품특허권의 등재가 위법하다는 취지의 「행정심판법」 제43조에 따른 재결 또는 「행정소송법」 제3조에 따라 제기된 소에 대한 법원의 판결이 있는 경우
⑤ 식품의약품안전처장은 제4항 각 호의 심결, 재결 또는 판결 이후에 그에 반하는 취지의 심결 또는 판결이 있으면 제4항 단서에도 불구하고 통지의약품에 대한 품목허가 또는 변경허가를 하여서는 아니 된다.
⑥ 판매금지 신청의 방법 및 절차 등에 관하여 필요한 사항은 총리령으로 정한다.

제50조의6【판매금지 등】 ① 제50조의5제1항에 따라 판매금지 신청을 받은 식품의약품안전처장은 판매금지가 신청된 의약품에 대한 품목허가 또는 변경허가를 할 때 다음 각 호의 어느 하나에 해당하는 경우를 제외하고는 제50조의4에 따라 등재특허권자등이 통지받은 날(이하 "통지받은 날"이라고 한다)부터 9개월 동안 판매를 금지하여야 한다.
1. 제50조의5제1항에 따른 신청기간을 준수하지 아니한 경우
2. 존속기간 만료, 포기 등으로 소멸된 특허권을 기초로 한 경우
3. 제50조의5제2항 각 호의 소송을 제기하거나 심판을 청구하거나 받지 아니하고 신청한 경우
4. 거짓이나 그 밖의 부정한 방법으로 의약품특허권이 등재된 경우
5. 제50조의4에 따라 통지된 의약품이 2개 이상이고, 통지된 의약품과 다음 각 목의 사항이 동일한 경우(이하 "동일의약품"이라 한다)로서 그 동일의약품 중 일부에 대하여서만 판매금지 신청을 한 경우
   가. 주성분 및 그 함량
   나. 제형
   다. 용법·용량
   라. 효능·효과
6. 판매금지가 신청된 의약품과 동일의약품으로서 이미 등재의약품의 안전성·유효성에 관한 자료를 근거로 품목허가 또는 변경허가를 받고 판매가 가능한 의약품이 존재하는 경우
7. 제50조의5제4항 각 호의 어느 하나에 해당하는 심결, 재결 또는 판결이 있는 경우
8. 등재특허권이 「특허법」 제106조제1항, 제106조의2제1항에 해당하거나 같은 법 제107조에 따른 재정의 대상이 된 경우
② 식품의약품안전처장은 통지의약품에 대한 품목허가 또는 변경허가를 하기 전에 제1항제7호의 심결, 재결 또는 판결에 대하여 이를 취소하거나 파기하는 취지의 심결 또는 판결(「특허법」 제178조에 따른 재심의 심결을 포함한다)이 있으면 제1항에도 불구하고 통지받은 날부터 9개월 동안 판매를 금지하여야 한다.
③ 제1항에 따른 판매금지의 효력은 다음 각 호의 날 중 가장 이른 날에 소멸된다.
1. 판매금지가 신청된 의약품이 등재특허권의 권리범위에 속하지 아니한다는 취지의 심결일 또는 판결일
2. 판매금지가 신청된 의약품이 등재특허권을 침해하지 아니한다는 취지의 판결일
3. 등재특허권이 무효라는 취지의 심결일 또는 판결일
4. 의약품특허권의 등재가 위법하다는 취지의 재결일 또는 판결일
5. 제50조의5제2항 각 호 중 어느 하나의 심판 또는 소송이 특허권자등의 취하, 취하의 동의, 화해 또는 각하 등으로 종료된 날
6. 제50조의5제2항 각 호 중 어느 하나의 심판 또는 소송과 관련하여 중재 또는 조정이 성립된 날
7. 등재의약품의 품목허가 또는 변경허가 소멸일
8. 등재특허권의 존속기간 만료일
9. 등재특허권자등이 판매금지 또는 제50조의7에 따른 우선판매품목허가와 관련하여 「독점규제 및 공정거래에 관한 법률」 제5조제1항, 제40조제1항 또는 제45조제1항을 위반하였다는 공정거래위원회의 의결 또는 법원의 판결이 있은 날 (2020.12.29 본호개정)
10. 거짓이나 부정한 방법으로 판매금지를 신청한 것으로 판명된 날
④ 제1항부터 제3항까지의 규정에 따른 판매금지 또는 소멸의 절차 등에 관하여 필요한 사항은 총리령으로 정한다.

제3절 우선판매품목허가

제50조의7【우선판매품목허가의 신청】 ① 제50조의4에 따라 통지를 하여야 하는 자는 의약품의 품목허가 또는 변경허가를 신청할 때 다음 각 호의 요건을 모두 갖춘 의약품보다 우선하여 의약품을 판매할 수 있는 허가(이하 "우선판매품목허가"라 한다)를 식품의약품안전처장에게 신청할 수 있다.
1. 우선판매품목허가를 신청하는 의약품과 동일의약품일 것
2. 등재의약품의 안전성·유효성에 관한 자료를 근거로 품목허가 또는 변경허가를 신청하는 의약품 중 등재의약품과 유효성분이 동일한 의약품일 것
② 우선판매품목허가를 받으려는 자는 제1항에 따른 신청을 하기 전에 다음 각 호의 어느 하나에 해당하는 심판을 청구하여야 한다.
1. 「특허법」 제133조에 따른 특허의 무효심판
2. 「특허법」 제134조에 따른 특허권 존속기간 연장등록의 무효심판
3. 「특허법」 제135조에 따른 권리범위 확인심판
③ 제2항 각 호의 심판을 청구하는 자는 지체 없이 특허심판번호 등 총리령으로 정하는 사항을 식품의약품안전처장에게 통지하여야 한다. 식품의약품안전처장은 통지받은 사항을 인터넷 홈페이지에 공개할 수 있다.
④ 우선판매품목허가를 받으려는 자는 다음 각 호의 사항을 기재한 우선판매품목허가 신청서에 제2항 각 호의 심판 청구서 등 총리령으로 정하는 서류를 첨부하여 식품의약품안전처장에게 제출하여야 한다.
1. 신청자의 인적사항

2. 특허번호
3. 특허심판번호
4. 심판 청구일
5. 그 밖에 총리령으로 정하는 사항

제50조의8【우선판매품목허가】 ① 제50조의7에 따라 우선판매품목허가 신청을 받은 식품의약품안전처장은 신청자가 다음 각 호의 요건을 모두 갖춘 경우 의약품의 품목허가 또는 변경허가와 함께 우선판매품목허가를 하여야 한다.
1. 제50조의4에 따라 통지하여야 하는 의약품의 품목허가 또는 변경허가를 신청한 자 중 가장 이른 날에 품목허가 또는 변경허가를 신청한 자일 것(같은 날에 신청한 자가 여럿인 경우 모두 같은 순위로 본다)
2. 제50조의7제2항에 따라 심판을 청구한 자 중 등재특허권에 관하여 특허의 무효, 존속기간 연장등록의 무효 또는 해당 의약품이 특허권리범위에 속하지 아니한다는 취지의 심결 또는 판결을 받은 자일 것. 다만, 통지받은 날부터 9개월이 경과하는 날 이후에 심결 또는 판결을 받은 자는 제외한다.
3. 제2호에 따른 심결 또는 판결을 받은 자 중 다음 각 목의 요건 중 어느 하나의 요건에 해당하는 자일 것
가. 최초로 제50조의7제2항 각 호의 심판(이하 이 호에서 "최초 심판"이라 한다)을 청구한 자일 것
나. 최초 심판이 청구된 날부터 14일 이내에 심판을 청구한 자일 것
다. 가목 또는 나목의 요건에 해당하는 자보다 먼저 제2호에 따른 심결 또는 판결을 받은 자일 것

② 식품의약품안전처장은 제1항에 따라 우선판매품목허가를 하는 경우 우선판매품목허가 의약품의 주성분, 제형, 허가일 등 총리령으로 정하는 사항을 인터넷 홈페이지에 공개하여야 한다.

제50조의9【동일의약품 등에 대한 판매금지 등】 ① 식품의약품안전처장은 제50조의8제1항에 따라 우선판매품목허가를 한 경우 다음 각 호의 요건을 모두 갖춘 의약품에 대한 품목허가 또는 변경허가를 할 때 제2항에 따른 기간 동안 판매를 금지할 수 있다.
1. 우선판매품목허가를 받은 의약품과 동일의약품일 것
2. 등재의약품의 안전성·유효성에 관한 자료를 근거로 품목허가 또는 변경허가를 신청한 의약품 중 등재의약품과 유효성분이 동일한 의약품일 것

② 제1항에 따른 판매금지기간은 최초로 우선판매품목허가를 받은 자의 판매가능일부터 9개월이 경과하는 날까지로 한다. 다만, 해당 의약품이 「국민건강보험법」 제41조제1항제2호에 따라 요양급여를 신청한 약제인 경우 2개월의 범위에서 연장할 수 있다.

③ 제1항 및 제2항에 따른 판매금지의 방법 및 절차 등에 관하여 필요한 사항은 총리령으로 정한다.

제50조의10【동일의약품 등에 대한 판매금지 효력의 소멸 등】 ① 제50조의9제1항에 따른 판매금지의 효력은 다음 각 호의 날 중 가장 이른 날에 소멸된다.
1. 우선판매품목허가를 받은 의약품의 품목허가 또는 변경허가가 소멸한 날
2. 등재특허권이 존속기간 만료, 무효라는 취지의 심결 또는 판결의 확정(우선판매품목허가를 받은 자가 청구 또는 제기한 심판 또는 소송에 의한 것은 제외한다) 등으로 소멸한 날

② 식품의약품안전처장은 다음 각 호의 어느 하나에 해당하는 경우 제50조의9제1항에 따른 판매금지의 효력을 소멸시켜야 한다. 이 경우 식품의약품안전처장은 미리 우선판매품목허가를 받은 자의 의견을 들어야 한다.
1. 제50조의8제1항제2호의 심결 또는 판결에 대하여 이를 취소 또는 파기하는 취지의 판결(「특허법」 제178조에 따른 재심의 심결을 포함한다)이 있은 경우
2. 우선판매품목허가 의약품을 판매가능일부터 2개월 이내에 정당한 사유 없이 판매하지 아니한 경우
3. 우선판매품목허가를 받은 자가 판매금지 또는 우선판매품목허가와 관련하여 「독점규제 및 공정거래에 관한 법률」 제5조제1항, 제40조제1항 또는 제45조제1항을 위반하였다는 공정거래위원회의 의결 또는 법원의 판결이 있은 경우
(2020.12.29 본호개정)
4. 거짓이나 그 밖의 부정한 방법으로 우선판매품목허가를 받은 경우

③ 식품의약품안전처장은 제1항 또는 제2항에 따라 판매금지의 효력이 소멸되는 경우 우선판매품목허가를 받은 의약품 중 해당 의약품이 제50조의9제1항 각 호의 요건에 모두 해당하는 의약품에 대하여는 같은 조 제2항에 따른 기간 동안 해당 의약품의 판매를 금지할 수 있다.(2023.8.16 본항신설)

④ 우선판매품목허가를 받은 자는 다음 각 호의 어느 하나에 해당하는 사유가 발생한 경우 총리령으로 정하는 바에 따라 그 사실을 식품의약품안전처장에게 보고하여야 한다.
1. 제50조의8제1항제2호의 심결 또는 판결에 대하여 이를 취소 또는 파기하는 취지의 판결(「특허법」 제178조에 따른 재심의 심결을 포함한다)이 있은 경우
2. 우선판매품목허가 의약품을 판매가능일부터 2개월 이내에 판매하지 아니한 경우
3. 우선판매품목허가를 받은 자가 판매금지 또는 우선판매품목허가와 관련하여 「독점규제 및 공정거래에 관한 법률」 제5조제1항, 제40조제1항 또는 제45조제1항을 위반하였다는 공정거래위원회의 의결 또는 법원의 판결이 있은 경우
(2023.8.16 본항신설)

⑤ 우선판매품목허가를 받은 의약품과 동일의약품의 품목허가 또는 변경허가를 신청한 자 등 이해관계인은 우선판매품목허가가 제1항 또는 제2항 각 호의 어느 하나에 해당한다는 취지의 정보를 식품의약품안전처장에게 제공할 수 있다.

⑥ 제1항부터 제5항까지의 규정에 따른 판매금지 효력의 소멸 및 이해관계인의 정보 제공의 방법, 절차 등에 관하여 필요한 사항은 총리령으로 정한다.(2023.8.16 본항개정)

제4절 영향평가 등

제50조의11【영향평가】 ① 식품의약품안전처장은 제50조의6에 따른 판매금지 및 우선판매품목허가 등 이 장에 규정된 사항이 국내 제약산업, 보건정책, 고용 증감 등에 미치는 영향을 분석·평가하여야 한다.

② 식품의약품안전처장은 제1항의 영향평가를 위하여 필요하다고 인정할 때에는 관계 행정기관, 교육·연구기관 등에 필요한 자료를 요청할 수 있다. 이 경우 자료 요청을 받은 관계 행정기관의 장, 교육·연구기관의 장 등은 정당한 사유가 없으면 이에 따라야 한다.

③ 제1항에 따른 영향평가를 할 때에는 해외 사례를 분석하여야 한다.

④ 식품의약품안전처장은 제1항에 따른 영향평가 결과를 공개하고 국회에 보고하여야 한다.

⑤ 제1항부터 제4항까지에 따른 영향평가의 기준, 방법, 절차 등에 관하여 필요한 사항은 총리령으로 정한다.

제50조의12【등재의약품의 관리 등】 ① 식품의약품안전처장은 의약품특허권과 관련하여 다음 각 호의 사업을 수행한다.
1. 등재의약품의 시장동향 및 가격정보 수집
2. 중소기업의 특허목록 등재, 우선판매품목허가 등과 관련한 업무 지원
3. 의약품특허권과 관련하여 제약업체 역량을 강화하기 위한 교육
4. 등재의약품과 관련한 특허정보 분석 및 제공
5. 이 장에 규정된 사항과 관련된 해외사례 및 정책 연구, 통계의 산출 및 분석
6. 그 밖에 식품의약품안전처장이 필요하다고 인정하는 사업

② 식품의약품안전처장은 제1항의 사업 수행을 다른 기관에 위탁할 수 있다.

③ 식품의약품안전처장은 제1항의 사업을 수행하기 위하여 필요하다고 인정하는 경우에는 다음 각 호의 기관에 의약품특허권 등에 관한 자료의 제공을 요청할 수 있고, 요청을 받은 기관은 정당한 사유가 없으면 이에 따라야 한다.
1. 국가 또는 지방자치단체
2. 공공기관 또는 공공단체

제6장 의약품등의 취급

제1절 기준과 검정

제51조【대한민국약전】 ① 식품의약품안전처장은 의약품등의 성질과 상태, 품질 및 저장 방법 등을 적정하게 하기 위하여 중앙약사심의위원회의 심의를 거쳐 대한민국약전을 정하여 공고한다.(2013.3.23 본항개정)
② 대한민국약전은 제1부와 제2부로 하되, 제1부에는 주로 자주 사용되는 원료의약품과 기초적 제제를 싣고, 제2부에는 주로 혼합제제와 제1부에 실리지 아니한 의약품등을 싣는다.
(2011.6.7 본조개정)
제52조【의약품등의 기준】 ① 식품의약품안전처장은 생물학적 제제 및 대한민국약전에 실리지 아니한 의약품에 대하여 중앙약사심의위원회의 의견을 들어 성질과 상태, 품질 및 저장 방법 등과 그 밖에 필요한 기준을 정할 수 있다.
② 식품의약품안전처장은 보건위생상의 위해(危害)를 방지하기 위하여 필요하다고 인정하면 의약외품에 대하여 중앙약사심의위원회의 의견을 들어 제법·성상·성능·품질 및 저장 방법과 그 밖에 필요한 기준을 정할 수 있다.
(2013.3.23 본조개정)
제52조의2【특정집단에 대한 의약품 안전사용 실태 조사·연구 등】 ① 보건복지부장관 및 식품의약품안전처장은 노인, 소아, 임산부 등 특별한 주의가 필요한 집단으로서 총리령으로 정하는 집단(이하 "특정집단"이라 한다)에 대한 의약품 안전사용 실태에 관하여 보건복지부령으로 정하는 바에 따라 조사를 실시할 수 있다.
② 식품의약품안전처장은 제1항에 따른 조사를 위하여 해당 의약품의 제조업자 또는 품목허가를 받은 자에게 해당 특정집단에 미치는 영향을 조사·연구하도록 지시할 수 있으며, 이 경우 지시를 받은 제조업자 또는 품목허가를 받은 자는 이에 따라야 한다.
(2015.12.29 본조신설)
제53조【국가출하승인의약품】 ① 다음 각 호의 어느 하나에 해당하는 의약품 중에서 총리령으로 정하는 의약품을 판매하거나 판매할 목적으로 진열·보관 또는 저장하려는 자는 제조·품질관리에 관한 자료 검토 및 검정 등을 거쳐 식품의약품안전처장의 출하승인을 받아야 한다.(2013.3.23 본문개정)
1. 생물학적 제제
2. 변질되거나 변질되어 썩기 쉬운 의약품
3. (2018.12.11 삭제)

② 제1항에 따른 출하승인의 절차와 방법 등에 필요한 사항은 총리령으로 정한다.(2013.3.23 본항개정)
(2011.6.7 본조개정)
제54조【방사성 의약품】 식품의약품안전처장은 방사성 의약품의 제조 및 수입 등에 필요한 사항을 과학기술정보통신부장관과 협의하여 정할 수 있다.(2017.7.26 본조개정)
제55조【중독성·습관성 의약품】 인체에 중독성이나 습관성으로 작용할 염려가 있는 의약품의 제조·관리 등에 필요한 사항은 따로 법률로 정한다.

제2절 의약품의 취급

제56조【의약품 용기 등의 기재 사항】 ① 의약품 품목허가를 받은 자와 수입자는 의약품의 용기나 포장에 다음 각 호의 사항을 적어야 한다. 다만, 총리령으로 정하는 용기나 포장인 경우에는 총리령으로 정하는 바에 따라 다음 각 호의 사항 중 그 일부를 적지 아니하거나 그 일부만을 적을 수 있다.(2013.3.23 단서개정)
1. 의약품 품목허가를 받은 자 또는 수입자의 상호와 주소(위탁제조한 경우에는 제조소의 명칭과 주소를 포함한다)
2. 제품명(2016.12.2 본호개정)
3. 제조번호와 유효기한 또는 사용기한
4. 중량 또는 용량이나 개수
5. 대한민국약전에서 용기나 포장에 적도록 정한 사항
6. 제52조제1항에 따라 기준이 정하여진 의약품은 그 저장 방법과 그 밖에 그 기준에서 용기나 포장에 적도록 정한 사항
7. 품목허가증 및 품목신고증에 기재된 모든 성분의 명칭, 유효성분의 분량(유효 성분이 분명하지 아니한 것은 그 본질 및 그 제조방법의 요지) 및 보존제의 분량. 다만, 보존제를 제외한 소량 함유 성분 등 총리령으로 정하는 성분은 제외할 수 있다.(2016.12.2 본호개정)
8. "전문의약품" 또는 "일반의약품"〔안전상비의약품은 "일반(안전상비)의약품"〕이라는 문자(2012.5.14 본호개정)
9. 제58조제1항제1호부터 제3호까지에 규정된 사항. 다만, 같은 조 제2항에 따라 의약품에 첨부하는 문서 대신 전자적 방법 등으로 그 내용을 제공하는 경우에는 그 내용을 확인하기 위하여 표기되는 바코드 등으로 갈음할 수 있다. 이 경우 의약품에 첨부하는 문서 대신 그 내용을 전자적 방법 등으로 제공한다는 문구를 용기나 포장에 적어야 한다.(2024.1.2 본호개정)
10. 그 밖에 총리령으로 정하는 사항(2013.3.23 본호개정)

② 약국개설자 등 소비자에게 직접 의약품을 판매하는 자는 보건복지부장관이 정하는 바에 따라 의약품의 가격을 의약품의 용기나 포장에 적어야 한다.
(2011.6.7 본조개정)
제57조【외부 포장 기재 사항】 의약품을 직접 담는 용기나 직접 포장하는 부분에 적힌 제56조제1항 각 호 및 같은 조 제2항의 사항이 외부의 용기나 포장에 가려 보이지 아니하면 그 외부의 용기나 포장에도 같은 사항을 적어야 한다.(2011.6.7 본조개정)
제58조【첨부 문서 기재 사항】 ① 의약품에 첨부하는 문서(이하 "첨부 문서"라 한다)에는 다음 각 호의 사항을 적어야 한다.
(2024.1.2 본문개정)
1. 용법·용량, 그 밖에 사용 또는 취급할 때에 필요한 주의사항
2. 대한민국약전에 실린 의약품은 대한민국약전에서 의약품의 첨부 문서 또는 그 용기나 포장에 적도록 정한 사항(2011.6.7 본호개정)
3. 제52조제1항에 따라 기준이 정하여진 의약품은 그 기준에서 의약품의 첨부 문서 또는 그 용기나 포장에 적도록 정한 사항
4. 그 밖에 총리령으로 정하는 사항(2013.3.23 본호개정)

② 제1항에도 불구하고 전문의약품 중 식품의약품안전처장이 정하는 의약품인 경우에는 첨부 문서 대신 전자적 방법 등으로 제1항 각 호의 사항을 제공하도록 할 수 있다.(2024.1.2 본항신설)
제59조【기재상의 주의】 제56조, 제57조 및 제58조제1항에 규정된 사항은 다른 문자·기사·그림 또는 도안보다 쉽게 볼 수 있는 부분에 적어야 하며, 그 사항(제58조제2항에 따라 첨부 문서 대신 전자적 방법 등으로 제58조제1항 각 호의 사항을 제공한 경우 전자적 방법 등으로 확인 가능한 사항을 포함한다)은 총리령으로 정하는 바에 따라 읽기 쉽고 이해하기 쉬운 용어로 정확히 적어야 한다.(2024.1.2 본조개정)
제59조의2【시각·청각장애인을 위한 의약품의 표시】 의약품의 품목허가를 받은 자와 수입자는 안전상비의약품 및 식품의약품안전처장이 정하는 의약품의 경우 시각·청각장애인이 활용할 수 있도록 제56조, 제57조 및 제58조제1항에 규정된 사항 중 제품명 등 식품의약품안전처장이 정하는 사항을 용기 또는 포장에는 점자 및 음성·수어영상변환용 코드 등 총리령으로 정하는 방법 및 기준에 따라, 첨부 문서(제58조제2항에 따라 첨부 문서 대신 전자적 방법 등으로 제58조제1항 각 호의 사항을 제공한 경우 전자적 방법 등으로 확인 가능한 사항을 포함한다. 이하 제60조 및 제61조에서 같다)에는 음성·수어영상변환용 코드 등 총리령으로 정하는 방법 및 기준에 따라 표시하여야 한다.(2024.1.2 본조개정)
제60조【기재 금지 사항】 첨부 문서 또는 의약품의 용기나 포장에 다음 각 호에 해당하는 내용을 적어서는 아니 된다.
(2024.1.2 본문개정)
1. 해당 의약품에 관하여 거짓이나 오해할 우려가 있는 사항
2. 제31조제2항·제3항·제9항 또는 제41조제1항에 따른 허

가·변경허가를 받지 아니하였거나 신고·변경신고하지 아니한 효능·효과(2018.12.11 본호개정)
3. 보건위생에 위험한 용법·용량이나 사용 기간

제61조【판매 등의 금지】 ① 누구든지 다음 각 호의 의약품을 판매하거나 판매할 목적으로 저장 또는 진열하여서는 아니 된다.
1. 제56조부터 제60조까지의 규정에 위반되는 의약품이나 위조(僞造) 의약품
2. 제31조제1항부터 제3항까지 및 제9항, 제41조제1항, 제42조제1항·제3항 및 제43조제1항을 위반하여 제조 또는 수입된 의약품(2018.12.11 본호개정)

② 누구든지 의약품이 아닌 것을 용기·포장 또는 첨부 문서에 의학적 효능·효과 등이 있는 것으로 오인될 우려가 있는 표시를 하거나 이와 같은 내용의 광고를 하여서는 아니 되며, 이와 같은 의약품과 유사하게 표시되거나 광고된 것을 판매하거나 판매할 목적으로 저장 또는 진열하여서는 아니 된다.

제61조의2【의약품 불법판매 및 알선·광고 금지 등】 ① 누구든지 제44조, 제50조제1항·제2항에 위반되는 의약품의 판매를 알선하거나 광고해서는 아니 되고, 제61조제1항 각 호에 해당하는 것 또는 같은 조 제2항에 따른 의약품과 유사하게 표시되거나 광고된 것의 판매를 알선하거나 광고해서는 아니 된다.

② 식품의약품안전처장은 「정보통신망 이용촉진 및 정보보호 등에 관한 법률」 제2조제1항제1호에 따른 정보통신망(이하 "정보통신망"이라 한다)을 이용하여 하는 행위가 다음 각 호의 어느 하나의 행위에 해당되는지 여부를 모니터링할 수 있다.
1. 제44조, 제50조제1항·제2항을 위반하여 의약품을 판매하는 행위
2. 제61조제1항 각 호의 어느 하나에 해당하는 의약품 또는 같은 조 제2항에 따른 의약품과 유사하게 표시되거나 광고된 것을 판매하는 행위
3. 제1항을 위반하는 행위
4. 그 밖에 제1호부터 제3호까지에 준하는 행위로서 총리령으로 정하는 행위

(2023.4.18 본항신설)

③ 식품의약품안전처장은 제2항에 따른 모니터링 결과 위반사항 확인을 위하여 「정보통신망 이용촉진 및 정보보호 등에 관한 법률」 제2조제1항제3호에 따른 정보통신서비스 제공자(「정보통신망 이용촉진 및 정보보호 등에 관한 법률」 제32조의5에 따라 지정된 국내대리인을 포함한다) 또는 「전자상거래 등에서의 소비자보호에 관한 법률」 제20조에 따른 통신판매중개업자(이하 이 조에서 "정보통신서비스 제공자등"이라 한다)에 대하여 필요한 자료제출을 요청할 수 있다. 이 경우 자료제출을 요청받은 정보통신서비스 제공자등은 정당한 사유가 없으면 이에 따라야 한다.(2023.4.18 전단개정)

④ 정보통신서비스 제공자등은 정보통신망을 이용하여 제2항 각 호의 어느 하나의 행위를 하는 것을 발견한 때에는 즉시 그 사실을 식품의약품안전처장에게 통보하여야 한다.(2023.4.18 본항개정)

⑤ 식품의약품안전처장은 다음 각 호의 어느 하나에 해당하는 경우에는 정보통신서비스 제공자등에게 위반 사항이 확인되는 의약품에 대하여 불법판매 알선 광고임을 소비자에게 알리기 위하여 대통령령으로 정하는 조치를 요청할 수 있다. 이 경우 필요한 조치를 요청받은 정보통신서비스 제공자등은 정당한 사유가 없으면 이에 따라야 한다.
1. 제2항에 따른 모니터링 결과 같은 항 각 호의 어느 하나의 행위에 해당된다고 판단하는 경우
2. 제4항에 따라 통보를 받은 결과 제2항 각 호의 어느 하나의 행위에 해당된다고 판단하는 경우

(2023.4.18 본항신설)

⑥ 식품의약품안전처장은 제2항에 따른 모니터링 결과 또는 제4항에 따라 받은 통보 결과가 제2항 각 호의 어느 하나에 해당하는 경우 그 내용 및 제5항에 따른 정보통신서비스 제공자등의 조치 결과를 관계 중앙행정기관의 장에게 알릴 수 있다.
(2023.4.18 본항신설)

⑦ 제2항에 따른 모니터링의 내용, 방법 및 절차, 제3항에 따른 자료제출 요청의 범위 및 절차, 제4항에 따른 통보의 방법 등에 관하여 필요한 사항은 총리령으로 정한다.(2023.4.18 본항개정)

(2023.4.18 본조제목개정)

(2018.12.11 본조신설)

제61조의3【의약품 불법판매 등 모니터링 업무의 위탁 등】 ① 제61조의2제2항에 따른 식품의약품안전처장의 모니터링 업무는 그 일부를 대통령령으로 정하는 기관 또는 단체에 위탁할 수 있다.

② 식품의약품안전처장은 제1항에 따른 위탁기관에 대하여 예산의 범위에서 위탁업무 수행에 필요한 비용의 전부 또는 일부를 지원할 수 있다.

(2023.4.18 본조신설)

제62조【제조 등의 금지】 누구든지 다음 각 호의 어느 하나에 해당하는 의약품을 판매하거나 판매할 목적으로 제조·수입·저장 또는 진열하여서는 아니 된다.
1. 대한민국약전에 실린 의약품으로서 성상·성능 또는 품질이 대한민국약전에서 정한 기준에 맞지 아니하는 의약품 (2011.6.7 본호개정)
2. 제31조제2항·제3항·제9항, 제41조제1항 또는 제42조제1항에 따라 허가·변경허가 또는 신고·변경신고된 의약품으로서 그 성분 또는 분량(유효 성분이 분명하지 아니한 것은 본질 또는 제조 방법의 요지)이 허가·변경허가 또는 신고·변경신고된 내용과 다른 의약품(2024.2.20 본호개정)
3. 제52조제1항에 따라 기준이 정하여진 의약품으로서 정한 기준에 맞지 아니한 의약품
4. 전부 또는 일부가 불결한 물질 또는 변질이나 변하여 썩은 물질로 된 의약품
5. 병원 미생물(病原 微生物)에 오염되었거나 오염되었다고 인정되는 의약품
6. 이물질이 섞였거나 부착된 의약품
7. 식품의약품안전처장이 정한 타르 색소와 다른 타르 색소가 사용된 의약품(2013.3.23 본호개정)
8. 보건위생에 위해가 있을 수 있는 비위생적 조건에서 제조되었거나 그 시설이 대통령령으로 정하는 기준에 맞지 아니한 곳에서 제조된 의약품
9. 용기나 포장이 불량하여 보건위생상 위해가 있을 염려가 있는 의약품
10. 용기나 포장이 그 의약품의 사용 방법을 오인하게 할 염려가 있는 의약품
11. 제76조제1항제4호에 해당하는 의약품

제63조【봉함】 의약품의 제조업자·품목허가를 받은 자나 수입자는 자신이 제조 또는 수입한 의약품을 판매할 때에는 총리령으로 정하는 바에 따라 의약품의 용기나 포장을 봉함(封緘)하여야 한다. 다만, 의약품 제조업자 또는 품목허가를 받은 자에게 판매하는 경우에는 예외로 한다.(2013.3.23 본문개정)

제64조【안전용기·포장 등】 ① 의약품 품목허가를 받은 자나 수입자는 자신이 제조 또는 수입한 의약품을 판매할 때에는 오용으로 발생하는 어린이의 약물 사고를 방지하기 위하여 안전용기·포장을 사용하여야 한다. 다만, 의약품 제조업자 또는 품목허가를 받은 자에게 판매하는 경우에는 그러하지 아니하다.(2007.10.17 본항개정)

② 안전용기·포장을 사용하여야 할 품목 및 안전용기·포장의 기준 등에 관하여는 총리령으로 정한다.
(2013.3.23 본항개정)

제3절 의약외품

제65조【의약외품 용기 등의 기재사항】 ① 의약외품의 제조업자와 수입자는 의약외품의 용기나 포장에 다음 각 호의 사항을 적어야 한다. 다만, 총리령으로 정하는 정하는 바에 따라 다음 각 호의 사항 중 그 일부를 적지 아니하거나 그 일부만을 적을 수 있다.(2017.10.24 본문개정)
1. 의약외품의 명칭(2017.10.24 본호개정)
2. 제조업자 또는 수입자의 상호 및 주소
3. 용량 또는 중량(제2조제7호가목에 해당하는 물품은 용량 또는 중량이나 개수)

4. 제조 번호와 사용기한(2017.10.24 본호개정)
5. 품목허가증 및 품목신고증에 기재된 모든 성분의 명칭. 다만, 보존제를 제외한 소량 함유 성분 등 총리령으로 정하는 성분은 제외할 수 있다.(2017.10.24 본문개정)
6. 제52조제2항에 따라 기준이 정하여진 제품은 그 저장 방법, 그 밖에 그 기준에서 용기나 포장에 적도록 정한 사항
7. "의약외품"이라는 문자
8. 그 밖에 총리령으로 정하는 사항(2013.3.23 본호개정)
② 약국개설자 등 소비자에게 직접 의약외품을 판매하는 자는 보건복지부장관이 정하는 바에 따라 의약외품의 가격을 의약외품의 용기나 포장에 적어야 한다.
(2011.6.7 본조개정)
제65조의2【외부 포장 기재사항】 의약외품을 직접 담는 용기나 직접 포장하는 부분에 적힌 제65조제1항 각 호 및 같은 조 제2항의 사항이 외부의 용기나 포장에 가려 보이지 아니하면 그 외부의 용기나 포장에도 같은 사항을 적어야 한다.
(2017.10.24 본조신설)
제65조의3【첨부 문서 기재사항】 의약외품에 첨부하는 문서가 있는 경우에는 그 문서에 다음 각 호의 사항을 적어야 한다.
1. 용법·용량, 그 밖에 사용 또는 취급할 때에 필요한 주의 사항
2. 대한민국약전에 실린 의약외품은 대한민국약전에서 의약외품의 첨부 문서 또는 그 용기나 포장에 적도록 정한 사항
3. 제52조제2항에 따라 기준이 정하여진 의약외품은 그 기준에서 의약외품의 첨부 문서 또는 그 용기나 포장에 적도록 정한 사항
4. 그 밖에 의약외품의 안전한 사용을 위하여 필요한 사항으로서 총리령으로 정하는 사항
(2017.10.24 본조신설)
제65조의4【기재상의 주의】 제65조, 제65조의2 및 제65조의3에 따른 기재사항은 다른 문자·기사·그림 또는 도안보다 쉽게 볼 수 있는 부분에 적어야 하며, 그 사항은 총리령으로 정하는 바에 따라 읽기 쉽고 이해하기 쉬운 용어로 정확히 적어야 한다.(2017.10.24 본조개정)
제65조의5【시각·청각장애인을 위한 의약외품의 표시】 의약외품의 제조업자와 수입자는 식품의약품안전처장이 정하는 의약외품의 경우 시각·청각장애인이 활용할 수 있도록 제65조, 제65조의2 및 제65조의3에서 규정된 사항 중 제품명 등 식품의약품안전처장이 정하는 사항을 용기 또는 포장에는 점자 및 음성·수어영상변환용 코드 등 총리령으로 정하는 방법 및 기준에 따라, 첨부문서에는 음성·수어영상변환용 코드 등 총리령으로 정하는 방법 및 기준에 따라 표시하여야 한다.
(2021.7.20 본조신설)
제65조의6【시각·청각장애인을 위한 표시에 관한 교육·홍보 등】 ① 식품의약품안전처장은 시각·청각장애인이 의약품등을 안전하게 사용할 수 있도록 제59조의2 및 제65조의5에 따른 적합한 표시 방법과 기준을 개발하고 교육 및 홍보를 하여야 한다.
② 식품의약품안전처장은 제59조의2 및 제65조의5에 따른 표시에 필요한 경우 행정적 지원을 할 수 있다.
③ 식품의약품안전처장은 시각·청각장애인의 의약품등의 정보에 관한 접근성을 제고하기 위하여 제59조의2 및 제65조의5에 따른 표시가 총리령으로 정하는 기준에 적합한지 여부에 관한 실태조사 및 평가와 장애인의 의약품등 정보 접근성 향상을 위한 연구개발을 할 수 있다.
④ 식품의약품안전처장은 제3항에 따른 실태조사, 평가 및 연구개발 결과 개선이 필요하다고 인정하는 사항에 대해서는 해당 의약품등의 품목허가를 받은 자, 제조업자 또는 수입자에게 표시 실태의 개선을 권고할 수 있다.
⑤ 식품의약품안전처장은 제1항에 따른 표시 방법과 기준의 개발, 교육·홍보 및 제3항에 따른 실태조사·평가·연구개발 업무를 제68조의3에 따른 한국의약품안전관리원에 위탁할 수 있다.
⑥ 제3항에 따른 실태조사 및 평가의 내용·방법 등에 관하여 필요한 사항은 총리령으로 정한다.
(2021.7.20 본조신설)
제66조【준용】 의약외품에 관하여는 제60조, 제61조, 제61조의2(제44조, 제50조제1항·제2항 위반과 관련된 내용은 제외한다), 제62조 및 제63조〔의약외품 중 제2조제7호가목에 해당하는 물품은 제60조, 제61조, 제61조의2(제44조, 제50조제1항·제2항 위반과 관련된 내용은 제외한다) 및 제62조〕를 준용한다. 이 경우 "의약품"은 "의약외품"으로, "제31조제1항부터 제3항까지 및 제9항"은 "제31조제4항·제9항"으로, "제31조제2항·제3항·제9항"은 각각 "제31조제4항·제9항"으로, "제52조제1항"은 "제52조제2항"으로, "제56조부터 제60조까지"는 "제65조, 제65조의2부터 제65조의4까지 및 제66조에 따라 준용되는 제60조"로 본다.(2023.4.18 전단개정)

제4절 약업단체

제67조【조직】 의약품등의 제조업자·품목허가를 받은 자·수입자 또는 의약품 판매업자는 자주적인 활동과 공동이익을 보장하고 국민보건 향상에 이바지하기 위하여 각각 사단법인을 조직할 수 있다.(2007.10.17 본조개정)
제67조의2【자율규제】 ① 제67조에 따른 사단법인(이하 이 조에서 "사단법인"이라 한다)은 의약품등에 대하여 올바른 정보를 제공하고 국민 건강을 보호하기 위하여 필요한 행동강령을 정하여 시행할 수 있다.
② 보건복지부장관 및 식품의약품안전처장은 제61조의2제2항 각 호의 어느 하나에 해당하는 행위가 발생하지 아니하도록 제1항에 따라 행동강령을 정하여 시행하는 사단법인 또는 「정보통신망 이용촉진 및 정보보호 등에 관한 법률」 제44조의4에 따라 자율규제 가이드라인을 정하여 시행하는 정보통신서비스 제공자단체를 지원할 수 있다.
(2023.4.18 본조신설)

제5절 의약품등의 광고

제68조【과장광고 등의 금지】 ① 의약품등의 명칭·제조방법·효능이나 성능에 관하여 거짓광고 또는 과장광고를 하지 못한다.
② 의약품등은 그 효능이나 성능에 관하여 의사·치과의사·한의사·수의사 또는 그 밖의 자가 보증한 것으로 오해할 염려가 있는 기사를 사용하지 못한다.
③ 의약품등은 그 효능이나 성능을 암시하는 기사·사진·도안, 그 밖의 암시적 방법을 사용하여 광고하지 못한다.
④ 의약품에 관하여 낙태를 암시하는 문서나 도안은 사용하지 못한다.
⑤ 제31조제2항부터 제4항까지 및 제9항 또는 제42조제1항에 따른 허가·변경허가를 받거나 신고·변경신고를 한 후가 아니면 의약품등의 명칭·제조 방법·효능이나 성능에 관하여 광고하지 못한다.(2018.12.11 본항개정)
⑥ 다음 각 호의 어느 하나에 해당하는 의약품을 광고하여서는 아니 된다. 다만, 「감염병의 예방 및 관리에 관한 법률」 제2조제2호부터 제12호까지의 감염병의 예방용 의약품을 광고하는 경우와 의학·약학에 관한 전문가 등을 대상으로 하는 의약전문매체에 광고하는 경우 등 총리령으로 정하는 경우에는 그러하지 아니하다.
1. 전문의약품
2. 전문의약품과 제형, 투여 경로 및 단위제형당 주성분의 함량이 같은 일반의약품
3. 원료의약품
(2017.10.24 본항신설)
⑦ 의약품등의 광고 방법과 그 밖에 필요한 사항은 총리령으로 정한다.(2017.10.24 본항개정)
제68조의2【광고의 심의】 ① 의약품 제조업자·품목허가를 받은 자 또는 수입자가 그 제조 또는 수입한 의약품을 광고하려는 경우에는 총리령으로 정하는 바에 따라 식품의약품안전처장의 심의를 받아야 한다.
② 식품의약품안전처장은 제1항에 따른 의약품 광고심의에 관한 업무를 제67조에 따라 설립된 법인에 위탁할 수 있다.
③ 제1항에 따른 광고심의의 절차와 방법, 심의 결과에 대한

이의신청, 심의 내용의 변경과 심의 결과의 표시 등에 관하여 필요한 사항은 총리령으로 정한다.
(2013.3.23 본조개정)

제6절 한국의약품안전관리원
(2011.6.7 본절신설)

제68조의3【설립】 ① 의약품등으로 인한 부작용 및 품목허가정보·품목신고정보 등 의약품등의 안전과 관련한 각종 정보(이하 "의약품안전정보"라 한다)의 수집·관리·분석·평가 및 제공 업무를 효율적이고 체계적으로 수행하기 위하여 한국의약품안전관리원(이하 "의약품안전관리원"이라 한다)을 설립한다.
② 의약품안전관리원은 법인으로 한다.
③ 의약품안전관리원의 정관에는 다음 각 호의 사항을 기재하여야 한다.
1. 목적
2. 명칭
3. 주된 사무소가 있는 곳
4. 자산에 관한 사항
5. 임원 및 직원에 관한 사항
6. 이사회의 운영
7. 사업범위 및 내용과 그 집행
8. 회계
9. 공고의 방법
10. 정관의 변경
11. 그 밖에 의약품안전관리원의 운영에 관한 중요 사항
(2018.12.11 본항신설)
④ 의약품안전관리원이 정관의 기재사항을 변경하려는 경우에는 식품의약품안전처장의 인가를 받아야 한다.(2018.12.11 본항신설)
⑤ 의약품안전관리원에 관하여는 이 법에서 규정한 것을 제외하고는 「민법」 중 재단법인에 관한 규정을 준용한다.
⑥ 그 밖에 의약품안전관리원의 조직 및 운영 등에 관하여 필요한 사항은 대통령령으로 정한다.
제68조의4【사업】 의약품안전관리원은 제84조 또는 다른 법령에 따라 식품의약품안전처장으로부터 위탁받은 각 호의 사업 및 제86조제5항에 따라 위탁받은 의약품 부작용 피해구제사업과 의약품안전정보와 관련하여 대통령령으로 정하는 수익사업을 수행한다.(2015.5.18 본문개정)
1. 약화사고 등 의약품 부작용의 인과관계 조사·규명
2. 의약품안전정보의 수집 및 관리를 위한 의약품안전정보관리시스템의 구축
3. 의약품안전정보의 수집·분석·평가·관리 및 제공
4. 의약품안전정보의 개발·활용을 위한 조사·연구 및 교육·홍보
5. 그 밖에 이 법 또는 다른 법령에 따라 위탁받은 업무
(2015.5.18 본호신설)
제68조의5【운영재원】 의약품안전관리원은 정부 또는 정부 외의 자의 출연금, 그 밖의 수익금으로 운영한다.
제68조의6【사업계획서의 제출 등】 ① 의약품안전관리원의 사업연도는 정부의 회계연도에 따른다.
② 의약품안전관리원은 대통령령으로 정하는 바에 따라 매 회계연도의 사업계획서 및 예산서를 작성하여 식품의약품안전처장의 승인을 받아야 한다. 이를 변경하고자 할 때에도 또한 같다.(2013.3.23 전단개정)
제68조의7【자료제공의 요청】 ① 의약품안전관리원장은 의약품안전정보의 수집·평가 등 업무상 필요하다고 인정하는 경우에는 다음 각 호의 기관 또는 사람에 대하여 의약품안전정보에 관한 자료의 제공을 요청할 수 있다. 이 경우 요청을 받은 기관 또는 사람은 정당한 사유가 없으면 그 요청에 따라야 한다.(2015.1.28 후단신설)
1. 국가 또는 지방자치단체
2. 공공기관 또는 공공단체
3. 연구기관
4. 약국개설자 또는 의료기관 개설자
5. 의약품등의 제조업자, 품목허가를 받은 자, 수입자 또는 판매업자 등 이 법에 따라 의약품을 취급할 수 있는 자
② 의약품안전관리원장은 제1항에 따라 필요한 자료의 제공을 요청하는 경우 「개인정보 보호법」 제23조에 따른 민감정보와 같은 법 제24조에 따른 고유식별정보(주민등록번호를 포함한다) 등의 개인정보가 포함된 자료의 제공을 요청할 수 있다. 이 경우 요청을 받은 기관 또는 사람은 개인식별이 가능한 부분을 삭제한 후 제공하여야 한다.(2015.1.28 본항개정)
③ 제2항에도 불구하고 의약품안전관리원장은 식품의약품안전처장이 복수의 기관 또는 사람이 보유한 자료를 통합하여 분석할 필요가 있다고 승인한 경우에는 개인식별이 가능한 부분을 포함한 자료를 제출받아 자료의 통합작업을 수행할 수 있다. 이 경우 자료를 통합한 후에는 지체 없이 개인식별이 가능한 부분을 삭제하고 복구 또는 재생되지 아니하도록 하여야 한다.(2015.1.28 본항신설)
④ 제1항부터 제3항까지의 규정에 따라 제공된 자료는 그 제공을 요청한 목적 외의 용도로 이용하여서는 아니 된다.
(2015.1.28 본항신설)
⑤ 식품의약품안전처장은 의약품안전관리원장이 제3항 및 제4항을 준수하는지를 정기적으로 점검하고 이를 위반한 경우에는 해임 등 필요한 조치를 할 수 있다.(2015.1.28 본항신설)
제68조의8【부작용 등의 보고】 ① 의약품등의 제조업자·품목허가를 받은 자·수입자 및 의약품 도매상은 의약품등으로 인하여 발생하였다고 의심되는 이상사례로서 질병·장애·사망, 그 밖에 총리령으로 정하는 의약품등의 안전성·유효성에 관한 사례를 알게 된 경우에는 식품의약품안전처장이 정하는 바에 따라 의약품안전관리원장에게 보고하여야 한다.
(2024.2.20 본항개정)
② 약국개설자와 의료기관 개설자는 의약품등으로 인하여 발생하였다고 의심되는 이상사례로서 총리령으로 정하는 중대한 질병·장애·사망 사례를 알게 된 경우에는 식품의약품안전처장이 정하는 바에 따라 의약품안전관리원장에게 보고하여야 한다.(2024.2.20 본항개정)
③ 의약품안전관리원장은 제1항 및 제2항에 따라 보고받은 사항을 식품의약품안전처장이 정하는 바에 따라 식품의약품안전처장에게 보고하여야 한다.(2013.3.23 본조개정)
제68조의9【비밀유지의무】 의약품안전관리원의 임원이나 직원 또는 그 직에 있었던 자는 직무상 알게 된 비밀을 누설하여서는 아니 된다.
제68조의10【유사명칭의 사용금지】 의약품안전관리원이 아닌 자는 의약품안전관리원 또는 이와 유사한 명칭을 사용하지 못한다.
제68조의11【의약품부작용 심의위원회의 설치】 ① 다음 각 호의 사항을 심의하기 위하여 식품의약품안전처에 의약품부작용 심의위원회(이하 "심의위원회"라 한다)를 둔다.
(2014.3.18 본문개정)
1. 의약품등의 부작용·위해가능성의 판단 등에 관한 사항
2. 의약품등 부작용의 인과관계 규명, 그 밖에 약화사고 등의 원인규명에 관한 사항
3. 제86조의3제1항에 따른 피해구제급여 등 의약품 피해구제에 관한 사항
(2014.3.18 1호~3호신설)
② 심의위원회는 위원장 1명을 포함한 10명 이상 15명 이내의 위원으로 구성하며, 위원장은 위원 중에서 호선(互選)한다.
③ 위원은 대통령령으로 정하는 바에 따라 식품의약품안전처장이 임명하거나 위촉(委囑)하되, 다음 각 호의 어느 하나에 해당하는 자가 각각 1명 이상 포함되어야 한다.(2013.3.23 본문개정)
1. 보건의료 및 의약품 분야의 전문지식을 갖춘 자
2. 「비영리민간단체 지원법」 제2조에 따른 비영리민간단체가 추천하는 자
3. 「의료법」 및 법의학 전문가로서 판사, 검사 또는 변호사의 자격이 있는 자
4. 대통령령으로 정하는 관계 중앙행정기관 소속 공무원
④ (2014.3.18 삭제)

⑤ 심의위원회는 제1항 각 호의 사항을 전문적으로 심의하도록 하기 위하여 전문위원회를 둘 수 있다.(2014.3.18 본항개정)
⑥ 심의위원회 및 전문위원회의 구성과 운영, 그 밖에 필요한 사항은 대통령령으로 정한다.

제68조의12【약물역학조사관】 ① 의약품안전관리원의 장은 제68조의4제1호에 따른 사업을 수행하기 위하여 필요하다고 인정하는 경우에는 소속 직원 또는 관련 분야의 전문지식과 경험이 있는 사람 중에서 약물의 역학조사를 위하여 조사관(이하 "약물역학조사관"이라 한다)을 임명하거나 위촉할 수 있다.
② 의약품안전관리원의 장은 약물역학조사관을 임명하거나 위촉하였을 때에는 지체 없이 식품의약품안전처장에게 보고하여야 한다.
③ 의약품안전관리원의 장은 약물역학조사관으로 하여금 약국, 의료기관, 의약품등을 제조·저장 또는 취급하는 공장·창고·점포나 사무소, 그 밖에 조사의 필요성이 있다고 인정되는 장소에 출입하여 관련 장부나 서류, 그 밖의 물건을 조사하거나 관계인에게 질문을 하게 할 수 있다. 이 경우 약물역학조사관은 그 권한을 표시하는 증표 및 조사기간, 조사범위, 조사담당자, 관계 법령 등 대통령령으로 정하는 사항이 기재된 서류를 지니고 이를 관계인에게 내보여야 한다.(2015.12.29 후단개정)
④ 약물역학조사관의 자격 및 직무 범위, 그 밖에 필요한 사항은 총리령으로 정한다.
⑤ 제3항에 따른 조사 또는 질문의 절차·방법 등에 관하여는 이 법 또는 약물역학조사와 관련된 법령에서 정하는 사항을 제외하고는 「행정조사기본법」에서 정하는 바에 따른다.
(2015.12.29 본항신설)
(2014.3.18 본조신설)

제7장 감 독

제69조【보고와 검사 등】 ① 보건복지부장관, 식품의약품안전처장(대통령령으로 정하는 그 소속 기관의 장을 포함한다), 시·도지사, 시장·군수·구청장은 다음 각 호의 사항을 지시할 수 있다.(2020.4.7 본문개정)
1. 약국개설자, 의료기관 개설자, 의약품등의 제조업자·품목허가를 받은 자·수입자 또는 판매업자, 의약품 판촉영업자, 특허권등재자, 등재특허권자등, 우선판매품목허가를 받은 자, 임상시험의 계획 승인을 받은 자, 임상시험실시기관, 임상시험검체분석기관, 비임상시험실시기관, 중앙심사위원회, 그 밖에 의약품등을 취급하는 업무에 종사하는 자에게 필요한 서류나 그 밖의 자료 제출의 요구(2023.4.18 본호개정)
2. 관계 공무원으로 하여금 약국·의료기관, 의약품등을 제조·저장 또는 취급하는 공장·창고·점포나 사무소, 임상시험실시기관, 임상시험검체분석기관, 비임상시험실시기관, 중앙심사위원회, 특허권등재자, 등재특허권자등 또는 우선판매품목허가를 받은 자가 업무를 하는 장소, 임상시험 용도로 의약품등을 취급하는 업무를 하는 장소, 그 밖의 의약품등을 취급하는 업무를 하는 장소에 출입하여 그 시설 또는 관계 장부나 서류, 그 밖의 물건의 검사 또는 관계인에 대한 질문(2021.7.20 본호개정)
3. 제71조제1항에 해당된다고 의심되는 물품·의약품등의 품질 검사를 위하여 필요한 최소 분량의 물품 수거
② 제1항에 따라 출입·검사를 하는 공무원은 그 권한을 표시하는 증표 및 조사기간, 조사범위, 조사담당자, 관계 법령 등 대통령령으로 정하는 사항이 기재된 서류를 지니고 이를 관계인에게 내보여야 한다.(2015.12.29 본항개정)
③ 제2항에 따른 관계 공무원의 권한 및 직무 범위, 그 밖에 필요한 사항은 보건복지부장관과 협의하여 총리령으로 정한다.
(2013.3.23 본항개정)
④ 제1항제2호에 따른 검사 또는 질문의 절차·방법 등에 관하여는 이 법에서 정하는 사항을 제외하고는 「행정조사기본법」에서 정하는 바에 따른다.(2015.12.29 본항신설)

제69조의2【관계 기관에의 통보】 식품의약품안전처장은 대통령령으로 정하는 관계 중앙행정기관의 장에게 다음 각 호에 관한 사항을 통보하여야 한다.
1. 제50조의6제1항 및 제2항에 따른 의약품의 판매금지처분 및 같은 조 제3항에 따른 판매금지 효력의 소멸
2. 우선판매품목허가 및 제50조의10제1항 및 제2항에 따른 동일의약품에 대한 판매금지 효력의 소멸
3. 제1호 또는 제2호와 관련된 특허 심판 또는 소송의 개시 및 종결
(2015.3.13 본조신설)

제69조의3【합의 사항의 보고】 다음 각 호의 어느 하나에 해당하는 합의가 있는 경우 합의의 당사자는 합의가 있은 날부터 15일 이내에 합의 당사자, 합의 내용, 합의 시기 등 총리령으로 정하는 사항을 식품의약품안전처장 및 공정거래위원회에 보고하여야 한다.
1. 등재의약품의 품목허가 또는 변경허가를 받은 자 또는 등재특허권자등과 통지의약품에 대한 품목허가 또는 변경허가 신청을 한 자 간의 해당 의약품의 제조 또는 판매에 관한 합의
2. 등재의약품의 품목허가 또는 변경허가를 받은 자 또는 등재특허권자등과 통지의약품에 대한 품목허가 또는 변경허가 신청을 한 자 간의 우선판매품목허가의 취득 또는 그 소멸에 관한 합의
3. 통지의약품에 대한 품목허가 또는 변경허가 신청을 한 자 간의 우선판매품목허가의 취득 또는 그 소멸에 관한 합의
(2015.3.13 본조신설)

제69조의4【시정명령】 보건복지부장관, 식품의약품안전처장, 시·도지사 또는 시장·군수·구청장은 약국개설자, 의약품의 품목허가를 받은 자, 수입자, 의약품 판매업자, 의약품 판촉영업자, 그 밖에 이 법에 따라 의약품을 판매할 수 있는 자가 다음 각 호의 어느 하나에 해당할 경우 일정한 기간을 정하여 그 위반사항을 시정하도록 명할 수 있다.(2023.4.18 본문개정)
1. 제21조제3항에 따른 약국 관리에 필요한 사항을 위반한 경우
1의2. 제21조의3제3항에 따른 운영시간을 준수하지 아니한 경우(2023.4.18 본호신설)
2. 제47조제1항에 따른 의약품등의 유통 체계 확립과 판매 질서 유지에 필요한 사항을 위반한 경우
3. 제47조의2제1항에 따른 지출보고서를 작성 또는 공개하지 아니하거나 해당 지출보고서와 관련 장부 및 근거 자료를 보관하지 아니한 경우(2021.7.20 본호개정)
3의2. 제47조의2제2항에 따른 위탁계약서를 작성하지 아니하거나 해당 위탁계약서 및 관련 근거 자료를 보관하지 아니한 경우(2023.4.18 본호신설)
4. 제56조제2항(제44조의6제1항에서 준용하는 경우를 포함한다) 또는 제65조제2항을 위반하여 가격을 용기나 포장에 적지 아니한 경우(2020.4.7 본호개정)
(2015.12.29 본조신설)

제69조의5【해외제조소에 대한 현지실사 등】 ① 식품의약품안전처장은 다음 각 호의 어느 하나에 해당하는 경우에는 수입자, 해외제조소의 관리자 또는 수출국 정부와 사전에 협의를 거쳐 해외제조소에 대한 출입 및 검사(이하 이 조에서 "현지실사"라 한다)를 할 수 있다.
1. 수입되는 의약품등(이하 이 조에서 "수입의약품등"이라 한다)의 위해방지를 위하여 현지실사가 필요하다고 식품의약품안전처장이 인정하는 경우
2. 국내외에서 수집된 수입의약품등의 안전정보에 대한 사실 확인이 필요하다고 식품의약품안전처장이 인정하는 경우
② 식품의약품안전처장은 해외제조소가 현지실사를 정당한 사유 없이 거부하거나 현지실사 결과 수입의약품등에 위해발생 우려가 있는 경우에는 해당 해외제조소의 수입의약품등에 대하여 수입 중단, 검사명령 또는 시정을 요청하거나 해외제조소 등록을 취소(이하 이 조에서 "수입 중단등"이라 한다)할 수 있다.
③ 식품의약품안전처장은 제2항에 따라 수입 중단등의 조치가 되어 있는 수입의약품등에 대하여 수입자, 해외제조소의 관리자 또는 수출국 정부가 원인을 규명하여 개선사항을 제시하거나 현지실사 등을 통하여 그 수입의약품등에 위해가 없는 것으로 인정되는 경우에는 수입 중단등의 조치를 해제할 수 있다. 이 경우 개선사항에 대한 확인이 필요할 때에는 현지실사를 할 수 있다.

④ 제1항부터 제3항까지의 규정에 따른 현지실사, 수입 중단등의 조치와 그 해제의 절차 및 방법 등에 필요한 사항은 총리령으로 정한다.
(2018.12.11 본조신설)
제70조【업무 개시 명령 등】 ① 보건복지부장관, 식품의약품안전처장, 시·도지사, 시장·군수·구청장은 의약품 제조업자·품목허가를 받은 자, 약국개설자 또는 의약품 판매업자가 공동으로 의약품의 생산·판매를 중단하거나 집단 휴업 또는 폐업을 하여 의약품 구매에 현저한 지장을 주거나 줄 우려가 있다고 인정되면 의약품 제조업자·품목허가를 받은 자, 약국개설자 또는 의약품 판매업자에게 의약품을 생산하게 하거나 업무를 개시하도록 명할 수 있다.(2013.3.23 본항개정)
② 의약품 제조업자·품목허가를 받은 자, 약국개설자 또는 의약품 판매업자는 정당한 사유 없이 제1항의 명령을 거부할 수 없다.
(2007.10.17 본조개정)
제71조【폐기 명령 등】 ① 식품의약품안전처장, 시·도지사, 시장·군수·구청장은 의약품의 품목허가를 받은 자·의약외품 제조업자·의약품등의 수입자·판매업자, 약국개설자, 의료기관 개설자, 그 밖에 이 법 또는 다른 법률에 따라 의약품을 판매하거나 취급할 수 있는 자 중 총리령으로 정하는 자에게 제53조제1항·제61조(제66조에서 준용하는 경우를 포함한다) 및 제62조(제66조에서 준용하는 경우를 포함한다)를 위반하여 판매·저장·진열·제조 또는 수입한 의약품등이나 불량한 의약품등 또는 그 원료나 재료 등을 공중위생상의 위해를 방지할 수 있는 방법으로 폐기하거나 그 밖의 필요한 조치를 하도록 명할 수 있다.(2013.3.23 본항개정)
② 식품의약품안전처장, 시·도지사 또는 시장·군수·구청장은 의약품등으로 인하여 공중위생상 위해가 발생하였거나 발생할 우려가 있다고 인정하면 의약품의 품목허가를 받은 자·의약외품 제조업자·의약품등의 수입자·판매업자, 약국 개설자, 의료기관 개설자, 그 밖에 이 법 또는 다른 법률에 따라 의약품을 판매하거나 취급할 수 있는 자 중 총리령으로 정하는 자에 대하여 유통 중인 의약품등을 회수·폐기하게 하거나 그 밖의 필요한 조치를 하도록 명할 수 있다.(2013.3.23 본항개정)
③ 식품의약품안전처장, 시·도지사, 시장·군수·구청장은 제1항 또는 제2항에 따른 명령을 받은 자가 그 명령을 이행하지 아니한 때, 또는 공중위생을 위하여 긴급한 때에는 관계 공무원에게 해당 물품을 회수·폐기하게 하거나 그 밖에 필요한 처분을 하게 할 수 있다.(2013.3.23 본항개정)
④ 제2항에 관하여는 제69조제2항을 준용한다.
⑤ 제2항에 따른 의약품등의 위해성 등급 및 평가기준, 회수·폐기, 그 밖의 조치 등에 필요한 사항은 총리령으로 정한다.
(2013.3.23 본항개정)
제72조【의약품등의 회수 등 사실 공표】 ① 식품의약품안전처장은 제39조제1항 후단에 따른 의약품등의 회수계획을 보고받으면 의약품의 품목 허가를 받은 자, 의약외품 제조업자 또는 의약품등의 수입자에게 회수계획을 공표하도록 명할 수 있다. 다만, 해당 의약품등의 사용으로 인하여 완치 불가능한 중대한 부작용을 초래하거나 일시적 또는 의학적으로 완치 가능한 부작용을 초래하는 등 총리령으로 정하는 위해가 발생한 경우에는 공표를 명하여야 한다.(2013.3.23 본항개정)
② 식품의약품안전처장, 시·도지사 또는 시장·군수·구청장은 제71조제2항에 따라 유통 중인 의약품등을 회수·폐기하게 하거나 그 밖에 필요한 조치를 하게 한 경우에는 의약품의 품목허가를 받은 자·의약외품 제조업자·의약품등의 수입자·판매업자, 약국 개설자, 의료기관 개설자, 그 밖에 이 법 또는 다른 법률에 따라 의약품을 판매하거나 취급할 수 있는 자 중 총리령으로 정하는 자에게 그 사실을 공표하도록 명하여야 한다.(2013.3.23 본항개정)
③ 제1항 및 제2항에 따라 공표명령을 받은 자는 제71조제5항에 따른 위해성 등급에 따라 다음 각 호의 어느 하나에 해당하는 방법으로 공표하여야 한다.
1. 방송, 일간신문 또는 이와 동등 이상의 대중매체
2. 의학·약학 전문지 또는 이와 동등 이상의 매체
3. 자사(自社) 홈페이지 또는 이와 동등 이상의 매체
(2012.2.1 본항신설)
④ 제1항부터 제3항까지의 규정에 따른 공표에 필요한 사항은 총리령으로 정한다.(2013.3.23 본항개정)
제73조【검사명령과 시험·검사기관】 ① 식품의약품안전처장 또는 시·도지사는 의약품등의 품질검사를 위하여 의약품등의 제조업자, 의약품의 품목허가를 받은 자 또는 수입자에게 「식품·의약품분야 시험·검사 등에 관한 법률」 제6조제2항제3호에 따라 식품의약품안전처장이 지정하는 의약품 등 시험·검사기관(이하 "시험·검사기관"이라 한다)에서 제조·수입하거나 품목허가를 받거나 품목신고를 한 의약품등에 관한 검사를 받도록 명할 수 있다.
②~④ (2013.7.30 삭제)
(2013.7.30 본조개정)
제73조의2~제73조의3 (2013.7.30 삭제)
제74조【개수명령】 식품의약품안전처장, 시·도지사, 시장·군수·구청장은 약국 개설자, 의약품등의 제조업자·품목허가를 받은 자, 수입자, 판매업자, 임상시험실시기관, 임상시험검체분석기관, 비임상시험실시기관에게 그 시설이 제20조제3항, 제31조제1항·제4항, 제34조의2제1항, 제34조의3제1항, 제42조제3항, 제45조제2항에 따른 시설 기준에 맞지 아니하거나 그 시설이 낡거나 더럽거나 손상되어 그 시설로 의약품등을 제조하면 의약품등이 제62조(제66조에서 준용하는 경우를 포함한다) 각 호의 어느 하나에 해당하게 될 염려가 있으면 시설을 개수(改修)하도록 명하거나 개수가 끝날 때까지 그 시설의 전부 또는 일부를 사용하지 못하게 명할 수 있다.(2017.10.24 본조개정)
제75조【관리자 등의 변경명령】 의약품등의 제조업 관리자 또는 약국의 관리자가 이 법 또는 이 법에 따른 명령을 위반하거나 관리자로서 부적당하다고 인정하면 식품의약품안전처장은 해당 제조업자에게, 시장·군수·구청장은 해당 약국개설자에게 각각 그 관리자를 변경하도록 명할 수 있다.(2013.3.23 본조개정)
제75조의2【시정명령】 보건복지부장관, 시장·군수·구청장은 약국 개설자가 제47조제8항부터 제10항까지를 위반한 경우에는 보건복지부령으로 정하는 바에 따라 약국 개설자에게 3개월 이내의 기간을 정하여 그 위반사항을 시정하도록 명할 수 있다.(2023.4.18 본조개정)
제76조【허가취소와 업무정지 등】 ① 의약품등의 제조업자, 품목허가를 받은 자, 원료의약품의 등록을 한 자, 수입자, 임상시험의 계획 승인을 받은 자 또는 약국개설자나 의약품 판매업자, 의약품 판촉영업자가 다음 각 호의 어느 하나에 해당하면 의약품등의 제조업자, 품목허가를 받은 자, 원료의약품의 등록을 한 자, 수입자, 임상시험의 계획 승인을 받은 자에게는 식품의약품안전처장이, 약국개설자나 의약품 판매업자, 의약품 판촉영업자에게는 시장·군수·구청장이 그 허가·승인·등록의 취소, 신고 수리의 취소(제46조의2제1항에 따라 신고한 경우만 해당한다) 또는 위탁제조판매업소·제조소 폐쇄(제31조제4항에 따라 신고한 경우만 해당한다. 이하 제77조제1호의2에서 같다), 영업소 폐쇄(제42조제1항, 제46조의2제1항에 따라 신고한 경우만 해당한다. 이하 제77조제1호의2에서 같다), 품목제조 금지나 품목수입 금지를 명하거나, 1년의 범위에서 업무의 전부 또는 일부의 정지를 명할 수 있다. 다만, 제4호의 경우에 그 업자에게 책임이 없고 그 의약품등의 성분·처방 등을 변경하여 허가 또는 신고 목적을 달성할 수 있다고 인정되면 그 성분·처방 등의 변경만을 명할 수 있다.
(2023.4.18 본문개정)
1. 제5조 각 호의 어느 하나에 해당하는 경우(제5호는 수입자의 경우로 한정한다). 다만, 법인의 대표자가 같은 규정의 어느 하나에 해당하게 된 경우로서 6개월 이내에 그 대표자를 개임(改任)한 경우는 제외한다.(2015.1.28 본호개정)
2. 제20조제5항 각 호의 어느 하나 또는 제31조제8항제2호, 제42조제4항제2호·제3호에 해당하는 사실이 있음이 밝혀진 경우. 다만, 법인의 대표자가 같은 규정의 어느 하나에 해당하게 된 경우로서 6개월 이내에 그 대표자를 개임한 경우는 제외한다.(2015.1.28 본호개정)

2의2. 거짓이나 그 밖의 부정한 방법으로 제20조제2항에 따른 개설등록·변경등록을 한 경우(2020.4.7 본호신설)
2의3. 거짓이나 그 밖의 부정한 방법으로 제31조제1항부터 제4항까지 또는 제9항에 따른 허가·변경허가를 받거나 신고·변경신고를 한 경우(2020.4.7 본호신설)
2의4. 제31조제2항 또는 제3항을 위반하여 품목허가를 받지 아니하거나 품목신고를 하지 아니한 경우(2018.12.11 본호신설)
2의5. 제31조제9항을 위반하여 변경허가를 받지 아니하거나 변경신고를 하지 아니한 경우(2018.12.11 본호신설)
2의6. 거짓이나 그 밖의 부정한 방법으로 제31조의2제1항·제3항(제42조제5항에 따라 준용되는 경우를 포함한다)에 따른 원료의약품의 등록, 변경등록 또는 변경보고를 한 경우
(2015.1.28 본호개정)
2의7. 제31조의2제3항(제42조제5항에 따라 준용되는 경우를 포함한다)에 따라 원료의약품의 변경등록 또는 변경보고를 하지 아니한 경우(2015.1.28 본호개정)
2의8. 거짓이나 그 밖의 부정한 방법으로 제34조제1항에 따른 임상시험의 계획 승인·변경승인을 받은 경우(2020.4.7 본호신설)
3. 이 법 또는 이 법에 따른 명령을 위반한 경우
4. 국민보건에 위해를 주었거나 줄 염려가 있는 의약품등과 그 효능이 없다고 인정되는 의약품등을 제조·수입 또는 판매한 경우
4의2. 제38조의2제1항 및 제2항을 위반하여 적합판정 또는 변경적합판정을 받지 아니하고 의약품등을 제조하여 판매한 경우(2022.6.10 본호신설)
4의3. 제38조의3제3항에 따른 시정명령 등 필요한 조치 명령을 이행하지 아니한 경우(2022.6.10 본호신설)
5. 제39조제1항에 따른 회수 또는 회수에 필요한 조치를 하지 아니하거나 회수계획을 보고하지 아니하거나 거짓으로 보고를 한 경우(2012.2.1 본호개정)
5의2. 제42조제1항을 위반하여 품목마다 허가·변경허가를 받지 아니하거나 신고·변경신고를 하지 아니한 경우
(2018.12.11 본호신설)
5의3. 거짓이나 그 밖의 부정한 방법으로 제42조제1항에 따른 허가·변경허가를 받거나 신고·변경신고를 하거나 같은 조 제7항 또는 제8항에 따른 해외제조소의 등록·변경등록 또는 변경신고를 한 경우(2020.4.7 본호개정)
5의4. 제42조제7항 또는 제8항을 위반하여 등록·변경등록 또는 변경신고를 하지 아니한 경우(2019.1.15 본호개정)
5의5. 거짓이나 그 밖의 부정한 방법으로 제43조제1항에 따른 허가를 받은 경우(2020.4.7 본호신설)
5의6. 거짓이나 그 밖의 부정한 방법으로 제45조제1항에 따른 한약업사 또는 의약품도매상 허가·변경허가를 받은 경우
(2020.4.7 본호신설)
5의7. 거짓이나 그 밖의 부정한 방법으로 제46조의2제1항에 따른 신고를 한 경우
5의8. 제46조의2제1항을 위반하여 변경 신고를 하지 아니하거나 거짓 또는 그 밖의 부정한 방법으로 변경 신고를 한 경우
5의9. 제46조의2제1항에 따른 신고의 기준에 미달한 경우
5의10. 제46조의3제1항을 위반하여 교육을 받지 아니한 자를 의약품 판매촉진 업무에 종사하게 한 경우
(2023.4.18 5호의7~5호의10신설)
5의11. 제47조제2항을 위반하여 경제적 이익등을 제공한 경우
(2010.5.27 본호신설)
5의12. 제47조제4항을 위반하여 의약품 판매촉진 업무의 전부 또는 일부를 다시 위탁한 사실을 의약품 공급자에게 서면(「전자문서 및 전자거래 기본법」 제2조제1호에 따른 전자문서를 포함한다)으로 알리지 아니한 경우(2023.4.18 본호신설)
5의13. 제50조의4제1항제2호를 위반하여 등재특허권의 존속기간이 만료된 후에 판매하기 위하여 품목허가 또는 변경허가를 신청한 자가 해당 기간이 만료되기 전에 의약품을 판매한 경우(2015.3.13 본호신설)
5의14. 제50조의6제1항·제2항, 제50조의9제1항 또는 제50조의10제3항에 따라 판매가 금지된 의약품을 판매한 경우
(2023.8.16 본호개정)
5의15. 제53조제1항을 위반하여 출하승인을 받지 아니하거나 거짓 또는 그 밖의 부정한 방법으로 출하승인을 받은 경우
(2021.7.20 본호신설)
5의16. 제60조를 위반하여 의약품에 첨부하는 문서 또는 의약품의 용기나 포장에 같은 조 각 호에 해당하는 내용을 적은 경우(2018.12.11 본호신설)
5의17. 제62조를 위반하여 같은 조 각 호의 어느 하나에 해당하는 의약품을 판매하거나 판매할 목적으로 제조·수입·저장 또는 진열한 경우(2018.12.11 본호신설)
5의18. 제71조제1항·제2항 및 제72조제1항·제2항에 따른 명령을 위반한 경우(2012.2.1 본호신설)
6. 약국 개설자가 제79조제2항에 따라 약사 또는 한약사의 자격정지처분을 받은 경우
7. 제75조의2에 따른 시정명령을 이행하지 아니한 때
(2015.12.22 본호신설)
② 제1항에 규정된 자의 시설이 제20조제3항, 제31조제1항·제4항, 제42조제3항 및 제45조제2항에 따른 시설 기준에 맞지 아니한 경우에도 제1항과 같다.(2007.10.17 본항개정)
③ 제1항과 제2항에 따른 행정처분 기준 중 의약품등의 제조업자, 품목허가를 받은 자, 원료의약품 등록을 한 자, 수입자, 임상시험의 계획 승인을 받은 자에 대한 허가·신고·등록·승인의 취소, 업무의 정지 등에 대한 행정처분 기준은 총리령으로, 약사, 한약사, 약국개설자, 의약품판매업자 또는 의약품 판촉영업자의 면허·등록·허가·신고수리의 취소, 자격 또는 업무의 정지 등에 대한 행정처분 기준은 보건복지부령으로 정한다.(2024.12.20 본항개정)

제76조의2 【임상시험실시기관 등의 지정취소 등】 ① 식품의약품안전처장은 제34조의2, 제34조의3에 따른 임상시험실시기관, 임상시험검체분석기관, 비임상시험실시기관(이하 "검사기관등"이라 한다)이 다음 각 호의 어느 하나에 해당하면 그 지정을 취소하거나 9개월의 범위에서 업무의 전부 또는 일부 정지를 명할 수 있다. 다만, 제1호·제2호·제2호의2·제5호(제2호 및 제2호의2의 경우에는 고의 또는 중대한 과실인 경우에 한정한다)에 해당하는 경우에는 지정을 취소하여야 한다.
(2018.12.11 본문개정)
1. 거짓이나 그 밖의 부정한 방법으로 지정을 받은 경우
2. 제34조의2제3항제6호에 따른 임상시험성적서, 임상시험검체분석성적서를 거짓으로 작성·발급하거나 임상시험에 관한 기록을 거짓으로 작성한 경우(2021.7.20 본호개정)
2의2. 제34조의3제3항에 따른 비임상시험성적서를 거짓으로 작성·발급한 경우(2018.6.12 본호신설)
3. 제34조의2제1항·제5항 또는 제34조의3제1항·제4항에 따른 지정요건에 미달된 경우(2018.12.11 본호개정)
4. 제34조의2제3항 또는 제34조의3제3항에 따른 준수사항을 지키지 아니한 경우(2013.7.30 본호개정)
5. 업무정지기간 중에 업무를 한 경우
② 제1항에 따라 지정취소처분을 받은 자는 지정이 취소된 날부터 2년 이내에는 다시 지정을 받을 수 없다.
③ 식품의약품안전처장은 제34조의2에 따른 임상시험실시기관이 같은 조 제3항에 따른 준수사항을 지키지 아니한 경우로서 그 책임이 임상시험 수행 책임자에게 있다고 인정되는 경우 해당 임상시험실시기관의 장에게 임상시험 수행 책임자를 변경하거나 9개월의 범위에서 임상시험에서 배제할 것을 명할 수 있다.(2020.4.7 본항신설)
④ 제1항 및 제3항에 따른 행정처분의 기준은 총리령으로 정한다.(2020.4.7 본항개정)
(2018.12.11 본조제목개정)
(2011.6.7 본조신설)

제76조의3 【안전상비의약품 판매자의 등록취소】 ① 시장·군수·구청장은 안전상비의약품 판매자가 다음 각 호의 어느 하나에 해당하는 경우에는 등록을 취소할 수 있다. 다만, 제1호 및 제3호부터 제6호까지의 어느 하나에 해당하는 경우에는 등록을 취소하여야 한다.
1. 거짓이나 그 밖의 부정한 방법으로 등록한 경우
2. 제39조제1항 전단을 위반하여 의약품을 회수하지 아니하거나 회수에 필요한 조치를 하지 아니한 경우

3. 제44조의2제2항에 따른 등록기준에 미달한 경우
4. 제44조의2제3항을 위반하여 변경등록을 하지 아니하거나 거짓 또는 그 밖의 부정한 방법으로 변경등록을 한 경우
5. 제44조의3제1항을 위반하여 교육을 받지 아니한 경우
6. 제44조의4를 위반하여 안전상비의약품 판매자의 준수사항을 지키지 아니한 경우(1년 이내에 3회 이상 위반한 경우만 해당한다)
7. 제47조제1항을 위반하여 제69조의4에 따른 시정명령을 받고도 유통 체계 확립과 판매 질서 유지에 필요한 사항을 지키지 아니한 경우(2015.12.29 본호개정)
8. 제50조제1항을 위반하여 등록된 장소 외의 장소에서 의약품을 판매한 경우
9. 제69조제1항제1호에 따른 서류 · 자료의 제출 요구에 따르지 아니하거나 같은 항 제2호 및 제3호에 따른 출입 · 검사 · 질문 · 수거를 거부 · 방해 · 기피한 경우
10. 제71조제1항에 따른 폐기 등의 명령 또는 같은 조 제2항에 따른 회수 · 폐기 등의 명령에 따르지 아니하거나 같은 조 제3항에 따른 회수 · 폐기 등의 처분을 거부 · 방해 · 기피한 경우
11. 제72조제2항에 따른 공표 명령에 따르지 아니한 경우
② 제1항에 따라 등록이 취소된 자는 등록이 취소된 날부터 1년 이내에 다시 안전상비의약품 판매자로 등록할 수 없다.
(2012.5.14 본조신설)

제77조【청문】 보건복지부장관, 식품의약품안전처장, 시 · 도지사, 시장 · 군수 또는 구청장은 다음 각 호의 어느 하나에 해당하는 처분을 하려면 청문을 하여야 한다.(2013.3.23 본문개정)
1. 제21조의3제5항에 따른 지정의 취소(2023.4.18 본호신설)
1의2. 제76조에 따른 허가 · 승인 · 등록의 취소, 신고 수리의 취소 또는 위탁제조판매업소 · 제조소 · 영업소 폐쇄, 품목제조금지명령, 품목수입금지명령(2023.4.18 본호개정)
1의3. 제76조의3에 따른 등록의 취소(2012.5.14 본호신설)
2. 제76조의2제1항에 따른 지정의 취소(2011.6.7 본호신설)
3. 제79조제1항 또는 제2항에 따른 면허취소

제78조【약사감시원】 ① 제69조제1항과 제71조제2항에 따른 관계 공무원의 직무를 집행하게 하기 위하여 보건복지부, 식품의약품안전처, 시 · 도, 시 · 군 · 구(특별시 및 광역시의 자치구를 말한다)에 약사감시원(藥事監視員)을 둔다.
② 약사감시원은 해당 보건복지부, 식품의약품안전처, 시 · 도, 시 · 군 · 구 소속 공무원 중에서 보건복지부장관, 식품의약품안전처장, 시 · 도지사, 시장 · 군수 또는 구청장이 임명한다.
③ 약사감시원의 자격 · 임명, 그 밖에 필요한 사항은 보건복지부장관과 협의하여 총리령으로 정한다.
(2013.3.23 본조개정)

제79조【약사 · 한약사 면허의 취소 등】 ① 보건복지부장관은 약사 또는 한약사가 제5조제1호부터 제4호까지 또는 제4호의2에 해당하면 그 면허를 취소하여야 한다.(2024.10.22 본항개정)
② 보건복지부장관은 약사 또는 한약사가 다음 각 호의 어느 하나에 해당하면 그 면허를 취소하거나 1년 이내의 기간을 정하여 약사 자격 또는 한약사의 자격정지를 명할 수 있다.
(2010.1.18 본문개정)
1. 약사에 관한 법령을 위반하거나 보건복지부령으로 정하는 윤리 기준을 위반한 경우(2010.1.18 본호개정)
2. 관련 서류를 위조 · 변조하거나 거짓이나 그 밖의 부정한 방법으로 약제비를 거짓으로 청구한 경우
3. 제79조의2제2항에 따른 명령을 정당한 사유 없이 따르지 아니한 경우(2017.10.24 본호신설)
③ 보건복지부장관은 약사 또는 한약사가 다음 각 호의 어느 하나에 해당하면 1년 이내의 기간을 정하여 약사 또는 한약사의 자격정지를 명할 수 있다.
1. 약국의 개설자가 될 수 없는 자에게 고용되어 약사 또는 한약사의 업무를 한 경우
1의2. 제24조의2제1항을 위반하여 경제적 이익등을 제공한 경우(2024.1.23 본호신설)
2. 제47조제6항을 위반하여 경제적 이익등을 제공받은 경우(2023.4.18 본호개정)
(2010.5.27 본항개정)
④ 보건복지부장관은 약사 또는 한약사가 제7조제1항에 따른 신고를 하지 아니한 때에는 신고할 때까지 면허의 효력을 정지할 수 있다.(2020.4.7 본항신설)
⑤ 보건복지부장관은 제1항과 제2항에 따라 면허가 취소된 자라도 그 취소 원인이 된 사유가 없어진 때에는 보건복지부령으로 정하는 바에 따라 그 면허를 다시 줄 수 있다.(2010.1.18 본항개정)
⑥ 제2항 또는 제3항에 따른 자격정지처분은 그 사유가 발생한 날부터 5년(제2항제2호에 따른 자격정지처분은 7년)이 지나면 하지 못한다. 다만, 그 사유에 대하여 「형사소송법」 제246조에 따른 공소가 제기된 경우에는 공소가 제기된 날부터 해당 사건의 재판이 확정된 날까지의 기간은 시효기간에 산입하지 아니한다.(2016.12.2 본항신설)

제79조의2【약사회 및 한약사회의 면허취소 또는 자격정지 처분 요구 등】 ① 약사회 또는 한약사회의 장은 약사 또는 한약사가 다음 각 호의 어느 하나에 해당하는 것으로 판단되는 경우에는 약사회 또는 한약사회의 윤리위원회의 심의 · 의결을 거쳐 보건복지부장관에게 다음 각 호에 따른 처분을 요구할 수 있다.
1. 제5조제1호 · 제3호의 결격사유에 해당하는 경우 : 면허 취소
2. 제79조제2항제1호 중 윤리 기준 위반에 해당하는 경우 : 자격 정지
② 보건복지부장관은 제1항제1호에 따라 약사회 또는 한약사회의 장이 약사 또는 한약사에 대한 면허 취소 처분을 요구할 경우에는 해당 약사 또는 한약사에게 제5조제1호 · 제3호의 결격사유 해당 여부에 관하여 전문의의 검사를 받도록 명할 수 있다.
(2017.10.24 본조개정)

제80조【면허 · 허가 · 등록증 등의 갱신】 약사면허 또는 한약사면허를 받은 자, 약국개설등록을 한 자, 안전상비의약품 판매자 또는 의약품 판매업 허가를 받은 자는 보건복지부령으로, 의약품등의 제조업 허가를 받거나 위탁제조판매업 신고를 한 자는 총리령으로 정하는 바에 따라 면허증 · 허가증 · 등록증 등을 갱신하여야 한다.(2013.3.23 본조개정)

제81조【업무정지 처분을 갈음하여 부과하는 과징금 처분】
① 식품의약품안전처장, 시 · 도지사, 시장 · 군수 또는 구청장은 의약품등의 제조업자 · 품목허가를 받은 자 · 수입자 · 약국개설자 또는 의약품 판매업자가 제76조에 따라 업무의 정지처분을 받게 될 때에는 대통령령으로 정하는 바에 따라 업무정지처분을 갈음하여 10억원(약국개설자 또는 한약업사는 1억원) 이하의 과징금을 부과할 수 있다. 이 경우 제79조제2항제2호에 따라 약사 또는 한약사 자격정지처분을 받은 약국개설자가 제76조제1항제5호에 따라 업무정지처분을 받게 되는 경우 이에 갈음하는 과징금은 3회를 초과하여 부과할 수 없다.(2019.1.15 전단개정)
② 제1항에 따른 과징금을 부과하는 위반행위의 종류 · 정도 등에 따른 과징금의 금액과 그 밖에 필요한 사항은 대통령령으로 정한다.
③ 식품의약품안전처장, 시 · 도지사, 시장 · 군수 또는 구청장은 과징금을 부과하기 위하여 필요하면 다음 각 호의 사항을 적은 문서로 관할 세무관서의 장에게 과세정보 제공을 요청할 수 있다.(2018.12.11 본문개정)
1. 납세자의 인적사항
2. 사용 목적
3. 과징금 부과기준이 되는 매출금액에 관한 자료
④ 식품의약품안전처장, 시 · 도지사, 시장 · 군수 또는 구청장은 제1항에 따른 과징금을 내야 할 자가 납부기한까지 내지 아니하면 대통령령으로 정하는 바에 따라 제1항에 따른 과징금 부과처분을 취소하고 제76조제1항 또는 제2항에 따른 업무정지처분을 하거나 국세 체납처분의 예 또는 「지방행정제재 · 부과금의 징수 등에 관한 법률」에 따라 징수한다. 다만, 제40조에 따른 폐업 등으로 제76조제1항 또는 제2항에 따른 업무정지처

분을 할 수 없으면 국세 체납처분의 예 또는 「지방행정제재·부과금의 징수 등에 관한 법률」에 따라 징수한다.(2020.3.24 본항개정)
⑤ 식품의약품안전처장, 시·도지사 또는 시장·군수·구청장은 제4항에 따라 체납된 과징금의 징수를 위하여 다음 각 호의 어느 하나에 해당하는 자료를 해당 각 호의 자에게 각각 요청할 수 있다. 이 경우 요청을 받은 자는 특별한 사유가 없으면 이에 따라야 한다.
1. 「건축법」 제38조에 따른 건축물대장 등본 : 국토교통부장관
2. 「공간정보의 구축 및 관리 등에 관한 법률」 제71조에 따른 토지대장 등본 : 국토교통부장관
3. 「자동차관리법」 제7조에 따른 자동차등록원부 등본 : 시·도지사
(2018.12.11 본항신설)
⑥ 제1항과 제4항에 따라 과징금으로 징수한 금액은 그 징수기관이 속하는 국가나 지방자치단체에 귀속된다.
(2018.12.11 본조제목개정)
제81조의2 【위해 의약품 제조 등에 대한 과징금 부과 등】 ① 식품의약품안전처장은 의약품 제조업자, 품목허가를 받은 자 또는 수입자가 다음 각 호의 어느 하나에 해당하는 경우에는 그가 해당 품목을 판매한 금액의 2배 이하의 범위에서 과징금을 부과할 수 있다.
1. 제31조제2항·제3항·제9항, 제42조제1항, 제53조제1항, 제60조제3호 또는 제62조를 위반하여 제76조제1항에 따라 허가의 취소처분, 위탁제조판매업소·영업소의 폐쇄명령, 3개월 이상의 업무정지명령 또는 6개월 이상의 업무 일부정지명령을 받은 경우
2. 제38조의3제3항에 따라 의약품의 제형 또는 제조방법에 대한 적합판정이 취소된 경우
3. 거짓이나 그 밖의 부정한 방법으로 제31조제1항부터 제3항까지 및 같은 조 제9항, 제42조제1항, 제53조제1항에 따른 허가·변경허가, 출하승인을 받거나 신고·변경신고를 한 경우
(2022.6.10 본항개정)
② 식품의약품안전처장은 제1항에 따른 과징금을 부과하는 경우 다음 각 호의 사항을 고려하여야 한다.
1. 위반행위의 내용 및 정도
2. 위반행위의 기간 및 횟수
3. 위반행위로 인하여 취득한 이익의 규모
③ 제1항 및 제2항에 따른 과징금의 부과기준 및 부과절차 등에 필요한 사항은 대통령령으로 정한다.
④ 식품의약품안전처장은 제1항에 따른 과징금을 내야 할 자가 납부기한까지 내지 아니하면 납부기한의 다음 날부터 체납된 과징금에 대하여 연 100분의 3에 해당하는 가산금을 징수한다.
⑤ 식품의약품안전처장은 제1항에 따른 과징금을 내야 할 자가 납부기한까지 내지 아니하면 기간을 정하여 독촉하고, 그 지정된 기간에 과징금과 제4항에 따른 가산금을 내지 아니하면 국세 체납처분의 예에 따라 징수한다.
⑥ 제1항에 따른 과징금의 부과·징수를 위하여 필요한 정보·자료의 제공 요청에 관하여는 제81조제3항 및 제5항을 준용한다.
(2018.12.11 본조신설)
제81조의3 【위반사실의 공표】 ① 식품의약품안전처장은 제76조, 제76조의2, 제81조 및 제81조의2에 따라 행정처분이 확정된 의약품등의 제조업자, 품목허가를 받은 자, 원료의약품 등록을 한 자, 수입자, 임상시험계획의 승인을 받은 자, 임상시험실시기관, 임상시험검체분석기관 및 비임상시험실시기관에 대한 처분 내용, 처분 대상자, 해당 의약품등의 명칭 등 처분에 관한 정보로서 대통령령으로 정하는 사항을 공표하여야 한다.
② 제1항에 따른 공표의 방법, 절차 등 필요한 사항은 대통령령으로 정한다.
(2022.6.10 본조신설)
제82조 【수수료】 ① 다음 각 호에 해당하는 자는 보건복지부령으로 정하는 바에 따라 수수료를 내야 한다. 면허·등록·허가 등 보건복지부령으로 정하는 사항을 변경하려는 경우에도 또한 같다.
1. 제3조 및 제4조에 따른 약사·한약사 면허를 받으려는 자
2. 제20조에 따른 약국 개설등록을 하려는 자
3. 제44조의2에 따른 안전상비의약품 판매자의 등록을 하려는 자
4. 제45조에 따른 의약품 판매업의 허가를 받으려는 자
5. 의약품유통정보의 제공 신청을 하려는 자
6. 약사·한약사국가시험 및 약사예비시험 등 시험에 응시하려는 자(2017.2.8 본호개정)
7. 그 밖에 보건복지부령으로 정하는 사항을 요청하는 자
② 식품의약품안전처 소관 업무와 관련하여 다음 각 호에 해당하는 자는 총리령으로 정하는 바에 따라 수수료를 내야 한다. 허가·갱신·등록·신고·승인·적합판정 또는 그 밖에 총리령으로 정하는 사항을 변경하려는 경우에도 또한 같다.
(2022.6.10 후단개정)
1. 허가·갱신·등록·신고·승인·지정, 사전 검토, 적합판정 신청을 하려는 자(2022.6.10 본호개정)
2. 신제품의 기준을 정하려는 자
2의2. 제50조의2, 제50조의3, 제50조의5 또는 제50조의7에 따른 의약품특허권의 등재, 등재사항 변경, 판매금지 또는 우선판매품목허가를 신청하려는 자(2015.3.13 본호신설)
2의3. 제50조의3제2항 단서에 따른 추가 기간에 등재사항 변경 신청을 하려는 자(2015.3.13 본호신설)
3. 그 밖에 총리령으로 정하는 사항을 요청하는 자
(2013.3.23 본조개정)
제82조의2 【등재료】 ① 특허권등재자는 총리령으로 정하는 바에 따라 의약품특허권이 등재된 날을 기준으로 매 1년분의 등재료를 납부하여야 한다.
② 식품의약품안전처장은 제1항에 따른 등재료가 납부되지 아니하는 경우 해당 의약품특허권을 특허목록에서 삭제하여야 한다.
③ 제1항에 따른 등재료의 금액, 납부 방법 및 납부 기간 등에 필요한 사항은 총리령으로 정한다.
(2015.3.13 본조신설)

제8장 보 칙

제83조 【국고 보조】 보건복지부장관과 식품의약품안전처장은 수출에 기여한 의약품등의 제조업자나 국민보건에 공헌할 의약품등의 안전성에 관한 연구사업을 하는 연구기관 등에게 대통령령으로 정하는 바에 따라 연구비를 보조할 수 있다.
(2013.3.23 본조개정)
제83조의2 【전문인력 양성】 ① 보건복지부장관 및 식품의약품안전처장은 국민보건 향상 및 제약산업 육성을 위하여 필요한 전문인력을 양성하는 데 노력하여야 한다.
② 보건복지부장관 및 식품의약품안전처장은 제1항에 따른 전문인력을 양성하기 위하여 대통령령으로 정하는 바에 따라 대학·연구소 등 적절한 인력과 시설 등을 갖춘 기관 또는 단체를 전문인력 양성기관으로 지정하여 필요한 교육 및 훈련을 실시하게 할 수 있다.
③ 보건복지부장관 및 식품의약품안전처장은 제2항에 따라 지정된 전문인력 양성기관에 대하여 대통령령으로 정하는 바에 따라 예산의 범위에서 그 양성에 필요한 비용의 전부 또는 일부를 지원할 수 있다.
④ 제2항에 따른 전문인력 양성기관의 지정 기준 및 절차 등은 대통령령으로 정한다.
(2015.1.28 본조신설)
제83조의3 【전문약사】 ① 약사로서 전문약사가 되려는 사람은 대통령령으로 정하는 교육과정을 이수한 후 보건복지부장관에게 자격 인정을 받아야 한다.
② 제1항에 따라 전문약사 자격을 인정받은 사람이 아니면 전문과목을 표시하지 못한다.
③ 전문약사 자격 인정과 전문과목에 관한 사항은 대통령령으로 정한다.
(2020.4.7 본조신설)

제83조의4【국가필수의약품의 안정공급기반 구축】 ① 보건복지부장관과 식품의약품안전처장은 국가필수의약품과 관련하여 다음 각 호의 업무를 수행한다.
1. 국가필수의약품 안정공급 종합대책의 수립·추진
2. 국가필수의약품의 안정공급기반 구축과 연구개발 및 안전한 사용을 위한 지원
3. 그 밖에 국가필수의약품 안정공급과 관련하여 필요한 업무
② 보건복지부장관과 식품의약품안전처장은 국가필수의약품에 관하여 필요한 경우 행정적·재정적·기술적 지원을 할 수 있다.
③ 국가필수의약품에 관하여 필요한 사항을 관계 중앙행정기관의 장 등과 협의하기 위하여 식품의약품안전처에 국가필수의약품 안정공급 협의회를 둔다.
④ 제3항에 따른 국가필수의약품 안정공급 협의회의 구성 및 운영 등에 필요한 사항은 대통령령으로 정한다.
(2016.12.2 본조신설)
제83조의5【의약품 안전관리 종합계획 등】 ① 식품의약품안전처장은 의약품의 안전관리를 위하여 관계 중앙행정기관의 장과 협의하여 5년마다 의약품 안전관리 종합계획(이하 "종합계획"이라 한다)을 수립하여야 한다.
② 종합계획에는 다음 각 호의 사항이 포함되어야 한다.
1. 의약품 안전관리 정책의 기본목표 및 추진방향에 관한 사항
2. 의약품 안전관리를 위한 사업계획 및 재원의 조달방법에 관한 사항
3. 의약품 안전관리에 필요한 교육 및 홍보에 관한 사항
4. 의약품 안전관리에 대한 조사·연구·개발에 관한 사항
5. 그 밖에 의약품 안전관리를 위하여 필요하다고 식품의약품안전처장이 인정하는 사항
③ 식품의약품안전처장은 종합계획을 시행하기 위하여 매년 의약품 안전관리에 관한 시행계획(이하 "시행계획"이라 한다)을 관계 중앙행정기관의 장과 협의를 거쳐 수립하여야 한다.
④ 식품의약품안전처장은 종합계획 또는 시행계획을 수립한 경우에는 관계 중앙행정기관의 장 및 지방자치단체의 장에게 통보하여야 한다.
⑤ 식품의약품안전처장은 종합계획 또는 시행계획을 수립하기 위하여 필요한 경우에는 관계 중앙행정기관의 장, 지방자치단체의 장 또는 관련 기관·단체의 장에게 필요한 자료의 제공을 요청할 수 있다.
⑥ 종합계획 및 시행계획의 수립·시행에 필요한 사항은 총리령으로 정한다.
(2018.12.11 본조신설)
제83조의6【의약품통합정보시스템의 구축·운영 등】 ① 식품의약품안전처장은 의약품등의 임상시험, 품목허가, 제조, 수입, 판매, 사용 등에 있어서의 안전관리에 필요한 업무를 종합적으로 관리하기 위하여 의약품통합정보시스템(이하 "통합정보시스템"이라 한다)을 구축·운영하여야 한다.
② 식품의약품안전처장은 다음 각 호의 기관·단체 또는 사람 등에 대하여 통합정보시스템의 구축·운영에 필요한 정보(「개인정보 보호법」 제23조에 따른 민감정보 및 같은 법 제24조에 따른 고유식별정보를 포함한다. 이 경우 해당 정보는 「개인정보 보호법」에 따라 보호하여야 한다)의 제공을 요청할 수 있다. 이 경우 요청을 받은 기관, 단체, 사람 등은 정당한 사유가 없으면 이에 따라야 한다.
1. 국가 또는 지방자치단체
2. 공공기관 또는 공공단체
3. 약국개설자, 의료기관 개설자, 의약품등의 제조업자·품목허가를 받은 자·수입자 또는 판매업자, 특허권등재자, 등재특허권자등, 우선판매품목허가를 받은 자, 임상시험의 계획 승인을 받은 자, 임상시험실시기관, 임상시험검체분석기관, 비임상시험실시기관 및 그 밖에 의약품등을 취급하는 업무에 종사하는 자로서 총리령으로 정하는 자
③ 식품의약품안전처장은 통합정보시스템의 유지·관리에 필요한 업무를 의약품안전관리원에 위탁할 수 있다. 이 경우 식품의약품안전처장은 통합정보시스템의 유지·관리에 소요되는 비용의 전부 또는 일부를 지원할 수 있다.
④ 제1항부터 제3항까지에 따른 통합정보시스템의 구축·운영, 정보의 제공 요청, 위탁 등에 필요한 사항은 총리령으로 정한다.
(2018.12.11 본조신설)
제83조의7【국제협력】 식품의약품안전처장은 의약품의 안전 및 품질관리와 해외진출 촉진 등을 위하여 외국정부, 국제기구 등과 협약을 체결하는 등 국제협력을 증진하도록 노력하여야 한다.(2020.4.7 본조신설)
제83조의8【소비자 교육 및 홍보】 ① 보건복지부장관, 식품의약품안전처장 및 관계 중앙행정기관의 장은 소비자가 의약품등을 안전하게 사용할 수 있도록 의약품등의 판매, 구매, 표시·광고 등에 관한 교육 및 홍보를 할 수 있다.
② 식품의약품안전처장은 제1항에 따른 교육 및 홍보를 대통령령으로 정하는 기관 또는 단체에 위탁할 수 있다.
③ 제1항에 따른 교육 및 홍보의 내용 등에 관하여 필요한 사항은 총리령으로 정한다.
(2023.4.18 본조신설)
제83조의9【정보통신망을 이용한 의약품 불법판매 등 방지를 위한 연구·개발 지원】 ① 식품의약품안전처장은 정보통신망을 이용한 의약품등의 불법판매의 알선·광고와 관련된 현황 조사, 효율적인 모니터링 기술 등을 마련하기 위한 연구·개발을 지원할 수 있다.
② 제1항에 따른 연구·개발 지원의 절차·방법 및 그 밖에 필요한 사항은 총리령으로 정한다.
(2023.4.18 본조신설)
제84조【권한의 위임 및 위탁】 ① 보건복지부장관은 이 법에 따른 권한의 일부를 대통령령으로 정하는 바에 따라 질병관리청장 또는 시·도지사에게 위임할 수 있다.
(2020.8.11 본항개정)
② 식품의약품안전처장은 이 법에 따른 권한의 일부를 대통령령으로 정하는 바에 따라 지방식품의약품안전청장, 식품의약품안전평가원장 또는 시·도지사에게 위임할 수 있다.
③ 식품의약품안전처장 및 시·도지사는 이 법에 따른 권한의 일부를 대통령령으로 정하는 바에 따라 시장·군수·구청장 또는 보건소장에게 위임할 수 있다.
④ 시장·군수·구청장은 이 법에 따른 권한의 일부를 대통령령으로 정하는 바에 따라 보건소장에게 위임할 수 있다.
⑤ 보건복지부장관과 식품의약품안전처장은 이 법에 따른 약사(藥事)에 관한 업무의 일부를 대통령령으로 정하는 바에 따라 제67조에 따른 단체 또는 의약품안전관리원에 위탁할 수 있다.
(2013.3.23 본조개정)
제85조【동물용 의약품 등에 대한 특례】 ① 이 법에 따른 보건복지부장관 또는 식품의약품안전처장의 소관 사항 중 동물용으로만 사용할 것을 목적으로 하는 의약품등에 관하여는 농림축산식품부장관 또는 해양수산부장관의 소관으로 하며, 이 법의 해당 규정 중 "보건복지부장관" 또는 "식품의약품안전처장"은 "농림축산식품부장관" 또는 "해양수산부장관"으로, "보건복지부령" 또는 "총리령"은 "농림축산식품부령" 또는 "해양수산부령"으로 본다. 이 경우 농림축산식품부장관이 농림축산식품부령을 발하거나 해양수산부장관이 해양수산부령을 발할 때에는 보건복지부장관 또는 식품의약품안전처장과 협의하여야 한다.(2018.12.11 전단개정)
② 농림축산식품부장관 또는 해양수산부장관은 동물의 질병을 진료 또는 예방하기 위하여 사용되는 동물용 의약품등으로서 다음 각 호의 어느 하나에 해당하는 제제에 대하여는 사용 대상, 용법·용량 및 사용금지기간 등 사용 기준을 정할 수 있다.
1. 동물의 체내에 남아 사람의 건강에 위해를 끼칠 우려가 있다고 지정하는 제제
2. 가축전염병 또는 수산동물전염병의 방역 목적으로 투약 또는 사용하여야 한다고 지정하는 제제
(2018.12.11 본항개정)
③ 제2항에 따라 사용 기준이 정해진 동물용 의약품등을 사용하려는 자는 그 기준을 지켜야 한다. 다만, 수의사 및 수산질병관리사의 진료 또는 처방에 따라 사용하는 경우에는 그 기준을 지키지 아니하여도 된다.(2018.12.11 본문개정)

④ 「수의사법」에 따른 동물병원 개설자는 제44조에도 불구하고 동물 사육자에게 동물용 의약품을 판매하거나, 동물을 진료할 목적으로 제50조제2항 단서에 따라 약국개설자로부터 의약품을 구입할 수 있다. 이 경우 동물병원 개설자는 농림축산식품부령 또는 해양수산부령으로 정하는 바에 따라 거래 현황을 작성·보존하여야 한다.(2013.3.23 후단개정)
⑤ 「수산생물질병 관리법」에 따른 수산질병관리원 개설자는 제44조에도 불구하고 수산생물양식자에게 수산생물용 의약품을 판매할 수 있다.(2011.7.21 본항개정)
⑥ 이 법에 따라 동물용 의약품 도매상의 허가를 받은 자는 농림축산식품부장관 또는 해양수산부장관이 정하여 고시하는 다음 각 호의 어느 하나에 해당하는 동물용 의약품을 수의사 또는 수산질병관리사의 처방전 없이 판매하여서는 아니 된다. 다만, 동물병원 개설자, 수산질병관리원 개설자, 약국개설자 또는 동물용 의약품 도매상 간에 판매하는 경우에는 그러하지 아니하다.(2013.3.23 본문개정)
1. 오용·남용으로 사람 및 동물의 건강에 위해를 끼칠 우려가 있는 동물용 의약품
2. 수의사 또는 수산질병관리사의 전문지식을 필요로 하는 동물용 의약품
3. 제형과 약리작용상 장애를 일으킬 우려가 있다고 인정되는 동물용 의약품
(2012.2.1 본항신설)
⑦ 약국개설자는 제6항 각 호에 따른 동물용 의약품을 수의사 또는 수산질병관리사의 처방전 없이 판매할 수 있다. 다만, 농림축산식품부장관 또는 해양수산부장관이 정하는 다음 각 호의 어느 하나에 해당하는 동물용 의약품은 그러하지 아니하다.
(2013.3.23 단서개정)
1. 주사용 항생물질 제제
2. 주사용 생물학적 제제
(2012.2.1 본항신설)
⑧ 제6항 및 제7항에도 불구하고 이 법에 따라 동물용 의약품을 판매하는 자는 다음 각 호의 어느 하나에 해당하면 제6항 각 호에 따른 동물용 의약품을 수의사 또는 수산질병관리사의 처방전 없이 판매할 수 있다. 이 경우 판매방법·기록관리 및 구입자의 범위·준수사항, 그 밖에 필요한 사항은 농림축산식품부령 또는 해양수산부령으로 정한다.
1. 농림축산식품부장관 또는 해양수산부장관이 정하는 도서·벽지의 축산농가 또는 수산생물양식어가에 판매하는 경우
2. 농림축산식품부장관 또는 해양수산부장관, 시·도지사 또는 시장·군수·구청장이 긴급방역의 목적으로 「가축전염병예방법」 제15조 또는 「수산생물질병 관리법」 제13조에 따라 동물용 의약품의 사용을 명령한 경우
(2013.3.23 본항개정)
⑨ 이 법에 따라 동물용 의약품등을 판매하는 자는 다음 각 호의 사항을 준수하여야 한다.
1. 담합행위의 금지, 판매장소의 지정, 기록관리 등 동물용 의약품등의 유통체계 확립과 판매질서 유지를 위하여 농림축산식품부령 또는 해양수산부령으로 정하는 사항
2. 오남용 방지 등 동물용 의약품등의 안전한 사용을 위하여 농림축산식품부령 또는 해양수산부령으로 정하는 사항
(2018.12.11 본항개정)
⑩ 이 법에 따라 동물용 의약품등을 판매하는 자는 사람이나 동물에게 위해를 줄 우려가 있어 사용을 제한할 필요가 있다고 농림축산부령 또는 해양수산부령으로 정하는 동물용 의약품등을 판매하는 경우에는 그 거래현황을 작성·보존하여야 한다.
(2018.12.11 본항신설)
⑪ 이 법에 따라 동물용 의약품 도매상의 업무를 관리하는 자는 농림축산식품부령 또는 해양수산부령으로 정하는 바에 따라 동물용 의약품의 안전성 확보와 품질관리를 관한 교육을 받아야 한다.(2015.12.29 본항신설)
⑫ 동물용 의약품 도매상의 허가를 받은 자는 제47조제1항에도 불구하고 동물 사육자나 수산생물양식자에게 농림축산식품부령 또는 해양수산부령으로 정하는 바에 따라 동물용 의약품을 판매할 수 있다.(2015.12.29 본항신설)
(2012.2.1 본조제목개정)

제85조의2【국가비상 상황 등의 경우 예방·치료 의약품에 관한 특례】 ① (2021.3.9 삭제)
② 질병관리청장은 「감염병의 예방 및 관리에 관한 법률」 제40조제1항에 따라 비축한 의약품의 유효기간을 연장하려는 경우에는 식품의약품안전처장에게 유효기간의 연장을 요청할 수 있다.(2020.8.11 본항개정)
③ 식품의약품안전처장은 제2항에 따라 유효기간의 연장을 요청할 수 있는 의약품의 종류·대상, 유효기간 연장 요청 절차, 저장 조건·방법, 기준 등에 관하여 필요한 사항을 총리령으로 정할 수 있다.
(2015.1.28 본조신설)

제85조의3【「인삼산업법」에 따른 인삼류에 관한 특례】 ① 「인삼산업법」 제17조제1항에 따른 인삼류검사기관(이하 이 조에서 "인삼류검사기관"이라 한다)은 제31조제1항에 따른 의약품 제조업 허가를 신청할 수 있고, 해당 인삼류검사기관에서 검사하는 홍삼 및 백삼(「인삼산업법」 제2조제3호 및 제5호에 따른 홍삼 및 백삼으로 수입된 것은 제외한다. 이하 같다)에 대하여 제31조제2항에 따른 품목허가를 신청하거나 품목신고를 할 수 있다.
② 「인삼산업법」 제12조제1항에 따라 신고를 한 자(이하 이 조에서 "인삼류제조업자"라 한다)는 제1항에 따라 품목허가를 받거나 품목신고한 홍삼 및 백삼을 제44조에도 불구하고 다음 각 호의 어느 하나에 해당하는 자에게 판매할 수 있다.
1. 한약업사
2. 의약품 도매상
3. 약국개설자
4. 한약을 취급하는 의료기관 개설자
③ 제2항에 따라 홍삼 및 백삼을 판매하는 인삼류제조업자에게는 제47조, 제69조, 제71조, 제94조, 제94조의2, 제95조, 제96조 및 제97조를 적용한다. 이 경우 인삼류제조업자는 "의약품등의 제조업자" 및 "의약품의 품목허가를 받은 자"로, 인삼류제조업자의 공장·창고·점포나 사무소는 "의약품등을 제조·저장 또는 취급하는 공장·창고·점포나 사무소"로 본다.
(2015.5.18 본조신설)

제85조의4【기록의 보존·보관 의무에 대한 면책】 이 법에 따라 보존·보관하여야 하는 기록이 천재지변이나 그 밖의 불가항력으로 멸실된 경우에는 해당 기록의 보존·보관의무자는 이 법에 따른 책임을 면한다.(2018.6.12 본조신설)

제86조【의약품 부작용 피해구제사업】 ① 식품의약품안전처장은 의약품 부작용으로 발생하는 피해를 구제하고, 의약품의 제조업자·품목허가를 받은 자 또는 수입자로 조직된 단체는 의약품 안전성 향상과 신약 개발을 지원하기 위한 연구사업을 하여야 한다.(2014.3.18 본항개정)
② 제1항의 사업을 위하여 의약품의 제조업자·품목허가를 받은 자 또는 수입자는 필요한 비용을 부담하여야 한다.
(2007.10.17 본항개정)
③ 정부는 예산의 범위에서 제1항의 사업을 위한 보조금을 지급할 수 있다.
④ 제1항의 사업에 필요한 사항은 총리령으로 정한다.
(2013.3.23 본항개정)
⑤ 식품의약품안전처장은 의약품 부작용 피해구제사업을 의약품안전관리원에 위탁할 수 있다.(2014.3.18 본항신설)
(2014.3.18 본조제목개정)

제86조의2【의약품 부작용 피해구제 부담금】 ① 식품의약품안전처장은 제86조제1항에 따른 피해구제를 위하여 의약품의 제조업자·품목허가를 받은 자 및 수입자로부터 의약품 부작용 피해구제 부담금(이하 "부담금"이라 한다)을 부과·징수한다. 이 경우 식품의약품안전처장은 그 부과·징수를 의약품안전관리원에 위탁할 수 있다.
② 부담금은 이 법에 따라 전문의약품 또는 일반의약품으로 분류되는 의약품의 생산액 또는 수입액에 비례하여 부과하는 기본부담금과 심의위원회의 심의를 거쳐 식품의약품안전처장이 부작용 피해구제의 필요성을 인정한 의약품으로 판정된 의약품에 부과하는 추가부담금으로 하되, 다음 각 호의 금액을 초과하지 아니하는 범위에서 대통령령으로 정하는 금액으로 한다.

1. 기본부담금 : 전년도 의약품 생산액 및 수입액의 1000분의 1
2. 추가부담금 : 전년도 해당 의약품으로 인한 피해구제 지급액의 100분의 25. 다만, 그 의약품의 전년도 생산액·수입액의 100분의 1을 초과하지 아니한다.

③ 제1항 후단에 따라 부과·징수 업무를 위탁받은 의약품안전관리원의 장은 제2항제1호의 기본부담금의 징수금액을 피해구제 예상비용, 부담금 운용 수익금, 정부보조금 등을 고려하여 대통령령으로 정하는 바에 따라 5년의 범위에서 식품의약품안전처장의 승인을 받아 정하여야 한다.

④ 제1항 후단에 따라 부과·징수 업무를 위탁받은 의약품안전관리원의 장은 부담금을 다른 회계와 구분하여 회계처리하여야 하며, 부담금의 부과·징수 및 운용을 위하여 대통령령으로 정하는 바에 따라 재정운용위원회를 구성·운영하여야 한다. (2018.12.11 본항개정)

⑤ 식품의약품안전처장 또는 제1항 후단에 따라 부과·징수 업무를 위탁받은 의약품안전관리원의 장은 부담금을 납부하여야 하는 자가 납부기한까지 부담금을 내지 아니하면 30일 이상의 기간을 정하여 납부를 독촉하여야 한다. 이 경우 그 납부기한의 다음 날부터 납부일 전일까지의 기간에 대하여 체납된 부담금의 100분의 3을 초과하지 아니하는 범위에서 그 기간에 상응하는 가산금을 부과하되 가산금의 비율은 대통령령으로 정한다.

⑥ 제5항에 따라 독촉을 받은 자가 그 기간까지 부담금과 가산금을 내지 아니하면 국세 체납처분의 예에 따라 이를 징수한다.

⑦ 제1항에 따른 부담금의 징수방법, 납부기한, 납부절차, 이의신청, 그 밖에 부담금의 부과·징수 등에 필요한 사항은 대통령령으로 정한다.

(2014.3.18 본조신설)

제86조의3【의약품 부작용 피해구제급여】 ① 의약품안전관리원의 장은 의약품을 사용한 사람이 그 의약품의 부작용으로 인하여 질병에 걸리거나 장애가 발생하거나 사망한 때에는 다음 각 호의 어느 하나에 해당하는 피해구제급여(이하 "피해구제급여"라 한다)를 지급하여야 한다.

1. 진료비
2. 장애일시보상금
3. 사망일시보상금
4. 장례비

② 제1항에도 불구하고 다음 각 호의 어느 하나에 해당하는 경우에는 피해구제급여를 지급하지 아니한다.

1. 암이나 그 밖의 특수질병에 사용되는 의약품으로 식품의약품안전처장이 정하는 의약품인 경우
2. 의약품 부작용으로 인한 질병, 장애 또는 사망이 「감염병의 예방 및 관리에 관한 법률」에 따른 예방접종으로 인한 것인 경우
3. 질병, 장애 또는 사망이 피해자의 고의 또는 중대한 과실로 인하여 발생한 경우
4. 질병, 장애 또는 사망이 「의료사고 피해구제 및 의료분쟁 조정 등에 관한 법률」에 따른 의료사고로 인한 것인 경우
5. 동일한 질병, 장애 또는 사망을 이유로 「민법」이나 그 밖의 법령에 따라 이 법의 구제급여에 상당한 금품을 이미 받은 경우
6. 그 밖에 총리령으로 정하는 경우

③ 피해구제급여의 지급 기준·범위, 그 밖에 지급 등에 필요한 사항은 총리령으로 정한다.

(2014.3.18 본조신설)

제86조의4【의약품 부작용 피해구제 절차 등】 ① 피해구제급여를 받으려는 사람은 총리령으로 정하는 바에 따라 서류를 첨부하여 의약품안전관리원의 장에게 피해구제급여의 지급을 신청하여야 한다.

② 의약품안전관리원의 장은 피해구제급여의 신청을 받은 경우에는 지체 없이 그 부작용이나 피해의 사실조사, 의료사고 해당 여부, 의약품과의 인과관계 규명, 후유장애 발생 여부, 피해보상의 범위 및 피해구제급여의 지급제한 등에 관한 조사·감정 등을 하여야 한다.

③ 의약품안전관리원의 장은 피해구제급여의 신청을 받은 날부터 90일 이내에 제2항에 따른 조사 결과와 감정 의견을 첨부하여 심의위원회에 심의를 요청하여야 한다. 다만, 새로운 부작용 등의 이유로 조사·감정이 어려운 때에는 그 기간을 1회에 한하여 30일까지 연장할 수 있다.

④ 의약품안전관리원의 장은 심의위원회의 심의 결과 피해구제급여를 지급하기로 의결한 경우에는 그 결정일부터 30일 이내에 피해구제급여를 지급하여야 한다.

⑤ 의약품안전관리원의 장은 제4항에 따른 심의 결과가 제86조의3제2항에 따라 피해구제급여의 지급제한 사유에 해당하여 지급하지 아니하는 때에는 신청인에게 그 사실 및 지급제한 사유를 통지하여야 한다. 이 경우 신청인이 「민법」이나 그 밖의 법령에 따라 배상을 받을 수 있다고 판단하는 때에는 의약품안전관리원의 장은 총리령으로 정하는 바에 따라 그 방법을 안내할 수 있다.

⑥ 피해구제급여의 신청은 다음 각 호의 기간 내에 하여야 한다.

1. 제86조의3제1항제1호 : 해당 진료행위가 있은 날부터 5년
2. 제86조의3제1항제2호부터 제4호까지 : 장애가 발생하거나 사망한 날부터 5년

⑦ 심의위원회의 심의 결과와 「의료사고 피해구제 및 의료분쟁 조정 등에 관한 법률」에 따른 의료분쟁조정위원회의 심의 결과가 상충되는 때에는 대통령령으로 정하는 바에 따라 보건복지부장관과 식품의약품안전처장이 협의하여 이를 중재하여야 한다.

⑧ 의약품안전관리원의 장은 심의위원회의 심의 결과에 이의가 있는 경우에는 식품의약품안전처장에게 재결정을 요청할 수 있다. 이 경우 식품의약품안전처장은 중앙약사심의위원회에 자문하고 그 결과를 의약품안전관리원의 장에게 통보하여야 하며, 의약품안전관리원의 장은 식품의약품안전처장의 재결정이 있은 날부터 30일 이내에 피해구제급여를 지급하여야 한다.

⑨ 제2항부터 제8항까지에 따른 중재, 절차·방법 등에 필요한 사항은 총리령으로 정한다.

(2014.3.18 본조신설)

제86조의5【피해구제급여의 지급중단 결정 및 부당이득의 징수 등】 ① 의약품안전관리원의 장은 신청인이 고의 또는 중대한 과실로 해당 질병의 상태를 악화시키거나 치유를 거부·방해한 것으로 인정되는 때에는 피해구제급여의 전부 또는 일부의 지급을 중단할 수 있다.

② 의약품안전관리원의 장은 피해구제급여를 받은 사람이 다음 각 호의 어느 하나에 해당하는 경우에는 그 피해구제급여액의 5배 이내에서 대통령령으로 정하는 금액을 징수하여 부담금 회계의 수익금으로 하여야 한다.(2024.2.20 본문개정)

1. 피해구제급여를 청구할 자격이 없는 사람이 거짓 또는 그 밖의 부정한 방법으로 피해구제급여를 받은 경우(2024.2.20 본호개정)
2. 거짓 또는 그 밖의 부정한 방법으로 받아야 할 피해구제급여보다 과다하게 피해구제급여를 받은 경우(2024.2.20 본호신설)
3. 피해구제급여를 받은 이후 의료사고로 판명되어 조정·중재를 받은 경우
4. 그 밖에 잘못 지급된 피해구제급여가 있는 경우

③ 제1항 및 제2항에 따른 피해구제급여의 중단 및 징수 등에 필요한 사항은 총리령으로 정한다.

(2014.3.18 본조신설)

제86조의6【부작용 피해의 조사 등】 ① 의약품안전관리원의 장은 제86조의4제2항에 따른 조사·감정을 할 때에는 신청인, 의약품의 제조업자·품목허가를 받은 자·수입자·판매업자, 약국 개설자, 의료기관 개설자, 이 법 또는 다른 법률에 따라 의약품을 판매하거나 취급하는 자, 관련 이해관계인 또는 참고인으로 하여금 출석하여 진술하게 하거나 조사에 필요한 자료 및 물건 등의 제출을 요구할 수 있다.

② 의약품안전관리원의 장은 제86조의4제2항에 따른 조사·감정을 실시하는 경우에는 부작용이 발생한 의약품을 처방한 의료인(해당 의료기관 개설자를 포함한다)이나 그 의약품을 조

제한 약사(해당 약국 개설자를 포함한다)에게 부작용의 원인이 된 의약품의 처방·조제 당시 환자의 상태 및 처방·조제행위 등에 대하여 구두 또는 서면으로 소명하도록 요구할 수 있다.
③ 의약품안전관리원의 장은 제86조의4제2항에 따른 조사·감정을 실시하는 경우 부작용이 발생한 의약품의 제조업자·품목허가를 받은 자·수입자·판매업자 또는 그 의약품을 처방·조제한 의료기관·약국 등에 출입하여 관련 문서 또는 물건을 조사·열람 또는 복사할 수 있다. 이 경우 조사자는 그 권한을 표시하는 증표 및 조사기간, 조사범위, 조사담당자, 관계법령 등 대통령령으로 정하는 사항이 기재된 서류를 지니고 이를 관계인에게 내보여야 한다.(2015.12.29 후단개정)
④ 의약품안전관리원의 장은 피해구제급여를 신청한 사람에 대하여 부작용의 인과관계를 규명하는 데 필요한 조사를 위하여 정부기관과 「공공기관의 운영에 관한 법률」에 따른 공공기관에 개인식별이 가능하여 자료 간 연계분석이 가능한 형태의 정보를 요구할 수 있다. 이 경우 요구를 받은 자는 정당한 사유가 없으면 이에 따라야 한다.
⑤ 제1항부터 제4항까지 규정한 사항 외에 부작용 피해의 조사·감정에 필요한 사항은 총리령으로 정한다.
⑥ 제3항에 따라 문서 또는 물건을 조사·열람, 복사하려는 경우 그 절차·방법 등에 관하여는 이 법에서 정하는 사항을 제외하고는 「행정조사기본법」에서 정하는 바에 따른다.
(2015.12.29 본항신설)
(2014.3.18 본조신설)

제86조의7【피해구제급여권의 보호】 이 법에 따른 피해구제급여를 받을 권리는 양도 또는 압류하거나 담보로 제공할 수 없다.(2014.3.18 본조신설)

제86조의8【공과금 면제 등】 국가나 지방자치단체는 피해구제급여로 지급된 금액에 대하여는 공과금을 부과하지 아니한다.(2014.3.18 본조신설)

제87조【비밀 누설 금지】 ① 약사·한약사는 이 법 또는 다른 법령에 규정된 경우 외에는 의약품을 조제·판매하면서 알게 된 타인의 비밀을 누설하여서는 아니 된다.
② 제47조의3제2항에 따라 의약품 품목허가를 받은 자·수입자 및 의약품 도매상 등의 영업에 관한 비밀을 업무상 알게 된 자는 그 비밀을 타인에게 누설하거나 업무목적 외의 용도로 사용하여서는 아니 된다.(2016.12.2 본항개정)

제87조의2【유사명칭의 사용 금지】 이 법에 따른 의약품등의 제조업자, 위탁제조판매업 신고를 한 자, 품목허가를 받은 자, 수입자 또는 판매업자가 아닌 자는 그 상호 중에 제약, 약품 등 총리령으로 정하는 유사한 명칭을 사용하지 못한다.
(2016.12.2 본조신설)

제88조【제출된 자료의 비공개】 ① 식품의약품안전처장은 제31조, 제31조의2, 제32조의2, 제33조, 제34조, 제35조, 제35조의6 또는 제42조에 따라 제출된 자료에 대하여 그것을 제출한 자가 이를 보호하여 줄 것을 문서로 요청하면 그 자료를 공개하여서는 아니 된다. 다만, 공익을 위하여 자료를 공개할 필요가 있다고 인정되는 경우에는 공개할 수 있다.(2024.2.20 본문개정)
② 제1항에 따라 보호를 요청한 제출 자료를 열람·검토한 자는 그 자료를 통하여 알게 된 내용을 외부에 공개하여서는 아니 된다.
(2024.2.20 본조제목개정)

제88조의2【심사 결과의 공개】 ① 식품의약품안전처장은 총리령으로 정하는 의약품에 대하여 제31조에 따라 품목허가를 하거나 품목신고를 수리한 경우, 제35조에 따라 시설 조건부 허가나 품목 조건부 허가를 한 경우 또는 제42조에 따라 품목허가를 하거나 품목신고를 수리한 경우 그 심사 또는 검토 결과를 공개하여야 한다. 다만, 그 의약품의 품목허가를 받거나 품목신고를 한 자 또는 시설 조건부 허가나 품목 조건부 허가를 받은 자가 경영상·영업상 비밀에 관한 사항에 해당되는 부분을 공개하지 아니할 것을 요청하는 경우에는 해당 부분을 제외하고 공개할 수 있다.
② 제1항에 따른 심사 결과 공개의 방법 및 절차 등에 필요한 사항은 총리령으로 정한다.
(2021.7.20 본조신설)

제89조【제조업자 등의 지위 승계 등】 ① 의약품등의 제조업자, 품목허가를 받은 자, 위탁제조판매업 신고를 한 자, 수입자, 의약품 판매업자(한약업사는 제외한다), 의약품 판촉영업자, 임상시험계획의 승인을 받은 자 또는 검사기관등으로 지정받은 자(이하 이 조 및 제89조의2에서 "제조업자등"이라 한다)가 사망하거나 그 영업을 양도한 경우 또는 법인인 제조업자등이 합병한 경우에는 그 상속인, 영업을 양수한 자 또는 합병 후 존속하는 법인이나 합병에 따라 설립되는 법인이 그 제조업자등의 지위를 승계한다. 다만, 영업을 양수한 자 또는 합병 후 존속하는 법인이나 합병으로 설립되는 법인이 다음 각 호의 어느 하나에 해당하면 그러하지 아니하다.(2024.2.20 본문개정)
1. 의약품등의 제조업자, 품목허가를 받은 자, 위탁제조판매업 신고를 한 자 및 임상시험계획의 승인을 받은 자 : 제31조제8항 각 호의 어느 하나에 해당하는 경우(2017.10.24 본호개정)
2. 수입자 : 제42조제4항 각 호의 어느 하나에 해당하는 경우(2024.2.20 본호신설)
3. 의약품 판매업자 : 제46조 각 호의 어느 하나에 해당하는 경우
4. 의약품 판촉영업자 : 제46조의2제3항제1호부터 제3호까지의 어느 하나에 해당하는 경우(2024.12.20 본호개정)
② 의약품등의 제조업자, 품목허가를 받은 자, 위탁제조판매업 신고를 한 자 또는 수입자가 제31조제2항부터 제4항까지 또는 제42조제1항에 따라 제조품목 또는 수입품목 허가를 받거나 신고한 의약품등에 대한 영업을 양도한 경우에는 그 영업을 양수한 의약품등의 제조업자, 품목허가를 받은 자, 위탁제조판매업 신고를 한 자 또는 수입자가 해당 품목의 허가 또는 신고에 관한 의약품등의 제조업자, 품목허가를 받은 자, 위탁제조판매업 신고를 한 자 또는 수입자의 지위를 승계한다.
③ 제1항과 제2항에 따라 제조업자등의 지위를 승계한 자는 다음 각 호의 구분에 따라 1개월 이내에 식품의약품안전처장(의약품판매업자, 의약품 판촉영업자의 경우에는 시장·군수·구청장을 말한다)에게 신고하여야 한다. 다만, 제1항에 따라 제조업자등의 지위를 승계한 상속인이 제1항 각 호의 어느 하나에 해당하면 상속이 시작된 날부터 6개월 이내에 그 지위를 다른 사람에게 양도하여야 한다.(2023.4.18 본문개정)
1. 의약품등의 제조업자, 품목허가를 받은 자, 위탁제조판매업 신고를 한 자, 수입자, 임상시험계획의 승인을 받은 자 및 검사기관등으로 지정받은 자의 지위를 승계한 자 : 총리령으로 정하는 바에 따를 것(2024.2.20 본호개정)
2. 의약품판매업자, 의약품 판촉영업자의 지위를 승계한 자 : 보건복지부령으로 정하는 바에 따를 것(2023.4.18 본호개정)
(2011.6.7 본조개정)

제89조의2【행정제재처분 효과의 승계】 제89조에 따라 지위를 승계한 경우에 종전의 제조업자등 또는 의약품 판촉영업자와 수입자에 대한 행정처분의 효과는 그 처분이 있은 날부터 1년간 양수인 또는 합병 후 존속하는 법인이나 합병으로 설립되는 법인에 승계되며, 행정처분의 절차가 진행 중일 때에는 양수인 또는 합병 후 존속하는 법인이나 합병으로 설립되는 법인에 대하여 행정제재처분의 절차를 속행(續行)할 수 있다. 다만, 새로운 제조업자등 또는 의약품 판촉영업자(상속에 의한 지위 승계는 제외한다)와 수입자가 영업을 승계할 때에 그 처분 또는 위반사실을 알지 못한 경우에는 그러하지 아니하다.
(2023.4.18 본조개정)

제90조【포상금】 제23조, 제24조제1항·제2항, 제24조의2, 제26조제1항, 제27조제1항·제3항, 제44조제1항, 제47조의4 및 제50조제1항(제44조의6제1항에서 준용하는 경우를 포함한다)·제2항을 위반한 사실을 감독기관이나 수사기관에 신고·고발한 자에게는 대통령령으로 정하는 바에 따라 포상금을 지급할 수 있다.(2024.1.23 본조개정)

제90조의2【백신안전기술지원센터의 설립】 ① 백신의 품질확보 및 제품화 기술지원 등에 관한 업무를 수행하기 위하여 백신안전기술지원센터(이하 "백신센터"라 한다)를 둔다.
② 백신센터는 법인으로 한다.
③ 백신센터의 정관에는 다음 각 호의 사항을 기재하여야 한다.
1. 명칭

2. 목적
3. 주된 사무소가 있는 곳
4. 자산에 관한 사항
5. 임원 및 직원에 관한 사항
6. 이사회에 관한 사항
7. 업무와 그 집행에 관한 사항
8. 회계에 관한 사항
9. 공고에 관한 사항
10. 정관의 변경에 관한 사항
11. 그 밖에 백신센터의 운영에 관한 중요 사항
④ 백신센터가 정관의 기재사항을 변경하려는 경우에는 식품의약품안전처장의 인가를 받아야 한다.
⑤ 백신센터에 관하여 이 법에서 규정한 사항 외에는 「민법」 중 재단법인에 관한 규정을 준용한다.
⑥ 제1항에 따른 백신센터의 운영 등에 필요한 사항은 대통령령으로 정한다.
(2021.7.20 본조신설)

제90조의3【백신센터의 사업】 ① 백신센터는 다음 각 호의 사업을 수행한다.
1. 백신 개발지원 및 제품화 기술지원
2. 백신 관련 인허가, 국제기준·제도, 국내외 개발 동향 정보 등의 수집 및 분석
3. 백신 임상검체 분석 및 시험법 구축
4. 백신 품질검사 지원 및 시험법 구축
5. 백신 개발 및 제품화를 위한 컨설팅 및 전문인력 양성
6. 기타 대통령령으로 정하는 업무
② 백신센터는 제1항의 사업에 관하여 수수료와 그 밖의 실비를 징수할 수 있다.
③ 식품의약품안전처장은 백신센터가 제1항에 따른 사업을 하는 경우 재정 지원 등을 할 수 있다.
(2021.7.20 본조신설)

제91조【한국희귀·필수의약품센터의 설립】 ① 다음 각 호의 의약품에 대한 각종 정보 제공 및 공급(조제 및 투약 업무를 포함한다. 이하 같다) 등에 관한 업무를 하기 위하여 한국희귀·필수의약품센터(이하 "센터"라 한다)를 둔다.
(2018.12.11 본문개정)
1. 희귀의약품
2. 국가필수의약품
3. 그 밖에 국민 보건상 긴급하게 도입할 필요가 있거나 안정적 공급 지원이 필요한 의약품으로서 식품의약품안전처장이 필요하다고 인정하는 의약품
(2018.12.11 1호~3호신설)
② 센터는 법인으로 한다.
③ 센터의 정관에는 다음 각 호의 사항을 기재하여야 한다.
1. 목적
2. 명칭
3. 주된 사무소가 있는 곳
4. 자산에 관한 사항
5. 임원 및 직원에 관한 사항
6. 이사회의 운영
7. 사업범위 및 내용과 그 집행
8. 회계
9. 공고의 방법
10. 정관의 변경
11. 그 밖에 센터의 운영에 관한 중요 사항
(2018.12.11 본항신설)
④ 센터가 정관의 기재사항을 변경하려는 경우에는 식품의약품안전처장의 인가를 받아야 한다.(2018.12.11 본항신설)
⑤ 센터에 관하여 이 법에서 규정한 외에는 「민법」 중 재단법인에 관한 규정을 준용한다.
⑥ 제1항에 따른 센터의 운영 등에 필요한 사항은 대통령령으로 정한다.
(2016.12.2 본조제목개정)

제92조【센터의 사업】 ① 센터는 다음 각 호의 사업을 한다.
1. 제91조제1항 각 호에 따른 의약품과 관련한 각종 정보 수집 및 전산망 구축과 관련된 사업(2018.12.11 본호개정)
2. 제91조제1항 각 호에 따른 의약품의 공급 및 비축 사업. 이 경우 센터의 장은 센터에 조제실을 설치하고, 센터 직원 중 약사를 지정하여 사업을 담당하게 하여야 한다.(2018.12.11 전단개정)
2의2. 제31조제3항제4호에 따라 제91조제1항 각 호에 따른 의약품을 위탁제조하여 판매하는 사업(2018.12.11 본호신설)
3. 국가필수의약품의 안정공급기반 구축과 연구·개발 지원 및 안전사용 지원 등과 관련된 사업(2016.12.2 본호개정)
4. 그 밖에 식품의약품안전처장이 인정하는 제91조제1항 각 호에 따른 의약품과 관련된 사업(2018.12.11 본호개정)
② 식품의약품안전처장은 센터가 제1항의 사업을 하는 경우 재정 지원 등을 할 수 있다.(2013.3.23 본항개정)

제92조의2【벌칙 적용 시의 공무원 의제】 다음 각 호의 어느 하나에 해당하는 자는 「형법」 제127조 및 제129조부터 제132조까지의 규정에 따른 벌칙을 적용할 때에는 공무원으로 본다.
(2018.12.11 본문개정)
1. 약물역학조사관(의약품안전관리원 직원인 경우에는 「형법」 제127조에 따른 벌칙 적용은 제외한다)(2018.12.11 본호개정)
2. 센터 및 백신센터에 근무하는 임직원(2021.7.20 본호개정)
3. 제61조의3제1항에 따라 위탁받은 업무에 종사하는 기관 또는 단체의 임직원(2023.4.18 본호신설)
4. 제68조의2제2항에 따라 위탁받은 업무에 종사하는 법인의 임직원(2018.12.11 본호신설)
5. 심의위원회 위원 중 공무원이 아닌 사람(2024.2.20 본호신설)
6. 제조·품질관리 조사관 중 공무원이 아닌 사람(2022.6.10 본호신설)

제92조의3【규제의 재검토】 식품의약품안전처장은 우선판매품목허가 및 제97조의2에 따른 과태료 금액에 대하여 2015년 1월 1일을 기준으로 3년마다(매 3년이 되는 해의 1월 1일 전까지를 말한다) 그 타당성을 검토하여 개선 등의 조치를 하여야 한다.(2015.3.13 본조신설)

제9장 벌 칙

제93조【벌칙】 ① 다음 각 호의 어느 하나에 해당하는 자는 5년 이하의 징역 또는 5천만원 이하의 벌금에 처한다.
(2015.1.28 본문개정)
1. 제6조제3항을 위반하여 다른 사람에게 면허를 대여한 사람(2020.4.7 본호개정)
1의2. 제6조제4항을 위반하여 면허를 대여받거나 면허 대여를 알선한 사람(2020.4.7 본호신설)
2. 제20조제1항을 위반하여 약국을 개설한 자
2의2. 제22조의2제1항을 위반하여 약국의 시설 등을 파괴·손상 또는 점거하여 약사·한약사의 업무를 방해하거나 이를 교사한 자(2024.2.20 본호신설)
2의3. 제22조의2제2항을 위반하여 약사·한약사 또는 약국 이용자를 폭행·협박한 자. 다만, 피해자의 명시한 의사에 반하여 공소를 제기할 수 없다.(2024.2.20 본호신설)
3. 제23조제1항을 위반한 자
4. 제31조제1항부터 제4항까지 또는 제9항을 위반하여 허가를 받거나 신고를 하지 아니한 자 또는 변경허가를 받거나 변경신고를 하지 아니한 자(2018.12.11 본호개정)
4의2. 거짓이나 그 밖의 부정한 방법으로 제31조제1항부터 제4항까지 또는 제9항에 따른 허가·변경허가를 받거나 신고·변경신고를 한 자(2020.4.7 본호신설)
4의3. 거짓이나 그 밖의 부정한 방법으로 제31조의2제1항·제3항(제42조제5항에서 준용하는 경우를 포함한다)에 따른 원료의약품의 등록·변경등록을 한 자(2020.4.7 본호신설)
4의4. 거짓이나 그 밖의 부정한 방법으로 제35조제1항 및 제2항(제42조제5항에서 준용하는 경우를 포함한다)에 따른 시설 조건부 허가 또는 품목 조건부 허가를 받은 자(2021.7.20 본호신설)
4의5. 제38조의2제1항 및 제2항을 위반하여 적합판정 또는 변경적합판정을 받지 아니하고 의약품등을 제조하여 판매한 자(2022.6.10 본호신설)

4의6. 거짓이나 그 밖의 부정한 방법으로 제38조의2제1항 및 제2항에 따른 적합판정 또는 변경적합판정을 받은 자 (2022.6.10 본호신설)
5. 제42조제1항을 위반하여 허가를 받거나 신고를 하지 아니한 자 또는 변경허가를 받거나 변경신고를 하지 아니한 자
5의2. 거짓이나 그 밖의 부정한 방법으로 제42조제1항에 따른 허가·변경허가를 받거나 신고·변경신고를 한 자(2020.4.7 본호신설)
6. 제43조를 위반한 자
6의2. 거짓이나 그 밖의 부정한 방법으로 제43조제1항에 따른 허가를 받은 자(2020.4.7 본호신설)
7. 제44조제1항을 위반한 자
8. 제44조제2항제2호에 따른 허가를 받지 아니하고 의약품을 판매한 자
8의2. 거짓이나 그 밖의 부정한 방법으로 제44조의2제1항에 따른 등록 또는 같은 조 제3항에 따른 변경등록을 한 자 (2020.4.7 본호신설)
8의3. 거짓이나 그 밖의 부정한 방법으로 제45조제1항에 따른 허가·변경허가를 받은 자(2020.4.7 본호신설)
9. 제53조제1항을 위반하여 출하승인을 받지 아니하거나 거짓 또는 그 밖의 부정한 방법으로 출하승인을 받은 자(2021.7.20 본호개정)
10. 제61조(제66조에서 준용하는 경우를 포함한다)를 위반한 자. 다만, 제56조제2항(제44조의6제1항에서 준용하는 경우를 포함한다) 또는 제65조제2항을 위반한 자는 제외한다.(2020.4.7 단서개정)
11. 제34조의2제3항제6호 또는 제34조의3제3항에 따른 임상시험성적서, 임상시험검체분석성적서 또는 비임상시험성적서를 거짓으로 작성·발급한 자(2021.7.20 본호개정)
② 제1항의 경우 징역과 벌금은 병과(倂科)할 수 있다.

제94조【벌칙】 ① 다음 각 호의 어느 하나에 해당하는 자는 3년 이하의 징역 또는 3천만원 이하의 벌금에 처한다. 다만, 제87조제1항을 위반한 자에 대하여는 고소가 있어야 공소를 제기할 수 있다.(2015.1.28 본문개정)
1. 제3조제3항 또는 제4조제3항을 위반한 자
2. 제24조제2항을 위반하여 담합행위를 한 자
2의2. 제24조의2를 위반한 자(2024.1.23 본호신설)
3. 제34조제1항 본문·제3항제1호·제2호 및 같은 조 제4항을 위반한 자 또는 같은 조 제6항에 따른 명령을 위반한 자 (2018.12.11 본호개정)
3의2. 거짓이나 그 밖의 부정한 방법으로 제34조제1항에 따른 임상시험의 계획 승인·변경승인을 받은 자(2020.4.7 본호신설)
3의3. 제34조의2제1항을 위반하여 지정을 받지 아니하고 임상시험을 실시한 자(2017.10.24 본호개정)
3의4. 제34조의2제2항 본문을 위반하여 변경지정을 받지 아니하고 임상시험을 실시한 자(2017.10.24 본호개정)
3의5. 제34조의2제3항제1호 또는 제2호를 위반한 자 (2017.10.24 본호신설)
4. 제37조제3항(제42조제5항에서 준용하는 경우를 포함한다)을 위반한 자(2015.1.28 본호개정)
4의2. 제39조제1항 전단(제44조의6제1항에서 준용하는 경우를 포함한다)을 위반하여 회수 또는 회수에 필요한 조치를 하지 아니한 자(2020.4.7 본호개정)
5. 제45조제5항을 위반한 자
5의2. 제46조의2제1항을 위반하여 신고하지 아니하고 의약품 판매촉진 업무를 위탁받아 수행한 자(2023.4.18 본호신설)
5의3. 거짓이나 그 밖의 부정한 방법으로 제46조의2제1항에 따른 신고·변경신고를 한 자(2023.4.18 본호신설)
5의4. 제47조제2항을 위반하여 경제적 이익등을 제공하거나 같은 조 제6항을 위반하여 경제적 이익등을 제공받은 자. 이 경우 취득한 경제적 이익등은 몰수하고, 몰수할 수 없을 때에는 그 가액을 추징한다.(2023.4.18 전단개정)
5의5. 제47조제3항을 위반하여 의약품 판촉영업자가 아닌 자에게 의약품의 판매촉진 업무를 위탁한 자(2023.4.18 본호신설)
6. (2015.12.29 삭제)
7. 제49조를 위반하여 의약품을 판매·저장 또는 진열한 자
8. 제50조제1항(제44조의6제1항에서 준용하는 경우를 포함한다)을 위반한 자(2020.4.7 본호개정)
9. 제62조(제66조에서 준용하는 경우를 포함한다)를 위반하여 의약품을 판매·제조·수입·저장 또는 진열한 자
9의2. 제68조의9를 위반하여 비밀을 누설한 자(2011.6.7 본호신설)
10. 제70조제2항을 위반하여 정당한 사유 없이 의약품 생산 또는 업무개시명령을 거부한 자
11. 제71조제1항·제2항(제44조의6제1항에서 준용하는 경우를 포함한다) 및 제72조제1항·제2항(제44조의6제1항에서 준용하는 경우를 포함한다)에 따른 명령을 위반한 자 또는 제71조제3항(제44조의6제1항에서 준용하는 경우를 포함한다)에 따른 관계 공무원이 행하는 물품의 회수·폐기와 그 밖에 필요한 처분을 거부·방해하거나 기피한 자(2020.4.7 본호개정)
12. 제87조 또는 제88조제2항에 위반한 자
② 제1항의 징역과 벌금은 병과(倂科)할 수 있다.

제94조의2 (2016.12.2 삭제)

제95조【벌칙】 ① 다음 각 호의 어느 하나에 해당하는 자는 1년 이하의 징역 또는 1천만원 이하의 벌금에 처한다. (2015.1.28 본문개정)
1. 제20조제2항 전단을 위반하여 개설등록을 하지 아니한 자 (2019.1.15 본호개정)
1의2. 거짓이나 그 밖의 부정한 방법으로 제20조제2항에 따른 개설 등록·변경등록을 한 자(2020.4.7 본호신설)
2. 제21조제1항·제2항을 위반한 자
3. 제23조제2항·제3항·제4항·제6항·제7항을 위반한 자
4. 제24조제1항을 위반하여 정당한 사유 없이 조제를 거부한 자
5. 제26조제1항을 위반하여 조제한 자(2007.7.27 본호개정)
6. 제27조제1항·제3항·제4항을 위반한 자
6의2. 제34조제3항제5호를 위반하여 보험에 가입하지 아니하거나 대상자에게 사전에 설명한 보상 절차 등을 준수하여 보상하지 아니한 자(2018.12.11 본호신설)
6의3. 제34조제3항제6호를 위반하여 임상시험용 의약품 등의 안전성 정보를 평가·기록·보존·보고하지 아니하거나 거짓으로 평가·기록·보존·보고한 자(2018.12.11 본호신설)
6의4. 제34조의2제3항제6호(제93조제1항제11호에 따른 위반사항은 제외한다)를 위반하여 임상시험에 관한 기록을 작성·보관·보고하지 아니하거나 거짓으로 작성·보관·보고한 자 (2021.7.20 본호개정)
7. 제36조(제42조제5항에서 준용하는 경우를 포함한다)·제37조제2항(제42조제5항에서 준용하는 경우를 포함한다) 또는 제37조의3제1항(제42조제5항에서 준용하는 경우를 포함한다)을 위반하여 안전관리업무를 실시하지 아니한 자 (2015.1.28 본호개정)
7의2. 제37조제1항 또는 제38조제1항을 위반하여 의약품등의 제조 관리의무 또는 생산 관리의무를 지키지 아니한 자 (2018.12.11 본호신설)
7의3. 제39조제1항 후단을 위반하여 회수 계획을 보고하지 아니하거나 거짓으로 보고한 자(2018.12.11 본호신설)
8. 제47조제1항(제47조제1항제3호나목은 제외하며, 제44조의6제1항에서 준용하는 경우를 포함한다)·제4항·제7항 또는 제85조제9항을 위반한 자(2023.4.18 본호개정)
8의2. 제47조의2제1항을 위반하여 지출보고서를 작성 또는 공개하지 아니하거나 해당 지출보고서와 관련 장부 및 근거자료를 보관하지 아니한 자(2021.7.20 본호신설)
8의3. 제47조의2제1항에 따른 지출보고서를 거짓으로 작성 또는 공개한 자(2021.7.20 본호신설)
8의4. 제47조의2제2항을 위반하여 위탁계약서 및 관련 근거 자료를 보관하지 아니한 자(2023.4.18 본호신설)
8의5. 제47조의2제3항에 따른 지출보고서, 관련 장부 및 근거자료 또는 위탁계약서 및 관련 근거 자료의 제출 요구를 따르지 아니한 자(2023.4.18 본호개정)

8의6. 제48조 본문을 위반하여 봉함한 의약품의 용기나 포장을 개봉하여 판매한 자(2015.12.29 본호신설)
9. 제50조제2항을 위반하여 전문의약품을 판매한 자
9의2. 거짓이나 그 밖의 부정한 방법으로 제50조의2제4항에 따른 등재를 받은 자(2015.3.13 본호신설)
9의3. 거짓이나 그 밖의 부정한 방법으로 제50조의5에 따른 판매금지를 신청하거나 우선판매품목허가를 신청한 자 (2015.3.13 본호신설)
10. 제60조(제66조에 따라 준용되는 경우를 포함한다), 제64조제1항 또는 제68조를 위반한 자(2017.10.24 본호개정)
10의2. 제61조의2제1항을 위반하여 판매를 알선하거나 광고한 자(2018.12.11 본호신설)
10의3. 거짓이나 그 밖의 부정한 방법으로 제69조의3에 따른 합의 사항을 보고한 자(2015.3.13 본호신설)
11. 제85조제6항 · 제7항을 위반하여 처방전 없이 동물용 의약품을 판매한 자(2012.2.1 본호신설)
12. 제86조의5제2항제1호에 따른 거짓 또는 그 밖의 부정한 방법으로 피해구제급여를 받은 사람(2014.3.18 본호신설)
② 제1항의 징역과 벌금은 병과(併科)할 수 있다.
③ 제1항제7호의2의 죄로 형을 선고받고 그 형이 확정된 후 3년 이내에 다시 같은 호의 죄를 범한 자는 해당 형의 2분의 1까지 가중한다.(2018.12.11 본항신설)

제95조의2【벌칙】 제26조제2항을 위반한 자는 300만원 이하의 벌금에 처한다.(2007.7.27 본조신설)

제96조【벌칙】 다음 각 호의 어느 하나에 해당하는 자는 200만원 이하의 벌금에 처한다. 다만, 제30조제2항을 위반한 자에 대해서는 고소가 있어야 공소를 제기할 수 있다.
1. 제24조제3항을 위반한 자
2. 제28조, 제29조 또는 제30조제1항 · 제2항 · 제3항을 위반한 자(2015.12.29 본호개정)
3. 제37조의3제2항 또는 제47조제1항제3호나목을 위반한 자(2018.12.11 본호개정)
3의2. 제38조의6제1항(제42조제5항에서 준용하는 경우를 포함한다)을 위반하여 식별표시를 하지 아니하고 시판하거나 식별표시를 등록하지 아니하고 시판한 자(2022.6.10 본호개정)
3의3. 제38조의6제2항(제42조제5항에서 준용하는 경우를 포함한다)을 위반하여 변경등록을 하지 아니하고 시판한 자 (2022.6.10 본호개정)
3의4.~3의6. (2021.7.20 삭제)
4. 제56조제1항, 제57조, 제58조, 제63조(제66조에서 준용하는 경우를 포함한다), 제65조제1항, 제65조의2 또는 제65조의3제1호부터 제3호까지를 위반한 자(2017.10.24 본호개정)
5. 제68조의12제3항 또는 제69조제1항(제44조의6제1항에서 준용하는 경우를 포함한다)에 따른 약물역학조사관 또는 관계 공무원의 조사 · 검사 · 질문 · 수거 등을 거부 · 방해하거나 기피한 자(2020.4.7 본호개정)
6. 제69조제1항(제44조의6제1항에서 준용하는 경우를 포함한다), 제72조제3항 · 제4항, 제73조, 제74조 및 제75조까지에 따른 보고 · 공표 · 검사 · 개수 · 변경 등의 명령을 위반한 자 (2020.4.7 본호개정)
7. 제86조의6제3항에 따른 조사 · 열람 또는 복사를 정당한 이유 없이 거부 · 방해 또는 기피한 자(2014.3.18 본호신설)

제97조【양벌규정】 법인의 대표자나 법인 또는 개인의 대리인, 사용인, 그 밖의 종업원이 그 법인 또는 개인의 업무에 관하여 제93조, 제94조, 제94조의2, 제95조, 제95조의2 또는 제96조의 위반행위를 하면 그 행위자를 벌하는 외에 그 법인 또는 개인에게도 해당 조문의 벌금형을 과(科)한다. 다만, 법인 또는 개인이 그 위반행위를 방지하기 위하여 해당 업무에 관하여 상당한 주의와 감독을 게을리하지 아니한 경우에는 그러하지 아니하다.(2011.6.7 본조개정)

제97조의2【과태료】 ① 정당한 사유 없이 제69조의3에 따른 합의 사항을 보고하지 아니한 자에게는 5천만원 이하의 과태료를 부과한다.
② 제1항에 따른 과태료는 대통령령으로 정하는 바에 따라 식품의약품안전처장이 부과 · 징수한다.
(2015.3.13 본조신설)

제97조의3【과태료】 ① 제61조의2제3항을 위반하여 정당한 사유 없이 자료제출 요청에 따르지 아니한 자에게는 500만원 이하의 과태료를 부과한다.
② 제1항에 따른 과태료는 대통령령으로 정하는 바에 따라 식품의약품안전처장이 부과 · 징수한다.
(2023.4.18 본조신설)

제98조【과태료】 ① 다음 각 호의 어느 하나에 해당하는 자에게는 100만원 이하의 과태료를 부과한다.
1.~2. (2020.4.7 삭제)
2의2. 제20조제2항 후단을 위반하여 변경등록을 하지 아니한 자(2019.1.15 본호신설)
2의3. 제20조제6항을 위반하여 약국의 명칭 또는 이와 비슷한 명칭을 사용한 자(2014.3.18 본호신설)
3. 제21조제3항을 위반하여 제69조의4에 따른 시정명령을 받고도 약국 관리에 필요한 사항을 지키지 아니한 자 (2017.10.24 본호개정)
3의2. 제24조제4항을 위반하여 복약지도를 하지 아니한 사람 (2014.3.18 본호신설)
4. 제22조, 제40조제1항(제42조제5항에서 준용하는 경우를 포함한다) 또는 제46조의2제2항을 위반하여 폐업 등의 신고를 하지 아니한 자(2023.4.18 본호개정)
4의2. 제37조의2(제42조제5항에서 준용하는 경우를 포함한다)를 위반하여 교육을 받지 아니한 자(2015.1.28 본호개정)
4의3. 제37조의4(제42조제5항에서 준용하는 경우를 포함한다)를 위반하여 교육을 받지 아니한 사람(2015.1.28 본호개정)
4의4. 제34조제1항 단서 또는 제34조의2제2항 단서를 위반하여 변경보고를 하지 아니하거나 제34조제3항제3호를 위반하여 임상시험 대상자 모집 공고를 한 자
4의5. 제34조의4제1항 · 제2항을 위반하여 임상시험 종사자에게 교육을 받도록 하지 아니한 자
(2017.10.24 4호의4~4호의5개정)
5. 제38조제2항(제42조제5항에서 준용하는 경우를 포함한다)을 위반하여 의약품등의 생산 실적 또는 수입 실적 등을 보고하지 아니한 자(2015.1.28 본호개정)
5의2. 제40조제2항(제42조제5항에서 준용하는 경우를 포함한다)을 위반하여 의약품등에 대한 필요한 조치를 이행하지 아니한 자(2016.12.2 본호신설)
6. (2012.2.1 삭제)
6의2. 제41조제1항을 위반하여 약국제제 또는 조제실제제 제조 등의 신고를 하지 아니한 자
6의3. 제44조의2제4항 본문을 위반하여 폐업 · 휴업 · 재개 신고를 하지 아니한 자(2012.5.14 본호신설)
6의4. 제44조의3제2항에 따른 명령을 위반하여 교육을 받지 아니한 자(2012.5.14 본호신설)
7. 제44조의4를 위반하여 안전상비의약품 판매자의 준수사항을 지키지 아니한 자(2012.5.14 본호신설)
7의2. 제46조의3제1항을 위반하여 의약품의 판매질서 등에 관한 교육을 받지 아니한 자(2023.4.18 본호신설)
7의3. 제47조의3제2항(제44조의6제2항에서 준용하는 경우를 포함한다)을 위반하여 의약품 공급 내역을 제출하지 아니한 자 (2020.4.7 본호개정)
7의4. 제47조의4를 위반하여 의약품을 취득한 자(2021.7.20 본호신설)
7의5. 제50조의10제4항(제42조제5항에서 준용하는 경우를 포함한다)에 따른 보고를 하지 아니하거나 거짓으로 보고한 자 (2023.8.16 본호신설)
7의6. 제56조제2항(제44조의6제1항에서 준용하는 경우를 포함한다) 또는 제65조제2항을 위반하여 제69조의4에 따른 시정명령을 받고도 가격을 용기나 포장에 적지 아니한 자 (2020.4.7 본호개정)
7의7. 제59조의2 또는 제65조의5를 위반하여 시각 · 청각장애인을 위한 표시를 하지 아니한 자(2021.7.20 본호신설)
7의8. 제68조의8을 위반하여 이상사례를 보고하지 아니한 자 (2024.2.20 본호개정)
7의9. 제68조의10을 위반하여 의약품안전관리원 또는 이와 유사한 명칭을 사용한 자(2011.6.7 본호신설)

7의10. 제86조의6제1항에 따른 출석요구를 받고 정당한 사유 없이 출석하지 아니한 자(참고인은 제외한다)(2014.3.18 본호신설)
7의11. 제86조의6제1항에 따른 자료 및 물건 등의 제출요구를 받고 정당한 사유 없이 제출하지 아니한 자(참고인은 제외한다)(2014.3.18 본호신설)
7의12. 제86조의6제2항에 따른 소명요구를 받고 정당한 사유 없이 따르지 아니한 자(2014.3.18 본호신설)
8. (2012.2.1 삭제)
9. 제80조를 위반하여 면허증·허가증 또는 등록증을 갱신하지 아니한 자
10. 제85조제3항을 위반하여 동물용 의약품등의 사용 기준을 지키지 아니한 자(2018.12.11 본호개정)
10의2. 제85조제10항을 위반하여 동물용 의약품등의 거래현황을 작성·보존하지 아니하거나 거짓으로 작성·보존한 자(2018.12.11 본호신설)
11. 제87조의2를 위반하여 제약, 약품 등 총리령으로 정하는 유사한 명칭을 사용한 자(2016.12.2 본호신설)
② 제1항에 따른 과태료는 대통령령으로 정하는 바에 따라 보건복지부장관, 식품의약품안전처장, 시·도지사, 시장·군수·구청장이 부과·징수한다.(2013.3.23 본항개정)
③~⑤ (2011.6.7 삭제)

부 칙

제1조【시행일】 이 법은 공포한 날부터 시행한다. 다만, 제81조의 개정규정은 2007년 7월 4일부터 시행한다.
제2조【시행일에 관한 경과조치】 부칙 제1조 단서에 따라 제81조의 개정규정이 시행되기 전까지는 그에 해당하는 종전의 제71조의3을 적용한다.
제3조【과징금 부과처분에 관한 적용례】 제81조제4항의 개정규정은 법률 제8201호 약사법 일부개정법률의 시행일인 2007년 7월 4일 이후 최초로 과징금 부과처분을 받는 자부터 적용한다.
제4조【가족계획용 의약품등에 관한 경과조치】 가족계획용 의약품으로서 보건복지부장관이 정하는 품목은 제44조·제50조 및 제68조제4항의 개정규정을 적용하지 아니한다. 또한 열차·항공기 그 밖에 보건복지부장관이 지정하는 장소에서의 의약품의 수여 및 판매에 관하여는 제44조 및 제50조의 개정규정에도 불구하고 보건복지부령으로 정하는 바에 따라 보건복지부장관이 지정하는 품목에 한정하여 보건복지부장관이 지정하는 자로 하여금 실수요자에게 수여 또는 판매하게 할 수 있다.
제5조【약업사 등에 관한 경과조치】 법률 제2279호 약사법중개정법률의 시행일인 1971년 1월 13일 당시 종전의 법령에 따라 허가를 받은 약업사(종전의 약종상을 말한다)와 매약상은 종전 법령의 적용을 받는다.
제6조【한약업사에 대한 경과조치】 법률 제2279호 약사법중개정법률의 시행일인 1971년 1월 13일 당시 한약종상의 허가를 받은 자는 이 법에 의한 한약업사로 본다.
제7조【한약종상의 허가지역에 관한 경과조치】 법률 제2279호 약사법중개정법률의 시행일인 1971년 1월 13일 당시의 한약종상 중 전란 그 밖의 천재지변으로 허가지역을 이탈한 자와 법률 제1910호 약사법중개정법률의 시행일인 1967년 3월 3일 전에 허가지역을 이탈한 자로서 거주지를 관할하는 서울특별시장·부산시장 또는 도지사의 허가를 받았을 때에 한정하여 당해 거주지를 허가지역으로 할 수 있다.
제8조【한의사·수의사의 조제에 관한 경과조치】 한의사가 자신이 치료용으로 사용하는 한약 및 한약제제를 자신이 직접 조제하거나 수의사가 자신이 치료용으로 사용하는 동물용 의약품을 자신이 직접 조제하는 경우에는 제23조제1항 및 제2항의 개정규정에도 불구하고 이를 조제할 수 있다.
제9조【약사의 한약조제에 관한 경과조치】 제23조제1항의 개정규정에도 불구하고 다음 각 호의 어느 하나에 해당하는 자는 제23조제6항의 개정규정에 준하여 한약을 조제할 수 있다.
1. 법률 제4731호 약사법중개정법률의 시행 당시 약사면허소지자와 약학을 전공하는 대학을 졸업하고 약사면허를 받지 아니한 자로서 같은 법의 시행일부터 2년 이내에 대통령령으로 정하는 한약조제시험에 합격한 자. 다만, 한약조제시험은 약사면허를 취득한 후 응시하여야 한다.
2. 법률 제4731호 약사법중개정법률의 시행 당시 약학을 전공하는 대학에 재학 중인 자로서 보건복지부령으로 정하는 한약 관련 과목을 이수하고 졸업 후 2년 이내에 대통령령으로 정하는 한약조제시험에 합격한 자. 다만, 한약조제시험은 약사면허를 취득한 후 응시하여야 한다.
제10조【약업사의 전문의약품 판매에 관한 경과조치】 법률 제6153호 약사법중개정법률의 시행일인 2000년 7월 1일 당시 영업 중인 약업사는 제23조제5항의 개정규정에 따라 보건복지부장관이 의료기관 또는 약국이 없는 지역으로 정하는 지역 외의 지역에서는 전문의약품을 판매할 수 없다.
제11조【대체조제에 관한 경과조치】 제27조의 개정규정은 의사회분회등이 제25조제2항에 따라 지역처방의약품 목록 및 의료기관별 처방의약품 목록을 당해 시·군·구의 약사회 분회에 제공한 후(제25조제4항에 따라 처방의약품 목록을 조정하는 경우에는 조정한 날) 30일이 지난 날부터 시행한다.
제12조【한국희귀의약품센터에 대한 경과조치】 법률 제6511호 약사법중개정법률의 시행일인 2001년 8월 14일 당시 「민법」 제32조에 따라 설립된 재단법인 한국희귀의약품센터는 제91조의 개정규정에 따라 설립된 한국희귀의약품센터로 본다.
제13조【한약사 면허부여에 관한 특례】 다음 각 호의 어느 하나에 해당하는 자로서 대학에서 법률 제7376호 약사법중개정법률 제3조의2제2항의 위임에 따른 대통령령 제14319호 약사법시행령중개정령 제3조의2에서 정한 한약 관련 과목을 95학점 이상 이수하고 한약사국가시험에 합격한 자에게는 제4조제2항의 개정규정에도 불구하고 한약사면허를 부여한다.
1. 1997년 3월 6일 당시 약학을 전공하는 대학(한약학과를 제외한 학과에 한한다)에 재학 중이던 자로서 1996학년도 이전에 입학한 자
2. 1997년 3월 6일 당시 약학을 전공하는 대학을 졸업한 자
3. 1997년 3월 6일 당시 약학을 전공하는 대학 외의 대학에 재학 중이던 자로서 1996학년도 이전에 입학한 자와 약학을 전공하는 대학 외의 대학을 졸업한 자
제14조【약학사 학위를 받은 자에 대한 경과조치】 법률 제7635호 약사법 일부개정법률의 시행 당시 한약학과를 졸업하고 약학사 학위를 받은 자는 제4조의 개정규정에 따라 한약학사 학위를 받은 자로 본다.
제15조【약사·한약사국가시험의 응시자격에 관한 경과조치】 이 법 시행 당시 종전의 규정에 따라 약사·한약사국가시험의 응시자격이 있는 자는 이 법에 따른 응시자격이 있는 것으로 본다.
제16조【대한약사회 등에 관한 경과조치】 이 법 시행 당시 종전의 규정에 따라 설립된 대한약사회, 대한한약사회와 그 지부 또는 분회는 이 법에 따라 설립·설치된 것으로 본다.
제17조【면허에 관한 경과조치】 이 법 시행 당시 종전의 규정에 따라 약사·한약사의 면허를 받은 자는 이 법에 따라 면허를 받은 것으로 본다.
제18조【허가 등 처분에 관한 경과조치】 이 법 시행 당시 보건복지부장관, 식품의약품안전청장, 시·도지사, 시장·군수·구청장으로부터 허가를 받거나 등록, 신고를 한 경우 또는 허가, 등록 등의 신청을 한 경우에는 이 법에 따라 받거나 한 것으로 본다.
제19조【처분 등에 관한 일반적 경과조치】 이 법 시행 당시 종전의 규정에 따른 행정기관의 행위나 행정기관에 대한 행위는 그에 해당하는 이 법에 따른 행정기관의 행위나 행정기관에 대한 행위로 본다.
제20조【벌칙이나 과태료에 관한 경과조치】 이 법 시행 전의 행위에 대하여 벌칙이나 과태료 규정을 적용할 때에는 종전의 규정에 따른다.
제21조【다른 법률의 개정】 ①~⑫ ※(해당 법령에 가제정리 하였음)
제22조【다른 법령과의 관계】 이 법 시행 당시 다른 법령에서 종전의 「약사법」 또는 그 규정을 인용한 경우에 이 법 가운

데 그에 해당하는 규정이 있으면 종전의 규정을 갈음하여 이 법 또는 이 법의 해당 규정을 인용한 것으로 본다.

부 칙 (2011.12.2)

이 법은 「대한민국과 미합중국 간의 자유무역협정 및 대한민국과 미합중국 간의 자유무역협정에 관한 서한교환」이 발효되는 날부터 시행한다.<2012.3.15 발효> 다만, 제5조제4호의 개정규정은 공포한 날부터 시행하며, 법률 제10512호 약사법 일부개정법률 제42조제4항 전단의 개정규정은 2012년 3월 31일부터 시행한다.

부 칙 (2012.5.14)

제1조【시행일】 이 법은 공포 후 6개월이 경과한 날부터 시행한다. 다만, 제31조의5 및 제42조제4항 전단의 개정규정은 2013년 1월 1일부터 시행하고, 법률 제11251호 약사법 일부개정법률 제95조제1항제8호의 개정규정은 2013년 8월 2일부터 시행한다.

제2조【품목허가 및 품목신고의 유효기간에 관한 특례】 2013년 1월 1일 전에 품목허가를 받거나 품목신고를 한 의약품과 2013년 1월 1일 전에 재심사 기간이 끝난 의약품에 대한 품목허가 또는 품목신고의 유효기간은 제31조의5제1항의 개정규정(제42조제4항 전단의 개정규정에 따라 준용되는 경우를 포함한다)에도 불구하고 2018년 1월 1일부터 2023년 12월 31일까지의 범위에서 식품의약품안전처장이 정하여 고시하는 날까지로 한다.(2013.3.23 본조개정)

부 칙 (2014.3.18)

제1조【시행일】 이 법은 공포 후 9개월이 경과한 날부터 시행한다. 다만, 제5조, 제20조제6항, 제45조제2항제2호 및 제98조제1항제2호의2의 개정규정은 공포한 날부터 시행하고, 제2조, 제24조제4항, 제98조제1항제3호의2의 개정규정은 공포 후 3개월이 경과한 날부터 시행하며, 제37조의4, 제42조제4항 및 제98조제1항제4호의3의 개정규정은 공포 후 6개월이 경과한 날부터 시행한다.

제2조【부담금의 부과·징수 등에 관한 준비행위】 식품의약품안전처장은 이 법이 공포된 날부터 부담금의 부과·징수 및 운영조직 설립 등 이 법 시행을 위하여 필요한 준비행위를 할 수 있다.

제3조【피해구제에 관한 적용례】 의약품 부작용 피해구제는 이 법 시행 후 최초로 발생한 부작용 피해부터 적용한다.

제4조【피해구제급여 지급범위의 단계적 적용】 피해구제급여는 이 법 시행 후 5년의 범위에서 대통령령으로 정하는 바에 따라 사망일시보상금부터 지급하되 그 지급 범위를 단계적으로 확대하여 적용한다.

제5조【금치산자 등에 대한 경과조치】 제5조의 개정규정에도 불구하고 법률 제10429호 민법 일부개정법률 부칙 제2조에 따라 금치산 또는 한정치산 선고의 효력이 유지되는 사람에 대하여는 종전의 규정을 적용한다.

부 칙 (2015.1.28)

제1조【시행일】 이 법은 공포 후 8개월이 경과한 날부터 시행한다. 다만, 제14조, 제34조의2, 제34조의3, 제37조의3, 제45조제2항제2호, 제68조의7, 제74조, 제76조의2, 제93조제1항, 제94조제1항 각 호 외의 부분 및 같은 항 제3호(제34조제3항·제4항 관련 부분으로 한정한다)·제3호의2·제3호의3 및 제95조제1항 각 호 외의 부분의 개정규정은 공포한 날부터 시행하고, 제33조의 개정규정은 공포 후 6개월이 경과한 날부터 시행한다.

제2조【임상시험등의 계획 승인에 관한 적용례】 제34조제1항의 개정규정은 이 법 시행 후 최초로 임상시험등 계획 변경승인을 신청하는 경우부터 적용한다.

제3조【비축의약품의 유효기간 연장에 관한 적용례】 이 법 시행 당시 보건복지부장관이 비축하고 있는 의약품에 대해서도 제85조의2제2항의 개정규정을 적용한다.

제4조【의약품 식별표시에 관한 경과조치】 ① 이 법 시행 당시 식품의약품안전처장이 정하여 고시한 의약품에 대하여 식품의약품안전처장이 고시한 바에 따라 한 의약품 식별표시는 제38조의2제1항의 개정규정에 따라 한 식별표시로 본다.
② 이 법 시행 당시 식품의약품안전처장이 정하여 고시한 의약품에 대하여 식품의약품안전처장이 고시한 바에 따라 한 의약품 식별표시의 등록은 제38조의2제1항의 개정규정에 따라 한 등록으로 본다.

제5조【수입업 신고에 관한 경과조치】 이 법 시행 전에 종전의 규정에 따라 의약품등 품목허가를 받거나 품목신고를 한 의약품등의 수입자 또는 제42조제2항에 해당하는 수입자로서 이 법 시행 후 의약품등의 수입을 업으로 하려는 자는 이 법 시행 후 1년 이내에 제42조의 개정규정에 따라 수입업 신고를 하여야 한다.

부 칙 (2015.3.13)

제1조【시행일】 이 법은 2015년 3월 15일부터 시행한다. 다만, 법률 제13114호 약사법 일부개정법률 제42조제5항의 개정규정은 2015년 9월 29일부터 시행한다.

제2조【판매금지 신청에 관한 적용례】 제50조의5제1항의 개정규정(제42조제4항의 개정규정에 따라 준용되는 경우를 포함한다)은 이 법 시행 이후 의약품에 대하여 품목허가 또는 변경허가를 신청한 자가 제50조의4제1항 또는 제2항의 개정규정(제42조제4항의 개정규정에 따라 준용되는 경우를 포함한다)에 따라 한 통지를 받는 경우부터 적용한다.

제3조【우선판매품목허가 신청에 관한 적용례】 제50조의7제2항 각 호의 개정규정(제42조제4항의 개정규정에 따라 준용되는 경우를 포함한다)은 이 법 시행 전에 등재특허권에 관한 제50조의7제2항 각 호의 개정규정에 따른 심판(이하 이 조에서 "종전 특허심판"이라 한다)을 청구한 자에 대해서도 적용한다. 이 경우 종전 특허심판은 이 법 시행일 전날 청구된 것으로 본다.

제4조【우선판매품목허가에 관한 적용례】 제50조의8제1항제1호의 개정규정(제42조제4항의 개정규정에 따라 준용되는 경우를 포함한다)은 이 법 시행 이후 제50조의4의 개정규정(제42조제4항의 개정규정에 따라 준용되는 경우를 포함한다)에 따라 통지하여야 하는 의약품의 품목허가 또는 변경허가를 신청한 자부터 적용한다.

제5조【동일의약품 등의 판매금지에 관한 적용례】 제50조의9제1항의 개정규정(제42조제4항의 개정규정에 따라 준용되는 경우를 포함한다)은 이 법 시행 이후 품목허가를 신청한 의약품 또는 제50조의4제2항에 따라 통지하여야 하는 의약품부터 적용한다.

제6조【합의 사항의 보고에 관한 적용례】 제69조의3의 개정규정(제42조제4항의 개정규정에 따라 준용되는 경우를 포함한다)은 이 법 시행 이후 제69조의3 각 호의 개정규정에 따른 합의가 있는 경우부터 적용한다.

제7조【수수료에 관한 적용례】 제82조제2항제2호의2의 개정규정은 이 법 시행 이후 등재 또는 등재사항의 변경을 신청하는 경우부터 적용한다.

제8조【등재료에 관한 적용례】 제82조의2의 개정규정은 이 법 시행 전에 등재된 경우에도 적용한다. 이 경우 이 법 시행일을 등재된 날로 본다.

제9조【의약품 특허의 등재 등에 관한 경과조치】 ① 이 법 시행 전에 종전의 제31조의3제1항에 따라 의약품 특허목록에 등재를 신청한 경우 등재 대상 및 기준에 관하여는 제50조의2제4항의 개정규정(제42조제4항의 개정규정에 따라 준용되는 경우를 포함한다)에도 불구하고 종전의 규정에 따른다.
② 이 법 시행 전에 종전의 제31조의3제2항에 따라 의약품 특허목록에 등재된 의약품특허권은 제50조의2의 개정규정(제42조제4항의 개정규정에 따라 준용되는 경우를 포함한다)에 따라 의약품 특허목록에 등재된 의약품특허권으로 본다.

제10조【등재사항의 변경 등에 관한 경과조치】 이 법 시행 전에 특허목록에 등재된 특허정보가 변경된 경우의 변경 등재 신청에 관하여는 제50조의3제2항의 개정규정(제42조제4항의 개정규정에 따라 준용되는 경우를 포함한다)에도 불구하고 종전의 제31조의3제3항에 따른다.

제11조【등재사항의 직권 변경 또는 삭제에 관한 경과조치】 이 법 시행 전에 종전의 제31조의3제2항에 따라 특허목록에 등재된 의약품특허권의 등재사항 직권 변경 또는 삭제에 대해서는 제50조의3제4항제1호 및 제3호의 개정규정(제42조제4항의 개정규정에 따라 준용되는 경우를 포함한다)에도 불구하고 종전의 제31조의3제5항에 따른다.

제12조【품목허가 등 신청사실의 통지에 관한 경과조치】 이 법 시행 전에 제31조제2항 또는 제3항에 따라 등재의약품의 안전성·유효성에 관한 자료를 근거로 의약품의 품목허가를 신청한 자는 제50조의4제1항의 개정규정(제42조제4항의 개정규정에 따라 준용되는 경우를 포함한다)에도 불구하고 종전의 제31조의4에 따른다. 다만, 위 규정에도 불구하고 이 법 시행 후 제50조의4제1항제2호부터 제4호까지의 개정규정에 해당하는 사유가 소멸한 경우에는 같은 조 제2항의 개정규정을 적용한다.

제13조【행정처분에 관한 경과조치】 이 법 시행 전의 위반행위에 대한 행정처분에 관하여는 제76조제1항제5호의3의 개정규정에도 불구하고 종전의 규정에 따른다.

부 칙 (2015.12.22)

제1조【시행일】 이 법은 공포 후 2년이 경과한 날부터 시행한다.

제2조【기존 의약품 거래의 대금 지급에 관한 경과조치】 의약품 거래일이 이 법 시행 전인 경우에 대하여는 이 법 시행일부터 1년 이내에 해당 거래 대금을 지급하면 제47조제5항부터 제7항까지의 개정규정에 따라 대금을 지급한 것으로 본다.

부 칙 (2015.12.29)

제1조【시행일】 이 법은 공포 후 3개월이 경과한 날부터 시행한다. 다만, 제21조제3항, 제23조의2, 제23조의3, 제26조, 제27조제4항, 제30조제3항, 제44조제1항, 제45조제8항, 제52조의2, 제68조의12제3항, 제69조제2항, 제86조의6제3항의 개정규정은 공포 후 1년이 경과한 날부터 시행한다.

제2조【벌칙에 관한 경과조치】 이 법 시행 전의 행위에 대하여 벌칙을 적용할 때에는 종전의 규정을 따른다.

부 칙 (2016.12.2)

제1조【시행일】 이 법은 공포한 날부터 시행한다. 다만, 제38조제2항, 제44조의5제2항, 제47조의2, 제47조의3, 제69조의4제3호, 제83조의3, 제87조제2항, 제96조제3호의4부터 제3호의6까지, 제98조제1항제7호의2의 개정규정은 공포 후 6개월이 경과한 날부터 시행하고, 제37조의2, 제37조의4, 제40조제1항부터 제3항까지, 제56조제1항, 제65조제1항, 제87조의2, 제98조제1항제4호·제5호의2·제11호의 개정규정은 공포 후 1년이 경과한 날부터 시행한다.

제2조【지출보고서 제출 등에 관한 적용례】 제47조의2의 개정규정은 같은 개정규정 시행일이 속하는 회계연도의 다음 회계연도부터 적용한다.

제3조【의약품 또는 의약외품 용기 등의 기재사항 변경에 관한 적용례】 제56조제1항 및 제65조제1항의 개정규정은 같은 개정규정 시행 이후 최초로 제조 또는 수입하는 의약품등부터 적용한다.

제4조【제약, 약품 등 유사명칭을 사용하여 제조·가공 또는 수입된 물품에 관한 적용례】 제87조의2의 개정규정은 같은 개정규정 시행 이후 최초로 제조·가공 또는 수입된 물품부터 적용한다.

제5조【의약품 또는 의약외품 용기 등의 기재사항 변경에 관한 경과조치】 이 법 시행 당시 종전의 규정에 따라 의약품등의 용기 등에 기재된 사항은 제56조제1항 및 제65조제1항의 개정규정에도 불구하고 같은 개정규정 시행 이후 1년이 되는 날까지는 해당 품목의 기재사항으로 사용할 수 있다.

제6조【제약, 약품 등 유사명칭을 사용하여 제조·가공 또는 수입된 물품에 관한 경과조치】 이 법 시행 당시 제약, 약품 등 총리령으로 정하는 유사한 명칭을 사용하여 제조·가공 또는 수입된 물품은 제87조의2의 개정규정에도 불구하고 같은 개정규정 시행 이후 1년이 되는 날까지는 판매하거나 판매의 목적으로 진열 또는 운반하거나 영업상 사용할 수 있다.

제7조【자격정지처분 시효의 적용에 관한 경과조치】 이 법 시행 전에 발생한 사유로 인하여 제79조제2항 또는 제3항 각 호에 해당하게 된 경우의 자격정지처분은 이 법 시행일 이전 그 사유가 발생한 날부터 5년(제79조제2항제2호에 따른 자격정지처분의 경우에는 7년)이 지나면 하지 못한다. 다만, 그 사유에 대하여 「형사소송법」 제246조에 따른 공소가 제기된 때에는 공소가 제기된 날부터 해당 사건의 재판이 확정된 날까지의 기간은 시효기간에 산입하지 아니한다.

제8조【벌칙에 관한 경과조치】 이 법 시행 전의 행위에 대한 벌칙을 적용할 때에는 종전의 규정에 따른다.

제9조【과태료에 관한 경과조치】 이 법 시행 전의 행위에 대한 과태료를 적용할 때에는 종전의 규정에 따른다.

부 칙 (2017.10.24)

제1조【시행일】 이 법은 공포 후 1년이 경과한 날부터 시행한다. 다만, 제31조제8항제2호, 제42조제4항제2호의 개정규정은 공포한 날부터 시행하고, 제11조제5항, 제12조제5항, 제68조제6항·제7항, 제69조의4제4호, 제79조제2항제3호, 제79조의2, 제98조제1항제3호·제7호의3의 개정규정은 공포 후 6개월이 경과한 날부터 시행한다.

제2조【임상시험을 하려는 자의 준수사항에 관한 적용례】 제34조제3항제1호 본문의 개정규정(임상시험검체분석기관에서 임상시험을 실시하도록 한 부분만 해당한다)은 이 법 시행 후 제34조제1항 본문의 개정규정에 따라 임상시험 계획의 승인을 신청하는 경우부터 적용한다.

제3조【임상시험 대상자 모집 공고에 관한 적용례】 제34조제3항제3호의 개정규정은 이 법 시행 후 최초로 임상시험을 하기 위하여 임상시험 대상자 모집 공고를 실시하는 자부터 적용한다.

제4조【전문의약품 등의 광고 금지에 관한 적용례】 제68조제6항의 개정규정은 같은 개정규정 시행 후 최초로 행하는 의약품 광고부터 적용한다.

제5조【의약외품 용기 등의 기재사항에 관한 적용례】 제65조제1항의 개정규정은 이 법 시행 이후 최초로 제조 또는 수입하는 의약외품부터 적용한다.

제6조【임상시험 계획의 승인을 받은 자의 지위 승계에 관한 적용례】 제89조제1항의 개정규정은 임상시험 계획의 승인을 받은 자가 이 법 시행 이후 사망하거나 영업을 양도하거나 합병하는 경우부터 적용한다.

제7조【임상시험 등의 계획 승인·변경승인에 관한 경과조치】 이 법 시행 당시 종전의 제34조제1항 본문에 따라 임상시험 또는 생물학적 동등성시험의 계획 승인·변경승인을 신청하거나 받은 경우에는 해당 임상시험 또는 생물학적 동등성시험에 관하여 제34조제1항 본문의 개정규정에 따라 임상시험의 계획 승인·변경승인을 신청하거나 받은 것으로 본다.

제8조【임상시험실시기관 등에 관한 경과조치】 ① 이 법 시행 당시 종전의 규정에 따라 식품의약품안전처장이 지정한 임상시험실시기관은 제34조의2제1항제1호의 개정규정에 따라 식품의약품안전처장이 지정한 임상시험실시기관으로 본다.

② 이 법 시행 당시 종전의 규정에 따라 식품의약품안전처장이 지정한 생물학적 동등성시험실시기관 중 의료기관은 제34조의2제1항제1호의 개정규정에 따라 식품의약품안전처장이 지정한 임상시험실시기관(생물학적 동등성시험에 한정한다)으로 본다. 다만, 이 법 시행일부터 1년 이내에 제34조의2의 개정규정에 적합하도록 하여야 한다.

③ 이 법 시행 당시 종전의 규정에 따라 식품의약품안전처장

이 지정한 생물학적 동등성시험실시기관 중 분석기관은 제34조의2제1항제2호의 개정규정에 따라 식품의약품안전처장이 지정한 임상시험검체분석기관(생물학적 동등성시험에 한정한다)으로 본다. 다만, 이 법 시행일부터 1년 이내에 제34조의2의 개정규정에 적합하도록 하여야 한다.
④ 이 법 시행 당시 종전의 규정에 따라 식품의약품안전처장이 지정한 생물학적 동등성시험실시기관 중 분석·의료기관은 제34조의2제1항제1호·제2호의 개정규정에 따라 식품의약품안전처장이 지정한 임상시험실시기관(생물학적 동등성시험에 한정한다) 및 임상시험검체분석기관(생물학적 동등성시험에 한정한다)으로 본다. 다만, 이 법 시행일부터 1년 이내에 제34조의2의 개정규정에 적합하도록 하여야 한다.

제9조【의약외품의 용기 등의 기재사항에 관한 경과조치】 이 법 시행 당시 종전의 제65조, 제65조의2 및 제66조에 따라 기재사항이 적혀있는 용기나 포장 및 첨부 문서에 대해서는 제65조제1항, 제65조의2부터 제65조의4까지 및 제66조 후단의 개정규정에도 불구하고 이 법 시행일부터 1년까지는 종전의 규정에 따라 사용할 수 있다.

제10조【벌칙에 관한 경과조치】 이 법 시행 전의 행위에 대하여 벌칙을 적용할 때에는 종전의 규정에 따른다.

제11조【과태료에 관한 경과조치】 이 법 시행 전의 행위에 대하여 과태료를 적용할 때에는 종전의 규정에 따른다.

부　칙 (2018.6.12)

제1조【시행일】 이 법은 2018년 10월 25일부터 시행한다. 다만, 제85조의4 및 제92조의2의 개정규정은 공포한 날부터 시행한다.

제2조【임상시험에 관한 기록의 작성 등에 관한 적용례】 법률 제14926호 약사법 일부개정법률 제34조의2제3항제3호·제76조의2제1항제2호 및 제95조제1항제6호의2의 개정규정은 이 법 시행 후 최초로 임상시험의 계획 승인을 받은 경우(변경승인을 받은 경우도 포함한다)부터 적용한다.

제3조【기록의 보존·보관의무에 대한 면책에 관한 적용례】 제85조의4의 개정규정은 이 법 시행 전에 천재지변이나 그 밖의 불가항력으로 기록이 멸실된 경우에도 적용한다.

부　칙 (2018.12.11)

제1조【시행일】 이 법은 공포 후 1년이 경과한 날부터 시행한다. 다만, 제5조제1호, 제24조제2항제2호, 제31조제3항제4호, 제34조제3항제5호, 제34조의2제3항제5호 및 같은 조 제4항·제5항, 제53조제1항, 제60조제2호, 제61조제1항제2호, 제62조제2호, 제66조, 제68조제5항, 제76조의2제1항제2호·제3호, 제86조의2제4항, 제91조제1항, 제92조제1항, 제92조의2, 제93조제1항제4호·제10호 및 제11호, 제95조제1항제6호의2 및 제6호의4의 개정규정은 공포한 날부터 시행하고, 제68조의3, 제91조제3항부터 제6항까지의 개정규정은 공포 후 3개월이 경과한 날부터 시행하며, 제34조제3항제6호, 제34조의2제3항 각 호 외의 부분 단서 및 같은 항 제2호부터 제4호까지, 제85조, 제94조제1항제3호, 제95조제1항제6호의3, 제98조제1항제10호 및 제10호의2의 개정규정은 공포 후 6개월이 경과한 날부터 시행한다.

제2조【의약품통합정보시스템 구축·운영을 위한 준비행위】 식품의약품안전처장은 이 법 시행 전에 제83조의5의 개정규정에 따른 의약품통합정보시스템의 구축·운영 등에 필요한 준비행위를 할 수 있다.

제3조【임상시험을 하려는 자의 준수사항에 관한 적용례】 제34조제3항제5호·제6호의 개정규정은 같은 개정규정 시행 후 최초로 제34조제1항에 따라 식품의약품안전처장의 승인을 받아 임상시험을 하려는 자부터 적용한다.

제4조【임상시험실시기관 등의 준수사항에 관한 적용례】 제34조의2제3항제3호·제4호의 개정규정은 제34조의2제1항에 따라 식품의약품안전처장의 지정을 받은 임상시험실시기관이 같은 개정규정 시행 후 최초로 실시하는 임상시험부터 적용한다.

제5조【과징금 부과에 관한 적용례】 제81조의2제1항의 개정규정은 이 법 시행 후 최초로 제31조제2항·제3항·제9항, 제42조제1항, 제60조제3호 또는 제62조를 위반하는 경우부터 적용한다.

제6조【수입자의 해외제조소 등록에 관한 경과조치】 이 법 시행 당시 수입자 중 제42조제7항의 개정규정에 따라 등록하여야 하는 수입자는 이 법 시행일부터 1년까지는 같은 개정규정에 따른 등록을 하지 아니하고 의약품등을 수입할 수 있다.
(2019.1.15 본조개정)

제7조【정관 변경에 따른 경과조치】 제68조의3제3항 및 제91조제3항의 개정규정 시행 당시 한국의약품안전관리원과 한국희귀·필수의약품센터의 정관은 같은 개정규정에 따른 정관으로 본다. 다만, 종전의 정관이 같은 개정규정에 적합하지 아니한 경우에는 같은 개정규정 시행 후 3개월 이내에 정관을 변경하여 식품의약품안전처장의 인가를 받아야 한다.

부　칙 (2019.1.15)

제1조【시행일】 이 법은 공포 후 6개월이 경과한 날부터 시행한다. 다만, 제31조, 제36조제4항, 제40조제4항, 제41조제2항, 제42조 및 제45조제6항의 개정규정은 공포한 날부터 시행하고, 제3조제2항제2호의 개정규정은 공포 후 1년이 경과한 날부터 시행하며, 법률 제15891호 약사법 일부개정법률 제42조제6항부터 제9항까지, 제76조제1항제5호의3·제5호의4의 개정규정 및 부칙 제6조는 2019년 12월 12일부터 시행한다.

제2조【약사국가시험의 응시자격에 관한 경과조치】 이 법 시행 당시 종전의 제3조제2항제2호에 따라 약사국가시험의 응시자격을 인정받은 사람은 이 법에 따른 응시자격이 있는 것으로 본다.

제3조【중앙약사심의위원회의 위원 구성에 관한 경과조치】
① 이 법 시행 후 위원을 임명 또는 위촉할 당시 제18조제2항 후단의 개정규정을 충족하지 못하는 경우에는 해당 개정규정의 요건이 충족될 때까지는 공무원이 아닌 위원을 위촉하여야 한다.
② 중앙약사심의위원회의 위원 구성에 관하여는 제1항에 따라 제18조제2항 후단의 개정규정을 충족할 때까지는 종전의 규정에 따른다.

제4조【과징금에 관한 경과조치】 이 법 시행 전의 위반행위에 대한 과징금 부과는 제81조제1항의 개정규정에도 불구하고 종전의 규정에 따른다.

제5조【다른 법률의 개정】 ※(해당 법령에 가제정리 하였음)

부　칙 (2020.4.7)

제1조【시행일】 이 법은 공포 후 6개월이 경과한 날부터 시행한다. 다만, 제76조제1항, 제83조의7, 제93조제1항제4호의2·제4호의3·제5호의2, 제6호의2·제8호의2·제8호의3, 제94조제1항제3호의2부터 제3호의5까지 및 제95조제1항제1호의2의 개정규정은 공포한 날부터 시행하고, 제6조 및 제93조제1항제1호·제1호의2의 개정규정은 공포 후 3개월이 경과한 날부터 시행하며, 제7조, 제79조 및 제98조제1항제1호·제2호의 개정규정은 공포 후 1년이 경과한 날부터 시행하고, 제83조의3부터 제83조의6까지의 개정규정은 공포 후 3년이 경과한 날부터 시행하며, 제3조의 개정규정은 공포 후 5년이 경과한 날부터 시행한다.

제2조【약사국가시험 응시자격에 관한 적용례 및 경과조치】
① 제3조의 개정규정은 약학교육에 대한 인정기관이 약학을 전공하는 모든 대학에 대하여 「고등교육법」 제11조의2제2항에 따른 인증 심사를 실시하여 대학별 인증 결과가 1회 이상 공개된 이후에 약학을 전공하는 대학에 입학하는 사람부터 적용한다.
② 제1항에 따라 약학을 전공하는 대학별 인증 결과가 1회 이상 공개되기 전에 입학한 사람에 대해서는 제3조제2항제1호의 개정규정에도 불구하고 종전의 규정에 따른다.

제3조【허가취소 등에 관한 적용례】 제76조제1항의 개정규정은 같은 개정규정 시행 전에 거짓이나 그 밖의 부정한 방법으로 허가·변경허가·승인·변경승인을 받거나 등록·변경등록·신고·변경신고를 한 경우에 대해서도 적용한다.

제4조【약사·한약사의 신고에 관한 경과조치】 ① 제7조의 개정규정 시행 전에 약사 또는 한약사 면허를 받은 사람은 같은 개정규정 시행 후 1년 이내에 취업상황 등 그 실태를 신고하여야 한다.
② 보건복지부장관은 제7조의 개정규정 시행 전에 약사 또는 한약사 면허를 받은 사람이 제1항에 따른 신고를 하지 아니한 경우 신고기간이 종료되는 시점부터 신고를 할 때까지 면허의 효력을 정지할 수 있다.
제5조【과태료에 관한 경과조치】 제98조제1항제1호 및 제2호의 개정규정 시행 전의 행위에 대하여 과태료를 적용할 때에는 종전의 규정에 따른다.

부 칙 (2020.12.29)

제1조【시행일】 이 법은 공포 후 1년이 경과한 날부터 시행한다.(이하 생략)

부 칙 (2021.1.5)

제1조【시행일】 이 법은 공포 후 3개월이 경과한 날부터 시행한다.(이하 생략)

부 칙 (2021.3.9)

제1조【시행일】 이 법은 공포한 날부터 시행한다.(이하 생략)

부 칙 (2021.7.20)

제1조【시행일】 이 법은 공포 후 6개월이 경과한 날부터 시행한다. 다만, 제2조의2, 제31조제10항부터 제15항까지(제42조제5항의 개정규정에서 준용하는 경우를 포함한다), 제34조의2제3항, 제76조의2제1항제2호, 제93조제1항제11호 및 제95조제1항제6호의4의 개정규정은 공포한 날부터 시행하고, 제90조의2, 제90조의3 및 제92조의2의 개정규정은 공포 후 3개월이 경과한 날부터 시행하며, 제34조의5, 제42조제7항, 제47조의4, 제69조제1항 및 제98조제1항제7호의3의 개정규정은 공포 후 1년이 경과한 날부터 시행하고, 제47조의2제1항의 개정규정 중 지출보고서 공개에 관한 부분은 공포 후 2년이 경과한 날부터 시행하며, 제59조의2, 제65조의5, 제65조의6 및 제98조제1항제7호의5의 개정규정은 공포 후 3년이 경과한 날부터 시행한다.
제2조【점자 및 음성·수어영상변환용 코드의 표시를 위한 준비행위】 식품의약품안전처장은 제59조의2, 제65조의5 및 제65조의6의 개정규정 시행 전에 같은 개정규정에 따른 점자 및 음성·수어영상변환용 코드의 표시 등에 필요한 준비행위를 할 수 있다.
제3조【제조판매품목허가 등에 관한 적용례】 제31조제10항부터 제15항까지(제42조제5항의 개정규정에서 준용하는 경우를 포함한다)의 개정규정은 같은 개정규정 시행 이후 의약품의 제조판매, 위탁제조판매 또는 수입의 품목허가를 신청하거나 품목신고를 한 경우부터 적용한다.
제4조【품목 조건부 허가에 관한 적용례】 제35조제2항부터 제4항까지의 개정규정은 이 법 시행 이후 품목 조건부 허가를 신청하는 경우부터 적용한다.
제5조【우선심사 대상에 관한 적용례】 제35조의4의 개정규정은 이 법 시행 이후 우선심사를 신청하는 경우부터 적용한다.
제6조【지출보고서 작성 등에 관한 적용례】 제47조의2의 개정규정은 같은 개정규정 시행일이 속하는 회계연도의 다음 회계연도부터 적용한다.
제7조【시각·청각장애인을 위한 점자 및 음성·수어영상변환용 코드의 표시에 관한 적용례】 제59조의2 및 제65조의5의 개정규정은 같은 개정규정 시행 이후 해당 의약품 또는 의약외품을 제조장으로부터 반출하거나 「관세법」에 따른 수입신고를 하는 분부터 적용한다.
제8조【심사 결과 공개에 관한 적용례】 제88조의2의 개정규정은 이 법 시행 이후 제31조에 따라 품목허가를 하거나 품목신고를 수리하는 의약품, 제35조에 따라 시설 조건부 허가나 품목 조건부 허가를 하는 의약품 및 제42조에 따라 품목허가를 하거나 품목신고를 수리하는 의약품부터 적용한다.
제9조【행정처분에 관한 경과조치】 이 법 시행 전의 위반행위에 대한 행정처분에 관하여는 종전의 규정에 따른다.
제10조【임상시험 실시 중인 의약품에 관한 경과조치】 이 법 시행 당시 다수의 의약품 제조업자가 공동개발하기로 하고 제34조제1항에 따라 식품의약품안전처장으로부터 임상시험계획 승인을 받은 의약품에 대해서는 공동개발하기로 한 의약품 제조업자에 한정하여 제31조제10항부터 제15항까지의 개정규정에도 불구하고 종전의 규정에 따른다. 이 경우 제34조제1항에 따라 임상시험계획 승인을 받은 자는 해당 의약품을 공동개발하기로 한 사실을 입증자료를 첨부하여 제31조제10항부터 제15항까지의 개정규정의 시행일부터 1개월 이내에 식품의약품안전처장에게 신고하여야 한다.
제11조【임상시험자료 또는 생물학적 동등성자료의 사용 동의에 관한 경과조치】 제31조제11항 및 제13항의 개정규정 시행 전에 임상시험자료 또는 생물학적 동등성자료의 사용에 대하여 한 동의는 같은 개정규정에 따른 동의의 횟수 산정에 포함하지 아니한다.
제12조【임상시험심사위원회에 관한 경과조치】 제34조의2제3항제5호의 개정규정 시행 당시 「의약품 등의 안전에 관한 규칙」에 따라 설치한 임상시험심사위원회는 같은 개정규정에 따라 설치한 임상시험심사위원회로 본다.
제13조【조건부 허가 등에 관한 경과조치】 이 법 시행 당시 종전의 제35조에 따라 허가를 받은 자는 제35조제1항의 개정규정에 따라 시설 조건부 허가를 받은 것으로 본다.
제14조【원료의약품의 해외제조소 등록에 관한 경과조치】 제42조제7항제2호 및 제3호의 개정규정 시행 당시 원료의약품을 수입하고 있는 수입자는 같은 개정규정에도 불구하고 같은 개정규정 시행일부터 6개월까지는 같은 개정규정에 따른 등록을 하지 아니하고 원료의약품을 수입할 수 있다.
제15조【백신안전기술지원센터 설립에 따른 경과조치】 ① 제90조의2의 개정규정 시행 당시 「민법」 제32조에 따라 설립된 재단법인 백신안전기술지원센터(이하 "구법인"이라 한다)는 같은 개정규정에 따른 백신안전기술지원센터(이하 "신법인"이라 한다)로 본다. 이 경우 구법인은 제90조의2의 개정규정 시행일부터 3개월 이내에 이 법의 요건에 부합하도록 정관을 변경하여 같은 조 제4항의 개정규정에 따른 인가를 받아야 한다.
② 제1항에 따라 식품의약품안전처장의 인가를 받은 구법인은 신법인의 설립과 동시에 「민법」 중 법인의 해산 및 청산에 관한 규정에도 불구하고 해산된 것으로 보며, 구법인에 속하였던 모든 소관업무, 권리·의무 및 재산은 신법인이 승계한다.
③ 제2항에 따라 신법인에 승계될 재산의 가액은 신법인 설립 등기일 전일의 장부가액으로 한다.
④ 신법인 설립 당시 등기부나 그 밖의 공부(公簿)에 표시된 구법인의 명의는 신법인의 명의로 본다.
⑤ 신법인 설립 당시 구법인의 임직원은 신법인의 임직원으로 보며, 임직원의 임기는 종전의 임명일부터 기산한다.
⑥ 신법인의 설립 이전에 구법인이 행한 행위 또는 구법인에 대하여 행하여진 행위는 신법인이 행한 행위 또는 신법인에 대하여 행하여진 행위로 본다.

부 칙 (2022.6.10)

제1조【시행일】 이 법은 공포 후 6개월이 경과한 날부터 시행한다.
제2조【위반사실 공표에 관한 적용례】 제81조의3의 개정규정은 이 법 시행 후 최초로 행정처분이 확정되는 경우부터 적용한다.
제3조【적합판정에 관한 경과조치】 이 법 시행 당시 종전의 규정에 따라 받은 적합판정은 제38조의2제1항의 개정규정에 따라 받은 것으로 본다. 이 경우 적합판정의 유효기간은 종전 적합판정 유효기간의 남은 기간으로 한다.

부 칙 (2023.4.18)

제1조【시행일】 이 법은 공포 후 6개월이 경과한 날부터 시행한다. 다만, 제21조의3, 제69조의4제1호의2 및 제77조제1호의 개정규정은 공포 후 1년이 경과한 날부터 시행하고, 법률 제18307호 약사법 일부개정법률 제98조제1항제7호의6의 개정규정은 2024년 7월 21일부터 시행하며, 제46조의2, 제46조의3, 제47조, 제47조의2, 제69조제1항제1호, 제69조의4제3호의2, 제75조의2, 제76조제1항제5호의7부터 제5호의18까지, 제77조제1호의2, 제79조제3항제2호, 제89조제1항 및 제3항, 제89조의2, 제94조제1항제5호의2부터 제5호의5까지, 제95조제1항제8호 · 제8호의4 · 제8호의5, 제98조제1항제4호 및 법률 제18307호 약사법 일부개정법률 제98조제1항제7호의2의 개정규정은 공포 후 1년 6개월이 경과한 날부터 시행한다.(2023.8.16 단서개정)
제2조【공공심야약국 지정에 관한 경과조치】 제21조의3의 개정규정 시행 당시 시 · 도지사 또는 시장 · 군수 · 구청장으로부터 심야시간대에 의약품 · 의약외품을 판매하는 약국으로 지정받은 약국은 같은 개정규정에 따른 공공심야약국으로 지정을 받은 것으로 본다. 다만, 제21조의3의 개정규정 시행일부터 6개월 이내에 같은 개정규정에 따른 지정 기준을 갖추어 시 · 도지사 또는 시장 · 군수 · 구청장으로부터 공공심야약국으로 지정받아야 한다.
제3조【위탁계약서 등 보관에 관한 적용례】 제47조의2제2항 및 제3항의 개정규정은 같은 개정규정 시행 이후 의약품의 판매촉진 업무를 위탁하는 경우부터 적용한다.

부 칙 (2023.7.11)

이 법은 공포 후 1년이 경과한 날부터 시행한다.

부 칙 (2023.8.16)

제1조【시행일】 이 법은 공포 후 6개월이 경과한 날부터 시행한다. 다만, 법률 제19359호 약사법 일부개정법률 부칙 제1조 단서의 개정규정은 2023년 10월 19일부터 시행하고, 법률 제19359호 약사법 일부개정법률 제98조제1항제7호의7의 개정규정은 2024년 7월 21일부터 시행한다.
제2조【특허권 등재에 관한 적용례】 제50조의2제2항의 개정규정은 이 법 시행 이후 「특허법」 제136조에 따라 정정심판을 청구한 경우부터 적용한다.
제3조【등재사항 변경에 관한 적용례】 제50조의3제3항의 개정규정은 이 법 시행 이후 신청된 등재사항 변경부터 적용하고, 같은 조 제4항의 개정규정은 이 법 시행 이후 제31조제9항 또는 제42조제1항에 따라 변경허가를 받은 경우부터 적용한다.
제4조【판매금지 효력의 소멸에 관한 적용례】 제50조의10제3항의 개정규정은 이 법 시행일 전에 효력소멸의 사유가 발생한 의약품에도 적용한다.

부 칙 (2024.1.2)

이 법은 공포한 날부터 시행한다. 다만, 법률 제18307호 약사법 일부개정법률 제59조의2의 개정규정은 2024년 7월 21일부터 시행한다.

부 칙 (2024.1.23 법20102호)

제1조【시행일】 이 법은 공포한 날부터 시행한다.
제2조【책임의 감면 등에 관한 적용례】 제24조의3 및 제90조의 개정규정은 이 법 시행 이후 위반행위에 대한 신고 또는 고발을 하는 경우부터 적용한다.

부 칙 (2024.1.23 법20139호)

제1조【시행일】 이 법은 공포 후 1년이 경과한 날부터 시행한다.(이하 생략)

부 칙 (2024.2.20)

제1조【시행일】 이 법은 공포 후 1년이 경과한 날부터 시행한다. 다만, 제22조의2, 제62조제2호, 제68조의8제1항 및 제2항, 제92조의2제5호 및 제6호, 제93조제1항제2호의2 및 제2호의3, 제98조제1항제7호의8의 개정규정은 공포한 날부터 시행하고, 법률 제19359호 약사법 일부개정법률 제89조제1항 및 제89조제3항의 개정규정은 2024년 10월 19일부터 시행한다.
제2조【허가 시 제출한 임상시험자료 보호에 관한 적용례】 제31조의6의 개정규정(제42조제5항의 개정규정에 따라 준용되는 경우를 포함한다)은 같은 조 제1항 각 호의 어느 하나에 해당하는 의약품에 대하여 품목허가 · 변경허가 신청 시 제출한 임상시험자료를 근거로 하여 이 법 시행 이후 품목허가 · 변경허가를 신청하거나 품목신고 · 변경신고를 하는 경우부터 적용한다.
제3조【피해구제급여 부당이득 징수에 관한 적용례】 제86조의5제2항의 개정규정은 이 법 시행 이후 같은 항 각 호의 어느 하나에 해당하는 경우부터 적용한다.
제4조【신약 등의 재심사에 관한 경과조치】 이 법 시행 당시 종전의 제32조(제42조제5항에 따라 준용되는 경우를 포함한다)에 따라 재심사 기간을 부여받은 품목에 대해서는 제31조의5제2항, 제32조, 제32조의2, 제42조제5항 및 제88조제1항의 개정규정에도 불구하고 종전의 규정에 따른다.
제5조【다른 법률의 개정】 ※(해당 법령에 가제정리 하였음)

부 칙 (2024.10.22)

이 법은 공포한 날부터 시행한다.

부 칙 (2024.12.20)

제1조【시행일】 이 법은 공포한 날부터 시행한다. 다만, 제44조의6제1항, 제47조의3제4항, 제50조제3항 및 제98조제1항제7호의5의 개정규정은 공포 후 1년 6개월이 경과한 날부터 시행한다.
제2조【동물병원 개설자에게 판매한 전문의약품 판매 내역 제출에 관한 적용례】 제50조제3항의 개정규정은 같은 개정규정 시행 이후 약국개설자가 동물병원 개설자에게 판매한 전문의약품부터 적용한다.

환경정책기본법

(2011년 7월 21일
전부개정법률 제10893호)

개정
2011. 7.28법10977호(야생생물보호및관리에관한법) <중략>
2015. 7.20법13410호(수도권대기환경개선에관한특별법)
2015.12. 1법13534호(한국환경산업기술원법)
2015.12. 1법13535호
2015.12.15법13550호(교통·에너지·환경세법)
2015.12.22법13603호(환경오염시설의통합관리에관한법)
2016. 1.27법13872호(금강수계물관리및주민지원등에관한법)
2016. 1.27법13873호(낙동강수계물관리및주민지원등에관한법)
2016. 1.27법13879호(수질수생태계보전)
2016. 1.27법13883호(영산강·섬진강수계물관리및주민지원등에관한법)
2016. 1.27법13886호(잔류성오염물질관리법)
2016. 1.27법13889호(한강수계상수원수질개선및주민지원등에관한법)
2016. 1.27법13894호
2016. 5.29법14229호(자원순환기본법)
2016.12.27법14494호
2017. 1.17법14532호(물환경보전법)
2018.12.31법16096호(교통·에너지·환경세법)
2019. 1.15법16267호
2019. 4. 2법16305호(대기관리권역의대기환경개선에관한특별법)
2019.11.26법16619호 2019.12.31법16861호
2020. 5.26법17326호(법률용어정비)
2020.12.29법17797호(대기환경)
2021. 1. 5법17857호
2021. 6.15법18283호(녹색융합클러스터의조성및육성에관한법)
2021. 9.24법18469호(기후위기대응을위한탄소중립·녹색성장기본법)
2021.12.21법18584호(교통·에너지·환경세법)
2022. 6.10법18918호
2022.12.30법19151호(유기성폐자원을활용한바이오가스의생산및이용촉진법)
2022.12.31법19208호(순환경제사회전환촉진법)
2023. 1. 3법19173호 2024. 3.19법20387호
2024.12.31법20609호(교통·에너지·환경세법)
2024.12.31법20626호(지하수법)

제1장 총 칙

제1조【목적】 이 법은 환경보전에 관한 국민의 권리·의무와 국가의 책무를 명확히 하고 환경정책의 기본 사항을 정하여 환경오염과 환경훼손을 예방하고 환경을 적정하고 지속가능하게 관리·보전함으로써 모든 국민이 건강하고 쾌적한 삶을 누릴 수 있도록 함을 목적으로 한다.

제2조【기본이념】 ① 환경의 질적인 향상과 그 보전을 통한 쾌적한 환경의 조성 및 이를 통한 인간과 환경 간의 조화와 균형의 유지는 국민의 건강과 문화적인 생활의 향유 및 국토의 보전과 항구적인 국가발전에 반드시 필요한 요소임에 비추어 국가, 지방자치단체, 사업자 및 국민은 환경을 보다 양호한 상태로 유지·조성하도록 노력하고, 환경을 이용하는 모든 행위를 할 때에는 환경보전을 우선적으로 고려하며, 기후변화 등 지구환경상의 위해(危害)를 예방하기 위하여 공동으로 노력함으로써 현 세대의 국민이 그 혜택을 널리 누릴 수 있게 함과 동시에 미래의 세대에게 그 혜택이 계승될 수 있도록 하여야 한다.

② 국가와 지방자치단체는 환경 관련 법령이나 조례·규칙을 제정·개정하거나 정책을 수립·시행할 때 모든 사람들에게 실질적인 참여를 보장하고, 환경에 관한 정보에 접근하도록 보장하며, 환경적 혜택과 부담을 공평하게 나누고, 환경오염 또는 환경훼손으로 인한 피해에 대하여 공정한 구제를 보장함으로써 환경정의를 실현하도록 노력한다.

(2019.1.15 본조개정)

판례 토지의 소유자라 하더라도 토양오염물질을 토양에 누출·유출하거나 투기·방치함으로써 토양오염을 유발하였음에도 오염토양을 정화하지 않은 상태에서 오염토양이 포함된 토지를 거래에 제공함으로써 유통되게 하거나, 토지에 폐기물을 불법으로 매립하였음에도 처리하지 않은 상태에서 토지를 거래에 제공하는 등으로 유통되게 하였다면, 다른 특별한 사정이 없는 한 이는 거래의 상대방 및 토지를 전전 취득한 현재의 토지 소유자에 대한 위법행위로서 불법행위가 성립할 수 있다. 그리고 토지를 매수한 현재의 토지 소유자가 오염토양 또는 폐기물이 매립되어 있는 지하까지 토지를 개발·사용하게 된 경우 등과 같이 자신의 토지소유권을 완전하게 행사하기 위하여 오염토양 정화비용이나 폐기물 처리비용을 지출하였거나 지출해야만 하는 상황에 이르렀거나 구 토양환경보전법에 의하여 관할 행정관청으로부터 조치명령 등을 받음에 따라 마찬가지의 상황에 이르렀다면 위법행위로 인하여 오염토양 정화비용 또는 폐기물 처리비용의 지출이라는 손해의 결과가 현실적으로 발생하였으므로, 토양오염을 유발하거나 폐기물을 매립한 종전 토지 소유자는 오염토양 정화비용 또는 폐기물 처리비용 상당의 손해에 대하여 불법행위자로서 손해배상책임을 진다.(대판 2016.5.19, 2009다66549 전원합의체)

제3조【정의】 이 법에서 사용하는 용어의 뜻은 다음과 같다.
1. "환경"이란 자연환경과 생활환경을 말한다.
2. "자연환경"이란 지하·지표(해양을 포함한다) 및 지상의 모든 생물과 이들을 둘러싸고 있는 비생물적인 것을 포함한 자연의 상태(생태계 및 자연경관을 포함한다)를 말한다.
3. "생활환경"이란 대기, 물, 토양, 폐기물, 소음·진동, 악취, 일조(日照), 인공조명, 화학물질 등 사람의 일상생활과 관계되는 환경을 말한다.(2019.1.15 본호개정)
4. "환경오염"이란 사업활동 및 그 밖의 사람의 활동에 의하여 발생하는 대기오염, 수질오염, 토양오염, 해양오염, 방사능오염, 소음·진동, 악취, 일조 방해, 인공조명에 의한 빛공해 등으로서 사람의 건강이나 환경에 피해를 주는 상태를 말한다.(2016.1.27 본호개정)
5. "환경훼손"이란 야생동식물의 남획(濫獲) 및 그 서식지의 파괴, 생태계질서의 교란, 자연경관의 훼손, 표토(表土)의 유실 등으로 자연환경의 본래적 기능에 중대한 손상을 주는 상태를 말한다.
6. "환경보전"이란 환경오염 및 환경훼손으로부터 환경을 보호하고 오염되거나 훼손된 환경을 개선함과 동시에 쾌적한 환경 상태를 유지·조성하기 위한 행위를 말한다.
7. "환경용량"이란 일정한 지역에서 환경오염 또는 환경훼손에 대하여 환경이 스스로 수용, 정화 및 복원하여 환경의 질을 유지할 수 있는 한계를 말한다.
8. "환경기준"이란 국민의 건강을 보호하고 쾌적한 환경을 조성하기 위하여 국가가 달성하고 유지하는 것이 바람직한 환경상의 조건 또는 질적인 수준을 말한다.

제4조【국가 및 지방자치단체의 책무】 ① 국가는 환경오염 및 환경훼손과 그 위해를 예방하고 환경을 적정하게 관리·보전하기 위하여 환경계획을 수립하여 시행할 책무를 진다.
② 지방자치단체는 관할 구역의 지역적 특성을 고려하여 국가의 환경계획에 따라 그 지방자치단체의 환경계획을 수립하여 이를 시행할 책무를 진다.
③ 국가 및 지방자치단체는 지속가능한 국토환경 유지를 위하여 제1항에 따른 환경계획과 제2항에 따른 지방자치단체의 환경계획을 수립할 때에는 「국토기본법」에 따른 국토계획과의 연계방안 등을 강구하여야 한다.
④ 환경부장관은 제3항에 따른 환경계획과 국토계획의 연계를 위하여 필요한 경우에는 적용범위, 연계방법 및 절차 등을 국토교통부장관과 공동으로 정할 수 있다.
(2021.1.5 본조개정)

제5조【사업자의 책무】 사업자는 그 사업활동으로부터 발생하는 환경오염 및 환경훼손을 스스로 방지하기 위하여 필요한 조치를 하여야 하며, 국가 또는 지방자치단체의 환경보전시책에 참여하고 협력하여야 할 책무를 진다.

제6조【국민의 권리와 의무】 ① 모든 국민은 건강하고 쾌적한 환경에서 생활할 권리를 가진다.
② 모든 국민은 국가 및 지방자치단체의 환경보전시책에 협력하여야 한다.
③ 모든 국민은 일상생활에서 발생하는 환경오염과 환경훼손을 줄이고, 국토 및 자연환경의 보전을 위하여 노력하여야 한다.

제6조의2【다른 법률과의 관계】 환경정책에 관한 다른 법령 등을 제정하거나 개정하는 경우에는 이 법의 목적과 기본이념에 부합하도록 하여야 한다.(2019.1.15 본조신설)

제7조【오염원인자 책임원칙】 자기의 행위 또는 사업활동으로 환경오염 또는 환경훼손의 원인을 발생시킨 자는 그 오염·훼손을 방지하고 오염·훼손된 환경을 회복·복원할 책임을 지며, 환경오염 또는 환경훼손으로 인한 피해의 구제에 드는 비용을 부담함을 원칙으로 한다.

제7조의2【수익자 부담원칙】 국가 및 지방자치단체는 국가 또는 지방자치단체 이외의 자가 환경보전을 위한 사업으로 현저한 이익을 얻는 경우 이익을 얻는 자에게 그 이익의 범위에서 해당 환경보전을 위한 사업 비용의 전부 또는 일부를 부담하게 할 수 있다.(2021.1.5 본조신설)

제8조【환경오염 등의 사전예방】 ① 국가 및 지방자치단체는 환경오염물질 및 환경오염원의 원천적인 감소를 통한 사전예방적 오염관리에 우선적인 노력을 기울여야 하며, 사업자로 하여금 환경오염을 예방하기 위하여 스스로 노력하도록 촉진하기 위한 시책을 마련하여야 한다.

② 사업자는 제품의 제조·판매·유통 및 폐기 등 사업활동의 모든 과정에서 환경오염이 적은 원료를 사용하고 공정(工程)을 개선하며, 자원의 절약과 재활용의 촉진 등을 통하여 오염물질의 배출을 원천적으로 줄이고, 제품의 사용 및 폐기로 환경에 미치는 해로운 영향을 최소화하도록 노력하여야 한다.

③ 국가, 지방자치단체 및 사업자는 행정계획이나 개발사업에 따른 국토 및 자연환경의 훼손을 예방하기 위하여 해당 행정계획 또는 개발사업이 환경에 미치는 해로운 영향을 최소화하도록 노력하여야 한다.

제9조【환경과 경제의 통합적 고려 등】 ① 정부는 환경과 경제를 통합적으로 평가할 수 있는 방법을 개발하여 각종 정책을 수립할 때에 이를 활용하여야 한다.

② 정부는 환경용량의 범위에서 산업 간, 지역 간, 사업 간 협의에 의하여 환경에 미치는 해로운 영향을 최소화하도록 지원하여야 한다.

제10조【자원 등의 절약 및 순환적 사용 촉진】 ① 국가 및 지방자치단체는 자원과 에너지를 절약하고 자원의 재사용·재활용 등 자원의 순환적 사용을 촉진하는 데 필요한 시책을 마련하여야 한다.

② 사업자는 경제활동을 할 때 제1항에 따른 국가 및 지방자치단체의 시책에 협력하여야 한다.

제11조【보고】 ① 정부는 매년 주요 환경보전시책의 추진상황에 관한 보고서를 국회에 제출하여야 한다.

② 제1항의 보고서에는 다음 각 호의 사항이 포함되어야 한다.

1. 환경오염·환경훼손 현황
2. 국내외 환경 동향
3. 환경보전시책의 추진상황
4. 그 밖에 환경보전에 관한 주요 사항

③ 환경부장관은 제1항의 보고서 작성에 필요한 자료의 제출을 관계 중앙행정기관의 장에게 요청할 수 있으며, 관계 중앙행정기관의 장은 특별한 사유가 없으면 이에 따라야 한다.

제2장 환경계획의 수립 등
(2021.1.5 본장제목개정)

제1절 환경기준

제12조【환경기준의 설정】 ① 국가는 생태계 또는 인간의 건강에 미치는 영향 등을 고려하여 환경기준을 설정하여야 하며, 환경 여건의 변화에 따라 그 적정성이 유지되도록 하여야 한다.
(2016.1.27 본항개정)

② 환경기준은 대통령령으로 정한다.

③ 특별시·광역시·특별자치시·도·특별자치도(이하 "시·도"라 한다)는 해당 지역의 환경적 특수성을 고려하여 필요하다고 인정할 때에는 해당 시·도의 조례로 제1항에 따른 환경기준보다 확대·강화된 별도의 환경기준(이하 "지역환경기준"이라 한다)을 설정 또는 변경할 수 있다.(2021.1.5 본항개정)

④ 특별시장·광역시장·특별자치시장·도지사·특별자치도지사(이하 "시·도지사"라 한다)는 제3항에 따라 지역환경기준을 설정하거나 변경한 경우에는 이를 지체 없이 환경부장관에게 통보하여야 한다.(2021.1.5 본항개정)

제12조의2【환경기준 등의 공표】 ① 환경부장관은 제12조에 따라 정한 환경기준 및 그 설정 근거를 공표하여야 한다.

② 제1항에 따른 공표의 기준·방법은 환경부령으로 정한다.
(2019.1.15 본조신설)

제12조의3【환경기준의 평가 등】 ① 환경부장관은 제12조에 따른 환경기준의 적정성 유지를 위하여 5년의 범위에서 환경기준에 대한 평가를 실시하여야 한다.

② 환경부장관은 제1항에 따라 환경기준의 평가를 실시한 때에는 그 결과를 지체 없이 국회 소관 상임위원회에 보고하여야 한다.

③ 국가 및 지방자치단체는 제12조제1항 및 제3항에 따라 환경기준을 설정하거나 변경할 때에는 제1항에 따른 평가 결과를 반영하여야 한다.

④ 그 밖에 환경기준의 평가 등에 필요한 사항은 대통령령으로 정한다.
(2019.1.15 본조신설)

제13조【환경기준의 유지】 국가 및 지방자치단체는 환경에 관계되는 법령을 제정 또는 개정하거나 행정계획의 수립 또는 사업의 집행을 할 때에는 제12조에 따른 환경기준이 적절히 유지되도록 다음 사항을 고려하여야 한다.

1. 환경 악화의 예방 및 그 요인의 제거
2. 환경오염지역의 원상회복
3. 새로운 과학기술의 사용으로 인한 환경오염 및 환경훼손의 예방
4. 환경오염방지를 위한 재원(財源)의 적정 배분

제2절 기본적 시책

제14조【국가환경종합계획의 수립 등】 ① 환경부장관은 관계 중앙행정기관의 장과 협의하여 국가 차원의 환경보전을 위한 종합계획(이하 "국가환경종합계획"이라 한다)을 20년마다 수립하여야 한다.(2015.12.1 본항개정)

② 환경부장관은 국가환경종합계획을 수립하거나 변경하려면 그 초안을 마련하여 공청회 등을 열어 국민, 관계 전문가 등의 의견을 수렴한 후 국무회의의 심의를 거쳐 확정한다.

③ 국가환경종합계획 중 대통령령으로 정하는 경미한 사항을 변경하려는 경우에는 제2항에 따른 절차를 생략할 수 있다.

제15조【국가환경종합계획의 내용】 국가환경종합계획에는 다음 각 호의 사항이 포함되어야 한다.

1. 인구·산업·경제·토지 및 해양의 이용 등 환경변화 여건에 관한 사항
2. 환경오염원·환경오염도 및 오염물질 배출량의 예측과 환경오염 및 환경훼손으로 인한 환경의 질(質)의 변화 전망
3. 환경의 현황 및 전망
4. 환경정의 실현을 위한 목표 설정과 이의 달성을 위한 대책
(2019.1.15 본호신설)
5. 환경보전 목표의 설정과 이의 달성을 위한 다음 각 목의 사항에 관한 단계별 대책 및 사업계획
   가. 생물다양성·생태계·생태축(생물다양성을 증진시키고 생태계 기능의 연속성을 위하여 생태적으로 중요한 지역 또는 생태적 기능의 유지가 필요한 지역을 연결하는 생태적 서식공간을 말한다)·경관 등 자연환경의 보전에 관한 사항(2021.1.5 본목개정)
   나. 토양환경 및 지하수 수질의 보전에 관한 사항
   다. 해양환경의 보전에 관한 사항
   라. 국토환경의 보전에 관한 사항
   마. 대기환경의 보전에 관한 사항
   바. 물환경의 보전에 관한 사항(2021.1.5 본목개정)
   사. 수자원의 효율적인 이용 및 관리에 관한 사항(2021.1.5 본목신설)
   아. 상하수도의 보급에 관한 사항
   자. 폐기물의 관리 및 재활용에 관한 사항
   차. 화학물질의 관리에 관한 사항(2019.1.15 본목개정)
   카. 방사능오염물질의 관리에 관한 사항(2019.1.15 본목개정)
   타. 기후변화에 관한 사항(2019.1.15 본목신설)
   파. 그 밖에 환경의 관리에 관한 사항

6. 사업의 시행에 드는 비용의 산정 및 재원 조달 방법
7. 직전 종합계획에 대한 평가(2016.12.27 본호신설)
8. 제1호부터 제6호까지의 사항에 부대되는 사항(2016.12.27 본호개정)

제16조【국가환경종합계획의 시행】 ① 환경부장관은 제14조에 따라 수립 또는 변경된 국가환경종합계획을 지체 없이 관계 중앙행정기관의 장에게 통보하여야 한다.
② 관계 중앙행정기관의 장은 국가환경종합계획의 시행에 필요한 조치를 하여야 한다.

제16조의2【국가환경종합계획의 정비】 ① 환경부장관은 환경적·사회적 여건 변화 등을 고려하여 5년마다 국가환경종합계획의 타당성을 재검토하고 필요한 경우 이를 정비하여야 한다.
② 환경부장관은 제1항에 따라 국가환경종합계획을 정비하려면 그 초안을 마련하여 공청회 등을 열어 국민, 관계 전문가 등의 의견을 수렴한 후 관계 중앙행정기관의 장과의 협의를 거쳐 확정한다.(2021.1.5 본항신설)
③ 환경부장관은 제1항 및 제2항에 따라 정비한 국가환경종합계획을 관계 중앙행정기관의 장, 시·도지사 및 시장·군수·구청장(자치구의 구청장을 말한다. 이하 같다)에게 통보하여야 한다.(2021.1.5 본항신설)
(2015.12.1 본조신설)

제17조 (2021.1.5 삭제)

제18조【시·도의 환경계획의 수립 등】 ① 시·도지사는 국가환경종합계획(제16조의2제1항에 따라 정비한 국가환경종합계획을 포함한다. 이하 제19조부터 제21조까지에서 같다)에 따라 관할 구역의 지역적 특성을 고려하여 해당 시·도의 환경계획(이하 "시·도 환경계획"이라 한다)을 수립·시행하여야 한다.(2021.1.5 본항개정)
② 시·도지사는 시·도 환경계획을 수립하거나 변경하려면 그 초안을 마련하여 공청회 등을 열어 주민, 관계 전문가 등의 의견을 수렴하여야 한다. 다만, 대통령령으로 정하는 경미한 사항을 변경하려는 경우에는 그러하지 아니하다.(2021.1.5 본문개정)
③ (2021.1.5 삭제)
④ 환경부장관은 제39조에 따른 영향권별 환경관리를 위하여 필요한 경우에는 해당 시·도지사에게 시·도 환경계획의 변경을 요청할 수 있다.
⑤ 시·도지사는 시·도 환경계획을 수립·변경할 때에 활용할 수 있도록 대통령령으로 정하는 바에 따라 물, 대기, 자연생태 등 분야별 환경 현황에 대한 공간환경정보를 관리하여야 한다.(2021.1.5 본항신설)
⑥ 시·도 환경계획의 수립 기준, 작성 방법 등에 관하여 필요한 사항은 환경부령으로 정한다.(2021.1.5 본항신설)
(2021.1.5 본조제목개정)

제18조의2【시·도 환경계획의 승인】 ① 시·도지사는 제18조에 따라 시·도 환경계획을 수립하거나 변경하려는 경우 환경부장관의 승인을 받아야 한다. 다만, 대통령령으로 정하는 경미한 사항을 변경하려는 경우에는 그러하지 아니하다.
② 환경부장관은 제1항에 따라 시·도 환경계획을 승인하려면 미리 관계 중앙행정기관의 장과 협의하여야 한다.
③ 시·도지사는 제1항에 따른 승인을 받으면 지체 없이 그 주요 내용을 공고하고 시장·군수·구청장에게 통보하여야 한다.
(2021.1.5 본조신설)

제19조【시·군·구의 환경계획의 수립 등】 ① 시장·군수·구청장은 국가환경종합계획 및 시·도 환경계획에 따라 관할 구역의 지역적 특성을 고려하여 해당 시·군·구의 환경계획(이하 "시·군·구 환경계획"이라 한다)을 수립·시행하여야 한다.(2021.1.5 본항개정)
② (2021.1.5 삭제)
③ 지방환경관서의 장 또는 시·도지사는 제39조에 따른 영향권별 환경관리를 위하여 필요한 경우에는 해당 시장·군수·구청장에게 시·군·구 환경계획의 변경을 요청할 수 있다.
④ 시장·군수·구청장은 시·군·구 환경계획을 수립하거나 변경하려면 그 초안을 마련하여 공청회 등을 열어 주민, 관계 전문가 등의 의견을 수렴하여야 한다. 다만, 대통령령으로 정하는 경미한 사항을 변경하려는 경우에는 그러하지 아니하다.(2021.1.5 본항신설)
⑤ 시장 또는 군수는 해당 시·군의 환경계획을 수립·변경할 때에 활용할 수 있도록 대통령령으로 정하는 바에 따라 물, 대기, 자연생태 등 분야별 환경 현황에 대한 공간환경정보를 관리하여야 한다.(2021.1.5 본항신설)
⑥ 시·군·구 환경계획의 수립 기준 및 작성 방법 등에 관하여 필요한 사항은 환경부령으로 정한다.(2021.1.5 본항신설)
(2021.1.5 본조제목개정)

제19조의2【시·군·구 환경계획의 승인】 ① 시장·군수·구청장은 제19조에 따라 시·군·구 환경계획을 수립하거나 변경하려는 경우 시·도지사의 승인을 받아야 한다. 다만, 대통령령으로 정하는 경미한 사항을 변경하려는 경우에는 그러하지 아니하다.
② 시·도지사는 제1항에 따라 시·군·구 환경계획을 승인하려면 미리 지방환경관서의 장과 협의하여야 한다.
③ 시장·군수·구청장은 제1항에 따른 승인을 받으면 지체 없이 그 주요 내용을 공고하여야 한다.
(2021.1.5 본조신설)

제20조【국가환경종합계획 등의 공개】 환경부장관, 시·도지사 및 시장·군수·구청장은 제14조 또는 제16조의2에 따라 수립·변경 또는 정비된 국가환경종합계획, 제18조 및 제18조의2에 따라 수립 또는 변경된 시·도 환경계획 및 제19조 및 제19조의2에 따라 수립 또는 변경된 시·군·구 환경계획을 해당 기관의 인터넷 홈페이지 등을 통하여 공개하여야 한다.
(2021.1.5 본조개정)

제21조【개발 계획·사업의 환경적 고려 등】 ① 국가 및 지방자치단체의 장은 토지의 이용 또는 개발에 관한 계획을 수립할 때에는 국가환경종합계획, 시·도 환경계획 및 시·군·구 환경계획(이하 "국가환경종합계획등"이라 한다)과 해당 지역의 환경용량을 고려하여야 한다.
② 관계 중앙행정기관의 장, 시·도지사 및 시장·군수·구청장은 토지의 이용 또는 개발에 관한 사업의 허가 등을 하는 경우에는 국가환경종합계획등을 고려하여야 한다.

제22조【환경상태의 조사·평가 등】 ① 국가 및 지방자치단체는 다음 각 호의 사항을 상시 조사·평가하여야 한다.
1. 자연환경 및 생활환경 현황
2. 환경오염 및 환경훼손 실태
3. 환경오염원 및 환경훼손 요인
4. 기후변화 등 환경의 질 변화(2019.1.15 본호개정)
5. 그 밖에 국가환경종합계획등의 수립·시행에 필요한 사항

② 국가 및 지방자치단체는 제1항에 따른 조사·평가를 적정하게 시행하기 위한 연구·감시·측정·시험 및 분석체제를 유지하여야 한다.
③ 제1항에 따른 조사·평가와 제2항에 따른 연구·감시·측정·시험 및 분석체제에 필요한 사항은 대통령령으로 정한다.

제22조의2【국가환경시료은행의 설치·운영 등】 ① 환경부장관은 환경오염과 환경훼손의 상태를 조사·평가하기 위하여 대통령령으로 정하는 시료(이하 "환경시료"라 한다)를 확보·저장·활용할 수 있다.
② 환경부장관은 환경시료의 확보·저장·활용 등을 위하여 환경부에 국가환경시료은행(이하 "환경시료은행"이라 한다)을 둘 수 있다.
③ 환경시료은행은 다음 각 호의 업무를 수행한다.
1. 환경시료의 확보·저장·활용
2. 환경시료 정보시스템 구축 및 운영
3. 환경시료의 안정적 저장 및 관리에 필요한 기술지원 및 인력양성
4. 국내외 환경시료 관련 기관과의 협력
5. 그 밖에 환경시료의 확보·저장·활용을 증진하기 위하여 대통령령으로 정하는 사업

④ 그 밖에 환경시료은행의 설치·운영 등에 관하여 필요한 사항은 대통령령으로 정한다.
(2023.1.3 본조신설)

제23조 【환경친화적 계획기법등의 작성·보급】 ① 정부는 환경에 영향을 미치는 행정계획 및 개발사업이 환경적으로 건전하고 지속가능하게 계획되어 수립·시행될 수 있도록 환경친화적인 계획기법 및 토지이용·개발기준(이하 "환경친화적 계획기법등"이라 한다)을 작성·보급할 수 있다.
② 환경부장관은 국토환경을 효율적으로 보전하고 국토를 환경친화적으로 이용하기 위하여 국토에 대한 환경적 가치를 평가하여 등급으로 표시한 환경성 평가지도를 작성·보급할 수 있다.
③ 환경친화적 계획기법등과 환경성 평가지도의 작성 방법 및 내용 등 필요한 사항은 대통령령으로 정한다.
제24조 【환경정보의 보급 등】 ① 환경부장관은 모든 국민에게 환경보전에 관한 지식·정보를 보급하고, 국민이 환경에 관한 정보에 쉽게 접근할 수 있도록 노력하여야 한다.
② 환경부장관은 제1항에 따른 환경보전에 관한 지식·정보의 원활한 생산·보급 등을 위하여 환경정보망을 구축하여 운영할 수 있다.
③ 환경부장관은 관계 행정기관의 장에게 환경정보망 구축·운영에 필요한 자료의 제출을 요청할 수 있다. 이 경우 관계 행정기관의 장은 특별한 사유가 없으면 요청에 따라야 한다.
④ 환경부장관은 제2항에 따른 환경정보망을 효율적으로 구축·운영하기 위하여 필요한 경우에는 전문기관에 환경현황 조사를 의뢰하거나 환경정보망의 구축·운영을 위탁할 수 있다.
⑤ 제2항에 따른 환경정보망의 구축·운영, 제4항에 따른 환경현황 조사 의뢰 및 환경정보망 구축·운영의 위탁 등 필요한 사항은 대통령령으로 정한다.
제25조 【환경보전에 관한 교육 등】 국가 및 지방자치단체는 환경보전에 관한 교육과 홍보 등을 통하여 국민의 환경보전에 대한 이해를 깊게 하고 국민 스스로 환경보전에 참여하며 일상생활에서 이를 실천할 수 있도록 필요한 시책을 수립·추진하여야 한다.
제26조 【민간환경단체 등의 환경보전활동 촉진】 ① 국가 및 지방자치단체는 민간환경단체 등의 자발적인 환경보전활동을 촉진하기 위하여 정보의 제공 등 필요한 시책을 마련하여야 한다.
② 국가 및 지방자치단체는 민간환경단체 등이 경관이나 생태적 가치 등이 우수한 지역을 매수하여 관리하는 등의 환경보전활동을 하는 경우 이에 필요한 행정적 지원을 할 수 있다.
제27조 【국제협력 및 지구환경보전】 국가 및 지방자치단체는 지구 전체의 환경에 영향을 미치는 기후변화, 오존층의 파괴, 해양오염, 사막화 및 생물자원의 감소 등으로부터 지구의 환경을 보전하고, 미세먼지·초미세먼지 등 대기오염물질의 장거리이동을 통하여 발생하는 피해를 방지하기 위하여 다음 각 호의 국제적인 노력에 적극 참여하여야 한다.(2019.11.26 본문개정)
1. 지구환경의 감시·관측 및 보호에 관한 상호 협력
2. 대기오염 등 환경오염으로 인한 피해를 줄이기 위한 국가 간 또는 국제기구와의 협력
3. 환경 정보·기술 교류 및 전문인력 양성
4. 그 밖에 지구환경보전을 위하여 필요한 사항
(2019.11.26 1호~4호신설)
제27조의2 【국제환경협력센터의 지정 등】 ① 환경부장관은 제27조에 따른 국제협력을 체계적으로 추진하기 위하여 필요한 전문인력과 시설을 갖춘 기관·법인 또는 단체를 국제환경협력센터로 지정할 수 있다.
② 제1항에 따른 국제환경협력센터(이하 이 조에서 "국제환경협력센터"라 한다)는 다음 각 호의 사업을 한다.
1. 국제환경협력을 위한 정책 조사·연구 및 협력사업 발굴
2. 국제환경협약 및 국제환경규제에 관한 정보의 수집·분석·보급
3. 국제환경협력을 위한 환경 정보·기술 교류 및 전시회·학술회의 개최
4. 국제환경협력을 위한 외국 정부, 국제기구 등과의 양해각서 체결 지원
5. 국제환경협력을 위한 전문인력 양성 및 국제교류
6. 국제환경협력 정보시스템 구축·운영 지원
7. 그 밖에 국제환경협력을 증진하기 위하여 필요한 사업
③ 환경부장관은 국제환경협력센터에 대하여 예산의 범위에서 사업을 수행하는 데 필요한 경비의 전부 또는 일부를 지원할 수 있다.
④ 환경부장관은 국제환경협력센터가 다음 각 호의 어느 하나에 해당하는 경우에는 그 지정을 취소하거나 6개월 이내의 범위에서 기간을 정하여 업무의 전부 또는 일부를 정지할 수 있다. 다만, 제1호에 해당하는 경우에는 지정을 취소하여야 한다.
1. 거짓이나 그 밖의 부정한 방법으로 지정을 받은 경우
2. 지정받은 사항을 위반하여 업무를 행한 경우
3. 제5항에 따른 지정기준에 적합하지 아니하게 된 경우
4. 그 밖에 제1호부터 제3호까지의 규정에 준하는 경우로서 대통령령으로 정하는 경우
⑤ 국제환경협력센터의 지정 및 지정취소의 기준·기간·절차와 운영 등에 필요한 사항은 대통령령으로 정한다.
(2019.11.26 본조신설)
제27조의3 【남북 간 환경부문 교류·협력】 정부는 남북 간 환경·생태 관련 실태조사·공동연구 등 환경부문 교류 및 협력의 활성화를 위하여 노력하여야 한다.(2021.1.5 본조신설)
제28조 【환경과학기술의 진흥】 국가 및 지방자치단체는 환경보전을 위한 실험·조사·연구·기술개발 및 전문인력의 양성 등 환경과학기술의 진흥에 필요한 시책을 마련하여야 한다.
제29조 【환경보전시설의 설치·관리】 국가 및 지방자치단체는 환경오염을 줄이기 위한 녹지대(綠地帶), 폐수·하수 및 폐기물의 처리를 위한 시설, 소음·진동 및 악취의 방지를 위한 시설, 야생동식물 및 생태계의 보호·복원을 위한 시설, 오염된 토양·지하수의 정화를 위한 시설 등 환경보전을 위한 공공시설의 설치·관리에 필요한 조치를 하여야 한다.
제30조 【환경보전을 위한 규제 등】 ① 정부는 환경보전을 위하여 대기오염·수질오염·토양오염 또는 해양오염의 원인이 되는 물질의 배출, 소음·진동·악취의 발생, 폐기물의 처리, 일조의 침해 및 자연환경의 훼손에 대하여 필요한 규제를 하여야 한다.
② 환경부장관 및 지방자치단체의 장은 환경오염의 원인이 되는 물질을 배출하는 시설이 설치된 사업장으로서 2개 분야 이상의 배출시설이 설치된 사업장에 대하여 관계 법률에 따라 출입·검사를 하는 경우에는 이를 통합적으로 실시할 수 있다.
③ 환경부장관 및 지방자치단체의 장은 사업자가 환경보전을 위한 관계 법령을 위반한 것으로 밝혀져 행정처분을 한 경우 그 사실을 공표할 수 있다. 다만, 사업자의 영업상 비밀에 관한 사항으로서 공표될 경우 사업자의 정당한 이익을 현저히 침해할 우려가 있다고 인정되는 사항은 그러하지 아니하다.
(2020.5.26 본문개정)
④ 제3항에 따른 공표의 내용 및 방법 등에 관하여 필요한 사항은 대통령령으로 정한다.(2021.1.5 본항신설)
제31조 【배출허용기준의 예고】 국가는 관계 법령에 따라 환경오염에 관한 배출허용기준을 정하거나 변경할 때에는 이를 해당 기관의 인터넷 홈페이지 등을 통하여 사전에 알려야 한다.
제32조 【경제적 유인수단】 정부는 자원의 효율적인 이용을 도모하고 환경오염의 원인을 일으킨 자가 스스로 오염물질의 배출을 줄이도록 유도하기 위하여 필요한 경제적 유인수단을 마련하여야 한다.
제33조 【화학물질의 관리】 정부는 화학물질에 의한 환경오염과 건강상의 위해를 예방하기 위하여 화학물질을 적정하게 관리하기 위한 시책을 마련하여야 한다.(2019.1.15 본조개정)
제34조 【방사성 물질에 의한 환경오염의 방지 등】 ① 정부는 방사성 물질에 의한 환경오염 및 그 방지 등을 위하여 적절한 조치를 하여야 한다.
② 제1항에 따른 조치는 「원자력안전법」과 그 밖의 관계 법률에서 정하는 바에 따른다.
제35조 【과학기술의 위해성 평가 등】 정부는 과학기술의 발달로 인하여 생태계 또는 인간의 건강에 미치는 해로운 영향을 예방하기 위하여 필요하다고 인정하는 경우 그 영향에 대한 분석이나 위해성 평가 등 적절한 조치를 마련하여야 한다.

제36조【환경성 질환에 대한 대책】 국가 및 지방자치단체는 환경오염으로 인한 국민의 건강상의 피해를 규명하고 환경오염으로 인한 질환에 대한 대책을 마련하여야 한다.

제37조【국가시책 등의 환경친화성 제고】 ① 국가 및 지방자치단체는 교통부문의 환경오염 또는 환경훼손을 최소화하기 위하여 환경친화적인 교통체계 구축에 필요한 시책을 마련하여야 한다.

② 국가 및 지방자치단체는 에너지 이용에 따른 환경오염 또는 환경훼손을 최소화하기 위하여 에너지의 합리적·효율적 이용과 환경친화적인 에너지의 개발·보급에 필요한 시책을 마련하여야 한다.

③ 국가 및 지방자치단체는 농림어업부문의 환경오염 또는 환경훼손을 최소화하기 위하여 환경친화적인 농림어업의 진흥에 필요한 시책을 마련하여야 한다.

제38조【특별종합대책의 수립】 ① 환경부장관은 환경오염·환경훼손 또는 자연생태계의 변화가 현저하거나 현저하게 될 우려가 있는 지역과 환경기준을 자주 초과하는 지역을 관계 중앙행정기관의 장 및 시·도지사와 협의하여 환경보전을 위한 특별대책지역으로 지정·고시하고, 해당 지역의 환경보전을 위한 특별종합대책을 수립하여 관할 시·도지사에게 이를 시행하게 할 수 있다.

② 환경부장관은 제1항에 따른 특별대책지역의 환경개선을 위하여 특히 필요한 경우에는 대통령령으로 정하는 바에 따라 그 지역에서 토지 이용과 시설 설치를 제한할 수 있다.

제39조【영향권별 환경관리】 ① 환경부장관은 환경오염의 상황을 파악하고 그 방지대책을 마련하기 위하여 대기오염의 영향권별 지역, 수질오염의 수계별 지역 및 생태계 권역 등에 대한 환경의 영향권별 관리를 하여야 한다.

② 지방자치단체의 장은 관할 구역의 대기오염, 수질오염 또는 생태계를 효과적으로 관리하기 위하여 지역의 실정에 따라 환경의 영향권별 관리를 할 수 있다.

제3절 자연환경의 보전 및 환경영향평가

제40조【자연환경의 보전】 국가와 국민은 자연환경의 보전이 인간의 생존 및 생활의 기본임에 비추어 자연의 질서와 균형이 유지·보전되도록 노력하여야 한다.

제41조【환경영향평가】 ① 국가는 환경기준의 적정성을 유지하고 자연환경을 보전하기 위하여 환경에 영향을 미치는 계획 및 개발사업이 환경적으로 지속가능하게 수립·시행될 수 있도록 전략환경영향평가, 환경영향평가, 소규모 환경영향평가를 실시하여야 한다.

② 제1항에 따른 전략환경영향평가, 환경영향평가 및 소규모 환경영향평가의 대상, 절차 및 방법 등에 관한 사항은 따로 법률로 정한다.

제4절 분쟁 조정 및 피해 구제

제42조【분쟁 조정】 국가 및 지방자치단체는 환경오염 또는 환경훼손으로 인한 분쟁이나 그 밖에 환경 관련 분쟁이 발생한 경우에 그 분쟁이 신속하고 공정하게 해결되도록 필요한 시책을 마련하여야 한다.

제43조【피해 구제】 ① 국가 및 지방자치단체는 환경오염 또는 환경훼손으로 인한 피해를 원활하게 구제하기 위하여 필요한 시책을 마련하여야 한다.

② 제1항에 따른 피해 구제 시책에는 「환경분쟁 조정 및 환경피해 구제 등에 관한 법률」 제1조에 따른 건강피해조사, 환경분쟁 조정(調整) 및 구제급여 지급이 연계되어 처리될 수 있도록 하는 방안이 포함되어야 한다.(2024.3.19 본항신설)

제44조【환경오염의 피해에 대한 무과실책임】 ① 환경오염 또는 환경훼손으로 피해가 발생한 경우에는 해당 환경오염 또는 환경훼손의 원인자가 그 피해를 배상하여야 한다.

② 환경오염 또는 환경훼손의 원인자가 둘 이상인 경우에 어느 원인자에 의하여 제1항에 따른 피해가 발생한 것인지를 알 수 없을 때에는 각 원인자가 연대하여 배상하여야 한다.

제5절 환경개선특별회계의 설치

제45조【환경개선특별회계의 설치 등】 ① 정부는 환경개선사업의 투자를 확대하고 그 관리·운영을 효율화하기 위하여 환경개선특별회계(이하 "회계"라 한다)를 설치한다.

② 회계는 환경부장관이 관리·운용한다.

제46조【회계의 세입】 회계의 세입은 다음 각 호와 같다.

1. 「공공차관의 도입 및 관리에 관한 법률」에 따른 차관수입금
2. 「한강수계 상수원수질개선 및 주민지원 등에 관한 법률」 제8조의5 및 제8조의6에 따른 오염총량초과과징금·가산금·과징금, 「낙동강수계 물관리 및 주민지원 등에 관한 법률」 제13조 및 제14조에 따른 오염총량초과과징금·가산금·과징금, 「금강수계 물관리 및 주민지원 등에 관한 법률」 제13조 및 제14조에 따른 오염총량초과과징금·가산금·과징금, 「영산강·섬진강수계 물관리 및 주민지원 등에 관한 법률」 제13조 및 제14조에 따른 오염총량초과과징금·가산금·과징금(2016.1.27 본호개정)
3. 「대기환경보전법」 제35조에 따른 배출부과금·가산금, 「대기관리권역의 대기환경개선에 관한 특별법」 제22조에 따른 총량초과과징금·가산금(2019.4.2 본호개정)

3의2. 「대기환경보전법」 제51조에 따른 결함확인검사 수수료 및 같은 법 제86조제2호에 따른 수수료(2012.2.1 본호신설)

3의3. (2020.12.29 삭제)

4. (2024.12.31 삭제)
5. 「소음·진동관리법」 제31조에 따른 수수료 및 같은 법 제33조에 따른 검사에 드는 비용
6. 「물환경보전법」 제41조에 따른 배출부과금·가산금(2017.1.17 본호개정)
7. 「물환경보전법」 제48조의2제1항 및 제49조의6제1항 후단에 따른 공공폐수처리시설 설치 부담금(시행자가 국가인 경우에만 해당한다)및 가산금(2017.1.17 본호개정)

7의2. 「환경오염시설의 통합관리에 관한 법률」 제15조에 따른 배출부과금·가산금 및 같은 법 제23조에 따른 과징금(2015.12.22 본호신설)

7의3. 「물환경보전법」 제48조의3제1항 및 제49조의6제1항 후단에 따른 공공폐수처리시설 사용료(시행자가 국가인 경우에만 해당하며, 「물환경보전법」 제48조제1항 각 호의 어느 하나에 해당하는 자에게 위탁하여 실시하는 경우는 제외한다) 및 가산금(2017.1.17 본호개정)

8. 「야생생물 보호 및 관리에 관한 법률」 제50조에 따른 수렵장 사용료(2011.7.28 본호개정)
9. 「자연환경보전법」 제46조에 따른 생태계보전협력금 및 같은 법 제48조에 따른 가산금

9의2. 「순환경제사회 전환 촉진법」 제36조에 따른 폐기물처분부담금·가산금(2022.12.31 본호개정)

10. 「자원의 절약과 재활용촉진에 관한 법률」 제12조에 따른 폐기물부담금·가산금 및 같은 법 제19조에 따른 재활용부과금·가산금, 같은 법 제20조에 따른 지원으로서의 융자금의 원리금수입
11. 「전기·전자제품 및 자동차의 자원순환에 관한 법률」 제18조에 따른 전기·전자제품의 재활용부과금, 제18조의2에 따른 전기·전자제품의 회수부과금 및 제18조의3에 따른 가산금(2013.7.16 본호개정)
12. 「폐기물관리법」 제51조에 따른 사후관리이행보증금 및 같은 법 제52조에 따른 사전 적립금
13. 「폐기물의 국가 간 이동 및 그 처리에 관한 법률」 제23조에 따른 수수료(2013.7.30 본호개정)
14. 「환경개선비용 부담법」 제9조 및 제20조에 따른 환경개선부담금 및 가산금
15. 「환경개선비용 부담법」 제11조에 따른 융자금의 원리금수입
16. 「환경범죄 등의 단속 및 가중처벌에 관한 법률」 제12조에 따른 과징금

17. 「유기성 폐자원을 활용한 바이오가스의 생산 및 이용 촉진법」 제8조에 따른 과징금 및 가산금(2022.12.30 본호신설)
18. 제47조제1항제14호에 따른 융자금의 원리금수입
19. 제48조에 따른 일반회계로부터의 전입금
20. 제49조제1항 및 제2항에 따른 차입금
21. 제51조에 따른 결산상 잉여금
22. 다른 특별회계 또는 기금으로부터의 전입금 및 예수금
23. 다른 법률에 따라 회계로 귀속되는 수입금
24. 회계에 속하는 재산의 매각대금 또는 운용수입
25. 그 밖에 환경개선사업을 관리·운영하여 생긴 수입금

제47조【회계의 세출】 ① 회계의 세출은 다음 각 호와 같다. 다만, 제46조제7호의 공공폐수처리시설 설치 부담금 및 그 가산금으로 조성된 재원과 같은 조 제7호의3의 공공폐수처리시설 사용료 및 그 가산금으로 조성된 재원은 제4호의 용도에만, 같은 조 제9호의 생태보전협력금 및 그 가산금으로 조성된 재원은 제6호의 용도에만, 같은 조 제9호의2의 폐기물처분부담금 및 그 가산금으로 조성된 재원은 제6호의2의 용도에만, 같은 조 제10호의 폐기물부담금·재활용부과금 및 그 가산금으로 조성된 재원은 제7호의 용도에만, 같은 조 제11호의 재활용부과금 및 그 가산금으로 조성된 재원은 제8호의 용도에만, 같은 조 제12호의 사후관리이행보증금 및 사전적립금으로 조성된 재원은 제9호의 용도에만, 같은 조 제14호의 환경개선부담금 및 그 가산금으로 조성된 재원은 제12호의 용도에만 각각 사용하여야 한다.(2024.12.31 단서개정)
1. 국가환경개선사업
2. 지방자치단체의 환경개선사업 지원
2의2. (2020.12.29 삭제)
3. (2024.12.31 삭제)
4. 「물환경보전법」 제48조제1항에 따라 국가가 실시하는 공공폐수처리시설 설치비 또는 운영비의 지출(2017.1.17 본호개정)
5. 「야생생물 보호 및 관리에 관한 법률」 제58조 각 호에 따른 용도(2011.7.28 본호개정)
6. 「자연환경보전법」 제49조에 따른 용도
6의2. 「순환경제사회 전환 촉진법」 제37조에 따른 용도 (2022.12.31 본호개정)
7. 「자원의 절약과 재활용촉진에 관한 법률」 제20조에 따른 용도
8. 「전기·전자제품 및 자동차의 자원순환에 관한 법률」 제19조에 따른 용도
9. 「폐기물관리법」 제53조에 따른 용도
10. 「폐기물의 국가 간 이동 및 그 처리에 관한 법률」 제4조에 따른 국가의 책무 수행 및 같은 법 제21조에 따른 대집행에 소요되는 비용의 지급(2013.7.30 본호개정)
11. 「한국환경공단법」에 따른 한국환경공단(이하 "한국환경공단"이라 한다)의 사업비 및 운영비 출연
12. 「환경개선비용 부담법」 제11조에 따른 용도
13. 「환경범죄 등의 단속 및 가중처벌에 관한 법률」 제15조에 따른 포상금의 지급
14. 제46조제1호·제19호 및 제21호에 따른 차관·차입금 및 예수금의 원리금 상환
15. 지방자치단체의 환경기초시설 설치, 민간의 환경오염방지시설 설치, 저공해제품생산시설 설치 및 기술개발에 필요한 자금의 융자
16. 민간의 환경에 관한 정책연구, 기술개발, 홍보활동, 조사·연구와 환경연구기관에 대한 지원
17. 회계의 세입징수비용 지급
18. 그 밖에 회계운영에 필요한 경비
② 제1항제7호·제12호 및 제15호에 따라 행하는 융자의 대상·조건 및 절차에 관한 사항은 환경부장관이 정하여 고시하는 바에 따른다. 이 경우 융자의 이율 및 기간은 환경부장관이 기획재정부장관과 협의하여 정한다.
③ 제1항제7호·제12호 및 제15호에 따른 융자에 관한 사무는 한국환경공단 또는 「한국환경산업기술원법」에 따른 한국환경산업기술원에 위탁하여 시행할 수 있다.(2015.12.1 본항개정)

제48조【일반회계로부터의 전입】 회계는 세출재원을 확보하기 위하여 예산으로 정하는 바에 따라 일반회계로부터 전입을 받을 수 있다.

제49조【차입금】 ① 회계는 세출재원이 부족할 때에는 국회의 의결을 받은 금액의 범위에서 장기차입할 수 있다.
② 회계는 운영자금이 일시적으로 부족할 때에는 일시차입할 수 있다.
③ 제2항에 따른 일시차입금의 원리금은 해당 회계연도 내에 상환하여야 한다.

제50조【세출예산의 이월】 회계의 세출예산 중 해당 회계연도 내에 지출하지 아니한 것은 「국가재정법」 제48조에도 불구하고 다음 연도로 이월하여 사용할 수 있다.

제51조【잉여금의 처리】 회계의 결산상 잉여금은 다음 연도의 세입에 이입(移入)한다.

제52조【예비비】 회계는 예측할 수 없는 예산 외의 지출 또는 예산초과지출에 충당하기 위하여 예비비로서 상당한 금액을 세출예산에 계상(計上)할 수 있다.

제53조【초과수입금의 직접사용】 ① 환경부장관은 회계의 세입예산을 초과하거나 초과할 것으로 예상되는 제46조제3호 및 제6호에 따른 배출부과금·총량초과과징금 및 가산금, 같은 조 제7호에 따른 공공폐수처리시설 설치 부담금 및 가산금, 같은 조 제7호의3에 따른 공공폐수처리시설 사용료 및 가산금, 같은 조 제14호에 따른 환경개선부담금 및 가산금(이하 "초과수입금"이라 한다)이 있을 때에는 그 초과수입금을 각각 회계의 세출예산을 초과하는 배출부과금 징수비용의 지급, 공공폐수처리시설 설치비 또는 운영비의 지출 및 환경개선부담금 징수비용의 지급에 직접 사용할 수 있다. (2024.12.31 본항개정)
② 환경부장관은 제1항에 따라 초과수입금을 사용하려면 미리 기획재정부장관의 승인을 받아야 한다.
③ 환경부장관은 제2항에 따른 승인을 받으려면 그 이유와 필요 금액을 명시한 명세서를 작성하여 기획재정부장관에게 제출하여야 한다.
④ 기획재정부장관은 제2항에 따른 초과수입금의 사용을 승인한 경우에는 이를 환경부장관에게 통지하고, 그 사실을 감사원에 통보하여야 한다.

제3장 법제상 및 재정상의 조치

제54조【법제상의 조치 등】 국가 및 지방자치단체는 환경보전을 위한 시책의 실시에 필요한 법제상·재정상의 조치와 그 밖에 필요한 행정상의 조치를 하여야 한다.

제55조【지방자치단체에 대한 재정지원 등】 ① 국가는 지방자치단체의 환경보전사업에 드는 경비의 전부 또는 일부를 국고에서 지원할 수 있다.
② 환경부장관은 지방자치단체의 환경관리능력을 향상시키고 환경친화적 지방행정을 활성화하기 위하여 환경관리시범 지방자치단체를 지정하고 이를 지원하기 위하여 필요한 조치를 할 수 있다.

제56조【사업자의 환경관리 지원】 ① 국가 및 지방자치단체는 사업자가 행하는 환경보전을 위한 시설의 설치·운영을 지원하기 위하여 필요한 세제상의 조치와 그 밖의 재정지원을 할 수 있다.
② 국가 및 지방자치단체는 사업자가 스스로 환경관리를 위하여 노력하는 자발적 환경관리체제가 정착·확산될 수 있도록 필요한 행정적·재정적 지원을 할 수 있다.

제57조【조사·연구 및 기술개발에 대한 재정지원】 국가 및 지방자치단체는 환경보전에 관련되는 학술 조사·연구 및 기술개발에 필요한 재정지원을 할 수 있다.

제4장 환경정책위원회

제58조【환경정책위원회】 ① 환경부장관은 다음 각 호의 사항에 대한 심의·자문을 수행하는 중앙환경정책위원회를 둘 수 있다.

1. 제14조에 따른 국가환경종합계획의 수립·변경에 관한 사항(2021.1.5 본호개정)
1의2. 제16조의2에 따른 국가환경종합계획의 정비에 관한 사항(2021.1.5 본호신설)
2. 환경기준·오염물질배출허용기준 및 방류수수질기준 등에 관한 사항
3. 제38조에 따른 특별대책지역의 지정 및 특별종합대책의 수립에 관한 사항
4.「가축분뇨의 관리 및 이용에 관한 법률」제5조에 따른 가축분뇨관리기본계획 등 가축분뇨의 처리·자원화를 위한 기본시책에 관한 사항
5.「녹색제품 구매촉진에 관한 법률」제4조에 따른 녹색제품구매촉진기본계획 등 녹색제품 구매촉진을 위한 기본시책에 관한 사항
6.「잔류성오염물질 관리법」제5조에 따른 잔류성오염물질관리기본계획 등 잔류성오염물질 관리를 위한 기본시책에 관한 사항(2016.1.27 본호개정)
7.「환경분야 시험·검사 등에 관한 법률」제3조에 따른 환경시험·검사발전기본계획 등 환경시험·검사 및 환경기술 분야의 기본시책에 관한 사항
8.「전기·전자제품 및 자동차의 자원순환에 관한 법률」제9조제1항, 제10조제1항 및 제2항, 제12조제3항, 제16조제1항 및 제25조제1항에 따른 유해물질 함유기준 설정, 재질·구조의 개선, 재활용비율 등에 관한 사항
8의2.「환경오염시설의 통합관리에 관한 법률」제24조제1항에 따른 최적가용기법 및 같은 조 제2항에 따른 최적가용기법 기준서에 관한 사항(2015.12.22 본호신설)
8의3.「녹색융합클러스터의 조성 및 육성에 관한 법률」제6조 및 제9조에 따른 녹색융합클러스터 기본계획 및 조성계획에 관한 사항(2021.6.15 본호신설)
9. 그 밖에 환경정책·자연환경·기후대기·물·상하수도·자연순환·지구환경 등 부문별 환경보전 기본계획이나 대책의 수립·변경에 관한 사항과 위원장 또는 분과위원장이 중앙환경정책위원회의 심의 또는 자문을 요청하는 사항

② 지역의 환경정책에 관한 심의·자문을 위하여 시·도지사 소속으로 시·도환경정책위원회를 두며, 시장·군수·구청장 소속으로 시·군·구환경정책위원회를 둘 수 있다.

③ 제1항에 따른 중앙환경정책위원회는 위원장과 10명 이내의 분과위원장을 포함한 200명 이내의 위원으로 성별을 고려하여 구성한다.(2021.1.5 본항개정)

④ 제3항에 따른 위원장은 환경부장관과 환경부장관이 위촉하는 민간위원 중에서 호선으로 선정된 사람이 공동으로 하고, 분과위원장은 환경정책·자연환경·기후대기·물·상하수도·자원순환 등 환경관리 부문별로 환경부장관이 지명한 사람이 된다.

⑤ 제1항에 따른 중앙환경정책위원회의 구성·운영에 관하여 그 밖에 필요한 사항은 대통령령으로 정하며, 제2항에 따른 시·도환경정책위원회 및 시·군·구환경정책위원회의 구성 및 운영 등 필요한 사항은 해당 시·도 및 시·군·구의 조례로 정한다.

제59조【한국환경보전원】 ① 환경보전에 관한 조사연구, 기술개발 및 교육·홍보, 생태복원 등을 효율적으로 수행하여 쾌적한 환경을 유지시키고 국민생활 향상에 기여하기 위하여 한국환경보전원(이하 "보전원"이라 한다)을 설립한다.

② 보전원은 법인으로 한다.

③ 국가 및 지방자치단체는 보전원의 운영과 사업에 드는 경비를 충당하기 위하여 예산의 범위에서 출연 또는 보조할 수 있다.

④ 보전원의 운영과 사업에 필요한 재원은 제3항에 따른 출연금·보조금, 제5항 각 호의 사업에 따른 수입금·수수료, 정부 외의 자의 기부금, 차입금, 그 밖에 정관으로 정하는 재원으로 충당한다. 이 경우 출연금·보조금의 지급·관리·사용에 필요한 사항은 대통령령으로 정한다.

⑤ 보전원은 다음 각 호의 사업을 수행하며, 이를 국가 또는 지방자치단체, 공공기관, 그 밖의 자(이하 이 항에서 "국가등"이라 한다)로부터 위탁받아 시행할 수 있다.

1. 환경기술인 등 대국민 환경교육사업 및 국가·지방자치단체 환경교육의 강화·지원사업
2. 수질개선을 위한 수계별 매수토지 등의 관리·활용, 수변생태계 복원, 수질·유량조사 등의 물환경보전사업
3. 훼손된 자연환경 및 생태계를 복원하기 위한 자연환경복원사업
4. 환경오염에 대한 측정·조사·검사·평가·연구사업
5. 환경오염 방지를 위한 시설 등의 진단·개선·지원사업
6. 환경보전 또는 기후변화 등에 관한 홍보사업 및 국내외 교류·협력·지원사업
7. 다른 법령에 따라 보전원이 수행할 수 있거나 국가등으로부터 위탁받은 사업
8. 그 밖에 보전원의 설립목적을 달성하기 위하여 대통령령으로 정하는 사업 또는 제1호부터 제7호까지의 사업에 딸린 업무로서 정관으로 정하는 사업

⑥ 환경부장관은 보전원의 운영·사업 등을 지도·감독하고, 보전원은 대통령령으로 정하는 바에 따라 매 회계연도의 사업계획·예산 및 사업실적·결산을 환경부장관에게 제출하여야 한다.

⑦ 보전원의 원장은 환경부장관이 임명하는 상임임원으로서 보전원을 대표하고 업무를 총괄하며 직원을 지휘·감독한다.(2022.6.10 본항신설)

⑧ 보전원의 원장을 제외한 임직원의 임면 등에 관한 사항은 정관으로 정한다.(2022.6.10 본항신설)

⑨ 이 법에 따른 보전원이 아닌 자는 한국환경보전원 또는 이와 유사한 명칭을 사용하지 못한다.(2022.6.10 본항신설)

⑩ 보전원에 관하여 이 법에 규정되지 아니한 사항은「민법」중 재단법인에 관한 규정을 준용한다.
(2022.6.10 본조개정)

제5장 보 칙

제60조【권한의 위임 및 위탁】 ① 이 법에 따른 환경부장관의 권한은 대통령령으로 정하는 바에 따라 그 일부를 시·도지사 또는 지방환경관서의 장에게 위임할 수 있다.

② 이 법에 따른 환경부장관의 업무는 그 일부를 대통령령으로 정하는 바에 따라 관계 전문기관의 장에게 위탁할 수 있다.

제61조【벌칙 적용 시의 공무원 의제】 제60조제2항에 따라 위탁받은 업무에 종사하는 사람은「형법」제129조부터 제132조까지의 규정을 적용할 때에는 공무원으로 본다.

부 칙

제1조【시행일】 이 법은 공포 후 1년이 경과한 날부터 시행한다.

제2조【다른 법률의 폐지】 환경개선특별회계법은 폐지한다.

제3조【일반적 경과조치】 이 법 시행 당시 종전의 규정에 따라 행정기관이 한 지정·고시나 그 밖의 행위 및 행정기관에 대한 행위는 이 법에 따른 행정기관의 지정·고시나 행위 및 행정기관에 대한 행위로 본다.

제4조【환경개선특별회계에 관한 경과조치】 이 법 시행으로 폐지되는「환경개선특별회계법」에 따라 설치된 환경개선특별회계는 이 법에 따른 환경개선특별회계로 본다.

제4조의2【일반회계로부터 환경개선특별회계로의 전입에 관한 경과조치】 제48조의 개정규정에도 불구하고 교통·에너지·환경세 전입액과 관련하여서는 2027년 12월 31일까지는 다음 각 호에 따른다.(2024.12.31 본문개정)

1. 정부는 회계연도마다 일반회계로부터「교통·에너지·환경세법」에 따른 교통·에너지·환경세의 1천분의 230에 해당하는 금액(이하 "교통·에너지·환경세전입액"이라 한다)을 환경개선특별회계에 전입하여야 한다.(2021.9.24 본호개정)
2. 환경개선특별회계는 세출재원을 확보하기 위하여 교통·에너지·환경세전입액 외에 예산으로 정하는 바에 따라 일반회계로부터 전입을 받을 수 있다.

3. 교통 · 에너지 · 환경세전입액의 예산액과 결산액 사이에 차액이 발생한 경우에는 이를 결산 연도의 다음 연도 예산에 계상하여 정산하여야 한다.
(2012.2.1 본조신설)

제5조【다른 법률의 개정】 ①~㉝ ※(해당 법령에 가제정리 하였음)

제6조【다른 법령과의 관계】 이 법 시행 당시 다른 법령에서 종전의 「환경정책기본법」의 규정, 「환경개선특별회계법」 또는 그 규정을 인용하고 있는 경우에 이 법 가운데 그에 해당하는 규정이 있을 때에는 종전의 규정을 갈음하여 이 법 또는 이 법의 해당 규정을 인용한 것으로 본다.

부 칙 (2016.1.27 법13886호)

제1조【시행일】 이 법은 미나마타협약이 우리나라에 효력을 발생하는 날부터 시행한다.(이하 생략)
<2020.2.20 발효>

부 칙 (2020.5.26)

이 법은 공포한 날부터 시행한다.(이하 생략)

부 칙 (2020.12.29)

제1조【시행일】 이 법은 공포 후 6개월이 경과한 날부터 시행한다.(이하 생략)

부 칙 (2021.1.5)

제1조【시행일】 이 법은 공포 후 6개월이 경과한 날부터 시행한다.

제2조【국가환경종합계획에 관한 적용례】 제15조의 개정규정은 이 법 시행 이후 제14조에 따라 국가환경종합계획을 수립 · 변경하거나 제16조의2제1항에 따라 정비하는 경우부터 적용한다.

제3조【시 · 도 환경계획 및 시 · 군 · 구 환경계획의 수립에 관한 경과조치】 이 법 시행 당시 종전의 규정에 따라 수립된 시 · 도 환경보전계획 및 시 · 군 · 구 환경보전계획은 각각 제18조, 제18조의2, 제19조 및 제19조의2의 개정규정에 따른 시 · 도 환경계획 및 시 · 군 · 구 환경계획으로 본다.

제4조【다른 법률의 개정】 ①~⑤ ※(해당 법령에 가제정리 하였음)

부 칙 (2021.6.15)
(2021.9.24)

제1조【시행일】 이 법은 공포 후 6개월이 경과한 날부터 시행한다.(이하 생략)

부 칙 (2021.12.21)

제1조【시행일】 이 법은 2022년 1월 1일부터 시행한다.(이하 생략)

부 칙 (2022.6.10)

제1조【시행일】 이 법은 공포 후 1년이 경과한 날부터 시행한다.

제2조【환경보전협회에 관한 경과조치】 ① 이 법 시행 당시 종전의 규정에 따라 설립된 환경보전협회는 이 법에 따라 설립된 한국환경보전원으로 보며, 「민법」 중 법인의 해산 및 청산에 관한 규정에도 불구하고 한국환경보전원의 설립과 동시에 해산된 것으로 본다.
② 이 법 시행 당시 환경보전협회가 행한 행위와 그 밖의 법률 관계에 있어서는 이를 한국환경보전원이 행한 것으로 본다.
③ 이 법 시행 당시 등기부와 그 밖의 공부(公簿)상의 환경보전협회의 명의는 한국환경보전원의 명의로 본다.
④ 이 법 시행 당시 환경보전협회의 재산과 권리 · 의무는 한국환경보전원 설립과 동시에 한국환경보전원이 이를 포괄하여 승계한다. 이 경우 한국환경보전원이 승계한 재산의 가액은 승계 당시의 장부가액으로 한다.
⑤ 이 법 시행 당시 환경보전협회의 임직원은 한국환경보전원의 임직원으로 선임되거나 임명된 것으로 본다. 이 경우 임원의 임기는 환경보전협회의 임원으로 선임된 날부터 기산한다.

제3조【다른 법령의 개정】 ※(해당 법령에 가제정리 하였음)

제4조【다른 법령과의 관계】 이 법 시행 당시 다른 법령에서 환경보전협회를 인용하고 있는 경우에는 종전의 규정을 갈음하여 이 법의 한국환경보전원을 인용한 것으로 본다.

부 칙 (2022.12.30)
(2022.12.31)

제1조【시행일】 이 법은 공포 후 1년이 경과한 날부터 시행한다.(이하 생략)

부 칙 (2023.1.3)

이 법은 공포 후 6개월이 경과한 날부터 시행한다.

부 칙 (2024.3.19)

이 법은 2025년 1월 1일부터 시행한다.

부 칙 (2024.12.31 법20609호)
(2024.12.31 법20626호)

제1조【시행일】 이 법은 2025년 1월 1일부터 시행한다.(이하 생략)

사회보장기본법

(2012년 1월 26일 전부개정법률 제11238호)

개정
2013. 3.23법11690호(정부조직)
2014.11.19법12844호(정부조직)
2015. 7.24법13426호(제주자치법)
2015.12.29법13650호
2017. 7.26법14839호(정부조직)
2018.12.11법15885호
2019.12. 3법16737호(사회보장급여의이용·제공및수급권자발굴에관한법)
2020. 4. 7법17202호 2021. 6. 8법18215호
2024.12.20법20591호

제1장 총 칙

제1조【목적】 이 법은 사회보장에 관한 국민의 권리와 국가 및 지방자치단체의 책임을 정하고 사회보장정책의 수립·추진과 관련 제도에 관한 기본적인 사항을 규정함으로써 국민의 복지증진에 이바지하는 것을 목적으로 한다.

제2조【기본 이념】 사회보장은 모든 국민이 다양한 사회적 위험으로부터 벗어나 행복하고 인간다운 생활을 향유할 수 있도록 자립을 지원하며, 사회참여·자아실현에 필요한 제도와 여건을 조성하여 사회통합과 행복한 복지사회를 실현하는 것을 기본 이념으로 한다.

제3조【정의】 이 법에서 사용하는 용어의 뜻은 다음과 같다.
1. "사회보장"이란 출산, 양육, 실업, 노령, 장애, 질병, 빈곤 및 사망 등의 사회적 위험으로부터 모든 국민을 보호하고 국민 삶의 질을 향상시키는 데 필요한 소득·서비스를 보장하는 사회보험, 공공부조, 사회서비스를 말한다.
2. "사회보험"이란 국민에게 발생하는 사회적 위험을 보험의 방식으로 대처함으로써 국민의 건강과 소득을 보장하는 제도를 말한다.
3. "공공부조(公共扶助)"란 국가와 지방자치단체의 책임 하에 생활 유지 능력이 없거나 생활이 어려운 국민의 최저생활을 보장하고 자립을 지원하는 제도를 말한다.
4. "사회서비스"란 국가·지방자치단체 및 민간부문의 도움이 필요한 모든 국민에게 복지, 보건의료, 교육, 고용, 주거, 문화, 환경 등의 분야에서 인간다운 생활을 보장하고 상담, 재활, 돌봄, 정보의 제공, 관련 시설의 이용, 역량 개발, 사회참여 지원 등을 통하여 국민의 삶의 질이 향상되도록 지원하는 제도를 말한다.
5. "평생사회안전망"이란 생애주기에 걸쳐 보편적으로 충족되어야 하는 기본욕구와 특정한 사회위험에 의하여 발생하는 특수욕구를 동시에 고려하여 소득·서비스를 보장하는 맞춤형 사회보장제도를 말한다.
6. "사회보장 행정데이터"란 국가, 지방자치단체, 공공기관 및 법인이 법령에 따라 생성 또는 취득하여 관리하고 있는 자료 또는 정보로서 사회보장 정책 수행에 필요한 자료 또는 정보를 말한다.(2021.6.8 본호신설)

제4조【다른 법률과의 관계】 사회보장에 관한 다른 법률을 제정하거나 개정하는 경우에는 이 법에 부합되도록 하여야 한다.

제5조【국가와 지방자치단체의 책임】 ① 국가와 지방자치단체는 모든 국민의 인간다운 생활을 유지·증진하는 책임을 가진다.
② 국가와 지방자치단체는 사회보장에 관한 책임과 역할을 합리적으로 분담하여야 한다.
③ 국가와 지방자치단체는 국가 발전수준에 부응하고 사회환경의 변화에 선제적으로 대응하며 지속가능한 사회보장제도를 확립하고 매년 이에 필요한 재원을 조달하여야 한다.
④ (2024.12.20 삭제)

제6조【국가 등과 가정】 ① 국가와 지방자치단체는 가정이 건전하게 유지되고 그 기능이 향상되도록 노력하여야 한다.
② 국가와 지방자치단체는 사회보장제도를 시행할 때에 가정과 지역공동체의 자발적인 복지활동을 촉진하여야 한다.

제7조【국민의 책임】 ① 모든 국민은 자신의 능력을 최대한 발휘하여 자립·자활(自活)할 수 있도록 노력하여야 한다.
② 모든 국민은 경제적·사회적·문화적·정신적·신체적으로 보호가 필요하다고 인정되는 사람에게 지속적인 관심을 가지고 이들이 보다 나은 삶을 누릴 수 있는 사회환경 조성에 서로 협력하고 노력하여야 한다.
③ 모든 국민은 관계 법령에서 정하는 바에 따라 사회보장급여에 필요한 비용의 부담, 정보의 제공 등 국가의 사회보장정책에 협력하여야 한다.

제8조【외국인에 대한 적용】 국내에 거주하는 외국인에게 사회보장제도를 적용할 때에는 상호주의의 원칙에 따르되, 관계 법령에서 정하는 바에 따른다.

제2장 사회보장에 관한 국민의 권리

제9조【사회보장을 받을 권리】 모든 국민은 사회보장 관계 법령에서 정하는 바에 따라 사회보장급여를 받을 권리(이하 "사회보장수급권"이라 한다)를 가진다.

제10조【사회보장급여의 수준】 ① 국가와 지방자치단체는 모든 국민이 건강하고 문화적인 생활을 유지할 수 있도록 사회보장급여의 수준 향상을 위하여 노력하여야 한다.
② 국가는 관계 법령에서 정하는 바에 따라 최저보장수준과 최저임금을 매년 공표하여야 한다.(2015.12.29 본항개정)
③ 국가와 지방자치단체는 제2항에 따른 최저보장수준과 최저임금 등을 고려하여 사회보장급여의 수준을 결정하여야 한다.(2015.12.29 본항개정)

제11조【사회보장급여의 신청】 ① 사회보장급여를 받으려는 사람은 관계 법령에서 정하는 바에 따라 국가나 지방자치단체에 신청하여야 한다. 다만, 관계 법령에서 따로 정하는 경우에는 국가나 지방자치단체가 신청을 대신할 수 있다.
② 사회보장급여를 신청하는 사람이 다른 기관에 신청한 경우에는 그 기관은 지체 없이 이를 정당한 권한이 있는 기관에 이송하여야 한다. 이 경우 정당한 권한이 있는 기관에 이송된 날을 사회보장급여의 신청일로 본다.

제12조【사회보장수급권의 보호】 사회보장수급권은 관계 법령에서 정하는 바에 따라 다른 사람에게 양도하거나 담보로 제공할 수 없으며, 이를 압류할 수 없다.

제13조【사회보장수급권의 제한 등】 ① 사회보장수급권은 제한되거나 정지될 수 없다. 다만, 관계 법령에서 따로 정하고 있는 경우에는 그러하지 아니하다.
② 제1항 단서에 따라 사회보장수급권이 제한되거나 정지되는 경우에는 제한 또는 정지하는 목적에 필요한 최소한의 범위에 그쳐야 한다.

제14조【사회보장수급권의 포기】 ① 사회보장수급권은 정당한 권한이 있는 기관에 서면으로 통지하여 포기할 수 있다.
② 사회보장수급권의 포기는 취소할 수 있다.
③ 제1항에도 불구하고 사회보장수급권을 포기하는 것이 다른 사람에게 피해를 주거나 사회보장에 관한 관계 법령에 위반되는 경우에는 사회보장수급권을 포기할 수 없다.

제15조【불법행위에 대한 구상】 제3자의 불법행위로 피해를 입은 국민이 그로 인하여 사회보장수급권을 가지게 된 경우 사회보장제도를 운영하는 자는 그 불법행위의 책임이 있는 자에 대하여 관계 법령에서 정하는 바에 따라 구상권(求償權)을 행사할 수 있다.

제3장 사회보장 기본계획과 사회보장위원회

제16조【사회보장 기본계획의 수립】 ① 보건복지부장관은 관계 중앙행정기관의 장과 협의하여 사회보장 증진을 위하여 사회보장에 관한 기본계획(이하 "기본계획"이라 한다)을 5년마다 수립하여야 한다.
② 기본계획에는 다음 각 호의 사항이 포함되어야 한다.
1. 국내외 사회보장환경의 변화와 전망
2. 사회보장의 기본목표 및 중장기 추진방향
3. 주요 추진과제 및 추진방법
4. 필요한 재원의 규모와 조달방안

5. 사회보장 관련 기금 운용방안
6. 사회보장 전달체계
7. 그 밖에 사회보장정책의 추진에 필요한 사항
③ 기본계획은 제20조에 따른 사회보장위원회와 국무회의의 심의를 거쳐 확정한다. 기본계획 중 대통령령으로 정하는 중요한 사항을 변경하려는 경우에도 같다.

제17조【다른 계획과의 관계】 기본계획은 다른 법령에 따라 수립되는 사회보장에 관한 계획에 우선하며 그 계획의 기본이 된다.

제18조【연도별 시행계획의 수립·시행 등】 ① 보건복지부장관 및 관계 중앙행정기관의 장은 기본계획에 따라 사회보장과 관련된 소관 주요 시책의 시행계획(이하 "시행계획"이라 한다)을 매년 수립·시행하여야 한다.
② 관계 중앙행정기관의 장은 제1항에 따라 수립한 소관 시행계획 및 전년도의 시행계획에 따른 추진실적을 대통령령으로 정하는 바에 따라 매년 보건복지부장관에게 제출하여야 한다.
③ 보건복지부장관은 제2항에 따라 받은 관계 중앙행정기관 및 보건복지부 소관의 추진실적을 종합하여 성과를 평가하고, 그 결과를 제20조에 따른 사회보장위원회에 보고하여야 한다.
④ 보건복지부장관은 제3항에 따른 평가를 효율적으로 하기 위하여 이에 필요한 조사·분석 등을 전문기관에 의뢰할 수 있다.
⑤ 시행계획의 수립·시행 및 추진실적의 평가 등에 필요한 사항은 대통령령으로 정한다.

제19조【사회보장에 관한 지역계획의 수립·시행 등】 ① 특별시장·광역시장·특별자치시장·도지사 또는 특별자치도지사·시장(「제주특별자치도 설치 및 국제자유도시 조성을 위한 특별법」 제11조제1항에 따른 행정시장을 포함한다)·군수·구청장(자치구의 구청장을 말한다. 이하 같다)은 관계 법령으로 정하는 바에 따라 사회보장에 관한 지역계획(이하 "지역계획"이라 한다)을 수립·시행하여야 한다.(2015.7.24 본항개정)
② 지역계획은 기본계획과 연계되어야 한다.
③ 지역계획의 수립·시행 및 추진실적의 평가 등에 필요한 사항은 대통령령으로 정한다.

제20조【사회보장위원회】 ① 사회보장에 관한 주요 시책을 심의·조정하기 위하여 국무총리 소속으로 사회보장위원회(이하 "위원회"라 한다)를 둔다.
② 위원회는 다음 각 호의 사항을 심의·조정한다.
1. 사회보장 증진을 위한 기본계획
2. 사회보장 관련 주요 계획
3. 사회보장제도의 평가 및 개선
4. 사회보장제도의 신설 또는 변경에 따른 우선순위
5. 둘 이상의 중앙행정기관이 관련된 주요 사회보장정책
6. 사회보장급여 및 비용 부담
7. 국가와 지방자치단체의 역할 및 비용 분담
8. 사회보장의 재정추계 및 재원조달 방안
9. 사회보장 전달체계 운영 및 개선
10. 제32조제1항에 따른 사회보장통계
11. 사회보장정보의 보호 및 관리
12. 제26조제4항에 따른 조정(2020.4.7 본호신설)
13. 그 밖에 위원장이 심의에 부치는 사항
③ 위원장은 다음 각 호의 사항을 관계 중앙행정기관의 장과 지방자치단체의 장에게 통지하여야 한다.
1. 제16조제3항에 따라 확정된 기본계획
2. 제2항의 사항에 관하여 심의·조정한 결과
④ 관계 중앙행정기관의 장과 지방자치단체의 장은 위원회의 심의·조정 사항을 반영하여 사회보장제도를 운영 또는 개선하여야 한다.

제21조【위원회의 구성 등】 ① 위원회는 위원장 1명, 부위원장 3명과 행정안전부장관, 고용노동부장관, 여성가족부장관, 국토교통부장관을 포함한 30명 이내의 위원으로 구성한다.(2017.7.26 본항개정)
② 위원장은 국무총리가 되고 부위원장은 기획재정부장관, 교육부장관 및 보건복지부장관이 된다.(2014.11.19 본항개정)
③ 위원회의 위원은 다음 각 호의 어느 하나에 해당하는 사람으로 한다.
1. 대통령령으로 정하는 관계 중앙행정기관의 장
2. 다음 각 목의 사람 중에서 대통령이 위촉하는 사람
가. 근로자를 대표하는 사람
나. 사용자를 대표하는 사람
다. 사회보장에 관한 학식과 경험이 풍부한 사람
라. 변호사 자격이 있는 사람
④ 위원의 임기는 2년으로 한다. 다만, 공무원인 위원의 임기는 그 재임 기간으로 하고, 제3항제2호 각 목의 위원이 기관·단체의 대표자 자격으로 위촉된 경우에는 그 임기는 대표의 지위를 유지하는 기간으로 한다.
⑤ 보궐위원의 임기는 전임자 임기의 남은 기간으로 한다.
⑥ 위원회를 효율적으로 운영하고 위원회의 심의·조정 사항을 전문적으로 검토하기 위하여 위원회에 실무위원회를 두며, 실무위원회에 분야별 전문위원회를 둘 수 있다.(2020.4.7 본항개정)
⑦ 실무위원회에서 의결한 사항은 위원장에게 보고하고 위원회의 심의를 거쳐야 한다. 다만, 대통령령으로 정하는 경미한 사항에 대하여는 실무위원회의 의결로써 위원회의 의결을 갈음할 수 있다.
⑧ 위원회의 사무를 효율적으로 처리하기 위하여 보건복지부에 사무국을 둔다.
⑨ 이 법에서 규정한 사항 외에 위원회, 실무위원회, 분야별 전문위원회, 사무국의 구성·조직 및 운영 등에 필요한 사항은 대통령령으로 정한다.

제4장 사회보장정책의 기본방향

제22조【평생사회안전망의 구축·운영】 ① 국가와 지방자치단체는 모든 국민이 생애 동안 삶의 질을 유지·증진할 수 있도록 평생사회안전망을 구축하여야 한다.
② 국가와 지방자치단체는 평생사회안전망을 구축·운영함에 있어 사회적 취약계층을 위한 공공부조를 마련하여 최저생활을 보장하여야 한다.

제23조【사회서비스 보장】 ① 국가와 지방자치단체는 모든 국민의 인간다운 생활과 자립, 사회참여, 자아실현 등을 지원하여 삶의 질이 향상될 수 있도록 사회서비스에 관한 시책을 마련하여야 한다.
② 국가와 지방자치단체는 사회서비스 보장과 제24조에 따른 소득보장이 효과적이고 균형적으로 연계되도록 하여야 한다.

제24조【소득 보장】 ① 국가와 지방자치단체는 다양한 사회적 위험 하에서도 모든 국민들이 인간다운 생활을 할 수 있도록 소득을 보장하는 제도를 마련하여야 한다.
② 국가와 지방자치단체는 공공부문과 민간부문의 소득보장제도가 효과적으로 연계되도록 하여야 한다.

제5장 사회보장제도의 운영

제25조【운영원칙】 ① 국가와 지방자치단체가 사회보장제도를 운영할 때에는 이 제도를 필요로 하는 모든 국민에게 적용하여야 한다.
② 국가와 지방자치단체는 사회보장제도의 급여 수준과 비용 부담 등에서 형평성을 유지하여야 한다.
③ 국가와 지방자치단체는 사회보장제도의 정책 결정 및 시행 과정에 공익의 대표자 및 이해관계인 등을 참여시켜 이를 민주적으로 결정하고 시행하여야 한다.
④ 국가와 지방자치단체가 사회보장제도를 운영할 때에는 국민의 다양한 복지 욕구를 효율적으로 충족시키기 위하여 연계성과 전문성을 높여야 한다.
⑤ 사회보험은 국가의 책임으로 시행하고, 공공부조와 사회서비스는 국가와 지방자치단체의 책임으로 시행하는 것을 원칙으로 한다. 다만, 국가와 지방자치단체의 재정 형편 등을 고려하여 이를 협의·조정할 수 있다.

제26조【협의 및 조정】 ① 국가와 지방자치단체는 사회보장제도를 신설하거나 변경할 경우 기존 제도와의 관계, 사회보장 전달체계에 미치는 영향, 재원의 규모·조달방안을 포함한 재정에 미치는 영향 및 지역별 특성 등을 사전에 충분히 검토

하고 상호협력하여 사회보장급여가 중복 또는 누락되지 아니하도록 하여야 한다.(2020.4.7 본항개정)
② 중앙행정기관의 장과 지방자치단체의 장은 사회보장제도를 신설하거나 변경할 경우 신설 또는 변경의 타당성, 기존 제도와의 관계, 사회보장 전달체계에 미치는 영향, 지역복지 활성화에 미치는 영향 및 운영방안 등에 대하여 대통령령으로 정하는 바에 따라 보건복지부장관과 협의하여야 한다.(2020.4.7 본항개정)
③ 중앙행정기관의 장과 지방자치단체의 장은 제2항에 따른 업무를 효율적으로 수행하기 위하여 필요하다고 인정하는 경우에는 관련 자료의 수집·조사 및 분석에 관한 업무를 다음 각 호의 기관 또는 단체에 위탁할 수 있다.
1. 「정부출연연구기관 등의 설립·운영 및 육성에 관한 법률」에 따라 설립된 정부출연연구기관
2. 「사회보장급여의 이용·제공 및 수급권자 발굴에 관한 법률」 제29조에 따른 한국사회보장정보원(2019.12.3 본호개정)
3. 그 밖에 대통령령으로 정하는 전문기관 또는 단체
(2018.12.11 본항신설)
④ 중앙행정기관의 장과 지방자치단체의 장은 제2항에 따른 협의가 이루어지지 아니할 경우 위원회에 조정을 신청할 수 있으며, 위원회는 대통령령으로 정하는 바에 따라 이를 조정한다.
(2020.4.7 본항개정)
⑤ 보건복지부장관은 사회보장급여 관련 업무에 공통적으로 적용되는 기준을 마련할 수 있다.

제26조의2【시범사업의 실시】 ① 국가와 지방자치단체는 새로운 사회보장제도의 도입과 발전을 위하여 필요한 경우 시범사업을 실시할 수 있다.
② 국가와 지방자치단체는 제1항에 따른 시범사업을 실시한 경우에는 그 결과를 평가하여 새로 시행될 사회보장제도에 반영하여야 한다.
(2024.12.20 본조신설)

제27조【민간의 참여】 ① 국가와 지방자치단체는 사회보장에 대한 민간부문의 참여를 유도할 수 있도록 정책을 개발·시행하고 그 여건을 조성하여야 한다.
② 국가와 지방자치단체는 사회보장에 대한 민간부문의 참여를 유도하기 위하여 다음 각 호의 사업이 포함된 시책을 수립·시행할 수 있다.
1. 자원봉사, 기부 등 나눔의 활성화를 위한 각종 지원 사업
2. 사회보장정책의 시행에 있어 민간 부문과의 상호협력체계 구축을 위한 지원사업
3. 그 밖에 사회보장에 관련된 민간의 참여를 유도하는 데에 필요한 사업
③ 국가와 지방자치단체는 개인·법인 또는 단체가 사회보장에 참여하는 데에 드는 경비의 전부 또는 일부를 지원하거나 그 업무를 수행하기 위하여 필요한 지원을 할 수 있다.

제28조【비용의 부담】 ① 사회보장 비용의 부담은 각각의 사회보장제도의 목적에 따라 국가, 지방자치단체 및 민간부문 간에 합리적으로 조정되어야 한다.
② 사회보험에 드는 비용은 사용자, 피용자(被傭者) 및 자영업자가 부담하는 것을 원칙으로 하되, 관계 법령에서 정하는 바에 따라 국가가 그 비용의 일부를 부담할 수 있다.
③ 공공부조 및 관계 법령에서 정하는 일정 소득 수준 이하의 국민에 대한 사회서비스에 드는 비용의 전부 또는 일부는 국가와 지방자치단체가 부담한다.
④ 부담 능력이 있는 국민에 대한 사회서비스에 드는 비용은 그 수익자가 부담함을 원칙으로 하되, 관계 법령에서 정하는 바에 따라 국가와 지방자치단체가 그 비용의 일부를 부담할 수 있다.

제29조【사회보장 전달체계】 ① 국가와 지방자치단체는 모든 국민이 쉽게 이용할 수 있고 사회보장급여가 적시에 제공되도록 지역적·기능적으로 균형잡힌 사회보장 전달체계를 구축하여야 한다.
② 국가와 지방자치단체는 사회보장 전달체계의 효율적 운영에 필요한 조직, 인력, 예산 등을 갖추어야 한다.
③ 국가와 지방자치단체는 공공부문과 민간부문의 사회보장 전달체계가 효율적으로 연계되도록 노력하여야 한다.

제30조【사회보장급여의 관리】 ① 국가와 지방자치단체는 국민의 사회보장수급권의 보장 및 재정의 효율적 운용을 위하여 다음 각 호에 관한 사회보장급여의 관리체계를 구축·운영하여야 한다.
1. 사회보장수급권자 권리구제
2. 사회보장급여의 사각지대 발굴
3. 사회보장급여의 부정·오류 관리
4. 사회보장급여의 과오지급액의 환수 등 관리
② 보건복지부장관은 사회서비스의 품질기준 마련, 평가 및 개선 등의 업무를 수행하기 위하여 필요한 전담기구를 설치할 수 있다.
③ 제2항의 전담기구 설치·운영 등에 필요한 사항은 대통령령으로 정한다.

제30조의2【사회보장제도의 평가】 ① 보건복지부장관은 사회보장제도의 효과성 분석 및 통합 관리를 위하여 장기간 대규모의 예산이 투입되는 사업 등 대통령령으로 정하는 사회보장제도에 대하여 평가를 실시할 수 있다.
② 보건복지부장관은 제1항에 따른 사회보장제도의 평가를 위하여 필요한 자료나 정보의 제공을 관계 중앙행정기관의 장, 지방자치단체의 장, 교육감 및 관련 기관 또는 단체 등에 요청할 수 있다. 이 경우 요청을 받은 관계 중앙행정기관의 장 등은 특별한 사유가 없으면 이에 따라야 한다.
③ 보건복지부장관은 제1항에 따라 사회보장제도 평가를 실시한 경우에는 그 결과를 위원회에 보고하여야 한다.
④ 그 밖에 제1항부터 제3항까지에 따른 사회보장제도 평가의 주기, 방법, 절차 등에 관하여 필요한 사항은 대통령령으로 정한다.
(2024.12.20 본조신설)

제30조의3【중장기 사회보장 재정추계】 ① 보건복지부장관은 사회보장제도의 안정적인 운영을 위하여 중장기 사회보장 재정추계를 적어도 3년마다 실시하고 이를 공표하여야 한다.
② 보건복지부장관은 제1항에 따른 중장기 사회보장 재정추계의 실시를 위하여 관계 중앙행정기관의 장, 공공기관 또는 정부출연연구기관의 장에게 중장기 대내외 거시경제전망, 재정전망 및 장래인구추계 등에 관한 자료의 제출을 요청할 수 있다. 이 경우 자료의 제출을 요청받은 관계 중앙행정기관의 장 등은 특별한 사유가 없으면 이에 따라야 한다.
③ 그 밖에 중장기 사회보장 재정추계의 실시 시기, 방법, 절차 등에 필요한 사항은 대통령령으로 정한다.
(2024.12.20 본조신설)

제31조【전문인력의 양성 등】 국가와 지방자치단체는 사회보장제도의 발전을 위하여 전문인력의 양성, 학술 조사 및 연구, 국제 교류의 증진 등에 노력하여야 한다.

제32조【사회보장통계】 ① 국가와 지방자치단체는 효과적인 사회보장정책의 수립·시행을 위하여 사회보장에 관한 통계(이하 "사회보장통계"라 한다)를 작성·관리하여야 한다.
② 관계 중앙행정기관의 장과 지방자치단체의 장은 소관 사회보장통계를 대통령령으로 정하는 바에 따라 보건복지부장관에게 제출하여야 한다.
③ 보건복지부장관은 제2항에 따라 제출된 사회보장통계를 종합하여 위원회에 제출하여야 한다.
④ 사회보장통계의 작성·관리에 필요한 사항은 대통령령으로 정한다.

제32조의2【사회보장지출통계】 ① 보건복지부장관은 국가의 사회보장 수준의 현황 관리 및 국제수준과의 비교 등 업무를 수행하기 위하여 사회보장지출(사회보장제도의 운영과 관련하여 공공부문과 민간부문이 지출하는 급여, 비용 및 재정적 지원 등을 말한다. 이하 이 조에서 같다)통계를 작성·관리하여야 한다.
② 보건복지부장관은 제1항에 따른 사회보장지출통계(이하 "사회보장지출통계"라 한다)의 작성·관리를 위하여 필요한 경우 관계 중앙행정기관의 장, 지방자치단체의 장, 교육감 및 관련 기관 또는 단체 등에 다음 각 호의 자료 또는 정보의 제공을 요청할 수 있다. 이 경우 요청을 받은 관계 중앙행정기관의 장 등은 특별한 사유가 없으면 이에 따라야 한다.
1. 「국가재정법」 제97조의2에 따른 정보통신매체 및 프로그램 등을 통하여 관리되는 재정정보

2. 「지방재정법」 제96조의2에 따른 정보시스템을 통하여 관리되는 지방재정에 관한 정보
3. 「보조금 관리에 관한 법률」 제26조의2에 따른 보조금통합관리망을 통하여 관리되는 보조금관리정보
4. 「지방자치단체 보조금 관리에 관한 법률」 제28조에 따른 지방보조금통합관리망을 통하여 관리되는 지방보조금관리정보
5. 「사회보장급여의 이용 · 제공 및 수급권자 발굴에 관한 법률」 제23조에 따른 사회보장정보시스템을 통하여 관리되는 사회보장정보
6. 「공공기관의 운영에 관한 법률」 제5조에 따른 공공기관이 관리하는 세입 · 세출 정보
7. 「지방교육자치에 관한 법률」 제38조에 따른 교육비특별회계로 관리되는 세입 · 세출 정보
8. 그 밖에 사회보장지출통계의 작성 · 관리에 필요한 자료 또는 정보로서 대통령령으로 정하는 자료 또는 정보

(2024.12.20 본항신설)
(2024.12.20 본조개정)

제33조【정보의 공개】 국가와 지방자치단체는 사회보장제도에 관하여 국민이 필요한 정보를 관계 법령에서 정하는 바에 따라 공개하고, 이를 홍보하여야 한다.

제34조【사회보장에 관한 설명】 국가와 지방자치단체는 사회보장 관계 법령에서 규정한 권리나 의무를 해당 국민에게 설명하도록 노력하여야 한다.

제35조【사회보장에 관한 상담】 국가와 지방자치단체는 사회보장 관계 법령에서 정하는 바에 따라 사회보장에 관한 상담에 응하여야 한다.

제36조【사회보장에 관한 통지】 국가와 지방자치단체는 사회보장 관계 법령에서 정하는 바에 따라 사회보장에 관한 사항을 해당 국민에게 알려야 한다.

제6장 사회보장정보의 관리

제37조【사회보장정보시스템의 구축 · 운영 등】 ① 국가와 지방자치단체는 국민편익의 증진과 사회보장업무의 효율성 향상을 위하여 사회보장업무를 전자적으로 관리하도록 노력하여야 한다.
② 국가는 관계 중앙행정기관과 지방자치단체에서 시행하는 사회보장수급권자 선정 및 급여 관리 등에 관한 정보를 통합 · 연계하여 처리 · 기록 및 관리하는 시스템(이하 "사회보장정보시스템"이라 한다)을 구축 · 운영할 수 있다.
③ 보건복지부장관은 사회보장정보시스템의 구축 · 운영을 총괄한다.
④ 보건복지부장관은 사회보장정보시스템 구축 · 운영의 전 과정에서 개인정보 보호를 위하여 필요한 시책을 마련하여야 한다.
⑤ 보건복지부장관은 관계 중앙행정기관, 지방자치단체 및 관련 기관 · 단체에 사회보장정보시스템의 운영에 필요한 정보의 제공을 요청하고 제공받은 목적의 범위에서 보유 · 이용할 수 있다. 이 경우 자료의 제공을 요청받은 자는 정당한 사유가 없으면 이에 따라야 한다.
⑥ 관계 중앙행정기관 및 지방자치단체의 장은 제2항의 사회보장정보와 관련하여 사회보장정보시스템의 활용이 필요한 경우 사전에 보건복지부장관과 협의하여야 한다. 이 경우 보건복지부장관은 관련 업무에 필요한 범위에서 정보를 제공할 수 있고 정보를 제공받은 관계 중앙행정기관 및 지방자치단체의 장은 제공받은 목적의 범위에서 보유 · 이용할 수 있다.
⑦ 보건복지부장관은 사회보장정보시스템의 운영 · 지원을 위하여 전담기구를 설치할 수 있다.

제38조【개인정보 등의 보호】 ① 사회보장 업무에 종사하거나 종사하였던 자는 사회보장업무 수행과 관련하여 알게 된 개인 · 법인 또는 단체의 정보를 관계 법령에서 정하는 바에 따라 보호하여야 한다.
② 국가와 지방자치단체, 공공기관, 법인 · 단체, 개인이 조사하거나 제공받은 개인 · 법인 또는 단체의 정보는 이 법과 관련 법률에 근거하지 아니하고 보유, 이용, 제공되어서는 아니 된다.

제7장 보 칙

제39조【권리구제】 위법 또는 부당한 처분을 받거나 필요한 처분을 받지 못함으로써 권리 또는 이익을 침해받은 국민은 「행정심판법」에 따른 행정심판을 청구하거나 「행정소송법」에 따른 행정소송을 제기하여 그 처분의 취소 또는 변경 등을 청구할 수 있다.

제40조【국민 등의 의견수렴】 국가와 지방자치단체는 국민생활에 중대한 영향을 미치는 사회보장 계획 및 정책을 수립하려는 경우 공청회 및 정보통신망 등을 통하여 국민과 관계 전문가의 의견을 충분히 수렴하여야 한다.

제41조【관계 행정기관 등의 협조】 ① 국가와 지방자치단체는 사회보장 관련 계획 및 정책의 수립 · 시행, 사회보장통계의 작성 등을 위하여 관련 공공기관, 법인, 단체 및 개인에게 자료 제출 등 필요한 협조를 요청할 수 있다.
② 위원회는 사회보장에 관한 자료 제출 등 위원회 업무에 필요한 경우 관계 행정기관의 장에게 협조를 요청할 수 있다.
③ 제1항 및 제2항에 따라 협조요청을 받은 자는 정당한 사유가 없으면 이에 따라야 한다.

제42조【사회보장 행정데이터의 제공 요청】 ① 위원회는 사회보장 정책의 심의 · 조정 및 연구를 위하여 관계 기관의 장에게 사회보장 행정데이터가 모집단의 대표성을 확보할 수 있는 범위에서 다음 각 호에 해당하는 사회보장 행정데이터의 제공을 요청할 수 있다. 이 경우 사회보장 행정데이터의 제공을 요청받은 관계 기관의 장은 특별한 사유가 없으면 이에 따라야 한다.
1. 사회보험, 공공부조 및 사회서비스에 관한 다음 각 목의 자료 또는 정보
  가. 국민연금 · 건강보험 · 고용보험 · 산업재해보상보험 등 사회보험에 관한 자료 또는 정보
  나. 국민기초생활보장 · 기초연금 등 공공부조에 관한 자료 또는 정보
  다. 아이돌봄서비스 · 장애인활동지원서비스 등 사회서비스에 관한 자료 또는 정보
2. 「고용정책 기본법」 제15조제1항에 따른 고용 · 직업에 관한 정보
3. 「국세기본법」 제81조의13 및 「지방세기본법」 제86조에 따른 과세정보로서 다음 각 목의 정보
  가. 「소득세법」 제4조제1항에 따른 소득 및 같은 법 제127조에 따른 원천징수
  나. 「조세특례제한법」 제100조의2에 따른 근로장려금 및 같은 법 제100조의27에 따른 자녀장려금의 결정 · 환급 내역
  다. 「지방세법」에 따른 재산세
4. 「주민등록법」 제30조제1항에 따른 주민등록전산정보자료
5. 그 밖에 위원회의 업무 수행을 위하여 필요하다고 대통령령으로 정하는 자료 또는 정보

② 제1항에 따라 요청할 수 있는 사회보장 행정데이터의 구체적인 내용 및 모집단의 대표성을 확보할 수 있는 범위 등에 관한 사항은 대통령령으로 정한다.
③ 제1항에 따라 사회보장 행정데이터를 제공하는 경우 「개인정보 보호법」 제2조제1호다목에 따른 가명정보로 제공하여야 한다.
④ 위원회가 제1항에 따라 제공받은 사회보장 행정데이터의 처리 및 보호에 관하여는 이 법에서 정하는 사항을 제외하고는 「개인정보 보호법」에 따른다.
(2021.6.8 본조신설)

제43조【사회보장 행정데이터 분석센터】 ① 보건복지부장관은 제42조에 따라 제공받은 사회보장 행정데이터의 원활한 분석, 활용 등을 위하여 사회보장 행정데이터 분석센터를 설치 · 운영할 수 있다.
② 사회보장 행정데이터 분석센터의 설치 · 운영 등에 필요한 사항은 보건복지부령으로 정한다.
(2021.6.8 본조신설)

제44조【업무의 위탁】 ① 보건복지부장관은 필요하다고 인정하는 경우에는 다음 각 호의 업무를 제2항 각 호의 기관 또

는 단체에 위탁할 수 있다.
1. 제30조의2에 따른 사회보장제도의 평가 지원
2. 제30조의3에 따른 중장기 사회보장 재정추계 관련 자료의 수집·조사 및 분석
3. 제32조에 따른 사회보장통계 관련 자료의 수집·조사 및 분석
4. 제32조의2에 따른 사회보장지출통계 관련 자료의 수집·조사 및 분석
5. 제43조에 따른 사회보장 행정데이터 분석센터의 운영
6. 그 밖에 대통령령으로 정하는 업무
② 제1항에 따라 보건복지부장관으로부터 위탁을 받아 업무를 수행할 수 있는 기관 또는 단체는 다음 각 호와 같다.
1. 「정부출연연구기관 등의 설립·운영 및 육성에 관한 법률」에 따라 설립된 정부출연연구기관
2. 「공공기관의 운영에 관한 법률」 제4조에 따른 공공기관
3. 그 밖에 대통령령으로 정하는 전문기관 또는 단체
(2024.12.20 본조신설)

부 칙

제1조【시행일】 이 법은 공포 후 1년이 경과한 날부터 시행한다.
제2조【다른 법령과의 관계】 이 법 시행 당시 다른 법령에서 종전의 「사회보장기본법」 또는 그 규정을 인용한 경우 이 법 가운데 그에 해당하는 규정이 있으면 종전의 규정을 갈음하여 이 법의 해당 조항을 인용한 것으로 본다.

부 칙 (2020.4.7)

이 법은 공포 후 3개월이 경과한 날부터 시행한다.

부 칙 (2021.6.8)
(2024.12.20)

이 법은 공포 후 6개월이 경과한 날부터 시행한다.

국민기초생활 보장법

(약칭 : 기초생활보장법)

(1999년 9월 7일
법 률 제6024호)

개정
2004. 3. 5법 7181호 2005.12.23법 7738호
2005.12.29법 7796호(국가공무원)
2006.12.28법 8112호 2007.10.17법 8641호
2008. 2.29법 8852호(정부조직)
2009. 4. 1법 9617호(신용정보의이용및보호에관한법)
2009.10. 9법 9795호(직업안정법)
2010. 1.18법 9932호(정부조직)
2011. 3.30법10507호 2011. 6. 7법10782호
2011. 7.14법10854호(금융실명)
2011. 8. 4법10997호(사회복지사업법)
2012. 2. 1법11248호 2014.12.30법12933호
2016. 2. 3법13987호
2016. 5.29법14224호(정신건강증진및정신질환자복지서비스지원에관한법)
2017. 9.19법14880호 2017.12.12법15185호
2018.12.11법15875호 2019. 1.15법16239호
2019. 4.23법16367호 2019.12. 3법16734호
2021. 7.27법18325호 2021.12.21법18607호
2023. 3. 4법19228호(정부조직)
2023. 8.16법19646호 2024. 9.20법20446호

제1장 총 칙

(2012.2.1 본장개정)

제1조【목적】 이 법은 생활이 어려운 사람에게 필요한 급여를 실시하여 이들의 최저생활을 보장하고 자활을 돕는 것을 목적으로 한다.
제2조【정의】 이 법에서 사용하는 용어의 뜻은 다음과 같다.
1. "수급권자"란 이 법에 따른 급여를 받을 수 있는 자격을 가진 사람을 말한다.
2. "수급자"란 이 법에 따른 급여를 받는 사람을 말한다.
3. "수급품"이란 이 법에 따라 수급자에게 지급하거나 대여하는 금전 또는 물품을 말한다.
4. "보장기관"이란 이 법에 따른 급여를 실시하는 국가 또는 지방자치단체를 말한다.
5. "부양의무자"란 수급권자를 부양할 책임이 있는 사람으로서 수급권자의 1촌의 직계혈족 및 그 배우자를 말한다. 다만, 사망한 1촌의 직계혈족의 배우자는 제외한다.
(2014.12.30 본호개정)
6. "최저보장수준"이란 국민의 소득·지출 수준과 수급권자의 가구 유형 등 생활실태, 물가상승률 등을 고려하여 제6조에 따라 급여의 종류별로 공표하는 금액이나 보장수준을 말한다.(2014.12.30 본호신설)
7. "최저생계비"란 국민이 건강하고 문화적인 생활을 유지하기 위하여 필요한 최소한의 비용으로서 제20조의2제4항에 따라 보건복지부장관이 계측하는 금액을 말한다.(2014.12.30 본호개정)
8. "개별가구"란 이 법에 따른 급여를 받거나 이 법에 따른 자격요건에 부합하는지에 관한 조사를 받는 기본단위로서 수급자 또는 수급권자로 구성된 가구를 말한다. 이 경우 개별가구의 범위 등 구체적인 사항은 대통령령으로 정한다.
9. "소득인정액"이란 보장기관이 급여의 결정 및 실시 등에 사용하기 위하여 산출한 개별가구의 소득평가액과 재산의 소득환산액을 합산한 금액을 말한다.(2014.12.30 본호개정)
10. "차상위계층"이란 수급권자(제14조의2에 따라 수급권자로 보는 사람은 제외한다)에 해당하지 아니하는 계층으로서 소득인정액이 대통령령으로 정하는 기준 이하인 계층을 말한다.(2014.12.30 본호개정)
11. "기준 중위소득"이란 보건복지부장관이 급여의 기준 등에 활용하기 위하여 제20조제2항에 따른 중앙생활보장위원회의 심의·의결을 거쳐 고시하는 국민 가구소득의 중위값을 말한다.(2014.12.30 본호신설)

제3조【급여의 기본원칙】 ① 이 법에 따른 급여는 수급자가 자신의 생활의 유지·향상을 위하여 그의 소득, 재산, 근로능력 등을 활용하여 최대한 노력하는 것을 전제로 이를 보충·발전시키는 것을 기본원칙으로 한다.
② 부양의무자의 부양과 다른 법령에 따른 보호는 이 법에 따른 급여에 우선하여 행하여지는 것으로 한다. 다만, 다른 법령에 따른 보호의 수준이 이 법에서 정하는 수준에 이르지 아니하는 경우에는 나머지 부분에 관하여 이 법에 따른 급여를 받을 권리를 잃지 아니한다.
제4조【급여의 기준 등】 ① 이 법에 따른 급여는 건강하고 문화적인 최저생활을 유지할 수 있는 것이어야 한다.
② 이 법에 따른 급여의 기준은 수급자의 연령, 가구 규모, 거주지역, 그 밖의 생활여건 등을 고려하여 급여의 종류별로 보건복지부장관이 정하거나 급여를 지급하는 중앙행정기관의 장(이하 "소관 중앙행정기관의 장"이라 한다)이 보건복지부장관과 협의하여 정한다.(2014.12.30 본항개정)
③ 보장기관은 이 법에 따른 급여를 개별가구 단위로 실시하되, 「장애인복지법」 제32조에 따라 등록한 장애인 중 장애의 정도가 심한 장애인으로서 보건복지부장관이 정하는 사람에 대한 급여 등 특히 필요하다고 인정하는 경우에는 개인 단위로 실시할 수 있다.(2023.8.16 본항개정)
④ 지방자치단체인 보장기관은 해당 지방자치단체의 조례로 정하는 바에 따라 이 법에 따른 급여의 범위 및 수준을 초과하여 급여를 실시할 수 있다. 이 경우 해당 보장기관은 보건복지부장관 및 소관 중앙행정기관의 장에게 알려야 한다.
(2014.12.30 본항신설)
제4조의2【다른 법률과의 관계】 제11조 및 제12조의3에 따른 급여와 관련하여 다른 법률에 특별한 규정이 있는 경우를 제외하고는 이 법이 정하는 바에 따른다.(2014.12.30 본조신설)
제5조 (2014.12.30 삭제)
제5조의2【외국인에 대한 특례】 국내에 체류하고 있는 외국인 중 대한민국 국민과 혼인하여 본인 또는 배우자가 임신 중이거나 대한민국 국적의 미성년 자녀를 양육하고 있거나 배우자의 대한민국 국적인 직계존속(直系尊屬)과 생계나 주거를 같이하고 있는 사람으로서 대통령령으로 정하는 사람이 이 법에 따른 급여를 받을 수 있는 자격을 가진 경우에는 수급권자가 된다.(2014.12.30 본조개정)
제6조【최저보장수준의 결정 등】 ① 보건복지부장관 또는 소관 중앙행정기관의 장은 급여의 종류별 수급자 선정기준 및 최저보장수준을 결정하여야 한다.
② 보건복지부장관 또는 소관 중앙행정기관의 장은 매년 8월 1일까지 제20조제2항에 따른 중앙생활보장위원회의 심의·의결을 거쳐 다음 연도의 급여의 종류별 수급자 선정기준 및 최저보장수준을 공표하여야 한다.
③ (2014.12.30 삭제)
(2014.12.30 본조개정)
제6조의2【기준 중위소득의 산정】 ① 기준 중위소득은 「통계법」 제27조에 따라 통계청이 공표하는 통계자료의 가구 경상소득(근로소득, 사업소득, 재산소득, 이전소득을 합산한 소득을 말한다)의 중간값에 최근 가구소득 평균 증가율, 가구규모에 따른 소득수준의 차이 등을 반영하여 가구규모별로 산정한다.
② 그 밖에 가구규모별 소득수준 반영 방법 등 기준 중위소득의 산정에 필요한 사항은 제20조제2항에 따른 중앙생활보장위원회에서 정한다.
(2014.12.30 본조신설)
제6조의3【소득인정액의 산정】 ① 제2조제9호에 따른 개별가구의 소득평가액은 개별가구의 실제소득에도 불구하고 보장기관이 급여의 결정 및 실시 등에 사용하기 위하여 산출한 금액으로 다음 각 호의 소득을 합한 개별가구의 실제소득에서 장애·질병·양육 등 가구 특성에 따른 지출요인, 근로를 유인하기 위한 요인, 그 밖에 추가적인 지출요인에 해당하는 금액을 감하여 산정한다.
1. 근로소득
2. 사업소득
3. 재산소득
4. 이전소득

② 제2조제9호에 따른 재산의 소득환산액은 개별가구의 재산가액에서 기본재산액(기초생활의 유지에 필요하다고 보건복지부장관이 정하여 고시하는 재산액을 말한다) 및 부채를 공제한 금액에 소득환산율을 곱하여 산정한다. 이 경우 소득으로 환산하는 재산의 범위는 다음 각 호와 같다.
1. 일반재산(금융재산 및 자동차를 제외한 재산을 말한다)
2. 금융재산
3. 자동차

③ 실제소득, 소득평가액 및 재산의 소득환산액의 산정을 위한 구체적인 범위·기준 등은 대통령령으로 정한다.
(2014.12.30 본조신설)

제2장 급여의 종류와 방법
(2012.2.1 본장개정)

제7조【급여의 종류】 ① 이 법에 따른 급여의 종류는 다음 각 호와 같다.
1. 생계급여
2. 주거급여
3. 의료급여
4. 교육급여
5. 해산급여(解産給與)
6. 장제급여(葬祭給與)
7. 자활급여

② 수급권자에 대한 급여는 수급자의 필요에 따라 제1항제1호부터 제7호까지의 급여의 전부 또는 일부를 실시하는 것으로 한다.(2014.12.30 본항개정)
③ 차상위계층에 속하는 사람(이하 "차상위자"라 한다)에 대한 급여는 보장기관이 차상위자의 가구별 생활여건을 고려하여 예산의 범위에서 제1항제2호부터 제4호까지, 제6호 및 제7호에 따른 급여의 전부 또는 일부를 실시할 수 있다. 이 경우 차상위자에 대한 급여의 기준 및 절차 등에 관하여 필요한 사항은 대통령령으로 정한다.
④ (2014.12.30 삭제)
제8조【생계급여의 내용 등】 ① 생계급여는 수급자에게 의복, 음식물 및 연료비와 그 밖에 일상생활에 기본적으로 필요한 금품을 지급하여 그 생계를 유지하게 하는 것으로 한다.
② 생계급여 수급권자는 부양의무자가 없거나, 부양의무자가 있어도 부양능력이 없거나 부양을 받을 수 없는 사람으로서 그 소득인정액이 제20조제2항에 따른 중앙생활보장위원회의 심의·의결을 거쳐 결정하는 금액(이하 이 조에서 "생계급여 선정기준"이라 한다) 이하인 사람으로 한다. 이 경우 생계급여 선정기준은 기준 중위소득의 100분의 30 이상으로 한다.
(2014.12.30 본항신설)
③ 생계급여 최저보장수준은 생계급여와 소득인정액을 포함하여 생계급여 선정기준 이상이 되도록 하여야 한다.(2014.12.30 본항신설)
④ 제2항 및 제3항에도 불구하고 제10조제1항 단서에 따라 제32조에 따른 보장시설에 위탁하여 생계급여를 실시하는 경우에는 보건복지부장관이 정하는 고시에 따라 그 선정기준 등을 달리 정할 수 있다.(2014.12.30 본항신설)
(2014.12.30 본조제목개정)
제8조의2【부양능력 등】 ① 부양의무자가 다음 각 호의 어느 하나에 해당하는 경우에는 제8조제2항, 제12조제3항, 제12조의3제2항에 따른 부양능력이 없는 것으로 본다.
1. 기준 중위소득 수준을 고려하여 대통령령으로 정하는 소득·재산 기준 미만인 경우
2. 직계존속 또는 「장애인연금법」 제2조제1호의 중증장애인인 직계비속을 자신의 주거에서 부양하는 경우로서 보건복지부장관이 정하여 고시하는 경우
3. 그 밖에 질병, 교육, 가구 특성 등으로 부양능력이 없다고 보건복지부장관이 정하는 경우

② 부양의무자가 다음 각 호의 어느 하나에 해당하는 경우에는 제8조제2항, 제12조제3항, 제12조의3제2항에 따른 부양을 받을 수 없는 것으로 본다.

1. 부양의무자가 「병역법」에 따라 징집되거나 소집된 경우
2. 부양의무자가 「해외이주법」 제2조의 해외이주자에 해당하는 경우
3. 부양의무자가 「형의 집행 및 수용자의 처우에 관한 법률」 및 「치료감호법」 등에 따른 교도소, 구치소, 치료감호시설 등에 수용 중인 경우
4. 부양의무자에 대하여 실종선고 절차가 진행 중인 경우
5. 부양의무자가 제32조의 보장시설에서 급여를 받고 있는 경우
6. 부양의무자의 가출 또는 행방불명으로 경찰서 등 행정관청에 신고된 후 1개월이 지났거나 가출 또는 행방불명 사실을 특별자치시장 · 특별자치도지사 · 시장 · 군수 · 구청장(자치구의 구청장을 말한다. 이하 "시장 · 군수 · 구청장"이라 한다)이 확인한 경우
7. 부양의무자가 부양을 기피하거나 거부하는 경우
8. 그 밖에 부양을 받을 수 없는 것으로 보건복지부장관이 정하는 경우

③ 「아동복지법」 제15조제1항제2호부터 제4호까지(제2호의 경우 친권자인 보호자는 제외한다)에 따라 부양 대상 아동이 보호조치된 경우에는 제8조제2항, 제12조제3항, 제12조의3제2항에 따른 부양을 받을 수 없는 것으로 본다.(2019.4.23 본항신설)
(2014.12.30 본조신설)

제9조【생계급여의 방법】 ① 생계급여는 금전을 지급하는 것으로 한다. 다만, 금전으로 지급할 수 없거나 금전으로 지급하는 것이 적당하지 아니하다고 인정하는 경우에는 물품을 지급할 수 있다.
② 제1항의 수급품은 대통령령으로 정하는 바에 따라 매월 정기적으로 지급하여야 한다. 다만, 특별한 사정이 있는 경우에는 그 지급방법을 다르게 정하여 지급할 수 있다.
③ 제1항의 수급품은 수급자에게 직접 지급한다. 다만, 제10조제1항 단서에 따라 제32조에 따른 보장시설이나 타인의 가정에 위탁하여 생계급여를 실시하는 경우에는 그 위탁받은 사람에게 이를 지급할 수 있다. 이 경우 보장기관은 보건복지부장관이 정하는 바에 따라 정기적으로 수급자의 수급 여부를 확인하여야 한다.
④ 생계급여는 보건복지부장관이 정하는 바에 따라 수급자의 소득인정액 등을 고려하여 차등지급할 수 있다.
⑤ 보장기관은 대통령령으로 정하는 바에 따라 근로능력이 있는 수급자에게 자활에 필요한 사업에 참가할 것을 조건으로 하여 생계급여를 실시할 수 있다. 이 경우 보장기관은 제28조에 따른 자활지원계획을 고려하여 조건을 제시하여야 한다.

제10조【생계급여를 실시할 장소】 ① 생계급여는 수급자의 주거에서 실시한다. 다만, 수급자가 주거가 없거나 주거가 있어도 그곳에서는 급여의 목적을 달성할 수 없는 경우 또는 수급자가 희망하는 경우에는 수급자를 제32조에 따른 보장시설이나 타인의 가정에 위탁하여 급여를 실시할 수 있다.
② 제1항에 따라 수급자에 대한 생계급여를 타인의 가정에 위탁하여 실시하는 경우에는 거실의 임차료와 그 밖에 거실의 유지에 필요한 비용은 수급품에 가산하여 지급한다. 이 경우 제7조제1항제2호의 주거급여가 실시된 것으로 본다.

제11조【주거급여】 ① 주거급여는 수급자에게 주거 안정에 필요한 임차료, 수선유지비, 그 밖의 수급품을 지급하는 것으로 한다.
② 주거급여에 관하여 필요한 사항은 따로 법률에서 정한다.
(2014.12.30 본조개정)

제12조【교육급여】 ① 교육급여는 수급자에게 입학금, 수업료, 학용품비, 그 밖의 수급품을 지급하는 것으로 하되, 학교의 종류 · 범위 등에 관하여 필요한 사항은 대통령령으로 정한다.
② 교육급여는 교육부장관의 소관으로 한다.(2014.12.30 본항개정)
③ 교육급여 수급권자는 부양의무자가 없거나, 부양의무자가 있어도 부양능력이 없거나 부양을 받을 수 없는 사람으로서 그 소득인정액이 제20조제2항에 따른 중앙생활보장위원회의 심의 · 의결을 거쳐 결정하는 금액(이하 "교육급여 선정기준"이라 한다) 이하인 사람으로 한다. 이 경우 교육급여 선정기준은 기준 중위소득의 100분의 50 이상으로 한다.(2014.12.30 본항신설)
④ 교육급여의 신청 및 지급 등에 대하여는 「초 · 중등교육법」 제60조의4부터 제60조의9까지 및 제62조제3항에 따른 교육비 지원절차를 준용한다.(2014.12.30 본항신설)

제12조의2【교육급여의 적용특례】 교육급여 수급권자를 선정하는 경우에는 제12조제1항의 교육급여와 「초 · 중등교육법」 제60조의4에 따른 교육비 지원과의 연계 · 통합을 위하여 제3조제2항 및 제12조제3항에도 불구하고 소득인정액이 교육급여 선정기준 이하인 사람을 수급권자로 본다.(2014.12.30 본조신설)

제12조의3【의료급여】 ① 의료급여는 수급자에게 건강한 생활을 유지하는 데 필요한 각종 검사 및 치료 등을 지급하는 것으로 한다.
② 의료급여 수급권자는 부양의무자가 없거나, 부양의무자가 있어도 부양능력이 없거나 부양을 받을 수 없는 사람으로서 그 소득인정액이 제20조제2항에 따른 중앙생활보장위원회의 심의 · 의결을 거쳐 결정하는 금액(이하 이 항에서 "의료급여 선정기준"이라 한다) 이하인 사람으로 한다. 이 경우 의료급여 선정기준은 기준 중위소득의 100분의 40 이상으로 한다.
③ 의료급여에 필요한 사항은 따로 법률에서 정한다.
(2014.12.30 본조신설)

제13조【해산급여】 ① 해산급여는 제7조제1항제1호부터 제3호까지의 급여 중 하나 이상의 급여를 받는 수급자에게 다음 각 호의 급여를 실시하는 것으로 한다.(2014.12.30 본문개정)
1. 조산(助産)
2. 분만 전과 분만 후에 필요한 조치와 보호

② 해산급여는 보건복지부령으로 정하는 바에 따라 보장기관이 지정하는 의료기관에 위탁하여 실시할 수 있다.
③ 해산급여에 필요한 수급품은 보건복지부령으로 정하는 바에 따라 수급자나 그 세대주 또는 세대주에 준하는 사람에게 지급한다. 다만, 제2항에 따라 그 급여를 의료기관에 위탁하는 경우에는 수급품을 그 의료기관에 지급할 수 있다.

제14조【장제급여】 ① 장제급여는 제7조제1항제1호부터 제3호까지의 급여 중 하나 이상의 급여를 받는 수급자가 사망한 경우 사체의 검안(檢案) · 운반 · 화장 또는 매장, 그 밖의 장제조치를 하는 것으로 한다.(2014.12.30 본항개정)
② 장제급여는 보건복지부령으로 정하는 바에 따라 실제로 장제를 실시하는 사람에게 장제에 필요한 비용을 지급하는 것으로 한다. 다만, 그 비용을 지급할 수 없거나 비용을 지급하는 것이 적당하지 아니하다고 인정하는 경우에는 물품을 지급할 수 있다.

제14조의2【급여의 특례】 제8조, 제11조, 제12조, 제12조의3, 제13조, 제14조 및 제15조에 따른 수급권자에 해당하지 아니하여도 생활이 어려운 사람으로서 일정 기간 동안 이 법에서 정하는 급여의 전부 또는 일부가 필요하다고 보건복지부장관 또는 소관 중앙행정기관의 장이 정하는 사람은 수급권자로 본다.
(2014.12.30 본조신설)

제15조【자활급여】 ① 자활급여는 수급자의 자활을 돕기 위하여 다음 각 호의 급여를 실시하는 것으로 한다.
1. 자활에 필요한 금품의 지급 또는 대여
2. 자활에 필요한 근로능력의 향상 및 기능습득의 지원
3. 취업알선 등 정보의 제공
4. 자활을 위한 근로기회의 제공
5. 자활에 필요한 시설 및 장비의 대여
6. 창업교육, 기능훈련 및 기술 · 경영지도 등 창업지원
7. 자활에 필요한 자산형성 지원
8. 그 밖에 대통령령으로 정하는 자활을 위한 각종 지원

② 제1항의 자활급여는 관련 공공기관 · 비영리법인 · 시설과 그 밖에 대통령령으로 정하는 기관에 위탁하여 실시할 수 있다. 이 경우 그에 드는 비용은 보장기관이 부담한다.

제2장의2 자활 지원

(2012.2.1 본장제목개정)

제15조의2【한국자활복지개발원】 ① 수급자 및 차상위자의 자활촉진에 필요한 사업을 수행하기 위하여 한국자활복지개발원(이하 "자활복지개발원"이라 한다)을 설립한다.
② 자활복지개발원은 법인으로 한다.
③ 자활복지개발원은 그 주된 사무소의 소재지에서 설립등기를 함으로써 성립한다.

④ 보건복지부장관은 자활복지개발원을 지도·감독하며 자활복지개발원에 대하여 업무·회계 및 재산에 관하여 필요한 사항을 보고하게 하거나 소속 공무원에게 자활복지개발원에 출입하여 장부, 서류, 그 밖의 물건을 검사하게 할 수 있다.
⑤ 제1항에서 제4항까지에서 규정한 사항 외에 자활복지개발원의 정관, 이사회, 회계, 그 밖에 자활복지개발원의 설립·운영에 필요한 사항은 대통령령으로 정한다.
(2019.1.15 본조개정)

제15조의3【자활복지개발원의 업무】 ① 자활복지개발원은 다음 각 호의 사업을 수행한다.
1. 자활 지원을 위한 사업(이하 "자활지원사업"이라 한다)의 개발 및 평가
2. 자활 지원을 위한 조사·연구 및 홍보
3. 제15조의10에 따른 광역자활센터, 제16조에 따른 지역자활센터 및 제18조에 따른 자활기업의 기술·경영 지도 및 평가
4. 자활 관련 기관 간의 협력체계 구축·운영
5. 자활 관련 기관 간의 정보네트워크 구축·운영
6. 취업·창업을 위한 자활촉진 프로그램 개발 및 지원
7. 제18조의6제2항 및 제3항에 따른 고용지원서비스의 연계 및 사회복지서비스의 지원 대상자 관리(2021.7.27 본호개정)
8. 수급자 및 차상위자의 자활촉진을 위한 교육·훈련, 제15조의10에 따른 광역자활센터 등 자활 관련 기관의 종사자 및 참여자에 대한 교육·훈련 및 지원
9. 국가 또는 지방자치단체로부터 위탁받은 자활 관련 사업
10. 그 밖에 자활촉진에 필요한 사업으로서 보건복지부장관이 정하는 사업

② 제1항제5호 및 제7호에 따라 구축·운영되는 정보시스템은 「사회복지사업법」 제6조의2제1항에 따른 정보시스템 및 「사회보장기본법」 제37조제2항에 따른 사회보장정보시스템과 연계할 수 있다.
③ 자활복지개발원장은 제1항제8호에 따른 교육·훈련을 위하여 자활복지개발원에 한국자활연수원을 둔다.
(2019.1.15 본조신설)

제15조의4【임원】 ① 자활복지개발원에 원장 1명을 포함한 11명 이내의 이사와 감사 1명을 두며, 원장을 제외한 이사와 감사는 비상임으로 한다.
② 원장과 감사는 정관으로 정하는 바에 따라 구성된 임원추천위원회가 복수로 추천한 사람 중에서 보건복지부장관이 임명한다.
③ 원장의 임기는 3년으로 하되, 1년을 단위로 연임할 수 있다.
④ 이사는 다음 각 호의 어느 하나에 해당하는 사람 중에서 보건복지부장관이 임명하되, 제1호 및 제2호의 경우에는 임원추천위원회의 추천을 받아 임명한다.
1. 자활지원사업·사회복지 분야에 학식과 경험이 풍부한 사람
2. 정보통신·교육훈련·경영·경제·금융 분야 중 어느 하나 이상의 분야에 학식과 경험이 풍부한 사람
3. 보건복지부의 자활지원사업을 담당하는 공무원 또는 지방자치단체의 공무원

⑤ 원장 및 제4항제3호의 이사를 제외한 임원의 임기는 2년으로 하되, 1년을 단위로 연임할 수 있다.
⑥ 그 밖에 임원의 자격, 선임, 직무에 관하여 필요한 사항은 정관으로 정한다.
(2019.1.15 본조신설)

제15조의5【직원의 파견 등】 ① 자활복지개발원은 그 목적의 달성과 전문성의 향상을 위하여 필요한 경우에는 보건복지부장관을 거쳐 국가기관·지방자치단체·연구기관 또는 공공단체에 직원의 파견을 요청할 수 있다.
② 직원의 파견을 요청받은 국가기관 등의 장은 그 소속 직원을 자활복지개발원에 파견할 수 있다.
(2019.1.15 본조신설)

제15조의6【국가의 보조 등】 ① 국가는 자활복지개발원의 설립·운영에 필요한 경비의 전부 또는 일부를 보조하거나 출연할 수 있다.
② 국가는 자활복지개발원의 설립·운영을 위하여 필요하다고 인정하는 경우 「국유재산특례제한법」에 따라 국유재산을 자활복지개발원에 무상으로 대부·양여하거나 사용·수익하게 할 수 있다.
(2019.1.15 본조신설)

제15조의7【「민법」의 준용】 자활복지개발원에 관하여 이 법에서 규정한 것을 제외하고는 「민법」 중 재단법인에 관한 규정을 준용한다.(2019.1.15 본조신설)

제15조의8【비밀누설 등의 금지】 자활복지개발원의 임직원 또는 임직원이었던 자는 직무상 알게 된 비밀을 누설하거나 다른 용도로 사용해서는 아니 된다.(2019.1.15 본조신설)

제15조의9【벌칙 적용에서 공무원 의제】 자활복지개발원의 임직원은 「형법」 제129조부터 제132조까지의 규정을 적용할 때에는 공무원으로 본다.(2019.1.15 본조신설)

제15조의10【광역자활센터】 ① 보장기관은 수급자 및 차상위자의 자활촉진에 필요한 다음 각 호의 사업을 수행하게 하기 위하여 사회복지법인, 사회적협동조합 등 비영리법인과 단체(이하 이 조에서 "법인등"이라 한다)를 법인등의 신청을 받아 특별시·광역시·특별자치시·도·특별자치도(이하 "시·도"라 한다) 단위의 광역자활센터로 지정한다. 이 경우 보장기관은 법인등의 지역사회복지사업 및 자활지원사업의 수행 능력·경험 등을 고려하여야 한다.
1. 시·도 단위의 자활기업 창업지원
2. 시·도 단위의 수급자 및 차상위자에 대한 취업·창업 지원 및 알선
3. 제16조에 따른 지역자활센터 종사자 및 참여자에 대한 교육훈련 및 지원
4. 지역특화형 자활프로그램 개발·보급 및 사업개발 지원
5. 제16조에 따른 지역자활센터 및 제18조에 따른 자활기업에 대한 기술·경영 지도
6. 그 밖에 자활촉진에 필요한 사업으로서 보건복지부장관이 정하는 사업

② 보장기관은 광역자활센터의 설치 및 운영에 필요한 경비의 전부 또는 일부를 보조할 수 있다.
③ 보장기관은 광역자활센터에 대하여 정기적으로 사업실적 및 운영실태를 평가하고 수급자의 자활촉진을 달성하지 못하는 광역자활센터에 대해서는 그 지정을 취소할 수 있다.
④ 제1항부터 제3항까지에서 규정한 사항 외에 광역자활센터의 신청·지정 및 취소 절차와 평가, 그 밖에 운영에 필요한 사항은 보건복지부령으로 정한다.
(2019.1.15 본조개정)

제16조【지역자활센터 등】 ① 보장기관은 수급자 및 차상위자의 자활 촉진에 필요한 다음 각 호의 사업을 수행하게 하기 위하여 사회복지법인, 사회적협동조합 등 비영리법인과 단체(이하 이 조에서 "법인등"이라 한다)를 법인등의 신청을 받아 지역자활센터로 지정할 수 있다. 이 경우 보장기관은 법인등의 지역사회복지사업 및 자활지원사업 수행능력·경험 등을 고려하여야 한다.(2014.12.30 전단개정)
1. 자활의욕 고취를 위한 교육
2. 자활을 위한 정보제공, 상담, 직업교육 및 취업알선
3. 생업을 위한 자금융자 알선
4. 자영창업 지원 및 기술·경영지도
5. 제18조에 따른 자활기업의 설립·운영 지원
6. 그 밖에 자활을 위한 각종 사업

② 보장기관은 제1항에 따라 지정을 받은 지역자활센터에 대하여 다음 각 호의 지원을 할 수 있다.
1. 지역자활센터의 설립·운영 비용 또는 제1항 각 호의 사업 수행 비용의 전부 또는 일부
2. 국유·공유 재산의 무상임대
3. 보장기관이 실시하는 사업의 우선 위탁

③ 보장기관은 지역자활센터에 대하여 정기적으로 사업실적 및 운영실태를 평가하고 수급자의 자활촉진을 달성하지 못하는 지역자활센터에 대하여는 그 지정을 취소할 수 있다.
④ 지역자활센터는 수급자 및 차상위자에 대한 효과적인 자활지원과 지역자활센터의 발전을 공동으로 도모하기 위하여 지역자활센터협회를 설립할 수 있다.
⑤ 제1항부터 제3항까지에서 규정한 사항 외에 지역자활센터의 신청·지정 및 취소 절차와 평가, 그 밖에 운영 등에 필요한

사항은 보건복지부령으로 정한다.
(2012.2.1 본조개정)
제17조【자활기관협의체】 ① 시장·군수·구청장은 자활지원사업의 효율적인 추진을 위하여 제16조에 따른 지역자활센터,「직업안정법」제2조의2제1호의 직업안정기관,「사회복지사업법」제2조제4호의 사회복지시설의 장 등과 상시적인 협의체계(이하 "자활기관협의체"라 한다)를 구축하여야 한다.
(2014.12.30 본항개정)
② 자활기관협의체의 구성 및 운영 등에 필요한 사항은 보건복지부령으로 정한다.
(2012.2.1 본조개정)
제18조【자활기업】 ① 수급자 및 차상위자는 상호 협력하여 자활기업을 설립·운영할 수 있다.
② 제1항에 따른 자활기업을 설립·운영하려는 자는 다음 각 호의 요건을 모두 갖추어 보장기관의 인정을 받아야 한다.
1. 조합 또는「부가가치세법」상 사업자의 형태를 갖출 것
2. 설립 및 운영 주체는 수급자 또는 차상위자를 2인 이상 포함하여 구성할 것. 다만, 설립 당시에는 수급자 또는 차상위자였으나, 설립 이후 수급자 또는 차상위자를 면하게 된 사람이 계속하여 그 구성원으로 있는 경우에는 수급자 또는 차상위자로 산정(算定)한다.
3. 그 밖에 운영기준에 관하여 보건복지부장관이 정하는 사항을 갖출 것
(2021.7.27 본항개정)
③ 보장기관은 자활기업에게 직접 또는 자활복지개발원, 제15조의10에 따른 광역자활센터 및 제16조에 따른 지역자활센터를 통하여 다음 각 호의 지원을 할 수 있다.(2019.1.15 본문개정)
1. 자활을 위한 사업자금 융자
2. 국유지·공유지 우선 임대
3. 국가나 지방자치단체가 실시하는 사업의 우선 위탁
4. (2021.7.27 삭제)
5. 자활기업 운영에 필요한 경영·세무 등의 교육 및 컨설팅 지원(2021.7.27 본호신설)
6. 그 밖에 수급자의 자활촉진을 위한 각종 사업
④ 그 밖에 자활기업의 설립·운영, 인정 및 지원에 필요한 사항은 보건복지부령으로 정한다.(2021.7.27 본항개정)
(2012.2.1 본조개정)
제18조의2【공공기관의 우선구매】 ①「중소기업제품 구매촉진 및 판로지원에 관한 법률」제2조제2호에 따른 공공기관의 장(이하 "공공기관의 장"이라 한다)은 자활기업이 직접 생산하는 물품, 제공하는 용역 및 수행하는 공사(이하 "자활기업생산품"이라 한다)의 우선구매를 촉진하여야 한다.
② 공공기관의 장은 소속 기관 등에 대한 평가를 시행하는 경우에는 자활기업생산품의 구매실적을 포함하여야 한다.
(2021.7.27 본조신설)
제18조의3【보고 등】 ① 자활기업은 보건복지부장관이 정하는 바에 따라 설립·운영현황, 사업실적 등의 사항을 적은 사업보고서를 작성하여 매 회계연도 4월 말 및 10월 말까지 보장기관에 제출하여야 한다.
② 보장기관은 자활기업을 지도·감독하며, 필요하다고 인정하는 경우에는 자활기업과 그 구성원에 대하여 업무에 필요한 보고나 관계 서류의 제출을 명할 수 있다.
③ 보장기관은 제1항 및 제2항에 따른 보고 사항의 검토 및 지도·감독을 한 결과 필요하면 시정을 명할 수 있다. 다만, 제18조제2항에 따른 인정요건을 갖추지 못하게 된 경우에는 시정을 명하여야 한다.
(2021.7.27 본조신설)
제18조의4【자활기업의 인정취소】 ① 보장기관은 자활기업이 다음 각 호의 어느 하나에 해당하게 되면 인정을 취소할 수 있다. 다만, 제1호에 해당하면 인정을 취소하여야 한다.
1. 거짓이나 그 밖의 부정한 방법으로 인정을 받은 경우
2. 제18조제2항에 따른 인정요건을 갖추지 못하게 된 경우
3. 거짓이나 그 밖의 부정한 방법으로 이 법 또는 다른 법령에 따른 재정 지원을 받았거나 받으려고 한 경우
4. 경영 악화 등으로 자진하여 인정취소를 요청하는 경우
5. 제18조의3제3항에 따른 시정명령을 2회 이상 받고도 시정하지 아니한 경우
② 보장기관은 제1항제1호·제3호·제5호의 이유로 인정이 취소된 기업 또는 해당 기업과 실질적 동일성이 인정되는 기업에 대하여는 그 취소된 날부터 3년이 지나지 아니한 경우에는 인정하여서는 아니 된다.
③ 제1항에 따른 인정취소의 세부기준 및 제2항에 따른 실질적 동일성이 인정되는 기업의 기준 등에 관하여 필요한 사항은 보건복지부령으로 정한다.
(2021.7.27 본조신설)
제18조의5【유사명칭의 사용금지】 자활기업이 아닌 자는 자활기업 또는 이와 유사한 명칭을 사용하여서는 아니 된다.
(2021.7.27 본조신설)
제18조의6【고용촉진】 ① 보장기관은 수급자 및 차상위자의 고용을 촉진하기 위하여 상시근로자의 일정비율 이상을 수급자 및 차상위자로 채용하는 기업에 대하여는 대통령령으로 정하는 바에 따라 제18조제3항 각 호에 해당하는 지원을 할 수 있다.
② 시장·군수·구청장은 수급자 및 차상위자에게 가구별 특성을 고려하여 관련 기관의 고용지원서비스를 연계할 수 있다.
(2021.12.21 본항개정)
③ 시장·군수·구청장은 수급자 및 차상위자의 취업활동으로 인하여 지원이 필요하게 된 해당 가구의 아동·노인 등에게 사회복지서비스를 지원할 수 있다.
(2014.12.30 본조개정)
제18조의7【자활기금의 적립】 ① 보장기관은 이 법에 따른 자활지원사업의 원활한 추진을 위하여 자활기금을 적립한다.
(2019.1.15 본항개정)
② 보장기관은 자활지원사업의 효율적 추진을 위하여 필요하다고 인정하는 경우에는 자활기금의 관리·운영을 자활복지개발원 또는 자활지원사업을 수행하는 비영리법인에 위탁할 수 있다. 이 경우 그에 드는 비용은 보장기관이 부담한다.
(2019.1.15 전단개정)
③ 제1항에 따른 자활기금의 적립에 필요한 사항은 대통령령으로 정한다.
(2012.2.1 본조개정)
제18조의8【자산형성지원】 ① 보장기관은 수급자 및 차상위자가 자활에 필요한 자산을 형성할 수 있도록 재정적인 지원을 할 수 있다. 다만,「청년기본법」제3조제1호의 청년으로서 대통령령으로 정하는 소득·재산 기준을 충족하는 사람은 다른 규정에도 불구하고 이 법에 따른 자산형성지원의 대상으로 본다.(2021.12.21 단서신설)
② 보장기관은 제1항의 자산형성지원 대상자가 자활에 필요한 자산을 형성하는 데 필요한 교육을 실시할 수 있다.
(2021.12.21 본항개정)
③ 제1항에 따른 지원으로 형성된 자산은 대통령령으로 정하는 바에 따라 수급자의 재산의 소득환산액 산정 시 이를 포함하지 아니한다.(2014.12.30 본항개정)
④ 보장기관은 제1항 및 제2항에 따른 자산형성지원과 그 교육에 관한 업무의 전부 또는 일부를 자활복지개발원 등의 법인 또는 단체 등에 위탁할 수 있다.(2019.1.15 본항개정)
⑤ 제1항에 따른 자산형성지원의 대상과 기준 및 제2항에 따른 교육의 내용은 대통령령으로 정하고, 자산형성지원의 신청, 방법 및 지원금의 반환절차 등에 필요한 사항은 보건복지부령으로 정한다.(2019.1.15 본항신설)
제18조의9【자활의 교육 등】 ① 보건복지부장관, 특별시장·광역시장·특별자치시장·도지사·특별자치도지사(이하 "시·도지사"라 한다), 시장·군수·구청장은 수급자 및 차상위자의 자활촉진을 위하여 교육을 실시할 수 있다.
② 보건복지부장관은 제1항에 따른 교육의 전부 또는 일부를 법인·단체 등에 위탁할 수 있다.(2019.1.15 본항개정)
③ 보건복지부장관은 제2항에 따른 교육을 위탁받은 법인·단체 등에 대하여 그 운영에 필요한 비용을 지원할 수 있다.
(2019.1.15 본항개정)
④ 제1항부터 제3항까지에 따른 교육과 교육기관의 조직·운영 등에 필요한 사항은 보건복지부장관이 정한다.
(2014.12.30 본조신설)
제18조의10【자활지원사업 통합정보전산망의 구축·운영 등】
① 보건복지부장관은 근로능력이 있는 수급자 등 자활지원사

업 참여자의 수급이력 및 근로활동 현황 등 자활지원사업의 수행·관리 및 효과분석에 필요한 각종 자료 및 정보를 효율적으로 처리하고 기록·관리하는 자활지원사업 통합정보전산망(이하 "통합정보전산망"이라 한다)을 구축·운영할 수 있다.
② 보건복지부장관은 통합정보전산망의 구축·운영을 위하여 국가보훈부, 고용노동부, 국세청 등 국가기관과 지방자치단체의 장 및 관련 기관·단체의 장에게 다음 각 호의 자료 제공 및 관계 전산망의 이용을 요청할 수 있다. 이 경우 자료의 제공 등을 요청받은 기관의 장은 정당한 사유가 없으면 그 요청에 따라야 한다.(2023.3.4 전단개정)
1. 사업자등록부
2. 국민건강보험·국민연금·고용보험·산업재해보상보험·보훈급여·공무원연금·군인연금·사립학교교직원연금·별정우체국연금의 가입 여부, 소득정보, 가입종별, 부과액 및 수급액
3. 사회보장급여 수급이력
4. 국가기술자격 취득 정보
③ 보건복지부장관은 제2항에 따른 자료 및 관계 전산망의 이용 등 통합정보전산망의 구축·운영에 필요한 자료의 조사를 위하여 「사회보장기본법」 제37조제2항에 따른 사회보장정보시스템을 연계하여 사용할 수 있다.
④ 자활지원사업을 수행하는 중앙행정기관, 지방자치단체 및 위탁받은 기관·단체의 장과 자활복지개발원의 원장은 자활지원사업의 수행·관리 및 효과분석을 위하여 제2항 각 호의 정보를 활용하고자 하는 경우 보건복지부장관에게 통합정보전산망의 사용을 요청할 수 있다.
⑤ 보건복지부장관은 통합정보전산망 구축·운영에 관한 업무의 전부 또는 일부를 자활복지개발원에 위탁할 수 있다.
⑥ 제2항부터 제4항까지에 따른 자료 또는 관계 전산망의 이용 및 제공에 대해서는 수수료·사용료 등을 면제한다.
(2019.1.15 본조신설)
제18조의11【개인정보의 보호】 ① 보건복지부장관은 제18조의10제4항에 따른 수행기관의 통합정보전산망 사용 요청에 대하여 같은 조 제2항 각 호의 정보 중 업무에 필요한 최소한의 정보만 제공하여야 한다.(2021.7.27 본항개정)
② 수행기관은 제18조의10제4항에 따라 보건복지부장관에게 통합정보전산망 사용을 요청하는 경우 보안교육 등 자활지원사업 참여자의 개인정보에 대한 보호대책을 마련하여야 한다.
(2021.7.27 본항개정)
③ 수행기관은 제18조의10제2항부터 제4항까지에 따른 자료 및 관계 전산망을 이용하고자 하는 경우에는 사전에 정보주체의 동의를 받아야 한다.(2021.7.27 본항개정)
④ 수행기관은 제18조의10제2항부터 제4항까지에 따른 자료 및 관계 전산망을 이용함에 있어 다음 각 호의 개인정보를 제외한 정보는 참여자의 수급이력 및 근로활동현황 등 자활지원사업의 수행·관리 및 효과분석 목적을 달성한 경우 지체 없이 파기하여야 한다.(2021.7.27 본문개정)
1. 자활지원사업 신청자 및 참여자의 특성
2. 자활지원사업 참여자의 사업 참여 이력
3. 자활지원사업 참여자의 사업종료 이후 취업 이력
⑤ 제18조의10제2항 각 호의 개인정보는 수행기관에서 자활지원사업을 담당하는 자 중 해당 기관의 장으로부터 개인정보 취급승인을 받은 자만 취급할 수 있다.(2021.7.27 본항개정)
⑥ 자활지원사업 업무에 종사하거나 종사하였던 자는 자활지원사업 업무 수행과 관련하여 알게 된 개인·법인 또는 단체의 정보를 누설하거나 다른 용도로 사용해서는 아니 된다.
⑦ 제1항부터 제5항까지에서 정한 개인정보 보호대책, 정보주체에 대한 사전 동의 방법, 목적을 달성한 정보의 파기 시기 및 방법, 개인정보 취급승인의 절차, 보안교육 등에 관한 세부적인 사항은 보건복지부장관이 정한다.
(2019.1.15 본조신설)

제3장 보장기관

(2012.2.1 본장개정)

제19조【보장기관】 ① 이 법에 따른 급여는 수급권자 또는 수급자의 거주지를 관할하는 시·도지사와 시장·군수·구청장[제7조제1항제4호의 교육급여인 경우에는 특별시·광역시·특별자치시·도·특별자치도의 교육감(이하 "시·도교육감"이라 한다)을 말한다. 이하 같다]이 실시한다. 다만, 주거가 일정하지 아니한 경우에는 수급권자 또는 수급자가 실제 거주하는 지역을 관할하는 시장·군수·구청장이 실시한다.
(2014.12.30 본항개정)
② 제1항에도 불구하고 보건복지부장관, 소관 중앙행정기관의 장과 시·도지사는 수급자를 각각 국가나 해당 지방자치단체가 경영하는 보장시설에 입소하게 하거나 다른 보장시설에 위탁하여 급여를 실시할 수 있다.(2014.12.30 본항개정)
③ 수급권자나 수급자가 거주지를 변경하는 경우의 처리방법과 보장기관 간의 협조, 그 밖에 업무처리에 필요한 사항은 보건복지부령으로 정한다.
④ 보장기관은 수급권자·수급자·차상위계층에 대한 조사와 수급자 결정 및 급여의 실시 등 이 법에 따른 보장업무를 수행하게 하기 위하여 「사회복지사업법」 제14조에 따른 사회복지 전담공무원(이하 "사회복지 전담공무원"이라 한다)을 배치하여야 한다. 이 경우 제15조에 따른 자활급여 업무를 수행하는 사회복지 전담공무원은 따로 배치하여야 한다.
제20조【생활보장위원회】 ① 이 법에 따른 생활보장사업의 기획·조사·실시 등에 관한 사항을 심의·의결하기 위하여 보건복지부와 시·도 및 시·군·구(자치구를 말한다. 이하 같다)에 각각 생활보장위원회를 둔다. 다만, 시·도 및 시·군·구에 두는 생활보장위원회는 그 기능을 담당하기에 적합한 다른 위원회가 있고 그 위원회의 위원이 제4항에 규정된 자격을 갖춘 경우에는 시·도 또는 시·군·구의 조례로 정하는 바에 따라 그 위원회가 생활보장위원회의 기능을 대신할 수 있다.
② 보건복지부에 두는 생활보장위원회(이하 "중앙생활보장위원회"라 한다)는 다음 각 호의 사항을 심의·의결한다.
1. 제20조의2제3항에 따른 기초생활보장 종합계획의 수립
2. 소득인정액 산정방식과 기준 중위소득의 결정
3. 급여의 종류별 수급자 선정기준과 최저보장수준의 결정
4. 제20조의2제2항 및 제4항에 따른 급여기준의 적정성 등 평가 및 실태조사에 관한 사항
(2014.12.30 1호~4호개정)
5. 급여의 종류별 누락·중복, 차상위계층의 지원사업 등에 대한 조정(2014.12.30 본호신설)
6. 제18조의7에 따른 자활기금의 적립·관리 및 사용에 관한 지침의 수립(2021.7.27 본호개정)
7. 그 밖에 위원장이 회의에 부치는 사항
③ 중앙생활보장위원회는 위원장을 포함하여 16명 이내의 위원으로 구성하고 위원은 보건복지부장관이 다음 각 호의 어느 하나에 해당하는 사람 중에서 위촉·지명하며 위원장은 보건복지부장관으로 한다.
1. 공공부조 또는 사회복지와 관련된 학문을 전공한 전문가로서 대학의 조교수 이상인 사람 또는 연구기관의 연구원으로 재직 중인 사람 5명 이내
2. 공익을 대표하는 사람 5명 이내
3. 관계 행정기관 소속 3급 이상 공무원 또는 고위공무원단에 속하는 일반직공무원 5명 이내
(2014.12.30 본항개정)
④ 제1항에 따른 시·도 및 시·군·구 생활보장위원회의 위원은 시·도지사 또는 시장·군수·구청장이 다음 각 호의 어느 하나에 해당하는 사람 중에서 위촉·지명하며 위원장은 해당 시·도지사 또는 시장·군수·구청장으로 한다. 다만, 제1항 단서에 따라 다른 위원회가 생활보장위원회의 기능을 대신하는 경우 위원장은 조례로 정한다.
1. 사회보장에 관한 학식과 경험이 있는 사람
2. 공익을 대표하는 사람
3. 관계 행정기관 소속 공무원
⑤ 제1항에 따른 생활보장위원회는 심의·의결과 관련하여 필요한 경우 보장기관에 대하여 그 소속 공무원의 출석이나 자료의 제출을 요청할 수 있다. 이 경우 해당 보장기관은 정당한 사유가 없으면 요청에 따라야 한다.
⑥ 시·도 및 시·군·구 생활보장위원회의 기능과 각 생활보

장위원회의 구성·운영 등에 필요한 사항은 대통령령으로 정한다.

제20조의2【기초생활보장 계획의 수립 및 평가】 ① 소관 중앙행정기관의 장은 수급자의 최저생활을 보장하기 위하여 3년마다 소관별로 기초생활보장 기본계획을 수립하여 보건복지부장관에게 제출하여야 한다.
② 보건복지부장관 및 소관 중앙행정기관의 장은 제4항에 따른 실태조사 결과를 고려하여 급여기준의 적정성 등에 대한 평가를 실시할 수 있으며, 이와 관련하여 전문적인 조사·연구 등을 「공공기관 운영에 관한 법률」에 따른 공공기관 또는 민간 법인·단체 등에 위탁할 수 있다.
③ 보건복지부장관은 제1항에 따른 기초생활보장 기본계획 및 제2항에 따른 평가결과를 종합하여 기초생활보장 종합계획을 수립하여 중앙생활보장위원회의 심의를 받아야 한다.
④ 보건복지부장관은 수급권자, 수급자 및 차상위계층 등의 규모·생활실태 파악, 최저생계비 계측 등을 위하여 3년마다 실태조사를 실시·공표하여야 한다.
⑤ 보건복지부장관 및 소관 중앙행정기관의 장은 관계 행정기관, 지방자치단체, 「공공기관 운영에 관한 법률」에 따른 공공기관 등에 대하여 평가에 관한 의견 또는 자료의 제출을 요구할 수 있다. 이 경우 관계 행정기관 등은 특별한 사유가 없으면 이에 따라야 한다.
(2014.12.30 본조신설)

제4장 급여의 실시

제21조【급여의 신청】 ① 수급권자와 그 친족, 그 밖의 관계인은 관할 시장·군수·구청장에게 수급권자에 대한 급여를 신청할 수 있다. 차상위자가 급여를 신청하려는 경우에도 같으며, 이 경우 신청방법과 절차 및 조사 등에 관하여는 제2항부터 제5항까지, 제22조, 제23조 및 제23조의2를 준용한다.
(2014.12.30 본항개정)
② 사회복지 전담공무원은 이 법에 따른 급여를 필요로 하는 사람이 누락되지 아니하도록 하기 위하여 관할지역에 거주하는 수급권자에 대한 급여를 직권으로 신청할 수 있다. 이 경우 수급권자의 동의를 구하여야 하며 수급권자의 동의는 수급권자의 신청으로 볼 수 있다.
③ 제1항에 따라 급여신청을 할 때나 제2항에 따라 사회복지 전담공무원이 급여신청을 하는 것에 수급권자가 동의하였을 때에는 수급권자와 부양의무자는 다음 각 호의 자료 또는 정보의 제공에 대하여 동의한다는 서면을 제출하여야 한다.
1. 「금융실명거래 및 비밀보장에 관한 법률」 제2조제2호 및 제3호에 따른 금융자산 및 금융거래의 내용에 대한 자료 또는 정보 중 예금의 평균잔액과 그 밖에 대통령령으로 정하는 자료 또는 정보(이하 "금융정보"라 한다)
2. 「신용정보의 이용 및 보호에 관한 법률」 제2조제1호에 따른 신용정보 중 채무액과 그 밖에 대통령령으로 정하는 자료 또는 정보(이하 "신용정보"라 한다)
3. 「보험업법」 제4조제1항 각 호에 따른 보험에 가입하여 낸 보험료와 그 밖에 대통령령으로 정하는 자료 또는 정보(이하 "보험정보"라 한다)
④ 제1항에 따라 수급권자 등이 급여를 신청할 경우 사회복지 전담공무원은 신청한 사람이 급여에 관한 정보의 부족 등으로 불리한 입장에 놓이지 아니하도록 수급권자의 선정기준, 급여의 내용 및 신청방법 등을 알기 쉽게 설명하여야 한다.
(2016.2.3 본항신설)
⑤ 시장·군수·구청장은 신청자에게 급여 신청의 철회나 포기를 유도하는 행위를 하여서는 아니 된다.(2016.2.3 본항신설)
⑥ 제1항 및 제2항에 따른 급여의 신청 방법 및 절차 등에 관하여 필요한 사항은 보건복지부령으로 정한다.
⑦ 제3항에 따른 동의의 방법·절차 등에 관하여 필요한 사항은 대통령령으로 정한다.
(2012.2.1 본조개정)

제22조【신청에 의한 조사】 ① 시장·군수·구청장은 제21조에 따른 급여신청이 있는 경우에는 사회복지 전담공무원으로 하여금 급여의 결정 및 실시 등에 필요한 다음 각 호의 사항을 조사하게 하거나 수급권자에게 보장기관이 지정하는 의료기관에서 검진을 받게 할 수 있다.(2014.12.30 본문개정)
1. 부양의무자의 유무 및 부양능력 등 부양의무자와 관련된 사항
2. 수급권자 및 부양의무자의 소득·재산에 관한 사항
3. 수급권자의 근로능력, 취업상태, 자활욕구 등 제28조에 따른 자활지원계획 수립에 필요한 사항
4. 그 밖에 수급권자의 건강상태, 가구 특성 등 생활실태에 관한 사항
② 시장·군수·구청장은 제1항에 따라 신청한 수급권자 또는 그 부양의무자의 소득, 재산 및 건강상태 등을 확인하기 위하여 필요한 자료를 확보하기 곤란한 경우 보건복지부령으로 정하는 바에 따라 수급권자 또는 부양의무자에게 필요한 자료의 제출을 요구할 수 있다.(2014.12.30 본항개정)
③ 시장·군수·구청장은 급여의 결정 또는 실시 등을 위하여 필요한 경우에는 제1항 각 호의 조사를 관계 기관에 위촉하거나 수급권자 또는 그 부양의무자의 고용주, 그 밖의 관계인에게 이에 관한 자료의 제출을 요청할 수 있다.(2014.12.30 본항개정)
④ 보장기관이 제1항 각 호의 조사를 하기 위하여 금융·국세·지방세·토지·건물·자동차·건강보험·국민연금·고용보험·출입국·병무·교정 등 관련 전산망 또는 자료를 이용하려는 경우에는 관계 기관의 장에게 협조를 요청할 수 있다. 이 경우 관계 기관의 장은 정당한 사유가 없으면 협조하여야 한다.(2017.12.12 전단개정)
⑤ 제1항에 따라 조사를 하는 사회복지 전담공무원은 그 권한을 표시하는 증표 및 조사기간, 조사범위, 조사담당자, 관계 법령 등 보건복지부령으로 정하는 사항이 기재된 서류를 지니고 관계인에게 보여주어야 한다.(2016.2.3 본항개정)
⑥ 보장기관의 공무원 또는 공무원이었던 사람은 제1항부터 제4항까지의 규정에 따라 얻은 정보와 자료를 이 법에서 정한 보장목적 외에 다른 용도로 사용하거나 다른 사람 또는 기관에 제공하여서는 아니 된다.
⑦ 보장기관은 제1항부터 제4항까지의 규정에 따른 조사 결과를 대장으로 작성하여 갖추어 두어야 하며 그 밖에 조사에 필요한 사항은 보건복지부장관이 정한다. 다만, 전산정보처리조직에 의하여 관리되는 경우에는 전산 파일로 대체할 수 있다.
⑧ 보장기관은 수급권자 또는 부양의무자가 제1항 및 제2항에 따른 조사 또는 자료제출 요구를 2회 이상 거부·방해 또는 기피하거나 검진 지시에 따르지 아니하면 급여신청을 각하(却下)할 수 있다. 이 경우 제29조제2항을 준용한다.
⑨ 제1항에 따른 조사의 내용·절차·방법 등에 관하여 이 법에서 정하는 사항을 제외하고는 「행정조사기본법」에서 정하는 바를 따른다.(2016.2.3 본항신설)
(2012.2.1 본조개정)

제23조【확인조사】 ① 시장·군수·구청장은 수급자 및 수급자에 대한 급여의 적정성을 확인하기 위하여 매년 연간조사계획을 수립하고 관할구역의 수급자를 대상으로 제22조제1항 각 호의 사항을 매년 1회 이상 정기적으로 조사하여야 하며, 특히 필요하다고 인정하는 경우에는 보장기관이 지정하는 의료기관에서 검진을 받게 할 수 있다. 다만, 보건복지부장관이 정하는 사항은 분기마다 조사하여야 한다.(2014.12.30 본문개정)
② 수급자의 자료제출, 조사의 위촉, 관련 전산망의 이용, 그 밖에 확인조사를 위하여 필요한 사항에 관하여는 제22조제2항부터 제7항까지의 규정을 준용한다.
③ 보장기관은 수급자 또는 부양의무자가 제1항에 따른 조사나 제2항에 따라 준용되는 제22조제2항에 따른 자료제출 요구를 2회 이상 거부·방해 또는 기피하거나 검진 지시에 따르지 아니하면 수급자에 대한 급여 결정을 취소하거나 급여를 정지 또는 중지할 수 있다. 이 경우 제29조제2항을 준용한다.
(2012.2.1 본조개정)

제23조의2【금융정보등의 제공】 ① 보건복지부장관은 「금융실명거래 및 비밀보장에 관한 법률」 제4조제1항과 「신용정보의 이용 및 보호에 관한 법률」 제32조제1항에도 불구하고 수급권자와 그 부양의무자가 제21조제3항에 따라 제출한 동의의 서면을 전자적 형태로 바꾼 문서에 의하여 금융기관등(「금융

실명거래 및 비밀보장에 관한 법률」 제2조제1호에 따른 금융회사등, 「신용정보의 이용 및 보호에 관한 법률」 제25조에 따른 신용정보집중기관을 말한다. 이하 같다)의 장에게 금융정보·신용정보 또는 보험정보(이하 "금융정보등"이라 한다)의 제공을 요청할 수 있다.
② 보건복지부장관은 제23조에 따른 확인조사를 위하여 필요하다고 인정하는 경우 「금융실명거래 및 비밀보장에 관한 법률」 제4조제1항과 「신용정보의 이용 및 보호에 관한 법률」 제32조제1항에도 불구하고 대통령령으로 정하는 기준에 따라 인적사항을 적은 문서 또는 정보통신망으로 금융기관등의 장에게 수급자와 부양의무자의 금융정보등을 제공하도록 요청할 수 있다.
③ 제1항 및 제2항에 따라 금융정보등의 제공을 요청받은 금융기관등의 장은 「금융실명거래 및 비밀보장에 관한 법률」 제4조와 「신용정보의 이용 및 보호에 관한 법률」 제32조에도 불구하고 명의인의 금융정보등을 제공하여야 한다.
④ 제3항에 따라 금융정보등을 제공한 금융기관등의 장은 금융정보등의 제공 사실을 명의인에게 통보하여야 한다. 다만, 명의인이 동의한 경우에는 「금융실명거래 및 비밀보장에 관한 법률」 제4조의2제1항과 「신용정보의 이용 및 보호에 관한 법률」 제35조에도 불구하고 통보하지 아니할 수 있다.
⑤ 제1항부터 제3항까지의 규정에 따른 금융정보등의 제공요청 및 제공은 「정보통신망 이용촉진 및 정보보호 등에 관한 법률」 제2조제1항제1호에 따른 정보통신망을 이용하여야 한다. 다만, 정보통신망의 손상 등 불가피한 사유가 있는 경우에는 그러하지 아니하다.
⑥ 제1항부터 제3항까지의 규정에 따른 업무에 종사하고 있거나 종사하였던 사람은 업무를 수행하면서 취득한 금융정보등을 이 법에서 정한 목적 외의 다른 용도로 사용하거나 다른 사람 또는 기관에 제공하거나 누설하여서는 아니 된다.
⑦ 제1항부터 제3항까지와 제5항에 따른 금융정보등의 제공요청 및 제공 등에 필요한 사항은 대통령령으로 정한다.
(2012.2.1 본조개정)

제24조【차상위계층에 대한 조사】 ① 시장·군수·구청장은 급여의 종류별 수급자 선정기준의 변경 등에 의하여 수급권자의 범위가 변동함에 따라 다음 연도에 이 법에 따른 급여가 필요할 것으로 예측되는 수급권자의 규모를 조사하기 위하여 보건복지부령으로 정하는 바에 따라 차상위계층에 대하여 조사할 수 있다.(2014.12.30 본항개정)
② 시장·군수·구청장은 제1항에 따른 조사를 하려는 경우 조사대상자의 동의를 받아야 한다. 이 경우 조사대상자의 동의는 다음 연도의 급여신청으로 본다.(2014.12.30 전단개정)
③ 조사대상자의 자료제출, 조사의 위촉, 관련 전산망의 이용, 그 밖에 차상위계층에 대한 조사를 위하여 필요한 사항에 관하여는 제22조제2항부터 제7항까지의 규정을 준용한다.
(2012.2.1 본조개정)

제25조【조사 결과의 통보 등】 제22조, 제23조, 제23조의2 및 제24조에 따라 시장·군수·구청장이 수급권자, 수급자, 부양의무자 및 차상위계층을 조사하였을 때에는 보건복지부령으로 정하는 바에 따라 관할 시·도지사에게 통보하여야 하며, 통보를 받은 시·도지사는 이를 보건복지부장관 및 소관 중앙행정기관의 장에게 통보하여야 한다. 시·도지사가 조사하였을 때에도 또한 같다.(2024.9.20 본조개정)

제26조【급여의 결정 등】 ① 시장·군수·구청장은 제22조에 따라 조사를 하였을 때에는 지체 없이 급여 실시 여부와 급여의 내용을 결정하여야 한다.(2014.12.30 본항개정)
② 제24조에 따라 차상위계층을 조사한 시장·군수·구청장은 제27조제1항 단서에 규정된 급여개시일이 속하는 달에 급여 실시 여부와 급여 내용을 결정하여야 한다.(2014.12.30 본항개정)
③ 시장·군수·구청장은 제1항 및 제2항에 따라 급여 실시 여부와 급여 내용을 결정하였을 때에는 그 결정의 요지(급여의 산출 근거를 포함한다), 급여의 종류·방법 및 급여의 개시 시기 등을 서면으로 수급권자 또는 신청인에게 통지하여야 한다.(2019.12.3 본항개정)
④ 신청인에 대한 제3항의 통지는 제21조에 따른 급여의 신청일부터 30일 이내에 하여야 한다. 다만, 다음 각 호의 어느 하나에 해당하는 경우에는 신청일부터 60일 이내에 통지할 수 있다. 이 경우 통지서에 그 사유를 구체적으로 밝혀야 한다.
(2014.12.30 본문개정)
1. 부양의무자의 소득·재산 등의 조사에 시일이 걸리는 특별한 사유가 있는 경우
2. 수급권자 또는 부양의무자가 제22조제1항·제2항 및 관계 법률에 따른 조사나 자료제출 요구를 거부·방해 또는 기피하는 경우(2014.12.30 본호개정)
(2012.2.1 본조개정)

제27조【급여의 실시 등】 ① 제26조제1항에 따라 급여 실시 및 급여 내용이 결정된 수급자에 대한 급여는 제21조에 따른 급여의 신청일부터 시작한다. 다만, 제6조에 따라 보건복지부장관 또는 소관중앙행정기관의 장이 매년 결정·공표하는 급여의 종류별 수급자 선정기준의 변경으로 인하여 매년 1월에 새로 수급자로 결정되는 사람에 대한 급여는 해당 연도의 1월 1일을 그 급여개시일로 한다.
② 시장·군수·구청장은 제26조제1항에 따른 급여 실시 여부의 결정을 하기 전이라도 수급권자에게 급여를 실시하여야 할 긴급한 필요가 있다고 인정될 때에는 제7조제1항 각 호에 규정된 급여의 일부를 실시할 수 있다.
(2014.12.30 본조개정)

제27조의2【급여의 지급방법 등】 ① 보장기관이 급여를 금전으로 지급할 때에는 수급자의 신청에 따라 수급자 명의의 지정된 계좌(이하 "급여수급계좌"라 한다)로 입금하여야 한다. 다만, 정보통신장애나 그 밖에 대통령령으로 정하는 불가피한 사유로 급여수급계좌로 이체할 수 없을 때에는 대통령령으로 정하는 바에 따라 급여를 지급할 수 있다.
② 급여수급계좌의 해당 금융기관은 이 법에 따른 급여와 제4조제4항에 따라 지방자치단체가 실시하는 급여만이 급여수급계좌에 입금되도록 관리하여야 한다.(2018.12.11 본항개정)
③ 제1항에 따른 계좌 입금이나 현금 지급 등의 방법·절차와 제2항에 따른 급여수급계좌의 관리에 필요한 사항은 대통령령으로 정한다.
(2011.6.7 본조신설)

제27조의3【급여의 대리수령 등】 ① 보장기관은 수급자가 다음 각 호의 어느 하나에 해당하는 경우에는 제27조의2제1항 본문에도 불구하고 수급자 또는 후견인의 동의를 받아 급여를 수급자의 배우자, 직계혈족 또는 3촌 이내의 방계혈족(이하 "배우자등"이라 한다) 명의의 계좌에 입금할 수 있다.
1. 피성년후견인인 경우
2. 채무불이행으로 금전채권이 압류된 경우
3. 그 밖에 대통령령으로 정하는 사유로 본인 명의의 계좌를 개설하기 어려운 경우
② 제1항에 따라 배우자등 명의의 계좌로 급여를 지급하려는 보장기관은 미리 그 사유, 입금할 급여의 사용 목적 및 다른 용도 사용금지 등에 관한 사항을 배우자등에게 안내하여야 한다.
③ 제1항에 따라 급여를 지급받은 배우자등은 해당 급여를 목적 외의 용도로 사용하여서는 아니 된다.
④ 제1항에 따른 배우자등에 대한 급여 지급 절차 및 방법 등에 필요한 사항은 대통령령으로 정한다.
(2019.4.23 본조신설)

제28조【자활지원계획의 수립】 ① 시장·군수·구청장은 수급자의 자활을 체계적으로 지원하기 위하여 보건복지부장관이 정하는 바에 따라 제22조, 제23조, 제23조의2 및 제24조에 따른 조사 결과를 고려하여 수급자 가구별로 자활지원계획을 수립하고 그에 따라 이 법에 따른 급여를 실시하여야 한다.
(2014.12.30 본항개정)
② 보장기관은 수급자의 자활을 위하여 필요한 경우에는 「사회복지사업법」 등 다른 법률에 따라 보장기관이 제공할 수 있는 급여가 있거나 민간기관 등이 후원을 제공하는 경우 제1항의 자활지원계획에 따라 급여를 지급하거나 후원을 연계할 수 있다.
③ 시장·군수·구청장은 수급자의 자활여건 변화와 급여 실시 결과를 정기적으로 평가하고 필요한 경우 자활지원계획을 변경할 수 있다.(2014.12.30 본항개정)
(2012.2.1 본조개정)

제29조【급여의 변경】 ① 보장기관은 수급자의 소득·재산·근로능력 등이 변동된 경우에는 직권으로 또는 수급자나 그 친족, 그 밖의 관계인의 신청에 의하여 그에 대한 급여의 종류·방법 등을 변경할 수 있다.
② 제1항에 따른 급여의 변경은 산출 근거 등 이유를 구체적으로 밝혀 서면으로 수급자에게 통지하여야 한다.(2019.12.3 본항개정)
(2012.2.1 본조개정)
제30조【급여의 중지 등】 ① 보장기관은 수급자가 다음 각 호의 어느 하나에 해당하는 경우에는 급여의 전부 또는 일부를 중지하여야 한다.
1. 수급자에 대한 급여의 전부 또는 일부가 필요 없게 된 경우
2. 수급자가 급여의 전부 또는 일부를 거부한 경우
② 근로능력이 있는 수급자가 제9조제5항의 조건을 이행하지 아니하는 경우 조건을 이행할 때까지 제7조제2항에도 불구하고 근로능력이 있는 수급자 본인의 생계급여의 전부 또는 일부를 지급하지 아니할 수 있다.
③ 제1항 및 제2항에 따른 급여의 중지 등에 관하여는 제29조제2항을 준용한다.
(2012.2.1 본조개정)
제31조【청문】 보장기관은 제16조제3항에 따라 지역자활센터의 지정을 취소하려는 경우와 제23조제3항에 따라 급여의 결정을 취소하려는 경우에는 청문을 하여야 한다.(2012.2.1 본조개정)

제5장 보장시설
(2012.2.1 본장개정)

제32조【보장시설】 이 법에서 "보장시설"이란 제7조에 규정된 급여를 실시하는 「사회복지사업법」에 따른 사회복지시설로서 다음 각 호의 시설 중 보건복지부령으로 정하는 시설을 말한다.(2014.12.30 본문개정)
1. 「장애인복지법」 제58조제1항제1호의 장애인 거주시설 (2014.12.30 본호신설)
2. 「노인복지법」 제32조제1항의 노인주거복지시설 및 같은 법 제34조제1항의 노인의료복지시설(2014.12.30 본호신설)
3. 「아동복지법」 제52조제1항 및 제2항에 따른 아동복지시설 및 통합 시설(2014.12.30 본호신설)
4. 「정신건강증진 및 정신질환자 복지서비스 지원에 관한 법률」 제22조에 따른 정신요양시설 및 같은 법 제26조에 따른 정신재활시설(2016.5.29 본호개정)
5. 「노숙인 등의 복지 및 자립지원에 관한 법률」 제16조제1항제3호 및 제4호의 노숙인재활시설 및 노숙인요양시설
6. 「가정폭력방지 및 피해자보호 등에 관한 법률」 제7조에 따른 가정폭력피해자 보호시설
7. 「성매매방지 및 피해자보호 등에 관한 법률」 제9조제1항에 따른 성매매피해자등을 위한 지원시설
8. 「성폭력방지 및 피해자보호 등에 관한 법률」 제12조에 따른 성폭력피해자보호시설
9. 「한부모가족지원법」 제19조제1항의 한부모가족복지시설
10. 「사회복지사업법」 제2조제4호의 사회복지시설 중 결핵 및 한센병요양시설
11. 그 밖에 보건복지부령으로 정하는 시설
(2014.12.30 5호~11호신설)
제33조【보장시설의 장의 의무】 ① 보장시설의 장은 보장기관으로부터 수급자에 대한 급여를 위탁받은 경우에는 정당한 사유 없이 이를 거부하여서는 아니 된다.
② 보장시설의 장은 위탁받은 수급자에게 보건복지부장관 및 소관 중앙행정기관의 장이 정하는 최저기준 이상의 급여를 실시하여야 한다.(2014.12.30 본항개정)
③ 보장시설의 장은 위탁받은 수급자에게 급여를 실시할 때 성별·신앙 또는 사회적 신분 등을 이유로 차별대우를 하여서는 아니 된다.
④ 보장시설의 장은 위탁받은 수급자에게 급여를 실시할 때 수급자의 자유로운 생활을 보장하여야 한다.
⑤ 보장시설의 장은 위탁받은 수급자에게 종교상의 행위를 강제하여서는 아니 된다.

제6장 수급권자의 권리와 의무

제34조【급여 변경의 금지】 수급자에 대한 급여는 정당한 사유 없이 수급자에게 불리하게 변경할 수 없다.(2012.2.1 본조개정)
제35조【압류금지】 ① 수급자에게 지급된 수급품(제4조제4항에 따라 지방자치단체가 실시하는 급여를 포함한다)과 이를 받을 권리는 압류할 수 없다.(2018.12.11 본항개정)
② 제27조의2제1항에 따라 지정된 급여수급계좌의 예금에 관한 채권은 압류할 수 없다.(2011.6.7 본항신설)
제36조【양도금지】 수급자는 급여를 받을 권리를 타인에게 양도할 수 없다.
제37조【신고의 의무】 수급자는 거주지역, 세대의 구성 또는 임대차 계약내용이 변동되거나 제22조제1항 각 호의 사항이 현저하게 변동되었을 때에는 지체 없이 관할 보장기관에 신고하여야 한다.(2014.12.30 본조개정)

제7장 이의신청
(2012.2.1 본장개정)

제38조【시·도지사에 대한 이의신청】 ① 수급자나 급여 또는 급여 변경을 신청한 사람은 시장·군수·구청장(제7조제1항제4호의 교육급여인 경우에는 시·도교육감을 말한다)의 처분에 대하여 이의가 있는 경우에는 그 결정의 통지를 받은 날부터 90일 이내에 해당 보장기관을 거쳐 시·도지사(특별자치시장·특별자치도지사 및 시·도교육감의 처분에 이의가 있는 경우에는 해당 특별자치시장·특별자치도지사 및 시·도교육감을 말한다)에게 서면 또는 구두로 이의를 신청할 수 있다. 이 경우 구두로 이의신청을 접수한 보장기관의 공무원은 이의신청서를 작성할 수 있도록 협조하여야 한다.(2017.12.12 전단개정)
② 제1항에 따른 이의신청을 받은 시장·군수·구청장은 10일 이내에 의견서와 관계 서류를 첨부하여 시·도지사에게 보내야 한다.
제39조【시·도지사의 처분 등】 ① 시·도지사가 제38조제2항에 따라 시장·군수·구청장으로부터 이의신청서를 받았을 때(특별자치시장·특별자치도지사 및 시·도교육감의 경우에는 직접 이의신청을 받았을 때를 말한다)에는 30일 이내에 필요한 심사를 하고 이의신청을 각하 또는 기각하거나 해당 처분을 변경 또는 취소하거나 그 밖에 필요한 급여를 명하여야 한다.(2014.12.30 본항개정)
② 시·도지사는 제1항에 따른 처분 등을 하였을 때에는 지체 없이 신청인과 해당 시장·군수·구청장에게 각각 서면으로 통지하여야 한다.
제40조【보건복지부장관 등에 대한 이의신청】 ① 제39조에 따른 처분 등에 대하여 이의가 있는 사람은 그 처분 등의 통지를 받은 날부터 90일 이내에 시·도지사를 거쳐 보건복지부장관(제7조제1항제2호 또는 제4호의 주거급여 또는 교육급여인 경우에는 소관 중앙행정기관의 장을 말하며, 보건복지부장관에게 한 이의신청은 소관 중앙행정기관의 장에게 한 것으로 본다)에게 서면 또는 구두로 이의를 신청할 수 있다. 이 경우 구두로 이의신청을 접수한 보장기관의 공무원은 이의신청서를 작성할 수 있도록 협조하여야 한다.(2017.12.12 전단개정)
② 시·도지사는 제1항에 따른 이의신청을 받으면 10일 이내에 의견서와 관계 서류를 첨부하여 보건복지부장관 또는 소관 중앙행정기관의 장(제7조제1항제2호 또는 제4호의 주거급여 또는 교육급여인 경우에 한정한다)에게 보내야 한다.
③ 제1항 및 제2항에 규정된 사항 외에 이의신청의 방법 등은 대통령령으로 정한다.(2014.12.30 본항신설)
(2014.12.30 본조개정)
제41조【이의신청의 결정 및 통지】 ① 보건복지부장관 또는 소관 중앙행정기관의 장은 제40조제2항에 따라 이의신청서를 받았을 때에는 30일 이내에 필요한 심사를 하고 이의신청을 각하 또는 기각하거나 해당 처분의 변경 또는 취소의 결정을 하여야 한다.

② 보건복지부장관 또는 소관 중앙행정기관의 장은 제1항에 따른 결정을 하였을 때에는 지체 없이 시·도지사 및 신청인에게 각각 서면으로 결정 내용을 통지하여야 한다. 이 경우 소관 중앙행정기관의 장이 결정 내용을 통지하는 때에는 그 사실을 보건복지부장관에게 알려야 한다.
(2014.12.30 본조개정)

제8장 보장비용

(2012.2.1 본장개정)

제42조【보장비용】 이 법에서 "보장비용"이란 다음 각 호의 비용을 말한다.
1. 이 법에 따른 보장업무에 드는 인건비와 사무비
2. 제20조에 따른 생활보장위원회의 운영에 드는 비용
3. 제8조, 제11조, 제12조, 제12조의3, 제13조, 제14조, 제15조, 제15조의2, 제15조의3, 제15조의10 및 제16조부터 제18조까지의 규정에 따른 급여 실시 비용(2019.1.15 본호개정)
4. 그 밖에 이 법에 따른 보장업무에 드는 비용

제43조【보장비용의 부담 구분】 ① 보장비용의 부담은 다음 각 호의 구분에 따른다.
1. 국가 또는 시·도가 직접 수행하는 보장업무에 드는 비용은 국가 또는 해당 시·도가 부담한다.
2. 제19조제2항에 따른 급여의 실시 비용은 국가 또는 해당 시·도가 부담한다.
3. 시·군·구가 수행하는 보장업무에 드는 비용 중 제42조제1호 및 제2호의 비용은 해당 시·군·구가 부담한다.
4. 시·군·구가 수행하는 보장업무에 드는 비용 중 제42조제3호 및 제4호의 비용(이하 이 호에서 "시·군·구 보장비용"이라 한다)은 시·군·구의 재정여건, 사회보장비 지출 등을 고려하여 국가, 시·도 및 시·군·구가 다음 각 목에 따라 차등하여 분담한다.
   가. 국가는 시·군·구 보장비용의 총액 중 100분의 40 이상 100분의 90 이하를 부담한다.
   나. 시·도는 시·군·구 보장비용의 총액에서 가목의 국가부담분을 뺀 금액 중 100분의 30 이상 100분의 70 이하를 부담하고, 시·군·구는 시·군·구 보장비용의 총액 중에서 국가와 시·도가 부담하는 금액을 뺀 금액을 부담한다. 다만, 특별자치시·특별자치도는 시·군·구 보장비용의 총액 중에서 국가가 부담하는 금액을 뺀 금액을 부담한다.(2014.12.30 단서개정)

② 국가는 매년 이 법에 따른 보장비용 중 국가부담 예정 합계액을 각각 보조금으로 지급하고, 그 과부족(過不足) 금액은 정산하여 추가로 지급하거나 반납하게 한다.
③ 시·도는 매년 시·군·구에 대하여 제2항에 따른 국가의 보조금에, 제1항제4호에 따른 시·도의 부담예정액을 합하여 보조금으로 지급하고 그 과부족 금액은 정산하여 추가로 지급하거나 반납하게 한다.
④ 제2항 및 제3항에 따른 보조금의 산출 및 정산 방법 등에 관하여 필요한 사항은 대통령령으로 정한다.
⑤ 지방자치단체의 조례에 따라 이 법에 따른 급여 범위 및 수준을 초과하여 급여를 실시하는 경우 그 초과 보장비용은 해당 지방자치단체가 부담한다.

제43조의2【교육급여 보장비용 부담의 특례】 제43조제1항에도 불구하고 제12조 및 제12조의2에 따라 시·도교육감이 수행하는 보장업무에 드는 비용은 다음 각 호에 따라 차등하여 분담한다.
1. 소득인정액이 기준 중위소득의 100분의 40 이상인 수급자에 대한 입학금 및 수업료의 지원은 「초·중등교육법」 제60조의4에 따른다.
2. 소득인정액이 기준 중위소득의 100분의 40 이상인 수급자에 대한 학용품비와 그 밖의 수급품은 국가, 시·도, 시·군·구가 부담하며, 구체적인 부담비율에 관한 사항은 제43조제1항 제4호 각 목에 따른다.
3. 소득인정액이 기준 중위소득의 100분의 40 미만인 수급자에 대한 보장비용은 국가, 시·도, 시·군·구가 제43조제1항제4호 각 목에 따라 부담하되, 제12조의2에 따라 추가적으로 적용되는 기준에 따른 수급자에 대한 입학금 및 수업료의 지원은 「초·중등교육법」 제60조의4에 따른다.

(2014.12.30 본조신설)

제44조 (2006.12.28 삭제)

제45조【유류금품의 처분】 제14조에 따른 장제급여를 실시하는 경우에 사망자에게 부양의무자가 없을 때에는 시장·군수·구청장은 사망자가 유류(遺留)한 금전 또는 유가증권으로 그 비용에 충당하고, 그 부족액은 유류물품의 매각대금으로 충당할 수 있다.(2014.12.30 본조개정)

제46조【비용의 징수】 ① 수급자에게 부양능력을 가진 부양의무자가 있음이 확인된 경우에는 보장비용을 지급한 보장기관은 제20조에 따른 생활보장위원회의 심의·의결을 거쳐 그 비용의 전부 또는 일부를 그 부양의무자로부터 부양의무의 범위에서 징수할 수 있다.
② 속임수나 그 밖의 부정한 방법으로 급여를 받거나 타인으로 하여금 급여를 받게 한 경우에는 보장비용을 지급한 보장기관은 그 비용의 전부 또는 일부를 그 급여를 받은 사람 또는 급여를 받게 한 자(이하 "부정수급자"라 한다)로부터 징수할 수 있다.
③ 제1항 또는 제2항에 따라 징수할 금액은 각각 부양의무자 또는 부정수급자에게 통지하여 징수하고, 부양의무자 또는 부정수급자가 이에 응하지 아니하는 경우 국세 또는 지방세 체납처분의 예에 따라 징수한다.

제47조【반환명령】 ① 보장기관은 급여의 변경 또는 급여의 정지·중지에 따라 수급자에게 이미 지급한 수급품 중 과잉지급분이 발생한 경우에는 즉시 수급자에 대하여 그 전부 또는 일부의 반환을 명하여야 한다. 다만, 이미 이를 소비하였거나 그 밖에 수급자에게 부득이한 사유가 있을 때에는 그 반환을 면제할 수 있다.
② 제27조제2항에 따라 시장·군수·구청장이 긴급급여를 실시하였으나 조사 결과에 따라 급여를 실시하지 아니하기로 결정한 경우 급여비용의 반환을 명할 수 있다.(2014.12.30 본항개정)

제9장 벌 칙

(2012.2.1 본장개정)

제48조【벌칙】 ① 제23조의2제6항을 위반하여 금융정보등을 사용·제공 또는 누설한 자는 5년 이하의 징역 또는 5천만원 이하의 벌금에 처한다.
② 제22조제6항(제23조제2항에서 준용하는 경우를 포함한다)을 위반하여 정보 또는 자료를 사용하거나 제공한 자는 3년 이하의 징역 또는 3천만원 이하의 벌금에 처한다.
1.~2. (2017.9.19 삭제)
(2017.9.19 본조개정)

제49조【벌칙】 다음 각 호의 어느 하나에 해당하는 자는 1년 이하의 징역, 1천만원 이하의 벌금, 구류 또는 과료에 처한다.(2019.4.23 본문개정)
1. 거짓이나 그 밖의 부정한 방법으로 급여를 받거나 다른 사람으로 하여금 급여를 받게 한 자
2. 제27조의3제3항을 위반하여 지급받은 급여를 목적 외의 용도로 사용한 자

(2019.4.23 1호~2호신설)

제49조의2【벌칙】 제15조의8을 위반하여 직무상 알게 된 비밀을 누설하거나 다른 용도로 사용한 자는 1년 이하의 징역 또는 1천만원 이하의 벌금에 처한다.(2019.1.15 본조신설)

제50조【벌칙】 제33조제1항 또는 제5항을 위반하여 수급자의 급여 위탁을 정당한 사유 없이 거부한 자나 종교상의 행위를 강제한 자는 300만원 이하의 벌금, 구류 또는 과료에 처한다.

제50조의2【과태료】 ① 다음 각 호의 어느 하나에 해당하는 자에게는 300만원 이하의 과태료를 부과한다.
1. 제18조의3제1항에 따른 사업보고서를 제출하지 아니하거나 거짓 또는 그 밖의 부정한 방법으로 작성하여 제출한 자
2. 제18조의3제2항에 따른 보고 또는 관계 서류의 제출을 하지 아니하거나 거짓으로 보고 또는 관계 서류의 제출을 한 자
3. 제18조의3제3항에 따른 시정명령을 이행하지 아니한 자

4. 제18조의5를 위반하여 자활기업 또는 이와 유사한 명칭을 사용한 자
② 제1항에 따른 과태료는 대통령령으로 정하는 바에 따라 보장기관이 부과·징수한다.
(2021.7.27 본조신설)
제51조【양벌 규정】 법인의 대표자나 법인 또는 개인의 대리인, 사용인, 그 밖의 종업원이 그 법인 또는 개인의 업무에 관하여 제48조 또는 제49조의 위반행위를 하면 그 행위자를 벌하는 외에 그 법인 또는 개인에게도 각 해당 조문의 벌금 또는 과료의 형을 과(科)한다. 다만, 법인 또는 개인이 그 위반행위를 방지하기 위하여 해당 업무에 관하여 상당한 주의와 감독을 게을리하지 아니한 경우에는 그러하지 아니하다.

부 칙 (2014.12.30)

제1조【시행일】 이 법은 공포 후 6개월이 경과한 날부터 시행한다. 다만, 제20조의 개정규정은 공포한 날부터 시행한다.
제2조【법 시행을 위한 준비행위】 보건복지부장관과 소관 중앙행정기관의 장은 이 법이 공포된 날부터 이 법 시행을 위하여 필요한 준비행위를 할 수 있다.
제3조【최저보장수준 등의 공표에 관한 적용례】 제6조의 개정규정에 따른 급여의 종류별 수급자 선정기준 및 최저보장수준은 제6조제2항의 개정규정에도 불구하고 이 법 시행 전에 공표하여야 한다.
제4조【급여 지급에 관한 적용례】 이 법 중 급여 지급에 관한 개정규정은 이 법 시행일이 속하는 달부터 적용한다.
제5조【종전의 수급자 등에 대한 경과조치】 ① 이 법 시행 당시 종전의 규정에 따른 수급자가 제8조, 제11조, 제12조 및 제12조의3의 개정규정에 따른 급여의 종류별 선정기준에 해당하는 경우 같은 개정규정에 따라 각각의 수급자로 본다.
② 보장기관은 이 법 시행 당시 종전의 규정에 따른 수급자의 현금급여액(종전의 제8조에 따른 생계급여와 제11조에 따른 주거급여의 합계액을 말한다)이 감소된 경우, 그 감소된 금액(이하 "보전액"이라 한다)을 해당 수급자에게 지급하여야 한다. 다만, 그 수급자의 소득인정액이 증가하거나 최저보장수준이 인상되는 경우 각각의 인상분은 보전액에서 제외하되 지급기한은 보전액이 0원이 될 때까지로 한다.
③ 이 법 시행 이후 제8조제2항의 개정규정에 따른 생계급여 선정기준은 종전의 규정에 따른 급여 수준보다 높게 설정하되, 2017년까지 단계적으로 기준 중위소득의 100분의 30 이상이 되도록 한다.
제6조【처분 등에 관한 일반적 경과조치】 ① 이 법 시행 당시 종전의 규정에 따른 보장기관의 행위나 보장기관에 대한 행위는 그에 해당하는 개정규정에 따른 보장기관의 행위나 보장기관에 대한 행위로 본다.
② 보건복지부장관 등은 이 법 시행 이후 2년 이내에 제20조의2의 개정규정에 따른 기초생활보장 기본계획 및 기초생활보장 종합계획을 수립하고, 실태조사를 실시하여야 한다.
③ 이 법 시행 당시 종전의 제2조제1호의 수급권자, 제2조제2호의 수급자, 제2조제6호의 최저생계비, 제2조제11호의 차상위계층, 제5조의 수급권자에 대한 규정을 인용한 법령 등에 대하여는 2015년 12월 31일까지 종전의 규정을 인용한 것으로 본다. 이 경우 제12조의3의 개정규정에 따른 의료급여 수급권자는 종전의 규정에 따른 수급권자로 본다.
제7조【다른 법률의 개정】 ①~③ ※(해당 법령에 가제정리 하였음)
제8조【다른 법령과의 관계】 이 법 시행 당시 다른 법령에서 종전의 규정을 인용한 경우에 개정규정 중 해당하는 규정이 있을 때에는 종전의 규정을 갈음하여 해당 개정규정을 인용한 것으로 본다.

부 칙 (2019.1.15)

제1조【시행일】 이 법은 공포 후 6개월이 경과한 날부터 시행한다.
제2조【자활복지개발원의 설립준비】 ① 보건복지부장관은 자활복지개발원의 설립에 관한 사무를 처리하게 하기 위하여 이 법 공포일부터 30일 이내에 위원장을 포함한 10인 이내의 설립위원을 위촉하여 한국자활복지개발원 설립위원회를 구성한다.
② 설립위원회는 자활복지개발원의 정관을 작성하여 보건복지부장관의 인가를 받아야 한다.
③ 설립 당시의 자활복지개발원의 이사·감사 및 원장은 제15조의4제2항 및 제4항에도 불구하고 보건복지부장관이 임명한다.
④ 설립위원회는 제2항에 따른 인가를 받은 때에는 지체 없이 자활복지개발원의 설립등기를 한 후 원장에게 사무를 인계하여야 한다.
⑤ 설립위원회 및 설립위원은 제4항에 따른 사무 인계가 끝난 때에는 해산 및 해촉된 것으로 본다.
⑥ 국가는 종전의 제15조의2제3항에 따라 중앙자활센터에 보조하는 예산의 범위에서 자활복지개발원의 설립에 소요되는 비용을 지원할 수 있다.
제3조【자활복지개발원의 설립에 따른 경과조치】 ① 이 법 시행 당시 종전의 제15조의2에 따라 설립된 중앙자활센터는 부칙 제2조제4항에 따라 자활복지개발원의 설립등기를 마친 때에 「민법」 중 법인의 해산 및 청산에 관한 규정에도 불구하고 해산된 것으로 본다.
② 중앙자활센터의 모든 재산과 권리·의무는 자활복지개발원의 설립과 동시에 자활복지개발원이 포괄승계한다.
③ 제2항에 따라 자활복지개발원에 승계될 재산의 가액은 승계하는 날 전날의 장부가액으로 한다.
④ 중앙자활센터의 명의로 된 등기부나 그 밖의 공부에 표시된 명의는 자활복지개발원의 명의로 본다.
⑤ 자활복지개발원의 설립 이전에 중앙자활센터 및 종전의 제18조의5제2항에 따라 위탁한 교육기관이 행한 행위 또는 중앙자활센터 및 종전의 제18조의5제2항에 따라 위탁한 교육기관에 대하여 행하여진 행위는 자활복지개발원이 행한 행위 또는 자활복지개발원에 대하여 행하여진 행위로 본다.
⑥ 중앙자활센터 및 종전의 제18조의5제2항에 따라 위탁한 교육기관의 소속 직원은 자활복지개발원의 설립등기일에 자활복지개발원의 직원으로 채용된 것으로 본다.
제4조【지정 광역자활센터에 대한 경과조치】 이 법 시행 당시 종전의 제15조의3에 따라 보장기관이 광역자활센터로 지정한 법인등은 그 지정기간이 끝나는 날까지는 제15조의10의 개정규정에 따른 광역자활센터로 본다.

부 칙 (2021.7.27)

제1조【시행일】 이 법은 공포 후 6개월이 경과한 날부터 시행한다.
제2조【자활기업에 관한 경과조치】 이 법 시행 당시 종전의 규정에 따라 설립·운영 중인 자활기업은 제18조제2항의 개정규정에 따른 인정을 받은 것으로 본다. 다만, 이 법 시행 후 1년 이내에 이 법에 따른 요건을 갖추어 제18조제2항의 개정규정에 따라 자활기업으로 인정을 받아야 한다.

부 칙 (2021.12.21)

이 법은 공포 후 6개월이 경과한 날부터 시행한다.

부 칙 (2023.3.4)

제1조【시행일】 이 법은 공포 후 3개월이 경과한 날부터 시행한다.(이하 생략)

부 칙 (2023.8.16)

이 법은 공포 후 3개월이 경과한 날부터 시행한다.

부 칙 (2024.9.20)

이 법은 공포 후 6개월이 경과한 날부터 시행한다.

국민연금법

(2007년 7월 23일
전부개정법률 제8541호)

개정
2007. 8. 3법 8635호(자본시장금융투자업)
2007.12.21법 8728호(형의집행수용자)
2008. 2.29법 8852호(정부조직)
2009. 1.30법 9385호
2009. 2. 6법 9431호(국민연금과직역연금의연계에관한법)
2009. 5.21법 9691호
2009. 6. 9법 9754호(병역)
2010. 1.18법 9932호(정부조직)
2010. 2. 4법10012호(전자정부법)
2010. 5.20법10305호(산업재해)
2010. 6. 4법10339호(정부조직)
2011. 5.19법10682호(금융부실)
2011. 6. 7법10783호
2011. 7.21법10866호(고등교육)
2011. 8. 4법11024호(선원)
2011.12.31법11141호(국민보험)
2011.12.31법11143호 2012.10.22법11511호
2012.12.18법11599호(한국토지주택공사법)
2013. 3.22법11644호
2013. 3.23법11690호(정부조직)
2013. 6. 4법11849호(병역)
2013. 7.30법11974호 2014. 1.14법12242호
2015. 1.28법13100호 2015. 6.22법13364호
2015.12.29법13642호 2016. 5.29법14214호
2016.12.20법14438호(의료법)
2017. 3.21법14693호 2017.10.24법14921호
2017.12.19법15267호
2018. 3.20법15522호(공무원재해보상법)
2018.12.11법15876호 2019. 1.15법16240호
2019.11.26법16652호(자산관리)
2019.12.10법16761호(군인재해보상법)
2020. 1.21법16867호
2020.12.29법17758호(국세징수)
2020.12.29법17774호 2021. 6. 8법18212호
2021. 7.27법18326호 2021.12.21법18608호
2023. 3.28법19294호 2023. 6.13법19447호
2023.12.26법19839호(전북특별자치도설치및글로벌생명경제도시조성을위한특별법)
2024. 9.20법20447호 2024.12.20법20584호

제1장 총 칙

제1조 【목적】 이 법은 국민의 노령, 장애 또는 사망에 대하여 연금급여를 실시함으로써 국민의 생활 안정과 복지 증진에 이바지하는 것을 목적으로 한다.

제2조 【관장】 이 법에 따른 국민연금사업은 보건복지부장관이 맡아 주관한다.(2010.1.18 본조개정)

제3조 【정의 등】 ① 이 법에서 사용하는 용어의 뜻은 다음과 같다.

1. "근로자"란 직업의 종류가 무엇이든 사업장에서 노무를 제공하고 그 대가로 임금을 받아 생활하는 자(법인의 이사와 그 밖의 임원을 포함한다)를 말한다. 다만, 대통령령으로 정하는 자는 제외한다.
2. "사용자(使用者)"란 해당 근로자가 소속되어 있는 사업장의 사업주를 말한다.(2011.6.7 본호개정)
3. "소득"이란 일정한 기간 근로를 제공하여 얻은 수입에서 대통령령으로 정하는 비과세소득을 제외한 금액 또는 사업 및 자산을 운영하여 얻는 수입에서 필요경비를 제외한 금액을 말한다.(2015.1.28 본호개정)
4. "평균소득월액"이란 매년 사업장가입자 및 지역가입자 전원(全員)의 기준소득월액을 평균한 금액을 말한다.
(2015.1.28 본호개정)
5. "기준소득월액"이란 연금보험료와 급여를 산정하기 위하여 국민연금가입자(이하 "가입자"라 한다)의 소득월액을 기준으로 하여 정하는 금액을 말한다.(2015.1.28 본호개정)
6. "사업장가입자"란 사업장에 고용된 근로자 및 사용자로서 제8조에 따라 국민연금에 가입된 자를 말한다.
7. "지역가입자"란 사업장가입자가 아닌 자로서 제9조에 따라 국민연금에 가입된 자를 말한다.
8. "임의가입자"란 사업장가입자 및 지역가입자 외의 자로서 제10조에 따라 국민연금에 가입된 자를 말한다.
9. "임의계속가입자"란 국민연금 가입자 또는 가입자였던 자가 제13조제1항에 따라 가입자로 된 자를 말한다.(2011.6.7 본호개정)
10. "연금보험료"란 국민연금사업에 필요한 비용으로서 사업장가입자의 경우에는 부담금 및 기여금의 합계액을, 지역가입자・임의가입자 및 임의계속가입자의 경우에는 본인이 내는 금액을 말한다.
11. "부담금"이란 사업장가입자의 사용자가 부담하는 금액을 말한다.
12. "기여금"이란 사업장가입자가 부담하는 금액을 말한다.
13. "사업장"이란 근로자를 사용하는 사업소 및 사무소를 말한다.
14. "수급권"이란 이 법에 따른 급여를 받을 권리를 말한다.
15. "수급권자"란 수급권을 가진 자를 말한다.
16. "수급자"란 이 법에 따른 급여를 받고 있는 자를 말한다.
17. "초진일"이란 장애의 주된 원인이 되는 질병이나 부상에 대하여 처음으로 의사의 진찰을 받은 날을 말한다. 이 경우 질병이나 부상의 초진일에 대한 구체적인 판단기준은 보건복지부장관이 정하여 고시한다.
18. "완치일"이란 장애의 주된 원인이 되는 질병이나 부상이 다음 각 목 중 어느 하나에 해당하는 날을 말한다. 이 경우 증상의 종류별 완치일에 대한 구체적인 판단기준은 보건복지부장관이 정하여 고시한다.
가. 해당 질병이나 부상이 의학적으로 치유된 날
나. 더 이상 치료효과를 기대할 수 없는 경우로서 그 증상이 고정되었다고 인정되는 날
다. 증상의 고정성은 인정되지 아니하나, 증상의 정도를 고려할 때 완치된 것으로 볼 수 있는 날
19. "가입대상기간"이란 18세부터 초진일 혹은 사망일까지의 기간으로서, 다음의 각 목에 해당하는 기간을 제외한 기간을 말한다. 다만, 18세 미만에 가입자가 된 경우에는 18세 미만인 기간 중 보험료 납부기간(초진일이나 사망일 이전에 제92조제1항제1호의2에 해당하는 기간에 대하여 같은 조에 따라 보험료를 추후 납부하였을 경우에는 그 추후 납부한 기간을 포함한다)을 가입대상기간에 포함하고, 초진일이나 사망일 이전에 나목과 다목에 해당되는 기간에 대하여 제92조에 따라 보험료를 추후 납부하였을 경우에는 그 추후 납부한 기간을 가입대상기간에 포함한다.(2023.3.28 단서개정)
가. 제6조 단서에 따라 가입 대상에서 제외되는 기간
나. 18세 이상 27세 미만인 기간 중 제9조제3호에 따라 지역가입자에서 제외되는 기간
다. 18세 이상 27세 미만인 기간 중 제91조제1항 각 호에 따라 연금보험료를 내지 아니한 기간(제91조제1항제2호의 경우는 27세 이상인 기간도 포함)
(2016.5.29 14호~19호신설)

② 이 법을 적용할 때 배우자, 남편 또는 아내에는 사실상의 혼인관계에 있는 자를 포함한다.
③ 수급권을 취득할 당시 가입자 또는 가입자였던 자의 태아가 출생하면 그 자녀는 가입자 또는 가입자였던 자에 의하여 생계를 유지하고 있던 자녀로 본다.(2016.5.29 본항개정)
④ 가입자의 종류에 따른 소득 범위, 평균소득월액의 산정 방법, 기준소득월액의 결정 방법 및 적용 기간 등은 대통령령으로 정한다.(2015.1.28 본항신설)

제3조의2 【국가의 책무】 국가는 이 법에 따른 연금급여가 안정적·지속적으로 지급되도록 필요한 시책을 수립·시행하여야 한다.(2014.1.14 본조신설)

제4조 【국민연금 재정 계산 및 장기재정균형 유지】 ① 이 법에 따른 급여 수준과 연금보험료는 국민연금 재정이 장기적으로 균형을 유지할 수 있도록 조정(調整)되어야 한다.
② 보건복지부장관은 대통령령으로 정하는 바에 따라 5년마다 국민연금 재정 수지를 계산하고, 국민연금의 재정 전망과 연금보험료의 조정 및 국민연금기금의 운용 계획 등이 포함된 국민연금 운영 전반에 관한 계획을 수립하여 국무회의의 심의를 거쳐 대통령의 승인을 받아야 하며, 승인받은 계획을 해당 연도 10월 말까지 국회에 제출하여 소관 상임위원회에 보고하고, 대통령령으로 정하는 바에 따라 공시하여야 한다. 다만, 급격한 경기변동 등으로 인하여 필요한 경우에는 5년이 지나지 아니하더라도 새로 국민연금 재정 수지를 계산하고 국민연금 운영 전반에 관한 계획을 수립할 수 있다.(2020.12.29 본항개정)
③ 이 법에 따른 연금보험료, 급여액, 급여의 수급 요건 등은 국민연금의 장기재정 균형 유지, 인구구조의 변화, 국민의 생활수준, 임금, 물가, 그 밖에 경제사정에 뚜렷한 변동이 생기면 그 사정에 맞게 조정되어야 한다.(2014.1.14 본항개정)
(2014.1.14 본조제목개정)

제5조 【국민연금심의위원회】 ① 국민연금사업에 관한 다음 사항을 심의하기 위하여 보건복지부에 국민연금심의위원회를 둔다.(2010.1.18 본문개정)
1. 국민연금제도 및 재정 계산에 관한 사항
2. 급여에 관한 사항
3. 연금보험료에 관한 사항
4. 국민연금기금에 관한 사항
5. 그 밖에 국민연금제도의 운영과 관련하여 보건복지부장관이 회의에 부치는 사항(2010.1.18 본호개정)

② 국민연금심의위원회는 위원장·부위원장 및 위원으로 구성하되, 위원장은 보건복지부차관이 되고, 부위원장은 공익을 대표하는 위원 중에서 호선(互選)하며, 위원은 다음 구분에 따라 보건복지부장관이 지명하거나 위촉한다.(2010.1.18 본문개정)
1. 사용자를 대표하는 위원으로서 사용자 단체가 추천하는 자 4명
2. 근로자를 대표하는 위원으로서 근로자 단체가 추천하는 자 4명
3. 지역가입자를 대표하는 위원으로서 다음의 자
 가. 농어업인 단체가 추천하는 자 2명
 나. 농어업인 단체 외의 자영자(自營者) 관련 단체가 추천하는 자 2명
 다. 소비자단체와 시민단체가 추천하는 자 2명
4. 수급자를 대표하는 위원 4명(2018.12.11 본호신설)
5. 공익을 대표하는 위원으로서 국민연금에 관한 전문가 5명

③ 국민연금심의위원회의 구성 및 운영 등에 필요한 사항은 대통령령으로 정한다.

제2장 국민연금가입자

제6조 【가입 대상】 국내에 거주하는 국민으로서 18세 이상 60세 미만인 자는 국민연금 가입 대상이 된다. 다만, 「공무원연금법」, 「군인연금법」, 「사립학교교직원 연금법」 및 「별정우체국법」을 적용받는 공무원, 군인, 교직원 및 별정우체국 직원, 그 밖에 대통령령으로 정하는 자는 제외한다.(2016.5.29 단서개정)

제7조 【가입자의 종류】 가입자는 사업장가입자, 지역가입자, 임의가입자 및 임의계속가입자로 구분한다.

제8조 【사업장가입자】 ① 사업의 종류, 근로자의 수 등을 고려하여 대통령령으로 정하는 사업장(이하 "당연적용사업장"이라 한다)의 18세 이상 60세 미만인 근로자와 사용자는 당연히 사업장가입자가 된다. 다만, 다음 각 호의 어느 하나에 해당하는 자는 제외한다.
1. 「공무원연금법」, 「공무원 재해보상법」, 「사립학교교직원 연금법」 또는 「별정우체국법」에 따른 퇴직연금, 장해연금 또는 퇴직연금일시금이나 「군인연금법」에 따른 퇴역연금, 퇴역연금일시금, 「군인 재해보상법」에 따른 상이연금을 받을 권리를 얻은 자(이하 "퇴직연금등수급권자"라 한다) 다만, 퇴직연금등수급권자가 「국민연금과 직역연금의 연계에 관한 법률」 제8조에 따라 연계 신청을 한 경우에는 그러하지 아니하다.
(2019.12.10 본문개정)
2. (2011.6.7 삭제)

② 제1항 및 제6조에도 불구하고 국민연금에 가입된 사업장에 종사하는 18세 미만 근로자는 사업장가입자가 되는 것으로 본다. 다만, 본인이 원하지 아니하면 사업장가입자가 되지 아니할 수 있다.(2015.1.28 본항개정)
③ 제1항에도 불구하고 「국민기초생활 보장법」 제7조제1항제1호에 따른 생계급여 수급자 또는 같은 항 제3호에 따른 의료급여 수급자는 본인의 희망에 따라 사업장가입자가 되지 아니할 수 있다.(2015.12.29 본항개정)

제9조 【지역가입자】 제8조에 따른 사업장가입자가 아닌 자로서 18세 이상 60세 미만인 자는 당연히 지역가입자가 된다. 다만, 다음 각 호의 어느 하나에 해당하는 자는 제외한다.
1. 다음 각 목의 어느 하나에 해당하는 자의 배우자로서 별도의 소득이 없는 자
 가. 제6조 단서에 따라 국민연금 가입 대상에서 제외되는 자
 나. 사업장가입자, 지역가입자 및 임의계속가입자
 다. (2016.5.29 삭제)
 라. 노령연금 수급권자 및 퇴직연금등수급권자
2. 퇴직연금등수급권자. 다만, 퇴직연금등수급권자가 「국민연금과 직역연금의 연계에 관한 법률」 제8조에 따라 연계 신청을 한 경우에는 그러하지 아니하다.(2009.2.6 단서신설)
3. 18세 이상 27세 미만인 자로서 학생이거나 군 복무 등의 이유로 소득이 없는 자(연금보험료를 납부한 사실이 있는 자는 제외한다)
4. 「국민기초생활 보장법」 제7조제1항제1호에 따른 생계급여 수급자 또는 같은 항 제3호에 따른 의료급여 수급자
(2015.12.29 본호개정)
5. 1년 이상 행방불명된 자. 이 경우 행방불명된 자에 대한 인정 기준 및 방법은 대통령령으로 정한다.

제10조 【임의가입자】 ① 다음 각 호의 어느 하나에 해당하는 자 외의 자로서 18세 이상 60세 미만인 자는 보건복지부령으로 정하는 바에 따라 국민연금공단에 가입을 신청하면 임의가입자가 될 수 있다.(2010.1.18 본문개정)
1. 사업장가입자
2. 지역가입자

② 임의가입자는 보건복지부령으로 정하는 바에 따라 국민연금공단에 신청하여 탈퇴할 수 있다.(2010.1.18 본항개정)

제11조 【가입자 자격의 취득 시기】 ① 사업장가입자는 다음 각 호의 어느 하나에 해당하게 된 날에 그 자격을 취득한다.
1. 제8조제1항 본문에 따른 사업장에 고용된 때 또는 그 사업장의 사용자가 된 때
2. 당연적용사업장으로 된 때

② 지역가입자는 다음 각 호의 어느 하나에 해당하게 된 날에 그 자격을 취득한다. 제3호 또는 제4호의 경우 소득이 있게 된 때를 알 수 없는 경우에는 제21조제2항에 따른 신고를 한 날에 그 자격을 취득한다.(2011.6.7 후단신설)
1. 사업장가입자의 자격을 상실한 때
2. 제6조 단서에 따른 국민연금 가입 대상 제외자에 해당하지 아니하게 된 때
3. 제9조제1호에 따른 배우자가 별도의 소득이 있게 된 때
4. 18세 이상 27세 미만인 자가 소득이 있게 된 때

③ 임의가입자는 가입 신청이 수리된 날에 자격을 취득한다.

제12조【가입자 자격의 상실 시기】 ① 사업장가입자는 다음 각 호의 어느 하나에 해당하게 된 날의 다음 날에 자격을 상실한다. 다만, 제5호의 경우에는 그에 해당하게 된 날에 자격을 상실한다.
1. 사망한 때
2. 국적을 상실하거나 국외로 이주한 때
3. 사용관계가 끝난 때
4. 60세가 된 때
5. 제6조 단서에 따른 국민연금 가입 대상 제외자에 해당하게 된 때
② 지역가입자는 다음 각 호의 어느 하나에 해당하게 된 날의 다음 날에 자격을 상실한다. 다만, 제3호와 제4호의 경우에는 그에 해당하게 된 날에 그 자격을 상실한다.
1. 사망한 때
2. 국적을 상실하거나 국외로 이주한 때
3. 제6조 단서에 따른 국민연금 가입 대상 제외자에 해당하게 된 때
4. 사업장가입자의 자격을 취득한 때
5. 제9조제1호에 따른 배우자로서 별도의 소득이 없게 된 때
6. 60세가 된 때
③ 임의가입자는 다음 각 호의 어느 하나에 해당하게 된 날의 다음 날에 자격을 상실한다. 다만, 제6호와 제7호의 경우에는 그에 해당하게 된 날에 그 자격을 상실한다.
1. 사망한 때
2. 국적을 상실하거나 국외로 이주한 때
3. 제10조제2항에 따른 탈퇴 신청이 수리된 때
4. 60세가 된 때
5. 대통령령으로 정하는 기간 이상 계속하여 연금보험료를 체납한 때
6. 사업장가입자 또는 지역가입자의 자격을 취득한 때
7. 제6조 단서에 따른 국민연금 가입 대상 제외자에 해당하게 된 때

제13조【임의계속가입자】 ① 다음 각 호의 어느 하나에 해당하는 자는 제6조 본문에도 불구하고 65세가 될 때까지 보건복지부령으로 정하는 바에 따라 국민연금공단에 가입을 신청하면 임의계속가입자가 될 수 있다. 이 경우 가입 신청이 수리된 날에 그 자격을 취득한다.(2016.5.29 전단개정)
1. 국민연금 가입자 또는 가입자였던 자로서 60세가 된 자. 다만, 다음 각 목의 어느 하나에 해당하는 자는 제외한다.
가. 연금보험료를 납부한 사실이 없는 자
나. 노령연금 수급권자로서 급여를 지급받고 있는 자
다. 제77조제1항제1호에 해당하는 사유로 반환일시금을 지급받은 자
(2011.6.7 본호개정)
2. 전체 국민연금 가입기간의 5분의 3 이상을 대통령령으로 정하는 직종의 근로자로 국민연금에 가입하거나 가입하였던 사람(이하 "특수직종근로자"라 한다)으로서 다음 각 목의 어느 하나에 해당하는 사람 중 노령연금 급여를 지급받지 않는 사람(2015.1.28 본문개정)
가. 제61조제1항에 따라 노령연금 수급권을 취득한 사람
나. 법률 제3902호 국민복지연금법개정법률 부칙 제5조에 따라 특례노령연금 수급권을 취득한 사람
(2011.12.31 본호개정)
② 임의계속가입자는 보건복지부령으로 정하는 바에 따라 국민연금공단에 신청하면 탈퇴할 수 있다.(2010.1.18 본항개정)
③ 임의계속가입자는 다음 각 호의 어느 하나에 해당하게 된 날의 다음 날에 그 자격을 상실한다. 다만, 제3호의 경우 임의계속가입자가 납부한 마지막 연금보험료에 해당하는 달의 말일이 탈퇴 신청이 수리된 날보다 같거나 빠르고 임의계속가입자가 희망하는 경우에는 임의계속가입자가 납부한 마지막 연금보험료에 해당하는 달의 말일에 그 자격을 상실한다.
(2016.5.29 단서신설)
1. 사망한 때
2. 국적을 상실하거나 국외로 이주한 때
3. 제2항에 따른 탈퇴 신청이 수리된 때
4. 대통령령으로 정하는 기간 이상 계속하여 연금보험료를 체납한 때

제14조【자격 등의 확인】 ① 국민연금공단은 가입자의 자격 취득·상실 및 기준소득월액에 관한 확인을 하여야 한다.
(2016.5.29 본항개정)
② 가입자 자격의 취득 및 상실은 제11조부터 제13조까지의 규정에 따른 자격의 취득 및 상실 시기에 그 효력이 생긴다.
(2016.5.29 본항개정)
③ 제1항에 따른 확인은 가입자의 청구, 제21조에 따른 신고 또는 직권으로 한다.
④ 가입자 또는 가입자였던 자는 언제든지 보건복지부령으로 정하는 바에 따라 자격의 취득·상실, 가입자 종류의 변동 및 기준소득월액의 변동에 관한 확인을 청구할 수 있다.(2016.5.29 본항개정)
(2016.5.29 본조제목개정)

제15조【사망의 추정】 사고가 발생한 선박 또는 항공기에 탔던 자로서 생사를 알 수 없거나 그 밖의 사유로 생사를 알 수 없게 된 사람은 가입자의 자격 확인 및 연금의 지급과 관련하여 대통령령으로 정하는 바에 따라 사망한 것으로 추정한다.
(2015.1.28 본조개정)

제16조【가입자 증명서】 ① 국민연금공단은 가입자가 희망하는 경우 가입자에게 국민연금가입자 증명서를 내주어야 한다.
② 제1항에 따른 증명서에 기재하여야 할 내용은 대통령령으로 정한다.
③ 제1항에 따른 증명서의 교부에 필요한 사항은 보건복지부령으로 정한다.(2011.6.7 본항신설)
(2011.6.7 본조개정)

제17조【국민연금 가입기간의 계산】 ① 국민연금 가입기간(이하 "가입기간"이라 한다)은 월 단위로 계산하되, 가입자의 자격을 취득한 날이 속하는 달의 다음 달부터 자격을 상실한 날의 전날이 속하는 달까지로 한다. 다만, 다음 각 호의 어느 하나에 해당하는 경우 자격을 취득한 날이 속하는 달은 가입기간에 산입하되, 가입자가 그 자격을 상실한 날의 전날이 속하는 달에 자격을 다시 취득하면 다시 취득한 달을 중복하여 가입기간에 산입하지 아니한다.
1. 가입자가 자격을 취득한 날이 그 속하는 달의 초일인 경우(자격 취득일이 속하는 달에 다시 그 자격을 상실하는 경우는 제외한다)(2011.6.7 본호개정)
2. 임의계속가입자의 자격을 취득한 경우
3. 가입자가 희망하는 경우
② 가입기간을 계산할 때 연금보험료를 내지 아니한 기간은 가입기간에 산입하지 아니한다. 다만, 사용자가 근로자의 임금에서 기여금을 공제하고 연금보험료를 내지 아니한 경우에는 그 내지 아니한 기간의 2분의 1에 해당하는 기간을 근로자의 가입기간으로 산입한다. 이 경우 1개월 미만의 기간은 1개월로 한다.
③「국민건강보험법」 제13조에 따른 국민건강보험공단(이하 "건강보험공단"이라 한다)이 제90조제4항에 따라 근로자에게 그 사업장의 체납 사실을 통지한 경우에는 제2항 단서에도 불구하고 통지된 체납월(滯納月)의 다음 달부터 체납 기간은 가입기간에 산입하지 아니한다. 이 경우 그 근로자는 제90조제1항에도 불구하고 가입기간에 산입되지 아니한 체납기간에 해당하는 기여금 및 부담금을 건강보험공단에 낼 수 있으며, 다음 각 호에 따른 기간을 가입기간에 산입한다.
(2021.7.27 전단개정)
1. 기여금 납부 : 체납기간의 2분의 1에 해당하는 기간. 이 경우 1개월 미만의 기간은 1개월로 한다.
2. 기여금과 부담금 납부 : 체납기간에 해당하는 기간
(2021.6.8 1호~2호신설)
④ 제3항 후단에 따라 기여금 및 부담금을 납부할 때 월별 납부 기한으로부터 10년이 지난 경우에는 대통령령으로 정하는 이자를 더하여 납부하여야 한다.(2021.6.8 본항신설)
⑤ 건강보험공단이 사용자가 체납한 연금보험료를 사용자로부터 납부받거나 징수한 경우에는 제3항 후단에 따라 근로자가 중복하여 낸 기여금 및 부담금을 해당 근로자에게 대통령령으로 정하는 이자를 더하여 돌려주어야 한다.(2021.6.8 본항신설)

⑥ 제77조에 따라 지급받은 반환일시금이 제57조제1항에 따라 환수할 급여에 해당하는 경우 이를 반납하지 아니하는 때에는 그에 상응하는 기간을 가입기간에 산입하지 아니한다. (2011.12.31 본항개정)

제17조의2【연금보험료 일부 납부 월의 가입기간 계산】 ① 가입기간을 계산할 때 연금보험료의 일부가 납부된 경우에는 그 일부 납부된 보험료를 다른 일부 납부된 월의 미납 연금보험료와 연체금 등에 충당하고, 충당 후 완납된 월은 가입기간에 산입한다. 이 경우 충당의 대상 및 방법, 가입기간의 계산 및 급여의 지급 등에 필요한 사항은 대통령령으로 정한다.

② 제1항에 따라 충당한 후에도 일부 납부된 연금보험료가 있는 경우에는 이를 최초 연금 지급월에 반환한다. 다만, 가입자 또는 가입자였던 자의 청구가 있는 경우에는 제99조에도 불구하고 일부 납부된 월의 미납된 연금보험료와 연체금 등을 납부받아 해당 월을 가입기간에 산입할 수 있다.

③ 제2항에 따라 연금보험료 또는 연체금 등을 반환하거나 납부받는 때에는 대통령령으로 정하는 이자를 더하여야 한다. (2011.6.7 본조신설)

제18조【군 복무기간에 대한 가입기간 추가 산입】 ① 다음 각 호의 어느 하나에 해당하는 자가 노령연금 수급권을 취득한 때(이 조에 따라 가입기간이 추가 산입되면 노령연금 수급권을 취득할 수 있는 경우를 포함한다)에는 6개월을 가입기간에 추가로 산입한다. 다만, 「병역법」에 따른 병역의무를 수행한 기간이 6개월 미만인 경우에는 그러하지 아니한다.

1. 「병역법」 제5조제1항제1호에 따른 현역병
2. 「병역법」 제2조제1항제7호에 따른 전환복무를 한 사람
3. 「병역법」 제2조제1항제8호에 따른 상근예비역

(2016.5.29 2호~3호신설)

4. 「병역법」 제2조제1항제10호에 따른 사회복무요원(2016.5.29 본호개정)

② 제1항에도 불구하고 「병역법」에 따른 병역의무를 수행한 기간의 전부 또는 일부가 다음 각 호의 어느 하나에 해당하는 기간에 산입된 경우에는 제1항을 적용하지 아니한다.

1. 「공무원연금법」, 「사립학교교직원 연금법」 또는 「별정우체국법」에 따른 재직기간
2. 「군인연금법」에 따른 복무기간

(2016.5.29 본항개정)

③ 제1항에 따라 가입기간을 추가로 산입하는데 필요한 재원은 국가가 전부를 부담한다.

제19조【출산에 대한 가입기간 추가 산입】 ① 2 이상의 자녀가 있는 가입자 또는 가입자였던 자가 노령연금수급권을 취득한 때(이 조에 따라 가입기간이 추가 산입되면 노령연금수급권을 취득할 수 있는 경우를 포함한다)에는 다음 각 호에 따른 기간을 가입기간에 추가로 산입한다. 다만, 추가로 산입하는 기간은 50개월을 초과할 수 없으며, 자녀 수의 인정방법 등에 관하여 필요한 사항은 대통령령으로 정한다.

1. 자녀가 2명인 경우 : 12개월
2. 자녀가 3명 이상인 경우 : 둘째 자녀에 대하여 인정되는 12개월에 2자녀를 초과하는 자녀 1명마다 18개월을 더한 개월 수

② 제1항에 따른 추가 가입기간은 부모가 모두 가입자 또는 가입자였던 자인 경우에는 부와 모의 합의에 따라 2명 중 1명의 가입기간에만 산입하되, 합의하지 아니한 경우에는 균등 배분하여 각각의 가입기간에 산입한다. 이 경우 합의의 절차 등에 관하여 필요한 사항은 보건복지부령으로 정한다.(2010.1.18 후단개정)

③ 제1항에 따라 가입기간을 추가로 산입하는데 필요한 재원은 국가가 전부 또는 일부를 부담한다.

제19조의2【실업에 대한 가입기간 추가 산입】 ① 다음 각 호의 요건을 모두 갖춘 사람이 「고용보험법」 제37조제1항에 따른 구직급여를 받는 경우로서 구직급여를 받는 기간을 가입기간으로 산입하기 위하여 국민연금공단에 신청하는 때에는 그 기간을 가입기간에 추가로 산입한다. 다만, 추가로 산입하는 기간은 1년을 초과할 수 없다.

1. 18세 이상 60세 미만인 사람 중 가입자 또는 가입자였을 것
2. 대통령령으로 정하는 재산 또는 소득이 보건복지부장관이 정하여 고시하는 기준 이하일 것

② 제1항에 따라 산입되는 가입기간에 대하여는 「고용보험법」 제45조에 따른 구직급여의 산정 기초가 되는 임금일액을 월액으로 환산한 금액의 절반에 해당하는 소득(이하 이 조에서 "인정소득"이라 한다)으로 가입한 것으로 본다. 다만, 인정소득의 상한선 및 하한선은 보건복지부장관이 정하여 고시하는 금액으로 한다.

③ 가입자 또는 가입자였던 사람은 제1항에 따라 구직급여를 받는 기간을 가입기간으로 추가 산입하려는 경우 인정소득을 기준으로 연금보험료를 납부하여야 한다. 이 경우 국가는 연금보험료의 전부 또는 일부를 일반회계, 제101조에 따른 국민연금기금 및 「고용보험법」 제78조에 따른 고용보험기금에서 지원할 수 있다.

④ 제1항에 따라 추가로 산입된 가입기간(이하 이 항에서 "추가산입기간"이라 한다)을 제49조제1호부터 제3호까지의 급여에 적용할 때에는 다음 각 호를 따른다.

1. 제49조제1호의 노령연금 : 추가산입기간을 제51조에 따른 기본연금액에 반영한다.
2. 제49조제2호의 장애연금 : 추가산입기간을 제51조에 따른 기본연금액에 반영하지 아니한다.
3. 제49조제3호의 유족연금 : 추가산입기간을 제51조에 따른 기본연금액에 반영하지 아니하되, 제74조 각 호에 해당하는 가입기간에는 반영한다.

⑤ 국민연금공단은 제1항에 따른 신청의 접수·처리 등 업무를 대통령령으로 정하는 바에 따라 「고용보험법」에 따른 직업안정기관 및 그 밖의 공공기관(「공공기관의 운영에 관한 법률」에 따른 공공기관을 말한다)에 위탁할 수 있다.

⑥ 제1항에 따른 신청방법, 제3항에 따른 지원 범위 및 내용 등에 필요한 사항은 대통령령으로 정한다.

(2015.1.28 본조신설)

제20조【가입기간의 합산】 ① 가입자의 자격을 상실한 후 다시 그 자격을 취득한 자에 대하여는 전후(前後)의 가입기간을 합산한다.

② 가입자의 가입 종류가 변동되면 그 가입자의 가입기간은 각 종류별 가입기간을 합산한 기간으로 한다.

제21조【가입자 자격 및 소득 등에 관한 신고】 ① 사업장가입자의 사용자는 보건복지부령으로 정하는 바에 따라 당연적용사업장에 해당된 사실, 사업장의 내용 변경 및 휴업·폐업 등에 관한 사항과 가입자 자격의 취득·상실, 가입자의 소득월액 등에 관한 사항을 국민연금공단에 신고하여야 한다. (2010.1.18 본항개정)

② 지역가입자, 임의가입자 및 임의계속가입자는 보건복지부령으로 정하는 바에 따라 자격의 취득·상실, 이름 또는 주소의 변경 및 소득에 관한 사항 등을 국민연금공단에 신고하여야 한다.(2010.1.18 본항개정)

③ 지역가입자, 임의가입자 또는 임의계속가입자가 부득이한 사유로 제2항에 따른 신고를 할 수 없는 경우에는 배우자나 그 밖의 가족이 신고를 대리(代理)할 수 있다.

(2016.5.29 본조제목개정)

제22조【신고인에 대한 통지 등】 ① 국민연금공단은 제21조에 따른 신고를 받으면 그 내용을 확인하고, 신고 내용이 사실과 다르다고 인정되면 그 뜻을 신고인에게 통지하여야 한다.

② 제1항에 따른 통지에 관하여는 제23조제4항을 준용한다. (2015.1.28 본항개정)

제23조【가입자 등에 대한 통지 등】 ① 국민연금공단은 제14조에 따라 사업장가입자의 자격 취득·상실에 관한 확인을 한 때와 기준소득월액이 결정되거나 변경된 때에는 이를 그 사업장의 사용자에게 통지하여야 하며, 지역가입자, 임의가입자 또는 임의계속가입자의 자격 취득·상실에 관한 확인을 한 때와 기준소득월액이 결정되거나 변경된 때에는 이를 그 지역가입자, 임의가입자 또는 임의계속가입자에게 통지하여야 한다.

② 제1항에 따른 통지를 받은 사용자는 이를 해당 사업장가입자 또는 그 자격을 상실한 자에게 통지하되, 그 통지를 받을 자의 소재를 알 수 없어 통지할 수 없는 경우에는 그 뜻을 국민연금공단에 통지하여야 한다.

③ 사용자는 제2항에 따라 사업장가입자 또는 그 자격을 상실한 사람에게 통지를 한 경우에는 그 사실을 확인할 수 있는 서류를 작성하고, 보건복지부령으로 정하는 기간 동안 이를 보관하여야 한다.(2015.1.28 본항신설)
④ 국민연금공단은 다음 각 호의 어느 하나에 해당하면 보건복지부령으로 정하는 바에 따라 공고하는 것으로 통지를 갈음할 수 있다.(2010.1.18 본문개정)
1. 사업장이 폐지된 경우
2. 제1항에 따른 통지를 받을 지역가입자, 임의가입자 또는 임의계속가입자의 소재를 알 수 없는 경우
3. 제2항에 따라 사용자로부터 통지를 받은 경우
4. 그 밖에 통지할 수 없는 불가피한 사정이 있는 경우로서 대통령령으로 정하는 경우

제3장 국민연금공단

제24조【국민연금공단의 설립】 보건복지부장관의 위탁을 받아 제1조의 목적을 달성하기 위한 사업을 효율적으로 수행하기 위하여 국민연금공단(이하 "공단"이라 한다)을 설립한다.
(2010.1.18 본조개정)
제25조【공단의 업무】 공단은 다음의 업무를 한다.
1. 가입자에 대한 기록의 관리 및 유지
2. 연금보험료의 부과(2009.5.21 본호개정)
3. 급여의 결정 및 지급
4. 가입자, 가입자였던 자, 수급권자 및 수급자를 위한 자금의 대여와 복지시설의 설치·운영 등 복지사업(2016.5.29 본호개정)
5. 가입자 및 가입자였던 자에 대한 기금증식을 위한 자금 대여사업
6. 제6조의 가입 대상(이하 "가입대상"이라 한다)과 수급권자 등을 위한 노후준비서비스 사업(2015.6.22 본호신설)
7. 국민연금제도·재정계산·기금운용에 관한 조사연구
(2015.12.29 본호신설)
8. 국민연금기금 운용 전문인력 양성(2019.1.15 본호신설)
9. 국민연금에 관한 국제협력(2015.12.29 본호신설)
10. 그 밖에 이 법 또는 다른 법령에 따라 위탁받은 사항
(2015.6.22 본호개정)
11. 그 밖에 국민연금사업에 관하여 보건복지부장관이 위탁하는 사항(2010.1.18 본호개정)
제26조【법인격】 공단은 법인으로 한다.
제27조【사무소】 ① 공단의 주된 사무소 및 제31조에 따라 기금이사가 관장하는 부서의 소재지는 전북특별자치도로 한다.
(2023.12.26 본항개정)
② 공단은 필요하면 정관으로 정하는 바에 따라 분사무소를 둘 수 있다.
제27조의2【국민연금연구원】 ① 공단은 제25조제7호의 업무를 수행하기 위하여 공단 산하에 국민연금연구원을 둘 수 있다.
② 국민연금연구원의 조직 및 운영 등에 필요한 사항은 공단의 정관으로 정한다.
(2015.12.29 본조신설)
제27조의3【기금운용 인력 양성】 공단은 제25조제8호에 따른 국민연금기금 운용 전문인력을 양성하기 위하여 교육·연수 프로그램을 운영하거나 국내외 교육기관·연구소 등에 교육훈련을 위탁할 수 있다.(2019.1.15 본조신설)
제28조【정관】 ① 공단의 정관에는 다음 사항을 기재하여야 한다.
1. 목적
2. 명칭
3. 주된 사무소와 분사무소에 관한 사항
4. 임직원에 관한 사항
5. 이사회에 관한 사항
6. 사업에 관한 사항
7. 예산 및 결산에 관한 사항
8. 자산 및 회계에 관한 사항
9. 정관의 변경에 관한 사항
10. 규약·규정의 제정 및 개정·폐지에 관한 사항
11. 공고에 관한 사항
② 공단은 정관을 변경하려면 보건복지부장관의 인가를 받아야 한다.(2010.1.18 본항개정)
제29조【설립 등기】 공단은 그 주된 사무소의 소재지에서 설립 등기를 하면 성립한다.
제30조【임원】 ① 공단에 임원으로 이사장 1명, 상임이사 4명 이내, 이사 9명, 감사 1명을 두되, 이사에는 사용자 대표, 근로자 대표, 지역가입자 대표, 수급자 대표 각 1명 이상과 당연직 이사로서 보건복지부에서 국민연금 업무를 담당하는 3급 국가공무원 또는 고위공무원단에 속하는 일반직 공무원 1명이 포함되어야 한다.(2018.12.11 본항개정)
② 이사장은 보건복지부장관의 제청으로 대통령이 임면(任免)하고, 상임이사·이사(당연직 이사는 제외한다) 및 감사는 이사장의 제청으로 보건복지부장관이 임면한다.(2010.1.18 본항개정)
③ 이사에게는 보수를 지급하지 아니한다. 다만, 실비(實費)는 지급할 수 있다.
제31조【기금이사】 ① 상임이사 중 제101조에 따른 국민연금기금(이하 "국민연금기금"이라 한다)의 관리·운용에 관한 업무를 담당하는 이사(이하 "기금이사"라 한다)는 경영·경제 및 기금 운용에 관한 지식과 경험이 풍부한 자 중에서 선임하여야 한다.
② 기금이사 후보를 추천하기 위하여 공단에 이사장을 위원장으로 하고 이사를 위원으로 하는 기금이사추천위원회(이하 "추천위원회"라 한다)를 둔다.
③ 추천위원회는 주요 일간신문에 기금이사 후보의 모집 공고를 하여야 하며, 이와 별도로 적임자로 판단되는 기금이사 후보를 조사하거나 전문단체에 조사를 의뢰할 수 있다.
④ 추천위원회는 제3항에 따라 모집한 자를 보건복지부령으로 정하는 기금이사 후보 심사기준에 따라 심사하여야 하며, 기금이사 후보로 추천될 자와 계약 조건에 관하여 협의하여야 한다.(2010.1.18 본항개정)
⑤ 이사장은 제4항에 따른 심사와 협의 결과에 따라 기금이사 후보를 보건복지부장관에게 추천하고 계약서안을 함께 제출하여야 한다.(2010.1.18 본항개정)
⑥ 제5항에 따라 제출한 기금이사 후보 추천안과 계약서안을 보건복지부장관이 승인하면 이사장은 기금이사 후보와 계약을 체결하여야 한다.(2010.1.18 본항개정)
⑦ 제5항에 따른 기금이사 후보 추천안 및 계약서안의 제출과 제6항에 따른 승인은 각각 제30조제2항에 따른 상임이사의 임명 제청과 임명으로 본다.
⑧ 기금이사의 자격, 계약서안에 관한 협의, 추천과 계약 등에 관하여 필요한 사항은 보건복지부령으로 정한다.(2010.1.18 본항개정)
제32조【임원의 임기】 임원의 임기는 3년으로 한다. 다만, 당연직 이사의 임기는 그 재임기간으로 하고, 기금이사의 임기는 계약기간으로 한다.
제33조【임원의 직무】 ① 이사장은 공단을 대표하고, 공단의 업무를 통할(統轄)한다.
② 상임이사는 정관으로 정하는 바에 따라 공단의 업무를 분장하고, 이사장에게 사고가 있을 때에는 정관으로 정하는 순위에 따라 그 직무를 대행한다.
③ 감사는 공단의 회계, 업무 집행 상황 및 재산 상황을 감사(監査)한다.
제34조【대리인 선임】 이사장은 정관으로 정하는 바에 따라 직원 중에서 공단의 업무에 관한 모든 재판상 또는 재판 외의 행위를 할 수 있는 권한을 가진 대리인을 선임할 수 있다.
제35조【임원의 결격사유】 다음 각 호의 어느 하나에 해당하는 자는 공단의 임원이 될 수 없다.
1. 피성년후견인 또는 피한정후견인(2015.1.28 본호개정)
2. 파산선고를 받고 복권되지 아니한 자
3. 금고 이상의 실형을 선고받고 그 집행이 끝나거나 집행을 받지 아니하기로 확정된 날부터 3년이 지나지 아니한 자
4. 법률이나 법원의 판결에 따라 자격이 상실되거나 정지된 자
제36조【임원의 당연퇴임·해임】 ① 임원이 제35조 각 호의 어느 하나에 해당하게 되면 당연히 퇴임한다.

② 임면권자는 임원이 다음 각 호의 어느 하나에 해당하게 되면 그 임원을 해임할 수 있다.
1. 신체장애나 정신장애로 직무를 수행할 수 없다고 인정될 때
2. 직무에 따른 의무를 위반한 때
3. 고의나 중대한 과실로 공단에 손실이 생기게 한 때
4. 기금이사가 제31조제6항에 따라 이사장과 체결한 계약에서 정한 해임 사유에 해당하게 된 때

제37조【임직원의 겸직 제한】 공단의 이사장·상임이사·감사 및 직원은 영리를 목적으로 하는 업무에 종사하지 못하며, 이사장·상임이사 및 감사는 보건복지부장관의, 직원은 이사장의 허가 없이 다른 직무를 겸할 수 없다.(2010.1.18 본조개정)

제38조【이사회】 ① 공단의 중요 사항을 심의·의결하기 위하여 공단에 이사회를 둔다.
② 이사회는 이사장·상임이사 및 이사로 구성한다.
③ 이사장은 이사회를 소집하고 그 의장이 된다.
④ 이사회는 재적 구성원 과반수의 출석과 출석 구성원 과반수의 찬성으로 의결한다.
⑤ 감사는 이사회에 출석하여 발언할 수 있다.
⑥ 이사회의 운영에 관하여 필요한 사항은 대통령령으로 정한다.

제39조【직원의 임면】 공단의 직원은 정관으로 정하는 바에 따라 이사장이 임면한다.

제40조【임직원의 신분】 공단의 임직원은 「형법」 제129조부터 제132조까지의 규정을 적용할 때 공무원으로 본다.

제41조【공단에 대한 감독】 ① 공단은 대통령령으로 정하는 바에 따라 회계연도마다 사업 운영 계획과 예산에 관하여 보건복지부장관의 승인을 받아야 한다.
② 공단은 회계연도가 끝나고 2개월 내에 사업 실적과 결산을 보건복지부장관에게 보고하여야 한다.
③ 보건복지부장관은 공단에 대하여 사업에 관한 보고를 명하거나, 사업이나 재산 상황을 검사할 수 있으며, 필요하다고 인정하면 정관의 변경을 명하는 등 감독에 필요한 조치를 할 수 있다.
(2010.1.18 본조개정)

제42조【공단의 회계】 ① 공단의 회계연도는 정부의 회계연도에 따른다.
② 공단은 보건복지부장관의 승인을 받아 회계규정을 정하여야 한다.(2010.1.18 본항개정)

제43조【공단의 수입·지출】 공단의 수입은 국민연금기금으로부터의 전입금, 국가 보조금, 차입금, 그 밖의 수입금으로 하고, 지출은 이 법에 따른 각종 급여·적립금·환부금(還付金)·차입금의 상환금과 이자, 그 밖에 공단의 운영과 사업을 위한 각종 경비로 한다.

제44조【일시차입과 이입충당】 ① 공단은 회계연도마다 지출할 자금이 부족하면 대통령령으로 정하는 바에 따라 국민연금기금에서 일시차입할 수 있다.(2015.1.28 본항개정)
② 일시차입금은 해당 회계연도 내에 상환하여야 한다.
③ 공단은 회계연도마다 각종 급여와 관련된 지출이 수입을 초과하게 되면 대통령령으로 정하는 바에 따라 제103조에 따른 국민연금기금운용위원회의 심의를 거쳐 국민연금기금에서 이입충당(移入充當)할 수 있다.(2015.1.28 본항개정)

제45조【잉여금 처리】 공단은 매 회계연도 말에 결산하여 잉여금이 있으면 손실금을 보전(補塡)하고 나머지는 국민연금기금으로 적립하여야 한다.

제46조【복지사업과 대여사업 등】 ① 공단은 가입자, 가입자였던 자 및 수급권자의 복지를 증진하기 위하여 대통령령으로 정하는 바에 따라 다음 각 호의 복지사업을 할 수 있다.
1. 자금의 대여
2. 「노인복지법」에 따른 노인복지시설의 설치·공급·임대와 운영
3. 제2호에 따른 노인복지시설의 부대시설로서 「체육시설의 설치·이용에 관한 법률」에 따른 체육시설의 설치 및 운영
4. 그 밖에 대통령령으로 정하는 복지사업
② 제1항제2호 및 제3호에 따른 복지사업을 실시하기 위하여 국민연금기금으로부터 보건복지부령으로 정하는 법인에 출자할 수 있다.(2010.1.18 본항개정)
③ 공단은 대통령령으로 정하는 바에 따라 가입자와 가입자였던 자에 대하여 국민연금기금의 증식을 위한 대여사업을 할 수 있다.
④ 제1항 및 제3항에 따른 대여 업무를 담당하는 공단의 임직원은 그 직무를 수행하면서 고의 또는 중대한 과실로 공단에 손해를 끼쳤을 때에는 그 손해를 배상하여야 한다.
⑤ 공단은 제1항에 따른 복지사업에 지장이 없는 범위에서 가입자, 가입자였던 사람 또는 수급권자가 아닌 사람에게 대통령령으로 정하는 바에 따라 공단이 제1항제2호부터 제4호에 따라 운영하는 시설의 일부를 이용하게 할 수 있다.(2015.1.28 본항신설)
⑥ 제2항에 따른 출자의 방법에 관한 사항은 보건복지부령으로 정한다.(2010.1.18 본항개정)
(2009.1.30 본조개정)

제46조의2【복지시설의 설치사업 등에 관한 특례】 공단이 제46조제1항제2호 및 제3호에 따른 복지시설을 설치하기 위하여 국가, 지방자치단체, 「한국토지주택공사법」에 따른 한국토지주택공사, 그 밖에 대통령령으로 정하는 공공기관이 조성한 토지를 취득하는 경우 공단을 국가 또는 지방자치단체로 본다.
(2012.12.18 본조개정)

제46조의3【노후준비서비스】 공단은 가입대상 및 수급권자를 포함한 국민의 안정된 노후생활 보장을 위하여 「노후준비지원법」 제2조제2호의 노후준비서비스(이하 "노후준비서비스"라 한다)와 관련된 다음 각 호의 사업을 실시할 수 있다.
1. 노후준비서비스의 제공
2. 노후준비서비스에 관한 조사·연구
3. 노후준비서비스에 필요한 프로그램의 개발·보급
4. 노후준비서비스 제공자의 양성·관리
5. 노후준비서비스를 위한 정보시스템의 구축·운영
6. 그 밖에 노후준비서비스 제공에 관하여 보건복지부장관이 위탁하는 사항
(2015.6.22 본조개정)

제47조【업무 위탁】 ① 공단은 정관으로 정하는 바에 따라 대여금 상환금의 수납, 급여·대여금의 지급에 관한 업무, 그 밖에 그 업무의 일부를 다른 법령에 따른 사회보험 업무를 수행하는 법인, 체신관서, 금융기관, 그 밖의 자에게 위탁할 수 있다.(2009.5.21 본항개정)
② 제1항에 따라 공단이 위탁할 수 있는 업무와 위탁받을 수 있는 자의 범위는 대통령령으로 정한다.

제48조【「민법」의 준용】 공단에 관하여 이 법에서 정한 것 외에는 「민법」 중 재단법인에 관한 규정을 준용한다.

제4장 급 여

제1절 통 칙

제49조【급여의 종류】 이 법에 따른 급여의 종류는 다음과 같다.
1. 노령연금
2. 장애연금
3. 유족연금
4. 반환일시금

제50조【급여 지급】 ① 급여는 수급권자의 청구에 따라 공단이 지급한다.(2016.5.29 본항개정)
② 연금액은 지급사유에 따라 기본연금액과 부양가족연금액을 기초로 산정한다.

제51조【기본연금액】 ① 수급권자의 기본연금액은 다음 각 호의 금액을 합한 금액에 1천분의 1천200을 곱한 금액으로 한다. 다만, 가입기간이 20년을 초과하면 그 초과하는 1년(1년 미만이면 매 1개월을 12분의 1년으로 계산한다)마다 본문에 따라 계산한 금액에 1천분의 50을 곱한 금액을 더한다.
1. 다음 각 목에 따라 산정한 금액을 합산하여 3으로 나눈 금액
가. 연금 수급 3년 전 연도의 평균소득월액을 연금 수급 3년 전 연도와 대비한 연금 수급 전년도의 전국소비자물가변동률(「통계법」 제3조에 따라 통계청장이 매년 고시하는 전국소비자물가변동률을 말한다. 이하 이 조에서 같다)에 따라

환산한 금액
나. 연금 수급 2년 전 연도의 평균소득월액을 연금 수급 2년 전 연도와 대비한 연금 수급 전년도의 전국소비자물가변동률에 따라 환산한 금액
다. 연금 수급 전년도의 평균소득월액
2. 가입자 개인의 가입기간 중 매년 기준소득월액을 대통령령으로 정하는 바에 따라 보건복지부장관이 고시하는 연도별 재평가율에 의하여 연금 수급 전년도의 현재가치로 환산한 후 이를 합산한 금액을 총 가입기간으로 나눈 금액. 다만, 다음 각 목에 따라 산정하여야 하는 금액은 그 금액으로 한다.(2010.1.18 본문개정)
가. 제17조제2항 단서 및 같은 조 제3항제1호에 따라 산입되는 가입기간의 기준소득월액은 이 호 각 목 외의 부분 본문에 따라 산정한 금액의 2분의 1에 해당하는 금액(2021.6.8 본목신설)
나. 제18조에 따라 추가로 산입되는 가입기간의 기준소득월액은 제1호에 따라 산정한 금액의 2분의 1에 해당하는 금액
다. 제19조에 따라 추가로 산입되는 가입기간의 기준소득월액은 제1호에 따라 산정한 금액
② 제1항 각 호의 금액을 수급권자에게 적용할 때에는 연금 수급 2년 전 연도와 대비한 전년도의 전국소비자물가변동률을 기준으로 그 변동률에 해당하는 금액을 더하거나 빼되, 미리 제5조에 따른 국민연금심의위원회의 심의를 거쳐야 한다.(2019.1.15 본항개정)
③ 제2항에 따라 조정된 금액을 수급권자에게 적용할 때 그 적용 기간은 해당 조정연도 1월부터 12월까지로 한다.(2019.1.15 본항개정)
제52조 【부양가족연금액】 ① 부양가족연금액은 수급권자(유족연금의 경우에는 사망한 가입자 또는 가입자였던 자를 말한다)를 기준으로 하는 다음 각 호의 자로서 수급권자에 의하여 생계를 유지하고 있는 자에 대하여 해당 호에 규정된 각각의 금액으로 한다. 이 경우 생계유지에 관한 대상자별 인정기준은 대통령령으로 정한다.(2011.6.7 전단개정)
1. 배우자 : 연 15만원
2. 19세 미만이거나 제52조의2에 따른 장애상태에 있는 자녀(배우자가 혼인 전에 얻은 자녀를 포함한다. 이하 이 조에서 같다) : 연 10만원(2023.6.13 본호개정)
3. 60세 이상이거나 제52조의2에 따른 장애상태에 있는 부모(부 또는 모의 배우자, 배우자의 부모를 포함한다. 이하 이 조에서 같다) : 연 10만원(2023.6.13 본호개정)
② 제1항에 따른 부양가족연금액을 수급권자에게 적용하는 경우에는 제51조제2항과 제3항을 준용한다.
③ 제1항 각 호의 자가 다음 각 호의 어느 하나에 해당하면 제1항에 따른 부양가족연금액 계산에서 제외한다.
1. 연금 수급권자(「국민연금과 직역연금의 연계에 관한 법률」에 따른 연계급여 수급권자를 포함한다)
2. 퇴직연금등수급권자
3. 「공무원연금법」, 「공무원 재해보상법」, 「사립학교교직원 연금법」, 「별정우체국법」, 「군인연금법」 또는 「군인 재해보상법」에 따른 퇴직유족연금, 퇴역유족연금, 장해유족연금, 상이유족연금, 순직유족연금, 직무상유족연금, 위험직무순직유족연금 또는 유족연금 수급권자(2019.12.10 본호개정)
(2011.6.7 본항개정)
④ 제1항 각 호의 자는 부양가족연금액을 계산할 때 2명 이상의 연금 수급권자의 부양가족연금 계산 대상이 될 수 없다.
⑤ 제1항 각 호에 해당하는 자가 다음 각 호의 어느 하나에 해당하게 되면 부양가족연금액의 계산에서 제외한다.
1. 사망한 때
2. 수급권자에 의한 생계유지의 상태가 끝난 때
3. 배우자가 이혼한 때
4. 자녀가 다른 사람의 양자가 되거나 파양(罷養)된 때
5. 자녀가 19세가 된 때. 다만, 제52조의2에 따른 장애상태에 있는 자녀는 제외한다.(2023.6.13 단서개정)
6. 제52조의2에 따른 장애상태에 있던 자녀 또는 부모가 그 장애상태에 해당하지 아니하게 된 때(2023.6.13 본호개정)
7. 배우자가 혼인 전에 얻은 자녀와의 관계가 이혼으로 인하여 종료된 때
8. 재혼한 부 또는 모의 배우자와 수급자의 관계가 부모와 그 배우자의 이혼으로 인하여 종료된 경우(2011.6.7 본호신설)
제52조의2 【부양가족연금액 및 유족연금 지급 대상의 장애 인정기준】 제52조, 제73조, 제75조 및 제76조의 장애상태란 다음 각 호의 어느 하나에 해당하는 상태를 말한다.
1. 제67조제4항에 따른 장애등급 1급 또는 2급에 해당하는 상태
2. 「장애인복지법」 제2조에 따른 장애인 중 장애의 정도가 심한 장애인으로서 대통령령으로 정하는 장애 정도에 해당하는 상태
(2023.6.13 본조신설)
제53조 【연금액의 최고한도】 연금의 월별 지급액은 다음 각 호의 금액 중에서 많은 금액을 넘지 못한다.
1. 가입자였던 최종 5년 동안의 기준소득월액(연금 수급 전년도를 기준으로 제51조제1항제2호에 준하여 조정한다)을 평균한 금액을 제51조제2항에 준하여 조정한 금액
2. 가입기간 동안의 기준소득월액(연금 수급 전년도를 기준으로 제51조제1항제2호에 준하여 조정한다)을 평균한 금액을 제51조제2항에 준하여 조정한 금액
제54조 【연금 지급 기간 및 지급 시기】 ① 연금은 지급하여야 할 사유가 생긴 날(제78조제1항에 따른 반납금, 제92조제1항에 따른 추납보험료(追納保險料) 또는 체납된 연금보험료를 냄에 따라 연금을 지급하여야 할 사유가 생긴 경우에는 해당 금액을 낸 날)이 속하는 달의 다음 달부터 수급권이 소멸한 날이 속하는 달까지 지급한다.(2011.12.31 본항개정)
② 연금은 매월 25일에 그 달의 금액을 지급하되, 지급일이 토요일이나 공휴일이면 그 전날에 지급한다. 다만, 수급권이 소멸하거나 연금 지급이 정지된 경우에는 그 지급일 전에 지급할 수 있다.(2011.12.31 본항개정)
③ 연금은 지급을 정지하여야 할 사유가 생기면 그 사유가 생긴 날이 속하는 달의 다음 달부터 그 사유가 소멸한 날이 속하는 달까지는 지급하지 아니한다.
제54조의2 【급여수급전용계좌】 ① 수급자는 제58조제2항에 따라 대통령령으로 정하는 금액 이하의 급여를 본인 명의의 지정된 계좌(이하 "급여수급전용계좌"라 한다)로 입금하도록 공단에 신청할 수 있으며, 이 경우 공단은 급여를 급여수급전용계좌로 입금하여야 한다.
② 공단은 제1항에도 불구하고 정보통신장애나 그 밖에 대통령령으로 정하는 불가피한 사유로 급여를 급여수급전용계좌로 이체할 수 없을 때에는 현금으로 지급하는 등 대통령령으로 정하는 바에 따라 급여를 지급할 수 있다.
③ 급여수급전용계좌가 개설된 금융기관은 급여만이 급여수급전용계좌에 입금되도록 하고, 이를 관리하여야 한다.
④ 제1항에 따른 신청 방법·절차와 제3항에 따른 급여수급전용계좌의 관리에 필요한 사항은 대통령령으로 정한다.
(2015.1.28 본조신설)
제55조 【미지급 급여】 ① 수급권자가 사망한 경우 그 수급권자에게 지급하여야 할 급여 중 아직 지급되지 아니한 것이 있으면 그 배우자·자녀·부모·손자녀·조부모 또는 형제자매의 청구에 따라 그 미지급 급여를 지급한다. 다만, 가출·실종 등 대통령령으로 정하는 경우에 해당하는 사람에게는 지급하지 아니하며, 형제자매의 경우에는 대통령령으로 정하는 바에 따라 수급권자의 사망 당시(「민법」 제27조제1항에 따른 실종선고를 받은 경우에는 실종기간의 개시 당시를, 같은 조 제2항에 따른 실종선고를 받은 경우에는 사망의 원인이 된 위난 발생 당시를 말한다) 수급권자에 의하여 생계를 유지하고 있던 사람에게만 지급한다.(2016.5.29 단서개정)
② 제1항에 따른 급여를 받을 순위는 배우자, 자녀, 부모, 손자녀, 조부모, 형제자매의 순으로 한다. 이 경우 순위가 같은 사람이 2명 이상이면 똑같이 나누어 지급하되, 지급 방법은 대통령령으로 정한다.
③ 제1항에 따른 미지급 급여는 수급권자가 사망한 날부터 5년 이내에 청구하여야 한다.(2011.12.31 본항신설)

제56조【중복급여의 조정】 ① 수급권자에게 이 법에 따른 2 이상의 급여 수급권이 생기면 수급권자의 선택에 따라 그 중 하나만 지급하고 다른 급여의 지급은 정지된다.
② 제1항에도 불구하고 제1항에 따라 선택하지 아니한 급여가 다음 각 호의 어느 하나에 해당하는 경우에는 해당 호에 규정된 금액을 선택한 급여에 추가하여 지급한다.
1. 선택하지 아니한 급여가 유족연금일 때(선택한 급여가 반환일시금일 때를 제외한다) : 유족연금액의 100분의 30에 해당하는 금액(2016.5.29 본호개정)
2. 선택하지 아니한 급여가 반환일시금일 때(선택한 급여가 장애연금이고, 선택하지 아니한 급여가 본인의 연금보험료 납부로 인한 반환일시금일 때를 제외한다) : 제80조제2항에 상당하는 금액

제57조【급여의 환수】 ① 공단은 급여를 받은 사람이 다음 각 호의 어느 하나에 해당하는 경우에는 대통령령으로 정하는 바에 따라 그 금액(이하 "환수금"이라 한다)을 환수하여야 한다. 다만, 공단은 환수금이 대통령령으로 정하는 금액 미만인 경우에는 환수하지 아니한다.
1. 거짓이나 그 밖의 부정한 방법으로 급여를 받은 경우
2. 제121조의 신고 의무자가 같은 조에 따른 신고 사항을 공단에 신고하지 아니하거나 늦게 신고하여 급여를 잘못 지급 받은 경우
3. 가입자 또는 가입자였던 자가 제15조에 따라 사망한 것으로 추정되어 유족연금 등의 급여가 지급된 후 해당 가입자 또는 가입자였던 자의 생존이 확인된 경우
4. 그 밖의 사유로 급여가 잘못 지급된 경우
② 공단은 제1항제1호 및 제2호의 경우에는 대통령령으로 정하는 이자를 가산하여 환수한다. 다만, 납부 의무자의 귀책사유가 없는 경우에는 이자를 가산하지 아니한다.
③ 공단은 환수금의 납부 의무자가 납부 기한까지 환수금을 내지 아니하면 제97조제1항 및 제2항을 준용하여 연체금을 징수하며, 이 경우 "건강보험공단"은 "공단"으로, "연금보험료"는 "환수금"으로 본다. 다만, 천재지변이나 그 밖에 대통령령으로 정하는 부득이한 사유가 있는 경우에는 연체금을 징수하지 아니할 수 있다.
④ 환수금 및 제3항에 따른 연체금(이하 "환수금등"이라 한다)의 납부 의무자에게 다른 급여의 수급권이 있거나 과오납금 등 반환받을 금액이 있으면 공단은 이를 환수금등에 충당할 수 있다.
(2016.5.29 본조개정)

제57조의2【환수금등의 고지, 독촉 및 체납처분 등】 ① 공단은 제57조에 따라 환수금등을 징수하려면 기한을 정하여 환수금등의 금액 및 납부 기한 등을 적은 문서로써 납입의 고지를 하여야 한다. 이 경우 납입의 고지는 보건복지부령으로 정하는 바에 따라 전자문서로 할 수 있으며, 그 도달에 관하여는 제88조의2제3항을 준용한다.
② 공단은 제1항에 따른 고지를 받은 자가 그 기한까지 환수금등을 내지 아니하면 기한을 정하여 대통령령으로 정하는 바에 따라 독촉하여야 한다.
③ 공단은 제2항에 따른 독촉을 받은 자가 그 기한까지 환수금등을 내지 아니하면 보건복지부장관의 승인을 받아 국세 체납처분의 예에 따라 이를 징수할 수 있다. 이 경우 체납처분과 관련하여서는 제95조제6항 · 제7항을 준용하고, "건강보험공단"은 "공단"으로 본다.(2018.12.11 후단개정)

제58조【수급권 보호】 ① 수급권은 양도 · 압류하거나 담보로 제공할 수 없다.(2016.5.29 본항개정)
② 수급권자에게 지급된 급여로서 대통령령으로 정하는 금액 이하의 급여는 압류할 수 없다.
③ 급여수급전용계좌에 입금된 급여와 이에 관한 채권은 압류할 수 없다.(2015.1.28 본항신설)

제59조【미납금의 공제 지급】 ① 가입자 또는 가입자였던 자가 수급권을 취득하거나 사망한 경우 제46조에 따라 대여한 자금의 상환금에 관한 채무가 있으면 이를 이 법에 따른 급여(사망일시금을 포함하고 지급이 정지된 급여는 제외한다)에서 공제할 수 있다. 다만, 이 법에 따른 급여 중 연금급여(제68조제2항에 따라 일시보상금으로 지급되는 장애연금은 제외한다)의 수급권자에 대하여는 해당 연금월액의 2분의 1을 초과하여 공제할 수 없다.
② 제1항에 따라 해당 상환금에 관한 채무를 공제하려면 20일 이상의 기한을 정하여 문서로 그 채무의 변제를 최고(催告)하여야 하며, 그 기한까지 채무를 변제하지 아니하면 해당 급여에서 공제할 것임을 미리 수급권자에게 통지하여야 한다.
③ 제1항에 따라 공제한 금액은 그 액수만큼 수급권자에게 지급된 것으로 본다.

제60조【조세와 그 밖의 공과금 면제】 이 법에 따른 급여로 지급된 금액에 대하여는 「조세특례제한법」이나 그 밖의 법률 또는 지방자치단체가 조례로 정하는 바에 따라 조세, 그 밖에 국가 또는 지방자치단체의 공과금을 감면한다.

제2절 노령연금

제61조【노령연금 수급권자】 ① 가입기간이 10년 이상인 가입자 또는 가입자였던 자에 대하여는 60세(특수직종근로자는 55세)가 된 때부터 그가 생존하는 동안 노령연금을 지급한다.
② 가입기간이 10년 이상인 가입자 또는 가입자였던 자로서 55세 이상인 자가 대통령령으로 정하는 소득이 있는 업무에 종사하지 아니하는 경우 본인이 희망하면 제1항에도 불구하고 60세가 되기 전이라도 본인이 청구한 때부터 그가 생존하는 동안 일정한 금액의 연금(이하 "조기노령연금"이라 한다)을 받을 수 있다.
(2011.12.31 본조개정)

제62조【지급의 연기에 따른 가산】 ① 제61조에 따른 노령연금의 수급권자로서 60세 이상 65세 미만인 사람(특수직종근로자는 55세 이상 60세 미만인 사람)이 연금지급의 연기를 희망하는 경우에는 65세(특수직종근로자는 60세) 전까지의 기간에 대하여 그 연금의 전부 또는 일부의 지급을 연기할 수 있다.
(2021.12.21 본항개정)
② 제1항에 따라 연금 전부의 지급 연기를 신청한 수급권자가 연금의 지급을 희망하거나 65세(특수직종근로자는 60세)가 된 경우의 연금액은 지급의 연기를 신청한 때의 제63조 및 제66조제3항에 따른 노령연금액(부양가족연금액은 제외한다. 이하 이 조에서 같다)을 제51조제2항에 따라 조정한 금액에 연기되는 매 1개월마다 그 금액의 1천분의 6을 더한 액으로 한다. 이 경우 1천분의 6에 해당하는 금액도 제51조제2항에 따라 조정한다.(2017.3.21 전단개정)
③ 제1항에 따라 연금 일부의 지급 연기를 신청하려는 수급권자는 노령연금액 중 다음 각 호의 어느 하나에 해당하는 금액의 지급 연기를 신청할 수 있다.
1. 노령연금액의 1천분의 500
2. 노령연금액의 1천분의 600
3. 노령연금액의 1천분의 700
4. 노령연금액의 1천분의 800
5. 노령연금액의 1천분의 900
(2015.1.28 본항신설)
④ 제3항에 따라 연금 일부의 지급 연기를 신청한 수급권자가 연금 전부의 지급을 희망하거나 65세가 된 경우의 노령연금액은 다음 각 호의 금액을 합산한 금액으로 한다.
1. 노령연금액 중 지급 연기를 신청하지 아니한 금액을 제51조제2항에 따라 조정한 금액
2. 노령연금액 중 지급 연기를 신청한 금액을 제51조제2항에 따라 조정한 금액에 연기되는 매 1개월마다 그 금액의 1천분의 6을 더한 금액. 이 경우 1천분의 6에 해당하는 금액도 제51조제2항에 따라 조정한다.(2015.1.28 본항신설)
(2015.1.28 본조개정)

제63조【노령연금액】 ① 제61조제1항에 따른 노령연금액은 다음 각 호의 구분에 따른 금액에 부양가족연금액을 더한 금액으로 한다.(2011.12.31 본문개정)
1. 가입기간이 20년 이상인 경우 : 기본연금액
2. 가입기간이 10년 이상 20년 미만인 경우 : 기본연금액의 1천분의 500에 해당하는 금액에 가입기간 10년을 초과하는 1년(1년 미만이면 매 1개월을 12분의 1년으로 계산한다)마다 기본연금액의 1천분의 50에 해당하는 금액을 더한 금액
(2011.12.31 1호~2호신설)

② 조기노령연금액은 가입기간에 따라 제1항에 따른 노령연금액 중 부양가족연금액을 제외한 금액에 수급연령별로 다음 각 호의 구분에 따른 비율(청구일이 연령도달일이 속한 달의 다음 달 이후인 경우에는 1개월마다 1천분의 5를 더한다)을 곱한 금액에 부양가족연금액을 더한 금액으로 한다.(2011.12.31 본문개정)
1. 55세부터 지급받는 경우에는 1천분의 700
2. 56세부터 지급받는 경우에는 1천분의 760
3. 57세부터 지급받는 경우에는 1천분의 820
4. 58세부터 지급받는 경우에는 1천분의 880
5. 59세부터 지급받는 경우에는 1천분의 940
③ (2011.12.31 삭제)

제63조의2【소득활동에 따른 노령연금액】 제61조에 따른 노령연금 수급권자가 대통령령으로 정하는 소득이 있는 업무에 종사하면 60세 이상 65세 미만(특수직종근로자는 55세 이상 60세 미만)인 기간에는 제62조제2항·제4항, 제63조 및 제66조제3항에 따른 노령연금액(부양가족연금액은 제외한다. 이하 이 조에서 같다)에서 다음 각 호의 구분에 따른 금액을 뺀 금액을 지급한다. 이 경우 빼는 금액은 노령연금액의 2분의 1을 초과할 수 없다.(2017.3.21 전단개정)
1. 초과소득월액(노령연금 수급권자의 소득월액에서 제51조제1항제1호에 따라 산정한 금액을 뺀 금액을 말한다. 이하 이 조에서 같다)이 100만원 미만인 사람 : 초과소득월액의 1천분의 50
2. 초과소득월액이 100만원 이상 200만원 미만인 사람 : 5만원 + (초과소득월액 − 100만원) × 1천분의 100
3. 초과소득월액이 200만원 이상 300만원 미만인 사람 : 15만원 + (초과소득월액 − 200만원) × 1천분의 150
4. 초과소득월액이 300만원 이상 400만원 미만인 사람 : 30만원 + (초과소득월액 − 300만원) × 1천분의 200
5. 초과소득월액이 400만원 이상인 사람 : 50만원 + (초과소득월액 − 400만원) × 1천분의 250
(2015.1.28 본조개정)

제64조【분할연금 수급권자 등】 ① 혼인 기간(배우자의 가입기간 중의 혼인 기간으로서 별거, 가출 등의 사유로 인하여 실질적인 혼인관계가 존재하지 아니하였던 기간을 제외한 기간을 말한다. 이하 같다)이 5년 이상인 자가 다음 각 호의 요건을 모두 갖추면 그때부터 그가 생존하는 동안 배우자였던 자의 노령연금을 분할한 일정한 금액의 연금(이하 "분할연금"이라 한다)을 받을 수 있다.(2017.12.19 본문개정)
1. 배우자와 이혼하였을 것
2. 배우자였던 사람이 노령연금 수급권자일 것
3. 60세가 되었을 것
(2011.12.31 본항개정)
② 제1항에 따른 분할연금액은 배우자였던 자의 노령연금액(부양가족연금액은 제외한다) 중 혼인 기간에 해당하는 연금액을 균등하게 나눈 금액으로 한다.
③ 제1항에 따른 분할연금은 제1항 각 호의 요건을 모두 갖추게 된 때부터 5년 이내에 청구하여야 한다.(2016.5.29 본항개정)
④ 제1항에 따른 혼인 기간의 인정 기준 및 방법 등에 필요한 사항은 대통령령으로 정한다.(2017.12.19 본항신설)

제64조의2【분할연금 지급의 특례】 ① 제64조제2항에도 불구하고 「민법」 제839조의2 또는 제843조에 따라 연금의 분할에 관하여 별도로 결정된 경우에는 그에 따른다.
② 제1항에 따라 연금의 분할이 별도로 결정된 경우에는 분할 비율 등에 대하여 공단에 신고하여야 한다.
③ 제2항에 따른 신고 방법 및 절차 등 신고에 필요한 세부사항은 보건복지부령으로 정한다.
(2015.12.29 본조신설)

제64조의3【분할연금 청구의 특례】 ① 제64조제3항에도 불구하고 제64조제1항제3호의 연령에 도달하기 이전에 이혼하는 경우에는 이혼의 효력이 발생하는 때부터 분할연금을 미리 청구(이하 "분할연금 선청구"라 한다)할 수 있다. 이 경우 제64조제3항에 따른 청구를 한 것으로 본다(선청구를 하고 제2항에 따른 선청구의 취소를 하지 아니한 경우에 한정한다).
② 제1항에 따른 분할연금 선청구는 이혼의 효력이 발생하는 때부터 3년 이내에 하여야 하며, 제64조제1항제3호의 연령이 도달하기 이전에 분할연금 선청구를 취소할 수 있다. 이 경우 분할연금 선청구 및 선청구의 취소는 1회에 한한다.
③ 제1항에 따라 분할연금을 선청구한 경우라고 하더라도 제64조제1항 각 호의 요건을 모두 갖추게 된 때에 분할연금을 지급한다.
④ 제1항 및 제2항에 따른 분할연금 선청구 및 선청구 취소 방법·절차 등 시행에 필요한 세부사항은 보건복지부령으로 정한다.
(2015.12.29 본조신설)

제64조의4【분할연금 수급권의 포기】 ① 제64조제1항에 따른 분할연금 수급권자는 같은 항의 배우자였던 사람과 재혼한 경우 보건복지부령으로 정하는 바에 따라 분할연금 수급권의 포기를 신청할 수 있다.
② 제1항에 따라 분할연금 수급권자가 분할연금 수급권의 포기를 신청한 경우에는 그 분할연금 수급권은 신청한 날부터 소멸된다.
③ 제2항에 따라 분할연금 수급권이 소멸된 경우에는 분할연금 수급권을 포기한 사람의 배우자에게 분할연금이 발생하기 전의 노령연금을 지급한다.
(2016.5.29 본조신설)

제65조【분할연금과 노령연금의 관계 등】 ① 제64조제1항에 따른 분할연금 수급권은 그 수급권을 취득한 후에 배우자였던 자에게 생긴 사유로 노령연금 수급권이 소멸·정지되어도 영향을 받지 아니한다.
② 수급권자에게 2 이상의 분할연금 수급권이 생기면 제56조에도 불구하고 2 이상의 분할연금액을 합산하여 지급한다. 다만, 2 이상의 분할연금 수급권과 다른 급여(노령연금을 제외한다. 이하 이 항에서 같다)의 수급권이 생기면 그 2 이상의 분할연금 수급권을 하나의 분할연금 수급권으로 보고 본인의 선택에 따라 분할연금과 다른 급여 중 하나만 지급하고 선택하지 아니한 분할연금 또는 다른 급여의 지급은 정지된다.
③ 분할연금 수급권자는 제72조제1항에 따른 유족연금을 지급할 때 노령연금 수급권자로 보지 아니한다.
④ 분할연금 수급권자에게 노령연금 수급권이 발생한 경우에는 제56조에도 불구하고 분할연금액과 노령연금액을 합산하여 지급한다.

제66조【조기노령연금의 지급 정지 등】 ① 제61조제2항과 제63조제2항에 따라 조기노령연금을 받고 있는 60세 미만인 자가 다음 각 호의 어느 하나에 해당되는 경우에는 그 기간에 해당하는 조기노령연금은 지급을 정지한다.(2017.3.21 본문개정)
1. 제61조제2항에 따른 소득이 있는 업무에 종사하는 경우
2. 제1호에는 해당되지 아니하나 조기노령연금을 받고 있는 본인이 조기노령연금 지급 정지를 신청하는 경우
(2017.3.21 1호~2호신설)
② 제1항에 따라 조기노령연금의 지급이 정지된 자가 다음 각 호의 어느 하나에 해당되는 경우에는 조기노령연금을 다시 지급한다.
1. 60세에 도달하는 경우
2. 제1항제1호에 해당하는 자가 60세에 도달하기 전에 제61조제2항에 따른 소득이 있는 업무에 종사하지 아니하는 경우
3. 제1항제2호에 해당하는 자가 60세에 도달하기 전에 제61조제2항에 따른 소득이 있는 업무에 종사하지 아니한 상태에서 본인이 조기노령연금의 재지급을 신청하는 경우
(2017.3.21 본항신설)
③ 제1항에 따라 조기노령연금의 지급이 정지된 자가 제2항에 따라 조기노령연금을 다시 지급받을 경우의 조기노령연금액은 다음 각 호와 같다.(2017.3.21 본문개정)
1. 지급 정지 전후의 가입기간을 합산하여 산정한 제63조제1항에 따른 노령연금액(부양가족연금액을 제외한다)에 재수급 당시의 제63조제2항에 따른 연령별 비율에서 기 수급기간 1개월마다 1천분의 5를 뺀 비율을 곱한 금액에 부양가족연금액을 더한 금액(2015.1.28 본호개정)
2. 제1호에 따른 조기노령연금액(부양가족연금액을 제외한다.

이하 이 호에서 같다)이 제1항에 따라 지급 정지되기 전의 조기노령연금액보다 적어지는 경우에는 지급 정지되기 전의 조기노령연금액
④ 제1항 및 제2항에 따른 조기노령연금 지급 정지 및 재지급 신청에 필요한 세부사항은 보건복지부령으로 정한다.
(2017.3.21 본항신설)

제3절 장애연금

제67조【장애연금의 수급권자】 ① 가입자 또는 가입자였던 자가 질병이나 부상으로 신체상 또는 정신상의 장애가 있고 다음 각 호의 요건을 모두 충족하는 경우에는 장애 정도를 결정하는 기준이 되는 날(이하 "장애결정 기준일"이라 한다)부터 그 장애가 계속되는 기간 동안 장애 정도에 따라 장애연금을 지급한다.
1. 해당 질병 또는 부상의 초진일 당시 연령이 18세(다만, 18세 전에 가입한 경우에는 가입자가 된 날을 말한다) 이상이고 노령연금의 지급 연령 미만일 것
2. 다음 각 목의 어느 하나에 해당할 것
가. 해당 질병 또는 부상의 초진일 당시 연금보험료를 낸 기간이 가입대상기간의 3분의 1 이상일 것
나. 해당 질병 또는 부상의 초진일 5년 전부터 초진일까지의 기간 중 연금보험료를 낸 기간이 3년 이상일 것. 다만, 가입대상기간 중 체납기간이 3년 이상인 경우는 제외한다.
다. 해당 질병 또는 부상의 초진일 당시 가입기간이 10년 이상일 것
(2016.5.29 본항개정)
② 제1항에 따른 장애결정 기준일은 다음 각 호에서 정하는 날로 한다.
1. 초진일부터 1년 6개월이 지나기 전에 완치일이 있는 경우 : 완치일
2. 초진일부터 1년 6개월이 지날 때까지 완치일이 없는 경우 : 초진일부터 1년 6개월이 되는 날의 다음 날
3. 제2호에 따른 초진일부터 1년 6개월이 되는 날의 다음 날에 장애연금의 지급 대상이 되지 아니하였으나, 그 후 그 질병이나 부상이 악화된 경우 : 장애연금의 지급을 청구한 날(제61조에 따른 노령연금 지급연령 전에 청구한 경우만 해당한다. 이하 이 조에서 "청구일"이라 한다)과 완치일 중 빠른 날
4. 제70조제1항에 따라 장애연금의 수급권이 소멸된 사람이 장애연금 수급권을 취득할 당시의 질병이나 부상이 악화된 경우 : 청구일과 완치일 중 빠른 날
(2016.5.29 본항개정)
③ 제1항에 따라 장애연금의 지급 대상이 되는 경우에도 불구하고 다음 각 호의 어느 하나에 해당되는 경우에는 장애연금을 지급하지 아니한다.
1. 초진일이 제6조 단서에 따라 가입 대상에서 제외된 기간 중에 있는 경우
2. 초진일이 국외이주·국적상실 기간 중에 있는 경우
3. 제77조에 따라 반환일시금을 지급받은 경우
(2016.5.29 본항개정)
④ 장애 정도에 관한 장애등급은 1급, 2급, 3급 및 4급으로 구분하되, 등급 구분의 기준과 장애 정도의 심사에 관한 사항은 대통령령으로 정한다.
제68조【장애연금액】 ① 장애연금액은 장애 등급에 따라 다음 각 호의 금액으로 한다.
1. 장애등급 1급에 해당하는 자에 대하여는 기본연금액에 부양가족연금액을 더한 금액
2. 장애등급 2급에 해당하는 자에 대하여는 기본연금액의 1천분의 800에 해당하는 금액에 부양가족연금액을 더한 금액
3. 장애등급 3급에 해당하는 자에 대하여는 기본연금액의 1천분의 600에 해당하는 금액에 부양가족연금액을 더한 금액
② 장애등급 4급에 해당하는 자에 대하여는 기본연금액의 1천분의 2천250에 해당하는 금액을 일시보상금으로 지급한다.
제69조【장애의 중복 조정】 장애연금 수급권자에게 다시 장애연금을 지급하여야 할 장애가 발생한 때에는 전후의 장애를 병합(倂合)한 장애 정도에 따라 장애연금을 지급한다. 다만, 전후의 장애를 병합한 장애 정도에 따른 장애연금이 전의 장애연금보다 적으면 전의 장애연금을 지급한다.
제70조【장애연금액의 변경 등】 ① 공단은 장애연금 수급권자의 장애 정도를 심사하여 장애등급이 다르게 되면 그 등급에 따라 장애연금액을 변경하고, 장애등급에 해당되지 아니하면 장애연금 수급권을 소멸시킨다.
② 장애연금의 수급권자는 그 장애가 악화되면 공단에 장애연금액의 변경을 청구할 수 있다.
③ 제1항 및 제2항에 따라 장애정도를 결정할 때에는 완치일을 기준으로 하며, 다음 각 호의 구분에 따른 날까지 완치되지 않은 경우에는 그 해당하는 날을 기준으로 장애 정도를 결정한다.(2016.5.29 본문개정)
1. 제1항의 경우 : 장애 정도의 변화개연성에 따라 공단이 지정한 주기가 도래한 날이 속하는 달의 말일 등 대통령령으로 정하는 날
2. 제2항의 경우 : 수급권자가 장애연금액의 변경을 청구한 날
(2011.12.31 본항신설)
④ 제1항 및 제2항은 60세 이상인 장애연금 수급권자에 대하여는 적용하지 아니한다.
제71조【일시보상금에 대한 평가】 제68조제2항에 따른 일시보상금 수급권자에게 제56조에 따른 중복급여의 조정, 제69조에 따른 장애의 중복 조정, 제70조에 따른 장애연금액의 변경 및 제115조제1항에 따른 소멸시효를 적용할 때에는 일시보상금 지급 사유 발생일이 속하는 달의 다음 달부터 기본연금액의 1천분의 400을 12로 나눈 금액이 67개월 동안 지급된 것으로 본다.

제4절 유족연금

제72조【유족연금의 수급권자】 ① 다음 각 호의 어느 하나에 해당하는 사람이 사망하면 그 유족에게 유족연금을 지급한다.
(2016.5.29 본문개정)
1. 노령연금 수급권자
2. 가입기간이 10년 이상인 가입자 또는 가입자였던 자
(2016.5.29 본호개정)
3. 연금보험료를 낸 기간이 가입대상기간의 3분의 1 이상인 가입자 또는 가입자였던 자(2016.5.29 본호개정)
4. 사망일 5년 전부터 사망일까지의 기간 중 연금보험료를 낸 기간이 3년 이상인 가입자 또는 가입자였던 자. 다만, 가입대상기간 중 체납기간이 3년 이상인 사람은 제외한다.
(2016.5.29 본호신설)
5. 장애등급이 2급 이상인 장애연금 수급권자
② 제1항에도 불구하고 같은 항 제3호 또는 제4호에 해당하는 사람이 다음 각 호의 기간 중 사망하는 경우에는 유족연금을 지급하지 아니한다.
1. 제6조 단서에 따라 가입 대상에서 제외되는 기간
2. 국외이주·국적상실 기간
(2016.5.29 본항개정)
제73조【유족의 범위 등】 ① 유족연금을 지급받을 수 있는 유족은 제72조제1항 각 호의 사람이 사망할 당시(「민법」 제27조제1항에 따른 실종선고를 받은 경우에는 실종기간의 개시 당시를, 같은 조 제2항에 따른 실종선고를 받은 경우에는 사망의 원인이 된 위난 발생 당시를 말한다) 그에 의하여 생계를 유지하고 있던 다음 각 호의 자로 한다. 이 경우 가입자 또는 가입자였던 자에 의하여 생계를 유지하고 있던 자에 관한 인정 기준은 대통령령으로 정한다.(2016.5.29 전단개정)
1. 배우자
2. 자녀. 다만, 25세 미만이거나 제52조의2에 따른 장애상태에 있는 사람만 해당한다.(2023.6.13 단서개정)
3. 부모(배우자의 부모를 포함한다. 이하 이 절에서 같다). 다만, 60세 이상이거나 제52조의2에 따른 장애상태에 있는 사람만 해당한다.(2023.6.13 단서개정)
4. 손자녀. 다만, 19세 미만이거나 제52조의2에 따른 장애상태에 있는 사람만 해당한다.(2023.6.13 단서개정)
5. 조부모(배우자의 조부모를 포함한다. 이하 이 절에서 같다). 다만, 60세 이상이거나 제52조의2에 따른 장애상태에 있는 사람만 해당한다.(2023.6.13 단서개정)

② 유족연금은 제1항 각 호의 순위에 따라 최우선 순위자에게 만 지급한다. 다만, 제1항제1호에 따른 유족의 수급권이 제75조제1항제1호 및 제2호에 따라 소멸되거나 제76조제1항 및 제2항에 따라 정지되면 제1항제2호에 따른 유족에게 지급한다. (2021.12.21 단서개정)
③ 제2항의 경우 같은 순위의 유족이 2명 이상이면 그 유족연금액을 똑같이 나누어 지급하되, 지급 방법은 대통령령으로 정한다.

제74조【유족연금액】 유족연금액은 가입기간에 따라 다음 각 호의 금액에 부양가족연금액을 더한 금액으로 한다. 다만, 노령연금 수급권자가 사망한 경우의 유족연금액은 사망한 자가 지급받던 노령연금액을 초과할 수 없다.
1. 가입기간이 10년 미만이면 기본연금액의 1천분의 400에 해당하는 금액
2. 가입기간이 10년 이상 20년 미만이면 기본연금액의 1천분의 500에 해당하는 금액
3. 가입기간이 20년 이상이면 기본연금액의 1천분의 600에 해당하는 금액

제75조【유족연금 수급권의 소멸】 ① 유족연금 수급권자가 다음 각 호의 어느 하나에 해당하게 되면 그 수급권은 소멸한다.
1. 수급권자가 사망한 때
2. 배우자인 수급권자가 재혼한 때
3. 자녀나 손자녀인 수급권자가 파양된 때(2017.10.24 본호개정)
4. 제52조의2에 따른 장애상태에 해당하지 아니한 자녀인 수급권자가 25세가 된 때 또는 제52조의2에 따른 장애상태에 해당하지 아니한 손자녀인 수급권자가 19세가 된 때(2023.6.13 본호개정)
5. (2017.10.24 삭제)
② 부모, 손자녀 또는 조부모인 유족의 유족연금 수급권은 가입자 또는 가입자였던 사람이 사망할 당시에 그 가입자 또는 가입자였던 사람의 태아가 출생하여 수급권을 갖게 되면 소멸한다.(2015.1.28 본항개정)

제76조【유족연금의 지급 정지】 ① 유족연금의 수급권자인 배우자에 대하여는 수급권이 발생한 때부터 3년 동안 유족연금을 지급한 후 55세가 될 때까지 지급을 정지한다. 다만, 그 수급권자가 다음 각 호의 어느 하나에 해당하면 지급을 정지하지 아니한다.
1. 제52조의2에 따른 장애상태인 경우(2023.6.13 본호개정)
2. 가입자 또는 가입자였던 자의 25세 미만인 자녀 또는 제52조의2에 따른 장애상태인 자녀의 생계를 유지한 경우(2023.6.13 본호개정)
3. 대통령령으로 정하는 소득이 있는 업무에 종사하지 아니하는 경우
② 유족연금의 수급권자인 배우자의 소재를 1년 이상 알 수 없는 때에는 유족인 자녀의 신청에 의하여 그 소재 불명(不明)의 기간동안 그에게 지급하여야 할 유족연금은 지급을 정지한다.
③ 배우자 외의 자에 대한 유족연금의 수급권자가 2명 이상인 경우 그 수급권자 중에서 1년 이상 소재를 알 수 없는 자가 있으면 다른 수급권자의 신청에 따라 그 소재 불명의 기간에 해당하는 그에 대한 유족연금의 지급을 정지한다.
④ 제2항과 제3항에 따라 유족연금의 지급이 정지된 자의 소재가 확인된 경우에는 본인의 신청에 의하여 지급 정지를 해제한다.
⑤ 자녀나 손자녀인 수급권자가 다른 사람에게 입양된 때에는 그에 해당하게 된 때부터 유족연금의 지급을 정지한다. (2017.10.24 본항신설)
⑥ 제5항에 따라 유족연금의 지급이 정지된 자가 파양된 경우에는 본인의 신청에 의하여 파양된 때부터 지급 정지를 해제한다.(2017.10.24 본항신설)
⑦ 장애로 수급권을 취득한 자가 제52조의2에 따른 장애상태에 해당하지 아니하게 된 때에는 그에 해당하게 된 때부터 유족연금의 지급을 정지한다.(2023.6.13 본항개정)
⑧ 제7항에 따라 유족연금의 지급이 정지된 자가 그 질병이나 부상이 악화되어 제52조의2에 따른 장애상태에 해당하게 된 경우에는 본인의 신청에 의하여 제52조의2에 따른 장애상태에 해당하게 된 때부터 지급 정지를 해제한다.(2023.6.13 본항개정)
⑨ 제2항 및 제3항에도 불구하고 유족연금 수급권자가 1년 이상 소재불명이고 제2항 및 제3항에 따른 지급 정지의 신청을 할 사람이 존재하지 아니하는 등 대통령령으로 정하는 경우에는 유족연금의 지급을 정지할 수 있다.(2021.12.21 본항신설)
⑩ 제9항에 따른 지급 정지에 대한 취소 및 그에 따른 지급에 대해서는 제86조의2제2항 및 제3항을 준용한다.(2021.12.21 본항신설)
(2017.10.24 본조제목개정)

제5절 반환일시금 등

제77조【반환일시금】 ① 가입자 또는 가입자였던 자가 다음 각 호의 어느 하나에 해당하게 되면 본인이나 그 유족의 청구에 의하여 반환일시금을 지급받을 수 있다.
1. 가입기간이 10년 미만인 자가 60세가 된 때
2. 가입자 또는 가입자였던 자가 사망한 때. 다만, 제72조에 따라 유족연금이 지급되는 경우에는 그러하지 아니하다. (2016.5.29 단서개정)
3. 국적을 상실하거나 국외로 이주한 때
② 제1항에 따른 반환일시금의 액수는 가입자 또는 가입자였던 자가 납부한 연금보험료(사업장가입자 또는 사업장가입자였던 자의 경우에는 사용자의 부담금을 포함한다)에 대통령령으로 정하는 이자를 더한 금액으로 한다.
③ 제1항에 따라 반환일시금의 지급을 청구할 경우 유족의 범위와 청구의 우선순위 등에 관하여는 제73조를 준용한다.

제78조【반납금 납부와 가입기간】 ① 제77조에 따라 반환일시금을 받은 자로서 다시 가입자의 자격을 취득한 자는 지급받은 반환일시금에 대통령령으로 정하는 이자를 더한 금액(이하 "반납금"이라 한다)을 공단에 낼 수 있다.
② 반납금은 대통령령으로 정하는 바에 따라 분할하여 납부하게 할 수 있다. 이 경우 대통령령으로 정하는 이자를 더하여야 한다.
③ 제1항과 제2항에 따라 반납금을 낸 경우에는 그에 상응하는 기간은 가입기간에 넣어 계산한다.
④ 제1항과 제2항에 따른 반납금의 납부 신청, 납부 방법 및 납부 기한 등 반납금의 납부에 필요한 사항은 대통령령으로 정한다.

제79조【반환일시금 수급권의 소멸】 반환일시금의 수급권은 다음 각 호의 어느 하나에 해당하면 소멸한다.
1. 수급권자가 다시 가입자로 된 때
2. 수급권자가 노령연금의 수급권을 취득한 때
3. 수급권자가 장애연금의 수급권을 취득한 때
4. 수급권자의 유족이 유족연금의 수급권을 취득한 때

제80조【사망일시금】 ① 다음 각 호의 어느 하나에 해당하는 사람이 사망한 때에 제73조에 따른 유족이 없으면 그 배우자·자녀·부모·손자녀·조부모·형제자매 또는 4촌 이내 방계혈족(傍系血族)에게 사망일시금을 지급한다. 다만, 가출·실종 등 대통령령으로 정하는 경우에 해당하는 사람에게는 지급하지 아니하며, 4촌 이내 방계혈족의 경우에는 대통령령으로 정하는 바에 따라 다음 각 호의 어느 하나에 해당하는 사람의 사망 당시(「민법」 제27조제1항에 따른 실종선고를 받은 경우에는 실종기간의 개시 당시를, 같은 조 제2항에 따른 실종선고를 받은 경우에는 사망의 원인이 된 위난 발생 당시를 말한다) 그 사람에 의하여 생계를 유지하고 있던 사람에게만 지급한다.(2020.12.29 본항개정)
1. 가입자 또는 가입자였던 사람
2. 노령연금 수급권자
3. 장애등급이 3급 이상인 장애연금 수급권자
(2020.12.29 1호~3호신설)
② 제1항에 따른 사망일시금은 다음 각 호의 금액으로 한다.
1. 제1항제1호에 해당하는 경우 : 가입자 또는 가입자였던 사람의 반환일시금에 상당하는 금액. 다만, 사망한 가입자 또는 가입자였던 사람의 최종 기준소득월액을 제51조제1항제2호

에 따른 연도별 재평가율에 따라 사망일이 속하는 해의 전년도의 현재가치로 환산한 금액과 같은 호에 준하여 산정한 가입기간 중 기준소득월액의 평균액 중에서 많은 금액의 4배를 초과하지 못한다.
2. 제1항제2호 또는 제3호에 해당하는 경우 : 수급권자가 사망할 때까지 지급받은 연금액이 제1호를 준용하여 산정한 금액(이 경우 "가입자 또는 가입자였던 사람"은 "노령연금 수급권자 또는 장애등급이 3급 이상인 장애연금 수급권자"로 본다)보다 적은 경우에 그 차액에 해당하는 금액

(2020.12.29 본항개정)

③ 제2항제1호 및 제2호에 모두 해당하는 경우에는 제2호를 적용한다.(2020.12.29 본항신설)

④ 제1항에 따른 사망일시금을 받을 자의 순위는 배우자 · 자녀 · 부모 · 손자녀 · 조부모 · 형제자매 및 4촌 이내의 방계혈족 순으로 한다. 이 경우 순위가 같은 사람이 2명 이상이면 똑같이 나누어 지급하되, 그 지급 방법은 대통령령으로 정한다.

제81조【유족연금과 사망일시금의 관계】 제73조제1항제2호 및 제4호에 따른 유족연금 수급권자에 대하여는 제75조제1항제4호에 따라 유족연금수급권이 소멸할 때까지 지급받은 유족연금액이 제80조제2항에 따른 사망일시금액보다 적을 때에는 그 차액을 일시금으로 지급한다.

제6절 급여 제한 등

제82조【급여의 제한】 ① 가입자 또는 가입자였던 자가 고의로 질병 · 부상 또는 그 원인이 되는 사고를 일으켜 그로 인하여 장애를 입은 경우에는 그 장애를 지급 사유로 하는 장애연금을 지급하지 아니할 수 있다.

② 가입자 또는 가입자였던 자가 고의나 중대한 과실로 요양 지시에 따르지 아니하거나 정당한 사유 없이 요양 지시에 따르지 아니하여 다음 각 호의 어느 하나에 해당하게 되면 대통령령으로 정하는 바에 따라 이를 원인으로 하는 급여의 전부 또는 일부를 지급하지 아니할 수 있다.
1. 장애를 입거나 사망한 경우
2. 장애나 사망의 원인이 되는 사고를 일으킨 경우
3. 장애를 악화시키거나 회복을 방해한 경우

③ 다음 각 호의 어느 하나에 해당하는 사람에게는 사망에 따라 발생되는 유족연금, 미지급급여, 반환일시금 및 사망일시금(이하 이 항에서 "유족연금등"이라 한다)을 지급하지 아니한다.
1. 가입자 또는 가입자였던 자를 고의로 사망하게 한 유족
2. 유족연금등의 수급권자가 될 수 있는 자를 고의로 사망하게 한 유족
3. 다른 유족연금등의 수급권자를 고의로 사망하게 한 유족연금등의 수급권자

(2016.5.29 본항신설)

제83조【장애연금액의 변경 제한】 장애연금의 수급권자가 고의나 중대한 과실로 요양 지시에 따르지 아니하거나 정당한 사유 없이 요양 지시에 따르지 아니하여 장애를 악화시키거나 회복을 방해한 경우에는 제70조에 따라 장애연금액을 변경하지 아니할 수 있다.

제84조~제85조 (2016.5.29 삭제)

제86조【지급의 정지 등】 ① 수급권자가 다음 각 호의 어느 하나에 해당하면 급여의 전부 또는 일부의 지급을 정지할 수 있다.
1. 수급권자가 정당한 사유 없이 제122조제1항에 따른 공단의 서류, 그 밖의 자료 제출 요구에 응하지 아니한 때
2. 장애연금 또는 유족연금의 수급권자가 정당한 사유 없이 제120조에 따른 공단의 진단 요구 또는 확인에 응하지 아니한 때
3. 장애연금 수급권자가 고의나 중대한 과실로 요양 지시에 따르지 아니하거나 정당한 사유 없이 요양 지시에 따르지 아니하여 회복을 방해한 때
4. 수급권자가 정당한 사유 없이 제121조제1항에 따른 신고를 하지 아니한 때

② 제1항에 따라 급여의 지급을 정지하려는 경우에는 지급을 정지하기 전에 대통령령으로 정하는 바에 따라 급여의 지급을 일시 중지할 수 있다.

제86조의2【소재불명자에 대한 지급의 정지 등】 ① 수급권자(유족연금 수급권자는 제외한다. 이하 이 조에서 같다)가 1년 이상 소재불명인 경우에는 이 법에 따른 급여의 지급을 정지할 수 있다.

② 제1항에 따라 급여의 지급을 정지한 후 소재불명이었던 수급권자의 소재가 확인되거나 사망한 사실이 확인된 경우에는 지급 정지를 취소하여야 한다.

③ 제2항에 따라 지급 정지를 취소한 경우 지급 정지 기간 동안 지급되지 아니한 급여를 수급권자(수급권자가 사망한 때에는 제55조에 따른 청구 절차에 따라 미지급 급여를 받을 수 있는 자를 말한다)에게 지급하여야 한다.

④ 제1항에 따른 급여의 지급 정지, 제2항에 따른 지급 정지의 취소 및 제3항에 따른 미지급 급여의 지급 기준 등에 필요한 사항은 대통령령으로 정한다.

(2021.12.21 본조신설)

제5장 비용 부담 및 연금보험료의 징수 등

제87조【국고 부담】 국가는 매년 공단 및 건강보험공단이 국민연금사업을 관리 · 운영하는 데에 필요한 비용의 전부 또는 일부를 부담한다.(2009.5.21 본조개정)

제88조【연금보험료의 부과 · 징수 등】 ① 보건복지부장관은 국민연금사업 중 연금보험료의 징수에 관하여 이 법에서 정하는 사항을 건강보험공단에 위탁한다.(2011.6.7 본항개정)

② 공단은 국민연금사업에 드는 비용에 충당하기 위하여 가입자와 사용자에게 가입기간 동안 매월 연금보험료를 부과하고, 건강보험공단이 이를 징수한다.

③ 사업장가입자의 연금보험료 중 기여금은 사업장가입자 본인이, 부담금은 사용자가 각각 부담하되, 그 금액은 각각 기준소득월액의 1천분의 45에 해당하는 금액으로 한다.

④ 지역가입자, 임의가입자 및 임의계속가입자의 연금보험료는 지역가입자, 임의가입자 또는 임의계속가입자 본인이 부담하되, 그 금액은 기준소득월액의 1천분의 90으로 한다.

(2009.5.21 본항신설)

⑤ 공단은 기준소득월액 정정 등의 사유로 당초 징수 결정한 금액을 다시 산정함으로써 연금보험료를 추가로 징수하여야 하는 경우 가입자 또는 사용자에게 그 추가되는 연금보험료를 나누어 내도록 할 수 있다. 이 경우 분할 납부 신청 대상, 분할 납부 방법 및 납부 기한 등 연금보험료의 분할 납부에 필요한 사항은 대통령령으로 정한다.(2011.6.7 본항신설)

(2009.5.21 본조개정)

제88조의2【납입의 고지 등】 ① 건강보험공단은 공단이 제88조에 따라 연금보험료를 부과한 때에는 그 납부 의무자에게 연금보험료의 금액, 납부 기한, 납부 장소 등을 적은 문서로써 납입의 고지를 하여야 한다. 다만, 제89조제4항에 따라 연금보험료를 자동이체의 방법으로 내는 기간 동안에는 이를 생략할 수 있다.(2020.12.29 단서개정)

② 건강보험공단은 납부 의무자의 신청이 있는 경우에는 제1항 본문에 따른 납입의 고지를 전자문서교환방식 등에 의하여 전자문서로 할 수 있다. 이 경우 전자문서 고지에 대한 신청 방법 · 절차, 그 밖에 필요한 사항은 보건복지부령으로 정한다.

(2010.1.18 본항개정)

③ 건강보험공단은 제2항에 따라 전자문서로 고지한 경우 보건복지부령으로 정하는 정보통신망에 저장하거나 납부 의무자가 지정한 전자우편주소에 입력된 때에 그 납부 의무자에게 도달된 것으로 본다.(2010.1.18 본항개정)

④ 제90조제3항에 따라 연금보험료를 연대하여 납부하여야 하는 자 중 1명에게 한 고지는 다른 연대 납부 의무자에게도 효력이 있다.

⑤ 건강보험공단은 제90조의2에 따른 제2차 납부의무자에게 납부의무가 발생한 경우 해당 납부의무자에게 납입의 고지를 하여야 하며, 납입의 고지를 한 경우에는 해당 법인인 사용자 및 사업양도인에게 그 사실을 통지하여야 한다. 이 때

납입의 고지 방법, 고지의 도달 등에 관한 사항은 제1항부터 제3항까지를 준용한다.(2015.6.22 본항신설)
(2009.5.21 본조신설)

제89조【연금보험료의 납부 기한 등】 ① 연금보험료는 납부 의무자가 다음 달 10일까지 내야 한다. 다만, 대통령령으로 정하는 농업·임업·축산업 또는 수산업을 경영하거나 이에 종사하는 자(이하 "농어업인"이라 한다)는 본인의 신청에 의하여 분기별 연금보험료를 해당 분기의 다음 달 10일까지 낼 수 있다.
② 연금보험료를 납부 기한의 1개월 이전에 미리 낸 경우에는 그 전달의 연금보험료 납부 기한이 속하는 날의 다음 날에 낸 것으로 본다.
③ 납부 의무자가 연금보험료를 미리 낼 경우 그 기간과 감액(減額)할 금액 등은 대통령령으로 정한다.
④ 납부 의무자가 연금보험료를 계좌 또는 신용카드 자동이체의 방법으로 낼 경우에는 대통령령으로 정하는 바에 따라 연금보험료를 감액하거나 재산상의 이익을 제공할 수 있다.
(2020.12.29 본항개정)
⑤ 건강보험공단은 제1항에도 불구하고 고지서의 송달 지연 등 보건복지부령으로 정하는 사유에 해당하는 경우에는 제1항에 따른 납부 기한으로부터 1개월 범위에서 납부 기한을 연장할 수 있다.(2010.1.18 본항개정)
⑥ 제5항에 따라 납부 기한을 연장받으려면 보건복지부령으로 정하는 바에 따라 건강보험공단에 납부 기한의 연장을 신청하여야 한다.(2010.1.18 본항개정)

제90조【연금보험료의 원천공제 납부 등】 ① 사용자는 사업장가입자가 부담할 기여금을 그에게 지급할 매달의 임금에서 공제하여 내야 한다. 이 경우 제100조의3제1항에 따라 사업장가입자의 연금보험료 중 일부를 지원받는 때에는 사업장가입자가 부담할 기여금에서 지원받는 연금보험료 중 기여금에 지원되는 금액을 뺀 금액을 공제하여야 한다.(2016.5.29 후단신설)
② 사용자는 제1항에 따라 임금에서 기여금을 공제하면 보건복지부령으로 정하는 바에 따라 공제계산서를 작성하여 사업장가입자에게 내주어야 한다. 이 경우 기여금 공제 내용을 알 수 있는 급여명세서 등은 공제계산서로 본다.(2015.1.28 전단개정)
③ 해당 사업장의 사용자는 법인이 아닌 사업장의 사용자가 2명 이상인 때에는 그 사업장가입자의 연금보험료와 그에 따른 징수금을 연대하여 납부할 의무를 진다.(2009.5.21 본항신설)
④ 사용자가 제1항에 따른 연금보험료를 내지 아니한 경우에는 건강보험공단이 보건복지부령으로 정하는 바에 따라 근로자에게 그 사업장의 체납 사실을 통지하여야 한다.(2021.7.27 본항신설)
⑤ 건강보험공단은 제4항에 따라 통지하는 체납 사실을 문자메시지, 전자우편 등 보건복지부령으로 정하는 방법을 통하여 추가로 안내하여야 한다.(2021.7.27 본항신설)
(2009.5.21 본조제목개정)

제90조의2【제2차 납부의무】 ① 법인의 재산으로 그 법인이 납부하여야 하는 연금보험료와 그에 따른 연체금 및 체납처분비를 충당하여도 부족한 경우에는 해당 법인에게 연금보험료의 납부의무가 부과된 날 현재의 무한책임사원 또는 과점주주(「국세기본법」 제39조 각 호의 어느 하나에 해당하는 자를 말한다)가 그 부족한 금액에 대하여 제2차 납부의무를 진다. 다만, 과점주주의 경우에는 그 부족한 금액을 그 법인의 발행주식 총수(의결권이 없는 주식은 제외한다) 또는 출자총액으로 나눈 금액에 해당 과점주주가 실질적으로 권리를 행사하는 주식 수(의결권이 없는 주식은 제외한다) 또는 출자액을 곱하여 산출한 금액을 한도로 한다.
② 사업이 양도·양수된 경우에 양도일 이전에 양도인에게 납부의무가 부과된 연금보험료와 그에 따른 연체금 및 체납처분비를 양도인의 재산으로 충당하여도 부족한 경우에는 사업의 양수인이 그 부족한 금액에 대하여 양수한 재산의 가액을 한도로 제2차 납부의무를 진다. 이 경우 양수인의 범위 및 양수한 재산의 가액은 대통령령으로 정한다.
(2015.6.22 본조신설)

제90조의3【신용카드등으로 하는 연금보험료등의 납부】 ① 납부 의무자는 연금보험료, 연체금, 체납처분비, 그 밖의 징수금(이하 이 조에서 "연금보험료등"이라 한다)을 그 납부를 대행할 수 있도록 대통령령으로 정하는 기관 등(이하 이 조에서 "연금보험료등납부대행기관"이라 한다)을 통하여 신용카드, 직불카드 등(이하 이 조에서 "신용카드등"이라 한다)으로 납부할 수 있다.(2017.3.21 본항개정)
② 신용카드등으로 연금보험료등을 납부하는 경우에는 연금보험료등납부대행기관의 승인일을 납부일로 본다.
③ 연금보험료등납부대행기관은 납부 의무자로부터 연금보험료등의 납부를 대행하는 대가로 수수료를 받을 수 있다.
④ 연금보험료등납부대행기관의 지정 및 운영과 수수료 등에 필요한 사항은 대통령령으로 정한다.
(2015.1.28 본조신설)

제91조【연금보험료 납부의 예외】 ① 납부 의무자는 사업장가입자 또는 지역가입자가 다음 각 호의 어느 하나에 해당하는 사유로 연금보험료를 낼 수 없으면 대통령령으로 정하는 바에 따라 그 사유가 계속되는 기간에는 연금보험료를 내지 아니할 수 있다.
1. 사업 중단, 실직 또는 휴직 중인 경우
2. 「병역법」 제3조에 따른 병역의무를 수행하는 경우
3. 「초·중등교육법」 제2조나 「고등교육법」 제2조에 따른 학교에 재학 중인 경우
4. 「형의 집행 및 수용자의 처우에 관한 법률」 제11조에 따라 교정시설에 수용 중인 경우(2007.12.21 본호개정)
5. 종전의 「사회보호법」에 따른 보호감호시설이나 「치료감호법」에 따른 치료감호시설에 수용 중인 경우
6. 1년 미만 행방불명된 경우. 이 경우 행방불명의 인정 기준 및 방법은 대통령령으로 정한다.
7. 재해·사고 등으로 소득이 감소되거나 그 밖에 소득이 있는 업무에 종사하지 아니하는 경우로서 대통령령으로 정하는 경우

② 제1항에 따라 연금보험료를 내지 아니한 기간은 가입기간에 산입하지 아니한다.

제92조【연금보험료의 추후 납부】 ① 가입자는 10년 미만의 범위에서 다음 각 호의 어느 하나에 해당하는 기간의 전부 또는 일부에 상응하는 연금보험료(이하 "추납보험료"라 한다)의 추후 납부를 신청할 수 있다.(2020.12.29 본문개정)
1. 연금보험료를 최초로 납부한 이후에 제9조제1호, 제4호 또는 제5호에 따라 연금보험료를 내지 아니한 기간(2017.10.24 본호개정)
1의2. 18세 미만 근로자가 제8조제2항 본문에 따라 연금보험료를 최초로 납부한 이후에 같은 항 단서에 따라 연금보험료를 내지 아니한 기간(2023.3.28 본호신설)
2. 제91조제1항에 따라 연금보험료를 내지 아니한 기간
3. 「병역법」 제3조에 따른 병역의무를 마친 후 가입자의 자격을 취득한 경우로서 해당 병역의무를 수행한 기간. 다만, 다음 각 목의 어느 하나에 해당하는 기간은 제외한다.
   가. 「공무원연금법」, 「사립학교교직원 연금법」 또는 「별정우체국법」에 따른 재직기간에 포함된 기간
   나. 「군인연금법」에 따른 복무기간에 포함된 기간
   다. 1988년 1월 1일 전에 병역의무를 수행한 기간

② 납부한 연금보험료를 반환일시금으로 지급받은 경우에는 제1항제1호 및 제1호의2에도 불구하고 그에 상응하는 기간은 연금보험료를 납부한 것으로 보지 아니한다. 다만, 지급받은 반환일시금을 제78조에 따라 반납금으로 납부한 경우에는 그러하지 아니하다.(2023.3.28 본문개정)
③ 추납보험료는 추후 납부를 신청한 날이 속하는 달의 연금보험료에 추후 납부하려는 기간의 개월 수를 곱한 금액으로 한다. 다만, 임의가입자가 추후 납부를 신청한 경우 그 추납보험료 산정을 위한 연금보험료의 상한은 대통령령으로 정한다.
④ 추납보험료는 대통령령으로 정하는 바에 따라 분할하여 납부할 수 있다. 이 경우 대통령령으로 정하는 이자를 더하여야 한다.
⑤ 추납보험료를 낸 경우 그에 상응하는 기간은 제1항에 따라 추납보험료를 납부한 날을 기준으로 가입기간에 산입한다. 이

경우 추후 납부에 따라 산입되는 가입기간의 기본연금액은 추납보험료를 납부한 날이 속하는 달을 기준으로 산정한다.
⑥ 제1항부터 제5항까지에서 규정한 사항 외에 추납보험료의 납부 신청, 납부 방법 및 납부 기한 등 추납보험료의 납부에 필요한 사항은 대통령령으로 정한다.(2017.10.24 본항개정)
(2016.5.29 본조개정)
제93조 (2015.1.28 삭제)
제94조【사업장가입자 및 지역가입자의 연금보험료의 납기 전 징수】 사업장가입자의 연금보험료 납부 의무자 및 지역가입자에게 다음 각 호의 어느 하나에 해당하는 사유가 있으면 납기(제89조제5항에 따라 납부 기한을 연장한 경우에는 그 기한을 말한다) 전이라도 연금보험료를 징수할 수 있다.
1. 국세, 지방세, 그 밖의 공과금이 체납되어 체납처분을 받은 때
2. 강제집행을 받은 때
3. 파산 선고를 받은 때
4. 경매가 개시된 때
5. 법인이 해산한 때
제95조【연금보험료 등의 독촉 및 체납처분】 ① 건강보험공단은 사업장가입자와 지역가입자가 연금보험료와 그에 따른 징수금을 기한(제89조제5항에 따라 납부 기한을 연장한 경우에는 그 기한을 말한다)까지 내지 아니하거나 제90조의2에 따른 제2차 납부의무자가 연금보험료, 연체금, 체납처분비를 기한까지 내지 아니하면 대통령령으로 정하는 바에 따라 기한을 정하여 독촉하여야 한다.(2015.6.22 본항개정)
② 건강보험공단은 제1항에 따라 독촉할 경우에는 10일 이상의 납부 기한을 정하여 독촉장을 발부하여야 한다.
③ 제90조제3항에 따라 연금보험료를 연대하여 내야 하는 자 중 1명에게 한 독촉은 다른 연대 납부 의무자에게도 효력이 있다.(2009.5.21 본항신설)
④ 건강보험공단은 제1항에 따라 독촉을 받은 자가 그 기한까지 연금보험료와 그에 따른 징수금을 내지 아니하면 보건복지부장관의 승인을 받아 국세 체납처분의 예에 따라 징수할 수 있다. 이 경우 징수한 금액이 체납된 연금보험료와 그에 따른 징수금에 미치지 못하는 경우에는 그 징수한 금액을 대통령령으로 정하는 바에 따라 체납된 연금보험료와 그에 따른 징수금에 충당하여야 한다.(2015.1.28 후단신설)
⑤ 건강보험공단은 제4항에 따라 체납처분을 하기 전에 연금보험료 등의 체납내역, 압류 가능한 재산의 종류, 압류 예정 사실 및 「국세징수법」 제41조제18호에 따른 소액금융재산에 대한 압류 금지 사실 등이 포함된 통보서를 발송하여야 한다. 다만, 법인 해산 등 긴급히 체납처분을 할 필요가 있는 경우로서 대통령령으로 정하는 경우에는 그러하지 아니하다.(2020.12.29 본문개정)
⑥ 건강보험공단은 제4항에 따른 국세 체납처분의 예에 따라 압류한 재산을 매각할 때 전문지식이 필요하거나 그 밖에 특수한 사정이 있어 직접 매각하는 것이 적당하지 아니하다고 인정되면 대통령령으로 정하는 바에 따라 「한국자산관리공사 설립 등에 관한 법률」에 따라 설립된 한국자산관리공사(이하 "한국자산관리공사"라 한다)에 매각을 대행시킬 수 있다. 이 경우 한국자산관리공사가 한 매각은 건강보험공단이 한 것으로 본다.(2019.11.26 전단개정)
⑦ 건강보험공단은 제5항에 따라 한국자산관리공사가 매각을 대행하는 경우에는 보건복지부령으로 정하는 바에 따라 수수료를 지급할 수 있다.(2010.1.18 본문개정)
(2009.5.21 본조개정)
제95조의2【연금보험료등의 납부증명】 ① 제88조에 따른 연금보험료의 납부 의무자(이하 이 조에서 "납부 의무자"라 한다)가 국가, 지방자치단체 또는 「공공기관의 운영에 관한 법률」 제4조에 따른 공공기관으로부터 공사·제조·구매·용역 등 대통령령으로 정하는 계약의 대가를 지급받는 경우에는 연금보험료와 그에 따른 연체금 및 체납처분비(이하 이 조에서 "연금보험료등"이라 한다)의 납부사실을 증명하여야 한다. 다만, 납부 의무자가 계약대금의 전부 또는 일부를 체납한 연금보험료로 납부하려는 경우 등 대통령령으로 정하는 경우에는 그러하지 아니하다.
② 납부 의무자가 제1항에 따라 납부사실을 증명하여야 할 경우 제1항의 계약을 담당하는 주무관서 또는 공공기관은 납부 의무자의 동의를 받아 건강보험공단에 조회하여 연금보험료등의 납부여부를 확인하는 것으로 제1항에 따른 납부증명을 갈음할 수 있다.
(2015.6.22 본조신설)
제95조의3【체납보험료의 분할납부】 ① 건강보험공단은 연금보험료를 2회 이상 체납한 지역가입자에 대하여 보건복지부령으로 정하는 바에 따라 분할납부승인을 할 수 있다.
② 건강보험공단은 연금보험료를 2회 이상 체납한 지역가입자에 대하여 제95조제4항에 따른 체납처분을 하기 전에 제1항에 따른 분할납부를 신청할 수 있음을 알리고, 보건복지부령으로 정하는 바에 따라 분할납부 신청의 절차·방법 등에 관한 사항을 안내하여야 한다.(2018.12.11 본항신설)
③ 건강보험공단은 제1항에 따라 분할납부 승인을 받은 사람이 정당한 사유 없이 2회 이상 그 승인된 보험료를 납부하지 아니하면 분할납부의 승인을 취소한다.
④ 분할납부의 승인과 취소에 관한 절차·방법·기준 등에 필요한 사항은 보건복지부령으로 정한다.
(2015.1.28 본조신설)
제95조의4【체납자료의 제공】 ① 건강보험공단은 보험료징수 또는 공익목적을 위하여 필요한 경우 「신용정보의 이용 및 보호에 관한 법률」 제25조제2항제1호의 종합신용정보집중기관에 이 법에 따른 납부기한의 다음 날부터 1년이 지난 보험료와 그에 따른 연체금 및 체납처분비의 총액이 5백만원 이상인 사용자의 인적사항과 체납액에 관한 자료(이하 이 조에서 "체납자료"라 한다)를 제공할 수 있다. 다만, 체납된 보험료와 관련하여 행정심판, 행정소송, 이 법에 따른 심사청구 또는 재심사청구가 계류 중이거나 그 밖에 대통령령으로 정하는 사유가 있는 경우에는 그러하지 아니하다.
② 체납자료의 제공 절차 및 방법 등에 관하여 필요한 사항은 대통령령으로 정한다.
③ 제1항에 따라 체납자료를 제공받은 자는 이를 업무 외의 목적으로 누설하거나 이용하여서는 아니 된다.
(2020.12.29 본조신설)
제96조【서류의 송달】 제57조의2, 제88조의2 및 제95조에 따른 서류의 송달에 관하여는 「국세기본법」 제8조(같은 조 제2항 단서는 제외한다)부터 제12조까지의 규정을 준용한다. 다만, 우편송달에 의하는 경우 그 방법은 대통령령으로 정하는 바에 따른다.(2009.5.21 본조개정)
제97조【연체금】 ① 건강보험공단은 연금보험료의 납부 의무자가 납부 기한(제89조제5항에 따라 납부 기한을 연장한 경우에는 그 기한을 말한다)까지 연금보험료를 내지 아니하면 그 납부 기한이 경과한 날부터 매 1일이 경과할 때마다 체납된 연금보험료의 1천500분의 1에 해당하는 금액을 가산한 연체금을 징수한다. 이 경우 연체금은 체납된 연금보험료의 1천분의 20을 초과하지 못한다.(2020.1.21 본항개정)
② 건강보험공단은 연금보험료의 납부 의무자가 체납된 연금보험료를 내지 아니하면 납부 기한 후 30일이 경과한 날부터 매 1일이 경과할 때마다 체납된 연금보험료의 6천분의 1에 해당하는 연체금을 제1항에 따른 연체금에 가산하여 징수한다. 이 경우 연체금은 체납된 연금보험료의 1천분의 50을 초과하지 못한다.(2020.1.21 본항개정)
③ 제1항 및 제2항에도 불구하고 천재지변이나 그 밖에 대통령령으로 정하는 부득이한 사유가 있는 경우에는 제1항 및 제2항에 따른 연체금을 징수하지 아니할 수 있다.
(2009.5.21 본조개정)
제97조의2【고액·상습 체납자의 인적사항 공개】 ① 건강보험공단은 이 법에 따른 납부기한의 다음 날부터 1년이 지난 연금보험료, 연체금 및 체납처분비(이하 이 항에서 "연금보험료등"이라 한다)의 총액이 2천만원 이상인 체납자(사업장가입자에 한한다)가 납부능력이 있음에도 불구하고 체납한 경우 체납자의 인적사항(사용자의 인적사항을 말한다) 및 체납액 등(이하 이 조에서 "인적사항등"이라 한다)을 공개할 수 있다. 다만, 체납된 연금보험료등과 관련하여 행정심판 또는 행정소송이 계류 중인 경우나 그 밖에 체납된 금액의 일부 납부 등 대통

령령으로 정하는 사유가 있는 경우에는 그러하지 아니하다.(2020.12.29 본문개정)
② 인적사항등에 대한 공개 여부를 심의하기 위하여 건강보험공단에 보험료정보공개심의위원회를 둔다.
③ 건강보험공단은 보험료정보공개심의위원회의 심의를 거친 인적사항등의 공개대상자에게 공개대상자임을 서면으로 통지하여 소명의 기회를 부여하여야 하며, 통지일부터 6개월이 경과한 후 체납액의 납부 이행 등을 고려하여 공개대상자를 선정한다.
④ 인적사항등의 공개는 관보에 게재하거나 건강보험공단 인터넷 홈페이지에 게시하는 방법으로 한다.
⑤ 인적사항등의 공개와 관련한 납부능력의 기준, 체납액의 납부 이행, 공개절차 및 보험료정보공개심의위원회의 구성·운영 등은 대통령령으로 정한다.
(2012.10.22 본조신설)
제98조【연금보험료 징수의 우선순위】 연금보험료나 그 밖의 이 법에 따른 징수금을 징수하는 순위는 「국민건강보험법」에 따른 보험료와 같은 순위로 한다.
제99조【연금보험료 등의 징수권 소멸】 지역가입자, 임의가입자 및 임의계속가입자의 연금보험료 및 연체금을 징수할 권리는 다음 각 호의 어느 하나에 해당하는 때에 소멸한다.(2009.5.21 본문개정)
1. 가입자 또는 가입자였던 자가 사망한 때
2. 본인이 노령연금을 받거나 제77조제1항에 따라 반환일시금을 받은 때
3. 제115조제1항에 따라 소멸시효가 완성된 때
제100조【과오납금의 충당과 반환】 ① 공단은 연금보험료, 연체금, 체납처분비에서 발생한 과오납금이 있으면 대통령령으로 정하는 바에 따라 그 과오납금을 연금보험료나 그 밖의 이 법에 따른 징수금에 충당하여야 한다.
② 제1항에 따라 충당하고 남은 금액이 있는 경우 공단은 이를 반환결정하여야 하고, 건강보험공단은 대통령령으로 정하는 바에 따라 지급하여야 한다.(2009.5.21 본항신설)
③ 제1항 및 제2항의 경우 과오납금에 대통령령으로 정하는 이자를 더하여야 한다.(2009.5.21 본항신설)
(2009.5.21 본조개정)
제100조의2【지역가입자 보험료 납부 의제 적용】 제8조제1항 본문에 따른 당연적용사업장이 그 기준에 미달하게 된 경우 사용자가 제21조제1항에 따라 신고할 때까지 납부한 보험료는 지역가입자로서 납부한 보험료로 본다.(2011.6.7 본조신설)
제100조의3【사업장가입자에 대한 연금보험료의 지원】 ① 국가는 제8조에 따른 사업장가입자로서 국민인 근로자가 다음 각 호의 요건을 모두 충족하는 경우에는 연금보험료 중 기여금 및 부담금의 일부를 예산의 범위에서 지원할 수 있다.(2016.5.29 본문개정)
1. 대통령령으로 정하는 규모의 사업장에 고용되어 대통령령으로 정하는 금액 미만의 소득을 얻을 것
2. 근로자의 재산 및 「소득세법」 제4조제1항제1호에 따른 종합소득이 대통령령으로 정하는 기준 미만일 것
(2016.5.29 1호~2호신설)
② 제1항에 따른 연금보험료의 지원수준, 지원방법 및 절차 등에 필요한 사항은 대통령령으로 정한다.
(2020.1.21 본조제목개정)
(2011.12.31 본조신설)
제100조의4【지역가입자에 대한 연금보험료의 지원】 ① 국가는 국민인 지역가입자로서 제91조제1항제1호에 따라 연금보험료를 내지 아니하고 있는 자가 다음 각 호의 요건을 모두 충족하는 경우에는 연금보험료 중 일부를 지원할 수 있다. 이 경우 지원기간은 12개월을 초과할 수 없다.
1. 연금보험료 납부를 재개할 것. 다만, 제19조의2제3항에 따라 연금보험료를 지원 받아 납부하는 경우는 제외한다.
2. 재산 및 「소득세법」 제4조제1항제1호에 따른 종합소득이 대통령령으로 정하는 기준 미만일 것
② 제1항에 따른 연금보험료의 지원수준, 지원방법 및 절차 등에 필요한 사항은 대통령령으로 정한다.
(2020.1.21 본조신설)
제100조의5【연금보험료 지원금의 환수】 ① 국가는 이 법에 따라 연금보험료를 지원받은 사람이 다음 각 호의 어느 하나에 해당하는 경우에는 그가 받은 지원금의 전부 또는 일부를 환수할 수 있다.
1. 거짓이나 그 밖의 부정한 방법으로 지원금을 받은 경우
2. 지원금이 잘못 지급된 경우
② 제1항에 따른 환수대상자의 확인, 환수기준 및 방법 등에 필요한 사항은 대통령령으로 정한다.
③ 국가는 제1항에 따라 지원금을 환수하는 경우 반환할 사람이 행방불명되거나 재산이 없거나 그 밖의 불가피한 사유가 있어 환수가 불가능하다고 인정할 때에는 결손처분할 수 있다.
④ 제1항에 따른 지원금의 환수 및 제3항에 따른 결손처분은 공단에 위탁한다. 이 경우 지원금의 환수에 관하여는 제57조의2를 준용한다.
(2011.12.31 본조신설)

제6장 국민연금기금

제101조【기금의 설치 및 조성】 ① 보건복지부장관은 국민연금사업에 필요한 재원을 원활하게 확보하고, 이 법에 따른 급여에 충당하기 위한 책임준비금으로서 국민연금기금(이하 이 장에서 "기금"이라 한다)을 설치한다.(2010.1.18 본항개정)
② 기금은 다음 각 호의 재원으로 조성한다.
1. 연금보험료
2. 기금 운용 수익금
3. 적립금
4. 공단의 수입지출 결산상의 잉여금
제102조【기금의 관리 및 운용】 ① 기금은 보건복지부장관이 관리·운용한다.(2010.1.18 본항개정)
② 보건복지부장관은 국민연금 재정의 장기적인 안정을 유지하기 위하여 그 수익을 최대로 증대시킬 수 있도록 제103조에 따른 국민연금기금운용위원회에서 의결한 바에 따라 다음의 방법으로 기금을 관리·운용하되, 가입자, 가입자였던 자 및 수급권자의 복지증진을 위한 사업에 대한 투자는 국민연금 재정의 안정을 해치지 아니하는 범위에서 하여야 한다. 다만, 제2호의 경우에는 기획재정부장관과 협의하여 국채를 매입한다.(2010.1.18 본문개정)
1. 대통령령으로 정하는 금융기관에 대한 예입 또는 신탁
2. 공공사업을 위한 공공부문에 대한 투자
3. 「자본시장과 금융투자업에 관한 법률」 제4조에 따른 증권의 매매 및 대여(2007.8.3 본호개정)
4. 「자본시장과 금융투자업에 관한 법률」 제5조제1항 각 호에 따른 지수 중 금융투자상품지수에 관한 파생상품시장에서의 거래(2007.8.3 본호개정)
5. 제46조에 따른 복지사업 및 대여사업
6. 기금의 본래 사업 목적을 수행하기 위한 재산의 취득 및 처분
7. 그 밖에 기금의 증식을 위하여 대통령령으로 정하는 사업
③ 제2항제5호와 제6호에 따른 사업 외의 사업으로 기금을 관리·운용하는 경우에는 자산 종류별 시장수익률을 넘는 수익을 낼 수 있도록 신의를 지켜 성실하게 하여야 한다. 다만, 제2항제2호에 따라 기금을 「공공자금관리기금법」에 따른 공공자금관리기금(이하 "관리기금"이라 한다)에 예탁할 경우 그 수익률은 같은 법 제7조제2항에 따라 공공자금관리기금운용위원회가 5년 만기 국채 수익률 이상의 수준에서 대통령령으로 정하는 바에 따라 제103조에 따른 국민연금기금운용위원회와 협의하여 정한다.
④ 제2항제3호에 따라 기금을 관리·운용하는 경우에는 장기적이고 안정적인 수익 증대를 위하여 투자대상과 관련한 환경·사회·지배구조 등의 요소를 고려할 수 있다.(2015.1.28 본항신설)
⑤ 보건복지부장관은 기금의 운용 성과 및 재정 상태를 명확히 하기 위하여 대통령령으로 정하는 바에 따라 기금을 회계처리하여야 한다.(2015.1.28 본항개정)
⑥ 보건복지부장관은 기금의 관리·운용에 관한 업무의 일부를 대통령령으로 정하는 바에 따라 공단에 위탁할 수 있다.
(2010.1.18 본항개정)

제102조의2【건강보험공단에 출연】 ① 보건복지부장관은 연금보험료 등의 징수에 소요되는 비용을 제103조에 따른 국민연금기금운용위원회의 의결을 거쳐 기금에서 건강보험공단에 출연할 수 있다. 이 경우 출연금의 규모, 기준 등에 관하여 필요한 사항은 대통령령으로 정한다.(2011.6.7 전단개정)
② 건강보험공단은 제1항에 따른 출연금에 대하여 결산상 잉여금이 있을 경우 제45조를 준용한다.
(2009.5.21 본조신설)

제103조【국민연금기금운용위원회】 ① 기금의 운용에 관한 다음 각 호의 사항을 심의·의결하기 위하여 보건복지부에 국민연금기금운용위원회(이하 "운용위원회"라 한다)를 둔다.
(2010.1.18 본문개정)
1. 기금운용지침에 관한 사항
2. 기금을 관리기금에 위탁할 경우 예탁 이자율의 협의에 관한 사항
3. 기금 운용 계획에 관한 사항
4. 제107조제3항에 따른 기금의 운용 내용과 사용 내용에 관한 사항
5. 그 밖에 기금의 운용에 관하여 중요한 사항으로서 운용위원회 위원장이 회의에 부치는 사항

② 운용위원회는 위원장인 보건복지부장관, 당연직 위원인 기획재정부차관·농림축산식품부차관·산업통상자원부차관·고용노동부차관과 공단 이사장 및 위원장이 위촉하는 다음 각 호의 위원으로 구성한다.(2013.3.23 본문개정)
1. 사용자를 대표하는 위원으로서 사용자 단체가 추천하는 자 3명
2. 근로자를 대표하는 위원으로서 노동조합을 대표하는 연합단체가 추천하는 자 3명
3. 지역가입자를 대표하는 위원으로서 다음의 자
 가. 농어업인 단체가 추천하는 자 2명
 나. 농어업인 단체 외의 자영자 관련 단체가 추천하는 자 2명
 다. 소비자단체 및 시민단체가 추천하는 자 2명
4. 관계 전문가로서 국민연금에 관한 학식과 경험이 풍부한 자 2명

③ 위원의 임기는 2년으로 하고, 1차만 연임할 수 있다. 다만, 위원장과 당연직 위원의 임기는 그 재임 기간으로 한다.
④ 위원장은 운용위원회의 회의를 소집하고 그 의장이 된다.
(2013.3.22 본항개정)
⑤ 운용위원회의 회의는 연 4회 이상 개최하여야 하며, 재적위원 과반수의 출석으로 개회하고, 출석 위원 과반수의 찬성으로 의결한다. 이 경우 출석하지 아니한 위원은 의결권을 행사하지 아니한 것으로 본다.
⑥ 보건복지부장관은 운용위원회의 요구에 따라 회의에 필요한 자료를 사전에 제출하여야 한다.(2010.1.18 본항개정)
⑦ 운용위원회의 구성 및 운영 등에 필요한 사항은 대통령령으로 정한다.

제103조의2【운용위원회의 회의록】 ① 위원장은 회의의 일시·장소·토의내용·의결사항 및 각 참석자의 발언내용이 전부 기록된 회의록(이하 "회의록"이라 한다)을 작성하여 보관하고, 회의록의 주요 내용을 요약하여 공개하여야 한다.
② 위원장은 회의의 개최일부터 1년이 지난 후에 회의록을 공개하여야 한다. 다만, 기금운용 업무의 공정한 수행에 지장을 초래하거나 금융시장 안정에 영향을 미칠 우려가 있는 안건의 경우에는 운용위원회의 의결을 거쳐 회의의 개최일부터 4년이 지난 후에 해당 안건의 회의록을 공개하여야 한다.
③ 제2항에도 불구하고 위원장은 국회 소관 상임위원회가 요구할 경우에는 회의록을 비공개로 제출하여야 한다.
(2013.3.22 본조신설)

제103조의3【국민연금기금운용전문위원회의 설치 및 구성】
① 제103조제1항 각 호의 심의·의결 사항을 사전에 전문적으로 검토·심의하기 위하여 운용위원회에 다음 각 호의 분야별 국민연금기금운용전문위원회(이하 "전문위원회"라 한다)를 둔다.
1. 국민연금기금투자정책전문위원회(이하 "투자정책전문위원회"라 한다)
2. 국민연금기금수탁자책임전문위원회(이하 "수탁자책임전문위원회"라 한다)
3. 국민연금기금위험관리·성과보상전문위원회(이하 "위험관리·성과보상전문위원회"라 한다)

② 전문위원회는 제103조제1항 각 호의 사항 중 다음 각 호의 구분에 따른 사항을 검토·심의한다.
1. 투자정책전문위원회 : 다음 각 목의 사항
 가. 기금 운용계획에 관한 사항
 나. 기금 투자 기준 및 기금 관리에 관한 사항
 다. 기금 투자정책의 개발 또는 변경에 관한 사항
 라. 그 밖에 기금의 투자정책에 관하여 운용위원회의 위원장, 투자정책전문위원회의 위원장 또는 투자정책전문위원회의 재적위원 3분의 1 이상이 검토·심의를 요구하는 사항
2. 수탁자책임전문위원회 : 다음 각 목의 사항
 가. 주주권 행사의 원칙·기준·방법·절차에 관한 사항
 나. 국내외 자산운용사에 위탁하여 운용하는 주식의 의결권 위임에 관한 사항
 다. 제102조제4항에 따른 증권의 매매 및 대여 대상과 관련한 환경·사회·지배구조 등의 고려에 관한 사항
 라. 그 밖에 기금의 수탁자 책임에 관하여 운용위원회의 위원장, 수탁자책임전문위원회의 위원장 또는 수탁자책임전문위원회의 재적위원 3분의 1 이상이 검토·심의를 요구하는 사항
3. 위험관리·성과보상전문위원회 : 다음 각 목의 사항
 가. 기금 운용 위험관리에 관한 사항
 나. 기금 운용 성과에 따른 보상에 관한 사항
 다. 기금 운용 현황의 점검 및 그 결과에 따른 정책제언에 관한 사항
 라. 그 밖에 기금의 위험관리·성과보상에 관하여 운용위원회의 위원장, 위험관리·성과보상전문위원회의 위원장 또는 위험관리·성과보상전문위원회의 재적위원 3분의 1 이상이 검토·심의를 요구하는 사항

③ 기금 관련 담당부서는 전문위원회의 요구에 따라 회의에 필요한 자료를 사전에 제출하여야 한다.(2023.6.13 본항신설)
④ 전문위원회의 구성 및 운영 등에 필요한 사항은 대통령령으로 정한다.
(2021.6.8 본조신설)

제104조【국민연금기금운용실무평가위원회】 ① 기금의 운용에 관한 다음 사항을 심의·평가하기 위하여 운용위원회에 국민연금기금운용실무평가위원회(이하 "실무평가위원회"라 한다)를 둔다.
1. 기금 운용 자산의 구성과 기금의 회계 처리에 관한 사항
2. 기금 운용 성과의 측정에 관한 사항
3. 기금의 관리·운용과 관련하여 개선하여야 할 사항
4. 운용위원회에 상정할 안건 중 실무평가위원회의 위원장이 필요하다고 인정한 사항
5. 그 밖에 운용위원회에서 심의를 요청한 사항

② 실무평가위원회는 위원장인 보건복지부차관, 위원 중에서 호선하는 부위원장 및 위원장이 위촉하는 다음 각 호의 위원으로 구성한다.(2010.1.18 본문개정)
1. 운용위원회의 위원 중 제103조제2항에 따른 위원장과 당연직 위원(공단이사장은 제외한다)이 각각 지명하는 소속 부처의 3급 국가공무원 또는 고위공무원단에 속하는 일반직 공무원
2. 사용자를 대표하는 위원으로서 사용자 단체가 추천하는 자 3명
3. 근로자를 대표하는 위원으로서 노동조합을 대표하는 연합단체가 추천하는 자 3명
4. 지역가입자를 대표하는 위원으로서 다음의 자
 가. 농어업인 단체가 추천하는 자 2명
 나. 농어업인 외의 자영자 관련 단체가 추천하는 자 2명
 다. 소비자단체와 시민단체가 추천하는 자 2명
5. 국민연금제도와 국민연금기금 운용에 관한 학식과 경험이 풍부한 자 2명

③ 제2항제2호부터 제4호까지의 규정에 따라 각 단체가 위원

을 추천하려면 다음 각 호의 어느 하나에 해당하는 자 중에서 추천하여야 한다.
1. 변호사 또는 공인회계사의 자격이 있는 자
2. 사회복지학·경제학 또는 경영학 등을 전공하고 「고등교육법」에 따른 대학에서 조교수 이상의 직(職)에 3년 이상 재직 중인 자(2011.7.21 본호개정)
3. 사회복지학·경제학 또는 경영학 등의 박사학위를 가진 자로서 연구기관이나 공공기관에서 3년 이상 재직한 경력이 있는 자
④ 위원의 임기는 2년으로 하고, 중임할 수 있다. 다만, 위원장 및 공무원인 위원의 임기는 그 재임 기간으로 한다.
⑤ 기금 관련 담당부서는 실무평가위원회의 요구에 따라 회의에 필요한 자료를 사전에 제출하여야 한다.
⑥ 실무평가위원회는 기금 운용에 관한 평가 결과를 다음 연도 6월 말까지 운용위원회에 제출하여야 한다.
⑦ 실무평가위원회의 구성 및 운영 등에 필요한 사항은 대통령령으로 정한다.

제105조【국민연금기금 운용지침】 ① 운용위원회는 가입자의 권익이 극대화되도록 매년 다음 사항에 관한 국민연금기금 운용지침(이하 "기금운용지침"이라 한다)을 마련하여야 한다.
1. 공공사업에 사용할 기금 자산의 비율
2. 공공사업에 대한 기금 배분의 우선순위
3. 가입자, 가입자였던 자 및 수급권자의 복지 증진을 위한 사업비
4. 기금의 증식을 위한 가입자 및 가입자였던 자에 대한 대여사업비
5. 제102조제2항부터 제5항까지에 따른 기금의 관리·운용 현황에 관한 공시 대상 및 방법(2015.1.28 본호신설)
② 기금운용지침에 관하여 필요한 사항은 대통령령으로 정한다.

제106조【기금 출납】 기금의 관리·운용 중 출납 절차에 관한 사항은 대통령령으로 정한다.

제107조【기금 운용계획 등】 ① 보건복지부장관은 매년 기금 운용계획을 세워서 운용위원회 및 국무회의의 심의를 거쳐 대통령의 승인을 받아야 한다.(2010.1.18 본항개정)
② 정부는 제1항에 따른 기금 운용계획을 전년도 10월 말까지 국회에 보고하여야 한다.
③ 보건복지부장관은 기금의 운용 내용을, 기획재정부장관은 관리기금에 예탁된 기금의 사용 내용을 각각 다음 연도 6월 말까지 운용위원회에 제출하여야 한다.(2010.1.18 본항개정)
④ 운용위원회의 위원장은 제3항에 따른 기금의 운용 내용과 사용 내용을 운용위원회의 심의를 거쳐 국회에 제출하고 대통령령으로 정하는 바에 따라 공시하여야 한다.

제7장 심사청구와 재심사청구

제108조【심사청구】 ① 가입자의 자격, 기준소득월액, 연금보험료, 그 밖의 이 법에 따른 징수금과 급여에 관한 공단 또는 건강보험공단의 처분에 이의가 있는 자는 그 처분을 한 공단 또는 건강보험공단에 심사청구를 할 수 있다.
② 제1항에 따른 심사청구는 그 처분이 있음을 안 날부터 90일 이내에 문서(「전자정부법」 제2조제7호에 따른 전자문서를 포함한다)로 하여야 하며, 처분이 있은 날부터 180일을 경과하면 이를 제기하지 못한다. 다만, 정당한 사유로 그 기간에 심사청구를 할 수 없었음을 증명하면 그 기간이 지난 후에도 심사 청구를 할 수 있다.(2010.2.4 본문개정)
③ 제1항 및 제2항에 규정된 사항 외에 심사청구에 필요한 사항은 대통령령으로 정한다.(2015.1.28 본항신설)
(2009.5.21 본조개정)

제109조【국민연금심사위원회 및 징수심사위원회】 ① 제108조에 따른 심사청구 사항을 심사하기 위하여 공단에 국민연금심사위원회(이하 "심사위원회"라 한다)를 두고, 건강보험공단에 징수심사위원회를 둔다.
② 심사위원회 및 징수심사위원회의 구성·운영 및 심사 등에 필요한 사항은 대통령령으로 정한다.
(2009.5.21 본조개정)

제110조【재심사청구】 ① 제108조에 따른 심사청구에 대한 결정에 불복하는 자는 그 결정통지를 받은 날부터 90일 이내에 대통령령으로 정하는 사항을 적은 재심사청구서에 따라 국민연금재심사위원회에 재심사를 청구할 수 있다.(2015.1.28 본항개정)
② 제1항에 따른 재심사청구의 방법 및 절차 등은 보건복지부령으로 정한다.(2015.1.28 본항신설)

제111조【국민연금재심사위원회】 ① 제110조에 따른 재심사청구 사항을 심사하기 위하여 보건복지부에 국민연금재심사위원회(이하 "재심사위원회"라 한다)를 둔다.(2010.1.18 본항개정)
② 재심사위원회는 위원장 1명을 포함한 20명 이내의 위원으로 구성한다. 이 경우 공무원이 아닌 위원이 전체 위원의 과반수가 되도록 하여야 한다.(2018.12.11 본항신설)
③ 재심사위원회의 구성·운영 및 재심사 등에 필요한 사항은 대통령령으로 정한다.

제112조【행정심판과의 관계】 ① 재심사위원회의 재심사와 재결에 관한 절차에 관하여는 「행정심판법」을 준용한다.
② 제110조에 따른 재심사청구 사항에 대한 재심사위원회의 재심사는 「행정소송법」 제18조를 적용할 때 「행정심판법」에 따른 행정심판으로 본다.

제8장 보 칙

제113조【연금의 중복급여의 조정】 장애연금 또는 유족연금의 수급권자가 이 법에 따른 장애연금 또는 유족연금의 지급 사유와 같은 사유로 다음 각 호의 어느 하나에 해당하는 급여를 받을 수 있는 경우에는 제68조에 따른 장애연금액이나 제74조에 따른 유족연금액은 그 2분의 1에 해당하는 금액을 지급한다.
1. 「근로기준법」 제80조에 따른 장해보상, 같은 법 제82조에 따른 유족보상 또는 같은 법 제84조에 따른 일시보상
2. 「산업재해보상보험법」 제57조에 따른 장해급여, 같은 법 제62조에 따른 유족급여, 같은 법 제91조의3에 따른 진폐보상연금 또는 같은 법 제91조의4에 따른 진폐유족연금(2010.5.20 본호개정)
3. 「선원법」 제97조에 따른 장해보상, 같은 법 제98조에 따른 일시보상 또는 같은 법 제99조에 따른 유족보상(2011.8.4 본호개정)
4. 「어선원 및 어선 재해보상보험법」 제25조에 따른 장해급여, 같은 법 제26조에 따른 일시보상급여 또는 같은 법 제27조에 따른 유족급여

제114조【대위권 등】 ① 공단은 제3자의 행위로 장애연금이나 유족연금의 지급 사유가 발생하여 장애연금이나 유족연금을 지급한 때에는 그 급여액의 범위에서 제3자에 대한 수급권자의 손해배상청구권에 관하여 수급권자를 대위(代位)한다.
② 제3자의 행위로 장애연금이나 유족연금의 지급 사유가 발생한 경우 그와 같은 사유로 제3자로부터 손해배상을 받았으면 공단은 그 배상액의 범위에서 제1항에 따른 장애연금이나 유족연금을 지급하지 아니한다.

제115조【시효】 ① 연금보험료, 환수금, 그 밖의 이 법에 따른 징수금을 징수하거나 환수할 권리는 3년간, 급여(제77조제1항제1호에 따른 반환일시금은 제외한다)를 받거나 과오납금을 반환받을 수급권자 또는 가입자 등의 권리는 5년간, 제77조제1항제1호에 따른 반환일시금을 지급받을 권리는 10년간 행사하지 아니하면 각각 소멸시효가 완성된다.(2017.10.24 본항개정)
② 급여를 지급받을 권리는 그 급여 전액에 대하여 지급이 정지되어 있는 동안은 시효가 진행되지 아니한다.
③ 연금보험료나 그 밖의 이 법에 따른 징수금 등의 납입 고지, 제57조의2제2항 및 제95조제1항에 따른 독촉과 급여의 지급 또는 과오납금 등의 반환청구는 소멸시효 중단의 효력을 가진다.(2009.5.21 본항개정)
④ 제3항에 따라 중단된 소멸시효는 납입 고지나 독촉에 따른 납입 기간이 지난 때부터 새로 진행된다.
⑤ 제1항에 따른 급여의 지급이나 과오납금 등의 반환청구에 관한 기간을 계산할 때 그 서류의 송달에 들어간 일수는 그 기간에 산입하지 아니한다.

제116조【반환일시금의 소멸시효에 관한 특례】 ① 제115조에도 불구하고 제77조제1항제3호, 종전의 제67조제1항제1호(법률 제3902호 국민복지연금법개정법률에 따라 개정되어 법률 제5623호 국민연금법중개정법률에 따라 폐지된 규정을 말한다) 및 종전의 제67조제1항제4호(법률 제6027호 국민연금법중개정법률에 따라 개정된 규정을 말한다)에 따라 반환일시금의 수급권이 발생한 자가 제77조제1항제1호 또는 제2호에 해당하게 된 때에는 반환일시금을 지급받을 수 있다.
② 제1항에 따라 반환일시금을 지급받을 권리에 관하여는 제115조제1항을 준용한다.

제117조【단수의 처리】 이 법에 따른 급여·연금보험료·반환금 등을 계산할 때 그 금액에 10원 미만의 단수(端數)가 있으면 「국고금관리법」을 준용하여 계산한다.

제118조【연금원부】 ① 공단은 국민연금원부(原簿)를 갖추어 두고 가입자, 가입자였던 자 및 수급권자의 인적 사항, 자격 취득 및 상실, 연금보험료의 납부, 급여의 지급 상황, 그 밖에 보건복지부령으로 정하는 사항을 기록·보관하여야 한다.
② 건강보험공단은 연금보험료의 납부, 징수권 소멸 상황 등 보건복지부령으로 정하는 사항을 기록·보관하여야 하고, 그 명세를 지체 없이 공단에 제공하여야 한다.
(2010.1.18 본조개정)

제119조【근로자의 권익 보호】 사용자는 근로자가 가입자로 되는 것을 방해하거나 부담금의 증가를 기피할 목적으로 정당한 사유 없이 근로자의 승급(昇級) 또는 임금 인상을 하지 아니하거나 해고(解雇)나 그 밖의 불리한 대우를 하여서는 아니 된다.

제120조【진단】 공단은 필요하다고 인정하면 장애에 따른 수급권자 또는 부양가족연금액의 계산 대상이 되는 자에게 공단이 지정하는 의사의 진단을 받을 것을 요구하거나 소속 직원을 시켜 장애 상태를 확인하게 할 수 있다.

제121조【수급권 변경 등에 관한 신고】 ① 수급권자 및 수급자는 수급권의 발생·변경·소멸·정지 및 급여액의 산정·지급 등에 관련된 사항을 보건복지부령으로 정하는 바에 따라 공단에 신고하여야 한다.
② 수급권자 또는 수급자가 사망하면 「가족관계의 등록 등에 관한 법률」 제85조에 따른 신고의무자는 사망사실을 안 날부터 1개월 이내에 그 사실을 공단에 신고하여야 한다. 다만, 사망사실을 안 날부터 1개월 이내에 「가족관계의 등록 등에 관한 법률」에 따라 사망신고를 한 경우에는 그러하지 아니하다.
(2016.5.29 본조개정)

제122조【조사·질문 등】 ① 공단은 가입자의 자격, 기준소득월액, 연금보험료 또는 급여에 관한 결정 등이나 수급권 또는 급여의 발생·변경·소멸·정지 등에 관한 확인을 위하여 필요하다고 인정하면 사용자, 가입자, 가입자였던 자 또는 수급권자에게 필요한 서류나 그 밖의 소득·재산 등에 관한 자료를 제출하도록 요구하거나 소속 직원으로 하여금 사업장이나 그 밖의 필요한 장소에 방문하여 서류 등을 조사하거나 관계인에게 필요한 질문을 하게 할 수 있다.
② 제1항에 따라 방문·조사·질문하는 공단 직원은 그 권한을 표시하는 증표 및 조사기간, 조사범위, 조사담당자, 관계 법령 등 보건복지부령으로 정하는 사항이 기재된 서류를 지니고 이를 관계인에게 내보여야 한다.
③ 제1항에 따른 조사 또는 질문의 내용·절차·방법 등에 관하여는 이 법에서 정하는 사항을 제외하고는 「행정조사기본법」에서 정하는 바에 따른다.(2015.12.29 본항신설)
(2015.12.29 본조개정)

제122조의2【수급자에 대한 확인조사】 ① 공단은 수급자 및 수급자에 대한 급여의 적정성을 확인하기 위하여 매년 연간조사계획을 수립하고 수급자의 사망·이혼·생계유지 여부 등에 관한 조사를 실시하여야 한다.
② 공단은 제1항에 따른 연간조사계획과 실시 결과를 제41조제1항 및 제2항을 준용하여 보건복지부장관에게 제출하여야 한다.
③ 공단은 수급자, 그 배우자 또는 그 밖의 관계인이 제1항에 따른 조사를 두 번 이상 거부·방해 또는 기피한 경우에는 수급자에 대한 급여 지급을 정지 또는 중지할 수 있다. 이 경우 서면으로 그 이유를 분명하게 밝혀 수급자에게 통지하여야 한다.
④ 제1항에 따른 조사의 범위·방법 및 시기 등에 필요한 사항은 대통령령으로 정한다.
(2011.12.31 본조신설)

제123조【자료의 요청 및 전산망의 이용】 ① 보건복지부장관은 국가기관, 지방자치단체, 그 밖에 대통령령으로 정하는 기관·법인·단체의 장에게 제100조의3제1항 및 제100조의4제1항에 따른 연금보험료 지원 여부를 확인하기 위하여 필요한 자료로서 대통령령으로 정하는 자료를 요청할 수 있다. 이 경우 국가기관, 지방자치단체, 기관·법인·단체의 장은 특별한 사유가 없으면 요청받은 자료를 제공하여야 한다.(2020.1.21 전단개정)
② 공단은 국가기관, 지방자치단체, 그 밖에 대통령령으로 정하는 기관·법인·단체의 장에게 가입자의 자격 관리, 연금보험료의 부과, 급여의 결정 및 지급 등 국민연금사업과 관련하여 필요한 자료로서 주민등록·가족관계등록·국세·지방세·토지·건물·건강보험·장애인등록 등 대통령령으로 정하는 자료를 요청할 수 있다. 이 경우 국가기관, 지방자치단체, 기관·법인·단체의 장은 특별한 사유가 없으면 요청받은 자료를 제공하여야 한다.(2015.1.28 본항개정)
③ 공단은 부양가족연금, 장애연금 및 유족연금 급여의 지급심사 시 필요한 경우에는 보건복지부령으로 정하는 바에 따라 가입자 또는 가입자였던 사람(가입자 또는 가입자였던 사람이 사망한 경우 「의료법」 제21조제3항제3호에 따른 친족관계에 있는 사람을 포함한다)으로부터 동의를 받아 「의료법」에 따른 의료기관에 대하여 가입자 또는 가입자였던 사람의 해당 진료에 관한 사항의 열람 또는 사본교부를 요청할 수 있다. 이 경우 요청을 받은 의료기관은 특별한 사유가 없으면 요청에 따라야 한다.(2016.12.20 전단개정)
④ 보건복지부장관 및 공단은 제1항 및 제2항에 따른 자료의 확인을 위하여 「사회복지사업법」 제6조의2제2항에 따른 정보시스템을 연계하여 사용할 수 있다.(2016.5.29 본항개정)
⑤ 제1항, 제2항 및 제4항에 따라 보건복지부장관 및 공단에 제공되는 자료에 대하여는 사용료, 수수료 등을 면제한다.
(2016.5.29 본항개정)
(2015.1.28 본조제목개정)

제123조의2【가족관계등록 전산정보의 공동이용】 ① 공단은 가입자의 자격 관리, 연금보험료의 부과, 급여의 결정 및 지급 등 국민연금사업을 수행하기 위하여 「전자정부법」에 따라 「가족관계의 등록 등에 관한 법률」 제9조제1항에 따른 전산정보자료를 공동이용(「개인정보 보호법」 제2조제2호에 따른 처리를 포함한다)할 수 있다.
② 누구든지 제1항에 따라 공동이용하는 전산정보자료를 그 목적 외의 용도로 이용하거나 활용하여서는 아니 된다.
(2020.1.21 본조신설)

제124조【비밀 유지】 공단에 종사하였던 자 또는 종사하는 자는 그 업무상 알게 된 비밀을 누설하여서는 아니 된다.

제125조【소득축소·탈루자료 통보 등】 ① 공단은 제21조에 따른 소득월액 등의 신고내용에 축소나 탈루가 있다고 인정되는 경우에는 보건복지부장관에게 보고하고 소득축소 또는 탈루혐의 자료를 문서로 작성하여 국세청장에게 통보할 수 있다.(2010.1.18 본항개정)
② 제1항에 따른 명세를 통보받은 국세청장은 「국세기본법」 등 관련 법률에 따라 세무조사를 실시한 경우에는 그 조사결과 중 소득에 관한 사항을 공단에 통보하여야 한다.
③ 제1항 및 제2항에 따른 통보절차와 그 밖에 필요한 사항은 대통령령으로 정한다.

제126조【외국인에 대한 적용】 ① 이 법의 적용을 받는 사업장에 사용되고 있거나 국내에 거주하는 외국인으로서 대통령령으로 정하는 자 외의 외국인은 제6조에도 불구하고 당연히 사업장가입자 또는 지역가입자가 된다. 다만, 이 법에 따른 국민연금에 상응하는 연금에 관하여 그 외국인의 본국 법이 대한민국 국민에게 적용되지 아니하면 그러하지 아니하다.
(2015.1.28 본문개정)

② 제1항 본문에 따라 가입 중이거나 가입한 적이 있는 외국인(이하 "외국인 가입자등"이라 한다)에게 제67조제1항제1호를 적용하기 위해서는 질병이나 부상의 초진일이 국내 거주 기간 내에 있어야 한다. 그 밖에 외국인 가입자등에 대한 장애연금의 수급권 발생·정지·소멸 및 장애연금 지급 등에 관한 사항은 제67조(제67조제3항제2호는 제외한다)부터 제71조까지의 규정을 준용한다.(2016.5.29 본항신설)
③ 외국인 가입자등이 국내 거주 중에 사망한 경우에는 제72조제2항제2호를 적용하지 아니한다. 그 밖에 외국인 가입자등에 대한 유족연금의 수급권 발생·정지·소멸 및 유족연금 지급 등에 관한 사항은 제72조부터 제76조까지의 규정을 준용한다.(2016.5.29 본항신설)
④ 외국인 가입자등에게는 제77조부터 제79조까지의 규정을 적용하지 아니한다. 다만, 다음 각 호의 어느 하나에 해당하는 외국인에 대하여는 그러하지 아니하다.(2016.5.29 본문개정)
1. 외국인의 본국 법에 따라 대한민국 국민이 급여(제49조제1호부터 제3호까지의 급여에 상응하는 급여를 말한다)의 수급권을 취득하지 못하고 제77조제1항 각 호의 어느 하나에 해당하게 된 때에 그 대한민국 국민에게 일정 금액(가입기간 중 낸 연금보험료에 기초하여 산정한 금액을 말한다)을 일시금으로 지급하도록 그 나라 법에서 규정하고 있는 경우의 외국인(2015.1.28 본호개정)
2. 「외국인근로자의 고용 등에 관한 법률」에 따른 외국인근로자로서 이 법을 적용받는 사업장에 사용된 자
3. 「출입국관리법」 제10조에 따라 산업연수활동을 할 수 있는 체류자격을 가지고 필요한 연수기간 동안 지정된 연수장소를 이탈하지 아니한 자로서 이 법을 적용받는 사업장에 사용된 자
⑤ 외국인 가입자등의 자격 취득 신고의 방법 및 절차 등은 보건복지부령으로 정한다.(2016.5.29 본항개정)

제127조 【외국과의 사회보장협정】 대한민국이 외국과 사회보장협정을 맺은 경우에는 이 법에도 불구하고 국민연금의 가입, 연금보험료의 납부, 급여의 수급 요건, 급여액의 산정, 급여의 지급 등에 관하여 그 사회보장협정에서 정하는 바에 따른다.

제9장 벌 칙

제128조 【벌칙】 ① 거짓이나 그 밖의 부정한 방법으로 급여를 받은 자는 3년 이하의 징역이나 3천만원 이하의 벌금에 처한다.(2015.1.28 본항개정)
② 제123조의2제2항을 위반하여 전산정보자료를 같은 조 제1항에 따른 목적 외의 용도로 이용하거나 활용한 자는 3년 이하의 징역 또는 1천만원 이하의 벌금에 처한다.(2020.1.21 본항신설)
③ 다음 각 호의 어느 하나에 해당하는 자는 1년 이하의 징역이나 1천만원 이하의 벌금에 처한다.(2015.1.28 본문개정)
1. 제88조제3항에 따른 부담금의 전부 또는 일부를 사업장가입자에게 부담하게 하거나 제90조제1항에 따라 임금에서 기여금을 공제할 때 기여금을 초과하는 금액을 사업장가입자의 임금에서 공제한 사용자(2009.5.21 본호개정)
2. 제95조제2항에 따른 납부 기한까지 정당한 사유 없이 연금보험료를 내지 아니한 사용자
3. 제119조를 위반하여 근로자가 가입자로 되는 것을 방해하거나 부담금의 증가를 기피할 목적으로 정당한 사유 없이 근로자의 승급 또는 임금 인상을 하지 아니하거나 해고나 그 밖의 불리한 대우를 한 사용자
4. 제124조를 위반하여 업무를 수행하면서 알게 된 비밀을 누설한 자

제129조 (2011.12.31 삭제)

제130조 【양벌규정】 법인의 대표자나 법인 또는 개인의 대리인, 사용인, 그 밖의 종업원이 그 법인 또는 개인의 업무에 관하여 제128조의 위반행위를 하면 그 행위자를 벌하는 외에 그 법인 또는 개인에게도 해당 조문의 벌금형을 과(科)한다. 다만, 법인 또는 개인이 그 위반행위를 방지하기 위하여 해당 업무에 관하여 상당한 주의와 감독을 게을리하지 아니한 경우에는 그러하지 아니하다.(2011.12.31 본문개정)

제131조 【과태료】 ① 다음 각 호의 어느 하나에 해당하는 자에게는 50만원 이하의 과태료를 부과한다.
1. 제21조제1항을 위반하여 신고를 하지 아니하거나 거짓으로 신고한 사용자
2. 제122조에 따라 공단 또는 공단의 직원이 서류나 그 밖의 자료 제출을 요구하거나 조사·질문을 할 때 이를 거부·기피·방해하거나 거짓으로 답변한 사용자
(2011.12.31 본항신설)
② 다음 각 호의 어느 하나에 해당하는 자에게는 10만원 이하의 과태료를 부과한다.
1. 제21조제2항·제121조제1항 또는 제2항에 따른 신고를 하지 아니한 자
2. 제23조제2항에 따른 통지를 하지 아니한 자
3. 제122조에 따라 공단 또는 공단의 직원이 서류나 그 밖의 소득·재산 등에 관한 자료의 제출을 요구하거나 조사·질문할 때 이를 거부·기피·방해하거나 거짓으로 답변한 가입자, 가입자였던 자 또는 수급권자
③ 제1항 및 제2항에 따른 과태료는 대통령령으로 정하는 바에 따라 보건복지부장관이 부과·징수한다.(2011.12.31 본항신설)

제132조 (2011.12.31 삭제)

부 칙

제1조 【시행일】 이 법은 공포한 날부터 시행한다. 다만, 제3조제1항제3호 및 제5호, 제9조제5호, 제17조제1항, 제18조, 제19조, 제51조제1항, 제57조제4항, 제58조제2항, 제77조제2항, 제80조제1항 후단, 제91조제1항제6호의 개정규정은 2008년 1월 1일부터 시행한다.

제2조 【노령연금에 관한 특례】 ① 1988년 1월 1일 현재 45세 이상 60세 미만인 자(특수직종근로자의 경우에는 40세 이상 55세 미만인 자)가 가입기간이 5년 이상이 되는 때에는 제61조의 개정규정에도 불구하고 일정한 금액의 연금을 지급한다.
② 제1항에 따른 연금의 금액은 기본연금액의 1천분의 250에 해당하는 액에 부양가족연금액을 더한 액으로 한다. 다만, 5년을 초과하는 경우에는 그 초과하는 1년(1년 미만의 매 1개월은 12분의 1년으로 계산한다)마다 기본연금액의 1천분의 50에 해당하는 액을 더한다.

제3조 【연금보험료에 관한 적용례】 ① 사업장가입자의 연금보험료는 법률 제3902호 국민복지연금법개정법률 제75조제2항에도 불구하고 1997년까지는 다음의 액으로 한다.
1. 기여금 및 부담금은 1988년부터 1992년까지는 각각 표준소득월액의 1천분의 15에 해당하는 액으로 하고, 1993년부터 1997년까지는 각각 표준소득월액의 1천분의 20에 해당하는 액으로 한다.
2. 퇴직금전환금은 1988년부터 1992년까지는 0으로 하고, 1993년부터 1997년까지는 표준소득월액의 1천분의 20에 해당하는 액으로 한다.
② 임의가입자 및 임의계속가입자의 연금보험료는 법률 제3902호 국민복지연금법개정법률 제75조제3항에도 불구하고 1988년부터 1992년까지는 표준소득월액의 1천분의 30으로 하고, 1993년부터 1997년까지는 표준소득월액의 1천분의 60으로 한다.

제4조 【장해연금수급권자에 대한 적용례】 법률 제4110호 국민연금법중개정법률 제58조제1항 및 제2항은 1988년 1월 1일부터 같은 법 시행일인 1989년 3월 31일까지의 기간에 발생한 부상으로 인하여 장해가 발생한 자에 대하여도 적용한다.

제5조 【농어민의 가입에 관한 특례】 법률 제4909호 국민연금법중개정법률의 시행일인 1995년 7월 1일 당시 농어민으로 60세 이상 65세 미만인 자는 같은 법 제6조에도 불구하고 1995년 12월 31일까지 보건복지부령으로 정하는 바에 따라 공단에 가입신청을 하는 경우 70세에 달할 때까지 같은 법 제10조에 따른 지역가입자가 될 수 있다.

제6조 【지역가입자의 노령연금에 관한 특례】 ① 법률 제4909호 국민연금법중개정법률의 시행일인 1995년 7월 1일 당시 45세 이상 60세 미만인 같은 법 제10조에 따른 지역가입자 및 같

은 법 부칙 제3조에 따른 지역가입자가 가입기간이 5년 이상이 되는 때에는 제61조의 개정규정에도 불구하고 일정한 금액의 연금을 지급한다.
② 제1항에 따른 연금의 금액은 기본연금액의 1천분의 250에 해당하는 금액에 부양가족연금액을 더한 금액으로 한다. 다만, 5년을 초과하는 경우에는 그 초과하는 1년(1년 미만의 매 1개월은 12분의 1년으로 계산한다)마다 기본연금액의 1천분의 50에 해당하는 금액을 더한다.
제7조【농어업인에 대한 연금보험료 보조】 지역가입자인 농어업인과 지역가입자에서 임의계속가입자로 된 농어업인에게는 제88조제4항의 개정규정에도 불구하고 2031년 12월 31일까지 본인이 부담할 연금보험료 중 100분의 50의 범위 내에서 대통령령으로 정하는 바에 따라 농어촌구조개선특별회계에서 지원한다.(2024.9.20 본조개정)
제8조【급여의 지급연령에 관한 적용례】 법률 제5623호 국민연금법중개정법률 제48조제1항제3호, 제56조제1항, 제56조제2항부터 제4항까지, 제57조제3항 각 호·같은 조 제4항 각 호, 제57조의2제1항 각 호, 제58조제2항, 제63조제1항제3호 단서·제5호 단서, 제67조제1항제1호, 같은 조 제2항 단서 및 제93조의2와 이 법 제66조 및 제76조제1항 본문의 개정규정 중 급여에 관한 지급연령은 그 지급연령에 관한 각각의 규정에도 불구하고 그 지급연령에 1953년부터 1956년까지 출생자는 1세를, 1957년부터 1960년까지 출생자는 2세를, 1961년부터 1964년까지 출생자는 3세를, 1965년부터 1968년까지 출생자는 4세를, 1969년 이후 출생자는 5세를 각각 더한 연령을 적용한다.(2015.1.28 본조개정)
제8조의2【장애연금 및 유족연금의 지급에 관한 특례】 가입자로서 제12조제1항제4호·제2항제6호 또는 제3항제4호의 개정규정에 따른 연령에 도달한 날의 다음 날부터 부칙 제8조에 따른 지급연령에 도달하는 날까지 생긴 질병이나 부상은 제67조제1항 및 제72조제1항의 개정규정에 따른 가입 중에 생긴 질병이나 부상으로 보며, 같은 기간 중 사망하는 경우에는 제72조제1항의 개정규정에 따른 가입자의 사망으로 본다.
(2012.10.22 본조신설)
제8조의3【반환일시금의 지급연령 등에 관한 특례】 ① 부칙 제8조에도 불구하고 가입기간이 10년 미만인 가입자 또는 가입자였던 사람은 60세가 된 때에 반환일시금을 지급받을 수 있다.
② 제1항은 제116조의 개정규정에 따라 반환일시금을 지급받는 사람에 대하여도 적용한다.
(2012.10.22 본조신설)
제9조【노령연금에 관한 특례】 ① 1999년 4월 1일 현재 50세 이상 60세 미만인 자로서 다음 각 호의 어느 하나에 해당하는 자에 대하여는 제61조의 개정규정에도 불구하고 해당 호에 규정된 날부터 일정한 금액의 연금을 지급한다.
1. 60세가 되기 전에 가입기간이 5년 이상 10년 미만이 되는 자 : 60세가 되는 날
2. 60세가 된 후에 가입기간이 5년 이상이 되는 자 : 가입자 자격을 상실한 날
② 제1항에 따른 특례노령연금의 금액은 기본연금액의 1천분의 250에 해당하는 금액에 부양가족연금액을 더한 금액으로 한다. 다만, 5년을 초과하는 경우에는 그 초과하는 1년(1년 미만의 매 1개월은 12분의 1년으로 계산한다)마다 기본연금액의 1천분의 50에 해당하는 금액을 더한다.
③ 제1항 및 제2항은 법률 제5623호 국민연금법중개정법률 부칙 제14조에 따라 지역가입자로 된 자가 가입기간이 5년 이상 되고 가입자자격을 상실한 경우에 준용한다.
제10조【고령자의 가입에 관한 특례】 1999년 4월 1일 현재 60세 이상 65세 미만인 자는 법률 제5623호 국민연금법중개정법률 제6조 및 제10조에도 불구하고 2000년 3월 31일까지 보건복지부령으로 정하는 바에 따라 공단에 가입신청을 하는 경우에는 제9조의 개정규정에 따른 지역가입자가 될 수 있다.
제11조【반환일시금의 지급 등에 관한 특례】 ① 법률 제5623호 국민연금법중개정법률(이하 이 항에서 "같은 법"이라 한다) 시행 당시 종전의 제67조제1항제1호에 따라 반환일시금을 지급받은 사람과 같은 법 부칙 제16조제1항에 따라 반환일시금을 지급받은 사람이 다시 가입자의 자격을 취득하면 같은 법 제68조제1항에도 불구하고 반납금을 납부할 수 있다.
(2011.12.31 본항개정)
② 1999년 4월 1일 전의 퇴직연금등수급권자가 사업장가입자 또는 지역가입자의 자격을 상실한 때에는 법률 제5623호 국민연금법중개정법률 제67조제1항제1호에도 불구하고 반환일시금을 지급받을 수 있다.
③ 이 법 시행 당시 종전의 제67조제1항제4호에 따라 반환일시금을 지급받은 사람이 다시 가입자의 자격을 취득하면 제78조제1항의 개정규정에도 불구하고 반납금을 납부할 수 있다. 다만, 「사립학교교직원 연금법」에 따른 재직기간에 포함된 기간은 제외한다.(2011.12.31 본항신설)
제12조【연금보험료에 관한 적용례】 ① 법률 제5623호 국민연금법중개정법률 제10조에 따른 지역가입자, 같은 법 제10조의2에 따른 임의가입자, 부칙 제10조에 따른 지역가입자와 국민연금에 가입된 사업장에 종사하지 아니하는 임의계속가입자의 연금보험료는 같은 법 제4조제1항 및 같은 법 제75조제3항에도 불구하고 1999년 4월부터 2000년 6월까지는 표준소득월액의 1천분의 30에 해당하는 금액으로, 2000년 7월부터 2001년 6월까지는 표준소득월액의 1천분의 40에 해당하는 금액으로, 2001년 7월부터 2002년 6월까지는 표준소득월액의 1천분의 50에 해당하는 금액으로, 2002년 7월부터 2003년 6월까지는 표준소득월액의 1천분의 60에 해당하는 금액으로, 2003년 7월부터 2004년 6월까지는 표준소득월액의 1천분의 70에 해당하는 금액으로, 2004년 7월부터 2005년 6월까지는 표준소득월액의 1천분의 80에 해당하는 금액으로 한다.
② 법률 제5623호 국민연금법중개정법률 제75조제2항에 따른 기여금 및 부담금과 같은 조 제3항에 따른 연금보험료는 제4조제1항의 개정규정에도 불구하고 2009년까지 조정하지 아니한다.
제13조【반환일시금 지급에 관한 적용특례】 법률 제6027호 국민연금법중개정법률의 시행일인 1999년 9월 7일 전에 같은 법 제67조제1항 제3호 및 제4호에 해당하는 자도 반환일시금을 지급받을 수 있다.
제14조【지역가입자 및 임의가입자에 대한 반환일시금의 지급등에 관한 특례】 법률 제6027호 국민연금법중개정법률 부칙 제3조제1항에 따라 반환일시금을 지급받은 자는 같은 법 제68조제1항에도불구하고 반납금을 공단에 납부할 수 있다.
제15조【생활안정자금을 대여받은 자에 대한 반환일시금 지급등에 관한 특례】 법률 제6164호 국민연금법중개정법률 부칙 제2조제1항에 따른 반환일시금의 청구·지급 및 반납금의 납부등에 관하여는 같은 법 제67조제2항·제3항 및 제68조를 각각 준용하되, 지급할 반환일시금을 산정할 때 가입기간 및 보험료의 계산은 최초 가입기간부터 순차적으로 산입하고, 더할 이자를 산정할 때 이자의 계산기간은 대여를 받기 전 자격상실일이 속한 달의 다음 달부터 반환일시금을 청구한 날이 속한 달까지의 월수에 의한다.
제16조【부양가족연금액의 지급에 관한 적용례】 법률 제6286호 국민연금법중개정법률 제48조제1항은 그 시행일인 2000년 12월 23일 전에 수급권을 취득한 자에 대하여 그 시행일인 2000년 12월 23일 이후 지급되는 부양가족연금액 분부터 적용한다.
제17조【연금의 지급기간에 관한 적용례】 법률 제6286호 국민연금법중개정법률 제50조제1항은 그 시행일인 2000년 12월 23일 이후 반납금 또는 추납보험료의 납부신청을 한 자부터 적용한다.
제18조【급여의 지급연령에 관한 적용례】 법률 제6286호 국민연금법중개정법률 제58조제3항 중 급여에 관한 지급연령은 그 지급연령에 관한 규정에도 불구하고 그 지급연령에 1953년부터 1956년까지 출생자는 1세를, 1957년부터 1960년까지 출생자는 2세를, 1961년부터 1964년까지 출생자는 3세를, 1965년부터 1968년까지 출생자는 4세를, 1969년 이후 출생자는 5세를 각각 더한 연령을 적용한다.(2011.12.31 본조개정)
제19조【가입기간 추가산입에 관한 적용례】 제18조의 개정규정은 2008년 1월 1일 이후 최초로 「병역법」에 따른 병역의 무를 수행하는 자부터 적용하고, 제19조의 개정규정은 2008

년 1월 1일 이후에 자녀를 얻은 경우에 한하여 적용하되, 2007년 12월 31일 이전에 얻은 자녀가 있는 경우에는 다음 각 호의 구분에 따라 가입기간을 추가 산입한다.
1. 2007년 12월 31일 이전에 얻은 자녀의 수가 1명인 경우 : 2008년 1월 1일 이후에 얻은 자녀와 2007년 12월 31일 이전에 얻은 자녀의 수를 합하여 제19조의 개정규정을 적용한다.
2. 2007년 12월 31일 이전에 얻은 자녀의 수가 2명 이상인 경우 : 2008년 1월 1일 이후에 얻은 자녀 1명마다 18개월을 더하되, 그 기간은 50개월을 초과할 수 없다.

제20조【기본연금액 산정에 대한 적용례】 2008년부터 2027년까지 각 연도별 제51조제1항 본문에 따른 기본연금액은 제51조제1항의 개정규정에도 불구하고 제51조제1항 각 호의 금액을 합산한 금액에 다음 각 호의 해당 연도의 비율을 곱한 금액으로 한다.
1. 2008년은 1천분의 1천500
2. 2009년은 1천분의 1천485
3. 2010년은 1천분의 1천470
4. 2011년은 1천분의 1천455
5. 2012년은 1천분의 1천440
6. 2013년은 1천분의 1천425
7. 2014년은 1천분의 1천410
8. 2015년은 1천분의 1천395
9. 2016년은 1천분의 1천380
10. 2017년은 1천분의 1천365
11. 2018년은 1천분의 1천350
12. 2019년은 1천분의 1천335
13. 2020년은 1천분의 1천320
14. 2021년은 1천분의 1천305
15. 2022년은 1천분의 1천290
16. 2023년은 1천분의 1천275
17. 2024년은 1천분의 1천260
18. 2025년은 1천분의 1천245
19. 2026년은 1천분의 1천230
20. 2027년은 1천분의 1천215

제21조【급여의 지급연령에 관한 적용례】 제70조제3항의 개정규정 중 급여에 관한 지급연령은 그 지급연령에 관한 규정에도 불구하고 그 지급연령에 1953년부터 1956년까지 출생자는 1세를, 1957년부터 1960년까지 출생자는 2세를, 1961년부터 1964년까지 출생자는 3세를, 1965년부터 1968년까지 출생자는 4세를, 1969년 이후 출생자는 5세를 각각 더한 연령을 적용한다.(2011.12.31 본조개정)

제22조【종전 지역가입자의 자격에 관한 경과조치】 법률 제4909호 국민연금법중개정법률 시행 당시 지역가입자 중 같은 법 제10조에 따른 지역가입자로 된 자 외의 자는 같은 법 제10조의2에 따른 임의가입자가 된 것으로 본다.

제23조【이미 본국으로 귀국한 외국인 등에 대한 반환일시금 지급의 소급적용】 제126조제2항제2호 및 제3호의 개정규정은 법률 제8426호 국민연금법 일부개정법률의 시행일인 2007년 5월 11일 전에 본국으로 귀국한 외국인이나 제77조제1항의 개정규정 각 호의 어느 하나에 해당한 외국인에게도 적용한다.

제24조【외국인 사업장가입자에 대한 경과조치】 법률 제4971호 국민연금법중개정법률의 시행일인 1995년 8월 4일 전에 종전의 규정에 따라 본인이 신청하여 사업장가입자가 된 외국인에게는 같은 법 제102조제2항에도 불구하고 같은 법 시행 전에 가입하였던 기간에 대하여 같은 법 제67조부터 제69조까지의 규정을 적용한다.

제25조【사업장가입자 및 지역가입자에서 제외되는 자에 관한 경과조치】 ① 법률 제5623호 국민연금법중개정법률 시행 전의 규정에 따른 사업장가입자 또는 지역가입자로서 같은 법 제8조제1항 단서, 같은 조 제2항 전단 및 같은 법 제10조에 따라 그 가입대상에서 제외되는 자는 같은 규정에 따른 사업장가입자 또는 지역가입자로 본다.
② 제1항에 따른 사업장가입자 또는 지역가입자가 그 가입자의 자격의 상실을 원하는 때에는 법률 제5623호 국민연금법중개정법률 제12조제1항 및 제2항에 따른 자격상실 사유에도 불구하고 보건복지부령으로 정하는 바에 따라 공단에 신청을 하여 탈퇴할 수 있다.

제26조【사업장가입자의 가입기간의 계산에 관한 경과조치】 1999년 4월 1일 전에 발생된 체납기간에 대하여는 법률 제5623호 국민연금법중개정법률 제17조제2항 단서 및 제3항에도 불구하고 종전의 규정에 따른다.

제27조【급여의 지급등에 관한 경과조치】 ① 법률 제5623호 국민연금법중개정법률 시행일인 1999년 1월 1일 전에 지급사유가 발생한 급여의 지급은 같은 법으로 개정되기 전의 규정에 따른다.
② 법률 제5623호 국민연금법중개정법률 시행일인 1999년 1월 1일 전의 가입기간에 해당하는 분의 기본연금액의 계산은 같은 법 제47조에도 불구하고 종전의 규정에 따른다.

제28조【부당이득 등의 환수에 관한 경과조치】 법률 제5623호 국민연금법중개정법률 시행 전에 발생한 사유로 인한 부당이득 등의 환수에 관하여는 같은 법 제53조제1항에도 불구하고 종전의 규정에 따른다.

제29조【분할연금에 관한 경과조치】 법률 제5623호 국민연금법중개정법률 시행 전에 같은 법 제57조의2제1항에 따른 분할연금의 지급사유가 발생한 자에게는 같은 법 시행일인 1999년 1월 1일 이후의 노령연금급여분부터 같은 법 제57조의2와 같은 법 제57조의3에 따른 분할연금에 관한 규정을 적용한다.

제30조【종전 지역가입자의 연금보험료에 관한 경과조치】 1999년 1월 1일부터 1999년 3월 31일까지 법률 제5623호 국민연금법중개정법률로 개정되기 이전의 규정에 따라 지역가입자(지역가입자가 임의계속가입자로 된 자를 포함한다)의 자격이 있는 자의 연금보험료는 1999년 1월부터 1999년 3월까지는 법률 제5623호 국민연금법중개정법률로 개정되기 이전의 규정에 따른다.

제31조【연금지급에 관한 경과조치】 법률 제6286호 국민연금법중개정법률 시행일이 속하는 달 및 그 전달의 연금은 같은 법 시행일이 속하는 달의 말일에 지급한다.

제32조【「국민기초생활 보장법」에 따른 수급자에 대한 경과조치】 법률 제6286호 국민연금법중개정법률 시행 당시 종전의 규정에 따라 사업장가입자 또는 지역가입자의 자격을 유지하고 있는 「국민기초생활 보장법」에 따른 수급자는 법률 제6286호 국민연금법중개정법률 제8조제1항 및 제10조제4호에도 불구하고 같은 법 제8조 또는 제10조에 따른 사업장가입자 또는 지역가입자로 본다.

제33조【급여의 지급 등에 관한 경과조치】 ① 법률 제6286호 국민연금법중개정법률 시행 전에 지급사유가 발생한 급여의 지급은 종전의 규정에 따른다.
② 법률 제6286호 국민연금법중개정법률 시행 이후 같은 법 제47조제1항제1호에 따라 산정한 금액이 1,271,595원보다 적은 경우에는 그 금액을 같은 호에도 불구하고 1,271,595원으로 본다.

제34조【급여의 지급 등에 관한 경과조치】 ① 이 법 시행 전에 지급사유가 발생한 급여의 지급은 종전의 규정에 따른다.
② 이 법 시행 전의 가입기간에 해당하는 부분의 기본연금액의 계산은 제51조의 개정규정에도 불구하고 종전의 규정에 따른다.
③ 2008년부터 2027년까지 연도별 가입기간분에 대한 제51조제1항 본문의 기본연금액은 제51조제1항의 개정규정에도 불구하고 제51조제1항 각 호의 금액을 합산한 금액에 부칙 제20조 각 호의 해당 연도의 비율을 곱한 금액으로 한다.

제35조【조기노령연금의 지급 정지에 관한 경과조치】 이 법 시행 전에 조기노령연금수급권을 취득한 자로서 이 법 시행 당시 또는 그 이후 소득 있는 업무에 종사하여 조기노령연금의 지급이 정지되는 자에 대하여도 제66조제2항의 개정규정을 적용한다. 다만, 이 법 시행 전에 소득 있는 업무에 종사하여 급여가 정지된 기간은 제66조제2항제1호의 개정규정에 따른 기수급기간에 포함하되, 같은 호에 따라 산정된 비율이 종전의 규정에 따른 비율보다 작은 경우에는 종전의 비율을 적용한다.

제36조【장애연금 수급권자에 대한 경과조치】 ① 이 법 시행 전에 완치가 인정되었거나 초진일로부터 2년이 경과된 자에 대하여는 제67조제1항의 개정규정에도 불구하고 종전의 규정에 따른다.

② 이 법 시행 전에 초진일이 있는 자에 대하여 제67조제2항의 개정규정을 적용함에 있어서 종전의 규정에 비하여 가입자에게 불리하게 된 경우에는 종전의 규정에 따른다.
③ 이 법 시행 전에 초진일이 있는 자에 대하여는 제85조의 개정규정에도 불구하고 종전의 규정에 따른다.
제37조【수급권의 보호 등에 관한 경과조치】 ① 법률 제8426호 국민연금법 일부개정법률 제57조의2제3항 및 제93조의2를 폐지함에 있어서 이 법 시행일 전에 수급권을 취득한 자에 대하여도 적용한다
② 제52조제1항 · 제56조 · 제58조제2항 · 제62조 · 제63조제2항 및 제3항 · 제65조제2항 및 제4항 · 제70조제3항 · 제81조의 개정규정은 이 법 시행일 전에 수급권을 취득한 자에 대하여도 적용한다.
제38조【가입자 등의 사망에 따른 신고의무자에 대한 경과조치】 제121조제2항의 개정규정에 따른 신고의무자는 같은 규정에도 불구하고 2007년 12월 31일까지 「호적법」 제88조에 따른 신고의무자로 본다.
제39조【가입 신청, 자격 확인 등에 관한 경과조치】 이 법 시행 당시 종전의 규정에 따라 공단이 행한 확인 등이나 그 밖의 행위 또는 각종 신고, 신청 등이나 그 밖의 공단에 대한 행위는 그에 해당하는 이 법에 따른 공단의 행위 또는 공단에 대한 행위로 본다.
제40조【처분 등에 관한 일반적 경과조치】 이 법 시행 당시 종전의 규정에 따른 행정기관의 행위나 행정기관에 대한 행위는 그에 해당하는 이 법에 따른 행정기관의 행위나 행정기관에 대한 행위로 본다.
제41조【벌칙이나 과태료에 관한 경과조치】 이 법 시행 전의 행위에 대하여 벌칙이나 과태료 규정을 적용할 때에는 종전의 규정에 따른다.
제42조【다른 법률의 개정】 ①~⑪ ※(해당 법령에 가제정리하였음)
제43조【다른 법령과의 관계】 이 법 시행 당시 다른 법령에서 종전의 「국민연금법」의 규정을 인용한 경우에 이 법 가운데 그에 해당하는 규정이 있으면 종전의 규정을 갈음하여 이 법의 해당 조항을 인용한 것으로 본다.

부 칙 (2011.12.31)

제1조【시행일】 이 법은 공포 후 6개월이 경과한 날부터 시행한다. 다만, 제129조부터 제132조까지의 개정규정은 공포한 날부터 시행하고, 제54조제2항, 제73조 및 제75조의 개정규정은 공포 후 3개월이 경과한 날부터 시행하며, 제100조의3 및 제100조의4의 개정규정은 2012년 7월 1일부터 시행하고, 법률 제8541호 국민연금법 전부개정법률 부칙 제8조, 제18조 및 제21조의 개정규정은 2013년 1월 1일부터 시행한다.
제2조【연금의 지급 기간 및 지급 시기에 관한 적용례】 ① 제54조제1항의 개정규정은 체납된 연금보험료를 이 법 시행 후 납부한 경우부터 적용한다.
② 제54조제2항의 개정규정은 이 법 시행일이 속하는 달의 다음 달부터 적용한다.
제3조【미지급 급여 청구권자 및 제척기간에 대한 적용례】 제55조제1항 및 제3항의 개정규정은 이 법 시행 후에 발생한 미지급 급여부터 적용한다.
제4조【급여의 환수에 관한 적용례 등】 ① 제57조제2항의 개정규정에 따른 이자의 가산은 이 법 시행 후 환수사유가 발생한 것부터 적용한다.
② 제57조제3항의 개정규정에 따른 연체금의 가산은 이 법 시행일까지 납부하지 아니하고 그 납부기한이 지난 환수금부터 적용하되, 연체금 가산에 관한 사항을 포함하여 환수금의 납부독촉을 새로이 하여야 한다.
제5조【사망일시금 청구권자에 관한 적용례】 제80조제1항의 개정규정은 이 법 시행 후에 발생한 사망일시금부터 적용한다.
제6조【지급의 연기 연령에 관한 특례】 제62조제1항의 개정규정 중 지급의 연기 연령은 그 연령에 관한 규정에도 불구하고 그 연령에 1953년부터 1956년까지 출생자는 1세를, 1957년부터 1960년까지 출생자는 2세를, 1961년부터 1964년까지 출생자는 3세를, 1965년부터 1968년까지 출생자는 4세를, 1969년 이후 출생자는 5세를 더한 연령으로 한다.
제7조【농어업인에 대한 연금보험료 보조 특례】 사업장가입자 또는 임의가입자에서 임의계속가입자로 된 농어업인(당연적용사업장의 근로자 또는 사용자이거나 제9조 각 호의 어느 하나에 해당하는 사람은 제외한다)에게는 제88조제4항에도 불구하고 2031년 12월 31일까지 본인이 부담할 연금보험료 중 100분의 50의 범위에서 대통령령으로 정하는 바에 따라 농어촌구조개선특별회계에서 지원한다.(2024.9.20 본조개정)
제8조【벌칙에 관한 경과조치】 제129조부터 제132조까지의 개정규정 시행 전의 행위에 대하여 벌칙을 적용할 때에는 종전의 규정에 따른다.
제9조【급여의 지급연령 기재방식 변경에 관한 경과조치】 법률 제8541호 국민연금법 전부개정법률 부칙 제8조, 제18조 및 제21조의 개정규정에도 불구하고 이 법 시행 전에 수급권을 취득한 자에 대하여는 종전의 규정에 따른다.

부 칙 (2015.1.28)

제1조【시행일】 이 법은 공포 후 6개월이 경과한 날부터 시행한다. 다만, 제19조의2의 개정규정은 2015년 7월 1일부터 시행하며, 제90조의2의 개정규정은 공포 후 3개월이 경과한 날부터 시행한다.
제2조【소득활동에 따른 노령연금액 지급에 관한 적용례】 제63조의2의 개정규정은 이 법 시행 후 노령연금 수급권을 취득한 사람부터 적용한다.
제3조【연금보험료등 납부방법의 적용례】 제90조의2의 개정규정은 같은 개정규정 시행 후 최초로 납입 고지되는 연금보험료등부터 적용한다.
제4조【급여의 지급연령에 관한 특례】 제62조제2항 · 제4항의 개정규정 중 급여에 관한 지급연령은 그 연령에 관한 규정에도 불구하고 그 연령에 1953년부터 1956년까지 출생자는 1세를, 1957년부터 1960년까지 출생자는 2세를, 1961년부터 1964년까지 출생자는 3세를, 1965년부터 1968년까지 출생자는 4세를, 1969년 이후 출생자는 5세를 각각 더한 연령을 적용한다.
제5조【금치산자 등에 대한 경과조치】 제35조제1호의 개정규정에도 불구하고 법률 제10429호 민법 일부개정법률 부칙 제2조에 따라 금치산 또는 한정치산 선고의 효력이 유지되는 사람에 대해서는 종전의 규정에 따른다.

부 칙 (2016.5.29)

제1조【시행일】 이 법은 공포 후 6개월이 경과한 날부터 시행한다.
제2조【군 복무기간에 대한 가입기간 추가 산입에 관한 적용례】 제18조제1항 및 제2항의 개정규정은 2008년 1월 1일 이후부터 이 법 시행 전까지 「병역법」에 따른 다음 각 호의 병역의무를 수행한 사람에 대해서도 적용한다.
1. 현역병
2. 전환복무를 한 사람
3. 상근예비역
4. 사회복무요원
5. 법률 제13778호로 개정되기 전의 「병역법」에 따른 국제협력봉사요원
6. 법률 제11849호로 개정되기 전의 「병역법」에 따른 공익근무요원
제3조【분할연금의 청구기간에 관한 적용례】 제64조제3항의 개정규정은 이 법 시행 당시 분할연금을 받을 수 있는 요건을 모두 갖추게 된 때부터 3년이 경과되지 아니한 사람에 대해서도 적용한다.
제4조【장애연금에 관한 적용례 및 경과조치】 ① 제67조 및 제85조(연금보험료의 미납에 따른 장애연금의 지급 제한에 한정한다)의 개정규정은 이 법 시행 이후 초진일(제67조제2항제3호 및 같은 항 제4호의 개정규정은 청구일을 말한다)이 있는 경우부터 적용한다.

② 제1항과 제67조 및 제85조(연금보험료의 미납에 따른 장애연금의 지급 제한에 한정한다)의 개정규정에도 불구하고 이 법 시행일부터 2년이 경과하기 전에 초진일이 있는 경우로서 종전의 규정에 따라 장애연금을 받을 수 있는 경우에는 종전의 규정에 따른다.

제5조【유족연금에 관한 적용례 및 경과조치】 ① 제72조 및 제85조(연금보험료의 미납에 따른 유족연금의 지급 제한에 한정한다)의 개정규정은 이 법 시행 이후 사망일이 있는 경우부터 적용한다.

② 제1항과 제72조 및 제85조(연금보험료의 미납에 따른 유족연금의 지급 제한에 한정한다)의 개정규정에도 불구하고 이 법 시행일부터 2년이 경과하기 전에 사망일이 있는 경우로서 종전의 규정에 따라 유족연금을 받을 수 있는 경우에는 종전의 규정에 따른다.

③ 제73조제1항제2호, 제75조제1항제4호 및 제76조제1항제2호의 개정규정은 이 법 시행 당시에 유족연금을 지급받고 있던 사람에게도 적용한다.

제6조【연금보험료 추후 납부에 관한 적용례】 제92조제1항의 개정규정은 이 법 시행 전에 다음 각 호 중 어느 하나에 해당하여 연금보험료를 내지 아니한 기간에 대해서도 적용한다.

1. 1999년 4월 1일 이래 제9조제1호에 해당한 자
2. 2001년 4월 1일 이래 제9조제4호에 해당하는 자
3. 2008년 1월 1일 이래 제9조제5호에 해당하는 자

제7조【연금보험료의 지원에 관한 적용례】 제100조의3제1항의 개정규정은 이 법 시행 당시 종전의 규정에 따른 연금보험료 지원대상자에 대하여 이 법 시행 후 지원하는 연금보험료에 대해서도 적용한다.

제8조【사망의 신고에 관한 적용례】 제121조제2항의 개정규정은 이 법 시행 전에 사망사실을 안 날부터 1개월 이내에 「가족관계의 등록 등에 관한 법률」에 따라 사망신고를 한 경우에도 적용한다.

제9조【가입대상기간의 산정에 관한 특례】 ① 법률 제5623호 국민연금법 일부개정법률 제8조 및 제10조의 개정규정의 시행일인 1999년 4월 1일 전에 18세에 도달한 사람에 대해서는 1999년 4월 1일을 제3조제1항제19호의 개정규정에 따른 18세가 된 날로 본다.

② 제1항에 해당되는 사람이 1999년 4월 1일 전에 보험료를 납부한 경우에는 그 납부한 기간을 가입대상기간에 포함한다.

제10조【다른 법률의 개정】 ※(해당 법령에 가제정리 하였음)

부　칙 (2017.3.21)

제1조【시행일】 이 법은 공포 후 6개월이 경과한 날부터 시행한다. 다만, 제90조의3제1항의 개정규정은 공포한 날부터 시행한다.

제2조【조기노령연금 지급 정지 등에 관한 적용례】 제66조제1항부터 제4항까지의 개정규정은 이 법 시행 당시 조기노령연금을 수급하고 있는 자에 대하여도 적용한다.

부　칙 (2017.10.24)

제1조【시행일】 이 법은 공포 후 3개월이 경과한 날부터 시행한다. 다만, 제75조제1항 및 제76조의 개정규정은 공포 후 6개월이 경과한 날부터 시행한다.

제2조【유족연금의 지급 정지에 관한 적용례】 제76조의 개정규정은 같은 개정규정 시행 후 최초로 자녀나 손자녀인 수급권자가 다른 사람에게 입양되거나 장애로 수급권을 취득한 자가 장애등급 2급 이상에 해당하지 아니하게 된 때부터 적용한다.

제3조【연금보험료의 추후납부에 관한 적용례】 제92조의 개정규정은 이 법 시행 전에 제78조에 따라 반납금을 납부한 경우에 대하여도 적용한다.

제4조【반환일시금의 소멸시효에 관한 적용례】 제115조제1항의 개정규정은 이 법 시행 당시 소멸시효가 완성되지 아니한 제77조제1항제1호에 따른 반환일시금을 지급받을 권리에 대하여도 적용한다.

부　칙 (2017.12.19)

제1조【시행일】 이 법은 공포 후 6개월이 경과한 날부터 시행한다.

제2조【분할연금 수급권자 등에 관한 적용례】 제64조제1항 및 제4항의 개정규정은 2016년 12월 29일 이후 최초로 분할연금 지급 사유가 발생한 경우부터 적용한다. 다만, 2016년 12월 29일부터 2018년 6월 19일까지 분할연금 지급 사유가 발생한 경우에는 다음 각 호의 어느 하나에 해당하는 사람에 한하여 2024년 5월 30일 이후 급여분부터 제64조제1항 및 제4항의 개정규정을 적용한다.(2024.12.20 본문개정)

1. 연금분할에 따른 연금액 변경처분의 제소기간이 도과하지 아니한 경우(2024.12.20 본호신설)
2. 연금분할에 따른 연금액 변경처분이 판결에 의하여 확정되지 아니한 경우(2024.12.20 본호신설)

부　칙 (2019.1.15)

제1조【시행일】 이 법은 공포 후 6개월이 경과한 날부터 시행한다. 다만, 제51조의 개정규정 및 부칙 제3조는 공포한 날부터 시행한다.

제2조【기본연금액의 적용 기간에 관한 적용례】 제51조의 개정규정은 공포한 날이 속한 달의 급여분부터 적용한다.

제3조【다른 법률의 개정】 ①~② ※(해당 법령에 가제정리 하였음)

부　칙 (2020.1.21)

제1조【시행일】 이 법은 공포한 날부터 시행한다. 다만, 제97조의 개정규정은 2020년 1월 16일부터 시행하고, 제100조의4, 제100조의5 및 제123조의 개정규정은 2020년 7월 1일부터 시행하며, 제123조의2 및 제128조의 개정규정은 공포 후 6개월이 경과한 날부터 시행한다.

제2조【연체금에 관한 적용례】 제97조제1항 및 제2항의 개정규정은 같은 개정규정 시행 후 최초로 납부기한이 도래하는 연금보험료부터 적용한다.

제3조【농어업인에 대한 연금보험료 보조에 관한 적용례】 법률 제8541호 국민연금법 전부개정법률 부칙 제7조 및 법률 제11143호 국민연금법 일부개정법률 부칙 제7조의 개정규정은 공포한 날이 속한 달의 보험료분부터 적용한다.

제4조【연금보험료 지원사업 평가 보고에 관한 특례】 보건복지부장관은 제100조의4의 개정규정에 따라 연금보험료를 최초로 지원한 날부터 3년이 경과한 후, 지체 없이 해당 사업에 대한 평가를 실시하고 그 결과를 국회 소관 상임위원회에 보고하여야 한다.

부　칙 (2020.12.29 법17758호)

제1조【시행일】 이 법은 2021년 1월 1일부터 시행한다.(이하 생략)

부　칙 (2020.12.29 법17774호)

제1조【시행일】 이 법은 공포 후 6개월이 경과한 날부터 시행한다. 다만, 제92조제1항의 개정규정은 공포한 날부터 시행한다.

제2조【사망일시금 지급에 관한 적용례】 제80조의 개정규정은 이 법 시행 후 같은 조 제1항제2호 또는 제3호에 해당하는 사람이 사망한 경우부터 적용한다.

제3조【추납보험료의 추후 납부에 관한 적용례】 제92조제1항의 개정규정은 이 법 시행 이후 추납보험료의 추후 납부를 신청하는 사람부터 적용한다.

제4조【체납자료의 제공에 관한 적용례】 제95조의4의 개정규정은 이 법 시행 당시 납부기한의 다음 날부터 1년 이상 보험료를 체납한 상태에 있는 사용자에 대해서도 적용한다.

부　칙 (2021.6.8)

제1조【시행일】 이 법은 공포 후 6개월이 경과한 날부터 시행한다.
제2조【가입기간 계산 및 기본연금액 산정 등에 관한 적용례】 제17조제3항부터 제5항까지 및 제51조제1항제2호가목의 개정규정은 이 법 시행 당시 사업장가입자 사용자가 체납 중인 연금보험료에 대하여도 적용한다.
제3조【국민연금기금운용전문위원회에 관한 경과조치】 이 법 시행 당시 종전의 「국민연금법 시행령」에 따라 설치된 국민연금기금투자정책전문위원회, 국민연금기금수탁자책임전문위원회 및 국민연금기금위험관리·성과보상전문위원회는 각각 제103조의3의 개정규정에 따라 설치된 국민연금기금투자정책전문위원회, 국민연금기금수탁자책임전문위원회 및 국민연금기금위험관리·성과보상전문위원회로 본다.

부　칙 (2021.7.27)
(2021.12.21)

이 법은 공포 후 6개월이 경과한 날부터 시행한다.

부　칙 (2023.3.28)

제1조【시행일】 이 법은 공포 후 6개월이 경과한 날부터 시행한다.
제2조【연금보험료 추후 납부에 관한 적용례】 제92조제1항의 개정규정은 이 법 시행 전에 법률 제13100호 국민연금법 일부개정법률 제8조제2항 본문에 따라 연금보험료를 최초로 납부한 이후에 같은 항 단서에 따라 연금보험료를 내지 아니한 기간에 대해서도 적용한다.

부　칙 (2023.6.13)

제1조【시행일】 이 법은 공포 후 3개월이 경과한 날부터 시행한다. 다만, 제103조의3제3항의 개정규정은 공포한 날부터 시행한다.
제2조【부양가족연금액 계산에 관한 적용례】 제52조의 개정규정은 이 법 시행 이후 부양가족연금액 계산 대상에 포함되는 사람부터 적용한다.
제3조【유족연금 지급에 관한 적용례】 제73조, 제75조 및 제76조의 개정규정은 이 법 시행 이후 유족연금 지급사유가 발생한 사람부터 적용한다.

부　칙 (2023.12.26)

제1조【시행일】 이 법은 2024년 1월 18일부터 시행한다.(이하 생략)

부　칙 (2024.9.20)
(2024.12.20)

이 법은 공포한 날부터 시행한다.

국민건강보험법

(2011년 12월 31일 전부개정법률 제11141호)

개정
2013. 5.22법11787호　2014. 1. 1법12176호
2014. 5.20법12615호
2014.11.19법12844호(정부조직)
2016. 2. 3법13985호　2016. 3.22법14084호
2016. 5.29법14183호(병역)
2017. 2. 8법14557호　2017. 4.18법14776호
2017. 7.26법14839호(정부조직)
2018. 1.16법15348호　2018. 3.27법15535호
2018.12.11법15874호　2019. 1.15법16238호
2019. 4.23법16366호
2019.11.26법16652호(자산관리)
2019.12. 3법16728호　2020. 4. 7법17196호
2020.12.29법17758호(국세징수)
2020.12.29법17772호　2021. 6. 8법18211호
2022. 6.10법18895호　2022.12.27법19123호
2023. 5.19법19420호　2023. 6.13법19445호
2023. 7.11법19527호
2023.12.26법19841호(주민등록)
2024. 1. 2법19885호
2024. 1. 9법19958호(행정기관정비일부개정법령등)
2024. 1.23법20092호　2024. 2. 6법20211호
2024. 2.20법20324호　2024.10.22법20505호

제1장　총　칙

제1조【목적】 이 법은 국민의 질병·부상에 대한 예방·진단·치료·재활과 출산·사망 및 건강증진에 대하여 보험급여를 실시함으로써 국민보건 향상과 사회보장 증진에 이바지함을 목적으로 한다.
제2조【관장】 이 법에 따른 건강보험사업은 보건복지부장관이 맡아 주관한다.
제3조【정의】 이 법에서 사용하는 용어의 뜻은 다음과 같다.
1. "근로자"란 직업의 종류와 관계없이 근로의 대가로 보수를 받아 생활하는 사람(법인의 이사와 그 밖의 임원을 포함한다)으로서 공무원 및 교직원을 제외한 사람을 말한다.
2. "사용자"란 다음 각 목의 어느 하나에 해당하는 자를 말한다.
　가. 근로자가 소속되어 있는 사업장의 사업주
　나. 공무원이 소속되어 있는 기관의 장으로서 대통령령으로 정하는 사람
　다. 교직원이 소속되어 있는 사립학교(「사립학교교직원 연금법」 제3조에 규정된 사립학교를 말한다. 이하 이 조에서 같다)를 설립·운영하는 자
3. "사업장"이란 사업소나 사무소를 말한다.
4. "공무원"이란 국가나 지방자치단체에서 상시 공무에 종사하는 사람을 말한다.
5. "교직원"이란 사립학교나 사립학교의 경영기관에서 근무하는 교원과 직원을 말한다.

제3조의2【국민건강보험종합계획의 수립 등】 ① 보건복지부장관은 이 법에 따른 건강보험(이하 "건강보험"이라 한다)의 건전한 운영을 위하여 제4조에 따른 건강보험정책심의위원회(이하 이 조에서 "건강보험정책심의위원회"라 한다)의 심의를 거쳐 5년마다 국민건강보험종합계획(이하 "종합계획"이라 한다)을 수립하여야 한다. 수립된 종합계획을 변경할 때도 또한 같다.
② 종합계획에는 다음 각 호의 사항이 포함되어야 한다.
1. 건강보험정책의 기본목표 및 추진방향
2. 건강보험 보장성 강화의 추진계획 및 추진방법
3. 건강보험의 중장기 재정 전망 및 운영
4. 보험료 부과체계에 관한 사항
5. 요양급여비용에 관한 사항
6. 건강증진 사업에 관한 사항
7. 취약계층 지원에 관한 사항

8. 건강보험에 관한 통계 및 정보의 관리에 관한 사항
9. 그 밖에 건강보험의 개선을 위하여 필요한 사항으로 대통령령으로 정하는 사항
③ 보건복지부장관은 종합계획에 따라 매년 연도별 시행계획(이하 "시행계획"이라 한다)을 건강보험정책심의위원회의 심의를 거쳐 수립·시행하여야 한다.
④ 보건복지부장관은 매년 시행계획에 따른 추진실적을 평가하여야 한다.
⑤ 보건복지부장관은 다음 각 호의 사유가 발생한 경우 관련 사항에 대한 보고서를 작성하여 지체 없이 국회 소관 상임위원회에 보고하여야 한다.
1. 제1항에 따른 종합계획의 수립 및 변경
2. 제3항에 따른 시행계획의 수립
3. 제4항에 따른 시행계획에 따른 추진실적의 평가
⑥ 보건복지부장관은 종합계획의 수립, 시행계획의 수립·시행 및 시행계획에 따른 추진실적의 평가를 위하여 필요하다고 인정하는 경우 관계 기관의 장에게 자료의 제출을 요구할 수 있다. 이 경우 자료의 제출을 요구받은 자는 특별한 사유가 없으면 이에 따라야 한다.
⑦ 그 밖에 제1항에 따른 종합계획의 수립 및 변경, 제3항에 따른 시행계획의 수립·시행 및 제4항에 따른 시행계획에 따른 추진실적의 평가 등에 필요한 사항은 대통령령으로 정한다.
(2016.2.3 본조신설)

제4조【건강보험정책심의위원회】 ① 건강보험정책에 관한 다음 각 호의 사항을 심의·의결하기 위하여 보건복지부장관 소속으로 건강보험정책심의위원회(이하 "심의위원회"라 한다)를 둔다.
1. 제3조의2제1항 및 제3항에 따른 종합계획 및 시행계획에 관한 사항(의결은 제외한다)(2024.1.9 본호개정)
2. 제41조제3항에 따른 요양급여의 기준(2016.2.3 본호개정)
3. 제45조제3항 및 제46조에 따른 요양급여비용에 관한 사항
4. 제73조제1항에 따른 직장가입자의 보험료율
5. 제73조제3항에 따른 지역가입자의 보험료율과 재산보험료 부과점수당 금액(2024.2.6 본호개정)
5의2. 보험료 부과 관련 제도 개선에 관한 다음 각 목의 사항(의결은 제외한다)
가. 건강보험 가입자(이하 "가입자"라 한다)의 소득 파악 실태에 관한 조사 및 연구에 관한 사항
나. 가입자의 소득 파악 및 소득에 대한 보험료 부과 강화를 위한 개선 방안에 관한 사항
다. 그 밖에 보험료 부과와 관련된 제도 개선 사항으로서 심의위원회 위원장이 회의에 부치는 사항
(2024.1.9 본호신설)
6. 그 밖에 건강보험에 관한 주요 사항으로서 대통령령으로 정하는 사항
② 심의위원회는 위원장 1명과 부위원장 1명을 포함하여 25명의 위원으로 구성한다.
③ 심의위원회의 위원장은 보건복지부차관이 되고, 부위원장은 제4항제4호의 위원 중에서 위원장이 지명하는 사람이 된다.
④ 심의위원회의 위원은 다음 각 호에 해당하는 사람을 보건복지부장관이 임명 또는 위촉한다.
1. 근로자단체 및 사용자단체가 추천하는 각 2명
2. 시민단체(「비영리민간단체지원법」 제2조에 따른 비영리민간단체를 말한다. 이하 같다), 소비자단체, 농어업인단체 및 자영업자단체가 추천하는 각 1명
3. 의료계를 대표하는 단체 및 약업계를 대표하는 단체가 추천하는 8명
4. 다음 각 목에 해당하는 8명
가. 대통령령으로 정하는 중앙행정기관 소속 공무원 2명
나. 국민건강보험공단의 이사장 및 건강보험심사평가원의 원장이 추천하는 각 1명
다. 건강보험에 관한 학식과 경험이 풍부한 4명
⑤ 심의위원회 위원(제4항제4호가목에 따른 위원은 제외한다)의 임기는 3년으로 한다. 다만, 위원의 사임 등으로 새로 위촉된 위원의 임기는 전임위원 임기의 남은 기간으로 한다.
⑥ 보건복지부장관은 심의위원회가 제1항제5호의2에 따라 심의한 사항을 국회에 보고하여야 한다.(2024.1.9 본항신설)
⑦ 심의위원회의 운영 등에 필요한 사항은 대통령령으로 정한다.

제2장 가입자

제5조【적용 대상 등】 ① 국내에 거주하는 국민은 건강보험의 가입자 또는 피부양자가 된다. 다만, 다음 각 호의 어느 하나에 해당하는 사람은 제외한다.(2024.1.9 본문개정)
1. 「의료급여법」에 따라 의료급여를 받는 사람(이하 "수급권자"라 한다)
2. 「독립유공자예우에 관한 법률」 및 「국가유공자 등 예우 및 지원에 관한 법률」에 따라 의료보호를 받는 사람(이하 "유공자등 의료보호대상자"라 한다). 다만, 다음 각 목의 어느 하나에 해당하는 사람은 가입자 또는 피부양자가 된다.
가. 유공자등 의료보호대상자 중 건강보험의 적용을 보험자에게 신청한 사람
나. 건강보험을 적용받고 있던 사람이 유공자등 의료보호대상자로 되었으나 건강보험의 적용배제신청을 보험자에게 하지 아니한 사람
② 제1항의 피부양자는 다음 각 호의 어느 하나에 해당하는 사람 중 직장가입자에게 주로 생계를 의존하는 사람으로서 소득 및 재산이 보건복지부령으로 정하는 기준 이하에 해당하는 사람을 말한다.(2017.4.18 본문개정)
1. 직장가입자의 배우자
2. 직장가입자의 직계존속(배우자의 직계존속을 포함한다)
3. 직장가입자의 직계비속(배우자의 직계비속을 포함한다)과 그 배우자
4. 직장가입자의 형제·자매
③ 제2항에 따른 피부양자 자격의 인정 기준, 취득·상실시기 및 그 밖에 필요한 사항은 보건복지부령으로 정한다.

판례 동성애자 남성 A는 남성 B와 수년간 교제 후 결혼식을 올리고 생활하며 B의 사실혼 배우자 자격으로 건강보험 피보험자 자격을 취득하였다. 이후 건강보험공단은 A에 대한 피보험자 자격 부여가 착오였다는 이유로 피부양자 자격을 소급하여 박탈한 후 그동안의 지역가입자로서의 보험료를 부과하는 처분을 하였다. 이 사건에서 건강보험공단은 직장가입자의 사실혼 배우자 집단에 대해 피부양자 자격을 인정하면서도 직장가입자의 동성결합 상대방 집단에 대해서는 피부양자 자격을 인정하지 않아 두 집단을 달리 취급하고 있다. 그러나 사실혼 배우자와 동성결합 상대방은 모두 법률적인 의미의 가족관계나 부양의무의 대상에는 포함되지 않는 정서적·경제적 생활공동체라는 점에서 서로 다르다고 할 수 없으며, 이와 같은 처분은 성적 지향을 이유로 본질적으로 동일한 집단에 대한 차별대우에 해당한다. 따라서 합리적 이유 없이 동성결합 상대방인 A를 사실혼 배우자와 차별해 피부양자 자격을 박탈하는 것은 평등의 원칙에 위배되어 위법하다.(대판 2024.7.18, 2023두36800)

제6조【가입자의 종류】 ① 가입자는 직장가입자와 지역가입자로 구분한다.
② 모든 사업장의 근로자 및 사용자와 공무원 및 교직원은 직장가입자가 된다. 다만, 다음 각 호의 어느 하나에 해당하는 사람은 제외한다.
1. 고용 기간이 1개월 미만인 일용근로자
2. 「병역법」에 따른 현역병(지원에 의하지 아니하고 임용된 하사를 포함한다), 전환복무된 사람 및 군간부후보생
(2016.5.29 본호개정)
3. 선거에 당선되어 취임하는 공무원으로서 매월 보수 또는 보수에 준하는 급료를 받지 아니하는 사람
4. 그 밖에 사업장의 특성, 고용 형태 및 사업의 종류 등을 고려하여 대통령령으로 정하는 사업장의 근로자 및 사용자와 공무원 및 교직원
③ 지역가입자는 직장가입자와 그 피부양자를 제외한 가입자를 말한다.
④ (2018.12.11 삭제)

제7조【사업장의 신고】 사업장의 사용자는 다음 각 호의 어느 하나에 해당하게 되면 그 때부터 14일 이내에 보건복지부령으로 정하는 바에 따라 보험자에게 신고하여야 한다. 제1호에 해당되어 보험자에게 신고한 내용이 변경된 경우에도 또한 같다.

1. 제6조제2항에 따라 직장가입자가 되는 근로자·공무원 및 교직원을 사용하는 사업장(이하 "적용대상사업장"이라 한다)이 된 경우
2. 휴업·폐업 등 보건복지부령으로 정하는 사유가 발생한 경우

제8조 【자격의 취득 시기 등】 ① 가입자는 국내에 거주하게 된 날에 직장가입자 또는 지역가입자의 자격을 얻는다. 다만, 다음 각 호의 어느 하나에 해당하는 사람은 그 해당되는 날에 각각 자격을 얻는다.
1. 수급권자이었던 사람은 그 대상자에서 제외된 날
2. 직장가입자의 피부양자이었던 사람은 그 자격을 잃은 날
3. 유공자등 의료보호대상자이었던 사람은 그 대상자에서 제외된 날
4. 제5조제1항제2호가목에 따라 보험자에게 건강보험의 적용을 신청한 유공자등 의료보호대상자는 그 신청한 날

② 제1항에 따라 자격을 얻은 경우 그 직장가입자의 사용자 및 지역가입자의 세대주는 그 명세를 보건복지부령으로 정하는 바에 따라 자격을 취득한 날부터 14일 이내에 보험자에게 신고하여야 한다.

제9조 【자격의 변동 시기 등】 ① 가입자는 다음 각 호의 어느 하나에 해당하게 된 날에 그 자격이 변동된다.
1. 지역가입자가 적용대상사업장의 사용자로 되거나, 근로자·공무원 또는 교직원(이하 "근로자등"이라 한다)으로 사용된 날
2. 직장가입자가 다른 적용대상사업장의 사용자로 되거나 근로자등으로 사용된 날
3. 직장가입자인 근로자등이 그 사용관계가 끝난 날의 다음 날
4. 적용대상사업장에 제7조제2호에 따른 사유가 발생한 날의 다음 날
5. 지역가입자가 다른 세대로 전입한 날

② 제1항에 따라 자격이 변동된 경우 직장가입자의 사용자와 지역가입자의 세대주는 다음 각 호의 구분에 따라 그 명세를 보건복지부령으로 정하는 바에 따라 자격이 변동된 날부터 14일 이내에 보험자에게 신고하여야 한다.
1. 제1항제1호 및 제2호에 따라 자격이 변동된 경우 : 직장가입자의 사용자
2. 제1항제3호부터 제5호까지의 규정에 따라 자격이 변동된 경우 : 지역가입자의 세대주

③ 법무부장관 및 국방부장관은 직장가입자나 지역가입자가 제54조제3호 또는 제4호에 해당하면 보건복지부령으로 정하는 바에 따라 그 사유에 해당된 날부터 1개월 이내에 보험자에게 알려야 한다.

제9조의2 【자격 취득·변동 사항의 고지】 공단은 제96조제1항에 따라 제공받은 자료를 통하여 가입자 자격의 취득 또는 변동 여부를 확인하는 경우에는 자격 취득 또는 변동 후 최초로 제79조에 따른 납부의무자에게 보험료 납입 고지를 할 때 보건복지부령으로 정하는 바에 따라 자격 취득 또는 변동에 관한 사항을 알려야 한다.(2019.1.15 본조신설)

제10조 【자격의 상실 시기 등】 ① 가입자는 다음 각 호의 어느 하나에 해당하게 된 날에 그 자격을 잃는다.
1. 사망한 날의 다음 날
2. 국적을 잃은 날의 다음 날
3. 국내에 거주하지 아니하게 된 날의 다음 날
4. 직장가입자의 피부양자가 된 날
5. 수급권자가 된 날
6. 건강보험을 적용받고 있던 사람이 유공자등 의료보호대상자가 되어 건강보험의 적용배제신청을 한 날

② 제1항에 따라 자격을 잃은 경우 직장가입자의 사용자와 지역가입자의 세대주는 그 명세를 보건복지부령으로 정하는 바에 따라 자격을 잃은 날부터 14일 이내에 보험자에게 신고하여야 한다.

제11조 【자격취득 등의 확인】 ① 가입자 자격의 취득·변동 및 상실은 제8조부터 제10조까지의 규정에 따른 자격의 취득·변동 및 상실의 시기로 소급하여 효력을 발생한다. 이 경우 보험자는 그 사실을 확인할 수 있다.

② 가입자나 가입자이었던 사람 또는 피부양자나 피부양자이었던 사람은 제1항에 따른 확인을 청구할 수 있다.

제12조 【건강보험증】 ① 국민건강보험공단은 가입자 또는 피부양자가 신청하는 경우 건강보험증을 발급하여야 한다. (2018.12.11 본항개정)

② 가입자 또는 피부양자가 요양급여를 받을 때에는 제1항의 건강보험증을 제42조제1항에 따른 요양기관(이하 "요양기관"이라 한다)에 제출하여야 한다. 다만, 천재지변이나 그 밖의 부득이한 사유가 있으면 그러하지 아니하다.

③ 가입자 또는 피부양자는 제2항 본문에도 불구하고 주민등록증(모바일 주민등록증을 포함한다), 운전면허증, 여권, 그 밖에 보건복지부령으로 정하는 본인 여부를 확인할 수 있는 신분증명서(이하 "신분증명서"라 한다)로 요양기관이 그 자격을 확인할 수 있으면 건강보험증을 제출하지 아니할 수 있다. (2023.12.26 본항개정)

④ 요양기관은 가입자 또는 피부양자에게 요양급여를 실시하는 경우 보건복지부령으로 정하는 바에 따라 건강보험증이나 신분증명서로 본인 여부 및 그 자격을 확인하여야 한다. 다만, 요양기관이 가입자 또는 피부양자의 본인 여부 및 그 자격을 확인하기 곤란한 경우로서 보건복지부령으로 정하는 정당한 사유가 있을 때에는 그러하지 아니하다.(2023.5.19 본항신설)

⑤ 가입자·피부양자는 제10조제1항에 따라 자격을 잃은 후 자격을 증명하던 서류를 사용하여 보험급여를 받아서는 아니 된다.(2013.5.22 본항신설)

⑥ 누구든지 건강보험증이나 신분증명서를 다른 사람에게 양도(讓渡)하거나 대여하여 보험급여를 받게 하여서는 아니 된다.(2013.5.22 본항신설)

⑦ 누구든지 건강보험증이나 신분증명서를 양도 또는 대여를 받거나 그 밖에 이를 부정하게 사용하여 보험급여를 받아서는 아니 된다.

⑧ 제1항에 따른 건강보험증의 신청 절차와 방법, 서식과 그 교부 및 사용 등에 필요한 사항은 보건복지부령으로 정한다. (2018.12.11 본항개정)

제3장 국민건강보험공단

제13조 【보험자】 건강보험의 보험자는 국민건강보험공단(이하 "공단"이라 한다)으로 한다.

제14조 【업무 등】 ① 공단은 다음 각 호의 업무를 관장한다.
1. 가입자 및 피부양자의 자격 관리
2. 보험료와 그 밖에 이 법에 따른 징수금의 부과·징수
3. 보험급여의 관리
4. 가입자 및 피부양자의 질병의 조기발견·예방 및 건강관리를 위하여 요양급여 실시 현황과 건강검진 결과 등을 활용하여 실시하는 예방사업으로서 대통령령으로 정하는 사업 (2017.2.8 본호개정)
5. 보험급여 비용의 지급
6. 자산의 관리·운영 및 증식사업
7. 의료시설의 운영
8. 건강보험에 관한 교육훈련 및 홍보
9. 건강보험에 관한 조사연구 및 국제협력
10. 이 법에서 공단의 업무로 정하고 있는 사항
11. 「국민연금법」, 「고용보험 및 산업재해보상보험의 보험료징수 등에 관한 법률」, 「임금채권보장법」 및 「석면피해구제법」(이하 "징수위탁근거법"이라 한다)에 따라 위탁받은 업무
12. 그 밖에 이 법 또는 다른 법령에 따라 위탁받은 업무
13. 그 밖에 건강보험과 관련하여 보건복지부장관이 필요하다고 인정한 업무

② 제1항제6호에 따른 자산의 관리·운영 및 증식사업은 안정성과 수익성을 고려하여 다음 각 호의 방법에 따라야 한다.
1. 체신관서 또는 「은행법」에 따른 은행에의 예입 또는 신탁
2. 국가·지방자치단체 또는 「은행법」에 따른 은행이 직접 발행하거나 채무이행을 보증하는 유가증권의 매입
3. 특별법에 따라 설립된 법인이 발행하는 유가증권의 매입
4. 「자본시장과 금융투자업에 관한 법률」에 따른 신탁업자가 발행하거나 같은 법에 따른 집합투자업자가 발행하는 수익증권의 매입
5. 공단의 업무에 사용되는 부동산의 취득 및 일부 임대

6. 그 밖에 공단 자산의 증식을 위하여 대통령령으로 정하는 사업
③ 공단은 특정인을 위하여 업무를 제공하거나 공단 시설을 이용하게 할 경우 공단의 정관으로 정하는 바에 따라 그 업무의 제공 또는 시설의 이용에 대한 수수료와 사용료를 징수할 수 있다.
④ 공단은 「공공기관의 정보공개에 관한 법률」에 따라 건강보험과 관련하여 보유·관리하고 있는 정보를 공개한다.
제15조【법인격 등】 ① 공단은 법인으로 한다.
② 공단은 주된 사무소의 소재지에서 설립등기를 함으로써 성립한다.
제16조【사무소】 ① 공단의 주된 사무소의 소재지는 정관으로 정한다.
② 공단은 필요하면 정관으로 정하는 바에 따라 분사무소를 둘 수 있다.
제17조【정관】 ① 공단의 정관에는 다음 각 호의 사항을 적어야 한다.
1. 목적
2. 명칭
3. 사무소의 소재지
4. 임직원에 관한 사항
5. 이사회의 운영
6. 재정운영위원회에 관한 사항
7. 보험료 및 보험급여에 관한 사항
8. 예산 및 결산에 관한 사항
9. 자산 및 회계에 관한 사항
10. 업무와 그 집행
11. 정관의 변경에 관한 사항
12. 공고에 관한 사항
② 공단은 정관을 변경하려면 보건복지부장관의 인가를 받아야 한다.
제18조【등기】 공단의 설립등기에는 다음 각 호의 사항을 포함하여야 한다.
1. 목적
2. 명칭
3. 주된 사무소 및 분사무소의 소재지
4. 이사장의 성명·주소 및 주민등록번호
제19조【해산】 공단의 해산에 관하여는 법률로 정한다.
제20조【임원】 ① 공단은 임원으로서 이사장 1명, 이사 14명 및 감사 1명을 둔다. 이 경우 이사장, 이사 중 5명 및 감사는 상임으로 한다.
② 이사장은 「공공기관의 운영에 관한 법률」 제29조에 따른 임원추천위원회(이하 "임원추천위원회"라 한다)가 복수로 추천한 사람 중에서 보건복지부장관의 제청으로 대통령이 임명한다.
③ 상임이사는 보건복지부령으로 정하는 추천 절차를 거쳐 이사장이 임명한다.
④ 비상임이사는 다음 각 호의 사람을 보건복지부장관이 임명한다.
1. 노동조합·사용자단체·시민단체·소비자단체·농어업인단체 및 노인단체가 추천하는 각 1명
2. 대통령령으로 정하는 바에 따라 추천하는 관계 공무원 3명
⑤ 감사는 임원추천위원회가 복수로 추천한 사람 중에서 기획재정부장관의 제청으로 대통령이 임명한다.
⑥ 제4항에 따른 비상임이사는 정관으로 정하는 바에 따라 실비변상(實費辨償)을 받을 수 있다.
⑦ 이사장의 임기는 3년, 이사(공무원인 이사는 제외한다)와 감사의 임기는 각각 2년으로 한다.
제21조【징수이사】 ① 상임이사 중 제14조제1항제2호 및 제11호의 업무를 담당하는 이사(이하 "징수이사"라 한다)는 경영, 경제 및 사회보험에 관한 학식과 경험이 풍부한 사람으로서 보건복지부령으로 정하는 자격을 갖춘 사람 중에서 선임한다.
② 징수이사 후보를 추천하기 위하여 공단에 이사를 위원으로 하는 징수이사추천위원회(이하 "추천위원회"라 한다)를 둔다. 이 경우 추천위원회의 위원장은 이사장이 지명하는 이사로 한다.
③ 추천위원회는 주요 일간신문에 징수이사 후보의 모집 공고를 하여야 하며, 이와 별도로 적임자로 판단되는 징수이사 후보를 조사하거나 전문단체에 조사를 의뢰할 수 있다.
④ 추천위원회는 제3항에 따라 모집한 사람을 보건복지부령으로 정하는 징수이사 후보 심사기준에 따라 심사하여야 하며, 징수이사 후보로 추천될 사람과 계약 조건에 관하여 협의하여야 한다.
⑤ 이사장은 제4항에 따른 심사와 협의 결과에 따라 징수이사 후보와 계약을 체결하여야 하며, 이 경우 제20조제3항에 따른 상임이사의 임명으로 본다.
⑥ 제4항에 따른 계약 조건에 관한 협의, 제5항에 따른 계약 체결 등에 필요한 사항은 보건복지부령으로 정한다.
제22조【임원의 직무】 ① 이사장은 공단을 대표하고 업무를 총괄하며, 임기 중 공단의 경영성과에 대하여 책임을 진다.
② 상임이사는 이사장의 명을 받아 공단의 업무를 집행한다.
③ 이사장이 부득이한 사유로 그 직무를 수행할 수 없을 때에는 정관으로 정하는 바에 따라 상임이사 중 1명이 그 직무를 대행하고, 상임이사가 없거나 그 직무를 대행할 수 없을 때에는 정관으로 정하는 임원이 그 직무를 대행한다.
④ 감사는 공단의 업무, 회계 및 재산 상황을 감사한다.
제23조【임원 결격사유】 다음 각 호의 어느 하나에 해당하는 사람은 공단의 임원이 될 수 없다.
1. 대한민국 국민이 아닌 사람
2. 「공공기관의 운영에 관한 법률」 제34조제1항 각 호의 어느 하나에 해당하는 사람
제24조【임원의 당연퇴임 및 해임】 ① 임원이 제23조 각 호의 어느 하나에 해당하게 되거나 임명 당시 그에 해당하는 사람으로 확인되면 그 임원은 당연퇴임한다.
② 임명권자는 임원이 다음 각 호의 어느 하나에 해당하면 그 임원을 해임할 수 있다.
1. 신체장애나 정신장애로 직무를 수행할 수 없다고 인정되는 경우
2. 직무상 의무를 위반한 경우
3. 고의나 중대한 과실로 공단에 손실이 생기게 한 경우
4. 직무 여부와 관계없이 품위를 손상하는 행위를 한 경우
5. 이 법에 따른 보건복지부장관의 명령을 위반한 경우
제25조【임원의 겸직 금지 등】 ① 공단의 상임임원과 직원은 그 직무 외에 영리를 목적으로 하는 사업에 종사하지 못한다.
② 공단의 상임임원이 임명권자 또는 제청권자의 허가를 받거나 공단의 직원이 이사장의 허가를 받은 경우에는 비영리 목적의 업무를 겸할 수 있다.
제26조【이사회】 ① 공단의 주요 사항(「공공기관의 운영에 관한 법률」 제17조제1항 각 호의 사항을 말한다)을 심의·의결하기 위하여 공단에 이사회를 둔다.
② 이사회는 이사장과 이사로 구성한다.
③ 감사는 이사회에 출석하여 발언할 수 있다.
④ 이사회의 의결 사항 및 운영 등에 필요한 사항은 대통령령으로 정한다.
제27조【직원의 임면】 이사장은 정관으로 정하는 바에 따라 직원을 임면(任免)한다.
제28조【벌칙 적용 시 공무원 의제】 공단의 임직원은 「형법」 제129조부터 제132조까지의 규정을 적용할 때 공무원으로 본다.
제29조【규정 등】 공단의 조직·인사·보수 및 회계에 관한 규정은 이사회의 의결을 거쳐 보건복지부장관의 승인을 받아 정한다.
제30조【대리인의 선임】 이사장은 공단 업무에 관한 모든 재판상의 행위 또는 재판 외의 행위를 대행하게 하기 위하여 공단의 이사 또는 직원 중에서 대리인을 선임할 수 있다.
제31조【대표권의 제한】 ① 이사장은 공단의 이익과 자기의 이익이 상반되는 사항에 대하여는 공단을 대표하지 못한다. 이 경우 감사가 공단을 대표한다.
② 공단과 이사장 사이의 소송은 제1항을 준용한다.
제32조【이사장 권한의 위임】 이 법에 규정된 이사장의 권한 중 급여의 제한, 보험료의 납입고지 등 대통령령으로 정하는

사항은 정관으로 정하는 바에 따라 분사무소의 장에게 위임할 수 있다.

제33조【재정운영위원회】 ① 제45조제1항에 따른 요양급여비용의 계약 및 제84조에 따른 결손처분 등 보험재정에 관련된 사항을 심의·의결하기 위하여 공단에 재정운영위원회를 둔다.
② 재정운영위원회의 위원장은 제34조제1항제3호에 따른 위원 중에서 호선(互選)한다.

제34조【재정운영위원회의 구성 등】 ① 재정운영위원회는 다음 각 호의 위원으로 구성한다.
1. 직장가입자를 대표하는 위원 10명
2. 지역가입자를 대표하는 위원 10명
3. 공익을 대표하는 위원 10명

② 제1항에 따른 위원은 다음 각 호의 사람을 보건복지부장관이 임명하거나 위촉한다.
1. 제1항제1호의 위원은 노동조합과 사용자단체에서 추천하는 각 5명
2. 제1항제2호의 위원은 대통령령으로 정하는 바에 따라 농어업인 단체·도시자영업자단체 및 시민단체에서 추천하는 사람
3. 제1항제3호의 위원은 대통령령으로 정하는 관계 공무원 및 건강보험에 관한 학식과 경험이 풍부한 사람

③ 재정운영위원회 위원(공무원인 위원은 제외한다)의 임기는 2년으로 한다. 다만, 위원의 사임 등으로 새로 위촉된 위원의 임기는 전임위원 임기의 남은 기간으로 한다.
④ 재정운영위원회의 운영 등에 필요한 사항은 대통령령으로 정한다.

제35조【회계】 ① 공단의 회계연도는 정부의 회계연도에 따른다.
② 공단은 직장가입자와 지역가입자의 재정을 통합하여 운영한다.
③ 공단은 건강보험사업 및 징수위탁근거법의 위탁에 따른 국민연금사업·고용보험사업·산업재해보상보험사업·임금채권보장사업에 관한 회계를 공단의 다른 회계와 구분하여 각각 회계처리하여야 한다.(2018.1.16 본항개정)

제36조【예산】 공단은 회계연도마다 예산안을 편성하여 이사회의 의결을 거친 후 보건복지부장관의 승인을 받아야 한다. 예산을 변경할 때에도 또한 같다.(2016.3.22 전단개정)

제37조【차입금】 공단은 지출할 현금이 부족한 경우에는 차입할 수 있다. 다만, 1년 이상 장기로 차입하려면 보건복지부장관의 승인을 받아야 한다.

제38조【준비금】 ① 공단은 회계연도마다 결산상의 잉여금 중에서 그 연도의 보험급여에 든 비용의 100분의 5 이상에 상당하는 금액을 그 연도에 든 비용의 100분의 50에 이를 때까지 준비금으로 적립하여야 한다.
② 제1항에 따른 준비금은 부족한 보험급여 비용에 충당하거나 지출할 현금이 부족할 때 외에는 사용할 수 없으며, 현금 지출에 준비금을 사용한 경우에는 해당 회계연도 중에 이를 보전(補塡)하여야 한다.
③ 제1항에 따른 준비금의 관리 및 운영 방법 등에 필요한 사항은 보건복지부장관이 정한다.

제39조【결산】 ① 공단은 회계연도마다 결산보고서와 사업보고서를 작성하여 다음해 2월 말일까지 보건복지부장관에게 보고하여야 한다.
② 공단은 제1항에 따라 결산보고서와 사업보고서를 보건복지부장관에게 보고하였을 때에는 보건복지부령으로 정하는 바에 따라 그 내용을 공고하여야 한다.

제39조의2【재난적의료비 지원사업에 대한 출연】 공단은 「재난적의료비 지원에 관한 법률」에 따른 재난적의료비 지원사업에 사용되는 비용에 충당하기 위하여 매년 예산의 범위에서 출연할 수 있다. 이 경우 출연 금액의 상한 등에 필요한 사항은 대통령령으로 정한다.(2018.1.16 본조신설)

제40조【「민법」의 준용】 공단에 관하여 이 법과 「공공기관의 운영에 관한 법률」에서 정한 사항 외에는 「민법」 중 재단법인에 관한 규정을 준용한다.

제4장 보험급여

제41조【요양급여】 ① 가입자와 피부양자의 질병, 부상, 출산 등에 대하여 다음 각 호의 요양급여를 실시한다.
1. 진찰·검사
2. 약제(藥劑)·치료재료의 지급
3. 처치·수술 및 그 밖의 치료
4. 예방·재활
5. 입원
6. 간호
7. 이송(移送)

② 제1항에 따른 요양급여(이하 "요양급여"라 한다)의 범위(이하 "요양급여대상"이라 한다)는 다음 각 호와 같다.
1. 제1항 각 호의 요양급여(제1항제2호의 약제는 제외한다) : 제4항에 따라 보건복지부장관이 비급여대상으로 정한 것을 제외한 일체의 것
2. 제1항제2호의 약제 : 제41조의3에 따라 요양급여대상으로 보건복지부장관이 결정하여 고시한 것

(2016.2.3 본항신설)
③ 요양급여의 방법·절차·범위·상한 등의 기준은 보건복지부령으로 정한다.(2016.2.3 본항개정)
④ 보건복지부장관은 제3항에 따라 요양급여의 기준을 정할 때 업무나 일상생활에 지장이 없는 질환에 대한 치료 등 보건복지부령으로 정하는 사항은 요양급여대상에서 제외되는 사항(이하 "비급여대상"이라 한다)으로 정할 수 있다.(2016.2.3 본항개정)

제41조의2【약제에 대한 요양급여비용 상한금액의 감액 등】 ① 보건복지부장관은 「약사법」 제47조제2항의 위반과 관련된 제41조제1항제2호의 약제에 대하여는 요양급여비용 상한금액(제41조제3항에 따라 약제별 요양급여비용의 상한으로 정한 금액을 말한다. 이하 같다)의 100분의 20을 넘지 아니하는 범위에서 그 금액의 일부를 감액할 수 있다.(2018.3.27 본항신설)
② 보건복지부장관은 제1항에 따라 요양급여비용의 상한금액이 감액된 약제가 감액된 날부터 5년의 범위에서 대통령령으로 정하는 기간 내에 다시 제1항에 따른 감액의 대상이 된 경우에는 요양급여비용 상한금액의 100분의 40을 넘지 아니하는 범위에서 요양급여비용 상한금액의 일부를 감액할 수 있다.
(2018.3.27 본항신설)
③ 보건복지부장관은 제2항에 따라 요양급여비용의 상한금액이 감액된 약제가 감액된 날부터 5년의 범위에서 대통령령으로 정하는 기간 내에 다시 「약사법」 제47조제2항의 위반과 관련된 경우에는 해당 약제에 대하여 1년의 범위에서 기간을 정하여 요양급여의 적용을 정지할 수 있다.
④ 제1항부터 제3항까지의 규정에 따른 요양급여비용 상한금액의 감액 및 요양급여 적용 정지의 기준, 절차, 그 밖에 필요한 사항은 대통령령으로 정한다.
(2018.3.27 본조개정)

제41조의3【행위·치료재료 및 약제에 대한 요양급여대상 여부의 결정 및 조정】 ① 제42조에 따른 요양기관, 치료재료의 제조업자·수입업자 등 보건복지부령으로 정하는 자는 요양급여대상 또는 비급여대상으로 결정되지 아니한 제41조제1항제1호·제3호·제4호의 요양급여에 관한 행위 및 제41조제1항제2호의 치료재료(이하 "행위·치료재료"라 한다)에 대하여 요양급여대상 여부의 결정을 보건복지부장관에게 신청하여야 한다.
② 「약사법」에 따른 약제의 제조업자·수입업자 등 보건복지부령으로 정하는 자(이하 "약제의 제조업자등"이라 한다)는 요양급여대상에 포함되지 아니한 제41조제1항제2호의 약제(이하 이 조에서 "약제"라 한다)에 대하여 보건복지부장관에게 요양급여대상 여부의 결정을 신청할 수 있다.(2023.5.19 본항개정)
③ 제1항 및 제2항에 따른 신청을 받은 보건복지부장관은 정당한 사유가 없으면 보건복지부령으로 정하는 기간 이내에 요양급여대상 또는 비급여대상의 여부를 결정하여 신청인에게 통보하여야 한다.

④ 보건복지부장관은 제1항 및 제2항에 따른 신청이 없는 경우에도 환자의 진료상 반드시 필요하다고 보건복지부령으로 정하는 경우에는 직권으로 행위·치료재료 및 약제의 요양급여대상의 여부를 결정할 수 있다.
⑤ 보건복지부장관은 제41조제2항제2호에 따라 요양급여대상으로 결정하여 고시한 약제에 대하여 보건복지부령으로 정하는 바에 따라 요양급여대상 여부, 범위, 요양급여비용 상한금액 등을 직권으로 조정할 수 있다.(2023.5.19 본항신설)
⑥ 제1항 및 제2항에 따른 요양급여대상 여부의 결정 신청의 시기, 절차, 방법 및 업무의 위탁 등에 필요한 사항, 제3항과 제4항에 따른 요양급여대상 여부의 결정 절차 및 방법, 제5항에 따른 직권 조정 사유·절차 및 방법 등에 관한 사항은 보건복지부령으로 정한다.(2023.5.19 본항개정)
(2023.5.19 본조제목개정)
(2016.2.3 본조신설)

제41조의4【선별급여】 ① 요양급여를 결정함에 있어 경제성 또는 치료효과성 등이 불확실하여 그 검증을 위하여 추가적인 근거가 필요하거나, 경제성이 낮아도 가입자와 피부양자의 건강회복에 잠재적 이득이 있는 등 대통령령으로 정하는 경우에는 예비적인 요양급여인 선별급여로 지정하여 실시할 수 있다.
② 보건복지부장관은 대통령령으로 정하는 절차와 방법에 따라 제1항에 따른 선별급여(이하 "선별급여"라 한다)에 대하여 주기적으로 요양급여의 적합성을 평가하여 요양급여 여부를 다시 결정하고, 제41조제3항에 따른 요양급여의 기준을 조정하여야 한다.
(2016.3.22 본조신설)

제41조의5【방문요양급여】 가입자 또는 피부양자가 질병이나 부상으로 거동이 불편한 경우 등 보건복지부령으로 정하는 사유에 해당하는 경우에는 가입자 또는 피부양자를 직접 방문하여 제41조에 따른 요양급여를 실시할 수 있다.(2018.12.11 본조신설)

제42조【요양기관】 ① 요양급여(간호와 이송은 제외한다)는 다음 각 호의 요양기관에서 실시한다. 이 경우 보건복지부장관은 공익이나 국가정책에 비추어 요양기관으로 적합하지 아니한 대통령령으로 정하는 의료기관 등은 요양기관에서 제외할 수 있다.
1. 「의료법」에 따라 개설된 의료기관
2. 「약사법」에 따라 등록된 약국
3. 「약사법」 제91조에 따라 설립된 한국희귀·필수의약품센터(2018.3.27 본호개정)
4. 「지역보건법」에 따른 보건소·보건의료원 및 보건지소
5. 「농어촌 등 보건의료를 위한 특별조치법」에 따라 설치된 보건진료소

② 보건복지부장관은 효율적인 요양급여를 위하여 필요하면 보건복지부령으로 정하는 바에 따라 시설·장비·인력 및 진료과목 등 보건복지부령으로 정하는 기준에 해당하는 요양기관을 전문요양기관으로 인정할 수 있다. 이 경우 해당 전문요양기관에 인정서를 발급하여야 한다.
③ 보건복지부장관은 제2항에 따라 인정받은 요양기관이 다음 각 호의 어느 하나에 해당하는 경우에는 그 인정을 취소한다.
1. 제2항 전단에 따른 인정기준에 미달하게 된 경우
2. 제2항 후단에 따라 발급받은 인정서를 반납한 경우

④ 제2항에 따라 전문요양기관으로 인정된 요양기관 또는 「의료법」 제3조의4에 따른 상급종합병원에 대하여는 제41조제3항에 따른 요양급여의 절차 및 제45조에 따른 요양급여비용을 다른 요양기관과 달리 할 수 있다.(2016.2.3 본항개정)
⑤ 제1항·제2항 및 제4항에 따른 요양기관은 정당한 이유 없이 요양급여를 거부하지 못한다.

제42조의2【요양기관의 선별급여 실시에 대한 관리】 ① 제42조제1항에도 불구하고, 선별급여 중 자료의 축적 또는 의료 이용의 관리가 필요한 경우에는 보건복지부장관이 해당 선별급여의 실시 조건을 사전에 정하여 이를 충족하는 요양기관만이 해당 선별급여를 실시할 수 있다.
② 제1항에 따라 선별급여를 실시하는 요양기관은 제41조의4제2항에 따른 해당 선별급여의 평가를 위하여 필요한 자료를 제출하여야 한다.
③ 보건복지부장관은 요양기관이 제1항에 따른 선별급여의 실시 조건을 충족하지 못하거나 제2항에 따른 자료를 제출하지 아니할 경우에는 해당 선별급여의 실시를 제한할 수 있다.
④ 제1항에 따른 선별급여의 실시 조건, 제2항에 따른 자료의 제출, 제3항에 따른 선별급여의 실시 제한 등에 필요한 사항은 보건복지부령으로 정한다.
(2016.3.22 본조신설)

제43조【요양기관 현황에 대한 신고】 ① 요양기관은 제47조에 따라 요양급여비용을 최초로 청구하는 때에 요양기관의 시설·장비 및 인력 등에 대한 현황을 제62조에 따른 건강보험심사평가원(이하 "심사평가원"이라 한다)에 신고하여야 한다.
② 요양기관은 제1항에 따라 신고한 내용(제45조에 따른 요양급여비용의 증감에 관련된 사항만 해당한다)이 변경된 경우에는 그 변경된 날부터 15일 이내에 보건복지부령으로 정하는 바에 따라 심사평가원에 신고하여야 한다.
③ 제1항 및 제2항에 따른 신고의 범위, 대상, 방법 및 절차 등에 필요한 사항은 보건복지부령으로 정한다.

제44조【비용의 일부부담】 ① 요양급여를 받는 자는 대통령령으로 정하는 바에 따라 비용의 일부(이하 "본인일부부담금"이라 한다)를 본인이 부담한다. 이 경우 선별급여에 대해서는 다른 요양급여에 비하여 본인일부부담금을 상향 조정할 수 있다.(2016.3.22 후단신설)
② 본인이 연간 부담하는 다음 각 호의 금액의 합계액이 대통령령으로 정하는 금액(이하 이 조에서 "본인부담상한액"이라 한다)을 초과한 경우에는 공단이 그 초과 금액을 부담하여야 한다. 이 경우 공단은 당사자에게 그 초과 금액을 통보하고, 이를 지급하여야 한다.(2024.2.20 전단개정)
1. 본인일부부담금의 총액
2. 제49조제1항에 따른 요양이나 출산의 비용으로 부담한 금액(요양이나 출산의 비용으로 부담한 금액이 보건복지부장관이 정하여 고시한 금액보다 큰 경우에는 그 고시한 금액으로 한다)에서 같은 항에 따라 요양비로 지급받은 금액을 제외한 금액

(2024.2.20 1호~2호신설)
③ 제2항에 따른 본인부담상한액은 가입자의 소득수준 등에 따라 정한다.(2016.3.22 본항신설)
④ 제2항 각 호에 따른 금액 및 합계액의 산정 방법, 본인부담상한액을 넘는 금액의 지급 방법 및 제3항에 따른 가입자의 소득수준 등에 따른 본인부담상한액 설정 등에 필요한 사항은 대통령령으로 정한다.(2024.2.20 본항개정)

제45조【요양급여비용의 산정 등】 ① 요양급여비용은 공단의 이사장과 대통령령으로 정하는 의약계를 대표하는 사람들의 계약으로 정한다. 이 경우 계약기간은 1년으로 한다.
② 제1항에 따라 계약이 체결되면 그 계약은 공단과 각 요양기관 사이에 체결된 것으로 본다.
③ 제1항에 따른 계약은 그 직전 계약기간 만료일이 속하는 연도의 5월 31일까지 체결하여야 하며, 그 기한까지 계약이 체결되지 아니하는 경우 보건복지부장관이 그 직전 계약기간 만료일이 속하는 연도의 6월 30일까지 심의위원회의 의결을 거쳐 요양급여비용을 정한다. 이 경우 보건복지부장관이 정하는 요양급여비용은 제1항 및 제2항에 따라 계약으로 정한 요양급여비용으로 본다.(2013.5.22 전단개정)
④ 제1항 또는 제3항에 따라 요양급여비용이 정해지면 보건복지부장관은 그 요양급여비용의 명세를 지체 없이 고시하여야 한다.
⑤ 공단의 이사장은 제33조에 따른 재정운영위원회의 심의·의결을 거쳐 제1항에 따른 계약을 체결하여야 한다.
⑥ 심사평가원은 공단의 이사장이 제1항에 따른 계약을 체결하기 위하여 필요한 자료를 요청하면 그 요청에 성실히 따라야 한다.
⑦ 제1항에 따른 계약의 내용과 그 밖에 필요한 사항은 대통령령으로 정한다.

제46조【약제·치료재료에 대한 요양급여비용의 산정】 제41조제1항제2호의 약제·치료재료(이하 "약제·치료재료"라 한다)에 대한 요양급여비용은 제45조에도 불구하고 요양기관의 약제·치료재료 구입금액 등을 고려하여 대통령령으로 정하는 바에 따라 달리 산정할 수 있다.

제47조【요양급여비용의 청구와 지급 등】 ① 요양기관은 공단에 요양급여비용의 지급을 청구할 수 있다. 이 경우 제2항에 따른 요양급여비용에 대한 심사청구는 공단에 대한 요양급여비용의 청구로 본다.
② 제1항에 따라 요양급여비용을 청구하려는 요양기관은 심사평가원에 요양급여비용의 심사청구를 하여야 하며, 심사청구를 받은 심사평가원은 이를 심사한 후 지체 없이 그 내용을 공단과 요양기관에 알려야 한다.
③ 제2항에 따라 심사 내용을 통보받은 공단은 지체 없이 그 내용에 따라 요양급여비용을 요양기관에 지급한다. 이 경우 이미 낸 본인일부부담금이 제2항에 따라 통보된 금액보다 더 많으면 요양기관에 지급할 금액에서 더 많이 낸 금액을 공제하여 해당 가입자에게 지급하여야 한다.
④ 공단은 제3항 전단에 따라 요양급여비용을 요양기관에 지급하는 경우 해당 요양기관이 제77조제1항제1호에 따라 공단에 납부하여야 하는 보험료 또는 그 밖에 이 법에 따른 징수금을 체납한 때에는 요양급여비용에서 이를 공제하고 지급할 수 있다.(2022.12.27 본항신설)
⑤ 공단은 제3항 후단에 따라 가입자에게 지급하여야 하는 금액을 그 가입자가 내야 하는 보험료와 그 밖에 이 법에 따른 징수금(이하 "보험료등"이라 한다)과 상계(相計)할 수 있다.
(2022.12.27 본항개정)
⑥ 공단은 심사평가원이 제47조의4에 따라 요양급여의 적정성을 평가하여 공단에 통보하면 그 평가 결과에 따라 요양급여비용을 가산하거나 감액 조정하여 지급한다. 이 경우 평가 결과에 따라 요양급여비용을 가산하거나 감액하여 지급하는 기준은 보건복지부령으로 정한다.(2022.6.10 전단개정)
⑦ 요양기관은 제2항에 따른 심사청구를 다음 각 호의 단체가 대행하게 할 수 있다.
1. 「의료법」 제28조제1항에 따른 의사회·치과의사회·한의사회·조산사회 또는 같은 조 제6항에 따라 신고한 각각의 지부 및 분회
2. 「의료법」 제52조에 따른 의료기관 단체
3. 「약사법」 제11조에 따른 약사회 또는 같은 법 제14조에 따라 신고한 지부 및 분회
⑧ 제1항부터 제7항까지의 규정에 따른 요양급여비용의 청구·심사·지급 등의 방법과 절차에 필요한 사항은 보건복지부령으로 정한다.(2022.12.27 본항개정)

제47조의2【요양급여비용의 지급 보류】 ① 제47조제3항에도 불구하고 공단은 요양급여비용의 지급을 청구한 요양기관이 「의료법」 제4조제2항, 제33조제2항·제8항 또는 「약사법」 제20조제1항, 제21조제1항을 위반하였거나, 「의료법」 제33조제10항 또는 「약사법」 제6조제3항·제4항을 위반하여 개설·운영되었다는 사실을 수사기관의 수사 결과로 확인한 경우에는 해당 요양기관이 청구한 요양급여비용의 지급을 보류할 수 있다. 이 경우 요양급여비용 지급 보류 처분의 효력은 해당 요양기관이 그 처분 이후 청구하는 요양급여비용에 대해서도 미친다.
(2023.7.11 전단개정)
② 공단은 제1항에 따라 요양급여비용의 지급을 보류하기 전에 해당 요양기관에 의견 제출의 기회를 주어야 한다.
③ 공단은 요양기관이 「의료법」 제4조제2항, 제33조제2항·제8항 또는 「약사법」 제20조제1항, 제21조제1항을 위반한 혐의나 「의료법」 제33조제10항 또는 「약사법」 제6조제3항·제4항을 위반하여 개설·운영된 혐의에 대하여 법원에서 무죄 판결이 선고된 경우 그 선고 이후 실시한 요양급여에 한정하여 해당 요양기관이 청구하는 요양급여비용을 지급할 수 있다.
(2024.2.20 본항신설)
④ 법원의 무죄 판결이 확정되는 등 대통령령으로 정하는 사유로 제1항에 따른 요양기관이 「의료법」 제4조제2항, 제33조제2항·제8항 또는 「약사법」 제20조제1항, 제21조제1항을 위반한 혐의나 「의료법」 제33조제10항 또는 「약사법」 제6조제3항·제4항을 위반하여 개설·운영된 혐의가 입증되지 아니한 경우에는 공단은 지급보류 처분을 취소하고, 지급 보류된 요양급여비용에 지급 보류된 기간 동안의 이자를 가산하여 해당 요양기관에 지급하여야 한다. 이 경우 이자는 「민법」 제379조에 따른 법정이율을 적용하여 계산한다.(2024.2.20 본항개정)
⑤ 제1항 및 제2항에 따른 지급 보류 절차 및 의견 제출의 절차 등에 필요한 사항, 제3항에 따른 지급 보류된 요양급여비용 및 이자의 지급 절차 등에 필요한 사항은 대통령령으로 정한다.
(2024.2.20 본항개정)
(2014.5.20 본조신설)
<2023.3.23 헌법재판소 헌법불합치결정으로 이 조 제1항 전문 중 '의료법 제33조제2항'에 관한 부분은 2024.12.31을 시한으로 입법자가 개정할 때까지 계속 적용>

제47조의3【요양급여비용의 차등 지급】 지역별 의료자원의 불균형 및 의료서비스 격차의 해소 등을 위하여 지역별로 요양급여비용을 달리 정하여 지급할 수 있다.(2020.12.29 본조신설)

제47조의4【요양급여의 적정성 평가】 ① 심사평가원은 요양급여에 대한 의료의 질을 향상시키기 위하여 요양급여의 적정성 평가(이하 이 조에서 "평가"라 한다)를 실시할 수 있다.
② 심사평가원은 요양기관의 인력·시설·장비, 환자안전 등 요양급여와 관련된 사항을 포함하여 평가할 수 있다.
③ 심사평가원은 평가 결과를 평가대상 요양기관에 통보하여야 하며, 평가 결과에 따라 요양급여비용을 가산 또는 감산할 경우에는 그 결정사항이 포함된 평가 결과를 가감대상 요양기관 및 공단에 통보하여야 한다.
④ 제1항부터 제3항까지에 따른 평가의 기준·범위·절차·방법 등에 필요한 사항은 보건복지부령으로 정한다.
(2022.6.10 본조신설)

제48조【요양급여 대상 여부의 확인 등】 ① 가입자나 피부양자는 본인일부부담금 외에 자신이 부담한 비용이 제41조제4항에 따라 요양급여 대상에서 제외되는 비용인지 여부에 대하여 심사평가원에 확인을 요청할 수 있다.(2016.2.3 본항개정)
② 제1항에 따른 확인 요청을 받은 심사평가원은 그 결과를 요청한 사람에게 알려야 한다. 이 경우 확인을 요청한 비용이 요양급여 대상에 해당되는 비용으로 확인되면 그 내용을 공단 및 관련 요양기관에 알려야 한다.
③ 제2항 후단에 따라 통보받은 요양기관은 받아야 할 금액보다 더 많이 징수한 금액(이하 "과다본인부담금"이라 한다)을 지체 없이 확인을 요청한 사람에게 지급하여야 한다. 다만, 공단은 해당 요양기관이 과다본인부담금을 지급하지 아니하면 해당 요양기관에 지급할 요양급여비용에서 과다본인부담금을 공제하여 확인을 요청한 사람에게 지급할 수 있다.
④ 제1항부터 제3항까지에 따른 확인 요청의 범위, 방법, 절차, 처리기간 등 필요한 사항은 보건복지부령으로 정한다.
(2022.6.10 본항신설)

제49조【요양비】 ① 공단은 가입자나 피부양자가 보건복지부령으로 정하는 긴급하거나 그 밖의 부득이한 사유로 요양기관과 비슷한 기능을 하는 기관으로서 보건복지부령으로 정하는 기관(제98조제1항에 따라 업무정지기간 중인 요양기관을 포함한다. 이하 "준요양기관"이라 한다)에서 질병·부상·출산 등에 대하여 요양을 받거나 요양기관이 아닌 장소에서 출산한 경우에는 그 요양급여에 상당하는 금액을 보건복지부령으로 정하는 바에 따라 가입자나 피부양자에게 요양비로 지급한다.
② 준요양기관은 보건복지부장관이 정하는 요양비 명세서나 요양 명세를 적은 영수증을 요양을 받은 사람에게 내주어야 하며, 요양을 받은 사람은 그 명세서나 영수증을 공단에 제출하여야 한다.
③ 제1항 및 제2항에도 불구하고 준요양기관은 요양을 받은 가입자나 피부양자의 위임이 있는 경우 공단에 요양비의 지급을 직접 청구할 수 있다. 이 경우 공단은 지급이 청구된 내용의 적정성을 심사하여 준요양기관에 요양비를 지급할 수 있다.
(2020.12.29 본항신설)
④ 제3항에 따른 준요양기관의 요양비 지급 청구, 공단의 적정성 심사 등에 필요한 사항은 보건복지부령으로 정한다.
(2020.12.29 본항신설)
(2020.12.29 본조개정)

제50조【부가급여】 공단은 이 법에서 정한 요양급여 외에 대통령령으로 정하는 바에 따라 임신·출산 진료비, 장제비, 상병수당, 그 밖의 급여를 실시할 수 있다.(2013.5.22 본조개정)

제51조【장애인에 대한 특례】 ① 공단은 「장애인복지법」에 따라 등록한 장애인인 가입자 및 피부양자에게는 「장애인·노인 등을 위한 보조기기 지원 및 활용촉진에 관한 법률」 제3조제2호에 따른 보조기기(이하 이 조에서 "보조기기"라 한다)에 대하여 보험급여를 할 수 있다.
② 장애인인 가입자 또는 피부양자에게 보조기기를 판매한 자는 가입자나 피부양자의 위임이 있는 경우 공단에 보험급여를 직접 청구할 수 있다. 이 경우 공단은 지급이 청구된 내용의 적정성을 심사하여 보조기기를 판매한 자에게 보조기기에 대한 보험급여를 지급할 수 있다.(2020.12.29 본항신설)
③ 제1항에 따른 보조기기에 대한 보험급여의 범위·방법·절차, 제2항에 따른 보조기기 판매업자의 보험급여 청구, 공단의 적정성 심사 및 그 밖에 필요한 사항은 보건복지부령으로 정한다.(2020.12.29 본항개정)
(2019.4.23 본조개정)

제52조【건강검진】 ① 공단은 가입자와 피부양자에 대하여 질병의 조기 발견과 그에 따른 요양급여를 하기 위하여 건강검진을 실시한다.
② 제1항에 따른 건강검진의 종류 및 대상은 다음 각 호와 같다.
1. 일반건강검진 : 직장가입자, 세대주인 지역가입자, 20세 이상인 지역가입자 및 20세 이상인 피부양자
2. 암검진 : 「암관리법」 제11조제2항에 따른 암의 종류별 검진주기와 연령 기준 등에 해당하는 사람
3. 영유아건강검진 : 6세 미만의 가입자 및 피부양자
(2018.12.11 본항신설)
③ 제1항에 따른 건강검진의 검진항목은 성별, 연령 등의 특성 및 생애 주기에 맞게 설계되어야 한다.(2018.12.11 본항신설)
④ 제1항에 따른 건강검진의 횟수·절차와 그 밖에 필요한 사항은 대통령령으로 정한다.(2018.12.11 본항개정)

판례 진료행위가 의학적 안정성과 유효성뿐 아니라 요양급여 인정기준 등을 벗어나 진료해야 할 의학적 필요성을 갖췄고, 가입자 등에게 미리 그 내용과 비용을 충분히 설명해 본인 부담으로 진료 받는 데 대해 동의를 받았다면 국민건강보험법상 금지한 부당진료행위라고 볼 수는 없다. 다만, 이 요건에 해당하는 지에 대한 증명 책임은 병원에 있다.(대판 2012.6.18, 2010두27639,27646)

제53조【급여의 제한】 ① 공단은 보험급여를 받을 수 있는 사람이 다음 각 호의 어느 하나에 해당하면 보험급여를 하지 아니한다.
1. 고의 또는 중대한 과실로 인한 범죄행위에 그 원인이 있거나 고의로 사고를 일으킨 경우
2. 고의 또는 중대한 과실로 공단이나 요양기관의 요양에 관한 지시에 따르지 아니한 경우
3. 고의 또는 중대한 과실로 제55조에 따른 문서와 그 밖의 물건의 제출을 거부하거나 질문 또는 진단을 기피한 경우
4. 업무 또는 공무로 생긴 질병·부상·재해로 다른 법령에 따른 보험급여나 보상(報償) 또는 보상(補償)을 받게 되는 경우
② 공단은 보험급여를 받을 수 있는 사람이 다른 법령에 따라 국가나 지방자치단체로부터 보험급여에 상당하는 급여를 받거나 보험급여에 상당하는 비용을 지급받게 되는 경우에는 그 한도에서 보험급여를 하지 아니한다.
③ 공단은 가입자가 대통령령으로 정하는 기간 이상 다음 각 호의 보험료를 체납한 경우 그 체납한 보험료를 완납할 때까지 그 가입자 및 피부양자에 대하여 보험급여를 실시하지 아니할 수 있다. 다만, 월별 보험료의 총체납횟수(이미 납부된 체납보험료는 총체납횟수에서 제외하며, 보험료의 체납기간은 고려하지 아니한다)가 대통령령으로 정하는 횟수 미만이거나 가입자 및 피부양자의 소득·재산 등이 대통령령으로 정하는 기준 미만인 경우에는 그러하지 아니하다.(2018.12.11 단서개정)
1. 제69조제4항제2호에 따른 보수 외 소득월액보험료(2024.2.6 본호개정)
2. 제69조제5항에 따른 세대단위의 보험료
④ 공단은 제77조제1항제1호에 따라 납부의무를 부담하는 사용자가 제69조제4항제1호에 따른 보수월액보험료를 체납한 경우에는 그 체납에 대하여 직장가입자 본인에게 귀책사유가 있는 경우에 한하여 제3항의 규정을 적용한다. 이 경우 해당 직장가입자의 피부양자에게도 제3항의 규정을 적용한다.
(2019.4.23 후단개정)
⑤ 제3항 및 제4항에도 불구하고 제82조에 따라 공단으로부터 분할납부 승인을 받고 그 승인된 보험료를 1회 이상 낸 경우에는 보험급여를 할 수 있다. 다만, 제82조에 따른 분할납부 승인을 받은 사람이 정당한 사유 없이 5회(같은 조 제1항에 따라 승인받은 분할납부 횟수가 5회 미만인 경우에는 해당 분할납부 횟수를 말한다. 이하 이 조에서 같다) 이상 그 승인된 보험료를 내지 아니한 경우에는 그러하지 아니하다.(2019.4.23 단서개정)
⑥ 제3항 및 제4항에 따라 보험급여를 하지 아니하는 기간(이하 이 항에서 "급여제한기간"이라 한다)에 받은 보험급여는 다음 각 호의 어느 하나에 해당하는 경우에만 보험급여로 인정한다.
1. 공단이 급여제한기간에 보험급여를 받은 사실이 있음을 가입자에게 통지한 날부터 2개월이 지난 날이 속한 달의 납부기한 이내에 체납된 보험료를 완납한 경우
2. 공단이 급여제한기간에 보험급여를 받은 사실이 있음을 가입자에게 통지한 날부터 2개월이 지난 날이 속한 달의 납부기한 이내에 제82조에 따라 분할납부 승인을 받은 체납보험료를 1회 이상 낸 경우. 다만, 제82조에 따른 분할납부 승인을 받은 사람이 정당한 사유 없이 5회 이상 그 승인된 보험료를 내지 아니한 경우에는 그러하지 아니하다.(2019.4.23 단서개정)

제54조【급여의 정지】 보험급여를 받을 수 있는 사람이 다음 각 호의 어느 하나에 해당하면 그 기간에는 보험급여를 하지 아니한다. 다만, 제3호 및 제4호의 경우에는 제60조에 따른 요양급여를 실시한다.
1. (2020.4.7 삭제)
2. 국외에 체류하는 경우(2020.4.7 본호개정)
3. 제6조제2항제2호에 해당하게 된 경우
4. 교도소, 그 밖에 이에 준하는 시설에 수용되어 있는 경우

제55조【급여의 확인】 공단은 보험급여를 할 때 필요하다고 인정되면 보험급여를 받는 사람에게 문서와 그 밖의 물건을 제출하도록 요구하거나 관계인을 시켜 질문 또는 진단하게 할 수 있다.

제56조【요양비 등의 지급】 공단은 이 법에 따라 지급의무가 있는 요양비 또는 부가급여의 청구를 받으면 지체 없이 이를 지급하여야 한다.

제56조의2【요양비등수급계좌】 ① 공단은 이 법에 따른 보험급여로 지급되는 현금(이하 "요양비등"이라 한다)을 받는 수급자의 신청이 있는 경우에는 요양비등을 수급자 명의의 지정된 계좌(이하 "요양비등수급계좌"라 한다)로 입금하여야 한다. 다만, 정보통신장애나 그 밖에 대통령령으로 정하는 불가피한 사유로 요양비등수급계좌로 이체할 수 없을 때에는 직접 현금으로 지급하는 등 대통령령으로 정하는 바에 따라 요양비등을 지급할 수 있다.
② 요양비등수급계좌가 개설된 금융기관은 요양비등수급계좌에 요양비등만이 입금되도록 하고, 이를 관리하여야 한다.
③ 제1항 및 제2항에 따른 요양비등수급계좌의 신청 방법·절차와 관리에 필요한 사항은 대통령령으로 정한다.
(2014.5.20 본조신설)

제57조【부당이득의 징수】 ① 공단은 속임수나 그 밖의 부당한 방법으로 보험급여를 받은 사람·준요양기관 및 보조기기 판매업자나 보험급여 비용을 받은 요양기관에 대하여 그 보험급여나 보험급여 비용에 상당하는 금액을 징수한다.(2023.5.19 본항개정)
② 공단은 제1항에 따라 속임수나 그 밖의 부당한 방법으로 보험급여 비용을 받은 요양기관이 다음 각 호의 어느 하나에 해당하는 경우에는 해당 요양기관을 개설한 자에게 그 요양기관과 연대하여 같은 항에 따른 징수금을 납부하게 할 수 있다.
1. 「의료법」 제33조제2항을 위반하여 의료기관을 개설할 수 없는 자가 의료인의 면허나 의료법인 등의 명의를 대여받아 개설·운영하는 의료기관
2. 「약사법」 제20조제1항을 위반하여 약국을 개설할 수 없는 자가 약사 등의 면허를 대여받아 개설·운영하는 약국
3. 「의료법」 제4조제2항 또는 제33조제8항·제10항을 위반하여 개설·운영하는 의료기관(2023.7.11 본호개정)

4. 「약사법」 제21조제1항을 위반하여 개설·운영하는 약국 (2020.12.29 본호신설)
5. 「약사법」 제6조제3항·제4항을 위반하여 면허를 대여받아 개설·운영하는 약국(2023.7.11 본호신설)
(2013.5.22 본항신설)
③ 사용자나 가입자의 거짓 보고나 거짓 증명(제12조제6항을 위반하여 건강보험증이나 신분증명서를 양도·대여하여 다른 사람이 보험급여를 받게 하는 것을 포함한다), 요양기관의 거짓 진단이나 거짓 확인(제12조제4항을 위반하여 건강보험증이나 신분증명서로 가입자 또는 피부양자의 본인 여부 및 그 자격을 확인하지 아니한 것을 포함한다) 또는 준요양기관이나 보조기기를 판매한 자의 속임수 및 그 밖의 부당한 방법으로 보험급여가 실시된 경우 공단은 이들에게 보험급여를 받은 사람과 연대하여 제1항에 따른 징수금을 내게 할 수 있다.
(2023.5.19 본항개정)
④ 공단은 속임수나 그 밖의 부당한 방법으로 보험급여를 받은 사람과 같은 세대에 속한 가입자(속임수나 그 밖의 부당한 방법으로 보험급여를 받은 사람이 피부양자인 경우에는 그 직장가입자를 말한다)에게 속임수나 그 밖의 부당한 방법으로 보험급여를 받은 사람과 연대하여 제1항에 따른 징수금을 내게 할 수 있다.
⑤ 요양기관이 가입자나 피부양자로부터 속임수나 그 밖의 부당한 방법으로 요양급여비용을 받은 경우 공단은 해당 요양기관으로부터 이를 징수하여 가입자나 피부양자에게 지체 없이 지급하여야 한다. 이 경우 공단은 가입자나 피부양자에게 지급하여야 하는 금액을 그 가입자 및 피부양자가 내야 하는 보험료등과 상계할 수 있다.(2013.5.22 후단신설)
제57조의2【부당이득 징수금 체납자의 인적사항등 공개】 ① 공단은 제57조제2항 각 호의 어느 하나에 해당하여 같은 조 제1항 및 제2항에 따라 징수금을 납부할 의무가 있는 요양기관 또는 요양기관을 개설한 자가 제79조제1항에 따라 납입 고지 문서에 기재된 납부기한의 다음 날부터 1년이 경과한 징수금을 1억원 이상 체납한 경우 징수금 발생의 원인이 되는 위반행위, 체납자의 인적사항 및 체납액 등 대통령령으로 정하는 사항(이하 이 조에서 "인적사항등"이라 한다)을 공개할 수 있다. 다만, 체납된 징수금과 관련하여 제87조에 따른 이의신청, 제88조에 따른 심판청구가 제기되거나 행정소송이 계류 중인 경우 또는 그 밖에 체납된 금액의 일부 납부 등 대통령령으로 정하는 사유가 있는 경우에는 그러하지 아니하다.
② 제1항에 따른 인적사항등의 공개 여부를 심의하기 위하여 공단에 부당이득징수금체납정보공개심의위원회를 둔다.
③ 공단은 부당이득징수금체납정보공개심의위원회의 심의를 거친 인적사항등의 공개대상자에게 공개대상자임을 서면으로 통지하여 소명의 기회를 부여하여야 하며, 통지일부터 6개월이 경과한 후 체납자의 납부이행 등을 고려하여 공개대상자를 선정한다.
④ 제1항에 따른 인적사항등의 공개는 관보에 게재하거나 공단 인터넷 홈페이지에 게시하는 방법으로 한다.
⑤ 제1항부터 제4항까지에서 규정한 사항 외에 인적사항등의 공개 절차 및 부당이득징수금체납정보공개심의위원회의 구성·운영 등에 필요한 사항은 대통령령으로 정한다.
(2019.12.3 본조신설)
제58조【구상권】 ① 공단은 제3자의 행위로 보험급여사유가 생겨 가입자 또는 피부양자에게 보험급여를 한 경우에는 그 급여에 들어간 비용 한도에서 그 제3자에게 손해배상을 청구할 권리를 얻는다.
② 제1항에 따라 보험급여를 받은 사람이 제3자로부터 이미 손해배상을 받은 경우에는 공단은 그 배상액 한도에서 보험급여를 하지 아니한다.
제59조【수급권 보호】 ① 보험급여를 받을 권리는 양도하거나 압류할 수 없다.
② 제56조의2제1항에 따라 요양비등수급계좌에 입금된 요양비등은 압류할 수 없다.(2014.5.20 본항신설)
제60조【현역병 등에 대한 요양급여비용 등의 지급】 ① 공단은 제54조제3호 및 제4호에 해당하는 사람이 요양기관에서 대통령령으로 정하는 치료 등(이하 이 조에서 "요양급여"라 한다)을 받은 경우 그에 따라 공단이 부담하는 비용(이하 이 조에서 "요양급여비용"이라 한다)과 제49조에 따른 요양비를 법무부장관·국방부장관·경찰청장·소방청장 또는 해양경찰청장으로부터 예탁 받아 지급할 수 있다. 이 경우 법무부장관·국방부장관·경찰청장·소방청장 또는 해양경찰청장은 예산상 불가피한 경우 외에는 연간(年間) 들어갈 것으로 예상되는 요양급여비용과 요양비를 대통령령으로 정하는 바에 따라 미리 공단에 예탁하여야 한다.
② 요양급여, 요양급여비용 및 요양비 등에 관한 사항은 제41조, 제41조의4, 제42조, 제42조의2, 제44조부터 제47조까지, 제47조의2, 제48조, 제49조, 제55조, 제56조, 제56조의2 및 제59조제2항을 준용한다.
(2018.12.11 본조개정)
제61조【요양급여비용의 정산】 공단은 「산업재해보상보험법」 제10조에 따른 근로복지공단이 이 법에 따라 요양급여를 받을 수 있는 사람에게 「산업재해보상보험법」 제40조에 따른 요양급여를 지급한 후 그 지급결정이 취소되어 해당 요양급여의 비용을 청구하는 경우에는 그 요양급여가 이 법에 따라 실시할 수 있는 요양급여에 상당한 것으로 인정되면 그 요양급여에 해당하는 금액을 지급할 수 있다.

제5장 건강보험심사평가원

제62조【설립】 요양급여비용을 심사하고 요양급여의 적정성을 평가하기 위하여 건강보험심사평가원을 설립한다.
제63조【업무 등】 ① 심사평가원은 다음 각 호의 업무를 관장한다.
1. 요양급여비용의 심사
2. 요양급여의 적정성 평가
3. 심사기준 및 평가기준의 개발
4. 제1호부터 제3호까지의 규정에 따른 업무와 관련된 조사연구 및 국제협력
5. 다른 법률에 따라 지급되는 급여비용의 심사 또는 의료의 적정성 평가에 관하여 위탁받은 업무
6. 그 밖에 이 법 또는 다른 법령에 따라 위탁받은 업무 (2022.6.10 본호신설)
7. 건강보험과 관련하여 보건복지부장관이 필요하다고 인정한 업무
8. 그 밖에 보험급여 비용의 심사와 보험급여의 적정성 평가와 관련하여 대통령령으로 정하는 업무
② 제1항제8호에 따른 보험급여의 적정성 평가의 기준·절차·방법 등에 필요한 사항은 보건복지부장관이 정하여 고시한다.(2022.6.10 본항개정)
제64조【법인격 등】 ① 심사평가원은 법인으로 한다.
② 심사평가원은 주된 사무소의 소재지에서 설립등기를 함으로써 성립한다.
제65조【임원】 ① 심사평가원에 임원으로서 원장, 이사 15명 및 감사 1명을 둔다. 이 경우 원장, 이사 중 4명 및 감사는 상임으로 한다.(2016.2.3 본항개정)
② 원장은 임원추천위원회가 복수로 추천한 사람 중에서 보건복지부장관의 제청으로 대통령이 임명한다.
③ 상임이사는 보건복지부령으로 정하는 추천 절차를 거쳐 원장이 임명한다.
④ 비상임이사는 다음 각 호의 사람 중에서 10명과 대통령령으로 정하는 바에 따라 추천한 관계 공무원 1명을 보건복지부장관이 임명한다.
1. 공단이 추천하는 1명
2. 의약관계단체가 추천하는 5명
3. 노동조합·사용자단체·소비자단체 및 농어업인단체가 추천하는 각 1명
⑤ 감사는 임원추천위원회가 복수로 추천한 사람 중에서 기획재정부장관의 제청으로 대통령이 임명한다.
⑥ 제4항에 따른 비상임이사는 정관으로 정하는 바에 따라 실비변상을 받을 수 있다.
⑦ 원장의 임기는 3년, 이사(공무원인 이사는 제외한다)와 감사의 임기는 각각 2년으로 한다.

제66조【진료심사평가위원회】 ① 심사평가원의 업무를 효율적으로 수행하기 위하여 심사평가원에 진료심사평가위원회(이하 "심사위원회"라 한다)를 둔다.
② 심사위원회는 위원장을 포함하여 90명 이내의 상근 심사위원과 1천명 이내의 비상근 심사위원으로 구성하며, 진료과목별 분과위원회를 둘 수 있다.(2016.2.3 본항개정)
③ 제2항에 따른 상근 심사위원은 심사평가원의 원장이 보건복지부령으로 정하는 사람 중에서 임명한다.
④ 제2항에 따른 비상근 심사위원은 심사평가원의 원장이 보건복지부령으로 정하는 사람 중에서 위촉한다.
⑤ 심사평가원의 원장은 심사위원이 다음 각 호의 어느 하나에 해당하면 그 심사위원을 해임 또는 해촉할 수 있다.
1. 신체장애나 정신장애로 직무를 수행할 수 없다고 인정되는 경우
2. 직무상 의무를 위반하거나 직무를 게을리한 경우
3. 고의나 중대한 과실로 심사평가원에 손실이 생기게 한 경우
4. 직무 여부와 관계없이 품위를 손상하는 행위를 한 경우
⑥ 제1항부터 제5항까지에서 규정한 사항 외에 심사위원회 위원의 자격·임기 및 심사위원회의 구성·운영 등에 필요한 사항은 보건복지부령으로 정한다.

제66조의2【진료심사평가위원회 위원의 겸직】 ①「고등교육법」 제14조제2항에 따른 교원 중 교수·부교수 및 조교수는 「국가공무원법」 제64조 및 「사립학교법」 제55조제1항에도 불구하고 소속대학 총장의 허가를 받아 진료심사평가위원회 위원의 직무를 겸할 수 있다.
② 제1항에 따라 대학의 교원이 진료심사평가위원회 위원을 겸하는 경우 필요한 사항은 대통령령으로 정한다.
(2023.5.19 본조신설)

제67조【자금의 조달 등】 ① 심사평가원은 제63조제1항에 따른 업무(같은 항 제5호에 따른 업무는 제외한다)를 하기 위하여 공단으로부터 부담금을 징수할 수 있다.
② 심사평가원은 제63조제1항제5호에 따라 급여비용의 심사 또는 의료의 적정성 평가에 관한 업무를 위탁받은 경우에는 위탁자로부터 수수료를 받을 수 있다.
③ 제1항과 제2항에 따른 부담금 및 수수료의 금액·징수 방법 등에 필요한 사항은 보건복지부령으로 정한다.

제68조【준용 규정】 심사평가원에 관하여 제14조제3항·제4항, 제16조, 제17조(같은 조 제1항제6호 및 제7호는 제외한다), 제18조, 제19조, 제22조부터 제32조까지, 제35조제1항, 제36조, 제37조, 제39조 및 제40조를 준용한다. 이 경우 "공단"은 "심사평가원"으로, "이사장"은 "원장"으로 본다.(2013.5.22 전단개정)

제6장 보험료

제69조【보험료】 ① 공단은 건강보험사업에 드는 비용에 충당하기 위하여 제77조에 따른 보험료의 납부의무자로부터 보험료를 징수한다.
② 제1항에 따른 보험료는 가입자의 자격을 취득한 날이 속하는 달의 다음 달부터 가입자의 자격을 잃은 날의 전날이 속하는 달까지 징수한다. 다만, 가입자의 자격을 매월 1일에 취득한 경우 또는 제5조제1항제2호가목에 따른 건강보험 적용 신청으로 가입자의 자격을 취득하는 경우에는 그 달부터 징수한다.
(2019.12.3 단서개정)
③ 제1항 및 제2항에 따라 보험료를 징수할 때 가입자의 자격이 변동된 경우에는 변동된 날이 속하는 달의 보험료는 변동되기 전의 자격을 기준으로 징수한다. 다만, 가입자의 자격이 매월 1일에 변동된 경우에는 변동된 자격을 기준으로 징수한다.
④ 직장가입자의 월별 보험료액은 다음 각 호에 따라 산정한 금액으로 한다.
1. 보수월액보험료 : 제70조에 따라 산정한 보수월액에 제73조제1항 또는 제2항에 따른 보험료율을 곱하여 얻은 금액
2. 보수 외 소득월액보험료 : 제71조제1항에 따라 산정한 보수 외 소득월액에 제73조제1항 또는 제2항에 따른 보험료율을 곱하여 얻은 금액(2024.2.6 본호개정)
⑤ 지역가입자의 월별 보험료액은 다음 각 호의 구분에 따라 산정한 금액을 합산한 금액으로 한다. 이 경우 보험료액은 세대 단위로 산정한다.
1. 소득 : 제71조제2항에 따라 산정한 지역가입자의 소득월액에 제73조제3항에 따른 보험료율을 곱하여 얻은 금액
2. 재산 : 제72조에 따라 산정한 재산보험료부과점수에 제73조제3항에 따른 재산보험료부과점수당 금액을 곱하여 얻은 금액
(2024.2.6 본항개정)
⑥ 제4항 및 제5항에 따른 월별 보험료액은 가입자의 보험료 평균액의 일정비율에 해당하는 금액을 고려하여 대통령령으로 정하는 기준에 따라 상한 및 하한을 정한다.(2017.4.18 본항신설)

제70조【보수월액】 ① 제69조제4항제1호에 따른 직장가입자의 보수월액은 직장가입자가 지급받는 보수를 기준으로 하여 산정한다.(2017.4.18 본항개정)
② 휴직이나 그 밖의 사유로 보수의 전부 또는 일부가 지급되지 아니하는 가입자(이하 "휴직자등"이라 한다)의 보수월액보험료는 해당 사유가 생기기 전 달의 보수월액을 기준으로 산정한다.
③ 제1항에 따른 보수는 근로자등이 근로를 제공하고 사용자·국가 또는 지방자치단체로부터 지급받는 금품(실비변상적인 성격을 갖는 금품은 제외한다)으로서 대통령령으로 정하는 것을 말한다. 이 경우 보수 관련 자료가 없거나 불명확한 경우 등 대통령령으로 정하는 사유에 해당하면 보건복지부장관이 정하여 고시하는 금액을 보수로 본다.
④ 제1항에 따른 보수월액의 산정 및 보수가 지급되지 아니하는 사용자의 보수월액의 산정 등에 필요한 사항은 대통령령으로 정한다.

제71조【소득월액】 ① 직장가입자의 보수 외 소득월액은 제70조에 따른 보수월액의 산정에 포함된 보수를 제외한 직장가입자의 소득(이하 "보수 외 소득"이라 한다)이 대통령령으로 정하는 금액을 초과하는 경우 다음의 계산식에 따른 값을 보건복지부령으로 정하는 바에 따라 평가하여 산정한다.

(연간 보수 외 소득 − 대통령령으로 정하는 금액) × 1/12

② 지역가입자의 소득월액은 지역가입자의 연간 소득을 12개월로 나눈 값을 보건복지부령으로 정하는 바에 따라 평가하여 산정한다.(2024.2.6 본항신설)
③ 제1항 및 제2항에 따른 소득의 구체적인 범위, 소득월액을 산정하는 기준, 방법 등 소득월액의 산정에 필요한 사항은 대통령령으로 정한다.
(2024.2.6 본조개정)

제72조【재산보험료부과점수】 ① 제69조제5항제2호에 따른 재산보험료부과점수는 지역가입자의 재산을 기준으로 산정한다. 다만, 대통령령으로 정하는 지역가입자가 실제 거주를 목적으로 대통령령으로 정하는 기준 이하의 주택을 구입 또는 임차하기 위하여 다음 각 호의 어느 하나에 해당하는 대출을 받고 그 사실을 공단에 통보하는 경우에는 해당 대출금액을 대통령령으로 정하는 바에 따라 평가하여 재산보험료부과점수 산정 시 제외한다.(2024.2.20 단서개정)
1. 「금융실명거래 및 비밀보장에 관한 법률」 제2조제1호에 따른 금융회사등(이하 "금융회사등"이라 한다)으로부터 받은 대출
2. 「주택도시기금법」에 따른 주택도시기금을 재원으로 하는 대출 등 보건복지부장관이 정하여 고시하는 대출
(2024.2.20 1호~2호신설)
② 제1항에 따라 재산보험료부과점수의 산정방법과 산정기준을 정할 때 법령에 따라 재산권의 행사가 제한되는 재산에 대하여는 다른 재산과 달리 정할 수 있다.
③ 지역가입자는 제1항 단서에 따라 공단에 통보할 때 「신용정보의 이용 및 보호에 관한 법률」 제2조제1호에 따른 신용정보, 「금융실명거래 및 비밀보장에 관한 법률」 제2조제2호에 따른 금융자산, 같은 조 제3호에 따른 금융거래의 내용에 대한 자료·정보 중 대출금액 등 대통령령으로 정하는 자료·정보(이하 "금융정보등"이라 한다)를 공단에 제출하여야 하며, 제1항 단서에 따른 재산보험료부과점수 산정을 위하여 필요한 금융정보등을 공단에 제공하는 것에 대하여 동의한다는 서면을 함께 제출하여야 한다.

④ 제1항 및 제2항에 따른 재산보험료부과점수의 산정방법 · 산정기준 등에 필요한 사항은 대통령령으로 정한다.
(2024.2.6 본조개정)

제72조의2 (2024.1.9 삭제)

제72조의3【보험료 부과제도에 대한 적정성 평가】 ① 보건복지부장관은 제5조에 따른 피부양자 인정기준(이하 이 조에서 "인정기준"이라 한다)과 제69조부터 제72조까지의 규정에 따른 보험료, 보수월액, 소득월액 및 재산보험료부과점수의 산정 기준 및 방법 등(이하 이 조에서 "산정기준"이라 한다)에 대하여 적정성을 평가하고, 이 법 시행일로부터 4년이 경과한 때 이를 조정하여야 한다.(2024.2.6 본항개정)

② 보건복지부장관은 제1항에 따른 적정성 평가를 하는 경우에는 다음 각 호를 종합적으로 고려하여야 한다.

1. 제4조제1항제5호의2나목에 따라 심의위원회가 심의한 가입자의 소득 파악 현황 및 개선방안(2024.1.9 본호개정)
2. 공단의 소득 관련 자료 보유 현황
3. 「소득세법」 제4조에 따른 종합소득(종합과세되는 종합소득과 분리과세되는 종합소득을 포함한다) 과세 현황
4. 직장가입자에게 부과되는 보험료와 지역가입자에게 부과되는 보험료 간 형평성
5. 제1항에 따른 인정기준 및 산정기준의 조정으로 인한 보험료 변동
6. 그 밖에 적정성 평가 대상이 될 수 있는 사항으로서 보건복지부장관이 정하는 사항

③ 제1항에 따른 적정성 평가의 절차, 방법 및 그 밖에 적정성 평가를 위하여 필요한 사항은 대통령령으로 정한다.
(2017.4.18 본조신설)

제73조【보험료율 등】 ① 직장가입자의 보험료율은 1천분의 80의 범위에서 심의위원회의 의결을 거쳐 대통령령으로 정한다.

② 국외에서 업무에 종사하고 있는 직장가입자에 대한 보험료율은 제1항에 따라 정해진 보험료율의 100분의 50으로 한다.

③ 지역가입자의 보험료율과 재산보험료부과점수당 금액은 심의위원회의 의결을 거쳐 대통령령으로 정한다.(2024.2.6 본항개정)

제74조【보험료의 면제】 ① 공단은 직장가입자가 제54조제2호부터 제4호까지의 어느 하나에 해당하는 경우(같은 조 제2호에 해당하는 경우에는 1개월 이상의 기간으로서 대통령령으로 정하는 기간 이상 국외에 체류하는 경우에 한정한다. 이하 이 조에서 같다) 그 가입자의 보험료를 면제한다. 다만, 제54조제2호에 해당하는 직장가입자의 경우에는 국내에 거주하는 피부양자가 없을 때에만 보험료를 면제한다.(2020.4.7 본문개정)

② 지역가입자가 제54조제2호부터 제4호까지의 어느 하나에 해당하면 그 가입자가 속한 세대의 보험료를 산정할 때 그 가입자의 제71조제2항에 따른 소득월액 및 제72조에 따른 재산보험료부과점수를 제외한다.(2024.2.6 본항개정)

③ 제1항에 따른 보험료의 면제나 제2항에 따라 보험료의 산정에서 제외되는 소득월액 및 재산보험료부과점수에 대하여는 제54조제2호부터 제4호까지의 어느 하나에 해당하는 급여정지 사유가 생긴 날이 속하는 달의 다음 달부터 사유가 없어진 날이 속하는 달까지 적용한다. 다만, 다음 각 호의 어느 하나에 해당하는 경우에는 그 달의 보험료를 면제하지 아니하거나 보험료의 산정에서 소득월액 및 재산보험료부과점수를 제외하지 아니한다.(2024.2.6 본문개정)

1. 급여정지 사유가 매월 1일에 없어진 경우
2. 제54조제2호에 해당하는 가입자 또는 그 피부양자가 국내에 입국하여 입국일이 속하는 달에 보험급여를 받고 그 달에 출국하는 경우

(2020.4.7 1호~2호신설)

제75조【보험료의 경감 등】 ① 다음 각 호의 어느 하나에 해당하는 가입자 중 보건복지부령으로 정하는 가입자에 대하여는 그 가입자 또는 그 가입자가 속한 세대의 보험료의 일부를 경감할 수 있다.

1. 섬 · 벽지(僻地) · 농어촌 등 대통령령으로 정하는 지역에 거주하는 사람
2. 65세 이상인 사람
3. 「장애인복지법」에 따라 등록한 장애인
4. 「국가유공자 등 예우 및 지원에 관한 법률」 제4조제1항제4호, 제6호, 제12호, 제15호 및 제17호에 따른 국가유공자
5. 휴직자
6. 그 밖에 생활이 어렵거나 천재지변 등의 사유로 보험료를 경감할 필요가 있다고 보건복지부장관이 정하여 고시하는 사람

② 제77조에 따른 보험료 납부의무자가 다음 각 호의 어느 하나에 해당하는 경우에는 대통령령으로 정하는 바에 따라 보험료를 감액하는 등 재산상의 이익을 제공할 수 있다.

1. 제81조의6제1항에 따라 보험료의 납입 고지 또는 독촉을 전자문서로 받는 경우(2023.5.19 본호개정)
2. 보험료를 계좌 또는 신용카드 자동이체의 방법으로 내는 경우(2019.4.23 본호개정)

(2013.5.22 본항신설)

③ 제1항에 따른 보험료 경감의 방법 · 절차 등에 필요한 사항은 보건복지부장관이 정하여 고시한다.
(2013.5.22 본조제목개정)

제76조【보험료의 부담】 ① 직장가입자의 보수월액보험료는 직장가입자와 다음 각 호의 구분에 따른 자가 각각 보험료액의 100분의 50씩 부담한다. 다만, 직장가입자가 교직원으로서 사립학교에 근무하는 교원이면 보험료액은 그 직장가입자가 100분의 50을, 제3조제2호다목에 해당하는 사용자가 100분의 30을, 국가가 100분의 20을 각각 부담한다.(2014.1.1 단서개정)

1. 직장가입자가 근로자인 경우에는 제3조제2호가목에 해당하는 사업주
2. 직장가입자가 공무원인 경우에는 그 공무원이 소속되어 있는 국가 또는 지방자치단체
3. 직장가입자가 교직원(사립학교에 근무하는 교원은 제외한다)인 경우에는 제3조제2호다목에 해당하는 사용자(2014.1.1 본호신설)

② 직장가입자의 보수 외 소득월액보험료는 직장가입자가 부담한다.(2024.2.6 본항개정)

③ 지역가입자의 보험료는 그 가입자가 속한 세대의 지역가입자 전원이 연대하여 부담한다.

④ 직장가입자가 교직원인 경우 제3조제2호다목에 해당하는 사용자가 부담액 전부를 부담할 수 없으면 그 부족액을 학교에 속하는 회계에서 부담하게 할 수 있다.(2014.1.1 본항신설)

제77조【보험료 납부의무】 ① 직장가입자의 보험료는 다음 각 호의 구분에 따라 그 각 호에서 정한 자가 납부한다.

1. 보수월액보험료 : 사용자. 이 경우 사업장의 사용자가 2명 이상인 때에는 그 사업장의 사용자는 해당 직장가입자의 보험료를 연대하여 납부한다.
2. 보수 외 소득월액보험료 : 직장가입자(2024.2.6 본호개정)

② 지역가입자의 보험료는 그 가입자가 속한 세대의 지역가입자 전원이 연대하여 납부한다. 다만, 소득 및 재산이 없는 미성년자와 소득 및 재산 등을 고려하여 대통령령으로 정하는 기준에 해당하는 미성년자는 납부의무를 부담하지 아니한다.
(2017.4.18 단서개정)

③ 사용자는 보수월액보험료 중 직장가입자가 부담하여야 하는 그 달의 보험료액을 그 보수에서 공제하여 납부하여야 한다. 이 경우 직장가입자에게 공제액을 알려야 한다.

제77조의2【제2차 납부의무】 ① 법인의 재산으로 그 법인이 납부하여야 하는 보험료, 연체금 및 체납처분비를 충당하여도 부족한 경우에는 해당 법인에게 보험료의 납부의무가 부과된 날 현재의 무한책임사원 또는 과점주주(「국세기본법」 제39조 각 호의 어느 하나에 해당하는 자를 말한다)가 그 부족한 금액에 대하여 제2차 납부의무를 진다. 다만, 과점주주의 경우에는 그 부족한 금액을 그 법인의 발행주식 총수(의결권이 없는 주식은 제외한다) 또는 출자총액으로 나눈 금액에 해당 과점주주가 실질적으로 권리를 행사하는 주식 수(의결권이 없는 주식은 제외한다) 또는 출자액을 곱하여 산출한 금액을 한도로 한다.

② 사업이 양도 · 양수된 경우에 양도일 이전에 양도인에게 납부의무가 부과된 보험료, 연체금 및 체납처분비를 양도인의 재산으로 충당하여도 부족한 경우에는 사업의 양수인이 그 부족

한 금액에 대하여 양수한 재산의 가액을 한도로 제2차 납부의 무를 진다. 이 경우 양수인의 범위 및 양수한 재산의 가액은 대통령령으로 정한다.
(2016.2.3 본조신설)

제78조【보험료의 납부기한】 ① 제77조제1항 및 제2항에 따라 보험료 납부의무가 있는 자는 가입자에 대한 그 달의 보험료를 그 다음 달 10일까지 납부하여야 한다. 다만, 직장가입자의 보수 외 소득월액보험료 및 지역가입자의 보험료는 보건복지부령으로 정하는 바에 따라 분기별로 납부할 수 있다.
(2024.2.6 단서개정)

② 공단은 제1항에도 불구하고 납입 고지의 송달 지연 등 보건복지부령으로 정하는 사유가 있는 경우 납부의무자의 신청에 따라 제1항에 따른 납부기한부터 1개월의 범위에서 납부기한을 연장할 수 있다. 이 경우 납부기한 연장을 신청하는 방법, 절차 등에 필요한 사항은 보건복지부령으로 정한다.(2013.5.22 본항신설)

제78조의2【가산금】 ① 사업장의 사용자가 대통령령으로 정하는 사유에 해당되어 직장가입자가 될 수 없는 자를 제8조제2항 또는 제9조제2항을 위반하여 거짓으로 보험자에게 직장가입자로 신고한 경우 공단은 제1호의 금액에서 제2호의 금액을 뺀 금액의 100분의 10에 상당하는 가산금을 그 사용자에게 부과하여 징수한다.
1. 사용자가 직장가입자로 신고한 사람이 직장가입자로 처리된 기간 동안 그 가입자가 제69조제5항에 따라 부담하여야 하는 보험료의 총액
2. 제1호의 기간 동안 공단이 해당 가입자에 대하여 제69조제4항에 따라 산정하여 부과한 보험료의 총액

② 제1항에도 불구하고, 공단은 가산금이 소액이거나 그 밖에 가산금을 징수하는 것이 적절하지 아니하다고 인정되는 등 대통령령으로 정하는 경우에는 징수하지 아니할 수 있다.
(2016.3.22 본조신설)

제79조【보험료등의 납입 고지】 ① 공단은 보험료등을 징수하려면 그 금액을 결정하여 납부의무자에게 다음 각 호의 사항을 적은 문서로 납입 고지를 하여야 한다.
1. 징수하려는 보험료등의 종류
2. 납부해야 하는 금액
3. 납부기한 및 장소

②~③ (2023.5.19 삭제)

④ 직장가입자의 사용자가 2명 이상인 경우 또는 지역가입자의 세대가 2명 이상으로 구성된 경우 그 중 1명에게 한 고지는 해당 사업장의 다른 사용자 또는 세대 구성원인 다른 지역가입자 모두에게 효력이 있는 것으로 본다.

⑤ 휴직자등의 보험료는 휴직 등의 사유가 끝날 때까지 보건복지부령으로 정하는 바에 따라 납입 고지를 유예할 수 있다.

⑥ 공단은 제77조의2에 따른 제2차 납부의무자에게 납입의 고지를 한 경우에는 해당 법인인 사용자 및 사업 양도인에게 그 사실을 통지하여야 한다.(2016.2.3 본항개정)

제79조의2【신용카드등으로 하는 보험료등의 납부】 ① 공단이 납입 고지한 보험료등을 납부하는 자는 보험료등의 납부를 대행할 수 있도록 대통령령으로 정하는 기관 등(이하 이 조에서 "보험료등납부대행기관"이라 한다)을 통하여 신용카드, 직불카드 등(이하 이 조에서 "신용카드등"이라 한다)으로 납부할 수 있다.(2017.2.8 본항개정)

② 제1항에 따라 신용카드등으로 보험료등을 납부하는 경우에는 보험료등납부대행기관의 승인일을 납부일로 본다.

③ 보험료등납부대행기관은 보험료등의 납부자로부터 보험료등의 납부를 대행하는 대가로 수수료를 받을 수 있다.

④ 보험료등납부대행기관의 지정 및 운영, 수수료 등에 필요한 사항은 대통령령으로 정한다.
(2014.5.20 본조신설)

제80조【연체금】 ① 공단은 보험료등의 납부의무자가 납부기한까지 보험료등을 내지 아니하면 그 납부기한이 지난 날부터 매 1일이 경과할 때마다 다음 각 호에 해당하는 연체금을 징수한다.(2019.1.15 본문개정)
1. 제69조에 따른 보험료 또는 제53조제3항에 따른 보험급여 제한 기간 중 받은 보험급여에 대한 징수금을 체납한 경우 : 해당 체납금액의 1천500분의 1에 해당하는 금액. 이 경우 연체금은 해당 체납금액의 1천분의 20을 넘지 못한다.
2. 제1호 외에 이 법에 따른 징수금을 체납한 경우 : 해당 체납금액의 1천분의 1에 해당하는 금액. 이 경우 연체금은 해당 체납금액의 1천분의 30을 넘지 못한다.
(2019.1.15 1호~2호신설)

② 공단은 보험료등의 납부의무자가 체납된 보험료등을 내지 아니하면 납부기한 후 30일이 지난 날부터 매 1일이 경과할 때마다 다음 각 호에 해당하는 연체금을 제1항에 따른 연체금에 더하여 징수한다.(2019.1.15 본문개정)
1. 제69조에 따른 보험료 또는 제53조제3항에 따른 보험급여 제한 기간 중 받은 보험급여에 대한 징수금을 체납한 경우 : 해당 체납금액의 6천분의 1에 해당하는 금액. 이 경우 연체금(제1항제1호의 연체금을 포함한 금액을 말한다)은 해당 체납금액의 1천분의 50을 넘지 못한다.(2024.2.6 후단개정)
2. 제1호 외에 이 법에 따른 징수금을 체납한 경우 : 해당 체납금액의 3천분의 1에 해당하는 금액. 이 경우 연체금(제1항제2호의 연체금을 포함한 금액을 말한다)은 해당 체납금액의 1천분의 90을 넘지 못한다.(2024.2.6 후단개정)

③ 공단은 제1항 및 제2항에도 불구하고 천재지변이나 그 밖에 보건복지부령으로 정하는 부득이한 사유가 있으면 제1항 및 제2항에 따른 연체금을 징수하지 아니할 수 있다.

제81조【보험료등의 독촉 및 체납처분】 ① 공단은 제57조, 제77조, 제77조의2, 제78조의2, 제101조 및 제101조의2에 따라 보험료등을 내야 하는 자가 보험료등을 내지 아니하면 기한을 정하여 독촉할 수 있다. 이 경우 직장가입자의 사용자가 2명 이상인 경우 또는 지역가입자의 세대가 2명 이상으로 구성된 경우에는 그 중 1명에게 한 독촉은 해당 사업장의 다른 사용자 또는 세대 구성원인 다른 지역가입자 모두에게 효력이 있는 것으로 본다.(2023.5.19 전단개정)

② 제1항에 따라 독촉할 때에는 10일 이상 15일 이내의 납부기한을 정하여 독촉장을 발부하여야 한다.

③ 공단은 제1항에 따른 독촉을 받은 자가 그 납부기한까지 보험료등을 내지 아니하면 보건복지부장관의 승인을 받아 국세 체납처분의 예에 따라 이를 징수할 수 있다.

④ 공단은 제3항에 따라 체납처분을 하기 전에 보험료등의 체납 내역, 압류 가능한 재산의 종류, 압류 예정 사실 및 「국세징수법」 제41조제18호에 따른 소액금융재산에 대한 압류금지 사실 등이 포함된 통보서를 발송하여야 한다. 다만, 법인 해산 등 긴급히 체납처분을 할 필요가 있는 경우로서 대통령령으로 정하는 경우에는 그러하지 아니하다.(2020.12.29 본문개정)

⑤ 공단은 제3항에 따른 국세 체납처분의 예에 따라 압류하거나 제81조의2제1항에 따라 압류한 재산의 공매에 대하여 전문지식이 필요하거나 그 밖에 특수한 사정으로 직접 공매하는 것이 적당하지 아니하다고 인정하는 경우에는 「한국자산관리공사 설립 등에 관한 법률」에 따라 설립된 한국자산관리공사(이하 "한국자산관리공사"라 한다)에 공매를 대행하게 할 수 있다. 이 경우 공매는 공단이 한 것으로 본다.
(2022.12.27 전단개정)

⑥ 공단은 제5항에 따라 한국자산관리공사가 공매를 대행하면 보건복지부령으로 정하는 바에 따라 수수료를 지급할 수 있다.
(2018.3.27 본항개정)

제81조의2【부당이득 징수금의 압류】 ① 제81조에도 불구하고 공단은 보험급여 비용을 받은 요양기관이 다음 각 호의 요건을 모두 갖춘 경우에는 제57조제1항에 따른 징수금의 한도에서 해당 요양기관 또는 그 요양기관을 개설한 자(같은 조 제2항에 따라 해당 요양기관과 연대하여 징수금을 납부하여야 하는 자를 말한다. 이하 이 조에서 같다)의 재산을 보건복지부장관의 승인을 받아 압류할 수 있다.
1. 「의료법」 제33조제2항 또는 「약사법」 제20조제1항을 위반하였다는 사실로 기소된 경우
2. 요양기관 또는 요양기관을 개설한 자에게 강제집행, 국세 강제징수 등 대통령령으로 정하는 사유가 있어 그 재산을 압류할 필요가 있는 경우

② 공단은 제1항에 따라 재산을 압류하였을 때에는 해당 요양

기관 또는 그 요양기관을 개설한 자에게 문서로 그 압류 사실을 통지하여야 한다.
③ 공단은 다음 각 호의 어느 하나에 해당할 때에는 제1항에 따른 압류를 즉시 해제하여야 한다.
1. 제2항에 따른 통지를 받은 자가 제57조제1항에 따른 징수금에 상당하는 다른 재산을 담보로 제공하고 압류 해제를 요구하는 경우
2. 법원의 무죄 판결이 확정되는 등 대통령령으로 정하는 사유로 해당 요양기관이 「의료법」 제33조제2항 또는 「약사법」 제20조제1항을 위반한 혐의가 입증되지 아니한 경우
④ 제1항에 따른 압류 및 제3항에 따른 압류 해제에 관하여 이 법에서 규정한 것 외에는 「국세징수법」을 준용한다.
(2022.12.27 본조신설)
제81조의3【체납 또는 결손처분 자료의 제공】 ① 공단은 보험료 징수 및 제57조에 따른 징수금(같은 조 제2항 각 호의 어느 하나에 해당하여 같은 조 제1항 및 제2항에 따라 징수하는 금액에 한정한다. 이하 이 조에서 "부당이득금"이라 한다)의 징수 또는 공익목적을 위하여 필요한 경우에 「신용정보의 이용 및 보호에 관한 법률」 제25조제2항제1호의 종합신용정보집중기관에 다음 각 호의 어느 하나에 해당하는 체납자 또는 결손처분자의 인적사항·체납액 또는 결손처분액에 관한 자료(이하 이 조에서 "체납등 자료"라 한다)를 제공할 수 있다. 다만, 체납된 보험료나 부당이득금과 관련하여 행정심판 또는 행정소송이 계류 중인 경우, 제82조제1항에 따라 분할납부를 승인받은 경우 중 대통령령으로 정하는 경우, 그 밖에 대통령령으로 정하는 사유가 있을 때에는 그러하지 아니하다.(2023.7.11 단서개정)
1. 이 법에 따른 납부기한의 다음 날부터 1년이 지난 보험료 및 그에 따른 연체금과 체납처분비의 총액이 500만원 이상인 자(2023.5.19 본호개정)
2. 이 법에 따른 납부기한의 다음 날부터 1년이 지난 부당이득금 및 그에 따른 연체금과 체납처분비의 총액이 1억원 이상인 자(2023.5.19 본호신설)
3. 제84조에 따라 결손처분한 금액의 총액이 500만원 이상인 자
② 공단은 제1항에 따라 종합신용정보집중기관에 체납등 자료를 제공하기 전에 해당 체납자 또는 결손처분자에게 그 사실을 서면으로 통지하여야 한다. 이 경우 통지를 받은 체납자가 체납액을 납부하거나 체납액 납부계획서를 제출하는 경우 공단은 종합신용정보집중기관에 체납등 자료를 제공하지 아니하거나 체납등 자료의 제공을 유예할 수 있다.(2023.5.19 본항신설)
③ 체납등 자료의 제공절차에 필요한 사항은 대통령령으로 정한다.
④ 제1항에 따라 체납등 자료를 제공받은 자는 이를 업무 외의 목적으로 누설하거나 이용하여서는 아니 된다.
(2013.5.22 본조신설)
제81조의4【보험료의 납부증명】 ① 제77조에 따른 보험료의 납부의무자(이하 이 조에서 "납부의무자"라 한다)는 국가, 지방자치단체 또는 「공공기관의 운영에 관한 법률」 제4조에 따른 공공기관(이하 이 조에서 "공공기관"이라 한다)으로부터 공사·제조·구매·용역 등 대통령령으로 정하는 계약의 대가를 지급받는 경우에는 보험료와 그에 따른 연체금 및 체납처분비의 납부사실을 증명하여야 한다. 다만, 납부의무자가 계약대금의 전부 또는 일부를 체납한 보험료로 납부하려는 경우 등 대통령령으로 정하는 경우에는 그러하지 아니하다.
② 납부의무자가 제1항에 따라 납부사실을 증명하여야 할 경우 제1항의 계약을 담당하는 주무관서 또는 공공기관은 납부의무자의 동의를 받아 공단에 조회하여 보험료와 그에 따른 연체금 및 체납처분비의 납부여부를 확인하는 것으로 제1항에 따른 납부증명을 갈음할 수 있다.
(2016.2.3 본조신설)
제81조의5【서류의 송달】 제79조 및 제81조에 관한 서류의 송달에 관한 사항과 전자문서에 의한 납입 고지 등에 관하여 제81조의6에서 정하지 아니한 사항에 관하여는 「국세기본법」 제8조(같은 조 제2항 단서는 제외한다)부터 제12조까지의 규정을 준용한다. 다만, 우편송달에 의하는 경우 그 방법은 대통령령으로 정하는 바에 따른다.(2023.5.19 본문개정)
제81조의6【전자문서에 의한 납입 고지 등】 ① 납부의무자가 제79조제1항에 따른 납입 고지 또는 제81조제1항에 따른 독촉을 전자문서교환방식 등에 의한 전자문서로 해줄 것을 신청하는 경우에는 공단은 전자문서로 고지 또는 독촉할 수 있다. 이 경우 전자문서 고지 및 독촉에 대한 신청 방법·절차 등에 필요한 사항은 보건복지부령으로 정한다.
② 공단이 제1항에 따라 전자문서로 고지 또는 독촉하는 경우에는 전자문서가 보건복지부령으로 정하는 정보통신망에 저장되거나 납부의무자가 지정한 전자우편주소에 입력된 때에 납입 고지 또는 독촉이 그 납부의무자에게 도달된 것으로 본다.
(2023.5.19 본조신설)
제82조【체납보험료의 분할납부】 ① 공단은 보험료를 3회 이상 체납한 자가 신청하는 경우 보건복지부령으로 정하는 바에 따라 분할납부를 승인할 수 있다.(2018.3.27 본항개정)
② 공단은 보험료를 3회 이상 체납한 자에 대하여 제81조제3항에 따른 체납처분을 하기 전에 제1항에 따른 분할납부를 신청할 수 있음을 알리고, 보건복지부령으로 정하는 바에 따라 분할납부 신청의 절차·방법 등에 관한 사항을 안내하여야 한다.
(2018.3.27 본항신설)
③ 공단은 제1항에 따라 분할납부 승인을 받은 자가 정당한 사유 없이 5회(제1항에 따라 승인받은 분할납부 횟수가 5회 미만인 경우에는 해당 분할납부 횟수를 말한다) 이상 그 승인된 보험료를 납부하지 아니하면 그 분할납부의 승인을 취소한다.
(2019.4.23 본항개정)
④ 분할납부의 승인과 취소에 관한 절차·방법·기준 등에 필요한 사항은 보건복지부령으로 정한다.
제83조【고액·상습체납자의 인적사항 공개】 ① 공단은 이 법에 따른 납부기한의 다음 날부터 1년이 경과한 보험료, 연체금과 체납처분비(제84조에 따라 결손처분한 보험료, 연체금과 체납처분비로서 징수권 소멸시효가 완성되지 아니한 것을 포함한다)의 총액이 1천만원 이상인 체납자가 납부능력이 있음에도 불구하고 체납한 경우 그 인적사항·체납액 등(이하 이 조에서 "인적사항등"이라 한다)을 공개할 수 있다. 다만, 체납된 보험료, 연체금과 체납처분비와 관련하여 제87조에 따른 이의신청, 제88조에 따른 심판청구가 제기되거나 행정소송이 계류 중인 경우 또는 그 밖에 체납된 금액의 일부 납부 등 대통령령으로 정하는 사유가 있는 경우에는 그러하지 아니하다.
(2019.4.23 본항개정)
② 제1항에 따른 체납자의 인적사항등에 대한 공개 여부를 심의하기 위하여 공단에 보험료정보공개심의위원회를 둔다.
③ 공단은 보험료정보공개심의위원회의 심의를 거친 인적사항등의 공개대상자에게 공개대상자임을 서면으로 통지하여 소명의 기회를 부여하여야 하며, 통지일부터 6개월이 경과한 후 체납액의 납부이행 등을 감안하여 공개대상자를 선정한다.
④ 제1항에 따른 체납자 인적사항등의 공개는 관보에 게재하거나 공단 인터넷 홈페이지에 게시하는 방법에 따른다.
⑤ 제1항부터 제4항까지의 규정에 따른 체납자 인적사항등의 공개와 관련한 납부능력의 기준, 공개절차 및 위원회의 구성·운영 등에 필요한 사항은 대통령령으로 정한다.
제84조【결손처분】 ① 공단은 다음 각 호의 어느 하나에 해당하는 사유가 있으면 재정운영위원회의 의결을 받아 보험료등을 결손처분할 수 있다.
1. 체납처분이 끝나고 체납액에 충당될 배분금액이 그 체납액에 미치지 못하는 경우
2. 해당 권리에 대한 소멸시효가 완성된 경우
3. 그 밖에 징수할 가능성이 없다고 인정되는 경우로서 대통령령으로 정하는 경우
② 공단은 제1항제3호에 따라 결손처분을 한 후 압류할 수 있는 다른 재산이 있는 것을 발견한 때에는 지체 없이 그 처분을 취소하고 체납처분을 하여야 한다.
제85조【보험료등의 징수 순위】 보험료등은 국세와 지방세를 제외한 다른 채권에 우선하여 징수한다. 다만, 보험료등의 납부기한 전에 전세권·질권·저당권 또는 「동산·채권 등의 담보에 관한 법률」에 따른 담보권의 설정을 등기 또는 등록한 사실이 증명되는 재산을 매각할 때에 그 매각대금 중에서 보험료등을 징수하는 경우 그 전세권·질권·저당권 또는 「동산·

채권 등의 담보에 관한 법률」에 따른 담보권으로 담보된 채권에 대하여는 그러하지 아니하다.
제86조【보험료등의 충당과 환급】 ① 공단은 납부의무자가 보험료등 · 연체금 또는 체납처분비로 낸 금액 중 과오납부(過誤納付)한 금액이 있으면 대통령령으로 정하는 바에 따라 그 과오납금을 보험료등 · 연체금 또는 체납처분비에 우선 충당하여야 한다.
② 공단은 제1항에 따라 충당하고 남은 금액이 있는 경우 대통령령으로 정하는 바에 따라 납부의무자에게 환급하여야 한다.
③ 제1항 및 제2항의 경우 과오납금에 대통령령으로 정하는 이자를 가산하여야 한다.(2019.12.3 본항신설)
(2019.12.3 본조개정)

제7장 이의신청 및 심판청구 등

제87조【이의신청】 ① 가입자 및 피부양자의 자격, 보험료등, 보험급여, 보험급여 비용에 관한 공단의 처분에 이의가 있는 자는 공단에 이의신청을 할 수 있다.
② 요양급여비용 및 요양급여의 적정성 평가 등에 관한 심사평가원의 처분에 이의가 있는 공단, 요양기관 또는 그 밖의 자는 심사평가원에 이의신청을 할 수 있다.
③ 제1항 및 제2항에 따른 이의신청(이하 "이의신청"이라 한다)은 처분이 있음을 안 날부터 90일 이내에 문서(전자문서를 포함한다)로 하여야 하며 처분이 있은 날부터 180일을 지나면 제기하지 못한다. 다만, 정당한 사유로 그 기간에 이의신청을 할 수 없었음을 소명한 경우에는 그러하지 아니하다.
④ 제3항 본문에도 불구하고 요양기관이 제48조에 따른 심사평가원의 확인에 대하여 이의신청을 하려면 같은 조 제2항에 따라 통보받은 날부터 30일 이내에 하여야 한다.
⑤ 제1항부터 제4항까지에서 규정한 사항 외에 이의신청의 방법 · 결정 및 그 결정의 통지 등에 필요한 사항은 대통령령으로 정한다.
제88조【심판청구】 ① 이의신청에 대한 결정에 불복하는 자는 제89조에 따른 건강보험분쟁조정위원회에 심판청구를 할 수 있다. 이 경우 심판청구의 제기기간 및 제기방법에 관하여는 제87조제3항을 준용한다.
② 제1항에 따라 심판청구를 하려는 자는 대통령령으로 정하는 심판청구서를 제87조제1항 또는 제2항에 따른 처분을 한 공단 또는 심사평가원에 제출하거나 제89조에 따른 건강보험분쟁조정위원회에 제출하여야 한다.
③ 제1항 및 제2항에서 규정한 사항 외에 심판청구의 절차 · 방법 · 결정 및 그 결정의 통지 등에 필요한 사항은 대통령령으로 정한다.
제89조【건강보험분쟁조정위원회】 ① 제88조에 따른 심판청구를 심리 · 의결하기 위하여 보건복지부에 건강보험분쟁조정위원회(이하 "분쟁조정위원회"라 한다)를 둔다.
② 분쟁조정위원회는 위원장을 포함하여 60명 이내의 위원으로 구성하고, 위원장을 제외한 위원 중 1명은 당연직위원으로 한다. 이 경우 공무원이 아닌 위원이 전체 위원의 과반수가 되도록 하여야 한다.(2018.12.11 후단신설)
③ 분쟁조정위원회의 회의는 위원장, 당연직위원 및 위원장이 매 회의마다 지정하는 7명의 위원을 포함하여 총 9명으로 구성하되, 공무원이 아닌 위원이 과반수가 되도록 하여야 한다.
(2018.12.11 본항개정)
④ 분쟁조정위원회는 제3항에 따른 구성원 과반수의 출석과 출석위원 과반수의 찬성으로 의결한다.
⑤ 분쟁조정위원회를 실무적으로 지원하기 위하여 분쟁조정위원회에 사무국을 둔다.(2014.1.1 본항신설)
⑥ 제1항부터 제5항까지에서 규정한 사항 외에 분쟁조정위원회 및 사무국의 구성 및 운영 등에 필요한 사항은 대통령령으로 정한다.(2014.1.1 본항개정)
⑦ 분쟁조정위원회의 위원 중 공무원이 아닌 사람은 「형법」 제129조부터 제132조까지의 규정을 적용할 때 공무원으로 본다.
(2016.2.3 본항신설)
제90조【행정소송】 공단 또는 심사평가원의 처분에 이의가 있는 자와 제87조에 따른 이의신청 또는 제88조에 따른 심판청구에 대한 결정에 불복하는 자는 「행정소송법」에서 정하는 바에 따라 행정소송을 제기할 수 있다.

제8장 보 칙

제91조【시효】 ① 다음 각 호의 권리는 3년 동안 행사하지 아니하면 소멸시효가 완성된다.
1. 보험료, 연체금 및 가산금을 징수할 권리(2016.3.22 본호개정)
2. 보험료, 연체금 및 가산금으로 과오납부한 금액을 환급받을 권리(2016.3.22 본호개정)
3. 보험급여를 받을 권리
4. 보험급여 비용을 받을 권리
5. 제47조제3항 후단에 따라 과다납부된 본인일부부담금을 돌려받을 권리
6. 제61조에 따른 근로복지공단의 권리
② 제1항에 따른 시효는 다음 각 호의 어느 하나의 사유로 중단된다.
1. 보험료의 고지 또는 독촉
2. 보험급여 또는 보험급여 비용의 청구
③ 휴직자등의 보수월액보험료를 징수할 권리의 소멸시효는 제79조제5항에 따라 고지가 유예된 경우 휴직 등의 사유가 끝날 때까지 진행하지 아니한다.
④ 제1항에 따른 소멸시효기간, 제2항에 따른 시효 중단 및 제3항에 따른 시효 정지에 관하여 이 법에서 정한 사항 외에는 「민법」에 따른다.
제92조【기간 계산】 이 법이나 이 법에 따른 명령에 규정된 기간의 계산에 관하여 이 법에서 정한 사항 외에는 「민법」의 기간에 관한 규정을 준용한다.
제93조【근로자의 권익 보호】 제6조제2항 각 호의 어느 하나에 해당하지 아니하는 모든 사업장의 근로자를 고용하는 사용자는 그가 고용한 근로자가 이 법에 따른 직장가입자가 되는 것을 방해하거나 자신이 부담하는 부담금이 증가되는 것을 피할 목적으로 정당한 사유 없이 근로자의 승급 또는 임금 인상을 하지 아니하거나 해고나 그 밖의 불리한 조치를 할 수 없다.
제94조【신고 등】 ① 공단은 사용자, 직장가입자 및 세대주에게 다음 각 호의 사항을 신고하게 하거나 관계 서류(전자적 방법으로 기록된 것을 포함한다. 이하 같다)를 제출하게 할 수 있다.
1. 가입자의 거주지 변경
2. 가입자의 보수 · 소득
3. 그 밖에 건강보험사업을 위하여 필요한 사항
(2013.5.22 본항개정)
② 공단은 제1항에 따라 신고한 사항이나 제출받은 자료에 대하여 사실 여부를 확인할 필요가 있으면 소속 직원이 해당 사항에 관하여 조사하게 할 수 있다.
③ 제2항에 따라 조사를 하는 소속 직원은 그 권한을 표시하는 증표를 지니고 관계인에게 보여주어야 한다.
제95조【소득 축소 · 탈루 자료의 송부 등】 ① 공단은 제94조제1항에 따라 신고한 보수 또는 소득 등에 축소 또는 탈루(脫漏)가 있다고 인정하는 경우에는 보건복지부장관을 거쳐 소득의 축소 또는 탈루에 관한 사항을 문서로 국세청장에게 송부할 수 있다.
② 국세청장은 제1항에 따라 송부받은 사항에 대하여 「국세기본법」 등 관련 법률에 따른 세무조사를 하면 그 조사 결과 중 보수 · 소득에 관한 사항을 공단에 송부하여야 한다.
③ 제1항 및 제2항에 따른 송부 절차 등에 필요한 사항은 대통령령으로 정한다.
제96조【자료의 제공】 ① 공단은 국가, 지방자치단체, 요양기관, 「보험업법」에 따른 보험회사 및 보험료율 산출 기관, 「공공기관의 운영에 관한 법률」에 따른 공공기관, 그 밖의 공공단체 등에 대하여 다음 각 호의 업무를 수행하기 위하여 주민등록 · 가족관계등록 · 국세 · 지방세 · 토지 · 건물 · 출입국관리 등의 자료로서 대통령령으로 정하는 자료를 제공하도록 요청할 수 있다.
1. 가입자 및 피부양자의 자격 관리, 보험료의 부과 · 징수, 보험급여의 관리 등 건강보험사업의 수행

2. 제14조제1항제11호에 따른 업무의 수행
(2014.5.20 본항개정)
② 심사평가원은 국가, 지방자치단체, 요양기관, 「보험업법」에 따른 보험회사 및 보험료율 산출 기관, 「공공기관의 운영에 관한 법률」에 따른 공공기관, 그 밖의 공공단체 등에 대하여 요양급여비용을 심사하고 요양급여의 적정성을 평가하기 위하여 주민등록 · 출입국관리 · 진료기록 · 의약품공급 등의 자료로서 대통령령으로 정하는 자료를 제공하도록 요청할 수 있다.
(2014.5.20 본항개정)
③ 보건복지부장관은 관계 행정기관의 장에게 제41조의2에 따른 약제에 대한 요양급여비용 상한금액의 감액 및 요양급여의 적용 정지를 위하여 필요한 자료를 제공하도록 요청할 수 있다.(2018.3.27 본항신설)
④ 제1항부터 제3항까지의 규정에 따라 자료 제공을 요청받은 자는 성실히 이에 따라야 한다.(2018.3.27 본항개정)
⑤ 공단 또는 심사평가원은 요양기관, 「보험업법」에 따른 보험회사 및 보험료율 산출 기관에 제1항 또는 제2항에 따른 자료의 제공을 요청하는 경우 자료 제공 요청 근거 및 사유, 자료 제공 대상자, 대상기간, 자료 제공 기한, 제출 자료 등이 기재된 자료제공요청서를 발송하여야 한다.(2016.3.22 본항신설)
⑥ 제1항 및 제2항에 따른 국가, 지방자치단체, 요양기관, 「보험업법」에 따른 보험료율 산출 기관 그 밖의 공공기관 및 공공단체가 공단 또는 심사평가원에 제공하는 자료에 대하여는 사용료와 수수료 등을 면제한다.
제96조의2 【금융정보등의 제공 등】 ① 공단은 제72조제1항 단서에 따른 지역가입자의 재산보험료부과점수 산정을 위하여 필요한 경우 「신용정보의 이용 및 보호에 관한 법률」 제32조 및 「금융실명거래 및 비밀보장에 관한 법률」 제4조제1항에도 불구하고 지역가입자가 제72조제3항에 따라 제출한 동의 서면을 전자적 형태로 바꾼 문서에 의하여 「신용정보의 이용 및 보호에 관한 법률」 제2조제6호에 따른 신용정보집중기관 또는 금융회사등(이하 이 조에서 "금융기관등"이라 한다)의 장에게 금융정보등을 제공하도록 요청할 수 있다.(2024.2.6 본항개정)
② 제1항에 따라 금융정보등의 제공을 요청받은 금융기관등의 장은 「신용정보의 이용 및 보호에 관한 법률」 제32조 및 「금융실명거래 및 비밀보장에 관한 법률」 제4조에도 불구하고 명의인의 금융정보등을 제공하여야 한다.
③ 제2항에 따라 금융정보등을 제공한 금융기관등의 장은 금융정보등의 제공 사실을 명의인에게 통보하여야 한다. 다만, 명의인이 동의한 경우에는 「신용정보의 이용 및 보호에 관한 법률」 제32조제7항, 제35조제2항 및 「금융실명거래 및 비밀보장에 관한 법률」 제4조의2제1항에도 불구하고 통보하지 아니할 수 있다.
④ 제1항부터 제3항까지에서 규정한 사항 외에 금융정보등의 제공 요청 및 제공 절차 등에 필요한 사항은 대통령령으로 정한다.
(2022.6.10 본조개정)
제96조의3 【가족관계등록 전산정보의 공동이용】 ① 공단은 제96조제1항 각 호의 업무를 수행하기 위하여 「전자정부법」에 따라 「가족관계의 등록 등에 관한 법률」 제9조에 따른 전산정보자료를 공동이용(「개인정보 보호법」 제2조제2호에 따른 처리를 포함한다)할 수 있다.
② 법원행정처장은 제1항에 따라 공단이 전산정보자료의 공동이용을 요청하는 경우 그 공동이용을 위하여 필요한 조치를 취하여야 한다.
③ 누구든지 제1항에 따라 공동이용하는 전산정보자료를 그 목적 외의 용도로 이용하거나 활용하여서는 아니 된다.
(2020.12.29 본조신설)
제96조의4 【서류의 보존】 ① 요양기관은 요양급여가 끝난 날부터 5년간 보건복지부령으로 정하는 바에 따라 제47조에 따른 요양급여비용의 청구에 관한 서류를 보존하여야 한다. 다만, 약국 등 보건복지부령으로 정하는 요양기관은 처방전을 요양급여비용을 청구한 날부터 3년간 보존하여야 한다.
② 사용자는 3년간 보건복지부령으로 정하는 바에 따라 자격 관리 및 보험료 산정 등 건강보험에 관한 서류를 보존하여야 한다.
③ 제49조제3항에 따라 요양비를 청구한 준요양기관은 요양비를 지급받은 날부터 3년간 보건복지부령으로 정하는 바에 따라 요양비 청구에 관한 서류를 보존하여야 한다.
(2020.12.29 본항신설)
④ 제51조제2항에 따라 보조기기에 대한 보험급여를 청구한 자는 보험급여를 지급받은 날부터 3년간 보건복지부령으로 정하는 바에 따라 보험급여 청구에 관한 서류를 보존하여야 한다.(2020.12.29 본항신설)
(2013.5.22 본조신설)
제97조 【보고와 검사】 ① 보건복지부장관은 사용자, 직장가입자 또는 세대주에게 가입자의 이동 · 보수 · 소득이나 그 밖에 필요한 사항에 관한 보고 또는 서류 제출을 명하거나, 소속 공무원이 관계인에게 질문하게 하거나 관계 서류를 검사하게 할 수 있다.
② 보건복지부장관은 요양기관(제49조에 따라 요양을 실시한 기관을 포함한다)에 대하여 요양 · 약제의 지급 등 보험급여에 관한 보고 또는 서류 제출을 명하거나, 소속 공무원이 관계인에게 질문하게 하거나 관계 서류를 검사하게 할 수 있다.
③ 보건복지부장관은 보험급여를 받은 자에게 해당 보험급여의 내용에 관하여 보고하게 하거나, 소속 공무원이 질문하게 할 수 있다.
④ 보건복지부장관은 제47조제7항에 따라 요양급여비용의 심사청구를 대행하는 단체(이하 "대행청구단체"라 한다)에 필요한 자료의 제출을 명하거나, 소속 공무원이 대행청구에 관한 자료 등을 조사 · 확인하게 할 수 있다.(2022.12.27 본항개정)
⑤ 보건복지부장관은 제41조의2에 따른 약제에 대한 요양급여비용 상한금액의 감액 및 요양급여의 적용 정지를 위하여 필요한 경우에는 「약사법」 제47조제2항에 따른 의약품공급자에 대하여 금전, 물품, 편익, 노무, 향응, 그 밖의 경제적 이익등 제공으로 인한 의약품 판매 질서 위반 행위에 관한 보고 또는 서류 제출을 명하거나, 소속 공무원이 관계인에게 질문하게 하거나 관계 서류를 검사하게 할 수 있다.(2018.3.27 본항신설)
⑥ 제1항부터 제5항까지의 규정에 따라 질문 · 검사 · 조사 또는 확인을 하는 소속 공무원은 그 권한을 표시하는 증표를 지니고 관계인에게 보여주어야 한다.(2018.3.27 본항개정)
⑦ 보건복지부장관은 제1항부터 제5항까지에 따른 질문 · 검사 · 조사 또는 확인 업무를 효율적으로 수행하기 위하여 대통령령으로 정하는 바에 따라 공단 또는 심사평가원으로 하여금 그 업무를 지원하게 할 수 있다.(2024.1.23 본항개정)
⑧ 제1항부터 제6항까지에 따른 질문 · 검사 · 조사 또는 확인의 내용 · 절차 · 방법 등에 관하여 이 법에서 정하는 사항을 제외하고는 「행정조사기본법」에서 정하는 바에 따른다.
(2024.1.23 본항신설)
제98조 【업무정지】 ① 보건복지부장관은 요양기관이 다음 각 호의 어느 하나에 해당하면 그 요양기관에 대하여 1년의 범위에서 기간을 정하여 업무정지를 명할 수 있다. 이 경우 보건복지부장관은 그 사실을 공단 및 심사평가원에 알려야 한다.(2024.1.23 후단신설)
1. 속임수나 그 밖의 부당한 방법으로 보험자 · 가입자 및 피부양자에게 요양급여비용을 부담하게 한 경우
2. 제97조제2항에 따른 명령에 위반하거나 거짓 보고를 하거나 거짓 서류를 제출하거나, 소속 공무원의 검사 또는 질문을 거부 · 방해 또는 기피한 경우
3. 정당한 사유 없이 요양기관이 제41조의3제1항에 따른 결정을 신청하지 아니하고 속임수나 그 밖의 부당한 방법으로 행위 · 치료재료를 가입자 또는 피부양자에게 실시 또는 사용하고 비용을 부담시킨 경우(2016.2.3 본호신설)
② 제1항에 따라 업무정지 처분을 받은 자는 해당 업무정지기간 중에는 요양급여를 하지 못한다.
③ 제1항에 따른 업무정지 처분의 효과는 그 처분이 확정된 요양기관을 양수한 자 또는 합병 후 존속하는 법인이나 합병으로 설립되는 법인에 승계되고, 업무정지 처분의 절차가 진행 중인 때에는 양수인 또는 합병 후 존속하는 법인이나 합병으로 설립되는 법인에 대하여 그 절차를 계속 진행할 수 있다. 다만, 양

수인 또는 합병 후 존속하는 법인이나 합병으로 설립되는 법인이 그 처분 또는 위반사실을 알지 못하였음을 증명하는 경우에는 그러하지 아니하다.
④ 제1항에 따른 업무정지 처분을 받았거나 업무정지 처분의 절차가 진행 중인 자는 행정처분을 받은 사실 또는 행정처분절차가 진행 중인 사실을 보건복지부령으로 정하는 바에 따라 양수인 또는 합병 후 존속하는 법인이나 합병으로 설립되는 법인에 지체 없이 알려야 한다.
⑤ 제1항에 따른 업무정지를 부과하는 위반행위의 종류, 위반 정도 등에 따른 행정처분기준이나 그 밖에 필요한 사항은 대통령령으로 정한다.

제99조【과징금】 ① 보건복지부장관은 요양기관이 제98조제1항제1호 또는 제3호에 해당하여 업무정지 처분을 하여야 하는 경우로서 그 업무정지 처분이 해당 요양기관을 이용하는 사람에게 심한 불편을 주거나 보건복지부장관이 정하는 특별한 사유가 있다고 인정되면 업무정지 처분을 갈음하여 속임수나 그 밖의 부당한 방법으로 부담하게 한 금액의 5배 이하의 금액을 과징금으로 부과·징수할 수 있다. 이 경우 보건복지부장관은 12개월의 범위에서 분할납부를 하게 할 수 있다.
(2016.2.3 전단개정)
② 보건복지부장관은 제41조의2제3항에 따라 약제를 요양급여에서 적용 정지하는 경우 다음 각 호의 어느 하나에 해당하는 때에는 요양급여의 적용 정지에 갈음하여 대통령령으로 정하는 바에 따라 다음 각 호의 구분에 따른 범위에서 과징금을 부과·징수할 수 있다. 이 경우 보건복지부장관은 12개월의 범위에서 분할납부를 하게 할 (2021.6.8 전단개정)
1. 환자 진료에 불편을 초래하는 등 공공복리에 지장을 줄 것으로 예상되는 때 : 해당 약제에 대한 요양급여비용 총액의 100분의 200을 넘지 아니하는 범위
2. 국민 건강에 심각한 위험을 초래할 것이 예상되는 등 특별한 사유가 있다고 인정되는 때 : 해당 약제에 대한 요양급여비용 총액의 100분의 60을 넘지 아니하는 범위
(2021.6.8 1호~2호신설)
③ 보건복지부장관은 제2항 전단에 따라 과징금 부과 대상이 된 약제가 과징금이 부과된 날부터 5년의 범위에서 대통령령으로 정하는 기간 내에 다시 제2항 전단에 따른 과징금 부과 대상이 되는 경우에는 대통령령으로 정하는 바에 따라 다음 각 호의 구분에 따른 범위에서 과징금을 부과·징수할 수 있다.
(2021.6.8 본문개정)
1. 제2항제1호에서 정하는 사유로 과징금 부과대상이 되는 경우 : 해당 약제에 대한 요양급여비용 총액의 100분의 350을 넘지 아니하는 범위
2. 제2항제2호에서 정하는 사유로 과징금 부과대상이 되는 경우 : 해당 약제에 대한 요양급여비용 총액의 100분의 100을 넘지 아니하는 범위
(2021.6.8 1호~2호신설)
④ 제2항 및 제3항에 따라 대통령령으로 해당 약제에 대한 요양급여비용 총액을 정할 때에는 그 약제의 과거 요양급여 실적 등을 고려하여 1년간의 요양급여 총액을 넘지 않는 범위에서 정하여야 한다.(2018.3.27 본항개정)
⑤ 보건복지부장관은 제1항에 따른 과징금을 납부하여야 할 자가 납부기한까지 이를 내지 아니하면 대통령령으로 정하는 절차에 따라 그 과징금 부과 처분을 취소하고 제98조제1항에 따른 업무정지 처분을 하거나 국세 체납처분의 예에 따라 이를 징수한다. 다만, 요양기관의 폐업 등으로 제98조제1항에 따른 업무정지 처분을 할 수 없으면 국세 체납처분의 예에 따라 징수한다.(2016.3.22 본항개정)
⑥ 보건복지부장관은 제2항 또는 제3항에 따른 과징금을 납부하여야 할 자가 납부기한까지 이를 내지 아니하면 국세 체납처분의 예에 따라 징수한다.(2018.3.27 본항개정)
⑦ 보건복지부장관은 과징금을 징수하기 위하여 필요하면 다음 각 호의 사항을 적은 문서로 관할 세무관서의 장 또는 지방자치단체의 장에게 과세정보의 제공을 요청할 수 있다.
1. 납세자의 인적사항
2. 사용 목적
3. 과징금 부과 사유 및 부과 기준
⑧ 제1항부터 제3항까지의 규정에 따라 징수한 과징금은 다음 각 호 외의 용도로는 사용할 수 없다. 이 경우 제2항제1호 및 제3항제1호에 따라 징수한 과징금은 제3호의 용도로 사용하여야 한다.(2021.6.8 후단신설)
1. 제47조제3항에 따라 공단이 요양급여비용으로 지급하는 자금
2. 「응급의료에 관한 법률」에 따른 응급의료기금의 지원
3. 「재난적의료비 지원에 관한 법률」에 따른 재난적의료비 지원사업에 대한 지원(2018.1.16 본호신설)
⑨ 제1항부터 제3항까지의 규정에 따른 과징금의 금액과 그 납부에 필요한 사항 및 제8항에 따른 과징금의 용도별 지원 규모, 사용 절차 등에 필요한 사항은 대통령령으로 정한다.(2018.3.27 본항개정)

제100조【위반사실의 공표】 ① 보건복지부장관은 관련 서류의 위조·변조로 요양급여비용을 거짓으로 청구하여 제98조 또는 제99조에 따른 행정처분을 받은 요양기관이 다음 각 호의 어느 하나에 해당하면 그 위반 행위, 처분 내용, 해당 요양기관의 명칭·주소 및 대표자 성명, 그 밖에 다른 요양기관과의 구별에 필요한 사항으로서 대통령령으로 정하는 사항을 공표할 수 있다. 이 경우 공표 여부를 결정할 때에는 그 위반행위의 동기, 정도, 횟수 및 결과 등을 고려하여야 한다.
1. 거짓으로 청구한 금액이 1천 500만원 이상인 경우
2. 요양급여비용 총액 중 거짓으로 청구한 금액의 비율이 100분의 20 이상인 경우
② 보건복지부장관은 제1항에 따른 공표 여부 등을 심의하기 위하여 건강보험공표심의위원회(이하 이 조에서 "공표심의위원회"라 한다)를 설치·운영한다.
③ 보건복지부장관은 공표심의위원회의 심의를 거친 공표대상자에게 공표대상자인 사실을 알려 소명자료를 제출하거나 출석하여 의견을 진술할 기회를 주어야 한다.
④ 보건복지부장관은 공표심의위원회가 제3항에 따라 제출된 소명자료 또는 진술된 의견을 고려하여 공표대상자를 재심의한 후 공표대상자를 선정한다.
⑤ 제1항부터 제4항까지에서 규정한 사항 외에 공표의 절차·방법, 공표심의위원회의 구성·운영 등에 필요한 사항은 대통령령으로 정한다.

제101조【제조업자 등의 금지행위 등】 ① 「약사법」에 따른 의약품의 제조업자·위탁제조판매업자·수입자·판매업자 및 「의료기기법」에 따른 의료기기 제조업자·수입업자·수리업자·판매업자·임대업자(이하 "제조업자등"이라 한다)는 약제·치료재료와 관련하여 제41조의3에 따라 요양급여대상 여부를 결정하거나 제46조에 따라 요양급여비용을 산정할 때에 다음 각 호의 행위를 하여 보험자·가입자 및 피부양자에게 손실을 주어서는 아니 된다.
1. 제98조제1항제1호에 해당하는 요양기관의 행위에 개입
2. 보건복지부, 공단 또는 심사평가원에 거짓 자료의 제출
3. 그 밖에 속임수나 보건복지부령으로 정하는 부당한 방법으로 요양급여대상 여부의 결정과 요양급여비용의 산정에 영향을 미치는 행위
(2016.2.3 본항개정)
② 보건복지부장관은 제조업자등이 제1항에 위반한 사실이 있는지 여부를 확인하기 위하여 그 제조업자등에게 관련 서류의 제출을 명하거나, 소속 공무원이 관계인에게 질문을 하게 하거나 관계 서류를 검사하게 하는 등 필요한 조사를 할 수 있다. 이 경우 소속 공무원은 그 권한을 표시하는 증표를 지니고 이를 관계인에게 보여주어야 한다.
③ 공단은 제1항을 위반하여 보험자·가입자 및 피부양자에게 손실을 주는 행위를 한 제조업자등에 대하여 손실에 상당하는 금액(이하 이 조에서 "손실 상당액"이라 한다)을 징수한다.
(2016.2.3 본항신설)
④ 공단은 제3항에 따라 징수한 손실 상당액 중 가입자 및 피부양자의 손실에 해당되는 금액을 그 가입자나 피부양자에게 지급하여야 한다. 이 경우 공단은 가입자나 피부양자에게 지급하여야 하는 금액을 그 가입자 및 피부양자가 내야하는 보험료 등과 상계할 수 있다.(2016.2.3 본항신설)
⑤ 제3항에 따른 손실 상당액의 산정, 부과·징수절차 및 납부

방법 등에 관하여 필요한 사항은 대통령령으로 정한다.
(2016.2.3 본항신설)

제101조의2【약제에 대한 쟁송 시 손실상당액의 징수 및 지급】 ① 공단은 제41조의2에 따른 요양급여비용 상한금액의 감액 및 요양급여의 적용 정지 또는 제41조의3에 따른 조정(이하 이 조에서 "조정등"이라 한다)에 대하여 약제의 제조업자등이 청구 또는 제기한 「행정심판법」에 따른 행정심판 또는 「행정소송법」에 따른 행정소송에 대하여 행정심판위원회 또는 법원의 결정이나 재결, 판결이 다음 각 호의 요건을 모두 충족하는 경우에는 조정등이 집행정지된 기간 동안 공단에 발생한 손실에 상당하는 금액을 약제의 제조업자등에게서 징수할 수 있다.
1. 행정심판위원회 또는 법원이 집행정지 결정을 한 경우
2. 행정심판이나 행정소송에 대한 각하 또는 기각(일부 기각을 포함한다) 재결 또는 판결이 확정되거나 청구취하 또는 소취하로 심판 또는 소송이 종결된 경우

② 공단은 제1항의 심판 또는 소송에 대한 결정이나 재결, 판결이 다음 각 호의 요건을 모두 충족하는 경우에는 조정등으로 인하여 약제의 제조업자등에게 발생한 손실에 상당하는 금액을 지급하여야 한다.
1. 행정심판위원회 또는 법원의 집행정지 결정이 없거나 집행정지 결정이 취소된 경우
2. 행정심판이나 행정소송에 대한 인용(일부 인용을 포함한다) 재결 또는 판결이 확정된 경우

③ 제1항에 따른 손실에 상당하는 금액은 집행정지 기간 동안 공단이 지급한 요양급여비용과 집행정지가 결정되지 않았다면 공단이 지급하여야 할 요양급여비용의 차액으로 산정한다. 다만, 요양급여대상에서 제외되거나 요양급여의 적용을 정지하는 내용의 조정등의 경우에는 요양급여비용 차액의 100분의 40을 초과할 수 없다.

④ 제2항에 따른 손실에 상당하는 금액은 해당 조정등이 없었다면 공단이 지급하여야 할 요양급여비용과 조정등에 따라 공단이 지급한 요양급여비용의 차액으로 산정한다. 다만, 요양급여대상에서 제외되거나 요양급여의 적용을 정지하는 내용의 조정등의 경우에는 요양급여비용 차액의 100분의 40을 초과할 수 없다.

⑤ 공단은 제1항 또는 제2항에 따라 손실에 상당하는 금액을 징수 또는 지급하는 경우 대통령령으로 정하는 이자를 가산하여야 한다.

⑥ 그 밖에 제1항에 따른 징수절차, 제2항에 따른 지급절차, 제3항 및 제4항에 따른 손실에 상당하는 금액의 산정기준 및 기간, 제5항에 따른 가산금 등 징수 및 지급에 필요한 세부사항은 보건복지부령으로 정한다.
(2023.5.19 본조신설)

제102조【정보의 유지 등】 공단, 심사평가원 및 대행청구단체에 종사하였던 사람 또는 종사하는 사람은 다음 각 호의 행위를 하여서는 아니 된다.
1. 가입자 및 피부양자의 개인정보(「개인정보 보호법」 제2조제1호의 개인정보를 말한다. 이하 "개인정보"라 한다)를 누설하거나 직무상 목적 외의 용도로 이용 또는 정당한 사유 없이 제3자에게 제공하는 행위
2. 업무를 수행하면서 알게 된 정보(제1호의 개인정보는 제외한다)를 누설하거나 직무상 목적 외의 용도로 이용 또는 제3자에게 제공하는 행위
(2019.4.23 1호～2호개정)
(2016.3.22 본조개정)

제103조【공단 등에 대한 감독 등】 ① 보건복지부장관은 공단과 심사평가원의 경영목표를 달성하기 위하여 다음 각 호의 사업이나 업무에 대하여 보고를 명하거나 그 사업이나 업무 또는 재산상황을 검사하는 등 감독을 할 수 있다.
1. 제14조제1항제1호부터 제13호까지의 규정에 따른 공단의 업무 및 제63조제1항제1호부터 제8호까지의 규정에 따른 심사평가원의 업무(2022.6.10 본호개정)
2. 「공공기관의 운영에 관한 법률」 제50조에 따른 경영지침의 이행과 관련된 사업
3. 이 법 또는 다른 법령에서 공단과 심사평가원이 위탁받은 업무
4. 그 밖에 관계 법령에서 정하는 사항과 관련된 사업

② 보건복지부장관은 제1항에 따른 감독상 필요한 경우에는 정관이나 규정의 변경 또는 그 밖에 필요한 처분을 명할 수 있다.

제104조【포상금 등의 지급】 ① 공단은 다음 각 호의 어느 하나에 해당하는 자 또는 재산을 신고한 사람에 대하여 포상금을 지급할 수 있다. 다만, 공무원이 그 직무와 관련하여 제4호에 따른 은닉재산을 신고한 경우에는 그러하지 아니한다.
(2022.12.27 본문개정)
1. 속임수나 그 밖의 부당한 방법으로 보험급여를 받은 사람
2. 속임수나 그 밖의 부당한 방법으로 다른 사람이 보험급여를 받도록 한 자
3. 속임수나 그 밖의 부당한 방법으로 보험급여 비용을 받은 요양기관 또는 보험급여를 받은 준요양기관 및 보조기기 판매업자
4. 제57조에 따라 징수금을 납부하여야 하는 자의 은닉재산
(2022.12.27 본호신설)
(2020.12.29 본항개정)

② 공단은 건강보험 재정을 효율적으로 운영하는 데에 이바지한 요양기관에 대하여 장려금을 지급할 수 있다.(2013.5.22 본항신설)

③ 제1항제4호의 "은닉재산"이란 징수금을 납부하여야 하는 자가 은닉한 현금, 예금, 주식, 그 밖에 재산적 가치가 있는 유형·무형의 재산을 말한다. 다만, 다음 각 호의 어느 하나에 해당하는 재산은 제외한다.
1. 「민법」 제406조 등 관계 법령에 따라 사해행위(詐害行爲) 취소소송의 대상이 되어 있는 재산
2. 공단이 은닉사실을 알고 조사 또는 강제징수 절차에 착수한 재산
3. 그 밖에 은닉재산 신고를 받을 필요가 없다고 인정되어 대통령령으로 정하는 재산
(2022.12.27 본항신설)

④ 제1항 및 제2항에 따른 포상금 및 장려금의 지급 기준과 범위, 절차 및 방법 등에 필요한 사항은 대통령령으로 정한다.
(2013.5.22 본항개정)
(2013.5.22 본조제목개정)

제105조【유사명칭의 사용금지】 ① 공단이나 심사평가원이 아닌 자는 국민건강보험공단, 건강보험심사평가원 또는 이와 유사한 명칭을 사용하지 못한다.

② 이 법으로 정하는 건강보험사업을 수행하는 자가 아닌 자는 보험계약 또는 보험계약의 명칭에 국민건강보험이라는 용어를 사용하지 못한다.

제106조【소액 처리】 공단은 징수하여야 할 금액이나 반환하여야 할 금액이 1건당 2천원 미만인 경우(제47조제5항, 제57조제5항 후단 및 제101조제4항 후단에 따라 각각 상계 처리할 수 있는 본인일부부담금 환급금 및 가입자나 피부양자에게 지급하여야 하는 금액은 제외한다)에는 징수 또는 반환하지 아니한다.(2022.12.27 본조개정)

제107조【끝수 처리】 보험료등과 보험급여에 관한 비용을 계산할 때 「국고금관리법」 제47조에 따른 끝수는 계산하지 아니한다.

제108조 (2023.6.13 삭제)

제108조의2【보험재정에 대한 정부지원】 ① 국가는 매년 예산의 범위에서 해당 연도 보험료 예상 수입액의 100분의 14에 상당하는 금액을 국고에서 공단에 지원한다.

② 공단은 「국민건강증진법」에서 정하는 바에 따라 같은 법에 따른 국민건강증진기금에서 자금을 지원받을 수 있다.

③ 공단은 제1항에 따라 지원된 재원을 다음 각 호의 사업에 사용한다.
1. 가입자 및 피부양자에 대한 보험급여
2. 건강보험사업에 대한 운영비
3. 제75조 및 제110조제4항에 따른 보험료 경감에 대한 지원

④ 공단은 제2항에 따라 지원된 재원을 다음 각 호의 사업에 사용한다.
1. 건강검진 등 건강증진에 관한 사업

2. 가입자와 피부양자의 흡연으로 인한 질병에 대한 보험급여
3. 가입자와 피부양자 중 65세 이상 노인에 대한 보험급여
(2023.6.13 본조신설 : 2027.12.31까지 유효)

제109조【외국인 등에 대한 특례】 ① 정부는 외국 정부가 사용자인 사업장의 근로자의 건강보험에 관하여는 외국 정부와 한 합의에 따라 이를 따로 정할 수 있다.
② 국내에 체류하는 재외국민 또는 외국인(이하 "국내체류 외국인등"이라 한다)이 적용대상사업장의 근로자, 공무원 또는 교직원이고 제6조제2항 각 호의 어느 하나에 해당하지 아니하면서 다음 각 호의 어느 하나에 해당하는 경우에는 제5조에도 불구하고 직장가입자가 된다.
1. 「주민등록법」 제6조제1항제3호에 따라 등록한 사람
2. 「재외동포의 출입국과 법적 지위에 관한 법률」 제6조에 따라 국내거소신고를 한 사람
3. 「출입국관리법」 제31조에 따라 외국인등록을 한 사람
(2016.3.22 본항개정)
③ 제2항에 따른 직장가입자에 해당하지 아니하는 국내체류 외국인등이 다음 각 호의 요건을 모두 갖춘 경우에는 제5조에도 불구하고 지역가입자가 된다.(2019.1.15 본문개정)
1. 보건복지부령으로 정하는 기간 동안 국내에 거주하였거나 해당 기간 동안 국내에 지속적으로 거주할 것으로 예상할 수 있는 사유로서 보건복지부령으로 정하는 사유에 해당될 것
2. 다음 각 목의 어느 하나에 해당할 것
가. 제2항제1호 또는 제2호에 해당하는 사람
나. 「출입국관리법」 제31조에 따라 외국인등록을 한 사람으로서 보건복지부령으로 정하는 체류자격이 있는 사람
(2016.3.22 본항신설)
④ 제2항 각 호의 어느 하나에 해당하는 국내체류 외국인등이 다음 각 호의 요건을 모두 갖춘 경우에는 제5조에도 불구하고 공단에 신청하면 피부양자가 될 수 있다.
1. 직장가입자와의 관계가 제5조제2항 각 호의 어느 하나에 해당할 것
2. 제5조제3항에 따른 피부양자 자격의 인정 기준에 해당할 것
3. 국내 거주기간 또는 거주사유가 제3항제1호에 따른 기준에 해당할 것. 다만, 직장가입자의 배우자 및 19세 미만 자녀(배우자의 자녀를 포함한다)에 대해서는 그러하지 아니하다.
(2024.1.2 본호신설)
(2016.3.22 본항신설)
⑤ 제2항부터 제4항까지의 규정에도 불구하고 다음 각 호에 해당되는 경우에는 가입자 및 피부양자가 될 수 없다.
1. 국내체류가 법률에 위반되는 경우로서 대통령령으로 정하는 사유가 있는 경우
2. 국내체류 외국인등이 외국의 법령, 외국의 보험 또는 사용자와의 계약 등에 따라 제41조에 따른 요양급여에 상당하는 의료보장을 받을 수 있어 사용자 또는 가입자가 보건복지부령으로 정하는 바에 따라 가입 제외를 신청한 경우(2019.1.15 본호개정)
(2016.3.22 본항신설)
⑥ 제2항부터 제5항까지의 규정에서 정한 사항 외에 국내체류 외국인등의 가입자 또는 피부양자 자격의 취득 및 상실에 관한 시기·절차 등에 필요한 사항은 제5조부터 제11조까지의 규정을 준용한다. 다만, 국내체류 외국인등의 특성을 고려하여 특별히 규정해야 할 사항은 대통령령으로 다르게 정할 수 있다.
(2016.3.22 본항신설)
⑦ 가입자인 국내체류 외국인등이 매월 2일 이후 지역가입자의 자격을 취득하고 그 자격을 취득한 날이 속하는 달에 보건복지부장관이 고시하는 사유로 해당 자격을 상실한 경우에는 제69조제2항 본문에도 불구하고 그 자격을 취득한 날이 속하는 달의 보험료를 부과하여 징수한다.(2016.3.22 본항신설)
⑧ 국내체류 외국인등(제9항 단서의 적용을 받는 사람에 한정한다)에 해당하는 지역가입자의 보험료는 제78조제1항 본문에도 불구하고 그 직전 월 25일까지 납부하여야 한다. 다만, 다음 각 호에 해당되는 경우에는 공단이 정하는 바에 따라 납부하여야 한다.(2019.1.15 본문개정)
1. 자격을 취득한 날이 속하는 달의 보험료를 징수하는 경우
2. 매월 26일 이후부터 말일까지의 기간에 자격을 취득한 경우
(2016.3.22 본항신설)
⑨ 제7항과 제8항에서 정한 사항 외에 가입자인 국내체류 외국인등의 보험료 부과·징수에 관한 사항은 제69조부터 제86조까지의 규정을 준용한다. 다만, 대통령령으로 정하는 국내체류 외국인등의 보험료 부과·징수에 관한 사항은 그 특성을 고려하여 보건복지부장관이 다르게 정하여 고시할 수 있다.
(2016.3.22 본항신설)
⑩ 공단은 지역가입자인 국내체류 외국인등(제9항 단서의 적용을 받는 사람에 한정한다)이 보험료를 대통령령으로 정하는 기간 이상 체납한 경우에는 제53조제3항에도 불구하고 체납일부터 체납한 보험료를 완납할 때까지 보험급여를 하지 아니한다. 이 경우 제53조제3항 각 호 외의 부분 단서 및 같은 조 제5항·제6항은 적용하지 아니한다.(2024.10.22 전단개정)
⑪ 제10항에도 불구하고 체류자격 및 체류기간 등 국내체류 외국인등의 특성을 고려하여 특별히 규정하여야 할 사항은 대통령령으로 다르게 정할 수 있다.(2024.10.22 본항신설)

제110조【실업자에 대한 특례】 ① 사용관계가 끝난 사람 중 직장가입자로서의 자격을 유지한 기간이 보건복지부령으로 정하는 기간 동안 통산 1년 이상인 사람은 지역가입자가 된 이후 최초로 제79조에 따라 지역가입자 보험료를 고지받은 날부터 그 납부기한에서 2개월이 지나기 이전까지 공단에 직장가입자로서의 자격을 유지할 것을 신청할 수 있다.(2018.1.16 본항개정)
② 제1항에 따라 공단에 신청한 가입자(이하 "임의계속가입자"라 한다)는 제9조에도 불구하고 대통령령으로 정하는 기간 동안 직장가입자의 자격을 유지한다. 다만, 제1항에 따른 신청 후 최초로 내야 할 직장가입자 보험료를 그 납부기한부터 2개월이 지난 날까지 내지 아니한 경우에는 그 자격을 유지할 수 없다.(2013.5.22 본항신설)
③ 임의계속가입자의 보수월액은 보수월액보험료가 산정된 최근 12개월간의 보수월액을 평균한 금액으로 한다.
(2018.1.16 본항개정)
④ 임의계속가입자의 보험료는 보건복지부장관이 정하여 고시하는 바에 따라 그 일부를 경감할 수 있다.
⑤ 임의계속가입자의 보수월액보험료는 제76조제1항 및 제77조제1항제1호에도 불구하고 그 임의계속가입자가 전액을 부담하고 납부한다.
⑥ 임의계속가입자가 보험료를 납부기한까지 내지 아니하는 경우 그 급여제한에 관하여는 제53조제3항·제5항 및 제6항을 준용한다. 이 경우 "제69조제5항에 따른 세대단위의 보험료"는 "제110조제5항에 따른 보험료"로 본다.(2013.5.22 후단개정)
⑦ 임의계속가입자의 신청 방법·절차 등에 필요한 사항은 보건복지부령으로 정한다.

제111조【권한의 위임】 이 법에 따른 보건복지부장관의 권한은 대통령령으로 정하는 바에 따라 그 일부를 특별시장·광역시장·특별자치시장·도지사 또는 특별자치도지사에게 위임할 수 있다.(2024.1.2 본조개정)

제112조【업무의 위탁】 ① 공단은 대통령령으로 정하는 바에 따라 다음 각 호의 업무를 체신관서, 금융기관 또는 그 밖의 자에게 위탁할 수 있다.
1. 보험료의 수납 또는 보험료납부의 확인에 관한 업무
2. 보험급여비용의 지급에 관한 업무
3. 징수위탁근거법의 위탁에 따라 징수하는 연금보험료, 고용보험료, 산업재해보상보험료, 부담금 및 분담금 등(이하 "징수위탁보험료등"이라 한다)의 수납 또는 그 납부의 확인에 관한 업무
② 공단은 그 업무의 일부를 국가기관, 지방자치단체 또는 다른 법령에 따른 사회보험 업무를 수행하는 법인이나 그 밖의 자에게 위탁할 수 있다. 다만, 보험료와 징수위탁보험료등의 징수 업무는 그러하지 아니하다.(2016.2.3 단서신설)
③ 제2항에 따라 공단이 위탁할 수 있는 업무 및 위탁받을 수 있는 자의 범위는 보건복지부령으로 정한다.

제113조【징수위탁보험료등의 배분 및 납입 등】 ① 공단은 자신이 징수한 보험료와 그에 따른 징수금 또는 징수위탁보험

료등의 금액이 징수하여야 할 총액에 부족한 경우에는 대통령령으로 정하는 기준, 방법에 따라 이를 배분하여 납부 처리하여야 한다. 다만, 납부의무자가 다른 의사를 표시한 때에는 그에 따른다.
② 공단은 징수위탁보험료등을 징수한 때에는 이를 지체 없이 해당 보험별 기금에 납입하여야 한다.
제114조【출연금의 용도 등】 ① 공단은 「국민연금법」, 「산업재해보상보험법」, 「고용보험법」 및 「임금채권보장법」에 따라 국민연금기금, 산업재해보상보험및예방기금, 고용보험기금 및 임금채권보장기금으로부터 각각 지급받은 출연금을 제14조제1항제11호에 따른 업무에 소요되는 비용에 사용하여야 한다.
② 제1항에 따라 지급받은 출연금의 관리 및 운용 등에 필요한 사항은 대통령령으로 정한다.
제114조의2【벌칙 적용에서 공무원 의제】 제4조제1항에 따른 심의위원회 및 제100조제2항에 따른 건강보험공표심의위원회 위원 중 공무원이 아닌 사람은 「형법」 제127조 및 제129조부터 제132조까지의 규정을 적용할 때에는 공무원으로 본다.(2019.1.15 본조신설)

제9장 벌 칙

제115조【벌칙】 ① 제102조제1호를 위반하여 가입자 및 피부양자의 개인정보를 누설하거나 직무상 목적 외의 용도로 이용 또는 정당한 사유 없이 제3자에게 제공한 자는 5년 이하의 징역 또는 5천만원 이하의 벌금에 처한다.(2019.4.23 본항개정)
② 다음 각 호의 어느 하나에 해당하는 자는 3년 이하의 징역 또는 3천만원 이하의 벌금에 처한다.(2016.3.22 본문개정)
1. 대행청구단체의 종사자로서 거짓이나 그 밖의 부정한 방법으로 요양급여비용을 청구한 자(2016.3.22 본호신설)
2. 제102조제2호를 위반하여 업무를 수행하면서 알게 된 정보를 누설하거나 직무상 목적 외의 용도로 이용 또는 제3자에게 제공한 자(2019.4.23 본호개정)
③ 제96조의3제3항을 위반하여 공동이용하는 전산정보자료를 같은 조 제1항에 따른 목적 외의 용도로 이용하거나 활용한 자는 3년 이하의 징역 또는 1천만원 이하의 벌금에 처한다.(2020.12.29 본항개정)
④ 거짓이나 그 밖의 부정한 방법으로 보험급여를 받거나 타인으로 하여금 보험급여를 받게 한 사람은 2년 이하의 징역 또는 2천만원 이하의 벌금에 처한다.(2019.4.23 본항신설)
⑤ 다음 각 호의 어느 하나에 해당하는 자는 1년 이하의 징역 또는 1천만원 이하의 벌금에 처한다.
1. 제42조의2제1항 및 제3항을 위반하여 선별급여를 제공한 요양기관의 개설자(2016.3.22 본호신설)
2. 제47조제7항을 위반하여 대행청구단체가 아닌 자로 하여금 대행하게 한 자(2022.12.27 본호개정)
3. 제93조를 위반한 사용자
4. 제98조제2항을 위반한 요양기관의 개설자
5. (2019.4.23 삭제)
제116조【벌칙】 제97조제2항을 위반하여 보고 또는 서류 제출을 하지 아니한 자, 거짓으로 보고하거나 거짓 서류를 제출한 자, 검사나 질문을 거부·방해 또는 기피한 자는 1천만원 이하의 벌금에 처한다.
제117조【벌칙】 제42조제5항을 위반한 자 또는 제49조제2항을 위반하여 요양비 명세서나 요양 명세를 적은 영수증을 내주지 아니한 자는 500만원 이하의 벌금에 처한다.
제118조【양벌 규정】 법인의 대표자나 법인 또는 개인의 대리인, 사용인, 그 밖의 종사자가 그 법인 또는 개인의 업무에 관하여 제115조부터 제117조까지의 규정 중 어느 하나에 해당하는 위반행위를 하면 그 행위자를 벌하는 외에 그 법인 또는 개인에게도 해당 조문의 벌금형을 과(科)한다. 다만, 법인 또는 개인이 그 위반행위를 방지하기 위하여 해당 업무에 관하여 상당한 주의와 감독을 게을리하지 아니한 경우에는 그러하지 아니하다.
제119조【과태료】 ①~② (2013.5.22 삭제)
③ 다음 각 호의 어느 하나에 해당하는 자에게는 500만원 이하의 과태료를 부과한다.(2016.3.22 본문개정)
1. 제7조를 위반하여 신고를 하지 아니하거나 거짓으로 신고한 사용자(2016.3.22 본호신설)
2. 정당한 사유 없이 제94조제1항을 위반하여 신고·서류제출을 하지 아니하거나 거짓으로 신고·서류제출을 한 자(2016.3.22 본호신설)
3. 정당한 사유 없이 제97조제1항, 제3항, 제4항, 제5항을 위반하여 보고·서류제출을 하지 아니하거나 거짓으로 보고·서류제출을 한 자(2018.3.27 본호개정)
4. 제98조제4항을 위반하여 행정처분을 받은 사실 또는 행정처분절차가 진행 중인 사실을 지체 없이 알리지 아니한 자(2016.3.22 본호신설)
5. 정당한 사유 없이 제101조제2항을 위반하여 서류를 제출하지 아니하거나 거짓으로 제출한 자(2016.3.22 본호신설)
④ 다음 각 호의 어느 하나에 해당하는 자에게는 100만원 이하의 과태료를 부과한다.
1. (2016.3.22 삭제)
2. (2018.12.11 삭제)
3. 제12조제4항을 위반하여 정당한 사유 없이 건강보험증이나 신분증명서로 가입자 또는 피부양자의 본인 여부 및 그 자격을 확인하지 아니하고 요양급여를 실시한 자(2023.5.19 본호신설)
4. 제96조의4를 위반하여 서류를 보존하지 아니한 자(2020.12.29 본호개정)
5. 제103조에 따른 명령을 위반한 자
6. 제105조를 위반한 자
⑤ 제3항 및 제4항에 따른 과태료는 대통령령으로 정하는 바에 따라 보건복지부장관이 부과·징수한다.(2013.5.22 본항개정)

부 칙

제1조【시행일】 이 법은 2012년 9월 1일부터 시행한다. 다만, 제98조제2항·제108조 및 제115조제2항제3호의 개정규정은 공포한 날부터 시행한다.
제2조【유효기간】 제108조는 2022년 12월 31일까지 효력을 가진다.(2017.4.18 본조개정)
제3조【권리의 포괄승계】 법률 제5854호 國民健康保險法의 시행일인 2000년 7월 1일 당시 종전의 「醫療保險法」에 따른 의료보험조합 및 의료보험연합회의 권리와 의무는 공단이 포괄승계한다. 다만, 의료보험연합회의 심사업무와 관련된 권리와 의무는 심사평가원이 포괄승계한다.
제4조【보험료 징수 및 면제에 관한 적용례】 제69조제2항 및 제74조제3항의 개정규정은 법률 제8034호 국민건강보험법 일부개정법률의 시행일인 2006년 11월 1일 이후 최초로 가입자의 자격을 취득하거나 상실한 자 또는 급여정지사유가 발생하거나 해소되는 분부터 적용한다.
제5조【보험료에 관한 적용례】 제69조제4항제1호 및 제5항의 개정규정은 법률 제8153호 국민건강보험법 일부개정법률의 시행일인 2007년 1월 1일 이후 최초로 고지되는 보험료부터 적용한다.
제6조【미성년자 지역보험료 연대납부의무 면제와 가산금 가산 징수에 관한 적용례】 ① 제77조제2항 단서의 개정규정은 법률 제9022호 국민건강보험법 일부개정법률 부칙 제1조 단서에 따라 그 시행일인 2008년 9월 29일 이전에 고지된 보험료등으로서 체납 상태에 있는 보험료등에 대하여도 적용한다.(2017.4.18 본항개정)
② 제80조의 개정규정은 법률 제9022호 국민건강보험법 일부개정법률 부칙 제1조 단서에 따라 그 시행일인 2008년 7월 1일 이후 최초로 고지하는 보험료등부터 적용한다.
제7조【환급금의 이자가산에 관한 적용례】 제86조제2항 후단의 개정규정은 법률 제9022호 국민건강보험법 일부개정법률 부칙 제1조 단서에 따라 그 시행일인 2008년 9월 29일 이후 최초로 결정하는 환급금부터 적용한다.
제8조【소멸시효에 관한 적용례】 제91조제1항제6호의 개정규정은 이 법 시행 당시 시효가 완성되지 아니한 근로복지공단의 권리에 대해서도 적용한다.

제9조【위반사실 공표에 관한 적용례】 제100조의 개정규정은 법률 제9022호 국민건강보험법 일부개정법률 부칙 제1조 단서에 따라 그 시행일인 2008년 9월 29일 이후 최초로 발생하는 위반행위부터 적용한다.

제10조【보험재정에 대한 정부지원에 관한 적용례】 제108조의 개정규정은 2012회계연도 예산부터 적용한다.

제11조【사회보험료 징수업무 통합에 따른 직원의 정년에 관한 특례】 법률 제9690호 국민건강보험법 일부개정법률 시행일인 2011년 1월 1일에 국민연금공단 및 근로복지공단에서 공단으로 전환된 직원의 정년은 공단으로 전환 당시 해당 공단에 적용되던 정년에 따른다. 다만 공단의 직원정년이 해당 공단의 직원정년보다 긴 경우에는 그러하지 아니하다.

제12조【심의위원회 및 재정운영위원회에 관한 경과조치】
① 이 법 시행 당시 종전의 규정에 따라 임명 또는 위촉된 심의위원회 및 재정운영위원회의 위원은 이 법에 따라 임명 또는 위촉된 것으로 보며, 그 임기는 종전의 규정에 따른 임기의 나머지 기간으로 한다.
② 이 법 시행 당시 심의위원회 및 재정운영위원회가 종전의 규정에 따라 심의·의결한 사항은 이 법에 따라 심의·의결한 것으로 본다.

제13조【공단에 관한 경과조치】 법률 제5854호 國民健康保險法의 시행일인 2000년 7월 1일 당시 종전의 「國民醫療保險法」에 따른 국민의료보험관리공단은 이 법에 따라 설립된 공단으로 본다.

제14조【임원에 관한 경과조치】 이 법 시행 당시 종전의 규정에 따라 임명된 공단 및 심사평가원 임원의 임기는 제20조 및 제65조의 개정규정에도 불구하고 그 임명 당시의 임기만료일까지로 한다.

제15조【공단의 임원 등의 겸직 허가에 관한 경과조치】 이 법 시행 당시 「공공기관의 운영에 관한 법률」 제37조제2항에 따라 공단 및 심사평가원의 임직원이 임명권자 등의 겸직 허가를 받은 경우에는 제25조제2항(제68조에서 준용하는 경우를 포함한다)의 개정규정에 따른 겸직 허가를 받은 것으로 본다.

제16조【요양기관의 현황 신고에 관한 경과조치】 이 법 시행 당시 종전의 규정에 따라 요양기관의 인력·시설·장비 등의 현황을 심사평가원에 제출한 요양기관은 제43조의 개정규정에 따라 신고한 것으로 본다.

제17조【보험료등의 징수에 관한 경과조치】 법률 제5854호 國民健康保險法의 시행일인 2000년 7월 1일 당시 종전의 「醫療保險法」 및 「國民醫療保險法」에 따라 납부기한이 경과된 보험료등의 징수에 관하여는 종전의 규정에 따른다.

제18조【종전 보험료 등에 대한 소멸시효에 관한 경과조치】 보험료를 징수하거나 반환받을 권리, 보험급여를 받을 권리 또는 과오납부된 본인일부부담금을 반환받을 권리로서 법률 제5854호 國民健康保險法의 시행일인 2000년 7월 1일 이전에 발생된 권리에 대한 소멸시효는 종전의 「醫療保險法」 및 종전의 「國民醫療保險法」에 따른다.

제19조【처분 등에 관한 일반적 경과조치】 이 법 시행 당시 종전의 규정에 따른 공단, 심사평가원, 보건복지부장관(이하 이 조에서 "공단등"이라 한다)의 행위나 공단등에 대한 행위는 그에 해당하는 이 법에 따른 공단등의 행위나 공단등에 대한 행위로 본다.

제20조【종전의 위반행위에 대한 처분에 관한 경과조치】 ① 법률 제5854호 國民健康保險法의 시행일인 2000년 7월 1일 이전에 종전의 「醫療保險法」 및 종전의 「國民醫療保險法」을 위반한 행위에 대한 처분은 종전의 「醫療保險法」 및 종전의 「國民醫療保險法」에 따른다.
② 이 법 시행 전의 행위에 대한 벌칙 및 과태료의 적용에 있어서는 종전의 규정에 따른다.

제21조【다른 법률의 개정】 ①~㉘ ※(해당 법령에 가제정리 하였음)

제22조【다른 법령과의 관계】 이 법 시행 당시 다른 법령에서 종전의 「국민건강보험법」의 규정을 인용한 경우에 이 법 가운데 그에 해당하는 규정이 있을 때에는 종전의 규정을 갈음하여 이 법의 해당 규정을 인용한 것으로 본다.

부 칙 (2017.4.18)

제1조【시행일】 이 법은 2018년 7월 1일부터 시행한다. 다만, 제77조제2항의 개정규정과 법률 제11141호 국민건강보험법 전부개정법률 부칙 제2조 및 제6조제1항의 개정규정은 공포한 날부터 시행한다.

제2조【보험료, 보수월액, 소득월액 및 보험료부과점수의 산정기준에 관한 적용례】 제69조부터 제72조까지의 개정규정은 이 법 시행일이 속하는 달의 보험료부터 적용한다.

제3조【보험료 납부의무에 관한 적용례】 제77조제2항의 개정규정은 같은 개정규정 시행 전에 부과된 보험료등으로서 체납 상태에 있는 보험료등에 대하여도 적용한다.

제4조【보험료 조정에 관한 특례】 제5조 및 제72조의 개정규정에도 불구하고 다음 각 호의 어느 하나에 해당하는 가입자의 경우에는 대통령령으로 정하는 바에 따라 한시적으로 보험료의 전부 또는 일부를 감액할 수 있다.
1. 이 법 시행에 따른 보험료가 종전 규정에 따른 보험료보다 인상되는 지역가입자로서 대통령령으로 정하는 지역가입자
2. 이 법 시행일 이전에는 피부양자였으나 이 법 시행에 따라 피부양자의 자격을 상실하게 된 지역가입자

부 칙 (2018.3.27)

제1조【시행일】 이 법은 공포 후 6개월이 경과한 날부터 시행한다. 다만, 제42조제1항제3호의 개정규정은 공포한 날부터 시행한다.

제2조【약제에 대한 요양급여비용 상한금액의 감액 등에 관한 적용례】 제41조의2 및 제99조의 개정규정은 이 법 시행 후 최초로 「약사법」 제47조제2항의 위반과 관련된 제41조제1항제2호의 약제부터 적용한다.

제3조【압류 예정 통보서의 발송에 관한 적용례】 제81조제4항의 개정규정은 이 법 시행 전에 보험료를 체납한 경우로서 같은 조 제3항에 따른 체납처분 절차가 개시되지 아니한 경우에도 적용한다.

제4조【분할납부 신청 안내에 관한 적용례】 제82조제2항의 개정규정은 이 법 시행 전에 보험료를 3회 이상 체납한 경우로서 제81조제3항에 따른 체납처분 절차가 개시되지 아니한 경우에도 적용한다.

제5조【약제의 요양급여비용 상한금액 감액 처분 인정에 관한 특례】 이 법 시행 당시 종전의 규정에 따라 요양급여비용 상한금액의 감액 처분 또는 요양급여의 적용 정지 처분(그에 갈음하는 과징금 부과 처분을 포함한다)을 받은 후 그 처분을 받은 날부터 5년이 지나지 아니한 경우에는 제41조의2제1항의 개정규정에 따라 약제에 대한 요양급여비용 상한금액의 감액 처분을 1회 받은 것으로 본다.

부 칙 (2018.12.11)

제1조【시행일】 이 법은 공포 후 6개월이 경과한 날부터 시행한다. 다만, 제6조, 제89조제2항·제3항 및 제119조제4항의 개정규정은 공포한 날부터 시행하고, 제52조제2항부터 제4항까지의 개정규정은 2019년 1월 1일부터 시행한다.

제2조【보험급여 제한 제외 대상에 관한 적용례】 제53조제3항의 개정규정은 이 법 시행 당시 보험급여 제한 상태에 있는 사람에 대하여도 적용한다.

제3조【건강보험증 등 양도·대여자의 부당이득 징수에 관한 적용례】 제57조제3항의 개정규정은 이 법 시행 후 최초로 같은 조 제1항에 따른 부당이득 징수금의 납부의무를 부과하는 경우부터 적용한다.

제4조【요양비 지급에 관한 적용례】 제60조의 개정규정은 이 법 시행 후 최초로 제49조제1항에 따라 질병·부상·출산 등에 대하여 요양을 받거나 요양기관이 아닌 장소에서 출산한 경우부터 적용한다.

제5조【건강보험분쟁조정위원회의 위원 구성에 관한 경과조치】 ① 제89조제2항 후단의 개정규정 시행 후 위원을 임명 또

는 위촉할 당시 같은 개정규정을 충족하지 못하는 경우에는 해당 개정규정의 요건이 충족될 때까지는 공무원이 아닌 위원을 위촉하여야 한다.
② 건강보험분쟁조정위원회의 위원 구성에 관하여는 제1항에 따라 제89조제2항 후단의 개정규정을 충족할 때까지는 종전의 규정에 따른다.

부 칙 (2019.1.15)

제1조【시행일】 이 법은 공포 후 6개월이 경과한 날부터 시행한다. 다만, 제80조제1항 및 제2항의 개정규정은 공포 후 1년이 경과한 날부터 시행하고, 제114조의2의 개정규정은 공포 후 3개월이 경과한 날부터 시행한다.
제2조【자격 취득 또는 변동에 관한 사항의 고지에 관한 적용례】 제9조의2의 개정규정은 이 법 시행 후 최초로 가입자 자격의 취득 또는 변동이 발생하는 경우부터 적용한다.
제3조【연체금의 징수에 관한 적용례】 제80조제1항 및 제2항의 개정규정은 이 법 시행 후 최초로 납부기한이 도래하는 보험료등부터 적용한다.
제4조【국내체류 외국인등의 지역가입자 자격 취득에 관한 적용례】 제109조제3항의 개정규정은 이 법 시행일 전에 입국한 국내체류 외국인등으로서 이 법 시행일에 같은 항 각 호의 요건을 충족하는 사람에 대해서도 적용한다.
제5조【지역가입자인 국내체류 외국인등의 보험급여 제한에 관한 적용례】 제109조제10항의 개정규정은 이 법 시행 후 최초로 보험료를 체납한 지역가입자인 국내체류 외국인등부터 적용한다.

부 칙 (2019.4.23)

제1조【시행일】 이 법은 공포 후 6개월이 경과한 날부터 시행한다. 다만, 제53조제4항 후단, 제83조제1항 단서, 제102조 및 제115조제1항·제2항의 개정규정은 공포한 날부터 시행한다.
제2조【급여의 제한에 관한 적용례】 제53조제5항 및 제6항의 개정규정은 이 법 시행 전에 제82조제1항에 따라 분할납부 승인을 받은 경우로서 이 법 시행 당시 같은 조 제3항에 따라 분할납부 승인이 취소되지 않은 경우에 대하여도 적용한다.
제3조【보험료의 감액에 관한 적용례】 제75조제2항제2호의 개정규정은 이 법 시행 후 제77조에 따른 보험료 납부의무자가 최초로 신용카드 자동이체 방법을 통하여 보험료를 납부한 경우부터 적용한다.
제4조【체납보험료의 분할납부에 관한 적용례】 제82조제3항의 개정규정은 이 법 시행 전에 같은 조 제1항에 따라 분할납부 승인을 받은 경우로서 이 법 시행 당시 같은 조 제3항에 따라 분할납부 승인이 취소되지 않은 경우에 대하여도 적용한다.

부 칙 (2019.12.3)

제1조【시행일】 이 법은 공포 후 6개월이 경과한 날부터 시행한다. 다만, 제72조제1항·제3항·제4항, 제96조의2, 제96조의3 및 제119조제4항제4호의 개정규정은 2022년 7월 1일부터 시행한다.
제2조【부당이득 징수금 체납자의 인적사항 공개에 관한 적용례】 제57조의2의 개정규정은 제57조제2항 각 호의 어느 하나에 해당하여 같은 조 제1항 및 제2항에 따라 징수금을 납부할 의무가 있는 요양기관 또는 요양기관을 개설한 자가 이 법 시행 후 최초로 해당 징수금을 체납한 경우부터 적용한다.
제3조【보험료의 징수에 관한 적용례】 제69조제2항의 개정규정은 이 법 시행 후 최초로 제5조제1항제2호가목에 따른 건강보험 적용 신청으로 가입자의 자격을 취득한 사람부터 적용한다.
제4조【지역가입자의 보험료부과점수 산정에 관한 적용례】 제72조제1항의 개정규정은 2022년 9월분 보험료부터 적용하되, 이 법 시행 전에 금융회사등으로부터 대출을 받은 지역가입자에게도 적용한다.(2022.6.10 본조개정)
제5조【법 시행을 위한 준비행위】 ① 공단은 이 법 시행을 위하여 필요하다고 인정하는 경우에는 이 법 시행 전에 제72조제3항의 개정규정에 따른 금융정보등 및 지역가입자의 동의 서면을 제출받을 수 있다.
② 공단은 제1항에 따라 지역가입자의 동의 서면을 제출받은 경우에는 이 법 시행 전에 그 동의 서면(전자적 형태로 바꾼 문서를 포함한다)으로 금융기관등의 장에게 금융정보등을 제공하도록 요청할 수 있다.
(2022.6.10 본조신설)

부 칙 (2020.4.7)

제1조【시행일】 이 법은 공포 후 3개월이 경과한 날부터 시행한다.
제2조【보험료 면제의 예외에 관한 적용례】 제74조제3항제2호의 개정규정은 가입자 또는 그 피부양자가 이 법 시행일이 속하는 달에 최초로 입국하는 경우부터 적용한다.

부 칙 (2020.12.29 법17758호)

제1조【시행일】 이 법은 2021년 1월 1일부터 시행한다.(이하 생략)

부 칙 (2020.12.29 법17772호)

제1조【시행일】 이 법은 공포 후 6개월이 경과한 날부터 시행한다. 다만, 법률 제16728호 국민건강보험법 일부개정법률 제96조의3, 제96조의4, 제115조 및 제119조제4항제4호의 개정규정은 2022년 7월 1일부터 시행한다.
제2조【요양급여비용 지급 보류에 관한 적용례】 제47조의2의 개정규정은 이 법 시행 이후 요양기관이 공단에 요양급여비용의 지급을 청구하는 경우부터 적용한다.
제3조【부당이득의 징수 등에 관한 적용례】 ① 제57조제1항 및 제3항의 개정규정은 이 법 시행 이후 지급 또는 실시되는 보험급여부터 적용한다.
② 제57조제2항의 개정규정은 이 법 시행 이후 같은 조 제1항에 따라 요양기관이 받는 보험급여 비용부터 적용한다.

부 칙 (2021.6.8)

제1조【시행일】 이 법은 공포 후 6개월이 경과한 날부터 시행한다.
제2조【과징금 처분에 관한 적용례】 제99조의 개정규정은 이 법 시행 이후 「약사법」 제47조제2항의 위반과 관련되는 제41조제1항제2호의 약제부터 적용한다.

부 칙 (2022.6.10)

이 법은 공포 후 6개월이 경과한 날부터 시행한다. 다만, 제63조제1항제6호 및 제103조제1항제1호의 개정규정은 공포한 날부터 시행하고, 법률 제16728호 국민건강보험법 일부개정법률 제72조제3항, 제96조의2, 부칙 제4조 및 제5조의 개정규정은 2022년 7월 1일부터 시행한다.

부 칙 (2022.12.27)

제1조【시행일】 이 법은 공포 후 6개월이 경과한 날부터 시행한다. 다만, 제47조·제97조제4항·제106조 및 제115조제5항제2호의 개정규정은 공포한 날부터 시행한다.
제2조【요양급여비용 공제에 관한 적용례】 제47조제4항의 개정규정은 이 법 시행 이후 실시하는 요양급여에 대한 비용을 지급하는 경우부터 적용한다.
제3조【부당이득 징수금의 압류에 관한 적용례】 제81조의2의 개정규정은 이 법 시행 이후 요양기관이 「의료법」 제33조제2

항 또는 「약사법」 제20조제1항을 위반하였다는 사실로 기소된 경우부터 적용한다.

부 칙 (2023.5.19)

제1조【시행일】 이 법은 공포 후 6개월이 경과한 날부터 시행한다. 다만, 제57조제1항의 개정규정은 공포 후 3개월이 경과한 날부터 시행하고, 제12조 · 제57조제3항 및 제119조제4항제3호의 개정규정은 공포 후 1년이 경과한 날부터 시행한다.
제2조【체납등 자료의 제공에 관한 적용례】 법률 제19123호 국민건강보험법 일부개정법률 제81조의3의 개정규정은 이 법 시행 당시 납부기한의 다음 날부터 1년 이상 부당이득금을 체납한 상태에 있는 자에 대해서도 적용한다.
제3조【약제에 대한 쟁송 시 손실상당액의 징수지급에 관한 적용례】 제101조의2제1항의 개정규정은 이 법 시행 이후 청구 또는 제기되는 행정심판 또는 행정소송의 경우부터 적용한다.
제4조【본인부담상한액 초과 금액 통보 및 지급에 관한 경과조치】 이 법 시행 당시 종전의 규정에 따른 본인부담상한액 초과 금액의 통보 및 지급은 이 법에 따른 통보 및 지급으로 본다.
제5조【전자문서에 의한 납입 고지에 관한 경과조치】 이 법 시행 당시 납부의무자가 종전의 규정에 따라 전자문서 고지를 신청한 경우에는 이 법에 따라 전자문서에 의한 납입 고지를 신청한 것으로 본다.

부 칙 (2023.6.13)

제1조【시행일】 이 법은 공포한 날부터 시행한다.
제2조【유효기간】 제108조의2의 개정규정은 2027년 12월 31일까지 효력을 가진다.
제3조【다른 법령과의 관계】 이 법 시행 당시 다른 법령에서 종전의 제108조를 인용한 경우에는 제108조의2의 개정규정을 인용한 것으로 본다.

부 칙 (2023.7.11)

제1조【시행일】 이 법은 공포 후 6개월이 경과한 날부터 시행한다.
제2조【체납등 자료 제공 제외에 관한 적용례】 제81조의3제1항 각 호 외의 부분 단서의 개정규정은 이 법 시행 이후 체납등 자료를 제공하는 경우부터 적용한다.

부 칙 (2023.12.26)

제1조【시행일】 이 법은 공포 후 1년이 경과한 날부터 시행한다.(이하 생략)

부 칙 (2024.1.2)

제1조【시행일】 이 법은 공포 후 6개월이 경과한 날부터 시행한다. 다만, 제109조제4항제3호의 개정규정은 공포 후 3개월이 경과한 날부터 시행한다.
제2조【국내체류 외국인등의 피부양자 자격 취득 요건에 관한 적용례】 제109조제4항제3호의 개정규정은 같은 개정규정 시행일 이후에 입국한 국내체류 외국인등부터 적용한다.

부 칙 (2024.1.9)

제1조【시행일】 이 법은 공포 후 6개월이 경과한 날부터 시행한다.
제2조【「국민건강보험법」의 개정에 관한 경과조치】 이 법 시행 당시 종전의 「국민건강보험법」 제72조의2에 따라 보험료부과제도개선위원회에 심의 요청된 사항은 같은 법 제4조제1항의 개정규정에 따라 건강보험정책심의위원회에 심의 요청된 것으로 본다.(이하 생략)

부 칙 (2024.1.23)

이 법은 공포한 날부터 시행한다. 다만, 법률 제19885호 국민건강보험법 일부개정법률 제97조의 개정규정은 2024년 7월 3일부터 시행한다.

부 칙 (2024.2.6)

이 법은 공포 후 3개월이 경과한 날부터 시행한다.

부 칙 (2024.2.20)

제1조【시행일】 이 법은 공포 후 6개월이 경과한 날부터 시행한다. 다만, 제72조제1항의 개정규정은 공포 후 3개월이 경과한 날부터 시행한다.
제2조【공단이 부담하는 본인부담상한액의 초과 금액에 관한 적용례】 제44조제2항의 개정규정은 이 법 시행일이 속하는 해에 공단이 부담하여야 하는 본인부담상한액의 초과 금액을 산정한 경우에도 적용한다.
제3조【무죄판결 선고에 따른 요양급여비용의 지급에 관한 적용례】 제47조의2제3항의 개정규정은 이 법 시행 전에 법원에서 무죄 판결이 선고되어 이 법 시행일까지 그 판결이 확정되지 아니한 경우에도 적용한다.
제4조【지역가입자의 보험료 부과점수 산정에 관한 적용례】 제72조제1항의 개정규정 시행일 전에 같은 항 제2호의 개정규정에 해당하는 대출을 받은 경우에 대해서는 같은 개정규정 시행일부터 6개월 내에 그 사실을 공단에 통보하면 2022년 9월 1일에 통보한 것으로 보아 같은 개정규정을 적용한다. 다만, 해당 대출일이 2022년 9월 2일 이후인 경우에는 대출일을 통보일로 본다.

부 칙 (2024.10.22)

이 법은 공포 후 6개월이 경과한 날부터 시행한다.

근로기준법

(2007년 4월 11일 전부개정법률 제8372호)

개정
2007. 5.17법 8435호(가족관계등록)
2007. 7.27법 8561호
2007.12.21법 8781호(남녀고용평등과일·가정양립지원에관한법)
2008. 3.21법 8960호 2008. 3.28법 9038호
2009. 5.21법 9699호
2010. 5.17법10303호(은행법)
2010. 5.25법10319호
2010. 6. 4법10339호(정부조직)
2010. 6.10법10366호(동산·채권등의담보에관한법)
2011. 5.24법10719호(건설산업)
2012. 2. 1법11270호 2014. 1.21법12325호
2014. 3.24법12527호 2017.11.28법15108호
2018. 3.20법15513호 2019. 1.15법16270호
2019. 1.15법16272호(산업안전보건법)
2019. 4.30법16415호(건설산업)
2020. 3.31법17185호
2020. 5.26법17326호(법률용어정비)
2021. 1. 5법17862호 2021. 4.13법18037호
2021. 5.18법18176호
2024.10.22법20520호→시행일 부칙 참조

제1장 총 칙

제1조【목적】 이 법은 헌법에 따라 근로조건의 기준을 정함으로써 근로자의 기본적 생활을 보장, 향상시키며 균형 있는 국민경제의 발전을 꾀하는 것을 목적으로 한다.

제2조【정의】 ① 이 법에서 사용하는 용어의 뜻은 다음과 같다.

1. "근로자"란 직업의 종류와 관계없이 임금을 목적으로 사업이나 사업장에 근로를 제공하는 사람을 말한다.(2020.5.26 본호개정)
2. "사용자"란 사업주 또는 사업 경영 담당자, 그 밖에 근로자에 관한 사항에 대하여 사업주를 위하여 행위하는 자를 말한다.
3. "근로"란 정신노동과 육체노동을 말한다.
4. "근로계약"이란 근로자가 사용자에게 근로를 제공하고 사용자는 이에 대하여 임금을 지급하는 것을 목적으로 체결된 계약을 말한다.
5. "임금"이란 사용자가 근로의 대가로 근로자에게 임금, 봉급, 그 밖에 어떠한 명칭으로든지 지급하는 모든 금품을 말한다.(2020.5.26 본호개정)
6. "평균임금"이란 이를 산정하여야 할 사유가 발생한 날 이전 3개월 동안에 그 근로자에게 지급된 임금의 총액을 그 기간의 총일수로 나눈 금액을 말한다. 근로자가 취업한 후 3개월 미만인 경우도 이에 준한다.
7. "1주"란 휴일을 포함한 7일을 말한다.(2018.3.20 본호신설)
8. "소정(所定)근로시간"이란 제50조, 제69조 본문 또는 「산업안전보건법」 제139조제1항에 따른 근로시간의 범위에서 근로자와 사용자 사이에 정한 근로시간을 말한다.(2019.1.15 본호개정)
9. "단시간근로자"란 1주 동안의 소정근로시간이 그 사업장에서 같은 종류의 업무에 종사하는 통상 근로자의 1주 동안의 소정근로시간에 비하여 짧은 근로자를 말한다.

② 제1항제6호에 따라 산출된 금액이 그 근로자의 통상임금보다 적으면 그 통상임금액을 평균임금으로 한다.

판례 자동차대여사업자인 주식회사 A는 자회사인 주식회사 B 가 개발·운영하는 모바일 애플리케이션을 기반으로 그 앱의 이용자에게 A 회사의 차량을 대여함과 동시에 인력공급업 등을 영위하는 주식회사 C로부터 공급받은 차량 운전기사를 제공하는 '기사 알선 포함 차량 대여서비스'를 운영하였다. 그런데 C 회사가 인원을 감축하며 향후 배차될 운전기사의 명단을 공지하자, 그 명단에서 배제된 D가 위 인원 감축 통보가 부당해고에 해당한다며 부당해고 구제신청을 하였다. 이 사건에서 프리랜서 기사의 임금과 업무 내용은 A 회사가 결정하였고, 기사들은 원하지 않는 날에 배차신청을 하지 않고 운행을 희망하는 요일 등을 선택해 배차를 신청할 선택권이 있었으나, B 회사가 배차신청을 수락해 차량을 배차해야만 운전업무를 수행할 수 있으므로, 운전업무를 수행할 근무 시간과 근무 장소는 B 회사가 최종적으로 결정했다고 보아야 한다. 비록 D가 C 회사의 운전기사로 일하였으나 A 회사의 지휘·명령을 받아 업무를 수행하였으므로 D는 종속적인 관계에서 A 회사에 근로를 제공하였다고 볼 수 있다. 따라서 D는 근로기준법상 근로자에 해당하고 사용자는 A 회사라고 보아야 한다.(대판 2024.7.25, 2024두32973)

판례 정수기업체가 서비스용역위탁계약을 맺은 엔지니어에 대하여 배정받은 제품의 설치 및 사후관리 업무를 수행하고 그 결과를 보고하도록 했고, 업무처리에 관한 각종 기준을 설정하고 그 준수를 지시했으며, 매출목표의 설정과 관리, 교육 등을 지속적으로 실시했다면 직접적인 지휘·감독이 정수기업체의 시니어매니저를 통해 이뤄졌다고 해도 업체가 해당 엔지니어의 업무수행에 관해 상당한 지휘·감독을 하였다고 보아 해당 엔지니어는 근로기준법상 근로자에 해당한다.(대판 2021.11.11, 2019다221352)

판례 갑이 한국감정원에 입사하여 근무하던 중 업무상 재해로 사망하여 근로복지공단이 갑의 유족인 을에게 유족급여 및 장의비를 지급하였는데, 을이 근로복지공단을 상대로 평균임금을 산정할 때 성과상여금 등을 누락하였다면서 평균임금 정정 및 보험급여차액 지급을 청구한 사안에서, 정부는 경영실적 평가결과에 따라 한국감정원에 적용되는 성과급 지급률을 정하였고, 이에 한국감정원은 매년 소속 직원들에게 잔여 성과상여금을 지급하였으며, 갑이 업무상 재해로 사망한 이후 퇴직금을 지급할 때에도 위와 같이 지급한 성과상여금을 모두 포함하여 평균임금을 산정한 점 등에 비추어, 한국감정원이 갑에게 지급한 잔여 성과상여금은 계속적·정기적으로 지급되고, 지급대상과 지급조건 등이 확정되어 있어 사용자에게 지급의무가 지워져 있으므로 근로의 대가로 지급되는 임금의 성질을 가진다고 보아야 하므로, 잔여 성과상여금이 평균임금 산정의 기초가 되는 임금 총액에 포함된다.(대판 2018.10.12, 2015두36157)

판례 [1] 통상임금의 의의 : 근로기준법이 연장·야간·휴일 근로에 대한 가산임금, 해고예고수당, 연차휴가수당 등의 산정 기준 및 평균임금의 최저한으로 규정하고 있는 통상임금은 근로자가 소정근로시간에 통상적으로 제공하는 근로인 소정근로(도급근로자의 경우에는 총 근로)의 대가로 지급하기로 약정한 금품으로서 정기적·일률적·고정적으로 지급되는 임금을 말한다. 1개월을 초과하는 기간마다 지급되는 임금도 그것이 정기적·일률적·고정적으로 지급되는 것이면 통상임금에 포함될 수 있다.
[2] 임금의 고정성을 판단하는 기준 : 고정적인 임금이라 함은 '임금의 명칭 여하를 불문하고 임의의 날에 소정근로시간을 근무한 근로자가 그 다음 날 퇴직한다 하더라도 그 하루의 근로에 대한 대가로 당연하고도 확정적으로 지급받게 되는 최소한의 임금'을 말하므로, 근로자가 임의의 날에 소정근로를 제공하면 추가적인 조건의 충족 여부와 관계없이 당연히 지급될 것이 예정되어 지급 여부나 지급액이 사전에 확정된 임금은 고정성을 갖춘 것으로 볼 수 있다.
(대판 2013.12.18, 2012다94643 전원합의체)

판례 일용직 근로관계에서 공사의 진행에 따라 근로의 제공이 일시적으로 중단되었다가 재개되는 등 근로 제공의 연속성이 떨어지는 것은 상근직이 아닌 일용직 근로의 특수성에 기인하는 것이므로, 계약기간이 정해진 근로계약을 체결한 일용직 근로자의 경우 계약기간이 끝나지 않은 이상 공사가 일시적으로 중지되었다고 하여 계약에 의한 기본적인 근로관계가 소멸한다고 할 수는 없다.
(대판 2009.5.14, 2009두157)

판례 비록 사립학교법이 사립학교의 교원과 사무직원의 임면 등에 관한 규정을 두고 있을 뿐 다른 근로자에 대한 규정을 두고 있지 않다고 하더라도, 사립학교에 근로를 제공하는 자로서 사립학교법상의 교원 또는 사무직원에 해당하지 아니하는 자에 대하여는 근로기준법이 적용될 수 있다.(대판 2008.3.27, 2007다87061)

제3조【근로조건의 기준】 이 법에서 정하는 근로조건은 최저기준이므로 근로 관계 당사자는 이 기준을 이유로 근로조건을 낮출 수 없다.

제4조【근로조건의 결정】 근로조건은 근로자와 사용자가 동등한 지위에서 자유의사에 따라 결정하여야 한다.

제5조【근로조건의 준수】 근로자와 사용자는 각자가 단체협약, 취업규칙과 근로계약을 지키고 성실하게 이행할 의무가 있다.

제6조【균등한 처우】 사용자는 근로자에 대하여 남녀의 성(性)을 이유로 차별적 대우를 하지 못하고, 국적·신앙 또는 사회적 신분을 이유로 근로조건에 대한 차별적 처우를 하지 못한다.

판례 국립대학교의 총장인 피고는 원고가 다른 직업을 가지고 있다는 이유로 전업 시간강사의 강사료가 아닌 비전업 시간강사의 강사료를 기준으로 하여 이미 초과지급한 시간강사료의 반환을 통보하고 시간강사료를 감액 지급한 사안에서, 피고가 근로계약을 체결할 때 사회적 신분이나 성별에 따른 임금 차별을 하여서는 아니 되고, 그 밖에 근로계약상의 근로 내용과 무관한 사정을 이유로 근로자에 대하여 불합리한 차별 대우를 해서는 아니 된다. 따라서 이와 같은 처분은 부당한 차별적 처우에 해당한다.
(대판2019.3.14, 2015두46321)

제7조【강제 근로의 금지】 사용자는 폭행, 협박, 감금, 그 밖에 정신상 또는 신체상의 자유를 부당하게 구속하는 수단으로써 근로자의 자유의사에 어긋나는 근로를 강요하지 못한다.

제8조【폭행의 금지】 사용자는 사고의 발생이나 그 밖의 어떠한 이유로도 근로자에게 폭행을 하지 못한다.

제9조【중간착취의 배제】 누구든지 법률에 따르지 아니하고는 영리로 다른 사람의 취업에 개입하거나 중간인으로서 이익을 취득하지 못한다.

제10조【공민권 행사의 보장】 사용자는 근로자가 근로시간 중에 선거권, 그 밖의 공민권(公民權) 행사 또는 공(公)의 직무를 집행하기 위하여 필요한 시간을 청구하면 거부하지 못한다. 다만, 그 권리 행사나 공(公)의 직무를 수행하는 데에 지장이 없으면 청구한 시간을 변경할 수 있다.

제11조【적용 범위】 ① 이 법은 상시 5명 이상의 근로자를 사용하는 모든 사업 또는 사업장에 적용한다. 다만, 동거하는 친족만을 사용하는 사업 또는 사업장과 가사(家事) 사용인에 대하여는 적용하지 아니한다.
② 상시 4명 이하의 근로자를 사용하는 사업 또는 사업장에 대하여는 대통령령으로 정하는 바에 따라 이 법의 일부 규정을 적용할 수 있다.
③ 이 법을 적용하는 경우에 상시 사용하는 근로자 수를 산정하는 방법은 대통령령으로 정한다.(2008.3.21 본항신설)

제12조【적용 범위】 이 법과 이 법에 따른 대통령령은 국가, 특별시·광역시·도, 시·군·구, 읍·면·동, 그 밖에 이에 준하는 것에 대하여도 적용된다.

제13조【보고, 출석의 의무】 사용자 또는 근로자는 이 법의 시행에 관하여 고용노동부장관·「노동위원회법」에 따른 노동위원회(이하 "노동위원회"라 한다) 또는 근로감독관의 요구가 있으면 지체 없이 필요한 사항에 대하여 보고하거나 출석하여야 한다.(2010.6.4 본조개정)

제14조【법령 주요 내용 등의 게시】 ① 사용자는 이 법과 이 법에 따른 대통령령의 주요 내용과 취업규칙을 근로자가 자유롭게 열람할 수 있는 장소에 항상 게시하거나 갖추어 두어 근로자에게 널리 알려야 한다.(2021.1.5 본항개정)
② 사용자는 제1항에 따른 대통령령 중 기숙사에 관한 규정과 제99조제1항에 따른 기숙사규칙을 기숙사에 게시하거나 갖추어 두어 기숙(寄宿)하는 근로자에게 널리 알려야 한다.
(2021.1.5 본조제목개정)

제2장 근로계약

제15조【이 법을 위반한 근로계약】 ① 이 법에서 정하는 기준에 미치지 못하는 근로조건을 정한 근로계약은 그 부분에 한정하여 무효로 한다.(2020.5.26 본항개정)
② 제1항에 따라 무효로 된 부분은 이 법에서 정한 기준에 따른다.

제16조【계약기간】 근로계약은 기간을 정하지 아니한 것과 일정한 사업의 완료에 필요한 기간을 정한 것 외에는 그 기간은 1년을 초과하지 못한다.
<2007.6.30까지 유효>

제17조【근로조건의 명시】 ① 사용자는 근로계약을 체결할 때에 근로자에게 다음 각 호의 사항을 명시하여야 한다. 근로계약 체결 후 다음 각 호의 사항을 변경하는 경우에도 또한 같다.(2010.5.25 본문개정)
1. 임금
2. 소정근로시간
3. 제55조에 따른 휴일
4. 제60조에 따른 연차 유급휴가
5. 그 밖에 대통령령으로 정하는 근로조건
(2010.5.25 1호~5호신설)
② 사용자는 제1항제1호와 관련한 임금의 구성항목·계산방법·지급방법 및 제2호부터 제4호까지의 사항이 명시된 서면(「전자문서 및 전자거래 기본법」 제2조제1호에 따른 전자문서를 포함한다)을 근로자에게 교부하여야 한다. 다만, 본문에 따른 사항이 단체협약 또는 취업규칙의 변경 등 대통령령으로 정하는 사유로 인하여 변경되는 경우에는 근로자의 요구가 있으면 그 근로자에게 교부하여야 한다.(2021.1.5 본문개정)

제18조【단시간근로자의 근로조건】 ① 단시간근로자의 근로조건은 그 사업장의 같은 종류의 업무에 종사하는 통상 근로자의 근로시간을 기준으로 산정한 비율에 따라 결정되어야 한다.
② 제1항에 따라 근로조건을 결정할 때에 기준이 되는 사항이나 그 밖에 필요한 사항은 대통령령으로 정한다.
③ 4주 동안(4주 미만으로 근로하는 경우에는 그 기간)을 평균하여 1주 동안의 소정근로시간이 15시간 미만인 근로자에 대하여는 제55조와 제60조를 적용하지 아니한다.(2008.3.21 본항개정)

제19조【근로조건의 위반】 ① 제17조에 따라 명시된 근로조건이 사실과 다를 경우에 근로자는 근로조건 위반을 이유로 손해의 배상을 청구할 수 있으며 즉시 근로계약을 해제할 수 있다.
② 제1항에 따라 근로자가 손해배상을 청구할 경우에는 노동위원회에 신청할 수 있으며, 근로계약이 해제되었을 경우에는 사용자는 취업을 목적으로 거주를 변경하는 근로자에게 귀향 여비를 지급하여야 한다.

제20조【위약 예정의 금지】 사용자는 근로계약 불이행에 대한 위약금 또는 손해배상액을 예정하는 계약을 체결하지 못한다.

제21조【전차금 상계의 금지】 사용자는 전차금(前借金)이나 그 밖에 근로할 것을 조건으로 하는 전대(前貸)채권과 임금을 상계하지 못한다.

제22조【강제 저금의 금지】 ① 사용자는 근로계약에 덧붙여 강제 저축 또는 저축금의 관리를 규정하는 계약을 체결하지 못한다.
② 사용자가 근로자의 위탁으로 저축을 관리하는 경우에는 다음 각 호의 사항을 지켜야 한다.
1. 저축의 종류·기간 및 금융기관을 근로자가 결정하고, 근로자 본인의 이름으로 저축할 것
2. 근로자가 저축증서 등 관련 자료의 열람 또는 반환을 요구할 때에는 즉시 이에 따를 것

제23조【해고 등의 제한】 ① 사용자는 근로자에게 정당한 이유 없이 해고, 휴직, 정직, 전직, 감봉, 그 밖의 징벌(懲罰)(이하 "부당해고등"이라 한다)을 하지 못한다.
② 사용자는 근로자가 업무상 부상 또는 질병의 요양을 위하여 휴업한 기간과 그 후 30일 동안 또는 산전(産前)·산후(産後)의 여성이 이 법에 따라 휴업한 기간과 그 후 30일 동안은 해고하지 못한다. 다만, 사용자가 제84조에 따라 일시보상을 하였을 경우 또는 사업을 계속할 수 없게 된 경우에는 그러하지 아니하다.

판례 근로계약, 취업규칙, 단체협약 등에서 정년에 도달한 근로자가 일정한 요건을 충족하면 기간제근로자로 재고용해야 한다는 취지의 규정을 두고 있거나, 그러한 규정이 없더라도 근로계약 당사자 사이에 근로자가 정년에 도달하더라도 일정한 요건을 충족하면 기간제근

로자로 재고용될 수 있다는 신뢰관계가 형성되어 있는 경우에는 특별한 사정이 없는 한 근로자는 그에 따라 정년 후 재고용되리라는 기대권을 가진다. 이와 같은 경우 사용자가 기간제근로자로의 재고용을 합리적 이유 없이 거절하는 것은 부당해고와 마찬가지라고 보아야 한다.(대판 2023.6.29, 2018두62492)

판례 기간을 정하여 근로계약을 체결한 근로자의 경우 그 기간이 만료됨으로써 근로자로서의 신분관계는 당연히 종료되고 근로계약을 갱신하지 못하면 갱신 거절의 의사표시가 없어도 당연 퇴직되는 것이 원칙이다. 그러나 근로계약, 취업규칙, 단체협약 등에서 기간만료에도 불구하고 일정한 요건이 충족되면 당해 근로계약이 갱신된다는 취지의 규정을 두고 있거나, 그러한 규정이 없더라도 근로계약의 내용과 근로계약이 이루어지게 된 동기 및 경위, 계약 갱신의 기준 등 갱신에 관한 요건이나 절차의 설정 여부 및 그 실태, 근로자가 수행하는 업무의 내용 등 당해 근로관계를 둘러싼 여러 사정을 종합하여 볼 때 근로계약 당사자 사이에 일정한 요건이 충족되면 근로계약이 갱신된다는 신뢰관계가 형성되어 있어 근로자에게 근로계약이 갱신될 수 있으리라는 정당한 기대권이 인정되는 경우에는, 사용자가 이를 위반하여 부당하게 근로계약의 갱신을 거절하는 것은 부당해고와 마찬가지로 아무런 효력이 없고, 이 경우 기간만료 후의 근로관계는 종전의 근로계약이 갱신된 것과 동일하다.
(대판 2011.4.14, 2007두1729)

제24조【경영상 이유에 의한 해고의 제한】 ① 사용자가 경영상 이유에 의하여 근로자를 해고하려면 긴박한 경영상의 필요가 있어야 한다. 이 경우 경영 악화를 방지하기 위한 사업의 양도·인수·합병은 긴박한 경영상의 필요가 있는 것으로 본다.
② 제1항의 경우에 사용자는 해고를 피하기 위한 노력을 다하여야 하며, 합리적이고 공정한 해고의 기준을 정하고 이에 따라 그 대상자를 선정하여야 한다. 이 경우 남녀의 성을 이유로 차별하여서는 아니 된다.
③ 사용자는 제2항에 따른 해고를 피하기 위한 방법과 해고의 기준 등에 관하여 그 사업 또는 사업장에 근로자의 과반수로 조직된 노동조합이 있는 경우에는 그 노동조합(근로자의 과반수로 조직된 노동조합이 없는 경우에는 근로자의 과반수를 대표하는 자를 말한다. 이하 "근로자대표"라 한다)에 해고를 하려는 날의 50일 전까지 통보하고 성실하게 협의하여야 한다.
④ 사용자는 제1항에 따라 대통령령으로 정하는 일정한 규모 이상의 인원을 해고하려면 대통령령으로 정하는 바에 따라 고용노동부장관에게 신고하여야 한다.(2010.6.4 본항개정)
⑤ 사용자가 제1항부터 제3항까지의 규정에 따른 요건을 갖추어 근로자를 해고한 경우에는 제23조제1항에 따른 정당한 이유가 있는 해고를 한 것으로 본다.

제25조【우선 재고용 등】 ① 제24조에 따라 근로자를 해고한 사용자는 근로자를 해고한 날부터 3년 이내에 해고된 근로자가 해고 당시 담당하였던 업무와 같은 업무를 할 근로자를 채용하려고 할 경우 제24조에 따라 해고된 근로자가 원하면 그 근로자를 우선적으로 고용하여야 한다.
② 정부는 제24조에 따라 해고된 근로자에 대하여 생계안정, 재취업, 직업훈련 등 필요한 조치를 우선적으로 취하여야 한다.

제26조【해고의 예고】 사용자는 근로자를 해고(경영상 이유에 의한 해고를 포함한다)하려면 적어도 30일 전에 예고를 하여야 하고, 30일 전에 예고를 하지 아니하였을 때에는 30일분 이상의 통상임금을 지급하여야 한다. 다만, 다음 각 호의 어느 하나에 해당하는 경우에는 그러하지 아니하다.
(2019.1.15 단서개정)
1. 근로자가 계속 근로한 기간이 3개월 미만인 경우
2. 천재·사변, 그 밖의 부득이한 사유로 사업을 계속하는 것이 불가능한 경우
3. 근로자가 고의로 사업에 막대한 지장을 초래하거나 재산상 손해를 끼친 경우로서 고용노동부령으로 정하는 사유에 해당하는 경우

(2019.1.15 1호~3호신설)

판례 근로기준법 제26조에서 사용자가 근로자를 해고하는 경우 적어도 30일 전에 예고를 하여야 하고, 30일 전에 예고를 하지 아니하였을 때에는 30일분 이상의 통상임금을 지급하도록 규정한 취지는 근로자로 하여금 해고에 대비하여 새로운 직장을 구할 수 있는 시간적 또는 경제적 여유를 주려는 것이므로, 사용자의 해고예고는 일정 시점을 특정하여 하거나 언제 해고되는지를 근로자가 알 수 있는 방법으로 하여야 한다.(대판 2010.4.15, 2009도13833)

제27조【해고사유 등의 서면통지】 ① 사용자는 근로자를 해고하려면 해고사유와 해고시기를 서면으로 통지하여야 한다.
② 근로자에 대한 해고는 제1항에 따라 서면으로 통지하여야 효력이 있다.
③ 사용자가 제26조에 따른 해고의 예고를 해고사유와 해고시기를 명시하여 서면으로 한 경우에는 제1항에 따른 통지를 한 것으로 본다.(2014.3.24 본항신설)

제28조【부당해고등의 구제신청】 ① 사용자가 근로자에게 부당해고등을 하면 근로자는 노동위원회에 구제를 신청할 수 있다.
② 제1항에 따른 구제신청은 부당해고등이 있었던 날부터 3개월 이내에 하여야 한다.

제29조【조사 등】 ① 노동위원회는 제28조에 따른 구제신청을 받으면 지체 없이 필요한 조사를 하여야 하며 관계 당사자를 심문하여야 한다.
② 노동위원회는 제1항에 따라 심문을 할 때에는 관계 당사자의 신청이나 직권으로 증인을 출석하게 하여 필요한 사항을 질문할 수 있다.
③ 노동위원회는 제1항에 따라 심문을 할 때에는 관계 당사자에게 증거 제출과 증인에 대한 반대심문을 할 수 있는 충분한 기회를 주어야 한다.
④ 제1항에 따른 노동위원회의 조사와 심문에 관한 세부절차는 「노동위원회법」에 따른 중앙노동위원회(이하 "중앙노동위원회"라 한다)가 정하는 바에 따른다.

제30조【구제명령 등】 ① 노동위원회는 제29조에 따른 심문을 끝내고 부당해고등이 성립한다고 판정하면 사용자에게 구제명령을 하여야 하며, 부당해고등이 성립하지 아니한다고 판정하면 구제신청을 기각하는 결정을 하여야 한다.
② 제1항에 따른 판정, 구제명령 및 기각결정은 사용자와 근로자에게 각각 서면으로 통지하여야 한다.
③ 노동위원회는 제1항에 따른 구제명령(해고에 대한 구제명령만을 말한다)을 할 때에 근로자가 원직복직(原職復職)을 원하지 아니하면 원직복직을 명하는 대신 근로자가 해고기간 동안 근로를 제공하였더라면 받을 수 있었던 임금 상당액 이상의 금품을 근로자에게 지급하도록 명할 수 있다.
④ 노동위원회는 근로계약기간의 만료, 정년의 도래 등으로 근로자가 원직복직(해고 이외의 경우는 원상회복을 말한다)이 불가능한 경우에도 제1항에 따른 구제명령이나 기각결정을 하여야 한다. 이 경우 노동위원회는 부당해고등이 성립한다고 판정하면 근로자가 해고기간 동안 근로를 제공하였더라면 받을 수 있었던 임금 상당액에 해당하는 금품(해고 이외의 경우에는 원상회복에 준하는 금품을 말한다)을 사업주가 근로자에게 지급하도록 명할 수 있다.(2021.5.18 본항신설)

제31조【구제명령 등의 확정】 ① 「노동위원회법」에 따른 지방노동위원회의 구제명령이나 기각결정에 불복하는 사용자나 근로자는 구제명령서나 기각결정서를 통지받은 날부터 10일 이내에 중앙노동위원회에 재심을 신청할 수 있다.
② 제1항에 따른 중앙노동위원회의 재심판정에 대하여 사용자나 근로자는 재심판정서를 송달받은 날부터 15일 이내에 「행정소송법」의 규정에 따라 소(訴)를 제기할 수 있다.
③ 제1항과 제2항에 따른 기간 이내에 재심을 신청하지 아니하거나 행정소송을 제기하지 아니하면 그 구제명령, 기각결정 또는 재심판정은 확정된다.

제32조【구제명령 등의 효력】 노동위원회의 구제명령, 기각결정 또는 재심판정은 제31조에 따른 중앙노동위원회에 대한 재심 신청이나 행정소송 제기에 의하여 그 효력이 정지되지 아니한다.

제33조【이행강제금】 ① 노동위원회는 구제명령(구제명령을 내용으로 하는 재심판정을 포함한다. 이하 이 조에서 같다)을 받은 후 이행기한까지 구제명령을 이행하지 아니한 사용자에게 3천만원 이하의 이행강제금을 부과한다.(2021.5.18 본항개정)
② 노동위원회는 제1항에 따른 이행강제금을 부과하기 30일 전까지 이행강제금을 부과·징수한다는 뜻을 사용자에게 미리 문서로써 알려 주어야 한다.
③ 제1항에 따른 이행강제금을 부과할 때에는 이행강제금의

액수, 부과 사유, 납부기한, 수납기관, 이의제기방법 및 이의제기기관 등을 명시한 문서로써 하여야 한다.
④ 제1항에 따라 이행강제금을 부과하는 위반행위의 종류와 위반 정도에 따른 금액, 부과·징수된 이행강제금의 반환절차, 그 밖에 필요한 사항은 대통령령으로 정한다.
⑤ 노동위원회는 최초의 구제명령을 한 날을 기준으로 매년 2회의 범위에서 구제명령이 이행될 때까지 반복하여 제1항에 따른 이행강제금을 부과·징수할 수 있다. 이 경우 이행강제금은 2년을 초과하여 부과·징수하지 못한다.
⑥ 노동위원회는 구제명령을 받은 자가 구제명령을 이행하면 새로운 이행강제금을 부과하지 아니하되, 구제명령을 이행하기 전에 이미 부과된 이행강제금은 징수하여야 한다.
⑦ 노동위원회는 이행강제금 납부의무자가 납부기한까지 이행강제금을 내지 아니하면 기간을 정하여 독촉을 하고 지정된 기간에 제1항에 따른 이행강제금을 내지 아니하면 국세 체납처분의 예에 따라 징수할 수 있다.
⑧ 근로자는 구제명령을 받은 사용자가 이행기한까지 구제명령을 이행하지 아니하면 이행기한이 지난 때부터 15일 이내에 그 사실을 노동위원회에 알려줄 수 있다.
제34조【퇴직급여 제도】 사용자가 퇴직하는 근로자에게 지급하는 퇴직급여 제도에 관하여는 「근로자퇴직급여 보장법」이 정하는 대로 따른다.
제35조 (2019.1.15 삭제)
제36조【금품 청산】 사용자는 근로자가 사망 또는 퇴직한 경우에는 그 지급 사유가 발생한 때부터 14일 이내에 임금, 보상금, 그 밖의 모든 금품을 지급하여야 한다. 다만, 특별한 사정이 있을 경우에는 당사자 사이의 합의에 의하여 기일을 연장할 수 있다.(2020.5.26 본문개정)
판례 기본임금을 미리 산정하지 아니한 채 제 수당을 합한 금액을 월급여액이나 일당임금으로 정하거나 매월 일정액을 제 수당으로 지급하는 내용의 포괄임금제에 관한 약정이 성립하였는지는 근로시간, 근로형태와 업무의 성질, 임금 산정의 단위, 단체협약과 취업규칙의 내용, 동종 사업장의 실태 등 여러 사정을 전체적·종합적으로 고려하여 구체적으로 판단하여야 한다. 이때 단체협약이나 취업규칙 및 근로계약서에 포괄임금이라는 취지를 명시하지 않았음에도 묵시적 합의에 의한 포괄임금약정이 성립하였다고 인정하기 위해서는, 근로형태의 특수성으로 인하여 실제 근로시간을 정확하게 산정하는 것이 곤란하거나 일정한 연장·야간·휴일근로가 예상되는 경우 등 실질적인 필요성이 인정될 뿐 아니라, 근로시간, 정하여진 임금의 형태나 수준 등 제반 사정에 비추어 사용자와 근로자 사이에 정액의 월급여액이나 일당임금 외에 추가로 어떠한 수당도 지급하지 않기로 하거나 특정한 수당을 지급하지 않기로 하는 합의가 있었다고 객관적으로 인정되는 경우이어야 한다.(대판 2016.10.13, 2016도1060)
제37조【미지급 임금에 대한 지연이자】 ① 사용자는 제36조에 따라 지급하여야 하는 임금 및 「근로자퇴직급여 보장법」 제2조제5호에 따른 급여(일시금만 해당된다)의 전부 또는 일부를 그 지급 사유가 발생한 날부터 14일 이내에 지급하지 아니한 경우 그 다음 날부터 지급하는 날까지의 지연 일수에 대하여 연 100분의 40 이내의 범위에서 「은행법」에 따른 은행이 적용하는 연체금리 등 경제 여건을 고려하여 대통령령으로 정하는 이율에 따른 지연이자를 지급하여야 한다.(2010.5.17 본항개정)

① 사용자는 다음 각 호의 어느 하나에 해당하는 임금의 전부 또는 일부를 각 호에 따른 날까지 지급하지 아니한 경우 그 다음 날부터 지급하는 날까지의 지연 일수에 대하여 연 100분의 40 이내의 범위에서 「은행법」에 따른 은행이 적용하는 연체금리 등 경제 여건을 고려하여 대통령령으로 정하는 이율에 따른 지연이자를 지급하여야 한다.(2024.10.22 본문개정 : 2025.10.23 시행)
1. 제36조에 따라 지급하여야 하는 임금 및 「근로자퇴직급여 보장법」 제2조제5호에 따른 급여(일시금만 해당된다) : 지급 사유가 발생한 날부터 14일이 되는 날
2. 제43조에 따라 지급하여야 하는 임금 : 제43조제2항에 따라 정하는 날
(2024.10.22 1호~2호신설 : 2025.10.23 시행)
② 사용자가 제1항제2호에 따른 임금을 지급하지 아니하여 지연이자를 지급할 의무가 발생한 이후 근로자가 사망 또는 퇴직한 경우 해당 임금에 대한 지연이자는 제1항제2호에 따른 날을 기준으로 산정한다.(2024.10.22 본항신설 : 2025.10.23 시행)

③ 제1항은 사용자가 천재·사변, 그 밖에 대통령령으로 정하는 사유에 따라 임금 지급을 지연하는 경우 그 사유가 존속하는 기간에 대하여는 적용하지 아니한다.
제38조【임금채권의 우선변제】 ① 임금, 재해보상금, 그 밖에 근로 관계로 인한 채권은 사용자의 총재산에 대하여 질권(質權)·저당권 또는 「동산·채권 등의 담보에 관한 법률」에 따른 담보권에 따라 담보된 채권 외에는 조세·공과금 및 다른 채권에 우선하여 변제되어야 한다. 다만, 질권·저당권 또는 「동산·채권 등의 담보에 관한 법률」에 따른 담보권에 우선하는 조세·공과금에 대하여는 그러하지 아니하다.(2010.6.10 본항개정)
② 제1항에도 불구하고 다음 각 호의 어느 하나에 해당하는 채권은 사용자의 총재산에 대하여 질권·저당권 또는 「동산·채권 등의 담보에 관한 법률」에 따른 담보권에 따라 담보된 채권, 조세·공과금 및 다른 채권에 우선하여 변제되어야 한다.(2010.6.10 본문개정)
1. 최종 3개월분의 임금
2. 재해보상금
제39조【사용증명서】 ① 사용자는 근로자가 퇴직한 후라도 사용 기간, 업무 종류, 지위와 임금, 그 밖에 필요한 사항에 관한 증명서를 청구하면 사실대로 적은 증명서를 즉시 내주어야 한다.
② 제1항의 증명서에는 근로자가 요구한 사항만을 적어야 한다.
제40조【취업 방해의 금지】 누구든지 근로자의 취업을 방해할 목적으로 비밀 기호 또는 명부를 작성·사용하거나 통신을 하여서는 아니 된다.
제41조【근로자의 명부】 ① 사용자는 각 사업장별로 근로자 명부를 작성하고 근로자의 성명, 생년월일, 이력, 그 밖에 대통령령으로 정하는 사항을 적어야 한다. 다만, 대통령령으로 정하는 일용근로자에 대해서는 근로자 명부를 작성하지 아니할 수 있다.(2021.1.5 단서신설)
② 제1항에 따라 근로자 명부에 적을 사항이 변경된 경우에는 지체 없이 정정하여야 한다.
제42조【계약 서류의 보존】 사용자는 근로자 명부와 대통령령으로 정하는 근로계약에 관한 중요한 서류를 3년간 보존하여야 한다.

제3장 임 금

제43조【임금 지급】 ① 임금은 통화(通貨)로 직접 근로자에게 그 전액을 지급하여야 한다. 다만, 법령 또는 단체협약에 특별한 규정이 있는 경우에는 임금의 일부를 공제하거나 통화 이외의 것으로 지급할 수 있다.
② 임금은 매월 1회 이상 일정한 날짜를 정하여 지급하여야 한다. 다만, 임시로 지급하는 임금, 수당, 그 밖에 이에 준하는 것 또는 대통령령으로 정하는 임금에 대하여는 그러하지 아니하다.
제43조의2【체불사업주 명단 공개】 ① 고용노동부장관은 제36조, 제43조, 제51조의3, 제52조제2항제2호, 제56조에 따른 임금, 보상금, 수당, 그 밖의 모든 금품(이하 "임금등"이라 한다)을 지급하지 아니한 사업주(법인인 경우에는 그 대표자를 포함한다. 이하 "체불사업주"라 한다)가 명단 공개 기준일 이전 3년 이내 임금등을 체불하여 2회 이상 유죄가 확정된 자로서 명단 공개 기준일 이전 1년 이내 임금등의 체불총액이 3천만원 이상인 경우에는 그 인적사항 등을 공개할 수 있다. 다만, 체불사업주의 사망·폐업으로 명단 공개의 실효성이 없는 경우 등 대통령령으로 정하는 사유가 있는 경우에는 그러하지 아니하다.(2021.1.5 본문개정)

① 고용노동부장관은 제36조, 제43조, 제51조의3, 제52조제2항제2호, 제56조에 따른 임금, 보상금, 수당, 「근로자퇴직급여 보장법」 제12조제1항에 따른 퇴직급여등, 그 밖의 모든 금

품(이하 "임금등"이라 한다)을 지급하지 아니한 사업주(법인인 경우에는 그 대표자를 포함한다. 이하 "체불사업주"라 한다)가 명단 공개 기준일 이전 3년 이내 임금등을 체불하여 2회 이상 유죄가 확정된 자로서 명단 공개 기준일 이전 1년 이내 임금등의 체불총액이 3천만원 이상인 경우에는 그 인적사항 등을 공개할 수 있다. 다만, 체불사업주의 사망·폐업으로 명단 공개의 실효성이 없는 경우 등 대통령령으로 정하는 사유가 있는 경우에는 그러하지 아니하다.
(2024.10.22 본문개정 : 2025.10.23 시행)

② 고용노동부장관은 제1항에 따라 명단 공개를 할 경우에 체불사업주에게 3개월 이상의 기간을 정하여 소명 기회를 주어야 한다.

③ 제1항에 따른 체불사업주의 인적사항 등에 대한 공개여부를 심의하기 위하여 고용노동부에 임금체불정보심의위원회(이하 이 조에서 "위원회"라 한다)를 둔다. 이 경우 위원회의 구성·운영 등 필요한 사항은 고용노동부령으로 정한다.

③ 제1항에 따른 체불사업주의 인적사항 등에 대한 공개 여부 및 제43조의4에 따른 상습체불사업주에 관한 사항을 심의하기 위하여 고용노동부에 임금체불정보심의위원회(이하 이 조 및 제43조의4에서 "위원회"라 한다)를 둔다. 이 경우 위원회의 구성·운영 등 필요한 사항은 고용노동부령으로 정한다.
(2024.10.22 전단개정 : 2025.10.23 시행)
④ 위원회 위원 중 공무원이 아닌 사람은 「형법」 제127조 및 제129조부터 제132조까지를 적용할 때에는 공무원으로 본다.
(2024.10.22 본항신설 : 2025. 10.23 시행)

⑤ 제1항에 따른 명단 공개의 구체적인 내용, 기간 및 방법 등 명단 공개에 필요한 사항은 대통령령으로 정한다.
(2012.2.1 본조신설)

제43조의3【임금등 체불자료의 제공】 ① 고용노동부장관은 「신용정보의 이용 및 보호에 관한 법률」 제25조제2항제1호에 따른 종합신용정보집중기관이 임금등 체불자료 제공일 이전 3년 이내 임금등을 체불하여 2회 이상 유죄가 확정된 자로서 임금등 체불자료 제공일 이전 1년 이내 임금등의 체불총액이 2천만원 이상인 체불사업주의 인적사항과 체불액 등에 관한 자료(이하 "임금등 체불자료"라 한다)를 요구할 때에는 임금등의 체불을 예방하기 위하여 필요하다고 인정하는 경우에 그 자료를 제공할 수 있다. 다만, 체불사업주의 사망·폐업으로 임금등 체불자료 제공의 실효성이 없는 경우 등 대통령령으로 정하는 사유가 있는 경우에는 그러하지 아니하다.

① 고용노동부장관은 「신용정보의 이용 및 보호에 관한 법률」 제25조제2항제1호에 따른 종합신용정보집중기관이 다음 각 호의 어느 하나에 해당하는 체불사업주의 인적사항과 체불액 등에 관한 자료(이하 "임금등 체불자료"라 한다)를 요구할 때에는 임금등의 체불을 예방하기 위하여 필요하다고 인정하는 경우에 그 자료를 제공할 수 있다. 다만, 체불사업주의 사망·폐업으로 임금등 체불자료 제공의 실효성이 없는 경우 등 대통령령으로 정하는 사유가 있는 경우에는 그러하지 아니하다.(2024.10.22 본문개정 : 2025.10.23 시행)
1. 임금등 체불자료 제공일 이전 3년 이내 임금등을 체불하여 2회 이상 유죄가 확정된 자로서 임금등 체불자료 제공일 이전 1년 이내 임금등의 체불총액이 2천만원 이상인 체불사업주
2. 제43조의4에 따른 상습체불사업주
(2024.10.22 1호~2호신설 : 2025.10.23 시행)

② 제1항에 따라 임금등 체불자료를 받은 자는 이를 체불사업주의 신용도·신용거래능력 판단과 관련한 업무 외의 목적으로 이용하거나 누설하여서는 아니 된다.
③ 제1항에 따른 임금등 체불자료의 제공 절차 및 방법 등 임금등 체불자료의 제공에 필요한 사항은 대통령령으로 정한다.
(2012.2.1 본조신설)

제43조의4【상습체불사업주에 대한 보조·지원 제한 등】
① 고용노동부장관은 위원회의 심의를 거쳐 다음 각 호의 어느 하나에 해당하는 자(법인인 경우에는 그 대표자를 포함한다)를 상습체불사업주(이하 "상습체불사업주"라 한다)로 정할 수 있다.
1. 임금등 체불자료 제공일이 속하는 연도의 직전 연도 1년간 근로자에게 임금등(「근로자퇴직급여 보장법」 제12조제1항에 따른 퇴직급여등은 제외한다)을 3개월분 임금 이상 체불한 사업주
2. 임금등 체불자료 제공일이 속하는 연도의 직전 연도 1년간 근로자에게 5회 이상 임금등을 체불하고, 체불총액이 3천만원 이상인 사업주
② 고용노동부장관은 제1항에 따라 상습체불사업주로 정할 경우에 해당 사업주에게 3개월 이상의 기간을 정하여 소명 기회를 주어야 한다.
③ 고용노동부장관은 중앙행정기관의 장, 지방자치단체의 장 또는 대통령령으로 정하는 공공기관의 장(이하 "중앙행정기관장등"이라 한다)에게 상습체불사업주에 대하여 다음 각 호의 조치를 하도록 요청하고 임금등 체불자료를 제공할 수 있으며, 중앙행정기관장등이 다음 각 호의 조치를 목적으로 상습체불사업주의 임금등 체불자료를 요청하는 경우 해당 자료를 제공할 수 있다.
1. 「보조금 관리에 관한 법률」, 「지방자치단체 보조금 관리에 관한 법률」 또는 개별 법률에 따른 각종 보조·지원사업의 참여 배제나 수급 제한
2. 「국가를 당사자로 하는 계약에 관한 법률」 또는 「지방자치단체를 당사자로 하는 계약에 관한 법률」에 따른 입찰참가자격 사전심사나 낙찰자 심사·결정 시 감점 등 불이익 조치
④ 제3항에 따라 상습체불사업주의 임금등 체불자료를 제공받은 자는 제공받은 자료를 제3항 각 호에서 정한 목적 외의 목적으로 이용하거나 누설하여서는 아니 된다.
⑤ 제3항에 따른 임금등 체불자료의 제공 절차 및 방법은 제43조의3제1항 단서 및 같은 조 제3항을 준용한다.
⑥ 그 밖에 제1항제1호에 따른 3개월분 임금의 산정, 같은 항 제2호에 따른 임금등의 체불횟수 산정, 제2항에 따른 소명 기회 제공 및 제3항에 따라 제공되는 임금등 체불자료의 제공기간 등에 필요한 사항은 대통령령으로 정한다.
(2024.10.22 본조신설 : 2025.10.23 시행)

제43조의5【업무위탁 등】 ① 고용노동부장관은 제43조의2부터 제43조의4까지에 관한 업무를 효율적으로 하기 위하여 대통령령으로 정하는 바에 따라 업무 중 일부를 「산업재해보상보험법」 제10조에 따른 근로복지공단(이하 "근로복지공단"이라 한다)이나 전문성을 갖춘 연구기관·법인·단체에 위탁할 수 있다.
② 제1항에 따라 위탁받은 기관의 임직원은 「형법」 제129조부터 제132조까지를 적용할 때에는 공무원으로 본다.
(2024.10.22 본조신설 : 2025.10.23 시행)

제43조의6【체불사업주 명단공개 등을 위한 자료제공 등의 요청】 ① 고용노동부장관은 제43조의2에 따른 체불사업주 명단 공개, 제43조의3에 따른 임금등 체불자료의 제공, 제43조의4에 따른 상습체불사업주에 대한 중앙행정기관장등의 보조 및 지원 제한 등에 관한 업무를 수행하기 위하여 다음 각 호의 어느 하나에 해당하는 자료의 제공 또는 관계 전산망의 이용(이하 "자료제공등"이라 한다)을 해당 각 호의 자에게 각각 요청할 수 있다.
1. 법원행정처장에게 체불사업주의 법인등기사항증명서
2. 국세청장에게 체불사업주의 「소득세법」 제4조제1항제1호에 따른 종합소득에 관한 자료, 「법인세법」 제4조제1항제1호에 따른 소득에 관한 자료, 「부가가치세법」 제8조, 「법인세법」 제111조 및 「소득세법」 제168조에 따른 사업자등록에 관한 자료
3. 국세청장에게 임금등이 체불된 근로자의 「소득세법」 제4조제1항제1호에 따른 종합소득에 관한 자료
4. 근로복지공단에 임금등이 체불된 근로자의 「고용보험 및 산업재해보상보험의 보험료징수 등에 관한 법률」 제16조의3에 따른 월평균보수에 관한 자료, 「고용보험법」 제13조 및

제15조에 따른 피보험자격 취득에 관한 자료 및 체불사업주의 「임금채권보장법」 제7조, 제7조의2 및 제8조에 따른 대지급금에 관한 자료
② 고용노동부장관은 제1항제4호에 따른 월평균보수 및 피보험자격 취득에 관한 자료를 제공받기 위하여 해당 근로자의 임금, 근로제공기간 등 대통령령으로 정하는 정보를 근로복지공단에 제공할 수 있다.
③ 제1항에 따라 자료제공등을 요청받은 자는 정당한 사유가 없으면 그 요청에 따라야 한다.
(2024.10.22 본조신설 : 2025.10.23 시행)

제43조의7【출국금지】 ① 고용노동부장관은 제43조의2에 따라 명단이 공개된 체불사업주에 대하여 법무부장관에게 「출입국관리법」 제4조제3항에 따라 출국금지를 요청할 수 있다.
② 법무부장관은 제1항의 요청에 따라 출국금지를 한 경우 고용노동부장관에게 그 결과를 정보통신망 등을 통하여 통보하여야 한다.
③ 고용노동부장관은 체불임금의 지급 등으로 출국금지 사유가 없어진 경우 즉시 법무부장관에게 출국금지의 해제를 요청하여야 한다.
④ 제1항부터 제3항까지에서 규정한 사항 외에 출국금지 및 그 해제의 요청 등의 절차에 필요한 사항은 대통령령으로 정한다.
(2024.10.22 본조신설 : 2025.10.23 시행)

제43조의8【체불 임금등에 대한 손해배상청구】 ① 근로자는 사업주가 다음 각 호의 어느 하나에 해당하는 경우 법원에 사업주가 지급하여야 하는 임금등의 3배 이내의 금액을 지급할 것을 청구할 수 있다.
1. 명백한 고의로 임금등(「근로자퇴직급여 보장법」 제2조제5호의 급여는 제외한다. 이하 이 조에서 같다)의 전부 또는 일부를 지급하지 아니한 경우
2. 1년 동안 임금등의 전부 또는 일부를 지급하지 아니한 개월 수가 총 3개월 이상인 경우
3. 지급하지 아니한 임금등의 총액이 3개월 이상의 통상임금에 해당하는 경우
② 법원은 제1항에 따른 금액을 결정할 때에 다음 각 호의 사항을 고려하여야 한다.
1. 임금등의 체불 기간 · 경위 · 횟수 및 체불된 임금등의 규모
2. 사업주가 임금등을 지급하기 위하여 노력한 정도
3. 제37조에 따른 지연이자 지급액
4. 사업주의 재산상태
(2024.10.22 본조신설 : 2025.10.23 시행)

제44조【도급 사업에 대한 임금 지급】 ① 사업이 한 차례 이상의 도급에 따라 행하여지는 경우에 하수급인(下受給人)(도급이 한 차례에 걸쳐 행하여진 경우에는 수급인을 말한다)이 직상(直上) 수급인(도급이 한 차례에 걸쳐 행하여진 경우에는 도급인을 말한다)의 귀책사유로 근로자에게 임금을 지급하지 못한 경우에는 그 직상 수급인은 그 하수급인과 연대하여 책임을 진다. 다만, 직상 수급인의 귀책사유가 그 상위 수급인의 귀책사유에 의하여 발생한 경우에는 그 상위 수급인도 연대하여 책임을 진다.(2020.3.31 본문개정)
② 제1항의 귀책사유 범위는 대통령령으로 정한다.(2012.2.1 본항개정)

제44조의2【건설업에서의 임금 지급 연대책임】 ① 건설업에서 사업이 2차례 이상 「건설산업기본법」 제2조제11호에 따른 도급(이하 "공사도급"이라 한다)이 이루어진 경우에 같은 법 제2조제7호에 따른 건설사업자가 아닌 하수급인이 그가 사용한 근로자에게 임금(해당 건설공사에서 발생한 임금으로 한정한다)을 지급하지 못한 경우에는 그 직상 수급인은 하수급인과 연대하여 하수급인이 사용한 근로자의 임금을 지급할 책임을 진다.
② 제1항의 직상 수급인이 「건설산업기본법」 제2조제7호에 따른 건설사업자가 아닌 때에는 그 상위 수급인 중에서 최하위의 같은 호에 따른 건설사업자를 직상 수급인으로 본다.
(2019.4.30 본조개정)

제44조의3【건설업의 공사도급에 있어서의 임금에 관한 특례】 ① 공사도급이 이루어진 경우로서 다음 각 호의 어느 하나에 해당하는 때에는 직상 수급인은 하수급인에게 지급하여야 하는 하도급 대금 채무의 부담 범위에서 그 하수급인이 사용한 근로자가 청구하면 하수급인이 지급하여야 하는 임금(해당 건설공사에서 발생한 임금으로 한정한다)에 해당하는 금액을 근로자에게 직접 지급하여야 한다.
1. 직상 수급인이 하수급인을 대신하여 하수급인이 사용한 근로자에게 지급하여야 하는 임금을 직접 지급할 수 있다는 뜻과 그 지급 방법 및 절차에 관하여 직상 수급인과 하수급인이 합의한 경우
2. 「민사집행법」 제56조제3호에 따른 확정된 지급명령, 하수급인의 근로자에게 하수급인에 대하여 임금채권이 있음을 증명하는 같은 법 제56조제4호에 따른 집행증서, 「소액사건심판법」 제5조의7에 따라 확정된 이행권고결정, 그 밖에 이에 준하는 집행권원이 있는 경우
3. 하수급인이 그가 사용한 근로자에 대하여 지급하여야 할 임금채무가 있음을 직상 수급인에게 알려주고, 직상 수급인이 파산 등의 사유로 하수급인이 임금을 지급할 수 없는 명백한 사유가 있다고 인정하는 경우
② 「건설산업기본법」 제2조제10호에 따른 발주자의 수급인(이하 "원수급인"이라 한다)으로부터 공사도급이 2차례 이상 이루어진 경우로서 하수급인(도급받은 하수급인으로부터 재하도급 받은 하수급인을 포함한다. 이하 이 항에서 같다)이 사용한 근로자에게 그 하수급인에 대한 제1항제2호에 따른 집행권원이 있는 경우에는 근로자는 하수급인이 지급하여야 하는 임금(해당 건설공사에서 발생한 임금으로 한정한다)에 해당하는 금액을 원수급인에게 직접 지급할 것을 요구할 수 있다. 원수급인은 근로자가 자신에 대하여 「민법」 제404조에 따른 채권자대위권을 행사할 수 있는 금액의 범위에서 이에 따라야 한다.(2011.5.24 전단개정)
③ 직상 수급인 또는 원수급인이 제1항 및 제2항에 따라 하수급인이 사용한 근로자에게 임금에 해당하는 금액을 지급한 경우에는 하수급인에 대한 하도급 대금 채무는 그 범위에서 소멸한 것으로 본다.
(2007.7.27 본조신설)

제45조【비상시 지급】 사용자는 근로자가 출산, 질병, 재해, 그 밖에 대통령령으로 정하는 비상(非常)한 경우의 비용에 충당하기 위하여 임금 지급을 청구하면 지급기일 전이라도 이미 제공한 근로에 대한 임금을 지급하여야 한다.

제46조【휴업수당】 ① 사용자의 귀책사유로 휴업하는 경우에 사용자는 휴업기간 동안 그 근로자에게 평균임금의 100분의 70 이상의 수당을 지급하여야 한다. 다만, 평균임금의 100분의 70에 해당하는 금액이 통상임금을 초과하는 경우에는 통상임금을 휴업수당으로 지급할 수 있다.
② 제1항에도 불구하고 부득이한 사유로 사업을 계속하는 것이 불가능하여 노동위원회의 승인을 받은 경우에는 제1항의 기준에 못 미치는 휴업수당을 지급할 수 있다.

제47조【도급 근로자】 사용자는 도급이나 그 밖에 이에 준하는 제도로 사용하는 근로자에게 근로시간에 따라 일정액의 임금을 보장하여야 한다.

제48조【임금대장 및 임금명세서】 ① 사용자는 각 사업장별로 임금대장을 작성하고 임금과 가족수당 계산의 기초가 되는 사항, 임금액, 그 밖에 대통령령으로 정하는 사항을 임금을 지급할 때마다 적어야 한다.
② 사용자는 임금을 지급하는 때에는 근로자에게 임금의 구성항목 · 계산방법, 제43조제1항 단서에 따라 임금의 일부를 공제한 경우의 내역 등 대통령령으로 정하는 사항을 적은 임금명세서를 서면(「전자문서 및 전자거래 기본법」 제2조제1호에 따른 전자문서를 포함한다)으로 교부하여야 한다.
(2021.5.18 본항신설)
(2021.5.18 본조제목개정)

제49조【임금의 시효】 이 법에 따른 임금채권은 3년간 행사하지 아니하면 시효로 소멸한다.

제4장 근로시간과 휴식

제50조【근로시간】 ① 1주 간의 근로시간은 휴게시간을 제외하고 40시간을 초과할 수 없다.
② 1일의 근로시간은 휴게시간을 제외하고 8시간을 초과할 수 없다.
③ 제1항 및 제2항에 따라 근로시간을 산정하는 경우 작업을 위하여 근로자가 사용자의 지휘·감독 아래에 있는 대기시간 등은 근로시간으로 본다.(2020.5.26 본항개정)

[판례] 도시 일용근로자의 일실수입을 그 1일 노임에 관한 통계사실에 기초하여 평가하는 경우 가동일수 : 근로기준법의 개정을 통하여 법정근로시간이 단축되며 근로자들의 월 가동일수 역시 지속적으로 감소하는 경향이 나타나고 있다. 또한 대체공휴일의 신설과 임시공휴일의 지정 등으로 연간 공휴일이 증가하는 등 사회적·경제적 구조에 지속적인 변화가 있고, 근로여건과 생활여건의 많은 부분도 과거와 달라졌다. 이에 고용노동부가 매년 실시하고 있는 고용형태별 근로실태 조사의 고용형태별·직종별·산업별 최근 10년간 월 평균 근로일수 등에 의하면 과거 대법원이 도시 일용근로자의 월 가동일수를 22일 정도로 보는 근거가 되었던 각종 통계자료 등의 내용이 많이 바뀌어 그대로 적용하기 어렵게 되었다. 이와 같은 점을 고려하면, 특별한 사정이 없는 한 도시 일용근로자의 월 가동일수를 20일을 초과하여 인정하기는 어렵다.(대판 2024.4.25, 2020다271650)

[판례] 연장근로 한도를 지켰는지 여부를 따질 때는 1일 8시간을 초과했는지가 아니라 1주간 총 근로시간에서 법정근로시간(1주당 40시간)을 빼는 방식을 적용해야 한다. 만일 근로자가 1일 8시간을 초과한 연장근로 시간을 각각 계산한 뒤 이를 합산한 값이 1주간 12시간을 초과했는지를 기준으로 연장근로 한도를 따지는 경우, 1주 중 이틀은 15시간씩, 사흘은 6시간씩 일한 경우 1주간 총 근로시간은 48시간이지만 연장근로 시간은 14시간으로 12시간인 연장근로 한도를 초과해 근로기준법 위반이 된다. 그러나 근로기준법 제53조제1항은 1주 단위로 12시간의 연장근로 한도를 설정하고 있는데 이는 같은 법 제50조제1항의 '1주간'의 기준 근로시간을 초과하는 근로를 의미한다고 해석하여야 하며, 1일 8시간을 초과하는 연장근로 시간의 1주간 합계에 관해 정하고 있는 규정은 별도로 존재하지 않는다. 따라서 근로기준법 위반 여부를 판단할 때에는 1주간 총 근로시간을 합산한 값이 40시간을 초과해 총 52시간에 달하는지를 기준으로 해야 한다.(대판 2023.12.7, 2020도15393)

제51조【3개월 이내의 탄력적 근로시간제】 ① 사용자는 취업규칙(취업규칙에 준하는 것을 포함한다)에서 정하는 바에 따라 2주 이내의 일정한 단위기간을 평균하여 1주간의 근로시간이 제50조제1항의 근로시간을 초과하지 아니하는 범위에서 특정한 주에 제50조제1항의 근로시간을, 특정한 날에 제50조제2항의 근로시간을 초과하여 근로하게 할 수 있다. 다만, 특정한 주의 근로시간은 48시간을 초과할 수 없다.
② 사용자는 근로자대표와의 서면 합의에 따라 다음 각 호의 사항을 정하면 3개월 이내의 단위기간을 평균하여 1주 간의 근로시간이 제50조제1항의 근로시간을 초과하지 아니하는 범위에서 특정한 주에 제50조제1항의 근로시간을, 특정한 날에 제50조제2항의 근로시간을 초과하여 근로하게 할 수 있다. 다만, 특정한 주의 근로시간은 52시간을, 특정한 날의 근로시간은 12시간을 초과할 수 없다.
1. 대상 근로자의 범위
2. 단위기간(3개월 이내의 일정한 기간으로 정하여야 한다)
3. 단위기간의 근로일과 그 근로일별 근로시간
4. 그 밖에 대통령령으로 정하는 사항
③ 제1항과 제2항은 15세 이상 18세 미만의 근로자와 임신 중인 여성 근로자에 대하여는 적용하지 아니한다.
④ 사용자는 제1항 및 제2항에 따라 근로자를 근로시킬 경우에는 기존의 임금 수준이 낮아지지 아니하도록 임금보전방안(賃金補塡方案)을 강구하여야 한다.
(2021.1.5 본조제목개정)

제51조의2【3개월을 초과하는 탄력적 근로시간제】 ① 사용자는 근로자대표와의 서면 합의에 따라 다음 각 호의 사항을 정하면 3개월을 초과하고 6개월 이내의 단위기간을 평균하여 1주간의 근로시간이 제50조제1항의 근로시간을 초과하지 아니하는 범위에서 특정한 주에 제50조제1항의 근로시간을, 특정한 날에 제50조제2항의 근로시간을 초과하여 근로하게 할 수 있다. 다만, 특정한 주의 근로시간은 52시간을, 특정한 날의 근로시간은 12시간을 초과할 수 없다.
1. 대상 근로자의 범위
2. 단위기간(3개월을 초과하고 6개월 이내의 일정한 기간으로 정하여야 한다)
3. 단위기간의 주별 근로시간
4. 그 밖에 대통령령으로 정하는 사항
② 사용자는 제1항에 따라 근로자를 근로시킬 경우에는 근로일 종료 후 다음 근로일 개시 전까지 근로자에게 연속하여 11시간 이상의 휴식 시간을 주어야 한다. 다만, 천재지변 등 대통령령으로 정하는 불가피한 경우에는 근로자대표와의 서면 합의가 있으면 이에 따른다.
③ 사용자는 제1항제3호에 따른 각 주의 근로일이 시작되기 2주 전까지 근로자에게 해당 주의 근로일별 근로시간을 통보하여야 한다.
④ 사용자는 제1항에 따른 근로자대표와의 서면 합의 당시에는 예측하지 못한 천재지변, 기계 고장, 업무량 급증 등 불가피한 사유가 발생한 때에는 제1항제2호에 따른 단위기간 내에서 평균하여 1주간의 근로시간이 유지되는 범위에서 근로자대표와의 협의를 거쳐 제1항제3호의 사항을 변경할 수 있다. 이 경우 해당 근로자에게 변경된 근로일이 개시되기 전에 변경된 근로일별 근로시간을 통보하여야 한다.
⑤ 사용자는 제1항에 따라 근로자를 근로시킬 경우에는 기존의 임금 수준이 낮아지지 아니하도록 임금항목을 조정 또는 신설하거나 가산임금 지급 등의 임금보전방안(賃金補塡方案)을 마련하여 고용노동부장관에게 신고하여야 한다. 다만, 근로자대표와의 서면합의로 임금보전방안을 마련한 경우에는 그러하지 아니하다.
⑥ 제1항부터 제5항까지의 규정은 15세 이상 18세 미만의 근로자와 임신 중인 여성 근로자에 대하여는 적용하지 아니한다.
(2021.1.5 본조신설)

제51조의3【근로한 기간이 단위기간보다 짧은 경우의 임금 정산】 사용자는 제51조 및 제51조의2에 따른 단위기간 중 근로자가 근로한 기간이 그 단위기간보다 짧은 경우에는 그 단위기간 중 해당 근로자가 근로한 기간을 평균하여 1주간에 40시간을 초과하여 근로한 시간 전부에 대하여 제56조제1항에 따른 가산임금을 지급하여야 한다.(2021.1.5 본조신설)

제52조【선택적 근로시간제】 ① 사용자는 취업규칙(취업규칙에 준하는 것을 포함한다)에 따라 업무의 시작 및 종료 시각을 근로자의 결정에 맡기기로 한 근로자에 대하여 근로자대표와의 서면 합의에 따라 다음 각 호의 사항을 정하면 1개월(신상품 또는 신기술의 연구개발 업무의 경우에는 3개월로 한다) 이내의 정산기간을 평균하여 1주간의 근로시간이 제50조제1항의 근로시간을 초과하지 아니하는 범위에서 1주 간에 제50조제1항의 근로시간을, 1일에 제50조제2항의 근로시간을 초과하여 근로하게 할 수 있다.(2021.1.5 본문개정)
1. 대상 근로자의 범위(15세 이상 18세 미만의 근로자는 제외한다)
2. 정산기간(2021.1.5 본호개정)
3. 정산기간의 총 근로시간
4. 반드시 근로하여야 할 시간대를 정하는 경우에는 그 시작 및 종료 시각
5. 근로자가 그의 결정에 따라 근로할 수 있는 시간대를 정하는 경우에는 그 시작 및 종료 시각
6. 그 밖에 대통령령으로 정하는 사항
② 사용자는 제1항에 따라 1개월을 초과하는 정산기간을 정하는 경우에는 다음 각 호의 조치를 하여야 한다.
1. 근로일 종료 후 다음 근로일 시작 전까지 근로자에게 연속하여 11시간 이상의 휴식 시간을 줄 것. 다만, 천재지변 등 대통령령으로 정하는 불가피한 경우에는 근로자대표와의 서면 합의가 있으면 이에 따른다.
2. 매 1개월마다 평균하여 1주간의 근로시간이 제50조제1항의 근로시간을 초과한 시간에 대해서는 통상임금의 100분의 50 이상을 가산하여 근로자에게 지급할 것. 이 경우 제56조제1항은 적용하지 아니한다.
(2021.1.5 본항신설)

제53조【연장 근로의 제한】 ① 당사자 간에 합의하면 1주 간에 12시간을 한도로 제50조의 근로시간을 연장할 수 있다.

② 당사자 간에 합의하면 1주 간에 12시간을 한도로 제51조 및 제51조의2의 근로시간을 연장할 수 있고, 제52조제1항제2호의 정산기간을 평균하여 1주 간에 12시간을 초과하지 아니하는 범위에서 제52조제1항의 근로시간을 연장할 수 있다.(2021.1.5 본항개정)
③ 상시 30명 미만의 근로자를 사용하는 사용자는 다음 각 호에 대하여 근로자대표와 서면으로 합의한 경우 제1항 또는 제2항에 따라 연장된 근로시간에 더하여 1주 간에 8시간을 초과하지 아니하는 범위에서 근로시간을 연장할 수 있다.
1. 제1항 또는 제2항에 따라 연장된 근로시간을 초과할 필요가 있는 사유 및 그 기간
2. 대상 근로자의 범위
(2018.3.20 본항신설 : 2022.12.31까지 유효)
④ 사용자는 특별한 사정이 있으면 고용노동부장관의 인가와 근로자의 동의를 받아 제1항과 제2항의 근로시간을 연장할 수 있다. 다만, 사태가 급박하여 고용노동부장관의 인가를 받을 시간이 없는 경우에는 사후에 지체 없이 승인을 받아야 한다.(2010.6.4 본항개정)
⑤ 고용노동부장관은 제4항에 따른 근로시간의 연장이 부적당하다고 인정하면 그 후 연장시간에 상당하는 휴게시간이나 휴일을 줄 것을 명할 수 있다.(2018.3.20 본항개정)
⑥ 제3항은 15세 이상 18세 미만의 근로자에 대하여는 적용하지 아니한다.(2018.3.20 본항신설 : 2022.12. 31까지 유효)
⑦ 사용자는 제4항에 따라 연장 근로를 하는 근로자의 건강 보호를 위하여 건강검진 실시 또는 휴식시간 부여 등 고용노동부장관이 정하는 바에 따라 적절한 조치를 하여야 한다.(2021.1.5 본항신설)

제54조【휴게】 ① 사용자는 근로시간이 4시간인 경우에는 30분 이상, 8시간인 경우에는 1시간 이상의 휴게시간을 근로시간 도중에 주어야 한다.
② 휴게시간은 근로자가 자유롭게 이용할 수 있다.

제55조【휴일】 ① 사용자는 근로자에게 1주에 평균 1회 이상의 유급휴일을 보장하여야 한다.(2018.3.20 본항개정)
② 사용자는 근로자에게 대통령령으로 정하는 휴일을 유급으로 보장하여야 한다. 다만, 근로자대표와 서면으로 합의한 경우 특정한 근로일로 대체할 수 있다.(2018.3.20 본항신설)

제56조【연장·야간 및 휴일 근로】 ① 사용자는 연장근로(제53조·제59조 및 제69조 단서에 따라 연장된 시간의 근로를 말한다)에 대하여는 통상임금의 100분의 50 이상을 가산하여 근로자에게 지급하여야 한다.(2018.3.20 본항개정)
② 제1항에도 불구하고 사용자는 휴일근로에 대하여는 다음 각 호의 기준에 따른 금액 이상을 가산하여 근로자에게 지급하여야 한다.
1. 8시간 이내의 휴일근로 : 통상임금의 100분의 50
2. 8시간을 초과한 휴일근로 : 통상임금의 100분의 100
(2018.3.20 본항신설)
③ 사용자는 야간근로(오후 10시부터 다음 날 오전 6시 사이의 근로를 말한다)에 대하여는 통상임금의 100분의 50 이상을 가산하여 근로자에게 지급하여야 한다.(2018.3.20 본항신설)

제57조【보상 휴가제】 사용자는 근로자대표와의 서면 합의에 따라 제51조의3, 제52조제2항제2호 및 제56조에 따른 연장근로·야간근로 및 휴일근로 등에 대하여 임금을 지급하는 것을 갈음하여 휴가를 줄 수 있다.(2021.1.5 본조개정)

제58조【근로시간 계산의 특례】 ① 근로자가 출장이나 그 밖의 사유로 근로시간의 전부 또는 일부를 사업장 밖에서 근로하여 근로시간을 산정하기 어려운 경우에는 소정근로시간을 근로한 것으로 본다. 다만, 그 업무를 수행하기 위하여 통상적으로 소정근로시간을 초과하여 근로할 필요가 있는 경우에는 그 업무의 수행에 통상 필요한 시간을 근로한 것으로 본다.
② 제1항 단서에도 불구하고 그 업무에 관하여 근로자대표와의 서면 합의를 한 경우에는 그 합의에서 정하는 시간을 그 업무의 수행에 통상 필요한 시간으로 본다.
③ 업무의 성질에 비추어 업무 수행 방법을 근로자의 재량에 위임할 필요가 있는 업무로서 대통령령으로 정하는 업무는 사용자가 근로자대표와 서면 합의로 정한 시간을 근로한 것으로 본다. 이 경우 그 서면 합의에는 다음 각 호의 사항을 명시하여야 한다.
1. 대상 업무
2. 사용자가 업무의 수행 수단 및 시간 배분 등에 관하여 근로자에게 구체적인 지시를 하지 아니한다는 내용
3. 근로시간의 산정은 그 서면 합의로 정하는 바에 따른다는 내용
④ 제1항과 제3항의 시행에 필요한 사항은 대통령령으로 정한다.

제59조【근로시간 및 휴게시간의 특례】 ①「통계법」 제22조제1항에 따라 통계청장이 고시하는 산업에 관한 표준의 중분류 또는 소분류 중 다음 각 호의 어느 하나에 해당하는 사업에 대하여 사용자가 근로자대표와 서면으로 합의한 경우에는 제53조제1항에 따른 주(週) 12시간을 초과하여 연장근로를 하게 하거나 제54조에 따른 휴게시간을 변경할 수 있다.
1. 육상운송 및 파이프라인 운송업. 다만,「여객자동차 운수사업법」 제3조제1항제1호에 따른 노선(路線) 여객자동차운송사업은 제외한다.
2. 수상운송업
3. 항공운송업
4. 기타 운송관련 서비스업
5. 보건업
② 제1항의 경우 사용자는 근로일 종료 후 다음 근로일 개시 전까지 근로자에게 연속하여 11시간 이상의 휴식 시간을 주어야 한다.
(2018.3.20 본조개정)

제60조【연차 유급휴가】 ① 사용자는 1년간 80퍼센트 이상 출근한 근로자에게 15일의 유급휴가를 주어야 한다.(2012.2.1 본항개정)
② 사용자는 계속하여 근로한 기간이 1년 미만인 근로자 또는 1년간 80퍼센트 미만 출근한 근로자에게 1개월 개근 시 1일의 유급휴가를 주어야 한다.(2012.2.1 본항개정)
③ (2017.11.28 삭제)
④ 사용자는 3년 이상 계속하여 근로한 근로자에게는 제1항에 따른 휴가에 최초 1년을 초과하는 계속 근로 연수 매 2년에 대하여 1일을 가산한 유급휴가를 주어야 한다. 이 경우 가산휴가를 포함한 총 휴가 일수는 25일을 한도로 한다.
⑤ 사용자는 제1항부터 제4항까지의 규정에 따른 휴가를 근로자가 청구한 시기에 주어야 하고, 그 기간에 대하여는 취업규칙 등에서 정하는 통상임금 또는 평균임금을 지급하여야 한다. 다만, 근로자가 청구한 시기에 휴가를 주는 것이 사업 운영에 막대한 지장이 있는 경우에는 그 시기를 변경할 수 있다.
⑥ 제1항 및 제2항을 적용하는 경우 다음 각 호의 어느 하나에 해당하는 기간은 출근한 것으로 본다.(2017.11.28 본문개정)
1. 근로자가 업무상의 부상 또는 질병으로 휴업한 기간
2. 임신 중의 여성이 제74조제1항부터 제3항까지의 규정에 따른 휴가로 휴업한 기간(2012.2.1 본호개정)
3.「남녀고용평등과 일·가정 양립 지원에 관한 법률」 제19조제1항에 따른 육아휴직으로 휴업한 기간(2017.11.28 본호신설)
4.「남녀고용평등과 일·가정 양립 지원에 관한 법률」 제19조의2제1항에 따른 육아기 근로시간 단축을 사용하여 단축된 근로시간(2024.10.22 본호신설)
5. 제74조제7항에 따른 임신기 근로시간 단축을 사용하여 단축된 근로시간(2024.10.22 본호신설)
⑦ 제1항·제2항 및 제4항에 따른 휴가는 1년간(계속하여 근로한 기간이 1년 미만인 근로자의 제2항에 따른 유급휴가는 최초 1년의 근로가 끝날 때까지의 기간을 말한다) 행사하지 아니하면 소멸된다. 다만, 사용자의 귀책사유로 사용하지 못한 경우에는 그러하지 아니하다.(2020.3.31 본문개정)

판례 1년 기간제 근로자에게 부여되는 연차휴가 일수 : 제60조제1항이 규정한 연차휴가를 사용할 권리는 특별한 사정이 없는 한 전년도 1년 간의 근로를 마친 다음 날 발생한다. 따라서 근로기간이 1년인 기간제 근로자의 경우 제1항이 규정한 연차유급휴가의 보상으로서 지급되는 수당을 청구할 수 없고 제2항만을 적용하여 총 11일의 연

차휴가가 부여된다고 보아야 한다. 1년 기간제 근로자에게 제60조제1항과 제2항을 중복 적용하면 총 26일의 연차휴가가 부여되는데, 이 경우 장기간 근속한 근로자의 최대 휴가일수인 25일을 초과하는 휴가를 부여받게 되어 장기근속 근로자보다 1년 기간제 근로자를 더 우대하는 결과가 되어 형평의 원칙에도 어긋난다.
(대판 2021.10.14, 2021다227100)

제61조【연차 유급휴가의 사용 촉진】 ① 사용자가 제60조제1항 · 제2항 및 제4항에 따른 유급휴가(계속하여 근로한 기간이 1년 미만인 근로자의 제60조제2항에 따른 유급휴가는 제외한다)의 사용을 촉진하기 위하여 다음 각 호의 조치를 하였음에도 불구하고 근로자가 휴가를 사용하지 아니하여 제60조제7항 본문에 따라 소멸된 경우에는 사용자는 그 사용하지 아니한 휴가에 대하여 보상할 의무가 없고, 제60조제7항 단서에 따른 사용자의 귀책사유에 해당하지 아니하는 것으로 본다.(2020.3.31 본문개정)

1. 제60조제7항 본문에 따른 기간이 끝나기 6개월 전을 기준으로 10일 이내에 사용자가 근로자별로 사용하지 아니한 휴가 일수를 알려주고, 근로자가 그 사용 시기를 정하여 사용자에게 통보하도록 서면으로 촉구할 것(2012.2.1 본호개정)
2. 제1호에 따른 촉구에도 불구하고 근로자가 촉구를 받은 때부터 10일 이내에 사용하지 아니한 휴가의 전부 또는 일부의 사용 시기를 정하여 사용자에게 통보하지 아니하면 제60조제7항 본문에 따른 기간이 끝나기 2개월 전까지 사용자가 사용하지 아니한 휴가의 사용 시기를 정하여 근로자에게 서면으로 통보할 것

② 사용자가 계속하여 근로한 기간이 1년 미만인 근로자의 제60조제2항에 따른 유급휴가의 사용을 촉진하기 위하여 다음 각 호의 조치를 하였음에도 불구하고 근로자가 휴가를 사용하지 아니하여 제60조제7항 본문에 따라 소멸된 경우에는 사용자는 그 사용하지 아니한 휴가에 대하여 보상할 의무가 없고, 같은 항 단서에 따른 사용자의 귀책사유에 해당하지 아니하는 것으로 본다.

1. 최초 1년의 근로기간이 끝나기 3개월 전을 기준으로 10일 이내에 사용자가 근로자별로 사용하지 아니한 휴가 일수를 알려주고, 근로자가 그 사용 시기를 정하여 사용자에게 통보하도록 서면으로 촉구할 것. 다만, 사용자가 서면 촉구한 후 발생한 휴가에 대해서는 최초 1년의 근로기간이 끝나기 1개월 전을 기준으로 5일 이내에 촉구하여야 한다.
2. 제1호에 따른 촉구에도 불구하고 근로자가 촉구를 받은 때부터 10일 이내에 사용하지 아니한 휴가의 전부 또는 일부의 사용 시기를 정하여 사용자에게 통보하지 아니하면 최초 1년의 근로기간이 끝나기 1개월 전까지 사용자가 사용하지 아니한 휴가의 사용 시기를 정하여 근로자에게 서면으로 통보할 것. 다만, 제1호 단서에 따라 촉구한 휴가에 대해서는 최초 1년의 근로기간이 끝나기 10일 전까지 서면으로 통보하여야 한다.

(2020.3.31 본항신설)

판례 미사용 연차휴가를 쓰라는 회사의 재촉에 못 이겨 연차휴가사용계획서를 제출했지만 해당 계획서가 회사의 연차휴가수당 지급을 면할 목적으로 형식적으로 작성된 것에 불과하며, 해당 근로자가 휴가기간 중 실제로 출근해 일했다면 회사는 연차휴가수당을 지급할 의무가 있다.(대판 2020.2.27, 2019다279283)

제62조【유급휴가의 대체】 사용자는 근로자대표와의 서면 합의에 따라 제60조에 따른 연차 유급휴가일을 갈음하여 특정한 근로일에 근로자를 휴무시킬 수 있다.

제63조【적용의 제외】 이 장과 제5장에서 정한 근로시간, 휴게와 휴일에 관한 규정은 다음 각 호의 어느 하나에 해당하는 근로자에 대하여는 적용하지 아니한다.

1. 토지의 경작 · 개간, 식물의 식재(植栽) · 재배 · 채취 사업, 그 밖의 농림 사업(2021.1.5 본호개정)
2. 동물의 사육, 수산 동식물의 채취 · 포획 · 양식 사업, 그 밖의 축산, 양잠, 수산 사업(2021.1.5 본호개정)
3. 감시(監視) 또는 단속적(斷續的)으로 근로에 종사하는 사람으로서 사용자가 고용노동부장관의 승인을 받은 사람(2020.5.26 본호개정)
4. 대통령령으로 정하는 업무에 종사하는 근로자

제5장 여성과 소년

제64조【최저 연령과 취직인허증】 ① 15세 미만인 사람(「초 · 중등교육법」에 따른 중학교에 재학 중인 18세 미만인 사람을 포함한다)은 근로자로 사용하지 못한다. 다만, 대통령령으로 정하는 기준에 따라 고용노동부장관이 발급한 취직인허증(就職認許證)을 지닌 사람은 근로자로 사용할 수 있다.(2020.5.26 본항개정)

② 제1항의 취직인허증은 본인의 신청에 따라 의무교육에 지장이 없는 경우에는 직종(職種)을 지정하여서만 발행할 수 있다.

③ 고용노동부장관은 거짓이나 그 밖의 부정한 방법으로 제1항 단서의 취직인허증을 발급받은 사람에게는 그 인허를 취소하여야 한다.(2020.5.26 본항개정)

제65조【사용 금지】 ① 사용자는 임신 중이거나 산후 1년이 지나지 아니한 여성(이하 "임산부"라 한다)과 18세 미만자를 도덕상 또는 보건상 유해 · 위험한 사업에 사용하지 못한다.

② 사용자는 임산부가 아닌 18세 이상의 여성을 제1항에 따른 보건상 유해 · 위험한 사업 중 임신 또는 출산에 관한 기능에 유해 · 위험한 사업에 사용하지 못한다.

③ 제1항 및 제2항에 따른 금지 직종은 대통령령으로 정한다.

제66조【연소자 증명서】 사용자는 18세 미만인 사람에 대하여는 그 연령을 증명하는 가족관계기록사항에 관한 증명서와 친권자 또는 후견인의 동의서를 사업장에 갖추어 두어야 한다.(2020.5.26 본조개정)

제67조【근로계약】 ① 친권자나 후견인은 미성년자의 근로계약을 대리할 수 없다.

② 친권자, 후견인 또는 고용노동부장관은 근로계약이 미성년자에게 불리하다고 인정하는 경우에는 이를 해지할 수 있다.(2010.6.4 본항개정)

③ 사용자는 18세 미만인 사람과 근로계약을 체결하는 경우에는 제17조에 따른 근로조건을 서면(「전자문서 및 전자거래 기본법」 제2조제1호에 따른 전자문서를 포함한다)으로 명시하여 교부하여야 한다.(2021.1.5 본항개정)

제68조【임금의 청구】 미성년자는 독자적으로 임금을 청구할 수 있다.

제69조【근로시간】 15세 이상 18세 미만인 사람의 근로시간은 1일에 7시간, 1주에 35시간을 초과하지 못한다. 다만, 당사자 사이의 합의에 따라 1일에 1시간, 1주에 5시간을 한도로 연장할 수 있다.(2020.5.26 본문개정)

제70조【야간근로와 휴일근로의 제한】 ① 사용자는 18세 이상의 여성을 오후 10시부터 오전 6시까지의 시간 및 휴일에 근로시키려면 그 근로자의 동의를 받아야 한다.

② 사용자는 임산부와 18세 미만자를 오후 10시부터 오전 6시까지의 시간 및 휴일에 근로시키지 못한다. 다만, 다음 각 호의 어느 하나에 해당하는 경우로서 고용노동부장관의 인가를 받으면 그러하지 아니하다.(2010.6.4 단서개정)

1. 18세 미만자의 동의가 있는 경우
2. 산후 1년이 지나지 아니한 여성의 동의가 있는 경우
3. 임신 중의 여성이 명시적으로 청구하는 경우

③ 사용자는 제2항의 경우 고용노동부장관의 인가를 받기 전에 근로자의 건강 및 모성 보호를 위하여 그 시행 여부와 방법 등에 관하여 그 사업 또는 사업장의 근로자대표와 성실하게 협의하여야 한다.(2010.6.4 본항개정)

제71조【시간외근로】 사용자는 산후 1년이 지나지 아니한 여성에 대하여는 단체협약이 있는 경우라도 1일에 2시간, 1주에 6시간, 1년에 150시간을 초과하는 시간외근로를 시키지 못한다.(2018.3.20 본조개정)

제72조【갱내근로의 금지】 사용자는 여성과 18세 미만인 사람을 갱내(坑內)에서 근로시키지 못한다. 다만, 보건 · 의료, 보도 · 취재 등 대통령령으로 정하는 업무를 수행하기 위하여 일시적으로 필요한 경우에는 그러하지 아니하다.(2020.5.26 본문개정)

제73조【생리휴가】 사용자는 여성 근로자가 청구하면 월 1일의 생리휴가를 주어야 한다.

제74조【임산부의 보호】 ① 사용자는 임신 중의 여성에게 출산 전과 출산 후를 통하여 90일(미숙아를 출산한 경우에는 100일, 한 번에 둘 이상 자녀를 임신한 경우에는 120일)의 출산전후휴가를 주어야 한다. 이 경우 휴가 기간의 배정은 출산 후에 45일(한 번에 둘 이상 자녀를 임신한 경우에는 60일) 이상이 되어야 하고, 미숙아의 범위, 휴가 부여 절차 등에 필요한 사항은 고용노동부령으로 정한다.(2024.10.22 본항개정)
② 사용자는 임신 중인 여성 근로자가 유산의 경험 등 대통령령으로 정하는 사유로 제1항의 휴가를 청구하는 경우 출산 전 어느 때라도 휴가를 나누어 사용할 수 있도록 하여야 한다. 이 경우 출산 후의 휴가 기간은 연속하여 45일(한 번에 둘 이상 자녀를 임신한 경우에는 60일) 이상이 되어야 한다.(2014.1.21 후단개정)
③ 사용자는 임신 중인 여성이 유산 또는 사산한 경우로서 그 근로자가 청구하면 대통령령으로 정하는 바에 따라 유산·사산 휴가를 주어야 한다. 다만, 인공 임신중절 수술(「모자보건법」 제14조제1항에 따른 경우는 제외한다)에 따른 유산의 경우는 그러하지 아니하다.(2012.2.1 본문개정)
④ 제1항부터 제3항까지의 규정에 따른 휴가 중 최초 60일(한 번에 둘 이상 자녀를 임신한 경우에는 75일)은 유급으로 한다. 다만, 「남녀고용평등과 일·가정 양립 지원에 관한 법률」 제18조에 따라 출산전후휴가급여 등이 지급된 경우에는 그 금액의 한도에서 지급의 책임을 면한다.(2014.1.21 본문개정)
⑤ 사용자는 임신 중의 여성 근로자에게 시간외근로를 하게 하여서는 아니 되며, 그 근로자의 요구가 있는 경우에는 쉬운 종류의 근로로 전환하여야 한다.
⑥ 사업주는 제1항에 따른 출산전후휴가 종료 후에는 휴가 전과 동일한 업무 또는 동등한 수준의 임금을 지급하는 직무에 복귀시켜야 한다.(2012.2.1 본항개정)
⑦ 사용자는 임신 후 12주 이내 또는 32주 이후에 있는 여성 근로자(고용노동부령으로 정하는 유산, 조산 등 위험이 있는 여성 근로자의 경우 임신 전 기간)가 1일 2시간의 근로시간 단축을 신청하는 경우 이를 허용하여야 한다. 다만, 1일 근로시간이 8시간 미만인 근로자에 대하여는 1일 근로시간이 6시간이 되도록 근로시간 단축을 허용할 수 있다.(2024.10.22 본문개정)
⑧ 사용자는 제7항에 따른 근로시간 단축을 이유로 해당 근로자의 임금을 삭감하여서는 아니 된다.(2014.3.24 본항신설)
⑨ 사용자는 임신 중인 여성 근로자가 1일 소정근로시간을 유지하면서 업무의 시작 및 종료 시각의 변경을 신청하는 경우 이를 허용하여야 한다. 다만, 정상적인 사업 운영에 중대한 지장을 초래하는 경우 등 대통령령으로 정하는 경우에는 그러하지 아니하다.(2021.5.18 본항신설)
⑩ 제7항에 따른 근로시간 단축의 신청방법 및 절차, 제9항에 따른 업무의 시작 및 종료 시각 변경의 신청방법 및 절차 등에 관하여 필요한 사항은 대통령령으로 정한다.(2021.5.18 본항개정)

제74조의2【태아검진 시간의 허용 등】 ① 사용자는 임신한 여성근로자가 「모자보건법」 제10조에 따른 임산부 정기건강진단을 받는데 필요한 시간을 청구하는 경우 이를 허용하여 주어야 한다.
② 사용자는 제1항에 따른 건강진단 시간을 이유로 그 근로자의 임금을 삭감하여서는 아니 된다.
(2008.3.21 본조신설)

제75조【육아 시간】 생후 1년 미만의 유아(乳兒)를 가진 여성 근로자가 청구하면 1일 2회 각각 30분 이상의 유급 수유 시간을 주어야 한다.

제6장 안전과 보건

제76조【안전과 보건】 근로자의 안전과 보건에 관하여는 「산업안전보건법」에서 정하는 바에 따른다.

제6장의2 직장 내 괴롭힘의 금지
(2019.1.15 본장신설)

제76조의2【직장 내 괴롭힘의 금지】 사용자 또는 근로자는 직장에서의 지위 또는 관계 등의 우위를 이용하여 업무상 적정 범위를 넘어 다른 근로자에게 신체적·정신적 고통을 주거나 근무환경을 악화시키는 행위(이하 "직장 내 괴롭힘"이라 한다)를 하여서는 아니 된다.

제76조의3【직장 내 괴롭힘 발생 시 조치】 ① 누구든지 직장 내 괴롭힘 발생 사실을 알게 된 경우 그 사실을 사용자에게 신고할 수 있다.
② 사용자는 제1항에 따른 신고를 접수하거나 직장 내 괴롭힘 발생 사실을 인지한 경우에는 지체 없이 당사자 등을 대상으로 그 사실 확인을 위하여 객관적으로 조사를 실시하여야 한다.(2021.4.13 본항개정)
③ 사용자는 제2항에 따른 조사 기간 동안 직장 내 괴롭힘과 관련하여 피해를 입은 근로자 또는 피해를 입었다고 주장하는 근로자(이하 "피해근로자등"이라 한다)를 보호하기 위하여 필요한 경우 해당 피해근로자등에 대하여 근무장소의 변경, 유급휴가 명령 등 적절한 조치를 하여야 한다. 이 경우 사용자는 피해근로자등의 의사에 반하는 조치를 하여서는 아니 된다.
④ 사용자는 제2항에 따른 조사 결과 직장 내 괴롭힘 발생 사실이 확인된 때에는 피해근로자가 요청하면 근무장소의 변경, 배치전환, 유급휴가 명령 등 적절한 조치를 하여야 한다.
⑤ 사용자는 제2항에 따른 조사 결과 직장 내 괴롭힘 발생 사실이 확인된 때에는 지체 없이 행위자에 대하여 징계, 근무장소의 변경 등 필요한 조치를 하여야 한다. 이 경우 사용자는 징계 등의 조치를 하기 전에 그 조치에 대하여 피해근로자의 의견을 들어야 한다.
⑥ 사용자는 직장 내 괴롭힘 발생 사실을 신고한 근로자 및 피해근로자등에게 해고나 그 밖의 불리한 처우를 하여서는 아니 된다.
⑦ 제2항에 따라 직장 내 괴롭힘 발생 사실을 조사한 사람, 조사 내용을 보고받은 사람 및 그 밖에 조사 과정에 참여한 사람은 해당 조사 과정에서 알게 된 비밀을 피해근로자등의 의사에 반하여 다른 사람에게 누설하여서는 아니 된다. 다만, 조사와 관련된 내용을 사용자에게 보고하거나 관계 기관의 요청에 따라 필요한 정보를 제공하는 경우는 제외한다.
(2021.4.13 본항신설)

제7장 기능 습득

제77조【기능 습득자의 보호】 사용자는 양성공, 수습, 그 밖의 명칭을 불문하고 기능의 습득을 목적으로 하는 근로자를 혹사하거나 가사, 그 밖의 기능 습득과 관계없는 업무에 종사시키지 못한다.(2020.5.26 본조개정)

제8장 재해보상

제78조【요양보상】 ① 근로자가 업무상 부상 또는 질병에 걸리면 사용자는 그 비용으로 필요한 요양을 행하거나 필요한 요양비를 부담하여야 한다.
② 제1항에 따른 업무상 질병과 요양의 범위 및 요양보상의 시기는 대통령령으로 정한다.(2008.3.21 본항개정)

제79조【휴업보상】 ① 사용자는 제78조에 따라 요양 중에 있는 근로자에게 그 근로자의 요양 중 평균임금의 100분의 60의 휴업보상을 하여야 한다.
② 제1항에 따른 휴업보상을 받을 기간에 그 보상을 받을 사람이 임금의 일부를 지급받은 경우에는 사용자는 평균임금에서 그 지급받은 금액을 뺀 금액의 100분의 60의 휴업보상을 하여야 한다.(2020.5.26 본항개정)
③ 휴업보상의 시기는 대통령령으로 정한다.(2008.3.21 본항신설)

제80조【장해보상】 ① 근로자가 업무상 부상 또는 질병에 걸리고, 완치된 후 신체에 장해가 있으면 사용자는 그 장해 정도에 따라 평균임금에 별표에서 정한 일수를 곱한 금액의 장해보상을 하여야 한다.
② 이미 신체에 장해가 있는 사람이 부상 또는 질병으로 인하여 같은 부위에 장해가 더 심해진 경우에 그 장해에 대한 장해보상 금액은 장해 정도가 더 심해진 장해등급에 해당하는 장해보상의 일수에서 기존의 장해등급에 해당하는 장해보상의 일

수를 뺀 일수에 보상청구사유 발생 당시의 평균임금을 곱하여 산정한 금액으로 한다.(2020.5.26 본항개정)
③ 장해보상을 하여야 하는 신체장해 등급의 결정 기준과 장해보상의 시기는 대통령령으로 정한다.(2008.3.21 본항신설)
제81조【휴업보상과 장해보상의 예외】 근로자가 중대한 과실로 업무상 부상 또는 질병에 걸리고 또한 사용자가 그 과실에 대하여 노동위원회의 인정을 받으면 휴업보상이나 장해보상을 하지 아니하여도 된다.
제82조【유족보상】 ① 근로자가 업무상 사망한 경우에는 사용자는 근로자가 사망한 후 지체 없이 그 유족에게 평균임금 1,000일분의 유족보상을 하여야 한다.(2008.3.21 본항개정)
② 제1항에서의 유족의 범위, 유족보상의 순위 및 보상을 받기로 확정된 사람이 사망한 경우의 유족보상의 순위는 대통령령으로 정한다.(2020.5.26 본항개정)
판례 단체협약에서 근로자의 사망으로 지급되는 퇴직금을 근로기준법이 정한 유족보상의 범위와 순위에 따라 유족에게 지급하기로 정하였다면, 개별 근로자가 사용자에게 이와 다른 내용의 의사를 표시하지 않는 한 수령권자인 유족은 상속인으로서가 아니라 위 규정에 따라 직접 사망퇴직금을 취득하는 것이므로, 이러한 경우의 사망퇴직금은 상속재산이 아니라 수령권자인 유족의 고유재산이라고 보아야 한다.(대판 2023.11.16, 2018다283049)
제83조【장례비】 근로자가 업무상 사망한 경우에는 사용자는 근로자가 사망한 후 지체 없이 평균임금 90일분의 장례비를 지급하여야 한다.(2021.1.5 본조개정)
제84조【일시보상】 제78조에 따라 보상을 받는 근로자가 요양을 시작한 지 2년이 지나도 부상 또는 질병이 완치되지 아니하는 경우에는 사용자는 그 근로자에게 평균임금 1,340일분의 일시보상을 하여 그 후의 이 법에 따른 모든 보상책임을 면할 수 있다.
제85조【분할보상】 사용자는 지급 능력이 있는 것을 증명하고 보상을 받는 사람의 동의를 받으면 제80조, 제82조 또는 제84조에 따른 보상금을 1년에 걸쳐 분할보상을 할 수 있다.(2020.5.26 본조개정)
제86조【보상 청구권】 보상을 받을 권리는 퇴직으로 인하여 변경되지 아니하고, 양도나 압류하지 못한다.
제87조【다른 손해배상과의 관계】 보상을 받게 될 사람이 동일한 사유에 대하여 「민법」이나 그 밖의 법령에 따라 이 법의 재해보상에 상당한 금품을 받으면 그 가액(價額)의 한도에서 사용자는 보상의 책임을 면한다.(2020.5.26 본조개정)
제88조【고용노동부장관의 심사와 중재】 ① 업무상의 부상, 질병 또는 사망의 인정, 요양의 방법, 보상금액의 결정, 그 밖에 보상의 실시에 관하여 이의가 있는 자는 고용노동부장관에게 심사나 사건의 중재를 청구할 수 있다.(2010.6.4 본항개정)
② 제1항의 청구가 있으면 고용노동부장관은 1개월 이내에 심사나 중재를 하여야 한다.(2010.6.4 본항개정)
③ 고용노동부장관은 필요에 따라 직권으로 심사나 사건의 중재를 할 수 있다.(2010.6.4 본항개정)
④ 고용노동부장관은 심사나 중재를 위하여 필요하다고 인정하면 의사에게 진단이나 검안을 시킬 수 있다.(2010.6.4 본항개정)
⑤ 제1항에 따른 심사나 중재의 청구와 제2항에 따른 심사나 중재의 시작은 시효의 중단에 관하여는 재판상의 청구로 본다.(2010.6.4 본조제목개정)
제89조【노동위원회의 심사와 중재】 ① 고용노동부장관이 제88조제2항의 기간에 심사 또는 중재를 하지 아니하거나 심사와 중재의 결과에 불복하는 자는 노동위원회에 심사나 중재를 청구할 수 있다.(2010.6.4 본항개정)
② 제1항의 청구가 있으면 노동위원회는 1개월 이내에 심사나 중재를 하여야 한다.
제90조【도급 사업에 대한 예외】 ① 사업이 여러 차례의 도급에 따라 행하여지는 경우의 재해보상에 대하여는 원수급인(元受給人)을 사용자로 본다.
② 제1항의 경우에 원수급인이 서면상 계약으로 하수급인에게 보상을 담당하게 하는 경우에는 그 수급인도 사용자로 본다. 다만, 2명 이상의 하수급인에게 똑같은 사업에 대하여 중복하여 보상을 담당하게 하지 못한다.
③ 제2항의 경우에 원수급인이 보상의 청구를 받으면 보상을 담당한 하수급인에게 우선 최고(催告)할 것을 청구할 수 있다. 다만, 그 하수급인이 파산의 선고를 받거나 행방이 알려지지 아니하는 경우에는 그러하지 아니하다.
제91조【서류의 보존】 사용자는 재해보상에 관한 중요한 서류를 재해보상이 끝나지 아니하거나 제92조에 따라 재해보상 청구권이 시효로 소멸되기 전에 폐기하여서는 아니 된다.(2008.3.21 본조개정)
제92조【시효】 이 법의 규정에 따른 재해보상 청구권은 3년간 행사하지 아니하면 시효로 소멸한다.

제9장 취업규칙

제93조【취업규칙의 작성 · 신고】 상시 10명 이상의 근로자를 사용하는 사용자는 다음 각 호의 사항에 관한 취업규칙을 작성하여 고용노동부장관에게 신고하여야 한다. 이를 변경하는 경우에도 또한 같다.(2010.6.4 전단개정)
1. 업무의 시작과 종료 시각, 휴게시간, 휴일, 휴가 및 교대 근로에 관한 사항
2. 임금의 결정 · 계산 · 지급 방법, 임금의 산정기간 · 지급시기 및 승급(昇給)에 관한 사항
3. 가족수당의 계산 · 지급 방법에 관한 사항
4. 퇴직에 관한 사항
5. 「근로자퇴직급여 보장법」 제4조에 따라 설정된 퇴직급여, 상여 및 최저임금에 관한 사항(2012.2.1 본호개정)
6. 근로자의 식비, 작업 용품 등의 부담에 관한 사항
7. 근로자를 위한 교육시설에 관한 사항
8. 출산전후휴가 · 육아휴직 등 근로자의 모성 보호 및 일 · 가정 양립 지원에 관한 사항(2012.2.1 본호개정)
9. 안전과 보건에 관한 사항
9의2. 근로자의 성별 · 연령 또는 신체적 조건 등의 특성에 따른 사업장 환경의 개선에 관한 사항(2008.3.28 본호개정)
10. 업무상과 업무 외의 재해부조(災害扶助)에 관한 사항
11. 직장 내 괴롭힘의 예방 및 발생 시 조치 등에 관한 사항(2019.1.15 본호신설)
12. 표창과 제재에 관한 사항
13. 그 밖에 해당 사업 또는 사업장의 근로자 전체에 적용될 사항
제94조【규칙의 작성, 변경 절차】 ① 사용자는 취업규칙의 작성 또는 변경에 관하여 해당 사업 또는 사업장에 근로자의 과반수로 조직된 노동조합이 있는 경우에는 그 노동조합, 근로자의 과반수로 조직된 노동조합이 없는 경우에는 근로자의 과반수의 의견을 들어야 한다. 다만, 취업규칙을 근로자에게 불리하게 변경하는 경우에는 그 동의를 받아야 한다.
② 사용자는 제93조에 따라 취업규칙을 신고할 때에는 제1항의 의견을 적은 서면을 첨부하여야 한다.
판례 근로자에게 불리하게 변경된 취업규칙은 집단적 동의를 받았어도 근로자에게 유리한 개별 근로계약에 우선하는 효력을 갖는다고 할 수 없다. 따라서 회사와 노조가 임금피크제 도입에 합의했더라도 이에 앞서 이보다 유리한 조건으로 개별 근로계약을 체결한 근로자에게는 임금피크제가 적용되지 않는다.(대판 2019.11.14, 2018다200709)
판례 사용자가 일방적으로 새로운 취업규칙의 작성 · 변경을 통하여 근로자가 가지고 있는 기득의 권리나 이익을 박탈하여 불이익한 근로조건을 부과하는 것은 원칙적으로 허용되지 아니하지만, 해당 취업규칙의 작성 또는 변경이 필요성 및 내용의 양면에서 보아 그에 의하여 근로자가 입게 될 불이익의 정도를 고려하더라도 여전히 당해 조항의 법적 규범성을 시인할 수 있을 정도로 사회통념상 합리성이 있다고 인정되는 경우에는 종전 근로조건 또는 취업규칙의 적용을 받고 있던 근로자의 집단적 의사결정 방법에 의한 동의가 없다는 이유만으로 그의 적용을 부정할 수는 없다. 그리고 취업규칙의 작성 또는 변경에 사회통념상 합리성이 있다고 인정되려면 실질적으로는 근로자에게 불리하지 아니하는 등 근로자를 보호하려는 근로기준법의 입법 취지에 어긋나지 않아야 하므로, 여기에서 말하는 사회통념상 합리성의 유무는 취업규칙의 변경 전후를 비교하여 취업규칙의 변경 내용 자체로 인하여 근로자가 입게 되는 불이익의 정도, 사용자측의 변경 필요성의 내용과 정도, 변경 후의 취업규칙 내용의 상당성, 대상(代償)조치 등을 포함한 다른 근로조건의 개선상황, 취업규칙 변경에 따라 발생할 경쟁력 강화 등 사용자 측의 이익 증대 또는 손실 감소를 장기적으로 근로자들도 함께 향유할 수 있는지에 관한

해당 기업의 경영행태, 노동조합 등과의 교섭 경위 및 노동조합이나 다른 근로자의 대응, 동종 사항에 관한 국내의 일반적인 상황 등을 종합적으로 고려하여 판단하여야 한다. 다만 취업규칙을 근로자에게 불리하게 변경하는 경우에 동의를 받도록 한 근로기준법 제94조 제1항 단서의 입법 취지를 고려할 때, 변경 전후의 문언을 기준으로 하여 취업규칙이 근로자에게 불이익하게 변경되었음이 명백하다면, 취업규칙의 내용 이외의 사정이나 상황을 근거로 하여 그 변경에 사회통념상 합리성이 있다고 보는 것은, 이를 제한적으로 엄격하게 해석·적용하여야 한다.(대판 2015.8.13, 2012다43522)

판례 여러 근로자 집단이 하나의 근로조건 체계 내에 있어 비록 취업규칙의 불이익변경 시점에는 어느 근로자 집단만이 직접적인 불이익을 받더라도 다른 근로자 집단에게도 변경된 취업규칙의 적용이 예상되는 경우에는 일부 근로자 집단은 물론 장래 변경된 취업규칙 규정의 적용이 예상되는 근로자 집단을 포함한 근로자 집단이 동의 주체가 되고, 그렇지 않고 근로조건이 이원화되어 있어 변경된 취업규칙이 적용되어 직접적으로 불이익을 받게 되는 근로자 집단 이외에 변경된 취업규칙의 적용이 예상되는 근로자 집단이 없는 경우에는 변경된 취업규칙이 적용되어 불이익을 받는 근로자 집단만이 동의 주체가 된다.(대판 2009.5.28, 2009두2238)

제95조【제재 규정의 제한】 취업규칙에서 근로자에 대하여 감급(減給)의 제재를 정할 경우에 그 감액은 1회의 금액이 평균임금의 1일분의 2분의 1을, 총액이 1임금지급기의 임금 총액의 10분의 1을 초과하지 못한다.

제96조【단체협약의 준수】 ① 취업규칙은 법령이나 해당 사업 또는 사업장에 대하여 적용되는 단체협약과 어긋나서는 아니 된다.

② 고용노동부장관은 법령이나 단체협약에 어긋나는 취업규칙의 변경을 명할 수 있다.(2010.6.4 본항개정)

판례 취업규칙에서 사용자가 사고나 비위행위 등을 저지른 근로자에게 시말서를 제출하도록 명령할 수 있다고 규정하는 경우, 그 시말서가 단순히 사건의 경위를 보고하는 데 그치지 않고 더 나아가 근로관계에서 발생한 사고 등에 관하여 '자신의 잘못을 반성하고 사죄한다는 내용'이 포함된 사죄문 또는 반성문을 의미하는 것이라면, 이는 헌법이 보장하는 내심의 윤리적 판단에 대한 강제로서 양심의 자유를 침해하는 것이므로, 그러한 취업규칙 규정은 헌법에 위배되어 근로기준법 제96조 제1항에 따라 효력이 없고, 그에 근거한 사용자의 시말서 제출명령은 업무상 정당한 명령으로 볼 수 없다.
(대판 2010.1.14, 2009두6605)

제97조【위반의 효력】 취업규칙에서 정한 기준에 미달하는 근로조건을 정한 근로계약은 그 부분에 관하여는 무효로 한다. 이 경우 무효로 된 부분은 취업규칙에 정한 기준에 따른다.

제10장　기숙사

제98조【기숙사 생활의 보장】 ① 사용자는 사업 또는 사업장의 부속 기숙사에 기숙하는 근로자의 사생활의 자유를 침해하지 못한다.

② 사용자는 기숙사 생활의 자치에 필요한 임원 선거에 간섭하지 못한다.

제99조【규칙의 작성과 변경】 ① 부속 기숙사에 근로자를 기숙시키는 사용자는 다음 각 호의 사항에 관하여 기숙사규칙을 작성하여야 한다.

1. 기상(起床), 취침, 외출과 외박에 관한 사항
2. 행사에 관한 사항
3. 식사에 관한 사항
4. 안전과 보건에 관한 사항
5. 건설물과 설비의 관리에 관한 사항
6. 그 밖에 기숙사에 기숙하는 근로자 전체에 적용될 사항

② 사용자는 제1항에 따른 규칙의 작성 또는 변경에 관하여 기숙사에 기숙하는 근로자의 과반수를 대표하는 자의 동의를 받아야 한다.

③ 사용자와 기숙사에 기숙하는 근로자는 기숙사규칙을 지켜야 한다.

제100조【부속 기숙사의 설치·운영 기준】 사용자는 부속 기숙사를 설치·운영할 때 다음 각 호의 사항에 관하여 대통령령으로 정하는 기준을 충족하도록 하여야 한다.

1. 기숙사의 구조와 설비
2. 기숙사의 설치 장소
3. 기숙사의 주거 환경 조성
4. 기숙사의 면적
5. 그 밖에 근로자의 안전하고 쾌적한 주거를 위하여 필요한 사항

(2019.1.15 본조개정)

제100조의2【부속 기숙사의 유지관리 의무】 사용자는 제100조에 따라 설치한 부속 기숙사에 대하여 근로자의 건강 유지, 사생활 보호 등을 위한 조치를 하여야 한다.(2019.1.15 본조신설)

제11장　근로감독관 등

제101조【감독 기관】 ① 근로조건의 기준을 확보하기 위하여 고용노동부와 그 소속 기관에 근로감독관을 둔다.(2010.6.4 본항개정)

② 근로감독관의 자격, 임면(任免), 직무 배치에 관한 사항은 대통령령으로 정한다.

제102조【근로감독관의 권한】 ① 근로감독관은 사업장, 기숙사, 그 밖의 부속 건물을 현장조사하고 장부와 서류의 제출을 요구할 수 있으며 사용자와 근로자에 대하여 심문(尋問)할 수 있다.(2017.11.28 본항개정)

② 의사인 근로감독관이나 근로감독관의 위촉을 받은 의사는 취업을 금지하여야 할 질병에 걸릴 의심이 있는 근로자에 대하여 검진할 수 있다.

③ 제1항 및 제2항의 경우에 근로감독관이나 그 위촉을 받은 의사는 그 신분증명서와 고용노동부장관의 현장조사 또는 검진지령서(檢診指令書)를 제시하여야 한다.(2017.11.28 본항개정)

④ 제3항의 현장조사 또는 검진지령서에는 그 일시, 장소 및 범위를 분명하게 적어야 한다.(2017.11.28 본항개정)

⑤ 근로감독관은 이 법이나 그 밖의 노동 관계 법령 위반의 죄에 관하여 「사법경찰관리의 직무를 행할 자와 그 직무범위에 관한 법률」에서 정하는 바에 따라 사법경찰관의 직무를 수행한다.

제102조의2【자료 제공의 요청】 ① 고용노동부장관은 이 법에서 정하는 근로조건 보호를 위하여 중앙행정기관의 장과 지방자치단체의 장 또는 근로복지공단 등 관련 기관·단체의 장에게 다음 각 호의 정보 또는 자료의 제공 및 관계 전산망의 이용을 요청할 수 있다.

1. 「소득세법」 제4조제1항제1호에 따른 종합소득에 관한 자료
2. 「고용보험법」 제13조 및 제15조에 따른 피보험자격에 관한 신고자료
3. 그 밖에 근로자의 근로조건 보호를 위하여 필요한 정보 또는 자료로서 대통령령으로 정하는 정보 또는 자료

② 제1항에 따라 자료의 제공을 요청받은 자는 정당한 사유가 없으면 그 요청에 따라야 한다.

③ 제1항에 따라 제공되는 자료에 대하여는 수수료나 사용료 등을 면제한다.

(2024.10.22 본조신설 : 2025.10.23 시행)

제103조【근로감독관의 의무】 근로감독관은 직무상 알게 된 비밀을 엄수하여야 한다. 근로감독관을 그만 둔 경우에도 또한 같다.

제104조【감독 기관에 대한 신고】 ① 사업 또는 사업장에서 이 법 또는 이 법에 따른 대통령령을 위반한 사실이 있으면 근로자는 그 사실을 고용노동부장관이나 근로감독관에게 통보할 수 있다.(2010.6.4 본항개정)

② 사용자는 제1항의 통보를 이유로 근로자에게 해고나 그 밖에 불리한 처우를 하지 못한다.

제105조【사법경찰권 행사자의 제한】 이 법이나 그 밖의 노동 관계 법령에 따른 현장조사, 서류의 제출, 심문 등의 수사는 검사와 근로감독관이 전담하여 수행한다. 다만, 근로감독관의 직무에 관한 범죄의 수사는 그러하지 아니하다.(2017.11.28 본문개정)

제106조【권한의 위임】 이 법에 따른 고용노동부장관의 권한은 대통령령으로 정하는 바에 따라 그 일부를 지방고용노동관서의 장에게 위임할 수 있다.(2010.6.4 본조개정)

제12장 벌 칙

제107조【벌칙】 제7조, 제8조, 제9조, 제23조제2항 또는 제40조를 위반한 자는 5년 이하의 징역 또는 5천만원 이하의 벌금에 처한다.(2017.11.28 본조개정)

제108조【벌칙】 근로감독관이 이 법을 위반한 사실을 고의로 묵과하면 3년 이하의 징역 또는 5년 이하의 자격정지에 처한다.

제109조【벌칙】 ① 제36조, 제43조, 제44조, 제44조의2, 제46조, 제51조의3, 제52조제2항제2호, 제56조, 제65조, 제72조 또는 제76조의3제6항을 위반한 자는 3년 이하의 징역 또는 3천만원 이하의 벌금에 처한다.

② 제36조, 제43조, 제44조, 제44조의2, 제46조, 제51조의3, 제52조제2항제2호 또는 제56조를 위반한 자에 대하여는 피해자의 명시적인 의사와 다르게 공소를 제기할 수 없다.

② 제36조, 제43조, 제44조, 제44조의2, 제46조, 제51조의3, 제52조제2항제2호 또는 제56조를 위반한 자에 대하여는 피해자의 명시적인 의사와 다르게 공소를 제기할 수 없다. 다만, 제43조의2에 따라 명단 공개된 체불사업주가 명단 공개 기간 중에 제36조, 제43조, 제44조, 제44조의2, 제46조, 제51조의3, 제52조제2항제2호 또는 제56조를 위반한 경우에는 그러하지 아니하다.(2024.10.22 단서신설 : 2025.10.23 시행)

(2021.1.5 본조개정)

제110조【벌칙】 다음 각 호의 어느 하나에 해당하는 자는 2년 이하의 징역 또는 2천만원 이하의 벌금에 처한다.(2017.11.28 본문개정)

1. 제10조, 제22조제1항, 제26조, 제50조, 제51조의2제2항, 제52조제2항제1호, 제53조제1항·제2항·제3항 본문·제7항, 제54조, 제55조, 제59조제2항, 제60조제1항·제2항·제4항 및 제5항, 제64조제1항, 제69조, 제70조제1항·제2항, 제71조, 제74조제1항부터 제5항까지, 제75조, 제78조부터 제80조까지, 제82조, 제83조 및 제104조제2항을 위반한 자(2021.1.5 본호개정)
2. 제53조제5항에 따른 명령을 위반한 자(2018.3.20 본호개정)

제111조【벌칙】 제31조제3항에 따라 확정되거나 행정소송을 제기하여 확정된 구제명령 또는 구제명령을 내용으로 하는 재심판정을 이행하지 아니한 자는 1년 이하의 징역 또는 1천만원 이하의 벌금에 처한다.

제112조【고발】 ① 제111조의 죄는 노동위원회의 고발이 있어야 공소를 제기할 수 있다.

② 검사는 제1항에 따른 죄에 해당하는 위반행위가 있음을 노동위원회에 통보하여 고발을 요청할 수 있다.

제113조【벌칙】 제45조를 위반한 자는 1천만원 이하의 벌금에 처한다.

제114조【벌칙】 다음 각 호의 어느 하나에 해당하는 자는 500만원 이하의 벌금에 처한다.

1. 제6조, 제16조, 제17조, 제20조, 제21조, 제22조제2항, 제47조, 제53조제4항 단서, 제67조제1항·제3항, 제70조제3항, 제73조, 제74조제6항, 제77조, 제94조, 제95조, 제100조 및 제103조를 위반한 자(2018.3.20 본호개정)
2. 제96조제2항에 따른 명령을 위반한 자

제115조【양벌규정】 사업주의 대리인, 사용인, 그 밖의 종업원이 해당 사업의 근로자에 관한 사항에 대하여 제107조, 제109조부터 제111조까지, 제113조 또는 제114조의 위반행위를 하면 그 행위자를 벌하는 외에 그 사업주에게도 해당 조문의 벌금형을 과(科)한다. 다만, 사업주가 그 위반행위를 방지하기 위하여 해당 업무에 관하여 상당한 주의와 감독을 게을리하지 아니한 경우에는 그러하지 아니하다.(2009.5.21 본조개정)

제116조【과태료】 ① 사용자(사용자의 「민법」 제767조에 따른 친족 중 대통령령으로 정하는 사람이 해당 사업 또는 사업장의 근로자인 경우를 포함한다)가 제76조의2를 위반하여 직장 내 괴롭힘을 한 경우에는 1천만원 이하의 과태료를 부과한다.(2021.4.13 본항신설)

② 다음 각 호의 어느 하나에 해당하는 자에게는 500만원 이하의 과태료를 부과한다.

1. 제13조에 따른 고용노동부장관, 노동위원회 또는 근로감독관의 요구가 있는 경우에 보고 또는 출석을 하지 아니하거나 거짓된 보고를 한 자(2010.6.4 본호개정)
2. 제14조, 제39조, 제41조, 제42조, 제48조, 제66조, 제74조제7항·제9항, 제76조의3제2항·제4항·제5항·제7항, 제91조, 제93조, 제98조제2항 및 제99조를 위반한 자(2021.5.18 본호개정)
3. 제51조의2제5항에 따른 임금보전방안을 신고하지 아니한 자(2021.1.5 본호신설)
4. 제102조에 따른 근로감독관 또는 그 위촉을 받은 의사의 현장조사나 검진을 거절, 방해 또는 기피하고 그 심문에 대하여 진술을 하지 아니하거나 거짓된 진술을 하며 장부·서류를 제출하지 아니하거나 거짓 장부·서류를 제출한 자(2017.11.28 본호개정)

③ 제1항 및 제2항에 따른 과태료는 대통령령으로 정하는 바에 따라 고용노동부장관이 부과·징수한다.(2021.4.13 본항개정)

④~⑤ (2009.5.21 삭제)

부 칙

제1조【시행일】 이 법은 공포한 날부터 시행한다. 다만, 부칙 제16조제24항의 개정규정은 2007년 4월 12일부터 시행하고, 제12조, 제13조, 제17조, 제21조, 제23조제1항, 제24조제3항, 제25조제1항, 제27조부터 제33조까지, 제37조제1항, 제38조, 제43조, 제45조, 제64조제3항, 제77조, 제107조, 제110조제1호, 제111조, 제112조, 제114조, 제116조 및 부칙 제16조제9항의 개정규정은 2007년 7월 1일부터 시행하며, 부칙 제16조제21항의 개정규정은 2007년 7월 20일부터 시행한다.

제2조【시행일에 관한 경과조치】 부칙 제1조 단서에 따라 제12조, 제13조, 제17조, 제21조, 제23조제1항, 제24조제3항, 제25조제1항, 제28조, 제37조제1항, 제38조, 제43조, 제45조, 제77조, 제107조, 제110조제1호 및 제114조의 개정규정이 시행되기 전까지는 그에 해당하는 종전의 제11조, 제12조, 제24조, 제28조, 제30조제1항, 제31조제3항, 제31조의2제1항, 제33조, 제36조의2제1항, 제37조, 제42조, 제44조, 제77조, 제110조, 제113조제1호 및 제115조를 적용한다.

제3조【유효기간】 제16조의 개정규정은 2007년 6월 30일까지 효력을 가진다.

제4조【법률 제6974호 근로기준법중개정법률의 시행일】 법률 제6974호 근로기준법중개정법률의 시행일은 다음 각 호와 같다.

1. 금융·보험업, 「정부투자기관 관리기본법」 제2조에 따른 정부투자기관, 「지방공기업법」 제49조 및 같은 법 제76조에 따른 지방공사 및 지방공단, 국가·지방자치단체 또는 정부투자기관이 자본금의 2분의 1 이상을 출자하거나 기본재산의 2분의 1 이상을 출연한 기관·단체와 그 기관·단체가 자본금의 2분의 1 이상을 출자하거나 기본재산의 2분의 1 이상을 출연한 기관·단체 및 상시 1,000명 이상의 근로자를 사용하는 사업 또는 사업장 : 2004년 7월 1일
2. 상시 300명 이상 1,000명 미만의 근로자를 사용하는 사업 또는 사업장 : 2005년 7월 1일
3. 상시 100명 이상 300명 미만의 근로자를 사용하는 사업 또는 사업장 : 2006년 7월 1일
4. 상시 50명 이상 100명 미만의 근로자를 사용하는 사업 또는 사업장 : 2007년 7월 1일
5. 상시 20명 이상 50명 미만의 근로자를 사용하는 사업 또는 사업장 : 2008년 7월 1일
6. 상시 20명 미만의 근로자를 사용하는 사업 또는 사업장, 국가 및 지방자치단체의 기관 : 2011년을 초과하지 아니하는 기간 이내에서 대통령령으로 정하는 날

제5조【법률 제6974호 근로기준법중개정법률의 적용에 관한 특례】 사용자가 부칙 제4조에 따른 시행일 전에 근로자의 과반수로 조직된 노동조합이 있는 경우에는 그 노동조합, 근로자의 과반수로 조직된 노동조합이 없는 경우에는 근로자의 과

반수의 동의를 얻어 노동부령으로 정하는 바에 따라 노동부장관에게 신고한 경우에는 부칙 제4조에 따른 시행일 전이라도 이를 적용할 수 있다.

제5조의2【건설공사 등의 근로시간 적용의 특례】 부칙 제4조제6호에도 불구하고 다음 각 호의 공사 전부 또는 일부가 포함된 공사로서 공사의 발주자가 같고 공사의 목적, 장소 및 공기(工期) 등에 비추어 하나의 일관된 체계에 따라 시공되는 것으로 인정되는 공사(이하 이 조에서 "관련공사"라 한다)에 사용되는 모든 근로자에 대하여는 관련공사의 발주 시 총 공사 계약금액을 바탕으로 대통령령으로 정하는 바에 따라 산정한 관련공사의 상시 근로자 수를 기준으로 제50조에 따른 근로시간을 적용할지를 결정한다.

1. 「건설산업기본법」에 따른 건설공사
2. 「전기공사업법」에 따른 전기공사
3. 「정보통신공사업법」에 따른 정보통신공사
4. 「소방시설공사업법」에 따른 소방시설공사
5. 「문화재보호법」에 따른 문화재수리공사

(2008.3.21 본조신설)

제6조【연장근로에 관한 특례】 ① 부칙 제4조 각 호의 시행일(부칙 제5조에 따라 노동부장관에게 신고한 경우에는 적용일을 말한다. 이하 같다)부터 3년간은 제53조제1항 및 제59조제1항을 적용할 때 "12시간"을 각각 "16시간"으로 본다.

② 제1항을 적용할 때 최초의 4시간에 대하여는 제56조 중 "100분의 50"을 "100분의 25"로 본다.

제7조【임금보전 및 단체협약의 변경 등】 ① 사용자는 법률 제6974호 근로기준법중개정법률의 시행으로 인하여 기존의 임금수준 및 시간당 통상임금이 저하되지 아니하도록 하여야 한다.

② 근로자·노동조합 및 사용자는 법률 제6974호 근로기준법중개정법률의 시행과 관련하여 단체협약 유효기간의 만료 여부를 불문하고 가능한 빠른 시일 내에 단체협약, 취업규칙 등에 임금보전방안 및 같은 법의 개정사항이 반영되도록 하여야 한다.

③ 제1항 및 제2항을 적용할 때 임금항목 또는 임금 조정방법은 단체협약, 취업규칙 등을 통하여 근로자·노동조합 및 사용자가 자율적으로 정한다.

제8조【연차 및 월차 유급휴가에 관한 경과조치】 법률 제6974호 근로기준법중개정법률 시행일 전에 발생한 월차 유급휴가 및 연차 유급휴가에 대하여는 종전의 규정에 따른다.

제9조【지연이자에 관한 적용례】 법률 제7465호 근로기준법 일부개정법률 제36조의2의 개정규정은 같은 법 시행 후 최초로 지급사유가 발생하는 경우부터 적용한다.

제10조【유산 또는 사산에 따른 보호휴가 등에 관한 적용례】 법률 제7566호 근로기준법 일부개정법률 제72조제2항 및 제3항의 개정규정은 같은 법 시행 후 최초로 출산·유산 또는 사산하는 여성 근로자부터 적용한다.

제11조【우선 재고용등에 관한 적용례】 제25조제1항의 개정규정은 법률 제8293호 근로기준법 일부개정법률의 시행일인 2007년 7월 1일 이후 최초로 발생한 경영상 이유에 따른 해고부터 적용한다.

제12조【부당해고등에 대한 구제에 관한 적용례】 제28조부터 제33조까지, 제111조 및 제112조의 개정규정은 법률 제8293호 근로기준법 일부개정법률의 시행일인 2007년 7월 1일 이후 최초로 발생한 부당해고등부터 적용한다.

제13조【임금채권 우선변제에 관한 경과조치】 ① 법률 제5473호 근로기준법중개정법률 제37조제2항제2호의 개정규정에도 불구하고 같은 법 시행 전에 퇴직한 근로자의 경우에는 1989년 3월 29일 이후의 계속 근로연수에 대한 퇴직금을 우선변제의 대상으로 한다.

② 법률 제5473호 근로기준법중개정법률 제37조제2항제2호의 개정규정에도 불구하고 같은 법 시행 전에 채용된 근로자로서 같은 법 시행 후 퇴직하는 근로자의 경우에는 1989년 3월 29일 이후부터 같은 법 시행 전까지의 계속 근로연수에 대한 퇴직금에 같은 법 시행 후의 계속 근로연수에 대하여 발생하는 최종 3년 간의 퇴직금을 합산한 금액을 우선변제의 대상으로 한다.

③ 제1항 및 제2항에 따라 우선변제의 대상이 되는 퇴직금은 계속 근로연수 1년에 대하여 30일분의 평균임금으로 계산한 금액으로 한다.

④ 제1항 및 제2항에 따라 우선변제의 대상이 되는 퇴직금은 250일분의 평균임금을 초과할 수 없다.

제14조【처분 등에 관한 일반적 경과조치】 이 법 시행 당시 종전의 규정에 따른 행정기관의 행위나 행정기관에 대한 행위는 그에 해당하는 이 법에 따른 행정기관의 행위나 행정기관에 대한 행위로 본다.

제15조【벌칙에 관한 경과조치】 이 법 시행 전의 행위에 대하여 벌칙 규정을 적용할 때에는 종전의 규정에 따른다.

제16조【다른 법률의 개정】 ①~㉔ ※(해당 법령에 가제정리 하였음)

제17조【다른 법령과의 관계】 이 법 시행 당시 다른 법령에서 종전의 「근로기준법」 또는 그 규정을 인용한 경우에 이 법 가운데 그에 해당하는 규정이 있으면 종전의 규정을 갈음하여 이 법 또는 이 법의 해당 규정을 인용한 것으로 본다.

부 칙 (2008.3.21)

제1조【시행일】 이 법은 2008년 7월 1일부터 시행한다.

제2조【태아검진 시간의 허용 등에 관한 적용례】 제74조의2의 개정규정은 이 법 시행 당시 임신 중인 여성근로자부터 적용한다.

제3조【근로시간 적용 특례의 적용례】 법률 제8372호 근로기준법 전부개정법률 부칙 제5조의2의 개정규정은 이 법 시행 후 최초로 계약이 체결되는 관련공사에 사용되는 근로자부터 적용한다.

부 칙 (2008.3.28)

① **【시행일】** 이 법은 공포한 날부터 시행한다. 다만, 제93조제8호 및 제9호의2의 개정규정은 공포 후 3개월이 경과한 날부터 시행한다.

② **【산전후휴가 종료 후 업무 등 복귀에 관한 적용례】** 제74조제5항의 개정규정은 이 법 시행 당시 산전후휴가 중인 근로자부터 적용한다.

③ **【취업규칙의 작성·신고에 관한 적용례】** 제93조제8호 및 제9호의2의 개정규정은 이 법 시행 후 최초로 신고하는 취업규칙부터 적용한다.

부 칙 (2012.2.1)

제1조【시행일】 이 법은 공포 후 6개월이 경과한 날부터 시행한다.

제2조【체불사업주 명단 공개에 관한 적용례】 제43조의2제1항의 개정규정 중 명단 공개 기준일 이전 1년 이내 임금등의 체불총액이 3천만원 이상인 경우는 이 법 시행 후 최초로 고용노동부장관이 임금등의 체불을 확인한 경우부터 적용한다.

제3조【임금등 체불자료의 제공에 관한 적용례】 제43조의3제1항의 개정규정 중 임금등 체불자료 제공일 이전 1년 이내 임금등의 체불총액이 2천만원 이상인 경우는 이 법 시행 후 최초로 고용노동부장관이 임금등의 체불을 확인한 경우부터 적용한다.

제4조【연차 유급휴가에 관한 적용례】 제60조제2항의 개정규정은 이 법 시행 후의 근로기간이 최초로 1년이 되는 근로자로서 그 1년간 출근 기간이 80퍼센트 미만에 해당하는 근로자부터 적용한다.

제5조【출산전후휴가 분할사용에 관한 적용례】 제74조제2항의 개정규정은 이 법 시행 후 최초로 출산전후휴가 분할사용을 신청한 근로자부터 적용한다.

제6조【유산·사산 휴가에 관한 적용례】 제74조제3항의 개정규정은 이 법 시행 후 최초로 유산·사산휴가를 신청한 근로자부터 적용한다.

제7조【다른 법률의 개정】 ※(해당 법령에 가제정리 하였음)

부 칙 (2014.1.21)

제1조【시행일】 이 법은 2014년 7월 1일부터 시행한다.
제2조【출산전후휴가에 관한 적용례】 제74조의 개정규정은 이 법 시행 후 출산하는 근로자부터 적용한다.

부 칙 (2014.3.24)

제1조【시행일】 이 법은 공포한 날부터 시행한다. 다만, 제74조제7항부터 제9항까지의 개정규정은 다음 각 호의 구분에 따른 날부터 시행한다.
1. 상시 300명 이상의 근로자를 사용하는 사업 또는 사업장 : 공포 후 6개월이 경과한 날
2. 상시 300명 미만의 근로자를 사용하는 사업 또는 사업장 : 공포 후 2년이 경과한 날

제2조【해고 예고의 해고사유 등 서면통지 의제에 관한 적용례】 제27조제3항의 개정규정은 이 법 시행 후 최초로 해고를 예고하는 경우부터 적용한다.
제3조【근로시간 단축에 관한 적용례】 제74조제7항의 개정규정은 같은 개정규정 시행 후 최초로 근로시간 단축을 신청한 근로자부터 적용한다.

부 칙 (2017.11.28)

제1조【시행일】 이 법은 공포 후 6개월이 경과한 날부터 시행한다.
제2조【연차 유급휴가에 관한 적용례】 제60조제6항제3호의 개정규정은 이 법 시행 후 최초로 육아휴직을 신청하는 근로자부터 적용한다.

부 칙 (2018.3.20)

제1조【시행일】 ① 이 법은 2018년 7월 1일부터 시행한다.
② 제2조제1항의 개정규정은 다음 각 호의 구분에 따른 날부터 시행한다.
1. 상시 300명 이상의 근로자를 사용하는 사업 또는 사업장, 「공공기관의 운영에 관한 법률」 제4조에 따른 공공기관, 「지방공기업법」 제49조 및 같은 법 제76조에 따른 지방공사 및 지방공단, 국가·지방자치단체 또는 정부투자기관이 자본금의 2분의 1 이상을 출자하거나 기본재산의 2분의 1 이상을 출연한 기관·단체와 그 기관·단체가 자본금의 2분의 1 이상을 출자하거나 기본재산의 2분의 1 이상을 출연한 기관·단체, 국가 및 지방자치단체의 기관 : 2018년 7월 1일(제59조의 개정규정에 따라 근로시간 및 휴게시간의 특례를 적용받지 아니하게 되는 업종의 경우 2019년 7월 1일)
2. 상시 50명 이상 300명 미만의 근로자를 사용하는 사업 또는 사업장 : 2020년 1월 1일
3. 상시 5명 이상 50명 미만의 근로자를 사용하는 사업 또는 사업장 : 2021년 7월 1일

③ 제53조제3항 및 제6항, 제110조제1호 및 제2호, 제114조제1호의 개정규정은 2021년 7월 1일부터 시행한다. 다만, 제110조제1호의 개정규정 중 제59조제2항의 개정규정과 관련한 부분은 2018년 9월 1일부터 시행한다.
④ 제55조제2항의 개정규정은 다음 각 호의 구분에 따른 날부터 시행한다.
1. 상시 300명 이상의 근로자를 사용하는 사업 또는 사업장, 「공공기관의 운영에 관한 법률」 제4조에 따른 공공기관, 「지방공기업법」 제49조 및 같은 법 제76조에 따른 지방공사 및 지방공단, 국가·지방자치단체 또는 정부투자기관이 자본금의 2분의 1 이상을 출자하거나 기본재산의 2분의 1 이상을 출연한 기관·단체와 그 기관·단체가 자본금의 2분의 1 이상을 출자하거나 기본재산의 2분의 1 이상을 출연한 기관·단체, 국가 및 지방자치단체의 기관 : 2020년 1월 1일
2. 상시 30명 이상 300명 미만의 근로자를 사용하는 사업 또는 사업장 : 2021년 1월 1일
3. 상시 5인 이상 30명 미만의 근로자를 사용하는 사업 또는 사업장 : 2022년 1월 1일

⑤ 제56조의 개정규정은 공포한 날부터 시행한다.
⑥ 제59조제2항의 개정규정은 2018년 9월 1일부터 시행한다.
제2조【유효기간 등】 제53조제3항 및 제6항의 개정규정은 2022년 12월 31일까지 효력을 가진다.
제3조【탄력적 근로시간제 개선을 위한 준비행위】 고용노동부장관은 2022년 12월 31일까지 탄력적 근로시간제의 단위기간 확대 등 제도개선을 위한 방안을 준비하여야 한다.
제4조【관공서 공휴일 적용을 위한 준비행위】 고용노동부장관은 사업 또는 사업장의 공휴일 적용 실태를 조사하여 그 결과를 2018년 12월 31일까지 국회에 보고한다.

부 칙 (2019.1.15 법16270호)

제1조【시행일】 이 법은 공포 후 6개월이 경과한 날부터 시행한다. 다만, 제26조 및 제35조의 개정규정은 공포한 날부터 시행한다.
제2조【예고해고의 적용 예외에 관한 적용례】 제26조제1호의 개정규정은 같은 개정규정 시행 후 근로계약을 체결한 근로자부터 적용한다.
제3조【직장 내 괴롭힘 발생 시 조치에 관한 적용례】 제76조의3의 개정규정은 이 법 시행 후 발생한 직장 내 괴롭힘의 경우부터 적용한다.

부 칙 (2020.3.31)

제1조【시행일】 이 법은 공포한 날부터 시행한다.
제2조【연차 유급휴가에 관한 경과조치】 이 법 시행 전에 발생한 연차 유급휴가에 대해서는 종전의 규정에 따른다.

부 칙 (2020.5.26)

이 법은 공포한 날부터 시행한다.(이하 생략)

부 칙 (2021.1.5)

제1조【시행일】 이 법은 공포한 날부터 시행한다. 다만, 제53조제7항의 개정규정 및 제110조제1호의 개정규정 중 "제53조제7항"에 관한 부분은 공포 후 3개월이 경과한 날부터 시행하고, 제43조의2제1항, 제51조의2, 제51조의3, 제52조, 제53조제2항, 제57조, 제109조 및 제116조의 개정규정 및 제110조제1호의 개정규정 중 "제51조의2제2항 또는 제52조제2항제1호"에 관한 부분은 다음 각 호의 구분에 따른 날부터 시행한다.
1. 상시 50명 이상의 근로자를 사용하는 사업 또는 사업장, 「공공기관의 운영에 관한 법률」 제4조에 따른 공공기관, 「지방공기업법」 제49조 및 같은 법 제76조에 따른 지방공사 및 지방공단, 국가·지방자치단체 또는 정부투자기관이 자본금의 2분의 1 이상을 출자하거나 기본재산의 2분의 1 이상을 출연한 기관·단체와 그 기관·단체가 자본금의 2분의 1 이상을 출자하거나 기본재산의 2분의 1 이상을 출연한 기관·단체, 국가 및 지방자치단체의 기관 : 공포 후 3개월이 경과한 날
2. 상시 5명 이상 50명 미만의 근로자를 사용하는 사업 또는 사업장 : 2021년 7월 1일

제2조【3개월을 초과하는 탄력적 근로시간제 도입을 위한 준비행위】 사용자는 이 법 시행 전에 3개월을 초과하는 탄력적 근로시간제 도입을 위하여 근로자대표와의 서면 합의 등 필요한 준비행위를 할 수 있다.
제3조【1개월을 초과하는 선택적 근로시간제 도입을 위한 준비행위】 사용자는 이 법 시행 전에 1개월을 초과하는 선택적 근로시간제 도입을 위하여 근로자대표와의 서면 합의 등 필요한 준비행위를 할 수 있다.
제4조【이 법 시행을 위한 준비행위】 고용노동부장관은 탄력적 근로시간제 및 선택적 근로시간제의 원활한 시행 등을 위하여 실태를 조사·파악할 수 있다.

부 칙 (2021.4.13)

제1조【시행일】 이 법은 공포 후 6개월이 경과한 날부터 시행한다.

제2조【직장 내 괴롭힘 발생 시 조치에 관한 적용례】 제76조의3제2항 및 제7항의 개정규정은 이 법 시행 후 발생한 직장 내 괴롭힘의 경우부터 적용한다.

부 칙 (2021.5.18)

제1조【시행일】 이 법은 공포 후 6개월이 경과한 날부터 시행한다.

제2조【근로계약기간의 만료 등에 따른 구제명령 등에 관한 적용례】 제30조제4항의 개정규정은 이 법 시행 후 노동위원회가 같은 조 제1항에 따라 구제명령이나 기각결정을 하는 경우부터 적용한다.

제3조【이행강제금에 관한 적용례】 제33조제1항의 개정규정은 이 법 시행 후 발생한 부당해고등부터 적용한다.

부 칙 (2024.10.22)

제1조【시행일】 이 법은 공포 후 1년이 경과한 날부터 시행한다. 다만, 다음 각 호의 사항은 그 구분에 따른 날부터 시행한다.
1. 제60조제6항의 개정규정 : 공포한 날
2. 제74조제1항 및 제7항의 개정규정 : 공포 후 4개월이 경과한 날

제2조【재직 중인 근로자에 대한 미지급 임금의 지연이자에 관한 적용례】 제37조의 개정규정은 이 법 시행 이후 제37조제1항제2호의 개정규정에 따른 지연이자 지급사유가 발생하는 경우부터 적용한다.

제3조【상습체불사업주의 체불횟수 및 체불액 산정에 관한 적용례】 제43조의4의 개정규정에 따라 고용노동부장관이 상습체불사업주를 정하는 경우 임금등 체불자료 제공일이 속하는 연도의 직전 연도 1년간 체불횟수와 체불액은 이 법 시행 이후 고용노동부장관이 임금등의 체불을 확인한 경우부터 산정한다.

제4조【출국금지 요청에 관한 적용례】 제43조의7의 개정규정은 이 법 시행 이후 제43조의2에 따라 명단 공개가 결정된 체불사업주부터 적용한다.

제5조【체불 임금등에 대한 손해배상청구에 관한 적용례】 제43조의8의 개정규정은 이 법 시행 이후 사업주가 같은 개정규정 각 호의 어느 하나에 해당하는 경우부터 적용한다.

제6조【연차 유급휴가에 관한 적용례】 제60조제6항제4호 및 제5호의 개정규정은 부칙 제1조제1호에 따른 시행일 이후 육아기 근로시간 단축 또는 임신기 근로시간 단축을 시작하는 경우부터 적용한다.

제7조【출산전후휴가에 관한 적용례】 제74조제1항의 개정규정은 부칙 제1조제2호에 따른 시행일 이후 출산하는 근로자부터 적용한다.

제8조【벌칙에 관한 적용례】 제109조제2항의 개정규정은 이 법 시행 이후 발생한 위반행위부터 적용한다.

〔별표〕 ➡「www.hyeonamsa.com」 참조

근로기준법 시행령

(2007년 6월 29일 전부개정대통령령 제20142호)

개정
2008. 6. 5영20803호(남녀고용평등과일·가정양립지원에관한법시)
2008. 6.25영20873호 2009. 8.18영21695호
2010. 2.24영22061호(산업안전보건법시)
2010. 7.12영22269호(직제)
2010.12.29영22567호
2011. 3. 2영22687호(향토예비군시)
2011. 3.30영22804호 2011. 9.22영23155호
2012. 1. 6영23488호(민감정보고유식별정보)
2012. 6.21영23868호
2012. 7.10영23946호(남녀고용평등과일·가정양립지원에관한법시)
2013. 6.28영24652호
2014. 9.24영25630호(임금채권시)
2014. 9.24영25631호
2014.12. 9영25840호(규제기한정비)
2016.11.29영27619호(예비군법시)
2016.12.30영27751호(규제기한설정)
2018. 6.29영29010호
2019. 7. 2영29950호(법령용어정비)
2019. 7. 9영29964호
2019.12.24영30256호(산업안전시)
2020. 3. 3영30509호(규제기한해제)
2021. 3.30영31584호 2021.10.14영32049호
2021.11.19영32130호

제1조【목적】 이 영은 「근로기준법」에서 위임한 사항과 그 시행에 필요한 사항을 규정하는 것을 목적으로 한다.

제2조【평균임금의 계산에서 제외되는 기간과 임금】 ① 「근로기준법」(이하 "법"이라 한다) 제2조제1항제6호에 따른 평균임금 산정기간 중에 다음 각 호의 어느 하나에 해당하는 기간이 있는 경우에는 그 기간과 그 기간 중에 지급된 임금은 평균임금 산정기준이 되는 기간과 임금의 총액에서 각각 뺀다.
1. 근로계약을 체결하고 수습 중에 있는 근로자가 수습을 시작한 날부터 3개월 이내의 기간(2019.7.9 본호개정)
2. 법 제46조에 따른 사용자의 귀책사유로 휴업한 기간
3. 법 제74조제1항부터 제3항까지의 규정에 따른 출산전후휴가 및 유산·사산 휴가 기간(2021.10.14 본호개정)
4. 법 제78조에 따라 업무상 부상 또는 질병으로 요양하기 위하여 휴업한 기간
5. 「남녀고용평등과 일·가정 양립 지원에 관한 법률」 제19조에 따른 육아휴직 기간(2008.6.5 본호개정)
6. 「노동조합 및 노동관계조정법」 제2조제6호에 따른 쟁의행위기간
7. 「병역법」, 「예비군법」 또는 「민방위기본법」에 따른 의무를 이행하기 위하여 휴직하거나 근로하지 못한 기간. 다만, 그 기간 중 임금을 지급받은 경우에는 그러하지 아니하다.(2016.11.29 본문개정)
8. 업무 외 부상이나 질병, 그 밖의 사유로 사용자의 승인을 받아 휴업한 기간

② 법 제2조제1항제6호에 따른 임금의 총액을 계산할 때에는 임시로 지급된 임금 및 수당과 통화 외의 것으로 지급된 임금을 포함하지 아니한다. 다만, 고용노동부장관이 정하는 것은 그러하지 아니하다.(2010.7.12 단서개정)

제3조【일용근로자의 평균임금】 일용근로자의 평균임금은 고용노동부장관이 사업이나 직업에 따라 정하는 금액으로 한다.(2010.7.12 본조개정)

제4조【특별한 경우의 평균임금】 법 제2조제1항제6호, 이 영 제2조 및 제3조에 따라 평균임금을 산정할 수 없는 경우에는 고용노동부장관이 정하는 바에 따른다.(2010.7.12 본조개정)

제5조【평균임금의 조정】 ① 법 제79조, 법 제80조 및 법 제82조부터 제84조까지의 규정에 따른 보상금 등을 산정할 때 적용할 평균임금은 그 근로자가 소속한 사업 또는 사업장에서 같은 직종의 근로자에게 지급된 통상임금의 1명당 1개월 평균액

(이하 "평균액"이라 한다)이 그 부상 또는 질병이 발생한 달에 지급된 평균액보다 100분의 5 이상 변동된 경우에는 그 변동비율에 따라 인상되거나 인하된 금액으로 하되, 그 변동 사유가 발생한 달의 다음 달부터 적용한다. 다만, 제2회 이후의 평균임금을 조정하는 때에는 직전 회의 변동 사유가 발생한 달의 평균액을 산정기준으로 한다.
② 제1항에 따라 평균임금을 조정하는 경우 그 근로자가 소속한 사업 또는 사업장이 폐지된 때에는 그 근로자가 업무상 부상 또는 질병이 발생한 당시에 그 사업 또는 사업장과 같은 종류, 같은 규모의 사업 또는 사업장을 기준으로 한다.
③ 제1항이나 제2항에 따라 평균임금을 조정하는 경우 그 근로자의 직종과 같은 직종의 근로자가 없는 때에는 그 직종과 유사한 직종의 근로자를 기준으로 한다.
④ 법 제78조에 따른 업무상 부상을 당하거나 질병에 걸린 근로자에게 지급할 「근로자퇴직급여 보장법」 제8조에 따른 퇴직금을 산정할 때 적용할 평균임금은 제1항부터 제3항까지의 규정에 따라 조정된 평균임금으로 한다.
제6조【통상임금】 ① 법과 이 영에서 "통상임금"이란 근로자에게 정기적이고 일률적으로 소정(所定)근로 또는 총 근로에 대하여 지급하기로 정한 시간급 금액, 일급 금액, 주급 금액, 월급 금액 또는 도급 금액을 말한다.
② 제1항에 따른 통상임금을 시간급 금액으로 산정할 경우에는 다음 각 호의 방법에 따라 산정된 금액으로 한다.
1. 시간급 금액으로 정한 임금은 그 금액
2. 일급 금액으로 정한 임금은 그 금액을 1일의 소정근로시간 수로 나눈 금액
3. 주급 금액으로 정한 임금은 그 금액을 1주의 통상임금 산정 기준시간 수(1주의 소정근로시간과 소정근로시간 외에 유급으로 처리되는 시간을 합산한 시간)로 나눈 금액(2018.6.29 본호개정)
4. 월급 금액으로 정한 임금은 그 금액을 월의 통상임금 산정 기준시간 수(1주의 통상임금 산정 기준시간 수에 1년 동안의 평균 주의 수를 곱한 시간을 12로 나눈 시간)로 나눈 금액(2018.6.29 본호개정)
5. 일·주·월 외의 일정한 기간으로 정한 임금은 제2호부터 제4호까지의 규정에 준하여 산정된 금액
6. 도급 금액으로 정한 임금은 그 임금 산정 기간에서 도급제에 따라 계산된 임금의 총액을 해당 임금 산정 기간(임금 마감일이 있는 경우에는 임금 마감 기간을 말한다)의 총 근로 시간 수로 나눈 금액
7. 근로자가 받는 임금이 제1호부터 제6호까지의 규정에서 정한 둘 이상의 임금으로 되어 있는 경우에는 제1호부터 제6호까지의 규정에 따라 각각 산정된 금액을 합산한 금액
③ 제1항에 따른 통상임금을 일급 금액으로 산정할 때에는 제2항에 따른 시간급 금액에 1일의 소정근로시간 수를 곱하여 계산한다.
제7조【적용범위】 법 제11조제2항에 따라 상시 4명 이하의 근로자를 사용하는 사업 또는 사업장에 적용하는 법 규정은 별표1과 같다.
제7조의2【상시 사용하는 근로자 수의 산정 방법】 ① 법 제11조제3항에 따른 "상시 사용하는 근로자 수"는 해당 사업 또는 사업장에서 법 적용 사유(휴업수당 지급, 근로시간 적용 등 법 또는 이 영의 적용 여부를 판단하여야 하는 사유를 말한다. 이하 이 조에서 같다) 발생일 전 1개월(사업이 성립한 날부터 1개월 미만인 경우에는 그 사업이 성립한 날 이후의 기간을 말한다. 이하 "산정기간"이라 한다) 동안 사용한 근로자의 연인원을 같은 기간 중의 가동 일수로 나누어 산정한다.
② 제1항에도 불구하고 다음 각 호의 구분에 따라 그 사업 또는 사업장에 대하여 5명(법 제93조의 적용 여부를 판단하는 경우에는 10명을 말한다. 이하 이 조에서 "법 적용 기준"이라 한다) 이상의 근로자를 사용하는 사업 또는 사업장(이하 이 조에서 "법 적용 사업 또는 사업장"이라 한다)으로 보거나 법 적용 사업 또는 사업장으로 보지 않는다.
1. 법 적용 사업 또는 사업장으로 보는 경우 : 제1항에 따라 해당 사업 또는 사업장의 근로자 수를 산정한 결과 법 적용 사업 또는 사업장에 해당하지 않는 경우에도 산정기간에 속하는 일(日)별로 근로자 수를 파악하였을 때 법 적용 기준에 미달한 일수(日數)가 2분의 1 미만인 경우
2. 법 적용 사업 또는 사업장으로 보지 않는 경우 : 제1항에 따라 해당 사업 또는 사업장의 근로자 수를 산정한 결과 법 적용 사업 또는 사업장에 해당하는 경우에도 산정기간에 속하는 일별로 근로자 수를 파악하였을 때 법 적용 기준에 미달한 일수가 2분의 1 이상인 경우
③ 법 제60조부터 제62조까지의 규정(제60조제2항에 따른 연차유급휴가에 관한 부분은 제외한다)의 적용 여부를 판단하는 경우에 해당 사업 또는 사업장에 대하여 제1항 및 제2항에 따라 월 단위로 근로자 수를 산정한 결과 법 적용 사유 발생일 전 1년 동안 계속하여 5명 이상의 근로자를 사용하는 사업 또는 사업장은 법 적용 사업 또는 사업장으로 본다.
④ 제1항의 연인원에는 「파견근로자보호 등에 관한 법률」 제2조제5호에 따른 파견근로자를 제외한 다음 각 호의 근로자 모두를 포함한다.
1. 해당 사업 또는 사업장에서 사용하는 통상 근로자, 「기간제 및 단시간근로자 보호 등에 관한 법률」 제2조제1호에 따른 기간제근로자, 단시간근로자 등 고용형태를 불문하고 하나의 사업 또는 사업장에서 근로하는 모든 근로자(2018.6.29 본호개정)
2. 해당 사업 또는 사업장에 동거하는 친족과 함께 제1호에 해당하는 근로자가 1명이라도 있으면 동거하는 친족인 근로자
(2008.6.25 본조신설)
제8조【명시하여야 할 근로조건】 법 제17조제1항제5호에서 "대통령령으로 정하는 근로조건"이란 다음 각 호의 사항을 말한다.(2018.6.29 본문개정)
1. 취업의 장소와 종사하여야 할 업무에 관한 사항
2. 법 제93조제1호부터 제12호까지의 규정에서 정한 사항
3. 사업장의 부속 기숙사에 근로자를 기숙하게 하는 경우에는 기숙사 규칙에서 정한 사항
제8조의2【근로자의 요구에 따른 서면 교부】 법 제17조제2항 단서에서 "단체협약 또는 취업규칙의 변경 등 대통령령으로 정하는 사유로 인하여 변경되는 경우"란 다음 각 호의 경우를 말한다.
1. 법 제51조제2항, 제51조의2제1항, 같은 조 제2항 단서, 같은 조 제5항 단서, 제52조제1항, 같은 조 제2항제1호 단서, 제53조제3항, 제55조제2항 단서, 제57조, 제58조제2항·제3항, 제59조제1항 또는 제62조에 따른 서면 합의로 변경되는 경우(2021.3.30 본호개정 : 법 제53조제3항에 관한 부분은 2022.12.31까지 유효)
2. 법 제93조에 따른 취업규칙에 의하여 변경되는 경우
3. 「노동조합 및 노동관계조정법」 제31조제1항에 따른 단체협약에 의하여 변경되는 경우
4. 법령에 의하여 변경되는 경우
(2011.9.22 본조신설)
제9조【단시간근로자의 근로조건 기준 등】 ① 법 제18조제2항에 따른 단시간근로자의 근로조건을 결정할 때에 기준이 되는 사항이나 그 밖에 필요한 사항은 별표2와 같다.
②~③ (2008.6.25 삭제)
제10조【경영상의 이유에 의한 해고 계획의 신고】 ① 법 제24조제4항에 따라 사용자는 1개월 동안에 다음 각 호의 어느 하나에 해당하는 인원을 해고하려면 최초로 해고하려는 날의 30일 전까지 고용노동부장관에게 신고하여야 한다.(2010.7.12 본문개정)
1. 상시 근로자수가 99명 이하인 사업 또는 사업장 : 10명 이상
2. 상시 근로자수가 100명 이상 999명 이하인 사업 또는 사업장 : 상시 근로자수의 10퍼센트 이상
3. 상시 근로자수가 1,000명 이상 사업 또는 사업장 : 100명 이상
② 제1항에 따른 신고를 할 때에는 다음 각 호의 사항을 포함하여야 한다.
1. 해고 사유
2. 해고 예정 인원
3. 근로자대표와 협의한 내용
4. 해고 일정
제11조【구제명령의 이행기한】 「노동위원회법」에 따른 노동위원회(이하 "노동위원회"라 한다)는 법 제30조제1항에 따

라 사용자에게 구제명령(이하 "구제명령"이라 한다)을 하는 때에는 이행기한을 정하여야 한다. 이 경우 이행기한은 법 제30조제2항에 따라 사용자가 구제명령을 서면으로 통지받은 날부터 30일 이내로 한다.(2019.7.9 후단개정)

제12조【이행강제금의 납부기한 및 의견제출 등】 ① 노동위원회는 법 제33조제1항에 따라 이행강제금을 부과하는 때에는 이행강제금의 부과통지를 받은 날부터 15일 이내의 납부기한을 정하여야 한다.

② 노동위원회는 천재·사변, 그 밖의 부득이한 사유가 발생하여 제1항에 따른 납부기한 내에 이행강제금을 납부하기 어려운 경우에는 그 사유가 없어진 날부터 15일 이내의 기간을 납부기한으로 할 수 있다.

③ 법 제33조제2항에 따라 이행강제금을 부과·징수한다는 뜻을 사용자에게 미리 문서로써 알려줄 때에는 10일 이상의 기간을 정하여 구술 또는 서면(전자문서를 포함한다)으로 의견을 진술할 수 있는 기회를 주어야 한다. 이 경우 지정된 기일까지 의견진술이 없는 때에는 의견이 없는 것으로 본다.

④ 이행강제금의 징수절차는 고용노동부령으로 정한다.

(2010.7.12 본항개정)

제13조【이행강제금의 부과기준】 법 제33조제4항에 따른 위반행위의 종류와 위반정도에 따른 이행강제금의 부과기준은 별표3과 같다.

제14조【이행강제금의 부과유예】 노동위원회는 다음 각 호의 어느 하나에 해당하는 사유가 있는 경우에는 직권 또는 사용자의 신청에 따라 그 사유가 없어진 뒤에 이행강제금을 부과할 수 있다.

1. 구제명령을 이행하기 위하여 사용자가 객관적으로 노력하였으나 근로자의 소재불명 등으로 구제명령을 이행하기 어려운 것이 명백한 경우
2. 천재·사변, 그 밖의 부득이한 사유로 구제명령을 이행하기 어려운 경우

제15조【이행강제금의 반환】 ① 노동위원회는 중앙노동위원회의 재심판정이나 법원의 확정판결에 따라 노동위원회의 구제명령이 취소되면 직권 또는 사용자의 신청에 따라 이행강제금의 부과·징수를 즉시 중지하고 이미 징수한 이행강제금을 반환하여야 한다.

② 노동위원회가 제1항에 따라 이행강제금을 반환하는 때에는 이행강제금을 납부한 날부터 반환하는 날까지의 기간에 대하여 고용노동부령으로 정하는 이율을 곱한 금액을 가산하여 반환하여야 한다.(2010.7.12 본항개정)

③ 제1항에 따른 이행강제금의 구체적 반환절차는 고용노동부령으로 정한다.(2010.7.12 본항개정)

제16조 (2019.7.9 삭제)

제17조【미지급 임금에 대한 지연이자의 이율】 법 제37조제1항에서 "대통령령으로 정하는 이율"이란 연 100분의 20을 말한다.

제18조【지연이자의 적용제외 사유】 법 제37조제2항에서 "그 밖에 대통령령으로 정하는 사유"란 다음 각 호의 어느 하나에 해당하는 경우를 말한다.

1. 「임금채권보장법」 제7조제1항제1호부터 제3호까지의 사유 중 어느 하나에 해당하는 경우(2021.10.14 본호개정)
2. 「채무자 회생 및 파산에 관한 법률」, 「국가재정법」, 「지방자치법」 등 법령상의 제약에 따라 임금 및 퇴직금을 지급할 자금을 확보하기 어려운 경우
3. 지급이 지연되고 있는 임금 및 퇴직금의 전부 또는 일부의 존부(存否)를 법원이나 노동위원회에서 다투는 것이 적절하다고 인정되는 경우
4. 그 밖에 제1호부터 제3호까지의 규정에 준하는 사유가 있는 경우

제19조【사용증명서의 청구】 법 제39조제1항에 따라 사용증명서를 청구할 수 있는 자는 계속하여 30일 이상 근무한 근로자로 하되, 청구할 수 있는 기한은 퇴직 후 3년 이내로 한다.

제20조【근로자 명부의 기재사항】 법 제41조제1항에 따른 근로자 명부에는 고용노동부령으로 정하는 바에 따라 다음 각 호의 사항을 적어야 한다.(2010.7.12 본문개정)

1. 성명
2. 성(性)별
3. 생년월일
4. 주소
5. 이력(履歷)
6. 종사하는 업무의 종류
7. 고용 또는 고용갱신 연월일, 계약기간을 정한 경우에는 그 기간, 그 밖의 고용에 관한 사항
8. 해고, 퇴직 또는 사망한 경우에는 그 연월일과 사유
9. 그 밖에 필요한 사항

제21조【근로자 명부 작성의 예외】 사용기간이 30일 미만인 일용근로자에 대하여는 근로자 명부를 작성하지 아니할 수 있다.

제22조【보존 대상 서류 등】 ① 법 제42조에서 "대통령령으로 정하는 근로계약에 관한 중요한 서류"란 다음 각 호의 서류를 말한다.

1. 근로계약서
2. 임금대장
3. 임금의 결정·지급방법과 임금계산의 기초에 관한 서류
4. 고용·해고·퇴직에 관한 서류
5. 승급·감급에 관한 서류
6. 휴가에 관한 서류
7. (2014.12.9 삭제)
8. 법 제51조제2항, 제51조의2제1항, 같은 조 제2항 단서, 같은 조 제5항 단서, 제52조제1항, 같은 조 제2항제1호 단서, 제53조제3항, 제55조제2항 단서, 제57조, 제58조제2항·제3항, 제59조제1항 및 제62조에 따른 서면 합의 서류(2021.3.30 본호개정 : 법 제53조제3항에 관한 부분은 2022.12.31까지 유효)
9. 법 제66조에 따른 연소자의 증명에 관한 서류

② 법 제42조에 따른 근로계약에 관한 중요한 서류의 보존기간은 다음 각 호에 해당하는 날부터 기산한다.

1. 근로자 명부는 근로자가 해고되거나 퇴직 또는 사망한 날
2. 근로계약서는 근로관계가 끝난 날
3. 임금대장은 마지막으로 써 넣은 날
4. 고용, 해고 또는 퇴직에 관한 서류는 근로자가 해고되거나 퇴직한 날
5. (2018.6.29 삭제)
6. 제1항제8호의 서면 합의 서류는 서면 합의한 날
7. 연소자의 증명에 관한 서류는 18세가 되는 날(18세가 되기 전에 해고되거나 퇴직 또는 사망한 경우에는 그 해고되거나 퇴직 또는 사망한 날)
8. 그 밖의 서류는 완결한 날

제23조【매월 1회 이상 지급하여야 할 임금의 예외】 법 제43조제2항 단서에서 "임시로 지급하는 임금, 수당, 그 밖에 이에 준하는 것 또는 대통령령으로 정하는 임금"이란 다음 각 호의 것을 말한다.

1. 1개월을 초과하는 기간의 출근 성적에 따라 지급하는 정근수당
2. 1개월을 초과하는 일정 기간을 계속하여 근무한 경우에 지급되는 근속수당
3. 1개월을 초과하는 기간에 걸친 사유에 따라 산정되는 장려금, 능률수당 또는 상여금
4. 그 밖에 부정기적으로 지급되는 모든 수당

제23조의2【체불사업주 명단 공개 제외 대상】 법 제43조의2제1항 단서에서 "체불사업주의 사망·폐업으로 명단 공개의 실효성이 없는 경우 등 대통령령으로 정하는 사유"란 다음 각 호의 어느 하나에 해당하는 경우를 말한다.

1. 법 제36조, 제43조, 제51조의3, 제52조제2항제2호 또는 제56조에 따른 임금, 보상금, 수당, 그 밖의 일체의 금품(이하 "임금등"이라 한다)을 지급하지 않은 사업주(이하 "체불사업주"라 한다)가 사망하거나 「민법」 제27조에 따라 실종선고를 받은 경우(체불사업주가 자연인인 경우만 해당한다)(2021.3.30 본호개정)
2. 체불사업주가 법 제43조의2제2항에 따른 소명 기간 종료 전까지 체불 임금등을 전액 지급한 경우
3. 체불사업주가 「채무자 회생 및 파산에 관한 법률」에 따른 회생절차개시 결정을 받거나 파산선고를 받은 경우

4. 체불사업주가 「임금채권보장법 시행령」 제5조에 따른 도산등사실인정을 받은 경우
5. 체불사업주가 체불 임금등의 일부를 지급하고, 남은 체불 임금등에 대한 구체적인 청산 계획 및 자금 조달 방안을 충분히 소명하여 법 제43조의2제3항에 따른 임금체불정보심의위원회(이하 이 조에서 "위원회"라 한다)가 명단 공개 대상에서 제외할 필요가 있다고 인정하는 경우
6. 제1호부터 제5호까지의 규정에 준하는 경우로서 위원회가 체불사업주의 인적사항 등을 공개할 실효성이 없다고 인정하는 경우
(2012.6.21 본조신설)

제23조의3【명단공개 내용 · 기간 등】 ① 고용노동부장관은 법 제43조의2제1항에 따라 다음 각 호의 내용을 공개한다.
1. 체불사업주의 성명 · 나이 · 상호 · 주소(체불사업주가 법인인 경우에는 그 대표자의 성명 · 나이 · 주소 및 법인의 명칭 · 주소를 말한다)
2. 명단 공개 기준일 이전 3년간의 임금등 체불액

② 제1항에 따른 공개는 관보에 싣거나 인터넷 홈페이지, 관할 지방고용노동관서 게시판 또는 그 밖에 열람이 가능한 공공장소에 3년간 게시하는 방법으로 한다.
(2012.6.21 본조신설)

제23조의4【임금등 체불자료의 제공 제외 대상】 법 제43조의3제1항 단서에서 "체불사업주의 사망 · 폐업으로 임금등 체불자료 제공의 실효성이 없는 경우 등 대통령령으로 정하는 사유"란 다음 각 호의 어느 하나에 해당하는 경우를 말한다.
1. 체불사업주가 사망하거나 「민법」 제27조에 따라 실종선고를 받은 경우(체불사업주가 자연인인 경우만 해당한다)
2. 체불사업주가 법 제43조의3제1항에 따른 임금등 체불자료(이하 "임금등 체불자료"라 한다) 제공일 전까지 체불 임금등을 전액 지급한 경우
3. 체불사업주가 「채무자 회생 및 파산에 관한 법률」에 따른 회생절차개시 결정을 받거나 파산선고를 받은 경우
4. 체불사업주가 「임금채권보장법 시행령」 제5조에 따른 도산등사실인정을 받은 경우
5. 체불자료 제공일 전까지 체불사업주가 체불 임금등의 일부를 지급하고 남은 체불 임금등에 대한 구체적인 청산 계획 및 자금 조달 방안을 충분히 소명하여 고용노동부장관이 체불 임금등 청산을 위하여 성실히 노력하고 있다고 인정하는 경우
(2012.6.21 본조신설)

제23조의5【임금등 체불자료의 제공절차 등】 ① 법 제43조의3제1항에 따라 임금등 체불자료를 요구하는 자(이하 "요구자"라 한다)는 다음 각 호의 사항을 적은 문서를 고용노동부장관에게 제출하여야 한다.
1. 요구자의 성명 · 상호 · 주소(요구자가 법인인 경우에는 그 대표자의 성명 및 법인의 명칭 · 주소를 말한다)
2. 요구하는 임금등 체불자료의 내용과 이용 목적

② 고용노동부장관은 제1항에 따른 임금등 체불자료를 서면 또는 전자적 파일 형태로 작성하여 제공할 수 있다.
③ 고용노동부장관은 제2항에 따라 임금등 체불자료를 제공한 후 제23조의4 각 호의 사유가 발생한 경우에는 그 사실을 안 날부터 15일 이내에 요구자에게 그 내용을 통지하여야 한다.
(2012.6.21 본조신설)

제24조【수급인의 귀책사유】 법 제44조제2항에 따른 귀책사유 범위는 다음 각 호와 같다.(2012.6.21 본문개정)
1. 정당한 사유 없이 도급계약에서 정한 도급 금액 지급일에 도급 금액을 지급하지 아니한 경우
2. 정당한 사유 없이 도급계약에서 정한 원자재 공급을 늦게 하거나 공급을 하지 아니한 경우
3. 정당한 사유 없이 도급계약의 조건을 이행하지 아니하여 하수급인이 도급사업을 정상적으로 수행하지 못한 경우
(2012.6.21 본조제목개정)

제25조【지급기일 전의 임금 지급】 법 제45조에서 "그 밖에 대통령령으로 정한 비상(非常)한 경우"란 근로자나 그의 수입으로 생계를 유지하는 자가 다음 각 호의 어느 하나에 해당하게 되는 경우를 말한다.
1. 출산하거나 질병에 걸리거나 재해를 당한 경우
2. 혼인 또는 사망한 경우
3. 부득이한 사유로 1주 이상 귀향하게 되는 경우(2018.6.29 본호개정)

제26조【휴업수당의 산출】 사용자의 귀책사유로 휴업한 기간 중에 근로자가 임금의 일부를 지급받은 경우에는 사용자는 법 제46조제1항 본문에 따라 그 근로자에게 평균임금에서 그 지급받은 임금을 뺀 금액을 계산하여 그 금액의 100분의 70 이상에 해당하는 수당을 지급하여야 한다. 다만, 법 제46조제1항 단서에 따라 통상임금을 휴업수당으로 지급하는 경우에는 통상임금에서 휴업한 기간 중에 지급받은 임금을 뺀 금액을 지급하여야 한다.

제27조【임금대장의 기재사항】 ① 사용자는 법 제48조제1항에 따른 임금대장에 다음 각 호의 사항을 근로자 개인별로 적어야 한다.(2021.11.19 본문개정)
1. 성명
2. 생년월일, 사원번호 등 근로자를 특정할 수 있는 정보(2021.10.14 본호개정)
3. 고용 연월일
4. 종사하는 업무
5. 임금 및 가족수당의 계산기초가 되는 사항
6. 근로일수
7. 근로시간수
8. 연장근로, 야간근로 또는 휴일근로를 시킨 경우에는 그 시간수
9. 기본급, 수당, 그 밖의 임금의 내역별 금액(통화 외의 것으로 지급된 임금이 있는 경우에는 그 품명 및 수량과 평가총액)
10. 법 제43조제1항 단서에 따라 임금의 일부를 공제한 경우에는 그 금액

② 사용기간이 30일 미만인 일용근로자에 대해서는 제1항제2호 및 제5호의 사항을 적지 않을 수 있다.(2021.10.14 본항개정)
③ 다음 각 호의 어느 하나에 해당하는 근로자에 대해서는 제1항제7호 및 제8호의 사항을 적지 않을 수 있다.(2021.10.14 본문개정)
1. 법 제11조제2항에 따른 상시 4명 이하의 근로자를 사용하는 사업 또는 사업장의 근로자
2. 법 제63조 각 호의 어느 하나에 해당하는 근로자

제27조의2【임금명세서의 기재사항】 사용자는 법 제48조제2항에 따른 임금명세서에 다음 각 호의 사항을 적어야 한다.
1. 근로자의 성명, 생년월일, 사원번호 등 근로자를 특정할 수 있는 정보
2. 임금지급일
3. 임금 총액
4. 기본급, 각종 수당, 상여금, 성과금, 그 밖의 임금의 구성항목별 금액(통화 이외의 것으로 지급된 임금이 있는 경우에는 그 품명 및 수량과 평가총액을 말한다)
5. 임금의 구성항목별 금액이 출근일수 · 시간 등에 따라 달라지는 경우에는 임금의 구성항목별 금액의 계산방법(연장근로, 야간근로 또는 휴일근로의 경우에는 그 시간 수를 포함한다)
6. 법 제43조제1항 단서에 따라 임금의 일부를 공제한 경우에는 임금의 공제 항목별 금액과 총액 등 공제내역
(2021.11.19 본조신설)

제28조【3개월 이내의 탄력적 근로시간제에 관한 합의사항 등】 ① 법 제51조제2항제4호에서 "그 밖에 대통령령으로 정하는 사항"이란 서면 합의의 유효기간을 말한다.
② 고용노동부장관은 법 제51조제4항에 따른 임금보전방안(賃金補塡方案)을 강구하게 하기 위해 필요한 경우에는 사용자에게 그 임금보전방안의 내용을 제출하도록 명하거나 직접 확인할 수 있다.(2021.3.30 본항개정)
(2021.3.30 본조제목개정)

제28조의2【3개월을 초과하는 탄력적 근로시간제에 관한 합의사항 등】 ① 법 제51조의2제1항제4호에서 "그 밖에 대통령령으로 정하는 사항"이란 서면 합의의 유효기간을 말한다.

② 법 제51조의2제2항 단서에서 "천재지변 등 대통령령으로 정하는 불가피한 경우"란 다음 각 호의 어느 하나에 해당하는 경우를 말한다.
1. 「재난 및 안전관리 기본법」에 따른 재난 또는 이에 준하는 사고가 발생하여 이를 수습하거나 재난 등의 발생이 예상되어 이를 예방하기 위해 긴급한 조치가 필요한 경우
2. 사람의 생명을 보호하거나 안전을 확보하기 위해 긴급한 조치가 필요한 경우
3. 그 밖에 제1호 및 제2호에 준하는 사유로 법 제51조의2제2항 본문에 따른 휴식 시간을 주는 것이 어렵다고 인정되는 경우
(2021.3.30 본조신설)
제29조【선택적 근로시간제에 관한 합의사항 등】 ① 법 제52조제1항제6호에서 "그 밖에 대통령령으로 정하는 사항"이란 표준근로시간(유급휴가 등의 계산 기준으로 사용자와 근로자대표가 합의하여 정한 1일의 근로시간을 말한다)을 말한다.
② 법 제52조제2항제1호 단서에서 "천재지변 등 대통령령으로 정하는 불가피한 경우"란 다음 각 호의 어느 하나에 해당하는 경우를 말한다.
1. 제28조의2제2항제1호 또는 제2호에 해당하는 경우
2. 그 밖에 제1호에 준하는 사유로 법 제52조제2항제1호 본문에 따른 휴식 시간을 주는 것이 어렵다고 인정되는 경우
(2021.3.30 본조개정)
제30조【휴일】 ① 법 제55조제1항에 따른 유급휴일은 1주 동안의 소정근로일을 개근한 자에게 주어야 한다.
② 법 제55조제2항 본문에서 "대통령령으로 정하는 휴일"이란 「관공서의 공휴일에 관한 규정」 제2조 각 호(제1호는 제외한다)에 따른 공휴일 및 같은 영 제3조에 따른 대체공휴일을 말한다.(2018.6.29 본항신설)
(2018.6.29 본조개정)
제31조【재량근로의 대상업무】 법 제58조제3항 전단에서 "대통령령으로 정하는 업무"란 다음 각 호의 어느 하나에 해당하는 업무를 말한다.
1. 신상품 또는 신기술의 연구개발이나 인문사회과학 또는 자연과학분야의 연구 업무
2. 정보처리시스템의 설계 또는 분석 업무
3. 신문, 방송 또는 출판 사업에서의 기사의 취재, 편성 또는 편집 업무
4. 의복·실내장식·공업제품·광고 등의 디자인 또는 고안 업무
5. 방송 프로그램·영화 등의 제작 사업에서의 프로듀서나 감독 업무
6. 그 밖에 고용노동부장관이 정하는 업무(2010.7.12 본호개정)
제32조 (2018.6.29 삭제)
제33조【휴가수당의 지급일】 법 제60조제5항에 따라 지급하여야 하는 임금은 유급휴가를 주기 전이나 준 직후의 임금지급일에 지급하여야 한다.
제34조【근로시간 등의 적용제외 근로자】 법 제63조제4호에서 "대통령령으로 정한 업무"란 사업의 종류에 관계없이 관리·감독 업무 또는 기밀을 취급하는 업무를 말한다.
제35조【취직인허증의 발급 등】 ① 법 제64조에 따라 취직인허증을 받을 수 있는 자는 13세 이상 15세 미만인 자로 한다. 다만, 예술공연 참가를 위한 경우에는 13세 미만인 자도 취직인허증을 받을 수 있다.
② 제1항에 따른 취직인허증을 받으려는 자는 고용노동부령으로 정하는 바에 따라 고용노동부장관에게 신청하여야 한다.
(2010.7.12 본항개정)
③ 제2항에 따른 신청은 학교장(의무교육 대상자와 재학 중인 자로 한정한다) 및 친권자 또는 후견인의 서명을 받아 사용자가 될 자와 연명(連名)으로 하여야 한다.
제36조【취직인허증의 교부 및 비치】 ① 고용노동부장관은 제35조제2항에 따른 신청에 대하여 취직을 인허할 경우에는 고용노동부령으로 정하는 취직인허증에 직종을 지정하여 신청한 근로자와 사용자가 될 자에게 내주어야 한다.
② 15세 미만인 자를 사용하는 사용자가 취직인허증을 갖추어 둔 경우에는 법 제66조에 따른 가족관계기록사항에 관한 증명서와 친권자나 후견인의 동의서를 갖추어 둔 것으로 본다.
(2014.12.9 본항신설)
(2014.12.9 본조제목개정)
(2010.7.12 본조개정)
제37조【취직인허의 금지직종】 고용노동부장관은 제40조에 따른 직종에 대하여는 취직인허증을 발급할 수 없다.
(2010.7.12 본조개정)
제38조 (2014.12.9 삭제)
제39조【취직인허증의 재교부】 사용자 또는 15세 미만인 자는 취직인허증이 못쓰게 되거나 이를 잃어버린 경우에는 고용노동부령으로 정하는 바에 따라 지체 없이 재교부 신청을 하여야 한다.(2010.7.12 본조개정)
제40조【임산부 등의 사용 금지 직종】 법 제65조에 따라 임산부, 임산부가 아닌 18세 이상인 여성 및 18세 미만인 자의 사용이 금지되는 직종의 범위는 별표4와 같다.
제41조【근로시간의 계산】 법 제69조 및 「산업안전보건법」 제139조에 따른 근로시간은 휴게시간을 제외한 근로시간을 말한다.(2019.12.24 본조개정)
제42조【갱내근로 허용업무】 법 제72조에 따라 여성과 18세 미만인 자를 일시적으로 갱내에서 근로시킬 수 있는 업무는 다음 각 호와 같다.
1. 보건, 의료 또는 복지 업무
2. 신문·출판·방송프로그램 제작 등을 위한 보도·취재업무
3. 학술연구를 위한 조사 업무
4. 관리·감독 업무
5. 제1호부터 제4호까지의 규정의 업무와 관련된 분야에서 하는 실습 업무
제43조【유산·사산휴가의 청구 등】 ① 법 제74조제2항 전단에서 "대통령령으로 정하는 사유"란 다음 각 호의 어느 하나에 해당하는 경우를 말한다.
1. 임신한 근로자에게 유산·사산의 경험이 있는 경우
2. 임신한 근로자가 출산전후휴가를 청구할 당시 연령이 만 40세 이상인 경우
3. 임신한 근로자가 유산·사산의 위험이 있다는 의료기관의 진단서를 제출한 경우
(2012.6.21 본항신설)
② 법 제74조제3항에 따라 유산 또는 사산한 근로자가 유산·사산휴가를 청구하는 경우에는 휴가 청구 사유, 유산·사산 발생일 및 임신기간 등을 적은 유산·사산휴가 신청서에 의료기관의 진단서를 첨부하여 사업주에게 제출하여야 한다.
(2012.6.21 본항개정)
③ 사업주는 제2항에 따라 유산·사산휴가를 청구한 근로자에게 다음 각 호의 기준에 따라 유산·사산휴가를 주어야 한다.
(2012.6.21 본문개정)
1. 유산 또는 사산한 근로자의 임신기간(이하 "임신기간"이라 한다)이 11주 이내인 경우 : 유산 또는 사산한 날부터 5일까지(2012.6.21 본호신설)
2. 임신기간이 12주 이상 15주 이내인 경우 : 유산 또는 사산한 날부터 10일까지(2012.6.21 본호신설)
3. 임신기간이 16주 이상 21주 이내인 경우 : 유산 또는 사산한 날부터 30일까지(2012.6.21 본호개정)
4. 임신기간이 22주 이상 27주 이내인 경우 : 유산 또는 사산한 날부터 60일까지
5. 임신기간이 28주 이상인 경우 : 유산 또는 사산한 날부터 90일까지
제43조의2【임신기간 근로시간 단축의 신청】 법 제74조제7항에 따라 근로시간 단축을 신청하려는 여성 근로자는 근로시간 단축 개시 예정일의 3일 전까지 임신기간, 근로시간 단축 개시 예정일 및 종료 예정일, 근무 개시 시각 및 종료 시각 등을 적은 문서(전자문서를 포함한다)에 의사의 진단서(같은 임신에 대하여 근로시간 단축을 다시 신청하는 경우는 제외한다)를 첨부하여 사용자에게 제출하여야 한다.(2014.9.24 본조신설)
제43조의3【임신기간 업무의 시작 및 종료 시각의 변경】 ① 법 제74조제9항 본문에 따라 업무의 시작 및 종료 시각의 변경을 신청하려는 여성 근로자는 그 변경 예정일의 3일 전까지 임신기간, 업무의 시작 및 종료 시각의 변경 예정 기간, 업무의

시작 및 종료 시각 등을 적은 문서(전자문서를 포함한다)에 임신 사실을 증명하는 의사의 진단서(같은 임신에 대해 업무의 시작 및 종료 시각 변경을 다시 신청하는 경우는 제외한다)를 첨부하여 사용자에게 제출해야 한다.
② 법 제74조제9항 단서에서 "정상적인 사업 운영에 중대한 지장을 초래하는 경우 등 대통령령으로 정하는 경우"란 다음 각 호의 어느 하나에 해당하는 경우를 말한다.
1. 정상적인 사업 운영에 중대한 지장을 초래하는 경우
2. 업무의 시작 및 종료 시각을 변경하게 되면 임신 중인 여성 근로자의 안전과 건강에 관한 관계 법령을 위반하게 되는 경우
(2021.11.19 본조신설)
제44조【업무상 질병의 범위 등】 ① 법 제78조제2항에 따른 업무상 질병과 요양의 범위는 별표5와 같다.
② 사용자는 근로자가 취업 중에 업무상 질병에 걸리거나 부상 또는 사망한 경우에는 지체 없이 의사의 진단을 받도록 하여야 한다.
제45조 (2008.6.25 삭제)
제46조【요양 및 휴업보상 시기】 요양보상 및 휴업보상은 매월 1회 이상 하여야 한다.
제47조【장해등급 결정】 ① 법 제80조제3항에 따라 장해보상을 하여야 하는 신체장해 등급의 결정 기준은 별표6과 같다.(2008.6.25 본항개정)
② 별표6에 따른 신체장해가 둘 이상 있는 경우에는 정도가 심한 신체장해에 해당하는 등급에 따른다. 다만, 다음 각 호의 경우에는 해당 호에서 정하여 조정한 등급에 따른다. 이 경우 그 조정된 등급이 제1급을 초과하는 때에는 제1급으로 한다.
1. 제5급 이상에 해당하는 신체장해가 둘 이상 있는 경우 : 정도가 심한 신체장해에 해당하는 등급에 3개 등급 인상
2. 제8급 이상에 해당하는 신체장해가 둘 이상 있는 경우 : 정도가 심한 신체장해에 해당하는 등급에 2개 등급 인상
3. 제13급 이상에 해당하는 신체장해가 둘 이상 있는 경우 : 정도가 심한 신체장해에 해당하는 등급에 1개 등급 인상
③ 별표6에 해당하지 아니하는 신체장해가 있는 경우에는 그 장해 정도에 따라 별표6에 따른 신체장해에 준하여 장해보상을 하여야 한다.
④ (2008.6.25 삭제)
제48조【유족의 범위 등】 ① 법 제82조제2항에 따른 유족의 범위는 다음 각 호와 같다. 이 경우 유족보상의 순위는 다음 각 호의 순서에 따르되, 같은 호에 해당하는 경우에는 그 적힌 순서에 따른다.(2008.6.25 본문개정)
1. 근로자가 사망할 때 그가 부양하고 있던 배우자(사실혼 관계에 있던 자를 포함한다), 자녀, 부모, 손(孫) 및 조부모
2. 근로자가 사망할 때 그가 부양하고 있지 아니한 배우자, 자녀, 부모, 손 및 조부모
3. 근로자가 사망할 때 그가 부양하고 있던 형제자매
4. 근로자가 사망할 때 그가 부양하고 있지 아니한 형제자매
② 유족의 순위를 정하는 경우에 부모는 양부모를 선순위로 친부모를 후순위로 하고, 조부모는 양부모의 부모를 선순위로 친부모의 부모를 후순위로 하되, 부모의 양부모를 선순위로 부모의 친부모를 후순위로 한다.
③ 제1항 및 제2항에도 불구하고 근로자가 유언이나 사용자에 대한 예고에 따라 제1항의 유족 중의 특정한 자를 지정한 경우에는 그에 따른다.
제49조【같은 순위자】 같은 순위의 유족보상 수급권자가 2명 이상 있는 경우에는 그 인원수에 따라 똑같이 나누어 유족보상을 한다.
제50조【보상을 받기로 확정된 자의 사망】 유족보상을 받기로 확정된 유족이 사망한 때에는 같은 순위자가 있는 경우에는 같은 순위자에게, 같은 순위자가 없는 경우에는 그 다음 순위자에게 유족보상을 한다.
제51조【보상시기】 ① 장해보상은 근로자의 부상 또는 질병이 완치된 후 지체 없이 하여야 한다.
② 유족보상 및 장례비의 지급은 근로자가 사망한 후 지체 없이 하여야 한다.(2021.3.30 본항개정)
제52조【재해보상 시의 평균임금 산정 사유 발생일】 재해보상을 하는 경우에는 사망 또는 부상의 원인이 되는 사고가 발생한 날 또는 진단에 따라 질병이 발생되었다고 확정된 날을 평균임금의 산정 사유가 발생한 날로 한다.
제53조 (2008.6.25 삭제)
제54조【기숙사규칙안의 게시 등】 사용자는 법 제99조제2항에 따라 근로자의 과반수를 대표하는 자의 동의를 받으려는 경우 기숙사에 기숙하는 근로자의 과반수가 18세 미만인 때에는 기숙사규칙안을 7일 이상 기숙사의 보기 쉬운 장소에 게시하거나 갖추어 두어 알린 후에 동의를 받아야 한다.
제55조【기숙사의 구조와 설비】 사용자는 기숙사를 설치하는 경우 법 제100조에 따라 기숙사의 구조와 설비에 관하여 다음 각 호의 기준을 모두 충족해야 한다.(2021.11.19 본문개정)
1. 침실 하나에 8명 이하의 인원이 거주할 수 있는 구조일 것(2021.11.19 본호개정)
2. 화장실과 세면·목욕시설을 적절하게 갖출 것
3. 채광과 환기를 위한 적절한 설비 등을 갖출 것
4. 적절한 냉·난방 설비 또는 기구를 갖출 것
5. 화재 예방 및 화재 발생 시 안전조치를 위한 설비 또는 장치를 갖출 것
(2019.7.9 본조개정)
제56조【기숙사의 설치 장소】 사용자는 소음이나 진동이 심한 장소, 산사태나 눈사태 등 자연재해의 우려가 현저한 장소, 습기가 많거나 침수의 위험이 있는 장소, 오물이나 폐기물로 인한 오염의 우려가 현저한 장소 등 근로자의 안전하고 쾌적한 거주가 어려운 환경의 장소에 기숙사를 설치해서는 안 된다.(2019.7.9 본조개정)
제57조【기숙사의 주거 환경 조성】 사용자는 기숙사를 운영하는 경우 법 제100조에 따라 기숙사의 주거 환경 조성에 관하여 다음 각 호의 기준을 충족해야 한다.(2021.11.19 본문개정)
1. 남성과 여성이 기숙사의 같은 방에 거주하지 않도록 할 것
2. 작업 시간대가 다른 근로자들이 같은 침실에 거주하지 않도록 할 것. 다만, 근로자들의 작업 시간대가 다르더라도 근로자들의 수면 시간대가 완전히 구분되는 등 수면에 방해가 되지 않는 경우에는 같은 침실에 거주하도록 할 수 있다.(2021.11.19 본호개정)
3. 기숙사에 기숙하는 근로자가 「감염병의 예방 및 관리에 관한 법률」 제2조제1호에 따른 감염병에 걸린 경우에는 다음 각 목의 장소 또는 물건에 대하여 소독 등 필요한 조치를 취할 것
가. 해당 근로자의 침실
나. 해당 근로자가 사용한 침구, 식기, 옷 등 개인용품 및 그 밖의 물건
다. 기숙사 내 근로자가 공동으로 이용하는 장소
(2019.7.9 본조개정)
제58조【기숙사의 면적】 기숙사 침실의 넓이는 1인당 2.5제곱미터 이상으로 한다.(2019.7.9 본조개정)
제58조의2【근로자의 사생활 보호 등】 사용자는 기숙사에 기숙하는 근로자의 사생활 보호 등을 위하여 다음 각 호의 사항을 준수해야 한다.
1. 기숙사의 침실, 화장실 및 목욕시설 등에 적절한 잠금장치를 설치할 것
2. 근로자의 개인용품을 정돈하여 두기 위한 적절한 수납공간을 갖출 것
(2019.7.9 본조신설)
제59조【권한의 위임】 법 제106조에 따라 고용노동부장관은 다음 각 호의 사항에 관한 권한을 지방고용노동관서의 장에게 위임한다.(2010.7.12 본문개정)
1. 법 제13조에 따른 보고 또는 출석의 요구
2. 법 제24조제4항에 따른 해고계획 신고의 수리
2의2. 법 제51조의2제5항 본문에 따른 임금보전방안 신고의 수리(2021.3.30 본호신설)
3. 법 제53조제4항에 따른 근로시간 연장의 인가 또는 승인(2021.3.30 본호개정)
4 법 제53조제5항에 따른 휴게 또는 휴일의 명령(2021.3.30 본호개정)

5. 법 제63조제3호에 따른 감시 또는 단속적으로 근로에 종사하는 자에 대한 승인
6. 법 제64조에 따른 취직인허증의 발급 또는 취직인허의 취소
7. 법 제67조제2항에 따른 미성년자에게 불리한 근로계약의 해지
8. 법 제70조제2항 단서에 따른 임산부와 18세 미만인 자의 야간근로 또는 휴일근로의 인가
9. 법 제88조에 따른 재해의 인정 등의 이의에 대한 심사·중재 및 이를 위한 진단이나 검안에 관한 사항
10. 법 제93조에 따른 취업규칙 신고의 수리
11. 법 제96조제2항에 따른 취업규칙의 변경명령
12. 법 제102조제3항에 따른 현장조사 또는 검진지령서의 발급(2019.7.2 본호개정)
13. 법 제104조제1항에 따른 위법사실 통보의 수리
14. 법 제116조에 따른 과태료의 부과 및 징수
15. 법률 제6974호 근로기준법중개정법률 부칙 제2조에 따른 특례 신고의 수리
16. 제28조제2항에 따른 임금보전방안의 제출명령 및 확인
17. 제35조제2항에 따른 취직인허 신청의 접수
18. (2021.3.30 삭제)

제59조의2【민감정보 및 고유식별정보의 처리】 고용노동부장관(제59조에 따라 고용노동부장관의 권한을 위임받은 자를 포함한다) 또는 노동위원회는 다음 각 호의 사무를 수행하기 위하여 불가피한 경우 「개인정보 보호법」 제23조에 따른 건강에 관한 정보(제7호의 사무만 해당한다)와 같은 법 시행령 제19조제1호 또는 제4호에 따른 주민등록번호 또는 외국인등록번호가 포함된 자료를 처리할 수 있다.
1. 법 제19조제2항에 따른 손해배상 청구에 관한 사무
2. 법 제28조제1항에 따른 부당해고등의 구제에 관한 사무
3. 법 제30조제3항에 따른 금품지급명령에 관한 사무
4. 법 제33조에 따른 부당해고 구제명령의 이행 확인 및 이행강제금 부과 등에 관한 사무
4의2. 법 제43조의2에 따른 체불사업주의 명단 공개 및 법 제43조의3에 따른 임금등 체불자료의 제공에 관한 사무 (2012.6.21 본호신설)
5. 법 제64조에 따른 취직인허증에 관한 사무
6. 법 제81조에 따른 중대과실 인정에 관한 사무
7. 법 제88조제1항 및 제89조제1항에 따른 심사와 중재에 관한 사무
8. 법 제104조에 따른 법 위반 사실의 통보에 관한 사무
9. 법 제112조에 따른 확정된 구제명령 등을 이행하지 아니한 자에 대한 고발에 관한 사무

(2012.1.6 본조신설)

제59조의3【사용자의 친족인 근로자의 범위】 법 제116조제1항에서 "대통령령으로 정하는 사람"이란 다음 각 호의 사람을 말한다.
1. 사용자의 배우자
2. 사용자의 4촌 이내의 혈족
3. 사용자의 4촌 이내의 인척

(2021.10.14 본조신설)

제60조【과태료의 부과기준】 법 제116조제1항 및 제2항에 따른 과태료의 부과기준은 별표7과 같다.(2021.10.14 본조개정)

부 칙

제1조【시행일】 이 영은 2007년 7월 1일부터 시행한다. 다만, 별표2 중 제4호나목 및 다목의 규정은 부칙 제2조 각호에 따른 시행일부터 시행한다.

제2조【대통령령 제18158호 근로기준법시행령중개정령의 시행일】 대통령령 제18158호 근로기준법시행령중개정령의 시행일은 다음 각 호와 같다.
1. 금융·보험업, 「공공기관의 운영에 관한 법률」 제4조에 따라 공공기관으로 지정되는 기관 중 법률 제8258호 공공기관의 운영에 관한 법률 부칙 제2조에 따라 폐지된 「정부투자기관 관리기본법」 제2조에 따른 정부투자기관의 요건에 해당하는 기관(이하 "정부투자기관"이라 한다), 「지방공기업법」 제49조 및 같은 법 제76조에 따른 지방공사 및 지방공단, 국가·지방자치단체 또는 정부투자기관이 자본금의 2분의 1 이상을 출자하거나 기본재산의 2분의 1 이상을 출연한 기관·단체와 그 기관·단체가 자본금의 2분의 1 이상을 출자하거나 기본재산의 2분의 1 이상을 출연한 기관·단체 및 상시 1,000명 이상의 근로자를 사용하는 사업 또는 사업장 : 2004년 7월 1일
2. 상시 300명 이상 1,000명 미만의 근로자를 사용하는 사업 또는 사업장, 국가 및 지방자치단체의 기관 : 2005년 7월 1일
3. 상시 100명 이상 300명 미만의 근로자를 사용하는 사업 또는 사업장 : 2006년 7월 1일
4. 상시 50명 이상 100명 미만의 근로자를 사용하는 사업 또는 사업장 : 2007년 7월 1일
5. 상시 20명 이상 50명 미만의 근로자를 사용하는 사업 또는 사업장 : 2008년 7월 1일
6. 상시 20명 미만의 근로자를 사용하는 사업 또는 사업장 : 2011년 7월 1일(2010.12.29 본호개정)

제3조【대통령령 제18805호 근로기준법시행령 일부개정령의 근로시간등에 관한 법률규정의 시행일】 법률 제6974호 근로기준법중개정법률 부칙 제1조제6호에서 "대통령령이 정하는 날"이란 국가 및 지방자치단체의 기관에 있어서는 2005년 7월 1일을 말한다.

제4조【다른 법령의 개정】 ①~⑰ ※(해당 법령에 가제정리 하였음)

제5조【다른 법령과의 관계】 이 영 시행 당시 다른 법령에서 종전의 「근로기준법 시행령」의 규정을 인용한 경우에 이 영 중 그에 해당하는 규정이 있으면 종전의 규정을 갈음하여 이 영의 해당 규정을 인용한 것으로 본다.

부 칙 (2008.6.25)

제1조【시행일】 이 영은 2008년 7월 1일부터 시행한다.

제2조【근로시간 적용의 특례 대상이 되는 건설공사 등 관련공사의 상시근로자 수 산정 방법】 ① 법률 제8372호 근로기준법 전부개정법률 부칙 제5조의2에 따른 관련공사(이하 이 조에서 "관련공사"라 한다)의 상시 근로자 수는 다음 계산식에 따라 산출한 수를 말한다. 이 경우 "총 공사 계약금액"이란 최종 목적물을 완성하기 위하여 하는 관련공사의 계약상의 도급금액(발주자가 재료를 제공하는 경우에는 그 재료의 시가 환산액을 포함한다)을 말하고, "해당 연도 노무비율"이란 「고용보험 및 산업재해보상보험의 보험료징수 등에 관한 법률 시행령」 제11조제1항제1호에 따른 일반 건설공사의 노무비율을 말하며, "건설업 월 평균임금"이란 「통계법」 제3조에 따른 지정통계 중 노동부장관이 작성하는 사업체임금근로시간조사의 건설업 임금을 기준으로 노동부장관이 산정하여 고시하는 임금을 말한다.

$$\text{상시 근로자수} = \frac{\text{총 공사 계약금액} \times \text{해당 연도 노무비율}}{\text{해당 연도의 건설업 월 평균임금} \times \text{조업월수}}$$

② 제1항 후단에 따른 총 공사 계약금액을 산정할 때 위탁이나 그 밖의 명칭과 상관 없이 최종 목적물의 완성을 위하여 하는 관련공사를 둘 이상으로 분할하여 도급(발주자가 공사의 일부를 직접 하는 경우를 포함한다)한 경우에는 각 도급 금액을 합산하여 산정한다.

부 칙 (2010.12.29)

제1조【시행일】 이 영은 공포한 날부터 시행한다.

제2조【상시 20명 미만의 근로자를 사용하는 사업 또는 사업장에 대한 법률 제6974호 근로기준법중개정법률의 시행일】 법률 제8372호 근로기준법 전부개정법률 부칙 제4조제6호에서 "대통령령으로 정하는 날"이란 상시 20명 미만의 근로자를 사용하는 사업 또는 사업장에 대해서는 2011년 7월 1일을 말한다.

부　칙 (2011.3.30)

제1조【시행일】 이 영은 공포한 날부터 시행한다.
제2조【과태료에 관한 경과조치】 ① 이 영 시행 전의 위반행위에 대하여 과태료의 부과기준을 적용할 때에는 별표7의 개정규정에도 불구하고 종전의 규정에 따른다.
② 이 영 시행 전의 위반행위로 받은 과태료 부과처분은 별표7의 개정규정에 따른 위반행위의 횟수 산정에 포함하지 아니한다.

부　칙 (2013.6.28)

제1조【시행일】 이 영은 2013년 7월 1일부터 시행한다.
제2조【업무상 질병과 요양의 범위에 관한 적용례】 별표5의 개정규정은 이 영 시행 전에 발생한 업무상 질병에 대하여 사용자가 근로자에게 필요한 요양을 행하거나 필요한 요양비를 부담하는 경우에도 적용한다.

부　칙 (2018.6.29)

이 영은 2018년 7월 1일부터 시행한다. 다만, 다음 각 호의 사항은 다음 각 호의 구분에 따른 날부터 시행한다.
1. 제6조제2항제3호 및 제4호의 개정규정 : 다음 각 목의 구분에 따른 날
 가. 상시 300명 이상의 근로자를 사용하는 사업 또는 사업장, 「공공기관의 운영에 관한 법률」 제4조에 따른 공공기관, 「지방공기업법」 제49조 및 같은 법 제76조에 따른 지방공사 및 지방공단, 국가 · 지방자치단체 또는 정부투자기관이 자본금의 2분의 1 이상을 출자하거나 기본재산의 2분의 1 이상을 출연한 기관 · 단체와 그 기관 · 단체가 자본금의 2분의 1 이상을 출자하거나 기본재산의 2분의 1 이상을 출연한 기관 · 단체, 국가 및 지방자치단체의 기관 : 2018년 7월 1일(법률 제15513호 근로기준법 일부개정법률 제59조의 개정규정에 따라 근로시간 및 휴게시간의 특례를 적용받지 아니하게 되는 업종의 경우는 2019년 7월 1일)
 나. 상시 50명 이상 300명 미만의 근로자를 사용하는 사업 또는 사업장 : 2020년 1월 1일
 다. 상시 5명 이상 50명 미만의 근로자를 사용하는 사업 또는 사업장 : 2021년 7월 1일
2. 제7조의2제4항제1호, 제8조 및 제22조제2항제5호의 개정규정 : 공포 한 날
3. 제30조제2항의 개정규정 : 다음 각 목의 구분에 따른 날
 가. 상시 300명 이상의 근로자를 사용하는 사업 또는 사업장, 「공공기관의 운영에 관한 법률」 제4조에 따른 공공기관, 「지방공기업법」 제49조 및 같은 법 제76조에 따른 지방공사 및 지방공단, 국가 · 지방자치단체 또는 정부투자기관이 자본금의 2분의 1 이상을 출자하거나 기본재산의 2분의 1 이상을 출연한 기관 · 단체와 그 기관 · 단체가 자본금의 2분의 1 이상을 출자하거나 기본재산의 2분의 1 이상을 출연한 기관 · 단체, 국가 및 지방자치단체의 기관 : 2020년 1월 1일
 나. 상시 30명 이상 300명 미만의 근로자를 사용하는 사업 또는 사업장 : 2021년 1월 1일
 다. 상시 5인 이상 30명 미만의 근로자를 사용하는 사업 또는 사업장 : 2022년 1월 1일

부　칙 (2020.3.3)

이 영은 공포한 날부터 시행한다.

부　칙 (2021.3.30)

제1조【시행일】 이 영은 2021년 4월 6일부터 시행한다. 다만, 다음 각 호의 부분은 각 호에서 정한 날부터 시행한다.
1. 제8조의2제1호 및 제22조제1항제8호의 개정규정 중 다음 각 목의 부분 : 다음 각 목의 구분에 따라 정한 날
 가. 법 제51조의2제1항, 같은 조 제2항 단서, 같은 조 제5항 단서, 제52조제1항 및 같은 조 제2항제1호 단서에 관한 부분으로서 상시 5명 이상 50명 미만의 근로자를 사용하는 사업 또는 사업장에 관한 부분 : 2021년 7월 1일
 나. 법 제53조제3항에 관한 부분 : 2021년 7월 1일
 다. 법 제55조제2항 단서에 관한 부분으로서 상시 5명 이상 30명 미만의 근로자를 사용하는 사업 또는 사업장에 관한 부분 : 2022년 1월 1일
2. 제23조의2제1호, 제28조의2, 제29조, 제59조제2호의2, 별표7 제2호사목 및 같은 호 하목의 근거 법조문란의 개정규정 중 상시 5명 이상 50명 미만의 근로자를 사용하는 사업 또는 사업장에 관한 부분 : 2021년 7월 1일
제2조【유효기간】 제8조의2제1호 및 제22조제1항제8호의 개정규정 중 법 제53조제3항에 관한 부분은 2022년 12월 31일까지 효력을 가진다.

부　칙 (2021.10.14)

이 영은 2021년 10월 14일부터 시행한다.

부　칙 (2021.11.19)

제1조【시행일】 이 영은 2021년 11월 19일부터 시행한다. 다만, 제55조제1호, 제57조제2호 및 별표4의 개정규정은 공포한 날부터 시행한다.
제2조【기숙사의 구조와 설비에 관한 경과조치】 이 영 시행 당시 종전의 제55조제1호에 따라 설치되었거나 설치 중인 기숙사는 부칙 제1조 단서에 따른 시행일부터 1년 이내에 제55조제1호의 개정규정에 따른 기준을 충족하도록 해야 한다.

〔별표〕 ➡ 「www.hyeonamsa.com」 참조

그림으로 본 노사관계

○약어 ⇒ ▫근기 : 근로기준법 ▫선원 : 선원법
▫산안 : 산업안전보건법 ▫고보 : 고용보험법
▫국민보험 : 국민건강보험법 ▫산재보 : 산업재해보상보험법

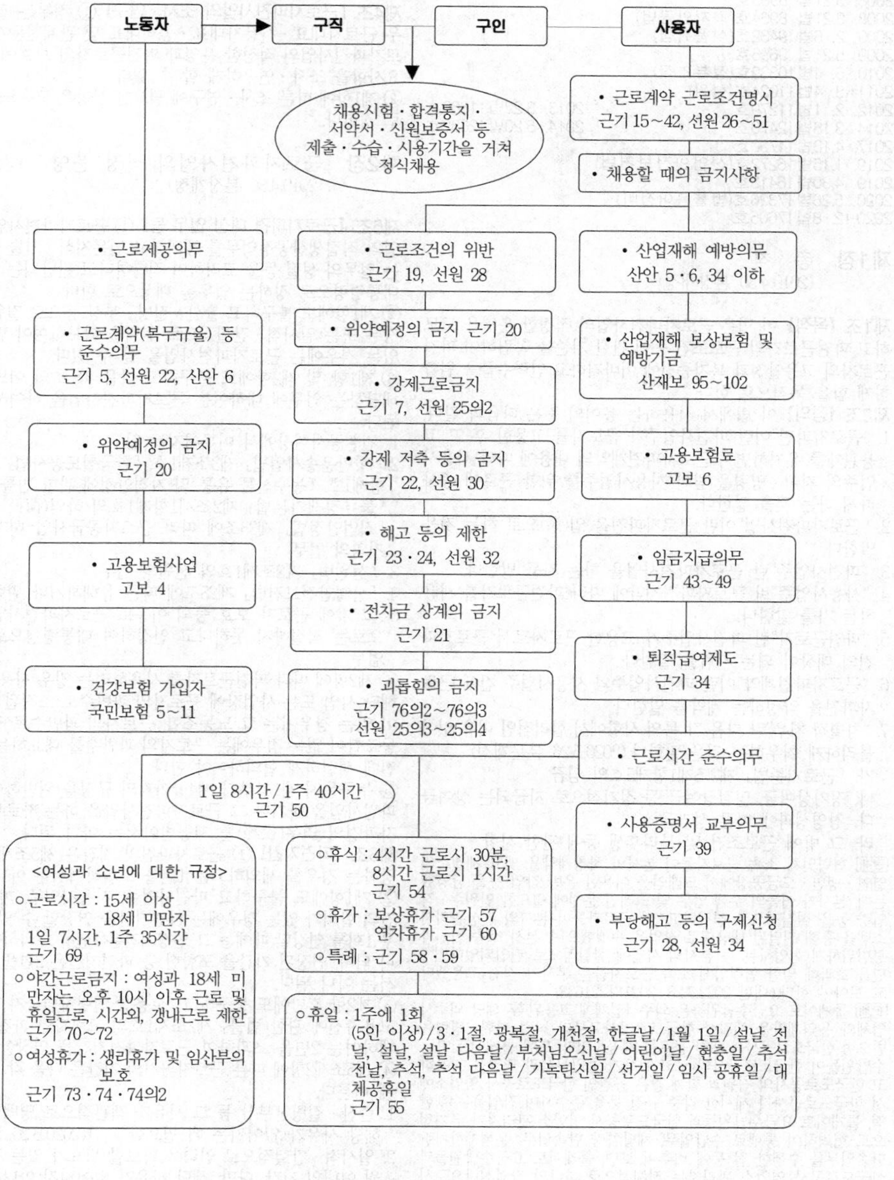

노동자
구직
구인
사용자
채용시험 · 합격통지 · 서약서 · 신원보증서 등 제출 · 수습 · 시용기간을 거쳐 정식채용
• 근로계약 근로조건명시
근기 15~42, 선원 26~51
• 채용할 때의 금지사항
• 근로제공의무
• 근로계약(복무규율) 등 준수의무
근기 5, 선원 22, 산안 6
• 위약예정의 금지
근기 20
• 고용보험사업
고보 4
• 건강보험 가입자
국민보험 5~11
• 근로조건의 위반
근기 19, 선원 28
• 위약예정의 금지 근기 20
• 강제근로금지
근기 7, 선원 25의2
• 강제 저축 등의 금지
근기 22, 선원 30
• 해고 등의 제한
근기 23 · 24, 선원 32
• 전차금 상계의 금지
근기 21
• 괴롭힘의 금지
근기 76의2~76의3
선원 25의3~25의4
• 산업재해 예방의무
산안 5 · 6, 34 이하
• 산업재해 보상보험 및 예방기금
산재보 95~102
• 고용보험료
고보 6
• 임금지급의무
근기 43~49
• 퇴직급여제도
근기 34
• 근로시간 준수의무
• 사용증명서 교부의무
근기 39
• 부당해고 등의 구제신청
근기 28, 선원 34
1일 8시간 / 1주 40시간
근기 50
<여성과 소년에 대한 규정>
○근로시간 : 15세 이상 18세 미만자
1일 7시간, 1주 35시간
근기 69
○야간근로금지 : 여성과 18세 미만자는 오후 10시 이후 근로 및 휴일근로, 시간외, 갱내근로 제한
근기 70~72
○여성휴가 : 생리휴가 및 임산부의 보호
근기 73 · 74 · 74의2
○휴식 : 4시간 근로시 30분, 8시간 근로시 1시간
근기 54
○휴가 : 보상휴가 근기 57
연차휴가 근기 60
○특례 : 근기 58 · 59
○휴일 : 1주에 1회
(5인 이상) / 3 · 1절, 광복절, 개천절, 한글날 / 1월 1일 / 설날 전날, 설날, 설날 다음날 / 부처님오신날 / 어린이날 / 현충일 / 추석 전날, 추석, 추석 다음날 / 기독탄신일 / 선거일 / 임시 공휴일 / 대체공휴일
근기 55

파견근로자 보호 등에 관한 법률(약칭 : 파견법)

(1998년 2월 20일
법 률 제5512호)

개정
2006.12.21법 8076호
2007. 4.11법 8372호(근기)
2007. 8. 3법 8617호(물류정책기본법)
2008. 3.21법 8963호
2008. 3.21법 8964호(최저임금법)
2009. 2. 6법 9432호(식품위생)
2009. 5.21법 9698호
2010. 6. 4법10339호(정부조직)
2011. 8. 4법11024호(선원)
2012. 2. 1법11279호
2013. 3.22법11668호
2014. 3.18법12470호
2014. 5.20법12632호
2017. 4.18법14790호
2019. 1.15법16272호(산업안전보건법)
2019. 4.30법16413호
2020. 5.26법17326호(법률용어정비)
2020.12. 8법17605호

제1장 총 칙
(2019.4.30 본장개정)

제1조【목적】 이 법은 근로자파견사업의 적정한 운영을 도모하고 파견근로자의 근로조건 등에 관한 기준을 확립하여 파견근로자의 고용안정과 복지증진에 이바지하고 인력수급을 원활하게 함을 목적으로 한다.

제2조【정의】 이 법에서 사용하는 용어의 뜻은 다음과 같다.
1. "근로자파견"이란 파견사업주가 근로자를 고용한 후 그 고용관계를 유지하면서 근로자파견계약의 내용에 따라 사용사업주의 지휘·명령을 받아 사용사업주를 위한 근로에 종사하게 하는 것을 말한다.
2. "근로자파견사업"이란 근로자파견을 업(業)으로 하는 것을 말한다.
3. "파견사업주"란 근로자파견사업을 하는 자를 말한다.
4. "사용사업주"란 근로자파견계약에 따라 파견근로자를 사용하는 자를 말한다.
5. "파견근로자"란 파견사업주가 고용한 근로자로서 근로자파견의 대상이 되는 사람을 말한다.
6. "근로자파견계약"이란 파견사업주와 사용사업주 간에 근로자파견을 약정하는 계약을 말한다.
7. "차별적 처우"란 다음 각 목의 사항에서 합리적인 이유 없이 불리하게 처우하는 것을 말한다.(2020.5.26 본문개정)
   가.「근로기준법」 제2조제1항제5호의 임금
   나. 정기상여금, 명절상여금 등 정기적으로 지급되는 상여금
   다. 경영성과에 따른 성과금
   라. 그 밖에 근로조건 및 복리후생 등에 관한 사항

판례 협력업체 소속 근로자들이 본사와 하청계약을 맺고 제철소의 열연·냉연·도금공장에서 크레인을 이용한 운반 작업 등을 담당했는데, 본사가 이들의 수행 업무 및 크레인 운전에 필요한 인원수·작업량 등을 실질적으로 결정하고, 이 근로자들이 본사의 전산관리시스템을 통해 전달된 내용대로 작업을 수행했으며, 본사 소속 직원과 광범위하게 협업하는 등 본사의 사업에 실질적으로 편입되었다면 2년을 초과해 일한 협력업체 소속 근로자들은 본사가 직접 고용했다고 보아야 한다.(대판 2022.7.28, 2021다221638)

판례 톨게이트 요금수납원들은 외주사업체에 고용된 후 해당 외주사업체와 용역계약을 체결한 한국도로공사로부터 직접 지휘·명령을 받으며 한국도로공사를 위한 근로를 제공하였다. 또한 톨게이트 요금수납원들이 한국도로공사의 로고가 새겨진 근무복과 명찰을 착용하고 한국도로공사의 직원과 함께 같은 공간인 한국도로공사 영업소에서 한국도로공사가 제시한 각종 규정 등을 준수하며 작업을 수행한 점, 톨게이트 요금수납원들과 한국도로공사 영업소 관리자가 유기적으로 협력하여 통행료 수납업무, 체납차량 단속업무, 운행제한차량 단속업무를 수행한 점 등에 비추어 보면, 톨게이트 요금수납원들과 한국도로공사 영업소 관리자는 전체적으로 하나의 작업집단으로서 한국도로공사의 필수적이고 상시적인 업무를 수행하였다. 따라서 톨게이트 요금수납원과 한국도로공사는 근로자파견관계에 있었다고 보아야 한다.(대법 2019.8.29, 2017다219072)

제3조【정부의 책무】 정부는 파견근로자를 보호하고 근로자의 구직(求職)과 사용자의 인력확보를 쉽게 하기 위하여 다음 각 호의 시책을 마련·시행함으로써 근로자가 사용자에게 직접 고용될 수 있도록 노력하여야 한다.
1. 고용정보의 수집·제공
2. 직업에 관한 연구
3. 직업지도
4. 직업안정기관의 설치·운영

제4조【근로자파견사업의 조사·연구】 ① 정부는 필요한 경우 근로자대표·사용자대표·공익대표 및 관계전문가에게 근로자파견사업의 적정한 운영과 파견근로자의 보호에 관한 주요사항을 조사·연구하게 할 수 있다.
② 제1항에 따른 조사·연구에 필요한 사항은 고용노동부령으로 정한다.

제2장 근로자파견사업의 적정 운영
(2019.4.30 본장개정)

제5조【근로자파견 대상 업무 등】 ① 근로자파견사업은 제조업의 직접생산공정업무를 제외하고 전문지식·기술·경험 또는 업무의 성질 등을 고려하여 적합하다고 판단되는 업무로서 대통령령으로 정하는 업무를 대상으로 한다.
② 제1항에도 불구하고 출산·질병·부상 등으로 결원이 생긴 경우 또는 일시적·간헐적으로 인력을 확보하여야 할 필요가 있는 경우에는 근로자파견사업을 할 수 있다.
③ 제1항 및 제2항에도 불구하고 다음 각 호의 어느 하나에 해당하는 업무에 대하여는 근로자파견사업을 하여서는 아니 된다.
1. 건설공사현장에서 이루어지는 업무
2.「항만운송사업법」 제3조제1호,「한국철도공사법」 제9조제1항제1호,「농수산물 유통 및 가격안정에 관한 법률」 제40조,「물류정책기본법」 제2조제1항제1호의 하역(荷役)업무로서「직업안정법」 제33조에 따라 근로자공급사업 허가를 받은 지역의 업무
3.「선원법」 제2조제1호의 선원의 업무
4.「산업안전보건법」 제28조에 따른 유해하거나 위험한 업무
5. 그 밖에 근로자 보호 등의 이유로 근로자파견사업의 대상으로는 적절하지 못하다고 인정하여 대통령령으로 정하는 업무

④ 제2항에 따라 파견근로자를 사용하려는 경우 사용사업주는 해당 사업 또는 사업장에 근로자의 과반수로 조직된 노동조합이 있는 경우에는 그 노동조합, 근로자의 과반수로 조직된 노동조합이 없는 경우에는 근로자의 과반수를 대표하는 자와 사전에 성실하게 협의하여야 한다.
⑤ 누구든지 제1항부터 제4항까지의 규정을 위반하여 근로자파견사업을 하거나 그 근로자파견사업을 하는 자로부터 근로자파견의 역무(役務)를 제공받아서는 아니 된다.

제6조【파견기간】 ① 근로자파견의 기간은 제5조제2항에 해당하는 경우를 제외하고는 1년을 초과하여서는 아니 된다.
② 제1항에도 불구하고 파견사업주, 사용사업주, 파견근로자 간의 합의가 있는 경우에는 파견기간을 연장할 수 있다. 이 경우 1회를 연장할 때에는 그 연장기간은 1년을 초과하여서는 아니 되며, 연장된 기간을 포함한 총 파견기간은 2년을 초과하여서는 아니 된다.
③ 제2항 후단에도 불구하고「고용상 연령차별금지 및 고령자고용촉진에 관한 법률」 제2조제1호의 고령자인 파견근로자에 대하여는 2년을 초과하여 근로자파견기간을 연장할 수 있다.
④ 제5조제2항에 따른 근로자파견의 기간은 다음 각 호의 구분에 따른다.
1. 출산·질병·부상 등 그 사유가 객관적으로 명백한 경우 : 해당 사유가 없어지는 데 필요한 기간(2020.5.26 본호개정)
2. 일시적·간헐적으로 인력을 확보할 필요가 있는 경우 : 3개월 이내의 기간. 다만, 해당 사유가 없어지지 아니하고 파견

사업주, 사용사업주, 파견근로자 간의 합의가 있는 경우에는 3개월의 범위에서 한 차례만 그 기간을 연장할 수 있다.
(2020.5.26 단서개정)

제6조의2【고용의무】 ① 사용사업주가 다음 각 호의 어느 하나에 해당하는 경우에는 해당 파견근로자를 직접 고용하여야 한다.
1. 제5조제1항의 근로자파견 대상 업무에 해당하지 아니하는 업무에서 파견근로자를 사용하는 경우(제5조제2항에 따라 근로자파견사업을 한 경우는 제외한다)
2. 제5조제3항을 위반하여 파견근로자를 사용하는 경우
3. 제6조제2항을 위반하여 2년을 초과하여 계속적으로 파견근로자를 사용하는 경우
4. 제6조제4항을 위반하여 파견근로자를 사용하는 경우
5. 제7조제3항을 위반하여 근로자파견의 역무를 제공받은 경우

② 제1항은 해당 파견근로자가 명시적으로 반대의사를 표시하거나 대통령령으로 정하는 정당한 이유가 있는 경우에는 적용하지 아니한다.
③ 제1항에 따라 사용사업주가 파견근로자를 직접 고용하는 경우의 파견근로자의 근로조건은 다음 각 호의 구분에 따른다.
1. 사용사업주의 근로자 중 해당 파견근로자와 같은 종류의 업무 또는 유사한 업무를 수행하는 근로자가 있는 경우 : 해당 근로자에게 적용되는 취업규칙 등에서 정하는 근로조건에 따를 것
2. 사용사업주의 근로자 중 해당 파견근로자와 같은 종류의 업무 또는 유사한 업무를 수행하는 근로자가 없는 경우 : 해당 파견근로자의 기존 근로조건의 수준보다 낮아져서는 아니 될 것

④ 사용사업주는 파견근로자를 사용하고 있는 업무에 근로자를 직접 고용하려는 경우에는 해당 파견근로자를 우선적으로 고용하도록 노력하여야 한다.

[판례] 직접고용의무를 부담하는 사용사업주가 파견근로자를 직접고용하면서 특별한 사정이 없음에도 기간제 근로계약을 체결하는 경우 이는 직접고용의무를 완전하게 이행한 것이라고 보기 어렵고, 이러한 근로계약 중 기간을 정한 부분은 파견근로자를 보호하기 위한 파견법의 강행규정을 위반한 것에 해당하여 무효가 될 수 있다. 예외가 되는 특별한 사정의 존재에 관하여는 사용사업주가 증명책임을 부담한다.(대판 2022.1.27, 2018다207847)

[판례] P기업의 사내하청업체인 Y기업 근로자로 일하다 해고된 갑이 비록 구 파견근로자 보호 등에 관한 법률(파견근로자 보호법)에서 근로자 파견사업이 허용되는 업무가 아닌 자동차 조립 등 직접생산 공정업무에 파견되어 노무를 제공해 왔으며, 갑이 소속된 Y기업이 근로자 파견 사업의 허가를 받지 않았다 하더라도 이를 이유로 파견근로자 보호법에서 정한 직접고용간주 규정의 적용이 배제될 수는 없다. 갑이 Y사에 입사한 2002년 3월부터 2년이 경과한 이후 계속해 P기업에 파견돼 사용됨으로써 2004년 3월부터 사용사업주인 P기업과의 사이에 직접 근로관계가 성립했고, 그럼에도 P기업이 갑과의 근로관계를 부정하면서 갑의 사업장 출입을 막고 노무를 제공받지 않을 뜻을 밝힘으로써 갑을 해고한 것은 부당하다.(대판 2012.2.23, 2011두7076)

제7조【근로자파견사업의 허가】 ① 근로자파견사업을 하려는 자는 고용노동부령으로 정하는 바에 따라 고용노동부장관의 허가를 받아야 한다. 허가받은 사항 중 고용노동부령으로 정하는 중요사항을 변경하는 경우에도 또한 같다.
② 제1항 전단에 따라 근로자파견사업의 허가를 받은 자가 허가받은 사항 중 같은 항 후단에 따른 중요사항 외의 사항을 변경하려는 경우에는 고용노동부령으로 정하는 바에 따라 고용노동부장관에게 신고하여야 한다.
③ 사용사업주는 제1항을 위반하여 근로자파견사업을 하는 자로부터 근로자파견의 역무를 제공받아서는 아니 된다.
④ 고용노동부장관은 제2항에 따른 신고를 받은 경우 그 내용을 검토하여 이 법에 적합하면 신고를 수리하여야 한다.
(2020.12.8 본항신설)

제8조【허가의 결격사유】 다음 각 호의 어느 하나에 해당하는 자는 제7조에 따른 근로자파견사업의 허가를 받을 수 없다.
1. 미성년자, 피성년후견인, 피한정후견인 또는 파산선고를 받고 복권(復權)되지 아니한 사람
2. 금고 이상의 형(집행유예는 제외한다)을 선고받고 그 집행이 끝나거나 집행을 받지 아니하기로 확정된 후 2년이 지나지 아니한 사람
3. 이 법, 「직업안정법」, 「근로기준법」 제7조, 제9조, 제20조부터 제22조까지, 제36조, 제43조, 제44조, 제44조의2, 제45조, 제46조, 제56조 및 제64조, 「최저임금법」 제6조, 「선원법」 제110조를 위반하여 벌금 이상의 형(집행유예는 제외한다)을 선고받고 그 집행이 끝나거나 집행을 받지 아니하기로 확정된 후 3년이 지나지 아니한 자
4. 금고 이상의 형의 집행유예를 선고받고 그 유예기간 중에 있는 사람
5. 제12조에 따라 해당 사업의 허가가 취소(이 조 제1호에 해당하여 허가가 취소된 경우는 제외한다)된 후 3년이 지나지 아니한 자(2020.12.8 본호개정)
6. 임원 중 제1호부터 제5호까지의 어느 하나에 해당하는 사람이 있는 법인

제9조【허가의 기준】 ① 고용노동부장관은 제7조에 따라 근로자파견사업의 허가신청을 받은 경우에는 다음 각 호의 요건을 모두 갖춘 경우에 한정하여 근로자파견사업을 허가할 수 있다.
1. 신청인이 해당 근로자파견사업을 적정하게 수행할 수 있는 자산 및 시설 등을 갖추고 있을 것
2. 해당 사업이 특정한 소수의 사용사업주를 대상으로 하여 근로자파견을 하는 것이 아닐 것

② 제1항에 따른 허가의 세부기준은 대통령령으로 정한다.

제10조【허가의 유효기간 등】 ① 근로자파견사업 허가의 유효기간은 3년으로 한다.
② 제1항에 따른 허가의 유효기간이 끝난 후 계속하여 근로자파견사업을 하려는 자는 고용노동부령으로 정하는 바에 따라 갱신허가를 받아야 한다.
③ 제2항에 따른 갱신허가의 유효기간은 그 갱신 전의 허가의 유효기간이 끝나는 날의 다음 날부터 기산(起算)하여 3년으로 한다.
④ 제2항에 따른 갱신허가에 관하여는 제7조부터 제9조까지의 규정을 준용한다.

제11조【사업의 폐지】 ① 파견사업주는 근로자파견사업을 폐지하였을 때에는 고용노동부령으로 정하는 바에 따라 고용노동부장관에게 신고하여야 한다.
② 제1항에 따른 신고가 있을 때에는 근로자파견사업의 허가는 신고일부터 그 효력을 잃는다.

제12조【허가의 취소 등】 ① 고용노동부장관은 파견사업주가 다음 각 호의 어느 하나에 해당하는 경우에는 근로자파견사업의 허가를 취소하거나 6개월 이내의 기간을 정하여 영업정지를 명할 수 있다. 다만, 제1호 또는 제2호에 해당하는 경우에는 그 허가를 취소하여야 한다.
1. 제7조제1항 또는 제10조제2항에 따른 허가를 거짓이나 그 밖의 부정한 방법으로 받은 경우
2. 제8조에 따른 결격사유에 해당하게 된 경우
3. 제5조제5항을 위반하여 근로자파견사업을 한 경우
4. 제6조제1항·제2항 또는 제4항을 위반하여 근로자파견사업을 한 경우
5. 제7조제1항 후단을 위반하여 허가를 받지 아니하고 중요사항을 변경한 경우
6. 제7조제2항에 따른 변경신고를 하지 아니하고 신고사항을 변경한 경우
7. 제9조에 따른 허가의 기준에 미달하게 된 경우
8. 제11조제1항에 따른 폐지신고를 하지 아니한 경우
9. 제13조제2항을 위반하여 영업정지 처분의 내용을 사용사업주에게 통지하지 아니한 경우
10. 제14조에 따른 겸업금지의무를 위반한 경우
11. 제15조를 위반하여 명의를 대여한 경우
12. 제16조제1항을 위반하여 근로자를 파견한 경우
13. 제17조에 따른 준수사항을 위반한 경우
14. 제18조에 따른 보고를 하지 아니하거나 거짓으로 보고한 경우
15. 제20조제1항에 따른 근로자파견계약을 서면으로 체결하지 아니한 경우
16. 제24조제2항을 위반하여 근로자의 동의를 받지 아니하고 근로자파견을 한 경우

17. 제25조를 위반하여 근로계약 또는 근로자파견계약을 체결한 경우
18. 제26조제1항을 위반하여 파견근로자에게 제20조제1항제2호 및 제4호부터 제12호까지의 사항을 알려주지 아니한 경우
19. 제28조에 따른 파견사업 관리책임자를 선임하지 아니하거나 결격사유가 있는 사람을 선임한 경우
20. 제29조에 따른 파견사업관리대장을 작성하지 아니하거나 보존하지 아니한 경우
21. 제35조제5항을 위반하여 건강진단 결과를 사용사업주에게 보내지 아니한 경우
22. 제37조에 따른 근로자파견사업의 운영 및 파견근로자의 고용관리 등에 관한 개선명령을 이행하지 아니한 경우
23. 제38조에 따른 보고 명령을 위반하거나 관계 공무원의 출입·검사·질문 등의 업무를 거부·방해 또는 기피한 경우

② 고용노동부장관은 법인이 제8조제6호에 따른 결격사유에 해당되어 허가를 취소하려는 경우에는 미리 해당 임원의 교체임명에 필요한 기간을 1개월 이상 주어야 한다.
③ 고용노동부장관은 제1항에 따라 허가를 취소하려면 청문을 하여야 한다.
④ 제1항에 따른 근로자파견사업의 허가취소 또는 영업정지의 기준은 고용노동부령으로 정한다.

제13조【허가취소 등의 처분 후의 근로자파견】 ① 제12조에 따른 허가취소 또는 영업정지 처분을 받은 파견사업주는 그 처분 전에 파견한 파견근로자와 그 사용사업주에 대하여는 그 파견기간이 끝날 때까지 파견사업주로서의 의무와 권리를 가진다.
② 제1항의 경우에 파견사업주는 그 처분의 내용을 지체 없이 사용사업주에게 통지하여야 한다.

제14조【겸업금지】 다음 각 호의 어느 하나에 해당하는 사업을 하는 자는 근로자파견사업을 할 수 없다.
1.「식품위생법」 제36조제1항제3호의 식품접객업
2.「공중위생관리법」 제2조제1항제2호의 숙박업
3.「결혼중개업의 관리에 관한 법률」 제2조제2호의 결혼중개업
4. 그 밖에 대통령령으로 정하는 사업

제15조【명의대여의 금지】 파견사업주는 자기의 명의로 타인에게 근로자파견사업을 하게 하여서는 아니 된다.

제16조【근로자파견의 제한】 ① 파견사업주는 쟁의행위 중인 사업장에 그 쟁의행위로 중단된 업무의 수행을 위하여 근로자를 파견하여서는 아니 된다.
② 누구든지 「근로기준법」 제24조에 따른 경영상 이유에 의한 해고를 한 후 대통령령으로 정하는 기간이 지나기 전에는 해당 업무에 파견근로자를 사용하여서는 아니 된다.

제17조【파견사업주 등의 준수사항】 파견사업주 및 제28조에 따른 파견사업관리책임자는 근로자파견사업을 할 때 고용노동부령으로 정하는 사항을 준수하여야 한다.

제18조【사업보고】 파견사업주는 고용노동부령으로 정하는 바에 따라 사업보고서를 작성하여 고용노동부장관에게 제출하여야 한다.

제19조【폐쇄조치 등】 ① 고용노동부장관은 허가를 받지 아니하고 근로자파견사업을 하거나 허가취소 또는 영업정지 처분을 받은 후 계속하여 사업을 하는 자에 대하여는 그 사업을 폐쇄하기 위하여 관계 공무원에게 다음 각 호의 조치를 하게 할 수 있다.
1. 해당 사무소 또는 사무실의 간판이나 그 밖의 영업표지물의 제거·삭제
2. 해당 사업이 위법한 것임을 알리는 게시물의 부착
3. 해당 사업의 운영을 위하여 필수불가결한 기구 또는 시설물을 사용할 수 없게 하는 봉인(封印)

② 제1항에 따른 조치를 하려는 경우에는 미리 해당 파견사업주 또는 그 대리인에게 서면으로 알려주어야 한다. 다만, 급박한 사유가 있는 경우에는 그러하지 아니하다.
③ 제1항에 따른 조치는 그 사업을 할 수 없게 하는 경우 필요한 최소한의 범위에 그쳐야 한다.
④ 제1항에 따라 조치를 하는 관계 공무원은 그 권한을 표시하는 증표를 관계인에게 보여 주어야 한다.

제3장 파견근로자의 근로조건 등
(2019.4.30 본장제목개정)

제1절 근로자파견계약
(2019.4.30 본절제목개정)

제20조【계약의 내용 등】 ① 근로자파견계약의 당사자는 고용노동부령으로 정하는 바에 따라 다음 각 호의 사항을 포함하는 근로자파견계약을 서면으로 체결하여야 한다.
1. 파견근로자의 수
2. 파견근로자가 종사할 업무의 내용
3. 파견 사유(제5조제2항에 따라 근로자파견을 하는 경우만 해당한다)
4. 파견근로자가 파견되어 근로할 사업장의 명칭 및 소재지, 그 밖에 파견근로자의 근로 장소
5. 파견근로 중인 파견근로자를 직접 지휘·명령할 사람에 관한 사항
6. 근로자파견기간 및 파견근로 시작일에 관한 사항
7. 업무 시작 및 업무 종료의 시각과 휴게시간에 관한 사항
8. 휴일·휴가에 관한 사항
9. 연장·야간·휴일근로에 관한 사항
10. 안전 및 보건에 관한 사항
11. 근로자파견의 대가
12. 그 밖에 고용노동부령으로 정하는 사항

② 사용사업주는 제1항에 따라 근로자파견계약을 체결할 때에는 파견사업주에게 제21조제1항을 준수하도록 하기 위하여 필요한 정보를 제공하여야 한다. 이 경우 제공하여야 하는 정보의 범위와 제공방법 등에 관한 사항은 대통령령으로 정한다.
(2019.4.30 본조개정)

판례 파견사업주와 파견근로자 사이에는 민법 제756조의 사용관계가 인정되어 파견사업주는 파견근로자의 파견업무에 관련한 불법행위에 대하여 파견근로자의 사용자로서의 책임을 져야 하지만, 파견근로자가 사용사업주의 구체적인 지시·감독을 받아 사용사업주의 업무를 행하던 중에 불법행위를 한 경우에 파견사업주가 파견근로자의 선발 및 일반적 지휘·감독권의 행사에 있어서 주의를 다하였다고 인정되는 때에는 면책된다고 할 것이다.
(대판 2003.10.9, 2001다24655)

제21조【차별적 처우의 금지 및 시정 등】 ① 파견사업주와 사용사업주는 파견근로자라는 이유로 사용사업주의 사업 내의 같은 종류의 업무 또는 유사한 업무를 수행하는 근로자에 비하여 파견근로자에게 차별적 처우를 하여서는 아니 된다.
② 파견근로자는 차별적 처우를 받은 경우 「노동위원회법」에 따른 노동위원회(이하 "노동위원회"라 한다)에 그 시정을 신청할 수 있다.
③ 제2항에 따른 시정신청, 그 밖의 시정절차 등에 관하여는 「기간제 및 단시간근로자 보호 등에 관한 법률」 제9조부터 제15조까지 및 제16조제2호·제3호를 준용한다. 이 경우 "기간제근로자 또는 단시간근로자"는 "파견근로자"로, "사용자"는 "파견사업주 또는 사용사업주"로 본다.
④ 제1항부터 제3항까지의 규정은 사용사업주가 상시 4명 이하의 근로자를 사용하는 경우에는 적용하지 아니한다.
(2019.4.30 본조개정)

판례 현대자동차의 사내하청업체에서 2년 이상 근무한 협력업체 근로자들 및 컨베이어벨트를 직접 활용하지 않는 생산관리, 자재보급, 출고 등의 업무를 일컫는 이른바 간접 생산공정에 종사한 근로자에 대하여, 직접 생산공정과 동일한 기준으로 검토를 했을 때 현대자동차가 지휘명령권을 보유했고, 작업량이나 투입인원, 생산량을 조절한 것을 고려한다면 이는 도급이 아닌 파견으로 보아야 한다. 따라서 이와 같은 형태로 2년 이상 근무한 근로자들에 대하여 정규직 근로자 지위를 인정하고 회사는 이들에 대한 임금을 배상해야 한다.
(서울고등법원 2017.2.10, 2014나49625 외)

제21조의2【고용노동부장관의 차별적 처우 시정요구 등】 ① 고용노동부장관은 파견사업주와 사용사업주가 제21조제1항을 위반하여 차별적 처우를 한 경우에는 그 시정을 요구할 수 있다.
② 고용노동부장관은 파견사업주와 사용사업주가 제1항에 따른 시정요구에 따르지 아니한 경우에는 차별적 처우의 내용을 구체적으로 명시하여 노동위원회에 통보하여야 한다. 이 경우 고용노동부장관은 해당 파견사업주 또는 사용사업

주 및 근로자에게 그 사실을 통지하여야 한다.
③ 노동위원회는 제2항에 따라 고용노동부장관의 통보를 받은 경우에는 지체 없이 차별적 처우가 있는지 여부를 심리하여야 한다. 이 경우 노동위원회는 해당 파견사업주 또는 사용사업주 및 근로자에게 의견을 진술할 수 있는 기회를 주어야 한다.
④ 제3항에 따른 노동위원회의 심리, 그 밖의 시정절차 등에 관하여는 「기간제 및 단시간근로자 보호 등에 관한 법률」 제15조의2제4항에 따라 준용되는 같은 법 제9조제4항, 제11조부터 제15조까지 및 제15조의2제5항을 준용한다. 이 경우 "시정신청을 한 날"은 "통지를 받은 날"로, "기각결정"은 "차별적 처우가 없다는 결정"으로, "관계 당사자"는 "해당 파견사업주 또는 사용사업주 및 근로자"로, "시정신청을 한 근로자"는 "해당 근로자"로 본다.
(2019.4.30 본조개정)

제21조의3 【확정된 시정명령의 효력 확대】 ① 고용노동부장관은 제21조제3항 또는 제21조의2제4항에 따라 준용되는 「기간제 및 단시간근로자 보호 등에 관한 법률」 제14조에 따라 확정된 시정명령을 이행할 의무가 있는 파견사업주 또는 사용사업주의 사업 또는 사업장에서 해당 시정명령의 효력이 미치는 근로자 이외의 파견근로자에 대하여 차별적 처우가 있는지를 조사하여 차별적 처우가 있는 경우에는 그 시정을 요구할 수 있다.
② 파견사업주 또는 사용사업주가 제1항에 따른 시정요구에 따르지 아니할 경우에는 제21조의2제2항부터 제4항까지의 규정을 준용한다.(2020.5.26 본항개정)
(2014.3.18 본조신설)

제22조 【계약의 해지 등】 ① 사용사업주는 파견근로자의 성별, 종교, 사회적 신분, 파견근로자의 정당한 노동조합의 활동 등을 이유로 근로자파견계약을 해지하여서는 아니 된다.
② 파견사업주는 사용사업주가 파견근로에 관하여 이 법 또는 이 법에 따른 명령, 「근로기준법」 또는 같은 법에 따른 명령, 「산업안전보건법」 또는 같은 법에 따른 명령을 위반하는 경우에는 근로자파견을 정지하거나 근로자파견계약을 해지할 수 있다.
(2019.4.30 본조개정)

제2절　파견사업주가 마련하여야 할 조치
(2019.4.30 본절개정)

제23조 【파견근로자의 복지 증진】 파견사업주는 파견근로자의 희망과 능력에 적합한 취업 및 교육훈련 기회의 확보, 근로조건의 향상, 그 밖에 고용 안정을 도모하기 위하여 필요한 조치를 마련함으로써 파견근로자의 복지 증진에 노력하여야 한다.

제24조 【파견근로자에 대한 고지 의무】 ① 파견사업주는 근로자를 파견근로자로서 고용하려는 경우에는 미리 해당 근로자에게 그 취지를 서면으로 알려 주어야 한다.
② 파견사업주는 그가 고용한 근로자 중 파견근로자로 고용하지 아니한 사람을 근로자파견의 대상으로 하려는 경우에는 미리 해당 근로자에게 그 취지를 서면으로 알리고 그의 동의를 받아야 한다.

제25조 【파견근로자에 대한 고용제한의 금지】 ① 파견사업주는 파견근로자 또는 파견근로자로 고용되려는 사람과 그 고용관계가 끝난 후 그가 사용사업주에게 고용되는 것을 정당한 이유 없이 금지하는 내용의 근로계약을 체결하여서는 아니 된다.
② 파견사업주는 파견근로자의 고용관계가 끝난 후 사용사업주가 그 파견근로자를 고용하는 것을 정당한 이유 없이 금지하는 내용의 근로자파견계약을 체결하여서는 아니 된다.

제26조 【취업조건의 고지】 ① 파견사업주는 근로자파견을 하려는 경우에는 미리 해당 파견근로자에게 제20조제1항 각 호의 사항과 그 밖에 고용노동부령으로 정하는 사항을 서면으로 알려 주어야 한다.
② 파견근로자는 파견사업주에게 제20조제1항제11호에 따른 해당 근로자파견의 대가에 관하여 그 내역을 제시할 것을 요구할 수 있다.
③ 파견사업주는 제2항에 따라 그 내역의 제시를 요구받았을 때에는 지체 없이 그 내역을 서면으로 제시하여야 한다.

제27조 【사용사업주에 대한 통지】 파견사업주는 근로자파견을 할 경우에는 파견근로자의 성명 등 고용노동부령으로 정하는 사항을 사용사업주에게 통지하여야 한다.

제28조 【파견사업관리책임자】 ① 파견사업주는 파견근로자의 적절한 고용관리를 위하여 제8조제1호부터 제5호까지에 따른 결격사유에 해당하지 아니하는 사람 중에서 파견사업관리책임자를 선임하여야 한다.
② 파견사업관리책임자의 임무 등에 필요한 사항은 고용노동부령으로 정한다.

제29조 【파견사업관리대장】 ① 파견사업주는 파견사업관리대장을 작성·보존하여야 한다.
② 제1항에 따른 파견사업관리대장의 기재사항 및 그 보존기간은 고용노동부령으로 정한다.

제3절　사용사업주가 마련하여야 할 조치
(2019.4.30 본절개정)

제30조 【근로자파견계약에 관한 조치】 사용사업주는 제20조에 따른 근로자파견계약에 위반되지 아니하도록 필요한 조치를 마련하여야 한다.

제31조 【적정한 파견근로의 확보】 ① 사용사업주는 파견근로자가 파견근로에 관한 고충을 제시한 경우에는 그 고충의 내용을 파견사업주에게 통지하고 신속하고 적절하게 고충을 처리하도록 하여야 한다.
② 제1항에 따른 고충의 처리 외에 사용사업주는 파견근로가 적정하게 이루어지도록 필요한 조치를 마련하여야 한다.

제32조 【사용사업관리책임자】 ① 사용사업주는 파견근로자의 적절한 파견근로를 위하여 사용사업관리책임자를 선임하여야 한다.
② 사용사업관리책임자의 임무 등에 필요한 사항은 고용노동부령으로 정한다.

제33조 【사용사업관리대장】 ① 사용사업주는 사용사업관리대장을 작성·보존하여야 한다.
② 제1항에 따른 사용사업관리대장의 기재사항 및 그 보존기간은 고용노동부령으로 정한다.

제4절　「근로기준법」 등의 적용에 관한 특례
(2019.4.30 본절개정)

제34조 【「근로기준법」의 적용에 관한 특례】 ① 파견 중인 근로자의 파견근로에 관하여는 파견사업주 및 사용사업주를 「근로기준법」 제2조제1항제2호의 사용자로 보아 같은 법을 적용한다. 다만, 「근로기준법」 제15조부터 제36조까지, 제39조, 제41조부터 제43조까지, 제43조의2, 제43조의3, 제44조, 제44조의2, 제44조의3, 제45조부터 제48조까지, 제56조, 제60조, 제64조, 제66조부터 제68조까지 및 제78조부터 제92조까지의 규정을 적용할 때에는 파견사업주를 사용자로 보고, 같은 법 제50조부터 제55조까지, 제58조, 제59조, 제62조, 제63조, 제69조부터 제74조까지, 제74조의2 및 제75조를 적용할 때에는 사용사업주를 사용자로 본다.
② 파견사업주가 대통령령으로 정하는 사용사업주의 귀책사유(歸責事由)로 근로자의 임금을 지급하지 못한 경우에는 사용사업주는 그 파견사업주와 연대하여 책임을 진다. 이 경우 「근로기준법」 제43조 및 제68조를 적용할 때에는 파견사업주 및 사용사업주를 같은 법 제2조제1항제2호의 사용자로 보아 같은 법을 적용한다.
③ 「근로기준법」 제55조, 제73조 및 제74조제1항에 따라 사용사업주가 파견근로자에게 유급휴일 또는 유급휴가를 주는 경우 그 휴일 또는 휴가에 대하여 유급으로 지급되는 임금은 파견사업주가 지급하여야 한다.
④ 파견사업주와 사용사업주가 「근로기준법」을 위반하는 내용을 포함한 근로자파견계약을 체결하고 그 계약에 따라 파견근로자를 근로하게 함으로써 같은 법을 위반한 경우에는 그 계약 당사자 모두를 같은 법 제2조제1항제2호의 사용자로 보아 해당 벌칙규정을 적용한다.

제35조【「산업안전보건법」의 적용에 관한 특례】 ① 파견 중인 근로자의 파견근로에 관하여는 사용사업주를 「산업안전보건법」 제2조제3호의 사업주로 보아 같은 법을 적용한다. 이 경우 「산업안전보건법」 제31조제2항을 적용할 때에는 "근로자를 채용할 때"를 "근로자파견의 역무를 제공받은 경우"로 본다.
② 제1항에도 불구하고 「산업안전보건법」 제5조, 제43조제5항(작업 장소의 변경, 작업의 전환 및 근로시간 단축의 경우만 해당한다), 제43조제6항 단서 및 제52조제2항을 적용할 때에는 파견사업주 및 사용사업주를 같은 법 제2조제3호의 사업주로 본다.
③ 사용사업주는 파견 중인 근로자에 대하여 「산업안전보건법」 제43조에 따른 건강진단을 실시하였을 때에는 같은 조 제6항에 따라 그 건강진단 결과를 설명하여야 하며, 그 건강진단 결과를 지체 없이 파견사업주에게 보내야 한다.
④ 제1항 및 제3항에도 불구하고 「산업안전보건법」 제43조제1항에 따라 사업주가 정기적으로 실시하여야 하는 건강진단 중 고용노동부령으로 정하는 건강진단에 대해서는 파견사업주를 같은 법 제2조제3호의 사업주로 본다.
⑤ 파견사업주는 제4항에 따른 건강진단을 실시하였을 때에는 「산업안전보건법」 제43조제6항에 따라 그 건강진단 결과를 설명하여야 하며, 그 건강진단 결과를 지체 없이 사용사업주에게 보내야 한다.
⑥ 파견사업주와 사용사업주가 「산업안전보건법」을 위반하는 내용을 포함한 근로자파견계약을 체결하고 그 계약에 따라 파견근로자를 근로하게 함으로써 같은 법을 위반한 경우에는 그 계약당사자 모두를 같은 법 제2조제3호의 사업주로 보아 해당 벌칙규정을 적용한다.

제4장 보 칙
(2019.4.30 본장개정)

제36조【지도·조언 등】 고용노동부장관은 이 법의 시행을 위하여 필요하다고 인정할 때에는 파견사업주 및 사용사업주에 대하여 근로자파견사업의 적정한 운영 또는 적정한 파견근로를 확보하는 데 필요한 지도 및 조언을 할 수 있다.
제37조【개선명령】 고용노동부장관은 적정한 파견근로의 확보를 위하여 필요하다고 인정할 때에는 파견사업주에게 근로자파견사업의 운영 및 파견근로자의 고용관리 등에 관한 개선을 명할 수 있다.
제38조【보고와 검사】 ① 고용노동부장관은 이 법의 시행을 위하여 필요하다고 인정할 때에는 고용노동부령으로 정하는 바에 따라 파견사업주 및 사용사업주에 대하여 필요한 사항의 보고를 명할 수 있다.
② 고용노동부장관은 필요하다고 인정할 때에는 관계 공무원으로 하여금 파견사업주 및 사용사업주의 사업장이나 그 밖의 시설에 출입하여 장부·서류 또는 그 밖의 물건을 검사하거나 관계인에게 질문하게 할 수 있다.
③ 제2항에 따라 출입·검사를 하는 공무원은 그 권한을 표시하는 증표를 관계인에게 내보여야 한다.
제39조【자료의 요청】 ① 고용노동부장관은 관계 행정기관이나 그 밖의 공공단체 등에 이 법의 시행에 필요한 자료의 제출을 요청할 수 있다.
② 제1항에 따라 자료 제출을 요청받은 자는 그 요청을 거부할 정당한 사유가 없으면 이에 따라야 한다.
제40조【수수료】 제7조 및 제10조에 따른 허가를 받으려는 자는 고용노동부령으로 정하는 바에 따라 수수료를 내야 한다.
제41조【권한의 위임】 이 법에 따른 고용노동부장관의 권한은 대통령령으로 정하는 바에 따라 그 일부를 지방고용노동관서의 장에게 위임할 수 있다.

제5장 벌 칙
(2019.4.30 본장제목개정)

제42조【벌칙】 ① 다음 각 호의 어느 하나에 해당하는 업무에 취업시킬 목적으로 근로자파견을 한 자는 5년 이하의 징역 또는 5천만원 이하의 벌금에 처한다.
1. 「성매매알선 등 행위의 처벌에 관한 법률」 제2조제1항제1호에 따른 성매매 행위가 이루어지는 업무
2. 「보건범죄 단속에 관한 특별조치법」 제2조제1항에 따른 부정식품 제조 등 행위가 이루어지는 업무
3. 「보건범죄 단속에 관한 특별조치법」 제3조제1항에 따른 부정의약품 제조 등 행위가 이루어지는 업무
4. 「보건범죄 단속에 관한 특별조치법」 제4조제1항에 따른 부정유독물 제조 등 행위가 이루어지는 업무
5. 「보건범죄 단속에 관한 특별조치법」 제5조에 따른 부정의료행위가 이루어지는 업무
6. 「식품위생법」 제4조에 따른 위해식품등의 판매 등 행위가 이루어지는 업무
7. 「식품위생법」 제5조에 따른 병든 동물 고기 등의 판매 등 행위가 이루어지는 업무
8. 그 밖에 제1호부터 제7호까지의 규정에 준하는 행위가 이루어지는 업무로서 대통령령으로 정하는 업무
② 제1항의 미수범은 처벌한다.
(2019.4.30 본조개정)
제43조【벌칙】 다음 각 호의 어느 하나에 해당하는 자는 3년 이하의 징역 또는 3천만원 이하의 벌금에 처한다.
1. 제5조제5항, 제6조제1항·제2항·제4항 또는 제7조제1항을 위반하여 근로자파견사업을 한 자
2. 제5조제5항, 제6조제1항·제2항·제4항 또는 제7조제3항을 위반하여 근로자파견의 역무를 제공받은 자
3. 거짓이나 그 밖의 부정한 방법으로 제7조제1항에 따른 허가 또는 제10조제2항에 따른 갱신허가를 받은 자
4. 제15조 또는 제34조제2항을 위반한 자
(2019.4.30 본조개정)
제43조의2【벌칙】 제21조제3항에 따라 준용되는 「기간제 및 단시간근로자 보호 등에 관한 법률」 제16조제2호 또는 제3호를 위반한 자는 2년 이하의 징역 또는 1천만원 이하의 벌금에 처한다.(2019.4.30 본조개정)
제44조【벌칙】 다음 각 호의 어느 하나에 해당하는 자는 1년 이하의 징역 또는 1천만원 이하의 벌금에 처한다.
1. 제12조제1항에 따른 영업정지 명령을 위반하여 근로자파견사업을 계속한 자
2. 제16조를 위반한 자
(2019.4.30 본조개정)
제45조【양벌규정】 법인의 대표자나 법인 또는 개인의 대리인, 사용인, 그 밖의 종업원이 그 법인 또는 개인의 업무에 관하여 제42조·제43조·제43조의2 또는 제44조의 위반행위를 하면 그 행위자를 벌하는 외에 그 법인 또는 개인에게도 해당 조문의 벌금형을 과(科)한다. 다만, 법인 또는 개인이 그 위반행위를 방지하기 위하여 해당 업무에 관하여 상당한 주의와 감독을 게을리하지 아니한 경우에는 그러하지 아니하다.(2009.5.21 본조개정)
제46조【과태료】 ① 제21조제3항, 제21조의2제4항 및 제21조의3제2항에 따라 준용되는 「기간제 및 단시간근로자 보호 등에 관한 법률」 제14조제2항 또는 제3항에 따라 확정된 시정명령을 정당한 이유 없이 이행하지 아니한 자에게는 1억원 이하의 과태료를 부과한다.(2019.4.30 본항개정)
② 제6조의2제1항을 위반하여 파견근로자를 직접 고용하지 아니한 자에게는 3천만원 이하의 과태료를 부과한다.
(2019.4.30 본항개정)
③ 제26조제1항을 위반하여 근로자파견을 할 때에 미리 해당 파견근로자에게 제20조제1항 각 호의 사항 및 그 밖에 고용노동부령으로 정하는 사항을 서면으로 알리지 아니한 파견사업주에게는 1천만원 이하의 과태료를 부과한다.(2010.6.4 본항개정)
④ 제21조제3항, 제21조의2제4항 및 제21조의3제2항에 따라 준용되는 「기간제 및 단시간근로자 보호 등에 관한 법률」 제15조제1항에 따른 고용노동부장관의 이행상황 제출요구를 정당한 이유 없이 따르지 아니한 자에게는 500만원 이하의 과태료를 부과한다.(2019.4.30 본항개정)
⑤ 다음 각 호의 어느 하나에 해당하는 자에게는 300만원 이하의 과태료를 부과한다.
1. 제11조제1항에 따른 신고를 하지 아니하거나 거짓으로 신고한 자

2. 제18조 또는 제38조제1항에 따른 보고를 하지 아니하거나 거짓으로 보고한 자
3. 제26조제3항을 위반한 자
4. 제27조, 제29조 또는 제33조를 위반한 자
5. 제35조제3항 또는 제5항을 위반하여 해당 건강진단 결과를 파견사업주 또는 사용사업주에게 보내지 아니한 자
6. 제37조의 개선명령을 위반한 자
7. 제38조제2항에 따른 검사를 정당한 이유 없이 거부·방해 또는 기피한 자

(2019.4.30 본항개정)

⑥ 제1항부터 제5항까지에 따른 과태료는 대통령령으로 정하는 바에 따라 고용노동부장관이 부과·징수한다.(2019.4.30 본항개정)

⑦~⑧ (2009.5.21 삭제)

부 칙 (2006.12.21)

① **【시행일】** 이 법은 2007년 7월 1일부터 시행한다. 다만, 제20조제2항, 제21조, 제43조의2 및 제46조제1항·제3항의 개정규정의 시행일은 사업 또는 사업장(사용사업주의 사업 또는 사업장을 말한다. 이하 같다)별로 다음 각 호와 같다.

1. 상시 300인 이상의 근로자를 사용하는 사업 또는 사업장 : 2007년 7월 1일
2. 국가 및 지방자치단체의 기관, 「정부산하기관 관리기본법」 제3조의 규정에 따른 정부산하기관, 「정부투자기관 관리기본법」 제2조의 규정에 따른 정부투자기관, 「지방공기업법」 제49조 및 동법 제76조의 규정에 따른 지방공사 및 지방공단, 「정부출연연구기관 등의 설립·운영 및 육성에 관한 법률」 제2조 및 「과학기술분야 정부출연연구기관 등의 설립·운영 및 육성에 관한 법률」 제2조의 규정에 따른 정부출연연구기관 및 연구회, 「국립대학병원 설치법」에 따른 대학병원 : 2007년 7월 1일
3. 상시 100인 이상 300인 미만의 근로자를 사용하는 사업 또는 사업장 : 2008년 7월 1일
4. 상시 100인 미만의 근로자를 사용하는 사업 또는 사업장 : 2009년 7월 1일

② **【파견기간에 관한 적용례】** 제6조의 개정규정은 이 법 시행 전에 체결되고 이 법 시행 당시 종료되지 아니한(파견기간이 연장된 경우를 포함한다) 근로자파견계약에 대하여도 적용한다.

③ **【고용의제에 관한 경과조치】** 이 법 시행 당시 종전의 제6조제3항의 규정이 적용되는 파견근로자에 대하여는 이 법 시행 후에도 종전의 규정을 적용한다.

④ **【벌칙에 관한 경과조치】** 이 법의 시행 전의 행위에 대한 벌칙의 적용에 있어서는 종전의 규정에 따른다.

부 칙 (2017.4.18)

제1조 【시행일】 이 법은 공포한 날부터 시행한다.

제2조 【금치산자 등의 결격사유에 관한 경과조치】 제8조제1호의 개정규정에도 불구하고 이 법 시행 당시 법률 제10429호 민법 일부개정법률 부칙 제2조에 따라 금치산 또는 한정치산 선고의 효력이 유지되는 사람에 대하여는 종전의 규정에 따른다.

부 칙 (2019.4.30)

제1조 【시행일】 이 법은 공포한 날부터 시행한다.

제2조 【다른 법률의 개정】 ①~⑭ ※(해당 법령에 가제정리 하였음)

부 칙 (2020.5.26)

이 법은 공포한 날부터 시행한다.(이하 생략)

부 칙 (2020.12.8)

이 법은 공포한 날부터 시행한다.

기간제 및 단시간근로자 보호 등에 관한 법률(약칭 : 기간제법)

(2006년 12월 21일 법 률 제8074호)

개정
2007. 4.11법 8372호(근기)
2010. 6. 4법10339호(정부조직)
2012. 2. 1법11273호
2013. 3.22법11667호
2014. 3.18법12469호
2018.10.16법15848호
2020. 5.26법17326호(법률용어정비)
2021. 5.18법18177호

제1장 총 칙

제1조 【목적】 이 법은 기간제근로자 및 단시간근로자에 대한 불합리한 차별을 시정하고 기간제근로자 및 단시간근로자의 근로조건 보호를 강화함으로써 노동시장의 건전한 발전에 이바지함을 목적으로 한다.

제2조 【정의】 이 법에서 사용하는 용어의 정의는 다음과 같다.

1. "기간제근로자"라 함은 기간의 정함이 있는 근로계약(이하 "기간제 근로계약"이라 한다)을 체결한 근로자를 말한다.
2. "단시간근로자"라 함은 「근로기준법」 제2조의 단시간근로자를 말한다.(2007.4.11 본호개정)
3. "차별적 처우"라 함은 다음 각 목의 사항에서 합리적인 이유 없이 불리하게 처우하는 것을 말한다.(2020.5.26 본문개정)
   가. 「근로기준법」 제2조제1항제5호에 따른 임금
   나. 정기상여금, 명절상여금 등 정기적으로 지급되는 상여금
   다. 경영성과에 따른 성과금
   라. 그 밖에 근로조건 및 복리후생 등에 관한 사항
   (2013.3.22 가목~라목신설)

제3조 【적용범위】 ① 이 법은 상시 5인 이상의 근로자를 사용하는 모든 사업 또는 사업장에 적용한다. 다만, 동거의 친족만을 사용하는 사업 또는 사업장과 가사사용인에 대하여는 적용하지 아니한다.

② 상시 4인 이하의 근로자를 사용하는 사업 또는 사업장에 대하여는 대통령령으로 정하는 바에 따라 이 법의 일부 규정을 적용할 수 있다.(2020.5.26 본항개정)

③ 국가 및 지방자치단체의 기관에 대하여는 상시 사용하는 근로자의 수와 관계없이 이 법을 적용한다.(2020.5.26 본항개정)

제2장 기간제근로자

제4조 【기간제근로자의 사용】 ① 사용자는 2년을 초과하지 아니하는 범위 안에서(기간제 근로계약의 반복갱신 등의 경우에는 그 계속근로한 총기간이 2년을 초과하지 아니하는 범위 안에서) 기간제근로자를 사용할 수 있다. 다만, 다음 각 호의 어느 하나에 해당하는 경우에는 2년을 초과하여 기간제근로자로 사용할 수 있다.

1. 사업의 완료 또는 특정한 업무의 완성에 필요한 기간을 정한 경우
2. 휴직·파견 등으로 결원이 발생하여 해당 근로자가 복귀할 때까지 그 업무를 대신할 필요가 있는 경우(2020.5.26 본호개정)
3. 근로자가 학업, 직업훈련 등을 이수함에 따라 그 이수에 필요한 기간을 정한 경우
4. 「고령자고용촉진법」 제2조제1호의 고령자와 근로계약을 체결하는 경우
5. 전문적 지식·기술의 활용이 필요한 경우와 정부의 복지정책·실업대책 등에 따라 일자리를 제공하는 경우로서 대통령령으로 정하는 경우(2020.5.26 본호개정)
6. 그 밖에 제1호부터 제5호까지에 준하는 합리적인 사유가 있는 경우로서 대통령령으로 정하는 경우(2020.5.26 본호개정)

② 사용자가 제1항 단서의 사유가 없거나 소멸되었음에도 불구하고 2년을 초과하여 기간제근로자로 사용하는 경우에는 그 기간제근로자는 기간의 정함이 없는 근로계약을 체결한 근로자로 본다.

제5조【기간의 정함이 없는 근로자로의 전환】 사용자는 기간의 정함이 없는 근로계약을 체결하고자 하는 경우에는 해당 사업 또는 사업장의 동종 또는 유사한 업무에 종사하는 기간제근로자를 우선적으로 고용하도록 노력하여야 한다.(2020.5.26 본조개정)

판례 기간제 및 단시간근로자 보호 등에 관한 법률 제5조, 제8조 제1항, 제9조 제1항의 내용 및 입법 취지에 기간제근로자의 기대권에 관한 법리를 더하여 살펴보면, 근로계약, 취업규칙, 단체협약 등에서 기간제근로자의 계약기간이 만료될 무렵 인사평가 등을 거쳐 일정한 요건이 충족되면 기간의 정함이 없는 근로자로 전환된다는 취지의 규정을 두고 있거나, 그러한 규정이 없더라도 근로계약의 내용과 근로계약이 이루어지게 된 동기와 경위, 기간의 정함이 없는 근로자로의 전환에 관한 기준 등 그에 관한 요건이나 절차의 설정 여부 및 그 실태, 근로자가 수행하는 업무의 내용 등 근로관계를 둘러싼 여러 사정을 종합하여 볼 때, 근로계약 당사자 사이에 일정한 요건이 충족되면 기간의 정함이 없는 근로자로 전환된다는 신뢰관계가 형성되어 있어 근로자에게 기간의 정함이 없는 근로자로 전환될 수 있으리라는 정당한 기대권이 인정되는 경우에는 사용자가 이를 위반하여 합리적 이유 없이 기간의 정함이 없는 근로자로의 전환을 거절하며 근로계약의 종료를 통보하더라도 부당해고와 마찬가지로 효력이 없고, 그 이후의 근로관계는 기간의 정함이 없는 근로자로 전환된 것과 동일하다.(대판 2016.11.10, 2014두45765)

제3장 단시간근로자

제6조【단시간근로자의 초과근로 제한】 ① 사용자는 단시간근로자에 대하여 「근로기준법」 제2조의 소정근로시간을 초과하여 근로하게 하는 경우에는 해당 근로자의 동의를 얻어야 한다. 이 경우 1주간에 12시간을 초과하여 근로하게 할 수 없다.(2020.5.26 전단개정)

② 단시간근로자는 사용자가 제1항의 규정에 따른 동의를 얻지 아니하고 초과근로를 하게 하는 경우에는 이를 거부할 수 있다.

③ 사용자는 제1항에 따른 초과근로에 대하여 통상임금의 100분의 50 이상을 가산하여 지급하여야 한다.(2014.3.18 본항신설)

제7조【통상근로자로의 전환 등】 ① 사용자는 통상근로자를 채용하고자 하는 경우에는 해당 사업 또는 사업장의 동종 또는 유사한 업무에 종사하는 단시간근로자를 우선적으로 고용하도록 노력하여야 한다.

② 사용자는 가사, 학업 그 밖의 이유로 근로자가 단시간근로를 신청하는 때에는 해당 근로자를 단시간근로자로 전환하도록 노력하여야 한다.

(2020.5.26 본조개정)

제4장 차별적 처우의 금지 및 시정

제8조【차별적 처우의 금지】 ① 사용자는 기간제근로자임을 이유로 해당 사업 또는 사업장에서 동종 또는 유사한 업무에 종사하는 기간의 정함이 없는 근로계약을 체결한 근로자에 비하여 차별적 처우를 하여서는 아니 된다.

② 사용자는 단시간근로자임을 이유로 해당 사업 또는 사업장의 동종 또는 유사한 업무에 종사하는 통상근로자에 비하여 차별적 처우를 하여서는 아니 된다.

(2020.5.26 본조개정)

제9조【차별적 처우의 시정신청】 ① 기간제근로자 또는 단시간근로자는 차별적 처우를 받은 경우 「노동위원회법」 제1조의 규정에 따른 노동위원회(이하 "노동위원회"라 한다)에 그 시정을 신청할 수 있다. 다만, 차별적 처우가 있은 날(계속되는 차별적 처우는 그 종료일)부터 6개월이 지난 때에는 그러하지 아니하다.(2020.5.26 단서개정)

② 기간제근로자 또는 단시간근로자가 제1항의 규정에 따른 시정신청을 하는 때에는 차별적 처우의 내용을 구체적으로 명시하여야 한다.

③ 제1항 및 제2항의 규정에 따른 시정신청의 절차·방법 등에 관하여 필요한 사항은 「노동위원회법」 제2조제1항의 규정에 따른 중앙노동위원회(이하 "중앙노동위원회"라 한다)가 따로 정한다.

④ 제8조 및 제1항부터 제3항까지의 규정과 관련한 분쟁에서 입증책임은 사용자가 부담한다.(2020.5.26 본항개정)

제10조【조사·심문 등】 ① 노동위원회는 제9조의 규정에 따른 시정신청을 받은 때에는 지체 없이 필요한 조사와 관계 당사자에 대한 심문을 하여야 한다.

② 노동위원회는 제1항의 규정에 따른 심문을 하는 때에는 관계 당사자의 신청 또는 직권으로 증인을 출석하게 하여 필요한 사항을 질문할 수 있다.

③ 노동위원회는 제1항 및 제2항의 규정에 따른 심문을 할 때에는 관계 당사자에게 증거의 제출과 증인에 대한 반대심문을 할 수 있는 충분한 기회를 주어야 한다.(2020.5.26 본항개정)

④ 제1항부터 제3항까지의 규정에 따른 조사·심문의 방법 및 절차 등에 관하여 필요한 사항은 중앙노동위원회가 따로 정한다.(2020.5.26 본항개정)

⑤ 노동위원회는 차별시정사무에 관한 전문적인 조사·연구업무를 수행하기 위하여 전문위원을 둘 수 있다. 이 경우 전문위원의 수·자격 및 보수 등에 관하여 필요한 사항은 대통령령으로 정한다.

제11조【조정·중재】 ① 노동위원회는 제10조의 규정에 따른 심문의 과정에서 관계 당사자 쌍방 또는 일방의 신청 또는 직권에 의하여 조정(調停)절차를 개시할 수 있고, 관계 당사자가 미리 노동위원회의 중재(仲裁)결정에 따르기로 합의하여 중재를 신청한 경우에는 중재를 할 수 있다.

② 제1항의 규정에 따라 조정 또는 중재를 신청하는 경우에는 제9조의 규정에 따른 차별적 처우의 시정신청을 한 날부터 14일 이내에 하여야 한다. 다만, 노동위원회의 승낙이 있는 경우에는 14일 후에도 신청할 수 있다.

③ 노동위원회는 조정 또는 중재를 하는 경우 관계 당사자의 의견을 충분히 들어야 한다.(2020.5.26 본항개정)

④ 노동위원회는 특별한 사유가 없으면 조정절차를 개시하거나 중재신청을 받은 때부터 60일 이내에 조정안을 제시하거나 중재결정을 하여야 한다.(2020.5.26 본항개정)

⑤ 노동위원회는 관계 당사자 쌍방이 조정안을 수락한 경우에는 조정조서를 작성하고 중재결정을 한 경우에는 중재결정서를 작성하여야 한다.

⑥ 조정조서에는 관계 당사자와 조정에 관여한 위원전원이 서명·날인하여야 하고, 중재결정서에는 관여한 위원전원이 서명·날인하여야 한다.

⑦ 제5항 및 제6항의 규정에 따른 조정 또는 중재결정은 「민사소송법」의 규정에 따른 재판상 화해와 동일한 효력을 갖는다.

⑧ 제1항부터 제7항까지의 규정에 따른 조정·중재의 방법, 조정조서·중재결정서의 작성 등에 관한 사항은 중앙노동위원회가 따로 정한다.(2020.5.26 본항개정)

제12조【시정명령 등】 ① 노동위원회는 제10조의 규정에 따른 조사·심문을 종료하고 차별적 처우에 해당된다고 판정한 때에는 사용자에게 시정명령을 내려야 하고, 차별적 처우에 해당하지 아니한다고 판정한 때에는 그 시정신청을 기각하는 결정을 하여야 한다.

② 제1항의 규정에 따른 판정·시정명령 또는 기각결정은 서면으로 하되 그 이유를 구체적으로 명시하여 관계 당사자에게 각각 교부하여야 한다. 이 경우 시정명령을 내리는 때에는 시정명령의 내용 및 이행기한 등을 구체적으로 기재하여야 한다.

(2020.5.26 본조개정)

제13조【조정·중재 또는 시정명령의 내용】 ① 제11조의 규정에 따른 조정·중재 또는 제12조의 규정에 따른 시정명령의 내용에는 차별적 행위의 중지, 임금 등 근로조건의 개선(취업규칙, 단체협약 등의 제도개선 명령을 포함한다) 또는 적절한 배상 등이 포함될 수 있다.(2014.3.18 본항개정)

② 제1항에 따른 배상액은 차별적 처우로 인하여 기간제근로자 또는 단시간근로자에게 발생한 손해액을 기준으로 정한다. 다만, 노동위원회는 사용자의 차별적 처우에 명백한 고의가 인정되거나 차별적 처우가 반복되는 경우에는 손해액을 기준으로 3배를 넘지 아니하는 범위에서 배상을 명령할 수 있다.
(2014.3.18 본항신설)

제14조【시정명령 등의 확정】 ① 지방노동위원회의 시정명령 또는 기각결정에 대하여 불복하는 관계 당사자는 시정명령서 또는 기각결정서의 송달을 받은 날부터 10일 이내에 중앙노동위원회에 재심을 신청할 수 있다.(2020.5.26 본항개정)
② 제1항의 규정에 따른 중앙노동위원회의 재심결정에 대하여 불복하는 관계당사자는 재심결정서의 송달을 받은 날부터 15일 이내에 행정소송을 제기할 수 있다.(2020.5.26 본항개정)
③ 제1항에 규정된 기간 이내에 재심을 신청하지 아니하거나 제2항에 규정된 기간 이내에 행정소송을 제기하지 아니한 때에는 그 시정명령·기각결정 또는 재심결정은 확정된다.

제15조【시정명령 이행상황의 제출요구 등】 ① 고용노동부장관은 확정된 시정명령에 대하여 사용자에게 그 이행상황을 제출할 것을 요구할 수 있다.
② 시정신청을 한 근로자는 사용자가 확정된 시정명령을 이행하지 아니하는 경우 이를 고용노동부장관에게 신고할 수 있다.
(2010.6.4 본조개정)

제15조의2【고용노동부장관의 차별적 처우 시정요구 등】 ① 고용노동부장관은 사용자가 제8조에 위반하여 차별적 처우를 한 경우에는 그 시정을 요구할 수 있다.
② 고용노동부장관은 사용자가 제1항에 따른 시정요구에 따르지 아니할 경우에는 차별적 처우의 내용을 구체적으로 명시하여 노동위원회에 통보하여야 한다. 이 경우 고용노동부장관은 해당 사용자 및 근로자에게 그 사실을 통지하여야 한다.
(2020.5.26 전단개정)
③ 노동위원회는 제2항에 따라 고용노동부장관의 통보를 받은 경우에는 지체 없이 차별적 처우가 있는지 여부를 심리하여야 한다. 이 경우 노동위원회는 해당 사용자 및 근로자에게 의견을 진술할 수 있는 기회를 부여하여야 한다.
④ 제3항에 따른 노동위원회의 심리 및 그 밖에 시정절차 등에 관하여는 제9조제4항 및 제11조부터 제15조까지의 규정을 준용한다. 이 경우 "시정신청을 한 날"은 "통지를 받은 날"로, "기각결정"은 "차별적 처우가 없다는 결정"으로, "관계 당사자"는 "해당 사용자 또는 근로자"로, "시정신청을 한 근로자"는 "해당 근로자"로 본다.
⑤ 제3항 및 제4항에 따른 노동위원회의 심리 등에 관한 사항은 중앙노동위원회가 정한다.
(2012.2.1 본조신설)

제15조의3【확정된 시정명령의 효력 확대】 ① 고용노동부장관은 제14조(제15조의2제4항에 따라 준용되는 경우를 포함한다)에 따라 확정된 시정명령을 이행할 의무가 있는 사용자의 사업 또는 사업장에서 해당 시정명령의 효력이 미치는 근로자 이외의 기간제근로자 또는 단시간근로자에 대하여 차별적 처우가 있는지를 조사하여 차별적 처우가 있는 경우에는 그 시정을 요구할 수 있다.
② 사용자가 제1항에 따른 시정요구에 따르지 아니하는 경우에는 제15조의2제2항부터 제5항까지의 규정을 준용한다.
(2020.5.26 본항개정)
(2014.3.18 본조신설)

제5장 보 칙

제16조【불리한 처우의 금지】 사용자는 기간제근로자 또는 단시간근로자가 다음 각 호의 어느 하나에 해당하는 행위를 한 것을 이유로 해고 그 밖의 불리한 처우를 하지 못한다.
1. 제6조제2항의 규정에 따른 사용자의 부당한 초과근로 요구의 거부
2. 제9조의 규정에 따른 차별적 처우의 시정신청, 제10조의 규정에 따른 노동위원회에의 참석 및 진술, 제14조의 규정에 따른 재심신청 또는 행정소송의 제기
3. 제15조제2항의 규정에 따른 시정명령 불이행의 신고
4. 제18조의 규정에 따른 통지(2020.5.26 본호개정)

제17조【근로조건의 서면명시】 사용자는 기간제근로자 또는 단시간근로자와 근로계약을 체결하는 때에는 다음 각 호의 모든 사항을 서면으로 명시하여야 한다. 다만, 제6호는 단시간근로자에 한정한다.(2020.5.26 단서개정)
1. 근로계약기간에 관한 사항
2. 근로시간·휴게에 관한 사항
3. 임금의 구성항목·계산방법 및 지불방법에 관한 사항
4. 휴일·휴가에 관한 사항
5. 취업의 장소와 종사하여야 할 업무에 관한 사항
6. 근로일 및 근로일별 근로시간

제18조【감독기관에 대한 통지】 사업 또는 사업장에서 이 법 또는 이 법에 의한 명령을 위반한 사실이 있는 경우에는 근로자는 그 사실을 고용노동부장관 또는 근로감독관에게 통지할 수 있다.(2020.5.26 본조개정)

제19조【권한의 위임】 이 법의 규정에 따른 고용노동부장관의 권한은 그 일부를 대통령령으로 정하는 바에 따라 지방고용노동관서의 장에게 위임할 수 있다.(2020.5.26 본조개정)

제20조【취업촉진을 위한 국가 등의 노력】 국가 및 지방자치단체는 고용정보의 제공, 직업지도, 취업알선, 직업능력개발 등 기간제근로자 및 단시간근로자의 취업촉진을 위하여 필요한 조치를 우선적으로 취하도록 노력하여야 한다.

제6장 벌 칙

제21조【벌칙】 제16조의 규정을 위반하여 근로자에게 불리한 처우를 한 자는 2년 이하의 징역 또는 1천만원 이하의 벌금에 처한다.

제22조【벌칙】 제6조제1항의 규정을 위반하여 단시간근로자에게 초과근로를 하게한 자는 1천만원 이하의 벌금에 처한다.

제23조【양벌규정】 사업주의 대리인·사용인 그 밖의 종업원이 사업주의 업무에 관하여 제21조 및 제22조의 규정에 해당하는 위반행위를 한 때에는 행위자를 벌하는 외에 그 사업주에 대하여도 해당조의 벌금형을 과한다. 다만, 사업주가 그 위반행위를 방지하기 위하여 해당 업무에 관하여 상당한 주의와 감독을 게을리하지 아니한 경우에는 그러하지 아니하다.
(2021.5.18 단서신설)

제24조【과태료】 ① 제14조(제15조의2제4항 및 제15조의3제2항에 따라 준용되는 경우를 포함한다)에 따라 확정된 시정명령을 정당한 이유 없이 이행하지 아니한 자에게는 1억원 이하의 과태료를 부과한다.(2020.5.26 본항개정)
② 다음 각 호의 어느 하나에 해당하는 자에게는 500만원 이하의 과태료를 부과한다.(2020.5.26 본문개정)
1. 제15조제1항(제15조의2제4항 및 제15조의3제2항에 따라 준용되는 경우를 포함한다)을 위반하여 정당한 이유 없이 고용노동부장관의 이행상황 제출요구에 따르지 아니한 자
(2020.5.26 본호개정)
2. 제17조의 규정을 위반하여 근로조건을 서면으로 명시하지 아니한 자
③ 제1항 및 제2항의 규정에 따른 과태료는 대통령령으로 정하는 바에 따라 고용노동부장관이 부과·징수한다.(2020.5.26 본항개정)
④~⑥ (2018.10.16 삭제)

부 칙

① **【시행일】** 이 법은 2007년 7월 1일부터 시행한다. 다만, 제10조제5항의 규정은 2007년 1월 1일부터 시행하고, 제8조, 제9조, 제10조제1항 내지 제4항, 제11조 내지 제15조, 제16조

제2호·제3호 및 제24조제1항·제2항제1호의 규정의 시행일은 사업 또는 사업장(사용사업주의 사업 또는 사업장을 말한다. 이하 같다)별로 다음 각 호와 같다.
1. 상시 300인 이상의 근로자를 사용하는 사업 또는 사업장 : 2007년 7월 1일
2. 국가 및 지방자치단체의 기관, 「정부산하기관 관리기본법」 제3조의 규정에 따른 정부산하기관, 「정부투자기관 관리기본법」 제2조의 규정에 따른 정부투자기관, 「지방공기업법」 제49조 및 동법 제76조의 규정에 따른 지방공사 및 지방공단, 「정부출연연구기관 등의 설립·운영 및 육성에 관한 법률」 제2조 및 「과학기술분야 정부출연 연구기관 등의 설립·운영 및 육성에 관한 법률」 제2조의 규정에 따른 정부출연연구기관 및 연구회, 「국립대학병원 설치법」에 따른 대학병원 : 2007년 7월 1일
3. 상시 100인 이상 300인 미만의 근로자를 사용하는 사업 또는 사업장 : 2008년 7월 1일
4. 상시 100인 미만의 근로자를 사용하는 사업 또는 사업장 : 2009년 7월 1일

② **【근로계약기간에 관한 적용례】** 제4조의 규정은 이 법 시행 후 근로계약이 체결·갱신되거나 기존의 근로계약기간을 연장하는 경우부터 적용한다.
③ **【다른 법률의 개정】** ※(해당 법령에 가제정리 하였음)

부 칙 (2014.3.18)

제1조 【시행일】 이 법은 공포 후 6개월이 경과한 날부터 시행한다.
제2조 【초과근로에 관한 적용례】 제6조제3항의 개정규정은 이 법 시행 후 최초로 초과근로를 하는 경우부터 적용한다.
제3조 【배상 명령에 관한 적용례】 제13조제2항의 개정규정은 이 법 시행 후 최초로 발생한 차별적 처우부터 적용한다.

부 칙 (2020.5.26)

이 법은 공포한 날부터 시행한다.(이하 생략)

부 칙 (2021.5.18)

이 법은 공포한 날부터 시행한다.

임금채권보장법

(1998년 2월 20일
법 률 제5513호)

개정
1999.12.31법 6100호(산업재해)
2000.12.30법 6334호
2003.12.31법 7047호(고용보험및산업재해보상보험의보험료징수등에관한법)
2005. 1.27법 7379호(근로자퇴직급여보장법)
2005. 3.31법 7466호
2005. 7.29법 7636호(근로자퇴직급여보장법)
2006.12.26법 8093호
2006.12.30법 8135호(공공자금관리기금법)
2007. 4.11법 8372호(근기)
2007. 4.11법 8373호(산업재해)
2007.12.14법 8694호(산업재해)
2007.12.27법 8816호
2009. 1. 7법 9339호
2009.10. 9법 9792호(고용정책기본법)
2009.10. 9법 9794호(산업재해)
2010. 1.27법 9991호
2010. 5.25법10320호
2010. 6. 4법10339호(정부조직)
2011. 7.25법10967호(근로자퇴직급여보장법)
2012. 2. 1법11277호
2014. 3.24법12528호
2015. 1.20법13047호
2016. 1.27법13909호
2017. 7.26법14839호(정부조직)
2018.10.16법15850호
2020. 5.26법17326호(법률용어정비)
2020.12. 8법17604호
2021. 4.13법18042호
2024. 2. 6법20233호

제1장 총 칙

(2007.12.27 본장개정)

제1조 【목적】 이 법은 경기 변동과 산업구조 변화 등으로 사업을 계속하는 것이 불가능하거나 기업의 경영이 불안정하여, 임금등을 지급받지 못하고 퇴직한 근로자 등에게 그 지급을 보장하는 조치를 마련함으로써 근로자의 생활안정에 이바지하는 것을 목적으로 한다.(2015.1.20 본조개정)
제2조 【정의】 이 법에서 사용하는 용어의 뜻은 다음 각 호와 같다.
1. "근로자"란 「근로기준법」 제2조에 따른 근로자를 말한다.
2. "사업주"란 근로자를 사용하여 사업을 하는 자를 말한다.
3. "임금등"이란 「근로기준법」 제2조·제34조·제46조 및 제74조제4항에 따른 임금·퇴직금·휴업수당 및 출산전후휴가기간 중 급여를 말한다.(2020.12.8 본호개정)
4. "보수"란 「고용보험 및 산업재해보상보험의 보험료징수 등에 관한 법률」 제2조제3호에 따른 보수를 말한다.(2010.1.27 본호신설)

제3조 【적용 범위】 이 법은 「산업재해보상보험법」 제6조에 따른 사업 또는 사업장(이하 "사업"이라 한다)에 적용한다. 다만, 국가와 지방자치단체가 직접 수행하는 사업은 그러하지 아니하다.
제4조 【준용】 임금채권보장관계에는 「고용보험 및 산업재해보상보험의 보험료징수 등에 관한 법률」(이하 "고용산재보험료징수법"이라 한다) 제3조, 제5조제4항·제5항, 제6조제2항부터 제4항까지 및 제8조를 준용한다.(2021.4.13 본조개정)
제5조 【국고의 부담】 국가는 매 회계연도 예산의 범위에서 이 법에 따른 임금채권보장을 위한 사무집행에 드는 비용의 일부를 일반회계에서 부담하여야 한다.
제6조 【임금채권보장기금 심의위원회】 ① 제17조에 따른 임금채권보장기금의 관리·운용에 관한 중요사항을 심의하기 위하여 고용노동부에 임금채권보장기금 심의위원회(이하 "위원회"라 한다)를 둔다.(2010.6.4 본항개정)
② 위원회는 근로자를 대표하는 사람, 사업주를 대표하는 사람 및 공익을 대표하는 사람으로 구성하되, 각각 같은 수로 한다.(2020.5.26 본항개정)
③ 위원회의 조직과 운영에 필요한 사항은 대통령령으로 정한다.

제2장 임금채권의 지급보장
(2007.12.27 본장개정)

제7조【퇴직한 근로자에 대한 대지급금의 지급】 ① 고용노동부장관은 사업주가 다음 각 호의 어느 하나에 해당하는 경우에 퇴직한 근로자가 지급받지 못한 임금등의 지급을 청구하면 제3자의 변제에 관한 「민법」 제469조에도 불구하고 그 근로자의 미지급 임금등을 사업주를 대신하여 지급한다.(2014.3.24 본문개정)
1. 「채무자 회생 및 파산에 관한 법률」에 따른 회생절차개시의 결정이 있는 경우(2014.3.24 본호신설)
2. 「채무자 회생 및 파산에 관한 법률」에 따른 파산선고의 결정이 있는 경우(2014.3.24 본호신설)
3. 고용노동부장관이 대통령령으로 정한 요건과 절차에 따라 미지급 임금등을 지급할 능력이 없다고 인정하는 경우
(2014.3.24 본호신설)
4. 사업주가 근로자에게 미지급 임금등을 지급하라는 다음 각 목의 어느 하나에 해당하는 판결, 명령, 조정 또는 결정 등이 있는 경우
가. 「민사집행법」 제24조에 따른 확정된 종국판결
나. 「민사집행법」 제56조제3호에 따른 확정된 지급명령
다. 「민사집행법」 제56조제5호에 따른 소송상 화해, 청구의 인낙(認諾) 등 확정판결과 같은 효력을 가지는 것
라. 「민사조정법」 제28조에 따라 성립된 조정
마. 「민사조정법」 제30조에 따른 확정된 조정을 갈음하는 결정
바. 「소액사건심판법」 제5조의7제1항에 따른 확정된 이행권고결정
(2015.1.20 본호신설)
5. 고용노동부장관이 근로자에게 제12조에 따라 체불임금등과 체불사업주 등을 증명하는 서류(이하 "체불 임금등·사업주 확인서"라 한다)를 발급하여 사업주의 미지급임금등이 확인된 경우(2021.4.13 본호신설)

② 제1항에 따라 고용노동부장관이 사업주를 대신하여 지급하는 체불 임금등 대지급금(이하 "대지급금"이라 한다)의 범위는 다음 각 호와 같다. 다만, 대통령령으로 정하는 바에 따라 제1항제1호부터 제3호까지의 규정에 따른 대지급금의 상한액과 같은 항 제4호 및 제5호에 따른 대지급금의 상한액은 근로자의 퇴직 당시의 연령 등을 고려하여 따로 정할 수 있으며 대지급금이 적은 경우에는 지급하지 아니할 수 있다.(2021.4.13 본문개정)
1. 「근로기준법」 제38조제2항제1호에 따른 임금 및 「근로자퇴직급여 보장법」 제12조제2항에 따른 최종 3년간의 퇴직급여등(2011.7.25 본호개정)
2. 「근로기준법」 제46조에 따른 휴업수당(최종 3개월분으로 한정한다)
3. 「근로기준법」 제74조제4항에 따른 출산전후휴가기간 중 급여(최종 3개월분으로 한정한다)(2020.12.8 본호신설)

③ 제2항 각 호에 따른 근무기간, 휴업기간 또는 출산전후휴가기간에 대한 대지급금의 지급은 다음 각 호의 구분에 따른다.
1. 제1항제1호부터 제3호까지에 해당하여 지급하는 대지급금의 경우에는 중복하여 지급하지 아니할 것
2. 제1항제4호 및 제5호에 해당하여 지급하는 대지급금의 경우에는 중복하여 지급하지 아니할 것
3. 제1항제1호부터 제3호까지 중 어느 하나에 해당하여 대지급금을 지급한 경우에는 그에 해당하는 금액을 공제하고, 같은 항 제4호 또는 제5호에 해당하는 대지급금을 지급할 것
4. 제1항제4호 또는 제5호에 해당하여 대지급금을 지급한 경우에는 그에 해당하는 금액을 공제하고, 같은 항 제1호부터 제3호까지 중 어느 하나에 해당하는 대지급금을 지급할 것
(2021.4.13 본항개정)

④ 대지급금의 지급대상이 되는 퇴직한 근로자와 사업주의 기준은 대통령령으로 정한다.(2021.4.13 본항개정)

⑤ 사업장 규모 등 고용노동부령으로 정하는 기준에 해당하는 퇴직한 근로자가 제1항에 따라 대지급금을 청구하는 경우 고용노동부령으로 정하는 공인노무사로부터 대지급금 청구서 작성, 사실확인 등에 관한 지원을 받을 수 있다.(2021.4.13 본항개정)

⑥ 고용노동부장관은 퇴직한 근로자가 제5항에 따라 공인노무사로부터 지원을 받은 경우 그에 드는 비용의 전부 또는 일부를 지원할 수 있으며, 지원금액 및 구체적인 지급방법 등에 관한 사항은 고용노동부령으로 정한다.(2021.4.13 본항개정)

⑦ 고용노동부장관은 제1항에 따른 대지급금의 지급 여부에 관하여 고용노동부령으로 정하는 바에 따라 해당 사업주(대지급금을 지급하기로 한 경우로 한정한다) 및 근로자에게 통지하여야 한다.(2021.4.13 본항신설)

⑧ 그 밖에 퇴직한 근로자에 대한 대지급금의 지급 등에 필요한 사항은 대통령령으로 정한다.(2021.4.13 본항개정)
(2021.4.13 본조제목개정)

제7조의2【재직 근로자에 대한 대지급금의 지급】 ① 고용노동부장관은 사업주가 제7조제1항제4호 또는 제5호에 해당하는 경우 해당 사업주와 근로계약이 종료되지 아니한 근로자(이하 "재직 근로자"라 한다)가 지급받지 못한 임금등의 지급을 청구하면 제3자의 변제에 관한 「민법」 제469조에도 불구하고 대지급금을 지급한다.

② 제1항에 따라 고용노동부장관이 지급하는 대지급금의 범위는 다음 각 호와 같다.
1. 재직 근로자가 체불 임금에 대하여 제7조제1항제4호에 따른 판결, 명령, 조정 또는 결정 등을 위한 소송 등을 제기하거나 해당 사업주에 대하여 진정·청원·탄원·고소 또는 고발 등을 제기한 날을 기준으로 맨 나중의 임금 체불이 발생한 날부터 소급하여 3개월 동안에 지급되어야 할 임금 중 지급받지 못한 임금
2. 제1호와 같은 기간 동안에 지급되어야 할 휴업수당 중 지급받지 못한 휴업수당
3. 제1호와 같은 기간 동안에 지급되어야 할 출산전후휴가기간 중 급여에서 지급받지 못한 급여

③ 대지급금의 지급대상이 되는 재직 근로자와 사업주의 기준 및 대지급금의 상한액은 해당 근로자의 임금이나 소득 수준 및 그 밖의 생활 여건 등을 고려하여 대통령령으로 정한다.

④ 재직 근로자에 대한 대지급금은 해당 근로자가 하나의 사업에 근로하는 동안 1회만 지급한다.

⑤ 제1항에 따라 대지급금을 지급받은 근로자가 퇴직 후 같은 근무기간, 같은 휴업기간 또는 같은 출산전후휴가기간에 대하여 제7조에 따른 대지급금의 지급을 청구한 경우 그 지급에 관하여는 다음 각 호의 구분에 따른다.
1. 제7조제1항제1호부터 제3호까지의 규정 중 어느 하나에 해당하여 대지급금의 지급을 청구한 경우에는 제1항 및 제2항에 따라 지급받은 대지급금에 해당하는 금액을 공제하고 지급할 것
2. 제7조제1항제4호 또는 제5호에 해당하여 대지급금의 지급을 청구한 경우에는 지급하지 아니할 것

⑥ 고용노동부장관은 제1항에 따른 대지급금의 지급 여부에 관하여 고용노동부령으로 정하는 바에 따라 해당 사업주(대지급금을 지급하기로 한 경우로 한정한다) 및 근로자에게 통지하여야 한다.

⑦ 그 밖에 재직 근로자에 대한 대지급금의 지급 등에 필요한 사항은 대통령령으로 정한다.
(2021.4.13 본조신설)

제7조의3【체불 임금등 및 생계비 융자】 ① 고용노동부장관은 사업주가 근로자에게 임금등을 지급하지 못한 경우에 사업주의 신청에 따라 체불 임금등을 지급하는 데 필요한 비용을 융자할 수 있다.(2024.2.6 본항개정)

② 고용노동부장관은 사업주로부터 임금등을 지급받지 못한 근로자(퇴직한 근로자를 포함한다)의 생활안정을 위하여 근로자의 신청에 따라 생계비에 필요한 비용을 융자할 수 있다.
(2020.12.8 본항신설)

③ 제1항 및 제2항에 따른 융자금액은 고용노동부장관이 해당 근로자에게 직접 지급하여야 한다.(2020.12.8 본항개정)

④ 제1항 및 제2항에 따른 체불 임금등 및 생계비 비용 융자의 구체적인 기준, 금액, 기간 및 절차 등은 고용노동부령으로 정한다.(2020.12.8 본항개정)
(2020.12.8 본조제목개정)

제8조【미지급 임금등의 청구권의 대위】 ① 고용노동부장관은 제7조 또는 제7조의2에 따라 해당 근로자에게 대지급금을 지급하였을 때에는 그 지급한 금액의 한도에서 그 근로자가 해당 사업주에 대하여 미지급 임금등을 청구할 수 있는 권리를 대위(代位)한다.
②「근로기준법」제38조에 따른 임금채권 우선변제권 및「근로자퇴직급여 보장법」제12조제2항에 따른 퇴직급여등 채권 우선변제권은 제1항에 따라 대위되는 권리에 존속한다.
(2021.4.13 본조개정)

제9조【사업주의 부담금】 ① 고용노동부장관은 제7조 또는 제7조의2에 따른 대지급금의 지급이나 제7조의3에 따른 체불 임금등 및 생계비의 융자 등 임금채권보장사업에 드는 비용에 충당하기 위하여 사업주로부터 부담금을 징수한다.(2024.2.6 본항개정)
② 제1항에 따라 사업주가 부담하여야 하는 부담금은 그 사업에 종사하는 근로자의 보수총액에 1천분의 2의 범위에서 위원회의 심의를 거쳐 고용노동부장관이 정하는 부담금비율을 곱하여 산정한 금액으로 한다.(2010.6.4 본항개정)
③ 보수총액을 결정하기 곤란한 경우에는 고용산재보험료징수법 제13조제6항에 따라 고시하는 노무비율(勞務比率)에 따라 보수총액을 결정한다.(2021.4.13 본항개정)
④ 도급사업의 일괄적용에 관한 고용산재보험료징수법 제9조는 제1항의 부담금 징수에 관하여 준용한다. 이 경우 같은 법 제9조제1항 단서 중 "공단"을 "고용노동부장관"으로 본다.
(2021.4.13 전단개정)
⑤ 이 법은 사업주의 부담금에 관하여 다른 법률에 우선하여 적용한다.(2018.10.16 본항신설)

제10조【부담금의 경감】 고용노동부장관은 다음 각 호의 어느 하나에 해당하는 사업주에 대하여는 제9조에 따른 부담금을 경감할 수 있다. 이 경우 그 경감기준은 고용노동부장관이 위원회의 심의를 거쳐 정한다.(2010.6.4 본문개정)
1. (2014.3.24 삭제)
2.「근로기준법」또는「근로자퇴직급여 보장법」에 따라 퇴직금을 미리 정산하여 지급한 사업주
3. 법률 제7379호 근로자퇴직급여 보장법 부칙 제2조제1항에 따른 퇴직보험등에 가입한 사업주,「근로자퇴직급여 보장법」제3장에 따른 확정급여형퇴직연금제도, 같은 법 제4장에 따른 확정기여형퇴직연금제도, 같은 법 제4장의2에 따른 중소기업퇴직연금기금제도 또는 같은 법 제25조에 따른 개인형퇴직연금제도를 설정한 사업주(2024.2.6 본호개정)
4.「외국인근로자의 고용 등에 관한 법률」제13조에 따라 외국인근로자 출국만기보험·신탁에 가입한 사업주

제11조【대지급금수급계좌】 ① 고용노동부장관은 근로자의 신청이 있는 경우에는 제7조 또는 제7조의2에 따른 대지급금을 해당 근로자 명의의 지정된 계좌(이하 "대지급금수급계좌"라 한다)로 입금하여야 한다. 다만, 정보통신장애나 그 밖에 대통령령으로 정하는 불가피한 사유로 대지급금을 대지급금수급계좌로 이체할 수 없을 때에는 현금 지급 등 대통령령으로 정하는 바에 따라 대지급금을 지급할 수 있다.
② 대지급금수급계좌의 해당 금융기관은 이 법에 따른 대지급금만이 대지급금수급계좌에 입금되도록 관리하여야 한다.
③ 제1항에 따른 신청 방법 및 절차와 제2항에 따른 대지급금수급계좌의 관리에 필요한 사항은 대통령령으로 정한다.
(2021.4.13 본조개정)

제11조의2【수급권의 보호】 ① 제7조 또는 제7조의2에 따른 대지급금을 지급받을 권리는 양도 또는 압류하거나 담보로 제공할 수 없다.
② 대지급금의 수령은 대통령령으로 정하는 바에 따라 위임할 수 있다.
③ 미성년자인 근로자는 독자적으로 대지급금의 지급을 청구할 수 있다.
④ 대지급금수급계좌의 예금에 관한 채권은 압류할 수 없다.
(2021.4.13 본조개정)

제12조【체불 임금등의 확인】 ① 임금등을 지급받지 못한 근로자는 다음 각 호의 어느 하나에 해당하는 경우 고용노동부장관에게 체불 임금등·사업주 확인서의 발급을 신청할 수 있다.
1. 제7조제1항제4호·제5호 또는 제7조의2제1항에 따른 대지급금의 지급 청구 절차를 진행하기 위하여 필요한 경우
2.「법률구조법」제22조에 따른 법률구조의 절차 등에 따라 소송 제기를 위하여 필요한 경우
(2021.4.13 본항개정)
② 제1항에 따른 신청이 있을 경우 고용노동부장관은 근로감독사무 처리과정에서 확인된 체불 임금등·사업주 확인서를 제1항의 근로자,「산업재해보상보험법」제10조에 따른 근로복지공단 또는「법률구조법」제8조에 따른 대한법률구조공단에 발급할 수 있다.(2021.4.13 본항개정)
③ 제2항에 따른 서류의 발급절차 및 발급방법 등에 관하여 필요한 사항은 고용노동부령으로 정한다.
(2015.1.20 본조개정)

제13조【재산목록의 제출명령】 ① 고용노동부장관은 제7조 또는 제7조의2에 따라 근로자에게 대지급금을 지급하려는 경우에는 대통령령으로 정하는 바에 따라 해당 사업주에게 재산관계를 구체적으로 밝힌 재산목록의 제출을 명할 수 있다.
(2021.4.13 본항개정)
② 제1항에 따른 재산목록 제출명령을 받은 사업주는 특별한 사유가 없으면 7일 이내에 고용노동부장관에게 재산 관계를 구체적으로 밝힌 재산목록을 제출하여야 한다.
(2010.6.4 본조개정)

제14조【부당이득의 환수】 ① 고용노동부장관은 거짓이나 그 밖의 부정한 방법으로 제7조, 제7조의2 및 제7조의3에 따라 대지급금 또는 융자금을 받으려 한 자에게는 대통령령으로 정하는 바에 따라 신청한 대지급금 또는 융자금의 전부 또는 일부를 지급 또는 융자하지 아니할 수 있다.
② 고용노동부장관은 제7조, 제7조의2 및 제7조의3에 따라 대지급금 또는 융자금을 이미 받은 자가 다음 각 호의 어느 하나에 해당하는 경우 대통령령으로 정하는 방법에 따라 그 대지급금 또는 융자금의 전부 또는 일부를 환수하여야 한다.
1. 거짓이나 그 밖의 부정한 방법으로 대지급금 또는 융자금을 받은 경우
2. 그 밖에 잘못 지급된 대지급금 또는 융자금이 있는 경우
③ 제2항에 따라 대지급금을 환수하는 경우 고용노동부령으로 정하는 기준에 따라 거짓이나 그 밖의 부정한 방법으로 지급받은 대지급금의 5배 이하의 금액을 추가하여 징수할 수 있다.
④ 제2항과 제3항의 경우에 대지급금의 지급 또는 융자가 거짓의 보고·진술·증명·서류제출 등 위계(僞計)의 방법에 의한 것이면 그 행위를 한 자는 대지급금 또는 융자금을 받은 자와 연대하여 책임을 진다.
(2021.4.13 본조개정)

제15조【포상금의 지급】 거짓이나 그 밖의 부정한 방법으로 제7조 또는 제7조의2에 따른 대지급금이 지급된 사실을 지방고용노동관서 또는 수사기관에 신고하거나 고발한 자에게는 대통령령으로 정하는 기준에 따라 포상금을 지급할 수 있다.
(2021.4.13 본조개정)

제16조【준용】 이 법에 따른 부담금이나 그 밖의 징수금의 납부 및 징수(제14조제2항부터 제4항까지에 따른 대지급금의 환수 및 추가 징수를 포함한다)에 관하여는 고용산재보험료징수법 제16조의2부터 제16조의11까지, 제17조부터 제19조까지, 제19조의2, 제20조, 제22조의2, 제22조의3, 제23조, 제23조의2, 제24조, 제25조, 제26조의2, 제27조, 제27조의2, 제27조의3, 제28조, 제28조의2부터 제28조의7까지, 제29조, 제29조의2, 제29조의3, 제30조, 제32조부터 제37조까지, 제39조 및 제50조를 준용한다. 이 경우 "보험가입자"는 "사업주"로, "보험료"는 "부담금"으로, "보험"은 "임금채권보장"으로, "보험사무"는 "임금채권보장사무"로, "공단" 또는 "건강보험공단"은 "고용노동부장관(이 법 제27조에 따라 그 권한을 위탁받은 경우에는 그 위탁받은 자를 말한다)"으로, "개산보험료(概算保險料)"는 "개산부담금"으로,

"보험연도"는 "회계연도"로, "보험관계"는 "임금채권보장관계"로, "보험료율"은 "부담금비율"로, "확정보험료"는 "확정부담금"으로, "「고용정책 기본법」 제10조에 따른 고용정책심의회 또는 「산업재해보상보험법」 제8조에 따른 산업재해보상보험및예방심의위원회"는 "위원회"로 본다.(2021.4.13 본조개정)

제3장 임금채권보장기금
(2007.12.27 본장개정)

제17조【기금의 설치】 고용노동부장관은 제7조 또는 제7조의2에 따른 대지급금의 지급이나 제7조의3에 따른 체불 임금등 및 생계비의 융자 등 임금채권보장사업에 충당하기 위하여 임금채권보장기금(이하 "기금"이라 한다)을 설치한다.
(2024.2.6 본조개정)

제18조【기금의 조성】 ① 기금은 다음 각 호의 재원으로 조성한다.
1. 제8조에 따른 사업주의 변제금(辨濟金)
2. 제9조에 따른 사업주의 부담금
3. 제2항에 따른 차입금
4. 기금의 운용으로 생기는 수익금
5. 그 밖의 수입금

② 고용노동부장관은 기금을 운용하는 데에 필요하면 기금의 부담으로 금융기관이나 다른 기금 등으로부터 차입할 수 있다.
(2010.6.4 본항개정)

제19조【기금의 용도】 기금은 다음 각 호의 용도에 사용한다.
1. 제7조 또는 제7조의2에 따른 대지급금의 지급과 잘못 납부한 금액 등의 반환(2021.4.13 본호개정)
2. 제7조제6항에 따른 공인노무사 지원 비용의 지급(2021.4.13 본호개정)
3. 제7조의3에 따른 체불 임금등 및 생계비 지급을 위한 사업주 및 근로자 융자(2021.4.13 본호개정)
4. 제27조에 따라 업무를 위탁받은 자에 대한 출연
5. 차입금 및 그 이자의 상환
6. 임금등 체불 예방과 청산 지원 등 임금채권보장제도 관련 연구
7. 「법률구조법」에 따른 대한법률구조공단에 대한 출연. 다만, 임금등이 체불된 근로자에 대한 법률구조사업 지원에 한정한다.
8. 그 밖에 임금채권보장사업과 기금의 관리·운용

(2012.2.1 본조개정)

제20조【기금의 관리·운용】 ① 기금은 고용노동부장관이 관리·운용한다.(2010.6.4 본항개정)

② 기금의 관리·운용 등에 관하여는 「산업재해보상보험법」 제97조제2항부터 제4항까지, 제98조부터 제100조까지 및 102조를 준용한다. 이 경우 같은 법 중 "보험급여"는 "대지급금"으로, "보험료수입"은 "부담금수입"으로 본다.(2021.4.13 후단개정)

제21조【회계연도】 기금의 회계연도는 정부의 회계연도에 따른다.

제4장 보 칙
(2007.12.27 본장개정)

제22조【보고 등】 고용노동부장관은 대통령령으로 정하는 바에 따라 이 법을 적용받는 사업의 사업주나 그 사업에 종사하는 근로자 등 관계 당사자에게 다음 각 호의 사항을 위하여 필요한 보고나 관계 서류의 제출을 요구할 수 있다.(2010.6.4 본문개정)
1. 기금의 관리·운용
2. 제7조 또는 제7조의2에 따른 대지급금의 지급(2021.4.13 본호개정)

제23조【관계 기관 등에 대한 협조요청】 ① 고용노동부장관은 제7조 또는 제7조의2에 따른 대지급금의 지급, 제7조의3에 따른 체불 임금등 및 생계비의 융자, 제8조에 따른 미지급 임금등의 청구권의 대위, 제12조에 따른 체불 임금등의 확인, 제14조에 따른 부당이득의 환수 등 이 법에 따른 업무를 수행하기 위하여 다음 각 호의 어느 하나에 해당하는 자료의 제공 또는 관계 전산망의 이용(이하 "자료제공등"이라 한다)을 해당 각 호의 자에게 각각 요청할 수 있다. 이 경우 자료제공등을 요청받은 자는 정당한 사유가 없으면 그 요청에 따라야 한다.(2024.2.6 전단개정)
1. 법원행정처장에게 체불사업주, 부당이득자 및 연대책임자(이하 "체불사업주등"이라 한다)의 재산에 대한 건물등기사항증명서, 토지등기사항증명서, 법인등기사항증명서 및 「공탁법」 제4조에 따라 납입된 공탁물에 관한 자료(2021.4.13 본호개정)
2. 행정안전부장관에게 체불사업주등의 주민등록 등본·초본(2017.7.26 본호개정)
3. 국토교통부장관에게 체불사업주등 명의의 부동산 및 자동차·건설기계·항공기·요트 등 재산 자료(등록원부를 포함한다)(2018.10.16 본호개정)

3의2. 해양수산부장관에게 체불사업주등 명의의 선박 자료(등록원부를 포함한다)(2018.10.16 본호신설)

3의3. 관계 중앙행정기관의 장 또는 피감독기관인 공제조합의 장에게 해당 체불사업주등 명의의 출자증권 자료(2021.4.13 본호개정)

4. 국세청장에게 체불사업주등 명의의 골프(콘도) 회원권, 무체재산권(특허권, 저작권 등), 서화, 골동품, 영업권 및 사업자등록(「부가가치세법」 제8조, 「소득세법」 제168조 및 「법인세법」 제111조에 따른 사업자등록을 말한다)에 관한 자료(2021.4.13 본호개정)
5. 지방자치단체의 장에게 체불사업주등의 가족관계등록부(가족관계증명서, 혼인관계증명서, 기본증명서), 재산에 대한 지방세 과세증명원, 일반(집합) 건축물대장, 토지(임야)대장, 체불사업주등 명의의 임차권·전세권·가압류 등 권리등기 및 등록에 따른 등록면허세 과세자료(2018.10.16 본호개정)
6. 「법률구조법」 제8조에 따른 대한법률구조공단의 이사장에게 근로자와 체불사업주등 사이의 체불 임금등에 관한 소송, 보전처분, 강제집행 등 민사상 재판절차에 관계된 서류(소장, 신청서, 판결문, 결정문 등의 서류를 포함한다)(2020.5.26 본호개정)
7. 「국민건강보험법」 제13조에 따른 국민건강보험공단의 이사장에게 체불사업주등에 대한 건강보험·국민연금·산업재해보상보험·고용보험의 보험료 납부 자료(체납 자료를 포함한다) 및 「국민건강보험법」 제47조에 따라 체불사업주등인 요양기관이 청구한 요양급여비용(2018.10.16 본호개정)

7의2. 「산업재해보상보험법」 제10조에 따른 근로복지공단에 체불사업주등 및 대지급금 청구 근로자에 대한 다음 각 목에 해당하는 자료(2024.2.6 본문개정)
   가. 「고용보험법」 제13조에 따른 피보험자격 취득 자료
   나. 「고용보험법」 제15조에 따른 피보험자격 신고 자료
   다. 고용산재보험료징수법 제7조 및 제10조에 따른 고용보험 및 산업재해보상보험 관계의 성립 및 소멸에 관한 자료(체불사업주등의 주소 및 전화번호를 포함한다)
   라. 고용산재보험료징수법 제16조의3에 따른 근로자 개인별 월별보험료의 산정에 관한 자료
   마. 고용산재보험료징수법 제16조의10제3항 및 제4항에 따른 근로자의 고용 및 고용관계 종료의 신고에 관한 자료
   바. 고용산재보험료징수법 제23조에 따른 보험료등 과납액의 충당 및 반환에 관한 자료
   사. 「산업재해보상보험법」 제45조에 따라 청구된 진료비에 관한 자료(체불사업주등이 「산업재해보상보험법」 제43조에 따른 산재보험 의료기관인 경우로 한정한다)(2024.2.6 본목신설)
   아. 「근로자퇴직급여 보장법」 제2조제14호에 따른 중소기업퇴직연금기금제도 가입 여부, 가입기간, 적립금액 또는 부담금액, 지급금액 등 중소기업퇴직연금기금제도에 관한 자

료(대지급금 지급 대상 기간으로 한정한다)(2024.2.6 본목 신설)
(2021.4.13 본호개정)
7의3. 「고용정책 기본법」 제18조에 따른 한국고용정보원에 체불사업주등 및 대지급금 청구 근로자에 대한 다음 각 목에 해당하는 자료
가. 「고용보험법」 제20조부터 제23조까지의 규정에 따른 지원에 관한 자료
나. 「고용보험법」 제42조 및 제44조에 따른 실업 신고 및 실업 인정에 관한 자료
다. 「고용보험법」 제75조에 따른 출산전후휴가 급여 등에 관한 자료
(2024.2.6 본호신설)
8. 「근로자퇴직급여 보장법」 제26조에 따른 퇴직연금사업자에게 대지급금 청구 근로자의 퇴직연금 가입 여부, 가입기간, 적립금액 또는 부담금액, 지급금액 등 퇴직연금에 관한 정보 자료(대지급금 지급 대상 기간에 한정한다)(2021.4.13 본호개정)
9. 「보험업법」에 따른 보험회사에게 대지급금 청구 외국인 근로자의 출국만기보험·신탁 및 보증보험 가입 및 납입자료(대지급금 지급대상기간의 정보에 한정한다)(2021.4.13 본호개정)
10. 「신용보증기금법」 제4조에 따른 신용보증기금의 이사장 및 「기술보증기금법」 제12조에 따른 기술보증기금의 이사장에게 체불사업주등 명의의 질권 및 근저당권 설정 자료
(2018.10.16 본호신설)
11. 「보험업법」 제4조제1항제2호라목에 따라 보증보험 허가를 받은 자에게 체불사업주등 명의의 질권 및 근저당권 설정 자료(2018.10.16 본호신설)
12. 조달청장에게 「전자조달의 이용 및 촉진에 관한 법률」 제16조제1항에 따라 관리되는 체불사업주등의 계약 관련 정보(2021.4.13 본호신설)
② 제1항에 따른 자료제공등을 요청할 때에는 다음 각 호의 사항을 적은 문서 또는 정보통신망(「정보통신망 이용촉진 및 정보보호 등에 관한 법률」 제2조제1항제1호에 따른 정보통신망을 말한다)으로 요청하여야 한다.(2021.4.13 본문개정)
1. 체불사업주, 대지급금 청구 근로자, 부당이득자(연대책임자를 포함한다)의 인적사항(2021.4.13 본호개정)
2. 사용목적
3. 제공요청 자료의 목록
③ 제1항에 따라 제공되는 자료에 대해서는 수수료 및 사용료 등을 면제한다.(2016.1.27 본항신설)
(2016.1.27 본조개정)
제23조의2【개인정보의 보호】 ① 고용노동부장관은 제23조제1항 각 호의 자료의 제공을 요청할 때에는 업무에 필요한 최소한의 정보만 요청하여야 한다.(2020.5.26 본항개정)
② 고용노동부장관은 제23조제1항 각 호의 자료를 이용할 때에는 보안교육 등 사업주 또는 근로자 등의 개인정보에 대한 보호대책을 마련하여야 한다.(2020.5.26 본항개정)
③ 고용노동부장관은 제23조제1항제8호 및 제9호에 따른 자료의 제공을 요청할 경우에는 사전에 정보주체의 동의를 받아야 한다.
④ 고용노동부장관은 제23조제1항 각 호의 자료를 이용할 때에는 체불 임금등의 지급, 미지급 임금등의 청구권의 대위 등 목적을 달성한 경우 지체 없이 파기하여야 한다.(2020.5.26 본항개정)
⑤ 제23조제1항 각 호의 개인정보는 고용노동부 또는 고용노동부장관으로부터 권한을 위임받은 기관에서 같은 항 각 호 외의 부분 본문에 따른 업무를 담당하는 자 중 해당 기관의 장으로부터 개인정보 취급승인을 받은 자만 취급할 수 있다.
⑥ 임금채권보장 업무에 종사하거나 종사하였던 자는 누구든지 업무 수행과 관련하여 알게 된 사업주 또는 근로자 등의 정보를 누설하거나 다른 용도로 사용하여서는 아니 된다.
⑦ 제2항에 따른 보안교육 등 개인정보 보호대책 마련, 제3항에 따른 정보주체에 대한 사전 동의 방법, 제4항에 따른 목적을 달성한 정보의 파기 시기 및 방법, 제5항에 따른 개인정보 취급승인의 절차 등에 필요한 세부적인 사항은 고용노동부장관이 정한다.
(2016.1.27 본조신설)
제23조의3【미회수된 대지급금 자료의 제공】 ① 고용노동부장관은 「신용정보의 이용 및 보호에 관한 법률」 제25조제2항제1호에 따른 종합신용정보집중기관(이하 이 조에서 "종합신용정보집중기관"이라 한다)이 제7조 또는 제7조의2에 따라 지급된 대지급금 중 다음 각 호의 요건을 모두 충족하는 미회수금과 해당 사업주의 인적사항 등에 관한 자료(이하 "미회수자료"라 한다)를 요구할 때에는 대지급금의 회수를 위하여 필요하다고 인정하는 경우 그 자료를 제공할 수 있다. 다만, 해당 사업주의 사망·폐업으로 미회수자료 제공의 실효성이 없는 경우 등 대통령령으로 정하는 사유가 있는 경우에는 그러하지 아니하다.
1. 미회수된 대지급금의 합계가 500만원 이상으로서 대통령령으로 정하는 금액 이상일 것
2. 미회수된 대지급금 지급일의 다음 날부터 1년 이상의 기간으로서 대통령령으로 정하는 기간이 지났을 것
② 고용노동부장관은 제1항에 따라 미회수자료를 종합신용정보집중기관에 제공하기 전에 고용노동부령으로 정하는 바에 따라 해당 사업주에게 그 사실을 미리 알려야 하며, 미회수자료를 제공한 경우 해당 사업주에게 그 제공 사실을 지체 없이 알려야 한다.
③ 제1항에 따라 미회수자료를 제공받은 자는 이를 신용도·신용거래능력 판단과 관련한 업무 외의 목적으로 이용·제공 또는 누설해서는 아니 된다.
④ 제1항부터 제3항까지에서 규정한 사항 외에 미회수자료의 제공 절차 및 방법 등에 관하여 필요한 사항은 고용노동부령으로 정한다.
(2024.2.6 본조신설)
제24조【검사】 ① 고용노동부장관은 이 법을 시행하기 위하여 필요하다고 인정하면 관계 공무원 또는 제27조에 따라 권한을 위탁받은 기관에 소속된 직원(위탁받은 업무 처리에 필요한 사항으로 한정한다)으로 하여금 이 법을 적용받는 사업장에 출입하여 관계 서류를 검사하거나 관계인에게 질문하게 할 수 있다.
② 제1항에 따라 출입·검사를 하는 공무원 또는 제27조에 따라 권한을 위탁받은 기관에 소속된 직원은 그 권한을 표시하는 증표를 지니고 이를 관계인에게 내보여야 한다.
(2021.4.13 본조개정)
제25조【신고】 사업주가 이 법 또는 이 법에 따른 명령을 위반하는 사실이 있으면 근로자는 그 사실을 근로감독관에게 신고하여 시정을 위한 조치를 요구할 수 있다.
제26조【소멸시효】 ① 부담금이나 그 밖에 이 법에 따른 징수금을 징수하거나 대지급금·부담금을 반환받을 권리는 3년간 행사하지 아니하면 시효로 소멸한다.(2021.4.13 본항개정)
② 제1항에 따른 소멸시효에 관하여는 이 법에 규정된 것 외에는 「민법」에 따른다.
③ 소멸시효의 중단 등에 관하여는 고용산재보험료징수법 제42조 및 제43조를 준용한다.(2021.4.13 본항개정)
제27조【권한의 위임·위탁】 이 법에 따른 고용노동부장관의 권한은 대통령령으로 정하는 바에 따라 그 일부를 지방고용노동관서의 장에게 위임하거나 「산업재해보상보험법」에 따른 근로복지공단, 「국민건강보험법」에 따른 국민건강보험공단 및 「한국자산관리공사 설립 등에 관한 법률」에 따른 한국자산관리공사에 위탁할 수 있다.(2024.2.6 본조개정)

제5장 벌 칙
(2007.12.27 본장개정)

제27조의2【벌칙】 다음 각 호의 어느 하나에 해당하는 자는 10년 이하의 징역 또는 1억원 이하의 벌금에 처한다.(2024.2.6 본문개정)

1. 제23조의2제6항을 위반하여 정보를 누설하거나 다른 용도로 사용한 자
2. 제23조의3제3항을 위반하여 미회수자료를 이용·제공하거나 누설한 자

(2024.2.6 1호~2호신설)

제28조【벌칙】 ① 다음 각 호의 어느 하나에 해당하는 자는 3년 이하의 징역 또는 3천만원 이하의 벌금에 처한다.(2014.3.24 본문개정)

1. 거짓이나 그 밖의 부정한 방법으로 제7조·제7조의2에 따른 대지급금 또는 제7조의3에 따른 융자를 받은 자(2021.4.13 본호개정)
2. 거짓이나 그 밖의 부정한 방법으로 다른 사람으로 하여금 제7조·제7조의2에 따른 대지급금 또는 제7조의3에 따른 융자를 받게 한 자(2021.4.13 본호개정)
3. (2021.4.13 삭제)

② 다음 각 호의 어느 하나에 해당하는 자는 2년 이하의 징역 또는 2천만원 이하의 벌금에 처한다.

1. 부당하게 제7조·제7조의2에 따른 대지급금 또는 제7조의3에 따른 융자를 받기 위하여 거짓의 보고·증명 또는 서류제출을 한 자(2021.4.13 본호개정)
2. 다른 사람으로 하여금 부당하게 제7조·제7조의2에 따른 대지급금 또는 제7조의3에 따른 융자를 받게 하기 위하여 거짓의 보고·증명 또는 서류제출을 한 자(2021.4.13 본호개정)

(2014.3.18 본항신설)

제29조【양벌규정】 법인의 대표자나 법인 또는 개인의 대리인, 사용인, 그 밖의 종업원이 그 법인 또는 개인의 업무에 관하여 제28조의 위반행위를 하면 그 행위자를 벌하는 외에 그 법인 또는 개인에게도 해당 조문의 벌금형을 과(科)한다. 다만, 법인 또는 개인이 그 위반행위를 방지하기 위하여 해당 업무에 관하여 상당한 주의와 감독을 게을리하지 아니한 경우에는 그러하지 아니하다.(2009.1.7 본조개정)

제30조【과태료】 ① 다음 각 호의 어느 하나에 해당하는 자에게는 1천만원 이하의 과태료를 부과한다.(2021.4.13 본문개정)

1. (2015.1.20 삭제)

1의2. 정당한 사유 없이 제13조에 따른 재산목록의 제출을 거부하거나 거짓의 재산목록을 제출한 자(2021.4.13 본호신설)

2. 정당한 사유 없이 제22조에 따른 보고나 관계 서류의 제출요구에 따르지 아니한 자 또는 거짓 보고를 하거나 거짓 서류를 제출한 자
3. 정당한 사유 없이 제24조제1항에 따른 관계 공무원 또는 제27조에 따라 권한을 위탁받은 기관에 소속된 직원의 질문에 답변을 거부하거나 검사를 거부·방해 또는 기피한 자 (2021.4.13 본호개정)

② 제1항에 따른 과태료는 대통령령으로 정하는 바에 따라 고용노동부장관이 부과·징수한다.(2010.6.4 본항개정)

③~⑤ (2012.2.1 삭제)

부 칙 (2015.1.20)

제1조【시행일】 이 법은 2015년 7월 1일부터 시행한다.

제2조【체불 임금등의 지급에 관한 적용례】 제7조제1항제4호의 개정규정은 이 법 시행 이후 판결, 명령, 조정 또는 결정 등이 있는 경우부터 적용한다.

제3조【체불 임금등의 확인에 관한 적용례】 제12조의 개정규정은 이 법 시행 이후 체불 임금등과 체불사업주 등을 증명하는 서류의 발급을 신청한 경우부터 적용한다.

제4조【부당이득의 환수에 관한 적용례】 제14조제4항의 개정규정은 이 법 시행 이후 지급된 체당금부터 적용한다.

제5조【과태료에 관한 경과조치】 이 법 시행 전의 행위에 대한 과태료의 적용에 있어서는 종전의 규정에 따른다.

부 칙 (2020.5.26)

이 법은 공포한 날부터 시행한다.(이하 생략)

부 칙 (2020.12.8)

제1조【시행일】 이 법은 공포 후 6개월이 경과한 날부터 시행한다. 다만, 제2조제3호 및 제7조제2항제3호의 개정규정은 공포한 날부터 시행한다.

제2조【체당금의 지급에 관한 적용례】 제2조제3호 및 제7조제2항제3호의 개정규정은 이 법 시행 이후 제7조에 따라 최초로 체당금의 지급을 청구한 경우부터 적용한다.

부 칙 (2021.4.13)

제1조【시행일】 이 법은 공포 후 6개월이 경과한 날부터 시행한다. 다만, 법률 제17604호 임금채권보장법 일부개정법률 제7조제3항의 개정규정(제7조제1항제5호의 개정규정과 관련된 부분은 제외한다)은 2021년 6월 9일부터 시행한다.

제2조【대지급금의 지급에 관한 적용례】 ① 제7조제1항제5호 및 제7조의2제1항(제7조제1항제4호와 관련된 부분은 제외한다)의 개정규정은 이 법 시행 이후 해당 근로자가 체불 임금등·사업주 확인서를 발급받아 제출하는 경우(이 법 시행 전에 발급되었던 체불 임금등·사업주 확인서를 재발급받아 제출하는 경우는 제외한다)부터 적용한다.

② 제7조의2제1항의 개정규정은 이 법 시행 전에 제7조제1항제4호 각 목의 어느 하나에 해당하는 판결, 명령, 조정 또는 결정 등이 있는 경우에 대해서도 적용한다.

제3조【같은 근무기간, 휴업기간 또는 출산전후휴가기간에 대한 대지급금 지급의 적용례】 법률 제17604호 임금채권보장법 일부개정법률 제7조제3항의 개정규정은 같은 개정규정 시행 이후 해당 근로자가 제7조제1항에 따른 대지급금을 청구하는 경우부터 적용한다.

제4조【대지급금에 관한 경과조치】 법률 제17604호 임금채권보장법 일부개정법률 제7조제3항의 개정규정 중 "대지급금"은 부칙 제1조 본문에 따른 이 법 시행일 전까지는 "체당금"으로 본다.

제5조【부정수급한 대지급금의 추가 징수에 관한 경과조치】 이 법 시행 전에 제14조제2항제1호에 따라 거짓이나 그 밖의 부정한 방법으로 지급받은 대지급금을 환수하는 때에 추가하여 징수하는 금액에 관하여는 제14조제3항의 개정규정에도 불구하고 종전의 규정에 따른다.

제6조【벌칙의 과태료 전환에 관한 경과조치】 이 법 시행 전의 위반행위에 관하여는 제28조제1항제3호의 개정규정에도 불구하고 종전의 규정에 따른다.

부 칙 (2024.2.6)

제1조【시행일】 이 법은 공포 후 6개월이 경과한 날부터 시행한다.

제2조【체불 임금등의 융자에 관한 적용례】 제7조의3제1항의 개정규정은 이 법 시행 당시 체불 임금등의 지급에 필요한 비용의 융자 절차가 진행 중인 경우에도 적용한다.

제3조【미회수자료의 제공에 관한 적용례】 제23조의3의 개정규정은 이 법 시행 이후 제7조 또는 제7조의2에 따라 지급하는 대지급금에 관한 자료부터 적용한다.

최저임금법

(1986년 12월 31일
법 률 제3927호)

개정
1993. 8. 5법 4575호
1997.12.24법 5474호(근로자직업훈련촉진법)
1999. 2. 8법 5888호 2000.10.23법 6278호
2005. 5.31법 7563호 2005.12.30법 7827호
2007. 4.11법 8372호(근기)
2007.12.27법 8818호 2008. 3.21법 8964호
2010. 6. 4법10339호(정부조직)
2012. 2. 1법11278호 2017. 9.19법14900호
2018. 6.12법15666호
2020. 5.26법17326호(법률용어정비)

제1장 총 칙
(2008.3.21 본장개정)

제1조【목적】 이 법은 근로자에 대하여 임금의 최저수준을 보장하여 근로자의 생활안정과 노동력의 질적 향상을 꾀함으로써 국민경제의 건전한 발전에 이바지하는 것을 목적으로 한다.

제2조【정의】 이 법에서 "근로자", "사용자" 및 "임금"이란 「근로기준법」 제2조에 따른 근로자, 사용자 및 임금을 말한다.

제3조【적용 범위】 ① 이 법은 근로자를 사용하는 모든 사업 또는 사업장(이하 "사업"이라 한다)에 적용한다. 다만, 동거하는 친족만을 사용하는 사업과 가사(家事) 사용인에게는 적용하지 아니한다.
② 이 법은 「선원법」의 적용을 받는 선원과 선원을 사용하는 선박의 소유자에게는 적용하지 아니한다.

제2장 최저임금
(2008.3.21 본장개정)

제4조【최저임금의 결정기준과 구분】 ① 최저임금은 근로자의 생계비, 유사 근로자의 임금, 노동생산성 및 소득분배율 등을 고려하여 정한다. 이 경우 사업의 종류별로 구분하여 정할 수 있다.
② 제1항에 따른 사업의 종류별 구분은 제12조에 따른 최저임금위원회의 심의를 거쳐 고용노동부장관이 정한다.
(2010.6.4 본항개정)

제5조【최저임금액】 ① 최저임금액(최저임금으로 정한 금액을 말한다. 이하 같다)은 시간·일(日)·주(週) 또는 월(月)을 단위로 하여 정한다. 이 경우 일·주 또는 월을 단위로 하여 최저임금액을 정할 때에는 시간급(時間給)으로도 표시하여야 한다.
② 1년 이상의 기간을 정하여 근로계약을 체결하고 수습 중에 있는 근로자로서 수습을 시작한 날부터 3개월 이내인 사람에 대하여는 대통령령으로 정하는 바에 따라 제1항에 따른 최저임금액과 다른 금액으로 최저임금액을 정할 수 있다. 다만, 단순노무업무로 고용노동부장관이 정하여 고시한 직종에 종사하는 근로자는 제외한다.(2020.5.26 본문개정)
③ 임금이 통상적으로 도급제나 그 밖에 이와 비슷한 형태로 정하여져 있는 경우로서 제1항에 따라 최저임금액을 정하는 것이 적당하지 아니하다고 인정되면 대통령령으로 정하는 바에 따라 최저임금액을 따로 정할 수 있다.

제5조의2【최저임금의 적용을 위한 임금의 환산】 최저임금의 적용 대상이 되는 근로자의 임금을 정하는 단위기간이 제5조제1항에 따른 최저임금의 단위기간과 다른 경우에 해당 근로자의 임금을 최저임금의 단위기간에 맞추어 환산하는 방법은 대통령령으로 정한다.

제6조【최저임금의 효력】 ① 사용자는 최저임금의 적용을 받는 근로자에게 최저임금액 이상의 임금을 지급하여야 한다.
② 사용자는 이 법에 따른 최저임금을 이유로 종전의 임금수준을 낮추어서는 아니 된다.
③ 최저임금의 적용을 받는 근로자와 사용자 사이의 근로계약 중 최저임금액에 미치지 못하는 금액을 임금으로 정한 부분은 무효로 하며, 이 경우 무효로 된 부분은 이 법으로 정한 최저임금액과 동일한 임금을 지급하기로 한 것으로 본다.
④ 제1항과 제3항에 따른 임금에는 매월 1회 이상 정기적으로 지급하는 임금을 산입(算入)한다. 다만, 다음 각 호의 어느 하나에 해당하는 임금은 산입하지 아니한다.
1. 「근로기준법」 제2조제1항제8호에 따른 소정(所定)근로시간(이하 "소정근로시간"이라 한다) 또는 소정의 근로일에 대하여 지급하는 임금 외의 임금으로서 고용노동부령으로 정하는 임금
2. 상여금, 그 밖에 이에 준하는 것으로서 고용노동부령으로 정하는 임금의 월 지급액 중 해당 연도 시간급 최저임금액을 기준으로 산정된 월 환산액의 100분의 25에 해당하는 부분
3. 식비, 숙박비, 교통비 등 근로자의 생활 보조 또는 복리후생을 위한 성질의 임금으로서 다음 각 목의 어느 하나에 해당하는 것
가. 통화 이외의 것으로 지급하는 임금
나. 통화로 지급하는 임금의 월 지급액 중 해당 연도 시간급 최저임금액을 기준으로 산정된 월 환산액의 100분의 7에 해당하는 부분
(2018.6.12 본항개정)
⑤ 제4항에도 불구하고 「여객자동차 운수사업법」 제3조 및 같은 법 시행령 제3조제2호다목에 따른 일반택시운송사업에서 운전업무에 종사하는 근로자의 최저임금에 산입되는 임금의 범위는 생산고에 따른 임금을 제외한 대통령령으로 정하는 임금으로 한다.
⑥ 제1항과 제3항은 다음 각 호의 어느 하나에 해당하는 사유로 근로하지 아니한 시간 또는 일에 대하여 사용자가 임금을 지급할 것을 강제하는 것은 아니다.
1. 근로자가 자기의 사정으로 소정근로시간 또는 소정의 근로일의 근로를 하지 아니한 경우
2. 사용자가 정당한 이유로 근로자에게 소정근로시간 또는 소정의 근로일의 근로를 시키지 아니한 경우
⑦ 도급으로 사업을 행하는 경우 도급인이 책임져야 할 사유로 수급인이 근로자에게 최저임금액에 미치지 못하는 임금을 지급한 경우 도급인은 해당 수급인과 연대(連帶)하여 책임을 진다.
⑧ 제7항에 따른 도급인이 책임져야 할 사유의 범위는 다음 각 호와 같다.
1. 도급인이 도급계약 체결 당시 인건비 단가를 최저임금액에 미치지 못하는 금액으로 결정하는 행위
2. 도급인이 도급계약 기간 중 인건비 단가를 최저임금액에 미치지 못하는 금액으로 낮춘 행위
⑨ 두 차례 이상의 도급으로 사업을 행하는 경우에는 제7항의 "수급인"은 "하수급인(下受給人)"으로 보고, 제7항과 제8항의 "도급인"은 "직상(直上) 수급인(하수급인에게 직접 하도급을 준 수급인)"으로 본다.

제6조의2【최저임금 산입을 위한 취업규칙 변경절차의 특례】 사용자가 제6조제4항에 따라 산입되는 임금에 포함시키기 위하여 1개월을 초과하는 주기로 지급하는 임금을 총액의 변동 없이 매월 지급하는 것으로 취업규칙을 변경하려는 경우에는 「근로기준법」 제94조제1항에도 불구하고 해당 사업 또는 사업장에 근로자의 과반수로 조직된 노동조합이 있는 경우에는 그 노동조합, 근로자의 과반수로 조직된 노동조합이 없는 경우에는 근로자의 과반수의 의견을 들어야 한다.(2018.6.12 본조신설)

제7조【최저임금의 적용 제외】 다음 각 호의 어느 하나에 해당하는 사람으로서 사용자가 대통령령으로 정하는 바에 따라 고용노동부장관의 인가를 받은 사람에 대하여는 제6조를 적용하지 아니한다.
1. 정신장애나 신체장애로 근로능력이 현저히 낮은 사람
2. 그 밖에 최저임금을 적용하는 것이 적당하지 아니하다고 인정되는 사람
(2020.5.26 본조개정)

제3장 최저임금의 결정
(2008.3.21 본장개정)

제8조【최저임금의 결정】 ① 고용노동부장관은 매년 8월 5일까지 최저임금을 결정하여야 한다. 이 경우 고용노동부장관은

대통령령으로 정하는 바에 따라 제12조에 따른 최저임금위원회(이하 "위원회"라 한다)에 심의를 요청하고, 위원회가 심의하여 의결한 최저임금안에 따라 최저임금을 결정하여야 한다.
② 위원회는 제1항 후단에 따라 고용노동부장관으로부터 최저임금에 관한 심의 요청을 받은 경우 이를 심의하여 최저임금안을 의결하고 심의 요청을 받은 날부터 90일 이내에 고용노동부장관에게 제출하여야 한다.
③ 고용노동부장관은 제2항에 따라 위원회가 심의하여 제출한 최저임금안에 따라 최저임금을 결정하기가 어렵다고 인정되면 20일 이내에 그 이유를 밝혀 위원회에 10일 이상의 기간을 정하여 재심의를 요청할 수 있다.
④ 위원회는 제3항에 따라 재심의 요청을 받은 때에는 그 기간 내에 재심의하여 그 결과를 고용노동부장관에게 제출하여야 한다.
⑤ 고용노동부장관은 위원회가 제4항에 따른 재심의에서 재적위원 과반수의 출석과 출석위원 3분의 2 이상의 찬성으로 제2항에 따른 당초의 최저임금안을 재의결한 경우에는 그에 따라 최저임금을 결정하여야 한다.
(2010.6.4 본조개정)

제9조【최저임금안에 대한 이의 제기】 ① 고용노동부장관은 제8조제2항에 따라 위원회로부터 최저임금안을 제출받은 때에는 대통령령으로 정하는 바에 따라 최저임금안을 고시하여야 한다.
② 근로자를 대표하는 자나 사용자를 대표하는 자는 제1항에 따라 고시된 최저임금안에 대하여 이의가 있으면 고시된 날부터 10일 이내에 대통령령으로 정하는 바에 따라 고용노동부장관에게 이의를 제기할 수 있다. 이 경우 근로자를 대표하는 자나 사용자를 대표하는 자의 범위는 대통령령으로 정한다.
③ 고용노동부장관은 제2항에 따른 이의가 이유 있다고 인정되면 그 내용을 밝혀 제8조제3항에 따라 위원회에 최저임금안의 재심의를 요청하여야 한다.
④ 고용노동부장관은 제3항에 따라 재심의를 요청한 최저임금안에 대하여 제8조제4항에 따라 위원회가 재심의하여 의결한 최저임금안이 제출될 때까지는 최저임금을 결정하여서는 아니 된다.
(2010.6.4 본조개정)

제10조【최저임금의 고시와 효력발생】 ① 고용노동부장관은 최저임금을 결정한 때에는 지체 없이 그 내용을 고시하여야 한다.
② 제1항에 따라 고시된 최저임금은 다음 연도 1월 1일부터 효력이 발생한다. 다만, 고용노동부장관은 사업의 종류별로 임금교섭시기 등을 고려하여 필요하다고 인정하면 효력발생 시기를 따로 정할 수 있다.
(2010.6.4 본조개정)

제11조【주지 의무】 최저임금의 적용을 받는 사용자는 대통령령으로 정하는 바에 따라 해당 최저임금을 그 사업의 근로자가 쉽게 볼 수 있는 장소에 게시하거나 그 외의 적당한 방법으로 근로자에게 널리 알려야 한다.

제4장 최저임금위원회

(2008.3.21 본장개정)

제12조【최저임금위원회의 설치】 최저임금에 관한 심의와 그 밖에 최저임금에 관한 중요 사항을 심의하기 위하여 고용노동부에 최저임금위원회를 둔다.(2010.6.4 본조개정)

제13조【위원회의 기능】 위원회는 다음 각 호의 기능을 수행한다.
1. 최저임금에 관한 심의 및 재심의
2. 최저임금 적용 사업의 종류별 구분에 관한 심의
3. 최저임금제도의 발전을 위한 연구 및 건의
4. 그 밖에 최저임금에 관한 중요 사항으로서 고용노동부장관이 회의에 부치는 사항의 심의(2010.6.4 본호개정)

제14조【위원회의 구성 등】 ① 위원회는 다음 각 호의 위원으로 구성한다.
1. 근로자를 대표하는 위원(이하 "근로자위원"이라 한다) 9명
2. 사용자를 대표하는 위원(이하 "사용자위원"이라 한다) 9명
3. 공익을 대표하는 위원(이하 "공익위원"이라 한다) 9명
② 위원회에 2명의 상임위원을 두며, 상임위원은 공익위원이 된다.
③ 위원의 임기는 3년으로 하되, 연임할 수 있다.
④ 위원이 궐위(闕位)되면 그 보궐위원의 임기는 전임자(前任者) 임기의 남은 기간으로 한다.
⑤ 위원은 임기가 끝났더라도 후임자가 임명되거나 위촉될 때까지 계속하여 직무를 수행한다.
⑥ 위원의 자격과 임명 · 위촉 등에 관하여 필요한 사항은 대통령령으로 정한다.

제15조【위원장과 부위원장】 ① 위원회에 위원장과 부위원장 각 1명을 둔다.
② 위원장과 부위원장은 공익위원 중에서 위원회가 선출한다.
③ 위원장은 위원회의 사무를 총괄하며 위원회를 대표한다.
④ 위원장이 불가피한 사유로 직무를 수행할 수 없을 때에는 부위원장이 직무를 대행한다.

제16조【특별위원】 ① 위원회에는 관계 행정기관의 공무원 중에서 3명 이내의 특별위원을 둘 수 있다.
② 특별위원은 위원회의 회의에 출석하여 발언할 수 있다.
③ 특별위원의 자격 및 위촉 등에 관하여 필요한 사항은 대통령령으로 정한다.

제17조【회의】 ① 위원회의 회의는 다음 각 호의 경우에 위원장이 소집한다.
1. 고용노동부장관이 소집을 요구하는 경우(2010.6.4 본호개정)
2. 재적위원 3분의 1 이상이 소집을 요구하는 경우
3. 위원장이 필요하다고 인정하는 경우
② 위원장은 위원회 회의의 의장이 된다.
③ 위원회의 회의는 이 법으로 따로 정하는 경우 외에는 재적위원 과반수의 출석과 출석위원 과반수의 찬성으로 의결한다.
④ 위원회가 제3항에 따른 의결을 할 때에는 근로자위원과 사용자위원 각 3분의 1 이상의 출석이 있어야 한다. 다만, 근로자위원이나 사용자위원이 2회 이상 출석요구를 받고도 정당한 이유 없이 출석하지 아니하는 경우에는 그러하지 아니하다.

제18조【의견 청취】 위원회는 그 업무를 수행할 때에 필요하다고 인정하면 관계 근로자와 사용자, 그 밖의 관계인의 의견을 들을 수 있다.

제19조【전문위원회】 ① 위원회는 필요하다고 인정하면 사업의 종류별 또는 특정 사항별로 전문위원회를 둘 수 있다.
② 전문위원회는 위원회 권한의 일부를 위임받아 제13조 각 호의 위원회 기능을 수행한다.
③ 전문위원회는 근로자위원, 사용자위원 및 공익위원 각 5명 이내의 같은 수로 구성한다.
④ 전문위원회에 관하여는 위원회의 운영 등에 관한 제14조제3항부터 제6항까지, 제15조, 제17조 및 제18조를 준용한다. 이 경우 "위원회"를 "전문위원회"로 본다.

제20조【사무국】 ① 위원회에 그 사무를 처리하게 하기 위하여 사무국을 둔다.
② 사무국에는 최저임금의 심의 등에 필요한 전문적인 사항을 조사 · 연구하게 하기 위하여 3명 이내의 연구위원을 둘 수 있다.
③ 연구위원의 자격 · 위촉 및 수당과 사무국의 조직 · 운영 등에 필요한 사항은 대통령령으로 정한다.

제21조【위원의 수당 등】 위원회 및 전문위원회의 위원에게는 대통령령으로 정하는 바에 따라 수당과 여비를 지급할 수 있다.

제22조【운영규칙】 위원회는 이 법에 어긋나지 아니하는 범위에서 위원회 및 전문위원회의 운영에 관한 규칙을 제정할 수 있다.

제5장 보 칙

(2008.3.21 본장개정)

제23조【생계비 및 임금실태 등의 조사】 고용노동부장관은 근로자의 생계비와 임금실태 등을 매년 조사하여야 한다.
(2010.6.4 본조개정)

제24조【정부의 지원】 정부는 근로자와 사용자에게 최저임금제도를 원활하게 실시하는 데에 필요한 자료를 제공하거나 그 밖에 필요한 지원을 하도록 최대한 노력하여야 한다.

제25조【보고】 고용노동부장관은 이 법의 시행에 필요한 범위에서 근로자나 사용자에게 임금에 관한 사항을 보고하게 할 수 있다.(2010.6.4 본조개정)

제26조【근로감독관의 권한】 ① 고용노동부장관은 「근로기준법」 제101조에 따른 근로감독관에게 대통령령으로 정하는 바에 따라 이 법의 시행에 관한 사무를 관장하도록 한다.
(2010.6.4 본항개정)

② 근로감독관은 제1항에 따른 권한을 행사하기 위하여 사업장에 출입하여 장부와 서류의 제출을 요구할 수 있으며 그 밖의 물건을 검사하거나 관계인에게 질문할 수 있다.

③ 제2항에 따라 출입·검사를 하는 근로감독관은 그 신분을 표시하는 증표를 지니고 이를 관계인에게 내보여야 한다.

④ 근로감독관은 이 법 위반의 죄에 관하여 「사법경찰관리의 직무를 행할 자와 그 직무범위에 관한 법률」로 정하는 바에 따라 사법경찰관의 직무를 행한다.

제26조의2【권한의 위임】 이 법에 따른 고용노동부장관의 권한은 대통령령으로 정하는 바에 따라 그 일부를 지방고용노동관서의 장에게 위임할 수 있다.(2010.6.4 본조개정)

제27조 (2008.3.21 삭제)

제6장 벌 칙
(2008.3.21 본장개정)

제28조【벌칙】 ① 제6조제1항 또는 제2항을 위반하여 최저임금액보다 적은 임금을 지급하거나 최저임금을 이유로 종전의 임금을 낮춘 자는 3년 이하의 징역 또는 2천만원 이하의 벌금에 처한다. 이 경우 징역과 벌금은 병과(倂科)할 수 있다.

② 도급인에게 제6조제7항에 따라 연대책임이 발생하여 근로감독관이 그 연대책임을 이행하도록 시정지시하였음에도 불구하고 도급인이 시정기한 내에 이를 이행하지 아니한 경우 2년 이하의 징역 또는 1천만원 이하의 벌금에 처한다.(2012.2.1 본항신설)

③ 제6조의2를 위반하여 의견을 듣지 아니한 자는 500만원 이하의 벌금에 처한다.(2018.6.12 본항신설)

제29조 (1999.2.8 삭제)

제30조【양벌규정】 ① 법인의 대표자, 대리인, 사용인, 그 밖의 종업원이 그 법인의 업무에 관하여 제28조의 위반행위를 하면 그 행위자를 벌할 뿐만 아니라 그 법인에도 해당 조문의 벌금형을 과(科)한다.

② 개인의 대리인, 사용인, 그 밖의 종업원이 그 개인의 업무에 관하여 제28조의 위반행위를 하면 그 행위자를 벌할 뿐만 아니라 그 개인에게도 해당 조문의 벌금형을 과한다.

제31조【과태료】 ① 다음 각 호의 어느 하나에 해당하는 자에게는 100만원 이하의 과태료를 부과한다.
1. 제11조를 위반하여 근로자에게 해당 최저임금을 같은 조에서 규정한 방법으로 널리 알리지 아니한 자
2. 제25조에 따른 임금에 관한 사항의 보고를 하지 아니하거나 거짓 보고를 한 자
3. 제26조제2항에 따른 근로감독관의 요구 또는 검사를 거부·방해 또는 기피하거나 질문에 대하여 거짓 진술을 한 자

② 제1항에 따른 과태료는 대통령령으로 정하는 바에 따라 고용노동부장관이 부과·징수한다.(2010.6.4 본항개정)

③ 제2항에 따른 과태료 처분에 불복하는 자는 그 처분을 고지받은 날부터 30일 이내에 고용노동부장관에게 이의를 제기할 수 있다.(2010.6.4 본항개정)

④ 제2항에 따른 과태료 처분을 받은 자가 제3항에 따라 이의를 제기하면 고용노동부장관은 지체 없이 관할 법원에 그 사실을 통보하여야 하며, 그 통보를 받은 관할 법원은 「비송사건절차법」에 따른 과태료 재판을 한다.
(2010.6.4 본항개정)

⑤ 제3항에 따른 기간에 이의를 제기하지 아니하고 과태료를 내지 아니하면 국세 체납처분의 예에 따라 징수한다.

부 칙 (2005.5.31)

① **【시행일】** 이 법은 2005년 9월 1일부터 시행한다. 다만, 제5조제2항제2호의 개정규정은 2007년 1월 1일부터 시행하고, 부칙 제3항은 2005년 7월 1일부터 시행한다.

② **【최저임금에 관한 경과조치】** 이 법 시행 당시 종전의 규정에 의하여 결정되어 2005년 9월 1일부터 효력을 발생하는 최저임금은 2006년 12월 31일까지 효력을 가진다.

③ **【근로시간 단축에 따른 최저임금 보전】** 사용자는 법률 제6974호 「근로기준법중개정법률」 제49조제1항의 개정규정으로 인하여 소정근로시간이 단축되는 경우 정당한 사유 없이 최저임금의 적용대상이 되는 임금을 단축전 소정근로시간에 단축당시 적용되는 시간급 최저임금액을 곱한 금액보다 저하하게 할 수 없다. 다만, 1주 4시간을 초과하여 단축되는 경우 그 초과되는 시간을 단축전 소정근로시간에서 제외할 수 있다.

부 칙 (2007.12.27)

이 법의 시행일은 다음 각 호와 같다.
1. 「지방자치법」 제2조제1항제1호의 특별시 및 광역시 : 2009년 7월 1일
2. 제주특별자치도 및 「지방자치법」 제2조제1항제2호의 시지역 : 2010년 7월 1일
3. 제1호 및 제2호를 제외한 지역 : 2012년 7월 1일

부 칙 (2008.3.21)

① **【시행일】** 이 법은 공포한 날부터 시행한다. 다만, 제6조제5항의 개정규정의 시행일은 다음 각 호와 같다.
1. 「지방자치법」 제2조제1항제1호의 특별시 및 광역시 : 2009년 7월 1일
2. 제주특별자치도 및 「지방자치법」 제2조제1항제2호의 시지역 : 2010년 7월 1일
3. 제1호 및 제2호를 제외한 지역 : 2012년 7월 1일

② **【다른 법률의 개정】** ※(해당 법령에 가제정리 하였음)

부 칙 (2017.9.19)

제1조【시행일】 이 법은 공포 후 6개월이 경과한 날부터 시행한다.

제2조【최저임금액에 관한 적용례】 제5조제2항의 개정규정은 이 법 시행 후 최초로 체결하는 근로계약부터 적용한다.

부 칙 (2018.6.12)

제1조【시행일】 이 법은 2019년 1월 1일부터 시행한다.

제2조【최저임금의 효력에 관한 적용 특례】 ① 제6조제4항제2호의 개정규정에도 불구하고 같은 호에서 규정하고 있는 "100분의 25"는 다음 각 호에 따른 비율로 한다.
1. 2020년은 100분의 20
2. 2021년은 100분의 15
3. 2022년은 100분의 10
4. 2023년은 100분의 5
5. 2024년부터는 100분의 0

② 제6조제4항제3호의 개정규정에도 불구하고 같은 호 나목에서 규정하고 있는 "100분의 7"은 다음 각 호에 따른 비율로 한다.
1. 2020년은 100분의 5
2. 2021년은 100분의 3
3. 2022년은 100분의 2
4. 2023년은 100분의 1
5. 2024년부터는 100분의 0

부 칙 (2020.5.26)

이 법은 공포한 날부터 시행한다.(이하 생략)

고용보험법

(2007년 5월 11일 전부개정법률 제8429호)

개정
2007.12.21법 8781호(남녀고용평등과일 · 가정양립지원에관한법)
2008. 3.21법 8959호 2008.12.31법 9315호
2009.10. 9법 9792호(고용정책기본법)
2010. 1.27법 9990호
2010. 2. 4법 9999호(문화재수리등에관한법)
2010. 5.31법10337호(근로자직업능력개발법)
2010. 5.31법10338호(숙련기술장려법)
2010. 6. 4법10339호(정부조직)
2011. 5.24법10719호(건설산업기본법)
2011. 6. 7법10789호(영유아보육법)
2011. 7.21법10895호
2012. 2. 1법11274호(남녀고용평등과일 · 가정양립지원에관한법)
2012.12.11법11530호(국가공무원)
2013. 1.23법11628호 2013. 3.22법11662호
2013. 6. 4법11864호 2014. 1.21법12323호
2015. 1.20법13041호
2016. 1.19법13805호(주택법)
2016. 5.29법14233호 2016.12.27법14496호
2019. 1.15법16269호
2019. 4.30법16413호(파견근로자보호)
2019. 4.30법16415호(건설산업기본법)
2019. 8.27법16557호
2020. 5.26법17326호(법률용어정비)
2020. 6. 9법17429호 2021. 1. 5법17859호
2021. 8.17법18425호(국민평생직업능력개발법)
2022. 6.10법18913호(집행유예선고에관한결격사유명확화를위한일부개정법률)
2022. 6.10법18919호(고용보험및산업재해보상보험의보험료징수등에관한법)
2022. 6.10법18920호 2022.12.31법19210호
2023. 8. 8법19591호(국가유산수리등에관한법)
2024.10.22법20519호

제1장 총 칙

제1조【목적】 이 법은 고용보험의 시행을 통하여 실업의 예방, 고용의 촉진 및 근로자 등의 직업능력의 개발과 향상을 꾀하고, 국가의 직업지도와 직업소개 기능을 강화하며, 근로자 등이 실업한 경우에 생활에 필요한 급여를 실시하여 근로자 등의 생활안정과 구직 활동을 촉진함으로써 경제 · 사회 발전에 이바지하는 것을 목적으로 한다.(2021.1.5 본조개정)

제2조【정의】 이 법에서 사용하는 용어의 뜻은 다음과 같다.
1. "피보험자"란 다음 각 목에 해당하는 사람을 말한다.
(2020.5.26 본문개정)
가.「고용보험 및 산업재해보상보험의 보험료징수 등에 관한 법률」(이하 "고용산재보험료징수법"이라 한다) 제5조제1항 · 제2항, 제6조제1항, 제8조제1항 · 제2항, 제48조의2제1항 및 제48조의3제1항에 따라 보험에 가입되거나 가입된 것으로 보는 근로자, 예술인 또는 노무제공자(2021.1.5 본목개정)
나. 고용산재보험료징수법 제49조의2제1항 · 제2항에 따라 고용보험에 가입하거나 가입된 것으로 보는 자영업자(이하 "자영업자인 피보험자"라 한다)(2021.1.5 본목개정)
2. "이직(離職)"이란 피보험자와 사업주 사이의 고용관계가 끝나게 되는 것(제77조의2제1항에 따른 예술인 및 제77조의6제1항에 따른 노무제공자의 경우에는 문화예술용역 관련 계약 또는 노무제공계약이 끝나는 것을 말한다)을 말한다.
(2021.1.5 본호개정)
3. "실업"이란 근로의 의사와 능력이 있음에도 불구하고 취업하지 못한 상태에 있는 것을 말한다.(2008.12.31 본호개정)
4. "실업의 인정"이란 직업안정기관의 장이 제43조에 따른 수급자격자가 실업한 상태에서 적극적으로 직업을 구하기 위하여 노력하고 있다고 인정하는 것을 말한다.
5. "보수"란「소득세법」제20조에 따른 근로소득에서 대통령령으로 정하는 금품을 뺀 금액을 말한다. 다만, 휴직이나 그 밖에 이와 비슷한 상태에 있는 기간 중에 사업주 외의 자로부터 지급받는 금품 중 고용노동부장관이 정하여 고시하는 금품은 보수로 본다.(2011.7.21 단서신설)
6. "일용근로자"란 1개월 미만 동안 고용되는 사람을 말한다.
(2020.5.26 본호개정)

제3조【보험의 관장】 고용보험(이하 "보험"이라 한다)은 고용노동부장관이 관장한다.(2010.6.4 본조개정)

제4조【고용보험사업】 ① 보험은 제1조의 목적을 이루기 위하여 고용보험사업(이하 "보험사업"이라 한다)으로 고용안정 · 직업능력개발 사업, 실업급여, 육아휴직 급여 및 출산전후휴가 급여 등을 실시한다.(2012.2.1 본항개정)
② 보험사업의 보험연도는 정부의 회계연도에 따른다.

제5조【국고의 부담】 ① 국가는 매년 보험사업에 드는 비용의 일부를 일반회계에서 부담하여야 한다.(2015.1.20 본항개정)
② 국가는 매년 예산의 범위에서 보험사업의 관리 · 운영에 드는 비용을 부담할 수 있다.

제6조【보험료】 ① 이 법에 따른 보험사업에 드는 비용을 충당하기 위하여 징수하는 보험료와 그 밖의 징수금에 대하여는 고용산재보험료징수법으로 정하는 바에 따른다.
② 고용산재보험료징수법 제13조제1항제1호에 따라 징수된 고용안정 · 직업능력개발 사업의 보험료 및 실업급여의 보험료는 각각 그 사업에 드는 비용에 충당한다. 다만, 실업급여의 보험료는 제55조의2제1항에 따른 국민연금 보험료의 지원, 제70조제1항에 따른 육아휴직 급여의 지급, 제73조의2제1항에 따른 육아기 근로시간 단축 급여의 지급, 제75조 · 제76조의2에 따른 출산전후휴가 급여등 및 제77조의4 · 제77조의9에 따른 출산전후급여등의 지급에 드는 비용에 충당할 수 있다.
③ 제2항에도 불구하고 자영업자인 피보험자로부터 고용산재보험료징수법 제49조의2에 따라 징수된 고용안정 · 직업능력개발 사업의 보험료 및 실업급여의 보험료는 각각 자영업자인 피보험자를 위한 그 사업에 드는 비용에 충당한다. 다만, 실업급여의 보험료는 자영업자인 피보험자를 위한 제55조의2제1항에 따른 국민연금 보험료의 지원에 드는 비용에 충당할 수 있다.
(2021.1.5 본조개정)

제7조【고용보험위원회】 ① 이 법 및 고용산재보험료징수법(보험에 관한 사항만 해당한다)의 시행에 관한 주요 사항을 심의하기 위하여 고용노동부에 고용보험위원회(이하 이 조에서 "위원회"라 한다)를 둔다.(2021.1.5 본항개정)
② 위원회는 다음 각 호의 사항을 심의한다.
1. 보험제도 및 보험사업의 개선에 관한 사항
2. 고용산재보험료징수법에 따른 보험료율의 결정에 관한 사항
(2021.1.5 본호개정)

3. 제11조의2에 따른 보험사업의 평가에 관한 사항
4. 제81조에 따른 기금운용 계획의 수립 및 기금의 운용 결과에 관한 사항
5. 그 밖에 위원장이 보험제도 및 보험사업과 관련하여 위원회의 심의가 필요하다고 인정하는 사항
③ 위원회는 위원장 1명을 포함한 20명 이내의 위원으로 구성한다.
④ 위원회의 위원장은 고용노동부차관이 되고, 위원은 다음 각 호의 사람 중에서 각각 같은 수(數)로 고용노동부장관이 임명하거나 위촉하는 사람이 된다.(2010.6.4 본문개정)
1. 근로자를 대표하는 사람
2. 사용자를 대표하는 사람
3. 공익을 대표하는 사람
4. 정부를 대표하는 사람
⑤ 위원회는 심의 사항을 사전에 검토·조정하기 위하여 위원회에 전문위원회를 둘 수 있다.
⑥ 위원회 및 전문위원회의 구성·운영과 그 밖에 필요한 사항은 대통령령으로 정한다.
(2008.12.31 본조개정)
제8조【적용 범위】 ① 이 법은 근로자를 사용하는 모든 사업 또는 사업장(이하 "사업"이라 한다)에 적용한다. 다만, 산업별 특성 및 규모 등을 고려하여 대통령령으로 정하는 사업에 대해서는 적용하지 아니한다.(2021.1.5 단서개정)
② 이 법은 제77조의2제1항에 따른 예술인 또는 제77조의6제1항에 따른 노무제공자의 노무를 제공받는 사업에 적용하되, 제1장, 제2장, 제4장, 제5장의2, 제5장의3, 제6장, 제8장 또는 제9장의 예술인 또는 노무제공자에 관한 규정을 각각 적용한다.
(2022.12.31 본항개정)
제9조【보험관계의 성립·소멸】 이 법에 따른 보험관계의 성립 및 소멸에 대하여는 고용산재보험료징수법으로 정하는 바에 따른다.(2021.1.5 본조개정)
제10조【적용 제외】 ① 다음 각 호의 어느 하나에 해당하는 사람에게는 이 법을 적용하지 아니한다.
1. (2019.1.15 삭제)
2. 해당 사업에서 소정(所定)근로시간이 대통령령으로 정하는 시간 미만인 근로자(2022.12.31 본호개정)
3. 「국가공무원법」과 「지방공무원법」에 따른 공무원. 다만, 대통령령으로 정하는 바에 따라 별정직공무원, 「국가공무원법」 제26조의5 및 「지방공무원법」 제25조의5에 따른 임기제공무원의 경우는 본인의 의사에 따라 고용보험(제4장에 한정한다)에 가입할 수 있다.
4. 「사립학교교직원 연금법」의 적용을 받는 사람
5. 그 밖에 대통령령으로 정하는 사람
(2020.5.26 본항개정)
② 65세 이후에 고용(65세 전부터 피보험 자격을 유지하던 사람이 65세 이후에 계속하여 고용된 경우는 제외한다)되거나 자영업을 개시한 사람에게는 제4장 및 제5장을 적용하지 아니한다.(2019.1.15 본항신설)
(2013.6.4 본조제목개정)
제10조의2【외국인 근로자·예술인·노무제공자에 대한 적용】 ① 「외국인근로자의 고용 등에 관한 법률」의 적용을 받는 외국인근로자에게는 이 법을 적용한다. 다만, 제4장 및 제5장은 고용노동부령으로 정하는 바에 따른 신청이 있는 경우에만 적용한다.
② 제1항에 해당하는 외국인근로자를 제외한 외국인이 근로계약, 제77조의2제1항의 문화예술용역 관련 계약 또는 제77조의6제1항의 노무제공계약을 체결한 경우에는 「출입국관리법」 제10조에 따른 체류자격의 활동범위 및 체류기간 등을 고려하여 대통령령으로 정하는 바에 따라 이 법의 전부 또는 일부를 적용한다.(2022.12.31 본항개정)
(2022.12.31 본조제목개정)
(2019.1.15 본조신설)
제11조【보험 관련 조사·연구】 ① 고용노동부장관은 노동시장·직업 및 직업능력개발에 관한 연구와 보험 관련 업무를 지원하기 위한 조사·연구 사업 등을 할 수 있다.
② 고용노동부장관은 필요하다고 인정하면 제1항에 따른 업무의 일부를 대통령령으로 정하는 자에게 대행하게 할 수 있다.
(2010.6.4 본조개정)
제11조의2【보험사업의 평가】 ① 고용노동부장관은 보험사업에 대하여 상시적이고 체계적인 평가를 하여야 한다.
② 고용노동부장관은 제1항에 따른 평가의 전문성을 확보하기 위하여 대통령령으로 정하는 기관에 제1항에 따른 평가를 의뢰할 수 있다.
③ 고용노동부장관은 제1항 및 제2항에 따른 평가 결과를 반영하여 보험사업을 조정하거나 제81조에 따른 기금운용 계획을 수립하여야 한다.
(2010.6.4 본조개정)
제12조【국제교류·협력】 고용노동부장관은 보험사업에 관하여 국제기구 및 외국 정부 또는 기관과의 교류·협력 사업을 할 수 있다.(2010.6.4 본조개정)

제2장 피보험자의 관리

제13조【피보험자격의 취득일】 ① 근로자인 피보험자는 이 법이 적용되는 사업에 고용된 날에 피보험자격을 취득한다. 다만, 다음 각 호의 경우에는 각각 그 해당되는 날에 피보험자격을 취득한 것으로 본다.(2021.1.5 본문개정)
1. 제10조 및 제10조의2에 따른 적용 제외 근로자였던 사람이 이 법의 적용을 받게 된 경우에는 그 적용을 받게 된 날(2020.5.26 본호개정)
2. 고용산재보험료징수법 제7조에 따른 보험관계 성립일 전에 고용된 근로자의 경우에는 그 보험관계가 성립한 날(2021.1.5 본호개정)
② 자영업자인 피보험자는 고용산재보험료징수법 제49조의2제1항 및 같은 조 제12항에서 준용하는 같은 법 제7조제3호에 따라 보험관계가 성립한 날에 피보험자격을 취득한다.
(2021.1.5 본항개정)
제14조【피보험자격의 상실일】 ① 근로자인 피보험자는 다음 각 호의 어느 하나에 해당하는 날에 각각 그 피보험자격을 상실한다.
1. 근로자인 피보험자가 제10조 및 제10조의2에 따른 적용 제외 근로자에 해당하게 된 경우에는 그 적용 제외 대상자가 된 날
2. 고용산재보험료징수법 제10조에 따라 보험관계가 소멸한 경우에는 그 보험관계가 소멸한 날
3. 근로자인 피보험자가 이직한 경우에는 이직한 날의 다음 날
4. 근로자인 피보험자가 사망한 경우에는 사망한 날의 다음 날
② 자영업자인 피보험자는 고용산재보험료징수법 제49조의2제10항 및 같은 조 제12항에서 준용하는 같은 법 제10조제1호부터 제3호까지의 규정에 따라 보험관계가 소멸한 날에 피보험자격을 상실한다.
(2021.1.5 본조개정)
제15조【피보험자격에 관한 신고 등】 ① 사업주는 그 사업에 고용된 근로자의 피보험자격의 취득 및 상실 등에 관한 사항을 대통령령으로 정하는 바에 따라 고용노동부장관에게 신고하여야 한다.(2010.6.4 본항개정)
② 고용산재보험료징수법 제9조에 따라 원수급인(元受給人)이 사업주로 된 경우에 그 사업에 종사하는 근로자 중 원수급인이 고용하는 근로자 외의 근로자에 대하여는 그 근로자를 고용하는 다음 각 호의 하수급인(下受給人)이 제1항에 따른 신고를 하여야 한다. 이 경우 원수급인은 고용노동부령으로 정하는 바에 따라 하수급인에 관한 자료를 고용노동부장관에게 제출하여야 한다.(2021.1.5 전단개정)
1. 「건설산업기본법」 제2조제7호에 따른 건설사업자(2019.4.30 본호개정)
2. 「주택법」 제4조에 따른 주택건설사업자(2016.1.19 본호개정)
3. 「전기공사업법」 제2조제3호에 따른 공사업자
4. 「정보통신공사업법」 제2조제4호에 따른 정보통신공사업자
5. 「소방시설공사업법」 제2조제1항제2호에 따른 소방시설업자
6. 「국가유산수리 등에 관한 법률」 제14조에 따른 국가유산수리업자(2023.8.8 본호개정)

③ 사업주가 제1항에 따른 피보험자격에 관한 사항을 신고하지 아니하면 대통령령으로 정하는 바에 따라 근로자가 신고할 수 있다.
④ 고용노동부장관은 제1항부터 제3항까지의 규정에 따라 신고된 피보험자격의 취득 및 상실 등에 관한 사항을 고용노동부령으로 정하는 바에 따라 피보험자 및 원수급인 등 관계인에게 알려야 한다.(2010.6.4 본항개정)
⑤ 제1항이나 제2항에 따른 사업주, 원수급인 또는 하수급인은 같은 항의 신고를 고용노동부령으로 정하는 전자적 방법으로 할 수 있다.(2010.6.4 본항개정)
⑥ 고용노동부장관은 제5항에 따라 전자적 방법으로 신고를 하려는 사업주, 원수급인 또는 하수급인에게 고용노동부령으로 정하는 바에 따라 필요한 장비 등을 지원할 수 있다.
(2010.6.4 본항개정)
⑦ 제1항에도 불구하고 자영업자인 피보험자는 피보험자격의 취득 및 상실에 관한 신고를 하지 아니한다.(2011.7.21 본항신설)
제16조 (2019.8.27 삭제)
제17조【피보험자격의 확인】 ① 피보험자 또는 피보험자였던 사람은 언제든지 고용노동부장관에게 피보험자격의 취득 또는 상실에 관한 확인을 청구할 수 있다.(2020.5.26 본항개정)
② 고용노동부장관은 제1항에 따른 청구에 따르거나 직권으로 피보험자격의 취득 또는 상실에 관하여 확인을 한다.
③ 고용노동부장관은 제2항에 따른 확인 결과를 대통령령으로 정하는 바에 따라 그 확인을 청구한 피보험자 및 사업주 등 관계인에게 알려야 한다.
(2010.6.4 본조개정)
제18조【피보험자격의 취득기준】 ① 제2조제1호가목에 따른 근로자가 보험관계가 성립되어 있는 둘 이상의 사업에 동시에 고용되어 있는 경우에는 대통령령으로 정하는 바에 따라 그 중 한 사업의 피보험자격을 취득한다.
② 제2조제1호가목 및 나목에 동시에 해당하는 사람은 같은 호 가목에 따른 근로자, 예술인 또는 노무제공자로서의 피보험자격을 취득한다. 다만, 제2조제1호가목에 따른 피보험자가 다음 각 호의 어느 하나에 해당하는 사람인 경우에는 같은 호 가목 및 나목의 피보험자격 중 하나를 선택하여 피보험자격을 취득하거나 유지한다.
1. 일용근로자
2. 제77조의2제2항제2호 단서에 따른 단기예술인
3. 제77조의6제2항제2호 단서에 따른 단기노무제공자
③ 제2항에도 불구하고 제2조제1호가목 및 나목에 동시에 해당하는 사람은 본인 의사에 따라 같은 호 가목 및 나목에 따른 피보험자격 모두를 취득하거나 유지할 수 있다.
④ 제2조제1호가목에 따른 예술인 또는 노무제공자가 보험관계가 성립되어 있는 둘 이상의 사업에서 동시에 노무를 제공하거나 근로를 제공하는 경우에는 대통령령으로 정하는 바에 따라 피보험자격을 취득한다.
(2022.12.31 본조개정)

제3장 고용안정·직업능력개발 사업

제19조【고용안정·직업능력개발 사업의 실시】 ① 고용노동부장관은 피보험자 및 피보험자였던 사람, 그 밖에 취업할 의사를 가진 사람(이하 "피보험자등"이라 한다)에 대한 실업의 예방, 취업의 촉진, 고용기회의 확대, 직업능력개발·향상의 기회 제공 및 지원, 그 밖에 고용안정과 사업주에 대한 인력 확보를 지원하기 위하여 고용안정·직업능력개발 사업을 실시한다.(2020.5.26 본항개정)
② 고용노동부장관은 제1항에 따른 고용안정·직업능력개발 사업을 실시할 때에는 근로자의 수, 고용안정·직업능력개발을 위하여 취한 조치 및 실적 등 대통령령으로 정하는 기준에 해당하는 기업(이하 "우선지원 대상기업"이라 한다)을 우선적으로 고려하여야 한다.(2019.8.27 본항개정)
제20조【고용창출의 지원】 고용노동부장관은 고용환경 개선, 근무형태 변경 등으로 고용의 기회를 확대한 사업주에게 대통령령으로 정하는 바에 따라 필요한 지원을 할 수 있다.
(2010.6.4 본조개정)
제21조【고용조정의 지원】 ① 고용노동부장관은 경기의 변동, 산업구조의 변화 등에 따른 사업 규모의 축소, 사업의 폐업 또는 전환으로 고용조정이 불가피하게 된 사업주가 근로자에 대한 휴업, 휴직, 직업전환에 필요한 직업능력개발 훈련, 인력의 재배치 등을 실시하거나 그 밖에 근로자의 고용안정을 위한 조치를 하면 대통령령으로 정하는 바에 따라 그 사업주에게 필요한 지원을 할 수 있다. 이 경우 휴업이나 휴직 등 고용안정을 위한 조치로 근로자의 임금(「근로기준법」 제2조제1항제5호에 따른 임금을 말한다. 이하 같다)이 대통령령으로 정하는 수준으로 감소할 때에는 대통령령으로 정하는 바에 따라 그 근로자에게도 필요한 지원을 할 수 있다.(2019.8.27 후단개정)
② 고용노동부장관은 제1항의 고용조정으로 이직된 근로자를 고용하는 등 고용이 불안정하게 된 근로자의 고용안정을 위한 조치를 하는 사업주에게 대통령령으로 정하는 바에 따라 필요한 지원을 할 수 있다.
③ 고용노동부장관은 제1항에 따른 지원을 할 때에는 「고용정책 기본법」 제32조에 따른 업종에 해당하거나 지역에 있는 사업주 또는 근로자에게 우선적으로 지원할 수 있다.(2013.1.23 본항개정)
(2010.6.4 본조개정)
제22조【지역 고용의 촉진】 고용노동부장관은 고용기회가 뚜렷이 부족하거나 산업구조의 변화 등으로 고용사정이 급속하게 악화되고 있는 지역으로 사업을 이전하거나 그러한 지역에서 사업을 신설 또는 증설하여 그 지역의 실업 예방과 재취업 촉진에 기여한 사업주, 그 밖에 그 지역의 고용기회 확대에 필요한 조치를 한 사업주에게 대통령령으로 정하는 바에 따라 필요한 지원을 할 수 있다.(2010.6.4 본조개정)
제23조【고령자등 고용촉진의 지원】 고용노동부장관은 고령자 등 노동시장의 통상적인 조건에서는 취업이 특히 곤란한 사람(이하 "고령자등"이라 한다)의 고용을 촉진하기 위하여 고령자등을 새로 고용하거나 이들의 고용안정에 필요한 조치를 하는 사업주 또는 사업주가 실시하는 고용안정 조치에 해당된 근로자에게 대통령령으로 정하는 바에 따라 필요한 지원을 할 수 있다.(2020.5.26 본조개정)
제24조【건설근로자 등의 고용안정 지원】 ① 고용노동부장관은 건설근로자 등 고용상태가 불안정한 근로자를 위하여 다음 각 호의 사업을 실시하는 사업주에게 대통령령으로 정하는 바에 따라 필요한 지원을 할 수 있다.(2010.6.4 본문개정)
1. 고용상태의 개선을 위한 사업
2. 계속적인 고용기회의 부여 등 고용안정을 위한 사업
3. 그 밖에 대통령령으로 정하는 고용안정 사업
② 고용노동부장관은 제1항 각 호의 사업과 관련하여 사업주가 단독으로 고용안정 사업을 실시하기 어려운 경우로서 대통령령으로 정하는 경우에는 사업주 단체에 대하여도 지원을 할 수 있다.(2010.6.4 본항개정)
제25조【고용안정 및 취업 촉진】 ① 고용노동부장관은 피보험자등의 고용안정 및 취업을 촉진하기 위하여 다음 각 호의 사업을 직접 실시하거나 이를 실시하는 자에게 필요한 비용을 지원 또는 대부할 수 있다.(2010.6.4 본문개정)
1. 고용관리 진단 등 고용개선 지원 사업
2. 피보험자등의 창업을 촉진하기 위한 지원 사업
3. 그 밖에 피보험자등의 고용안정 및 취업을 촉진하기 위한 사업으로서 대통령령으로 정하는 사업
② 제1항에 따른 사업의 실시와 비용의 지원·대부에 필요한 사항은 대통령령으로 정한다.
제26조【고용촉진 시설에 대한 지원】 고용노동부장관은 피보험자등의 고용안정·고용촉진 및 사업주의 인력 확보를 지원하기 위하여 대통령령으로 정하는 바에 따라 상담 시설, 어린이집, 그 밖에 대통령령으로 정하는 고용촉진 시설을 설치·운영하는 자에게 필요한 지원을 할 수 있다.(2011.6.7 본조개정)

제26조의2【지원의 제한】 고용노동부장관은 제20조부터 제26조까지의 규정에 따른 지원을 할 때 사업주가 다른 법령에 따른 지원금 또는 장려금 등의 금전을 지급받은 경우 등 대통령령으로 정하는 경우에는 그 금액을 빼고 지원할 수 있다.
(2011.7.21 본조신설)

제27조【사업주에 대한 직업능력개발 훈련의 지원】 ① 고용노동부장관은 피보험자등의 직업능력을 개발·향상시키기 위하여 대통령령으로 정하는 직업능력개발 훈련을 실시하는 사업주에게 대통령령으로 정하는 바에 따라 그 훈련에 필요한 비용을 지원할 수 있다.
② 고용노동부장관은 사업주가 다음 각 호의 어느 하나에 해당하는 사람에게 제1항에 따라 직업능력개발 훈련을 실시하는 경우에는 대통령령으로 정하는 바에 따라 우대 지원할 수 있다.
1.「기간제 및 단시간근로자 보호 등에 관한 법률」제2조제1호의 기간제근로자
2.「근로기준법」제2조제1항제9호의 단시간근로자(2021.1.5 본호개정)
3.「파견근로자 보호 등에 관한 법률」제2조제5호의 파견근로자(2019.4.30 본호개정)
4. 일용근로자
5.「고용상 연령차별금지 및 고령자고용촉진에 관한 법률」제2조제1호 또는 제2호의 고령자 또는 준고령자
6. 그 밖에 대통령령으로 정하는 사람
(2016.12.27 본항신설)
(2010.6.4 본조개정)

제28조【비용 지원의 기준 등】 고용노동부장관이 제27조에 따라 사업주에게 비용을 지원하는 경우 지원 금액은 고용산재보험료징수법 제16조의3에 따른 월별보험료를 모두 더한 해당 연도 고용보험료 또는 같은 법 제17조에 따른 해당 연도 고용보험 개산보험료 중 고용안정·직업능력개발 사업의 보험료에 대통령령으로 정하는 비율을 곱한 금액으로 하되, 그 한도는 대통령령으로 정한다.(2021.1.5 본조개정)

제29조【피보험자등에 대한 직업능력개발 지원】 ① 고용노동부장관은 피보험자등이 직업능력개발 훈련을 받거나 그 밖에 직업능력 개발·향상을 위하여 노력하는 경우에는 대통령령으로 정하는 바에 따라 필요한 비용을 지원할 수 있다.
② 고용노동부장관은 필요하다고 인정하면 대통령령으로 정하는 바에 따라 피보험자등의 취업을 촉진하기 위한 직업능력개발 훈련을 실시할 수 있다.
③ 고용노동부장관은 대통령령으로 정하는 저소득 피보험자등이 직업능력개발 훈련을 받는 경우 대통령령으로 정하는 바에 따라 생계비를 대부할 수 있다.
(2010.6.4 본조개정)

제30조【직업능력개발 훈련 시설에 대한 지원 등】 고용노동부장관은 피보험자등의 직업능력 개발·향상을 위하여 필요하다고 인정하면 대통령령으로 정하는 바에 따라 직업능력개발 훈련 시설의 설치 및 장비 구입에 필요한 비용의 대부, 그 밖에 고용노동부장관이 정하는 직업능력개발 훈련 시설의 설치 및 장비 구입·운영에 필요한 비용을 지원할 수 있다.(2010.6.4 본조개정)

제31조【직업능력개발의 촉진】 ① 고용노동부장관은 피보험자등의 직업능력 개발·향상을 촉진하기 위하여 다음 각 호의 사업을 실시하거나 이를 실시하는 자에게 그 사업의 실시에 필요한 비용을 지원할 수 있다.(2010.6.4 본문개정)
1. 직업능력개발 사업에 대한 기술지원 및 평가 사업
2. 자격검정 사업 및「숙련기술장려법」에 따른 숙련기술 장려 사업(2010.5.31 본호개정)
3. 그 밖에 대통령령으로 정하는 사업
② 고용노동부장관은 직업능력 개발·향상과 인력의 원활한 수급(需給)을 위하여 필요하다고 인정하면 대통령령으로 정하는 바에 따라 고용노동부장관이 정하는 직종에 대한 직업능력개발 훈련 사업을 위탁하여 실시할 수 있다.(2010.6.4 본항개정)

제32조【건설근로자 등의 직업능력개발 지원】 ① 고용노동부장관은 건설근로자 등 고용상태가 불안정한 근로자를 위하여 직업능력 개발·향상을 위한 사업으로 대통령령으로 정하는 사업을 실시하는 사업주에게 그 사업의 실시에 필요한 비용을 지원할 수 있다.
② 고용노동부장관은 제1항의 사업과 관련하여 사업주가 단독으로 직업능력개발 사업을 실시하기 어려운 경우로서 대통령령으로 정하는 경우에는 사업주 단체에 대하여도 지원할 수 있다.
(2010.6.4 본조개정)

제33조【고용정보의 제공 및 고용 지원 기반의 구축 등】 ① 고용노동부장관은 사업주 및 피보험자등에 대한 구인·구직·훈련 등 고용정보의 제공, 직업·훈련 상담 등 직업지도, 직업소개, 고용안정·직업능력개발에 관한 기반의 구축 및 그에 필요한 전문 인력의 배치 등의 사업을 할 수 있다.
② 고용노동부장관은 필요하다고 인정하면 제1항에 따른 업무의 일부를「직업안정법」제4조의4에 따른 민간직업상담원에게 수행하도록 할 수 있다.
(2010.6.4 본조개정)

제34조【지방자치단체 등에 대한 지원】 고용노동부장관은 지방자치단체 또는 대통령령으로 정하는 비영리법인·단체가 그 지역에서 피보험자등의 고용안정·고용촉진 및 직업능력개발을 위한 사업을 실시하는 경우에는 대통령령으로 정하는 바에 따라 필요한 지원을 할 수 있다.(2010.6.4 본조개정)

제35조【부정행위에 따른 지원의 제한 등】 ① 고용노동부장관은 거짓이나 그 밖의 부정한 방법으로 이 장의 규정에 따른 고용안정·직업능력개발 사업의 지원을 받은 자 또는 받으려는 자에게는 해당 지원금 중 지급되지 아니한 금액 또는 지급받으려는 지원금을 지급하지 아니하고, 1년의 범위에서 대통령령으로 정하는 바에 따라 지원금의 지급을 제한하며, 거짓이나 그 밖의 부정한 방법으로 지원받은 금액을 반환하도록 명하여야 한다.(2015.1.20 본항개정)
② 고용노동부장관은 제1항에 따라 반환을 명하는 경우에는 이에 추가하여 고용노동부령으로 정하는 기준에 따라 그 거짓이나 그 밖의 부정한 방법으로 지급받은 금액의 5배 이하의 금액을 징수할 수 있다.(2010.6.4 본항개정)
③ 고용노동부장관은 고용안정·직업능력개발 사업의 지원을 받은 자에게 잘못 지급된 지원금이 있으면 그 지급금의 반환을 명할 수 있다.(2019.8.27 본항신설)
④ 제1항 및 제2항에도 불구하고 거짓이나 그 밖의 부정한 방법으로 직업능력개발 사업의 지원을 받은 자 또는 받으려는 자에 대한 지원의 제한, 반환 및 추가징수에 관하여는「국민 평생 직업능력 개발법」제55조 및 제56조를 준용한다.(2021.8.17 본항개정)
⑤ 고용노동부장관은 보험료를 체납한 자에게는 고용노동부령으로 정하는 바에 따라 이 장의 규정에 따른 고용안정·직업능력개발 사업의 지원을 하지 아니할 수 있다.(2011.7.21 본항개정)

제36조【업무의 대행】 고용노동부장관은 필요하다고 인정하면 제19조 및 제27조부터 제31조까지의 규정에 따른 업무의 일부를 대통령령으로 정하는 자에게 대행하게 할 수 있다.
(2010.6.4 본조개정)

제4장 실업급여

제1절 통 칙

제37조【실업급여의 종류】 ① 실업급여는 구직급여와 취업촉진 수당으로 구분한다.
② 취업촉진 수당의 종류는 다음 각 호와 같다.
1. 조기(早期)재취업 수당
2. 직업능력개발 수당
3. 광역 구직활동비
4. 이주비

제37조의2【실업급여수급계좌】 ① 직업안정기관의 장은 제43조에 따른 수급자격자의 신청이 있는 경우에는 실업급여를

수급자격자 명의의 지정된 계좌(이하 "실업급여수급계좌"라 한다)로 입금하여야 한다. 다만, 정보통신장애나 그 밖에 대통령령으로 정하는 불가피한 사유로 실업급여를 실업급여수급계좌로 이체할 수 없을 때에는 현금 지급 등 대통령령으로 정하는 바에 따라 실업급여를 지급할 수 있다.
② 실업급여수급계좌의 해당 금융기관은 이 법에 따른 실업급여만이 실업급여수급계좌에 입금되도록 관리하여야 한다.
③ 제1항에 따른 신청 방법 · 절차와 제2항에 따른 실업급여수급계좌의 관리에 필요한 사항은 대통령령으로 정한다.(2015.1.20 본조신설)

제38조【수급권의 보호】 ① 실업급여를 받을 권리는 양도 또는 압류하거나 담보로 제공할 수 없다.
② 제37조의2제1항에 따라 지정된 실업급여수급계좌의 예금 중 대통령령으로 정하는 액수 이하의 금액에 관한 채권은 압류할 수 없다.(2015.1.20 본항신설)

제38조의2【공과금의 면제】 실업급여로서 지급된 금품에 대하여는 국가나 지방자치단체의 공과금(「국세기본법」 제2조제8호 또는 「지방세기본법」 제2조제1항제26호에 따른 공과금을 말한다)을 부과하지 아니한다.(2013.3.22 본조신설)

제39조 (2013.6.4 삭제)

제2절 구직급여

제40조【구직급여의 수급 요건】 ① 구직급여는 이직한 근로자인 피보험자가 다음 각 호의 요건을 모두 갖춘 경우에 지급한다. 다만, 제5호와 제6호는 최종 이직 당시 일용근로자였던 사람만 해당한다.(2021.1.5 본문개정)
1. 제2항에 따른 기준기간(이하 "기준기간"이라 한다) 동안의 피보험 단위기간(제41조에 따른 피보험 단위기간을 말한다. 이하 같다)이 합산하여 180일 이상일 것(2020.5.26 본호개정)
2. 근로의 의사와 능력이 있음에도 불구하고 취업(영리를 목적으로 사업을 영위하는 경우를 포함한다. 이하 이 장 및 제5장에서 같다)하지 못한 상태에 있을 것(2019.1.15 본호개정)
3. 이직사유가 제58조에 따른 수급자격의 제한 사유에 해당하지 아니할 것
4. 재취업을 위한 노력을 적극적으로 할 것
5. 다음 각 목의 어느 하나에 해당할 것
 가. 제43조에 따른 수급자격 인정신청일이 속한 달의 직전 달 초일부터 수급자격 인정신청일까지의 근로일 수의 합이 같은 기간 동안의 총 일수의 3분의 1 미만일 것(2022.12.31 본목개정)
 나. 건설일용근로자(일용근로자로서 이직 당시에 「통계법」 제22조제1항에 따라 통계청장이 고시하는 한국표준산업분류의 대분류상 건설업에 종사한 사람을 말한다. 이하 같다)로서 수급자격 인정신청일 이전 14일간 연속하여 근로내역이 없을 것
 (2019.1.15 본호개정)
6. 최종 이직 당시의 기준기간 동안의 피보험 단위기간 중 다른 사업에서 제58조에 따른 수급자격의 제한 사유에 해당하는 사유로 이직한 사실이 있는 경우에는 그 피보험 단위기간 중 90일 이상을 일용근로자로 근로하였을 것(2019.8.27 본호개정)

② 기준기간은 이직일 이전 18개월로 하되, 근로자인 피보험자가 다음 각 호의 어느 하나에 해당하는 경우에는 다음 각 호의 구분에 따른 기간을 기준기간으로 한다.(2021.1.5 본문개정)
1. 이직일 이전 18개월 동안에 질병 · 부상, 그 밖에 대통령령으로 정하는 사유로 계속하여 30일 이상 보수의 지급을 받을 수 없었던 경우 : 18개월에 그 사유로 보수를 지급 받을 수 없었던 일수를 가산한 기간(3년을 초과할 때에는 3년으로 한다)
2. 다음 각 목의 요건에 모두 해당하는 경우 : 이직일 이전 24개월
 가. 이직 당시 1주 소정근로시간이 15시간 미만이고, 1주 소정근로일수가 2일 이하인 근로자로 근로하였을 것
 나. 이직일 이전 24개월 동안의 피보험 단위기간 중 90일 이상을 가목의 요건에 해당하는 근로자로 근로하였을 것
(2019.8.27 본항개정)

제41조【피보험 단위기간】 ① 근로자의 피보험 단위기간은 피보험기간 중 보수 지급의 기초가 된 날을 합하여 계산한다. 다만, 자영업자인 피보험자의 피보험 단위기간은 제50조제3항 단서 및 제4항에 따른 피보험기간으로 한다.(2021.1.5 본문개정)
② 제1항에 따라 피보험 단위기간을 계산할 때에는 최후로 피보험자격을 취득한 날 이전에 구직급여를 받은 사실이 있는 경우에는 그 구직급여와 관련된 피보험자격 상실일 이전의 피보험 단위기간은 넣지 아니한다.
③ 근로자인 피보험자가 제40조제2항에 따른 기준기간 동안에 근로자 · 제77조의2제1항에 따른 예술인 · 제77조의6제1항에 따른 노무제공자 중 둘 이상에 해당하는 사람으로 종사한 경우의 피보험 단위기간은 대통령령으로 정하는 바에 따른다.
(2021.1.5 본항신설)
(2011.7.21 본조개정)

제42조【실업의 신고】 ① 구직급여를 지급받으려는 사람은 이직 후 지체 없이 직업안정기관에 출석하여 실업을 신고하여야 한다. 다만, 「재난 및 안전관리 기본법」 제3조제1호의 재난으로 출석하기 어려운 경우 등 고용노동부령으로 정하는 사유가 있는 경우에는 「고용정책 기본법」 제15조의2에 따른 고용정보시스템을 통하여 신고할 수 있다.(2022.12.31 단서신설)
② 제1항에 따른 실업의 신고에는 구직 신청과 제43조에 따른 수급자격의 인정신청을 포함하여야 한다.
③ 제1항에 따라 구직급여를 지급받기 위하여 실업을 신고하려는 사람은 이직하기 전 사업의 사업주에게 피보험 단위기간, 이직 전 1일 소정근로시간 등을 확인할 수 있는 자료(이하 "이직확인서"라 한다)의 발급을 요청할 수 있다. 이 경우 요청을 받은 사업주는 고용노동부령으로 정하는 바에 따라 이직확인서를 발급하여 주어야 한다.(2019.8.27 본항신설)

제43조【수급자격의 인정】 ① 구직급여를 지급받으려는 사람은 직업안정기관의 장에게 제40조제1항제1호부터 제3호까지 · 제5호 및 제6호에 따른 구직급여의 수급 요건을 갖추었다는 사실(이하 "수급자격"이라 한다)을 인정하여 줄 것을 신청하여야 한다.(2020.5.26 본항개정)
② 직업안정기관의 장은 제1항에 따른 수급자격의 인정신청을 받으면 그 신청인에 대한 수급자격의 인정 여부를 결정하고, 대통령령으로 정하는 바에 따라 신청인에게 그 결과를 알려야 한다.
③ 제2항에 따른 신청인이 다음 각 호의 요건을 모두 갖춘 경우에는 마지막에 이직한 사업을 기준으로 수급자격의 인정 여부를 결정한다. 다만, 마지막 이직 당시 일용근로자로서 피보험 단위기간이 1개월 미만인 사람이 수급자격을 갖추지 못한 경우에는 일용근로자가 아닌 근로자로서 마지막으로 이직한 사업을 기준으로 결정한다.(2020.5.26 단서개정)
1. 피보험자로서 마지막에 이직한 사업에 고용되기 전에 피보험자로서 이직한 사실이 있을 것
2. 마지막 이직 이전의 이직과 관련하여 구직급여를 받은 사실이 없을 것(2008.12.31 본호개정)

④ 직업안정기관의 장은 제2항 및 제3항에 따라 신청인에 대한 수급자격의 인정 여부를 결정하기 위하여 필요하면 신청인이 이직하기 전 사업의 사업주에게 고용노동부령으로 정하는 바에 따라 이직확인서의 제출을 요청할 수 있다. 이 경우 요청을 받은 사업주는 고용노동부령으로 정하는 바에 따라 이직확인서를 제출하여야 한다.(2019.8.27 본항신설)
⑤ 제2항에 따라 수급자격의 인정을 받은 사람(이하 "수급자격자"라 한다)이 제48조 및 제54조제1항에 따른 기간에 새로 수급자격의 인정을 받은 경우에는 새로 인정받은 수급자격을 기준으로 구직급여를 지급한다.(2020.5.26 본항개정)

제43조의2【둘 이상의 피보험자격 취득 시 수급자격의 인정】 ① 근로자, 제77조의2제1항에 따른 예술인, 제77조의6제1항에 따른 노무제공자 또는 자영업자인 피보험자로서 서로 다른 둘 이상의 피보험자격을 취득하였다가 이직하여 그 피보험자격을 모두 상실한 사람이 구직급여를 지급받으려는 경우에는 둘 이상의 피보험자격 중 자신이 선택한 피보험자격을 기준으로 수급자격의 인정 여부를 결정한다.

② 제1항에 따라 수급자격을 인정받으려는 사람이 선택한 피보험자격이 가장 나중에 상실한 피보험자격(피보험자격을 동시에 상실한 경우에는 동시에 상실된 피보험자격 모두를 말한다. 이하 이 항에서 같다)이 아닌 경우에는 가장 나중에 상실한 피보험자격과 관련된 이직사유가 제58조 또는 제69조의7에 따른 수급자격의 제한 사유에 해당하지 아니하는 경우에만 수급자격을 인정한다. 다만, 직업안정기관의 장이 대통령령으로 정하는 바에 따른 소득감소로 이직하였다고 인정하는 경우에는 수급자격의 제한 사유에 해당하지 아니하는 것으로 본다.
(2022.12.31 본조신설)

제44조【실업의 인정】 ① 구직급여는 수급자격자가 실업한 상태에 있는 날 중에서 직업안정기관의 장으로부터 실업의 인정을 받은 날에 대하여 지급한다.

② 실업의 인정을 받으려는 수급자격자는 제42조에 따라 실업의 신고를 한 날부터 계산하기 시작하여 1주부터 4주의 범위에서 직업안정기관의 장이 지정한 날(이하 "실업인정일"이라 한다)에 출석하여 재취업을 위한 노력을 하였음을 신고하여야 하고, 직업안정기관의 장은 직전 실업인정일의 다음 날부터 그 실업인정일까지의 각각의 날에 대하여 실업의 인정을 한다. 다만, 다음 각 호에 해당하는 사람에 대한 실업의 인정 방법은 고용노동부령으로 정하는 기준에 따른다.(2020.5.26 단서개정)
1. 직업능력개발 훈련 등을 받는 수급자격자
2. 천재지변, 대량 실업의 발생 등 대통령령으로 정하는 사유가 발생한 경우의 수급자격자
3. 그 밖에 대통령령으로 정하는 수급자격자

③ 제2항에도 불구하고 수급자격자가 다음 각 호의 어느 하나에 해당하면 직업안정기관에 출석할 수 없었던 사유를 적은 증명서를 제출하여 실업의 인정을 받을 수 있다.
1. 질병이나 부상으로 직업안정기관에 출석할 수 없었던 경우로서 그 기간이 계속하여 7일 미만인 경우
2. 직업안정기관의 직업소개에 따른 구인자와의 면접 등으로 직업안정기관에 출석할 수 없었던 경우
3. 직업안정기관의 장이 지시한 직업능력개발 훈련 등을 받기 위하여 직업안정기관에 출석할 수 없었던 경우
4. 천재지변이나 그 밖의 부득이한 사유로 직업안정기관에 출석할 수 없었던 경우

④ 직업안정기관의 장은 제1항에 따른 실업을 인정할 때에는 수급자격자의 취업을 촉진하기 위하여 재취업 활동에 관한 계획의 수립 지원, 직업소개 등 대통령령으로 정하는 조치를 하여야 한다. 이 경우 수급자격자는 정당한 사유가 없으면 직업안정기관의 장의 조치에 따라야 한다.

제45조【급여의 기초가 되는 임금일액】 ① 구직급여의 산정 기초가 되는 임금일액〔이하 "기초일액(基礎日額)"이라 한다〕은 제43조제1항에 따른 수급자격의 인정과 관련된 마지막 이직 당시 「근로기준법」 제2조제1항제6호에 따라 산정된 평균임금으로 한다. 다만, 마지막 이직일 이전 3개월 이내에 피보험자격을 취득한 사실이 2회 이상인 경우에는 마지막 이직일 이전 3개월간(일용근로자의 경우에는 마지막 이직일 이전 4개월 중 최종 1개월을 제외한 기간)에 그 근로자에게 지급된 임금 총액을 그 산정의 기준이 되는 3개월의 총 일수로 나눈 금액을 기초일액으로 한다.

② 제1항에 따라 산정된 금액이 「근로기준법」에 따른 그 근로자의 통상임금보다 적을 경우에는 그 통상임금액을 기초일액으로 한다. 다만, 마지막 사업에서 이직 당시 일용근로자였던 사람의 경우에는 그러하지 아니하다.(2020.5.26 단서개정)

③ 제1항과 제2항에 따라 기초일액을 산정하는 것이 곤란한 경우와 보험료를 고용산재보험료징수법 제3조에 따른 기준보수(이하 "기준보수"라 한다)를 기준으로 낸 경우에는 기준보수를 기초일액으로 한다. 다만, 보험료를 기준보수로 낸 경우에도 제1항과 제2항에 따라 산정한 기초일액이 기준보수보다 많은 경우에는 그러하지 아니하다.(2021.1.5 본문개정)

④ 제1항부터 제3항까지의 규정에도 불구하고 이들 규정에 따라 산정된 기초일액이 그 수급자격자의 이직 전 1일 소정근로시간에 이직일 당시 적용되던 「최저임금법」에 따른 시간 단위에 해당하는 최저임금액을 곱한 금액(이하 "최저기초일액"이라 한다)보다 낮은 경우에는 최저기초일액을 기초일액으로 한다. 이 경우 이직 전 1일 소정근로시간은 고용노동부령으로 정하는 방법에 따라 산정한다.(2015.1.20 후단신설)

⑤ 제1항부터 제3항까지의 규정에도 불구하고 이들 규정에 따라 산정된 기초일액이 보험의 취지 및 일반 근로자의 임금 수준 등을 고려하여 대통령령으로 정하는 금액을 초과하는 경우에는 대통령령으로 정하는 금액을 기초일액으로 한다.

제46조【구직급여일액】 ① 구직급여일액은 다음 각 호의 구분에 따른 금액으로 한다.
1. 제45조제1항부터 제3항까지 및 제5항의 경우에는 그 수급자격자의 기초일액에 100분의 60을 곱한 금액(2019.8.27 본호개정)
2. 제45조제4항의 경우에는 그 수급자격자의 기초일액에 100분의 80을 곱한 금액(이하 "최저구직급여일액"이라 한다)(2019.8.27 본호개정)

② 제1항제1호에 따라 산정된 구직급여일액이 최저구직급여일액보다 낮은 경우에는 최저구직급여일액을 그 수급자격자의 구직급여일액으로 한다.

제47조【실업인정대상기간 중의 취업 등의 신고】 ① 수급자격자는 실업의 인정을 받으려 하는 기간(이하 "실업인정대상기간"이라 한다) 중에 고용노동부령으로 정하는 기준에 해당하는 취업을 한 경우에는 그 사실을 직업안정기관의 장에게 신고하여야 한다.

② 직업안정기관의 장은 필요하다고 인정하면 수급자격자의 실업인정대상기간 중의 취업 사실에 대하여 조사할 수 있다.
(2019.1.15 본조개정)

제48조【수급기간 및 수급일수】 ① 구직급여는 이 법에 따로 규정이 있는 경우 외에는 그 구직급여의 수급자격과 관련된 이직일의 다음 날부터 계산하기 시작하여 12개월 내에 제50조제1항에 따른 소정급여일수를 한도로 하여 지급한다.

② 제1항에 따른 12개월의 기간 중 임신·출산·육아, 그 밖에 대통령령으로 정하는 사유로 취업할 수 없는 사람이 그 사실을 수급기간에 직업안정기관에 신고한 경우에는 12개월의 기간에 그 취업할 수 없는 기간을 가산한 기간(4년을 넘을 때에는 4년)에 제50조제1항에 따른 소정급여일수를 한도로 하여 구직급여를 지급한다.(2020.5.26 본항개정)

③ 다음 각 호의 어느 하나에 해당하는 경우에는 해당 최초 요양일에 제2항에 따른 신고를 한 것으로 본다.
1. 「산업재해보상보험법」 제40조에 따른 요양급여를 받는 경우
2. 질병 또는 부상으로 3개월 이상의 요양이 필요하여 이직하였고, 이직 기간 동안 취업활동이 곤란하였던 사실이 요양기간과 부상·질병 상태를 구체적으로 밝힌 주치의사의 소견과 요양을 위하여 이직하였다는 사업주의 의견을 통하여 확인된 경우(2020.5.26 본호개정)
(2008.12.31 본항신설)

제49조【대기기간】 ① 제44조에도 불구하고 제42조에 따른 실업의 신고일부터 계산하기 시작하여 7일간은 대기기간으로 보아 구직급여를 지급하지 아니한다. 다만, 최종 이직 당시 건설일용근로자였던 사람에 대해서는 제42조에 따른 실업의 신고일부터 계산하여 구직급여를 지급한다.(2019.1.15 단서신설)

② 제1항 본문에도 불구하고 제43조제1항 및 제43조의2제1항에 따라 수급자격의 인정신청을 한 경우로서 가장 나중에 상실한 피보험자격과 관련된 이직사유가 제43조의2 제2항 단서에 해당하는 경우에는 제42조에 따른 실업의 신고일부터 계산하기 시작하여 4주의 범위에서 대통령령으로 정하는 기간을 대기기간으로 보아 구직급여를 지급하지 아니한다.(2022.12.31 본항신설)

제50조【소정급여일수 및 피보험기간】 ① 하나의 수급자격에 따라 구직급여를 지급받을 수 있는 날(이하 "소정급여일수"라 한다)은 대기기간이 끝난 다음날부터 계산하기 시작하여 피보험기간과 연령에 따라 별표1에서 정한 일수가 되는 날까지로 한다.(2011.7.21 본항개정)

② 수급자격자가 소정급여일수 내에 제48조제2항에 따른 임신·출산·육아, 그 밖에 대통령령으로 정하는 사유로 수급기간을 연장한 경우에는 그 기간만큼 구직급여를 유예하여 지급한다.
③ 피보험기간은 그 수급자격과 관련된 이직 당시의 적용 사업에서 고용된 기간(제10조 및 제10조의2에 따른 적용 제외 근로자로 고용된 기간은 제외한다. 이하 이 조에서 같다)으로 한다. 다만, 자영업자인 피보험자의 경우에는 그 수급자격과 관련된 폐업 당시의 적용 사업에의 보험가입기간 중에서 실제로 납부한 고용보험료에 해당하는 기간으로 한다.(2019.1.15 본문개정)
④ 제3항에도 불구하고 피보험기간을 계산할 때에 다음 각 호의 경우에는 해당 호에 따라 각각 피보험기간을 계산한다.
1. 종전의 적용 사업에서 피보험자격을 상실한 사실이 있고 그 상실한 날부터 3년 이내에 현재 적용 사업에서 피보험자격을 취득한 경우 : 종전의 적용 사업에서의 피보험기간을 합산한다. 다만, 종전의 적용 사업의 피보험자격 상실로 인하여 구직급여를 지급받은 사실이 있는 경우에는 그 종전의 적용 사업에서의 피보험기간은 제외한다.
2. 자영업자인 피보험자가 종전에 근로자로서 고용되었다가 피보험자격을 상실한 사실이 있고 그 상실한 날부터 3년 이내에 자영업자로서 피보험자격을 다시 취득한 경우 : 종전의 적용 사업에서의 피보험기간을 합산하지 아니하되, 본인이 종전의 피보험기간을 합산하여 줄 것을 원하는 때에 한정하여 합산한다. 다만, 종전의 적용 사업의 피보험자격 상실로 인하여 구직급여를 지급받은 사실이 있는 경우에는 그 종전의 적용 사업에서의 피보험기간은 제외한다.
(2011.7.21 본항개정)
⑤ 피보험자격 취득에 관하여 신고가 되어 있지 아니하였던 피보험자의 경우에는 하나의 피보험기간에 피보험자가 된 날이 다음 각 호의 어느 하나에 해당하는 날부터 소급하여 3년이 되는 해의 1월 1일 전이면 제3항에도 불구하고 그 해당하는 날부터 소급하여 3년이 되는 날이 속하는 보험연도의 첫 날에 그 피보험자격을 취득한 것으로 보아 피보험기간을 계산한다. 다만, 사업주가 다음 각 호의 어느 하나에 해당하는 날부터 소급하여 3년이 되는 해의 1월 1일 전부터 해당 피보험자에 대한 고용보험료를 계속 납부한 사실이 증명된 경우에는 고용보험료를 납부한 기간으로 피보험기간을 계산한다.
1. 제15조에 따른 피보험자격 취득신고를 한 날
2. 제17조에 따른 피보험자격 취득이 확인된 날
(2015.1.20 본항개정)
(2011.7.21 본조제목개정)
제51조【훈련연장급여】 ① 직업안정기관의 장은 수급자격자의 연령·경력 등을 고려할 때 재취업을 위하여 직업능력개발 훈련 등이 필요하면 그 수급자격자에게 직업능력개발 훈련 등을 받도록 지시할 수 있다.
② 직업안정기관의 장은 제1항에 따라 직업능력개발 훈련 등을 받도록 지시한 경우에는 수급자격자가 그 직업능력개발 훈련 등을 받는 기간 중 실업의 인정을 받은 날에 대하여는 소정급여일수를 초과하여 구직급여를 연장하여 지급할 수 있다. 이 경우 연장하여 지급하는 구직급여(이하 "훈련연장급여"라 한다)의 지급 기간은 대통령령으로 정하는 기간을 한도로 한다.
③ 제1항에 따른 훈련대상자·훈련 과정, 그 밖의 필요한 사항은 고용노동부령으로 정한다.(2010.6.4 본항개정)
제52조【개별연장급여】 ① 직업안정기관의 장은 취업이 특히 곤란하고 생활이 어려운 수급자격자로서 대통령령으로 정하는 사람에게는 그가 실업의 인정을 받은 날에 대하여 소정급여일수를 초과하여 구직급여를 연장하여 지급할 수 있다.
(2020.5.26 본항개정)
② 제1항에 따라 연장하여 지급하는 구직급여(이하 "개별연장급여"라 한다)는 60일의 범위에서 대통령령으로 정하는 기간 동안 지급한다.
제53조【특별연장급여】 ① 고용노동부장관은 실업의 급증 등 대통령령으로 정하는 사유가 발생한 경우에는 60일의 범위에서 수급자격자가 실업의 인정을 받은 날에 대하여 소정급여일수를 초과하여 구직급여를 연장하여 지급할 수 있다. 다만, 이직 후의 생활안정을 위한 일정 기준 이상의 소득이 있는 수급자격자 등 고용노동부령으로 정하는 수급자격자에 대하여는 그러하지 아니하다.
② 고용노동부장관은 제1항 본문에 따라 연장하여 지급하는 구직급여(이하 "특별연장급여"라 한다)를 지급하려면 기간을 정하여 실시하여야 한다.
(2010.6.4 본조개정)
제54조【연장급여의 수급기간 및 구직급여일액】 ① 제51조부터 제53조까지의 규정에 따른 연장급여를 지급하는 경우에 그 수급자격자의 수급기간은 제48조에 따른 그 수급자격자의 수급기간에 연장되는 구직급여일수를 더하여 산정한 기간으로 한다.
② 제51조에 따라 훈련연장급여를 지급하는 경우에 그 일액은 해당 수급자격자의 구직급여일액의 100분의 100으로 하고, 제52조 또는 제53조에 따라 개별연장급여 또는 특별연장급여를 지급하는 경우에 그 일액은 해당 수급자격자의 구직급여일액의 100분의 70을 곱한 금액으로 한다.(2008.3.21 본항개정)
③ 제2항에 따라 산정된 구직급여일액이 제46조제2항에 따른 최저구직급여일액보다 낮은 경우에는 최저구직급여일액을 그 수급자격자의 구직급여일액으로 한다.
제55조【연장급여의 상호 조정 등】 ① 제51조부터 제53조까지의 규정에 따른 연장급여는 제48조에 따라 그 수급자격자가 지급받을 수 있는 구직급여의 지급이 끝난 후에 지급한다.
② 훈련연장급여를 지급받고 있는 수급자격자에게는 그 훈련연장급여의 지급이 끝난 후가 아니면 개별연장급여 및 특별연장급여를 지급하지 아니한다.
③ 개별연장급여 또는 특별연장급여를 지급받고 있는 수급자격자가 훈련연장급여를 지급받게 되면 개별연장급여나 특별연장급여를 지급하지 아니한다.
④ 특별연장급여를 지급받고 있는 수급자격자에게는 특별연장급여의 지급이 끝난 후가 아니면 개별연장급여를 지급하지 아니하고, 개별연장급여를 지급받고 있는 수급자격자에게는 개별연장급여의 지급이 끝난 후가 아니면 특별연장급여를 지급하지 아니한다.
⑤ 그 밖에 연장급여의 조정에 관하여 필요한 사항은 고용노동부령으로 정한다.(2010.6.4 본항개정)
제55조의2【국민연금 보험료의 지원】 ① 고용노동부장관은 「국민연금법」 제19조의2제1항에 따라 구직급여를 받는 기간을 국민연금 가입기간으로 추가 산입하려는 수급자격자에게 국민연금 보험료의 일부를 지원할 수 있다.
② 제1항에 따른 지원금액은 「국민연금법」 제19조의2제3항에 따른 연금보험료의 100분의 25의 범위로 한다.
③ 제1항에 따른 지원 절차·방법, 제2항에 따른 지원금액 등에 필요한 사항은 대통령령으로 정한다.
(2016.5.29 본조신설)
제56조【지급일 및 지급 방법】 ① 구직급여는 대통령령으로 정하는 바에 따라 실업의 인정을 받은 일수분(日數分)을 지급한다.
② 직업안정기관의 장은 각 수급자격자에 대한 구직급여를 지급할 날짜를 정하여 당사자에게 알려야 한다.
제57조【지급되지 아니한 구직급여】 ① 수급자격자가 사망한 경우 그 수급자격자에게 지급되어야 할 구직급여로서 아직 지급되지 아니한 것이 있는 경우에는 그 수급자격자의 배우자(사실상의 혼인 관계에 있는 사람을 포함한다)·자녀·부모·손자녀·조부모 또는 형제자매로서 수급자격자와 생계를 같이 하고 있던 사람의 청구에 따라 그 미지급분을 지급한다.
② 수급자격자가 사망하여 실업의 인정을 받을 수 없었던 기간에 대하여는 대통령령으로 정하는 바에 따라 제1항에 따라 지급되지 아니한 구직급여의 지급을 청구하는 사람이 그 수급자격자에 대한 실업의 인정을 받아야 한다. 이 경우 수급자격자가 제47조제1항에 해당하면 지급되지 아니한 구직급여를 청구하는 사람이 같은 조 제1항에 따라 직업안정기관의 장에게 신고하여야 한다.

③ 제1항에 따라 지급되지 아니한 구직급여를 지급받을 수 있는 사람의 순위는 같은 항에 열거된 순서로 한다. 이 경우 같은 순위자가 2명 이상이면 그 중 1명이 한 청구를 전원(全員)을 위하여 한 것으로 보며, 그 1명에게 한 지급은 전원에 대한 지급으로 본다.
(2020.5.26 본조개정)

제58조【이직 사유에 따른 수급자격의 제한】 제40조에도 불구하고 피보험자가 다음 각 호의 어느 하나에 해당한다고 직업안정기관의 장이 인정하는 경우에는 수급자격이 없는 것으로 본다.
1. 중대한 귀책사유(歸責事由)로 해고된 피보험자로서 다음 각 목의 어느 하나에 해당하는 경우
   가. 「형법」 또는 직무와 관련된 법률을 위반하여 금고 이상의 형을 선고받은 경우
   나. 사업에 막대한 지장을 초래하거나 재산상 손해를 끼친 경우로서 고용노동부령이 정하는 기준에 해당하는 경우
   (2010.6.4 본목개정)
   다. 정당한 사유 없이 근로계약 또는 취업규칙 등을 위반하여 장기간 무단 결근한 경우
2. 자기 사정으로 이직한 피보험자로서 다음 각 목의 어느 하나에 해당하는 경우
   가. 전직 또는 자영업을 하기 위하여 이직한 경우
   나. 제1호의 중대한 귀책사유가 있는 사람이 해고되지 아니하고 사업주의 권고로 이직한 경우(2020.5.26 본목개정)
   다. 그 밖에 고용노동부령으로 정하는 정당한 사유에 해당하지 아니하는 사유로 이직한 경우(2010.6.4 본목개정)

제59조 (2015.1.20 삭제)

제60조【훈련 거부 등에 따른 급여의 지급 제한】 ① 수급자격자가 직업안정기관의 장이 소개하는 직업에 취직하는 것을 거부하거나 직업안정기관의 장이 지시한 직업능력개발 훈련 등을 거부하면 대통령령으로 정하는 바에 따라 구직급여의 지급을 정지한다. 다만, 다음 각 호의 어느 하나에 해당하는 정당한 사유가 있는 경우에는 그러하지 아니하다.
1. 소개된 직업 또는 직업능력개발 훈련 등을 받도록 지시된 직종이 수급자격자의 능력에 맞지 아니하는 경우
2. 취직하거나 직업능력개발 훈련 등을 받기 위하여 주거의 이전이 필요하나 그 이전이 곤란한 경우
3. 소개된 직업의 임금 수준이 같은 지역의 같은 종류의 업무 또는 같은 정도의 기능에 대한 통상의 임금 수준에 비하여 100분의 20 이상 낮은 경우 등 고용노동부장관이 정하는 기준에 해당하는 경우(2010.6.4 본호개정)
4. 그 밖에 정당한 사유가 있는 경우

② 수급자격자가 정당한 사유 없이 고용노동부장관이 정하는 기준에 따라 직업안정기관의 장이 실시하는 재취업 촉진을 위한 직업 지도를 거부하면 대통령령으로 정하는 바에 따라 구직급여의 지급을 정지한다.(2010.6.4 본항개정)
③ 제1항 단서 및 제2항에서의 정당한 사유의 유무(有無)에 대한 인정은 고용노동부장관이 정하는 기준에 따라 직업안정기관의 장이 행한다.(2010.6.4 본항개정)
④ 제1항과 제2항에 따라 구직급여의 지급을 정지하는 기간은 1개월의 범위에서 고용노동부장관이 정하여 고시한다.
(2010.6.4 본항개정)

제61조【부정행위에 따른 급여의 지급 제한】 ① 거짓이나 그 밖의 부정한 방법으로 실업급여를 받았거나 받으려 한 사람에게는 그 급여를 받은 날 또는 받으려 한 날부터의 구직급여를 지급하지 아니한다. 다만, 그 급여와 관련된 이직 이후에 새로 수급자격을 취득한 경우 그 새로운 수급자격에 따른 구직급여에 대하여는 그러하지 아니하다.(2020.5.26 본문개정)
② 제1항 본문에도 불구하고 거짓이나 그 밖의 부정한 방법이 제47조제1항에 따른 신고의무의 불이행 또는 거짓의 신고 등 대통령령으로 정하는 사유에 해당하면 그 실업인정대상기간에 한정하여 구직급여를 지급하지 아니한다. 다만, 2회 이상의 위반행위를 한 경우에는 제1항 본문에 따른다.(2020.5.26 본문개정)
③ 거짓이나 그 밖의 부정한 방법으로 실업급여를 지급받았거나 받으려 한 사람이 제1항 또는 제2항에 따라 구직급여를 지급받을 수 없게 된 경우에도 제50조제3항 및 같은 조 제4항을 적용할 때는 그 구직급여를 지급받은 것으로 본다.(2020.5.26 본항개정)
④ 거짓이나 그 밖의 부정한 방법으로 실업급여를 지급받았거나 받으려 한 사람이 제1항 또는 제2항에 따라 구직급여를 지급받을 수 없게 된 경우에도 제63조제2항을 적용할 때는 그 지급받을 수 없게 된 일수분의 구직급여를 지급받은 것으로 본다.(2020.5.26 본항개정)
⑤ 제1항 단서에도 불구하고 거짓이나 그 밖의 부정한 방법으로 구직급여를 받았거나 받으려 한 사람이 그 구직급여를 받은 날 또는 제44조에 따른 실업인정의 신고를 한 날부터 소급하여 10년간 3회 이상 제1항 본문에 따라 구직급여를 받지 못한 경우에는 대통령령으로 정하는 바에 따라 거짓이나 그 밖의 부정한 방법으로 구직급여를 받은 날 또는 제44조에 따른 실업인정의 신고를 한 날부터 3년의 범위에서 새로운 수급자격에 따른 구직급여를 지급하지 아니한다.(2019.8.27 본항신설)

제62조【반환명령 등】 ① 직업안정기관의 장은 거짓이나 그 밖의 부정한 방법으로 구직급여를 지급받은 사람에게 고용노동부령으로 정하는 바에 따라 지급받은 구직급여의 전부 또는 일부의 반환을 명할 수 있다.
② 직업안정기관의 장은 제1항에 따라 반환을 명하는 경우에 고용노동부령으로 정하는 바에 따라 거짓이나 그 밖의 부정한 방법으로 지급받은 구직급여액의 2배 이하의 금액을 추가로 징수할 수 있다. 다만, 사업주(사업주의 대리인·사용인, 그 밖에 사업주를 위하여 행위하는 자를 포함한다. 이하 이 조 및 제116조제1항에서 같다)와 공모(거짓이나 그 밖의 부정한 방법에 사업주의 거짓된 신고·보고 또는 증명 등 사업주의 귀책사유가 포함되어 있는 경우를 말한다. 이하 같다)하여 거짓이나 그 밖의 부정한 방법으로 구직급여를 지급받은 경우에는 지급받은 구직급여액의 5배 이하의 금액을 추가로 징수할 수 있다.
③ 거짓이나 그 밖의 부정한 방법으로 구직급여를 지급받은 사람이 사업주와 공모한 경우에는 그 사업주도 그 구직급여를 지급받은 사람과 연대(連帶)하여 제1항 및 제2항에 따른 책임을 진다.
④ 직업안정기관의 장은 구직급여의 수급자격이 있는 사람 또는 수급자격이 있었던 사람에게 잘못 지급된 구직급여가 있으면 그 지급금의 반환을 명할 수 있다.
⑤ 직업안정기관의 장은 제1항·제2항 또는 제4항에 따라 구직급여 지급금을 반환하거나 추가징수금을 납부하여야 하는 사람이 이 법에 따라 지급받을 구직급여가 있는 경우에는 이를 대통령령으로 정하는 바에 따라 제1항·제2항 또는 제4항에 따른 반환금·추가징수금에 충당할 수 있다.
(2019.8.27 본조개정)

제63조【질병 등의 특례】 ① 수급자격자가 제42조에 따라 실업의 신고를 한 이후에 질병·부상 또는 출산으로 취업이 불가능하여 실업의 인정을 받지 못한 날에 대하여는 제44조제1항에도 불구하고 그 수급자격자의 청구에 의하여 제46조의 구직급여일액에 해당하는 금액(이하 "상병급여"라 한다)을 구직급여를 갈음하여 지급할 수 있다. 다만, 제60조제1항 및 제2항에 따라 구직급여의 지급이 정지된 기간에 대하여는 상병급여(傷病給與)를 지급하지 아니한다.(2020.5.26 본문개정)
② 상병급여를 지급할 수 있는 일수는 그 수급자격자에 대한 구직급여 소정급여일수에서 그 수급자격에 의하여 구직급여가 지급된 일수를 뺀 일수를 한도로 한다. 이 경우 상병급여를 지급받은 사람에 대하여 이 법의 규정(제61조 및 제62조는 제외한다)을 적용할 때에는 상병급여의 지급 일수에 상당하는 일수분의 구직급여가 지급된 것으로 본다.(2020.5.26 후단개정)
③ 제1항에 따른 상병급여는 그 취업할 수 없는 사유가 없어진 이후에 최초로 구직급여를 지급하는 날(구직급여를 지급하는 날이 없는 경우에는 직업안정기관의 장이 정하는 날)에 지급한다. 다만, 필요하다고 인정하면 고용노동부장관이 따로 정하는 바에 따라 지급할 수 있다.(2010.6.4 단서개정)

④ 제1항에도 불구하고 수급자격자가 「근로기준법」 제79조에 따른 휴업보상, 「산업재해보상보험법」 제52조부터 제56조까지의 규정에 따른 휴업급여, 그 밖에 이에 해당하는 급여 또는 보상으로서 대통령령으로 정하는 보상 또는 급여를 지급받을 수 있는 경우에는 상병급여를 지급하지 아니한다.(2019.1.15 본항개정)
⑤ 상병급여의 지급에 관하여는 제47조, 제49조, 제57조, 제61조(제4항은 제외한다) 및 제62조를 준용한다. 이 경우 "실업인정대상기간"은 "실업의 인정을 받지 못한 날"로, "구직급여"는 "상병급여"로 본다.(2019.8.27 본항개정)

제3절 취업촉진 수당

제64조【조기재취업 수당】 ① 조기재취업 수당은 수급자격자(「외국인근로자의 고용 등에 관한 법률」 제2조에 따른 외국인 근로자는 제외한다)가 안정된 직업에 재취직하거나 스스로 영리를 목적으로 하는 사업을 영위하는 경우로서 대통령령으로 정하는 기준에 해당하면 지급한다.
② 제1항에도 불구하고 수급자격자가 안정된 직업에 재취업한 날 또는 스스로 영리를 목적으로 하는 사업을 시작한 날 이전의 대통령령으로 정하는 기간에 조기재취업 수당을 지급받은 사실이 있는 경우에는 조기재취업 수당을 지급하지 아니한다.
③ 조기재취업 수당의 금액은 구직급여의 소정급여일수 중 미지급일수의 비율에 따라 대통령령으로 정하는 기준에 따라 산정한 금액으로 한다.
④ 조기재취업 수당을 지급받은 사람에 대하여 이 법의 규정(제61조 및 제62조는 제외한다)을 적용할 때에는 그 조기재취업 수당의 금액을 제46조에 따른 구직급여일액으로 나눈 일수분에 해당하는 구직급여를 지급한 것으로 본다.(2020.5.26 본항개정)
⑤ 수급자격자를 조기에 재취업시켜 구직급여의 지급 기간이 단축되도록 한 사람에게는 대통령령으로 정하는 바에 따라 장려금을 지급할 수 있다.(2020.5.26 본항개정)
제65조【직업능력개발 수당】 ① 직업능력개발 수당은 수급자격자가 직업안정기관의 장이 지시한 직업능력개발 훈련 등을 받는 경우에 그 직업능력개발 훈련 등을 받는 기간에 대하여 지급한다.
② 제1항에도 불구하고 제60조제1항 및 제2항에 따라 구직급여의 지급이 정지된 기간에 대하여는 직업능력개발 수당을 지급하지 아니한다.
③ 직업능력개발 수당의 지급 요건 및 금액에 필요한 사항은 대통령령으로 정한다. 이 경우 인력의 수급 상황을 고려하여 고용노동부장관이 특히 필요하다고 인정하여 고시하는 직종에 관한 직업능력개발 훈련 등에 대하여는 직업능력개발 수당의 금액을 다르게 정할 수 있다.(2010.6.4 후단개정)
제66조【광역 구직활동비】 ① 광역 구직활동비는 수급자격자가 직업안정기관의 소개에 따라 광범위한 지역에 걸쳐 구직활동을 하는 경우로서 대통령령으로 정하는 기준에 따라 직업안정기관의 장이 필요하다고 인정하면 지급할 수 있다.
② 광역 구직활동비의 금액은 제1항의 구직 활동에 통상 드는 비용으로 하되, 그 금액의 산정은 고용노동부령으로 정하는 바에 따른다.(2010.6.4 본항개정)
제67조【이주비】 ① 이주비는 수급자격자가 취업하거나 직업안정기관의 장이 지시한 직업능력개발 훈련 등을 받기 위하여 그 주거를 이전하는 경우로서 대통령령으로 정하는 기준에 따라 직업안정기관의 장이 필요하다고 인정하면 지급할 수 있다.
② 이주비의 금액은 수급자격자 및 그 수급자격자에 의존하여 생계를 유지하는 동거 친족의 이주에 일반적으로 드는 비용으로 하되, 그 금액의 산정은 고용노동부령으로 정하는 바에 따른다.(2010.6.4 본항개정)
제68조【취업촉진 수당의 지급 제한】 ① 거짓이나 그 밖의 부정한 방법으로 실업급여를 받았거나 받으려 한 사람에게는 그 급여를 받은 날 또는 받으려 한 날부터의 취업촉진 수당을 지급하지 아니한다. 다만, 그 급여와 관련된 이직 이후에 새로 수급자격을 취득하면 그 새로운 수급자격에 따른 취업촉진 수당은 그러하지 아니하다.(2020.5.26 본문개정)
② 제1항 본문에도 불구하고 거짓이나 그 밖의 부정한 방법이 제47조제1항에 따른 신고의무의 불이행 또는 거짓의 신고 등 대통령령으로 정하는 사유에 해당하면 취업촉진 수당의 지급을 제한하지 아니한다. 다만, 2회 이상의 위반행위를 한 경우에는 제1항 본문에 따른다.
③ 거짓이나 그 밖의 부정한 방법으로 실업급여를 지급받았거나 받으려 한 사람이 제1항 또는 제2항에 따라 취업촉진 수당을 지급받을 수 없게 되어 조기재취업 수당을 지급받지 못하게 된 경우에도 제64조제4항을 적용할 때는 그 지급받을 수 없게 된 조기재취업 수당을 지급받은 것으로 본다.(2020.5.26 본항개정)
제69조【준용】 취업촉진 수당에 관하여는 제57조제1항·제3항 및 제62조를 준용한다. 이 경우 "수급자격자"는 "취업촉진 수당을 지급받을 수 있는 사람"으로, "구직급여"는 "취업촉진 수당"으로 본다.(2020.5.26 후단개정)

제4절 자영업자인 피보험자에 대한 실업급여 적용의 특례
(2011.7.21 본절신설)

제69조의2【자영업자인 피보험자의 실업급여의 종류】 자영업자인 피보험자의 실업급여의 종류는 제37조에 따른다. 다만, 제51조부터 제55조까지의 규정에 따른 연장급여와 제64조에 따른 조기재취업 수당은 제외한다.
제69조의3【구직급여의 수급 요건】 구직급여는 폐업한 자영업자인 피보험자가 다음 각 호의 요건을 모두 갖춘 경우에 지급한다.
1. 폐업일 이전 24개월간 제41조제1항 단서에 따라 자영업자인 피보험자로서 갖춘 피보험 단위기간이 합산하여 1년 이상일 것(2020.5.26 본호개정)
2. 근로의 의사와 능력이 있음에도 불구하고 취업을 하지 못한 상태에 있을 것
3. 폐업사유가 제69조의7에 따른 수급자격의 제한 사유에 해당하지 아니할 것
4. 재취업을 위한 노력을 적극적으로 할 것
제69조의4【기초일액】 ① 자영업자인 피보험자이었던 수급자격자에 대한 기초일액은 다음 각 호의 구분에 따른 기간 동안 본인이 납부한 보험료의 산정기초가 되는 고용산재보험료징수법 제49조의2제3항에 따라 고시된 보수액을 전부 합산한 후에 그 기간의 총일수로 나눈 금액으로 한다.(2021.1.5 본문개정)
1. 수급자격과 관련된 피보험기간이 3년 이상인 경우 : 마지막 폐업일 이전 3년의 피보험기간
2. 수급자격과 관련된 피보험기간이 3년 미만인 경우 : 수급자격과 관련된 그 피보험기간
② 제1항에도 불구하고 자영업자인 피보험자이었던 수급자격자가 제50조제4항에 따라 피보험기간을 합산하게 됨에 따라 제69조의6에서 정한 소정급여일수가 추가로 늘어나는 경우에는 그 늘어난 일수분에 대한 기초일액은 제1항에 따라 산정된 기초일액으로 하되, 그 기초일액이 다음 각 호에 해당하는 경우에는 각각 해당 호에 따른 금액으로 한다.
1. 기초일액이 최저기초일액에 미치지 못하는 경우에는 최저기초일액
2. 기초일액이 제45조제5항에 따라 대통령령으로 정하는 금액을 초과하는 경우에는 그 대통령령으로 정하는 금액
제69조의5【구직급여일액】 자영업자인 피보험자로서 폐업한 수급자격자에 대한 구직급여일액은 그 수급자격자의 기초일액에 100분의 60을 곱한 금액으로 한다.(2019.8.27 본조개정)
제69조의6【소정급여일수】 자영업자인 피보험자로서 폐업한 수급자격자에 대한 소정급여일수는 제49조에 따른 대기기

간이 끝난 다음 날부터 계산하기 시작하여 피보험기간에 따라 별표2에서 정한 일수가 되는 날까지로 한다.

제69조의7【폐업사유에 따른 수급자격의 제한】 제69조의3에도 불구하고 폐업한 자영업자인 피보험자가 다음 각 호의 어느 하나에 해당한다고 직업안정기관의 장이 인정하는 경우에는 수급자격이 없는 것으로 본다.

1. 법령을 위반하여 허가 취소를 받거나 영업 정지를 받음에 따라 폐업한 경우
2. 방화(放火) 등 피보험자 본인의 중대한 귀책사유로서 고용노동부령으로 정하는 사유로 폐업한 경우
3. 매출액 등이 급격하게 감소하는 등 고용노동부령으로 정하는 사유가 아닌 경우로서 전직 또는 자영업을 다시 하기 위하여 폐업한 경우
4. 그 밖에 고용노동부령으로 정하는 정당한 사유에 해당하지 아니하는 사유로 폐업한 경우

제69조의8【자영업자인 피보험자에 대한 실업급여의 지급 제한】 고용노동부장관은 보험료를 체납한 사람에게는 고용노동부령으로 정하는 바에 따라 이 장에 따른 실업급여를 지급하지 아니할 수 있다.

제69조의9【준용】 ① 자영업자인 피보험자의 실업급여에 관하여는 제37조의2, 제38조, 제38조의2, 제42조, 제43조, 제43조의2, 제44조, 제47조부터 제49조까지, 제56조, 제57조, 제60조부터 제63조까지, 제65조부터 제68조까지를 준용한다. 이 경우 제42조제1항·제43조제3항 중 "이직"은 "폐업"으로 보고, 제43조제1항 중 "제40조제1항제1호부터 제3호까지·제5호 및 제6호"는 "제69조의3"으로 보며, 제63조제1항 중 "제46조"는 "제69조의5"로 보고, 제48조제1항 중 "제50조제1항"은 "제69조의6"으로 본다.(2022.12.31 전단개정)

② 자영업자인 피보험자의 취업촉진 수당(조기재취업 수당은 제외한다)에 관하여는 제57조제1항·제3항 및 제62조를 준용한다. 이 경우 제57조제1항 중 "수급자격자"는 "취업촉진 수당을 지급받을 수 있는 사람"으로 본다.(2020.5.26 후단개정)

제5장 육아휴직 급여 등

제1절 육아휴직 급여 및 육아기 근로시간 단축 급여

(2011.7.21 본절제목개정)

제70조【육아휴직 급여】 ① 고용노동부장관은 「남녀고용평등과 일·가정 양립 지원에 관한 법률」 제19조에 따른 육아휴직을 30일(「근로기준법」 제74조에 따른 출산전후휴가기간과 중복되는 기간은 제외한다) 이상 부여받은 피보험자 중 육아휴직을 시작한 날 이전에 제41조에 따른 피보험 단위기간이 합산하여 180일 이상인 피보험자에게 육아휴직 급여를 지급한다.

1.~2. (2019.8.27 삭제)

3. (2011.7.21 삭제)

(2020.5.26 본항개정)

② 제1항에 따른 육아휴직 급여를 지급받으려는 사람은 육아휴직을 시작한 날 이후 1개월부터 육아휴직이 끝난 날 이후 12개월 이내에 신청하여야 한다. 다만, 해당 기간에 대통령령으로 정하는 사유로 육아휴직 급여를 신청할 수 없었던 사람은 그 사유가 끝난 후 30일 이내에 신청하여야 한다.(2011.7.21 본항신설)

③ 피보험자가 제2항에 따라 육아휴직 급여 지급신청을 하는 경우 육아휴직 기간 중에 이직하거나 고용노동부령으로 정하는 기준에 해당하는 취업을 한 사실이 있는 경우에는 해당 신청서에 그 사실을 기재하여야 한다.(2019.1.15 본항신설)

④ 제1항에 따른 육아휴직 급여액은 대통령령으로 정한다.

⑤ 육아휴직 급여의 신청 및 지급에 관하여 필요한 사항은 고용노동부령으로 정한다.(2010.6.4 본항개정)

판례 육아휴직급여 청구권의 권리행사기간을 규정한 것은 육아휴직급여에 관한 법률관계를 조속히 확정시키기 위해서이며, 따라서 해당 규정의 성격 역시 강행규정이라고 보아야 한다. 그러므로 근로자가 육아휴직급여를 지급받기 위해서는 이 사건 조항에서 정한 신청기간 내에 관할 직업안정기관의 장에게 급여 지급을 신청하여야 하며 이 기간을 넘겨 신청하면 급여를 받을 수 없다.
(대판 2021.3.18, 2018두47264)

제71조【육아휴직의 확인】 사업주는 피보험자가 제70조에 따른 육아휴직 급여를 받으려는 경우 고용노동부령으로 정하는 바에 따라 사실의 확인 등 모든 절차에 적극 협력하여야 한다.
(2010.6.4 본조개정)

제72조 (2019.1.15 삭제)

제73조【육아휴직 급여의 지급 제한 등】 ① 피보험자가 육아휴직 기간 중에 그 사업에서 이직한 경우에는 그 이직하였을 때부터 육아휴직 급여를 지급하지 아니한다.(2019.1.15 본항개정)

② 피보험자가 육아휴직 기간 중에 제70조제3항에 따른 취업을 한 경우에는 그 취업한 기간에 대해서는 육아휴직 급여를 지급하지 아니한다.(2019.1.15 본항신설)

③ 피보험자가 사업주로부터 육아휴직을 이유로 금품을 지급받은 경우 대통령령으로 정하는 바에 따라 급여를 감액하여 지급할 수 있다.

④ 거짓이나 그 밖의 부정한 방법으로 육아휴직 급여를 받았거나 받으려 한 사람에게는 그 급여를 받은 날 또는 받으려 한 날부터의 육아휴직 급여를 지급하지 아니한다. 다만, 그 급여와 관련된 육아휴직 이후에 새로 육아휴직 급여 요건을 갖춘 경우 그 새로운 요건에 따른 육아휴직 급여는 그러하지 아니하다.(2019.1.15 본문개정)

⑤ 제4항 본문에도 불구하고 제70조제3항을 위반하여 육아휴직 기간 중 취업한 사실을 기재하지 아니하거나 거짓으로 기재하여 육아휴직 급여를 받았거나 받으려 한 사람에 대해서는 위반횟수 등을 고려하여 고용노동부령으로 정하는 바에 따라 지급이 제한되는 육아휴직 급여의 범위를 달리 정할 수 있다.
(2019.1.15 본항신설)
(2019.1.15 본조제목개정)

제73조의2【육아기 근로시간 단축 급여】 ① 고용노동부장관은 「남녀고용평등과 일·가정 양립 지원에 관한 법률」 제19조의2에 따른 육아기 근로시간 단축(이하 "육아기 근로시간 단축"이라 한다)을 30일(「근로기준법」 제74조에 따른 출산전후휴가기간과 중복되는 기간은 제외한다) 이상 실시한 피보험자 중 육아기 근로시간 단축을 시작한 날 이전에 제41조에 따른 피보험 단위기간이 합산하여 180일 이상인 피보험자에게 육아기 근로시간 단축 급여를 지급한다.

1.~2. (2019.8.27 삭제)

(2020.5.26 본항개정)

② 제1항에 따른 육아기 근로시간 단축 급여를 지급받으려는 사람은 육아기 근로시간 단축을 시작한 날 이후 1개월부터 끝난 날 이후 12개월 이내에 신청하여야 한다. 다만, 해당 기간에 대통령령으로 정하는 사유로 육아기 근로시간 단축 급여를 신청할 수 없었던 사람은 그 사유가 끝난 후 30일 이내에 신청하여야 한다.

③ 제1항에 따른 육아기 근로시간 단축 급여액은 대통령령으로 정한다.

④ 육아기 근로시간 단축 급여의 신청 및 지급에 필요한 사항은 고용노동부령으로 정한다.
(2011.7.21 본조신설)

제74조【준용】 ① 육아휴직 급여에 관하여는 제62조를 준용한다. 이 경우 "구직급여"는 "육아휴직 급여"로 본다.

② 육아기 근로시간 단축 급여에 관하여는 제62조, 제71조 및 제73조를 준용한다. 이 경우 제62조 중 "구직급여"는 "육아기 근로시간 단축 급여"로 보고, 제71조 및 제73조 중 "육아휴직"은 각각 "육아기 근로시간 단축"으로 본다.(2021.1.5 본항개정)

제2절 출산전후휴가 급여 등

(2012.2.1 본절제목개정)

제75조【출산전후휴가 급여 등】 고용노동부장관은 「남녀고용평등과 일·가정 양립 지원에 관한 법률」 제18조에 따라 피

보험자가 「근로기준법」 제74조에 따른 출산전후휴가 또는 유산·사산휴가를 받은 경우와 「남녀고용평등과 일·가정 양립 지원에 관한 법률」 제18조의2에 따른 배우자 출산휴가 또는 같은 법 제18조의3에 따른 난임치료휴가를 받은 경우로서 다음 각 호의 요건을 모두 갖춘 경우에 출산전후휴가 급여 등(이하 "출산전후휴가 급여등"이라 한다)을 지급한다.(2024.10.22 본문개정)

1. 휴가가 끝난 날 이전에 제41조에 따른 피보험 단위기간이 합산하여 180일 이상일 것(2020.5.26 본호개정)
2. 휴가를 시작한 날〔출산전후휴가 또는 유산·사산휴가를 받은 피보험자가 속한 사업장이 우선지원 대상기업이 아닌 경우에는 휴가 시작 후 60일(한 번에 둘 이상의 자녀를 임신한 경우에는 75일)이 지난 날로 본다〕 이후 1개월부터 휴가가 끝난 날 이후 12개월 이내에 신청할 것. 다만, 그 기간에 대통령령으로 정하는 사유로 출산전후휴가 급여등을 신청할 수 없었던 사람은 그 사유가 끝난 후 30일 이내에 신청하여야 한다.(2020.5.26 단서개정)

(2012.2.1 본조제목개정)

제75조의2【출산전후휴가 급여등의 수급권 대위】 사업주가 출산전후휴가 급여등의 지급사유와 같은 사유로 그에 상당하는 금품을 근로자에게 미리 지급한 경우로서 그 금품이 출산전후휴가 급여등을 대체하여 지급한 것으로 인정되면 그 사업주는 지급한 금액(제76조제2항에 따른 상한액을 초과할 수 없다)에 대하여 그 근로자의 출산전후휴가 급여등을 받을 권리를 대위한다.(2012.2.1 본조개정)

제76조【지급 기간 등】 ① 제75조에 따른 출산전후휴가 급여등은 다음 각 호의 휴가 기간에 대하여 「근로기준법」의 통상임금(휴가를 시작한 날을 기준으로 산정한다)에 해당하는 금액을 지급한다.(2019.8.27 본문개정)

1. 「근로기준법」 제74조에 따른 출산전후휴가 또는 유산·사산휴가 기간. 다만, 우선지원 대상기업이 아닌 경우에는 휴가 기간 중 60일(한 번에 둘 이상의 자녀를 임신한 경우에는 75일)을 초과한 일수(30일을 한도로 하되, 미숙아를 출산한 경우에는 40일을 한도로 하고, 한 번에 둘 이상의 자녀를 임신한 경우에는 45일을 한도로 한다)로 한정한다.(2024.10.22 단서개정)
2. 「남녀고용평등과 일·가정 양립 지원에 관한 법률」 제18조의2에 따른 배우자 출산휴가 기간. 다만, 피보험자가 속한 사업장이 우선지원 대상기업인 경우로 한정한다.(2024.10.22 본호개정)
3. 「남녀고용평등과 일·가정 양립 지원에 관한 법률」 제18조의3에 따른 난임치료휴가 기간 중 최초 2일. 다만, 피보험자가 속한 사업장이 우선지원 대상기업인 경우로 한정한다.(2024.10.22 본호신설)

② 제1항에 따른 출산전후휴가 급여등의 지급 금액은 대통령령으로 정하는 바에 따라 그 상한액과 하한액을 정할 수 있다.
③ 제1항과 제2항에 따른 출산전후휴가 급여등의 신청 및 지급에 필요한 사항은 고용노동부령으로 정한다.
(2012.2.1 본조개정)

제76조의2【기간제근로자 또는 파견근로자에 대한 적용】 ① 고용노동부장관은 제76조제1항제1호에도 불구하고 「기간제 및 단시간근로자 보호 등에 관한 법률」 제2조에 따른 기간제근로자 또는 「파견근로자 보호 등에 관한 법률」 제2조에 따른 파견근로자가 「근로기준법」 제74조에 따른 출산전후휴가기간 또는 유산·사산휴가기간 중 근로계약기간이 끝나는 경우 근로계약 종료일 다음 날부터 해당 출산전후휴가 또는 유산·사산휴가 종료일까지의 기간에 대한 출산전후휴가 급여등에 상당하는 금액 전부를 기간제근로자 또는 파견근로자에게 지급한다.(2022.12.31 본항개정)
② 제1항에 따른 출산전후휴가 급여등에 상당하는 금액의 신청 및 지급에 필요한 사항은 고용노동부령으로 정한다.
(2021.1.5 본조신설)

제77조【준용】 ① 출산전후휴가 급여등의 반환명령, 사실 확인, 지급 제한 등에 관하여는 제62조, 제71조 및 제73조를 준용한다. 이 경우 제62조 중 "구직급여"는 "출산전후휴가 급여등"으로, 제71조 및 제73조 중 "육아휴직"은 각각 "출산전후휴가, 유산·사산휴가, 배우자 출산휴가 또는 난임치료휴가"로 본다.(2024.10.22 후단개정)
② 제76조의2에 따른 출산전후휴가 급여등에 상당하는 금액의 반환명령, 사실 확인, 지급 제한 등에 관하여는 제62조, 제71조 및 제73조(제1항은 제외한다. 이하 이 항에서 같다)를 준용한다. 이 경우 제62조 중 "구직급여"는 "출산전후휴가 급여등에 상당하는 금액"으로, 제71조 및 제73조 중 "육아휴직"은 각각 "출산전후휴가, 유산·사산휴가"로, "육아휴직 급여"는 "출산전후휴가 급여등에 상당하는 금액"으로 본다.(2022.12.31 본항신설)

제5장의2 예술인인 피보험자에 대한 고용보험 특례

(2020.6.9 본장신설)

제77조의2【예술인인 피보험자에 대한 적용】 ① 근로자가 아니면서 「예술인 복지법」 제2조제2호에 따른 예술인 등 대통령령으로 정하는 사람 중 「예술인 복지법」 제4조의4에 따른 문화예술용역 관련 계약(이하 "문화예술용역 관련 계약"이라 한다)을 체결하고 다른 사람을 사용하지 아니하고 자신이 직접 노무를 제공하는 사람(이하 "예술인"이라 한다)과 이들을 상대방으로 하여 문화예술용역 관련 계약을 체결한 사업에 대해서는 제8조제2항에 따라 이 장을 적용한다.(2021.1.5 본항개정)
② 제1항에도 불구하고 예술인이 다음 각 호의 어느 하나에 해당하는 경우에는 이 법을 적용하지 아니한다.

1. 65세 이후에 근로계약, 문화예술용역 관련 계약 또는 제77조의6제1항에 따른 노무제공계약(65세 전부터 피보험자격을 유지하던 사람이 65세 이후에 계속하여 근로계약, 문화예술용역 관련 계약 또는 노무제공계약을 체결한 경우는 제외한다)을 체결하거나 자영업을 개시하는 경우(2021.1.5 본호개정)
2. 예술인 중 대통령령으로 정하는 소득 기준을 충족하지 못하는 경우. 다만, 예술인 중 계약의 기간이 1개월 미만인 사람(이하 "단기예술인"이라 한다)은 제외한다.
3. 15세 미만인 경우. 다만, 15세 미만인 예술인으로서 고용보험 가입을 원하는 사람은 대통령령으로 정하는 바에 따라 고용보험에 가입할 수 있다.(2022.12.31 본호신설)

③ 제15조에도 불구하고 사업의 특성 및 규모 등을 고려하여 대통령령으로 정하는 사업이 다음 각 호의 어느 하나에 해당하는 경우에는 하수급인이 사용하는 예술인에 대하여 대통령령으로 정하는 바에 따라 발주자 또는 원수급인이 제15조에 따른 신고를 하여야 한다.

1. 하나의 사업에 다수의 도급이 이루어져 원수급인이 다수인 경우
2. 하나의 사업이 여러 차례의 도급으로 이루어져 하수급인이 다수인 경우

④ 제3항에 따라 하수급인인 사업주와 예술인 등은 발주자·원수급인이 피보험자격 취득 등의 신고를 위하여 대통령령으로 정하는 관련 자료, 정보 등을 요청하는 경우 이를 제공하여야 한다.
⑤ (2022.12.31 삭제)
⑥ 제1항에 따라 이 장의 적용을 받는 예술인과 문화예술용역 관련 계약을 체결한 사업의 사업주(제3항의 경우에는 발주자 또는 원수급인을 말한다)는 고용산재보험료징수법에 따라 보험료를 부담하며, 그 보험관계의 성립·소멸 및 변경, 보험료의 산정·납부 및 징수에 필요한 사항은 고용산재보험료징수법에서 정하는 바에 따른다.(2021.1.5 본항개정)

제77조의3【예술인인 피보험자에 대한 구직급여】 ① 예술인의 구직급여는 다음 각 호의 요건을 모두 갖춘 경우에 지급한다. 다만, 제6호는 최종 이직 당시 단기예술인이었던 사람만 해당한다.

1. 이직일 이전 24개월 동안의 피보험 단위기간이 통산하여 9개월 이상일 것
2. 근로 또는 노무제공의 의사와 능력이 있음에도 불구하고 취업(영리를 목적으로 사업을 영위하는 경우를 포함한다.

이하 이 장에서 같다)하지 못한 상태에 있을 것(2021.1.5 본호개정)
3. 이직사유가 제77조의5제2항에서 준용하는 제58조에 따른 수급자격의 제한 사유에 해당하지 아니할 것. 다만, 제77조의5제2항에서 준용하는 제58조제2호가목에도 불구하고 예술인이 이직할 당시 대통령령으로 정하는 바에 따른 소득감소로 인하여 이직하였다고 직업안정기관의 장이 인정하는 경우에는 제58조에 따른 수급자격의 제한 사유에 해당하지 아니하는 것으로 본다.(2021.1.5 본호개정)
4. 이직일 이전 24개월 중 3개월 이상을 예술인인 피보험자로 피보험자격을 유지하였을 것
5. 재취업을 위한 노력을 적극적으로 할 것
6. 다음 각 목의 요건을 모두 갖출 것
가. 수급자격의 인정신청일 이전 1개월 동안의 노무제공일수가 10일 미만이거나 수급자격 인정신청일 이전 14일간 연속하여 노무제공내역이 없을 것
나. 최종 이직일 이전 24개월 동안의 피보험 단위기간 중 다른 사업에서 제77조의5제2항에서 준용하는 제58조에 따른 수급자격의 제한 사유에 해당하는 사유로 이직한 사실이 있는 경우에는 그 피보험 단위기간 중 90일 이상을 단기예술인으로 종사하였을 것(2021.1.5 본목개정)

② 제1항제1호에 따른 피보험 단위기간은 그 수급자격과 관련된 이직 당시의 사업에서의 피보험자격 취득일부터 이직일까지의 기간으로 산정하고, 이직일 이전 24개월 동안 근로자, 예술인, 제77조의6제1항에 따른 노무제공자 중 둘 이상에 해당하는 사람으로 종사한 경우의 피보험 단위기간은 대통령령으로 정하는 바에 따른다.(2021.1.5 본항개정)

③ 예술인의 기초일액은 수급자격 인정과 관련된 마지막 이직일 전 1년간의 고용산재보험료징수법 제16조의10에 따라 신고된 보수총액을 그 산정의 기준이 되는 기간의 총 일수로 나눈 금액으로 한다. 다만, 예술인(고용산재보험료징수법 제3조제1항제2호에 따라 기준보수를 적용받지 아니하는 예술인은 제외한다)의 기초일액이 이직 당시의 같은 법 제3조에 따른 예술인의 일단위 기준보수 미만인 경우에는 일단위 기준보수를 기초일액으로 한다.(2022.12.31 단서개정)

④ 예술인의 구직급여일액은 제3항에 따른 기초일액에 100분의 60을 곱한 금액으로 한다.

⑤ 제4항에 따른 구직급여일액의 상한액은 근로자인 피보험자의 구직급여 상한액 등을 고려하여 대통령령으로 정하는 금액으로 한다.

⑥ 예술인은 제42조에 따른 실업의 신고일부터 계산하기 시작하여 7일간은 대기기간으로 보아 구직급여를 지급하지 아니한다. 다만, 다음 각 호의 사유에 해당하는 경우에는 각 호의 사유별로 4주의 범위에서 대통령령으로 정하는 기간을 대기기간으로 보아 구직급여를 지급하지 아니하며, 각 호의 사유 중 둘 이상에 해당하는 경우에는 그 대기기간이 가장 긴 기간을 대기기간으로 본다.(2022.12.31 단서개정)
1. 제1항제3호 단서에서 정한 사유로 이직한 경우
2. 제43조의2제1항에 따라 수급자격의 인정신청을 한 경우로서 가장 나중에 상실한 피보험자격과 관련된 이직사유가 같은 조 제2항 단서에 해당하는 경우
(2022.12.31 1호~2호신설)

⑦ 예술인의 소정급여일수 산정을 위한 피보험기간은 제2항에 따른 피보험 단위기간으로 한다. 다만, 단기예술인은 해당 계약기간 중 노무제공일수 등을 고려하여 대통령령으로 정하는 바에 따라 산정한 기간으로 한다.

⑧ 제47조에도 불구하고 직업안정기관의 장은 예술인인 피보험자에 대하여 구직급여를 지급하는 경우에는 실업인정대상기간 중 취업 등으로 발생한 소득에 대해서는 소득수준, 근로 등의 활동 기간 등을 고려하여 대통령령으로 정하는 바에 따라 일부 또는 전부를 감액하고 지급하여야 한다.

제77조의4【예술인의 출산전후급여등】 ① 고용노동부장관은 예술인인 피보험자 또는 피보험자였던 사람이 출산 또는 유산·사산을 이유로 노무를 제공할 수 없는 경우에는 출산전후급여 등(이하 "출산전후급여등"이라 한다)을 지급한다. 다만, 같은 자녀에 대하여 제75조에 따른 출산전후휴가 급여등 및 제77조의9제1항에 따른 출산전후급여등의 지급요건을 동시에 충족하는 경우 등에 대해서는 대통령령으로 정하는 바에 따라 지급한다.(2022.6.10 본문개정)

② 제1항에 따른 출산전후급여등의 지급요건, 지급수준 및 지급기간 등은 대통령령으로 정하는 바에 따른다.

③ 제1항과 제2항에 따른 출산전후급여등의 신청 및 지급에 필요한 사항은 고용노동부령으로 정한다.
(2022.6.10 본조제목개정)

제77조의5【준용】 ① 예술인의 피보험자격에 관하여는 제13조제1항, 제14조제1항, 제15조, 제17조를 준용한다. 이 경우 "근로자"는 "예술인"으로, "고용된 날"은 "문화예술용역 관련 계약 개시일"로, "고용된 근로자"는 "문화예술용역 관련 계약이 개시된 예술인"으로 본다.

② 예술인에 대한 구직급여에 대해서는 제37조의2, 제38조, 제38조의2, 제40조제2항제1호, 제41조제2항, 제42조, 제43조, 제43조의2, 제44조, 제47조, 제48조, 제50조, 제56조부터 제58조까지 및 제60조부터 제63조까지의 규정을 준용한다. 이 경우 제40조제2항제1호 중 "이직일 이전 18개월 동안"은 "이직일 이전 24개월 동안"으로, 제63조제1항 본문 중 "제46조"는 "제77조의3제4항·제5항"으로, 같은 조 제5항 전단 중 "제47조, 제49조"는 "제47조"로 본다.(2022.12.31 본항개정)

③ 예술인의 출산전후급여등의 반환명령, 지급 제한 등에 관하여는 제62조 및 제73조제4항을 준용한다. 이 경우 제62조 중 "구직급여"는 "출산전후급여등"으로, 제73조제4항 중 "육아휴직 급여"는 "출산전후급여등"으로, "육아휴직"은 "출산 또는 유산·사산"으로, "육아휴직 급여 요건"은 "출산전후급여등 지급 요건"으로 본다.(2022.12.31 본항개정)

④ 예술인의 피보험자격확인·구직급여·출산전후급여등의 심사 및 재심사 청구 등에 관하여는 제87조부터 제98조까지, 제99조(제2항은 제외한다) 및 제100조부터 제112조까지의 규정을 준용한다. 이 경우 "제4장의 규정에 따른 실업급여 및 제5장에 따른 육아휴직 급여와 출산전후휴가 급여등" 및 "제4장에 따른 실업급여 및 제5장에 따른 육아휴직 급여와 출산전후휴가 급여등"은 각각 "제5장의2에 따른 구직급여 및 출산전후급여등"으로, "실업급여"는 각각 "구직급여"로, "사업장"은 각각 "사업장 및 피보험자격취득신고를 하여야 하는 자의 사무소"로, "사업주"는 각각 "사업주 및 피보험자격을 신고하여야 하는 자"로, "근로자"는 각각 "예술인"으로, "육아휴직 급여등"은 "출산전후급여등"으로, "제4장"은 "제5장의2"로, "제5장에 따른 육아휴직 급여, 육아기 근로시간 단축 급여 및 출산전후휴가 급여등"은 "제5장의2에 따른 출산전후급여등"으로, "실업급여·육아휴직 급여 또는 출산전후휴가 급여등"은 "구직급여·출산전후급여등"으로 본다.(2022.12.31 본항신설)
(2021.1.5 본조개정)

제5장의3 노무제공자인 피보험자에 대한 고용보험 특례
(2021.1.5 본장신설)

제77조의6【노무제공자인 피보험자에 대한 적용】 ① 근로자가 아니면서 자신이 아닌 다른 사람의 사업을 위하여 자신이 직접 노무를 제공하고 해당 사업주 또는 노무수령자로부터 일정한 대가를 지급받기로 하는 계약(이하 "노무제공계약"이라 한다)을 체결한 사람 중 대통령령으로 정하는 직종에 종사하는 사람(이하 "노무제공자"라 한다)과 이들을 상대방으로 하여 노무제공계약을 체결한 사업에 대해서는 제8조제2항에 따라 이 장을 적용한다.

② 제1항에도 불구하고 노무제공자가 다음 각 호의 어느 하나에 해당하는 경우에는 이 법을 적용하지 아니한다.
1. 65세 이후에 근로계약, 노무제공계약 또는 문화예술용역 관련 계약(65세 전부터 피보험자격을 유지하던 사람이 65세 이후에 계속하여 근로계약, 노무제공계약 또는 문화예술용역 관련 계약을 체결한 경우는 제외한다)을 체결하거나 자영업을 개시하는 경우

2. 노무제공자 중 대통령령으로 정하는 소득 기준을 충족하지 못하는 경우. 다만, 노무제공자 중 계약의 기간이 1개월 미만인 사람(이하 "단기노무제공자"라 한다)은 제외한다.
3. 15세 미만인 경우. 다만, 15세 미만인 노무제공자로서 고용보험 가입을 원하는 사람은 대통령령으로 정하는 바에 따라 고용보험에 가입할 수 있다.(2022.12.31 본호신설)

③ (2022.12.31 삭제)

④ 제1항에 따라 이 장을 적용하는 노무제공자와 그와 노무제공계약을 체결한 사업의 사업주(이하 "노무제공사업의 사업주"라 한다)는 고용산재보험료징수법에 따라 보험료를 부담하며, 그 보험관계의 성립·소멸 및 변경, 보험료의 산정·납부 및 징수에 필요한 사항은 고용산재보험료징수법에서 정하는 바에 따른다.

제77조의7【노무제공플랫폼사업자에 대한 특례】 ① 제15조에도 불구하고 노무제공사업의 사업주가 노무제공자와 노무제공사업의 사업주에 관련된 자료 및 정보를 수집·관리하여 이를 전자정보 형태로 기록하고 처리하는 시스템(이하 "노무제공플랫폼"이라 한다)을 구축·운영하는 사업자(이하 "노무제공플랫폼사업자"라 한다)와 노무제공플랫폼 이용에 대한 계약(이하 "노무제공플랫폼이용계약"이라 한다)을 체결하는 경우 노무제공플랫폼사업자는 대통령령으로 정하는 바에 따라 노무제공자에 대한 제15조제1항에 따른 피보험자격의 취득 등을 신고하여야 한다.

② 고용노동부장관은 노무제공자에 관한 보험사무의 효율적 처리를 위하여 노무제공플랫폼사업자에게 해당 노무제공플랫폼의 이용 및 보험관계의 확인에 필요한 다음 각 호의 자료 또는 정보의 제공을 요청할 수 있다. 이 경우 요청을 받은 노무제공플랫폼사업자는 정당한 사유가 없으면 그 요청에 따라야 한다.
1. 노무제공플랫폼이용계약의 개시일 또는 종료일
2. 노무제공사업의 사업주의 보험관계와 관련된 사항으로서 사업장의 명칭·주소 등 대통령령으로 정하는 자료 또는 정보
3. 노무제공자의 피보험자격과 관련된 사항으로서 노무제공자의 이름·직종·보수 등 대통령령으로 정하는 자료 또는 정보

③ 노무제공플랫폼사업자는 제2항에 따라 요청받은 자료 또는 정보의 제공을 위하여 필요한 경우에는 해당 노무제공자와 노무제공사업의 사업주에게 필요한 자료 또는 정보의 제공을 요청할 수 있다. 이 경우 요청을 받은 노무제공자와 노무제공사업의 사업주는 정당한 사유가 없으면 그 요청에 따라야 한다.

④ 고용노동부장관은 제2항에 따라 노무제공플랫폼사업자가 제공한 자료 또는 정보를 해당 보험사무의 처리에 필요한 범위에서만 활용하여야 하며, 이를 공개해서는 아니 된다.

⑤ 노무제공플랫폼사업자는 제1항에 따른 노무제공자의 피보험자격 신고와 관련된 정보를 해당 노무제공자와 노무제공사업의 사업주 사이에 체결된 노무제공계약이 끝난 날부터 3년 동안 노무제공플랫폼에 보관하여야 한다.

제77조의8【노무제공자인 피보험자에 대한 구직급여】 ① 노무제공자의 구직급여는 다음 각 호의 요건을 모두 갖춘 경우에 지급한다. 다만, 제6호는 최종 이직 당시 단기노무제공자였던 사람만 해당한다.
1. 이직일 이전 24개월 동안 피보험 단위기간이 통산하여 12개월 이상일 것
2. 근로 또는 노무제공의 의사와 능력이 있음에도 불구하고 취업(영리를 목적으로 사업을 영위하는 경우를 포함한다. 이하 이 장에서 같다)하지 못한 상태에 있을 것
3. 이직사유가 제77조의10제2항에서 준용하는 제58조에 따른 수급자격의 제한 사유에 해당하지 아니할 것. 다만, 제77조의10제2항에서 준용하는 제58조제2호가목에도 불구하고 노무제공자로 이직할 당시 대통령령으로 정하는 바에 따른 소득 감소로 인하여 이직하였다고 직업안정기관의 장이 인정하는 경우에는 제58조에 따른 수급자격의 제한 사유에 해당하지 아니하는 것으로 본다.
4. 이직일 이전 24개월 중 3개월 이상을 노무제공자인 피보험자로 피보험자격을 유지하였을 것
5. 재취업을 위한 노력을 적극적으로 할 것
6. 다음 각 목의 요건을 모두 갖출 것
  가. 수급자격의 인정신청일 이전 1개월 동안의 노무제공일수가 10일 미만이거나 수급자격 인정신청일 이전 14일간 연속하여 노무제공내역이 없을 것
  나. 최종 이직일 이전 24개월 동안의 피보험 단위기간 중 다른 사업에서 제77조의10제2항에서 준용하는 제58조에 따른 수급자격의 제한 사유에 해당하는 사유로 이직한 사실이 있는 경우에는 그 피보험 단위기간 중 90일 이상을 단기노무제공자로 종사하였을 것

② 제1항제1호에 따른 피보험 단위기간은 그 수급자격과 관련된 이직 당시의 사업에서의 피보험자격 취득일부터 이직일까지의 기간으로 산정하고, 이직 전 24개월 중 근로자·노무제공자·예술인 중 둘 이상에 해당하는 사람으로 종사한 경우의 피보험 단위기간은 대통령령으로 정하는 바에 따른다.

③ 노무제공자의 기초일액은 수급자격 인정과 관련된 마지막 이직일 전 1년간의 고용산재보험료징수법 제16조의10에 따라 신고된 보수총액을 그 산정의 기준이 되는 기간의 총 일수로 나눈 금액으로 한다. 다만, 노무제공자(고용산재보험료징수법 제3조제1항제2호에 따라 기준보수를 적용받지 아니하는 노무제공자는 제외한다)의 기초일액이 이직 당시의 같은 법 제3조에 따른 노무제공자의 일단위 기준보수 미만인 경우에는 일단위 기준보수를 기초일액으로 한다.(2022.12.31 단서개정)

④ 제3항에도 불구하고 고용산재보험료징수법 제48조의3제3항 단서의 적용을 받는 노무제공자의 기초일액은 고용노동부장관이 고시하는 금액으로 한다.(2022.6.10 본항개정)

⑤ 노무제공자의 구직급여일액은 제3항에 따른 기초일액에 100분의 60을 곱한 금액으로 한다. 이 경우 구직급여일액의 상한액은 근로자인 피보험자의 구직급여 상한액 등을 고려하여 대통령령으로 정하는 금액으로 한다.

⑥ 노무제공자는 제42조에 따른 실업의 신고일부터 계산하기 시작하여 7일간은 대기기간으로 보아 구직급여를 지급하지 아니한다. 다만, 다음 각 호의 사유에 해당하는 경우에는 각 호의 사유별로 4주의 범위에서 대통령령으로 정하는 기간을 대기기간으로 보아 구직급여를 지급하지 아니하며, 각 호의 사유 중 둘 이상에 해당하는 경우에는 그 대기기간이 가장 긴 기간을 대기기간으로 본다.(2022.12.31 단서개정)
1. 제1항제3호 단서에서 정한 사유로 이직한 경우
2. 제43조의2제1항에 따라 수급자격의 인정신청을 한 경우로서 가장 나중에 상실한 피보험자격과 관련된 이직사유가 같은 조 제2항 단서에 해당하는 경우

(2022.12.31 1호~2호신설)

⑦ 노무제공자의 소정급여일수 산정을 위한 피보험기간은 제2항에 따른 피보험 단위기간으로 한다. 다만, 단기노무제공자의 피보험기간은 해당 계약기간 중 노무제공일수 등을 고려하여 대통령령으로 정하는 바에 따라 산정한 기간으로 한다.

⑧ 제47조에도 불구하고 직업안정기관의 장은 노무제공자인 피보험자에 대하여 구직급여를 지급하는 경우 실업인정대상기간 중 취업 등으로 발생한 소득에 대해서는 소득수준, 근로 등의 활동 기간 등을 고려하여 대통령령으로 정하는 바에 따라 일부 또는 전부를 감액하고 지급하여야 한다.

제77조의9【노무제공자의 출산전후급여등】 ① 고용노동부장관은 노무제공자인 피보험자 또는 피보험자였던 사람이 출산 또는 유산·사산을 이유로 노무를 제공할 수 없는 경우에는 출산전후급여등을 지급한다. 다만, 같은 자녀에 대하여 제75조에 따른 출산전후휴가 급여등 또는 제77조의4 제1항에 따른 출산전후급여등의 지급요건을 동시에 충족하는 경우 대통령령으로 정하는 바에 따라 지급한다.(2022.6.10 본문개정)

② 제1항에 따른 출산전후급여등의 지급요건, 지급수준 및 지급기간 등은 대통령령으로 정하는 바에 따른다.

③ 제1항과 제2항에 따른 출산전후급여등의 신청 및 지급에 필요한 사항은 고용노동부령으로 정한다.

(2022.6.10 본조제목개정)

제77조의10【준용】 ① 노무제공자의 피보험자격에 관하여는 제13조제1항, 제14조제1항, 제15조 및 제17조를 준용한다. 이 경우 "근로자"는 "노무제공자"로, "고용된 날"은 "노무제공계약의 개시일"로, "고용된 근로자"는 "노무제공계약이 개시된 노무제공자"로 본다.
② 노무제공자에 대한 구직급여에 관하여는 제37조의2, 제38조, 제38조의2, 제40조제2항제1호, 제41조제2항, 제42조, 제43조, 제43조의2, 제44조, 제47조, 제48조, 제50조, 제56조부터 제58조까지 및 제60조부터 제63조까지의 규정을 준용한다. 이 경우 제40조제2항제1호 중 "이직일 이전 18개월 동안"은 "이직일 이전 24개월 동안", 제63조제1항 본문 중 "제46조"는 "제77조의3제4항 · 제5항"으로, 같은 조 제5항 전단 중 "제47조, 제49조"는 "제47조"로 본다.(2022.12.31 본항개정)
③ 노무제공자의 출산전후급여등의 반환명령, 지급 제한 등에 관하여는 제62조 및 제73조제4항을 준용한다. 이 경우 제62조 중 "구직급여"는 "출산전후급여등"으로, 제73조제4항 중 "육아휴직 급여"는 "출산전후급여등"으로, "육아휴직"은 "출산 또는 유산 · 사산"으로, "육아휴직 급여 요건"은 "출산전후급여등 지급 요건"으로 본다.(2022.12.31 본항개정)
④ 노무제공자의 피보험자격확인 · 구직급여 · 출산전후급여등의 심사 및 재심사 청구 등에 관하여는 제87조부터 제98조까지, 제99조(제2항은 제외한다) 및 제100조부터 제112조까지의 규정을 준용한다. 이 경우 "제4장의 규정에 따른 실업급여 및 제5장에 따른 육아휴직 급여와 출산전후휴가 급여등" 및 "제4장에 따른 실업급여 및 제5장에 따른 육아휴직 급여와 출산전후휴가 급여등"은 각각 "제5장의3에 따른 구직급여 및 출산전후급여등"으로, "실업급여"는 각각 "구직급여"로, "사업장"은 각각 "사업장 및 피보험자격취득신고를 하여야 하는 자의 사무소"로, "사업주"는 각각 "사업주 및 피보험자격을 신고하여야 하는 자"로, "근로자"는 각각 "노무제공자"로, "육아휴직 급여 등"은 "출산전후급여등"으로, "제4장"은 "제5장의3"으로, "제5장에 따른 육아휴직 급여, 육아기 근로시간 단축 급여 및 출산전후휴가 급여등"은 "제5장의3에 따른 출산전후급여등"으로, "실업급여 · 육아휴직 급여 또는 출산전후휴가 급여등"은 "구직급여 · 출산전후급여등"으로 본다.(2022.12.31 본항신설)

제6장 고용보험기금

제78조【기금의 설치 및 조성】 ① 고용노동부장관은 보험사업에 필요한 재원에 충당하기 위하여 고용보험기금(이하 "기금"이라 한다)을 설치한다.(2010.6.4 본항개정)
② 기금은 보험료와 이 법에 따른 징수금 · 적립금 · 기금운용 수익금과 그 밖의 수입으로 조성한다.
제79조【기금의 관리 · 운용】 ① 기금은 고용노동부장관이 관리 · 운용한다.(2010.6.4 본항개정)
② 기금의 관리 · 운용에 관한 세부 사항은 「국가재정법」의 규정에 따른다.
③ 고용노동부장관은 다음 각 호의 방법에 따라 기금을 관리 · 운용한다.(2010.6.4 본문개정)
1. 금융기관에의 예탁
2. 재정자금에의 예탁
3. 국가 · 지방자치단체 또는 금융기관에서 직접 발행하거나 채무이행을 보증하는 유가증권의 매입
4. 보험사업의 수행 또는 기금 증식을 위한 부동산의 취득 및 처분
5. 그 밖에 대통령령으로 정하는 기금 증식 방법
④ 고용노동부장관은 제1항에 따라 기금을 관리 · 운용할 때에는 그 수익이 대통령령으로 정하는 수준 이상 되도록 하여야 한다.(2010.6.4 본항개정)
제80조【기금의 용도】 ① 기금은 다음 각 호의 용도에 사용하여야 한다.
1. 고용안정 · 직업능력개발 사업에 필요한 경비
2. 실업급여의 지급
2의2. 제55조의2에 따른 국민연금 보험료의 지원(2019.1.15 본호신설)
3. 육아휴직 급여 및 출산전후휴가 급여등의 지급 (2012.2.1 본호개정)
4. 보험료의 반환
5. 일시 차입금의 상환금과 이자
6. 이 법과 고용산재보험료징수법에 따른 업무를 대행하거나 위탁받은 자에 대한 출연금(2021.1.5 본호개정)
7. 그 밖에 이 법의 시행을 위하여 필요한 경비로서 대통령령으로 정하는 경비와 제1호 및 제2호에 따른 사업의 수행에 딸린 경비
② 제1항제6호에 따라 기금으로부터 「국민건강보험법」 제13조에 따른 국민건강보험공단에 출연하는 금액은 징수업무(고지 · 수납 · 체납 업무를 말한다)가 차지하는 비율 등을 기준으로 산정한다.(2019.1.15 본항신설)
③ 제1항제6호에 따른 출연금의 지급기준, 사용 및 관리에 관하여 필요한 사항은 대통령령으로 정한다.(2008.3.21 본항신설)
제81조【기금운용 계획 등】 ① 고용노동부장관은 매년 기금운용 계획을 세워 제7조에 따른 고용보험위원회 및 국무회의의 심의를 거쳐 대통령의 승인을 받아야 한다.
② 고용노동부장관은 매년 기금의 운용 결과에 대하여 제7조에 따른 고용보험위원회의 심의를 거쳐 공표하여야 한다.
(2010.6.4 본조개정)
제82조【기금계정의 설치】 ① 고용노동부장관은 한국은행에 고용보험기금계정을 설치하여야 한다.(2010.6.4 본항개정)
② 제1항의 고용보험기금계정은 고용안정 · 직업능력개발 사업 및 실업급여, 자영업자의 고용안정 · 직업능력개발 사업 및 자영업자의 실업급여로 구분하여 관리한다.(2011.7.21 본항개정)
제83조【기금의 출납】 기금의 관리 · 운용을 하는 경우 출납에 필요한 사항은 대통령령으로 정한다.
제84조【기금의 적립】 ① 고용노동부장관은 대량 실업의 발생이나 그 밖의 고용상태 불안에 대비한 준비금으로 여유자금을 적립하여야 한다.(2010.6.4 본항개정)
② 제1항에 따른 여유자금의 적정규모는 다음 각 호와 같다.
1. 고용안정 · 직업능력개발 사업 계정의 연말 적립금 : 해당 연도 지출액의 1배 이상 1.5배 미만
2. 실업급여 계정의 연말 적립금 : 해당 연도 지출액의 1.5배 이상 2배 미만
(2008.12.31 본조개정)
제85조【잉여금과 손실금의 처리】 ① 기금의 결산상 잉여금이 생기면 이를 적립금으로 적립하여야 한다.
② 기금의 결산상 손실금이 생기면 적립금을 사용하여 이를 보전(補塡)할 수 있다.
제86조【차입금】 기금을 지출할 때 자금 부족이 발생하거나 발생할 것으로 예상되는 경우에는 기금의 부담으로 금융기관 · 다른 기금과 그 밖의 재원 등으로부터 차입을 할 수 있다.

제7장 심사 및 재심사청구

제87조【심사와 재심사】 ① 제17조에 따른 피보험자격의 취득 · 상실에 대한 확인, 제4장의 규정에 따른 실업급여 및 제5장에 따른 육아휴직 급여와 출산전후휴가 급여등에 관한 처분〔이하 "원처분(原處分)등"이라 한다〕에 이의가 있는 자는 제89조에 따른 심사관에게 심사를 청구할 수 있고, 그 결정에 이의가 있는 자는 제99조에 따른 심사위원회에 재심사를 청구할 수 있다.(2012.2.1 본항개정)
② 제1항에 따른 심사의 청구는 같은 항의 확인 또는 처분이 있음을 안 날부터 90일 이내에, 재심사의 청구는 심사청구에 대한 결정이 있음을 안 날부터 90일 이내에 각각 제기하여야 한다.
③ 제1항에 따른 심사 및 재심사의 청구는 시효중단에 관하여 재판상의 청구로 본다.

제88조【대리인의 선임】 심사청구인 또는 재심사청구인은 법정대리인 외에 다음 각 호의 어느 하나에 해당하는 자를 대리인으로 선임할 수 있다.
1. 청구인의 배우자, 직계존속·비속 또는 형제자매
2. 청구인인 법인의 임원 또는 직원
3. 변호사나 공인노무사
4. 제99조에 따른 심사위원회의 허가를 받은 자

제89조【고용보험심사관】 ① 제87조에 따른 심사를 행하게 하기 위하여 고용보험심사관(이하 "심사관"이라 한다)을 둔다.
② 심사관은 제87조제1항에 따라 심사청구를 받으면 30일 이내에 그 심사청구에 대한 결정을 하여야 한다. 다만, 부득이한 사정으로 그 기간에 결정할 수 없을 때에는 한 차례만 10일을 넘지 아니하는 범위에서 그 기간을 연장할 수 있다.(2020.5.26 단서개정)
③ 심사관의 정원·자격·배치 및 직무에 필요한 사항은 대통령령으로 정한다.
④ 당사자는 심사관에게 심리·결정의 공정을 기대하기 어려운 사정이 있으면 그 심사관에 대한 기피신청을 고용노동부장관에게 할 수 있다.(2010.6.4 본항개정)
⑤ 심사청구인이 사망한 경우 그 심사청구인이 실업급여의 수급권자이면 제57조에 따른 유족이, 그 외의 자인 때에는 상속인 또는 심사청구의 대상인 원처분등에 관계되는 권리 또는 이익을 승계한 자가 각각 심사청구인의 지위를 승계한다.

제90조【심사의 청구 등】 ① 제87조제1항에 따른 심사를 청구하는 경우 제17조에 따른 피보험자격의 취득·상실 확인에 대한 심사의 청구는 「산업재해보상보험법」 제10조에 따른 근로복지공단(이하 "근로복지공단"이라 한다)을, 제4장에 따른 실업급여 및 제5장에 따른 육아휴직 급여와 출산전후휴가 급여등에 관한 처분에 대한 심사의 청구는 직업안정기관의 장을 거쳐 심사관에게 하여야 한다.
② 직업안정기관 또는 근로복지공단은 심사청구서를 받은 날부터 5일 이내에 의견서를 첨부하여 심사청구서를 심사관에게 보내야 한다.
(2019.1.15 본조개정)

제91조【청구의 방식】 심사의 청구는 대통령령으로 정하는 바에 따라 문서로 하여야 한다.

제92조【보정 및 각하】 ① 심사의 청구가 제87조제2항에 따른 기간이 지났거나 법령으로 정한 방식을 위반하여 보정(補正)하지 못할 것인 경우에 심사관은 그 심사의 청구를 결정으로 각하(却下)하여야 한다.
② 심사의 청구가 법령으로 정한 방식을 어긴 것이라도 보정할 수 있는 것인 경우에 심사관은 상당한 기간을 정하여 심사청구인에게 심사의 청구를 보정하도록 명할 수 있다. 다만, 보정할 사항이 경미한 경우에는 심사관이 직권으로 보정할 수 있다.
③ 심사관은 심사청구인이 제2항의 기간에 그 보정을 하지 아니하면 결정으로써 그 심사청구를 각하하여야 한다.

제93조【원처분등의 집행 정지】 ① 심사의 청구는 원처분등의 집행을 정지시키지 아니한다. 다만, 심사관은 원처분등의 집행에 의하여 발생하는 중대한 위해(危害)를 피하기 위하여 긴급한 필요가 있다고 인정하면 직권으로 그 집행을 정지시킬 수 있다.
② 심사관은 제1항 단서에 따라 집행을 정지시키려고 할 때에는 그 이유를 적은 문서로 그 사실을 직업안정기관의 장 또는 근로복지공단에 알려야 한다.(2019.1.15 본항개정)
③ 직업안정기관의 장 또는 근로복지공단은 제2항에 따른 통지를 받으면 지체 없이 그 집행을 정지하여야 한다.(2019.1.15 본항개정)
④ 심사관은 제2항에 따라 집행을 정지시킨 경우에는 지체 없이 심사청구인에게 그 사실을 문서로 알려야 한다.

제94조【심사관의 권한】 ① 심사관은 심사의 청구에 대한 심리를 위하여 필요하다고 인정하면 심사청구인의 신청 또는 직권으로 다음 각 호의 조사를 할 수 있다.
1. 심사청구인 또는 관계인을 지정 장소에 출석하게 하여 질문하거나 의견을 진술하게 하는 것
2. 심사청구인 또는 관계인에게 증거가 될 수 있는 문서와 그 밖의 물건을 제출하게 하는 것
3. 전문적인 지식이나 경험을 가진 제삼자로 하여금 감정(鑑定)하게 하는 것
4. 사건에 관계가 있는 사업장 또는 그 밖의 장소에 출입하여 사업주·종업원이나 그 밖의 관계인에게 질문하거나 문서와 그 밖의 물건을 검사하는 것
② 심사관은 제1항제4호에 따른 질문과 검사를 하는 경우에는 그 권한을 나타내는 증표를 지니고 이를 관계인에게 내보여야 한다.

제95조【실비변상】 제94조제1항제1호에 따라 지정한 장소에 출석한 사람과 같은 항 제3호에 따라 감정을 한 감정인에게는 고용노동부장관이 정하는 실비를 변상한다.(2020.5.26 본조개정)

제96조【결정】 심사관은 심사의 청구에 대한 심리(審理)를 마쳤을 때에는 원처분등의 전부 또는 일부를 취소하거나 심사청구의 전부 또는 일부를 기각한다.

제97조【결정의 방법】 ① 제89조에 따른 결정은 대통령령으로 정하는 바에 따라 문서로 하여야 한다.
② 심사관은 결정을 하면 심사청구인 및 원처분등을 한 직업안정기관의 장 또는 근로복지공단에 각각 결정서의 정본(正本)을 보내야 한다.(2019.1.15 본항개정)

제98조【결정의 효력】 ① 결정은 심사청구인 및 직업안정기관의 장 또는 근로복지공단에 결정서의 정본을 보낸 날부터 효력이 발생한다.
② 결정은 원처분등을 행한 직업안정기관의 장 또는 근로복지공단을 기속(羈束)한다.
(2019.1.15 본조개정)

제99조【고용보험심사위원회】 ① 제87조에 따른 재심사를 하게 하기 위하여 고용노동부에 고용보험심사위원회(이하 "심사위원회"라 한다)를 둔다.(2010.6.4 본항개정)
② 심사위원회는 근로자를 대표하는 사람 및 사용자를 대표하는 사람 각 1명 이상을 포함한 15명 이내의 위원으로 구성한다.
(2020.5.26 본항개정)
③ 제2항의 위원 중 2명은 상임위원으로 한다.
④ 다음 각 호의 어느 하나에 해당하는 사람은 위원에 임명될 수 없다.
1. 피성년후견인·피한정후견인 또는 파산의 선고를 받고 복권되지 아니한 사람
2. 금고 이상의 실형을 선고받고 그 집행이 끝나거나(집행이 끝난 것으로 보는 경우를 포함한다) 집행이 면제된 날부터 3년이 지나지 아니한 사람(2022.6.10 본호개정)
3. 금고 이상의 형의 집행유예를 선고받고 그 유예기간 중에 있는 사람(2022.6.10 본호신설)
(2020.5.26 본항개정)
⑤ 위원 중 공무원이 아닌 위원이 다음 각 호의 어느 하나에 해당되는 경우에는 해촉(解囑)할 수 있다.
1. 심신장애로 인하여 직무를 수행할 수 없게 된 경우
2. 직무와 관련된 비위사실이 있는 경우
3. 직무태만, 품위손상이나 그 밖의 사유로 인하여 위원으로 적합하지 아니하다고 인정되는 경우
4. 위원 스스로 직무를 수행하는 것이 곤란하다고 의사를 밝히는 경우
(2019.1.15 본항개정)
⑥ 상임위원은 정당에 가입하거나 정치에 관여하여서는 아니 된다.
⑦ 심사위원회는 제87조제1항에 따라 재심사의 청구를 받으면 50일 이내에 재결(裁決)을 하여야 한다. 이 경우 재결기간의 연장에 관하여는 제89조제2항을 준용한다.
⑧ 심사위원회에 사무국을 둔다.
⑨ 심사위원회 및 사무국의 조직·운영 등에 필요한 사항은 대통령령으로 정한다.

제100조【재심사의 상대방】 재심사의 청구는 원처분등을 행한 직업안정기관의 장 또는 근로복지공단을 상대방으로 한다.
(2019.1.15 본조개정)

제101조【심리】 ① 심사위원회는 재심사의 청구를 받으면 그 청구에 대한 심리 기일(審理期日) 및 장소를 정하여 심리 기일 3일 전까지 당사자 및 그 사건을 심사한 심사관에게 알려야 한다.
② 당사자는 심사위원회에 문서나 구두로 그 의견을 진술할 수 있다.
③ 심사위원회의 재심사청구에 대한 심리는 공개한다. 다만, 당사자의 양쪽 또는 어느 한 쪽이 신청한 경우에는 공개하지 아니할 수 있다.
④ 심사위원회는 심리조서(審理調書)를 작성하여야 한다.
⑤ 당사자나 관계인은 제4항의 심리조서의 열람을 신청할 수 있다.
⑥ 위원회는 당사자나 관계인이 제5항에 따른 열람 신청을 하면 정당한 사유 없이 이를 거부하여서는 아니 된다.
⑦ 재심사청구의 심리에 관하여는 제94조 및 제95조를 준용한다. 이 경우 "심사관"은 "심사위원회"로, "심사의 청구"는 "재심사의 청구"로, "심사청구인"은 "재심사청구인"으로 본다.

제102조【준용 규정】 심사위원회와 재심사에 관하여는 제89조제4항·제5항, 제91조부터 제93조까지, 제96조부터 제98조까지의 규정을 준용한다. 이 경우 제89조제4항 중 "심사관"은 "심사위원회의 위원"으로, 제89조제4항·제97조·제98조 중 "결정"은 각각 "재결"로, 제91조·제93조·제96조 중 "심사의 청구"는 각각 "재심사의 청구"로, 제93조·제96조·제97조 중 "심사관"은 각각 "심사위원회"로, 제93조·제97조·제98조 중 "심사청구인"은 각각 "재심사청구인"으로 본다.

제103조【고지】 직업안정기관의 장 또는 근로복지공단이 원처분등을 하거나 심사관이 제97조제2항에 따라 결정서의 정본을 송부하는 경우에는 그 상대방 또는 심사청구인에게 원처분등 또는 결정에 관하여 심사 또는 재심사를 청구할 수 있는지의 여부, 청구하는 경우의 경유(經由) 절차 및 청구 기간을 알려야 한다.(2019.1.15 본조개정)

제104조【다른 법률과의 관계】 ① 재심사의 청구에 대한 재결은「행정소송법」제18조를 적용할 경우 행정심판에 대한 재결로 본다.
② 심사 및 재심사의 청구에 관하여 이 법에서 정하고 있지 아니한 사항은「행정심판법」의 규정에 따른다.

제8장 보 칙

제105조【불이익 처우의 금지】 사업주는 근로자가 제17조에 따른 확인의 청구를 한 것을 이유로 그 근로자에게 해고나 그 밖의 불이익한 처우를 하여서는 아니 된다.

제106조【준용】 이 법에 따른 다음 각 호의 징수금의 징수에 관하여는 고용산재보험료징수법 제27조, 제27조의2, 제27조의3, 제28조, 제28조의2부터 제28조의7까지, 제29조, 제29조의2, 제29조의3, 제30조, 제32조, 제39조, 제41조 및 제42조를 준용한다.(2021.1.5 본문개정)
1. 고용안정·직업능력개발 사업의 지원금액의 반환금 또는 추가징수금
2. 실업급여의 반환금 또는 추가징수금
3. 육아휴직 급여 등의 반환금 또는 추가징수금
(2011.7.21 1호~3호신설)

제107조【소멸시효】 ① 다음 각 호의 어느 하나에 해당하는 권리는 3년간 행사하지 아니하면 시효로 소멸한다.
1. 제3장에 따른 지원금을 지급받거나 반환받을 권리
2. 제4장에 따른 취업촉진 수당을 지급받거나 반환받을 권리
3. 제4장에 따른 구직급여를 반환받을 권리
4. 제5장에 따른 육아휴직 급여, 육아기 근로시간 단축 급여 및 출산전후휴가 급여등을 반환받을 권리
(2019.1.15 본항개정)
② 소멸시효의 중단에 관하여는「산업재해보상보험법」제113조를 준용한다.(2015.1.20 본항개정)

제108조【보고 등】 ① 고용노동부장관은 필요하다고 인정하면 피보험자 또는 수급자격자를 고용하고 있거나 고용하였던 사업주, 고용산재보험료징수법 제33조에 따른 보험사무대행기관(이하 "보험사무대행기관"이라 한다) 및 보험사무대행기관이었던 자에게 피보험자의 자격 확인, 부정수급(不正受給)의 조사 등 이 법의 시행에 필요한 보고, 관계 서류의 제출 또는 관계인의 출석을 요구할 수 있다.(2021.1.5 본항개정)
② 이직한 사람은 종전의 사업주 또는 그 사업주로부터 보험 사무의 위임을 받아 보험 사무를 처리하는 보험사무대행기관에 실업급여를 지급받기 위하여 필요한 증명서의 교부를 청구할 수 있다. 이 경우 청구를 받은 사업주나 보험사무대행기관은 그 청구에 따른 증명서를 내주어야 한다.(2020.5.26 전단개정)
③ 고용노동부장관은 피보험자, 수급자격자 또는 지급되지 아니한 실업급여의 지급을 청구하는 사람에게 피보험자의 자격 확인, 부정수급의 조사 등 이 법의 시행에 필요한 보고를 하게 하거나 관계 서류의 제출 또는 출석을 요구할 수 있다.
(2020.5.26 본항개정)

제109조【조사 등】 ① 고용노동부장관은 피보험자의 자격 확인, 부정수급의 조사 등 이 법의 시행을 위하여 필요하다고 인정하면 소속 직원에게 피보험자 또는 수급자격자를 고용하고 있거나 고용하였던 사업주의 사업장 또는 보험사무대행기관 및 보험사무대행기관이었던 자의 사무소에 출입하여 관계인에 대하여 질문하거나 장부 등 서류를 조사하게 할 수 있다.
(2010.6.4 본항개정)
② 고용노동부장관이 제1항에 따라 조사를 하는 경우에는 그 사업주 등에게 미리 조사 일시·조사 내용 등 조사에 필요한 사항을 알려야 한다. 다만, 긴급하거나 미리 알릴 경우 그 목적을 달성할 수 없다고 인정되는 경우에는 그러하지 아니하다.
(2010.6.4 본문개정)
③ 제1항에 따라 조사를 하는 직원은 그 신분을 나타내는 증표를 지니고 이를 관계인에게 내보여야 한다.
④ 고용노동부장관은 제1항에 따른 조사 결과를 그 사업주 등에게 서면으로 알려야 한다.(2010.6.4 본항개정)

제110조【자료 제공의 요청】 ① 고용노동부장관은 다음 각 호의 사무를 수행하기 위하여 필요하면 주민등록정보, 가족관계등록사항, 군복무에 관한 자료, 토지·건물에 관한 자료, 국민연금·건강보험 등 각종 연금·보험에 관한 자료, 출입국 정보 등을 관계 기관의 장에게 요청할 수 있다. 이 경우 요청을 받은 관계 기관의 장은 특별한 사유가 없으면 그 요청에 따라야 한다.
1. 제15조(제77조의5제1항 및 제77조의10제1항에서 준용하는 경우를 포함한다)에 따른 피보험자격의 취득 및 상실 등의 신고 내용 확인(2021.1.5 본호개정)
2. 제17조(제77조의5제1항 및 제77조의10제1항에서 준용하는 경우를 포함한다)에 따른 피보험자격의 취득 또는 상실에 관한 확인(2021.1.5 본호개정)
3. 제18조에 따른 피보험자격의 이중 취득 확인(2022.12.31 본호개정)
3의2. 제25조에 따른 고용안정 및 취업촉진을 위한 비용지원 또는 대부 사업의 실시(2021.1.5 본호신설)
4. 제35조에 따른 부정행위로 인한 고용안정·직업능력개발 사업의 지원 제한
5. 제40조, 제69조의3, 제77조의3 및 제77조의8에 따른 구직급여의 수급 요건 확인
6. 제57조(제63조제5항, 제69조, 제69조의9제1항·제2항, 제77조의5제2항 및 제77조의10제2항에서 준용하는 경우를 포함한다)에 따른 지급되지 아니한 구직급여 등의 지급
7. 제61조(제63조제5항, 제69조의9제1항, 제77조의5제2항 및 제77조의10제2항에서 준용하는 경우를 포함한다)에 따른 부정행위로 인한 구직급여 등의 지급 제한
8. 제62조(제63조제5항, 제69조, 제69조의9제1항·제2항, 제74조, 제77조, 제77조의5제2항 및 제77조의10제2항에서 준용하는 경우를 포함한다)에 따른 구직급여 등 지급금의 반환 및 추가징수
9. 제68조(제69조의9제1항에서 준용하는 경우를 포함한다)에 따른 취업촉진 수당의 지급 제한

10. 제73조(제74조제2항 및 제77조에서 준용하는 경우를 포함한다)에 따른 육아휴직 급여 등의 지급 제한
(2021.1.5 5호~10호개정)
11. 제113조의2에 따른 「국민기초생활 보장법」의 수급자의 피보험자격 취득
② 고용노동부장관은 제1항제3호의2 및 제4호부터 제11호까지의 사무를 수행하기 위하여 필요하면 납세자의 인적 사항 및 사용 목적을 적은 문서로 관할 세무관서의 장에게 다음 각 호에 해당하는 과세정보의 제공을 요청할 수 있다.(2021.1.5 본문개정)
1. 「소득세법」 제4조제1항제1호에 따른 종합소득
2. 「부가가치세법」 제8조, 「법인세법」 제111조 또는 「소득세법」 제168조에 따른 사업자등록정보
③ 제1항에 따라 요청할 수 있는 자료 또는 정보의 구체적인 범위는 대통령령으로 정한다.
(2019.8.27 본조개정)
제111조【진찰명령】 직업안정기관의 장은 실업급여의 지급을 위하여 필요하다고 인정하면 제44조제3항제1호에 해당하는 사람으로서 같은 조 제2항에 따른 실업의 인정을 받았거나 받으려는 사람 및 제63조에 따라 상병급여를 지급받았거나 지급받으려는 사람에게 고용노동부장관이 지정하는 의료기관에서 진찰을 받도록 명할 수 있다.(2020.5.26 본조개정)
제112조【포상금의 지급】 ① 고용노동부장관은 이 법에 따른 고용안정·직업능력개발 사업의 지원·위탁 및 실업급여·육아휴직 급여 또는 출산전후휴가 급여등의 지원과 관련한 부정행위를 신고한 자에게 예산의 범위에서 포상금을 지급할 수 있다.(2012.2.1 본항개정)
② 제1항에 따른 부정행위의 신고 및 포상금의 지급에 필요한 사항은 고용노동부령으로 정한다.
(2010.6.4 본조개정)
제113조 (2011.7.21 삭제)
제113조의2【「국민기초생활 보장법」의 수급자에 대한 특례】
① 제8조에도 불구하고 「국민기초생활 보장법」 제15조제1항제4호에 따라 자활을 위한 근로기회를 제공하기 위한 사업은 이 법의 적용을 받는 사업으로 본다. 이 경우 해당 사업에 참가하여 유급으로 근로하는 「국민기초생활 보장법」 제2조제2호에 따른 수급자는 이 법의 적용을 받는 근로자로 보고, 같은 법 제2조제4호에 따른 보장기관(같은 법 제15조제2항에 따라 사업을 위탁하여 행하는 경우는 그 위탁기관을 말한다)은 이 법의 적용을 받는 사업주로 본다.
② 제1항 후단에 따른 수급자가 「국민기초생활 보장법」 제8조제2항에 따른 수급권자인 경우에는 해당 수급자에 대하여는 제3장의 규정만을 적용한다.(2016.12.27 본항개정)
③ 제18조에도 불구하고 제2항에 따라 제3장의 규정만 적용되는 수급자는 보험관계가 성립되어 있는 다른 사업에 고용되어 있는 경우에는 그 다른 사업의 근로자로서만 피보험자격을 취득한다.
④ 제1항에 따라 수급자가 사업에 참가하고 받은 자활급여는 제41조에 따른 피보험 단위기간 산정의 기초가 되는 보수 및 제45조에 따른 임금일액의 기초가 되는 임금으로 본다.
(2011.7.21 본조신설)
제114조【시범사업의 실시】 ① 고용노동부장관은 보험사업을 효과적으로 시행하기 위하여 전면적인 시행에 어려움이 예상되거나 수행 방식 등을 미리 검증할 필요가 있는 경우 대통령령으로 정하는 보험사업은 시범사업을 할 수 있다.
② 고용노동부장관은 제1항에 따른 시범사업에 참여하는 사업주, 피보험자등 및 직업능력개발 훈련 시설 등에 재정·행정·기술이나 그 밖에 필요한 지원을 할 수 있다.
③ 제1항에 따른 시범사업의 대상자·실시지역·실시방법과 제2항에 따른 지원 내용 등에 관하여 필요한 사항은 고용노동부장관이 정하여 고시한다.
(2010.6.4 본조개정)
제115조【권한의 위임·위탁】 이 법에 따른 고용노동부장관의 권한은 대통령령으로 정하는 바에 따라 그 일부를 직업안정기관의 장에게 위임하거나 대통령령으로 정하는 자에게 위탁할 수 있다.(2010.6.4 본조개정)
제115조의2【벌칙 적용 시의 공무원 의제】 ① 제36조와 제115조에 따라 업무를 대행하거나 위탁하도록 하는 경우에 그 대행하거나 위탁받은 업무에 종사하는 사람은 「형법」 제129조부터 제132조까지의 규정에 따른 벌칙을 적용할 때에는 공무원으로 본다.(2020.5.26 본항개정)
② 심사위원회의 위원 중 공무원이 아닌 위원은 「형법」 제127조 및 제129조부터 제132조까지의 규정을 적용할 때에는 공무원으로 본다.(2019.1.15 본항신설)
(2008.12.31 본조신설)

제9장 벌 칙

제116조【벌칙】 ① 사업주와 공모하여 거짓이나 그 밖의 부정한 방법으로 다음 각 호에 따른 지원금 또는 급여를 받은 자와 공모한 사업주는 각각 5년 이하의 징역 또는 5천만원 이하의 벌금에 처한다.
1. 제3장에 따른 고용안정·직업능력개발 사업의 지원금
2. 제4장에 따른 실업급여
3. 제5장에 따른 육아휴직 급여, 육아기 근로시간 단축 급여 및 출산전후휴가 급여등
4. 제5장의2 및 제5장의3에 따른 구직급여 및 출산전후급여등
(2021.1.5 본호개정)
② 다음 각 호의 어느 하나에 해당하는 자는 3년 이하의 징역 또는 3천만원 이하의 벌금에 처한다.
1. 제105조(제77조의5제3항·제4항 및 제77조의10제3항·제4항에서 준용하는 경우를 포함한다)를 위반하여 근로자를 해고하거나 그 밖에 근로자에게 불이익한 처우를 한 사업주
(2022.12.31 본호개정)
2. 거짓이나 그 밖의 부정한 방법으로 제1항 각 호에 따른 지원금 또는 급여를 받은 자. 다만, 제1항에 해당하는 경우는 제외한다.
(2019.8.27 본조개정)
제117조【양벌규정】 법인의 대표자나 법인 또는 개인의 대리인, 사용인, 그 밖의 종업원이 그 법인 또는 개인의 업무에 관하여 제116조의 위반행위를 하면 그 행위자를 벌하는 외에 그 법인 또는 개인에게도 해당 조문의 벌금형을 과(科)한다. 다만, 법인 또는 개인이 그 위반행위를 방지하기 위하여 해당 업무에 관하여 상당한 주의와 감독을 게을리하지 아니한 경우에는 그러하지 아니하다.(2008.12.31 본조개정)
제118조【과태료】 ① 다음 각 호의 어느 하나에 해당하는 사업주, 보험사무대행기관, 노무제공플랫폼사업자의 대표자 또는 대리인·사용인, 그 밖의 종업원에게는 300만원 이하의 과태료를 부과한다.
1. 제15조(제77조의5제1항 및 제77조의10제1항에서 준용하는 경우를 포함한다), 제77조의2제3항 및 제77조의7제1항을 위반하여 신고를 하지 아니하거나 거짓으로 신고한 자
2. 제42조제3항 후단(제77조의5제2항 및 제77조의10제2항에서 준용하는 경우를 포함한다)을 위반하여 이직확인서를 발급하여 주지 아니하거나 거짓으로 작성하여 발급하여 준 자
3. 제43조제4항 후단(제77조의5제2항 및 제77조의10제2항에서 준용하는 경우를 포함한다)을 위반하여 이직확인서를 제출하지 아니하거나 거짓으로 작성하여 제출한 자
4. 제108조제1항(제77조의5제3항·제4항 및 제77조의10제3항·제4항에서 준용하는 경우를 포함한다)에 따른 요구에 따르지 아니하여 보고를 하지 아니하거나 거짓으로 보고한 자, 같은 요구에 따르지 아니하여 문서를 제출하지 아니하거나 거짓으로 적은 문서를 제출한 자 또는 출석하지 아니한 자
(2022.12.31 본호개정)
5. 제108조제2항(제77조의5제3항·제4항 및 제77조의10제3항·제4항에서 준용하는 경우를 포함한다)에 따른 요구에 따르지 아니하여 증명서를 내주지 아니한 자(2022.12.31 본호개정)
6. 제109조제1항(제77조의5제3항·제4항 및 제77조의10제3항·제4항에서 준용하는 경우를 포함한다)에 따른 질문에 답

변하지 아니하거나 거짓으로 진술한 자 또는 조사를 거부 · 방해하거나 기피한 자(2022.12.31 본호개정)
7. 제77조의7제2항을 위반하여 자료 또는 정보의 제공 요청에 따르지 아니한 자
8. 제77조의7제5항을 위반하여 노무제공자의 피보험자격의 신고와 관련된 자료 또는 정보를 보관하지 아니한 자
(2021.1.5 7호~8호신설)
(2021.1.5 본항개정)
② 다음 각 호의 어느 하나에 해당하는 피보험자, 수급자격자 또는 지급되지 아니한 실업급여의 지급을 청구하는 자에게는 100만원 이하의 과태료를 부과한다.
1. 제108조제3항(제77조의5제3항 · 제4항 및 제77조의10제3항 · 제4항에서 준용하는 경우를 포함한다)에 따라 요구된 보고를 하지 아니하거나 거짓으로 보고한 자, 문서를 제출하지 아니하거나 거짓으로 적은 문서를 제출한 자 또는 출석하지 아니한 자(2022.12.31 본호개정)
2. 제109조제1항(제77조의5제3항 · 제4항 및 제77조의10제3항 · 제4항에서 준용하는 경우를 포함한다)에 따른 질문에 답변하지 아니하거나 거짓으로 진술한 자 또는 검사를 거부 · 방해하거나 기피한 자(2022.12.31 본호개정)
③ 제87조(제77조의5제3항 · 제4항 및 제77조의10제3항 · 제4항에서 준용하는 경우를 포함한다)에 따른 심사 또는 재심사의 청구를 받아 하는 심사관 및 심사위원회의 질문에 답변하지 아니하거나 거짓으로 진술한 자 또는 검사를 거부 · 방해하거나 기피한 자에게는 100만원 이하의 과태료를 부과한다.
(2022.12.31 본항개정)
④ 제1항부터 제3항까지의 규정에 따른 과태료는 대통령령으로 정하는 바에 따라 고용노동부장관이 부과 · 징수한다.
(2010.6.4 본항개정)
⑤~⑦ (2008.12.31 삭제)

부　칙

제1조【시행일】 이 법은 공포한 날부터 시행한다.
제2조【직업능력개발 훈련을 실시하는 자의 부정행위에 대한 추가징수에 관한 경과조치】 직업능력개발 훈련을 실시하는 자가 이 법 시행 전에 거짓이나 그 밖의 부정한 방법으로 직업능력개발 훈련에 대한 지원을 받거나 이를 받고자 한 경우에는 제35조제2항 단서의 개정규정에도 불구하고 종전의 규정에 따른다.
제3조【유효기간】 제107조제1항 단서의 개정규정은 2009년 12월 31일까지 효력을 가진다.
제4조【처분 등에 관한 일반적 경과조치】 이 법 시행 당시 종전의 규정에 따른 행정기관의 행위나 행정기관에 대한 행위는 그에 해당하는 이 법에 따른 행정기관의 행위나 행정기관에 대한 행위로 본다.
제5조【벌칙이나 과태료에 관한 경과조치】 이 법 시행 전의 행위에 대하여 벌칙이나 과태료 규정을 적용할 때에는 종전의 규정에 따른다.
제6조【다른 법률의 개정】 ①~⑧ ※(해당 법령에 가제정리 하였음)
제7조【다른 법령과의 관계】 이 법 시행 당시 다른 법령에서 종전의 「고용보험법」 또는 그 규정을 인용한 경우에 이 법 가운데 그에 해당하는 규정이 있으면 종전의 규정을 갈음하여 이 법 또는 이 법의 해당 규정을 인용한 것으로 본다.

부　칙 (2008.12.31)

제1조【시행일】 이 법은 공포한 날부터 시행한다. 다만, 제29조제3항의 개정규정은 공포 후 3개월이 경과한 날부터 시행하고, 제7조, 제11조의2, 제81조 및 제84조의 개정규정은 2009년 7월 1일부터 시행한다.
제2조【수급자격 인정에 관한 적용례】 제41조 및 제43조의 개정규정은 이 법 시행 후 최초로 수급자격 인정 여부를 결정하는 경우부터 적용한다.
제3조【산전후휴가 급여등의 수급권 대위에 관한 적용례】 제75조의2의 개정규정은 이 법 시행 후 최초로 산전후휴가 등을 부여하는 경우부터 적용한다.
제4조【부정행위에 따른 지원의 제한 등에 관한 경과조치】 제35조의 개정규정에도 불구하고 이 법 시행 전에 거짓이나 그 밖의 부정한 방법으로 지원을 받은 자 또는 받으려 한 자에 대한 지원의 제한 등에 관하여는 종전의 규정에 따른다.

부　칙 (2011.7.21)

제1조【시행일】 이 법은 공포 후 6개월이 경과한 날부터 시행한다. 다만, 제2조제5호의 개정규정은 공포한 날부터 시행하고, 제26조의2, 제50조제5항, 제70조, 제73조의2, 제74조, 제113조의2의 개정규정은 공포 후 2개월이 경과한 날부터 시행한다.
제2조【지원의 지급 제한에 관한 적용례】 제26조의2의 개정규정 중 고용유지지원금 지급에 관한 사항은 이 법 시행 후 최초로 고용유지조치계획을 신고하는 경우부터 적용하며, 그 밖의 지원금 지급에 관한 사항은 이 법 시행 후 최초로 해당 사업장에 근로자를 고용한 경우부터 적용한다.
제3조【소정급여일수에 관한 적용례】 제50조제5항의 개정규정은 이 법 시행 후 최초로 제17조에 따라 피보험자격 취득이 확인된 사람부터 적용한다.
제4조【육아휴직 급여에 관한 경과조치】 이 법 시행 당시 육아기 근로시간 단축을 허용받아 그 기간 중에 있는 근로자에 대하여는 제70조제1항에 따른 육아휴직 급여를 지급함에 있어서 이 법 시행 후의 육아기 근로시간 단축 기간부터 제70조제1항제2호의 개정규정을 적용한다.
제5조【육아기 근로시간 단축 급여에 관한 경과조치】 이 법 시행 당시 육아기 근로시간 단축을 허용받아 그 기간 중에 있는 근로자에 대하여는 이 법 시행 후의 육아기 근로시간 단축 기간부터 제73조의2의 개정규정을 적용한다.

부　칙 (2013.6.4)

제1조【시행일】 이 법은 공포한 날부터 시행한다.
제2조【실업급여 적용 제외에 관한 적용례】 제10조의 개정규정은 이 법 시행 전에 이직한 근로자 또는 폐업한 자영업자에게도 적용한다.

부　칙 (2014.1.21)

제1조【시행일】 이 법은 2014년 7월 1일부터 시행한다.
제2조【출산전후휴가 급여 지급에 관한 적용례】 제75조 및 제76조의 개정규정은 이 법 시행 후 출산하는 근로자부터 적용한다.

부　칙 (2015.1.20)

제1조【시행일】 이 법은 공포한 날부터 시행한다. 다만, 제37조의2, 제38조, 제45조제4항의 개정규정은 공포 후 3개월이 경과한 날부터 시행한다.
제2조【피보험기간에 관한 적용례】 제50조의 개정규정은 이 법 시행 후 피보험자격의 취득의 신고를 하거나 확인이 된 경우부터 적용한다.
제3조【고액 금품 수령에 따른 구직급여의 지급유예 폐지에 관한 적용례 등】 ① 이 법 시행 당시 종전의 제59조제1항에 따라 구직급여의 지급이 유예 중인 사람에 대해서도 제40조에 따라 구직급여를 지급한다.
② 제1항에 따라 구직급여를 지급받거나 이 법 시행 전에 지급유예기간이 종료된 사람의 구직급여 수급기간은 제48조에 따른 수급기간에 종전의 제59조제1항에 따라 구직급여의 지급이 유예된 기간만큼 더하여 산정한 기간으로 한다.
제4조【금치산자 등에 대한 경과조치】 제99조제4항제1호의 개정규정에 따른 피성년후견인 또는 피한정후견인에는 법률

제10429호 민법 일부개정법률 부칙 제2조에 따라 금치산 또는 한정치산 선고의 효력이 유지되는 사람이 포함되는 것으로 본다.

부　칙 (2016.5.29)

제1조【시행일】 이 법은 2016년 8월 1일부터 시행한다.
제2조【국민연금 보험료의 지원에 관한 적용례】 제55조의2의 개정규정은 이 법 시행 후 최초로 제43조제1항에 따라 수급자격의 인정을 받는 경우부터 적용한다.

부　칙 (2019.1.15)

제1조【시행일】 이 법은 공포 후 6개월이 경과한 날부터 시행한다. 다만, 제6조제2항 단서, 같은 조 제3항 단서, 제10조, 제43조제1항, 제63조제4항, 제80조제1항제2호의2, 제90조, 제93조, 제97조제2항, 제98조, 제99조제5항, 제100조, 제103조, 제107조제1항 및 제115조의2의 개정규정은 공포한 날부터 시행한다.
제2조【외국인근로자의 고용보험 적용에 관한 적용례】 제10조의2제1항의 개정규정은 다음 각 호의 구분에 따른 날부터 적용한다.
1. 상시 30명 이상의 근로자를 사용하는 사업 또는 사업장 : 2021년 1월 1일
2. 상시 10명 이상 30명 미만의 근로자를 사용하는 사업 또는 사업장 : 2022년 1월 1일
3. 상시 10명 미만의 근로자를 사용하는 사업 또는 사업장 : 2023년 1월 1일

제3조【건설일용근로자 구직급여 수급 요건에 관한 적용례】 제40조제1항제5호 및 제49조 단서의 개정규정은 이 법 시행 이후 제43조제1항에 따른 구직급여 수급자격 인정 신청을 하는 사람부터 적용한다.
제4조【취업 사실 미신고 등에 따른 육아휴직 급여 등의 지급 제한에 관한 적용례】 제73조제5항(제74조 및 제77조에 따라 준용되는 경우를 포함한다)의 개정규정은 이 법 시행 당시 육아휴직, 육아기 근로시간 단축, 출산전후휴가 또는 유산·사산휴가 중인 피보험자가 이 법 시행 이후 제70조제3항의 개정규정을 위반하여 취업한 사실을 기재하지 아니하거나 거짓으로 기재한 경우부터 횟수를 산정하여 적용한다.
제5조【실업급여 등 적용 제외에 관한 경과조치】 제10조의 개정규정 시행 당시 65세 이후에 고용되어 종전의 제10조제1항제1호에 따라 실업급여 등의 적용이 제외된 사람은 같은 조 제2항의 개정규정에도 불구하고 종전의 규정에 따른다.
제6조【취업한 기간에 대한 육아휴직 급여 등의 지급 제한에 관한 경과조치】 이 법 시행 전에 육아휴직, 육아기 근로시간 단축, 출산전후휴가 또는 유산·사산휴가 기간에 취업한 사실이 있는 피보험자에 대해서는 제73조제2항(제74조 및 제77조에 따라 준용되는 경우를 포함한다)의 개정규정에도 불구하고 종전의 제73조제1항을 적용한다.
제7조【피보험자격의 취득·상실에 대한 확인에 관한 심사청구 기관 변경에 따른 피청구인 등에 관한 경과조치】 제90조의 개정규정 시행 당시 제87조제1항에 따른 피보험자격의 취득·상실에 대한 확인에 관하여 심사청구, 재심사청구 및 행정소송이 계속 중인 사건의 경우 피청구인 또는 피고의 적격은 근로복지공단으로 승계된다.

부　칙 (2019.8.27)

제1조【시행일】 이 법은 공포 후 1년이 경과한 날부터 시행한다. 다만, 제19조제2항, 제40조, 제46조제1항, 제69조의5, 제75조, 제76조제1항, 제77조 후단, 별표1 및 별표2의 개정규정은 2019년 10월 1일부터 시행하고, 제70조제1항 및 제73조의2제1항의 개정규정은 공포 후 6개월이 경과한 날부터 시행한다.
제2조【구직급여의 수급 요건에 관한 적용례】 제40조제2항제2호의 개정규정은 같은 개정규정 시행 전에 이직한 근로자에게도 적용한다.
제3조【구직급여 수급자격 확인을 위한 자료 요청에 관한 적용례】 제43조제4항의 개정규정은 이 법 시행 당시 신청인에 대한 수급자격의 인정 여부를 결정 중에 있는 경우에도 적용한다.
제4조【반복적인 구직급여 부정수급자에 대한 구직급여 지급 제한에 관한 적용례】 제61조제5항의 개정규정에 따른 구직급여를 받지 못한 횟수는 이 법 시행 이후 제61조제1항 본문에 따라 구직급여를 받지 못한 경우부터 산정한다.
제5조【구직급여 등의 충당에 관한 적용례】 제62조제5항의 개정규정은 이 법 시행 이후에 지급사유가 발생한 구직급여를 이 법 시행 이후에 반환 결정된 구직급여 반환금 또는 추가징수금에 충당하는 경우부터 적용한다.
제6조【육아휴직 급여 및 육아기 근로시간 단축 급여에 관한 적용례】 제70조제1항 및 제73조의2제1항의 개정규정은 같은 개정규정 시행 전에 부모가 동시에 육아휴직 또는 육아기 근로시간 단축을 사용한 경우 같은 개정규정 시행 이후의 육아휴직 또는 육아기 근로시간 단축 기간에 대하여도 적용한다.
제7조【출산전후휴가 급여 등에 관한 적용례】 제75조, 제76조제1항 및 제77조 후단의 개정규정은 같은 개정규정 시행 후 최초로 배우자 출산휴가를 사용하는 사람부터 적용한다.
제8조【구직급여일액에 관한 경과조치】 ① 제46조제1항 및 제69조의5의 개정규정 시행 전에 이직한 자에 대한 구직급여일액에 대해서는 같은 개정규정에도 불구하고 종전의 규정에 따른다.
② 제46조제1항제2호의 개정규정에 따라 산정한 최저구직급여일액이 같은 개정규정 시행 전 최저구직급여일액보다 낮은 경우에는 같은 개정규정 시행 전 최저구직급여일액을 해당 연도 최저구직급여일액으로 한다.
제9조【부정행위에 따른 구직급여의 추가 징수에 관한 경과조치】 이 법 시행 전에 거짓이나 그 밖의 부정한 방법으로 구직급여를 지급받은 사람에 대한 구직급여의 추가 징수 금액에 대해서는 제62조제2항의 개정규정에도 불구하고 종전의 규정에 따른다.
제10조【구직급여의 소정급여일수에 관한 경과조치】 별표1 및 별표2의 개정규정 시행 전에 이직한 자에 대한 구직급여의 소정급여일수에 대해서는 같은 개정규정에도 불구하고 종전의 규정에 따른다.
제11조【다른 법률의 개정】 ※(해당 법령에 가제정리 하였음)

부　칙 (2020.5.26)

이 법은 공포한 날부터 시행한다. 다만, 제46조 중 법률 제16557호 고용보험법 일부개정법률 제43조제5항 및 제69조 후단의 개정 부분은 2020년 8월 28일부터 시행한다.(이하 생략)

부　칙 (2020.6.9)

제1조【시행일】 이 법은 공포 후 6개월이 경과한 날부터 시행한다.
제2조【예술인의 피보험자격 취득일에 관한 적용례】 제77조의2에 해당하는 예술인의 문화예술용역 관련 계약 개시일이 이 법 시행일 이전인 경우에는 제13조제1항에도 불구하고 이 법 시행일을 피보험자격 취득일로 본다.

부　칙 (2021.1.5)

제1조【시행일】 이 법은 2021년 7월 1일부터 시행한다. 다만, 제77조의7 및 제118조제1항제7호·제8호의 개정규정은 2022년 1월 1일부터 시행한다.
제2조【기간제근로자 등의 출산전후휴가 급여등에 관한 적용례】 제76조의2의 개정규정은 이 법 시행 당시 출산전후휴가 중인 기간제근로자 또는 파견근로자에 대해서도 적용한다.
제3조【노무제공자의 피보험자격 취득일에 관한 적용 특례】 이 법 시행 전에 노무제공계약이 개시되어 노무제공계약이 끝

나지 아니한 노무제공자로서 제77조의6의 개정규정에 따라 피보험자격을 취득하여 제5장의3을 적용받는 노무제공자는 이 법 시행일에 피보험자격을 취득한 것으로 보아 제77조의10제1항의 개정규정에서 준용하는 제13조제1항을 적용한다.

부　칙 (2021.8.17)

제1조【시행일】 이 법은 공포 후 6개월이 경과한 날부터 시행한다.(이하 생략)

부　칙 (2022.6.10 법18913호)

이 법은 공포한 날부터 시행한다.

부　칙 (2022.6.10 법18919호)

제1조【시행일】 이 법은 2023년 7월 1일부터 시행한다.(이하 생략)

부　칙 (2022.6.10 법18920호)

이 법은 공포 후 6개월이 경과한 날부터 시행한다.

부　칙 (2022.12.31)

제1조【시행일】 이 법은 공포 후 6개월이 경과한 날부터 시행한다. 다만, 다음 각 호의 사항은 그 구분에 따른 날부터 시행한다.
1. 제10조제1항제2호, 제77조제1항 · 제2항, 제77조의5제3항 · 제4항, 제77조의10제3항 · 제4항, 제116조 및 제118조의 개정규정 : 공포한 날
2. 제77조의3제3항 단서 및 제77조의8제3항 단서의 개정규정 : 2023년 1월 1일

제2조【구직급여 대기기간 연장에 관한 적용례】 제43조의2, 제49조제2항, 제77조의3제6항 및 제77조의8제6항의 개정규정은 이 법 시행 이후 구직급여를 신청한 사람부터 적용한다.
제3조【기간제근로자 및 파견근로자의 출산전후휴가 급여등에 관한 적용례】 제76조의2의 개정규정은 이 법 시행 당시 유산 · 사산휴가 중인 기간제근로자 또는 파견근로자에 대해서도 적용한다.
제4조【외국인인 예술인 · 노무제공자의 고용보험에 관한 경과조치】 ① 이 법 시행 전에 외국인인 예술인 · 노무제공자가 고용보험 피보험자격을 취득한 경우에 이 법 시행 전까지의 피보험자격과 관련한 사항에 대해서는 제10조의2제2항의 개정규정에도 불구하고 종전의 규정에 따른다.
② 제1항에도 불구하고 이 법 시행 전에 피보험자격을 취득한 외국인인 예술인 · 노무제공자가 이 법 시행 이후 제10조의2제2항의 개정규정에 따른 적용대상에 해당하지 아니하는 경우 이 법 시행 전 피보험자격과 관련한 보험료 반환 등을 근로복지공단에 신청할 수 있다. 이 경우 해당 피보험자격은 무효로 본다.
③ 제2항에 따른 보험료 반환 등을 신청받은 근로복지공단은 예술인 · 노무제공자가 부담한 보험료(고용산재보험료징수법 제21조에 따라 지원한 금액은 제외한다)에 대해서는 예술인 · 노무제공자에게 반환하고 사업주가 부담한 보험료(고용산재보험료징수법 제21조에 따라 지원한 금액은 제외한다)에 대해서는 고용산재보험료징수법에 따라 그 납부한 금액을 충당하거나 반환하여야 하며 보험료 반환 시 해당 예술인 · 노무제공자가 구직급여 또는 출산전후급여등을 받은 경우 직업안정기관의 장은 제77조의5제2항 · 제3항 및 제77조의10제2항 · 제3항에서 준용하는 제62조제4항에 따라 그 지급금의 반환을 명할 수 있다.
제5조【일용근로자의 구직급여 수급요건에 관한 경과조치】 이 법 시행 전에 제43조에 따라 수급자격을 인정하여 줄 것을 신청한 일용근로자의 구직급여에 관하여는 제40조제1항제5호 가목의 개정규정에도 불구하고 종전의 규정에 따른다.
제6조【15세 미만인 예술인 · 노무제공자의 고용보험에 관한 경과조치】 ① 이 법 시행 전에 15세 미만인 예술인 · 노무제공자가 문화예술용역 관련 계약 또는 노무제공계약을 개시한 경우에 이 법 시행 전까지의 피보험자격과 관련한 사항에 대해서는 제77조의2제2항제3호 또는 제77조의6제2항제3호의 개정규정에도 불구하고 종전의 규정에 따른다.
② 이 법 시행 전에 15세 미만인 예술인 · 노무제공자로서 고용보험 피보험자격을 취득한 사람은 이 법 시행 이후 3개월이 되는 날까지 근로복지공단에 고용보험 탈퇴를 신청할 수 있다. 이 경우 탈퇴를 신청한 사람은 탈퇴를 신청한 날의 다음 날에 그 피보험자격을 상실하며 탈퇴를 신청하지 않은 사람은 고용보험 가입의사가 있는 것으로 본다.
③ 제1항에도 불구하고 이 법 시행 전에 피보험자격을 취득한 15세 미만인 예술인 · 노무제공자가 이 법 시행 이후 제77조의2제2항제3호 또는 제77조의6제2항제3호의 개정규정에 따른 적용대상에 해당하지 아니하는 경우 이 법 시행 전 피보험자격과 관련한 보험료 반환 등을 근로복지공단에 신청할 수 있다. 이 경우 그 피보험자격은 무효로 본다.
④ 제3항에 따른 보험료 반환 등을 신청받은 근로복지공단은 예술인 · 노무제공자가 부담한 보험료(고용산재보험료징수법 제21조에 따라 지원한 금액은 제외한다)에 대해서는 예술인 · 노무제공자에게 반환하고 사업주가 부담한 보험료(고용산재보험료징수법 제21조에 따라 지원한 금액은 제외한다)에 대해서는 고용산재보험료징수법에 따라 그 납부한 금액을 충당하거나 반환하여야 하며 보험료 반환 시 해당 예술인 · 노무제공자가 구직급여 또는 출산전후급여등을 받은 경우 직업안정기관의 장은 제77조의5제2항 · 제3항 및 제77조의10제2항 · 제3항에서 준용하는 제62조제4항에 따라 그 지급금의 반환을 명할 수 있다.

부　칙 (2023.8.8)

제1조【시행일】 이 법은 2024년 5월 17일부터 시행한다.(이하 생략)

부　칙 (2024.10.22)

제1조【시행일】 이 법은 공포 후 4개월이 경과한 날부터 시행한다.
제2조【난임치료휴가의 급여 지급 기간에 관한 적용례】 제75조 및 제76조제1항제3호의 개정규정은 이 법 시행 이후 「남녀고용평등과 일 · 가정 양립 지원에 관한 법률」 제18조의3제1항 본문에 따라 사용하는 유급 난임치료휴가 기간부터 적용한다.
제3조【출산전후휴가 급여 지급 기간에 관한 적용례】 제76조제1항제1호의 개정규정은 이 법 시행 이후 출산하는 근로자부터 적용한다.
제4조【배우자 출산휴가 급여의 지급 기간에 관한 적용례】 제76조제1항제2호의 개정규정은 이 법 시행 이후 사용하는 배우자 출산휴가 기간부터 적용한다.

〔별표〕 ➡ 「www.hyeonamsa.com」 참조

노동위원회법

(1997년 3월 13일
법 률 제5311호)

개정
1999. 4.15법 5962호
2005. 1.27법 7380호(공무원의노동조합설립및운영등에관한법)
2005.12.29법 7773호(정부조직)
2005.12.29법 7796호(국가공무원)
2006.12.21법 8075호 2007. 1.26법 8296호
2007. 4.11법 8372호(근기)
2007. 5.17법 8474호
2010. 6. 4법10339호(정부조직)
2014. 5.20법12629호 2015. 1.20법13044호
2016. 1.27법13904호
2019. 4.30법16413호(파견근로자보호)
2021. 1. 5법17863호 2021. 5.18법18179호

제1장 총 칙

(2015.1.20 본장개정)

제1조【목적】 이 법은 노동관계에 관한 판정 및 조정(調整) 업무를 신속·공정하게 수행하기 위하여 노동위원회를 설치하고 그 운영에 관한 사항을 규정함으로써 노동관계의 안정과 발전에 이바지함을 목적으로 한다.

제2조【노동위원회의 구분·소속 등】 ① 노동위원회는 중앙노동위원회, 지방노동위원회 및 특별노동위원회로 구분한다.
② 중앙노동위원회와 지방노동위원회는 고용노동부장관 소속으로 두며, 지방노동위원회의 명칭·위치 및 관할구역은 대통령령으로 정한다.
③ 특별노동위원회는 관계 법률에서 정하는 사항을 관장하기 위하여 필요한 경우에 해당 사항을 관장하는 중앙행정기관의 장 소속으로 둔다.

제2조의2【노동위원회의 소관 사무】 노동위원회의 소관 사무는 다음 각 호와 같다.
1. 「노동조합 및 노동관계조정법」, 「근로기준법」, 「근로자참여 및 협력증진에 관한 법률」, 「교원의 노동조합 설립 및 운영 등에 관한 법률」, 「공무원의 노동조합 설립 및 운영 등에 관한 법률」, 「기간제 및 단시간근로자 보호 등에 관한 법률」, 「파견근로자 보호 등에 관한 법률」, 「산업현장 일학습병행 지원에 관한 법률」 및 「남녀고용평등과 일·가정 양립 지원에 관한 법률」에 따른 판정·결정·의결·승인·인정 또는 차별적 처우 시정 등에 관한 업무(2021.5.18 본호개정)
2. 「노동조합 및 노동관계조정법」, 「교원의 노동조합 설립 및 운영 등에 관한 법률」 및 「공무원의 노동조합 설립 및 운영 등에 관한 법률」에 따른 노동쟁의 조정(調停)·중재 또는 관계 당사자의 자주적인 노동쟁의 해결 지원에 관한 업무
3. 제1호 및 제2호의 업무수행과 관련된 조사·연구·교육 및 홍보 등에 관한 업무
4. 그 밖에 다른 법률에서 노동위원회의 소관으로 규정된 업무

제3조【노동위원회의 관장】 ① 중앙노동위원회는 다음 각 호의 사건을 관장한다.
1. 지방노동위원회 및 특별노동위원회의 처분에 대한 재심사건
2. 둘 이상의 지방노동위원회의 관할구역에 걸친 노동쟁의의 조정(調整)사건
3. 다른 법률에서 그 권한에 속하는 것으로 규정된 사건
② 지방노동위원회는 해당 관할구역에서 발생하는 사건을 관장하되, 둘 이상의 관할구역에 걸친 사건(제1항제2호의 조정사건은 제외한다)은 주된 사업장의 소재지를 관할하는 지방노동위원회에서 관장한다.
③ 특별노동위원회는 관계 법률에서 정하는 바에 따라 그 설치목적으로 규정된 특정사항에 관한 사건을 관장한다.
④ 중앙노동위원회 위원장은 제1항제2호에도 불구하고 효율적인 노동쟁의의 조정을 위하여 필요하다고 인정하는 경우에는 지방노동위원회를 지정하여 해당 사건을 처리하게 할 수 있다.
⑤ 중앙노동위원회 위원장은 제2항에 따른 주된 사업장을 정하기 어렵거나 주된 사업장의 소재지를 관할하는 지방노동위원회에서 처리하기 곤란한 사정이 있는 경우에는 직권으로 또는 관계 당사자나 지방노동위원회 위원장의 신청에 따라 지방노동위원회를 지정하여 해당 사건을 처리하게 할 수 있다.

제3조의2【사건의 이송】 ① 노동위원회는 접수된 사건이 다른 노동위원회의 관할인 경우에는 지체 없이 해당 사건을 관할 노동위원회로 이송하여야 한다. 제23조에 따른 조사를 시작한 후 다른 노동위원회의 관할인 것으로 확인된 경우에도 또한 같다.
② 제1항에 따라 이송된 사건은 관할 노동위원회에 처음부터 접수된 것으로 본다.
③ 노동위원회는 제1항에 따라 사건을 이송한 경우에는 그 사실을 지체 없이 관계 당사자에게 통지하여야 한다.
(2015.1.20 본조신설)

제4조【노동위원회의 지위 등】 ① 노동위원회는 그 권한에 속하는 업무를 독립적으로 수행한다.
② 중앙노동위원회 위원장은 중앙노동위원회 및 지방노동위원회의 예산·인사·교육훈련, 그 밖의 행정사무를 총괄하며, 소속 공무원을 지휘·감독한다.
③ 중앙노동위원회 위원장은 제2항에 따른 행정사무의 지휘·감독권 일부를 대통령령으로 정하는 바에 따라 지방노동위원회 위원장에게 위임할 수 있다.

제5조【특별노동위원회의 조직 등】 ① 특별노동위원회에 대해서는 제6조제3항부터 제7항까지, 제9조제2항 및 제4항을 적용하지 아니한다.
② 다음 각 호의 어느 하나에 해당하는 사항에 대해서는 해당 특별노동위원회의 설치 근거가 되는 법률에서 다르게 정할 수 있다.
1. 제6조제2항에 따른 근로자위원, 사용자위원 및 공익위원의 수
2. 제11조에 따른 상임위원
③ 특별노동위원회에 대하여 제15조제3항부터 제5항까지의 규정을 적용하는 경우에 제6조제6항에 따른 심판담당 공익위원, 차별시정담당 공익위원 및 조정담당 공익위원은 특별노동위원회의 공익위원으로 본다.

제2장 조 직

(2015.1.20 본장개정)

제6조【노동위원회의 구성 등】 ① 노동위원회는 근로자를 대표하는 위원(이하 "근로자위원"이라 한다)과 사용자를 대표하는 위원(이하 "사용자위원"이라 한다) 및 공익을 대표하는 위원(이하 "공익위원"이라 한다)으로 구성한다.
② 노동위원회 위원의 수는 다음 각 호의 구분에 따른 범위에서 노동위원회의 업무량을 고려하여 대통령령으로 정한다. 이 경우 근로자위원과 사용자위원은 같은 수로 한다.
1. 근로자위원 및 사용자위원 : 각 10명 이상 50명 이하
2. 공익위원 : 10명 이상 70명 이하
③ 근로자위원은 노동조합이 추천한 사람 중에서, 사용자위원은 사용자단체가 추천한 사람 중에서 다음 각 호의 구분에 따라 위촉한다.
1. 중앙노동위원회 : 고용노동부장관의 제청으로 대통령이 위촉
2. 지방노동위원회 : 지방노동위원회 위원장의 제청으로 중앙노동위원회 위원장이 위촉
④ 공익위원은 해당 노동위원회 위원장, 노동조합 및 사용자단체가 각각 추천한 사람 중에서 노동조합과 사용자단체가 순차적으로 배제하고 남은 사람을 위촉대상 공익위원으로 하고, 그 위촉대상 공익위원 중에서 다음 각 호의 구분에 따라 위촉한다.
1. 중앙노동위원회 공익위원 : 고용노동부장관의 제청으로 대통령이 위촉
2. 지방노동위원회 공익위원 : 지방노동위원회 위원장의 제청으로 중앙노동위원회 위원장이 위촉

⑤ 제4항에도 불구하고 노동조합 또는 사용자단체가 공익위원을 추천하는 절차나 추천된 공익위원을 순차적으로 배제하는 절차를 거부하는 경우에는 해당 노동위원회 위원장이 위촉대상 공익위원을 선정할 수 있다.
⑥ 공익위원은 다음 각 호와 같이 구분하여 위촉한다.
1. 심판사건을 담당하는 심판담당 공익위원
2. 차별적 처우 시정사건(「남녀고용평등과 일·가정 양립 지원에 관한 법률」 제26조제1항에 따른 시정사건을 포함한다. 이하 같다)을 담당하는 차별시정담당 공익위원 (2021.5.18 본호개정)
3. 조정사건을 담당하는 조정담당 공익위원
⑦ 노동위원회 위원의 추천절차, 공익위원의 순차배제의 방법, 그 밖에 위원의 위촉에 필요한 사항은 대통령령으로 정한다.
제6조의2【사회취약계층에 대한 권리구제 대리】 ① 노동위원회는 제2조의2제1호 중 판정·결정·승인·인정 및 차별적 처우 시정 등에 관한 사건에서 사회취약계층을 위하여 변호사나 공인노무사로 하여금 권리구제업무를 대리하게 할 수 있다.
② 제1항에 따라 변호사나 공인노무사로 하여금 사회취약계층을 위한 권리구제업무를 대리하게 하려는 경우의 요건, 대상, 변호사·공인노무사의 보수 등에 관하여 필요한 사항은 고용노동부령으로 정한다.
제7조【위원의 임기 등】 ① 노동위원회 위원의 임기는 3년으로 하되, 연임할 수 있다.
② 노동위원회 위원이 궐위(闕位)된 경우 보궐위원의 임기는 전임자 임기의 남은 기간으로 한다. 다만, 노동위원회 위원장 또는 상임위원이 궐위되어 후임자를 임명한 경우 후임자의 임기는 새로 시작된다.
③ 임기가 끝난 노동위원회 위원은 후임자가 위촉될 때까지 계속 그 직무를 집행한다.
④ 노동위원회 위원의 처우에 관하여는 대통령령으로 정한다.
제8조【공익위원의 자격기준 등】 ① 중앙노동위원회의 공익위원은 다음 각 호의 구분에 따라 노동문제에 관한 지식과 경험이 있는 사람을 위촉하되, 여성의 위촉이 늘어날 수 있도록 노력하여야 한다.
1. 심판담당 공익위원 및 차별시정담당 공익위원
가. 노동문제와 관련된 학문을 전공한 사람으로서 「고등교육법」 제2조제1호부터 제6호까지의 학교에서 부교수 이상으로 재직하고 있거나 재직하였던 사람
나. 판사·검사·군법무관·변호사 또는 공인노무사로 7년 이상 재직하고 있거나 재직하였던 사람
다. 노동관계 업무에 7년 이상 종사한 사람으로서 2급 또는 2급 상당 이상의 공무원이나 고위공무원단에 속하는 공무원으로 재직하고 있거나 재직하였던 사람
라. 그 밖에 노동관계 업무에 15년 이상 종사한 사람으로서 심판담당 공익위원 또는 차별시정담당 공익위원으로 적합하다고 인정되는 사람
2. 조정담당 공익위원
가. 「고등교육법」 제2조제1호부터 제6호까지의 학교에서 부교수 이상으로 재직하고 있거나 재직하였던 사람
나. 판사·검사·군법무관·변호사 또는 공인노무사로 7년 이상 재직하고 있거나 재직하였던 사람
다. 노동관계 업무에 7년 이상 종사한 사람으로서 2급 또는 2급 상당 이상의 공무원이나 고위공무원단에 속하는 공무원으로 재직하고 있거나 재직하였던 사람
라. 그 밖에 노동관계 업무에 15년 이상 종사한 사람 또는 사회적 덕망이 있는 사람으로서 조정담당 공익위원으로 적합하다고 인정되는 사람
② 지방노동위원회의 공익위원은 다음 각 호의 구분에 따라 노동문제에 관한 지식과 경험이 있는 사람을 위촉하되, 여성의 위촉이 늘어날 수 있도록 노력하여야 한다.
1. 심판담당 공익위원 및 차별시정담당 공익위원
가. 노동문제와 관련된 학문을 전공한 사람으로서 「고등교육법」 제2조제1호부터 제6호까지의 학교에서 조교수 이상으로 재직하고 있거나 재직하였던 사람
나. 판사·검사·군법무관·변호사 또는 공인노무사로 3년 이상 재직하고 있거나 재직하였던 사람
다. 노동관계 업무에 3년 이상 종사한 사람으로서 3급 또는 3급 상당 이상의 공무원이나 고위공무원단에 속하는 공무원으로 재직하고 있거나 재직하였던 사람
라. 노동관계 업무에 10년 이상 종사한 사람으로서 4급 또는 4급 상당 이상의 공무원으로 재직하고 있거나 재직하였던 사람
마. 그 밖에 노동관계 업무에 10년 이상 종사한 사람으로서 심판담당 공익위원 또는 차별시정담당 공익위원으로 적합하다고 인정되는 사람
2. 조정담당 공익위원
가. 「고등교육법」 제2조제1호부터 제6호까지의 학교에서 조교수 이상으로 재직하고 있거나 재직하였던 사람
나. 판사·검사·군법무관·변호사 또는 공인노무사로 3년 이상 재직하고 있거나 재직하였던 사람
다. 노동관계 업무에 3년 이상 종사한 사람으로서 3급 또는 3급 상당 이상의 공무원이나 고위공무원단에 속하는 공무원으로 재직하고 있거나 재직하였던 사람
라. 노동관계 업무에 10년 이상 종사한 사람으로서 4급 또는 4급 상당 이상의 공무원으로 재직하고 있거나 재직하였던 사람
마. 그 밖에 노동관계 업무에 10년 이상 종사한 사람 또는 사회적 덕망이 있는 사람으로서 조정담당 공익위원으로 적합하다고 인정되는 사람
제9조【위원장】 ① 노동위원회에 위원장 1명을 둔다.
② 중앙노동위원회 위원장은 제8조제1항에 따라 중앙노동위원회의 공익위원이 될 수 있는 자격을 갖춘 사람 중에서 고용노동부장관의 제청으로 대통령이 임명하고, 지방노동위원회 위원장은 제8조제2항에 따라 지방노동위원회의 공익위원이 될 수 있는 자격을 갖춘 사람 중에서 중앙노동위원회 위원장의 추천과 고용노동부장관의 제청으로 대통령이 임명한다.
③ 중앙노동위원회 위원장은 정무직으로 한다.
④ 노동위원회 위원장(이하 "위원장"이라 한다)은 해당 노동위원회의 공익위원이 되며, 심판사건, 차별적 처우 시정사건, 조정사건을 담당할 수 있다.
제10조【위원장의 직무】 ① 위원장은 해당 노동위원회를 대표하며, 노동위원회의 사무를 총괄한다.
② 위원장이 부득이한 사유로 직무를 수행할 수 없을 때에는 대통령령으로 정하는 공익위원이 그 직무를 대행한다.
제11조【상임위원】 ① 노동위원회에 상임위원을 두며, 상임위원은 해당 노동위원회의 공익위원이 될 수 있는 자격을 갖춘 사람 중에서 중앙노동위원회 위원장의 추천과 고용노동부장관의 제청으로 대통령이 임명한다.
② 상임위원은 해당 노동위원회의 공익위원이 되며, 심판사건, 차별적 처우 시정사건, 조정사건을 담당할 수 있다.
③ 노동위원회에 두는 상임위원의 수와 직급 등은 대통령령으로 정한다.
제11조의2【위원의 행위규범】 ① 노동위원회의 위원은 법과 양심에 따라 공정하고 성실하게 업무를 수행하여야 한다.
② 중앙노동위원회는 노동위원회 위원이 제1항에 따라 업무를 수행하기 위하여 준수하여야 할 행위규범과 그 운영에 관한 사항을 제15조에 따른 전원회의의 의결을 거쳐 정할 수 있다.
③ 제2항에 따른 노동위원회 위원의 행위규범에는 다음 각 호의 사항이 포함되어야 한다.
1. 업무수행과 관련하여 향응·금품 등을 받는 행위의 금지에 관한 사항
2. 관계 당사자 중 어느 한쪽에 편파적이거나 사건 처리를 방해하는 등 공정성과 중립성을 훼손하는 행위의 금지·제한에 관한 사항
3. 직무수행과 관련하여 알게 된 사항을 자기나 다른 사람의 이익을 위하여 이용하거나 다른 사람에게 제공하는 행위의 금지에 관한 사항
4. 제15조에 따른 부문별 위원회의 출석 등 노동위원회 위원으로서의 성실한 업무수행에 관한 사항
5. 그 밖에 품위 유지 등을 위하여 필요한 사항
제12조【결격사유】 「국가공무원법」 제33조 각 호의 어느 하나에 해당하는 사람은 노동위원회 위원이 될 수 없다.

제13조【위원의 신분보장】 ① 노동위원회 위원은 다음 각 호의 어느 하나에 해당하는 경우를 제외하고는 그 의사에 반하여 면직되거나 위촉이 해제되지 아니한다.
1. 「국가공무원법」 제33조 각 호의 어느 하나에 해당하는 경우
2. 장기간의 심신쇠약으로 직무를 수행할 수 없는 경우
3. 직무와 관련된 비위사실이 있거나 노동위원회 위원직을 유지하기에 적합하지 아니하다고 인정되는 비위사실이 있는 경우
4. 제11조의2에 따른 행위규범을 위반하여 노동위원회 위원으로서 직무를 수행하기 곤란한 경우
5. 공익위원으로 위촉된 후 제8조에 따른 공익위원의 자격기준에 미달하게 된 것으로 밝혀진 경우
② 노동위원회 위원은 제1항제1호에 해당하는 경우에 당연히 면직되거나 위촉이 해제된다.
제14조【사무처와 사무국】 ① 중앙노동위원회에는 사무처를 두고, 지방노동위원회에는 사무국을 둔다.
② 사무처와 사무국의 조직·운영 등에 필요한 사항은 대통령령으로 정한다.
③ 고용노동부장관은 노동위원회 사무처 또는 사무국 소속 직원을 고용노동부와 노동위원회 간에 전보할 경우 중앙노동위원회 위원장의 의견을 들어야 한다.
제14조의2【중앙노동위원회 사무처장】 ① 중앙노동위원회에는 사무처장 1명을 둔다.
② 사무처장은 중앙노동위원회 상임위원 중 1명이 겸직한다.
③ 사무처장은 중앙노동위원회 위원장의 명을 받아 사무처의 사무를 처리하며 소속 직원을 지휘·감독한다.
제14조의3【조사관】 ① 노동위원회 사무처 및 사무국에 조사관을 둔다.
② 중앙노동위원회 위원장은 노동위원회 사무처 또는 사무국 소속 공무원 중에서 조사관을 임명한다.
③ 조사관은 위원장, 제15조에 따른 부문별 위원회의 위원장 또는 제16조의2에 따른 주심위원의 지휘를 받아 노동위원회의 소관 사무에 필요한 조사를 하고, 제15조에 따른 부문별 위원회에 출석하여 의견을 진술할 수 있다.
④ 조사관의 임명·자격 등에 관하여 필요한 사항은 대통령령으로 정한다.

제3장 회 의

(2015.1.20 본장개정)

제15조【회의의 구성 등】 ① 노동위원회에는 전원회의와 위원회의 권한에 속하는 업무를 부문별로 처리하기 위한 위원회로서 다음 각 호의 부문별 위원회를 둔다. 다만, 다른 법률에 특별한 규정이 있는 경우에는 그러하지 아니하다.
1. 심판위원회
2. 차별시정위원회
3. 조정(調停)위원회
4. 특별조정위원회
5. 중재위원회
6. 「교원의 노동조합 설립 및 운영 등에 관한 법률」 제11조제1항에 따른 교원 노동관계 조정위원회
7. 「공무원의 노동조합 설립 및 운영 등에 관한 법률」 제14조제1항에 따른 공무원 노동관계 조정위원회
② 전원회의는 해당 노동위원회 소속 위원 전원으로 구성하며, 다음 각 호의 사항을 처리한다.
1. 노동위원회의 운영 등 일반적인 사항의 결정
2. 제22조제2항에 따른 근로조건의 개선에 관한 권고
3. 제24조 및 제25조에 따른 지시 및 규칙의 제정(중앙노동위원회만 해당한다)
③ 제1항제1호에 따른 심판위원회는 심판담당 공익위원 중 위원장이 지명하는 3명으로 구성하며, 「노동조합 및 노동관계조정법」, 「근로기준법」, 「근로자참여 및 협력증진에 관한 법률」, 그 밖의 법률에 따른 노동위원회의 판정·의결·승인 및 인정 등과 관련된 사항을 처리한다.
④ 제1항제2호에 따른 차별시정위원회는 차별시정담당 공익위원 중 위원장이 지명하는 3명으로 구성하며, 「기간제 및 단시간근로자 보호 등에 관한 법률」, 「파견근로자 보호 등에 관한 법률」, 「산업현장 일학습병행 지원에 관한 법률」 또는 「남녀고용평등과 일·가정 양립 지원에 관한 법률」에 따른 차별적 처우의 시정 등과 관련된 사항을 처리한다.(2021.5.18 본항개정)
⑤ 제1항제3호부터 제5호까지의 규정에 따른 조정위원회·특별조정위원회 및 중재위원회는 「노동조합 및 노동관계조정법」에서 정하는 바에 따라 구성하며, 같은 법에 따른 조정·중재, 그 밖에 이와 관련된 사항을 각각 처리한다. 이 경우 공익위원은 조정담당 공익위원 중에서 지명한다.
⑥ 위원장은 제3항 및 제4항에 따라 부문별 위원회를 구성할 때 위원장 또는 상임위원의 업무가 과도하여 정상적인 업무수행이 곤란하게 되는 등 제25조에 따라 중앙노동위원회가 제정하는 규칙으로 정하는 부득이한 사유가 있는 경우 외에는 위원장 또는 상임위원 1명이 포함되도록 위원을 지명하여야 한다.
⑦ 위원장은 제3항부터 제5항까지의 규정에도 불구하고 부문별 위원회를 구성할 때 특정 부문별 위원회에 사건이 집중되거나 다른 분야의 전문지식이 필요하다고 인정하는 경우에는 심판담당 공익위원, 차별시정담당 공익위원 또는 조정담당 공익위원을 담당 분야와 관계없이 다른 부문별 위원회의 위원으로 지명할 수 있다.
⑧ 제1항제6호에 따른 교원 노동관계 조정위원회는 「교원의 노동조합 설립 및 운영 등에 관한 법률」에서 정하는 바에 따라 설치·구성하며, 같은 법에 따른 조정·중재, 그 밖에 이와 관련된 사항을 처리한다.
⑨ 제1항제7호에 따른 공무원 노동관계 조정위원회는 「공무원의 노동조합 설립 및 운영 등에 관한 법률」에서 정하는 바에 따라 설치·구성하며, 같은 법에 따른 조정·중재, 그 밖에 이와 관련된 사항을 처리한다.
제15조의2【단독심판 등】 위원장은 다음 각 호의 어느 하나에 해당하는 경우에 심판담당 공익위원 또는 차별시정담당 공익위원 중 1명을 지명하여 사건을 처리하게 할 수 있다.
1. 신청기간을 넘기는 등 신청 요건을 명백하게 갖추지 못한 경우
2. 관계 당사자 양쪽이 모두 단독심판을 신청하거나 단독심판으로 처리하는 것에 동의한 경우
제15조의3【「행정심판법」 등의 준용】 사건 처리와 관련하여 선정대표자, 당사자의 지위 승계, 대리인의 선임에 관하여는 「행정심판법」 제15조, 제16조 및 제18조를 준용하고, 대리의 흠과 추인, 대리의 범위에 관하여는 「민사소송법」 제60조 및 제90조를 준용한다.(2015.1.20 본조신설)
제16조【회의의 소집】 ① 부문별 위원회 위원장은 다른 법률에 특별한 규정이 있는 경우를 제외하고는 부문별 위원회의 위원 중에서 호선(互選)한다.
② 위원장 또는 부문별 위원회 위원장은 전원회의 또는 부문별 위원회를 각각 소집하고 회의를 주재한다. 다만, 위원장은 필요하다고 인정하는 경우에 부문별 위원회를 소집할 수 있다.
③ 위원장 또는 부문별 위원회 위원장은 전원회의 또는 부문별 위원회를 구성하는 위원의 과반수가 회의 소집을 요구하는 경우에 이에 따라야 한다.
④ 위원장 또는 부문별 위원회 위원장은 업무수행과 관련된 조사 등 노동위원회의 원활한 운영을 위하여 필요한 경우 노동위원회가 설치된 위치 외의 장소에서 부문별 위원회를 소집하게 하거나 제15조의2에 따른 단독심판을 하게 할 수 있다.
제16조의2【주심위원】 부문별 위원회 위원장은 부문별 위원회의 원활한 운영을 위하여 필요하다고 인정하는 경우에 주심위원을 지명하여 사건의 처리를 주관하게 할 수 있다.
제16조의3【화해의 권고 등】 ① 노동위원회는 「노동조합 및 노동관계조정법」 제29조의4 및 제84조, 「근로기준법」 제30조에 따른 판정·명령 또는 결정이 있기 전까지 관계 당사자의 신청을 받아 또는 직권으로 화해를 권고하거나 화해안을 제시할 수 있다.
② 노동위원회는 화해안을 작성할 때 관계 당사자의 의견을 충분히 들어야 한다.
③ 노동위원회는 관계 당사자가 화해안을 수락하였을 때에는 화해조서를 작성하여야 한다.

④ 화해조서에는 다음 각 호의 사람이 모두 서명하거나 날인하여야 한다.
1. 관계 당사자
2. 화해에 관여한 부문별 위원회(제15조의2에 따른 단독심판을 포함한다)의 위원 전원
⑤ 제3항 및 제4항에 따라 작성된 화해조서는 「민사소송법」에 따른 재판상 화해의 효력을 갖는다.
⑥ 제1항부터 제4항까지의 규정에 따른 화해의 방법, 화해조서의 작성 등에 필요한 사항은 제25조에 따라 중앙노동위원회가 제정하는 규칙으로 정한다.

제17조【의결】 ① 노동위원회의 전원회의는 재적위원 과반수의 출석으로 개의하고, 출석위원 과반수의 찬성으로 의결한다.
② 부문별 위원회의 회의는 구성위원 전원의 출석으로 개의하고, 출석위원 과반수의 찬성으로 의결한다.
③ 제2항에도 불구하고 제15조제1항제7호의 공무원 노동관계 조정위원회의 회의(「공무원의 노동조합 설립 및 운영 등에 관한 법률」 제15조에 따른 전원회의를 말한다)는 재적위원 과반수의 출석으로 개의하고, 출석위원 과반수의 찬성으로 의결한다.
④ 전원회의 또는 부문별 위원회의 회의에 참여한 위원은 그 의결 사항에 대하여 서명하거나 날인하여야 한다.

제17조의2【의결 결과의 송달 등】 ① 노동위원회는 부문별 위원회의 의결 결과를 지체 없이 당사자에게 서면으로 송달하여야 한다.
② 노동위원회는 처분 결과를 당사자에게 서면으로 송달하여야 하며, 처분의 효력은 판정서·명령서·결정서 또는 재심판정서를 송달받은 날부터 발생한다.
③ 제1항 및 제2항에 따른 송달의 방법과 절차에 필요한 사항은 대통령령으로 정한다.

제17조의3【공시송달】 ① 노동위원회는 서류의 송달을 받아야 할 자가 다음 각 호의 어느 하나에 해당하는 경우에는 공시송달을 할 수 있다.
1. 주소가 분명하지 아니한 경우
2. 주소가 국외에 있거나 통상적인 방법으로 확인할 수 없어 서류의 송달이 곤란한 경우
3. 등기우편 등으로 송달하였으나 송달을 받아야 할 자가 없는 것으로 확인되어 반송되는 경우
② 제1항에 따른 공시송달은 노동위원회의 게시판이나 인터넷 홈페이지에 게시하는 방법으로 한다.
③ 공시송달은 제2항에 따라 게시한 날부터 14일이 지난 때에 효력이 발생한다.
④ 제1항에 따른 공시송달의 요건과 제2항에 따른 공시송달의 방법 및 절차에 필요한 사항은 대통령령으로 정한다.
(2015.1.20 본조신설)

제18조【보고 및 의견 청취】 ① 위원장 또는 부문별 위원회의 위원장은 소관 회의에 부쳐진 사항에 관하여 구성위원 또는 조사관으로 하여금 회의에 보고하게 할 수 있다.
② 제15조제1항제1호 및 제2호의 심판위원회 및 차별시정위원회는 의결하기 전에 해당 노동위원회의 근로자위원 및 사용자위원 각 1명 이상의 의견을 들어야 한다. 다만, 근로자위원 또는 사용자위원이 출석요구를 받고 정당한 이유 없이 출석하지 아니하는 경우에는 그러하지 아니하다.

제19조【회의의 공개】 노동위원회의 회의는 공개한다. 다만, 해당 회의에서 공개하지 아니하기로 의결하면 공개하지 아니할 수 있다.

제20조【회의의 질서유지】 위원장 또는 부문별 위원회의 위원장은 소관 회의의 공정한 진행을 방해하거나 질서를 문란하게 하는 사람에 대하여 퇴장명령, 그 밖에 질서유지에 필요한 조치를 할 수 있다.

제21조【위원의 제척·기피·회피 등】 ① 위원은 다음 각 호의 어느 하나에 해당하는 경우에 해당 사건에 관한 직무집행에서 제척(除斥)된다.
1. 위원 또는 위원의 배우자이거나 배우자였던 사람이 해당 사건의 당사자가 되거나 해당 사건의 당사자와 공동권리자 또는 공동의무자의 관계에 있는 경우
2. 위원이 해당 사건의 당사자와 친족이거나 친족이었던 경우
3. 위원이 해당 사건에 관하여 진술이나 감정을 한 경우
4. 위원이 당사자의 대리인으로서 업무에 관여하거나 관여하였던 경우
4의2. 위원이 속한 법인, 단체 또는 법률사무소가 해당 사건에 관하여 당사자의 대리인으로서 관여하거나 관여하였던 경우
(2016.1.27 본호신설)
5. 위원 또는 위원이 속한 법인, 단체 또는 법률사무소가 해당 사건의 원인이 된 처분 또는 부작위에 관여한 경우(2016.1.27 본호개정)
② 위원장은 제1항에 따른 사유가 있는 경우에 관계 당사자의 신청을 받아 또는 직권으로 제척의 결정을 하여야 한다.
③ 당사자는 공정한 심의·의결 또는 조정 등을 기대하기 어려운 위원이 있는 경우에 그 사유를 적어 위원장에게 기피신청을 할 수 있다.
④ 위원장은 제3항에 따른 기피신청이 이유 있다고 인정되는 경우에 기피의 결정을 하여야 한다.
⑤ 위원장은 사건이 접수되는 즉시 제2항에 따른 제척신청과 제3항에 따른 기피신청을 할 수 있음을 사건 당사자에게 알려야 한다.
⑥ 위원에게 제1항 또는 제3항에 따른 사유가 있는 경우에는 스스로 그 사건에 관한 직무집행에서 회피할 수 있다. 이 경우 해당 위원은 위원장에게 그 사유를 소명하여야 한다.

제4장 권 한
(2015.1.20 본장개정)

제22조【협조 요청 등】 ① 노동위원회는 그 사무집행을 위하여 필요하다고 인정하는 경우에 관계 행정기관에 협조를 요청할 수 있으며, 협조를 요청받은 관계 행정기관은 특별한 사유가 없으면 이에 따라야 한다.
② 노동위원회는 관계 행정기관으로 하여금 근로조건의 개선에 필요한 조치를 하도록 권고할 수 있다.

제23조【위원회의 조사권 등】 ① 노동위원회는 제2조의2에 따른 소관 사무(제3호의 업무는 제외한다)와 관련하여 사실관계를 확인하는 등 그 사무집행을 위하여 필요하다고 인정할 때에는 근로자, 노동조합, 사용자, 사용자단체, 그 밖의 관계인에 대하여 출석·보고·진술 또는 필요한 서류의 제출을 요구하거나 위원장 또는 부문별 위원회의 위원장이 지명한 위원 또는 조사관으로 하여금 사업 또는 사업장의 업무상황, 서류, 그 밖의 물건을 조사하게 할 수 있다.(2016.1.27 본항개정)
② 제1항에 따라 조사하는 위원 또는 조사관은 그 권한을 표시하는 증표를 관계인에게 보여 주어야 한다.
③ 노동위원회는 제1항에 따라 관계 당사자 외에 필요하다고 인정되어 출석한 사람에게 대통령령으로 정하는 바에 따라 비용을 변상한다.
④ 노동위원회는 심판사건과 차별적 처우 시정사건의 신청인이 제출한 신청서 부본을 다른 당사자에게 송달하고 이에 대한 답변서를 제출하도록 하여야 한다.
⑤ 노동위원회는 제4항에 따라 다른 당사자가 제출한 답변서의 부본을 지체 없이 신청인에게 송달하여야 한다.

[판례] 동조 제1항에서 규정하는 '보고' 또는 '필요한 서류의 제출'의 대상이 되는 것은 노동위원회가 객관적 사실관계의 확정을 위하여 행사하는 조사의 자료가 되는 객관적 사실에 관한 것에 한정되고, 단지 구제 신청인의 주장에 대하여 이해관계가 대립되는 반대 당사자의 지위에서 자기의 주장과 견해를 밝히는 것을 그 내용으로 하는 '답변서'는 이에 해당되지 아니한다.
(대판 2004.7.8, 2003도6413)

제24조【중앙노동위원회의 지시권 등】 중앙노동위원회는 지방노동위원회 또는 특별노동위원회에 대하여 노동위원회의 사무 처리에 관한 기본방침 및 법령의 해석에 관하여 필요한 지시를 할 수 있다.

제25조【중앙노동위원회의 규칙제정권】 중앙노동위원회는 중앙노동위원회, 지방노동위원회 또는 특별노동위원회의 운영, 부문별 위원회가 처리하는 사건의 지정방법 및 조사관이 처리하는 사건의 지정방법, 그 밖에 위원회 운영에 필요한 사항에 관한 규칙을 제정할 수 있다.

제26조【중앙노동위원회의 재심권】 ① 중앙노동위원회는 당사자의 신청이 있는 경우 지방노동위원회 또는 특별노동위원

회의 처분을 재심하여 이를 인정·취소 또는 변경할 수 있다.
② 제1항에 따른 신청은 관계 법령에 특별한 규정이 있는 경우를 제외하고는 지방노동위원회 또는 특별노동위원회가 한 처분을 송달받은 날부터 10일 이내에 하여야 한다.
③ 제2항의 기간은 불변기간으로 한다.

제27조【중앙노동위원회의 처분에 대한 소송】 ① 중앙노동위원회의 처분에 대한 소송은 중앙노동위원회 위원장을 피고(被告)로 하여 처분의 송달을 받은 날부터 15일 이내에 제기하여야 한다.
② 이 법에 따른 소송의 제기로 처분의 효력은 정지하지 아니한다.
③ 제1항의 기간은 불변기간으로 한다.

제5장 보 칙

(2015.1.20 본장개정)

제28조【비밀엄수 의무 등】 ① 노동위원회의 위원이나 직원 또는 그 위원이었거나 직원이었던 사람은 직무에 관하여 알게 된 비밀을 누설하면 아니 된다.
② 노동위원회의 사건 처리에 관여한 위원이나 직원 또는 그 위원이었거나 직원이었던 변호사·공인노무사 등은 영리를 목적으로 그 사건에 관한 직무를 하면 아니 된다.

제29조【벌칙 적용에서 공무원 의제】 노동위원회의 위원 중 공무원이 아닌 위원은 「형법」이나 그 밖의 법률에 따른 벌칙을 적용할 때에는 공무원으로 본다.

제6장 벌 칙

(2015.1.20 본장개정)

제30조【벌칙】 제28조를 위반한 사람은 1년 이하의 징역 또는 1천만원 이하의 벌금에 처한다.

제31조【벌칙】 제23조제1항에 따른 노동위원회의 조사권 등과 관련하여 다음 각 호에 해당하는 자는 500만원 이하의 벌금에 처한다.
1. 노동위원회의 보고 또는 서류제출 요구에 응하지 아니하거나 거짓으로 보고하거나 거짓의 서류를 제출한 자
2. 관계 위원 또는 조사관의 조사를 거부·방해 또는 기피한 자

제32조【양벌규정】 법인 또는 단체의 대표자, 법인·단체 또는 개인의 대리인·사용인, 그 밖의 종업원이 그 법인·단체 또는 개인의 업무에 관하여 제31조의 위반행위를 하면 그 행위자를 벌하는 외에 그 법인·단체 또는 개인에게도 같은 조의 벌금형을 과(科)한다. 다만, 법인·단체 또는 개인이 그 위반행위를 방지하기 위하여 해당 업무에 관하여 상당한 주의와 감독을 게을리하지 아니한 경우에는 그러하지 아니하다.(2021.1.5 단서신설)

제33조【과태료】 ① 제20조에 따른 퇴장명령에 따르지 아니한 사람에게는 100만원 이하의 과태료를 부과한다.
② 제1항에 따른 과태료는 대통령령이 정하는 바에 따라 노동위원회가 부과·징수한다.

부 칙 (2016.1.27)

제1조【시행일】 이 법은 공포한 날부터 시행한다.

제2조【위원의 제척·기피 등에 관한 적용례】 제21조의 개정규정은 이 법 시행 후 최초로 위원회에 부의되는 사건부터 적용한다.

부 칙 (2021.1.5)

이 법은 공포한 날부터 시행한다.

부 칙 (2021.5.18)

이 법은 공포 후 1년이 경과한 날부터 시행한다.

노동조합 및 노동관계조정법

(약칭 : 노동조합법)

(1997年 3月 13日
法 律 第5310號)

改正
1998. 2.20法 5511號　　2001. 3.28法 6456號
2006. 1. 2法 7845號(방위사업법)
2006.12.30法 8158號　　2008. 3.28法 9041號
2010. 1. 1法 9930號
2010. 6. 4法10339號(정부조직)
2014. 5.20法12630號　　2018.10.16法15849號
2020. 6. 9法17432號　　2021. 1. 5法17864號

第1章 總 則

第1條【目的】 이 法은 憲法에 의한 勤勞者의 團結權·團體交涉權 및 團體行動權을 보장하여 勤勞條件의 유지·개선과 勤勞者의 經濟的·社會的 地位의 향상을 도모하고, 勞動關係를 공정하게 調整하여 勞動爭議를 豫防·解決함으로써 産業平和의 유지와 國民經濟의 발전에 이바지함을 目的으로 한다.

판례 경영권과 노동3권이 충돌하는 경우, 이를 조화시키는 한계를 설정하는 기준 : 경영권이 노동3권과 서로 충돌하는 경우 이를 조화시키는 한계를 설정함에 있어서는 기업의 경제상의 창의와 투자의욕을 훼손시키지 않고 오히려 이를 증진시키며 기업의 경쟁력을 강화하는 방향으로 해결책을 찾아야 한다.(대판 2003.11.13, 2003도687)

第2條【定義】 이 法에서 사용하는 用語의 定義는 다음과 같다.
1. "勤勞者"라 함은 職業의 종류를 불문하고 賃金·給料 기타 이에 준하는 收入에 의하여 生活하는 者를 말한다.
2. "使用者"라 함은 事業主, 사업의 經營擔當者 또는 그 사업의 勤勞者에 관한 사항에 대하여 事業主를 위하여 행동하는 者를 말한다.
3. "使用者團體"라 함은 勞動關係에 관하여 그 構成員인 使用者에 대하여 調整 또는 規制할 수 있는 權限을 가진 使用者의 團體를 말한다.
4. "勞動組合"이라 함은 勤勞者가 主體가 되어 自主的으로 團結하여 勤勞條件의 유지·개선 기타 勤勞者의 經濟的·社會的 地位의 향상을 도모함을 目的으로 組織하는 團體 또는 그 聯合團體를 말한다. 다만, 다음 各目의 1에 해당하는 경우에는 勞動組合으로 보지 아니한다.
가. 使用者 또는 항상 그의 利益을 代表하여 행동하는 者의 참가를 허용하는 경우
나. 經費의 主된 부분을 使用者로부터 원조받는 경우
다. 共濟·修養 기타 福利事業만을 目的으로 하는 경우
라. 勤勞者가 아닌 者의 加入을 허용하는 경우(2021.1.5 단서삭제)
마. 주로 政治運動을 目的으로 하는 경우
5. "勞動爭議"라 함은 勞動組合과 使用者 또는 使用者團體(이

하 "勞動關係 當事者"라 한다)間에 賃金·勤勞時間·福祉·解雇 기타 待遇등 勤勞條件의 決定에 관한 主張의 不一致로 인하여 발생한 紛爭狀態를 말한다. 이 경우 主張의 不一致라 함은 當事者間에 合意를 위한 노력을 계속하여도 더이상 自主的 交涉에 의한 合意의 餘地가 없는 경우를 말한다.

6. "爭議行爲"라 함은 罷業·怠業·職場閉鎖 기타 勞動關係 當事者가 그 主張을 관철할 目的으로 행하는 행위와 이에 대항하는 행위로서 業務의 정상적인 운영을 저해하는 행위를 말한다.

판례 고용노동부는 2013년 10월 해직 교사 9명을 노조에서 배제하라는 시정 요구를 이행하지 않았다며 전국교직원노동조합(이하 전교조)에 「노동조합 및 노동관계조정법 시행령」 제9조제2항에 의한 법외노조 통보처분을 했다. 법외노조 통보는 형식적으로는 노동조합법에 의한 특별한 보호만을 제거하는 것처럼 보이지만, 실질적으로는 적법하게 설립된 노동조합의 법적 지위를 박탈하는 중대한 침익적 처분이며 헌법이 보장하는 노동3권을 본질적으로 제약하는 결과를 초래한다. 따라서 이 사건 시행령 조항은 법률의 위임 없이 법률이 정하지 아니한 법외노조 통보에 관하여 규정함으로써 헌법상 노동3권을 본질적으로 제한하고 있으므로 그 자체로 무효이며, 해직교사를 조합원으로 인정한 전교조에 법외노조 통보처분을 한 것은 부당하다.(대판 2020.9.3, 2016두32992 전원합의체)

판례 긴급조정결정의 공표로 그러한 쟁의행위가 중지되었는지 여부는 긴급조정결정이 공표된 전후의 상황, 파업참가 조합원들의 업무복귀를 위한 준비와 실제 업무복귀가 이루어진 과정, 업무복귀에 소요되는 시간과 거리 등뿐만 아니라, 파업참가 조합원들의 업무복귀에 대한 사측의 태도 및 준비사항 등을 종합적으로 고려하여 판단하여야 할 것이다.(대판 2010.4.8, 2007도6754)

판례 노동조합 및 노동관계조정법 또는 근로기준법상 근로자의 요건인 '사용종속관계'의 판단 기준 : 노동조합 및 노동관계조정법의 근로자란 타인과의 사용종속관계하에서 노무에 종사하고 그 대가로 임금 등을 받아 생활하는 자를 말하고, 그 사용종속관계는 당해 노무공급계약의 형태가 고용, 도급, 위임, 무명계약 등 어느 형태이든 상관없이 사용자와 노무제공자 사이에 지휘·감독관계의 여부, 보수의 노무대가성 여부, 노무의 성질과 내용 등 그 노무의 실질관계에 의하여 결정되는 것이다.(대판 2006.10.13, 2005다64385)

판례 학습지교사를 회사와 사이에 사용종속관계에서 임금을 목적으로 근로를 제공하는 근로자로 보아 이들을 조합원으로 하는 전국학습지산업노동조합은 '노동조합 및 노동관계조정법'이 정한 노동조합에 해당한다고 볼 수 있는지 판단 : 업무의 내용이나 수행방법 및 업무수행시간 등에 관하여 피고 회사로부터 구체적이고 직접적인 지휘·감독을 받고 있지 아니한 점, 학습지교사는 피고 회사의 정사원과는 달리 그 채용부터 출퇴근시간, 위탁관계의 종료에 이르기까지 그 제한이 거의 없고 다른 곳의 취업에도 특별한 제한이 없는 점에 비추어 피고 회사에 전속되어 있다고 볼 수 없는 점, 학습지교사가 피고 회사로부터 지급받는 수수료 등은 그 위탁업무수행을 위하여 학습지교사가 제공하는 근로의 내용이나 시간과는 관계없이 오로지 신규회원의 증가나 월회비의 등록에 따른 회비의 수금실적이라는 객관적으로 나타난 위탁업무의 이행실적에 따라서만 그 지급 여부 및 지급액이 결정되는 것이어서 근로제공의 대가로서의 임금이라고 보기 어려운 점 등에 비추어 보면, 원고(선정당사자) 및 선정자와 같은 학습지교사는 피고 회사와 사이에 사용종속관계에서 임금을 목적으로 근로를 제공하는 근로자로 볼 수 없으므로, 선정자 전국학습지산업노동조합은 결국 근로자가 아닌 자로 구성된 단체로서 노동조합 및 노동관계조정법상 노동조합에 해당한다고 볼 수 없다.
(대판 2005.11.24, 2005다39136)

판례 노동조합및노동관계조정법 2조 5호 소정의 '노동쟁의'의 의미 : 노동조합및노동관계조정법 2조 5호에서는 노동쟁의를 '노동조합과 사용자 또는 사용자 단체 간에 임금·근로시간·복지·해고 기타 대우 등 근로조건의 결정에 관한 주장의 불일치로 인하여 발생한 분쟁상태'라고 규정하고 있으므로 근로조건 이외의 사항에 관한 노동관계 당사자 사이의 주장의 불일치로 인한 분쟁상태는 근로조건의 결정에 관한 분쟁이 아니어서 현행법상의 노동쟁의라고 할 수 없다.
(대판 2003.7.25, 2001두4818)

판례 사용자의 개념 : 구 노동조합법 33조 1항 본문(현행 법 29조 1항 본문), 39조 3호 소정의 사용자라 함은 근로자와의 사이에 사용종속관계가 있는 자, 즉 근로자와의 사이에 그를 지휘·감독하면서 그로부터 근로를 제공받고 그 대가로서 임금을 지급하는 것을 목적으로 하는 명시적이거나 묵시적인 근로계약관계를 맺고 있는 자를 말한다.(대판 1995.12.22, 95누3565)

第3條【損害賠償 請求의 제한】 使用者는 이 法에 의한 團體交涉 또는 爭議行爲로 인하여 損害를 입은 경우에 勞動組合 또는 勤勞者에 대하여 그 賠償을 請求할 수 없다.

판례 불법쟁의행위의 손해배상책임 : 불법쟁의행위에 대한 귀책사유가 있는 노동조합이나 불법쟁의행위를 기획·지시·지도하는 등 이를 주도한 노동조합 간부 개인이 그 배상책임을 지는 배상액의 범위는 불법쟁의행위와 상당인과관계에 있는 모든 손해이고, 그러한 노동조합 간부 개인의 손해배상책임과 노동조합 자체의 손해배상책임은 부진정 연대채무관계에 있는 것이므로 노동조합의 간부도 불법쟁의행위로 인하여 발생한 손해 전부를 배상할 책임이 있다. 다만, 사용자가 노동조합과의 성실교섭의무를 다하지 않거나 노동조합과의 기존합의를 파기하는 등 불법쟁의행위에 원인을 제공하였다고 볼 사정이 있는 경우 등에는 사용자의 과실을 손해배상액을 산정함에 있어 참작할 수 있다. 일반 조합원이 불법쟁의행위시 노동조합 등의 지시에 따라 단순히 노무를 정지한 것만으로는 노동조합 또는 조합 간부들과 함께 공동불법행위책임을 진다고 할 수 없다. 다만, 근로자의 근로내용 및 공정의 특수성과 관련하여 그 노무를 정지할 때에 발생할 수 있는 위험 또는 손해 등을 예방하기 위하여 그가 노무를 정지할 때에 준수하여야 할 사항 등이 정하여져 있고, 근로자가 이를 준수함이 없이 노무를 정지함으로써 그로 인하여 손해가 발생하였거나 확대되었다면, 그 근로자가 일반 조합원이라고 할지라도 그와 상당인과관계에 있는 손해를 배상할 책임이 있다.
(대판 2006.9.22, 2005다30610)

第4條【正當行爲】 刑法 第20條의 規定은 勞動組合이 團體交涉·爭議行爲 기타의 행위로서 第1條의 目的을 달성하기 위하여 한 정당한 행위에 대하여 적용된다. 다만, 어떠한 경우에도 暴力이나 破壞行爲는 정당한 행위로 解釋되어서는 아니된다.

판례 근로자의 쟁의행위 정당성은 첫째 그 주체가 단체교섭의 주체로 될 수 있는 자이어야 하고, 둘째 그 목적이 근로조건의 향상을 위한 노사간의 자치적 교섭을 조성하는 데에 있어야 하며, 셋째 사용자가 근로자의 근로조건 개선에 관한 구체적인 요구에 대하여 단체교섭을 거부하였을 때 개시하되 특별한 사정이 없는 한 조합원의 찬성결정 및 노동쟁의 발생신고등 절차를 거쳐야 하는 한편, 넷째 그 수단과 방법이 사용자의 재산권과 조화를 이루어야 할 것은 물론 폭력의 행사에 해당되지 아니하여야 한다는 여러 조건을 모두 구비하여야 비로소 인정될 수 있다.(대판 1996.1.26, 95도1959)

판례 조합의 승인없이 또는 그 지시에 반하여 쟁의행위를 하는 경우에는 형사상 책임이 면제될 수 없다.(대판 1995.10.12, 95도1016)

第2章 勞動組合

第1節 通 則

第5條【노동조합의 조직·가입·활동】 ① 勤勞者는 자유로이 勞動組合을 組織하거나 이에 加入할 수 있다. 다만, 公務員과 敎員에 대하여는 따로 法律로 정한다.

② 사업 또는 사업장에 종사하는 근로자(이하 "종사근로자"라 한다)가 아닌 노동조합의 조합원은 사용자의 효율적인 사업 운영에 지장을 주지 아니하는 범위에서 사업 또는 사업장 내에서 노동조합 활동을 할 수 있다.(2021.1.5 본항신설)

③ 종사근로자인 조합원이 해고되어 노동위원회에 부당노동행위의 구제신청을 한 경우에는 중앙노동위원회의 재심판정이 있을 때까지는 종사근로자로 본다.(2021.1.5 본항신설)

(2021.1.5 본조제목개정)

판례 취업자격 없는 외국인근로자의 노동조합 설립 및 가입 : 일시적으로 실업 상태에 있는 사람이나 구직 중인 사람을 포함해 노동3권을 보장할 필요성이 있는 사람은 모두 노동조합법상 근로자에 해당한다. 따라서, 「출입국관리법」에서 외국인고용을 제한하고 있다는 이유만으로 사실상 제공한 근로에 따른 권리나 이미 형성된 근로관계의 효력을 부인할 수는 없다. 타인에게 종속되어 근로를 제공하고 그 대가로 임금을 받아 생활하는 사람은 노동조합법상 근로자이고, 외국인이거나 취업자격이 없더라도 노동조합법상 근로자에 포함된다. 또한, 「출입국관리법」에 따른 강제퇴거 및 처벌은 취업자격이 없는 외국인을 고용하는 행위 자체를 금지하려는 것에 불과하며, 취업자격 없는 외국인의 근로에 따른 권리 또는 노동관계법상 제반 권리까지 금지를 하려는 취지로 보기 어렵기 때문에 이들이 노조결성을 하거나 가입할 수 없다는 전제에 따라서 노조 설립신고서 반려를 한 노동청의 처분은 위법하다.
(대판 2015.6.25, 2007두4995 전원합의체)

판례 단체협약에서 조합원이 될 수 없는 자를 규정한 경우 그 효력 : 노동조합및노동관계조정법 5조, 11조의 각 규정에 의하면, 근로자는 자유로이 노동조합을 조직하거나 이에 가입할 수 있고, 구체적으로 노동조합의 조합원의 범위는 당해 노동조합의 규약이 정하는 바에 의하여 정하여지며, 근로자는 노동조합의 규약이 정하는 바에 따라 당해 노동조합에 자유로이 가입함으로써 조합원의 자격을 취득하는 것인바, 한편 사용자와 노동조합 사이에 체결된 단체협약은 특약에 의하여 일정 범위의 근로자에 대하여만 적용하기로 정하고 있는 등의 특별한 사정이 없는 한 협약당사자로 된 노동조합의 구성원으로 가입한 조합원 모두에게 현실적으로 적용되는 것이 원칙이고, 다만 단체협약에서 노사간의 상호 협의에 의하여 규약상 노동조합의 조직 대상이 되는 근로자의 범위와는 별도로 조합원이 될 수 없는 자를 특별히 규정함으로써 일정 범위의 근로자들에 대하여 위 단체협약의 적용을 배제하고자 하는 취지의 규정을 둔 경우에는, 비록 이러한 규정이 노동조합 규약에 정해진 조합원의 범위에 관한 규정과 배치된다 하더라도 무효라고 볼 수 없다.(대판 2004.1.29, 2001다5142)

第6條【法人格의 취득】 ① 勞動組合은 그 規約이 정하는 바에 의하여 法人으로 할 수 있다.

② 勞動組合은 당해 勞動組合을 法人으로 하고자 할 경우에는 大統領令이 정하는 바에 의하여 登記를 하여야 한다.

③ 法人인 勞動組合에 대하여는 이 法에 規定된 것을 제외하고는 民法중 社團法人에 관한 規定을 적용한다.

第7條【勞動組合의 보호요건】 ① 이 法에 의하여 設立된 勞動組合이 아니면 勞動委員會에 勞動爭議의 調整 및 不當勞動行爲의 救濟를 申請할 수 없다.

② 第1項의 規定은 제81조제1항제1호·第2號 및 第5號의 規定에 의한 勤勞者의 보호를 否認하는 취지로 解釋되어서는 아니 된다.(2021.1.5 본항개정)

③ 이 法에 의하여 設立된 勞動組合이 아니면 勞動組合이라는 명칭을 사용할 수 없다.

第8條【租稅의 免除】 勞動組合에 대하여는 그 事業體를 제외하고는 稅法이 정하는 바에 따라 租稅를 賦課하지 아니한다.

第9條【차별대우의 금지】 勞動組合의 組合員은 어떠한 경우에도 인종, 종교, 성별, 연령, 신체적 조건, 고용형태, 정당 또는 신분에 의하여 차별대우를 받지 아니한다.(2008.3.28 본조개정)

第2節 勞動組合의 設立

第10條【設立의 申告】 ① 勞動組合을 設立하고자 하는 者는 다음 各號의 사항을 기재한 申告書에 第11條의 規定에 의한 規約을 첨부하여 聯合團體인 勞動組合과 2 이상의 특별시·광역시·특별자치시·도·특별자치도에 걸치는 단위노동조합은 고용노동부장관에게, 2 이상의 시·군·구(자치구를 말한다)에 걸치는 단위노동조합은 특별시장·광역시장·도지사에게, 그 외의 노동조합은 특별자치시장·특별자치도지사·시장·군수·구청장(자치구의 구청장을 말한다. 이하 제12조제1항에서 같다)에게 제출하여야 한다.(2014.5.20 본문개정)

1. 명칭
2. 主된 事務所의 所在地
3. 組合員數
4. 任員의 姓名과 住所
5. 소속된 聯合團體가 있는 경우에는 그 명칭
6. 聯合團體인 勞動組合에 있어서는 그 構成勞動團體의 명칭, 組合員數, 主된 事務所의 所在地 및 任員의 姓名·住所

② 第1項의 規定에 의한 聯合團體인 勞動組合은 同種産業의 單位勞動組合을 構成員으로 하는 産業別 聯合團體와 産業別 聯合團體 또는 全國規模의 産業別 單位勞動組合을 構成員으로 하는 總聯合團體를 말한다.

第11條【規約】 勞動組合은 그 組織의 自主的·民主的 운영을 보장하기 위하여 당해 勞動組合의 規約에 다음 각 호의 사항을 기재하여야 한다.(2006.12.30 본문개정)

1. 명칭
2. 目的과 사업
3. 主된 事務所의 所在地
4. 組合員에 관한 사항(聯合團體인 勞動組合에 있어서는 그 構成團體에 관한 사항)
5. 소속된 聯合團體가 있는 경우에는 그 명칭
6. 代議員會를 두는 경우에는 代議員會에 관한 사항
7. 會議에 관한 사항
8. 代表者와 任員에 관한 사항
9. 組合費 기타 會計에 관한 사항
10. 規約變更에 관한 사항
11. 解散에 관한 사항
12. 쟁의행위와 관련된 찬반투표 결과의 공개, 투표자 명부 및 투표용지 등의 보존·열람에 관한 사항(2006.12.30 본호개정)
13. 代表者와 任員의 規約違反에 대한 彈劾에 관한 사항
14. 任員 및 代議員의 選擧節次에 관한 사항
15. 規律과 統制에 관한 사항

판례 노동조합이 제정한 자치적 법규범의 효력과 그 한계 : 노동조합은 근로자들이 자신들의 이익을 옹호하기 위하여 자주적으로 결성한 임의단체로서 그 내부의 운영에 있어 조합규약 등에 의한 자치가 보장되므로 노동조합이 조합규약에 근거하여 자체적으로 만든 신분보장대책기금관리규정은 조합규약과 마찬가지로 일종의 자치적 법규범으로서 소속조합원에 대하여 법적 효력을 가진다고 할 것이나, 그러한 자치적 법규범의 제정에 있어서도 헌법이 보장하고 있는 조합원 개개인의 기본적 인권을 필요하고 합리적인 범위를 벗어나 과도하게 침해 내지 제한하여서는 아니되며 또한 그의 내용이 강행법규에 위반되어서는 아니되는 등의 제한이 따르는 터이므로 그 제한에 위반된 자치적 법규범의 규정은 무효라고 할 것이다.
(대판 2002.2.22, 2000다65086)

第12條【申告證의 교부】 ① 고용노동부장관, 특별시장·광역시장·특별자치시장·도지사·특별자치도지사 또는 시장·군수·구청장(이하 "행정관청"이라 한다)은 第10條第1項의 規定에 의한 設立申告書를 접수한 때에는 第2項 前段 및 第3項의 경우를 제외하고는 3日이내에 申告證을 교부하여야 한다.
(2014.5.20 본항개정)

② 行政官廳은 設立申告書 또는 規約이 기재사항의 漏落등으로 補完이 필요한 경우에는 大統領令이 정하는 바에 따라 20日이내의 기간을 정하여 補完을 요구하여야 한다. 이 경우 補完된 設立申告書 또는 規約을 접수한 때에는 3日이내에 申告證을 교부하여야 한다.(1998.2.20 전단개정)

③ 行政官廳은 設立하고자 하는 勞動組合이 다음 各號의 1에 해당하는 경우에는 設立申告書를 返戾하여야 한다.(1998.2.20 본문개정)

1. 第2條第4號 各目의 1에 해당하는 경우
2. 第2項의 規定에 의하여 補完을 요구하였음에도 불구하고 그 기간내에 補完을 하지 아니하는 경우

④ 勞動組合이 申告證을 교부받은 경우에는 設立申告書가 접수된 때에 設立된 것으로 본다.

第13條【변경사항의 申告등】 ① 勞動組合은 第10條第1項의 規定에 의하여 設立申告된 사항중 다음 各號의 1에 해당하는 사항에 변경이 있는 때에는 그 날부터 30일이내에 行政官廳에게 變更申告를 하여야 한다.(2001.3.28 본문개정)

1. 명칭
2. 主된 事務所의 所在地
3. 代表者의 姓名
4. 소속된 聯合團體의 명칭

② 勞動組合은 매년 1月 31日까지 다음 各號의 사항을 行政官廳에게 통보하여야 한다. 다만, 제1항의 규정에 의하여 전년도에 변경신고된 사항은 그러하지 아니하다.(2001.3.28 단서신설)

1. 前年度에 規約의 변경이 있는 경우에는 변경된 規約內容
2. 前年度에 任員의 변경이 있는 경우에는 변경된 任員의 姓名
3. 前年度 12月 31日 現在의 組合員數(聯合團體인 勞動組合에 있어서는 構成團體別 組合員數)

第3節 勞動組合의 관리

第14條【書類備置등】 ① 勞動組合은 組合設立日부터 30日이내에 다음 各號의 書類를 작성하여 그 主된 事務所에 備置하여야 한다.

1. 組合員 名簿(聯合團體인 勞動組合에 있어서는 그 構成團體의 명칭)
2. 規約
3. 任員의 姓名·住所錄
4. 會議錄
5. 財政에 관한 帳簿와 書類

② 第1項第4號 및 第5號의 書類는 3年間 보존하여야 한다.

第15條【總會의 開催】 ① 勞動組合은 매년 1회이상 總會를 開催하여야 한다.

② 勞動組合의 代表者는 總會의 議長이 된다.

第16條【總會의 議決事項】 ① 다음 各號의 사항은 總會의 議決을 거쳐야 한다.

1. 規約의 制定과 변경에 관한 사항
2. 任員의 選擧와 解任에 관한 사항
3. 團體協約에 관한 사항

4. 豫算·決算에 관한 사항
5. 基金의 設置·관리 또는 처분에 관한 사항
6. 聯合團體의 設立·加入 또는 脫退에 관한 사항
7. 合倂·分割 또는 解散에 관한 사항
8. 組織形態의 변경에 관한 사항
9. 기타 중요한 사항

② 總會는 在籍組合員 過半數의 출석과 出席組合員 過半數의 贊成으로 議決한다. 다만, 規約의 制定·변경, 任員의 解任, 合倂·分割·解散 및 組織形態의 변경에 관한 사항은 在籍組合員 過半數의 出席과 出席組合員 3分의 2이상의 贊成이 있어야 한다.

③ 任員의 選擧에 있어서 出席組合員 過半數의 贊成을 얻은 者가 없는 경우에는 第2項 本文의 規定에 불구하고 規約이 정하는 바에 따라 決選投票를 실시하여 다수의 贊成을 얻은 者를 任員으로 選出할 수 있다.

④ 規約의 制定·변경과 任員의 選擧·解任에 관한 사항은 組合員의 직접·秘密·無記名投票에 의하여야 한다.

판례 총회의 의결방법에 관한 위 규정은 강행규정이고, 위 규정의 문언에 의하더라도 총회의 특별결의를 요하는 사항이 아닌 총회 의결사항은 재적조합원 과반수의 출석과 출석조합원 과반수의 찬성으로 의결하도록 규정되어 있는 바이므로, 총회에서 노동조합의 대표자인 임원으로 선출되기 위하여는 재적 조합원 과반수가 출석하여 투표를 시행하고 아울러 총투표자 과반수의 득표를 하여야 한다. (대판 1995.8.29, 95마645)

第17條【代議員會】 ① 勞動組合은 規約으로 總會에 갈음할 代議員會를 둘 수 있다.

② 代議員은 組合員의 직접·秘密·無記名投票에 의하여 選出되어야 한다.

③ 하나의 사업 또는 사업장을 대상으로 조직된 노동조합의 대의원은 그 사업 또는 사업장에 종사하는 조합원 중에서 선출하여야 한다.(2021.1.5 본항신설)

④ 代議員의 任期는 規約으로 정하되 3年을 초과할 수 없다.

⑤ 代議員會를 둔 때에는 總會에 관한 規定은 代議員會에 이를 準用한다.

第18條【臨時總會등의 召集】 ① 勞動組合의 代表者는 필요하다고 인정할 때에는 臨時總會 또는 臨時代議員會를 召集할 수 있다.

② 勞動組合의 代表者는 組合員 또는 代議員의 3分의 1이상(聯合團體인 勞動組合에 있어서는 그 構成團體의 3分의 1이상)이 會議에 附議할 사항을 제시하고 會議의 召集을 요구한 때에는 지체없이 臨時總會 또는 臨時代議員會를 召集하여야 한다.

③ 行政官廳은 勞動組合의 代表者가 第2項의 規定에 의한 會議의 召集을 故意로 기피하거나 이를 懈怠하여 組合員 또는 代議員의 3分의 1이상이 召集權者의 지명을 요구한 때에는 15日 이내에 勞動委員會의 議決을 요청하고 勞動委員會의 議決이 있는 때에는 지체없이 會議의 召集權者를 지명하여야 한다. (1998.2.20 본항개정)

④ 行政官廳은 勞動組合에 總會 또는 代議員會의 召集權者가 없는 경우에 組合員 또는 代議員의 3分의 1이상이 會議에 附議할 사항을 제시하고 召集權者의 지명을 요구한 때에는 15일이내에 會議의 召集權者를 지명하여야 한다.(1998.2.20 본항개정)

第19條【召集의 節次】 總會 또는 代議員會는 會議開催日 7日전까지 그 會議에 附議할 사항을 公告하고 規約에 정한 방법에 의하여 召集하여야 한다. 다만, 勞動組合이 동일한 事業場內의 勤勞者로 구성된 경우에는 그 規約으로 公告期間을 短縮할 수 있다.

第20條【表決權의 特例】 勞動組合이 특정 組合員에 관한 사항을 議決할 경우에는 그 組合員은 表決權이 없다.

第21條【規約 및 決議處分의 是正】 ① 行政官廳은 勞動組合의 規約이 勞動關係法令에 위반한 경우에는 勞動委員會의 議決을 얻어 그 是正을 명할 수 있다.(1998.2.20 본항개정)

② 行政官廳은 勞動組合의 決議 또는 처분이 勞動關係法令 또는 規約에 위반된다고 인정할 경우에는 勞動委員會의 議決을 얻어 그 是正을 명할 수 있다. 다만, 規約違反시의 是正命令은 利害關係人의 申請이 있는 경우에 한한다.(1998.2.20 본문개정)

③ 第1項 또는 第2項의 規定에 의하여 是正命令을 받은 勞動組合은 30日이내에 이를 이행하여야 한다. 다만, 정당한 사유가 있는 경우에는 그 기간을 연장할 수 있다.

第22條【組合員의 權利와 義務】 勞動組合의 組合員은 균등하게 그 勞動組合의 모든 문제에 참여할 權利와 義務를 가진다. 다만, 勞動組合은 그 規約으로 組合費를 납부하지 아니하는 組合員의 權利를 제한할 수 있다.

第23條【임원의 자격 등】 ① 노동조합의 임원 자격은 규약으로 정한다. 이 경우 하나의 사업 또는 사업장을 대상으로 조직된 노동조합의 임원은 그 사업 또는 사업장에 종사하는 조합원 중에서 선출하도록 정한다.(2021.1.5 본항개정)

② 任員의 任期는 規約으로 정하되 3年을 초과할 수 없다.

(2021.1.5 본조제목개정)

第24條【근로시간 면제 등】 ① 勤勞者는 團體協約으로 정하거나 使用者의 同意가 있는 경우에는 사용자 또는 노동조합으로부터 급여를 지급받으면서 근로계약 소정의 勤勞를 제공하지 아니하고 勞動組合의 업무에 종사할 수 있다.

② 제1항에 따라 사용자로부터 급여를 지급받는 근로자(이하 "근로시간면제자"라 한다)는 사업 또는 사업장별로 종사근로자인 조합원 수 등을 고려하여 제24조의2에 따라 결정된 근로시간 면제 한도(이하 "근로시간 면제 한도"라 한다)를 초과하지 아니하는 범위에서 임금의 손실 없이 사용자와의 협의·교섭, 고충처리, 산업안전 활동 등 이 법 또는 다른 법률에서 정하는 업무와 건전한 노사관계 발전을 위한 노동조합의 유지·관리업무를 할 수 있다.

③ 사용자는 제1항에 따라 노동조합의 업무에 종사하는 근로자의 정당한 노동조합 활동을 제한해서는 아니 된다.

④ 제2항을 위반하여 근로시간 면제 한도를 초과하는 내용을 정한 단체협약 또는 사용자의 동의는 그 부분에 한정하여 무효로 한다.

⑤ (2021.1.5 삭제)

(2021.1.5 본조개정)

판례 노동조합 전임운용권이 노동조합에 있는 경우에도 그 행사가 법령의 규정 및 단체협약에 위배되거나 권리남용에 해당하는 등 특별한 사정이 있는 경우에는 그 내재적 제한을 위반한 것으로서 무효라고 보아야 하고, 노동조합 전임운용권의 행사가 권리남용에 해당하는지 여부는 전임운용권 행사에 관한 단체협약의 내용, 그러한 단체협약을 체결하게 된 경위와 당시의 상황, 노조원의 수 및 노조 업무의 분량, 그로 인하여 사용자에게 발생하는 경제적 부담, 비슷한 규모의 다른 노동조합의 전임자 운용 실태 등 제반 사정을 종합적으로 검토하여 판단하여야 한다.(대판 2009.12.24, 2009도9347)

판례 노동조합 전임자의 근로계약상 법적 지위 : 노동조합 전임자는 사용자와의 관계에서 근로제공의무가 면제되고 사용자의 임금지급의무도 면제될 뿐 사용자와의 사이에 기본적 노사관계는 유지되고 근로자로서의 신분도 그대로 가지는 것이다. (대판 2004.2.27, 2003다51675)

판례 노동조합 전임자에게 지급된 금원의 임금해당성 : 노동조합 전임자는 사용자와의 사이에 기본적 노사관계는 유지되고 근로자로서의 신분도 그대로 가지는 것이지만 근로제공의무가 면제되고 사용자의 임금지급의무도 면제된다는 점에서 휴직상태에 있는 근로자와 유사하고, 사용자가 단체협약 등에 따라 노동조합 전임자에게 일정한 금원을 지급한다고 하더라도 이를 근로의 대가인 임금이라고 할 수는 없다.(대판 2003.9.2, 2003다4815,4822,4839)

第24條의2【근로시간면제심의위원회】 ① 근로시간면제자에 대한 근로시간 면제 한도를 정하기 위하여 근로시간면제심의위원회(이하 이 조에서 "위원회"라 한다)를 「경제사회노동위원회법」에 따른 경제사회노동위원회(이하 "경제사회노동위원회"라 한다)에 둔다.(2021.1.5 본항개정)

② 위원회는 근로시간 면제 한도를 심의·의결하고, 3년마다 그 적정성 여부를 재심의하여 의결할 수 있다.(2021.1.5 본항개정)

③ 경제사회노동위원회 위원장은 제2항에 따라 위원회가 의결한 사항을 고용노동부장관에게 즉시 통보하여야 한다. (2021.1.5 본항개정)

④ 고용노동부장관은 제3항에 따라 경제사회노동위원회 위원장이 통보한 근로시간 면제 한도를 고시하여야 한다.(2021.1.5 본항신설)

⑤ 위원회는 다음 각 호의 구분에 따라 근로자를 대표하는 위

원과 사용자를 대표하는 위원 및 공익을 대표하는 위원 각 5명씩 성별을 고려하여 구성한다.
1. 근로자를 대표하는 위원 : 전국적 규모의 노동단체가 추천하는 사람
2. 사용자를 대표하는 위원 : 전국적 규모의 경영자단체가 추천하는 사람
3. 공익을 대표하는 위원 : 경제사회노동위원회 위원장이 추천한 15명 중에서 제1호에 따른 노동단체와 제2호에 따른 경영자단체가 순차적으로 배제하고 남은 사람
(2021.1.5 본항신설)
⑥ 위원회의 위원장은 제5항제3호에 따른 위원 중에서 위원회가 선출한다.(2021.1.5 본항개정)
⑦ 위원회는 재적위원 과반수의 출석과 출석위원 과반수의 찬성으로 의결한다.
⑧ 위원의 자격, 위촉과 위원회의 운영 등에 필요한 사항은 대통령령으로 정한다.
(2010.1.1 본조신설)
第25條【會計監査】 ① 勞動組合의 代表者는 그 會計監査員으로 하여금 6月에 1回이상 당해 勞動組合의 모든 財源 및 用途, 주요한 寄附者의 姓名, 現在의 經理狀況등에 대한 會計監査를 실시하게 하고 그 내용과 監査結果를 전체 組合員에게 公開하여야 한다.
② 勞動組合의 會計監査員은 필요하다고 인정할 경우에는 당해 勞動組合의 會計監査를 실시하고 그 결과를 公開할 수 있다.
第26條【運營狀況의 公開】 勞動組合의 代表者는 會計年度마다 決算結果와 運營狀況을 公表하여야 하며 組合員의 요구가 있을 때에는 이를 열람하게 하여야 한다.
第27條【資料의 提出】 勞動組合은 行政官廳이 요구하는 경우에는 決算結果와 運營狀況을 報告하여야 한다.(1998.2.20 본조개정)

第4節 勞動組合의 解散

第28條【解散事由】 ① 勞動組合은 다음 各號의 1에 해당하는 경우에는 解散한다.
1. 規約에서 정한 解散事由가 발생한 경우
2. 合倂 또는 分割로 消滅한 경우
3. 總會 또는 代議員會의 解散決議가 있는 경우
4. 勞動組合의 任員이 없고 勞動組合으로서의 活動을 1年이상 하지 아니한 것으로 인정되는 경우로서 行政官廳이 勞動委員會의 議決을 얻은 경우(1998.2.20 본호개정)
② 第1項第1號 내지 第3號의 사유로 勞動組合이 解散한 때에는 그 代表者는 解散한 날부터 15日이내에 行政官廳에게 이를 申告하여야 한다.(1998.2.20 본항개정)

第3章 團體交涉 및 團體協約

第29條【交涉 및 締結權限】 ① 勞動組合의 代表者는 그 勞動組合 또는 組合員을 위하여 使用者나 使用者團體와 交涉하고 團體協約을 체결할 權限을 가진다.
② 제29조의2에 따라 결정된 교섭대표노동조합(이하 "교섭대표노동조합"이라 한다)의 대표자는 교섭을 요구한 모든 노동조합 또는 조합원을 위하여 사용자와 교섭하고 단체협약을 체결할 권한을 가진다.(2010.1.1 본항신설)
③ 勞動組合과 使用者 또는 使用者團體로부터 交涉 또는 團體協約의 체결에 관한 權限을 위임받은 者는 그 勞動組合과 使用者 또는 使用者團體를 위하여 위임받은 범위안에서 그 權限을 행사할 수 있다.
④ 勞動組合과 使用者 또는 使用者團體는 제3항에 따라 交涉 또는 團體協約의 체결에 관한 權限을 위임한 때에는 그 사실을 相對方에게 통보하여야 한다.(2010.1.1 본항개정)
판례 상여금을 인하하도록 하는 내용의 단체협약을 소급 적용한 것은 근로자들에게 이미 지급한 상여금을 반환하도록 한 것으로서, 근로자들로부터 개별적인 동의나 수권을 받지 않은 이상 허용될 수 없다.(대판 2010.1.28, 2009다76317)
판례 단체교섭권한 : 노동조합의 대표자가 단체교섭의 결과에 따라 사용자와 단체협약의 내용을 합의한 후 다시 협약안의 가부에 관하여 조합원총회의 의결을 거쳐야만 한다는 것은 대표자의 단체협약체결권한을 전면적·포괄적으로 제한함으로써 사실상 단체협약체결권한을 형해화하여 명목에 불과한 것으로 만드는 것이어서 노동조합및노동관계조정법 29조 1항에 반한다.(대판 2005.3.11, 2003다27429)
판례 교섭대상 : 단체교섭의 대상이 되는 단체교섭사항에 해당하는지 여부는 헌법 33조 1항과 노동조합및노동관계조정법 29조에서 근로자에게 단체교섭권을 보장한 취지에 비추어 판단하여야 하므로 일반적으로 구성원인 근로자의 노동조건 기타 근로자의 대우 또는 당해 단체적 노사관계의 운영에 관한 사항으로 사용자가 처분할 수 있는 사항은 단체교섭의 대상인 단체교섭사항에 해당한다.
(대판 2003.12.26, 2003두8906)
판례 분회 또는 지부의 단체교섭당사자성 : 노동조합의 하부단체인 분회나 지부가 독자적인 규약 및 집행기관을 가지고 독립된 조직체로서 활동을 하는 경우, 설립신고를 하였는지 여부에 관계없이, 당해 조직이나 그 조합원에 고유한 사항에 대하여는 독자적으로 단체교섭을 할 수 있다.(대판 2001.2.23, 2000도4299)
판례 단체교섭권한의 경합 : 구 노동조합법 33조 1항(현행 법 29조 3항)에서 규정하고 있는 단체교섭권한의 '위임'이라고 함은 노동조합이 조직상의 대표자 이외의 자에게 조합 또는 조합원을 위하여 조합의 입장에서 사용자측과 사이에 단체교섭을 하는 사무처리를 맡기는 것을 뜻하고, 그 위임 후 이를 해지하는 등의 별개의 의사표시가 없더라도 노동조합의 단체교섭권한은 여전히 수임자의 단체교섭권한과 중복하여 경합적으로 남아 있다고 할 것이며, 같은 조 2항의 규정에 따라 단위노동조합이 당해 노동조합이 가입한 상부단체인 연합단체에 그러한 권한을 위임한 경우에 있어서도 달리 볼 것은 아니다.
(대판 1998.11.13, 98다20790)
판례 노동조합이 아닌 근로자단체 : 전국기관차협의회는 근로조건의 유지, 개선을 통한 근로자의 경제적, 사회적 지위의 향상만 아니라 정치적 지위의 향상도 그 목적으로 하고 있고, 근로자라고 할 수 없는 해직이 확정된 자도 회원자격을 인정하고 있을 뿐만 아니라, 기존의 전국철도노동조합과 그 조직대상을 같이 하고 있어 노동조합법상의 노동조합이라고 볼 수 없고, 따라서 단체교섭권도 없어 쟁의행위의 정당한 주체로 될 수 없다.(대판 1997.2.11, 96누2125)
第29條의2【교섭창구 단일화 절차】 ① 하나의 사업 또는 사업장에서 조직형태에 관계없이 근로자가 설립하거나 가입한 노동조합이 2개 이상인 경우 노동조합은 교섭대표노동조합(2개 이상의 노동조합 조합원을 구성원으로 하는 교섭대표기구를 포함한다. 이하 같다)을 정하여 교섭을 요구하여야 한다. 다만, 제3항에 따라 교섭대표노동조합을 자율적으로 결정하는 기한 내에 사용자가 이 조에서 정하는 교섭창구 단일화 절차를 거치지 아니하기로 동의한 경우에는 그러하지 아니하다.(2021.1.5 단서개정)
② 제1항 단서에 해당하는 경우 사용자는 교섭을 요구한 모든 노동조합과 성실히 교섭하여야 하고, 차별적으로 대우해서는 아니 된다.(2021.1.5 본항신설)
③ 교섭대표노동조합 결정 절차(이하 "교섭창구 단일화 절차"라 한다)에 참여한 모든 노동조합은 대통령령으로 정하는 기한 내에 자율적으로 교섭대표노동조합을 정한다.
④ 제3항에 따른 기한까지 교섭대표노동조합을 정하지 못하고 제1항 단서에 따른 사용자의 동의를 얻지 못한 경우에는 교섭창구 단일화 절차에 참여한 노동조합의 전체 조합원 과반수로 조직된 노동조합(2개 이상의 노동조합이 위임 또는 연합 등의 방법으로 교섭창구 단일화 절차에 참여한 노동조합 전체 조합원의 과반수가 되는 경우를 포함한다)이 교섭대표노동조합이 된다.(2021.1.5 본항개정)
⑤ 제3항 및 제4항에 따라 교섭대표노동조합을 결정하지 못한 경우에는 교섭창구 단일화 절차에 참여한 모든 노동조합은 공동으로 교섭대표단(이하 이 조에서 "공동교섭대표단"이라 한다)을 구성하여 사용자와 교섭하여야 한다. 이 때 공동교섭대표단에 참여할 수 있는 노동조합은 그 조합원 수가 교섭창구 단일화 절차에 참여한 노동조합의 전체 조합원 100분의 10 이상인 노동조합으로 한다.(2021.1.5 전단개정)
⑥ 제5항에 따른 공동교섭대표단의 구성에 합의하지 못할 경우에 노동위원회는 해당 노동조합의 신청에 따라 조합원 비율을 고려하여 이를 결정할 수 있다.(2021.1.5 본항개정)
⑦ 제1항 및 제3항부터 제5항까지에 따른 교섭대표노동조합을 결정함에 있어 교섭요구 사실, 조합원 수 등에 대한 이의가 있는 때에는 노동위원회는 대통령령으로 정하는 바에 따라 노동조합의 신청을 받아 그 이의에 대한 결정을 할 수 있다.
(2021.1.5 본항개정)

⑧ 제6항 및 제7항에 따른 노동위원회의 결정에 대한 불복절차 및 효력은 제69조와 제70조제2항을 준용한다.(2021.1.5 본항개정)
⑨ 노동조합의 교섭요구·참여 방법, 교섭대표노동조합 결정을 위한 조합원 수 산정 기준 등 교섭창구 단일화 절차와 교섭비용 증가 방지 등에 관하여 필요한 사항은 대통령령으로 정한다.
⑩ 제4항부터 제7항까지 및 제9항의 조합원 수 산정은 종사근로자인 조합원으로 한다.(2021.1.5 본항신설)
(2010.1.1 본조신설)

第29條의3【교섭단위 결정】 ① 제29조의2에 따라 교섭대표노동조합을 결정하여야 하는 단위(이하 "교섭단위"라 한다)는 하나의 사업 또는 사업장으로 한다.
② 제1항에도 불구하고 하나의 사업 또는 사업장에서 현격한 근로조건의 차이, 고용형태, 교섭 관행 등을 고려하여 교섭단위를 분리하거나 분리된 교섭단위를 통합할 필요가 있다고 인정되는 경우에 노동위원회는 노동관계 당사자의 양쪽 또는 어느 한쪽의 신청을 받아 교섭단위를 분리하거나 분리된 교섭단위를 통합하는 결정을 할 수 있다.(2021.1.5 본항개정)
③ 제2항에 따른 노동위원회의 결정에 대한 불복절차 및 효력은 제69조와 제70조제2항을 준용한다.
④ 교섭단위를 분리하거나 분리된 교섭단위를 통합하기 위한 신청 및 노동위원회의 결정 기준·절차 등에 관하여 필요한 사항은 대통령령으로 정한다.(2021.1.5 본항개정)
(2010.1.1 본조신설)

第29條의4【공정대표의무 등】 ① 교섭대표노동조합과 사용자는 교섭창구 단일화 절차에 참여한 노동조합 또는 그 조합원 간에 합리적 이유 없이 차별을 하여서는 아니 된다.
② 노동조합은 교섭대표노동조합과 사용자가 제1항을 위반하여 차별한 경우에는 그 행위가 있은 날(단체협약의 내용의 일부 또는 전부가 제1항에 위반되는 경우에는 단체협약 체결일을 말한다)부터 3개월 이내에 대통령령으로 정하는 방법과 절차에 따라 노동위원회에 그 시정을 요청할 수 있다.
③ 노동위원회는 제2항에 따른 신청에 대하여 합리적 이유 없이 차별하였다고 인정한 때에는 그 시정에 필요한 명령을 하여야 한다.
④ 제3항에 따른 노동위원회의 명령 또는 결정에 대한 불복절차 등에 관하여는 제85조 및 제86조를 준용한다.
(2010.1.1 본조신설)

第29條의5【그 밖의 교섭창구 단일화 관련 사항】 교섭대표노동조합이 있는 경우에 제2조제5호, 제29조제3항·제4항, 제30조, 제37조제2항·제3항, 제38조제3항, 제42조의6제1항, 제44조제2항, 제46조제1항, 제55조제3항, 제72조제3항 및 제81조제1항제3호 중 "노동조합"은 "교섭대표노동조합"으로 본다.
(2021.1.5 본조개정)

第30條【交涉등의 원칙】 ① 勞動組合과 使用者 또는 使用者團體는 信義에 따라 성실히 交涉하고 團體協約을 체결하여야 하며 그 權限을 남용하여서는 아니된다.
② 勞動組合과 使用者 또는 使用者團體는 정당한 이유없이 交涉 또는 團體協約의 체결을 거부하거나 懈怠하여서는 아니된다.
③ 국가 및 지방자치단체는 기업·산업·지역별 교섭 등 다양한 교섭방식을 노동관계 당사자가 자율적으로 선택할 수 있도록 지원하고 이에 따른 단체교섭이 활성화될 수 있도록 노력하여야 한다.(2021.1.5 본항신설)

판례 사용자의 단체교섭 거부행위 : 사용자의 단체교섭 거부행위가 원인과 목적, 과정과 행위태양, 그로 인한 결과 등에 비추어 건전한 사회통념이나 사회상규상 용인될 수 없다고 인정되는 경우에는 부당노동행위로서 단체교섭권을 침해하는 위법한 행위로 평가되어 불법행위의 요건을 충족하는바, 사용자가 노동조합과의 단체교섭을 정당한 이유 없이 거부하다가 법원으로부터 노동조합과의 단체교섭을 거부하여서는 아니 된다는 취지의 집행력 있는 판결이나 가처분결정을 받고도 이를 위반하여 노동조합과의 단체교섭을 거부하였다면, 그 단체교섭 거부행위는 건전한 사회통념이나 사회상규상 용인할 수 없는 행위로서 헌법이 보장하고 있는 노동조합의 단체교섭권을 침해하는 위법한 행위이므로 노동조합에 대하여 불법행위가 된다.
(대판 2006.10.26, 2004다11070)

第31條【團體協約의 작성】 ① 團體協約은 書面으로 작성하여 當事者 雙方이 서명 또는 날인하여야 한다.(2006.12.30 본항개정)
② 團體協約의 當事者는 團體協約의 締結日부터 15日이내에 이를 行政官廳에게 申告하여야 한다.(1998.2.20 본항개정)
③ 行政官廳은 團體協約중 違法한 내용이 있는 경우에는 勞動委員會의 議決을 얻어 그 是正을 명할 수 있다.(1998.2.20 본항개정)

판례 단체협약의 방식 : 단체협약은 노동조합이 사용자 또는 사용자단체와 근로조건 기타 노사관계에서 발생하는 사항에 관한 협정(합의)을 문서로 작성하여 당사자 쌍방이 서명날인함으로써 성립하는 것이고, 그 협정(합의)이 반드시 정식의 단체교섭절차를 거쳐서 이루어져야만 하는 것은 아니라고 할 것이므로 노동조합과 사용자 사이에 근로조건 기타 노사관계에 관한 합의가 노사협의회의 협의를 거쳐서 성립되었더라도, 당사자 쌍방이 이를 단체협약으로 할 의사로 문서로 작성하여 당사자 쌍방의 대표자가 각 노동조합과 사용자를 대표하여 서명날인하는 등으로 단체협약의 실질적·형식적 요건을 갖추었다면 이는 단체협약이라고 보아야 할 것이다.
(대판 2005.3.11, 2003다27429)

第32條【단체협약 유효기간의 상한】 ① 단체협약의 유효기간은 3년을 초과하지 않는 범위에서 노사가 합의하여 정할 수 있다.(2021.1.5 본항개정)
② 團體協約에 그 有效期間을 정하지 아니한 경우 또는 第1項의 기간을 초과하는 有效期間을 정한 경우에 그 有效期間은 3년으로 한다.(2021.1.5 본항개정)
③ 團體協約의 有效期間이 만료되는 때를 전후하여 當事者 雙方이 새로운 團體協約을 체결하고자 團體交涉을 계속하였음에도 불구하고 새로운 團體協約이 체결되지 아니한 경우에는 별도의 약정이 있는 경우를 제외하고는 종전의 團體協約은 그 效力滿了日부터 3月까지 계속 효력을 갖는다. 다만, 團體協約에 그 有效期間이 경과한 후에도 새로운 團體協約이 체결되지 아니한 때에는 새로운 團體協約이 체결될 때까지 종전 團體協約의 효력을 存續시킨다는 취지의 별도의 약정이 있는 경우에는 그에 따르되, 當事者 一方은 解止하고자 하는 날의 6月전까지 相對方에게 통고함으로써 종전의 團體協約을 解止할 수 있다.(1998.2.20 단서개정)
(2021.1.5 본조제목개정)

판례 단체협약의 유효기간을 제한한 노동조합법 제32조 제1항, 제2항이나 단체협약의 해지권을 정한 노동조합법 제32조 제3항 단서는 모두 성질상 강행규정이어서, 당사자 사이의 합의에 의하더라도 단체협약의 해지권을 행사하지 못하도록 하는 등 적용을 배제하는 것은 허용되지 않는다.(대판 2016.3.10, 2013두3160)

第33條【기준의 효력】 ① 團體協約에 정한 勤勞條件 기타 勤勞者의 待遇에 관한 기준에 위반하는 就業規則 또는 勤勞契約의 부분은 無效로 한다.
② 勤勞契約에 規定되지 아니한 사항 또는 第1項의 規定에 의하여 無效로 된 부분은 團體協約에 정한 기준에 의한다.

판례 "정년퇴직 후 본인의 요청에 의하여 1년간 촉탁으로 근무할 수 있다"는 단체협약 규정에 대하여 그 제정경위, 변천 과정, 교섭 당시의 상황 및 합의과정 등에 비추어 의무조항으로 해석함이 상당하므로, 위 규정을 재량조항으로 본 원심판결을 파기한다.
(대판 1996.9.20, 95다20454)

第34條【團體協約의 解釋】 ① 團體協約의 解釋 또는 이행방법에 관하여 관계 當事者間에 의견의 不一致가 있는 때에는 當事者 雙方 또는 團體協約에 정하는 바에 의하여 어느 一方이 勞動委員會에 그 解釋 또는 이행방법에 관한 見解의 제시를 요청할 수 있다.
② 勞動委員會는 第1項의 規定에 의한 요청을 받은 때에는 그 날부터 30日이내에 명확한 見解를 제시하여야 한다.
③ 第2項의 規定에 의하여 勞動委員會가 제시한 解釋 또는 이행방법에 관한 見解는 仲裁裁定과 동일한 효력을 가진다.

판례 단체협약의 해석에 관한 분쟁처리절차 : 노동조합 및 노동관계조정법 34조 3항은 단체협약의 해석 또는 이행방법에 관하여 단체협약 당사자의 견해 제시의 요청에 응하여 노동위원회가 제시한 견해는 중재재정과 동일한 효력을 가진다고 정하고 있으므로, 단체협약의 해석 또는 이행방법에 관한 노동위원회의 제시 견해의 효력을 다투고자 할 때에는 노동위원회가 행한 중재재정의 효력을 다투는 절차를 정한 위 법 69조에 의하여야 할 것이고, 노동위원회가 단체협약의 의미를 오해하여 그 해석 또는 이행방법에 관하여 잘못된 견해를 제시하였다면 이는 법률행위인 단체협약의 해석에 관한 법리를 오해한 위법을 범한 것으로 위 법 69조에서 정한 불복사유인 위법 사유가 있는 경우에 해당된다.(대판 2005.9.9, 2003두896)

第35條【一般的 拘束力】 하나의 사업 또는 事業場에 상시 사용되는 同種의 勤勞者 半數이상이 하나의 團體協約의 적용을 받게 된 때에는 당해 사업 또는 事業場에 사용되는 다른 同種의 勤勞者에 대하여도 당해 團體協約이 적용된다.

판례 [1] 하나의 단체협약의 적용을 받는 근로자 : 위 규정에 따른 단체협약의 일반적 구속력이 인정되기 위한 요건인 '하나의 단체협약의 적용을 받는 근로자'란 단체협약의 본래적 적용대상자로서 단체협약상의 적용범위에 드는 자만을 일컫는 것으로 단체협약상 특별히 적용범위를 한정하지 않은 경우에는 당해 단체협약의 협약당사자인 노동조합의 조합원 전체를 말하고 단체협약이 근로자 일부에게만 적용되는 것으로 한정하는 경우에는 그 한정된 범위의 조합원을 말한다 할 것이다.

[2] 노동조합원 수와 단체협약 변경의 효력 : 노동조합이 사용자와 상여금·휴가비 등을 반납하기로 하는 내용의 노사공동결의서를 작성한 경우, 위 노사공동결의서로 상여금·휴가비 등에 관한 기존 단체협약이 변경되었다고 할 것이지만, 위 노사공동결의서의 작성 당시 노동조합에 가입한 근로자의 수가 노동조합에 가입할 수 있는 총 근로자의 반수에 이르지 못하였던 이상 위 단체협약에 노동조합및노동관계조정법 35조에 따른 일반적 구속력을 부여할 수 없으므로 노동조합원이 아닌 근로자에게는 위 단체협약의 변경의 효력이 미치지 않는다.
(대판 2005.5.12, 2003다52456)

판례 동종의 근로자 : 이 규정에 따라 단체협약의 적용을 받게 되는 동종의 근로자라 함은 당해 단체협약의 규정에 의하여 그 협약의 적용이 예상되는 자를 가리키는 것인바, 서로 다른 종류의 사업을 운영하던 회사들이 합병한 이후 근로자들의 근로관계 내용을 단일화하기로 변경·조정하는 새로운 합의가 있기 전에 그 중 한 사업부문의 근로자들로 구성된 노동조합이 회사와 체결한 단체협약은 그 사업부문의 근로자들에 대하여만 적용될 것이 예상되는 것이라 할 것이어서 다른 사업부문의 근로자들에게는 적용될 수 없다.
(대판 2004.5.14, 2002다23185,23192)

판례 상시 사용되는 근로자 : 단체협약의 적용을 받지 않는 근로자에게 노동조합법 37조 소정의 일반적 구속력에 의하여 단체협약이 적용되기 위하여는 하나의 공장, 사업장 기타 직장에 상시 사용되는 동종의 근로자의 반수 이상의 근로자가 하나의 단체협약의 적용을 받게 됨을 필요로 하는바, 여기에서 상시 사용되는 동종의 근로자라 함은 하나의 단체협약의 적용을 받는 근로자가 반수 이상이라는 비율을 계산하기 위한 기준이 되는 근로자의 총수로서 근로자의 지위나 종류, 고용기간의 정함의 유무 또는 근로계약상의 명칭에 구애됨이 없이 사업장에서 사실상 계속적으로 사용되고 있는 동종의 근로자 전부를 의미하므로, 단기의 계약기간을 정하여 고용된 근로자라도 기간만료시마다 반복갱신되어 사실상 계속 고용되어 왔다면 여기에 포함되고, 또한 사업장 단위로 체결되는 단체협약의 적용범위가 특정되지 않았거나 협약 조항이 모든 직종에 걸쳐서 공통적으로 적용되는 경우에는 직종의 구분 없이 사업장 내의 모든 근로자가 동종의 근로자에 해당된다.(대판 1992.12.22, 92누13189)

第36條【地域的 拘束力】 ① 하나의 地域에 있어서 從業하는 同種의 勤勞者 3分의 2이상이 하나의 團體協約의 적용을 받게 된 때에는 行政官廳은 당해 團體協約의 當事者의 雙方 또는 一方의 申請에 의하거나 그 職權으로 勞動委員會의 議決을 얻어 당해 地域에서 從業하는 다른 同種의 勤勞者와 그 使用者에 대하여도 당해 團體協約을 적용한다는 決定을 할 수 있다.

② 行政官廳이 第1項의 規定에 의한 決定을 한 때에는 지체없이 이를 公告하여야 한다.
(1998.2.20 본조개정)

第4章 爭議行爲

第37條【爭議行爲의 기본원칙】 ① 爭議行爲는 그 目的·방법 및 節次에 있어서 法令 기타 社會秩序에 위반되어서는 아니된다.

② 組合員은 勞動組合에 의하여 主導되지 아니한 爭議行爲를 하여서는 아니된다.

③ 노동조합은 사용자의 점유를 배제하여 조업을 방해하는 형태로 쟁의행위를 해서는 아니 된다.(2021.1.5 본항신설)

판례 단체교섭사항이 될 수 없는 사항을 달성하려는 쟁의행위를 그 목적의 정당성으로 인정할 수 있는지 여부 : 긴박한 경영상의 필요에 의하여 하는 이른바 정리해고의 실시는 사용자의 경영상의 조치라고 할 것이므로, 정리해고에 관한 노동조합의 요구내용이 사용자는 정리해고를 하여서는 아니된다는 취지라면 이는 사용자의 경영권을 근본적으로 제약하는 것이 되어 원칙적으로 단체교섭의 대상이 될 수 없고, 단체교섭사항이 될 수 없는 사항을 달성하려는 쟁의행위는 그 목적의 정당성을 인정할 수 없다.(대판 2001.4.24, 99도4893)

판례 노동조합의 승인 없이 또는 지시에 반하여 쟁의행위를 하는 일부 조합원의 집단을 비조직 근로자들의 쟁의단으로 볼 수 있는지 여부(소극) : 일부 조합원의 집단이 노동조합의 승인 없이 또는 지시에 반하여 쟁의행위를 하는 경우에는 이를 비조직 근로자들의 쟁의단과 같이 볼 수 없다.(대판 1997.4.22, 95도748)

판례 쟁의행위가 정당성을 갖추기 위한 요건 : 근로자의 쟁의행위가 정당성을 갖추기 위하여는, 그 주체가 단체교섭이나 단체협약 체결능력이 있는 자, 즉 노동조합이어야 하고, 그 목적이 근로조건의 향상을 위한 노사간의 자치적 교섭을 조성하기 위한 것이어야 하며, 그 시기는 사용자가 근로자의 근로조건 개선에 관한 구체적인 요구에 대하여 단체교섭을 거부하거나 단체교섭의 자리에서 그러한 요구를 거부하는 회답을 했을 때 개시하되, 특별한 사정이 없는 한 법령이 정하는 바에 따라 조합원의 찬성결정 및 노동쟁의 발생신고를 거쳐야 하고, 그 방법은 소극적으로 노무의 제공을 전면적 또는 부분적으로 정지하여 사용자에게 타격을 주는 것이어야 하며, 노사관계의 신의성실의 원칙에 비추어 공정성의 원칙에 따라야 하고, 사용자의 기업시설에 대한 소유권 기타의 재산권과 조화를 이루어야 함은 물론 폭력이나 파괴행위를 수반하여서는 아니되는 것이다.(대판 1992.7.14, 91다43800)

第38條【勞動組合의 指導와 責任】 ① 爭議行爲는 그 爭議行爲와 관계없는 者 또는 勤勞를 제공하고자 하는 者의 出入·操業 기타 정상적인 業務를 방해하는 방법으로 행하여져서는 아니되며 爭議行爲의 참가를 呼訴하거나 說得하는 행위로서 暴行·脅迫을 사용하여서는 아니된다.

② 作業施設의 損傷이나 原料·製品의 變質 또는 腐敗를 방지하기 위한 作業은 爭議行爲 기간중에도 정상적으로 수행되어야 한다.

③ 勞動組合은 爭議行爲가 適法하게 수행될 수 있도록 指導·관리·統制할 責任이 있다.

第39條【勤勞者의 拘束制限】 勤勞者는 爭議行爲 기간중에는 現行犯외에는 이 法 위반을 이유로 拘束되지 아니한다.

第40條 (2006.12.30 삭제)

第41條【爭議行爲의 제한과 금지】 ① 노동조합의 쟁의행위는 그 조합원(제29조의2에 따라 교섭대표노동조합이 결정된 경우에는 그 절차에 참여한 노동조합의 전체 조합원)의 직접·비밀·무기명투표에 의한 조합원 과반수의 찬성으로 결정하지 아니하면 이를 행할 수 없다. 이 경우 조합원 수 산정은 종사근로자인 조합원을 기준으로 한다.(2021.1.5 본항개정)

② 「방위사업법」에 의하여 지정된 主要防衛産業體에 종사하는 勤勞者중 電力, 用水 및 주로 防産物資를 생산하는 業務에 종사하는 者는 爭議行爲를 할 수 없으며 주로 防産物資를 생산하는 業務에 종사하는 者의 범위는 大統領令으로 정한다.
(2006.1.2 본항개정)

판례 근로자의 쟁의행위가 형법상 정당행위가 되기 위한 절차적 요건으로서, 쟁의행위를 함에 있어 조합원의 직접·비밀·무기명투표에 의한 찬성결정이라는 절차를 거치도록 한 동조 제1항은, 노동조합의 자주적이고 민주적인 운영을 도모함과 아울러 쟁의행위에 참가한 근로자들이 사후에 그 쟁의행위의 정당성 유무와 관련하여 어떠한 불이익을 당하지 않도록 그 개시에 관한 조합의사의 결정에 보다 신중을 기하기 위하여 마련된 규정이다.(대판 2004.9.24, 2004도4641)

판례 근로자가 쟁의행위를 함에 있어 조합원의 직접·비밀·무기명투표에 의한 찬성결정이라는 절차를 거쳐야 한다는 노동조합 및 노동관계조정법 제41조 제1항의 규정은 노동조합의 자주적이고 민주적인 운영을 도모함과 아울러 쟁의행위에 참가한 근로자들이 사후에 그 쟁의행위의 정당성 유무와 관련하여 어떠한 불이익을 당하지 않도록 그 개시에 관한 조합의사의 결정에 보다 신중을 기하기 위하여 마련된 규정이므로 위의 절차를 위반한 쟁의행위는 그 절차를 따를 수 없는 객관적인 사정이 인정되지 아니하는 한 정당성이 상실된다.
(대판 2001.10.25, 99도4837 전원합의체)

第42條【暴力行爲등의 금지】 ① 爭議行爲는 暴力이나 破壞行爲 또는 生産 기타 主要業務에 관련되는 施設과 이에 준하는 施設로서 大統領令이 정하는 施設을 占據하는 형태로 이를 행할 수 없다.

② 事業場의 安全保護施設에 대하여 정상적인 유지·운영을 정지·廢止 또는 방해하는 행위는 爭議行爲로서 이를 행할 수 없다.

③ 行政官廳은 爭議行爲가 第2項의 행위에 해당한다고 인정하는 경우에는 勞動委員會의 議決을 얻어 그 행위를 중지할 것을 통보하여야 한다. 다만, 事態가 급박하여 勞動委員會의 議決을 얻을 시간적 여유가 없을 때에는 그 議決을 얻지 아니하고 즉시 그 행위를 중지할 것을 통보할 수 있다.(2006.12.30 본항개정)

④ 第3項 但書의 경우에 行政官廳은 지체없이 勞動委員會의 사후승인을 얻어야 하며 그 승인을 얻지 못한 때에는 그 통보는 그때부터 효력을 상실한다.(2006.12.30 본항개정)

판례 '안전보호시설'의 의미 및 그 해당 여부의 판단 방법 : '안전보호시설'이라 함은 사람의 생명이나 신체의 위험을 예방하기 위해서나 위생상 필요한 시설을 말하고, 이에 해당하는지 여부는 당해 사업장의 성질, 당해 시설의 기능, 당해 시설의 정상적인 유지·운영이 되지 아니할 경우에 일어날 수 있는 위험 등 제반 사정을 구체적·종합적으로 고려하여 판단하여야 한다.(대판 2006.5.12, 2002도3450)

第42條의2【필수유지업무에 대한 쟁의행위의 제한】 ① 이 법에서 "필수유지업무"라 함은 제71조제2항의 규정에 따른 필수공익사업의 업무 중 그 업무가 정지되거나 폐지되는 경우 공중의 생명·건강 또는 신체의 안전이나 공중의 일상생활을 현저히 위태롭게 하는 업무로서 대통령령이 정하는 업무를 말한다.
② 필수유지업무의 정당한 유지·운영을 정지·폐지 또는 방해하는 행위는 쟁의행위로서 이를 행할 수 없다.
(2006.12.30 본조신설)

第42條의3【필수유지업무협정】 노동관계 당사자는 쟁의행위기간 동안 필수유지업무의 정당한 유지·운영을 위하여 필수유지업무의 필요 최소한의 유지·운영 수준, 대상직무 및 필요인원 등을 정한 협정(이하 "필수유지업무협정"이라 한다)을 서면으로 체결하여야 한다. 이 경우 필수유지업무협정에는 노동관계 당사자 쌍방이 서명 또는 날인하여야 한다.(2006.12.30 본조신설)

第42條의4【필수유지업무 유지·운영 수준 등의 결정】 ① 노동관계 당사자 쌍방 또는 일방은 필수유지업무협정이 체결되지 아니하는 때에는 노동위원회에 필수유지업무의 필요 최소한의 유지·운영 수준, 대상직무 및 필요인원 등의 결정을 신청하여야 한다.
② 제1항의 규정에 따른 신청을 받은 노동위원회는 사업 또는 사업장별 필수유지업무의 특성 및 내용 등을 고려하여 필수유지업무의 필요 최소한의 유지·운영 수준, 대상직무 및 필요인원 등을 결정할 수 있다.
③ 제2항의 규정에 따른 노동위원회의 결정은 제72조의 규정에 따른 특별조정위원회가 담당한다.
④ 제2항의 규정에 따른 노동위원회의 결정에 대한 해석 또는 이행방법에 관하여 관계 당사자간에 의견이 일치하지 아니하는 경우에는 특별조정위원회의 해석에 따른다. 이 경우 특별조정위원회의 해석은 제2항의 규정에 따른 노동위원회의 결정과 동일한 효력이 있다.
⑤ 제2항의 규정에 따른 노동위원회의 결정에 대한 불복절차 및 효력에 관하여는 제69조와 제70조제2항의 규정을 준용한다.
(2006.12.30 본조신설)

第42條의5【노동위원회의 결정에 따른 쟁의행위】 제42조의4제2항의 규정에 따라 노동위원회의 결정이 있는 경우 그 결정에 따라 쟁의행위를 한 때에는 필수유지업무를 정당하게 유지·운영하면서 쟁의행위를 한 것으로 본다.(2006.12.30 본조신설)

第42條의6【필수유지업무 근무 근로자의 지명】 ① 노동조합은 필수유지업무협정이 체결되거나 제42조의4제2항의 규정에 따른 노동위원회의 결정이 있는 경우 사용자에게 필수유지업무에 근무하는 조합원 중 쟁의행위 기간 동안 근무하여야 할 조합원을 통보하여야 하며, 사용자는 이에 따라 근로자를 지명하고 이를 노동조합과 그 근로자에게 통보하여야 한다. 다만, 노동조합이 쟁의행위 개시 전까지 이를 통보하지 아니한 경우에는 사용자가 필수유지업무에 근무하여야 할 근로자를 지명하고 이를 노동조합과 그 근로자에게 통보하여야 한다.
② 제1항에 따른 통보·지명시 노동조합과 사용자는 필수유지업무에 종사하는 근로자가 소속된 노동조합이 2개 이상인 경우에는 각 노동조합의 해당 필수유지업무에 종사하는 조합원 비율을 고려하여야 한다.(2010.1.1 본항신설)
(2006.12.30 본조신설)

第43條【使用者의 採用制限】 ① 使用者는 爭議行爲 기간중 그 爭議行爲로 중단된 業務의 수행을 위하여 당해 사업과 관계없는 者를 採用 또는 대체할 수 없다.
② 使用者는 爭議行爲期間중 그 爭議行爲로 중단된 業務를 도급 또는 하도급 줄 수 없다.
③ 제1항 및 제2항의 규정은 필수공익사업의 사용자가 쟁의행위기간 중에 한하여 당해 사업과 관계 없는 자를 채용 또는 대체하거나 그 업무를 도급 또는 하도급 주는 경우에는 적용하지 아니한다.(2006.12.30 본항신설)
④ 제3항의 경우 사용자는 당해 사업 또는 사업장 파업참가자의 100분의 50을 초과하지 않는 범위 안에서 채용 또는 대체하거나 도급 또는 하도급 줄 수 있다. 이 경우 파업참가자 수의 산정 방법 등은 대통령령으로 정한다.(2006.12.30 본항신설)

판례 사용자가 쟁의행위로 중단된 업무를 수행하기 위해 당해 사업과 관계있는 자인 비노동조합원이나 쟁의행위에 참가하지 아니한 노동조합원 등 당해 사업의 근로자로 대체하였는데 대체한 근로자마저 사직함에 따라 사용자가 신규채용하게 되었다면, 이는 사용자의 정당한 인사권 행사에 속하는 자연감소에 따른 인원충원에 불과하고 위 조항의 위반죄를 구성하지 않는다.
(대판 2008.11.13, 2008도4831)

第44條【爭議行爲 기간중의 賃金支給 요구의 금지】 ① 使用者는 爭議行爲에 참가하여 勤勞를 제공하지 아니한 勤勞者에 대하여는 그 기간중의 賃金을 지급할 의무가 없다.
② 勞動組合은 爭議行爲 기간에 대한 賃金의 지급을 요구하여 이를 관철할 목적으로 爭議行爲를 하여서는 아니된다.

판례 쟁의행위시 임금 지급에 관한 규정, 약정이나 관행이 없는 경우, 임금청구권의 발생 여부(무노동무임금의 원칙) : 쟁의행위시의 임금 지급에 관하여 단체협약이나 취업규칙 등에서 이를 규정하거나 그 지급에 관한 당사자 사이의 약정이나 관행이 있다고 인정되지 아니하는 한, 근로자의 근로제공의무 등의 주된 권리·의무가 정지되어 근로자가 근로제공을 하지 아니한 쟁의행위 기간 동안에는 근로제공의무와 대가관계에 있는 근로자의 주된 권리로서의 임금청구권은 발생하지 않는다고 하여야 하고, 그 지급청구권이 발생하지 아니하는 임금의 범위가 임금 중 이른바 교환적 부분에 국한된다고 할 수 없으며, 사용자가 근로자의 노무제공에 대한 노무지휘권을 행사할 수 있는 평상적인 근로관계를 전제로 하여 단체협약이나 취업규칙 등에서 결근자 등에 관하여 어떤 임금을 지급하도록 규정하고 있거나 임금 삭감 등을 규정하고 있지 않고 있거나 혹은 어떤 임금을 지급하여 온 관행이 있다고 하여, 근로자의 근로제공의무가 정지됨으로써 사용자가 근로자의 노무제공과 관련하여 아무런 노무지휘권을 행사할 수 없는 쟁의행위의 경우에 이를 유추하여 당사자 사이에 쟁의행위 기간 중 쟁의행위에 참가하여 근로를 제공하지 아니한 근로자에게 그 임금을 지급할 의사가 있다거나 임금을 지급하기로 하는 내용의 근로계약을 체결한 것이라고는 할 수 없다.(대판 1995.12.21, 94다26721 전원합의체)

第45條【調整의 前置】 ① 勞動關係 當事者는 勞動爭議가 발생한 때에는 어느 一方이 이를 相對方에게 書面으로 통보하여야 한다.
② 爭議行爲는 第5章第2節 내지 第4節의 規定에 의한 조정절차(제61조의2의 규정에 따른 조정 종료 결정 후의 조정절차를 제외한다)를 거치지 아니하면 이를 행할 수 없다. 다만, 第54條의 規定에 의한 기간내에 調停이 종료되지 아니하거나 第63條의 規定에 의한 기간내에 仲裁裁定이 이루어지지 아니한 경우에는 그러하지 아니하다.(2006.12.30 본항개정)

第46條【職場閉鎖의 요건】 ① 使用者는 勞動組合이 爭議行爲를 開始한 이후에만 職場閉鎖를 할 수 있다.
② 使用者는 第1項의 規定에 의한 職場閉鎖를 할 경우에는 미리 行政官廳 및 勞動委員會에 각각 申告하여야 한다.
(1998.2.20 본항개정)

판례 사용자의 직장폐쇄가 정당한 쟁의행위로 인정되기 위한 요건 : 사용자의 직장폐쇄는 사용자와 근로자의 교섭태도와 교섭과정, 근로자의 쟁의행위의 목적과 방법 및 그로 인하여 사용자가 받는 타격의 정도 등 구체적인 사정에 비추어 근로자의 쟁의행위에 대한 방어수단으로서 상당성이 있어야만 사용자의 정당한 쟁의행위로 인정될 수 있다.(대판 2003.6.13, 2003두1097)

第5章 勞動爭議의 調整

第1節 通 則

第47條【自主的 調整의 노력】 이 章의 規定은 勞動關係 當事者가 직접 勞使協議 또는 團體交涉에 의하여 勤勞條件 기타 勞動關係에 관한 사항을 정하거나 勞動關係에 관한 主張의 不一致를 調整하고 이에 필요한 노력을 하는 것을 방해하지 아니한다.

第48條【當事者의 責務】 勞動關係 當事者는 團體協約에 勞動關係의 適正化를 위한 勞使協議 기타 團體交涉의 節次와 方式을 規定하고 勞動爭議가 발생한 때에는 이를 自主的으로 解決하도록 노력하여야 한다.

第49條【國家등의 責務】 國家 및 地方自治團體는 勞動關係 當事者間에 勞動關係에 관한 主張이 一致하지 아니할 경우에 勞動關係 當事者가 이를 自主的으로 調整할 수 있도록 助力함으로써 爭議行爲를 가능한 한 豫防하고 勞動爭議의 신속·공정한 解決에 노력하여야 한다.

第50條【신속한 처리】 이 法에 의하여 勞動關係의 調整을 할 경우에는 勞動關係 當事者와 勞動委員會 기타 關係機關은 事件을 신속히 처리하도록 노력하여야 한다.

第51條【公益事業등의 우선적 취급】 國家·地方自治團體·國公營企業體·防衛産業體 및 公益事業에 있어서의 勞動爭議의 調整은 우선적으로 취급하고 신속히 처리하여야 한다.

第52條【私的 調停·仲裁】 ① 第2節 및 第3節의 規定은 勞動關係 當事者가 雙方의 合意 또는 團體協約이 정하는 바에 따라 각각 다른 조정 또는 중재방법(이하 이 조에서 "사적조정등"이라 한다)에 의하여 勞動爭議를 解決하는 것을 방해하지 아니한다.(2006.12.30 본항개정)

② 勞動關係 當事者는 第1項의 規定에 의하여 勞動爭議를 解決하기로 한 때에는 이를 勞動委員會에 申告하여야 한다.

③ 第1項의 規定에 의하여 勞動爭議를 解決하기로 한 때에는 다음 各號의 規定이 적용된다.

1. 調停에 의하여 解決하기로 한 때에는 第45條第2項 및 第54條의 規定. 이 경우 調停期間은 調停을 開始한 날부터 起算한다.
2. 仲裁에 의하여 解決하기로 한 때에는 第63條의 規定. 이 경우 爭議行爲의 금지기간은 仲裁를 開始한 날부터 起算한다.

④ 第1項의 規定에 의하여 調停 또는 仲裁가 이루어진 경우에 그 내용은 團體協約과 동일한 효력을 가진다.

⑤ 사적조정등을 수행하는 자는 「노동위원회법」 제8조제2항제2호 각 목의 자격을 가진 자로 한다. 이 경우 사적조정등을 수행하는 자는 노동관계 당사자로부터 수수료, 수당 및 여비 등을 받을 수 있다.(2006.12.30 본항신설)

第2節 調 停

第53條【調停의 開始】 ① 勞動委員會는 관계 當事者의 一方이 勞動爭議의 調停을 申請한 때에는 지체없이 調停을 開始하여야 하며 관계 當事者 雙方은 이에 성실히 임하여야 한다.

② 노동위원회는 제1항의 규정에 따른 조정신청 전이라도 원활한 조정을 위하여 교섭을 주선하는 등 관계 당사자의 자주적인 분쟁 해결을 지원할 수 있다.(2006.12.30 본항신설)

第54條【調停期間】 ① 調停은 第53條의 規定에 의한 調停의 申請이 있은 날부터 一般事業에 있어서는 10日, 公益事業에 있어서는 15日이내에 종료하여야 한다.

② 第1項의 規定에 의한 調停期間은 관계 當事者間의 合意로 一般事業에 있어서는 10日, 公益事業에 있어서는 15日이내에서 연장할 수 있다.

第55條【調停委員會의 구성】 ① 勞動爭議의 調停을 위하여 勞動委員會에 調停委員會를 둔다.

② 第1項의 規定에 의한 調停委員會는 調停委員 3人으로 구성한다.

③ 第2項의 規定에 의한 調停委員은 당해 勞動委員會의 委員중에서 使用者를 代表하는 者, 勤勞者를 代表하는 者 및 公益을 代表하는 者 각 1人을 그 勞動委員會의 委員長이 지명하되, 勤勞者를 代表하는 調停委員은 使用者가, 使用者를 代表하는 調停委員은 勞動組合이 각각 추천하는 勞動委員會의 委員중에서 지명하여야 한다. 다만, 調停委員會의 會議 3日전까지 관계 當事者가 추천하는 委員의 名單提出이 없을 때에는 당해 委員을 委員長이 따로 지명할 수 있다.

④ 노동위원회의 위원장은 근로자를 대표하는 위원 또는 사용자를 대표하는 위원의 불참 등으로 인하여 제3항의 규정에 따른 조정위원회의 구성이 어려운 경우 노동위원회의 공익을 대표하는 위원 중에서 3인을 조정위원으로 지명할 수 있다. 다만, 관계 당사자 쌍방의 합의로 선정한 노동위원회의 위원이 있는 경우에는 그 위원을 조정위원으로 지명한다.(2006.12.30 본항신설)

第56條【調停委員會의 委員長】 ① 調停委員會에 委員長을 둔다.

② 委員長은 公益을 代表하는 調停委員이 된다. 다만, 제55조제4항에 따른 조정위원회의 위원장은 조정위원 중에서 호선한다.(2006.12.30 단서신설)

第57條【單獨調停】 ① 勞動委員會는 관계 當事者 雙方의 申請이 있거나 관계 當事者 雙方의 同意를 얻은 경우에는 調停委員會에 갈음하여 單獨調停人에게 調停을 행하게 할 수 있다.

② 第1項의 規定에 의한 單獨調停人은 당해 勞動委員會의 委員중에서 관계 當事者의 雙方의 合意로 선정된 者를 그 勞動委員會의 委員長이 지명한다.

第58條【主張의 확인등】 調停委員會 또는 單獨調停人은 期日을 정하여 관계 當事者 雙方을 출석하게 하여 主張의 要點을 확인하여야 한다.

第59條【출석금지】 調停委員會의 委員長 또는 單獨調停人은 관계 當事者와 參考人외의 者의 出席을 금할 수 있다.

第60條【調停案의 작성】 ① 調停委員會 또는 單獨調停人은 調停案을 작성하여 이를 관계 當事者에게 제시하고 그 受諾을 권고하는 동시에 그 調停案에 이유를 붙여 公表할 수 있으며, 필요한 때에는 新聞 또는 放送에 보도등 협조를 요청할 수 있다.

② 調停委員會 또는 單獨調停人은 관계 當事者가 受諾을 거부하여 더 이상 調停이 이루어질 여지가 없다고 判斷되는 경우에는 調停의 종료를 決定하고 이를 관계 當事者 雙方에 통보하여야 한다.

③ 第1項의 規定에 의한 調停案이 관계 當事者의 雙方에 의하여 受諾된 후 그 解釋 또는 이행방법에 관하여 관계 當事者間에 의견의 不一致가 있는 때에는 관계 當事者는 당해 調停委員會 또는 單獨調停人에게 그 解釋 또는 이행방법에 관한 明確한 見解의 제시를 요청하여야 한다.

④ 調停委員會 또는 單獨調停人은 第3項의 規定에 의한 요청을 받은 때에는 그 요청을 받은 날부터 7日이내에 明確한 見解를 제시하여야 한다.

⑤ 第3項 및 第4項의 解釋 또는 이행방법에 관한 見解가 제시될 때까지는 관계 當事者는 당해 調停案의 解釋 또는 이행에 관하여 爭議行爲를 할 수 없다.

第61條【調停의 효력】 ① 第60條第1項의 規定에 의한 調停案이 관계 當事者에 의하여 受諾된 때에는 調停委員 全員 또는 單獨調停人은 調停書를 작성하고 관계 當事者와 함께 서명 또는 날인하여야 한다.(2006.12.30 본항개정)

② 調停書의 내용은 團體協約과 동일한 효력을 가진다.

③ 第60條第4項의 規定에 의하여 調停委員會 또는 單獨調停人이 제시한 解釋 또는 이행방법에 관한 見解는 仲裁裁定과 동일한 효력을 가진다.

第61條의2【조정 종료 결정 후의 조정】 ① 노동위원회는 제60조제2항의 규정에 따른 조정의 종료가 결정된 후에도 노동쟁의의 해결을 위하여 조정을 할 수 있다.

② 제1항에 따른 조정에 관하여는 제55조 내지 제61조의 규정을 준용한다.

(2006.12.30 본조신설)

第3節 仲 裁

第62條【仲裁의 開始】 勞動委員會는 다음 각 호의 어느 하나에 해당하는 때에는 仲裁를 행한다.(2006.12.30 본문개정)

1. 관계 當事者의 雙方이 함께 仲裁를 申請한 때
2. 관계 當事者의 一方이 團體協約에 의하여 仲裁를 申請한 때
3. (2006.12.30 삭제)

판례 중재절차의 대상 : 중재절차는 노동쟁의의 자주적 해결과 신속한 처리를 위한 광의의 노동쟁의조정절차의 일부분이므로 노사관계 당사자 쌍방이 합의하여 단체협약의 대상이 될 수 있는 사항에 대하여 중재를 해 줄 것을 신청한 경우이거나 이와 동일시할 수 있는 사정이 있는 경우에는 근로조건 이외의 사항에 대하여도 중재재정을 할 수 있다고 봄이 상당하다.(대판 2003.7.25, 2001두4818)

第63條【仲裁時의 爭議行爲의 금지】 勞動爭議가 仲裁에 회부된 때에는 그 날부터 15日間은 爭議行爲를 할 수 없다.

판례 쟁의행위 금지의 위헌성 : 중재회부 후 일정기간 쟁의행위를 금지하는 목적은 당사자 쌍방에게 평화적인 해결을 위한 일종의 냉각기간을 다시 부여하여 격화된 당사자의 대립을 완화시킴으로써 중재에 따른 분쟁타결의 효과를 극대화하자는 데 있으므로 그 정당성이 인정되고, 쟁의행위가 금지되는 기간은 15일이지만 그 기간 내에 중재재정이 내려지지 아니할 경우에는 언제든지 쟁의행위에 돌입할 수 있으므로 이 사건 쟁의행위금지규정이 단체행동권인 쟁의권 자체를 박탈하는 것은 아닐 뿐만 아니라 그 기간도 불합리하게 장기라고 할 수도 없으며, 중재재정에 대하여 재심과 행정소송의 불복절차를 경유할 수 있는 등 대상조치도 마련되어 있고, 이익교량의 원칙에 비추어 보더라도 어느 정도의 쟁의행위의 제한은 감수하여야 할 것이므로, 일반사업에 종사하는 근로자와 공익사업에 종사하는 근로자를 합리적인 이유없이 차별하여 평등의 원칙에 반한다고 할 수는 없다.
(헌재결 1996.12.26, 90헌바19,92헌바41,94헌바49(병합) 전원재판부)

第64條【仲裁委員會의 構成】 ① 勞動爭議의 仲裁 또는 再審을 위하여 勞動委員會에 仲裁委員會를 둔다.

② 第1項의 規定에 의한 仲裁委員會는 仲裁委員 3人으로 구성한다.

③ 第2項의 仲裁委員은 당해 勞動委員會의 公益을 代表하는 委員중에서 관계 當事者의 合意로 選定한 者에 대하여 그 勞動委員會의 委員長이 지명한다. 다만, 관계 當事者間에 合意가 成立되지 아니한 경우에는 勞動委員會의 公益을 代表하는 委員중에서 지명한다.

第65條【仲裁委員會의 委員長】 ① 仲裁委員會에 委員長을 둔다.

② 委員長은 仲裁委員중에서 互選한다.

第66條【主張의 확인등】 ① 仲裁委員會는 期日을 정하여 관계 當事者 雙方 또는 一方을 仲裁委員會에 출석하게 하여 主張의 要點을 확인하여야 한다.

② 관계 當事者가 지명한 勞動委員會의 使用者를 代表하는 委員 또는 勤勞者를 代表하는 委員은 仲裁委員會의 同意를 얻어 그 會議에 출석하여 의견을 陳述할 수 있다.

第67條【출석금지】 仲裁委員會의 委員長은 관계 當事者와 參考人외의 者의 會議出席을 금할 수 있다.

第68條【仲裁裁定】 ① 仲裁裁定은 書面으로 作成하여 이를 행하며 그 書面에는 效力發生 期日을 명시하여야 한다.

② 第1項의 規定에 의한 仲裁裁定의 解釋 또는 이행방법에 관하여 관계 當事者間에 의견의 不一致가 있는 때에는 당해 仲裁委員會의 解釋에 따르며 그 解釋은 仲裁裁定과 동일한 효력을 가진다.

판례 [1] 중재재정서에 기재된 문언의 객관적 의미가 명확하게 드러나지 않는 경우에는 그 문언의 내용과 중재재정이 이루어지게 된 경위, 중재재정절차에서의 당사자의 주장, 그 조항에 의하여 달성하려고 하는 목적 등을 종합적으로 고찰하여 사회정의와 형평의 이념에 맞도록 논리와 경험의 법칙, 그리고 사회일반의 상식과 거래의 통념에 따라 합리적으로 해석하여야 한다.
[2] 중재재정서에 불명확하게 기재된 연·월차휴가 보상일수에 대하여, 주 40시간제 도입에 맞추어 연·월차휴가제도를 변경한 입법취지에 따라 이를 조정하고자 하는 중재재정의 목적 등에 비추어볼 때, 중재재정의 효력발생일을 기준으로 감소되는 일수를 산출한 다음 그 효력발생일 이후 연도에도 같은 일수로 보상하도록 한 중재해석은 위법하거나 월권에 의한 것이라고 볼 수 없다.
(대판 2009.8.20, 2008두8024)

판례 징계위원회 구성에 관한 합의 사항이 중재 재정서에 명기되어 있지 아니한 이상 같은 법 제39조제2항(현행 제70조제2항)이 정하는 단체협약과 동일한 효력을 가진다고 볼 수는 없다.
(대판 1995.11.14, 95다14244)

第69條【仲裁裁定등의 확정】 ① 관계 當事者는 地方勞動委員會 또는 特別勞動委員會의 仲裁裁定이 違法이거나 越權에 의한 것이라고 인정하는 경우에는 그 仲裁裁定書의 송달을 받은 날부터 10日이내에 中央勞動委員會에 그 再審을 申請할 수 있다.

② 관계 當事者는 中央勞動委員會의 仲裁裁定이나 第1項의 規定에 의한 再審決定이 違法이거나 越權에 의한 것이라고 인정하는 경우에는 行政訴訟法 第20條의 規定에 불구하고 그 仲裁裁定書 또는 再審決定書의 송달을 받은 날부터 15日이내에 行政訴訟을 제기할 수 있다.

③ 第1項 및 第2項에 規定된 기간내에 再審을 申請하지 아니하거나 行政訴訟을 제기하지 아니한 때에는 그 仲裁裁定 또는 再審決定은 확정된다.

④ 第3項의 規定에 의하여 仲裁裁定이나 再審決定이 확정된 때에는 관계 當事者는 이에 따라야 한다.

판례 단체협약의 해석 또는 이행방법에 관하여 노동위원회가 제시한 견해의 효력을 다투는 절차 : 단체협약의 해석 또는 이행방법에 관한 노동위원회의 제시 견해의 효력을 다투고자 할 때에는 노동위원회가 행한 중재재정의 효력을 다투는 절차를 정한 노동조합 및 노동관계조정법 제69조에 의하여야 할 것이고, 노동위원회가 잘못된 견해를 제시하였다면 위 법 제69조에서 정한 불복사유인 위법 사유가 있는 경우에 해당되는 것이다.(대판 2005.9.9, 2003두896)

第70條【중재재정 등의 효력】 ① 제68조제1항의 규정에 따른 중재재정의 내용은 단체협약과 동일한 효력을 가진다.

② 노동위원회의 중재재정 또는 재심결정은 제69조제1항 및 제2항의 규정에 따른 중앙노동위원회에의 재심신청 또는 행정소송의 제기에 의하여 그 효력이 정지되지 아니한다.
(2006.12.30 본조개정)

판례 중재재심결정의 성질과 효력은 단체협약과 동일한 효력을 가지는 것이고 따라서 근로자에 대한 연장근무수당지급을 명한 중재재심결정은 유효하다.(대판 1965.2.4, 64누162)

第4節 公益事業등의 調整에 관한 特則

第71條【公益事業의 범위등】 ① 이 法에서 "公益事業"이라 함은 公衆의 日常生活과 밀접한 관련이 있거나 國民經濟에 미치는 影響이 큰 사업으로서 다음 各號의 사업을 말한다.

1. 정기노선 여객운수사업 및 항공운수사업(2006.12.30 본호개정)
2. 수도사업, 전기사업, 가스사업, 석유정제사업 및 석유공급사업(2006.12.30 본호개정)
3. 공중위생사업, 의료사업 및 혈액공급사업(2006.12.30 본호개정)
4. 銀行 및 造幣事業
5. 放送 및 通信事業

② 이 法에서 "必須公益事業"이라 함은 第1項의 公益事業으로서 그 業務의 정지 또는 廢止가 公衆의 日常生活을 현저히 危殆롭게 하거나 國民經濟를 현저히 저해하고 그 業務의 대체가 용이하지 아니한 다음 各號의 사업을 말한다.

1. 철도사업, 도시철도사업 및 항공운수사업(2006.12.30 본호개정)
2. 수도사업, 전기사업, 가스사업, 석유정제사업 및 석유공급사업(2006.12.30 본호개정)
3. 병원사업 및 혈액공급사업(2006.12.30 본호개정)
4. 한국은행사업(2006.12.30 본호개정)
5. 通信事業

판례 동조 제1항제4호에 규정된 '은행'이라 함은, 중앙은행인 한국은행과 시중은행, 지방은행, 외국은행 국내지점 등 일반은행, 특별법에 의하여 설립된 특수은행 및 은행법 제5조의 농업협동조합중앙회와 수산업협동조합중앙회의 신용사업부문과 새마을금고법 제5조에 의한 새마을금고연합회의 신용사업부문을 말한다.
(대판 2003.12.26, 2003두8906)

第72條【特別調停委員會의 구성】 ① 公益事業의 勞動爭議의 調停을 위하여 勞動委員會에 特別調停委員會를 둔다.

② 第1項의 規定에 의한 特別調停委員會는 特別調停委員 3人으로 구성한다.

③ 第2項의 規定에 의한 特別調停委員은 그 勞動委員會의 公益을 代表하는 委員중에서 勞動組合과 使用者가 순차적으로 排除하고 남은 4인 내지 6인중에서 勞動委員會의 委員長이 지명한다. 다만, 관계 當事者가 合意로 당해 勞動委員會의 委員이 아닌 者를 추천하는 경우에는 그 추천된 者를 지명한다.
(2006.12.30 본문개정)

第73條【特別調停委員會의 委員長】 ① 特別調停委員會에 委員長을 둔다.

② 委員長은 公益을 代表하는 勞動委員會의 委員인 特別調停委員중에서 互選하고, 당해 勞動委員會의 委員이 아닌 者만으로 구성된 경우에는 그 중에서 互選한다. 다만 公益을 代表하는 委員인 特別調停委員이 1人인 경우에는 당해 委員이 委員長이 된다.

第74條~第75條 (2006.12.30 삭제)

第5節　緊急調整

第76條【緊急調整의 決定】 ① 고용노동부장관은 爭議行爲가 公益事業에 관한 것이거나 그 규모가 크거나 그 성질이 특별한 것으로서 현저히 國民經濟를 해하거나 國民의 日常生活을 危殆롭게 할 위험이 現存하는 때에는 緊急調整의 決定을 할 수 있다.

② 고용노동부장관은 緊急調整의 決定을 하고자 할 때에는 미리 中央勞動委員會 委員長의 의견을 들어야 한다.

③ 고용노동부장관은 第1項 및 第2項의 規定에 의하여 緊急調整을 決定한 때에는 지체없이 그 이유를 붙여 이를 公表함과 동시에 中央勞動委員會와 관계 當事者에게 각각 통고하여야 한다.

(2010.6.4 본조개정)

第77條【緊急調整時의 爭議行爲 중지】 관계 當事者는 第76條第3項의 規定에 의한 緊急調整의 決定이 公表된 때에는 즉시 爭議行爲를 중지하여야 하며, 公表日부터 30日이 경과하지 아니하면 爭議行爲를 再開할 수 없다.

第78條【中央勞動委員會의 調停】 中央勞動委員會는 第76條第3項의 規定에 의한 통고를 받은 때에는 지체없이 調停을 開始하여야 한다.

第79條【中央勞動委員會의 仲裁回附 決定權】 ① 中央勞動委員會의 委員長은 第78條의 規定에 의한 調停이 成立될 가망이 없다고 인정한 경우에는 公益委員의 의견을 들어 그 事件을 仲裁에 回附할 것인가의 여부를 決定하여야 한다.

② 第1項의 規定에 의한 決定은 第76條第3項의 規定에 의한 통고를 받은 날부터 15日이내에 하여야 한다.

第80條【中央勞動委員會의 仲裁】 中央勞動委員會는 당해 관계 當事者의 一方 또는 雙方으로부터 仲裁申請이 있거나 第79條의 規定에 의한 仲裁回附의 決定을 한 때에는 지체없이 仲裁를 행하여야 한다.

第6章　不當勞動行爲

第81條【不當勞動行爲】 ① 使用者는 다음 각 호의 어느 하나에 해당하는 행위(이하 "不當勞動行爲"라 한다)를 할 수 없다. (2006.12.30 본문개정)

1. 勤勞者가 勞動組合에 加入 또는 加入하려고 하였거나 勞動組合을 組織하려고 하였거나 기타 勞動組合의 業務를 위한 정당한 행위를 한 것을 이유로 그 勤勞者를 解雇하거나 그 勤勞者에게 不利益을 주는 행위
2. 勤勞者가 어느 勞動組合에 加入하지 아니할 것 또는 脫退할 것을 雇傭條件으로 하거나 특정한 勞動組合의 組合員이 될 것을 雇傭條件으로 하는 행위. 다만, 勞動組合이 당해 事業場에 종사하는 勤勞者의 3分의 2 이상을 代表하고 있을 때에는 勤勞者가 그 勞動組合의 組合員이 될 것을 雇傭條件으로 하는 團體協約의 체결은 예외로 하며, 이 경우 사용자는 근로자가 그 노동조합에서 제명된 것 또는 그 노동조합을 탈퇴하여 새로 노동조합을 조직하거나 다른 노동조합에 가입한 것을 이유로 근로자에게 신분상 불이익한 행위를 할 수 없다. (2006.12.30 단서개정)
3. 勞動組合의 代表者 또는 勞動組合으로부터 위임을 받은 者와의 團體協約締結 기타의 團體交涉을 정당한 이유없이 거부하거나 懈怠하는 행위
4. 勤勞者가 勞動組合을 組織 또는 운영하는 것을 支配하거나 이에 介入하는 행위와 근로시간 면제한도를 초과하여 급여를 지급하거나 勞動組合의 運營費를 원조하는 행위. 다만, 근로자가 근로시간 중에 제24조제2항에 따른 활동을 하는 것을 사용자가 허용함은 무방하며, 또한 근로자의 후생자금 또는 경제상의 불행 그 밖에 재해의 방지와 구제 등을 위한 기금의 기부와 최소한의 규모의 노동조합사무소의 제공 및 그 밖에 이에 준하여 노동조합의 자주적인 운영 또는 활동을 침해할 위험이 없는 범위에서의 운영비 원조행위는 예외로 한다. (2021.1.5 본호개정)
5. 勤勞者가 정당한 團體行爲에 참가한 것을 이유로 하거나 또는 勞動委員會에 대하여 使用者가 이 條의 規定에 위반한 것을 申告하거나 그에 관한 證言을 하거나 기타 行政官廳에 증거를 제출한 것을 이유로 그 勤勞者를 解雇하거나 그 勤勞者에게 不利益을 주는 행위

② 제1항제4호단서에 따른 "노동조합의 자주적 운영 또는 활동을 침해할 위험" 여부를 판단할 때에는 다음 각 호의 사항을 고려하여야 한다.

1. 운영비 원조의 목적과 경위
2. 원조된 운영비 횟수와 기간
3. 원조된 운영비 금액과 원조방법
4. 원조된 운영비가 노동조합의 총수입에서 차지하는 비율
5. 원조된 운영비의 관리방법 및 사용처 등

(2020.6.9 본항신설)

판례 복수노조를 둔 회사가 여러 노동조합과 개별 교섭을 하던 중 먼저 단체협약이 체결된 노조의 조합원에게만 '무쟁의 타결 격려금'을 지급하기로 한 행위는 여전히 개별 교섭 중인 노동조합의 자유로운 의사에 기초한 쟁의행위 여부 결정 등에 간접적으로 영향을 미쳐 그 의사결정을 회사가 의도한 대로 변경시키려 한 행위로 볼 여지가 크다. 따라서 이는 부당노동행위에 해당한다.
(대판 2019.4.25, 2017두33510)

판례 노동조합활동으로 배포된 문서에 기재되어 있는 문언에 의하여 타인의 인격·신용·명예 등이 훼손 또는 실추되거나 그렇게 될 염려가 있고, 또 그 문서에 기재되어 있는 사실 관계의 일부가 허위이거나 그 표현에 다소 과장되거나 왜곡된 점이 있다고 하더라도, 그 문서를 배포한 목적이 타인의 권리나 이익을 침해하려는 것이 아니라 노동조합원들의 단결이나 근로조건의 유지 개선과 근로자의 복지증진 기타 경제적 사회적 지위의 향상을 도모하기 위한 것이고, 또 그 문서의 내용이 전체적으로 보아 진실한 것이라면, 그와 같은 문서의 배포행위는 노동조합의 정당한 활동범위에 속하는 것으로 보아야 하고, 따라서 그와 같은 행위를 한 것을 이유로 그 문서를 작성·배포한 근로자를 해고하거나 근로자에게 불이익을 주는 행위는 허용되지 않는 것이다.(대판 2011.2.24, 2008다29123)

판례 근로자의 기본적인 노동조건 등에 관하여 그 근로자를 고용한 사업주로서의 권한과 책임을 일정 부분 담당하고 있다고 볼 정도로 실질적이고 구체적으로 지배·결정할 수 있는 지위에 있는 자가, 노동조합을 조직 또는 운영하는 것을 지배하거나 이에 개입하는 등으로 노동조합 및 노동관계조정법 제81조 제4호에서 정한 행위를 하였다면, 그 시정을 명하는 구제명령을 이행하여야 할 사용자에 해당한다.
(대판 2010.3.25, 2007두8881)

판례 쟁의행위 기간 중 단체교섭 거부 : '노동조합 및 노동관계조정법' 81조 3호는 사용자가 노동조합의 대표자 또는 노동조합으로부터 위임을 받은 자와의 단체협약 체결 기타의 단체교섭을 정당한 이유 없이 거부하거나 해태할 수 없다고 규정하고 있는바, 단체교섭에 대한 사용자의 거부나 해태에 정당한 이유가 있는지 여부는 노동조합측의 교섭권자, 노동조합측이 요구하는 교섭시간, 교섭장소, 교섭사항 및 그의 교섭태도 등을 종합하여 사회통념상 사용자에게 단체교섭의무의 이행을 기대하는 것이 어렵다고 인정되는지 여부에 따라 판단하여야 한다. 쟁의행위는 단체교섭을 촉진하기 위한 수단으로서의 성질을 가지므로 쟁의기간 중이라는 사정이 사용자가 단체교섭을 거부할 만한 정당한 이유가 될 수 없고, 한편 당사자가 성의 있는 교섭을 계속하였음에도 단체교섭이 교착상태에 빠져 교섭의 진전이 더 이상 기대될 수 없는 상황이라면 사용자가 단체교섭을 거부하더라도 그 거부에 정당한 이유가 있다고 할 것이지만, 위와 같은 경우에도 노동조합측으로부터 새로운 타협안이 제시되는 등 교섭재개가 의미 있을 것으로 기대할 만한 사정변경이 생긴 경우에는 사용자로서는 다시 단체교섭에 응하여야 하므로, 위와 같은 사정변경에도 불구하고 사용자가 단체교섭을 거부하는 경우에는 그 거부에 정당한 이유가 있다고 할 수 없다.(대판 2006.2.24, 2005도8606)

판례 유니온숍의 위헌성 : 이 사건 법률조항은 노동조합의 조직유지·강화를 위하여 당해 사업장에 종사하는 근로자의 3분의 2 이상을 대표하는 노동조합(이하 '지배적 노동조합'이라 한다)의 경우 단체협약을 매개로 한 조직강제[이른바 유니온숍(Union Shop) 협정의 체결]를 용인하고 있다. 이 경우 근로자의 단결하지 아니할 자유와 노동조합의 적극적 단결권(조직강제권)이 충돌하게 되나, 근로자에게 보장되는 적극적 단결권이 단결하지 아니할 자유보다 특별한 의미를 갖고 있고, 노동조합의 조직강제권도 이른바 자유권을 수정하는 의미의 생존권(사회권)적 성격을 함께 가지는 만큼 근로자 개인의 자유권에 비하여 보다 특별한 가치로 보장되는 점 등을 고려하면, 노동조합의 적극적 단결권은 근로자 개인의 단결하지 않을 자유보다 중시된다고 할 것이고, 또 노동조합에게 위와 같은 조직강제권을 부여한다고 하여 이를 근로자의 단결하지 아니할 자유의 본질적인 내용을 침해하는 것으로 단정할 수는 없다. 이 사건 법률조항은 단체협약을 매개로 하여 특정 노동조합에의 가입을 강제함으로써 근로자의 단결선택권과 노동조합의 집단적 단결권(조직강제권)이 충

돌하는 측면이 있으나, 이러한 조직강제를 적법·유효하게 할 수 있는 노동조합의 범위를 엄격하게 제한하고 지배적 노동조합의 권한남용으로부터 개별근로자를 보호하기 위한 규정을 두고 있는 등 전체적으로 상충되는 두 기본권 사이에 합리적인 조화를 이루고 있고 그 제한에 있어서도 적정한 비례관계를 유지하고 있으며, 또 근로자의 단결선택권의 본질적인 내용을 침해하는 것으로도 볼 수 없으므로, 근로자의 단결권을 보장한 헌법 33조 1항에 위반되지 않는다.
(헌재결 2005.11.24, 2002헌바95,96,2003헌바9(병합) 전원재판부)
판례 불이익을 주는 행위의 의미 : 노동조합및노동관계조정법은 81조 1호에서 "근로자가 노동조합에 가입 또는 가입하려고 하였거나 기타 노동조합의 업무를 위한 정당한 행위를 한 것을 이유로 그 근로자를 해고하거나 그 근로자에게 불이익을 주는 행위"를 부당노동행위라고 규정하고 사용자가 이 규정에 위반했을 경우 90조에 이를 처벌하는 규정을 두고 있는바, 여기서 '불이익을 주는 행위'란 해고 이외에 그 근로자에게 휴직·전직·배치전환·감봉 등 법률적·경제적으로 불이익한 대우를 하는 것을 의미하는 것으로서 어느 것이나 현실적인 행위나 조치로 나타날 것을 요한다고 할 것이므로, 단순히 그 근로자에게 향후 불이익한 대우를 하겠다는 의사를 말로써 표시하는 것만으로는, 위 법 81조 4호에 규정된 노동조합의 조직 또는 운영을 지배하거나 이에 개입하는 행위에 해당한다고 할 수 있음은 별론으로 하고 위 법 81조 1호 소정의 불이익을 주는 행위에 해당한다고는 볼 수 없다.(대판 2004.8.30, 2004도3891)

第82條【救濟申請】 ① 使用者의 不當勞動行爲로 인하여 그 權利를 침해당한 勤勞者 또는 勞動組合은 勞動委員會에 그 救濟를 申請할 수 있다.
② 第1項의 規定에 의한 救濟의 申請은 不當勞動行爲가 있은 날(계속하는 행위는 그 終了日)부터 3月이내에 이를 행하여야 한다.

第83條【調査등】 ① 勞動委員會는 第82條의 規定에 의한 救濟申請을 받은 때에는 지체없이 필요한 調査와 관계 當事者의 審問을 하여야 한다.
② 勞動委員會는 第1項의 規定에 의한 審問을 할 때에는 관계 當事者의 申請에 의하거나 그 職權으로 證人을 출석하게 하여 필요한 사항을 質問할 수 있다.
③ 勞動委員會는 第1項의 規定에 의한 審問을 함에 있어서는 관계 當事者에 대하여 증거의 제출과 證人에 대한 反對審問을 할 수 있는 충분한 기회를 주어야 한다.
④ 第1項의 規定에 의한 勞動委員會의 調査와 審問에 관한 節次는 中央勞動委員會가 따로 정하는 바에 의한다.

第84條【救濟命令】 ① 勞動委員會는 第83條의 規定에 의한 審問을 종료하고 不當勞動行爲가 成立한다고 判定한 때에는 使用者에게 救濟命令을 발하여야 하며, 不當勞動行爲가 成立되지 아니한다고 判定한 때에는 그 救濟申請을 棄却하는 決定을 하여야 한다.
② 第1項의 規定에 의한 判定·命令 및 決定은 書面으로 하되, 이를 당해 使用者와 申請人에게 각각 교부하여야 한다.
③ 관계 當事者는 第1項의 規定에 의한 命令이 있을 때에는 이에 따라야 한다.

第85條【救濟命令의 확정】 ① 地方勞動委員會 또는 特別勞動委員會의 救濟命令 또는 棄却決定에 불복이 있는 관계 當事者는 그 命令書 또는 決定書의 송달을 받은 날부터 10日이내에 中央勞動委員會에 그 再審을 申請할 수 있다.
② 第1項의 規定에 의한 中央勞動委員會의 再審判定에 대하여 관계 當事者는 그 再審判定書의 송달을 받은 날부터 15日이내에 行政訴訟法이 정하는 바에 의하여 訴를 제기할 수 있다.
③ 第1項 및 第2項에 規定된 기간내에 再審을 申請하지 아니하거나 行政訴訟을 제기하지 아니한 때에는 그 救濟命令·棄却決定 또는 再審判定은 확정된다.
④ 第3項의 規定에 의하여 棄却決定 또는 再審判定이 확정된 때에는 관계 當事者는 이에 따라야 한다.
⑤ 使用者가 第2項의 規定에 의하여 行政訴訟을 제기한 경우에 管轄法院은 中央勞動委員會의 申請에 의하여 決定으로써, 判決이 확정될 때까지 中央勞動委員會의 救濟命令의 전부 또는 일부를 이행하도록 명할 수 있으며, 當事者의 申請에 의하여 또는 職權으로 그 決定을 取消할 수 있다.

第86條【救濟命令등의 효력】 勞動委員會의 救濟命令·棄却決定 또는 再審判定은 第85條의 規定에 의한 中央勞動委員會에의 再審申請이나 行政訴訟의 제기에 의하여 그 효력이 정지되지 아니한다.

第7章 補 則

第87條【權限의 위임】 이 法에 의한 勞動部長官의 權限은 大統領令이 정하는 바에 따라 그 일부를 지방고용노동관서의 長에게 위임할 수 있다.(2010.6.4 본조개정)

第8章 罰 則

第88條【罰則】 第41條第2項의 規定에 위반한 者는 5年이하의 懲役 또는 5千萬원이하의 罰金에 處한다.

第89條【罰則】 다음 각 호의 어느 하나에 해당하는 者는 3年이하의 懲役 또는 3千萬원이하의 罰金에 處한다.(2006.12.30 본문개정)
1. 第37條第2項, 第38條第1項, 제42조제1항 또는 제42조의2제2항의 規定에 위반한 者(2006.12.30 본호개정)
2. 제85조제3항(제29조의4제4항에서 준용하는 경우를 포함한다)에 따라 확정되거나 行政訴訟을 제기하여 확정된 救濟命令에 위반한 者(2010.1.1 본호개정)

第90條【罰則】 第44條第2項, 第69條第4項, 第77條 또는 제81조제1항의 規定에 위반한 者는 2年이하의 懲役 또는 2千萬원이하의 罰金에 處한다.(2021.1.5 본조개정)

第91條【벌칙】 제38조제2항, 제41조제1항, 제42조제2항, 제43조제1항·제2항·제4항, 제45조제2항 본문, 제46조제1항 또는 제63조의 규정을 위반한 자는 1년 이하의 징역 또는 1천만원 이하의 벌금에 처한다.(2006.12.30 본조개정)

第92條【罰則】 다음 各號의 1에 해당하는 者는 1千萬원이하의 罰金에 處한다.
1. (2021.1.5 삭제)
2. 제31조제1항의 규정에 의하여 체결된 단체협약의 내용중 다음 각목의 1에 해당하는 사항을 위반한 자
  가. 賃金·福利厚生費, 退職金에 관한 사항
  나. 근로 및 휴게시간, 휴일, 휴가에 관한 사항
  다. 懲戒 및 解雇의 사유와 중요한 절차에 관한 사항
  라. 안전보건 및 災害扶助에 관한 사항
  마. 시설·편의제공 및 근무시간중 회의참석에 관한 사항
  바. 爭議行爲에 관한 사항
(2001.3.28 본호개정)
3. 第61條第1項의 規定에 의한 調停書의 내용 또는 第68條第1項의 規定에 의한 仲裁裁定書의 내용을 준수하지 아니한 者

第93條【罰則】 다음 各號의 1에 해당하는 者는 500萬원이하의 罰金에 處한다.
1. 第7條第3項의 規定에 위반한 者
2. 第21條第1項·第2項 또는 第31條第3項의 規定에 의한 命令에 위반한 者

第94條【兩罰規定】 法人 또는 團體의 代表者, 法人·團體 또는 개인의 代理人·使用人 기타의 從業員이 그 法人·團體 또는 개인의 業務에 관하여 第88條 내지 第93條의 위반행위를 한 때에는 行爲者를 罰하는 외에 그 法人·團體 또는 개인에 대하여도 각 해당條의 罰金刑을 科한다. 다만, 법인·단체 또는 개인이 그 위반행위를 방지하기 위하여 해당 업무에 관하여 상당한 주의와 감독을 게을리하지 아니한 경우에는 그러하지 아니하다.(2020.6.9 단서신설)
<2020.4.23 헌법재판소 단순위헌결정으로 이 조 중 법인의 대리인·사용인 기타의 종업원이 그 법인의 업무에 관하여 제90조 가운데 '제81조 제1호, 제2호 단서 후단, 제5호를 위반한 경우'에 관한 부분은 헌법에 위반>

第95條【過怠料】 第85條第5項의 規定에 의한 法院의 命令에 위반한 者는 500萬원이하의 금액(당해 命令이 作爲를 명하는 것일 때에는 그 命令의 불이행 日數 1日에 50萬원 이하의 比率로 算定한 금액)의 過怠料에 處한다.

第96條【過怠料】 ① 다음 各號의 1에 해당하는 者는 500萬원이하의 過怠料에 處한다.
1. 第14條의 規定에 의한 書類를 비치 또는 보존하지 아니한 者

2. 第27條의 規定에 의한 보고를 하지 아니하거나 허위의 보고를 한 者
3. 第46條第2項의 規定에 의한 申告를 하지 아니한 者
② 第13條, 第28條第2項 또는 第31條第2項의 規定에 의한 申告 또는 통보를 하지 아니한 者는 300萬원이하의 過怠料에 處한다.
③ 第1項 및 第2項의 規定에 의한 過怠料는 大統領令이 정하는 바에 의하여 行政官廳이 賦課·徵收한다.(1998.2.20 본항개정)
④~⑥ (2018.10.16 삭제)

附 則

第1條【施行日】 이 法은 公布한 날부터 施行한다.
第2條【適用時限】 第71條第2項의 規定중 第1號의 시내버스 運送事業에 관한 規定 및 第4號의 銀行事業(韓國銀行法에 의한 韓國銀行은 제외한다)에 관한 規定은 2000年 12月 31日까지 適用한다.
第3條【勞動組合에 관한 經過措置】 이 法 施行당시 종전의 規定에 의하여 設立申告證을 교부받은 勞動組合은 이 法에 의하여 設立된 勞動組合으로 본다.
第4條【解雇者에 관한 經過措置】 이 法 施行당시 解雇의 효력을 다투고 있는 者는 第2條第4號 라目 但書의 規定에 불구하고 勤勞者가 아닌 者로 解釋하여서는 아니된다.
第5條 (2010.1.1 삭제)
第6條【勞動組合 專任者에 관한 적용의 특례】 ① (2010.1.1 삭제)
② 勞動組合과 使用者는 專任者에 대한 給與支援 규모를 勞使協議에 의하여 점진적으로 縮小하도록 노력하되, 이 경우 그 財源을 勞動組合의 財政自立에 사용하도록 한다.(2001.3.28 본항개정)
第7條【團體協約의 效力에 관한 經過措置】 이 法 施行당시 종전의 規定에 의하여 締結한 團體協約은 이 法에 의하여 행한 것으로 본다.
第8條【勞動爭議의 調整에 관한 經過措置】 ① 이 法 施行당시 종전의 規定에 의하여 申請한 私的調停·仲裁는 이 法에 의한 私的調停·仲裁를 申請한 것으로 본다.
② 이 法 施行당시 종전의 規定에 의하여 勞動委員會에 申請한 調停·仲裁는 이 法에 의한 調停·仲裁를 申請한 것으로 본다. 이 경우 調停期間을 산정함에 있어서는 제54조의 규정에도 불구하고 종전의 規定에 의한다.
③ 이 法 施行당시 종전의 規定에 의하여 調停이 종료된 勞動爭議는 第45條의 規定을 적용함에 있어서 調停을 거친 것으로 본다.
第9條【勞動組合業務등에 관한 經過措置】 ① 이 法 施行당시 종전의 規定에 의하여 勤勞者, 勞動組合 또는 使用者가 勞動部長官, 行政官廳 또는 勞動委員會에 행한 申告, 申請, 要求등은 각각 이 法에 의하여 행한 것으로 본다.
② 이 法 施行당시 종전의 規定에 의하여 勞動部長官 또는 行政官廳이 勞動委員會에 행한 要請등은 각각 이 法에 의하여 행한 것으로 본다.
③ 이 法 施行당시 종전의 規定에 의하여 勞動部長官 또는 行政官廳이 행한 命令, 指名, 決定등은 각각 이 法에 의하여 행한 것으로 본다.
第10條【罰則에 관한 經過措置】 이 法 施行전의 행위에 대한 罰則의 적용에 있어서는 종전의 規定에 의한다.
第11條【다른 法律과의 關係】 이 法 施行당시 다른 法令에서 종전의 勞動組合및勞動關係調整法 또는 그 規定을 인용한 것은 이 法중 그에 해당하는 規定이 있는 경우에는 이 法 또는 이 法의 해당 條項을 인용한 것으로 본다.

附 則 (2010.1.1)

第1條【시행일】 이 법은 2010년 1월 1일부터 시행한다. 다만, 제24조제3항·제4항·제5항, 제81조제4호, 제92조의 개정규정은 2010년 7월 1일부터, 제29조제2항·제3항·제4항, 제29조의2부터 제29조의5까지, 제41조제1항 후단, 제42조의6, 제89조제2호의 개정규정은 2011년 7월 1일부터 시행한다.
第2條【최초로 시행되는 근로시간 면제 한도의 결정에 관한 경과조치】 ① 근로시간면제심의위원회는 이 법 시행 후 최초로 시행될 근로시간 면제 한도를 2010년 4월 30일까지 심의·의결하여야 한다.
② 근로시간면제심의위원회가 제1항에 따른 기한까지 심의·의결을 하지 못한 때에는 제24조의2제5항에도 불구하고 국회의 의견을 들어 공익위원만으로 심의·의결할 수 있다.
第3條【단체협약에 관한 경과조치】 이 법 시행일 당시 유효한 단체협약은 이 법에 따라 체결된 것으로 본다. 다만, 이 법 시행에 따라 그 전부 또는 일부 내용이 제24조를 위반하는 경우에는 이 법 시행에도 불구하고 해당 단체협약의 체결 당시 유효기간까지는 효력이 있는 것으로 본다.
第4條【교섭 중인 노동조합에 관한 경과조치】 이 법 시행일 당시 단체교섭 중인 노동조합은 이 법에 따른 교섭대표노동조합으로 본다.
第5條【필수유지업무협정 또는 노동위원회의 필수유지업무 유지·운영 수준 등의 결정에 관한 경과조치】 이 법 시행일 당시 유효한 필수유지업무협정 또는 노동위원회의 필수유지업무 유지·운영 수준 등의 결정은 이 법에 따라 체결된 것으로 본다.
第6條【하나의 사업 또는 사업장에 2개 이상의 노동조합이 있는 경우의 경과조치】 2009년 12월 31일 현재 하나의 사업 또는 사업장에 조직형태를 불문하고 근로자가 설립하거나 가입한 노동조합이 2개 이상 있는 경우에 해당 사업 또는 사업장에 대하여는 제29조제2항·제3항·제4항, 제29조의2부터 제29조의5까지, 제41조제1항 후단, 제89조제2호의 개정규정은 2012년 7월 1일부터 적용한다.
第7條【노동조합 설립에 관한 경과조치】 ① 하나의 사업 또는 사업장에 노동조합이 조직되어 있는 경우에는 제5조에도 불구하고 2011년 6월 30일까지는 그 노동조합과 조직대상을 같이 하는 새로운 노동조합을 설립할 수 없다.
② 행정관청은 설립하고자 하는 노동조합이 제1항을 위반한 경우에는 그 설립신고서를 반려하여야 한다.
第8條【노동조합 전임자에 관한 적용 특례】 제24조제2항 및 제81조제4호(노동조합의 전임자에 대한 급여지원에 관한 규정에 한한다)는 2010년 6월 30일까지 적용하지 아니한다.

附 則 (2018.10.16)
(2020.6.9)

이 법은 공포한 날부터 시행한다.

附 則 (2021.1.5)

第1條【시행일】 이 법은 공포 후 6개월이 경과한 날부터 시행한다.
第2條【단체협약의 유효기간에 관한 경과조치】 이 법 시행 전에 체결한 단체협약의 유효기간에 대해서는 제32조제1항 및 제2항의 개정규정에도 불구하고 종전의 규정에 따른다.
第3條【근로시간면제심의위원회 이관에 관한 준비행위】 ① 경제사회노동위원회는 제24조의2에 따른 근로시간면제심의위원회 구성을 위한 위원 위촉 등 필요한 절차를 이 법 시행 전에 진행할 수 있다.
② 경제사회노동위원회는 이 법 시행 즉시 근로시간면제심의위원회가 조합원 수, 조합원의 지역별 분포, 건전한 노사관계 발전을 위한 연합단체에서의 활동 등 운영실태를 고려하여 근로시간면제한도 심의에 착수한다.
第4條【다른 법률의 개정】 ※(해당 법령에 가제정리 하였음)

근로자참여 및 협력증진에 관한 법률(약칭 : 근로자참여법)

(1997년 3월 13일
법 률 제5312호)

개정
1999.12.31법 6098호
2001. 8.14법 6510호(근로자복지기본법)
2007. 1.26법 8295호
2007. 4.11법 8372호(근기)
2007.12.27법 8815호
2010. 6. 4법10339호(정부조직)
2016. 1.27법13903호 2019. 4.16법16320호
2022. 6.10법18927호

제1장 총 칙
(2007.12.27 본장개정)

제1조【목적】 이 법은 근로자와 사용자 쌍방이 참여와 협력을 통하여 노사 공동의 이익을 증진함으로써 산업 평화를 도모하고 국민경제 발전에 이바지함을 목적으로 한다.

제2조【신의성실의 의무】 근로자와 사용자는 서로 신의를 바탕으로 성실하게 협의에 임하여야 한다.

제3조【정의】 이 법에서 사용하는 용어의 뜻은 다음과 같다.
1. "노사협의회"란 근로자와 사용자가 참여와 협력을 통하여 근로자의 복지증진과 기업의 건전한 발전을 도모하기 위하여 구성하는 협의기구를 말한다.
2. "근로자"란 「근로기준법」 제2조에 따른 근로자를 말한다.
3. "사용자"란 「근로기준법」 제2조에 따른 사용자를 말한다.

제4조【노사협의회의 설치】 ① 노사협의회(이하 "협의회"라 한다)는 근로조건에 대한 결정권이 있는 사업이나 사업장 단위로 설치하여야 한다. 다만, 상시(常時) 30명 미만의 근로자를 사용하는 사업이나 사업장은 그러하지 아니하다.
② 하나의 사업에 지역을 달리하는 사업장이 있을 경우에는 그 사업장에도 설치할 수 있다.

제5조【노동조합과의 관계】 노동조합의 단체교섭이나 그 밖의 모든 활동은 이 법에 의하여 영향을 받지 아니한다.

제2장 협의회의 구성
(2007.12.27 본장개정)

제6조【협의회의 구성】 ① 협의회는 근로자와 사용자를 대표하는 같은 수의 위원으로 구성하되, 각 3명 이상 10명 이하로 한다.
② 근로자를 대표하는 위원(이하 "근로자위원"이라 한다)은 근로자 과반수가 참여하여 직접·비밀·무기명 투표로 선출한다. 다만, 사업 또는 사업장의 특수성으로 인하여 부득이한 경우에는 부서별로 근로자 수에 비례하여 근로자위원을 선출할 근로자(이하 이 조에서 "위원선거인"이라 한다)를 근로자 과반수가 참여한 직접·비밀·무기명 투표로 선출하고 위원선거인 과반수가 참여한 직접·비밀·무기명 투표로 근로자위원을 선출할 수 있다.(2022.6.10 본항개정)
③ 제2항에도 불구하고 사업 또는 사업장에 근로자의 과반수로 조직된 노동조합이 있는 경우에는 근로자위원은 노동조합의 대표자와 그 노동조합이 위촉하는 자로 한다.(2022.6.10 본항신설)
④ 사용자를 대표하는 위원(이하 "사용자위원"이라 한다)은 해당 사업이나 사업장의 대표자와 그 대표자가 위촉하는 자로 한다.
⑤ 근로자위원이나 사용자위원의 선출과 위촉에 필요한 사항은 대통령령으로 정한다.

제7조【의장과 간사】 ① 협의회에 의장을 두며, 의장은 위원 중에서 호선(互選)한다. 이 경우 근로자위원과 사용자위원 중 각 1명을 공동의장으로 할 수 있다.
② 의장은 협의회를 대표하며 회의 업무를 총괄한다.
③ 노사 쌍방은 회의 결과의 기록 등 사무를 담당하는 간사 1명을 각각 둔다.

제8조【위원의 임기】 ① 위원의 임기는 3년으로 하되, 연임할 수 있다.
② 보궐위원의 임기는 전임자 임기의 남은 기간으로 한다.
③ 위원은 임기가 끝난 경우라도 후임자가 선출될 때까지 계속 그 직무를 담당한다.

제9조【위원의 신분】 ① 위원은 비상임·무보수로 한다.
② 사용자는 협의회 위원으로서의 직무 수행과 관련하여 근로자위원에게 불이익을 주는 처분을 하여서는 아니 된다.
③ 위원의 협의회 출석 시간과 이와 직접 관련된 시간으로서 제18조에 따른 협의회규정으로 정한 시간은 근로한 시간으로 본다.

제10조【사용자의 의무】 ① 사용자는 근로자위원의 선출에 개입하거나 방해하여서는 아니 된다.
② 사용자는 근로자위원의 업무를 위하여 장소의 사용 등 기본적인 편의를 제공하여야 한다.

제11조【시정명령】 고용노동부장관은 사용자가 제9조제2항을 위반하여 근로자위원에게 불이익을 주는 처분을 하거나 제10조제1항을 위반하여 근로자위원의 선출에 개입하거나 방해하는 경우에는 그 시정(是正)을 명할 수 있다.
(2010.6.4 본조개정)

제3장 협의회의 운영
(2007.12.27 본장개정)

제12조【회의】 ① 협의회는 3개월마다 정기적으로 회의를 개최하여야 한다.
② 협의회는 필요에 따라 임시회의를 개최할 수 있다.

제13조【회의 소집】 ① 의장은 협의회의 회의를 소집하며 그 의장이 된다.
② 의장은 노사 일방의 대표자가 회의의 목적을 문서로 밝혀 회의의 소집을 요구하면 그 요구에 따라야 한다.
③ 의장은 회의 개최 7일 전에 회의 일시, 장소, 의제 등을 각 위원에게 통보하여야 한다.

제14조【자료의 사전 제공】 근로자위원은 제13조제3항에 따라 통보된 의제 중 제20조제1항의 협의 사항 및 제21조의 의결 사항과 관련된 자료를 협의회 회의 개최 전에 사용자에게 요구할 수 있으며 사용자는 이에 성실히 따라야 한다. 다만, 그 요구 자료가 기업의 경영·영업상의 비밀이나 개인정보에 해당하는 경우에는 그러하지 아니하다.

제15조【정족수】 회의는 근로자위원과 사용자위원 각 과반수의 출석으로 개최하고 출석위원 3분의 2 이상의 찬성으로 의결한다.

제16조【회의의 공개】 협의회의 회의는 공개한다. 다만, 협의회의 의결로 공개하지 아니할 수 있다.

제17조【비밀 유지】 협의회의 위원은 협의회에서 알게 된 비밀을 누설하여서는 아니 된다.

제18조【협의회규정】 ① 협의회는 그 조직과 운영에 관한 규정(이하 "협의회규정"이라 한다)을 제정하고 협의회를 설치한 날부터 15일 이내에 고용노동부장관에게 제출하여야 한다. 이를 변경한 경우에도 또한 같다.(2010.6.4 전단개정)
② 협의회규정의 규정 사항과 그 제정·변경 절차 등에 관하여 필요한 사항은 대통령령으로 정한다.

제19조【회의록 비치】 ① 협의회는 다음 각 호의 사항을 기록한 회의록을 작성하여 갖추어 두어야 한다.
1. 개최 일시 및 장소
2. 출석 위원
3. 협의 내용 및 의결된 사항
4. 그 밖의 토의사항
② 제1항에 따른 회의록은 작성한 날부터 3년간 보존하여야 한다.

제4장 협의회의 임무
(2007.12.27 본장개정)

제20조 【협의 사항】 ① 협의회가 협의하여야 할 사항은 다음 각 호와 같다.
1. 생산성 향상과 성과 배분
2. 근로자의 채용·배치 및 교육훈련
3. 근로자의 고충처리
4. 안전, 보건, 그 밖의 작업환경 개선과 근로자의 건강증진
5. 인사·노무관리의 제도 개선
6. 경영상 또는 기술상의 사정으로 인한 인력의 배치전환·재훈련·해고 등 고용조정의 일반원칙
7. 작업과 휴게 시간의 운용
8. 임금의 지불방법·체계·구조 등의 제도 개선
9. 신기계·기술의 도입 또는 작업 공정의 개선
10. 작업 수칙의 제정 또는 개정
11. 종업원지주제(從業員持株制)와 그 밖에 근로자의 재산형성에 관한 지원
12. 직무 발명 등과 관련하여 해당 근로자에 대한 보상에 관한 사항
13. 근로자의 복지증진
14. 사업장 내 근로자 감시 설비의 설치
15. 여성근로자의 모성보호 및 일과 가정생활의 양립을 지원하기 위한 사항
16. 「남녀고용평등과 일·가정 양립 지원에 관한 법률」 제2조제2호에 따른 직장 내 성희롱 및 고객 등에 의한 성희롱 예방에 관한 사항(2019.4.16 본호신설)
17. 그 밖의 노사협조에 관한 사항

② 협의회는 제1항 각 호의 사항에 대하여 제15조의 정족수에 따라 의결할 수 있다.

제21조 【의결 사항】 사용자는 다음 각 호의 어느 하나에 해당하는 사항에 대하여는 협의회의 의결을 거쳐야 한다.
1. 근로자의 교육훈련 및 능력개발 기본계획의 수립
2. 복지시설의 설치와 관리
3. 사내근로복지기금의 설치
4. 고충처리위원회에서 의결되지 아니한 사항
5. 각종 노사공동위원회의 설치

제22조 【보고 사항 등】 ① 사용자는 정기회의에 다음 각 호의 어느 하나에 해당하는 사항에 관하여 성실하게 보고하거나 설명하여야 한다.
1. 경영계획 전반 및 실적에 관한 사항
2. 분기별 생산계획과 실적에 관한 사항
3. 인력계획에 관한 사항
4. 기업의 경제적·재정적 상황

② 근로자위원은 근로자의 요구사항을 보고하거나 설명할 수 있다.
③ 근로자위원은 사용자가 제1항에 따른 보고와 설명을 이행하지 아니하는 경우에는 제1항 각 호에 관한 자료를 제출하도록 요구할 수 있으며 사용자는 그 요구에 성실히 따라야 한다.

제23조 【의결 사항의 공지】 협의회는 의결된 사항을 신속히 근로자에게 널리 알려야 한다.

제24조 【의결 사항의 이행】 근로자와 사용자는 협의회에서 의결된 사항을 성실하게 이행하여야 한다.

제25조 【임의 중재】 ① 협의회는 다음 각 호의 어느 하나에 해당하는 경우에는 근로자위원과 사용자위원의 합의로 협의회에 중재기구(仲裁機構)를 두어 해결하거나 노동위원회나 그 밖의 제삼자에 의한 중재를 받을 수 있다.
1. 제21조에 따른 의결 사항에 관하여 협의회가 의결하지 못한 경우
2. 협의회에서 의결된 사항의 해석이나 이행 방법 등에 관하여 의견이 일치하지 아니하는 경우

② 제1항에 따른 중재 결정이 있으면 협의회의 의결을 거친 것으로 보며 근로자와 사용자는 그 결정에 따라야 한다.

제5장 고충처리
(2007.12.27 본장개정)

제26조 【고충처리위원】 모든 사업 또는 사업장에는 근로자의 고충을 청취하고 이를 처리하기 위하여 고충처리위원을 두어야 한다. 다만, 상시 30명 미만의 근로자를 사용하는 사업이나 사업장은 그러하지 아니하다.

제27조 【고충처리위원의 구성 및 임기】 ① 고충처리위원은 노사를 대표하는 3명 이내의 위원으로 구성하되, 협의회가 설치되어 있는 사업이나 사업장의 경우에는 협의회가 그 위원 중에서 선임하고, 협의회가 설치되어 있지 아니한 사업이나 사업장의 경우에는 사용자가 위촉한다.
② 위원의 임기에 관하여는 협의회 위원의 임기에 관한 제8조를 준용한다.

제28조 【고충의 처리】 ① 고충처리위원은 근로자로부터 고충사항을 청취한 경우에는 10일 이내에 조치 사항과 그 밖의 처리결과를 해당 근로자에게 통보하여야 한다.
② 고충처리위원이 처리하기 곤란한 사항은 협의회의 회의에 부쳐 협의 처리한다.

제6장 보 칙
(2010.6.4 본장개정)

제29조 【권한의 위임】 이 법에 따른 고용노동부장관의 권한은 대통령령으로 정하는 바에 따라 그 일부를 지방고용노동관서의 장에게 위임할 수 있다.

제7장 벌 칙
(2007.12.27 본장개정)

제30조 【벌칙】 다음 각 호의 어느 하나에 해당하는 자는 1천만원 이하의 벌금에 처한다.
1. 제4조제1항에 따른 협의회의 설치를 정당한 사유 없이 거부하거나 방해한 자
2. 제24조를 위반하여 협의회에서 의결된 사항을 정당한 사유 없이 이행하지 아니한 자
3. 제25조제2항을 위반하여 중재 결정의 내용을 정당한 사유 없이 이행하지 아니한 자

제31조 【벌칙】 사용자가 정당한 사유 없이 제11조에 따른 시정명령을 이행하지 아니하거나 제22조제3항에 따른 자료제출 의무를 이행하지 아니하면 500만원 이하의 벌금에 처한다.

제32조 【벌칙】 사용자가 제12조제1항을 위반하여 협의회를 정기적으로 개최하지 아니하거나 제26조에 따른 고충처리위원을 두지 아니한 경우에는 200만원 이하의 벌금에 처한다.

제33조 【과태료】 ① 사용자가 제18조를 위반하여 협의회규정을 제출하지 아니한 때에는 200만원 이하의 과태료를 부과한다.
② 제1항에 따른 과태료는 대통령령으로 정하는 바에 따라 고용노동부장관이 부과·징수한다.(2010.6.4 본항개정)
③~⑤ (2016.1.27 삭제)

부 칙 (2022.6.10)

제1조 【시행일】 이 법은 공포 후 6개월이 경과한 날부터 시행한다.

제2조 【근로자위원 선출에 관한 적용례】 제6조제2항의 개정규정은 이 법 시행 이후 근로자위원을 새로 선출하는 경우부터 적용한다.

공무원직장협의회의 설립 · 운영에 관한 법률(약칭 : 공무원직협법)

(1998년 2월 24일 법 률 제5516호)

개정
2000.12.29법 6306호(외무공무원)
2005.11. 8법 7690호(외무공무원)
2010. 3.12법10055호
2011. 5.23법10699호(국가공무원)
2012.12.11법11530호(국가공무원)
2019.12.10법16762호 2022. 4.26법18844호

제1조【목적】 이 법은 공무원의 근무환경 개선, 업무능률 향상 및 고충처리 등을 위한 직장협의회의 설립과 운영에 관한 기본적인 사항을 규정함을 목적으로 한다.(2010.3.12 본조개정)

제2조【설립】 ① 국가기관, 지방자치단체 및 그 하부기관에 근무하는 공무원은 직장협의회(이하 "협의회"라 한다)를 설립할 수 있다.
② 협의회는 기관 단위로 설립하되, 하나의 기관에는 하나의 협의회만을 설립할 수 있다.
③ 협의회를 설립한 경우 그 대표자는 소속 기관의 장(이하 "기관장"이라 한다)에게 설립 사실을 통보하여야 한다.
(2010.3.12 본조개정)

제2조의2【연합협의회】 ① 협의회는 다음 각 호의 국가기관 또는 지방자치단체 내에 설립된 협의회를 대표하는 하나의 연합협의회를 설립할 수 있다.
1. 국회 · 법원 · 헌법재판소 · 선거관리위원회
2. 「정부조직법」 제2조에 따른 중앙행정기관과 감사원 및 그 밖에 대통령령으로 정하는 기관
3. 특별시 · 광역시 · 특별자치시 · 도 · 특별자치도 및 특별시 · 광역시 · 특별자치시 · 도 · 특별자치도의 교육청
② 연합협의회를 설립한 경우 그 대표자는 제1항 각 호의 기관의 장(국회사무총장 · 법원행정처장 · 헌법재판소사무처장 · 중앙선거관리위원회사무총장, 중앙행정기관의 장, 특별시장 · 광역시장 · 특별자치시장 · 도지사 · 특별자치도지사 · 교육감 등을 말한다. 이하 같다)에게 설립 사실을 통보하여야 한다.
(2022.4.26 본조신설)

제3조【가입 범위】 ① 협의회에 가입할 수 있는 공무원의 범위는 다음 각 호와 같다.
1. 일반직공무원(2022.4.26 본호개정)
2. 특정직공무원 중 다음 각 목의 어느 하나에 해당하는 공무원(2019.12.10 본문개정)
가. 외무영사직렬 · 외교정보기술직렬 외무공무원
나. 경찰공무원
다. 소방공무원
(2022.4.26 가목~다목개정)
3. (2012.12.11 삭제)
4. (2011.5.23 삭제)
5. 별정직공무원(2022.4.26 본호개정)
② 제1항에도 불구하고 다음 각 호의 어느 하나에 해당하는 공무원은 협의회에 가입할 수 없다.
1. (2022.4.26 삭제)
2. 업무의 주된 내용이 지휘 · 감독권을 행사하거나 다른 공무원의 업무를 총괄하는 업무에 종사하는 공무원(2022.4.26 본호개정)
3. 업무의 주된 내용이 인사, 예산, 경리, 물품출납, 비서, 기밀, 보안, 경비 및 그 밖에 이와 유사한 업무에 종사하는 공무원(2022.4.26 본호개정)
③ 기관장은 해당 기관의 직책 또는 업무 중 제2항제2호 및 제3호에 따라 협의회에의 가입이 금지되는 직책 또는 업무를 협의회와 협의하여 지정하고 이를 공고하여야 한다.
(2019.12.10 본항신설)
(2010.3.12 본조개정)

제4조【가입 및 탈퇴의 자유】 공무원은 자유로이 협의회에 가입하거나 협의회를 탈퇴할 수 있다.(2010.3.12 본조개정)

제5조【협의회등의 기능】 ① 협의회 및 연합협의회(이하 "협의회등"이라 한다)는 소속 기관장 또는 제2조의2제1항 각 호의 기관의 장과 다음 각 호의 사항을 협의한다.(2022.4.26 본문개정)
1. 해당 기관 고유의 근무환경 개선에 관한 사항
2. 업무능률 향상에 관한 사항
3. 소속 공무원의 공무와 관련된 일반적 고충에 관한 사항
4. 소속 공무원의 모성보호 및 일과 가정생활의 양립을 지원하기 위한 사항(2022.4.26 본호신설)
5. 기관 내 성희롱, 괴롭힘 예방 등에 관한 사항(2022.4.26 본호신설)
6. 그 밖에 기관의 발전에 관한 사항
② 협의회등은 제1항에 따른 협의를 할 때 협의회등 구성원의 직급 등을 고려하여 협의회등 구성원의 의사를 고루 대변할 수 있는 협의위원을 선임(選任)하여야 한다.(2022.4.26 본항개정)
(2022.4.26 본조제목개정)
(2010.3.12 본조개정)

제5조의2【협의회등의 활동】 협의회등의 활동은 근무시간 외에 수행하여야 한다. 다만, 다음 각 호의 사항은 근무시간 중에 수행할 수 있다.
1. 협의회등과 기관장 또는 제2조의2제1항 각 호의 기관의 장과의 협의
2. 그 밖에 대통령령으로 정하는 사항
(2022.4.26 본조신설)

제6조【기관장의 의무】 ① 기관장 또는 제2조의2제1항 각 호의 기관의 장은 협의회등이 문서로 명시하여 협의를 요구하면 성실히 협의하여야 한다.
② 기관장 또는 제2조의2제1항 각 호의 기관의 장은 협의회등과 문서로 합의한 사항에 대하여는 최대한 이를 이행하도록 노력하여야 한다.
③ 기관장 또는 제2조의2제1항 각 호의 기관의 장은 협의회등의 조직 및 운영과 관련하여 소속 공무원에게 불리한 조치를 하여서는 아니 된다.
④ 기관장 또는 제2조의2제1항 각 호의 기관의 장은 협의회등과의 합의사항이 있는 경우 그 이행현황을 공개하여야 하고, 구체적인 방법은 대통령령으로 정한다.(2022.4.26 본항신설)
(2022.4.26 본조개정)

제7조【협의회등의 구성 및 운영 등에 관한 세부사항】 협의회등의 설립 단위, 가입 범위, 그 밖에 협의회등의 구성에 관한 사항과 협의위원의 선임, 협의회등의 협의절차 · 시기 · 방법, 그 밖에 협의회등의 운영에 필요한 사항은 국회규칙, 대법원규칙, 헌법재판소규칙, 중앙선거관리위원회규칙, 대통령령 또는 조례로 정한다.(2022.4.26 본조개정)

부 칙 (2019.12.10)
(2022.4.26)

이 법은 공포 후 6개월이 경과한 날부터 시행한다.

공무원의 노동조합 설립 및 운영 등에 관한 법률(약칭 : 공무원노조법)

(2005년 1월 27일
법 률 제7380호)

개정
2008. 2.29법 8852호(정부조직)
2010. 3.17법10133호
2010. 6. 4법10339호(정부조직)
2011. 5.23법10699호(국가공무원)
2012.12.11법11530호(국가공무원)
2013. 3.23법11690호(정부조직)
2014. 5.20법12623호
2014.11.19법12844호(정부조직)
2020. 5.26법17326호(법률용어정비)
2021. 1. 5법17860호
2022. 6.10법18922호

제1조【목적】 이 법은 「대한민국헌법」 제33조제2항에 따른 공무원의 노동기본권을 보장하기 위하여 「노동조합 및 노동관계조정법」 제5조제1항 단서에 따라 공무원의 노동조합 설립 및 운영 등에 관한 사항을 정함을 목적으로 한다.(2021.1.5 본조개정)

제2조【정의】 이 법에서 "공무원"이란 「국가공무원법」 제2조 및 「지방공무원법」 제2조에서 규정하고 있는 공무원을 말한다. 다만, 「국가공무원법」 제66조제1항 단서 및 「지방공무원법」 제58조제1항 단서에 따른 사실상 노무에 종사하는 공무원과 「교원의 노동조합 설립 및 운영 등에 관한 법률」의 적용을 받는 교원인 공무원은 제외한다.(2010.3.17 본조개정)

제3조【노동조합 활동의 보장 및 한계】 ① 이 법에 따른 공무원의 노동조합(이하 "노동조합"이라 한다)의 조직, 가입 및 노동조합과 관련된 정당한 활동에 대하여는 「국가공무원법」 제66조제1항 본문 및 「지방공무원법」 제58조제1항 본문을 적용하지 아니한다.
② 공무원은 노동조합 활동을 할 때 다른 법령에서 규정하는 공무원의 의무에 반하는 행위를 하여서는 아니 된다.
(2010.3.17 본조개정)

제4조【정치활동의 금지】 노동조합과 그 조합원은 정치활동을 하여서는 아니 된다.(2010.3.17 본조개정)

제5조【노동조합의 설립】 ① 공무원이 노동조합을 설립하려는 경우에는 국회·법원·헌법재판소·선거관리위원회·행정부·특별시·광역시·특별자치시·도·특별자치도·시·군·구(자치구를 말한다) 및 특별시·광역시·특별자치시·도·특별자치도의 교육청을 최소 단위로 한다.(2014.5.20 본항개정)
② 노동조합을 설립하려는 사람은 고용노동부장관에게 설립신고서를 제출하여야 한다.(2010.6.4 본항개정)

제6조【가입 범위】 ① 노동조합에 가입할 수 있는 사람의 범위는 다음 각 호와 같다.
1. 일반직공무원
2. 특정직공무원 중 외무영사직렬·외교정보기술직렬 외무공무원, 소방공무원 및 교육공무원(다만, 교원은 제외한다)
3. 별정직공무원(2021.1.5 본호신설)
4. 제1호부터 제3호까지의 어느 하나에 해당하는 공무원이었던 사람으로서 노동조합 규약으로 정하는 사람
5. (2011.5.23 삭제)
(2021.1.5 본항개정)
② 제1항에도 불구하고 다음 각 호의 어느 하나에 해당하는 공무원은 노동조합에 가입할 수 없다.
1. 업무의 주된 내용이 다른 공무원에 대하여 지휘·감독권을 행사하거나 다른 공무원의 업무를 총괄하는 업무에 종사하는 공무원(2021.1.5 본호개정)
2. 업무의 주된 내용이 인사·보수 또는 노동관계의 조정·감독 등 노동조합의 조합원 지위를 가지고 수행하기에 적절하지 아니한 업무에 종사하는 공무원(2021.1.5 본호개정)
3. 교정·수사 등 공공의 안녕과 국가안전보장에 관한 업무에 종사하는 공무원(2021.1.5 본호개정)
4. (2021.1.5 삭제)
③ (2021.1.5 삭제)
④ 제2항에 따른 공무원의 범위는 대통령령으로 정한다.
(2010.3.17 본조개정)

제7조【노동조합 전임자의 지위】 ① 공무원은 임용권자의 동의를 받아 노동조합으로부터 급여를 지급받으면서 노동조합의 업무에만 종사할 수 있다.(2022.6.10 본항개정)
② 제1항에 따른 동의를 받아 노동조합의 업무에만 종사하는 사람〔이하 "전임자"(專任者)라 한다〕에 대하여는 그 기간 중 「국가공무원법」 제71조 또는 「지방공무원법」 제63조에 따라 휴직명령을 하여야 한다.
③ (2022.6.10 삭제)
④ 국가와 지방자치단체는 공무원이 전임자임을 이유로 승급이나 그 밖에 신분과 관련하여 불리한 처우를 하여서는 아니 된다.
(2010.3.17 본조개정)

제7조의2【근무시간 면제자 등】 ① 공무원은 단체협약으로 정하거나 제8조제1항의 정부교섭대표(이하 이 조 및 제7조의3에서 "정부교섭대표"라 한다)가 동의하는 경우 제2항 및 제3항에 따라 결정된 근무시간 면제 한도를 초과하지 아니하는 범위에서 보수의 손실 없이 정부교섭대표와의 협의·교섭, 고충처리, 안전·보건활동 등 이 법 또는 다른 법률에서 정하는 업무와 건전한 노사관계 발전을 위한 노동조합의 유지·관리업무를 할 수 있다.
② 근무시간 면제 시간 및 사용인원의 한도(이하 "근무시간 면제 한도"라 한다)를 정하기 위하여 공무원근무시간면제심의위원회(이하 이 조에서 "심의위원회"라 한다)를 「경제사회노동위원회법」에 따른 경제사회노동위원회에 둔다.
③ 심의위원회는 제5조제1항에 따른 노동조합 설립 최소 단위를 기준으로 조합원(제6조제1항제1호부터 제3호까지의 규정에 해당하는 조합원을 말한다)의 수를 고려하되 노동조합의 조직형태, 교섭구조·범위 등 공무원 노사관계의 특성을 반영하여 근무시간 면제 한도를 심의·의결하고, 3년마다 그 적정성 여부를 재심의하여 의결할 수 있다.
④ 제1항을 위반하여 근무시간 면제 한도를 초과하는 내용을 정한 단체협약 또는 정부교섭대표의 동의는 그 부분에 한정하여 무효로 한다.
(2022.6.10 본조신설)

제7조의3【근무시간 면제 사용의 정보 공개】 정부교섭대표는 국민이 알 수 있도록 전년도에 노동조합별로 근무시간을 면제받은 시간 및 사용인원, 지급된 보수 등에 관한 정보를 대통령령으로 정하는 바에 따라 공개하여야 한다. 이 경우 정부교섭대표가 아닌 임용권자는 정부교섭대표에게 해당 기관의 근무시간 면제 관련 자료를 제출하여야 한다.(2022.6.10 본조신설)

제8조【교섭 및 체결 권한 등】 ① 노동조합의 대표자는 그 노동조합에 관한 사항 또는 조합원의 보수·복지, 그 밖의 근무조건에 관하여 국회사무총장·법원행정처장·헌법재판소사무처장·중앙선거관리위원회사무총장·인사혁신처장(행정부를 대표한다)·특별시장·광역시장·특별자치시장·도지사·특별자치도지사·시장·군수·구청장(자치구의 구청장을 말한다) 또는 특별시·광역시·특별자치시·도·특별자치도의 교육감 중 어느 하나에 해당하는 사람(이하 "정부교섭대표"라 한다)과 각각 교섭하고 단체협약을 체결할 권한을 가진다. 다만, 법령 등에 따라 국가나 지방자치단체가 그 권한으로 행하는 정책결정에 관한 사항, 임용권의 행사 등 그 기관의 관리·운영에 관한 사항으로서 근무조건과 직접 관련되지 아니하는 사항은 교섭의 대상이 될 수 없다.(2014.11.19 본문개정)
② 정부교섭대표는 법령 등에 따라 스스로 관리하거나 결정할 수 있는 권한을 가진 사항에 대하여 노동조합이 교섭을 요구할 때에는 정당한 사유가 없으면 그 요구에 따라야 한다.
(2020.5.26 본항개정)
③ 정부교섭대표는 효율적인 교섭을 위하여 필요한 경우 다른 정부교섭대표와 공동으로 교섭하거나, 다른 정부교섭대표에게 교섭 및 단체협약 체결 권한을 위임할 수 있다.
④ 정부교섭대표는 효율적인 교섭을 위하여 필요한 경우 정부교섭대표가 아닌 관계 기관의 장으로 하여금 교섭에 참여하게

할 수 있고, 다른 기관의 장이 관리하거나 결정할 권한을 가진 사항에 대하여는 해당 기관의 장에게 교섭 및 단체협약 체결 권한을 위임할 수 있다.
⑤ 제2항부터 제4항까지의 규정에 따라 정부교섭대표 또는 다른 기관의 장이 단체교섭을 하는 경우 소속 공무원으로 하여금 교섭 및 단체협약 체결을 하게 할 수 있다.
(2010.3.17 본조개정)

제9조【교섭의 절차】 ① 노동조합은 제8조에 따른 단체교섭을 위하여 노동조합의 대표자와 조합원으로 교섭위원을 구성하여야 한다.
② 노동조합의 대표자는 제8조에 따라 정부교섭대표와 교섭하려는 경우에는 교섭하려는 사항에 대하여 권한을 가진 정부교섭대표에게 서면으로 교섭을 요구하여야 한다.
③ 정부교섭대표는 제2항에 따라 노동조합으로부터 교섭을 요구받았을 때에는 교섭을 요구받은 사실을 공고하여 관련된 노동조합이 교섭에 참여할 수 있도록 하여야 한다.
④ 정부교섭대표는 제2항과 제3항에 따라 교섭을 요구하는 노동조합이 둘 이상인 경우에는 해당 노동조합에 교섭창구를 단일화하도록 요청할 수 있다. 이 경우 교섭창구가 단일화된 때에는 교섭에 응하여야 한다.(2021.1.5 후단개정)
⑤ 정부교섭대표는 제1항부터 제4항까지의 규정에 따라 관련된 노동조합과 단체협약을 체결한 경우 그 유효기간 중에는 그 단체협약의 체결에 참여하지 아니한 노동조합이 교섭을 요구하더라도 이를 거부할 수 있다.
⑥ 제1항부터 제5항까지의 규정에 따른 단체교섭의 절차 등에 관하여 필요한 사항은 대통령령으로 정한다.
(2010.3.17 본조개정)

제10조【단체협약의 효력】 ① 제9조에 따라 체결된 단체협약의 내용 중 법령·조례 또는 예산에 의하여 규정되는 내용과 법령 또는 조례에 의하여 위임을 받아 규정되는 내용은 단체협약으로서의 효력을 가지지 아니한다.
② 정부교섭대표는 제1항에 따라 단체협약으로서의 효력을 가지지 아니하는 내용에 대하여는 그 내용이 이행될 수 있도록 성실하게 노력하여야 한다.
(2010.3.17 본조개정)

제11조【쟁의행위의 금지】 노동조합과 그 조합원은 파업, 태업 또는 그 밖에 업무의 정상적인 운영을 방해하는 어떠한 행위도 하여서는 아니 된다.(2020.5.26 본조개정)

제12조【조정신청 등】 ① 제8조에 따른 단체교섭이 결렬(決裂)된 경우에는 당사자 어느 한쪽 또는 양쪽은 「노동위원회법」 제2조에 따른 중앙노동위원회(이하 "중앙노동위원회"라 한다)에 조정(調停)을 신청할 수 있다.(2021.1.5 본항개정)
② 중앙노동위원회는 제1항에 따라 당사자 어느 한쪽 또는 양쪽이 조정을 신청하면 지체 없이 조정을 시작하여야 한다. 이 경우 당사자 양쪽은 조정에 성실하게 임하여야 한다.
③ 중앙노동위원회는 조정안을 작성하여 관계 당사자에게 제시하고 수락을 권고하는 동시에 그 조정안에 이유를 붙여 공표할 수 있다. 이 경우 필요하면 신문 또는 방송에 보도 등 협조를 요청할 수 있다.
④ 조정은 제1항에 따른 조정신청을 받은 날부터 30일 이내에 마쳐야 한다. 다만, 당사자들이 합의한 경우에는 30일 이내의 범위에서 조정기간을 연장할 수 있다.
(2010.3.17 본조개정)

제13조【중재의 개시 등】 중앙노동위원회는 다음 각 호의 어느 하나에 해당하는 경우에는 지체 없이 중재(仲裁)를 한다.
1. 제8조에 따른 단체교섭이 결렬되어 관계 당사자 양쪽이 함께 중재를 신청한 경우
2. 제12조에 따른 조정이 이루어지지 아니하여 제14조에 따른 공무원 노동관계 조정위원회 전원회의에서 중재 회부를 결정한 경우
(2010.3.17 본조개정)

제14조【공무원 노동관계 조정위원회의 구성】 ① 제8조에 따른 단체교섭이 결렬된 경우 이를 조정·중재하기 위하여 중앙노동위원회에 공무원 노동관계 조정위원회(이하 "위원회"라 한다)를 둔다.
② 위원회는 공무원 노동관계의 조정·중재를 전담하는 7명 이내의 공익위원으로 구성한다.
③ 제2항에 따른 공익위원은 「노동위원회법」 제6조 및 같은 법 제8조에도 불구하고 공무원 문제 또는 노동 문제에 관한 지식과 경험을 갖춘 사람 또는 사회적 덕망이 있는 사람 중에서 중앙노동위원회 위원장의 추천과 고용노동부장관의 제청으로 대통령이 위촉한다.(2010.6.4 본항개정)
④ 제3항에 따라 공익위원을 위촉하는 경우에는 「노동위원회법」 제6조제2항에도 불구하고 그 공익위원에 해당하는 정원이 따로 있는 것으로 본다.
(2010.3.17 본조개정)

제15조【회의의 운영】 ① 위원회에는 전원회의와 소위원회를 둔다.
② 전원회의는 제14조제2항에 따른 공익위원 전원으로 구성하며, 다음 각 호의 사항을 담당한다.
1. 전국에 걸친 노동쟁의의 조정사건
2. 중재 회부의 결정
3. 중재재정(仲裁裁定)
③ 소위원회는 위원회의 위원장이 중앙노동위원회 위원장과 협의하여 지명하는 3명으로 구성하며, 전원회의에서 담당하지 아니하는 조정사건을 담당한다.
(2010.3.17 본조개정)

제16조【중재재정의 확정 등】 ① 관계 당사자는 중앙노동위원회의 중재재정이 위법하거나 월권(越權)에 의한 것이라고 인정하는 경우에는 「행정소송법」 제20조에도 불구하고 중재재정서를 송달받은 날부터 15일 이내에 중앙노동위원회 위원장을 피고로 하여 행정소송을 제기할 수 있다.
② 제1항의 기간 이내에 행정소송을 제기하지 아니하면 그 중재재정은 확정된다.
③ 제2항에 따라 중재재정이 확정되면 관계 당사자는 이에 따라야 한다.
④ 중앙노동위원회의 중재재정은 제1항에 따른 행정소송의 제기에 의하여 그 효력이 정지되지 아니한다.
⑤ 제2항에 따라 확정된 중재재정의 내용은 제10조에 따른 단체협약과 같은 효력을 가진다.
⑥ 중앙노동위원회는 필요한 경우 확정된 중재재정의 내용을 국회, 지방의회, 지방자치단체의 장 등에게 통보할 수 있다.
(2010.3.17 본조개정)

제17조【다른 법률과의 관계】 ① 이 법의 규정은 공무원이 「공무원직장협의회의 설립·운영에 관한 법률」에 따라 직장협의회를 설립·운영하는 것을 방해하지 아니한다.
② 공무원(제6조제1항제4호에 해당하는 사람을 포함한다)에게 적용할 노동조합 및 노동관계 조정에 관하여 이 법에서 정하지 아니한 사항에 대해서는 제3항에서 정하는 경우를 제외하고는 「노동조합 및 노동관계조정법」에서 정하는 바에 따른다. 이 경우 「노동조합 및 노동관계조정법」 제3조 중 "단체교섭 또는 쟁의행위"는 "단체교섭"으로, 제4조 본문 중 "단체교섭·쟁의행위"는 "단체교섭"으로, 제10조제1항 각 호 외의 부분 중 "연합단체인 노동조합과 2 이상의 특별시·광역시·특별자치시·도·특별자치도에 걸치는 단위노동조합은 고용노동부장관에게, 2 이상의 시·군·구(자치구를 말한다)에 걸치는 단위노동조합은 특별시장·광역시장·도지사에게, 그 외의 노동조합은 특별자치시장·특별자치도지사·시장·군수·구청장(자치구의 구청장을 말한다. 이하 제12조제1항에서 같다)에게"는 "고용노동부장관에게"로, 제12조제1항 중 "고용노동부장관, 특별시장·광역시장·특별자치시장·도지사·특별자치도지사 또는 시장·군수·구청장(이하 "행정관청"이라 한다)"은 "고용노동부장관"으로, 제24조의2제3항부터 제8항까지 중 "위원회"는 "심의위원회"로, "근로자"는 "공무원"으로, "노동단체"는 "노동단체 또는 공무원 노동단체"로, "사용자", "전국적 규모의 경영자단체" 및 "경영자단체"는 각각 "정부교섭대표"로, 제30조제1항 및 제2항 중 "사용자"는 "정부교섭대표"로, 제58조, 제60조제2항부터 제4항까지 및 제61조제3항 중 "조정위원회 또는 단독조정인"은 "공무원 노동관계 조정위원회"로, 제59조 중 "조정위원회의 위원장 또는 단독조정인"은 "공무원 노동관계 조정위원회 위원장"으로, 제60조제3항 중 "제1

항의 규정에 의한 조정안"은 "조정안"으로, 제61조제1항 중 "조정위원 전원 또는 단독조정인"은 "공무원 노동관계 조정위원회 위원 전원"으로, 제66조제1항, 제67조 및 제68조제2항 중 "중재위원회"는 "공무원 노동관계 조정위원회"로, 제94조 중 "제88조 내지 제93조"는 "제93조"로 보고, 같은 법 중 "근로자"는 "공무원(제6조제1항제4호에 해당하는 사람을 포함한다)"으로, "사용자"(같은 법 제30조의 "사용자"는 제외한다)는 "기관의 장, 공무원에 관한 사항에 대하여 기관의 장을 위하여 행동하는 사람"으로, "행정관청"은 "고용노동부장관"으로 본다.(2022.6.10 후단개정)
③「노동조합 및 노동관계조정법」 제2조제4호라목, 제24조, 제24조의2제1항·제2항, 제29조, 제29조의2부터 제29조의5까지, 제36조부터 제39조까지, 제41조, 제42조, 제42조의2부터 제42조의6까지, 제43조부터 제46조까지, 제51조부터 제57조까지, 제60조제1항·제5항, 제62조부터 제65조까지, 제66조제2항, 제69조부터 제73조까지, 제76조부터 제80조까지, 제81조제1항제2호 단서, 제88조부터 제92조까지 및 제96조제1항제3호는 이 법에 따른 노동조합에 대해서는 적용하지 아니한다.(2022.6.10 본항개정)
(2010.3.17 본조개정)
제18조【벌칙】 제11조를 위반하여 파업, 태업 또는 그 밖에 업무의 정상적인 운영을 방해하는 행위를 한 자는 5년 이하의 징역 또는 5천만원 이하의 벌금에 처한다.(2010.3.17 본조개정)

부 칙 (2020.5.26)

이 법은 공포한 날부터 시행한다.(이하 생략)

부 칙 (2021.1.5)

이 법은 공포 후 6개월이 경과한 날부터 시행한다.

부 칙 (2022.6.10)

제1조【시행일】 이 법은 공포 후 1년 6개월이 경과한 날부터 시행한다.
제2조【근무시간 면제 심의 준비】 경제사회노동위원회는 제7조의2의 개정규정에 따른 공무원근무시간면제심의위원회의 구성을 위한 위원 위촉 및 심의 등에 필요한 사항을 이 법 시행 전에 진행할 수 있다.

공인노무사법

(1984년 12월 31일
법 률 제3771호)

개정
1990. 4. 7법 4234호 1995.12. 6법 5018호
1997.12.24법 5477호
1999. 2. 5법 5815호(독점적외)
1999. 2. 8법 5887호 2000.12.30법 6333호
2003.12.31법 7046호
2005. 3.31법 7428호(채무자회생파산)
2005.12.29법 7796호(국가공무원)
2007. 5.17법 8473호 2007. 8. 3법 8615호
2007.12.21법 8780호 2008.12.26법 9255호
2010. 5.25법10321호
2010. 6. 4법10339호(정부조직)
2014. 5.20법12624호 2016. 1.27법13898호
2018.10.16법15847호 2020. 1.29법16895호
2022. 6.10법18923호

제1조【목적】 이 법은 공인노무사 제도를 확립하여 노동 및 사회보험 관계 업무의 원활한 운영을 꾀하고 사업 또는 사업장의 자율적인 노무관리를 도모함으로써 근로자의 복지 증진과 기업의 건전한 발전에 이바지함을 목적으로 한다.(2020.1.29 본조개정)
제2조【직무의 범위】 ① 공인노무사는 다음 각 호의 직무를 수행한다.
1. 노동 관계 법령에 따라 관계 기관에 대하여 행하는 신고·신청·보고·진술·청구(이의신청·심사청구 및 심판청구를 포함한다) 및 권리 구제 등의 대행 또는 대리
2. 노동 관계 법령에 따른 서류의 작성과 확인(2020.1.29 본호개정)
3. 노동 관계 법령과 노무관리에 관한 상담·지도
4. 「근로기준법」을 적용받는 사업이나 사업장에 대한 노무관리진단
5. 「노동조합 및 노동관계조정법」 제52조에서 정한 사적(私的) 조정이나 중재
6. 사회보험 관계 법령에 따라 관계 기관에 대하여 행하는 신고·신청·보고·진술·청구(이의신청·심사청구 및 심판청구를 포함한다) 및 권리 구제 등의 대행 또는 대리(2020.1.29 본호신설)

② 제1항제4호에서 "노무관리진단"이란 사업 또는 사업장의 노사(勞使) 당사자 한쪽 또는 양쪽의 의뢰를 받아 그 사업 또는 사업장의 인사·노무관리·노사관계 등에 관한 사항을 분석·진단하고 그 결과에 대하여 합리적인 개선 방안을 제시하는 일련의 행위를 말한다.
③ 제1항제1호부터 제3호까지에 규정된 노동 관계 법령의 범위와 같은 항 제4호의 노무관리진단의 시행에 필요한 사항, 같은 항 제6호에 규정된 사회보험 관계 법령의 범위는 대통령령으로 정한다.(2020.1.29 본항개정)
(2007.8.3 본조개정)
제3조【자격】 제3조의2에 따른 공인노무사 자격시험에 합격한 자는 공인노무사 자격을 가진다.(2007.8.3 본조개정)
제3조의2【공인노무사 자격시험】 ① 공인노무사 자격시험은 고용노동부장관이 실시하되, 제1차시험·제2차시험 및 제3차시험으로 구분하여 실시한다.(2010.6.4 본항개정)
② 공인노무사 자격시험의 최종 합격 발표일을 기준으로 제4조의 결격사유에 해당하는 사람은 공인노무사 자격시험에 응시할 수 없다.(2010.5.25 본항신설)
③ 고용노동부장관은 제2항에 따라 공인노무사 자격시험에 응시할 수 없음에도 불구하고 공인노무사 자격시험에 응시하여 최종 합격한 사람에 대하여는 합격결정을 취소하여야 한다.(2010.6.4 본항개정)
④ 제1항에 따른 공인노무사 자격시험의 응시자격, 시험과목, 시험방법, 자격증 교부, 그 밖에 시험에 필요한 사항은 대통령령으로 정한다.

⑤ 공인노무사 자격시험에 응시하려는 사람은 실비의 범위에서 대통령령으로 정하는 수수료를 내야 한다. 이 경우 수수료의 납부방법, 반환 등에 관하여 필요한 사항은 대통령령으로 정한다.(2016.1.27 본항신설)
(2007.8.3 본조개정)
제3조의3 【시험의 일부면제】 ① 다음 각 호의 어느 하나에 해당하는 자는 공인노무사 자격시험의 제1차시험과목 전부와 제2차시험과목 중 그 과목 수의 2분의 1을 넘지 아니하는 범위에서 대통령령으로 정하는 일부 과목을 면제한다.
1. 노동행정에 종사한 경력이 통틀어 10년 이상이고, 그중 5급 이상 공무원이나 고위공무원단에 속하는 일반직공무원으로 재직한 경력이 5년 이상인 자
2. 노동행정에 종사한 경력이 통틀어 15년 이상이고, 그중 6급 이상 공무원이나 고위공무원단에 속하는 일반직공무원으로 재직한 경력이 8년 이상인 자
② 대통령령으로 정하는 노동 관계 업무에 10년 이상 종사한 자는 제1차시험과목 중 대통령령으로 정하는 일부 과목을 면제한다.
③ 제1항 각 호에 따른 노동행정에 종사한 공무원의 범위는 대통령령으로 정한다.
④ 제1차시험에 합격한 자는 다음 회의 시험에서만 제1차시험을 면제하고 제2차시험에 합격한 자는 다음 회의 시험에서만 제1차시험과 제2차시험을 면제한다.
⑤ 다음 각 호의 어느 하나에 해당하는 사람에게는 제1항 및 제2항을 적용하지 아니한다.
1. 탄핵이나 징계처분에 따라 그 직에서 파면 또는 해임된 사람
2. 금품 및 향응 수수(授受)로 강등 또는 정직에 해당하는 징계처분을 받은 사람
(2020.1.29 본항신설)
(2007.8.3 본조개정)
제3조의4 【공인노무사자격심의 · 징계위원회】 ① 다음 각 호의 사항을 심의 · 의결하기 위하여 고용노동부에 공인노무사 자격심의 · 징계위원회(이하 "자격심의 · 징계위원회"라 한다)를 둔다.
1. 공인노무사 자격 취득에 관한 다음 각 목의 사항
가. 자격시험 선발인원의 결정
나. 자격시험의 일부면제 대상자의 요건에 관한 사항
다. 자격시험 과목에 관한 사항
라. 자격시험 응시 수수료
마. 그 밖에 공인노무사 자격 취득과 관련된 사항으로서 위원장이 필요하다고 인정하여 회의에 부치는 사항
2. 공인노무사의 징계에 관한 사항
② 자격심의 · 징계위원회는 위원장 1명을 포함하여 15명 이내의 위원으로 구성한다.
③ 자격심의 · 징계위원회의 위원장은 공인노무사에 관한 사무를 관장하는 고용노동부의 고위공무원단에 속하는 일반직공무원 중에서 고용노동부장관이 지명하는 사람으로 한다.
④ 자격심의 · 징계위원회의 위원은 다음 각 호의 사람으로 한다.
1. 고용노동부의 3급 공무원이나 고위공무원단에 속하는 일반직공무원 중 고용노동부장관이 지명하는 사람
2. 법제처 및 중앙노동위원회의 3급 공무원이나 고위공무원단에 속하는 일반직공무원 중에서 해당 기관의 장이 지명하는 사람
3. 변호사의 자격이 있는 사람 중에서 법무부장관이 지명하는 사람
4. 제24조에 따른 공인노무사회의 장이 추천하는 공인노무사 중에서 고용노동부장관이 지명하는 사람
5. 다음 각 목에 해당하는 사람 중에서 고용노동부장관이 위촉하는 사람
가. 「고등교육법」 제2조에 따른 학교에서 노동경제, 노동법학, 그 밖에 이와 관련된 분야의 부교수 이상의 직으로 재직하고 있거나 재직하였던 사람
나. 「노동조합 및 노동관계조정법」 제10조제2항에 따른 총연합단체인 노동조합에서 추천하는 사람
다. 전국적 규모의 사용자단체에서 추천하는 사람
라. 「비영리민간단체 지원법」 제2조에 따른 비영리민간단체에서 추천하는 사람
마. 그 밖에 노동 관계 법령에 관한 학식과 경험이 풍부한 사람
⑤ 제1항부터 제4항까지에서 규정한 사항 외에 자격심의 · 징계위원회의 구성 및 운영에 필요한 사항은 대통령령으로 정한다.
(2022.6.10 본조개정)
제3조의5 【시험부정행위자에 대한 조치】 고용노동부장관은 공인노무사 자격시험에 있어서 부정한 행위를 한 응시자에 대하여는 그 시험을 정지 또는 무효로 하거나 합격결정을 취소하고, 그 시험을 정지하거나 무효로 한 날 또는 합격결정을 취소한 날부터 5년간 시험응시자격을 정지한다.(2010.6.4 본조개정)
제4조 【결격사유】 다음 각 호의 어느 하나에 해당하는 사람은 공인노무사가 될 수 없다.(2022.6.10 본문개정)
1. 미성년자
2. 피성년후견인 또는 피한정후견인(2016.1.27 본호개정)
3. 파산선고를 받은 사람으로서 복권(復權)되지 아니한 사람
4. 공무원으로서 징계처분에 따라 파면된 사람으로서 3년이 지나지 아니한 사람
5. 금고(禁錮) 이상의 실형을 선고받고 그 집행이 끝나거나(집행이 끝난 것으로 보는 경우를 포함한다) 집행이 면제된 날부터 3년이 지나지 아니한 사람
6. 금고 이상의 형의 집행유예를 선고받고 그 유예기간이 끝난 날부터 1년이 지나지 아니한 사람
7. 금고 이상의 형의 선고유예기간 중에 있는 사람
(2022.6.10 3호~7호개정)
8. 제20조에 따라 영구등록취소된 사람(2020.1.29 본호신설)
(2007.8.3 본조개정)
제5조 【등록】 ① 공인노무사 자격이 있는 사람이 제2조에 따른 직무를 시작하려는 경우에는 대통령령으로 정하는 바에 따라 한국공인노무사회(이하 "공인노무사회"라 한다)에 등록하여야 한다.(2020.1.29 본항개정)
② 공인노무사회는 제1항에 따라 등록을 신청한 사람이 다음 각 호의 어느 하나에 해당하면 등록을 거부하여야 한다.
(2020.1.29 본문개정)
1. 제4조의 결격사유에 해당하는 사람
2. 제5조의2제1항에 따른 연수교육을 받지 아니한 사람
3. 제19조제1항제1호에 따라 등록이 취소(제4조제2호 또는 제3호에 따른 결격사유에 해당하여 등록이 취소된 경우는 제외한다)된 날부터 3년이 지나지 아니한 사람(2022.6.10 본호개정)
4. 제20조에 따라 등록이 취소된 날부터 3년이 지나지 아니한 사람
③ 공인노무사회는 제2항에 따라 등록을 거부한 때에는 지체 없이 그 사유를 분명하게 밝혀 신청인에게 알려야 한다.
(2020.1.29 본항개정)
④ 공인노무사회가 제1항에 따른 등록의 신청을 받은 날부터 3개월이 지날 때까지 등록을 하지 아니하거나 등록을 거부하지 아니할 때에는 등록이 된 것으로 본다.(2020.1.29 본항신설)
⑤ 제2항에 따라 등록이 거부된 사람은 제3항에 따른 통지를 받은 날부터 3개월 이내에 등록거부에 관하여 부당한 이유를 소명하여 고용노동부장관에게 이의신청을 할 수 있다.
(2020.1.29 본항신설)
⑥ 고용노동부장관은 제5항의 이의신청이 이유 있다고 인정할 때에는 공인노무사회에 그 공인노무사의 등록을 명하여야 한다.(2020.1.29 본항신설)
(2010.5.25 본조개정)
제5조의2 【공인노무사의 교육】 ① 공인노무사 자격이 있는 사람(제3조의3제1항 각 호 및 제2항에 해당하는 사람은 제외한다)이 자격 취득 후 직무를 처음 개시하려는 경우에는 제5조에 따른 등록을 하기 전에 1년의 범위에서 대통령령으로 정하는 기간 동안 연수교육을 받아야 한다.(2022.6.10 본항개정)

② 제5조제1항에 따라 등록을 한 공인노무사(이하 "개업노무사"라 한다)는 개업노무사의 전문성과 윤리의식을 높이기 위한 내용으로 구성되어 있는 보수(補修)교육(이하 "보수교육"이라 한다)을 매년 8시간의 범위에서 대통령령으로 정하는 시간(이 경우 공인노무사로서 필요한 직업윤리의식에 관한 교육이 1시간 이상 포함되어야 한다) 동안 받아야 한다. 다만, 다음 각 호의 어느 하나에 해당하는 경우에는 그러하지 아니하다.(2016.1.27 본문개정)
1. 질병 등으로 정상적인 공인노무사 업무를 수행할 수 없는 경우
2. 휴업 등으로 보수교육을 받을 수 없는 정당한 사유가 있는 경우
3. 고령으로 보수교육을 받기에 적당하지 아니한 경우로서 제24조에 따른 공인노무사회가 정하는 경우
③ 고용노동부장관은 대통령령으로 정하는 시설·인력 및 교육실적 등의 기준에 적합한 기관 및 단체를 보수교육을 실시하는 기관(이하 "지정교육기관"이라 한다)으로 지정할 수 있다.(2010.6.4 본항개정)
④ 고용노동부장관은 지정교육기관이 다음 각 호의 어느 하나에 해당하는 경우에는 그 지정을 취소할 수 있다. 다만, 제1호의 경우에는 그 지정을 취소하여야 한다.(2010.6.4 본문개정)
1. 거짓이나 부정한 방법으로 지정을 받은 경우
2. 보수교육을 이수하지 아니한 자를 이수한 것으로 처리한 경우
3. 제3항에 따른 기준에 미치지 못하는 경우
⑤ 제1항 및 제2항에 따른 교육의 내용은 대통령령으로 정하며, 교육의 방법·절차 및 그 밖에 필요한 사항은 고용노동부령으로 정한다.(2010.6.4 본항개정)
(2010.5.25 본조신설)

제6조【사무소의 설치 제한】 개업노무사는 1개의 사무소만을 설치·운영할 수 있다.(2010.5.25 본조개정)

제7조【합동사무소】 ① 개업노무사는 직무를 효율적으로 수행하고 공신력(公信力)을 높이기 위하여 개업노무사 2명 이상으로 구성되는 합동사무소를 설치할 수 있다.
② (2016.1.27 삭제)
③ 합동사무소에 관하여 이 법에 규정이 없는 사항은 「민법」 중 조합에 관한 규정을 준용한다.
(2007.8.3 본조개정)

제7조의2【노무법인】 개업노무사는 그 직무를 조직적·전문적으로 수행하기 위하여 법인을 설립할 수 있다.(2007.8.3 본조개정)

제7조의3【노무법인의 사원 등】 ① 노무법인의 사원은 2명 이상의 개업노무사로 구성한다.
② 제20조에 따라 직무정지처분을 받고 그 기간 중에 있는 자는 노무법인의 사원이 될 수 없다.(2010.5.25 본항개정)
③ 노무법인은 사원이 아닌 공인노무사(이하 "소속공인노무사"라 한다)를 고용할 수 있다.(2010.5.25 본항개정)
(2010.5.25 본조제목개정)
(2007.8.3 본조개정)

제7조의4【노무법인의 설립 절차 등】 ① 노무법인을 설립하려면 사원이 될 공인노무사가 정관(定款)을 작성하여 대통령령으로 정하는 바에 따라 고용노동부장관의 인가를 받아야 한다. 정관을 변경할 때에도 또한 같다.(2010.6.4 전단개정)
② 정관에는 다음 각 호의 사항을 적어야 한다.
1. 목적
2. 명칭
3. 주사무소와 분사무소의 소재지(2010.5.25 본호개정)
4. 사원의 성명과 주소
5. 사원의 출자에 관한 사항
6. 존립 시기나 해산 사유를 정한 경우에는 그 시기 또는 사유
7. 그 밖에 대통령령으로 정하는 사항
③ 노무법인은 대통령령으로 정하는 바에 따라 등기하여야 한다.
④ 노무법인은 그 주사무소에서 설립등기를 함으로써 성립한다.
(2007.8.3 본조개정)

제7조의5【노무법인의 해산】 ① 노무법인은 다음 각 호의 어느 하나에 해당하는 사유로 해산한다.
1. 정관에서 정하는 해산 사유의 발생
2. 사원총회의 결의
3. 합병
4. 파산
5. 설립인가의 취소
② 노무법인이 해산하면 청산인은 지체 없이 그 사유를 고용노동부장관에게 신고하여야 한다.(2010.6.4 본항개정)
(2007.8.3 본조개정)

제7조의6【노무법인 인가 취소 등】 고용노동부장관은 노무법인이 다음 각 호의 어느 하나에 해당하면 그 설립인가를 취소하거나 1년 이내의 기간을 정하여 업무의 정지를 명할 수 있다. 다만, 제1호부터 제3호까지의 규정에 해당하는 경우에는 그 인가를 취소하여야 한다.(2010.6.4 본문개정)
1. 제7조의3제1항에 따른 사원의 수(數)에 미치지 못한 날부터 3개월 이내에 사원을 보충하지 아니한 경우
2. 업무정지명령을 위반하여 업무를 수행한 경우
3. 거짓이나 그 밖의 부정한 방법으로 제7조의4의 인가를 받은 경우
4. 제7조의7제3항을 위반하여 사무소를 설치·운영한 경우
5. 제7조의10제2항에 따라 준용하는 제11조제4항을 위반하여 직무보조원을 고용한 경우
6. 노무법인의 사원 또는 소속공인노무사가 제13조를 위반한 경우
7. 노무법인이 개업노무사 또는 개업노무사이었던 자(개업노무사 또는 개업노무사이었던 자의 직무보조원 또는 직무보조원이었던 자를 포함한다)로 하여금 정당한 사유 없이 직무상 알게 된 사실을 누설하게 하여 이득을 취한 경우
8. 제18조제1항에 따른 보고·자료제출 등의 명령에 따르지 아니하거나 검사 또는 질문을 거부·방해 또는 기피하는 경우
(2010.5.25 본조개정)

제7조의7【노무법인의 사무소】 ① 노무법인은 주사무소 외에 분사무소를 둘 수 있다. 이 경우 분사무소에는 노무법인의 분사무소임을 표시하여야 한다.
② 노무법인의 사원과 소속공인노무사는 그 노무법인 외에 따로 사무소를 둘 수 없다.
③ 노무법인의 주사무소와 분사무소에는 각각 1명 이상의 공인노무사인 사원이 상근하여야 한다.
(2010.5.25 본조신설)

제7조의8【노무법인의 업무집행방법】 ① 노무법인은 법인 명의로 업무를 수행하여야 하며, 수임한 업무마다 그 업무를 담당할 공인노무사(이하 "담당공인노무사"라 한다)를 지정하여야 한다. 다만, 소속공인노무사를 담당공인노무사로 지정할 경우에는 그 노무법인의 사원과 공동으로 지정하여야 한다.
② 노무법인이 업무를 수행할 때 담당공인노무사를 지정하지 아니한 경우에는 노무법인의 사원 모두를 담당공인노무사로 지정한 것으로 본다.
③ 담당공인노무사는 지정된 업무를 수행할 때에는 그 노무법인을 대표한다.
④ 노무법인이 그 업무에 관하여 작성하는 서면에는 법인 명의를 표시하고 담당공인노무사가 기명날인하거나 서명하여야 한다.
(2010.5.25 본조신설)

제7조의9【경업의 금지】 ① 노무법인의 사원 또는 소속공인노무사는 자기 또는 제3자를 위하여 그 노무법인의 업무범위에 속하는 업무를 수행하거나 다른 노무법인의 사원 또는 소속공인노무사가 되어서는 아니 된다.
② 노무법인의 사원 또는 소속공인노무사이었던 사람은 그 노무법인에 소속한 기간 중에 그 노무법인의 담당공인노무사로서 수행하고 있었거나 수행을 승낙한 업무에 관하여는 퇴직 후 공인노무사의 업무를 수행할 수 없다. 다만, 그 노무법인의 동의가 있는 경우에는 그러하지 아니하다.
(2010.5.25 본조신설)

제7조의10【준용규정】 ① 노무법인에 관하여 이 법에 규정되지 아니한 사항은 「상법」 중 합명회사에 관한 규정을 준용한다.

② 노무법인에 관하여는 그 성질에 어긋나지 아니하면 제11조, 제12조, 제12조의3, 제12조의4, 제13조, 제14조, 제17조, 제20조의3 및 제26조의2를 준용한다.(2010.5.25 본항개정)
(2007.8.3 본조개정)

제8조 【사무소 명칭 등】 ①~② (1999.2.8 삭제)
③ 이 법에 따른 공인노무사가 아닌 자는 공인노무사·공인노무사사무소·공인노무사합동사무소·노무법인 또는 이와 비슷한 명칭을 사용하여서는 아니 된다.
④ 이 법에 따른 공인노무사합동사무소 또는 노무법인이 아닌 자는 공인노무사합동사무소·노무법인 또는 이와 비슷한 명칭을 사용하여서는 아니 된다.
(2007.8.3 본조개정)

제9조 【폐업】 개업노무사가 폐업하려면 공인노무사회에 신고하여야 한다.(2020.1.29 본조개정)

제10조 (1999.2.5 삭제)

제11조 【직무보조원】 ① 개업노무사는 그의 직무를 도와줄 보조원을 둘 수 있다.
② 직무보조원의 직무상 행위는 그를 고용한 개업노무사의 행위로 본다.
③ 제4조 각 호의 어느 하나에 해당하는 자는 직무보조원이 될 수 없다. 다만, 같은 조 제3호에 따른 파산선고를 받은 자로서 복권되지 아니한 자는 그러하지 아니하다.(2007.12.21 본항개정)
④ 개업노무사는 제3항에 해당하는 자를 직무보조원으로 둘 수 없다.(2007.12.21 본항신설)
(2007.8.3 본조개정)

제12조 【품위유지와 성실의무 등】 ① 공인노무사는 항상 품위를 유지하고 신의와 성실로써 공정하게 직무를 수행하여야 하고, 그 직무를 공정하게 수행할 수 없는 경우에는 제2조에서 정한 직무를 행하여서는 아니 된다.(2020.1.29 본항개정)
② 개업노무사는 제2조제1항에 따라 그가 작성하거나 확인한 서류에 기명하거나 날인하여야 한다.
③ (2010.5.25 삭제)
(2007.8.3 본조개정)

제12조의2 (1999.2.8 삭제)

제12조의3 【관계 장부 등의 열람 신청】 개업노무사가 제2조의 직무를 수행하는 데에 필요하면 관계 기관이나 관계인에게 관계 장부 및 서류의 열람을 신청할 수 있다. 이 경우 그 신청이 제2조제1항제1호 또는 제2호에 따른 직무의 수행을 위한 것이면 열람을 신청받은 관계기관은 정당한 사유 없이 거부하여서는 아니 된다.(2007.8.3 본조개정)

제12조의4 【손해배상책임의 보장】 개업노무사는 그 직무를 수행하면서 고의나 과실로 인하여 의뢰인에게 손해를 입힌 경우 그 손해에 대한 배상책임을 보장하기 위하여 대통령령으로 정하는 바에 따라 보증보험에 가입하여야 한다.(2007.8.3 본조개정)

제13조 【금지 행위】 개업노무사와 그 직무보조원은 다음 각 호의 행위를 하여서는 아니 된다.
1. 거짓이나 그 밖의 부정한 방법으로 의뢰인에게 노동 및 사회보험 관계 법령에 따른 보험금 등 재산상의 이익을 얻게 하거나 보험료 납부, 그 밖에 금전상의 의무를 이행하지 아니하게 하는 행위(2020.1.29 본호개정)
2. 의뢰인으로 하여금 노동 및 사회보험 관계 법령에 따른 신고·보고, 그 밖의 의무를 이행하지 아니하게 하는 행위(2020.1.29 본호개정)
3. 법령에 위반되는 행위에 관한 지도·상담, 그 밖에 이와 비슷한 행위
4. 사건의 알선을 업(業)으로 하는 자를 이용하거나 그 밖의 부당한 방법으로 사건 의뢰를 유치하는 행위
(2007.8.3 본조개정)

제14조 【비밀 엄수】 개업노무사 또는 개업노무사이었던 자(개업노무사 또는 개업노무사이었던 자의 직무보조원 또는 직무보조원이었던 자를 포함한다)는 정당한 사유 없이 직무상 알게 된 사실을 타인에게 누설하여서는 아니 된다.(2007.8.3 본조개정)

제15조~제16조 (1999.2.8 삭제)

제17조 【장부의 비치 등】 ① 개업노무사는 그 사무소에 직무에 관한 장부를 작성하여 갖추어 두어야 하며, 그 장부를 3년간 보존하여야 한다. 이 경우 그 장부는 「전자문서 및 전자거래 기본법」 제2조제1호에 따른 전자문서로 작성·관리 및 보존할 수 있다.(2018.10.16 후단개정)
② 제1항에 따라 갖추어 두어야 할 장부의 종류·양식, 그 밖에 필요한 사항은 고용노동부령으로 정한다.(2010.6.4 본항개정)

제18조 【감독상의 명령 등】 ① 고용노동부장관은 개업노무사 또는 노무법인이 이 법 또는 이 법에 따른 명령을 위반하였는지를 확인하기 위하여 필요하면 그 업무에 관한 사항을 보고하게 하거나 자료의 제출, 그 밖에 필요한 명령을 할 수 있으며, 소속 공무원으로 하여금 그 사무소에 출입하여 장부·서류 등을 검사하거나 질문하게 할 수 있다.(2010.6.4 본항개정)
② 고용노동부장관은 제1항에 따라 출입·검사 등을 하는 경우에는 개업노무사 또는 노무법인에게 이를 행하기 7일 전까지 일시, 내용 등 필요한 사항을 알려야 한다. 다만, 긴급하거나 미리 알릴 경우 그 목적을 달성할 수 없다고 인정되는 경우에는 그러하지 아니하다.(2010.6.4 본문개정)
③ 제1항에 따라 출입·검사 등을 하는 공무원은 그 권한을 표시하는 증표를 지니고 이를 관계인에게 내보여야 한다.
④ 고용노동부장관은 제24조에 따른 공인노무사회로 하여금 제1항에 따른 업무 검사를 하게 할 수 있다. 이 경우 공인노무사회는 그 결과를 고용노동부장관에게 보고하여야 한다.
(2010.6.4 본항개정)
(2007.8.3 본조개정)

제19조 【등록의 취소 등】 ① 공인노무사회는 개업노무사가 다음 각 호의 어느 하나에 해당하는 경우에는 등록을 취소하여야 한다.(2020.1.29 본문개정)
1. 제4조에 따른 결격사유에 해당하게 된 경우
2. 제9조에 따라 폐업신고를 한 경우
3. (2010.5.25 삭제)
4. 사망한 경우
② 공인노무사회는 제1항에 따라 등록을 취소한 때에는 지체없이 그 사유를 분명하게 밝혀 등록이 취소된 사람에게 알려야 한다.(2020.1.29 본항개정)
③ 제1항에 따라 등록이 취소된 자는 등록증을 반납하여야 한다.
(2007.8.3 본조개정)

제20조 【징계】 ① 고용노동부장관은 공인노무사가 다음 각 호의 어느 하나에 해당하는 경우에는 자격심의·징계위원회의 징계의결에 따라 징계처분을 한다.(2022.6.10 본문개정)
1. 제6조를 위반하여 2개 이상의 사무소를 설치·운영한 경우
2. 제7조의3제2항을 위반하여 노무법인의 사원이 된 경우
3. 제7조의9에 따른 경업의 금지를 위반한 경우
4. 제11조제4항을 위반하여 직무보조원을 둔 경우
5. 제12조에 따른 품위유지와 성실의무 등을 위반한 경우
6. 제13조 각 호에 해당하는 금지 행위를 한 경우
7. 제14조에 따른 비밀 엄수 의무를 위반한 경우
8. 제18조제1항에 따른 보고·자료제출 등의 명령에 따르지 아니하거나 검사 또는 질문을 거부·방해 또는 기피하는 경우
9. 제20조의3에 따른 자격대여행위 등의 금지 의무를 위반한 경우
10. 노무법인·합동사무소를 설립·운영하기 위하여 다른 사람의 자격증을 빌린 경우
11. 제2조에 따른 업무를 수행하면서 고의·중대한 과실로 의뢰인이 부정하게 노동 및 사회보험 관계 법령에 따른 보험금 등 재산상의 이익을 얻게 하거나 보험료 납부, 그 밖에 금전상의 의무를 이행하지 아니하게 한 경우(2020.1.29 본호개정)
12. 제3항제3호에 따른 직무정지처분을 위반하여 직무를 수행한 경우(2020.1.29 본호개정)
13. 공인노무사의 직무와 관련하여 2회 이상 금고 이상의 형을 선고받아(집행유예를 선고받은 경우를 포함한다) 그 형이 확

정된 경우(과실범의 경우는 제외한다)
14. 이 법에 따라 2회 이상 직무정지 3년의 징계처분을 받은 후 다시 징계사유가 있는 자로서 공인노무사의 직무를 수행하는 것이 현저히 부적당하다고 인정되는 경우
15. 공인노무사회의 회칙을 위반한 경우
(2020.1.29 13호~15호신설)
(2010.5.25 본항개정)
② (2020.1.29 삭제)
③ 공인노무사에 대한 징계의 종류는 다음 각 호와 같다.
(2020.1.29 본문개정)
1. 영구등록취소(제1항제13호 및 제14호의 경우에 한정한다)
(2020.1.29 본호신설)
2. 등록취소(2010.5.25 본호개정)
3. 3년 이하의 직무정지(2010.5.25 본호개정)
4. 1천만원 이하의 과태료(2010.5.25 본호개정)
5. 견책(譴責)
④ 제24조에 따른 공인노무사회는 공인노무사에 대하여 제1항 각 호의 어느 하나에 해당하는 징계사유가 있다고 인정하면 고용노동부장관에게 그 공인노무사의 징계의결을 요청하여야 한다.(2020.1.29 본항개정)
⑤ 제1항에 따른 징계의결은 고용노동부장관의 요구에 따라 하며, 제1항 각 호의 어느 하나에 해당하는 사유가 발생한 날부터 3년이 지나면 징계의결을 요구할 수 없다.(2020.1.29 본항개정)
⑥ 고용노동부장관은 공인노무사가 제3항제4호에 따른 과태료를 납부기한까지 내지 아니하면 국세 체납처분의 예에 따라 징수할 수 있다.(2020.1.29 본항개정)
⑦ 징계의결의 통보, 그 밖에 필요한 사항은 대통령령으로 정한다.(2010.5.25 본항개정)
(2007.8.3 본조개정)

제20조의2 (2022.6.10 삭제)

제20조의3 【자격대여행위 등의 금지】 ① 공인노무사는 다른 사람에게 자기의 성명이나 사무소의 명칭을 사용하여 공인노무사의 직무를 수행하게 하거나 그 자격증이나 등록증을 대여(貸與)하여서는 아니 된다.
② 누구든지 공인노무사로부터 성명이나 사무소의 명칭을 빌려 공인노무사의 직무를 수행하거나 그 자격증 또는 등록증을 대여받아서는 아니 된다.(2022.6.10 본항신설)
③ 누구든지 제1항 및 제2항에서 금지한 행위를 알선하여서는 아니 된다.(2022.6.10 본항신설)
(2007.8.3 본조개정)

제21조 (1997.12.24 삭제)

제22조 【청문】 고용노동부장관은 다음 각 호의 어느 하나에 해당하는 처분 등을 하려는 경우에는 청문을 하여야 한다.
(2010.6.4 본문개정)
1. 제7조의6에 따른 설립인가 취소 등(2010.5.25 본호개정)
2. 제20조제1항에 따른 자격심의·징계위원회의 징계의결
(2022.6.10 본호개정)

제23조 (1999.2.8 삭제)

제24조 【공인노무사회의 설립 등】 ① 공인노무사의 등록 및 폐업, 자질 향상과 품위 유지, 공인노무사제도의 개선 및 업무의 효율적인 수행을 위하여 공인노무사회를 둔다.(2020.1.29 본항개정)
② 제1항에 따라 공인노무사회를 설립하려면 그 회칙을 정하여 고용노동부장관의 승인을 받아야 한다. 승인을 받은 사항을 변경하려는 경우에도 또한 같다.(2010.6.4 전단개정)
③ 제2항의 회칙에 적어야 할 주요 사항은 대통령령으로 정한다.
④ 공인노무사회는 법인으로 한다.
⑤ 공인노무사회에 관하여 이 법에 규정되지 아니한 사항은 「민법」 중 사단법인에 관한 규정을 준용한다.
(2007.8.3 본조개정)

제24조의2 【공인노무사회에의 가입 및 공익활동】 ① 제5조제1항에 따른 등록을 하려는 사람은 공인노무사회에 가입하여야 한다.(2020.1.29 본항개정)
② 공인노무사회는 취약계층의 지원 등 공익활동에 적극 참여하여야 한다.
(2007.8.3 본조신설)

제24조의3 【등록심사위원회】 ① 제5조제2항에 따른 등록거부와 제19조에 따른 등록취소에 관한 사항을 심사하기 위하여 공인노무사회에 등록심사위원회를 둔다.
② 등록심사위원회의 구성과 운영 등에 필요한 사항은 공인노무사회 회칙으로 정한다.
(2020.1.29 본조신설)

제25조 【지도·감독 등】 ① 공인노무사회는 고용노동부장관의 감독을 받는다.(2020.1.29 본항신설)
② 공인노무사회는 총회의 의결 내용을 지체 없이 고용노동부장관에게 보고하여야 한다.(2020.1.29 본항신설)
③ 고용노동부장관은 제2항의 의결이 법령이나 회칙에 위반된다고 인정하면 이를 취소할 수 있다.(2020.1.29 본항신설)
④ 공인노무사회는 등록·등록거부·등록취소 및 폐업에 관한 사항을 지체 없이 고용노동부장관에게 보고하여야 한다.
(2020.1.29 본항신설)
⑤ 고용노동부장관은 제4항의 등록거부 및 등록취소 사유가 제5조제2항 또는 제19조제1항에서 정한 사유에 해당하지 않는다고 인정하면 공인노무사회에 그 등록을 명하거나 그 등록취소의 취소를 명할 수 있다.(2020.1.29 본항신설)
⑥ 고용노동부장관은 공인노무사로 등록된 자가 제5조제2항 각 호의 어느 하나에 해당된다고 인정하면 공인노무사회에 그 공인노무사의 등록취소를 명할 수 있다.(2020.1.29 본항신설)
⑦ 고용노동부장관은 공인노무사회에 대하여 감독상 필요한 경우에는 그 업무에 관한 사항을 보고하게 하거나 자료의 제출, 그 밖에 필요한 명령을 할 수 있으며 소속 공무원으로 하여금 그 사무소에 출입하여 장부·서류 등을 검사하거나 질문하게 할 수 있다.(2010.6.4 본항개정)
⑧ 제7항에 따른 공무원에 관하여는 제18조제3항을 준용한다.
(2020.1.29 본항개정)

제26조 【업무 위탁】 ① 고용노동부장관은 다음 각 호의 업무를 공인노무사회에 위탁할 수 있다.(2010.6.4 본문개정)
1. 공인노무사 연수교육(2010.5.25 본호개정)
2. 근로자와 사용자를 대상으로 한 노무관리의 합리화에 관한 지도와 교육 업무
2의2. (2020.1.29 삭제)
3. 그 밖에 고용노동부장관이 이 법의 시행에 필요하다고 인정하여 지정하는 업무(2010.6.4 본호개정)
② 고용노동부장관은 제3조의2제1항에 따른 공인노무사 자격시험의 관리에 관한 업무를 「한국산업인력공단법」에 따른 한국산업인력공단에 위탁할 수 있다.(2010.6.4 본항개정)
③ 고용노동부장관이 제1항과 제2항에 따라 공인노무사회나 한국산업인력공단에 업무를 위탁한 경우에는 예산의 범위에서 필요한 경비를 보조할 수 있다.(2010.6.4 본항개정)
(2007.8.3 본조개정)

제26조의2 【취약계층의 지원 등】 ① 국가나 공공기관은 사회취약계층을 위하여 공인노무사로 하여금 노동 및 사회보험 관계 법령과 관련한 사건에 대하여 지원하게 할 수 있다.
(2020.1.29 본항개정)
② 제1항에 따라 국가나 공공기관이 공인노무사로 하여금 사회취약계층을 지원하게 하려는 경우 그 방법 및 절차, 취약계층의 범위, 공인노무사의 보수 등에 관한 사항에 대하여는 다른 법률로 정하는 바에 따른다.
③ 고용노동부장관은 공인노무사가 제1항에 따라 사회취약계층을 지원한 경우에는 고용노동부령으로 정하는 바에 따라 일정시간의 보수교육을 받은 것으로 인정할 수 있다.(2010.6.4 본항개정)
(2007.8.3 본조개정)

제27조【업무의 제한 등】 ① 공인노무사가 아닌 자는 제2조제1항제1호·제2호 또는 제4호의 직무를 업으로서 행하여서는 아니 된다. 다만, 다른 법률로 정하여져 있는 경우에는 그러하지 아니하다.
② 제1항의 직무를 업으로서 행할 수 없는 자는 해당 직무를 수행한다는 표시·광고를 하거나 해당 직무를 수행하는 것으로 오인될 우려가 있는 표시·광고를 하여서는 아니 된다.
(2020.1.29 본항신설)
(2020.1.29 본조개정)
제27조의2【공인노무사 업무의 소개·알선 등 제한】 ① 누구든지 제2조제1항제1호·제2호 또는 제4호의 직무에 해당하는 사건의 수임에 관하여 다음 각 호의 행위를 하여서는 아니 된다.
1. 사전에 금품·향응 또는 그 밖의 이익을 받거나 받기로 약속하고 당사자 또는 그 밖의 관계인을 특정한 공인노무사나 그 직무보조원에게 소개·알선 또는 유인하는 행위
2. 당사자 또는 그 밖의 관계인을 특정한 공인노무사나 그 직무보조원에게 소개·알선 또는 유인한 후 그 대가로 금품·향응 또는 그 밖의 이익을 받거나 요구하는 행위
② 공인노무사가 아닌 자는 공인노무사가 아니면 할 수 없는 업무를 통하여 보수나 그 밖의 이익을 분배받아서는 아니 된다.
(2020.1.29 본조신설)
제27조의3【규제의 재검토】 고용노동부장관은 제3조의3의 시험의 일부면제 기준 및 제12조의4의 손해배상책임 보증보험가입제도에 대하여 2010년 12월 31일부터 매 5년마다 그 타당성을 검토하여 폐지, 완화 또는 유지 등의 조치를 하여야 한다.
(2010.6.4 본조개정)
제27조의4【벌칙 적용에서 공무원 의제】 자격심의·징계위원회의 위원 중 공무원이 아닌 위원은 「형법」 제127조 및 제129조부터 제132조까지의 규정을 적용할 때에는 공무원으로 본다.(2022.6.10 본조신설)
제28조【벌칙】 ① 다음 각 호의 어느 하나에 해당하는 자는 3년 이하의 징역 또는 3천만원 이하의 벌금에 처한다.
(2014.5.20 본문개정)
1. 제14조에 따른 비밀 엄수 의무를 위반한 자
2. 제27조제1항에 따른 업무 제한 사항을 위반한 자(2020.1.29 본호개정)
3. 제27조의2제1항을 위반하여 공인노무사 업무의 소개·알선 등을 한 자(2020.1.29 본호신설)
4. 제27조의2제2항을 위반하여 공인노무사가 아니면 할 수 없는 업무를 통하여 보수나 그 밖의 이익을 분배받은 자
(2020.1.29 본호신설)
② 다음 각 호의 어느 하나에 해당하는 자는 1년 이하의 징역 또는 1천만원 이하의 벌금에 처한다.(2014.5.20 본문개정)
1. 공인노무사로서 제5조제1항에 따른 등록을 하지 아니하고 공인노무사 업무를 수행한 자(2010.5.25 본호신설)
2. 제13조제1호, 제2호 또는 제4호에 해당하는 금지 행위를 한 자
3. 제20조의3제1항에 따른 자격대여행위 등의 금지 의무를 위반한 사람 및 같은 조 제2항을 위반하여 자격대여 등을 받은 상대방(2022.6.10 본호개정)
3의2. 제20조의3제3항을 위반하여 자격대여 등을 알선한 사람
(2022.6.10 본호신설)
4. 제8조제3항·제4항에 따른 유사명칭 사용 금지 의무를 위반한 자(2010.5.25 본호신설)
5. 제27조제2항에 따른 표시·광고의 제한을 위반한 자
(2020.1.29 본호신설)
(2010.5.25 본항개정)
③ (2010.5.25 삭제)
(2007.8.3 본조개정)
제29조【양벌규정】 노무법인의 사원인 개업노무사, 소속공인노무사 또는 개업노무사의 직무보조원이 그 노무법인 또는 개업노무사의 업무에 관하여 제28조의 위반행위를 하면 그 행위자를 벌하는 외에 그 노무법인 또는 개업노무사에게도 해당 조문의 벌금형을 과(科)한다. 다만, 노무법인 또는 개업노무사가 그 위반행위를 방지하기 위하여 해당 업무에 관하여 상당한 주의와 감독을 게을리하지 아니한 경우에는 그러하지 아니하다.
(2010.5.25 본문개정)
제30조【과태료】 ① 다음 각 호의 어느 하나에 해당하는 자에게는 200만원 이하의 과태료를 부과한다.(2010.5.25 본문개정)
1. 제5조의2제2항에 따른 보수교육을 받지 아니한 자(2010.5.25 본호개정)
2. 제9조에 따른 폐업신고 의무를 위반한 자
2의2. 제12조의4(제7조의10제2항에서 준용하는 경우를 포함한다)에 따른 보증보험에 가입하지 아니한 자(2010.5.25 본호신설)
3. 제17조제1항(제7조의10제2항에서 준용하는 경우를 포함한다)에 따른 직무에 관한 장부의 작성·관리·보존의무를 위반한 자(2010.5.25 본호개정)
4. (2010.5.25 삭제)
② 제1항에 따른 과태료는 대통령령으로 정하는 바에 따라 고용노동부장관이 부과·징수한다.(2010.6.4 본항개정)
③~⑤ (2010.5.25 삭제)
(2007.8.3 본조개정)
제31조【권한의 위임】 이 법에 따른 고용노동부장관의 권한은 대통령령으로 정하는 바에 따라 그 일부를 지방고용노동관서의 장에게 위임할 수 있다.(2010.6.4 본조개정)

부 칙 (2010.5.25)

제1조【시행일】 이 법은 공포 후 6개월이 경과한 날부터 시행한다. 다만, 제5조의2제2항의 개정규정은 2011년 1월 1일부터 시행한다.
제2조【노무법인의 업무집행방법에 관한 적용례】 제7조의8의 개정규정은 이 법 시행 후 노무법인이 최초로 수임한 업무부터 적용한다.
제3조【경업의 금지에 관한 적용례】 ① 제7조의9제1항의 개정규정은 이 법 시행 후 노무법인의 사원 또는 소속공인노무사가 최초로 착수하는 업무부터 적용한다.
② 제7조의9제2항의 개정규정은 이 법 시행 후 최초로 노무법인을 퇴직한 사람부터 적용한다.
제4조【연수교육에 관한 경과조치】 이 법 시행 당시 종전의 규정에 따라 실무수습을 받은 공인노무사(이 법 시행 당시 실무수습 중이었으나 이 법 시행 후 실무수습을 이수한 공인노무사를 포함한다)는 제5조의2제1항의 개정규정에 따라 연수교육을 받은 것으로 본다.
제5조【노무법인 사원 자격에 관한 경과조치】 이 법 시행 전의 행위로 인하여 자격정지처분을 받고 그 기간 중에 있는 사람에 대하여는 제7조의3제3항의 개정규정에도 불구하고 종전의 규정에 따른다.
제6조【노무법인 인가 취소에 관한 경과조치】 이 법 시행 전의 행위에 대한 노무법인 인가 취소에 대하여는 제7조의6의 개정규정에도 불구하고 종전의 규정에 따른다.
제7조【개업노무사 등록의 취소에 관한 경과조치】 이 법 시행 전의 행위로 인하여 부칙 제8조에 따라 종전의 규정에 따라 자격정지처분을 받게 되는 사람에 대하여는 제19조의 개정규정에도 불구하고 개업노무사 등록의 취소에 관하여 종전의 규정에 따른다.
제8조【징계에 관한 경과조치】 이 법 시행 전의 행위에 대한 징계는 종전의 규정에 따른다.
제9조【벌칙 및 과태료에 관한 경과조치】 이 법 시행 전의 행위에 대하여 벌칙 및 과태료 규정을 적용할 때에는 종전의 규정에 따른다.

부 칙 (2016.1.27)

제1조【시행일】 이 법은 공포 후 3개월이 경과한 날부터 시행한다.
제2조【공인노무사 자격시험에 관한 적용례】 제3조의2제5항의 개정규정은 이 법 시행 후 최초로 실시하는 공인노무사 자격시험부터 적용한다.

제3조【금치산자 등에 대한 경과조치】 제4조제2호의 개정규정에 따른 피성년후견인 및 피한정후견인에는 법률 제10429호 민법 일부개정법률 부칙 제2조에 따라 금치산 또는 한정치산 선고의 효력이 유지되는 사람이 포함되는 것으로 본다.

부 칙 (2020.1.29)

제1조【시행일】 이 법은 공포 후 6개월이 경과한 날부터 시행한다.
제2조【시험의 일부면제의 적용 배제에 관한 적용례】 제3조의3제5항의 개정규정은 이 법 시행 후 파면 또는 해임되거나 강등 또는 정직에 해당하는 징계처분을 받은 사람부터 적용한다.
제3조【징계 대상행위의 횟수 산정 기준에 관한 적용례】 제20조제1항제13호 또는 제14호의 개정규정에 따른 징계 대상행위의 횟수를 산정할 때에는 이 법 시행 이후에 확정된 금고 이상의 형 또는 직무정지 3년의 징계처분부터 산정한다.
제4조【징계요구 중인 공인노무사에 관한 경과조치】 이 법 시행 당시 징계요구 중인 사람에 대해서는 제20조의 개정규정에도 불구하고 종전의 규정에 따른다.

부 칙 (2022.6.10)

제1조【시행일】 이 법은 공포 후 6개월이 경과한 날부터 시행한다.
제2조【법 시행을 위한 준비행위】 고용노동부장관은 이 법의 시행을 위하여 필요하다고 인정하는 경우에는 이 법 시행 전에 자격심의·징계위원회의 구성·운영에 필요한 위원의 지명 또는 위촉 등의 준비행위를 할 수 있다.
제3조【공인노무사자격심의위원회 및 공인노무사징계위원회에 관한 경과조치】 ① 이 법 시행 전에 종전의 규정에 따른 공인노무사자격심의위원회 또는 공인노무사징계위원회의 심의·의결과 그 밖의 행위, 공인노무사징계위원회에 대한 징계 요구, 공인노무사자격심의위원회 또는 공인노무사징계위원회에 대한 그 밖의 행위는 자격심의·징계위원회의 행위나 자격심의·징계위원회에 대한 행위로 본다.
② 이 법 시행 당시 종전의 규정에 따라 지명 또는 위촉된 공인노무사자격심의위원회의 위원은 이 법에 따라 지명 또는 위촉된 자격심의·징계위원회의 위원으로 보며, 그 위촉위원의 임기는 종전의 규정에 따른 임기의 나머지 기간으로 한다.

산업안전보건법

(2019년 1월 15일 전부개정법률 제16272호)

개정
2020. 3.31법17187호
2020. 5.26법17326호(법률용어정비)
2020. 6. 9법17433호
2021. 4.13법18039호
2021. 5.18법18180호
2021. 8.17법18426호
2023. 8. 8법19591호(국가유산수리등에관한법)
2023. 8. 8법19611호
2024.10.22법20522호
2025. 1.21법20677호(전기통신사업법)→2025년 7월 22일 시행

제1장 총 칙

제1조【목적】 이 법은 산업 안전 및 보건에 관한 기준을 확립하고 그 책임의 소재를 명확하게 하여 산업재해를 예방하고 쾌적한 작업환경을 조성함으로써 노무를 제공하는 사람의 안전 및 보건을 유지·증진함을 목적으로 한다.(2020.5.26 본조개정)
제2조【정의】 이 법에서 사용하는 용어의 뜻은 다음과 같다.
1. "산업재해"란 노무를 제공하는 사람이 업무에 관계되는 건설물·설비·원재료·가스·증기·분진 등에 의하거나 작업 또는 그 밖의 업무로 인하여 사망 또는 부상하거나 질병에 걸리는 것을 말한다.(2020.5.26 본호개정)
2. "중대재해"란 산업재해 중 사망 등 재해 정도가 심하거나 다수의 재해자가 발생한 경우로서 고용노동부령으로 정하는 재해를 말한다.
3. "근로자"란 「근로기준법」 제2조제1항제1호에 따른 근로자를 말한다.
4. "사업주"란 근로자를 사용하여 사업을 하는 자를 말한다.
5. "근로자대표"란 근로자의 과반수로 조직된 노동조합이 있는 경우에는 그 노동조합을, 근로자의 과반수로 조직된 노동조합이 없는 경우에는 근로자의 과반수를 대표하는 자를 말한다.
6. "도급"이란 명칭에 관계없이 물건의 제조·건설·수리 또는 서비스의 제공, 그 밖의 업무를 타인에게 맡기는 계약을 말한다.

7. "도급인"이란 물건의 제조·건설·수리 또는 서비스의 제공, 그 밖의 업무를 도급하는 사업주를 말한다. 다만, 건설공사발주자는 제외한다.
8. "수급인"이란 도급인으로부터 물건의 제조·건설·수리 또는 서비스의 제공, 그 밖의 업무를 도급받은 사업주를 말한다.
9. "관계수급인"이란 도급이 여러 단계에 걸쳐 체결된 경우에 각 단계별로 도급받은 사업주 전부를 말한다.
10. "건설공사발주자"란 건설공사를 도급하는 자로서 건설공사의 시공을 주도하여 총괄·관리하지 아니하는 자를 말한다. 다만, 도급받은 건설공사를 다시 도급하는 자는 제외한다.
11. "건설공사"란 다음 각 목의 어느 하나에 해당하는 공사를 말한다.
가. 「건설산업기본법」 제2조제4호에 따른 건설공사
나. 「전기공사업법」 제2조제1호에 따른 전기공사
다. 「정보통신공사업법」 제2조제2호에 따른 정보통신공사
라. 「소방시설공사업법」에 따른 소방시설공사
마. 「국가유산수리 등에 관한 법률」에 따른 국가유산 수리공사(2023.8.8 본목개정)
12. "안전보건진단"이란 산업재해를 예방하기 위하여 잠재적 위험성을 발견하고 그 개선대책을 수립할 목적으로 조사·평가하는 것을 말한다.
13. "작업환경측정"이란 작업환경 실태를 파악하기 위하여 해당 근로자 또는 작업장에 대하여 사업주가 유해인자에 대한 측정계획을 수립한 후 시료(試料)를 채취하고 분석·평가하는 것을 말한다.

제3조 【적용 범위】 이 법은 모든 사업에 적용한다. 다만, 유해·위험의 정도, 사업의 종류, 사업장의 상시근로자 수(건설공사의 경우에는 건설공사 금액을 말한다. 이하 같다) 등을 고려하여 대통령령으로 정하는 종류의 사업 또는 사업장에는 이 법의 전부 또는 일부를 적용하지 아니할 수 있다.

제4조 【정부의 책무】 ① 정부는 이 법의 목적을 달성하기 위하여 다음 각 호의 사항을 성실히 이행할 책무를 진다.
1. 산업 안전 및 보건 정책의 수립 및 집행
2. 산업재해 예방 지원 및 지도
3. 「근로기준법」 제76조의2에 따른 직장 내 괴롭힘 예방을 위한 조치기준 마련, 지도 및 지원
4. 사업주의 자율적인 산업 안전 및 보건 경영체제 확립을 위한 지원
5. 산업 안전 및 보건에 관한 의식을 북돋우기 위한 홍보·교육 등 안전문화 확산 추진
6. 산업 안전 및 보건에 관한 기술의 연구·개발 및 시설의 설치·운영
7. 산업재해에 관한 조사 및 통계의 유지·관리
8. 산업 안전 및 보건 관련 단체 등에 대한 지원 및 지도·감독
9. 그 밖에 노무를 제공하는 사람의 안전 및 건강의 보호·증진(2020.5.26 본호개정)

② 정부는 제1항 각 호의 사항을 효율적으로 수행하기 위하여 「한국산업안전보건공단법」에 따른 한국산업안전보건공단(이하 "공단"이라 한다), 그 밖의 관련 단체 및 연구기관에 행정적·재정적 지원을 할 수 있다.

제4조의2 【지방자치단체의 책무】 지방자치단체는 제4조제1항에 따른 정부의 정책에 적극 협조하고, 관할 지역의 산업재해를 예방하기 위한 대책을 수립·시행하여야 한다.(2021.5.18 본조신설)

제4조의3 【지방자치단체의 산업재해 예방 활동 등】 ① 지방자치단체의 장은 관할 지역 내에서의 산업재해 예방을 위하여 자체 계획의 수립, 교육, 홍보 및 안전한 작업환경 조성을 지원하기 위한 사업장 지도 등 필요한 조치를 할 수 있다.
② 정부는 제1항에 따른 지방자치단체의 산업재해 예방 활동에 필요한 행정적·재정적 지원을 할 수 있다.
③ 제1항에 따른 산업재해 예방 활동에 필요한 사항은 지방자치단체가 조례로 정할 수 있다.
(2021.5.18 본조신설)

제5조 【사업주 등의 의무】 ① 사업주(제77조에 따른 특수형태근로종사자로부터 노무를 제공받는 자와 제78조에 따른 물건의 수거·배달 등을 중개하는 자를 포함한다. 이하 이 조 및 제6조에서 같다)는 다음 각 호의 사항을 이행함으로써 근로자(제77조에 따른 특수형태근로종사자와 제78조에 따른 물건의 수거·배달 등을 하는 사람을 포함한다. 이하 이 조 및 제6조에서 같다)의 안전 및 건강을 유지·증진시키고 국가의 산업재해 예방정책을 따라야 한다.(2020.5.26 본문개정)
1. 이 법과 이 법에 따른 명령으로 정하는 산업재해 예방을 위한 기준
2. 근로자의 신체적 피로와 정신적 스트레스 등을 줄일 수 있는 쾌적한 작업환경의 조성 및 근로조건 개선
3. 해당 사업장의 안전 및 보건에 관한 정보를 근로자에게 제공

② 다음 각 호의 어느 하나에 해당하는 자는 발주·설계·제조·수입 또는 건설을 할 때 이 법과 이 법에 따른 명령으로 정하는 기준을 지켜야 하고, 발주·설계·제조·수입 또는 건설에 사용되는 물건으로 인하여 발생하는 산업재해를 방지하기 위하여 필요한 조치를 하여야 한다.
1. 기계·기구와 그 밖의 설비를 설계·제조 또는 수입하는 자
2. 원재료 등을 제조·수입하는 자
3. 건설물을 발주·설계·건설하는 자

제6조 【근로자의 의무】 근로자는 이 법과 이 법에 따른 명령으로 정하는 산업재해 예방을 위한 기준을 지켜야 하며, 사업주 또는 「근로기준법」 제101조에 따른 근로감독관, 공단 등 관계인이 실시하는 산업재해 예방에 관한 조치에 따라야 한다.

제7조 【산업재해 예방에 관한 기본계획의 수립·공표】 ① 고용노동부장관은 산업재해 예방에 관한 기본계획을 수립하여야 한다.
② 고용노동부장관은 제1항에 따라 수립한 기본계획을 「산업재해보상보험법」 제8조제1항에 따른 산업재해보상보험및예방심의위원회의 심의를 거쳐 공표하여야 한다. 이를 변경하려는 경우에도 또한 같다.

제8조 【협조 요청 등】 ① 고용노동부장관은 제7조제1항에 따른 기본계획을 효율적으로 시행하기 위하여 필요하다고 인정할 때에는 관계 행정기관의 장 또는 「공공기관의 운영에 관한 법률」 제4조에 따른 공공기관의 장에게 필요한 협조를 요청할 수 있다.
② 행정기관(고용노동부는 제외한다. 이하 이 조에서 같다)의 장은 사업장의 안전 및 보건에 관하여 규제를 하려면 미리 고용노동부장관과 협의하여야 한다.
③ 행정기관의 장은 고용노동부장관이 제2항에 따른 협의과정에서 해당 규제에 대한 변경을 요구하면 이에 따라야 하며, 고용노동부장관은 필요한 경우 국무총리에게 협의·조정 사항을 보고하여 확정할 수 있다.
④ 고용노동부장관은 산업재해 예방을 위하여 필요하다고 인정할 때에는 사업주, 사업주단체, 그 밖의 관계인에게 필요한 사항을 권고하거나 협조를 요청할 수 있다.
⑤ 고용노동부장관은 산업재해 예방을 위하여 중앙행정기관의 장과 지방자치단체의 장 또는 공단 등 관련 기관·단체의 장에게 다음 각 호의 정보 또는 자료의 제공 및 관계 전산망의 이용을 요청할 수 있다. 이 경우 요청을 받은 중앙행정기관의 장과 지방자치단체의 장 또는 관련 기관·단체의 장은 정당한 사유가 없으면 그 요청에 따라야 한다.
1. 「부가가치세법」 제8조 및 「법인세법」 제111조에 따른 사업자등록에 관한 정보
2. 「고용보험법」 제15조에 따른 근로자의 피보험자격의 취득 및 상실 등에 관한 정보
3. 그 밖에 산업재해 예방사업을 수행하기 위하여 필요한 정보 또는 자료로서 대통령령으로 정하는 정보 또는 자료

제9조 【산업재해 예방 통합정보시스템 구축·운영 등】 ① 고용노동부장관은 산업재해를 체계적이고 효율적으로 예방하기 위하여 산업재해 예방 통합정보시스템을 구축·운영할 수 있다.
② 고용노동부장관은 제1항에 따른 산업재해 예방 통합정보시스템으로 처리한 산업 안전 및 보건 등에 관한 정보를 고용노동부령으로 정하는 바에 따라 관련 행정기관과 공단에 제공할 수 있다.

③ 제1항에 따른 산업재해 예방 통합정보시스템의 구축·운영, 그 밖에 필요한 사항은 대통령령으로 정한다.

제10조【산업재해 발생건수 등의 공표】 ① 고용노동부장관은 산업재해를 예방하기 위하여 대통령령으로 정하는 사업장의 근로자 산업재해 발생건수, 재해율 또는 그 순위 등(이하 "산업재해발생건수등"이라 한다)을 공표하여야 한다.

② 고용노동부장관은 도급인의 사업장(도급인이 제공하거나 지정한 경우로서 도급인이 지배·관리하는 대통령령으로 정하는 장소를 포함한다. 이하 같다) 중 대통령령으로 정하는 사업장에서 관계수급인 근로자가 작업을 하는 경우에 도급인의 산업재해발생건수등에 관계수급인의 산업재해발생건수등을 포함하여 제1항에 따라 공표하여야 한다.

③ 고용노동부장관은 제2항에 따라 산업재해발생건수등을 공표하기 위하여 도급인에게 관계수급인에 관한 자료의 제출을 요청할 수 있다. 이 경우 요청을 받은 자는 정당한 사유가 없으면 이에 따라야 한다.

④ 제1항 및 제2항에 따른 공표의 절차 및 방법, 그 밖에 필요한 사항은 고용노동부령으로 정한다.

제11조【산업재해 예방시설의 설치·운영】 고용노동부장관은 산업재해 예방을 위하여 다음 각 호의 시설을 설치·운영할 수 있다.

1. 산업 안전 및 보건에 관한 지도시설, 연구시설 및 교육시설
2. 안전보건진단 및 작업환경측정을 위한 시설
3. 노무를 제공하는 사람의 건강을 유지·증진하기 위한 시설 (2020.5.26 본호개정)
4. 그 밖에 고용노동부령으로 정하는 산업재해 예방을 위한 시설

제12조【산업재해 예방의 재원】 다음 각 호의 어느 하나에 해당하는 용도에 사용하기 위한 재원(財源)은 「산업재해보상보험법」 제95조제1항에 따른 산업재해보상보험및예방기금에서 지원한다.

1. 제11조 각 호에 따른 시설의 설치와 그 운영에 필요한 비용
2. 산업재해 예방 관련 사업 및 비영리법인에 위탁하는 업무 수행에 필요한 비용
3. 그 밖에 산업재해 예방에 필요한 사업으로서 고용노동부장관이 인정하는 사업의 사업비

제13조【기술 또는 작업환경에 관한 표준】 ① 고용노동부장관은 산업재해 예방을 위하여 다음 각 호의 조치와 관련된 기술 또는 작업환경에 관한 표준을 정하여 사업주에게 지도·권고할 수 있다.

1. 제5조제2항 각 호의 어느 하나에 해당하는 자가 같은 항에 따라 산업재해를 방지하기 위하여 하여야 할 조치
2. 제38조 및 제39조에 따라 사업주가 하여야 할 조치

② 고용노동부장관은 제1항에 따른 표준을 정할 때 필요하다고 인정하면 해당 분야별로 표준제정위원회를 구성·운영할 수 있다.

③ 제2항에 따른 표준제정위원회의 구성·운영, 그 밖에 필요한 사항은 고용노동부장관이 정한다.

제2장 안전보건관리체제 등

제1절 안전보건관리체제

제14조【이사회 보고 및 승인 등】 ①「상법」 제170조에 따른 주식회사 중 대통령령으로 정하는 회사의 대표이사는 대통령령으로 정하는 바에 따라 매년 회사의 안전 및 보건에 관한 계획을 수립하여 이사회에 보고하고 승인을 받아야 한다.

② 제1항에 따른 대표이사는 제1항에 따른 안전 및 보건에 관한 계획을 성실하게 이행하여야 한다.

③ 제1항에 따른 안전 및 보건에 관한 계획에는 안전 및 보건에 관한 비용, 시설, 인원 등의 사항을 포함하여야 한다.

제15조【안전보건관리책임자】 ① 사업주는 사업장을 실질적으로 총괄하여 관리하는 사람에게 해당 사업장의 다음 각 호의 업무를 총괄하여 관리하도록 하여야 한다.

1. 사업장의 산업재해 예방계획의 수립에 관한 사항
2. 제25조 및 제26조에 따른 안전보건관리규정의 작성 및 변경에 관한 사항
3. 제29조에 따른 안전보건교육에 관한 사항
4. 작업환경측정 등 작업환경의 점검 및 개선에 관한 사항
5. 제129조부터 제132조까지에 따른 근로자의 건강진단 등 건강관리에 관한 사항
6. 산업재해의 원인 조사 및 재발 방지대책 수립에 관한 사항
7. 산업재해에 관한 통계의 기록 및 유지에 관한 사항
8. 안전장치 및 보호구 구입 시 적격품 여부 확인에 관한 사항
9. 그 밖에 근로자의 유해·위험 방지조치에 관한 사항으로서 고용노동부령으로 정하는 사항

② 제1항 각 호의 업무를 총괄하여 관리하는 사람(이하 "안전보건관리책임자"라 한다)은 제17조에 따른 안전관리자와 제18조에 따른 보건관리자를 지휘·감독한다.

③ 안전보건관리책임자를 두어야 하는 사업의 종류와 사업장의 상시근로자 수, 그 밖에 필요한 사항은 대통령령으로 정한다.

제16조【관리감독자】 ① 사업주는 사업장의 생산과 관련되는 업무와 그 소속 직원을 직접 지휘·감독하는 직위에 있는 사람(이하 "관리감독자"라 한다)에게 산업 안전 및 보건에 관한 업무로서 대통령령으로 정하는 업무를 수행하도록 하여야 한다.

② 관리감독자가 있는 경우에는 「건설기술 진흥법」 제64조제1항제2호에 따른 안전관리책임자 및 같은 항 제3호에 따른 안전관리담당자를 각각 둔 것으로 본다.

제17조【안전관리자】 ① 사업주는 사업장에 제15조제1항 각 호의 사항 중 안전에 관한 기술적인 사항에 관하여 사업주 또는 안전보건관리책임자를 보좌하고 관리감독자에게 지도·조언하는 업무를 수행하는 사람(이하 "안전관리자"라 한다)을 두어야 한다.

② 안전관리자를 두어야 하는 사업의 종류와 사업장의 상시근로자 수, 안전관리자의 수·자격·업무·권한·선임방법, 그 밖에 필요한 사항은 대통령령으로 정한다.

③ 대통령령으로 정하는 사업의 종류 및 사업장의 상시근로자 수에 해당하는 사업장의 사업주는 안전관리자에게 그 업무만을 전담하도록 하여야 한다.(2021.5.18 본항신설)

④ 고용노동부장관은 산업재해 예방을 위하여 필요한 경우로서 고용노동부령으로 정하는 사유에 해당하는 경우에는 사업주에게 안전관리자를 제2항에 따라 대통령령으로 정하는 수 이상으로 늘리거나 교체할 것을 명할 수 있다.

⑤ 대통령령으로 정하는 사업의 종류 및 사업장의 상시근로자 수에 해당하는 사업장의 사업주는 제21조에 따라 지정받은 안전관리 업무를 전문적으로 수행하는 기관(이하 "안전관리전문기관"이라 한다)에 안전관리자의 업무를 위탁할 수 있다.

제18조【보건관리자】 ① 사업주는 사업장에 제15조제1항 각 호의 사항 중 보건에 관한 기술적인 사항에 관하여 사업주 또는 안전보건관리책임자를 보좌하고 관리감독자에게 지도·조언하는 업무를 수행하는 사람(이하 "보건관리자"라 한다)을 두어야 한다.

② 보건관리자를 두어야 하는 사업의 종류와 사업장의 상시근로자 수, 보건관리자의 수·자격·업무·권한·선임방법, 그 밖에 필요한 사항은 대통령령으로 정한다.

③ 대통령령으로 정하는 사업의 종류 및 사업장의 상시근로자 수에 해당하는 사업장의 사업주는 보건관리자에게 그 업무만을 전담하도록 하여야 한다.(2021.5.18 본항신설)

④ 고용노동부장관은 산업재해 예방을 위하여 필요한 경우로서 고용노동부령으로 정하는 사유에 해당하는 경우에는 사업주에게 보건관리자를 제2항에 따라 대통령령으로 정하는 수 이상으로 늘리거나 교체할 것을 명할 수 있다.

⑤ 대통령령으로 정하는 사업의 종류 및 사업장의 상시근로자 수에 해당하는 사업장의 사업주는 제21조에 따라 지정받은 보건관리 업무를 전문적으로 수행하는 기관(이하 "보건관리전문기관"이라 한다)에 보건관리자의 업무를 위탁할 수 있다.

제19조【안전보건관리담당자】 ① 사업주는 사업장에 안전 및 보건에 관하여 사업주를 보좌하고 관리감독자에게 지도·조언하는 업무를 수행하는 사람(이하 "안전보건관리담당자"라 한다)을 두어야 한다. 다만, 안전관리자 또는 보건관리자가 있거나 이를 두어야 하는 경우에는 그러하지 아니하다.

② 안전보건관리담당자를 두어야 하는 사업의 종류와 사업장의 상시근로자 수, 안전보건관리담당자의 수·자격·업무·권한·선임방법, 그 밖에 필요한 사항은 대통령령으로 정한다.
③ 고용노동부장관은 산업재해 예방을 위하여 필요한 경우로서 고용노동부령으로 정하는 사유에 해당하는 경우에는 사업주에게 안전보건관리담당자를 제2항에 따라 대통령령으로 정하는 수 이상으로 늘리거나 교체할 것을 명할 수 있다.
④ 대통령령으로 정하는 사업의 종류 및 사업장의 상시근로자 수에 해당하는 사업장의 사업주는 안전관리전문기관 또는 보건관리전문기관에 안전보건관리담당자의 업무를 위탁할 수 있다.

제20조【안전관리자 등의 지도·조언】 사업주, 안전보건관리책임자 및 관리감독자는 다음 각 호의 어느 하나에 해당하는 자가 제15조제1항 각 호의 사항 중 안전 또는 보건에 관한 기술적인 사항에 관하여 지도·조언하는 경우에는 이에 상응하는 적절한 조치를 하여야 한다.
1. 안전관리자
2. 보건관리자
3. 안전보건관리담당자
4. 안전관리전문기관 또는 보건관리전문기관(해당 업무를 위탁받은 경우에 한정한다)

제21조【안전관리전문기관 등】 ① 안전관리전문기관 또는 보건관리전문기관이 되려는 자는 대통령령으로 정하는 인력·시설 및 장비 등의 요건을 갖추어 고용노동부장관의 지정을 받아야 한다.
② 고용노동부장관은 안전관리전문기관 또는 보건관리전문기관에 대하여 평가하고 그 결과를 공개할 수 있다. 이 경우 평가의 기준·방법 및 결과의 공개에 필요한 사항은 고용노동부령으로 정한다.
③ 안전관리전문기관 또는 보건관리전문기관의 지정 절차, 업무 수행에 관한 사항, 위탁받은 업무를 수행할 수 있는 지역, 그 밖에 필요한 사항은 고용노동부령으로 정한다.
④ 고용노동부장관은 안전관리전문기관 또는 보건관리전문기관이 다음 각 호의 어느 하나에 해당할 때에는 그 지정을 취소하거나 6개월 이내의 기간을 정하여 그 업무의 정지를 명할 수 있다. 다만, 제1호 또는 제2호에 해당할 때에는 그 지정을 취소하여야 한다.
1. 거짓이나 그 밖의 부정한 방법으로 지정을 받은 경우
2. 업무정지 기간 중에 업무를 수행한 경우
3. 제1항에 따른 지정 요건을 충족하지 못한 경우
4. 지정받은 사항을 위반하여 업무를 수행한 경우
5. 그 밖에 대통령령으로 정하는 사유에 해당하는 경우
⑤ 제4항에 따라 지정이 취소된 자는 지정이 취소된 날부터 2년 이내에는 각각 해당 안전관리전문기관 또는 보건관리전문기관으로 지정받을 수 없다.

제22조【산업보건의】 ① 사업주는 근로자의 건강관리나 그 밖에 보건관리자의 업무를 지도하기 위하여 사업장에 산업보건의를 두어야 한다. 다만, 「의료법」 제2조에 따른 의사를 보건관리자로 둔 경우에는 그러하지 아니하다.
② 제1항에 따른 산업보건의(이하 "산업보건의"라 한다)를 두어야 하는 사업의 종류와 사업장의 상시근로자 수 및 산업보건의의 자격·직무·권한·선임방법, 그 밖에 필요한 사항은 대통령령으로 정한다.

제23조【명예산업안전감독관】 ① 고용노동부장관은 산업재해 예방활동에 대한 참여와 지원을 촉진하기 위하여 근로자, 근로자단체, 사업주단체 및 산업재해 예방 관련 전문단체에 소속된 사람 중에서 명예산업안전감독관을 위촉할 수 있다.
② 사업주는 제1항에 따른 명예산업안전감독관(이하 "명예산업안전감독관"이라 한다)에 대하여 직무 수행과 관련한 사유로 불리한 처우를 해서는 아니 된다.
③ 명예산업안전감독관의 위촉 방법, 업무, 그 밖에 필요한 사항은 대통령령으로 정한다.

제24조【산업안전보건위원회】 ① 사업주는 사업장의 안전 및 보건에 관한 중요 사항을 심의·의결하기 위하여 사업장에 근로자위원과 사용자위원이 같은 수로 구성되는 산업안전보건위원회를 구성·운영하여야 한다.
② 사업주는 다음 각 호의 사항에 대해서는 제1항에 따른 산업안전보건위원회(이하 "산업안전보건위원회"라 한다)의 심의·의결을 거쳐야 한다.
1. 제15조제1항제1호부터 제5호까지 및 제7호에 관한 사항
2. 제15조제1항제6호에 따른 사항 중 중대재해에 관한 사항
3. 유해하거나 위험한 기계·기구·설비를 도입한 경우 안전 및 보건 관련 조치에 관한 사항
4. 그 밖에 해당 사업장 근로자의 안전 및 보건을 유지·증진시키기 위하여 필요한 사항
③ 산업안전보건위원회는 대통령령으로 정하는 바에 따라 회의를 개최하고 그 결과를 회의록으로 작성하여 보존하여야 한다.
④ 사업주와 근로자는 제2항에 따라 산업안전보건위원회가 심의·의결한 사항을 성실하게 이행하여야 한다.
⑤ 산업안전보건위원회는 이 법, 이 법에 따른 명령, 단체협약, 취업규칙 및 제25조에 따른 안전보건관리규정에 반하는 내용으로 심의·의결해서는 아니 된다.
⑥ 사업주는 산업안전보건위원회의 위원에게 직무 수행과 관련한 사유로 불리한 처우를 해서는 아니 된다.
⑦ 산업안전보건위원회를 구성하여야 할 사업의 종류 및 사업장의 상시근로자 수, 산업안전보건위원회의 구성·운영 및 의결되지 아니한 경우의 처리방법, 그 밖에 필요한 사항은 대통령령으로 정한다.

제2절 안전보건관리규정

제25조【안전보건관리규정의 작성】 ① 사업주는 사업장의 안전 및 보건을 유지하기 위하여 다음 각 호의 사항이 포함된 안전보건관리규정을 작성하여야 한다.
1. 안전 및 보건에 관한 관리조직과 그 직무에 관한 사항
2. 안전보건교육에 관한 사항
3. 작업장의 안전 및 보건 관리에 관한 사항
4. 사고 조사 및 대책 수립에 관한 사항
5. 그 밖에 안전 및 보건에 관한 사항
② 제1항에 따른 안전보건관리규정(이하 "안전보건관리규정"이라 한다)은 단체협약 또는 취업규칙에 반할 수 없다. 이 경우 안전보건관리규정 중 단체협약 또는 취업규칙에 반하는 부분에 관하여는 그 단체협약 또는 취업규칙으로 정한 기준에 따른다.
③ 안전보건관리규정을 작성하여야 할 사업의 종류, 사업장의 상시근로자 수 및 안전보건관리규정에 포함되어야 할 세부적인 내용, 그 밖에 필요한 사항은 고용노동부령으로 정한다.

제26조【안전보건관리규정의 작성·변경 절차】 사업주는 안전보건관리규정을 작성하거나 변경할 때에는 산업안전보건위원회의 심의·의결을 거쳐야 한다. 다만, 산업안전보건위원회가 설치되어 있지 아니한 사업장의 경우에는 근로자대표의 동의를 받아야 한다.

제27조【안전보건관리규정의 준수】 사업주와 근로자는 안전보건관리규정을 지켜야 한다.

제28조【다른 법률의 준용】 안전보건관리규정에 관하여 이 법에서 규정한 것을 제외하고는 그 성질에 반하지 아니하는 범위에서 「근로기준법」 중 취업규칙에 관한 규정을 준용한다.

제3장 안전보건교육

제29조【근로자에 대한 안전보건교육】 ① 사업주는 소속 근로자에게 고용노동부령으로 정하는 바에 따라 정기적으로 안전보건교육을 하여야 한다.
② 사업주는 근로자를 채용할 때와 작업내용을 변경할 때에는 그 근로자에게 고용노동부령으로 정하는 바에 따라 해당 작업에 필요한 안전보건교육을 하여야 한다. 다만, 제31조제1항에 따른 안전보건교육을 이수한 건설 일용근로자를 채용하는 경우에는 그러하지 아니하다.(2020.6.9 본항개정)
③ 사업주는 근로자를 유해하거나 위험한 작업에 채용하거나 그 작업으로 작업내용을 변경할 때에는 제2항에 따른 안전보건교육 외에 고용노동부령으로 정하는 바에 따라 유해하거나 위험한 작업에 필요한 안전보건교육을 추가로 하여야 한다.

④ 사업주는 제1항부터 제3항까지의 규정에 따른 안전보건교육을 제33조에 따라 고용노동부장관에게 등록한 안전보건교육기관에 위탁할 수 있다.

제30조【근로자에 대한 안전보건교육의 면제 등】 ① 사업주는 제29조제1항에도 불구하고 다음 각 호의 어느 하나에 해당하는 경우에는 같은 항에 따른 안전보건교육의 전부 또는 일부를 하지 아니할 수 있다.

1. 사업장의 산업재해 발생 정도가 고용노동부령으로 정하는 기준에 해당하는 경우
2. 근로자가 제11조제3호에 따른 시설에서 건강관리에 관한 교육 등 고용노동부령으로 정하는 교육을 이수한 경우
3. 관리감독자가 산업 안전 및 보건 업무의 전문성 제고를 위한 교육 등 고용노동부령으로 정하는 교육을 이수한 경우

② 사업주는 제29조제2항 또는 제3항에도 불구하고 해당 근로자가 채용 또는 변경된 작업에 경험이 있는 등 고용노동부령으로 정하는 경우에는 같은 조 제2항 또는 제3항에 따른 안전보건교육의 전부 또는 일부를 하지 아니할 수 있다.

제31조【건설업 기초안전보건교육】 ① 건설업의 사업주는 건설 일용근로자를 채용할 때에는 그 근로자로 하여금 제33조에 따른 안전보건교육기관이 실시하는 안전보건교육을 이수하도록 하여야 한다. 다만, 건설 일용근로자가 그 사업주에게 채용되기 전에 안전보건교육을 이수한 경우에는 그러하지 아니하다.

② 제1항 본문에 따른 안전보건교육의 시간·내용 및 방법, 그 밖에 필요한 사항은 고용노동부령으로 정한다.

제32조【안전보건관리책임자 등에 대한 직무교육】 ① 사업주(제5호의 경우는 같은 호 각 목에 따른 기관의 장을 말한다)는 다음 각 호에 해당하는 사람에게 제33조에 따른 안전보건교육기관에서 직무와 관련한 안전보건교육을 이수하도록 하여야 한다. 다만, 다음 각 호에 해당하는 사람이 다른 법령에 따라 안전 및 보건에 관한 교육을 받는 등 고용노동부령으로 정하는 경우에는 안전보건교육의 전부 또는 일부를 하지 아니할 수 있다.

1. 안전보건관리책임자
2. 안전관리자
3. 보건관리자
4. 안전보건관리담당자
5. 다음 각 목의 기관에서 안전과 보건에 관련된 업무에 종사하는 사람

가. 안전관리전문기관
나. 보건관리전문기관
다. 제74조에 따라 지정받은 건설재해예방전문지도기관
라. 제96조에 따라 지정받은 안전검사기관
마. 제100조에 따라 지정받은 자율안전검사기관
바. 제120조에 따라 지정받은 석면조사기관

② 제1항 각 호 외의 부분 본문에 따른 안전보건교육의 시간·내용 및 방법, 그 밖에 필요한 사항은 고용노동부령으로 정한다.

제33조【안전보건교육기관】 ① 제29조제1항부터 제3항까지의 규정에 따른 안전보건교육, 제31조제1항 본문에 따른 안전보건교육 또는 제32조제1항 각 호 외의 부분 본문에 따른 안전보건교육을 하려는 자는 대통령령으로 정하는 인력·시설 및 장비 등의 요건을 갖추어 고용노동부장관에게 등록하여야 한다. 등록한 사항 중 대통령령으로 정하는 중요한 사항을 변경할 때에도 또한 같다.

② 고용노동부장관은 제1항에 따라 등록한 자(이하 "안전보건교육기관"이라 한다)에 대하여 평가하고 그 결과를 공개할 수 있다. 이 경우 평가의 기준·방법 및 결과의 공개에 필요한 사항은 고용노동부령으로 정한다.

③ 제1항에 따른 등록 절차 및 업무 수행에 관한 사항, 그 밖에 필요한 사항은 고용노동부령으로 정한다.

④ 안전보건교육기관에 대해서는 제21조제4항 및 제5항을 준용한다. 이 경우 "안전관리전문기관 또는 보건관리전문기관"은 "안전보건교육기관"으로, "지정"은 "등록"으로 본다.

제4장 유해·위험 방지 조치

제34조【법령 요지 등의 게시 등】 사업주는 이 법과 이 법에 따른 명령의 요지 및 안전보건관리규정을 각 사업장의 근로자가 쉽게 볼 수 있는 장소에 게시하거나 갖추어 두어 근로자에게 널리 알려야 한다.

제35조【근로자대표의 통지 요청】 근로자대표는 사업주에게 다음 각 호의 사항을 통지하여 줄 것을 요청할 수 있고, 사업주는 이에 성실히 따라야 한다.

1. 산업안전보건위원회(제75조에 따라 노사협의체를 구성·운영하는 경우에는 노사협의체를 말한다)가 의결한 사항
2. 제47조에 따른 안전보건진단 결과에 관한 사항
3. 제49조에 따른 안전보건개선계획의 수립·시행에 관한 사항
4. 제64조제1항 각 호에 따른 도급인의 이행 사항
5. 제110조제1항에 따른 물질안전보건자료에 관한 사항
6. 제125조제1항에 따른 작업환경측정에 관한 사항
7. 그 밖에 고용노동부령으로 정하는 안전 및 보건에 관한 사항

제36조【위험성평가의 실시】 ① 사업주는 건설물, 기계·기구·설비, 원재료, 가스, 증기, 분진, 근로자의 작업행동 또는 그 밖의 업무로 인한 유해·위험 요인을 찾아내어 부상 및 질병으로 이어질 수 있는 위험성의 크기가 허용 가능한 범위인지를 평가하여야 하고, 그 결과에 따라 이 법과 이 법에 따른 명령에 따른 조치를 하여야 하며, 근로자에 대한 위험 또는 건강장해를 방지하기 위하여 필요한 경우에는 추가적인 조치를 하여야 한다.

② 사업주는 제1항에 따른 평가 시 고용노동부장관이 정하여 고시하는 바에 따라 해당 작업장의 근로자를 참여시켜야 한다.

③ 사업주는 제1항에 따른 평가의 결과와 조치사항을 고용노동부령으로 정하는 바에 따라 기록하여 보존하여야 한다.

④ 제1항에 따른 평가의 방법, 절차 및 시기, 그 밖에 필요한 사항은 고용노동부장관이 정하여 고시한다.

제37조【안전보건표지의 설치·부착】 ① 사업주는 유해하거나 위험한 장소·시설·물질에 대한 경고, 비상시에 대처하기 위한 지시·안내 또는 그 밖에 근로자의 안전 및 보건 의식을 고취하기 위한 사항 등을 그림, 기호 및 글자 등으로 나타낸 표지(이하 이 조에서 "안전보건표지"라 한다)를 근로자가 쉽게 알아 볼 수 있도록 설치하거나 붙여야 한다. 이 경우 「외국인근로자의 고용 등에 관한 법률」 제2조에 따른 외국인근로자(같은 조 단서에 따른 사람을 포함한다)를 사용하는 사업주는 안전보건표지를 고용노동부장관이 정하는 바에 따라 해당 외국인근로자의 모국어로 작성하여야 한다.(2020.5.26 전단개정)

② 안전보건표지의 종류, 형태, 색채, 용도 및 설치·부착 장소, 그 밖에 필요한 사항은 고용노동부령으로 정한다.

제38조【안전조치】 ① 사업주는 다음 각 호의 어느 하나에 해당하는 위험으로 인한 산업재해를 예방하기 위하여 필요한 조치를 하여야 한다.

1. 기계·기구, 그 밖의 설비에 의한 위험
2. 폭발성, 발화성 및 인화성 물질 등에 의한 위험
3. 전기, 열, 그 밖의 에너지에 의한 위험

② 사업주는 굴착, 채석, 하역, 벌목, 운송, 조작, 운반, 해체, 중량물 취급, 그 밖의 작업을 할 때 불량한 작업방법 등에 의한 위험으로 인한 산업재해를 예방하기 위하여 필요한 조치를 하여야 한다.

③ 사업주는 근로자가 다음 각 호의 어느 하나에 해당하는 장소에서 작업을 할 때 발생할 수 있는 산업재해를 예방하기 위하여 필요한 조치를 하여야 한다.

1. 근로자가 추락할 위험이 있는 장소
2. 토사·구축물 등이 붕괴할 우려가 있는 장소
3. 물체가 떨어지거나 날아올 위험이 있는 장소
4. 천재지변으로 인한 위험이 발생할 우려가 있는 장소

④ 사업주가 제1항부터 제3항까지의 규정에 따라 하여야 하는 조치(이하 "안전조치"라 한다)에 관한 구체적인 사항은 고용노동부령으로 정한다.

판례 채석장에서 현장 관리소장으로 일하던 피고인이 사고를 미리 방지할 업무상 주의의무를 게을리 하고 작업계획서 작성 등 필요한 조치를 취하지 않아 근로자가 덤프트럭 문짝에 압사되어 사망에 이르게 된 사건에서, 현장관리소장 혹은 그 대행을 맡은 사람은 산업안전보건법상 사업주가 아니기는 하지만 사업주를 대신하여 현장에 대한 안전관리 등을 책임질 의무가 있다.
(대판 2021.11.15, 2021도10908)

제39조【보건조치】 ① 사업주는 다음 각 호의 어느 하나에 해당하는 건강장해를 예방하기 위하여 필요한 조치(이하 "보건조치"라 한다)를 하여야 한다.
1. 원재료·가스·증기·분진·흄(fume, 열이나 화학반응에 의하여 형성된 고체증기가 응축되어 생긴 미세입자를 말한다)·미스트(mist, 공기 중에 떠다니는 작은 액체방울을 말한다)·산소결핍·병원체 등에 의한 건강장해
2. 방사선·유해광선·고열·한랭·초음파·소음·진동·이상기압 등에 의한 건강장해(2024.10.22 본호개정)
3. 사업장에서 배출되는 기체·액체 또는 찌꺼기 등에 의한 건강장해
4. 계측감시(計測監視), 컴퓨터 단말기 조작, 정밀공작(精密工作) 등의 작업에 의한 건강장해
5. 단순반복작업 또는 인체에 과도한 부담을 주는 작업에 의한 건강장해
6. 환기·채광·조명·보온·방습·청결 등의 적정기준을 유지하지 아니하여 발생하는 건강장해
7. 폭염·한파에 장시간 작업함에 따라 발생하는 건강장해 (2024.10.22 본호신설)

② 제1항에 따라 사업주가 하여야 하는 보건조치에 관한 구체적인 사항은 고용노동부령으로 정한다.

제40조【근로자의 안전조치 및 보건조치 준수】 근로자는 제38조 및 제39조에 따라 사업주가 한 조치로서 고용노동부령으로 정하는 조치 사항을 지켜야 한다.

제41조【고객의 폭언 등으로 인한 건강장해 예방조치 등】 ① 사업주는 주로 고객을 직접 대면하거나 「정보통신망 이용촉진 및 정보보호 등에 관한 법률」 제2조제1항제1호에 따른 정보통신망을 통하여 상대하면서 상품을 판매하거나 서비스를 제공하는 업무에 종사하는 고객응대근로자에 대하여 고객의 폭언, 폭행, 그 밖에 적정 범위를 벗어난 신체적·정신적 고통을 유발하는 행위(이하 이 조에서 "폭언등"이라 한다)로 인한 건강장해를 예방하기 위하여 고용노동부령으로 정하는 바에 따라 필요한 조치를 하여야 한다.

② 사업주는 업무와 관련하여 고객 등 제3자의 폭언등으로 근로자에게 건강장해가 발생하거나 발생할 현저한 우려가 있는 경우에는 업무의 일시적 중단 또는 전환 등 대통령령으로 정하는 필요한 조치를 하여야 한다.

③ 근로자는 사업주에게 제2항에 따른 조치를 요구할 수 있고, 사업주는 근로자의 요구를 이유로 해고 또는 그 밖의 불리한 처우를 해서는 아니 된다.

(2021.4.13 본조개정)

제42조【유해위험방지계획서의 작성·제출 등】 ① 사업주는 다음 각 호의 어느 하나에 해당하는 경우에는 이 법 또는 이 법에 따른 명령에서 정하는 유해·위험 방지에 관한 사항을 적은 계획서(이하 "유해위험방지계획서"라 한다)를 작성하여 고용노동부령으로 정하는 바에 따라 고용노동부장관에게 제출하고 심사를 받아야 한다. 다만, 제3호에 해당하는 사업주 중 산업재해발생률 등을 고려하여 고용노동부령으로 정하는 기준에 해당하는 사업주는 유해위험방지계획서를 스스로 심사하고, 그 심사결과서를 작성하여 고용노동부장관에게 제출하여야 한다.
1. 대통령령으로 정하는 사업의 종류 및 규모에 해당하는 사업으로서 해당 제품의 생산 공정과 직접적으로 관련된 건설물·기계·기구 및 설비 등 전부를 설치·이전하거나 그 주요 구조부분을 변경하려는 경우(2020.5.26 본호개정)
2. 유해하거나 위험한 작업 또는 장소에서 사용하거나 건강장해를 방지하기 위하여 사용하는 기계·기구 및 설비로서 대통령령으로 정하는 기계·기구 및 설비를 설치·이전하거나 그 주요 구조부분을 변경하려는 경우
3. 대통령령으로 정하는 크기, 높이 등에 해당하는 건설공사를 착공하려는 경우

② 제1항제3호에 따른 건설공사를 착공하려는 사업주(제1항 각 호 외의 부분 단서에 따른 사업주는 제외한다)는 유해위험방지계획서를 작성할 때 건설안전 분야의 자격 등 고용노동부령으로 정하는 자격을 갖춘 자의 의견을 들어야 한다.

③ 제1항에도 불구하고 사업주가 제44조제1항에 따라 공정안전보고서를 고용노동부장관에게 제출한 경우에는 해당 유해·위험설비에 대해서는 유해위험방지계획서를 제출한 것으로 본다.

④ 고용노동부장관은 제1항 각 호 외의 부분 본문에 따라 제출된 유해위험방지계획서를 고용노동부령으로 정하는 바에 따라 심사하여 그 결과를 사업주에게 서면으로 알려 주어야 한다. 이 경우 근로자의 안전 및 보건의 유지·증진을 위하여 필요하다고 인정하는 경우에는 해당 작업 또는 건설공사를 중지하거나 유해위험방지계획서를 변경할 것을 명할 수 있다.

⑤ 제1항에 따른 사업주는 같은 항 각 호 외의 부분 단서에 따라 스스로 심사하거나 제4항에 따라 고용노동부장관이 심사한 유해위험방지계획서와 그 심사결과서를 사업장에 갖추어 두어야 한다.

⑥ 제1항제3호에 따른 건설공사를 착공하려는 사업주로서 제5항에 따라 유해위험방지계획서 및 그 심사결과서를 사업장에 갖추어 둔 사업주는 해당 건설공사의 공법의 변경 등으로 인하여 그 유해위험방지계획서를 변경할 필요가 있는 경우에는 이를 변경하여 갖추어 두어야 한다.

제43조【유해위험방지계획서 이행의 확인 등】 ① 제42조제4항에 따라 유해위험방지계획서에 대한 심사를 받은 사업주는 고용노동부령으로 정하는 바에 따라 유해위험방지계획서의 이행에 관하여 고용노동부장관의 확인을 받아야 한다.

② 제42조제1항 각 호 외의 부분 단서에 따른 사업주는 고용노동부령으로 정하는 바에 따라 유해위험방지계획서의 이행에 관하여 스스로 확인하여야 한다. 다만, 해당 건설공사 중에 근로자가 사망(교통사고 등 고용노동부령으로 정하는 경우는 제외한다)한 경우에는 고용노동부령으로 정하는 바에 따라 유해위험방지계획서의 이행에 관하여 고용노동부장관의 확인을 받아야 한다.

③ 고용노동부장관은 제1항 및 제2항 단서에 따른 확인 결과 유해위험방지계획서대로 유해·위험방지를 위한 조치가 되지 아니하는 경우에는 고용노동부령으로 정하는 바에 따라 시설 등의 개선, 사용중지 또는 작업중지 등 필요한 조치를 명할 수 있다.

④ 제3항에 따른 시설 등의 개선, 사용중지 또는 작업중지 등의 절차 및 방법, 그 밖에 필요한 사항은 고용노동부령으로 정한다.

제44조【공정안전보고서의 작성·제출】 ① 사업주는 사업장에 대통령령으로 정하는 유해하거나 위험한 설비가 있는 경우 그 설비로부터의 위험물질 누출, 화재 및 폭발 등으로 인하여 사업장 내의 근로자에게 즉시 피해를 주거나 사업장 인근 지역에 피해를 줄 수 있는 사고로서 대통령령으로 정하는 사고(이하 "중대산업사고"라 한다)를 예방하기 위하여 대통령령으로 정하는 바에 따라 공정안전보고서를 작성하고 고용노동부장관에게 제출하여 심사를 받아야 한다. 이 경우 공정안전보고서의 내용이 중대산업사고를 예방하기 위하여 적합하다고 통보받기 전에는 관련된 유해하거나 위험한 설비를 가동해서는 아니 된다.

② 사업주는 제1항에 따라 공정안전보고서를 작성할 때 산업안전보건위원회의 심의를 거쳐야 한다. 다만, 산업안전보건위원회가 설치되어 있지 아니한 사업장의 경우에는 근로자대표의 의견을 들어야 한다.

제45조【공정안전보고서의 심사 등】 ① 고용노동부장관은 공정안전보고서를 고용노동부령으로 정하는 바에 따라 심사하여 그 결과를 사업주에게 서면으로 알려 주어야 한다. 이 경우 근로자의 안전 및 보건의 유지·증진을 위하여 필요하다고 인정하는 경우에는 그 공정안전보고서의 변경을 명할 수 있다.

② 사업주는 제1항에 따라 심사를 받은 공정안전보고서를 사업장에 갖추어 두어야 한다.

제46조【공정안전보고서의 이행 등】 ① 사업주와 근로자는 제45조제1항에 따라 심사를 받은 공정안전보고서(이 조 제3항에 따라 보완한 공정안전보고서를 포함한다)의 내용을 지켜야 한다.

② 사업주는 제45조제1항에 따라 심사를 받은 공정안전보고서의 내용을 실제로 이행하고 있는지 여부에 대하여 고용노동부령으로 정하는 바에 따라 고용노동부장관의 확인을 받아야 한다.

③ 사업주는 제45조제1항에 따라 심사를 받은 공정안전보고서의 내용을 변경하여야 할 사유가 발생한 경우에는 지체 없이 그 내용을 보완하여야 한다.
④ 고용노동부장관은 고용노동부령으로 정하는 바에 따라 공정안전보고서의 이행 상태를 정기적으로 평가할 수 있다.
⑤ 고용노동부장관은 제4항에 따른 평가 결과 제3항에 따른 보완 상태가 불량한 사업장의 사업주에게는 공정안전보고서의 변경을 명할 수 있으며, 이에 따르지 아니하는 경우 공정안전보고서를 다시 제출하도록 명할 수 있다.
제47조【안전보건진단】 ① 고용노동부장관은 추락·붕괴, 화재·폭발, 유해하거나 위험한 물질의 누출 등 산업재해 발생의 위험이 현저히 높은 사업장의 사업주에게 제48조에 따라 지정받은 기관(이하 "안전보건진단기관"이라 한다)이 실시하는 안전보건진단을 받을 것을 명할 수 있다.
② 사업주는 제1항에 따라 안전보건진단 명령을 받은 경우 고용노동부령으로 정하는 바에 따라 안전보건진단기관에 안전보건진단을 의뢰하여야 한다.
③ 사업주는 안전보건진단기관이 제2항에 따라 실시하는 안전보건진단에 적극 협조하여야 하며, 정당한 사유 없이 이를 거부하거나 방해 또는 기피해서는 아니 된다. 이 경우 근로자대표가 요구할 때에는 해당 안전보건진단에 근로자대표를 참여시켜야 한다.
④ 안전보건진단기관은 제2항에 따라 안전보건진단을 실시한 경우에는 안전보건진단 결과보고서를 고용노동부령으로 정하는 바에 따라 해당 사업장의 사업주 및 고용노동부장관에게 제출하여야 한다.
⑤ 안전보건진단의 종류 및 내용, 안전보건진단 결과보고서에 포함될 사항, 그 밖에 필요한 사항은 대통령령으로 정한다.
제48조【안전보건진단기관】 ① 안전보건진단기관이 되려는 자는 대통령령으로 정하는 인력·시설 및 장비 등의 요건을 갖추어 고용노동부장관의 지정을 받아야 한다.
② 고용노동부장관은 안전보건진단기관에 대하여 평가하고 그 결과를 공개할 수 있다. 이 경우 평가의 기준·방법 및 결과의 공개에 필요한 사항은 고용노동부령으로 정한다.
③ 안전보건진단기관의 지정 절차, 그 밖에 필요한 사항은 고용노동부령으로 정한다.
④ 안전보건진단기관에 관하여는 제21조제4항 및 제5항을 준용한다. 이 경우 "안전관리전문기관 또는 보건관리전문기관"은 "안전보건진단기관"으로 본다.
제49조【안전보건개선계획의 수립·시행 명령】 ① 고용노동부장관은 다음 각 호의 어느 하나에 해당하는 사업장으로서 산업재해 예방을 위하여 종합적인 개선조치를 할 필요가 있다고 인정되는 사업장의 사업주에게 고용노동부령으로 정하는 바에 따라 그 사업장, 시설, 그 밖의 사항에 관한 안전 및 보건에 관한 개선계획(이하 "안전보건개선계획"이라 한다)을 수립하여 시행할 것을 명할 수 있다. 이 경우 대통령령으로 정하는 사업장의 사업주에게는 제47조에 따라 안전보건진단을 받아 안전보건개선계획을 수립하여 시행할 것을 명할 수 있다.
1. 산업재해율이 같은 업종의 규모별 평균 산업재해율보다 높은 사업장
2. 사업주가 필요한 안전조치 또는 보건조치를 이행하지 아니하여 중대재해가 발생한 사업장
3. 대통령령으로 정하는 수 이상의 직업성 질병자가 발생한 사업장
4. 제106조에 따른 유해인자의 노출기준을 초과한 사업장
② 사업주는 안전보건개선계획을 수립할 때에는 산업안전보건위원회의 심의를 거쳐야 한다. 다만, 산업안전보건위원회가 설치되어 있지 아니한 사업장의 경우에는 근로자대표의 의견을 들어야 한다.
제50조【안전보건개선계획서의 제출 등】 ① 제49조제1항에 따라 안전보건개선계획의 수립·시행 명령을 받은 사업주는 고용노동부령으로 정하는 바에 따라 안전보건개선계획서를 작성하여 고용노동부장관에게 제출하여야 한다.
② 고용노동부장관은 제1항에 따라 제출받은 안전보건개선계획서를 고용노동부령으로 정하는 바에 따라 심사하여 그 결과를 사업주에게 서면으로 알려 주어야 한다. 이 경우 고용노동부장관은 근로자의 안전 및 보건의 유지·증진을 위하여 필요하다고 인정하는 경우 해당 안전보건개선계획서의 보완을 명할 수 있다.
③ 사업주와 근로자는 제2항 전단에 따라 심사를 받은 안전보건개선계획서(같은 항 후단에 따라 보완한 안전보건개선계획서를 포함한다)를 준수하여야 한다.
제51조【사업주의 작업중지】 사업주는 산업재해가 발생할 급박한 위험이 있을 때에는 즉시 작업을 중지시키고 근로자를 작업장소에서 대피시키는 등 안전 및 보건에 관하여 필요한 조치를 하여야 한다.
제52조【근로자의 작업중지】 ① 근로자는 산업재해가 발생할 급박한 위험이 있는 경우에는 작업을 중지하고 대피할 수 있다.
② 제1항에 따라 작업을 중지하고 대피한 근로자는 지체 없이 그 사실을 관리감독자 또는 그 밖에 부서의 장(이하 "관리감독자등"이라 한다)에게 보고하여야 한다.
③ 관리감독자등은 제2항에 따른 보고를 받으면 안전 및 보건에 관하여 필요한 조치를 하여야 한다.
④ 사업주는 산업재해가 발생할 급박한 위험이 있다고 근로자가 믿을 만한 합리적인 이유가 있을 때에는 제1항에 따라 작업을 중지하고 대피한 근로자에 대하여 해고나 그 밖의 불리한 처우를 해서는 아니 된다.
제53조【고용노동부장관의 시정조치 등】 ① 고용노동부장관은 사업주가 사업장의 건설물 또는 그 부속건설물 및 기계·기구·설비·원재료(이하 "기계·설비등"이라 한다)에 대하여 안전 및 보건에 관하여 고용노동부령으로 정하는 필요한 조치를 하지 아니하여 근로자에게 현저한 유해·위험이 초래될 우려가 있다고 판단될 때에는 해당 기계·설비등에 대하여 사용중지·대체·제거 또는 시설의 개선, 그 밖에 안전 및 보건에 관하여 고용노동부령으로 정하는 필요한 조치(이하 "시정조치"라 한다)를 명할 수 있다.
② 제1항에 따라 시정조치 명령을 받은 사업주는 해당 기계·설비등에 대하여 시정조치를 완료할 때까지 시정조치 명령 사항을 사업장 내에 근로자가 쉽게 볼 수 있는 장소에 게시하여야 한다.
③ 고용노동부장관은 사업주가 해당 기계·설비등에 대한 시정조치 명령을 이행하지 아니하여 유해·위험 상태가 해소 또는 개선되지 아니하거나 근로자에 대한 유해·위험이 현저히 높아질 우려가 있는 경우에는 해당 기계·설비등과 관련된 작업의 전부 또는 일부의 중지를 명할 수 있다.
④ 제1항에 따른 사용중지 명령 또는 제3항에 따른 작업중지 명령을 받은 사업주는 그 시정조치를 완료한 경우에는 고용노동부장관에게 제1항에 따른 사용중지 또는 제3항에 따른 작업중지의 해제를 요청할 수 있다.
⑤ 고용노동부장관은 제4항에 따른 해제 요청에 대하여 시정조치가 완료되었다고 판단될 때에는 제1항에 따른 사용중지 또는 제3항에 따른 작업중지를 해제하여야 한다.
제54조【중대재해 발생 시 사업주의 조치】 ① 사업주는 중대재해가 발생하였을 때에는 즉시 해당 작업을 중지시키고 근로자를 작업장소에서 대피시키는 등 안전 및 보건에 관하여 필요한 조치를 하여야 한다.
② 사업주는 중대재해가 발생한 사실을 알게 된 경우에는 고용노동부령으로 정하는 바에 따라 지체 없이 고용노동부장관에게 보고하여야 한다. 다만, 천재지변 등 부득이한 사유가 발생한 경우에는 그 사유가 소멸되면 지체 없이 보고하여야 한다.
제55조【중대재해 발생 시 고용노동부장관의 작업중지 조치】 ① 고용노동부장관은 중대재해가 발생하였을 때 다음 각 호의 어느 하나에 해당하는 작업으로 인하여 해당 사업장에 산업재해가 다시 발생할 급박한 위험이 있다고 판단되는 경우에는 그 작업의 중지를 명할 수 있다.
1. 중대재해가 발생한 해당 작업
2. 중대재해가 발생한 작업과 동일한 작업
② 고용노동부장관은 토사·구축물의 붕괴, 화재·폭발, 유해하거나 위험한 물질의 누출 등으로 인하여 중대재해가 발생하

여 그 재해가 발생한 장소 주변으로 산업재해가 확산될 수 있다고 판단되는 등 불가피한 경우에는 해당 사업장의 작업을 중지할 수 있다.
③ 고용노동부장관은 사업주가 제1항 또는 제2항에 따른 작업중지의 해제를 요청한 경우에는 작업중지 해제에 관한 전문가 등으로 구성된 심의위원회의 심의를 거쳐 고용노동부령으로 정하는 바에 따라 제1항 또는 제2항에 따른 작업중지를 해제하여야 한다.
④ 제3항에 따른 작업중지 해제의 요청 절차 및 방법, 심의위원회의 구성·운영, 그 밖에 필요한 사항은 고용노동부령으로 정한다.
제56조【중대재해 원인조사 등】 ① 고용노동부장관은 중대재해가 발생하였을 때에는 그 원인 규명 또는 산업재해 예방대책 수립을 위하여 그 발생 원인을 조사할 수 있다.
② 고용노동부장관은 중대재해가 발생한 사업장의 사업주에게 안전보건개선계획의 수립·시행, 그 밖에 필요한 조치를 명할 수 있다.
③ 누구든지 중대재해 발생 현장을 훼손하거나 제1항에 따른 고용노동부장관의 원인조사를 방해해서는 아니 된다.
④ 중대재해가 발생한 사업장에 대한 원인조사의 내용 및 절차, 그 밖에 필요한 사항은 고용노동부령으로 정한다.
제57조【산업재해 발생 은폐 금지 및 보고 등】 ① 사업주는 산업재해가 발생하였을 때에는 그 발생 사실을 은폐해서는 아니 된다.
② 사업주는 고용노동부령으로 정하는 바에 따라 산업재해의 발생 원인 등을 기록하여 보존하여야 한다.
③ 사업주는 고용노동부령으로 정하는 산업재해에 대해서는 그 발생 개요·원인 및 보고 시기, 재발방지 계획 등을 고용노동부령으로 정하는 바에 따라 고용노동부장관에게 보고하여야 한다.

제5장 도급 시 산업재해 예방

제1절 도급의 제한

제58조【유해한 작업의 도급금지】 ① 사업주는 근로자의 안전 및 보건에 유해하거나 위험한 작업으로서 다음 각 호의 어느 하나에 해당하는 작업을 도급하여 자신의 사업장에서 수급인의 근로자가 그 작업을 하도록 해서는 아니 된다.
1. 도금작업
2. 수은, 납 또는 카드뮴을 제련, 주입, 가공 및 가열하는 작업
3. 제118조제1항에 따른 허가대상물질을 제조하거나 사용하는 작업
② 사업주는 제1항에도 불구하고 다음 각 호의 어느 하나에 해당하는 경우에는 제1항 각 호에 따른 작업을 도급하여 자신의 사업장에서 수급인의 근로자가 그 작업을 하도록 할 수 있다.
1. 일시·간헐적으로 하는 작업을 도급하는 경우
2. 수급인이 보유한 기술이 전문적이고 사업주(수급인에게 도급을 한 도급인으로서의 사업주를 말한다)의 사업 운영에 필수 불가결한 경우로서 고용노동부장관의 승인을 받은 경우
③ 사업주는 제2항제2호에 따라 고용노동부장관의 승인을 받으려는 경우에는 고용노동부령으로 정하는 바에 따라 고용노동부장관이 실시하는 안전 및 보건에 관한 평가를 받아야 한다.
④ 제2항제2호에 따른 승인의 유효기간은 3년의 범위에서 정한다.
⑤ 고용노동부장관은 제4항에 따른 유효기간이 만료되는 경우에 사업주가 유효기간의 연장을 신청하면 승인의 유효기간이 만료되는 날의 다음 날부터 3년의 범위에서 고용노동부령으로 정하는 바에 따라 그 기간의 연장을 승인할 수 있다. 이 경우 사업주는 제3항에 따른 안전 및 보건에 관한 평가를 받아야 한다.
⑥ 사업주는 제2항제2호 또는 제5항에 따라 승인을 받은 사항 중 고용노동부령으로 정하는 사항을 변경하려는 경우에는 고용노동부령으로 정하는 바에 따라 변경에 대한 승인을 받아야 한다.
⑦ 고용노동부장관은 제2항제2호, 제5항 또는 제6항에 따라 승인, 연장승인 또는 변경승인을 받은 자가 제8항에 따른 기준에 미달하게 된 경우에는 승인, 연장승인 또는 변경승인을 취소하여야 한다.
⑧ 제2항제2호, 제5항 또는 제6항에 따른 승인, 연장승인 또는 변경승인의 기준·절차 및 방법, 그 밖에 필요한 사항은 고용노동부령으로 정한다.
제59조【도급의 승인】 ① 사업주는 자신의 사업장에서 안전 및 보건에 유해하거나 위험한 작업 중 급성 독성, 피부 부식성 등이 있는 물질의 취급 등 대통령령으로 정하는 작업을 도급하려는 경우에는 고용노동부장관의 승인을 받아야 한다. 이 경우 사업주는 고용노동부령으로 정하는 바에 따라 안전 및 보건에 관한 평가를 받아야 한다.
② 제1항에 따른 승인에 관하여는 제58조제4항부터 제8항까지의 규정을 준용한다.
제60조【도급의 승인 시 하도급 금지】 제58조제2항제2호에 따른 승인, 같은 조 제5항 또는 제6항(제59조제2항에 따라 준용되는 경우를 포함한다)에 따른 연장승인 또는 변경승인 및 제59조제1항에 따른 승인을 받은 작업을 도급받은 수급인은 그 작업을 하도급할 수 없다.
제61조【적격 수급인 선정 의무】 사업주는 산업재해 예방을 위한 조치를 할 수 있는 능력을 갖춘 사업주에게 도급하여야 한다.

제2절 도급인의 안전조치 및 보건조치

제62조【안전보건총괄책임자】 ① 도급인은 관계수급인 근로자가 도급인의 사업장에서 작업을 하는 경우에는 그 사업장의 안전보건관리책임자를 도급인의 근로자와 관계수급인 근로자의 산업재해를 예방하기 위한 업무를 총괄하여 관리하는 안전보건총괄책임자로 지정하여야 한다. 이 경우 안전보건관리책임자를 두지 아니하여도 되는 사업장에서는 그 사업장에서 사업을 총괄하여 관리하는 사람을 안전보건총괄책임자로 지정하여야 한다.
② 제1항에 따라 안전보건총괄책임자를 지정한 경우에는 「건설기술 진흥법」 제64조제1항제1호에 따른 안전총괄책임자를 둔 것으로 본다.
③ 제1항에 따라 안전보건총괄책임자를 지정하여야 하는 사업의 종류와 사업장의 상시근로자 수, 안전보건총괄책임자의 직무·권한, 그 밖에 필요한 사항은 대통령령으로 정한다.
제63조【도급인의 안전조치 및 보건조치】 도급인은 관계수급인 근로자가 도급인의 사업장에서 작업을 하는 경우에 자신의 근로자와 관계수급인 근로자의 산업재해를 예방하기 위하여 안전 및 보건 시설의 설치 등 필요한 안전조치 및 보건조치를 하여야 한다. 다만, 보호구 착용의 지시 등 관계수급인 근로자의 작업행동에 관한 직접적인 조치는 제외한다.
제64조【도급에 따른 산업재해 예방조치】 ① 도급인은 관계수급인 근로자가 도급인의 사업장에서 작업을 하는 경우 다음 각 호의 사항을 이행하여야 한다.
1. 도급인과 수급인을 구성원으로 하는 안전 및 보건에 관한 협의체의 구성 및 운영
2. 작업장 순회점검
3. 관계수급인이 근로자에게 하는 제29조제1항부터 제3항까지의 규정에 따른 안전보건교육을 위한 장소 및 자료의 제공 등 지원
4. 관계수급인이 근로자에게 하는 제29조제3항에 따른 안전보건교육의 실시 확인
5. 다음 각 목의 어느 하나의 경우에 대비한 경보체계 운영과 대피방법 등 훈련
   가. 작업 장소에서 발파작업을 하는 경우
   나. 작업 장소에서 화재·폭발, 토사·구축물 등의 붕괴 또는 지진 등이 발생한 경우
6. 위생시설 등 고용노동부령으로 정하는 시설의 설치 등을 위하여 필요한 장소의 제공 또는 도급인이 설치한 위생시설 이용의 협조
7. 같은 장소에서 이루어지는 도급인과 관계수급인 등의 작업에 있어서 관계수급인 등의 작업시기·내용, 안전조치 및 보건조치 등의 확인(2021.5.18 본호신설)

8. 제7호에 따른 확인 결과 관계수급인 등의 작업 혼재로 인하여 화재·폭발 등 대통령령으로 정하는 위험이 발생할 우려가 있는 경우 관계수급인 등의 작업시기·내용 등의 조정(2021.5.18 본호신설)
② 제1항에 따른 도급인은 고용노동부령으로 정하는 바에 따라 자신의 근로자 및 관계수급인 근로자와 함께 정기적으로 또는 수시로 작업장의 안전 및 보건에 관한 점검을 하여야 한다.
③ 제1항에 따른 안전 및 보건에 관한 협의체 구성 및 운영, 작업장 순회점검, 안전보건교육 지원, 그 밖에 필요한 사항은 고용노동부령으로 정한다.

제65조【도급인의 안전 및 보건에 관한 정보 제공 등】 ① 다음 각 호의 작업을 도급하는 자는 그 작업을 수행하는 수급인 근로자의 산업재해를 예방하기 위하여 고용노동부령으로 정하는 바에 따라 해당 작업 시작 전에 수급인에게 안전 및 보건에 관한 정보를 문서로 제공하여야 한다.
1. 폭발성·발화성·인화성·독성 등의 유해성·위험성이 있는 화학물질 중 고용노동부령으로 정하는 화학물질 또는 그 화학물질을 포함한 혼합물을 제조·사용·운반 또는 저장하는 반응기·증류탑·배관 또는 저장탱크로서 고용노동부령으로 정하는 설비를 개조·분해·해체 또는 철거하는 작업(2020.5.26 본호개정)
2. 제1호에 따른 설비의 내부에서 이루어지는 작업
3. 질식 또는 붕괴의 위험이 있는 작업으로서 대통령령으로 정하는 작업

② 도급인이 제1항에 따라 안전 및 보건에 관한 정보를 해당 작업 시작 전까지 제공하지 아니한 경우에는 수급인이 정보 제공을 요청할 수 있다.
③ 도급인은 수급인이 제1항에 따라 제공받은 안전 및 보건에 관한 정보에 따라 필요한 안전조치 및 보건조치를 하였는지를 확인하여야 한다.
④ 수급인은 제2항에 따른 요청에도 불구하고 도급인이 정보를 제공하지 아니하는 경우에는 해당 도급 작업을 하지 아니할 수 있다. 이 경우 수급인은 계약의 이행 지체에 따른 책임을 지지 아니한다.

제66조【도급인의 관계수급인에 대한 시정조치】 ① 도급인은 관계수급인 근로자가 도급인의 사업장에서 작업을 하는 경우에 관계수급인 또는 관계수급인 근로자가 도급받은 작업과 관련하여 이 법 또는 이 법에 따른 명령을 위반하면 관계수급인에게 그 위반행위를 시정하도록 필요한 조치를 할 수 있다. 이 경우 관계수급인은 정당한 사유가 없으면 그 조치에 따라야 한다.
② 도급인은 제65조제1항 각 호의 작업을 도급하는 경우에 수급인 또는 수급인 근로자가 도급받은 작업과 관련하여 이 법 또는 이 법에 따른 명령을 위반하면 수급인에게 그 위반행위를 시정하도록 필요한 조치를 할 수 있다. 이 경우 수급인은 정당한 사유가 없으면 그 조치에 따라야 한다.

제3절 건설업 등의 산업재해 예방

제67조【건설공사발주자의 산업재해 예방 조치】 ① 대통령령으로 정하는 건설공사의 건설공사발주자는 산업재해 예방을 위하여 건설공사의 계획, 설계 및 시공 단계에서 다음 각 호의 구분에 따른 조치를 하여야 한다.
1. 건설공사 계획단계 : 해당 건설공사에서 중점적으로 관리하여야 할 유해·위험요인과 이의 감소방안을 포함한 기본안전보건대장을 작성할 것
2. 건설공사 설계단계 : 제1호에 따른 기본안전보건대장을 설계자에게 제공하고, 설계자로 하여금 유해·위험요인의 감소방안을 포함한 설계안전보건대장을 작성하게 하고 이를 확인할 것
3. 건설공사 시공단계 : 건설공사발주자로부터 건설공사를 최초로 도급받은 수급인에게 제2호에 따른 설계안전보건대장을 제공하고, 그 수급인에게 이를 반영하여 안전한 작업을 위한 공사안전보건대장을 작성하게 하고 그 이행 여부를 확인할 것

② 제1항에 따른 건설공사발주자는 대통령령으로 정하는 안전보건 분야의 전문가에게 같은 항 각 호에 따른 대장에 기재된 내용의 적정성 등을 확인받아야 한다.(2021.5.18 본항신설)
③ 제1항에 따른 건설공사발주자는 설계자 및 건설공사를 최초로 도급받은 수급인이 건설현장의 안전을 우선적으로 고려하여 설계·시공 업무를 수행할 수 있도록 적정한 비용과 기간을 계상·설정하여야 한다.(2021.5.18 본항신설)
④ 제1항 각 호에 따른 대장에 포함되어야 할 구체적인 내용은 고용노동부령으로 정한다.

제68조【안전보건조정자】 ① 2개 이상의 건설공사를 도급한 건설공사발주자는 그 2개 이상의 건설공사가 같은 장소에서 행해지는 경우에 작업의 혼재로 인하여 발생할 수 있는 산업재해를 예방하기 위하여 건설공사 현장에 안전보건조정자를 두어야 한다.
② 제1항에 따라 안전보건조정자를 두어야 하는 건설공사의 금액, 안전보건조정자의 자격·업무, 선임방법, 그 밖에 필요한 사항은 대통령령으로 정한다.

제69조【공사기간 단축 및 공법변경 금지】 ① 건설공사발주자 또는 건설공사도급인(건설공사발주자로부터 해당 건설공사를 최초로 도급받은 수급인 또는 건설공사의 시공을 주도하여 총괄·관리하는 자를 말한다. 이하 이 절에서 같다)은 설계도서 등에 따라 산정된 공사기간을 단축해서는 아니 된다.
② 건설공사발주자 또는 건설공사도급인은 공사비를 줄이기 위하여 위험성이 있는 공법을 사용하거나 정당한 사유 없이 정해진 공법을 변경해서는 아니 된다.

제70조【건설공사 기간의 연장】 ① 건설공사발주자는 다음 각 호의 어느 하나에 해당하는 사유로 건설공사가 지연되어 해당 건설공사도급인이 산업재해 예방을 위하여 공사기간의 연장을 요청하는 경우에는 특별한 사유가 없으면 공사기간을 연장하여야 한다.
1. 태풍·홍수 등 악천후, 전쟁·사변, 지진, 화재, 전염병, 폭동, 그 밖에 계약 당사자가 통제할 수 없는 사태의 발생 등 불가항력의 사유가 있는 경우
2. 건설공사발주자에게 책임이 있는 사유로 착공이 지연되거나 시공이 중단된 경우

② 건설공사의 관계수급인은 제1항제1호에 해당하는 사유 또는 건설공사도급인에게 책임이 있는 사유로 착공이 지연되거나 시공이 중단되어 해당 건설공사가 지연된 경우에 산업재해 예방을 위하여 건설공사도급인에게 공사기간의 연장을 요청할 수 있다. 이 경우 건설공사도급인은 특별한 사유가 없으면 공사기간을 연장하거나 건설공사발주자에게 그 기간의 연장을 요청하여야 한다.
③ 제1항 및 제2항에 따른 건설공사 기간의 연장 요청 절차, 그 밖에 필요한 사항은 고용노동부령으로 정한다.

제71조【설계변경의 요청】 ① 건설공사도급인은 해당 건설공사 중에 대통령령으로 정하는 가설구조물의 붕괴 등으로 산업재해가 발생할 위험이 있다고 판단되면 건축·토목 분야의 전문가 등 대통령령으로 정하는 전문가의 의견을 들어 건설공사발주자에게 해당 건설공사의 설계변경을 요청할 수 있다. 다만, 건설공사발주자가 설계를 포함하여 발주한 경우는 그러하지 아니하다.
② 제42조제4항 후단에 따라 고용노동부장관으로부터 공사중지 또는 유해위험방지계획서의 변경 명령을 받은 건설공사도급인은 설계변경이 필요한 경우 건설공사발주자에게 설계변경을 요청할 수 있다.
③ 건설공사의 관계수급인은 건설공사 중에 제1항에 따른 가설구조물의 붕괴 등으로 산업재해가 발생할 위험이 있다고 판단되면 제1항에 따른 전문가의 의견을 들어 건설공사도급인에게 해당 건설공사의 설계변경을 요청할 수 있다. 이 경우 건설공사도급인은 그 요청받은 내용이 기술적으로 적용이 불가능한 명백한 경우가 아니면 이를 반영하여 해당 건설공사의 설계를 변경하거나 건설공사발주자에게 설계변경을 요청하여야 한다.
④ 제1항부터 제3항까지의 규정에 따라 설계변경 요청을 받은 건설공사발주자는 그 요청받은 내용이 기술적으로 적용이 불가능한 명백한 경우가 아니면 이를 반영하여 설계를 변경하여야 한다.

⑤ 제1항부터 제3항까지의 규정에 따른 설계변경의 요청 절차·방법, 그 밖에 필요한 사항은 고용노동부령으로 정한다. 이 경우 미리 국토교통부장관과 협의하여야 한다.

제72조【건설공사 등의 산업안전보건관리비 계상 등】 ① 건설공사발주자가 도급계약을 체결하거나 건설공사의 시공을 주도하여 총괄·관리하는 자(건설공사발주자로부터 건설공사를 최초로 도급받은 수급인은 제외한다)가 건설공사 사업 계획을 수립할 때에는 고용노동부장관이 정하여 고시하는 바에 따라 산업재해 예방을 위하여 사용하는 비용(이하 "산업안전보건관리비"라 한다)을 도급금액 또는 사업비에 계상(計上)하여야 한다.(2020.6.9 본항개정)

② 고용노동부장관은 산업안전보건관리비의 효율적인 사용을 위하여 다음 각 호의 사항을 정할 수 있다.

1. 사업의 규모별·종류별 계상 기준
2. 건설공사의 진척 정도에 따른 사용비율 등 기준
3. 그 밖에 산업안전보건관리비의 사용에 필요한 사항

③ 건설공사도급인은 산업안전보건관리비를 제2항에서 정하는 바에 따라 사용하고 고용노동부령으로 정하는 바에 따라 그 사용명세서를 작성하여 보존하여야 한다.(2020.6.9 본항개정)

④ 선박의 건조 또는 수리를 최초로 도급받은 수급인은 사업 계획을 수립할 때에는 고용노동부장관이 정하여 고시하는 바에 따라 산업안전보건관리비를 사업비에 계상하여야 한다.

⑤ 건설공사도급인 또는 제4항에 따른 선박의 건조 또는 수리를 최초로 도급받은 수급인은 산업안전보건관리비를 산업재해 예방 외의 목적으로 사용해서는 아니 된다.(2020.6.9 본항개정)

제73조【건설공사의 산업재해 예방 지도】 ① 대통령령으로 정하는 건설공사의 건설공사발주자 또는 건설공사도급인(건설공사발주자로부터 건설공사를 최초로 도급받은 수급인은 제외한다)은 해당 건설공사를 착공하려는 경우 제74조에 따라 지정받은 전문기관(이하 "건설재해예방전문지도기관"이라 한다)과 건설 산업재해 예방을 위한 지도계약을 체결하여야 한다.(2021.8.17 본항개정)

② 건설재해예방전문지도기관은 건설공사도급인에게 산업재해 예방을 위한 지도를 실시하여야 하고, 건설공사도급인은 지도에 따라 적절한 조치를 하여야 한다.(2021.8.17 본항신설)

③ 건설재해예방전문지도기관의 지도업무의 내용, 지도대상 분야, 지도의 수행방법, 그 밖에 필요한 사항은 대통령령으로 정한다.

제74조【건설재해예방전문지도기관】 ① 건설재해예방전문지도기관이 되려는 자는 대통령령으로 정하는 인력·시설 및 장비 등의 요건을 갖추어 고용노동부장관의 지정을 받아야 한다.

② 제1항에 따른 건설재해예방전문지도기관의 지정 절차, 그 밖에 필요한 사항은 대통령령으로 정한다.

③ 고용노동부장관은 건설재해예방전문지도기관에 대하여 평가하고 그 결과를 공개할 수 있다. 이 경우 평가의 기준·방법, 결과의 공개에 필요한 사항은 고용노동부령으로 정한다.

④ 건설재해예방전문지도기관에 관하여는 제21조제4항 및 제5항을 준용한다. 이 경우 "안전관리전문기관 또는 보건관리전문기관"은 "건설재해예방전문지도기관"으로 본다.

제75조【안전 및 보건에 관한 협의체 등의 구성·운영에 관한 특례】 ① 대통령령으로 정하는 규모의 건설공사의 건설공사도급인은 해당 건설공사 현장에 근로자위원과 사용자위원이 같은 수로 구성되는 안전 및 보건에 관한 협의체(이하 "노사협의체"라 한다)를 대통령령으로 정하는 바에 따라 구성·운영할 수 있다.

② 건설공사도급인이 제1항에 따라 노사협의체를 구성·운영하는 경우에는 산업안전보건위원회 및 제64조제1항제1호에 따른 안전 및 보건에 관한 협의체를 각각 구성·운영하는 것으로 본다.

③ 제1항에 따라 노사협의체를 구성·운영하는 건설공사도급인은 제24조제2항 각 호의 사항에 대하여 노사협의체의 심의·의결을 거쳐야 한다. 이 경우 노사협의체에서 의결되지 아니한 사항의 처리방법은 대통령령으로 정한다.

④ 노사협의체는 대통령령으로 정하는 바에 따라 회의를 개최하고 그 결과를 회의록으로 작성하여 보존하여야 한다.

⑤ 노사협의체는 산업재해 예방 및 산업재해가 발생한 경우의 대피방법 등 고용노동부령으로 정하는 사항에 대하여 협의하여야 한다.

⑥ 노사협의체를 구성·운영하는 건설공사도급인·근로자 및 관계수급인·근로자는 제3항에 따라 노사협의체가 심의·의결한 사항을 성실하게 이행하여야 한다.

⑦ 노사협의체에 관하여는 제24조제5항 및 제6항을 준용한다. 이 경우 "산업안전보건위원회"는 "노사협의체"로 본다.

제76조【기계·기구 등에 대한 건설공사도급인의 안전조치】 건설공사도급인은 자신의 사업장에서 타워크레인 등 대통령령으로 정하는 기계·기구 또는 설비 등이 설치되어 있거나 작동하고 있는 경우 또는 이를 설치·해체·조립하는 등의 작업이 이루어지고 있는 경우에는 필요한 안전조치 및 보건조치를 하여야 한다.

제4절 그 밖의 고용형태에서의 산업재해 예방

제77조【특수형태근로종사자에 대한 안전조치 및 보건조치 등】 ① 계약의 형식에 관계없이 근로자와 유사하게 노무를 제공하여 업무상의 재해로부터 보호할 필요가 있음에도 「근로기준법」 등이 적용되지 아니하는 사람으로서 다음 각 호의 요건을 모두 충족하는 사람(이하 "특수형태근로종사자"라 한다)의 노무를 제공받는 자는 특수형태근로종사자의 산업재해 예방을 위하여 필요한 안전조치 및 보건조치를 하여야 한다.(2020.5.26 본문개정)

1. 대통령령으로 정하는 직종에 종사할 것
2. 주로 하나의 사업에 노무를 상시적으로 제공하고 보수를 받아 생활할 것
3. 노무를 제공할 때 타인을 사용하지 아니할 것

② 대통령령으로 정하는 특수형태근로종사자로부터 노무를 제공받는 자는 고용노동부령으로 정하는 바에 따라 안전 및 보건에 관한 교육을 실시하여야 한다.

③ 정부는 특수형태근로종사자의 안전 및 보건의 유지·증진에 사용하는 비용의 일부 또는 전부를 지원할 수 있다.

제78조【배달종사자에 대한 안전조치】 「전기통신사업법」 제2조제20호에 따른 이동통신단말장치로 물건의 수거·배달 등을 중개하는 자는 그 중개를 통하여 「자동차관리법」 제3조제1항제5호에 따른 이륜자동차로 물건을 수거·배달 등을 하는 사람의 산업재해 예방을 위하여 필요한 안전조치 및 보건조치를 하여야 한다.(2025.1.21 본조개정)

제79조【가맹본부의 산업재해 예방 조치】 ① 「가맹사업거래의 공정화에 관한 법률」 제2조제2호에 따른 가맹본부 중 대통령령으로 정하는 가맹본부는 같은 조 제3호에 따른 가맹점사업자에게 가맹점의 설비나 기계, 원자재 또는 상품 등을 공급하는 경우에 가맹점사업자와 그 소속 근로자의 산업재해 예방을 위하여 다음 각 호의 조치를 하여야 한다.

1. 가맹점의 안전 및 보건에 관한 프로그램의 마련·시행
2. 가맹본부가 가맹점에 설치하거나 공급하는 설비·기계 및 원자재 또는 상품 등에 대하여 가맹점사업자에게 안전 및 보건에 관한 정보의 제공

② 제1항제1호에 따른 안전 및 보건에 관한 프로그램의 내용·시행방법, 같은 항 제2호에 따른 안전 및 보건에 관한 정보의 제공방법, 그 밖에 필요한 사항은 고용노동부령으로 정한다.

제6장 유해·위험 기계 등에 대한 조치

제1절 유해하거나 위험한 기계 등에 대한 방호조치 등

제80조【유해하거나 위험한 기계·기구에 대한 방호조치】 ① 누구든지 동력(動力)으로 작동하는 기계·기구로서 대통령령으로 정하는 것은 고용노동부령으로 정하는 유해·위험 방지를 위한 방호조치를 하지 아니하고는 양도, 대여, 설치 또는 사용에 제공하거나 양도·대여의 목적으로 진열해서는 아니 된다.

② 누구든지 동력으로 작동하는 기계·기구로서 다음 각 호의 어느 하나에 해당하는 것은 고용노동부령으로 정하는 방호조

치를 하지 아니하고는 양도, 대여, 설치 또는 사용에 제공하거나 양도·대여의 목적으로 진열해서는 아니 된다.
1. 작동 부분에 돌기 부분이 있는 것
2. 동력전달 부분 또는 속도조절 부분이 있는 것
3. 회전기계에 물체 등이 말려 들어갈 부분이 있는 것
③ 사업주는 제1항 및 제2항에 따른 방호조치가 정상적인 기능을 발휘할 수 있도록 방호조치와 관련되는 장치를 상시적으로 점검하고 정비하여야 한다.
④ 사업주와 근로자는 제1항 및 제2항에 따른 방호조치를 해체하려는 경우 등 고용노동부령으로 정하는 경우에는 필요한 안전조치 및 보건조치를 하여야 한다.
제81조【기계·기구 등의 대여자 등의 조치】 대통령령으로 정하는 기계·기구·설비 또는 건축물 등을 타인에게 대여하거나 대여받는 자는 필요한 안전조치 및 보건조치를 하여야 한다.
제82조【타워크레인 설치·해체업의 등록 등】 ① 타워크레인을 설치하거나 해체를 하려는 자는 대통령령으로 정하는 바에 따라 인력·시설 및 장비 등의 요건을 갖추어 고용노동부장관에게 등록하여야 한다. 등록한 사항 중 대통령령으로 정하는 중요한 사항을 변경할 때에도 또한 같다.
② 사업주는 제1항에 따라 등록한 자로 하여금 타워크레인을 설치하거나 해체하는 작업을 하도록 하여야 한다.
③ 제1항에 따른 등록 절차, 그 밖에 필요한 사항은 고용노동부령으로 정한다.
④ 제1항에 따라 등록한 자에 대해서는 제21조제4항 및 제5항을 준용한다. 이 경우 "안전관리전문기관 또는 보건관리전문기관"은 "제1항에 따라 등록한 자"로, "지정"은 "등록"으로 본다.

제2절 안전인증

제83조【안전인증기준】 ① 고용노동부장관은 유해하거나 위험한 기계·기구·설비 및 방호장치·보호구(이하 "유해·위험기계등"이라 한다)의 안전성을 평가하기 위하여 그 안전에 관한 성능과 제조자의 기술 능력 및 생산 체계 등에 관한 기준(이하 "안전인증기준"이라 한다)을 정하여 고시하여야 한다.
② 안전인증기준은 유해·위험기계등의 종류별, 규격 및 형식별로 정할 수 있다.
제84조【안전인증】 ① 유해·위험기계등 중 근로자의 안전 및 보건에 위해(危害)를 미칠 수 있다고 인정되어 대통령령으로 정하는 것(이하 "안전인증대상기계등"이라 한다)을 제조하거나 수입하는 자(고용노동부령으로 정하는 안전인증대상기계등을 설치·이전하거나 주요 구조 부분을 변경하는 자를 포함한다. 이하 이 조 및 제85조부터 제87조까지의 규정에서 같다)는 안전인증대상기계등이 안전인증기준에 맞는지에 대하여 고용노동부장관이 실시하는 안전인증을 받아야 한다.
② 고용노동부장관은 다음 각 호의 어느 하나에 해당하는 경우에는 고용노동부령으로 정하는 바에 따라 제1항에 따른 안전인증의 전부 또는 일부를 면제할 수 있다.
1. 연구·개발을 목적으로 제조·수입하거나 수출을 목적으로 제조하는 경우
2. 고용노동부장관이 정하여 고시하는 외국의 안전인증기관에서 인증을 받은 경우
3. 다른 법령에 따라 안전성에 관한 검사나 인증을 받은 경우로서 고용노동부령으로 정하는 경우
③ 안전인증대상기계등이 아닌 유해·위험기계등을 제조하거나 수입하는 자가 그 유해·위험기계등의 안전에 관한 성능 등을 평가받으려면 고용노동부장관에게 안전인증을 신청할 수 있다. 이 경우 고용노동부장관은 안전인증기준에 따라 안전인증을 할 수 있다.
④ 고용노동부장관은 제1항 및 제3항에 따른 안전인증(이하 "안전인증"이라 한다)을 받은 자가 안전인증기준을 지키고 있는지를 3년 이하의 범위에서 고용노동부령으로 정하는 주기마다 확인하여야 한다. 다만, 제2항에 따라 안전인증의 일부를 면제받은 경우에는 고용노동부령으로 정하는 바에 따라 확인의 전부 또는 일부를 생략할 수 있다.
⑤ 제1항에 따라 안전인증을 받은 자는 안전인증을 받은 안전인증대상기계등에 대하여 고용노동부령으로 정하는 바에 따라 제품명·모델명·제조수량·판매수량 및 판매처 현황 등의 사항을 기록하여 보존하여야 한다.
⑥ 고용노동부장관은 근로자의 안전 및 보건에 필요하다고 인정하는 경우 안전인증대상기계등을 제조·수입 또는 판매하는 자에게 고용노동부령으로 정하는 바에 따라 해당 안전인증대상기계등의 제조·수입 또는 판매에 관한 자료를 공단에 제출하게 할 수 있다.
⑦ 안전인증의 신청 방법·절차, 제4항에 따른 확인의 방법·절차, 그 밖에 필요한 사항은 고용노동부령으로 정한다.
제85조【안전인증의 표시 등】 ① 안전인증을 받은 자는 안전인증을 받은 유해·위험기계등이나 이를 담은 용기 또는 포장에 고용노동부령으로 정하는 바에 따라 안전인증의 표시(이하 "안전인증표시"라 한다)를 하여야 한다.
② 안전인증을 받은 유해·위험기계등이 아닌 것은 안전인증표시 또는 이와 유사한 표시를 하거나 안전인증에 관한 광고를 해서는 아니 된다.
③ 안전인증을 받은 유해·위험기계등을 제조·수입·양도·대여하는 자는 안전인증표시를 임의로 변경하거나 제거해서는 아니 된다.
④ 고용노동부장관은 다음 각 호의 어느 하나에 해당하는 경우에는 안전인증표시나 이와 유사한 표시를 제거할 것을 명하여야 한다.
1. 제2항을 위반하여 안전인증표시나 이와 유사한 표시를 한 경우
2. 제86조제1항에 따라 안전인증이 취소되거나 안전인증표시의 사용 금지 명령을 받은 경우
제86조【안전인증의 취소 등】 ① 고용노동부장관은 안전인증을 받은 자가 다음 각 호의 어느 하나에 해당하면 안전인증을 취소하거나 6개월 이내의 기간을 정하여 안전인증표시의 사용을 금지하거나 안전인증기준에 맞게 시정하도록 명할 수 있다. 다만, 제1호의 경우에는 안전인증을 취소하여야 한다.
1. 거짓이나 그 밖의 부정한 방법으로 안전인증을 받은 경우
2. 안전인증을 받은 유해·위험기계등의 안전에 관한 성능 등이 안전인증기준에 맞지 아니하게 된 경우
3. 정당한 사유 없이 제84조제4항에 따른 확인을 거부, 방해 또는 기피하는 경우
② 고용노동부장관은 제1항에 따라 안전인증을 취소한 경우에는 고용노동부령으로 정하는 바에 따라 그 사실을 관보 등에 공고하여야 한다.
③ 제1항에 따라 안전인증이 취소된 자는 안전인증이 취소된 날부터 1년 이내에는 취소된 유해·위험기계등에 대하여 안전인증을 신청할 수 없다.
제87조【안전인증대상기계등의 제조 등의 금지 등】 ① 누구든지 다음 각 호의 어느 하나에 해당하는 안전인증대상기계등을 제조·수입·양도·대여·사용하거나 양도·대여의 목적으로 진열할 수 없다.
1. 제84조제1항에 따른 안전인증을 받지 아니한 경우(같은 조 제2항에 따라 안전인증이 전부 면제되는 경우는 제외한다)
2. 안전인증기준에 맞지 아니하게 된 경우
3. 제86조제1항에 따라 안전인증이 취소되거나 안전인증표시의 사용 금지 명령을 받은 경우
② 고용노동부장관은 제1항을 위반하여 안전인증대상기계등을 제조·수입·양도·대여하는 자에게 고용노동부령으로 정하는 바에 따라 그 안전인증대상기계등을 수거하거나 파기할 것을 명할 수 있다.
제88조【안전인증기관】 ① 고용노동부장관은 제84조에 따른 안전인증 업무 및 확인 업무를 위탁받아 수행할 기관을 안전인증기관으로 지정할 수 있다.
② 제1항에 따라 안전인증기관으로 지정받으려는 자는 대통령령으로 정하는 인력·시설 및 장비 등의 요건을 갖추어 고용노동부장관에게 신청하여야 한다.
③ 고용노동부장관은 제1항에 따라 지정받은 안전인증기관(이하 "안전인증기관"이라 한다)에 대하여 평가하고 그 결과를 공개할 수 있다. 이 경우 평가의 기준·방법 및 결과의 공개에 필요한 사항은 고용노동부령으로 정한다.

④ 안전인증기관의 지정 신청 절차, 그 밖에 필요한 사항은 고용노동부령으로 정한다.
⑤ 안전인증기관에 관하여는 제21조제4항 및 제5항을 준용한다. 이 경우 "안전관리전문기관 또는 보건관리전문기관"은 "안전인증기관"으로 본다.

제3절 자율안전확인의 신고

제89조【자율안전확인의 신고】 ① 안전인증대상기계등이 아닌 유해·위험기계등으로서 대통령령으로 정하는 것(이하 "자율안전확인대상기계등"이라 한다)을 제조하거나 수입하는 자는 자율안전확인대상기계등의 안전에 관한 성능이 고용노동부장관이 정하여 고시하는 안전기준(이하 "자율안전기준"이라 한다)에 맞는지 확인(이하 "자율안전확인"이라 한다)하여 고용노동부장관에게 신고(신고한 사항을 변경하는 경우를 포함한다)하여야 한다. 다만, 다음 각 호의 어느 하나에 해당하는 경우에는 신고를 면제할 수 있다.
1. 연구·개발을 목적으로 제조·수입하거나 수출을 목적으로 제조하는 경우
2. 제84조제3항에 따른 안전인증을 받은 경우(제86조제1항에 따라 안전인증이 취소되거나 안전인증표시의 사용 금지 명령을 받은 경우는 제외한다)
3. 다른 법령에 따라 안전성에 관한 검사나 인증을 받은 경우로서 고용노동부령으로 정하는 경우

② 고용노동부장관은 제1항 각 호 외의 부분 본문에 따른 신고를 받은 경우 그 내용을 검토하여 이 법에 적합하면 신고를 수리하여야 한다.
③ 제1항 각 호 외의 부분 본문에 따라 신고를 한 자는 자율안전확인대상기계등이 자율안전기준에 맞는 것임을 증명하는 서류를 보존하여야 한다.
④ 제1항 각 호 외의 부분 본문에 따른 신고의 방법 및 절차, 그 밖에 필요한 사항은 고용노동부령으로 정한다.

제90조【자율안전확인의 표시 등】 ① 제89조제1항 각 호 외의 부분 본문에 따라 신고를 한 자는 자율안전확인대상기계등이나 이를 담은 용기 또는 포장에 고용노동부령으로 정하는 바에 따라 자율안전확인의 표시(이하 "자율안전확인표시"라 한다)를 하여야 한다.
② 제89조제1항 각 호 외의 부분 본문에 따라 신고된 자율안전확인대상기계등이 아닌 것은 자율안전확인표시 또는 이와 유사한 표시를 하거나 자율안전확인에 관한 광고를 해서는 아니 된다.
③ 제89조제1항 각 호 외의 부분 본문에 따라 신고된 자율안전확인대상기계등을 제조·수입·양도·대여하는 자는 자율안전확인표시를 임의로 변경하거나 제거해서는 아니 된다.
④ 고용노동부장관은 다음 각 호의 어느 하나에 해당하는 경우에는 자율안전확인표시나 이와 유사한 표시를 제거할 것을 명하여야 한다.
1. 제2항을 위반하여 자율안전확인표시나 이와 유사한 표시를 한 경우
2. 거짓이나 그 밖의 부정한 방법으로 제89조제1항 각 호 외의 부분 본문에 따른 신고를 한 경우
3. 제91조제1항에 따라 자율안전확인표시의 사용 금지 명령을 받은 경우

제91조【자율안전확인표시의 사용 금지 등】 ① 고용노동부장관은 제89조제1항 각 호 외의 부분 본문에 따라 신고된 자율안전확인대상기계등의 안전에 관한 성능이 자율안전기준에 맞지 아니하게 된 경우에는 같은 항 각 호 외의 부분 본문에 따라 신고한 자에게 6개월 이내의 기간을 정하여 자율안전확인표시의 사용을 금지하거나 자율안전기준에 맞게 시정하도록 명할 수 있다.
② 고용노동부장관은 제1항에 따라 자율안전확인표시의 사용을 금지하였을 때에는 그 사실을 관보 등에 공고하여야 한다.
③ 제2항에 따른 공고의 내용, 방법 및 절차, 그 밖에 필요한 사항은 고용노동부령으로 정한다.

제92조【자율안전확인대상기계등의 제조 등의 금지 등】 ① 누구든지 다음 각 호의 어느 하나에 해당하는 자율안전확인대상기계등을 제조·수입·양도·대여·사용하거나 양도·대여의 목적으로 진열할 수 없다.
1. 제89조제1항 각 호 외의 부분 본문에 따른 신고를 하지 아니한 경우(같은 항 각 호 외의 부분 단서에 따라 신고가 면제되는 경우는 제외한다)
2. 거짓이나 그 밖의 부정한 방법으로 제89조제1항 각 호 외의 부분 본문에 따른 신고를 한 경우
3. 자율안전확인대상기계등의 안전에 관한 성능이 자율안전기준에 맞지 아니하게 된 경우
4. 제91조제1항에 따라 자율안전확인표시의 사용 금지 명령을 받은 경우

② 고용노동부장관은 제1항을 위반하여 자율안전확인대상기계등을 제조·수입·양도·대여하는 자에게 고용노동부령으로 정하는 바에 따라 그 자율안전확인대상기계등을 수거하거나 파기할 것을 명할 수 있다.

제4절 안전검사

제93조【안전검사】 ① 유해하거나 위험한 기계·기구·설비로서 대통령령으로 정하는 것(이하 "안전검사대상기계등"이라 한다)을 사용하는 사업주(근로자를 사용하지 아니하고 사업을 하는 자를 포함한다. 이하 이 조, 제94조, 제95조 및 제98조에서 같다)는 안전검사대상기계등의 안전에 관한 성능이 고용노동부장관이 정하여 고시하는 검사기준에 맞는지에 대하여 고용노동부장관이 실시하는 검사(이하 "안전검사"라 한다)를 받아야 한다. 이 경우 안전검사대상기계등을 사용하는 사업주와 소유자가 다른 경우에는 안전검사대상기계등의 소유자가 안전검사를 받아야 한다.
② 제1항에도 불구하고 안전검사대상기계등이 다른 법령에 따라 안전성에 관한 검사나 인증을 받은 경우로서 고용노동부령으로 정하는 경우에는 안전검사를 면제할 수 있다.
③ 안전검사의 신청, 검사 주기 및 검사합격 표시방법, 그 밖에 필요한 사항은 고용노동부령으로 정한다. 이 경우 검사 주기는 안전검사대상기계등의 종류, 사용연한(使用年限) 및 위험성을 고려하여 정한다.

제94조【안전검사합격증명서 발급 등】 ① 고용노동부장관은 제93조제1항에 따라 안전검사에 합격한 사업주에게 고용노동부령으로 정하는 바에 따라 안전검사합격증명서를 발급하여야 한다.
② 제1항에 따라 안전검사합격증명서를 발급받은 사업주는 그 증명서를 안전검사대상기계등에 붙여야 한다.(2020.5.26 본항개정)

제95조【안전검사대상기계등의 사용 금지】 사업주는 다음 각 호의 어느 하나에 해당하는 안전검사대상기계등을 사용해서는 아니 된다.
1. 안전검사를 받지 아니한 안전검사대상기계등(제93조제2항에 따라 안전검사가 면제되는 경우는 제외한다)
2. 안전검사에 불합격한 안전검사대상기계등

제96조【안전검사기관】 ① 고용노동부장관은 안전검사 업무를 위탁받아 수행하는 기관을 안전검사기관으로 지정할 수 있다.
② 제1항에 따라 안전검사기관으로 지정받으려는 자는 대통령령으로 정하는 인력·시설 및 장비 등의 요건을 갖추어 고용노동부장관에게 신청하여야 한다.
③ 고용노동부장관은 제1항에 따라 지정받은 안전검사기관(이하 "안전검사기관"이라 한다)에 대하여 평가하고 그 결과를 공개할 수 있다. 이 경우 평가의 기준·방법 및 결과의 공개에 필요한 사항은 고용노동부령으로 정한다.
④ 안전검사기관의 지정 신청 절차, 그 밖에 필요한 사항은 고용노동부령으로 정한다.
⑤ 안전검사기관에 관하여는 제21조제4항 및 제5항을 준용한다. 이 경우 "안전관리전문기관 또는 보건관리전문기관"은 "안전검사기관"으로 본다.

제97조【안전검사기관의 보고의무】 안전검사기관은 제95조 각 호의 어느 하나에 해당하는 안전검사대상기계등을 발견하였을 때에는 이를 고용노동부장관에게 지체 없이 보고하여야 한다.

제98조【자율검사프로그램에 따른 안전검사】 ① 제93조제1항에도 불구하고 같은 항에 따라 안전검사를 받아야 하는 사업주가 근로자대표와 협의(근로자를 사용하지 아니하는 경우는 제외한다)하여 같은 항 전단에 따른 검사기준, 같은 조 제3항에 따른 검사 주기 등을 충족하는 검사프로그램(이하 "자율검사프로그램"이라 한다)을 정하고 고용노동부장관의 인정을 받아 다음 각 호의 어느 하나에 해당하는 사람으로부터 자율검사프로그램에 따라 안전검사대상기계등에 대하여 안전에 관한 성능검사(이하 "자율안전검사"라 한다)를 받으면 안전검사를 받은 것으로 본다.
1. 고용노동부령으로 정하는 안전에 관한 성능검사와 관련된 자격 및 경험을 가진 사람
2. 고용노동부령으로 정하는 바에 따라 안전에 관한 성능검사 교육을 이수하고 해당 분야의 실무 경험이 있는 사람

② 자율검사프로그램의 유효기간은 2년으로 한다.
③ 사업주는 자율안전검사를 받은 경우에는 그 결과를 기록하여 보존하여야 한다.
④ 자율안전검사를 받으려는 사업주는 제100조에 따라 지정받은 검사기관(이하 "자율안전검사기관"이라 한다)에 자율안전검사를 위탁할 수 있다.
⑤ 자율검사프로그램에 포함되어야 할 내용, 자율검사프로그램의 인정 요건, 인정 방법 및 절차, 그 밖에 필요한 사항은 고용노동부령으로 정한다.

제99조【자율검사프로그램 인정의 취소 등】 ① 고용노동부장관은 자율검사프로그램의 인정을 받은 자가 다음 각 호의 어느 하나에 해당하는 경우에는 자율검사프로그램의 인정을 취소하거나 인정받은 자율검사프로그램의 내용에 따라 검사를 하도록 하는 등 시정을 명할 수 있다. 다만, 제1호의 경우에는 인정을 취소하여야 한다.
1. 거짓이나 그 밖의 부정한 방법으로 자율검사프로그램을 인정받은 경우
2. 자율검사프로그램을 인정받고도 검사를 하지 아니한 경우
3. 인정받은 자율검사프로그램의 내용에 따라 검사를 하지 아니한 경우
4. 제98조제1항 각 호의 어느 하나에 해당하는 사람 또는 자율안전검사기관이 검사를 하지 아니한 경우

② 사업주는 제1항에 따라 자율검사프로그램의 인정이 취소된 안전검사대상기계등을 사용해서는 아니 된다.

제100조【자율안전검사기관】 ① 자율안전검사기관이 되려는 자는 대통령령으로 정하는 인력·시설 및 장비 등의 요건을 갖추어 고용노동부장관의 지정을 받아야 한다.
② 고용노동부장관은 자율안전검사기관에 대하여 평가하고 그 결과를 공개할 수 있다. 이 경우 평가의 기준·방법 및 결과의 공개에 필요한 사항은 고용노동부령으로 정한다.
③ 자율안전검사기관의 지정 절차, 그 밖에 필요한 사항은 고용노동부령으로 정한다.
④ 자율안전검사기관에 관하여는 제21조제4항 및 제5항을 준용한다. 이 경우 "안전관리전문기관 또는 보건관리전문기관"은 "자율안전검사기관"으로 본다.

제5절 유해·위험기계등의 조사 및 지원 등

제101조【성능시험 등】 고용노동부장관은 안전인증대상기계등 또는 자율안전확인대상기계등의 안전성능의 저하 등으로 근로자에게 피해를 주거나 줄 우려가 크다고 인정하는 경우에는 대통령령으로 정하는 바에 따라 유해·위험기계등을 제조하는 사업장에서 제품 제조 과정을 조사할 수 있으며, 제조·수입·양도·대여하거나 양도·대여의 목적으로 진열된 유해·위험기계등을 수거하여 안전인증기준 또는 자율안전기준에 적합한지에 대한 성능시험을 할 수 있다.

제102조【유해·위험기계등 제조사업 등의 지원】 ① 고용노동부장관은 다음 각 호의 어느 하나에 해당하는 자에게 유해·위험기계등의 품질·안전성 또는 설계·시공 능력 등의 향상을 위하여 예산의 범위에서 필요한 지원을 할 수 있다.
1. 다음 각 목의 어느 하나에 해당하는 것의 안전성 향상을 위하여 지원이 필요하다고 인정되는 것을 제조하는 자
  가. 안전인증대상기계등
  나. 자율안전확인대상기계등
  다. 그 밖에 산업재해가 많이 발생하는 유해·위험기계등
2. 작업환경 개선시설을 설계·시공하는 자

② 제1항에 따른 지원을 받으려는 자는 고용노동부령으로 정하는 인력·시설 및 장비 등의 요건을 갖추어 고용노동부장관에게 등록하여야 한다.
③ 고용노동부장관은 제2항에 따라 등록한 자가 다음 각 호의 어느 하나에 해당하는 경우에는 그 등록을 취소하거나 1년의 범위에서 제1항에 따른 지원을 제한할 수 있다. 다만, 제1호의 경우에는 등록을 취소하여야 한다.
1. 거짓이나 그 밖의 부정한 방법으로 등록한 경우
2. 제2항에 따른 등록 요건에 적합하지 아니하게 된 경우
3. 제86조제1항제1호에 따라 안전인증이 취소된 경우

④ 고용노동부장관은 제1항에 따라 지원받은 자가 다음 각 호의 어느 하나에 해당하는 경우에는 지원한 금액 또는 지원에 상응하는 금액을 환수하여야 한다. 이 경우 제1호에 해당하면 지원한 금액에 상당하는 액수 이하의 금액을 추가로 환수할 수 있다.
1. 거짓이나 그 밖의 부정한 방법으로 지원받은 경우
2. 제1항에 따른 지원 목적과 다른 용도로 지원금을 사용한 경우
3. 제3항제1호에 해당하여 등록이 취소된 경우

⑤ 고용노동부장관은 제3항에 따라 등록을 취소한 자에 대하여 등록을 취소한 날부터 2년 이내의 기간을 정하여 제2항에 따른 등록을 제한할 수 있다.
⑥ 제1항부터 제5항까지의 규정에 따른 지원내용, 등록 및 등록 취소, 환수 절차, 등록 제한 기준, 그 밖에 필요한 사항은 고용노동부령으로 정한다.

제103조【유해·위험기계등의 안전 관련 정보의 종합관리】
① 고용노동부장관은 사업장의 유해·위험기계등의 보유현황 및 안전검사 이력 등 안전에 관한 정보를 종합관리하고, 해당 정보를 안전인증기관 또는 안전검사기관에 제공할 수 있다.
② 고용노동부장관은 제1항에 따른 정보의 종합관리를 위하여 안전인증기관 또는 안전검사기관에 사업장의 유해·위험기계등의 보유현황 및 안전검사 이력 등의 필요한 자료를 제출하도록 요청할 수 있다. 이 경우 요청을 받은 기관은 특별한 사유가 없으면 그 요청에 따라야 한다.
③ 고용노동부장관은 제1항에 따른 정보의 종합관리를 위하여 유해·위험기계등의 보유현황 및 안전검사 이력 등 안전에 관한 종합정보망을 구축·운영하여야 한다.

제7장 유해·위험물질에 대한 조치

제1절 유해·위험물질의 분류 및 관리

제104조【유해인자의 분류기준】 고용노동부장관은 고용노동부령으로 정하는 바에 따라 근로자에게 건강장해를 일으키는 화학물질 및 물리적 인자 등(이하 "유해인자"라 한다)의 유해성·위험성 분류기준을 마련하여야 한다.

제105조【유해인자의 유해성·위험성 평가 및 관리】 ① 고용노동부장관은 유해인자가 근로자의 건강에 미치는 유해성·위험성을 평가하고 그 결과를 관보 등에 공표할 수 있다.
② 고용노동부장관은 제1항에 따른 평가 결과 등을 고려하여 고용노동부령으로 정하는 바에 따라 유해성·위험성 수준별로 유해인자를 구분하여 관리하여야 한다.
③ 제1항에 따른 유해성·위험성 평가대상 유해인자의 선정기준, 유해성·위험성 평가의 방법, 그 밖에 필요한 사항은 고용노동부령으로 정한다.

제106조【유해인자의 노출기준 설정】 고용노동부장관은 제105조제1항에 따른 유해성·위험성 평가 결과 등 고용노동부령으로 정하는 사항을 고려하여 유해인자의 노출기준을 정하여 고시하여야 한다.

제107조【유해인자 허용기준의 준수】 ① 사업주는 발암성 물질 등 근로자에게 중대한 건강장해를 유발할 우려가 있는 유해인자로서 대통령령으로 정하는 유해인자는 작업장 내의 그

노출 농도를 고용노동부령으로 정하는 허용기준 이하로 유지하여야 한다. 다만, 다음 각 호의 어느 하나에 해당하는 경우에는 그러하지 아니하다.
1. 유해인자를 취급하거나 정화·배출하는 시설 및 설비의 설치나 개선이 현존하는 기술로 가능하지 아니한 경우
2. 천재지변 등으로 시설과 설비에 중대한 결함이 발생한 경우
3. 고용노동부령으로 정하는 임시 작업과 단시간 작업의 경우
4. 그 밖에 대통령령으로 정하는 경우
② 사업주는 제1항 각 호 외의 부분 단서에도 불구하고 유해인자의 노출 농도를 제1항에 따른 허용기준 이하로 유지하도록 노력하여야 한다.
제108조【신규화학물질의 유해성·위험성 조사】 ① 대통령령으로 정하는 화학물질 외의 화학물질(이하 "신규화학물질"이라 한다)을 제조하거나 수입하려는 자(이하 "신규화학물질제조자등"이라 한다)는 신규화학물질에 의한 근로자의 건강장해를 예방하기 위하여 고용노동부령으로 정하는 바에 따라 그 신규화학물질의 유해성·위험성을 조사하고 그 조사보고서를 고용노동부장관에게 제출하여야 한다. 다만, 다음 각 호의 어느 하나에 해당하는 경우에는 그러하지 아니하다.
1. 일반 소비자의 생활용으로 제공하기 위하여 신규화학물질을 수입하는 경우로서 고용노동부령으로 정하는 경우
2. 신규화학물질의 수입량이 소량이거나 그 밖에 위해의 정도가 적다고 인정되는 경우로서 고용노동부령으로 정하는 경우
② 신규화학물질제조자등은 제1항 각 호 외의 부분 본문에 따라 유해성·위험성을 조사한 결과 해당 신규화학물질에 의한 근로자의 건강장해를 예방하기 위하여 필요한 조치를 하여야 하는 경우 이를 즉시 시행하여야 한다.
③ 고용노동부장관은 제1항에 따라 신규화학물질의 유해성·위험성 조사보고서가 제출되면 고용노동부령으로 정하는 바에 따라 그 신규화학물질의 명칭, 유해성·위험성, 근로자의 건강장해 예방을 위한 조치 사항 등을 공표하고 관계 부처에 통보하여야 한다.
④ 고용노동부장관은 제1항에 따라 제출된 신규화학물질의 유해성·위험성 조사보고서를 검토한 결과 근로자의 건강장해 예방을 위하여 필요하다고 인정할 때에는 신규화학물질제조자등에게 시설·설비를 설치·정비하고 보호구를 갖추어 두는 등의 조치를 하도록 명할 수 있다.
⑤ 신규화학물질제조자등이 신규화학물질을 양도하거나 제공하는 경우에는 제4항에 따른 근로자의 건강장해 예방을 위하여 조치하여야 할 사항을 기록한 서류를 함께 제공하여야 한다.
제109조【중대한 건강장해 우려 화학물질의 유해성·위험성 조사】 ① 고용노동부장관은 근로자의 건강장해를 예방하기 위하여 필요하다고 인정할 때에는 고용노동부령으로 정하는 바에 따라 암 또는 그 밖에 중대한 건강장해를 일으킬 우려가 있는 화학물질을 제조·수입하는 자 또는 사용하는 사업주에게 해당 화학물질의 유해성·위험성 조사와 그 결과의 제출 또는 제105조제1항에 따른 유해성·위험성 평가에 필요한 자료의 제출을 명할 수 있다.
② 제1항에 따라 화학물질의 유해성·위험성 조사 명령을 받은 자는 유해성·위험성 조사 결과 해당 화학물질로 인한 근로자의 건강장해가 우려되는 경우 근로자의 건강장해를 예방하기 위하여 시설·설비의 설치 또는 개선 등 필요한 조치를 하여야 한다.
③ 고용노동부장관은 제1항에 따라 제출된 조사 결과 및 자료를 검토하여 근로자의 건강장해를 예방하기 위하여 필요하다고 인정하는 경우에는 해당 화학물질을 제105조제2항에 따라 구분하여 관리하거나 해당 화학물질을 제조·수입한 자 또는 사용하는 사업주에게 근로자의 건강장해 예방을 위한 시설·설비의 설치 또는 개선 등 필요한 조치를 하도록 명할 수 있다.
제110조【물질안전보건자료의 작성 및 제출】 ① 화학물질 또는 이를 포함한 혼합물로서 제104조에 따른 분류기준에 해당하는 것(대통령령으로 정하는 것은 제외한다. 이하 "물질안전보건자료대상물질"이라 한다)을 제조하거나 수입하려는 자는 다음 각 호의 사항을 적은 자료(이하 "물질안전보건자료"라 한다)를 고용노동부령으로 정하는 바에 따라 작성하여 고용노동부장관에게 제출하여야 한다. 이 경우 고용노동부장관은 고용노동부령으로 물질안전보건자료의 기재 사항이나 작성 방법을 정할 때 「화학물질관리법」 및 「화학물질의 등록 및 평가 등에 관한 법률」과 관련된 사항에 대해서는 환경부장관과 협의하여야 한다.(2020.5.26 전단개정)
1. 제품명
2. 물질안전보건자료대상물질을 구성하는 화학물질 중 제104조에 따른 분류기준에 해당하는 화학물질의 명칭 및 함유량
3. 안전 및 보건상의 취급 주의 사항
4. 건강 및 환경에 대한 유해성, 물리적 위험성
5. 물리·화학적 특성 등 고용노동부령으로 정하는 사항
② 물질안전보건자료대상물질을 제조하거나 수입하려는 자는 물질안전보건자료대상물질을 구성하는 화학물질 중 제104조에 따른 분류기준에 해당하지 아니하는 화학물질의 명칭 및 함유량을 고용노동부장관에게 별도로 제출하여야 한다. 다만, 다음 각 호의 어느 하나에 해당하는 경우는 그러하지 아니하다.
1. 제1항에 따라 제출된 물질안전보건자료에 이 항 각 호 외의 부분 본문에 따른 화학물질의 명칭 및 함유량이 전부 포함된 경우
2. 물질안전보건자료대상물질을 수입하려는 자가 물질안전보건자료대상물질을 국외에서 제조하여 우리나라로 수출하려는 자(이하 "국외제조자"라 한다)로부터 물질안전보건자료에 적힌 화학물질 외에는 제104조에 따른 분류기준에 해당하는 화학물질이 없음을 확인하는 내용의 서류를 받아 제출한 경우
③ 물질안전보건자료대상물질을 제조하거나 수입한 자는 제1항 각 호에 따른 사항 중 고용노동부령으로 정하는 사항이 변경된 경우 그 변경 사항을 반영한 물질안전보건자료를 고용노동부장관에게 제출하여야 한다.
④ 제1항부터 제3항까지의 규정에 따른 물질안전보건자료 등의 제출 방법·시기, 그 밖에 필요한 사항은 고용노동부령으로 정한다.
제111조【물질안전보건자료의 제공】 ① 물질안전보건자료대상물질을 양도하거나 제공하는 자는 이를 양도받거나 제공받는 자에게 물질안전보건자료를 제공하여야 한다.
② 물질안전보건자료대상물질을 제조하거나 수입한 자는 이를 양도받거나 제공받은 자에게 제110조제3항에 따라 변경된 물질안전보건자료를 제공하여야 한다.
③ 물질안전보건자료대상물질을 양도하거나 제공한 자(물질안전보건자료대상물질을 제조하거나 수입한 자는 제외한다)는 제110조제3항에 따른 물질안전보건자료를 제공받은 경우 이를 물질안전보건자료대상물질을 양도받거나 제공받은 자에게 제공하여야 한다.
④ 제1항부터 제3항까지의 규정에 따른 물질안전보건자료 또는 변경된 물질안전보건자료의 제공방법 및 내용, 그 밖에 필요한 사항은 고용노동부령으로 정한다.
제112조【물질안전보건자료의 일부 비공개 승인 등】 ① 제110조제1항에도 불구하고 영업비밀과 관련되어 같은 항 제2호에 따른 화학물질의 명칭 및 함유량을 물질안전보건자료에 적지 아니하려는 자는 고용노동부령으로 정하는 바에 따라 고용노동부장관에게 신청하여 승인을 받아 해당 화학물질의 명칭 및 함유량을 대체할 수 있는 명칭 및 함유량(이하 "대체자료"라 한다)으로 적을 수 있다. 다만, 근로자에게 중대한 건강장해를 초래할 우려가 있는 화학물질로서 「산업재해보상보험법」 제8조제1항에 따른 산업재해보상보험및예방심의위원회의 심의를 거쳐 고용노동부장관이 고시하는 것은 그러하지 아니하다.
② 고용노동부장관은 제1항 본문에 따른 승인 신청을 받은 경우 고용노동부령으로 정하는 바에 따라 화학물질의 명칭 및 함유량의 대체 필요성, 대체자료의 적합성 및 물질안전보건자료의 적정성 등을 검토하여 승인 여부를 결정하고 신청인에게 그 결과를 통보하여야 한다.
③ 고용노동부장관은 제2항에 따른 승인에 관한 기준을 「산업재해보상보험법」 제8조제1항에 따른 산업재해보상보험및예방심의위원회의 심의를 거쳐 정한다.

④ 제1항에 따른 승인의 유효기간은 승인을 받은 날부터 5년으로 한다.
⑤ 고용노동부장관은 제4항에 따른 유효기간이 만료되는 경우에도 계속하여 대체자료로 적으려는 자가 그 유효기간의 연장승인을 신청하면 유효기간이 만료되는 다음 날부터 5년 단위로 그 기간을 계속하여 연장승인할 수 있다.
⑥~⑦ (2023.8.8 삭제)
⑧ 고용노동부장관은 다음 각 호의 어느 하나에 해당하는 경우에는 제1항, 제5항 또는 제112조의2제2항에 따른 승인 또는 연장승인을 취소할 수 있다. 다만, 제1호의 경우에는 그 승인 또는 연장승인을 취소하여야 한다.
1. 거짓이나 그 밖의 부정한 방법으로 제1항, 제5항 또는 제112조의2제2항에 따른 승인 또는 연장승인을 받은 경우
2. 제1항, 제5항 또는 제112조의2제2항에 따른 승인 또는 연장승인을 받은 화학물질이 제1항 단서에 따른 화학물질에 해당하게 된 경우
(2023.8.8 본항개정)
⑨ 제5항에 따른 연장승인과 제8항에 따른 승인 또는 연장승인의 취소 절차 및 방법, 그 밖에 필요한 사항은 고용노동부령으로 정한다.
⑩ 다음 각 호의 어느 하나에 해당하는 자는 근로자의 안전 및 보건을 유지하거나 직업성 질환 발생 원인을 규명하기 위하여 근로자에게 중대한 건강장해가 발생하는 등 고용노동부령으로 정하는 경우에는 물질안전보건자료대상물질을 제조하거나 수입한 자에게 제1항에 따라 대체자료로 적힌 화학물질의 명칭 및 함유량 정보를 제공할 것을 요구할 수 있다. 이 경우 정보제공을 요구받은 자는 고용노동부장관이 정하여 고시하는 바에 따라 정보를 제공하여야 한다.
1. 근로자를 진료하는 「의료법」 제2조에 따른 의사
2. 보건관리자 및 보건관리전문기관
3. 산업보건의
4. 근로자대표
5. 제165조제2항제38호에 따라 제141조제1항에 따른 역학조사(疫學調査) 실시 업무를 위탁받은 기관
6. 「산업재해보상보험법」 제38조에 따른 업무상질병판정위원회

제112조의2【물질안전보건자료 일부 비공개 승인 등에 대한 이의신청 특례】 ① 제112조제1항 또는 제5항에 따른 승인 또는 연장승인 결과에 이의가 있는 신청인은 그 결과 통보를 받은 날부터 30일 이내에 고용노동부령으로 정하는 바에 따라 고용노동부장관에게 이의신청을 할 수 있다.
② 고용노동부장관은 제1항에 따른 이의신청을 받은 날부터 14일(「행정기본법」 제36조제2항 단서에 따라 결과 통지기간을 연장한 경우에는 그 연장한 기간을 말한다) 이내에 고용노동부령으로 정하는 바에 따라 승인 또는 연장승인 여부를 결정하고 그 결과를 신청인에게 통지하여야 한다.
③ 고용노동부장관은 제2항에 따른 승인 또는 연장승인 여부를 결정하기 위하여 필요한 경우 외부 전문가의 의견을 들을 수 있다. 이 경우 외부 전문가의 의견을 듣는 데 걸리는 기간은 제2항에 따른 결과 통지기간에 산입(算入)하지 아니한다.
(2023.8.8 본조신설)

제113조【국외제조자가 선임한 자에 의한 정보 제출 등】 ① 국외제조자는 고용노동부령으로 정하는 요건을 갖춘 자를 선임하여 물질안전보건자료대상물질을 수입하는 자를 갈음하여 다음 각 호에 해당하는 업무를 수행하도록 할 수 있다.
1. 제110조제1항 또는 제3항에 따른 물질안전보건자료의 작성·제출
2. 제110조제2항 각 호 외의 부분 본문에 따른 화학물질의 명칭 및 함유량 또는 같은 항 제2호에 따른 확인서류의 제출
3. 제112조제1항에 따른 대체자료 기재 승인, 같은 조 제5항에 따른 유효기간 연장승인 또는 제112조의2에 따른 이의신청
(2023.8.8 본호개정)
② 제1항에 따라 선임된 자는 고용노동부장관에게 제110조제1항 또는 제3항에 따른 물질안전보건자료를 제출하는 경우 그 물질안전보건자료를 해당 물질안전보건자료대상물질을 수입하는 자에게 제공하여야 한다.
③ 제1항에 따라 선임된 자는 고용노동부령으로 정하는 바에 따라 국외제조자에 의하여 선임되거나 해임된 사실을 고용노동부장관에게 신고하여야 한다.
④ 제2항에 따른 물질안전보건자료의 제출 및 제공 방법·내용, 제3항에 따른 신고 절차·방법, 그 밖에 필요한 사항은 고용노동부령으로 정한다.

제114조【물질안전보건자료의 게시 및 교육】 ① 물질안전보건자료대상물질을 취급하려는 사업주는 제110조제1항 또는 제3항에 따라 작성하였거나 제111조제1항부터 제3항까지의 규정에 따라 제공받은 물질안전보건자료를 고용노동부령으로 정하는 방법에 따라 물질안전보건자료대상물질을 취급하는 작업장 내에 이를 취급하는 근로자가 쉽게 볼 수 있는 장소에 게시하거나 갖추어 두어야 한다.
② 제1항에 따른 사업주는 물질안전보건자료대상물질을 취급하는 작업공정별로 고용노동부령으로 정하는 바에 따라 물질안전보건자료대상물질의 관리 요령을 게시하여야 한다.
③ 제1항에 따른 사업주는 물질안전보건자료대상물질을 취급하는 근로자의 안전 및 보건을 위하여 고용노동부령으로 정하는 바에 따라 해당 근로자를 교육하는 등 적절한 조치를 하여야 한다.

제115조【물질안전보건자료대상물질 용기 등의 경고표시】 ① 물질안전보건자료대상물질을 양도하거나 제공하는 자는 고용노동부령으로 정하는 방법에 따라 이를 담은 용기 및 포장에 경고표시를 하여야 한다. 다만, 용기 및 포장에 담는 방법 외의 방법으로 물질안전보건자료대상물질을 양도하거나 제공하는 경우에는 고용노동부장관이 정하여 고시한 바에 따라 경고표시 기재 항목을 적은 자료를 제공하여야 한다.
② 사업주는 사업장에서 사용하는 물질안전보건자료대상물질을 담은 용기에 고용노동부령으로 정하는 방법에 따라 경고표시를 하여야 한다. 다만, 용기에 이미 경고표시가 되어 있는 등 고용노동부령으로 정하는 경우에는 그러하지 아니하다.

제116조【물질안전보건자료와 관련된 자료의 제공】 고용노동부장관은 근로자의 안전 및 보건 유지를 위하여 필요하면 물질안전보건자료와 관련된 자료를 근로자 및 사업주에게 제공할 수 있다.

제117조【유해·위험물질의 제조 등 금지】 ① 누구든지 다음 각 호의 어느 하나에 해당하는 물질로서 대통령령으로 정하는 물질(이하 "제조등금지물질"이라 한다)을 제조·수입·양도·제공 또는 사용해서는 아니 된다.
1. 직업성 암을 유발하는 것으로 확인되어 근로자의 건강에 특히 해롭다고 인정되는 물질
2. 제105조제1항 따라 유해성·위험성이 평가된 유해인자나 제109조에 따라 유해성·위험성이 조사된 화학물질 중 근로자에게 중대한 건강장해를 일으킬 우려가 있는 물질
② 제1항에도 불구하고 시험·연구 또는 검사 목적의 경우로서 다음 각 호의 어느 하나에 해당하는 경우에는 제조등금지물질을 제조·수입·양도·제공 또는 사용할 수 있다.
1. 제조·수입 또는 사용을 위하여 고용노동부령으로 정하는 요건을 갖추어 고용노동부장관의 승인을 받은 경우
2. 「화학물질관리법」 제18조제1항 단서에 따른 금지물질의 판매 허가를 받은 자가 같은 항 단서에 따라 판매 허가를 받은 자나 제1호에 따라 사용 승인을 받은 자에게 제조등금지물질을 양도 또는 제공하는 경우
③ 고용노동부장관은 제2항제1호에 따른 승인을 받은 자가 같은 호에 따른 승인요건에 적합하지 아니하게 된 경우에는 승인을 취소하여야 한다.
④ 제2항제1호에 따른 승인 절차, 승인 취소 절차, 그 밖에 필요한 사항은 고용노동부령으로 정한다.

제118조【유해·위험물질의 제조 등 허가】 ① 제117조제1항 각 호의 어느 하나에 해당하는 물질로서 대체물질이 개발되지 아니한 물질 등 대통령령으로 정하는 물질(이하 "허가대상물질"이라 한다)을 제조하거나 사용하려는 자는 고용노동부장관의 허가를 받아야 한다. 허가받은 사항을 변경할 때에도 또한 같다.
② 허가대상물질의 제조·사용설비, 작업방법, 그 밖의 허가기준은 고용노동부령으로 정한다.

③ 제1항에 따라 허가를 받은 자(이하 "허가대상물질제조 · 사용자"라 한다)는 그 제조 · 사용설비를 제2항에 따른 허가기준에 적합하도록 유지하여야 하며, 그 기준에 적합한 작업방법으로 허가대상물질을 제조 · 사용하여야 한다.
④ 고용노동부장관은 허가대상물질제조 · 사용자의 제조 · 사용설비 또는 작업방법이 제2항에 따른 허가기준에 적합하지 아니하다고 인정될 때에는 그 기준에 적합하도록 제조 · 사용설비를 수리 · 개조 또는 이전하도록 하거나 그 기준에 적합한 작업방법으로 그 물질을 제조 · 사용하도록 명할 수 있다.
⑤ 고용노동부장관은 허가대상물질제조 · 사용자가 다음 각 호의 어느 하나에 해당하면 그 허가를 취소하거나 6개월 이내의 기간을 정하여 영업을 정지하게 할 수 있다. 다만, 제1호에 해당할 때에는 그 허가를 취소하여야 한다.
1. 거짓이나 그 밖의 부정한 방법으로 허가를 받은 경우
2. 제2항에 따른 허가기준에 맞지 아니하게 된 경우
3. 제3항을 위반한 경우
4. 제4항에 따른 명령을 위반한 경우
5. 자체검사 결과 이상을 발견하고도 즉시 보수 및 필요한 조치를 하지 아니한 경우
⑥ 제1항에 따른 허가의 신청절차, 그 밖에 필요한 사항은 고용노동부령으로 정한다.

제2절 석면에 대한 조치

제119조【석면조사】 ① 건축물이나 설비를 철거하거나 해체하려는 경우에 해당 건축물이나 설비의 소유주 또는 임차인 등(이하 "건축물 · 설비소유주등"이라 한다)은 다음 각 호의 사항을 고용노동부령으로 정하는 바에 따라 조사(이하 "일반석면조사"라 한다)한 후 그 결과를 기록하여 보존하여야 한다.
1. 해당 건축물이나 설비에 석면이 포함되어 있는지 여부 (2020.5.26 본호개정)
2. 해당 건축물이나 설비 중 석면이 포함된 자재의 종류, 위치 및 면적(2020.5.26 본호개정)
② 제1항에 따른 건축물이나 설비 중 대통령령으로 정하는 규모 이상의 건축물 · 설비소유주등은 제120조에 따라 지정받은 기관(이하 "석면조사기관"이라 한다)에 다음 각 호의 사항을 조사(이하 "기관석면조사"라 한다)하도록 한 후 그 결과를 기록하여 보존하여야 한다. 다만, 석면함유 여부가 명백한 경우 등 대통령령으로 정하는 사유에 해당하여 고용노동부령으로 정하는 절차에 따라 확인을 받은 경우에는 기관석면조사를 생략할 수 있다.
1. 제1항 각 호의 사항
2. 해당 건축물이나 설비에 포함된 석면의 종류 및 함유량 (2020.5.26 본호개정)
③ 건축물 · 설비소유주등이 「석면안전관리법」 등 다른 법률에 따라 건축물이나 설비에 대하여 석면조사를 실시한 경우에는 고용노동부령으로 정하는 바에 따라 일반석면조사 또는 기관석면조사를 실시한 것으로 본다.
④ 고용노동부장관은 건축물 · 설비소유주등이 일반석면조사 또는 기관석면조사를 하지 아니하고 건축물이나 설비를 철거하거나 해체하는 경우에는 다음 각 호의 조치를 명할 수 있다.
1. 해당 건축물 · 설비소유주등에 대한 일반석면조사 또는 기관석면조사의 이행 명령
2. 해당 건축물이나 설비를 철거하거나 해체하는 자에 대하여 제1호에 따른 이행 명령의 결과를 보고받을 때까지의 작업중지 명령
⑤ 기관석면조사의 방법, 그 밖에 필요한 사항은 고용노동부령으로 정한다.
제120조【석면조사기관】 ① 석면조사기관이 되려는 자는 대통령령으로 정하는 인력 · 시설 및 장비 등의 요건을 갖추어 고용노동부장관의 지정을 받아야 한다.
② 고용노동부장관은 기관석면조사의 결과에 대한 정확성과 정밀도를 확보하기 위하여 석면조사기관의 석면조사 능력을 확인하고, 석면조사기관을 지도하거나 교육할 수 있다. 이 경우 석면조사 능력의 확인, 석면조사기관에 대한 지도 및 교육의 방법, 절차, 그 밖에 필요한 사항은 고용노동부장관이 정하여 고시한다.
③ 고용노동부장관은 석면조사기관에 대하여 평가하고 그 결과를 공개(제2항에 따른 석면조사 능력의 확인 결과를 포함한다)할 수 있다. 이 경우 평가의 기준 · 방법 및 결과의 공개에 필요한 사항은 고용노동부령으로 정한다.
④ 석면조사기관의 지정 절차, 그 밖에 필요한 사항은 고용노동부령으로 정한다.
⑤ 석면조사기관에 관하여는 제21조제4항 및 제5항을 준용한다. 이 경우 "안전관리전문기관 또는 보건관리전문기관"은 "석면조사기관"으로 본다.
제121조【석면해체 · 제거업의 등록 등】 ① 석면해체 · 제거를 업으로 하려는 자는 대통령령으로 정하는 인력 · 시설 및 장비를 갖추어 고용노동부장관에게 등록하여야 한다.
② 고용노동부장관은 제1항에 따라 등록한 자(이하 "석면해체 · 제거업자"라 한다)의 석면해체 · 제거작업의 안전성을 고용노동부령으로 정하는 바에 따라 평가하고 그 결과를 공개할 수 있다. 이 경우 평가의 기준 · 방법 및 결과의 공개에 필요한 사항은 고용노동부령으로 정한다.
③ 제1항에 따른 등록 절차, 그 밖에 필요한 사항은 고용노동부령으로 정한다.
④ 석면해체 · 제거업자에 관하여는 제21조제4항 및 제5항을 준용한다. 이 경우 "안전관리전문기관 또는 보건관리전문기관"은 "석면해체 · 제거업자"로, "지정"은 "등록"으로 본다.
제122조【석면의 해체 · 제거】 ① 기관석면조사 대상인 건축물이나 설비에 대통령령으로 정하는 함유량과 면적 이상의 석면이 포함되어 있는 경우 해당 건축물 · 설비소유주등은 석면해체 · 제거업자로 하여금 그 석면을 해체 · 제거하도록 하여야 한다. 다만, 건축물 · 설비소유주등이 인력 · 장비 등에서 석면해체 · 제거업자와 동등한 능력을 갖추고 있는 경우 등 대통령령으로 정하는 사유에 해당할 경우에는 스스로 석면을 해체 · 제거할 수 있다.(2020.5.26 본문개정)
② 제1항에 따른 석면해체 · 제거는 해당 건축물이나 설비에 대하여 기관석면조사를 실시한 기관이 해서는 아니 된다.
③ 석면해체 · 제거업자(제1항 단서의 경우에는 건축물 · 설비소유주등을 말한다. 이하 제124조에서 같다)는 제1항에 따른 석면해체 · 제거작업을 하기 전에 고용노동부령으로 정하는 바에 따라 고용노동부장관에게 신고하고, 제1항에 따른 석면해체 · 제거작업에 관한 서류를 보존하여야 한다.
④ 고용노동부장관은 제3항에 따른 신고를 받은 경우 그 내용을 검토하여 이 법에 적합하면 신고를 수리하여야 한다.
⑤ 제3항에 따른 신고 절차, 그 밖에 필요한 사항은 고용노동부령으로 정한다.
제123조【석면해체 · 제거 작업기준의 준수】 ① 석면이 포함된 건축물이나 설비를 철거하거나 해체하는 자는 고용노동부령으로 정하는 석면해체 · 제거의 작업기준을 준수하여야 한다.
② 근로자는 석면이 포함된 건축물이나 설비를 철거하거나 해체하는 자가 제1항의 작업기준에 따라 근로자에게 한 조치로서 고용노동부령으로 정하는 조치 사항을 준수하여야 한다. (2020.5.26 본조개정)
제124조【석면농도기준의 준수】 ① 석면해체 · 제거업자는 제122조제1항에 따른 석면해체 · 제거작업이 완료된 후 해당 작업장의 공기 중 석면농도가 고용노동부령으로 정하는 기준 이하가 되도록 하고, 그 증명자료를 고용노동부장관에게 제출하여야 한다.
② 제1항에 따른 공기 중 석면농도를 측정할 수 있는 자의 자격 및 측정방법에 관한 사항은 고용노동부령으로 정한다.
③ 건축물 · 설비소유주등은 석면해체 · 제거작업 완료 후에도 작업장의 공기 중 석면농도가 제1항의 기준을 초과한 경우 해당 건축물이나 설비를 철거하거나 해체해서는 아니 된다.

제8장 근로자 보건관리

제1절 근로환경의 개선

제125조【작업환경측정】 ① 사업주는 유해인자로부터 근로자의 건강을 보호하고 쾌적한 작업환경을 조성하기 위하여 인

체에 해로운 작업을 하는 작업장으로서 고용노동부령으로 정하는 작업장에 대하여 고용노동부령으로 정하는 자격을 가진 자로 하여금 작업환경측정을 하도록 하여야 한다.
② 제1항에도 불구하고 도급인의 사업장에서 관계수급인 또는 관계수급인의 근로자가 작업을 하는 경우에는 도급인이 제1항에 따른 자격을 가진 자로 하여금 작업환경측정을 하도록 하여야 한다.
③ 사업주(제2항에 따른 도급인을 포함한다. 이하 이 조 및 제127조에서 같다)는 제1항에 따른 작업환경측정을 제126조에 따라 지정받은 기관(이하 "작업환경측정기관"이라 한다)에 위탁할 수 있다. 이 경우 필요한 때에는 작업환경측정 중 시료의 분석만을 위탁할 수 있다.
④ 사업주는 근로자대표(관계수급인의 근로자대표를 포함한다. 이하 이 조에서 같다)가 요구하면 작업환경측정 시 근로자대표를 참석시켜야 한다.
⑤ 사업주는 작업환경측정 결과를 기록하여 보존하고 고용노동부령으로 정하는 바에 따라 고용노동부장관에게 보고하여야 한다. 다만, 제3항에 따라 사업주로부터 작업환경측정을 위탁받은 작업환경측정기관이 작업환경측정을 한 후 그 결과를 고용노동부령으로 정하는 바에 따라 고용노동부장관에게 제출한 경우에는 작업환경측정 결과를 보고한 것으로 본다.
⑥ 사업주는 작업환경측정 결과를 해당 작업장의 근로자(관계수급인 및 관계수급인 근로자를 포함한다. 이하 이 항, 제127조 및 제175조제5항제15호에서 같다)에게 알려야 하며, 그 결과에 따라 근로자의 건강을 보호하기 위하여 해당 시설·설비의 설치·개선 또는 건강진단의 실시 등의 조치를 하여야 한다.
⑦ 사업주는 산업안전보건위원회 또는 근로자대표가 요구하면 작업환경측정 결과에 대한 설명회 등을 개최하여야 한다. 이 경우 제3항에 따라 작업환경측정을 위탁하여 실시한 경우에는 작업환경측정기관에 작업환경측정 결과에 대하여 설명하도록 할 수 있다.
⑧ 제1항 및 제2항에 따른 작업환경측정의 방법·횟수, 그 밖에 필요한 사항은 고용노동부령으로 정한다.

제126조【작업환경측정기관】 ① 작업환경측정기관이 되려는 자는 대통령령으로 정하는 인력·시설 및 장비 등의 요건을 갖추어 고용노동부장관의 지정을 받아야 한다.
② 고용노동부장관은 작업환경측정기관의 측정·분석 결과에 대한 정확성과 정밀도를 확보하기 위하여 작업환경측정기관의 측정·분석능력을 확인하고, 작업환경측정기관을 지도하거나 교육할 수 있다. 이 경우 측정·분석능력의 확인, 작업환경측정기관에 대한 교육의 방법·절차, 그 밖에 필요한 사항은 고용노동부장관이 정하여 고시한다.
③ 고용노동부장관은 작업환경측정의 수준을 향상시키기 위하여 필요한 경우 작업환경측정기관을 평가하고 그 결과(제2항에 따른 측정·분석능력의 확인 결과를 포함한다)를 공개할 수 있다. 이 경우 평가기준·방법 및 결과의 공개, 그 밖에 필요한 사항은 고용노동부령으로 정한다.
④ 작업환경측정기관의 유형, 업무 범위 및 지정 절차, 그 밖에 필요한 사항은 고용노동부령으로 정한다.
⑤ 작업환경측정기관에 관하여는 제21조제4항 및 제5항을 준용한다. 이 경우 "안전관리전문기관 또는 보건관리전문기관"은 "작업환경측정기관"으로 본다.

제127조【작업환경측정 신뢰성 평가】 ① 고용노동부장관은 제125조제1항 및 제2항에 따른 작업환경측정 결과에 대하여 그 신뢰성을 평가할 수 있다.
② 사업주와 근로자는 고용노동부장관이 제1항에 따른 신뢰성을 평가할 때에는 적극적으로 협조하여야 한다.
③ 제1항에 따른 신뢰성 평가의 방법·대상 및 절차, 그 밖에 필요한 사항은 고용노동부령으로 정한다.

제128조【작업환경전문연구기관의 지정】 ① 고용노동부장관은 작업장의 유해인자로부터 근로자의 건강을 보호하고 작업환경관리방법 등에 관한 전문연구를 촉진하기 위하여 유해인자별·업종별 작업환경전문연구기관을 지정하여 예산의 범위에서 필요한 지원을 할 수 있다.
② 제1항에 따른 유해인자별·업종별 작업환경전문연구기관의 지정기준, 그 밖에 필요한 사항은 고용노동부장관이 정하여 고시한다.

제128조의2【휴게시설의 설치】 ① 사업주는 근로자(관계수급인의 근로자를 포함한다. 이하 이 조에서 같다)가 신체적 피로와 정신적 스트레스를 해소할 수 있도록 휴식시간에 이용할 수 있는 휴게시설을 갖추어야 한다.
② 사업주 중 사업의 종류 및 사업장의 상시 근로자 수 등 대통령령으로 정하는 기준에 해당하는 사업장의 사업주는 제1항에 따라 휴게시설을 갖추는 경우 크기, 위치, 온도, 조명 등 고용노동부령으로 정하는 설치·관리기준을 준수하여야 한다.
(2021.8.17 본조신설)

제2절 건강진단 및 건강관리

제129조【일반건강진단】 ① 사업주는 상시 사용하는 근로자의 건강관리를 위하여 건강진단(이하 "일반건강진단"이라 한다)을 실시하여야 한다. 다만, 사업주가 고용노동부령으로 정하는 건강진단을 실시한 경우에는 그 건강진단을 받은 근로자에 대하여 일반건강진단을 실시한 것으로 본다.
② 사업주는 제135조제1항에 따른 특수건강진단기관 또는 「건강검진기본법」 제3조제2호에 따른 건강검진기관(이하 "건강진단기관"이라 한다)에서 일반건강진단을 실시하여야 한다.
③ 일반건강진단의 주기·항목·방법 및 비용, 그 밖에 필요한 사항은 고용노동부령으로 정한다.

제130조【특수건강진단 등】 ① 사업주는 다음 각 호의 어느 하나에 해당하는 근로자의 건강관리를 위하여 건강진단(이하 "특수건강진단"이라 한다)을 실시하여야 한다. 다만, 사업주가 고용노동부령으로 정하는 건강진단을 실시한 경우에는 그 건강진단을 받은 근로자에 대하여 해당 유해인자에 대한 특수건강진단을 실시한 것으로 본다.
1. 고용노동부령으로 정하는 유해인자에 노출되는 업무(이하 "특수건강진단대상업무"라 한다)에 종사하는 근로자
2. 제1호, 제3항 및 제131조에 따른 건강진단 실시 결과 직업병 소견이 있는 근로자로 판정받아 작업 전환을 하거나 작업 장소를 변경하여 해당 판정의 원인이 된 특수건강진단대상업무에 종사하지 아니하는 사람으로서 해당 유해인자에 대한 건강진단이 필요하다는 「의료법」 제2조에 따른 의사의 소견이 있는 근로자
② 사업주는 특수건강진단대상업무에 종사할 근로자의 배치 예정 업무에 대한 적합성 평가를 위하여 건강진단(이하 "배치전건강진단"이라 한다)을 실시하여야 한다. 다만, 고용노동부령으로 정하는 근로자에 대해서는 배치전건강진단을 실시하지 아니할 수 있다.
③ 사업주는 특수건강진단대상업무에 따른 유해인자로 인한 것이라고 의심되는 건강장해 증상을 보이거나 의학적 소견이 있는 근로자 중 보건관리자 등이 사업주에게 건강진단 실시를 건의하는 등 고용노동부령으로 정하는 근로자에 대하여 건강진단(이하 "수시건강진단"이라 한다)을 실시하여야 한다.
④ 사업주는 제135조제1항에 따른 특수건강진단기관에서 제1항부터 제3항까지의 규정에 따른 건강진단을 실시하여야 한다.
⑤ 제1항부터 제3항까지의 규정에 따른 건강진단의 시기·주기·항목·방법 및 비용, 그 밖에 필요한 사항은 고용노동부령으로 정한다.

제131조【임시건강진단 명령 등】 ① 고용노동부장관은 같은 유해인자에 노출되는 근로자들에게 유사한 질병의 증상이 발생한 경우 등 고용노동부령으로 정하는 경우에는 근로자의 건강을 보호하기 위하여 사업주에게 특정 근로자에 대한 건강진단(이하 "임시건강진단"이라 한다)의 실시나 작업전환, 그 밖에 필요한 조치를 명할 수 있다.
② 임시건강진단의 항목, 그 밖에 필요한 사항은 고용노동부령으로 정한다.

제132조【건강진단에 관한 사업주의 의무】 ① 사업주는 제129조부터 제131조까지의 규정에 따른 건강진단을 실시하는 경우 근로자대표가 요구하면 근로자대표를 참석시켜야 한다.
② 사업주는 산업안전보건위원회 또는 근로자대표가 요구할 때에는 직접 또는 제129조부터 제131조까지의 규정에 따른 건강진단을 한 건강진단기관에 건강진단 결과에 대하여 설명하도록 하여야 한다. 다만, 개별 근로자의 건강진단 결과는

본인의 동의 없이 공개해서는 아니 된다.
③ 사업주는 제129조부터 제131조까지의 규정에 따른 건강진단의 결과를 근로자의 건강 보호 및 유지 외의 목적으로 사용해서는 아니 된다.
④ 사업주는 제129조부터 제131조까지의 규정 또는 다른 법령에 따른 건강진단의 결과 근로자의 건강을 유지하기 위하여 필요하다고 인정할 때에는 작업장소 변경, 작업 전환, 근로시간 단축, 야간근로(오후 10시부터 다음 날 오전 6시까지 사이의 근로를 말한다)의 제한, 작업환경측정 또는 시설·설비의 설치·개선 등 고용노동부령으로 정하는 바에 따라 적절한 조치를 하여야 한다.
⑤ 제4항에 따라 적절한 조치를 하여야 하는 사업주로서 고용노동부령으로 정하는 사업주는 그 조치 결과를 고용노동부령으로 정하는 바에 따라 고용노동부장관에게 제출하여야 한다.
제133조 【건강진단에 관한 근로자의 의무】 근로자는 제129조부터 제131조까지의 규정에 따라 사업주가 실시하는 건강진단을 받아야 한다. 다만, 사업주가 지정한 건강진단기관이 아닌 건강진단기관으로부터 이에 상응하는 건강진단을 받아 그 결과를 증명하는 서류를 사업주에게 제출하는 경우에는 사업주가 실시하는 건강진단을 받은 것으로 본다.
제134조 【건강진단기관 등의 결과보고 의무】 ① 건강진단기관은 제129조부터 제131조까지의 규정에 따른 건강진단을 실시한 때에는 고용노동부령으로 정하는 바에 따라 그 결과를 근로자 및 사업주에게 통보하고 고용노동부장관에게 보고하여야 한다.
② 제129조제1항 단서에 따라 건강진단을 실시한 기관은 사업주가 근로자의 건강보호를 위하여 그 결과를 요청하는 경우 고용노동부령으로 정하는 바에 따라 그 결과를 사업주에게 통보하여야 한다.
제135조 【특수건강진단기관】 ① 「의료법」 제3조에 따른 의료기관이 특수건강진단, 배치전건강진단 또는 수시건강진단을 수행하려는 경우에는 고용노동부장관으로부터 건강진단을 할 수 있는 기관(이하 "특수건강진단기관"이라 한다)으로 지정받아야 한다.
② 특수건강진단기관으로 지정받으려는 자는 대통령령으로 정하는 요건을 갖추어 고용노동부장관에게 신청하여야 한다.
③ 고용노동부장관은 제1항에 따른 특수건강진단기관의 진단·분석 결과에 대한 정확성과 정밀도를 확보하기 위하여 특수건강진단기관의 진단·분석능력을 확인하고, 특수건강진단기관을 지도하거나 교육할 수 있다. 이 경우 진단·분석능력의 확인, 특수건강진단기관에 대한 지도 및 교육의 방법, 절차, 그 밖에 필요한 사항은 고용노동부장관이 정하여 고시한다.
④ 고용노동부장관은 특수건강진단기관을 평가하고 그 결과(제3항에 따른 진단·분석능력의 확인 결과를 포함한다)를 공개할 수 있다. 이 경우 평가 기준·방법 및 결과의 공개, 그 밖에 필요한 사항은 고용노동부령으로 정한다.
⑤ 특수건강진단기관의 지정 신청 절차, 업무 수행에 관한 사항, 업무를 수행할 수 있는 지역, 그 밖에 필요한 사항은 고용노동부령으로 정한다.
⑥ 특수건강진단기관에 관하여는 제21조제4항 및 제5항을 준용한다. 이 경우 "안전관리전문기관 또는 보건관리전문기관"은 "특수건강진단기관"으로 본다.
제136조 【유해인자별 특수건강진단 전문연구기관의 지정】 ① 고용노동부장관은 작업장의 유해인자에 관한 전문연구를 촉진하기 위하여 유해인자별 특수건강진단 전문연구기관을 지정하여 예산의 범위에서 필요한 지원을 할 수 있다.
② 제1항에 따른 유해인자별 특수건강진단 전문연구기관의 지정 기준 및 절차, 그 밖에 필요한 사항은 고용노동부장관이 정하여 고시한다.
제137조 【건강관리카드】 ① 고용노동부장관은 고용노동부령으로 정하는 건강장해가 발생할 우려가 있는 업무에 종사하였거나 종사하고 있는 사람 중 고용노동부령으로 정하는 요건을 갖춘 사람의 직업병 조기발견 및 지속적인 건강관리를 위하여 건강관리카드를 발급하여야 한다.
② 건강관리카드를 발급받은 사람이 「산업재해보상보험법」 제41조에 따라 요양급여를 신청하는 경우에는 건강관리카드를 제출함으로써 해당 재해에 관한 의학적 소견을 적은 서류의 제출을 대신할 수 있다.
③ 건강관리카드를 발급받은 사람은 그 건강관리카드를 타인에게 양도하거나 대여해서는 아니 된다.
④ 건강관리카드를 발급받은 사람 중 제1항에 따라 건강관리카드를 발급받은 업무에 종사하지 아니하는 사람은 고용노동부령으로 정하는 바에 따라 특수건강진단에 준하는 건강진단을 받을 수 있다.
⑤ 건강관리카드의 서식, 발급 절차, 그 밖에 필요한 사항은 고용노동부령으로 정한다.
제138조 【질병자의 근로 금지·제한】 ① 사업주는 감염병, 정신질환 또는 근로로 인하여 병세가 크게 악화될 우려가 있는 질병으로서 고용노동부령으로 정하는 질병에 걸린 사람에게는 「의료법」 제2조에 따른 의사의 진단에 따라 근로를 금지하거나 제한하여야 한다.
② 사업주는 제1항에 따라 근로가 금지되거나 제한된 근로자가 건강을 회복하였을 때에는 지체 없이 근로를 할 수 있도록 하여야 한다.
제139조 【유해·위험작업에 대한 근로시간 제한 등】 ① 사업주는 유해하거나 위험한 작업으로서 높은 기압에서 하는 작업 등 대통령령으로 정하는 작업에 종사하는 근로자에게는 1일 6시간, 1주 34시간을 초과하여 근로하게 해서는 아니 된다.
② 사업주는 대통령령으로 정하는 유해하거나 위험한 작업에 종사하는 근로자에게 필요한 안전조치 및 보건조치 외에 작업과 휴식의 적정한 배분 및 근로시간과 관련된 근로조건의 개선을 통하여 근로자의 건강 보호를 위한 조치를 하여야 한다.
제140조 【자격 등에 의한 취업 제한 등】 ① 사업주는 유해하거나 위험한 작업으로서 상당한 지식이나 숙련도가 요구되는 고용노동부령으로 정하는 작업의 경우 그 작업에 필요한 자격·면허·경험 또는 기능을 가진 근로자가 아닌 사람에게 그 작업을 하게 해서는 아니 된다.
② 고용노동부장관은 제1항에 따른 자격·면허의 취득 또는 근로자의 기능 습득을 위하여 교육기관을 지정할 수 있다.
③ 제1항에 따른 자격·면허·경험·기능, 제2항에 따른 교육기관의 지정 요건 및 지정 절차, 그 밖에 필요한 사항은 고용노동부령으로 정한다.
④ 제2항에 따른 교육기관에 관하여는 제21조제4항 및 제5항을 준용한다. 이 경우 "안전관리전문기관 또는 보건관리전문기관"은 "제2항에 따른 교육기관"으로 본다.
제141조 【역학조사】 ① 고용노동부장관은 직업성 질환의 진단 및 예방, 발생 원인의 규명을 위하여 필요하다고 인정할 때에는 근로자의 질환과 작업장의 유해요인의 상관관계에 관한 역학조사(이하 "역학조사"라 한다)를 할 수 있다. 이 경우 사업주 또는 근로자대표, 그 밖에 고용노동부령으로 정하는 사람이 요구할 때 고용노동부령으로 정하는 바에 따라 역학조사에 참석하게 할 수 있다.
② 사업주 및 근로자는 고용노동부장관이 역학조사를 실시하는 경우 적극 협조하여야 하며, 정당한 사유 없이 역학조사를 거부·방해하거나 기피해서는 아니 된다.
③ 누구든지 제1항 후단에 따라 역학조사 참석이 허용된 사람의 역학조사 참석을 거부하거나 방해해서는 아니 된다.
④ 제1항 후단에 따라 역학조사에 참석하는 사람은 역학조사 참석과정에서 알게 된 비밀을 누설하거나 도용해서는 아니 된다.
⑤ 고용노동부장관은 역학조사를 위하여 필요하면 제129조부터 제131조까지의 규정에 따른 근로자의 건강진단 결과, 「국민건강보험법」에 따른 요양급여기록 및 건강검진 결과, 「고용보험법」에 따른 고용정보, 「암관리법」에 따른 질병정보 및 사망원인 정보 등을 관련 기관에 요청할 수 있다. 이 경우 자료의 제출을 요청받은 기관은 특별한 사유가 없으면 이에 따라야 한다.
⑥ 역학조사의 방법·대상·절차, 그 밖에 필요한 사항은 고용노동부령으로 정한다.

제9장 산업안전지도사 및 산업보건지도사

제142조 【산업안전지도사 등의 직무】 ① 산업안전지도사는 다음 각 호의 직무를 수행한다.

1. 공정상의 안전에 관한 평가·지도
2. 유해·위험의 방지대책에 관한 평가·지도
3. 제1호 및 제2호의 사항과 관련된 계획서 및 보고서의 작성
4. 그 밖에 산업안전에 관한 사항으로서 대통령령으로 정하는 사항

② 산업보건지도사는 다음 각 호의 직무를 수행한다.
1. 작업환경의 평가 및 개선 지도
2. 작업환경 개선과 관련된 계획서 및 보고서의 작성
3. 근로자 건강진단에 따른 사후관리 지도
4. 직업성 질병 진단(「의료법」 제2조에 따른 의사인 산업보건지도사만 해당한다) 및 예방 지도
5. 산업보건에 관한 조사·연구
6. 그 밖에 산업보건에 관한 사항으로서 대통령령으로 정하는 사항

③ 산업안전지도사 또는 산업보건지도사(이하 "지도사"라 한다)의 업무 영역별 종류 및 업무 범위, 그 밖에 필요한 사항은 대통령령으로 정한다.

제143조【지도사의 자격 및 시험】 ① 고용노동부장관이 시행하는 지도사 자격시험에 합격한 사람은 지도사의 자격을 가진다.
② 대통령령으로 정하는 산업 안전 및 보건과 관련된 자격의 보유자에 대해서는 제1항에 따른 지도사 자격시험의 일부를 면제할 수 있다.
③ 고용노동부장관은 제1항에 따른 지도사 자격시험 실시를 대통령령으로 정하는 전문기관에 대행하게 할 수 있다. 이 경우 시험 실시에 드는 비용을 예산의 범위에서 보조할 수 있다. (2020.5.26 전단개정)
④ 제3항에 따라 지도사 자격시험 실시를 대행하는 전문기관의 임직원은 「형법」 제129조부터 제132조까지의 규정을 적용할 때에는 공무원으로 본다.
⑤ 지도사 자격시험의 시험과목, 시험방법, 다른 자격 보유자에 대한 시험 면제의 범위, 그 밖에 필요한 사항은 대통령령으로 정한다.

제144조【부정행위자에 대한 제재】 고용노동부장관은 지도사 자격시험에서 부정한 행위를 한 응시자에 대해서는 그 시험을 무효로 하고, 그 처분을 한 날부터 5년간 시험응시자격을 정지한다.

제145조【지도사의 등록】 ① 지도사가 그 직무를 수행하려는 경우에는 고용노동부령으로 정하는 바에 따라 고용노동부장관에게 등록하여야 한다.
② 제1항에 따라 등록한 지도사는 그 직무를 조직적·전문적으로 수행하기 위하여 법인을 설립할 수 있다.
③ 다음 각 호의 어느 하나에 해당하는 사람은 제1항에 따른 등록을 할 수 없다.
1. 피성년후견인 또는 피한정후견인
2. 파산선고를 받고 복권되지 아니한 사람
3. 금고 이상의 실형을 선고받고 그 집행이 끝나거나(집행이 끝난 것으로 보는 경우를 포함한다) 집행이 면제된 날부터 2년이 지나지 아니한 사람
4. 금고 이상의 형의 집행유예를 선고받고 그 유예기간 중에 있는 사람
5. 이 법을 위반하여 벌금형을 선고받고 1년이 지나지 아니한 사람
6. 제154조에 따라 등록이 취소(이 항 제1호 또는 제2호에 해당하여 등록이 취소된 경우는 제외한다)된 후 2년이 지나지 아니한 사람

④ 제1항에 따라 등록을 한 지도사는 고용노동부령으로 정하는 바에 따라 5년마다 등록을 갱신하여야 한다.
⑤ 고용노동부령으로 정하는 지도실적이 있는 지도사만이 제4항에 따른 갱신등록을 할 수 있다. 다만, 지도실적이 기준에 못 미치는 지도사는 고용노동부령으로 정하는 보수교육을 받은 경우 갱신등록을 할 수 있다.
⑥ 제2항에 따른 법인에 관하여는 「상법」 중 합명회사에 관한 규정을 적용한다.

제146조【지도사의 교육】 지도사 자격이 있는 사람(제143조제2항에 해당하는 사람 중 대통령령으로 정하는 실무경력이 있는 사람은 제외한다)이 직무를 수행하려면 제145조에 따른 등록을 하기 전 1년의 범위에서 고용노동부령으로 정하는 연수교육을 받아야 한다.

제147조【지도사에 대한 지도 등】 고용노동부장관은 공단에 다음 각 호의 업무를 하게 할 수 있다.
1. 지도사에 대한 지도·연락 및 정보의 공동이용체제의 구축·유지
2. 제142조제1항 및 제2항에 따른 지도사의 직무 수행과 관련된 사업주의 불만·고충의 처리 및 피해에 관한 분쟁의 조정
3. 그 밖에 지도사 직무의 발전을 위하여 필요한 사항으로서 고용노동부령으로 정하는 사항

제148조【손해배상의 책임】 ① 지도사는 직무 수행과 관련하여 고의 또는 과실로 의뢰인에게 손해를 입힌 경우에는 그 손해를 배상할 책임이 있다.
② 제145조제1항에 따라 등록한 지도사는 제1항에 따른 손해배상책임을 보장하기 위하여 대통령령으로 정하는 바에 따라 보증보험에 가입하거나 그 밖에 필요한 조치를 하여야 한다.

제149조【유사명칭의 사용 금지】 제145조제1항에 따라 등록한 지도사가 아닌 사람은 산업안전지도사, 산업보건지도사 또는 이와 유사한 명칭을 사용해서는 아니 된다.

제150조【품위유지와 성실의무 등】 ① 지도사는 항상 품위를 유지하고 신의와 성실로써 공정하게 직무를 수행하여야 한다.
② 지도사는 제142조제1항 또는 제2항에 따른 직무와 관련하여 작성하거나 확인한 서류에 기명·날인하거나 서명하여야 한다.

제151조【금지 행위】 지도사는 다음 각 호의 행위를 해서는 아니 된다.
1. 거짓이나 그 밖의 부정한 방법으로 의뢰인에게 법령에 따른 의무를 이행하지 아니하게 하는 행위
2. 의뢰인에게 법령에 따른 신고·보고, 그 밖의 의무를 이행하지 아니하게 하는 행위
3. 법령에 위반되는 행위에 관한 지도·상담

제152조【관계 장부 등의 열람 신청】 지도사는 제142조제1항 및 제2항에 따른 직무를 수행하는 데 필요하면 사업주에게 관계 장부 및 서류의 열람을 신청할 수 있다. 이 경우 그 신청이 제142조제1항 또는 제2항에 따른 직무의 수행을 위한 것이면 열람을 신청받은 사업주는 정당한 사유 없이 이를 거부해서는 아니 된다.

제153조【자격대여행위 및 대여알선행위 등의 금지】 ① 지도사는 다른 사람에게 자기의 성명이나 사무소의 명칭을 사용하여 지도사의 직무를 수행하게 하거나 그 자격증이나 등록증을 대여해서는 아니 된다.
② 누구든지 지도사의 자격을 취득하지 아니하고 그 지도사의 성명이나 사무소의 명칭을 사용하여 지도사의 직무를 수행하거나 자격증·등록증을 대여받아서는 아니 되며, 이를 알선하여서도 아니 된다.(2020.3.31 본항신설)
(2020.3.31 본조제목개정)

제154조【등록의 취소 등】 고용노동부장관은 지도사가 다음 각 호의 어느 하나에 해당하는 경우에는 그 등록을 취소하거나 2년 이내의 기간을 정하여 그 업무의 정지를 명할 수 있다. 다만, 제1호부터 제3호까지의 규정에 해당할 때에는 그 등록을 취소하여야 한다.
1. 거짓이나 그 밖의 부정한 방법으로 등록 또는 갱신등록을 한 경우
2. 업무정지 기간 중에 업무를 수행한 경우
3. 업무 관련 서류를 거짓으로 작성한 경우
4. 제142조에 따른 직무의 수행과정에서 고의 또는 과실로 인하여 중대재해가 발생한 경우
5. 제145조제3항제1호부터 제5호까지의 규정 중 어느 하나에 해당하게 된 경우
6. 제148조제2항에 따른 보증보험에 가입하지 아니하거나 그 밖에 필요한 조치를 하지 아니한 경우
7. 제150조제1항을 위반하거나 같은 조 제2항에 따른 기명·날인 또는 서명을 하지 아니한 경우
8. 제151조, 제153조제1항 또는 제162조를 위반한 경우
(2020.3.31 본호개정)

제10장 근로감독관 등

제155조【근로감독관의 권한】 ①「근로기준법」 제101조에 따른 근로감독관(이하 "근로감독관"이라 한다)은 이 법 또는 이 법에 따른 명령을 시행하기 위하여 필요한 경우 다음 각 호의 장소에 출입하여 사업주, 근로자 또는 안전보건관리책임자 등(이하 "관계인"이라 한다)에게 질문을 하고, 장부, 서류, 그 밖의 물건의 검사 및 안전보건 점검을 하며, 관계 서류의 제출을 요구할 수 있다.
1. 사업장
2. 제21조제1항, 제33조제1항, 제48조제1항, 제74조제1항, 제88조제1항, 제96조제1항, 제100조제1항, 제120조제1항, 제126조제1항 및 제129조제2항에 따른 기관의 사무소
3. 석면해체·제거업자의 사무소
4. 제145조제1항에 따라 등록한 지도사의 사무소

② 근로감독관은 기계·설비등에 대한 검사를 할 수 있으며, 검사에 필요한 한도에서 무상으로 제품·원재료 또는 기구를 수거할 수 있다. 이 경우 근로감독관은 해당 사업주 등에게 그 결과를 서면으로 알려야 한다.
③ 근로감독관은 이 법 또는 이 법에 따른 명령의 시행을 위하여 관계인에게 보고 또는 출석을 명할 수 있다.
④ 근로감독관은 이 법 또는 이 법에 따른 명령을 시행하기 위하여 제1항 각 호의 어느 하나에 해당하는 장소에 출입하는 경우에 그 신분을 나타내는 증표를 지니고 관계인에게 보여 주어야 하며, 출입 시 성명, 출입시간, 출입 목적 등이 표시된 문서를 관계인에게 내주어야 한다.

제156조【공단 소속 직원의 검사 및 지도 등】 ① 고용노동부장관은 제165조제2항에 따라 공단이 위탁받은 업무를 수행하기 위하여 필요하다고 인정할 때에는 공단 소속 직원에게 사업장에 출입하여 산업재해 예방에 필요한 검사 및 지도 등을 하게 하거나, 역학조사를 위하여 필요한 경우 관계자에게 질문하거나 필요한 서류의 제출을 요구하게 할 수 있다.
② 제1항에 따라 공단 소속 직원이 검사 또는 지도업무 등을 하였을 때에는 그 결과를 고용노동부장관에게 보고하여야 한다.
③ 공단 소속 직원이 제1항에 따라 사업장에 출입하는 경우에는 제155조제4항을 준용한다. 이 경우 "근로감독관"은 "공단 소속 직원"으로 본다.

제157조【감독기관에 대한 신고】 ① 사업장에서 이 법 또는 이 법에 따른 명령을 위반한 사실이 있으면 근로자는 그 사실을 고용노동부장관 또는 근로감독관에게 신고할 수 있다.
②「의료법」 제2조에 따른 의사·치과의사 또는 한의사는 3일 이상의 입원치료가 필요한 부상 또는 질병이 환자의 업무와 관련성이 있다고 판단할 경우에는「의료법」 제19조제1항에도 불구하고 치료과정에서 알게 된 정보를 고용노동부장관에게 신고할 수 있다.
③ 사업주는 제1항에 따른 신고를 이유로 해당 근로자에 대하여 해고나 그 밖의 불리한 처우를 해서는 아니 된다.

제11장 보 칙

제158조【산업재해 예방활동의 보조·지원】 ① 정부는 사업주, 사업주단체, 근로자단체, 산업재해 예방 관련 전문단체, 연구기관 등이 하는 산업재해 예방사업 중 대통령령으로 정하는 사업에 드는 경비의 전부 또는 일부를 예산의 범위에서 보조하거나 그 밖에 필요한 지원(이하 "보조·지원"이라 한다)을 할 수 있다. 이 경우 고용노동부장관은 보조·지원이 산업재해 예방사업의 목적에 맞게 효율적으로 사용되도록 관리·감독하여야 한다.
② 고용노동부장관은 보조·지원을 받은 자가 다음 각 호의 어느 하나에 해당하는 경우 보조·지원의 전부 또는 일부를 취소하여야 한다. 다만, 제1호 및 제2호의 경우에는 보조·지원의 전부를 취소하여야 한다.
1. 거짓이나 그 밖의 부정한 방법으로 보조·지원을 받은 경우
2. 보조·지원 대상자가 폐업하거나 파산한 경우
3. 보조·지원 대상을 임의매각·훼손·분실하는 등 지원 목적에 적합하게 유지·관리·사용하지 아니한 경우
4. 제1항에 따른 산업재해 예방사업의 목적에 맞게 사용되지 아니한 경우
5. 보조·지원 대상 기간이 끝나기 전에 보조·지원 대상 시설 및 장비를 국외로 이전한 경우
6. 보조·지원을 받은 사업주가 필요한 안전조치 및 보건조치 의무를 위반하여 산업재해를 발생시킨 경우로서 고용노동부령으로 정하는 경우

③ 고용노동부장관은 제2항에 따라 보조·지원의 전부 또는 일부를 취소한 경우, 같은 항 제1호 또는 제3호부터 제5호까지의 어느 하나에 해당하는 경우에는 해당 금액 또는 지원에 상응하는 금액을 환수하되 대통령령으로 정하는 바에 따라 지급받은 금액의 5배 이하의 금액을 추가로 환수할 수 있고, 같은 항 제2호(파산한 경우에는 환수하지 아니한다) 또는 제6호에 해당하는 경우에는 해당 금액 또는 지원에 상응하는 금액을 환수한다.(2021.5.18 본항개정)
④ 제2항에 따라 보조·지원의 전부 또는 일부가 취소된 자에 대해서는 고용노동부령으로 정하는 바에 따라 취소된 날부터 5년 이내의 기간을 정하여 보조·지원을 하지 아니할 수 있다.(2021.5.18 본항개정)
⑤ 보조·지원의 대상·방법·절차, 관리 및 감독, 제2항 및 제3항에 따른 취소 및 환수 방법, 그 밖에 필요한 사항은 고용노동부장관이 정하여 고시한다.

제159조【영업정지의 요청 등】 ① 고용노동부장관은 사업주가 다음 각 호의 어느 하나에 해당하는 산업재해를 발생시킨 경우에는 관계 행정기관의 장에게 관계 법령에 따라 해당 사업의 영업정지나 그 밖의 제재를 할 것을 요청하거나「공공기관의 운영에 관한 법률」 제4조에 따른 공공기관의 장에게 그 기관이 시행하는 사업의 발주 시 필요한 제한을 해당 사업자에게 할 것을 요청할 수 있다.
1. 제38조, 제39조 또는 제63조를 위반하여 많은 근로자가 사망하거나 사업장 인근지역에 중대한 피해를 주는 등 대통령령으로 정하는 사고가 발생한 경우
2. 제53조제1항 또는 제3항에 따른 명령을 위반하여 근로자가 업무로 인하여 사망한 경우

② 제1항에 따라 요청을 받은 관계 행정기관의 장 또는 공공기관의 장은 정당한 사유가 없으면 이에 따라야 하며, 그 조치 결과를 고용노동부장관에게 통보하여야 한다.
③ 제1항에 따른 영업정지 등의 요청 절차나 그 밖에 필요한 사항은 고용노동부령으로 정한다.

제160조【업무정지 처분을 대신하여 부과하는 과징금 처분】
① 고용노동부장관은 제21조제4항(제74조제4항, 제88조제5항, 제96조제5항, 제126조제5항 및 제135조제6항에 따라 준용되는 경우를 포함한다)에 따라 업무정지를 명하여야 하는 경우에 그 업무정지가 이용자에게 심한 불편을 주거나 공익을 해칠 우려가 있다고 인정되면 업무정지 처분을 대신하여 10억원 이하의 과징금을 부과할 수 있다.
② 고용노동부장관은 제1항에 따른 과징금을 징수하기 위하여 필요한 경우에는 다음 각 호의 사항을 적은 문서로 관할 세무관서의 장에게 과세 정보 제공을 요청할 수 있다.
1. 납세자의 인적사항
2. 사용 목적
3. 과징금 부과기준이 되는 매출 금액
4. 과징금 부과사유 및 부과기준

③ 고용노동부장관은 제1항에 따른 과징금 부과처분을 받은 자가 납부기한까지 과징금을 내지 아니하면 국세 체납처분의 예에 따라 이를 징수한다.
④ 제1항에 따라 과징금을 부과하는 위반행위의 종류 및 위반 정도 등에 따른 과징금의 금액, 그 밖에 필요한 사항은 대통령령으로 정한다.

제161조【도급금지 등 의무위반에 따른 과징금 부과】 ① 고용노동부장관은 사업주가 다음 각 호의 어느 하나에 해당하는 경우에는 10억원 이하의 과징금을 부과·징수할 수 있다.
1. 제58조제1항을 위반하여 도급한 경우

2. 제58조제2항제2호 또는 제59조제1항을 위반하여 승인을 받지 아니하고 도급한 경우
3. 제60조를 위반하여 승인을 받아 도급받은 작업을 재하도급한 경우
② 고용노동부장관은 제1항에 따른 과징금을 부과하는 경우에는 다음 각 호의 사항을 고려하여야 한다.
1. 도급 금액, 기간 및 횟수 등
2. 관계수급인 근로자의 산업재해 예방에 필요한 조치 이행을 위한 노력의 정도
3. 산업재해 발생 여부
③ 고용노동부장관은 제1항에 따른 과징금을 내야 할 자가 납부기한까지 내지 아니하면 납부기한의 다음 날부터 과징금을 납부한 날의 전날까지의 기간에 대하여 내지 아니한 과징금의 연 100분의 6의 범위에서 대통령령으로 정하는 가산금을 징수한다. 이 경우 가산금을 징수하는 기간은 60개월을 초과할 수 없다.
④ 고용노동부장관은 제1항에 따른 과징금을 내야 할 자가 납부기한까지 내지 아니하면 기간을 정하여 독촉을 하고, 그 기간 내에 제1항에 따른 과징금 및 제3항에 따른 가산금을 내지 아니하면 국세 체납처분의 예에 따라 징수한다.
⑤ 제1항 및 제3항에 따른 과징금 및 가산금의 징수와 제4항에 따른 체납처분 절차, 그 밖에 필요한 사항은 대통령령으로 정한다.

제162조【비밀 유지】 다음 각 호의 어느 하나에 해당하는 자는 업무상 알게 된 비밀을 누설하거나 도용해서는 아니 된다. 다만, 근로자의 건강장해를 예방하기 위하여 고용노동부장관이 필요하다고 인정하는 경우에는 그러하지 아니하다.
1. 제42조에 따라 제출된 유해위험방지계획서를 검토하는 자
2. 제44조에 따라 제출된 공정안전보고서를 검토하는 자
3. 제47조에 따른 안전보건진단을 하는 자
4. 제84조에 따른 안전인증을 하는 자
5. 제89조에 따른 신고 수리에 관한 업무를 하는 자
6. 제93조에 따른 안전검사를 하는 자
7. 제98조에 따른 자율검사프로그램의 인정업무를 하는 자
8. 제108조제1항 및 제109조제1항에 따라 제출된 유해성·위험성 조사보고서 또는 조사 결과를 검토하는 자
9. 제110조제1항부터 제3항까지의 규정에 따라 물질안전보건자료 등을 제출받는 자
10. 제112조제2항·제5항 및 제112조의2제2항에 따라 대체자료의 승인, 연장승인 여부를 검토하는 자 및 제112조제10항에 따라 물질안전보건자료의 대체자료를 제공받은 자 (2023.8.8 본호개정)
11. 제129조부터 제131조까지의 규정에 따라 건강진단을 하는 자
12. 제141조에 따른 역학조사를 하는 자
13. 제145조에 따라 등록한 지도사

제163조【청문 및 처분기준】 ① 고용노동부장관은 다음 각 호의 어느 하나에 해당하는 처분을 하려면 청문을 하여야 한다.
1. 제21조제4항(제48조제4항, 제74조제4항, 제88조제5항, 제96조제5항, 제100조제4항, 제120조제5항, 제126조제5항, 제135조제6항 및 제140조제4항에 따라 준용되는 경우를 포함한다)에 따른 지정의 취소
2. 제33조제4항, 제82조제4항, 제102조제3항, 제121조제4항 및 제154조에 따른 등록의 취소
3. 제58조제7항(제59조제2항에 따라 준용되는 경우를 포함한다. 이하 제2항에서 같다), 제112조제8항 및 제117조제3항에 따른 승인의 취소
4. 제86조제1항에 따른 안전인증의 취소
5. 제99조제1항에 따른 자율검사프로그램 인정의 취소
6. 제118조제5항에 따른 허가의 취소
7. 제158조제2항에 따른 보조·지원의 취소
② 제21조제4항(제33조제4항, 제48조제4항, 제74조제4항, 제82조제4항, 제88조제5항, 제96조제5항, 제100조제4항, 제120조제5항, 제121조제4항, 제126조제5항, 제135조제6항 및 제140조제4항에 따라 준용되는 경우를 포함한다), 제58조제7항, 제86조제1항, 제91조제1항, 제99조제1항, 제102조제3항, 제112조제8항, 제117조제3항, 제118조제5항 및 제154조에 따른 취소, 정지, 사용 금지 또는 시정명령의 기준은 고용노동부령으로 정한다.

제164조【서류의 보존】 ① 사업주는 다음 각 호의 서류를 3년(제2호의 경우 2년을 말한다) 동안 보존하여야 한다. 다만, 고용노동부령으로 정하는 바에 따라 보존기간을 연장할 수 있다.
1. 안전보건관리책임자·안전관리자·보건관리자·안전보건관리담당자 및 산업보건의의 선임에 관한 서류
2. 제24조제3항 및 제75조제4항에 따른 회의록
3. 안전조치 및 보건조치에 관한 사항으로서 고용노동부령으로 정하는 사항을 적은 서류
4. 제57조제2항에 따른 산업재해의 발생 원인 등 기록
5. 제108조제1항 본문 및 제109조제1항에 따른 화학물질의 유해성·위험성 조사에 관한 서류
6. 제125조에 따른 작업환경측정에 관한 서류
7. 제129조부터 제131조까지의 규정에 따른 건강진단에 관한 서류
② 안전인증 또는 안전검사의 업무를 위탁받은 안전인증기관 또는 안전검사기관은 안전인증·안전검사에 관한 사항으로서 고용노동부령으로 정하는 서류를 3년 동안 보존하여야 하고, 안전인증을 받은 자는 제84조제5항에 따라 안전인증대상기계등에 대하여 기록한 서류를 3년 동안 보존하여야 하며, 자율안전확인대상기계등을 제조하거나 수입하는 자는 자율안전기준에 맞는 것임을 증명하는 서류를 2년 동안 보존하여야 하고, 제98조제1항에 따라 자율안전검사를 받은 자는 자율검사프로그램에 따라 실시한 검사 결과에 대한 서류를 2년 동안 보존하여야 한다.
③ 일반석면조사를 한 건축물·설비소유주등은 그 결과에 관한 서류를 그 건축물이나 설비에 대한 해체·제거작업이 종료될 때까지 보존하여야 하고, 기관석면조사를 한 건축물·설비소유주등과 석면조사기관은 그 결과에 관한 서류를 3년 동안 보존하여야 한다.
④ 작업환경측정기관은 작업환경측정에 관한 사항으로서 고용노동부령으로 정하는 사항을 적은 서류를 3년 동안 보존하여야 한다.
⑤ 지도사는 그 업무에 관한 사항으로서 고용노동부령으로 정하는 사항을 적은 서류를 5년 동안 보존하여야 한다.
⑥ 석면해체·제거업자는 제122조제3항에 따른 석면해체·제거작업에 관한 서류 중 고용노동부령으로 정하는 서류를 30년 동안 보존하여야 한다.
⑦ 제1항부터 제6항까지의 경우 전산입력자료가 있을 때에는 그 서류를 대신하여 전산입력자료를 보존할 수 있다.

제165조【권한 등의 위임·위탁】 ① 이 법에 따른 고용노동부장관의 권한은 대통령령으로 정하는 바에 따라 그 일부를 지방고용노동관서의 장에게 위임할 수 있다.
② 고용노동부장관은 이 법에 따른 업무 중 다음 각 호의 업무를 대통령령으로 정하는 바에 따라 공단 또는 대통령령으로 정하는 비영리법인 또는 관계 전문기관에 위탁할 수 있다.
1. 제4조제1항제2호부터 제7호까지 및 제9호의 사항에 관한 업무
2. 제11조제3호에 따른 시설의 설치·운영 업무
3. 제13조제2항에 따른 표준제정위원회의 구성·운영
4. 제21조제2항에 따른 기관에 대한 평가 업무
5. 제32조제1항 각 호 외의 부분 본문에 따른 직무와 관련한 안전보건교육
6. 제33조제1항에 따라 제31조제1항 본문에 따른 안전보건교육을 실시하는 기관의 등록 업무
7. 제33조제2항에 따른 평가에 관한 업무
8. 제42조에 따른 유해위험방지계획서의 접수·심사, 제43조제1항 및 같은 조 제2항 본문에 따른 확인
9. 제44조제1항 전단에 따른 공정안전보고서의 접수, 제45조제1항에 따른 공정안전보고서의 심사 및 제46조제2항에 따른 확인
10. 제48조제2항에 따른 안전보건진단기관에 대한 평가 업무
11. 제58조제3항 또는 제5항 후단(제59조제2항에 따라 준용되는 경우를 포함한다)에 따른 안전 및 보건에 관한 평가

12. 제74조제3항에 따른 건설재해예방전문지도기관에 대한 평가 업무
13. 제84조제1항 및 제3항에 따른 안전인증
14. 제84조제4항 본문에 따른 안전인증의 확인
15. 제88조제3항에 따른 안전인증기관에 대한 평가 업무
16. 제89조제1항 각 호 외의 부분 본문에 따른 자율안전확인의 신고에 관한 업무
17. 제93조제1항에 따른 안전검사
18. 제96조제3항에 따른 안전검사기관에 대한 평가 업무
19. 제98조제1항에 따른 자율검사프로그램의 인정
20. 제98조제1항제2호에 따른 안전에 관한 성능검사 교육 및 제100조제2항에 따른 자율안전검사기관에 대한 평가 업무
21. 제101조에 따른 조사, 수거 및 성능시험
22. 제102조제1항에 따른 지원과 같은 조 제2항에 따른 등록
23. 제103조제1항에 따른 유해·위험기계등의 안전에 관한 정보의 종합관리
24. 제105조제1항에 따른 유해성·위험성 평가에 관한 업무
25. 제110조제1항부터 제3항까지의 규정에 따른 물질안전보건자료 등의 접수 업무
26. 제112조제1항·제2항·제5항 및 제112조의2에 따른 물질안전보건자료의 일부 비공개 승인 등에 관한 업무 (2023.8.8 본호개정)
27. 제116조에 따른 물질안전보건자료와 관련된 자료의 제공
28. 제120조제2항에 따른 석면조사 능력의 확인 및 석면조사기관에 대한 지도·교육 업무
29. 제120조제3항에 따른 석면조사기관에 대한 평가 업무
30. 제121조제2항에 따른 석면해체·제거작업의 안전성 평가 업무
31. 제126조제2항에 따른 작업환경측정·분석능력의 확인 및 작업환경측정기관에 대한 지도·교육 업무
32. 제126조제3항에 따른 작업환경측정기관에 대한 평가 업무
33. 제127조제1항에 따른 작업환경측정 결과의 신뢰성 평가 업무
34. 제135조제3항에 따른 특수건강진단기관의 진단·분석능력의 확인 및 지도·교육 업무
35. 제135조제4항에 따른 특수건강진단기관에 대한 평가 업무
36. 제136조제1항에 따른 유해인자별 특수건강진단 전문연구기관 지정에 관한 업무
37. 제137조에 따른 건강관리카드에 관한 업무
38. 제141조제1항에 따른 역학조사
39. 제145조제5항 단서에 따른 지도사 보수교육
40. 제146조에 따른 지도사 연수교육
41. 제158조제1항부터 제3항까지의 규정에 따른 보조·지원 및 보조·지원의 취소·환수 업무

③ 제2항에 따라 업무를 위탁받은 비영리법인 또는 관계 전문기관의 임직원은 「형법」 제129조부터 제132조까지의 규정을 적용할 때에는 공무원으로 본다.

제166조【수수료 등】 ① 다음 각 호의 어느 하나에 해당하는 자는 고용노동부령으로 정하는 바에 따라 수수료를 내야 한다.
1. 제32조제1항 각 호의 사람에게 안전보건교육을 이수하게 하려는 사업주
2. 제42조제1항 본문에 따라 유해위험방지계획서를 심사받으려는 자
3. 제44조제1항 본문에 따라 공정안전보고서를 심사받으려는 자
4. 제58조제3항 또는 같은 조 제5항 후단(제59조제2항에 따라 준용되는 경우를 포함한다)에 따라 안전 및 보건에 관한 평가를 받으려는 자
5. 제84조제1항 및 제3항에 따라 안전인증을 받으려는 자
6. 제84조제4항에 따라 확인을 받으려는 자
7. 제93조제1항에 따라 안전검사를 받으려는 자
8. 제98조제1항에 따라 자율검사프로그램의 인정을 받으려는 자
9. 제112조제1항 또는 제5항에 따라 물질안전보건자료의 일부 비공개 승인 또는 연장승인을 받으려는 자
10. 제118조제1항에 따라 허가를 받으려는 자
11. 제140조에 따른 자격·면허의 취득을 위한 교육을 받으려는 사람
12. 제143조에 따른 지도사 자격시험에 응시하려는 사람
13. 제145조에 따라 지도사의 등록을 하려는 자
14. 그 밖에 산업 안전 및 보건과 관련된 자로서 대통령령으로 정하는 자

② 공단은 고용노동부장관의 승인을 받아 공단의 업무 수행으로 인한 수익자로 하여금 그 업무 수행에 필요한 비용의 전부 또는 일부를 부담하게 할 수 있다.

제166조의2【현장실습생에 대한 특례】 제2조제3호에도 불구하고 「직업교육훈련 촉진법」 제2조제7호에 따른 현장실습을 받기 위하여 현장실습산업체의 장과 현장실습계약을 체결한 직업교육훈련생(이하 "현장실습생"이라 한다)에게는 제5조, 제29조, 제38조부터 제41조까지, 제51조부터 제57조까지, 제63조, 제114조제3항, 제131조, 제138조제1항, 제140조, 제155조부터 제157조까지를 준용한다. 이 경우 "사업주"는 "현장실습산업체의 장"으로, "근로"는 "현장실습"으로, "근로자"는 "현장실습생"으로 본다.(2020.3.31 본조신설)

제12장 벌 칙

제167조【벌칙】 ① 제38조제1항부터 제3항까지(제166조의2에서 준용하는 경우를 포함한다), 제39조제1항(제166조의2에서 준용하는 경우를 포함한다) 또는 제63조(제166조의2에서 준용하는 경우를 포함한다)를 위반하여 근로자를 사망에 이르게 한 자는 7년 이하의 징역 또는 1억원 이하의 벌금에 처한다. (2020.3.31 본항개정)

② 제1항의 죄로 형을 선고받고 그 형이 확정된 후 5년 이내에 다시 제1항의 죄를 저지른 자는 그 형의 2분의 1까지 가중한다. (2020.5.26 본항개정)

제168조【벌칙】 다음 각 호의 어느 하나에 해당하는 자는 5년 이하의 징역 또는 5천만원 이하의 벌금에 처한다.
1. 제38조제1항부터 제3항까지(제166조의2에서 준용하는 경우를 포함한다), 제39조제1항(제166조의2에서 준용하는 경우를 포함한다), 제51조(제166조의2에서 준용하는 경우를 포함한다), 제54조제1항(제166조의2에서 준용하는 경우를 포함한다), 제117조제1항, 제118조제1항, 제122조제1항 또는 제157조제3항(제166조의2에서 준용하는 경우를 포함한다)을 위반한 자(2020.3.31 본호개정)
2. 제42조제4항 후단, 제53조제3항(제166조의2에서 준용하는 경우를 포함한다), 제55조제1항(제166조의2에서 준용하는 경우를 포함한다)·제2항(제166조의2에서 준용하는 경우를 포함한다) 또는 제118조제5항에 따른 명령을 위반한 자 (2020.6.9 본호개정)

제169조【벌칙】 다음 각 호의 어느 하나에 해당하는 자는 3년 이하의 징역 또는 3천만원 이하의 벌금에 처한다.
1. 제44조제1항 후단, 제63조(제166조의2에서 준용하는 경우를 포함한다), 제76조, 제81조, 제82조제2항, 제84조제1항, 제87조제1항, 제118조제3항, 제123조제1항, 제139조제1항 또는 제140조제1항(제166조의2에서 준용하는 경우를 포함한다)을 위반한 자(2020.3.31 본호개정)
2. 제45조제1항 후단, 제46조제5항, 제53조제1항(제166조의2에서 준용하는 경우를 포함한다), 제87조제2항, 제118조제4항, 제119조제4항 또는 제131조제1항(제166조의2에서 준용하는 경우를 포함한다)에 따른 명령을 위반한 자(2020.3.31 본호개정)
3. 제58조제3항 또는 같은 조 제5항 후단(제59조제2항에 따라 준용되는 경우를 포함한다)에 따른 안전 및 보건에 관한 평가 업무를 제165조제2항에 따라 위탁받은 자로서 그 업무를 거짓이나 그 밖의 부정한 방법으로 수행한 자
4. 제84조제1항 및 제3항에 따른 안전인증 업무를 제165조제2항에 따라 위탁받은 자로서 그 업무를 거짓이나 그 밖의 부정한 방법으로 수행한 자
5. 제93조제1항에 따른 안전검사 업무를 제165조제2항에 따라

위탁받은 자로서 그 업무를 거짓이나 그 밖의 부정한 방법으로 수행한 자
6. 제98조에 따른 자율검사프로그램에 따른 안전검사 업무를 거짓이나 그 밖의 부정한 방법으로 수행한 자

제170조【벌칙】 다음 각 호의 어느 하나에 해당하는 자는 1년 이하의 징역 또는 1천만원 이하의 벌금에 처한다.
1. 제41조제3항(제166조의2에서 준용하는 경우를 포함한다)을 위반하여 해고나 그 밖의 불리한 처우를 한 자(2020.3.31 본호개정)
2. 제56조제3항(제166조의2에서 준용하는 경우를 포함한다)을 위반하여 중대재해 발생 현장을 훼손하거나 고용노동부장관의 원인조사를 방해한 자(2020.3.31 본호개정)
3. 제57조제1항(제166조의2에서 준용하는 경우를 포함한다)을 위반하여 산업재해 발생 사실을 은폐한 자 또는 그 발생 사실을 은폐하도록 교사(敎唆)하거나 공모(共謀)한 자 (2020.3.31 본호개정)
4. 제65조제1항, 제80조제1항·제2항·제4항, 제85조제2항·제3항, 제92조제1항, 제141조제4항 또는 제162조를 위반한 자
5. 제85조제4항 또는 제92조제2항에 따른 명령을 위반한 자
6. 제101조에 따른 조사, 수거 또는 성능시험을 방해하거나 거부한 자
7. 제153조제1항을 위반하여 다른 사람에게 자기의 성명이나 사무소의 명칭을 사용하여 지도사의 직무를 수행하게 하거나 자격증·등록증을 대여한 사람
8. 제153조제2항을 위반하여 지도사의 성명이나 사무소의 명칭을 사용하여 지도사의 직무를 수행하거나 자격증·등록증을 대여받거나 이를 알선한 사람

(2020.3.31 7호~8호신설)

제170조의2【벌칙】 제174조제1항에 따라 이수명령을 부과받은 사람이 보호관찰소의 장 또는 교정시설의 장의 이수명령 이행에 관한 지시에 따르지 아니하여 「보호관찰 등에 관한 법률」 또는 「형의 집행 및 수용자의 처우에 관한 법률」에 따른 경고를 받은 후 재차 정당한 사유 없이 이수명령 이행에 관한 지시에 따르지 아니한 경우에는 다음 각 호에 따른다.
1. 벌금형과 병과된 경우는 500만원 이하의 벌금에 처한다.
2. 징역형 이상의 실형과 병과된 경우에는 1년 이하의 징역 또는 1천만원 이하의 벌금에 처한다.

(2020.3.31 본조신설)

제171조【벌칙】 다음 각 호의 어느 하나에 해당하는 자는 1천만원 이하의 벌금에 처한다.
1. 제69조제1항·제2항, 제89조제1항, 제90조제2항·제3항, 제108조제2항, 제109조제2항 또는 제138조제1항(제166조의2에서 준용하는 경우를 포함한다)·제2항을 위반한 자(2020.3.31 본호개정)
2. 제90조제4항, 제108조제4항 또는 제109조제3항에 따른 명령을 위반한 자
3. 제125조제6항을 위반하여 해당 시설·설비의 설치·개선 또는 건강진단의 실시 등의 조치를 하지 아니한 자
4. 제132조제4항을 위반하여 작업장소 변경 등의 적절한 조치를 하지 아니한 자

제172조【벌칙】 제64조제1항제1호부터 제5호까지, 제7호, 제8호 또는 같은 조 제2항을 위반한 자는 500만원 이하의 벌금에 처한다.(2021.8.17 본조개정)

제173조【양벌규정】 법인의 대표자나 법인 또는 개인의 대리인, 사용인, 그 밖의 종업원이 그 법인 또는 개인의 업무에 관하여 제167조제1항 또는 제168조부터 제172조까지의 어느 하나에 해당하는 위반행위를 하면 그 행위자를 벌하는 외에 그 법인에게 다음 각 호의 구분에 따른 벌금형을, 그 개인에게는 해당 조문의 벌금형을 과(科)한다. 다만, 법인 또는 개인이 그 위반행위를 방지하기 위하여 해당 업무에 관하여 상당한 주의와 감독을 게을리하지 아니한 경우에는 그러하지 아니하다.
1. 제167조제1항의 경우 : 10억원 이하의 벌금
2. 제168조부터 제172조까지의 경우 : 해당 조문의 벌금형

제174조【형벌과 수강명령 등의 병과】 ① 법원은 제38조제1항부터 제3항까지(제166조의2에서 준용하는 경우를 포함한다), 제39조제1항(제166조의2에서 준용하는 경우를 포함한다) 또는 제63조(제166조의2에서 준용하는 경우를 포함한다)를 위반하여 근로자를 사망에 이르게 한 사람에게 유죄의 판결(선고유예는 제외한다)을 선고하거나 약식명령을 고지하는 경우에는 200시간의 범위에서 산업재해 예방에 필요한 수강명령 또는 산업안전보건프로그램의 이수명령(이하 "이수명령"이라 한다)을 병과(倂科)할 수 있다.(2020.3.31 본항개정)

② 제1항에 따른 수강명령은 형의 집행을 유예할 경우에 그 집행유예기간 내에서 병과하고, 이수명령은 벌금 이상의 형을 선고하거나 약식명령을 고지할 경우에 병과한다.(2020.3.31 본항신설)

③ 제1항에 따른 수강명령 또는 이수명령은 형의 집행을 유예할 경우에는 그 집행유예기간 내에, 벌금형을 선고하거나 약식명령을 고지할 경우에는 형 확정일부터 6개월 이내에, 징역형 이상의 실형(實刑)을 선고할 경우에는 형기 내에 각각 집행한다.(2020.3.31 본항개정)

④ 제1항에 따른 수강명령 또는 이수명령이 벌금형 또는 형의 집행유예와 병과된 경우에는 보호관찰소의 장이 집행하고, 징역형 이상의 실형과 병과된 경우에는 교정시설의 장이 집행한다. 다만, 징역형 이상의 실형과 병과된 이수명령을 모두 이행하기 전에 석방 또는 가석방되거나 미결구금일수 산입 등의 사유로 형을 집행할 수 없게 된 경우에는 보호관찰소의 장이 남은 이수명령을 집행한다.(2020.3.31 본항개정)

⑤ 제1항에 따른 수강명령 또는 이수명령은 다음 각 호의 내용으로 한다.(2020.3.31 본문개정)
1. 안전 및 보건에 관한 교육
2. 그 밖에 산업재해 예방을 위하여 필요한 사항

⑥ 수강명령 및 이수명령에 관하여 이 법에서 규정한 사항 외의 사항에 대해서는 「보호관찰 등에 관한 법률」을 준용한다. (2020.3.31 본항개정)

제175조【과태료】 ① 다음 각 호의 어느 하나에 해당하는 자에게는 5천만원 이하의 과태료를 부과한다.
1. 제119조제2항에 따라 기관석면조사를 하지 아니하고 건축물 또는 설비를 철거하거나 해체한 자
2. 제124조제3항을 위반하여 건축물 또는 설비를 철거하거나 해체한 자

② 다음 각 호의 어느 하나에 해당하는 자에게는 3천만원 이하의 과태료를 부과한다.
1. 제29조제3항(제166조의2에서 준용하는 경우를 포함한다) 또는 제79조제1항을 위반한 자(2020.3.31 본호개정)
2. 제54조제2항(제166조의2에서 준용하는 경우를 포함한다)을 위반하여 중대재해 발생 사실을 보고하지 아니하거나 거짓으로 보고한 자(2020.3.31 본호개정)

③ 다음 각 호의 어느 하나에 해당하는 자에게는 1천500만원 이하의 과태료를 부과한다.
1. 제47조제3항 전단을 위반하여 안전보건진단을 거부·방해하거나 기피한 자 또는 같은 항 후단을 위반하여 안전보건진단에 근로자대표를 참여시키지 아니한 자
2. 제57조제3항(제166조의2에서 준용하는 경우를 포함한다)에 따른 보고를 하지 아니하거나 거짓으로 보고한 자 (2020.3.31 본호개정)

2의2. 제64조제1항제6호를 위반하여 위생시설 등 고용노동부령으로 정하는 시설의 설치 등을 위하여 필요한 장소의 제공을 하지 아니하거나 도급인이 설치한 위생시설 이용에 협조하지 아니한 자(2021.8.17 본호신설)

2의3. 제128조의2제1항을 위반하여 휴게시설을 갖추지 아니한 자(같은 조 제2항에 따른 대통령령으로 정하는 기준에 해당하는 사업장의 사업주로 한정한다)(2021.8.17 본호신설)

3. 제141조제2항을 위반하여 정당한 사유 없이 역학조사를 거부·방해하거나 기피한 자
4. 제141조제3항을 위반하여 역학조사 참석이 허용된 사람의 역학조사 참석을 거부하거나 방해한 자

④ 다음 각 호의 어느 하나에 해당하는 자에게는 1천만원 이하의 과태료를 부과한다.
1. 제10조제3항 후단을 위반하여 관계수급인에 관한 자료를 제출하지 아니하거나 거짓으로 제출한 자

2. 제14조제1항을 위반하여 안전 및 보건에 관한 계획을 이사회에 보고하지 아니하거나 승인을 받지 아니한 자
3. 제41조제2항(제166조의2에서 준용하는 경우를 포함한다), 제42조제1항ㆍ제5항ㆍ제6항, 제44조제1항 전단, 제45조제2항, 제46조제1항, 제67조제1항ㆍ제2항, 제70조제1항, 제70조제2항 후단, 제71조제3항 후단, 제71조제4항, 제72조제1항ㆍ제3항ㆍ제5항(건설공사도급인만 해당한다), 제77조제1항, 제78조, 제85조제1항, 제93조제1항 전단, 제95조, 제99조제2항 또는 제107조제1항 각 호 외의 부분 본문을 위반한 자(2021.5.18 본호개정)
4. 제47조제1항 또는 제49조제1항에 따른 명령을 위반한 자
5. 제82조제1항 전단을 위반하여 등록하지 아니하고 타워크레인을 설치ㆍ해체하는 자
6. 제125조제1항ㆍ제2항에 따라 작업환경측정을 하지 아니한 자(2020.6.9 본호개정)
6의2. 제128조의2제2항을 위반하여 휴게시설의 설치ㆍ관리기준을 준수하지 아니한 자(2021.8.17 본호신설)
7. 제129조제1항 또는 제130조제1항부터 제3항까지의 규정에 따른 근로자 건강진단을 하지 아니한 자
8. 제155조제1항(제166조의2에서 준용하는 경우를 포함한다) 또는 제2항(제166조의2에서 준용하는 경우를 포함한다)에 따른 근로감독관의 검사ㆍ점검 또는 수거를 거부ㆍ방해 또는 기피한 자(2020.3.31 본호개정)

⑤ 다음 각 호의 어느 하나에 해당하는 자에게는 500만원 이하의 과태료를 부과한다.
1. 제15조제1항, 제16조제1항, 제17조제1항ㆍ제3항, 제18조제1항ㆍ제3항, 제19조제1항 본문, 제22조제1항 본문, 제24조제1항ㆍ제4항, 제25조제1항, 제26조, 제29조제1항ㆍ제2항(제166조의2에서 준용하는 경우를 포함한다), 제31조제1항, 제32조제1항(제1호부터 제4호까지의 경우만 해당한다), 제37조제1항, 제44조제2항, 제49조제2항, 제50조제3항, 제62조제1항, 제66조, 제68조제1항, 제75조제6항, 제77조제2항, 제90조제1항, 제94조제2항, 제122조제2항, 제124조제1항(증명자료의 제출은 제외한다), 제125조제7항, 제132조제2항, 제137조제3항 또는 제145조제1항을 위반한 자(2021.5.18 본호개정)
2. 제17조제4항, 제18조제4항 또는 제19조제3항에 따른 명령을 위반한 자(2021.5.18 본호개정)
3. 제34조 또는 제114조제1항을 위반하여 이 법 및 이 법에 따른 명령의 요지, 안전보건관리규정 또는 물질안전보건자료를 게시하지 아니하거나 갖추어 두지 아니한 자
4. 제53조제2항(제166조의2에서 준용하는 경우를 포함한다)을 위반하여 고용노동부장관으로부터 명령받은 사항을 게시하지 아니한 자(2020.3.31 본호개정)
4의2. 제108조제1항에 따른 유해성ㆍ위험성 조사보고서를 제출하지 아니하거나 제109조제1항에 따른 유해성ㆍ위험성 조사 결과 또는 유해성ㆍ위험성 평가에 필요한 자료를 제출하지 아니한 자(2021.5.18 본호신설)
5. 제110조제1항부터 제3항까지의 규정을 위반하여 물질안전보건자료, 화학물질의 명칭ㆍ함유량 또는 변경된 물질안전보건자료를 제출하지 아니한 자
6. 제110조제2항제2호를 위반하여 국외제조자로부터 물질안전보건자료에 적힌 화학물질 외에는 제104조에 따른 분류기준에 해당하는 화학물질이 없음을 확인하는 내용의 서류를 거짓으로 제출한 자
7. 제111조제1항을 위반하여 물질안전보건자료를 제공하지 아니한 자
8. 제112조제1항 본문을 위반하여 승인을 받지 아니하고 화학물질의 명칭 및 함유량을 대체자료로 적은 자
9. 제112조제1항 또는 제5항에 따른 비공개 승인 또는 연장승인 신청 시 영업비밀과 관련되어 보호사유를 거짓으로 작성하여 신청한 자
10. 제112조제10항 각 호 외의 부분 후단을 위반하여 대체자료로 적힌 화학물질의 명칭 및 함유량 정보를 제공하지 아니한 자
11. 제113조제1항에 따라 선임된 자로서 같은 항 각 호의 업무를 거짓으로 수행한 자
12. 제113조제1항에 따라 선임된 자로서 같은 조 제2항에 따라 고용노동부장관에게 제출한 물질안전보건자료를 해당 물질안전보건자료대상물질을 수입하는 자에게 제공하지 아니한 자
13. 제125조제1항 및 제2항에 따른 작업환경측정 시 고용노동부령으로 정하는 작업환경측정의 방법을 준수하지 아니한 사업주(같은 조 제3항에 따라 작업환경측정기관에 위탁한 경우는 제외한다)
14. 제125조제4항 또는 제132조제1항을 위반하여 근로자대표가 요구하였는데도 근로자대표를 참석시키지 아니한 자
15. 제125조제6항을 위반하여 작업환경측정 결과를 해당 작업장 근로자에게 알리지 아니한 자
16. 제155조제3항(제166조의2에서 준용하는 경우를 포함한다)에 따른 명령을 위반하여 보고 또는 출석을 하지 아니하거나 거짓으로 보고한 자(2020.3.31 본호개정)

⑥ 다음 각 호의 어느 하나에 해당하는 자에게는 300만원 이하의 과태료를 부과한다.
1. 제32조제1항(제5호의 경우만 해당한다)을 위반하여 소속 근로자로 하여금 같은 항 각 호 외의 부분 본문에 따른 안전보건교육을 이수하도록 하지 아니한 자
2. 제35조를 위반하여 근로자대표에게 통지하지 아니한 자
3. 제40조(제166조의2에서 준용하는 경우를 포함한다), 제108조제5항, 제123조제2항, 제132조제3항, 제133조 또는 제149조를 위반한 자(2020.3.31 본호개정)
4. 제42조제2항을 위반하여 자격이 있는 자의 의견을 듣지 아니하고 유해위험방지계획서를 작성ㆍ제출한 자
5. 제43조제1항 또는 제46조제2항을 위반하여 확인을 받지 아니한 자
6. 제73조제1항을 위반하여 지도계약을 체결하지 아니한 자(2021.8.17 본호개정)
6의2. 제73조제2항을 위반하여 지도를 실시하지 아니한 자 또는 지도에 따라 적절한 조치를 하지 아니한 자(2021.8.17 본호신설)
7. 제84조제6항에 따른 자료 제출 명령을 따르지 아니한 자
8. (2021.5.18 삭제)
9. 제111조제2항 또는 제3항을 위반하여 물질안전보건자료의 변경 내용을 반영하여 제공하지 아니한 자
10. 제114조제3항(제166조의2에서 준용하는 경우를 포함한다)을 위반하여 해당 근로자를 교육하는 등 적절한 조치를 하지 아니한 자(2020.3.31 본호개정)
11. 제115조제1항 또는 같은 조 제2항 본문을 위반하여 경고표시를 하지 아니한 자
12. 제119조제1항에 따라 일반석면조사를 하지 아니하고 건축물이나 설비를 철거하거나 해체한 자
13. 제122조제3항을 위반하여 고용노동부장관에게 신고하지 아니한 자
14. 제124조제1항에 따른 증명자료를 제출하지 아니한 자
15. 제125조제5항, 제132조제5항 또는 제134조제1항ㆍ제2항에 따른 보고, 제출 또는 통보를 하지 아니하거나 거짓으로 보고, 제출 또는 통보한 자
16. 제155조제1항(제166조의2에서 준용하는 경우를 포함한다)에 따른 질문에 대하여 답변을 거부ㆍ방해 또는 기피하거나 거짓으로 답변한 자(2020.3.31 본호개정)
17. 제156조제1항(제166조의2에서 준용하는 경우를 포함한다)에 따른 검사ㆍ지도 등을 거부ㆍ방해 또는 기피한 자(2020.3.31 본호개정)
18. 제164조제1항부터 제6항까지의 규정을 위반하여 서류를 보존하지 아니한 자

⑦ 제1항부터 제6항까지의 규정에 따른 과태료는 대통령령으로 정하는 바에 따라 고용노동부장관이 부과ㆍ징수한다.

부 칙

제1조【시행일】 이 법은 공포 후 1년이 경과한 날부터 시행한다. 다만, 제14조 및 제175조제4항제2호의 개정규정은 공포 후 1년이 경과한 날이 속한 해의 다음 해 1월 1일부터 시행하고,

제35조제5호, 제110조부터 제116조까지, 제162조제9호 및 제10호, 제163조제1항제3호 및 제2항(제112조제8항에 관한 부분에 한정한다), 제165조제2항제25호부터 제27호까지, 제166조제1항제9호, 제175조제5항제3호(제114조제1항에 관한 부분에 한정한다) 및 제5호부터 제12호까지, 같은 조 제6항제2호(제35조제5호에 관한 부분에 한정한다) 및 제9호부터 제11호까지의 개정규정은 공포 후 2년이 경과한 날부터 시행한다.

제2조【산업재해 발생건수 등의 공표에 관한 적용례】 제10조제2항 및 제3항의 개정규정은 이 법 시행일이 속한 해의 다음해 1월 1일 이후 발생한 산업재해부터 적용한다.

제3조【건설공사발주자의 산업재해 예방 조치에 관한 적용례】 제67조의 개정규정은 이 법 시행 이후 건설공사발주자가 건설공사의 설계에 관한 계약을 체결하는 경우부터 적용한다.

제4조【타워크레인 설치·해체 작업에 관한 적용례】 제82조제2항의 개정규정은 이 법 시행 이후 사업주가 타워크레인 설치·해체 작업에 관한 계약을 체결하는 경우부터 적용한다.

제5조【건강진단에 따른 조치결과 제출에 관한 적용례】 제132조제5항의 개정규정은 이 법 시행 이후 실시하는 건강진단부터 적용한다.

제6조【역학조사 참석 등에 관한 적용례】 제141조제1항 후단, 같은 조 제3항 및 제4항의 개정규정은 이 법 시행 이후 실시하는 역학조사부터 적용한다.

제7조【물질안전보건자료의 작성·제출에 관한 특례】 부칙 제1조 단서에 따른 시행일 당시 종전의 제41조제1항 또는 제6항에 따라 물질안전보건자료를 작성 또는 변경한 자(대상화학물질을 양도하거나 제공한 자 중 그 대상화학물질을 제조하거나 수입한 자로 한정한다)는 제110조제1항 또는 제2항의 개정규정에도 불구하고 부칙 제1조 단서에 따른 시행일 이후 5년을 넘지 아니하는 범위 내에서 고용노동부령으로 정하는 날까지 물질안전보건자료 및 제110조제2항 본문에 따른 화학물질의 명칭 및 함유량에 관한 자료(같은 항 제2호에 따라 물질안전보건자료에 적힌 화학물질 외에는 제104조에 따른 분류기준에 해당하는 화학물질이 없음을 확인하는 경우에는 그 확인에 관한 서류를 말한다)를 고용노동부장관에게 제출하여야 한다.

제8조【물질안전보건자료의 제공에 관한 특례】 제111조제1항의 개정규정에도 불구하고 부칙 제7조에 따라 고용노동부장관에게 물질안전보건자료를 제출한 자는 부칙 제1조 단서에 따른 시행일 이후 5년을 넘지 아니하는 기간 내에서 고용노동부령으로 정하는 날까지 물질안전보건자료대상물질을 양도받거나 제공받은 자에게 물질안전보건자료를 제공(종전의 제41조제1항 또는 제6항에 따라 제공된 물질안전보건자료의 기재사항에서 변경된 사항이 없는 경우는 제외한다)하여야 한다.

제9조【물질안전보건자료의 일부 비공개 승인에 관한 특례】 부칙 제1조 단서에 따른 시행일 당시 종전의 제41조제2항에 따라 물질안전보건자료에 영업비밀로서 보호할 가치가 있다고 인정되는 화학물질 및 이를 함유한 제제의 사항을 적지 아니하고 같은 조 제1항에 따라 제공한 자(대상화학물질을 양도하거나 제공한 자 중 그 대상화학물질을 제조하거나 수입한 자로 한정한다)는 제112조의 개정규정에도 불구하고 부칙 제1조 단서에 따른 시행일 이후 5년을 넘지 아니하는 범위 내에서 고용노동부령으로 정하는 날까지 대체자료 기재에 관하여 고용노동부장관의 승인을 받아야 한다.

제10조【유해한 작업의 도급금지에 관한 경과조치】 이 법 시행 당시 종전의 규정에 따라 도급인가를 받은 사업주는 그 인가의 남은 기간이 3년을 넘지 아니하는 경우에는 그 남은 기간 동안, 3년을 초과하거나 그 인가기간이 정해지지 아니한 경우에는 이 법 시행 이후 3년까지 제58조제1항의 개정규정에도 불구하고 종전의 규정에 따른다.

제11조【안전보건조정자의 선임에 관한 경과조치】 이 법 시행 전에 건설공사에 관한 도급계약을 체결하여 건설공사가 행해지는 현장의 경우에는 제68조제1항의 개정규정에도 불구하고 종전의 규정에 따른다.

제12조【타워크레인 설치·해체업의 등록 등에 관한 경과조치】 ① 이 법 시행 당시 타워크레인 설치·해체업을 영위하고 있는 자는 이 법 시행일부터 3개월까지는 등록을 하지 아니하고 타워크레인 설치·해체업을 영위할 수 있다.

② 제82조제2항의 개정규정에도 불구하고 사업주는 이 법 시행일부터 3개월까지는 타워크레인 설치·해체업을 등록하지 아니한 자로 하여금 타워크레인을 설치하거나 해체하는 작업을 하도록 할 수 있다.

제13조【안전인증 신청에 관한 경과조치】 이 법 시행 전에 종전의 제34조의3에 따라 안전인증이 취소된 자는 제86조제3항의 개정규정에도 불구하고 종전의 규정에 따른다.

제14조【물질안전보건자료의 작성·비치 등에 관한 경과조치】 이 법 시행 후 물질안전보건자료의 작성·비치 등에 관하여는 제110조부터 제116조까지의 개정규정 시행일 전까지 종전의 제11조제2항제4호, 제41조, 제63조(제41조에 관한 부분에 한정한다), 제65조제2항제12호, 제72조제4항제3호(제41조에 관한 부분에 한정한다), 같은 조 제5항제1호(제41조에 관한 부분에 한정한다) 및 제2호, 같은 조 제6항제1호(제11조제2항제4호에 관한 부분에 한정한다) 및 제8호에 따른다.

제15조【과징금에 관한 경과조치】 이 법 시행 전에 종전의 제15조의3(종전의 제16조제3항, 제30조의2제3항, 제34조의5제4항, 제36조제10항, 제42조제10항 및 제43조제11항에 따라 준용되는 경우를 포함한다)을 위반한 행위에 대하여 과징금에 관한 규정을 적용할 때에는 종전의 규정에 따른다.

제16조【안전관리대행기관 등에 관한 경과조치】 ① 법률 제4220호 산업안전보건법 시행일인 1990년 7월 14일 당시 노동부장관의 지정을 받은 안전관리대행기관 및 보건관리대행기관은 제21조의 개정규정에 따라 고용노동부장관의 지정을 받은 것으로 본다.

② 공단은 법률 제4220호 산업안전보건법에 따라 노동부장관이 지정하도록 되어 있는 지정교육·검사·측정 또는 진단기관으로 지정받은 것으로 본다.

제17조【산업위생지도사에 관한 경과조치】 법률 제11882호 산업안전보건법 일부개정법률 시행일인 2014년 3월 13일 당시 종전의 규정에 따른 산업위생지도사는 이 법에 따른 산업보건지도사로 본다.

제18조【지도사 연수교육에 관한 경과조치】 법률 제11882호 산업안전보건법 일부개정법률 시행일인 2014년 3월 13일 전에 등록한 지도사는 제146조의 개정규정에 따른 연수교육을 받은 것으로 본다.

제19조【벌칙과 과태료에 관한 경과조치】 이 법 시행 전의 행위에 대하여 벌칙이나 과태료에 관한 규정을 적용할 때에는 종전의 규정에 따른다. 다만, 제110조부터 제116조까지의 개정규정 시행 전의 행위에 대하여 제175조제5항제3호(제114조제1항에 관한 부분에 한정한다) 및 제5호부터 제12호까지, 같은 조 제6항제2호(제35조제5호에 관한 부분에 한정한다) 및 제9호부터 제11호까지에 관한 규정을 적용할 때에는 종전의 규정에 따른다.

제20조【다른 법률의 개정】 ①~⑰ ※(해당 법령에 가제정리하였음)

제21조【다른 법령과의 관계】 이 법 시행 당시 다른 법령에서 종전의 「산업안전보건법」의 규정을 인용하고 있는 경우 이 법 중 그에 해당하는 규정이 있을 때에는 종전의 규정을 갈음하여 이 법의 해당 규정을 인용한 것으로 본다.

부 칙 (2020.3.31)

이 법은 공포한 날부터 시행한다. 다만, 제166조의2, 제167조제1항, 제168조, 제169조, 제170조제1호부터 제3호까지, 제171조제1호, 제174조제1항 본문(제166조의2를 준용하는 부분으로 한정한다) 및 제175조의 개정규정은 공포 후 6개월이 경과한 날부터 시행한다.

부 칙 (2020.5.26)

이 법은 공포한 날부터 시행한다. 다만, 제57조 중 법률 제16272호 산업안전보건법 전부개정법률 제110조제1항 각 호 외의 부분 전단의 개정 부분은 2021년 1월 16일부터 시행한다. (이하 생략)

부　칙 (2020.6.9)

이 법은 공포한 날부터 시행한다. 다만, 제168조제2호와 제175조제4항제6호의 개정규정은 공포 후 3개월이 경과한 날부터 시행하고, 법률 제17187호 산업안전보건법 일부개정법률 제168조제2호의 개정규정은 10월 1일부터 시행한다.

부　칙 (2021.4.13)

이 법은 공포 후 6개월이 경과한 날부터 시행한다.

부　칙 (2021.5.18)

제1조【시행일】 이 법은 공포 후 6개월이 경과한 날부터 시행한다.
제2조【건설공사발주자의 산업재해 예방 조치 등에 관한 적용례】 제67조제2항 및 제3항의 개정규정은 이 법 시행 이후 건설공사발주자가 건설공사의 설계에 관한 계약을 체결하는 경우부터 적용한다.
제3조【산업재해 예방 활동의 보조·지원금 환수에 관한 적용례】 제158조제3항 및 제4항의 개정규정은 이 법 시행 이후 보조·지원을 받은 경우부터 적용한다.

부　칙 (2021.8.17)

제1조【시행일】 이 법은 공포 후 1년이 경과한 날부터 시행한다.
제2조【건설공사의 산업재해 예방지도에 관한 적용례】 제73조제1항·제2항의 개정규정은 이 법 시행 이후 건설 산업재해 예방을 위한 지도계약을 체결하는 경우부터 적용한다.
제3조【벌칙에 관한 경과조치】 이 법 시행 전의 위반행위에 대하여 벌칙을 적용할 때에는 제172조 및 제175조제3항제2호의2의 개정규정에도 불구하고 종전의 규정에 따른다.

부　칙 (2023.8.8 법19591호)

제1조【시행일】 이 법은 2024년 5월 17일부터 시행한다.(이하 생략)

부　칙 (2023.8.8 법19611호)

제1조【시행일】 이 법은 공포한 날부터 시행한다.
제2조【이의신청 기간에 관한 적용례】 제112조의2제2항 및 제3항의 개정규정은 이 법 시행 이후 하는 처분부터 적용한다.

부　칙 (2024.10.22)

이 법은 2025년 6월 1일부터 시행한다.

부　칙 (2025.1.21)

제1조【시행일】 이 법은 공포 후 6개월이 경과한 날부터 시행한다.(이하 생략)

산업재해보상보험법

(약칭 : 산재보험법)

(2007년　12월　14일
전부개정법률 제8694호)

개정
2007.12.31법 8835호(지방세)
2008. 2.29법 8863호(금융위원회의설치등에관한법)
2008.12.31법 9319호(한국산업안전보건공단법)
2009. 1. 7법 9338호　2009.10. 9법 9794호
2010. 1.27법 9988호　2010. 5.20법10305호
2010. 6. 4법10339호(정부조직)
2011.12.31법11141호(국민보험)
2012.12.18법11569호　2015. 1.20법13045호
2015. 5.18법13323호(지역보건법)
2016.12.27법14499호　2017.10.24법14933호
2017.12.19법15270호(장애인복지법)
2018. 6.12법15665호
2019. 1.15법16272호(산업안전보건법)
2019. 1.15법16273호
2020. 4. 7법17203호(시체해부및보존등에관한법)
2020. 5.26법17326호(법률용어정비)
2020. 6. 9법17434호　2020.12. 8법17603호
2021. 1. 5법17865호　2021. 1.26법17910호
2021. 4.13법18040호　2021. 5.18법18181호
2021. 8.17법18425호(국민평생직업능력개발법)
2022. 1.11법18753호
2022. 6.10법18913호(집행유예선고에관한결격사유명확화를위한일부개정법률)
2022. 6.10법18928호　2023. 8. 8법19612호
2024.10.22법20523호

제1장 총　칙

제1조【목적】 이 법은 산업재해보상보험 사업을 시행하여 근로자의 업무상의 재해를 신속하고 공정하게 보상하며, 재해근로자의 재활 및 사회 복귀를 촉진하기 위하여 이에 필요한 보험시설을 설치·운영하고, 재해 예방과 그 밖에 근로자의 복지 증진을 위한 사업을 시행하여 근로자 보호에 이바지하는 것을 목적으로 한다.
제2조【보험의 관장과 보험연도】 ① 이 법에 따른 산업재해보상보험 사업(이하 "보험사업"이라 한다)은 고용노동부장관이 관장한다.(2010.6.4 본항개정)
② 이 법에 따른 보험사업의 보험연도는 정부의 회계연도에 따른다.
제3조【국가의 부담 및 지원】 ① 국가는 회계연도마다 예산의 범위에서 보험사업의 사무 집행에 드는 비용을 일반회계에서 부담하여야 한다.
② 국가는 회계연도마다 예산의 범위에서 보험사업에 드는 비용의 일부를 지원할 수 있다.
제4조【보험료】 이 법에 따른 보험사업에 드는 비용에 충당하기 위하여 징수하는 보험료나 그 밖의 징수금에 관하여는 「고용보험 및 산업재해보상보험의 보험료징수 등에 관한 법률」(이하 "보험료징수법"이라 한다)에서 정하는 바에 따른다.

제5조【정의】 이 법에서 사용하는 용어의 뜻은 다음과 같다.
1. "업무상의 재해"란 업무상의 사유에 따른 근로자의 부상·질병·장해 또는 사망을 말한다.
2. "근로자"·"임금"·"평균임금"·"통상임금"이란 각각 「근로기준법」에 따른 "근로자"·"임금"·"평균임금"·"통상임금"을 말한다. 다만, 「근로기준법」에 따라 "임금" 또는 "평균임금"을 결정하기 어렵다고 인정되면 고용노동부장관이 정하여 고시하는 금액을 해당 "임금" 또는 "평균임금"으로 한다.(2010.6.4 단서개정)
3. "유족"이란 사망한 사람의 배우자(사실상 혼인 관계에 있는 사람을 포함한다. 이하 같다)·자녀·부모·손자녀·조부모 또는 형제자매를 말한다.(2020.5.26 본호개정)
4. "치유"란 부상 또는 질병이 완치되거나 치료의 효과를 더 이상 기대할 수 없고 그 증상이 고정된 상태에 이르게 된 것을 말한다.
5. "장해"란 부상 또는 질병이 치유되었으나 정신적 또는 육체적 훼손으로 인하여 노동능력이 상실되거나 감소된 상태를 말한다.(2010.1.27 본호개정)
6. "중증요양상태"란 업무상의 부상 또는 질병에 따른 정신적 또는 육체적 훼손으로 노동능력이 상실되거나 감소된 상태로서 그 부상 또는 질병이 치유되지 아니한 상태를 말한다.(2018.6.12 본호개정)
7. "진폐"(塵肺)란 분진을 흡입하여 폐에 생기는 섬유증식성(纖維增殖性) 변화를 주된 증상으로 하는 질병을 말한다.(2010.5.20 본호신설)
8. "출퇴근"이란 취업과 관련하여 주거와 취업장소 사이의 이동 또는 한 취업장소에서 다른 취업장소로의 이동을 말한다.(2017.10.24 본호신설)

판례 LCD공장 근로자의 다발성 경화증 발병에 대한 업무상 재해 인정 : 업무상의 사유에 따른 질병으로 인정하려면 업무와 질병 사이에 인과관계가 있어야 한다. 산업재해의 발생원인에 관한 직접적인 증거가 없더라도 근로자의 취업 당시 건강상태, 질병의 원인, 작업장에 발병원인이 될 만한 물질이 있었는지, 발병원인물질이 있는 작업장에서 근무한 기간 등의 여러 사정을 고려하여 경험칙과 사회통념에 따라 합리적인 추론을 통하여 인과관계를 인정할 수 있다. 첨단산업 분야에서 유해화학물질로 인한 질병에 대해 근로자를 보호할 산업재해보상보험제도의 목적과 기능 등을 종합적으로 고려할 때, 근로자에게 발병한 질병이 이른바 '희귀질환' 또는 첨단산업현장에서 새롭게 발생하는 유형의 질환에 해당하고 발병원인으로 의심되는 요소들과 근로자의 질병 사이에 인과관계를 명확하게 규명하는 것이 현재의 의학과 자연과학 수준에서 곤란하더라도 그것만으로 인과관계를 쉽사리 부정할 수 없다. 특히, 희귀질환의 평균 유병률에 비해 특정 산업 종사자 군이나 특정 사업장에서 그 질환의 발병률이 높거나, 사업주의 협조 거부 또는 관련 행정청의 조사 거부나 지연 등으로 그 질환에 영향을 미칠 수 있는 작업환경상 유해요소들의 종류와 노출 정도를 구체적으로 특정할 수 없었다는 등의 특별한 사정이 인정된다면, 이는 상당인과관계를 인정하는 단계에서 근로자에게 유리한 간접사실로 고려할 수 있다. 나아가 작업환경에 여러 유해물질이나 유해요소가 존재하는 경우 개별 유해요인들이 특정 질환의 발병이나 악화에 복합적·누적적으로 작용할 가능성을 간과해서는 안 된다.
(대판 2017.8.29, 2015두3867)

판례 산업재해보상보험법과 장애인차별금지 및 권리구제 등에 관한 법률의 입법 취지와 목적, 요양급여 및 장애인보조기구에 관한 규정의 체계, 형식과 내용, 장애인에 대한 차별행위의 개념 등에 의하면, 산업재해보상보험법의 해석에서 업무상 재해로 인한 부상의 대상인 신체를 반드시 생래적 신체에 한정할 필요는 없는 점 등을 종합적으로 고려하면, 의족은 단순히 신체를 보조하는 기구가 아니라 신체의 일부인 다리를 기능적·물리적·실질적으로 대체하는 장치로서, 업무상의 사유로 근로자가 장착한 의족이 파손된 경우는 산업재해보상보험법상 요양급여의 대상인 근로자의 부상에 포함된다.(대판 2014.7.10, 2012두20991)

판례 산업재해보상보험법이 보호대상으로 삼은 근로기준법상의 근로자에 해당하는지 여부는 계약의 형식이 고용계약인지 도급계약인지보다 그 실질에 있어 근로자가 사업 또는 사업장에 임금을 목적으로 종속적인 관계에서 사용자에게 근로를 제공하였는지 여부에 따라 판단하여야 하고, 위에서 말하는 종속적인 관계가 있는지 여부는 업무 내용을 사용자가 정하고 취업규칙 또는 복무(인사)규정 등의 적용을 받으며 업무 수행 과정에서 사용자가 상당한 지휘·감독을 하는지, 사용자가 근무시간과 근무장소를 지정하고 근로자가 이에 구속을 받는지, 노무제공자가 스스로 비품·원자재나 작업도구 등을 소유하거나 제3자를 고용하여 업무를 대행하게 하는 등 독립하여 자신의 계산으로 사업을 영위할 수 있는지, 노무 제공을 통한 이윤의 창출과 손실의 초래 등 위험을 스스로 안고 있는지와 보수의 성격이 근로 자체의 대상적(對償的) 성격인지, 기본급이나 고정급이 정하여졌는지 및 근로소득세의 원천징수 여부 등 보수에 관한 사항, 근로 제공 관계의 계속성과 사용자에 대한 전속성의 유무와 그 정도, 사회보장제도에 관한 법령에서 근로자로서 지위를 인정받는지 등의 경제적·사회적 여러 조건을 종합하여 판단하여야 한다. 다만, 기본급이나 고정급이 정하여졌는지, 근로소득세를 원천징수하였는지, 사회보장제도에 관하여 근로자로 인정받는지 등의 사정은 사용자가 경제적으로 우월한 지위를 이용하여 임의로 정할 여지가 크다는 점에서, 그러한 점들이 인정되지 않는다는 것만으로 근로자성을 쉽게 부정하여서는 안 된다.(대판 2010.5.27, 2007두9471)

판례 근로자가 어떠한 행위를 하다가 사망한 경우에 당해 근로자가 그 행위에 이르게 된 동기나 이유, 전후 과정 등을 종합적으로 고려하여 그 행위가 당해 근로자의 본래의 업무행위 또는 그 업무의 준비행위, 사회통념상 그에 수반되는 생리적 행위 또는 합리적·필요적 행위로서 그 전반적인 과정이 사용자의 지배·관리하에 있다고 볼 수 있는 경우에는 업무상 재해로 인한 사망으로 인정될 수 있다.
(대판 2009.10.15, 2009두10246)

판례 산업재해보상보험법은 동법상의 보험급여를 받을 수 있는 근로자에 대하여 "근로기준법에 따른 근로자를 말한다"고 규정하는 외에 다른 규정을 두고 있지 아니하므로 보험급여 대상자인 근로자는 오로지 '근로기준법상의 근로자'에 해당하는지의 여부에 의하여 판가름나는 것이고, 그 해당 여부는 그 실질에 있어 그가 사업 또는 사업장에 임금을 목적으로 종속적인 관계에서 사용자에게 근로를 제공하였는지 여부에 따라 판단하여야 할 것이지, 법인등기부에 임원으로 등기되었는지 여부에 따라 판단할 것은 아니다.(대판 2009.8.20, 2009두1440)

제6조【적용 범위】 이 법은 근로자를 사용하는 모든 사업 또는 사업장(이하 "사업"이라 한다)에 적용한다. 다만, 위험률·규모 및 장소 등을 고려하여 대통령령으로 정하는 사업에 대하여는 이 법을 적용하지 아니한다.

제7조【보험 관계의 성립·소멸】 이 법에 따른 보험 관계의 성립과 소멸에 대하여는 보험료징수법으로 정하는 바에 따른다.

제8조【산업재해보상보험및예방심의위원회】 ① 산업재해보상보험 및 예방에 관한 중요 사항을 심의하게 하기 위하여 고용노동부에 산업재해보상보험및예방심의위원회(이하 "위원회"라 한다)를 둔다.(2010.6.4 본항개정)
② 위원회는 근로자를 대표하는 사람, 사용자를 대표하는 사람 및 공익을 대표하는 사람으로 구성하되, 그 수는 각각 같은 수로 한다.(2020.5.26 본항개정)
③ 위원회는 그 심의 사항을 검토하고, 위원회의 심의를 보조하게 하기 위하여 위원회에 전문위원회를 둘 수 있다.
(2009.10.9 본항개정)
④ 위원회 및 전문위원회의 조직·기능 및 운영에 필요한 사항은 대통령령으로 정한다.(2009.10.9 본항개정)
(2009.10.9 본조제목개정)

제9조【보험사업 관련 조사·연구】 ① 고용노동부장관은 보험사업을 효율적으로 관리·운영하기 위하여 조사·연구 사업 등을 할 수 있다.
② 고용노동부장관은 필요하다고 인정하면 제1항에 따른 업무의 일부를 대통령령으로 정하는 자에게 대행하게 할 수 있다.
(2010.6.4 본조개정)

제9조의2【산업재해근로자의 날】 ① 산업재해에 대한 국민의 이해를 증진시키고 산업재해근로자의 권익 향상을 도모하기 위하여 매년 4월 28일을 산업재해근로자의 날로 하며, 산업재해근로자의 날부터 1주간을 산업재해근로자 추모 주간으로 한다.
② 고용노동부장관은 산업재해근로자의 날의 취지에 적합한 행사, 산업재해예방교육, 산업재해근로자 지원 등의 사업을 실시하도록 노력하여야 한다.
(2024.10.22 본조신설)

제2장 근로복지공단

제10조【근로복지공단의 설립】 고용노동부장관의 위탁을 받아 제1조의 목적을 달성하기 위한 사업을 효율적으로 수행하기 위하여 근로복지공단(이하 "공단"이라 한다)을 설립한다.
(2010.6.4 본조개정)

제11조【공단의 사업】 ① 공단은 다음 각 호의 사업을 수행한다.
1. 보험가입자와 수급권자에 관한 기록의 관리·유지

2. 보험료징수법에 따른 보험료와 그 밖의 징수금의 징수
3. 보험급여의 결정과 지급
4. 보험급여 결정 등에 관한 심사 청구의 심리·결정
5. 산업재해보상보험 시설의 설치·운영
5의2. 업무상 재해를 입은 근로자 등의 진료·요양 및 재활(2015.1.20 본호개정)
5의3. 재활보조기구의 연구개발·검정 및 보급(2010.1.27 본호신설)
5의4. 보험급여 결정 및 지급을 위한 업무상 질병 관련 연구(2015.1.20 본호신설)
5의5. 근로자 등의 건강을 유지·증진하기 위하여 필요한 건강진단 등 예방 사업(2015.1.20 본호신설)
6. 근로자의 복지 증진을 위한 사업
7. 그 밖에 정부로부터 위탁받은 사업
8. 제5호·제5호의2부터 제5호의5까지·제6호 및 제7호에 따른 사업에 딸린 사업(2015.1.20 본호개정)
② 공단은 제1항제5호의2부터 제5호의5까지의 사업을 위하여 의료기관, 연구기관 등을 설치·운영할 수 있다.(2015.1.20 본항개정)
③ 제1항제3호에 따른 사업의 수행에 필요한 자문을 하기 위하여 공단에 관계 전문가 등으로 구성되는 보험급여자문위원회를 둘 수 있다.
④ 제3항에 따른 보험급여자문위원회의 구성과 운영에 필요한 사항은 공단이 정한다.(2010.1.27 본항개정)
⑤ 정부는 예산의 범위에서 공단의 사업과 운영에 필요한 비용을 출연할 수 있다.(2015.1.20 본항신설)
제12조【법인격】 공단은 법인으로 한다.
제13조【사무소】 ① 공단의 주된 사무소 소재지는 정관으로 정한다.
② 공단은 필요하면 정관으로 정하는 바에 따라 분사무소를 둘 수 있다.
제14조【정관】 ① 공단의 정관에는 다음 각 호의 사항을 적어야 한다.
1. 목적
2. 명칭
3. 주된 사무소와 분사무소에 관한 사항
4. 임직원에 관한 사항
5. 이사회에 관한 사항
6. 사업에 관한 사항
7. 예산 및 결산에 관한 사항
8. 자산 및 회계에 관한 사항
9. 정관의 변경에 관한 사항
10. 내부규정의 제정·개정 및 폐지에 관한 사항
11. 공고에 관한 사항
② 공단의 정관은 고용노동부장관의 인가를 받아야 한다. 이를 변경하려는 때에도 또한 같다.(2010.6.4 전단개정)
제15조【설립등기】 공단은 그 주된 사무소의 소재지에서 설립등기를 함으로써 성립한다.
제16조【임원】 ① 공단의 임원은 이사장 1명과 상임이사 4명을 포함한 15명 이내의 이사와 감사 1명으로 한다.(2010.1.27 본항개정)
② 이사장·상임이사 및 감사의 임면(任免)에 관하여는 「공공기관의 운영에 관한 법률」 제26조에 따른다.(2010.1.27 본항개정)
③ 비상임이사(제4항에 따라 당연히 비상임이사로 선임되는 사람은 제외한다)는 다음 각 호의 어느 하나에 해당하는 사람 중에서 「공공기관의 운영에 관한 법률」 제26조제3항에 따라 고용노동부장관이 임명한다. 이 경우 제1호와 제2호에 해당하는 비상임이사는 같은 수로 하되, 노사 어느 일방이 추천하지 아니하는 경우에는 그러하지 아니하다.(2010.6.4 전단개정)
1. 총연합단체인 노동조합이 추천하는 사람
2. 전국을 대표하는 사용자단체가 추천하는 사람
3. 사회보험 또는 근로복지사업에 관한 학식과 경험이 풍부한 사람으로서 「공공기관의 운영에 관한 법률」 제29조에 따른 임원추천위원회가 추천하는 사람
(2010.1.27 본항신설)
④ 당연히 비상임이사로 선임되는 사람은 다음 각 호와 같다.
1. 기획재정부에서 공단 예산 업무를 담당하는 3급 공무원 또는 고위공무원단에 속하는 일반직공무원 중에서 기획재정부장관이 지명하는 1명
2. 고용노동부에서 산업재해보상보험 업무를 담당하는 3급 공무원 또는 고위공무원단에 속하는 일반직공무원 중에서 고용노동부장관이 지명하는 1명(2010.6.4 본호개정)
(2010.1.27 본항신설)
⑤ 비상임이사에게는 보수를 지급하지 아니한다. 다만, 직무수행에 드는 실제 비용은 지급할 수 있다.
제17조【임원의 임기】 이사장의 임기는 3년으로 하고, 이사와 감사의 임기는 2년으로 하되, 각각 1년 단위로 연임할 수 있다.(2010.1.27 단서삭제)
제18조【임원의 직무】 ① 이사장은 공단을 대표하고 공단의 업무를 총괄한다.
② 상임이사는 정관으로 정하는 바에 따라 공단의 업무를 분장하고, 이사장이 부득이한 사유로 직무를 수행할 수 없을 때에는 정관으로 정하는 순서에 따라 그 직무를 대행한다.(2020.5.26 본항개정)
③ 감사(監事)는 공단의 업무와 회계를 감사(監査)한다.
제19조【임원의 결격사유와 당연퇴직】 다음 각 호의 어느 하나에 해당하는 사람은 공단의 임원이 될 수 없다.
1. 「국가공무원법」 제33조 각 호의 어느 하나에 해당하는 사람
2. 「공공기관의 운영에 관한 법률」 제34조제1항제2호에 해당하는 사람
(2010.1.27 본조개정)
제20조【임원의 해임】 임원의 해임에 관하여는 「공공기관의 운영에 관한 법률」 제22조제1항, 제31조제6항, 제35조제2항·제3항, 제36조제2항 및 제48조제4항·제8항에 따른다.
(2010.1.27 본조개정)
제21조【임직원의 겸직 제한 등】 ① 공단의 상임임원과 직원은 그 직무 외에 영리를 목적으로 하는 업무에 종사하지 못한다.(2010.1.27 본항개정)
② 상임임원이 「공공기관의 운영에 관한 법률」 제26조에 따른 임명권자나 제청권자의 허가를 받은 경우와 직원이 이사장의 허가를 받은 경우에는 비영리 목적의 업무를 겸할 수 있다.(2010.1.27 본항신설)
③ 공단의 임직원이나 그 직에 있었던 사람은 그 직무상 알게 된 비밀을 누설하여서는 아니 된다.(2020.5.26 본항개정)
제22조【이사회】 ① 공단에 「공공기관의 운영에 관한 법률」 제17조제1항 각 호의 사항을 심의·의결하기 위하여 이사회를 둔다.
② 이사회는 이사장을 포함한 이사로 구성한다.
③ 이사장은 이사회의 의장이 된다.
④ 이사회의 회의는 이사회 의장이나 재적이사 3분의 1 이상의 요구로 소집하고, 재적이사 과반수의 찬성으로 의결한다.
⑤ 감사는 이사회에 출석하여 의견을 진술할 수 있다.
(2010.1.27 본조개정)
제23조【직원의 임면 및 대리인의 선임】 ① 이사장은 정관으로 정하는 바에 따라 공단의 직원을 임명하거나 해임한다.
② 이사장은 정관으로 정하는 바에 따라 직원 중에서 업무에 관한 재판상 행위 또는 재판 외의 행위를 할 수 있는 권한을 가진 대리인을 선임할 수 있다.
제24조【벌칙 적용에서의 공무원 의제】 공단의 임원과 직원은 「형법」 제129조부터 제132조까지의 규정에 따른 벌칙의 적용에서는 공무원으로 본다.
제25조【업무의 지도·감독】 ① 공단은 대통령령으로 정하는 바에 따라 회계연도마다 사업 운영계획과 예산에 관하여 고용노동부장관의 승인을 받아야 한다.
② 공단은 회계연도마다 회계연도가 끝난 후 2개월 이내에 사업 실적과 결산을 고용노동부장관에게 보고하여야 한다.
③ 고용노동부장관은 공단에 대하여 그 사업에 관한 보고를 명하거나 사업 또는 재산 상황을 검사할 수 있고, 필요하다고 인정하면 정관을 변경하도록 명하는 등 감독을 위하여 필요한 조치를 할 수 있다.(2020.5.26 본항개정)
(2010.6.4 본조개정)
제26조【공단의 회계】 ① 공단의 회계연도는 정부의 회계연도에 따른다.

② 공단은 보험사업에 관한 회계를 공단의 다른 회계와 구분하여 회계처리하여야 한다.(2018.6.12 본항개정)
③ 공단은 고용노동부장관의 승인을 받아 회계규정을 정하여야 한다.(2010.6.4 본항개정)
제26조의2【공단의 수입】 공단의 수입은 다음 각 호와 같다.
1. 정부나 정부 외의 자로부터 받은 출연금 또는 기부금
2. 제11조에 따른 공단의 사업수행으로 발생한 수입 및 부대수입
3. 제27조에 따른 차입금 및 이입충당금
4. 제28조에 따른 잉여금
5. 그 밖의 수입금
(2018.6.12 본조신설)
제27조【자금의 차입 등】 ① 공단은 제11조에 따른 사업을 위하여 필요하면 고용노동부장관의 승인을 받아 자금을 차입(국제기구·외국 정부 또는 외국인으로부터의 차입을 포함한다)할 수 있다.
② 공단은 회계연도마다 보험사업과 관련하여 지출이 수입을 초과하게 되면 제99조에 따른 책임준비금의 범위에서 고용노동부장관의 승인을 받아 제95조에 따른 산업재해보상보험 및 예방 기금에서 이입(移入)하여 충당할 수 있다.
(2010.6.4 본조개정)
제28조【잉여금의 처리】 공단은 회계연도 말에 결산상 잉여금이 있으면 공단의 회계규정으로 정하는 바에 따라 회계별로 구분하여 손실금을 보전(補塡)하고 나머지는 적립하여야 한다.
제29조【권한 또는 업무의 위임·위탁】 ① 이 법에 따른 공단 이사장의 대표 권한 중 일부를 대통령령으로 정하는 바에 따라 공단의 분사무소(이하 "소속 기관"이라 한다)의 장에게 위임할 수 있다.
② 이 법에 따른 공단의 업무 중 일부를 대통령령으로 정하는 바에 따라 체신관서나 금융기관에 위탁할 수 있다.
제30조【수수료 등의 징수】 공단은 제11조에 따른 사업에 관하여 고용노동부장관의 승인을 받아 공단 시설의 이용료나 업무위탁 수수료 등 그 사업에 필요한 비용을 수익자가 부담하게 할 수 있다.(2010.6.4 본조개정)
제31조【자료 제공의 요청】 ① 공단은 보험급여의 결정과 지급 등 보험사업을 효율적으로 수행하기 위하여 필요하면 질병관리청·국세청·경찰청 및 지방자치단체 등 관계 행정기관이나 그 밖에 대통령령으로 정하는 보험사업과 관련되는 기관·단체에 주민등록·외국인등록 등 대통령령으로 정하는 자료의 제공을 요청할 수 있다.(2022.6.10 본항개정)
② 제1항에 따라 자료의 제공을 요청받은 관계 행정기관이나 관련 기관·단체 등은 정당한 사유 없이 그 요청을 거부할 수 없다.
③ 제1항에 따라 공단에 제공되는 자료에 대하여는 수수료나 사용료 등을 면제한다.
제31조의2【가족관계등록 전산정보의 공동이용】 ① 공단은 다음 각 호의 업무를 수행하기 위하여 「전자정부법」에 따라 「가족관계의 등록 등에 관한 법률」 제9조제1항에 따른 전산정보자료를 공동이용(「개인정보 보호법」 제2조제2호에 따른 처리를 포함한다)할 수 있다.
1. 제40조에 따른 요양급여 수급권자의 생존 여부 확인
2. 제52조에 따른 휴업급여 수급권자의 생존 여부 확인
3. 제57조에 따른 장해급여 수급권자의 생존 여부 확인
4. 제61조에 따른 간병급여 수급권자의 생존 여부 확인
5. 제62조에 따른 유족급여 수급권자의 수급자격 확인
6. 제66조에 따른 상병보상연금 수급권자의 생존 여부 확인
7. 제72조에 따른 직업재활급여 수급권자의 생존 여부 확인
8. 제81조에 따른 미지급 보험급여 지급을 위한 수급권자의 유족 여부 확인
9. 제91조의3에 따른 진폐보상연금 수급권자의 생존 여부 및 제91조의4에 따른 진폐유족연금 수급권자의 수급자격 확인
② 법원행정처장은 제1항에 따라 공단이 전산정보자료의 공동이용을 요청하는 경우 특별한 사유가 없으면 그 공동이용을 위하여 필요한 조치를 취하여야 한다.
③ 누구든지 제1항에 따라 공동이용하는 전산정보자료를 그 목적 외의 용도로 이용하거나 활용하여서는 아니 된다.
(2021.1.26 본조신설)
제32조【출자 등】 ① 공단은 공단의 사업을 효율적으로 수행하기 위하여 필요하면 제11조제1항제5호·제5호의2부터 제5호의5까지·제6호 및 제7호에 따른 사업에 출자하거나 출연할 수 있다.(2015.1.20 본항개정)
② 제1항에 따른 출자·출연에 필요한 사항은 대통령령으로 정한다.
제33조 (2010.1.27 삭제)
제34조【유사명칭의 사용 금지】 공단이 아닌 자는 근로복지공단 또는 이와 비슷한 명칭을 사용하지 못한다.(2010.1.27 본조개정)
제35조【「민법」의 준용】 공단에 관하여는 이 법과 「공공기관의 운영에 관한 법률」에 규정된 것 외에는 「민법」 중 재단법인에 관한 규정을 준용한다.(2010.1.27 본조개정)

제3장 보험급여

제36조【보험급여의 종류와 산정 기준 등】 ① 보험급여의 종류는 다음 각 호와 같다. 다만, 진폐에 따른 보험급여의 종류는 제1호의 요양급여, 제4호의 간병급여, 제7호의 장례비, 제8호의 직업재활급여, 제91조의3에 따른 진폐보상연금 및 제91조의4에 따른 진폐유족연금으로 하고, 제91조의12에 따른 건강손상자녀에 대한 보험급여의 종류는 제1호의 요양급여, 제3호의 장해급여, 제4호의 간병급여, 제7호의 장례비, 제8호의 직업재활급여로 한다.(2022.1.11 단서개정)
1. 요양급여
2. 휴업급여
3. 장해급여
4. 간병급여
5. 유족급여
6. 상병(傷病)보상연금
7. 장례비(2021.1.26 본호개정)
8. 직업재활급여
② 제1항에 따른 보험급여는 제40조, 제52조부터 제57조까지, 제60조부터 제62조까지, 제66조부터 제69조까지, 제71조, 제72조, 제91조의3 및 제91조의4에 따른 보험급여를 받을 수 있는 사람(이하 "수급권자"라 한다)의 청구에 따라 지급한다.
(2020.5.26 본항개정)
③ 보험급여를 산정하는 경우 해당 근로자의 평균임금을 산정하여야 할 사유가 발생한 날부터 1년이 지난 이후에는 매년 전체 근로자의 임금 평균액의 증감률에 따라 평균임금을 증감하되, 그 근로자의 연령이 60세에 도달한 이후에는 소비자물가변동률에 따라 평균임금을 증감한다. 다만, 제6항에 따라 산정한 금액을 평균임금으로 보는 진폐에 걸린 근로자에 대한 보험급여는 제외한다.(2010.5.20 단서신설)
④ 제3항에 따른 전체 근로자의 임금 평균액의 증감률 및 소비자물가변동률의 산정 기준과 방법은 대통령령으로 정한다. 이 경우 산정된 증감률 및 변동률은 매년 고용노동부장관이 고시한다.(2010.6.4 후단개정)
⑤ 보험급여(진폐보상연금 및 진폐유족연금은 제외한다)를 산정할 때 해당 근로자의 근로 형태가 특이하여 평균임금을 적용하는 것이 적당하지 아니하다고 인정되는 경우로서 대통령령으로 정하는 경우에는 대통령령으로 정하는 산정 방법에 따라 산정한 금액을 평균임금으로 한다.(2010.5.20 본항개정)
⑥ 보험급여를 산정할 때 진폐 등 대통령령으로 정하는 직업병으로 보험급여를 받게 되는 근로자에게 그 평균임금을 적용하는 것이 근로자의 보호에 적당하지 아니하다고 인정되면 대통령령으로 정하는 산정 방법에 따라 산정한 금액을 그 근로자의 평균임금으로 한다.(2010.5.20 본항개정)
⑦ 보험급여(장례비는 제외한다)를 산정할 때 그 근로자의 평균임금 또는 제3항부터 제6항까지의 규정에 따라 보험급여의 산정 기준이 되는 평균임금이 「고용정책 기본법」 제17조의 고용구조 및 인력수요 등에 관한 통계에 따른 상용근로자 5명 이상 사업체의 전체 근로자의 임금 평균액의 1.8배(이하 "최고 보상기준 금액"이라 한다)를 초과하거나, 2분의 1(이하 "최저 보상기준 금액"이라 한다)보다 적으면 그 최고 보

상기준 금액이나 최저 보상기준 금액을 각각 그 근로자의 평균임금으로 하되, 최저 보상기준 금액이 「최저임금법」 제5조제1항에 따른 시간급 최저임금액에 8을 곱한 금액(이하 "최저임금액"이라 한다)보다 적으면 그 최저임금액을 최저 보상기준 금액으로 한다. 다만, 휴업급여 및 상병보상연금을 산정할 때에는 최저 보상기준 금액을 적용하지 아니한다.
(2021.1.26 본문개정)

⑧ 최고 보상기준 금액이나 최저 보상기준 금액의 산정방법 및 적용기간은 대통령령으로 정한다. 이 경우 산정된 최고 보상기준 금액 또는 최저 보상기준 금액은 매년 고용노동부장관이 고시한다.(2010.6.4 후단개정)

제37조 【업무상의 재해의 인정 기준】 ① 근로자가 다음 각 호의 어느 하나에 해당하는 사유로 부상·질병 또는 장해가 발생하거나 사망하면 업무상의 재해로 본다. 다만, 업무와 재해 사이에 상당인과관계(相當因果關係)가 없는 경우에는 그러하지 아니하다.

1. 업무상 사고
 가. 근로자가 근로계약에 따른 업무나 그에 따르는 행위를 하던 중 발생한 사고
 나. 사업주가 제공한 시설물 등을 이용하던 중 그 시설물 등의 결함이나 관리소홀로 발생한 사고
 다. (2017.10.24 삭제)
 라. 사업주가 주관하거나 사업주의 지시에 따라 참여한 행사나 행사준비 중에 발생한 사고
 마. 휴게시간 중 사업주의 지배관리하에 있다고 볼 수 있는 행위로 발생한 사고
 바. 그 밖에 업무와 관련하여 발생한 사고
2. 업무상 질병
 가. 업무수행 과정에서 물리적 인자(因子), 화학물질, 분진, 병원체, 신체에 부담을 주는 업무 등 근로자의 건강에 장해를 일으킬 수 있는 요인을 취급하거나 그에 노출되어 발생한 질병(2010.1.27 본목개정)
 나. 업무상 부상이 원인이 되어 발생한 질병
 다. 「근로기준법」 제76조의2에 따른 직장 내 괴롭힘, 고객의 폭언 등으로 인한 업무상 정신적 스트레스가 원인이 되어 발생한 질병(2019.1.15 본목신설)
 라. 그 밖에 업무와 관련하여 발생한 질병
3. 출퇴근 재해
 가. 사업주가 제공한 교통수단이나 그에 준하는 교통수단을 이용하는 등 사업주의 지배관리하에서 출퇴근하는 중 발생한 사고
 나. 그 밖에 통상적인 경로와 방법으로 출퇴근하는 중 발생한 사고
 (2017.10.24 본호신설)

② 근로자의 고의·자해행위나 범죄행위 또는 그것이 원인이 되어 발생한 부상·질병·장해 또는 사망은 업무상의 재해로 보지 아니한다. 다만, 그 부상·질병·장해 또는 사망이 정상적인 인식능력 등이 뚜렷하게 낮아진 상태에서 한 행위로 발생한 경우로서 대통령령으로 정하는 사유가 있으면 업무상의 재해로 본다.(2020.5.26 단서개정)

③ 제1항제3호나목의 사고 중에서 출퇴근 경로 일탈 또는 중단이 있는 경우에는 해당 일탈 또는 중단 중의 사고 및 그 후의 이동 중의 사고에 대하여는 출퇴근 재해로 보지 아니한다. 다만, 일탈 또는 중단이 일상생활에 필요한 행위로서 대통령령으로 정하는 사유가 있는 경우에는 출퇴근 재해로 본다.
(2017.10.24 본항신설)

④ 출퇴근 경로와 방법이 일정하지 아니한 직종으로 대통령령으로 정하는 경우에는 제1항제3호나목에 따른 출퇴근 재해를 적용하지 아니한다.(2017.10.24 본항신설)

⑤ 업무상의 재해의 구체적인 인정 기준은 대통령령으로 정한다.

판례 산업재해보상보험법 제37조 제2항에서 규정하고 있는 '근로자의 범죄행위가 원인이 되어 사망 등이 발생한 경우'란 근로자의 범죄행위가 사망 등의 직접 원인이 되는 경우를 의미하는 것이지, 근로자의 폭행으로 자극을 받은 제3자가 그 근로자를 공격하여 사망 등이 발생한 경우와 같이 간접적이거나 부수적인 원인이 되는 경우까지 포함된다고 볼 수는 없다.(대판 2017.4.27, 2016두55919)

판례 도보나 자기 소유 교통수단 또는 대중교통수단 등을 이용하여 출퇴근하는 산업재해보상보험(이하 '산재보험'이라 한다) 가입 근로자(이하 '비혜택근로자'라 한다)는 사업주가 제공하거나 그에 준하는 교통수단을 이용하여 출퇴근하는 산재보험 가입 근로자(이하 '혜택근로자'라 한다)와 같은 근로자인데도 사업주의 지배관리 아래 있다고 볼 수 없는 통상적 경로와 방법으로 출퇴근하던 중에 발생한 재해(이하 '통상의 출퇴근 재해'라 한다)를 업무상 재해로 인정받지 못한다는 점에서 차별취급이 존재한다. 통상의 출퇴근 재해를 산재보험법상 업무상 재해로 인정할 경우 산재보험 재정상황이 악화되거나 사업주 부담 보험료가 인상될 수 있다는 문제점은 보상대상을 제한하거나 근로자에게도 해당 보험료의 일정 부분을 부담시키는 방법 등으로 어느 정도 해결할 수 있다. 따라서 출퇴근 재해를 업무상 재해로 인정하지 않은 심판대상 조항을 헌법불합치 결정한다.
(헌재결 2016.9.29, 2014헌바254)

제38조 【업무상질병판정위원회】 ① 제37조제1항제2호에 따른 업무상 질병의 인정 여부를 심의하기 위하여 공단 소속 기관에 업무상질병판정위원회(이하 "판정위원회"라 한다)를 둔다.

② 판정위원회의 심의에서 제외되는 질병과 판정위원회의 심의 절차는 고용노동부령으로 정한다.(2010.6.4 본항개정)

③ 판정위원회의 구성과 운영에 필요한 사항은 고용노동부령으로 정한다.(2010.6.4 본항개정)

제39조 【사망의 추정】 ① 사고가 발생한 선박 또는 항공기에 있던 근로자의 생사가 밝혀지지 아니하거나 항행(航行) 중인 선박 또는 항공기에 있던 근로자가 행방불명 또는 그 밖의 사유로 그 생사가 밝혀지지 아니하면 대통령령으로 정하는 바에 따라 사망한 것으로 추정하고, 유족급여와 장례비에 관한 규정을 적용한다.(2021.1.26 본항개정)

② 공단은 제1항에 따른 사망의 추정으로 보험급여를 지급한 후에 그 근로자의 생존이 확인되면 그 급여를 받은 사람이 선의(善意)인 경우에는 받은 금액을, 악의(惡意)인 경우에는 받은 금액의 2배에 해당하는 금액을 징수하여야 한다.(2020.5.26 본항개정)

제40조 【요양급여】 ① 요양급여는 근로자가 업무상의 사유로 부상을 당하거나 질병에 걸린 경우에 그 근로자에게 지급한다.

② 제1항에 따른 요양급여는 제43조제1항에 따른 산재보험 의료기관에서 요양을 하게 한다. 다만, 부득이한 경우에는 요양을 갈음하여 요양비를 지급할 수 있다.

③ 제1항의 경우에 부상 또는 질병이 3일 이내의 요양으로 치유될 수 있으면 요양급여를 지급하지 아니한다.

④ 제1항의 요양급여의 범위는 다음 각 호와 같다.

1. 진찰 및 검사
2. 약제 또는 진료재료와 의지(義肢)나 그 밖의 보조기의 지급
3. 처치, 수술, 그 밖의 치료
4. 재활치료
5. 입원
6. 간호 및 간병
7. 이송
8. 그 밖에 고용노동부령으로 정하는 사항(2010.6.4 본호개정)

⑤ 제2항 및 제4항에 따른 요양급여의 범위나 비용 등 요양급여의 산정 기준은 고용노동부령으로 정한다.(2010.6.4 본항개정)

⑥ 업무상의 재해를 입은 근로자가 요양할 산재보험 의료기관이 제43조제1항제2호에 따른 상급종합병원인 경우에는 「응급의료에 관한 법률」 제2조제1호에 따른 응급환자이거나 그 밖에 부득이한 사유가 있는 경우를 제외하고는 그 근로자가 상급종합병원에서 요양할 필요가 있다는 의학적 소견이 있어야 한다.
(2010.5.20 본항개정)

제41조 【요양급여의 신청】 ① 제40조제1항에 따른 요양급여(진폐에 따른 요양급여는 제외한다. 이하 이 조에서 같다)를 받으려는 사람은 소속 사업장, 재해발생 경위, 그 재해에 대한 의학적 소견, 그 밖에 고용노동부령으로 정하는 사항을 적은 서류를 첨부하여 공단에 요양급여의 신청을 하여야 한다. 이 경우 요양급여 신청의 절차와 방법은 고용노동부령으로 정한다.
(2020.5.26 전단개정)

② 근로자를 진료한 제43조제1항에 따른 산재보험 의료기관은 그 근로자의 재해가 업무상의 재해로 판단되면 그 근로자의 동의를 받아 요양급여의 신청을 대행할 수 있다.

제41조의2【요양급여 범위 여부의 확인 등】 ① 제40조제1항에 따른 요양급여를 받은 사람은 자신이 부담한 비용이 같은 조 제5항에 따라 요양급여의 범위에서 제외되는 비용인지 여부에 대하여 공단에 확인을 요청할 수 있다.

② 제1항에 따른 확인 요청을 받은 공단은 그 결과를 요청한 사람에게 알려야 한다. 이 경우 확인을 요청한 비용이 요양급여 범위에 해당되는 비용으로 확인되면 그 내용을 제43조제1항에 따른 산재보험 의료기관에 알려야 한다.

③ 제2항 후단에 따라 통보받은 산재보험 의료기관은 받아야 할 금액보다 더 많이 징수한 금액(이하 이 조에서 "과다본인부담금"이라 한다)을 지체 없이 확인을 요청한 사람에게 지급하여야 한다. 다만, 공단은 해당 산재보험 의료기관이 과다본인부담금을 지급하지 아니하면 해당 산재보험 의료기관에 지급할 제45조에 따른 진료비에서 과다본인부담금을 공제하여 확인을 요청한 사람에게 지급할 수 있다.

(2020.12.8 본조신설)

제42조【건강보험의 우선 적용】 ① 제41조제1항에 따라 요양급여의 신청을 한 사람은 공단이 이 법에 따른 요양급여에 관한 결정을 하기 전에는 「국민건강보험법」 제41조에 따른 요양급여 또는 「의료급여법」 제7조에 따른 의료급여(이하 "건강보험 요양급여등"이라 한다)를 받을 수 있다.

② 제1항에 따라 건강보험 요양급여등을 받은 사람이 「국민건강보험법」 제44조 또는 「의료급여법」 제10조에 따른 본인 일부 부담금을 제43조제1항에 따른 산재보험 의료기관에 납부한 후에 이 법에 따른 요양급여 수급권자로 결정된 경우에는 그 납부한 본인 일부 부담금 중 제40조제5항에 따른 요양급여에 해당하는 금액을 공단에 청구할 수 있다.

(2020.5.26 본조개정)

제43조【산재보험 의료기관의 지정 및 지정취소 등】 ① 업무상의 재해를 입은 근로자의 요양을 담당할 의료기관(이하 "산재보험 의료기관"이라 한다)은 다음 각 호와 같다.

1. 제11조제2항에 따라 공단에 두는 의료기관(2010.1.27 본호개정)
2. 「의료법」 제3조의4에 따른 상급종합병원(2010.5.20 본호개정)
3. 「의료법」 제3조에 따른 의료기관과 「지역보건법」 제10조에 따른 보건소(「지역보건법」 제12조에 따른 보건의료원을 포함한다. 이하 같다)로서 고용노동부령으로 정하는 인력·시설 등의 기준에 해당하는 의료기관 또는 보건소 중 공단이 지정한 의료기관 또는 보건소(2015.5.18 본호개정)

② 공단은 제1항제3호에 따라 의료기관이나 보건소를 산재보험 의료기관으로 지정할 때에는 다음 각 호의 요소를 고려하여야 한다.

1. 의료기관이나 보건소의 인력·시설·장비 및 진료과목
2. 산재보험 의료기관의 지역별 분포

③ 공단은 제1항제2호 및 제3호에 따른 산재보험 의료기관이 다음 각 호의 어느 하나의 사유에 해당하면 그 지정을 취소(제1항제3호의 경우만 해당된다)하거나 12개월의 범위에서 업무상의 재해를 입은 근로자를 진료할 수 없도록 하는 진료제한 조치 또는 개선명령(이하 "진료제한등의 조치"라 한다)을 할 수 있다.

1. 업무상의 재해와 관련된 사항을 거짓이나 그 밖에 부정한 방법으로 진단하거나 증명한 경우
2. 제45조에 따른 진료비를 거짓이나 그 밖에 부정한 방법으로 청구한 경우
3. 제50조에 따른 평가 결과 지정취소나 진료제한등의 조치가 필요한 경우
4. 「의료법」 위반이나 그 밖의 사유로 의료업을 일시적 또는 영구적으로 할 수 없게 되거나, 소속 의사가 의료행위를 일시적 또는 영구적으로 할 수 없게 된 경우
5. 제1항제3호에 따른 인력·시설 등의 기준에 미치지 못하게 되는 경우
6. 진료제한등의 조치를 위반하는 경우

④ 제3항에 따라 지정이 취소된 산재보험 의료기관은 지정이 취소된 날부터 1년의 범위에서 고용노동부령으로 정하는 기간 동안은 산재보험 의료기관으로 다시 지정받을 수 없다.

(2010.6.4 본항개정)

⑤ 공단은 제1항제2호 및 제3호에 따른 산재보험 의료기관이 다음 각 호의 어느 하나의 사유에 해당하면 12개월의 범위에서 진료제한 등의 조치를 할 수 있다.

1. 제40조제5항 및 제91조의9제3항에 따른 요양급여의 산정 기준을 위반하여 제45조에 따른 진료비를 부당하게 청구한 경우(2010.5.20 본호개정)
2. 제45조제1항을 위반하여 공단이 아닌 자에게 진료비를 청구한 경우
3. 제47조제1항에 따른 진료계획을 제출하지 아니하는 경우
4. 제118조에 따른 보고, 제출 요구 또는 조사에 따르지 아니하는 경우(2020.5.26 본호개정)
5. 산재보험 의료기관의 지정 조건을 위반한 경우

⑥ 공단은 제3항 또는 제5항에 따라 지정을 취소하거나 진료제한 조치를 하려는 경우에는 청문을 실시하여야 한다.

(2010.1.27 본항개정)

⑦ 제1항제3호에 따른 지정절차, 제3항 및 제5항에 따른 지정취소, 진료제한등의 조치의 기준 및 절차는 고용노동부령으로 정한다.(2010.6.4 본항개정)

제44조【산재보험 의료기관에 대한 과징금 등】 ① 공단은 제43조제3항제1호·제2호 및 같은 조 제5항제1호 중 어느 하나에 해당하는 사유로 진료제한 조치를 하여야 하는 경우로서 그 진료제한 조치가 그 산재보험 의료기관을 이용하는 근로자에게 심한 불편을 주거나 그 밖에 특별한 사유가 있다고 인정되면, 그 진료제한 조치를 갈음하여 거짓이나 부정한 방법으로 지급하게 한 보험급여의 금액 또는 거짓이나 부정·부당하게 지급받은 진료비의 5배 이하의 범위에서 과징금을 부과할 수 있다.(2010.1.27 본항개정)

② 제1항에 따라 과징금을 부과하는 위반행위의 종류와 위반 정도 등에 따른 과징금의 금액 등에 관한 사항은 대통령령으로 정한다.

③ 제1항에 따라 과징금 부과 처분을 받은 자가 과징금을 기한 내에 내지 아니하면 고용노동부장관의 승인을 받아 국세 체납처분의 예에 따라 징수한다.(2010.6.4 본항개정)

제45조【진료비의 청구 등】 ① 산재보험 의료기관이 제40조제2항 또는 제91조의9제1항에 따라 요양을 실시하고 그에 드는 비용(이하 "진료비"라 한다)을 받으려면 공단에 청구하여야 한다.(2010.5.20 본항개정)

② 제1항에 따라 청구된 진료비에 관한 심사 및 결정, 지급 방법 및 지급 절차는 고용노동부령으로 정한다.(2010.6.4 본항개정)

제46조【약제비의 청구 등】 ① 공단은 제40조제4항제2호에 따른 약제의 지급을 「약사법」 제20조에 따라 등록한 약국을 통하여 할 수 있다.

② 제1항에 따른 약국이 약제비를 받으려면 공단에 청구하여야 한다.

③ 제2항에 따라 청구된 약제비에 관한 심사 및 결정, 지급 방법 및 지급 절차는 고용노동부령으로 정한다.(2010.6.4 본항개정)

제47조【진료계획의 제출】 ① 산재보험 의료기관은 제41조 또는 제91조의5에 따라 요양급여를 받고 있는 근로자의 요양기간을 연장할 필요가 있는 때에는 그 근로자의 부상·질병 경과, 치료예정기간 및 치료방법 등을 적은 진료계획을 대통령령으로 정하는 바에 따라 공단에 제출하여야 한다.(2020.5.26 본항개정)

② 공단은 제1항에 따라 제출된 진료계획이 적절한지를 심사하여 산재보험 의료기관에 대하여 치료기간의 변경을 명하는 등 대통령령으로 정하는 필요한 조치(이하 "진료계획 변경 조치등"이라 한다)를 할 수 있다.

제48조【의료기관 변경 요양】 ① 공단은 다음 각 호의 어느 하나에 해당하는 사유가 있으면 요양 중인 근로자를 다른 산재보험 의료기관으로 옮겨 요양하게 할 수 있다.

1. 요양 중인 산재보험 의료기관의 인력·시설 등이 그 근로자의 전문적인 치료 또는 재활치료에 맞지 아니하여 다른 산재보험 의료기관으로 옮길 필요가 있는 경우
2. 생활근거지에서 요양하기 위하여 다른 산재보험 의료기관으로 옮길 필요가 있는 경우

3. 제43조제1항제2호에 따른 상급종합병원에서 전문적인 치료 후 다른 산재보험 의료기관으로 옮길 필요가 있는 경우 (2010.5.20 본호개정)
4. 그 밖에 대통령령으로 정하는 절차를 거쳐 부득이한 사유가 있다고 인정되는 경우

② 요양 중인 근로자는 제1항제1호부터 제3호까지의 어느 하나에 해당하는 사유가 있으면 공단에 의료기관 변경 요양을 신청할 수 있다.(2021.1.26 본항개정)

(2021.1.26 본조제목개정)

제49조【추가상병 요양급여의 신청】 업무상의 재해로 요양 중인 근로자는 다음 각 호의 어느 하나에 해당하는 경우에는 그 부상 또는 질병(이하 "추가상병"이라 한다)에 대한 요양급여를 신청할 수 있다.
1. 그 업무상의 재해로 이미 발생한 부상이나 질병이 추가로 발견되어 요양이 필요한 경우
2. 그 업무상의 재해로 발생한 부상이나 질병이 원인이 되어 새로운 질병이 발생하여 요양이 필요한 경우

제50조【산재보험 의료기관의 평가】 ① 공단은 업무상의 재해에 대한 의료의 질 향상을 촉진하기 위하여 제43조제1항제3호의 산재보험 의료기관 중 대통령령으로 정하는 의료기관에 대하여 인력·시설·의료서비스나 그 밖에 요양의 질과 관련된 사항을 평가할 수 있다. 이 경우 평가의 방법 및 기준은 대통령령으로 정한다.

② 공단은 제1항에 따라 평가한 결과를 고려하여 평가한 산재보험 의료기관을 행정적·재정적으로 우대하거나 제43조제3항제3호에 따라 지정취소 또는 진료제한등의 조치를 할 수 있다.

제51조【재요양】 ① 제40조에 따른 요양급여를 받은 사람이 치유 후 요양의 대상이 되었던 업무상의 부상 또는 질병이 재발하거나 치유 당시보다 상태가 악화되어 이를 치유하기 위한 적극적인 치료가 필요하다는 의학적 소견이 있으면 다시 제40조에 따른 요양급여(이하 "재요양"이라 한다)를 받을 수 있다. (2020.5.26 본항개정)

② 재요양의 요건과 절차 등에 관하여 필요한 사항은 대통령령으로 정한다.

제52조【휴업급여】 휴업급여는 업무상 사유로 부상을 당하거나 질병에 걸린 근로자에게 요양으로 취업하지 못한 기간에 대하여 지급하되, 1일당 지급액은 평균임금의 100분의 70에 상당하는 금액으로 한다. 다만, 취업하지 못한 기간이 3일 이내이면 지급하지 아니한다.

제53조【부분휴업급여】 ① 요양 또는 재요양을 받고 있는 근로자가 그 요양기간 중 일정기간 또는 단시간 취업을 하는 경우에는 그 취업한 날에 해당하는 그 근로자의 평균임금에서 그 취업한 날에 대한 임금을 뺀 금액의 100분의 80에 상당하는 금액을 지급할 수 있다. 다만, 제54조제2항 및 제56조제2항에 따라 최저임금액을 1일당 휴업급여 지급액으로 하는 경우에는 최저임금액(별표1 제2호에 따라 감액하는 경우에는 그 감액한 금액)에서 취업한 날에 대한 임금을 뺀 금액을 지급할 수 있다.(2022.6.10 본항개정)

② 제1항에 따른 부분휴업급여의 지급 요건 및 지급 절차는 대통령령으로 정한다.

제54조【저소득 근로자의 휴업급여】 ① 제52조에 따라 산정한 1일당 휴업급여 지급액이 최저 보상기준 금액의 100분의 80보다 적거나 같으면 그 근로자에 대하여는 평균임금의 100분의 90에 상당하는 금액을 1일당 휴업급여 지급액으로 한다. 다만, 그 근로자의 평균임금의 100분의 90에 상당하는 금액이 최저 보상기준 금액의 100분의 80보다 많은 경우에는 최저 보상기준 금액의 100분의 80에 상당하는 금액을 1일당 휴업급여 지급액으로 한다.

② 제1항 본문에 따라 산정한 휴업급여 지급액이 최저임금액보다 적으면 그 최저임금액을 그 근로자의 1일당 휴업급여 지급액으로 한다.(2018.6.12 본항개정)

제55조【고령자의 휴업급여】 휴업급여를 받는 근로자가 61세가 되면 그 이후의 휴업급여는 별표1에 따라 산정한 금액을 지급한다. 다만, 61세 이후에 취업 중인 사람이 업무상의 재해로 요양하거나 61세 전에 제37조제1항제2호에 따른 업무상 질병으로 장해급여를 받은 사람이 61세 이후에 그 업무상 질병으로 최초로 요양하는 경우 대통령령으로 정하는 기간에는 별표1을 적용하지 아니한다.(2020.5.26 단서개정)

제56조【재요양 기간 중의 휴업급여】 ① 재요양을 받는 사람에 대하여는 재요양 당시의 임금을 기준으로 산정한 평균임금의 100분의 70에 상당하는 금액을 1일당 휴업급여 지급액으로 한다. 이 경우 평균임금 산정사유 발생일은 대통령령으로 정한다.(2020.5.26 전단개정)

② 제1항에 따라 산정한 1일당 휴업급여 지급액이 최저임금액보다 적거나 재요양 당시 평균임금 산정의 대상이 되는 임금이 없으면 최저임금액을 1일당 휴업급여 지급액으로 한다.

③ 장해보상연금을 지급받는 사람이 재요양하는 경우에는 1일당 장해보상연금액(별표2에 따라 산정한 장해보상연금액을 365로 나눈 금액을 말한다. 이하 같다)과 제1항 또는 제2항에 따라 산정한 1일당 휴업급여 지급액을 합한 금액이 장해보상연금의 산정에 적용되는 평균임금의 100분의 70을 초과하면 그 초과하는 금액 중 휴업급여에 해당하는 금액은 지급하지 아니한다.(2020.5.26 본항개정)

④ 재요양 기간 중의 휴업급여를 산정할 때에는 제54조를 적용하지 아니한다.

제57조【장해급여】 ① 장해급여는 근로자가 업무상의 사유로 부상을 당하거나 질병에 걸려 치유된 후 신체 등에 장해가 있는 경우에 그 근로자에게 지급한다.

② 장해급여는 장해등급에 따라 별표2에 따른 장해보상연금 또는 장해보상일시금으로 하되, 그 장해등급의 기준은 대통령령으로 정한다.

③ 제2항에 따른 장해보상연금 또는 장해보상일시금은 수급권자의 선택에 따라 지급한다. 다만, 대통령령으로 정하는 노동력을 완전히 상실한 장해등급의 근로자에게는 장해보상연금을 지급하고, 장해급여 청구사유 발생 당시 대한민국 국민이 아닌 사람으로서 외국에서 거주하고 있는 근로자에게는 장해보상일시금을 지급한다.(2020.5.26 단서개정)

④ 장해보상연금은 수급권자가 신청하면 그 연금의 최초 1년분 또는 2년분(제3항 단서에 따른 근로자에게는 그 연금의 최초 1년분부터 4년분까지)의 2분의 1에 상당하는 금액을 미리 지급할 수 있다. 이 경우 그 미리 지급하는 금액에 대하여는 100분의 5의 비율 범위에서 대통령령으로 정하는 바에 따라 이자를 공제할 수 있다.

⑤ 장해보상연금 수급권자의 수급권이 제58조에 따라 소멸한 경우에 이미 지급한 연금액을 지급 당시의 각각의 평균임금으로 나눈 일수(日數)의 합계가 별표2에 따른 장해보상일시금의 일수에 못 미치면 그 못 미치는 일수에 수급권 소멸 당시의 평균임금을 곱하여 산정한 금액을 유족 또는 그 근로자에게 일시금으로 지급한다.

제58조【장해보상연금 등의 수급권의 소멸】 장해보상연금 또는 진폐보상연금의 수급권자가 다음 각 호의 어느 하나에 해당하면 그 수급권이 소멸한다.(2010.5.20 본문개정)
1. 사망한 경우
2. 대한민국 국민이었던 수급권자가 국적을 상실하고 외국에서 거주하고 있거나 외국에서 거주하기 위하여 출국하는 경우
3. 대한민국 국민이 아닌 수급권자가 외국에서 거주하기 위하여 출국하는 경우
4. 장해등급 또는 진폐장해등급이 변경되어 장해보상연금 또는 진폐보상연금의 지급 대상에서 제외되는 경우

(2010.5.20 2호~4호개정)

(2010.5.20 본조제목개정)

제59조【장해등급등의 재판정】 ① 공단은 장해보상연금 또는 진폐보상연금 수급권자 중 그 장해상태가 호전되거나 악화되어 이미 결정된 장해등급 또는 진폐장해등급(이하 이 조에서 "장해등급등"이라 한다)이 변경될 가능성이 있는 사람에 대하여는 그 수급권자의 신청 또는 직권으로 장해등급등을 재판정할 수 있다.(2020.5.26 본항개정)

② 제1항에 따른 장해등급등의 재판정 결과 장해등급등이 변경되면 그 변경된 장해등급등에 따라 장해급여 또는 진폐보상연금을 지급한다.

③ 제1항과 제2항에 따른 장해등급등 재판정은 1회 실시하되 그 대상자·시기 및 재판정 결과에 따른 장해급여 또는 진폐보상연금의 지급 방법은 대통령령으로 정한다.
(2010.5.20 본조개정)

제60조【재요양에 따른 장해급여】 ① 장해보상연금의 수급권자가 재요양을 받는 경우에도 그 연금의 지급을 정지하지 아니한다.
② 재요양을 받고 치유된 후 장해상태가 종전에 비하여 호전되거나 악화된 경우에는 그 호전 또는 악화된 장해상태에 해당하는 장해등급에 따라 장해급여를 지급한다. 이 경우 재요양 후의 장해급여의 산정 및 지급 방법은 대통령령으로 정한다.

제61조【간병급여】 ① 간병급여는 제40조에 따른 요양급여를 받은 사람 중 치유 후 의학적으로 상시 또는 수시로 간병이 필요하여 실제로 간병을 받는 사람에게 지급한다.(2020.5.26 본항개정)
② 제1항에 따른 간병급여의 지급 기준과 지급 방법 등에 관하여 필요한 사항은 대통령령으로 정한다.

제62조【유족급여】 ① 유족급여는 근로자가 업무상의 사유로 사망한 경우에 유족에게 지급한다.
② 유족급여는 별표3에 따른 유족보상연금이나 유족보상일시금으로 하되, 유족보상일시금은 근로자가 사망할 당시 제63조제1항에 따른 유족보상연금을 받을 수 있는 자격이 있는 사람이 없는 경우에 지급한다.(2020.5.26 본항개정)
③ 제2항에 따른 유족보상연금을 받을 수 있는 자격이 있는 사람이 원하면 별표3의 유족보상일시금의 100분의 50에 상당하는 금액을 일시금으로 지급하고 유족보상연금은 100분의 50을 감액하여 지급한다.(2020.5.26 본항개정)
④ 유족보상연금을 받던 사람이 그 수급자격을 잃은 경우 다른 수급자격자가 없고 이미 지급한 연금액을 지급 당시의 각각의 평균임금으로 나누어 산정한 일수의 합계가 1,300일에 못 미치면 그 못 미치는 일수에 수급자격 상실 당시의 평균임금을 곱하여 산정한 금액을 수급자격 상실 당시의 유족에게 일시금으로 지급한다.(2020.5.26 본항개정)
⑤ 제2항에 따른 유족보상연금의 지급 기준 및 방법, 그 밖에 필요한 사항은 대통령령으로 정한다.

제63조【유족보상연금 수급자격자의 범위】 ① 유족보상연금을 받을 수 있는 자격이 있는 사람(이하 "유족보상연금 수급자격자"라 한다)은 근로자가 사망할 당시 그 근로자와 생계를 같이 하고 있던 유족(그 근로자가 사망할 당시 대한민국 국민이 아닌 사람으로서 외국에서 거주하고 있던 유족은 제외한다) 중 배우자와 다음 각 호의 어느 하나에 해당하는 사람으로 한다. 이 경우 근로자와 생계를 같이 하고 있던 유족의 판단 기준은 대통령령으로 정한다.
1. 부모 또는 조부모로서 각각 60세 이상인 사람
2. 자녀로서 25세 미만인 사람
2의2. 손자녀로서 25세 미만인 사람(2023.8.8 본호개정)
3. 형제자매로서 19세 미만이거나 60세 이상인 사람
4. 제1호부터 제3호까지의 규정 중 어느 하나에 해당하지 아니하는 자녀·부모·손자녀·조부모 또는 형제자매로서 「장애인복지법」 제2조에 따른 장애인 중 고용노동부령으로 정한 장애 정도에 해당하는 사람
(2020.5.26 본항개정)
② 제1항을 적용할 때 근로자가 사망할 당시 태아(胎兒)였던 자녀가 출생한 경우에는 출생한 때부터 장래에 향하여 근로자가 사망할 당시 그 근로자와 생계를 같이 하고 있던 유족으로 본다.
③ 유족보상연금 수급자격자 중 유족보상연금을 받을 권리의 순위는 배우자·자녀·부모·손자녀·조부모 및 형제자매의 순서로 한다.

제64조【유족보상연금 수급자격자의 자격 상실과 지급 정지 등】 ① 유족보상연금 수급자격자인 유족이 다음 각 호의 어느 하나에 해당하면 그 자격을 잃는다.
1. 사망한 경우
2. 재혼한 때(사망한 근로자의 배우자만 해당하며, 재혼에는 사실상 혼인 관계에 있는 경우를 포함한다)
3. 사망한 근로자와의 친족 관계가 끝난 경우
4. 자녀가 25세가 된 때(2018.6.12 본호개정)
4의2. 손자녀가 25세가 된 때(2023.8.8 본호개정)
4의3. 형제자매가 19세가 된 때(2023.8.8 본호신설)
5. 제63조제1항제4호에 따른 장애인이었던 사람으로서 그 장애 상태가 해소된 경우(2020.5.26 본호개정)
6. 근로자가 사망할 당시 대한민국 국민이었던 유족보상연금 수급자격자가 국적을 상실하고 외국에서 거주하고 있거나 외국에서 거주하기 위하여 출국하는 경우
7. 대한민국 국민이 아닌 유족보상연금 수급자격자가 외국에서 거주하기 위하여 출국하는 경우
② 유족보상연금을 받을 권리가 있는 유족보상연금 수급자격자(이하 "유족보상연금 수급권자"라 한다)가 그 자격을 잃은 경우에 유족보상연금을 받을 권리는 같은 순위자가 있으면 같은 순위자에게, 같은 순위자가 없으면 다음 순위자에게 이전된다.
③ 유족보상연금 수급권자가 3개월 이상 행방불명이면 대통령령으로 정하는 바에 따라 연금 지급을 정지하고, 같은 순위자가 있으면 같은 순위자에게, 같은 순위자가 없으면 다음 순위자에게 유족보상연금을 지급한다.(2010.1.27 본항개정)

제65조【수급권자인 유족의 순위】 ① 제57조제5항, 제62조제2항(유족보상일시금에 한정한다) 및 제4항에 따른 유족 간의 수급권의 순위는 다음 각 호의 순서로 하되, 각 호의 사람 사이에서는 각각 그 적힌 순서에 따른다. 이 경우 같은 순위의 수급권자가 2명 이상이면 그 유족에게 똑같이 나누어 지급한다.
(2020.5.26 전단개정)
1. 근로자가 사망할 당시 그 근로자와 생계를 같이 하고 있던 배우자·자녀·부모·손자녀 및 조부모
2. 근로자가 사망할 당시 그 근로자와 생계를 같이 하고 있지 아니하던 배우자·자녀·부모·손자녀 및 조부모 또는 근로자가 사망할 당시 근로자와 생계를 같이 하고 있던 형제자매
3. 형제자매
② 제1항의 경우 부모는 양부모(養父母)를 선순위로, 실부모(實父母)를 후순위로 하고, 조부모는 양부모의 부모를 선순위로, 실부모의 부모를 후순위로, 부모의 양부모를 선순위로, 부모의 실부모를 후순위로 한다.
③ 수급권자인 유족이 사망한 경우 그 보험급여는 같은 순위자가 있으면 같은 순위자에게, 같은 순위자가 없으면 다음 순위자에게 지급한다.
④ 제1항부터 제3항까지의 규정에도 불구하고 근로자가 유언으로 보험급여를 받을 유족을 지정하면 그 지정에 따른다.

제66조【상병보상연금】 ① 요양급여를 받는 근로자가 요양을 시작한 지 2년이 지난 날 이후에 다음 각 호의 요건 모두에 해당하는 상태가 계속되면 휴업급여 대신 상병보상연금을 그 근로자에게 지급한다.
1. 그 부상이나 질병이 치유되지 아니한 상태일 것
2. 그 부상이나 질병에 따른 중증요양상태의 정도가 대통령령으로 정하는 중증요양상태등급 기준에 해당할 것(2018.6.12 본호개정)
3. 요양으로 인하여 취업하지 못하였을 것(2010.1.27 본호신설)
② 상병보상연금은 별표4에 따른 중증요양상태등급에 따라 지급한다.(2018.6.12 본항개정)

제67조【저소득 근로자의 상병보상연금】 ① 제66조에 따라 상병보상연금을 산정할 때 그 근로자의 평균임금이 최저임금액에 70분의 100을 곱한 금액보다 적을 때에는 최저임금액의 70분의 100에 해당하는 금액을 그 근로자의 평균임금으로 보아 산정한다.
② 제66조 또는 제1항에서 정한 바에 따라 산정한 상병보상연금액을 365로 나눈 1일당 상병보상연금 지급액이 제54조에서 정한 바에 따라 산정한 1일당 휴업급여 지급액보다 적으면 제54조에서 정한 바에 따라 산정한 금액을 1일당 상병보상연금 지급액으로 한다.(2010.1.27 본항개정)

제68조【고령자의 상병보상연금】 상병보상연금을 받는 근로자가 61세가 되면 그 이후의 상병보상연금은 별표5에 따른 1일당 상병보상연금 지급기준에 따라 산정한 금액을 지급한다.
(2010.1.27 본조개정)

제69조【재요양 기간 중의 상병보상연금】 ① 재요양을 시작한 지 2년이 지난 후에 부상·질병 상태가 제66조제1항 각 호의 요건 모두에 해당하는 사람에게는 휴업급여 대신 별표4에 따른 중증요양상태등급에 따라 상병보상연금을 지급한다. 이 경우 상병보상연금을 산정할 때에는 재요양 기간 중의 휴업급여 산정에 적용되는 평균임금을 적용하되, 그 평균임금이 최저임금액에 70분의 100을 곱한 금액보다 적거나 재요양 당시 평균임금 산정의 대상이 되는 임금이 없을 때에는 최저임금액의 70분의 100에 해당하는 금액을 그 근로자의 평균임금으로 보아 산정한다.(2020.5.26 전단개정)
② 제1항에 따른 상병보상연금을 받는 근로자가 장해보상연금을 받고 있으면 별표4에 따른 중증요양상태등급별 상병보상연금의 지급일수에서 별표2에 따른 장해등급별 장해보상연금의 지급일수를 뺀 일수에 제1항 후단에 따른 평균임금을 곱하여 산정한 금액을 그 근로자의 상병보상연금으로 한다.(2018.6.12 본항개정)
③ 제2항에 따른 상병보상연금을 받는 근로자가 61세가 된 이후에는 별표5에 따라 산정한 1일당 상병보상연금 지급액에서 제1항 후단에 따른 평균임금을 기준으로 산정한 1일당 장해보상연금 지급액을 뺀 금액을 1일당 상병보상연금 지급액으로 한다.(2010.1.27 본항신설)
④ 제1항부터 제3항까지의 규정에도 불구하고 제57조제3항 단서에 따른 장해보상연금을 받는 근로자가 재요양하는 경우에는 상병보상연금을 지급하지 아니한다. 다만, 재요양 중에 중증요양상태등급이 높아지면 제1항 전단에도 불구하고 재요양을 시작한 때부터 2년이 지난 것으로 보아 제2항 및 제3항에 따라 산정한 상병보상연금을 지급한다.(2020.5.26 단서개정)
⑤ 재요양 기간 중 상병보상연금을 산정할 때에는 제67조를 적용하지 아니한다.

제70조【연금의 지급기간 및 지급시기】 ① 장해보상연금, 유족보상연금, 진폐보상연금 또는 진폐유족연금의 지급은 그 지급사유가 발생한 달의 다음 달 첫날부터 시작되며, 그 지급받을 권리가 소멸한 달의 말일에 끝난다.(2020.5.26 본항개정)
② 장해보상연금, 유족보상연금, 진폐보상연금 또는 진폐유족연금은 그 지급을 정지할 사유가 발생한 때에는 그 사유가 발생한 달의 다음 달 첫날부터 그 사유가 소멸한 달의 말일까지 지급하지 아니한다.(2020.5.26 본항개정)
③ 장해보상연금, 유족보상연금, 진폐보상연금 또는 진폐유족연금은 매년 이를 12등분하여 매달 25일에 그 달 치의 금액을 지급하되, 지급일이 토요일이거나 공휴일이면 그 전날에 지급한다.
④ 장해보상연금, 유족보상연금, 진폐보상연금 또는 진폐유족연금을 받을 권리가 소멸한 경우에는 제3항에 따른 지급일 전이라도 지급할 수 있다.
(2010.5.20 본조개정)

제71조【장례비】 ① 장례비는 근로자가 업무상의 사유로 사망한 경우에 지급하되, 평균임금의 120일분에 상당하는 금액을 그 장례를 지낸 유족에게 지급한다. 다만, 장례를 지낼 유족이 없거나 그 밖에 부득이한 사유로 유족이 아닌 사람이 장례를 지낸 경우에는 평균임금의 120일분에 상당하는 금액의 범위에서 실제 드는 비용을 그 장례를 지낸 사람에게 지급한다.
② 제1항에 따른 장례비가 대통령령으로 정하는 바에 따라 고용노동부장관이 고시하는 최고 금액을 초과하거나 최저 금액에 미달하면 그 최고 금액 또는 최저 금액을 각각 장례비로 한다.
③ 제1항에도 불구하고 대통령령으로 정하는 바에 따라 근로자가 업무상의 사유로 사망하였다고 추정되는 경우에는 장례를 지내기 전이라도 유족의 청구에 따라 제2항에 따른 최저 금액을 장례비로 미리 지급할 수 있다. 이 경우 장례비를 청구할 수 있는 유족의 순위에 관하여는 제65조를 준용한다.(2021.5.18 본항신설)
④ 제3항에 따라 장례비를 지급한 경우 제1항 및 제2항에 따른 장례비는 제3항에 따라 지급한 금액을 공제한 나머지 금액으로 한다.(2021.5.18 본항신설)
(2021.1.26 본조개정)

제72조【직업재활급여】 ① 직업재활급여의 종류는 다음 각 호와 같다.
1. 장해급여 또는 진폐보상연금을 받은 사람이나 장해급여를 받을 것이 명백한 사람으로서 대통령령으로 정하는 사람(이하 "장해급여자"라 한다) 중 취업을 위하여 직업훈련이 필요한 사람(이하 "훈련대상자"라 한다)에 대하여 실시하는 직업훈련에 드는 비용 및 직업훈련수당(2020.5.26 본호개정)
2. 업무상의 재해가 발생할 당시의 사업에 복귀한 장해급여자에 대하여 사업주가 고용을 유지하거나 직장적응훈련 또는 재활운동을 실시하는 경우(직장적응훈련의 경우에는 직장 복귀 전에 실시한 경우도 포함한다)에 각각 지급하는 직장복귀 지원금, 직장적응훈련비 및 재활운동비(2018.6.12 본호개정)
② 제1항제1호의 훈련대상자 및 같은 항 제2호의 장해급여자는 장해정도 및 연령 등을 고려하여 대통령령으로 정한다.

제73조【직업훈련비용】 ① 훈련대상자에 대한 직업훈련은 공단과 계약을 체결한 직업훈련기관(이하 "직업훈련기관"이라 한다)에서 실시하게 한다.
② 제72조제1항제1호에 따른 직업훈련에 드는 비용(이하 "직업훈련비용"이라 한다)은 제1항에 따라 직업훈련을 실시한 직업훈련기관에 지급한다. 다만, 직업훈련기관이 「장애인고용촉진 및 직업재활법」, 「고용보험법」 또는 「국민 평생 직업능력 개발법」이나 그 밖에 다른 법령에 따라 직업훈련비용에 상당한 비용을 받은 경우 등 대통령령으로 정하는 경우에는 지급하지 아니한다.(2021.8.17 단서개정)
③ 직업훈련비용의 금액은 고용노동부장관이 훈련비용, 훈련기간 및 노동시장의 여건 등을 고려하여 고시하는 금액의 범위에서 실제 드는 비용으로 하되, 직업훈련비용을 지급하는 훈련기간은 12개월 이내로 한다.(2010.6.4 본항개정)
④ 직업훈련비용의 지급 범위·기준·절차 및 방법, 직업훈련기관과의 계약 및 해지 등에 필요한 사항은 고용노동부령으로 정한다.(2010.6.4 본항개정)

제74조【직업훈련수당】 ① 제72조제1항제1호에 따른 직업훈련수당은 제73조제1항에 따라 직업훈련을 받는 훈련대상자에게 그 직업훈련으로 인하여 취업하지 못하는 기간에 대하여 지급하되, 1일당 지급액은 최저임금액에 상당하는 금액으로 한다. 다만, 휴업급여나 상병보상연금을 받는 훈련대상자에게는 직업훈련수당을 지급하지 아니한다.(2010.1.27 단서신설)
② 제1항에 따른 직업훈련수당을 받는 사람이 장해보상연금 또는 진폐보상연금을 받는 경우에는 1일당 장해보상연금액 또는 1일당 진폐보상연금액(제91조의3제2항에 따라 산정한 진폐보상연금액을 365로 나눈 금액을 말한다)과 1일당 직업훈련수당을 합한 금액이 그 근로자의 장해보상연금 또는 진폐보상연금 산정에 적용되는 평균임금의 100분의 70을 초과하면 그 초과하는 금액 중 직업훈련수당에 해당하는 금액은 지급하지 아니한다.(2020.5.26 본항개정)
③ 제1항에 따른 직업훈련수당 지급 등에 필요한 사항은 고용노동부령으로 정한다.(2010.6.4 본항개정)

제75조【직장복귀지원금 등】 ① 제72조제1항제2호에 따른 직장복귀지원금, 직장적응훈련비 및 재활운동비는 장해급여자에 대하여 고용을 유지하거나 직장적응훈련 또는 재활운동을 실시하는 사업주에게 각각 지급한다. 이 경우 직장복귀지원금, 직장적응훈련비 및 재활운동비의 지급요건은 각각 대통령령으로 정한다.
② 제1항에 따른 직장복귀지원금은 고용노동부장관이 임금수준 및 노동시장의 여건 등을 고려하여 고시하는 금액의 범위에서 사업주가 장해급여자에게 지급한 임금액으로 하되, 그 지급기간은 12개월 이내로 한다.(2010.6.4 본항개정)
③ 제1항에 따른 직장적응훈련비 및 재활운동비는 고용노동부장관이 직장적응훈련 또는 재활운동에 드는 비용을 고려하여 고시하는 금액의 범위에서 실제 드는 비용으로 하되, 그 지급기간은 3개월 이내로 한다.(2010.6.4 본항개정)
④ 장해급여자를 고용하고 있는 사업주가 「고용보험법」 제23조에 따른 지원금, 「장애인고용촉진 및 직업재활법」 제30조에 따른 장애인 고용장려금이나 그 밖에 다른 법령에 따라 직장복

귀지원금, 직장적응훈련비 또는 재활운동비(이하 "직장복귀지원금등"이라 한다)에 해당하는 금액을 받은 경우 등 대통령령으로 정하는 경우에는 그 받은 금액을 빼고 직장복귀지원금등을 지급한다.(2010.1.27 본항개정)
⑤ 사업주가 「장애인고용촉진 및 직업재활법」 제28조에 따른 의무로써 장애인을 고용한 경우 등 대통령령으로 정하는 경우에는 직장복귀지원금등을 지급하지 아니한다.(2010.1.27 본항신설)
제75조의2【직장복귀 지원】 ① 공단은 업무상 재해를 입은 근로자에게 장기간 요양이 필요하거나 요양 종결 후 장해가 발생할 것이 예상되는 등 대통령령으로 정하는 기준에 해당하여 그 근로자의 직장복귀를 위하여 필요하다고 판단되는 경우에는 업무상 재해가 발생한 당시의 사업주에게 근로자의 직장복귀에 관한 계획서(이하 이 조에서 "직장복귀계획서"라 한다)를 작성하여 제출하도록 요구할 수 있다. 이 경우 공단은 직장복귀계획서의 내용이 적절하지 아니하다고 판단되는 때에는 사업주에게 이를 변경하여 제출하도록 요구할 수 있다.
② 공단은 제1항에 따라 사업주가 직장복귀계획서를 작성하거나 그 내용을 이행할 수 있도록 필요한 지원을 할 수 있다.
③ 공단은 업무상 재해를 입은 근로자의 직장복귀 지원을 위하여 필요하다고 인정하는 경우에는 그 근로자의 요양기간 중에 산재보험 의료기관에 의뢰하여 해당 근로자의 직업능력 평가 등 대통령령으로 정하는 조치를 할 수 있다.
④ 공단은 업무상 재해를 입은 근로자의 직장복귀 지원을 위하여 산재보험 의료기관 중 고용노동부령으로 정하는 인력 및 시설 등을 갖춘 의료기관을 직장복귀지원 의료기관으로 지정하여 운영할 수 있다.
⑤ 제4항에 따른 직장복귀지원 의료기관에 대하여는 제40조제5항에 따른 요양급여의 산정 기준 및 제50조에 따른 산재보험 의료기관의 평가 등에서 우대할 수 있다.
⑥ 제4항에 따른 직장복귀지원 의료기관의 지정 절차, 지정 취소 등에 필요한 사항은 고용노동부령으로 정한다.
(2021.5.18 본조신설)
제76조【보험급여의 일시지급】 ① 대한민국 국민이 아닌 근로자가 업무상의 재해에 따른 부상 또는 질병으로 요양 중 치유되기 전에 출국하기 위하여 보험급여의 일시지급을 신청하는 경우에는 출국하기 위하여 요양을 중단하는 날 이후에 청구 사유가 발생할 것으로 예상되는 보험급여를 한꺼번에 지급할 수 있다.(2010.1.27 본항개정)
② 제1항에 따라 한꺼번에 지급할 수 있는 금액은 다음 각 호의 보험급여를 미리 지급하는 기간에 따른 이자 등을 고려하여 대통령령으로 정하는 방법에 따라 각각 환산한 금액을 합한 금액으로 한다. 이 경우 해당 근로자가 제3호 및 제4호에 따른 보험급여의 지급사유 모두에 해당될 것으로 의학적으로 판단되는 경우에는 제4호에 해당하는 보험급여의 금액은 합산하지 아니한다.
1. 출국하기 위하여 요양을 중단하는 날부터 업무상의 재해에 따른 부상 또는 질병이 치유될 것으로 예상되는 날까지의 요양급여
2. 출국하기 위하여 요양을 중단하는 날부터 업무상 부상 또는 질병이 치유되거나 그 부상·질병 상태가 취업할 수 있게 될 것으로 예상되는 날(그 예상되는 날이 요양 개시일부터 2년이 넘는 경우에는 요양 개시일부터 2년이 되는 날)까지의 기간에 대한 휴업급여(2020.5.26 본호개정)
3. 출국하기 위하여 요양을 중단할 당시 업무상의 재해에 따른 부상 또는 질병이 치유된 후에 남을 것으로 예상되는 장해의 장해등급에 해당하는 장해보상일시금
4. 출국하기 위하여 요양을 중단할 당시 요양 개시일부터 2년이 지난 후에 상병보상연금의 지급대상이 되는 중증요양상태가 지속될 것으로 예상되는 경우에는 그 예상되는 중증요양상태등급(요양 개시일부터 2년이 지난 후 출국하기 위하여 요양을 중단하는 경우에는 그 당시의 부상·질병 상태에 따른 중증요양상태등급)과 같은 장해등급에 해당하는 장해보상일시금에 해당하는 금액(2020.5.26 본호개정)
5. 요양 당시 받고 있는 진폐장해등급에 따른 진폐보상연금 (2010.5.20 본호신설)
(2010.1.27 본항개정)
③ 제1항에 따른 일시지급의 신청 및 지급 절차는 고용노동부령으로 정한다.(2010.6.4 본항개정)
제77조【합병증 등 예방관리】 ① 공단은 업무상의 부상 또는 질병이 치유된 사람 중에서 합병증 등 재요양 사유가 발생할 우려가 있는 사람에게 산재보험 의료기관에서 그 예방에 필요한 조치를 받도록 할 수 있다.(2020.5.26 본항개정)
② 제1항에 따른 조치대상, 조치내용 및 조치비용 산정 기준 등 예방관리에 필요한 구체적인 사항은 대통령령으로 정한다.
(2018.6.12 본항신설)
제78조【장해특별급여】 ① 보험가입자의 고의 또는 과실로 발생한 업무상의 재해로 근로자가 대통령령으로 정하는 장해등급 또는 진폐장해등급에 해당하는 장해를 입은 경우에 수급권자가 「민법」에 따른 손해배상청구를 갈음하여 장해특별급여를 청구하면 제57조의 장해급여 또는 제91조의3의 진폐보상연금 외에 대통령령으로 정하는 장해특별급여를 지급할 수 있다. 다만, 근로자와 보험가입자 사이에 장해특별급여에 관하여 합의가 이루어진 경우에 한정한다.(2020.5.26 단서개정)
② 수급권자가 제1항에 따른 장해특별급여를 받으면 동일한 사유에 대하여 보험가입자에게 「민법」이나 그 밖의 법령에 따른 손해배상을 청구할 수 없다.
③ 공단은 제1항에 따라 장해특별급여를 지급하면 대통령령으로 정하는 바에 따라 그 급여액 모두를 보험가입자로부터 징수한다.
제79조【유족특별급여】 ① 보험가입자의 고의 또는 과실로 발생한 업무상의 재해로 근로자가 사망한 경우에 수급권자가 「민법」에 따른 손해배상청구를 갈음하여 유족특별급여를 청구하면 제62조의 유족급여 또는 제91조의4의 진폐유족연금 외에 대통령령으로 정하는 유족특별급여를 지급할 수 있다.
(2010.5.20 본항개정)
② 유족특별급여에 관하여는 제78조제1항 단서·제2항 및 제3항을 준용한다. 이 경우 "장해특별급여"는 "유족특별급여"로 본다.
제80조【다른 보상이나 배상과의 관계】 ① 수급권자가 이 법에 따라 보험급여를 받았거나 받을 수 있으면 보험가입자는 동일한 사유에 대하여 「근로기준법」에 따른 재해보상 책임이 면제된다.
② 수급권자가 동일한 사유에 대하여 이 법에 따른 보험급여를 받으면 보험가입자는 그 금액의 한도 안에서 「민법」이나 그 밖의 법령에 따른 손해배상의 책임이 면제된다. 이 경우 장해보상연금 또는 유족보상연금을 받고 있는 사람은 장해보상일시금 또는 유족보상일시금을 받은 것으로 본다.(2020.5.26 후단개정)
③ 수급권자가 동일한 사유로 「민법」이나 그 밖의 법령에 따라 이 법의 보험급여에 상당한 금품을 받으면 공단은 그 받은 금품을 대통령령으로 정하는 방법에 따라 환산한 금액의 한도 안에서 이 법에 따른 보험급여를 지급하지 아니한다. 다만, 제2항 후단에 따라 수급권자가 지급받은 것으로 보게 되는 장해보상일시금 또는 유족보상일시금에 해당하는 연금액에 대하여는 그러하지 아니하다.
④ 요양급여를 받는 근로자가 요양을 시작한 후 3년이 지난 날 이후에 상병보상연금을 지급받고 있으면 「근로기준법」 제23조제2항 단서를 적용할 때 그 사용자는 그 3년이 지난 날 이후에는 같은 법 제84조에 따른 일시 보상을 지급한 것으로 본다.
제81조【미지급의 보험급여】 ① 보험급여의 수급권자가 사망한 경우에 그 수급권자에게 지급하여야 할 보험급여로서 아직 지급되지 아니한 보험급여가 있으면 그 수급권자의 유족(유족급여의 경우에는 그 유족급여를 받을 수 있는 다른 유족)의 청구에 따라 그 보험급여를 지급한다.
② 제1항의 경우에 그 수급권자가 사망 전에 보험급여를 청구하지 아니하면 같은 항에 따른 유족의 청구에 따라 그 보험급여를 지급한다.
제82조【보험급여의 지급】 ① 보험급여는 지급 결정일부터 14일 이내에 지급하여야 한다.
② 공단은 수급권자의 신청이 있는 경우에는 보험급여를 수급권자 명의의 지정된 계좌(이하 "보험급여수급계좌"라 한다)로 입금하여야 한다. 다만, 정보통신장애나 그 밖에 대통령령으

로 정하는 불가피한 사유로 보험급여를 보험급여수급계좌로 이체할 수 없을 때에는 대통령령으로 정하는 바에 따라 보험급여를 지급할 수 있다.(2018.6.12 본항신설)
③ 보험급여수급계좌의 해당 금융기관은 이 법에 따른 보험급여만이 보험급여수급계좌에 입금되도록 관리하여야 한다.
(2018.6.12 본항신설)
④ 제2항에 따른 신청의 방법·절차와 제3항에 따른 보험급여수급계좌의 관리에 필요한 사항은 대통령령으로 정한다.
(2018.6.12 본항신설)

제83조【보험급여 지급의 제한】 ① 공단은 근로자가 다음 각 호의 어느 하나에 해당되면 보험급여의 전부 또는 일부를 지급하지 아니할 수 있다.
1. 요양 중인 근로자가 정당한 사유 없이 요양에 관한 지시를 위반하여 부상·질병 또는 장해 상태를 악화시키거나 치유를 방해한 경우
2. 장해보상연금 또는 진폐보상연금 수급권자가 제59조에 따른 장해등급 또는 진폐장해등급 재판정 전에 자해(自害) 등 고의로 장해 상태를 악화시킨 경우(2010.5.20 본호개정)
② 공단은 제1항에 따라 보험급여를 지급하지 아니하기로 결정하면 지체 없이 이를 관계 보험가입자와 근로자에게 알려야 한다.
③ 제1항에 따른 보험급여 지급 제한의 대상이 되는 보험급여의 종류 및 제한 범위는 대통령령으로 정한다.

제84조【부당이득의 징수】 ① 공단은 보험급여를 받은 사람이 다음 각 호의 어느 하나에 해당하면 그 급여액에 해당하는 금액(제1호의 경우에는 그 급여액의 2배에 해당하는 금액)을 징수하여야 한다. 이 경우 공단이 제90조제2항에 따라 국민건강보험공단등에 청구하여 받은 금액은 징수할 금액에서 제외한다.(2020.5.26 전단개정)
1. 거짓이나 그 밖의 부정한 방법으로 보험급여를 받은 경우
2. 수급권자 또는 수급권이 있었던 사람이 제114조제2항부터 제4항까지의 규정에 따른 신고의무를 이행하지 아니하여 부당하게 보험급여를 지급받은 경우(2020.5.26 본호개정)
3. 그 밖에 잘못 지급된 보험급여가 있는 경우
② 제1항제1호의 경우 보험급여의 지급이 보험가입자·산재보험 의료기관 또는 직업훈련기관의 거짓된 신고, 진단 또는 증명으로 인한 것이면 그 보험가입자·산재보험 의료기관 또는 직업훈련기관도 연대하여 책임을 진다.
③ 공단은 산재보험 의료기관이나 제46조제1항에 따른 약국이 다음 각 호의 어느 하나에 해당하면 그 진료비나 약제비에 해당하는 금액을 징수하여야 한다. 다만, 제1호의 경우에는 그 진료비나 약제비의 2배에 해당하는 금액(제44조제1항에 따라 과징금을 부과하는 경우에는 그 진료비에 해당하는 금액)을 징수한다.
1. 거짓이나 그 밖의 부정한 방법으로 진료비나 약제비를 지급받은 경우
2. 제40조제5항 또는 제91조의9제3항에 따른 요양급여의 산정 기준 및 제77조제2항에 따른 조치비용 산정 기준을 위반하여 부당하게 진료비나 약제비를 지급받은 경우
(2018.6.12 본호개정)
3. 그 밖에 진료비나 약제비를 잘못 지급받은 경우
④ 제1항 및 제3항 단서에도 불구하고 공단은 거짓이나 그 밖의 부정한 방법으로 보험급여, 진료비 또는 약제비를 받은 자(제2항에 따라 연대책임을 지는 자를 포함한다)가 부정수급에 대한 조사가 시작되기 전에 부정수급 사실을 자진 신고한 경우에는 그 보험급여액, 진료비 또는 약제비에 해당하는 금액을 초과하는 부분은 징수를 면제할 수 있다.(2018.6.12 본항신설)

판례 근로복지공단이 허위 기타 부정한 방법으로 보험급여를 받은 사람에게 보험급여의 2배 상당액을 징수하기로 하고 부당이득징수결정처분을 한 사안에서, 부당이득징수권의 소멸시효는 근로복지공단이 부당이득징수권을 가지고 있다는 사실을 알았는지 여부에 관계없이 보험급여를 지급한 날부터 소멸시효가 진행한다고 보아 그날부터 3년의 소멸시효기간이 경과하여 부당이득징수권이 소멸하였으므로 이를 근거로 한 위 처분은 위법하다.(대판 2009.5.14, 2009두3880)

제84조의2【부정수급자 명단 공개 등】 ① 공단은 제84조제1항제1호 또는 같은 조 제3항제1호에 해당하는 자(이하 "부정수급자"라 한다)로서 매년 직전 연도부터 과거 3년간 다음 각 호의 어느 하나에 해당하는 자의 명단을 공개할 수 있다. 이 경우 같은 조 제2항에 따른 연대책임자의 명단을 함께 공개할 수 있다.
1. 부정수급 횟수가 2회 이상이고 부정수급액의 합계가 1억원 이상인 자
2. 1회의 부정수급액이 2억원 이상인 자
② 부정수급자 또는 연대책임자의 사망으로 명단 공개의 실효성이 없는 경우 등 대통령령으로 정하는 경우에는 제1항에 따른 명단을 공개하지 아니할 수 있다.
③ 공단은 이의신청이나 그 밖의 불복절차가 진행 중인 부당이득징수결정처분에 대해서는 해당 이의신청이나 불복절차가 끝난 후 명단을 공개할 수 있다.
④ 공단은 제1항에 따른 공개대상자에게 고용노동부령으로 정하는 바에 따라 미리 그 사실을 통보하고 소명의 기회를 주어야 한다.
⑤ 그 밖에 명단 공개의 방법 및 절차 등에 필요한 사항은 고용노동부령으로 정한다.
(2018.6.12 본조신설)

제85조【징수금의 징수】 제39조제2항에 따른 보험급여액의 징수, 제78조에 따른 장해특별급여액의 징수, 제79조에 따른 유족특별급여액의 징수 및 제84조에 따른 부당이득의 징수에 관하여는 보험료징수법 제27조, 제28조, 제29조, 제30조, 제32조, 제39조, 제41조 및 제42조를 준용한다. 이 경우 "건강보험공단"은 "공단"으로 본다.(2010.1.27 후단신설)

제86조【보험급여 등의 충당】 ① 공단은 제84조제1항 및 제3항에 따라 부당이득을 받은 사람, 제84조제2항에 따라 연대책임이 있는 보험가입자 또는 산재보험 의료기관에 지급할 보험급여·진료비 또는 약제비가 있으면 이를 제84조에 따라 징수할 금액에 충당할 수 있다.
② 보험급여·진료비 및 약제비의 충당 한도 및 충당 절차는 대통령령으로 정한다.

제87조【제3자에 대한 구상권】 ① 공단은 제3자의 행위에 따른 재해로 보험급여를 지급한 경우에는 그 급여액의 한도 안에서 급여를 받은 사람의 제3자에 대한 손해배상청구권을 대위(代位)한다. 다만, 보험가입자인 둘 이상의 사업주가 같은 장소에서 하나의 사업을 분할하여 각각 행하다가 그 중 사업주를 달리하는 근로자의 행위로 재해가 발생하면 그러하지 아니하다.(2020.5.26 본항개정)
② 제1항의 경우에 수급권자가 제3자로부터 동일한 사유로 이 법의 보험급여에 상당하는 손해배상을 받으면 공단은 그 배상액을 대통령령으로 정하는 방법에 따라 환산한 금액의 한도 안에서 이 법에 따른 보험급여를 지급하지 아니한다.
③ 수급권자 및 보험가입자는 제3자의 행위로 재해가 발생하면 지체 없이 공단에 신고하여야 한다.

제87조의2【구상금협의조정기구 등】 ① 공단은 제87조에 따라 「자동차손해배상 보장법」 제2조제7호가목에 따른 보험회사등(이하 이 조에서 "보험회사등"이라 한다)에게 구상권을 행사하는 경우 그 구상금 청구액을 협의·조정하기 위하여 보험회사등과 구상금협의조정기구를 구성하여 운영할 수 있다.
② 공단과 보험회사등은 제1항에 따른 협의·조정을 위하여 상대방에게 필요한 자료의 제출을 요구할 수 있다. 이 경우 자료의 제출을 요구받은 상대방은 특별한 사정이 없으면 그 요구에 따라야 한다.
③ 제1항 및 제2항에 따른 구상금협의조정기구의 구성 및 운영 등에 관하여 필요한 사항은 공단이 정한다.
(2017.10.24 본조신설)

제88조【수급권의 보호】 ① 근로자의 보험급여를 받을 권리는 퇴직하여도 소멸되지 아니한다.
② 보험급여를 받을 권리는 양도 또는 압류하거나 담보로 제공할 수 없다.
③ 제82조제2항에 따라 지정된 보험급여수급계좌의 예금 중 대통령령으로 정하는 액수 이하의 금액에 관한 채권은 압류할 수 없다.(2018.6.12 본항신설)

제89조【수급권의 대위】 보험가입자(보험료징수법 제2조제5호에 따른 하수급인을 포함한다. 이하 이 조에서 같다)가 소속 근로자의 업무상의 재해에 관하여 이 법에 따른 보험급여의 지

급 사유와 동일한 사유로 「민법」이나 그 밖의 법령에 따라 보험급여에 상당하는 금품을 수급권자에게 미리 지급한 경우로서 그 금품이 보험급여에 대체하여 지급한 것으로 인정되는 경우에 보험가입자는 대통령령으로 정하는 바에 따라 그 수급권자의 보험급여를 받을 권리를 대위한다.

제90조【요양급여 비용의 정산】 ① 공단은 「국민건강보험법」 제13조에 따른 국민건강보험공단 또는 「의료급여법」 제5조에 따른 시장, 군수 또는 구청장(이하 "국민건강보험공단등"이라 한다)이 제42조제1항에 따라 이 법에 따른 요양급여의 수급권자에게 건강보험 요양급여등을 우선 지급하고 그 비용을 청구하는 경우에는 그 건강보험 요양급여 등이 이 법에 따라 지급할 수 있는 요양급여에 상당한 것으로 인정되면 그 요양급여에 해당하는 금액을 지급할 수 있다.(2011.12.31 본항개정)

② 공단이 수급권자에게 요양급여를 지급한 후 그 지급결정이 취소된 경우로서 그 지급한 요양급여가 「국민건강보험법」 또는 「의료급여법」에 따라 지급할 수 있는 건강보험 요양급여등에 상당한 것으로 인정되면 공단은 그 건강보험 요양급여등에 해당하는 금액을 국민건강보험공단등에 청구할 수 있다.

제90조의2【국민건강보험 요양급여 비용의 정산】 ① 제40조에 따른 요양급여나 재요양을 받은 사람이 요양이 종결된 후 2년 이내에 「국민건강보험법」 제41조에 따른 요양급여를 받은 경우(종결된 요양의 대상이 되었던 업무상의 부상 또는 질병의 증상으로 요양급여를 받은 경우로 한정한다)에는 공단은 그 요양급여 비용 중 국민건강보험공단이 부담한 금액을 지급할 수 있다.

② 제1항에 따른 요양급여 비용의 지급 절차와 그 밖에 필요한 사항은 고용노동부령으로 정한다.

(2015.1.20 본조신설)

제91조【공과금의 면제】 보험급여로서 지급된 금품에 대하여는 국가나 지방자치단체의 공과금을 부과하지 아니한다.

제3장의2 진폐에 따른 보험급여의 특례

(2010.5.20 본장신설)

제91조의2【진폐에 대한 업무상의 재해의 인정기준】 근로자가 진폐에 걸릴 우려가 있는 작업으로서 암석, 금속이나 유리섬유 등을 취급하는 작업 등 고용노동부령으로 정하는 분진작업(이하 "분진작업"이라 한다)에 종사하여 진폐에 걸리면 제37조제1항제2호가목에 따른 업무상 질병으로 본다.(2010.6.4 본조개정)

제91조의3【진폐보상연금】 ① 진폐보상연금은 업무상 질병인 진폐에 걸린 근로자(이하 "진폐근로자"라 한다)에게 지급한다.

② 진폐보상연금은 제5조제2호 및 제36조제6항에 따라 정하는 평균임금을 기준으로 하여 별표6에 따라 산정하는 진폐장해등급별 진폐장해연금과 기초연금을 합산한 금액으로 한다. 이 경우 기초연금은 최저임금액의 100분의 60에 365를 곱하여 산정한 금액으로 한다.

③ 진폐보상연금을 받던 사람이 그 진폐장해등급이 변경된 경우에는 변경된 날이 속한 달의 다음 달부터 기초연금과 변경된 진폐장해등급에 해당하는 진폐장해연금을 합산한 금액을 지급한다.

제91조의4【진폐유족연금】 ① 진폐유족연금은 진폐근로자가 진폐로 사망한 경우에 유족에게 지급한다.

② 진폐유족연금은 사망 당시 진폐근로자에게 지급하고 있거나 지급하기로 결정된 진폐보상연금과 같은 금액으로 한다. 이 경우 진폐유족연금은 제62조제2항 및 별표3에 따라 산정한 유족보상연금을 초과할 수 없다.

③ 제91조의6에 따른 진폐에 대한 진단을 받지 아니한 근로자가 업무상 질병인 진폐로 사망한 경우에 그 근로자에 대한 진폐유족연금은 제91조의3제2항에 따른 기초연금과 제91조의8제3항에 따라 결정되는 진폐장해등급별로 별표6에 따라 산정한 진폐장해연금을 합산한 금액으로 한다.

④ 진폐유족연금을 받을 수 있는 유족의 범위 및 순위, 자격 상실과 지급 정지 등에 관하여는 제63조 및 제64조를 준용한다. 이 경우 "유족보상연금"은 "진폐유족연금"으로 본다.

제91조의5【진폐에 대한 요양급여 등의 청구】 ① 분진작업에 종사하고 있거나 종사하였던 근로자가 업무상 질병인 진폐로 요양급여 또는 진폐보상연금을 받으려면 고용노동부령으로 정하는 서류를 첨부하여 공단에 청구하여야 한다.(2010.6.4 본항개정)

② 제1항에 따라 요양급여 등을 청구한 사람이 제91조의8제2항에 따라 요양급여 등의 지급 또는 부지급 결정을 받은 경우에는 제91조의6에 따른 진단이 종료된 날부터 1년이 지나거나 요양이 종결되는 때에 다시 요양급여 등을 청구할 수 있다. 다만, 제91조의6제1항에 따른 건강진단기관으로부터 합병증[「진폐의 예방과 진폐근로자의 보호 등에 관한 법률」(이하 "진폐근로자보호법"이라 한다) 제2조제2호에 따른 합병증을 말한다. 이하 같다]이나 심폐기능의 고도장해 등으로 응급진단이 필요하다는 의학적 소견이 있으면 1년이 지나지 아니한 경우에도 요양급여 등을 청구할 수 있다.

제91조의6【진폐의 진단】 ① 공단은 근로자가 제91조의5에 따라 요양급여 등을 청구하면 진폐근로자보호법 제15조에 따른 건강진단기관(이하 "건강진단기관"이라 한다)에 제91조의8의 진폐판정에 필요한 진단을 의뢰하여야 한다.

② 건강진단기관은 제1항에 따라 진폐에 대한 진단을 의뢰받으면 고용노동부령으로 정하는 바에 따라 진폐에 대한 진단을 실시하고 그 진단결과를 공단에 제출하여야 한다.(2010.6.4 본항개정)

③ 근로자가 진폐근로자보호법 제11조부터 제13조까지의 규정에 따른 건강진단을 받은 후에 건강진단기관이 같은 법 제16조제1항 후단 및 같은 조 제3항 후단에 따라 해당 근로자의 흉부 엑스선 사진 등을 고용노동부장관에게 제출한 경우에는 제91조의5제1항 및 이 조 제2항에 따라 요양급여 등을 청구하고 진단결과를 제출한 것으로 본다.(2010.6.4 본항개정)

④ 공단은 제2항에 따라 진단을 실시한 건강진단기관에 그 진단에 드는 비용을 지급한다. 이 경우 그 비용의 산정 기준 및 청구 등에 관하여는 제40조제5항 및 제45조를 준용한다.

⑤ 제2항에 따라 진단을 받는 근로자에게는 고용노동부장관이 정하여 고시하는 금액을 진단수당으로 지급할 수 있다. 다만, 장해보상연금 또는 진폐보상연금을 받고 있는 사람에게는 진단수당을 지급하지 아니한다.(2010.6.4 본문개정)

⑥ 제1항, 제2항 및 제5항에 따른 진단의뢰, 진단결과의 제출 및 진단수당의 구체적인 지급절차 등에 관한 사항은 고용노동부령으로 정한다.(2010.6.4 본항개정)

제91조의7【진폐심사회의】 ① 제91조의6에 따른 진단결과에 대하여 진폐병형 및 합병증 등을 심사하기 위하여 공단에 관계 전문가 등으로 구성된 진폐심사회의(이하 "진폐심사회의"라 한다)를 둔다.

② 진폐심사회의의 위원 구성 및 회의 운영이나 그 밖에 필요한 사항은 고용노동부령으로 정한다.(2010.6.4 본항개정)

제91조의8【진폐판정 및 보험급여의 결정 등】 ① 공단은 제91조의6에 따라 진단결과를 받으면 진폐심사회의의 심사를 거쳐 해당 근로자의 진폐병형, 합병증의 유무 및 종류, 심폐기능의 정도 등을 판정(이하 "진폐판정"이라 한다)하여야 한다. 이 경우 진폐판정에 필요한 기준은 대통령령으로 정한다.

② 공단은 제1항의 진폐판정 결과에 따라 요양급여의 지급 여부, 진폐장해등급과 그에 따른 진폐보상연금의 지급 여부 등을 결정하여야 한다. 이 경우 진폐장해등급 기준 및 합병증 등에 따른 요양대상인정기준은 대통령령으로 정한다.

③ 공단은 합병증 등으로 심폐기능의 정도를 판정하기 곤란한 진폐근로자에 대하여는 제2항의 진폐장해등급 기준에도 불구하고 진폐병형을 고려하여 진폐장해등급을 결정한다. 이 경우 진폐장해등급 기준은 대통령령으로 정한다.

④ 공단은 제2항 및 제3항에 따라 보험급여의 지급 여부 등을 결정하면 그 내용을 해당 근로자에게 알려야 한다.

제91조의9【진폐에 따른 요양급여의 지급 절차와 기준 등】 ① 공단은 제91조의8제2항에 따라 요양급여를 지급하기로 결정된 진폐근로자에 대하여는 제40조제2항 본문에도 불구하고 산재보험 의료기관 중 진폐근로자의 요양을 담당하는 의료기관(이하 "진폐요양 의료기관"이라 한다)에서 요양을 하게 한다.

② 고용노동부장관은 진폐요양 의료기관이 적정한 요양을 제공하는 데 활용할 수 있도록 전문가의 자문 등을 거쳐 입원과 통원의 처리기준, 표준적인 진료기준 등을 정하여 고시할 수 있다.(2010.6.4 본항개정)
③ 공단은 진폐요양 의료기관에 대하여 시설, 인력 및 의료의 질 등을 고려하여 3개 이내의 등급으로 나누어 등급화할 수 있다. 이 경우 그 등급의 구분 기준, 등급별 요양대상 환자 및 등급별 요양급여의 산정 기준은 고용노동부령으로 정한다.(2010.6.4 후단개정)
④ 진폐요양 의료기관을 평가하는 업무에 대하여 자문하기 위하여 공단에 진폐요양의료기관평가위원회를 둔다. 이 경우 진폐요양의료기관평가위원회의 구성·운영이나 그 밖에 필요한 사항은 고용노동부령으로 정한다.(2010.6.4 후단개정)
⑤ 진폐요양 의료기관에 대한 평가에 관하여는 제50조를 준용한다. 이 경우 제50조제1항 중 "제43조제1항제3호의 산재보험 의료기관 중 대통령령으로 정하는 의료기관"은 "진폐요양 의료기관"으로 본다.

제91조의10【진폐에 따른 사망의 인정 등】 분진작업에 종사하고 있거나 종사하였던 근로자가 진폐, 합병증이나 그 밖에 진폐와 관련된 사유로 사망하였다고 인정되면 업무상의 재해로 본다. 이 경우 진폐에 따른 사망 여부를 판단하는 때에 고려하여야 하는 사항은 대통령령으로 정한다.

제91조의11【진폐에 따른 사망원인의 확인 등】 ① 분진작업에 종사하고 있거나 종사하였던 근로자의 사망원인을 알 수 없는 경우에 그 유족은 해당 근로자가 진폐 등으로 사망하였는지 여부에 대하여 확인하기 위하여 병리학 전문의가 있는 산재보험 의료기관 중에서 공단이 지정하는 의료기관에 전신해부에 대한 동의서를 첨부하여 해당 근로자의 시신에 대한 전신해부를 의뢰할 수 있다. 이 경우 그 의료기관은 「시체 해부 및 보존 등에 관한 법률」 제2조에도 불구하고 전신해부를 할 수 있다.(2020.4.7 후단개정)
② 공단은 제1항에 따라 전신해부를 실시한 의료기관 또는 유족에게 그 비용의 전부 또는 일부를 지원할 수 있다. 이 경우 비용의 지급기준 및 첨부서류 제출, 그 밖에 비용지원 절차에 관한 사항은 고용노동부령으로 정한다.(2010.6.4 후단개정)

제3장의3 건강손상자녀에 대한 보험급여의 특례
(2022.1.11 본장신설)

제91조의12【건강손상자녀에 대한 업무상의 재해의 인정기준】 임신 중인 근로자가 업무수행 과정에서 제37조제1항제1호·제3호 또는 대통령령으로 정하는 유해인자의 취급이나 노출로 인하여, 출산한 자녀에게 부상, 질병 또는 장해가 발생하거나 그 자녀가 사망한 경우 업무상의 재해로 본다. 이 경우 그 출산한 자녀(이하 "건강손상자녀"라 한다)는 제5조제2호에도 불구하고 이 법을 적용할 때 해당 업무상 재해의 사유가 발생한 당시 임신한 근로자가 속한 사업의 근로자로 본다.

제91조의13【장해등급의 판정시기】 건강손상자녀에 대한 장해등급 판정은 18세 이후에 한다.

제91조의14【건강손상자녀의 장해급여·장례비 산정기준】 건강손상자녀에게 지급하는 보험급여 중 장해급여 및 장례비의 산정기준이 되는 금액은 각각 제57조제2항 및 제71조에도 불구하고 다음 각 호와 같다.
1. 장해급여 : 제36조제7항에 따른 최저 보상기준 금액
2. 장례비 : 제71조제2항에 따른 장례비 최저 금액

제3장의4 노무제공자에 대한 특례
(2022.6.10 본장신설)

제91조의15【노무제공자 등의 정의】 이 장에서 사용하는 용어의 뜻은 다음과 같다.
1. "노무제공자"란 자신이 아닌 다른 사람의 사업을 위하여 다음 각 목의 어느 하나에 해당하는 방법에 따라 자신이 직접 노무를 제공하고 그 대가를 지급받는 사람으로서 업무상 재해로부터의 보호 필요성, 노무제공 형태 등을 고려하여 대통령령으로 정하는 직종에 종사하는 사람을 말한다.
가. 노무제공자가 사업주로부터 직접 노무제공을 요청받은 경우
나. 노무제공자가 사업주로부터 일하는 사람의 노무제공을 중개·알선하기 위한 전자적 정보처리시스템(이하 "온라인 플랫폼"이라 한다)을 통해 노무제공을 요청받는 경우
2. "플랫폼 종사자"란 온라인 플랫폼을 통해 노무를 제공하는 노무제공자를 말한다.
3. "플랫폼 운영자"란 온라인 플랫폼을 이용하여 플랫폼 종사자의 노무제공을 중개 또는 알선하는 것을 업으로 하는 자를 말한다.
4. "플랫폼 이용 사업자"란 플랫폼 종사자로부터 노무를 제공받아 사업을 영위하는 자를 말한다. 다만, 플랫폼 운영자가 플랫폼 종사자의 노무를 직접 제공받아 사업을 영위하는 경우 플랫폼 운영자를 플랫폼 이용 사업자로 본다.
5. "보수"란 노무제공자가 이 법의 적용을 받는 사업에서 노무제공의 대가로 지급받은 「소득세법」 제19조에 따른 사업소득 및 같은 법 제21조에 따른 기타소득에서 대통령령으로 정하는 금품을 뺀 금액을 말한다. 다만, 노무제공의 특성에 따라 소득확인이 어렵다고 대통령령으로 정하는 직종의 보수는 고용노동부장관이 고시하는 금액으로 한다.
6. "평균보수"란 이를 산정하여야 할 사유가 발생한 날이 속하는 달의 전전달 말일부터 이전 3개월 동안 노무제공자가 재해가 발생한 사업에서 지급받은 보수와 같은 기간 동안 해당 사업 외의 사업에서 지급받은 보수를 모두 합산한 금액을 해당 기간의 총 일수로 나눈 금액을 말한다. 다만, 노무제공의 특성에 따라 소득확인이 어렵거나 소득의 종류나 내용에 따라 평균보수를 산정하기 곤란하다고 인정되는 경우에는 고용노동부장관이 고시하는 금액으로 한다.

제91조의16【다른 조문과의 관계】 ① 제5조제2호에도 불구하고 노무제공자는 이 법의 적용을 받는 근로자로 본다.
② 제6조에도 불구하고 노무제공자의 노무를 제공받는 사업은 이 법의 적용을 받는 사업으로 본다.

제91조의17【노무제공자에 대한 보험급여의 산정기준 등】 ① 노무제공자의 평균보수 산정사유 발생일은 대통령령으로 정한다.
② 노무제공자에 대해 제3장 및 제3장의2에 따른 보험급여에 관한 규정을 적용할 때에는 "임금"은 "보수"로, "평균임금"은 "평균보수"로 본다.
③ 제91조의15제6호에도 불구하고 업무상 재해를 입은 노무제공자가 평균보수 산정기간 동안 근로자(대통령령으로 정하는 일용근로자는 제외한다)로서 지급받은 임금이 있는 경우에는 그 기간의 보수와 임금을 합산한 금액을 해당 기간의 총일수로 나누어 평균보수를 산정한다.
④ 제36조제3항 본문에도 불구하고 노무제공자에 대한 보험급여를 산정하는 경우 해당 노무제공자의 평균보수를 산정하여야 할 사유가 발생한 날부터 1년이 지난 이후에는 매년 소비자물가변동률에 따라 평균보수를 증감한다.
⑤ 노무제공자에 대한 보험급여의 산정에 관하여는 제36조제5항 및 제6항은 적용하지 아니한다.

제91조의18【노무제공자에 대한 업무상의 재해의 인정기준】 노무제공자에 대한 업무상의 재해의 인정기준은 제37조제1항부터 제4항까지의 규정을 적용하되 구체적인 인정기준은 노무제공 형태 등을 고려하여 대통령령으로 정한다.

제91조의19【노무제공자에 대한 보험급여 산정 특례】 ① 노무제공자에 대해서는 제54조에도 불구하고 제52조에 따라 산정한 1일당 휴업급여 지급액이 대통령령으로 정하는 최저 휴업급여 보장액(이하 "최저 휴업급여 보장액"이라 한다)보다 적으면 최저 휴업급여 보장액을 1일당 휴업급여 지급액으로 한다.
② 재요양을 받는 노무제공자에 대해서는 제56조제2항에도 불구하고 제56조제1항에 따라 산정한 1일당 휴업급여 지급액이 최저 휴업급여 보장액보다 적거나 재요양 당시 평균보수 산정의 대상이 되는 보수가 없으면 최저 휴업급여 보장액을 1일당 휴업급여 지급액으로 한다.
③ 장해보상연금을 지급받는 노무제공자가 재요양하는 경우에는 제56조제3항에도 불구하고 1일당 장해보상연금액과 제2항

또는 제56조제1항에 따라 산정한 1일당 휴업급여 지급액을 합한 금액이 장해보상연금의 산정에 적용되는 평균보수의 100분의 70을 초과하면 그 초과하는 금액 중 휴업급여에 해당하는 금액은 지급하지 아니한다.
④ 제1항 및 제2항에 따라 최저 휴업급여 보장액을 1일당 휴업급여 지급액으로 하는 노무제공자가 그 요양기간 중 일정기간 또는 단시간 취업을 하는 경우에는 제53조제1항 단서에도 불구하고 최저 휴업급여 보장액(별표1 제2호에 따라 감액하는 경우에는 그 감액한 금액)에서 취업한 날에 대한 보수를 뺀 금액을 부분휴업급여로 지급할 수 있다.
제91조의20【노무제공자에 대한 보험급여의 지급】 ① 노무제공자의 보험급여는 보험료징수법에 따라 공단에 신고된 해당 노무제공자의 보수를 기준으로 평균보수를 산정한 후 그에 따라 지급한다.
② 수급권자는 신고 누락 등으로 인하여 제1항에 따라 산정된 평균보수가 실제 평균보수와 다르게 산정된 경우에는 보험료징수법으로 정하는 바에 따라 보수에 대한 정정신고를 거쳐 이 법에 따른 평균보수 및 보험급여의 정정청구를 할 수 있다.
③ 노무제공자에 대한 보험급여의 지급 등에 필요한 사항은 고용노동부령으로 정한다.
제91조의21【플랫폼 운영자에 대한 자료제공 등의 요청】 공단은 플랫폼 종사자에 관한 보험사무의 효율적 처리를 위하여 플랫폼 운영자에게 해당 온라인 플랫폼의 이용 및 보험관계의 확인에 필요한 다음 각 호의 자료 또는 정보의 제공을 요청할 수 있다. 이 경우 요청을 받은 플랫폼 운영자는 정당한 사유가 없으면 그 요청에 따라야 한다.
1. 플랫폼 이용 사업자 및 플랫폼 종사자의 온라인 플랫폼 이용 개시일 또는 종료일
2. 플랫폼 이용 사업자의 보험관계와 관련된 사항으로서 사업장의 명칭 · 주소 등 대통령령으로 정하는 정보
3. 플랫폼 종사자의 보험관계 및 보험급여의 결정과 지급 등과 관련된 사항으로서 플랫폼 종사자의 이름 · 직종 · 보수 · 노무제공 내용 등 대통령령으로 정하는 자료 또는 정보

제4장 근로복지 사업

제92조【근로복지 사업】 ① 고용노동부장관은 근로자의 복지 증진을 위한 다음 각 호의 사업을 한다.(2010.6.4 본문개정)
1. 업무상의 재해를 입은 근로자의 원활한 사회 복귀를 촉진하기 위한 다음 각 목의 보험시설의 설치 · 운영
 가. 요양이나 외과 후 처치에 관한 시설
 나. 의료재활이나 직업재활에 관한 시설
2. 장학사업 등 재해근로자와 그 유족의 복지 증진을 위한 사업
3. 그 밖에 근로자의 복지 증진을 위한 시설의 설치 · 운영 사업
② 고용노동부장관은 공단 또는 재해근로자의 복지 증진을 위하여 설립된 법인 중 고용노동부장관의 지정을 받은 법인(이하 "지정법인"이라 한다)에 제1항에 따른 사업을 하게 하거나 같은 항 제1호에 따른 보험시설의 운영을 위탁할 수 있다.(2010.6.4 본항개정)
③ 지정법인의 지정 기준에 필요한 사항은 고용노동부령으로 정한다.(2010.6.4 본항개정)
④ 고용노동부장관은 예산의 범위에서 지정법인의 사업에 필요한 비용의 일부를 보조할 수 있다.(2010.6.4 본항개정)
제93조【국민건강보험 요양급여 비용의 본인 일부 부담금의 대부】 ① 공단은 제37조제1항제2호에 따른 업무상 질병에 대하여 요양 신청을 한 경우로서 요양급여의 결정에 걸리는 기간 등을 고려하여 대통령령으로 정하는 사람에 대하여 「국민건강보험법」 제44조에 따른 요양급여 비용의 본인 일부 부담금에 대한 대부사업을 할 수 있다.(2020.5.26 본항개정)
② 공단은 제1항에 따라 대부를 받은 사람에게 지급할 이 법에 따른 요양급여가 있으면 그 요양급여를 대부금의 상환에 충당할 수 있다.(2020.5.26 본항개정)
③ 제1항에 따른 대부의 금액 · 조건 및 절차는 고용노동부장관의 승인을 받아 공단이 정한다.(2010.6.4 본항개정)
④ 제2항에 따른 요양급여의 충당 한도 및 충당 절차는 대통령령으로 정한다.
제94조【장해급여자의 고용 촉진】 고용노동부장관은 보험가입자에 대하여 장해급여 또는 진폐보상연금을 받은 사람을 그 적성에 맞는 업무에 고용하도록 권고할 수 있다.(2020.5.26 본조개정)

제5장 산업재해보상보험및예방기금

제95조【산업재해보상보험및예방기금의 설치 및 조성】 ① 고용노동부장관은 보험사업, 산업재해 예방 사업에 필요한 재원을 확보하고, 보험급여에 충당하기 위하여 산업재해보상보험및예방기금(이하 "기금"이라 한다)을 설치한다.(2010.6.4 본항개정)
② 기금은 보험료, 기금운용 수익금, 적립금, 기금의 결산상 잉여금, 정부 또는 정부 아닌 자의 출연금 및 기부금, 차입금, 그 밖의 수입금을 재원으로 하여 조성한다.
③ 정부는 산업재해 예방 사업을 수행하기 위하여 회계연도마다 기금지출예산 총액의 100분의 3의 범위에서 제2항에 따른 정부의 출연금으로 세출예산에 계상(計上)하여야 한다.
제96조【기금의 용도】 ① 기금은 다음 각 호의 용도에 사용한다.
1. 보험급여의 지급 및 반환금의 반환
2. 차입금 및 이자의 상환
3. 공단에의 출연(2010.1.27 본호개정)
4. 「산업안전보건법」 제12조에 따른 용도(2019.1.15 본호개정)
5. 재해근로자의 복지 증진
6. 「한국산업안전보건공단법」에 따른 한국산업안전보건공단(이하 "한국산업안전보건공단"이라 한다)에 대한 출연(2010.1.27 본호개정)
7. 보험료징수법 제4조에 따른 업무를 위탁받은 자에의 출연(2010.1.27 본호신설)
8. 그 밖에 보험사업 및 기금의 관리와 운용
② 고용노동부장관은 회계연도마다 제1항 각 호에 해당하는 기금지출예산 총액의 100분의 8 이상을 제1항제4호 및 제6호에 따른 용도로 계상하여야 한다.(2010.6.4 본항개정)
③ 제1항제7호에 따라 기금으로부터 「국민건강보험법」 제13조에 따른 국민건강보험공단에 출연하는 금액은 징수업무(고지 · 수납 · 체납 업무를 말한다)가 차지하는 비율 등을 기준으로 산정한다.(2018.6.12 본항신설)
제97조【기금의 관리 · 운용】 ① 기금은 고용노동부장관이 관리 · 운용한다.(2010.6.4 본항개정)
② 고용노동부장관은 다음 각 호의 방법에 따라 기금을 관리 · 운용하여야 한다.(2010.6.4 본문개정)
1. 금융기관 또는 체신관서에의 예입(預入) 및 금전신탁
2. 재정자금에의 예탁
3. 투자신탁 등의 수익증권 매입
4. 국가 · 지방자치단체 또는 금융기관이 직접 발행하거나 채무이행을 보증하는 유가증권의 매입
5. 그 밖에 기금 증식을 위하여 대통령령으로 정하는 사업
③ 고용노동부장관은 제2항에 따라 기금을 관리 · 운용할 때에는 그 수익이 대통령령으로 정하는 수준 이상이 되도록 하여야 한다.(2010.6.4 본항개정)
④ 기금은 「국가회계법」 제11조에 따라 회계처리를 한다.(2018.6.12 본항개정)
⑤ 고용노동부장관은 기금의 관리 · 운용에 관한 업무의 일부를 공단 또는 한국산업안전보건공단에 위탁할 수 있다.(2010.6.4 본항개정)
제98조【기금의 운용계획】 고용노동부장관은 회계연도마다 위원회의 심의를 거쳐 기금운용계획을 세워야 한다.(2010.6.4 본조개정)
제99조【책임준비금의 적립】 ① 고용노동부장관은 보험급여에 충당하기 위하여 책임준비금을 적립하여야 한다.(2010.6.4 본항개정)
② 고용노동부장관은 회계연도마다 책임준비금을 산정하여 적립금 보유액이 책임준비금의 금액을 초과하면 그 초과액을 장래의 보험급여 지급 재원으로 사용하고, 부족하면 그 부족액을 보험료 수입에서 적립하여야 한다.(2010.6.4 본항개정)

③ 제1항에 따른 책임준비금의 산정 기준 및 적립에 필요한 사항은 대통령령으로 정한다.

제100조【잉여금과 손실금의 처리】 ① 기금의 결산상 잉여금이 생기면 이를 적립금으로 적립하여야 한다.

② 기금의 결산상 손실금이 생기면 적립금을 사용할 수 있다.

제101조【차입금】 ① 기금에 속하는 경비를 지급하기 위하여 필요하면 기금의 부담으로 차입할 수 있다.

② 기금에서 지급할 현금이 부족하면 기금의 부담으로 일시차입을 할 수 있다.

③ 제2항에 따른 일시차입금은 그 회계연도 안에 상환하여야 한다.

제102조【기금의 출납 등】 기금을 관리·운용을 할 때의 출납 절차 등에 관한 사항은 대통령령으로 정한다.

제6장 심사 청구 및 재심사 청구

제103조【심사 청구의 제기】 ① 다음 각 호의 어느 하나에 해당하는 공단의 결정 등(이하 "보험급여 결정등"이라 한다)에 불복하는 자는 공단에 심사 청구를 할 수 있다.

1. 제3장, 제3장의2 및 제3장의3에 따른 보험급여에 관한 결정 (2022.1.11 본호개정)
2. 제45조 및 제91조의6제4항에 따른 진료비에 관한 결정 (2010.5.20 본호개정)
3. 제46조에 따른 약제비에 관한 결정
4. 제47조제2항에 따른 진료계획 변경 조치등
5. 제76조에 따른 보험급여의 일시지급에 관한 결정

5의2. 제77조에 따른 합병증 등 예방관리에 관한 조치 (2018.6.12 본호신설)

6. 제84조에 따른 부당이득의 징수에 관한 결정
7. 제89조에 따른 수급권의 대위에 관한 결정

② 제1항에 따른 심사 청구는 그 보험급여 결정등을 한 공단의 소속 기관을 거쳐 공단에 제기하여야 한다.

③ 제1항에 따른 심사 청구는 보험급여 결정등이 있음을 안 날부터 90일 이내에 하여야 한다.

④ 제2항에 따라 심사 청구서를 받은 공단의 소속 기관은 5일 이내에 의견서를 첨부하여 공단에 보내야 한다.

⑤ 보험급여 결정등에 대하여는 「행정심판법」에 따른 행정심판을 제기할 수 없다.

제104조【산업재해보상보험심사위원회】 ① 제103조에 따른 심사 청구를 심의하기 위하여 공단에 관계 전문가 등으로 구성되는 산업재해보상보험심사위원회(이하 "심사위원회"라 한다)를 둔다.

② 심사위원회 위원의 제척·기피·회피에 관하여는 제108조를 준용한다.

③ 심사위원회의 구성과 운영에 필요한 사항은 대통령령으로 정한다.

제105조【심사 청구에 대한 심리·결정】 ① 공단은 제103조제4항에 따라 심사 청구서를 받은 날부터 60일 이내에 심사위원회의 심의를 거쳐 심사 청구에 대한 결정을 하여야 한다. 다만, 부득이한 사유로 그 기간 이내에 결정을 할 수 없으면 한 차례만 20일을 넘지 아니하는 범위에서 그 기간을 연장할 수 있다.(2020.5.26 단서개정)

② 제1항 본문에도 불구하고 심사 청구 기간이 지난 후에 제기된 심사 청구 등 대통령령으로 정하는 사유에 해당하는 경우에는 심사위원회의 심의를 거치지 아니할 수 있다.

③ 제1항 단서에 따라 결정기간을 연장할 때에는 최초의 결정기간이 끝나기 7일 전까지 심사 청구인 및 보험급여 결정등을 한 공단의 소속 기관에 알려야 한다.

④ 공단은 심사 청구의 심리를 위하여 필요하면 청구인의 신청 또는 직권으로 다음 각 호의 행위를 할 수 있다.

1. 청구인 또는 관계인을 지정 장소에 출석하게 하여 질문하거나 의견을 진술하게 하는 것
2. 청구인 또는 관계인에게 증거가 될 수 있는 문서나 그 밖의 물건을 제출하게 하는 것
3. 전문적인 지식이나 경험을 가진 제3자에게 감정하게 하는 것
4. 소속 직원에게 사건에 관계가 있는 사업장이나 그 밖의 장소에 출입하여 사업주·근로자, 그 밖의 관계인에게 질문하게 하거나, 문서나 그 밖의 물건을 검사하게 하는 것
5. 심사 청구와 관계가 있는 근로자에게 공단이 지정하는 의사·치과의사 또는 한의사(이하 "의사등"이라 한다)의 진단을 받게 하는 것

⑤ 제4항제4호에 따른 질문이나 검사를 하는 공단의 소속 직원은 그 권한을 표시하는 증표를 지니고 이를 관계인에게 내보여야 한다.

제106조【재심사 청구의 제기】 ① 제105조제1항에 따른 심사 청구에 대한 결정에 불복하는 자는 제107조에 따른 산업재해보상보험재심사위원회에 재심사 청구를 할 수 있다. 다만, 판정위원회의 심의를 거친 보험급여에 관한 결정에 불복하는 자는 제103조에 따른 심사 청구를 하지 아니하고 재심사 청구를 할 수 있다.

② 제1항에 따른 재심사 청구는 그 보험급여 결정등을 한 공단의 소속 기관을 거쳐 제107조에 따른 산업재해보상보험재심사위원회에 제기하여야 한다.

③ 제1항에 따른 재심사 청구는 심사 청구에 대한 결정이 있음을 안 날부터 90일 이내에 제기하여야 한다. 다만, 제1항 단서에 따라 심사 청구를 거치지 아니하고 재심사 청구를 하는 경우에는 보험급여에 관한 결정이 있음을 안 날부터 90일 이내에 제기하여야 한다.

④ 재심사 청구에 관하여는 제103조제4항을 준용한다. 이 경우 "심사 청구서"는 "재심사 청구서"로, "공단"은 "산업재해보상보험재심사위원회"로 본다.

제107조【산업재해보상보험재심사위원회】 ① 제106조에 따른 재심사 청구를 심리·재결하기 위하여 고용노동부에 산업재해보상보험재심사위원회(이하 "재심사위원회"라 한다)를 둔다. (2010.6.4 본항개정)

② 재심사위원회는 위원장 1명을 포함한 90명 이내의 위원으로 구성하되, 위원 중 2명은 상임위원으로, 1명은 당연직위원으로 한다.(2018.6.12 본항개정)

③ 재심사위원회의 위원 중 5분의 2에 해당하는 위원은 제5항제2호부터 제5호까지에 해당하는 사람 중에서 근로자 단체 및 사용자 단체가 각각 추천하는 사람으로 구성한다. 이 경우 근로자 단체 및 사용자 단체가 추천한 사람은 같은 수로 하여야 한다.(2020.5.26 본항개정)

④ 제3항에도 불구하고 근로자단체나 사용자단체가 각각 추천하는 사람이 위촉하려는 전체 위원 수의 5분의 1보다 적은 경우에는 제3항 후단을 적용하지 아니하고 근로자단체와 사용자단체가 추천하는 위원 수를 전체 위원 수의 5분의 2 미만으로 할 수 있다.(2010.1.27 본항신설)

⑤ 재심사위원회의 위원장 및 위원은 다음 각 호의 어느 하나에 해당하는 사람 중에서 고용노동부장관의 제청으로 대통령이 임명한다. 다만, 당연직위원은 고용노동부장관이 소속 3급의 일반직 공무원 또는 고위공무원단에 속하는 일반직 공무원 중에서 지명하는 사람으로 한다.(2020.5.26 본문개정)

1. 3급 이상의 공무원 또는 고위공무원단에 속하는 일반직 공무원으로 재직하고 있거나 재직하였던 사람(2020.5.26 본호개정)
2. 판사·검사·변호사 또는 경력 10년 이상의 공인노무사
3. 「고등교육법」 제2조에 따른 학교에서 부교수 이상으로 재직하고 있거나 재직하였던 사람(2020.5.26 본호개정)
4. 노동 관계 업무 또는 산업재해보상보험 관련 업무에 15년 이상 종사한 사람(2020.5.26 본호개정)
5. 사회보험이나 산업의학에 관한 학식과 경험이 풍부한 사람 (2020.5.26 본호개정)

⑥ 다음 각 호의 어느 하나에 해당하는 사람은 위원에 임명될 수 없다.(2020.5.26 본문개정)

1. 피성년후견인·피한정후견인 또는 파산선고를 받고 복권되지 아니한 사람(2020.5.26 본호개정)
2. 금고 이상의 실형을 선고받고 그 집행이 끝나거나(집행이 끝난 것으로 보는 경우를 포함한다) 집행이 면제된 날부터 3년이 지나지 아니한 사람(2022.6.10 본호개정)

2의2. 금고 이상의 형의 집행유예를 선고받고 그 유예기간 중에 있는 사람(2022.6.10 본호신설)
3. 심신 상실자·심신 박약자
⑦ 재심사위원회 위원(당연직위원은 제외한다)의 임기는 3년으로 하되 연임할 수 있고, 위원장이나 위원의 임기가 끝난 경우 그 후임자가 임명될 때까지 그 직무를 수행한다.
(2018.6.12 본항개정)
⑧ 재심사위원회의 위원은 다음 각 호의 어느 하나에 해당하는 경우 외에는 그 의사에 반하여 면직되지 아니한다.
1. 금고 이상의 형을 선고받은 경우
2. 오랜 심신 쇠약으로 직무를 수행할 수 없게 된 경우
3. 직무와 관련된 비위사실이 있거나 재심사위원회 위원직을 유지하기에 적합하지 아니하다고 인정되는 비위사실이 있는 경우(2018.6.12 본호신설)
⑨ 재심사위원회에 사무국을 둔다.
⑩ 재심사위원회의 조직·운영 등에 필요한 사항은 대통령령으로 정한다.(2010.1.27 본항개정)

제108조【위원의 제척·기피·회피】 ① 재심사위원회의 위원은 다음 각 호의 어느 하나에 해당하는 경우에는 그 사건의 심리(審理)·재결(裁決)에서 제척(除斥)된다.
1. 위원 또는 그 배우자나 배우자였던 사람이 그 사건의 당사자가 되거나 그 사건에 관하여 공동권리자 또는 의무자의 관계에 있는 경우(2020.5.26 본호개정)
2. 위원이 그 사건의 당사자와 「민법」 제777조에 따른 친족이거나 친족이었던 경우
3. 위원이 그 사건에 관하여 증언이나 감정을 한 경우
4. 위원이 그 사건에 관하여 당사자의 대리인으로서 관여하거나 관여하였던 경우
5. 위원이 그 사건의 대상이 된 보험급여 결정등에 관여한 경우
② 당사자는 위원에게 심리·재결의 공정을 기대하기 어려운 사정이 있는 경우에는 기피신청을 할 수 있다.
③ 위원은 제1항이나 제2항의 사유에 해당하면 스스로 그 사건의 심리·재결을 회피할 수 있다.
④ 사건의 심리·재결에 관한 사무에 관여하는 위원 아닌 직원에게도 제1항부터 제3항까지의 규정을 준용한다.

제109조【재심사 청구에 대한 심리와 재결】 ① 재심사 청구에 대한 심리·재결에 관하여는 제105조제1항 및 같은 조 제3항부터 제5항까지를 준용한다. 이 경우 "공단"은 "재심사위원회"로, "심사위원회의 심의를 거쳐 심사 청구"는 "재심사 청구"로, "결정"은 "재결"으로, "소속 직원"은 "재심사위원회의 위원"로 본다.
② 재심사위원회의 재결은 공단을 기속(羈束)한다.

제110조【심사 청구인 및 재심사 청구인의 지위 승계】 심사 청구인 또는 재심사 청구인이 사망한 경우 그 청구인이 보험급여의 수급권자이면 제62조제1항 또는 제81조에 따른 유족이, 그 밖의 자이면 상속인 또는 심사 청구나 재심사 청구의 대상인 보험급여에 관련된 권리·이익을 승계한 자가 각각 청구인의 지위를 승계한다.

제111조【다른 법률과의 관계】 ① 제103조 및 제106조에 따른 심사 청구 및 재심사 청구의 제기는 시효의 중단에 관하여 「민법」 제168조에 따른 재판상의 청구로 본다.
② 제106조에 따른 재심사 청구에 대한 재결은 「행정소송법」 제18조를 적용할 때 행정심판에 대한 재결로 본다.
③ 제103조 및 제106조에 따른 심사 청구 및 재심사 청구에 관하여 이 법에서 정하고 있지 아니한 사항에 대하여는 「행정심판법」에 따른다.

제7장 보 칙

제111조의2【불이익 처우의 금지】 사업주는 근로자가 보험급여를 신청한 것을 이유로 근로자를 해고하거나 그 밖에 근로자에게 불이익한 처우를 하여서는 아니 된다.(2016.12.27 본조신설)

제112조【시효】 ① 다음 각 호의 권리는 3년간 행사하지 아니하면 시효로 말미암아 소멸한다. 다만, 제1호의 보험급여 중 장해급여, 유족급여, 장례비, 진폐보상연금 및 진폐유족연금을 받을 권리는 5년간 행사하지 아니하면 시효의 완성으로 소멸한다.(2021.1.26 단서개정)
1. 제36조제1항에 따른 보험급여를 받을 권리
2. 제45조에 따른 산재보험 의료기관의 권리
3. 제46조에 따른 약국의 권리
4. 제89조에 따른 보험가입자의 권리
5. 제90조제1항에 따른 국민건강보험공단등의 권리
(2010.1.27 본항개정)
② 제1항에 따른 소멸시효에 관하여는 이 법에 규정된 것 외에는 「민법」에 따른다.

제113조【시효의 중단】 제112조에 따른 소멸시효는 제36조제2항에 따른 청구로 중단된다. 이 경우 청구가 제5조제1호에 따른 업무상의 재해 여부의 판단이 필요한 최초의 청구인 경우에는 그 청구로 인한 시효중단의 효력은 제36조제1항에서 정한 다른 보험급여에도 미친다.(2020.5.26 후단개정)

제114조【보고 등】 ① 공단은 필요하다고 인정하면 대통령령으로 정하는 바에 따라 이 법의 적용을 받는 사업의 사업주 또는 그 사업에 종사하는 근로자 및 보험료징수법 제33조에 따른 보험사무대행기관(이하 "보험사무대행기관"이라 한다)에게 보험사업에 관하여 필요한 보고 또는 관계 서류의 제출을 요구할 수 있다.
② 장해보상연금, 유족보상연금, 진폐보상연금 또는 진폐유족연금을 받을 권리가 있는 사람은 보험급여 지급에 필요한 사항으로서 대통령령으로 정하는 사항을 공단에 신고하여야 한다.
(2020.5.26 본항개정)
③ 수급권자 및 수급권이 있었던 사람은 수급권의 변동과 관련된 사항으로서 대통령령으로 정하는 사항을 공단에 신고하여야 한다.(2020.5.26 본항개정)
④ 수급권자가 사망하면 「가족관계의 등록에 관한 법률」 제85조에 따른 신고 의무자는 1개월 이내에 그 사망 사실을 공단에 신고하여야 한다.

제115조【연금 수급권자등의 출국신고 등】 ① 대한민국 국민인 장해보상연금 수급권자, 유족보상연금 수급권자, 진폐보상연금 수급권자, 진폐유족연금 수급권자(이하 이 조에서 "장해보상연금 수급권자등"이라 한다) 또는 유족보상연금·진폐유족연금 수급자격자가 외국에서 거주하기 위하여 출국하는 경우에는 장해보상연금 수급권자등은 이를 공단에 신고하여야 한다.
② 장해보상연금 수급권자등과 유족보상연금·진폐유족연금 수급자격자가 외국에서 거주하는 기간에 장해보상연금, 유족보상연금, 진폐보상연금 또는 진폐유족연금을 받는 경우 장해보상연금 수급권자등은 그 수급권 또는 수급자격과 관련된 사항으로서 대통령령으로 정하는 사항을 매년 1회 이상 고용노동부령으로 정하는 바에 따라 공단에 신고하여야 한다.
(2010.6.4 본항개정)
(2010.5.20 본조개정)

제116조【사업주 등의 조력】 ① 보험급여를 받을 사람이 사고로 보험급여의 청구 등의 절차를 행하기 곤란하면 사업주는 이를 도와야 한다.(2020.5.26 본항개정)
② 사업주는 보험급여를 받을 사람이 보험급여를 받는 데에 필요한 증명을 요구하면 그 증명을 하여야 한다.(2020.5.26 본항개정)
③ 사업주의 행방불명, 그 밖의 부득이한 사유로 제2항에 따른 증명이 불가능하면 그 증명을 생략할 수 있다.
④ 제91조의15제2호에 따른 플랫폼 종사자는 보험급여를 받기 위하여 필요한 경우 노무제공 내용, 노무대가 및 시간에 관한 자료 또는 이와 관련된 정보의 제공을 제91조의15제3호에 따른 플랫폼 운영자에게 요청할 수 있다. 이 경우 요청을 받은 플랫폼 운영자는 특별한 사유가 없으면 해당 자료 또는 정보를 제공하여야 한다.(2022.6.10 본항신설)
(2022.6.10 본조제목개정)

제117조【사업장 등에 대한 조사】 ① 공단은 보험급여에 관한 결정, 심사 청구의 심리·결정 등을 위하여 확인이 필요하다고 인정하면 소속 직원에게 이 법의 적용을 받는 사업의 사무소 또는 사업장과 보험사무대행기관 또는 제91조의15제3호

에 따른 플랫폼 운영자의 사무소에 출입하여 관계인에게 질문을 하게 하거나 관계 서류를 조사하게 할 수 있다.(2022.6.10 본항개정)
② 제1항의 경우에 공단 직원은 그 권한을 표시하는 증표를 지니고 이를 관계인에게 내보여야 한다.
제118조【산재보험 의료기관에 대한 조사 등】 ① 공단은 보험급여에 관하여 필요하다고 인정하면 대통령령으로 정하는 바에 따라 보험급여를 받는 근로자를 진료한 산재보험 의료기관(의사를 포함한다. 이하 이 조에서 같다)에 대하여 그 근로자의 진료에 관한 보고 또는 그 진료에 관한 서류나 물건의 제출을 요구하거나 소속 직원으로 하여금 그 관계인에게 질문을 하게 하거나 관계 서류나 물건을 조사하게 할 수 있다.
② 제1항의 조사에 관하여는 제117조제2항을 준용한다.
제119조【진찰 요구】 공단은 보험급여에 관하여 필요하다고 인정하면 대통령령으로 정하는 바에 따라 보험급여를 받은 사람 또는 이를 받으려는 사람에게 산재보험 의료기관에서 진찰을 받을 것을 요구할 수 있다.(2020.5.26 본조개정)
제119조의2【포상금의 지급】 공단은 제84조제1항 및 같은 조 제3항에 따라 보험급여, 진료비 또는 약제비를 부당하게 지급받은 자를 신고한 사람에게 예산의 범위에서 고용노동부령으로 정하는 바에 따라 포상금을 지급할 수 있다.(2010.6.4 본조개정)
제120조【보험급여의 일시 중지】 ① 공단은 보험급여를 받고자 하는 사람이 다음 각 호의 어느 하나에 해당되면 보험급여의 지급을 일시 중지할 수 있다.(2020.5.26 본문개정)
1. 요양 중인 근로자가 제48조제1항에 따른 공단의 의료기관 변경 요양 지시를 정당한 사유 없이 따르지 아니하는 경우(2021.1.26 본호개정)
2. 제59조에 따라 공단이 직권으로 실시하는 장해등급 또는 진폐장해등급 재판정 요구에 따르지 아니하는 경우(2020.5.26 본호개정)
3. 제114조나 제115조에 따른 보고 · 서류제출 또는 신고를 하지 아니하는 경우
4. 제117조에 따른 질문이나 조사에 따르지 아니하는 경우(2020.5.26 본호개정)
5. 제119조에 따른 진찰 요구에 따르지 아니하는 경우
② 제1항에 따른 일시 중지의 대상이 되는 보험급여의 종류, 일시 중지의 기간 및 일시 중지 절차는 대통령령으로 정한다.
제121조【국외의 사업에 대한 특례】 ① 국외 근무 기간에 발생한 근로자의 재해를 보상하기 위하여 우리나라가 당사국이 된 사회 보장에 관한 조약이나 협정(이하 "사회보장관련조약"이라 한다)으로 정하는 국가나 지역에서의 사업에 대하여는 고용노동부장관이 금융위원회와 협의하여 지정하는 자(이하 "보험회사"라 한다)에게 이 법에 따른 보험사업을 자기의 계산으로 영위하게 할 수 있다.(2010.6.4 본항개정)
② 보험회사는 「보험업법」에 따른 사업 방법에 따라 보험사업을 영위한다. 이 경우 보험회사가 지급하는 보험급여는 이 법에 따른 보험급여보다 근로자에게 불이익하여서는 아니 된다.
③ 제1항에 따라 보험사업을 영위하는 보험회사는 이 법과 근로자를 위한 사회보장관련조약에서 정부가 부담하는 모든 책임을 성실히 이행하여야 한다.
④ 제1항에 따른 국외의 사업과 이를 대상으로 하는 보험사업에 대하여는 제2조, 제3조제1항, 제6조 단서, 제8조, 제82조제1항과 제5장 및 제6장을 적용하지 아니한다.(2018.6.12 본항개정)
⑤ 보험회사는 제1항에 따른 보험사업을 영위할 때 이 법에 따른 공단의 권한을 행사할 수 있다.
제122조【해외파견자에 대한 특례】 ① 보험료징수법 제5조 제3항 및 제4항에 따른 보험가입자가 대한민국 밖의 지역(고용노동부령으로 정하는 지역은 제외한다)에서 하는 사업에 근로시키기 위하여 파견하는 사람(이하 "해외파견자"라 한다)에 대하여 공단에 보험 가입 신청을 하여 승인을 받으면 해외파견자를 그 가입자의 대한민국 영역 안의 사업(2개 이상의 사업이 있는 경우에는 주된 사업을 말한다)에 사용하는 근로자로 보아 이 법을 적용할 수 있다.(2020.5.26 본항개정)
② 해외파견자의 보험급여의 기초가 되는 임금액은 그 사업에 사용되는 같은 직종 근로자의 임금액 및 그 밖의 사정을 고려하여 고용노동부장관이 정하여 고시하는 금액으로 한다.(2010.6.4 본항개정)
③ 해외파견자에 대한 보험급여의 지급 등에 필요한 사항은 고용노동부령으로 정한다.(2010.6.4 본항개정)
④ 제1항에 따라 이 법의 적용을 받는 해외파견자의 보험료 산정, 보험 가입의 신청 및 승인, 보험료의 신고 및 납부, 보험 관계의 소멸, 그 밖에 필요한 사항은 보험료징수법으로 정하는 바에 따른다.
제123조【현장실습생에 대한 특례】 ① 이 법이 적용되는 사업에서 현장 실습을 하고 있는 학생 및 직업 훈련생(이하 "현장실습생"이라 한다) 중 고용노동부장관이 정하는 현장실습생은 제5조제2호에도 불구하고 이 법을 적용할 때는 그 사업에 사용되는 근로자로 본다.(2010.6.4 본항개정)
② 현장실습생이 실습과 관련하여 입은 재해는 업무상의 재해로 보아 제36조제1항에 따른 보험급여를 지급한다.(2010.5.20 본항개정)
③ 현장실습생에 대한 보험급여의 기초가 되는 임금액은 현장실습생이 지급받는 훈련수당 등 모든 금품으로 하되, 이를 적용하는 것이 현장실습생의 재해보상에 적절하지 아니하다고 인정되면 고용노동부장관이 정하여 고시하는 금액으로 할 수 있다.(2010.6.4 본항개정)
④ 현장실습생에 대한 보험급여의 지급 등에 필요한 사항은 대통령령으로 정한다.
⑤ 현장실습생에 대한 보험료의 산정 · 신고 및 납부 등에 관한 사항은 보험료징수법으로 정하는 바에 따른다.
제123조의2【학생연구자에 대한 특례】 ①「연구실 안전환경 조성에 관한 법률」 제2조제1호에 따른 대학 · 연구기관등은 제6조에도 불구하고 이 법의 적용을 받는 사업으로 본다.
②「연구실 안전환경 조성에 관한 법률」 제2조제8호에 따른 연구활동종사자 중 같은 조 제1호에 따른 대학 · 연구기관등이 수행하는 연구개발과제에 참여하는 대통령령으로 정하는 학생 신분의 연구자(이하 이 조에서 "학생연구자"라 한다)는 제5조제2호에도 불구하고 이 법을 적용할 때에는 그 사업의 근로자로 본다.
③ 제2항에 따라 이 법의 적용을 받는 학생연구자에 대한 보험관계의 성립 · 소멸 및 변경, 보험료의 산정 · 신고 · 납부, 보험료나 그 밖에 징수금의 징수에 필요한 사항은 보험료징수법에서 정하는 바에 따른다.
④ 학생연구자에 대한 보험급여의 산정 기준이 되는 평균임금은 고용노동부장관이 고시하는 금액으로 한다.
⑤ 학생연구자에 대한 보험급여 지급사유인 업무상의 재해의 인정 기준은 대통령령으로 정한다.
⑥ 학생연구자에게 제36조제1항제2호에 따른 휴업급여 또는 같은 항 제6호에 따른 상병보상연금을 지급하는 경우 제54조, 제56조제2항, 제67조 및 제69조제1항은 적용하지 아니한다.
⑦ 학생연구자에 대한 보험급여의 지급 등에 필요한 사항은 대통령령으로 정한다.
(2021.4.13 본조신설)
제124조【중 · 소기업 사업주등에 대한 특례】 ① 대통령령으로 정하는 중 · 소기업 사업주(근로자를 사용하지 아니하는 자를 포함한다. 이하 이 조에서 같다)는 공단의 승인을 받아 자기 또는 유족을 보험급여를 받을 수 있는 사람으로 하여 보험에 가입할 수 있다.
② 제1항에 따른 중 · 소기업 사업주의 배우자(사실상 혼인관계에 있는 사람을 포함한다. 이하 이 조에서 같다) 또는 4촌 이내의 친족으로서 대통령령으로 정하는 요건을 갖추어 해당 사업에 노무를 제공하는 사람은 공단의 승인을 받아 보험에 가입할 수 있다.(2020.12.8 본항신설)
③ 제1항에 따른 중 · 소기업 사업주 및 제2항에 따른 중 · 소기업 사업주의 배우자 또는 4촌 이내의 친족(이하 이 조에서 "중 · 소기업 사업주등"이라 한다)은 제5조제2호에도 불구하고 이 법을 적용할 때에는 근로자로 본다.(2020.12.8 본항신설)
④ 중 · 소기업 사업주등에 대한 보험급여의 지급 사유인 업무상의 재해의 인정 범위는 대통령령으로 정한다.

⑤ 중·소기업 사업주등에 대한 보험급여의 산정 기준이 되는 평균임금은 고용노동부장관이 정하여 고시하는 금액으로 한다.
⑥ 제4항에 따른 업무상의 재해가 보험료의 체납 기간에 발생하면 대통령령으로 정하는 바에 따라 그 재해에 대한 보험급여의 전부 또는 일부를 지급하지 아니할 수 있다.
⑦ 중·소기업 사업주등에 대한 보험급여의 지급 등에 필요한 사항은 고용노동부령으로 정한다.
⑧ 이 법의 적용을 받는 중·소기업 사업주등의 보험료의 산정, 보험 가입의 신청 및 승인, 보험료의 신고 및 납부, 보험관계의 소멸, 그 밖에 필요한 사항은 보험료징수법으로 정하는 바에 따른다.
(2020.12.8 본조개정)
제125조 (2022.6.10 삭제)
제126조【「국민기초생활 보장법」상의 수급자에 대한 특례】 ① 제5조제2호에 따른 근로자가 아닌 사람으로서 「국민기초생활 보장법」 제15조에 따른 자활급여 수급자 중 고용노동부장관이 정하여 고시하는 사업에 종사하는 사람은 제5조제2호에도 불구하고 이 법의 적용을 받는 근로자로 본다.(2020.5.26 본항개정)
② 자활급여 수급자의 보험료 산정 및 보험급여의 기초가 되는 임금액은 자활급여 수급자가 제1항의 사업에 참여하여 받는 자활급여로 한다.
제126조의2【벌칙 적용에서 공무원 의제】 재심사위원회 위원 중 공무원이 아닌 위원은 「형법」 제129조부터 제132조까지의 규정을 적용할 때에는 공무원으로 본다.(2018.6.12 본조신설)

제8장 벌 칙

제127조【벌칙】 ① 제31조의2제3항을 위반하여 공동이용하는 전산정보자료를 같은 조 제1항에 따른 목적 외의 용도로 이용하거나 활용한 자는 3년 이하의 징역 또는 3천만원 이하의 벌금에 처한다.(2021.1.26 본항신설)
② 산재보험 의료기관이나 제46조제1항에 따른 약국의 종사자로서 거짓이나 그 밖의 부정한 방법으로 진료비나 약제비를 지급받은 자는 3년 이하의 징역 또는 3천만원 이하의 벌금에 처한다.
③ 다음 각 호의 어느 하나에 해당하는 자는 2년 이하의 징역 또는 2천만원 이하의 벌금에 처한다.(2016.12.27 본문개정)
1. 거짓이나 그 밖의 부정한 방법으로 보험급여를 받은 자(2016.12.27 본호신설)
2. 거짓이나 그 밖의 부정한 방법으로 보험급여를 받도록 시키거나 도와준 자(2018.6.12 본호신설)
3. 제111조의2를 위반하여 근로자를 해고하거나 그 밖에 근로자에게 불이익한 처우를 한 사업주(2016.12.27 본호신설)
④ 제21조제3항을 위반하여 비밀을 누설한 자는 2년 이하의 징역 또는 1천만원 이하의 벌금에 처한다.(2010.1.27 본항개정)
제128조【양벌규정】 법인의 대표자나 법인 또는 개인의 대리인, 사용인, 그 밖의 종업원이 그 법인 또는 개인의 업무에 관하여 제127조제2항의 위반행위를 하면 그 행위자를 벌하는 외에 그 법인 또는 개인에게도 해당 조문의 벌금형을 과(科)한다. 다만, 법인 또는 개인이 그 위반행위를 방지하기 위하여 해당 업무에 관하여 상당한 주의와 감독을 게을리하지 아니한 경우에는 그러하지 아니하다.(2021.1.26 본문개정)
제129조【과태료】 ① 제91조의21을 위반하여 자료 또는 정보의 제공 요청에 따르지 아니한 자에게는 300만원 이하의 과태료를 부과한다.(2022.6.10 본항신설)
② 다음 각 호의 어느 하나에 해당하는 자에게는 200만원 이하의 과태료를 부과한다.
1. 제34조를 위반하여 근로복지공단 또는 이와 비슷한 명칭을 사용한 자(2010.1.27 본호개정)
2. 제45조제1항을 위반하여 공단이 아닌 자에게 진료비를 청구한 자
③ 다음 각 호의 어느 하나에 해당하는 자에게는 100만원 이하의 과태료를 부과한다.
1. 제47조제1항에 따른 진료계획을 정당한 사유 없이 제출하지 아니하는 자
2. 제105조제4항(제109조제1항에서 준용하는 경우를 포함한다)에 따른 질문에 답변하지 아니하거나 거짓된 답변을 하거나 검사를 거부·방해 또는 기피한 자
3. 제114조제1항 또는 제118조에 따른 보고를 하지 아니하거나 거짓된 보고를 한 자 또는 서류나 물건의 제출 명령에 따르지 아니한 자
4. 제117조 또는 제118조에 따른 공단의 소속 직원의 질문에 답변을 거부하거나 조사를 거부·방해 또는 기피한 자
5. (2022.6.10 삭제)
④ 제1항부터 제3항까지의 규정에 따른 과태료는 대통령령으로 정하는 바에 따라 고용노동부장관이 부과·징수한다.(2022.6.10 본항개정)
⑤~⑥ (2010.1.27 삭제)

부 칙

제1조【시행일】 이 법은 2008년 7월 1일부터 시행한다. 다만, 제70조의 개정규정 및 부칙 제14조는 공포한 날부터 시행한다.
제2조【평균임금의 증감에 관한 특례】 제36조제3항의 개정규정에도 불구하고 2013년 이후에는 다음 각 호의 구분에 따른 연령에 도달한 이후에 소비자물가변동률에 따라 평균임금을 증감한다.
1. 2013년부터 2017년까지 : 61세
2. 2018년부터 2022년까지 : 62세
3. 2023년부터 2027년까지 : 63세
4. 2028년부터 2032년까지 : 64세
5. 2033년 이후 : 65세
제3조【간병급여에 관한 적용례】 법률 제8373호 산업재해보상보험법 전부개정법률 부칙 제2조에 따라 간병급여의 지급대상이 되지 아니한 자로서 이 법 제61조에 따른 간병급여의 지급대상이 되는 자는 이 법 시행 이후 지급사유가 발생한 간병급여부터 지급한다.
제4조【생존확인에 따른 징수금에 관한 적용례】 제39조제2항의 개정규정은 이 법 시행 이후 생존이 확인된 자부터 적용한다.
제5조【휴업급여 등에 관한 적용례】 ① 제52조 및 제54조부터 제56조까지의 개정규정은 이 법 시행 이후 새로 요양 또는 재요양을 시작하는 자부터 적용한다.
② 제53조의 개정규정은 이 법 시행 당시 요양 또는 재요양 중인 자로서 일정기간 또는 단시간 취업한 자에 대하여도 적용한다.
제6조【장해급여에 관한 적용례】 제57조부터 제60조까지의 개정규정은 이 법 시행 이후 치유되어 장해급여 청구사유가 발생한 자부터 적용한다.
제7조【재요양에 따른 장해급여에 관한 적용례】 제60조제1항의 개정규정은 이 법 시행 이후 새로 재요양을 받는 장해보상연금 수급권자부터 적용한다.
제8조【유족보상연금 수급권자의 행방불명에 관한 적용례】 제64조제3항의 개정규정은 이 법 시행 이후 행방불명된 자부터 적용한다.
제9조【상병보상연금에 관한 적용례】 제66조부터 제69조까지의 개정규정은 이 법 시행 이후 새로 요양 또는 재요양을 시작하는 자부터 적용한다.
제10조【연금의 지급시기에 관한 적용례】 제70조의 개정규정은 이 법 공포일이 속하는 달의 연금분부터 적용한다.
제11조【직업재활급여에 관한 적용례】 ① 제73조 및 제74조의 개정규정은 이 법 시행 이후 치유되어 장해급여를 받은 자부터 적용한다.
② 제75조의 개정규정은 이 법 시행 이후 치유되어 장해급여를 받은 자에 대하여 고용을 유지하거나 직장적응훈련 또는 재활운동을 실시하는 자부터 적용한다.
제12조【부당이득 징수에 관한 적용례】 ① 제84조제1항 후단의 개정규정은 이 법 시행 이후 이 법에 따른 요양급여를 지급받은 자부터 적용한다.
② 제84조제3항의 개정규정은 이 법 시행 이후 산재보험 의료기관 또는 제46조제1항에 따른 약국이 진료비 또는 약제비를 지급받은 경우부터 적용한다.

제13조【공단의 임원에 대한 경과조치】 종전의 규정에 따라 임명된 공단의 임원은 이 법에 따라 임명된 것으로 보며, 임원의 임기는 종전의 규정에 따라 임명된 날부터 기산한다.
제14조【재단법인 산재의료관리원에 대한 경과조치】 ① 이 법 공포 당시 종전의 제32조제2항에 따라 설립된 관리기구인 재단법인 산재의료관리원(이하 "관리원"이라 한다)은 이 법 공포 후 산재의료원의 정관을 작성하여 노동부장관의 허가를 받아야 한다.
② 관리원은 제1항에 따른 허가를 받아 2008년 7월 1일에 산재의료원의 설립등기를 하여야 한다.
③ 관리원은 제2항에 따라 설립등기를 마친 때에는 「민법」 중 법인의 해산 및 청산에 관한 규정에도 불구하고 해산된 것으로 본다.
④ 이 법에 따른 산재의료원은 설립등기일에 관리원의 모든 권리·의무 및 재산을 승계한다.
⑤ 산재의료원의 설립 당시 관리원의 임직원은 이 법에 따른 산재의료원의 임직원으로 보며, 임원의 임기는 종전의 규정에 따라 임명된 날부터 기산한다.
제15조【처분 등에 관한 일반적 경과조치】 이 법 시행 당시 종전의 규정에 따른 행정기관의 행위나 행정기관에 대한 행위는 그에 해당하는 이 법에 따른 행정기관의 행위나 행정기관에 대한 행위로 본다.
제16조【과태료에 관한 경과조치】 이 법 시행 전의 행위에 대하여 과태료 규정을 적용할 때에는 종전의 규정에 따른다.
제17조【최고·최저 보상기준 금액에 관한 경과조치】 제36조제7항 및 제8항의 개정규정에 따른 최고 보상기준 금액 및 최저 보상기준 금액이 각각 이 법 시행 당시 종전의 제35조제6항에 따라 고시된 최고 보상기준 금액 및 최저 보상기준 금액보다 적으면 종전의 규정에 따라 고시된 최고 보상기준 금액 및 최저 보상기준 금액을 적용한다.
제18조【산재보험 의료기관에 대한 경과조치】 이 법 시행 당시 종전의 제37조제2항에 따라 공단이 지정한 의료기관은 이 법 제43조의 개정규정에 따른 산재보험 의료기관으로 본다.
제19조【재요양에 따른 장해급여에 관한 경과조치】 이 법 시행 당시 장해보상연금의 수급권자로서 재요양을 받고 있는 자에 대하여는 제60조제1항의 개정규정에도 불구하고 종전의 규정에 따른다.
제20조【휴업급여에 관한 경과조치】 이 법 시행 당시 요양 또는 재요양을 받고 있는 자는 제52조 및 제54조부터 제56조까지의 개정규정에도 불구하고 종전의 규정에 따른다.
제21조【장해보상연금 수급권의 소멸 및 장해등급의 재판정에 관한 경과조치】 ① 이 법 시행 당시 대한민국 국민이 아닌 자가 외국에서 거주하면서 장해보상연금을 받고 있는 경우에는 제58조의 개정규정에도 불구하고 종전의 규정에 따른다.
② 이 법 시행 당시 종전의 규정에 따라 장해보상연금을 받고 있는 자는 제59조의 개정규정에도 불구하고 장해등급의 재판정을 하지 아니한다.
제22조【상병보상연금에 관한 경과조치】 이 법 시행 당시 요양 또는 재요양을 받고 있는 자는 제66조부터 제69조까지의 개정규정에도 불구하고 종전의 규정에 따른다.
제23조【심사 및 재심사 청구 등에 관한 경과조치】 ① 이 법 시행 전에 종전의 규정에 따라 공단 또는 산업재해보상보험심사위원회에 제기된 심사 청구 또는 재심사 청구는 각각 이 법에 따라 공단 또는 산업재해보상보험재심사위원회에 제기된 심사 청구 또는 재심사 청구로 본다.
② 이 법 시행 전에 종전의 규정에 따라 제기된 심사 청구 또는 재심사 청구에 대한 심리·결정 또는 심리·재결은 각각 제105조 및 제109조의 개정규정에 따른다.
제24조【재심사위원회 및 위원에 대한 경과조치】 ① 이 법 시행 당시 종전의 규정에 따른 산업재해보상보험심사위원회는 이 법에 따른 산업재해보상보험재심사위원회로 본다.
② 이 법 시행 당시 종전의 규정에 따라 임명된 산업재해보상보험심사위원회의 위원은 이 법에 따라 임명된 산업재해보상보험재심사위원회의 위원으로 보며, 임기는 종전의 임명일부터 기산한다.
제25조【다른 법률의 개정】 ①~⑩ ※(해당 법령에 가제정리 하였음)
제26조【다른 법령과의 관계】 ① 이 법 시행 당시 다른 법령에서 종전의 「산업재해보상보험법」 또는 그 규정을 인용한 경우에 이 법 가운데 그에 해당하는 규정이 있으면 종전의 규정을 갈음하여 이 법 또는 이 법의 해당 규정을 인용한 것으로 본다.
② 이 법 시행 당시 다른 법령에서 종전의 재단법인 산재의료관리원을 인용한 경우에는 제33조에 따른 한국산재의료원을 인용한 것으로 본다.

부 칙 (2010.5.20)

제1조【시행일】 이 법은 공포 후 6개월이 경과한 날부터 시행한다. 다만, 제16조제3항, 제40조제6항, 제43조제1항제2호 및 제48조제1항제3호의 개정규정은 공포한 날부터 시행한다.
제2조【진폐에 따른 진폐보상연금의 지급에 관한 적용례】 ① 제36조제1항·제2항 및 제91조의3의 개정규정은 종전의 규정에 따라 진폐로 인하여 장해보상연금을 받고 있는 사람(이 법 시행 전에 지급사유가 발생한 사람을 포함한다)에 대하여도 적용하되, 종전의 규정에 따라 산정된 장해보상연금액이 같은 개정규정에 따라 산정된 진폐보상연금액 보다 많은 경우에는 종전의 규정에 따라 장해보상연금을 계속 지급한다.
② 제36조제1항·제2항 및 제91조의3의 개정규정은 종전의 규정에 따라 진폐로 인하여 장해보상연금을 받고 있는 사람(이 법 시행 전에 지급사유가 발생한 사람을 포함한다) 중 이 법 시행 후에 진폐장해등급이 변경(종전의 장해등급과 비교하여 등급의 급수가 다른 경우를 말한다. 이하 이 조에서 같다)된 사람에 대하여도 적용하되, 종전의 규정에 따라 산정된 장해보상연금액이 같은 개정규정에 따라 산정된 진폐보상연금액보다 많은 경우에는 종전의 규정에 따라 장해보상연금을 계속 지급한다.
③ 제36조제1항·제2항 및 제91조의3의 개정규정은 종전의 규정에 따라 진폐로 인하여 장해보상일시금을 받은 사람(이 법 시행 전에 지급사유가 발생한 사람을 포함한다)에 대하여도 적용하되, 같은 개정규정에 따른 진폐보상연금액 중에서 기초연금액만을 지급한다.
④ 제36조제1항·제2항 및 제91조의3의 개정규정은 종전의 규정에 따라 진폐로 인하여 장해보상일시금을 받은 사람(이 법 시행 전에 지급사유가 발생한 사람을 포함한다) 중 이 법 시행 후에 진폐장해등급이 변경된 사람에 대하여도 적용하되, 같은 개정규정에 따라 변경된 진폐장해등급에 해당하는 진폐장해연금 일수에서 종전의 장해등급에 해당하는 진폐장해연금 일수를 공제하고 남은 일수를 기준으로 진폐장해연금액을 산정하여 지급한다.
제3조【진폐에 따른 휴업급여 등의 지급에 관한 경과조치】 이 법 시행 당시 진폐로 인하여 요양 또는 재요양을 받고 있는 사람(이 법 시행 전에 지급사유가 발생한 사람을 포함한다)에 대한 휴업급여 및 상병보상연금의 지급에 관하여는 그 요양 또는 재요양이 종결되기 전까지는 제36조제1항·제2항 및 제91조의3의 개정규정에도 불구하고 제52조부터 제56조까지 및 제66조부터 제69조까지의 규정에 따른다.
제4조【진폐에 따른 유족급여의 지급에 관한 경과조치】 ① 이 법 시행 당시 진폐로 인하여 요양 또는 재요양을 받고 있는 사람(이 법 시행 전에 지급사유가 발생한 사람을 포함한다)이 이 법 시행 후에도 계속 요양 또는 재요양을 하다가 진폐로 사망한 경우에 그 사람에 대한 유족보상연금 또는 유족보상일시금의 지급에 관하여는 제36조제1항·제2항 및 제91조의4의 개정규정에도 불구하고 제62조부터 제65조까지의 규정에 따른다.
② 이 법 시행 당시 진폐로 인하여 유족보상연금을 받고 있는 사람(이 법 시행 전에 지급사유가 발생한 사람을 포함한다)에 관하여는 제36조제1항·제2항 및 제91조의4의 개정규정에도 불구하고 제62조부터 제64조까지의 규정에 따른다.
제5조【평균임금 증감에 관한 경과조치】 이 법 시행 당시 진폐에 따른 휴업급여, 장해보상연금, 상병보상연금 또는 유족보상연금을 받고 있는 사람(이 법 시행 전에 지급사유가 발생한 사람을 포함한다)의 평균임금 증감에 대하여는 제36조제3항의 개정규정에도 불구하고 종전의 규정에 따른다.

제6조【다른 법률의 개정】①~③ ※(해당 법령에 가제정리 하였음)

부 칙 (2015.1.20)

제1조【시행일】이 법은 공포 후 3개월이 경과한 날부터 시행한다.
제2조【국민건강보험 요양급여 비용의 정산에 관한 적용례】제90조의2의 개정규정은 제40조에 따른 요양 또는 재요양이 종결된 후 2년이 지나지 아니한 사람이 이 법 시행 후 「국민건강보험법」 제41조에 따라 받는 요양급여부터 적용한다.
제3조【금치산자 등에 관한 경과조치】제107조제6항제1호의 개정규정에 따른 피성년후견인 또는 피한정후견인에는 법률 제10429호 민법 일부개정법률 부칙 제2조에 따라 금치산 또는 한정치산 선고의 효력이 유지되는 사람이 포함되는 것으로 본다.

부 칙 (2017.10.24)

제1조【시행일】이 법은 2018년 1월 1일부터 시행한다.
제2조【출퇴근 재해에 관한 적용례】제5조 및 제37조의 개정규정은 2016년 9월 29일 이후로 발생한 재해부터 적용한다.(2020.6.9 본조개정)

부 칙 (2018.6.12)

제1조【시행일】이 법은 공포 후 6개월이 경과한 날부터 시행한다. 다만, 제26조제2항, 제36조제7항, 제54조제2항, 제97조제4항 및 제107조제2항ㆍ제7항의 개정규정은 공포한 날부터 시행하며, 제107조제8항, 제126조의2, 제127조제2항의 개정규정은 공포 후 3개월이 경과한 날부터 시행한다.
제2조【유족보상연금 수급자격의 적용례】제63조제1항 및 제64조제1항의 개정규정은 이 법 시행 당시 유족보상연금을 수급하고 있는 자녀에 대하여도 적용한다.
제3조【직장적응훈련비에 관한 적용례】제72조제1항제2호의 개정규정은 이 법 시행 후 최초로 실시하는 직장적응훈련부터 적용한다.
제4조【부당이득의 징수에 관한 적용례】제84조제4항의 개정규정은 이 법 시행 후 최초로 부정수급 사실을 자진 신고한 경우부터 적용한다.

부 칙 (2020.4.7)

제1조【시행일】이 법은 공포 후 1년이 경과한 날부터 시행한다.(이하 생략)

부 칙 (2020.5.26)

이 법은 공포한 날부터 시행한다.(이하 생략)

부 칙 (2020.6.9)

이 법은 공포한 날부터 시행한다.

부 칙 (2020.12.8)

제1조【시행일】이 법은 공포 후 6개월이 경과한 날부터 시행한다.
제2조【다른 법률의 개정】※(해당 법령에 가제정리 하였음)

부 칙 (2021.1.5)

제1조【시행일】이 법은 2021년 7월 1일부터 시행한다.
제2조【특수형태근로종사자 산재보험 적용 제외 신청에 관한 적용례】① 제125조의 개정규정은 종전의 규정에 따라 적용 제외 중인 특수형태근로종사자에게도 적용된다.
② 종전의 규정에 따라 적용 제외 중인 사람이 제125조제4항의 적용제외 사유로 이 법의 적용 제외를 원하는 경우 새로이 적용 제외를 신청하여야 한다.
③ 이 법 시행일 이후 3년 이내에 제2항에 따른 적용 제외 신청을 하고 공단이 이를 승인한 경우 이 법 시행일로부터 이 법을 적용하지 아니한다.

부 칙 (2021.1.26)

이 법은 공포 후 6개월이 경과한 날부터 시행한다.

부 칙 (2021.4.13)
(2021.5.18)

이 법은 2022년 1월 1일부터 시행한다.

부 칙 (2021.8.17)

제1조【시행일】이 법은 공포 후 6개월이 경과한 날부터 시행한다.(이하 생략)

부 칙 (2022.1.11)

제1조【시행일】이 법은 공포 후 1년이 경과한 날부터 시행한다.
제2조【건강손상자녀의 보험급여 지급에 관한 적용례】제36조제1항 및 제3장의3(제91조의12부터 제91조의14까지)의 개정규정은 이 법 시행일 이후에 출생한 자녀부터 적용한다. 다만, 다음 각 호의 어느 하나에 해당하는 경우에는 이 법 시행일 전에 출생한 자녀에게도 적용한다.
1. 이 법 시행일 전에 제36조제2항에 따른 청구를 한 경우
2. 이 법 시행일 전에 법원의 확정판결로 자녀의 부상, 질병ㆍ장해의 발생 또는 사망에 대한 공단의 보험급여지급 거부처분이 취소된 경우
3. 이 법 시행일 전 3년 이내에 출생한 자녀로서 이 법 시행일로부터 3년 이내에 제36조제2항에 따른 청구를 하는 경우

부 칙 (2022.6.10 법18913호)

이 법은 공포한 날부터 시행한다.

부 칙 (2022.6.10 법18928호)

제1조【시행일】이 법은 2023년 7월 1일부터 시행한다. 다만, 부칙 제8조는 공포한 날부터 시행한다.
제2조【부분휴업급여에 관한 적용례】제53조의 개정규정은 이 법 시행 이후 지급사유가 발생한 부분휴업급여부터 적용한다.
제3조【노무제공자에 대한 보험급여의 산정기준 등에 관한 적용례】① 제91조의17제1항부터 제3항까지 및 제5항의 개정규정은 이 법 시행 후 새로 요양 또는 재요양을 시작하는 노무제공자부터 적용한다.
② 제91조의17제4항의 개정규정은 이 법 시행 당시 요양 또는 재요양을 받고 있는 노무제공자에게도 적용하되, 이 법 시행 후 평균보수를 증감하는 경우부터 적용한다.
제4조【노무제공자에 대한 업무상 재해의 인정기준에 관한 적용례】제91조의18의 개정규정은 이 법 시행 후 최초로 발생하는 재해부터 적용한다.
제5조【노무제공자에 대한 보험급여의 지급 등에 관한 적용례】제91조의19 및 제91조의20의 개정규정은 이 법 시행 후 새로 요양 또는 재요양을 시작하는 노무제공자부터 적용한다.
제6조【노무제공자에 대한 보험급여의 산정기준 등에 관한 경과조치】이 법 시행 당시 요양 또는 재요양을 받고 있는 노무제공자는 제91조의17제1항부터 제3항까지 및 제5항의 개정규정에도 불구하고 종전의 규정에 따른다.

제7조【노무제공자에 대한 보험급여의 지급 등에 관한 경과조치】 이 법 시행 당시 요양 또는 재요양을 받고 있는 노무제공자는 제91조의19 및 제91조의20의 개정규정에도 불구하고 종전의 규정에 따른다.
제8조【특수형태근로종사자의 업무상 재해 인정 및 보험급여 지급 등의 특례】 ① 종전의 제125조제1항에 따른 특수형태근로종사자가 이 법 공포 이후 2023년 6월 30일까지 같은 항 제1호에 따른 주된 사업 외의 사업(종전의 제125조제1항에 따른 직종에 종사하는 사업에 한한다)에서 최초로 재해를 입은 경우에는 종전의 규정을 적용받는 특수형태근로종사자로 본다. 이 경우 업무상 재해의 인정 기준 및 보험급여의 지급 등에 대하여는 종전의 제125조제8항·제9항 및 제11항을 적용한다.
② 제1항의 재해가 발생한 사업은 본칙 제6조에도 불구하고 종전의 규정을 적용받는 사업으로 본다. 다만, 종전의 제125조제3항부터 제7항까지와 「고용보험 및 산업재해보상보험의 보험료징수 등에 관한 법률」 제26조, 제49조의3 및 제50조제1항제1호는 적용하지 아니한다.

부 칙 (2023.8.8)

제1조【시행일】 이 법은 공포 후 6개월이 경과한 날부터 시행한다.
제2조【유족보상연금 수급자격의 적용례】 제63조제1항 및 제64조제1항의 개정규정은 이 법 시행 당시 유족보상연금의 수급자격자인 손자녀에 대하여도 적용한다.

부 칙 (2024.10.22)

이 법은 2025년 1월 1일부터 시행한다.

〔별표〕 ➡ 「www.hyeonamsa.com」 참조

남녀고용평등과 일 · 가정 양립 지원에 관한 법률

(약칭 : 남녀고용평등법)

(2001년 8월 14일 전개법률 제6508호)

개정
2005. 5.31법 7564호 2005.12.30법 7822호
2007. 4.11법 8372호(근기)
2007.12.21법 8781호
2009.10. 9법 9792호(고용정책기본법)
2009.10. 9법 9795호(직업안정법)
2010. 2. 4법 9998호
2010. 6. 4법10339호(정부조직)
2011. 6. 7법10789호(영유아보육법)
2012. 2. 1법11274호
2012. 6. 1법11461호(전자문서및전자거래기본법)
2014. 1.14법12244호 2014. 5.20법12628호
2015. 1.20법13043호 2016. 1.28법13932호
2017.11.28법15109호 2019. 1.15법16271호
2019. 4.30법16413호(파견근로자보호)
2019. 8.27법16558호
2020. 5.26법17326호(법률용어정비)
2020. 9. 8법17489호 2020.12. 8법17602호
2021. 5.18법18178호 2024.10.22법20521호

제1장 총 칙
(2007.12.21 본장개정)

제1조【목적】 이 법은 「대한민국헌법」의 평등이념에 따라 고용에서 남녀의 평등한 기회와 대우를 보장하고 모성 보호와 여성 고용을 촉진하여 남녀고용평등을 실현함과 아울러 근로자의 일과 가정의 양립을 지원함으로써 모든 국민의 삶의 질 향상에 이바지하는 것을 목적으로 한다.
제2조【정의】 이 법에서 사용하는 용어의 뜻은 다음과 같다.
1. "차별"이란 사업주가 근로자에게 성별, 혼인, 가족 안에서의 지위, 임신 또는 출산 등의 사유로 합리적인 이유 없이 채용 또는 근로의 조건을 다르게 하거나 그 밖의 불리한 조치를 하는 경우〔사업주가 채용조건이나 근로조건은 동일하게 적용하더라도 그 조건을 충족할 수 있는 남성 또는 여성이 다른 한 성(性)에 비하여 현저히 적고 그에 따라 특정 성에게 불리한 결과를 초래하며 그 조건이 정당한 것임을 증명할 수 없는 경우를 포함한다〕를 말한다. 다만, 다음 각 목의 어느 하나에 해당하는 경우는 제외한다.
 가. 직무의 성격에 비추어 특정 성이 불가피하게 요구되는 경우
 나. 여성 근로자의 임신·출산·수유 등 모성보호를 위한 조치를 하는 경우
 다. 그 밖에 이 법 또는 다른 법률에 따라 적극적 고용개선조치를 하는 경우
2. "직장 내 성희롱"이란 사업주·상급자 또는 근로자가 직장 내의 지위를 이용하거나 업무와 관련하여 다른 근로자에게 성적 언동 등으로 성적 굴욕감 또는 혐오감을 느끼게 하거나 성적 언동 또는 그 밖의 요구 등에 따르지 아니하였다는 이유로 근로조건 및 고용에서 불이익을 주는 것을 말한다. (2017.11.28 본호개정)
3. "적극적 고용개선조치"란 현존하는 남녀 간의 고용차별을 없애거나 고용평등을 촉진하기 위하여 잠정적으로 특정 성을 우대하는 조치를 말한다.
4. "근로자"란 사업주에게 고용된 사람과 취업할 의사를 가진 사람을 말한다.(2020.5.26 본호개정)
제3조【적용 범위】 ① 이 법은 근로자를 사용하는 모든 사업 또는 사업장(이하 "사업"이라 한다)에 적용한다. 다만, 대통령령으로 정하는 사업에 대하여는 이 법의 전부 또는 일부를 적용하지 아니할 수 있다.

② 남녀고용평등의 실현과 일·가정의 양립에 관하여 다른 법률에 특별한 규정이 있는 경우 외에는 이 법에 따른다.

제4조【국가와 지방자치단체의 책무】 ① 국가와 지방자치단체는 이 법의 목적을 실현하기 위하여 국민의 관심과 이해를 증진시키고 여성의 직업능력 개발 및 고용 촉진을 지원하여야 하며, 남녀고용평등의 실현에 방해가 되는 모든 요인을 없애기 위하여 필요한 노력을 하여야 한다.
② 국가와 지방자치단체는 일·가정의 양립을 위한 근로자와 사업주의 노력을 지원하여야 하며 일·가정의 양립 지원에 필요한 재원을 조성하고 여건을 마련하기 위하여 노력하여야 한다.

제5조【근로자 및 사업주의 책무】 ① 근로자는 상호 이해를 바탕으로 남녀가 동등하게 존중받는 직장문화를 조성하기 위하여 노력하여야 한다.
② 사업주는 해당 사업장의 남녀고용평등의 실현에 방해가 되는 관행과 제도를 개선하여 남녀근로자가 동등한 여건에서 자신의 능력을 발휘할 수 있는 근로환경을 조성하기 위하여 노력하여야 한다.
③ 사업주는 일·가정의 양립을 방해하는 사업장 내의 관행과 제도를 개선하고 일·가정의 양립을 지원할 수 있는 근무환경을 조성하기 위하여 노력하여야 한다.

제6조【정책의 수립 등】 ① 고용노동부장관은 남녀고용평등과 일·가정의 양립을 실현하기 위하여 다음 각 호의 정책을 수립·시행하여야 한다.(2010.6.4 본문개정)
1. 남녀고용평등 의식 확산을 위한 홍보
2. 남녀고용평등 우수기업(제17조의4에 따른 적극적 고용개선 조치 우수기업을 포함한다)의 선정 및 행정적·재정적 지원
3. 남녀고용평등 강조 기간의 설정·추진
4. 남녀차별 개선과 여성취업 확대를 위한 조사·연구
5. 모성보호와 일·가정 양립을 위한 제도개선 및 행정적·재정적 지원
6. 그 밖에 남녀고용평등의 실현과 일·가정의 양립을 지원하기 위하여 필요한 사항

② 고용노동부장관은 제1항에 따른 정책의 수립·시행을 위하여 관계자의 의견을 반영하도록 노력하여야 하며 필요하다고 인정되는 경우 관계 행정기관 및 지방자치단체, 그 밖의 공공단체의 장에게 협조를 요청할 수 있다.(2010.6.4 본항개정)

제6조의2【기본계획 수립】 ① 고용노동부장관은 남녀고용평등 실현과 일·가정의 양립에 관한 기본계획(이하 "기본계획"이라 한다)을 5년마다 수립하여야 한다.(2016.1.28 본항개정)
② 기본계획에는 다음 각 호의 사항이 포함되어야 한다.
1. 여성취업의 촉진에 관한 사항
2. 남녀의 평등한 기회보장 및 대우에 관한 사항
3. 동일 가치 노동에 대한 동일 임금 지급의 정착에 관한 사항
4. 여성의 직업능력 개발에 관한 사항
5. 여성 근로자의 모성 보호에 관한 사항
6. 일·가정의 양립 지원에 관한 사항
7. 여성 근로자를 위한 복지시설의 설치 및 운영에 관한 사항
8. 직전 기본계획에 대한 평가(2016.1.28 본호신설)
9. 그 밖에 남녀고용평등의 실현과 일·가정의 양립 지원을 위하여 고용노동부장관이 필요하다고 인정하는 사항

(2010.6.4 본호개정)
③ 고용노동부장관은 필요하다고 인정하면 관계 행정기관 또는 공공기관의 장에게 기본계획 수립에 필요한 자료의 제출을 요청할 수 있다.(2016.1.28 본항신설)
④ 고용노동부장관이 기본계획을 수립한 때에는 지체 없이 소관 상임위원회에 보고하여야 한다.(2016.1.28 본항신설)
(2007.12.21 본조신설)

제6조의3【실태조사 실시】 ① 고용노동부장관은 사업 또는 사업장의 남녀차별개선, 모성보호, 일·가정의 양립 실태를 파악하기 위하여 정기적으로 조사를 실시하여야 한다.
② 제1항에 따른 실태조사의 대상, 시기, 내용 등 필요한 사항은 고용노동부령으로 정한다.
(2010.6.4 본조개정)

제2장 고용에서 남녀의 평등한 기회보장 및 대우등
(2020.5.26 본장제목개정)

제1절 남녀의 평등한 기회보장 및 대우

제7조【모집과 채용】 ① 사업주는 근로자를 모집하거나 채용할 때 남녀를 차별하여서는 아니 된다.
② 사업주는 근로자를 모집·채용할 때 그 직무의 수행에 필요하지 아니한 용모·키·체중 등의 신체적 조건, 미혼 조건, 그 밖에 고용노동부령으로 정하는 조건을 제시하거나 요구하여서는 아니 된다.(2021.5.18 본항개정)
(2007.12.21 본조개정)

제8조【임금】 ① 사업주는 동일한 사업 내의 동일 가치 노동에 대하여는 동일한 임금을 지급하여야 한다.
② 동일 가치 노동의 기준은 직무 수행에서 요구되는 기술, 노력, 책임 및 작업 조건 등으로 하고, 사업주가 그 기준을 정할 때에는 제25조에 따른 노사협의회의 근로자를 대표하는 위원의 의견을 들어야 한다.
③ 사업주가 임금차별을 목적으로 설립한 별개의 사업은 동일한 사업으로 본다.
(2007.12.21 본조개정)

판례 동조 소정의 '동일가치 노동'과 '기술, 노력, 책임 및 작업 조건'의 의미 : [1] '동일가치 노동'이란 당해 사업장 내의 서로 비교되는 남녀 간의 노동이 동일하거나 실질적으로 거의 같은 성질의 노동 또는 그 직무가 다소 다르더라도 객관적인 직무평가 등에 의하여 본질적으로 동일한 가치가 있다고 인정되는 노동에 해당하는 것을 말한다.
[2] '기술, 노력, 책임 및 작업 조건'이란 당해 직무가 요구하는 내용에 관한 것으로서, '기술'은 자격증, 학위, 습득된 경험 등에 의한 직무수행능력 또는 솜씨의 객관적 수준을, '노력'은 육체적 및 정신적 노력, 작업수행에 필요한 물리적 및 정신적 긴장 즉, 노동 강도를, '책임'은 업무에 내재한 의무의 성격·범위·복잡성, 사업주가 당해 직무에 의존하는 정도를, '작업 조건'은 소음, 열, 물리적·화학적 위험, 고립, 추위 또는 더위의 정도 등 당해 업무에 종사하는 근로자가 통상적으로 처하는 물리적 작업환경을 말한다.
(대판 2003.3.14, 2002도3883)

제9조【임금 외의 금품 등】 사업주는 임금 외에 근로자의 생활을 보조하기 위한 금품의 지급 또는 자금의 융자 등 복리후생에서 남녀를 차별하여서는 아니 된다.(2007.12.21 본조개정)

제10조【교육·배치 및 승진】 사업주는 근로자의 교육·배치 및 승진에서 남녀를 차별하여서는 아니 된다.(2007.12.21 본조개정)

제11조【정년·퇴직 및 해고】 ① 사업주는 근로자의 정년·퇴직 및 해고에서 남녀를 차별하여서는 아니 된다.
② 사업주는 여성 근로자의 혼인, 임신 또는 출산을 퇴직 사유로 예정하는 근로계약을 체결하여서는 아니 된다.
(2007.12.21 본조개정)

제2절 직장 내 성희롱의 금지 및 예방

제12조【직장 내 성희롱의 금지】 사업주, 상급자 또는 근로자는 직장 내 성희롱을 하여서는 아니 된다.(2007.12.21 본조개정)

제13조【직장 내 성희롱 예방 교육 등】 ① 사업주는 직장 내 성희롱을 예방하고 근로자가 안전한 근로환경에서 일할 수 있는 여건을 조성하기 위하여 직장 내 성희롱의 예방을 위한 교육(이하 "성희롱 예방 교육"이라 한다)을 매년 실시하여야 한다.(2017.11.28 본항개정)
② 사업주 및 근로자는 제1항에 따른 성희롱 예방 교육을 받아야 한다.(2014.1.14 본항신설)
③ 사업주는 성희롱 예방 교육의 내용을 근로자가 자유롭게 열람할 수 있는 장소에 항상 게시하거나 갖추어 두어 근로자에게 널리 알려야 한다.(2017.11.28 본항신설)
④ 사업주는 고용노동부령으로 정하는 기준에 따라 직장 내 성희롱 예방 및 금지를 위한 조치를 하여야 한다.(2017.11.28 본항신설)

⑤ 제1항 및 제2항에 따른 성희롱 예방 교육의 내용·방법 및 횟수 등에 관하여 필요한 사항은 대통령령으로 정한다.
(2014.1.14 본항개정)
(2017.11.28 본조제목개정)

제13조의2 【성희롱 예방 교육의 위탁】 ① 사업주는 성희롱 예방 교육을 고용노동부장관이 지정하는 기관(이하 "성희롱 예방 교육기관"이라 한다)에 위탁하여 실시할 수 있다.
(2010.6.4 본항개정)
② 사업주가 성희롱 예방 교육기관에 위탁하여 성희롱 예방 교육을 하려는 경우에는 제13조제5항에 따라 대통령령으로 정하는 내용을 성희롱 예방 교육기관에 미리 알려 그 사항이 포함되도록 하여야 한다.(2017.11.28 본항신설)
③ 성희롱 예방 교육기관은 고용노동부령으로 정하는 기관 중에서 지정하되, 고용노동부령으로 정하는 강사를 1명 이상 두어야 한다.(2010.6.4 본항개정)
④ 성희롱 예방 교육기관은 고용노동부령으로 정하는 바에 따라 교육을 실시하고 교육이수증이나 이수자 명단 등 교육 실시 관련 자료를 보관하며 사업주나 교육 대상자에게 그 자료를 내주어야 한다.(2020.5.26 본항개정)
⑤ 고용노동부장관은 성희롱 예방 교육기관이 다음 각 호의 어느 하나에 해당하면 그 지정을 취소할 수 있다.(2010.6.4 본문개정)
1. 거짓이나 그 밖의 부정한 방법으로 지정을 받은 경우
2. 정당한 사유 없이 제3항에 따른 강사를 3개월 이상 계속하여 두지 아니한 경우(2017.11.28 본호개정)
3. 2년 동안 직장 내 성희롱 예방 교육 실적이 없는 경우
(2017.11.28 본호신설)
⑥ 고용노동부장관은 제5항에 따라 성희롱 예방 교육기관의 지정을 취소하려면 청문을 하여야 한다.(2017.11.28 본항개정)
(2007.12.21 본조개정)

제14조 【직장 내 성희롱 발생 시 조치】 ① 누구든지 직장 내 성희롱 발생 사실을 알게 된 경우 그 사실을 해당 사업주에게 신고할 수 있다.
② 사업주는 제1항에 따른 신고를 받거나 직장 내 성희롱 발생 사실을 알게 된 경우에는 지체 없이 그 사실 확인을 위한 조사를 하여야 한다. 이 경우 사업주는 직장 내 성희롱과 관련하여 피해를 입은 근로자 또는 피해를 입었다고 주장하는 근로자(이하 "피해근로자등"이라 한다)가 조사 과정에서 성적 수치심 등을 느끼지 아니하도록 하여야 한다.
③ 사업주는 제2항에 따른 조사 기간 동안 피해근로자등을 보호하기 위하여 필요한 경우 해당 피해근로자등에 대하여 근무장소의 변경, 유급휴가 명령 등 적절한 조치를 하여야 한다. 이 경우 사업주는 피해근로자등의 의사에 반하는 조치를 하여서는 아니 된다.
④ 사업주는 제2항에 따른 조사 결과 직장 내 성희롱 발생 사실이 확인된 때에는 피해근로자가 요청하면 근무장소의 변경, 배치전환, 유급휴가 명령 등 적절한 조치를 하여야 한다.
⑤ 사업주는 제2항에 따른 조사 결과 직장 내 성희롱 발생 사실이 확인된 때에는 지체 없이 직장 내 성희롱 행위를 한 사람에 대하여 징계, 근무장소의 변경 등 필요한 조치를 하여야 한다. 이 경우 사업주는 징계 등의 조치를 하기 전에 그 조치에 대하여 직장 내 성희롱 피해를 입은 근로자의 의견을 들어야 한다.
⑥ 사업주는 성희롱 발생 사실을 신고한 근로자 및 피해근로자등에게 다음 각 호의 어느 하나에 해당하는 불리한 처우를 하여서는 아니 된다.
1. 파면, 해임, 해고, 그 밖에 신분상실에 해당하는 불이익 조치
2. 징계, 정직, 감봉, 강등, 승진 제한 등 부당한 인사조치
3. 직무 미부여, 직무 재배치, 그 밖에 본인의 의사에 반하는 인사조치
4. 성과평가 또는 동료평가 등에서 차별이나 그에 따른 임금 또는 상여금 등의 차별 지급
5. 직업능력 개발 및 향상을 위한 교육훈련 기회의 제한
6. 집단 따돌림, 폭행 또는 폭언 등 정신적·신체적 손상을 가져오는 행위를 하거나 그 행위의 발생을 방치하는 행위
7. 그 밖에 신고를 한 근로자 및 피해근로자등의 의사에 반하는 불리한 처우

⑦ 제2항에 따라 직장 내 성희롱 발생 사실을 조사한 사람, 조사 내용을 보고 받은 사람 또는 그 밖에 조사 과정에 참여한 사람은 해당 조사 과정에서 알게 된 비밀을 피해근로자등의 의사에 반하여 다른 사람에게 누설하여서는 아니 된다. 다만, 조사와 관련된 내용을 사업주에게 보고하거나 관계 기관의 요청에 따라 필요한 정보를 제공하는 경우는 제외한다.
(2017.11.28 본조개정)

판례 사용자가 직장 내 성희롱으로 인한 피해를 호소하는 근로자를 무시하고 오히려 부당한 징계처분을 내리거나, 피해근로자를 도와준 동료 근로자에게까지 차별적이고 부당한 징계처분을 함으로써 피해근로자를 직장 내에서 고립시켜 이른바 '2차 피해'를 입혔다면, 사용자는 근로자에 대한 보호의무를 위반하여 피해근로자의 정신적 손해를 배상할 책임이 있다.(서울고법 2018.4.20, 2017나2076631)

제14조의2 【고객 등에 의한 성희롱 방지】 ① 사업주는 고객 등 업무와 밀접한 관련이 있는 사람이 업무수행 과정에서 성적인 언동 등을 통하여 근로자에게 성적 굴욕감 또는 혐오감 등을 느끼게 하여 해당 근로자가 그로 인한 고충 해소를 요청할 경우 근무 장소 변경, 배치전환, 유급휴가의 명령 등 적절한 조치를 하여야 한다.
② 사업주는 근로자가 제1항에 따른 피해를 주장하거나 고객 등으로부터의 성적 요구 등에 따르지 아니하였다는 것을 이유로 해고나 그 밖의 불이익한 조치를 하여서는 아니 된다.
(2020.5.26 본조개정)

제3절 여성의 직업능력 개발 및 고용 촉진

제15조 【직업 지도】 「직업안정법」 제2조의2제1호에 따른 직업안정기관은 여성이 적성, 능력, 경력 및 기능의 정도에 따라 직업을 선택하고, 직업에 적응하는 것을 쉽게 하기 위하여 고용정보와 직업에 관한 조사·연구 자료를 제공하는 등 직업 지도에 필요한 조치를 하여야 한다.(2009.10.9 본조개정)

제16조 【직업능력 개발】 국가, 지방자치단체 및 사업주는 여성의 직업능력 개발 및 향상을 위하여 모든 직업능력 개발 훈련에서 남녀에게 평등한 기회를 보장하여야 한다.
(2007.12.21 본조개정)

제17조 【여성 고용 촉진】 ① 고용노동부장관은 여성의 고용 촉진을 위한 시설을 설치·운영하는 비영리법인과 단체에 대하여 필요한 비용의 전부 또는 일부를 지원할 수 있다.
② 고용노동부장관은 여성의 고용 촉진을 위한 사업을 실시하는 사업주 또는 여성휴게실과 수유시설을 설치하는 등 사업장 내의 고용환경을 개선하고자 하는 사업주에게 필요한 비용의 전부 또는 일부를 지원할 수 있다.
(2010.6.4 본조개정)

제17조의2 【경력단절여성의 능력개발과 고용촉진지원】 ① 고용노동부장관은 임신·출산·육아 등의 이유로 직장을 그만두었으나 재취업할 의사가 있는 경력단절여성(이하 "경력단절여성"이라 한다)을 위하여 취업유망 직종을 선정하고, 특화된 훈련과 고용촉진프로그램을 개발하여야 한다.
② 고용노동부장관은 「직업안정법」 제2조의2제1호에 따른 직업안정기관을 통하여 경력단절여성에게 직업정보, 직업훈련정보 등을 제공하고 전문화된 직업지도, 직업상담 등의 서비스를 제공하여야 한다.
(2010.6.4 본조개정)

제4절 적극적 고용개선조치

제17조의3 【적극적 고용개선조치 시행계획의 수립·제출 등】 ① 고용노동부장관은 다음 각 호의 어느 하나에 해당하는 사업주로서 고용하고 있는 직종별 여성 근로자의 비율이 산업별·규모별로 고용노동부령으로 정하는 고용 기준에 미달하는 사업주에 대하여는 차별적 고용관행 및 제도 개선을 위한 적극적 고용개선조치 시행계획(이하 "시행계획"이라 한다)을 수립하여 제출할 것을 요구할 수 있다. 이 경우 해당 사업주는 시행계획을 제출하여야 한다.
1. 대통령령으로 정하는 공공기관·단체의 장
2. 대통령령으로 정하는 규모 이상의 근로자를 고용하는 사업의 사업주

② 제1항 각 호의 어느 하나에 해당하는 사업주는 직종별·직급별 남녀 근로자 현황과 남녀 근로자 임금 현황을 고용노동부장관에게 제출하여야 한다.(2019.1.15 본항개정)
③ 제1항 각 호의 어느 하나에 해당하지 아니하는 사업주로서 적극적 고용개선조치를 하려는 사업주는 직종별·직급별 남녀 근로자 현황, 남녀 근로자 임금 현황과 시행계획을 작성하여 고용노동부장관에게 제출할 수 있다.(2019.1.15 본항개정)
④ 고용노동부장관은 제1항과 제3항에 따라 제출된 시행계획을 심사하여 그 내용이 명확하지 아니하거나 차별적 고용관행을 개선하려는 노력이 부족하여 시행계획으로서 적절하지 아니하다고 인정되면 해당 사업주에게 시행계획의 보완을 요구할 수 있다.(2010.6.4 본항개정)
⑤ 제1항과 제2항에 따른 시행계획과 남녀 근로자 현황, 남녀 근로자 임금 현황의 기재 사항, 제출 시기, 제출 절차 등에 관하여 필요한 사항은 고용노동부령으로 정한다.(2019.1.15 본항개정)
(2007.12.21 본조개정)

제17조의4【이행실적의 평가 및 지원 등】 ① 제17조의3제1항 및 제3항에 따라 시행계획을 제출한 자는 그 이행실적을 고용노동부장관에게 제출하여야 한다.(2010.6.4 본항개정)
② 고용노동부장관은 제1항에 따라 제출된 이행실적을 평가하고, 그 결과를 사업주에게 통보하여야 한다.(2010.6.4 본항개정)
③ 고용노동부장관은 제2항에 따른 평가 결과 이행실적이 우수한 기업(이하 "적극적 고용개선조치 우수기업"이라 한다)에 표창을 할 수 있다.(2010.6.4 본항개정)
④ 국가와 지방자치단체는 적극적 고용개선조치 우수기업에 행정적·재정적 지원을 할 수 있다.
⑤ 고용노동부장관은 제2항에 따른 평가 결과 이행실적이 부진한 사업주에게 시행계획의 이행을 촉구할 수 있다.
(2010.6.4 본항개정)
⑥ 고용노동부장관은 제2항에 따른 평가 업무를 대통령령으로 정하는 기관이나 단체에 위탁할 수 있다.(2010.6.4 본항개정)
⑦ 제1항에 따른 이행실적의 기재 사항, 제출 시기 및 제출 절차와 제2항에 따른 평가 결과의 통보 절차 등에 관하여 필요한 사항은 고용노동부령으로 정한다.(2010.6.4 본항개정)
(2007.12.21 본조개정)

제17조의5【적극적 고용개선조치 미이행 사업주 명단 공표】
① 고용노동부장관은 명단 공개 기준일 이전에 3회 연속하여 제17조의3제1항의 기준에 미달한 사업주로서 제17조의4제5항의 이행촉구를 받고 이에 따르지 아니한 경우 그 명단을 공표할 수 있다. 다만, 사업주의 사망·기업의 소멸 등 대통령령으로 정하는 사유가 있는 경우에는 그러하지 아니하다.
② 제1항에 따른 공표의 구체적인 기준·내용 및 방법 등 공표에 필요한 사항은 대통령령으로 정한다.
(2014.1.14 본조신설)

제17조의6【시행계획 등의 게시】 제17조의3제1항에 따라 시행계획을 제출한 사업주는 시행계획 및 제17조의4제1항에 따른 이행실적을 근로자가 열람할 수 있도록 게시하는 등 필요한 조치를 하여야 한다.(2007.12.21 본조개정)

제17조의7【적극적 고용개선조치에 관한 협조】 고용노동부장관은 적극적 고용개선조치의 효율적 시행을 위하여 필요하다고 인정하면 관계 행정기관의 장에게 차별의 시정 또는 예방을 위하여 필요한 조치를 하여 줄 것을 요청할 수 있다. 이 경우 관계 행정기관의 장은 특별한 사유가 없으면 요청에 따라야 한다.(2010.6.4 본조개정)

제17조의8【적극적 고용개선조치에 관한 중요 사항 심의】 적극적 고용개선조치에 관한 다음 각 호의 사항은 「고용정책 기본법」 제10조에 따른 고용정책심의회의 심의를 거쳐야 한다.
1. 제17조의3제1항에 따른 여성 근로자 고용기준에 관한 사항
2. 제17조의3제4항에 따른 시행계획의 심사에 관한 사항
3. 제17조의4제2항에 따른 적극적 고용개선조치 이행실적의 평가에 관한 사항
4. 제17조의4제3항 및 제4항에 따른 적극적 고용개선조치 우수기업의 표창 및 지원에 관한 사항
5. 제17조의5제1항에 따른 공표 여부에 관한 사항(2014.1.14 본호신설)
6. 그 밖에 적극적 고용개선조치에 관하여 고용정책심의회의 위원장이 회의에 부치는 사항
(2009.10.9 본조개정)

제17조의9【적극적 고용개선조치의 조사·연구 등】 ① 고용노동부장관은 적극적 고용개선조치에 관한 업무를 효율적으로 수행하기 위하여 조사·연구·교육·홍보 등의 사업을 할 수 있다.
② 고용노동부장관은 필요하다고 인정하면 제1항에 따른 업무의 일부를 대통령령으로 정하는 자에게 위탁할 수 있다.
(2010.6.4 본조개정)

제3장 모성 보호

제18조【출산전후휴가 등에 대한 지원】 ① 국가는 제18조의2에 따른 배우자 출산휴가, 제18조의3에 따른 난임치료휴가, 「근로기준법」 제74조에 따른 출산전후휴가 또는 유산·사산 휴가를 사용한 근로자 중 일정한 요건에 해당하는 사람에게 그 휴가기간에 대하여 통상임금에 상당하는 금액(이하 "출산전후휴가급여등"이라 한다)을 지급할 수 있다.
(2024.10.22 본항개정)
② 제1항에 따라 지급된 출산전후휴가급여등은 그 금액의 한도에서 제18조의2제1항, 제18조의3제1항 본문 또는 「근로기준법」 제74조제4항에 따라 사업주가 지급한 것으로 본다.
(2024.10.22 본항개정)
③ 출산전후휴가급여등을 지급하기 위하여 필요한 비용은 국가재정이나 「사회보장기본법」에 따른 사회보험에서 분담할 수 있다.
④ 근로자가 출산전후휴가급여등을 받으려는 경우 사업주는 관계 서류의 작성·확인 등 모든 절차에 적극 협력하여야 한다.
(2019.8.27 본항개정)
⑤ 출산전후휴가급여등의 지급요건, 지급기간 및 절차 등에 관하여 필요한 사항은 따로 법률로 정한다.
(2019.8.27 본조제목개정)
(2012.2.1 본조개정)

제18조의2【배우자 출산휴가】 ① 사업주는 근로자가 배우자의 출산을 이유로 휴가(이하 "배우자 출산휴가"라 한다)를 고지하는 경우에 20일의 휴가를 주어야 한다. 이 경우 사용한 휴가기간은 유급으로 한다.(2024.10.22 전단개정)
② 제1항 후단에도 불구하고 출산전후휴가급여등이 지급된 경우에는 그 금액의 한도에서 지급의 책임을 면한다.(2019.8.27 본항신설)
③ 배우자 출산휴가는 근로자의 배우자가 출산한 날부터 120일이 지나면 사용할 수 없다.(2024.10.22 본항개정)
④ 배우자 출산휴가는 3회에 한정하여 나누어 사용할 수 있다.
(2024.10.22 본항개정)
⑤ 사업주는 배우자 출산휴가를 이유로 근로자를 해고하거나 그 밖의 불리한 처우를 하여서는 아니 된다.
(2019.8.27 본항신설)

제18조의3【난임치료휴가】 ① 사업주는 근로자가 인공수정 또는 체외수정 등 난임치료를 받기 위하여 휴가(이하 "난임치료휴가"라 한다)를 청구하는 경우에 연간 6일 이내의 휴가를 주어야 하며, 이 경우 최초 2일은 유급으로 한다. 다만, 근로자가 청구한 시기에 휴가를 주는 것이 정상적인 사업 운영에 중대한 지장을 초래하는 경우에는 근로자와 협의하여 그 시기를 변경할 수 있다.(2024.10.22 본문개정)
② 사업주는 난임치료휴가를 이유로 해고, 징계 등 불리한 처우를 하여서는 아니 된다.
③ 사업주는 제1항에 따라 난임치료휴가의 청구 업무를 처리하는 과정에서 알게 된 사실을 난임치료휴가를 신청한 근로자의 의사에 반하여 다른 사람에게 누설하여서는 아니된다.
(2024.10.22 본항개정)
④ 난임치료휴가의 신청방법 및 절차 등은 대통령령으로 정한다.(2024.10.22 본항신설)
(2017.11.28 본조신설)

제3장의2 일 · 가정의 양립 지원
(2007.12.21 본장제목삽입)

제19조【육아휴직】 ① 사업주는 임신 중인 여성 근로자가 모성을 보호하거나 근로자가 만 8세 이하 또는 초등학교 2학년 이하의 자녀(입양한 자녀를 포함한다. 이하 같다)를 양육하기 위하여 휴직(이하 "육아휴직"이라 한다)을 신청하는 경우에 이를 허용하여야 한다. 다만, 대통령령으로 정하는 경우에는 그러하지 아니하다.(2021.5.18 본문개정)
② 육아휴직기간은 1년 이내로 한다. 다만, 다음 각 호의 어느 하나에 해당하는 근로자의 경우 6개월 이내에서 추가로 육아휴직을 사용할 수 있다.(2024.10.22 단서신설)
1. 같은 자녀를 대상으로 부모가 모두 육아휴직을 각각 3개월 이상 사용한 경우의 부 또는 모
2. 「한부모가족지원법」 제4조제1호의 부 또는 모
3. 고용노동부령으로 정하는 장애아동의 부 또는 모
(2024.10.22 1호~3호신설)
③ 사업주는 육아휴직을 이유로 해고나 그 밖의 불리한 처우를 하여서는 아니 되며, 육아휴직 기간에는 그 근로자를 해고하지 못한다. 다만, 사업을 계속할 수 없는 경우에는 그러하지 아니하다.
④ 사업주는 육아휴직을 마친 후에는 휴직 전과 같은 업무 또는 같은 수준의 임금을 지급하는 직무에 복귀시켜야 한다. 또한 제2항의 육아휴직 기간은 근속기간에 포함한다.
⑤ 기간제근로자 또는 파견근로자의 육아휴직 기간은 「기간제 및 단시간근로자 보호 등에 관한 법률」 제4조에 따른 사용기간 또는 「파견근로자 보호 등에 관한 법률」 제6조에 따른 근로자파견기간에서 제외한다.(2020.5.26 본항개정)
⑥ 육아휴직의 신청방법 및 절차 등에 관하여 필요한 사항은 대통령령으로 정한다.
(2007.12.21 본조개정)

판례 사업주가 육아휴직을 마친 근로자를 복귀시키면서 부여한 업무가 휴직 전과 같은 업무에 해당한다고 보려면, 단순히 육아휴직 전후의 임금 수준만을 비교하여서는 안 되고, 수행하는 업무도 함께 고려해야 한다. 대형마트에서 코너 전반을 총괄하는 업무를 담당하는 매니저로 근무하던 근로자가 육아휴직을 마치고 복귀하며 냉장냉동 영업담당으로 인사발령을 받은 사건에서, 형식적 직급은 같더라도 휴직 전 담당 업무와 복귀 후의 담당 업무를 비교할 때 업무의 성격과 내용 · 범위 및 권한 · 책임 등에 상당한 차이가 있다면 부당전직에 해당한다.(대판 2022.6.30, 2017두76005)

제19조의2【육아기 근로시간 단축】 ① 사업주는 근로자가 만 12세 이하 또는 초등학교 6학년 이하의 자녀를 양육하기 위하여 근로시간의 단축(이하 "육아기 근로시간 단축"이라 한다)을 신청하는 경우에 이를 허용하여야 한다. 다만, 대체인력 채용이 불가능한 경우, 정상적인 사업 운영에 중대한 지장을 초래하는 경우 등 대통령령으로 정하는 경우에는 그러하지 아니하다.(2024.10.22 본문개정)
② 제1항 단서에 따라 사업주가 육아기 근로시간 단축을 허용하지 아니하는 경우에는 해당 근로자에게 그 사유를 서면으로 통보하고 육아휴직을 사용하게 하거나 출근 및 퇴근 시간 조정 등 다른 조치를 통하여 지원할 수 있는지를 해당 근로자와 협의하여야 한다.(2019.8.27 본항개정)
③ 사업주가 제1항에 따라 해당 근로자에게 육아기 근로시간 단축을 허용하는 경우 단축 후 근로시간은 주당 15시간 이상이어야 하고 35시간을 넘어서는 아니 된다.(2019.8.27 본항개정)
④ 육아기 근로시간 단축의 기간은 1년 이내로 한다. 다만, 근로자가 제19조제2항 본문에 따른 육아휴직 기간 중 사용하지 아니한 기간이 있으면 그 기간의 두 배를 가산한 기간 이내로 한다.(2024.10.22 단서개정)
⑤ 사업주는 육아기 근로시간 단축을 이유로 해당 근로자에게 해고나 그 밖의 불리한 처우를 하여서는 아니 된다.
⑥ 사업주는 근로자의 육아기 근로시간 단축기간이 끝난 후에 그 근로자를 육아기 근로시간 단축 전과 같은 업무 또는 같은 수준의 임금을 지급하는 직무에 복귀시켜야 한다.
⑦ 육아기 근로시간 단축의 신청방법 및 절차 등에 관하여 필요한 사항은 대통령령으로 정한다.
(2007.12.21 본조신설)

제19조의3【육아기 근로시간 단축 중 근로조건 등】 ① 사업주는 제19조의2에 따라 육아기 근로시간 단축을 하고 있는 근로자에 대하여 근로시간에 비례하여 적용하는 경우 외에는 육아기 근로시간 단축을 이유로 그 근로조건을 불리하게 하여서는 아니 된다.
② 제19조의2에 따라 육아기 근로시간 단축을 한 근로자의 근로조건(육아기 근로시간 단축 후 근로시간을 포함한다)은 사업주와 그 근로자 간에 서면으로 정한다.
③ 사업주는 제19조의2에 따라 육아기 근로시간 단축을 하고 있는 근로자에게 단축된 근로시간 외에 연장근로를 요구할 수 없다. 다만, 그 근로자가 명시적으로 청구하는 경우에는 사업주는 주 12시간 이내에서 연장근로를 시킬 수 있다.
④ 육아기 근로시간 단축을 한 근로자에 대하여 「근로기준법」 제2조제6호에 따른 평균임금을 산정하는 경우에는 그 근로자의 육아기 근로시간 단축 기간을 평균임금 산정기간에서 제외한다.
(2007.12.21 본조신설)

제19조의4【육아휴직과 육아기 근로시간 단축의 사용형태】 ① 근로자는 육아휴직을 3회에 한정하여 나누어 사용할 수 있다. 이 경우 임신 중인 여성 근로자가 모성보호를 위하여 육아휴직을 사용한 횟수는 육아휴직을 나누어 사용한 횟수에 포함하지 아니한다.
② 근로자는 육아기 근로시간 단축을 나누어 사용할 수 있다. 이 경우 나누어 사용하는 1회의 기간은 1개월(근로계약기간의 만료로 1개월 이상 근로시간 단축을 사용할 수 없는 기간제근로자에 대해서는 남은 근로계약기간을 말한다) 이상이 되어야 한다.
(2024.10.22 본조개정)

제19조의5【육아지원을 위한 그 밖의 조치】 ① 사업주는 만 8세 이하 또는 초등학교 2학년 이하의 자녀를 양육하는 근로자의 육아를 지원하기 위하여 다음 각 호의 어느 하나에 해당하는 조치를 하도록 노력하여야 한다.(2019.8.27 본문개정)
1. 업무를 시작하고 마치는 시간 조정
2. 연장근로의 제한
3. 근로시간의 단축, 탄력적 운영 등 근로시간 조정
4. 그 밖에 소속 근로자의 육아를 지원하기 위하여 필요한 조치
② 고용노동부장관은 사업주가 제1항에 따른 조치를 할 경우 고용 효과 등을 고려하여 필요한 지원을 할 수 있다.(2010.6.4 본항개정)
(2007.12.21 본조신설)

제19조의6【직장복귀를 위한 사업주의 지원】 사업주는 이 법에 따라 육아휴직 중인 근로자에 대한 직업능력 개발 및 향상을 위하여 노력하여야 하고 출산전후휴가, 육아휴직 또는 육아기 근로시간 단축을 마치고 복귀하는 근로자가 쉽게 직장생활에 적응할 수 있도록 지원하여야 한다.(2012.2.1 본조개정)

제20조【일 · 가정의 양립을 위한 지원】 ① 국가는 사업주가 근로자에게 육아휴직이나 육아기 근로시간 단축을 허용한 경우 그 근로자의 생계비용과 사업주의 고용유지비용의 일부를 지원할 수 있다.
② 국가는 육아기 재택근무 등 소속 근로자의 일 · 가정의 양립을 지원하기 위한 조치를 도입하는 사업주에게 세제 및 재정을 통한 지원을 할 수 있다.(2024.10.22 본항개정)
(2007.12.21 본조개정)

제21조【직장어린이집 설치 및 지원 등】 ① 사업주는 근로자의 취업을 지원하기 위하여 수유 · 탁아 등 육아에 필요한 어린이집(이하 "직장어린이집"이라 한다)을 설치하여야 한다.
② 직장어린이집을 설치하여야 할 사업주의 범위 등 직장어린이집의 설치 및 운영에 관한 사항은 「영유아보육법」에 따른다.
③ 고용노동부장관은 근로자의 고용을 촉진하기 위하여 직장어린이집의 설치 · 운영에 필요한 지원 및 지도를 하여야 한다.
④ 사업주는 직장어린이집을 운영하는 경우 근로자의 고용형태에 따라 차별해서는 아니 된다.(2019.8.27 본항신설)
(2011.6.7 본조개정)

제21조의2【그 밖의 보육 관련 지원】 고용노동부장관은 제21조에 따라 직장어린이집을 설치하여야 하는 사업주 외의 사업주가 직장어린이집을 설치하려는 경우에는 직장어린이집의 설

치·운영에 필요한 정보 제공, 상담 및 비용의 일부 지원 등 필요한 지원을 할 수 있다.(2011.6.7 본조개정)

제22조【공공복지시설의 설치】 ① 국가 또는 지방자치단체는 여성 근로자를 위한 교육·육아·주택 등 공공복지시설을 설치할 수 있다.

② 제1항에 따른 공공복지시설의 기준과 운영에 필요한 사항은 고용노동부장관이 정한다.(2010.6.4 본항개정)

(2007.12.21 본조개정)

제22조의2【근로자의 가족 돌봄 등을 위한 지원】 ① 사업주는 근로자가 조부모, 부모, 배우자, 배우자의 부모, 자녀 또는 손자녀(이하 "가족"이라 한다)의 질병, 사고, 노령으로 인하여 그 가족을 돌보기 위한 휴직(이하 "가족돌봄휴직"이라 한다)을 신청하는 경우 이를 허용하여야 한다. 다만, 대체인력 채용이 불가능한 경우, 정상적인 사업 운영에 중대한 지장을 초래하는 경우, 본인 외에도 조부모의 직계비속 또는 손자녀의 직계존속이 있는 경우 등 대통령령으로 정하는 경우에는 그러하지 아니하다.(2019.8.27 본항개정)

② 사업주는 근로자가 가족(조부모 또는 손자녀의 경우 근로자 본인 외에도 직계비속 또는 직계존속이 있는 등 대통령령으로 정하는 경우는 제외한다)의 질병, 사고, 노령 또는 자녀의 양육으로 인하여 긴급하게 그 가족을 돌보기 위한 휴가(이하 "가족돌봄휴가"라 한다)를 신청하는 경우 이를 허용하여야 한다. 다만, 근로자가 청구한 시기에 가족돌봄휴가를 주는 것이 정상적인 사업 운영에 중대한 지장을 초래하는 경우에는 근로자와 협의하여 그 시기를 변경할 수 있다.(2019.8.27 본항신설)

③ 제1항 단서에 따라 사업주가 가족돌봄휴직을 허용하지 아니하는 경우에는 해당 근로자에게 그 사유를 서면으로 통보하고, 다음 각 호의 어느 하나에 해당하는 조치를 하도록 노력하여야 한다.

1. 업무를 시작하고 마치는 시간 조정
2. 연장근로의 제한
3. 근로시간의 단축, 탄력적 운영 등 근로시간의 조정
4. 그 밖에 사업장 사정에 맞는 지원조치

(2012.2.1 본항신설)

④ 가족돌봄휴직 및 가족돌봄휴가의 사용기간과 분할횟수 등은 다음 각 호에 따른다.(2020.9.8 본문개정)

1. 가족돌봄휴직 기간은 연간 최장 90일로 하며, 이를 나누어 사용할 수 있을 것. 이 경우 나누어 사용하는 1회의 기간은 30일 이상이 되어야 한다.
2. 가족돌봄휴가 기간은 연간 최장 10일[제3호에 따라 가족돌봄휴가 기간이 연장되는 경우 20일(「한부모가족지원법」 제4조제1호의 모 또는 부에 해당하는 근로자의 경우 25일) 이내]로 하며, 일단위로 사용할 수 있을 것. 다만, 가족돌봄휴가 기간은 가족돌봄휴직 기간에 포함된다.(2020.9.8 본문개정)
3. 고용노동부장관은 감염병의 확산 등을 원인으로 「재난 및 안전관리 기본법」 제38조에 따른 심각단계의 위기경보가 발령되거나, 이에 준하는 대규모 재난이 발생한 경우로서 근로자에게 가족을 돌보기 위한 특별한 조치가 필요하다고 인정되는 경우 「고용정책 기본법」 제10조에 따른 고용정책심의회의 심의를 거쳐 가족돌봄휴가 기간을 연간 10일(「한부모가족지원법」 제4조제1호에 따른 모 또는 부에 해당하는 근로자의 경우 15일)의 범위에서 연장할 수 있을 것. 이 경우 고용노동부장관은 지체 없이 기간 및 사유 등을 고시하여야 한다.
(2020.9.8 본호신설)

(2019.8.27 본항신설)

⑤ 제4항제3호에 따라 연장된 가족돌봄휴가는 다음 각 호의 어느 하나에 해당하는 경우에만 사용할 수 있다.

1. 감염병 확산을 사유로 「재난 및 안전관리 기본법」 제38조에 따른 심각단계의 위기경보가 발령된 경우로서 가족이 위기경보가 발령된 원인이 되는 감염병의 「감염병의 예방 및 관리에 관한 법률」 제2조제13호부터 제15호까지의 감염병환자, 감염병의사환자, 병원체보유자인 경우 또는 같은 법 제2조제15호의2의 감염병의심자 중 유증상자 등으로 분류되어 돌봄이 필요한 경우
2. 자녀가 소속된 「초·중등교육법」 제2조의 학교, 「유아교육법」 제2조제2호의 유치원 또는 「영유아보육법」 제2조제3호의 어린이집(이하 이 조에서 "학교등"이라 한다)에 대한 「초·중등교육법」 제64조에 따른 휴업명령 또는 휴교처분, 「유아교육법」 제31조에 따른 휴업 또는 휴원 명령이나 「영유아보육법」 제43조의2에 따른 휴원명령으로 자녀의 돌봄이 필요한 경우
3. 자녀가 제1호에 따른 감염병으로 인하여 「감염병의 예방 및 관리에 관한 법률」 제42조제2항제1호에 따른 자가(自家) 격리 대상이 되거나 학교등에서 등교 또는 등원 중지 조치를 받아 돌봄이 필요한 경우
4. 그 밖에 근로자의 가족돌봄에 관하여 고용노동부장관이 정하는 사유에 해당하는 경우

(2020.9.8 본항신설)

⑥ 사업주는 가족돌봄휴직 또는 가족돌봄휴가를 이유로 해당 근로자를 해고하거나 근로조건을 악화시키는 등 불리한 처우를 하여서는 아니 된다.(2019.8.27 본항개정)

⑦ 가족돌봄휴직 및 가족돌봄휴가 기간은 근속기간에 포함한다. 다만, 「근로기준법」 제2조제1항제6호에 따른 평균임금 산정기간에서는 제외한다.(2019.8.27 본문개정)

⑧ 사업주는 소속 근로자가 건전하게 직장과 가정을 유지하는 데에 도움이 될 수 있도록 필요한 심리상담 서비스를 제공하도록 노력하여야 한다.

⑨ 고용노동부장관은 사업주가 제1항 또는 제2항에 따른 조치를 하는 경우에는 고용 효과 등을 고려하여 필요한 지원을 할 수 있다.(2019.8.27 본항개정)

⑩ 가족돌봄휴직 및 가족돌봄휴가의 신청방법 및 절차 등에 관하여 필요한 사항은 대통령령으로 정한다.(2019.8.27 본항개정)

(2007.12.21 본조신설)

제22조의3【가족돌봄 등을 위한 근로시간 단축】 ① 사업주는 근로자가 다음 각 호의 어느 하나에 해당하는 사유로 근로시간의 단축을 신청하는 경우에 이를 허용하여야 한다. 다만, 대체인력 채용이 불가능한 경우, 정상적인 사업 운영에 중대한 지장을 초래하는 경우 등 대통령령으로 정하는 경우에는 그러하지 아니하다.

1. 근로자가 가족의 질병, 사고, 노령으로 인하여 그 가족을 돌보기 위한 경우
2. 근로자 자신의 질병이나 사고로 인한 부상 등의 사유로 자신의 건강을 돌보기 위한 경우
3. 55세 이상의 근로자가 은퇴를 준비하기 위한 경우
4. 근로자의 학업을 위한 경우

② 제1항 단서에 따라 사업주가 근로시간 단축을 허용하지 아니하는 경우에는 해당 근로자에게 그 사유를 서면으로 통보하고 휴직을 사용하게 하거나 그 밖의 조치를 통하여 지원할 수 있는지를 해당 근로자와 협의하여야 한다.

③ 사업주가 제1항에 따라 해당 근로자에게 근로시간 단축을 허용하는 경우 단축 후 근로시간은 주당 15시간 이상이어야 하고 30시간을 넘어서는 아니 된다.

④ 근로시간 단축의 기간은 1년 이내로 한다. 다만, 제1항제1호부터 제3호까지의 어느 하나에 해당하는 근로자는 합리적 이유가 있는 경우에 추가로 2년의 범위 안에서 근로시간 단축의 기간을 연장할 수 있다.

⑤ 사업주는 근로시간 단축을 이유로 해당 근로자에게 해고나 그 밖의 불리한 처우를 하여서는 아니 된다.

⑥ 사업주는 근로자의 근로시간 단축기간이 끝난 후에 그 근로자를 근로시간 단축 전과 같은 업무 또는 같은 수준의 임금을 지급하는 직무에 복귀시켜야 한다.

⑦ 근로시간 단축의 신청방법 및 절차 등에 필요한 사항은 대통령령으로 정한다.

(2019.8.27 본조신설)

제22조의4【가족돌봄 등을 위한 근로시간 단축 중 근로조건 등】 ① 사업주는 제22조의3에 따라 근로시간 단축을 하고 있는 근로자에게 근로시간에 비례하여 적용하는 경우 외에는 가족돌봄 등을 위한 근로시간 단축을 이유로 그 근로조건을 불리하게 하여서는 아니 된다.

② 제22조의3에 따라 근로시간 단축을 한 근로자의 근로조건(근로시간 단축 후 근로시간을 포함한다)은 사업주와 그 근로자 간에 서면으로 정한다.

③ 사업주는 제22조의3에 따라 근로시간 단축을 하고 있는 근로자에게 단축된 근로시간 외에 연장근로를 요구할 수 없다. 다만, 그 근로자가 명시적으로 청구하는 경우에는 사업주는 주 12시간 이내에서 연장근로를 시킬 수 있다.
④ 근로시간 단축을 한 근로자에 대하여 「근로기준법」 제2조제6호에 따른 평균임금을 산정하는 경우에는 그 근로자의 근로시간 단축 기간을 평균임금 산정기간에서 제외한다.
(2019.8.27 본조신설)

제22조의5【일 · 가정 양립 지원 기반 조성】 ① 고용노동부장관은 일 · 가정 양립프로그램의 도입 · 확산, 모성보호 조치의 원활한 운영 등을 지원하기 위하여 조사 · 연구 및 홍보 등의 사업을 하고, 전문적인 상담 서비스와 관련 정보 등을 사업주와 근로자에게 제공하여야 한다.
② 고용노동부장관은 제1항에 따른 업무와 제21조와 제21조의2에 따른 직장보육시설 설치 · 운영의 지원에 관한 업무를 대통령령으로 정하는 바에 따라 공공기관 또는 민간에 위탁하여 수행할 수 있다.
③ 고용노동부장관은 제2항에 따라 업무를 위탁받은 기관에 업무수행에 사용되는 경비를 지원할 수 있다.
(2010.6.4 본조개정)

제4장 분쟁의 예방과 해결
(2007.12.21 본장개정)

제23조【상담지원】 ① 고용노동부장관은 차별, 직장내 성희롱, 모성보호 및 일 · 가정 양립 등에 관한 상담을 실시하는 민간단체에 필요한 비용의 일부를 예산의 범위에서 지원할 수 있다.
② 제1항에 따른 단체의 선정요건, 비용의 지원기준과 지원절차 및 지원의 중단 등에 필요한 사항은 고용노동부령으로 정한다.
(2010.6.4 본조개정)

제24조【명예고용평등감독관】 ① 고용노동부장관은 사업장의 남녀고용평등 이행을 촉진하기 위하여 그 사업장 소속 근로자 중 노사가 추천하는 사람을 명예고용평등감독관(이하 "명예감독관"이라 한다)으로 위촉할 수 있다.(2020.5.26 본항개정)
② 명예감독관은 다음 각 호의 업무를 수행한다.
1. 해당 사업장의 차별 및 직장 내 성희롱 발생 시 피해 근로자에 대한 상담 · 조언
2. 해당 사업장의 고용평등 이행상태 자율점검 및 지도 시 참여
3. 법령위반 사실이 있는 사항에 대하여 사업주에 대한 개선 건의 및 감독기관에 대한 신고
4. 남녀고용평등 제도에 대한 홍보 · 계몽
5. 그 밖에 남녀고용평등의 실현을 위하여 고용노동부장관이 정하는 업무(2010.6.4 본호개정)
③ 사업주는 명예감독관으로서 정당한 임무 수행을 한 것을 이유로 해당 근로자에게 인사상 불이익 등의 불리한 조치를 하여서는 아니 된다.
④ 명예감독관의 위촉과 해촉 등에 필요한 사항은 고용노동부령으로 정한다.(2010.6.4 본항개정)

제25조【분쟁의 자율적 해결】 사업주는 제7조부터 제13조까지, 제13조의2, 제14조, 제14조의2, 제18조제4항, 제18조의2, 제19조, 제19조의2부터 제19조의6까지, 제21조 및 제22조의2에 따른 사항에 관하여 근로자가 고충을 신고하였을 때에는 「근로자참여 및 협력증진에 관한 법률」에 따라 해당 사업장에 설치된 노사협의회에 고충의 처리를 위임하는 등 자율적인 해결을 위하여 노력하여야 한다.

제26조【차별적 처우등의 시정신청】 ① 근로자는 사업주로부터 다음 각 호의 어느 하나에 해당하는 차별적 처우 등(이하 "차별적 처우등"이라 한다)을 받은 경우 「노동위원회법」 제1조에 따른 노동위원회(이하 "노동위원회"라 한다)에 그 시정을 신청할 수 있다. 다만, 차별적 처우등을 받은 날(제1호 및 제3호에 따른 차별적 처우등이 계속되는 경우에는 그 종료일)부터 6개월이 지난 때에는 그러하지 아니하다.
1. 제7조부터 제11조까지 중 어느 하나를 위반한 행위(이하 "차별적 처우"라 한다)
2. 제14조제4항 또는 제14조의2제1항에 따른 적절한 조치를 하지 아니한 행위
3. 제14조제6항을 위반한 불리한 처우 또는 제14조의2제2항을 위반한 해고나 그 밖의 불이익한 조치
② 근로자가 제1항에 따른 시정신청을 하는 경우에는 차별적 처우등의 내용을 구체적으로 명시하여야 한다.
③ 제1항 및 제2항에 따른 시정신청의 절차 · 방법 등에 관하여 필요한 사항은 「노동위원회법」 제2조제1항에 따른 중앙노동위원회(이하 "중앙노동위원회"라 한다)가 따로 정하여 고시한다.
(2021.5.18 본조신설)

제27조【조사 · 심문 등】 ① 노동위원회는 제26조에 따른 시정신청을 받은 때에는 지체 없이 필요한 조사와 관계 당사자에 대한 심문을 하여야 한다.
② 노동위원회는 제1항에 따른 심문을 하는 때에는 관계 당사자의 신청 또는 직권으로 증인을 출석하게 하여 필요한 사항을 질문할 수 있다.
③ 노동위원회는 제1항 및 제2항에 따른 심문을 할 때에는 관계 당사자에게 증거의 제출과 증인에 대한 반대심문을 할 수 있는 충분한 기회를 주어야 한다.
④ 제1항부터 제3항까지에 따른 조사 · 심문의 방법 및 절차 등에 관하여 필요한 사항은 중앙노동위원회가 따로 정하여 고시한다.
⑤ 노동위원회는 차별적 처우등 시정사무에 관한 전문적인 조사 · 연구업무를 수행하기 위하여 전문위원을 둘 수 있다. 이 경우 전문위원의 수 · 자격 및 보수 등에 관하여 필요한 사항은 대통령령으로 정한다.
(2021.5.18 본조신설)

제28조【조정 · 중재】 ① 노동위원회는 제27조에 따른 심문 과정에서 관계 당사자 쌍방 또는 일방의 신청이나 직권으로 조정(調停)절차를 개시할 수 있고, 관계 당사자가 미리 노동위원회의 중재(仲裁)결정에 따르기로 합의하여 중재를 신청한 경우에는 중재를 할 수 있다.
② 제1항에 따른 조정 또는 중재의 신청은 제26조에 따른 시정신청을 한 날부터 14일 이내에 하여야 한다. 다만, 노동위원회가 정당한 사유로 그 기간에 신청할 수 없었다고 인정하는 경우에는 14일 후에도 신청할 수 있다.
③ 노동위원회는 조정 또는 중재를 하는 경우 관계 당사자의 의견을 충분히 들어야 한다.
④ 노동위원회는 특별한 사유가 없으면 조정절차를 개시하거나 중재신청을 받은 날부터 60일 이내에 조정안을 제시하거나 중재결정을 하여야 한다.
⑤ 노동위원회는 관계 당사자 쌍방이 조정안을 받아들이기로 한 경우에는 조정조서를 작성하여야 하고, 중재결정을 한 경우에는 중재결정서를 작성하여야 한다.
⑥ 조정조서에는 관계 당사자와 조정에 관여한 위원 전원이 서명 또는 날인을 하여야 하고, 중재결정서에는 관여한 위원 전원이 서명 또는 날인을 하여야 한다.
⑦ 제5항 및 제6항에 따른 조정 또는 중재결정은 「민사소송법」에 따른 재판상 화해와 동일한 효력을 갖는다.
⑧ 제1항부터 제7항까지에 따른 조정 · 중재의 방법, 조정조서 · 중재결정서의 작성 등에 필요한 사항은 중앙노동위원회가 따로 정하여 고시한다.
(2021.5.18 본조신설)

제29조【시정명령 등】 ① 노동위원회는 제27조에 따른 조사 · 심문을 끝내고 차별적 처우등에 해당된다고 판정한 때에는 해당 사업주에게 시정명령을 하여야 하고, 차별적 처우등에 해당하지 아니한다고 판정한 때에는 그 시정신청을 기각하는 결정을 하여야 한다.
② 제1항에 따른 판정, 시정명령 또는 기각결정은 서면으로 하되, 그 이유를 구체적으로 명시하여 관계 당사자에게 각각 통보하여야 한다. 이 경우 시정명령을 하는 때에는 시정명령의 내용 및 이행기한 등을 구체적으로 적어야 한다.
(2021.5.18 본조신설)

제29조의2【조정 · 중재 또는 시정명령의 내용】 ① 제28조에 따른 조정 · 중재 또는 제29조에 따른 시정명령의 내용에는 차별적 처우등의 중지, 임금 등 근로조건의 개선(취업규칙, 단체협약 등의 제도개선 명령을 포함한다) 또는 적절한 배상 등의 시정조치 등을 포함할 수 있다.

② 제1항에 따라 배상을 하도록 한 경우 그 배상액은 차별적 처우등으로 근로자에게 발생한 손해액을 기준으로 정한다. 다만, 노동위원회는 사업주의 차별적 처우등에 명백한 고의가 인정되거나 차별적 처우등이 반복되는 경우에는 그 손해액을 기준으로 3배를 넘지 아니하는 범위에서 배상을 명령할 수 있다.
(2021.5.18 본조신설)

제29조의3【시정명령 등의 확정】 ①「노동위원회법」 제2조제1항에 따른 지방노동위원회의 시정명령 또는 기각결정에 불복하는 관계 당사자는 시정명령서 또는 기각결정서를 송달받은 날부터 10일 이내에 중앙노동위원회에 재심을 신청할 수 있다.
② 제1항에 따른 중앙노동위원회의 재심결정에 불복하는 관계 당사자는 재심결정서를 송달받은 날부터 15일 이내에 행정소송을 제기할 수 있다.
③ 제1항에 따른 기간에 재심을 신청하지 아니하거나 제2항에 따른 기간에 행정소송을 제기하지 아니한 때에는 그 시정명령, 기각결정 또는 재심결정은 확정된다.
(2021.5.18 본조신설)

제29조의4【시정명령 이행상황의 제출요구 등】 ① 고용노동부장관은 확정된 시정명령에 대하여 사업주에게 이행상황을 제출할 것을 요구할 수 있다.
② 시정신청을 한 근로자는 사업주가 확정된 시정명령을 이행하지 아니하는 경우 이를 고용노동부장관에게 신고할 수 있다.
(2021.5.18 본조신설)

제29조의5【고용노동부장관의 차별적 처우 시정요구 등】 ① 고용노동부장관은 사업주가 차별적 처우를 한 경우에는 그 시정을 요구할 수 있다.
② 고용노동부장관은 사업주가 제1항에 따른 시정요구에 따르지 아니할 경우에는 차별적 처우의 내용을 구체적으로 명시하여 노동위원회에 통보하여야 한다. 이 경우 고용노동부장관은 해당 사업주 및 근로자에게 그 사실을 알려야 한다.
③ 노동위원회는 제2항에 따라 고용노동부장관의 통보를 받은 때에는 지체 없이 차별적 처우가 있는지 여부를 심리하여야 한다. 이 경우 노동위원회는 해당 사업주 및 근로자에게 의견을 진술할 수 있는 기회를 주어야 한다.
④ 제3항에 따른 노동위원회의 심리, 시정절차 및 노동위원회 결정에 대한 효력 등에 관하여는 제26조부터 제29조까지 및 제29조의2부터 제29조의4까지를 준용한다. 이 경우 "시정신청을 한 날"은 "통보를 받은 날"로, "기각결정"은 "차별적 처우가 없다는 결정"으로, "관계 당사자"는 "해당 사업주 또는 근로자"로, "시정신청을 한 근로자"는 "해당 근로자"로 본다.
⑤ 제3항 및 제4항에 따른 노동위원회의 심리 등에 관하여 필요한 사항은 중앙노동위원회가 따로 정하여 고시한다.
(2021.5.18 본조신설)

제29조의6【확정된 시정명령의 효력 확대】 ① 고용노동부장관은 제29조의3(제29조의5제4항에 따라 준용되는 경우를 포함한다)에 따라 확정된 시정명령을 이행할 의무가 있는 사업주의 사업 또는 사업장에서 해당 시정명령의 효력이 미치는 근로자 외의 근로자에 대해서도 차별적 처우가 있는지를 조사하여 차별적 처우가 있는 경우에는 그 시정을 요구할 수 있다.
② 고용노동부장관은 사업주가 제1항에 따른 시정요구에 따르지 아니하는 경우 노동위원회에 통보하여야 하고, 노동위원회는 지체 없이 차별적 처우가 있는지 여부를 심리하여야 한다.
③ 제2항에 따른 통보 및 심리에 관하여는 제29조의5제2항부터 제5항까지를 준용한다.
(2021.5.18 본조신설)

제29조의7【차별적 처우등의 시정신청 등으로 인한 불리한 처우의 금지】 사업주는 근로자가 다음 각 호의 어느 하나에 해당하는 행위를 한 것을 이유로 해고나 그 밖의 불리한 처우를 하지 못한다.
1. 제26조에 따른 차별적 처우등의 시정신청, 제27조에 따른 노동위원회에의 참석 및 진술, 제29조의3에 따른 재심신청 또는 행정소송의 제기
2. 제29조의4제2항에 따른 시정명령 불이행의 신고
(2021.5.18 본조신설)

제30조【입증책임】 이 법과 관련한 분쟁해결(제26조부터 제29조까지 및 제29조의2부터 제29조의7까지를 포함한다)에서 입증책임은 사업주가 부담한다.(2021.5.18 본조개정)

제5장 보 칙
(2007.12.21 본장개정)

제31조【보고 및 검사 등】 ① 고용노동부장관은 이 법 시행을 위하여 필요한 경우에는 사업주에게 보고와 관계 서류의 제출을 명령하거나 관계 공무원이 사업장에 출입하여 관계인에게 질문하거나 관계 서류를 검사하도록 할 수 있다.(2010.6.4 본항개정)
② 제1항의 경우에 관계 공무원은 그 권한을 표시하는 증표를 지니고 이를 관계인에게 내보여야 한다.

제31조의2【자료 제공의 요청】 ① 고용노동부장관은 다음 각 호의 업무를 수행하기 위하여 보건복지부장관 또는 「국민건강보험법」에 따른 국민건강보험공단에 같은 법 제50조에 따른 임신·출산 진료비의 신청과 관련된 자료의 제공을 요청할 수 있다. 이 경우 해당 자료의 제공을 요청받은 기관의 장은 정당한 사유가 없으면 그 요청에 따라야 한다.
1. 제3장에 따른 모성 보호에 관한 업무
2. 제3장의2에 따른 일·가정의 양립 지원에 관한 업무
3. 제3장에 따른 모성 보호, 제3장의2에 따른 일·가정의 양립 지원에 관한 안내
4. 제31조에 따른 보고 및 검사 등
② 고용노동부장관은 제1항에 따라 제공 받은 자료를 「고용정책 기본법」 제15조의2제1항에 따른 고용정보시스템을 통하여 처리할 수 있다.(2021.5.18 본항개정)
(2016.1.28 본조신설)

제32조【고용평등 이행실태 등의 공표】 고용노동부장관은 이 법 시행의 실효성을 확보하기 위하여 필요하다고 인정하면 고용평등 이행실태나 그 밖의 조사결과 등을 공표할 수 있다. 다만, 다른 법률에 따라 공표가 제한되어 있는 경우에는 그러하지 아니하다.(2010.6.4 본문개정)

제33조【관계 서류의 보존】 사업주는 이 법의 규정에 따른 사항에 관하여 대통령령으로 정하는 서류를 3년간 보존하여야 한다. 이 경우 대통령령으로 정하는 서류는 「전자문서 및 전자거래 기본법」 제2조제1호에 따른 전자문서로 작성·보존할 수 있다.(2012.6.1 후단개정)

제34조【파견근로에 대한 적용】 「파견근로자 보호 등에 관한 법률」에 따라 파견근로가 이루어지는 사업장에 제13조제1항을 적용할 때에는 「파견근로자보호 등에 관한 법률」 제2조제4호에 따른 사용사업주를 이 법에 따른 사업주로 본다.
(2019.4.30 본조개정)

제35조【경비보조】 ① 국가, 지방자치단체 및 공공단체는 여성의 취업촉진과 복지증진에 관련되는 사업에 대하여 예산의 범위에서 그 경비의 전부 또는 일부를 보조할 수 있다.
② 국가, 지방자치단체 및 공공단체는 제1항에 따라 보조를 받은 자가 다음 각 호의 어느 하나에 해당하면 보조금 지급결정의 전부 또는 일부를 취소하고, 지급된 보조금의 전부 또는 일부를 반환하도록 명령할 수 있다.
1. 사업의 목적 외에 보조금을 사용한 경우
2. 보조금의 지급결정의 내용(그에 조건을 붙인 경우에는 그 조건을 포함한다)을 위반한 경우
3. 거짓이나 그 밖의 부정한 방법으로 보조금을 받은 경우

제36조【권한의 위임 및 위탁】 고용노동부장관은 대통령령으로 정하는 바에 따라 이 법에 따른 권한의 일부를 지방고용노동행정기관의 장 또는 지방자치단체의 장에게 위임하거나 공공단체에 위탁할 수 있다.(2010.6.4 본조개정)

제36조의2【규제의 재검토】 고용노동부장관은 제31조의2에 따른 임신·출산 진료비의 신청과 관련된 자료 제공의 요청에 대하여 2016년 1월 1일을 기준으로 5년마다(매 5년이 되는 해의 1월 1일 전까지를 말한다) 그 타당성을 검토하여 개선 등의 조치를 하여야 한다.(2016.1.28 본조신설)

제6장 벌 칙
(2007.12.21 본장개정)

제37조【벌칙】 ① 사업주가 제11조를 위반하여 근로자의 정

년 · 퇴직 및 해고에서 남녀를 차별하거나 여성 근로자의 혼인, 임신 또는 출산을 퇴직사유로 예정하는 근로계약을 체결하는 경우에는 5년 이하의 징역 또는 3천만원 이하의 벌금에 처한다.
② 사업주가 다음 각 호의 어느 하나에 해당하는 위반행위를 한 경우에는 3년 이하의 징역 또는 3천만원 이하의 벌금에 처한다.(2017.11.28 본문개정)
1. 제8조제1항을 위반하여 동일한 사업 내의 동일 가치의 노동에 대하여 동일한 임금을 지급하지 아니한 경우
2. 제14조제6항을 위반하여 직장 내 성희롱 발생 사실을 신고한 근로자 및 피해근로자등에게 불리한 처우를 한 경우 (2017.11.28 본호개정)
2의2. 제18조의2제5항을 위반하여 배우자 출산휴가를 이유로 해고나 그 밖의 불리한 처우를 한 경우(2019.8.27 본호신설)
3. 제19조제3항을 위반하여 육아휴직을 이유로 해고나 그 밖의 불리한 처우를 하거나, 같은 항 단서의 사유가 없는데도 육아휴직 기간동안 해당 근로자를 해고한 경우
4. 제19조의2제5항을 위반하여 육아기 근로시간 단축을 이유로 해당 근로자에 대하여 해고나 그 밖의 불리한 처우를 한 경우
5. 제19조의3제1항을 위반하여 육아기 근로시간 단축을 하고 있는 근로자에 대하여 근로시간에 비례하여 적용하는 경우 외에 육아기 근로시간 단축을 이유로 그 근로조건을 불리하게 한 경우
6. 제22조의2제6항을 위반하여 가족돌봄휴직 또는 가족돌봄휴가(같은 조 제4항제3호에 따라 기간이 연장된 경우를 포함한다)를 이유로 해당 근로자를 해고하거나 근로조건을 악화시키는 등 불리한 처우를 한 경우(2020.9.8 본호개정)
7. 제22조의3제5항을 위반하여 근로시간 단축을 이유로 해당 근로자에게 해고나 그 밖의 불리한 처우를 한 경우(2019.8.27 본호신설)
8. 제22조의4제1항을 위반하여 근로시간 단축을 하고 있는 근로자에게 근로시간에 비례하여 적용하는 경우 외에 가족돌봄 등을 위한 근로시간 단축을 이유로 그 근로조건을 불리하게 한 경우(2019.8.27 본호신설)
9. 제29조의7을 위반하여 근로자에게 해고나 그 밖의 불리한 처우를 한 경우(2021.5.18 본호신설)
③ 사업주가 제19조의3제3항 또는 제22조의4제3항을 위반하여 해당 근로자가 명시적으로 청구하지 아니하였는데도 육아기 또는 가족돌봄 등을 위한 근로시간 단축을 하고 있는 근로자에게 단축된 근로시간 외에 연장근로를 요구한 경우에는 1천만원 이하의 벌금에 처한다.(2019.8.27 본항개정)
④ 사업주가 다음 각 호의 어느 하나에 해당하는 위반행위를 한 경우에는 500만원 이하의 벌금에 처한다.
1. 제7조를 위반하여 근로자의 모집 및 채용에서 남녀를 차별하거나, 근로자를 모집 · 채용할 때 그 직무의 수행에 필요하지 아니한 용모 · 키 · 체중 등의 신체적 조건, 미혼 조건 등을 제시하거나 요구한 경우(2021.5.18 본호개정)
2. 제9조를 위반하여 임금 외에 근로자의 생활을 보조하기 위한 금품의 지급 또는 자금의 융자 등 복리후생에서 남녀를 차별한 경우
3. 제10조를 위반하여 근로자의 교육 · 배치 및 승진에서 남녀를 차별한 경우
4. 제19조제1항 · 제4항을 위반하여 근로자의 육아휴직 신청을 받고 육아휴직을 허용하지 아니하거나, 육아휴직을 마친 후 휴직 전과 같은 업무 또는 같은 수준의 임금을 지급하는 직무에 복귀시키지 아니한 경우
5. 제19조의2제6항을 위반하여 육아기 근로시간 단축기간이 끝난 후에 육아기 근로시간 단축 전과 같은 업무 또는 같은 수준의 임금을 지급하는 직무에 복귀시키지 아니한 경우
6. 제24조제3항을 위반하여 명예감독관으로서 정당한 임무 수행을 한 것을 이유로 해당 근로자에게 인사상 불이익 등의 불리한 조치를 한 경우

제38조【양벌규정】 법인의 대표자나 법인 또는 개인의 대리인, 사용인, 그 밖의 종업원이 그 법인 또는 개인의 업무에 관하여 제37조의 위반행위를 하면 그 행위자를 벌하는 외에 그 법인 또는 개인에게도 해당 조문의 벌금형을 과(科)한다. 다만, 법인 또는 개인이 그 위반행위를 방지하기 위하여 해당 업무에 관하여 상당한 주의와 감독을 게을리하지 아니한 경우에는 그러하지 아니하다.(2010.2.4 본조개정)

제39조【과태료】 ① 사업주가 제29조의3(제29조의5제4항 및 제29조의6제3항에 따라 준용되는 경우를 포함한다)에 따라 확정된 시정명령을 정당한 이유 없이 이행하지 아니한 경우에는 1억원 이하의 과태료를 부과한다.(2021.5.18 본항신설)
② 사업주가 제12조를 위반하여 직장 내 성희롱을 한 경우에는 1천만원 이하의 과태료를 부과한다.
③ 사업주가 다음 각 호의 어느 하나에 해당하는 위반행위를 한 경우에는 500만원 이하의 과태료를 부과한다.
1. (2017.11.28 삭제)
1의2. 제13조제1항을 위반하여 성희롱 예방 교육을 하지 아니한 경우(2017.11.28 본호신설)
1의3. 제13조제3항을 위반하여 성희롱 예방 교육의 내용을 근로자가 자유롭게 열람할 수 있는 장소에 항상 게시하거나 갖추어 두지 아니한 경우(2017.11.28 본호신설)
1의4. 제14조제2항 전단을 위반하여 직장 내 성희롱 발생 사실 확인을 위한 조사를 하지 아니한 경우(2017.11.28 본호신설)
1의5. 제14조제4항을 위반하여 근무장소의 변경 등 적절한 조치를 하지 아니한 경우(2017.11.28 본호신설)
1의6. 제14조제5항 전단을 위반하여 징계, 근무장소의 변경 등 필요한 조치를 하지 아니한 경우(2017.11.28 본호신설)
1의7. 제14조제7항을 위반하여 직장 내 성희롱 발생 사실 조사 과정에서 알게 된 비밀을 다른 사람에게 누설한 경우 (2017.11.28 본호신설)
2. 제14조의2제2항을 위반하여 근로자가 고객 등에 의한 성희롱 피해를 주장하거나 고객 등으로부터의 성적 요구 등에 따르지 아니하였다는 이유로 해고나 그 밖의 불이익한 조치를 한 경우(2020.5.26 본호개정)
3. 제18조의2제1항을 위반하여 근로자가 배우자의 출산을 이유로 휴가를 고지하였는데도 휴가를 주지 아니하거나 근로자가 사용한 휴가를 유급으로 하지 아니한 경우(2024.10.22 본호개정)
3의2. 제18조의3제1항을 위반하여 난임치료휴가를 주지 아니한 경우(2017.11.28 본호신설)
4. 제19조의2제2항을 위반하여 육아기 근로시간 단축을 허용하지 아니하였으면서도 해당 근로자에게 그 사유를 서면으로 통보하지 아니하거나, 육아휴직의 사용 또는 그 밖의 조치를 통한 지원 여부에 관하여 해당 근로자와 협의하지 아니한 경우
5. 제19조의3제2항을 위반하여 육아기 근로시간 단축을 한 근로자의 근로조건을 서면으로 정하지 아니한 경우
6. 제19조의2제1항을 위반하여 육아기 근로시간 단축 신청을 받고 육아기 근로시간 단축을 허용하지 아니한 경우(2012.2.1 본호신설)
7. 제22조의2제1항을 위반하여 가족돌봄휴직의 신청을 받고 가족돌봄휴직을 허용하지 아니한 경우(2012.2.1 본호신설)
8. 제22조의2제2항(같은 조 제4항제3호에 따라 기간이 연장된 경우를 포함한다)을 위반하여 가족돌봄휴가의 신청을 받고 가족돌봄휴가를 허용하지 아니한 경우(2020.9.8 본호개정)
9. 제29조의4제1항(제29조의5제4항 및 제29조의6제3항에 따라 준용되는 경우를 포함한다)을 위반하여 정당한 이유 없이 고용노동부장관의 시정명령에 대한 이행상황의 제출요구에 따르지 아니한 경우(2021.5.18 본호신설)
④ 다음 각 호의 어느 하나에 해당하는 자에게는 300만원 이하의 과태료를 부과한다.
1. (2017.11.28 삭제)
1의2. 제14조의2제1항을 위반하여 근무 장소 변경, 배치전환, 유급휴가의 명령 등 적절한 조치를 하지 아니한 경우 (2017.11.28 본호신설)
2. 제17조의3제1항을 위반하여 시행계획을 제출하지 아니한 자
3. 제17조의3제2항을 위반하여 남녀 근로자 현황을 제출하지 아니하거나 거짓으로 제출한 자
4. 제17조의4제1항을 위반하여 이행실적을 제출하지 아니하거

나 거짓으로 제출한 자(제17조의3제3항에 따라 시행계획을 제출한 자가 이행실적을 제출하지 아니하는 경우는 제외한다)
5. 제18조제4항을 위반하여 관계 서류의 작성·확인 등 모든 절차에 적극 협력하지 아니한 자
6. 제31조제1항에 따른 보고 또는 관계 서류의 제출을 거부하거나 거짓으로 보고 또는 제출한 자
7. 제31조제1항에 따른 검사를 거부, 방해 또는 기피한 자
8. 제33조를 위반하여 관계 서류를 3년간 보존하지 아니한 자
⑤ 제1항부터 제4항까지의 규정에 따른 과태료는 대통령령으로 정하는 바에 따라 고용노동부장관이 부과·징수한다.
(2021.5.18 본항개정)
⑥~⑦ (2016.1.28 삭제)

부 칙 (2010.2.4)

① **【시행일】** 이 법은 공포한 날부터 시행한다.
② **【육아휴직 신청요건 완화에 따른 적용례】** 제19조의 개정규정은 다음 각 호의 어느 하나에 해당하는 경우에 적용한다.
1. 2008년 1월 1일 이후 출생한 영유아가 있는 근로자
2. 2008년 1월 1일 이후 입양한 자녀가 있는 근로자

부 칙 (2012.2.1)

제1조 【시행일】 이 법은 공포 후 6개월이 경과한 날부터 시행한다. 다만, 상시 300명 미만의 근로자를 사용하는 사업 또는 사업장에 대하여는 제18조의2, 제22조의2, 제37조제2항제6호, 제39조제2항제3호 및 제7호의 개정규정은 공포 후 1년이 경과한 날부터 시행한다.
제2조 【적용례】 ① 제18조의2제1항의 개정규정은 이 법 시행 후 최초로 배우자 출산휴가를 청구한 근로자부터 적용한다.
② 제19조제5항의 개정규정은 이 법 시행 후 최초로 육아휴직을 신청한 기간제근로자 또는 파견근로자부터 적용한다.
③ 제19조의2의 개정규정은 이 법 시행 후 최초로 육아기 근로시간 단축을 신청한 근로자부터 적용한다.
④ 제22조의2의 개정규정은 이 법 시행 후 최초로 가족돌봄휴직을 신청한 근로자부터 적용한다.
제3조 【다른 법률의 개정】 ①~② ※(해당 법령에 가제정리 하였음)

부 칙 (2014.1.14)

제1조 【시행일】 이 법은 공포한 날부터 시행한다. 다만, 제17조의5부터 제17조의9까지의 개정규정은 2015년 1월 1일부터 시행한다.
제2조 【적극적 고용개선조치 미이행 사업주 명단 공표에 관한 적용례】 제17조의5의 개정규정은 이 법 시행 후 최초로 시행계획을 제출하는 경우부터 적용한다.
제3조 【육아휴직 신청요건 완화에 관한 적용례】 제19조제1항의 개정규정은 이 법 시행 후 육아휴직을 신청한 근로자부터 적용한다.
제4조 【다른 법률의 개정】 ※(해당 법령에 가제정리 하였음)

부 칙 (2019.8.27)

제1조 【시행일】 이 법은 2019년 10월 1일부터 시행한다. 다만, 제22조의2, 제37조제2항제6호 및 제39조제2항제8호의 개정규정은 2020년 1월 1일부터 시행한다.
제2조 【가족돌봄 등을 위한 근로시간 단축 등에 관한 적용례】 제22조의3, 제22조의4, 제37조제2항제7호·제8호 및 제37조제3항의 개정규정은 다음 각 호의 구분에 따른 날부터 적용한다.
1. 상시 300명 이상의 근로자를 사용하는 사업 또는 사업장, 「공공기관의 운영에 관한 법률」 제4조에 따른 공공기관, 「지방공기업법」 제49조 및 같은 법 제76조에 따른 지방공사 및 지방공단, 국가·지방자치단체 또는 정부투자기관이 자본금의 2분의 1 이상을 출자하거나 기본재산의 2분의 1 이상을 출연한 기관·단체와 그 기관·단체가 자본금의 2분의 1 이상을 출자하거나 기본재산의 2분의 1 이상을 출연한 기관·단체, 국가 및 지방자치단체의 기관 : 2020년 1월 1일
2. 상시 30명 이상 300명 미만의 근로자를 사용하는 사업 또는 사업장 : 2021년 1월 1일
3. 상시 30명 미만의 근로자를 사용하는 사업 또는 사업장 : 2022년 1월 1일
제3조 【배우자 출산휴가에 관한 적용례】 제18조, 제18조의2, 제37조제2항제2호의2 및 제39조제2항제3호의 개정규정은 이 법 시행 후 최초로 배우자 출산휴가를 사용하는 근로자부터 적용한다.
제4조 (2024.10.22 삭제)

부 칙 (2020.5.26)

이 법은 공포한 날부터 시행한다.(이하 생략)

부 칙 (2020.9.8)

제1조 【시행일】 이 법은 공포한 날부터 시행한다.
제2조 【가족돌봄휴가에 관한 적용례】 제22조의2의 개정규정은 종전의 규정에 따라 2020년 1월 1일 이후 가족돌봄휴가를 모두 사용한 근로자에게도 적용한다.

부 칙 (2020.12.8)

제1조 【시행일】 이 법은 공포한 날부터 시행한다.
제2조 【육아휴직에 관한 적용례】 제19조의4제1항의 개정규정은 이 법 시행 당시 종전의 규정에 따라 휴직하였거나 휴직 중인 사람에 대해서도 적용한다.

부 칙 (2021.5.18)

제1조 【시행일】 이 법은 공포 후 1년이 경과한 날부터 시행한다. 다만, 제31조의2제2항의 개정규정은 공포한 날부터 시행하고, 제7조제2항 및 제37조제4항제1호의 개정규정은 공포 후 3개월이 경과한 날부터 시행하며, 제19조제1항 본문 및 제19조의4제1항 후단의 개정규정은 공포 후 6개월이 경과한 날부터 시행한다.
제2조 【차별적 처우등의 시정신청에 관한 적용례】 제26조의 개정규정은 이 법 시행 이후 발생한 차별적 처우등(이 법 시행 전에 발생하여 이 법 시행 이후에도 계속되는 차별적 처우등을 포함한다)부터 적용한다.

부 칙 (2024.10.22)

제1조 【시행일】 이 법은 공포 후 4개월이 경과한 날부터 시행한다. 다만, 제18조의3제3항 및 제20조제2항의 개정규정은 공포한 날부터 시행한다.
제2조 【배우자 출산휴가에 관한 적용례】 제18조의2의 개정규정은 이 법 시행 당시 종전의 규정에 따른 배우자 출산휴가를 사용하였으나 청구기한이 남아있는 근로자 또는 사용 중인 근로자에게도 적용한다.
제3조 【난임치료휴가에 관한 적용례】 제18조의3의 개정규정은 이 법 시행 당시 종전의 규정에 따른 난임치료휴가를 사용하였거나 사용 중인 사람에게도 적용한다. 다만, 개정규정 중 유급기간에 관한 규정은 이 법 시행 전에 종전의 규정에 따른 난임치료휴가를 2일 이상 사용한 경우에는 적용하지 아니한다.
제4조 【육아휴직에 관한 적용례】 제19조 및 제19조의4제1항의 개정규정은 이 법 시행 당시 종전의 규정에 따른 육아휴직을 사용하였거나 사용 중인 근로자에게도 적용한다.
제5조 【육아기 근로시간 단축에 관한 적용례】 제19조의2제4항 단서는 이 법 시행 전에 육아기 근로시간 단축을 허용받아 사용 중인 경우에도 적용하되, 이 법 시행 이후 남아있는 육아휴직 기간에 대해서만 적용한다.

국토의 계획 및 이용에 관한 법률(약칭 : 국토계획법)

(2002년 2월 4일 법 률 제6655호)

개정
2002.12.30법 6841호(산지관리법) <중략>
2015. 1. 6법12974호
2015. 6.22법13383호(수산업·어촌발전기본법)
2015. 7.24법13426호(제주자치법)
2015. 7.24법13433호(도시교통정비촉진법)
2015. 8.11법13459호(민원처리에관한법)
2015. 8.11법13475호 2015.12.29법13681호
2016. 1.19법13782호(감정평가감정평가사)
2016. 1.19법13797호(부동산거래신고등에관한법)
2016. 1.19법13805호(주택법)
2016.12.27법14480호(농어촌정비)
2017. 2. 8법14567호(도시및주거환경정비법)
2017. 4.18법14795호
2017. 7.26법14839호(정부조직)
2017.12.26법15314호 2018. 2.21법15401호
2018. 6.12법15671호 2018. 8.14법15727호
2019. 8.20법16492호
2020. 1.29법16902호(항만법)
2020. 3.24법17091호(지방행정제재·부과금의징수등에관한법)
2020. 4. 7법17219호(감정평가감정평가사)
2020. 6. 9법17453호(법률용어정비)
2020.12.31법17814호(정부조직)
2021. 1.12법17893호(지방자치)
2021. 1.12법17898호
2021. 7.20법18310호(공간정보구축관리)
2021.10. 8법18473호
2022.12.27법19117호(산림자원조성관리)
2023. 3.21법19251호(자연유산의보존및활용에관한법)
2023. 5.16법19409호(국가유산기본법)
2023. 8. 8법19590호(문화유산)
2024. 2. 6법20234호

제1장 총 칙

(2009.2.6 본장개정)

제1조【목적】 이 법은 국토의 이용·개발과 보전을 위한 계획의 수립 및 집행 등에 필요한 사항을 정하여 공공복리를 증진시키고 국민의 삶의 질을 향상시키는 것을 목적으로 한다.

제2조【정의】 이 법에서 사용하는 용어의 뜻은 다음과 같다.
1. "광역도시계획"이란 제10조에 따라 지정된 광역계획권의 장기발전방향을 제시하는 계획을 말한다.
2. "도시·군계획"이란 특별시·광역시·특별자치시·특별자치도·시 또는 군(광역시의 관할 구역에 있는 군은 제외한다. 이하 같다)의 관할 구역에 대하여 수립하는 공간구조와 발전방향에 대한 계획으로서 도시·군기본계획과 도시·군관리계획으로 구분한다.(2011.4.14 본호개정)
3. "도시·군기본계획"이란 특별시·광역시·특별자치시·특별자치도·시 또는 군의 관할 구역 및 생활권에 대하여 기본적인 공간구조와 장기발전방향을 제시하는 종합계획으로서 도시·군관리계획 수립의 지침이 되는 계획을 말한다. (2024.2.6 본호개정)
4. "도시·군관리계획"이란 특별시·광역시·특별자치시·특별자치도·시 또는 군의 개발·정비 및 보전을 위하여 수립하는 토지 이용, 교통, 환경, 경관, 안전, 산업, 정보통신, 보건, 복지, 안보, 문화 등에 관한 다음 각 목의 계획을 말한다. (2011.4.14 본문개정)
   가. 용도지역·용도지구의 지정 또는 변경에 관한 계획
   나. 개발제한구역, 도시자연공원구역, 시가화조정구역(市街化調整區域), 수산자원보호구역의 지정 또는 변경에 관한 계획
   다. 기반시설의 설치·정비 또는 개량에 관한 계획
   라. 도시개발사업이나 정비사업에 관한 계획
   마. 지구단위계획구역의 지정 또는 변경에 관한 계획과 지구단위계획
   바. (2024.2.6 삭제)
   사. 도시혁신구역의 지정 또는 변경에 관한 계획과 도시혁신계획(2024.2.6 본목신설)
   아. 복합용도구역의 지정 또는 변경에 관한 계획과 복합용도계획(2024.2.6 본목신설)
   자. 도시·군계획시설입체복합구역의 지정 또는 변경에 관한 계획(2024.2.6 본목신설)
5. "지구단위계획"이란 도시·군계획 수립 대상지역의 일부에 대하여 토지 이용을 합리화하고 그 기능을 증진시키며 미관을 개선하고 양호한 환경을 확보하며, 그 지역을 체계적·계획적으로 관리하기 위하여 수립하는 도시·군관리계획을 말한다.(2011.4.14 본호개정)

5의2. (2024.2.6 삭제)

5의3. "성장관리계획"이란 성장관리계획구역에서의 난개발을 방지하고 계획적인 개발을 유도하기 위하여 수립하는 계획을 말한다.(2021.1.12 본호신설)

5의4. "공간재구조화계획"이란 토지의 이용 및 건축물이나 그 밖의 시설의 용도·건폐율·용적률·높이 등을 완화하는 용도구역의 효율적이고 계획적인 관리를 위하여 수립하는 계획을 말한다.(2024.2.6 본호신설)

5의5. "도시혁신계획"이란 창의적이고 혁신적인 도시공간의 개발을 목적으로 도시혁신구역에서의 토지의 이용 및 건축물의 용도·건폐율·용적률·높이 등의 제한에 관한 사항을 따로 정하기 위하여 공간재구조화계획으로 결정하는 도시·군관리계획을 말한다.(2024.2.6 본호신설)

5의6. "복합용도계획"이란 주거·상업·산업·교육·문화·의료 등 다양한 도시기능이 융복합된 공간의 조성을 목적으로 복합용도구역에서의 건축물의 용도별 구성비율 및 건폐율·용적률·높이 등의 제한에 관한 사항을 따로 정하기 위하여 공간재구조화계획으로 결정하는 도시·군관리계획을 말한다.(2024.2.6 본호신설)

6. "기반시설"이란 다음 각 목의 시설로서 대통령령으로 정하는 시설을 말한다.
   가. 도로·철도·항만·공항·주차장 등 교통시설
   나. 광장·공원·녹지 등 공간시설
   다. 유통업무설비, 수도·전기·가스공급설비, 방송·통신시설, 공동구 등 유통·공급시설
   라. 학교·공공청사·문화시설 및 공공필요성이 인정되는 체육시설 등 공공·문화체육시설(2017.12.26 본목개정)
   마. 하천·유수지(遊水池)·방화설비 등 방재시설
   바. 장사시설 등 보건위생시설(2017.12.26 본목개정)
   사. 하수도, 폐기물처리 및 재활용시설, 빗물저장 및 이용시설 등 환경기초시설(2017.12.26 본목개정)

7. 도시·군계획시설"이란 기반시설 중 도시·군관리계획으로 결정된 시설을 말한다.(2011.4.14 본호개정)
8. "광역시설"이란 기반시설 중 광역적인 정비체계가 필요한 다음 각 목의 시설로서 대통령령으로 정하는 시설을 말한다.
가. 둘 이상의 특별시·광역시·특별자치시·특별자치도·시 또는 군의 관할 구역에 걸쳐 있는 시설
나. 둘 이상의 특별시·광역시·특별자치시·특별자치도·시 또는 군이 공동으로 이용하는 시설
(2011.4.14 가목~나목개정)
9. "공동구"란 전기·가스·수도 등의 공급설비, 통신시설, 하수도시설 등 지하매설물을 공동 수용함으로써 미관의 개선, 도로구조의 보전 및 교통의 원활한 소통을 위하여 지하에 설치하는 시설물을 말한다.
10. "도시·군계획시설사업"이란 도시·군계획시설을 설치·정비 또는 개량하는 사업을 말한다.(2011.4.14 본호개정)
11. "도시·군계획사업"이란 도시·군관리계획을 시행하기 위한 다음 각 목의 사업을 말한다.(2011.4.14 본문개정)
가. 도시·군계획시설사업(2011.4.14 본목개정)
나. 「도시개발법」에 따른 도시개발사업
다. 「도시 및 주거환경정비법」에 따른 정비사업
12. "도시·군계획사업시행자"란 이 법 또는 다른 법률에 따라 도시·군계획사업을 하는 자를 말한다.(2011.4.14 본호개정)
13. "공공시설"이란 도로·공원·철도·수도, 그 밖에 대통령령으로 정하는 공공용 시설을 말한다.
14. "국가계획"이란 중앙행정기관이 법률에 따라 수립하거나 국가의 정책적인 목적을 이루기 위하여 수립하는 계획 중 제19조제1항제1호부터 제9호까지에 규정된 사항이나 도시·군관리계획으로 결정하여야 할 사항이 포함된 계획을 말한다.
(2011.4.14 본호개정)
15. "용도지역"이란 토지의 이용 및 건축물의 용도, 건폐율(「건축법」 제55조의 건폐율을 말한다. 이하 같다), 용적률(「건축법」 제56조의 용적률을 말한다. 이하 같다), 높이 등을 제한함으로써 토지를 경제적·효율적으로 이용하고 공공복리의 증진을 도모하기 위하여 서로 중복되지 아니하게 도시·군관리계획으로 결정하는 지역을 말한다.(2011.4.14 본호개정)
16. "용도지구"란 토지의 이용 및 건축물의 용도·건폐율·용적률·높이 등에 대한 용도지역의 제한을 강화하거나 완화하여 적용함으로써 용도지역의 기능을 증진시키고 경관·안전 등을 도모하기 위하여 도시·군관리계획으로 결정하는 지역을 말한다.(2017.4.18 본호개정)
17. "용도구역"이란 토지의 이용 및 건축물의 용도·건폐율·용적률·높이 등에 대한 용도지역 및 용도지구의 제한을 강화하거나 완화하여 따로 정함으로써 시가지의 무질서한 확산방지, 계획적이고 단계적인 토지이용의 도모, 혁신적이고 복합적인 토지활용의 촉진, 토지이용의 종합적 조정·관리 등을 위하여 도시·군관리계획으로 결정하는 지역을 말한다.
(2024.2.6 본호개정)
18. "개발밀도관리구역"이란 개발로 인하여 기반시설이 부족할 것으로 예상되나 기반시설을 설치하기 곤란한 지역을 대상으로 건폐율이나 용적률을 강화하여 적용하기 위하여 제66조에 따라 지정하는 구역을 말한다.
19. "기반시설부담구역"이란 개발밀도관리구역 외의 지역으로서 개발로 인하여 도로, 공원, 녹지 등 대통령령으로 정하는 기반시설의 설치가 필요한 지역을 대상으로 기반시설을 설치하거나 그에 필요한 용지를 확보하게 하기 위하여 제67조에 따라 지정·고시하는 구역을 말한다.
20. "기반시설설치비용"이란 단독주택 및 숙박시설 등 대통령령으로 정하는 시설의 신·증축 행위로 인하여 유발되는 기반시설을 설치하거나 그에 필요한 용지를 확보하기 위하여 제69조에 따라 부과·징수하는 금액을 말한다.

제3조【국토 이용 및 관리의 기본원칙】 국토는 자연환경의 보전과 자원의 효율적 활용을 통하여 환경적으로 건전하고 지속가능한 발전을 이루기 위하여 다음 각 호의 목적을 이룰 수 있도록 이용되고 관리되어야 한다.
1. 국민생활과 경제활동에 필요한 토지 및 각종 시설물의 효율적 이용과 원활한 공급
2. 자연환경 및 경관의 보전과 훼손된 자연환경 및 경관의 개선 및 복원
3. 교통·수자원·에너지 등 국민생활에 필요한 각종 기초 서비스 제공
4. 주거 등 생활환경 개선을 통한 국민의 삶의 질 향상
5. 지역의 정체성과 문화유산의 보전
6. 지역 간 협력 및 균형발전을 통한 공동번영의 추구
7. 지역경제의 발전과 지역 및 지역 내 적절한 기능 배분을 통한 사회적 비용의 최소화
8. 기후변화에 대한 대응 및 풍수해 저감을 통한 국민의 생명과 재산의 보호(2012.2.1 본호신설)
9. 저출산·인구의 고령화에 따른 대응과 새로운 기술변화를 적용한 최적의 생활환경 제공(2019.8.20 본호신설)

제3조의2【도시의 지속가능성 및 생활인프라 수준 평가】 ① 국토교통부장관은 도시의 지속가능하고 균형 있는 발전과 주민의 편리하고 쾌적한 삶을 위하여 도시의 지속가능성 및 생활인프라(교육시설, 문화·체육시설, 교통시설 등의 시설로서 국토교통부장관이 정하는 것을 말한다) 수준을 평가할 수 있다.
(2015.12.29 본항개정)
② 제1항에 따른 평가를 위한 절차 및 기준 등에 관하여 필요한 사항은 대통령령으로 정한다.(2015.12.29 본항개정)
③ 국가와 지방자치단체는 제1항에 따른 평가 결과를 도시·군계획의 수립 및 집행에 반영하여야 한다.(2011.4.14 본항개정)
(2015.12.29 본조제목개정)

제4조【국가계획, 광역도시계획 및 도시·군계획의 관계 등】 ① 도시·군계획은 특별시·광역시·특별자치시·특별자치도·시 또는 군의 관할 구역에서 수립되는 다른 법률에 따른 토지의 이용·개발 및 보전에 관한 계획의 기본이 된다.
② 광역도시계획 및 도시·군계획은 국가계획에 부합되어야 하며, 광역도시계획 또는 도시·군계획의 내용이 국가계획의 내용과 다를 때에는 국가계획의 내용이 우선한다. 이 경우 국가계획을 수립하려는 중앙행정기관의 장은 미리 지방자치단체의 장의 의견을 듣고 충분히 협의하여야 한다.
③ 광역도시계획이 수립되어 있는 지역에 대하여 수립하는 도시·군기본계획은 그 광역도시계획에 부합되어야 하며, 도시·군기본계획의 내용이 광역도시계획의 내용과 다를 때에는 광역도시계획의 내용이 우선한다.
④ 특별시장·광역시장·특별자치시장·특별자치도지사·시장 또는 군수(광역시의 관할 구역에 있는 군의 군수는 제외한다. 이하 같다. 다만, 제8조제2항 및 제3항, 제113조, 제133조, 제136조, 제138조제1항, 제139조제1항·제2항에서는 광역시의 관할 구역에 있는 군의 군수를 포함한다)가 관할 구역에 대하여 다른 법률에 따른 환경·교통·수도·하수도·주택 등에 관한 부문별 계획을 수립할 때에는 도시·군기본계획의 내용에 부합되게 하여야 한다.(2021.1.12 단서개정)
(2011.4.14 본조개정)

제5조【도시·군계획 등의 명칭】 ① 행정구역의 명칭이 특별시·광역시·특별자치시·특별자치도·시인 경우 도시·군계획, 도시·군기본계획, 도시·군관리계획, 도시·군계획시설, 도시·군계획시설사업, 도시·군계획사업 및 도시·군계획상임기획단의 명칭은 각각 "도시계획", "도시기본계획", "도시관리계획", "도시계획시설", "도시계획시설사업", "도시계획사업" 및 "도시계획상임기획단"으로 한다.(2011.4.14 본항개정)
② 행정구역의 명칭이 군인 경우 도시·군계획, 도시·군기본계획, 도시·군관리계획, 도시·군계획시설, 도시·군계획시설사업, 도시·군계획사업 및 도시·군계획상임기획단의 명칭은 각각 "군계획", "군기본계획", "군관리계획", "군계획시설", "군계획시설사업", "군계획사업" 및 "군계획상임기획단"으로 한다.
(2011.4.14 본항개정)
③ 제113조제2항에 따라 군에 설치하는 도시계획위원회의 명칭은 "군계획위원회"로 한다.
(2011.4.14 본조제목개정)

제6조【국토의 용도 구분】 국토는 토지의 이용실태 및 특성, 장래의 토지 이용 방향, 지역 간 균형발전 등을 고려하여 다음과 같은 용도지역으로 구분한다.(2013.5.22 본문개정)

1. 도시지역 : 인구와 산업이 밀집되어 있거나 밀집이 예상되어 그 지역에 대하여 체계적인 개발 · 정비 · 관리 · 보전 등이 필요한 지역
2. 관리지역 : 도시지역의 인구와 산업을 수용하기 위하여 도시지역에 준하여 체계적으로 관리하거나 농림업의 진흥, 자연환경 또는 산림의 보전을 위하여 농림지역 또는 자연환경보전지역에 준하여 관리할 필요가 있는 지역
3. 농림지역 : 도시지역에 속하지 아니하는 「농지법」에 따른 농업진흥지역 또는 「산지관리법」에 따른 보전산지 등으로서 농림업을 진흥시키고 산림을 보전하기 위하여 필요한 지역
4. 자연환경보전지역 : 자연환경 · 수자원 · 해안 · 생태계 · 상수원 및 「국가유산기본법」 제3조에 따른 국가유산의 보전과 수산자원의 보호 · 육성 등을 위하여 필요한 지역(2023.5.16 본호개정)

제7조 【용도지역별 관리 의무】 국가나 지방자치단체는 제6조에 따라 정하여진 용도지역의 효율적인 이용 및 관리를 위하여 다음 각 호에서 정하는 바에 따라 그 용도지역에 관한 개발 · 정비 및 보전에 필요한 조치를 마련하여야 한다.
1. 도시지역 : 이 법 또는 관계 법률에서 정하는 바에 따라 그 지역이 체계적이고 효율적으로 개발 · 정비 · 보전될 수 있도록 미리 계획을 수립하고 그 계획을 시행하여야 한다.
2. 관리지역 : 이 법 또는 관계 법률에서 정하는 바에 따라 필요한 보전조치를 취하고 개발이 필요한 지역에 대하여는 계획적인 이용과 개발을 도모하여야 한다.
3. 농림지역 : 이 법 또는 관계 법률에서 정하는 바에 따라 농림업의 진흥과 산림의 보전 · 육성에 필요한 조사와 대책을 마련하여야 한다.
4. 자연환경보전지역 : 이 법 또는 관계 법률에서 정하는 바에 따라 환경오염 방지, 자연환경 · 수질 · 수자원 · 해안 · 생태계 및 「국가유산기본법」 제3조에 따른 국가유산의 보전과 수산자원의 보호 · 육성을 위하여 필요한 조사와 대책을 마련하여야 한다.(2023.5.16 본호개정)

제8조 【다른 법률에 따른 토지 이용에 관한 구역 등의 지정 제한 등】 ① 중앙행정기관의 장이나 지방자치단체의 장은 다른 법률에 따라 토지 이용에 관한 지역 · 지구 · 구역 또는 구획 등(이하 이 조에서 "구역등"이라 한다)을 지정하려면 그 구역등의 지정목적이 이 법에 따른 용도지역 · 용도지구 및 용도구역의 지정목적에 부합되도록 하여야 한다.
② 중앙행정기관의 장이나 지방자치단체의 장은 다른 법률에 따라 지정되는 구역등 중 대통령령으로 정하는 면적 이상의 구역등을 지정하거나 변경하려면 중앙행정기관의 장은 국토교통부장관과 협의하여야 하며 지방자치단체의 장은 국토교통부장관의 승인을 받아야 한다.(2013.7.16 단서삭제)
1.~4. (2013.7.16 삭제)
③ 지방자치단체의 장이 제2항에 따라 승인을 받아야 하는 구역등 중 대통령령으로 정하는 면적 미만의 구역등을 지정하거나 변경하려는 경우 특별시장 · 광역시장 · 특별자치시장 · 도지사 · 특별자치도지사(이하 "시 · 도지사"라 한다)는 제2항에도 불구하고 국토교통부장관의 승인을 받지 아니하되, 시장 · 군수 또는 구청장(자치구의 구청장을 말한다. 이하 같다)은 시 · 도지사의 승인을 받아야 한다.(2013.7.16 본항신설)
④ 제2항 및 제3항에도 불구하고 다음 각 호의 어느 하나에 해당하는 경우에는 국토교통부장관과의 협의를 거치지 아니하거나 국토교통부장관 또는 시 · 도지사의 승인을 받지 아니한다.
1. 다른 법률에 따라 지정하거나 변경하려는 구역등이 도시 · 군기본계획에 반영된 경우
2. 제36조에 따른 보전관리지역 · 생산관리지역 · 농림지역 또는 자연환경보전지역에서 다음 각 목의 지역을 지정하려는 경우
  가. 「농지법」 제28조에 따른 농업진흥지역
  나. 「한강수계 상수원수질개선 및 주민지원 등에 관한 법률」 등에 따른 수변구역
  다. 「수도법」 제7조에 따른 상수원보호구역
  라. 「자연환경보전법」 제12조에 따른 생태 · 경관보전지역
  마. 「야생생물 보호 및 관리에 관한 법률」 제27조에 따른 야생생물 특별보호구역
  바. 「해양생태계의 보전 및 관리에 관한 법률」 제25조에 따른 해양보호구역
3. 군사상 기밀을 지켜야 할 필요가 있는 구역등을 지정하려는 경우
4. 협의 또는 승인을 받은 구역등을 대통령령으로 정하는 범위에서 변경하려는 경우

(2013.7.16 본항신설)
⑤ 국토교통부장관 또는 시 · 도지사는 제2항 및 제3항에 따라 협의 또는 승인을 하려면 제106조에 따른 중앙도시계획위원회(이하 "중앙도시계획위원회"라 한다) 또는 제113조제1항에 따른 시 · 도도시계획위원회(이하 "시 · 도도시계획위원회"라 한다)의 심의를 거쳐야 한다. 다만, 다음 각 호의 경우에는 그러하지 아니하다.(2013.7.16 본문개정)
1. 보전관리지역이나 생산관리지역에서 다음 각 목의 구역등을 지정하는 경우
  가. 「산지관리법」 제4조제1항제1호에 따른 보전산지
  나. 「야생생물 보호 및 관리에 관한 법률」 제33조에 따른 야생생물 보호구역(2011.7.28 본목개정)
  다. 「습지보전법」 제8조에 따른 습지보호지역
  라. 「토양환경보전법」 제17조에 따른 토양보전대책지역
2. 농림지역이나 자연환경보전지역에서 다음 각 목의 구역등을 지정하는 경우
  가. 제1호 각 목의 어느 하나에 해당하는 구역등
  나. 「자연공원법」 제4조에 따른 자연공원
  다. 「자연환경보전법」 제34조제1항제1호에 따른 생태 · 자연도 1등급 권역
  라. 「독도 등 도서지역의 생태계보전에 관한 특별법」 제4조에 따른 특정도서
  마. 「자연유산의 보존 및 활용에 관한 법률」 제11조부터 제13조까지에 따른 명승 및 천연기념물과 그 보호구역(2023.3.21 본목개정)
  바. 「해양생태계의 보전 및 관리에 관한 법률」 제12조제1항제1호에 따른 해양생태도 1등급 권역

⑥ 중앙행정기관의 장이나 지방자치단체의 장은 다른 법률에 따라 지정된 토지 이용에 관한 구역등을 변경하거나 해제하려면 제24조에 따른 도시 · 군관리계획의 입안권자의 의견을 들어야 한다. 이 경우 의견 요청을 받은 도시 · 군관리계획의 입안권자는 이 법에 따른 용도지역 · 용도지구 · 용도구역의 변경이 필요하면 도시 · 군관리계획에 반영하여야 한다.(2011.4.14 본항신설)
⑦ 시 · 도지사가 다음 각 호의 어느 하나에 해당하는 행위를 할 때 제6항 후단에 따라 도시 · 군관리계획의 변경이 필요하여 시 · 도도시계획위원회의 심의를 거친 경우에는 해당 각 호에 따른 심의를 거친 것으로 본다.(2013.7.16 본문개정)
1. 「농지법」 제31조제1항에 따른 농업진흥지역의 해제 : 「농업 · 농촌 및 식품산업 기본법」 제15조에 따른 시 · 도 농업 · 농촌및식품산업정책심의회의 심의(2015.6.22 본호개정)
2. 「산지관리법」 제6조제3항에 따른 보전산지의 지정해제 : 「산지관리법」 제22조제2항에 따른 지방산지관리위원회의 심의

(2011.4.14 본항신설)

제9조 【다른 법률에 따른 도시 · 군관리계획의 변경 제한】 중앙행정기관의 장이나 지방자치단체의 장은 다른 법률에서 이 법에 따른 도시 · 군관리계획의 결정을 의제(擬制)하는 내용이 포함되어 있는 계획을 허가 · 인가 · 승인 또는 결정하려면 대통령령으로 정하는 바에 따라 중앙도시계획위원회 또는 제113조에 따른 지방도시계획위원회(이하 "지방도시계획위원회"라 한다)의 심의를 받아야 한다. 다만, 다음 각 호의 어느 하나에 해당하는 경우에는 그러하지 아니하다.(2011.4.14 본문개정)
1. 제8조제2항 또는 제3항에 따라 국토교통부장관과 협의하거나 국토교통부장관 또는 시 · 도지사의 승인을 받은 경우(2013.7.16 본호개정)
2. 다른 법률에 따라 중앙도시계획위원회나 지방도시계획위원회의 심의를 받은 경우(2011.4.14 본호신설)
3. 그 밖에 대통령령으로 정하는 경우(2011.4.14 본호신설)

(2011.4.14 본조제목개정)

제2장 광역도시계획
(2009.2.6 본장개정)

제10조【광역계획권의 지정】 ① 국토교통부장관 또는 도지사는 둘 이상의 특별시·광역시·특별자치시·특별자치도·시 또는 군의 공간구조 및 기능을 상호 연계시키고 환경을 보전하며 광역시설을 체계적으로 정비하기 위하여 필요한 경우에는 다음 각 호의 구분에 따라 인접한 둘 이상의 특별시·광역시·특별자치시·특별자치도·시 또는 군의 관할 구역 전부 또는 일부를 대통령령으로 정하는 바에 따라 광역계획권으로 지정할 수 있다.(2013.3.23 본문개정)
1. 광역계획권이 둘 이상의 특별시·광역시·특별자치시·도 또는 특별자치도(이하 "시·도"라 한다)의 관할 구역에 걸쳐 있는 경우 : 국토교통부장관이 지정 (2013.3.23 본호개정)
2. 광역계획권이 도의 관할 구역에 속하여 있는 경우 : 도지사가 지정
② 중앙행정기관의 장, 시·도지사, 시장 또는 군수는 국토교통부장관이나 도지사에게 광역계획권의 지정 또는 변경을 요청할 수 있다.(2013.3.23 본항개정)
③ 국토교통부장관은 광역계획권을 지정하거나 변경하려면 관계 시·도지사, 시장 또는 군수의 의견을 들은 후 중앙도시계획위원회의 심의를 거쳐야 한다.(2013.3.23 본항개정)
④ 도지사가 광역계획권을 지정하거나 변경하려면 관계 중앙행정기관의 장, 관계 시·도지사, 시장 또는 군수의 의견을 들은 후 지방도시계획위원회의 심의를 거쳐야 한다.(2013.7.16 본항개정)
⑤ 국토교통부장관 또는 도지사는 광역계획권을 지정하거나 변경하면 지체 없이 관계 시·도지사, 시장 또는 군수에게 그 사실을 통보하여야 한다.(2013.3.23 본항개정)

제11조【광역도시계획의 수립권자】 ① 국토교통부장관, 시·도지사, 시장 또는 군수는 다음 각 호의 구분에 따라 광역도시계획을 수립하여야 한다.(2013.3.23 본문개정)
1. 광역계획권이 같은 도의 관할 구역에 속하여 있는 경우 : 관할 시장 또는 군수가 공동으로 수립
2. 광역계획권이 둘 이상의 시·도의 관할 구역에 걸쳐 있는 경우 : 관할 시·도지사가 공동으로 수립
3. 광역계획권을 지정한 날부터 3년이 지날 때까지 관할 시장 또는 군수로부터 제16조제1항에 따른 광역도시계획의 승인 신청이 없는 경우 : 관할 도지사가 수립
4. 국가계획과 관련된 광역도시계획의 수립이 필요한 경우나 광역계획권을 지정한 날부터 3년이 지날 때까지 관할 시·도지사로부터 제16조제1항에 따른 광역도시계획의 승인 신청이 없는 경우 : 국토교통부장관이 수립(2013.3.23 본호개정)
② 국토교통부장관은 시·도지사가 요청하는 경우와 그 밖에 필요하다고 인정되는 경우에는 제1항에도 불구하고 관할 시·도지사와 공동으로 광역도시계획을 수립할 수 있다.(2013.3.23 본항개정)
③ 도지사는 시장 또는 군수가 요청하는 경우와 그 밖에 필요하다고 인정하는 경우에는 제1항에도 불구하고 관할 시장 또는 군수와 공동으로 광역도시계획을 수립할 수 있으며, 시장 또는 군수가 협의를 거쳐 요청하는 경우에는 단독으로 광역도시계획을 수립할 수 있다.

제12조【광역도시계획의 내용】 ① 광역도시계획에는 다음 각 호의 사항 중 그 광역계획권의 지정목적을 이루는 데 필요한 사항에 대한 정책 방향이 포함되어야 한다.
1. 광역계획권의 공간 구조와 기능 분담에 관한 사항
2. 광역계획권의 녹지관리체계와 환경 보전에 관한 사항
3. 광역시설의 배치·규모·설치에 관한 사항
4. 경관계획에 관한 사항
5. 그 밖에 광역계획권에 속하는 특별시·광역시·특별자치시·특별자치도·시 또는 군 상호 간의 기능 연계에 관한 사항으로서 대통령령으로 정하는 사항(2011.4.14 본호개정)
② 광역도시계획의 수립기준 등은 대통령령으로 정하는 바에 따라 국토교통부장관이 정한다.(2013.3.23 본항개정)

제13조【광역도시계획의 수립을 위한 기초조사】 ① 국토교통부장관, 시·도지사, 시장 또는 군수는 광역도시계획을 수립하거나 변경하려면 미리 인구, 경제, 사회, 문화, 토지 이용, 환경, 교통, 주택, 그 밖에 대통령령으로 정하는 사항 중 그 광역도시계획의 수립 또는 변경에 필요한 사항을 대통령령으로 정하는 바에 따라 조사하거나 측량(이하 "기초조사"라 한다)하여야 한다.
② 국토교통부장관, 시·도지사, 시장 또는 군수는 관계 행정기관의 장에게 제1항에 따른 기초조사에 필요한 자료를 제출하도록 요청할 수 있다. 이 경우 요청을 받은 관계 행정기관의 장은 특별한 사유가 없으면 그 요청에 따라야 한다.
③ 국토교통부장관, 시·도지사, 시장 또는 군수는 효율적인 기초조사를 위하여 필요하면 기초조사를 전문기관에 의뢰할 수 있다.
④ 국토교통부장관, 시·도지사, 시장 또는 군수가 기초조사를 실시한 경우에는 해당 정보를 체계적으로 관리하고 효율적으로 활용하기 위하여 기초조사정보체계를 구축·운영하여야 한다.(2018.2.21 본항신설)
⑤ 국토교통부장관, 시·도지사, 시장 또는 군수가 제4항에 따라 기초조사정보체계를 구축한 경우에는 등록된 정보의 현황을 5년마다 확인하고 변동사항을 반영하여야 한다.(2018.2.21 본항신설)
⑥ 제4항 및 제5항에 따른 기초조사정보체계의 구축·운영에 필요한 사항은 대통령령으로 정한다.(2018.2.21 본항신설)
(2018.2.21 본조개정)

제14조【공청회의 개최】 ① 국토교통부장관, 시·도지사, 시장 또는 군수는 광역도시계획을 수립하거나 변경하려면 미리 공청회를 열어 주민과 관계 전문가 등으로부터 의견을 들어야 하며, 공청회에서 제시된 의견이 타당하다고 인정하면 광역도시계획에 반영하여야 한다.(2013.3.23 본항개정)
② 제1항에 따른 공청회의 개최에 필요한 사항은 대통령령으로 정한다.

제15조【지방자치단체의 의견 청취】 ① 시·도지사, 시장 또는 군수는 광역도시계획을 수립하거나 변경하려면 미리 관계 시·도, 시 또는 군의 의회와 관계 시장 또는 군수의 의견을 들어야 한다.
② 국토교통부장관은 광역도시계획을 수립하거나 변경하려면 관계 시·도지사에게 광역도시계획안을 송부하여야 하며, 관계 시·도지사는 그 광역도시계획안에 대하여 그 시·도의 의회와 관계 시장 또는 군수의 의견을 들은 후 그 결과를 국토교통부장관에게 제출하여야 한다.(2013.3.23 본항개정)
③ 제1항과 제2항에 따른 시·도, 시 또는 군의 의회와 관계 시장 또는 군수는 특별한 사유가 없으면 30일 이내에 시·도지사, 시장 또는 군수에게 의견을 제시하여야 한다.

제16조【광역도시계획의 승인】 ① 시·도지사는 광역도시계획을 수립하거나 변경하려면 국토교통부장관의 승인을 받아야 한다. 다만, 제11조제3항에 따라 도지사가 수립하는 광역도시계획은 그러하지 아니하다.(2013.3.23 본문개정)
② 국토교통부장관은 제1항에 따라 광역도시계획을 승인하거나 직접 광역도시계획을 수립 또는 변경(시·도지사와 공동으로 수립하거나 변경하는 경우를 포함한다)하려면 관계 중앙행정기관과 협의한 후 중앙도시계획위원회의 심의를 거쳐야 한다.(2013.3.23 본항개정)
③ 제2항에 따라 협의 요청을 받은 관계 중앙행정기관의 장은 특별한 사유가 없으면 그 요청을 받은 날부터 30일 이내에 국토교통부장관에게 의견을 제시하여야 한다.(2020.6.9 본항개정)
④ 국토교통부장관은 직접 광역도시계획을 수립 또는 변경하거나 승인하였을 때에는 관계 중앙행정기관의 장과 시·도지사에게 관계 서류를 송부하여야 하며, 관계 서류를 받은 시·도지사는 대통령령으로 정하는 바에 따라 그 내용을 공고하고 일반이 열람할 수 있도록 하여야 한다.(2013.3.23 본항개정)
⑤ 시장 또는 군수는 광역도시계획을 수립하거나 변경하려면 도지사의 승인을 받아야 한다.
⑥ 도지사가 제5항에 따라 광역도시계획을 승인하거나 제11조

제3항에 따라 직접 광역도시계획을 수립 또는 변경(시장·군수와 공동으로 수립하거나 변경하는 경우를 포함한다)하려면 제2항부터 제4항까지의 규정을 준용한다. 이 경우 "국토교통부장관"은 "도지사"로, "중앙행정기관의 장"은 "행정기관의 장(국토교통부장관을 포함한다)"으로, "중앙도시계획위원회"는 "지방도시계획위원회"로 "시·도지사"는 "시장 또는 군수"로 본다.(2013.3.23 후단개정)
⑦ 제1항부터 제6항까지에 규정된 사항 외에 광역도시계획의 수립 및 집행에 필요한 사항은 대통령령으로 정한다.

제17조【광역도시계획의 조정】 ① 제11조제1항제2호에 따라 광역도시계획을 공동으로 수립하는 시·도지사는 그 내용에 관하여 서로 협의가 되지 아니하면 공동이나 단독으로 국토교통부장관에게 조정(調停)을 신청할 수 있다.(2013.3.23 본항개정)
② 국토교통부장관은 제1항에 따라 단독으로 조정신청을 받은 경우에는 기한을 정하여 당사자 간에 다시 협의를 하도록 권고할 수 있으며, 기한까지 협의가 이루어지지 아니하는 경우에는 직접 조정할 수 있다.(2020.6.9 본항개정)
③ 국토교통부장관은 제1항에 따른 조정의 신청을 받거나 제2항에 따라 직접 조정하려는 경우에는 중앙도시계획위원회의 심의를 거쳐 광역도시계획의 내용을 조정하여야 한다. 이 경우 이해관계를 가진 지방자치단체의 장은 중앙도시계획위원회의 회의에 출석하여 의견을 진술할 수 있다.(2013.3.23 전단개정)
④ 광역도시계획을 수립하는 자는 제3항에 따른 조정 결과를 광역도시계획에 반영하여야 한다.
⑤ 제11조제1항제1호에 따라 광역도시계획을 공동으로 수립하는 시장 또는 군수는 그 내용에 관하여 서로 협의가 되지 아니하면 공동이나 단독으로 도지사에게 조정을 신청할 수 있다.
⑥ 제5항에 따라 도지사가 광역도시계획을 조정하는 경우에는 제2항부터 제4항까지의 규정을 준용한다. 이 경우 "국토교통부장관"은 "도지사"로, "중앙도시계획위원회"는 "도의 지방도시계획위원회"로 본다.(2013.3.23 후단개정)

제17조의2【광역도시계획협의회의 구성 및 운영】 ① 국토교통부장관, 시·도지사, 시장 또는 군수는 제11조제1항제1호·제2호, 같은 조 제2항 및 제3항에 따라 광역도시계획을 공동으로 수립할 때에는 광역도시계획의 수립에 관한 협의 및 조정이나 자문 등을 위하여 광역도시계획협의회를 구성하여 운영할 수 있다.(2013.3.23 본항개정)
② 제1항에 따라 광역도시계획협의회에서 광역도시계획의 수립에 관하여 협의·조정을 한 경우에는 그 조정 내용을 광역도시계획에 반영하여야 하며, 해당 시·도지사, 시장 또는 군수는 이에 따라야 한다.
③ 제1항 및 제2항에서 규정한 사항 외에 광역도시계획협의회의 구성 및 운영에 필요한 사항은 대통령령으로 정한다.
(2009.2.6 본조신설)

제3장 도시·군기본계획
(2011.4.14 본장제목개정)

제18조【도시·군기본계획의 수립권자와 대상지역】 ① 특별시장·광역시장·특별자치시장·특별자치도지사·시장 또는 군수는 관할 구역에 대하여 도시·군기본계획을 수립하여야 한다. 다만, 시 또는 군의 위치, 인구의 규모, 인구감소율 등을 고려하여 대통령령으로 정하는 시 또는 군은 도시·군기본계획을 수립하지 아니할 수 있다.
② 특별시장·광역시장·특별자치시장·특별자치도지사·시장 또는 군수는 지역여건상 필요하다고 인정되면 인접한 특별시·광역시·특별자치시·특별자치도·시 또는 군의 관할 구역 전부 또는 일부를 포함하여 도시·군기본계획을 수립할 수 있다.
③ 특별시장·광역시장·특별자치시장·특별자치도지사·시장 또는 군수는 제2항에 따라 인접한 특별시·광역시·특별자치시·특별자치도·시 또는 군의 관할 구역을 포함하여 도시·군기본계획을 수립하려면 미리 그 특별시장·광역시장·특별자치시장·특별자치도지사·시장 또는 군수와 협의하여야 한다.
(2011.4.14 본조개정)

제19조【도시·군기본계획의 내용】 ① 도시·군기본계획에는 다음 각 호의 사항에 대한 정책 방향이 포함되어야 한다.
(2011.4.14 본문개정)
1. 지역적 특성 및 계획의 방향·목표에 관한 사항
2. 공간구조 및 인구의 배분에 관한 사항(2024.2.6 본호개정)
2의2. 생활권의 설정과 생활권역별 개발·정비 및 보전 등에 관한 사항(2024.2.6 본호신설)
3. 토지의 이용 및 개발에 관한 사항
4. 토지의 용도별 수요 및 공급에 관한 사항
5. 환경의 보전 및 관리에 관한 사항
6. 기반시설에 관한 사항
7. 공원·녹지에 관한 사항
8. 경관에 관한 사항
8의2. 기후변화 대응 및 에너지절약에 관한 사항(2011.4.14 본호신설)
8의3. 방재·방범 등 안전에 관한 사항(2018.6.12 본호개정)
9. 제2호부터 제8호까지, 제8호의2 및 제8호의3에 규정된 사항의 단계별 추진에 관한 사항(2011.4.14 본호개정)
10. 그 밖에 대통령령으로 정하는 사항
② (2011.4.14 삭제)
③ 도시·군기본계획의 수립기준 등은 대통령령으로 정하는 바에 따라 국토교통부장관이 정한다.(2013.3.23 본항개정)
(2011.4.14 본조제목개정)
(2009.2.6 본조개정)

제19조의2【생활권계획 수립의 특례】 ① 특별시장·광역시장·특별자치시장·특별자치도지사·시장 또는 군수는 제19조제1항제2호의2에 따른 생활권역별 개발·정비 및 보전 등에 필요한 경우 대통령령으로 정하는 바에 따라 생활권계획을 따로 수립할 수 있다.
② 제1항에 따른 생활권계획을 수립할 때에는 제20조부터 제22조까지 및 제22조의2를 준용한다.
③ 제1항에 따른 생활권계획이 수립 또는 승인된 때에는 해당 계획이 수립된 생활권에 대해서는 도시·군기본계획이 수립 또는 변경된 것으로 본다. 이 경우 제19조제1항 각 호의 사항 중에서 생활권의 설정 및 인구의 배분에 관한 사항 등은 대통령령으로 정하는 범위에서 수립·변경하는 경우로 한정한다.
(2024.2.6 본조신설)

제20조【도시·군기본계획 수립을 위한 기초조사 및 공청회】 ① 도시·군기본계획을 수립하거나 변경하는 경우에는 제13조와 제14조를 준용한다. 이 경우 "국토교통부장관, 시·도지사, 시장 또는 군수"는 "특별시장·광역시장·특별자치시장·특별자치도지사·시장 또는 군수"로, "광역도시계획"은 "도시·군기본계획"으로 본다.(2013.3.23 후단개정)
② 시·도지사, 시장 또는 군수는 제1항에 따른 기초조사의 내용에 국토교통부장관이 정하는 바에 따라 실시하는 토지의 토양, 입지, 활용가능성 등 토지의 적성에 대한 평가(이하 "토지적성평가"라 한다)와 재해 취약성에 관한 분석(이하 "재해취약성분석"이라 한다)을 포함하여야 한다.(2015.1.6 본항신설)
③ 도시·군기본계획 입안일부터 5년 이내에 토지적성평가를 실시한 경우 등 대통령령으로 정하는 경우에는 제2항에 따른 토지적성평가 또는 재해취약성분석을 하지 아니할 수 있다.
(2015.1.6 본항신설)

제21조【지방의회의 의견 청취】 ① 특별시장·광역시장·특별자치시장·특별자치도지사·시장 또는 군수는 도시·군기본계획을 수립하거나 변경하려면 미리 그 특별시·광역시·특별자치시·특별자치도·시 또는 군 의회의 의견을 들어야 한다.
② 제1항에 따른 특별시·광역시·특별자치시·특별자치도·시 또는 군의 의회는 특별한 사유가 없으면 30일 이내에 특별시장·광역시장·특별자치시장·특별자치도지사·시장 또는 군수에게 의견을 제시하여야 한다.
(2011.4.14 본조개정)

제22조【특별시·광역시·특별자치시·특별자치도의 도시·군기본계획의 확정】 ① 특별시장·광역시장·특별자치시장 또는 특별자치도지사는 도시·군기본계획을 수립하거나 변경하려면 관계 행정기관의 장(국토교통부장관을 포함한다. 이하 이

조 및 제22조의2에서 같다)과 협의한 후 지방도시계획위원회의 심의를 거쳐야 한다.(2013.3.23 본항개정)
② 제1항에 따라 협의 요청을 받은 관계 행정기관의 장은 특별한 사유가 없으면 그 요청을 받은 날부터 30일 이내에 특별시장·광역시장·특별자치시장 또는 특별자치도지사에게 의견을 제시하여야 한다.
③ 특별시장·광역시장·특별자치시장 또는 특별자치도지사는 도시·군기본계획을 수립하거나 변경한 경우에는 관계 행정기관의 장에게 관계 서류를 송부하여야 하며, 대통령령으로 정하는 바에 따라 그 계획을 공고하고 일반인이 열람할 수 있도록 하여야 한다.
(2011.4.14 본조개정)

제22조의2【시·군 도시·군기본계획의 승인】 ① 시장 또는 군수는 도시·군기본계획을 수립하거나 변경하려면 대통령령으로 정하는 바에 따라 도지사의 승인을 받아야 한다.
② 도지사는 제1항에 따라 도시·군기본계획을 승인하려면 관계 행정기관의 장과 협의한 후 지방도시계획위원회의 심의를 거쳐야 한다.
③ 제2항에 따른 협의에 관하여는 제22조제2항을 준용한다. 이 경우 "특별시장·광역시장·특별자치시장 또는 특별자치도지사"는 "도지사"로 본다.(2013.7.16 후단개정)
④ 도지사는 도시·군기본계획을 승인하면 관계 행정기관의 장과 시장 또는 군수에게 관계 서류를 송부하여야 하며, 관계 서류를 받은 시장 또는 군수는 대통령령으로 정하는 바에 따라 그 계획을 공고하고 일반인이 열람할 수 있도록 하여야 한다.
(2011.4.14 본조개정)

제22조의3 (2011.4.14 삭제)

제23조【도시·군기본계획의 정비】 ① 특별시장·광역시장·특별자치시장·특별자치도지사·시장 또는 군수는 5년마다 관할 구역의 도시·군기본계획에 대하여 타당성을 전반적으로 재검토하여 정비하여야 한다.(2020.6.9 본항개정)
② 특별시장·광역시장·특별자치시장·특별자치도지사·시장 또는 군수는 제4조제2항 및 제3항에 따라 도시·군기본계획의 내용에 우선하는 광역도시계획의 내용 및 도시·군기본계획에 우선하는 국가계획의 내용을 도시·군기본계획에 반영하여야 한다.
(2011.4.14 본조개정)

제4장 도시·군관리계획
(2011.4.14 본장제목개정)

제1절 도시·군관리계획의 수립 절차
(2011.4.14 본절제목개정)

제24조【도시·군관리계획의 입안권자】 ① 특별시장·광역시장·특별자치시장·특별자치도지사·시장 또는 군수는 관할 구역에 대하여 도시·군관리계획을 입안하여야 한다.
(2011.4.14 본항개정)
② 특별시장·광역시장·특별자치시장·특별자치도지사·시장 또는 군수는 다음 각 호의 어느 하나에 해당하면 인접한 특별시·광역시·특별자치시·특별자치도·시 또는 군의 관할 구역 전부 또는 일부를 포함하여 도시·군관리계획을 입안할 수 있다.
1. 지역여건상 필요하다고 인정하여 미리 인접한 특별시장·광역시장·특별자치시장·특별자치도지사·시장 또는 군수와 협의한 경우
2. 제18조제2항에 따라 인접한 특별시·광역시·특별자치시·특별자치도·시 또는 군의 관할 구역을 포함하여 도시·군기본계획을 수립한 경우
(2011.4.14 본항개정)
③ 제2항에 따른 인접한 특별시·광역시·특별자치시·특별자치도·시 또는 군의 관할 구역에 대한 도시·군관리계획은 관계 특별시장·광역시장·특별자치시장·특별자치도지사·시장 또는 군수가 협의하여 공동으로 입안하거나 입안할 자를 정한다.(2011.4.14 본항개정)
④ 제3항에 따른 협의가 성립되지 아니하는 경우 도시·군관리계획을 입안하려는 구역이 같은 도의 관할 구역에 속할 때에는 관할 도지사가, 둘 이상의 시·도의 관할 구역에 걸쳐 있을 때에는 국토교통부장관(제40조에 따른 수산자원보호구역의 경우 해양수산부장관을 말한다. 이하 이 조에서 같다)이 입안할 자를 지정하고 그 사실을 고시하여야 한다.(2013.3.23 본항개정)
⑤ 국토교통부장관은 제1항이나 제2항에도 불구하고 다음 각 호의 어느 하나에 해당하는 경우에는 직접 또는 관계 중앙행정기관의 장의 요청에 의하여 도시·군관리계획을 입안할 수 있다. 이 경우 국토교통부장관은 관할 시·도지사 및 시장·군수의 의견을 들어야 한다.(2013.3.23 본문개정)
1. 국가계획과 관련된 경우
2. 둘 이상의 시·도에 걸쳐 지정되는 용도지역·용도지구 또는 용도구역과 둘 이상의 시·도에 걸쳐 이루어지는 사업의 계획 중 도시·군관리계획으로 결정하여야 할 사항이 있는 경우(2011.4.14 본호개정)
3. 특별시장·광역시장·특별자치시장·특별자치도지사·시장 또는 군수가 제138조에 따른 기한까지 국토교통부장관의 도시·군관리계획 조정 요구에 따라 도시·군관리계획을 정비하지 아니하는 경우(2013.3.23 본호개정)
⑥ 도지사는 제1항이나 제2항에도 불구하고 다음 각 호의 어느 하나의 경우에는 직접 또는 시장이나 군수의 요청에 의하여 도시·군관리계획을 입안할 수 있다. 이 경우 도지사는 관계 시장 또는 군수의 의견을 들어야 한다.
1. 둘 이상의 시·군에 걸쳐 지정되는 용도지역·용도지구 또는 용도구역과 둘 이상의 시·군에 걸쳐 이루어지는 사업의 계획 중 도시·군관리계획으로 결정하여야 할 사항이 포함되어 있는 경우
2. 도지사가 직접 수립하는 사업의 계획으로서 도시·군관리계획으로 결정하여야 할 사항이 포함되어 있는 경우
(2011.4.14 본항개정)
(2011.4.14 본조제목개정)
(2009.2.6 본조개정)

제25조【도시·군관리계획의 입안】 ① 도시·군관리계획은 광역도시계획과 도시·군기본계획(제19조의2에 따른 생활권계획을 포함한다)에 부합되어야 한다.(2024.2.6 본항개정)
② 국토교통부장관(제40조에 따른 수산자원보호구역의 경우 해양수산부장관을 말한다. 이하 이 조에서 같다), 시·도지사, 시장 또는 군수는 도시·군관리계획을 입안할 때에는 대통령령으로 정하는 바에 따라 도시·군관리계획도서(계획도와 계획조서를 말한다. 이하 같다)와 이를 보조하는 계획설명서(기초조사결과·재원조달방안 및 경관계획 등을 포함한다. 이하 같다)를 작성하여야 한다.(2013.3.23 본항개정)
③ 도시·군관리계획은 계획의 상세 정도, 도시·군관리계획으로 결정하여야 하는 기반시설의 종류 등에 대하여 도시 및 농·산·어촌 지역의 인구밀도, 토지 이용의 특성 및 주변 환경 등을 종합적으로 고려하여 차등을 두어 입안하여야 한다.
④ 도시·군관리계획의 수립기준, 도시·군관리계획도서 및 계획설명서의 작성기준·작성방법 등은 대통령령으로 정하는 바에 따라 국토교통부장관이 정한다.(2013.3.23 본항개정)
(2011.4.14 본조개정)

제26조【도시·군관리계획 입안의 제안】 ① 주민(이해관계자를 포함한다. 이하 같다)은 다음 각 호의 사항에 대하여 제24조에 따라 도시·군관리계획을 입안할 수 있는 자에게 도시·군관리계획의 입안을 제안할 수 있다. 이 경우 제안서에는 도시·군관리계획도서와 계획설명서를 첨부하여야 한다.
(2011.4.14 본문개정)
1. 기반시설의 설치·정비 또는 개량에 관한 사항
2. 지구단위계획구역의 지정 및 변경과 지구단위계획의 수립 및 변경에 관한 사항
3. 다음 각 목의 어느 하나에 해당하는 용도지구의 지정 및 변경에 관한 사항
가. 개발진흥지구 중 공업기능 또는 유통물류기능 등을 집중적으로 개발·정비하기 위한 개발진흥지구로서 대통령령으로 정하는 개발진흥지구

나. 제37조에 따라 지정된 용도지구 중 해당 용도지구에 따른 건축물이나 그 밖의 시설의 용도·종류 및 규모 등의 제한을 지구단위계획으로 대체하기 위한 용도지구
(2017.4.18 본호개정)
4. (2024.2.6 삭제)
5. 도시·군계획시설입체복합구역의 지정 및 변경과 도시·군계획시설입체복합구역의 건축제한·건폐율·용적률·높이 등에 관한 사항(2024.2.6 본호신설)
② 제1항에 따라 도시·군관리계획의 입안을 제안받은 자는 그 처리 결과를 제안자에게 알려야 한다.(2011.4.14 본항개정)
③ 제1항에 따라 도시·군관리계획의 입안을 제안받은 자는 제안자와 협의하여 제안된 도시·군관리계획의 입안 및 결정에 필요한 비용의 전부 또는 일부를 제안자에게 부담시킬 수 있다.(2011.4.14 본항개정)
④ 제1항제3호에 따른 개발진흥지구의 지정 제안을 위하여 충족하여야 할 지구의 규모, 용도지역 등의 요건은 대통령령으로 정한다.(2015.8.11 본항신설)
⑤ 제1항부터 제4항까지에 규정된 사항 외에 도시·군관리계획의 제안, 제안을 위한 토지소유자의 동의 비율, 제안서의 처리 절차 등에 필요한 사항은 대통령령으로 정한다.(2015.8.11 본항개정)
(2011.4.14 본조제목개정)
(2009.2.6 본조개정)

제27조【도시·군관리계획의 입안을 위한 기초조사 등】 ① 도시·군관리계획을 입안하는 경우에는 제13조를 준용한다. 다만, 대통령령으로 정하는 경미한 사항을 입안하는 경우에는 그러하지 아니하다.(2011.4.14 본문개정)
② 국토교통부장관(제40조에 따른 수산자원보호구역의 경우 해양수산부장관을 말한다. 이하 이 조에서 같다), 시·도지사, 시장 또는 군수는 제1항에 따른 기초조사의 내용에 도시·군관리계획이 환경에 미치는 영향 등에 대한 환경성 검토를 포함하여야 한다.(2013.3.23 본항개정)
③ 국토교통부장관, 시·도지사, 시장 또는 군수는 제1항에 따른 기초조사의 내용에 토지적성평가와 재해취약성분석을 포함하여야 한다.(2015.1.6 본항개정)
④ 도시·군관리계획으로 입안하려는 지역이 도심지에 위치하거나 개발이 끝나 나대지가 없는 등 대통령령으로 정하는 요건에 해당하면 제1항부터 제3항까지의 규정에 따른 기초조사, 환경성 검토, 토지적성평가 또는 재해취약성분석을 하지 아니할 수 있다.(2015.1.6 본항개정)
(2011.4.14 본조제목개정)

제28조【주민과 지방의회의 의견 청취】 ① 국토교통부장관(제40조에 따른 수산자원보호구역의 경우 해양수산부장관을 말한다. 이하 이 조에서 같다), 시·도지사, 시장 또는 군수는 제25조에 따라 도시·군관리계획을 입안할 때에는 주민의 의견을 들어야 하며, 그 의견이 타당하다고 인정되면 도시·군관리계획안에 반영하여야 한다. 다만, 국방상 또는 국가안전보장상 기밀을 지켜야 할 필요가 있는 사항(관계 중앙행정기관의 장이 요청하는 것만 해당한다)이거나 대통령령으로 정하는 경미한 사항인 경우에는 그러하지 아니하다.(2013.3.23 본문개정)
② 국토교통부장관이나 도지사는 제24조제5항 및 제6항에 따라 도시·군관리계획을 입안하려면 주민의 의견 청취 기한을 밝혀 도시·군관리계획안을 관계 특별시장·광역시장·특별자치시장·특별자치도지사·시장 또는 군수에게 송부하여야 한다.(2013.3.23 본항개정)
③ 제2항에 따라 도시·군관리계획안을 받은 특별시장·광역시장·특별자치시장·특별자치도지사·시장 또는 군수는 명시된 기한까지 그 도시·군관리계획안에 대한 주민의 의견을 들어 그 결과를 국토교통부장관이나 도지사에게 제출하여야 한다.(2013.3.23 본항개정)
④ 국토교통부장관, 시·도지사, 시장 또는 군수는 다음 각 호의 어느 하나에 해당하는 경우로서 그 내용이 해당 지방자치단체의 조례로 정하는 중요한 사항인 경우에는 그 내용을 다시 공고·열람하게 하여 주민의 의견을 들어야 한다.
1. 제1항에 따라 청취한 주민 의견을 도시·군관리계획안에 반영하고자 하는 경우
2. 제30조제1항·제2항에 따른 관계 행정기관의 장과의 협의 및 같은 조 제3항에 따른 중앙도시계획위원회의 심의, 시·도도시계획위원회의 심의 또는 시·도에 두는 건축위원회와 도시계획위원회의 공동 심의에서 제시된 의견을 반영하여 도시·군관리계획을 결정하고자 하는 경우
(2021.1.12 본항신설)
⑤ 제1항 및 제4항에 따른 주민의 의견 청취에 필요한 사항은 대통령령으로 정하는 기준에 따라 해당 지방자치단체의 조례로 정한다.(2021.1.12 본항개정)
⑥ 국토교통부장관, 시·도지사, 시장 또는 군수는 도시·군관리계획을 입안하려면 대통령령으로 정하는 사항에 대하여 해당 지방의회의 의견을 들어야 한다.(2013.3.23 본항개정)
⑦ 국토교통부장관이나 도지사가 제6항에 따라 지방의회의 의견을 듣는 경우에는 제2항과 제3항을 준용한다. 이 경우 "주민"은 "지방의회"로 본다.(2021.1.12 본항개정)
⑧ 특별시장·광역시장·특별자치시장·특별자치도지사·시장 또는 군수가 제6항에 따라 지방의회의 의견을 들으려면 의견 제시 기한을 밝혀 도시·군관리계획안을 송부하여야 한다. 이 경우 해당 지방의회는 명시된 기한까지 특별시장·광역시장·특별자치시장·특별자치도지사·시장 또는 군수에게 의견을 제시하여야 한다.(2021.1.12 전단개정)

제29조【도시·군관리계획의 결정권자】 ① 도시·군관리계획은 시·도지사가 직접 또는 시장·군수의 신청에 따라 결정한다. 다만, 「지방자치법」 제198조에 따른 서울특별시와 광역시 및 특별자치시를 제외한 인구 50만 이상의 대도시(이하 "대도시"라 한다)의 경우에는 해당 시장(이하 "대도시 시장"이라 한다)이 직접 결정하고, 다음 각 호의 도시·군관리계획은 시장 또는 군수가 직접 결정한다.(2021.1.12 단서개정)
1. 시장 또는 군수가 입안한 지구단위계획구역의 지정·변경과 지구단위계획의 수립·변경에 관한 도시·군관리계획
(2017.4.18 본호신설)
2. 제52조제1항제1호의2에 따라 지구단위계획으로 대체하는 용도지구 폐지에 관한 도시·군관리계획〔해당 시장(대도시 시장은 제외한다) 또는 군수가 도지사와 미리 협의한 경우에 한정한다〕(2017.4.18 본호신설)
② 제1항에도 불구하고 다음 각 호의 도시·군관리계획은 국토교통부장관이 결정한다. 다만, 제4호의 도시·군관리계획은 해양수산부장관이 결정한다.(2013.3.23 본문개정)
1. 제24조제5항에 따라 국토교통부장관이 입안한 도시·군관리계획(2013.3.23 본호개정)
2. 제38조에 따른 개발제한구역의 지정 및 변경에 관한 도시·군관리계획
3. 제39조제1항 단서에 따른 시가화조정구역의 지정 및 변경에 관한 도시·군관리계획(2013.7.16 본호개정)
4. 제40조에 따른 수산자원보호구역의 지정 및 변경에 관한 도시·군관리계획
5. (2019.8.20 삭제)
(2011.4.14 본조개정)

제30조【도시·군관리계획의 결정】 ① 시·도지사는 도시·군관리계획을 결정하려면 관계 행정기관의 장과 미리 협의하여야 하며, 국토교통부장관(제40조에 따른 수산자원보호구역의 경우 해양수산부장관을 말한다. 이하 이 조에서 같다)이 도시·군관리계획을 결정하려면 관계 중앙행정기관의 장과 미리 협의하여야 한다. 이 경우 협의 요청을 받은 기관의 장은 특별한 사유가 없으면 그 요청을 받은 날부터 30일 이내에 의견을 제시하여야 한다.(2013.3.23 전단개정)
② 시·도지사는 제24조제5항에 따라 국토교통부장관이 입안하여 결정한 도시·군관리계획을 변경하거나 그 밖에 대통령령으로 정하는 중요한 사항에 관한 도시·군관리계획을 결정하려면 미리 국토교통부장관과 협의하여야 한다.(2013.3.23 본항개정)
③ 국토교통부장관은 도시·군관리계획을 결정하려면 중앙도시계획위원회의 심의를 거쳐야 하며, 시·도지사가 도시·군관리계획을 결정하려면 시·도도시계획위원회의 심의를 거쳐야 한다. 다만, 시·도지사가 지구단위계획(지구단위계획과 지구단위계획구역을 동시에 결정할 때에는 지구단위계획구역의 지정 또는 변경에 관한 사항을 포함할 수 있다)이나 제52조제1

항제1호의2에 따라 지구단위계획으로 대체하는 용도지구 폐지에 관한 사항을 결정하려면 대통령령으로 정하는 바에 따라 「건축법」 제4조에 따라 시·도에 두는 건축위원회와 도시계획위원회가 공동으로 하는 심의를 거쳐야 한다.(2017.4.18 단서개정)
④ 국토교통부장관이나 시·도지사는 국방상 또는 국가안전보장상 기밀을 지켜야 할 필요가 있다고 인정되면(관계 중앙행정기관의 장이 요청할 때만 해당된다) 그 도시·군관리계획의 전부 또는 일부에 대하여 제1항부터 제3항까지의 규정에 따른 절차를 생략할 수 있다.(2013.3.23 본항개정)
⑤ 결정된 도시·군관리계획을 변경하려는 경우에는 제1항부터 제4항까지의 규정을 준용한다. 다만, 대통령령으로 정하는 경미한 사항을 변경하는 경우에는 그러하지 아니하다.
(2011.4.14 본문개정)
⑥ 국토교통부장관이나 시·도지사는 도시·군관리계획을 결정하면 대통령령으로 정하는 바에 따라 그 결정을 고시하고, 국토교통부장관이나 도지사는 관계 서류를 관계 특별시장·광역시장·특별자치시장·특별자치도지사·시장 또는 군수에게 송부하여 일반이 열람할 수 있도록 하여야 하며, 특별시장·광역시장·특별자치시장·특별자치도지사는 관계 서류를 일반이 열람할 수 있도록 하여야 한다.(2013.3.23 본항개정)
⑦ 시장 또는 군수가 도시·군관리계획을 결정하는 경우에는 제1항부터 제6항까지의 규정을 준용한다. 이 경우 "시·도지사"는 "시장 또는 군수"로, "시·도도시계획위원회"는 "제113조제2항에 따른 시·군·구도시계획위원회"로, "「건축법」 제4조에 따라 시·도에 두는 건축위원회"는 "「건축법」 제4조에 따라 시 또는 군에 두는 건축위원회"로, "특별시장·광역시장·특별자치시장·특별자치도지사"는 "시장 또는 군수"로 본다.(2013.7.16 본항개정)
(2011.4.14 본조제목개정)

제31조【도시·군관리계획 결정의 효력】 ① 도시·군관리계획 결정의 효력은 제32조제4항에 따라 지형도면을 고시한 날부터 발생한다.(2013.7.16 본항개정)
② 도시·군관리계획 결정 당시 이미 사업이나 공사에 착수한 자(이 법 또는 다른 법률에 따라 허가·인가·승인 등을 받아야 하는 경우에는 그 허가·인가·승인 등을 받아 사업이나 공사에 착수한 자를 말한다)는 그 도시·군관리계획 결정과 관계없이 그 사업이나 공사를 계속할 수 있다. 다만, 시가화조정구역이나 수산자원보호구역의 지정에 관한 도시·군관리계획 결정이 있는 경우에는 대통령령으로 정하는 바에 따라 특별시장·광역시장·특별자치시장·특별자치도지사·시장 또는 군수에게 신고하고 그 사업이나 공사를 계속할 수 있다.
(2020.6.9 본문개정)
③ 제1항에서 규정한 사항 외에 도시·군관리계획 결정의 효력 발생 및 실효 등에 관하여는 「토지이용규제 기본법」 제8조제3항부터 제5항까지의 규정에 따른다.(2013.7.16 본항신설)

제32조【도시·군관리계획에 관한 지형도면의 고시 등】 ① 특별시장·광역시장·특별자치시장·특별자치도지사·시장 또는 군수는 제30조에 따른 도시·군관리계획 결정(이하 "도시·군관리계획결정"이라 한다)이 고시되면 지적(地籍)이 표시된 지형도에 도시·군관리계획에 관한 사항을 자세히 밝힌 도면을 작성하여야 한다.(2013.7.16 본항개정)
② 시장(대도시 시장은 제외한다)이나 군수는 제1항에 따른 지형도에 도시·군관리계획(지구단위계획구역의 지정·변경과 지구단위계획의 수립·변경에 관한 도시·군관리계획은 제외한다)에 관한 사항을 자세히 밝힌 도면(이하 "지형도면"이라 한다)을 작성하면 도지사의 승인을 받아야 한다. 이 경우 지형도면의 승인 신청을 받은 도지사는 그 지형도면과 결정·고시된 도시·군관리계획을 대조하여 착오가 없다고 인정되면 대통령령으로 정하는 기간에 그 지형도면을 승인하여야 한다.
(2013.7.16 전단개정)
③ 국토교통부장관(제40조에 따른 수산자원보호구역의 경우 해양수산부장관을 말한다. 이하 이 조에서 같다)이나 도지사는 도시·군관리계획을 직접 입안한 경우에는 제1항과 제2항에도 불구하고 관계 특별시장·광역시장·특별자치시장·특별자치도지사·시장 또는 군수의 의견을 들어 직접 지형도면을 작성할 수 있다.(2013.3.23 본항개정)
④ 국토교통부장관, 시·도지사, 시장 또는 군수는 직접 지형도면을 작성하거나 지형도면을 승인한 경우에는 이를 고시하여야 한다.(2013.7.16 본항개정)
⑤ 제1항 및 제3항에 따른 지형도면의 작성기준 및 방법과 제4항에 따른 지형도면의 고시방법 및 절차 등에 관하여는 「토지이용규제 기본법」 제8조제2항 및 제6항부터 제9항까지의 규정에 따른다.(2013.7.16 본항개정)

제33조 (2013.7.16 삭제)

제34조【도시·군관리계획의 정비】 ① 특별시장·광역시장·특별자치시장·특별자치도지사·시장 또는 군수는 5년마다 관할 구역의 도시·군관리계획에 대하여 대통령령으로 정하는 바에 따라 그 타당성을 전반적으로 재검토하여 정비하여야 한다.(2020.6.9 본항개정)
② (2021.1.12 삭제)

제35조【도시·군관리계획 입안의 특례】 ① 국토교통부장관, 시·도지사, 시장 또는 군수는 도시·군관리계획을 조속히 입안하여야 할 필요가 있다고 인정되면 광역도시계획이나 도시·군기본계획을 수립할 때에 도시·군관리계획을 함께 입안할 수 있다.(2013.3.23 본항개정)
② 국토교통부장관(제40조에 따른 수산자원보호구역의 경우 해양수산부장관을 말한다), 시·도지사, 시장 또는 군수는 필요하다고 인정되면 도시·군관리계획을 입안할 때에 제30조제1항에 따라 협의하여야 할 사항에 관하여 관계 중앙행정기관의 장이나 관계 행정기관의 장과 협의할 수 있다. 이 경우 시장이나 군수는 도지사에게 그 도시·군관리계획(지구단위계획구역의 지정·변경과 지구단위계획의 수립·변경에 관한 도시·군관리계획은 제외한다)의 결정을 신청할 때에 관계 행정기관의 장과의 협의 결과를 첨부하여야 한다.
(2013.7.16 후단개정)
③ 제2항에 따라 미리 협의한 사항에 대하여는 제30조제1항에 따른 협의를 생략할 수 있다.
(2011.4.14 본조제목개정)
(2009.2.6 본조개정)

제1절의2 공간재구조화계획
(2024.2.6 본절신설)

제35조의2【공간재구조화계획의 입안】 ① 특별시장·광역시장·특별자치시장·특별자치도지사·시장 또는 군수는 다음 각 호의 용도구역을 지정하고 해당 용도구역에 대한 계획을 수립하기 위하여 공간재구조화계획을 입안하여야 한다.
1. 제40조의3에 따른 도시혁신구역 및 도시혁신계획
2. 제40조의4에 따른 복합용도구역 및 복합용도계획
3. 제40조의5에 따른 도시·군계획시설입체복합구역(제1호 또는 제2호와 함께 구역을 지정하거나 계획을 입안하는 경우로 한정한다)
② 공간재구조화계획의 입안과 관련하여 제24조제2항부터 제6항까지를 준용한다. 이 경우 "도시·군관리계획"은 "공간재구조화계획"으로 본다.
③ 국토교통부장관은 제1항 및 제2항에도 불구하고 도시의 경쟁력 향상, 특화발전 및 지역 균형발전 등을 위하여 필요한 때에는 관할 특별시장·광역시장·특별자치시장·특별자치도지사·시장 또는 군수의 요청에 따라 공간재구조화계획을 입안할 수 있다.
④ 제1항부터 제3항까지에 따라 공간재구조화계획을 입안하려는 국토교통부장관(제40조에 따른 수산자원보호구역의 경우 해양수산부장관을 말한다. 이하 이 조부터 제35조의7까지에서 같다), 시·도지사, 시장 또는 군수(이하 "공간재구조화계획 입안권자"라 한다)는 공간재구조화계획도서(계획도와 계획조서를 말한다. 이하 같다) 및 이를 보조하는 계획설명서(기초조사결과·재원조달방안 및 경관계획을 포함한다. 이하 같다)를 작성하여야 한다.
⑤ 공간재구조화계획의 입안범위와 기준, 공간재구조화계획도서 및 계획설명서의 작성기준·작성방법 등은 국토교통부장관이 정한다.

제35조의3【공간재구조화계획 입안의 제안】 ① 주민(이해관계자를 포함한다. 이하 이 조에서 같다)은 제35조의2제1항 각 호의 용도구역 지정을 위하여 공간재구조화계획 입안권자에게 공간재구조화계획의 입안을 제안할 수 있다. 이 경우 제안서에는 공간재구조화계획도서와 계획설명서를 첨부하여야 한다.
② 제1항에 따라 공간재구조화계획의 입안을 제안받은 공간재구조화계획 입안권자는 「국유재산법」·「공유재산 및 물품 관리법」에 따른 국유재산·공유재산이 공간재구조화계획으로 지정된 용도구역 내에 포함된 경우 등 대통령령으로 정하는 경우에는 제안자 외의 제3자에 의한 제안이 가능하도록 제안 내용의 개요를 공고하여야 한다. 다만, 제안받은 공간재구조화계획을 입안하지 아니하기로 결정한 때에는 그러하지 아니하다.
③ 공간재구조화계획 입안권자는 제1항에 따른 최초 제안자의 제안서 및 제2항에 따른 제3자 제안서에 대하여 토지이용계획의 적절성 등 대통령령으로 정하는 바에 따라 검토·평가한 후 제출한 제안서 내용의 전부 또는 일부를 공간재구조화계획의 입안에 반영할 수 있다.
④ 공간재구조화계획 입안권자가 제안서 내용의 채택 여부 등을 결정한 경우에는 그 결과를 제안자와 제3자에게 알려야 한다.
⑤ 공간재구조화계획 입안권자는 제안자 또는 제3자와 협의하여 제안된 공간재구조화계획의 입안 및 결정에 필요한 비용의 전부 또는 일부를 제안자 또는 제3자에게 부담시킬 수 있다.
⑥ 제1항부터 제5항까지에 규정된 사항 외에 공간재구조화계획 제안의 기준, 절차 등에 필요한 사항은 대통령령으로 정한다.

제35조의4【공간재구조화계획의 내용 등】 공간재구조화계획에는 다음 각 호의 사항을 포함하여야 한다.
1. 제35조의2제1항 각 호의 용도구역 지정 위치 및 용도구역에 대한 계획 등에 관한 사항
2. 그 밖에 제35조의2제1항 각 호의 용도구역을 지정함에 따라 인근 지역의 주거·교통·기반시설 등에 미치는 영향 등 대통령령으로 정하는 사항

제35조의5【공간재구조화계획 수립을 위한 기초조사, 의견청취 등】 ① 공간재구조화계획의 입안을 위한 기초조사, 주민과 지방의회의 의견 청취 등에 관하여는 제27조 및 제28조(제28조제4항제2호의 경우 관계 행정기관의 장과의 협의, 중앙도시계획위원회의 심의만 해당한다)를 준용한다. 이 경우 "도시·군관리계획"은 "공간재구조화계획"으로, "국토교통부장관, 시·도지사, 시장 또는 군수"는 "공간재구조화계획 입안권자"로 본다.
② 제1항에 따른 기초조사, 환경성 검토, 토지적성평가 또는 재해취약성분석은 공간재구조화계획 입안일부터 5년 이내 기초조사를 실시한 경우 등 대통령령으로 정하는 바에 따라 생략할 수 있다.

제35조의6【공간재구조화계획의 결정】 ① 공간재구조화계획은 시·도지사가 직접 또는 시장·군수의 신청에 따라 결정한다. 다만, 제35조의2에 따라 국토교통부장관이 입안한 공간재구조화계획은 국토교통부장관이 결정한다.
② 국토교통부장관 또는 시·도지사가 공간재구조화계획을 결정하려면 미리 관계 행정기관의 장(국토교통부장관을 포함한다)과 협의하고 다음 각 호에 따라 중앙도시계획위원회 또는 지방도시계획위원회의 심의를 거쳐야 한다. 이 경우 협의 요청을 받은 기관의 장은 특별한 사유가 없으면 그 요청을 받은 날부터 30일(도시혁신구역 지정을 위한 공간재구조화계획 결정의 경우에는 근무일 기준으로 10일) 이내에 의견을 제시하여야 한다.
1. 다음 각 목의 어느 하나에 해당하는 사항은 중앙도시계획위원회의 심의를 거친다.
  가. 국토교통부장관이 결정하는 공간재구조화계획
  나. 시·도지사가 결정하는 공간재구조화계획 중 제35조의2제1항 각 호의 용도구역 지정 및 입지 타당성 등에 관한 사항
2. 제1호 각 목의 사항을 제외한 공간재구조화계획에 대하여는 지방도시계획위원회의 심의를 거친다.
③ 국토교통부장관 또는 시·도지사는 공간재구조화계획을 결정하면 대통령령으로 정하는 바에 따라 그 결정을 고시하고, 국토교통부장관이나 도지사는 관계 서류를 관계 특별시장·광역시장·특별자치시장·특별자치도지사·시장 또는 군수에게 송부하여 일반이 열람할 수 있도록 하여야 하며, 특별시장·광역시장·특별자치시장·특별자치도지사는 관계 서류를 일반이 열람할 수 있도록 하여야 한다.

제35조의7【공간재구조화계획 결정의 효력 등】 ① 공간재구조화계획 결정의 효력은 지형도면을 고시한 날부터 발생한다. 다만, 지형도면이 필요 없는 경우에는 제35조의6제3항에 따라 고시한 날부터 효력이 발생한다.
② 제1항에 따라 고시를 한 경우에 해당 구역 지정 및 계획 수립에 필요한 내용에 대해서는 고시한 내용에 따라 도시·군기본계획의 수립·변경(제19조제1항 각 호 중에서 인구의 배분 등은 대통령령으로 정하는 범위에서 변경하는 경우로 한정한다)과 도시·군관리계획의 결정(변경결정을 포함한다) 고시를 한 것으로 본다.
③ 제1항에 따른 지형도면 고시 등에 관하여는 제32조를 준용한다. 이 경우 "도시·군관리계획"은 "공간재구조화계획"으로 본다.
④ 제1항에 따라 고시를 할 당시에 이미 사업이나 공사에 착수한 자(이 법 또는 다른 법률에 따라 허가·인가·승인 등을 받아야 하는 경우에는 그 허가·인가·승인 등을 받아 사업이나 공사에 착수한 자를 말한다)는 그 공간재구조화계획 결정과 관계없이 그 사업이나 공사를 계속할 수 있다.
⑤ 제1항에 따라 고시된 공간재구조화계획의 내용은 도시·군계획으로 관리하여야 한다.

제2절 용도지역·용도지구·용도구역
(2009.2.6 본절개정)

제36조【용도지역의 지정】 ① 국토교통부장관, 시·도지사 또는 대도시 시장은 다음 각 호의 어느 하나에 해당하는 용도지역의 지정 또는 변경을 도시·군관리계획으로 결정한다.
(2013.3.23 본문개정)
1. 도시지역 : 다음 각 목의 어느 하나로 구분하여 지정한다.
  가. 주거지역 : 거주의 안녕과 건전한 생활환경의 보호를 위하여 필요한 지역
  나. 상업지역 : 상업이나 그 밖의 업무의 편익을 증진하기 위하여 필요한 지역
  다. 공업지역 : 공업의 편익을 증진하기 위하여 필요한 지역
  라. 녹지지역 : 자연환경·농지 및 산림의 보호, 보건위생, 보안과 도시의 무질서한 확산을 방지하기 위하여 녹지의 보전이 필요한 지역
2. 관리지역 : 다음 각 목의 어느 하나로 구분하여 지정한다.
  가. 보전관리지역 : 자연환경 보호, 산림 보호, 수질오염 방지, 녹지공간 확보 및 생태계 보전 등을 위하여 보전이 필요하나, 주변 용도지역과의 관계 등을 고려할 때 자연환경보전지역으로 지정하여 관리하기가 곤란한 지역
  나. 생산관리지역 : 농업·임업·어업 생산 등을 위하여 관리가 필요하나, 주변 용도지역과의 관계 등을 고려할 때 농림지역으로 지정하여 관리하기가 곤란한 지역
  다. 계획관리지역 : 도시지역으로의 편입이 예상되는 지역이나 자연환경을 고려하여 제한적인 이용·개발을 하려는 지역으로서 계획적·체계적인 관리가 필요한 지역
3. 농림지역
4. 자연환경보전지역
② 국토교통부장관, 시·도지사 또는 대도시 시장은 대통령령으로 정하는 바에 따라 제1항 각 호 및 같은 항 각 호 각 목의 용도지역을 도시·군관리계획결정으로 다시 세분하여 지정하거나 변경할 수 있다.(2013.3.23 본항개정)

제37조【용도지구의 지정】 ① 국토교통부장관, 시·도지사 또는 대도시 시장은 다음 각 호의 어느 하나에 해당하는 용도지구의 지정 또는 변경을 도시·군관리계획으로 결정한다.
(2013.3.23 본문개정)

1. 경관지구 : 경관의 보전·관리 및 형성을 위하여 필요한 지구(2017.4.18 본호개정)
2. 고도지구 : 쾌적한 환경 조성 및 토지의 효율적 이용을 위하여 건축물 높이의 최고한도를 규제할 필요가 있는 지구(2017.4.18 본호개정)
3. 방화지구 : 화재의 위험을 예방하기 위하여 필요한 지구
4. 방재지구 : 풍수해, 산사태, 지반의 붕괴, 그 밖의 재해를 예방하기 위하여 필요한 지구
5. 보호지구 : 「국가유산기본법」 제3조에 따른 국가유산, 중요 시설물(항만, 공항 등 대통령령으로 정하는 시설물을 말한다) 및 문화적·생태적으로 보존가치가 큰 지역의 보호와 보존을 위하여 필요한 지구(2023.5.16 본호개정)
6. 취락지구 : 녹지지역·관리지역·농림지역·자연환경보전지역·개발제한구역 또는 도시자연공원구역의 취락을 정비하기 위한 지구
7. 개발진흥지구 : 주거기능·상업기능·공업기능·유통물류기능·관광기능·휴양기능 등을 집중적으로 개발·정비할 필요가 있는 지구
8. 특정용도제한지구 : 주거 및 교육 환경 보호나 청소년 보호 등의 목적으로 오염물질 배출시설, 청소년 유해시설 등 특정시설의 입지를 제한할 필요가 있는 지구(2017.4.18 본호개정)
9. 복합용도지구 : 지역의 토지이용 상황, 개발 수요 및 주변 여건 등을 고려하여 효율적이고 복합적인 토지이용을 도모하기 위하여 특정시설의 입지를 완화할 필요가 있는 지구(2017.4.18 본호신설)
10. 그 밖에 대통령령으로 정하는 지구

② 국토교통부장관, 시·도지사 또는 대도시 시장은 필요하다고 인정되면 대통령령으로 정하는 바에 따라 제1항 각 호의 용도지구를 도시·군관리계획결정으로 다시 세분하여 지정하거나 변경할 수 있다.(2013.3.23 본항개정)

③ 시·도지사 또는 대도시 시장은 지역여건상 필요하면 대통령령으로 정하는 기준에 따라 그 시·도 또는 대도시의 조례로 용도지구의 명칭 및 지정목적, 건축이나 그 밖의 행위의 금지 및 제한에 관한 사항 등을 정하여 제1항 각 호의 용도지구 외의 용도지구의 지정 또는 변경을 도시·군관리계획으로 결정할 수 있다.(2011.4.14 본항개정)

④ 시·도지사 또는 대도시 시장은 연안침식이 진행 중이거나 우려되는 지역 등 대통령령으로 정하는 지역에 대해서는 제1항제5호의 방재지구의 지정 또는 변경을 도시·군관리계획으로 결정하여야 한다. 이 경우 도시·군관리계획의 내용에는 해당 방재지구의 재해저감대책을 포함하여야 한다.(2013.7.16 본항신설)

⑤ 시·도지사 또는 대도시 시장은 대통령령으로 정하는 주거지역·공업지역·관리지역에 복합용도지구를 지정할 수 있으며, 그 지정기준 및 방법 등에 필요한 사항은 대통령령으로 정한다.(2017.4.18 본항신설)

제38조【개발제한구역의 지정】 ① 국토교통부장관은 도시의 무질서한 확산을 방지하고 도시주변의 자연환경을 보전하여 도시민의 건전한 생활환경을 확보하기 위하여 도시의 개발을 제한할 필요가 있거나 국방부장관의 요청이 있어 보안상 도시의 개발을 제한할 필요가 있다고 인정되면 개발제한구역의 지정 또는 변경을 도시·군관리계획으로 결정할 수 있다.
(2013.3.23 본항개정)

② 개발제한구역의 지정 또는 변경에 필요한 사항은 따로 법률로 정한다.

제38조의2【도시자연공원구역의 지정】 ① 시·도지사 또는 대도시 시장은 도시의 자연환경 및 경관을 보호하고 도시민에게 건전한 여가·휴식공간을 제공하기 위하여 도시지역 안에서 식생(植生)이 양호한 산지(山地)의 개발을 제한할 필요가 있다고 인정하면 도시자연공원구역의 지정 또는 변경을 도시·군관리계획으로 결정할 수 있다.(2011.4.14 본항개정)

② 도시자연공원구역의 지정 또는 변경에 필요한 사항은 따로 법률로 정한다.

제39조【시가화조정구역의 지정】 ① 시·도지사는 직접 또는 관계 행정기관의 장의 요청을 받아 도시지역과 그 주변지역의 무질서한 시가화를 방지하고 계획적·단계적인 개발을 도모하기 위하여 대통령령으로 정하는 기간 동안 시가화를 유보할 필요가 있다고 인정되면 시가화조정구역의 지정 또는 변경을 도시·군관리계획으로 결정할 수 있다. 다만, 국가계획과 연계하여 시가화조정구역의 지정 또는 변경이 필요한 경우에는 국토교통부장관이 직접 시가화조정구역의 지정 또는 변경을 도시·군관리계획으로 결정할 수 있다.

② 시가화조정구역의 지정에 관한 도시·군관리계획의 결정은 제1항에 따른 시가화 유보기간이 끝난 날의 다음날부터 그 효력을 잃는다. 이 경우 국토교통부장관 또는 시·도지사는 대통령령으로 정하는 바에 따라 그 사실을 고시하여야 한다.
(2013.7.16 본조개정)

제40조【수산자원보호구역의 지정】 해양수산부장관은 직접 또는 관계 행정기관의 장의 요청을 받아 수산자원을 보호·육성하기 위하여 필요한 공유수면이나 그에 인접한 토지에 대한 수산자원보호구역의 지정 또는 변경을 도시·군관리계획으로 결정할 수 있다.(2013.3.23 본조개정)

제40조의2 (2024.2.6 삭제)

제40조의3【도시혁신구역의 지정 등】 ① 제35조의6제1항에 따른 공간재구조화계획 결정권자(이하 이 조 및 제40조의4에서 "공간재구조화계획 결정권자"라 한다)는 다음 각 호의 어느 하나에 해당하는 지역을 도시혁신구역으로 지정할 수 있다.
1. 도시·군기본계획에 따른 도심·부도심 또는 생활권의 중심지역
2. 주요 기반시설과 연계하여 지역의 거점 역할을 수행할 수 있는 지역
3. 그 밖에 도시공간의 창의적이고 혁신적인 개발이 필요하다고 인정되는 경우로서 대통령령으로 정하는 지역

② 도시혁신계획에는 도시혁신구역의 지정 목적을 이루기 위하여 다음 각 호에 관한 사항이 포함되어야 한다.
1. 용도지역·용도지구, 도시·군계획시설 및 지구단위계획의 결정에 관한 사항
2. 주요 기반시설의 확보에 관한 사항
3. 건축물의 건폐율·용적률·높이에 관한 사항
4. 건축물의 용도·종류 및 규모 등에 관한 사항
5. 제83조의3에 따른 다른 법률 규정 적용의 완화 또는 배제에 관한 사항
6. 도시혁신구역 내 개발사업 및 개발사업의 시행자 등에 관한 사항
7. 그 밖에 도시혁신구역의 체계적 개발과 관리에 필요한 사항

③ 제1항에 따른 도시혁신구역의 지정 및 변경과 제2항에 따른 도시혁신계획은 다음 각 호의 사항을 종합적으로 고려하여 공간재구조화계획으로 결정한다.
1. 도시혁신구역의 지정 목적
2. 해당 지역의 용도지역·기반시설 등 토지이용 현황
3. 도시·군기본계획 등 상위계획과의 부합성
4. 주변 지역의 기반시설, 경관, 환경 등에 미치는 영향 및 도시환경 개선·정비 효과
5. 도시의 개발 수요 및 지역에 미치는 사회적·경제적 파급효과

④ 다른 법률에서 제35조의6에 따른 공간재구조화계획의 결정을 의제하고 있는 경우에도 이 법에 따르지 아니하고 도시혁신구역의 지정과 도시혁신계획을 결정할 수 없다.

⑤ 공간재구조화계획 결정권자가 제3항에 따른 공간재구조화계획을 결정하기 위하여 제35조의6제2항에 따라 관계 행정기관의 장과 협의하는 경우 협의 요청을 받은 기관의 장은 그 요청을 받은 날부터 10일(근무일 기준) 이내에 의견을 회신하여야 한다.

⑥ 도시혁신구역 및 도시혁신계획에 관한 도시·군관리계획 결정의 실효, 도시혁신구역에서의 건축 등에 관하여 다른 특별한 규정이 없으면 제53조 및 제54조를 준용한다. 이 경우 "지구단위계획구역"은 "도시혁신구역"으로, "지구단위계획"은 "도시혁신계획"으로 본다.

⑦ 도시혁신구역의 지정 및 변경과 도시혁신계획의 수립 및 변경에 관한 세부적인 사항은 국토교통부장관이 정하여 고시한다.
(2024.2.6 본조신설)

제40조의4【복합용도구역의 지정 등】 ① 공간재구조화계획 결정권자는 다음 각 호의 어느 하나에 해당하는 지역을 복합용도구역으로 지정할 수 있다.
1. 산업구조 또는 경제활동의 변화로 복합적 토지이용이 필요한 지역
2. 노후 건축물 등이 밀집하여 단계적 정비가 필요한 지역
3. 그 밖에 복합된 공간이용을 촉진하고 다양한 도시공간을 조성하기 위하여 계획적 관리가 필요하다고 인정되는 경우로서 대통령령으로 정하는 지역
② 복합용도계획에는 복합용도구역의 지정 목적을 이루기 위하여 다음 각 호에 관한 사항이 포함되어야 한다.
1. 용도지역·용도지구, 도시·군계획시설 및 지구단위계획의 결정에 관한 사항
2. 주요 기반시설의 확보에 관한 사항
3. 건축물의 용도별 복합적인 배치비율 및 규모 등에 관한 사항
4. 건축물의 건폐율·용적률·높이에 관한 사항
5. 제83조의4에 따른 특별건축구역계획에 관한 사항
6. 그 밖에 복합용도구역의 체계적 개발과 관리에 필요한 사항
③ 제1항에 따른 복합용도구역의 지정 및 변경과 제2항에 따른 복합용도계획은 다음 각 호의 사항을 종합적으로 고려하여 공간재구조화계획으로 결정한다.
1. 복합용도구역의 지정 목적
2. 해당 지역의 용도지역·기반시설 등 토지이용 현황
3. 도시·군기본계획 등 상위계획과의 부합성
4. 주변 지역의 기반시설, 경관, 환경 등에 미치는 영향 및 도시환경 개선·정비 효과
④ 복합용도구역 및 복합용도계획에 관한 도시·군관리계획 결정의 실효, 복합용도구역에서의 건축 등에 관하여 다른 특별한 규정이 없으면 제53조 및 제54조를 준용한다. 이 경우 "지구단위계획구역"은 "복합용도구역"으로, "지구단위계획"은 "복합용도계획"으로 본다.
⑤ 복합용도구역의 지정 및 변경과 복합용도계획의 수립 및 변경에 관한 세부적인 사항은 국토교통부장관이 정하여 고시한다.
(2024.2.6 본조신설)

제40조의5【도시·군계획시설입체복합구역의 지정】 ① 제29조에 따른 도시·군관리계획의 결정권자(이하 "도시·군관리계획 결정권자"라 한다)는 도시·군계획시설의 입체복합적 활용을 위하여 다음 각 호의 어느 하나에 해당하는 경우에 도시·군계획시설이 결정된 토지의 전부 또는 일부를 도시·군계획시설입체복합구역(이하 "입체복합구역"이라 한다)으로 지정할 수 있다.
1. 도시·군계획시설 준공 후 10년이 경과한 경우로서 해당 시설의 개량 또는 정비가 필요한 경우
2. 주변지역 정비 또는 지역경제 활성화를 위하여 기반시설의 복합적 이용이 필요한 경우
3. 첨단기술을 적용한 새로운 형태의 기반시설 구축 등이 필요한 경우
4. 그 밖에 효율적이고 복합적인 도시·군계획시설의 조성을 위하여 필요한 경우로서 대통령령으로 정하는 경우
② 이 법 또는 다른 법률의 규정에도 불구하고 입체복합구역에서의 도시·군계획시설과 도시·군계획시설이 아닌 시설에 대한 건축물이나 그 밖의 시설의 용도·종류 및 규모 등의 제한(이하 이 조에서 "건축제한"이라 한다), 건폐율, 용적률, 높이 등은 대통령령으로 정하는 범위에서 따로 정할 수 있다. 다만, 다른 법률에 따라 정하여진 건축제한, 건폐율, 용적률, 높이 등을 완화하는 경우에는 미리 관계기관의 장과 협의하여야 한다.
③ 제2항에 따라 정하는 건폐율과 용적률은 제77조 및 제78조에 따라 대통령령으로 정하고 있는 해당 용도지역별 최대한도의 200퍼센트 이하로 한다.
④ 그 밖에 입체복합구역의 지정·변경 등에 필요한 사항은 국토교통부장관이 정한다.
(2024.2.6 본조신설)

제40조의6【도시혁신구역, 복합용도구역, 입체복합구역에 대한 공공시설등의 설치비용 등】 ① 다음 각 호의 어느 하나에 해당하는 구역 안에서 개발사업이나 개발행위를 하려는 자(제26조제1항제5호에 따라 도시·군관리계획을 입안하거나 제35조의3에 따라 공간재구조화계획을 입안하는 경우 입안 제안자를 포함한다)는 건축물이나 그 밖의 시설의 용도, 건폐율, 용적률 등의 건축제한 완화 또는 행위제한 완화로 인한 토지가치 상승분(「감정평가 및 감정평가사에 관한 법률」에 따른 감정평가법인등이 해당 구역에 따른 계획 등의 변경 전·후에 대하여 각각 감정평가한 토지가액의 차이를 말한다)의 범위에서 해당 구역에 따른 계획으로 정하는 바에 따라 해당 구역 안에 제52조의2제1항 각 호의 시설(이하 이 조 및 제52조의2에서 "공공시설등"이라 한다)의 부지를 제공하거나 공공시설등을 설치하여 제공하도록 하여야 한다.
1. 제40조의3에 따른 도시혁신구역
2. 제40조의4에 따른 복합용도구역
3. 제40조의5에 따른 입체복합구역
② 제1항에 따른 공공시설등의 부지제공과 설치, 비용납부 등에 관하여는 제52조의2제2항부터 제6항까지를 준용한다. 이 경우 "지구단위계획구역"은 각각 "도시혁신구역", "복합용도구역", "입체복합구역"으로, "지구단위계획"은 각각 "도시혁신계획", "복합용도계획", "도시·군관리계획"으로 본다.
③ 제1항 및 제2항은 제1항 각 호의 구역이 의제되는 경우에도 적용한다. 다만, 다음 각 호의 부담금이 부과(해당 법률에 따라 부담금을 면제하는 경우를 포함한다)되는 경우에는 그러하지 아니하다.
1. 「개발이익 환수에 관한 법률」에 따른 개발부담금
2. 「재건축초과이익 환수에 관한 법률」에 따른 재건축부담금
(2024.2.6 본조신설)

제41조【공유수면매립지에 관한 용도지역의 지정】 ① 공유수면(바다만 해당한다)의 매립 목적이 그 매립구역과 이웃하고 있는 용도지역의 내용과 같으면 제25조와 제30조에도 불구하고 도시·군관리계획의 입안 및 결정 절차 없이 그 매립준공구역은 그 매립의 준공인가일부터 이와 이웃하고 있는 용도지역으로 지정된 것으로 본다. 이 경우 관계 특별시장·광역시장·특별자치시장·특별자치도지사·시장 또는 군수는 그 사실을 지체 없이 고시하여야 한다.
② 공유수면의 매립 목적이 그 매립구역과 이웃하고 있는 용도지역의 내용과 다른 경우 및 그 매립구역이 둘 이상의 용도지역에 걸쳐 있거나 이웃하고 있는 경우 그 매립구역이 속할 용도지역은 도시·군관리계획결정으로 지정하여야 한다.
③ 관계 행정기관의 장은 「공유수면 관리 및 매립에 관한 법률」에 따른 공유수면 매립의 준공검사를 하면 국토교통부령으로 정하는 바에 따라 지체 없이 관계 특별시장·광역시장·특별자치시장·특별자치도지사·시장 또는 군수에게 통보하여야 한다.(2013.3.23 본항개정)
(2011.4.14 본조개정)

제42조【다른 법률에 따라 지정된 지역의 용도지역 지정 등의 의제】 ① 다음 각 호의 어느 하나의 구역 등으로 지정·고시된 지역은 이 법에 따른 도시지역으로 결정·고시된 것으로 본다.
1. 「항만법」 제2조제4호에 따른 항만구역으로서 도시지역에 연접한 공유수면
2. 「어촌·어항법」 제17조제1항에 따른 어항구역으로서 도시지역에 연접한 공유수면
3. 「산업입지 및 개발에 관한 법률」 제2조제8호가목부터 다목까지의 규정에 따른 국가산업단지, 일반산업단지 및 도시첨단산업단지(2011.8.4 본호개정)
4. 「택지개발촉진법」 제3조에 따른 택지개발지구
(2011.5.30 본호개정)
5. 「전원개발촉진법」 제5조 및 같은 법 제11조에 따른 전원개발사업구역 및 예정구역(수력발전소 또는 송·변전설비만을 설치하기 위한 전원개발사업구역 및 예정구역은 제외한다. 이하 이 조에서 같다)
② 관리지역에서 「농지법」에 따른 농업진흥지역으로 지정·고시된 지역은 이 법에 따른 농림지역으로, 관리지역의 산림 중 「산지관리법」에 따라 보전산지로 지정·고시된 지역은 그 고시에서 구분하는 바에 따라 이 법에 따른 농림지역 또는 자연환경보전지역으로 결정·고시된 것으로 본다.

③ 관계 행정기관의 장은 제1항과 제2항에 해당하는 항만구역, 어항구역, 산업단지, 택지개발지구, 전원개발사업구역 및 예정구역, 농업진흥지역 또는 보전산지를 지정한 경우에는 국토교통부령으로 정하는 바에 따라 제32조에 따라 고시된 지형도면 또는 지형도에 그 지정 사실을 표시하여 그 지역을 관할하는 특별시장·광역시장·특별자치시장·특별자치도지사·시장 또는 군수에게 통보하여야 한다.(2013.3.23 본항개정)
④ 제1항에 해당하는 구역·단지·지구 등(이하 이 항에서 "구역등"이라 한다)이 해제되는 경우(개발사업의 완료로 해제되는 경우는 제외한다) 이 법 또는 다른 법률에서 그 구역등이 어떤 용도지역에 해당되는지를 따로 정하고 있지 아니한 경우에는 이를 지정하기 이전의 용도지역으로 환원된 것으로 본다. 이 경우 지정권자는 용도지역이 환원된 사실을 대통령령으로 정하는 바에 따라 고시하고, 그 지역을 관할하는 특별시장·광역시장·특별자치시장·특별자치도지사·시장 또는 군수에게 통보하여야 한다.(2011.4.14 본항개정)
⑤ 제4항에 따라 용도지역이 환원되는 당시 이미 사업이나 공사에 착수한 자(이 법 또는 다른 법률에 따라 허가·인가·승인 등을 받아야 하는 경우에는 그 허가·인가·승인 등을 받아 사업이나 공사에 착수한 자를 말한다)는 그 용도지역의 환원과 관계없이 그 사업이나 공사를 계속할 수 있다.(2020.6.9 본항개정)

제3절 도시·군계획시설
(2011.4.14 본절제목개정)

제43조【도시·군계획시설의 설치·관리】 ① 지상·수상·공중·수중 또는 지하에 기반시설을 설치하려면 그 시설의 종류·명칭·위치·규모 등을 미리 도시·군관리계획으로 결정하여야 한다. 다만, 용도지역·기반시설의 특성 등을 고려하여 대통령령으로 정하는 경우에는 그러하지 아니하다.
② 효율적인 토지이용을 위하여 둘 이상의 도시·군계획시설을 같은 토지에 함께 결정하거나 도시·군계획시설이 위치하는 공간의 일부를 구획하여 도시·군계획시설을 결정할 수 있다.(2024.2.6 본항신설)
③ 도시·군계획시설의 결정·구조 및 설치의 기준 등에 필요한 사항은 국토교통부령으로 정하고, 그 세부사항은 국토교통부령으로 정하는 범위에서 시·도의 조례로 정할 수 있다. 다만, 이 법 또는 다른 법률에 특별한 규정이 있는 경우에는 그에 따른다.(2024.2.6 단서개정)
④ 제1항에 따라 설치한 도시·군계획시설의 관리에 관하여 이 법 또는 다른 법률에 특별한 규정이 있는 경우 외에는 국가가 관리하는 경우에는 대통령령으로, 지방자치단체가 관리하는 경우에는 그 지방자치단체의 조례로 도시·군계획시설의 관리에 관한 사항을 정한다.
(2011.4.14 본조개정)
제44조【공동구의 설치】 ① 다음 각 호에 해당하는 지역·지구·구역 등(이하 이 항에서 "지역등"이라 한다)이 대통령령으로 정하는 규모를 초과하는 경우에는 해당 지역등에서 개발사업을 시행하는 자(이하 이 조에서 "사업시행자"라 한다)는 공동구를 설치하여야 한다.
1. 「도시개발법」 제2조제1항에 따른 도시개발구역
2. 「택지개발촉진법」 제2조제3항에 따른 택지개발지구
(2011.5.30 본호개정)
3. 「경제자유구역의 지정 및 운영에 관한 특별법」 제2조제1호에 따른 경제자유구역
4. 「도시 및 주거환경정비법」 제2조제1호에 따른 정비구역
5. 그 밖에 대통령령으로 정하는 지역
② 「도로법」 제23조에 따른 도로 관리청은 지하매설물의 빈번한 설치 및 유지관리 등의 행위로 인하여 도로구조의 보전과 안전하고 원활한 도로교통의 확보에 지장을 초래하는 경우에는 공동구 설치의 타당성을 검토하여야 한다. 이 경우 재정여건 및 설치 우선순위 등을 고려하여 단계적으로 공동구가 설치될 수 있도록 하여야 한다.(2020.6.9 후단개정)
③ 공동구가 설치된 경우에는 대통령령으로 정하는 바에 따라 공동구에 수용하여야 할 시설이 모두 수용되도록 하여야 한다.
④ 제1항에 따른 개발사업의 계획을 수립할 경우에는 공동구 설치에 관한 계획을 포함하여야 한다. 이 경우 제3항에 따라 공동구에 수용되어야 할 시설을 설치하고자 공동구를 점용하려는 자(이하 이 조에서 "공동구 점용예정자"라 한다)와 설치 노선 및 규모 등에 관하여 미리 협의한 후 제44조의2제4항에 따른 공동구협의회의 심의를 거쳐야 한다.
⑤ 공동구의 설치(개량하는 경우를 포함한다)에 필요한 비용은 이 법 또는 다른 법률에 특별한 규정이 있는 경우를 제외하고는 공동구 점용예정자와 사업시행자가 부담한다. 이 경우 공동구 점용예정자는 해당 시설을 개별적으로 매설할 때 필요한 비용의 범위에서 대통령령으로 정하는 바에 따라 부담한다.
⑥ 제5항에 따라 공동구 점용예정자와 사업시행자가 공동구 설치비용을 부담하는 경우 국가, 특별시장·광역시장·특별자치시장·특별자치도지사·시장 또는 군수는 공동구의 원활한 설치를 위하여 그 비용의 일부를 보조 또는 융자할 수 있다.
(2011.4.14 본항개정)
⑦ 제3항에 따라 공동구에 수용되어야 하는 시설물의 설치기준 등은 다른 법률에 특별한 규정이 있는 경우를 제외하고는 국토교통부장관이 정한다.(2013.3.23 본항개정)
(2009.12.29 본조개정)
제44조의2【공동구의 관리·운영 등】 ① 공동구는 특별시장·광역시장·특별자치시장·특별자치도지사·시장 또는 군수(이하 이 조 및 제44조의3에서 "공동구관리자"라 한다)가 관리한다. 다만, 공동구의 효율적인 관리·운영을 위하여 필요하다고 인정하는 경우에는 대통령령으로 정하는 기관에 그 관리·운영을 위탁할 수 있다.(2011.4.14 본문개정)
② 공동구관리자는 5년마다 해당 공동구의 안전 및 유지관리계획을 대통령령으로 정하는 바에 따라 수립·시행하여야 한다.
③ 공동구관리자는 대통령령으로 정하는 바에 따라 1년에 1회 이상 공동구의 안전점검을 실시하여야 하며, 안전점검결과 이상이 있다고 인정되는 때에는 지체 없이 정밀안전진단·보수·보강 등 필요한 조치를 하여야 한다.
④ 공동구관리자는 공동구의 설치·관리에 관한 주요 사항의 심의 또는 자문을 하게 하기 위하여 공동구협의회를 둘 수 있다. 이 경우 공동구협의회의 구성·운영 등에 필요한 사항은 대통령령으로 정한다.
⑤ 국토교통부장관은 공동구의 관리에 필요한 사항을 정할 수 있다.(2013.3.23 본항개정)
(2009.12.29 본조신설)
제44조의3【공동구의 관리비용 등】 ① 공동구의 관리에 소요되는 비용은 그 공동구를 점용하는 자가 함께 부담하되, 부담비율은 점용면적을 고려하여 공동구관리자가 정한다.
② 공동구 설치비용을 부담하지 아니한 자(부담액을 완납하지 아니한 자를 포함한다)가 공동구를 점용하거나 사용하려면 그 공동구를 관리하는 공동구관리자의 허가를 받아야 한다.
③ 공동구를 점용하거나 사용하는 자는 그 공동구를 관리하는 특별시·광역시·특별자치시·특별자치도·시 또는 군의 조례로 정하는 바에 따라 점용료 또는 사용료를 납부하여야 한다.
(2011.4.14 본항개정)
(2009.12.29 본조신설)
제45조【광역시설의 설치·관리 등】 ① 광역시설의 설치 및 관리는 제43조에 따른다.
② 관계 특별시장·광역시장·특별자치시장·특별자치도지사·시장 또는 군수는 협약을 체결하거나 협의회 등을 구성하여 광역시설을 설치·관리할 수 있다. 다만, 협약의 체결이나 협의회 등의 구성이 이루어지지 아니하는 경우 그 시 또는 군이 같은 도에 속할 때에는 관할 도지사가 광역시설을 설치·관리할 수 있다.(2011.4.14 본문개정)
③ 국가계획으로 설치하는 광역시설은 그 광역시설의 설치·관리를 사업목적 또는 사업종목으로 하여 다른 법률에 따라 설립된 법인이 설치·관리할 수 있다.
④ 지방자치단체는 환경오염이 심하게 발생하거나 해당 지역의 개발이 현저하게 위축될 우려가 있는 광역시설을 다른 지방자치단체의 관할 구역에 설치할 때에는 대통령령으로 정하는 바에 따라 환경오염 방지를 위한 사업이나 해당 지역 주민의

편익을 증진시키기 위한 사업을 해당 지방자치단체와 함께 시행하거나 이에 필요한 자금을 해당 지방자치단체에 지원하여야 한다. 다만, 다른 법률에 특별한 규정이 있는 경우에는 그 법률에 따른다.

제46조【도시·군계획시설의 공중 및 지하 설치기준과 보상 등】 도시·군계획시설을 공중·수중·수상 또는 지하에 설치하는 경우 그 높이나 깊이의 기준과 그 설치로 인하여 토지나 건물의 소유권 행사에 제한을 받는 자에 대한 보상 등에 관하여는 따로 법률로 정한다.(2011.4.14 본조개정)

제47조【도시·군계획시설 부지의 매수 청구】 ① 도시·군계획시설에 대한 도시·군관리계획의 결정(이하 "도시·군계획시설결정"이라 한다)의 고시일부터 10년 이내에 그 도시·군계획시설의 설치에 관한 도시·군계획시설사업이 시행되지 아니하는 경우(제88조에 따른 실시계획의 인가나 그에 상당하는 절차가 진행된 경우는 제외한다. 이하 같다) 그 도시·군계획시설의 부지로 되어 있는 토지 중 지목(地目)이 대(垈)인 토지(그 토지에 있는 건축물 및 정착물을 포함한다. 이하 이 조에서 같다)의 소유자는 대통령령으로 정하는 바에 따라 특별시장·광역시장·특별자치시장·특별자치도지사·시장 또는 군수에게 그 토지의 매수를 청구할 수 있다. 다만, 다음 각 호의 어느 하나에 해당하는 경우에는 그에 해당하는 자(특별시장·광역시장·특별자치시장·특별자치도지사·시장 또는 군수를 포함한다. 이하 이 조에서 "매수의무자"라 한다)에게 그 토지의 매수를 청구할 수 있다.

1. 이 법에 따라 해당 도시·군계획시설사업의 시행자가 정하여진 경우에는 그 시행자
2. 이 법 또는 다른 법률에 따라 도시·군계획시설을 설치하거나 관리하여야 할 의무가 있는 자가 있으면 그 의무가 있는 자. 이 경우 도시·군계획시설을 설치하거나 관리하여야 할 의무가 있는 자가 서로 다른 경우에는 설치하여야 할 의무가 있는 자에게 매수 청구하여야 한다.

(2011.4.14 본항개정)

② 매수의무자는 제1항에 따라 매수 청구를 받은 토지를 매수할 때에는 현금으로 그 대금을 지급한다. 다만, 다음 각 호의 어느 하나에 해당하는 경우로서 매수의무자가 지방자치단체인 경우에는 채권(이하 "도시·군계획시설채권"이라 한다)을 발행하여 지급할 수 있다.(2011.4.14 단서개정)

1. 토지 소유자가 원하는 경우
2. 대통령령으로 정하는 부재부동산 소유자의 토지 또는 비업무용 토지로서 매수대금이 대통령령으로 정하는 금액을 초과하여 그 초과하는 금액을 지급하는 경우

③ 도시·군계획시설채권의 상환기간은 10년 이내로 하며, 그 이율은 채권 발행 당시 「은행법」에 따른 인가를 받은 은행 중 전국을 영업으로 하는 은행이 적용하는 1년 만기 정기예금금리의 평균 이상이어야 하며, 구체적인 상환기간과 이율은 특별시·광역시·특별자치시·특별자치도·시 또는 군의 조례로 정한다.(2011.4.14 본항개정)

④ 매수 청구된 토지의 매수가격·매수절차 등에 관하여 이 법에 특별한 규정이 있는 경우 외에는 「공익사업을 위한 토지 등의 취득 및 보상에 관한 법률」을 준용한다.

⑤ 도시·군계획시설채권의 발행절차나 그 밖에 필요한 사항에 관하여 이 법에 특별한 규정이 있는 경우 외에는 「지방재정법」에서 정하는 바에 따른다.(2011.4.14 본항개정)

⑥ 매수의무자는 제1항에 따른 매수 청구를 받은 날부터 6개월 이내에 매수 여부를 결정하여 토지 소유자와 특별시장·광역시장·특별자치시장·특별자치도지사·시장 또는 군수(매수의무자가 특별시장·광역시장·특별자치시장·특별자치도지사·시장 또는 군수인 경우는 제외한다)에게 알려야 하며, 매수하기로 결정한 토지는 매수 결정을 알린 날부터 2년 이내에 매수하여야 한다.(2011.4.14 본항개정)

⑦ 제1항에 따라 매수 청구를 한 토지의 소유자는 다음 각 호의 어느 하나에 해당하는 경우 제56조에 따른 허가를 받아 대통령령으로 정하는 건축물 또는 공작물을 설치할 수 있다. 이 경우 제54조, 제58조와 제64조는 적용하지 아니한다.

(2015.12.29 후단개정)

1. 제6항에 따라 매수하지 아니하기로 결정한 경우
2. 제6항에 따라 매수 결정을 알린 날부터 2년이 지날 때까지 해당 토지를 매수하지 아니하는 경우

(2011.4.14 본조제목개정)

제48조【도시·군계획시설결정의 실효 등】 ① 도시·군계획시설결정이 고시된 도시·군계획시설에 대하여 그 고시일부터 20년이 지날 때까지 그 시설의 설치에 관한 도시·군계획시설사업이 시행되지 아니하는 경우 그 도시·군계획시설결정은 그 고시일부터 20년이 되는 날의 다음날에 그 효력을 잃는다.

② 시·도지사 또는 대도시 시장은 제1항에 따라 도시·군계획시설결정이 효력을 잃으면 대통령령으로 정하는 바에 따라 지체 없이 그 사실을 고시하여야 한다.

③ 특별시장·광역시장·특별자치시장·특별자치도지사·시장 또는 군수는 도시·군계획시설결정이 고시된 도시·군계획시설(국토교통부장관이 결정·고시한 도시·군계획시설 중 관계 중앙행정기관의 장이 직접 설치하기로 한 시설은 제외한다. 이하 이 조에서 같다)을 설치할 필요성이 없어진 경우 또는 그 고시일부터 10년이 지날 때까지 해당 시설의 설치에 관한 도시·군계획시설사업이 시행되지 아니하는 경우에는 대통령령으로 정하는 바에 따라 그 현황과 제85조에 따른 단계별 집행계획을 해당 지방의회에 보고하여야 한다.

(2013.7.16 본항개정)

④ 제3항에 따라 보고를 받은 지방의회는 대통령령으로 정하는 바에 따라 해당 특별시장·광역시장·특별자치시장·특별자치도지사·시장 또는 군수에게 도시·군계획시설결정의 해제를 권고할 수 있다.(2011.4.14 본항신설)

⑤ 제4항에 따라 도시·군계획시설결정의 해제를 권고받은 특별시장·광역시장·특별자치시장·특별자치도지사·시장 또는 군수는 특별한 사유가 없으면 대통령령으로 정하는 바에 따라 그 도시·군계획시설결정의 해제를 위한 도시·군관리계획을 결정하거나 도지사에게 그 결정을 신청하여야 한다. 이 경우 신청을 받은 도지사는 특별한 사유가 없으면 그 도시·군계획시설결정의 해제를 위한 도시·군관리계획을 결정하여야 한다.(2011.4.14 본항신설)

(2011.4.14 본조개정)

제48조의2【도시·군계획시설결정의 해제 신청 등】 ① 도시·군계획시설결정의 고시일부터 10년 이내에 그 도시·군계획시설의 설치에 관한 도시·군계획시설사업이 시행되지 아니한 경우로서 제85조제1항에 따른 단계별 집행계획상 해당 도시·군계획시설의 실효 시까지 집행계획이 없는 경우에는 그 도시·군계획시설 부지로 되어 있는 토지의 소유자는 대통령령으로 정하는 바에 따라 해당 도시·군계획시설에 대한 도시·군관리계획 입안권자에게 그 토지의 도시·군계획시설결정 해제를 위한 도시·군관리계획 입안을 신청할 수 있다.

② 도시·군관리계획 입안권자는 제1항에 따른 신청을 받은 날부터 3개월 이내에 입안 여부를 결정하여 토지 소유자에게 알려야 하며, 해당 도시·군계획시설결정의 실효 시까지 설치하기로 집행계획을 수립하는 등 대통령령으로 정하는 특별한 사유가 없으면 그 도시·군계획시설결정의 해제를 위한 도시·군관리계획을 입안하여야 한다.

③ 제1항에 따라 신청을 한 토지 소유자는 해당 도시·군계획시설결정의 해제를 위한 도시·군관리계획이 입안되지 아니하는 등 대통령령으로 정하는 사항에 해당하는 경우에는 해당 도시·군계획시설에 대한 도시·군관리계획 결정권자에게 그 도시·군계획시설결정의 해제를 신청할 수 있다.

④ 도시·군관리계획 결정권자는 제3항에 따른 신청을 받은 날부터 2개월 이내에 결정 여부를 정하여 토지 소유자에게 알려야 하며, 특별한 사유가 없으면 그 도시·군계획시설결정을 해제하여야 한다.

⑤ 제3항에 따라 해제 신청을 한 토지 소유자는 해당 도시·군계획시설결정이 해제되지 아니하는 등 대통령령으로 정하는 사항에 해당하는 경우에는 국토교통부장관에게 그 도시·군계획시설결정의 해제 심사를 신청할 수 있다.

⑥ 제5항에 따라 신청을 받은 국토교통부장관은 대통령령으로 정하는 바에 따라 해당 도시·군계획시설에 대한 도시·군관리계획 결정권자에게 도시·군계획시설결정의 해제를 권고할 수 있다.

⑦ 제6항에 따라 해제를 권고받은 도시·군관리계획 결정권자는 특별한 사유가 없으면 그 도시·군계획시설결정을 해제하여야 한다.
⑧ 제2항에 따른 도시·군계획시설결정 해제를 위한 도시·군관리계획의 입안 절차와 제4항 및 제7항에 따른 도시·군계획시설결정의 해제 절차는 대통령령으로 정한다.
(2015.8.11 본조신설)

제4절 지구단위계획

제49조【지구단위계획의 수립】 ① 지구단위계획은 다음 각 호의 사항을 고려하여 수립한다.
1. 도시의 정비·관리·보전·개발 등지구단위계획구역의 지정 목적
2. 주거·산업·유통·관광휴양·복합 등 지구단위계획구역의 중심기능
3. 해당 용도지역의 특성
4. 그 밖에 대통령령으로 정하는 사항
② 지구단위계획의 수립기준 등은 대통령령으로 정하는 바에 따라 국토교통부장관이 정한다.(2013.3.23 본항개정)
(2011.4.14 본조개정)
제50조【지구단위계획구역 및 지구단위계획의 결정】 지구단위계획구역 및 지구단위계획은 도시·군관리계획으로 결정한다.(2011.4.14 본조개정)
제51조【지구단위계획구역의 지정 등】 ① 국토교통부장관, 시·도지사, 시장 또는 군수는 다음 각 호의 어느 하나에 해당하는 지역의 전부 또는 일부에 대하여 지구단위계획구역을 지정할 수 있다.(2013.7.16 본문개정)
1. 제37조에 따라 지정된 용도지구
2. 「도시개발법」 제3조에 따라 지정된 도시개발구역
3. 「도시 및 주거환경정비법」 제8조에 따라 지정된 정비구역(2017.2.8 본호개정)
4. 「택지개발촉진법」 제3조에 따라 지정된 택지개발지구(2011.5.30 본호개정)
5. 「주택법」 제15조에 따른 대지조성사업지구(2016.1.19 본호개정)
6. 「산업입지 및 개발에 관한 법률」 제2조제8호의 산업단지와 같은 조 제12호의 준산업단지(2011.8.4 본호개정)
7. 「관광진흥법」 제52조에 따라 지정된 관광단지와 같은 법 제70조에 따라 지정된 관광특구(2011.4.14 본호개정)
8. 개발제한구역·도시자연공원구역·시가화조정구역 또는 공원에서 해제되는 구역, 녹지지역에서 주거·상업·공업지역으로 변경되는 구역과 새로 도시지역으로 편입되는 구역 중 계획적인 개발 또는 관리가 필요한 지역
8의2. 도시지역 내 주거·상업·업무 등의 기능을 결합하는 등 복합적인 토지 이용을 증진시킬 필요가 있는 지역으로서 대통령령으로 정하는 요건에 해당하는 지역(2011.4.14 본호신설)
8의3. 도시지역 내 유휴토지를 효율적으로 개발하거나 교정시설, 군사시설, 그 밖에 대통령령으로 정하는 시설을 이전 또는 재배치하여 토지 이용을 합리화하고, 그 기능을 증진시키기 위하여 집중적으로 정비가 필요한 지역으로서 대통령령으로 정하는 요건에 해당하는 지역(2011.4.14 본호신설)
9. 도시지역의 체계적·계획적인 관리 또는 개발이 필요한 지역
10. 그 밖에 양호한 환경의 확보나 기능 및 미관의 증진 등을 위하여 필요한 지역으로서 대통령령으로 정하는 지역
② 국토교통부장관, 시·도지사, 시장 또는 군수는 다음 각 호의 어느 하나에 해당하는 지역은 지구단위계획구역으로 지정하여야 한다. 다만, 관계 법률에 따라 그 지역에 토지 이용과 건축에 관한 계획이 수립되어 있는 경우에는 그러하지 아니하다.(2013.7.16 본문개정)
1. 제1항제3호와 제4호의 지역에서 시행되는 사업이 끝난 후 10년이 지난 지역
2. 제1항 각 호 중 체계적·계획적인 개발 또는 관리가 필요한 지역으로서 대통령령으로 정하는 지역
③ 도시지역 외의 지역을 지구단위계획구역으로 지정하려는 경우 다음 각 호의 어느 하나에 해당하여야 한다.(2011.4.14 본문개정)
1. 지정하려는 구역 면적의 100분의 50 이상이 제36조에 따라 지정된 계획관리지역으로서 대통령령으로 정하는 요건에 해당하는 지역(2011.4.14 본호개정)
2. 제37조에 따라 지정된 개발진흥지구로서 대통령령으로 정하는 요건에 해당하는 지역
3. 제37조에 따라 지정된 용도지구를 폐지하고 그 용도지구에서의 행위 제한 등을 지구단위계획으로 대체하려는 지역(2011.4.14 본호신설)
④ (2011.4.14 삭제)
(2009.2.6 본조개정)
제52조【지구단위계획의 내용】 ① 지구단위계획구역의 지정목적을 이루기 위하여 지구단위계획에는 다음 각 호의 사항 중 제2호와 제4호의 사항을 포함한 둘 이상의 사항이 포함되어야 한다. 다만, 제1호의2를 내용으로 하는 지구단위계획의 경우에는 그러하지 아니하다.(2011.4.14 본문개정)
1. 용도지역이나 용도지구를 대통령령으로 정하는 범위에서 세분하거나 변경하는 사항
1의2. 기존의 용도지구를 폐지하고 그 용도지구에서의 건축물이나 그 밖의 시설의 용도·종류 및 규모 등의 제한을 대체하는 사항(2011.4.14 본호신설)
2. 대통령령으로 정하는 기반시설의 배치와 규모
3. 도로로 둘러싸인 일단의 지역 또는 계획적인 개발·정비를 위하여 구획된 일단의 토지의 규모와 조성계획
4. 건축물의 용도제한, 건축물의 건폐율 또는 용적률, 건축물 높이의 최고한도 또는 최저한도
5. 건축물의 배치·형태·색채 또는 건축선에 관한 계획
6. 환경관리계획 또는 경관계획
7. 보행안전 등을 고려한 교통처리계획(2021.1.12 본호개정)
8. 그 밖에 토지 이용의 합리화, 도시나 농·산·어촌의 기능 증진 등에 필요한 사항으로서 대통령령으로 정하는 사항
② 지구단위계획은 도로, 상하수도 등 대통령령으로 정하는 도시·군계획시설의 처리·공급 및 수용능력이 지구단위계획구역에 있는 건축물의 연면적, 수용인구 등 개발밀도와 적절한 조화를 이룰 수 있도록 하여야 한다.(2011.4.14 본항개정)
③ 지구단위계획구역에서는 제76조부터 제78조까지의 규정과 「건축법」 제42조·제43조·제44조·제60조 및 제61조, 「주차장법」 제19조 및 제19조의2를 대통령령으로 정하는 범위에서 지구단위계획에서 정하는 바에 따라 완화하여 적용할 수 있다.
④ (2011.4.14 삭제)
(2009.2.6 본조개정)
제52조의2【공공시설등의 설치비용 등】 ① 제51조제1항제8호의2 또는 제8호의3에 해당하는 지역의 전부 또는 일부를 지구단위계획구역으로 지정함에 따라 지구단위계획으로 제36조제1항제1호 각 목 간의 용도지역이 변경되어 용적률이 높아지거나 건축제한이 완화되는 경우 또는 제52조제1항에 따른 지구단위계획으로 제43조에 따른 도시·군계획시설 결정이 변경되어 행위제한이 완화되는 경우에는 해당 지구단위계획구역에서 건축물을 건축하려는 자(제26조제1항제2호에 따라 도시·군관리계획이 입안되는 경우 입안 제안자를 포함한다)가 용도지역의 변경 또는 도시·군계획시설 결정의 변경 등으로 인한 토지가치 상승분(「감정평가 및 감정평가사에 관한 법률」에 따른 감정평가법인등이 용도지역의 변경 또는 도시·군계획시설 결정의 변경 전·후에 대하여 각각 감정평가한 토지가액의 차이를 말한다)의 범위에서 지구단위계획으로 정하는 바에 따라 해당 지구단위계획구역 안에 다음 각 호의 시설의 부지를 제공하거나 공공시설등을 설치하여 제공하도록 하여야 한다.
(2024.2.6 본문개정)
1. 공공시설
2. 기반시설
3. 「공공주택 특별법」 제2조제1호가목에 따른 공공임대주택 또는 「건축법」 및 같은 법 시행령 별표1 제2호라목에 따른 기숙사 등 공공필요성이 인정되어 해당 시·도 또는 대도시의 조례로 정하는 시설
② 제1항에도 불구하고 대통령령으로 정하는 바에 따라 해당 지구단위계획구역 안의 공공시설등이 충분한 것으로 인정될 때에는 해당 지구단위계획구역 밖의 관할 특별시·광역시·특

별자치시·특별자치도·시 또는 군에 지구단위계획으로 정하는 바에 따라 다음 각 호의 사업에 필요한 비용을 납부하는 것으로 갈음할 수 있다.
1. 도시·군계획시설결정의 고시일부터 10년 이내에 도시·군계획시설사업이 시행되지 아니한 도시·군계획시설의 설치
2. 제1항제3호에 따른 시설의 설치
3. 공공시설 또는 제1호에 해당하지 아니하는 기반시설의 설치
③ 제1항에 따른 지구단위계획구역이 특별시 또는 광역시 관할인 경우에는 제2항에 따른 공공시설등의 설치 비용 납부액 중 대통령령으로 정하는 비율에 해당하는 금액은 해당 지구단위계획구역의 관할 구(자치구를 말한다. 이하 같다) 또는 군(광역시의 관할 구역에 있는 군을 말한다. 이하 이 조에서 같다)에 귀속된다.
④ 특별시장·광역시장·특별자치시장·특별자치도지사·시장·군수 또는 구청장은 제2항에 따라 납부받거나 제3항에 따라 귀속되는 공공시설등의 설치 비용의 관리 및 운용을 위하여 기금을 설치할 수 있다.
⑤ 특별시·광역시·특별자치시·특별자치도·시 또는 군은 제2항에 따라 납부받은 공공시설등의 설치 비용의 100분의 10 이상을 제2항제1호의 사업에 우선 사용하여야 하고, 해당 지구단위계획구역의 관할 구 또는 군은 제3항에 따라 귀속되는 공공시설등의 설치 비용의 전부를 제2항제1호의 사업에 우선 사용하여야 한다. 이 경우 공공시설등의 설치 비용의 사용기준 등 필요한 사항은 해당 시·도 또는 대도시의 조례로 정한다.
⑥ 제2항에 따른 공공시설등의 설치 비용 납부액의 산정기준 및 납부방법 등에 관하여 필요한 사항은 대통령령으로 정한다.
(2021.1.12 본조신설)

제53조【지구단위계획구역의 지정 및 지구단위계획에 관한 도시·군관리계획결정의 실효 등】 ① 지구단위계획구역의 지정에 관한 도시·군관리계획결정의 고시일부터 3년 이내에 그 지구단위계획구역에 관한 지구단위계획이 결정·고시되지 아니하면 그 3년이 되는 날의 다음날에 그 지구단위계획구역의 지정에 관한 도시·군관리계획결정은 효력을 잃는다. 다만, 다른 법률에서 지구단위계획의 결정(결정된 것으로 보는 경우를 포함한다)에 관하여 따로 정한 경우에는 그 법률에 따라 지구단위계획을 결정할 때까지 지구단위계획구역의 지정은 그 효력을 유지한다.(2011.4.14 본문개정)
② 지구단위계획(제26조제1항에 따라 주민이 입안을 제안한 것에 한정한다)에 관한 도시·군관리계획결정의 고시일부터 5년 이내에 이 법 또는 다른 법률에 따라 허가·인가·승인 등을 받아 사업이나 공사에 착수하지 아니하면 그 5년이 된 날의 다음날에 그 지구단위계획에 관한 도시·군관리계획결정은 효력을 잃는다. 이 경우 지구단위계획과 관련한 도시·군관리계획결정에 관한 사항은 해당 지구단위계획구역 지정 당시의 도시·군관리계획으로 환원된 것으로 본다.(2015.8.11 본항신설)
③ 국토교통부장관, 시·도지사, 시장 또는 군수는 제1항 및 제2항에 따른 지구단위계획구역 지정 및 지구단위계획 결정이 효력을 잃으면 대통령령으로 정하는 바에 따라 지체 없이 그 사실을 고시하여야 한다.(2015.8.11 본항개정)
(2015.8.11 본조제목개정)

제54조【지구단위계획구역에서의 건축 등】 지구단위계획구역에서 건축물(일정 기간 내 철거가 예상되는 경우 등 대통령령으로 정하는 가설건축물은 제외한다)을 건축 또는 용도변경하거나 공작물을 설치하려면 그 지구단위계획에 맞게 하여야 한다. 다만, 지구단위계획이 수립되어 있지 아니한 경우에는 그러하지 아니하다.(2021.1.12 본문개정)

제55조 (2007.1.19 삭제)

제5장 개발행위의 허가 등
(2009.2.6 본장개정)

제1절 개발행위의 허가

제56조【개발행위의 허가】 ① 다음 각 호의 어느 하나에 해당하는 행위로서 대통령령으로 정하는 행위(이하 "개발행위"라 한다)를 하려는 자는 특별시장·광역시장·특별자치시장·특별자치도지사·시장 또는 군수의 허가(이하 "개발행위허가"라 한다)를 받아야 한다. 다만, 도시·군계획사업(다른 법률에 따라 도시·군계획사업을 의제한 사업을 포함한다)에 의한 행위는 그러하지 아니하다.(2018.8.14 단서개정)
1. 건축물의 건축 또는 공작물의 설치
2. 토지의 형질 변경(경작을 위한 경우로서 대통령령으로 정하는 토지의 형질 변경은 제외한다)(2011.4.14 본호개정)
3. 토석의 채취
4. 토지 분할(건축물이 있는 대지의 분할은 제외한다)(2011.4.14 본호개정)
5. 녹지지역·관리지역 또는 자연환경보전지역에 물건을 1개월 이상 쌓아놓는 행위
② 개발행위허가를 받은 사항을 변경하는 경우에는 제1항을 준용한다. 다만, 대통령령으로 정하는 경미한 사항을 변경하는 경우에는 그러하지 아니하다.
③ 제1항에도 불구하고 제1항제2호 및 제3호의 개발행위 중 도시지역과 계획관리지역의 산림에서의 임도(林道) 설치와 사방사업에 관하여는 「산림자원의 조성 및 관리에 관한 법률」과 「사방사업법」에 따르고, 보전관리지역·생산관리지역·농림지역 및 자연환경보전지역의 산림에서의 제1항제2호(농업·임업·어업을 목적으로 하는 토지의 형질 변경만 해당한다) 및 제3호의 개발행위에 관하여는 「산지관리법」에 따른다.
(2011.4.14 본항개정)
④ 다음 각 호의 어느 하나에 해당하는 행위는 제1항에도 불구하고 개발행위허가를 받지 아니하고 할 수 있다. 다만, 제1호의 응급조치를 한 경우에는 1개월 이내에 특별시장·광역시장·특별자치시장·특별자치도지사·시장 또는 군수에게 신고하여야 한다.(2011.4.14 단서개정)
1. 재해복구나 재난수습을 위한 응급조치
2. 「건축법」에 따라 신고하고 설치할 수 있는 건축물의 개축·증축 또는 재축과 이에 필요한 범위에서의 토지의 형질 변경(도시·군계획시설사업이 시행되지 아니하고 있는 도시·군계획시설의 부지인 경우만 가능하다)(2011.4.14 본호개정)
3. 그 밖에 대통령령으로 정하는 경미한 행위

제57조【개발행위허가의 절차】 ① 개발행위를 하려는 자는 그 개발행위에 따른 기반시설의 설치나 그에 필요한 용지의 확보, 위해(危害) 방지, 환경오염 방지, 경관, 조경 등에 관한 계획서를 첨부한 신청서를 개발행위허가권자에게 제출하여야 한다. 이 경우 개발밀도관리구역 안에서는 기반시설의 설치나 그에 필요한 용지의 확보에 관한 계획서를 제출하지 아니한다. 다만, 제56조제1항제1호의 행위 중 「건축법」의 적용을 받는 건축물의 건축 또는 공작물의 설치를 하려는 자는 「건축법」에서 정하는 절차에 따라 신청서류를 제출하여야 한다.
② 특별시장·광역시장·특별자치시장·특별자치도지사·시장 또는 군수는 제1항에 따른 개발행위허가의 신청에 대하여 특별한 사유가 없으면 대통령령으로 정하는 기간 이내에 허가 또는 불허가의 처분을 하여야 한다.
③ 특별시장·광역시장·특별자치시장·특별자치도지사·시장 또는 군수는 제2항에 따라 허가 또는 불허가의 처분을 할 때에는 지체 없이 그 신청인에게 허가내용이나 불허가처분의 사유를 서면 또는 제128조에 따른 국토이용정보체계를 통하여 알려야 한다.(2015.8.11 본항개정)
④ 특별시장·광역시장·특별자치시장·특별자치도지사·시장 또는 군수는 개발행위허가를 하는 경우에는 대통령령으로 정하는 바에 따라 그 개발행위에 따른 기반시설의 설치 또는 그에 필요한 용지의 확보, 위해 방지, 환경오염 방지, 경관, 조경 등에 관한 조치를 할 것을 조건으로 개발행위허가를 할 수 있다.
(2011.4.14 본조개정)

제58조【개발행위허가의 기준】 ① 특별시장·광역시장·특별자치시장·특별자치도지사·시장 또는 군수는 개발행위허가의 신청 내용이 다음 각 호의 기준에 맞는 경우에만 개발행위허가 또는 변경허가를 하여야 한다.(2013.7.16 본문개정)
1. 용도지역별 특성을 고려하여 대통령령으로 정하는 개발행위의 규모에 적합할 것. 다만, 개발행위가 「농어촌정비법」 제

2조제4호에 따른 농어촌정비사업으로 이루어지는 경우 등 대통령령으로 정하는 경우에는 개발행위 규모의 제한을 받지 아니한다.(2013.7.16 단서신설)
2. 도시·군관리계획 및 성장관리계획의 내용에 어긋나지 아니할 것(2021.1.12 본호개정)
3. 도시·군계획사업의 시행에 지장이 없을 것(2011.4.14 본호개정)
4. 주변지역의 토지이용실태 또는 토지이용계획, 건축물의 높이, 토지의 경사도, 수목의 상태, 물의 배수, 하천·호소·습지의 배수 등 주변환경이나 경관과 조화를 이룰 것
5. 해당 개발행위에 따른 기반시설의 설치나 그에 필요한 용지의 확보계획이 적절할 것
② 특별시장·광역시장·특별자치시장·특별자치도지사·시장 또는 군수는 개발행위허가 또는 변경허가를 하려면 그 개발행위가 도시·군계획사업의 시행에 지장을 주는지에 관하여 해당 지역에서 시행되는 도시·군계획사업의 시행자의 의견을 들어야 한다.(2013.7.16 본항개정)
③ 제1항에 따라 허가할 수 있는 경우 그 허가의 기준은 지역의 특성, 지역의 개발상황, 기반시설의 현황 등을 고려하여 다음 각 호의 구분에 따라 대통령령으로 정한다.
1. 시가화 용도 : 토지의 이용 및 건축물의 용도·건폐율·용적률·높이 등에 대한 용도지역의 제한에 따라 개발행위허가의 기준을 적용하는 주거지역·상업지역 및 공업지역
2. 유보 용도 : 제59조에 따른 도시계획위원회의 심의를 통하여 개발행위허가의 기준을 강화 또는 완화하여 적용할 수 있는 계획관리지역·생산관리지역 및 녹지지역 중 대통령령으로 정하는 지역
3. 보전 용도 : 제59조에 따른 도시계획위원회의 심의를 통하여 개발행위허가의 기준을 강화하여 적용할 수 있는 보전관리지역·농림지역·자연환경보전지역 및 녹지지역 중 대통령령으로 정하는 지역
④~⑥ (2021.1.12 삭제)
(2021.1.12 본조제목개정)

제59조【개발행위에 대한 도시계획위원회의 심의】 ① 관계 행정기관의 장은 제56조제1항제1호부터 제3호까지의 행위 중 어느 하나에 해당하는 행위로서 대통령령으로 정하는 행위를 이 법에 따라 허가 또는 변경허가를 하거나 다른 법률에 따라 인가·허가·승인 또는 협의를 하려면 대통령령으로 정하는 바에 따라 중앙도시계획위원회나 지방도시계획위원회의 심의를 거쳐야 한다.(2013.7.16 본항개정)
② 제1항에도 불구하고 다음 각 호의 어느 하나에 해당하는 개발행위는 중앙도시계획위원회와 지방도시계획위원회의 심의를 거치지 아니한다.
1. 제8조, 제9조 또는 다른 법률에 따라 도시계획위원회의 심의를 받는 구역에서 하는 개발행위
2. 지구단위계획 또는 성장관리계획을 수립한 지역에서 하는 개발행위(2021.1.12 본호개정)
3. 주거지역·상업지역·공업지역에서 시행하는 개발행위 중 특별시·광역시·특별자치시·특별자치도·시 또는 군의 조례로 정하는 규모·위치 등에 해당하지 아니하는 개발행위(2011.4.14 본호개정)
4. 「환경영향평가법」에 따라 환경영향평가를 받은 개발행위
5. 「도시교통정비 촉진법」에 따라 교통영향평가에 대한 검토를 받은 개발행위(2015.7.24 본호개정)
6. 「농어촌정비법」 제2조제4호에 따른 농어촌정비사업 중 대통령령으로 정하는 사업을 위한 개발행위
7. 「산림자원의 조성 및 관리에 관한 법률」에 따른 산림사업 및 「사방사업법」에 따른 사방사업을 위한 개발행위
③ 국토교통부장관이나 지방자치단체의 장은 제2항에도 불구하고 같은 항 제2호, 제4호 및 제5호에 해당하는 개발행위가 도시·군계획에 포함되지 아니한 경우에는 관계 행정기관의 장에게 대통령령으로 정하는 바에 따라 중앙도시계획위원회나 지방도시계획위원회의 심의를 받도록 요청할 수 있다. 이 경우 관계 행정기관의 장은 특별한 사유가 없으면 요청에 따라야 한다.(2021.1.12 전단개정)

제60조【개발행위허가의 이행 보증 등】 ① 특별시장·광역시장·특별자치시장·특별자치도지사·시장 또는 군수는 기반시설의 설치나 그에 필요한 용지의 확보, 위해 방지, 환경오염 방지, 경관, 조경 등을 위하여 필요하다고 인정되는 경우로서 대통령령으로 정하는 경우에는 이의 이행을 보증하기 위하여 개발행위허가(다른 법률에 따라 개발행위허가가 의제되는 협의를 거친 인가·허가·승인 등을 포함한다. 이하 이 조에서 같다)를 받는 자로 하여금 이행보증금을 예치하게 할 수 있다. 다만, 다음 각 호의 어느 하나에 해당하는 경우에는 그러하지 아니하다.(2013.7.16 본문개정)
1. 국가나 지방자치단체가 시행하는 개발행위
2. 「공공기관의 운영에 관한 법률」에 따른 공공기관(이하 "공공기관"이라 한다) 중 대통령령으로 정하는 기관이 시행하는 개발행위
3. 그 밖에 해당 지방자치단체의 조례로 정하는 공공단체가 시행하는 개발행위
② 제1항에 따른 이행보증금의 산정 및 예치방법 등에 관하여 필요한 사항은 대통령령으로 정한다.
③ 특별시장·광역시장·특별자치시장·특별자치도지사·시장 또는 군수는 개발행위허가를 받지 아니하고 개발행위를 하거나 허가내용과 다르게 개발행위를 하는 자에게는 그 토지의 원상회복을 명할 수 있다.(2011.4.14 본항개정)
④ 특별시장·광역시장·특별자치시장·특별자치도지사·시장 또는 군수는 제3항에 따른 원상회복의 명령을 받은 자가 원상회복을 하지 아니하면 「행정대집행법」에 따른 행정대집행에 따라 원상회복을 할 수 있다. 이 경우 행정대집행에 필요한 비용은 제1항에 따라 개발행위허가를 받은 자가 예치한 이행보증금을 사용할 수 있다.(2011.4.14 전단개정)

제61조【관련 인·허가등의 의제】 ① 개발행위허가 또는 변경허가를 할 때에 특별시장·광역시장·특별자치시장·특별자치도지사·시장 또는 군수가 그 개발행위에 대한 다음 각 호의 인가·허가·승인·면허·협의·해제·신고 또는 심사 등(이하 "인·허가등"이라 한다)에 관하여 제3항에 따라 미리 관계 행정기관의 장과 협의한 사항에 대하여는 그 인·허가등을 받은 것으로 본다.(2013.7.16 본문개정)
1. 「공유수면 관리 및 매립에 관한 법률」 제8조에 따른 공유수면의 점용·사용허가, 같은 법 제17조에 따른 점용·사용 실시계획의 승인 또는 신고, 같은 법 제28조에 따른 공유수면의 매립면허 및 같은 법 제38조에 따른 공유수면매립실시계획의 승인(2010.4.15 본호개정)
2. (2010.4.15 삭제)
3. 「광업법」 제42조에 따른 채굴계획의 인가(2010.1.27 본호개정)
4. 「농어촌정비법」 제23조에 따른 농업생산기반시설의 사용허가(2016.12.27 본호개정)
5. 「농지법」 제34조에 따른 농지전용의 허가 또는 협의, 같은 법 제35조에 따른 농지전용의 신고 및 같은 법 제36조에 따른 농지의 타용도 일시사용의 허가 또는 협의
6. 「도로법」 제36조에 따른 도로관리청이 아닌 자에 대한 도로공사 시행의 허가, 같은 법 제52조에 따른 도로와 다른 시설의 연결허가 및 같은 법 제61조에 따른 도로의 점용 허가(2015.8.11 본호개정)
7. 「장사 등에 관한 법률」 제27조제1항에 따른 무연분묘(無緣墳墓)의 개장(改葬) 허가
8. 「사도법」 제4조에 따른 사도(私道) 개설(開設)의 허가
9. 「사방사업법」 제14조에 따른 토지의 형질 변경 등의 허가 및 같은 법 제20조에 따른 사방지 지정의 해제
9의2. 「산업집적활성화 및 공장설립에 관한 법률」 제13조에 따른 공장설립등의 승인(2011.4.14 본호신설)
10. 「산지관리법」 제14조·제15조에 따른 산지전용허가 및 산지전용신고, 같은 법 제15조의2에 따른 산지일시사용허가·신고, 같은 법 제25조제1항에 따른 토석채취허가, 같은 법 제25조제2항에 따른 토사채취신고 및 「산림자원의 조성 및 관리에 관한 법률」 제36조제1항·제5항에 따른 입목벌채(立木伐採) 등의 허가·신고(2022.12.21 본호개정)
11. 「소하천정비법」 제10조에 따른 소하천공사 시행의 허가 및 같은 법 제14조에 따른 소하천의 점용 허가

12. 「수도법」 제52조에 따른 전용상수도 설치 및 같은 법 제54조에 따른 전용공업용수도설치의 인가
13. 「연안관리법」 제25조에 따른 연안정비사업실시계획의 승인 (2009.3.25 본호개정)
14. 「체육시설의 설치 · 이용에 관한 법률」 제12조에 따른 사업계획의 승인
15. 「초지법」 제23조에 따른 초지전용의 허가, 신고 또는 협의
16. 「공간정보의 구축 및 관리 등에 관한 법률」 제15조제4항에 따른 지도등의 간행 심사(2021.7.20 본호개정)
17. 「하수도법」 제16조에 따른 공공하수도에 관한 공사시행의 허가 및 같은 법 제24조에 따른 공공하수도의 점용허가 (2011.4.14 본호개정)
18. 「하천법」 제30조에 따른 하천공사 시행의 허가 및 같은 법 제33조에 따른 하천 점용의 허가
19. 「도시공원 및 녹지 등에 관한 법률」 제24조에 따른 도시공원의 점용허가 및 같은 법 제38조에 따른 녹지의 점용허가 (2015.8.11 본호신설)

② 제1항에 따른 인 · 허가등의 의제를 받으려는 자는 개발행위허가 또는 변경허가를 신청할 때에 해당 법률에서 정하는 관련 서류를 함께 제출하여야 한다.(2013.7.16 본항개정)

③ 특별시장 · 광역시장 · 특별자치시장 · 특별자치도지사 · 시장 또는 군수는 개발행위허가 또는 변경허가를 할 때에 그 내용에 제1항 각 호의 어느 하나에 해당하는 사항이 있으면 미리 관계 행정기관의 장과 협의하여야 한다.(2013.7.16 본항개정)

④ 제3항에 따라 협의 요청을 받은 관계 행정기관의 장은 요청을 받은 날부터 20일 이내에 의견을 제출하여야 하며, 그 기간 내에 의견을 제출하지 아니하면 협의가 이루어진 것으로 본다. (2012.2.1 본항신설)

⑤ 국토교통부장관은 제1항에 따라 의제되는 인 · 허가등의 처리기준을 관계 중앙행정기관으로부터 제출받아 통합하여 고시하여야 한다.(2013.3.23 본항개정)

제61조의2 【개발행위복합민원 일괄협의회】 ① 특별시장 · 광역시장 · 특별자치시장 · 특별자치도지사 · 시장 또는 군수는 제61조제3항에 따라 관계 행정기관의 장과 협의하기 위하여 대통령령으로 정하는 바에 따라 개발행위복합민원 일괄협의회를 개최하여야 한다.

② 제61조제3항에 따라 협의 요청을 받은 관계 행정기관의 장은 소속 공무원을 제1항에 따른 개발행위복합민원 일괄협의회에 참석하게 하여야 한다.
(2012.2.1 본조신설)

제62조 【준공검사】 ① 제56조제1항제1호부터 제3호까지의 행위에 대한 개발행위허가를 받은 자는 그 개발행위를 마치면 국토교통부령으로 정하는 바에 따라 특별시장 · 광역시장 · 특별자치시장 · 특별자치도지사 · 시장 또는 군수의 준공검사를 받아야 한다. 다만, 같은 항 제1호의 행위에 대하여 「건축법」 제22조에 따른 건축물의 사용승인을 받은 경우에는 그러하지 아니하다.(2013.3.23 본문개정)

② 제1항에 따른 준공검사를 받은 경우에는 특별시장 · 광역시장 · 특별자치시장 · 특별자치도지사 · 시장 또는 군수가 제61조에 따라 의제되는 인 · 허가등에 따른 준공검사 · 준공인가 등에 관하여 제4항에 따라 관계 행정기관의 장과 협의한 사항에 대하여는 그 준공검사 · 준공인가 등을 받은 것으로 본다. (2011.4.14 본항개정)

③ 제2항에 따른 준공검사 · 준공인가 등의 의제를 받으려는 자는 제1항에 따른 준공검사를 신청할 때에 해당 법률에서 정하는 관련 서류를 함께 제출하여야 한다.

④ 특별시장 · 광역시장 · 특별자치시장 · 특별자치도지사 · 시장 또는 군수는 제1항에 따른 준공검사를 할 때에 그 내용에 제61조에 따라 의제되는 인 · 허가등에 따른 준공검사 · 준공인가 등에 해당하는 사항이 있으면 미리 관계 행정기관의 장과 협의하여야 한다.(2011.4.14 본항개정)

⑤ 국토교통부장관은 제2항에 따라 의제되는 준공검사 · 준공인가 등의 처리기준을 관계 중앙행정기관으로부터 제출받아 통합하여 고시하여야 한다.(2013.3.23 본항개정)

제63조 【개발행위허가의 제한】 ① 국토교통부장관, 시 · 도지사, 시장 또는 군수는 다음 각 호의 어느 하나에 해당되는 지역으로서 도시 · 군관리계획상 특히 필요하다고 인정되는 지역에 대해서는 대통령령으로 정하는 바에 따라 중앙도시계획위원회나 지방도시계획위원회의 심의를 거쳐 한 차례만 3년 이내의 기간 동안 개발행위허가를 제한할 수 있다. 다만, 제3호부터 제5호까지에 해당하는 지역에 대해서는 중앙도시계획위원회나 지방도시계획위원회의 심의를 거치지 아니하고 한 차례만 2년 이내의 기간 동안 개발행위허가의 제한을 연장할 수 있다.(2013.7.16 본문개정)

1. 녹지지역이나 계획관리지역으로서 수목이 집단적으로 자라고 있거나 조수류 등이 집단적으로 서식하고 있는 지역 또는 우량 농지 등으로 보전할 필요가 있는 지역
2. 개발행위로 인하여 주변의 환경 · 경관 · 미관 및 「국가유산기본법」 제3조에 따른 국가유산 등이 크게 오염되거나 손상될 우려가 있는 지역(2023.5.16 본호개정)
3. 도시 · 군기본계획이나 도시 · 군관리계획을 수립하고 있는 지역으로서 그 도시 · 군기본계획이나 도시 · 군관리계획이 결정될 경우 용도지역 · 용도지구 또는 용도구역의 변경이 예상되고 그에 따라 개발행위허가의 기준이 크게 달라질 것으로 예상되는 지역(2011.4.14 본호개정)
4. 지구단위계획구역으로 지정된 지역
5. 기반시설부담구역으로 지정된 지역

② 국토교통부장관, 시 · 도지사, 시장 또는 군수는 제1항에 따라 개발행위허가를 제한하려면 대통령령으로 정하는 바에 따라 제한지역 · 제한사유 · 제한대상행위 및 제한기간을 미리 고시하여야 한다.(2013.3.23 본항개정)

③ 개발행위허가를 제한하기 위하여 제2항에 따라 개발행위허가 제한지역 등을 고시한 국토교통부장관, 시 · 도지사, 시장 또는 군수는 해당 지역에서 개발행위를 제한할 사유가 없어진 경우에는 그 제한기간이 끝나기 전이라도 지체 없이 개발행위허가의 제한을 해제하여야 한다. 이 경우 국토교통부장관, 시 · 도지사, 시장 또는 군수는 대통령령으로 정하는 바에 따라 해제지역 및 해제시기를 고시하여야 한다.(2013.7.16 본항신설)

④ 국토교통부장관, 시 · 도지사, 시장 또는 군수가 개발행위허가를 제한하거나 개발행위허가 제한을 연장 또는 해제하는 경우 그 지역의 지형도면 고시, 지정의 효력, 주민 의견 청취 등에 관하여는 「토지이용규제 기본법」 제8조에 따른다.
(2019.8.20 본항신설)

판례 서울시의 뉴타운식 광역개발 사업 추진 요건을 충족하기 위하여 구청에서 건축허가를 제한한 경우, 정비구역에서 시행되는 주택재개발사업, 주택재건축사업에 관한 계획 및 「도시재정비 촉진을 위한 특별법」에 의하여 재정비촉진구역에서 시행되는 주택재개발사업, 주택재건축사업에 관한 재정비촉진계획은 「국토의 계획 및 이용에 관한 법률」에 의하여 규제를 받는 도시관리계획에 해당하며, 서울특별시의 구청장은 위 계획들이 수립되고 있는 지역에서 해당 법 규정에 따라 개발행위허가를 제한할 수 있다.
(대판 2012.7.12, 2010두4957)

제64조 【도시 · 군계획시설 부지에서의 개발행위】 ① 특별시장 · 광역시장 · 특별자치시장 · 특별자치도지사 · 시장 또는 군수는 도시 · 군계획시설의 설치 장소로 결정된 지상 · 수상 · 공중 · 수중 또는 지하는 그 도시 · 군계획시설이 아닌 건축물의 건축이나 공작물의 설치를 허가하여서는 아니 된다. 다만, 대통령령으로 정하는 경우에는 그러하지 아니하다.(2011.4.14 본문개정)

② 특별시장 · 광역시장 · 특별자치시장 · 특별자치도지사 · 시장 또는 군수는 도시 · 군계획시설결정의 고시일부터 2년이 지날 때까지 그 시설의 설치에 관한 사업이 시행되지 아니한 도시 · 군계획시설 중 제85조에 따라 단계별 집행계획이 수립되지 아니하거나 단계별 집행계획에서 제1단계 집행계획(단계별 집행계획을 변경한 경우에는 최초의 단계별 집행계획을 말한다)에 포함되지 아니한 도시 · 군계획시설의 부지에 대하여는 제1항에도 불구하고 다음 각 호의 개발행위를 허가할 수 있다. (2011.4.14 본문개정)

1. 가설건축물의 건축과 이에 필요한 범위에서의 토지의 형질 변경
2. 도시 · 군계획시설의 설치에 지장이 없는 공작물의 설치와 이에 필요한 범위에서의 토지의 형질 변경(2011.4.14 본호개정)

3. 건축물의 개축 또는 재축과 이에 필요한 범위에서의 토지의 형질 변경(제56조제4항제2호에 해당하는 경우는 제외한다)

③ 특별시장·광역시장·특별자치시장·특별자치도지사·시장 또는 군수는 제2항제1호 또는 제2호에 따라 가설건축물의 건축이나 공작물의 설치를 허가한 토지에서 도시·군계획시설사업이 시행되는 경우에는 그 시행예정일 3개월 전까지 가설건축물이나 공작물 소유자의 부담으로 그 가설건축물이나 공작물의 철거 등 원상회복에 필요한 조치를 명하여야 한다. 다만, 원상회복이 필요하지 아니하다고 인정되는 경우에는 그러하지 아니하다.(2011.4.14 본문개정)

④ 특별시장·광역시장·특별자치시장·특별자치도지사·시장 또는 군수는 제3항에 따른 원상회복의 명령을 받은 자가 원상회복을 하지 아니하면 「행정대집행법」에 따른 행정대집행에 따라 원상회복을 할 수 있다.(2011.4.14 본항개정)

(2011.4.14 본조제목개정)

제65조【개발행위에 따른 공공시설 등의 귀속】 ① 개발행위허가(다른 법률에 따라 개발행위허가가 의제되는 협의를 거친 인가·허가·승인 등을 포함한다. 이하 이 조에서 같다)를 받은 자가 행정청인 경우 개발행위허가를 받은 자가 새로 공공시설을 설치하거나 기존의 공공시설에 대체되는 공공시설을 설치한 경우에는 「국유재산법」과 「공유재산 및 물품 관리법」에도 불구하고 새로 설치된 공공시설은 그 시설을 관리할 관리청에 무상으로 귀속되고, 종래의 공공시설은 개발행위허가를 받은 자에게 무상으로 귀속된다.(2013.7.16 본항개정)

② 개발행위허가를 받은 자가 행정청이 아닌 경우 개발행위허가를 받은 자가 새로 설치한 공공시설은 그 시설을 관리할 관리청에 무상으로 귀속되고, 개발행위로 용도가 폐지되는 공공시설은 「국유재산법」과 「공유재산 및 물품 관리법」에도 불구하고 새로 설치한 공공시설의 설치비용에 상당하는 범위에서 개발행위허가를 받은 자에게 무상으로 양도할 수 있다.

③ 특별시장·광역시장·특별자치시장·특별자치도지사·시장 또는 군수는 제1항과 제2항에 따른 공공시설의 귀속에 관한 사항이 포함된 개발행위허가를 하려면 미리 해당 공공시설이 속한 관리청의 의견을 들어야 한다. 다만, 관리청이 지정되지 아니한 경우에는 관리청이 지정된 후 준공되기 전에 관리청의 의견을 들어야 하며, 관리청이 불분명한 경우에는 도로 등에 대하여는 국토교통부장관을, 하천에 대하여는 환경부장관을 관리청으로 보고, 그 외의 재산에 대하여는 기획재정부장관을 관리청으로 본다.(2020.12.31 본항개정)

④ 특별시장·광역시장·특별자치시장·특별자치도지사·시장 또는 군수가 제3항에 따라 관리청의 의견을 듣고 개발행위허가를 한 경우 개발행위허가를 받은 자는 그 허가에 포함된 공공시설의 점용 및 사용에 관하여 관계 법률에 따른 승인·허가 등을 받은 것으로 보아 개발행위를 할 수 있다. 이 경우 해당 공공시설의 점용 또는 사용에 따른 점용료 또는 사용료는 면제된 것으로 본다.(2011.4.14 전단개정)

⑤ 개발행위허가를 받은 자가 행정청인 경우 개발행위허가를 받은 자는 개발행위가 끝나 준공검사를 마친 때에는 해당 시설의 관리청에 공공시설의 종류와 토지의 세목(細目)을 통지하여야 한다. 이 경우 공공시설은 그 통지한 날에 해당 시설을 관리할 관리청과 개발행위허가를 받은 자에게 각각 귀속된 것으로 본다.

⑥ 개발행위허가를 받은 자가 행정청이 아닌 경우 개발행위허가를 받은 자는 제2항에 따라 관리청에 귀속되거나 그에게 양도될 공공시설에 관하여 개발행위가 끝나기 전에 그 시설의 관리청에 그 종류와 토지의 세목을 통지하여야 하고, 준공검사를 한 특별시장·광역시장·특별자치시장·특별자치도지사·시장 또는 군수는 그 내용을 해당 시설의 관리청에 통보하여야 한다. 이 경우 공공시설은 준공검사를 받음으로써 그 시설을 관리할 관리청과 개발행위허가를 받은 자에게 각각 귀속되거나 양도된 것으로 본다.(2011.4.14 전단개정)

⑦ 제1항부터 제3항까지, 제5항 또는 제6항에 따른 공공시설을 등기할 때에 「부동산등기법」에 따른 등기원인을 증명하는 서면은 제62조제1항에 따른 준공검사를 받았음을 증명하는 서면으로 갈음한다.(2011.4.12 본항개정)

⑧ 개발행위허가를 받은 자가 행정청인 경우 개발행위허가를 받은 자는 제1항에 따라 그에게 귀속된 공공시설의 처분으로 인한 수익금을 도시·군계획사업 외의 목적에 사용하여서는 아니 된다.(2011.4.14 본항개정)

⑨ 공공시설의 귀속에 관하여 다른 법률에 특별한 규정이 있는 경우에는 이 법률의 규정에도 불구하고 그 법률에 따른다.(2013.7.16 본항신설)

제2절 개발행위에 따른 기반시설의 설치

제66조【개발밀도관리구역】 ① 특별시장·광역시장·특별자치시장·특별자치도지사·시장 또는 군수는 주거·상업 또는 공업지역에서의 개발행위로 기반시설(도시·군계획시설을 포함한다)의 처리·공급 또는 수용능력이 부족할 것으로 예상되는 지역 중 기반시설의 설치가 곤란한 지역을 개발밀도관리구역으로 지정할 수 있다.(2011.4.14 본항개정)

② 특별시장·광역시장·특별자치시장·특별자치도지사·시장 또는 군수는 개발밀도관리구역에서는 대통령령으로 정하는 범위에서 제77조나 제78조에 따른 건폐율 또는 용적률을 강화하여 적용한다.(2011.4.14 본항개정)

③ 특별시장·광역시장·특별자치시장·특별자치도지사·시장 또는 군수는 제1항에 따라 개발밀도관리구역을 지정하거나 변경하려면 다음 각 호의 사항을 포함하여 해당 지방자치단체에 설치된 지방도시계획위원회의 심의를 거쳐야 한다.

(2011.4.14 본문개정)

1. 개발밀도관리구역의 명칭
2. 개발밀도관리구역의 범위
3. 제77조나 제78조에 따른 건폐율 또는 용적률의 강화 범위

④ 특별시장·광역시장·특별자치시장·특별자치도지사·시장 또는 군수는 제1항에 따라 개발밀도관리구역을 지정하거나 변경한 경우에는 그 사실을 대통령령으로 정하는 바에 따라 고시하여야 한다.(2011.4.14 본항개정)

⑤ 개발밀도관리구역의 지정기준, 개발밀도관리구역의 관리 등에 관하여 필요한 사항은 대통령령으로 정하는 바에 따라 국토교통부장관이 정한다.(2013.3.23 본항개정)

제67조【기반시설부담구역의 지정】 ① 특별시장·광역시장·특별자치시장·특별자치도지사·시장 또는 군수는 다음 각 호의 어느 하나에 해당하는 지역에 대하여는 기반시설부담구역으로 지정하여야 한다. 다만, 개발행위가 집중되어 특별시장·광역시장·특별자치시장·특별자치도지사·시장 또는 군수가 해당 지역의 계획적 관리를 위하여 필요하다고 인정하면 다음 각 호에 해당하지 아니하는 경우라도 기반시설부담구역으로 지정할 수 있다.(2011.4.14 본문개정)

1. 이 법 또는 다른 법령의 제정·개정으로 인하여 행위 제한이 완화되거나 해제되는 지역
2. 이 법 또는 다른 법령에 따라 지정된 용도지역 등이 변경되거나 해제되어 행위 제한이 완화되는 지역
3. 개발행위허가 현황 및 인구증가율 등을 고려하여 대통령령으로 정하는 지역

② 특별시장·광역시장·특별자치시장·특별자치도지사·시장 또는 군수는 기반시설부담구역을 지정 또는 변경하려면 주민의 의견을 들어야 하며, 해당 지방자치단체에 설치된 지방도시계획위원회의 심의를 거쳐 대통령령으로 정하는 바에 따라 이를 고시하여야 한다.(2011.4.14 본항개정)

③ (2011.4.14 삭제)

④ 특별시장·광역시장·특별자치시장·특별자치도지사·시장 또는 군수는 제2항에 따라 기반시설부담구역이 지정되면 대통령령으로 정하는 바에 따라 기반시설설치계획을 수립하여야 하며, 이를 도시·군관리계획에 반영하여야 한다.(2011.4.14 본항개정)

⑤ 기반시설부담구역의 지정기준 등에 관하여 필요한 사항은 대통령령으로 정하는 바에 따라 국토교통부장관이 정한다.(2013.3.23 본항개정)

제68조【기반시설설치비용의 부과대상 및 산정기준】 ① 기반시설부담구역에서 기반시설설치비용의 부과대상인 건축행위는 제2조제20호에 따른 시설로서 200제곱미터(기존 건축물의 연면

적을 포함한다)를 초과하는 건축물의 신축 · 증축 행위로 한다. 다만, 기존 건축물을 철거하고 신축하는 경우에는 기존 건축물의 건축연면적을 초과하는 건축행위만 부과대상으로 한다.
② 기반시설설치비용은 기반시설을 설치하는 데 필요한 기반시설 표준시설비용과 용지비용을 합산한 금액에 제1항에 따른 부과대상 건축연면적과 기반시설 설치를 위하여 사용되는 총비용 중 국가 · 지방자치단체의 부담분을 제외하고 민간 개발사업자가 부담하는 부담률을 곱한 금액으로 한다. 다만, 특별시장 · 광역시장 · 특별자치시장 · 특별자치도지사 · 시장 또는 군수가 해당 지역의 기반시설 소요량 등을 고려하여 대통령령으로 정하는 바에 따라 기반시설부담계획을 수립한 경우에는 그 부담계획에 따른다.(2011.4.14 단서개정)
③ 제2항에 따른 기반시설 표준시설비용은 기반시설 조성을 위하여 사용되는 단위당 시설비로서 해당 연도의 생산자물가상승률 등을 고려하여 대통령령으로 정하는 바에 따라 국토교통부장관이 고시한다.(2013.3.23 본항개정)
④ 제2항에 따른 용지비용은 부과대상이 되는 건축행위가 이루어지는 토지를 대상으로 다음 각 호의 기준을 곱하여 산정한 가액(價額)으로 한다.
1. 지역별 기반시설의 설치 정도를 고려하여 0.4 범위에서 지방자치단체의 조례로 정하는 용지환산계수
2. 기반시설부담구역의 개별공시지가 평균 및 대통령령으로 정하는 건축물별 기반시설유발계수
⑤ 제2항에 따른 민간 개발사업자가 부담하는 부담률은 100분의 20으로 하며, 특별시장 · 광역시장 · 특별자치시장 · 특별자치도지사 · 시장 또는 군수가 건물의 규모, 지역 특성 등을 고려하여 100분의 25의 범위에서 부담률을 가감할 수 있다.(2011.4.14 본항개정)
⑥ 제69조제1항에 따른 납부의무자가 다음 각 호의 어느 하나에 해당하는 경우에는 이 법에 따른 기반시설설치비용에서 감면한다.
1. 제2조제19호에 따른 기반시설을 설치하거나 그에 필요한 용지를 확보한 경우
2. 「도로법」 제91조에 따른 원인자 부담금 등 대통령령으로 정하는 비용을 납부한 경우(2014.1.14 본호개정)
⑦ 제6항에 따른 감면기준 및 감면절차와 그 밖에 필요한 사항은 대통령령으로 정한다.

제69조【기반시설설치비용의 납부 및 체납처분】 ① 제68조제1항에 따른 건축행위를 하는 자(건축행위의 위탁자 또는 지위의 승계자 등 대통령령으로 정하는 자를 포함한다. 이하 "납부의무자"라 한다)는 기반시설설치비용을 내야 한다.
② 특별시장 · 광역시장 · 특별자치시장 · 특별자치도지사 · 시장 또는 군수는 납부의무자가 국가 또는 지방자치단체로부터 건축허가(다른 법률에 따른 사업승인 등 건축허가가 의제되는 경우에는 그 사업승인)를 받은 날부터 2개월 이내에 기반시설설치비용을 부과하여야 하고, 납부의무자는 사용승인(다른 법률에 따라 준공검사 등 사용승인이 의제되는 경우에는 그 준공검사) 신청 시까지 이를 내야 한다.(2011.4.14 본항개정)
③ 특별시장 · 광역시장 · 특별자치시장 · 특별자치도지사 · 시장 또는 군수는 납부의무자가 제2항에서 정한 때까지 기반시설설치비용을 내지 아니하는 경우에는 「지방행정제재 · 부과금의 징수 등에 관한 법률」에 따라 징수할 수 있다.(2020.3.24 본항개정)
④ 특별시장 · 광역시장 · 특별자치시장 · 특별자치도지사 · 시장 또는 군수는 기반시설설치비용을 납부한 자가 사용승인 신청 후 해당 건축행위와 관련된 기반시설의 추가 설치 등 기반시설설치비용을 환급하여야 하는 사유가 발생하는 경우에는 그 사유에 상당하는 기반시설설치비용을 환급하여야 한다.(2011.4.14 본항개정)
⑤ 그 밖에 기반시설설치비용의 부과절차, 납부 및 징수방법, 환급사유 등에 관하여 필요한 사항은 대통령령으로 정할 수 있다.

제70조【기반시설설치비용의 관리 및 사용 등】 ① 특별시장 · 광역시장 · 특별자치시장 · 특별자치도지사 · 시장 또는 군수는 기반시설설치비용의 관리 및 운용을 위하여 기반시설부담구역별로 특별회계를 설치하여야 하며, 그에 필요한 사항은 지방자치단체의 조례로 정한다.(2011.4.14 본항개정)
② 제69조제2항에 따라 납부한 기반시설설치비용은 해당 기반시설부담구역에서 제2조제19호에 따른 기반시설의 설치 또는 그에 필요한 용지의 확보 등을 위하여 사용하여야 한다. 다만, 해당 기반시설부담구역에 사용하기가 곤란한 경우로서 대통령령으로 정하는 경우에는 해당 기반시설부담구역의 기반시설과 연계된 기반시설의 설치 또는 그에 필요한 용지의 확보 등에 사용할 수 있다.
③ 기반시설설치비용의 관리, 사용 등에 필요한 사항은 대통령령으로 정하는 바에 따라 국토교통부장관이 정한다.(2013.3.23 본항개정)

제71조~제75조 (2006.1.11 삭제)

제3절 성장관리계획
(2021.1.12 본절신설)

제75조의2【성장관리계획구역의 지정 등】 ① 특별시장 · 광역시장 · 특별자치시장 · 특별자치도지사 · 시장 또는 군수는 녹지지역, 관리지역, 농림지역 및 자연환경보전지역 중 다음 각 호의 어느 하나에 해당하는 지역의 전부 또는 일부에 대하여 성장관리계획구역을 지정할 수 있다.
1. 개발수요가 많아 무질서한 개발이 진행되고 있거나 진행될 것으로 예상되는 지역
2. 주변의 토지이용이나 교통여건 변화 등으로 향후 시가화가 예상되는 지역
3. 주변지역과 연계하여 체계적인 관리가 필요한 지역
4. 「토지이용규제 기본법」 제2조제1호에 따른 지역 · 지구등의 변경으로 토지이용에 대한 행위제한이 완화되는 지역
5. 그 밖에 난개발의 방지와 체계적인 관리가 필요한 지역으로서 대통령령으로 정하는 지역
② 특별시장 · 광역시장 · 특별자치시장 · 특별자치도지사 · 시장 또는 군수는 성장관리계획구역을 지정하거나 이를 변경하려면 대통령령으로 정하는 바에 따라 미리 주민과 해당 지방의회의 의견을 들어야 하며, 관계 행정기관과의 협의 및 지방도시계획위원회의 심의를 거쳐야 한다. 다만, 대통령령으로 정하는 경미한 사항을 변경하는 경우에는 그러하지 아니하다.
③ 특별시 · 광역시 · 특별자치시 · 특별자치도 · 시 또는 군의 의회는 특별한 사유가 없으면 60일 이내에 특별시장 · 광역시장 · 특별자치시장 · 특별자치도지사 · 시장 또는 군수에게 의견을 제시하여야 하며, 그 기한까지 의견을 제시하지 아니하면 의견이 없는 것으로 본다.
④ 제2항에 따라 협의 요청을 받은 관계 행정기관의 장은 특별한 사유가 없으면 요청을 받은 날부터 30일 이내에 특별시장 · 광역시장 · 특별자치시장 · 특별자치도지사 · 시장 또는 군수에게 의견을 제시하여야 한다.
⑤ 특별시장 · 광역시장 · 특별자치시장 · 특별자치도지사 · 시장 또는 군수가 성장관리계획구역을 지정하거나 이를 변경한 경우에는 관계 행정기관의 장에게 관계 서류를 송부하여야 하며, 대통령령으로 정하는 바에 따라 이를 고시하고 일반인이 열람할 수 있도록 하여야 한다. 이 경우 지형도면의 고시 등에 관하여는 「토지이용규제 기본법」 제8조에 따른다.
⑥ 그 밖에 성장관리계획구역의 지정 기준 및 절차 등에 관하여 필요한 사항은 대통령령으로 정한다.

제75조의3【성장관리계획의 수립 등】 ① 특별시장 · 광역시장 · 특별자치시장 · 특별자치도지사 · 시장 또는 군수는 성장관리계획구역을 지정할 때에는 다음 각 호의 사항 중 그 성장관리계획구역의 지정목적을 이루는 데 필요한 사항을 포함하여 성장관리계획을 수립하여야 한다.
1. 도로, 공원 등 기반시설의 배치와 규모에 관한 사항
2. 건축물의 용도제한, 건축물의 건폐율 또는 용적률
3. 건축물의 배치, 형태, 색채 및 높이
4. 환경관리 및 경관계획
5. 그 밖에 난개발의 방지와 체계적인 관리에 필요한 사항으로서 대통령령으로 정하는 사항
② 성장관리계획구역에서는 제77조제1항에도 불구하고 다음 각 호의 구분에 따른 범위에서 성장관리계획으로 정하는 바에 따라 특별시 · 광역시 · 특별자치시 · 특별자치도 · 시 또는 군의 조례로 정하는 비율까지 건폐율을 완화하여 적용할 수 있다.

1. 계획관리지역 : 50퍼센트 이하
2. 생산관리지역 · 농림지역 및 대통령령으로 정하는 녹지지역 : 30퍼센트 이하

③ 성장관리계획구역 내 계획관리지역에서는 제78조제1항에도 불구하고 125퍼센트 이하의 범위에서 성장관리계획으로 정하는 바에 따라 특별시 · 광역시 · 특별자치시 · 특별자치도 · 시 또는 군의 조례로 정하는 비율까지 용적률을 완화하여 적용할 수 있다.

④ 성장관리계획의 수립 및 변경에 관한 절차는 제75조의2제2항부터 제5항까지의 규정을 준용한다. 이 경우 "성장관리계획구역"은 "성장관리계획"으로 본다.

⑤ 특별시장 · 광역시장 · 특별자치시장 · 특별자치도지사 · 시장 또는 군수는 5년마다 관할 구역 내 수립된 성장관리계획에 대하여 대통령령으로 정하는 바에 따라 그 타당성 여부를 전반적으로 재검토하여 정비하여야 한다.

⑥ 그 밖에 성장관리계획의 수립기준 및 절차 등에 관하여 필요한 사항은 대통령령으로 정한다.

제75조의4【성장관리계획구역에서의 개발행위 등】 성장관리계획구역에서 개발행위 또는 건축물의 용도변경을 하려면 그 성장관리계획에 맞게 하여야 한다.

제6장 용도지역 · 용도지구 및 용도구역에서의 행위 제한
(2009.2.6 본장개정)

제76조【용도지역 및 용도지구에서의 건축물의 건축 제한 등】 ① 제36조에 따라 지정된 용도지역에서의 건축물이나 그 밖의 시설의 용도 · 종류 및 규모 등의 제한에 관한 사항은 대통령령으로 정한다.

② 제37조에 따라 지정된 용도지구에서의 건축물이나 그 밖의 시설의 용도 · 종류 및 규모 등의 제한에 관한 사항은 이 법 또는 다른 법률에 특별한 규정이 있는 경우 외에는 대통령령으로 정하는 기준에 따라 특별시 · 광역시 · 특별자치시 · 특별자치도 · 시 또는 군의 조례로 정할 수 있다.(2011.4.14 본항개정)

③ 제1항과 제2항에 따른 건축물이나 그 밖의 시설의 용도 · 종류 및 규모 등의 제한은 해당 용도지역과 용도지구의 지정목적에 적합하여야 한다.

④ 건축물이나 그 밖의 시설의 용도 · 종류 및 규모 등을 변경하는 경우 변경 후의 건축물이나 그 밖의 시설의 용도 · 종류 및 규모 등은 제1항과 제2항에 맞아야 한다.

⑤ 다음 각 호의 어느 하나에 해당하는 경우의 건축물이나 그 밖의 시설의 용도 · 종류 및 규모 등의 제한에 관하여는 제1항부터 제4항까지의 규정에도 불구하고 각 호에서 정하는 바에 따른다.
1. 제37조제1항제6호에 따른 취락지구에서는 취락지구의 지정목적 범위에서 대통령령으로 따로 정한다.(2017.4.18 본호개정)
1의2. 제37조제1항제7호에 따른 개발진흥지구에서는 개발진흥지구의 지정목적 범위에서 대통령령으로 따로 정한다.(2017.4.18 본호개정)
1의3. 제37조제1항제9호에 따른 복합용도지구에서는 복합용도지구의 지정목적 범위에서 대통령령으로 따로 정한다.(2017.4.18 본호신설)
2. 「산업입지 및 개발에 관한 법률」 제2조제8호라목에 따른 농공단지에서는 같은 법에서 정하는 바에 따른다.(2011.8.4 본호개정)
3. 농림지역 중 농업진흥지역, 보전산지 또는 초지인 경우에는 각각 「농지법」, 「산지관리법」 또는 「초지법」에서 정하는 바에 따른다.
4. 자연환경보전지역 중 「자연공원법」에 따른 공원구역, 「수도법」에 따른 상수원보호구역, 「문화유산의 보존 및 활용에 관한 법률」에 따라 지정된 지정문화유산과 그 보호구역, 「자연유산의 보존 및 활용에 관한 법률」에 따라 지정된 천연기념물등과 그 보호구역, 「해양생태계의 보전 및 관리에 관한 법률」에 따른 해양보호구역인 경우에는 각각 「자연공원법」, 「수도법」, 「문화유산의 보존 및 활용에 관한 법률」, 「자연유산의 보존 및 활용에 관한 법률」 또는 「해양생태계의 보전 및 관리에 관한 법률」에서 정하는 바에 따른다.(2023.8.8 본호개정)
5. 자연환경보전지역 중 수산자원보호구역인 경우에는 「수산자원관리법」에서 정하는 바에 따른다.(2009.4.22 본호개정)

⑥ 보전관리지역이나 생산관리지역에 대하여 농림축산식품부장관 · 해양수산부장관 · 환경부장관 또는 산림청장이 농지 보전, 자연환경 보전, 해양환경 보전 또는 산림 보전에 필요하다고 인정하는 경우에는 「농지법」, 「자연환경보전법」, 「야생생물 보호 및 관리에 관한 법률」, 「해양생태계의 보전 및 관리에 관한 법률」 또는 「산림자원의 조성 및 관리에 관한 법률」에 따라 건축물이나 그 밖의 시설의 용도 · 종류 및 규모 등을 제한할 수 있다. 이 경우 이 법에 따른 제한의 취지와 형평을 이루도록 하여야 한다.(2013.3.23 전단개정)

제77조【용도지역의 건폐율】 ① 제36조에 따라 지정된 용도지역에서 건폐율의 최대한도는 관할 구역의 면적과 인구 규모, 용도지역의 특성 등을 고려하여 다음 각 호의 범위에서 대통령령으로 정하는 기준에 따라 특별시 · 광역시 · 특별자치시 · 특별자치도 · 시 또는 군의 조례로 정한다.(2011.4.14 본문개정)
1. 도시지역
 가. 주거지역 : 70퍼센트 이하
 나. 상업지역 : 90퍼센트 이하
 다. 공업지역 : 70퍼센트 이하
 라. 녹지지역 : 20퍼센트 이하
2. 관리지역
 가. 보전관리지역 : 20퍼센트 이하
 나. 생산관리지역 : 20퍼센트 이하
 다. 계획관리지역 : 40퍼센트 이하(2015.8.11 단서삭제)
3. 농림지역 : 20퍼센트 이하
4. 자연환경보전지역 : 20퍼센트 이하

② 제36조제2항에 따라 세분된 용도지역에서의 건폐율에 관한 기준은 제1항 각 호의 범위에서 대통령령으로 따로 정한다.

③ 다음 각 호의 어느 하나에 해당하는 지역에서의 건폐율에 관한 기준은 제1항과 제2항에도 불구하고 80퍼센트 이하의 범위에서 대통령령으로 정하는 기준에 따라 특별시 · 광역시 · 특별자치시 · 특별자치도 · 시 또는 군의 조례로 따로 정한다.(2011.4.14 본문개정)
1. 제37조제1항제6호에 따른 취락지구(2017.4.18 본호개정)
2. 제37조제1항제7호에 따른 개발진흥지구(도시지역 외의 지역 또는 대통령령으로 정하는 용도지역만 해당한다)(2017.4.18 본호개정)
3. 제40조에 따른 수산자원보호구역
4. 「자연공원법」에 따른 자연공원
5. 「산업입지 및 개발에 관한 법률」 제2조제8호라목에 따른 농공단지(2011.8.4 본호개정)
6. 공업지역에 있는 「산업입지 및 개발에 관한 법률」 제2조제8호가목부터 다목까지의 규정에 따른 국가산업단지, 일반산업단지 및 도시첨단산업단지와 같은 조 제12호에 따른 준산업단지(2011.8.4 본호개정)

④ 다음 각 호의 어느 하나에 해당하는 경우로서 대통령령으로 정하는 경우에는 제1항에도 불구하고 대통령령으로 정하는 기준에 따라 특별시 · 광역시 · 특별자치시 · 특별자치도 · 시 또는 군의 조례로 건폐율을 따로 정할 수 있다.(2011.4.14 본문개정)
1. 토지이용의 과밀화를 방지하기 위하여 건폐율을 강화할 필요가 있는 경우
2. 주변 여건을 고려하여 토지의 이용도를 높이기 위하여 건폐율을 완화할 필요가 있는 경우
3. 녹지지역, 보전관리지역, 생산관리지역, 농림지역 또는 자연환경보전지역에서 농업용 · 임업용 · 어업용 건축물을 건축하려는 경우(2011.9.16 본호개정)
4. 보전관리지역, 생산관리지역, 농림지역 또는 자연환경보전지역에서 주민생활의 편익을 증진시키기 위한 건축물을 건축하려는 경우(2011.9.16 본호신설)

⑤ (2021.1.12 삭제)

제78조【용도지역에서의 용적률】 ① 제36조에 따라 지정된 용도지역에서 용적률의 최대한도는 관할 구역의 면적과 인구 규모, 용도지역의 특성 등을 고려하여 다음 각 호의 범위에서 대통령령으로 정하는 기준에 따라 특별시 · 광역시 · 특별자치시 · 특별자치도 · 시 또는 군의 조례로 정한다.(2011.4.14 본문개정)

1. 도시지역
가. 주거지역 : 500퍼센트 이하
나. 상업지역 : 1천500퍼센트 이하
다. 공업지역 : 400퍼센트 이하
라. 녹지지역 : 100퍼센트 이하
2. 관리지역
가. 보전관리지역 : 80퍼센트 이하
나. 생산관리지역 : 80퍼센트 이하
다. 계획관리지역 : 100퍼센트 이하(2021.1.12 본목개정)
3. 농림지역 : 80퍼센트 이하
4. 자연환경보전지역 : 80퍼센트 이하
② 제36조제2항에 따라 세분된 용도지역에서의 용적률에 관한 기준은 제1항 각 호의 범위에서 대통령령으로 따로 정한다.
③ 제77조제3항제2호부터 제5호까지의 규정에 해당하는 지역에서의 용적률에 대한 기준은 제1항과 제2항에도 불구하고 200퍼센트 이하의 범위에서 대통령령으로 정하는 기준에 따라 특별시 · 광역시 · 특별자치시 · 특별자치도 · 시 또는 군의 조례로 따로 정한다.(2011.4.14 본항개정)
④ 건축물의 주위에 공원 · 광장 · 도로 · 하천 등의 공지가 있거나 이를 설치하는 경우에는 제1항에도 불구하고 대통령령으로 정하는 바에 따라 특별시 · 광역시 · 특별자치시 · 특별자치도 · 시 또는 군의 조례로 용적률을 따로 정할 수 있다.
(2011.4.14 본항개정)
⑤ 제1항과 제4항에도 불구하고 제36조에 따른 도시지역(녹지지역만 해당한다), 관리지역에서는 창고 등 대통령령으로 정하는 용도의 건축물 또는 시설물은 특별시 · 광역시 · 특별자치시 · 특별자치도 · 시 또는 군의 조례로 정하는 높이로 규모 등을 제한할 수 있다.(2011.4.14 본항개정)
⑥ 제1항에도 불구하고 건축물을 건축하려는 자가 그 대지의 일부에 「사회복지사업법」 제2조제4호에 따른 사회복지시설 중 대통령령으로 정하는 시설을 설치하여 국가 또는 지방자치단체에 기부채납하는 경우에는 특별시 · 광역시 · 특별자치시 · 특별자치도 · 시 또는 군의 조례로 해당 용도지역에 적용되는 용적률을 완화할 수 있다. 이 경우 용적률 완화의 허용범위, 기부채납의 기준 및 절차 등에 필요한 사항은 대통령령으로 정한다.(2013.12.30 본항신설)
⑦ 이 법 및 「건축법」 등 다른 법률에 따른 용적률의 완화에 관한 규정은 이 법 및 다른 법률에도 불구하고 다음 각 호의 구분에 따른 범위에서 중첩하여 적용할 수 있다. 다만, 용적률 완화 규정을 중첩 적용하여 완화되는 용적률이 제1항 및 제2항에 따라 대통령령으로 정하고 있는 해당 용도지역별 용적률 최대한도를 초과하는 경우에는 관할 시 · 도지사, 시장 · 군수 또는 구청장이 제30조제3항 단서 또는 같은 조 제7항에 따른 건축위원회와 도시계획위원회의 공동 심의를 거쳐 기반시설의 설치 및 그에 필요한 용지의 확보가 충분하다고 인정하는 경우에 한정한다.
1. 지구단위계획구역 : 제52조제3항에 따라 지구단위계획으로 정하는 범위
2. 지구단위계획구역 외의 지역 : 제1항 및 제2항에 따라 대통령령으로 정하고 있는 해당 용도지역별 용적률 최대한도의 120퍼센트 이하
(2021.10.8 본항신설)

제79조【용도지역 미지정 또는 미세분 지역에서의 행위 제한 등】 ① 도시지역, 관리지역, 농림지역 또는 자연환경보전지역으로 용도가 지정되지 아니한 지역에 대하여는 제76조부터 제78조까지의 규정을 적용할 때에 자연환경보전지역에 관한 규정을 적용한다.
② 제36조에 따른 도시지역 또는 관리지역이 같은 조 제1항 각 호 각 목의 세부 용도지역으로 지정되지 아니한 경우에는 제76조부터 제78조까지의 규정을 적용할 때에 해당 용도지역이 도시지역인 경우에는 녹지지역 중 대통령령으로 정하는 지역에 관한 규정을 적용하고, 관리지역인 경우에는 보전관리지역에 관한 규정을 적용한다.

제80조【개발제한구역에서의 행위 제한 등】 개발제한구역에서의 행위 제한이나 그 밖에 개발제한구역의 관리에 필요한 사항은 따로 법률로 정한다.

제80조의2【도시자연공원구역에서의 행위 제한 등】 도시자연공원구역에서의 행위 제한 등 도시자연공원구역의 관리에 필요한 사항은 따로 법률로 정한다.

제80조의3 (2024.2.6 삭제)

제80조의4【도시혁신구역에서의 행위 제한】 용도지역 및 용도지구에 따른 제한에도 불구하고 도시혁신구역에서의 토지의 이용, 건축물이나 그 밖의 시설의 용도 · 건폐율 · 용적률 · 높이 등에 관한 제한 및 그 밖에 대통령령으로 정하는 사항에 관하여는 도시혁신계획으로 따로 정한다.(2024.2.6 본조신설)

제80조의5【복합용도구역에서의 행위 제한】 ① 용도지역 및 용도지구에 따른 제한에도 불구하고 복합용도구역에서의 건축물이나 그 밖의 시설의 용도 · 종류 및 규모 등의 제한에 관한 사항은 대통령령으로 정하는 범위에서 복합용도계획으로 따로 정한다.
② 복합용도구역에서의 건폐율과 용적률은 제77조제1항 각 호 및 제78조제1항 각 호에 따른 용도지역별 건폐율과 용적률의 최대한도의 범위에서 복합용도계획으로 정한다.
(2024.2.6 본조신설)

제81조【시가화조정구역에서의 행위 제한 등】 ① 제39조에 따라 지정된 시가화조정구역에서의 도시 · 군계획사업은 대통령령으로 정하는 사업만 시행할 수 있다.(2011.4.14 본항개정)
② 시가화조정구역에서는 제56조와 제76조에도 불구하고 제1항에 따른 도시 · 군계획사업의 경우 외에는 다음 각 호의 어느 하나에 해당하는 행위에 한정하여 특별시장 · 광역시장 · 특별자치시장 · 특별자치도지사 · 시장 또는 군수의 허가를 받아 그 행위를 할 수 있다.(2011.4.14 본문개정)
1. 농업 · 임업 또는 어업용의 건축물 중 대통령령으로 정하는 종류와 규모의 건축물이나 그 밖의 시설을 건축하는 행위
2. 마을공동시설, 공익시설 · 공공시설, 광공업 등 주민의 생활을 영위하는 데에 필요한 행위로서 대통령령으로 정하는 행위
3. 입목의 벌채, 조림, 육림, 토석의 채취, 그 밖에 대통령령으로 정하는 경미한 행위
③ 특별시장 · 광역시장 · 특별자치시장 · 특별자치도지사 · 시장 또는 군수는 제2항에 따른 허가를 하려면 미리 다음 각 호의 어느 하나에 해당하는 자와 협의하여야 한다.(2011.4.14 본문개정)
1. 제5항 각 호의 허가에 관한 권한이 있는 자
2. 허가대상행위와 관련이 있는 공공시설의 관리자
3. 허가대상행위에 따라 설치되는 공공시설을 관리하게 될 자
④ 시가화조정구역에서 제2항에 따른 허가를 받지 아니하고 건축물의 건축, 토지의 형질 변경 등의 행위를 하는 자에 관하여는 제60조제3항 및 제4항을 준용한다.
⑤ 제2항에 따른 허가가 있는 경우에는 다음 각 호의 허가 또는 신고가 있는 것으로 본다.
1. 「산지관리법」 제14조 · 제15조에 따른 산지전용허가 및 산지전용신고, 같은 법 제15조의2에 따른 산지일시사용허가 · 신고(2010.5.31 본호개정)
2. 「산림자원의 조성 및 관리에 관한 법률」 제36조제1항 · 제5항에 따른 입목벌채 등의 허가 · 신고(2022.12.27 본호개정)
⑥ 제2항에 따른 허가의 기준 및 신청 절차 등에 관하여 필요한 사항은 대통령령으로 정한다.

제82조【기존 건축물에 대한 특례】 법령의 제정 · 개정이나 그 밖에 대통령령으로 정하는 사유로 기존 건축물이 이 법에 맞지 아니하게 된 경우에는 대통령령으로 정하는 범위에서 증축, 개축, 재축 또는 용도변경을 할 수 있다.(2011.4.14 본조신설)

제83조【도시지역에서의 다른 법률의 적용 배제】 도시지역에 대하여는 다음 각 호의 법률 규정을 적용하지 아니한다.
1. 「도로법」 제40조에 따른 접도구역(2014.1.14 본호개정)
2. (2014.1.14 삭제)
3. 「농지법」 제8조에 따른 농지취득자격증명. 다만, 녹지지역의 농지로서 도시 · 군계획시설사업에 필요하지 아니한 농지에 대하여는 그러하지 아니하다.(2011.4.14 단서개정)

제83조의2 (2024.2.6 삭제)

제83조의3【도시혁신구역에서의 다른 법률의 적용 특례】 ① 도시혁신구역에 대하여는 다음 각 호의 법률 규정에도 불구하고 도시혁신계획으로 따로 정할 수 있다.

1. 「주택법」 제35조에 따른 주택의 배치, 부대시설·복리시설의 설치기준 및 대지조성기준
2. 「주차장법」 제19조에 따른 부설주차장의 설치
3. 「문화예술진흥법」 제9조에 따른 건축물에 대한 미술작품의 설치
4. 「건축법」 제43조에 따른 공개 공지 등의 확보
5. 「도시공원 및 녹지 등에 관한 법률」 제14조에 따른 도시공원 또는 녹지 확보 기준
6. 「학교용지 확보 등에 관한 특례법」 제3조에 따른 학교용지의 조성·개발기준

② 도시혁신구역으로 지정된 지역은 「건축법」 제69조에 따른 특별건축구역으로 지정된 것으로 본다.

③ 시·도지사 또는 시장·군수·구청장은 「건축법」 제70조에도 불구하고 도시혁신구역에서 건축하는 건축물을 같은 법 제73조에 따라 건축기준 등의 특례사항을 적용하여 건축할 수 있는 건축물에 포함시킬 수 있다.

④ 도시혁신구역의 지정·변경 및 도시혁신계획 결정의 고시는 「도시개발법」 제5조에 따른 개발계획의 내용에 부합하는 경우 같은 법 제9조제1항에 따른 도시개발구역의 지정 및 개발계획 수립의 고시로 본다. 이 경우 도시혁신계획에서 정한 시행자는 같은 법 제11조에 따른 사업시행자 지정요건 및 도시개발구역 지정 제안 요건 등을 갖춘 경우에 한정하여 같은 법에 따른 도시개발사업의 시행자로 지정된 것으로 본다.

⑤ 도시혁신계획에 대한 도시계획위원회 심의 시 「교육환경보호에 관한 법률」 제5조제8항에 따른 지역교육환경보호위원회, 「문화유산의 보존 및 활용에 관한 법률」 제8조에 따른 문화유산위원회(같은 법 제70조에 따른 시·도지정문화유산에 관한 사항의 경우 같은 법 제71조에 따른 시·도문화유산위원회를 말한다) 또는 「자연유산의 보존 및 활용에 관한 법률」 제7조의2에 따른 자연유산위원회(같은 법 제40조에 따른 시·도자연유산에 관한 사항의 경우 같은 법 제41조의2에 따른 시·도자연유산위원회를 말한다)와 공동으로 심의를 개최하고, 그 결과에 따라 다음 각 호의 법률 규정을 완화하여 적용할 수 있다. 이 경우 다음 각 호의 완화 여부는 각각 지역교육환경보호위원회, 문화유산위원회 및 자연유산위원회의 의결에 따른다.

1. 「교육환경 보호에 관한 법률」 제9조에 따른 교육환경보호구역에서의 행위제한
2. 「문화유산의 보존 및 활용에 관한 법률」 제13조에 따른 역사문화환경 보존지역에서의 행위제한
3. 「자연유산의 보존 및 활용에 관한 법률」 제10조에 따른 역사문화환경 보존지역에서의 행위제한

(2024.2.6 본조신설)

제83조의4【복합용도구역에서의 건축법 적용 특례】 제83조의3제2항 및 제3항은 복합용도구역에도 적용한다. 이 경우 "도시혁신구역"은 "복합용도구역"으로 본다.(2024.2.6 본조신설)

제84조【둘 이상의 용도지역·용도지구·용도구역에 걸치는 대지에 대한 적용 기준】 ① 하나의 대지가 둘 이상의 용도지역·용도지구 또는 용도구역(이하 이 항에서 "용도지역등"이라 한다)에 걸치는 경우로서 각 용도지역등에 걸치는 부분 중 가장 작은 부분의 규모가 대통령령으로 정하는 규모 이하인 경우에는 전체 대지의 건폐율 및 용적률은 각 부분이 전체 대지 면적에서 차지하는 비율을 고려하여 다음 각 호의 구분에 따라 각 용도지역등별 건폐율 및 용적률을 가중평균한 값을 적용하고, 그 밖의 건축 제한 등에 관한 사항은 그 대지 중 가장 넓은 면적이 속하는 용도지역등에 관한 규정을 적용한다. 다만, 건축물이 고도지구에 걸쳐 있는 경우에는 그 건축물 및 대지의 전부에 대하여 고도지구의 건축물 및 대지에 관한 규정을 적용한다.(2017.4.18 단서개정)

1. 가중평균한 건폐율 = (f1x1 + f2x2 + … + fnxn) / 전체 대지 면적. 이 경우 f1부터 fn까지는 각 용도지역등에 속하는 토지 부분의 면적을 말하고, x1부터 xn까지는 해당 토지 부분이 속하는 각 용도지역등의 건폐율을 말하며, n은 용도지역등에 걸치는 각 토지 부분의 총 개수를 말한다.
2. 가중평균한 용적률 = (f1x1 + f2x2 + … + fnxn) / 전체 대지 면적. 이 경우 f1부터 fn까지는 각 용도지역등에 속하는 토지 부분의 면적을 말하고, x1부터 xn까지는 해당 토지 부분이 속하는 각 용도지역등의 용적률을 말하며, n은 용도지역등에 걸치는 각 토지 부분의 총 개수를 말한다.

(2012.2.1 본항개정)

② 하나의 건축물이 방화지구와 그 밖의 용도지역·용도지구 또는 용도구역에 걸쳐 있는 경우에는 제1항에도 불구하고 그 전부에 대하여 방화지구의 건축물에 관한 규정을 적용한다. 다만, 그 건축물이 있는 방화지구와 그 밖의 용도지역·용도지구 또는 용도구역의 경계가 「건축법」 제50조제2항에 따른 방화벽으로 구획되는 경우 그 밖의 용도지역·용도지구 또는 용도구역에 있는 부분에 대하여는 그러하지 아니하다.

③ 하나의 대지가 녹지지역과 그 밖의 용도지역·용도지구 또는 용도구역에 걸쳐 있는 경우(규모가 가장 작은 부분이 녹지지역으로서 해당 녹지지역이 제1항에 따라 대통령령으로 정하는 규모 이하인 경우는 제외한다)에는 제1항에도 불구하고 각각의 용도지역·용도지구 또는 용도구역의 건축물 및 토지에 관한 규정을 적용한다. 다만, 녹지지역의 건축물이 고도지구 또는 방화지구에 걸쳐 있는 경우에는 제1항 단서나 제2항에 따른다.(2017.4.18 본항개정)

제7장 도시·군계획시설사업의 시행

(2011.4.14 본장제목개정)

제85조【단계별 집행계획의 수립】 ① 특별시장·광역시장·특별자치시장·특별자치도지사·시장 또는 군수는 도시·군계획시설에 대하여 도시·군계획시설결정의 고시일부터 3개월 이내에 대통령령으로 정하는 바에 따라 재원조달계획, 보상계획 등을 포함하는 단계별 집행계획을 수립하여야 한다. 다만, 대통령령으로 정하는 법률에 따라 도시·군관리계획의 결정이 의제되는 경우에는 해당 도시·군계획시설결정의 고시일부터 2년 이내에 단계별 집행계획을 수립할 수 있다.(2017.12.26 본항개정)

② 국토교통부장관이나 도지사가 직접 입안한 도시·군관리계획인 경우 국토교통부장관이나 도지사는 단계별 집행계획을 수립하여 해당 특별시장·광역시장·특별자치시장·특별자치도지사·시장 또는 군수에게 송부할 수 있다.(2013.3.23 본항개정)

③ 단계별 집행계획은 제1단계 집행계획과 제2단계 집행계획으로 구분하여 수립하되, 3년 이내에 시행하는 도시·군계획시설사업은 제1단계 집행계획에, 3년 후에 시행하는 도시·군계획시설사업은 제2단계 집행계획에 포함되도록 하여야 한다.(2011.4.14 본항개정)

④ 특별시장·광역시장·특별자치시장·특별자치도지사·시장 또는 군수는 제1항이나 제2항에 따라 단계별 집행계획을 수립하거나 받은 때에는 대통령령으로 정하는 바에 따라 지체 없이 그 사실을 공고하여야 한다.(2011.4.14 본항개정)

⑤ 공고된 단계별 집행계획을 변경하는 경우에는 제1항부터 제4항까지의 규정을 준용한다. 다만, 대통령령으로 정하는 경미한 사항을 변경하는 경우에는 그러하지 아니하다.

(2009.2.6 본조개정)

제86조【도시·군계획시설사업의 시행자】 ① 특별시장·광역시장·특별자치시장·특별자치도지사·시장 또는 군수는 이 법 또는 다른 법률에 특별한 규정이 있는 경우 외에는 관할 구역의 도시·군계획시설사업을 시행한다.(2011.4.14 본항개정)

② 도시·군계획시설사업이 둘 이상의 특별시·광역시·특별자치시·특별자치도·시 또는 군의 관할 구역에 걸쳐 시행되게 되는 경우에는 관계 특별시장·광역시장·특별자치시장·특별자치도지사·시장 또는 군수가 서로 협의하여 시행자를 정한다.(2011.4.14 본항개정)

③ 제2항에 따른 협의가 성립되지 아니하는 경우 도시·군계획시설사업을 시행하려는 구역이 같은 도의 관할 구역에 속하는 경우에는 관할 도지사가 시행자를 지정하고, 둘 이상의 시·도의 관할 구역에 걸치는 경우에는 국토교통부장관이 시행자를 지정한다.(2013.3.23 본항개정)

④ 제1항부터 제3항까지의 규정에도 불구하고 국토교통부장관은 국가계획과 관련되거나 그 밖에 특히 필요하다고 인정되는 경우에는 관계 특별시장·광역시장·특별자치시장·특별자치도지사·시장 또는 군수의 의견을 들어 직접 도시·군계획시설사업을 시행할 수 있으며, 도지사는 광역도시계획과 관련되거나 특히 필요하다고 인정되는 경우에는 관계 시장 또는 군수의 의견을 들어 직접 도시·군계획시설사업을 시행할 수 있다. (2013.3.23 본항개정)
⑤ 제1항부터 제4항까지의 규정에 따라 시행자가 될 수 있는 자 외의 자는 대통령령으로 정하는 바에 따라 국토교통부장관, 시·도지사, 시장 또는 군수로부터 시행자로 지정을 받아 도시·군계획시설사업을 시행할 수 있다.(2013.3.23 본항개정)
⑥ 국토교통부장관, 시·도지사, 시장 또는 군수는 제2항·제3항 또는 제5항에 따라 도시·군계획시설사업의 시행자를 지정한 경우에는 국토교통부령으로 정하는 바에 따라 그 지정 내용을 고시하여야 한다.(2013.3.23 본항개정)
⑦ 다음 각 호에 해당하지 아니하는 자가 제5항에 따라 도시·군계획시설사업의 시행자로 지정을 받으려면 도시·군계획시설사업의 대상인 토지(국공유지는 제외한다)의 소유 면적 및 토지 소유자의 동의 비율에 관하여 대통령령으로 정하는 요건을 갖추어야 한다.(2011.4.14 본문개정)
1. 국가 또는 지방자치단체
2. 대통령령으로 정하는 공공기관
3. 그 밖에 대통령령으로 정하는 자
(2011.4.14 본조제목개정)
(2009.2.6 본조개정)

제87조【도시·군계획시설사업의 분할 시행】 도시·군계획시설사업의 시행자는 도시·군계획시설사업을 효율적으로 추진하기 위하여 필요하다고 인정되면 사업시행대상지역 또는 대상시설을 둘 이상으로 분할하여 도시·군계획시설사업을 시행할 수 있다.(2013.7.16 본조개정)

제88조【실시계획의 작성 및 인가 등】 ① 도시·군계획시설사업의 시행자는 대통령령으로 정하는 바에 따라 그 도시·군계획시설사업에 관한 실시계획(이하 "실시계획"이라 한다)을 작성하여야 한다.(2011.4.14 본항개정)
② 도시·군계획시설사업의 시행자(국토교통부장관, 시·도지사와 대도시 시장은 제외한다. 이하 제3항에서 같다)는 제1항에 따라 실시계획을 작성하면 대통령령으로 정하는 바에 따라 국토교통부장관, 시·도지사 또는 대도시 시장의 인가를 받아야 한다. 다만, 제98조에 따른 준공검사를 받은 후에 해당 도시·군계획시설사업에 대하여 국토교통부령으로 정하는 경미한 사항을 변경하기 위하여 실시계획을 작성하는 경우에는 국토교통부장관, 시·도지사 또는 대도시 시장의 인가를 받지 아니한다.(2013.7.16 단서신설)
③ 국토교통부장관, 시·도지사 또는 대도시 시장은 도시·군계획시설사업의 시행자가 작성한 실시계획이 제43조제2항 및 제3항에 따른 도시·군계획시설의 결정·구조 및 설치의 기준 등에 맞다고 인정하는 경우에는 실시계획을 인가하여야 한다. 이 경우 국토교통부장관, 시·도지사 또는 대도시 시장은 기반시설의 설치나 그에 필요한 용지의 확보, 위해 방지, 환경오염 방지, 경관 조성, 조경 등의 조치를 할 것을 조건으로 실시계획을 인가할 수 있다.(2024.2.6 전단개정)
④ 인가받은 실시계획을 변경하거나 폐지하는 경우에는 제2항 본문을 준용한다. 다만, 국토교통부령으로 정하는 경미한 사항을 변경하는 경우에는 그러하지 아니하다.(2013.7.16 본문개정)
⑤ 실시계획에는 사업시행에 필요한 설계도서, 자금계획, 시행기간, 그 밖에 대통령령으로 정하는 사항(제4항에 따라 실시계획을 변경하는 경우에는 변경되는 사항에 한정한다)을 자세히 밝히거나 첨부하여야 한다.(2015.12.29 본항개정)
⑥ 제1항·제2항 및 제4항에 따라 실시계획이 작성(도시·군계획시설사업의 시행자가 국토교통부장관, 시·도지사 또는 대도시 시장인 경우를 말한다) 또는 인가된 때에는 그 실시계획에 반영된 제30조제5항 단서에 따른 경미한 사항의 범위에서 도시·군관리계획이 변경된 것으로 본다. 이 경우 제30조제6항 및 제32조에 따라 도시·군관리계획의 변경사항 및 이를 반영한 지형도면을 고시하여야 한다.(2013.3.23 전단개정)
⑦ 도시·군계획시설결정의 고시일부터 10년 이후에 제1항 또는 제2항에 따라 실시계획을 작성하거나 인가(다른 법률에 따라 의제된 경우는 제외한다) 받은 도시·군계획시설사업의 시행자(이하 이 조에서 "장기미집행 도시·군계획시설사업의 시행자"라 한다)가 제91조에 따른 실시계획 고시일부터 5년 이내에 「공익사업을 위한 토지 등의 취득 및 보상에 관한 법률」 제28조제1항에 따른 재결신청(이하 이 조에서 "재결신청"이라 한다)을 하지 아니한 경우에는 실시계획 고시일부터 5년이 지난 다음 날에 그 실시계획은 효력을 잃는다. 다만, 장기미집행 도시·군계획시설사업의 시행자가 재결신청을 하지 아니하고 실시계획 고시일부터 5년이 지나기 전에 해당 도시·군계획시설사업에 필요한 토지 면적의 3분의 2 이상을 소유하거나 사용할 수 있는 권원을 확보하고 실시계획 고시일부터 7년 이내에 재결신청을 하지 아니한 경우 실시계획 고시일부터 7년이 지난 다음 날에 그 실시계획은 효력을 잃는다.(2019.8.20 본항신설)
⑧ 제7항에도 불구하고 장기미집행 도시·군계획시설사업의 시행자가 재결신청 없이 도시·군계획시설사업에 필요한 모든 토지·건축물 또는 그 토지에 정착된 물건을 소유하거나 사용할 수 있는 권원을 확보한 경우 그 실시계획은 효력을 유지한다.(2019.8.20 본항신설)
⑨ 실시계획이 폐지되거나 효력을 잃은 경우 해당 도시·군계획시설결정은 제48조제1항에도 불구하고 다음 각 호에서 정한 날 효력을 잃는다. 이 경우 시·도지사 또는 대도시 시장은 대통령령으로 정하는 바에 따라 지체 없이 그 사실을 고시하여야 한다.
1. 제48조제1항에 따른 도시·군계획시설결정의 고시일부터 20년이 되기 전에 실시계획이 폐지되거나 효력을 잃고 다른 도시·군계획시설사업이 시행되지 아니하는 경우 : 도시·군계획시설결정의 고시일부터 20년이 되는 날의 다음 날
2. 제48조제1항에 따른 도시·군계획시설결정의 고시일부터 20년이 되는 날의 다음 날 이후 실시계획이 폐지되거나 효력을 잃은 경우 : 실시계획이 폐지되거나 효력을 잃은 날
(2019.8.20 본항신설)

제89조【도시·군계획시설사업의 이행 담보】 ① 특별시장·광역시장·특별자치시장·특별자치도지사·시장 또는 군수는 기반시설의 설치나 그에 필요한 용지의 확보, 위해 방지, 환경오염 방지, 경관 조성, 조경 등을 위하여 필요하다고 인정되는 경우로서 대통령령으로 정하는 경우에는 그 이행을 담보하기 위하여 도시·군계획시설사업의 시행자에게 이행보증금을 예치하게 할 수 있다. 다만, 다음 각 호의 어느 하나에 해당하는 자에 대하여는 그러하지 아니하다.(2011.4.14 본문개정)
1. 국가 또는 지방자치단체
2. 대통령령으로 정하는 공공기관
3. 그 밖에 대통령령으로 정하는 자
② 제1항에 따른 이행보증금의 산정과 예치방법 등에 관하여 필요한 사항은 대통령령으로 정한다.
③ 특별시장·광역시장·특별자치시장·특별자치도지사·시장 또는 군수는 제88조제2항 본문 또는 제4항 본문에 따른 실시계획의 인가 또는 변경인가를 받지 아니하고 도시·군계획시설사업을 하거나 그 인가 내용과 다르게 도시·군계획시설사업을 하는 자에게 그 토지의 원상회복을 명할 수 있다. (2013.7.16 본항개정)
④ 특별시장·광역시장·특별자치시장·특별자치도지사·시장 또는 군수는 제3항에 따른 원상회복의 명령을 받은 자가 원상회복을 하지 아니하는 경우에는 「행정대집행법」에 따른 행정대집행에 따라 원상회복을 할 수 있다. 이 경우 행정대집행에 필요한 비용은 제1항에 따라 도시·군계획시설사업의 시행자가 예치한 이행보증금으로 충당할 수 있다.(2011.4.14 본항개정)
(2011.4.14 본조제목개정)
(2009.2.6 본조개정)

제90조【서류의 열람 등】 ① 국토교통부장관, 시·도지사 또는 대도시 시장은 제88조제3항에 따라 실시계획을 인가하려면 미리 대통령령으로 정하는 바에 따라 그 사실을 공고하고, 관계 서류의 사본을 14일 이상 일반이 열람할 수 있도록 하여야 한다.

② 도시·군계획시설사업의 시행지구의 토지·건축물 등의 소유자 및 이해관계인은 제1항에 따른 열람기간 이내에 국토교통부장관, 시·도지사, 대도시 시장 또는 도시·군계획시설사업의 시행자에게 의견서를 제출할 수 있으며, 국토교통부장관, 시·도지사, 대도시 시장 또는 도시·군계획시설사업의 시행자는 제출된 의견이 타당하다고 인정되면 그 의견을 실시계획에 반영하여야 한다.
③ 국토교통부장관, 시·도지사 또는 대도시 시장이 실시계획을 작성하는 경우에 관하여는 제1항과 제2항을 준용한다.
(2013.3.23 본조개정)

제91조【실시계획의 고시】 국토교통부장관, 시·도지사 또는 대도시 시장은 제88조에 따라 실시계획을 작성(변경작성을 포함한다), 인가(변경인가를 포함한다), 폐지하거나 실시계획이 효력을 잃은 경우에는 대통령령으로 정하는 바에 따라 그 내용을 고시하여야 한다.(2019.8.20 본조개정)

제92조【관련 인·허가등의 의제】 ① 국토교통부장관, 시·도지사 또는 대도시 시장이 제88조에 따라 실시계획을 작성 또는 변경작성하거나 인가 또는 변경인가를 할 때에 그 실시계획에 대한 다음 각 호의 인·허가등에 관하여 제3항에 따라 관계 행정기관의 장과 협의한 사항에 대하여는 해당 인·허가등을 받은 것으로 보며, 제91조에 따른 실시계획을 고시한 경우에는 관계 법률에 따른 인·허가등의 고시·공고 등이 있은 것으로 본다.(2013.7.16 본문개정)

1. 「건축법」 제11조에 따른 건축허가, 같은 법 제14조에 따른 건축신고 및 같은 법 제20조에 따른 가설건축물 건축의 허가 또는 신고
2. 「산업집적활성화 및 공장설립에 관한 법률」 제13조에 따른 공장설립등의 승인
3. 「공유수면 관리 및 매립에 관한 법률」 제8조에 따른 공유수면의 점용·사용허가, 같은 법 제17조에 따른 점용·사용 실시계획의 승인 또는 신고, 같은 법 제28조에 따른 공유수면의 매립면허, 같은 법 제35조에 따른 국가 등이 시행하는 매립의 협의 또는 승인 및 같은 법 제38조에 따른 공유수면매립실시계획의 승인(2010.4.15 본호개정)
4. (2010.4.15 삭제)
5. 「광업법」 제42조에 따른 채굴계획의 인가(2010.1.27 본호개정)
6. 「국유재산법」 제30조에 따른 사용허가
7. 「농어촌정비법」 제23조에 따른 농업생산기반시설의 사용허가(2016.12.27 본호개정)
8. 「농지법」 제34조에 따른 농지전용의 허가 또는 협의, 같은 법 제35조에 따른 농지전용의 신고 및 같은 법 제36조에 따른 농지의 타용도 일시사용의 허가 또는 협의
9. 「도로법」 제36조에 따른 도로관리청이 아닌 자에 대한 도로공사 시행의 허가 및 같은 법 제61조에 따른 도로의 점용 허가(2014.1.14 본호개정)
10. 「장사 등에 관한 법률」 제27조제1항에 따른 무연분묘의 개장허가
11. 「사도법」 제4조에 따른 사도 개설의 허가
12. 「사방사업법」 제14조에 따른 토지의 형질 변경 등의 허가 및 같은 법 제20조에 따른 사방지 지정의 해제
13. 「산지관리법」 제14조·제15조에 따른 산지전용허가 및 산지전용신고, 같은 법 제15조의2에 따른 산지일시사용허가·신고, 같은 법 제25조제1항에 따른 토석채취허가, 같은 법 제25조제2항에 따른 토사채취신고 및 「산림자원의 조성 및 관리에 관한 법률」 제36조제1항·제5항에 따른 입목벌채 등의 허가·신고(2022.12.27 본호개정)
14. 「소하천정비법」 제10조에 따른 소하천공사 시행의 허가 및 같은 법 제14조에 따른 소하천의 점용허가
15. 「수도법」 제17조에 따른 일반수도사업 및 같은 법 제49조에 따른 공업용수도사업의 인가, 같은 법 제52조에 따른 전용상수도 설치 및 같은 법 제54조에 따른 전용공업용수도 설치의 인가
16. 「연안관리법」 제25조에 따른 연안정비사업실시계획의 승인(2009.3.25 본호개정)
17. 「에너지이용 합리화법」 제8조에 따른 에너지사용계획의 협의
18. 「유통산업발전법」 제8조에 따른 대규모점포의 개설등록
19. 「공유재산 및 물품 관리법」 제20조제1항에 따른 사용·수익의 허가
20. 「공간정보의 구축 및 관리 등에 관한 법률」 제86조제1항에 따른 사업의 착수·변경 또는 완료의 신고(2014.6.3 본호개정)
21. 「집단에너지사업법」 제4조에 따른 집단에너지의 공급 타당성에 관한 협의
22. 「체육시설의 설치·이용에 관한 법률」 제12조에 따른 사업계획의 승인
23. 「초지법」 제23조에 따른 초지전용의 허가, 신고 또는 협의
24. 「공간정보의 구축 및 관리 등에 관한 법률」 제15조제4항에 따른 지도등의 간행 심사(2021.7.20 본호개정)
25. 「하수도법」 제16조에 따른 공공하수도에 관한 공사시행의 허가 및 같은 법 제24조에 따른 공공하수도의 점용허가(2011.4.14 본호개정)
26. 「하천법」 제30조에 따른 하천공사 시행의 허가, 같은 법 제33조에 따른 하천 점용의 허가
27. 「항만법」 제9조제2항에 따른 항만개발사업 시행의 허가 및 같은 법 제10조제2항에 따른 항만개발사업실시계획의 승인(2020.1.29 본호개정)

② 제1항에 따른 인·허가등의 의제를 받으려는 자는 실시계획 인가 또는 변경인가를 신청할 때에 해당 법률에서 정하는 관련 서류를 함께 제출하여야 한다.(2013.7.16 본항개정)
③ 국토교통부장관, 시·도지사 또는 대도시 시장은 실시계획을 작성 또는 변경작성하거나 인가 또는 변경인가할 때에 그 내용에 제1항 각 호의 어느 하나에 해당하는 사항이 있으면 미리 관계 행정기관의 장과 협의하여야 한다.(2013.7.16 본항개정)
④ 국토교통부장관은 제1항에 따라 의제되는 인·허가등의 처리기준을 관계 중앙행정기관으로부터 받아 통합하여 고시하여야 한다.(2013.3.23 본항개정)
(2009.2.6 본조개정)

제93조【관계 서류의 열람 등】 도시·군계획시설사업의 시행자는 도시·군계획시설사업을 시행하기 위하여 필요하면 등기소나 그 밖의 관계 행정기관의 장에게 필요한 서류의 열람 또는 복사나 그 등본 또는 초본의 발급을 무료로 청구할 수 있다.(2011.4.14 본조개정)

제94조【서류의 송달】 ① 도시·군계획시설사업의 시행자는 이해관계인에게 서류를 송달할 필요가 있으나 이해관계인의 주소 또는 거소(居所)가 불분명하거나 그 밖의 사유로 서류를 송달할 수 없는 경우에는 대통령령으로 정하는 바에 따라 그 서류의 송달을 갈음하여 그 내용을 공시할 수 있다.(2011.4.14 본항개정)
② 제1항에 따른 서류의 공시송달에 관하여는 「민사소송법」의 공시송달의 예에 따른다.
(2009.2.6 본조개정)

제95조【토지 등의 수용 및 사용】 ① 도시·군계획시설사업의 시행자는 도시·군계획시설사업에 필요한 다음 각 호의 물건 또는 권리를 수용하거나 사용할 수 있다.(2011.4.14 본문개정)
1. 토지·건축물 또는 그 토지에 정착된 물건
2. 토지·건축물 또는 그 토지에 정착된 물건에 관한 소유권 외의 권리

② 도시·군계획시설사업의 시행자는 사업시행을 위하여 특히 필요하다고 인정되면 도시·군계획시설에 인접한 다음 각 호의 물건 또는 권리를 일시 사용할 수 있다.(2011.4.14 본문개정)
1. 토지·건축물 또는 그 토지에 정착된 물건
2. 토지·건축물 또는 그 토지에 정착된 물건에 관한 소유권 외의 권리

(2009.2.6 본조개정)

제96조【「공익사업을 위한 토지 등의 취득 및 보상에 관한 법률」의 준용】 ① 제95조에 따른 수용 및 사용에 관하여는 이 법에 특별한 규정이 있는 경우 외에는 「공익사업을 위한 토지 등의 취득 및 보상에 관한 법률」을 준용한다.
② 제1항에 따라 「공익사업을 위한 토지 등의 취득 및 보상에 관한 법률」을 준용할 때에 제91조에 따른 실시계획을 고시한 경우에는 같은 법 제20조제1항과 제22조에 따른 사업인정 및 그 고시가 있었던 것으로 본다. 다만, 재결 신청은 같은 법 제

23조제1항과 제28조제1항에도 불구하고 실시계획에서 정한 도시·군계획시설사업의 시행기간에 하여야 한다.(2011.4.14 단서개정)
(2009.2.6 본조개정)

제97조【국공유지의 처분 제한】 ① 제30조제6항에 따라 도시·군관리계획결정을 고시하는 경우에는 국공유지로서 도시·군계획시설사업에 필요한 토지는 그 도시·군관리계획으로 정하여진 목적 외의 목적으로 매각하거나 양도할 수 없다.(2011.4.14 본항개정)
② 제1항을 위반한 행위는 무효로 한다.
(2009.2.6 본조개정)

제98조【공사완료의 공고 등】 ① 도시·군계획시설사업의 시행자(국토교통부장관, 시·도지사와 대도시 시장은 제외한다)는 도시·군계획시설사업의 공사를 마친 때에는 국토교통부령으로 정하는 바에 따라 공사완료보고서를 작성하여 시·도지사나 대도시 시장의 준공검사를 받아야 한다.(2013.3.23 본항개정)
② 시·도지사나 대도시 시장은 제1항에 따른 공사완료보고서를 받으면 지체 없이 준공검사를 하여야 한다.
③ 시·도지사나 대도시 시장은 제2항에 따른 준공검사를 한 결과 실시계획대로 완료되었다고 인정되는 경우에는 도시·군계획시설사업의 시행자에게 준공검사증명서를 발급하고 공사완료 공고를 하여야 한다.(2011.4.14 본항개정)
④ 국토교통부장관, 시·도지사 또는 대도시 시장인 도시·군계획시설사업의 시행자는 도시·군계획시설사업의 공사를 마친 때에는 공사완료 공고를 하여야 한다.(2013.3.23 본항개정)
⑤ 제2항에 따라 준공검사를 하거나 제4항에 따라 공사완료 공고를 할 때에 국토교통부장관, 시·도지사 또는 대도시 시장이 제92조에 따라 의제되는 인·허가등에 따른 준공검사·준공인가 등에 관하여 제7항에 따라 관계 행정기관의 장과 협의한 사항에 대하여는 그 준공검사·준공인가 등을 받은 것으로 본다.(2013.3.23 본항개정)
⑥ 도시·군계획시설사업의 시행자(국토교통부장관, 시·도지사와 대도시 시장은 제외한다)는 제5항에 따른 준공검사·준공인가 등의 의제를 받으려면 제1항에 따른 준공검사를 신청할 때에 해당 법률에서 정하는 관련 서류를 함께 제출하여야 한다.(2013.3.23 본항개정)
⑦ 국토교통부장관, 시·도지사 또는 대도시 시장은 제2항에 따른 준공검사를 하거나 제4항에 따라 공사완료 공고를 할 때에 그 내용에 제92조에 따라 의제되는 인·허가등에 따른 준공검사·준공인가 등에 해당하는 사항이 있으면 미리 관계 행정기관의 장과 협의하여야 한다.(2013.3.23 본항개정)
⑧ 국토교통부장관은 제5항에 따라 의제되는 준공검사·준공인가 등의 처리기준을 관계 중앙행정기관으로부터 받아 통합하여 고시하여야 한다.(2013.3.23 본항개정)
(2009.2.6 본조개정)

제99조【공공시설 등의 귀속】 도시·군계획시설사업에 의하여 새로 공공시설을 설치하거나 기존의 공공시설에 대체되는 공공시설을 설치한 경우에는 제65조를 준용한다. 이 경우 제65조제5항 중 "준공검사를 마친 때"는 "준공검사를 마친 때(시행자가 국토교통부장관, 시·도지사 또는 대도시 시장인 경우에는 제98조제4항에 따른 공사완료 공고를 한 때를 말한다)"로 보고, 같은 조 제7항 중 "제62조제1항에 따른 준공검사를 받았음을 증명하는 서면"은 "제98조제3항에 따른 준공검사증명서(시행자가 국토교통부장관, 시·도지사 또는 대도시 시장인 경우에는 같은 조 제4항에 따른 공사완료 공고를 하였음을 증명하는 서면을 말한다)"로 본다.(2013.3.23 후단개정)

제100조【다른 법률과의 관계】 도시·군계획시설사업으로 조성된 대지와 건축물 중 국가나 지방자치단체의 소유에 속하는 재산을 처분하려면 「국유재산법」과 「공유재산 및 물품 관리법」에도 불구하고 대통령령으로 정하는 바에 따라 다음 각 호의 순위에 따라 처분할 수 있다.
1. 해당 도시·군계획시설사업의 시행으로 수용된 토지 또는 건축물 소유자에의 양도
2. 다른 도시·군계획시설사업에 필요한 토지와의 교환
(2011.4.14 본조개정)

제8장 비 용
(2009.2.6 본장개정)

제101조【비용 부담의 원칙】 광역도시계획 및 도시·군계획의 수립과 도시·군계획시설사업에 관한 비용은 이 법 또는 다른 법률에 특별한 규정이 있는 경우 외에는 국가가 하는 경우에는 국가예산에서, 지방자치단체가 하는 경우에는 해당 지방자치단체가, 행정청이 아닌 자가 하는 경우에는 그 자가 부담함을 원칙으로 한다.(2011.4.14 본조개정)

제102조【지방자치단체의 비용 부담】 ① 국토교통부장관이나 시·도지사는 그가 시행한 도시·군계획시설사업으로 현저히 이익을 받는 시·도, 시 또는 군이 있으면 대통령령으로 정하는 바에 따라 그 도시·군계획시설사업에 든 비용의 일부를 그 이익을 받는 시·도, 시 또는 군에 부담시킬 수 있다. 이 경우 국토교통부장관은 시·도, 시 또는 군에 비용을 부담시키기 전에 행정안전부장관과 협의하여야 한다.(2017.7.26 후단개정)
② 시·도지사는 제1항에 따라 그 시·도에 속하지 아니하는 특별시·광역시·특별자치시·특별자치도·시 또는 군에 비용을 부담시키려면 해당 지방자치단체의 장과 협의하되, 협의가 성립되지 아니하는 경우에는 행정안전부장관이 결정하는 바에 따른다.(2017.7.26 본항개정)
③ 시장이나 군수는 그가 시행한 도시·군계획시설사업으로 현저히 이익을 받는 다른 지방자치단체가 있으면 대통령령으로 정하는 바에 따라 그 도시·군계획시설사업에 든 비용의 일부를 그 이익을 받는 다른 지방자치단체와 협의하여 그 지방자치단체에 부담시킬 수 있다.(2011.4.14 본항개정)
④ 제3항에 따른 협의가 성립되지 아니하는 경우 다른 지방자치단체가 같은 도에 속할 때에는 관할 도지사가 결정하는 바에 따르며, 다른 시·도에 속할 때에는 행정안전부장관이 결정하는 바에 따른다.(2017.7.26 본항개정)

제103조 (2017.4.18 삭제)

제104조【보조 또는 융자】 ① 시·도지사, 시장 또는 군수가 수립하는 광역도시계획 또는 도시·군계획에 관한 기초조사나 제32조에 따른 지형도면의 작성에 드는 비용은 대통령령으로 정하는 바에 따라 그 비용의 전부 또는 일부를 국가예산에서 보조할 수 있다.(2011.4.14 본항개정)
② 행정청이 시행하는 도시·군계획시설사업에 드는 비용은 대통령령으로 정하는 바에 따라 그 비용의 전부 또는 일부를 국가예산에서 보조하거나 융자할 수 있으며, 행정청이 아닌 자가 시행하는 도시·군계획시설사업에 드는 비용의 일부는 대통령령으로 정하는 바에 따라 국가 또는 지방자치단체가 보조하거나 융자할 수 있다. 이 경우 국가 또는 지방자치단체는 다음 각 호의 어느 하나에 해당하는 지역을 우선 지원할 수 있다.(2018.6.12 후단개정)
1. 도로, 상하수도 등 기반시설이 인근지역에 비하여 부족한 지역(2018.6.12 본호신설)
2. 광역도시계획에 반영된 광역시설이 설치되는 지역(2018.6.12 본호신설)
3. 개발제한구역(집단취락만 해당한다)에서 해제된 지역(2018.6.12 본호신설)
4. 도시·군계획시설결정의 고시일부터 10년이 지날 때까지 그 도시·군계획시설의 설치에 관한 도시·군계획시설사업이 시행되지 아니한 경우로서 해당 도시·군계획시설의 설치 필요성이 높은 지역(2020.6.9 본호개정)

제105조【취락지구에 대한 지원】 국가나 지방자치단체는 대통령령으로 정하는 바에 따라 취락지구 주민의 생활 편익과 복지 증진 등을 위한 사업을 시행하거나 그 사업을 지원할 수 있다.

제105조의2【방재지구에 대한 지원】 국가나 지방자치단체는 이 법률 또는 다른 법률에 따라 방재사업을 시행하거나 그 사업을 지원하는 경우 방재지구에 우선적으로 지원할 수 있다.(2013.7.16 본조신설)

제9장 도시계획위원회
(2009.2.6 본장개정)

제106조【중앙도시계획위원회】 다음 각 호의 업무를 수행하기 위하여 국토교통부에 중앙도시계획위원회를 둔다.
(2013.3.23 본문개정)
1. 광역도시계획·도시·군계획·토지거래계약허가구역 등 국토교통부장관의 권한에 속하는 사항의 심의(2013.3.23 본호개정)
2. 이 법 또는 다른 법률에서 중앙도시계획위원회의 심의를 거치도록 한 사항의 심의(2011.4.14 본호개정)
3. 도시·군계획에 관한 조사·연구(2011.4.14 본호개정)

제107조【조직】 ① 중앙도시계획위원회는 위원장·부위원장 각 1명을 포함한 25명 이상 30명 이하의 위원으로 구성한다.
(2015.12.29 본항개정)
② 중앙도시계획위원회의 위원장과 부위원장은 위원 중에서 국토교통부장관이 임명하거나 위촉한다.(2013.3.23 본항개정)
③ 위원은 관계 중앙행정기관의 공무원과 토지 이용, 건축, 주택, 교통, 공간정보, 환경, 법률, 복지, 방재, 문화, 농림 등 도시·군계획과 관련된 분야에 관한 학식과 경험이 풍부한 자 중에서 국토교통부장관이 임명하거나 위촉한다.(2013.3.23 본항개정)
④ 공무원이 아닌 위원의 수는 10명 이상으로 하고, 그 임기는 2년으로 한다.
⑤ 보궐위원의 임기는 전임자 임기의 남은 기간으로 한다.

제108조【위원장 등의 직무】 ① 위원장은 중앙도시계획위원회의 업무를 총괄하며, 중앙도시계획위원회의 의장이 된다.
② 부위원장은 위원장을 보좌하며, 위원장이 부득이한 사유로 그 직무를 수행하지 못할 때에는 그 직무를 대행한다.
③ 위원장과 부위원장이 모두 부득이한 사유로 그 직무를 수행하지 못할 때에는 위원장이 미리 지명한 위원이 그 직무를 대행한다.

제109조【회의의 소집 및 의결 정족수】 ① 중앙도시계획위원회의 회의는 국토교통부장관이나 위원장이 필요하다고 인정하는 경우에 국토교통부장관이나 위원장이 소집한다.
(2013.3.23 본항개정)
② 중앙도시계획위원회의 회의는 재적위원 과반수의 출석으로 개의(開議)하고, 출석위원 과반수의 찬성으로 의결한다.

제110조【분과위원회】 ① 다음 각 호의 사항을 효율적으로 심의하기 위하여 중앙도시계획위원회에 분과위원회를 둘 수 있다.
1. 제8조제2항에 따른 토지 이용에 관한 구역등의 지정·변경 및 제9조에 따른 용도지역 등의 변경계획에 관한 사항
2. 제59조에 따른 심의에 관한 사항
3. (2021.1.12 삭제)
4. 중앙도시계획위원회에서 위임하는 사항

② 분과위원회의 심의는 중앙도시계획위원회의 심의로 본다. 다만, 제1항제4호의 경우에는 중앙도시계획위원회가 분과위원회의 심의를 중앙도시계획위원회의 심의로 보도록 하는 경우만 해당한다.

제111조【전문위원】 ① 도시·군계획 등에 관한 중요 사항을 조사·연구하기 위하여 중앙도시계획위원회에 전문위원을 둘 수 있다.(2011.4.14 본항개정)
② 전문위원은 위원장 및 중앙도시계획위원회나 분과위원회의 요구가 있을 때에는 회의에 출석하여 발언할 수 있다.
③ 전문위원은 토지 이용, 건축, 주택, 교통, 공간정보, 환경, 법률, 복지, 방재, 문화, 농림 등 도시·군계획과 관련된 분야에 관한 학식과 경험이 풍부한 자 중에서 국토교통부장관이 임명한다.(2013.3.23 본항개정)

제112조【간사 및 서기】 ① 중앙도시계획위원회에 간사와 서기를 둔다.
② 간사와 서기는 국토교통부 소속 공무원 중에서 국토교통부장관이 임명한다.(2013.3.23 본항개정)
③ 간사는 위원장의 명을 받아 중앙도시계획위원회의 서무를 담당하고, 서기는 간사를 보좌한다.

제113조【지방도시계획위원회】 ① 다음 각 호의 심의를 하게 하거나 자문에 응하게 하기 위하여 시·도에 시·도도시계획위원회를 둔다.
1. 시·도지사가 결정하는 도시·군관리계획의 심의 등 시·도지사의 권한에 속하는 사항과 다른 법률에서 시·도도시계획위원회의 심의를 거치도록 한 사항의 심의(2011.4.14 본호개정)
2. 국토교통부장관의 권한에 속하는 사항 중 중앙도시계획위원회의 심의 대상에 해당하는 사항이 시·도지사에게 위임된 경우 그 위임된 사항의 심의(2013.3.23 본호개정)
3. 도시·군관리계획과 관련하여 시·도지사가 자문하는 사항에 대한 조언(2011.4.14 본호개정)
4. 그 밖에 대통령령으로 정하는 사항에 관한 심의 또는 조언

② 도시·군관리계획과 관련된 다음 각 호의 심의를 하게 하거나 자문에 응하게 하기 위하여 시·군(광역시의 관할 구역에 있는 군을 포함한다. 이하 이 조에서 같다) 또는 구에 각각 시·군·구도시계획위원회를 둔다.(2021.1.12 본문개정)
1. 시장 또는 군수가 결정하는 도시·군관리계획의 심의와 국토교통부장관이나 시·도지사의 권한에 속하는 사항 중 시·도도시계획위원회의 심의대상에 해당하는 사항이 시장·군수 또는 구청장에게 위임되거나 재위임된 경우 그 위임되거나 재위임된 사항의 심의(2013.7.16 본호개정)
2. 도시·군관리계획과 관련하여 시장·군수 또는 구청장이 자문하는 사항에 대한 조언(2011.4.14 본호개정)
3. 제59조에 따른 개발행위의 허가 등에 관한 심의
4. 그 밖에 대통령령으로 정하는 사항에 관한 심의 또는 조언

③ 시·도도시계획위원회나 시·군·구도시계획위원회의 심의 사항 중 대통령령으로 정하는 사항을 효율적으로 심의하기 위하여 시·도도시계획위원회나 시·군·구도시계획위원회에 분과위원회를 둘 수 있다.
④ 분과위원회에서 심의하는 사항 중 시·도도시계획위원회나 시·군·구도시계획위원회가 지정하는 사항은 분과위원회의 심의를 시·도도시계획위원회나 시·군·구도시계획위원회의 심의로 본다.
⑤ 도시·군계획 등에 관한 중요 사항을 조사·연구하기 위하여 지방도시계획위원회에 전문위원을 둘 수 있다.(2011.4.14 본항개정)
⑥ 제5항에 따라 지방도시계획위원회에 전문위원을 두는 경우에는 제111조제2항 및 제3항을 준용한다. 이 경우 "중앙도시계획위원회"는 "지방도시계획위원회"로, "국토교통부장관"은 "해당 지방도시계획위원회가 속한 지방자치단체의 장"으로 본다.
(2013.3.23 후단개정)

제113조의2【회의록의 공개】 중앙도시계획위원회 및 지방도시계획위원회의 심의 일시·장소·안건·내용·결과 등이 기록된 회의록은 1년의 범위에서 대통령령으로 정하는 기간이 지난 후에는 공개 요청이 있는 경우 대통령령으로 정하는 바에 따라 공개하여야 한다. 다만, 공개에 의하여 부동산 투기 유발 등 공익을 현저히 해칠 우려가 있다고 인정하는 경우나 심의·의결의 공정성을 침해할 우려가 있다고 인정되는 이름·주민등록번호 등 대통령령으로 정하는 개인 식별 정보에 관한 부분의 경우에는 그러하지 아니하다.(2009.2.6 본조신설)

제113조의3【위원의 제척·회피】 ① 중앙도시계획위원회의 위원 및 지방도시계획위원회의 위원은 다음 각 호의 어느 하나에 해당하는 경우에 심의·자문에서 제척(除斥)된다.
1. 자기나 배우자 또는 배우자이었던 자가 당사자이거나 공동권리자 또는 공동의무자인 경우
2. 자기가 당사자와 친족관계이거나 자기 또는 자기가 속한 법인이 당사자의 법률·경영 등에 대한 자문·고문 등으로 있는 경우
3. 자기 또는 자기가 속한 법인이 당사자 등의 대리인으로 관여하거나 관여하였던 경우
4. 그 밖에 해당 안건에 자기가 이해관계인으로 관여한 경우로서 대통령령으로 정하는 경우

② 위원이 제1항 각 호의 사유에 해당하는 경우에는 스스로 그 안건의 심의·자문에서 회피할 수 있다.
(2011.4.14 본조신설)

제113조의4【벌칙 적용 시의 공무원 의제】 중앙도시계획위원회의 위원·전문위원 및 지방도시계획위원회의 위원·전문위원 중 공무원이 아닌 위원이나 전문위원은 그 직무상 행위와 관련하여「형법」제129조부터 제132조까지의 규정을 적용할 때에는 공무원으로 본다.(2011.4.14 본조신설)

제114조【운영 세칙】 ① 중앙도시계획위원회와 분과위원회의 설치 및 운영에 필요한 사항은 대통령령으로 정한다.
② 지방도시계획위원회와 분과위원회의 설치 및 운영에 필요한 사항은 대통령령으로 정하는 범위에서 해당 지방자치단체의 조례로 정한다.

제115조【위원 등의 수당 및 여비】 중앙도시계획위원회의 위원이나 전문위원, 지방도시계획위원회의 위원에게는 대통령령이나 조례로 정하는 바에 따라 수당과 여비를 지급할 수 있다.

제116조【도시·군계획상임기획단】 지방자치단체의 장이 입안한 광역도시계획·도시·군기본계획 또는 도시·군관리계획을 검토하거나 지방자치단체의 장이 의뢰하는 광역도시계획·도시·군기본계획 또는 도시·군관리계획에 관한 기획·지도 및 조사·연구를 위하여 해당 지방자치단체의 조례로 정하는 바에 따라 지방도시계획위원회에 제113조제5항에 따른 전문위원 등으로 구성되는 도시·군계획상임기획단을 둔다.(2011.4.14 본조개정)

제10장 토지거래의 허가 등

제117조~제126조 (2016.1.19 삭제)

제11장 보 칙
(2009.2.6 본장개정)

제127조【시범도시의 지정·지원】 ① 국토교통부장관은 도시의 경제·사회·문화적인 특성을 살려 개성 있고 지속가능한 발전을 촉진하기 위하여 필요하면 직접 또는 관계 중앙행정기관의 장이나 시·도지사의 요청에 의하여 경관, 생태, 정보통신, 과학, 문화, 관광, 그 밖에 대통령령으로 정하는 분야별로 시범도시(시범지구나 시범단지를 포함한다)를 지정할 수 있다.
(2013.3.23 본항개정)
② 국토교통부장관, 관계 중앙행정기관의 장 또는 시·도지사는 제1항에 따라 지정된 시범도시에 대하여 예산·인력 등 필요한 지원을 할 수 있다.(2013.3.23 본항개정)
③ 국토교통부장관은 관계 중앙행정기관의 장이나 시·도지사에게 시범도시의 지정과 지원에 필요한 자료를 제출하도록 요청할 수 있다.(2013.3.23 본항개정)
④ 시범도시의 지정 및 지원의 기준·절차 등에 관하여 필요한 사항은 대통령령으로 정한다.

제128조【국토이용정보체계의 활용】 ① 국토교통부장관, 시·도지사, 시장 또는 군수가「토지이용규제 기본법」제12조에 따라 국토이용정보체계를 구축하여 도시·군계획에 관한 정보를 관리하는 경우에는 해당 정보를 도시·군계획을 수립하는 데에 활용하여야 한다.
② 특별시장·광역시장·특별자치시장·특별자치도지사·시장 또는 군수는 개발행위허가 민원 간소화 및 업무의 효율적인 처리를 위하여 국토이용정보체계를 활용하여야 한다.
(2015.8.11 본항신설)
(2013.3.23 본조개정)

제129조【전문기관에 자문 등】 ① 국토교통부장관은 필요하다고 인정하는 경우에는 광역도시계획이나 도시·군기본계획의 승인, 그 밖에 도시·군계획에 관한 중요 사항에 대하여 도시·군계획에 관한 전문기관에 자문을 하거나 조사·연구를 의뢰할 수 있다.
② 국토교통부장관은 제1항에 따라 자문을 하거나 조사·연구를 의뢰하는 경우에는 그에 필요한 비용을 예산의 범위에서 해당 전문기관에 지급할 수 있다.
(2013.3.23 본조개정)

제130조【토지에의 출입 등】 ① 국토교통부장관, 시·도지사, 시장 또는 군수나 도시·군계획시설사업의 시행자는 다음 각 호의 행위를 하기 위하여 필요하면 타인의 토지에 출입하거나 타인의 토지를 재료 적치장 또는 임시통로로 일시 사용할 수 있으며, 특히 필요한 경우에는 나무, 흙, 돌, 그 밖의 장애물을 변경하거나 제거할 수 있다.(2013.3.23 본문개정)
1. 도시·군계획·광역도시계획에 관한 기초조사(2011.4.14 본호개정)
2. 개발밀도관리구역, 기반시설부담구역 및 제67조제4항에 따른 기반시설설치계획에 관한 기초조사
3. 지가의 동향 및 토지거래의 상황에 관한 조사
4. 도시·군계획시설사업에 관한 조사·측량 또는 시행
(2011.4.14 본호개정)
② 제1항에 따라 타인의 토지에 출입하려는 자는 특별시장·광역시장·특별자치시장·특별자치도지사·시장 또는 군수의 허가를 받아야 하며, 출입하려는 날의 7일 전까지 그 토지의 소유자·점유자 또는 관리인에게 그 일시와 장소를 알려야 한다. 다만, 행정청인 도시·군계획시설사업의 시행자는 허가를 받지 아니하고 타인의 토지에 출입할 수 있다.(2012.2.1 본문개정)
③ 제1항에 따라 타인의 토지를 재료 적치장 또는 임시통로로 일시사용하거나 나무, 흙, 돌, 그 밖의 장애물을 변경 또는 제거하려는 자는 토지의 소유자·점유자 또는 관리인의 동의를 받아야 한다.
④ 제3항의 경우 토지나 장애물의 소유자·점유자 또는 관리인이 현장에 없거나 주소 또는 거소가 불분명하여 그 동의를 받을 수 없는 경우에는 행정청인 도시·군계획시설사업의 시행자는 관할 특별시장·광역시장·특별자치시장·특별자치도지사·시장 또는 군수에게 그 사실을 통지하여야 하며, 행정청이 아닌 도시·군계획시설사업의 시행자는 미리 관할 특별시장·광역시장·특별자치시장·특별자치도지사·시장 또는 군수의 허가를 받아야 한다.(2011.4.14 본항개정)
⑤ 제3항과 제4항에 따라 토지를 일시 사용하거나 장애물을 변경 또는 제거하려는 자는 토지를 사용하려는 날이나 장애물을 변경 또는 제거하려는 날의 3일 전까지 그 토지나 장애물의 소유자·점유자 또는 관리인에게 알려야 한다.
⑥ 일출 전이나 일몰 후에는 그 토지 점유자의 승낙 없이 택지나 담장 또는 울타리로 둘러싸인 타인의 토지에 출입할 수 없다.
⑦ 토지의 점유자는 정당한 사유 없이 제1항에 따른 행위를 방해하거나 거부하지 못한다.
⑧ 제1항에 따른 행위를 하려는 자는 그 권한을 표시하는 증표와 허가증을 지니고 이를 관계인에게 내보여야 한다.
⑨ 제8항에 따른 증표와 허가증에 관하여 필요한 사항은 국토교통부령으로 정한다.(2013.3.23 본항개정)

제131조【토지에의 출입 등에 따른 손실 보상】 ① 제130조제1항에 따른 행위로 인하여 손실을 입은 자가 있으면 그 행위자가 속한 행정청이나 도시·군계획시설사업의 시행자가 그 손실을 보상하여야 한다.(2011.4.14 본항개정)
② 제1항에 따른 손실 보상에 관하여는 그 손실을 보상할 자와 손실을 입은 자가 협의하여야 한다.
③ 손실을 보상할 자나 손실을 입은 자는 제2항에 따른 협의가 성립되지 아니하거나 협의를 할 수 없는 경우에는 관할 토지수용위원회에 재결을 신청할 수 있다.
④ 관할 토지수용위원회의 재결에 관하여는「공익사업을 위한 토지 등의 취득 및 보상에 관한 법률」제83조부터 제87조까지의 규정을 준용한다.

제132조 (2005.12.7 삭제)

제133조【법률 등의 위반자에 대한 처분】 ① 국토교통부장관, 시·도지사, 시장·군수 또는 구청장은 다음 각 호의 어느 하나에 해당하는 자에게 이 법에 따른 허가·인가 등의 취소, 공사의 중지, 공작물 등의 개축 또는 이전, 그 밖에 필요한 처분을 하거나 조치를 명할 수 있다.(2013.3.23 본문개정)
1. 제31조제2항 단서에 따른 신고를 하지 아니하고 사업 또는 공사를 한 자
1의2. 제40조의3에 따른 도시혁신구역에서 해당 도시혁신계획에 맞지 아니하게 건축물을 건축 또는 용도변경을 하거나 공작물을 설치한 자(2024.2.6 본호신설)
1의3. 제40조의4에 따른 복합용도구역에서 해당 복합용도구역계획에 맞지 아니하게 건축물을 건축 또는 용도변경을 하거나 공작물을 설치한 자(2024.2.6 본호신설)

1의4. 제40조의5에 따른 입체복합구역에서 해당 도시·군관리계획에 맞지 아니하게 건축물을 건축 또는 용도변경을 하거나 공작물을 설치한 자(2024.2.6 본호신설)
2. 도시·군계획시설을 제43조제1항에 따른 도시·군관리계획의 결정 없이 설치한 자(2011.4.14 본호개정)
3. 제44조의3제2항에 따른 공동구의 점용 또는 사용에 관한 허가를 받지 아니하고 공동구를 점용 또는 사용하거나 같은 조 제3항에 따른 점용료 또는 사용료를 내지 아니한 자
(2009.12.29 본호개정)
4. 제54조에 따른 지구단위계획구역에서 해당 지구단위계획에 맞지 아니하게 건축물을 건축 또는 용도변경을 하거나 공작물을 설치한 자(2013.7.16 본호개정)
5. 제56조에 따른 개발행위허가 또는 변경허가를 받지 아니하고 개발행위를 한 자
5의2. 제56조에 따라 개발행위허가 또는 변경허가를 받고 그 허가받은 사업기간 동안 개발행위를 완료하지 아니한 자
(2011.4.14 본호신설)
5의3. 제57조제4항에 따라 개발행위허가를 받고 그 개발행위허가의 조건을 이행하지 아니한 자(2021.1.12 본호신설)
6. 제60조제1항에 따른 이행보증금을 예치하지 아니하거나 같은 조 제3항에 따른 토지의 원상회복명령에 따르지 아니한 자
7. 개발행위를 끝낸 후 제62조에 따른 준공검사를 받지 아니한 자
7의2. 제64조제3항 본문에 따른 원상회복명령에 따르지 아니한 자(2013.7.16 본호신설)
7의3. 제75조의4에 따른 성장관리계획구역에서 그 성장관리계획에 맞지 아니하게 개발행위를 하거나 건축물의 용도를 변경한 자(2021.1.12 본호신설)
8. 제76조(같은 조 제5항제2호부터 제4호까지의 규정은 제외한다)에 따른 용도지역 또는 용도지구에서의 건축 제한 등을 위반한 자
9. 제77조에 따른 건폐율을 위반하여 건축한 자
10. 제78조에 따른 용적률을 위반하여 건축한 자
11. 제79조에 따른 용도지역 미지정 또는 미세분 지역에서의 행위 제한 등을 위반한 자
12. 제81조에 따른 시가화조정구역에서의 행위 제한을 위반한 자
13. 제84조에 따른 둘 이상의 용도지역 등에 걸치는 대지의 적용 기준을 위반한 자
14. 제86조제5항에 따른 도시·군계획시설사업시행자 지정을 받지 아니하고 도시·군계획시설사업을 시행한 자
(2011.4.14 본호개정)
15. 제88조에 따른 도시·군계획시설사업의 실시계획인가 또는 변경인가를 받지 아니하고 사업을 시행한 자(2011.4.14 본호개정)
15의2. 제88조에 따라 도시·군계획시설사업의 실시계획인가 또는 변경인가를 받고 그 실시계획에서 정한 사업기간 동안 사업을 완료하지 아니한 자(2011.4.14 본호신설)
15의3. 제88조에 따른 실시계획의 인가 또는 변경인가를 받은 내용에 맞지 아니하게 도시·군계획시설을 설치하거나 용도를 변경한 자(2013.7.16 본호신설)
16. 제89조제1항에 따른 이행보증금을 예치하지 아니하거나 같은 조 제3항에 따른 토지의 원상회복명령에 따르지 아니한 자
17. 도시·군계획시설사업의 공사를 끝낸 후 제98조에 따른 준공검사를 받지 아니한 자(2011.4.14 본호개정)
18.～19. (2016.1.19 삭제)
20. 제130조를 위반하여 타인의 토지에 출입하거나 그 토지를 일시사용한 자
21. 부정한 방법으로 다음 각 목의 어느 하나에 해당하는 허가·인가·지정 등을 받은 자
가. 제56조에 따른 개발행위허가 또는 변경허가
나. 제62조에 따른 개발행위의 준공검사
다. 제81조에 따른 시가화조정구역에서의 행위허가
라. 제86조에 따른 도시·군계획시설사업의 시행자 지정
(2011.4.14 본목개정)
마. 제88조에 따른 실시계획의 인가 또는 변경인가
바. 제98조에 따른 도시·군계획시설사업의 준공검사
(2011.4.14 본목개정)
사. (2016.1.19 삭제)
22. 사정이 변경되어 개발행위 또는 도시·군계획시설사업을 계속적으로 시행하면 현저히 공익을 해칠 우려가 있다고 인정되는 경우의 그 개발행위허가를 받은 자 또는 도시·군계획시설사업의 시행자(2011.4.14 본호개정)
② 국토교통부장관, 시·도지사, 시장·군수 또는 구청장은 제1항제22호에 따라 필요한 처분을 하거나 조치를 명한 경우에는 이로 인하여 발생한 손실을 보상하여야 한다.
(2013.3.23 본항개정)
③ 제2항에 따른 손실 보상에 관하여는 제131조제2항부터 제4항까지의 규정을 준용한다.

제134조【행정심판】 이 법에 따른 도시·군계획시설사업 시행자의 처분에 대하여는「행정심판법」에 따라 행정심판을 제기할 수 있다. 이 경우 행정청이 아닌 시행자의 처분에 대하여는 제86조제5항에 따라 그 시행자를 지정한 자에게 행정심판을 제기하여야 한다.(2011.4.14 전단개정)

제135조【권리·의무의 승계 등】 ① 다음 각 호에 해당하는 권리·의무는 그 토지 또는 건축물에 관한 소유권이나 그 밖의 권리의 변동과 동시에 그 승계인에게 이전한다.
1. 토지 또는 건축물에 관하여 소유권이나 그 밖의 권리를 가진 자의 도시·군관리계획에 관한 권리·의무(2011.4.14 본호개정)
2. (2016.1.19 삭제)
② 이 법 또는 이 법에 따른 명령에 의한 처분, 그 절차 및 그 밖의 행위는 그 행위와 관련된 토지 또는 건축물에 대하여 소유권이나 그 밖의 권리를 가진 자의 승계인에 대하여 효력을 가진다.

제136조【청문】 국토교통부장관, 시·도지사, 시장·군수 또는 구청장은 제133조제1항에 따라 다음 각 호의 어느 하나에 해당하는 처분을 하려면 청문을 하여야 한다.(2013.3.23 본문개정)
1. 개발행위허가의 취소
2. 제86조제5항에 따른 도시·군계획시설사업의 시행자 지정의 취소(2011.4.14 본호개정)
3. 실시계획인가의 취소
4. (2016.1.19 삭제)

제137조【보고 및 검사 등】 ① 국토교통부장관(제40조에 따른 수산자원보호구역의 경우 해양수산부장관을 말한다), 시·도지사, 시장 또는 군수는 다음 각 호의 어느 하나에 해당하는 경우에는 개발행위허가를 받은 자나 도시·군계획시설사업의 시행자에게 감독을 위하여 필요한 보고를 하게 하거나 자료를 제출하도록 명할 수 있으며, 소속 공무원으로 하여금 개발행위에 관한 업무 상황을 검사하게 할 수 있다.(2020.6.9 본문개정)
1. 다음 각 목의 내용에 대한 이행 여부의 확인이 필요한 경우
가. 제56조에 따른 개발행위허가의 내용
나. 제88조에 따른 실시계획인가의 내용
2. 제133조제1항제5호, 제5호의2, 제6호, 제7호, 제7호의2, 제15호, 제15호의2, 제15호의3 및 제16호부터 제22호까지 중 어느 하나에 해당한다고 판단하는 경우
3. 그 밖에 해당 개발행위의 체계적 관리를 위하여 관련 자료 및 현장 확인이 필요한 경우
(2019.8.20 1호～3호신설)
② 제1항에 따라 업무를 검사하는 공무원은 그 권한을 표시하는 증표를 지니고 이를 관계인에게 내보여야 한다.
③ 제2항에 따른 증표에 관하여 필요한 사항은 국토교통부령으로 정한다.(2013.3.23 본항개정)

제138조【도시·군계획의 수립 및 운영에 대한 감독 및 조정】 ① 국토교통부장관(제40조에 따른 수산자원보호구역의 경우 해양수산부장관을 말한다. 이하 이 조에서 같다)은 필요한 경우에는 시·도지사 또는 시장·군수에게, 시·도지사는 시장·군수에게 도시·군기본계획과 도시·군관리계획의 수립 및 운영실태를 감독하기 위하여 필요한 보고를 하게 하거나 자료를 제출하도록 명할 수 있으며, 소속 공무원으로 하여

금 도시·군기본계획과 도시·군관리계획에 관한 업무 상황을 검사하게 할 수 있다.(2020.6.9 본항개정)
② 국토교통부장관은 도시·군기본계획과 도시·군관리계획이 국가계획 및 광역도시계획의 취지에 부합하지 아니하거나 도시·군관리계획이 도시·군기본계획의 취지에 부합하지 아니하다고 판단하는 경우에는 특별시장·광역시장·특별자치시장·특별자치도지사·시장 또는 군수에게 기한을 정하여 도시·군기본계획과 도시·군관리계획의 조정을 요구할 수 있다. 이 경우 특별시장·광역시장·특별자치시장·특별자치도지사·시장 또는 군수는 도시·군기본계획과 도시·군관리계획을 재검토하여 정비하여야 한다.(2013.3.23 전단개정)
③ 도지사는 시·군 도시·군관리계획이 광역도시계획이나 도시·군기본계획의 취지에 부합하지 아니하다고 판단되는 경우에는 시장 또는 군수에게 기한을 정하여 그 도시·군관리계획의 조정을 요구할 수 있다. 이 경우 시장 또는 군수는 그 도시·군관리계획을 재검토하여 정비하여야 한다.
(2011.4.14 본조개정)

제139조【권한의 위임 및 위탁】 ① 이 법에 따른 국토교통부장관(제40조에 따른 수산자원보호구역의 경우 해양수산부장관을 말한다. 이하 이 조에서 같다)의 권한은 그 일부를 대통령령으로 정하는 바에 따라 시·도지사에게 위임할 수 있으며, 시·도지사는 국토교통부장관의 승인을 받아 그 위임받은 권한을 시장·군수 또는 구청장에게 재위임할 수 있다.(2013.3.23 본항개정)
② 이 법에 따른 시·도지사의 권한은 시·도의 조례로 정하는 바에 따라 시장·군수 또는 구청장에게 위임할 수 있다. 이 경우 시·도지사는 권한의 위임사실을 국토교통부장관에게 보고하여야 한다.(2013.3.23 후단개정)
③ 제1항이나 제2항에 따라 권한이 위임되거나 재위임된 경우 그 위임되거나 재위임된 사항 중 다음 각 호의 사항에 대하여는 그 위임 또는 재위임받은 기관이 속하는 지방자치단체에 설치된 지방도시계획위원회의 심의 또는 시·도의 조례로 정하는 바에 따라「건축법」제4조에 의하여 시·군·구에 두는 건축위원회와 도시계획위원회가 공동으로 하는 심의를 거쳐야 하며, 해당 지방의회의 의견을 들어야 하는 사항에 대하여는 그 위임 또는 재위임받은 기관이 속하는 지방자치단체의 의회의 의견을 들어야 한다.
1. 중앙도시계획위원회·지방도시계획위원회의 심의를 거쳐야 하는 사항
2.「건축법」제4조에 따라 시·도에 두는 건축위원회와 지방도시계획위원회가 공동으로 하는 심의를 거쳐야 하는 사항
④ 이 법에 따른 국토교통부장관, 시·도지사, 시장 또는 군수의 사무는 그 일부를 대통령령이나 해당 지방자치단체의 조례로 정하는 바에 따라 다른 행정청이나 행정청이 아닌 자에게 위탁할 수 있다.(2013.3.23 본항개정)
⑤ (2005.12.7 삭제)
⑥ 제4항에 따라 위탁받은 사무를 수행하는 자(행정청이 아닌 자로 한정한다)나 그에 소속된 직원은「형법」이나 그 밖의 법률에 따른 벌칙을 적용할 때에는 공무원으로 본다.

제12장 벌 칙
(2009.2.6 본장제목개정)

제140조【벌칙】 다음 각 호의 어느 하나에 해당하는 자는 3년 이하의 징역 또는 3천만원 이하의 벌금에 처한다.
1. 제56조제1항 또는 제2항을 위반하여 허가 또는 변경허가를 받지 아니하거나, 속임수나 그 밖의 부정한 방법으로 허가 또는 변경허가를 받아 개발행위를 한 자
2. 시가화조정구역에서 허가를 받지 아니하고 제81조제2항 각 호의 어느 하나에 해당하는 행위를 한 자
(2009.2.6 본조개정)

제140조의2【벌칙】 기반시설설치비용을 면탈·경감할 목적 또는 면탈·경감하게 할 목적으로 거짓 계약을 체결하거나 거짓 자료를 제출한 자는 3년 이하의 징역 또는 면탈·경감하였거나 면탈·경감하고자 한 기반시설설치비용의 3배 이하에 상당하는 벌금에 처한다.(2008.3.28 본조신설)

제141조【벌칙】 다음 각 호의 어느 하나에 해당하는 자는 2년 이하의 징역 또는 2천만원(제5호에 해당하는 자는 계약 체결 당시의 개별공시지가에 의한 해당 토지가격의 100분의 30에 해당하는 금액) 이하의 벌금에 처한다.
1. 제43조제1항을 위반하여 도시·군관리계획의 결정이 없이 기반시설을 설치한 자(2011.4.14 본호개정)
2. 제44조제3항을 위반하여 공동구에 수용하여야 하는 시설을 공동구에 수용하지 아니한 자(2009.12.29 본호개정)
3. 제54조를 위반하여 지구단위계획에 맞지 아니하게 건축물을 건축하거나 용도를 변경한 자
4. 제76조(같은 조 제5항제2호부터 제4호까지의 규정은 제외한다)에 따른 용도지역 또는 용도지구에서의 건축물이나 그 밖의 시설의 용도·종류 및 규모 등의 제한을 위반하여 건축물이나 그 밖의 시설을 건축 또는 설치하거나 그 용도를 변경한 자(2012.2.1 본호개정)
5. (2016.1.19 삭제)
(2009.2.6 본조개정)

제142조【벌칙】 제133조제1항에 따른 허가·인가 등의 취소, 공사의 중지, 공작물 등의 개축 또는 이전 등의 처분 또는 조치명령을 위반한 자는 1년 이하의 징역 또는 1천만원 이하의 벌금에 처한다.(2009.2.6 본조개정)

제143조【양벌규정】 법인의 대표자나 법인 또는 개인의 대리인, 사용인, 그 밖의 종업원이 그 법인 또는 개인의 업무에 관하여 제140조부터 제142조까지의 어느 하나에 해당하는 위반행위를 하면 그 행위자를 벌할 뿐만 아니라 그 법인 또는 개인에게도 해당 조문의 벌금형을 과(科)한다. 다만, 법인 또는 개인이 그 위반행위를 방지하기 위하여 해당 업무에 관하여 상당한 주의와 감독을 게을리하지 아니한 경우는 그러하지 아니하다.(2009.2.6 본조개정)

제144조【과태료】 ① 다음 각 호의 어느 하나에 해당하는 자에게는 1천만원 이하의 과태료를 부과한다.
1. 제44조의3제2항에 따른 허가를 받지 아니하고 공동구를 점용하거나 사용한 자(2009.12.29 본호개정)
2. 정당한 사유 없이 제130조제1항에 따른 행위를 방해하거나 거부한 자
3. 제130조제2항부터 제4항까지의 규정에 따른 허가 또는 동의를 받지 아니하고 같은 조 제1항에 따른 행위를 한 자
4. 제137조제1항에 따른 검사를 거부·방해하거나 기피한 자
② 다음 각 호의 어느 하나에 해당하는 자에게는 500만원 이하의 과태료를 부과한다.
1. 제56조제4항 단서에 따른 신고를 하지 아니한 자
2. 제137조제1항에 따른 보고 또는 자료 제출을 하지 아니하거나, 거짓된 보고 또는 자료 제출을 한 자
③ 제1항과 제2항에 따른 과태료는 대통령령으로 정하는 바에 따라 다음 각 호의 자가 각각 부과·징수한다.
1. 제1항제2호·제4호 및 제2항제2호의 경우 : 국토교통부장관(제40조에 따른 수산자원보호구역의 경우 해양수산부장관을 말한다), 시·도지사, 시장 또는 군수(2013.3.23 본호개정)
2. 제1항제1호·제3호 및 제2항제1호의 경우 : 특별시장·광역시장·특별자치시장·특별자치도지사·시장 또는 군수
(2011.4.14 본호개정)
(2009.2.6 본조개정)

부 칙

제1조【시행일】 이 법은 2003년 1월 1일부터 시행한다.
제2조【다른 법률의 폐지】 국토이용관리법 및 도시계획법은 이를 각각 폐지한다.
제3조~제25조 (생략)

부 칙 (2011.4.14)

제1조【시행일】 이 법은 공포 후 1년이 경과한 날부터 시행한다. 다만, 특별자치시와 특별자치시장에 관한 개정규정은 2012년 7월 1일부터 시행한다.

제2조【다른 법률에 따라 지정된 토지 이용에 관한 구역등의 변경 등에 관한 적용례】 제8조제4항 및 제5항의 개정규정은 이 법 시행 후 다른 법률에 따라 지정된 토지 이용에 관한 구역등을 변경하거나 해제하는 경우부터 적용한다.
제3조【다른 법률에 따른 도시·군관리계획의 변경 제한에 관한 적용례】 제9조의 개정규정은 이 법 시행 후 다른 법률에 따라 도시·군관리계획의 결정을 의제하는 내용이 포함되어 있는 계획의 허가·인가·승인 또는 결정을 신청하는 경우부터 적용한다.
제4조【도시·군기본계획의 내용에 관한 적용례】 제19조의 개정규정은 이 법 시행 후 최초로 도시·군기본계획을 수립하거나 변경하는 경우부터 적용한다.
제5조【지구단위계획구역의 지정 등에 관한 적용례】 제49조, 제51조 및 제52조제1항의 개정규정은 이 법 시행 후 최초로 지구단위계획구역을 지정하거나 지구단위계획을 결정하는 경우부터 적용한다.
제6조【개발행위허가 등에 관한 적용례】 제56조제3항, 제57조제1항 단서 및 제58조제3항의 개정규정은 이 법 시행 후 최초로 개발행위허가를 신청하는 경우부터 적용한다.
제7조【지구단위계획구역의 지정 등에 관한 경과조치】 ① 이 법 시행 전에 종전의 규정에 따라 제1종 지구단위계획구역 또는 제2종 지구단위계획구역으로 지정된 지역은 제51조의 개정규정에 따라 지정된 지구단위계획구역으로 본다.
② 이 법 시행 전에 종전의 규정에 따라 제1종 지구단위계획 또는 제2종 지구단위계획으로 수립된 내용은 제52조의 개정규정에 따른 지구단위계획의 내용으로 본다.
제8조【다른 법률의 개정】 ①~⑬ ※(해당 법령에 가제정리 하였음)
제9조【다른 법령과의 관계】 이 법 시행 당시 다른 법령에서 종전의 「국토의 계획 및 이용에 관한 법률」의 규정을 인용하고 있는 경우 이 법 중 그에 해당하는 규정이 있는 경우에는 종전의 규정을 갈음하여 이 법의 해당 규정을 인용한 것으로 본다.

부　칙 (2011.9.16 법11058호)

제1조【시행일】 이 법은 공포한 날부터 시행한다.
제2조【건폐율에 관한 적용례】 제77조제4항의 개정규정은 이 법 시행 후 최초로 농업용·임업용·어업용 건축물을 건축하는 경우부터 적용한다.

부　칙 (2012.2.1)

제1조【시행일】 이 법은 공포 후 6개월이 경과한 날부터 시행한다.
제2조【관련 인·허가등의 의제에 관한 적용례】 제61조제4항의 개정규정은 이 법 시행 후 최초로 제57조제1항에 따라 개발행위허가를 신청하는 경우부터 적용한다.
제3조【개발행위복합민원 일괄협의회에 관한 적용례】 제61조의2의 개정규정은 이 법 시행 후 최초로 제57조제1항에 따라 개발행위허가를 신청하는 경우부터 적용한다.
제4조【서류의 열람 등에 관한 적용례】 제90조제1항의 개정규정은 이 법 시행 후 최초로 신청하는 실시계획 인가부터 적용한다.
제5조【토지에의 출입 등에 관한 적용례】 제130조제2항의 개정규정은 이 법 시행 후 제130조제1항에 따라 최초로 타인의 토지에 출입하는 경우부터 적용한다.
제6조【둘 이상의 용도지역등에 걸치는 대지에 대한 적용 기준에 관한 경과조치】 이 법 시행 당시 「건축법」에 따라 건축허가를 받은 경우와 건축허가를 신청하거나 건축신고를 한 경우에 있어서 둘 이상의 용도지역·용도지구 또는 용도구역에 걸치는 토지에 대한 적용기준은 제84조제1항의 개정규정에도 불구하고 종전의 규정에 따른다. 다만, 종전의 규정이 제84조제1항의 개정규정에 비하여 건축허가를 받은 자 또는 건축허가를 신청하거나 건축신고를 한 자에게 불리한 경우에는 제84조제1항의 개정규정에 따른다.

부　칙 (2013.7.16)

제1조【시행일】 이 법은 공포 후 6개월이 경과한 날부터 시행한다. 다만, 제48조제3항의 개정규정은 공포한 날부터 시행한다.
제2조【지구단위계획구역의 지정·변경과 지구단위계획의 수립·변경에 관한 도시·군관리계획 결정권자의 변경에 따른 적용례】 제29조제1항 단서, 제30조제7항, 제32조제2항, 제35조제2항, 제51조제1항·제2항, 제53조제2항 및 제113조제2항의 개정규정은 이 법 시행 전에 시장·군수가 입안하여 시·도지사에게 신청한 지구단위계획구역의 지정·변경 또는 지구단위계획의 수립·변경에 관한 도시·군관리계획의 결정에 대해서도 적용한다.
제3조【지구단위계획 등에 관한 도시·군관리계획 결정 절차의 변경에 관한 적용례】 제30조제3항(같은 조 제7항에서 준용하는 경우를 포함한다)의 개정규정은 이 법 시행 후 제30조제1항에 따라 시·도지사가 관계 행정기관의 장과 협의하는 도시·군관리계획부터 적용한다.
제4조【지구단위계획구역에서의 공작물 설치에 관한 적용례】 제54조의 개정규정은 이 법 시행 후 설치하는 공작물부터 적용한다.
제5조【개발행위허가기준에 관한 적용례】 제58조제1항제2호의 개정규정은 이 법 시행 후 개발행위허가를 신청하는 분부터 적용한다.
제6조【개발행위에 대한 도시계획위원회의 심의에 관한 적용례】 제59조제2항제2호의 개정규정은 이 법 시행 후 개발행위허가를 신청하는 경우부터 적용한다.
제7조【이행보증금 예치 대상 개발행위허가의 범위 조정에 관한 적용례】 제60조제1항 각 호 외의 부분 본문의 개정규정은 이 법 시행 후다른 법률에 따라 개발행위허가의 의제가 포함되는 인가·허가·승인 등을 신청하는 것부터 적용한다.
제8조【개발행위허가 인·허가 의제 시 공공시설 무상귀속에 관한 적용례】 제65조제1항의 개정규정은 이 법 시행 후 다른 법률에 따라 개발행위허가의 의제가 포함되는 인가·허가·승인 등을 신청하는 것부터 적용한다.
제9조【도시·군계획시설사업의 분할 시행에 관한 적용례】 제87조의 개정규정은 이 법 시행 당시 종전의 규정에 따라 시행 중인 도시·군계획시설사업에 대해서도 적용한다.
제10조【준공검사 후 실시계획 작성·인가에 관한 적용례】 제88조제2항 단서의 개정규정은 이 법 시행 당시 종전의 규정에 따라 준공검사가 진행 중이거나 준공검사가 완료된 도시·군계획시설사업에 대해서도 적용한다.
제11조【토지거래계약 허가구역 지정권한의 조정에 관한 적용례】 제117조의 개정규정은 이 법 시행 후 토지거래계약에 관한 허가구역을 지정하는 경우부터 적용한다.
제12조【법률 등의 위반자에 대한 처분에 관한 적용례】 제133조제1항제4호·제7호의2 및 제15호의3의 개정규정은 이 법 시행 후 위반행위를 한 자부터 적용한다.
제13조【토지 이용에 관한 구역등의 지정 승인권한의 이양에 관한 경과조치】 이 법 시행 당시 종전의 규정에 따라 구역등의 지정 또는 변경절차가 진행 중인 경우에 대해서는 제8조제3항 및 제5항의 개정규정에도 불구하고 종전의 규정에 따른다.

부　칙 (2015.1.6)

제1조【시행일】 이 법은 공포한 날부터 시행한다. 다만, 제20조제2항 및 제3항과 제27조제3항 및 제4항의 개정규정은 공포 후 6개월이 경과한 날부터 시행한다.
제2조【도시·군기본계획 및 도시·군관리계획의 기초조사 내용의 변경에 관한 적용례】 제20조제2항 및 제3항과 제27조제3항 및 제4항의 개정규정은 부칙 제1조 단서에 따른 시행일 이후 수립 또는 입안하는 도시·군기본계획 및 도시·군관리계획부터 적용한다.
제3조【입지규제최소구역 및 입지규제최소구역계획에 관한 규정의 유효기간】 제40조의2·제80조의3 및 제83조의2는 2024년 12월 31일까지 효력을 가진다.(2019.8.20 본조개정)

제4조【입지규제최소구역 및 입지규제최소구역계획에 관한 규정의 유효기간 이후의 경과조치】 제40조의2, 제80조의3 및 제83조의2에 따라 결정된 도시·군관리계획은 2024년 12월 31일이 지난 후에도 효력을 갖는다.(2019.8.20 본조개정)
제5조【다른 법률의 개정】 ※(해당 법령에 가제정리 하였음)

부 칙 (2015.8.11 법13475호)

제1조【시행일】 이 법은 공포 후 6개월이 경과한 날부터 시행한다. 다만, 제34조제2항 및 제61조제1항의 개정규정은 공포한 날부터 시행하고, 제48조의2, 제57조제3항 및 제128조제2항의 개정규정은 2017년 1월 1일부터 시행한다.
제2조【적용례】 제53조제2항의 개정규정은 이 법 시행 후 지구단위계획에 관한 도시·군관리계획을 결정하는 경우부터 적용한다.

부 칙 (2015.12.29)

제1조【시행일】 이 법은 공포한 날부터 시행한다. 다만, 제3조의2제1항·제2항의 개정규정은 공포 후 6개월이 경과한 날부터 시행한다.
제2조【도시·군계획시설 부지매수의 거부·지연에 따른 개발행위 허가의 기준에 관한 적용례】 제47조제7항의 개정규정은 이 법 시행 후 최초로 같은 개정규정에 따라 제56조에 따른 허가를 하는 경우부터 적용한다.

부 칙 (2017.4.18)

제1조【시행일】 이 법은 공포 후 1년이 경과한 날부터 시행한다. 다만, 제26조제1항제3호, 제29조제1항, 제30조제3항, 제84조제3항 본문 및 제103조의 개정규정은 공포한 날부터 시행한다.
제2조【미관지구에 관한 경과조치】 ① 이 법 시행 당시 종전의 규정에 따라 지정된 미관지구가 이 법 시행일부터 1년 이내에 제52조제1항제1호의2에 따라 지구단위계획으로 대체되거나 다른 용도지구로 변경지정 되지 아니하는 경우 이 법 시행일부터 1년이 되는 날의 다음 날부터 해당 미관지구는 제37조제1항제1호에 따른 경관지구로 지정된 것으로 본다.
② 이 법 시행 당시 종전의 규정에 따라 지정된 미관지구가 제1항에 따라 지구단위계획을 통하여 대체되거나 다른 용도지구로 변경지정될 때까지 해당 미관지구 안에서의 행위제한에 관하여는 종전의 규정에 따른다.
제3조【보존지구에 관한 경과조치】 이 법 시행 당시 종전의 규정에 따라 지정된 보존지구는 제37조제1항제5호에 따른 보호지구로 지정된 것으로 본다.
제4조【시설보호지구에 관한 경과조치】 ①~⑧ ※(해당 법령에 가제정리 하였음)

부 칙 (2017.12.26)

제1조【시행일】 이 법은 공포 후 1년이 경과한 날부터 시행한다.
제2조【단계별 집행계획의 수립에 관한 적용례】 제85조제1항의 개정규정은 이 법 시행 이후에 도시·군계획시설결정이 고시된 경우부터 적용한다.
제3조【기반시설에 관한 경과조치】 ① 이 법 시행 당시 종전의 규정에 따라 도시·군관리계획으로 결정된 운동장은 제2조제6호라목의 개정규정에 따른 체육시설로 결정된 것으로 본다.
② 이 법 시행 당시 종전의 규정에 따라 도시·군관리계획으로 결정된 화장시설, 공동묘지 및 봉안시설은 제2조제6호바목의 개정규정에 따른 장사시설로 결정된 것으로 본다.
③ 이 법 시행 당시 종전의 규정에 따라 도시·군관리계획으로 결정된 폐기물처리시설은 제2조제6호사목에 따른 폐기물처리 및 재활용시설로 결정된 것으로 본다.

부 칙 (2019.8.20)

제1조【시행일】 이 법은 공포한 날부터 시행한다. 다만, 제88조제7항부터 제9항까지 및 제91조의 개정규정은 2020년 1월 1일부터 시행한다.
제2조【실시계획 효력 상실에 관한 경과조치】 제88조제7항의 개정규정을 적용할 때 이 법 시행 당시 종전의 규정에 따라 작성 또는 인가를 받은 실시계획에 대하여는 "실시계획 고시일"을 "이 법 시행일"로 본다.

부 칙 (2020.1.29)

제1조【시행일】 이 법은 공포 후 6개월이 경과한 날부터 시행한다.(이하 생략)

부 칙 (2020.3.24)

제1조【시행일】 이 법은 공포한 날부터 시행한다.(이하 생략)

부 칙 (2020.4.7)

제1조【시행일】 이 법은 공포 후 3개월이 경과한 날부터 시행한다.(이하 생략)

부 칙 (2020.6.9)

이 법은 공포한 날부터 시행한다.(이하 생략)

부 칙 (2020.12.31)
(2021.1.12 법17893호)

제1조【시행일】 이 법은 공포 후 1년이 경과한 날부터 시행한다.(이하 생략)

부 칙 (2021.1.12 법17898호)

제1조【시행일】 이 법은 공포 후 6개월이 경과한 날부터 시행한다.
제2조【적용례】 ① 제52조제1항의 개정규정 및 제52조의2의 개정규정은 이 법 시행 후 최초로 지구단위계획을 결정하는 경우부터 적용한다.
② 제133조제1항제5호의3의 개정규정은 이 법 시행 후 개발행위의 준공검사를 받은 자부터 적용한다.
③ 제133조제1항제7호의3의 개정규정은 이 법 시행 후 개발행위를 하거나 건축물의 용도를 변경한 자부터 적용한다.
제3조【성장관리방안에 관한 경과조치】 ① 이 법 시행 당시 종전의 규정에 따라 성장관리방안이 수립된 지역은 제75조의2의 개정규정에 따라 지정·고시된 성장관리계획구역으로 본다.
② 이 법 시행 당시 종전의 규정에 따라 수립된 성장관리방안은 제75조의3의 개정규정에 따라 수립된 성장관리계획으로 본다.
제4조【다른 법률의 개정】 ※(해당 법령에 가제정리 하였음)

부 칙 (2021.7.20)

제1조【시행일】 이 법은 공포 후 1년이 경과한 날부터 시행한다.(이하 생략)

부 칙 (2021.10.8)

제1조【시행일】 이 법은 공포한 날부터 시행한다.
제2조【용적률의 완화에 관한 특례 규정의 중첩 적용에 관한 적용례】 제78조제7항의 개정규정은 이 법 시행 당시 「건축법」 제11조에 따라 건축허가를 신청하거나 같은 법 제14조에 따라

건축신고를 한 경우(다른 법률에 따라 「건축법」 제11조에 따른 건축허가 또는 같은 법 제14조에 따른 건축신고가 의제되는 허가·결정·인가·협의·승인 등을 신청한 경우를 포함한다)에도 적용한다.

부 칙 (2022.12.27)

제1조【시행일】 이 법은 공포 후 6개월이 경과한 날부터 시행한다.(이하 생략)

부 칙 (2023.3.21)

제1조【시행일】 이 영은 2024년 5월 17일부터 시행한다.(이하 생략)

부 칙 (2023.5.16)

제1조【시행일】 이 법은 공포 후 1년이 경과한 날부터 시행한다.(이하 생략)

부 칙 (2023.8.8)

제1조【시행일】 이 법은 2024년 5월 17일부터 시행한다.(이하 생략)

부 칙 (2024.2.6)

제1조【시행일】 이 법은 공포 후 6개월이 경과한 날부터 시행한다.

제2조【입지규제최소구역 지정에 관한 경과조치】 ① 이 법 시행 전에 종전 규정에 따라 지정·결정된 입지규제최소구역 및 입지규제최소구역계획은 제40조의3의 개정규정에 따라 도시혁신구역 및 도시혁신계획으로 지정되거나 결정된 것으로 본다.
② 제1항에 따라 지정·결정된 것으로 보는 도시혁신구역 및 도시혁신계획을 변경하려는 경우에는 제35조의6의 개정규정에 따라 공간재구조화계획을 먼저 결정하여야 한다.

제3조【다른 법률의 개정】 ①~⑧ ※(해당 법령에 가제정리하였음)

공익사업을 위한 토지 등의 취득 및 보상에 관한 법률

(약칭 : 토지보상법)

(2002년 2월 4일
법 률 제6656호)

개정
2003. 5.29법 6916호(주택법)
2004.12.31법 7304호(철도건설법)
2005. 1.14법 7335호(부동산가격공시감정평가)
2005. 3.31법 7475호 2005.12.23법 7758호
2005.12.29법 7773호(정부조직)
2005.12.29법 7796호(국가공무원)
2005.12.30법 7835호 2007.10.17법 8665호
2008. 2.29법 8852호(정부조직)
2008. 3.28법 9053호 2009. 4. 1법 9595호
2010. 4. 5법10239호
2010. 5.17법10303호(은행법)
2011. 8. 4법11017호 2012. 6. 1법11468호
2013. 3.23법11690호(정부조직)
2014. 3.18법12471호 2015. 1. 6법12972호
2015. 1. 6법12989호(주택도시기금법)
2015.12.29법13677호
2016. 1.19법13782호(감정평가감정평가사)
2016. 1.19법13796호(부동산가격공시에관한법)
2016.12.20법14452호(항만법)
2017. 3.21법14711호
2017.12.26법15309호(혁신도시조성및발전에관한특별법)
2018. 3.13법15460호(철도의건설및철도시설유지관리에관한법)
2018.12.31법16138호
2019. 8.27법16568호(양식산업발전법)
2020. 1.29법16902호(항만법)
2020. 1.29법16904호(항만재개발및주변지역발전에관한법)
2020. 4. 7법17219호(감정평가감정평가사)
2020. 4. 7법17225호
2020. 6. 9법17453호(법률용어정비)
2021. 1. 5법17868호 2021. 4.13법18044호
2021. 6.15법18284호(댐건설·관리및주변지역지원등에관한법)
2021. 7.20법18312호 2021. 8.10법18386호
2022. 2. 3법18828호 2023. 4.18법19370호
2023. 8. 8법19590호(문화유산)
2023.10.24법19765호 2024. 1. 9법19969호
2024. 9.20법20452호

제1장 총 칙

(2011.8.4 본장개정)

제1조【목적】 이 법은 공익사업에 필요한 토지 등을 협의 또는 수용에 의하여 취득하거나 사용함에 따른 손실의 보상에 관한 사항을 규정함으로써 공익사업의 효율적인 수행을 통하여 공공복리의 증진과 재산권의 적정한 보호를 도모하는 것을 목적으로 한다.

제2조【정의】 이 법에서 사용하는 용어의 뜻은 다음과 같다.
1. "토지등"이란 제3조 각 호에 해당하는 토지·물건 및 권리를 말한다.
2. "공익사업"이란 제4조 각 호의 어느 하나에 해당하는 사업을 말한다.

3. "사업시행자"란 공익사업을 수행하는 자를 말한다.
4. "토지소유자"란 공익사업에 필요한 토지의 소유자를 말한다.
5. "관계인"이란 사업시행자가 취득하거나 사용할 토지에 관하여 지상권·지역권·전세권·저당권·사용대차 또는 임대차에 따른 권리 또는 그 밖에 토지에 관한 소유권 외의 권리를 가진 자나 그 토지에 있는 물건에 관하여 소유권이나 그 밖의 권리를 가진 자를 말한다. 다만, 제22조에 따른 사업인정의 고시가 된 후에 권리를 취득한 자는 기존의 권리를 승계한 자를 제외하고는 관계인에 포함되지 아니한다.
6. "가격시점"이란 제67조제1항에 따른 보상액 산정(算定)의 기준이 되는 시점을 말한다.
7. "사업인정"이란 공익사업을 토지등을 수용하거나 사용할 사업으로 결정하는 것을 말한다.

제3조【적용 대상】 사업시행자가 다음 각 호에 해당하는 토지·물건 및 권리를 취득하거나 사용하는 경우에는 이 법을 적용한다.
1. 토지 및 이에 관한 소유권 외의 권리
2. 토지와 함께 공익사업을 위하여 필요한 입목(立木), 건물, 그 밖에 토지에 정착된 물건 및 이에 관한 소유권 외의 권리
3. 광업권·어업권·양식업권 또는 물의 사용에 관한 권리 (2019.8.27 본호개정)
4. 토지에 속한 흙·돌·모래 또는 자갈에 관한 권리

판례 공익사업을 위한 토지 등의 취득 및 보상에 관한 법률의 보상대상이 되는 '기타 토지에 정착한 물건에 대한 소유권 그 밖의 권리를 가진 관계인'에는 독립하여 거래의 객체가 되는 정착물에 대한 소유권 등을 가진 자뿐 아니라, 당해 토지와 일체를 이루는 토지의 구성부분이 되었다고 보기 어렵고 거래관념상 토지와 별도로 취득 또는 사용의 대상이 되는 정착물에 대한 소유권이나 수거·철거권 등 실질적 처분권을 가진 자도 포함된다.(대판 2009.2.12, 2008다76112)

판례 공공수용 목적물의 범위 : 공용수용은 공익사업을 위하여 타인의 특정한 재산권을 법률의 힘에 의하여 강제적으로 취득하는 것이므로 수용할 목적물의 범위는 원칙적으로 사업을 위하여 필요한 최소한도에 그쳐야 한다.(대판 1994.1.11, 93누8108)

제4조【공익사업】 이 법에 따라 토지등을 취득하거나 사용할 수 있는 사업은 다음 각 호의 어느 하나에 해당하는 사업이어야 한다.
1. 국방·군사에 관한 사업
2. 관계 법률에 따라 허가·인가·승인·지정 등을 받아 공익을 목적으로 시행하는 철도·도로·공항·항만·주차장·공영차고지·화물터미널·궤도(軌道)·하천·제방·댐·운하·수도·하수도·하수종말처리·폐수처리·사방(砂防)·방풍(防風)·방화(防火)·방조(防潮)·방수(防水)·저수지·용수로·배수로·석유비축·송유·폐기물처리·전기·전기통신·방송·가스 및 기상 관측에 관한 사업
3. 국가나 지방자치단체가 설치하는 청사·공장·연구소·시험소·보건시설·문화시설·공원·수목원·광장·운동장·시장·묘지·화장장·도축장 또는 그 밖의 공공용 시설에 관한 사업
4. 관계 법률에 따라 허가·인가·승인·지정 등을 받아 공익을 목적으로 시행하는 학교·도서관·박물관 및 미술관 건립에 관한 사업
5. 국가, 지방자치단체, 「공공기관의 운영에 관한 법률」 제4조에 따른 공공기관, 「지방공기업법」에 따른 지방공기업 또는 국가나 지방자치단체가 지정한 자가 임대나 양도의 목적으로 시행하는 주택 건설 또는 택지 및 산업단지 조성에 관한 사업(2014.3.18 본호개정)
6. 제1호부터 제5호까지의 사업을 시행하기 위하여 필요한 통로, 교량, 전선로, 재료 적치장 또는 그 밖의 부속시설에 관한 사업
7. 제1호부터 제5호까지의 사업을 시행하기 위하여 필요한 주택, 공장 등의 이주단지 조성에 관한 사업
8. 그 밖에 별표에 규정된 법률에 따라 토지등을 수용하거나 사용할 수 있는 사업(2015.12.29 본호개정)

판례 공용수용은 공익사업을 위하여 특정의 재산권을 법률에 의하여 강제적으로 취득하는 것을 내용으로 하므로 그 공익사업을 위한 필요가 있어야 하고, 그 필요가 있는지에 대하여는 수용에 따른 상대방의 재산권침해를 정당화할 만한 공익의 존재가 쌍방의 이익의 비교형량의 결과로 입증되어야 하며, 그 입증책임은 사업시행자에게 있다.(대판 2005.11.10, 2003두7507)

제4조의2【토지등의 수용·사용에 관한 특례의 제한】 ① 이 법에 따라 토지등을 수용하거나 사용할 수 있는 사업은 제4조 또는 별표에 규정된 법률에 따르지 아니하고는 정할 수 없다.
② 별표는 이 법 외의 다른 법률로 개정할 수 없다.
③ 국토교통부장관은 제4조제8호에 따른 사업의 공공성, 수용의 필요성 등을 5년마다 재검토하여 폐지, 변경 또는 유지 등을 위한 조치를 하여야 한다.(2021.4.13 본항신설)
(2015.12.29 본조신설)

제4조의3【공익사업 신설 등에 대한 개선요구 등】 ① 제49조에 따른 중앙토지수용위원회는 제4조제8호에 따른 사업의 신설, 변경 및 폐지, 그 밖에 필요한 사항에 관하여 심의를 거쳐 관계 중앙행정기관의 장에게 개선을 요구하거나 의견을 제출할 수 있다.
② 제1항에 따라 개선요구나 의견제출을 받은 관계 중앙행정기관의 장은 정당한 사유가 없으면 이를 반영하여야 한다.
③ 제49조에 따른 중앙토지수용위원회는 제1항에 따른 개선요구·의견제출을 위하여 필요한 경우 관계 기관 소속 직원 또는 관계 전문기관이나 전문가로 하여금 위원회에 출석하여 그 의견을 진술하게 하거나 필요한 자료를 제출하게 할 수 있다.
(2018.12.31 본조신설)

제5조【권리·의무 등의 승계】 ① 이 법에 따른 사업시행자의 권리·의무는 그 사업을 승계한 자에게 이전한다.
② 이 법에 따라 이행한 절차와 그 밖의 행위는 사업시행자, 토지소유자 및 관계인의 승계인에게도 그 효력이 미친다.

제6조【기간의 계산방법 등】 이 법에서 기간의 계산방법은 「민법」에 따르며, 통지 및 서류의 송달에 필요한 사항은 대통령령으로 정한다.

제7조【대리인】 사업시행자, 토지소유자 또는 관계인은 사업인정의 신청, 재결(裁決)의 신청, 의견서 제출 등의 행위를 할 때 변호사나 그 밖의 자를 대리인으로 할 수 있다.

제8조【서류의 발급신청】 ① 사업시행자는 대통령령으로 정하는 바에 따라 해당 공익사업의 수행을 위하여 필요한 서류의 발급을 국가나 지방자치단체에 신청할 수 있으며, 국가나 지방자치단체는 해당 서류를 발급하여야 한다.
② 국가나 지방자치단체는 제1항에 따라 발급하는 서류에는 수수료를 부과하지 아니한다.

제2장 공익사업의 준비
(2011.8.4 본장개정)

제9조【사업 준비를 위한 출입의 허가 등】 ① 사업시행자는 공익사업을 준비하기 위하여 타인이 점유하는 토지에 출입하여 측량하거나 조사할 수 있다.
② 사업시행자(특별자치도, 시·군 또는 자치구가 사업시행자인 경우는 제외한다)는 제1항에 따라 측량이나 조사를 하려면 사업의 종류와 출입할 토지의 구역 및 기간을 정하여 특별자치도지사, 시장·군수 또는 구청장(자치구의 구청장을 말한다. 이하 같다)의 허가를 받아야 한다. 다만, 사업시행자가 국가일 때에는 그 사업을 시행할 관계 중앙행정기관의 장이 특별자치도지사, 시장·군수 또는 구청장에게 통지하고, 사업시행자가 특별시·광역시 또는 도일 때에는 특별시장·광역시장 또는 도지사가 시장·군수 또는 구청장에게 통지하여야 한다.
③ 특별자치도지사, 시장·군수 또는 구청장은 다음 각 호의 어느 하나에 해당할 때에는 사업시행자, 사업의 종류와 출입할 토지의 구역 및 기간을 공고하고 이를 토지점유자에게 통지하여야 한다.
1. 제2항 본문에 따라 허가를 한 경우
2. 제2항 단서에 따라 통지를 받은 경우
3. 특별자치도, 시·군 또는 구(자치구를 말한다. 이하 같다)가 사업시행자인 경우로서 제1항에 따라 타인이 점유하는 토지에 출입하여 측량이나 조사를 하려는 경우
④ 사업시행자는 제1항에 따라 타인이 점유하는 토지에 출입하여 측량·조사함으로써 발생하는 손실을 보상하여야 한다.
⑤ 제4항에 따른 손실의 보상은 손실이 있음을 안 날부터 1년이 지났거나 손실이 발생한 날부터 3년이 지난 후에는 청구할 수 없다.

⑥ 제4항에 따른 손실의 보상은 사업시행자와 손실을 입은 자가 협의하여 결정한다.
⑦ 제6항에 따른 협의가 성립되지 아니하면 사업시행자나 손실을 입은 자는 대통령령으로 정하는 바에 따라 제51조에 따른 관할 토지수용위원회(이하 "관할 토지수용위원회"라 한다)에 재결을 신청할 수 있다.

제10조【출입의 통지】 ① 제9조제2항에 따라 타인이 점유하는 토지에 출입하려는 자는 출입하려는 날의 5일 전까지 그 일시 및 장소를 특별자치도지사, 시장·군수 또는 구청장에게 통지하여야 한다.
② 특별자치도지사, 시장·군수 또는 구청장은 제1항에 따른 통지를 받은 경우 또는 특별자치도, 시·군 또는 구가 사업시행자인 경우에 특별자치도지사, 시장·군수 또는 구청장이 타인이 점유하는 토지에 출입하려는 경우에는 지체 없이 이를 공고하고 그 토지점유자에게 통지하여야 한다.
③ 해가 뜨기 전이나 해가 진 후에는 토지점유자의 승낙 없이 그 주거(住居)나 경계표·담 등으로 둘러싸인 토지에 출입할 수 없다.

제11조【토지점유자의 인용의무】 토지점유자는 정당한 사유 없이 사업시행자가 제10조에 따라 통지하고 출입·측량 또는 조사하는 행위를 방해하지 못한다.

제12조【장해물 제거등】 ① 사업시행자는 제9조에 따라 타인이 점유하는 토지에 출입하여 측량 또는 조사를 할 때 장해물을 제거하거나 토지를 파는 행위(이하 "장해물 제거등"이라 한다)를 하여야 할 부득이한 사유가 있는 경우에는 그 소유자 및 점유자의 동의를 받아야 한다. 다만, 그 소유자 및 점유자의 동의를 받지 못하였을 때에는 사업시행자(특별자치도, 시·군 또는 구가 사업시행자인 경우는 제외한다)는 특별자치도지사, 시장·군수 또는 구청장의 허가를 받아 장해물 제거등을 할 수 있으며, 특별자치도, 시·군 또는 구가 사업시행자인 경우에 특별자치도지사, 시장·군수 또는 구청장은 허가 없이 장해물 제거등을 할 수 있다.
② 특별자치도지사, 시장·군수 또는 구청장은 제1항 단서에 따라 허가를 하거나 장해물 제거등을 하려면 미리 그 소유자 및 점유자의 의견을 들어야 한다.
③ 제1항에 따라 장해물 제거등을 하려는 자는 장해물 제거등을 하려는 날의 3일 전까지 그 소유자 및 점유자에게 통지하여야 한다.
④ 사업시행자는 제1항에 따라 장해물 제거등을 함으로써 발생하는 손실을 보상하여야 한다.
⑤ 제4항에 따른 손실보상에 관하여는 제9조제5항부터 제7항까지의 규정을 준용한다.

제13조【증표 등의 휴대】 ① 제9조제2항 본문에 따라 특별자치도지사, 시장·군수 또는 구청장의 허가를 받고 타인이 점유하는 토지에 출입하려는 사람과 제12조에 따라 장해물 제거등을 하려는 사람(특별자치도, 시·군 또는 구가 사업시행자인 경우는 제외한다)은 그 신분을 표시하는 증표와 특별자치도지사, 시장·군수 또는 구청장의 허가증을 지녀야 한다.
② 제9조제2항 단서에 따라 특별자치도지사, 시장·군수 또는 구청장에게 통지하고 타인이 점유하는 토지에 출입하려는 사람과 사업시행자가 특별자치도, 시·군 또는 구인 경우로서 제9조제3항제3호 또는 제12조제1항 단서에 따라 타인이 점유하는 토지에 출입하거나 장해물 제거등을 하려는 사람은 그 신분을 표시하는 증표를 지녀야 한다.
③ 제1항과 제2항에 따른 증표 및 허가증은 토지 또는 장해물의 소유자 및 점유자, 그 밖의 이해관계인에게 이를 보여주어야 한다.
④ 제1항과 제2항에 따른 증표 및 허가증의 서식에 관하여 필요한 사항은 국토교통부령으로 정한다.(2013.3.23 본항개정)

제3장 협의에 의한 취득 또는 사용
(2011.8.4 본장개정)

제14조【토지조서 및 물건조서의 작성】 ① 사업시행자는 공익사업의 수행을 위하여 제20조에 따른 사업인정 전에 협의에 의한 토지등의 취득 또는 사용이 필요할 때에는 토지조서와 물건조서를 작성하여 서명 또는 날인을 하고 토지소유자와 관계인의 서명 또는 날인을 받아야 한다. 다만, 다음 각 호의 어느 하나에 해당하는 경우에는 그러하지 아니하다. 이 경우 사업시행자는 해당 토지조서와 물건조서에 그 사유를 적어야 한다.
1. 토지소유자 및 관계인이 정당한 사유 없이 서명 또는 날인을 거부하는 경우
2. 토지소유자 및 관계인을 알 수 없거나 그 주소·거소를 알 수 없는 등의 사유로 서명 또는 날인을 받을 수 없는 경우
② 토지와 물건의 소재지, 토지소유자 및 관계인 등 토지조서 및 물건조서의 기재사항과 그 작성에 필요한 사항은 대통령령으로 정한다.

제15조【보상계획의 열람 등】 ① 사업시행자는 제14조에 따라 토지조서와 물건조서를 작성하였을 때에는 공익사업의 개요, 토지조서 및 물건조서의 내용과 보상의 시기·방법 및 절차 등이 포함된 보상계획을 전국을 보급지역으로 하는 일간신문에 공고하고, 토지소유자 및 관계인에게 각각 통지하여야 하며, 제2항 단서에 따라 열람을 의뢰하는 사업시행자를 제외하고는 특별자치도지사, 시장·군수 또는 구청장에게도 통지하여야 한다. 다만, 토지소유자와 관계인이 20인 이하인 경우에는 공고를 생략할 수 있다.
② 사업시행자는 제1항에 따른 공고나 통지를 하였을 때에는 그 내용을 14일 이상 일반인이 열람할 수 있도록 하여야 한다. 다만, 사업지역이 둘 이상의 시·군 또는 구에 걸쳐 있거나 사업시행자가 행정청이 아닌 경우에는 해당 특별자치도지사, 시장·군수 또는 구청장에게도 그 사본을 송부하여 열람을 의뢰하여야 한다.
③ 제1항에 따라 공고되거나 통지된 토지조서 및 물건조서의 내용에 대하여 이의(異議)가 있는 토지소유자 또는 관계인은 제2항에 따른 열람기간 이내에 사업시행자에게 서면으로 이의를 제기할 수 있다. 다만, 사업시행자가 고의 또는 과실로 토지소유자 또는 관계인에게 보상계획을 통지하지 아니한 경우 해당 토지소유자 또는 관계인은 제16조에 따른 협의가 완료되기 전까지 서면으로 이의를 제기할 수 있다.(2018.12.31 단서신설)
④ 사업시행자는 해당 토지조서 및 물건조서에 제3항에 따라 제기된 이의를 부기(附記)하고 그 이의가 이유 있다고 인정할 때에는 적절한 조치를 하여야 한다.

제16조【협의】 사업시행자는 토지등에 대한 보상에 관하여 토지소유자 및 관계인과 성실하게 협의하여야 하며, 협의의 절차 및 방법 등 협의에 필요한 사항은 대통령령으로 정한다.

제17조【계약의 체결】 사업시행자는 제16조에 따른 협의가 성립되었을 때에는 토지소유자 및 관계인과 계약을 체결하여야 한다.

제18조 (2007.10.17 삭제)

제4장 수용에 의한 취득 또는 사용
(2011.8.4 본장개정)

제1절 수용 또는 사용의 절차

제19조【토지등의 수용 또는 사용】 ① 사업시행자는 공익사업의 수행을 위하여 필요하면 이 법에서 정하는 바에 따라 토지등을 수용하거나 사용할 수 있다.
② 공익사업에 수용되거나 사용되고 있는 토지등은 특별히 필요한 경우가 아니면 다른 공익사업을 위하여 수용하거나 사용할 수 없다.

제20조【사업인정】 ① 사업시행자는 제19조에 따라 토지등을 수용하거나 사용하려면 대통령령으로 정하는 바에 따라 국토교통부장관의 사업인정을 받아야 한다.
② 제1항에 따른 사업인정을 신청하려는 자는 국토교통부령으로 정하는 수수료를 내야 한다.
(2013.3.23 본조개정)

판례 공용수용은 헌법상의 재산권 보장의 요청상 불가피한 최소한에 그쳐야 한다는 헌법 제23조의 근본취지에 비추어 볼 때, 사업시행자가 사업인정을 받은 후 그 사업이 공용수용을 할 만한 공익성을 상실하거나 사업인정에 관련된 자들의 이익이 현저히 비례의 원칙에 어긋나게 된 경우 또는 사업시행자가 해당 공익사업을 수행할 의사나 능력을 상실하였음에도 여전히 그 사업인정에 기하여 수용권을 행사하는 것은 수용권의 공익 목적에 반하는 수용권의 남용에 해당하여 허용되지 않는다.(대판 2011.1.27, 2009두1051)

판례 동조에 의한 사업인정처분이 이미 시행된 공익사업의 유지를 위한 것이라는 이유만으로 당연히 위법한 것인지 여부 : 동조는 공익사업의 수행을 위하여 필요한 때, 즉 공공의 필요가 있을 때 사업인정처분을 할 수 있다고 되어 있을 뿐 장래에 시행할 공익사업만을 대상으로 한정한다거나 이미 시행된 공익사업의 유지를 그 대상에서 제외하고 있지 않은 점, 당해 공익사업이 적법한 절차를 거치지 아니한 채 시행되었다 하여 그 시행된 공익사업의 결과를 원상회복한 후 다시 사업인정처분을 거쳐 같은 공익사업을 시행하도록 하는 것은 해당 토지 소유자에게 비슷한 영향을 미치면서도 사회적으로 불필요한 비용이 소요되고, 그 과정에서 당해 사업에 의하여 제공되었던 공익적 기능이 저해되는 사태를 초래하게 되어 사회·경제적인 측면에서 반드시 합리적이라고 할 수 없으며, 이미 시행된 공익사업의 유지를 위한 사업인정처분의 허용 여부는 사업인정처분의 요건인 공공의 필요, 즉 공익사업의 시행으로 인한 공익과 재산권 보장에 의한 사익 사이의 이익형량을 통한 재량권의 한계문제로서 통제될 수 있는 점 등에 비추어 보면, 사업인정처분이 이미 실행된 공익사업의 유지를 위한 것이라는 이유만으로 당연히 위법하다고 할 수 없다.
(대판 2005.4.29, 2004두14670)

제21조【협의 및 의견청취 등】 ① 국토교통부장관은 사업인정을 하려면 관계 중앙행정기관의 장 및 특별시장·광역시장·도지사·특별자치도지사(이하 "시·도지사"라 한다) 및 제49조에 따른 중앙토지수용위원회와 협의하여야 하며, 대통령령으로 정하는 바에 따라 미리 사업인정에 이해관계가 있는 자의 의견을 들어야 한다.
② 별표에 규정된 법률에 따라 사업인정이 있는 것으로 의제되는 공익사업의 허가·인가·승인권자 등은 사업인정이 의제되는 지구지정·사업계획승인 등을 하려는 경우 제1항에 따라 제49조에 따른 중앙토지수용위원회와 협의하여야 하며, 대통령령으로 정하는 바에 따라 사업인정에 이해관계가 있는 자의 의견을 들어야 한다.
③ 제49조에 따른 중앙토지수용위원회는 제1항 또는 제2항에 따라 협의를 요청받은 경우 사업인정에 이해관계가 있는 자에 대한 의견 수렴 절차 이행 여부, 허가·인가·승인대상 사업의 공공성, 수용의 필요성, 그 밖에 대통령령으로 정하는 사항을 검토하여야 한다.
④ 제49조에 따른 중앙토지수용위원회는 제3항의 검토를 위하여 필요한 경우 관계 전문기관이나 전문가에게 현지조사를 의뢰하거나 그 의견을 들을 수 있고, 관계 행정기관의 장에게 관련 자료의 제출을 요청할 수 있다.(2018.12.31 본항신설)
⑤ 제49조에 따른 중앙토지수용위원회는 제1항 또는 제2항에 따라 협의를 요청받은 날부터 30일 이내에 의견을 제시하여야 한다. 다만, 그 기간 내에 의견을 제시하기 어려운 경우에는 한 차례만 30일의 범위에서 그 기간을 연장할 수 있다.(2018.12.31 본항신설)
⑥ 제49조에 따른 중앙토지수용위원회는 제3항의 사항을 검토한 결과 자료 등을 보완할 필요가 있는 경우에는 해당 허가·인가·승인권자에게 14일 이내의 기간을 정하여 보완을 요청할 수 있다. 이 경우 그 기간은 제5항의 기간에서 제외한다.
(2020.6.9 후단개정)
⑦ 제49조에 따른 중앙토지수용위원회가 제5항에서 정한 기간 내에 의견을 제시하지 아니하는 경우에는 협의가 완료된 것으로 본다.(2018.12.31 본항신설)
⑧ 그 밖에 제1항 또는 제2항의 협의에 관하여 필요한 사항은 국토교통부령으로 정한다.(2018.12.31 본항신설)
(2018.12.31 본조개정)

제22조【사업인정의 고시】 ① 국토교통부장관은 제20조에 따른 사업인정을 하였을 때에는 지체 없이 그 뜻을 사업시행자, 토지소유자 및 관계인, 관계 시·도지사에게 통지하고 사업시행자의 성명이나 명칭, 사업의 종류, 사업지역 및 수용하거나 사용할 토지의 세목을 관보에 고시하여야 한다.(2013.3.23 본항개정)
② 제1항에 따라 사업인정의 사실을 통지받은 시·도지사(특별자치도지사는 제외한다)는 관계 시장·군수 및 구청장에게 이를 통지하여야 한다.
③ 사업인정은 제1항에 따라 고시한 날부터 그 효력이 발생한다.

제23조【사업인정의 실효】 ① 사업시행자가 제22조제1항에 따른 사업인정의 고시(이하 "사업인정고시"라 한다)가 된 날부터 1년 이내에 제28조제1항에 따른 재결신청을 하지 아니한 경우에는 사업인정고시가 된 날부터 1년이 되는 날의 다음 날에 사업인정은 그 효력을 상실한다.
② 사업시행자는 제1항에 따라 사업인정이 실효됨으로 인하여 토지소유자나 관계인이 입은 손실을 보상하여야 한다.
③ 제2항에 따른 손실보상에 관하여는 제9조제5항부터 제7항까지의 규정을 준용한다.

제24조【사업의 폐지 및 변경】 ① 사업인정고시가 된 후 사업의 전부 또는 일부를 폐지하거나 변경함으로 인하여 토지등의 전부 또는 일부를 수용하거나 사용할 필요가 없게 되었을 때에는 사업시행자는 지체 없이 사업지역을 관할하는 시·도지사에게 신고하고, 토지소유자 및 관계인에게 이를 통지하여야 한다.
② 시·도지사는 제1항에 따른 신고를 받으면 사업의 전부 또는 일부가 폐지되거나 변경된 내용을 관보에 고시하여야 한다.
③ 시·도지사는 제1항에 따른 신고가 없는 경우에도 사업시행자가 사업의 전부 또는 일부를 폐지하거나 변경함으로 인하여 토지를 수용하거나 사용할 필요가 없게 된 것을 알았을 때에는 미리 사업시행자의 의견을 듣고 제2항에 따른 고시를 하여야 한다.
④ 시·도지사는 제2항 및 제3항에 따른 고시를 하였을 때에는 지체 없이 그 사실을 국토교통부장관에게 보고하여야 한다.
(2013.3.23 본항개정)
⑤ 별표에 규정된 법률에 따라 제20조에 따른 사업인정이 있는 것으로 의제되는 사업이 해당 법률에서 정하는 바에 따라 해당 사업의 전부 또는 일부가 폐지되거나 변경된 내용이 고시·공고된 경우에는 제2항에 따른 고시가 있는 것으로 본다.
(2021.8.10 본항신설)
⑥ 제2항 및 제3항에 따른 고시가 된 날부터 그 고시된 내용에 따라 사업인정의 전부 또는 일부는 그 효력을 상실한다.
⑦ 사업시행자는 제1항에 따라 사업의 전부 또는 일부를 폐지·변경함으로 인하여 토지소유자 또는 관계인이 입은 손실을 보상하여야 한다.
⑧ 제7항에 따른 손실보상에 관하여는 제9조제5항부터 제7항까지의 규정을 준용한다.(2021.8.10 본항개정)

제24조의2【사업의 완료】 ① 사업이 완료된 경우 사업시행자는 지체 없이 사업시행자의 성명이나 명칭, 사업의 종류, 사업지역, 사업인정고시일 및 취득한 토지의 세목을 사업지역을 관할하는 시·도지사에게 신고하여야 한다.
② 시·도지사는 제1항에 따른 신고를 받으면 사업시행자의 성명이나 명칭, 사업의 종류, 사업지역 및 사업인정고시일을 관보에 고시하여야 한다.
③ 시·도지사는 제1항에 따른 신고가 없는 경우에도 사업이 완료된 것을 알았을 때에는 미리 사업시행자의 의견을 듣고 제2항에 따른 고시를 하여야 한다.
④ 별표에 규정된 법률에 따라 제20조에 따른 사업인정이 있는 것으로 의제되는 사업이 해당 법률에서 정하는 바에 따라 해당 사업의 준공·완료·사용개시 등이 고시·공고된 경우에는 제2항에 따른 고시가 있는 것으로 본다.
(2021.8.10 본조신설)

제25조【토지등의 보전】 ① 사업인정고시가 된 후에는 누구든지 고시된 토지에 대하여 사업에 지장을 줄 우려가 있는 형질의 변경이나 제3조제2호 또는 제4호에 규정된 물건을 손괴하거나 수거하는 행위를 하지 못한다.
② 사업인정고시가 된 후에 고시된 토지에 건축물의 건축·대수선, 공작물(工作物)의 설치 또는 물건의 부가(附加)·증치(增置)를 하려는 자는 특별자치도지사, 시장·군수 또는 구청장의 허가를 받아야 한다. 이 경우 특별자치도지사, 시장·군수 또는 구청장은 미리 사업시행자의 의견을 들어야 한다.
③ 제2항을 위반하여 건축물의 건축·대수선, 공작물의 설치 또는 물건의 부가·증치를 한 토지소유자 또는 관계인은 해당 건축물·공작물 또는 물건을 원상으로 회복하여야 하며 이에 관한 손실의 보상을 청구할 수 없다.

제26조【협의 등 절차의 준용】 ① 제20조에 따른 사업인정을 받은 사업시행자는 토지조서 및 물건조서의 작성, 보상계획의

공고·통지 및 열람, 보상액의 산정과 토지소유자 및 관계인과의 협의 절차를 거쳐야 한다. 이 경우 제14조부터 제16조까지 및 제68조를 준용한다.
② 사업인정 이전에 제14조부터 제16조까지 및 제68조에 따른 절차를 거쳤으나 협의가 성립되지 아니하고 제20조에 따른 사업인정을 받은 사업으로서 토지조서 및 물건조서의 내용에 변동이 없을 때에는 제1항에도 불구하고 제14조부터 제16조까지의 절차를 거치지 아니할 수 있다. 다만, 사업시행자나 토지소유자 및 관계인이 제16조에 따른 협의를 요구할 때에는 협의하여야 한다.

제27조【토지 및 물건에 관한 조사권 등】 ① 사업인정의 고시가 된 후에는 사업시행자 또는 제68조에 따라 감정평가를 의뢰받은 감정평가법인등(「감정평가 및 감정평가사에 관한 법률」에 따른 감정평가사 또는 감정평가법인을 말한다. 이하 "감정평가법인등"이라 한다)은 다음 각 호에 해당하는 경우에는 제9조에도 불구하고 해당 토지나 물건에 출입하여 측량하거나 조사할 수 있다. 이 경우 사업시행자는 해당 토지나 물건에 출입하려는 날의 5일 전까지 그 일시 및 장소를 토지점유자에게 통지하여야 한다.(2020.4.7 전단개정)
1. 사업시행자가 사업의 준비나 토지조서 및 물건조서를 작성하기 위하여 필요한 경우
2. 감정평가법인등이 감정평가를 의뢰받은 토지등의 감정평가를 위하여 필요한 경우(2020.4.7 본호개정)

② 제1항에 따른 출입·측량·조사에 관하여는 제10조제3항, 제11조 및 제13조를 준용한다.(2018.12.31 본항신설)
③ 사업인정고시가 된 후에는 제26조제1항에서 준용되는 제15조제3항에 따라 토지소유자나 관계인이 토지조서 및 물건조서의 내용에 대하여 이의를 제기하는 경우를 제외하고는 제26조제1항에서 준용되는 제14조에 따라 작성된 토지조서 및 물건조서의 내용에 대하여 이의를 제기할 수 없다. 다만, 토지조서 및 물건조서의 내용이 진실과 다르다는 것을 입증할 때에는 그러하지 아니하다.(2018.12.31 본항개정)
④ 사업시행자는 제1항에 따라 타인이 점유하는 토지에 출입하여 측량·조사함으로써 발생하는 손실(감정평가법인등이 제1항제2호에 따른 감정평가를 위하여 측량·조사함으로써 발생하는 손실을 포함한다)을 보상하여야 한다.(2020.4.7 본항개정)
⑤ 제4항에 따른 손실보상에 관하여는 제9조제5항부터 제7항까지의 규정을 준용한다.(2018.12.31 본항개정)

제28조【재결의 신청】 ① 제26조에 따른 협의가 성립되지 아니하거나 협의를 할 수 없을 때(제26조제2항 단서에 따른 협의 요구가 없을 때를 포함한다)에는 사업시행자는 사업인정고시가 된 날부터 1년 이내에 대통령령으로 정하는 바에 따라 관할 토지수용위원회에 재결을 신청할 수 있다.
② 제1항에 따라 재결을 신청하는 자는 국토교통부령으로 정하는 바에 따라 수수료를 내야 한다.(2013.3.23 본항개정)

제29조【협의 성립의 확인】 ① 사업시행자와 토지소유자 및 관계인 간에 제26조에 따른 절차를 거쳐 협의가 성립되었을 때에는 사업시행자는 제28조제1항에 따른 재결 신청기간 이내에 해당 토지소유자 및 관계인의 동의를 받아 대통령령으로 정하는 바에 따라 관할 토지수용위원회에 협의 성립의 확인을 신청할 수 있다.
② 제1항에 따른 협의 성립의 확인에 관하여는 제28조제2항, 제31조, 제32조, 제34조, 제35조, 제52조제7항, 제53조제5항, 제57조 및 제58조를 준용한다.(2023.4.18 본항개정)
③ 사업시행자가 협의가 성립된 토지의 소재지·지번·지목 및 면적 등 대통령령으로 정하는 사항에 대하여 「공증인법」에 따른 공증을 받아 제1항에 따른 협의 성립의 확인을 신청하였을 때에는 관할 토지수용위원회가 이를 수리함으로써 협의 성립이 확인된 것으로 본다.
④ 제1항 및 제3항에 따른 확인은 이 법에 따른 재결로 보며, 사업시행자, 토지소유자 및 관계인은 그 확인된 협의의 성립이나 내용을 다툴 수 없다.

제30조【재결 신청의 청구】 ① 사업인정고시가 된 후 협의가 성립되지 아니하였을 때에는 토지소유자와 관계인은 대통령령으로 정하는 바에 따라 서면으로 사업시행자에게 재결을 신청할 것을 청구할 수 있다.
② 사업시행자는 제1항에 따른 청구를 받았을 때에는 그 청구를 받은 날부터 60일 이내에 대통령령으로 정하는 바에 따라 관할 토지수용위원회에 재결을 신청하여야 한다. 이 경우 수수료에 관하여는 제28조제2항을 준용한다.
③ 사업시행자가 제2항에 따른 기간을 넘겨서 재결을 신청하였을 때에는 그 지연된 기간에 대하여 「소송촉진 등에 관한 특례법」 제3조에 따른 법정이율을 적용하여 산정한 금액을 관할 토지수용위원회에서 재결한 보상금에 가산(加算)하여 지급하여야 한다.

제31조【열람】 ① 제49조에 따른 중앙토지수용위원회 또는 지방토지수용위원회(이하 "토지수용위원회"라 한다)는 제28조제1항에 따라 재결신청서를 접수하였을 때에는 대통령령으로 정하는 바에 따라 지체 없이 이를 공고하고, 공고한 날부터 14일 이상 관계 서류의 사본을 일반인이 열람할 수 있도록 하여야 한다.
② 토지수용위원회가 제1항에 따른 공고를 하였을 때에는 관계 서류의 열람기간 중에 토지소유자 또는 관계인은 의견을 제시할 수 있다.

제32조【심리】 ① 토지수용위원회는 제31조제1항에 따른 열람기간이 지났을 때에는 지체 없이 해당 신청에 대한 조사 및 심리를 하여야 한다.
② 토지수용위원회는 심리를 할 때 필요하다고 인정하면 사업시행자, 토지소유자 및 관계인을 출석시켜 그 의견을 진술하게 할 수 있다.
③ 토지수용위원회는 제2항에 따라 사업시행자, 토지소유자 및 관계인을 출석하게 하는 경우에는 사업시행자, 토지소유자 및 관계인에게 미리 그 심리의 일시 및 장소를 통지하여야 한다.

제33조【화해의 권고】 ① 토지수용위원회는 그 재결이 있기 전에는 그 위원 3명으로 구성되는 소위원회로 하여금 사업시행자, 토지소유자 및 관계인에게 화해를 권고하게 할 수 있다. 이 경우 소위원회는 위원장이 지명하거나 위원회에서 선임한 위원으로 구성하며, 그 밖에 그 구성에 필요한 사항은 대통령령으로 정한다.
② 제1항에 따른 화해가 성립되었을 때에는 해당 토지수용위원회는 화해조서를 작성하여 화해에 참여한 위원, 사업시행자, 토지소유자 및 관계인이 서명 또는 날인을 하도록 하여야 한다.
③ 제2항에 따라 화해조서에 서명 또는 날인이 된 경우에는 당사자 간에 화해조서와 동일한 내용의 합의가 성립된 것으로 본다.

제34조【재결】 ① 토지수용위원회의 재결은 서면으로 한다.
② 제1항에 따른 재결서에는 주문 및 그 이유와 재결일을 적고, 위원장 및 회의에 참석한 위원이 기명날인한 후 그 정본(正本)을 사업시행자, 토지소유자 및 관계인에게 송달하여야 한다.

제35조【재결기간】 토지수용위원회는 제32조에 따른 심리를 시작한 날부터 14일 이내에 재결을 하여야 한다. 다만, 특별한 사유가 있을 때에는 14일의 범위에서 한 차례만 연장할 수 있다.

제36조【재결의 경정】 ① 재결에 계산상 또는 기재상의 잘못이나 그 밖에 이와 비슷한 잘못이 있는 것이 명백할 때에는 토지수용위원회는 직권으로 또는 당사자의 신청에 의하여 경정재결(更正裁決)을 할 수 있다.
② 경정재결은 원재결서(原裁決書)의 원본과 정본에 부기하여야 한다. 다만, 정본에 부기할 수 없을 때에는 경정재결의 정본을 작성하여 당사자에게 송달하여야 한다.

제37조【재결의 유탈】 토지수용위원회가 신청의 일부에 대한 재결을 빠뜨린 경우에 그 빠뜨린 부분의 신청은 계속하여 그 토지수용위원회에 계속(係屬)된다.

제38조【천재지변 시의 토지의 사용】 ① 천재지변이나 그 밖의 사변(事變)으로 인하여 공공의 안전을 유지하기 위한 공익사업을 긴급히 시행할 필요가 있을 때에는 사업시행자는 대통령령으로 정하는 바에 따라 특별자치도지사, 시장·군수 또는 구청장의 허가를 받아 즉시 타인의 토지를 사용할 수 있다. 다만, 사업시행자가 국가일 때에는 그 사업을 시행할 관계 중앙행정기관의 장이 특별자치도지사, 시장·군수 또는 구청장에게, 사업시행자가 특별시·광역시 또는 도일 때에는 특별시

장·광역시장 또는 도지사가 시장·군수 또는 구청장에게 각각 통지하고 사용할 수 있으며, 사업시행자가 특별자치도, 시·군 또는 구일 때에는 특별자치도지사, 시장·군수 또는 구청장이 허가나 통지 없이 사용할 수 있다.
② 특별자치도지사, 시장·군수 또는 구청장은 제1항에 따라 허가를 하거나 통지를 받은 경우 또는 특별자치도지사, 시장·군수·구청장이 제1항 단서에 따라 타인의 토지를 사용하려는 경우에는 대통령령으로 정하는 사항을 즉시 토지소유자 및 토지점유자에게 통지하여야 한다.
③ 제1항에 따른 토지의 사용기간은 6개월을 넘지 못한다.
④ 사업시행자는 제1항에 따라 타인의 토지를 사용함으로써 발생하는 손실을 보상하여야 한다.
⑤ 제4항에 따른 손실보상에 관하여는 제9조제5항부터 제7항까지의 규정을 준용한다.
제39조【시급한 토지 사용에 대한 허가】 ① 제28조에 따른 재결신청을 받은 토지수용위원회는 그 재결을 기다려서는 재해를 방지하기 곤란하거나 그 밖에 공공의 이익에 현저한 지장을 줄 우려가 있다고 인정할 때에는 사업시행자의 신청을 받아 대통령령으로 정하는 바에 따라 담보를 제공하게 한 후 즉시 해당 토지의 사용을 허가할 수 있다. 다만, 국가나 지방자치단체가 사업시행자인 경우에는 담보를 제공하지 아니할 수 있다.
② 제1항에 따른 토지의 사용기간은 6개월을 넘지 못한다.
③ 토지수용위원회가 제1항에 따른 허가를 하였을 때에는 제38조제2항을 준용한다.

제2절 수용 또는 사용의 효과

제40조【보상금의 지급 또는 공탁】 ① 사업시행자는 제38조 또는 제39조에 따른 사용의 경우를 제외하고는 수용 또는 사용의 개시일(토지수용위원회가 재결로써 결정한 수용 또는 사용을 시작하는 날을 말한다. 이하 같다)까지 관할 토지수용위원회가 재결한 보상금을 지급하여야 한다.
② 사업시행자는 다음 각 호의 어느 하나에 해당할 때에는 수용 또는 사용의 개시일까지 수용하거나 사용하려는 토지등의 소재지의 공탁소에 보상금을 공탁(供託)할 수 있다.
1. 보상금을 받을 자가 그 수령을 거부하거나 보상금을 수령할 수 없을 때
2. 사업시행자의 과실 없이 보상금을 받을 자를 알 수 없을 때
3. 관할 토지수용위원회가 재결한 보상금에 대하여 사업시행자가 불복할 때
4. 압류나 가압류에 의하여 보상금의 지급이 금지되었을 때
③ 사업인정고시가 된 후 권리의 변동이 있을 때에는 그 권리를 승계한 자가 제1항에 따른 보상금 또는 제2항에 따른 공탁금을 받는다.
④ 사업시행자는 제2항제3호의 경우 보상금을 받을 자에게 자기가 산정한 보상금을 지급하고 그 금액과 토지수용위원회가 재결한 보상금과의 차액(差額)을 공탁하여야 한다. 이 경우 보상금을 받을 자는 그 불복의 절차가 종결될 때까지 공탁된 보상금을 수령할 수 없다.
제41조【시급한 토지 사용에 대한 보상】 ① 제39조에 따라 토지를 사용하는 경우 토지수용위원회의 재결이 있기 전에 토지소유자나 관계인이 청구할 때에는 사업시행자는 자기가 산정한 보상금을 토지소유자나 관계인에게 지급하여야 한다.
② 토지소유자나 관계인은 사업시행자가 토지수용위원회의 재결에 따른 보상금의 지급시기까지 보상금을 지급하지 아니하면 제39조에 따라 제공된 담보의 전부 또는 일부를 취득한다.
제42조【재결의 실효】 ① 사업시행자가 수용 또는 사용의 개시일까지 관할 토지수용위원회가 재결한 보상금을 지급하거나 공탁하지 아니하였을 때에는 해당 토지수용위원회의 재결은 효력을 상실한다.
② 사업시행자는 제1항에 따라 재결의 효력이 상실됨으로 인하여 토지소유자 또는 관계인이 입은 손실을 보상하여야 한다.
③ 제2항에 따른 손실보상에 관하여는 제9조제5항부터 제7항까지의 규정을 준용한다.
제43조【토지 또는 물건의 인도 등】 토지소유자 및 관계인과 그 밖에 토지소유자나 관계인에 포함되지 아니하는 자로서 수용하거나 사용할 토지나 그 토지에 있는 물건에 관한 권리를 가진 자는 수용 또는 사용의 개시일까지 그 토지나 물건을 사업시행자에게 인도하거나 이전하여야 한다.
제44조【인도 또는 이전의 대행】 ① 특별자치도지사, 시장·군수 또는 구청장은 다음 각 호의 어느 하나에 해당할 때에는 사업시행자의 청구에 의하여 토지나 물건의 인도 또는 이전을 대행하여야 한다.
1. 토지나 물건을 인도하거나 이전하여야 할 자가 고의나 과실 없이 그 의무를 이행할 수 없을 때
2. 사업시행자가 과실 없이 토지나 물건을 인도하거나 이전하여야 할 의무가 있는 자를 알 수 없을 때
② 제1항에 따라 특별자치도지사, 시장·군수 또는 구청장이 토지나 물건의 인도 또는 이전을 대행하는 경우 그로 인한 비용은 그 의무자가 부담한다.
제45조【권리의 취득·소멸 및 제한】 ① 사업시행자는 수용의 개시일에 토지나 물건의 소유권을 취득하며, 그 토지나 물건에 관한 다른 권리는 이와 동시에 소멸한다.
② 사업시행자는 사용의 개시일에 토지나 물건의 사용권을 취득하며, 그 토지나 물건에 관한 다른 권리는 사용 기간 중에는 행사하지 못한다.
③ 토지수용위원회의 재결로 인정된 권리는 제1항 및 제2항에도 불구하고 소멸되거나 그 행사가 정지되지 아니한다.
판례 수용되는 토지에 대하여 가압류가 집행되어 있는 경우, 토지수용에 따른 가압류의 효력 및 수용 전 토지에 대한 가압류채권자가 다시 수용보상금채권에 대하여 가압류를 하더라도 수용 전 토지에 관하여 주장할 수 있었던 사유를 수용보상금채권에 대한 배당절차에서까지 주장할 수 없다.(대판 2004.4.16, 2003다64206)
판례 기업자는 토지를 수용한 날에 소유권을 취득하고 토지에 관한 다른 권리는 소멸하는 것인바, 수용되는 토지에 체납처분에 의한 압류가 집행되어 있어도 토지의 수용으로 기업자가 그 소유권을 원시취득함으로써 그 압류의 효력은 소멸하는 것이고, 토지에 대한 압류가 그 수용보상금청구권에 당연히 전이하여 효력을 미친다고 볼 수 없으므로, 수용 전 토지에 체납처분으로 압류한 체납처분청이 다시 수용보상금에 대하여 체납처분에 의한 압류를 하였다고 하여 물상대위의 법리에 의하여 수용 전 토지에 대한 체납처분에 의한 우선권이 수용보상금채권에 대한 배당절차에서 종전 순위대로 유지된다고 볼 수도 없다.(대판 2003.7.11, 2001다83777)
제46조【위험부담】 토지수용위원회의 재결이 있은 후 수용하거나 사용할 토지나 물건이 토지소유자 또는 관계인의 고의나 과실 없이 멸실되거나 훼손된 경우 그로 인한 손실은 사업시행자가 부담한다.
제47조【담보물권과 보상금】 담보물권의 목적물이 수용되거나 사용된 경우 그 담보물권은 그 목적물의 수용 또는 사용으로 인하여 채무자가 받을 보상금에 대하여 행사할 수 있다. 다만, 그 보상금이 채무자에게 지급되기 전에 압류하여야 한다.
제48조【반환 및 원상회복의 의무】 ① 사업시행자는 토지나 물건의 사용기간이 끝났을 때나 사업의 폐지·변경 또는 그 밖의 사유로 사용할 필요가 없게 되었을 때에는 지체 없이 그 토지나 물건을 그 토지나 물건의 소유자 또는 그 승계인에게 반환하여야 한다.
② 제1항의 경우에 사업시행자는 토지소유자가 원상회복을 청구하면 미리 그 손실을 보상한 경우를 제외하고는 그 토지를 원상으로 회복하여 반환하여야 한다.

제5장 토지수용위원회

제49조【설치】 토지등의 수용과 사용에 관한 재결을 하기 위하여 국토교통부에 중앙토지수용위원회를 두고, 특별시·광역시·도·특별자치도(이하 "시·도"라 한다)에 지방토지수용위원회를 둔다.(2013.3.23 본조개정)
제50조【재결사항】 ① 토지수용위원회의 재결사항은 다음 각 호와 같다.
1. 수용하거나 사용할 토지의 구역 및 사용방법
2. 손실보상
3. 수용 또는 사용의 개시일과 기간
4. 그 밖에 이 법 및 다른 법률에서 규정한 사항
② 토지수용위원회는 사업시행자, 토지소유자 또는 관계인이 신청한 범위에서 재결하여야 한다. 다만, 제1항제2호의 손실보

상의 경우에는 증액재결(增額裁決)을 할 수 있다.
(2011.8.4 본조개정)

제51조【관할】 ① 제49조에 따른 중앙토지수용위원회(이하 "중앙토지수용위원회"라 한다)는 다음 각 호의 사업의 재결에 관한 사항을 관장한다.
1. 국가 또는 시·도가 사업시행자인 사업
2. 수용하거나 사용할 토지가 둘 이상의 시·도에 걸쳐 있는 사업
② 제49조에 따른 지방토지수용위원회(이하 "지방토지수용위원회"라 한다)는 제1항 각 호 외의 사업의 재결에 관한 사항을 관장한다.
(2011.8.4 본조개정)

제52조【중앙토지수용위원회】 ① 중앙토지수용위원회는 위원장 1명을 포함한 20명 이내의 위원으로 구성하며, 위원 중 대통령령으로 정하는 수의 위원은 상임(常任)으로 한다.
② 중앙토지수용위원회의 위원장은 국토교통부장관이 되며, 위원장이 부득이한 사유로 직무를 수행할 수 없을 때에는 위원장이 지명하는 위원이 그 직무를 대행한다.(2013.3.23 본항개정)
③ 중앙토지수용위원회의 위원장은 위원회를 대표하며, 위원회의 업무를 총괄한다.
④ 중앙토지수용위원회의 상임위원은 다음 각 호의 어느 하나에 해당하는 사람 중에서 국토교통부장관의 제청으로 대통령이 임명한다.(2013.3.23 본문개정)
1. 판사·검사 또는 변호사로 15년 이상 재직하였던 사람
2. 대학에서 법률학 또는 행정학을 가르치는 부교수 이상으로 5년 이상 재직하였던 사람
3. 행정기관의 3급 공무원 또는 고위공무원단에 속하는 일반직 공무원으로 2년 이상 재직하였던 사람
⑤ 중앙토지수용위원회의 비상임위원은 토지 수용에 관한 학식과 경험이 풍부한 사람 중에서 국토교통부장관이 위촉한다.
(2013.3.23 본항개정)
⑥ 중앙토지수용위원회의 회의는 위원장이 소집하며, 위원장 및 상임위원 1명과 위원장이 회의마다 지정하는 위원 7명으로 구성한다. 다만, 위원장이 필요하다고 인정하는 경우에는 위원장 및 상임위원을 포함하여 10명 이상 20명 이내로 구성할 수 있다.(2018.12.31 단서신설)
⑦ 중앙토지수용위원회의 회의는 제6항에 따른 구성원 과반수의 출석과 출석위원 과반수의 찬성으로 의결한다.
⑧ 중앙토지수용위원회의 사무를 처리하기 위하여 사무기구를 둔다.
⑨ 중앙토지수용위원회의 상임위원의 계급 등과 사무기구의 조직에 관한 사항은 대통령령으로 정한다.
(2011.8.4 본조개정)

제53조【지방토지수용위원회】 ① 지방토지수용위원회는 위원장 1명을 포함한 20명 이내의 위원으로 구성한다.(2012.6.1 본항개정)
② 지방토지수용위원회의 위원장은 시·도지사가 되며, 위원장이 부득이한 사유로 직무를 수행할 수 없을 때에는 위원장이 지명하는 위원이 그 직무를 대행한다.
③ 지방토지수용위원회의 위원은 시·도지사가 소속 공무원 중에서 임명하는 사람 1명을 포함하여 토지 수용에 관한 학식과 경험이 풍부한 사람 중에서 위촉한다.(2012.6.1 본항개정)
④ 지방토지수용위원회의 회의는 위원장이 소집하며, 위원장과 위원장이 회의마다 지정하는 위원 8명으로 구성한다. 다만, 위원장이 필요하다고 인정하는 경우에는 위원장을 포함하여 10명 이상 20명 이내로 구성할 수 있다.(2018.12.31 단서신설)
⑤ 지방토지수용위원회의 회의는 제4항에 따른 구성원 과반수의 출석과 출석위원 과반수의 찬성으로 의결한다.(2012.6.1 본항신설)
⑥ 지방토지수용위원회에 관하여는 제52조제3항을 준용한다.
(2011.8.4 본조개정)

제54조【위원의 결격사유】 ① 다음 각 호의 어느 하나에 해당하는 사람은 토지수용위원회의 위원이 될 수 없다.
1. 피성년후견인, 피한정후견인 또는 파산선고를 받고 복권되지 아니한 사람(2015.12.29 본호개정)
2. 금고 이상의 실형을 선고받고 그 집행이 끝나거나(집행이 끝난 것으로 보는 경우를 포함한다) 집행이 면제된 날부터 2년이 지나지 아니한 사람
3. 금고 이상의 형의 집행유예를 선고받고 그 유예기간 중에 있는 사람
4. 벌금형을 선고받고 2년이 지나지 아니한 사람
② 위원이 제1항 각 호의 어느 하나에 해당하게 되면 당연히 퇴직한다.
(2011.8.4 본조개정)

제55조【임기】 토지수용위원회의 상임위원 및 위촉위원의 임기는 각각 3년으로 하며, 연임할 수 있다.

제56조【신분 보장】 위촉위원은 해당 토지수용위원회의 의결로 다음 각 호의 어느 하나에 해당하는 사유가 있다고 인정된 경우를 제외하고는 재임 중 그 의사에 반하여 해임되지 아니한다.
1. 신체상 또는 정신상의 장해로 그 직무를 수행할 수 없을 때
2. 직무상의 의무를 위반하였을 때
(2011.8.4 본조개정)

제57조【위원의 제척·기피·회피】 ① 토지수용위원회의 위원으로서 다음 각 호의 어느 하나에 해당하는 사람은 그 토지수용위원회의 회의에 참석할 수 없다.
1. 사업시행자, 토지소유자 또는 관계인
2. 사업시행자, 토지소유자 또는 관계인의 배우자·친족 또는 대리인
3. 사업시행자, 토지소유자 및 관계인이 법인인 경우에는 그 법인의 임원 또는 그 직무를 수행하는 사람
② 사업시행자, 토지소유자 및 관계인은 위원에게 공정한 심리·의결을 기대하기 어려운 사정이 있는 경우에는 그 사유를 적어 기피(忌避) 신청을 할 수 있다. 이 경우 토지수용위원회의 위원장은 기피 신청에 대하여 위원회의 의결을 거치지 아니하고 기피 여부를 결정한다.
③ 위원이 제1항 또는 제2항의 사유에 해당할 때에는 스스로 그 사건의 심리·의결에서 회피할 수 있다.
④ 사건의 심리·의결에 관한 사무에 관여하는 위원 아닌 직원에 대하여는 제1항부터 제3항까지의 규정을 준용한다.
(2011.8.4 본조개정)

제57조의2【벌칙 적용에서 공무원 의제】 토지수용위원회의 위원 중 공무원이 아닌 사람은 「형법」이나 그 밖의 법률에 따른 벌칙을 적용할 때에는 공무원으로 본다.(2017.3.21 본조신설)

제58조【심리조사상의 권한】 ① 토지수용위원회는 심리에 필요하다고 인정할 때에는 다음 각 호의 행위를 할 수 있다.
1. 사업시행자, 토지소유자, 관계인 또는 참고인에게 토지수용위원회에 출석하여 진술하게 하거나 그 의견서 또는 자료의 제출을 요구하는 것
2. 감정평가법인등이나 그 밖의 감정인에게 감정평가를 의뢰하거나 토지수용위원회에 출석하여 진술하게 하는 것
(2020.4.7 본호개정)
3. 토지수용위원회의 위원 또는 제52조제8항에 따른 사무기구의 직원이나 지방토지수용위원회의 업무를 담당하는 직원으로 하여금 실지조사를 하게 하는 것
② 제1항제3호에 따라 위원 또는 직원이 실지조사를 하는 경우에는 제13조를 준용한다.
③ 토지수용위원회는 제1항에 따른 참고인 또는 감정평가법인등이나 그 밖의 감정인에게는 국토교통부령으로 정하는 바에 따라 사업시행자의 부담으로 일당, 여비 및 감정수수료를 지급할 수 있다.(2020.4.7 본항개정)
(2011.8.4 본조개정)

제59조【위원 등의 수당 및 여비】 토지수용위원회는 위원에게 국토교통부령으로 정하는 바에 따라 수당과 여비를 지급할 수 있다. 다만, 공무원인 위원이 그 직무와 직접 관련하여 출석한 경우에는 그러하지 아니하다.(2013.3.23 본문개정)

제60조【운영세칙】 토지수용위원회의 운영 등에 필요한 사항은 대통령령으로 정한다.(2011.8.4 본조개정)

제60조의2【재결정보체계의 구축·운영 등】 ① 국토교통부장관은 시·도지사와 협의하여 토지등의 수용과 사용에 관한 재결업무의 효율적인 수행과 관련 정보의 체계적인 관리를 위하여 재결정보체계를 구축·운영할 수 있다.

② 국토교통부장관은 제1항에 따른 재결정보체계의 구축·운영에 관한 업무를 대통령령으로 정하는 법인, 단체 또는 기관에 위탁할 수 있다. 이 경우 위탁관리에 드는 경비의 전부 또는 일부를 지원할 수 있다.
③ 재결정보체계의 구축 및 운영에 필요한 사항은 국토교통부령으로 정한다.
(2017.3.21 본조신설)

제6장 손실보상 등
(2011.8.4 본장개정)

제1절 손실보상의 원칙

제61조【사업시행자 보상】 공익사업에 필요한 토지등의 취득 또는 사용으로 인하여 토지소유자나 관계인이 입은 손실은 사업시행자가 보상하여야 한다.
제62조【사전보상】 사업시행자는 해당 공익사업을 위한 공사에 착수하기 이전에 토지소유자와 관계인에게 보상액 전액(全額)을 지급하여야 한다. 다만, 제38조에 따른 천재지변 시의 토지 사용과 제39조에 따른 시급한 토지 사용의 경우 또는 토지소유자 및 관계인의 승낙이 있는 경우에는 그러하지 아니하다.
제63조【현금보상 등】 ① 손실보상은 다른 법률에 특별한 규정이 있는 경우를 제외하고는 현금으로 지급하여야 한다. 다만, 토지소유자가 원하는 경우로서 사업시행자가 해당 공익사업의 합리적인 토지이용계획과 사업계획 등을 고려하여 토지로 보상이 가능한 경우에는 토지소유자가 받을 보상금 중 본문에 따른 현금 또는 제7항 및 제8항에 따른 채권으로 보상받는 금액을 제외한 부분에 대하여 다음 각 호에서 정하는 기준과 절차에 따라 그 공익사업의 시행으로 조성한 토지로 보상할 수 있다.
1. 토지로 보상받을 수 있는 자 : 토지의 보유기간 등 대통령령으로 정하는 요건을 갖춘 자로서 「건축법」 제57조제1항에 따른 대지의 분할 제한 면적 이상의 토지를 사업시행자에게 양도한 자(공익사업을 위한 관계 법령에 따른 고시 등이 있은 날 당시 다음 각 목의 어느 하나에 해당하는 기관에 종사하는 자 및 종사하였던 날부터 10년이 경과하지 아니한 자는 제외한다)가 된다. 이 경우 대상자가 경합(競合)할 때에는 제7항제2호에 따른 부재부동산(不在不動産) 소유자가 아닌 자 중 해당 공익사업지구 내 거주하는 자로서 토지 보유기간이 오래된 자 순으로 토지로 보상하며, 그 밖의 우선순위 및 대상자 결정방법 등은 사업시행자가 정하여 공고한다.(2022.2.3 본문개정)
   가. 국토교통부
   나. 사업시행자
   다. 제21조제2항에 따라 협의하거나 의견을 들어야 하는 공익사업의 허가·인가·승인 등을 하는 기관
   라. 공익사업을 위한 관계 법령에 따른 고시 등이 있기 전에 관계 법령에 따라 실시한 협의, 의견청취 등의 대상인 중앙행정기관, 지방자치단체, 「공공기관의 운영에 관한 법률」 제4조에 따른 공공기관 및 「지방공기업법」에 따른 지방공기업
   (2022.2.3 가목~라목신설)
2. 보상하는 토지가격의 산정 기준금액 : 다른 법률에 특별한 규정이 있는 경우를 제외하고는 일반 분양가격으로 한다.
3. 보상기준 등의 공고 : 제15조에 따라 보상계획을 공고할 때에 토지로 보상하는 기준을 포함하여 공고하거나 토지로 보상하는 기준을 따로 일간신문에 공고할 것이라는 내용을 포함하여 공고한다.

② 제1항 단서에 따라 토지소유자에게 토지로 보상하는 면적은 사업시행자가 그 공익사업의 토지이용계획과 사업계획 등을 고려하여 정한다. 이 경우 그 보상면적은 주택용지는 990제곱미터, 상업용지는 1천100제곱미터를 초과할 수 없다.
③ 제1항 단서에 따라 토지로 보상받기로 결정된 권리(제4항에 따라 현금으로 보상받을 권리를 포함한다)는 그 보상계약의 체결일부터 소유권이전등기를 마칠 때까지 전매(매매, 증여, 그 밖에 권리의 변동을 수반하는 모든 행위를 포함하되, 상속 및 「부동산투자회사법」에 따른 개발전문 부동산투자회사에 현물출자를 하는 경우는 제외한다)할 수 없으며, 이를 위반하거나 해당 공익사업과 관련하여 다음 각 호의 어느 하나에 해당하는 경우에 사업시행자는 토지로 보상하기로 한 보상금을 현금으로 보상하여야 한다. 이 경우 현금보상액에 대한 이자율은 제9항제1호가목에 따른 이자율의 2분의 1로 한다.(2022.2.3 전단개정)
1. 제93조, 제96조 및 제97조제2호의 어느 하나에 해당하는 위반행위를 한 경우
2. 「농지법」 제57조부터 제61조까지의 어느 하나에 해당하는 위반행위를 한 경우
3. 「산지관리법」 제53조, 제54조제1호·제2호·제3호의2·제4호부터 제8호까지 및 제55조제1호·제2호·제4호부터 제10호까지의 어느 하나에 해당하는 위반행위를 한 경우
4. 「공공주택 특별법」 제57조제1항 및 제58조제1항제1호의 어느 하나에 해당하는 위반행위를 한 경우
5. 「한국토지주택공사법」 제28조의 위반행위를 한 경우
(2022.2.3 1호~5호신설)

④ 제1항 단서에 따라 토지소유자가 토지로 보상받기로 한 경우 그 보상계약 체결일부터 1년이 지나면 이를 현금으로 전환하여 보상하여 줄 것을 요청할 수 있다. 이 경우 현금보상액에 대한 이자율은 제9항제2호가목에 따른 이자율로 한다.
⑤ 사업시행자는 해당 사업계획의 변경 등 국토교통부령으로 정하는 사유로 보상하기로 한 토지의 전부 또는 일부를 토지로 보상할 수 없는 경우에는 현금으로 보상할 수 있다. 이 경우 현금보상액에 대한 이자율은 제9항제2호가목에 따른 이자율로 한다.(2013.3.23 전단개정)
⑥ 사업시행자는 토지소유자가 다음 각 호의 어느 하나에 해당하여 토지로 보상받기로 한 보상금에 대하여 현금보상을 요청한 경우에는 현금으로 보상하여야 한다. 이 경우 현금보상액에 대한 이자율은 제9항제2호가목에 따른 이자율로 한다.
1. 국세 및 지방세의 체납처분 또는 강제집행을 받는 경우
2. 세대원 전원이 해외로 이주하거나 2년 이상 해외에 체류하려는 경우
3. 그 밖에 제1호·제2호와 유사한 경우로서 국토교통부령으로 정하는 경우(2013.3.23 본호개정)

⑦ 사업시행자가 국가, 지방자치단체, 그 밖에 대통령령으로 정하는 「공공기관의 운영에 관한 법률」에 따라 지정·고시된 공공기관 및 공공단체인 경우로서 다음 각 호의 어느 하나에 해당되는 경우에는 제1항 본문에도 불구하고 해당 사업시행자가 발행하는 채권으로 지급할 수 있다.
1. 토지소유자나 관계인이 원하는 경우
2. 사업인정을 받은 사업의 경우에는 대통령령으로 정하는 부재부동산 소유자의 토지에 대한 보상금이 대통령령으로 정하는 일정 금액을 초과하는 경우로서 그 초과하는 금액에 대하여 보상하는 경우

⑧ 토지투기가 우려되는 지역으로서 대통령령으로 정하는 지역에서 다음 각 호의 어느 하나에 해당하는 공익사업을 시행하는 자 중 대통령령으로 정하는 「공공기관의 운영에 관한 법률」에 따라 지정·고시된 공공기관 및 공공단체는 제7항에도 불구하고 제7항제2호에 따른 부재부동산 소유자의 토지에 대한 보상금 중 대통령령으로 정하는 1억원 이상의 일정 금액을 초과하는 부분에 대하여는 해당 사업시행자가 발행하는 채권으로 지급하여야 한다.
1. 「택지개발촉진법」에 따른 택지개발사업
2. 「산업입지 및 개발에 관한 법률」에 따른 산업단지개발사업
3. 그 밖에 대규모 개발사업으로서 대통령령으로 정하는 사업

⑨ 제7항 및 제8항에 따라 채권으로 지급하는 경우 채권의 상환 기한은 5년을 넘지 아니하는 범위에서 정하여야 하며, 그 이자율은 다음 각 호와 같다.
1. 제7항제2호 및 제8항에 따라 부재부동산 소유자에게 채권으로 지급하는 경우
   가. 상환기한이 3년 이하인 채권 : 3년 만기 정기예금 이자율(채권발행일 전달의 이자율로서, 「은행법」에 따라 설립된 은행 중 전국을 영업구역으로 하는 은행이 적용하는 이자율을 평균한 이자율로 한다)

나. 상환기한이 3년 초과 5년 이하인 채권 : 5년 만기 국고채 금리(채권발행일 전달의 국고채 평균 유통금리로 한다)
2. 부재부동산 소유자가 아닌 자가 원하여 채권으로 지급하는 경우
가. 상환기한이 3년 이하인 채권 : 3년 만기 국고채 금리(채권발행일 전달의 국고채 평균 유통금리로 한다)로 하되, 제1호가목에 따른 3년 만기 정기예금 이자율이 3년 만기 국고채 금리보다 높은 경우에는 3년 만기 정기예금 이자율을 적용한다.
나. 상환기한이 3년 초과 5년 이하인 채권 : 5년 만기 국고채 금리(채권발행일 전달의 국고채 평균 유통금리로 한다)

제64조【개인별 보상】 손실보상은 토지소유자나 관계인에게 개인별로 하여야 한다. 다만, 개인별로 보상액을 산정할 수 없을 때에는 그러하지 아니하다.

제65조【일괄보상】 사업시행자는 동일한 사업지역에 보상시기를 달리하는 동일인 소유의 토지등이 여러 개 있는 경우 토지소유자나 관계인이 요구할 때에는 한꺼번에 보상금을 지급하도록 하여야 한다.

제66조【사업시행 이익과의 상계금지】 사업시행자는 동일한 소유자에게 속하는 일단(一團)의 토지의 일부를 취득하거나 사용하는 경우 해당 공익사업의 시행으로 인하여 잔여지(殘餘地)의 가격이 증가하거나 그 밖의 이익이 발생한 경우에도 그 이익을 그 취득 또는 사용으로 인한 손실과 상계(相計)할 수 없다.

제67조【보상액의 가격시점 등】 ① 보상액의 산정은 협의에 의한 경우에는 협의 성립 당시의 가격을, 재결에 의한 경우에는 수용 또는 사용의 재결 당시의 가격을 기준으로 한다.
② 보상액을 산정할 경우에 해당 공익사업으로 인하여 토지등의 가격이 변동되었을 때에는 이를 고려하지 아니한다.

제68조【보상액의 산정】 ① 사업시행자는 토지등에 대한 보상액을 산정하려는 경우에는 감정평가법인등 3인(제2항에 따라 시·도지사와 토지소유자가 모두 감정평가법인등을 추천하지 아니하거나 시·도지사 또는 토지소유자 어느 한쪽이 감정평가법인등을 추천하지 아니하는 경우에는 2인)을 선정하여 토지등의 평가를 의뢰하여야 한다. 다만, 사업시행자가 국토교통부령으로 정하는 기준에 따라 직접 보상액을 산정할 수 있을 때에는 그러하지 아니하다.(2020.4.7 본문개정)
② 제1항 본문에 따라 사업시행자가 감정평가법인등을 선정할 때 해당 토지를 관할하는 시·도지사와 토지소유자는 대통령령으로 정하는 바에 따라 감정평가법인등을 각 1인씩 추천할 수 있다. 이 경우 사업시행자는 추천된 감정평가법인등을 포함하여 선정하여야 한다.(2020.4.7 본항개정)
③ 제1항 및 제2항에 따른 평가 의뢰의 절차 및 방법, 보상액의 산정기준 등에 관하여 필요한 사항은 국토교통부령으로 정한다.(2013.3.23 본항개정)

제69조【보상채권의 발행】 ① 국가는 「도로법」에 따른 도로공사, 「산업입지 및 개발에 관한 법률」에 따른 산업단지개발사업, 「철도의 건설 및 철도시설 유지관리에 관한 법률」에 따른 철도의 건설사업, 「항만법」에 따른 항만개발사업, 그 밖에 대통령령으로 정하는 공익사업을 위한 토지등의 취득 또는 사용으로 인하여 토지소유자 및 관계인이 입은 손실을 보상하기 위하여 제63조제7항에 따라 채권으로 지급하는 경우에는 다음 각 호의 회계의 부담으로 보상채권을 발행할 수 있다.
(2020.1.29 본문개정)
1. 일반회계
2. 교통시설특별회계
② 보상채권은 제1항 각 호의 회계를 관리하는 관계 중앙행정기관의 장의 요청으로 기획재정부장관이 발행한다.
③ 기획재정부장관은 보상채권을 발행하려는 경우에는 회계별로 국회의 의결을 받아야 한다.
④ 보상채권은 토지소유자 및 관계인에게 지급함으로써 발행한다.
⑤ 보상채권은 양도하거나 담보로 제공할 수 있다.
⑥ 보상채권의 발행방법, 이자율의 결정방법, 상환방법, 그 밖에 보상채권 발행에 필요한 사항은 대통령령으로 정한다.
⑦ 보상채권의 발행에 관하여 이 법에 특별한 규정이 있는 경우를 제외하고는 「국채법」에서 정하는 바에 따른다.

제2절 손실보상의 종류와 기준 등

제70조【취득하는 토지의 보상】 ① 협의나 재결에 의하여 취득하는 토지에 대하여는 「부동산 가격공시에 관한 법률」에 따른 공시지가를 기준으로 하여 보상하되, 그 공시기준일부터 가격시점까지의 관계 법령에 따른 그 토지의 이용계획, 해당 공익사업으로 인한 지가의 영향을 받지 아니하는 지역의 대통령령으로 정하는 지가변동률, 생산자물가상승률(「한국은행법」 제86조에 따라 한국은행이 조사·발표하는 생산자물가지수에 따라 산정된 비율을 말한다)과 그 밖에 그 토지의 위치·형상·환경·이용상황 등을 고려하여 평가한 적정가격으로 보상하여야 한다.(2016.1.19 본항개정)
② 토지에 대한 보상액은 가격시점에서의 현실적인 이용상황과 일반적인 이용방법에 의한 객관적 상황을 고려하여 산정하되, 일시적인 이용상황과 토지소유자나 관계인이 갖는 주관적 가치 및 특별한 용도에 사용할 것을 전제로 한 경우 등은 고려하지 아니한다.
③ 사업인정 전 협의에 의한 취득의 경우에 제1항에 따른 공시지가는 해당 토지의 가격시점 당시 공시된 공시지가 중 가격시점과 가장 가까운 시점에 공시된 공시지가로 한다.
④ 사업인정 후의 취득의 경우에 제1항에 따른 공시지가는 사업인정고시일 전의 시점을 공시기준일로 하는 공시지가로서, 해당 토지에 관한 협의의 성립 또는 재결 당시 공시된 공시지가 중 그 사업인정고시일과 가장 가까운 시점에 공시된 공시지가로 한다.
⑤ 제3항 및 제4항에도 불구하고 공익사업의 계획 또는 시행이 공고되거나 고시됨으로 인하여 취득하여야 할 토지의 가격이 변동되었다고 인정되는 경우에는 제1항에 따른 공시지가는 해당 공고일 또는 고시일 전의 시점을 공시기준일로 하는 공시지가로서 그 토지의 가격시점 당시 공시된 공시지가 중 그 공익사업의 공고일 또는 고시일과 가장 가까운 시점에 공시된 공시지가로 한다.
⑥ 취득하는 토지와 이에 관한 소유권 외의 권리에 대한 구체적인 보상액 산정 및 평가방법은 투자비용, 예상수익 및 거래가격 등을 고려하여 국토교통부령으로 정한다.(2013.3.23 본항개정)

제71조【사용하는 토지의 보상 등】 ① 협의 또는 재결에 의하여 사용하는 토지에 대하여는 그 토지와 인근 유사토지의 지료(地料), 임대료, 사용방법, 사용기간 및 그 토지의 가격 등을 고려하여 평가한 적정가격으로 보상하여야 한다.
② 사용하는 토지와 그 지하 및 지상의 공간 사용에 대한 구체적인 보상액 산정 및 평가방법은 투자비용, 예상수익 및 거래가격 등을 고려하여 국토교통부령으로 정한다.(2013.3.23 본항개정)

제72조【사용하는 토지의 매수청구 등】 사업인정고시가 된 후 다음 각 호의 어느 하나에 해당할 때에는 해당 토지소유자는 사업시행자에게 해당 토지의 매수를 청구하거나 관할 토지수용위원회에 그 토지의 수용을 청구할 수 있다. 이 경우 관계인은 사업시행자나 관할 토지수용위원회에 그 권리의 존속(存續)을 청구할 수 있다.
1. 토지를 사용하는 기간이 3년 이상인 경우
2. 토지의 사용으로 인하여 토지의 형질이 변경되는 경우
3. 사용하려는 토지에 그 토지소유자의 건축물이 있는 경우

[판례] 불법적 공용사용에 대한 수용청구권배제 사건 : '적법한 공용사용'의 경우에 한정하여 수용청구권을 인정한 것은 공용제한에 대한 손실보상을 정하는 법의 취지에 따른 결과로서 입법목적을 달성하기 위한 합리적 수단이며, 불법적 사용에 대해서는 법적인 구제수단이 따로 마련되어 있어 반드시 수용청구권을 부여할 필요는 없다.(헌재결 2005.7.21, 2004헌바57 전원재판부)

제73조【잔여지의 손실과 공사비 보상】 ① 사업시행자는 동일한 소유자에게 속하는 일단의 토지의 일부가 취득되거나 사용됨으로 인하여 잔여지의 가격이 감소하거나 그 밖의 손실이 있을 때 또는 잔여지에 통로·도랑·담장 등의 신설이나 그 밖의 공사가 필요할 때에는 국토교통부령으로 정하는 바에 따라 그 손실이나 공사의 비용을 보상하여야 한다. 다만, 잔여지의 가격 감소분과 잔여지에 대한 공사의 비용을

합한 금액이 잔여지의 가격보다 큰 경우에는 사업시행자는 그 잔여지를 매수할 수 있다.(2013.3.23 본문개정)
② 제1항 본문에 따른 손실 또는 비용의 보상은 관계 법률에 따라 사업이 완료된 날 또는 제24조의2에 따른 사업완료의 고시가 있는 날(이하 "사업완료일"이라 한다)부터 1년이 지난 후에는 청구할 수 없다.(2021.8.10 본항개정)
③ 사업인정고시가 된 후 제1항 단서에 따라 사업시행자가 잔여지를 매수하는 경우 그 잔여지에 대하여는 제20조에 따른 사업인정 및 제22조에 따른 사업인정고시가 된 것으로 본다.
④ 제1항에 따른 손실 또는 비용의 보상이나 토지의 취득에 관하여는 제9조제6항 및 제7항을 준용한다.
⑤ 제1항 단서에 따라 매수하는 잔여지 및 잔여지에 있는 물건에 대한 구체적인 보상액 산정 및 평가방법 등에 대하여는 제70조, 제75조, 제76조, 제77조, 제78조제4항, 같은 조 제6항 및 제7항을 준용한다.(2022.2.3 본항개정)
제74조 【잔여지 등의 매수 및 수용 청구】 ① 동일한 소유자에게 속하는 일단의 토지의 일부가 협의에 의하여 매수되거나 수용됨으로 인하여 잔여지를 종래의 목적에 사용하는 것이 현저히 곤란할 때에는 해당 토지소유자는 사업시행자에게 잔여지를 매수하여 줄 것을 청구할 수 있으며, 사업인정 이후에는 관할 토지수용위원회에 수용을 청구할 수 있다. 이 경우 수용의 청구는 매수에 관한 협의가 성립되지 아니한 경우에만 할 수 있으며, 사업완료일까지 하여야 한다.(2021.8.10 후단개정)
② 제1항에 따라 매수 또는 수용의 청구가 있는 잔여지 및 잔여지에 있는 물건에 관하여 권리를 가진 자는 사업시행자나 관할 토지수용위원회에 그 권리의 존속을 청구할 수 있다.
③ 제1항에 따른 토지의 취득에 관하여는 제73조제3항을 준용한다.
④ 잔여지 및 잔여지에 있는 물건에 대한 구체적인 보상액 산정 및 평가방법 등에 대하여는 제70조, 제75조, 제76조, 제77조, 제78조제4항, 같은 조 제6항 및 제7항을 준용한다.(2022.2.3 본항개정)
제75조 【건축물등 물건에 대한 보상】 ① 건축물·입목·공작물과 그 밖에 토지에 정착한 물건(이하 "건축물등"이라 한다)에 대하여는 이전에 필요한 비용(이하 "이전비"라 한다)으로 보상하여야 한다. 다만, 다음 각 호의 어느 하나에 해당하는 경우에는 해당 물건의 가격으로 보상하여야 한다.
1. 건축물등을 이전하기 어렵거나 그 이전으로 인하여 건축물등을 종래의 목적대로 사용할 수 없게 된 경우
2. 건축물등의 이전비가 그 물건의 가격을 넘는 경우
3. 사업시행자가 공익사업에 직접 사용할 목적으로 취득하는 경우
② 농작물에 대한 손실은 그 종류와 성장의 정도 등을 종합적으로 고려하여 보상하여야 한다.
③ 토지에 속한 흙·돌·모래 또는 자갈(흙·돌·모래 또는 자갈이 해당 토지와 별도로 취득 또는 사용의 대상이 되는 경우만 해당한다)에 대하여는 거래가격 등을 고려하여 평가한 적정가격으로 보상하여야 한다.
④ 분묘에 대하여는 이장(移葬)에 드는 비용 등을 산정하여 보상하여야 한다.
⑤ 사업시행자는 사업예정지에 있는 건축물등이 제1항제1호 또는 제2호에 해당하는 경우에는 관할 토지수용위원회에 그 물건의 수용 재결을 신청할 수 있다.
⑥ 제1항부터 제4항까지의 규정에 따른 물건 및 그 밖의 물건에 대한 보상액의 구체적인 산정 및 평가방법과 보상기준은 국토교통부령으로 정한다.(2013.3.23 본항개정)
제75조의2 【잔여 건축물의 손실에 대한 보상 등】 ① 사업시행자는 동일한 소유자에게 속하는 일단의 건축물의 일부가 취득되거나 사용됨으로 인하여 잔여 건축물의 가격이 감소하거나 그 밖의 손실이 있을 때에는 국토교통부령으로 정하는 바에 따라 그 손실을 보상하여야 한다. 다만, 잔여 건축물의 가격 감소분과 보수비(건축물의 나머지 부분을 종래의 목적대로 사용할 수 있도록 그 유용성을 동일하게 유지하는 데에 일반적으로 필요하다고 볼 수 있는 공사에 사용되는 비용을 말한다. 다만, 「건축법」 등 관계 법령에 따라 요구되는 시설 개선에 필요한 비용은 포함하지 아니한다)를 합한 금액이 잔여 건축물의 가격보다 큰 경우에는 사업시행자는 그 잔여 건축물을 매수할 수 있다.(2013.3.23 본문개정)
② 동일한 소유자에게 속하는 일단의 건축물의 일부가 협의에 의하여 매수되거나 수용됨으로 인하여 잔여 건축물을 종래의 목적에 사용하는 것이 현저히 곤란할 때에는 그 건축물소유자는 사업시행자에게 잔여 건축물을 매수하여 줄 것을 청구할 수 있으며, 사업인정 이후에는 관할 토지수용위원회에 수용을 청구할 수 있다. 이 경우 수용 청구는 매수에 관한 협의가 성립되지 아니한 경우에만 하되, 사업완료일까지 하여야 한다.(2021.8.10 후단개정)
③ 제1항에 따른 보상 및 잔여 건축물의 취득에 관하여는 제9조제6항 및 제7항을 준용한다.
④ 제1항 본문에 따른 보상에 관하여는 제73조제2항을 준용하고, 제1항 단서 및 제2항에 따른 잔여 건축물의 취득에 관하여는 제73조제3항을 준용한다.
⑤ 제1항 단서 및 제2항에 따라 취득하는 잔여 건축물에 대한 구체적인 보상액 산정 및 평가방법 등에 대하여는 제70조, 제75조, 제76조, 제77조, 제78조제4항, 같은 조 제6항 및 제7항을 준용한다.(2022.2.3 본항개정)
제76조 【권리의 보상】 ① 광업권·어업권·양식업권 및 물(용수시설을 포함한다) 등의 사용에 관한 권리에 대하여는 투자비용, 예상 수익 및 거래가격 등을 고려하여 평가한 적정가격으로 보상하여야 한다.(2019.8.27 본항개정)
② 제1항에 따른 보상액의 구체적인 산정 및 평가방법은 국토교통부령으로 정한다.(2013.3.23 본항개정)
제77조 【영업의 손실 등에 대한 보상】 ① 영업을 폐업하거나 휴업함에 따른 영업손실에 대하여는 영업이익과 시설의 이전비용 등을 고려하여 보상하여야 한다.(2020.6.9 본항개정)
② 농업의 손실에 대하여는 농지의 단위면적당 소득 등을 고려하여 실제 경작자에게 보상하여야 한다. 다만, 농지소유자가 해당 지역에 거주하는 농민인 경우에는 농지소유자와 실제 경작자가 협의하는 바에 따라 보상할 수 있다.
③ 휴직하거나 실직하는 근로자의 임금손실에 대하여는 「근로기준법」에 따른 평균임금 등을 고려하여 보상하여야 한다.
④ 제1항부터 제3항까지의 규정에 따른 보상액의 구체적인 산정 및 평가 방법과 보상기준, 제2항에 따른 실제 경작자 인정기준에 관한 사항은 국토교통부령으로 정한다.(2013.3.23 본항개정)
제78조 【이주대책의 수립 등】 ① 사업시행자는 공익사업의 시행으로 인하여 주거용 건축물을 제공함에 따라 생활의 근거를 상실하게 되는 자(이하 "이주대책대상자"라 한다)를 위하여 대통령령으로 정하는 바에 따라 이주대책을 수립·실시하거나 이주정착금을 지급하여야 한다.
② 사업시행자는 제1항에 따라 이주대책을 수립하려면 미리 관할 지방자치단체의 장과 협의하여야 한다.
③ 국가나 지방자치단체는 이주대책의 실시에 따른 주택지의 조성 및 주택의 건설에 대하여는 「주택도시기금법」에 따른 주택도시기금을 우선적으로 지원하여야 한다.(2015.1.6 본항개정)
④ 이주대책의 내용에는 이주정착지(이주대책의 실시로 건설하는 주택단지를 포함한다)에 대한 도로, 급수시설, 배수시설, 그 밖의 공공시설 등 통상적인 수준의 생활기본시설이 포함되어야 하며, 이에 필요한 비용은 사업시행자가 부담한다. 다만, 행정청이 아닌 사업시행자가 이주대책을 수립·실시하는 경우에 지방자치단체는 비용의 일부를 보조할 수 있다.
⑤ 제1항에 따라 이주대책의 실시에 따른 주택지 또는 주택을 공급받기로 결정된 권리는 소유권이전등기를 마칠 때까지 전매(매매, 증여, 그 밖에 권리의 변동을 수반하는 모든 행위를 포함하되, 상속은 제외한다)할 수 없으며, 이를 위반하거나 해당 공익사업과 관련하여 다음 각 호의 어느 하나에 해당하는 경우에 사업시행자는 이주대책의 실시가 아닌 이주정착금으로 지급하여야 한다.
1. 제93조, 제96조 및 제97조제2호의 어느 하나에 해당하는 위반행위를 한 경우
2. 「공공주택 특별법」 제57조제1항 및 제58조제1항제1호의 어느 하나에 해당하는 위반행위를 한 경우
3. 「한국토지주택공사법」 제28조의 위반행위를 한 경우
(2022.2.3 본항신설)

⑥ 주거용 건물의 거주자에 대하여는 주거 이전에 필요한 비용과 가재도구 등 동산의 운반에 필요한 비용을 산정하여 보상하여야 한다.
⑦ 공익사업의 시행으로 인하여 영위하던 농업·어업을 계속할 수 없게 되어 다른 지역으로 이주하는 농민·어민이 받을 보상금이 없거나 그 총액이 국토교통부령으로 정하는 금액에 미치지 못하는 경우에는 그 금액 또는 그 차액을 보상하여야 한다.(2013.3.23 본항개정)
⑧ 사업시행자는 해당 공익사업이 시행되는 지역에 거주하고 있는 「국민기초생활 보장법」 제2조제1호·제11호에 따른 수급권자 및 차상위계층이 취업을 희망하는 경우에는 그 공익사업과 관련된 업무에 우선적으로 고용할 수 있으며, 이들의 취업 알선을 위하여 노력하여야 한다.
⑨ 제4항에 따른 생활기본시설에 필요한 비용의 기준은 대통령령으로 정한다.
⑩ 제5항 및 제6항에 따른 보상에 대하여는 국토교통부령으로 정하는 기준에 따른다.(2013.3.23 본항개정)

제78조의2【공장의 이주대책 수립 등】 사업시행자는 대통령령으로 정하는 공익사업의 시행으로 인하여 공장부지가 협의 양도되거나 수용됨에 따라 더 이상 해당 지역에서 공장(「산업집적활성화 및 공장설립에 관한 법률」 제2조제1호에 따른 공장을 말한다)을 가동할 수 없게 된 자가 희망하는 경우 「산업입지 및 개발에 관한 법률」에 따라 지정·개발된 인근 산업단지에 입주하게 하는 등 대통령령으로 정하는 이주대책에 관한 계획을 수립하여야 한다.

제79조【그 밖의 토지에 관한 비용보상 등】 ① 사업시행자는 공익사업의 시행으로 인하여 취득하거나 사용하는 토지(잔여지를 포함한다) 외의 토지에 통로·도랑·담장 등의 신설이나 그 밖의 공사가 필요할 때에는 그 비용의 전부 또는 일부를 보상하여야 한다. 다만, 그 토지에 대한 공사의 비용이 그 토지의 가격보다 큰 경우에는 사업시행자는 그 토지를 매수할 수 있다.
② 공익사업이 시행되는 지역 밖에 있는 토지등이 공익사업의 시행으로 인하여 본래의 기능을 다할 수 없게 되는 경우에는 국토교통부령으로 정하는 바에 따라 그 손실을 보상하여야 한다.(2013.3.23 본항개정)
③ 사업시행자는 제2항에 따른 보상이 필요하다고 인정하는 경우에는 제15조에 따라 보상계획을 공고할 때에 보상을 청구할 수 있다는 내용을 포함하여 공고하거나 대통령령으로 정하는 바에 따라 제2항에 따른 보상에 관한 계획을 공고하여야 한다.
④ 제1항부터 제3항까지에서 규정한 사항 외에 공익사업의 시행으로 인하여 발생하는 손실의 보상 등에 대하여는 국토교통부령으로 정하는 기준에 따른다.(2013.3.23 본항개정)
⑤ 제1항 본문 및 제2항에 따른 비용 또는 손실의 보상에 관하여는 제73조제2항을 준용한다.
⑥ 제1항 단서에 따른 토지의 취득에 관하여는 제73조제3항을 준용한다.
⑦ 제1항 단서에 따라 취득하는 토지에 대한 구체적인 보상액 산정 및 평가 방법 등에 대하여는 제70조, 제75조, 제76조, 제77조, 제78조제4항, 같은 조 제6항 및 제7항을 준용한다.(2022.2.3 본항개정)

제80조【손실보상의 협의·재결】 ① 제79조제1항 및 제2항에 따른 비용 또는 손실이나 토지의 취득에 대한 보상은 사업시행자와 손실을 입은 자가 협의하여 결정한다.
② 제1항에 따른 협의가 성립되지 아니하였을 때에는 사업시행자나 손실을 입은 자는 대통령령으로 정하는 바에 따라 관할 토지수용위원회에 재결을 신청할 수 있다.

제81조【보상업무 등의 위탁】 ① 사업시행자는 보상 또는 이주대책에 관한 업무를 다음 각 호의 기관에 위탁할 수 있다.
1. 지방자치단체
2. 보상실적이 있거나 보상업무에 관한 전문성이 있는 「공공기관의 운영에 관한 법률」 제4조에 따른 공공기관 또는 「지방공기업법」에 따른 지방공사로서 대통령령으로 정하는 기관
② 제1항에 따른 위탁 시 업무범위, 수수료 등에 관하여 필요한 사항은 대통령령으로 정한다.

제82조【보상협의회】 ① 공익사업이 시행되는 해당 지방자치단체의 장은 필요한 경우에는 다음 각 호의 사항을 협의하기 위하여 보상협의회를 둘 수 있다. 다만, 대통령령으로 정하는 규모 이상의 공익사업을 시행하는 경우에는 대통령령으로 정하는 바에 따라 보상협의회를 두어야 한다.
1. 보상액 평가를 위한 사전 의견수렴에 관한 사항
2. 잔여지의 범위 및 이주대책 수립에 관한 사항
3. 해당 사업지역 내 공공시설의 이전 등에 관한 사항
4. 토지소유자나 관계인 등이 요구하는 사항 중 지방자치단체의 장이 필요하다고 인정하는 사항
5. 그 밖에 지방자치단체의 장이 회의에 부치는 사항
② 보상협의회 위원은 다음 각 호의 사람 중에서 해당 지방자치단체의 장이 임명하거나 위촉한다. 다만, 제1항 각 호 외의 부분 단서에 따라 보상협의회를 설치하는 경우에는 대통령령으로 정하는 사람이 임명하거나 위촉한다.
1. 토지소유자 및 관계인
2. 법관, 변호사, 공증인 또는 감정평가나 보상업무에 5년 이상 종사한 경험이 있는 사람
3. 해당 지방자치단체의 공무원
4. 사업시행자
③ 보상협의회의 설치·구성 및 운영 등에 필요한 사항은 대통령령으로 정한다.

제7장 이의신청 등
(2011.8.4 본장개정)

제83조【이의의 신청】 ① 중앙토지수용위원회의 제34조에 따른 재결에 이의가 있는 자는 중앙토지수용위원회에 이의를 신청할 수 있다.
② 지방토지수용위원회의 제34조에 따른 재결에 이의가 있는 자는 해당 지방토지수용위원회를 거쳐 중앙토지수용위원회에 이의를 신청할 수 있다.
③ 제1항 및 제2항에 따른 이의의 신청은 재결서의 정본을 받은 날부터 30일 이내에 하여야 한다.

제84조【이의신청에 대한 재결】 ① 중앙토지수용위원회는 제83조에 따른 이의신청을 받은 경우 제34조에 따른 재결이 위법하거나 부당하다고 인정할 때에는 그 재결의 전부 또는 일부를 취소하거나 보상액을 변경할 수 있다.
② 제1항에 따라 보상금이 늘어난 경우 사업시행자는 재결의 취소 또는 변경의 재결서 정본을 받은 날부터 30일 이내에 보상금을 받을 자에게 그 늘어난 보상금을 지급하여야 한다. 다만, 제40조제2항제1호·제2호 또는 제4호에 해당할 때에는 그 금액을 공탁할 수 있다.

제85조【행정소송의 제기】 ① 사업시행자, 토지소유자 또는 관계인은 제34조에 따른 재결에 불복할 때에는 재결서를 받은 날부터 90일 이내에, 이의신청을 거쳤을 때에는 이의신청에 대한 재결서를 받은 날부터 60일 이내에 각각 행정소송을 제기할 수 있다. 이 경우 사업시행자는 행정소송을 제기하기 전에 제84조에 따라 늘어난 보상금을 공탁하여야 하며, 보상금을 받을 자는 공탁된 보상금을 소송이 종결될 때까지 수령할 수 없다.(2018.12.31 전단개정)
② 제1항에 따라 제기하려는 행정소송이 보상금의 증감(增減)에 관한 소송인 경우 그 소송을 제기하는 자가 토지소유자 또는 관계인일 때에는 사업시행자를, 사업시행자일 때에는 토지소유자 또는 관계인을 각각 피고로 한다.

제86조【이의신청에 대한 재결의 효력】 ① 제85조제1항에 따른 기간 이내에 소송이 제기되지 아니하거나 그 밖의 사유로 이의신청에 대한 재결이 확정된 때에는 「민사소송법」상의 확정판결이 있은 것으로 보며, 재결서 정본은 집행력 있는 판결의 정본과 동일한 효력을 가진다.
② 사업시행자, 토지소유자 또는 관계인은 이의신청에 대한 재결이 확정되었을 때에는 관할 토지수용위원회에 대통령령으로 정하는 바에 따라 재결확정증명서의 발급을 청구할 수 있다.

제87조【법정이율에 따른 가산지급】 사업시행자는 제85조제1항에 따라 사업시행자가 제기한 행정소송이 각하·기각 또는 취하된 경우 다음 각 호의 어느 하나에 해당하는 날부터 판결일 또는 취하일까지의 기간에 대하여 「소송촉진 등에 관한 특례법」 제3조에 따른 법정이율을 적용하여 산정한 금액을 보상금에 가산하여 지급하여야 한다.

1. 재결이 있은 후 소송을 제기하였을 때에는 재결서 정본을 받은 날
2. 이의신청에 대한 재결이 있은 후 소송을 제기하였을 때에는 그 재결서 정본을 받은 날

제88조【처분효력의 부정지】 제83조에 따른 이의의 신청이나 제85조에 따른 행정소송의 제기는 사업의 진행 및 토지의 수용 또는 사용을 정지시키지 아니한다.

제89조【대집행】 ① 이 법 또는 이 법에 따른 처분으로 인한 의무를 이행하여야 할 자가 그 정하여진 기간 이내에 의무를 이행하지 아니하거나 완료하기 어려운 경우 또는 그로 하여금 그 의무를 이행하게 하는 것이 현저히 공익을 해친다고 인정되는 사유가 있는 경우에는 사업시행자는 시·도지사나 시장·군수 또는 구청장에게 「행정대집행법」에서 정하는 바에 따라 대집행을 신청할 수 있다. 이 경우 신청을 받은 시·도지사나 시장·군수 또는 구청장은 정당한 사유가 없으면 이에 따라야 한다.
② 사업시행자가 국가나 지방자치단체인 경우에는 제1항에도 불구하고 「행정대집행법」에서 정하는 바에 따라 직접 대집행을 할 수 있다.
③ 사업시행자가 제1항에 따라 대집행을 신청하거나 제2항에 따라 직접 대집행을 하려는 경우에는 국가나 지방자치단체는 의무를 이행하여야 할 자를 보호하기 위하여 노력하여야 한다.

제90조【강제징수】 특별자치도지사, 시장·군수 또는 구청장은 제44조제2항에 따른 의무자가 그 비용을 내지 아니할 때에는 지방세 체납처분의 예에 따라 징수할 수 있다.

제8장 환매권
(2011.8.4 본장개정)

제91조【환매권】 ① 공익사업의 폐지·변경 또는 그 밖의 사유로 취득한 토지의 전부 또는 일부가 필요 없게 된 경우 토지의 협의취득일 또는 수용의 개시일(이하 이 조에서 "취득일"이라 한다) 당시의 토지소유자 또는 그 포괄승계인(이하 "환매권자"라 한다)은 다음 각 호의 구분에 따른 날부터 10년 이내에 그 토지에 대하여 받은 보상금에 상당하는 금액을 사업시행자에게 지급하고 그 토지를 환매할 수 있다.(2021.8.10 본문개정)
1. 사업의 폐지·변경으로 취득한 토지의 전부 또는 일부가 필요 없게 된 경우 : 관계 법률에 따라 사업이 폐지·변경된 날 또는 제24조에 따른 사업의 폐지·변경 고시가 있는 날(2021.8.10 본호신설)
2. 그 밖의 사유로 취득한 토지의 전부 또는 일부가 필요 없게 된 경우 : 사업완료일(2021.8.10 본호신설)

② 취득일부터 5년 이내에 취득한 토지의 전부를 해당 사업에 이용하지 아니하였을 때에는 제1항을 준용한다. 이 경우 환매권은 취득일부터 6년 이내에 행사하여야 한다.
③ 제74조제1항에 따라 매수하거나 수용한 잔여지는 그 잔여지에 접한 일단의 토지가 필요 없게 된 경우가 아니면 환매할 수 없다.
④ 토지의 가격이 취득일 당시에 비하여 현저히 변동된 경우 사업시행자와 환매권자는 환매금액에 대하여 서로 협의하되, 협의가 성립되지 아니하면 그 금액의 증감을 법원에 청구할 수 있다.
⑤ 제1항부터 제3항까지의 규정에 따른 환매권은 「부동산등기법」에서 정하는 바에 따라 공익사업에 필요한 토지의 협의취득 또는 수용의 등기가 되었을 때에는 제3자에게 대항할 수 있다.
⑥ 국가, 지방자치단체 또는 「공공기관의 운영에 관한 법률」 제4조에 따른 공공기관 중 대통령령으로 정하는 공공기관이 사업인정을 받아 공익사업에 필요한 토지를 협의취득하거나 수용한 후 해당 공익사업이 제4조제1호부터 제5호까지에 규정된 다른 공익사업(별표에 따른 사업이 제4조제1호부터 제5호까지에 규정된 공익사업에 해당하는 경우를 포함한다)으로 변경된 경우 제1항 및 제2항에 따른 환매권 행사기간은 관보에 해당 공익사업의 변경을 고시한 날부터 기산(起算)한다. 이 경우 국가, 지방자치단체 또는 「공공기관의 운영에 관한 법률」 제4조에 따른 공공기관 중 대통령령으로 정하는 공공기관은 공익사업이 변경된 사실을 대통령령으로 정하는 바에 따라 환매권자에게 통지하여야 한다.(2015.12.29 전단개정)

판례 '공익사업을 위한 토지 등의 취득 및 보상에 관한 법률' 제91조에서 정하는 환매권은 '당해 사업의 폐지·변경 그 밖의 사유로 인하여 취득한 토지의 전부 또는 일부가 필요 없게 된 경우'에 행사할 수 있다. 여기서 '당해 사업'이란 토지의 협의취득 또는 수용의 목적이 된 구체적인 특정 공익사업을 가리키는 것이고, 취득된 토지가 '필요 없게 된 경우'라 함은 그 토지가 취득의 목적이 된 특정 공익사업의 폐지·변경 그 밖의 사유로 인하여 그 사업에 이용할 필요가 없어진 경우를 의미하며, 위와 같이 취득된 토지가 필요 없게 되었는지의 여부는 당해 공익사업의 목적과 내용, 토지 취득의 경위와 범위, 당해 토지와 공익사업의 관계, 용도 등 제반 사정에 비추어 객관적, 합리적으로 판단하여야 한다.(대판 2010.5.13, 2010다12043,12050)

판례 입법취지 : 공익사업을 위한 토지 등의 취득 및 보상에 관한 법률(이하 '공익사업법'이라고 한다) 제91조는 토지의 협의취득일로부터 10년 이내에 당해 사업의 폐지·변경 그 밖의 사유로 취득한 토지의 전부 또는 일부가 필요 없게 된 경우(제1항) 뿐만 아니라, 취득일로부터 5년 이내에 취득한 토지의 전부를 당해 사업에 이용하지 아니한 때(제2항)에도 취득일 당시의 토지소유자 등이 그 토지를 매수할 수 있는 환매권을 행사할 수 있도록 규정하고 있는바, 사업시행자가 공익사업에 필요하여 취득한 토지가 그 공익사업의 폐지·변경 등의 사유로 공익사업에 이용할 필요가 없게 된 것은 아니라고 하더라도, 사실상 그 전부를 공익사업에 이용하지도 아니할 토지를 미리 취득하여 두도록 허용하는 것은 공익사업법에 의하여 토지를 취득할 것을 인정한 원래의 취지에 어긋날 뿐 아니라 토지가 이용되지 아니한 채 방치되는 결과가 되어 사회경제적으로도 바람직한 일이 아니기 때문에, 취득한 토지가 공익사업에 이용할 필요가 없게 되었을 때와 마찬가지로 보아 환매권의 행사를 허용하려는 것이 공익사업법 제91조 제2항의 입법취지라고 할 수 있다.(대판 2010.1.14, 2009다76270)

판례 협의취득 내지 수용 후 사업의 폐지나 변경이 있은 경우 환매권을 인정하는 대상으로 토지만을 규정하는 규정의 위헌성 여부 : 토지의 경우에는 공익사업이 폐지·변경되더라도 기본적으로 형상의 변경이 없는 반면, 건물은 그 경우 통상 철거되거나 그렇지 않더라도 형상의 변경이 있게 된다. 또 토지에 대해서는 보상이 이루어지더라도 수용당한 소유자에게 감정상의 손실 등이 남아있게 되나, 건물의 경우 정당한 보상이 주어졌다면 그러한 손실이 남아있는 경우는 드물다. 따라서 토지에 대해서는 그 존속가치를 보장해 주기 위해 공익사업의 폐지·변경 등으로 토지가 불필요하게 된 경우 환매권이 인정되어야 할 것이나, 건물에 대해서는 그 존속가치를 보장하기 위하여 환매권을 인정하여야 할 필요성이 없거나 매우 적다. 따라서 건물에 대한 환매권을 인정하지 않는 입법이 자의적인 것이라거나 정당한 입법목적을 벗어난 것이라 할 수 없고, 이미 정당한 보상을 받은 건물소유자의 입장에서는 해당 건물을 반드시 환매 받아야 할만한 중요한 사익이 있다고 보기 어려우며, 건물에 대한 환매권이 부인된다고 해서 종전 건물소유자의 자유실현에 여하한 지장을 초래한다고 볼 수 없다. 이러한 이유로 건물에 대한 환매권을 인정할 실익이 없다.(헌재결 2005.5.26, 2004헌가10 전원재판부)

제92조【환매권의 통지 등】 ① 사업시행자는 제91조제1항 및 제2항에 따라 환매할 토지가 생겼을 때에는 지체 없이 그 사실을 환매권자에게 통지하여야 한다. 다만, 사업시행자가 과실 없이 환매권자를 알 수 없을 때에는 대통령령으로 정하는 바에 따라 공고하여야 한다.
② 환매권자는 제1항에 따른 통지를 받은 날 또는 공고를 한 날부터 6개월이 지난 후에는 제91조제1항 및 제2항에도 불구하고 환매권을 행사하지 못한다.

제9장 벌 칙
(2011.8.4 본장개정)

제93조【벌칙】 ① 거짓이나 그 밖의 부정한 방법으로 보상금을 받은 자 또는 그 사실을 알면서 보상금을 지급한 자는 5년 이하의 징역 또는 3천만원 이하의 벌금에 처한다.
② 제1항에 규정된 죄의 미수범은 처벌한다.

제93조의2【벌칙】 제63조제3항을 위반하여 토지로 보상받기로 결정된 권리(제63조제4항에 따라 현금으로 보상받을 권리를 포함한다)를 전매한 자는 3년 이하의 징역 또는 1억원 이하의 벌금에 처한다.(2020.4.7 본조신설)

제94조 (2007.10.17 삭제)

제95조【벌칙】 제58조제1항제2호에 따라 감정평가를 의뢰받은 감정평가법인등이나 그 밖의 감정인으로서 거짓이나 그 밖의 부정한 방법으로 감정평가를 한 자는 2년 이하의 징역 또는 1천만원 이하의 벌금에 처한다.(2020.4.7 본조개정)

제95조의2【벌칙】 다음 각 호의 어느 하나에 해당하는 자는 1년 이하의 징역 또는 1천만원 이하의 벌금에 처한다.
1. 제12조제1항을 위반하여 장해물 제거등을 한 자

2. 제43조를 위반하여 토지 또는 물건을 인도하거나 이전하지 아니한 자
(2015.1.6 본조신설)

제96조【벌칙】 제25조제1항 또는 제2항 전단을 위반한 자는 1년 이하의 징역 또는 500만원 이하의 벌금에 처한다.

제97조【벌칙】 다음 각 호의 어느 하나에 해당하는 자는 200만원 이하의 벌금에 처한다.
1. 제9조제2항 본문을 위반하여 특별자치도지사, 시장·군수 또는 구청장의 허가를 받지 아니하고 타인이 점유하는 토지에 출입하거나 출입하게 한 사업시행자
2. 제11조(제27조제2항에 따라 준용되는 경우를 포함한다)를 위반하여 사업시행자 또는 감정평가법인등의 행위를 방해한 토지점유자(2020.4.7 본호개정)
3.~4. (2015.1.6 삭제)

제98조【양벌규정】 법인의 대표자나 법인 또는 개인의 대리인, 사용인, 그 밖의 종업원이 그 법인 또는 개인의 업무에 관하여 제93조, 제93조의2, 제95조, 제95조의2, 제96조 또는 제97조의 어느 하나에 해당하는 위반행위를 하면 그 행위자를 벌하는 외에 그 법인 또는 개인에게도 해당 조문의 벌금형을 과(科)한다. 다만, 법인이나 개인이 그 위반행위를 방지하기 위하여 해당 업무에 관하여 상당한 주의와 감독을 게을리하지 아니한 경우에는 그러하지 아니하다.(2022.2.3 본문개정)

제99조【과태료】 ① 다음 각 호의 어느 하나에 해당하는 자에게는 200만원 이하의 과태료를 부과한다.
1. 제58조제1항제1호에 규정된 자로서 정당한 사유 없이 출석이나 진술을 하지 아니하거나 거짓으로 진술한 자
2. 제58조제1항제1호에 따라 의견서 또는 자료 제출을 요구받고 정당한 사유 없이 이를 제출하지 아니하거나 거짓 의견서 또는 자료를 제출한 자
3. 제58조제1항제2호에 따라 감정평가를 의뢰받거나 출석 또는 진술을 요구받고 정당한 사유 없이 이에 따르지 아니한 감정평가법인등이나 그 밖의 감정인(2020.4.7 본호개정)
4. 제58조제1항제3호에 따른 실지조사를 거부, 방해 또는 기피한 자

② 제1항에 따른 과태료는 대통령령으로 정하는 바에 따라 국토교통부장관이나 시·도지사가 부과·징수한다.(2013.3.23 본항개정)

부 칙 (2007.10.17)

① **【시행일】** 이 법은 공포 후 6개월이 경과한 날부터 시행한다. 다만, 제63조제1항 단서·제2항부터 제5항까지·제70조제5항 및 제78조제7항의 개정규정은 공포한 날부터 시행한다.

② **【잔여지 등의 매수 및 수용청구 등에 관한 적용례】** 제70조제5항·제73조제1항 단서·제2항·제3항·제5항·제74조제1항·제75조의2·제78조제4항·제8항·제78조의2·제79조제1항 단서·제3항·제5항부터 제7항까지 및 제82조제1항 단서·제2항 단서의 개정규정은 이 법 시행 후 제15조(제26조제1항에 따라 준용되는 경우를 포함한다)에 따라 보상계획을 공고하고 토지소유자 및 관계인에게 보상계획을 통지하는 분부터 적용한다. 다만, 제70조제5항의 개정규정 중 제70조제4항에 따라 사업인정 후 취득하는 토지에 대하여는 이 법 시행 후 공익사업의 계획 또는 시행이 공고 또는 고시되는 사업분부터 적용한다.

③ **【보존등기 등이 되어 있지 아니한 토지등에 대한 보상의 특례에 관한 경과조치】** 이 법 시행 전에 종전의 제18조에 따라 확인서를 발급받았거나 발급신청을 한 경우에는 제18조의 개정규정에도 불구하고 종전의 규정에 따른다.

④ **【벌칙에 관한 경과조치】** 이 법 시행 전의 행위(부칙 제3항에 따라 확인서를 발급받거나 이를 행사한 경우를 포함한다)에 대한 벌칙의 적용에 있어서는 종전의 규정에 따른다.

부 칙 (2015.12.29)

제1조【시행일】 이 법은 공포한 날부터 시행한다. 다만, 제21조의 개정규정은 공포 후 6개월이 경과한 날부터 시행한다.

제2조【의견청취에 관한 적용례】 제21조제2항의 개정규정은 같은 개정규정 시행 후 최초로 관계 법률에 따라 사업인정이 의제되는 지구지정·사업계획승인 등을 하는 경우부터 적용한다.

제3조【공익사업에 관한 경과조치】 이 법 시행 당시 다른 법률에 따라 토지등을 수용하거나 사용할 수 있는 사업은 제4조제8호의 개정규정에도 불구하고 같은 개정규정에 따라 별표에 규정된 사업으로 본다.

제4조【결격사유에 관한 경과조치】 제54조제1항제1호의 개정규정에도 불구하고 법률 제10429호 민법 일부개정법률 부칙 제2조에 따라 금치산 또는 한정치산 선고의 효력이 유지되는 사람에 대하여는 종전의 규정을 적용한다.

부 칙 (2018.12.31)

제1조【시행일】 이 법은 공포 후 6개월이 경과한 날부터 시행한다. 다만, 제27조(제3항의 개정규정은 제외한다), 제52조제6항 단서, 제53조제4항 단서 및 제97조제2호의 개정규정은 공포한 날부터 시행한다.

제2조【보상계획의 열람 등에 관한 적용례】 제15조제3항 단서 및 제27조제3항의 개정규정은 이 법 시행 후 최초로 보상계획을 공고 또는 통지하는 경우부터 적용한다.

제3조【협의 및 의견청취 등에 관한 적용례】 제21조의 개정규정은 이 법 시행 후 최초로 제20조에 따른 사업인정을 하거나 관계 법률에 따라 사업인정이 의제되는 지구지정·사업계획승인 등을 하는 경우부터 적용한다.

제4조【행정소송의 제기에 관한 적용례】 제85조제1항의 개정규정은 이 법 시행 후 최초로 제34조 또는 제84조에 따른 재결서 정본을 받은 자부터 적용한다.

부 칙 (2020.1.29 법16902호)
(2020.1.29 법16904호)

제1조【시행일】 이 법은 공포 후 6개월이 경과한 날부터 시행한다.(이하 생략)

부 칙 (2020.4.7 법17219호)

제1조【시행일】 이 법은 공포 후 3개월이 경과한 날부터 시행한다.(이하 생략)

부 칙 (2020.4.7 법17225호)

이 법은 공포 후 6개월이 경과한 날부터 시행한다.

부 칙 (2020.6.9)

이 법은 공포한 날부터 시행한다.(이하 생략)

부 칙 (2021.1.5)

제1조【시행일】 이 법은 공포한 날부터 시행한다. 다만, 별표 제111호의 개정규정은 공포 후 6개월이 경과한 날부터 시행한다.

제2조【공공주택건설사업에 관한 적용례】 별표 제11호의 개정규정은 이 법 시행 후 최초로 주택건설사업계획의 승인고시가 있는 경우부터 적용한다.

부 칙 (2021.4.13)

이 법은 공포 후 6개월이 경과한 날부터 시행한다.

부 칙 (2021.6.15)

제1조【시행일】 이 법은 공포 후 1년이 경과한 날부터 시행한다.(이하 생략)

부　칙 (2021.7.20)

이 법은 공포 후 2개월이 경과한 날부터 시행한다. 다만, 법률 제18044호 공익사업을 위한 토지 등의 취득 및 보상에 관한 법률 일부개정법률 별표 제2호의 개정규정은 2021년 10월 14일부터 시행한다.

부　칙 (2021.8.10)

제1조【시행일】 이 법은 공포한 날부터 시행한다.
제2조【사업의 완료 신고에 관한 적용례】 제24조의2의 개정규정은 이 법 시행 당시 시행 중인 공익사업에도 적용한다.
제3조【환매권의 발생 및 행사기간에 관한 적용례】 제91조제1항의 개정규정은 이 법 시행 당시 환매권을 행사할 수 있는 경우에도 적용한다.

부　칙 (2022.2.3)

제1조【시행일】 이 법은 공포 후 6개월이 경과한 날부터 시행한다.
제2조【토지로 보상받을 수 있는 자에 관한 적용례】 ① 제63조제1항의 개정규정은 이 법 시행 후 최초로 제15조(제26조제1항에 따라 준용되는 경우를 포함한다)에 따라 보상계획을 공고하거나 토지소유자 및 관계인에게 보상계획을 통지하는 경우부터 적용한다.
② 제63조제3항의 개정규정은 이 법 시행 당시 보상계약을 체결하였으나 보상대상 토지가 확정되지 아니한 경우부터 적용한다.
제3조【이주대책에 관한 적용례】 제78조제5항의 개정규정은 이 법 시행 당시 이주대책의 실시에 따른 주택지 또는 주택을 공급받기로 결정되었으나 공급대상 주택지 또는 주택이 확정되지 아니한 경우부터 적용한다.

부　칙 (2023.4.18)

이 법은 공포한 날부터 시행한다.

부　칙 (2023.8.8)

제1조【시행일】 이 법은 2024년 5월 17일부터 시행한다.(이하 생략)

부　칙 (2023.10.24)

이 법은 공포 후 6개월이 경과한 날부터 시행한다.

부　칙 (2024.1.9)
(2024.9.20)

이 법은 공포한 날부터 시행한다.

〔별표〕 ➡「www.hyeonamsa.com」 참조

개발이익 환수에 관한 법률

(약칭 : 개발이익환수법)

(2008년　3월　28일
전부개정법률 제9045호)

개정
2009. 3.25법 9538호
2009. 4.22법 9629호(국가균형발전특별법)
2010. 1.25법 9968호(행정심판)
2011. 5.19법10662호
2013. 3.23법11690호(정부조직)
2014. 1. 7법12215호(국가균형발전특별법)
2014. 1.14법12245호　2015. 8.11법13467호
2015.12.29법13669호　2016. 1.19법13783호
2016. 1.19법13796호(부동산가격공시에관한법)
2016. 1.19법13797호(부동산거래신고등에관한법)
2016. 1.19법13805호(주택법)
2017.12.26법15305호
2020. 2.18법17007호(권한지방이양)
2020. 3.24법17091호(지방행정제재·부과금의징수등에관한법)
2020. 4. 7법17219호(감정평가감정평가사)
2020. 6. 9법17453호(법률용어정비)
2021.12.28법18661호(중소기업창업)
2023. 6. 9법19430호(지방자치분권및지역균형발전에관한특별법)

제1장 총　칙

제1조【목적】 이 법은 토지에서 발생하는 개발이익을 환수하여 이를 적정하게 배분하여서 토지에 대한 투기를 방지하고 토지의 효율적인 이용을 촉진하여 국민경제의 건전한 발전에 이바지하는 것을 목적으로 한다.
제2조【정의】 이 법에서 사용하는 용어의 뜻은 다음과 같다.
1. "개발이익"이란 개발사업의 시행이나 토지이용계획의 변경, 그 밖에 사회적·경제적 요인에 따라 정상지가(正常地價)상승분을 초과하여 개발사업을 시행하는 자(이하 "사업시행자"라 한다)나 토지 소유자에게 귀속되는 토지 가액의 증가분을 말한다.
2. "개발사업"이란 국가나 지방자치단체로부터 인가·허가·면허 등(신고를 포함하며, 이하 "인가등"이라 한다)을 받아 시행하는 택지개발사업이나 산업단지개발사업 등 제5조에 따른 사업을 말한다.
3. "정상지가상승분"이란 금융기관의 정기예금 이자율 또는 「부동산 거래신고 등에 관한 법률」 제19조에 따라 국토교통부장관이 조사한 평균지가변동률(그 개발사업 대상 토지가 속하는 해당 시·군·자치구의 평균지가변동률을 말한다) 등을 고려하여 대통령령으로 정하는 기준에 따라 산정한 금액을 말한다.(2016.1.19 본호개정)
4. "개발부담금"이란 개발이익 중 이 법에 따라 특별자치시장·특별자치도지사·시장·군수 또는 구청장(구청장은 자치구의 구청장을 말하며, 이하 "시장·군수·구청장"이라 한다)이 부과·징수하는 금액을 말한다.(2020.2.18 본호개정)
제3조【개발이익의 환수】 시장·군수·구청장은 제5조에 따른 개발부담금 부과 대상 사업이 시행되는 지역에서 발생하는 개발이익을 이 법으로 정하는 바에 따라 개발부담금으로 징수하여야 한다.(2020.2.18 본조개정)
제4조【징수금의 배분】 ① 제3조에 따라 징수된 개발부담금의 100분의 50에 해당하는 금액은 개발이익이 발생한 토지가 속하는 지방자치단체에 귀속되고, 이를 제외한 나머지 개발부담금은 「지방자치분권 및 지역균형발전에 관한 특별법」에 따른 지역균형발전특별회계(이하 "특별회계"라 한다)에 귀속된다.(2023.6.9 본항개정)
② 제1항에도 불구하고 제7조제4항에 따라 개발부담금을 경감한 경우에는 제3조에 따라 징수된 개발부담금 중 경감하기 전의 개발부담금의 100분의 50에 해당하는 금액에서 경감한 금액을 뺀 금액은 개발이익이 발생한 토지가 속하는 지방자치단체에 귀속되고, 이를 제외한 나머지 개발부담금은 특별회계에 귀속된다.(2009.3.25 본항신설)

③ 제1항 및 제2항에 따른 귀속·양여(讓與) 또는 전입(轉入) 절차 등에 필요한 사항은 대통령령으로 정한다.(2009.3.25 본항개정)
④ 국토교통부장관은 개발부담금 징수액 중 특별회계에 귀속되는 금액을 징수하는 데 드는 실제 비용의 범위에서 대통령령으로 정하는 바에 따라 해당 지방자치단체에 징수 수수료를 지급할 수 있다.(2020.2.18 본항신설)

제2장 개발부담금

제1절 통 칙

제5조【대상 사업】 ① 개발부담금의 부과 대상인 개발사업은 다음 각 호의 어느 하나에 해당하는 사업으로 한다.
1. 택지개발사업(주택단지조성사업을 포함한다. 이하 같다)
2. 산업단지개발사업
3. 관광단지조성사업(온천 개발사업을 포함한다. 이하 같다)
4. 도시개발사업, 지역개발사업 및 도시환경정비사업
5. 교통시설 및 물류시설 용지조성사업
6. 체육시설 부지조성사업(골프장 건설사업 및 경륜장·경정장 설치사업을 포함한다)
7. 지목 변경이 수반되는 사업으로서 대통령령으로 정하는 사업
8. 그 밖에 제1호부터 제6호까지의 사업과 유사한 사업으로서 대통령령으로 정하는 사업

(2014.1.14 본항개정)
② 동일인이 연접(連接)한 토지를 대통령령으로 정하는 기간 이내에 사실상 분할하여 개발사업을 시행한 경우에는 전체의 토지에 하나의 개발사업이 시행되는 것으로 본다.
③ 제1항 및 제2항에 따른 개발사업의 범위·규모 및 동일인의 범위 등에 관하여 필요한 사항은 대통령령으로 정한다.
제6조【납부 의무자】 ① 제5조제1항 각 호의 사업시행자는 이 법으로 정하는 바에 따라 개발부담금을 납부할 의무가 있다. 다만, 다음 각 호의 어느 하나에 해당하면 그에 해당하는 자가 개발부담금을 납부하여야 한다.
1. 개발사업을 위탁하거나 도급한 경우에는 그 위탁이나 도급을 한 자
2. 타인이 소유하는 토지를 임차하여 개발사업을 시행한 경우에는 그 토지의 소유자
3. 개발사업을 완료하기 전에 사업시행자의 지위나 제1호 또는 제2호에 해당하는 자의 지위를 승계하는 경우에는 그 지위를 승계한 자

② 개발부담금을 납부하여야 할 자가 대통령령으로 정하는 조합인 경우로서 다음 각 호의 어느 하나에 해당하면 그 조합원(조합이 해산한 경우에는 해산 당시의 조합원을 말한다)이 분담 비율 등 대통령령으로 정하는 바에 따라 개발부담금을 납부하여야 한다.
1. 조합이 해산한 경우
2. 조합의 재산으로 그 조합에 부과되거나 그 조합이 납부할 개발부담금·가산금 등에 충당하여도 부족한 경우

③ 개발부담금 납부 의무의 승계 및 제2차 납부 의무에 관하여는 「지방세기본법」 제41조부터 제43조까지 및 제45조부터 제48조까지의 규정을 준용하고, 개발부담금 연대 납부 의무에 관하여는 「지방세기본법」 제44조를 준용한다.(2020.2.18 본항개정)
제7조【부과 제외 및 감면】 ① 국가가 시행하는 개발사업과 지방자치단체가 공공의 목적을 위하여 시행하는 사업으로서 대통령령으로 정하는 개발사업에는 개발부담금을 부과하지 아니한다.
② 다음 각 호의 어느 하나에 해당하는 개발사업에 대하여는 개발부담금의 100분의 50을 경감한다. 이 경우 각 호의 규정을 중복하여 적용하지 아니한다.
1. 지방자치단체가 시행하는 개발사업으로서 제1항에 해당하지 아니하는 사업
2. 「공공기관의 운영에 관한 법률」에 따른 공공기관, 「지방공기업법」에 따른 지방공기업 및 특별법에 따른 공기업 등 대통령령으로 정하는 공공기관이 시행하는 사업으로서 대통령령으로 정하는 사업
3. 「중소기업기본법」 제2조제1항에 따른 중소기업(이하 "중소기업"이라 한다)이 시행하는 공장용지조성사업, 대통령령으로 정하는 관광단지조성사업과 교통시설 및 물류시설 용지조성사업. 다만, 「수도권정비계획법」 제2조제1호에 따른 수도권(이하 "수도권"이라 한다)에서 시행하는 사업은 제외한다. (2014.1.14 본호개정)
4. 「주택법」 제2조제5호나목의 국민주택 중 「주택도시기금법」에 따른 주택도시기금으로부터 자금을 지원받아 국민주택을 건설하기 위하여 시행하는 택지개발사업(2016.1.19 본호개정)
5. 「주한미군 공여구역주변지역 등 지원 특별법」 제2조제2호부터 제4호까지에 따른 공여구역주변지역·반환공여구역 또는 반환공여구역주변지역에서 시행하는 개발사업. 다만, 공여구역 또는 반환공여구역이 소재한 읍·면·동(행정동을 말한다. 이하 같다)에 연접한 읍·면·동 지역의 경우에는 같은 법 제8조에 따라 법률 제13699호 개발이익 환수에 관한 법률 일부개정법률 시행 전에 확정된 공여구역주변지역등발전종합계획에 따라 시행하는 개발사업만 해당한다. (2015.12.29 본호개정)
6. 「접경지역 지원 특별법」 제2조제1호에 따른 접경지역 중 비무장지대, 해상의 북방한계선 또는 민간인통제선과 잇닿아 있는 읍·면·동 지역에서 시행하는 개발사업 (2015.12.29 본호개정)

③ 제2항에도 불구하고 다음 각 호의 어느 하나에 해당하는 개발사업에 대하여는 개발부담금을 면제한다.
1. 「산업입지 및 개발에 관한 법률」에 따른 산업단지개발사업. 다만, 수도권에 있는 산업단지인 경우는 제외한다.(2020.6.9 단서개정)
2. 「중소기업창업 지원법」에 따라 공장 설립계획 승인을 받아 시행하는 공장용지 조성사업(2021.12.28 본호개정)
3. 「관광진흥법」에 따른 관광단지 조성사업. 다만, 수도권에 있는 관광단지인 경우는 제외한다.(2014.1.14 단서개정)
4. 「물류시설의 개발 및 운영에 관한 법률」에 따른 물류단지개발사업. 다만, 수도권에 있는 물류단지인 경우는 제외한다. (2014.1.14 단서개정)

④ 시장·군수·구청장은 지역에 대한 민간투자의 활성화 등을 위하여 지방의회의 승인을 받아 관할 구역에서 시행되는 제5조제1항 각 호의 개발사업에 대한 개발부담금을 제4조제1항에 따라 지방자치단체에 귀속되는 귀속분의 범위에서 경감할 수 있다. 다만, 해당 지방자치단체의 지가가 급격히 상승할 우려가 있는 등 대통령령으로 정하는 사유가 있는 경우에는 그러하지 아니하다.(2020.2.18 본항개정)
⑤ 제4항에 따른 개발부담금의 경감 대상, 경감 기준 및 경감 절차 등에 관하여 필요한 사항은 대통령령으로 정한다. (2009.3.25 본항신설)
제7조의2【개발부담금 감면에 대한 임시특례】 제5조제1항제1호부터 제6호까지의 개발부담금 부과 대상 사업으로서 2015년 7월 15일부터 2018년 6월 30일까지 인가등을 받은 개발사업에 대해서는 제7조제2항 및 제3항(제3항제2호는 제외한다)에도 불구하고 다음 각 호의 구분에 따라 개발부담금을 경감하거나 면제한다.
1. 수도권에서 시행하는 개발사업 : 개발부담금의 100분의 50 경감
2. 수도권 외의 지역에서 시행하는 개발사업 : 개발부담금 면제

(2015.8.11 본조신설)

제2절 부과 기준 및 부담률

제8조【부과 기준】 개발부담금의 부과 기준은 부과 종료 시점의 부과 대상 토지의 가액(이하 "종료시점지가"라 한다)에서 다음 각 호의 금액을 뺀 금액으로 한다.
1. 부과 개시 시점의 부과 대상 토지의 가액(이하 "개시시점지가"라 한다)

2. 부과 기간의 정상지가상승분
3. 제11조에 따른 개발비용

제9조【기준 시점】 ① 부과 개시 시점은 사업시행자가 국가나 지방자치단체로부터 개발사업의 인가등을 받은 날로 한다. 다만, 다음 각 호의 경우에는 그에 해당하는 날을 부과 개시 시점으로 한다.
1. 인가등을 받기 전 5년 이내에 대통령령으로 정하는 토지 이용 계획 등이 변경된 경우로서 그 토지 이용 계획 등이 변경되기 전에 취득한 토지의 경우에는 취득일. 다만, 그 취득일부터 2년 이상이 지난 후 토지 이용 계획 등이 변경된 경우 등 대통령령으로 정하는 경우에는 대통령령으로 정하는 날로 한다.
2. 인가등의 변경으로 부과 대상 토지의 면적이 변경된 경우에는 대통령령으로 정하는 시점

② 제1항에 따른 개발사업의 인가등을 받은 날과 취득일은 대통령령으로 정한다.
③ 부과 종료 시점은 관계 법령에 따라 국가나 지방자치단체로부터 개발사업의 준공인가 등을 받은 날로 한다. 다만, 부과 대상 토지의 전부 또는 일부가 다음 각 호의 어느 하나에 해당하면 해당 토지에 대하여는 다음 각 호의 어느 하나에 해당하게 된 날을 부과 종료 시점으로 한다.
1. 관계 법령에 따라 부과 대상 토지의 일부가 준공된 경우
2. 납부 의무자가 개발사업의 목적 용도로 사용을 시작하거나 타인에게 분양하는 등 처분하는 경우로서 대통령령으로 정하는 경우
3. 그 밖에 대통령령으로 정하는 경우

④ 제3항 각 호 외의 부분 본문에 따른 개발사업의 준공인가 등을 받은 날은 대통령령으로 정한다.

제10조【지가의 산정】 ① 종료시점지가는 부과 종료 시점 당시의 부과 대상 토지와 이용 상황이 가장 비슷한 표준지의 공시지가를 기준으로 「부동산 가격공시에 관한 법률」 제3조제7항에 따른 표준지와 지가산정 대상토지의 지가형성 요인에 관한 표준적인 비교표에 따라 산정한 가액(價額)에 해당 연도 1월 1일부터 부과 종료 시점까지의 정상지가상승분을 합한 가액으로 한다. 이 경우 종료시점지가와 표준지의 공시지가가 균형을 유지하도록 하여야 하며, 개발이익이 발생하지 않을 것이 명백하다고 인정되는 경우 등 대통령령으로 정하는 경우 외에는 종료시점지가의 적정성에 대하여 감정평가법인등(「감정평가 및 감정평가사에 관한 법률」에 따른 감정평가사 또는 감정평가법인을 말한다)의 검증을 받아야 한다.(2020.4.7 후단개정)
② 부과 대상 토지를 분양하는 등 처분할 때에 그 처분 가격에 대하여 국가나 지방자치단체의 인가등을 받는 경우 등 대통령령으로 정하는 경우에는 제1항에도 불구하고 대통령령으로 정하는 바에 따라 그 처분 가격을 종료시점지가로 할 수 있다.
③ 개시시점지가는 부과 개시 시점이 속한 연도의 부과 대상 토지의 개별공시지가(부과 개시 시점으로부터 가장 최근에 공시된 지가를 말한다)에 그 공시지가의 기준일부터 부과 개시 시점까지의 정상지가상승분을 합한 가액으로 한다. 다만, 다음 각 호의 어느 하나에 해당하면 그 실제의 매입 가액이나 취득 가액에 그 매입일이나 취득일부터 부과 개시 시점까지의 정상지가상승분을 더하거나 뺀 가액을 개시시점지가로 할 수 있다.
1. 국가·지방자치단체 또는 국토교통부령으로 정하는 기관으로부터 매입한 경우(2013.3.23 본호개정)
2. 경매나 입찰로 매입한 경우
3. 지방자치단체나 제7조제2항제2호에 따른 공공기관이 매입한 경우
4. 「공익사업을 위한 토지 등의 취득 및 보상에 관한 법률」에 따른 협의 또는 수용(收用)에 의하여 취득한 경우
5. 실제로 매입한 가액이 정상적인 거래 가격이라고 객관적으로 인정되는 경우로서 대통령령으로 정하는 경우

④ 제1항 및 제3항에 따라 종료시점지가와 개시시점지가를 산정할 때 부과 대상 토지에 국가나 지방자치단체에 기부하는 토지나 국공유지가 포함되어 있으면 그 부분은 종료시점지가와 개시시점지가의 산정 면적에서 제외한다.
⑤ 제1항 및 제3항에 따라 종료시점지가와 개시시점지가를 산정할 때 해당 토지의 개별공시지가가 없는 경우 등 대통령령으로 정하는 경우에는 국토교통부령으로 정하는 방법으로 산정한다.(2013.3.23 본항개정)
⑥ 개시시점지가에 대하여 제3항 각 호 외의 부분 단서를 적용받으려는 납부 의무자는 같은 항 각 호의 어느 하나에 해당한다는 사실을 증명하는 자료를 국토교통부령으로 정하는 기간에 시장·군수·구청장에게 제출하여야 한다.(2020.2.18 본항개정)
⑦ 제1항 후단에 따른 종료시점지가의 검증 절차·방법 등에 필요한 사항은 대통령령으로 정하고, 종료시점지가 검증 수수료 지급 기준은 국토교통부장관이 정하여 고시한다.
(2017.12.26 본항신설)

제11조【개발비용의 산정】 ① 개발사업의 시행과 관련하여 지출된 비용(이하 "개발비용"이라 한다)은 다음 각 호의 금액을 합하여 산출한다.
1. 순(純) 공사비, 조사비, 설계비 및 일반관리비
2. 관계 법령이나 해당 개발사업 인가등의 조건에 따른 다음 각 목의 금액
  가. 납부 의무자가 국가나 지방자치단체에 공공시설이나 토지 등을 기부채납(寄附採納)하였을 경우에는 그 가액
  나. 납부 의무자가 부담금을 납부하였을 경우에는 그 금액

(2014.1.14 1호~2호개정)
3. 해당 토지의 개량비, 각종 세금과 공과금, 보상비 및 그 밖에 대통령령으로 정하는 금액(2020.6.9 본호개정)

② 제1항에도 불구하고 대통령령으로 정하는 일정 면적 이하의 개발사업(토지개발 비용의 지출 없이 용도변경 등으로 완료되는 개발사업은 제외한다)의 경우에는 제1항제1호에 따른 순 공사비, 조사비, 설계비 및 일반관리비의 합계액을 산정할 때 국토교통부장관이 고시하는 단위면적당 표준비용을 적용할 수 있다. 다만, 제6조에 따른 납부 의무자가 원하지 아니하는 경우에는 그러하지 아니하다.(2014.1.14 본문개정)
③ 제1항 각 호 및 제2항의 산정 방법 등에 필요한 사항은 대통령령으로 정한다.(2011.5.19 본항개정)

제12조【양도소득세액 등의 개발비용 인정】 ① 부과 개시 시점 후 개발부담금을 부과하기 전에 개발부담금 부과 대상 토지를 양도하여 발생한 소득에 대하여 양도소득세 또는 법인세가 부과된 경우에는 제11조에도 불구하고 해당 세액 중 부과 개시 시점부터 양도시점까지에 상당하는 세액을 같은 조에 따른 개발비용에 계상할 수 있다.(2014.1.14 본항개정)
② 제1항에 따라 개발비용으로 계상되는 세액의 범위 등은 대통령령으로 정한다.
③ 시장·군수·구청장은 제1항에 따른 개발비용의 계상에 필요한 경우 다음 각 호의 사항을 적은 문서로 관할 세무관서의 장에게 같은 항에 따른 양도소득세 또는 법인세의 부과금액 등 「국세기본법」 제81조의13에 따른 과세정보의 제공을 요청할 수 있다.(2020.2.18 본문개정)
1. 납세자의 인적 사항
2. 사용 목적
3. 개발부담금 부과 대상 토지의 명세

(2016.1.19 본항신설)
④ 제3항에 따른 과세정보의 제공 요청 및 그에 따른 과세정보의 제공은 「개인정보 보호법」에 의하여야 한다.(2016.1.19 본항신설)

제13조【부담률】 납부 의무자가 납부하여야 할 개발부담금은 제8조에 따라 산정된 개발이익에 다음 각 호의 구분에 따른 부담률을 곱하여 산정한다.
1. 제5조제1항제1호부터 제6호까지의 개발사업 : 100분의 20
2. 제5조제1항제7호 및 제8호의 개발사업 : 100분의 25. 다만, 「국토의 계획 및 이용에 관한 법률」 제38조에 따른 개발제한구역에서 제5조제1항제7호 및 제8호의 개발사업을 시행하는 경우로서 납부 의무자가 개발제한구역으로 지정될 당시부터 토지 소유자인 경우에는 100분의 20으로 한다.

(2014.1.14 본조개정)

제3절 부과·징수

제14조【부담금의 결정·부과】 ① 시장·군수·구청장은 부과 종료 시점부터 5개월 이내에 개발부담금을 결정·부과

하여야 한다. 다만, 제9조제3항 각 호 외의 부분 단서에 해당하는 경우로서 해당 사업이 대규모 사업의 일부에 해당되어 제11조에 따른 개발비용의 명세(明細)를 제출할 수 없는 경우에는 대통령령으로 정하는 바에 따라 개발부담금을 결정·부과할 수 있다.(2020.2.18 본문개정)
② 시장·군수·구청장은 제1항에 따라 개발부담금을 결정·부과하려면 대통령령으로 정하는 바에 따라 미리 납부 의무자에게 그 부과 기준과 부과 금액을 알려야 한다.(2020.2.18 본항개정)
③ 제2항에 따라 통지받은 개발부담금에 대하여 이의가 있는 자는 대통령령으로 정하는 바에 따라 심사를 청구할 수 있다.

제14조의2【부담금의 조정 등】 ① 시장·군수·구청장은 개발부담금 결정·부과 후 「학교용지 확보 등에 관한 특례법」에 따른 학교용지부담금을 납부하는 등 대통령령으로 정하는 사유가 발생한 경우에는 이를 다시 산정·조정하여 그 차액을 부과하거나 되돌려주어야 한다.(2020.6.9 본항개정)
② 제1항에 따른 산정·조정 방법 및 부과·환급 절차 등에 필요한 사항은 대통령령으로 정한다.
(2017.12.26 본조신설)

제15조【납부의 고지】 ① 시장·군수·구청장은 이 법에 따라 개발부담금을 부과하기로 결정하면 납부 의무자에게 대통령령으로 정하는 바에 따라 납부고지서를 발부하여야 한다.
(2020.2.18 본항개정)
② 개발부담금은 부과 고지할 수 있는 날부터 5년이 지난 후에는 부과할 수 없다. 이 경우 행정심판이나 소송에 의한 재결이나 판결이 확정된 날부터 1년이 지나기 전까지는 개발부담금을 정정하여 부과하거나 그 밖에 필요한 처분을 할 수 있다.
③ 제2항에 따른 개발부담금을 부과 고지할 수 있는 날은 대통령령으로 정한다.

제16조【추징】 ① 시장·군수·구청장은 제7조제2항부터 제4항까지의 규정에 따른 개발부담금 감면 대상 사업(다른 법률에서 감면 대상으로 정한 사업을 포함한다)을 시행한 후 특별한 사유 없이 대통령령으로 정하는 기간에 토지를 해당 개발사업의 목적 용도로 이용하지 아니하는 등 대통령령으로 정하는 사유가 있으면 감면한 개발부담금을 징수한다.(2020.2.18 본항개정)
② 제1항에 따른 개발부담금의 징수에 필요한 사항은 대통령령으로 정한다.

제17조【시효】 ① 개발부담금을 징수할 수 있는 권리와 개발부담금의 과오납금을 환급받을 권리는 행사할 수 있는 시점부터 5년간 행사하지 아니하면 소멸시효가 완성된다.
② 제1항에 따른 개발부담금 징수권의 소멸시효는 다음 각 호의 어느 하나의 사유로 중단된다.
1. 납부 고지
2. 납부 독촉
3. 교부 청구
4. 압류
③ 제2항에 따라 중단된 소멸시효는 다음 각 호의 어느 하나에 해당하는 기간이 지난 시점부터 새로 진행한다.
1. 고지한 납부 기간
2. 독촉으로 재설정된 납부 기간
3. 교부 청구 중의 기간
4. 압류 해제까지의 기간
④ 제1항에 따른 개발부담금 징수권의 소멸시효는 납부의 연기 또는 분할 납부의 기간 중에는 진행하지 아니한다.
⑤ 제1항에 따른 환급청구권의 소멸시효는 환급청구권 행사로 중단된다.
⑥ 소멸시효에 관하여 이 법에 규정되어 있는 것 외에는 「민법」을 준용한다.

제18조【납부】 ① 개발부담금의 납부 의무자는 부과일부터 6개월 이내에 개발부담금을 납부하여야 한다.
② 개발부담금은 현금 또는 대통령령으로 정하는 납부대행기관을 통하여 신용카드·직불카드 등(이하 "신용카드등"이라 한다)으로 납부할 수 있다. 다만, 시장·군수·구청장은 토지(해당 부과 대상 토지 및 그와 유사한 토지를 말한다) 또는 건축물로 하는 납부〔이하 "물납"(物納)이라 한다〕를 인정할 수 있다.(2020.2.18 단서개정)
③ 제2항 본문에 따라 개발부담금을 신용카드등으로 납부하는 경우에는 납부대행기관의 승인일을 납부일로 본다.
(2017.12.26 본항개정)
④ 납부대행기관은 개발부담금 납부를 대행하는 대가로 납부의무자로부터 수수료를 받을 수 있다.(2017.12.26 본항신설)
⑤ 물납의 기준·절차, 납부대행기관의 지정·지정취소, 납부대행 수수료 등에 필요한 사항은 대통령령으로 정한다.
(2017.12.26 본항신설)

제18조의2【개발부담금의 일부 환급】 ① 시장·군수·구청장은 개발부담금의 납부 의무자가 제18조제1항에서 정한 납부 기한 만료일까지 개발부담금의 납부를 완료한 경우에는 부과일부터 납부일까지 기간 등을 고려하여 대통령령으로 정하는 바에 따라 산정된 금액을 납부 의무자에게 되돌려줄 수 있다.
(2020.6.9 본항개정)
② 제20조제1항에 따른 납부의 연기 및 분할 납부의 경우에는 제1항을 적용하지 아니한다.
(2014.1.14 본조신설)

제19조【납부 기일 전 징수】 ① 시장·군수·구청장은 납부 의무자가 다음 각 호의 어느 하나에 해당하면 납부 기일 전이라도 이미 부과된 개발부담금을 징수할 수 있다.
(2020.2.18 본문개정)
1. 국세, 지방세, 그 밖의 공과금에 대하여 체납처분을 받은 경우
2. 강제집행을 받은 경우
3. 파산선고를 받은 경우
4. 경매가 개시된 경우
5. 법인이 해산한 경우
6. 개발부담금을 포탈하려는 행위가 있다고 인정되는 경우
7. 개발부담금에 대한 납부 관리인을 두지 아니하고 국내에 주소나 거소(居所)를 두지 아니하게 된 경우
② 시장·군수·구청장은 제1항에 따라 납부 기일 전에 개발부담금을 징수하려면 대통령령으로 정하는 바에 따라 납부 기일을 정하여 납부 의무자에게 그 뜻과 납부 기일 변경 등을 고지하여야 한다.(2020.2.18 본항개정)

제20조【납부의 연기 및 분할 납부】 ① 시장·군수·구청장은 개발부담금의 납부 의무자가 다음 각 호의 어느 하나에 해당하여 개발부담금을 납부하기가 곤란하다고 인정되면 대통령령으로 정하는 바에 따라 해당 개발사업의 목적에 따른 이용 상황 등을 고려하여 3년의 범위에서 납부 기일을 연기하거나 5년의 범위에서 분할 납부를 인정할 수 있다.(2020.2.18 본문개정)
1. 재해나 도난으로 재산에 심한 손실을 받은 경우
2. 사업에 뚜렷한 손실을 입은 경우
3. 사업이 중대한 위기에 처한 경우
4. 납부 의무자 또는 그 동거 가족의 질병이나 중상해로 장기 치료가 필요한 경우
5. 그 밖에 대통령령으로 정하는 경우
② 납부 의무자가 제1항에 따라 개발부담금의 납부 기일의 연기 및 분할 납부를 인정받으려면 대통령령으로 정하는 바에 따라 시장·군수·구청장에게 신청하여야 한다.
(2020.2.18 본항개정)
③ 시장·군수·구청장은 제1항과 제2항의 경우에 납부를 연기한 기간 또는 분할 납부로 납부가 유예된 기간이 1년 이상일 경우 그 1년을 초과하는 기간에 대하여는 개발부담금에 대통령령으로 정하는 금액을 가산하여 징수하여야 한다.(2020.2.18 본항개정)

제21조【납부 독촉 및 가산금】 ① 시장·군수·구청장은 개발부담금의 납부 의무자가 제18조제1항에 따라 지정된 기간에 그 개발부담금을 완납하지 아니하면 납부 기한이 지난 후 10일 이내에 독촉장을 발부하여야 한다.
② 개발부담금 또는 체납된 개발부담금을 납부 기한까지 완납하지 아니한 경우에는 「지방세징수법」 제30조 및 제31조를 준용한다.
(2020.2.18 본조개정)

제22조【체납처분 등】① 시장·군수·구청장은 개발부담금의 납부 의무자가 독촉장을 받고도 지정된 기한까지 개발부담금과 가산금 등을 완납하지 아니하면 「지방행정제재·부과금의 징수 등에 관한 법률」에 따라 징수할 수 있다.(2020.2.28 본항개정)
② 제1항에 따른 개발부담금 및 가산금 등은 국세와 지방세를 제외한 그 밖의 채권에 우선하여 징수한다. 다만, 제15조에 따른 개발부담금 납부 고지일 전에 전세권, 질권 또는 저당권의 설정을 등기하거나 등록한 사실이 증명되는 재산을 매각할 때 그 매각 대금 중에서 개발부담금과 가산금 등을 징수하는 경우 그 전세권, 질권 또는 저당권으로 담보된 채권에 대하여는 그러하지 아니하다.
③ 분할 납부가 인정된 개발부담금을 징수할 때에는 제20조제1항에도 불구하고 1회의 분할 납부가 체납된 경우에는 체납처분할 때에 그 납부 기간 이후 분할 납부하여야 할 개발부담금과 가산금 등의 전액을 일괄하여 징수한다.
제23조【결손처분】① 시장·군수·구청장은 체납자에게 다음 각 호의 어느 하나에 해당하는 사유가 있으면 결손처분을 할 수 있다.(2020.2.18 본문개정)
1. 체납처분이 끝나고 그 체납액에 충당된 배분 금액이 체납액보다 부족할 때
2. 제17조제1항에 따라 소멸시효가 완성될 때
3. 체납처분의 목적물인 총재산의 추산 가액이 체납 처분비에 충당하고 잔액이 생길 여지가 없는 때
4. 체납자의 행방을 알 수 없거나 재산이 없다는 것이 밝혀져 체납액을 징수할 가망이 없는 때(2020.6.9 본호개정)
② 시장·군수·구청장은 제1항에 따라 결손처분을 한 후 압류할 수 있는 다른 재산을 발견하면 지체 없이 그 처분을 취소하고 체납처분을 하여야 한다. 다만, 제1항제2호에 해당하는 경우에는 그러하지 아니하다.(2020.2.18 본문개정)
제24조【자료 제출 의무】납부 의무자는 다음 각 호의 구분에 따라 대통령령으로 정하는 바에 따라 제11조에 따른 개발비용의 산정에 필요한 명세서를 시장·군수·구청장에게 제출하여야 한다.(2020.2.18 본문개정)
1. 국가나 지방자치단체로부터 개발사업의 준공인가 등을 받은 경우
2. 제9조제3항 단서의 경우
제25조【자료의 통보】① 개발부담금의 부과 대상인 개발사업에 관하여 인가등을 한 행정청은 인가등을 한 날부터 15일 이내에 그 사실을 시장·군수·구청장에게 알려야 한다.
② 시장·군수·구청장이 개발부담금을 부과한 경우에는 국토교통부령으로 정하는 바에 따라 대상 사업, 납부 의무자, 부과 금액, 사업 기간 및 부과일 등에 관한 사항을 부과일부터 15일 이내에 국토교통부장관 및 국세청장에게 통보하여야 한다.(2020.2.18 본조개정)

제3장 보 칙

제26조【행정심판의 특례】① 개발부담금 등의 부과·징수에 이의가 있는 자는 「공익사업을 위한 토지 등의 취득 및 보상에 관한 법률」에 따른 중앙토지수용위원회에 행정심판을 청구할 수 있다.
② 제1항에 따른 행정심판청구에 대하여는 「행정심판법」 제6조에도 불구하고 「공익사업을 위한 토지 등의 취득 및 보상에 관한 법률」에 따른 중앙토지수용위원회가 심리·의결하여 재결(裁決)한다.(2010.1.25 본항개정)
제27조 (2020.2.18 삭제)
제28조【벌칙】① 개발부담금을 면탈(免脫)·감경(減輕)할 목적 또는 면탈·감경하게 할 목적으로 거짓으로 계약을 체결한 자는 3년 이하의 징역에 처하거나, 면탈·감경을 하였거나 면탈·감경을 하려고 한 개발부담금의 3배 이하에 해당하는 벌금에 처한다.
② 법인의 대표자나 법인 또는 개인의 대리인, 사용인, 그 밖의 종업원이 그 법인 또는 개인의 업무에 관하여 제1항의 위반행위를 하면 그 행위자를 벌하는 외에 그 법인 또는 개인에게도 해당 조문의 벌금형을 과(科)한다. 다만, 법인 또는 개인이 그 위반행위를 방지하기 위하여 해당 업무에 관하여 상당한 주의와 감독을 게을리하지 아니한 경우에는 그러하지 아니하다.(2009.3.25 본항개정)
③ (2009.3.25 삭제)
제29조【과태료】① 제24조에 따른 명세서를 기한까지 제출하지 아니하거나 거짓으로 제출한 자에게는 200만원 이하의 과태료를 부과한다.(2009.3.25 본항개정)
② 제1항에 따른 과태료는 대통령령으로 정하는 바에 따라 시장·군수·구청장이 부과·징수한다.(2020.2.18 본항개정)
③~⑤ (2009.3.25 삭제)

부 칙

제1조【시행일】이 법은 공포 후 3개월이 경과한 날부터 시행한다.
제2조【개발부담금 감면 및 부과시점에 관한 적용례】① 법률 제4563호 개발이익환수에관한법률중개정법률 제9조제1항의 개정규정을 적용함에 있어서 같은 법 시행일 전부터 소유한 토지는 같은 법 시행일을 그 토지의 취득일로 본다.
② 제7조제2항제3호 및 제9조제1항제1호의 개정규정은 이 법 시행 후 최초로 개발부담금을 결정·부과하는 사업부터 적용한다.
제3조【개발부담금의 면제에 관한 특례】① 제5조에 따른 개발부담금 부과 대상 사업으로서 1999년 12월 31일 이전에 인가등을 받은 개발사업에 대하여는 제3조제1항에도 불구하고 개발부담금을 면제한다.
② 제1항은 법률 제5572호 개발이익환수에관한법률중개정법률 시행 당시 부과종료시점부터 3개월이 경과하지 아니한 경우로서 개발부담금이 부과되지 아니한 사업분부터 적용한다.
제4조【개발부담금의 징수에 관한 특례】국가는 제3조에도 불구하고 제5조에 따른 개발부담금 부과대상사업이 시행되는 서울특별시·인천광역시·경기도 지역 외의 지역에서 발생하는 개발이익에 대하여는 2002년 1월 1일부터 2005년 12월 31일까지, 서울특별시·인천광역시·경기도 지역에서 발생하는 개발이익에 대하여는 2004년 1월 1일부터 2005년 12월 31일까지 각각 인가등을 받은 사업은 개발부담금을 징수하지 아니한다.
제5조【처분 등에 관한 일반적 경과조치】이 법 시행 당시 종전의 규정에 따른 행정기관의 행위나 행정기관에 대한 행위는 그에 해당하는 이 법에 따른 행정기관의 행위나 행정기관에 대한 행위로 본다.
제6조【벌칙이나 과태료에 관한 경과조치】이 법 시행 전의 행위에 대하여 벌칙이나 과태료 규정을 적용할 때에는 종전의 규정에 따른다.
제7조【다른 법률의 개정】①~⑫ ※(해당 법령에 가제정리 하였음)
제8조【다른 법령과의 관계】이 법 시행 당시 다른 법령에서 종전의 「개발이익환수에 관한 법률」 또는 그 규정을 인용한 경우에 이 법 가운데 그에 해당하는 규정이 있으면 종전의 규정을 갈음하여 이 법 또는 이 법의 해당 규정을 인용한 것으로 본다.

부 칙 (2014.1.14)

제1조【시행일】이 법은 공포 후 6개월이 경과한 날부터 시행한다. 다만, 제18조의2의 개정규정은 2015년 1월 1일부터 시행한다.
제2조【개발부담금 부과 대상 사업 등에 관한 적용례】제5조제1항, 제7조제2항제3호 본문 개정규정은 부칙 제1조 본문에 따른 시행일(이하 "이 법 시행일"이라 한다) 이후 인가등을 받은 개발사업부터 적용한다.
제3조【개발비용의 산정 및 개발비용의 인정에 관한 적용례】제11조제2항 본문 및 제12조제1항의 개정규정은 이 법 시행일 이후 개발부담금을 결정·부과하는 경우부터 적용한다.

제4조【개발부담금 산정을 위한 부담률에 관한 적용례】 제13조의 개정규정은 이 법 시행일 이후 인가등을 받은 개발사업부터 적용한다.
제5조【개발부담금의 결정 · 부과 및 납부 기간에 관한 적용례】 제14조제1항 본문 개정규정은 이 법 시행일 이후 개발부담금을 결정 · 부과하는 경우부터 적용한다.
제6조【개발부담금의 일부 환급에 관한 적용례】 제18조의2의 개정규정은 2015년 1월 1일 전에 결정 · 부과된 개발부담금의 제18조에 따른 납부 기한이 2015년 1월 1일 이후 도래하는 경우로서 해당 개발부담금을 2015년 1월 1일 이전에 납부한 경우에 대해서도 적용한다.
제7조【개발부담금의 납부 연기 및 분할 납부에 따른 가산 징수제도 변경에 관한 적용례】 제20조제3항의 개정규정은 이 법 시행일 전에 납부 연기 또는 분할 납부를 신청하여 납부 연기 또는 분할 납부가 가능하다는 통지를 받은 경우로서 이 법 시행일 이후 개발부담금에 가산하여 징수하는 분에 대해서도 적용한다.
제8조【개발부담금의 감면에 관한 특례】 제5조제1항제1호부터 제6호까지의 개정규정에 따른 개발부담금 부과 대상 사업으로서 이 법 시행일부터 1년까지의 기간 내에 인가등을 받은 개발사업에 대해서는 제7조제2항 및 제3항(제2호는 제외한다)에도 불구하고 다음 각 호의 구분에 따라 개발부담금을 경감하거나 면제한다.
1. 수도권에서 시행하는 개발사업 : 개발부담금의 100분의 50 경감
2. 수도권 외의 지역에서 시행하는 개발사업 : 개발부담금 면제

부 칙 (2017.12.26)

제1조【시행일】 이 법은 공포 후 6개월이 경과한 날부터 시행한다. 다만, 제22조제1항의 개정규정은 공포한 날부터 시행한다.
제2조【지가 산정에 관한 적용례】 제10조제1항의 개정규정은 이 법 시행 후 최초로 종료시점지가를 산정하는 경우부터 적용한다.
제3조【부담금의 조정에 관한 적용례】 제14조의2의 개정규정은 이 법 시행 당시 제14조에 따라 개발부담금이 결정 · 부과되어 5년이 경과하지 않은 경우에도 적용한다.
제4조【개발부담금 신용카드등의 납부에 관한 적용례】 제18조제2항부터 제5항까지의 개정규정은 이 법 시행 당시 개발부담금을 결정 · 부과받았으나 납부 기한이 지나지 아니한 경우에도 적용한다.

부 칙 (2020.2.18)

제1조【시행일】 이 법은 2021년 1월 1일부터 시행한다.(단서 생략)
제2조【사무이양을 위한 사전조치】 ① 관계 중앙행정기관의 장은 이 법에 따른 중앙행정권한 및 사무의 지방 일괄 이양에 필요한 인력 및 재정 소요 사항을 지원하기 위하여 필요한 조치를 마련하여 이 법에 따른 시행일 3개월 전까지 국회 소관 상임위원회에 보고하여야 한다.
②「지방자치분권 및 지방행정체제개편에 관한 특별법」 제44조에 따른 자치분권위원회는 제1항에 따른 인력 및 재정 소요 사항을 사전에 전문적으로 조사 · 평가할 수 있다.
제3조【행정처분 등에 관한 일반적 경과조치】 이 법 시행 당시 종전의 규정에 따라 행정기관이 행한 처분 또는 그 밖의 행위는 이 법의 규정에 따라 행정기관이 행한 처분 또는 그 밖의 행위로 보고, 종전의 규정에 따라 행정기관에 대하여 행한 신청 · 신고, 그 밖의 행위는 이 법의 규정에 따라 행정기관에 대하여 행한 신청 · 신고, 그 밖의 행위로 본다.
제4조【다른 법률의 개정】 (생략)

부 칙 (2020.3.24)

제1조【시행일】 이 법은 공포한 날부터 시행한다.(이하 생략)

부 칙 (2020.4.7)

제1조【시행일】 이 법은 공포 후 3개월이 경과한 날부터 시행한다.(이하 생략)

부 칙 (2020.6.9)

이 법은 공포한 날부터 시행한다.(이하 생략)

부 칙 (2021.12.28)

제1조【시행일】 이 법은 공포 후 6개월이 경과한 날부터 시행한다.(이하 생략)

부 칙 (2023.6.9)

제1조【시행일】 이 법은 공포 후 1개월이 경과한 날부터 시행한다.(이하 생략)

개발제한구역의 지정 및 관리에 관한 특별조치법

(약칭 : 개발제한구역법)

(2008년 3월 21일
전부개정법률 제8975호)

개정
2009. 2. 6법 9436호
2009. 4.22법 9629호(국가균형발전특별법)
2010. 1.25법 9968호(행정심판)
2010. 4.15법10265호
2010. 5.31법10331호(산지관리법)
2011. 4.14법10599호(국토이용)
2011. 9.16법11054호
2013. 3.23법11690호(정부조직)
2013. 5.28법11838호
2013. 8. 6법11998호(지방세외수입금의징수등에관한법)
2013. 8. 6법12011호
2014. 1. 7법12215호(국가균형발전특별법)
2014. 1.28법12372호 2014. 5.21법12633호
2014.12.31법12956호
2015. 1. 6법12989호(주택도시기금법)
2015. 3.11법13216호(신용정보의이용및보호에관한법)
2015.12.29법13670호
2016. 1.19법13796호(부동산가격공시에관한법)
2016. 3.22법14086호 2017. 8. 9법14846호
2017.12.30법15340호
2018. 3.20법15489호(국가균형발전특별법)
2018. 4.17법15593호 2018.12.18법15990호
2019. 4.23법16379호 2019. 8.20법16482호
2020. 3.24법17091호(지방행정제재・부과금의징수등에관한법)
2020. 6. 9법17453호(법률용어정비)
2021. 7.27법18337호 2022. 6.10법18932호
2022.12.27법19117호(산림자원조성관리)
2023. 6. 9법19430호(지방자치분권및지역균형발전에관한특별법)
2023. 8. 8법19590호(문화유산)
2023. 8.16법19671호
2023. 9.14법19702호(근현대문화유산의보존및활용에관한법)

제1조【목적】 이 법은 「국토의 계획 및 이용에 관한 법률」 제38조에 따른 개발제한구역의 지정과 개발제한구역에서의 행위 제한, 주민에 대한 지원, 토지 매수, 그 밖에 개발제한구역을 효율적으로 관리하는 데에 필요한 사항을 정함으로써 도시의 무질서한 확산을 방지하고 도시 주변의 자연환경을 보전하여 도시민의 건전한 생활환경을 확보하는 것을 목적으로 한다.

제2조【국가 등의 책무】 ① 국가와 지방자치단체는 개발제한구역을 지정하는 목적이 달성되도록 성실히 관리하여야 한다.
② 국민은 국가와 지방자치단체가 개발제한구역을 관리하기 위하여 수행하는 업무에 협력하여야 하며, 개발제한구역이 훼손되지 아니하도록 노력하여야 한다.

제3조【개발제한구역의 지정 등】 ① 국토교통부장관은 도시의 무질서한 확산을 방지하고 도시 주변의 자연환경을 보전하여 도시민의 건전한 생활환경을 확보하기 위하여 도시의 개발을 제한할 필요가 있거나 국방부장관의 요청으로 보안상 도시의 개발을 제한할 필요가 있다고 인정되면 개발제한구역의 지정 및 해제를 도시・군관리계획으로 결정할 수 있다.(2013.3.23 본항개정)
② 개발제한구역의 지정 및 해제의 기준은 대상 도시의 인구・산업・교통 및 토지이용 등 경제적・사회적 여건과 도시 확산 추세, 그 밖의 지형 등 자연환경 여건을 종합적으로 고려하여 대통령령으로 정한다.

제4조【개발제한구역의 지정 등에 관한 도시・군관리계획의 입안】 ① 개발제한구역의 지정 및 해제에 관한 도시・군관리계획(이하 "도시・군관리계획"이라 한다)은 해당 도시지역을 관할하는 특별시장・광역시장・특별자치시장・특별자치도지사・시장 또는 군수(이하 이 조에서 "입안권자"라 한다)가 입안(立案)한다. 다만, 국가계획과 관련된 경우에는 국토교통부장관이 직접 도시・군관리계획을 입안하거나 관계 중앙행정기관의 장의 요청에 따라 관할 특별시장・광역시장・특별자치시장・도지사・특별자치도지사(이하 "시・도지사"라 한다), 시장 및 군수의 의견을 들은 후 도시・군관리계획을 입안할 수 있으며, 「국토의 계획 및 이용에 관한 법률」 제2조제1호에 따른 광역도시계획과 관련된 경우에는 도지사가 직접 도시・군관리계획을 입안하거나 관계 시장 또는 군수의 요청에 따라 관할 시장이나 군수의 의견을 들은 후 도시・군관리계획을 입안할 수 있다.(2013.5.28 본항개정)
② 도시・군관리계획은 「국토의 계획 및 이용에 관한 법률」 제2조제1호에 따른 광역도시계획이나 같은 조 제3호에 따른 도시・군기본계획에 부합되도록 입안하여야 한다.(2011.4.14 본항개정)
③ 개발제한구역에 관하여 작성되는 도시・군관리계획도서와 계획설명서의 작성 기준 및 작성 방법에 관하여는 「국토의 계획 및 이용에 관한 법률」 제25조제2항부터 제4항까지의 규정을 준용한다.(2011.4.14 본항개정)
④ 입안권자는 제1항에 따라 개발제한구역의 해제에 관한 도시・군관리계획을 입안하는 경우에는 개발제한구역 중 해제하고자 하는 지역(이하 "해제대상지역"이라 한다)에 대한 개발계획 등 구체적인 활용방안과 해제지역이 아닌 지역으로서 개발제한구역 내 다음 각 호의 어느 하나에 해당하는 훼손된 지역(이하 "훼손지"라 한다)의 복구계획 등 주변 개발제한구역에 대한 관리방안을 포함하여야 한다. 이 경우 복구하고자 하는 훼손지의 범위는 해제대상지역 면적〔바다・하천・도랑・제방(堤防) 및 도로 등 개발사업의 목적에 이용되지 아니하고 존치되는 경우로서 대통령령으로 정하는 것의 면적은 제외한다〕의 100분의 10부터 100분의 20까지에 상당하는 범위 안에서 「국토의 계획 및 이용에 관한 법률」 제106조에 따른 중앙도시계획위원회의 심의를 거쳐 국토교통부장관이 입안권자와 협의하여 결정한다.(2022.6.10 후단개정)
1. 건축물 또는 공작물 등 각종 시설물이 밀집되어 있거나 다수 산재되어 녹지로서의 기능을 충분히 발휘하기 곤란한 곳. 이 경우 각종 시설물의 적법 또는 불법여부는 고려하지 아니한다.(2018.4.17 본호신설)
1의2. 건축물 또는 공작물 등 시설물의 설치가 가능한 대통령령으로 정하는 지목(地目)의 토지를 포함한 지역으로서 녹지로 복원이 필요한 곳. 이 경우 건축물 또는 공작물 등 시설물의 설치 유무는 고려하지 아니한다.(2022.6.10 본호신설)
2. 「국토의 계획 및 이용에 관한 법률」 제30조에 따라 도시・군관리계획으로 결정된 공원으로서 훼손된 녹지를 복원하거나 녹지기능을 제고하기 위하여 공원으로 조성이 시급한 곳(2018.4.17 본호신설)
3. 그 밖에 개발제한구역을 복원하거나 그 기능을 유지하기 위하여 대통령령으로 정하는 지역(2022.6.10 본호신설)
⑤ 제4항 후단에 따라 복구하기로 한 훼손지는 해제대상지역의 개발사업에 관한 계획의 결정(「국토의 계획 및 이용에 관한 법률」 제49조제1호에 따른 지구단위계획 결정을 말하며, 다른 법령에 따라 지구단위계획 결정이 의제되는 협의를 거친 경우를 포함한다. 이하 "개발계획의 결정"이라 한다)을 받은 개발사업자(이하 "개발사업자"라 한다)가 복구하여야 한다. 이 경우 훼손지 복구에 소요되는 비용은 개발사업자가 부담한다.(2009.2.6 본항신설)
⑥ 입안권자 또는 개발사업자는 제4항 및 제5항의 규정에도 불구하고 국토교통부장관이 「국토의 계획 및 이용에 관한 법률」 제106조에 따른 중앙도시계획위원회의 심의를 거쳐 해제대상지역이 속한 같은 법 제10조제1항에 따른 광역계획권의 개발제한구역 내에 훼손지가 없는 등 부득이한 사유가 있다고 인정하는 경우에는 제4항에 따른 훼손지의 복구계획을 제시하지 아니하거나 제5항에 따른 훼손지의 복구를 하지 아니할 수 있다.(2022.6.10 본항개정)
⑦ 제4항 및 제5항에 따른 훼손지 복구에 관한 시행방법, 비용 등 필요한 사항은 대통령령으로 정한다.(2009.2.6 본항신설)
(2011.4.14 본조제목개정)

제4조의2【토지소유자 등의 훼손지 정비사업】 ① 다음 각 호의 어느 하나에 해당하는 자는 대통령령으로 정하는 바에 따라

축사 등 동물·식물 관련 시설이 밀집된 훼손지의 정비사업(이하 "정비사업"이라 한다)을 시행할 수 있다.(2019.8.20 후단삭제)
1. 국유지·공유지를 제외한 해당 훼손지의 토지소유자
2. 제1호에 따른 토지소유자가 정비사업을 위하여 설립하는 조합
3. 지방자치단체
4. 「공공기관의 운영에 관한 법률」에 따른 공공기관
5. 「지방공기업법」에 따른 지방공기업
(2019.8.20 3호~5호신설)
② 제1항에 따라 정비사업을 시행하는 자는 해당 정비사업 구역 면적의 100분의 30 이상에 해당하는 정비사업 부지에 「도시공원 및 녹지 등에 관한 법률」 제2조에 따른 도시공원 또는 녹지를 조성하여 같은 법 제20조에 따른 공원관리청(이하 "공원관리청"이라 한다)에 기부채납(寄附採納)하여야 한다. 다만, 정비사업 시행을 위하여 「국토의 계획 및 이용에 관한 법률」 제30조에 따라 도시·군관리계획으로 결정된 도로의 개설이 필요한 경우, 정비사업 구역 면적의 100분의 5 이내에서 공원·녹지로 조성하여 기부채납해야 하는 면적을 도로의 면적으로 대체할 수 있다.(2019.8.20 본항개정)
③ 제2항에도 불구하고 정비사업 구역 내에 도시공원 또는 녹지를 조성하기 어려운 경우 정비사업 구역 내 도시공원 또는 녹지 대신 「국토의 계획 및 이용에 관한 법률」 제30조에 따라 도시·군관리계획으로 결정된 개발제한구역 내 도시공원 부지로 정비사업 구역에 포함되는 토지의 총 가액(감정평가업자 2인 이상이 평가한 평가액의 산술평가액을 말한다)의 70분의 30(제2항 단서에 따라 도로 면적이 포함되는 경우에는 그 비율만큼을 제외한다)에 해당하는 금액과 국토교통부장관이 정하는 공원조성비용을 합한 금액 이상에 해당하는 도시공원 부지를 기부채납하여야 한다.(2019.8.20 본항신설)
④ 제1항에 따라 정비사업을 시행하려는 자는 대통령령으로 정하는 서류를 갖추어 관할 시장·군수·구청장(자치구의 구청장을 말한다. 이하 이 조에서 같다)에게 신청하여야 한다.
(2019.8.20 본항신설)
⑤ 제4항에 따른 신청을 받은 시장·군수·구청장은 정비사업 요건에 적합하다고 인정하는 경우 시·도지사와 협의하여야 한다.(2019.8.20 본항신설)
⑥ 시·도지사는 정비사업의 시행이 필요하다고 인정하는 경우 국토교통부장관과 협의하여야 한다. 이 경우 시·도지사는 국토교통부장관과의 협의 결과를 시장·군수·구청장에게 통보하여야 한다.(2019.8.20 본항신설)
⑦ 시장·군수·구청장은 제5항에 따라 정비사업 요건을 검토한 결과 및 제5항 또는 제6항에 따라 시·도지사로부터 통보받은 협의 결과를 제4항에 따라 신청한 자에게 통보하여야 한다.
(2019.8.20 본항신설)
⑧ 정비사업의 내용·방법, 제1항에 따른 훼손지의 구체적인 범위, 같은 항 제2호에 따른 조합의 설립요건·절차 등 필요한 사항은 대통령령으로 정한다.
(2015.12.29 본조신설 : 2020.12.31까지 유효)
제5조【해제된 개발제한구역의 재지정 등에 관한 특례】 ① 국토교통부장관은 개발제한구역이 해제된 지역에 대하여 해제 후 최초로 결정되는 도시·군관리계획(「국토의 계획 및 이용에 관한 법률」 제2조제4호에 따른 도시·군관리계획을 말한다. 이하 이 조에서 같다)의 내용이 해제의 목적이나 용도 등에 부합하지 아니하는 경우에는 그 도시·군관리계획이 결정·고시된 날부터 3개월 이내에 해제지역을 관할하는 특별시장·광역시장·특별자치시장·특별자치도지사·시장 또는 군수에게 상당한 기한을 정하여 도시·군관리계획을 조정하도록 요구할 수 있다. 이 경우 특별시장·광역시장·특별자치시장·특별자치도지사·시장 또는 군수는 도시·군관리계획을 다시 검토하여 정비하여야 한다.
② 제1항에 따른 조정 요구를 받은 특별시장·광역시장·특별자치시장·특별자치도지사·시장 또는 군수가 제1항에 따른 기한까지 국토교통부장관의 조정 요구대로 도시·군관리계획을 정비하지 아니하면 국토교통부장관은 제4조제1항에도 불구하고 그 해제지역을 다시 개발제한구역으로 지정하는 도시·군관리계획을 직접 입안할 수 있다. 이 경우 제6조 및 제7조는 적용하지 아니한다.
③ 도시용지의 적절한 공급, 기반시설의 설치 등 대통령령으로 정하는 사유로 개발제한구역에서 해제된 지역이 다음 각 호의 어느 하나에 해당하는 경우에는 그 다음 날에 개발제한구역으로 환원된 것으로 본다.
1. 개발제한구역의 해제에 관한 도시·군관리계획이 결정·고시된 날부터 4년이 되는 날까지 관련 개발사업이 착공되지 아니한 경우. 다만, 재난의 발생 등 대통령령으로 정하는 불가피한 사유로 인하여 개발사업의 착공이 지연되는 경우 국토교통부장관은 「국토의 계획 및 이용에 관한 법률」 제106조에 따른 중앙도시계획위원회의 심의를 거쳐 해당 사유가 없어진 날부터 1년의 범위에서 환원을 추가로 유예할 수 있다.
(2019.4.23 본호개정)
2. 관련 개발사업을 위한 사업구역 등의 지정이 효력을 잃게 된 경우
(2015.12.29 본항신설)
④ 제3항에 따라 개발제한구역으로 환원된 경우 그 개발제한구역에 대한 「국토의 계획 및 이용에 관한 법률」에 따른 용도지역은 개발제한구역이 해제되기 전의 용도지역으로 환원된 것으로 본다.(2015.12.29 본항신설)
⑤ 제3항에 따라 개발제한구역으로 환원된 경우 국토교통부장관은 대통령령으로 정하는 바에 따라 그 내용을 관보에 고시하고, 관계 서류의 사본을 관할 시·도지사에게 송부하여야 하며, 관계 서류의 사본을 받은 시·도지사는 그 내용을 일반인이 열람할 수 있도록 하여야 한다.(2015.12.29 본항신설)
(2015.12.29 본조제목개정)
(2013.5.28 본조개정)
제6조【기초조사 등】 ① 특별시장·광역시장·특별자치시장·특별자치도지사·시장 또는 군수는 도시·군관리계획을 수립하려고 할 때에는 인구·경제·사회·문화·교통·환경·토지이용, 그 밖에 대통령령으로 정하는 사항 중 도시·군관리계획의 수립에 필요한 사항을 대통령령으로 정하는 바에 따라 미리 조사하거나 측량하여야 한다.
② 국토교통부장관은 개발제한구역에 관한 정책의 수립, 개발제한구역의 효율적인 관리 등을 위하여 건축물, 토지의 소유 및 이용 등에 관한 실태를 조사할 수 있다.(2013.5.28 본항신설)
③ 국토교통부장관은 제2항에 따른 실태조사를 위하여 필요한 경우 관계 중앙행정기관의 장 또는 지방자치단체의 장에게 자료의 제출을 요청할 수 있다. 이 경우 자료의 제출을 요청받은 관계 중앙행정기관의 장 또는 지방자치단체의 장은 특별한 사유가 없으면 해당 자료를 제출하여야 한다.(2013.5.28 본항신설)
④ 국토교통부장관은 제2항에 따른 실태조사를 대통령령으로 정하는 공공기관에 위탁할 수 있다.(2013.5.28 본항신설)
⑤ 제1항 및 제2항에 따른 조사나 측량 등을 위하여 타인의 토지에 출입하거나 그에 따른 손실을 보상하는 경우에는 「국토의 계획 및 이용에 관한 법률」 제130조와 제131조를 준용한다.
(2013.5.28 본조개정)
제7조【주민과 지방의회의 의견청취】 ① 국토교통부장관, 시·도지사, 시장 또는 군수는 제4조에 따라 도시·군관리계획을 입안할 때 주민의 의견을 들어야 하며, 그 의견이 타당하다고 인정되면 그 도시·군관리계획안에 반영하여야 한다. 다만, 국방을 위하여 기밀을 지켜야 할 필요가 있는 사항(국방부장관의 요청이 있는 것만 해당한다)이거나 대통령령으로 정하는 경미한 사항은 그러하지 아니하다.(2020.6.9 단서개정)
② 국토교통부장관이나 도지사가 제4조제1항 단서에 따라 도시·군관리계획을 입안하려면 주민의 의견청취 기한을 표시한 도시·군관리계획안을 관계 특별시장·광역시장·특별자치시장·특별자치도지사·시장 또는 군수에게 보내야 한다.
(2013.5.28 본항개정)
③ 제2항에 따라 도시·군관리계획안을 송부받은 특별시장·광역시장·특별자치시장·특별자치도지사·시장 또는 군수는 표시된 기한까지 그 도시·군관리계획안에 대하여 주민의 의견을 들은 후 그 결과를 국토교통부장관이나 도지사에게 제출하여야 한다.(2013.5.28 본항개정)

④ 제1항에 따른 주민의 의견청취에 필요한 사항은 대통령령으로 정하는 기준에 따라 해당 지방자치단체의 조례로 정한다.
⑤ 국토교통부장관, 시·도지사, 시장 또는 군수가 도시·군관리계획을 입안하려는 때에는 대통령령으로 정하는 사항에 대하여 해당 지방의회의 의견을 들어야 한다.(2013.3.23 본항개정)
⑥ 국토교통부장관이나 도지사가 제5항에 따라 지방의회의 의견을 듣는 경우에는 제2항 및 제3항을 준용한다. 이 경우 "주민"은 "지방의회"로 본다.(2013.3.23 전단개정)

제8조 【도시·군관리계획의 결정】 ① 도시·군관리계획은 국토교통부장관이 결정한다.(2013.3.23 본항개정)
② 국토교통부장관은 도시·군관리계획을 결정하려는 때에는 관계 중앙행정기관의 장과 미리 협의하여야 한다. 이 경우 협의를 요청받은 기관의 장은 그 요청을 받은 날부터 30일 이내에 의견을 제시하여야 한다.(2013.3.23 전단개정)
③ 국토교통부장관은 도시·군관리계획을 결정하려는 때에는 「국토의 계획 및 이용에 관한 법률」 제106조에 따른 중앙도시계획위원회의 심의를 거쳐야 한다.(2013.3.23 본항개정)
④ 국토교통부장관은 국방을 위하여 기밀을 지켜야 할 필요가 있다고 인정되는 경우(국방부장관의 요청이 있는 때에만 해당한다)에는 그 도시·군관리계획의 전부 또는 일부에 대하여 제2항과 제3항에 따른 절차를 생략할 수 있다.(2020.6.9 본항개정)
⑤ 결정된 도시·군관리계획을 변경하려는 경우에는 제2항부터 제4항까지의 규정을 준용한다. 다만, 대통령령으로 정하는 경미한 사항을 변경하는 경우에는 그러하지 아니하다.
⑥ 국토교통부장관은 도시·군관리계획을 결정하면 대통령령으로 정하는 바에 따라 고시하고 관계 서류를 일반인에게 공람시켜야 한다. 이 경우 국토교통부장관은 자신이 결정한 도시·군관리계획에 대하여 관계 특별시장·광역시장·특별자치시장·특별자치도지사·시장 또는 군수에게 관계 서류를 보내어 이를 일반인이 공람할 수 있도록 하여야 한다.(2013.5.28 후단개정)
⑦ 도시·군관리계획 결정은 제6항에 따른 고시를 한 날부터 그 효력이 발생한다.(2013.5.28 본항개정)
(2011.4.14 본조개정)

제9조 【도시·군관리계획에 관한 지형도면의 고시】 국토교통부장관은 제8조제6항에 따라 도시·군관리계획 결정을 고시하는 경우에는 대통령령으로 정하는 바에 따라 해당 도시지역의 토지에 관하여 지적(地籍)이 표시된 지형도에 도시·군관리계획 사항을 명시한 도면(이하 "지형도면"이라 한다)을 작성하여 함께 고시하여야 한다. 이 경우 지형도면의 작성·고시 등에 관하여는 「토지이용규제 기본법」 제8조에 따른다.(2013.5.28 본조개정)

제10조 (2013.5.28 삭제)

제11조 【개발제한구역관리계획의 수립 등】 ① 개발제한구역을 관할하는 시·도지사는 개발제한구역을 종합적으로 관리하기 위하여 5년 단위로 다음 각 호의 사항이 포함된 개발제한구역관리계획(이하 "관리계획"이라 한다)을 수립하여 국토교통부장관의 승인을 받아야 한다.(2013.3.23 본문개정)
1. 개발제한구역 관리의 목표와 기본방향
2. 개발제한구역의 현황 및 실태에 대한 조사
3. 개발제한구역의 토지이용 및 보전
4. 개발제한구역에서 「국토의 계획 및 이용에 관한 법률」 제2조제7호에 따른 도시·군계획시설(이하 "도시·군계획시설"이라 한다)의 설치. 다만, 제12조제1항제1호가목 및 나목의 시설 등으로서 국토교통부장관이 정하는 도시·군계획시설은 관리계획을 수립하지 아니할 수 있다.(2013.3.23 단서개정)
5. 개발제한구역에서 대통령령으로 정하는 규모 이상인 건축물의 건축 및 토지의 형질변경. 다만, 다음 각 목의 어느 하나에 해당하는 경우에는 제외한다.(2014.1.28 단서개정)
  가. 제12조제1항제1호라목의 건축물로서 국토교통부장관이 정하는 건축물을 건축하는 경우
  나. 제13조에 따른 건축물의 건축으로서 개발제한구역 지정 이전에 조성된 기존 부지 안에서의 증축인 경우
  (2014.1.28 가목~나목신설)
5의2. (2019.8.20 삭제)
6. 제15조에 따른 취락지구의 지정 및 정비
7. 제16조에 따른 주민지원사업(이하 "주민지원사업"이라 한다)
8. 개발제한구역의 관리와 주민지원사업에 필요한 재원의 조달 및 운용
9. 그 밖에 개발제한구역의 합리적인 관리를 위하여 대통령령으로 정하는 사항
② 시·도지사가 관리계획을 변경하려면 국토교통부장관의 승인을 받아야 한다. 다만, 대통령령으로 정하는 경미한 사항을 변경하는 경우에는 승인을 받지 아니하여도 된다.
(2013.3.23 본문개정)
③ 개발제한구역이 둘 이상의 특별시·광역시·특별자치시·도에 걸쳐 있으면 관계 시·도지사가 공동으로 관리계획을 수립하거나 협의하여 관리계획을 수립할 자를 정한다. 관계 시·도지사가 협의를 하였으나 협의가 성립되지 아니하면 국토교통부장관이 관리계획을 수립할 자를 지정한다.(2013.5.28 전단개정)
④ 제1항 및 제3항에도 불구하고 제1항제4호 및 제5호에 관한 사항이 「국토의 계획 및 이용에 관한 법률」 제2조제14호에 따른 국가계획에 해당하는 경우에는 국토교통부장관이 직접 관할 시·도지사 및 시장·군수·구청장(자치구의 구청장을 말한다. 이하 같다)의 의견을 듣고 관리계획을 수립 또는 변경할 수 있다.(2013.5.28 본항신설)
⑤ 시·도지사가 관리계획을 수립 또는 변경하려면 미리 관계 시장·군수 또는 구청장의 의견을 듣고 「국토의 계획 및 이용에 관한 법률」 제113조에 따른 지방도시계획위원회의 심의를 거쳐야 한다. 다만, 대통령령으로 정하는 경미한 사항을 변경하는 경우에는 그러하지 아니하다.(2013.5.28 본항개정)
⑥ 특별자치시장·특별자치도지사나 제4항 또는 제5항에 따라 관리계획에 대한 의견을 제시하려는 관계 시·도지사, 시장·군수 또는 구청장은 대통령령으로 정하는 바에 따라 미리 주민의 의견을 들어야 한다. 다만, 국방을 위하여 기밀을 지켜야 할 필요가 있는 경우에는 주민의 의견을 듣지 아니하여도 된다.
(2020.6.9 단서개정)
⑦ 국토교통부장관이 제1항이나 제2항에 따라 관리계획의 수립 또는 변경에 대한 승인을 하거나 제4항에 따라 직접 관리계획을 수립 또는 변경하려면 관계 중앙행정기관의 장과 협의한 후 「국토의 계획 및 이용에 관한 법률」 제106조에 따른 중앙도시계획위원회의 심의를 거쳐야 한다.(2013.5.28 본항개정)
⑧ 시·도지사가 제1항이나 제2항에 따라 관리계획의 수립 또는 변경에 대한 승인을 받으면 대통령령으로 정하는 바에 따라 그 내용을 공고한 후 일반인이 열람할 수 있도록 하여야 한다.
⑨ 국토교통부장관이 제4항에 따라 직접 수립 또는 변경한 관리계획을 확정한 경우에는 그 내용을 관보에 고시하고, 관계 서류의 사본을 관할 시·도지사에게 송부하여야 하며, 관계 서류의 사본을 받은 시·도지사는 그 내용을 일반인이 열람할 수 있도록 하여야 한다.(2013.5.28 본항신설)
⑩ 시·도지사 및 시장·군수·구청장은 건축물·공작물의 설치 허가, 토지의 형질변경 허가, 제15조에 따른 취락지구의 지정 및 주민지원사업의 시행 등 개발제한구역을 관리할 때 관리계획을 위반하여서는 아니 된다.
⑪ 관리계획의 수립에 관한 기본원칙, 개발제한구역의 관리에 관한 계획서 및 도면의 작성기준, 그 밖에 관리계획의 수립에 필요한 사항은 국토교통부장관이 정한다.(2013.3.23 본항개정)

제12조 【개발제한구역에서의 행위제한】 ① 개발제한구역에서는 건축물의 건축 및 용도변경, 공작물의 설치, 토지의 형질변경, 죽목(竹木)의 벌채, 토지의 분할, 물건을 쌓아놓는 행위 또는 「국토의 계획 및 이용에 관한 법률」 제2조제11호에 따른 도시·군계획사업(이하 "도시·군계획사업"이라 한다)의 시행을 할 수 없다. 다만, 다음 각 호의 어느 하나에 해당하는 행위를 하려는 자는 특별자치시장·특별자치도지사·시장·군수 또는 구청장(이하 "시장·군수·구청장"이라 한다)의 허가를 받아 그 행위를 할 수 있다.(2013.5.28 본문개정)

1. 다음 각 목의 어느 하나에 해당하는 건축물이나 공작물로서 대통령령으로 정하는 건축물의 건축 또는 공작물의 설치와 이에 따르는 토지의 형질변경
가. 공원, 녹지, 실외체육시설, 시장·군수·구청장이 설치하는 노인의 여가활용을 위한 소규모 실내 생활체육시설 등 개발제한구역의 존치 및 보전관리에 도움이 될 수 있는 시설(2010.4.15 본목개정)
나. 도로, 철도 등 개발제한구역을 통과하는 선형(線形)시설과 이에 필수적으로 수반되는 시설(2009.2.6 본목개정)
다. 개발제한구역이 아닌 지역에 입지가 곤란하여 개발제한구역 내에 입지하여야만 그 기능과 목적이 달성되는 시설(2009.2.6 본목개정)
라. 국방·군사에 관한 시설 및 교정시설(2009.2.6 본목개정)
마. 개발제한구역 주민과 「공익사업을 위한 토지 등의 취득 및 보상에 관한 법률」 제4조에 따른 공익사업의 추진으로 인하여 개발제한구역이 해제된 지역 주민의 주거·생활편익·생업을 위한 시설(2019.8.20 본목개정)
바.~아. (2009.2.6 삭제)
1의2. 도시공원, 물류창고 등 정비사업을 위하여 필요한 시설로서 대통령령으로 정하는 시설을 정비사업 구역에 설치하는 행위와 이에 따르는 토지의 형질변경(2015.12.29 본호신설 : 2020.12.31까지 유효)
2. 개발제한구역의 건축물로서 제15조에 따라 지정된 취락지구로의 이축(移築)
3. 「공익사업을 위한 토지 등의 취득 및 보상에 관한 법률」 제4조에 따른 공익사업(개발제한구역에서 시행하는 공익사업만 해당한다. 이하 이 항에서 같다)의 시행에 따라 철거된 건축물을 이축하기 위한 이주단지의 조성(2011.9.16 본호개정)
3의2. 「공익사업을 위한 토지 등의 취득 및 보상에 관한 법률」 제4조에 따른 공익사업의 시행에 따라 철거되는 건축물 중 취락지구로 이축이 곤란한 건축물로서 개발제한구역 지정 당시부터 있던 주택, 공장 또는 종교시설을 취락지구가 아닌 지역으로 이축하는 행위(2011.9.16 본호신설)
4. 건축물의 건축을 수반하지 아니하는 토지의 형질변경으로서 영농을 위한 경우 등 대통령령으로 정하는 토지의 형질변경
5. 벌채 면적 및 수량(樹量), 그 밖에 대통령령으로 정하는 규모 이상의 죽목(竹木) 벌채
6. 대통령령으로 정하는 범위의 토지 분할
7. 모래·자갈·토석 등 대통령령으로 정하는 물건을 대통령령으로 정하는 기간까지 쌓아 놓는 행위
8. 제1호 또는 제13조에 따른 건축물 중 대통령령으로 정하는 건축물을 근린생활시설 등 대통령령으로 정하는 용도로 용도변경하는 행위
9. 개발제한구역 지정 당시 지목(地目)이 대(垈)인 토지가 개발제한구역 지정 이후 지목이 변경된 경우로서 제1호마목의 시설 중 대통령령으로 정하는 건축물의 건축과 이에 따르는 토지의 형질변경(2014.1.28 본호신설 : 2015.12.31까지 유효)
② 시장·군수·구청장은 제1항 단서에 따라 허가를 하는 경우 허가 대상 행위가 제11조에 따라 관리계획을 수립하여야만 할 수 있는 행위인 경우에는 미리 관리계획이 수립되어 있는 경우에만 그 행위를 허가할 수 있다.(2013.5.28 본항신설)
③ 제1항 단서에도 불구하고 주택 및 근린생활시설의 대수선 등 대통령령으로 정하는 행위는 시장·군수·구청장에게 신고하고 할 수 있다.
④ 시장·군수·구청장은 제3항에 따른 신고를 받은 경우 그 내용을 검토하여 이 법에 적합하면 신고를 수리하여야 한다. (2018.12.18 본항신설)
⑤ 제1항 단서와 제3항에도 불구하고 국토교통부령으로 정하는 경미한 행위는 허가를 받지 아니하거나 신고를 하지 아니하고 할 수 있다.(2013.5.28 본항개정)
⑥ 시장·군수·구청장이 제1항 각 호의 행위 중 대통령령으로 정하는 규모 이상으로 건축물을 건축하거나 토지의 형질을 변경하는 행위 등을 허가하려면 대통령령으로 정하는 바에 따라 주민의 의견을 듣고 관계 행정기관의 장과 협의한 후 특별자치시·특별자치도·시·군·구 도시계획위원회의 심의를 거쳐야 한다. 다만, 도시·군계획시설 또는 제1항제1호라목의 시설 중 국방·군사에 관한 시설의 설치와 그 시설의 설치를 위하여 토지의 형질을 변경하는 경우에는 그러하지 아니하다.(2013.5.28 본문개정)
⑦ 제1항 단서에 따라 허가를 하는 경우에는 「국토의 계획 및 이용에 관한 법률」 제60조, 제64조제3항 및 제4항의 이행보증금·원상회복에 관한 규정과 같은 법 제62조의 준공검사에 관한 규정을 준용한다.
⑧ 제1항 각 호와 제3항에 따른 행위에 대하여 개발제한구역 지정 당시 이미 관계 법령에 따라 허가 등(관계 법령에 따라 허가 등을 받을 필요가 없는 경우를 포함한다)을 받아 공사나 사업에 착수한 자는 대통령령으로 정하는 바에 따라 이를 계속 시행할 수 있다.(2013.5.28 본항개정)
⑨ 제1항 단서에 따른 허가 또는 신고의 대상이 되는 건축물이나 공작물의 규모·높이·입지기준, 대지 안의 조경, 건폐율, 용적률, 토지의 분할, 토지의 형질변경의 범위 등 허가나 신고의 세부 기준은 대통령령으로 정한다.
⑩ 국토교통부장관이나 시·도지사가 제1항제1호 각 목의 시설 중 「국토의 계획 및 이용에 관한 법률」 제2조제13호에 따른 공공시설을 설치하기 위하여 같은 법 제91조에 따라 실시계획을 고시하면 그 도시·군계획시설사업은 제1항 단서에 따른 허가를 받은 것으로 본다.(2013.3.23 본항개정)
⑪ 제10항에 따라 허가를 의제받으려는 자는 실시계획 인가를 신청하는 때에 허가에 필요한 관련 서류를 함께 제출하여야 하며, 국토교통부장관이나 시·도지사가 실시계획을 작성하거나 인가할 때에는 미리 관할 시장·군수·구청장과 협의하여야 한다.(2018.12.18 본항개정)

제12조의2【시·도지사의 행위허가 제한 등】 ① 시·도지사는 개발제한구역의 보전 및 관리를 위하여 특히 필요하다고 인정되는 경우에는 제12조제1항 단서 및 같은 항 각 호에 따른 시장·군수·구청장의 행위허가를 제한할 수 있다.
② 시·도지사는 제1항에 따라 행위허가를 제한하는 경우에는 제7조에 따라 주민의견을 청취한 후 「국토의 계획 및 이용에 관한 법률」 제113조제1항에 따른 시·도도시계획위원회의 심의를 거쳐야 한다.
③ 제1항에 따른 제한기간은 2년 이내로 한다. 다만, 한 차례만 1년의 범위에서 제한기간을 연장할 수 있다.
④ 시·도지사는 제1항에 따라 행위허가를 제한하는 경우에는 제한 목적·기간·대상과 행위허가 제한구역의 위치·면적·경계 등을 상세하게 정하여 관할 시장·군수·구청장에게 통보하여야 하며, 시장·군수·구청장은 지체 없이 이를 공고하여야 한다.
⑤ 시·도지사는 제1항에 따라 행위허가를 제한하는 경우에는 지체 없이 국토교통부장관에게 보고하여야 하며, 국토교통부장관은 제한 내용이 지나치다고 인정하면 해제를 명할 수 있다. (2017.8.9 본조신설)

제13조【존속 중인 건축물 등에 대한 특례】 시장·군수·구청장은 법령의 개정·폐지나 그 밖에 대통령령으로 정하는 사유로 인하여 그 사유가 발생할 당시에 이미 존재하고 있던 대지·건축물 또는 공작물이 이 법에 적합하지 아니하게 된 경우에는 대통령령으로 정하는 바에 따라 건축물의 건축이나 공작물의 설치와 이에 따르는 토지의 형질변경을 허가할 수 있다.(2019.8.20 본조개정)

제13조의2【허가 또는 신고 등의 통보】 시장·군수·구청장(다른 법령에 따라 제12조제1항 및 제3항 또는 제13조에 따른 허가나 신고가 의제되는 협의를 거친 경우에는 해당 허가권자 또는 신고를 받은 자를 말한다)은 제12조제1항 단서 및 제3항 또는 제13조에 따른 허가를 하거나 신고를 받으면 지체 없이 그 내용을 국토교통부장관에게 알려야 한다.(2013.5.28 본조개정)

제13조의3【개발제한구역 관리전산망의 구성·운영 등】 ① 국토교통부장관은 개발제한구역을 효율적으로 지정·관리하고 제16조에 따른 사업을 효율적으로 시행하기 위하여 개발제한구역 관리전산망(이하 "관리전산망"이라 한다)을 구성하여 운영할 수 있다.(2013.3.23 본항개정)
② 국토교통부장관은 지방자치단체의 장에게 관리전산망을 구성·운영하기 위하여 필요한 자료의 제출 또는 정보의 제공을

요청할 수 있으며, 그 요청을 받은 지방자치단체의 장은 특별한 사정이 없으면 이에 따라야 한다.(2020.6.9 본항개정)
③ 지방자치단체의 장이 제2항에 따라 자료를 제출하거나 정보를 제공한 때에는 제13조의2 및 제22조제2항에 따른 통보와 제30조제5항에 따른 자료의 제출이나 정보를 제공한 것으로 본다.
④ 관리전산망은 「사회복지사업법」 제6조의2에 따른 정보시스템과 연계하여 자료 또는 정보를 활용할 수 있다.(2013.5.28 본항개정)
⑤ 관리전산망의 구성 · 운영에 관하여 필요한 사항은 국토교통부장관이 정하는 바에 따른다.(2013.3.23 본항개정)
⑥ 제1항에 따른 관리전산망을 구성 · 운영하는 자는 관리전산망의 운영을 대통령령으로 정하는 기관 또는 단체에 위탁할 수 있다.(2019.8.20 본항신설)
(2009.2.6 본조신설)

제13조의4【개발제한구역 내의 공무원의 배치 등】 ① 국토교통부장관, 시 · 도지사 또는 시장 · 군수 · 구청장은 대통령령으로 정하는 바에 따라 개발제한구역의 관리, 개발제한구역 내 불법행위의 예방 및 단속에 관한 업무를 담당하는 국가공무원, 지방공무원 및 해당 지방자치단체에 소속된 청원경찰(이하 "관리공무원등"이라 한다)을 배치하여야 한다.
② 제1항에 따라 배치된 관리공무원등은 관할 구역의 순찰 등을 통하여 불법행위를 적발하는 경우 지체 없이 소속 기관의 장에게 보고하여야 한다.
(2017.8.9 본조신설)

제14조【인 · 허가 등의 의제】 ① 제12조제1항 단서 또는 제13조에 따라 허가를 받은 경우로서 제2항에 따라 시장 · 군수 · 구청장이 관계 행정기관의 장과 협의한 사항에 대하여는 다음 각 호의 허가 · 협의 · 신고를 받은 것으로 본다.
1. 「산지관리법」 제14조와 제15조에 따른 산지전용허가 및 산지전용신고, 같은 법 제15조의2에 따른 산지일시사용허가 · 신고와 「산림자원의 조성 및 관리에 관한 법률」 제36조제1항 및 제5항에 따른 입목벌채등의 허가 및 신고(2022.12.27 본호개정)
2. 「수도법」 제7조제4항에 따른 행위허가 또는 신고
3. 「도시공원 및 녹지 등에 관한 법률」 제24조제1항에 따른 도시공원의 점용허가와 같은 법 제27조제1항 단서에 따른 도시자연공원구역에서의 행위허가
4. 「하천법」 제33조에 따른 하천의 점용허가 및 같은 법 제50조에 따른 하천수의 사용허가
② 시장 · 군수 · 구청장이 제12조제1항 단서 또는 제13조에 따라 허가를 하는 경우와 제12조제3항에 따라 시장 · 군수 · 구청장에게 신고가 이루어진 경우에 제1항에 따른 사항이 포함되어 있으면 관계 행정기관의 장과 미리 협의하여야 한다.
(2013.5.28 본항개정)
③ 관계 행정기관의 장은 제2항에 따른 협의를 요청받은 날부터 20일 이내에 의견을 제출하여야 한다.(2018.12.18 본항신설)
④ 관계 행정기관의 장이 제3항에서 정한 기간(「민원 처리에 관한 법률」 제20조제2항에 따라 회신기간을 연장한 경우에는 그 연장된 기간을 말한다) 내에 의견을 제출하지 아니하면 협의가 이루어진 것으로 본다.(2018.12.18 본항신설)
(2018.12.18 본조제목개정)

제15조【취락지구에 대한 특례】 ① 시 · 도지사는 개발제한구역에서 주민이 집단적으로 거주하는 취락(제12조제1항제3호에 따른 이주단지를 포함한다)을 「국토의 계획 및 이용에 관한 법률」 제37조제1항제8호에 따른 취락지구(이하 "취락지구"라 한다)로 지정할 수 있다.
② 취락을 구성하는 주택의 수, 단위면적당 주택의 수, 취락지구의 경계설정 기준 등 취락지구의 지정기준 및 정비에 관한 사항은 대통령령으로 정한다.
③ 취락지구에서의 건축물의 용도 · 높이 · 연면적 및 건폐율에 관하여는 제12조제9항에도 불구하고 따로 대통령령으로 정한다.(2018.12.18 본항개정)

제16조【주민지원사업 등】 ① 시 · 도지사 및 시장 · 군수 · 구청장은 관리계획에 따라 다음 각 호의 사업을 시행할 수 있다.
(2014.1.28 본문개정)
1. 개발제한구역 주민의 삶의 질 향상을 위한 사업으로서 다음 각 목의 어느 하나에 해당하는 지원사업. 이 경우 시 · 도지사 및 시장 · 군수 · 구청장은 가목의 사업을 우선적으로 시행할 수 있도록 노력하여야 한다.(2022.6.10 본문개정)
가. 개발제한구역 주민의 생활편익과 복지의 증진 및 생활비용의 보조 등을 위한 지원사업
나. 개발제한구역 주민의 여가활동이나 개발제한구역의 보전 및 관리에 도움이 될 수 있는 녹지, 경관, 숲길 조성 등을 위한 지원사업
다. 그 밖에 개발제한구역 주민을 위해 필요한 사업으로서 국토교통부장관이 인정하는 사업
(2022.6.10 가목~다목신설)
2. 개발제한구역 보전과 관리 등을 위한 훼손지 복구사업
(2009.2.6 본호신설)
② 국토교통부장관은 「지방자치분권 및 지역균형발전에 관한 특별법」에 따른 지역균형발전특별회계에서 제1항 각 호의 사업에 드는 비용을 지원할 수 있다. 이 경우 지원기준 · 금액 등은 제30조의 시정명령에 관한 업무, 제30조의2의 이행강제금의 부과 · 징수에 관한 업무, 제34조의 과태료의 부과 · 징수에 관한 업무의 처리실적과 개발제한구역 관리실태 등을 종합적으로 고려하여 국토교통부장관이 정한다.(2023.6.9 전단개정)
③ 국토교통부장관은 제15조제1항에 따라 지정된 취락지구에 건설하는 주택에 대하여는 「주택도시기금법」에 따른 주택도시기금을 우선적으로 지원할 수 있다.(2015.1.6 본항개정)
④ 제1항에 따른 사업의 세부내용과 시행에 필요한 사항은 대통령령으로 정한다.(2009.2.6 본항개정)
(2009.2.6 본조제목개정)

제16조의2【생활비용 보조의 신청】 ① 개발제한구역 주민 중 대통령령으로 정하는 자는 제16조제1항제1호에 따른 생활비용의 보조를 신청할 수 있다.
② 제1항에 따른 신청을 할 때에는 다음 각 호의 자료 또는 정보의 제공에 대한 신청자 및 그 가구원의 동의 서면을 제출하여야 한다.
1. 「금융실명거래 및 비밀보장에 관한 법률」 제2조제2호 및 제3호에 따른 금융자산 및 금융거래의 내용에 대한 자료 또는 정보 중 예금의 평균잔액과 그 밖에 대통령령으로 정하는 자료 또는 정보(이하 "금융정보"라 한다)
2. 「신용정보의 이용 및 보호에 관한 법률」 제2조제1호에 따른 신용정보 중 채무액과 그 밖에 대통령령으로 정하는 자료 또는 정보(이하 "신용정보"라 한다)
3. 「보험업법」 제4조제1항 각 호에 따른 보험에 가입하여 납부한 보험료와 그 밖에 대통령령으로 정하는 보험 관련 자료 또는 정보(이하 "보험정보"라 한다)
③ 제1항에 따른 비용 지원 신청의 방법과 절차 및 제2항에 따른 동의의 방법과 절차 등에 필요한 사항은 국토교통부령으로 정한다.(2013.3.23 본항개정)
(2011.9.16 본조신설)

제16조의3【금융정보등의 제공】 ① 국토교통부장관 또는 시장 · 군수 · 구청장은 제16조제1항제1호 및 제2항에 따라 생활비용을 보조할 때에는 제16조의2에 따른 비용 지원을 신청한 자(이하 "비용 지원 신청자"라 한다) 및 그 가구원의 재산을 평가하기 위하여 「금융실명거래 및 비밀보장에 관한 법률」 제4조제1항과 「신용정보의 이용 및 보호에 관한 법률」 제32조제2항에도 불구하고 비용 지원 신청자 및 그 가구원이 제16조의2 제2항에 따라 제출한 동의 서면을 전자적 형태로 바꾼 문서로 금융기관등(「금융실명거래 및 비밀보장에 관한 법률」 제2조제1호에 따른 금융회사등, 「신용정보의 이용 및 보호에 관한 법률」 제2조제6호에 따른 신용정보집중기관을 말한다. 이하 같다)의 장에게 금융정보 · 신용정보 또는 보험정보(이하 "금융정보등"이라 한다)의 제공을 요청할 수 있다.(2013.3.23 본항개정)
② 제1항에 따라 금융정보등의 제공을 요청받은 금융기관등의 장은 「금융실명거래 및 비밀보장에 관한 법률」 제4조제1항과 「신용정보의 이용 및 보호에 관한 법률」 제32조제1항 및 제3항에도 불구하고 명의인의 금융정보등을 제공하여야 한다.
③ 제2항에 따라 금융정보등을 제공한 금융기관등의 장은 금융정보등의 제공사실을 명의인에게 통보하여야 한다. 다만, 명의인의 동의가 있는 경우에는 「금융실명거래 및 비밀보장에

관한 법률」 제4조의2제1항과 「신용정보의 이용 및 보호에 관한 법률」 제32조제7항에도 불구하고 통보하지 아니할 수 있다.
(2015.3.11 단서개정)
④ 제1항 및 제2항에 따른 금융정보등의 제공요청 및 제공은 「정보통신망 이용촉진 및 정보보호 등에 관한 법률」 제2조제1항제1호에 따른 정보통신망을 이용하여야 한다. 다만, 정보통신망의 손상 등 불가피한 경우에는 예외로 한다.
⑤ 제1항 및 제2항에 따른 업무에 종사하거나 종사하였던 자와 제29조에 따라 권한을 위임 또는 위탁받거나 받았던 자는 업무를 수행하면서 취득한 금융정보등을 이 법에서 정한 목적 외의 다른 용도로 사용하거나 다른 사람 또는 기관에 제공하거나 누설하여서는 아니 된다.
⑥ 제1항, 제2항 및 제4항에 따른 금융정보등의 제공요청 및 제공 등에 필요한 사항은 대통령령으로 정한다.
(2011.9.16 본조신설)
제16조의4【자료제출 요구 등】 ① 국토교통부장관 또는 시장·군수·구청장은 비용 지원 신청자 또는 지원이 확정된 자에게 비용 지원대상 자격 확인을 위하여 필요한 서류나 그 밖의 소득 및 재산 등에 관한 자료의 제출을 요구할 수 있으며, 지원대상 자격 확인을 위하여 필요한 자료 확보가 곤란하거나 제출한 자료가 거짓이라고 판단하는 경우 소속 공무원으로 하여금 관계인에게 필요한 질문을 하게 하거나비용 지원 신청자 및 지원이 확정된 자의 동의를 받아 주거 또는 그 밖의 필요한 장소에 출입하여 서류 등을 조사하게 할 수 있다.(2013.3.23 본항개정)
② 국토교통부장관 또는 시장·군수·구청장은 제1항에 따른 조사 또는 비용 지원업무를 수행하기 위하여 필요하면 비용 지원 신청자의 가족관계, 국세·지방세, 토지·건물 또는 건강보험·국민연금 등에 관한 자료의 제공을 관계 기관의 장에게 요청할 수 있다. 이 경우 자료의 제공을 요청받은 관계 기관의 장은 특별한 사유가 없으면 이에 따라야 한다.(2013.3.23 전단개정)
③ 제1항에 따라 출입·조사 또는 질문을 하는 자는 그 권한을 표시하는 증표를 지니고 이를 관계인에게 내보여야 한다.
④ 국토교통부장관 또는 시장·군수·구청장은 비용 지원 신청자 또는 지원이 확정된 자가 제1항에 따른 서류 또는 자료의 제출을 거부하거나 조사 또는 질문을 거부·방해 또는 기피하는 경우에는 제16조의2에 따른 비용 지원을 하지 아니하기로 결정하거나 지원결정을 취소 또는 변경할 수 있다.(2013.3.23 본항개정)
⑤ 제1항에 따른 출입·조사 또는 질문의 범위·내용 및 시기 등은 대통령령으로 정한다.
(2011.9.16 본조신설)
제17조【토지매수의 청구】 ① 개발제한구역의 지정에 따라 개발제한구역의 토지를 종래의 용도로 사용할 수 없어 그 효용이 현저히 감소된 토지나 그 토지의 사용 및 수익이 사실상 불가능하게 된 토지(이하 "매수대상토지"라 한다)의 소유자로서 다음 각 호의 어느 하나에 해당하는 자는 국토교통부장관에게 그 토지의 매수를 청구할 수 있다.(2013.3.23 본문개정)
1. 개발제한구역으로 지정될 당시부터 계속하여 해당 토지를 소유한 자
2. 토지의 사용·수익이 사실상 불가능하게 되기 전에 해당 토지를 취득하여 계속 소유한 자
3. 제1호나 제2호에 해당하는 자로부터 해당 토지를 상속받아 계속하여 소유한 자
② 국토교통부장관은 제1항에 따라 매수청구를 받은 토지가 제3항에 따른 기준에 해당되면 그 토지를 매수하여야 한다.(2013.3.23 본항개정)
③ 매수대상토지의 구체적인 판정기준은 대통령령으로 정한다.
제18조【매수청구의 절차 등】 ① 국토교통부장관은 토지의 매수를 청구받은 날부터 2개월 이내에 매수대상 여부와 매수예상가격 등을 매수청구인에게 알려주어야 한다.(2013.3.23 본항개정)
② 국토교통부장관은 제1항에 따라 매수대상토지임을 알린 경우에는 5년의 범위에서 대통령령으로 정하는 기간에 매수계획을 수립하여 그 매수대상토지를 매수하여야 한다.(2013.3.23 본항개정)
③ 매수대상토지를 매수하는 가격(이하 "매수가격"이라 한다)은 「부동산 가격공시에 관한 법률」에 따른 공시지가를 기준으로 해당 토지의 위치·형상·환경 및 이용 상황 등을 고려하여 평가한 금액으로 한다. 이 경우 매수가격의 산정시기와 산정방법 등은 대통령령으로 정한다.(2016.1.19 전단개정)
④ 제1항부터 제3항까지의 규정에 따라 매수한 토지는 「지방자치분권 및 지역균형발전에 관한 특별법」에 따른 지역균형발전특별회계의 재산으로 귀속된다.(2023.6.9 본항개정)
⑤ 제1항부터 제3항까지의 규정에 따라 토지를 매수하는 경우에 그 매수절차와 그 밖에 필요한 사항은 대통령령으로 정한다.
제19조【비용의 부담】 ① 국토교통부장관은 매수가격의 산정을 위한 감정평가 등에 드는 비용을 부담한다.(2013.3.23 본항개정)
② 국토교통부장관은 제1항에도 불구하고 매수청구인이 정당한 사유 없이 매수청구를 철회하면 대통령령으로 정하는 바에 따라 감정평가에 따르는 비용의 전부 또는 일부를 매수청구인에게 부담시킬 수 있다. 다만, 다음 각 호의 어느 하나에 해당하면 그러하지 아니하다.(2013.3.23 본문개정)
1. 매수예상가격에 비하여 매수가격이 대통령령으로 정하는 비율 이상으로 하락한 경우
2. 법령의 개정·폐지나 오염원의 소멸 등 대통령령으로 정하는 원인으로 제17조제1항에 따른 토지매수청구의 사유가 소멸된 경우
③ 매수청구인이 제2항 각 호 외의 부분 본문에 따라 부담하여야 하는 비용을 내지 아니하면 국세 체납처분의 예에 따라 징수한다.
제20조【협의에 의한 토지 등의 매수】 ① 국토교통부장관은 개발제한구역을 지정한 목적을 달성하기 위하여 필요하면 소유자와 협의하여 개발제한구역의 토지와 그 토지의 정착물(이하 "토지등"이라 한다)을 매수할 수 있다. 이 경우 매수한 토지등의 귀속에 관하여는 제18조제4항을 준용한다.(2013.3.23 전단개정)
② 제1항에 따라 개발제한구역의 토지등을 협의매수하는 경우에 그 가격의 산정시기·방법 및 기준에 관하여는 「공익사업을 위한 토지 등의 취득 및 보상에 관한 법률」 제67조제1항, 제70조, 제71조, 제74조, 제75조, 제76조, 제77조, 제78조제5항·제6항·제9항을 준용한다.
제21조【개발제한구역 보전 부담금】 ① 국토교통부장관은 개발제한구역의 보전과 관리를 위한 재원을 확보하기 위하여 다음 각 호의 어느 하나에 해당하는 자에게 개발제한구역 보전부담금(이하 "부담금"이라 한다)을 부과·징수한다.(2013.3.23 본문개정)
1. 해제대상지역 개발사업자 중 제4조제6항에 따라 복구계획을 제시하지 아니하거나 복구를 하지 아니하기로 한 자
2. 제12조제1항 단서 또는 제13조에 따른 허가(토지의 형질변경 허가나 건축물의 건축 허가에 해당하며, 다른 법령에 따라 제12조제1항 단서 또는 제13조에 따른 허가가 의제되는 협의를 거친 경우를 포함한다)를 받은 자
(2009.2.6 본항개정)
② 부담금을 내야 할 자(이하 "납부의무자"라 한다)가 대통령령으로 정하는 조합으로서 다음 각 호의 어느 하나에 해당하면 그 조합원(조합이 해산된 경우에는 해산 당시의 조합원을 말한다)이 부담금을 내야 한다.
1. 조합이 해산된 경우
2. 조합의 재산으로 그 조합에 부과되거나 그 조합이 내야 할 부담금·가산금 등을 충당하여도 부족한 경우
(2009.2.6 본조제목개정)
제22조【부담금 부과를 위한 자료의 통보】 ① 제4조제5항에 따른 해제대상지역 개발계획의 결정권자는 개발계획을 결정하면 지체 없이 그 내용을 국토교통부장관에게 알려야 한다.
② 시장·군수·구청장(다른 법령에 따라 제12조제1항 단서 또는 제13조에 따른 허가가 의제되는 협의를 거친 경우에는 해당 허가권자를 말한다)은 제12조제1항 단서 또는 제13조에 따라 허가를 하면 지체 없이 그 내용을 국토교통부장관에게 알려야 한다.
(2013.3.23 본조개정)
제23조 (2009.2.6 삭제)

제24조【부담금의 산정 기준】 ① 제21조제1항제1호에 따른 부담금은 해제대상지역의 제곱미터당 개별공시지가 평균치의 100분의 20에 해당 지역의 면적을 곱하여 산정한다. 이 경우 바다·하천·도랑·제방 및 도로 등 개발사업의 목적에 이용되지 아니하고 존치되는 경우로서 대통령령으로 정하는 것의 면적을 제외한다.(2022.6.10 본항개정)
② 제21조제1항제2호에 따른 부담금은 다음의 계산식에 따른 금액으로 한다.

부담금 = (개발제한구역이 있는 특별자치시·특별자치도·시·군 또는 자치구의 개발제한구역 외의 지역에 위치하는 같은 지목에 대한 개별공시지가의 평균치－허가 대상 토지의 개별공시지가)×허가받은 토지형질변경 면적과 건축물 바닥면적의 2배 면적×100분의 150의 범위에서 별표에서 규정하는 시설별 부과율

(2013.5.28 본항개정)
③ 제1항 및 제2항에 따른 개별공시지가는 제4조제5항에 따른 해제대상지역 개발계획의 결정과 제12조제1항 단서 또는 제13조에 따른 허가 당시 그 직전에 공시된 개별공시지가를 기준으로 한다.
④ 그 밖에 부담금 산정에 관하여 필요한 사항은 대통령령으로 정한다.
(2009.2.6 본조개정)

제25조【부담금의 부과·징수 및 납부 등】 ① 국토교통부장관은 제22조에 따른 내용을 통보받으면 지체 없이 부담금을 부과하여야 하며 제4조제4항에 따른 복구를 하지 아니한 자에 대하여는 제21조제1항제1호에 따른 부담금을 지체 없이 부과하여야 한다.(2013.3.23 본항개정)
② 부담금의 납부기한은 이를 부과한 날부터 6개월로 한다. 다만, 부득이한 사유가 인정되는 경우에는 국토교통부장관의 허가를 받아 1년 이내의 범위에서 납부기한을 연장하거나 분할납부하게 할 수 있다.(2016.3.22 본항개정)
③ 국토교통부장관은 제2항 단서에 따라 부담금의 납부기한을 연장하거나 부담금을 분할납부하게 하는 경우 납부기한이 연장되거나 분할납부하는 부담금 부분에 대하여 대통령령으로 정하는 이자율에 해당하는 금액을 더하여 징수하여야 한다.
(2013.5.28 본항신설)
④ 부담금은 대통령령으로 정하는 납부대행기관을 통하여 현금 또는 신용카드·직불카드 등(이하 "신용카드등"이라 한다)으로 낼 수 있다. 다만, 국토교통부장관은 대통령령으로 정하는 바에 따라 납부의무자의 신청이 있으면 부과 대상 토지나 그와 유사한 토지로 대신 내는 것을 허가할 수 있다.(2016.3.22 본문개정)
⑤ 제4항 본문에 따라 부담금을 신용카드등으로 내는 경우 납부대행기관의 승인일을 부담금의 납부일로 본다.(2016.3.22 본항신설)
⑥ 국토교통부장관은 납부의무자가 부담금을 납부기한까지 내지 아니하면 납부기한이 지난 후 10일 이내에 독촉장을 발부하여야 한다. 이 경우 납부기한은 독촉장을 발부한 날부터 15일로 한다.(2013.3.23 전단개정)
⑦ 국토교통부장관은 납부의무자가 제2항에 따른 납부기한까지 부담금을 내지 아니하면 부담금의 100분의 3에 해당하는 가산금을 부과할 수 있다.(2013.5.28 본항개정)
⑧ 국토교통부장관은 납부의무자가 독촉장을 받고 지정된 기한까지 부담금과 가산금을 내지 아니하면 해당 결정이나 허가를 취소하게 하거나 국세 체납처분의 예에 따라 부담금과 가산금을 징수할 수 있다.(2013.3.23 본항개정)
⑨ 국토교통부장관은 제4조제5항에 따른 해제대상지역 개발계획의 결정 및 제30조에 따른 허가가 취소되거나 사업계획의 변경, 그 밖에 이에 준하는 사유로 대상면적이 감소하면 대통령령으로 정하는 바에 따라 부담금을 낸 자에게 그에 상당하는 부담금을 돌려주어야 한다.(2013.3.23 본항개정)
⑩ 부담금의 부과·징수, 납부 및 환급의 방법과 절차, 납부대행기관의 지정, 지정 취소, 운영 및 납부대행 수수료 등에 필요한 사항은 대통령령으로 정한다.(2016.3.22 본항개정)

제26조【부담금의 귀속 및 용도】 ① 징수된 부담금은 「지방자치분권 및 지역균형발전에 관한 특별법」에 따른 지역균형발전특별회계에 귀속된다.(2023.6.9 본항개정)
② 부담금은 다음 각 호의 용도로 사용하여야 한다.
1. 제16조제1항에 따른 주민지원사업(2009.2.6 본호개정)
2. 제17조와 제20조에 따른 토지등의 매수(2009.2.6 본호개정)
3. 개발제한구역 내 훼손지 복구, 공원화 사업, 인공조림 조성, 여가체육공간조성 등(2009.2.6 본호개정)
4. 개발제한구역의 지정 또는 해제에 관한 조사·연구
5. 개발제한구역 내 불법행위의 예방 및 단속
(2009.2.6 4호~5호신설)
6. 개발제한구역의 실태조사(2013.5.28 본호신설)

제27조【이의신청】 ① 다음 각 호의 어느 하나에 해당하는 자는 「공익사업을 위한 토지 등의 취득 및 보상에 관한 법률」에 따른 중앙토지수용위원회에 이의신청을 할 수 있다.
1. 제18조에 따라 통보받은 매수 여부에 관한 결정 또는 매수가격에 이의가 있는 자
2. 제21조에 따른 부담금의 부과·징수에 대하여 이의가 있는 자
② 제1항에 따른 이의신청에 대하여는 「행정심판법」 제6조에도 불구하고 중앙토지수용위원회가 심리·의결하여 재결한다.
(2010.1.25 본항개정)

제28조【공공시설의 귀속】 제12조제1항 단서에 따른 허가를 받아 설치한 시설로서 「국토의 계획 및 이용에 관한 법률」 제2조제13호에 해당하는 공공시설의 귀속에 관하여는 같은 법 제65조를 준용한다.

제29조【권한 등의 위임 및 위탁】 ① 이 법에 따른 국토교통부장관의 권한은 대통령령으로 정하는 바에 따라 그 일부를 시·도지사, 시장·군수 또는 구청장, 소속 기관의 장에게 위임할 수 있다.(2023.8.16 본항개정)
② 국토교통부장관은 제1항에 따라 제21조 및 제25조에 따른 부담금 및 가산금의 부과·징수 업무를 시·도지사, 시장·군수·구청장에게 위임하는 경우 대통령령으로 정하는 바에 따라 해당 지방자치단체에 위임 수수료를 지급하여야 한다.
(2019.8.20 본항신설)
③ 시·도지사, 시장, 군수 또는 구청장은 제1항에 따라 권한이 위임된 사무 중 대통령령으로 정하는 사무를 처리하는 경우에는 공익성, 환경훼손 가능성 및 「국토의 계획 및 이용에 관한 법률」 제106조에 따른 중앙도시계획위원회의 심의 필요성 등에 관하여 국토교통부장관과 미리 협의하여야 한다. 이 경우 시·도지사, 시장, 군수 또는 구청장은 특별한 사정이 없는 한 국토교통부장관의 협의 의견에 따라야 한다.(2015.12.29 본항신설)
④ 이 법에 따른 국토교통부장관 또는 시장·군수·구청장의 업무는 대통령령으로 정하는 바에 따라 그 일부를 보건복지부장관에게 위탁할 수 있다.
⑤ 국토교통부장관은 제17조부터 제20조까지의 규정에 따른 토지등의 매수에 관한 사무를 대통령령으로 정하는 바에 따라 토지등의 취득·관리 등의 업무를 수행하는 기관이나 단체에 위탁할 수 있다.
(2013.3.23 본조개정)

제30조【법령 등의 위반자에 대한 행정처분】 ① 시장·군수·구청장은 다음 각 호의 어느 하나에 해당하는 행위를 적발한 경우에는 그 허가를 취소할 수 있으며, 해당 행위자(위반행위에 이용된 건축물·공작물·토지의 소유자·관리자 또는 점유자를 포함한다. 이하 "위반행위자등"이라 한다)에 대하여 공사의 중지 또는 상당한 기간을 정하여 건축물·공작물 등의 철거·폐쇄·개축 또는 이전, 그 밖에 필요한 조치를 명(이하 "시정명령"이라 한다)할 수 있다.(2009.2.6 본문개정)
1. 제12조제1항 단서 또는 제13조에 따른 허가를 받지 아니하거나 허가의 내용을 위반하여 건축물의 건축 또는 용도변경, 공작물의 설치, 토지의 형질변경, 토지분할, 물건을 쌓아놓는 행위, 죽목(竹木) 벌채 또는 도시·군계획사업의 시행을 한 경우(2011.4.14 본호개정)
2. 거짓이나 그 밖의 부정한 방법으로 제12조제1항 단서 또는 제13조에 따른 허가를 받은 경우
3. 제12조제3항에 따른 신고를 하지 아니하거나 신고한 내용에 위반하여 건축물의 건축 또는 용도변경, 공작물의 설치,

토지의 형질변경, 죽목 벌채, 토지분할, 물건을 쌓아놓는 행위 또는 도시·군계획사업의 시행을 한 경우(2013.5.28 본호개정)

② 시장·군수·구청장이 시정명령에 관한 업무의 집행을 게을리하는 때에는 국토교통부장관 또는 시·도지사는 해당 시장·군수·구청장에게 기간을 정하여 그 집행을 철저히 할 것을 명령할 수 있다. 이 경우 명령이 이행되지 아니한 때에는 제1항의 규정에도 불구하고 국토교통부장관 또는 시·도지사가 직접 시정명령을 할 수 있으며, 국토교통부장관은 해당 지역을 관할하는 특별시장·광역시장·도지사 또는 지방국토관리청의 장으로 하여금 집행하게 할 수 있다.(2017.8.9 본항개정)

③ 국토교통부장관 또는 시·도지사(제2항에 따라 국토교통부장관 또는 시·도지사가 직접 시정명령을 하거나 국토교통부장관이 해당 지역을 관할하는 특별시장·광역시장·도지사 또는 지방국토관리청의 장으로 하여금 집행하게 하는 경우에 한정한다. 이하 제4항부터 제6항까지에서 같다)는 제1항에 따른 위반행위자등 가운데 영리 목적 또는 상습적 위반행위자등에 대하여는 해당 시장·군수·구청장에게 허가취소를 요구할 수 있다.(2017.8.9 본항개정)

④ 제3항에 따라 허가취소 요구를 받은 시장·군수·구청장은 특별한 사유가 없으면 허가를 취소하여야 하고, 그 결과를 국토교통부장관 또는 시·도지사에게 알려야 한다.(2020.6.9 본항개정)

⑤ 국토교통부장관 또는 시·도지사는 제2항에 따른 명령과 관련하여 시장·군수·구청장에게 필요한 자료 또는 정보를 요청할 수 있으며 그 요청을 받은 자는 특별한 사정이 없으면 이에 따라야 한다.(2020.6.9 본항개정)

⑥ 국토교통부장관 또는 시·도지사가 제2항에 따라 위반행위자등에 대하여 시정명령을 한 경우 이를 해당 시장·군수·구청장에게 알려야 한다.(2017.8.9 본항개정)

⑦ 제1항 및 제4항에 따라 허가를 취소하려면 청문을 하여야 한다.(2009.2.6 본항개정)

제30조의2【이행강제금】 ① 시장·군수·구청장은 제30조제1항에 따른 시정명령을 받은 후 그 시정기간 내에 그 시정명령의 이행을 하지 아니한 자에 대하여 다음 각 호의 어느 하나에 해당하는 금액의 범위에서 이행강제금을 부과한다.
(2014.12.31 본문개정)

1. 허가 또는 신고의무 위반행위가 건축물의 건축 또는 용도변경인 경우 : 해당 건축물에 적용되는 「지방세법」에 따른 건축물 시가표준액의 100분의 50의 범위에서 대통령령으로 정하는 금액에 위반행위에 이용된 건축물의 연면적을 곱한 금액(2014.12.31 본호신설)
2. 제1호 외의 위반행위인 경우 : 해당 토지에 적용되는 「부동산 가격공시에 관한 법률」에 따른 개별공시지가의 100분의 50의 범위에서 대통령령으로 정하는 금액에 위반행위에 이용된 토지의 면적을 곱한 금액(2016.1.19 본호개정)

② 시장·군수·구청장은 제1항에 따른 이행강제금을 부과하기 전에 상당한 기간을 정하여 그 기한까지 이행되지 아니할 때에는 이행강제금을 부과·징수한다는 뜻을 미리 문서로 계고하여야 한다.

③ 시장·군수·구청장은 제1항에 따른 이행강제금을 부과하는 때에는 이행강제금의 금액·부과사유·납부기한·수납기관·불복방법 등을 적은 문서로 하여야 한다.

④ 시장·군수·구청장은 최초의 시정명령이 있은 날을 기준으로 하여 1년에 2회의 범위 안에서 그 시정명령이 이행될 때까지 반복하여 제1항에 따른 이행강제금을 부과·징수할 수 있다.

⑤ 시장·군수·구청장은 제30조제1항에 따른 시정명령을 받은 자가 그 명령을 이행하는 경우에는 새로운 이행강제금의 부과를 중지하되, 이미 부과된 이행강제금은 징수하여야 한다.

⑥ 제3항에 따른 납부기한까지 이행강제금을 납부하지 아니하는 경우에는 국세 체납처분의 예 또는 「지방행정제재·부과금의 징수 등에 관한 법률」에 따라 징수한다.(2020.6.9 본항개정)

⑦ 이행강제금의 부과에 관하여는 제30조제2항을 준용한다. 이 경우 "시정명령"은 "이행강제금 부과·징수"로 본다.
(2013.5.28 본항신설)

⑧ 국토교통부장관 또는 시·도지사가 제7항에 따라 이행강제금을 부과·징수하면 이를 관할 시장·군수·구청장에게 알려야 한다.(2017.8.9 본항개정)

⑨ 제1항에 따른 이행강제금의 부과기준이나 그 밖에 필요한 사항은 대통령령으로 정한다.
(2009.2.6 본조신설)

제30조의3【이행강제금 징수 유예 특례】 ① 시장·군수·구청장은 제30조의2에도 불구하고 2014년 12월 31일 이전에 제30조제1항 중 건축물의 용도변경과 관련된 위반행위를 한 자가 다음 각 호의 요건을 모두 갖춘 경우에는 2020년 12월 31일까지 이행강제금의 징수를 유예할 수 있다.(2017.12.30 본문개정)

1. 동물·식물 관련 시설로서 다음 각 목의 어느 하나에 해당하는 시설을 허가의 내용을 위반하여 용도변경한 경우에 해당할 것
   가. 축사, 콩나물 재배사, 버섯 재배사, 온실
   나. 그 밖에 대통령령으로 정하는 시설
2. 유예 기간 이내에 이행강제금 부과의 원인이 되는 제30조제1항에 따른 시정명령을 이행하겠다는 동의서를 불가피한 사유가 없으면 6개월 이내에 제출할 것(2017.12.30 본호개정)

② 시장·군수·구청장은 이행강제금의 징수를 유예받은 위반행위자가 다음 각 호의 어느 하나에 해당하면 유예 기간 이내라도 이행강제금을 징수하여야 한다.

1. 유예 기간 이내에 이행하기로 한 제1항제2호의 동의서 내용을 이행하지 아니한 경우
2. 유예 기간 이내에 다시 이 법에 따른 위반행위를 한 경우

(2014.12.31 본조신설)

제30조의4【벌칙 적용에서 공무원 의제】 제29조제5항에 따라 위탁받은 업무에 종사하는 기관 또는 단체의 임직원은 「형법」 제129조부터 제132조까지의 규정에 따른 벌칙을 적용할 때에는 공무원으로 본다.(2019.8.20 본조개정)

제31조【벌칙】 ① 제16조의3제5항을 위반하여 금융정보등을 이 법에서 정한 목적 외의 다른 용도로 사용하거나 다른 사람 또는 기관에 제공하거나 누설한 자는 5년 이하의 징역 또는 3천만원 이하의 벌금에 처한다.

② 다음 각 호의 어느 하나에 해당하는 자는 3년 이하의 징역 또는 3천만원 이하의 벌금에 처한다.

1. 영리를 목적으로 또는 상습으로 제12조제1항 단서 또는 제13조에 따른 허가를 받지 아니하거나 허가의 내용을 위반하여 건축물의 건축 또는 용도변경, 공작물의 설치, 토지의 형질변경, 죽목 벌채, 토지분할, 물건을 쌓아놓는 행위 또는 도시·군계획사업의 시행을 한 자
2. 상습으로 제30조제1항에 따른 시정명령을 이행하지 아니한 자
3. 거짓이나 그 밖의 부정한 방법으로 제12조제1항 단서 또는 제13조에 따른 허가를 받은 자

(2011.9.16 본조개정)

제32조【벌칙】 다음 각 호의 어느 하나에 해당하는 자는 1년 이하의 징역 또는 1천만원 이하의 벌금에 처한다.

1. 제12조제1항 단서 또는 제13조에 따른 허가를 받지 아니하거나 허가의 내용을 위반하여 건축물의 건축 또는 용도변경, 공작물의 설치, 토지의 형질변경, 죽목 벌채, 토지분할, 물건을 쌓아놓는 행위 또는 도시·군계획사업의 시행을 한 자
   (2011.4.14 본호개정)
2. 제30조제1항에 따른 시정명령을 이행하지 아니한 자

(2009.2.6 본조개정)

제33조【양벌규정】 법인의 대표자나 법인 또는 개인의 대리인, 사용인, 그 밖의 종업원이 그 법인 또는 개인의 업무에 관하여 제31조 또는 제32조의 위반행위를 하면 그 행위자를 벌하는 외에 그 법인 또는 개인에게도 해당 조문의 벌금형을 과(科)한다. 다만, 법인 또는 개인이 그 위반행위를 방지하기 위하여 해당 업무에 관하여 상당한 주의와 감독을 게을리하지 아니한 경우에는 그러하지 아니하다.(2009.2.6 본조개정)

제34조【과태료】 ① 제12조제3항에 따라 신고하지 아니하고 대통령령으로 정하는 경미한 행위를 한 자에게는 500만원 이하의 과태료를 부과한다.(2013.5.28 본항개정)

② 제1항에 따른 과태료는 대통령령으로 정하는 바에 따라 시장·군수·구청장이 부과·징수한다.
③ 과태료의 부과에 관하여는 제30조제2항을 준용한다. 이 경우 "시정명령"은 "과태료 부과·징수"로 본다.(2013.5.28 본항신설)
④ 국토교통부장관 또는 시·도지사가 제3항에 따라 과태료를 부과·징수하면 이를 관할 시장·군수·구청장에게 알려야 한다.(2017.8.9 본항개정)
⑤ (2009.2.6 삭제)

부　칙

제1조【시행일】 이 법은 공포한 날부터 시행한다. 다만, 제14조제1항제4호의 개정규정은 2008년 4월 7일부터 시행하고, 제20조제2항의 개정규정은 2008년 4월 18일부터 시행한다.
제2조【시행일에 관한 경과조치】 부칙 제1조 단서에 따라 제14조제1항제4호 및 제20조제2항의 개정규정이 시행되기 전까지는 그에 해당하는 종전의 제13조제1항제4호 및 제19조제2항을 적용한다.
제3조【부담금에 대한 적용례】 부담금은 법률 제6241호 개발제한구역의지정및관리에관한특별조치법의 시행일인 2000년 7월 1일 후에 제11조제1항 각 호 외의 부분 단서 또는 제12조에 따른 허가를 신청한 분부터 이를 적용한다.
제4조【개발제한구역의 지정에 관한 경과조치】 법률 제6241호 개발제한구역의지정및관리에관한특별조치법의 시행일인 2000년 7월 1일 당시 「도시계획법」 제21조에 따라 지정된 개발제한구역은 이 법에 따라 지정된 것으로 본다.
제5조【행위제한에 관한 경과조치】 법률 제6241호 개발제한구역의지정및관리에관한특별조치법의 시행일인 2000년 7월 1일 전에 종전의 규정에 따라 허가를 받았거나(허가를 신청한 경우를 포함한다) 신고를 한 경우 그 허가 또는 신고기준 및 허가 또는 신고로써 허용되는 행위의 범위 등에 관하여는 제11조제1항 각 호 외의 부분 단서 또는 제12조에도 불구하고 종전의 규정에 따른다. 다만, 종전의 규정이 이 법의 규정에 비하여 그 행위를 하려는 자에게 불리하면 이 법의 규정에 따른다.
제6조~제9조 (생략)

부　칙 (2009.2.6)

제1조【시행일】 이 법은 공포 후 6개월이 경과한 날부터 시행한다. 다만, 제30조 및 제30조의2의 개정규정은 공포 후 1년이 경과한 날부터 시행한다.
제2조【부담금에 관한 적용례】 제21조부터 제26조까지의 개정규정은 이 법 시행 후 최초로 개발제한구역에서 해제되어 제4조제5항에 따라 개발계획의 결정을 하거나 제12조제1항 단서 또는 제13조에 따른 허가를 받는 분부터 적용한다.
제3조【개발제한구역 관리계획 승인을 받은 시설에 대한 허가 특례】 이 법 시행 전에 종전의 규정에 따라 관리계획 승인을 받았음에도 불구하고 제12조제1항제1호의 개정규정에 따라 부합되지 아니하는 시설에 대하여는 이 법 시행일로부터 1년 이내에 국토해양부장관과 협의가 이루어진 경우에 한하여 종전의 규정에 따라 허가할 수 있다.
제4조【개발제한구역 행위제한 등에 관한 경과조치】 이 법 시행 전에 종전의 규정에 따라 허가를 받은 경우에는(허가를 신청한 경우를 포함한다) 제12조제1항제1호의 개정규정에도 불구하고 종전의 규정에 따른다.
제5조【허가 또는 신고 등의 통보 등에 관한 경과조치】 이 법 시행 전에 종전의 규정에 따라 시장·군수·구청장이 허가를 하거나 신고를 받은 내용은 제13조의2의 개정규정에도 불구하고 국토해양부장관에게 알려야 한다.
제6조【다른 법률의 개정】 ※(해당 법령에 가제정리 하였음)

부　칙 (2013.5.28)

제1조【시행일】 이 법은 공포한 날부터 시행한다. 다만, 제6조, 제25조제3항 및 제26조제2항제6호의 개정규정은 공포 후 6개월이 경과한 날부터 시행한다.
제2조【개발제한구역에서의 행위제한에 관한 적용례】 제12조제2항의 개정규정은 이 법 시행 후 허가신청을 하는 경우부터 적용한다.
제3조【가산금 부과에 관한 적용례】 제25조제6항의 개정규정은 이 법 시행 후 최초로 부담금을 부과하는 분부터 적용한다.
제4조【부담금 부과율에 관한 적용례】 별표 제7호나목의 개정규정은 이 법 시행 후 제13조에 따라 허가를 받은 경우부터 적용한다.

부　칙 (2014.1.28)

제1조【시행일】 이 법은 공포한 날부터 시행한다. 다만 제12조제1항제9호의 개정규정은 공포 후 3개월이 경과한 날부터 시행한다.
제2조【유효기간】 제12조제1항제9호의 개정규정은 2015년 12월 31일까지 효력을 가진다.

부　칙 (2014.5.21)

제1조【시행일】 이 법은 공포한 날부터 시행한다.
제2조【부담금 부과율에 관한 적용례】 별표 제7호가목의 개정규정은 이 법 시행 후 제12조제1항 단서 또는 제13조에 따라 허가를 받은 경우부터 적용한다. 다만, 이 법 시행 당시 제21조에 따른 부담금 부과 처분에 대하여 제27조에 따른 이의신청이 제기되어 있거나 행정소송이 계속 중인 경우에 대하여도 적용한다.

부　칙 (2014.12.31)

제1조【시행일】 이 법은 공포한 날부터 시행한다. 다만, 제30조의3제1항제1호나목의 개정규정은 공포 후 3개월이 경과한 날부터 시행하고, 제30조의2제1항의 개정규정은 2018년 1월 1일부터 시행한다.
제2조【이행강제금 징수 유예 특례에 관한 적용례】 제30조의3의 개정규정은 이 법 시행 당시 위반행위(제30조제1항 중 건축물의 용도변경과 관련된 위반행위를 말한다)에 한정하여 적용한다.
제3조【시정명령에 관한 특례】 시장·군수·구청장은 제30조의3제1항제1호의 개정규정에 따른 허가의 내용을 위반한 용도변경에 대하여 이 법 시행 후 6개월 이내에 제30조제1항에 따른 시정명령을 하여야 한다.

부　칙 (2015.12.29)

제1조【시행일】 이 법은 공포 후 3개월이 경과한 날부터 시행한다. 다만, 별표 제4호가목의 개정규정은 공포한 날부터 시행한다.
제2조【유효기간】 ① 제4조의2, 제11조제1항제5호의2 및 제12조제1항제1호의2의 개정규정은 2020년 12월 31일까지 효력을 가진다.(2017.12.30 본항개정)
② 제1항에 따른 유효기간 중 제4조의2의 개정규정에 따라 개발제한구역관리계획의 수립·변경을 요청한 경우에 대해서는 해당 유효기간이 경과한 후에도 같은 조, 제11조제1항제5호의2 및 제12조제1항제1호의2의 개정규정을 적용한다.
제3조【해제된 개발제한구역의 환원에 관한 적용례】 제5조제3항의 개정규정은 이 법 시행 후 최초로 제4조에 따라 개발제한구역의 해제를 위한 도시·군관리계획을 입안하는 경우부터 적용한다.
제4조【부담금의 산정기준에 관한 적용례】 ① 제24조제1항의 개정규정은 이 법 시행 후 최초로 제4조에 따라 개발제한구역의 해제를 위한 도시·군관리계획을 입안하는 경우부터 적용한다.
② 별표 제4호가목의 개정규정은 같은 개정규정 시행 후 최초로 제12조제1항 단서 또는 제13조에 따라 허가를 받는 경우부터 적용한다.

부　칙 (2016.3.22)

제1조【시행일】 이 법은 공포 후 6개월이 경과한 날부터 시행한다.
제2조【부담금의 납부에 관한 적용례】 제25조의 개정규정은 이 법 시행 당시 부담금을 부과받았으나 납부기한이 지나지 아니한 경우에도 적용한다.

부　칙 (2017.8.9)

제1조【시행일】 이 법은 공포 후 6개월이 경과한 날부터 시행한다. 다만, 제30조의4, 별표 제3호 및 제5호의 개정규정은 공포한 날부터 시행한다.
제2조【행위허가 제한에 관한 적용례】 제12조의2의 개정규정은 이 법 시행 후 제12조제1항 단서에 따라 같은 항 각 호에 따른 행위를 위하여 허가 신청을 하는 경우부터 적용한다.
제3조【부담금 부과율에 관한 적용례】 별표 제3호 및 제5호의 개정규정은 같은 개정규정 시행 후 제12조제1항 단서에 따라 허가를 받는 경우부터 적용한다.

부　칙 (2017.12.30)

제1조【시행일】 이 법은 공포한 날부터 시행한다.
제2조【이행강제금 징수 유예 특례에 관한 적용례】 제30조의3제1항의 개정규정은 이 법 시행 후 같은 항 제2호에 따라 시정명령을 이행하겠다는 동의서를 제출하는 경우에 적용한다. 다만, 이 법 시행 전에 징수 유예를 받지 않던 사람이 동의서를 제출하는 경우에는 이 법 시행 후 부과하는 이행강제금부터 적용한다.

부　칙 (2018.4.17)

제1조【시행일】 이 법은 공포 후 3개월이 경과한 날부터 시행한다.
제2조【훼손지 복구대상 확대에 관한 적용례】 제4조제4항의 개정규정은 이 법 시행 후 개발제한구역 해제를 위한 도시·군관리계획을 입안하는 경우부터 적용한다. 다만, 「공공주택 특별법」 제6조에 따라 지정된 공공주택지구에 대해서는 공공주택사업자가 국토교통부장관에게 공공주택지구계획의 승인을 신청하는 경우부터 적용한다.

부　칙 (2018.12.18)

제1조【시행일】 이 법은 공포한 날부터 시행한다. 다만, 제14조제3항 및 제4항의 개정규정은 공포 후 1개월이 경과한 날부터 시행한다.
제2조【허가 등의 의제를 위한 협의에 관한 적용례】 제14조제3항 및 제4항의 개정규정은 같은 개정규정 시행 이후 협의를 요청하는 경우부터 적용한다.

부　칙 (2019.4.23)

제1조【시행일】 이 법은 공포 후 6개월이 경과한 날부터 시행한다.
제2조【해제된 개발제한구역의 환원에 관한 적용례】 제5조제3항의 개정규정은 2016년 3월 30일 이후 최초로 제4조에 따라 개발제한구역의 해제를 위한 도시·군관리계획을 입안한 경우부터 적용한다. 다만, 종전 규정에 따라 개발제한구역으로 환원된 경우는 제외한다.

부　칙 (2019.8.20)

제1조【시행일】 이 법은 공포 후 6개월이 경과한 날부터 시행한다. 다만, 제4조의2 및 제11조제1항의 개정규정은 공포한 날부터 시행하고, 별표의 대상 시설 및 사업란의 제4호가목 단서의 개정규정은 2020년 1월 1일부터 시행한다.
제2조【개발제한구역이 해제된 지역 주민의 주거·생활편익·생업을 위한 시설에 관한 적용례】 제12조제1항제1호마목의 개정규정은 이 법 시행 당시 종료되지 아니한 공익사업의 추진으로 인하여 개발제한구역이 해제된 지역의 주민이 허가신청하는 경우부터 적용한다.
제3조【부담금 부과율에 관한 적용례】 별표의 대상 시설 및 사업란의 제4호가목 단서의 개정규정은 같은 개정규정 시행 후 최초로 부담금을 부과하는 경우부터 적용한다.

부　칙 (2020.3.24)

제1조【시행일】 이 법은 공포한 날부터 시행한다.(이하 생략)

부　칙 (2020.6.9)

이 법은 공포한 날부터 시행한다.(이하 생략)

부　칙 (2021.7.27)

제1조【시행일】 이 법은 공포한 날부터 시행한다.
제2조【시설별 부과율에 관한 적용례】 별표 제7호의 개정규정은 이 법 시행 이후 제21조제1항제2호에 따라 부담금이 부과되는 경우부터 적용한다.

부　칙 (2022.6.10)

제1조【시행일】 이 법은 공포 후 6개월이 경과한 날부터 시행한다.
제2조【훼손지 복구대상 확대 등에 관한 적용례】 제4조제4항의 개정규정은 이 법 시행 이후 제8조제1항에 따라 개발제한구역 해제를 위한 도시·군관리계획을 결정하는 경우부터 적용한다.
제3조【부담금의 산정 기준에 관한 적용례】 제24조제1항의 개정규정은 이 법 시행 이후 제4조제1항에 따라 개발제한구역 해제를 위한 도시·군관리계획을 입안하는 경우부터 적용한다.

부　칙 (2022.12.27)

제1조【시행일】 이 법은 공포 후 6개월이 경과한 날부터 시행한다.(이하 생략)

부　칙 (2023.6.9)

제1조【시행일】 이 법은 공포 후 1개월이 경과한 날부터 시행한다.(이하 생략)

부　칙 (2023.8.8)

제1조【시행일】 이 법은 2024년 5월 17일부터 시행한다.(이하 생략)

부　칙 (2023.8.16)

이 법은 공포한 날부터 시행한다.

부　칙 (2023.9.14)

제1조【시행일】 이 법은 공포 후 1년이 경과한 날부터 시행한다.(이하 생략)

〔별표〕 ➡ 「**www.hyeonamsa.com**」 **참조**

도시 및 주거환경정비법

(약칭 : 도시정비법)

(2017년 2월 8일 전부개정법률 제14567호)

개정

2017. 8. 9법14857호 2017.10.24법14943호
2017.10.31법15022호(주식회사등의외부감사에관한법)
2018. 1.16법15356호(민간임대주택에관한특별법)
2018. 3.20법15489호(국가균형발전특별법)
2018. 6.12법15676호 2019. 4.23법16383호
2019. 8.20법16493호
2020. 3.24법17091호(지방행정제재·부과금의징수등에관한법)
2020. 3.31법17171호(전기안전관리법)
2020. 4. 7법17219호(감정평가감정평가사)
2020. 6. 9법17447호(국토안전관리원법)
2020. 6. 9법17453호(법률용어정비)
2020. 6. 9법17459호(한국부동산원법)
2020.12.22법17689호(국가자치경찰)
2020.12.31법17814호(정부조직)
2021. 1. 5법17872호
2021. 1.12법17893호(지방자치)
2021. 3.16법17943호 2021. 4.13법18046호
2021. 7.20법18310호(공간정보구축관리)
2021. 7.27법18345호 2021. 8.10법18388호
2021.11.30법18522호(소방시설설치및관리에관한법)
2022. 2. 3법18830호 2022. 6.10법18941호
2022.12.27법19117호(산림자원조성관리)
2023. 2.14법19225호(기상법)
2023. 3.21법19251호(자연유산의보존및활용에관한법)
2023. 6. 9법19430호(지방자치분권및지역균형발전에관한특별법)
2023. 7.18법19560호
2023. 8. 8법19590호(문화유산)
2023.12.26법19848호 2024. 1.30법20174호
2024.12. 3법20549호→2025년 6월 4일 시행하는 부분은 가제 수록 하였고 2025년 12월 4일 시행하는 부분은 추후 수록
2025. 1.31법20759호

제1장 총 칙

제1조【목적】 이 법은 도시기능의 회복이 필요하거나 주거환경이 불량한 지역을 계획적으로 정비하고 노후·불량건축물을 효율적으로 개량하기 위하여 필요한 사항을 규정함으로써 도시환경을 개선하고 주거생활의 질을 높이는 데 이바지함을 목적으로 한다.

제2조【정의】 이 법에서 사용하는 용어의 뜻은 다음과 같다.

1. "정비구역"이란 정비사업을 계획적으로 시행하기 위하여 제16조에 따라 지정·고시된 구역을 말한다.
2. "정비사업"이란 이 법에서 정한 절차에 따라 도시기능을 회복하기 위하여 정비구역에서 정비기반시설을 정비하거나 주택 등 건축물을 개량 또는 건설하는 다음 각 목의 사업을 말한다.
   가. 주거환경개선사업 : 도시저소득 주민이 집단거주하는 지역으로서 정비기반시설이 극히 열악하고 노후·불량건축물이 과도하게 밀집한 지역의 주거환경을 개선하거나 단독주택 및 다세대주택이 밀집한 지역에서 정비기반시설과 공동이용시설 확충을 통하여 주거환경을 보전·정비·개량하기 위한 사업
   나. 재개발사업 : 정비기반시설이 열악하고 노후·불량건축물이 밀집한 지역에서 주거환경을 개선하거나 상업지역·공업지역 등에서 도시기능의 회복 및 상권활성화 등을 위하여 도시환경을 개선하기 위한 사업. 이 경우 다음 요건을 모두 갖추어 시행하는 재개발사업을 "공공재개발사업"이라 한다.(2021.4.13 후단신설)
      1) 특별자치시장, 특별자치도지사, 시장, 군수, 자치구의 구청장(이하 "시장·군수등"이라 한다) 또는 제10호에 따른 토지주택공사등(조합과 공동으로 시행하는 경우를 포함한다)이 제24조에 따른 주거환경개선사업의 시행자, 제25조제1항 또는 제26조제1항에 따른 재개발사업의 시행자나 제28조에 따른 재개발사업의 대행자(이하 "공공재개발사업 시행자"라 한다)일 것(2021.4.13 신설)
      2) 건설·공급되는 주택의 전체 세대수 또는 전체 연면적 중 토지등소유자 대상 분양분(제80조에 따른 지분형주택은 제외한다)을 제외한 나머지 주택의 세대수 또는 연면적의 100분의 20 이상 100분의 50 이하의 범위에서 대통령령으로 정하는 기준에 따라 특별시·광역시·특별자치시·도·특별자치도 또는 「지방자치법」 제198조에 따른 서울특별시·광역시 및 특별자치시를 제외한 인구 50만 이상 대도시(이하 "대도시"라 한다)의 조례(이하 "시·도조례"라 한다)로 정하는 비율 이상을 제80조에 따른 지분형주택, 「공공주택 특별법」에 따른 공공임대주택(이하 "공공임대주택"이라 한다) 또는 「민간임대주택에 관한 특별법」 제2조제4호에 따른 공공지원민간임대주택(이하 "공공지원민간임대주택"이라 한다)으로 건설·공급할 것. 이 경우 주택 수 산정방법 및 주택 유형별 건설비율은 대통령령으로 정한다.(2023.7.18 전단개정)
   다. 재건축사업 : 정비기반시설은 양호하나 노후·불량건축물에 해당하는 공동주택이 밀집한 지역에서 주거환경을 개선하기 위한 사업. 이 경우 다음 요건을 모두 갖추어 시행하는 재건축사업을 "공공재건축사업"이라 한다.(2021.4.13 후단신설)
      1) 시장·군수등 또는 토지주택공사등(조합과 공동으로 시행하는 경우를 포함한다)이 제25조제2항 또는 제26조제1항에 따른 재건축사업의 시행자나 제28조제1항에 따른 재건축사업의 대행자(이하 "공공재건축사업 시행자"라 한다)일 것(2021.4.13 신설)
      2) 종전의 용적률, 토지면적, 기반시설 현황 등을 고려하여 대통령령으로 정하는 세대수 이상을 건설·공급할 것. 다만, 제8조제1항에 따른 정비구역의 지정권자가 「국토의 계획 및 이용에 관한 법률」 제18조에 따른 도시·군기본계획, 토지이용 현황 등 대통령령으로 정하는 불가피한 사유로 해당하는 세대수를 충족할 수 없다고 인정하는 경우에는 그러하지 아니하다.(2021.4.13 신설)
3. "노후·불량건축물"이란 다음 각 목의 어느 하나에 해당하는 건축물을 말한다.
   가. 건축물이 훼손되거나 일부가 멸실되어 붕괴, 그 밖의 안전사고의 우려가 있는 건축물
   나. 내진성능이 확보되지 아니한 건축물 중 중대한 기능적 결함 또는 부실 설계·시공으로 구조적 결함 등이 있는 건축물로서 대통령령으로 정하는 건축물
   다. 다음의 요건을 모두 충족하는 건축물로서 대통령령으로 정하는 바에 따라 시·도조례로 정하는 건축물(2023.7.18 본문개정)
      1) 주변 토지의 이용 상황 등에 비추어 주거환경이 불량한 곳에 위치할 것
      2) 건축물을 철거하고 새로운 건축물을 건설하는 경우 건설에 드는 비용과 비교하여 효용의 현저한 증가가 예상될 것
   라. 도시미관을 저해하거나 노후화된 건축물로서 대통령령으로 정하는 바에 따라 시·도조례로 정하는 건축물
   (2017.8.9 본목개정)
4. "정비기반시설"이란 도로·상하수도·구거(溝渠 : 도랑)·공원·공용주차장·공동구(「국토의 계획 및 이용에 관한 법률」 제2조제9호에 따른 공동구를 말한다. 이하 같다), 그 밖에 주민의 생활에 필요한 열·가스 등의 공급시설로서 대통령령으로 정하는 시설을 말한다.(2021.1.5 본호개정)
5. "공동이용시설"이란 주민이 공동으로 사용하는 놀이터·마을회관·공동작업장, 그 밖에 대통령령으로 정하는 시설을 말한다.
6. "대지"란 정비사업으로 조성된 토지를 말한다.
7. "주택단지"란 주택 및 부대시설·복리시설을 건설하거나 대지로 조성되는 일단의 토지로서 다음 각 목의 어느 하나에 해당하는 일단의 토지를 말한다.

가. 「주택법」 제15조에 따른 사업계획승인을 받아 주택 및 부대시설·복리시설을 건설한 일단의 토지
나. 가목에 따른 일단의 토지 중 「국토의 계획 및 이용에 관한 법률」 제2조제7호에 따른 도시·군계획시설(이하 "도시·군계획시설"이라 한다)인 도로나 그 밖에 이와 유사한 시설로 분리되어 따로 관리되고 있는 각각의 토지
다. 가목에 따른 일단의 토지 둘 이상이 공동으로 관리되고 있는 경우 그 전체 토지
라. 제67조에 따라 분할된 토지 또는 분할되어 나가는 토지
마. 「건축법」 제11조에 따라 건축허가를 받아 아파트 또는 연립주택을 건설한 일단의 토지
8. "사업시행자"란 정비사업을 시행하는 자를 말한다.
9. "토지등소유자"란 다음 각 목의 어느 하나에 해당하는 자를 말한다. 다만, 제27조제1항에 따라 「자본시장과 금융투자업에 관한 법률」 제8조제7항에 따른 신탁업자(이하 "신탁업자"라 한다)가 사업시행자로 지정된 경우 토지등소유자가 정비사업을 목적으로 신탁업자에게 신탁한 토지 또는 건축물에 대하여는 위탁자를 토지등소유자로 본다.
가. 주거환경개선사업 및 재개발사업의 경우에는 정비구역에 위치한 토지 또는 건축물의 소유자 또는 그 지상권자
나. 재건축사업의 경우에는 정비구역에 위치한 건축물 및 그 부속토지의 소유자
10. "토지주택공사등"이란 「한국토지주택공사법」에 따라 설립된 한국토지주택공사 또는 「지방공기업법」에 따라 주택사업을 수행하기 위하여 설립된 지방공사를 말한다.
11. "정관등"이란 다음 각 목의 것을 말한다.
가. 제40조에 따른 조합의 정관
나. 사업시행자인 토지등소유자가 자치적으로 정한 규약
다. 시장·군수등, 토지주택공사등 또는 신탁업자가 제53조에 따라 작성한 시행규정(2021.4.13 본목개정)

제3조【도시·주거환경정비 기본방침】 국토교통부장관은 도시 및 주거환경을 개선하기 위하여 10년마다 다음 각 호의 사항을 포함한 기본방침을 정하고, 5년마다 타당성을 검토하여 그 결과를 기본방침에 반영하여야 한다.
1. 도시 및 주거환경 정비를 위한 국가 정책 방향
2. 제4조제1항에 따른 도시·주거환경정비기본계획의 수립 방향
3. 노후·불량 주거지 조사 및 개선계획의 수립
4. 도시 및 주거환경 개선에 필요한 재정지원계획
5. 그 밖에 도시 및 주거환경 개선을 위하여 필요한 사항으로서 대통령령으로 정하는 사항

제2장 기본계획의 수립 및 정비구역의 지정

제4조【도시·주거환경정비기본계획의 수립】 ① 특별시장·광역시장·특별자치시장·특별자치도지사 또는 시장은 관할 구역에 대하여 도시·주거환경정비기본계획(이하 "기본계획"이라 한다)을 10년 단위로 수립하여야 한다. 다만, 도지사가 대도시가 아닌 시로서 기본계획을 수립할 필요가 없다고 인정하는 시에 대하여는 기본계획을 수립하지 아니할 수 있다.
② 특별시장·광역시장·특별자치시장·특별자치도지사 또는 시장(이하 "기본계획의 수립권자"라 한다)은 기본계획에 대하여 5년마다 타당성을 검토하여 그 결과를 기본계획에 반영하여야 한다.(2020.6.9 본항개정)

제5조【기본계획의 내용】 ① 기본계획에는 다음 각 호의 사항이 포함되어야 한다.
1. 정비사업의 기본방향
2. 정비사업의 계획기간
3. 인구·건축물·토지이용·정비기반시설·지형 및 환경 등의 현황
4. 주거지 관리계획
5. 토지이용계획·정비기반시설계획·공동이용시설설치계획 및 교통계획
6. 녹지·조경·에너지공급·폐기물처리 등에 관한 환경계획
7. 사회복지시설 및 주민문화시설 등의 설치계획
8. 도시의 광역적 재정비를 위한 기본방향
9. 제16조에 따라 정비구역으로 지정할 예정인 구역(이하 "정비예정구역"이라 한다)의 개략적 범위
10. 단계별 정비사업 추진계획(정비예정구역별 정비계획의 수립시기가 포함되어야 한다)
11. 건폐율·용적률 등에 관한 건축물의 밀도계획
12. 세입자에 대한 주거안정대책
13. 그 밖에 주거환경 등을 개선하기 위하여 필요한 사항으로서 대통령령으로 정하는 사항
② 기본계획의 수립권자는 기본계획에 다음 각 호의 사항을 포함하는 경우에는 제1항제9호 및 제10호의 사항을 생략할 수 있다.
1. 생활권의 설정, 생활권별 기반시설 설치계획 및 주택수급계획
2. 생활권별 주거지의 정비·보전·관리의 방향
③ 기본계획의 작성기준 및 작성방법은 국토교통부장관이 정하여 고시한다.

제6조【기본계획 수립을 위한 주민의견청취 등】 ① 기본계획의 수립권자는 기본계획을 수립하거나 변경하려는 경우에는 14일 이상 주민에게 공람하여 의견을 들어야 하며, 제시된 의견이 타당하다고 인정되면 이를 기본계획에 반영하여야 한다.
② 기본계획의 수립권자는 제1항에 따른 공람과 함께 지방의회의 의견을 들어야 한다. 이 경우 지방의회는 기본계획의 수립권자가 기본계획을 통지한 날부터 60일 이내에 의견을 제시하여야 하며, 의견제시 없이 60일이 지난 경우 이의가 없는 것으로 본다.
③ 제1항 및 제2항에도 불구하고 대통령령으로 정하는 경미한 사항을 변경하는 경우에는 주민공람과 지방의회의 의견청취 절차를 거치지 아니할 수 있다.

제7조【기본계획의 확정·고시 등】 ① 기본계획의 수립권자(대도시의 시장이 아닌 시장은 제외한다)는 기본계획을 수립하거나 변경하려면 관계 행정기관의 장과 협의한 후 「국토의 계획 및 이용에 관한 법률」 제113조제1항 및 제2항에 따른 지방도시계획위원회(이하 "지방도시계획위원회"라 한다)의 심의를 거쳐야 한다. 다만, 대통령령으로 정하는 경미한 사항을 변경하는 경우에는 관계 행정기관의 장과의 협의 및 지방도시계획위원회의 심의를 거치지 아니한다.
② 대도시의 시장이 아닌 시장은 기본계획을 수립하거나 변경하려면 도지사의 승인을 받아야 하며, 도지사가 이를 승인하려면 관계 행정기관의 장과 협의한 후 지방도시계획위원회의 심의를 거쳐야 한다. 다만, 제1항 단서에 해당하는 변경의 경우에는 도지사의 승인을 받지 아니할 수 있다.
③ 기본계획의 수립권자는 기본계획을 수립하거나 변경한 때에는 지체 없이 이를 해당 지방자치단체의 공보에 고시하고 일반인이 열람할 수 있도록 하여야 한다.
④ 기본계획의 수립권자는 제3항에 따라 기본계획을 고시한 때에는 국토교통부령으로 정하는 방법 및 절차에 따라 국토교통부장관에게 보고하여야 한다.

제8조【정비구역의 지정】 ① 특별시장·광역시장·특별자치시장·특별자치도지사·시장 또는 군수(광역시의 군수는 제외하며, 이하 "정비구역의 지정권자"라 한다)는 기본계획에 적합한 범위에서 노후·불량건축물이 밀집하는 등 대통령령으로 정하는 요건에 해당하는 구역에 대하여 제16조에 따라 정비계획을 결정하여 정비구역을 지정(변경지정을 포함한다)할 수 있다.
② 제1항에도 불구하고 제26조제1항제1호 및 제27조제1항제1호에 따라 정비사업을 시행하려는 경우에는 기본계획을 수립하거나 변경하지 아니하고 정비구역을 지정할 수 있다.
③ 정비구역의 지정권자는 정비구역의 진입로 설치를 위하여 필요한 경우에는 진입로 지역과 그 인접지역을 포함하여 정비구역을 지정할 수 있다.
④ 정비구역의 지정권자는 정비구역 지정을 위하여 직접 제9조에 따른 정비계획을 입안할 수 있다.
⑤ 자치구의 구청장 또는 광역시의 군수(이하 제9조, 제11조 및 제20조에서 "구청장등"이라 한다)는 제9조에 따른 정비계획을 입안하여 특별시장·광역시장에게 정비구역 지정을 신청하여야 한다. 이 경우 제15조제2항에 따른 지방의회의 의견을 첨부하여야 한다.

제9조 【정비계획의 내용】 ① 정비계획에는 다음 각 호의 사항이 포함되어야 한다.
1. 정비사업의 명칭
2. 정비구역 및 그 면적
2의2. 토지등소유자 유형별 분담금 추산액 및 산출근거
(2025.1.31 본호개정)
3. 도시·군계획시설의 설치에 관한 계획
4. 공동이용시설 설치계획
5. 건축물의 주용도·건폐율·용적률·높이에 관한 계획
6. 환경보전 및 재난방지에 관한 계획
7. 정비구역 주변의 교육환경 보호에 관한 계획
8. 세입자 주거대책
9. 정비사업시행 예정시기
10. 정비사업을 통하여 공공지원민간임대주택을 공급하거나 같은 조 제11호에 따른 주택임대관리업자(이하 "주택임대관리업자"라 한다)에게 임대할 목적으로 주택을 위탁하려는 경우에는 다음 각 목의 사항. 다만, 나목과 다목의 사항은 건설하는 주택 전체 세대수에서 공공지원민간임대주택 또는 임대할 목적으로 주택임대관리업자에게 위탁하려는 주택(이하 "임대관리 위탁주택"이라 한다)이 차지하는 비율이 100분의 20 이상, 임대기간이 8년 이상의 범위 등에서 대통령령으로 정하는 요건에 해당하는 경우로 한정한다.
(2021.4.13 본문개정)
가. 공공지원민간임대주택 또는 임대관리 위탁주택에 관한 획지별 토지이용 계획(2018.1.16 본목개정)
나. 주거·상업·업무 등의 기능을 결합하는 등 복합적인 토지이용을 증진시키기 위하여 필요한 건축물의 용도에 관한 계획
다. 「국토의 계획 및 이용에 관한 법률」 제36조제1항제1호가목에 따른 주거지역을 세분 또는 변경하는 계획과 용적률에 관한 사항
라. 그 밖에 공공지원민간임대주택 또는 임대관리 위탁주택의 원활한 공급 등을 위하여 대통령령으로 정하는 사항
(2018.1.16 본목개정)
11. 「국토의 계획 및 이용에 관한 법률」 제52조제1항 각 호의 사항에 관한 계획(필요한 경우로 한정한다)
12. 그 밖에 정비사업의 시행을 위하여 필요한 사항으로서 대통령령으로 정하는 사항
② 제1항제10호다목을 포함하는 정비계획은 기본계획에서 정하는 제5조제1항제11호에 따른 건폐율·용적률 등에 관한 건축물의 밀도계획에도 불구하고 달리 입안할 수 있다.
③ 제8조제4항 및 제5항에 따라 정비계획을 입안하는 특별자치시장, 특별자치도지사, 시장, 군수 또는 구청장등(이하 "정비계획의 입안권자"라 한다)이 제5조제2항 각 호의 사항을 포함하여 기본계획을 수립한 지역에서 정비계획을 입안하는 경우에는 그 정비구역을 포함한 해당 생활권에 대하여 같은 항 각 호의 사항에 대한 세부 계획을 입안할 수 있다.
④ 정비계획의 작성기준 및 작성방법은 국토교통부장관이 정하여 고시한다.

제10조 【임대주택 및 주택규모별 건설비율】 ① 정비계획의 입안권자는 주택수급의 안정과 저소득 주민의 입주기회 확대를 위하여 정비사업으로 건설하는 주택에 대하여 다음 각 호의 구분에 따른 범위에서 국토교통부장관이 정하여 고시하는 임대주택 및 주택규모별 건설비율 등을 정비계획에 반영하여야 한다.
1. 「주택법」 제2조제6호에 따른 국민주택규모의 주택(이하 "국민주택규모 주택"이라 한다)이 전체 세대수의 100분의 90 이하에서 대통령령으로 정하는 범위
2. 임대주택(공공임대주택 및 「민간임대주택에 관한 특별법」에 따른 민간임대주택을 말한다. 이하 같다)이 전체 세대수 또는 전체 연면적의 100분의 30 이하에서 대통령령으로 정하는 범위
(2021.4.13 1호~2호개정)
② 사업시행자는 제1항에 따라 고시된 내용에 따라 주택을 건설하여야 한다.

제11조 【기본계획 및 정비계획 수립 시 용적률 완화】 ① 기본계획의 수립권자 또는 정비계획의 입안권자는 정비사업의 원활한 시행을 위하여 기본계획을 수립하거나 정비계획을 입안하려는 경우에는(기본계획 또는 정비계획을 변경하려는 경우에도 또한 같다) 「국토의 계획 및 이용에 관한 법률」 제36조에 따른 주거지역에 대하여는 같은 법 제78조에 따라 조례로 정한 용적률에도 불구하고 같은 조 및 관계 법률에 따른 용적률의 상한까지 용적률을 정할 수 있다.
② 기본계획의 수립권자 또는 정비계획의 입안권자는 천재지변, 그 밖의 불가피한 사유로 건축물이 붕괴할 우려가 있어 긴급히 정비사업을 시행할 필요가 있다고 인정하는 경우에는 용도지역의 변경을 통해 용적률을 완화하여 기본계획을 수립하거나 정비계획을 입안할 수 있다. 이 경우 기본계획의 수립권자, 정비계획의 입안권자 및 정비구역의 지정권자는 용도지역의 변경을 이유로 기부채납을 요구하여서는 아니 된다.
(2021.4.13 본항신설)
③ 구청장등 또는 대도시의 시장이 아닌 시장은 제1항에 따라 정비계획을 입안하거나 변경입안하려는 경우 기본계획의 변경 또는 변경승인을 특별시장·광역시장·도지사에게 요청할 수 있다.

제12조 【재건축사업을 위한 재건축진단】 ① 시장·군수등은 제5조제1항제10호에 따른 정비예정구역별 정비계획의 수립시기가 도래한 때부터 제50조에 따른 사업시행계획인가(이하 "사업시행계획인가"라 한다) 전까지 재건축진단을 실시하여야 한다.
② 시장·군수등은 제1항에도 불구하고 다음 각 호의 어느 하나에 해당하는 경우에는 재건축진단을 실시하여야 한다. 이 경우 시장·군수등은 재건축진단에 드는 비용을 해당 재건축진단의 실시를 요청하는 자에게 부담하게 할 수 있다.
1. 제13조의2에 따라 정비계획의 입안을 요청하려는 자가 입안을 요청하기 전에 해당 정비예정구역 또는 사업예정구역에 위치한 건축물 및 그 부속토지의 소유자 10분의 1 이상의 동의를 받아 재건축진단의 실시를 요청하는 경우(2024.12.3 본호신설)
2. 제14조에 따라 정비계획의 입안을 제안하려는 자가 입안을 제안하기 전에 해당 정비예정구역에 위치한 건축물 및 그 부속토지의 소유자 10분의 1 이상의 동의를 받아 재건축진단의 실시를 요청하는 경우
3. 제5조제2항에 따라 정비예정구역을 지정하지 아니한 지역에서 재건축사업을 하려는 자가 사업예정구역에 있는 건축물 및 그 부속토지의 소유자 10분의 1 이상의 동의를 받아 재건축진단의 실시를 요청하는 경우
4. 제2조제3호나목에 해당하는 건축물의 소유자로서 재건축사업을 시행하려는 자가 해당 사업예정구역에 위치한 건축물 및 그 부속토지의 소유자 10분의 1 이상의 동의를 받아 재건축진단의 실시를 요청하는 경우
5. 제15조에 따라 정비계획을 입안하여 주민에게 공람한 지역 또는 제16조에 따라 정비구역으로 지정된 지역에서 재건축사업을 시행하려는 자가 해당 구역에 위치한 건축물 및 그 부속토지의 소유자 10분의 1 이상의 동의를 받아 재건축진단의 실시를 요청하는 경우
6. 제31조에 따라 시장·군수등의 승인을 받은 조합설립추진위원회(이하 "추진위원회"라 한다) 또는 사업시행자가 재건축진단의 실시를 요청하는 경우
(2024.12.3 5호~6호신설)
③ 제1항에 따른 재건축사업의 재건축진단은 주택단지(연접한 단지를 포함한다)의 건축물을 대상으로 한다. 다만, 대통령령으로 정하는 주택단지의 건축물인 경우에는 재건축진단 대상에서 제외할 수 있다.
④ 시장·군수등은 대통령령으로 정하는 재건축진단기관에 의뢰하여 주거환경 적합성, 해당 건축물의 구조안전성, 건축마감, 설비노후도 등에 관한 재건축진단을 실시하여야 한다.
⑤ 제4항에 따라 재건축진단을 의뢰받은 재건축진단기관은 국토교통부장관이 정하여 고시하는 기준(건축물의 내진성능 확보를 위한 비용을 포함한다)에 따라 재건축진단을 실시하여야 하며, 국토교통부령으로 정하는 방법 및 절차에 따라 재건축진

단 결과보고서를 작성하여 시장·군수등 및 제2항에 따라 재건축진단의 실시를 요청한 자에게 제출하여야 한다.
⑥ 시장·군수등은 재건축진단의 결과와 도시계획 및 지역여건 등을 종합적으로 검토하여 사업시행계획인가 여부(제75조에 따른 시기 조정을 포함한다)를 결정하여야 한다.
⑦ 제1항부터 제6항까지의 규정에 따른 재건축진단의 대상·기준·실시기관·지정절차·수수료 및 결과에 대한 조치 등에 필요한 사항은 대통령령으로 정한다.
(2024.12.3 본조개정)

제13조【재건축진단 결과의 적정성 검토】 ① 시장·군수등(특별자치시장 및 특별자치도지사는 제외한다. 이하 이 조에서 같다)은 제12조제5항에 따라 재건축진단 결과보고서를 제출받은 경우에는 지체 없이 특별시장·광역시장·도지사에게 결정내용과 해당 재건축진단 결과보고서를 제출하여야 한다.
② 특별시장·광역시장·특별자치시장·도지사·특별자치도지사(이하 "시·도지사"라 한다)는 필요한 경우 「국토안전관리원법」에 따른 국토안전관리원 또는 「과학기술분야 정부출연연구기관 등의 설립·운영 및 육성에 관한 법률」에 따른 한국건설기술연구원에 재건축진단 결과의 적정성에 대한 검토를 의뢰할 수 있다.
③ 국토교통부장관은 시·도지사에게 재건축진단 결과보고서의 제출을 요청할 수 있으며, 필요한 경우 시·도지사에게 재건축진단 결과의 적정성에 대한 검토를 요청할 수 있다.
④ 특별시장·광역시장·도지사는 제2항 및 제3항에 따른 검토결과에 따라 필요한 경우 시장·군수등에게 재건축진단에 대한 시정요구 등 대통령령으로 정하는 조치를 요청할 수 있으며, 시장·군수등은 특별한 사유가 없으면 그 요청에 따라야 한다.
⑤ 제1항부터 제4항까지의 규정에 따른 재건축진단 결과의 평가 등에 필요한 사항은 대통령령으로 정한다.
(2024.12.3 본조개정)

제13조의2【정비구역의 지정을 위한 정비계획의 입안 요청 등】 ① 토지등소유자 또는 추진위원회는 다음 각 호의 어느 하나에 해당하는 경우에는 정비계획의 입안권자에게 정비구역의 지정을 위한 정비계획의 입안을 요청할 수 있다.(2024.12.3 본문개정)
1. 제4조제1항 단서에 따라 기본계획을 수립하지 아니한 지역으로서 대통령령으로 정하는 경우(2024.12.3 본호신설)
2. 제5조제1항제10호에 따른 단계별 정비사업 추진계획상 정비예정구역별 정비계획의 입안시기가 지났음에도 불구하고 정비계획이 입안되지 아니한 경우
3. 제5조제2항에 따라 기본계획에 같은 조 제1항제9호 및 제10호에 따른 사항을 생략한 경우
4. 천재지변 등 대통령령으로 정하는 불가피한 사유로 긴급하게 정비사업을 시행할 필요가 있다고 판단되는 경우
② 정비계획의 입안권자는 제1항의 요청이 있는 경우에는 요청일부터 4개월 이내에 정비계획의 입안 여부를 결정하여 토지등소유자 및 정비구역의 지정권자에게 알려야 한다. 다만, 정비계획의 입안권자는 정비계획의 입안 여부의 결정 기한을 2개월의 범위에서 한 차례만 연장할 수 있다.
③ 정비구역의 지정권자는 다음 각 호의 어느 하나에 해당하는 경우에는 토지이용, 주택건설 및 기반시설의 설치 등에 관한 기본방향(이하 "정비계획의 기본방향"이라 한다)을 작성하여 정비계획의 입안권자에게 제시하여야 한다.
1. 제2항에 따라 정비계획의 입안권자가 토지등소유자에게 정비계획을 입안하기로 통지한 경우
2. 제5조제1항제10호에 따른 단계별 정비사업 추진계획에 따라 정비계획의 입안권자가 요청하는 경우
3. 제12조제6항에 따라 정비계획의 입안권자가 정비계획을 입안하기로 결정한 경우로서 대통령령으로 정하는 경우
4. 정비계획을 변경하는 경우로서 대통령령으로 정하는 경우
④ 제1항부터 제3항까지에서 규정한 사항 외에 정비구역의 지정요청을 위한 요청서의 작성, 토지등소유자의 동의, 요청서의 처리 및 정비계획의 기본방향 작성을 위하여 필요한 사항은 대통령령으로 정한다.
(2023.7.18 본조신설)

제14조【정비계획의 입안 제안】 ① 토지등소유자(제5호의 경우에는 제26조제1항제1호 및 제27조제1항제1호에 따라 사업시행자가 되려는 자를 말한다) 또는 추진위원회는 다음 각 호의 어느 하나에 해당하는 경우에는 정비계획의 입안권자에게 정비계획의 입안을 제안할 수 있다.(2024.12.3 본문개정)
1. 제5조제1항제10호에 따른 단계별 정비사업 추진계획 상 정비예정구역별 정비계획의 입안시기가 지났음에도 불구하고 정비계획이 입안되지 아니하거나 같은 호에 따른 정비예정구역별 정비계획의 수립시기를 정하고 있지 아니한 경우
2. 토지등소유자가 제26조제1항제7호 및 제8호에 따라 토지주택공사등을 사업시행자로 지정 요청하려는 경우
3. 대도시가 아닌 시 또는 군으로서 시·도조례로 정하는 경우
4. 정비사업을 통하여 공공지원민간임대주택을 공급하거나 임대할 목적으로 주택을 주택임대관리업자에게 위탁하려는 경우로서 제9조제1항제10호 각 목을 포함하는 정비계획의 입안을 요청하려는 경우(2018.1.16 본호개정)
5. 제26조제1항제1호 및 제27조제1항제1호에 따라 정비사업을 시행하려는 경우
6. 토지등소유자(조합이 설립된 경우에는 조합원을 말한다. 이하 이 호에서 같다)가 3분의 2 이상의 동의로 정비계획의 변경을 요청하는 경우. 다만, 제15조제3항에 따른 경미한 사항을 변경하는 경우에는 토지등소유자의 동의절차를 거치지 아니한다.
7. 토지등소유자가 공공재개발사업 또는 공공재건축사업을 추진하려는 경우(2021.4.13 본호신설)
② 정비계획 입안의 제안을 위한 토지등소유자의 동의, 제안서의 처리 등에 필요한 사항은 대통령령으로 정한다.

제15조【정비계획 입안을 위한 주민의견청취 등】 ① 정비계획의 입안권자는 정비계획을 입안하거나 변경하려면 주민에게 서면으로 통보한 후 주민설명회 및 30일 이상 주민에게 공람하여 의견을 들어야 하며, 제시된 의견이 타당하다고 인정되면 이를 정비계획에 반영하여야 한다.
② 정비계획의 입안권자는 제1항에 따른 주민공람과 함께 지방의회의 의견을 들어야 한다. 이 경우 지방의회는 정비계획의 입안권자가 정비계획을 통지한 날부터 60일 이내에 의견을 제시하여야 하며, 의견제시 없이 60일이 지난 경우 이의가 없는 것으로 본다.
③ 제1항 및 제2항에도 불구하고 대통령령으로 정하는 경미한 사항을 변경하는 경우에는 주민에 대한 서면통보, 주민설명회, 주민공람 및 지방의회의 의견청취 절차를 거치지 아니할 수 있다.
④ 정비계획의 입안권자는 제97조, 제98조, 제101조 등에 따라 정비기반시설 및 국유·공유재산의 귀속 및 처분에 관한 사항이 포함된 정비계획을 입안하려면 미리 해당 정비기반시설 및 국유·공유재산의 관리청의 의견을 들어야 한다.

제16조【정비계획의 결정 및 정비구역의 지정·고시】 ① 정비구역의 지정권자는 정비구역을 지정하거나 변경지정하려면 지방도시계획위원회의 심의를 거쳐야 한다. 다만, 제15조제3항에 따른 경미한 사항을 변경하는 경우에는 지방도시계획위원회의 심의를 거치지 아니할 수 있다.(2018.6.12 본문개정)
② 정비구역의 지정권자는 정비구역을 지정(변경지정을 포함한다. 이하 같다)하거나 정비계획을 결정(변경결정을 포함한다. 이하 같다)한 때에는 정비계획을 포함한 정비구역 지정의 내용을 해당 지방자치단체의 공보에 고시하여야 한다. 이 경우 지형도면 고시 등에 대하여는 「토지이용규제 기본법」 제8조에 따른다.(2020.6.9 후단개정)
③ 정비구역의 지정권자는 제2항에 따라 정비계획을 포함한 정비구역을 지정·고시한 때에는 국토교통부령으로 정하는 방법 및 절차에 따라 국토교통부장관에게 그 지정의 내용을 보고하여야 하며, 관계 서류를 일반인이 열람할 수 있도록 하여야 한다.

제17조【정비구역 지정·고시의 효력 등】 ① 제16조제2항 전단에 따라 정비구역의 지정·고시가 있는 경우 해당 정비구역 및 정비계획 중 「국토의 계획 및 이용에 관한 법률」 제52조제1

항 각 호의 어느 하나에 해당하는 사항은 같은 법 제50조에 따라 지구단위계획구역 및 지구단위계획으로 결정·고시된 것으로 본다.(2018.6.12 본항개정)
② 「국토의 계획 및 이용에 관한 법률」에 따른 지구단위계획구역에 대하여 제9조제1항 각 호의 사항을 모두 포함한 지구단위계획을 결정·고시(변경 결정·고시하는 경우를 포함한다)하는 경우 해당 지구단위계획구역은 정비구역으로 지정·고시된 것으로 본다.
③ 정비계획을 통한 토지의 효율적 활용을 위하여 「국토의 계획 및 이용에 관한 법률」 제52조제3항에 따른 건폐율·용적률 등의 완화규정은 제9조제1항에 따른 정비계획에 준용한다. 이 경우 "지구단위계획구역"은 "정비구역"으로, "지구단위계획"은 "정비계획"으로 본다.
④ 제3항에도 불구하고 용적률이 완화되는 경우로서 사업시행자가 정비구역에 있는 대지의 가액 일부에 해당하는 금액을 현금으로 납부한 경우에는 대통령령으로 정하는 공공시설 또는 기반시설(이하 이 항에서 "공공시설등"이라 한다)의 부지를 제공하거나 공공시설등을 설치하여 제공한 것으로 본다.
⑤ 제4항에 따른 현금납부 및 부과 방법 등에 필요한 사항은 대통령령으로 정한다.

제18조【정비구역의 분할, 통합 및 결합】 ① 정비구역의 지정권자는 정비사업의 효율적인 추진 또는 도시의 경관보호를 위하여 필요하다고 인정하는 경우에는 다음 각 호의 방법에 따라 정비구역을 지정할 수 있다.
1. 하나의 정비구역을 둘 이상의 정비구역으로 분할
2. 서로 연접한 정비구역을 하나의 정비구역으로 통합
3. 서로 연접하지 아니한 둘 이상의 구역(제8조제1항에 따라 대통령령으로 정하는 요건에 해당하는 구역으로 한정한다) 또는 정비구역을 하나의 정비구역으로 결합
② 제1항에 따라 정비구역을 분할·통합하거나 서로 떨어진 구역을 하나의 정비구역으로 결합하여 지정하려는 경우 시행방법과 절차에 관한 세부사항은 시·도조례로 정한다.

제19조【행위제한 등】 ① 정비구역에서 다음 각 호의 어느 하나에 해당하는 행위를 하려는 자는 시장·군수등의 허가를 받아야 한다. 허가받은 사항을 변경하려는 때에도 또한 같다.
1. 건축물의 건축
2. 공작물의 설치
3. 토지의 형질변경
4. 토석의 채취
5. 토지분할
6. 물건을 쌓아 놓는 행위
7. 그 밖에 대통령령으로 정하는 행위
② 다음 각 호의 어느 하나에 해당하는 행위는 제1항에도 불구하고 허가를 받지 아니하고 할 수 있다.
1. 재해복구 또는 재난수습에 필요한 응급조치를 위한 행위
2. 기존 건축물의 붕괴 등 안전사고의 우려가 있는 경우 해당 건축물에 대한 안전조치를 위한 행위(2019.4.23 본호신설)
3. 그 밖에 대통령령으로 정하는 행위
③ 제1항에 따라 허가를 받아야 하는 행위로서 정비구역의 지정 및 고시 당시 이미 관계 법령에 따라 행위허가를 받았거나 허가를 받을 필요가 없는 행위에 관하여 그 공사 또는 사업에 착수한 자는 대통령령으로 정하는 바에 따라 시장·군수등에게 신고한 후 이를 계속 시행할 수 있다.
④ 시장·군수등은 제1항을 위반한 자에게 원상회복을 명할 수 있다. 이 경우 명령을 받은 자가 그 의무를 이행하지 아니하는 때에는 시장·군수등은 「행정대집행법」에 따라 대집행할 수 있다.
⑤ 제1항에 따른 허가에 관하여 이 법에 규정된 사항을 제외하고는 「국토의 계획 및 이용에 관한 법률」 제57조부터 제60조까지 및 제62조를 준용한다.
⑥ 제1항에 따라 허가를 받은 경우에는 「국토의 계획 및 이용에 관한 법률」 제56조에 따라 허가를 받은 것으로 본다.
⑦ 국토교통부장관, 시·도지사, 시장, 군수 또는 구청장(자치구의 구청장을 말한다. 이하 같다)은 비경제적인 건축행위 및 투기 수요의 유입을 막기 위하여 제6조제1항에 따라 기본계획을 공람 중인 정비예정구역 또는 정비계획을 수립 중인 지역에 대하여 3년 이내의 기간(1년의 범위에서 한 차례만 연장할 수 있다)을 정하여 대통령령으로 정하는 방법과 절차에 따라 다음 각 호의 행위를 제한할 수 있다.
1. 건축물의 건축
2. 토지의 분할
3. 「건축법」 제38조에 따른 건축물대장 중 일반건축물대장을 집합건축물대장으로 전환(2024.1.30 본호신설)
4. 「건축법」 제38조에 따른 건축물대장 중 집합건축물대장의 전유부분 분할(2024.1.30 본호신설)
⑧ 정비예정구역 또는 정비구역(이하 "정비구역등"이라 한다)에서는 「주택법」 제2조제11호가목에 따른 지역주택조합의 조합원을 모집해서는 아니 된다.(2018.6.12 본항신설)

제20조【정비구역등의 해제】 ① 정비구역의 지정권자는 다음 각 호의 어느 하나에 해당하는 경우에는 정비구역등을 해제하여야 한다.(2018.6.12 본문개정)
1. 정비예정구역에 대하여 기본계획에서 정한 정비구역 지정 예정일부터 3년이 되는 날까지 특별자치시장, 특별자치도지사, 시장 또는 군수가 정비구역을 지정하지 아니하거나 구청장등이 정비구역의 지정을 신청하지 아니하는 경우
2. 재개발사업·재건축사업〔제35조에 따른 조합(이하 "조합"이라 한다)이 시행하는 경우로 한정한다〕이 다음 각 목의 어느 하나에 해당하는 경우
가. 토지등소유자가 정비구역으로 지정·고시된 날부터 2년이 되는 날까지 추진위원회의 승인을 신청하지 아니하는 경우(제31조제2항제1호에 따라 추진위원회를 구성하는 경우로 한정한다)
나. 토지등소유자가 정비구역으로 지정·고시된 날부터 3년이 되는 날까지 제35조에 따른 조합설립인가(이하 "조합설립인가"라 한다)를 신청하지 아니하는 경우(제31조제7항에 따라 추진위원회를 구성하지 아니하는 경우로 한정한다)
다. 추진위원회가 추진위원회 승인일(제31조제2항제2호에 따라 추진위원회를 구성하는 경우에는 제16조에 따른 정비구역 지정·고시일로 본다)부터 2년이 되는 날까지 조합설립인가를 신청하지 아니하는 경우
라. 조합이 조합설립인가를 받은 날부터 3년이 되는 날까지 사업시행계획인가를 신청하지 아니하는 경우
(2024.12.3 가목~라목개정)
3. 토지등소유자가 시행하는 재개발사업으로서 토지등소유자가 정비구역으로 지정·고시된 날부터 5년이 되는 날까지 사업시행계획인가를 신청하지 아니하는 경우
② 구청장등은 제1항 각 호의 어느 하나에 해당하는 경우에는 특별시장·광역시장에게 정비구역등의 해제를 요청하여야 한다.
③ 특별자치시장, 특별자치도지사, 시장, 군수 또는 구청장등이 다음 각 호의 어느 하나에 해당하는 경우에는 30일 이상 주민에게 공람하여 의견을 들어야 한다.
1. 제1항에 따라 정비구역등을 해제하는 경우
2. 제2항에 따라 정비구역등의 해제를 요청하는 경우
④ 특별자치시장, 특별자치도지사, 시장, 군수 또는 구청장등은 제3항에 따른 주민공람을 하는 경우에는 지방의회의 의견을 들어야 한다. 이 경우 지방의회는 특별자치시장, 특별자치도지사, 시장, 군수 또는 구청장등이 정비구역등의 해제에 관한 계획을 통지한 날부터 60일 이내에 의견을 제시하여야 하며, 의견제시 없이 60일이 지난 경우 이의가 없는 것으로 본다.
⑤ 정비구역의 지정권자는 제1항부터 제4항까지의 규정에 따라 정비구역등의 해제를 요청받거나 정비구역등을 해제하려면 지방도시계획위원회의 심의를 거쳐야 한다. 다만, 「도시재정비 촉진을 위한 특별법」 제5조에 따른 재정비촉진지구에서는 같은 법 제34조에 따른 도시재정비위원회(이하 "도시재정비위원회"라 한다)의 심의를 거쳐 정비구역등을 해제하여야 한다.
(2021.4.13 단서개정)

⑥ 제1항에도 불구하고 정비구역의 지정권자는 다음 각 호의 어느 하나에 해당하는 경우에는 제1항제1호부터 제3호까지의 규정에 따른 해당 기간을 2년의 범위에서 연장하여 정비구역등을 해제하지 아니할 수 있다.
1. 정비구역등의 토지등소유자(조합을 설립한 경우에는 조합원을 말한다)가 100분의 30 이상의 동의로 제1항제1호부터 제3호까지의 규정에 따른 해당 기간이 도래하기 전까지 연장을 요청하는 경우
2. 정비사업의 추진 상황으로 보아 주거환경의 계획적 정비 등을 위하여 정비구역등의 존치가 필요하다고 인정하는 경우
⑦ 정비구역의 지정권자는 제5항에 따라 정비구역등을 해제하는 경우(제6항에 따라 해제하지 아니한 경우를 포함한다)에는 그 사실을 해당 지방자치단체의 공보에 고시하고 국토교통부장관에게 통보하여야 하며, 관계 서류를 일반인이 열람할 수 있도록 하여야 한다.

제21조【정비구역등의 직권해제】 ① 정비구역의 지정권자는 다음 각 호의 어느 하나에 해당하는 경우 지방도시계획위원회의 심의를 거쳐 정비구역등을 해제할 수 있다. 이 경우 제1호 및 제2호에 따른 구체적인 기준 등에 필요한 사항은 시·도조례로 정한다.
1. 정비사업의 시행으로 토지등소유자에게 과도한 부담이 발생할 것으로 예상되는 경우
2. 정비구역등의 추진 상황으로 보아 지정 목적을 달성할 수 없다고 인정되는 경우
3. 토지등소유자의 100분의 30 이상이 정비구역등(추진위원회가 구성되지 아니한 구역으로 한정한다)의 해제를 요청하는 경우
4. 제23조제1항제1호에 따른 방법으로 시행 중인 주거환경개선사업의 정비구역이 지정·고시된 날부터 10년 이상 지나고, 추진 상황으로 보아 지정 목적을 달성할 수 없다고 인정되는 경우로서 토지등소유자의 과반수가 정비구역의 해제에 동의하는 경우(2020.6.9 본호개정)
5. 추진위원회 구성 또는 조합 설립에 동의한 토지등소유자의 2분의 1 이상 3분의 2 이하의 범위에서 시·도조례로 정하는 비율 이상의 동의로 정비구역의 해제를 요청하는 경우(사업시행계획인가를 신청하지 아니한 경우로 한정한다)
(2019.4.23 본호신설)
6. 추진위원회가 구성되거나 조합이 설립된 정비구역에서 토지등소유자 과반수의 동의로 정비구역의 해제를 요청하는 경우(사업시행계획인가를 신청하지 아니한 경우로 한정한다)
(2019.4.23 본호신설)
② 제1항에 따른 정비구역등의 해제의 절차에 관하여는 제20조제3항부터 제5항까지 및 제7항을 준용한다.
③ 제1항에 따라 정비구역등을 해제하여 추진위원회 구성승인 또는 조합설립인가가 취소되는 경우 정비구역의 지정권자는 해당 추진위원회 또는 조합이 사용한 비용의 일부를 대통령령으로 정하는 범위에서 시·도조례로 정하는 바에 따라 보조할 수 있다.

제21조의2【도시재생선도지역 지정 요청】 제20조 또는 제21조에 따라 정비구역등이 해제된 경우 정비구역의 지정권자는 해제된 정비구역등을 「도시재생 활성화 및 지원에 관한 특별법」에 따른 도시재생선도지역으로 지정하도록 국토교통부장관에게 요청할 수 있다.(2019.4.23 본조신설)

제22조【정비구역등 해제의 효력】 ① 제20조 및 제21조에 따라 정비구역등이 해제된 경우에는 정비계획으로 변경된 용도지역, 정비기반시설 등은 정비구역 지정 이전의 상태로 환원된 것으로 본다. 다만, 제21조제1항제4호의 경우 정비구역의 지정권자는 정비기반시설의 설치 등 해당 정비사업의 추진 상황에 따라 환원되는 범위를 제한할 수 있다.
② 제20조 및 제21조에 따라 정비구역등(재개발사업 및 재건축사업을 시행하려는 경우로 한정한다. 이하 이 항에서 같다)이 해제된 경우 정비구역의 지정권자는 해제된 정비구역등을 제23조제1항제1호의 방법으로 시행하는 주거환경개선구역(주거환경개선사업을 시행하는 정비구역을 말한다. 이하 같다)으로 지정할 수 있다. 이 경우 주거환경개선구역으로 지정된 구역은 제7조에 따른 기본계획에 반영된 것으로 본다.
③ 제20조제7항 및 제21조제2항에 따라 정비구역등이 해제·고시된 경우 추진위원회 구성승인 또는 조합설립인가는 취소된 것으로 보고, 시장·군수등은 해당 지방자치단체의 공보에 그 내용을 고시하여야 한다.

제3장 정비사업의 시행

제1절 정비사업의 시행방법 등

제23조【정비사업의 시행방법】 ① 주거환경개선사업은 다음 각 호의 어느 하나에 해당하는 방법 또는 이를 혼용하는 방법으로 한다.
1. 제24조에 따른 사업시행자가 정비구역에서 정비기반시설 및 공동이용시설을 새로 설치하거나 확대하고 토지등소유자가 스스로 주택을 보전·정비하거나 개량하는 방법
2. 제24조에 따른 사업시행자가 제63조에 따라 정비구역의 전부 또는 일부를 수용하여 주택을 건설한 후 토지등소유자에게 우선 공급하거나 대지를 토지등소유자 또는 토지등소유자 외의 자에게 공급하는 방법
3. 제24조에 따른 사업시행자가 제69조제2항에 따라 환지로 공급하는 방법
4. 제24조에 따른 사업시행자가 정비구역에서 제74조에 따라 인가받은 관리처분계획에 따라 주택 및 부대시설·복리시설을 건설하여 공급하는 방법
② 재개발사업은 정비구역에서 제74조에 따라 인가받은 관리처분계획에 따라 건축물을 건설하여 공급하거나 제69조제2항에 따라 환지로 공급하는 방법으로 한다.
③ 재건축사업은 정비구역에서 제74조에 따라 인가받은 관리처분계획에 따라 건축물을 건설하여 공급하는 방법으로 한다. 다만, 주택단지에 있지 아니하는 건축물의 경우에는 지형여건·주변의 환경으로 보아 사업 시행상 불가피한 경우로서 정비구역으로 보는 사업에 한정한다.(2025.1.31 본문개정)
④ 제3항에 따라 건축물을 건설하여 공급하는 경우 주택, 부대시설 및 복리시설을 제외한 건축물(이하 이 항에서 "공동주택 외 건축물"이라 한다)은 「국토의 계획 및 이용에 관한 법률」에 따른 준주거지역 및 상업지역에서만 건설할 수 있다. 이 경우 공동주택 외 건축물의 연면적은 전체 건축물 연면적의 100분의 30 이하이어야 한다.(2025.1.31 본항개정)

제24조【주거환경개선사업의 시행자】 ① 제23조제1항제1호에 따른 방법으로 시행하는 주거환경개선사업은 시장·군수등이 직접 시행하되, 토지주택공사등을 사업시행자로 지정하여 시행하게 하려는 경우에는 제15조제1항에 따른 공람공고일 현재 토지등소유자의 과반수의 동의를 받아야 한다.
② 제23조제1항제2호부터 제4호까지의 규정에 따른 방법으로 시행하는 주거환경개선사업은 시장·군수등이 직접 시행하거나 다음 각 호에서 정한 자에게 시행하게 할 수 있다.
1. 시장·군수등이 다음 각 목의 어느 하나에 해당하는 자를 사업시행자로 지정하는 경우
가. 토지주택공사등
나. 주거환경개선사업을 시행하기 위하여 국가, 지방자치단체, 토지주택공사등 또는 「공공기관의 운영에 관한 법률」 제4조에 따른 공공기관이 총지분의 100분의 50을 초과하는 출자로 설립한 법인
2. 시장·군수등이 제1호에 해당하는 자와 다음 각 목의 어느 하나에 해당하는 자를 공동시행자로 지정하는 경우
가. 「건설산업기본법」 제9조에 따른 건설업자(이하 "건설업자"라 한다)
나. 「주택법」 제7조제1항에 따라 건설업자로 보는 등록사업자(이하 "등록사업자"라 한다)
③ 제2항에 따라 시행하려는 경우에는 제15조제1항에 따른 공람공고일 현재 해당 정비예정구역의 토지 또는 건축물의 소유자 또는 지상권자의 3분의 2 이상의 동의와 세입자(제15조제1항에 따른 공람공고일 3개월 전부터 해당 정비예정구역에 3개월 이상 거주하고 있는 자를 말한다) 세대수의 과반수의 동의를 각각 받아야 한다. 다만, 세입자의 세대수가 토지등소유자의 2분의 1 이하인 경우 등 대통령령으로 정하는 사유가 있는 경우에는 세입자의 동의절차를 거치지 아니할 수 있다.

④ 시장·군수등은 천재지변, 그 밖의 불가피한 사유로 건축물이 붕괴할 우려가 있어 긴급히 정비사업을 시행할 필요가 있다고 인정하는 경우에는 제1항 및 제3항에도 불구하고 토지등소유자 및 세입자의 동의 없이 자신이 직접 시행하거나 토지주택공사등을 사업시행자로 지정하여 시행하게 할 수 있다. 이 경우 시장·군수등은 지체 없이 토지등소유자에게 긴급한 정비사업의 시행 사유·방법 및 시기 등을 통보하여야 한다.

제25조【재개발사업·재건축사업의 시행자】 ① 재개발사업은 다음 각 호의 어느 하나에 해당하는 방법으로 시행할 수 있다.

1. 조합이 시행하거나 조합이 조합원의 과반수의 동의를 받아 시장·군수등, 토지주택공사등, 건설업자, 등록사업자 또는 대통령령으로 정하는 요건을 갖춘 자와 공동으로 시행하는 방법
2. 토지등소유자가 20인 미만인 경우에는 토지등소유자가 시행하거나 토지등소유자가 토지등소유자의 과반수의 동의를 받아 시장·군수등, 토지주택공사등, 건설업자, 등록사업자 또는 대통령령으로 정하는 요건을 갖춘 자와 공동으로 시행하는 방법

② 재건축사업은 조합이 시행하거나 조합이 조합원의 과반수의 동의를 받아 시장·군수등, 토지주택공사등, 건설업자 또는 등록사업자와 공동으로 시행할 수 있다.

제26조【재개발사업·재건축사업의 공공시행자】 ① 시장·군수등은 재개발사업 및 재건축사업이 다음 각 호의 어느 하나에 해당하는 때에는 제25조에도 불구하고 직접 정비사업을 시행하거나 토지주택공사등(토지주택공사등이 건설업자 또는 등록사업자와 공동으로 시행하는 경우를 포함한다. 이하 이 항부터 제4항까지에서 같다)을 사업시행자로 지정하여 정비사업을 시행하게 할 수 있다.(2024.12.3 본문개정)

1. 천재지변, 「재난 및 안전관리 기본법」 제27조 또는 「시설물의 안전 및 유지관리에 관한 특별법」 제23조에 따른 사용제한·사용금지, 그 밖의 불가피한 사유로 긴급하게 정비사업을 시행할 필요가 있다고 인정하는 때
2. 제16조제2항 전단에 따라 고시된 정비계획에서 정한 정비사업시행 예정일부터 2년 이내에 사업시행계획인가를 신청하지 아니하거나 사업시행계획인가를 신청한 내용이 위법 또는 부당하다고 인정하는 때(재건축사업의 경우는 제외한다)(2018.6.12 본호개정)
3. 추진위원회가 시장·군수등의 구성승인을 받은 날부터 3년 이내에 조합설립인가를 신청하지 아니하거나 조합이 조합설립인가를 받은 날부터 3년 이내에 사업시행계획인가를 신청하지 아니한 때
4. 지방자치단체의 장이 시행하는 「국토의 계획 및 이용에 관한 법률」 제2조제11호에 따른 도시·군계획사업과 병행하여 정비사업을 시행할 필요가 있다고 인정하는 때
5. 제59조제1항에 따른 순환정비방식으로 정비사업을 시행할 필요가 있다고 인정하는 때
6. 제113조에 따라 사업시행계획인가가 취소된 때
7. 해당 정비구역의 국·공유지 면적 또는 국·공유지와 토지주택공사등이 소유한 토지를 합한 면적이 전체 토지면적의 2분의 1 이상으로서 토지등소유자의 과반수가 시장·군수등 또는 토지주택공사등을 사업시행자로 지정하는 것에 동의하는 때
8. 해당 정비구역의 토지면적 2분의 1 이상의 토지소유자와 토지등소유자의 3분의 2 이상에 해당하는 자가 시장·군수등 또는 토지주택공사등을 사업시행자로 지정할 것을 요청하는 때. 이 경우 제14조제1항제2호에 따라 토지등소유자가 정비계획의 입안을 제안한 경우 입안제안에 동의한 토지등소유자는 토지주택공사등의 사업시행자 지정에 동의한 것으로 본다. 다만, 사업시행자의 지정 요청 전에 시장·군수등 및 제47조에 따른 주민대표회의에 사업시행자의 지정에 대한 반대의 의사표시를 한 토지등소유자의 경우에는 그러하지 아니하다.

② 시장·군수등은 제1항에 따라 직접 정비사업을 시행하거나 토지주택공사등을 사업시행자로 지정하는 때에는 정비사업 시행구역 등 토지등소유자에게 알릴 필요가 있는 사항으로서 대통령령으로 정하는 사항을 해당 지방자치단체의 공보에 고시하여야 한다. 다만, 제1항제1호의 경우에는 토지등소유자에게 지체 없이 정비사업의 시행 사유·시기 및 방법 등을 통보하여야 한다.

③ 제2항에 따라 시장·군수등이 직접 정비사업을 시행하거나 토지주택공사등을 사업시행자로 지정·고시한 때에는 그 고시일 다음 날에 추진위원회의 구성승인 또는 조합설립인가가 취소된 것으로 본다. 이 경우 시장·군수등은 해당 지방자치단체의 공보에 해당 내용을 고시하여야 한다.

④ 토지주택공사등과 재개발사업 또는 재건축사업의 준비·추진에 필요한 사항에 대하여 협약 또는 계약 등(이하 “협약등”이라 한다)을 체결하려는 자(토지등소유자로 구성된 자를 말한다)는 대통령령으로 정하는 절차를 거친 사실을 시장·군수등에게 확인받은 후 대통령령으로 정하는 비율 이상의 토지등소유자의 동의를 받아 제1항에 따른 사업시행자 지정 이전에 협약등을 체결할 수 있다.(2024.12.3 본항신설)

⑤ 제4항에 따른 협약등의 체결에 필요한 사항은 대통령령으로 정한다.(2024.12.3 본항신설)

제27조【재개발사업·재건축사업의 지정개발자】 ① 시장·군수등은 재개발사업 및 재건축사업이 다음 각 호의 어느 하나에 해당하는 때에는 토지등소유자, 「사회기반시설에 대한 민간투자법」 제2조제12호에 따른 민관합동법인 또는 신탁업자로서 대통령령으로 정하는 요건을 갖춘 자(이하 “지정개발자”라 한다)를 사업시행자로 지정하여 정비사업을 시행하게 할 수 있다.

1. 천재지변, 「재난 및 안전관리 기본법」 제27조 또는 「시설물의 안전 및 유지관리에 관한 특별법」 제23조에 따른 사용제한·사용금지, 그 밖의 불가피한 사유로 긴급하게 정비사업을 시행할 필요가 있다고 인정하는 때
2. 제16조제2항 전단에 따라 고시된 정비계획에서 정한 정비사업시행 예정일부터 2년 이내에 사업시행계획인가를 신청하지 아니하거나 사업시행계획인가를 신청한 내용이 위법 또는 부당하다고 인정하는 때(재건축사업의 경우는 제외한다)(2018.6.12 본호개정)
3. 제35조에 따른 재개발사업 및 재건축사업의 조합설립을 위한 동의요건 이상에 해당하는 자가 신탁업자를 사업시행자로 지정하는 것에 동의하는 때

② 시장·군수등은 제1항에 따라 지정개발자를 사업시행자로 지정하는 때에는 정비사업 시행구역 등 토지등소유자에게 알릴 필요가 있는 사항으로서 대통령령으로 정하는 사항을 해당 지방자치단체의 공보에 고시하여야 한다. 다만, 제1항제1호의 경우에는 토지등소유자에게 지체 없이 정비사업의 시행 사유·시기 및 방법 등을 통보하여야 한다.

③ 신탁업자는 제1항제3호에 따른 사업시행자 지정에 필요한 동의를 받기 전에 다음 각 호에 관한 사항을 토지등소유자에게 제공하여야 한다.

1. 토지등소유자별 분담금 추산액 및 산출근거
2. 그 밖에 추정분담금의 산출 등과 관련하여 시·도조례로 정하는 사항

④ 제1항제3호에 따른 토지등소유자의 동의는 국토교통부령으로 정하는 동의서에 동의를 받는 방법으로 한다. 이 경우 동의서에는 다음 각 호의 사항이 모두 포함되어야 한다.

1. 건설되는 건축물의 설계의 개요
2. 건축물의 철거 및 새 건축물의 건설에 드는 공사비 등 정비사업에 드는 비용(이하 “정비사업비”라 한다)
3. 정비사업비의 분담기준(신탁업자에게 지급하는 신탁보수 등의 부담에 관한 사항을 포함한다)
4. 사업 완료 후 소유권의 귀속
5. 정비사업의 시행방법 등에 필요한 시행규정
6. 신탁계약의 내용

⑤ 제2항에 따라 시장·군수등이 지정개발자를 사업시행자로 지정·고시한 때에는 그 고시일 다음 날에 추진위원회의 구성승인 또는 조합설립인가가 취소된 것으로 본다. 이 경우 시장·군수등은 해당 지방자치단체의 공보에 해당 내용을 고시하여야 한다.

⑥ 국토교통부장관은 신탁업자와 토지등소유자 상호 간의 공정한 계약의 체결을 위하여 대통령령으로 정하는 바에 따라 표

준 계약서 및 표준 시행규정을 마련하여 그 사용을 권장할 수 있다.(2023.7.18 본항신설)
⑦ 신탁업자와 재개발사업 또는 재건축사업의 준비·추진에 필요한 사항에 대하여 협약등을 체결하려는 자(토지등소유자로 구성된 자를 말한다)는 대통령령으로 정하는 절차를 거친 사실을 시장·군수등에게 확인받은 후 대통령령으로 정하는 비율 이상의 토지등소유자의 동의를 받아 신탁업자를 공개모집한 후 사업시행자 지정 전에 협약등을 체결할 수 있다.(2024.12.3 본항신설)
⑧ 제7항에 따른 공개모집 및 협약등의 체결에 필요한 사항은 대통령령으로 정한다.(2024.12.3 본항신설)
제28조【재개발사업·재건축사업의 사업대행자】 ① 시장·군수등은 다음 각 호의 어느 하나에 해당하는 경우에는 해당 조합 또는 토지등소유자를 대신하여 직접 정비사업을 시행하거나 토지주택공사등 또는 지정개발자에게 해당 조합 또는 토지등소유자를 대신하여 정비사업을 시행하게 할 수 있다.
1. 장기간 정비사업이 지연되거나 권리관계에 관한 분쟁 등으로 해당 조합 또는 토지등소유자가 시행하는 정비사업을 계속 추진하기 어렵다고 인정하는 경우
2. 토지등소유자(조합을 설립한 경우에는 조합원을 말한다)의 과반수 동의로 요청하는 경우
② 제1항에 따라 정비사업을 대행하는 시장·군수등, 토지주택공사등 또는 지정개발자(이하 “사업대행자”라 한다)는 사업시행자에게 청구할 수 있는 보수 또는 비용의 상환에 대한 권리로써 사업시행자에게 귀속될 대지 또는 건축물을 압류할 수 있다.
③ 제1항에 따라 정비사업을 대행하는 경우 사업대행의 개시결정, 그 결정의 고시 및 효과, 사업대행자의 업무집행, 사업대행의 완료와 그 고시 등에 필요한 사항은 대통령령으로 정한다.
제29조【계약의 방법 및 시공자 선정 등】 ① 추진위원장 또는 사업시행자(청산인을 포함한다)는 이 법 또는 다른 법령에 특별한 규정이 있는 경우를 제외하고는 계약(공사, 용역, 물품구매 및 제조 등을 포함한다. 이하 같다)을 체결하려면 일반경쟁에 부쳐야 한다. 다만, 계약규모, 재난의 발생 등 대통령령으로 정하는 경우에는 입찰 참가자를 지명(指名)하여 경쟁에 부치거나 수의계약(隨意契約)으로 할 수 있다.(2017.8.9 본항신설)
② 제1항 본문에 따라 일반경쟁의 방법으로 계약을 체결하는 경우로서 대통령령으로 정하는 규모를 초과하는 계약은 「전자조달의 이용 및 촉진에 관한 법률」 제2조제4호의 국가종합전자조달시스템(이하 “전자조달시스템”이라 한다)을 이용하여야 한다.(2017.8.9 본항신설)
③ 제1항 및 제2항에 따라 계약을 체결하는 경우 계약의 방법 및 절차 등에 필요한 사항은 국토교통부장관이 정하여 고시한다.(2017.8.9 본항신설)
④ 조합은 조합설립인가를 받은 후 조합총회에서 제1항에 따라 경쟁입찰 또는 수의계약(2회 이상 경쟁입찰이 유찰된 경우로 한정한다)의 방법으로 건설업자 또는 등록사업자를 시공자로 선정하여야 한다. 다만, 대통령령으로 정하는 규모 이하의 정비사업은 조합총회에서 정관으로 정하는 바에 따라 선정할 수 있다.
⑤ 토지등소유자가 제25조제1항제2호에 따라 재개발사업을 시행하는 경우에는 제1항에도 불구하고 사업시행계획인가를 받은 후 제2조제11호나목에 따른 규약에 따라 건설업자 또는 등록사업자를 시공자로 선정하여야 한다.
⑥ 시장·군수등이 제26조제1항 및 제27조제1항에 따라 직접 정비사업을 시행하거나 토지주택공사등 또는 지정개발자를 사업시행자로 지정한 경우 사업시행자는 제26조제2항 및 제27조제2항에 따른 사업시행자 지정·고시 후 제1항에 따른 경쟁입찰 또는 수의계약의 방법으로 건설업자 또는 등록사업자를 시공자로 선정하여야 한다.
⑦ 제6항에 따라 시공자를 선정하거나 제23조제1항제4호의 방법으로 시행하는 주거환경개선사업의 사업시행자가 시공자를 선정하는 경우 제47조에 따른 주민대표회의 또는 제48조에 따른 토지등소유자 전체회의는 대통령령으로 정하는 경쟁입찰 또는 수의계약(2회 이상 경쟁입찰이 유찰된 경우로 한정한다)의 방법으로 시공자를 추천할 수 있다.
⑧ 조합은 제4항에 따른 시공자 선정을 위한 입찰에 참가하는 건설업자 또는 등록사업자가 토지등소유자에게 시공에 관한 정보를 제공할 수 있도록 합동설명회를 2회 이상 개최하여야 한다.(2023.12.26 본항신설)
⑨ 제8항에 따른 합동설명회의 개최 방법이나 시기 등은 국토교통부령으로 정한다.(2023.12.26 본항신설)
⑩ 제7항에 따라 주민대표회의 또는 토지등소유자 전체회의가 시공자를 추천한 경우 사업시행자는 추천받은 자를 시공자로 선정하여야 한다. 이 경우 시공자와의 계약에 관해서는 「지방자치단체를 당사자로 하는 계약에 관한 법률」 제9조 또는 「공공기관의 운영에 관한 법률」 제39조를 적용하지 아니한다.
⑪ 사업시행자(사업대행자를 포함한다)는 제4항부터 제7항까지 및 제10항에 따라 선정된 시공자와 공사에 관한 계약을 체결할 때에는 기존 건축물의 철거 공사(「석면안전관리법」에 따른 석면 조사·해체·제거를 포함한다)에 관한 사항을 포함시켜야 한다.(2023.12.26 본항개정)
(2017.8.9 본조개정)
제29조의2【공사비 검증 요청 등】 ① 재개발사업·재건축사업의 사업시행자(시장·군수등 또는 토지주택공사등이 단독 또는 공동으로 정비사업을 시행하는 경우는 제외한다)는 시공자와 계약 체결 후 다음 각 호의 어느 하나에 해당하는 때에는 제114조에 따른 정비사업 지원기구에 공사비 검증을 요청하여야 한다.
1. 토지등소유자 또는 조합원 5분의 1 이상이 사업시행자에게 검증 의뢰를 요청하는 경우
2. 공사비의 증액 비율(당초 계약금액 대비 누적 증액 규모의 비율로서 생산자물가상승률은 제외한다)이 다음 각 목의 어느 하나에 해당하는 경우
가. 사업시행계획인가 이전에 시공자를 선정한 경우 : 100분의 10 이상
나. 사업시행계획인가 이후에 시공자를 선정한 경우 : 100분의 5 이상
3. 제1호 또는 제2호에 따른 공사비 검증이 완료된 이후 공사비의 증액 비율(검증 당시 계약금액 대비 누적 증액 규모의 비율로서 생산자물가상승률은 제외한다)이 100분의 3 이상인 경우
② 제1항에 따른 공사비 검증의 방법 및 절차, 검증 수수료, 그 밖에 필요한 사항은 국토교통부장관이 정하여 고시한다.
(2019.4.23 본조신설)
제30조【임대사업자의 선정】 ① 사업시행자는 공공지원민간임대주택을 원활히 공급하기 위하여 국토교통부장관이 정하는 경쟁입찰의 방법 또는 수의계약(2회 이상 경쟁입찰이 유찰된 경우와 공공재개발사업을 통해 건설·공급되는 공공지원민간임대주택을 국가가 출자·설립한 법인 등 대통령령으로 정한 자에게 매각하는 경우로 한정한다)의 방법으로 「민간임대주택에 관한 특별법」 제2조제7호에 따른 임대사업자(이하 “임대사업자”라 한다)를 선정할 수 있다.(2021.4.13 본항개정)
② 제1항에 따른 임대사업자의 선정절차 등에 필요한 사항은 국토교통부장관이 정하여 고시할 수 있다.
(2018.1.16 본조개정)

제2절 조합설립추진위원회 및 조합의 설립 등

제31조【조합설립추진위원회의 구성·승인】 ① 조합을 설립하려는 경우에는 다음 각 호의 사항에 대하여 토지등소유자 과반수의 동의를 받아 조합설립을 위한 추진위원회를 구성하여 국토교통부령으로 정하는 방법과 절차에 따라 시장·군수등의 승인을 받아야 한다. 이 경우 시장·군수등은 승인 이후 구역경계, 토지등소유자의 수 등 국토교통부령으로 정하는 사항을 해당 지방자치단체 공보에 고시하여야 한다.(2024.12.3 본문개정)
1. 추진위원회 위원장(이하 “추진위원장”이라 한다)을 포함한 5명 이상의 추진위원회 위원(이하 “추진위원”이라 한다)
2. 제34조제1항에 따른 운영규정
② 추진위원회는 다음 각 호의 어느 하나에 해당하는 지역을 대상으로 구성한다.

1. 제16조에 따라 정비구역으로 지정·고시된 지역
2. 제16조에 따라 정비구역으로 지정·고시되지 아니한 지역으로서 다음 각 목의 어느 하나에 해당하는 지역
가. 제4조제1항 단서에 따라 기본계획을 수립하지 아니한 지역 또는 제5조제2항에 따라 기본계획에 같은 조 제1항제9호 및 제10호의 사항을 생략한 지역으로서 대통령령으로 정하는 지역
나. 기본계획에 제5조제1항제9호에 따른 정비예정구역이 설정된 지역
다. 제13조의2에 따른 입안 요청 및 제14조에 따른 입안 제안에 따라 정비계획의 입안을 결정한 지역
라. 제15조에 따라 정비계획의 입안을 위하여 주민에게 공람한 지역
(2024.12.3 본항신설)
③ 제1항에 따라 추진위원회의 구성에 동의한 토지등소유자(이하 이 조에서 "추진위원회 동의자"라 한다)는 제35조제1항부터 제5항까지의 규정에 따른 조합의 설립에 동의한 것으로 본다. 다만, 조합설립인가를 신청하기 전에 시장·군수등 및 추진위원회에 조합설립에 대한 반대의 의사표시를 한 추진위원회 동의자의 경우에는 그러하지 아니하다.
④ 제2항제2호에 따라 추진위원회를 구성하여 승인받은 경우로서 승인 당시의 구역과 제16조에 따라 지정·고시된 정비구역의 면적 차이가 대통령령으로 정하는 기준 이상인 경우 추진위원회는 제1항 각 호의 사항에 대하여 토지등소유자 과반수의 동의를 받아 시장·군수등에게 다시 승인을 받아야 한다. 이 경우 제1항의 추진위원회 구성에 동의한 자는 정비구역 지정·고시 이후 1개월 이내에 동의를 철회하지 아니하는 경우 동의한 것으로 본다.(2024.12.3 본항신설)
⑤ 제4항에 따른 승인이 있는 경우 기존의 추진위원회의 업무와 관련된 권리·의무는 승인받은 추진위원회가 포괄승계한 것으로 본다.(2024.12.3 본항신설)
⑥ 제1항 및 제4항에 따른 토지등소유자의 동의를 받으려는 자는 대통령령으로 정하는 방법 및 절차에 따라야 한다. 이 경우 동의를 받기 전에 제3항의 내용을 설명·고지하여야 한다.(2024.12.3 본항개정)
⑦ 정비사업에 대하여 제118조에 따른 공공지원을 하려는 경우에는 추진위원회를 구성하지 아니할 수 있다. 이 경우 조합설립 방법 및 절차 등에 필요한 사항은 대통령령으로 정한다.

제32조 【추진위원회의 기능】 ① 추진위원회는 다음 각 호의 업무를 수행할 수 있다.
1. 제102조에 따른 정비사업전문관리업자(이하 "정비사업전문관리업자"라 한다)의 선정 및 변경
2. 설계자의 선정 및 변경
3. 개략적인 정비사업 시행계획서의 작성
4. 조합설립인가를 받기 위한 준비업무
5. 그 밖에 조합설립을 추진하기 위하여 대통령령으로 정하는 업무
② 추진위원회가 정비사업전문관리업자를 선정하려는 경우에는 제31조에 따라 추진위원회 승인을 받은 후 제29조제1항에 따른 경쟁입찰 또는 수의계약(2회 이상 경쟁입찰이 유찰된 경우로 한정한다)의 방법으로 선정하여야 한다.(2017.8.9 본항개정)
③ 추진위원회는 제35조제2항, 제3항 및 제5항에 따른 조합설립인가를 신청하기 전에 대통령령으로 정하는 방법 및 절차에 따라 조합설립을 위한 창립총회를 개최하여야 한다.
④ 추진위원회가 제1항에 따라 수행하는 업무의 내용이 토지등소유자의 비용부담을 수반하거나 권리·의무에 변동을 발생시키는 경우로서 대통령령으로 정하는 사항에 대하여는 그 업무를 수행하기 전에 대통령령으로 정하는 비율 이상의 토지등소유자의 동의를 받아야 한다.

제33조 【추진위원회의 조직】 ① 추진위원회는 추진위원회를 대표하는 추진위원장 1명과 감사를 두어야 한다.
② 추진위원의 선출에 관한 선거관리는 제41조제3항을 준용한다. 이 경우 "조합"은 "추진위원회"로, "조합임원"은 "추진위원"으로 본다.
③ 토지등소유자는 제34조에 따른 추진위원회의 운영규정에 따라 추진위원회에 추진위원의 교체 및 해임을 요구할 수 있으며, 추진위원장이 사임, 해임, 임기만료, 그 밖에 불가피한 사유 등으로 직무를 수행할 수 없는 때부터 6개월 이상 선임되지 아니한 경우 그 업무의 대행에 관하여는 제41조제5항 단서를 준용한다. 이 경우 "조합임원"은 "추진위원장"으로 본다.
④ 제3항에 따른 추진위원의 교체·해임 절차 등에 필요한 사항은 제34조제1항에 따른 운영규정에 따른다.
⑤ 추진위원의 결격사유는 제43조제1항부터 제3항까지를 준용한다. 이 경우 "조합"은 "추진위원회"로, "조합임원"은 "추진위원"으로, "제35조에 따른 조합설립 인가권자"는 "제31조에 따른 추진위원회 승인권자"로 본다.(2023.7.18 후단개정)

제34조 【추진위원회의 운영】 ① 국토교통부장관은 추진위원회의 공정한 운영을 위하여 다음 각 호의 사항을 포함한 추진위원회의 운영규정을 정하여 고시하여야 한다.
1. 추진위원의 선임방법 및 변경
2. 추진위원의 권리·의무
3. 추진위원회의 업무범위
4. 추진위원회의 운영방법
5. 토지등소유자의 운영경비 납부
6. 추진위원회 운영자금의 차입
7. 그 밖에 추진위원회의 운영에 필요한 사항으로서 대통령령으로 정하는 사항
② 추진위원회는 운영규정에 따라 운영하여야 하며, 토지등소유자는 운영에 필요한 경비를 운영규정에 따라 납부하여야 한다.
③ 추진위원회는 수행한 업무를 제44조에 따른 총회(이하 "총회"라 한다)에 보고하여야 하며, 그 업무와 관련된 권리·의무는 조합이 포괄승계한다.
④ 추진위원회는 사용경비를 기재한 회계장부 및 관계 서류를 조합설립인가일부터 30일 이내에 조합에 인계하여야 한다.
⑤ 추진위원회의 운영에 필요한 사항은 대통령령으로 정한다.

제35조 【조합설립인가 등】 ① 시장·군수등, 토지주택공사등 또는 지정개발자가 아닌 자가 정비사업을 시행하려는 경우에는 토지등소유자로 구성된 조합을 설립하여야 한다. 다만, 제25조제1항제2호에 따라 토지등소유자가 재개발사업을 시행하려는 경우에는 그러하지 아니하다.
② 재개발사업의 추진위원회(제31조제7항에 따라 추진위원회를 구성하지 아니하는 경우에는 토지등소유자를 말한다)가 조합을 설립하려면 토지등소유자의 4분의 3 이상 및 토지면적의 2분의 1 이상의 토지소유자의 동의를 받아 다음 각 호의 사항을 첨부하여 제16조에 따른 정비구역 지정·고시 후 시장·군수등의 인가를 받아야 한다.(2024.12.3 본문개정)
1. 정관
2. 정비사업비와 관련된 자료 등 국토교통부령으로 정하는 서류
3. 그 밖에 시·도조례로 정하는 서류
③ 재건축사업의 추진위원회(제31조제7항에 따라 추진위원회를 구성하지 아니하는 경우에는 토지등소유자를 말한다)가 조합을 설립하려는 때에는 주택단지의 공동주택의 각 동(복리시설의 경우에는 주택단지의 복리시설 전체를 하나의 동으로 본다)별 구분소유자의 과반수(복리시설로서 대통령령으로 정하는 경우에는 3분의 1 이상으로 한다) 동의(공동주택의 각 동별 구분소유자가 5 이하인 경우는 제외한다)와 주택단지의 전체 구분소유자의 100분의 70 이상 및 토지면적의 100분의 70 이상의 토지소유자의 동의를 받아 제2항 각 호의 사항을 첨부하여 제16조에 따른 정비구역 지정·고시 후 시장·군수등의 인가를 받아야 한다.(2025.1.31 본항개정)
④ 제3항에도 불구하고 주택단지가 아닌 지역이 정비구역에 포함된 때에는 주택단지가 아닌 지역의 토지 또는 건축물 소유자의 4분의 3 이상 및 토지면적의 3분의 2 이상의 토지소유자의 동의를 받아야 한다.(2019.4.23 후단삭제)
⑤ 제2항 및 제3항에 따라 설립된 조합이 인가받은 사항을 변경하고자 하는 때에는 총회에서 조합원의 3분의 2 이상의 찬성으로 의결하고, 제2항 각 호의 사항을 첨부하여 시장·군수등의 인가를 받아야 한다. 다만, 대통령령으로 정하는 경미한 사

항을 변경하려는 때에는 총회의 의결 없이 시장·군수등에게 신고하고 변경할 수 있다.
⑥ 시장·군수등은 제5항 단서에 따른 신고를 받은 날부터 20일 이내에 신고수리 여부를 신고인에게 통지하여야 한다.
(2021.3.16 본항신설)
⑦ 시장·군수등이 제6항에서 정한 기간 내에 신고수리 여부 또는 민원 처리 관련 법령에 따른 처리기간의 연장을 신고인에게 통지하지 아니하면 그 기간(민원 처리 관련 법령에 따라 처리기간이 연장 또는 재연장된 경우에는 해당 처리기간을 말한다)이 끝난 날의 다음 날에 신고를 수리한 것으로 본다.
(2021.3.16 본항신설)
⑧ 조합이 정비사업을 시행하는 경우 「주택법」 제54조를 적용할 때에는 조합을 같은 법 제2조제10호에 따른 사업주체로 보며, 조합설립인가일부터 같은 법 제4조에 따른 주택건설사업 등의 등록을 한 것으로 본다.
⑨ 제2항부터 제5항까지의 규정에 따른 토지등소유자에 대한 동의의 대상 및 절차, 조합설립 신청 및 인가 절차, 인가받은 사항의 변경 등에 필요한 사항은 대통령령으로 정한다.
⑩ 추진위원회는 조합설립에 필요한 동의를 받기 전에 추정분담금 등 대통령령으로 정하는 정보를 토지등소유자에게 제공하여야 한다.

제36조 【토지등소유자의 동의방법 등】 ① 다음 각 호에 대한 동의(동의한 사항의 철회 또는 제26조제1항제8호 단서, 제31조제2항 단서 및 제47조제4항 단서에 따른 반대의 의사표시를 포함한다)는 서면동의서에 토지등소유자가 성명을 적고 지장(指章)을 날인하는 방법으로 하며, 주민등록증, 여권 등 신원을 확인할 수 있는 신분증명서의 사본을 첨부하여야 한다.
1. 제20조제6항제1호에 따라 정비구역등 해제의 연장을 요청하는 경우
2. 제21조제1항제4호에 따라 정비구역의 해제에 동의하는 경우
3. 제24조제1항에 따라 주거환경개선사업의 시행자를 토지주택공사등으로 지정하는 경우
4. 제25조제1항제2호에 따라 토지등소유자가 재개발사업을 시행하려는 경우
5. 제26조 또는 제27조에 따라 재개발사업·재건축사업의 공공시행자 또는 지정개발자를 지정하는 경우
6. 제31조제1항에 따라 조합설립을 위한 추진위원회를 구성하는 경우
7. 제32조제4항에 따라 추진위원회의 업무가 토지등소유자의 비용부담을 수반하거나 권리·의무에 변동을 가져오는 경우
8. 제35조제2항부터 제5항까지의 규정에 따라 조합을 설립하는 경우
9. 제47조제3항에 따라 주민대표회의를 구성하는 경우
10. 제50조제6항에 따라 사업시행계획인가를 신청하는 경우 (2021.3.16 본호개정)
11. 제58조제3항에 따라 사업시행자가 사업시행계획서를 작성하려는 경우

② 제1항에도 불구하고 토지등소유자가 해외에 장기체류하거나 법인인 경우 등 불가피한 사유가 있다고 시장·군수등이 인정하는 경우에는 토지등소유자의 인감도장을 찍은 서면동의서에 해당 인감증명서를 첨부하는 방법으로 할 수 있다.
③ 제1항 및 제2항에 따라 서면동의서를 작성하는 경우 제31조제1항 및 제35조제2항부터 제4항까지의 규정에 해당하는 때에는 시장·군수등이 대통령령으로 정하는 방법에 따라 검인(檢印)한 서면동의서를 사용하여야 하며, 검인을 받지 아니한 서면동의서는 그 효력이 발생하지 아니한다.
④ 제1항, 제2항 및 제12조에 따른 토지등소유자의 동의자 수 산정 방법 및 절차 등에 필요한 사항은 대통령령으로 정한다.

제36조의2 【토지등소유자가 시행하는 재개발사업에서의 토지등소유자의 동의자 수 산정에 관한 특례】 ① 정비구역 지정·고시(변경지정·고시는 제외한다. 이하 이 항에서 같다) 이후 제25조제1항제2호에 따라 토지등소유자가 재개발사업을 시행하는 경우 토지등소유자의 동의자 수를 산정하는 기준일은 다음 각 호의 구분에 따른다.
1. 제14조제1항제6호에 따라 정비계획의 변경을 제안하는 경우 : 정비구역 지정·고시가 있는 날
2. 제50조제6항에 따라 사업시행계획인가를 신청하는 경우 : 사업시행계획인가를 신청하기 직전의 정비구역 변경지정·고시가 있는 날(정비구역 변경지정이 없거나 정비구역 지정·고시 후에 정비사업을 목적으로 취득한 토지 또는 건축물에 대해서는 정비구역 지정·고시가 있는 날을 말한다)

② 제1항에 따른 토지등소유자의 동의자 수를 산정함에 있어 같은 항 각 호의 구분에 따른 산정기준일 이후 1명의 토지등소유자로부터 토지 또는 건축물의 소유권이나 지상권을 양수하여 여러 명이 소유하게 된 때에는 그 여러 명을 대표하는 1명을 토지등소유자로 본다.
(2022.6.10 본조신설)

제36조의3 【토지등소유자의 동의 인정에 관한 특례】 ① 토지등소유자가 다음 각 호의 어느 하나에 해당하는 사항에 대하여 동의를 하는 경우, 제2항의 요건을 모두 충족한 경우에 한정하여 다음 각 호의 사항 중 동의하지 아니한 다른 사항에 대하여도 동의를 한 것으로 본다.
1. 제13조의2에 따른 정비계획의 입안 요청을 위한 동의
2. 제14조에 따른 입안의 제안을 위한 동의
3. 제31조제1항에 따른 추진위원회 구성에 대한 동의

② 제1항에 따라 동의를 인정받기 위한 요건은 다음 각 호와 같다.
1. 제1항 각 호의 동의를 받을 때 같은 항 각 호의 다른 동의에 관하여 대통령령으로 정하는 사항을 포함하여 동의를 받을 것
2. 제1항 각 호의 동의를 받을 때 같은 항 각 호의 다른 동의로도 인정될 수 있음을 고지받고, 고지받은 날부터 대통령령으로 정하는 기간 내에 동의를 철회하지 아니할 것
3. 그 밖에 대통령령으로 정하는 기준과 방법을 충족할 것

(2024.12.3 본조신설)

제37조 【토지등소유자의 동의서 재사용의 특례】 ① 조합설립인가(변경인가를 포함한다. 이하 이 조에서 같다)를 받은 후에 동의서 위조, 동의 철회, 동의율 미달 또는 동의자 수 산정방법에 관한 하자 등으로 다툼이 있는 경우로서 다음 각 호의 어느 하나에 해당하는 때에는 동의서의 유효성에 다툼이 없는 토지등소유자의 동의서를 다시 사용할 수 있다.
1. 조합설립인가의 무효 또는 취소소송 중에 일부 동의서를 추가 또는 보완하여 조합설립변경인가를 신청하는 때
2. 법원의 판결로 조합설립인가의 무효 또는 취소가 확정되어 조합설립인가를 다시 신청하는 때

② 조합(제1항제2호의 경우에는 추진위원회를 말한다)이 제1항에 따른 토지등소유자의 동의서를 다시 사용하려면 다음 각 호의 요건을 충족하여야 한다.
1. 토지등소유자에게 기존 동의서를 다시 사용할 수 있다는 취지와 반대 의사표시의 절차 및 방법을 설명·고지할 것
2. 제1항제2호의 경우에는 다음 각 목의 요건
   가. 조합설립인가의 무효 또는 취소가 확정된 조합과 새롭게 설립하려는 조합이 추진하려는 정비사업의 목적과 방식이 동일할 것
   나. 조합설립인가의 무효 또는 취소가 확정된 날부터 3년의 범위에서 대통령령으로 정하는 기간 내에 새로운 조합을 설립하기 위한 창립총회를 개최할 것

③ 제1항에 따른 토지등소유자의 동의서 재사용의 요건(정비사업의 내용 및 정비계획의 변경범위 등을 포함한다), 방법 및 절차 등에 필요한 사항은 대통령령으로 정한다.

제38조 【조합의 법인격 등】 ① 조합은 법인으로 한다.
② 조합은 조합설립인가를 받은 날부터 30일 이내에 주된 사무소의 소재지에서 대통령령으로 정하는 사항을 등기하는 때에 성립한다.
③ 조합은 명칭에 "정비사업조합"이라는 문자를 사용하여야 한다.

제39조 【조합원의 자격 등】 ① 제25조에 따른 정비사업의 조합원(사업시행자가 신탁업자인 경우에는 위탁자를 말한다. 이하 이 조에서 같다)은 토지등소유자(재건축사업의 경우에는 재건축사업에 동의한 자만 해당한다)로 하되, 다음 각 호의 어느 하나에 해당하는 때에는 그 여러 명을 대표하는 1명

을 조합원으로 본다. 다만, 「지방자치분권 및 지역균형발전에 관한 특별법」 제25조에 따른 공공기관지방이전 및 혁신도시 활성화를 위한 시책 등에 따라 이전하는 공공기관이 소유한 토지 또는 건축물을 양수한 경우 양수한 자(공유의 경우 대표자 1명을 말한다)를 조합원으로 본다.(2023.6.9 단서개정)
1. 토지 또는 건축물의 소유권과 지상권이 여러 명의 공유에 속하는 때
2. 여러 명의 토지등소유자가 1세대에 속하는 때. 이 경우 동일한 세대별 주민등록표 상에 등재되어 있지 아니한 배우자 및 미혼인 19세 미만의 직계비속은 1세대로 보며, 1세대로 구성된 여러 명의 토지등소유자가 조합설립인가 후 세대를 분리하여 동일한 세대에 속하지 아니하는 때에도 이혼 및 19세 이상 자녀의 분가(세대별 주민등록을 달리하고, 실거주지를 분가한 경우로 한정한다)를 제외하고는 1세대로 본다.
3. 조합설립인가(조합설립인가 전에 제27조제1항제3호에 따라 신탁업자를 사업시행자로 지정한 경우에는 사업시행자의 지정을 말한다. 이하 이 조에서 같다) 후 1명의 토지등소유자로부터 토지 또는 건축물의 소유권이나 지상권을 양수하여 여러 명이 소유하게 된 때(2017.8.9 본호개정)
② 「주택법」 제63조제1항에 따른 투기과열지구(이하 "투기과열지구"라 한다)로 지정된 지역에서 재건축사업을 시행하는 경우에는 조합설립인가 후, 재개발사업을 시행하는 경우에는 제74조에 따른 관리처분계획의 인가 후 해당 정비사업의 건축물 또는 토지를 양수(매매·증여, 그 밖의 권리의 변동을 수반하는 모든 행위를 포함하되, 상속·이혼으로 인한 양도·양수의 경우는 제외한다. 이하 이 조에서 같다)한 자는 제1항에도 불구하고 조합원이 될 수 없다. 다만, 양도인이 다음 각 호의 어느 하나에 해당하는 경우 그 양도인으로부터 그 건축물 또는 토지를 양수한 자는 그러하지 아니하다.(2020.6.9 본문개정)
1. 세대원(세대주가 포함된 세대의 구성원을 말한다. 이하 이 조에서 같다)의 근무상 또는 생업상의 사정이나 질병치료(「의료법」 제3조에 따른 의료기관의 장이 1년 이상의 치료나 요양이 필요하다고 인정하는 경우로 한정한다)·취학·결혼으로 세대원이 모두 해당 사업구역에 위치하지 아니한 특별시·광역시·특별자치시·특별자치도·시 또는 군으로 이전하는 경우(2017.10.24 본호개정)
2. 상속으로 취득한 주택으로 세대원 모두 이전하는 경우
3. 세대원 모두 해외로 이주하거나 세대원 모두 2년 이상 해외에 체류하려는 경우
4. 1세대(제1항제2호에 따라 1세대에 속하는 때를 말한다) 1주택자로서 양도하는 주택에 대한 소유기간 및 거주기간이 대통령령으로 정하는 기간 이상인 경우(2017.10.24 본호신설)
5. 제80조에 따른 지분형주택을 공급받기 위하여 건축물 또는 토지를 토지주택공사등과 공유하려는 경우(2021.4.13 본호신설)
6. 공공임대주택, 「공공주택 특별법」에 따른 공공분양주택의 공급 및 대통령령으로 정하는 사업을 목적으로 건축물 또는 토지를 양수하려는 공공재개발사업 시행자에게 양도하려는 경우(2021.4.13 본호신설)
7. 그 밖에 불가피한 사정으로 양도하는 경우로서 대통령령으로 정하는 경우
③ 사업시행자는 제2항 각 호 외의 부분 본문에 따라 조합원의 자격을 취득할 수 없는 경우 정비사업의 토지, 건축물 또는 그 밖의 권리를 취득한 자에게 제73조를 준용하여 손실보상을 하여야 한다.

제40조 【정관의 기재사항 등】 ① 조합의 정관에는 다음 각 호의 사항이 포함되어야 한다.
1. 조합의 명칭 및 사무소의 소재지
2. 조합원의 자격
3. 조합원의 제명·탈퇴 및 교체
4. 정비구역의 위치 및 면적
5. 제41조에 따른 조합의 임원(이하 "조합임원"이라 한다)의 수 및 업무의 범위
6. 조합임원의 권리·의무·보수·선임방법·변경 및 해임
7. 대의원의 수, 선임방법, 선임절차 및 대의원회의 의결방법
8. 조합의 비용부담 및 조합의 회계
9. 정비사업의 시행연도 및 시행방법
10. 총회의 소집 절차·시기 및 의결방법
11. 총회의 개최 및 조합원의 총회소집 요구
12. 제73조제3항에 따른 이자 지급
13. 정비사업비의 부담 시기 및 절차
14. 정비사업이 종결된 때의 청산절차(제86조의2에 따른 조합의 해산 이후 청산인의 보수 등 청산 업무에 필요한 사항을 포함한다)(2023.12.26 본호개정)
15. 청산금의 징수·지급의 방법 및 절차
16. 시공자·설계자의 선정 및 계약서에 포함될 내용
17. 정관의 변경절차
18. 그 밖에 정비사업의 추진 및 조합의 운영을 위하여 필요한 사항으로서 대통령령으로 정하는 사항
② 시·도지사는 제1항 각 호의 사항이 포함된 표준정관을 작성하여 보급할 수 있다.(2019.4.23 본항개정)
③ 조합이 정관을 변경하려는 경우에는 제35조제2항부터 제5항까지의 규정에도 불구하고 총회를 개최하여 조합원 과반수의 찬성으로 시장·군수등의 인가를 받아야 한다. 다만, 제1항제2호·제3호·제4호·제8호·제13호 또는 제16호의 경우에는 조합원 3분의 2 이상의 찬성으로 한다.
④ 제3항에도 불구하고 대통령령으로 정하는 경미한 사항을 변경하려는 때에는 이 법 또는 정관으로 정하는 방법에 따라 변경하고 시장·군수등에게 신고하여야 한다.
⑤ 시장·군수등은 제4항에 따른 신고를 받은 날부터 20일 이내에 신고수리 여부를 신고인에게 통지하여야 한다.(2021.3.16 본항신설)
⑥ 시장·군수등이 제5항에서 정한 기간 내에 신고수리 여부 또는 민원 처리 관련 법령에 따른 처리기간의 연장을 신고인에게 통지하지 아니하면 그 기간(민원 처리 관련 법령에 따라 처리기간이 연장 또는 재연장된 경우에는 해당 처리기간을 말한다)이 끝난 날의 다음 날에 신고를 수리한 것으로 본다.(2021.3.16 본항신설)

판례 대규모 재건축사업에서 재건축정비사업조합이 아파트와 상가를 분리하여 개발이익과 비용을 별도로 정산하고 상가협의회가 상가에 관한 관리처분계획안의 내용을 자율적으로 마련하는 것을 보장한다는 내용으로 상가협의회와 합의하는 경우, 이러한 내용은 원칙적으로 조합의 정관에 규정하여야 하는 사항이다. 다만 이러한 내용을 조합이 채택하기로 결정하는 조합 총회의 결의가 정관 변경의 요건을 완전히 갖추지는 못했다면 형식적으로 정관이 변경된 것은 아니지만, 총회결의로서 유효하게 성립하였고 정관 변경을 위한 실질적인 의결정족수를 갖췄다면 적어도 조합 내부적으로 업무집행기관을 구속하는 규범으로서의 효력은 가진다고 보아야 한다.
(대판 2018.3.13, 2016두35281)

제41조 【조합의 임원】 ① 조합은 조합원으로서 정비구역에 위치한 건축물 또는 토지(재건축사업의 경우에는 건축물과 그 부속토지를 말한다. 이하 이 항에서 같다)를 소유한 자[하나의 건축물 또는 토지의 소유권을 다른 사람과 공유한 경우에는 가장 많은 지분을 소유(2인 이상의 공유자가 가장 많은 지분을 소유한 경우를 포함한다)한 경우로 한정한다] 중 다음 각 호의 어느 하나의 요건을 갖춘 조합장 1명과 이사, 감사를 임원으로 둔다. 이 경우 조합장은 선임일부터 제74조제1항에 따른 관리처분계획인가를 받을 때까지는 해당 정비구역에서 거주(영업을 하는 자의 경우 영업을 말한다. 이하 이 조 및 제43조에서 같다)하여야 한다.
1. 정비구역에 위치한 건축물 또는 토지를 5년 이상 소유할 것
2. 정비구역에서 거주하고 있는 자로서 선임일 직전 3년 동안 정비구역에서 1년 이상 거주할 것
3. (2019.4.23 삭제)
(2023.7.18 본항개정)
② 조합의 이사와 감사의 수는 대통령령으로 정하는 범위에서 정관으로 정한다.
③ 조합은 총회 의결을 거쳐 조합임원의 선출에 관한 선거관리를 「선거관리위원회법」 제3조에 따라 선거관리위원회에 위탁할 수 있다.
④ 조합임원의 임기는 3년 이하의 범위에서 정관으로 정하되, 연임할 수 있다.
⑤ 조합임원의 선출방법 등은 정관으로 정한다. 다만, 시장·군수등은 다음 각 호의 어느 하나에 해당하는 경우 시·도조례

로 정하는 바에 따라 변호사·회계사·기술사 등으로서 대통령령으로 정하는 요건을 갖춘 자를 전문조합관리인으로 선정하여 조합임원의 업무를 대행하게 할 수 있다.(2019.4.23 단서개정)
1. 조합임원이 사임, 해임, 임기만료, 그 밖에 불가피한 사유 등으로 직무를 수행할 수 없는 때부터 6개월 이상 선임되지 아니한 경우
2. 총회에서 조합원 과반수의 출석과 출석 조합원 과반수의 동의로 전문조합관리인의 선정을 요청하는 경우
(2019.4.23 1호~2호신설)
⑥ 제5항에 따른 전문조합관리인의 선정절차, 업무집행 등에 필요한 사항은 대통령령으로 정한다.

제42조【조합임원의 직무 등】 ① 조합장은 조합을 대표하고, 그 사무를 총괄하며, 총회 또는 제46조에 따른 대의원회의 의장이 된다.
② 제1항에 따라 조합장이 대의원회의 의장이 되는 경우에는 대의원으로 본다.
③ 조합장 또는 이사가 자기를 위하여 조합과 계약이나 소송을 할 때에는 감사가 조합을 대표한다.
④ 조합임원은 같은 목적의 정비사업을 하는 다른 조합의 임원 또는 직원을 겸할 수 없다.

제43조【조합임원 등의 결격사유 및 해임】 ① 다음 각 호의 어느 하나에 해당하는 자는 조합임원 또는 전문조합관리인이 될 수 없다.(2019.4.23 본문개정)
1. 미성년자·피성년후견인 또는 피한정후견인
2. 파산선고를 받고 복권되지 아니한 자
3. 금고 이상의 실형을 선고받고 그 집행이 종료(종료된 것으로 보는 경우를 포함한다)되거나 집행이 면제된 날부터 2년이 지나지 아니한 자(2020.6.9 본호개정)
4. 금고 이상의 형의 집행유예를 받고 그 유예기간 중에 있는 자
5. 이 법을 위반하여 벌금 100만원 이상의 형을 선고받고 10년이 지나지 아니한 자(2019.4.23 본호개정)
6. 제35조에 따른 조합설립 인가권자에 해당하는 지방자치단체의 장, 지방의회의원 또는 그 배우자·직계존속·직계비속(2023.7.18 본호신설)
② 조합임원이 다음 각 호의 어느 하나에 해당하는 경우에는 당연 퇴임한다.(2019.4.23 본문개정)
1. 제1항 각 호의 어느 하나에 해당하게 되거나 선임 당시 그에 해당하는 자이었음이 밝혀진 경우(2020.6.9 본호개정)
2. 조합임원이 제41조제1항에 따른 자격요건을 갖추지 못한 경우(2019.4.23 본호신설)
③ 제2항에 따라 퇴임된 임원이 퇴임 전에 관여한 행위는 그 효력을 잃지 아니한다.
④ 조합임원은 제44조제2항에도 불구하고 조합원 10분의 1 이상의 요구로 소집된 총회에서 조합원 과반수의 출석과 출석 조합원 과반수의 동의를 받아 해임할 수 있다. 이 경우 요구자 대표로 선출된 자가 해임 총회의 소집 및 진행을 할 때에는 조합장의 권한을 대행한다.
⑤ 제41조제5항제2호에 따라 시장·군수등이 전문조합관리인을 선정한 경우 전문조합관리인이 업무를 대행할 임원은 당연 퇴임한다.(2019.4.23 본항신설)
(2019.4.23 본조제목개정)

제43조의2【벌금형의 분리 선고】 「형법」 제38조에도 불구하고 이 법 제135조부터 제138조까지에 규정된 죄와 다른 죄의 경합범(競合犯)에 대하여 벌금형을 선고하는 경우에는 이를 분리하여 선고하여야 한다.(2021.8.10 본조신설)

제44조【총회의 소집】 ① 조합에는 조합원으로 구성되는 총회를 둔다.
② 총회는 조합장이 직권으로 소집하거나 조합원 5분의 1 이상(정관의 기재사항 중 제40조제1항제6호에 따른 조합임원의 권리·의무·보수·선임방법·변경 및 해임에 관한 사항을 변경하기 위한 총회의 경우는 10분의 1 이상으로 한다) 또는 대의원 3분의 2 이상의 요구로 조합장이 소집하며, 조합원 또는 대의원의 요구로 총회를 소집하는 경우 조합은 소집을 요구하는 자가 본인인지 여부를 대통령령으로 정하는 기준에 따라 정관으로 정하는 방법으로 확인하여야 한다.(2023.7.18 본항개정)
③ 제2항에도 불구하고 조합임원의 사임, 해임 또는 임기만료 후 6개월 이상 조합임원이 선임되지 아니한 경우에는 시장·군수등이 조합임원 선출을 위한 총회를 소집할 수 있다.
④ 제2항 및 제3항에 따라 총회를 소집하려는 자는 총회가 개최되기 7일 전까지 회의 목적·안건·일시 및 장소와 제45조제5항, 제6항 및 제8항에 따른 의결권의 행사기간 및 장소 등 의결권 행사에 필요한 사항을 정하여 조합원에게 통지하여야 한다.(2024.12.3 본항개정)
⑤ 총회의 소집 절차·시기 등에 필요한 사항은 정관으로 정한다.

제45조【총회의 의결】 ① 다음 각 호의 사항은 총회의 의결을 거쳐야 한다.
1. 정관의 변경(제40조제4항에 따른 경미한 사항의 변경은 이 법 또는 정관에서 총회의결사항으로 정한 경우로 한정한다)
2. 자금의 차입과 그 방법·이자율 및 상환방법
3. 정비사업비의 세부 항목별 사용계획이 포함된 예산안 및 예산의 사용내역(2019.4.23 본호개정)
4. 예산으로 정한 사항 외에 조합원에게 부담이 되는 계약
5. 시공자·설계자 및 감정평가법인등(제74조제4항에 따라 시장·군수등이 선정·계약하는 감정평가법인등은 제외한다)의 선정 및 변경. 다만, 감정평가법인등 선정 및 변경은 총회의 의결을 거쳐 시장·군수등에게 위탁할 수 있다.(2021.3.16 본문개정)
6. 정비사업전문관리업자의 선정 및 변경
7. 조합임원의 선임 및 해임
8. 정비사업비의 조합원별 분담내역
9. 제52조에 따른 사업시행계획서의 작성 및 변경(제50조제1항 본문에 따른 정비사업의 중지 또는 폐지에 관한 사항을 포함하며, 같은 항 단서에 따른 경미한 변경은 제외한다)
10. 제74조에 따른 관리처분계획의 수립 및 변경(제74조제1항 각 호 외의 부분 단서에 따른 경미한 변경은 제외한다)
10의2. 제86조의2에 따른 조합의 해산과 조합 해산 시의 회계보고(2022.6.10 본호신설)
11. 제89조에 따른 청산금의 징수·지급(분할징수·분할지급을 포함한다)(2022.6.10 본호개정)
12. 제93조에 따른 비용의 금액 및 징수방법
13. 그 밖에 조합원에게 경제적 부담을 주는 사항 등 주요한 사항을 결정하기 위하여 대통령령 또는 정관으로 정하는 사항
② 제1항 각 호의 사항 중 이 법 또는 정관에 따라 조합원의 동의가 필요한 사항은 총회에 상정하여야 한다.
③ 총회의 의결은 이 법 또는 정관에 다른 규정이 없으면 조합원 과반수의 출석과 출석 조합원의 과반수 찬성으로 한다.
④ 제1항제9호 및 제10호의 경우에는 조합원 과반수의 찬성으로 의결한다. 다만, 정비사업비가 100분의 10(생산자물가상승률분, 제73조에 따른 손실보상 금액은 제외한다) 이상 늘어나는 경우에는 조합원 3분의 2 이상의 찬성으로 의결하여야 한다.
⑤ 조합원은 서면으로 의결권을 행사하거나 다음 각 호의 어느 하나에 해당하는 경우에는 대리인을 통하여 의결권을 행사할 수 있다. 서면으로 의결권을 행사하는 경우에는 정족수를 산정할 때에 출석한 것으로 본다.
1. 조합원이 권한을 행사할 수 없어 배우자, 직계존비속 또는 형제자매 중에서 성년자를 대리인으로 정하여 위임장을 제출하는 경우
2. 해외에 거주하는 조합원이 대리인을 지정하는 경우
3. 법인인 토지등소유자가 대리인을 지정하는 경우. 이 경우 법인의 대리인은 조합임원 또는 대의원으로 선임될 수 있다.
⑥ 제5항에도 불구하고 조합원은 다음 각 호의 요건을 모두 충족한 경우에는 전자적 방법(「전자문서 및 전자거래 기본법」 제2조제2호에 따른 정보처리시스템을 사용하거나 그 밖의 정보통신기술을 이용하는 방법을 말한다. 이하 같다)으로 의결권을 행사할 수 있다. 이 경우 정족수를 산정할 때에 출석한 것으로 본다.
1. 조합원이 전자적 방법 외에 제5항에 따른 방법으로도 의결권을 행사할 수 있게 할 것
2. 의결권의 행사 방법에 따른 결과가 각각 구분되어 확인·관리할 수 있을 것

3. 그 밖에 전자적 방법을 통한 의결권의 투명한 행사 등을 위하여 대통령령으로 정하는 기준에 부합할 것
(2024.12.3 본항신설)
⑦ 조합은 조합원의 참여를 확대하기 위하여 조합원이 전자적 방법을 우선적으로 이용하도록 노력하여야 한다.(2024.12.3 본항신설)
⑧ 제6항제1호에도 불구하고 제44조의2제1항 단서에 해당하는 경우에는 전자적 방법만으로 의결권을 행사할 수 있다.
(2024.12.3 본항신설)
⑨ 조합은 제5항, 제6항 및 제8항에 따라 서면 또는 전자적 방법으로 의결권을 행사하는 자가 본인인지를 확인하여야 한다.
(2024.12.3 본항개정)
⑩ 총회의 의결은 조합원의 100분의 10 이상이 직접 출석(제5항에 따라 대리인을 통하거나 제6항 또는 제8항에 따라 전자적 방법으로 의결권을 행사하는 경우 직접 출석한 것으로 본다. 이하 이 조에서 같다)하여야 한다. 다만, 시공자의 선정을 의결하는 총회의 경우에는 조합원의 과반수가 직접 출석하여야 하고, 창립총회, 시공자 선정 취소를 위한 총회, 사업시행계획서의 작성 및 변경, 관리처분계획의 수립 및 변경을 의결하는 총회 등 대통령령으로 정하는 총회의 경우에는 조합원의 100분의 20 이상이 직접 출석하여야 한다.(2024.12.3 본문개정)
⑪ 총회의 의결방법, 서면 또는 전자적 방법에 따른 의결권 행사 및 본인확인방법 등에 필요한 사항은 정관으로 정한다.
(2024.12.3 본항개정)

제46조【대의원회】 ① 조합원의 수가 100명 이상인 조합은 대의원회를 두어야 한다.
② 대의원회는 조합원의 10분의 1 이상으로 구성한다. 다만, 조합원의 10분의 1이 100명을 넘는 경우에는 조합원의 10분의 1의 범위에서 100명 이상으로 구성할 수 있다.
③ 조합장이 아닌 조합임원은 대의원이 될 수 없다.
④ 대의원회는 총회의 의결사항 중 대통령령으로 정하는 사항 외에는 총회의 권한을 대행할 수 있다.
⑤ 대의원의 수, 선임방법, 선임절차 및 대의원회의 의결방법 등은 대통령령으로 정하는 범위에서 정관으로 정한다.

제47조【주민대표회의】 ① 토지등소유자가 시장·군수등 또는 토지주택공사등의 사업시행을 원하는 경우에는 정비구역 지정·고시 후 주민대표기구(이하 "주민대표회의"라 한다)를 구성하여야 한다. 다만, 제26조제4항에 따라 협약등이 체결된 경우에는 정비구역 지정·고시 이전에 주민대표회의를 구성할 수 있다.(2024.12.3 단서신설)
② 주민대표회의는 위원장을 포함하여 5명 이상 25명 이하로 구성한다.
③ 주민대표회의는 토지등소유자의 과반수의 동의를 받아 구성하며, 국토교통부령으로 정하는 방법 및 절차에 따라 시장·군수등의 승인을 받아야 한다.
④ 제3항에 따라 주민대표회의의 구성에 동의한 자는 제26조제1항제8호 후단에 따른 사업시행자의 지정에 동의한 것으로 본다. 다만, 사업시행자의 지정 요청 전에 시장·군수등 및 주민대표회의에 사업시행자의 지정에 대한 반대의 의사표시를 한 토지등소유자의 경우에는 그러하지 아니하다.
⑤ 주민대표회의 또는 세입자(상가세입자를 포함한다. 이하 같다)는 사업시행자가 다음 각 호의 사항에 관하여 제53조에 따른 시행규정을 정하는 때에 의견을 제시할 수 있다. 이 경우 사업시행자는 주민대표회의 또는 세입자의 의견을 반영하기 위하여 노력하여야 한다.
1. 건축물의 철거
2. 주민의 이주(세입자의 퇴거에 관한 사항을 포함한다)
3. 토지 및 건축물의 보상(세입자에 대한 주거이전비 등 보상에 관한 사항을 포함한다)
4. 정비사업비의 부담
5. 세입자에 대한 임대주택의 공급 및 입주자격
6. 그 밖에 정비사업의 시행을 위하여 필요한 사항으로서 대통령령으로 정하는 사항
⑥ 주민대표회의의 운영, 비용부담, 위원의 선임 방법 및 절차 등에 필요한 사항은 대통령령으로 정한다.

제48조【토지등소유자 전체회의】 ① 제27조제1항제3호에 따라 사업시행자로 지정된 신탁업자는 다음 각 호의 사항에 관하여 해당 정비사업의 토지등소유자(재건축사업의 경우에는 신탁업자를 사업시행자로 지정하는 것에 동의한 토지등소유자를 말한다. 이하 이 조에서 같다) 전원으로 구성되는 회의(이하 "토지등소유자 전체회의"라 한다)의 의결을 거쳐야 한다.
1. 시행규정의 확정 및 변경
2. 정비사업비의 사용 및 변경
3. 정비사업전문관리업자와의 계약 등 토지등소유자의 부담이 될 계약
4. 시공자의 선정 및 변경
5. 정비사업비의 토지등소유자별 분담내역
6. 자금의 차입과 그 방법·이자율 및 상환방법
7. 제52조에 따른 사업시행계획서의 작성 및 변경(제50조제1항 본문에 따른 정비사업의 중지 또는 폐지에 관한 사항을 포함하며, 같은 항 단서에 따른 경미한 변경은 제외한다)
8. 제74조에 따른 관리처분계획의 수립 및 변경(제74조제1항 각 호 외의 부분 단서에 따른 경미한 변경은 제외한다)
9. 제89조에 따른 청산금의 징수·지급(분할징수·분할지급을 포함한다)과 조합 해산 시의 회계보고
10. 제93조에 따른 비용의 금액 및 징수방법
11. 그 밖에 토지등소유자에게 부담이 되는 것으로 시행규정으로 정하는 사항
② 토지등소유자 전체회의는 사업시행자가 직권으로 소집하거나 토지등소유자 5분의 1 이상의 요구로 사업시행자가 소집한다.
③ 토지등소유자 전체회의의 소집 절차·시기 및 의결방법 등에 관하여는 제44조제5항, 제45조제3항·제4항·제7항 및 제9항을 준용한다. 이 경우 "총회"는 "토지등소유자 전체회의"로, "정관"은 "시행규정"으로, "조합원"은 "토지등소유자"로 본다.
(2021.8.10 전단개정)

③ 토지등소유자 전체회의의 소집 절차·시기 및 의결방법 등에 관하여는 제44조제5항, 제44조의2 및 제45조제3항부터 제11항까지를 준용한다. 이 경우 "총회"는 "토지등소유자 전체회의"로, "조합"은 "사업시행자"로, "정관"은 "시행규정"으로, "조합원"은 "토지등소유자"로 본다.(2024.12.3 본항개정 : 온라인총회에 관한 부분은 2025.12.4 시행)

제49조【민법의 준용】 조합에 관하여는 이 법에 규정된 사항을 제외하고는 「민법」 중 사단법인에 관한 규정을 준용한다.

제3절 사업시행계획 등

제50조【사업시행계획인가】 ① 사업시행자(제25조제1항 및 제2항에 따른 공동시행의 경우를 포함하되, 사업시행자가 시장·군수등인 경우는 제외한다)는 정비사업을 시행하려는 경우에는 제52조에 따른 사업시행계획서(이하 "사업시행계획서"라 한다)에 정관등과 그 밖에 국토교통부령으로 정하는 서류를 첨부하여 시장·군수등에게 제출하고 사업시행계획인가를 받아야 하고, 인가받은 사항을 변경하거나 정비사업을 중지 또는 폐지하려는 경우에도 또한 같다. 다만, 대통령령으로 정하는 경미한 사항을 변경하려는 때에는 시장·군수등에게 신고하여야 한다.
② 시장·군수등은 제1항 단서에 따른 신고를 받은 날부터 20일 이내에 신고수리 여부를 신고인에게 통지하여야 한다.
(2021.3.16 본항신설)
③ 시장·군수등이 제2항에서 정한 기간 내에 신고수리 여부 또는 민원 처리 관련 법령에 따른 처리기간의 연장을 신고인에게 통지하지 아니하면 그 기간(민원 처리 관련 법령에 따라 처리기간이 연장 또는 재연장된 경우에는 해당 처리기간을 말한다)이 끝난 날의 다음 날에 신고를 수리한 것으로 본다.
(2021.3.16 본항신설)
④ 시장·군수등은 특별한 사유가 없으면 제1항에 따라 사업시행계획서의 제출이 있은 날부터 60일 이내에 인가 여부를 결정하여 사업시행자에게 통보하여야 한다.

⑤ 사업시행자(시장·군수등 또는 토지주택공사등은 제외한다)는 사업시행계획인가를 신청하기 전에 미리 총회의 의결을 거쳐야 하며, 인가받은 사항을 변경하거나 정비사업을 중지 또는 폐지하려는 경우에도 또한 같다. 다만, 제1항 단서에 따른 경미한 사항의 변경은 총회의 의결을 필요로 하지 아니한다.
⑥ 토지등소유자가 제25조제1항제2호에 따라 재개발사업을 시행하려는 경우에는 사업시행계획인가를 신청하기 전에 사업시행계획서에 대하여 토지등소유자의 4분의 3 이상 및 토지면적의 2분의 1 이상의 토지소유자의 동의를 받아야 한다. 다만, 인가받은 사항을 변경하려는 경우에는 규약으로 정하는 바에 따라 토지등소유자의 과반수의 동의를 받아야 하며, 제1항 단서에 따른 경미한 사항의 변경인 경우에는 토지등소유자의 동의를 필요로 하지 아니한다.
⑦ 지정개발자가 정비사업을 시행하려는 경우에는 사업시행계획인가를 신청하기 전에 토지등소유자의 과반수의 동의 및 토지면적의 2분의 1 이상의 토지소유자의 동의를 받아야 한다. 다만, 제1항 단서에 따른 경미한 사항의 변경인 경우에는 토지등소유자의 동의를 필요로 하지 아니한다.
⑧ 제26조제1항제1호 및 제27조제1항제1호에 따른 사업시행자는 제7항에도 불구하고 토지등소유자의 동의를 필요로 하지 아니한다.(2021.3.16 본항개정)
⑨ 시장·군수등은 제1항에 따른 사업시행계획인가(시장·군수등이 사업시행계획서를 작성한 경우를 포함한다)를 하거나 정비사업을 변경·중지 또는 폐지하는 경우에는 국토교통부령으로 정하는 방법 및 절차에 따라 그 내용을 해당 지방자치단체의 공보에 고시하여야 한다. 다만, 제1항 단서에 따른 경미한 사항을 변경하려는 경우에는 그러하지 아니하다.

제50조의2【사업시행계획의 통합심의】 ① 정비구역의 지정권자는 사업시행계획인가와 관련된 다음 각 호 중 둘 이상의 심의가 필요한 경우에는 이를 통합하여 검토 및 심의(이하 "통합심의"라 한다)하여야 한다.
1.「건축법」에 따른 건축물의 건축 및 특별건축구역의 지정 등에 관한 사항
2.「경관법」에 따른 경관 심의에 관한 사항
3.「교육환경 보호에 관한 법률」에 따른 교육환경평가
4.「국토의 계획 및 이용에 관한 법률」에 따른 도시·군관리계획에 관한 사항
5.「도시교통정비 촉진법」에 따른 교통영향평가에 관한 사항
5의2.「소방시설 설치 및 관리에 관한 법률」에 따른 성능위주설계의 평가에 관한 사항(2025.1.31 본호신설)
5의3.「자연재해대책법」에 따른 재해영향평가에 관한 사항(2025.1.31 본호신설)
6.「환경영향평가법」에 따른 환경영향평가 등에 관한 사항
7. 그 밖에 국토교통부장관, 시·도지사 또는 시장·군수등이 필요하다고 인정하여 통합심의에 부치는 사항
② 사업시행자가 통합심의를 신청하는 경우에는 제1항 각 호와 관련된 서류를 첨부하여야 한다. 이 경우 정비구역의 지정권자는 통합심의를 효율적으로 처리하기 위하여 필요한 경우 제출기한을 정하여 제출하도록 할 수 있다.
③ 정비구역의 지정권자가 통합심의를 하는 경우에는 다음 각 호의 어느 하나에 해당하는 위원회에 속하고 해당 위원회의 위원장의 추천을 받은 위원, 정비구역의 지정권자가 속한 지방자치단체 소속 공무원 및 제50조에 따른 사업시행계획 인가권자가 속한 지방자치단체 소속 공무원으로 소집된 통합심의위원회를 구성하여 통합심의하여야 한다. 이 경우 통합심의위원회의 구성, 통합심의의 방법 및 절차에 관한 사항은 대통령령으로 정한다.
1.「건축법」에 따른 건축위원회
2.「경관법」에 따른 경관위원회
3.「교육환경 보호에 관한 법률」에 따른 교육환경보호위원회
4. 지방도시계획위원회
5.「도시교통정비 촉진법」에 따른 교통영향평가심의위원회
6. 도시재정비위원회(정비구역이 재정비촉진지구 내에 있는 경우에 한정한다)
6의2.「소방시설 설치 및 관리에 관한 법률」에 따른 성능위주설계평가단 또는 중앙소방기술심의위원회(2025.1.31 본호신설)
6의3.「자연재해대책법」에 따른 재해영향평가심의위원회(2025.1.31 본호신설)
7.「환경영향평가법」에 따른 환경영향평가협의회
8. 제1항제7호에 대하여 심의권한을 가진 관련 위원회
④ 시장·군수등은 특별한 사유가 없으면 통합심의 결과를 반영하여 사업시행계획을 인가하여야 한다.
⑤ 통합심의를 거친 경우에는 제1항 각 호의 사항에 대한 검토·심의·조사·협의·조정 또는 재정을 거친 것으로 본다.
(2023.7.18 본조신설)

제50조의3【정비계획 변경 및 사업시행인가의 심의 특례】 ① 정비구역의 지정권자는 제50조제1항에 따른 사업시행계획인가(인가받은 사항을 변경하는 경우를 포함한다. 이하 이 조에서 같다)에 앞서 제16조제2항에 따라 결정·고시된 정비계획의 변경(정비구역의 변경도 포함하며, 제15조제3항에 따른 경미한 변경은 제외한다. 이하 이 조에서 같다)이 필요한 경우 제16조에도 불구하고 정비계획의 변경을 위한 지방도시계획위원회 심의를 사업시행계획인가와 관련된 심의와 함께 통합하여 검토 및 심의할 수 있다.
② 정비구역의 지정권자가 제1항에 따라 심의를 통합하여 실시하는 경우 사업시행자는 하나의 총회(제27조제1항에 따라 신탁업자가 사업시행자로 지정된 경우에는 제48조에 따른 토지등소유자 전체회의를 말한다. 이하 이 조에서 같다)에서 제45조제1항제8호 및 제9호에 관한 사항을 의결하여야 한다.
③ 제1항 및 제2항에서 규정한 사항 외에 심의 및 총회 의결을 위한 절차와 방법에 관하여 필요한 사항은 대통령령으로 정한다.
(2023.7.18 본조신설)

제51조【기반시설의 기부채납 기준】 ① 시장·군수등은 제50조제1항에 따라 사업시행계획을 인가하는 경우 사업시행자가 제출하는 사업시행계획에 해당 정비사업과 직접적으로 관련이 없거나 과도한 정비기반시설의 기부채납을 요구하여서는 아니 된다.
② 국토교통부장관은 정비기반시설의 기부채납과 관련하여 다음 각 호의 사항이 포함된 운영기준을 작성하여 고시할 수 있다.
1. 정비기반시설의 기부채납 부담의 원칙 및 수준
2. 정비기반시설의 설치기준 등
③ 시장·군수등은 제2항에 따른 운영기준의 범위에서 지역여건 또는 사업의 특성 등을 고려하여 따로 기준을 정할 수 있으며, 이 경우 사전에 국토교통부장관에게 보고하여야 한다.

제52조【사업시행계획서의 작성】 ① 사업시행자는 정비계획에 따라 다음 각 호의 사항을 포함하는 사업시행계획서를 작성하여야 한다.
1. 토지이용계획(건축물배치계획을 포함한다)
2. 정비기반시설 및 공동이용시설의 설치계획
3. 임시거주시설을 포함한 주민이주대책
4. 세입자의 주거 및 이주 대책
5. 사업시행기간 동안 정비구역 내 가로등 설치, 폐쇄회로 텔레비전 설치 등 범죄예방대책
6. 제10조에 따른 임대주택의 건설계획(재건축사업의 경우는 제외한다)
7. 제54조제4항, 제101조의5 및 제101조의6에 따른 국민주택규모 주택의 건설계획(주거환경개선사업의 경우는 제외한다)(2021.4.13 본호개정)
8. 공공지원민간임대주택 또는 임대관리 위탁주택의 건설계획(필요한 경우로 한정한다)(2018.1.16 본호개정)
9. 건축물의 높이 및 용적률 등에 관한 건축계획
10. 정비사업의 시행과정에서 발생하는 폐기물의 처리계획
11. 교육시설의 교육환경 보호에 관한 계획(정비구역부터 200미터 이내에 교육시설이 설치되어 있는 경우로 한정한다)
12. 정비사업비
13. 그 밖에 사업시행을 위한 사항으로서 대통령령으로 정하는 바에 따라 시·도조례로 정하는 사항
② 사업시행자가 제1항에 따른 사업시행계획서에 「공공주택 특별법」 제2조제1호에 따른 공공주택(이하 "공공주택"이라 한다) 건설계획을 포함하는 경우에는 공공주택의 구조·기능 및

설비에 관한 기준과 부대시설·복리시설의 범위, 설치기준 등에 필요한 사항은 같은 법 제37조에 따른다.

제53조【시행규정의 작성】 시장·군수등, 토지주택공사등 또는 신탁업자가 단독으로 정비사업을 시행하는 경우 다음 각 호의 사항을 포함하는 시행규정을 작성하여야 한다.
1. 정비사업의 종류 및 명칭
2. 정비사업의 시행연도 및 시행방법
3. 비용부담 및 회계
4. 토지등소유자의 권리·의무
5. 정비기반시설 및 공동이용시설의 부담
6. 공고·공람 및 통지의 방법
7. 토지 및 건축물에 관한 권리의 평가방법
8. 관리처분계획 및 청산(분할징수 또는 납입에 관한 사항을 포함한다). 다만, 수용의 방법으로 시행하는 경우는 제외한다.
9. 시행규정의 변경
10. 사업시행계획서의 변경
11. 토지등소유자 전체회의(신탁업자가 사업시행자인 경우로 한정한다)
12. 그 밖에 시·도조례로 정하는 사항

제54조【재건축사업 등의 용적률 완화 및 국민주택규모 주택 건설비율】 ① 사업시행자는 다음 각 호의 어느 하나에 해당하는 정비사업(「도시재정비 촉진을 위한 특별법」 제2조제1호에 따른 재정비촉진지구에서 시행되는 재개발사업 및 재건축사업은 제외한다. 이하 이 조에서 같다)을 시행하는 경우 정비계획(이 법에 따라 정비계획으로 의제되는 계획을 포함한다. 이하 이 조에서 같다)으로 정하여진 용적률에도 불구하고 지방도시계획위원회의 심의를 거쳐 「국토의 계획 및 이용에 관한 법률」 제78조 및 관계 법률에 따른 용적률의 상한(이하 이 조에서 "법적상한용적률"이라 한다)까지 건축할 수 있다.
1. 「수도권정비계획법」 제6조제1항제1호에 따른 과밀억제권역(이하 "과밀억제권역"이라 한다)에서 시행하는 재개발사업 및 재건축사업(「국토의 계획 및 이용에 관한 법률」 제78조에 따른 주거지역 및 대통령령으로 정하는 공업지역으로 한정한다. 이하 이 조에서 같다)(2023.7.18 본호개정)
2. 제1호 외의 경우 시·도조례로 정하는 지역에서 시행하는 재개발사업 및 재건축사업

② 제1항에 따라 사업시행자가 정비계획으로 정하여진 용적률을 초과하여 건축하려는 경우에는 「국토의 계획 및 이용에 관한 법률」 제78조에 따라 특별시·광역시·특별자치시·특별자치도·시 또는 군의 조례로 정한 용적률 제한 및 정비계획으로 정한 허용세대수의 제한을 받지 아니한다.

③ 제1항의 관계 법률에 따른 용적률의 상한은 다음 각 호의 어느 하나에 해당하여 건축행위가 제한되는 경우 건축이 가능한 용적률을 말한다.
1. 「국토의 계획 및 이용에 관한 법률」 제76조에 따른 건축물의 층수제한
2. 「건축법」 제60조에 따른 높이제한
3. 「건축법」 제61조에 따른 일조 등의 확보를 위한 건축물의 높이제한
4. 「공항시설법」 제34조에 따른 장애물 제한표면구역 내 건축물의 높이제한
5. 「군사기지 및 군사시설 보호법」 제10조에 따른 비행안전구역 내 건축물의 높이제한
6. 「문화유산의 보존 및 활용에 관한 법률」 제12조에 따른 건설공사 시 문화유산 보호를 위한 건축제한(2023.8.8 본호개정)

6의2. 「자연유산의 보존 및 활용에 관한 법률」 제9조에 따른 건설공사 시 천연기념물등의 보호를 위한 건축제한 (2023.3.21 본호신설)

7. 그 밖에 시장·군수등이 건축 관계 법률의 건축제한으로 용적률의 완화가 불가능하다고 근거를 제시하고, 지방도시계획위원회 또는 「건축법」 제4조에 따라 시·도에 두는 건축위원회가 심의를 거쳐 용적률 완화가 불가능하다고 인정한 경우

④ 사업시행자는 법적상한용적률에서 정비계획으로 정하여진 용적률을 뺀 용적률(이하 "초과용적률"이라 한다)의 다음 각 호에 따른 비율에 해당하는 면적에 국민주택규모 주택을 건설하여야 한다. 다만, 제24조제4항, 제26조제1항제1호 및 제27조제1항제1호에 따른 정비사업을 시행하는 경우에는 그러하지 아니하다.(2021.4.13 본문개정)
1. 과밀억제권역에서 시행하는 재건축사업은 초과용적률의 100분의 30 이상 100분의 50 이하로서 시·도조례로 정하는 비율
2. 과밀억제권역에서 시행하는 재개발사업은 초과용적률의 100분의 50 이상 100분의 75 이하로서 시·도조례로 정하는 비율
3. 과밀억제권역 외의 지역에서 시행하는 재건축사업은 초과용적률의 100분의 50 이하로서 시·도조례로 정하는 비율
4. 과밀억제권역 외의 지역에서 시행하는 재개발사업은 초과용적률의 100분의 75 이하로서 시·도조례로 정하는 비율

(2021.4.13 본조제목개정)

제55조【국민주택규모 주택의 공급 및 인수】 ① 사업시행자는 제54조제4항에 따라 건설한 국민주택규모 주택을 국토교통부장관, 시·도지사, 시장, 군수, 구청장 또는 토지주택공사등(이하 "인수자"라 한다)에 공급하여야 한다.(2021.4.13 본항개정)

② 제1항에 따른 국민주택규모 주택의 공급가격은 「공공주택 특별법」 제50조의4에 따라 국토교통부장관이 고시하는 공공건설임대주택의 표준건축비로 하며, 부속 토지는 인수자에게 기부채납한 것으로 본다.(2021.4.13 본항개정)

③ 사업시행자는 제54조제1항 및 제2항에 따라 정비계획상 용적률을 초과하여 건축하려는 경우에는 사업시행계획인가를 신청하기 전에 미리 제1항 및 제2항에 따른 국민주택규모 주택에 관한 사항을 인수자와 협의하여 사업시행계획서에 반영하여야 한다.(2021.4.13 본항개정)

④ 제1항 및 제2항에 따른 국민주택규모 주택의 인수를 위한 절차와 방법 등에 필요한 사항은 대통령령으로 정할 수 있으며, 인수된 국민주택규모 주택은 대통령령으로 정하는 장기공공임대주택으로 활용하여야 한다. 다만, 토지등소유자의 부담 완화 등 대통령령으로 정하는 요건에 해당하는 경우에는 인수된 국민주택규모 주택을 장기공공임대주택이 아닌 임대주택으로 활용할 수 있다.(2021.4.13 본항개정)

⑤ 제2항에도 불구하고 제4항 단서에 따른 임대주택의 인수자는 임대의무기간에 따라 감정평가액의 100분의 50 이하의 범위에서 대통령령으로 정하는 가격으로 부속 토지를 인수하여야 한다.

(2021.4.13 본조제목개정)

제56조【관계 서류의 공람과 의견청취】 ① 시장·군수등은 사업시행계획인가를 하거나 사업시행계획서를 작성하려는 경우에는 대통령령으로 정하는 방법 및 절차에 따라 관계 서류의 사본을 14일 이상 일반인이 공람할 수 있게 하여야 한다. 다만, 제50조제1항 단서에 따른 경미한 사항을 변경하려는 경우에는 그러하지 아니하다.

② 토지등소유자 또는 조합원, 그 밖에 정비사업과 관련하여 이해관계를 가지는 자는 제1항의 공람기간 이내에 시장·군수등에게 서면으로 의견을 제출할 수 있다.

③ 시장·군수등은 제2항에 따라 제출된 의견을 심사하여 채택할 필요가 있다고 인정하는 때에는 이를 채택하고, 그러하지 아니한 경우에는 의견을 제출한 자에게 그 사유를 알려주어야 한다.

제57조【인·허가등의 의제 등】 ① 사업시행자가 사업시행계획인가를 받은 때(시장·군수등이 직접 정비사업을 시행하는 경우에는 사업시행계획서를 작성한 때를 말한다. 이하 이 조에서 같다)에는 다음 각 호의 인가·허가·결정·승인·신고·등록·협의·동의·심사·지정 또는 해제(이하 "인·허가등"이라 한다)가 있은 것으로 보며, 제50조제9항에 따른 사업시행계획인가의 고시가 있은 때에는 다음 각 호의 관계 법률에 따른 인·허가등의 고시·공고 등이 있은 것으로 본다.(2022.6.10 본문개정)
1. 「주택법」 제15조에 따른 사업계획의 승인
2. 「공공주택 특별법」 제35조에 따른 주택건설사업계획의 승인
3. 「건축법」 제11조에 따른 건축허가, 같은 법 제20조에 따른 가설건축물의 건축허가 또는 축조신고 및 같은 법 제29조에 따른 건축협의

4. 「도로법」 제36조에 따른 도로관리청이 아닌 자에 대한 도로공사 시행의 허가 및 같은 법 제61조에 따른 도로의 점용 허가
5. 「사방사업법」 제20조에 따른 사방지의 지정해제
6. 「농지법」 제34조에 따른 농지전용의 허가·협의 및 같은 법 제35조에 따른 농지전용신고
7. 「산지관리법」 제14조·제15조에 따른 산지전용허가 및 산지전용신고, 같은 법 제15조의2에 따른 산지일시사용허가·신고와 「산림자원의 조성 및 관리에 관한 법률」 제36조제1항·제5항에 따른 입목벌채등의 허가·신고 및 「산림보호법」 제9조제1항 및 같은 조 제2항제1호에 따른 산림보호구역에서의 행위의 허가. 다만, 「산림자원의 조성 및 관리에 관한 법률」에 따른 채종림·시험림과 「산림보호법」에 따른 산림유전자원보호구역의 경우는 제외한다.(2022.12.27 본문개정)
8. 「하천법」 제30조에 따른 하천공사 시행의 허가 및 하천공사 실시계획의 인가, 같은 법 제33조에 따른 하천의 점용허가 및 같은 법 제50조에 따른 하천수의 사용허가
9. 「수도법」 제17조에 따른 일반수도사업의 인가 및 같은 법 제52조 또는 제54조에 따른 전용상수도 또는 전용공업용수도 설치의 인가
10. 「하수도법」 제16조에 따른 공공하수도 사업의 허가 및 같은 법 제34조제2항에 따른 개인하수처리시설의 설치신고
11. 「공간정보의 구축 및 관리 등에 관한 법률」 제15조제4항에 따른 지도등의 간행 심사(2021.7.20 본호개정)
12. 「유통산업발전법」 제8조에 따른 대규모점포등의 등록
13. 「국유재산법」 제30조에 따른 사용허가(재개발사업으로 한정한다)
14. 「공유재산 및 물품 관리법」 제20조에 따른 사용·수익허가(재개발사업으로 한정한다)
15. 「공간정보의 구축 및 관리 등에 관한 법률」 제86조제1항에 따른 사업의 착수·변경의 신고
16. 「국토의 계획 및 이용에 관한 법률」 제86조에 따른 도시·군계획시설 사업시행자의 지정 및 같은 법 제88조에 따른 실시계획의 인가
17. 「전기안전관리법」 제8조에 따른 자가용전기설비의 공사계획의 인가 및 신고(2020.3.31 본호개정)
18. 「소방시설 설치 및 관리에 관한 법률」 제6조제1항에 따른 건축허가등의 동의, 「위험물안전관리법」 제6조제1항에 따른 제조소등의 설치의 허가(제조소등은 공장건축물 또는 그 부속시설과 관계있는 것으로 한정한다)(2021.11.30 본호개정)
19. 「도시공원 및 녹지 등에 관한 법률」 제16조의2에 따른 공원조성계획의 결정(2022.6.10 본호신설)
20. 「장애인·노인·임산부 등의 편의증진 보장에 관한 법률」 제9조의2에 따른 편의시설 설치기준의 적합성 확인 (2025.1.31 본호신설)

② 사업시행자가 공장이 포함된 구역에 대하여 재개발사업의 사업시행계획인가를 받은 때에는 제1항에 따른 인·허가등 외에 다음 각 호의 인·허가등이 있은 것으로 보며, 제50조제9항에 따른 사업시행계획인가를 고시한 때에는 다음 각 호의 관계 법률에 따른 인·허가 등의 고시·공고 등이 있은 것으로 본다.(2021.3.16 본문개정)
1. 「산업집적활성화 및 공장설립에 관한 법률」 제13조에 따른 공장설립등의 승인 및 같은 법 제15조에 따른 공장설립등의 완료신고
2. 「폐기물관리법」 제29조제2항에 따른 폐기물처리시설의 설치승인 또는 설치신고(변경승인 또는 변경신고를 포함한다)
3. 「대기환경보전법」 제23조, 「물환경보전법」 제33조 및 「소음·진동관리법」 제8조에 따른 배출시설설치의 허가 및 신고
4. 「총포·도검·화약류 등의 안전관리에 관한 법률」 제25조제1항에 따른 화약류저장소 설치의 허가

③ 사업시행자는 정비사업에 대하여 제1항 및 제2항에 따른 인·허가등의 의제를 받으려는 경우에는 제50조제1항에 따른 사업시행계획인가를 신청하는 때에 해당 법률에서 정하는 관계 서류를 함께 제출하여야 한다. 다만, 사업시행계획인가를 신청한 때에 시공자가 선정되어 있지 아니하여 관계 서류를 제출할 수 없거나 제6항에 따라 사업시행계획인가를 하는 경우에는 시장·군수등이 정하는 기한까지 제출할 수 있다. (2020.6.9 본문개정)

④ 시장·군수등은 사업시행계획인가를 하거나 사업시행계획서를 작성하려는 경우 제1항 각 호 및 제2항 각 호에 따라 의제되는 인·허가등에 해당하는 사항이 있는 때에는 미리 관계 행정기관의 장과 협의하여야 하고, 협의를 요청받은 관계 행정기관의 장은 요청받은 날(제3항 단서의 경우에는 서류가 관계 행정기관의 장에게 도달된 날을 말한다)부터 30일 이내에 의견을 제출하여야 한다. 이 경우 관계 행정기관의 장이 30일 이내에 의견을 제출하지 아니하면 협의된 것으로 본다.

⑤ 시장·군수등은 사업시행계획인가(시장·군수등이 사업시행계획서를 작성한 경우를 포함한다)를 하려는 경우 정비구역부터 200미터 이내에 교육시설이 설치되어 있는 때에는 해당 지방자치단체의 교육감 또는 교육장과 협의하여야 하며, 인가받은 사항을 변경하는 경우에도 또한 같다.

⑥ 시장·군수등은 제4항 및 제5항에도 불구하고 천재지변이나 그 밖의 불가피한 사유로 긴급히 정비사업을 시행할 필요가 있다고 인정하는 때에는 관계 행정기관의 장 및 교육감 또는 교육장과 협의를 마치기 전에 제50조제1항에 따른 사업시행계획인가를 할 수 있다. 이 경우 협의를 마칠 때까지는 제1항 및 제2항에 따른 인·허가등을 받은 것으로 보지 아니한다.

⑦ 제1항이나 제2항에 따라 인·허가등을 받은 것으로 보는 경우에는 관계 법률 또는 시·도조례에 따라 해당 인·허가등의 대가로 부과되는 수수료와 해당 국·공유지의 사용 또는 점용에 따른 사용료 또는 점용료를 면제한다.

제58조【사업시행계획인가의 특례】 ① 사업시행자는 일부 건축물의 존치 또는 리모델링(「주택법」 제2조제25호 또는 「건축법」 제2조제1항제10호에 따른 리모델링을 말한다. 이하 같다)에 관한 내용이 포함된 사업시행계획서를 작성하여 사업시행계획인가를 신청할 수 있다.

② 시장·군수등은 존치 또는 리모델링하는 건축물 및 건축물이 있는 토지가 「주택법」 및 「건축법」에 따른 다음 각 호의 건축 관련 기준에 적합하지 아니하더라도 대통령령으로 정하는 기준에 따라 사업시행계획인가를 할 수 있다.
1. 「주택법」 제2조제12호에 따른 주택단지의 범위
2. 「주택법」 제35조제1항제3호 및 제4호에 따른 부대시설 및 복리시설의 설치기준
3. 「건축법」 제44조에 따른 대지와 도로의 관계
4. 「건축법」 제46조에 따른 건축선의 지정
5. 「건축법」 제61조에 따른 일조 등의 확보를 위한 건축물의 높이 제한

③ 사업시행자가 제1항에 따라 사업시행계획서를 작성하려는 경우에는 존치 또는 리모델링하는 건축물 소유자의 동의(「집합건물의 소유 및 관리에 관한 법률」 제2조제2호에 따른 구분소유자가 있는 경우에는 구분소유자의 3분의 2 이상의 동의와 해당 건축물 연면적의 3분의 2 이상의 구분소유자의 동의로 한다)를 받아야 한다. 다만, 정비계획에서 존치 또는 리모델링하는 것으로 계획된 경우에는 그러하지 아니한다.

제59조【순환정비방식의 정비사업 등】 ① 사업시행자는 정비구역의 안과 밖에 새로 건설한 주택 또는 이미 건설되어 있는 주택의 경우 그 정비사업의 시행으로 철거되는 주택의 소유자 또는 세입자(정비구역에서 실제 거주하는 자로 한정한다. 이하 이 항 및 제61조제1항에서 같다)를 임시로 거주하게 하는 등 그 정비구역을 순차적으로 정비하여 주택의 소유자 또는 세입자의 이주대책을 수립하여야 한다.

② 사업시행자는 제1항에 따른 방식으로 정비사업을 시행하는 경우에는 임시로 거주하는 주택(이하 "순환용주택"이라 한다)을 「주택법」 제54조에도 불구하고 제61조에 따른 임시거주시설로 사용하거나 임대할 수 있으며, 대통령령으로 정하는 방법과 절차에 따라 토지주택공사등이 보유한 공공임대주택을 순환용주택으로 우선 공급할 것을 요청할 수 있다.

③ 사업시행자는 순환용주택에 거주하는 자가 정비사업이 완료된 후에도 순환용주택에 계속 거주하기를 희망하는 때에는 대통령령으로 정하는 바에 따라 분양하거나 계속 임대할 수 있다. 이 경우 사업시행자가 소유하는 순환용주택은 제74조에 따라 인가받은 관리처분계획에 따라 토지등소유자에게 처분된 것으로 본다.

제60조【지정개발자의 정비사업비의 예치 등】 ① 시장·군수등은 재개발사업의 사업시행계획인가를 하는 경우 해당 정비사업의 사업시행자가 지정개발자(지정개발자가 토지등소유자인 경우로 한정한다)인 때에는 정비사업비의 100분의 20의 범위에서 시·도조례로 정하는 금액을 예치하게 할 수 있다.
② 제1항에 따른 예치금은 제89조제1항 및 제2항에 따른 청산금의 지급이 완료된 때에 반환한다.
③ 제1항 및 제2항에 따른 예치 및 반환 등에 필요한 사항은 시·도조례로 정한다.

제4절 정비사업 시행을 위한 조치 등

제61조【임시거주시설·임시상가의 설치 등】 ① 사업시행자는 주거환경개선사업 및 재개발사업의 시행으로 철거되는 주택의 소유자 또는 세입자에게 해당 정비구역안과 밖에 위치한 임대주택 등의 시설에 임시로 거주하게 하거나 주택자금의 융자를 알선하는 등 임시거주에 상응하는 조치를 하여야 한다.
② 사업시행자는 제1항에 따라 임시거주시설(이하 "임시거주시설"이라 한다)의 설치 등을 위하여 필요한 때에는 국가·지방자치단체, 그 밖의 공공단체 또는 개인의 시설이나 토지를 일시 사용할 수 있다.
③ 국가 또는 지방자치단체는 사업시행자로부터 임시거주시설에 필요한 건축물이나 토지의 사용신청을 받은 때에는 대통령령으로 정하는 사유가 없으면 이를 거절하지 못한다. 이 경우 사용료 또는 대부료는 면제한다.
④ 사업시행자는 정비사업의 공사를 완료한 때에는 완료한 날부터 30일 이내에 임시거주시설을 철거하고, 사용한 건축물이나 토지를 원상회복하여야 한다.
⑤ 재개발사업의 사업시행자는 사업시행으로 이주하는 상가세입자가 사용할 수 있도록 정비구역 또는 정비구역 인근에 임시상가를 설치할 수 있다.

제62조【임시거주시설·임시상가의 설치 등에 따른 손실보상】 ① 사업시행자는 제61조에 따라 공공단체(지방자치단체는 제외한다) 또는 개인의 시설이나 토지를 일시 사용함으로써 손실을 입은 자가 있는 경우에는 손실을 보상하여야 하며, 손실을 보상하는 경우에는 손실을 입은 자와 협의하여야 한다.
② 사업시행자 또는 손실을 입은 자는 제1항에 따른 손실보상에 관한 협의가 성립되지 아니하거나 협의할 수 없는 경우에는 「공익사업을 위한 토지 등의 취득 및 보상에 관한 법률」 제49조에 따라 설치되는 관할 토지수용위원회에 재결을 신청할 수 있다.
③ 제1항 또는 제2항에 따른 손실보상은 이 법에 규정된 사항을 제외하고는 「공익사업을 위한 토지 등의 취득 및 보상에 관한 법률」을 준용한다.

제63조【토지 등의 수용 또는 사용】 사업시행자는 정비구역에서 정비사업(재건축사업의 경우에는 제26조제1항제1호 및 제27조제1항제1호에 해당하는 사업으로 한정한다)을 시행하기 위하여 「공익사업을 위한 토지 등의 취득 및 보상에 관한 법률」 제3조에 따른 토지·물건 또는 그 밖의 권리를 취득하거나 사용할 수 있다.

제64조【재건축사업에서의 매도청구】 ① 재건축사업의 사업시행자는 사업시행계획인가의 고시가 있은 날부터 30일 이내에 다음 각 호의 자에게 조합설립 또는 사업시행자의 지정에 관한 동의 여부를 회답할 것을 서면으로 촉구하여야 한다.
1. 제35조제3항부터 제5항까지에 따른 조합설립에 동의하지 아니한 자
2. 제26조제1항 및 제27조제1항에 따라 시장·군수등, 토지주택공사등 또는 신탁업자의 사업시행자 지정에 동의하지 아니한 자
② 제1항의 촉구를 받은 토지등소유자는 촉구를 받은 날부터 2개월 이내에 회답하여야 한다.
③ 제2항의 기간 내에 회답하지 아니한 경우 그 토지등소유자는 조합설립 또는 사업시행자의 지정에 동의하지 아니하겠다는 뜻을 회답한 것으로 본다.
④ 제2항의 기간이 지나면 사업시행자는 그 기간이 만료된 때부터 2개월 이내에 조합설립 또는 사업시행자 지정에 동의하지 아니하겠다는 뜻을 회답한 토지등소유자와 건축물 또는 토지만 소유한 자에게 건축물 또는 토지의 소유권과 그 밖의 권리를 매도할 것을 청구할 수 있다.

제65조【「공익사업을 위한 토지 등의 취득 및 보상에 관한 법률」의 준용】 ① 정비구역에서 정비사업의 시행을 위한 토지 또는 건축물의 소유권과 그 밖의 권리에 대한 수용 또는 사용은 이 법에 규정된 사항을 제외하고는 「공익사업을 위한 토지 등의 취득 및 보상에 관한 법률」을 준용한다. 다만, 정비사업의 시행에 따른 손실보상의 기준 및 절차는 대통령령으로 정할 수 있다.
② 제1항에 따라 「공익사업을 위한 토지 등의 취득 및 보상에 관한 법률」을 준용하는 경우 사업시행계획인가 고시(시장·군수등이 직접 정비사업을 시행하는 경우에는 제50조제9항에 따른 사업시행계획서의 고시를 말한다. 이하 이 조에서 같다)가 있은 때에는 같은 법 제20조제1항 및 제22조제1항에 따른 사업인정 및 그 고시가 있은 것으로 본다.(2021.3.16 본항개정)
③ 제1항에 따른 수용 또는 사용에 대한 재결의 신청은 「공익사업을 위한 토지 등의 취득 및 보상에 관한 법률」 제23조 및 같은 법 제28조제1항에도 불구하고 사업시행계획인가(사업시행계획변경인가를 포함한다)를 할 때 정한 사업시행기간 이내에 하여야 한다.
④ 대지 또는 건축물을 현물보상하는 경우에는 「공익사업을 위한 토지 등의 취득 및 보상에 관한 법률」 제42조에도 불구하고 제83조에 따른 준공인가 이후에도 할 수 있다.

제66조【용적률에 관한 특례 등】 ① 사업시행자가 다음 각 호의 어느 하나에 해당하는 경우에는 「국토의 계획 및 이용에 관한 법률」 제78조제1항에도 불구하고 해당 정비구역에 적용되는 용적률의 100분의 125 이하의 범위에서 대통령령으로 정하는 바에 따라 특별시·광역시·특별자치시·특별자치도·시 또는 군의 조례로 용적률을 완화하여 정할 수 있다.
1. 제65조제1항 단서에 따라 대통령령으로 정하는 손실보상의 기준 이상으로 세입자에게 주거이전비를 지급하거나 영업의 폐지 또는 휴업에 따른 손실을 보상하는 경우
2. 제65조제1항 단서에 따른 손실보상에 더하여 임대주택을 추가로 건설하거나 임대상가를 건설하는 등 추가적인 세입자 손실보상 대책을 수립하여 시행하는 경우
② 정비구역이 역세권 등 대통령령으로 정하는 요건에 해당하는 경우(제24조제4항, 제26조제1항제1호 및 제27조제1항제1호에 따른 정비사업을 시행하는 경우는 제외한다)에는 제11조, 제54조 및 「국토의 계획 및 이용에 관한 법률」 제78조에도 불구하고 다음 각 호의 어느 하나에 따라 용적률을 완화하여 적용할 수 있다.
1. 지방도시계획위원회의 심의를 거쳐 법적상한용적률의 100분의 120까지 완화
2. 용도지역의 변경을 통하여 용적률을 완화하여 정비계획을 수립(변경수립을 포함한다. 이하 이 조에서 같다)한 후 변경된 용도지역의 법적상한용적률까지 완화
(2023.7.18 본항신설)
③ 사업시행자는 제2항에 따라 완화된 용적률에서 정비계획으로 정하여진 용적률을 뺀 용적률의 100분의 75 이하로서 대통령령으로 정하는 바에 따라 시·도조례로 정하는 비율에 해당하는 면적에 국민주택규모 주택을 건설하여 인수자에게 공급하여야 한다. 이 경우 국민주택규모 주택의 공급 및 인수방법에 관하여는 제55조를 준용한다.(2023.7.18 본항신설)
④ 제3항에도 불구하고 인수자는 사업시행자로부터 공급받은 주택 중 대통령령으로 정하는 비율에 해당하는 주택에 대해서는 「공공주택 특별법」 제48조에 따라 분양할 수 있다. 이 경우 해당 주택의 공급가격은 「주택법」 제57조제4항에 따라 국토교통부장관이 고시하는 건축비로 하며, 부속 토지의 가격은 감정평가액의 100분의 50 이상의 범위에서 대통령령으로 정한다.
(2023.7.18 본항신설)
⑤ 제3항 및 제4항에서 규정한 사항 외에 국민주택규모 주택의 인수 절차 및 활용에 필요한 사항은 대통령령으로 정할 수 있다.(2023.7.18 본항신설)
(2023.7.18 본조제목개정)

제67조【재건축사업의 범위에 관한 특례】 ① 사업시행자 또는 추진위원회는 다음 각 호의 어느 하나에 해당하는 경우에는 그 주택단지 안의 일부 토지에 대하여 「건축법」 제57조에도 불구하고 분할하려는 토지면적이 같은 조에서 정하고 있는 면적에 미달되더라도 토지분할을 청구할 수 있다.
1. 「주택법」 제15조제1항에 따라 사업계획승인을 받아 건설한 둘 이상의 건축물이 있는 주택단지에 재건축사업을 하는 경우
2. 제35조제3항에 따른 조합설립의 동의요건을 충족시키기 위하여 필요한 경우
② 사업시행자 또는 추진위원회는 제1항에 따라 토지분할 청구를 하는 때에는 토지분할의 대상이 되는 토지 및 그 위의 건축물과 관련된 토지등소유자와 협의하여야 한다.
③ 사업시행자 또는 추진위원회는 제2항에 따른 토지분할의 협의가 성립되지 아니한 경우에는 법원에 토지분할을 청구할 수 있다.
④ 시장·군수등은 제3항에 따라 토지분할이 청구된 경우에 분할되어 나가는 토지 및 그 위의 건축물이 다음 각 호의 요건을 충족하는 때에는 토지분할이 완료되지 아니하여 제1항에 따른 동의요건에 미달되더라도 「건축법」 제4조에 따라 특별자치시·특별자치도·시·군·구(자치구를 말한다)에 설치하는 건축위원회의 심의를 거쳐 조합설립인가와 사업시행계획인가를 할 수 있다.
1. 해당 토지 및 건축물과 관련된 토지등소유자(제77조에 따른 기준일의 다음 날 이후에 정비구역에 위치한 건축물 및 그 부속토지의 소유권을 취득한 자는 제외한다)의 수가 전체의 10분의 1 이하일 것(2024.1.30 본호개정)
2. 분할되어 나가는 토지 위의 건축물이 분할선 상에 위치하지 아니할 것
3. 그 밖에 사업시행계획인가를 위하여 대통령령으로 정하는 요건에 해당할 것

제68조【건축규제의 완화 등에 관한 특례】 ① 주거환경개선사업에 따른 건축허가를 받은 때와 부동산등기(소유권 보존등기 또는 이전등기로 한정한다)를 하는 때에는 「주택도시기금법」 제8조의 국민주택채권의 매입에 관한 규정을 적용하지 아니한다.
② 주거환경개선구역에서 「국토의 계획 및 이용에 관한 법률」 제43조제2항에 따른 도시·군계획시설의 결정·구조 및 설치의 기준 등에 필요한 사항은 국토교통부령으로 정하는 바에 따른다.
③ 사업시행자는 주거환경개선구역에서 다음 각 호의 어느 하나에 해당하는 사항은 시·도조례로 정하는 바에 따라 기준을 따로 정할 수 있다.
1. 「건축법」 제44조에 따른 대지와 도로의 관계(소방활동에 지장이 없는 경우로 한정한다)
2. 「건축법」 제60조 및 제61조에 따른 건축물의 높이 제한(사업시행자가 공동주택을 건설·공급하는 경우로 한정한다)
④ 사업시행자는 공공재건축사업을 위한 정비구역, 제26조제1항제1호 및 제27조제1항제1호에 따른 재건축구역(재건축사업을 시행하는 정비구역을 말한다. 이하 같다) 또는 제66조제2항에 따라 용적률을 완화하여 적용하는 정비구역에서 다음 각 호의 어느 하나에 해당하는 사항에 대하여 대통령령으로 정하는 범위에서 「건축법」 제72조제2항에 따른 지방건축위원회 또는 지방도시계획위원회의 심의를 거쳐 그 기준을 완화받을 수 있다.(2023.7.18 본문개정)
1. 「건축법」 제42조에 따른 대지의 조경기준
2. 「건축법」 제55조에 따른 건폐율의 산정기준
3. 「건축법」 제58조에 따른 대지 안의 공지 기준
4. 「건축법」 제60조 및 제61조에 따른 건축물의 높이 제한
5. 「주택법」 제35조제1항제3호 및 제4호에 따른 부대시설 및 복리시설의 설치기준
5의2. 「도시공원 및 녹지 등에 관한 법률」 제14조에 따른 도시공원 또는 녹지 확보기준(2021.4.13 본호신설)
6. 제1호부터 제5호까지 및 제5호의2에서 규정한 사항 외에 공공재건축사업 또는 제26조제1항제1호 및 제27조제1항제1호에 따른 재건축사업의 원활한 시행을 위하여 대통령령으로 정하는 사항(2021.4.13 본호개정)

제69조【다른 법령의 적용 및 배제】 ① 주거환경개선구역은 해당 정비구역의 지정·고시가 있은 날부터 「국토의 계획 및 이용에 관한 법률」 제36조제1항제1호가목 및 같은 조 제2항에 따라 주거지역을 세분하여 정하는 지역 중 대통령령으로 정하는 지역으로 결정·고시된 것으로 본다. 다만, 다음 각 호의 어느 하나에 해당하는 경우에는 그러하지 아니하다.
1. 해당 정비구역이 「개발제한구역의 지정 및 관리에 관한 특별조치법」 제3조제1항에 따라 결정된 개발제한구역인 경우
2. 시장·군수등이 주거환경개선사업을 위하여 필요하다고 인정하여 해당 정비구역의 일부분을 종전 용도지역으로 그대로 유지하거나 동일면적의 범위에서 위치를 변경하는 내용으로 정비계획을 수립한 경우
3. 시장·군수등이 제9조제1항제10호다목의 사항을 포함하는 정비계획을 수립한 경우
② 정비사업과 관련된 환지에 관하여는 「도시개발법」 제28조부터 제49조까지의 규정을 준용한다. 이 경우 같은 법 제41조제2항 본문에 따른 "환지처분을 하는 때"는 "사업시행계획인가를 하는 때"로 본다.
③ 주거환경개선사업의 경우에는 「공익사업을 위한 토지 등의 취득 및 보상에 관한 법률」 제78조제4항을 적용하지 아니하며, 「주택법」을 적용할 때에는 이 법에 따른 사업시행자(토지주택공사등이 공동사업시행자인 경우에는 토지주택공사등을 말한다)는 「주택법」에 따른 사업주체로 본다.(2019.4.23 본항개정)
④ 공공재개발사업 시행자 또는 공공재건축사업 시행자는 공공재개발사업 또는 공공재건축사업을 시행하는 경우 「건설기술 진흥법」 등 관계 법령에도 불구하고 대통령령으로 정하는 바에 따라 건설사업관리기술인의 배치기준을 별도로 정할 수 있다.(2021.4.13 본항신설)

제70조【지상권 등 계약의 해지】 ① 정비사업의 시행으로 지상권·전세권 또는 임차권의 설정 목적을 달성할 수 없는 때에는 그 권리자는 계약을 해지할 수 있다.
② 제1항에 따라 계약을 해지할 수 있는 자가 가지는 전세금·보증금, 그 밖의 계약상의 금전의 반환청구권은 사업시행자에게 행사할 수 있다.
③ 제2항에 따른 금전의 반환청구권의 행사로 해당 금전을 지급한 사업시행자는 해당 토지등소유자에게 구상할 수 있다.
④ 사업시행자는 제3항에 따른 구상이 되지 아니하는 때에는 해당 토지등소유자에게 귀속될 대지 또는 건축물을 압류할 수 있다. 이 경우 압류한 권리는 저당권과 동일한 효력을 가진다.
⑤ 제74조에 따라 관리처분계획의 인가를 받은 경우 지상권·전세권설정계약 또는 임대차계약의 계약기간은 「민법」 제280조·제281조 및 제312조제2항, 「주택임대차보호법」 제4조제1항, 「상가건물 임대차보호법」 제9조제1항을 적용하지 아니한다.

제71조【소유자의 확인이 곤란한 건축물 등에 대한 처분】 ① 사업시행자는 다음 각 호에서 정하는 날 현재 건축물 또는 토지의 소유자의 소재 확인이 현저히 곤란한 때에는 전국적으로 배포되는 둘 이상의 일간신문에 2회 이상 공고하고, 공고한 날부터 30일 이상이 지난 때에는 그 소유자의 해당 건축물 또는 토지의 감정평가액에 해당하는 금액을 법원에 공탁하고 정비사업을 시행할 수 있다.
1. 제25조에 따라 조합이 사업시행자가 되는 경우에는 제35조에 따른 조합설립인가일
2. 제25조제1항제2호에 따라 토지등소유자가 시행하는 재개발사업의 경우에는 제50조에 따른 사업시행계획인가일
3. 제26조제1항에 따라 시장·군수등, 토지주택공사등이 정비사업을 시행하는 경우에는 같은 조 제2항에 따른 고시일
4. 제27조제1항에 따라 지정개발자를 사업시행자로 지정하는 경우에는 같은 조 제2항에 따른 고시일
② 재건축사업을 시행하는 경우 조합설립인가일 현재 조합원 전체의 공동소유인 토지 또는 건축물은 조합 소유의 토지 또는 건축물로 본다.
③ 제2항에 따라 조합 소유로 보는 토지 또는 건축물의 처분에 관한 사항은 제74조제1항에 따른 관리처분계획에 명시하여야 한다.
④ 제1항에 따른 토지 또는 건축물의 감정평가는 제74조제4항 제1호를 준용한다.(2021.3.16 본항개정)

제5절 관리처분계획 등

제72조【분양공고 및 분양신청】 ① 사업시행자는 제50조제9항에 따른 사업시행계획인가의 고시가 있은 날(사업시행계획인가 이후 시공자를 선정한 경우에는 시공자와 계약을 체결한 날)부터 90일(대통령령으로 정하는 경우에는 1회에 한정하여 30일의 범위에서 연장할 수 있다) 이내에 다음 각 호의 사항을 토지등소유자에게 통지하고, 분양의 대상이 되는 대지 또는 건축물의 내역 등 대통령령으로 정하는 사항을 해당 지역에서 발간되는 일간신문에 공고하여야 한다. 다만, 토지등소유자 1인이 시행하는 재개발사업의 경우에는 그러하지 아니하다.(2025.1.31 본문개정)

1. 분양대상자별 종전의 토지 또는 건축물의 명세 및 사업시행계획인가의 고시가 있은 날을 기준으로 한 가격(사업시행계획인가 전에 제81조제3항에 따라 철거된 건축물은 시장·군수등에게 허가를 받은 날을 기준으로 한 가격)
2. 분양대상자별 분담금의 추산액
3. 분양신청기간
4. 그 밖에 대통령령으로 정하는 사항

② 제1항제3호에 따른 분양신청기간은 통지한 날부터 30일 이상 60일 이내로 하여야 한다. 다만, 사업시행자는 제74조제1항에 따른 관리처분계획의 수립에 지장이 없다고 판단하는 경우에는 분양신청기간을 20일의 범위에서 한 차례만 연장할 수 있다.

③ 대지 또는 건축물에 대한 분양을 받으려는 토지등소유자는 제2항에 따른 분양신청기간에 대통령령으로 정하는 방법 및 절차에 따라 사업시행자에게 대지 또는 건축물에 대한 분양신청을 하여야 한다.

④ 사업시행자는 제2항에 따른 분양신청기간 종료 후 제50조제1항에 따른 사업시행계획인가의 변경(경미한 사항의 변경은 제외한다)으로 세대수 또는 주택규모가 달라지는 경우 제1항부터 제3항까지의 규정에 따라 분양공고 등의 절차를 다시 거칠 수 있다.

⑤ 사업시행자는 정관등으로 정하고 있거나 총회의 의결을 거친 경우 제4항에 따라 제73조제1항제1호 및 제2호에 해당하는 토지등소유자에게 분양신청을 다시 하게 할 수 있다.

⑥ 제3항부터 제5항까지의 규정에도 불구하고 투기과열지구의 정비사업에서 제74조에 따른 관리처분계획에 따라 같은 조 제1항제2호 또는 제1항제4호가목의 분양대상자 및 그 세대에 속한 자는 분양대상자 선정일(조합원 분양분의 분양대상자는 최초 관리처분계획 인가일을 말한다)부터 5년 이내에는 투기과열지구에서 제3항부터 제5항까지의 규정에 따른 분양신청을 할 수 없다. 다만, 상속, 결혼, 이혼으로 조합원 자격을 취득한 경우에는 분양신청을 할 수 있다.(2017.10.24 본항신설)

⑦ 공공재개발사업 시행자는 제39조제2항제6호에 따라 건축물 또는 토지를 양수하려는 경우 무분별한 분양신청을 방지하기 위하여 제1항 또는 제4항에 따른 분양공고 시 양수대상이 되는 건축물 또는 토지의 조건을 함께 공고하여야 한다.(2021.4.13 본항신설)

제73조【분양신청을 하지 아니한 자 등에 대한 조치】 ① 사업시행자는 관리처분계획이 인가·고시된 다음 날부터 90일 이내에 다음 각 호에서 정하는 자와 토지, 건축물 또는 그 밖의 권리의 손실보상에 관한 협의를 하여야 한다. 다만, 사업시행자는 분양신청기간 종료일의 다음 날부터 협의를 시작할 수 있다.

1. 분양신청을 하지 아니한 자
2. 분양신청기간 종료 이전에 분양신청을 철회한 자
3. 제72조제6항 본문에 따라 분양신청을 할 수 없는 자 (2017.10.24 본호신설)
4. 제74조에 따라 인가된 관리처분계획에 따라 분양대상에서 제외된 자

② 사업시행자는 제1항에 따른 협의가 성립되지 아니하면 그 기간의 만료일 다음 날부터 60일 이내에 수용재결을 신청하거나 매도청구소송을 제기하여야 한다.

③ 사업시행자는 제2항에 따른 기간을 넘겨서 수용재결을 신청하거나 매도청구소송을 제기한 경우에는 해당 토지등소유자에게 지연일수(遲延日數)에 따른 이자를 지급하여야 한다. 이 경우 이자는 100분의 15 이하의 범위에서 대통령령으로 정하는 이율을 적용하여 산정한다.

제74조【관리처분계획의 인가 등】 ① 사업시행자는 제72조에 따른 분양신청기간이 종료된 때에는 분양신청의 현황을 기초로 다음 각 호의 사항이 포함된 관리처분계획을 수립하여 시장·군수등의 인가를 받아야 하며, 관리처분계획을 변경·중지 또는 폐지하려는 경우에도 또한 같다. 다만, 대통령령으로 정하는 경미한 사항을 변경하려는 경우에는 시장·군수등에게 신고하여야 한다.

1. 분양설계
2. 분양대상자의 주소 및 성명
3. 분양대상자별 분양예정인 대지 또는 건축물의 추산액(임대관리 위탁주택에 관한 내용을 포함한다)
4. 다음 각 목에 해당하는 보류지 등의 명세와 추산액 및 처분방법. 다만, 나목의 경우에는 제30조제1항에 따라 선정된 임대사업자의 성명 및 주소(법인인 경우에는 법인의 명칭 및 소재지와 대표자의 성명 및 주소)를 포함한다.(2018.1.16 단서개정)
   가. 일반 분양분
   나. 공공지원민간임대주택(2018.1.16 본목개정)
   다. 임대주택
   라. 그 밖에 부대시설·복리시설 등
5. 분양대상자별 종전의 토지 또는 건축물 명세 및 사업시행계획인가 고시가 있은 날을 기준으로 한 가격(사업시행계획인가 전에 제81조제3항에 따라 철거된 건축물은 시장·군수등에게 허가를 받은 날을 기준으로 한 가격)
6. 정비사업비의 추산액(재건축사업의 경우에는 「재건축 초과이익 환수에 관한 법률」에 따른 재건축부담금에 관한 사항을 포함한다) 및 그에 따른 조합원 분담규모 및 분담시기
7. 분양대상자의 종전 토지 또는 건축물에 관한 소유권 외의 권리명세
8. 세입자별 손실보상을 위한 권리명세 및 그 평가액
9. 그 밖에 정비사업과 관련한 권리 등에 관하여 대통령령으로 정하는 사항

② 시장·군수등은 제1항 각 호 외의 부분 단서에 따른 신고를 받은 날부터 20일 이내에 신고수리 여부를 신고인에게 통지하여야 한다.(2021.3.16 본항신설)

③ 시장·군수등이 제2항에서 정한 기간 내에 신고수리 여부 또는 민원 처리 관련 법령에 따른 처리기간의 연장을 신고인에게 통지하지 아니하면 그 기간(민원 처리 관련 법령에 따라 처리기간이 연장 또는 재연장된 경우에는 해당 처리기간을 말한다)이 끝난 날의 다음 날에 신고를 수리한 것으로 본다. (2021.3.16 본항신설)

④ 정비사업에서 제1항제3호·제5호 및 제8호에 따라 재산 또는 권리를 평가할 때에는 다음 각 호의 방법에 따른다.

1. 「감정평가 및 감정평가사에 관한 법률」에 따른 감정평가법인등 중 다음 각 목의 구분에 따른 감정평가법인등이 평가한 금액을 산술평균하여 산정한다. 다만, 관리처분계획을 변경·중지 또는 폐지하려는 경우 분양예정 대상인 대지 또는 건축물의 추산액과 종전의 토지 또는 건축물의 가격은 사업시행자 및 토지등소유자 전원이 합의하여 산정할 수 있다.
   가. 주거환경개선사업 또는 재개발사업 : 시장·군수등이 선정·계약한 2인 이상의 감정평가법인등
   나. 재건축사업 : 시장·군수등이 선정·계약한 1인 이상의 감정평가법인등과 조합총회의 의결로 선정·계약한 1인 이상의 감정평가법인등
   (2020.4.7 본호개정)
2. 시장·군수등은 제1호에 따라 감정평가법인등을 선정·계약하는 경우 감정평가법인등의 업무수행능력, 소속 감정평가사의 수, 감정평가 실적, 법규 준수 여부, 평가계획의 적정성 등을 고려하여 객관적이고 투명한 절차에 따라 선정하여야 한다. 이 경우 감정평가법인등의 선정·절차 및 방법 등에 필요한 사항은 시·도조례로 정한다.(2020.4.7 본호개정)

3. 사업시행자는 제1호에 따라 감정평가를 하려는 경우 시장 · 군수등에게 감정평가법인등의 선정 · 계약을 요청하고 감정평가에 필요한 비용을 미리 예치하여야 한다. 시장 · 군수등은 감정평가가 끝난 경우 예치된 금액에서 감정평가 비용을 직접 지급한 후 나머지 비용을 사업시행자와 정산하여야 한다.(2021.7.27 후단개정)

⑤ 조합은 제45조제1항제10호의 사항을 의결하기 위한 총회의 개최일부터 1개월 전에 제1항제3호부터 제6호까지의 규정에 해당하는 사항을 각 조합원에게 문서로 통지하여야 한다.

⑥ 제1항에 따른 관리처분계획의 내용, 관리처분의 방법 등에 필요한 사항은 대통령령으로 정한다.

⑦ 제1항 각 호의 관리처분계획의 내용과 제4항부터 제6항까지의 규정은 시장 · 군수등이 직접 수립하는 관리처분계획에 준용한다.(2021.3.16 본항개정)

제75조【사업시행계획인가 및 관리처분계획인가의 시기 조정】 ① 특별시장 · 광역시장 또는 도지사는 정비사업의 시행으로 정비구역 주변 지역에 주택이 현저하게 부족하거나 주택시장이 불안정하게 되는 등 특별시 · 광역시 또는 도의 조례로 정하는 사유가 발생하는 경우에는 「주거기본법」 제9조에 따른 시 · 도 주거정책심의위원회의 심의를 거쳐 사업시행계획인가 또는 제74조에 따른 관리처분계획인가의 시기를 조정하도록 해당 시장, 군수 또는 구청장에게 요청할 수 있다. 이 경우 요청을 받은 시장, 군수 또는 구청장은 특별한 사유가 없으면 그 요청에 따라야 하며, 사업시행계획인가 또는 관리처분계획인가의 조정 시기는 인가를 신청한 날부터 1년을 넘을 수 없다.

② 특별자치시장 및 특별자치도지사는 정비사업의 시행으로 정비구역 주변 지역에 주택이 현저하게 부족하거나 주택시장이 불안정하게 되는 등 특별자치시 및 특별자치도의 조례로 정하는 사유가 발생하는 경우에는 「주거기본법」 제9조에 따른 시 · 도 주거정책심의위원회의 심의를 거쳐 사업시행계획인가 또는 제74조에 따른 관리처분계획인가의 시기를 조정할 수 있다. 이 경우 사업시행계획인가 또는 관리처분계획인가의 조정 시기는 인가를 신청한 날부터 1년을 넘을 수 없다.

③ 제1항 및 제2항에 따른 사업시행계획인가 또는 관리처분계획인가의 시기 조정의 방법 및 절차 등에 필요한 사항은 특별시 · 광역시 · 특별자치시 · 도 또는 특별자치도의 조례로 정한다.

제76조【관리처분계획의 수립기준】 ① 제74조제1항에 따른 관리처분계획의 내용은 다음 각 호의 기준에 따른다.

1. 종전의 토지 또는 건축물의 면적 · 이용 상황 · 환경, 그 밖의 사항을 종합적으로 고려하여 대지 또는 건축물이 균형 있게 분양신청자에게 배분되고 합리적으로 이용되도록 한다.
2. 지나치게 좁거나 넓은 토지 또는 건축물은 넓히거나 좁혀 대지 또는 건축물이 적정 규모가 되도록 한다.
3. 너무 좁은 토지 또는 건축물을 취득한 자나 정비구역 지정 후 분할된 토지 또는 집합건물의 구분소유권을 취득한 자에게는 현금으로 청산할 수 있다.(2024.1.30 본호개정)
4. 재해 또는 위생상의 위해를 방지하기 위하여 토지의 규모를 조정할 특별한 필요가 있는 때에는 너무 좁은 토지를 넓혀 토지에 갈음하여 보상을 하거나 건축물의 일부와 그 건축물이 있는 대지의 공유지분을 교부할 수 있다.
5. 분양설계에 관한 계획은 제72조에 따른 분양신청기간이 만료하는 날을 기준으로 하여 수립한다.
6. 1세대 또는 1명이 하나 이상의 주택 또는 토지를 소유한 경우 1주택을 공급하고, 같은 세대에 속하지 아니하는 2명 이상이 1주택 또는 1토지를 공유한 경우에는 1주택만 공급한다.
7. 제6호에도 불구하고 다음 각 목의 경우에는 각 목의 방법에 따라 주택을 공급할 수 있다.
   가. 2명 이상이 1토지를 공유한 경우로서 시 · 도조례로 주택공급을 따로 정하고 있는 경우에는 시 · 도조례로 정하는 바에 따라 주택을 공급할 수 있다.
   나. 다음 어느 하나에 해당하는 토지등소유자에게는 소유한 주택 수만큼 공급할 수 있다.
      1) 과밀억제권역에 위치하지 아니한 재건축사업의 토지등소유자. 다만, 투기과열지구 또는 「주택법」 제63조의2제1항제1호에 따라 지정된 조정대상지역(이하 이 조에서 "조정대상지역"이라 한다)에서 사업시행계획인가(최초 사업시행계획인가를 말한다)를 신청하는 재건축사업의 토지등소유자는 제외한다.(2022.2.3 단서개정)
      2) 근로자(공무원인 근로자를 포함한다) 숙소, 기숙사 용도로 주택을 소유하고 있는 토지등소유자
      3) 국가, 지방자치단체 및 토지주택공사등
      4) 「지방자치분권 및 지역균형발전에 관한 특별법」 제25조에 따른 공공기관지방이전 및 혁신도시 활성화를 위한 시책 등에 따라 이전하는 공공기관이 소유한 주택을 양수한 자(2023.6.9 개정)
   다. 나목1) 단서에도 불구하고 과밀억제권역 외의 조정대상지역 또는 투기과열지구에서 조정대상지역 또는 투기과열지구로 지정되기 전에 1명의 토지등소유자로부터 토지 또는 건축물의 소유권을 양수하여 여러 명이 소유하게 된 경우에는 양도인과 양수인에게 각각 1주택을 공급할 수 있다.(2022.2.3 본목신설)
   라. 제74조제1항제5호에 따른 가격의 범위 또는 종전 주택의 주거전용면적의 범위에서 2주택을 공급할 수 있고, 이 중 1주택은 주거전용면적을 60제곱미터 이하로 한다. 다만, 60제곱미터 이하로 공급받은 1주택은 제86조제2항에 따른 이전고시일 다음 날부터 3년이 지나기 전에는 주택을 전매(매매 · 증여나 그 밖에 권리의 변동을 수반하는 모든 행위를 포함하되 상속의 경우는 제외한다)하거나 전매를 알선할 수 없다.
   마. 과밀억제권역에 위치한 재건축사업의 경우에는 토지등소유자가 소유한 주택수의 범위에서 3주택까지 공급할 수 있다. 다만, 투기과열지구 또는 조정대상지역에서 사업시행계획인가(최초 사업시행계획인가를 말한다)를 신청하는 재건축사업의 경우에는 그러하지 아니하다.(2022.2.3 단서개정)

② 제1항에 따른 관리처분계획의 수립기준 등에 필요한 사항은 대통령령으로 정한다.

제77조【주택 등 건축물을 분양받을 권리의 산정 기준일】 ① 정비사업을 통하여 분양받을 건축물이 다음 각 호의 어느 하나에 해당하는 경우에는 제16조제2항 전단에 따른 고시가 있은 날 또는 시 · 도지사가 투기를 억제하기 위하여 제6조제1항에 따른 기본계획 수립을 위한 주민공람의 공고일 후 정비구역 지정 · 고시 전에 따로 정하는 날(이하 이 조에서 "기준일"이라 한다)의 다음 날을 기준으로 건축물을 분양받을 권리를 산정한다.(2024.1.30 본문개정)

1. 1필지의 토지가 여러 개의 필지로 분할되는 경우
2. 「집합건물의 소유 및 관리에 관한 법률」에 따른 집합건물이 아닌 건축물이 같은 법에 따른 집합건물로 전환되는 경우(2024.1.30 본호개정)
3. 하나의 대지 범위에 속하는 동일인 소유의 토지와 주택 등 건축물을 토지와 주택 등 건축물로 각각 분리하여 소유하는 경우
4. 나대지에 건축물을 새로 건축하거나 기존 건축물을 철거하고 다세대주택, 그 밖의 공동주택을 건축하여 토지등소유자의 수가 증가하는 경우
5. 「집합건물의 소유 및 관리에 관한 법률」 제2조제3호에 따른 전유부분의 분할로 토지등소유자의 수가 증가하는 경우(2024.1.30 본호신설)

② 시 · 도지사는 제1항에 따라 기준일을 따로 정하는 경우에는 기준일 · 지정사유 · 건축물을 분양받을 권리의 산정 기준 등을 해당 지방자치단체의 공보에 고시하여야 한다.

제78조【관리처분계획의 공람 및 인가절차 등】 ① 사업시행자는 제74조에 따른 관리처분계획인가를 신청하기 전에 관계 서류의 사본을 30일 이상 토지등소유자에게 공람하게 하고 의견을 들어야 한다. 다만, 제74조제1항 각 호 외의 부분 단서에 따라 대통령령으로 정하는 경미한 사항을 변경하려는 경우에는 토지등소유자의 공람 및 의견청취 절차를 거치지 아니할 수 있다.

② 시장 · 군수등은 사업시행자의 관리처분계획인가의 신청이 있은 날부터 30일 이내에 인가 여부를 결정하여 사업시행자에게

게 통보하여야 한다. 다만, 시장·군수등은 제3항에 따라 관리처분계획의 타당성 검증을 요청하는 경우에는 관리처분계획인가의 신청을 받은 날부터 60일 이내에 인가 여부를 결정하여 사업시행자에게 통지하여야 한다.(2017.8.9 단서개정)
③ 시장·군수등은 다음 각 호의 어느 하나에 해당하는 경우에는 대통령령으로 정하는 공공기관에 관리처분계획의 타당성 검증을 요청하여야 한다. 이 경우 시장·군수등은 타당성 검증 비용을 사업시행자에게 부담하게 할 수 있다.
1. 제74조제1항제6호에 따른 정비사업비가 제52조제1항제12호에 따른 정비사업비 기준으로 100분의 10 이상으로서 대통령령으로 정하는 비율 이상 늘어나는 경우
2. 제74조제1항제6호에 따른 조합원 분담규모가 제72조제1항제2호에 따른 분양대상자별 분담금의 추산액 총액 기준으로 100분의 20 이상으로서 대통령령으로 정하는 비율 이상 늘어나는 경우
3. 조합원 5분의 1 이상이 관리처분계획인가 신청이 있은 날부터 15일 이내에 시장·군수등에게 타당성 검증을 요청한 경우
4. 그 밖에 시장·군수등이 필요하다고 인정하는 경우
(2017.8.9 본항신설)
④ 시장·군수등이 제2항에 따라 관리처분계획을 인가하는 때에는 그 내용을 해당 지방자치단체의 공보에 고시하여야 한다.
⑤ 사업시행자는 제1항에 따라 공람을 실시하려거나 제4항에 따른 시장·군수등의 고시가 있은 때에는 대통령령으로 정하는 방법과 절차에 따라 토지등소유자에게는 공람계획을 통지하고, 분양신청을 한 자에게는 관리처분계획인가의 내용 등을 통지하여야 한다.(2017.8.9 본항개정)
⑥ 제1항, 제4항 및 제5항은 시장·군수등이 직접 관리처분계획을 수립하는 경우에 준용한다.(2017.8.9 본항개정)
⑦ 사업시행자는 관리처분계획의 내용이 제3항제1호 또는 제2호에 해당하는 경우 관리처분계획인가의 신청 이전(제45조제1항제10호에 따른 총회 의결이 있은 경우로 한정한다)에 제3항에 따른 공공기관에 관리처분계획의 타당성 검증을 요청할 수 있다. 이 경우 제3항에 따른 타당성 검증이 요청된 것으로 본다.(2025.1.31 본항신설)

제79조【관리처분계획에 따른 처분 등】 ① 정비사업의 시행으로 조성된 대지 및 건축물은 관리처분계획에 따라 처분 또는 관리하여야 한다.
② 사업시행자는 정비사업의 시행으로 건설된 건축물을 제74조에 따라 인가받은 관리처분계획에 따라 토지등소유자에게 공급하여야 한다.
③ 사업시행자(제23조제1항제2호에 따라 대지를 공급받아 주택을 건설하는 자를 포함한다. 이하 이 항, 제6항 및 제7항에서 같다)는 정비구역에 주택을 건설하는 경우에는 입주자 모집 조건·방법·절차, 입주금(계약금·중도금 및 잔금을 말한다)의 납부 방법·시기·절차, 주택공급 방법·절차 등에 관하여 「주택법」 제54조에도 불구하고 대통령령으로 정하는 범위에서 시장·군수등의 승인을 받아 따로 정할 수 있다.
④ 사업시행자는 제72조에 따른 분양신청을 받은 후 잔여분이 있는 경우에는 정관등 또는 사업시행계획으로 정하는 목적을 위하여 그 잔여분을 보류지(건축물을 포함한다)로 정하거나 조합원 또는 토지등소유자 이외의 자에게 분양할 수 있다. 이 경우 분양공고와 분양신청절차 등에 필요한 사항은 대통령령으로 정한다.
⑤ 국토교통부장관, 시·도지사, 시장, 군수, 구청장 또는 토지주택공사등은 조합이 요청하는 경우 재개발사업의 시행으로 건설된 임대주택을 인수하여야 한다. 이 경우 재개발임대주택의 인수 절차 및 방법, 인수 가격 등에 필요한 사항은 대통령령으로 정한다.
⑥ 사업시행자는 정비사업의 시행으로 임대주택을 건설하는 경우에는 임차인의 자격·선정방법·임대보증금·임대료 등 임대조건에 관한 기준 및 무주택 세대주에게 우선 매각하도록 하는 기준 등에 관하여 「민간임대주택에 관한 특별법」 제42조 및 제44조, 「공공주택 특별법」 제48조, 제49조 및 제50조의3에도 불구하고 대통령령으로 정하는 범위에서 시장·군수등의 승인을 받아 따로 정할 수 있다. 다만, 재개발임대주택으로서 최초의 임차인 선정이 아닌 경우에는 대통령령으로 정하는 범위에서 인수자가 따로 정한다.
⑦ 사업시행자는 제2항부터 제6항까지의 규정에 따른 공급대상자에게 주택을 공급하고 남은 주택을 제2항부터 제6항까지의 규정에 따른 공급대상자 외의 자에게 공급할 수 있다.
⑧ 제7항에 따른 주택의 공급 방법·절차 등은 「주택법」 제54조를 준용한다. 다만, 사업시행자가 제64조에 따른 매도청구소송을 통하여 법원의 승소판결을 받은 후 입주예정자에게 피해가 없도록 손실보상금을 공탁하고 분양예정인 건축물을 담보한 경우에는 법원의 승소판결이 확정되기 전이라도 「주택법」 제54조에도 불구하고 입주자를 모집할 수 있으나, 제83조에 따른 준공인가 신청 전까지 해당 주택건설 대지의 소유권을 확보하여야 한다.

제80조【지분형주택 등의 공급】 ① 사업시행자가 토지주택공사등인 경우에는 분양대상자와 사업시행자가 공동 소유하는 방식으로 주택(이하 "지분형주택"이라 한다)을 공급할 수 있다. 이 경우 공급되는 지분형주택의 규모, 공동 소유기간 및 분양대상자 등 필요한 사항은 대통령령으로 정한다.
② 국토교통부장관, 시·도지사, 시장, 군수, 구청장 또는 토지주택공사등은 정비구역에 세입자와 대통령령으로 정하는 면적 이하의 토지 또는 주택을 소유한 자의 요청이 있는 경우에는 제79조제5항에 따라 인수한 임대주택의 일부를 「주택법」에 따른 토지임대부 분양주택으로 전환하여 공급하여야 한다.

제81조【건축물 등의 사용·수익의 중지 및 철거 등】 ① 종전의 토지 또는 건축물의 소유자·지상권자·전세권자·임차권자 등 권리자는 제78조제4항에 따른 관리처분계획인가의 고시가 있은 때에는 제86조에 따른 이전고시가 있는 날까지 종전의 토지 또는 건축물을 사용하거나 수익할 수 없다. 다만, 다음 각 호의 어느 하나에 해당하는 경우에는 그러하지 아니하다.(2017.8.9 본문개정)
1. 사업시행자의 동의를 받은 경우
2. 「공익사업을 위한 토지 등의 취득 및 보상에 관한 법률」에 따른 손실보상이 완료되지 아니한 경우
② 사업시행자는 제74조제1항에 따른 관리처분계획인가를 받은 후 기존의 건축물을 철거하여야 한다.
③ 사업시행자는 다음 각 호의 어느 하나에 해당하는 경우에는 제2항에도 불구하고 기존 건축물 소유자의 동의 및 시장·군수등의 허가를 받아 해당 건축물을 철거할 수 있다. 이 경우 건축물의 철거는 토지등소유자로서의 권리·의무에 영향을 주지 아니한다.
1. 「재난 및 안전관리 기본법」·「주택법」·「건축법」 등 관계 법령에서 정하는 기존 건축물의 붕괴 등 안전사고의 우려가 있는 경우
2. 폐공가(廢空家)의 밀집으로 범죄발생의 우려가 있는 경우
④ 시장·군수등은 사업시행자가 제2항에 따라 기존의 건축물을 철거하거나 철거를 위하여 점유자를 퇴거시키려는 경우 다음 각 호의 어느 하나에 해당하는 시기에는 건축물을 철거하거나 점유자를 퇴거시키는 것을 제한할 수 있다.(2022.6.10 본문개정)
1. 일출 전과 일몰 후
2. 호우, 대설, 폭풍해일, 지진해일, 태풍, 강풍, 풍랑, 한파 등으로 해당 지역에 중대한 재해발생이 예상되어 기상청장이 「기상법」 제13조의2에 따라 특보를 발표한 때(2023.2.14 본호개정)
3. 「재난 및 안전관리 기본법」 제3조에 따른 재난이 발생한 때
4. 제1호부터 제3호까지의 규정에 준하는 시기로 시장·군수등이 인정하는 시기

제82조【시공보증】 ① 조합이 정비사업의 시행을 위하여 시장·군수등 또는 토지주택공사등이 아닌 자를 시공자로 선정(제25조에 따른 공동사업시행자가 시공하는 경우를 포함한다)한 경우 그 시공자는 공사의 시공보증(시공자가 공사의 계약상 의무를 이행하지 못하거나 의무이행을 하지 아니할 경우 보증기관에서 시공자를 대신하여 계약이행의무를 부담하거나 총공사금액의 100분의 50 이하 대통령령으로 정하는 비율 이상의 범위에서 사업시행자가 정하는 금액을 납부할 것을 보증하는 것을 말한다)을 위하여 국토교통부령으로 정하는 기관의 시공보증서를 조합에 제출하여야 한다.(2018.6.12 본항개정)

② 시장 · 군수등은 「건축법」 제21조에 따른 착공신고를 받는 경우에는 제1항에 따른 시공보증서의 제출 여부를 확인하여야 한다.

제6절 공사완료에 따른 조치 등

제83조【정비사업의 준공인가】 ① 시장 · 군수등이 아닌 사업시행자가 정비사업 공사를 완료한 때에는 대통령령으로 정하는 방법 및 절차에 따라 시장 · 군수등의 준공인가를 받아야 한다.
② 제1항에 따라 준공인가신청을 받은 시장 · 군수등은 지체 없이 준공검사를 실시하여야 한다. 이 경우 시장 · 군수등은 효율적인 준공검사를 위하여 필요한 때에는 관계 행정기관 · 공공기관 · 연구기관, 그 밖의 전문기관 또는 단체에게 준공검사의 실시를 의뢰할 수 있다.
③ 시장 · 군수등은 제2항 전단 또는 후단에 따른 준공검사를 실시한 결과 정비사업이 인가받은 사업시행계획대로 완료되었다고 인정되는 때에는 준공인가를 하고 공사의 완료를 해당 지방자치단체의 공보에 고시하여야 한다.
④ 시장 · 군수등은 직접 시행하는 정비사업에 관한 공사가 완료된 때에는 그 완료를 해당 지방자치단체의 공보에 고시하여야 한다.
⑤ 시장 · 군수등은 제1항에 따른 준공인가를 하기 전이라도 완공된 건축물이 사용에 지장이 없는 등 대통령령으로 정하는 기준에 적합한 경우에는 입주예정자가 완공된 건축물을 사용할 수 있도록 사업시행자에게 허가할 수 있다. 다만, 시장 · 군수등이 사업시행자인 경우에는 허가를 받지 아니하고 입주예정자가 완공된 건축물을 사용하게 할 수 있다.
⑥ 제3항 및 제4항에 따른 공사완료의 고시 절차 및 방법 그 밖에 필요한 사항은 대통령령으로 정한다.
제84조【준공인가 등에 따른 정비구역의 해제】 ① 정비구역의 지정은 제83조에 따른 준공인가의 고시가 있은 날(관리처분계획을 수립하는 경우에는 이전고시가 있은 때를 말한다)의 다음 날에 해제된 것으로 본다. 이 경우 지방자치단체는 해당 지역을 「국토의 계획 및 이용에 관한 법률」에 따른 지구단위계획으로 관리하여야 한다.
② 제1항에 따른 정비구역의 해제는 조합의 존속에 영향을 주지 아니한다.
제85조【공사완료에 따른 관련 인 · 허가등의 의제】 ① 제83조제1항부터 제4항까지의 규정에 따라 준공인가를 하거나 공사완료를 고시하는 경우 시장 · 군수등이 제57조에 따라 의제되는 인 · 허가등에 따른 준공검사 · 준공인가 · 사용검사 · 사용승인 등(이하 "준공검사 · 인가등"이라 한다)에 관하여 제3항에 따라 관계 행정기관의 장과 협의한 사항은 해당 준공검사 · 인가등을 받은 것으로 본다.
② 시장 · 군수등이 아닌 사업시행자는 제1항에 따른 준공검사 · 인가등의 의제를 받으려는 경우에는 제83조제1항에 따른 준공인가를 신청하는 때에 해당 법률에서 정하는 관계 서류를 함께 제출하여야 한다.(2020.6.9 본항개정)
③ 시장 · 군수등은 제83조제1항부터 제4항까지의 규정에 따른 준공인가를 하거나 공사완료를 고시하는 경우 그 내용에 제57조에 따라 의제되는 인 · 허가등에 따른 준공검사 · 인가등에 해당하는 사항이 있은 때에는 미리 관계 행정기관의 장과 협의하여야 한다.
④ 관계 행정기관의 장은 제3항에 따른 협의를 요청받은 날부터 10일 이내에 의견을 제출하여야 한다.(2021.3.16 본항신설)
⑤ 관계 행정기관의 장이 제4항에서 정한 기간(「민원 처리에 관한 법률」 제20조제2항에 따라 회신기간을 연장한 경우에는 그 연장된 기간을 말한다) 내에 의견을 제출하지 아니하면 협의가 이루어진 것으로 본다.(2021.3.16 본항신설)
⑥ 제57조제6항은 제1항에 따른 준공검사 · 인가등의 의제에 준용한다.
제86조【이전고시 등】 ① 사업시행자는 제83조제3항 및 제4항에 따른 고시가 있은 때에는 지체 없이 대지확정측량을 하고 토지의 분할절차를 거쳐 관리처분계획에서 정한 사항을 분양받을 자에게 통지하고 대지 또는 건축물의 소유권을 이전하여야 한다. 다만, 정비사업의 효율적인 추진을 위하여 필요한 경우에는 해당 정비사업에 관한 공사가 전부 완료되기 전이라도 완공된 부분은 준공인가를 받아 대지 또는 건축물별로 분양받을 자에게 소유권을 이전할 수 있다.
② 사업시행자는 제1항에 따라 대지 및 건축물의 소유권을 이전하려는 때에는 그 내용을 해당 지방자치단체의 공보에 고시한 후 시장 · 군수등에게 보고하여야 한다. 이 경우 대지 또는 건축물을 분양받을 자는 고시가 있은 날의 다음 날에 그 대지 또는 건축물의 소유권을 취득한다.
제86조의2【조합의 해산】 ① 조합장은 제86조제2항에 따른 고시가 있은 날부터 1년 이내에 조합 해산을 위한 총회를 소집하여야 한다.
② 조합장이 제1항에 따른 기간 내에 총회를 소집하지 아니한 경우 제44조제2항에도 불구하고 조합원 5분의 1 이상의 요구로 소집된 총회에서 조합원 과반수의 출석과 출석 조합원 과반수의 동의를 받아 해산을 의결할 수 있다. 이 경우 요구자 대표로 선출된 자가 조합 해산을 위한 총회의 소집 및 진행을 할 때에는 조합장의 권한을 대행한다.
③ 시장 · 군수등은 조합이 정당한 사유 없이 제1항 또는 제2항에 따라 해산을 의결하지 아니하는 경우에는 조합설립인가를 취소할 수 있다.
④ 해산하는 조합에 청산인이 될 자가 없는 경우에는 「민법」 제83조에도 불구하고 시장 · 군수등은 법원에 청산인의 선임을 청구할 수 있다.
⑤ 제1항 또는 제2항에 따라 조합이 해산을 의결하거나 제3항에 따라 조합설립인가가 취소된 경우 청산인은 지체 없이 청산의 목적범위에서 성실하게 청산인의 직무를 수행하여야 한다.
(2023.12.26 본항신설)
(2022.6.10 본조신설)
제87조【대지 및 건축물에 대한 권리의 확정】 ① 대지 또는 건축물을 분양받을 자에게 제86조제2항에 따라 소유권을 이전한 경우 종전의 토지 또는 건축물에 설정된 지상권 · 전세권 · 저당권 · 임차권 · 가등기담보권 · 가압류 등 등기된 권리 및 「주택임대차보호법」 제3조제1항의 요건을 갖춘 임차권은 소유권을 이전받은 대지 또는 건축물에 설정된 것으로 본다.
② 제1항에 따라 취득하는 대지 또는 건축물 중 토지등소유자에게 분양하는 대지 또는 건축물은 「도시개발법」 제40조에 따라 행하여진 환지로 본다.
③ 제79조제4항에 따른 보류지와 일반에게 분양하는 대지 또는 건축물은 「도시개발법」 제34조에 따른 보류지 또는 체비지로 본다.
제88조【등기절차 및 권리변동의 제한】 ① 사업시행자는 제86조제2항에 따른 이전고시가 있은 때에는 지체 없이 대지 및 건축물에 관한 등기를 지방법원지원 또는 등기소에 촉탁 또는 신청하여야 한다.
② 제1항의 등기에 필요한 사항은 대법원규칙으로 정한다.
③ 정비사업에 관하여 제86조제2항에 따른 이전고시가 있은 날부터 제1항에 따른 등기가 있을 때까지는 저당권 등의 다른 등기를 하지 못한다.
제89조【청산금 등】 ① 대지 또는 건축물을 분양받은 자가 종전에 소유하고 있던 토지 또는 건축물의 가격과 분양받은 대지 또는 건축물의 가격 사이에 차이가 있는 경우 사업시행자는 제86조제2항에 따른 이전고시가 있은 후에 그 차액에 상당하는 금액(이하 "청산금"이라 한다)을 분양받은 자로부터 징수하거나 분양받은 자에게 지급하여야 한다.
② 제1항에도 불구하고 사업시행자는 정관등에서 분할징수 및 분할지급을 정하고 있거나 총회의 의결을 거쳐 따로 정한 경우에는 관리처분계획인가 후부터 제86조제2항에 따른 이전고시가 있은 날까지 일정 기간별로 분할징수하거나 분할지급할 수 있다.
③ 사업시행자는 제1항 및 제2항을 적용하기 위하여 종전에 소유하고 있던 토지 또는 건축물의 가격과 분양받은 대지 또는 건축물의 가격을 평가하는 경우 그 토지 또는 건축물의 규모 · 위치 · 용도 · 이용 상황 · 정비사업비 등을 참작하여 평가하여야 한다.
④ 제3항에 따른 가격평가의 방법 및 절차 등에 필요한 사항은 대통령령으로 정한다.

제90조【청산금의 징수방법 등】 ① 시장·군수등인 사업시행자는 청산금을 납부할 자가 이를 납부하지 아니하는 경우 지방세 체납처분의 예에 따라 징수(분할징수를 포함한다. 이하 이 조에서 같다)할 수 있으며, 시장·군수등이 아닌 사업시행자는 시장·군수등에게 청산금의 징수를 위탁할 수 있다. 이 경우 제93조제5항을 준용한다.
② 제89조제1항에 따른 청산금을 지급받을 자가 받을 수 없거나 받기를 거부한 때에는 사업시행자는 그 청산금을 공탁할 수 있다.
③ 청산금을 지급(분할지급을 포함한다)받을 권리 또는 이를 징수할 권리는 제86조제2항에 따른 이전고시일의 다음 날부터 5년간 행사하지 아니하면 소멸한다.
제91조【저당권의 물상대위】 정비구역에 있는 토지 또는 건축물에 저당권을 설정한 권리자는 사업시행자가 저당권이 설정된 토지 또는 건축물의 소유자에게 청산금을 지급하기 전에 압류절차를 거쳐 저당권을 행사할 수 있다.

제4장 비용의 부담 등

제92조【비용부담의 원칙】 ① 정비사업비는 이 법 또는 다른 법령에 특별한 규정이 있는 경우를 제외하고는 사업시행자가 부담한다.
② 시장·군수등은 시장·군수등이 아닌 사업시행자가 시행하는 정비사업의 정비계획에 따라 설치되는 다음 각 호의 시설에 대하여는 그 건설에 드는 비용의 전부 또는 일부를 부담할 수 있다.
1. 도시·군계획시설 중 대통령령으로 정하는 주요 정비기반시설 및 공동이용시설
2. 임시거주시설
제93조【비용의 조달】 ① 사업시행자는 토지등소유자로부터 제92조제1항에 따른 비용과 정비사업의 시행과정에서 발생한 수입의 차액을 부과금으로 부과·징수할 수 있다.
② 사업시행자는 토지등소유자가 제1항에 따른 부과금의 납부를 게을리한 때에는 연체료를 부과·징수할 수 있다.
(2020.6.9 본항개정)
③ 제1항 및 제2항에 따른 부과금 및 연체료의 부과·징수에 필요한 사항은 정관등으로 정한다.
④ 시장·군수등이 아닌 사업시행자는 부과금 또는 연체료를 체납하는 자가 있는 때에는 시장·군수등에게 그 부과·징수를 위탁할 수 있다.
⑤ 시장·군수등은 제4항에 따라 부과·징수를 위탁받은 경우에는 지방세 체납처분의 예에 따라 부과·징수할 수 있다. 이 경우 사업시행자는 징수한 금액의 100분의 4에 해당하는 금액을 해당 시장·군수등에게 교부하여야 한다.
제94조【정비기반시설 관리자의 비용부담】 ① 시장·군수등은 자신이 시행하는 정비사업으로 현저한 이익을 받는 정비기반시설의 관리자가 있는 경우에는 대통령령으로 정하는 방법 및 절차에 따라 해당 정비사업비의 일부를 그 정비기반시설의 관리자와 협의하여 그 관리자에게 부담시킬 수 있다.
② 사업시행자는 정비사업을 시행하는 지역에 전기·가스 등의 공급시설을 설치하기 위하여 공동구를 설치하는 경우에는 다른 법령에 따라 그 공동구에 수용될 시설을 설치할 의무가 있는 자에게 공동구의 설치에 드는 비용을 부담시킬 수 있다.
③ 제2항의 비용부담의 비율 및 부담방법과 공동구의 관리에 필요한 사항은 국토교통부령으로 정한다.
제95조【보조 및 융자】 ① 국가 또는 시·도는 시장, 군수, 구청장 또는 토지주택공사등이 시행하는 정비사업에 관한 기초조사 및 정비사업의 시행에 필요한 시설로서 대통령령으로 정하는 정비기반시설, 임시거주시설 및 주거환경개선사업에 따른 공동이용시설의 건설에 드는 비용의 일부를 보조하거나 융자할 수 있다. 이 경우 국가 또는 시·도는 다음 각 호의 어느 하나에 해당하는 사업에 우선적으로 보조하거나 융자할 수 있다.
1. 시장·군수등 또는 토지주택공사등이 다음 각 목의 어느 하나에 해당하는 지역에서 시행하는 주거환경개선사업
가. 제20조 및 제21조에 따라 해제된 정비구역등
나. 「도시재정비 촉진을 위한 특별법」 제7조제2항에 따라 재정비촉진지구가 해제된 지역
2. 국가 또는 지방자치단체가 도시영세민을 이주시켜 형성된 낙후지역으로서 대통령령으로 정하는 지역에서 시장·군수등 또는 토지주택공사등이 단독으로 시행하는 재개발사업
② 시장·군수등은 사업시행자가 토지주택공사등인 주거환경개선사업과 관련하여 제1항에 따른 정비기반시설 및 공동이용시설, 임시거주시설을 건설하는 경우 건설에 드는 비용의 전부 또는 일부를 토지주택공사등에게 보조하여야 한다.
③ 국가 또는 지방자치단체는 시장·군수등이 아닌 사업시행자가 시행하는 정비사업에 드는 비용의 일부를 보조 또는 융자하거나 융자를 알선할 수 있다.
④ 국가 또는 지방자치단체는 제1항 및 제2항에 따라 정비사업에 필요한 비용을 보조 또는 융자하는 경우 제59조제1항에 따른 순환정비방식의 정비사업에 우선적으로 지원할 수 있다. 이 경우 순환정비방식의 정비사업의 원활한 시행을 위하여 국가 또는 지방자치단체는 다음 각 호의 비용 일부를 보조 또는 융자할 수 있다.(2018.6.12 후단개정)
1. 순환용주택의 건설비
2. 순환용주택의 단열보완 및 창호교체 등 에너지 성능 향상과 효율개선을 위한 리모델링 비용
3. 공가(空家)관리비
(2018.6.12 1호~3호신설)
⑤ 국가는 다음 각 호의 어느 하나에 해당하는 비용의 전부 또는 일부를 지방자치단체 또는 토지주택공사등에 보조 또는 융자할 수 있다.
1. 제59조제2항에 따라 토지주택공사등이 보유한 공공임대주택을 순환용주택으로 조합에게 제공하는 경우 그 건설비 및 공가관리비 등의 비용
2. 제79조제5항에 따라 시·도지사, 시장, 군수, 구청장 또는 토지주택공사등이 재개발임대주택을 인수하는 경우 그 인수 비용
⑥ 국가 또는 지방자치단체는 제80조제2항에 따라 토지임대부 분양주택을 공급받는 자에게 해당 공급비용의 전부 또는 일부를 보조 또는 융자할 수 있다.
제96조【정비기반시설의 설치】 사업시행자는 관할 지방자치단체의 장과의 협의를 거쳐 정비구역에 정비기반시설(주거환경개선사업의 경우에는 공동이용시설을 포함한다)을 설치하여야 한다.
제97조【정비기반시설 및 토지 등의 귀속】 ① 시장·군수등 또는 토지주택공사등이 정비사업의 시행으로 새로 정비기반시설을 설치하거나 기존의 정비기반시설을 대체하는 정비기반시설을 설치한 경우에는 「국유재산법」 및 「공유재산 및 물품 관리법」에도 불구하고 종래의 정비기반시설은 사업시행자에게 무상으로 귀속되고, 새로 설치된 정비기반시설은 그 시설을 관리할 국가 또는 지방자치단체에 무상으로 귀속된다.
② 시장·군수등 또는 토지주택공사등이 아닌 사업시행자가 정비사업의 시행으로 새로 설치한 정비기반시설은 그 시설을 관리할 국가 또는 지방자치단체에 무상으로 귀속되고, 정비사업의 시행으로 용도가 폐지되는 국가 또는 지방자치단체 소유의 정비기반시설은 사업시행자가 새로 설치한 정비기반시설의 설치비용에 상당하는 범위에서 그에게 무상으로 양도된다.
③ 제1항 및 제2항의 정비기반시설에 해당하는 도로는 다음 각 호의 어느 하나에 해당하는 도로를 말한다.
1. 「국토의 계획 및 이용에 관한 법률」 제30조에 따라 도시·군관리계획으로 결정되어 설치된 도로
2. 「도로법」 제23조에 따라 도로관리청이 관리하는 도로
3. 「도시개발법」 등 다른 법률에 따라 설치된 국가 또는 지방자치단체 소유의 도로
4. 그 밖에 「공유재산 및 물품 관리법」에 따른 공유재산 중 일반인의 교통을 위하여 제공되고 있는 부지. 이 경우 부지의 사용 형태, 규모, 기능 등 구체적인 기준은 시·도조례로 정할 수 있다.
④ 시장·군수등은 제1항부터 제3항까지의 규정에 따른 정비기반시설의 귀속 및 양도에 관한 사항이 포함된 정비사업을 시행하거나 그 시행을 인가하려는 경우에는 미리 그 관리청의 의

견을 들어야 한다. 인가받은 사항을 변경하려는 경우에도 또한 같다.
⑤ 사업시행자는 제1항부터 제3항까지의 규정에 따라 관리청에 귀속될 정비기반시설과 사업시행자에게 귀속 또는 양도될 재산의 종류와 세목을 정비사업의 준공 전에 관리청에 통지하여야 하며, 해당 정비기반시설은 그 정비사업이 준공인가되어 관리청에 준공인가통지를 한 때에 국가 또는 지방자치단체에 귀속되거나 사업시행자에게 귀속 또는 양도된 것으로 본다.
⑥ 제5항에 따른 정비기반시설에 대한 등기의 경우 정비사업의 시행인가서와 준공인가서(시장·군수등이 직접 정비사업을 시행하는 경우에는 제50조제9항에 따른 사업시행계획인가의 고시와 제83조제4항에 따른 공사완료의 고시를 말한다)는 「부동산등기법」에 따른 등기원인을 증명하는 서류를 갈음한다. (2021.3.16 본항개정)
⑦ 제1항 및 제2항에 따라 정비사업의 시행으로 용도가 폐지되는 국가 또는 지방자치단체 소유의 정비기반시설의 경우 정비사업의 시행 기간 동안 해당 시설의 대부료는 면제된다.

제98조【국유·공유재산의 처분 등】 ① 시장·군수등은 제50조 및 제52조에 따라 인가하려는 사업시행계획 또는 직접 작성하는 사업시행계획서에 국유·공유재산의 처분에 관한 내용이 포함되어 있는 때에는 미리 관리청과 협의하여야 한다. 이 경우 관리청이 불분명한 재산 중 도로·구거(도랑) 등은 국토교통부장관을, 하천은 환경부장관을, 그 외의 재산은 기획재정부장관을 관리청으로 본다.(2021.1.5 후단개정)
② 제1항에 따라 협의를 받은 관리청은 20일 이내에 의견을 제시하여야 한다.
③ 정비구역의 국유·공유재산은 정비사업 외의 목적으로 매각되거나 양도될 수 없다.
④ 정비구역의 국유·공유재산은 「국유재산법」 제9조 또는 「공유재산 및 물품 관리법」 제10조에 따른 국유재산종합계획 또는 공유재산관리계획과 「국유재산법」 제43조 및 「공유재산 및 물품 관리법」 제29조에 따른 계약의 방법에도 불구하고 사업시행자 또는 점유자 및 사용자에게 다른 사람에 우선하여 수의계약으로 매각 또는 임대될 수 있다.
⑤ 제4항에 따라 다른 사람에 우선하여 매각 또는 임대될 수 있는 국유·공유재산은 「국유재산법」, 「공유재산 및 물품 관리법」 및 그 밖에 국·공유지의 관리와 처분에 관한 관계 법령에도 불구하고 사업시행계획인가의 고시가 있은 날부터 종전의 용도가 폐지된 것으로 본다.
⑥ 제4항에 따라 정비사업을 목적으로 우선하여 매각하는 국·공유지는 사업시행계획인가의 고시가 있은 날을 기준으로 평가하며, 주거환경개선사업의 경우 매각가격은 평가금액의 100분의 80으로 한다. 다만, 사업시행계획인가의 고시가 있은 날부터 3년 이내에 매매계약을 체결하지 아니한 국·공유지는 「국유재산법」 또는 「공유재산 및 물품 관리법」에서 정한다.

제99조【국유·공유재산의 임대】 ① 지방자치단체 또는 토지주택공사등은 주거환경개선구역 및 재개발구역(재개발사업을 시행하는 정비구역을 말한다. 이하 같다)에서 임대주택을 건설하는 경우에는 「국유재산법」 제46조제1항 또는 「공유재산 및 물품 관리법」 제31조에도 불구하고 국·공유지 관리청과 협의하여 정한 기간 동안 국·공유지를 임대할 수 있다.
② 시장·군수등은 「국유재산법」 제18조제1항 또는 「공유재산 및 물품 관리법」 제13조에도 불구하고 제1항에 따라 임대하는 국·공유지 위에 공동주택, 그 밖의 영구시설물을 축조하게 할 수 있다. 이 경우 해당 시설물의 임대기간이 종료되는 때에는 임대한 국·공유지 관리청에 기부 또는 원상으로 회복하여 반환하거나 국·공유지 관리청으로부터 매입하여야 한다.
③ 제1항에 따라 임대하는 국·공유지의 임대료는 「국유재산법」 또는 「공유재산 및 물품 관리법」에서 정한다.

제100조【공동이용시설 사용료의 면제】 ① 지방자치단체의 장은 마을공동체 활성화 등 공익 목적을 위하여 「공유재산 및 물품 관리법」 제20조에 따라 주거환경개선구역 내 공동이용시설에 대한 사용 허가를 하는 경우 같은 법 제22조에도 불구하고 사용료를 면제할 수 있다.
② 제1항에 따른 공익 목적의 기준, 사용료 면제 대상 및 그 밖에 필요한 사항은 시·도조례로 정한다.

제101조【국·공유지의 무상양여 등】 ① 다음 각 호의 어느 하나에 해당하는 구역에서 국가 또는 지방자치단체가 소유하는 토지는 제50조제9항에 따른 사업시행계획인가의 고시가 있은 날부터 종전의 용도가 폐지된 것으로 보며, 「국유재산법」, 「공유재산 및 물품 관리법」 및 그 밖에 국·공유지의 관리 및 처분에 관하여 규정한 관계 법령에도 불구하고 해당 사업시행자에게 무상으로 양여된다. 다만, 「국유재산법」 제6조제2항에 따른 행정재산 또는 「공유재산 및 물품 관리법」 제5조제2항에 따른 행정재산과 국가 또는 지방자치단체가 양도계약을 체결하여 정비구역지정 고시일 현재 대금의 일부를 수령한 토지에 대하여는 그러하지 아니하다.(2021.3.16 본문개정)
1. 주거환경개선구역
2. 국가 또는 지방자치단체가 도시영세민을 이주시켜 형성된 낙후지역으로서 대통령령으로 정하는 재개발구역(이 항 각 호 외의 부분 본문에도 불구하고 무상양여 대상에서 국유지는 제외하고, 공유지는 시장·군수등 또는 토지주택공사등이 단독으로 사업시행자가 되는 경우로 한정한다)
② (2021.8.10 삭제)
③ 제1항에 따라 무상양여된 토지의 사용수익 또는 처분으로 발생한 수입은 주거환경개선사업 또는 재개발사업 외의 용도로 사용할 수 없다.
④ 시장·군수등은 제1항에 따른 무상양여의 대상이 되는 국·공유지를 소유 또는 관리하고 있는 국가 또는 지방자치단체와 협의를 하여야 한다.
⑤ 사업시행자에게 양여된 토지의 관리처분에 필요한 사항은 국토교통부장관의 승인을 받아 해당 시·도조례 또는 토지주택공사등의 시행규정으로 정한다.

제5장 공공재개발사업 및 공공재건축사업
(2021.4.13 본장신설)

제101조의2【공공재개발사업 예정구역의 지정·고시】 ① 정비구역의 지정권자는 비경제적인 건축행위 및 투기 수요의 유입을 방지하고, 합리적인 사업계획을 수립하기 위하여 공공재개발사업을 추진하려는 구역을 공공재개발사업 예정구역으로 지정할 수 있다. 이 경우 공공재개발사업 예정구역의 지정·고시에 관한 절차는 제16조를 준용한다.
② 정비계획의 입안권자 또는 토지주택공사등은 정비구역의 지정권자에게 공공재개발사업 예정구역의 지정을 신청할 수 있다. 이 경우 토지주택공사등은 정비계획의 입안권자를 통하여 신청하여야 한다.
③ 공공재개발사업 예정구역에서 제19조제7항 각 호의 어느 하나에 해당하는 행위 또는 같은 조 제8항의 행위를 하려는 자는 시장·군수등의 허가를 받아야 한다. 허가받은 사항을 변경하려는 때에도 또한 같다.
④ 공공재개발사업 예정구역 내에 분양받을 건축물이 제77조제1항 각 호의 어느 하나에 해당하는 경우에는 제77조에도 불구하고 공공재개발사업 예정구역 지정·고시가 있은 날 또는 시·도지사가 투기를 억제하기 위하여 공공재개발사업 예정구역 지정·고시 전에 따로 정하는 날의 다음 날을 기준으로 건축물을 분양받을 권리를 산정한다. 이 경우 시·도지사가 건축물을 분양받을 권리일을 따로 정하는 경우에는 제77조제2항을 준용한다.
⑤ 정비구역의 지정권자는 공공재개발사업 예정구역이 지정·고시된 날부터 2년이 되는 날까지 공공재개발사업 예정구역이 공공재개발사업을 위한 정비구역으로 지정되지 아니하거나, 공공재개발사업 시행자가 지정되지 아니하면 그 2년이 되는 날의 다음 날에 공공재개발사업 예정구역 지정을 해제하여야 한다. 다만, 정비구역의 지정권자는 1회에 한하여 1년의 범위에서 공공재개발사업 예정구역의 지정을 연장할 수 있다.
⑥ 제1항에 따른 공공재개발사업 예정구역의 지정과 제2항에 따른 지정 신청에 필요한 사항 및 그 절차는 대통령령으로 정한다.

제101조의3【공공재개발사업을 위한 정비구역 지정 등】 ① 정비구역의 지정권자는 제8조제1항에도 불구하고 기본계획을 수립하거나 변경하지 아니하고 공공재개발사업을 위한 정비계획을 결정하여 정비구역을 지정할 수 있다.

② 정비계획의 입안권자는 공공재개발사업의 추진을 전제로 정비계획을 작성하여 정비구역의 지정권자에게 공공재개발사업을 위한 정비구역의 지정을 신청할 수 있다. 이 경우 공공재개발사업을 시행하려는 공공재개발사업 시행자는 정비계획의 입안권자에게 공공재개발사업을 위한 정비계획의 수립을 제안할 수 있다.
③ 정비계획의 지정권자는 공공재개발사업을 위한 정비구역을 지정·고시한 날부터 1년이 되는 날까지 공공재개발사업 시행자가 지정되지 아니하면 그 1년이 되는 날의 다음 날에 공공재개발사업을 위한 정비구역의 지정을 해제하여야 한다. 다만, 정비구역의 지정권자는 1회에 한하여 1년의 범위에서 공공재개발사업을 위한 정비구역의 지정을 연장할 수 있다.

제101조의4【공공재개발사업 예정구역 및 공공재개발사업·공공재건축사업을 위한 정비구역 지정을 위한 특례】 ① 지방도시계획위원회 또는 도시재정비위원회는 공공재개발사업 예정구역 또는 공공재개발사업·공공재건축사업을 위한 정비구역의 지정에 필요한 사항을 심의하기 위하여 분과위원회를 둘 수 있다. 이 경우 분과위원회의 심의는 지방도시계획위원회 또는 도시재정비위원회의 심의로 본다.
② 정비구역의 지정권자가 공공재개발사업 또는 공공재건축사업을 위한 정비구역의 지정·변경을 고시한 때에는 제7조에 따른 기본계획의 수립·변경, 「도시재정비 촉진을 위한 특별법」 제5조에 따른 재정비촉진지구의 지정·변경 및 같은 법 제12조에 따른 재정비촉진계획의 결정·변경이 고시된 것으로 본다.

제101조의5【공공재개발사업에서의 용적률 완화 및 주택 건설비율 등】 ① 공공재개발사업 시행자는 공공재개발사업(「도시재정비촉진을 위한 특별법」 제2조제1호에 따른 재정비촉진지구에서 시행되는 공공재개발사업을 포함한다)을 시행하는 경우 「국토의 계획 및 이용에 관한 법률」 제78조 및 조례에도 불구하고 지방도시계획위원회 및 도시재정비위원회의 심의를 거쳐 법적상한용적률의 100분의 120(이하 "법적상한초과용적률"이라 한다)까지 건축할 수 있다.
② 공공재개발사업 시행자는 제54조에도 불구하고 법적상한초과용적률에서 정비계획으로 정하여진 용적률을 뺀 용적률의 100분의 20 이상 100분의 70 이하로서 시·도조례로 정하는 비율에 해당하는 면적에 국민주택규모 주택을 건설하여 인수자에게 공급하여야 한다. 다만, 제24조제4항, 제26조제1항제1호 및 제27조제1항제1호에 따른 정비사업을 시행하는 경우에는 그러하지 아니한다.(2023.7.18 본문개정)
③ 제2항에 따른 국민주택규모 주택의 공급 및 인수방법에 관하여는 제55조를 준용한다.
④ 제3항에도 불구하고 인수자는 공공재개발사업 시행자로부터 공급받은 주택 중 대통령령으로 정하는 비율에 해당하는 주택에 대해서는 「공공주택 특별법」 제48조에 따라 분양할 수 있다. 이 경우 해당 주택의 공급가격과 부속 토지의 가격은 제66조제4항을 준용하여 정한다.(2023.7.18 본항신설)

제101조의6【공공재건축사업에서의 용적률 완화 및 주택 건설비율 등】 ① 공공재건축사업을 위한 정비구역에 대해서는 해당 정비구역의 지정·고시가 있은 날부터 「국토의 계획 및 이용에 관한 법률」 제36조제1항제1호가목 및 같은 조 제2항에 따라 주거지역을 세분하여 정하는 지역 중 대통령령으로 정하는 지역으로 결정·고시된 것으로 보아 해당 지역에 적용되는 용적률 상한까지 용적률을 정할 수 있다. 다만, 다음 각 호의 어느 하나에 해당하는 경우에는 그러하지 아니하다.
1. 해당 정비구역이 「개발제한구역의 지정 및 관리에 관한 특별조치법」 제3조제1항에 따라 결정된 개발제한구역인 경우
2. 시장·군수등이 공공재건축사업을 위하여 필요하다고 인정하여 해당 정비구역의 일부분을 종전 용도지역으로 그대로 유지하거나 동일면적의 범위에서 위치를 변경하는 내용으로 정비계획을 수립한 경우
3. 시장·군수등이 제9조제1항제10호다목의 사항을 포함하는 정비계획을 수립한 경우
② 공공재건축사업 시행자는 공공재건축사업(「도시재정비촉진을 위한 특별법」 제2조제1호에 따른 재정비촉진지구에서 시행되는 공공재건축사업을 포함한다)을 시행하는 경우 제54조제4항에도 불구하고 제1항에 따라 완화된 용적률에서 정비계획으로 정하여진 용적률을 뺀 용적률의 100분의 40 이상 100분의 70 이하로서 주택증가 규모, 공공재건축사업을 위한 정비구역의 재정적 여건 등을 고려하여 시·도조례로 정하는 비율에 해당하는 면적에 국민주택규모 주택을 건설하여 인수자에게 공급하여야 한다.
③ 제2항에 따른 주택의 공급가격은 「공공주택 특별법」 제50조의4에 따라 국토교통부장관이 고시하는 공공건설임대주택의 표준건축비로 하고, 제4항 단서에 따라 분양을 목적으로 인수한 주택의 공급가격은 「주택법」 제57조제4항에 따라 국토교통부장관이 고시하는 기본형건축비로 한다. 이 경우 부속 토지는 인수자에게 기부채납한 것으로 본다.
④ 제2항에 따른 국민주택규모 주택의 공급 및 인수방법에 관하여는 제55조를 준용한다. 다만, 인수자는 공공재건축사업 시행자로부터 공급받은 주택 중 대통령령으로 정하는 비율에 해당하는 주택에 대해서는 「공공주택 특별법」 제48조에 따라 분양할 수 있다.
⑤ 제3항 후단에도 불구하고 제4항 단서에 따른 분양주택의 인수자는 감정평가액의 100분의 50 이상의 범위에서 대통령령으로 정하는 가격으로 부속 토지를 인수하여야 한다.

제101조의7 (2023.7.18 삭제)

제5장의2 공공시행자 및 지정개발자 사업시행의 특례

(2023.7.18 본장신설)

제101조의8【정비구역 지정의 특례】 ① 토지주택공사등(제26조에 따라 사업시행자로 지정되려는 경우로 한정한다. 이하 이 장에서 같다) 또는 지정개발자(제27조제1항에 따른 신탁업자로 한정한다. 이하 이 장에서 같다)는 제8조에도 불구하고 대통령령으로 정하는 비율 이상의 토지등소유자의 동의를 받아 정비구역의 지정권자(특별자치시장·특별자치도지사·시장·군수인 경우로 한정한다. 이하 이 장에서 같다)에게 정비구역의 지정(변경지정을 포함한다. 이하 이 조에서 같다)을 제안할 수 있다. 이 경우 토지주택공사등 또는 지정개발자는 다음 각 호의 사항을 포함한 제안서를 정비구역의 지정권자에게 제출하여야 한다.
1. 정비사업의 명칭
2. 정비구역의 위치, 면적 등 개요
3. 토지이용, 주택건설 및 기반시설의 설치 등에 관한 기본방향
4. 그 밖에 지정제안을 위하여 필요한 사항으로서 대통령령으로 정하는 사항
② 제1항에 따라 토지주택공사등 또는 지정개발자가 정비구역의 지정을 제안한 경우 정비구역의 지정권자는 제8조 및 제16조에도 불구하고 정비계획을 수립하기 전에 정비구역을 지정할 수 있다.
③ 정비구역의 지정권자는 제2항에 따라 정비구역을 지정하려면 주민 및 지방의회의 의견을 들어야 하며, 지방도시계획위원회의 심의를 거쳐야 한다. 다만, 제15조제3항에 따른 경미한 사항을 변경하는 경우에는 그러하지 아니하다.
④ 정비구역 지정에 대한 고시에 대하여는 제16조제2항 및 제3항을 준용한다. 이 경우 "정비계획을 포함한 정비구역"은 "정비구역"으로 본다.
⑤ 제1항부터 제4항까지에서 규정한 사항 외에 정비구역의 지정제안 및 정비구역 지정을 위한 절차 등에 관하여 필요한 사항은 대통령령으로 정한다.

제101조의9【사업시행자 지정의 특례】 ① 정비구역의 지정권자는 제26조제1항제8호 및 제27조제1항제3호에도 불구하고 토지면적 2분의 1 이상의 토지소유자와 토지등소유자의 3분의 2 이상에 해당하는 자가 동의하는 경우에는 정비구역의 지정과 동시에 토지주택공사등 또는 지정개발자를 사업시행자로 지정할 수 있다. 이 경우 제101조의8제1항에 따라 정비구역 지정제안에 동의한 토지등소유자는 토지주택공사등 또는 지정개발자의 사업시행자 지정에 동의한 것으로 본다.

② 정비구역의 지정권자는 제1항에 따라 토지주택공사등 또는 지정개발자를 사업시행자로 지정하는 때에는 정비사업 시행구역 등 토지등소유자에게 알릴 필요가 있는 사항으로서 대통령령으로 정하는 사항을 해당 지방자치단체의 공보에 고시하여야 한다.

제101조의10【정비계획과 사업시행계획의 통합 수립】 ① 사업시행자는 제101조의8에 따라 정비구역이 지정된 경우에는 제9조에 따른 정비계획과 제52조에 따른 사업시행계획을 통합하여 다음 각 호의 사항이 포함된 계획(이하 "정비사업계획"이라 한다. 이하 같다)을 수립하여야 한다.
1. 제9조제1항에 따른 정비계획의 내용(제9호는 제외한다)
2. 제52조제1항에 따른 사업시행계획서의 내용

② 사업시행자는 정비사업을 시행하려는 경우에는 제1항에 따른 정비사업계획에 정관등과 그 밖에 국토교통부령으로 정하는 서류를 첨부하여 정비구역의 지정권자에게 제출하고 정비사업계획인가를 받아야 하고, 인가받은 사항을 변경하거나 정비사업을 중지 또는 폐지하려는 경우에도 또한 같다. 다만, 제15조제3항 및 제50조제1항 단서에 따른 경미한 사항을 변경하려는 때에는 정비구역의 지정권자에게 신고하여야 한다.

③ 지정개발자가 정비사업을 시행하려는 경우에는 정비사업계획인가(최초 정비사업계획인가를 말한다)를 신청하기 전에 제35조에 따른 재개발사업 및 재건축사업의 조합설립을 위한 동의요건 이상의 동의를 받아야 한다. 이 경우 제101조의9에 따라 사업시행자 지정에 동의한 토지등소유자는 동의한 것으로 본다.

④ 정비구역의 지정권자는 제2항에 따른 정비사업계획인가를 하거나 정비사업을 변경·중지 또는 폐지하는 경우에는 국토교통부령으로 정하는 방법 및 절차에 따라 그 내용을 해당 지방자치단체의 공보에 고시하여야 한다. 다만, 제2항 단서에 따른 경미한 사항을 변경하려는 경우에는 그러하지 아니하다.

⑤ 제4항에 따라 정비사업계획인가의 고시가 있는 경우 해당 정비사업계획 중 「국토의 계획 및 이용에 관한 법률」 제52조제1항 각 호의 어느 하나에 해당하는 사항은 같은 법 제50조에 따라 지구단위계획구역 및 지구단위계획으로 결정·고시된 것으로 본다.

⑥ 제4항에 따른 정비사업계획인가의 고시는 제16조제2항에 따른 정비계획 결정의 고시 및 제50조제9항에 따른 사업시행계획인가의 고시로 본다.

⑦ 정비사업계획에 관하여는 제10조부터 제13조까지, 제17조제3항부터 제5항까지, 제50조제2항부터 제8항까지(제7항은 제외한다), 제50조의2, 제51조 및 제53조부터 제59조까지를 준용한다. 이 경우 "시장·군수등"은 "정비구역의 지정권자"로, "정비계획" 및 "사업시행계획"은 "정비사업계획"으로 본다.

⑧ 제1항부터 제7항까지에서 규정한 사항 외에 정비사업계획인가 및 고시 등을 위하여 필요한 사항은 대통령령으로 정한다.

제6장 정비사업전문관리업

제102조【정비사업전문관리업의 등록】 ① 다음 각 호의 사항을 추진위원회 또는 사업시행자로부터 위탁받거나 이와 관련한 자문을 하려는 자는 대통령령으로 정하는 자본·기술인력 등의 기준을 갖춰 시·도지사에게 등록 또는 변경(대통령령으로 정하는 경미한 사항의 변경은 제외한다)등록하여야 한다. 다만, 주택의 건설 등 정비사업 관련 업무를 하는 공공기관등으로 대통령령으로 정하는 기관의 경우에는 그러하지 아니하다.
1. 조합설립의 동의 및 정비사업의 동의에 관한 업무의 대행
2. 조합설립인가의 신청에 관한 업무의 대행
3. 사업성 검토 및 정비사업의 시행계획서의 작성
4. 설계자 및 시공자 선정에 관한 업무의 지원
5. 사업시행계획인가의 신청에 관한 업무의 대행
6. 관리처분계획의 수립에 관한 업무의 대행
7. 제118조제2항제2호에 따라 시장·군수등이 정비사업전문관리업자를 선정한 경우에는 추진위원회 설립에 필요한 다음 각 목의 업무
  가. 동의서 제출의 접수
  나. 운영규정 작성 지원
  다. 그 밖에 시·도조례로 정하는 사항

② 제1항에 따른 등록의 절차 및 방법, 등록수수료 등에 필요한 사항은 대통령령으로 정한다.

③ 시·도지사는 제1항에 따라 정비사업전문관리업의 등록 또는 변경등록한 현황, 제106조제1항에 따라 정비사업전문관리업의 등록취소 또는 업무정지를 명한 현황을 국토교통부령으로 정하는 방법 및 절차에 따라 국토교통부장관에게 보고하여야 한다.

제103조【정비사업전문관리업자의 업무제한 등】 정비사업전문관리업자는 동일한 정비사업에 대하여 다음 각 호의 업무를 병행하여 수행할 수 없다.
1. 건축물의 철거
2. 정비사업의 설계
3. 정비사업의 시공
4. 정비사업의 회계감사
5. 그 밖에 정비사업의 공정한 질서유지에 필요하다고 인정하여 대통령령으로 정하는 업무

제104조【정비사업전문관리업자와 위탁자와의 관계】 정비사업전문관리업자에게 업무를 위탁하거나 자문을 요청한 자와 정비사업전문관리업자의 관계에 관하여 이 법에 규정된 사항을 제외하고는 「민법」 중 위임에 관한 규정을 준용한다.

제105조【정비사업전문관리업자의 결격사유】 ① 다음 각 호의 어느 하나에 해당하는 자는 정비사업전문관리업의 등록을 신청할 수 없으며, 정비사업전문관리업자의 업무를 대표 또는 보조하는 임직원이 될 수 없다.
1. 미성년자(대표 또는 임원이 되는 경우로 한정한다)·피성년후견인 또는 피한정후견인
2. 파산선고를 받은 자로서 복권되지 아니한 자
3. 정비사업의 시행과 관련한 범죄행위로 인하여 금고 이상의 실형의 선고를 받고 그 집행이 종료(종료된 것으로 보는 경우를 포함한다)되거나 집행이 면제된 날부터 2년이 지나지 아니한 자(2020.6.9 본호개정)
4. 정비사업의 시행과 관련한 범죄행위로 인하여 금고 이상의 형의 집행유예를 받고 그 유예기간 중에 있는 자
5. 이 법을 위반하여 벌금형 이상의 선고를 받고 2년이 지나지 아니한 자(2020.6.9 본호개정)
6. 제106조에 따른 등록이 취소된 후 2년이 지나지 아니한 자(법인인 경우 그 대표자를 말한다)(2020.6.9 본호개정)
7. 법인의 업무를 대표 또는 보조하는 임직원 중 제1호부터 제6호까지 중 어느 하나에 해당하는 자가 있는 법인

② 정비사업전문관리업자의 업무를 대표 또는 보조하는 임직원이 제1항 각 호의 어느 하나에 해당하게 되거나 선임 당시 그에 해당하였던 자로 밝혀진 때에는 당연 퇴직한다.(2020.6.9 본항개정)

③ 제2항에 따라 퇴직된 임직원이 퇴직 전에 관여한 행위는 효력을 잃지 아니한다.

제106조【정비사업전문관리업의 등록취소 등】 ① 시·도지사는 정비사업전문관리업자가 다음 각 호의 어느 하나에 해당하는 때에는 그 등록을 취소하거나 1년 이내의 기간을 정하여 업무의 전부 또는 일부의 정지를 명할 수 있다. 다만, 제1호·제4호·제8호 및 제9호에 해당하는 때에는 그 등록을 취소하여야 한다.
1. 거짓, 그 밖의 부정한 방법으로 등록을 한 때
2. 제102조제1항에 따른 등록기준에 미달하게 된 때
3. 추진위원회, 사업시행자 또는 시장·군수등의 위탁이나 자문에 관한 계약 없이 제102조제1항 각 호에 따른 업무를 수행한 때
4. 제102조제1항 각 호에 따른 업무를 직접 수행하지 아니한 때
5. 고의 또는 과실로 조합에게 계약금액(정비사업전문관리업자가 조합과 체결한 총계약금액을 말한다)의 3분의 1 이상의 재산상 손실을 끼친 때
6. 제107조에 따른 보고·자료제출을 하지 아니하거나 거짓으로 한 때 또는 조사·검사를 거부·방해 또는 기피한 때
7. 제111조에 따른 보고·자료제출을 하지 아니하거나 거짓으로 한 때 또는 조사를 거부·방해 또는 기피한 때

8. 최근 3년간 2회 이상의 업무정지처분을 받은 자로서 그 정지처분을 받은 기간이 합산하여 12개월을 초과한 때
9. 다른 사람에게 자기의 성명 또는 상호를 사용하여 이 법에서 정한 업무를 수행하게 하거나 등록증을 대여한 때
10. 이 법을 위반하여 벌금형 이상의 선고를 받은 경우(법인의 경우에는 그 소속 임직원을 포함한다)
11. 그 밖에 이 법 또는 이 법에 따른 명령이나 처분을 위반한 때

② 제1항에 따른 등록의 취소 및 업무의 정지처분에 관한 기준은 대통령령으로 정한다.
③ 제1항에 따라 등록취소처분 등을 받은 정비사업전문관리업자와 등록취소처분 등을 명한 시·도지사는 추진위원회 또는 사업시행자에게 해당 내용을 지체 없이 통지하여야 한다.(2019.8.20 본항개정)
④ 정비사업전문관리업자는 제1항에 따라 등록취소처분 등을 받기 전에 계약을 체결한 업무는 계속하여 수행할 수 있다. 이 경우 정비사업전문관리업자는 해당 업무를 완료할 때까지는 정비사업전문관리업자로 본다.
⑤ 정비사업전문관리업자는 제4항 전단에도 불구하고 다음 각 호의 어느 하나에 해당하는 경우에는 업무를 계속하여 수행할 수 없다.
1. 사업시행자가 제3항에 따른 통지를 받거나 처분사실을 안 날부터 3개월 이내에 총회 또는 대의원회의 의결을 거쳐 해당 업무계약을 해지한 경우
2. 정비사업전문관리업자가 등록취소처분 등을 받은 날부터 3개월 이내에 사업시행자로부터 업무의 계속 수행에 대하여 동의를 받지 못한 경우. 이 경우 사업시행자가 동의를 하려는 때에는 총회 또는 대의원회의 의결을 거쳐야 한다.
3. 제1항 각 호 외의 부분 단서에 따라 등록이 취소된 경우

제107조【정비사업전문관리업자에 대한 조사 등】 ① 국토교통부장관 또는 시·도지사는 다음 각 호의 어느 하나에 해당하는 경우 정비사업전문관리업자에 대하여 그 업무에 관한 사항을 보고하게 하거나 자료의 제출, 그 밖의 필요한 명령을 할 수 있으며, 소속 공무원에게 영업소 등에 출입하여 장부·서류 등을 조사 또는 검사하게 할 수 있다.(2019.8.20 본문개정)
1. 등록요건 또는 결격사유 등 이 법에서 정한 사항의 위반 여부를 확인할 필요가 있는 경우
2. 정비사업전문관리업자와 토지등소유자, 조합원, 그 밖에 정비사업과 관련한 이해관계인 사이에 분쟁이 발생한 경우
3. 그 밖에 시·도조례로 정하는 경우

(2019.8.20 1호~3호신설)
② 제1항에 따라 출입·검사 등을 하는 공무원은 권한을 표시하는 증표를 지니고 관계인에게 내보여야 한다.
③ 국토교통부장관 또는 시·도지사가 정비사업전문관리업자에게 제1항에 따른 업무에 관한 사항의 보고, 자료의 제출을 하게 하거나, 소속 공무원에게 조사 또는 검사하게 하려는 경우에는 「행정조사기본법」 제17조에 따라 사전통지를 하여야 한다.(2019.8.20 본항신설)
④ 제1항에 따라 업무에 관한 사항의 보고 또는 자료의 제출 명령을 받은 정비사업전문관리업자는 그 명령을 받은 날부터 15일 이내에 이를 보고 또는 제출(전자문서를 이용한 보고 또는 제출을 포함한다)하여야 한다.(2019.8.20 본항신설)
⑤ 국토교통부장관 또는 시·도지사는 제1항에 따른 업무에 관한 사항의 보고, 자료의 제출, 조사 또는 검사 등이 완료된 날부터 30일 이내에 그 결과를 통지하여야 한다.(2019.8.20 본항신설)

제108조【정비사업전문관리업 정보의 종합관리】 ① 국토교통부장관은 정비사업전문관리업자의 자본금·사업실적·경영실태 등에 관한 정보를 종합적이고 체계적으로 관리하고 시·도지사, 시장, 군수, 구청장, 추진위원회 또는 사업시행자 등에게 제공하기 위하여 정비사업전문관리업 정보종합체계를 구축·운영할 수 있다.(2021.8.10 본항개정)
② 제1항에 따른 정비사업전문관리업 정보종합체계의 구축·운영에 필요한 사항은 국토교통부령으로 정한다.

제109조【협회의 설립 등】 ① 정비사업전문관리업자는 정비사업전문관리업의 전문화와 정비사업의 건전한 발전을 도모하기 위하여 정비사업전문관리업자단체(이하 "협회"라 한다)를 설립할 수 있다.
② 협회는 법인으로 한다.
③ 협회는 주된 사무소의 소재지에서 설립등기를 하는 때에 성립한다.
④ 협회를 설립하려는 때에는 회원의 자격이 있는 50명 이상을 발기인으로 하여 정관을 작성한 후 창립총회의 의결을 거쳐 국토교통부장관의 인가를 받아야 한다. 협회가 정관을 변경하려는 때에도 또한 같다.
⑤ 이 법에 따라 시·도지사로부터 업무정지처분을 받은 회원의 권리·의무는 영업정지기간 중 정지되며, 정비사업전문관리업의 등록이 취소된 때에는 회원의 자격을 상실한다.
⑥ 협회의 정관, 설립인가의 취소, 그 밖에 필요한 사항은 대통령령으로 정한다.
⑦ 협회에 관하여 이 법에 규정된 사항을 제외하고는 「민법」 중 사단법인에 관한 규정을 준용한다.

제110조【협회의 업무 및 감독】 ① 협회의 업무는 다음 각 호와 같다.
1. 정비사업전문관리업 및 정비사업의 건전한 발전을 위한 조사·연구
2. 회원의 상호 협력증진을 위한 업무
3. 정비사업전문관리 기술 인력과 정비사업전문관리업 종사자의 자질향상을 위한 교육 및 연수
4. 그 밖에 대통령령으로 정하는 업무

② 국토교통부장관은 협회의 업무 수행 현황 또는 이 법의 위반 여부를 확인할 필요가 있는 때에는 협회에게 업무에 관한 사항을 보고하게 하거나 자료의 제출, 그 밖에 필요한 명령을 할 수 있으며, 소속 공무원에게 그 사무소 등에 출입하여 장부·서류 등을 조사 또는 검사하게 할 수 있다.(2019.8.20 본항개정)
③ 제2항에 따른 업무에 관한 사항의 보고, 자료의 제출, 조사 또는 검사에 관하여는 제107조제2항부터 제5항까지의 규정을 준용한다.(2019.8.20 본항신설)

제7장 감독 등

제111조【자료의 제출 등】 ① 시·도지사는 국토교통부령으로 정하는 방법 및 절차에 따라 정비사업의 추진실적을 분기별로 국토교통부장관에게, 시장, 군수 또는 구청장은 시·도조례로 정하는 바에 따라 정비사업의 추진실적을 특별시장·광역시장 또는 도지사에게 보고하여야 한다.
② 국토교통부장관, 시·도지사, 시장, 군수 또는 구청장은 정비사업(제86조의2에 따라 해산한 조합의 청산 업무를 포함한다. 이하 이 항에서 같다)의 원활한 시행을 감독하기 위하여 필요한 경우로서 다음 각 호의 어느 하나에 해당하는 때에는 추진위원회·사업시행자(청산인을 포함한다)·정비사업전문관리업자·설계자 및 시공자 등 이 법에 따른 업무를 하는 자에게 그 업무에 관한 사항을 보고하게 하거나 자료의 제출, 그 밖의 필요한 명령을 할 수 있으며, 소속 공무원에게 영업소 등에 출입하여 장부·서류 등을 조사 또는 검사하게 할 수 있다.(2023.12.26 본문개정)
1. 이 법의 위반 여부를 확인할 필요가 있는 경우(2019.8.20 본호신설)
2. 토지등소유자, 조합원, 그 밖에 정비사업과 관련한 이해관계인 사이에 분쟁이 발생된 경우(2019.8.20 본호신설)
3. 제86조의2에 따라 해산한 조합의 잔여재산의 인도 등 청산인의 직무를 성실히 수행하고 있는지를 확인할 필요가 있는 경우(2023.12.26 본호신설)
4. 그 밖에 시·도조례로 정하는 경우(2019.8.20 본호신설)

③ 제2항에 따른 업무에 관한 사항의 보고, 자료의 제출, 조사 또는 검사에 관하여는 제107조제2항부터 제5항까지의 규정을 준용한다.(2019.8.20 본항개정)

제111조의2【자금차입의 신고】 추진위원회 또는 사업시행자(시장·군수등과 토지주택공사등은 제외한다)는 자금을 차입한 때에는 대통령령으로 정하는 바에 따라 자금을 대여한 상대방, 차입액, 이자율 및 상환방법 등의 사항을 시장·군수등에게 신고하여야 한다.(2022.6.10 본조신설)

제112조【회계감사】 ① 시장·군수등 또는 토지주택공사등이 아닌 사업시행자 또는 추진위원회는 다음 각 호의 어느 하나에 해당하는 경우에는 다음 각 호의 구분에 따른 기간 이내에 「주식회사 등의 외부감사에 관한 법률」 제2조제7호 및 제9조에 따른 감사인의 회계감사를 받기 위하여 시장·군수등에게 회계감사기관의 선정·계약을 요청하여야 하며, 그 감사결과를 회계감사가 종료된 날부터 15일 이내에 시장·군수등 및 해당 조합에 보고하고 조합원이 공람할 수 있도록 하여야 한다. 다만, 지정개발자가 사업시행자인 경우에는 제1호에 해당하는 경우는 제외한다.

1. 제34조제4항에 따라 추진위원회에서 사업시행자로 인계되기 전까지 납부 또는 지출된 금액과 계약 등으로 지출될 것이 확정된 금액의 합이 대통령령으로 정한 금액 이상인 경우 : 추진위원회에서 사업시행자로 인계되기 전 7일 이내
2. 제50조제9항에 따른 사업시행계획인가 고시일 전까지 납부 또는 지출된 금액이 대통령령으로 정하는 금액 이상인 경우 : 사업시행계획인가의 고시일부터 20일 이내(2021.3.16 본호개정)
3. 제83조제1항에 따른 준공인가 신청일까지 납부 또는 지출된 금액이 대통령령으로 정하는 금액 이상인 경우 : 준공인가의 신청일부터 7일 이내
4. 토지등소유자 또는 조합원 5분의 1 이상이 사업시행자에게 회계감사를 요청하는 경우 : 제4항에 따른 절차를 고려한 상당한 기간 이내(2021.1.5 본호신설)

(2021.1.5 본항개정)

② 시장·군수등은 제1항에 따른 요청이 있는 경우 즉시 회계감사기관을 선정하여 회계감사가 이루어지도록 하여야 한다.
(2021.1.5 본항개정)

③ 제2항에 따라 회계감사기관을 선정·계약한 경우 시장·군수등은 공정한 회계감사를 위하여 선정된 회계감사기관을 감독하여야 하며, 필요한 처분이나 조치를 명할 수 있다.

④ 사업시행자 또는 추진위원회는 제1항에 따라 회계감사기관의 선정·계약을 요청하려는 경우 시장·군수등에게 회계감사에 필요한 비용을 미리 예치하여야 한다. 시장·군수등은 회계감사가 끝난 경우 예치된 금액에서 회계감사비용을 직접 지급한 후 나머지 비용은 사업시행자와 정산하여야 한다.(2021.7.27 후단개정)

제113조【감독】 ① 정비사업(제86조의2에 따라 해산한 조합의 청산 업무를 포함한다. 이하 이 조에서 같다)의 시행이 이 법 또는 이 법에 따른 명령·처분이나 사업시행계획서 또는 관리처분계획에 위반되었다고 인정되는 때에는 정비사업의 적정한 시행을 위하여 필요한 범위에서 국토교통부장관은 시·도지사, 시장, 군수, 구청장, 추진위원회, 주민대표회의, 사업시행자(청산인을 포함한다. 이하 이 항에서 같다) 또는 정비사업전문관리업자에게, 특별시장, 광역시장 또는 도지사는 시장, 군수, 구청장, 추진위원회, 주민대표회의, 사업시행자 또는 정비사업전문관리업자에게, 시장·군수등은 추진위원회, 주민대표회의, 사업시행자 또는 정비사업전문관리업자에게 처분의 취소·변경 또는 정지, 공사의 중지·변경, 임원의 개선 권고, 그 밖의 필요한 조치를 취할 수 있다.(2023.12.26 본항개정)

② 국토교통부장관, 시·도지사, 시장, 군수 또는 구청장은 이 법에 따른 정비사업의 원활한 시행을 위하여 관계 공무원 및 전문가로 구성된 점검반을 구성하여 정비사업 현장조사를 통하여 분쟁의 조정, 위법사항의 시정요구 또는 수사기관에 고발 등 필요한 조치를 할 수 있다. 이 경우 관할 지방자치단체의 장과 조합 등은 대통령령으로 정하는 자료의 제공 등 점검반의 활동에 적극 협조하여야 한다.(2023.12.26 전단개정)

③ 제2항에 따른 정비사업 현장조사에 관하여는 제107조제2항, 제3항 및 제5항을 준용한다.(2019.8.20 본항개정)

제113조의2【시공자 선정 취소 명령 또는 과징금】 ① 시·도지사(해당 정비사업을 관할하는 시·도지사를 말한다. 이하 이 조 및 제113조의3에서 같다)는 건설업자 또는 등록사업자가 다음 각 호의 어느 하나에 해당하는 경우 사업시행자에게 건설업자 또는 등록사업자의 해당 정비사업에 대한 시공자 선정을 취소할 것을 명하거나 그 건설업자 또는 등록사업자에게 사업시행자와 시공자 사이의 계약서상 공사비의 100분의 20 이하에 해당하는 금액의 범위에서 과징금을 부과할 수 있다. 이 경우 시공자 선정 취소의 명을 받은 사업시행자는 시공자 선정을 취소하여야 한다.

1. 건설업자 또는 등록사업자가 제132조제1항 또는 제2항을 위반한 경우
2. 건설업자 또는 등록사업자가 제132조의2를 위반하여 관리·감독 등 필요한 조치를 하지 아니한 경우로서 용역업체의 임직원(건설업자 또는 등록사업자가 고용한 개인을 포함한다. 이하 같다)이 제132조제1항을 위반한 경우

(2022.6.10 본항개정)

② 제1항에 따라 과징금을 부과하는 위반행위의 종류와 위반 정도 등에 따른 과징금의 금액 등에 필요한 사항은 대통령령으로 정한다.

③ 시·도지사는 제1항에 따라 과징금의 부과처분을 받은 자가 납부기한까지 과징금을 내지 아니하면 「지방행정제재·부과금의 징수 등에 관한 법률」에 따라 징수한다.(2020.3.24 본항개정)

(2018.6.12 본조신설)

제113조의3【건설업자 및 등록사업자의 입찰참가 제한】 ① 시·도지사는 제113조의2제1항 각 호의 어느 하나에 해당하는 건설업자 또는 등록사업자에 대해서는 2년 이내의 범위에서 대통령령으로 정하는 기간 동안 정비사업의 입찰참가를 제한하여야 한다.

② 시·도지사는 제1항에 따라 건설업자 또는 등록사업자에 대한 정비사업의 입찰참가를 제한하려는 경우에는 대통령령으로 정하는 바에 따라 대상, 기간, 사유, 그 밖의 입찰참가 제한과 관련된 내용을 공개하고, 관할 구역의 시장, 군수 또는 구청장 및 사업시행자에게 통보하여야 한다. 다만, 정비사업의 입찰참가를 제한하려는 해당 건설업자 또는 등록사업자가 입찰참가자격을 제한받은 사실이 있는 경우에는 시·도지사가 입찰참가 제한과 관련된 내용을 전국의 시장, 군수 또는 구청장에게 통보하여야 하고, 통보를 받은 시장, 군수 또는 구청장은 관할 구역의 사업시행자에게 관련된 내용을 다시 통보하여야 한다.

③ 제2항에 따라 입찰자격 제한과 관련된 내용을 통보받은 사업시행자는 해당 건설업자 또는 등록사업자의 입찰 참가자격을 제한하여야 한다. 이 경우 사업시행자는 전단에 따라 입찰참가를 제한받은 건설업자 또는 등록사업자와 계약(수의계약을 포함한다)을 체결하여서는 아니 된다.

④ 시·도지사는 제1항에 따라 정비사업의 입찰참가를 제한하는 경우에는 대통령령으로 정하는 바에 따라 입찰참가 제한과 관련된 내용을 제119조제1항에 따른 정비사업관리시스템에 등록하여야 한다.(2024.1.30 본항신설)

⑤ 시·도지사는 대통령령으로 정하는 위반행위에 대하여는 제1항부터 제3항까지에도 불구하고 1회에 한하여 과징금으로 제1항의 입찰참가 제한을 갈음할 수 있다. 이 경우 과징금의 부과기준 및 절차는 제113조의2제1항 및 제3항을 준용하고, 과징금을 부과하는 위반행위의 종류와 위반 정도 등에 따른 과징금의 금액 등에 필요한 사항은 대통령령으로 정한다.(2024.1.30 본항신설)

(2024.1.30 본조개정)

제114조【정비사업 지원기구】 국토교통부장관 또는 시·도지사는 다음 각 호의 업무를 수행하기 위하여 정비사업 지원기구를 설치할 수 있다. 이 경우 국토교통부장관은 「한국부동산원법」에 따른 한국부동산원 또는 「한국토지주택공사법」에 따라 설립된 한국토지주택공사에, 시·도지사는 「지방공기업법」에 따라 주택사업을 수행하기 위하여 설립된 지방공사에 정비사업 지원기구의 업무를 대행하게 할 수 있다.
(2021.4.13 본문개정)

1. 정비사업 상담지원업무
2. 정비사업전문관리제도의 지원
3. 전문조합관리인의 교육 및 운영지원
4. 소규모 영세사업장 등의 사업시행계획 및 관리처분계획 수립지원
5. 정비사업을 통한 공공지원민간임대주택 공급 업무 지원 (2018.1.16 본호개정)

6. 제29조의2에 따른 공사비 검증 업무(2019.4.23 본호신설)
7. 공공재개발사업 및 공공재건축사업의 지원(2021.4.13 본호신설)
8. 그 밖에 국토교통부장관이 정하는 업무

제115조 【교육의 실시】 국토교통부장관, 시·도지사, 시장, 군수 또는 구청장은 추진위원장 및 감사, 조합임원, 전문조합관리인, 정비사업전문관리업자의 대표자 및 기술인력, 토지등소유자 등에 대하여 대통령령으로 정하는 바에 따라 교육을 실시할 수 있다.

제116조 【도시분쟁조정위원회의 구성 등】 ① 정비사업의 시행으로 발생한 분쟁을 조정하기 위하여 정비구역이 지정된 특별자치시, 특별자치도, 또는 시·군·구(자치구를 말한다. 이하 이 조에서 같다)에 도시분쟁조정위원회(이하 "조정위원회"라 한다)를 둔다. 다만, 시장·군수등을 당사자로 하여 발생한 정비사업의 시행과 관련된 분쟁 등의 조정을 위하여 필요한 경우에는 시·도에 조정위원회를 둘 수 있다.
② 조정위원회는 부시장·부지사·부구청장 또는 부군수를 위원장으로 한 10명 이내의 위원으로 구성한다.
③ 조정위원회 위원은 정비사업에 대한 학식과 경험이 풍부한 사람으로서 다음 각 호의 어느 하나에 해당하는 사람 중에서 시장·군수등이 임명 또는 위촉한다. 이 경우 제1호, 제3호 및 제4호에 해당하는 사람이 각 2명 이상 포함되어야 한다.
1. 해당 특별자치시, 특별자치도 또는 시·군·구에서 정비사업 관련 업무에 종사하는 5급 이상 공무원
2. 대학이나 연구기관에서 부교수 이상 또는 이에 상당하는 직에 재직하고 있는 사람
3. 판사, 검사 또는 변호사의 직에 5년 이상 재직한 사람
4. 건축사, 감정평가사, 공인회계사로서 5년 이상 종사한 사람
5. 그 밖에 정비사업에 전문적 지식을 갖춘 사람으로서 시·도조례로 정하는 자
④ 조정위원회에는 위원 3명으로 구성된 분과위원회(이하 "분과위원회"라 한다)를 두며, 분과위원회에는 제3항제1호 및 제3호에 해당하는 사람이 각 1명 이상 포함되어야 한다.

제117조 【조정위원회의 조정 등】 ① 조정위원회는 정비사업의 시행과 관련하여 다음 각 호의 어느 하나에 해당하는 분쟁 사항을 심사·조정한다. 다만, 「주택법」, 「공익사업을 위한 토지 등의 취득 및 보상에 관한 법률」, 그 밖의 관계 법률에 따라 설치된 위원회의 심사대상에 포함되는 사항은 제외할 수 있다.
1. 매도청구권 행사 시 감정가액에 대한 분쟁
2. 공동주택 평형 배정방법에 대한 분쟁
3. 그 밖에 대통령령으로 정하는 분쟁
② 시장·군수등은 다음 각 호의 어느 하나에 해당하는 경우 조정위원회를 개최할 수 있으며, 조정위원회는 조정신청을 받은 날(제2호의 경우 조정위원회를 처음 개최한 날을 말한다)부터 60일 이내에 조정절차를 마쳐야 한다. 다만, 조정기간 내에 조정절차를 마칠 수 없는 정당한 사유가 있다고 판단되는 경우에는 조정위원회의 의결로 그 기간을 한 차례만 연장할 수 있으며 그 기간은 30일 이내로 한다.(2017.8.9 단서개정)
1. 분쟁당사자가 정비사업의 시행으로 인하여 발생한 분쟁의 조정을 신청하는 경우
2. 시장·군수등이 조정위원회의 조정이 필요하다고 인정하는 경우
③ 조정위원회의 위원장은 조정위원회의 심사에 앞서 분과위원회에서 사전 심사를 담당하게 할 수 있다. 다만, 분과위원회의 위원 전원이 일치된 의견으로 조정위원회의 심사가 필요없다고 인정하는 경우에는 조정위원회에 회부하지 아니하고 분과위원회의 심사로 조정절차를 마칠 수 있다.
④ 조정위원회 또는 분과위원회는 제2항 또는 제3항에 따른 조정절차를 마친 경우 조정안을 작성하여 지체 없이 각 당사자에게 제시하여야 한다. 이 경우 조정안을 제시받은 각 당사자는 제시받은 날부터 15일 이내에 수락 여부를 조정위원회 또는 분과위원회에 통보하여야 한다.
⑤ 당사자가 조정안을 수락한 경우 조정위원회는 즉시 조정서를 작성한 후, 위원장 및 각 당사자는 조정서에 서명·날인하여야 한다.
⑥ 제5항에 따라 당사자가 강제집행을 승낙하는 취지의 내용이 기재된 조정서에 서명·날인한 경우 조정서의 정본은 「민사집행법」 제56조에도 불구하고 집행력 있는 집행권원과 같은 효력을 가진다. 다만, 청구에 관한 이의의 주장에 대하여는 「민사집행법」 제44조제2항을 적용하지 아니한다.
⑦ 그 밖에 조정위원회의 구성·운영 및 비용의 부담, 조정기간 연장 등에 필요한 사항은 시·도조례로 정한다.(2017.8.9 본항개정)

제117조의2 【협의체의 운영 등】 ① 시장·군수등은 정비사업과 관련하여 발생하는 문제를 협의하기 위하여 제117조제2항에 따라 조정위원회의 조정신청을 받기 전에 사업시행자, 관계 공무원 및 전문가, 그 밖에 이해관계가 있는 자 등으로 구성된 협의체를 구성·운영할 수 있다.
② 특별시장·광역시장 또는 도지사는 제1항에 따른 협의체의 구성·운영에 드는 비용의 전부 또는 일부를 보조할 수 있다.
③ 제1항에 따른 협의체의 구성·운영 시기, 협의 대상·방법 및 제2항에 따른 비용 보조 등에 관하여 필요한 사항은 시·도조례로 정한다.
(2022.6.10 본조신설)

제118조 【정비사업의 공공지원】 ① 시장·군수등은 정비사업의 투명성 강화 및 효율성 제고를 위하여 시·도조례로 정하는 정비사업에 대하여 사업시행 과정을 지원(이하 "공공지원"이라 한다)하거나 토지주택공사등, 신탁업자, 「주택도시기금법」에 따른 주택도시보증공사 또는 이 법 제102조제1항 각 호 외의 부분 단서에 따라 대통령령으로 정하는 기관에 공공지원을 위탁할 수 있다.
② 제1항에 따라 정비사업을 공공지원하는 시장·군수등 및 공공지원을 위탁받은 자(이하 "위탁지원자"라 한다)는 다음 각 호의 업무를 수행한다.
1. 추진위원회 또는 주민대표회의 구성
2. 정비사업전문관리업자의 선정(위탁지원자는 선정을 위한 지원으로 한정한다)
3. 설계자 및 시공자 선정 방법 등
4. 제52조제1항제4호에 따른 세입자의 주거 및 이주 대책(이주 거부에 따른 협의 대책을 포함한다) 수립
5. 관리처분계획 수립
6. 그 밖에 시·도조례로 정하는 사항
③ 시장·군수등은 위탁지원자의 공정한 업무수행을 위하여 관련 자료의 제출 및 조사, 현장점검 등 필요한 조치를 할 수 있다. 이 경우 위탁지원자의 행위에 대한 대외적인 책임은 시장·군수등에게 있다.
④ 공공지원에 필요한 비용은 시장·군수등이 부담하되, 특별시장, 광역시장 또는 도지사는 관할 구역의 시장, 군수 또는 구청장에게 특별시·광역시 또는 도의 조례로 정하는 바에 따라 그 비용의 일부를 지원할 수 있다.
⑤ 추진위원회가 제2항제2호에 따라 시장·군수등이 선정한 정비사업전문관리업자를 선정하는 경우에는 제32조제2항을 적용하지 아니한다.
⑥ 공공지원의 시행을 위한 방법과 절차, 기준 및 제126조에 따른 도시·주거환경정비기금의 지원, 시공자 선정 시기 등에 필요한 사항은 시·도조례로 정한다.
⑦ 제6항에도 불구하고 다음 각 호의 어느 하나에 해당하는 경우에는 토지등소유자(제35조에 따라 조합을 설립한 경우에는 조합원을 말한다)의 과반수 동의를 받아 제29조제4항에 따라 시공자를 선정할 수 있다. 다만, 제1호의 경우에는 해당 건설업자를 시공자로 본다.(2017.8.9 본문개정)
1. 조합이 제25조에 따라 건설업자와 공동으로 정비사업을 시행하는 경우로서 조합과 건설업자 사이에 협약을 체결하는 경우
2. 제28조제1항 및 제2항에 따라 사업대행자가 정비사업을 시행하는 경우
⑧ 제7항제1호의 협약사항에 관한 구체적인 내용은 시·도조례로 정할 수 있다.

제119조 【정비사업관리시스템의 구축】 ① 국토교통부장관 또는 시·도지사는 정비사업의 효율적이고 투명한 관리를 위하여 정비사업관리시스템을 구축하여 운영할 수 있다.

② 국토교통부장관은 시 · 도지사에게 제1항에 따른 정비사업관리시스템의 구축 등에 필요한 자료의 제출 등 협조를 요청할 수 있다. 이 경우 자료의 제출 등 협조를 요청받은 시 · 도지사는 정당한 사유가 없으면 이에 따라야 한다.(2021.8.10 본항신설)
③ 제1항에 따른 정비사업관리시스템의 운영방법 등에 필요한 사항은 국토교통부령 또는 시 · 도조례로 정한다.
(2021.8.10 본조개정)

제120조【정비사업의 정보공개】 시장 · 군수등은 정비사업의 투명성 강화를 위하여 조합이 시행하는 정비사업에 관한 다음 각 호의 사항을 매년 1회 이상 인터넷과 그 밖의 방법을 병행하여 공개하여야 한다. 이 경우 공개의 방법 및 시기 등 필요한 사항은 시 · 도조례로 정한다.
1. 제74조제1항에 따라 관리처분계획의 인가(변경인가를 포함한다. 이하 이 조에서 같다)를 받은 사항 중 제29조에 따른 계약금액(2017.8.9 본호개정)
2. 제74조제1항에 따라 관리처분계획의 인가를 받은 사항 중 정비사업에서 발생한 이자
3. 그 밖에 시 · 도조례로 정하는 사항

제121조【청문】 국토교통부장관, 시 · 도지사, 시장, 군수 또는 구청장은 다음 각 호의 어느 하나에 해당하는 처분을 하려는 경우에는 청문을 하여야 한다.
1. 제86조의2제3항에 따른 조합설립인가의 취소(2022.6.10 본호신설)
2. 제106조제1항에 따른 정비사업전문관리업의 등록취소
3. 제113조제1항부터 제3항까지의 규정에 따른 추진위원회 승인의 취소, 조합설립인가의 취소, 사업시행계획인가의 취소 또는 관리처분계획인가의 취소
4. 제113조의2제1항에 따른 시공자 선정 취소 또는 과징금 부과(2018.6.12 본호신설)
5. 제113조의3제1항에 따른 입찰참가 제한(2018.6.12 본호신설)

제8장 보 칙

제122조【토지등소유자의 설명의무】 ① 토지등소유자는 자신이 소유하는 정비구역 내 토지 또는 건축물에 대하여 매매 · 전세 · 임대차 또는 지상권 설정 등 부동산 거래를 위한 계약을 체결하는 경우 다음 각 호의 사항을 거래 상대방에게 설명 · 고지하고, 거래 계약서에 기재 후 서명 · 날인하여야 한다.
1. 해당 정비사업의 추진단계
2. 퇴거예정시기(건축물의 경우 철거예정시기를 포함한다)
3. 제19조에 따른 행위제한
4. 제39조에 따른 조합원의 자격
5. 제70조제5항에 따른 계약기간
6. 제77조에 따른 주택 등 건축물을 분양받을 권리의 산정 기준일
7. 그 밖에 거래 상대방의 권리 · 의무에 중대한 영향을 미치는 사항으로서 대통령령으로 정하는 사항

② 제1항 각 호의 사항은 「공인중개사법」 제25조제1항제2호의 "법령의 규정에 의한 거래 또는 이용제한사항"으로 본다.

제123조【재개발사업 등의 시행방식의 전환】 ① 시장 · 군수등은 제28조제1항에 따라 사업대행자를 지정하거나 토지등소유자의 5분의 4 이상의 요구가 있어 제23조제2항에 따른 재개발사업의 시행방식의 전환이 필요하다고 인정하는 경우에는 정비사업이 완료되기 전이라도 대통령령으로 정하는 범위에서 정비구역의 전부 또는 일부에 대하여 시행방식의 전환을 승인할 수 있다.
② 사업시행자는 제1항에 따라 시행방식을 전환하기 위하여 관리처분계획을 변경하려는 경우 토지면적의 3분의 2 이상의 토지소유자의 동의와 토지등소유자의 5분의 4 이상의 동의를 받아야 하며, 변경절차에 관하여는 제74조제1항의 관리처분계획 변경에 관한 규정을 준용한다.
③ 사업시행자는 제1항에 따라 정비구역의 일부에 대하여 시행방식을 전환하려는 경우에 재개발사업이 완료된 부분은 제83조에 따라 준공인가를 거쳐 해당 지방자치단체의 공보에 공사완료의 고시를 하여야 하며, 전환하려는 부분은 이 법에서 정하고 있는 절차에 따라 시행방식을 전환하여야 한다.
④ 제3항에 따라 공사완료의 고시를 한 때에는 「공간정보의 구축 및 관리 등에 관한 법률」 제86조제3항에도 불구하고 관리처분계획의 내용에 따라 제86조에 따른 이전이 된 것으로 본다.
⑤ 사업시행자는 정비계획이 수립된 주거환경개선사업을 제23조제1항제4호의 시행방법으로 변경하려는 경우에는 토지등소유자의 3분의 2 이상의 동의를 받아야 한다.

제124조【관련 자료의 공개 등】 ① 추진위원장 또는 사업시행자(조합의 경우 청산인을 포함한 조합임원, 토지등소유자가 단독으로 시행하는 재개발사업의 경우에는 그 대표자를 말한다)는 정비사업의 시행에 관한 다음 각 호의 서류 및 관련 자료가 작성되거나 변경된 후 15일 이내에 이를 조합원, 토지등소유자 또는 세입자가 알 수 있도록 인터넷과 그 밖의 방법을 병행하여 공개하여야 한다.
1. 제34조제1항에 따른 추진위원회 운영규정 및 정관등
2. 설계자 · 시공자 · 철거업자 및 정비사업전문관리업자 등 용역업체의 선정계약서
3. 추진위원회 · 주민총회 · 조합총회 및 조합의 이사회 · 대의원회의 의사록
4. 사업시행계획서
5. 관리처분계획서
6. 해당 정비사업의 시행에 관한 공문서
7. 회계감사보고서
8. 월별 자금의 입금 · 출금 세부내역

8의2. 제111조의2에 따라 신고한 자금차입에 관한 사항(2022.6.10 본호신설)

9. 결산보고서
10. 청산인의 업무 처리 현황
11. 그 밖에 정비사업 시행에 관하여 대통령령으로 정하는 서류 및 관련 자료

② 제1항에 따라 공개의 대상이 되는 서류 및 관련 자료의 경우 분기별로 공개대상의 목록, 개략적인 내용, 공개장소, 열람 · 복사 방법 등을 대통령령으로 정하는 방법과 절차에 따라 조합원 또는 토지등소유자에게 서면으로 통지하여야 한다.
③ 추진위원장 또는 사업시행자는 제1항 및 제4항에 따라 공개 및 열람 · 복사 등을 하는 경우에는 주민등록번호를 제외하고 국토교통부령으로 정하는 방법 및 절차에 따라 공개하여야 한다.
④ 조합원, 토지등소유자가 제1항에 따른 서류 및 다음 각 호를 포함하여 정비사업 시행에 관한 서류와 관련 자료에 대하여 열람 · 복사 요청을 한 경우 추진위원장이나 사업시행자는 15일 이내에 그 요청에 따라야 한다.
1. 토지등소유자 명부
2. 조합원 명부
3. 그 밖에 대통령령으로 정하는 서류 및 관련 자료

⑤ 제4항의 복사에 필요한 비용은 실비의 범위에서 청구인이 부담한다. 이 경우 비용납부의 방법, 시기 및 금액 등에 필요한 사항은 시 · 도조례로 정한다.
⑥ 제4항에 따라 열람 · 복사를 요청한 사람은 제공받은 서류와 자료를 사용목적 외의 용도로 이용 · 활용하여서는 아니 된다.

제125조【관련 자료의 보관 및 인계】 ① 추진위원장 · 정비사업전문관리업자 또는 사업시행자(조합의 경우 청산인을 포함한 조합임원, 토지등소유자가 단독으로 시행하는 재개발사업의 경우에는 그 대표자를 말한다)는 제124조제1항에 따른 서류 및 관련 자료와 총회 또는 중요한 회의(조합원 또는 토지등소유자의 비용부담을 수반하거나 권리 · 의무의 변동을 발생시키는 경우로서 대통령령으로 정하는 회의를 말한다)가 있은 때에는 속기록 · 녹음 또는 영상자료를 만들어 청산 시까지 보관하여야 한다.
② 시장 · 군수등 또는 토지주택공사등이 아닌 사업시행자는 정비사업을 완료하거나 폐지한 때에는 시 · 도조례로 정하는 바에 따라 관계 서류를 시장 · 군수등에게 인계하여야 한다.
③ 시장 · 군수등 또는 토지주택공사등인 사업시행자와 제2항에 따라 관계 서류를 인계받은 시장 · 군수등은 해당 정비사업의 관계 서류를 5년간 보관하여야 한다.

제126조【도시 · 주거환경정비기금의 설치 등】 ① 제4조 및 제7조에 따라 기본계획을 수립하거나 승인하는 특별시장 ·

광역시장 · 특별자치시장 · 도지사 · 특별자치도지사 또는 시장은 정비사업의 원활한 수행을 위하여 도시 · 주거환경정비기금(이하 "정비기금"이라 한다)을 설치하여야 한다. 다만, 기본계획을 수립하지 아니하는 시장 및 군수도 필요한 경우에는 정비기금을 설치할 수 있다.
② 정비기금은 다음 각 호의 어느 하나에 해당하는 금액을 재원으로 조성한다.
1. 제17조제4항에 따라 사업시행자가 현금으로 납부한 금액
2. 제55조제1항, 제101조의5제2항 및 제101조의6제2항에 따라 시 · 도지사, 시장, 군수 또는 구청장에게 공급된 주택의 임대보증금 및 임대료(2021.4.13 본호개정)
3. 제94조에 따른 부담금 및 정비사업으로 발생한 「개발이익 환수에 관한 법률」에 따른 개발부담금 중 지방자치단체 귀속분의 일부
4. 제98조에 따른 정비구역(재건축구역은 제외한다) 안의 국 · 공유지 매각대금 중 대통령령으로 정하는 일정 비율 이상의 금액
4의2. 제113조의2에 따른 과징금(2018.6.12 본호신설)
5. 「재건축초과이익 환수에 관한 법률」에 따른 재건축부담금 중 같은 법 제4조제3항 및 제4항에 따른 지방자치단체 귀속분
6. 「지방세법」 제69조에 따라 부과 · 징수되는 지방소비세 또는 같은 법 제112조(같은 조 제1항제1호는 제외한다)에 따라 부과 · 징수되는 재산세 중 대통령령으로 정하는 일정 비율 이상의 금액
7. 그 밖에 시 · 도조례로 정하는 재원
③ 정비기금은 다음 각 호의 어느 하나의 용도 이외의 목적으로 사용하여서는 아니 된다.
1. 이 법에 따른 정비사업으로서 다음 각 목의 어느 하나에 해당하는 사항
가. 기본계획의 수립
나. 재건축진단 및 정비계획의 수립(2024.12.3 본목개정)
다. 추진위원회의 운영자금 대여
라. 그 밖에 이 법과 시 · 도조례로 정하는 사항
2. 임대주택의 건설 · 관리
3. 임차인의 주거안정 지원
4. 「재건축초과이익 환수에 관한 법률」에 따른 재건축부담금의 부과 · 징수
5. 주택개량의 지원
6. 정비구역등이 해제된 지역에서의 정비기반시설의 설치 지원
7. 「빈집 및 소규모주택 정비에 관한 특례법」 제44조에 따른 빈집정비사업 및 소규모주택정비사업에 대한 지원
8. 「주택법」 제68조에 따른 증축형 리모델링의 안전진단 지원
9. 제142조에 따른 신고포상금의 지급(2017.8.9 본호신설)
④ 정비기금의 관리 · 운용과 개발부담금의 지방자치단체의 귀속분 중 정비기금으로 적립되는 비율 등에 필요한 사항은 시 · 도조례로 정한다.

제127조 【노후 · 불량주거지 개선계획의 수립】 국토교통부장관은 주택 또는 기반시설이 열악한 주거지의 주거환경개선을 위하여 5년마다 개선대상지역을 조사하고 연차별 재정지원계획 등을 포함한 노후 · 불량주거지 개선계획을 수립하여야 한다.

제128조 【권한의 위임 등】 ① 국토교통부장관은 이 법에 따른 권한의 일부를 대통령령으로 정하는 바에 따라 시 · 도지사, 시장, 군수 또는 구청장에게 위임할 수 있다.
② 국토교통부장관, 시 · 도지사, 시장, 군수 또는 구청장은 이 법의 효율적인 집행을 위하여 필요한 경우에는 대통령령으로 정하는 바에 따라 다음 각 호의 어느 하나에 해당하는 사무를 정비사업지원기구, 협회 등 대통령령으로 정하는 기관 또는 단체에 위탁할 수 있다.
1. 제108조에 따른 정비사업전문관리업 정보종합체계의 구축 · 운영
2. 제115조에 따른 교육의 실시
2의2. 제119조에 따른 정비사업관리시스템의 구축 · 운영 (2021.8.10 본호신설)
3. 그 밖에 대통령령으로 정하는 사무

제129조 【사업시행자 등의 권리 · 의무의 승계】 사업시행자와 정비사업과 관련하여 권리를 갖는 자(이하 "권리자"라 한다)의 변동이 있은 때에는 종전의 사업시행자와 권리자의 권리 · 의무는 새로 사업시행자와 권리자로 된 자가 승계한다.

제130조 【정비구역의 범죄 등의 예방】 ① 시장 · 군수등은 제50조제1항에 따른 사업시행계획인가를 한 경우 그 사실을 관할 경찰서장 및 관할 소방서장에게 통보하여야 한다. (2021.8.10 본항개정)
② 시장 · 군수등은 사업시행계획인가를 한 경우 정비구역 내 주민 안전 등을 위하여 다음 각 호의 사항을 관할 시 · 도경찰청장 또는 경찰서장에게 요청할 수 있다.(2020.12.22 본문개정)
1. 순찰 강화
2. 순찰초소의 설치 등 범죄 예방을 위하여 필요한 시설의 설치 및 관리
3. 그 밖에 주민의 안전을 위하여 필요하다고 인정하는 사항
③ 시장 · 군수등은 사업시행계획인가를 한 경우 정비구역 내 주민 안전 등을 위하여 관할 시 · 도 소방본부장 또는 소방서장에게 화재예방 순찰을 강화하도록 요청할 수 있다.(2021.8.10 본항신설)
(2021.8.10 본조제목개정)

제131조 (2024.12.3 삭제)

제132조 【조합임원 등의 선임 · 선정 및 계약 체결 시 행위제한 등】 ① 누구든지 추진위원, 조합임원의 선임 또는 제29조에 따른 계약 체결과 관련하여 다음 각 호의 행위를 하여서는 아니 된다.(2017.8.9 본문개정)
1. 금품, 향응 또는 그 밖의 재산상 이익을 제공하거나 제공의 사를 표시하거나 제공을 약속하는 행위
2. 금품, 향응 또는 그 밖의 재산상 이익을 제공받거나 제공의사 표시를 승낙하는 행위
3. 제3자를 통하여 제1호 또는 제2호에 해당하는 행위를 하는 행위
② 건설업자와 등록사업자는 제29조에 따른 계약의 체결과 관련하여 시공과 관련 없는 사항으로서 다음 각 호의 어느 하나에 해당하는 사항을 제안하여서는 아니 된다.
1. 이사비, 이주비, 이주촉진비, 그 밖에 시공과 관련 없는 사항에 대한 금전이나 재산상 이익을 제공하는 것으로서 대통령령으로 정하는 사항
2. 「재건축초과이익 환수에 관한 법률」에 따른 재건축부담금의 대납 등 이 법 또는 다른 법률을 위반하는 방법으로 정비사업을 수행하는 것으로서 대통령령으로 정하는 사항
(2022.6.10 본항신설)
③ 시 · 도지사, 시장, 군수 또는 구청장은 제1항 각 호 또는 제2항 각 호의 행위에 대한 신고의 접수 · 처리 등의 업무를 수행하기 위하여 신고센터를 설치 · 운영할 수 있다.
(2023.12.26 본항신설)
④ 제3항에 따른 신고센터의 설치 및 운영에 필요한 사항은 국토교통부령으로 정한다.(2023.12.26 본항신설)
(2023.12.26 본조제목개정)

제132조의2 【건설업자와 등록사업자의 관리 · 감독 의무】 건설업자와 등록사업자는 시공자 선정과 관련하여 홍보 등을 위하여 계약한 용역업체의 임직원이 제132조제1항을 위반하지 아니하도록 교육, 용역비 집행 점검, 용역업체 관리 · 감독 등 필요한 조치를 하여야 한다.(2022.6.10 본조개정)

제132조의3 【허위 · 과장된 정보제공 등의 금지】 ① 건설업자, 등록사업자 및 정비사업전문관리업자는 토지등소유자에게 정비사업에 관한 정보를 제공함에 있어 다음 각 호의 행위를 하여서는 아니 된다.
1. 사실과 다르게 정보를 제공하거나 사실을 부풀려 정보를 제공하는 행위
2. 사실을 숨기거나 축소하는 방법으로 정보를 제공하는 행위
② 제1항 각 호의 행위의 구체적인 내용은 대통령령으로 정한다.
③ 건설업자, 등록사업자 및 정비사업전문관리업자는 제1항을 위반함으로써 피해를 입은 자가 있는 경우에는 그 피해자에 대하여 손해배상의 책임을 진다.

④ 제3항에 따른 손해가 발생된 사실은 인정되나 그 손해액을 증명하는 것이 사안의 성질상 곤란한 경우 법원은 변론 전체의 취지와 증거조사의 결과에 기초하여 상당한 손해액을 인정할 수 있다.
(2022.6.10 본조신설)

제133조【조합설립인가 등의 취소에 따른 채권의 손해액 산입】 시공자·설계자 또는 정비사업전문관리업자 등(이하 이 조에서 "시공자등"이라 한다)은 해당 추진위원회 또는 조합(연대보증인을 포함하며, 이하 이 조에서 "조합등"이라 한다)에 대한 채권(조합등이 시공자등과 합의하여 이미 상환하였거나 상환할 예정인 채권은 제외한다. 이하 이 조에서 같다)의 전부 또는 일부를 포기하고 이를 「조세특례제한법」 제104조의26에 따라 손금에 산입하려면 해당 조합등과 합의하여 다음 각 호의 사항을 포함한 채권확인서를 시장·군수등에게 제출하여야 한다.
1. 채권의 금액 및 그 증빙 자료
2. 채권의 포기에 관한 합의서 및 이후의 처리 계획
3. 그 밖에 채권의 포기 등에 관하여 시·도조례로 정하는 사항

제134조【벌칙 적용에서 공무원 의제】 추진위원장·조합임원·청산인·전문조합관리인 및 정비사업전문관리업자의 대표자(법인인 경우에는 임원을 말한다)·직원 및 위탁지원자는 「형법」 제129조부터 제132조까지의 규정을 적용할 때에는 공무원으로 본다.

제9장 벌 칙

제135조【벌칙】 다음 각 호의 어느 하나에 해당하는 자는 5년 이하의 징역 또는 5천만원 이하의 벌금에 처한다.
1. 제36조에 따른 토지등소유자의 서면동의서를 위조한 자
2. 제132조제1항 각 호의 어느 하나를 위반하여 금품, 향응 또는 그 밖의 재산상 이익을 제공하거나 제공의사를 표시하거나 제공을 약속하는 행위를 하거나 제공을 받거나 제공의사 표시를 승낙한 자(2022.6.10 본호개정)

제136조【벌칙】 다음 각 호의 어느 하나에 해당하는 자는 3년 이하의 징역 또는 3천만원 이하의 벌금에 처한다.
1. 제29조제1항에 따른 계약의 방법을 위반하여 계약을 체결한 추진위원장, 전문조합관리인 또는 조합임원(조합의 청산인 및 토지등소유자가 시행하는 재개발사업의 경우에는 그 대표자, 지정개발자가 사업시행자인 경우 그 대표자를 말한다)(2017.8.9 본호신설)
2. 제29조제4항부터 제7항까지 및 제10항을 위반하여 시공자를 선정한 자 및 시공자로 선정된 자(2023.12.26 본호개정)
2의2. 제29조제11항을 위반하여 시공자와 공사에 관한 계약을 체결한 자(2023.12.26 본호개정)
3. 제31조제1항에 따른 시장·군수등의 추진위원회 승인을 받지 아니하고 정비사업전문관리업자를 선정한 자
4. 제32조제2항에 따른 계약의 방법을 위반하여 정비사업전문관리업자를 선정한 추진위원장(전문조합관리인을 포함한다)(2017.8.9 본호개정)
5. 제36조에 따른 토지등소유자의 서면동의서를 매도하거나 매수한 자
6. 거짓 또는 부정한 방법으로 제39조제2항을 위반하여 조합원 자격을 취득한 자와 조합원 자격을 취득하게 하여준 토지등소유자 및 조합의 임직원(전문조합관리인을 포함한다)
7. 제39조제2항을 회피하여 제72조에 따른 분양주택을 이전 또는 공급받을 목적으로 건축물 또는 토지의 양도·양수 사실을 은폐한 자
8. 제76조제1항제7호라목 단서를 위반하여 주택을 전매하거나 전매를 알선한 자(2022.2.3 본호개정)

제137조【벌칙】 다음 각 호의 어느 하나에 해당하는 자는 2년 이하의 징역 또는 2천만원 이하의 벌금에 처한다.
1. 제12조제5항에 따른 재건축진단 결과보고서를 거짓으로 작성한 자(2024.12.3 본호개정)
2. 제19조제1항을 위반하여 허가 또는 변경허가를 받지 아니하거나 거짓, 그 밖의 부정한 방법으로 허가 또는 변경허가를 받아 행위를 한 자
3. 제31조제1항 또는 제47조제3항을 위반하여 추진위원회 또는 주민대표회의의 승인을 받지 아니하고 제32조제1항 각 호의 업무를 수행하거나 주민대표회의를 구성·운영한 자
4. 제31조제1항 또는 제47조제3항에 따라 승인받은 추진위원회 또는 주민대표회의가 구성되어 있음에도 불구하고 임의로 추진위원회 또는 주민대표회의를 구성하여 이 법에 따른 정비사업을 추진한 자
5. 제35조에 따라 조합이 설립되었는데도 불구하고 추진위원회를 계속 운영한 자
6. 제45조에 따른 총회의 의결을 거치지 아니하고 같은 조 제1항 각 호의 사업(같은 항 제13호 중 정관으로 정하는 사항은 제외한다)을 임의로 추진한 조합임원(전문조합관리인을 포함한다)
7. 제50조에 따른 사업시행계획인가를 받지 아니하고 정비사업을 시행한 자와 같은 사업시행계획서를 위반하여 건축물을 건축한 자
8. 제74조에 따른 관리처분계획인가를 받지 아니하고 제86조에 따른 이전을 한 자
9. 제102조제1항을 위반하여 등록을 하지 아니하고 이 법에 따른 정비사업을 위탁받은 자 또는 거짓, 그 밖의 부정한 방법으로 등록을 한 정비사업전문관리업자
10. 제106조제1항 각 호 외의 부분 단서에 따라 등록이 취소되었음에도 불구하고 영업을 하는 자
11. 제113조제1항부터 제3항까지의 규정에 따른 처분의 취소·변경 또는 정지, 그 공사의 중지 및 변경에 관한 명령을 받고도 이를 따르지 아니한 추진위원회, 사업시행자, 주민대표회의 및 정비사업전문관리업자(2020.6.9 본호개정)
12. 제124조제1항에 따른 서류 및 관련 자료를 거짓으로 공개한 추진위원장 또는 조합임원(토지등소유자가 시행하는 재개발사업의 경우 그 대표자)
13. 제124조제4항에 따른 열람·복사 요청에 허위의 사실이 포함된 자료를 열람·복사해 준 추진위원장 또는 조합임원(토지등소유자가 시행하는 재개발사업의 경우 그 대표자)

제138조【벌칙】 ① 다음 각 호의 어느 하나에 해당하는 자는 1년 이하의 징역 또는 1천만원 이하의 벌금에 처한다.
1. 제19조제8항을 위반하여 「주택법」 제2조제11호가목에 따른 지역주택조합의 조합원을 모집한 자(2018.6.12 본호신설)
2. 제34조제4항을 위반하여 추진위원회의 회계장부 및 관계 서류를 조합에 인계하지 아니한 추진위원장(전문조합관리인을 포함한다)
3. 제83조제1항에 따른 준공인가를 받지 아니하고 건축물 등을 사용한 자와 같은 조 제5항 본문에 따라 시장·군수등의 사용허가를 받지 아니하고 건축물을 사용한 자
4. 다른 사람에게 자기의 성명 또는 상호를 사용하여 이 법에서 정한 업무를 수행하게 하거나 등록증을 대여한 정비사업전문관리업자
5. 제102조제1항 각 호에 따른 업무를 다른 용역업체 및 그 직원에게 수행하도록 한 정비사업전문관리업자
6. 제112조제1항에 따른 회계감사를 요청하지 아니한 추진위원장, 전문조합관리인 또는 조합임원(토지등소유자가 시행하는 재개발사업 또는 제27조에 따라 지정개발자가 시행하는 정비사업의 경우에는 그 대표자를 말한다)(2021.1.5 본호개정)
7. 제124조제1항을 위반하여 정비사업시행과 관련한 서류 및 자료를 인터넷과 그 밖의 방법을 병행하여 공개하지 아니하거나 같은 조 제4항을 위반하여 조합원 또는 토지등소유자의 열람·복사 요청을 따르지 아니하는 추진위원장, 전문조합관리인 또는 조합임원(조합의 청산인 및 토지등소유자가 시행하는 재개발사업의 경우에는 그 대표자, 제27조에 따른 지정개발자가 사업시행자인 경우 그 대표자를 말한다)(2020.6.9 본호개정)
8. 제125조제1항을 위반하여 속기록 등을 만들지 아니하거나 관련 자료를 청산 시까지 보관하지 아니한 추진위원장, 전문조합관리인 또는 조합임원(조합의 청산인 및 토지등소유자가 시행하는 재개발사업의 경우에는 그 대표자, 제27조에 따른 지정개발자가 사업시행자인 경우 그 대표자를 말한다)

② 건설업자 또는 등록사업자가 제132조의2에 따른 조치를 소홀히 하여 용역업체의 임직원이 제132조제1항 각 호의 어느 하나를 위반한 경우 그 건설업자 또는 등록사업자는 5천만원 이하의 벌금에 처한다.(2022.6.10 본항개정)

제139조【양벌규정】 법인의 대표자나 법인 또는 개인의 대리인, 사용인, 그 밖의 종업원이 그 법인 또는 개인의 업무에 관하여 제135조부터 제138조까지의 어느 하나에 해당하는 위반행위를 하면 그 행위자를 벌하는 외에 그 법인 또는 개인에게도 해당 조문의 벌금에 처한다. 다만, 법인 또는 개인이 그 위반행위를 방지하기 위하여 해당 업무에 관하여 상당한 주의와 감독을 게을리하지 아니한 경우에는 그러하지 아니하다.

제140조【과태료】 ① 다음 각 호의 어느 하나에 해당하는 자에게는 1천만원 이하의 과태료를 부과한다.(2022.6.10 본문개정)
1. 제113조제2항에 따른 점검반의 현장조사를 거부ㆍ기피 또는 방해한 자
2. 제132조제2항을 위반하여 제29조에 따른 계약의 체결과 관련하여 시공과 관련 없는 사항을 제안한 자
3. 제132조의3제1항을 위반하여 사실과 다른 정보 또는 부풀려진 정보를 제공하거나, 사실을 숨기거나 축소하여 정보를 제공한 자

(2022.6.10 1호~3호신설)

② 다음 각 호의 어느 하나에 해당하는 자에게는 500만원 이하의 과태료를 부과한다.
1. 제29조제2항을 위반하여 전자조달시스템을 이용하지 아니하고 계약을 체결한 자(2017.8.9 본호신설)
2. 제78조제5항 또는 제86조제1항에 따른 통지를 게을리한 자(2020.6.9 본호개정)
3. 제107조제1항 및 제111조제2항에 따른 보고 또는 자료의 제출을 게을리한 자(2020.6.9 본호개정)

3의2. 제111조의2를 위반하여 자금차입에 관한 사항을 신고하지 아니하거나 거짓으로 신고한 자(2022.6.10 본호신설)

4. 제125조제2항에 따른 관계 서류의 인계를 게을리한 자(2020.6.9 본호개정)

③ 제1항 및 제2항에 따른 과태료는 대통령령으로 정하는 방법 및 절차에 따라 국토교통부장관, 시ㆍ도지사, 시장, 군수 또는 구청장이 부과ㆍ징수한다.

제141조【자수자에 대한 특례】 제132조제1항 각 호의 어느 하나를 위반하여 금품, 향응 또는 그 밖의 재산상 이익을 제공하거나 제공의사를 표시하거나 제공을 약속하는 행위를 하거나 제공을 받거나 제공의사 표시를 승낙한 자가 자수하였을 때에는 그 형벌을 감경 또는 면제한다.(2022.6.10 본조개정)

제142조【금품ㆍ향응 수수행위 등에 대한 신고포상금】 시ㆍ도지사 또는 대도시의 시장은 제132조제1항 각 호의 행위사실을 신고한 자에게 시ㆍ도조례로 정하는 바에 따라 포상금을 지급할 수 있다.(2022.6.10 본조개정)

부 칙

제1조【시행일】 이 법은 공포 후 1년이 경과한 날부터 시행한다.

제2조【유효기간】 제39조제1항 각 호 외의 부분 단서 및 제76조제1항제7호나목4)의 개정규정은 법률 제13912호 도시 및 주거환경정비법 일부개정법률의 시행일인 2016년 1월 27일부터 2년까지 효력을 가진다.

제3조【기본계획 및 정비계획 수립 시 용적률 완화에 관한 적용례】 제11조의 개정규정은 법률 제12249호 도시 및 주거환경정비법 일부개정법률의 시행일인 2014년 1월 14일 이후 최초로 사업시행계획인가를 신청하는 경우부터 적용한다.

제4조【도시환경정비사업의 정비구역등 해제 요청 기산일에 관한 적용례】 이 법 시행 전의 도시환경정비사업의 정비구역등 해제 요청을 위한 기산일의 산정에 관하여는 제20조제1항제2호다목 및 라목의 개정규정에도 불구하고 법률 제13508호 도시 및 주거환경정비법 일부개정법률의 시행일인 2016년 3월 2일 이후 최초로 정비계획(변경수립은 제외한다)을 수립한 경우부터 적용한다.

제5조【정비구역등 해제 신청 기산일에 관한 적용례】 ① 법률 제11293호 도시 및 주거환경정비법 일부개정법률 시행 당시 정비구역이 지정된 경우에는 제20조제1항제3호의 개정규정에 따른 "정비구역으로 지정ㆍ고시된 날"을 "2012년 2월 1일"로 본다.

② 제20조제1항제2호다목 및 라목의 개정규정은 2012년 2월 1일 이후 최초로 정비계획을 수립(변경수립은 제외한다)하는 경우부터 적용한다.

③ 제1항에도 불구하고 제20조제1항제2호다목의 개정규정은 2012년 1월 31일 이전에 정비계획이 수립된 정비구역에서 승인된 추진위원회에도 적용한다. 이 경우 같은 목의 개정규정에 따른 "추진위원회 승인일부터 2년"은 "법률 제13508호 도시 및 주거환경정비법 일부개정법률의 시행일인 2016년 3월 2일부터 4년"으로 본다.

제6조【재개발사업의 시행방법에 관한 적용례】 제23조제2항의 개정규정은 이 법 시행 후 최초로 관리처분계획 인가를 신청하는 경우부터 적용한다.

제7조【토지등소유자가 시행하는 재개발사업에 관한 적용례】 제25조제1항제2호의 개정규정은 이 법 시행 후 최초로 정비계획의 입안을 위한 공람을 실시하는 경우부터 적용한다.

제8조【서면동의서 검인에 관한 적용례】 ① 제36조제3항의 개정규정은 법률 제13912호 도시 및 주거환경정비법 일부개정법률의 시행일인 2016년 7월 28일 후 최초로 정비계획을 수립하는 경우부터 적용한다.

② 제1항에도 불구하고 제35조제2항부터 제5항까지의 개정규정에 해당하는 때에는 법률 제13912호 도시 및 주거환경정비법 일부개정법률의 시행일인 2016년 7월 28일 후 제31조제1항의 개정규정에 따라 최초로 추진위원회 승인을 받은 경우부터 적용한다. 이 경우 종전의 규정에 따른 추진위원회 동의자의 서면동의서는 제31조제2항의 개정규정에 따라 유효한 것으로 본다.

제9조【분양신청을 하지 아니한 자 등에 대한 현금 청산 지연에 따른 이자 지급에 관한 적용례】 제40조제1항 및 제73조제3항의 개정규정은 법률 제11293호 도시 및 주거환경정비법 일부개정법률의 시행일인 2012년 8월 2일 이후 최초로 조합 설립인가(같은 개정법률 제8조제3항의 개정규정에 따라 도시환경정비사업을 토지등소유자가 시행하는 경우나 같은 개정법률 제7조 또는 제8조제4항의 개정규정에 따라 시장ㆍ군수가 직접 정비사업을 시행하거나 주택공사등을 사업시행자로 지정한 경우에는 사업시행계획인가를 말한다)를 신청한 정비사업부터 적용한다.

제10조【사업시행계획인가에 관한 적용례】 ① 제50조제2항의 개정규정은 이 법 시행 후 사업시행계획인가(변경인가를 포함한다)를 신청하는 경우부터 적용한다.

② 제50조제4항의 개정규정은 이 법 시행 후 최초로 사업시행계획인가를 신청하는 경우부터 적용한다.

제11조【기반시설의 기부채납에 관한 적용례】 제51조의 개정규정은 이 법 시행 후 사업시행계획인가(변경인가를 포함한다)를 신청하는 경우부터 적용한다.

제12조【「공공주택 특별법」 준용규정에 관한 적용례】 제52조제2항의 개정규정은 이 법 시행 후 사업시행계획인가(변경인가를 포함한다)를 신청하는 경우부터 적용한다.

제13조【다른 법률의 인ㆍ허가등 의제처리에 관한 적용례】 제57조제1항제2호의 개정규정은 이 법 시행 후 사업시행계획인가(변경인가를 포함한다)를 신청하는 경우부터 적용한다.

제14조【사업시행계획인가의 특례에 관한 적용례】 제58조제3항의 개정규정은 이 법 시행 후 최초로 사업시행계획인가를 신청하는 경우부터 적용한다.

제15조【이주대책의 수립에 관한 적용례】 제59조제1항의 개정규정은 법률 제12640호 도시 및 주거환경정비법 일부개정법률의 시행일인 2014년 5월 21일 이후 최초로 제50조의 개정규정에 따라 사업시행계획인가를 신청하는 경우부터 적용한다.

제16조【매도청구에 관한 적용례】 제64조의 개정규정은 이 법 시행 후 최초로 조합설립인가를 신청하거나 사업시행자를 지정하는 경우부터 적용한다.

제17조【분양공고에 관한 적용례】 제72조제1항의 개정규정은 이 법 시행 후 최초로 사업시행계획인가를 신청하는 경우부터 적용한다.

제18조【분양신청을 하지 아니한 자 등에 대한 조치에 관한 적용례】 제73조의 개정규정은 이 법 시행 후 최초로 관리처분계획인가를 신청하는 경우부터 적용한다. 다만, 토지등소유자가 「공익사업을 위한 토지 등의 취득 및 보상에 관한 법률」 제30조제1항의 재결 신청을 청구한 경우에는 제73조의 개정규정에도 불구하고 종전의 규정을 적용한다.

제19조【손실보상 시기에 관한 적용례】 제73조의 개정규정은 법률 제12116호 도시 및 주거환경정비법 일부개정법률의 시행일인 2013년 12월 24일 이후 최초로 조합설립인가를 신청하는 경우부터 적용한다.

제20조【주택의 공급에 관한 적용례】 제76조제1항제7호라목의 개정규정은 법률 제12957호 도시 및 주거환경정비법 일부개정법률의 시행일인 2014년 12월 31일 이후 최초로 관리처분계획의 인가를 신청하는 경우부터 적용한다.

제21조【정비기반시설 등의 귀속에 관한 적용례】 제97조제3항제4호의 개정규정은 이 법 시행 이후 최초로 사업시행계획인가를 신청하는 경우부터 적용한다.

제22조【분쟁조정의 효력에 관한 적용례】 제117조제6항의 개정규정은 이 법 시행 후 분쟁조정을 신청한 경우부터 적용한다.

제23조【공공지원과 정보공개에 관한 적용례】 제118조 및 제120조의 개정규정은 법률 제13508호 도시 및 주거환경정비법 일부개정법률 시행일인 2016년 3월 2일 당시 제45조의 개정규정에 따른 총회에서 시공자를 선정하지 아니한 정비사업부터 적용한다. 다만, 시장·군수는 정비사업의 투명성 강화를 위하여 필요한 경우에는 법률 제13508호 도시 및 주거환경정비법 일부개정법률 시행 전에 관리처분계획의 인가를 받은 사항에 대하여도 제120조의 개정규정을 적용하여 공개할 수 있다.

제24조【도시·주거환경정비기금의 사용에 관한 적용례】 제126조제3항제8호의 개정규정은 이 법 시행 후 증축형 리모델링의 안전진단을 요청하는 경우부터 적용한다.

제25조【일반적 경과조치】 이 법 시행 당시 종전의 「도시 및 주거환경정비법」에 따른 결정·처분·절차, 그 밖의 행위는 이 법의 규정에 따라 행하여진 것으로 본다.

제26조【주거환경관리사업의 시행을 위한 정비구역 등에 관한 경과조치】 ① 이 법 시행 당시 종전의 「도시 및 주거환경정비법」에 따라 주거환경관리사업을 시행하기 위하여 지정·고시된 정비구역은 이 법에 따라 지정·고시된 주거환경개선구역으로 본다.

② 이 법 시행 당시 종전의 「도시 및 주거환경정비법」에 따라 주택재개발사업 및 도시환경정비사업을 시행하기 위하여 지정·고시된 정비구역은 이 법에 따라 지정·고시된 재개발구역으로 본다.

③ 이 법 시행 당시 종전의 「도시 및 주거환경정비법」에 따라 주택재건축사업을 시행하기 위하여 지정·고시된 정비구역은 이 법에 따라 지정·고시된 재건축구역으로 본다.

제27조【주거환경관리사업 등에 관한 경과조치】 이 법 시행 당시 종전의 「도시 및 주거환경정비법」에 따라 사업시행인가를 받아 시행 중인 주거환경관리사업, 주택재개발사업·도시환경정비사업 및 주택재건축사업은 각각 이 법에 따른 주거환경개선사업, 재개발사업 및 재건축사업으로 본다.

제28조【공공시설 등의 설치·제공을 대체하는 현금납부에 관한 경과조치】 법률 제13912호 도시 및 주거환경정비법 일부개정법률의 시행일인 2016년 7월 28일 전에 관리처분계획인가(변경인가를 포함한다)를 받았거나 신청한 정비사업의 경우에는 같은 개정법률 제4조제10항의 개정규정에도 불구하고 종전의 규정에 따른다.

제29조【준공인가 등에 따른 정비구역의 해제에 관한 경과조치】 이 법 시행 당시 이미 준공인가의 고시(관리처분계획을 수립하는 정비사업의 경우에는 이전고시를 말한다)가 있은 때에는 해당 정비구역은 이 법 시행일에 해제된 것으로 본다.

제30조【정비사업의 시행방법에 관한 경과조치】 법률 제13912호 도시 및 주거환경정비법 일부개정법률 제6조제2항 및 제3항의 개정규정의 시행일인 2016년 1월 27일 전에 관리처분계획인가(변경인가를 포함한다)를 받았거나 신청한 재개발사업 및 재건축사업의 경우에는 같은 개정법률 제6조제2항 및 제3항의 개정규정에도 불구하고 종전의 규정에 따른다.

제31조【조합원 자격에 관한 경과조치】 제39조제1항제3호의 개정규정에도 불구하고 제35조의 개정규정에 따라 조합설립인가를 받은 정비구역에서 다음 각 호의 어느 하나에 해당하는 경우에는 조합원자격의 적용에 있어서는 종전의 「도시 및 주거환경정비법」(법률 제9444호 도시 및 주거환경정비법 일부개정법률로 개정되기 전의 법률을 말한다)에 따른다.

1. 다음 각 목의 합이 2 이상을 가진 토지등소유자로부터 2011년 1월 1일 전에 토지 또는 건축물을 양수한 경우
   가. 토지의 소유권
   나. 건축물의 소유권
   다. 토지의 지상권
2. 2011년 1월 1일 전에 다음 각 목의 합이 2 이상을 가진 토지등소유자가 2012년 12월 31일까지 다음 각 목의 합이 2(조합설립인가 전에 종전의 「임대주택법」 제6조에 따라 임대사업자로 등록한 토지등소유자의 경우에는 3을 말하며, 이 경우 임대주택에 한정한다) 이하를 양도하는 경우
   가. 토지의 소유권
   나. 건축물의 소유권
   다. 토지의 지상권

제32조【투기과열지구에서의 재건축사업의 조합원 자격취득에 관한 경과조치】 法律 第7056號 도시및주거환경정비법중개정법률의 시행일인 2003년 12월 31일 전에 주택재건축정비사업조합의 설립인가를 받은 정비사업의 토지등소유자(2003년 12월 31일 전에 건축물 또는 토지를 취득한 자로 한정한다)로부터 건축물 또는 토지를 양수한 자는 같은 개정법률 제19조제2항의 개정규정에도 불구하고 종전의 규정에 따른다.

제33조【조합임원의 임기에 관한 경과조치】 법률 제13792호 도시 및 주거환경정비법 일부개정법률의 시행일인 2016년 1월 19일 전에 조합임원을 선출(연임을 포함한다)한 경우에는 같은 개정법률 제21조제5항의 개정규정에도 불구하고 종전의 규정에 따른다.

제34조【조합임원·정비사업전문관리업자의 결격사유에 관한 경과조치】 제43조제1항제1호 및 제105조제1항제1호의 개정규정에 따른 피성년후견인 또는 피한정후견인에는 법률 제10429호 민법 일부개정법률 부칙 제2조에 따라 금치산 또는 한정치산 선고의 효력이 유지되는 사람이 포함되는 것으로 본다.

제35조【감정평가업자의 선정 등에 관한 경과조치】 법률 제12640호 도시 및 주거환경정비법 일부개정법률 제24조제3항제6호 및 제48조 개정규정의 시행일인 2014년 11월 22일 전에 감정평가업자를 선정하여 계약을 체결한 경우에는 같은 개정법률 제24조제3항제6호 및 제48조의 개정규정에도 불구하고 종전의 규정에 따른다.

제36조【인수된 소형주택의 활용 및 인수가격에 관한 경과조치】 법률 제13912호 도시 및 주거환경정비법 일부개정법률 시행일인 2016년 7월 28일 전에 관리처분계획인가(변경인가를 포함한다)를 받았거나 신청한 정비사업의 경우에는 같은 개정법률 제30조의3제6항의 개정규정에도 불구하고 종전의 규정에 따른다.

제37조【국·공유지 무상양여에 관한 경과조치】 법률 제13912호 도시 및 주거환경정비법 일부개정법률 시행일인 2016년 7월 28일 전에 관리처분계획인가(변경인가를 포함한다)를 받았거나 신청한 재개발사업의 경우에는 같은 개정법률 제68조의 개정규정에도 불구하고 종전의 규정에 따른다.

제37조의2【투기과열지구 내 분양신청 제한에 관한 경과조치】 법률 제14943호 도시 및 주거환경정비법 일부개정법률 시행 전에 투기과열지구의 토지등소유자는 제72조제6항의 개정규정에도 불구하고 같은 개정법률 시행 전 종전의 규정을 적용한다. 다만, 다음 각 호의 어느 하나에 해당하는 경우에는 그러하지 아니하다.

1. 토지등소유자와 그 세대에 속하는 자가 법률 제14943호 도시 및 주거환경정비법 일부개정법률 시행 후 투기과열지구의 정비사업구역에 소재한 토지 또는 건축물을 취득하여 해

당 정비사업의 관리처분계획에 따라 같은 개정법률 제48조 제1항제3호가목의 분양대상자로 선정된 경우
2. 토지등소유자와 그 세대에 속하는 자가 법률 제14943호 도시 및 주거환경정비법 일부개정법률 시행 후 투기과열지구의 정비사업의 관리처분계획에 따라 같은 개정법률 제48조제1항제3호나목의 분양대상자로 선정된 경우
(2017.10.24 본조신설)

제38조【사업시행방식의 전환에 관한 경과조치】 이 법 시행 전에 주거환경개선사업의 사업시행인가를 신청한 경우에는 제123조제5항의 개정규정에도 불구하고 종전의 규정에 따른다.

제39조【다른 법률의 개정】 ①~㉔ ※(해당 법령에 가제정리 하였음)

제40조【다른 법령과의 관계】 이 법 시행 당시 다른 법령에서 종전 「도시 및 주거환경정비법」 또는 그 규정을 인용하고 있는 경우 이 법에 그에 해당하는 규정이 있으면 이 법 또는 이 법의 해당 규정을 인용한 것으로 본다.

부　칙 (2017.8.9)

제1조【시행일】 이 법은 2018년 2월 9일부터 시행한다.

제2조【시공자 등 계약의 방법 등에 관한 적용례】 제29조 및 제32조의 개정규정은 이 법 시행 후 최초로 계약을 체결하는 경우부터 적용한다. 다만, 시공자나 정비사업전문관리업자의 경우에는 이 법 시행 후 최초로 시공자나 정비사업전문관리업자를 선정하는 경우부터 적용한다.

제3조【관리처분계획의 타당성 검증에 관한 적용례】 제78조의 개정규정은 이 법 시행 후 최초로 관리처분계획인가를 신청하는 경우부터 적용한다.

제4조【자수자의 특례에 관한 적용례】 제141조의 개정규정은 이 법 시행 전의 자수자에 대하여도 적용한다.

제5조【벌칙에 관한 경과조치】 이 법 시행 전의 행위에 대한 벌칙을 적용할 때에는 종전의 규정에 따른다.

부　칙 (2017.10.24)

제1조【시행일】 이 법은 공포한 날부터 시행한다. 다만, 제48조제2항제7호의 개정규정은 2017년 11월 10일부터 시행하고, 제19조제2항의 개정규정은 공포 후 3개월이 경과한 날부터 시행하며, 법률 제14567호 도시 및 주거환경정비법 전부개정법률 제39조제2항, 제72조제6항, 제73조제1항 및 제76조제1항의 개정규정은 2018년 2월 9일부터 시행한다.

제2조【주택재개발사업 · 도시환경정비사업의 조합원 자격 취득 제한에 관한 적용례】 제19조제2항 본문의 개정규정은 같은 개정규정 시행 후 최초로 사업시행인가를 신청하는 경우부터 적용한다.

제3조【주택재건축사업의 주택공급수 제한에 관한 적용례】
① 제48조제2항제7호나목1)의 개정규정은 같은 개정규정 시행 후 최초로 사업시행인가를 신청하는 경우부터 적용한다.
② 제48조제2항제7호나목1)의 개정규정 시행 전에 「주택법」 제63조의2제1항제1호에 따라 지정된 조정대상지역 및 과밀억제권역 외의 투기과열지구에서 1명의 토지등소유자로부터 토지 또는 건축물의 소유권을 양수하여 여러 명이 소유하게 된 경우에는 같은 개정규정에도 불구하고 양도인과 양수인에게 각각 1주택을 공급할 수 있다.

제4조【투기과열지구 내 분양신청 제한에 관한 경과조치】 이 법 시행 전에 투기과열지구의 토지등소유자는 제46조제3항의 개정규정에도 불구하고 종전의 규정을 적용한다. 다만, 다음 각 호의 어느 하나에 해당하는 경우에는 그러하지 아니하다.
1. 토지등소유자와 그 세대에 속하는 자가 이 법 시행 후 투기과열지구의 정비사업구역에 소재한 토지 또는 건축물을 취득하여 해당 정비사업의 관리처분계획에 따라 제48조제1항제3호가목의 분양대상자로 선정된 경우
2. 토지등소유자와 그 세대에 속하는 자가 이 법 시행 후 투기과열지구의 정비사업의 관리처분계획에 따라 제48조제1항제3호나목의 분양대상자로 선정된 경우

제5조【다른 법률의 개정】 ※(해당 법령에 가제정리 하였음)

부　칙 (2019.4.23)

제1조【시행일】 이 법은 공포 후 6개월이 경과한 날부터 시행한다. 다만, 제19조제2항, 제35조제4항 및 제69조의 개정규정은 공포한 날부터 시행한다.

제2조【공사비 검증에 대한 적용례】 제29조의2의 개정규정은 이 법 시행 후 공사비를 증액하거나 토지등소유자 또는 조합원의 검증 의뢰에 따라 사업시행자가 공사비 검증을 요청하는 경우부터 적용한다.

제3조【조합임원의 자격 및 결격사유 등에 대한 적용례】 제41조 및 제43조의 개정규정은 이 법 시행 후 조합임원을 선임(연임을 포함한다)하거나 전문조합관리인을 선정하는 경우부터 적용한다.

부　칙 (2019.8.20)

제1조【시행일】 이 법은 공포 후 3개월이 경과한 날부터 시행한다.

제2조【정비사업전문관리업의 등록취소 등에 관한 적용례】 제106조제3항의 개정규정은 이 법 시행 후 최초로 등록취소처분 등을 하는 경우부터 적용한다.

제3조【조사 · 감독 등에 관한 적용례】 제107조제1항, 같은 조 제3항부터 제5항까지, 제110조제2항 · 제3항, 제111조제2항 · 제3항 및 제113조제3항의 개정규정은 이 법 시행 후 최초로 조사, 감독 또는 자료의 제출 요구 등을 하는 경우부터 적용한다.

부　칙 (2020.3.24)

제1조【시행일】 이 법은 공포한 날부터 시행한다.(이하 생략)

부　칙 (2020.3.31)

제1조【시행일】 이 법은 공포 후 1년이 경과한 날부터 시행한다.(이하 생략)

부　칙 (2020.4.7)

제1조【시행일】 이 법은 공포 후 3개월이 경과한 날부터 시행한다.(이하 생략)

부　칙 (2020.6.9 법17447호)

제1조【시행일】 이 법은 공포 후 6개월이 경과한 날부터 시행한다.(이하 생략)

부　칙 (2020.6.9 법17453호)

이 법은 공포한 날부터 시행한다.(이하 생략)

부　칙 (2020.6.9 법17459호)

제1조【시행일】 이 법은 공포 후 6개월이 경과한 날부터 시행한다.(이하 생략)

부　칙 (2020.12.22)

제1조【시행일】 이 법은 2021년 1월 1일부터 시행한다.(이하 생략)

부　칙 (2020.12.31)

제1조【시행일】 이 법은 공포 후 1년이 경과한 날부터 시행한다.(이하 생략)

부 칙 (2021.1.5)

이 법은 공포한 날부터 시행한다. 다만, 제112조 및 제138조제1항제6호의 개정규정은 공포 후 6개월이 경과한 날부터 시행한다.

부 칙 (2021.1.12)

제1조【시행일】 이 법은 공포 후 1년이 경과한 날부터 시행한다.(이하 생략)

부 칙 (2021.3.16)

제1조【시행일】 이 법은 공포한 날부터 시행한다.
제2조【인·허가등의 의제를 위한 협의에 관한 적용례】 제85조제4항 및 제5항의 개정규정은 이 법 시행 이후 협의를 요청하는 경우부터 적용한다.
제3조【다른 법률의 개정】 ※(해당 법령에 가제정리 하였음)

부 칙 (2021.4.13)

이 법은 공포 후 3개월이 경과한 날부터 시행한다.

부 칙 (2021.7.20)

제1조【시행일】 이 법은 공포 후 1년이 경과한 날부터 시행한다.(이하 생략)

부 칙 (2021.7.27)

이 법은 공포한 날부터 시행한다.

부 칙 (2021.8.10)

제1조【시행일】 이 법은 공포 후 3개월이 경과한 날부터 시행한다.
제2조【벌금형의 분리 선고에 관한 적용례】 제43조의2의 개정규정은 이 법 시행 이후 발생한 범죄행위로 형벌을 받는 사람부터 적용한다.
제3조【총회의 의결 등에 관한 적용례】 제44조제4항 및 제45조의 개정규정은 이 법 시행 이후 총회를 소집하는 경우부터 적용한다.

부 칙 (2021.11.30)

제1조【시행일】 이 법은 공포 후 1년이 경과한 날부터 시행한다.(이하 생략)

부 칙 (2022.2.3)

제1조【시행일】 이 법은 공포한 날부터 시행한다.
제2조【관리처분계획인가에 관한 적용례】 제76조제1항제7호다목의 개정규정은 이 법 시행 이후 최초로 관리처분계획인가(변경인가는 제외한다)를 신청하는 경우부터 적용한다.

부 칙 (2022.6.10)

제1조【시행일】 이 법은 공포 후 6개월이 경과한 날부터 시행한다.
제2조【정비계획의 내용에 관한 적용례】 제9조제1항제2호의2의 개정규정은 이 법 시행 이후 정비계획을 결정하는 경우부터 적용한다.
제3조【토지등소유자가 시행하는 재개발사업에서의 토지등소유자의 동의자 수 산정 특례에 관한 적용례】 제36조의2의 개정규정은 이 법 시행 이후 최초로 정비계획의 변경을 제안하거나 사업시행계획인가를 신청하는 경우부터 적용한다.
제4조【자금차입의 신고에 관한 적용례】 제111조의2의 개정규정은 이 법 시행 이후 자금을 차입하는 경우부터 적용한다.
제5조【조합 해산을 위한 총회에 관한 특례】 ① 이 법 시행 당시 제86조제2항에 따라 대지 및 건축물의 소유권 이전에 관한 사항을 고시한 조합의 조합장은 제86조의2제1항의 개정규정에도 불구하고 이 법 시행일부터 1년 이내에 같은 개정규정에 따른 조합 해산을 위한 총회를 소집하여야 한다.
② 조합장이 제1항에 따른 기간 내에 총회를 소집하지 아니한 경우 제86조의2제2항의 개정규정에 따라 조합원 5분의 1 이상의 요구로 소집된 총회에서 조합의 해산을 의결할 수 있다.

부 칙 (2022.12.27)

제1조【시행일】 이 법은 공포 후 6개월이 경과한 날부터 시행한다.(이하 생략)

부 칙 (2023.2.14)

제1조【시행일】 이 법은 공포 후 1년이 경과한 날부터 시행한다.(이하 생략)

부 칙 (2023.3.21)

제1조【시행일】 이 영은 2024년 5월 17일부터 시행한다.(이하 생략)

부 칙 (2023.6.9)

제1조【시행일】 이 법은 공포 후 1개월이 경과한 날부터 시행한다.(이하 생략)

부 칙 (2023.7.18)

제1조【시행일】 이 법은 공포 후 6개월이 경과한 날부터 시행한다. 다만, 제41조제1항의 개정규정은 공포한 날부터 시행한다.
제2조【조합임원의 자격에 관한 적용례】 제41조제1항의 개정규정은 같은 개정규정 시행 이후 조합임원을 선임(연임을 포함한다)하는 경우부터 적용한다.
제3조【총회 의결에 관한 적용례】 제44조제2항 및 제45조제7항의 개정규정은 이 법 시행 이후 총회를 소집하는 경우부터 적용한다.
제4조【통합심의에 관한 적용례】 제50조의2의 개정규정은 이 법 시행 후 사업시행자가 통합심의를 신청하는 정비구역부터 적용한다.
제5조【조합임원 등의 신분보장에 관한 경과조치】 이 법 시행 전에 조합임원 또는 전문조합관리인이 된 자는 제43조제1항의 개정규정에도 불구하고 해당 임기가 만료될 때까지 조합임원 또는 전문조합관리인의 지위를 유지한다.

부 칙 (2023.8.8)

제1조【시행일】 이 법은 2024년 5월 17일부터 시행한다.(이하 생략)

부 칙 (2023.12.26)

제1조【시행일】 이 법은 공포 후 6개월이 경과한 날부터 시행한다.
제2조【정관의 기재사항에 관한 적용례】 제40조제1항의 개정규정은 이 법 시행 이후 설립하는 조합부터 적용한다.

부 칙 (2024.1.30)

제1조【시행일】 이 법은 공포한 날부터 시행한다. 다만, 제113조의3의 개정규정은 공포 후 6개월이 경과한 날부터 시행한다.

제2조【조합설립인가 등의 특례에 관한 적용례】 제67조제4항제1호의 개정규정은 이 법 시행 이후 제67조제3항에 따라 토지분할을 청구하는 경우부터 적용한다.
제3조【관리처분계획의 수립기준 및 권리산정 기준일에 관한 적용례】 ① 제76조제1항제3호의 개정규정은 이 법 시행 이후 관리처분계획인가(변경인가는 제외한다)를 신청하는 경우부터 적용한다.
② 제77조제1항 각 호 외의 부분의 개정규정은 이 법 시행 이후 제6조제1항에 따른 기본계획 수립을 위한 주민공람의 공고를 하는 경우부터 적용한다.
③ 제77조제1항제2호의 개정규정은 이 법 시행 이후 집합건물이 아닌 건축물이 집합건물로 전환되는 경우부터 적용한다.
④ 제77조제1항제5호의 개정규정은 이 법 시행 이후 「집합건물의 소유 및 관리에 관한 법률」 제2조제3호에 따른 전유부분의 분할로 토지등소유자의 수가 증가하는 경우부터 적용한다.

부 칙 (2024.12.3)

제1조【시행일】 이 법은 공포 후 6개월이 경과한 날부터 시행한다. 다만, 제36조, 제44조의2, 제48조제3항(온라인총회에 관한 부분에 한정한다), 제135조 및 제136조의 개정규정은 공포 후 1년이 경과한 날부터 시행한다.
제2조【협약등의 체결에 관한 적용례】 ① 제26조제4항 및 제5항의 개정규정은 이 법 시행 이후 토지주택공사등과 협약등을 체결하는 경우부터 적용한다.
② 제27조제7항 및 제8항의 개정규정은 이 법 시행 이후 신탁업자를 공개모집하는 경우부터 적용한다.
제3조【전자서명 등을 통한 동의방법에 관한 적용례】 제36조의 개정규정은 같은 개정규정 시행 이후 제36조제1항 각 호의 어느 하나에 해당하여 서면동의서 또는 전자서명동의서를 제출하는 경우부터 적용한다.
제4조【총회의 의결 등에 관한 적용례】 제44조제4항 및 제45조의 개정규정은 이 법 시행 이후 총회를 소집하는 경우부터 적용한다.
제5조【토지등소유자 전체회의의 의결 등에 관한 적용례】 제48조의 개정규정은 이 법 시행 이후 토지등소유자 전체회의를 소집하는 경우부터 적용한다. 다만, 제44조의2의 개정규정에 따른 온라인총회에 관한 부분은 같은 개정규정 시행 이후 토지등소유자 전체회의를 소집하는 경우부터 적용한다.
제6조【다른 법률의 개정】 ①~⑥ ※(해당 법령에 가제정리하였음)

부 칙 (2025.1.31)

제1조【시행일】 이 법은 공포 후 3개월이 경과한 날부터 시행한다.
제2조【통합심의에 관한 적용례】 제50조의2의 개정규정은 이 법 시행 이후 사업시행자가 통합심의를 신청하는 정비구역부터 적용한다.
제3조【분양공고 통지기한 단축에 관한 적용례】 제72조의 개정규정은 이 법 시행 이후 사업시행계획인가의 고시가 있은 경우부터 적용한다.

주택법

(2016년 1월 19일
전부개정법률 제13805호)

개정
2016. 1.19법13782호(감정평가감정평가사)
2016. 1.19법13797호(부동산거래신고등에관한법)
2016.12. 2법14344호
2016.12.27법14476호(지방세징수법)
2016.12.27법14480호(농어촌정비)
2017. 2. 8법14567호(도시및주거환경정비법)
2017. 2. 8법14569호(빈집및소규모주택정비에관한특례법)
2017. 4.18법14793호(공동주택관리법)
2017. 8. 9법14866호
2017.12.26법15309호(혁신도시조성및발전에관한특별법)
2018. 1.16법15356호(민간임대주택에관한특별법)
2018. 3.13법15459호
2018. 8.14법15719호(건설기술진흥법)
2018. 8.14법15738호 2018.12.18법16006호
2019. 4.23법16393호
2019. 4.30법16415호(건설산업)
2019.12.10법16811호 2020. 1.23법16870호
2020. 4. 7법17219호(감정평가감정평가사)
2020. 6. 9법17453호(법률용어정비)
2020. 8.18법17486호 2021. 1. 5법17874호
2021. 1.12법17893호(지방자치)
2021. 3. 9법17921호 2021. 4.13법18053호
2021. 7.20법18310호(공간정보구축관리)
2021. 7.20법18317호 2021. 8.10법18392호
2021.12.21법18631호 2022. 2. 3법18834호
2022. 5. 3법18856호(관광진흥법)
2022.12.27법19117호(산림자원조성관리)
2023. 6. 7법19427호(강원특별자치도설치및미래산업글로벌도시조성을위한특별법)
2023.12.26법19839호(전북특별자치도설치및글로벌생명경제도시조성을위한특별법)
2023.12.26법19851호 2024. 1.16법20048호
2024. 3.19법20393호

제1장 총 칙

제1조【목적】 이 법은 쾌적하고 살기 좋은 주거환경 조성에 필요한 주택의 건설·공급 및 주택시장의 관리 등에 관한 사항을 정함으로써 국민의 주거안정과 주거수준의 향상에 이바지함을 목적으로 한다.
제2조【정의】 이 법에서 사용하는 용어의 뜻은 다음과 같다.
1. "주택"이란 세대(世帶)의 구성원이 장기간 독립된 주거생활을 할 수 있는 구조로 된 건축물의 전부 또는 일부 및 그 부속토지를 말하며, 단독주택과 공동주택으로 구분한다.
2. "단독주택"이란 1세대가 하나의 건축물 안에서 독립된 주거생활을 할 수 있는 구조로 된 주택을 말하며, 그 종류와 범위는 대통령령으로 정한다.
3. "공동주택"이란 건축물의 벽·복도·계단이나 그 밖의 설비 등의 전부 또는 일부를 공동으로 사용하는 각 세대가 하나의 건축물 안에서 각각 독립된 주거생활을 할 수 있는 구조로 된 주택을 말하며, 그 종류와 범위는 대통령령으로 정한다.

4. "준주택"이란 주택 외의 건축물과 그 부속토지로서 주거시설로 이용가능한 시설 등을 말하며, 그 범위와 종류는 대통령령으로 정한다.
5. "국민주택"이란 다음 각 목의 어느 하나에 해당하는 주택으로서 국민주택규모 이하인 주택을 말한다.
 가. 국가 · 지방자치단체, 「한국토지주택공사법」에 따른 한국토지주택공사(이하 "한국토지주택공사"라 한다) 또는 「지방공기업법」 제49조에 따라 주택사업을 목적으로 설립된 지방공사(이하 "지방공사"라 한다)가 건설하는 주택
 나. 국가 · 지방자치단체의 재정 또는 「주택도시기금법」에 따른 주택도시기금(이하 "주택도시기금"이라 한다)으로부터 자금을 지원받아 건설되거나 개량되는 주택
6. "국민주택규모"란 주거의 용도로만 쓰이는 면적(이하 "주거전용면적"이라 한다)이 1호(戶) 또는 1세대당 85제곱미터 이하인 주택(「수도권정비계획법」 제2조제1호에 따른 수도권을 제외한 도시지역이 아닌 읍 또는 면 지역은 1호 또는 1세대당 주거전용면적이 100제곱미터 이하인 주택을 말한다)을 말한다. 이 경우 주거전용면적의 산정방법은 국토교통부령으로 정한다.
7. "민영주택"이란 국민주택을 제외한 주택을 말한다.
8. "임대주택"이란 임대를 목적으로 하는 주택으로서, 「공공주택 특별법」 제2조제1호가목에 따른 공공임대주택과 「민간임대주택에 관한 특별법」 제2조제1호에 따른 민간임대주택으로 구분한다.
9. "토지임대부 분양주택"이란 토지의 소유권은 제15조에 따른 사업계획의 승인을 받아 토지임대부 분양주택 건설사업을 시행하는 자가 가지고, 건축물 및 복리시설(福利施設) 등에 대한 소유권〔건축물의 전유부분(專有部分)에 대한 구분소유권은 이를 분양받은 자가 가지고, 건축물의 공용부분 · 부속건물 및 복리시설은 분양받은 자들이 공유한다〕은 주택을 분양받은 자가 가지는 주택을 말한다.
10. "사업주체"란 제15조에 따른 주택건설사업계획 또는 대지조성사업계획의 승인을 받아 그 사업을 시행하는 다음 각 목의 자를 말한다.
 가. 국가 · 지방자치단체
 나. 한국토지주택공사 또는 지방공사
 다. 제4조에 따라 등록한 주택건설사업자 또는 대지조성사업자
 라. 그 밖에 이 법에 따라 주택건설사업 또는 대지조성사업을 시행하는 자
11. "주택조합"이란 많은 수의 구성원이 제15조에 따른 사업계획의 승인을 받아 주택을 마련하거나 제66조에 따라 리모델링하기 위하여 결성하는 다음 각 목의 조합을 말한다.
 가. 지역주택조합 : 다음 구분에 따른 지역에 거주하는 주민이 주택을 마련하기 위하여 설립한 조합
  1) 서울특별시 · 인천광역시 및 경기도
  2) 대전광역시 · 충청남도 및 세종특별자치시
  3) 충청북도
  4) 광주광역시 및 전라남도
  5) 전북특별자치도(2023.12.26 개정)
  6) 대구광역시 및 경상북도
  7) 부산광역시 · 울산광역시 및 경상남도
  8) 강원특별자치도(2023.6.7 개정)
  9) 제주특별자치도
 나. 직장주택조합 : 같은 직장의 근로자가 주택을 마련하기 위하여 설립한 조합
 다. 리모델링주택조합 : 공동주택의 소유자가 그 주택을 리모델링하기 위하여 설립한 조합
12. "주택단지"란 제15조에 따른 주택건설사업계획 또는 대지조성사업계획의 승인을 받아 주택과 그 부대시설 및 복리시설을 건설하거나 대지를 조성하는 데 사용되는 일단(一團)의 토지를 말한다. 다만, 다음 각 목의 시설로 분리된 토지는 각각 별개의 주택단지로 본다.
 가. 철도 · 고속도로 · 자동차전용도로
 나. 폭 20미터 이상인 일반도로
 다. 폭 8미터 이상인 도시계획예정도로
 라. 가목부터 다목까지의 시설에 준하는 것으로서 대통령령으로 정하는 시설
13. "부대시설"이란 주택에 딸린 다음 각 목의 시설 또는 설비를 말한다.
 가. 주차장, 관리사무소, 담장 및 주택단지 안의 도로
 나. 「건축법」 제2조제1항제4호에 따른 건축설비
 다. 가목 및 나목의 시설 · 설비에 준하는 것으로서 대통령령으로 정하는 시설 또는 설비
14. "복리시설"이란 주택단지의 입주자 등의 생활복리를 위한 다음 각 목의 공동시설을 말한다.
 가. 어린이놀이터, 근린생활시설, 유치원, 주민운동시설 및 경로당
 나. 그 밖에 입주자 등의 생활복리를 위하여 대통령령으로 정하는 공동시설
15. "기반시설"이란 「국토의 계획 및 이용에 관한 법률」 제2조제6호에 따른 기반시설을 말한다.
16. "기간시설"(基幹施設)이란 도로 · 상하수도 · 전기시설 · 가스시설 · 통신시설 · 지역난방시설 등을 말한다.
17. "간선시설"(幹線施設)이란 도로 · 상하수도 · 전기시설 · 가스시설 · 통신시설 및 지역난방시설 등 주택단지(둘 이상의 주택단지를 동시에 개발하는 경우에는 각각의 주택단지를 말한다) 안의 기간시설을 그 주택단지 밖에 있는 같은 종류의 기간시설에 연결시키는 시설을 말한다. 다만, 가스시설 · 통신시설 및 지역난방시설의 경우에는 주택단지 안의 기간시설을 포함한다.
18. "공구"란 하나의 주택단지에서 대통령령으로 정하는 기준에 따라 둘 이상으로 구분되는 일단의 구역으로, 착공신고 및 사용검사를 별도로 수행할 수 있는 구역을 말한다.
19. "세대구분형 공동주택"이란 공동주택의 주택 내부 공간의 일부를 세대별로 구분하여 생활이 가능한 구조로 하되, 그 구분된 공간의 일부를 구분소유 할 수 없는 주택으로서 대통령령으로 정하는 건설기준, 설치기준, 면적기준 등에 적합한 주택을 말한다.(2018.8.14 본호개정)
20. "도시형 생활주택"이란 300세대 미만의 국민주택규모에 해당하는 주택으로서 대통령령으로 정하는 주택을 말한다.
21. "에너지절약형 친환경주택"이란 저에너지 건물 조성기술 등 대통령령으로 정하는 기술을 이용하여 에너지 사용량을 절감하거나 이산화탄소 배출량을 저감할 수 있도록 건설된 주택을 말하며, 그 종류와 범위는 대통령령으로 정한다.
22. "건강친화형 주택"이란 건강하고 쾌적한 실내환경의 조성을 위하여 실내공기의 오염물질 등을 최소화할 수 있도록 대통령령으로 정하는 기준에 따라 건설된 주택을 말한다.
23. "장수명 주택"이란 구조적으로 오랫동안 유지 · 관리될 수 있는 내구성을 갖추고, 입주자의 필요에 따라 내부 구조를 쉽게 변경할 수 있는 가변성과 수리 용이성 등이 우수한 주택을 말한다.
24. "공공택지"란 다음 각 목의 어느 하나에 해당하는 공공사업에 의하여 개발 · 조성되는 공동주택이 건설되는 용지를 말한다.
 가. 제24조제2항에 따른 국민주택건설사업 또는 대지조성사업
 나. 「택지개발촉진법」에 따른 택지개발사업. 다만, 같은 법 제7조제1항제4호에 따른 주택건설등 사업자가 같은 법 제12조제5항에 따라 활용하는 택지는 제외한다.
 다. 「산업입지 및 개발에 관한 법률」에 따른 산업단지개발사업
 라. 「공공주택 특별법」에 따른 공공주택지구조성사업
 마. 「민간임대주택에 관한 특별법」에 따른 공공지원민간임대주택 공급촉진지구 조성사업(같은 법 제23조제1항제2호에 해당하는 시행자가 같은 법 제34조에 따른 수용 또는 사용의 방식으로 시행하는 사업만 해당한다)(2018.1.16 본목개정)
 바. 「도시개발법」에 따른 도시개발사업〔같은 법 제11조제1항제1호부터 제4호까지의 시행자 또는 같은 항 제11호에 해당하는 시행자(같은 법 제11조제1항제1호부터 제4호까지의 시행자가 100분의 50을 초과하여 출자한 경우에 한정한다)가 같은 법 제21조에 따른 수용 또는 사용의 방식으로 시행하는 사업과 혼용방식 중 수용 또는 사용의 방식이 적

용되는 구역에서 시행하는 사업만 해당한다)(2021.12.21 본목개정)

사. 「경제자유구역의 지정 및 운영에 관한 특별법」에 따른 경제자유구역개발사업(수용 또는 사용의 방식으로 시행하는 사업과 혼용방식 중 수용 또는 사용의 방식이 적용되는 구역에서 시행하는 사업만 해당한다)

아. 「혁신도시 조성 및 발전에 관한 특별법」에 따른 혁신도시개발사업(2017.12.26 본목개정)

자. 「신행정수도 후속대책을 위한 연기·공주지역 행정중심복합도시 건설을 위한 특별법」에 따른 행정중심복합도시건설사업

차. 「공익사업을 위한 토지 등의 취득 및 보상에 관한 법률」 제4조에 따른 공익사업으로서 대통령령으로 정하는 사업

25. "리모델링"이란 제66조제1항 및 제2항에 따라 건축물의 노후화 억제 또는 기능 향상 등을 위한 다음 각 목의 어느 하나에 해당하는 행위를 말한다.

가. 대수선(大修繕)

나. 제49조에 따른 사용검사일(주택단지 안의 공동주택 전부에 대하여 임시사용승인을 받은 경우에는 그 임시사용승인일을 말한다) 또는 「건축법」 제22조에 따른 사용승인일부터 15년〔15년 이상 20년 미만의 연수 중 특별시·광역시·특별자치시·도 또는 특별자치도(이하 "시·도"라 한다)의 조례로 정하는 경우에는 그 연수로 한다〕이 지난 공동주택을 각 세대의 주거전용면적〔「건축법」 제38조에 따른 건축물대장 중 집합건축물대장의 전유부분의 면적을 말한다〕의 30퍼센트 이내(세대의 주거전용면적이 85제곱미터 미만인 경우에는 40퍼센트 이내)에서 증축하는 행위. 이 경우 공동주택의 기능 향상 등을 위하여 공용부분에 대하여도 별도로 증축할 수 있다.(2020.6.9 전단개정)

다. 나목에 따른 각 세대의 증축 가능 면적을 합산한 면적의 범위에서 기존 세대수의 15퍼센트 이내에서 세대수를 증가하는 증축 행위(이하 "세대수 증가형 리모델링"이라 한다). 다만, 수직으로 증축하는 행위(이하 "수직증축형 리모델링"이라 한다)는 다음 요건을 모두 충족하는 경우로 한정한다.

1) 최대 3개층 이하로서 대통령령으로 정하는 범위에서 증축할 것

2) 리모델링 대상 건축물의 구조도 보유 등 대통령령으로 정하는 요건을 갖출 것

26. "리모델링 기본계획"이란 세대수 증가형 리모델링으로 인한 도시과밀, 이주수요 집중 등을 체계적으로 관리하기 위하여 수립하는 계획을 말한다.

27. "입주자"란 다음 각 목의 구분에 따른 자를 말한다.

가. 제8조·제54조·제57조의2·제64조·제88조·제91조 및 제104조의 경우 : 주택을 공급받는 자(2020.8.18 본목개정)

나. 제66조의 경우 : 주택의 소유자 또는 그 소유자를 대리하는 배우자 및 직계존비속

28. "사용자"란 「공동주택관리법」 제2조제6호에 따른 사용자를 말한다.

29. "관리주체"란 「공동주택관리법」 제2조제10호에 따른 관리주체를 말한다.

제3조【다른 법률과의 관계】 주택의 건설 및 공급에 관하여 다른 법률에 특별한 규정이 있는 경우를 제외하고는 이 법에서 정하는 바에 따른다.

제2장 주택의 건설 등

제1절 주택건설사업자 등

제4조【주택건설사업 등의 등록】 ① 연간 대통령령으로 정하는 호수(戶數) 이상의 주택건설사업을 시행하려는 자 또는 연간 대통령령으로 정하는 면적 이상의 대지조성사업을 시행하려는 자는 국토교통부장관에게 등록하여야 한다. 다만, 다음 각 호의 사업주체의 경우에는 그러하지 아니하다.

1. 국가·지방자치단체
2. 한국토지주택공사
3. 지방공사
4. 「공익법인의 설립·운영에 관한 법률」 제4조에 따라 주택건설사업을 목적으로 설립된 공익법인
5. 제11조에 따라 설립된 주택조합(제5조제2항에 따라 등록사업자와 공동으로 주택건설사업을 하는 주택조합만 해당한다)
6. 근로자를 고용하는 자(제5조제3항에 따라 등록사업자와 공동으로 주택건설사업을 시행하는 고용자만 해당하며, 이하 "고용자"라 한다)

② 제1항에 따라 등록하여야 할 사업자의 자본금과 기술인력 및 사무실면적에 관한 등록의 기준·절차·방법 등에 필요한 사항은 대통령령으로 정한다.

제5조【공동사업주체】 ① 토지소유자가 주택을 건설하는 경우에는 제4조제1항에도 불구하고 대통령령으로 정하는 바에 따라 제4조에 따라 등록을 한 자(이하 "등록사업자"라 한다)와 공동으로 사업을 시행할 수 있다. 이 경우 토지소유자와 등록사업자를 공동사업주체로 본다.

② 제11조에 따라 설립된 주택조합(세대수를 증가하지 아니하는 리모델링주택조합은 제외한다)이 그 구성원의 주택을 건설하는 경우에는 대통령령으로 정하는 바에 따라 등록사업자(지방자치단체·한국토지주택공사 및 지방공사를 포함한다)와 공동으로 사업을 시행할 수 있다. 이 경우 주택조합과 등록사업자를 공동사업주체로 본다.

③ 고용자가 그 근로자의 주택을 건설하는 경우에는 대통령령으로 정하는 바에 따라 등록사업자와 공동으로 사업을 시행하여야 한다. 이 경우 고용자와 등록사업자를 공동사업주체로 본다.

④ 제1항부터 제3항까지에 따른 공동사업주체 간의 구체적인 업무·비용 및 책임의 분담 등에 관하여는 대통령령으로 정하는 범위에서 당사자 간의 협약에 따른다.

제6조【등록사업자의 결격사유】 다음 각 호의 어느 하나에 해당하는 자는 제4조에 따른 주택건설사업 등의 등록을 할 수 없다.

1. 미성년자·피성년후견인 또는 피한정후견인
2. 파산선고를 받은 자로서 복권되지 아니한 자
3. 「부정수표 단속법」 또는 이 법을 위반하여 금고 이상의 실형을 선고받고 그 집행이 끝나거나(집행이 끝난 것으로 보는 경우를 포함한다) 집행이 면제된 날부터 2년이 지나지 아니한 자
4. 「부정수표 단속법」 또는 이 법을 위반하여 금고 이상의 형의 집행유예를 선고받고 그 유예기간 중에 있는 자
5. 제8조에 따라 등록이 말소(제6조제1호 및 제2호에 해당하여 말소된 경우는 제외한다)된 후 2년이 지나지 아니한 자
6. 임원 중에 제1호부터 제5호까지의 규정 중 어느 하나에 해당하는 자가 있는 법인

제7조【등록사업자의 시공】 ① 등록사업자가 제15조에 따른 사업계획승인(「건축법」에 따른 공동주택건축허가를 포함한다)을 받아 분양 또는 임대를 목적으로 주택을 건설하는 경우로서 그 기술능력, 주택건설 실적 및 주택규모 등이 대통령령으로 정하는 기준에 해당하는 경우에는 그 등록사업자를 「건설산업기본법」 제9조에 따른 건설사업자로 보며 주택건설공사를 시공할 수 있다.

② 제1항에 따라 등록사업자가 주택을 건설하는 경우에는 「건설산업기본법」 제40조·제44조·제93조·제94조, 제98조부터 제100조까지, 제100조의2 및 제101조를 준용한다. 이 경우 "건설사업자"는 "등록사업자"로 본다.

(2019.4.30 본조개정)

제8조【주택건설사업의 등록말소 등】 ① 국토교통부장관은 등록사업자가 다음 각 호의 어느 하나에 해당하면 그 등록을 말소하거나 1년 이내의 기간을 정하여 영업의 정지를 명할 수 있다. 다만, 제1호 또는 제5호에 해당하는 경우에는 그 등록을 말소하여야 한다.

1. 거짓이나 그 밖의 부정한 방법으로 등록한 경우
2. 제4조제2항에 따른 등록기준에 미달하게 된 경우. 다만, 「채무자 회생 및 파산에 관한 법률」에 따라 법원이 회생절차개시의 결정을 하고 그 절차가 진행 중이거나 일시적으로 등록기준에 미달하는 등 대통령령으로 정하는 경우는 예외로 한다.

3. 고의 또는 과실로 공사를 잘못 시공하여 공중(公衆)에게 위해(危害)를 끼치거나 입주자에게 재산상 손해를 입힌 경우
4. 제6조제1호부터 제4호까지 또는 제6호 중 어느 하나에 해당하게 된 경우. 다만, 법인의 임원 중 제6조제6호에 해당하는 사람이 있는 경우 6개월 이내에 그 임원을 다른 사람으로 임명한 경우에는 그러하지 아니하다.
5. 제90조제1항을 위반하여 등록증의 대여 등을 한 경우 (2024.1.16 본호개정)
5의2. 제90조제2항을 위반하여 등록증을 빌리거나 허락 없이 등록사업자의 성명 또는 상호로 이 법에서 정한 사업이나 업무를 수행 또는 시공한 경우(2024.1.16 본호신설)
5의3. 제90조제4항을 위반하여 이 법에서 정한 사업이나 업무를 수행 또는 시공하기 위하여 같은 조 제2항의 행위를 교사하거나 방조한 경우(2024.1.16 본호신설)
6. 다음 각 목의 어느 하나에 해당하는 경우
가. 「건설기술 진흥법」 제48조제4항에 따른 시공상세도면의 작성 의무를 위반하거나 건설사업관리를 수행하는 건설기술인 또는 공사감독자의 검토·확인을 받지 아니하고 시공한 경우(2018.8.14 본목개정)
나. 「건설기술 진흥법」 제54조제1항 또는 제80조에 따른 시정명령을 이행하지 아니한 경우
다. 「건설기술 진흥법」 제55조에 따른 품질시험 및 검사를 하지 아니한 경우
라. 「건설기술 진흥법」 제62조에 따른 안전점검을 하지 아니한 경우
7. 「택지개발촉진법」 제19조의2제1항을 위반하여 택지를 전매(轉賣)한 경우
8. 「표시·광고의 공정화에 관한 법률」 제17조제1호에 따른 처벌을 받은 경우
9. 「약관의 규제에 관한 법률」 제34조제2항에 따른 처분을 받은 경우
10. 그 밖에 이 법 또는 이 법에 따른 명령이나 처분을 위반한 경우
② 제1항에 따른 등록말소 및 영업정지 처분에 관한 기준은 대통령령으로 정한다.

제9조【등록말소 처분 등을 받은 자의 사업 수행】 제8조에 따라 등록말소 또는 영업정지 처분을 받은 등록사업자는 그 처분 전에 제15조에 따른 사업계획승인을 받은 사업은 계속 수행할 수 있다. 다만, 등록말소 처분을 받은 등록사업자가 그 사업을 계속 수행할 수 없는 중대하고 명백한 사유가 있을 경우에는 그러하지 아니하다.

제10조【영업실적 등의 제출】 ① 등록사업자는 국토교통부령으로 정하는 바에 따라 매년 영업실적(개인인 사업자가 해당 사업에 1년 이상 사용한 사업용 자산을 현물출자하여 법인을 설립한 경우에는 그 개인인 사업자의 영업실적을 포함한 실적을 말하며, 등록말소 후 다시 등록한 경우에는 다시 등록한 이후의 실적을 말한다)과 영업계획 및 기술인력 보유 현황을 국토교통부장관에게 제출하여야 한다.
② 등록사업자는 국토교통부령으로 정하는 바에 따라 월별 주택분양계획 및 분양 실적을 국토교통부장관에게 제출하여야 한다.

제2절 주택조합

제11조【주택조합의 설립 등】 ① 많은 수의 구성원이 주택을 마련하거나 리모델링하기 위하여 주택조합을 설립하려는 경우(제5항에 따른 직장주택조합의 경우는 제외한다)에는 관할 특별자치시장, 특별자치도지사, 시장, 군수 또는 구청장(구청장은 자치구의 구청장을 말하며, 이하 "시장·군수·구청장"이라 한다)의 인가를 받아야 한다. 인가받은 내용을 변경하거나 주택조합을 해산하려는 경우에도 또한 같다.
② 제1항에 따라 주택을 마련하기 위하여 주택조합설립인가를 받으려는 자는 다음 각 호의 요건을 모두 갖추어야 한다. 다만, 제1항 후단의 경우에는 그러하지 아니하다.(2020.1.23 본문개정)
1. 해당 주택건설대지의 80퍼센트 이상에 해당하는 토지의 사용권원을 확보할 것(2020.1.23 본호신설)
2. 해당 주택건설대지의 15퍼센트 이상에 해당하는 토지의 소유권을 확보할 것(2020.1.23 본호신설)
③ 제1항에 따라 주택을 리모델링하기 위하여 주택조합을 설립하려는 경우에는 다음 각 호의 구분에 따른 구분소유자(「집합건물의 소유 및 관리에 관한 법률」 제2조제2호에 따른 구분소유자를 말한다. 이하 같다)와 의결권(「집합건물의 소유 및 관리에 관한 법률」 제37조에 따른 의결권을 말한다. 이하 같다)의 결의를 증명하는 서류를 첨부하여 관할 시장·군수·구청장의 인가를 받아야 한다.
1. 주택단지 전체를 리모델링하고자 하는 경우에는 주택단지 전체의 구분소유자와 의결권의 각 3분의 2 이상의 결의 및 각 동의 구분소유자와 의결권의 각 과반수의 결의
2. 동을 리모델링하고자 하는 경우에는 그 동의 구분소유자 및 의결권의 각 3분의 2 이상의 결의
④ 제5조제2항에 따라 주택조합과 등록사업자가 공동으로 사업을 시행하면서 시공할 경우 등록사업자는 시공자로서의 책임뿐만 아니라 자신의 귀책사유로 사업 추진이 불가능하게 되거나 지연됨으로 인하여 조합원에게 입힌 손해를 배상할 책임이 있다.
⑤ 국민주택을 공급받기 위하여 직장주택조합을 설립하려는 자는 관할 시장·군수·구청장에게 신고하여야 한다. 신고한 내용을 변경하거나 직장주택조합을 해산하려는 경우에도 또한 같다.
⑥ 주택조합(리모델링주택조합은 제외한다)은 그 구성원을 위하여 건설하는 주택을 그 조합원에게 우선 공급할 수 있으며, 제5항에 따른 직장주택조합에 대하여는 사업주체가 국민주택을 그 직장주택조합원에게 우선 공급할 수 있다.
⑦ 제1항에 따라 인가를 받는 주택조합의 설립방법·설립절차, 주택조합 구성원의 자격기준·제명·탈퇴 및 주택조합의 운영·관리 등에 필요한 사항과 제5항에 따른 직장주택조합의 설립요건 및 신고절차 등에 필요한 사항은 대통령령으로 정한다. (2016.12.2 본항개정)
⑧ 제7항에도 불구하고 조합원은 조합규약으로 정하는 바에 따라 조합에 탈퇴 의사를 알리고 탈퇴할 수 있다.(2016.12.2 본항개정)
⑨ 탈퇴한 조합원(제명된 조합원을 포함한다)은 조합규약으로 정하는 바에 따라 부담한 비용의 환급을 청구할 수 있다. (2016.12.2 본항개정)

제11조의2【주택조합업무의 대행 등】 ① 주택조합(리모델링주택조합은 제외한다. 이하 이 조에서 같다) 및 주택조합의 발기인은 조합원 모집 등 제2항에 따른 주택조합의 업무를 제5조제2항에 따른 공동사업주체인 등록사업자 또는 다음 각 호의 어느 하나에 해당하는 자로서 대통령령으로 정하는 자본금을 보유한 자 외의 자에게 대행하게 할 수 없다.(2020.1.23 본문개정)
1. 등록사업자
2. 「공인중개사법」 제9조에 따른 중개업자
3. 「도시 및 주거환경정비법」 제102조에 따른 정비사업전문관리업자(2017.2.8 본호개정)
4. 「부동산개발업의 관리 및 육성에 관한 법률」 제4조에 따른 등록사업자
5. 「자본시장과 금융투자업에 관한 법률」에 따른 신탁업자
6. 그 밖에 다른 법률에 따라 등록한 자로서 대통령령으로 정하는 자
② 제1항에 따라 업무대행자에게 대행시킬 수 있는 주택조합의 업무는 다음 각 호와 같다.(2020.1.23 본문개정)
1. 조합원 모집, 토지 확보, 조합설립인가 신청 등 조합설립을 위한 업무의 대행
2. 사업성 검토 및 사업계획서 작성업무의 대행
3. 설계자 및 시공자 선정에 관한 업무의 지원
4. 제15조에 따른 사업계획승인 신청 등 사업계획승인을 위한 업무의 대행
5. 계약금 등 자금의 보관 및 그와 관련된 업무의 대행 (2020.1.23 본호신설)

6. 그 밖에 총회의 운영업무 지원 등 국토교통부령으로 정하는 사항
③ 주택조합 및 주택조합의 발기인은 제2항제5호에 따른 업무 중 계약금 등 자금의 보관 업무는 제1항제5호에 따른 신탁업자에게 대행하도록 하여야 한다.(2020.1.23 본항신설)
④ 제1항에 따른 업무대행자는 국토교통부령으로 정하는 바에 따라 사업연도별로 분기마다 해당 업무의 실적보고서를 작성하여 주택조합 또는 주택조합의 발기인에게 제출하여야 한다.(2020.1.23 본항신설)
⑤ 제1항부터 제4항까지의 규정에 따라 주택조합의 업무를 대행하는 자는 신의에 따라 성실하게 업무를 수행하여야 하고, 자신의 귀책사유로 주택조합(발기인을 포함한다) 또는 조합원(주택조합 가입 신청자를 포함한다)에게 손해를 입힌 경우에는 그 손해를 배상할 책임이 있다.(2020.1.23 본항개정)
⑥ 국토교통부장관은 주택조합의 원활한 사업추진 및 조합원의 권리 보호를 위하여 공정거래위원회 위원장과 협의를 거쳐 표준업무대행계약서를 작성·보급할 수 있다.
(2016.12.2 본조신설)

제11조의3【조합원 모집 신고 및 공개모집】 ① 제11조제1항에 따라 지역주택조합 또는 직장주택조합의 설립인가를 받기 위하여 조합원을 모집하려는 자는 해당 주택건설대지의 50퍼센트 이상에 해당하는 토지의 사용권원을 확보하여 관할 시장·군수·구청장에게 신고하고, 공개모집의 방법으로 조합원을 모집하여야 한다. 조합 설립인가를 받기 전에 신고한 내용을 변경하는 경우에도 또한 같다.(2020.1.23 전단개정)
② 제1항에도 불구하고 공개모집 이후 조합원의 사망·자격상실·탈퇴 등으로 인한 결원을 충원하거나 미달된 조합원을 재모집하는 경우에는 신고하지 아니하고 선착순의 방법으로 조합원을 모집할 수 있다.
③ 제1항에 따른 모집 시기, 모집 방법 및 모집 절차 등 조합원 모집의 신고, 공개모집 및 조합 가입 신청자에 대한 정보 공개 등에 필요한 사항은 국토교통부령으로 정한다.
④ 제1항에 따라 신고를 받은 시장·군수·구청장은 신고내용이 이 법에 적합한 경우에는 신고를 수리하고 그 사실을 신고인에게 통보하여야 한다.
⑤ 시장·군수·구청장은 다음 각 호의 어느 하나에 해당하는 경우에는 조합원 모집 신고를 수리할 수 없다.
1. 이미 신고된 사업대지와 전부 또는 일부가 중복되는 경우
2. 이미 수립되었거나 수립 예정인 도시·군계획, 이미 수립된 토지이용계획 또는 이 법이나 관계 법령에 따른 건축기준 및 건축제한 등에 따라 해당 주택건설대지에 조합주택을 건설할 수 없는 경우
3. 제11조의2제1항에 따라 조합업무를 대행할 수 있는 자가 아닌 자와 업무대행계약을 체결한 경우 등 신고내용이 법령에 위반되는 경우
4. 신고한 내용이 사실과 다른 경우
⑥ 제1항에 따라 조합원을 모집하려는 주택조합의 발기인은 대통령령으로 정하는 자격기준을 갖추어야 한다.(2020.1.23 본항신설)
⑦ 제6항에 따른 주택조합의 발기인은 조합원 모집 신고를 하는 날 주택조합에 가입한 것으로 본다. 이 경우 주택조합의 발기인은 그 주택조합의 가입 신청자와 동일한 권리와 의무가 있다.(2020.1.23 본항신설)
⑧ 제1항에 따라 조합원을 모집하는 자(제11조의2제1항에 따라 조합원 모집 업무를 대행하는 자를 포함한다. 이하 "모집주체"라 한다)와 주택조합 가입 신청자는 다음 각 호의 사항이 포함된 주택조합 가입에 관한 계약서를 작성하여야 한다.
1. 주택조합의 사업개요
2. 조합원의 자격기준
3. 분담금 등 각종 비용의 납부예정금액, 납부시기 및 납부방법
4. 주택건설대지의 사용권원 및 소유권을 확보한 면적 및 비율
5. 조합원 탈퇴 및 환급의 방법, 시기 및 절차
6. 그 밖에 주택조합의 설립 및 운영에 관한 중요 사항으로서 대통령령으로 정하는 사항
(2020.1.23 본항신설)
(2016.12.2 본조신설)

제11조의4【설명의무】 ① 모집주체는 제11조의3제8항 각 호의 사항을 주택조합 가입 신청자가 이해할 수 있도록 설명하여야 한다.
② 모집주체는 제1항에 따라 설명한 내용을 주택조합 가입 신청자가 이해하였음을 국토교통부령으로 정하는 바에 따라 서면으로 확인을 받아 주택조합 가입 신청자에게 교부하여야 하며, 그 사본을 5년간 보관하여야 한다.
(2020.1.23 본조신설)

제11조의5【조합원 모집 광고 등에 관한 준수사항】 ① 모집주체가 주택조합의 조합원을 모집하기 위하여 광고를 하는 경우에는 다음 각 호의 내용이 포함되어야 한다.
1. "지역주택조합 또는 직장주택조합의 조합원 모집을 위한 광고"라는 문구
2. 조합원의 자격기준에 관한 내용
3. 주택건설대지의 사용권원 및 소유권을 확보한 비율
4. 그 밖에 조합원 보호를 위하여 대통령령으로 정하는 내용
② 모집주체가 조합원 가입을 권유하거나 모집 광고를 하는 경우에는 다음 각 호의 행위를 하여서는 아니 된다.
1. 조합주택의 공급방식, 조합원의 자격기준 등을 충분히 설명하지 않거나 누락하여 제한 없이 조합에 가입하거나 주택을 공급받을 수 있는 것으로 오해하게 하는 행위
2. 제5조제4항에 따른 협약이나 제15조제1항에 따른 사업계획승인을 통하여 확정될 수 있는 사항을 사전에 확정된 것처럼 오해하게 하는 행위
3. 사업추진 과정에서 조합원이 부담해야 할 비용이 추가로 발생할 수 있음에도 주택 공급가격이 확정된 것으로 오해하게 하는 행위
4. 주택건설대지의 사용권원 및 소유권을 확보한 비율을 사실과 다르거나 불명확하게 제공하는 행위
5. 조합사업의 내용을 사실과 다르게 설명하거나 그 내용의 중요한 사실을 은폐 또는 축소하는 행위
6. 그 밖에 조합원 보호를 위하여 대통령령으로 정하는 행위
③ 모집주체가 조합원 모집 광고를 하는 방법 및 절차, 그 밖에 필요한 사항은 대통령령으로 정한다.
(2020.1.23 본조신설)

제11조의6【조합 가입 철회 및 가입비 등의 반환】 ① 모집주체는 주택조합의 가입을 신청한 자가 주택조합 가입을 신청하는 때에 납부하여야 하는 일체의 금전(이하 "가입비등"이라 한다)을 대통령령으로 정하는 기관(이하 "예치기관"이라 한다)에 예치하도록 하여야 한다.(2020.1.23 본항개정)
② 주택조합의 가입을 신청한 자는 가입비등을 예치한 날부터 30일 이내에 주택조합 가입에 관한 청약을 철회할 수 있다.
③ 청약 철회를 서면으로 하는 경우에는 청약 철회의 의사를 표시한 서면을 발송한 날에 그 효력이 발생한다.
④ 모집주체는 주택조합의 가입을 신청한 자가 청약 철회를 한 경우 청약 철회 의사가 도달한 날부터 7일 이내에 예치기관의 장에게 가입비등의 반환을 요청하여야 한다.
⑤ 예치기관의 장은 제4항에 따른 가입비등의 반환 요청을 받은 경우 요청일부터 10일 이내에 그 가입비등을 예치한 자에게 반환하여야 한다.
⑥ 모집주체는 주택조합의 가입을 신청한 자에게 청약 철회를 이유로 위약금 또는 손해배상을 청구할 수 없다.
⑦ 제2항에 따른 기간 이내에는 제11조제8항 및 제9항을 적용하지 않는다.
⑧ 제1항에 따라 예치된 가입비등의 관리, 지급 및 반환과 제2항에 따른 청약 철회의 절차 및 방법 등에 관한 사항은 대통령령으로 정한다.
(2019.12.10 본조신설)

제12조【실적보고 및 관련 자료의 공개】 ① 주택조합의 발기인 또는 임원은 다음 각 호의 사항이 포함된 해당 주택조합의 실적보고서를 국토교통부령으로 정하는 바에 따라 사업연도별로 분기마다 작성하여야 한다.
1. 조합원(주택조합 가입 신청자를 포함한다. 이하 이 조에서 같다) 모집 현황
2. 해당 주택건설대지의 사용권원 및 소유권 확보 현황

3. 그 밖에 조합원이 주택조합의 사업 추진현황을 파악하기 위하여 필요한 사항으로서 국토교통부령으로 정하는 사항
(2020.1.23 본항신설)
② 주택조합의 발기인 또는 임원은 주택조합사업의 시행에 관한 다음 각 호의 서류 및 관련 자료가 작성되거나 변경된 후 15일 이내에 이를 조합원이 알 수 있도록 인터넷과 그 밖의 방법을 병행하여 공개하여야 한다.
1. 조합규약
2. 공동사업주체의 선정 및 주택조합이 공동사업주체인 등록사업자와 체결한 협약서
3. 설계자 등 용역업체 선정 계약서
4. 조합총회 및 이사회, 대의원회 등의 의사록
5. 사업시행계획서
6. 해당 주택조합사업의 시행에 관한 공문서
7. 회계감사보고서
8. 분기별 사업실적보고서(2020.1.23 본호신설)
9. 제11조의2제4항에 따라 업무대행자가 제출한 실적보고서(2020.1.23 본호신설)
10. 그 밖에 주택조합사업 시행에 관하여 대통령령으로 정하는 서류 및 관련 자료
③ 제2항에 따른 서류 및 다음 각 호를 포함하여 주택조합사업의 시행에 관한 서류와 관련 자료를 조합원이 열람·복사 요청을 한 경우 주택조합의 발기인 또는 임원은 15일 이내에 그 요청에 따라야 한다. 이 경우 복사에 필요한 비용은 실비의 범위에서 청구인이 부담한다.(2020.1.23 전단개정)
1. 조합원 명부(2020.1.23 본호개정)
2. 주택건설대지의 사용권원 및 소유권 확보 비율 등 토지 확보 관련 자료(2020.1.23 본호개정)
3. 그 밖에 대통령령으로 정하는 서류 및 관련 자료
④ 주택조합의 발기인 또는 임원은 원활한 사업추진과 조합원의 권리 보호를 위하여 연간 자금운용 계획 및 자금 집행 실적 등 국토교통부령으로 정하는 서류 및 자료를 국토교통부령으로 정하는 바에 따라 매년 정기적으로 시장·군수·구청장에게 제출하여야 한다.(2019.12.10 본항신설)
⑤ 제2항 및 제3항에 따라 공개 및 열람·복사 등을 하는 경우에는 「개인정보 보호법」에 의하여야 하며, 그 밖의 공개 절차 등 필요한 사항은 국토교통부령으로 정한다.(2020.1.23 본항개정)
(2020.1.23 본조제목개정)

제13조【조합임원의 결격사유 등】 ① 다음 각 호의 어느 하나에 해당하는 사람은 주택조합의 발기인 또는 임원이 될 수 없다.(2020.1.23 본문개정)
1. 미성년자·피성년후견인 또는 피한정후견인
2. 파산선고를 받은 사람으로서 복권되지 아니한 사람
3. 금고 이상의 실형을 선고받고 그 집행이 종료(종료된 것으로 보는 경우를 포함한다)되거나 집행이 면제된 날부터 2년이 지나지 아니한 사람(2020.6.9 본호개정)
4. 금고 이상의 형의 집행유예를 선고받고 그 유예기간 중에 있는 사람
5. 금고 이상의 형의 선고유예를 받고 그 선고유예기간 중에 있는 사람
6. 법원의 판결 또는 다른 법률에 따라 자격이 상실 또는 정지된 사람
7. 해당 주택조합의 공동사업주체인 등록사업자 또는 업무대행사의 임직원
② 주택조합의 발기인이나 임원이 다음 각 호의 어느 하나에 해당하는 경우 해당 발기인은 그 지위를 상실하고 해당 임원은 당연히 퇴직한다.
1. 주택조합의 발기인이 제11조의3제6항에 따른 자격기준을 갖추지 아니하게 되거나 주택조합의 임원이 제11조제7항에 따른 조합원 자격을 갖추지 아니하게 되는 경우
2. 주택조합의 발기인 또는 임원이 제1항 각 호의 결격사유에 해당하게 되는 경우
(2020.1.23 본항개정)
③ 제2항에 따라 지위가 상실된 발기인 또는 퇴직된 임원이 지위 상실이나 퇴직 전에 관여한 행위는 그 효력을 상실하지 아니한다.(2020.1.23 본항개정)
④ 주택조합의 임원은 다른 주택조합의 임원, 직원 또는 발기인을 겸할 수 없다.(2020.1.23 본항신설)
(2020.1.23 본조제목개정)

제14조【주택조합에 대한 감독 등】 ① 국토교통부장관 또는 시장·군수·구청장은 주택공급에 관한 질서를 유지하기 위하여 특히 필요하다고 인정되는 경우에는 국가가 관리하고 있는 행정전산망 등을 이용하여 주택조합 구성원의 자격 등에 관하여 필요한 사항을 확인할 수 있다.
② 시장·군수·구청장은 주택조합 또는 주택조합의 구성원이 다음 각 호의 어느 하나에 해당하는 경우에는 주택조합의 설립인가를 취소할 수 있다.
1. 거짓이나 그 밖의 부정한 방법으로 설립인가를 받은 경우
2. 제94조에 따른 명령이나 처분을 위반한 경우
③ (2020.1.23 삭제)
④ 시장·군수·구청장은 모집주체가 이 법을 위반한 경우 시정요구 등 필요한 조치를 명할 수 있다.(2019.12.10 본항신설)

제14조의2【주택조합의 해산 등】 ① 주택조합은 제11조제1항에 따른 주택조합의 설립인가를 받은 날부터 3년이 되는 날까지 사업계획승인을 받지 못하는 경우 대통령령으로 정하는 바에 따라 총회의 의결을 거쳐 해산 여부를 결정하여야 한다.
② 주택조합의 발기인은 제11조의3제1항에 따른 조합원 모집 신고가 수리된 날부터 2년이 되는 날까지 주택조합 설립인가를 받지 못하는 경우 대통령령으로 정하는 바에 따라 주택조합 가입 신청자 전원으로 구성되는 총회 의결을 거쳐 주택조합 사업의 종결 여부를 결정하도록 하여야 한다.
③ 제1항 또는 제2항에 따라 총회를 소집하려는 주택조합의 임원 또는 발기인은 총회가 개최되기 7일 전까지 회의 목적, 안건, 일시 및 장소를 정하여 조합원 또는 주택조합 가입 신청자에게 통지하여야 한다.
④ 제1항에 따라 해산을 결의하거나 제2항에 따라 사업의 종결을 결의하는 경우 대통령령으로 정하는 바에 따라 청산인을 선임하여야 한다.
⑤ 주택조합의 발기인은 제2항에 따른 총회의 결과(사업의 종결을 결의한 경우에는 청산계획을 포함한다)를 관할 시장·군수·구청장에게 국토교통부령으로 정하는 바에 따라 통지하여야 한다.
(2020.1.23 본조신설)

제14조의3【회계감사】 ① 주택조합은 대통령령으로 정하는 바에 따라 회계감사를 받아야 하며, 그 감사결과를 관할 시장·군수·구청장에게 보고하여야 한다.
② 주택조합의 임원 또는 발기인은 계약금등(해당 주택조합사업에 관한 모든 수입에 따른 금전을 말한다)의 징수·보관·예치·집행 등 모든 거래 행위에 관하여 장부를 월별로 작성하여 그 증빙서류와 함께 제11조에 따른 주택조합 해산인가를 받는 날까지 보관하여야 한다. 이 경우 주택조합의 임원 또는 발기인은 「전자문서 및 전자거래 기본법」 제2조제2호에 따른 정보처리시스템을 통하여 장부 및 증빙서류를 작성하거나 보관할 수 있다.
(2020.1.23 본조신설)

제14조의4【주택조합사업의 시공보증】 ① 주택조합이 공동사업주체인 시공자를 선정한 경우 그 시공자는 공사의 시공보증(시공자가 공사의 계약상 의무를 이행하지 못하거나 의무이행을 하지 아니할 경우 보증기관에서 시공자를 대신하여 계약이행의무를 부담하거나 총 공사금액의 50퍼센트 이하에서 대통령령으로 정하는 비율 이상의 범위에서 주택조합이 정하는 금액을 납부할 것을 보증하는 것을 말한다)을 위하여 국토교통부령으로 정하는 기관의 시공보증서를 조합에 제출하여야 한다.
② 제15조에 따른 사업계획승인권자는 제16조제2항에 따른 착공신고를 받는 경우에는 제1항에 따른 시공보증서 제출 여부를 확인하여야 한다.
(2016.12.2 본조신설)

제3절 사업계획의 승인 등

제15조【사업계획의 승인】 ① 대통령령으로 정하는 호수 이상의 주택건설사업을 시행하려는 자 또는 대통령령으로 정하

는 면적 이상의 대지조성사업을 시행하려는 자는 다음 각 호의 사업계획승인권자(이하 "사업계획승인권자"라 한다. 국가 및 한국토지주택공사가 시행하는 경우와 대통령령으로 정하는 경우에는 국토교통부장관을 말하며, 이하 이 조, 제16조부터 제19조까지 및 제21조에서 같다)에게 사업계획승인을 받아야 한다. 다만, 주택 외의 시설과 주택을 동일 건축물로 건축하는 경우 등 대통령령으로 정하는 경우에는 그러하지 아니하다.
1. 주택건설사업 또는 대지조성사업으로서 해당 대지면적이 10만제곱미터 이상인 경우 : 특별시장 · 광역시장 · 특별자치시장 · 도지사 또는 특별자치도지사(이하 "시 · 도지사"라 한다) 또는 「지방자치법」 제198조에 따라 서울특별시 · 광역시 및 특별자치시를 제외한 인구 50만 이상의 대도시(이하 "대도시"라 한다)의 시장(2021.1.12 본호개정)
2. 주택건설사업 또는 대지조성사업으로서 해당 대지면적이 10만제곱미터 미만인 경우 : 특별시장 · 광역시장 · 특별자치시장 · 특별자치도지사 또는 시장 · 군수
② 제1항에 따라 사업계획승인을 받으려는 자는 사업계획승인신청서에 주택과 그 부대시설 및 복리시설의 배치도, 대지조성공사 설계도서 등 대통령령으로 정하는 서류를 첨부하여 사업계획승인권자에게 제출하여야 한다.
③ 주택건설사업을 시행하려는 자는 대통령령으로 정하는 호수 이상의 주택단지를 공구별로 분할하여 주택을 건설 · 공급할 수 있다. 이 경우 제2항에 따른 서류와 함께 다음 각 호의 서류를 첨부하여 사업계획승인권자에게 제출하고 사업계획승인을 받아야 한다.
1. 공구별 공사계획서
2. 입주자모집계획서
3. 사용검사계획서
④ 제1항 또는 제3항에 따라 승인받은 사업계획을 변경하려면 사업계획승인권자로부터 변경승인을 받아야 한다. 다만, 국토교통부령으로 정하는 경미한 사항을 변경하는 경우에는 그러하지 아니하다.
⑤ 제1항 또는 제3항의 사업계획은 쾌적하고 문화적인 주거생활을 하는 데에 적합하도록 수립되어야 하며, 그 사업계획에는 부대시설 및 복리시설의 설치에 관한 계획 등이 포함되어야 한다.
⑥ 사업계획승인권자는 제1항 또는 제3항에 따라 사업계획을 승인하였을 때에는 이에 관한 사항을 고시하여야 한다. 이 경우 국토교통부장관은 관할 시장 · 군수 · 구청장에게, 특별시장, 광역시장 또는 도지사는 관할 시장, 군수 또는 구청장에게 각각 사업계획승인서 및 관계 서류의 사본을 지체 없이 송부하여야 한다.

제16조【사업계획의 이행 및 취소 등】 ① 사업주체는 제15조제1항 또는 제3항에 따라 승인받은 사업계획대로 사업을 시행하여야 하고, 다음 각 호의 구분에 따라 공사를 시작하여야 한다. 다만, 사업계획승인권자는 대통령령으로 정하는 정당한 사유가 있다고 인정하는 경우에는 사업주체의 신청을 받아 그 사유가 없어진 날부터 1년의 범위에서 제1호 또는 제2호가목에 따른 공사의 착수기간을 연장할 수 있다.
1. 제15조제1항에 따라 승인을 받은 경우 : 승인받은 날부터 5년 이내
2. 제15조제3항에 따라 승인을 받은 경우
가. 최초로 공사를 진행하는 공구 : 승인받은 날부터 5년 이내
나. 최초로 공사를 진행하는 공구 외의 공구 : 해당 주택단지에 대한 최초 착공신고일부터 2년 이내
② 사업주체가 제1항에 따라 공사를 시작하려는 경우에는 국토교통부령으로 정하는 바에 따라 사업계획승인권자에게 신고하여야 한다.
③ 사업계획승인권자는 제2항에 따른 신고를 받은 날부터 20일 이내에 신고수리 여부를 신고인에게 통지하여야 한다. (2021.1.5 본항신설)
④ 사업계획승인권자는 다음 각 호의 어느 하나에 해당하는 경우 그 사업계획의 승인을 취소(제2호 또는 제3호에 해당하는 경우 「주택도시기금법」 제26조에 따라 주택분양보증이 된 사업은 제외한다)할 수 있다.
1. 사업주체가 제1항(제2호나목은 제외한다)을 위반하여 공사를 시작하지 아니한 경우
2. 사업주체가 경매 · 공매 등으로 인하여 대지소유권을 상실한 경우
3. 사업주체의 부도 · 파산 등으로 공사의 완료가 불가능한 경우
⑤ 사업계획승인권자는 제4항제2호 또는 제3호의 사유로 사업계획승인을 취소하고자 하는 경우에는 사업주체에게 사업계획 이행, 사업비 조달 계획 등 대통령령으로 정하는 내용이 포함된 사업 정상화 계획을 제출받아 계획의 타당성을 심사한 후 취소 여부를 결정하여야 한다.(2021.1.5 본항개정)
⑥ 제4항에도 불구하고 사업계획승인권자는 해당 사업의 시공자 등이 제21조제1항에 따른 해당 주택건설대지의 소유권 등을 확보하고 사업주체 변경을 위하여 제15조제4항에 따른 사업계획의 변경승인을 요청하는 경우에 이를 승인할 수 있다. (2021.1.5 본항개정)

제17조【기반시설의 기부채납】 ① 사업계획승인권자는 제15조제1항 또는 제3항에 따라 사업계획을 승인할 때 사업주체가 제출하는 사업계획에 해당 주택건설사업 또는 대지조성사업과 직접적으로 관련이 없거나 과도한 기반시설의 기부채납(寄附採納)을 요구하여서는 아니 된다.
② 국토교통부장관은 기부채납 등과 관련하여 다음 각 호의 사항이 포함된 운영기준을 작성하여 고시할 수 있다.
1. 주택건설사업의 기반시설 기부채납 부담의 원칙 및 수준에 관한 사항
2. 주택건설사업의 기반시설의 설치기준 등에 관한 사항
③ 사업계획승인권자는 제2항에 따른 운영기준의 범위에서 지역여건 및 사업의 특성 등을 고려하여 자체 실정에 맞는 별도의 기준을 마련하여 운영할 수 있으며, 이 경우 미리 국토교통부장관에게 보고하여야 한다.

제18조【사업계획의 통합심의 등】 ① 사업계획승인권자는 필요하다고 인정하는 경우에 도시계획 · 건축 · 교통 등 사업계획승인과 관련된 다음 각 호의 사항을 통합하여 검토 및 심의(이하 "통합심의"라 한다)할 수 있다.
1. 「건축법」에 따른 건축심의
2. 「국토의 계획 및 이용에 관한 법률」에 따른 도시 · 군관리계획 및 개발행위 관련 사항
3. 「대도시권 광역교통 관리에 관한 특별법」에 따른 광역교통 개선대책
4. 「도시교통정비 촉진법」에 따른 교통영향평가
5. 「경관법」에 따른 경관심의
6. 그 밖에 사업계획승인권자가 필요하다고 인정하여 통합심의에 부치는 사항
② 사업계획승인권자는 제15조제1항 또는 제3항에 따라 사업계획승인을 받으려는 자가 통합심의를 신청하는 경우 통합심의를 하여야 한다. 다만, 사업계획의 특성 및 규모 등으로 인하여 제1항 각 호 중 어느 하나에 대하여 통합심의가 적절하지 아니하다고 인정하는 경우에는 그 사항을 제외하고 통합심의를 할 수 있다.(2024.1.16 본항신설)
③ 제15조제1항 또는 제3항에 따라 사업계획승인을 받으려는 자가 통합심의를 신청하는 경우 제1항 각 호와 관련된 서류를 첨부하여야 한다. 이 경우 사업계획승인권자는 통합심의를 효율적으로 처리하기 위하여 필요한 경우 제출기한을 정하여 제출하도록 할 수 있다.
④ 사업계획승인권자가 시장 · 군수 · 구청장인 경우로서 시 · 도지사가 제1항 각 호의 어느 하나에 해당하는 권한을 가진 경우에는 사업계획승인권자가 시 · 도지사에게 통합심의를 요청할 수 있다.(2024.1.16 본항신설)
⑤ 통합심의를 하는 지방자치단체의 장은 다음 각 호의 어느 하나에 해당하는 위원회에 속하고 해당 위원회의 위원장의 추천을 받은 위원들과 사업계획승인권자가 속한 지방자치단체 및 제4항에 따라 통합심의를 하는 지방자치단체 소속 공무원으로 소집된 공동위원회를 구성하여 통합심의를 하여야 한다. 이 경우 공동위원회의 구성, 통합심의의 방법 및 절차에 관한 사항은 대통령령으로 정한다.(2024.1.16 전단개정)
1. 「건축법」에 따른 중앙건축위원회 및 지방건축위원회

2. 「국토의 계획 및 이용에 관한 법률」에 따라 해당 주택단지가 속한 시·도에 설치된 지방도시계획위원회
3. 「대도시권 광역교통 관리에 관한 특별법」에 따라 광역교통 개선대책에 대하여 심의권한을 가진 국가교통위원회
4. 「도시교통정비 촉진법」에 따른 교통영향평가심의위원회
5. 「경관법」에 따른 경관위원회
6. 제1항제6호에 대하여 심의권한을 가진 관련 위원회

⑥ 사업계획승인권자는 통합심의를 한 경우 특별한 사유가 없으면 심의 결과를 반영하여 사업계획을 승인하여야 한다.

⑦ 통합심의를 거친 경우에는 제1항 각 호에 대한 검토·심의·조사·협의·조정 또는 재정을 거친 것으로 본다.

제19조【다른 법률에 따른 인가·허가 등의 의제 등】 ① 사업계획승인권자가 제15조에 따라 사업계획을 승인 또는 변경승인할 때 다음 각 호의 허가·인가·결정·승인 또는 신고 등(이하 "인·허가등"이라 한다)에 관하여 제3항에 따른 관계 행정기관의 장과 협의한 사항에 대하여는 해당 인·허가등을 받은 것으로 보며, 사업계획의 승인고시가 있은 때에는 다음 각 호의 관계 법률에 따른 고시가 있은 것으로 본다.

1. 「건축법」 제11조에 따른 건축허가, 같은 법 제14조에 따른 건축신고, 같은 법 제16조에 따른 허가·신고사항의 변경 및 같은 법 제20조에 따른 가설건축물의 건축허가 또는 신고
2. 「공간정보의 구축 및 관리 등에 관한 법률」 제15조제4항에 따른 지도등의 간행 심사(2021.7.20 본호개정)
3. 「공유수면 관리 및 매립에 관한 법률」 제8조에 따른 공유수면의 점용·사용허가, 같은 법 제10조에 따른 협의 또는 승인, 같은 법 제17조에 따른 점용·사용 실시계획의 승인 또는 신고, 같은 법 제28조에 따른 공유수면의 매립면허, 같은 법 제35조에 따른 국가 등이 시행하는 매립의 협의 또는 승인 및 같은 법 제38조에 따른 공유수면매립실시계획의 승인
4. 「광업법」 제42조에 따른 채굴계획의 인가
5. 「국토의 계획 및 이용에 관한 법률」 제30조에 따른 도시·군관리계획(같은 법 제2조제4호다목의 계획 및 같은 호 마목의 계획 중 같은 법 제51조제1항에 따른 지구단위계획구역 및 지구단위계획만 해당한다)의 결정, 같은 법 제56조에 따른 개발행위의 허가, 같은 법 제86조에 따른 도시·군계획시설사업시행자의 지정, 같은 법 제88조에 따른 실시계획의 인가 및 같은 법 제130조제2항에 따른 타인의 토지에의 출입허가(2016.1.19 본호개정)
6. 「농어촌정비법」 제23조에 따른 농업생산기반시설의 사용허가(2016.12.27 본호개정)
7. 「농지법」 제34조에 따른 농지전용(農地轉用)의 허가 또는 협의
8. 「도로법」 제36조에 따른 도로공사 시행의 허가, 같은 법 제61조에 따른 도로점용의 허가
9. 「도시개발법」 제3조에 따른 도시개발구역의 지정, 같은 법 제11조에 따른 시행자의 지정, 같은 법 제17조에 따른 실시계획의 인가 및 같은 법 제64조제2항에 따른 타인의 토지에의 출입허가
10. 「사도법」 제4조에 따른 사도(私道)의 개설허가
11. 「사방사업법」 제14조에 따른 토지의 형질변경 등의 허가, 같은 법 제20조에 따른 사방지(砂防地) 지정의 해제
12. 「산림보호법」 제9조제1항 및 같은 조 제2항제1호·제2호에 따른 산림보호구역에서의 행위의 허가·신고. 다만, 「산림자원의 조성 및 관리에 관한 법률」에 따른 채종림 및 시험림과 「산림보호법」에 따른 산림유전자원보호구역의 경우는 제외한다.
13. 「산림자원의 조성 및 관리에 관한 법률」 제36조제1항·제5항에 따른 입목벌채등의 허가·신고. 다만, 같은 법에 따른 채종림 및 시험림과 「산림보호법」에 따른 산림유전자원보호구역의 경우는 제외한다.(2022.12.27 본문개정)
14. 「산지관리법」 제14조·제15조에 따른 산지전용허가 및 산지전용신고, 같은 법 제15조의2에 따른 산지일시사용허가·신고
15. 「소하천정비법」 제10조에 따른 소하천공사 시행의 허가, 같은 법 제14조에 따른 소하천 점용 등의 허가 또는 신고
16. 「수도법」 제17조 또는 제49조에 따른 수도사업의 인가, 같은 법 제52조에 따른 전용상수도 설치의 인가
17. 「연안관리법」 제25조에 따른 연안정비사업실시계획의 승인
18. 「유통산업발전법」 제8조에 따른 대규모점포의 등록
19. 「장사 등에 관한 법률」 제27조제1항에 따른 무연분묘의 개장허가
20. 「지하수법」 제7조 또는 제8조에 따른 지하수 개발·이용의 허가 또는 신고
21. 「초지법」 제23조에 따른 초지전용의 허가
22. 「택지개발촉진법」 제6조에 따른 행위의 허가
23. 「하수도법」 제16조에 따른 공공하수도에 관한 공사 시행의 허가, 같은 법 제34조제2항에 따른 개인하수처리시설의 설치신고
24. 「하천법」 제30조에 따른 하천공사 시행의 허가 및 하천공사실시계획의 인가, 같은 법 제33조에 따른 하천의 점용허가 및 같은 법 제50조에 따른 하천수의 사용허가
25. 「부동산 거래신고 등에 관한 법률」 제11조에 따른 토지거래계약에 관한 허가(2016.1.19 본호신설)

② 인·허가등의 의제를 받으려는 자는 제15조에 따른 사업계획승인을 신청할 때에 해당 법률에서 정하는 관계 서류를 함께 제출하여야 한다.

③ 사업계획승인권자는 제15조에 따라 사업계획을 승인하려는 경우 그 사업계획에 제1항 각 호의 어느 하나에 해당하는 사항이 포함되어 있는 경우에는 해당 법률에서 정하는 관계 서류를 미리 관계 행정기관의 장에게 제출한 후 협의하여야 한다. 이 경우 협의 요청을 받은 관계 행정기관의 장은 사업계획승인권자의 협의 요청을 받은 날부터 20일 이내에 의견을 제출하여야 하며, 그 기간 내에 의견을 제출하지 아니한 경우에는 협의가 완료된 것으로 본다.

④ 제3항에 따라 사업계획승인권자의 협의 요청을 받은 관계 행정기관의 장은 해당 법률에서 규정한 인·허가등의 기준을 위반하여 협의에 응하여서는 아니 된다.

⑤ 대통령령으로 정하는 비율 이상의 국민주택을 건설하는 사업주체가 제1항에 따라 다른 법률에 따른 인·허가등을 받은 것으로 보는 경우에는 관계 법률에 따라 부과되는 수수료 등을 면제한다.

제20조【주택건설사업 등에 의한 임대주택의 건설 등】 ① 사업주체(리모델링을 시행하는 자는 제외한다)가 다음 각 호의 사항을 포함한 사업계획승인신청서(「건축법」 제11조제3항의 허가신청서를 포함한다. 이하 이 조에서 같다)를 제출하는 경우 사업계획승인권자(건축허가권자를 포함한다)는 「국토의 계획 및 이용에 관한 법률」 제78조의 용도지역별 용적률 범위에서 특별시·광역시·특별자치시·특별자치도·시 또는 군의 조례로 정하는 기준에 따라 용적률을 완화하여 적용할 수 있다.

1. 제15조제1항에 따른 호수 이상의 주택과 주택 외의 시설을 동일 건축물로 건축하는 계획
2. 임대주택의 건설·공급에 관한 사항

② 제1항에 따라 용적률을 완화하여 적용하는 경우 사업주체는 완화된 용적률의 60퍼센트 이하의 범위에서 대통령령으로 정하는 비율 이상에 해당하는 면적을 임대주택으로 공급하여야 한다. 이 경우 사업주체는 임대주택을 국토교통부장관, 시·도지사, 한국토지주택공사 또는 지방공사(이하 "인수자"라 한다)에 공급하여야 하며 시·도지사가 우선 인수할 수 있다. 다만, 시·도지사가 임대주택을 인수하지 아니하는 경우 다음 각 호의 구분에 따라 국토교통부장관에게 인수자 지정을 요청하여야 한다.

1. 특별시장, 광역시장 또는 도지사가 인수하지 아니하는 경우 : 관할 시장, 군수 또는 구청장이 제1항의 사업계획승인(「건축법」 제11조의 건축허가를 포함한다. 이하 이 조에서 같다) 신청 사실을 특별시장, 광역시장 또는 도지사에게 통보한 후 국토교통부장관에게 인수자 지정 요청
2. 특별자치시장 또는 특별자치도지사가 인수하지 아니하는 경우 : 특별자치시장 또는 특별자치도지사가 직접 국토교통부장관에게 인수자 지정 요청

③ 제2항에 따라 공급되는 임대주택의 공급가격은 「공공주택 특별법」 제50조의3제1항에 따른 공공건설임대주택의 분양전환가격 산정기준에서 정하는 건축비로 하고, 그 부속토지는 인수자에게 기부채납한 것으로 본다.
④ 사업주체는 제15조에 따른 사업계획승인을 신청하기 전에 미리 용적률의 완화로 건설되는 임대주택의 규모 등에 관하여 인수자와 협의하여 사업계획승인신청서에 반영하여야 한다.
⑤ 사업주체는 공급되는 주택의 전부(제11조의 주택조합이 설립된 경우에는 조합원에게 공급하고 남은 주택을 말한다)를 대상으로 공개추첨의 방법에 의하여 인수자에게 공급하는 임대주택을 선정하여야 하며, 그 선정 결과를 지체 없이 인수자에게 통보하여야 한다.
⑥ 사업주체는 임대주택의 준공인가(「건축법」 제22조의 사용승인을 포함한다)를 받은 후 지체 없이 인수자에게 등기를 촉탁 또는 신청하여야 한다. 이 경우 사업주체가 거부 또는 지체하는 경우에는 인수자가 등기를 촉탁 또는 신청할 수 있다.

제21조 【대지의 소유권 확보 등】 ① 제15조제1항 또는 제3항에 따라 주택건설사업계획의 승인을 받으려는 자는 해당 주택건설대지의 소유권을 확보하여야 한다. 다만, 다음 각 호의 어느 하나에 해당하는 경우에는 그러하지 아니하다.
1. 「국토의 계획 및 이용에 관한 법률」 제49조에 따른 지구단위계획(이하 "지구단위계획"이라 한다)의 결정(제19조제1항제5호에 따라 의제되는 경우를 포함한다)이 필요한 주택건설사업의 해당 대지면적의 80퍼센트 이상을 사용할 수 있는 권원(權原)〔제5조제2항에 따라 등록사업자와 공동으로 사업을 시행하는 주택조합(리모델링주택조합은 제외한다)의 경우에는 95퍼센트 이상의 소유권을 말한다. 이하 이 조, 제22조 및 제23조에서 같다〕을 확보하고(국공유지가 포함된 경우에는 해당 토지의 관리청이 해당 토지를 사업주체에게 매각하거나 양여할 것을 확인한 서류를 사업계획승인권자에게 제출하는 경우에는 확보한 것으로 본다), 확보하지 못한 대지가 제22조 및 제23조에 따른 매도청구 대상이 되는 대지에 해당하는 경우
2. 사업주체가 주택건설대지의 소유권을 확보하지 못하였으나 그 대지를 사용할 수 있는 권원을 확보한 경우
3. 국가·지방자치단체·한국토지주택공사 또는 지방공사가 주택건설사업을 하는 경우
4. 제66조제2항에 따라 리모델링 결의를 한 리모델링주택조합이 제22조제2항에 따라 매도청구를 하는 경우(2020.1.23 본호신설)

② 사업주체가 제16조제2항에 따라 신고한 후 공사를 시작하려는 경우 사업계획승인을 받은 해당 주택건설대지에 제22조 및 제23조에 따른 매도청구 대상이 되는 대지가 포함되어 있으면 해당 매도청구 대상 대지에 대하여는 그 대지의 소유자가 매도에 대하여 합의를 하거나 매도청구에 관한 법원의 승소판결(확정되지 아니한 판결을 포함한다)을 받은 경우에만 공사를 시작할 수 있다.(2020.6.9 본항개정)

제22조 【매도청구 등】 ① 제21조제1항제1호에 따라 사업계획승인을 받은 사업주체는 다음 각 호에 따라 해당 주택건설대지 중 사용할 수 있는 권원을 확보하지 못한 대지(건축물을 포함한다. 이하 이 조 및 제23조에서 같다)의 소유자에게 그 대지를 시가(市價)로 매도할 것을 청구할 수 있다. 이 경우 매도청구 대상이 되는 대지의 소유자와 매도청구를 하기 전에 3개월 이상 협의를 하여야 한다.
1. 주택건설대지면적의 95퍼센트 이상의 사용권원을 확보한 경우 : 사용권원을 확보하지 못한 대지의 모든 소유자에게 매도청구 가능
2. 제1호 외의 경우 : 사용권원을 확보하지 못한 대지의 소유자 중 지구단위계획구역 결정고시일 10년 이전에 해당 대지의 소유권을 취득하여 계속 보유하고 있는 자(대지의 소유기간을 산정할 때 대지소유자가 직계존속·직계비속 및 배우자로부터 상속받아 소유권을 취득한 경우에는 피상속인의 소유기간을 합산한다)를 제외한 소유자에게 매도청구 가능

② 제1항에도 불구하고 제66조제2항에 따른 리모델링의 허가를 신청하기 위한 동의율을 확보한 경우 리모델링 결의를 한 리모델링주택조합은 그 리모델링 결의에 찬성하지 아니하는 자의 주택 및 토지에 대하여 매도청구를 할 수 있다.(2020.1.23 본항개정)
③ 제1항 및 제2항에 따른 매도청구에 관하여는 「집합건물의 소유 및 관리에 관한 법률」 제48조를 준용한다. 이 경우 구분소유권 및 대지사용권은 주택건설사업 또는 리모델링사업의 매도청구의 대상이 되는 건축물 또는 토지의 소유권과 그 밖의 권리로 본다.

제23조 【소유자를 확인하기 곤란한 대지 등에 대한 처분】 ① 제21조제1항제1호에 따라 사업계획승인을 받은 사업주체는 해당 주택건설대지 중 사용할 수 있는 권원을 확보하지 못한 대지의 소유자가 있는 곳을 확인하기가 현저히 곤란한 경우에는 전국적으로 배포되는 둘 이상의 일간신문에 두 차례 이상 공고하고, 공고한 날부터 30일 이상이 지났을 때에는 제22조에 따른 매도청구 대상의 대지로 본다.
② 사업주체는 제1항에 따른 매도청구 대상 대지의 감정평가액에 해당하는 금액을 법원에 공탁(供託)하고 주택건설사업을 시행할 수 있다.
③ 제2항에 따른 대지의 감정평가액은 사업계획승인권자가 추천하는 「감정평가 및 감정평가사에 관한 법률」에 따른 감정평가법인등 2인 이상이 평가한 금액을 산술평균하여 산정한다.(2020.4.7 본항개정)

제24조 【토지에의 출입 등】 ① 국가·지방자치단체·한국토지주택공사 및 지방공사인 사업주체가 사업계획의 수립을 위한 조사 또는 측량을 하려는 경우와 국민주택사업을 시행하기 위하여 필요한 경우에는 다음 각 호의 행위를 할 수 있다.
1. 타인의 토지에 출입하는 행위
2. 특별한 용도로 이용되지 아니하고 있는 타인의 토지를 재료 적치장 또는 임시도로로 일시 사용하는 행위
3. 특히 필요한 경우 죽목(竹木)·토석이나 그 밖의 장애물을 변경하거나 제거하는 행위

② 제1항에 따른 사업주체가 국민주택을 건설하거나 국민주택을 건설하기 위한 대지를 조성하는 경우에는 토지나 토지에 정착한 물건 및 그 토지나 물건에 관한 소유권 외의 권리(이하 "토지등"이라 한다)를 수용하거나 사용할 수 있다.
③ 제1항의 경우에는 「국토의 계획 및 이용에 관한 법률」 제130조제2항부터 제9항까지 및 같은 법 제144조제1항제2호·제3호를 준용한다. 이 경우 "도시·군계획시설사업의 시행자"는 "사업주체"로, "제130조제1항"은 "이 법 제24조제1항"으로 본다.

제25조 【토지에의 출입 등에 따른 손실보상】 ① 제24조제1항에 따른 행위로 인하여 손실을 입은 자가 있는 경우에는 그 행위를 한 사업주체가 그 손실을 보상하여야 한다.
② 제1항에 따른 손실보상에 관하여는 그 손실을 보상할 자와 손실을 입은 자가 협의하여야 한다.
③ 손실을 보상할 자 또는 손실을 입은 자는 제2항에 따른 협의가 성립되지 아니하거나 협의를 할 수 없는 경우에는 「공익사업을 위한 토지 등의 취득 및 보상에 관한 법률」에 따른 관할 토지수용위원회에 재결(裁決)을 신청할 수 있다.
④ 제3항에 따른 관할 토지수용위원회의 재결에 관하여는 「공익사업을 위한 토지 등의 취득 및 보상에 관한 법률」 제83조부터 제87조까지의 규정을 준용한다.

제26조 【토지매수 업무 등의 위탁】 ① 국가 또는 한국토지주택공사인 사업주체는 주택건설사업 또는 대지조성사업을 위한 토지매수 업무와 손실보상 업무를 대통령령으로 정하는 바에 따라 관할 지방자치단체의 장에게 위탁할 수 있다.
② 사업주체가 제1항에 따라 토지매수 업무와 손실보상 업무를 위탁할 때에는 그 토지매수 금액과 손실보상 금액의 2퍼센트의 범위에서 대통령령으로 정하는 요율의 위탁수수료를 해당 지방자치단체에 지급하여야 한다.

제27조 【「공익사업을 위한 토지 등의 취득 및 보상에 관한 법률」의 준용】 ① 제24조제2항에 따라 토지등을 수용하거나 사용하는 경우 이 법에 규정된 것 외에는 「공익사업을 위한 토지 등의 취득 및 보상에 관한 법률」을 준용한다.
② 제1항에 따라 「공익사업을 위한 토지 등의 취득 및 보상에 관한 법률」을 준용하는 경우에는 "「공익사업을 위한 토지 등의 취득 및 보상에 관한 법률」 제20조제1항에 따른 사업인정"

을 "제15조에 따른 사업계획승인"으로 본다. 다만, 재결신청은 「공익사업을 위한 토지 등의 취득 및 보상에 관한 법률」 제23조제1항 및 제28조제1항에도 불구하고 사업계획승인을 받은 주택건설사업 기간 이내에 할 수 있다.

제28조【간선시설의 설치 및 비용의 상환】 ① 사업주체가 대통령령으로 정하는 호수 이상의 주택건설사업을 시행하는 경우 또는 대통령령으로 정하는 면적 이상의 대지조성사업을 시행하는 경우 다음 각 호에 해당하는 자는 각각 해당 간선시설을 설치하여야 한다. 다만, 제1호에 해당하는 시설로서 사업주체가 제15조제1항 또는 제3항에 따른 주택건설사업계획 또는 대지조성사업계획에 포함하여 설치하려는 경우에는 그러하지 아니하다.

1. 지방자치단체 : 도로 및 상하수도시설
2. 해당 지역에 전기·통신·가스 또는 난방을 공급하는 자 : 전기시설·통신시설·가스시설 또는 지역난방시설
3. 국가 : 우체통

② 제1항 각 호에 따른 간선시설은 특별한 사유가 없으면 제49조제1항에 따른 사용검사일까지 설치를 완료하여야 한다.

③ 제1항에 따른 간선시설의 설치 비용은 설치의무자가 부담한다. 이 경우 제1항제1호에 따른 간선시설의 설치 비용은 그 비용의 50퍼센트의 범위에서 국가가 보조할 수 있다.

④ 제3항에도 불구하고 제1항의 전기간선시설을 지중선로(地中線路)로 설치하는 경우에는 전기를 공급하는 자와 지중에 설치할 것을 요청하는 자가 각각 50퍼센트의 비율로 그 설치 비용을 부담한다. 다만, 사업지구 밖의 기간시설로부터 그 사업지구 안의 가장 가까운 주택단지(사업지구 안에 1개의 주택단지가 있는 경우에는 그 주택단지를 말한다)의 경계선까지 전기간선시설을 설치하는 경우에는 전기를 공급하는 자가 부담한다.

⑤ 지방자치단체는 사업주체가 자신의 부담으로 제1항제1호에 해당하지 아니하는 도로 또는 상하수도시설(해당 주택건설사업 또는 대지조성사업과 직접적으로 관련이 있는 경우로 한정한다)의 설치를 요청할 경우에는 이에 따를 수 있다.

⑥ 제1항에 따른 간선시설의 종류별 설치 범위는 대통령령으로 정한다.

⑦ 간선시설 설치의무자가 제2항의 기간까지 간선시설의 설치를 완료하지 못할 특별한 사유가 있는 경우에는 사업주체가 그 간선시설을 자기부담으로 설치하고 간선시설 설치의무자에게 그 비용의 상환을 요구할 수 있다.

⑧ 제7항에 따른 간선시설 설치 비용의 상환 방법 및 절차 등에 필요한 사항은 대통령령으로 정한다.

제29조【공공시설의 귀속 등】 ① 사업주체가 제15조제1항 또는 제3항에 따라 사업계획승인을 받은 사업지구의 토지에 새로 공공시설을 설치하거나 기존의 공공시설에 대체되는 공공시설을 설치하는 경우 그 공공시설의 귀속에 관하여는 「국토의 계획 및 이용에 관한 법률」 제65조 및 제99조를 준용한다. 이 경우 "개발행위허가를 받은 자"는 "사업주체"로, "개발행위허가"는 "사업계획승인"으로, "행정청인 시행자"는 "한국토지주택공사 및 지방공사"로 본다.

② 제1항 후단에 따라 행정청인 시행자로 보는 한국토지주택공사 및 지방공사는 해당 공사에 귀속되는 공공시설을 해당 국민주택사업을 시행하는 목적 외로는 사용하거나 처분할 수 없다.

제30조【국공유지 등의 우선 매각 및 임대】 ① 국가 또는 지방자치단체는 그가 소유하는 토지를 매각하거나 임대하는 경우에는 다음 각 호의 어느 하나의 목적으로 그 토지의 매수 또는 임차를 원하는 자가 있으면 그에게 우선적으로 그 토지를 매각하거나 임대할 수 있다.

1. 국민주택규모의 주택을 대통령령으로 정하는 비율 이상으로 건설하는 주택의 건설
2. 주택조합이 건설하는 주택(이하 "조합주택"이라 한다)의 건설
3. 제1호 또는 제2호의 주택을 건설하기 위한 대지의 조성

② 국가 또는 지방자치단체는 제1항에 따라 국가 또는 지방자치단체로부터 토지를 매수하거나 임차한 자가 그 매수일 또는 임차일부터 2년 이내에 국민주택규모의 주택 또는 조합주택을 건설하지 아니하거나 그 주택을 건설하기 위한 대지조성사업을 시행하지 아니한 경우에는 환매(還買)하거나 임대계약을 취소할 수 있다.

제31조【환지 방식에 의한 도시개발사업으로 조성된 대지의 활용】 ① 사업주체가 국민주택용지로 사용하기 위하여 도시개발사업시행자[「도시개발법」에 따른 환지(換地) 방식에 의하여 사업을 시행하는 도시개발사업의 시행자를 말한다. 이하 이 조에서 같다]에게 체비지(替費地)의 매각을 요구한 경우 그 도시개발사업시행자는 대통령령으로 정하는 바에 따라 체비지의 총면적의 50퍼센트의 범위에서 이를 우선적으로 사업주체에게 매각할 수 있다.

② 제1항의 경우 사업주체가 「도시개발법」 제28조에 따른 환지 계획의 수립 전에 체비지의 매각을 요구하면 도시개발사업시행자는 사업주체에게 매각할 체비지를 그 환지 계획에서 하나의 단지로 정하여야 한다.

③ 제1항에 따른 체비지의 양도가격은 국토교통부령으로 정하는 바에 따라 「감정평가 및 감정평가사에 관한 법률」에 따른 감정평가법인등이 감정평가한 감정가격을 기준으로 한다. 다만, 임대주택을 건설하는 경우 등 국토교통부령으로 정하는 경우에는 국토교통부령으로 정하는 조성원가를 기준으로 할 수 있다.(2020.4.7 본문개정)

제32조【서류의 열람】 국민주택을 건설·공급하는 사업주체는 주택건설사업 또는 대지조성사업을 시행할 때 필요한 경우에는 등기소나 그 밖의 관계 행정기관의 장에게 필요한 서류의 열람·등사나 그 등본 또는 초본의 발급을 무료로 청구할 수 있다.

제4절 주택의 건설

제33조【주택의 설계 및 시공】 ① 제15조에 따른 사업계획승인을 받아 건설되는 주택(부대시설과 복리시설을 포함한다. 이하 이 조, 제49조, 제54조 및 제61조에서 같다)을 설계하는 자는 대통령령으로 정하는 설계도서 작성기준에 맞게 설계하여야 한다.

② 제1항에 따른 주택을 시공하는 자(이하 "시공자"라 한다)와 사업주체는 설계도서에 맞게 시공하여야 한다.

제34조【주택건설공사의 시공 제한 등】 ① 제15조에 따른 사업계획승인을 받은 주택의 건설공사는 「건설산업기본법」 제9조에 따른 건설사업자로서 대통령령으로 정하는 자 또는 제7조에 따라 건설사업자로 간주하는 등록사업자가 아니면 이를 시공할 수 없다.(2019.4.30 본항개정)

② 공동주택의 방수·위생 및 냉난방 설비공사는 「건설산업기본법」 제9조에 따른 건설사업자로서 대통령령으로 정하는 자(특정열사용기자재를 설치·시공하는 경우에는 「에너지이용 합리화법」에 따른 시공업자를 말한다)가 아니면 이를 시공할 수 없다.(2019.4.30 본항개정)

③ 국가 또는 지방자치단체인 사업주체는 제15조에 따른 사업계획승인을 받은 주택건설공사의 설계와 시공을 분리하여 발주하여야 한다. 다만, 주택건설공사 중 대통령령으로 정하는 대형공사로서 기술관리상 설계와 시공을 분리하여 발주할 수 없는 공사의 경우에는 대통령령으로 정하는 입찰방법으로 시행할 수 있다.

제35조【주택건설기준 등】 ① 사업주체가 건설·공급하는 주택의 건설 등에 관한 다음 각 호의 기준(이하 "주택건설기준등"이라 한다)은 대통령령으로 정한다.

1. 주택 및 시설의 배치, 주택과의 복합건축 등에 관한 주택건설기준
2. 세대 간의 경계벽, 바닥충격음 차단구조, 구조내력(構造耐力) 등 주택의 구조·설비기준
3. 부대시설의 설치기준
4. 복리시설의 설치기준
5. 대지조성기준
6. 주택의 규모 및 규모별 건설비율

② 지방자치단체는 그 지역의 특성, 주택의 규모 등을 고려하여 주택건설기준등의 범위에서 조례로 구체적인 기준을 정할 수 있다.

③ 사업주체는 제1항의 주택건설기준등 및 제2항의 기준에 따라 주택건설사업 또는 대지조성사업을 시행하여야 한다.

제36조【도시형 생활주택의 건설기준】 ① 사업주체(「건축법」 제2조제12호에 따른 건축주를 포함한다)가 도시형 생활주택을 건설하려는 경우에는 「국토의 계획 및 이용에 관한 법률」에 따른 도시지역에 대통령령으로 정하는 유형과 규모 등에 적합하게 건설하여야 한다.

② 하나의 건축물에는 도시형 생활주택과 그 밖의 주택을 복합하여 건축할 수 없다. 다만, 대통령령으로 정하는 요건을 갖춘 경우에는 그러하지 아니하다.

제37조【에너지절약형 친환경주택 등의 건설기준】 ① 사업주체가 제15조에 따른 사업계획승인을 받아 주택을 건설하려는 경우에는 에너지 고효율 설비기술 및 자재 적용 등 대통령령으로 정하는 바에 따라 에너지절약형 친환경주택으로 건설하여야 한다. 이 경우 사업주체는 제15조에 따른 서류에 에너지절약형 친환경주택 건설기준 적용 현황 등 대통령령으로 정하는 서류를 첨부하여야 한다.

② 사업주체가 대통령령으로 정하는 호수 이상의 주택을 건설하려는 경우에는 친환경 건축자재 사용 등 대통령령으로 정하는 바에 따라 건강친화형 주택으로 건설하여야 한다.

제38조【장수명 주택의 건설기준 및 인증제도 등】 ① 국토교통부장관은 장수명 주택의 건설기준을 정하여 고시할 수 있다.

② 국토교통부장관은 장수명 주택의 공급 활성화를 유도하기 위하여 제1항의 건설기준에 따라 장수명 주택 인증제도를 시행할 수 있다.

③ 사업주체가 대통령령으로 정하는 호수 이상의 주택을 공급하고자 하는 때에는 제2항의 인증제도에 따라 대통령령으로 정하는 기준 이상의 등급을 인정받아야 한다.

④ 국가, 지방자치단체 및 공공기관의 장은 장수명 주택을 공급하는 사업주체 및 장수명 주택 취득자에게 법률 등에서 정하는 바에 따라 행정상·세제상의 지원을 할 수 있다.

⑤ 국토교통부장관은 제2항의 인증제도를 시행하기 위하여 인증기관을 지정하고 관련 업무를 위탁할 수 있다.

⑥ 제2항의 인증제도의 운영과 관련하여 인증기준, 인증절차, 수수료 등은 국토교통부령으로 정한다.

⑦ 제2항의 인증제도에 따라 국토교통부령으로 정하는 기준 이상의 등급을 인정받은 경우 「국토의 계획 및 이용에 관한 법률」에도 불구하고 대통령령으로 정하는 범위에서 건폐율·용적률·높이제한을 완화할 수 있다.

제39조【공동주택성능등급의 표시】 사업주체가 대통령령으로 정하는 호수 이상의 공동주택을 공급할 때에는 주택의 성능 및 품질을 입주자가 알 수 있도록 「녹색건축물 조성 지원법」에 따라 다음 각 호의 공동주택성능에 대한 등급을 발급받아 국토교통부령으로 정하는 방법으로 입주자 모집공고에 표시하여야 한다.

1. 경량충격음·중량충격음·화장실소음·경계소음 등 소음 관련 등급
2. 리모델링 등에 대비한 가변성 및 수리 용이성 등 구조 관련 등급
3. 조경·일조확보율·실내공기질·에너지절약 등 환경 관련 등급
4. 커뮤니티시설, 사회적 약자 배려, 홈네트워크, 방범안전 등 생활환경 관련 등급
5. 화재·소방·피난안전 등 화재·소방 관련 등급

제40조【환기시설의 설치 등】 사업주체는 공동주택의 실내공기의 원활한 환기를 위하여 대통령령으로 정하는 기준에 따라 환기시설을 설치하여야 한다.

제41조【바닥충격음 성능등급 인정 등】 ① 국토교통부장관은 제35조제1항제2호에 따른 주택건설기준 중 공동주택 바닥충격음 차단구조의 성능등급을 대통령령으로 정하는 기준에 따라 인정하는 기관(이하 "바닥충격음 성능등급 인정기관"이라 한다)을 지정할 수 있다.

② 바닥충격음 성능등급 인정기관은 성능등급을 인정받은 제품(이하 "인정제품"이라 한다)이 다음 각 호의 어느 하나에 해당하면 그 인정을 취소할 수 있다. 다만, 제1호에 해당하는 경우에는 그 인정을 취소하여야 한다.

1. 거짓이나 그 밖의 부정한 방법으로 인정받은 경우
2. 인정받은 내용과 다르게 판매·시공한 경우
3. 인정제품이 국토교통부령으로 정한 품질관리기준을 준수하지 아니한 경우
4. 인정의 유효기간을 연장하기 위한 시험결과를 제출하지 아니한 경우

③ 제1항에 따른 바닥충격음 차단구조의 성능등급 인정의 유효기간 및 성능등급 인정에 드는 수수료 등 바닥충격음 차단구조의 성능등급 인정에 필요한 사항은 대통령령으로 정한다.

④ 바닥충격음 성능등급 인정기관의 지정 요건 및 절차 등은 대통령령으로 정한다.

⑤ 국토교통부장관은 바닥충격음 성능등급 인정기관이 다음 각 호의 어느 하나에 해당하는 경우 그 지정을 취소할 수 있다. 다만, 제1호에 해당하는 경우에는 그 지정을 취소하여야 한다.

1. 거짓이나 그 밖의 부정한 방법으로 바닥충격음 성능등급 인정기관으로 지정을 받은 경우
2. 제1항에 따른 바닥충격음 차단구조의 성능등급의 인정기준을 위반하여 업무를 수행한 경우
3. 제4항에 따른 바닥충격음 성능등급 인정기관의 지정 요건에 맞지 아니한 경우
4. 정당한 사유 없이 2년 이상 계속하여 인정업무를 수행하지 아니한 경우

⑥ 국토교통부장관은 바닥충격음 성능등급 인정기관에 대하여 성능등급의 인정현황 등 업무에 관한 자료를 제출하게 하거나 소속 공무원에게 관련 서류 등을 검사하게 할 수 있다.

⑦ 제6항에 따라 검사를 하는 공무원은 그 권한을 나타내는 증표를 지니고 이를 관계인에게 내보여야 한다.

⑧ 사업주체가 대통령령으로 정하는 두께 이상으로 바닥구조를 시공하는 경우 사업계획승인권자는 「국토의 계획 및 이용에 관한 법률」 제50조 및 제52조제1항제4호에 따라 지구단위계획으로 정한 건축물 높이의 최고한도의 100분의 115를 초과하지 아니하는 범위에서 조례로 정하는 기준에 따라 건축물 높이의 최고한도를 완화하여 적용할 수 있다.(2024.1.16 본항신설)

제41조의2【바닥충격음 성능검사 등】 ① 국토교통부장관은 바닥충격음 차단구조의 성능을 검사하기 위하여 성능검사의 기준(이하 이 조에서 "성능검사기준"이라 한다)을 마련하여야 한다.

② 국토교통부장관은 제5항에 따른 성능검사를 전문적으로 수행하기 위하여 성능을 검사하는 기관(이하 "바닥충격음 성능검사기관"이라 한다)을 대통령령으로 정하는 지정 요건 및 절차에 따라 지정할 수 있다.

③ 바닥충격음 성능검사기관의 지정 취소, 자료 제출 및 서류 검사 등에 관하여는 제41조제5항부터 제7항까지를 준용한다. 이 경우 "바닥충격음 성능등급 인정기관"은 "바닥충격음 성능검사기관"으로, "인정업무"는 "바닥충격음 성능검사업무"로 본다.

④ 국토교통부장관은 바닥충격음 성능검사기관의 업무를 수행하는 데에 필요한 비용을 지원할 수 있다.

⑤ 사업주체는 제15조에 따른 사업계획승인을 받아 시행하는 주택건설사업의 경우 제49조에 따른 사용검사를 받기 전에 바닥충격음 성능검사기관으로부터 성능검사기준에 따라 바닥충격음 차단구조의 성능을 검사(이하 이 조에서 "성능검사"라 한다)받아 그 결과를 사용검사권자에게 제출하여야 한다.

⑥ 사용검사권자는 제5항에 따른 성능검사 결과가 성능검사기준에 미달하는 경우 대통령령으로 정하는 바에 따라 사업주체에게 보완 시공, 손해배상 등의 조치를 권고할 수 있다.

⑦ 제6항에 따라 조치를 권고받은 사업주체는 대통령령으로 정하는 기간 내에 권고사항에 대한 조치결과를 사용검사권자에게 제출하여야 한다.

⑧ 사업주체는 제5항에 따라 사용검사권자에게 제출한 성능검사 결과 및 제7항에 따라 사용검사권자에게 제출한 조치결과를 대통령령으로 정하는 방법에 따라 입주예정자에게 알려야 한다.(2024.1.16 본항신설)

⑨ 국토교통부장관은 층간소음 저감 정책을 수립하기 위하여 필요하다고 판단하는 경우 사용검사권자에게 제5항에 따라 제출된 성능검사 결과 및 제7항에 따라 제출된 조치결과

를 국토교통부장관에게 제출하도록 요청할 수 있다. 이 경우 자료 제출을 요청받은 사용검사권자는 정당한 사유가 없으면 이에 따라야 한다.(2024.1.16 본항신설)
⑩ 바닥충격음 성능검사기관은 제5항에 따른 성능검사 결과를 토대로 대통령령으로 정하는 기준과 절차에 따라 매년 우수 시공자를 선정하여 공개할 수 있다.(2024.1.16 본항신설)
⑪ 성능검사의 방법, 성능검사 결과의 제출, 성능검사에 드는 수수료 등 필요한 사항은 대통령령으로 정한다.
(2022.2.3 본조신설)
제42조【소음방지대책의 수립】 ① 사업계획승인권자는 주택의 건설에 따른 소음의 피해를 방지하고 주택건설 지역 주민의 평온한 생활을 유지하기 위하여 주택건설사업을 시행하려는 사업주체에게 대통령령으로 정하는 바에 따라 소음방지대책을 수립하도록 하여야 한다.
② 사업계획승인권자는 대통령령으로 정하는 주택건설 지역이 도로와 인접한 경우에는 해당 도로의 관리청과 소음방지대책을 미리 협의하여야 한다. 이 경우 해당 도로의 관리청은 소음 관계 법률에서 정하는 소음기준 범위에서 필요한 의견을 제시할 수 있다.
③ 제1항에 따른 소음방지대책 수립에 필요한 실외소음도와 실외소음도를 측정하는 기준은 대통령령으로 정한다.
④ 국토교통부장관은 제3항에 따른 실외소음도를 측정할 수 있는 측정기관(이하 "실외소음도 측정기관"이라 한다)을 지정할 수 있다.
⑤ 국토교통부장관은 실외소음도 측정기관이 다음 각 호의 어느 하나에 해당하는 경우에는 그 지정을 취소할 수 있다. 다만, 제1호에 해당하는 경우 그 지정을 취소하여야 한다.
1. 거짓이나 그 밖의 부정한 방법으로 실외소음도 측정기관으로 지정을 받은 경우
2. 제3항에 따른 실외소음도 측정기준을 위반하여 업무를 수행한 경우
3. 제6항에 따른 실외소음도 측정기관의 지정 요건에 미달하게 된 경우
⑥ 실외소음도 측정기관의 지정 요건, 측정에 소요되는 수수료 등 실외소음도 측정에 필요한 사항은 대통령령으로 정한다.

제5절 주택의 감리 및 사용검사

제43조【주택의 감리자 지정 등】 ① 사업계획승인권자가 제15조제1항 또는 제3항에 따른 주택건설사업계획을 승인하였을 때와 시장·군수·구청장이 제66조제1항 또는 제2항에 따른 리모델링의 허가를 하였을 때에는 「건축사법」 또는 「건설기술 진흥법」에 따른 감리자격이 있는 자를 대통령령으로 정하는 바에 따라 해당 주택건설공사의 감리자로 지정하여야 한다. 다만, 사업주체가 국가·지방자치단체·한국토지주택공사·지방공사 또는 대통령령으로 정하는 자인 경우와 「건축법」 제25조에 따라 공사감리를 하는 도시형 생활주택의 경우에는 그러하지 아니하다.(2018.3.13 본문개정)
② 다음 각 호의 단체 및 협회는 제1항에 따른 감리자를 지정하기 위하여 공동으로 주택건설공사 감리비 지급기준을 정하여 국토교통부장관의 승인을 받아야 한다. 승인받은 사항을 변경하려는 경우에도 또한 같다.
1. 제85조에 따른 주택사업자단체
2. 「건설기술 진흥법」 제69조에 따른 건설엔지니어링사업자단체
3. 「건축사법」 제31조에 따른 대한건축사협회
(2024.1.16 본항신설)
③ 사업계획승인권자는 감리자가 감리자의 지정에 관한 서류를 부정 또는 거짓으로 제출하거나, 업무 수행 중 위반 사항이 있음을 알고도 묵인하는 등 대통령령으로 정하는 사유에 해당하는 경우에는 감리자를 교체하고, 그 감리자에 대하여는 1년의 범위에서 감리업무의 지정을 제한할 수 있다.
④ 사업주체(제66조제1항 또는 제2항에 따른 리모델링의 허가만 받은 자도 포함한다. 이하 이 조, 제44조 및 제47조에서 같다)와 감리자 간의 책임 내용 및 범위는 이 법에서 규정한 것 외에는 당사자 간의 계약으로 정한다.(2018.3.13 본항개정)
⑤ 국토교통부장관은 제4항에 따른 계약을 체결할 때 사업주체와 감리자 간에 공정하게 계약이 체결되도록 하기 위하여 감리용역표준계약서를 정하여 보급할 수 있다.(2024.1.16 본항개정)
제44조【감리자의 업무 등】 ① 감리자는 자기에게 소속된 자를 대통령령으로 정하는 바에 따라 감리원으로 배치하고, 다음 각 호의 업무를 수행하여야 한다.
1. 시공자가 설계도서에 맞게 시공하는지 여부의 확인
2. 시공자가 사용하는 건축자재가 관계 법령에 따른 기준에 맞는 건축자재인지 여부의 확인
3. 주택건설공사에 대하여 「건설기술 진흥법」 제55조에 따른 품질시험을 하였는지 여부의 확인
4. 시공자가 사용하는 마감자재 및 제품이 제54조제3항에 따라 사업주체가 시장·군수·구청장에게 제출한 마감자재 목록표 및 영상물 등과 동일한지 여부의 확인
4의2. 주택건설공사의 하수급인(「건설산업기본법」 제2조제14호에 따른 하수급인을 말한다)이 「건설산업기본법」 제16조에 따른 시공자격을 갖추었는지 여부의 확인(2024.1.16 본호신설)
5. 그 밖에 주택건설공사의 감리에 관한 사항으로서 대통령령으로 정하는 사항(2024.1.16 본호개정)
② 감리자는 제1항 각 호에 따른 업무의 수행 상황을 국토교통부령으로 정하는 바에 따라 사업계획승인권자(제66조제1항 또는 제2항에 따른 리모델링의 허가만 받은 경우는 허가권자를 말한다. 이하 이 조, 제45조, 제47조 및 제48조에서 같다) 및 사업주체에게 보고하여야 한다.(2018.3.13 본항개정)
③ 감리자는 제1항 각 호의 업무를 수행하면서 위반 사항을 발견하였을 때에는 지체 없이 시공자 및 사업주체에게 위반 사항을 시정할 것을 통지하고, 7일 이내에 사업계획승인권자에게 그 내용을 보고하여야 한다.
④ 시공자 및 사업주체는 제3항에 따른 시정 통지를 받은 경우에는 즉시 해당 공사를 중지하고 위반 사항을 시정한 후 감리자의 확인을 받아야 한다. 이 경우 감리자의 시정 통지에 이의가 있을 때에는 즉시 그 공사를 중지하고 사업계획승인권자에게 서면으로 이의신청을 할 수 있다.
⑤ 제43조제1항에 따른 감리자의 지정 방법·절차, 제1항제4호의2에 따른 시공자격 여부의 확인 및 제4항에 따른 이의신청의 처리 등에 필요한 사항은 대통령령으로 정한다.
(2024.1.16 본항개정)
⑥ 사업주체는 제43조제4항의 계약에 따른 공사감리비를 국토교통부령으로 정하는 바에 따라 사업계획승인권자에게 예치하여야 한다.(2024.1.16 본항개정)
⑦ 사업계획승인권자는 제6항에 따라 예치받은 공사감리비를 감리자에게 국토교통부령으로 정하는 절차 등에 따라 지급하여야 한다. 다만, 감리자가 감리업무를 소홀히 하여 사업계획승인권자로부터 제48조제2항에 따라 시정명령을 받은 경우 사업계획승인권자는 감리자가 시정명령을 이행완료할 때까지 감리비 지급을 유예할 수 있다.(2024.1.16 단서신설)
제45조【감리자의 업무 협조】 ① 감리자는 「전력기술관리법」 제14조의2, 「정보통신공사업법」 제8조, 「소방시설공사업법」 제17조에 따라 감리업무를 수행하는 자(이하 "다른 법률에 따른 감리자"라 한다)와 서로 협력하여 감리업무를 수행하여야 한다.
② 다른 법률에 따른 감리자는 공정별 감리계획서 등 대통령령으로 정하는 자료를 감리자에게 제출하여야 하며, 감리자는 제출된 자료를 근거로 다른 법률에 따른 감리자와 협의하여 전체 주택건설공사에 대한 감리계획서를 작성하여 감리업무를 착수하기 전에 사업계획승인권자에게 보고하여야 한다.
③ 감리자는 주택건설공사의 품질·안전 관리 및 원활한 공사 진행을 위하여 다른 법률에 따른 감리자에게 공정 보고 및 시정을 요구할 수 있으며, 다른 법률에 따른 감리자는 요청에 따라야 한다.
제46조【건축구조기술사와의 협력】 ① 수직증축형 리모델링(세대수가 증가되지 아니하는 리모델링을 포함한다. 이하 같다)의 감리자는 감리업무 수행 중에 다음 각 호의 어느 하나에 해당하는 사항이 확인된 경우에는 「국가기술자격법」에 따른 건축구조기술사(해당 건축물의 리모델링 구조설계를 담당한

자를 말하며, 이하 "건축구조기술사"라 한다)의 협력을 받아야 한다. 다만, 구조설계를 담당한 건축구조기술사가 사망하는 등 대통령령으로 정하는 사유로 감리자가 협력을 받을 수 없는 경우에는 대통령령으로 정하는 건축구조기술사의 협력을 받아야 한다.

1. 수직증축형 리모델링 허가 시 제출한 구조도 또는 구조계산서와 다르게 시공하고자 하는 경우
2. 내력벽(耐力壁), 기둥, 바닥, 보 등 건축물의 주요 구조부에 대하여 수직증축형 리모델링 허가 시 제출한 도면보다 상세한 도면 작성이 필요한 경우
3. 내력벽, 기둥, 바닥, 보 등 건축물의 주요 구조부의 철거 또는 보강 공사를 하는 경우로서 국토교통부령으로 정하는 경우
4. 그 밖에 건축물의 구조에 영향을 미치는 사항으로서 국토교통부령으로 정하는 경우

② 제1항에 따라 감리자에게 협력한 건축구조기술사는 분기별 감리보고서 및 최종 감리보고서에 감리자와 함께 서명날인하여야 한다.

③ 제1항에 따라 협력을 요청받은 건축구조기술사는 독립되고 공정한 입장에서 성실하게 업무를 수행하여야 한다.

④ 수직증축형 리모델링을 하려는 자는 제1항에 따라 감리자에게 협력한 건축구조기술사에게 적정한 대가를 지급하여야 한다.

제47조【부실감리자 등에 대한 조치】 사업계획승인권자는 제43조 및 제44조에 따라 지정·배치된 감리자 또는 감리원(다른 법률에 따른 감리자 또는 그에게 소속된 감리원을 포함한다)이 그 업무를 수행할 때 고의 또는 중대한 과실로 감리를 부실하게 하거나 관계 법령을 위반하여 감리를 함으로써 해당 사업주체 또는 입주자 등에게 피해를 입히는 등 주택건설공사가 부실하게 된 경우에는 그 감리자의 등록 또는 감리원의 면허나 그 밖의 자격인정 등을 한 행정기관의 장에게 등록말소·면허취소·자격정지·영업정지나 그 밖에 필요한 조치를 하도록 요청할 수 있다.

제48조【감리자에 대한 실태점검 등】 ① 사업계획승인권자는 주택건설공사의 부실방지, 품질 및 안전 확보를 위하여 해당 주택건설공사의 감리자를 대상으로 각종 시험 및 자재확인 업무에 대한 이행 실태 등 대통령령으로 정하는 사항에 대하여 실태점검(이하 "실태점검"이라 한다)을 실시할 수 있다.

② 사업계획승인권자는 실태점검 결과 제44조제1항에 따른 감리업무의 소홀이 확인된 경우에는 시정명령을 하거나, 제43조제3항에 따라 감리자 교체를 하여야 한다.(2024.1.16 본항개정)

③ 사업계획승인권자는 실태점검에 따른 감리자에 대한 시정명령 또는 교체지시 사실을 국토교통부령으로 정하는 바에 따라 국토교통부장관에게 보고하여야 하며, 국토교통부장관은 해당 내용을 종합관리하여 제43조제1항에 따른 감리자 지정에 관한 기준에 반영할 수 있다.

제48조의2【사전방문 등】 ① 사업주체는 제49조제1항에 따른 사용검사를 받기 전에 입주예정자가 해당 주택을 방문하여 공사 상태를 미리 점검(이하 "사전방문"이라 한다)할 수 있게 하여야 한다.

② 입주예정자는 사전방문 결과 하자〔공사상 잘못으로 인하여 균열·침하(沈下)·파손·들뜸·누수 등이 발생하여 안전상·기능상 또는 미관상의 지장을 초래할 정도의 결함을 말한다. 이하 같다〕가 있다고 판단하는 경우 사업주체에게 보수공사 등 적절한 조치를 해줄 것을 요청할 수 있다.

③ 제2항에 따라 하자(제4항에 따라 사용검사권자가 하자가 아니라고 확인한 사항은 제외한다)에 대한 조치 요청을 받은 사업주체는 대통령령으로 정하는 바에 따라 보수공사 등 적절한 조치를 하여야 한다. 이 경우 입주예정자가 조치를 요청한 하자 중 대통령령으로 정하는 중대한 하자는 대통령령으로 정하는 특별한 사유가 없으면 사용검사를 받기 전까지 조치를 완료하여야 한다.

④ 제3항에도 불구하고 입주예정자가 요청한 사항이 하자가 아니라고 판단하는 사업주체는 대통령령으로 정하는 바에 따라 제49조제1항에 따른 사용검사를 하는 시장·군수·구청장(이하 "사용검사권자"라 한다)에게 하자 여부를 확인해줄 것을 요청할 수 있다. 이 경우 사용검사권자는 제48조의3에 따른 공동주택 품질점검단의 자문을 받는 등 대통령령으로 정하는 바에 따라 하자 여부를 확인할 수 있다.

⑤ 사업주체는 제3항에 따라 조치한 내용 및 제4항에 따라 하자가 아니라고 확인받은 사실 등을 대통령령으로 정하는 바에 따라 입주예정자 및 사용검사권자에게 알려야 한다.

⑥ 국토교통부장관은 사전방문에 필요한 표준양식을 정하여 보급하고 활용하게 할 수 있다.

⑦ 제2항에 따라 보수공사 등 적절한 조치가 필요한 하자의 구체적인 기준 등에 관한 사항은 대통령령으로 정하고, 제1항부터 제6항까지에서 규정한 사항 외에 사전방문의 절차 및 방법 등에 관한 사항은 국토교통부령으로 정한다.

(2020.1.23 본조신설)

제48조의3【품질점검단의 설치 및 운영 등】 ① 시·도지사는 제48조의2에 따른 사전방문을 실시하고 제49조제1항에 따른 사용검사를 신청하기 전에 공동주택의 품질을 점검하여 사업계획의 내용에 적합한 공동주택이 건설되도록 할 목적으로 주택 관련 분야 등의 전문가로 구성된 공동주택 품질점검단(이하 "품질점검단"이라 한다)을 설치·운영할 수 있다. 이 경우 시·도지사는 품질점검단의 설치·운영에 관한 사항을 조례로 정하는 바에 따라 대도시 시장에게 위임할 수 있다.

② 품질점검단은 대통령령으로 정하는 규모 및 범위 등에 해당하는 공동주택의 건축·구조·안전·품질관리 등에 대한 시공품질을 대통령령으로 정하는 바에 따라 점검하여 그 결과를 시·도지사(제1항 후단의 경우에는 대도시 시장을 말한다)와 사용검사권자에게 제출하여야 한다.

③ 사업주체는 제2항에 따른 품질점검단의 점검에 협조하여야 하며 이에 따르지 아니하거나 기피 또는 방해해서는 아니 된다.

④ 사용검사권자는 품질점검단의 시공품질 점검을 위하여 필요한 경우에는 사업주체, 감리자 등 관계자에게 공동주택의 공사현황 등 국토교통부령으로 정하는 서류 및 관련 자료의 제출을 요청할 수 있다. 이 경우 자료제출을 요청받은 자는 정당한 사유가 없으면 이에 따라야 한다.

⑤ 사용검사권자는 제2항에 따라 제출받은 점검결과를 제49조제1항에 따른 사용검사가 있은 날부터 2년 이상 보관하여야 하며, 입주자(입주예정자를 포함한다)가 관련 자료의 공개를 요구하는 경우에는 이를 공개하여야 한다.

⑥ 사용검사권자는 대통령령으로 정하는 바에 따라 제2항에 따른 품질점검단의 점검결과에 대한 사업주체의 의견을 청취한 후 하자가 있다고 판단하는 경우 보수·보강 등 필요한 조치를 명하여야 한다. 이 경우 대통령령으로 정하는 중대한 하자는 대통령령으로 정하는 특별한 사유가 없으면 사용검사를 받기 전까지 조치하도록 명하여야 한다.

⑦ 제6항에 따라 보수·보강 등의 조치명령을 받은 사업주체는 대통령령으로 정하는 바에 따라 조치를 하고, 그 결과를 사용검사권자에게 보고하여야 한다. 다만, 조치명령에 이의가 있는 사업주체는 사용검사권자에게 이의신청을 할 수 있다.

⑧ 사용검사권자는 공동주택의 시공품질 관리를 위하여 제48조의2에 따라 사업주체에게 통보받은 사전방문 후 조치결과, 제6항 및 제7항에 따른 조치명령, 조치결과, 이의신청 등에 관한 사항을 대통령령으로 정하는 정보시스템에 등록하여야 한다.

⑨ 제1항부터 제8항까지에서 규정한 사항 외에 품질점검단의 구성 및 운영, 이의신청 절차 및 이의신청에 따른 조치 등에 필요한 사항은 대통령령으로 정한다.

(2020.1.23 본조신설)

제49조【사용검사 등】 ① 사업주체는 제15조에 따른 사업계획승인을 받아 시행하는 주택건설사업 또는 대지조성사업을 완료한 경우에는 주택 또는 대지에 대하여 국토교통부령으로 정하는 바에 따라 시장·군수·구청장(국가 또는 한국토지주택공사가 사업주체인 경우와 대통령령으로 정하는 경우에는 국토교통부장관을 말한다. 이하 이 조에서 같다)의 사용검사를 받아야 한다. 다만, 제15조제3항에 따라 사업계획을 승인받은 경우에는 완공된 주택에 대하여 공구별로 사용검사(이하 "분할 사용검사"라 한다)를 받을 수 있고, 사업계획승인 조건의

미이행 등 대통령령으로 정하는 사유가 있는 경우에는 공사가 완료된 주택에 대하여 동별로 사용검사(이하 "동별 사용검사"라 한다)를 받을 수 있다.
② 사업주체가 제1항에 따른 사용검사를 받았을 때에는 제19조제1항에 따라 의제되는 인·허가등에 따른 해당 사업의 사용승인·준공검사 또는 준공인가 등을 받은 것으로 본다. 이 경우 사용검사권자는 미리 관계 행정기관의 장과 협의하여야 한다.(2020.1.23 후단개정)
③ 제1항에도 불구하고 다음 각 호의 구분에 따라 해당 주택의 시공을 보증한 자, 해당 주택의 시공자 또는 입주예정자는 대통령령으로 정하는 바에 따라 사용검사를 받을 수 있다.
1. 사업주체가 파산 등으로 사용검사를 받을 수 없는 경우에는 해당 주택의 시공을 보증한 자 또는 입주예정자
2. 사업주체가 정당한 이유 없이 사용검사를 위한 절차를 이행하지 아니하는 경우에는 해당 주택의 시공을 보증한 자, 해당 주택의 시공자 또는 입주예정자. 이 경우 사용검사권자는 사업주체가 사용검사를 받지 아니하는 정당한 이유를 밝히지 못하면 사용검사를 거부하거나 지연할 수 없다.
④ 사업주체 또는 입주예정자는 제1항에 따른 사용검사를 받은 후가 아니면 주택 또는 대지를 사용하게 하거나 이를 사용할 수 없다. 다만, 대통령령으로 정하는 경우로서 사용검사권자의 임시 사용승인을 받은 경우에는 그러하지 아니하다.
제50조【사용검사 등의 특례에 따른 하자보수보증금 면제】
① 제49조제3항에 따라 사업주체의 파산 등으로 입주예정자가 사용검사를 받을 때에는 「공동주택관리법」 제38조제1항에도 불구하고 입주예정자의 대표회의가 사용검사권자에게 사용검사를 신청할 때 하자보수보증금을 예치하여야 한다.
② 제1항에 따라 입주예정자의 대표회의가 하자보수보증금을 예치할 경우 제49조제4항에도 불구하고 2015년 12월 31일 당시 제15조에 따른 사업계획승인을 받아 사실상 완공된 주택에 사업주체의 파산 등으로 제49조제1항 또는 제3항에 따른 사용검사를 받지 아니하고 무단으로 점유하여 거주(이하 이 조에서 "무단거주"라 한다)하는 입주예정자가 2016년 12월 31일까지 사용검사권자에게 사용검사를 신청할 때에는 다음 각 호의 구분에 따라 「공동주택관리법」 제38조제1항에 따른 하자보수보증금을 면제하여야 한다.
1. 무단거주한 날부터 1년이 지난 때 : 10퍼센트
2. 무단거주한 날부터 2년이 지난 때 : 35퍼센트
3. 무단거주한 날부터 3년이 지난 때 : 55퍼센트
4. 무단거주한 날부터 4년이 지난 때 : 70퍼센트
5. 무단거주한 날부터 5년이 지난 때 : 85퍼센트
6. 무단거주한 날부터 10년이 지난 때 : 100퍼센트
(2020.6.9 1호~6호개정)
③ 제2항 각 호의 무단거주한 날은 주택에 최초로 입주예정자가 입주한 날을 기산일로 한다. 이 경우 입주예정자가 입주한 날은 주민등록 신고일이나 전기, 수도요금 영수증 등으로 확인한다.
④ 제1항에 따라 무단거주하는 입주예정자가 사용검사를 받았을 때에는 제49조제2항을 준용한다. 이 경우 "사업주체"를 "무단거주하는 입주예정자"로 본다.
⑤ 제1항에 따라 입주예정자의 대표회의가 하자보수보증금을 예치한 경우 「공동주택관리법」 제36조제3항에 따른 담보책임기간은 제2항에 따라 면제받은 기간만큼 줄어드는 것으로 본다. (2017.4.18 본항개정)

제6절 공업화주택의 인정 등

제51조【공업화주택의 인정 등】 ① 국토교통부장관은 다음 각 호의 어느 하나에 해당하는 부분을 국토교통부령으로 정하는 성능기준 및 생산기준에 따라 맞춤식 등 공업화공법으로 건설하는 주택을 공업화주택(이하 "공업화주택"이라 한다)으로 인정할 수 있다.
1. 주요 구조부의 전부 또는 일부
2. 세대별 주거 공간의 전부 또는 일부〔거실(「건축법」 제2조제6호에 따른다)·화장실·욕조 등 일부로서의 기능이 가능한 단위 공간을 말한다〕
② 국토교통부장관, 시·도지사 또는 시장·군수는 다음 각 호의 구분에 따라 주택을 건설하려는 자에 대하여 「건설산업기본법」 제9조제1항에도 불구하고 대통령령으로 정하는 바에 따라 해당 주택을 건설하게 할 수 있다.
1. 국토교통부장관 : 「건설기술 진흥법」 제14조에 따라 국토교통부장관이 고시한 새로운 건설기술을 적용하여 건설하는 공업화주택
2. 시·도지사 또는 시장·군수 : 공업화주택
③ 공업화주택의 인정에 필요한 사항은 대통령령으로 정한다.
제52조【공업화주택의 인정취소】 국토교통부장관은 제51조제1항에 따라 공업화주택을 인정받은 자가 다음 각 호의 어느 하나에 해당하는 경우에는 공업화주택의 인정을 취소할 수 있다. 다만, 제1호에 해당하는 경우에는 그 인정을 취소하여야 한다.
1. 거짓이나 그 밖의 부정한 방법으로 인정을 받은 경우
2. 인정을 받은 기준보다 낮은 성능으로 공업화주택을 건설한 경우
제53조【공업화주택의 건설 촉진】 ① 국토교통부장관, 시·도지사 또는 시장·군수는 사업주체가 건설할 주택을 공업화주택으로 건설하도록 사업주체에게 권고할 수 있다.
② 공업화주택의 건설 및 품질 향상과 관련하여 국토교통부령으로 정하는 기술능력을 갖추고 있는 자가 공업화주택을 건설하는 경우에는 제33조·제43조·제44조 및 「건축사법」 제4조를 적용하지 아니한다.

제3장 주택의 공급 등

제54조【주택의 공급】 ① 사업주체(「건축법」 제11조에 따른 건축허가를 받아 주택 외의 시설과 주택을 동일 건축물로 하여 제15조제1항에 따른 호수 이상으로 건설·공급하는 건축주와 제49조에 따라 사용검사를 받은 주택을 사업주체로부터 일괄하여 양수받은 자를 포함한다. 이하 이 장에서 같다)는 다음 각 호에서 정하는 바에 따라 주택을 건설·공급하여야 한다. 이 경우 국가유공자, 보훈보상대상자, 장애인, 철거주택의 소유자, 그 밖에 국토교통부령으로 정하는 대상자에게는 국토교통부령으로 정하는 바에 따라 입주자 모집조건 등을 달리 정하여 별도로 공급할 수 있다.
1. 사업주체(공공주택사업자는 제외한다)가 입주자를 모집하려는 경우 : 국토교통부령으로 정하는 바에 따라 시장·군수·구청장의 승인(복리시설의 경우에는 신고를 말한다)을 받을 것
2. 사업주체가 건설하는 주택을 공급하려는 경우
가. 국토교통부령으로 정하는 입주자모집의 시기(사업주체 또는 시공자가 영업정지를 받거나 「건설기술 진흥법」 제53조에 따른 벌점이 국토교통부령으로 정하는 기준에 해당하는 경우 등에 달리 정한 입주자모집의 시기를 포함한다)·조건·방법·절차, 입주금(입주예정자가 사업주체에게 납입하는 주택가격을 말한다. 이하 같다)의 납부 방법·시기·절차, 주택공급계약의 방법·절차 등에 적합할 것 (2018.3.13 본목개정)
나. 국토교통부령으로 정하는 바에 따라 벽지·바닥재·주방용구·조명기구 등을 제외한 부분의 가격을 따로 제시하고, 이를 입주자가 선택할 수 있도록 할 것
② 주택을 공급받으려는 자는 국토교통부령으로 정하는 입주자자격, 재당첨 제한 및 공급 순위 등에 맞게 주택을 공급받아야 한다. 이 경우 제63조제1항에 따른 투기과열지구 및 제63조의2제1항에 따른 조정대상지역에서 건설·공급되는 주택을 공급받으려는 자의 입주자자격, 재당첨 제한 및 공급 순위 등은 주택의 수급 상황 및 투기 우려 등을 고려하여 국토교통부령으로 지역별로 달리 정할 수 있다.(2017.8.9 후단신설)
③ 사업주체가 제1항제1호에 따라 시장·군수·구청장의 승인을 받으려는 경우(사업주체가 국가·지방자치단체·한국토지주택공사 및 지방공사인 경우에는 견본주택을 건설하는 경우를 말한다)에는 제60조에 따라 건설하는 견본주택에 사용되는 마감자재의 규격·성능 및 재질을 적은 목록표(이하 "마감자재 목록표"라 한다)와 견본주택의 각 실의 내부를 촬영한 영상물 등을 제작하여 승인권자에게 제출하여야 한다.

④ 사업주체는 주택공급계약을 체결할 때 입주예정자에게 다음 각 호의 자료 또는 정보를 제공하여야 한다. 다만, 입주자모집공고에 이를 표시(인터넷에 게재하는 경우를 포함한다)한 경우에는 그러하지 아니하다.
1. 제3항에 따른 견본주택에 사용된 마감자재 목록표
2. 공동주택 발코니의 세대 간 경계벽에 피난구를 설치하거나 경계벽을 경량구조로 건설한 경우 그에 관한 정보
⑤ 시장·군수·구청장은 제3항에 따라 받은 마감자재 목록표와 영상물 등을 제49조제1항에 따른 사용검사가 있은 날부터 2년 이상 보관하여야 하며, 입주자가 열람을 요구하는 경우에는 이를 공개하여야 한다.
⑥ 사업주체가 마감자재 생산업체의 부도 등으로 인한 제품의 품귀 등 부득이한 사유로 인하여 제15조에 따른 사업계획승인 또는 마감자재 목록표의 마감자재와 다르게 마감자재를 시공·설치하려는 경우에는 당초의 마감자재와 같은 질 이상으로 설치하여야 한다.
⑦ 사업주체가 제6항에 따라 마감자재 목록표의 자재와 다른 마감자재를 시공·설치하려는 경우에는 그 사실을 입주예정자에게 알려야 한다.
⑧ 사업주체는 공급하려는 주택에 대하여 대통령령으로 정하는 내용이 포함된 표시 및 광고(「표시·광고의 공정화에 관한 법률」 제2조에 따른 표시 또는 광고를 말한다. 이하 같다)를 한 경우 대통령령으로 정하는 바에 따라 해당 표시 또는 광고의 사본을 시장·군수·구청장에게 제출하여야 한다. 이 경우 시장·군수·구청장은 제출받은 표시 또는 광고의 사본을 제49조제1항에 따른 사용검사가 있은 날부터 2년 이상 보관하여야 하며, 입주자가 열람을 요구하는 경우 이를 공개하여야 한다.
(2019.12.10 본항신설)

제54조의2 【주택의 공급업무의 대행 등】 ① 사업주체는 주택을 효율적으로 공급하기 위하여 필요하다고 인정하는 경우 주택의 공급업무의 일부를 제3자로 하여금 대행하게 할 수 있다.
② 제1항에도 불구하고 사업주체가 입주자자격, 공급 순위 등을 증명하는 서류의 확인 등 국토교통부령으로 정하는 업무를 대행하게 하는 경우 국토교통부령으로 정하는 바에 따라 다음 각 호의 어느 하나에 해당하는 자(이하 이 조에서 "분양대행자"라 한다)에게 대행하게 하여야 한다.
1. 등록사업자
2. 「건설산업기본법」 제9조에 따른 건설업자로서 대통령령으로 정하는 자
3. 「도시 및 주거환경정비법」 제102조에 따른 정비사업전문관리업자
4. 「부동산개발업의 관리 및 육성에 관한 법률」 제4조에 따른 등록사업자
5. 다른 법률에 따라 등록하거나 인가 또는 허가를 받은 자로서 국토교통부령으로 정하는 자
③ 사업주체가 제2항에 따라 업무를 대행하게 하는 경우 분양대행자에 대한 교육을 실시하는 등 국토교통부령으로 정하는 관리·감독 조치를 시행하여야 한다.
(2019.4.23 본조신설)

제55조 【자료제공의 요청】 ① 국토교통부장관은 제54조제2항에 따라 주택을 공급받으려는 자의 입주자자격, 주택의 소유 여부, 재당첨 제한 여부, 공급 순위 등을 확인하거나 제56조의3에 따라 요청받은 정보를 제공하기 위하여 필요하다고 인정하는 경우에는 주민등록 전산정보(주민등록번호·외국인등록번호 등 고유식별번호를 포함한다), 가족관계 등록사항, 국세, 지방세, 금융, 토지, 건물(건물등기부·건축물대장을 포함한다), 자동차, 건강보험, 국민연금, 고용보험 및 산업재해보상보험 등의 자료 또는 정보의 제공을 관계 기관의 장에게 요청할 수 있다. 이 경우 관계 기관의 장은 특별한 사유가 없으면 이에 따라야 한다.(2020.1.23 전단개정)
② 국토교통부장관은 「금융실명거래 및 비밀보장에 관한 법률」 제4조제1항과 「신용정보의 이용 및 보호에 관한 법률」 제32조제2항에도 불구하고 제54조제2항에 따라 주택을 공급받으려는 자의 입주자자격, 공급 순위 등을 확인하기 위하여 본인, 배우자, 본인 또는 배우자와 세대를 같이하는 세대원이 제출한 동의서면을 전자적 형태로 바꾼 문서에 의하여 금융기관 등(「금융실명거래 및 비밀보장에 관한 법률」 제2조제1호에 따른 금융회사등 및 「신용정보의 이용 및 보호에 관한 법률」 제25조에 따른 신용정보집중기관을 말한다. 이하 같다)의 장에게 다음 각 호의 자료 또는 정보의 제공을 요청할 수 있다.(2020.1.23 본문개정)
1. 「금융실명거래 및 비밀보장에 관한 법률」 제2조제2호·제3호에 따른 금융자산 및 금융거래의 내용에 대한 자료 또는 정보 중 예금의 평균잔액과 그 밖에 국토교통부장관이 정하는 자료 또는 정보(이하 "금융정보"라 한다)
2. 「신용정보의 이용 및 보호에 관한 법률」 제2조제1호에 따른 신용정보 중 채무액과 그 밖에 국토교통부장관이 정하는 자료 또는 정보(이하 "신용정보"라 한다)
3. 「보험업법」 제4조제1항 각 호에 따른 보험에 가입하여 납부한 보험료와 그 밖에 국토교통부장관이 정하는 자료 또는 정보(이하 "보험정보"라 한다)
③ 국토교통부장관이 제2항에 따라 금융정보·신용정보 또는 보험정보(이하 "금융정보등"이라 한다)의 제공을 요청하는 경우 해당 금융정보등 명의인의 정보제공에 대한 동의서면을 함께 제출하여야 한다. 이 경우 동의서면은 전자적 형태로 바꾸어 제출할 수 있으며, 금융정보등을 제공한 금융기관 등의 장은 「금융실명거래 및 비밀보장에 관한 법률」 제4조의2제1항과 「신용정보의 이용 및 보호에 관한 법률」 제35조에도 불구하고 금융정보등의 제공사실을 명의인에게 통보하지 아니할 수 있다.
④ 국토교통부장관 및 사업주체(국가, 지방자치단체, 한국토지주택공사 및 지방공사로 한정한다)는 제1항 및 제2항에 따른 자료를 확인하기 위하여 「사회복지사업법」 제6조의2제2항에 따른 정보시스템을 연계하여 사용할 수 있다.
⑤ 국토교통부 소속 공무원 또는 소속 공무원이었던 사람과 제4항에 따른 사업주체의 소속 임직원은 제1항과 제2항에 따라 얻은 정보와 자료를 이 법에서 정한 목적 외의 다른 용도로 사용하거나 다른 사람 또는 기관에 제공하거나 누설하여서는 아니 된다.

제56조 【입주자저축】 ① 국토교통부장관은 주택을 공급받으려는 자에게 미리 입주금의 전부 또는 일부를 저축(이하 "입주자저축"이라 한다)하게 할 수 있다.(2020.1.23 본항개정)
② 제1항에서 "입주자저축"이란 국민주택과 민영주택을 공급받기 위하여 가입하는 주택청약종합저축을 말한다.
③ 입주자저축계좌를 취급하는 기관(이하 "입주자저축취급기관"이라 한다)은 「은행법」에 따른 은행 중 국토교통부장관이 지정한다.(2020.1.23 본항신설)
④ 입주자저축은 한 사람이 한 계좌만 가입할 수 있다.
(2020.1.23 본항신설)
⑤ 국토교통부장관은 다음 각 호의 업무를 수행하기 위하여 필요한 경우 「금융실명거래 및 비밀보장에 관한 법률」 제4조제1항에도 불구하고 입주자저축취급기관의 장에게 입주자저축에 관한 자료 및 정보(이하 "입주자저축정보"라 한다)를 제공하도록 요청할 수 있다.
1. 주택을 공급받으려는 자의 입주자자격, 재당첨 제한 여부 및 공급 순위 등 확인 및 정보제공 업무
2. 입주자저축 가입을 희망하는 자의 기존 입주자저축 가입 여부 확인 업무
3. 「조세특례제한법」 제89조의2에 따라 세금우대저축 취급기관과 세금우대저축자료 집중기관 상호 간 입주자저축과 관련된 세금우대저축자료를 제공하도록 중계하는 업무
4. 제1호부터 제3호까지의 규정에 따라 이미 보유하고 있는 정보의 정확성, 최신성을 유지하기 위한 정보요청 업무
(2020.1.23 본항신설)
⑥ 제5항에 따라 입주자저축정보의 제공 요청을 받은 입주자저축취급기관의 장은 「금융실명거래 및 비밀보장에 관한 법률」 제4조에도 불구하고 입주자저축정보를 제공하여야 한다.
(2020.1.23 본항신설)
⑦ 제6항에 따라 입주자저축정보를 제공한 입주자저축취급기관의 장은 「금융실명거래 및 비밀보장에 관한 법률」 제4조의2

제1항에도 불구하고 입주자저축정보의 제공사실을 명의인에게 통보하지 아니할 수 있다. 다만, 입주자저축정보를 제공하는 입주자저축취급기관의 장은 입주자저축정보의 명의인이 요구할 때에는 입주자저축정보의 제공사실을 통보하여야 한다.(2020.1.23 본항신설)
⑧ 입주자저축정보의 제공 요청 및 제공은 「정보통신망 이용촉진 및 정보보호 등에 관한 법률」 제2조제1항제1호의 정보통신망을 이용하여야 한다. 다만, 정보통신망의 손상 등 불가피한 사유가 있는 경우에는 그러하지 아니하다.(2020.1.23 본항신설)
⑨ 그 밖에 입주자저축의 납입방식·금액 및 조건 등에 필요한 사항은 국토교통부령으로 정한다.
⑩ 이 조에 따른 업무에 종사하거나 종사하였던 자는 업무를 수행하면서 취득한 입주자저축정보를 다른 법률에 특별한 규정이 없으면 제5항 각 호의 업무를 수행하기 위한 목적 외의 다른 용도로 사용하거나 다른 사람 또는 기관에 제공하거나 누설해서는 아니 된다.(2020.1.23 본항신설)
⑪ 국토교통부장관(제89조제4항제2호에 따라 입주자저축정보의 제공 요청 업무를 위탁받은 주택청약업무수행기관을 포함한다)은 입주자저축정보를 다른 법률에 따라 제5항 각 호의 업무를 수행하기 위한 목적 외의 용도로 사용하거나 다른 사람 또는 기관에 제공하는 경우에는 「개인정보 보호법」 제18조제4항에 따라 그 사용 또는 제공의 법적 근거, 목적 및 범위 등을 관보 또는 인터넷 홈페이지 등에 게재하여야 한다.(2020.1.23 본항신설)

제56조의2【주택청약업무수행기관】 국토교통부장관은 제55조에 따른 입주자자격, 공급 순위 등의 확인과 제56조에 따른 입주자저축의 관리 등 주택공급과 관련하여 국토교통부령으로 정하는 업무를 효율적으로 수행하기 위하여 주택청약업무수행기관을 지정·고시할 수 있다.(2020.1.23 본조신설)

제56조의3【입주자자격 정보 제공 등】 ① 국토교통부장관은 주택을 공급받으려는 자가 요청하는 경우 주택공급 신청 전에 입주자자격, 주택의 소유 여부, 재당첨 제한 여부, 공급 순위 등에 관한 정보를 제공할 수 있다.
② 제1항에 따라 정보를 제공하기 위하여 필요한 경우 국토교통부장관은 정보 제공을 요청하는 자 및 배우자, 정보 제공을 요청하는 자 또는 배우자와 세대를 같이하는 세대원에게 개인정보의 수집·제공 동의를 받아야 한다.
(2020.1.23 본조신설)

제57조【주택의 분양가격 제한 등】 ① 사업주체가 제54조에 따라 일반인에게 공급하는 공동주택 중 다음 각 호의 어느 하나에 해당하는 지역에서 공급하는 주택의 경우에는 이 조에서 정하는 기준에 따라 산정되는 분양가격 이하로 공급(이에 따라 공급되는 주택을 "분양가상한제 적용주택"이라 한다. 이하 같다)하여야 한다.
1. 공공택지
2. 공공택지 외의 택지에서 주택가격 상승 우려가 있어 제58조에 따라 국토교통부장관이 「주거기본법」 제8조에 따른 주거정책심의위원회(이하 "주거정책심의위원회"라 한다)의 심의를 거쳐 지정하는 지역(2023.12.26 본문개정)
가.~다. (2023.12.26 삭제)
② 제1항에도 불구하고 다음 각 호의 어느 하나에 해당하는 경우에는 제1항을 적용하지 아니한다.
1. 도시형 생활주택
2. 「경제자유구역의 지정 및 운영에 관한 특별법」 제4조에 따라 지정·고시된 경제자유구역에서 건설·공급하는 공동주택으로서 같은 법 제25조에 따른 경제자유구역위원회에서 외자유치 촉진과 관련이 있다고 인정하여 이 조에 따른 분양가격 제한을 적용하지 아니하기로 심의·의결한 경우
3. 「관광진흥법」 제70조제1항 또는 제2항에 따라 지정된 관광특구에서 건설·공급하는 공동주택으로서 해당 건축물의 층수가 50층 이상이거나 높이가 150미터 이상인 경우(2022.5.3 본호개정)
4. 한국토지주택공사 또는 지방공사가 다음 각 목의 정비사업의 시행자(「도시 및 주거환경정비법」 제2조제8호 및 「빈집 및 소규모주택 정비에 관한 특례법」 제2조제5호에 따른 사업시행자를 말한다)로 참여하는 등 대통령령으로 정하는 공공성 요건을 충족하는 경우로서 해당 사업에서 건설·공급하는 주택
가. 「도시 및 주거환경정비법」 제2조제2호에 따른 정비사업으로서 면적, 세대수 등이 대통령령으로 정하는 요건에 해당되는 사업
나. 「빈집 및 소규모주택 정비에 관한 특례법」 제2조제3호에 따른 소규모주택정비사업
(2020.8.18 본호신설)
4의2. 「도시 및 주거환경정비법」 제2조제2호가목에 따른 주거환경개선사업 및 같은 호 나목 후단에 따른 공공재개발사업에서 건설·공급하는 주택(2023.12.26 본호개정)
5. 「도시재생 활성화 및 지원에 관한 특별법」에 따른 주거재생혁신지구에서 시행하는 혁신지구재생사업에서 건설·공급하는 주택(2023.12.26 본호개정)
6. 「공공주택 특별법」 제2조제3호마목에 따른 도심 공공주택 복합사업에서 건설·공급하는 주택(2023.12.26 본호신설)
③ 제1항의 분양가격은 택지비와 건축비로 구성(토지임대부 분양주택의 경우에는 건축비만 해당한다)되며, 구체적인 명세, 산정방식, 감정평가기관 선정방법 등은 국토교통부령으로 정한다. 이 경우 택지비는 다음 각 호에 따라 산정한 금액으로 한다.
1. 공공택지에서 주택을 공급하는 경우에는 해당 택지의 공급가격에 국토교통부령으로 정하는 택지와 관련된 비용을 가산한 금액
2. 공공택지 외의 택지에서 분양가상한제 적용주택을 공급하는 경우에는 「감정평가 및 감정평가사에 관한 법률」에 따라 감정평가한 가액에 국토교통부령으로 정하는 택지와 관련된 비용을 가산한 금액. 다만, 택지 매입가격이 다음 각 목의 어느 하나에 해당하는 경우에는 해당 매입가격(대통령령으로 정하는 범위로 한정한다)에 국토교통부령으로 정하는 택지와 관련된 비용을 가산한 금액을 택지비로 볼 수 있다. 이 경우 택지비는 주택단지 전체에 동일하게 적용하여야 한다.(2016.1.19 본문개정)
가. 「민사집행법」, 「국세징수법」 또는 「지방세징수법」에 따른 경매·공매 낙찰가격(2016.12.27 본목개정)
나. 국가·지방자치단체 등 공공기관으로부터 매입한 가격
다. 그 밖에 실제 매매가격을 확인할 수 있는 경우로서 대통령령으로 정하는 경우
④ 제3항의 분양가격 구성항목 중 건축비는 국토교통부장관이 정하여 고시하는 건축비(이하 "기본형건축비"라 한다)에 국토교통부령으로 정하는 금액을 더한 금액으로 한다. 이 경우 기본형건축비는 시장·군수·구청장이 해당 지역의 특성을 고려하여 국토교통부령으로 정하는 범위에서 따로 정하여 고시할 수 있다.
⑤ 사업주체는 분양가상한제 적용주택으로서 공공택지에서 공급하는 주택에 대하여 입주자모집 승인을 받았을 때에는 입주자 모집공고에 다음 각 호〔국토교통부령으로 정하는 세분류(細分類)를 포함한다〕에 대하여 분양가격을 공시하여야 한다.
1. 택지비
2. 공사비
3. 간접비
4. 그 밖에 국토교통부령으로 정하는 비용
⑥ 시장·군수·구청장이 제54조에 따라 공공택지 외의 택지에서 공급되는 분양가상한제 적용주택 중 분양가 상승 우려가 큰 지역으로서 대통령령으로 정하는 기준에 해당되는 지역에서 공급되는 주택의 입주자모집 승인을 하는 경우에는 다음 각 호의 구분에 따라 분양가격을 공시하여야 한다. 이 경우 제2호부터 제6호까지의 금액은 기본형건축비〔특별자치시·특별자치도·시·군·구(구는 자치구의 구를 말하며, 이하 "시·군·구"라 한다)별 기본형건축비가 따로 있는 경우에는 시·군·구별 기본형건축비〕의 항목별 가액으로 한다.
1. 택지비
2. 직접공사비
3. 간접공사비
4. 설계비

5. 감리비
6. 부대비
7. 그 밖에 국토교통부령으로 정하는 비용
⑦ 제5항 및 제6항에 따른 공시를 할 때 국토교통부령으로 정하는 택지비 및 건축비에 가산되는 비용의 공시에는 제59조에 따른 분양가심사위원회 심사를 받은 내용과 산출근거를 포함하여야 한다.

제57조의2【분양가상한제 적용주택 등의 입주자의 거주의무 등】 ① 다음 각 호의 어느 하나에 해당하는 주택의 입주자(상속받은 자는 제외한다. 이하 이 조 및 제57조의3에서 "거주의무자"라 한다)는 해당 주택의 최초 입주가능일부터 3년 이내(제4호에 따른 토지임대부 분양주택의 경우에는 최초 입주가능일을 말한다)에 입주하여야 하고, 해당 주택의 분양가격과 국토교통부장관이 고시한 방법으로 결정된 인근지역 주택매매가격의 비율에 따라 5년 이내의 범위에서 대통령령으로 정하는 기간(이하 "거주의무기간"이라 한다) 동안 계속하여 해당 주택에 거주하여야 한다. 다만, 해외 체류 등 대통령령으로 정하는 부득이한 사유가 있는 경우 그 기간은 해당 주택에 거주한 것으로 본다.(2024.3.19 본문개정)
1. 사업주체가 「수도권정비계획법」 제2조제1호에 따른 수도권(이하 "수도권"이라 한다)에서 건설·공급하는 분양가상한제 적용주택(2021.1.5 본호신설)
2.~3. (2024.3.19 삭제)
4. 토지임대부 분양주택(2024.3.19 본호신설)
② 거주의무자는 제1항에 따른 거주의무를 이행하지 아니한 경우 해당 주택을 양도(매매·증여나 그 밖에 권리 변동을 수반하는 모든 행위를 포함하되, 상속의 경우는 제외한다. 이하 이 조 및 제101조에서 같다)할 수 없다. 다만, 거주의무자가 제1항 각 호 외의 부분 단서 이외의 사유로 거주의무기간 이내에 거주를 이전하려는 경우 거주의무자는 대통령령으로 정하는 바에 따라 한국토지주택공사(사업주체가 「공공주택 특별법」 제4조에 따른 공공주택사업자인 경우에는 공공주택사업자를 말한다. 이하 이 조, 제64조, 제78조의2 및 제106조에서 같다)에 해당 주택의 매입을 신청하여야 한다.(2024.3.19 본항개정)
③ 한국토지주택공사는 제2항 단서 또는 제8항에 따라 매입신청을 받거나 거주의무자 및 제7항에 따라 주택을 공급받은 사람(이하 "거주의무자등"이라 한다)이 제1항 또는 제7항을 위반하였다는 사실을 알게 된 경우 위반사실에 대한 의견청취를 하는 등 대통령령으로 정하는 절차를 거쳐 대통령령으로 정하는 특별한 사유가 없으면 해당 주택을 매입하여야 한다.(2024.3.19 본항개정)
④ 한국토지주택공사가 제3항에 따라 주택을 매입하는 경우 거주의무자등에게 그가 납부한 입주금과 그 입주금에 「은행법」에 따른 은행의 1년 만기 정기예금의 평균이자율을 적용한 이자를 합산한 금액(이하 "매입비용"이라 한다)을 지급한 때에는 그 지급한 날에 한국토지주택공사가 해당 주택을 취득한 것으로 본다.(2024.3.19 본항개정)
⑤ 사업주체는 제1항에 따른 주택을 공급하는 경우에는 거주의무자가 거주의무기간을 거주하여야 해당 주택을 양도할 수 있음을 소유권에 관한 등기에 부기등기하여야 한다. 이 경우 부기등기는 주택의 소유권보존등기와 동시에 하여야 하며, 부기등기에 포함되어야 할 표기내용 등은 대통령령으로 정한다.(2024.3.19 본항개정)
⑥ 거주의무자등은 거주의무기간을 거주한 후 지방자치단체의 장으로부터 그 거주사실을 확인받은 경우 제5항에 따른 부기등기 사항을 말소할 수 있다. 이 경우 거주사실의 확인 등의 절차·방법 등에 필요한 사항은 대통령령으로 정한다.(2024.3.19 본항개정)
⑦ 한국토지주택공사는 제3항 및 제4항에 따라 취득한 주택을 국토교통부령으로 정하는 바에 따라 재공급하여야 하며, 주택을 재공급받은 사람은 거주의무기간 중 잔여기간을 계속하여 거주하지 아니하고 그 주택을 양도할 수 없다. 다만, 제1항 각 호 외의 부분 단서의 사유에 해당하는 경우 그 기간은 해당 주택에 거주한 것으로 본다.(2024.3.19 본항개정)
⑧ 제7항에 따라 주택을 재공급받은 사람이 같은 항 단서 이외의 사유로 거주의무기간 이내에 거주를 이전하려는 경우에는 대통령령으로 정하는 바에 따라 한국토지주택공사에 해당 주택의 매입을 신청하여야 한다.(2024.3.19 본항신설)
⑨ 한국토지주택공사가 제3항 및 제4항에 따라 주택을 취득하거나 제7항에 따라 주택을 공급하는 경우에는 제64조제1항을 적용하지 아니한다.
(2021.1.5 본조제목개정)
(2020.8.18 본조신설)

제57조의3【분양가상한제 적용주택 등의 거주실태 조사 등】 ① 국토교통부장관 또는 지방자치단체의 장은 거주의무자등의 실제 거주 여부를 확인하기 위하여 거주의무자등에게 필요한 서류 등의 제출을 요구할 수 있으며, 소속 공무원으로 하여금 해당 주택에 출입하여 조사하게 하거나 관계인에게 필요한 질문을 하게 할 수 있다. 이 경우 서류 등의 제출을 요구받거나 해당 주택의 출입·조사 또는 필요한 질문을 받은 거주의무자등은 모든 세대원의 해외출장 등 특별한 사유가 없으면 이에 따라야 한다.(2024.3.19 전단개정)
② 국토교통부장관 또는 지방자치단체의 장은 제1항에 따른 조사를 위하여 필요한 경우 주민등록 전산정보(주민등록번호·외국인등록번호 등 고유식별번호를 포함한다), 가족관계 등록사항 등 실제 거주 여부를 확인하기 위하여 필요한 자료 또는 정보의 제공을 관계 기관의 장에게 요청할 수 있다. 이 경우 자료의 제공을 요청받은 관계 기관의 장은 특별한 사유가 없으면 이에 따라야 한다.
③ 제1항에 따라 출입·조사·질문을 하는 사람은 국토교통부령으로 정하는 증표를 지니고 이를 관계인에게 내보여야 하며, 조사자의 이름·출입시간 및 출입목적 등이 표시된 문서를 관계인에게 교부하여야 한다.
④ 국토교통부 또는 지방자치단체의 소속 공무원 또는 소속 공무원이었던 사람은 제1항과 제2항에 따라 얻은 정보와 자료를 이 법에서 정한 목적 외의 다른 용도로 사용하거나 다른 사람 또는 기관에 제공하거나 누설하여서는 아니 된다.
(2021.1.5 본조제목개정)
(2020.8.18 본조신설)

제58조【분양가상한제 적용 지역의 지정 및 해제】 ① 국토교통부장관은 제57조제1항제2호에 따라 주택가격상승률이 물가상승률보다 현저히 높은 지역으로서 그 지역의 주택가격·주택거래 등과 지역 주택시장 여건 등을 고려하였을 때 주택가격이 급등하거나 급등할 우려가 있는 지역 중 대통령령으로 정하는 기준을 충족하는 지역은 주거정책심의위원회 심의를 거쳐 분양가상한제 적용 지역으로 지정할 수 있다.
② 국토교통부장관이 제1항에 따라 분양가상한제 적용 지역을 지정하는 경우에는 미리 시·도지사의 의견을 들어야 한다.
③ 국토교통부장관은 제1항에 따른 분양가상한제 적용 지역을 지정하였을 때에는 지체 없이 이를 공고하고, 그 지정 지역을 관할하는 시장·군수·구청장에게 공고 내용을 통보하여야 한다. 이 경우 시장·군수·구청장은 사업주체로 하여금 입주자 모집공고 시 해당 지역에서 공급하는 주택이 분양가상한제 적용주택이라는 사실을 공고하게 하여야 한다.
④ 국토교통부장관은 제1항에 따른 분양가상한제 적용 지역으로 계속 지정할 필요가 없다고 인정하는 경우에는 주거정책심의위원회 심의를 거쳐 분양가상한제 적용 지역의 지정을 해제하여야 한다.
⑤ 분양가상한제 적용 지역의 지정을 해제하는 경우에는 제2항 및 제3항 전단을 준용한다. 이 경우 "지정"은 "지정 해제"로 본다.
⑥ 분양가상한제 적용 지역으로 지정된 지역의 시·도지사, 시장, 군수 또는 구청장은 분양가상한제 적용 지역의 지정 후 해당 지역의 주택가격이 안정되는 등 분양가상한제 적용 지역으로 계속 지정할 필요가 없다고 인정하는 경우에는 국토교통부장관에게 그 지정의 해제를 요청할 수 있다.
⑦ 제6항에 따라 분양가상한제 적용 지역 지정의 해제를 요청하는 경우의 절차 등 필요한 사항은 대통령령으로 정한다.

제59조【분양가심사위원회의 운영 등】 ① 시장·군수·구청장은 제57조에 관한 사항을 심의하기 위하여 분양가심사위원회를 설치·운영하여야 한다.
② 시장·군수·구청장은 제54조제1항제1호에 따라 입주자모

집 승인을 할 때에는 분양가심사위원회의 심사결과에 따라 승인 여부를 결정하여야 한다.
③ 분양가심사위원회는 주택 관련 분야 교수, 주택건설 또는 주택관리 분야 전문직 종사자, 관계 공무원 또는 변호사·회계사·감정평가사 등 관련 전문가 10명 이내로 구성하되, 구성 절차 및 운영에 관한 사항은 대통령령으로 정한다.
④ 분양가심사위원회의 위원은 제1항부터 제3항까지의 업무를 수행할 때에는 신의와 성실로써 공정하게 심사를 하여야 한다.

제60조【견본주택의 건축기준】 ① 사업주체가 주택의 판매촉진을 위하여 견본주택을 건설하려는 경우 견본주택의 내부에 사용하는 마감자재 및 가구는 제15조에 따른 사업계획승인의 내용과 같은 것으로 시공·설치하여야 한다.
② 사업주체는 견본주택의 내부에 사용하는 마감자재를 제15조에 따른 사업계획승인 또는 마감자재 목록표와 다른 마감자재로 설치하는 경우로서 다음 각 호의 어느 하나에 해당하는 경우에는 일반인이 그 해당 사항을 알 수 있도록 국토교통부령으로 정하는 바에 따라 그 공급가격을 표시하여야 한다.
1. 분양가격에 포함되지 아니하는 품목을 견본주택에 전시하는 경우
2. 마감자재 생산업체의 부도 등으로 인한 제품의 품귀 등 부득이한 경우
③ 견본주택에는 마감자재 목록표와 제15조에 따라 사업계획승인을 받은 서류 중 평면도와 시방서(示方書)를 갖춰 두어야 하며, 견본주택의 배치·구조 및 유지관리 등은 국토교통부령으로 정하는 기준에 맞아야 한다.

제61조【저당권설정 등의 제한】 ① 사업주체는 주택건설사업에 의하여 건설된 주택 및 대지에 대하여는 입주자 모집공고 승인 신청일(주택조합의 경우에는 사업계획승인 신청일을 말한다) 이후부터 입주예정자가 그 주택 및 대지의 소유권이전등기를 신청할 수 있는 날 이후 60일까지의 기간 동안 입주예정자의 동의 없이 다음 각 호의 어느 하나에 해당하는 행위를 하여서는 아니 된다. 다만, 그 주택의 건설을 촉진하기 위하여 대통령령으로 정하는 경우에는 그러하지 아니하다.
1. 해당 주택 및 대지에 저당권 또는 가등기담보권 등 담보물권을 설정하는 행위
2. 해당 주택 및 대지에 전세권·지상권(地上權) 또는 등기되는 부동산임차권을 설정하는 행위
3. 해당 주택 및 대지를 매매 또는 증여 등의 방법으로 처분하는 행위
② 제1항에서 "소유권이전등기를 신청할 수 있는 날"이란 사업주체가 입주예정자에게 통보한 입주가능일을 말한다.
③ 제1항에 따른 저당권설정 등의 제한을 할 때 사업주체는 해당 주택 또는 대지가 입주예정자의 동의 없이는 양도하거나 제한물권을 설정하거나 압류·가압류·가처분 등의 목적물이 될 수 없는 재산임을 소유권등기에 부기등기(附記登記)하여야 한다. 다만, 사업주체가 국가·지방자치단체 및 한국토지주택공사 등 공공기관이거나 해당 대지가 사업주체의 소유가 아닌 경우 등 대통령령으로 정하는 경우에는 그러하지 아니하다.
④ 제3항에 따른 부기등기는 주택건설대지에 대하여는 입주자 모집공고 승인 신청(주택건설대지 중 주택조합이 사업계획승인 신청일까지 소유권을 확보하지 못한 부분이 있는 경우에는 그 부분에 대한 소유권이전등기를 말한다)과 동시에 하여야 하고, 건설된 주택에 대하여는 소유권보존등기와 동시에 하여야 한다. 이 경우 부기등기의 내용 및 말소에 관한 사항은 대통령령으로 정한다.
⑤ 제4항에 따른 부기등기일 이후에 해당 대지 또는 주택을 양수하거나 제한물권을 설정받은 경우 또는 압류·가압류·가처분 등의 목적물로 한 경우에는 그 효력을 무효로 한다. 다만, 사업주체의 경영부실로 입주예정자가 그 대지를 양수받는 경우 등 대통령령으로 정하는 경우에는 그러하지 아니하다.
⑥ 사업주체의 재무 상황 및 금융거래 상황이 극히 불량한 경우 등 대통령령으로 정하는 사유에 해당되어 「주택도시기금법」에 따른 주택도시보증공사(이하 "주택도시보증공사"라 한다)가 분양보증을 하면서 주택건설대지를 주택도시보증공사에 신탁하게 할 경우에는 제1항과 제3항에도 불구하고 사업주체는 그 주택건설대지를 신탁할 수 있다.
⑦ 제6항에 따라 사업주체가 주택건설대지를 신탁하는 경우 신탁등기일 이후부터 입주예정자가 해당 주택건설대지의 소유권이전등기를 신청할 수 있는 날 이후 60일까지의 기간 동안 해당 신탁의 종료를 원인으로 하는 사업주체의 소유권이전등기청구권에 대한 압류·가압류·가처분 등은 효력이 없음을 신탁계약조항에 포함하여야 한다.
⑧ 제6항에 따른 신탁등기일 이후부터 입주예정자가 해당 주택건설대지의 소유권이전등기를 신청할 수 있는 날 이후 60일까지의 기간 동안 해당 신탁의 종료를 원인으로 하는 사업주체의 소유권이전등기청구권을 압류·가압류·가처분 등의 목적물로 한 경우에는 그 효력을 무효로 한다.

제62조【사용검사 후 매도청구 등】 ① 주택(복리시설을 포함한다. 이하 이 조에서 같다)의 소유자들은 주택단지 전체 대지에 속하는 일부의 토지에 대한 소유권이전등기 말소소송 등에 따라 제49조의 사용검사(동별 사용검사를 포함한다. 이하 이 조에서 같다)를 받은 이후에 해당 토지의 소유권을 회복한 자(이하 이 조에서 "실소유자"라 한다)에게 해당 토지를 시가로 매도할 것을 청구할 수 있다.
② 주택의 소유자들은 대표자를 선정하여 제1항에 따른 매도청구에 관한 소송을 제기할 수 있다. 이 경우 대표자는 주택의 소유자 전체의 4분의 3 이상의 동의를 받아 선정한다.
③ 제2항에 따른 매도청구에 관한 소송에 대한 판결은 주택의 소유자 전체에 대하여 효력이 있다.
④ 제1항에 따라 매도청구를 하려는 경우에는 해당 토지의 면적이 주택단지 전체 대지 면적의 5퍼센트 미만이어야 한다.
⑤ 제1항에 따른 매도청구의 의사표시는 실소유자가 해당 토지 소유권을 회복한 날부터 2년 이내에 해당 실소유자에게 송달되어야 한다.
⑥ 주택의 소유자들은 제1항에 따른 매도청구로 인하여 발생한 비용의 전부를 사업주체에게 구상(求償)할 수 있다.

제63조【투기과열지구의 지정 및 해제】 ① 국토교통부장관 또는 시·도지사는 주택가격의 안정을 위하여 필요한 경우에는 주거정책심의위원회(시·도지사의 경우에는 「주거기본법」 제9조에 따른 시·도 주거정책심의위원회를 말한다. 이하 이 조에서 같다)의 심의를 거쳐 일정한 지역을 투기과열지구로 지정하거나 이를 해제할 수 있다. 이 경우 투기과열지구는 그 지정 목적을 달성할 수 있는 최소한의 범위에서 시·군·구 또는 읍·면·동의 지역 단위로 지정하되, 택지개발지구(「택지개발촉진법」 제2조제3호에 따른 택지개발지구를 말한다) 등 해당 지역 여건을 고려하여 지정 단위를 조정할 수 있다. (2021.1.5 후단개정)
② 제1항에 따른 투기과열지구는 해당 지역의 주택가격상승률이 물가상승률보다 현저히 높은 지역으로서 그 지역의 청약경쟁률·주택가격·주택보급률 및 주택공급계획 등과 지역 주택시장 여건 등을 고려하였을 때 주택에 대한 투기가 성행하고 있거나 성행할 우려가 있는 지역 중 대통령령으로 정하는 기준을 충족하는 곳이어야 한다.(2021.8.10 본항개정)
③ 국토교통부장관 또는 시·도지사는 제1항에 따라 투기과열지구를 지정하였을 때에는 지체 없이 이를 공고하고, 국토교통부장관은 그 투기과열지구를 관할하는 시장·군수·구청장에게, 특별시장, 광역시장 또는 도지사는 그 투기과열지구를 관할하는 시장, 군수 또는 구청장에게 각각 공고 내용을 통보하여야 한다. 이 경우 시장·군수·구청장은 사업주체로 하여금 입주자 모집공고 시 해당 주택건설 지역이 투기과열지구에 포함된 사실을 공고하게 하여야 한다. 투기과열지구 지정을 해제하는 경우에도 또한 같다.
④ 국토교통부장관 또는 시·도지사는 투기과열지구에서 제2항에 따른 지정 사유가 없어졌다고 인정하는 경우에는 지체 없이 투기과열지구 지정을 해제하여야 한다.
⑤ 제1항에 따라 국토교통부장관이 투기과열지구를 지정하거나 해제할 경우에는 미리 시·도지사의 의견을 듣고 그 의견에 대한 검토의견을 회신하여야 하며, 시·도지사가 투기과열지구를 지정하거나 해제할 경우에는 국토교통부장관과 협의하여야 한다.(2018.3.13 본항개정)
⑥ 국토교통부장관은 반기마다 주거정책심의위원회의 회의를 소집하여 투기과열지구로 지정된 지역별로 해당 지역의 주택

가격 안정 여건의 변화 등을 고려하여 투기과열지구 지정의 유지 여부를 재검토하여야 한다. 이 경우 재검토 결과 투기과열지구 지정의 해제가 필요하다고 인정되는 경우에는 지체 없이 투기과열지구 지정을 해제하고 이를 공고하여야 한다.
(2021.4.13 전단개정)
⑦ 투기과열지구로 지정된 지역의 시·도지사, 시장, 군수 또는 구청장은 투기과열지구 지정 후 해당 지역의 주택가격이 안정되는 등 지정 사유가 없어졌다고 인정되는 경우에는 국토교통부장관 또는 시·도지사에게 투기과열지구 지정의 해제를 요청할 수 있다.
⑧ 제7항에 따라 투기과열지구 지정의 해제를 요청받은 국토교통부장관 또는 시·도지사는 요청받은 날부터 40일 이내에 주거정책심의위원회의 심의를 거쳐 투기과열지구 지정의 해제 여부를 결정하여 그 투기과열지구를 관할하는 지방자치단체의 장에게 심의결과를 통보하여야 한다.
⑨ 국토교통부장관 또는 시·도지사는 제8항에 따른 심의결과 투기과열지구에서 그 지정 사유가 없어졌다고 인정될 때에는 지체 없이 투기과열지구 지정을 해제하고 이를 공고하여야 한다.

제63조의2【조정대상지역의 지정 및 해제】 ① 국토교통부장관은 다음 각 호의 어느 하나에 해당하는 지역으로서 대통령령으로 정하는 기준을 충족하는 지역을 주거정책심의위원회의 심의를 거쳐 조정대상지역(이하 "조정대상지역"이라 한다)으로 지정할 수 있다. 이 경우 제1호에 해당하는 조정대상지역은 그 지정 목적을 달성할 수 있는 최소한의 범위에서 시·군·구 또는 읍·면·동의 지역 단위로 지정하되, 택지개발지구(「택지개발촉진법」 제2조제3호에 따른 택지개발지구를 말한다) 등 해당 지역 여건을 고려하여 지정 단위를 조정할 수 있다.(2021.8.10 전단개정)
1. 주택가격, 청약경쟁률, 분양권 전매량 및 주택보급률 등을 고려하였을 때 주택 분양 등이 과열되어 있거나 과열될 우려가 있는 지역
2. 주택가격, 주택거래량, 미분양주택의 수 및 주택보급률 등을 고려하여 주택의 분양·매매 등 거래가 위축되어 있거나 위축될 우려가 있는 지역
② 국토교통부장관은 제1항에 따라 조정대상지역을 지정하는 경우 다음 각 호의 사항을 미리 관계 기관과 협의할 수 있다.
1. 「주택도시기금법」에 따른 주택도시보증공사의 보증업무 및 주택도시기금의 지원 등에 관한 사항
2. 주택 분양 및 거래 등과 관련된 금융·세제 조치 등에 관한 사항
3. 그 밖에 주택시장의 안정 또는 실수요자의 주택거래 활성화를 위하여 대통령령으로 정하는 사항
③ 국토교통부장관은 제1항에 따라 조정대상지역을 지정하는 경우에는 미리 시·도지사의 의견을 들어야 한다.
④ 국토교통부장관은 조정대상지역을 지정하였을 때에는 지체 없이 이를 공고하고, 그 조정대상지역을 관할하는 시장·군수·구청장에게 공고 내용을 통보하여야 한다. 이 경우 시장·군수·구청장은 사업주체로 하여금 입주자 모집공고 시 해당 주택건설 지역이 조정대상지역에 포함된 사실을 공고하게 하여야 한다.
⑤ 국토교통부장관은 조정대상지역으로 유지할 필요가 없다고 판단되는 경우에는 주거정책심의위원회의 심의를 거쳐 조정대상지역의 지정을 해제하여야 한다.
⑥ 제5항에 따라 조정대상지역의 지정을 해제하는 경우에는 제3항 및 제4항 전단을 준용한다. 이 경우 "지정"은 "해제"로 본다.
⑦ 국토교통부장관은 반기마다 주거정책심의위원회의 회의를 소집하여 조정대상지역으로 지정된 지역별로 해당 지역의 주택가격 안정 여건의 변화 등을 고려하여 조정대상지역 지정의 유지 여부를 재검토하여야 한다. 이 경우 재검토 결과 조정대상지역 지정의 해제가 필요하다고 인정되는 경우에는 지체 없이 조정대상지역 지정을 해제하고 이를 공고하여야 한다.
(2021.1.5 본항신설)
⑧ 조정대상지역으로 지정된 지역의 시·도지사 또는 시장·군수·구청장은 조정대상지역 지정 후 해당 지역의 주택가격이 안정되는 등 조정대상지역으로 유지할 필요가 없다고 판단되는 경우에는 국토교통부장관에게 그 지정의 해제를 요청할 수 있다.
⑨ 제8항에 따라 조정대상지역의 지정의 해제를 요청하는 경우의 절차 등 필요한 사항은 국토교통부령으로 정한다.
(2021.1.5 본항개정)
(2017.8.9 본조신설)

제64조【주택의 전매행위 제한 등】 ① 사업주체가 건설·공급하는 주택[해당 주택의 입주자로 선정된 지위(입주자로 선정되어 그 주택에 입주할 수 있는 권리·자격·지위 등을 말한다)를 포함한다. 이하 이 조 및 제101조에서 같다]으로서 다음 각 호의 어느 하나에 해당하는 경우에는 10년 이내의 범위에서 대통령령으로 정하는 기간(이하 "전매제한기간"이라 한다)이 지나기 전에는 그 주택을 전매(매매·증여나 그 밖에 권리의 변동을 수반하는 모든 행위를 포함하되, 상속의 경우는 제외한다. 이하 같다)하거나 이의 전매를 알선할 수 없다. 이 경우 전매제한기간은 주택의 수급 상황 및 투기 우려 등을 고려하여 대통령령으로 지역별로 달리 정할 수 있다.
(2023.12.26 전단개정)
1. 투기과열지구에서 건설·공급되는 주택
2. 조정대상지역에서 건설·공급되는 주택. 다만, 제63조의2제1항제2호에 해당하는 조정대상지역 중 주택의 수급 상황 등을 고려하여 대통령령으로 정하는 지역에서 건설·공급되는 주택은 제외한다.
3. 분양가상한제 적용주택. 다만, 수도권 외의 지역 중 주택의 수급 상황 및 투기 우려 등을 고려하여 대통령령으로 정하는 지역으로서 투기과열지구가 지정되지 아니하거나 제63조에 따라 지정 해제된 지역 중 공공택지 외의 택지에서 건설·공급되는 분양가상한제 적용주택은 제외한다.
4. 공공택지 외의 택지에서 건설·공급되는 주택. 다만, 제57조제2항 각 호의 주택 및 수도권 외의 지역 중 주택의 수급 상황 및 투기 우려 등을 고려하여 대통령령으로 정하는 지역으로서 공공택지 외의 택지에서 건설·공급되는 주택은 제외한다.
5. 「도시 및 주거환경정비법」 제2조제2호나목 후단에 따른 공공재개발사업(제57조제1항제2호의 지역에 한정한다)에서 건설·공급하는 주택(2021.4.13 본호신설)
6. 토지임대부 분양주택(2023.12.26 본호신설)
(2020.8.18 본항개정)
② 제1항제1호부터 제5호까지의 주택을 공급받은 자의 생업상의 사정 등으로 전매가 불가피하다고 인정되는 경우로서 대통령령으로 정하는 경우에는 제1항을 적용하지 아니한다. 다만, 제1항제3호의 주택을 공급받은 자가 전매하는 경우에는 한국토지주택공사가 그 주택을 우선 매입할 수 있다.
(2023.12.26 본문개정)
③ 제1항(제6호는 제외한다)을 위반하여 주택의 입주자로 선정된 지위의 전매가 이루어진 경우, 사업주체가 매입비용을 그 매수인에게 지급한 경우에는 그 지급한 날에 사업주체가 해당 입주자로 선정된 지위를 취득한 것으로 보며, 제2항 단서에 따라 한국토지주택공사가 분양가상한제 적용주택을 우선 매입하는 경우에도 매입비용을 준용하되, 해당 주택의 분양가격과 인근지역 주택매매가격의 비율 및 해당 주택의 보유기간 등을 고려하여 대통령령으로 정하는 바에 따라 매입금액을 달리 정할 수 있다.(2023.12.26 본항개정)
④ 사업주체가 제1항제3호, 제4호 및 제6호에 해당하는 주택을 공급하는 경우(한국주택토지공사가 제6항에 따라 주택을 재공급하는 경우도 포함한다)에는 그 주택의 소유권을 제3자에게 이전할 수 없음을 소유권에 관한 등기에 부기등기하여야 한다.(2023.12.26 본항개정)
⑤ 제4항에 따른 부기등기는 주택의 소유권보존등기와 동시에 하여야 하며, 부기등기에는 "이 주택은 최초로 소유권이전등기가 된 후에는 「주택법」 제64조제1항에서 정한 기간이 지나기 전에 한국토지주택공사(제64조제2항 단서 및 제78조의2제3항에 따라 한국토지주택공사가 매입한 주택을 공급받는 자를 포함한다) 외의 자에게 소유권을 이전하는 어떠한 행위도 할 수 없음"을 명시하여야 한다.(2023.12.26 본항개정)

⑥ 한국토지주택공사는 제2항 단서 및 제78조의2제3항에 따라 매입한 주택을 국토교통부령으로 정하는 바에 따라 재공급하여야 하며, 해당 주택을 공급받은 자는 전매제한기간 중 잔여기간 동안 그 주택을 전매할 수 없다. 이 경우 제78조의2제3항에 따라 매입한 주택은 토지임대부 분양주택으로 재공급하여야 한다.(2023.12.26 본항개정)
⑦ 국토교통부장관은 제1항 및 제6항을 위반한 자에 대하여 10년의 범위에서 국토교통부령으로 정하는 바에 따라 주택의 입주자자격을 제한할 수 있다.(2023.12.26 본항개정)
⑧ 한국토지주택공사가 제6항에 따라 주택을 재공급하는 경우에는 제1항을 적용하지 아니한다.(2023.12.26 본항신설)

제65조【공급질서 교란 금지】 ① 누구든지 이 법에 따라 건설·공급되는 주택을 공급받거나 공급받게 하기 위하여 다음 각 호의 어느 하나에 해당하는 증서 또는 지위를 양도·양수(매매·증여나 그 밖에 권리 변동을 수반하는 모든 행위를 포함하되, 상속·저당의 경우는 제외한다. 이하 이 조에서 같다) 또는 이를 알선하거나 양도·양수 또는 이를 알선할 목적으로 하는 광고(각종 간행물·인쇄물·전화·인터넷, 그 밖의 매체를 통한 행위를 포함한다)를 하여서는 아니 되며, 누구든지 거짓이나 그 밖의 부정한 방법으로 이 법에 따라 건설·공급되는 증서나 지위 또는 주택을 공급받거나 공급받게 하여서는 아니 된다.(2020.6.9 본문개정)
1. 제11조에 따라 주택을 공급받을 수 있는 지위
2. 제56조에 따른 입주자저축 증서
3. 제80조에 따른 주택상환사채
4. 그 밖에 주택을 공급받을 수 있는 증서 또는 지위로서 대통령령으로 정하는 것

② 국토교통부장관 또는 사업주체는 다음 각 호의 어느 하나에 해당하는 자에 대하여는 그 주택 공급을 신청할 수 있는 지위를 무효로 하거나 이미 체결된 주택의 공급계약을 취소하여야 한다.(2021.3.9 본문개정)
1. 제1항을 위반하여 증서 또는 지위를 양도하거나 양수한 자
2. 제1항을 위반하여 거짓이나 그 밖의 부정한 방법으로 증서나 지위 또는 주택을 공급받은 자

③ 사업주체가 제1항을 위반한 자에게 대통령령으로 정하는 바에 따라 산정한 주택가격에 해당하는 금액을 지급한 경우에는 그 지급한 날에 그 주택을 취득한 것으로 본다.
④ 제3항의 경우 사업주체가 매수인에게 주택가격을 지급하거나, 매수인을 알 수 없어 주택가격의 수령 통지를 할 수 없는 경우 등 대통령령으로 정하는 사유에 해당하는 경우로서 주택가격을 그 주택이 있는 지역을 관할하는 법원에 공탁한 경우에는 그 주택에 입주한 자에게 기간을 정하여 퇴거를 명할 수 있다.
⑤ 국토교통부장관은 제1항을 위반한 자에 대하여 10년의 범위에서 국토교통부령으로 정하는 바에 따라 주택의 입주자자격을 제한할 수 있다.
⑥ 국토교통부장관 또는 사업주체는 제2항에도 불구하고 제1항을 위반한 공급질서 교란 행위가 있었다는 사실을 알지 못하고 주택 또는 주택의 입주자로 선정된 지위를 취득한 매수인이 해당 공급질서 교란 행위와 관련이 없음을 대통령령으로 정하는 바에 따라 소명하는 경우에는 이미 체결된 주택의 공급계약을 취소하여서는 아니 된다.(2021.3.9 본항신설)
⑦ 사업주체는 제2항에 따라 이미 체결된 주택의 공급계약을 취소하려는 경우 국토교통부장관 및 주택 또는 주택의 입주자로 선정된 지위를 보유하고 있는 자에게 대통령령으로 정하는 절차 및 방법에 따라 그 사실을 미리 알려야 한다.(2021.3.9 본항신설)

판례 피고인은 청약브로커로부터 도합 1억 원을 받는 조건으로 자신의 입주자저축증서와 필요 서류를 양도하였으나 이후 서류를 다시 반환받기로 하였고, 해당 서류를 활용하여 실제 분양계약이 체결되지는 않았다. 그러나 입주자저축 증서의 양도와 동시에 주택법 위반 행위는 기수에 이르고 이후 심경의 변화를 일으켜 다시 이를 반환받거나 분양계약에 이르지 않았다고 하더라도 양형상 참작할 사유에 불과할 뿐, 이미 성립한 범죄에는 영향이 없다.
(대판 2023.10.18, 2023도8997)

판례 온라인 청약이 일반화된 현실에서 주택청약종합저축 가입자가 제3자에게 공인인증서를 빌려주는 행위는 주택을 공급받을 수 있는 권리나 자격을 증명하는 전자문서에 대한 접근 매체를 양도하는 것이기 때문에 '주택청약종합저축 가입 사실과 순위, 그에 따라 주택을 공급받을 수 있는 권리 내지 자격을 증명하는 전자문서'에 관한 접근매체를 양도함으로써 입주자저축 증서에 관한 법률상 혹은 사실상 귀속주체를 종국적으로 변경하는 행위로 주택법 제65조에서 금지하는 공급질서 교란 금지에 해당한다.(대판 2022.6.30, 2022도3044)

제4장 리모델링

제66조【리모델링의 허가 등】 ① 공동주택(부대시설과 복리시설을 포함한다)의 입주자·사용자 또는 관리주체가 공동주택을 리모델링하려고 하는 경우에는 허가와 관련된 면적, 세대수 또는 입주자 등의 동의 비율에 관하여 대통령령으로 정하는 기준 및 절차 등에 따라 시장·군수·구청장의 허가를 받아야 한다.
② 제1항에도 불구하고 대통령령으로 정하는 기준 및 절차 등에 따라 리모델링 결의를 한 리모델링주택조합이나 소유자 전원의 동의를 받은 입주자대표회의(「공동주택관리법」 제2조제1항제8호에 따른 입주자대표회의를 말하며, 이하 "입주자대표회의"라 한다)가 시장·군수·구청장의 허가를 받아 리모델링을 할 수 있다.(2020.1.23 본항개정)
③ 제2항에 따라 리모델링을 하는 경우 제11조제1항에 따라 설립인가를 받은 리모델링주택조합의 총회 또는 소유자 전원의 동의를 받은 입주자대표회의에서 「건설산업기본법」 제9조에 따른 건설사업자 또는 제7조제1항에 따라 건설사업자로 보는 등록사업자를 시공자로 선정하여야 한다.(2019.4.30 본항개정)
④ 제3항에 따른 시공자를 선정하는 경우에는 국토교통부장관이 정하는 경쟁입찰의 방법으로 하여야 한다. 다만, 경쟁입찰의 방법으로 시공자를 선정하는 것이 곤란하다고 인정되는 경우 등 대통령령으로 정하는 경우에는 그러하지 아니하다.
⑤ 제1항 또는 제2항에 따른 리모델링에 관하여 시장·군수·구청장이 관계 행정기관의 장과 협의하여 허가받은 사항에 관하여는 제19조를 준용한다.
⑥ 제1항에 따라 시장·군수·구청장이 세대수 증가형 리모델링(대통령령으로 정하는 세대수 이상으로 세대수가 증가하는 경우로 한정한다. 이하 이 조에서 같다)을 허가하려는 경우에는 기반시설에의 영향이나 도시·군관리계획과의 부합 여부 등에 대하여 「국토의 계획 및 이용에 관한 법률」 제113조제2항에 따라 설치된 시·군·구도시계획위원회(이하 "시·군·구도시계획위원회"라 한다)의 심의를 거쳐야 한다.
⑦ 공동주택의 입주자·사용자·관리주체·입주자대표회의 또는 리모델링주택조합이 제1항 또는 제2항에 따른 리모델링에 관하여 시장·군수·구청장의 허가를 받은 후 그 공사를 완료하였을 때에는 시장·군수·구청장의 사용검사를 받아야 하며, 사용검사에 관하여는 제49조를 준용한다.
⑧ 시장·군수·구청장은 제7항에 해당하는 자가 거짓이나 그 밖의 부정한 방법으로 제1항·제2항 및 제5항에 따른 허가를 받은 경우에는 행위허가를 취소할 수 있다.
⑨ 제71조에 따른 리모델링 기본계획 수립 대상지역에서 세대수 증가형 리모델링을 허가하려는 시장·군수·구청장은 해당 리모델링 기본계획에 부합하는 범위에서 허가하여야 한다.

제67조【권리변동계획의 수립】 세대수가 증가되는 리모델링을 하는 경우에는 기존 주택의 권리변동, 비용분담 등 대통령령으로 정하는 사항에 대한 계획(이하 "권리변동계획"이라 한다)을 수립하여 사업계획승인 또는 행위허가를 받아야 한다.

제68조【증축형 리모델링의 안전진단】 ① 제2조제25호나목 및 다목에 따라 증축하는 리모델링(이하 "증축형 리모델링"이라 한다)을 하려는 자는 시장·군수·구청장에게 안전진단을 요청하여야 하며, 안전진단을 요청받은 시장·군수·구청장은 해당 건축물의 증축 가능 여부의 확인 등을 위하여 안전진단을 실시하여야 한다.
② 시장·군수·구청장은 제1항에 따라 안전진단을 실시하는 경우에는 대통령령으로 정하는 기관에 안전진단을 의뢰하여야 하며, 안전진단을 의뢰받은 기관은 리모델링을 하려는 자가 추천한 건축구조기술사(구조설계를 담당할 자를 말한다)와 함께 안전진단을 실시하여야 한다.

③ 시장 · 군수 · 구청장이 제1항에 따른 안전진단으로 건축물 구조의 안전에 위험이 있다고 평가하여 「도시 및 주거환경정비법」 제2조제2호다목에 따른 재건축사업 및 「빈집 및 소규모주택 정비에 관한 특례법」 제2조제1항제3호다목에 따른 소규모재건축사업의 시행이 필요하다고 결정한 건축물은 증축형 리모델링을 하여서는 아니 된다.(2017.2.8 본항개정)
④ 시장 · 군수 · 구청장은 제66조제1항에 따라 수직증축형 리모델링을 허가한 후에 해당 건축물의 구조안전성 등에 대한 상세 확인을 위하여 안전진단을 실시하여야 한다. 이 경우 안전진단을 의뢰받은 기관은 제2항에 따른 건축구조기술사와 함께 안전진단을 실시하여야 하며, 리모델링을 하려는 자는 안전진단 후 구조설계의 변경 등이 필요한 경우에는 건축구조기술사로 하여금 이를 보완하도록 하여야 한다.
⑤ 제2항 및 제4항에 따라 안전진단을 의뢰받은 기관은 국토교통부장관이 정하여 고시하는 기준에 따라 안전진단을 실시하고, 국토교통부령으로 정하는 방법 및 절차에 따라 안전진단 결과보고서를 작성하여 안전진단을 요청한 자와 시장 · 군수 · 구청장에게 제출하여야 한다.
⑥ 시장 · 군수 · 구청장은 제1항 및 제4항에 따라 안전진단을 실시하는 비용의 전부 또는 일부를 리모델링을 하려는 자에게 부담하게 할 수 있다.
⑦ 그 밖에 안전진단에 관하여 필요한 사항은 대통령령으로 정한다.

제69조【전문기관의 안전성 검토 등】 ① 시장 · 군수 · 구청장은 수직증축형 리모델링을 하려는 자가 「건축법」에 따른 건축위원회의 심의를 요청하는 경우 구조계획상 증축범위의 적정성 등에 대하여 대통령령으로 정하는 전문기관에 안전성 검토를 의뢰하여야 한다.
② 시장 · 군수 · 구청장은 제66조제1항에 따라 수직증축형 리모델링을 하려는 자의 허가 신청이 있거나 제68조제4항에 따른 안전진단 결과 국토교통부장관이 정하여 고시하는 설계도서의 변경이 있는 경우 제출된 설계도서상 구조안전의 적정성 여부 등에 대하여 제1항에 따라 검토를 수행한 전문기관에 안전성 검토를 의뢰하여야 한다.
③ 제1항 및 제2항에 따라 검토의뢰를 받은 전문기관은 국토교통부장관이 정하여 고시하는 검토기준에 따라 검토한 결과를 대통령령으로 정하는 기간 이내에 시장 · 군수 · 구청장에게 제출하여야 하며, 시장 · 군수 · 구청장은 특별한 사유가 없는 경우 이 법 및 관계 법률에 따른 위원회의 심의 또는 허가 시 제출받은 안전성 검토결과를 반영하여야 한다.
④ 시장 · 군수 · 구청장은 제1항 및 제2항에 따른 전문기관의 안전성 검토비용의 전부 또는 일부를 리모델링을 하려는 자에게 부담하게 할 수 있다.
⑤ 국토교통부장관은 시장 · 군수 · 구청장에게 제3항에 따라 제출받은 자료의 제출을 요청할 수 있으며, 필요한 경우 시장 · 군수 · 구청장으로 하여금 안전성 검토결과의 적정성에 대하여 「건축법」에 따른 중앙건축위원회의 심의를 받도록 요청할 수 있다.(2020.6.9 본항개정)
⑥ 시장 · 군수 · 구청장은 특별한 사유가 없으면 제5항에 따른 심의결과를 반영하여야 한다.
⑦ 그 밖에 전문기관 검토 등에 관하여 필요한 사항은 대통령령으로 정한다.

제70조【수직증축형 리모델링의 구조기준】 수직증축형 리모델링의 설계자는 국토교통부장관이 정하여 고시하는 구조기준에 맞게 구조설계도서를 작성하여야 한다.

제71조【리모델링 기본계획의 수립권자 및 대상지역 등】 ① 특별시장 · 광역시장 및 대도시의 시장은 관할구역에 대하여 다음 각 호의 사항을 포함한 리모델링 기본계획을 10년 단위로 수립하여야 한다. 다만, 세대수 증가형 리모델링에 따른 도시과밀의 우려가 적은 경우 등 대통령령으로 정하는 경우에는 리모델링 기본계획을 수립하지 아니할 수 있다.
1. 계획의 목표 및 기본방향
2. 도시기본계획 등 관련 계획 검토
3. 리모델링 대상 공동주택 현황 및 세대수 증가형 리모델링 수요 예측
4. 세대수 증가에 따른 기반시설의 영향 검토
5. 일시집중 방지 등을 위한 단계별 리모델링 시행방안
6. 그 밖에 대통령령으로 정하는 사항
② 대도시가 아닌 시의 시장은 세대수 증가형 리모델링에 따른 도시과밀이나 일시집중 등이 우려되어 도지사가 리모델링 기본계획의 수립이 필요하다고 인정한 경우 리모델링 기본계획을 수립하여야 한다.
③ 리모델링 기본계획의 작성기준 및 작성방법 등은 국토교통부장관이 정한다.

제72조【리모델링 기본계획 수립절차】 ① 특별시장 · 광역시장 및 대도시의 시장(제71조제2항에 따른 대도시가 아닌 시의 시장을 포함한다. 이하 이 조부터 제74조까지에서 같다)은 리모델링 기본계획을 수립하거나 변경하려면 14일 이상 주민에게 공람하고, 지방의회의 의견을 들어야 한다. 이 경우 지방의회는 의견제시를 요청받은 날부터 30일 이내에 의견을 제시하여야 하며, 30일 이내에 의견을 제시하지 아니하는 경우에는 이의가 없는 것으로 본다. 다만, 대통령령으로 정하는 경미한 변경인 경우에는 주민공람 및 지방의회 의견청취 절차를 거치지 아니할 수 있다.
② 특별시장 · 광역시장 및 대도시의 시장은 리모델링 기본계획을 수립하거나 변경하려면 관계 행정기관의 장과 협의한 후 「국토의 계획 및 이용에 관한 법률」 제113조제1항에 따라 설치된 시 · 도도시계획위원회(이하 "시 · 도도시계획위원회"라 한다) 또는 시 · 군 · 구도시계획위원회의 심의를 거쳐야 한다.
③ 제2항에 따라 협의를 요청받은 관계 행정기관의 장은 특별한 사유가 없으면 그 요청을 받은 날부터 30일 이내에 의견을 제시하여야 한다.
④ 대도시의 시장은 리모델링 기본계획을 수립하거나 변경하려면 도지사의 승인을 받아야 하며, 도지사는 리모델링 기본계획을 승인하려면 시 · 도도시계획위원회의 심의를 거쳐야 한다.

제73조【리모델링 기본계획의 고시 등】 ① 특별시장 · 광역시장 및 대도시의 시장은 리모델링 기본계획을 수립하거나 변경한 때에는 이를 지체 없이 해당 지방자치단체의 공보에 고시하여야 한다.
② 특별시장 · 광역시장 및 대도시의 시장은 5년마다 리모델링 기본계획의 타당성을 검토하여 그 결과를 리모델링 기본계획에 반영하여야 한다.(2020.6.9 본항개정)
③ 그 밖에 주민공람 절차 등 리모델링 기본계획 수립에 필요한 사항은 대통령령으로 정한다.

제74조【세대수 증가형 리모델링의 시기 조정】 ① 국토교통부장관은 세대수 증가형 리모델링의 시행으로 주변 지역에 현저한 주택부족이나 주택시장의 불안정 등이 발생될 우려가 있는 때에는 주거정책심의위원회의 심의를 거쳐 특별시장, 광역시장, 대도시의 시장에게 리모델링 기본계획을 변경하도록 요청하거나, 시장 · 군수 · 구청장에게 세대수 증가형 리모델링의 사업계획 승인 또는 허가의 시기를 조정하도록 요청할 수 있으며, 요청을 받은 특별시장, 광역시장, 대도시의 시장 또는 시장 · 군수 · 구청장은 특별한 사유가 없으면 그 요청에 따라야 한다.
② 시 · 도지사는 세대수 증가형 리모델링의 시행으로 주변 지역에 현저한 주택부족이나 주택시장의 불안정 등이 발생될 우려가 있는 때에는 「주거기본법」 제9조에 따른 시 · 도 주거정책심의위원회의 심의를 거쳐 대도시의 시장에게 리모델링 기본계획을 변경하도록 요청하거나, 시장 · 군수 · 구청장에게 세대수 증가형 리모델링의 사업계획 승인 또는 허가의 시기를 조정하도록 요청할 수 있으며, 요청을 받은 대도시의 시장 또는 시장 · 군수 · 구청장은 특별한 사유가 없으면 그 요청에 따라야 한다.
③ 제1항 및 제2항에 따른 시기조정에 관한 방법 및 절차 등에 관하여 필요한 사항은 국토교통부령 또는 시 · 도의 조례로 정한다.

제75조【리모델링 지원센터의 설치 · 운영】 ① 시장 · 군수 · 구청장은 리모델링의 원활한 추진을 지원하기 위하여 리모델링 지원센터를 설치하여 운영할 수 있다.
② 리모델링 지원센터는 다음 각 호의 업무를 수행할 수 있다.
1. 리모델링주택조합 설립을 위한 업무 지원

2. 설계자 및 시공자 선정 등에 대한 지원
3. 권리변동계획 수립에 관한 지원
4. 그 밖에 지방자치단체의 조례로 정하는 사항
③ 리모델링 지원센터의 조직, 인원 등 리모델링 지원센터의 설치·운영에 필요한 사항은 지방자치단체의 조례로 정한다.

제76조【공동주택 리모델링에 따른 특례】 ① 공동주택의 소유자가 리모델링에 의하여 전유부분(「집합건물의 소유 및 관리에 관한 법률」 제2조제3호에 따른 전유부분을 말한다. 이하 이 조에서 같다)의 면적이 늘거나 줄어드는 경우에는 「집합건물의 소유 및 관리에 관한 법률」 제12조 및 제20조제1항에도 불구하고 대지사용권은 변하지 아니하는 것으로 본다. 다만, 세대수 증가를 수반하는 리모델링의 경우에는 권리변동계획에 따른다.
② 공동주택의 소유자가 리모델링에 의하여 일부 공용부분(「집합건물의 소유 및 관리에 관한 법률」 제2조제4호에 따른 공용부분을 말한다. 이하 이 조에서 같다)의 면적을 전유부분의 면적으로 변경한 경우에는 「집합건물의 소유 및 관리에 관한 법률」 제12조에도 불구하고 그 소유자의 나머지 공용부분의 면적은 변하지 아니하는 것으로 본다.
③ 제1항의 대지사용권 및 제2항의 공용부분의 면적에 관하여는 제1항과 제2항에도 불구하고 소유자가 「집합건물의 소유 및 관리에 관한 법률」 제28조에 따른 규약으로 달리 정한 경우에는 그 규약에 따른다.
④ 임대차계약 당시 다음 각 호의 어느 하나에 해당하여 그 사실을 임차인에게 고지한 경우로서 제66조제1항 및 제2항에 따라 리모델링 허가를 받은 경우에는 해당 리모델링 건축물에 관한 임대차계약에 대하여 「주택임대차보호법」 제4조제1항 및 「상가건물 임대차보호법」 제9조제1항을 적용하지 아니한다.
1. 임대차계약 당시 해당 건축물의 소유자들(입주자대표회의를 포함한다)이 제11조제1항에 따른 리모델링주택조합 설립인가를 받은 경우
2. 임대차계약 당시 해당 건축물의 입주자대표회의가 직접 리모델링을 실시하기 위하여 제68조제1항에 따라 관할 시장·군수·구청장에게 안전진단을 요청한 경우
⑤ 리모델링주택조합의 법인격에 관하여는 「도시 및 주거환경정비법」 제38조를 준용한다. 이 경우 "정비사업조합"은 "리모델링주택조합"으로 본다.(2020.1.23 본항신설)
⑥ 권리변동계획에 따라 소유권이 이전되는 토지 또는 건축물에 대한 권리의 확정 등에 관하여는 「도시 및 주거환경정비법」 제87조를 준용한다. 이 경우 "토지등소유자에게 분양하는 대지 또는 건축물"은 "권리변동계획에 따라 구분소유자에게 소유권이 이전되는 토지 또는 건축물"로, "일반에게 분양하는 대지 또는 건축물"은 "권리변동계획에 따라 구분소유자 외의 자에게 소유권이 이전되는 토지 또는 건축물"로 본다.(2020.1.23 본항신설)

제77조【부정행위 금지】 공동주택의 리모델링과 관련하여 다음 각 호의 어느 하나에 해당하는 자는 부정하게 재물 또는 재산상의 이익을 취득하거나 제공하여서는 아니 된다.
1. 입주자
2. 사용자
3. 관리주체
4. 입주자대표회의 또는 그 구성원
5. 리모델링 주택조합 또는 그 구성원

제5장 보 칙

제78조【토지임대부 분양주택의 토지에 관한 임대차 관계】
① 토지임대부 분양주택의 토지에 대한 임대차기간은 40년 이내로 한다. 이 경우 토지임대부 분양주택 소유자의 75퍼센트 이상이 계약갱신을 청구하는 경우 40년의 범위에서 이를 갱신할 수 있다.
② 토지임대부 분양주택을 공급받은 자가 토지소유자와 임대차계약을 체결한 경우 해당 주택의 구분소유권을 목적으로 그 토지 위에 제1항에 따른 임대차기간 동안 지상권이 설정된 것으로 본다.
③ 토지임대부 분양주택의 토지에 대한 임대차계약을 체결하고자 하는 자는 국토교통부령으로 정하는 표준임대차계약서를 사용하여야 한다.
④ 토지임대부 분양주택을 양수한 자 또는 상속받은 자는 제1항에 따른 임대차계약을 승계한다.
⑤ 토지임대부 분양주택의 토지임대료는 해당 토지의 조성원가 또는 감정가격 등을 기준으로 산정하되, 구체적인 토지임대료의 책정 및 변경기준, 납부 절차 등에 관한 사항은 대통령령으로 정한다.
⑥ 제5항의 토지임대료는 월별 임대료를 원칙으로 하되, 토지소유자와 주택을 공급받은 자가 합의한 경우 대통령령으로 정하는 바에 따라 임대료를 선납하거나 보증금으로 전환하여 납부할 수 있다.(2023.12.26 본항개정)
⑦ 제1항부터 제6항까지에서 정한 사항 외에 토지임대부 분양주택 토지의 임대차 관계는 토지소유자와 주택을 공급받은 자간의 임대차계약에 따른다.
⑧ 토지임대부 분양주택에 관하여 이 법에서 정하지 아니한 사항은 「집합건물의 소유 및 관리에 관한 법률」, 「민법」 순으로 적용한다.

제78조의2【토지임대부 분양주택의 공공매입】 ① 토지임대부 분양주택을 공급받은 자는 제64조제1항에도 불구하고 전매제한기간이 지나기 전에 대통령령으로 정하는 바에 따라 한국토지주택공사에 해당 주택의 매입을 신청할 수 있다.
② 한국토지주택공사는 제1항에 따라 매입신청을 받거나 제64조제1항을 위반하여 토지임대부 분양주택의 전매가 이루어진 경우 대통령령으로 정하는 특별한 사유가 없으면 대통령령으로 정하는 절차를 거쳐 해당 주택을 매입하여야 한다.
③ 한국토지주택공사가 제2항에 따라 주택을 매입하는 경우 다음 각 호의 구분에 따른 금액을 그 주택을 양도하는 자에게 지급한 때에는 그 지급한 날에 한국토지주택공사가 해당 주택을 취득한 것으로 본다.
1. 제1항에 따라 매입신청을 받은 경우 : 해당 주택의 매입비용과 보유기간 등을 고려하여 대통령령으로 정하는 금액
2. 제64조제1항을 위반하여 전매가 이루어진 경우 : 해당 주택의 매입비용
④ 한국토지주택공사가 제2항에 따라 주택을 매입하는 경우에는 제64조제1항을 적용하지 아니한다.(2023.12.26 본항신설)
(2023.12.26 본조개정)

제79조【토지임대부 분양주택의 재건축】 ① 토지임대부 분양주택의 소유자가 제78조제1항에 따른 임대차기간이 만료되기 전에 「도시 및 주거환경정비법」 등 도시개발 관련 법률에 따라 해당 주택을 철거하고 재건축을 하고자 하는 경우 「집합건물의 소유 및 관리에 관한 법률」 제47조부터 제49조까지에 따라 토지소유자의 동의를 받아 재건축할 수 있다. 이 경우 토지소유자는 정당한 사유 없이 이를 거부할 수 없다.
② 제1항에 따라 토지임대부 분양주택을 재건축하는 경우 해당 주택의 소유자를 「도시 및 주거환경정비법」 제2조제9호나목에 따른 토지등소유자로 본다.
③ 제1항에 따라 재건축한 주택은 토지임대부 분양주택으로 한다. 이 경우 재건축한 주택의 준공인가일부터 제78조제1항에 따른 임대차기간 동안 토지소유자와 재건축한 주택의 조합원 사이에 토지의 임대차기간에 관한 계약이 성립된 것으로 본다.
④ 제3항에도 불구하고 토지소유자와 주택소유자가 합의한 경우에는 토지임대부 분양주택이 아닌 주택으로 전환할 수 있다.

제80조【주택상환사채의 발행】 ① 한국토지주택공사와 등록사업자는 대통령령으로 정하는 바에 따라 주택으로 상환하는 사채(이하 "주택상환사채"라 한다)를 발행할 수 있다. 이 경우 등록사업자는 자본금·자산평가액 및 기술인력 등이 대통령령으로 정하는 기준에 맞고 금융기관 또는 주택도시보증공사의 보증을 받은 경우에만 주택상환사채를 발행할 수 있다.
② 주택상환사채를 발행하려는 자는 대통령령으로 정하는 바에 따라 주택상환사채발행계획을 수립하여 국토교통부장관의 승인을 받아야 한다.
③ 주택상환사채의 발행요건 및 상환기간 등은 대통령령으로 정한다.

제81조【발행책임과 조건 등】 ① 제80조에 따라 주택상환사채를 발행한 자는 발행조건에 따라 주택을 건설하여 사채권자에게 상환하여야 한다.
② 주택상환사채는 기명증권(記名證券)으로 하고, 사채권자의 명의변경은 취득자의 성명과 주소를 사채원부에 기록하는 방법으로 하며, 취득자의 성명을 채권에 기록하지 아니하면 사채발행자 및 제3자에게 대항할 수 없다.
③ 국토교통부장관은 사채의 납입금이 택지의 구입 등 사채발행 목적에 맞게 사용될 수 있도록 그 사용 방법·절차 등에 관하여 대통령령으로 정하는 바에 따라 필요한 조치를 하여야 한다.
제82조【주택상환사채의 효력】 제8조에 따라 등록사업자의 등록이 말소된 경우에도 등록사업자가 발행한 주택상환사채의 효력에는 영향을 미치지 아니한다.
제83조【「상법」의 적용】 주택상환사채의 발행에 관하여 이 법에서 규정한 것 외에는 「상법」 중 사채발행에 관한 규정을 적용한다. 다만, 한국토지주택공사가 발행하는 경우와 금융기관 등이 상환을 보증하여 등록사업자가 발행하는 경우에는 「상법」 제478조제1항을 적용하지 아니한다.
제84조【국민주택사업특별회계의 설치 등】 ① 지방자치단체는 국민주택사업을 시행하기 위하여 국민주택사업특별회계를 설치·운용하여야 한다.
② 제1항의 국민주택사업특별회계의 자금은 다음 각 호의 재원으로 조성한다.
1. 자체 부담금
2. 주택도시기금으로부터의 차입금
3. 정부로부터의 보조금
4. 농협은행으로부터의 차입금
5. 외국으로부터의 차입금
6. 국민주택사업특별회계에 속하는 재산의 매각 대금
7. 국민주택사업특별회계자금의 회수금·이자수입금 및 그 밖의 수익
8. 「재건축초과이익 환수에 관한 법률」에 따른 재건축부담금 중 지방자치단체 귀속분
③ 지방자치단체는 대통령령으로 정하는 바에 따라 국민주택사업특별회계의 운용 상황을 국토교통부장관에게 보고하여야 한다.
제85조【협회의 설립 등】 ① 등록사업자는 주택건설사업 및 대지조성사업의 전문화와 주택산업의 건전한 발전을 도모하기 위하여 주택사업자단체를 설립할 수 있다.
② 제1항에 따른 단체(이하 "협회"라 한다)는 법인으로 한다.
③ 협회는 그 주된 사무소의 소재지에서 설립등기를 함으로써 성립한다.
④ 이 법에 따라 국토교통부장관, 시·도지사 또는 대도시 시장으로부터 영업의 정지처분을 받은 협회 회원의 권리·의무는 그 영업의 정지기간 중에는 정지되며, 등록사업자의 등록이 말소되거나 취소된 때에는 협회의 회원자격을 상실한다.
제86조【협회의 설립인가 등】 ① 협회를 설립하려면 회원자격을 가진 자 50인 이상을 발기인으로 하여 정관을 마련한 후 창립총회의 의결을 거쳐 국토교통부장관의 인가를 받아야 한다. 협회가 정관을 변경하려는 경우에도 또한 같다.
② 국토교통부장관은 제1항에 따른 인가를 하였을 때에는 이를 지체 없이 공고하여야 한다.
제87조【「민법」의 준용】 협회에 관하여 이 법에서 규정한 것 외에는 「민법」 중 사단법인에 관한 규정을 준용한다.
제88조【주택정책 관련 자료 등의 종합관리】 ① 국토교통부장관 또는 시·도지사는 적절한 주택정책의 수립 및 시행을 위하여 주택(준주택을 포함한다. 이하 이 조에서 같다)의 건설·공급·관리 및 이와 관련된 자금의 조달, 주택가격 동향 등 이 법에 규정된 주택과 관련된 사항에 관한 정보를 종합적으로 관리하고 이를 관련 기관·단체 등에 제공할 수 있다.
② 국토교통부장관 또는 시·도지사는 제1항에 따른 주택 관련 정보를 종합관리하기 위하여 필요한 자료를 관련 기관·단체 등에 요청할 수 있다. 이 경우 관계 행정기관 등은 특별한 사유가 없으면 요청에 따라야 한다.
③ 사업주체 또는 관리주체는 주택을 건설·공급·관리할 때 이 법과 이 법에 따른 명령에 따라 필요한 주택의 소유 여부 확인, 입주자의 자격 확인 등 대통령령으로 정하는 사항에 대하여 관련 기관·단체 등에 자료 제공 또는 확인을 요청할 수 있다.
제89조【권한의 위임·위탁】 ① 이 법에 따른 국토교통부장관의 권한은 대통령령으로 정하는 바에 따라 그 일부를 시·도지사 또는 국토교통부 소속 기관의 장에게 위임할 수 있다.
② 국토교통부장관 또는 지방자치단체의 장은 이 법에 따른 권한 중 다음 각 호의 권한을 대통령령으로 정하는 바에 따라 주택산업 육성과 주택관리의 전문화, 시설물의 안전관리 및 자격검정 등을 목적으로 설립된 법인 또는 「주택도시기금법」 제10조제2항 및 제3항에 따라 주택도시기금 운용·관리에 관한 사무를 위탁받은 자 중 국토교통부장관 또는 지방자치단체의 장이 인정하는 자에게 위탁할 수 있다.
1. 제4조에 따른 주택건설사업 등의 등록
2. 제10조에 따른 영업실적 등의 접수
3. 제48조제3항에 따른 부실감리자 현황에 대한 종합관리
4. 제88조에 따른 주택정책 관련 자료의 종합관리
③ 국토교통부장관은 제55조제1항 및 제2항에 따른 관계 기관의 장에 대한 자료제공 요청에 관한 사무를 보건복지부장관 또는 지방자치단체의 장에게 위탁할 수 있다.
④ 국토교통부장관은 다음 각 호의 사무를 제56조의2에 따라 지정·고시된 주택청약업무수행기관에 위탁할 수 있다.
1. 제55조제1항에 따른 주민등록 전산정보 및 주택의 소유 여부 확인을 위한 자료의 제공 요청
2. 제56조에 따른 입주자저축정보의 제공 요청
3. 제1호 및 제2호에 따라 제공받은 자료 또는 정보를 활용한 입주자자격, 주택의 소유 여부, 재당첨 제한 여부, 공급 순위 등의 확인 및 해당 정보의 제공
(2020.1.23 본항신설)
제90조【등록증의 대여 등 금지】 ① 등록사업자는 다른 사람에게 자기의 성명 또는 상호를 사용하여 이 법에서 정한 사업이나 업무를 수행 또는 시공하게 하거나 그 등록증을 대여하여서는 아니 된다.
② 누구든지 등록사업자로부터 그 성명이나 상호를 빌리거나 허락 없이 등록사업자의 성명 또는 상호로 이 법에서 정한 사업이나 업무를 수행 또는 시공하거나 그 등록증을 빌려서는 아니 된다.(2024.1.16 본항신설)
③ 누구든지 제1항 및 제2항에서 금지된 행위를 알선하여서는 아니 된다.(2024.1.16 본항신설)
④ 등록사업자, 제2조제11호에 따른 주택조합의 임원(발기인을 포함한다) 및 제11조의2에 따른 업무대행자는 이 법에서 정한 사업이나 업무를 수행 또는 시공하기 위하여 제2항의 행위를 교사하거나 방조하여서는 아니 된다.(2024.1.16 본항신설)
제91조【체납된 분양대금 등의 강제징수】 ① 국가 또는 지방자치단체인 사업주체가 건설한 국민주택의 분양대금·임대보증금 및 임대료가 체납된 경우에는 국가 또는 지방자치단체가 국세 또는 지방세 체납처분의 예에 따라 강제징수할 수 있다. 다만, 입주자가 장기간의 질병이나 그 밖의 부득이한 사유로 분양대금·임대보증금 및 임대료를 체납한 경우에는 강제징수하지 아니할 수 있다.
② 한국토지주택공사 또는 지방공사는 그가 건설한 국민주택의 분양대금·임대보증금 및 임대료가 체납된 경우에는 주택의 소재지를 관할하는 시장·군수·구청장에게 그 징수를 위탁할 수 있다.
③ 제2항에 따라 징수를 위탁받은 시장·군수·구청장은 지방세 체납처분의 예에 따라 이를 징수하여야 한다. 이 경우 한국토지주택공사 또는 지방공사는 시장·군수·구청장이 징수한 금액의 2퍼센트에 해당하는 금액을 해당 시·군·구에 위탁수수료로 지급하여야 한다.
제92조【분양권 전매 등에 대한 신고포상금】 시·도지사는 제64조를 위반하여 분양권 등을 전매하거나 알선하는 자를 주무관청에 신고한 자에게 대통령령으로 정하는 바에 따라 포상금을 지급할 수 있다.

제93조【보고·검사 등】 ① 국토교통부장관 또는 지방자치단체의 장은 필요하다고 인정할 때에는 다음 각 호의 어느 하나에 해당하는 자에게 필요한 보고를 하게 하거나, 관계 공무원으로 하여금 사업장에 출입하여 필요한 검사를 하게 할 수 있다. 다만, 제2조제24호에 따른 공공택지를 공급하기 위하여 한국토지주택공사등(제4조제1항제1호부터 제4호까지에 해당하는 자를 말한다)이 제4조제2항에 따른 등록기준 관련 검사를 요청하는 경우 요청받은 지방자치단체의 장은 검사요청을 받은 날부터 30일 이내에 검사결과를 통보하여야 한다.
(2024.1.16 본문개정)
1. 이 법에 따른 신고·인가·승인 또는 등록을 한 자
2. 관할구역에서 공공택지를 공급받은 자(제4조제1항 단서에 해당하는 자는 제외한다)
(2024.1.16 1호~2호신설)
② 제1항에 따른 검사를 할 때에는 검사 7일 전까지 검사 일시, 검사 이유 및 검사 내용 등 검사계획을 검사를 받을 자에게 알려야 한다. 다만, 긴급한 경우나 사전에 통지하면 증거인멸 등으로 검사 목적을 달성할 수 없다고 인정하는 경우에는 그러하지 아니하다.
③ 제1항에 따라 검사를 하는 공무원은 그 권한을 나타내는 증표를 지니고 이를 관계인에게 내보여야 한다.
④ 제1항에 따른 보고·검사 등에서 제8조에 따른 조치가 필요하다고 판단되는 다른 지방자치단체 등록사업자가 있는 경우 관할 시·도지사에게 통보하여야 한다.(2024.1.16 본항신설)
제93조의2【보고·검사 등에 따른 자료요청】 ① 국토교통부장관 또는 지방자치단체의 장은 제93조에 따른 보고·검사 등에 필요한 자료로서 기술인력에 해당하는 자의 고용보험, 국민연금보험, 국민건강보험, 산업재해보상보험, 건설근로자 퇴직공제 및 경력증명, 사업자등록증명, 소득금액증명, 법인등기임원에 관한 자료를 관계 기관의 장에게 요청할 수 있다. 이 경우 자료의 제공을 요청받은 관계 기관의 장은 특별한 사유가 없으면 이에 따라야 한다.
② 국토교통부장관 또는 지방자치단체의 장은 제1항의 자료를 확인하기 위하여 필요하면 「전자정부법」 제36조제1항에 따라 행정정보를 공동이용할 수 있다.
(2024.1.16 본조신설)
제94조【사업주체 등에 대한 지도·감독】 국토교통부장관 또는 지방자치단체의 장은 사업주체 및 공동주택의 입주자·사용자·관리주체·입주자대표회의나 그 구성원 또는 리모델링주택조합이 이 법 또는 이 법에 따른 명령이나 처분을 위반한 경우에는 공사의 중지, 원상복구 또는 그 밖에 필요한 조치를 명할 수 있다.
제95조【협회 등에 대한 지도·감독】 국토교통부장관은 협회를 지도·감독한다.
제96조【청문】 국토교통부장관 또는 지방자치단체의 장은 다음 각 호의 어느 하나에 해당하는 처분을 하려면 청문을 하여야 한다.
1. 제8조제1항에 따른 주택건설사업 등의 등록말소
2. 제14조제2항에 따른 주택조합의 설립인가취소
3. 제16조제4항에 따른 사업계획승인의 취소(2021.1.5 본호개정)
4. 제66조제8항에 따른 행위허가의 취소
제97조【벌칙 적용에서 공무원 의제】 다음 각 호의 어느 하나에 해당하는 자는 「형법」 제129조부터 제132조까지의 규정을 적용할 때에는 공무원으로 본다.
1. 제44조 및 제45조에 따라 감리업무를 수행하는 자
2. 제48조의3제1항에 따른 품질점검단의 위원 중 공무원이 아닌 자(2020.1.23 본호신설)
3. 제59조에 따른 분양가심사위원회의 위원 중 공무원이 아닌 자

제6장 벌 칙

제98조【벌칙】 ① 제33조, 제43조, 제44조(같은 조 제1항제4호의2는 제외한다), 제46조 또는 제70조를 위반하여 설계·시공 또는 감리를 함으로써 「공동주택관리법」 제36조제3항에 따른 담보책임기간에 공동주택의 내력구조부에 중대한 하자를 발생시켜 일반인을 위험에 처하게 한 설계자·시공자·감리자·건축구조기술사 또는 사업주체는 10년 이하의 징역에 처한다.(2024.1.16 본항개정)
② 제1항의 죄를 범하여 사람을 죽음에 이르게 하거나 다치게 한 자는 무기징역 또는 3년 이상의 징역에 처한다.
제99조【벌칙】 ① 업무상 과실로 제98조제1항의 죄를 범한 자는 5년 이하의 징역이나 금고 또는 5천만원 이하의 벌금에 처한다.
② 업무상 과실로 제98조제2항의 죄를 범한 자는 10년 이하의 징역이나 금고 또는 1억원 이하의 벌금에 처한다.
제100조【벌칙】 제55조제5항, 제56조제10항 및 제57조의3제4항을 위반하여 정보 또는 자료를 사용·제공 또는 누설한 사람은 5년 이하의 징역 또는 5천만원 이하의 벌금에 처한다.
(2020.8.18 본조개정)
제101조【벌칙】 다음 각 호의 어느 하나에 해당하는 자는 3년 이하의 징역 또는 3천만원 이하의 벌금에 처한다. 다만, 제2호 및 제3호에 해당하는 자로서 그 위반행위로 얻은 이익의 3배에 해당하는 금액이 3천만원을 초과하는 자는 3년 이하의 징역 또는 그 이익의 3배에 해당하는 금액 이하의 벌금에 처한다.
(2018.12.18 단서신설)
1. 제11조의2제1항을 위반하여 조합업무를 대행하게 한 주택조합, 주택조합의 발기인 및 조합업무를 대행한 자(2020.1.23 본호개정)
1의2. 고의로 제33조를 위반하여 설계하거나 시공함으로써 사업주체 또는 입주자에게 손해를 입힌 자(2018.12.18 본호신설)
1의3. 제57조의2제2항 또는 제7항을 위반하여 거주의무를 이행하지 아니하고 해당 주택을 양도한 자(2024.3.19 본호신설)
2. 제64조제1항을 위반하여 주택을 전매하거나 이의 전매를 알선한 자(2020.8.18 본호개정)
3. 제65조제1항을 위반한 자
4. 제66조제3항을 위반하여 리모델링주택조합이 설립인가를 받기 전에 또는 입주자대표회의가 소유자 전원의 동의를 받기 전에 시공자를 선정한 자 및 시공자로 선정된 자
5. 제66조제4항을 위반하여 경쟁입찰의 방법에 의하지 아니하고 시공자를 선정한 자 및 시공자로 선정된 자
제102조【벌칙】 다음 각 호의 어느 하나에 해당하는 자는 2년 이하의 징역 또는 2천만원 이하의 벌금에 처한다. 다만, 제5호 또는 제18호에 해당하는 자로서 그 위반행위로 얻은 이익의 50퍼센트에 해당하는 금액이 2천만원을 초과하는 자는 2년 이하의 징역 또는 그 이익의 2배에 해당하는 금액 이하의 벌금에 처한다.
1. 제4조에 따른 등록을 하지 아니하거나, 거짓이나 그 밖의 부정한 방법으로 등록을 하고 같은 조의 사업을 한 자
2. 제11조의3제1항을 위반하여 신고하지 아니하고 조합원을 모집하거나 조합원을 공개로 모집하지 아니한 자(2016.12.2 본호개정)
2의2. 제11조의5를 위반하여 조합원 가입을 권유하거나 조합원을 모집하는 광고를 한 자(2020.1.23 본호신설)
2의3. 제11조의6제1항을 위반하여 가입비등을 예치하도록 하지 아니한 자(2020.1.23 본호개정)
2의4. 제11조의6제4항을 위반하여 가입비등의 반환을 요청하지 아니한 자(2020.1.23 본호개정)
3. 제12조제2항에 따른 서류 및 관련 자료를 거짓으로 공개한 주택조합의 발기인 또는 임원(2020.1.23 본호개정)
4. 제12조제3항에 따른 열람·복사 요청에 대하여 거짓의 사실이 포함된 자료를 열람·복사하여 준 주택조합의 발기인 또는 임원(2020.1.23 본호개정)
5. 제15조제1항·제3항 또는 제4항에 따른 사업계획의 승인 또는 변경승인을 받지 아니하고 사업을 시행하는 자
6. (2018.12.18 삭제)
6의2. 과실로 제33조를 위반하여 설계하거나 시공함으로써 사업주체 또는 입주자에게 손해를 입힌 자(2018.12.18 본호신설)
7. 제34조제1항 또는 제2항을 위반하여 주택건설공사를 시행하거나 시행하게 한 자

8. 제35조에 따른 주택건설기준등을 위반하여 사업을 시행한 자
9. 제39조를 위반하여 공동주택성능에 대한 등급을 표시하지 아니하거나 거짓으로 표시한 자
10. 제40조에 따른 환기시설을 설치하지 아니한 자
11. 고의로 제44조제1항(같은 항 제4호의2는 제외한다)에 따른 감리업무를 게을리하여 위법한 주택건설공사를 시공함으로써 사업주체 또는 입주자에게 손해를 입힌 자 (2024.1.16 본호개정)
12. 제49조제4항을 위반하여 주택 또는 대지를 사용하게 하거나 사용한 자(제66조제7항에 따라 준용되는 경우를 포함한다)
13. 제54조제1항을 위반하여 주택을 건설·공급한 자(제54조의2에 따라 주택의 공급업무를 대행한 자를 포함한다) (2019.4.23 본호개정)
14. 제54조제3항을 위반하여 건축물을 건설·공급한 자
14의2. 제54조의2제2항을 위반하여 주택의 공급업무를 대행하게 한 자(2019.4.23 본호신설)
15. 제57조제1항 또는 제5항을 위반하여 주택을 공급한 자
16. 제60조제1항 또는 제3항을 위반하여 견본주택을 건설하거나 유지관리한 자
17. 제61조제1항을 위반하여 같은 항 각 호의 어느 하나에 해당하는 행위를 한 자
18. 제77조를 위반하여 부정하게 재물 또는 재산상의 이익을 취득하거나 제공한 자
19. 제81조제3항에 따른 조치를 위반한 자

제103조【벌칙】 제59조제4항을 위반하여 고의로 잘못된 심사를 한 자는 2년 이하의 징역 또는 2천만원 이하의 벌금에 처한다.(2018.12.18 본조개정)

제104조【벌칙】 다음 각 호의 어느 하나에 해당하는 자는 1년 이하의 징역 또는 1천만원 이하의 벌금에 처한다.
1. 제8조에 따른 영업정지기간에 영업을 한 자
1의2. 제11조의2제4항을 위반하여 실적보고서를 제출하지 아니한 업무대행자(2020.1.23 본호신설)
1의3. 제12조제1항을 위반하여 실적보고서를 작성하지 아니하거나 제12조제1항 각 호의 사항을 포함하지 않고 작성한 주택조합의 발기인 또는 임원(2020.1.23 본호신설)
2. 제12조제2항을 위반하여 주택조합사업의 시행에 관련한 서류 및 자료를 공개하지 아니한 주택조합의 발기인 또는 임원(2020.1.23 본호개정)
3. 제12조제3항을 위반하여 조합원의 열람·복사 요청을 따르지 아니한 주택조합의 발기인 또는 임원(2020.6.9 본호개정)
4. (2020.1.23 삭제)
4의2. 제14조제4항에 따른 시정요구 등의 명령을 위반한 자(2019.12.10 본호신설)
4의3. 제14조의2제3항을 위반하여 총회의 개최를 통지하지 아니한 자(2020.1.23 본호신설)
4의4. 제14조의3제1항에 따른 회계감사를 받지 아니한 자(2020.1.23 본호신설)
4의5. 제14조의3제2항을 위반하여 장부 및 증빙서류를 작성 또는 보관하지 아니하거나 거짓으로 작성한 자(2020.1.23 본호신설)
5. (2018.12.18 삭제)
6. 과실로 제44조제1항(같은 항 제4호의2는 제외한다)에 따른 감리업무를 게을리하여 위법한 주택건설공사를 시공함으로써 사업주체 또는 입주자에게 손해를 입힌 자 (2024.1.16 본호개정)
7. 제44조제4항을 위반하여 시정 통지를 받고도 계속하여 주택건설공사를 시공한 시공자 및 사업주체
8. 제46조제1항에 따른 건축구조기술사의 협력, 제68조제5항에 따른 안전진단기준, 제69조제3항에 따른 검토기준 또는 제70조에 따른 구조기준을 위반하여 사업주체, 입주자 또는 사용자에게 손해를 입힌 자
9. 제48조제2항에 따른 시정명령에도 불구하고 필요한 조치를 하지 아니하고 감리를 한 자
10. 제57조의2제1항 및 제7항을 위반하여 거주의무기간 중에 실제로 거주하지 아니하고 거주한 것으로 속인 자(2020.8.18 본호신설)
11. 제66조제1항 및 제2항을 위반한 자
12. 제90조제1항을 위반하여 등록증의 대여 등을 한 자 (2024.1.16 본호개정)
12의2. 제90조제2항을 위반하여 등록사업자의 성명이나 상호를 빌리거나 허락 없이 등록사업자의 성명이나 상호로 이 법에서 정한 사업이나 업무를 수행 또는 시공하거나 등록증을 빌린 자(2024.1.16 본호신설)
12의3. 제90조제3항을 위반하여 알선한 자(2024.1.16 본호신설)
12의4. 제90조제4항을 위반하여 같은 조 제2항의 행위를 교사하거나 방조한 자(2024.1.16 본호신설)
13. 제93조제1항에 따른 검사 등을 거부·방해 또는 기피한 자
14. 제94조에 따른 공사 중지 등의 명령을 위반한 자

제105조【양벌규정】 ① 법인의 대표자나 법인 또는 개인의 대리인, 사용인, 그 밖의 종업원이 그 법인 또는 개인의 업무에 관하여 제98조의 위반행위를 하면 그 행위자를 벌하는 외에 그 법인 또는 개인에게도 10억원 이하의 벌금에 처한다. 다만, 법인 또는 개인이 그 위반행위를 방지하기 위하여 해당 업무에 관하여 상당한 주의와 감독을 게을리하지 아니한 경우에는 그러하지 아니하다.
② 법인의 대표자나 법인 또는 개인의 대리인, 사용인, 그 밖의 종업원이 그 법인 또는 개인의 업무에 관하여 제99조, 제101조, 제102조 및 제104조의 어느 하나에 해당하는 위반행위를 하면 그 행위자를 벌하는 외에 그 법인 또는 개인에게도 해당 조문의 벌금형을 과(科)한다. 다만, 법인 또는 개인이 그 위반행위를 방지하기 위하여 해당 업무에 관하여 상당한 주의와 감독을 게을리하지 아니한 경우에는 그러하지 아니하다.

제106조【과태료】 ① 다음 각 호의 어느 하나에 해당하는 자에게는 2천만원 이하의 과태료를 부과한다.
1. 제48조의2제1항을 위반하여 사전방문을 실시하게 하지 아니한 자(2020.1.23 본호신설)
2. 제48조의3제3항을 위반하여 점검에 따르지 아니하거나 기피 또는 방해한 자(2020.1.23 본호신설)
3. 제78조제3항에 따른 표준임대차계약서를 사용하지 아니하거나 표준임대차계약서의 내용을 이행하지 아니한 자
4. 제78조제5항에 따른 임대료에 관한 기준을 위반하여 토지를 임대한 자
② 다음 각 호의 어느 하나에 해당하는 자에게는 1천만원 이하의 과태료를 부과한다.
1. 제11조의2제3항을 위반하여 자금의 보관 업무를 대행하도록 하지 아니한 자(2021.4.13 본호개정)
2. 제11조의3제8항에 따른 주택조합 가입에 관한 계약서 작성 의무를 위반한 자(2020.1.23 본호신설)
3. 제11조의4제1항에 따른 설명의무 또는 같은 조 제2항에 따른 확인 및 교부, 보관 의무를 위반한 자(2020.1.23 본호신설)
4. 제13조제4항을 위반하여 겸직한 자(2020.1.23 본호신설)
5. 제46조제1항을 위반하여 건축구조기술사의 협력을 받지 아니한 자
6. 제54조의2제3항에 따른 조치를 하지 아니한 자(2019.4.23 본호신설)
③ 다음 각 호의 어느 하나에 해당하는 자에게는 500만원 이하의 과태료를 부과한다.
1. 제12조제4항에 따른 서류 및 자료를 제출하지 아니한 주택조합의 발기인 또는 임원(2020.1.23 본호개정)
2. 제16조제2항에 따른 신고를 하지 아니한 자
2의2. 제41조의2제8항을 위반하여 성능검사 결과 또는 조치결과를 입주예정자에게 알리지 아니하거나 거짓으로 알린 자 (2024.1.16 본호신설)
2의3. 제44조제1항제4호의2에 따른 시공자격 여부의 확인을 하지 아니한 감리자(2024.1.16 본호신설)
3. 제44조제2항에 따른 보고를 하지 아니하거나 거짓으로 보고를 한 감리자
3의2. 제44조제3항에 따른 보고를 하지 아니하거나 거짓으로 보고를 한 감리자(2021.8.10 본호신설)

4. 제45조제2항에 따른 보고를 하지 아니하거나 거짓으로 보고를 한 감리자
4의2. 제48조의2제3항을 위반하여 보수공사 등의 조치를 하지 아니한 자(2020.1.23 본호신설)
4의3. 제48조의2제5항을 위반하여 조치결과 등을 입주예정자 및 사용검사권자에게 알리지 아니한 자(2020.1.23 본호신설)
4의4. 제48조의3제4항 후단을 위반하여 자료제출 요구에 따르지 아니하거나 거짓으로 자료를 제출한 자(2020.1.23 본호신설)
4의5. 제48조의3제7항을 위반하여 조치명령을 이행하지 아니한 자(2020.1.23 본호신설)
5. 제54조제2항을 위반하여 주택을 공급받은 자
6. 제54조제8항을 위반하여 같은 항에 따른 사본을 제출하지 아니하거나 거짓으로 제출한 자(2019.12.10 본호신설)
7. 제93조제1항에 따른 보고 또는 검사의 명령을 위반한 자
④ 다음 각 호의 어느 하나에 해당하는 자에게는 300만원 이하의 과태료를 부과한다.
1. 제57조의2제2항 및 제8항을 위반하여 한국토지주택공사에 해당 주택의 매입을 신청하지 아니한 자(2024.3.19 본호개정)
2. 제57조의3제1항에 따른 서류 등의 제출을 거부하거나 해당 주택의 출입·조사 또는 질문을 방해하거나 기피한 자
(2021.4.13 본항개정)
⑤ 제1항부터 제4항까지에 따른 과태료는 대통령령으로 정하는 바에 따라 국토교통부장관 또는 지방자치단체의 장이 부과한다.(2020.8.18 본항개정)

부 칙

제1조【시행일】 이 법은 2016년 8월 12일부터 시행한다.
제2조【다른 법률의 폐지】 토지임대부 분양주택 공급촉진을 위한 특별조치법은 폐지한다.
제3조【국민주택에 관한 적용례】 제2조제5호의 개정규정은 이 법 시행 후 사업계획승인(「건축법」 제11조에 따른 건축허가를 포함한다)을 신청하는 경우부터 적용한다.
제4조【주택조합 업무의 대행에 관한 적용례】 제11조제8항의 개정규정은 이 법 시행 후 주택조합 업무대행 계약을 체결하는 경우부터 적용한다.
제5조【조합임원의 결격사유에 관한 적용례】 제13조의 개정규정은 이 법 시행 후 임원을 선임하는 분부터 적용한다.
제6조【기반시설의 기부채납에 관한 적용례】 제17조의 개정규정은 이 법 시행 후 최초로 사업계획승인(착공신고 이전에 변경승인을 신청한 것을 포함한다)을 신청하는 경우부터 적용한다.
제7조【공동주택 리모델링 특례에 관한 적용례】 제76조제4항의 개정규정은 이 법 시행 후 체결되거나 갱신된 리모델링 건축물에 관한 임대차계약부터 적용한다.
제8조【토지임대부 분양주택의 재건축에 관한 적용례】 제79조제4항의 개정규정은 이 법 시행 후 최초로 입주자모집 승인을 신청하는 경우부터 적용한다.
제9조【과태료에 관한 적용례】 제106조제2항제1호의 개정규정은 이 법 시행 후 주택조합 업무대행 계약을 체결하는 경우부터 적용한다.
제10조【금치산자 등의 조합임원의 결격사유에 관한 특례】 제13조제1항제1호의 개정규정에 따른 피성년후견인 또는 피한정후견인에는 법률 제10429호 민법 일부개정법률 부칙 제2조에 따라 금치산 또는 한정치산 선고의 효력이 유지되는 사람이 포함되는 것으로 본다.
제11조【일반적 경과조치】 이 법 시행 당시 종전의 「주택법」에 따른 결정·처분·절차, 그 밖의 행위는 이 법의 규정에 의하여 행하여진 것으로 본다.
제12조【토지임대부 분양주택에 관한 경과조치】 이 법 시행 당시 종전의 「토지임대부 분양주택 공급촉진을 위한 특별조치법」 제2조제4호의 토지임대부 분양주택에 대하여는 종전의 같은 법의 규정에 따른다.
제13조【금치산자 등의 등록사업자의 결격사유에 관한 경과조치】 제6조제1호의 개정규정에 따른 피성년후견인 또는 피한정후견인에는 법률 제10429호 민법 일부개정법률 부칙 제2조에 따라 금치산 또는 한정치산 선고의 효력이 유지되는 사람이 포함되는 것으로 본다.
제14조【입주자저축에 관한 경과조치】 법률 제13379호 주택법 일부개정법률의 시행일인 2015년 9월 1일 이전에 가입한 청약저축, 청약예금 및 청약부금에 대하여는 같은 개정법률 제75조제2항의 개정규정에도 불구하고 종전의 규정을 적용한다.
제15조【주택의 분양가격 제한 등에 관한 경과조치】 법률 제8383호 주택법 일부개정법률의 시행일인 2007년 9월 1일 이전인 2007년 8월 31일 이전에 사업계획의 승인을 받았거나 승인을 신청한 경우로서 2007년 11월 30일까지 제38조제1항에 따른 입주자모집승인[「도시 및 주거환경정비법」에 따라 공급하는 주택(주거환경개선사업은 제외한다)의 경우는 「도시 및 주거환경정비법」 제48조에 따른 관리처분계획의 인가)]을 신청한 경우에는 같은 개정법률 제38조의2의 개정규정에도 불구하고 종전의 규정을 적용한다.
제16조【주택의 전매행위 제한에 관한 경과조치】 부칙 제15조에 따라 분양가상한제가 적용되지 아니하는 주택에 대하여는 법률 제12959호 주택법 일부개정법률 제41조의2제1항제3호의 개정규정에도 불구하고 종전의 규정을 적용한다.
제17조【리모델링 기본계획 수립 전의 리모델링 절차에 관한 경과조치】 제66조제9항의 개정규정에도 불구하고 법률 제12115호 주택법 일부개정법률 시행 후 리모델링 기본계획이 수립되기 전까지 제2조제25호다목의 개정규정에 따른 세대수 증가형 리모델링의 절차(제66조제1항의 개정규정에 따른 허가 전까지를 말한다)를 진행할 수 있다.
제18조【리모델링주택조합의 리모델링에 관한 경과조치】 법률 제12115호 주택법 일부개정법률 시행 당시 설립인가를 받은 리모델링주택조합은 같은 개정법률의 규정에도 불구하고 종전의 규정에 따른 증축 범위에서는 종전의 규정에 따라 리모델링을 할 수 있다.
제19조【아파트지구개발사업에 관한 경과조치】 법률 제6916호 주택법 전부개정법률 시행 당시 도시계획법에 의하여 지정된 아파트지구의 개발에 대하여는 같은 개정법률에도 불구하고 종전의 규정을 적용한다.
제20조【벌칙 등에 관한 경과조치】 이 법 시행 전의 위반행위에 대하여 벌칙과 과태료를 적용할 때에는 종전의 「주택법」 및 「토지임대부 분양주택 공급촉진을 위한 특별조치법」에 따른다.
제21조【다른 법률의 개정】 ①~㊱ ※(해당 법령에 가제정리 하였음)
제22조【다른 법령과의 관계】 이 법 시행 당시 다른 법령에서 종전의 법률 규정을 인용하고 있는 경우에 이 법 가운데 그에 해당하는 규정이 있을 때에는 종전의 법률 규정을 갈음하여 이 법의 해당 규정을 인용한 것으로 본다.

부 칙 (2016.12.2)

제1조【시행일】 이 법은 공포 후 6개월이 경과한 날부터 시행한다.
제2조【조합 탈퇴 및 환급 청구 등에 관한 적용례】 제11조제7항부터 제9항까지의 개정규정은 이 법 시행 후 최초로 같은 조 제1항에 따라 주택조합설립인가(변경 인가를 포함한다. 이하 같다)를 받아 설립된 주택조합부터 적용한다.
제3조【주택조합업무의 대행에 관한 적용례】 제11조의2의 개정규정은 이 법 시행 후 주택조합 업무대행 계약을 체결하는 경우부터 적용한다.
제4조【조합원 모집 신고 및 공개모집에 관한 경과조치】 제11조의3의 개정규정에도 불구하고 다음 각 호의 어느 하나에 해당하는 경우에는 종전의 규정에 따른다.
1. 이 법 시행일 이전에 제11조제1항에 따라 주택조합설립인가 신청을 한 경우
2. 이 법 시행일 이전에 주택조합설립인가 신청을 하기 위하여 일간신문에 조합원 모집 공고를 하여 조합원을 모집한 경우
제5조【벌칙에 관한 경과조치】 이 법 시행 전의 행위에 대하여 벌칙을 적용할 때에는 종전의 규정에 따른다.
제6조【다른 법률의 개정】 ※(해당 법령에 가제정리 하였음)

부　칙 (2017.8.9)

제1조【시행일】 이 법은 공포 후 3개월이 경과한 날부터 시행한다.
제2조【조정대상지역 지정에 관한 준비행위】 ① 국토교통부장관은 이 법 시행 전에 제63조의2의 개정규정의 시행을 위하여 주거정책심의위원회의 심의를 거쳐 조정대상지역 예정지를 지정할 수 있다.
② 국토교통부장관이 제1항에 따라 조정대상지역 예정지를 지정하였을 때에는 지체 없이 이를 공고하고, 해당 지역을 관할하는 시장·군수·구청장에게 해당 공고 내용을 통보하여야 한다.
③ 제1항에 따라 지정된 조정대상지역 예정지는 이 법 시행일에 제63조의2의 개정규정에 따른 조정대상지역으로 지정된 것으로 본다.
제3조【전매제한기간 등에 관한 적용례】 제64조의 개정규정에 따른 전매제한기간은 이 법 시행 후 최초로 입주자 모집승인을 신청(제2조제10호가목 및 나목에 해당하는 사업주체의 경우에는 입주자 모집공고를 말한다)하는 경우부터 적용한다.

부　칙 (2018.3.13)

제1조【시행일】 이 법은 공포 후 6개월이 경과한 날부터 시행한다. 다만, 제63조제5항의 개정규정은 공포한 날부터 시행한다.
제2조【공사감리비 예치에 관한 적용례】 제44조제6항 및 제7항의 개정규정은 이 법 시행 후 최초로 사업계획승인 또는 리모델링허가를 신청하는 경우부터 적용한다.
제3조【주택의 공급에 관한 경과조치】 이 법 시행 당시 제54조제1항제1호에 따른 승인을 신청한 경우에는 같은 항 제2호 가목의 개정규정에도 불구하고 종전의 규정에 따른다.

부　칙 (2019.4.23)

제1조【시행일】 이 법은 공포 후 6개월이 경과한 날부터 시행한다.
제2조【주택의 공급업무의 대행에 관한 적용례】 제54조의2의 개정규정은 이 법 시행 후 주택의 공급업무 대행 계약을 체결하는 경우부터 적용한다.

부　칙 (2019.12.10)

제1조【시행일】 이 법은 공포 후 6개월이 경과한 날부터 시행한다. 다만, 제11조의6 및 제102조의 개정규정은 공포 후 1년이 경과한 날부터 시행한다.(2020.1.23 단서개정)
제2조【가입비등의 환급에 관한 적용례】 제11조의6의 개정규정은 같은 개정규정 시행 후 최초로 조합원 모집 신고를 하는 경우(변경 신고는 제외한다)부터 적용한다.(2020.1.23 본조개정)
제3조【표시·광고의 사본 제출 등에 관한 적용례】 제54조제8항의 개정규정은 이 법 시행 후 최초로 제54조제1항제1호에 따라 입주자모집 승인을 신청(공공주택사업자의 경우 입주자모집공고를 말한다)하는 경우부터 적용한다.

부　칙 (2020.1.23)

제1조【시행일】 이 법은 공포 후 6개월이 경과한 날부터 시행한다. 다만, 제21조제1항제4호, 제22조제2항, 제55조제1항 및 제2항, 제56조, 제56조의2, 제56조의3, 제66조제2항, 제76조제5항 및 제6항, 제89조제4항 및 제100조의 개정규정은 공포한 날부터 시행하고, 법률 제16811호 주택법 일부개정법률 제11조의6 및 제102조제2호의3·제2호의4의 개정규정은 2020년 12월 11일부터 시행하며, 제48조의2, 제48조의3제1항부터 제7항까지, 제48조의3제9항, 제97조, 제106조제1항제1호 및 제2호, 법률 제16811호 주택법 일부개정법률 제106조제3항제4호의2부터 제4호의5까지의 개정규정은 공포 후 1년이 경과한 날부터 시행하고, 제48조의3제8항의 개정규정은 공포 후 2년이 경과한 날부터 시행한다.
제2조【주택조합 설립인가 요건 등에 관한 적용례】 제11조제2항, 제11조의3제1항·제6항·제7항, 제11조의4 및 제13조제1항부터 제3항까지의 개정규정은 이 법 시행 후 최초로 조합원 모집신고(변경 신고는 제외한다)를 하는 경우부터 적용한다.
제3조【주택조합업무의 대행 등에 관한 적용례】 제11조의2제1항 및 제2항의 개정규정은 이 법 시행 후 최초로 주택조합 및 주택조합의 발기인이 업무대행 계약을 체결하는 경우부터 적용한다.
제4조【자금의 보관 업무 대행에 관한 경과조치】 이 법 시행 이전 사용검사를 받은 주택조합에 대하여는 제11조의2제3항의 개정규정에도 불구하고 종전의 규정을 적용한다.
제5조【조합임원의 겸직 금지에 관한 적용례】 제13조제4항의 개정규정은 이 법 시행 후 최초로 선임되는 주택조합의 임원부터 적용한다.
제6조【주택조합의 해산에 관한 적용례】 ① 이 법 시행 전에 조합원 모집 신고를 하였으나 이 법 시행일 현재 주택조합 설립인가를 받지 않은 경우(법률 제14344호 주택법 일부개정법률 부칙 제4조의 규정에 따라 조합원 모집 신고를 하지 않았으나 이 법 시행일 현재 주택조합 설립인가를 받지 않은 경우를 포함한다)에는 제14조의2제2항의 개정규정을 적용함에 있어 이 법 시행일을 제11조의3제1항에 따른 조합원 모집 신고가 수리된 날로 본다.
② 이 법 시행 전에 주택조합 설립인가를 받았으나 이 법 시행일 현재 사업계획 승인을 받지 않은 경우에는 제14조의2제1항의 개정규정을 적용함에 있어 이 법 시행일을 제11조제1항에 따른 주택조합의 설립인가를 받은 날로 본다.
제7조【사전방문 등에 관한 적용례】 제48조의2 및 제48조의3의 개정규정은 해당 개정규정의 시행 전에 사업계획승인을 받고 사용검사를 신청하기 전에 있는 사업주체에 대하여도 적용한다. 다만, 해당 개정규정의 시행일 이전에 입주자 모집공고에 따라 사전방문을 완료했거나 진행 중인 경우는 제외한다.

부　칙 (2020.4.7)

제1조【시행일】 이 법은 공포 후 3개월이 경과한 날부터 시행한다.(이하 생략)

부　칙 (2020.6.9)

이 법은 공포한 날부터 시행한다.(이하 생략)

부　칙 (2020.8.18)

제1조【시행일】 이 법은 공포 후 6개월이 경과한 날부터 시행한다.
제2조【주택의 분양가격 제한 등에 관한 적용례】 제57조제2항제4호의 개정규정은 이 법 시행 후 입주자 모집공고를 하는 경우부터 적용한다.
제3조【분양가상한제 적용주택의 입주자의 거주의무 및 주택의 전매행위 제한 등에 관한 적용례】 제57조의2, 제57조의3 및 제64조제1항부터 제3항까지의 개정규정은 이 법 시행 후 입주자모집 승인을 신청(「공공주택 특별법」 제4조에 따른 공공주택사업자의 경우에는 입주자 모집공고를 말한다)하는 경우부터 적용한다.
제4조【주택의 입주자자격 제한에 관한 적용례】 제64조제7항의 개정규정은 이 법 시행 후 제64조제1항을 위반하는 행위부터 적용한다.
제5조【다른 법률의 개정】 ※(해당 법령에 가제정리 하였음)

부 칙 (2021.1.5)

제1조【시행일】 이 법은 공포한 날부터 시행한다. 다만, 법률 제17486호 주택법 일부개정법률 제57조의2 및 제57조의3의 개정규정과 제78조의2의 개정규정은 공포 후 6개월이 경과한 날부터 시행한다.
제2조【착공신고에 관한 적용례】 제16조제3항의 개정규정은 이 법 시행 이후 제16조제2항에 따라 착공신고를 하는 경우부터 적용한다.
제3조【분양가상한제 적용주택 등의 입주자의 거주의무에 관한 적용례】 법률 제17486호 주택법 일부개정법률 제57조의2제1항의 개정규정은 같은 개정규정 시행 후 최초로 입주자모집 승인을 신청(「공공주택 특별법」 제4조에 따른 공공주택사업자의 경우에는 입주자 모집공고를 말한다)하는 경우부터 적용한다.
제4조【토지임대부 분양주택의 공공매입에 관한 적용례】 제78조의2의 개정규정은 같은 개정규정 시행 후 최초로 입주자 모집 승인을 신청(「공공주택 특별법」 제4조에 따른 공공주택사업자의 경우에는 입주자 모집공고를 말한다)하는 경우부터 적용한다.

부 칙 (2021.1.12)

제1조【시행일】 이 법은 공포 후 1년이 경과한 날부터 시행한다.(이하 생략)

부 칙 (2021.3.9)

제1조【시행일】 이 법은 공포 후 6개월이 경과한 날부터 시행한다.
제2조【적용례】 ① 제65조제2항의 개정규정은 이 법 시행 이후 제65조제1항을 위반한 자부터 적용한다.
② 제65조제6항 및 제7항의 개정규정은 이 법 시행 이후 주택의 공급계약을 취소하려는 경우부터 적용한다.

부 칙 (2021.4.13)

이 법은 공포 후 6개월이 경과한 날부터 시행한다. 다만, 다음 각 호의 사항은 그 구분에 따른 날부터 시행한다.
1. 법률 제17874호 주택법 일부개정법률 제57조의2제1항의 개정규정 : 2021년 7월 6일
2. 제63조제6항의 개정규정 : 공포 후 3개월이 경과한 날

부 칙 (2021.7.20 법18310호)

제1조【시행일】 이 법은 공포 후 1년이 경과한 날부터 시행한다.(이하 생략)

부 칙 (2021.7.20 법18317호)

이 법은 공포 후 3개월이 경과한 날부터 시행한다. 다만, 법률 제18053호 주택법 일부개정법률 제57조제2항제4호의2 및 제5호의 개정규정은 2021년 10월 14일부터 시행한다.

부 칙 (2021.8.10)

이 법은 공포 후 6개월이 경과한 날부터 시행한다.

부 칙 (2021.12.21)

제1조【시행일】 이 법은 공포한 날부터 시행한다.
제2조【공공택지의 정의에 관한 적용례】 제2조제24호바목의 개정규정은 이 법 시행 이후 최초로 사업계획승인을 받아 개발·조성되는 공동주택이 건설되는 용지부터 적용한다.

부 칙 (2022.2.3)

제1조【시행일】 이 법은 공포 후 6개월이 경과한 날부터 시행한다.
제2조【바닥충격음 성능검사에 관한 적용례】 제41조의2제1항 및 같은 조 제5항부터 제8항까지의 개정규정은 이 법 시행 이후 제15조에 따른 사업계획승인을 신청하는 경우부터 적용한다.

부 칙 (2022.5.3)

제1조【시행일】 이 법은 공포 후 1년이 경과한 날부터 시행한다.(이하 생략)

부 칙 (2022.12.27)

제1조【시행일】 이 법은 공포 후 6개월이 경과한 날부터 시행한다.(이하 생략)

부 칙 (2023.6.7)

제1조【시행일】 이 법은 2023년 6월 11일부터 시행한다.(이하 생략)

부 칙 (2023.12.26 법19839호)

제1조【시행일】 이 법은 2024년 1월 18일부터 시행한다.(이하 생략)

부 칙 (2023.12.26 법19851호)

제1조【시행일】 이 법은 공포 후 3개월이 경과한 날부터 시행한다. 다만, 제57조의2, 제64조, 제78조제6항 및 제78조의2의 개정규정은 공포 후 6개월이 경과한 날부터 시행한다.
제2조【주택의 분양가격 제한 등에 관한 적용례】 제57조제1항 및 제2항의 개정규정은 이 법 시행 이후 입주자 모집공고를 하는 경우부터 적용한다.

부 칙 (2024.1.16)

제1조【시행일】 이 법은 공포한 날부터 시행한다. 다만, 제8조제1항, 제18조, 제41조, 제41조의2, 제44조, 제90조, 제93조제1항, 제98조제1항, 제102조, 제104조, 제106조제3항의 개정규정은 공포 후 6개월이 경과한 날부터 시행한다.
제2조【통합심의에 관한 적용례】 제18조의 개정규정은 같은 개정규정 시행 이후 최초로 사업계획승인을 신청하거나 제15조제1항 또는 제3항에 따라 사업계획승인을 받으려는 자가 통합심의를 신청하는 경우부터 적용한다.
제3조【건축물 높이의 최고한도 완화에 관한 적용례】 제41조제8항의 개정규정은 같은 개정규정 시행 이후 제15조에 따른 사업계획승인을 신청(착공신고 이전에 변경승인을 신청하는 경우를 포함한다)하는 경우부터 적용한다.
제4조【감리자의 업무에 관한 적용례】 제44조제1항의 개정규정은 같은 개정규정 시행 이후 제16조제2항에 따라 착공신고를 하는 경우부터 적용한다.
제5조【주택건설사업의 등록말소 등에 관한 경과조치】 제8조제1항의 개정규정 시행 전의 행위에 대하여 주택건설사업의 등록말소 등을 적용할 때에는 종전의 규정에 따른다.
제6조【벌칙에 관한 경과조치】 제98조제1항, 제102조, 제104조 및 제106조제3항의 개정규정 시행 전의 행위에 대하여 벌칙을 적용할 때에는 종전의 규정에 따른다.

부　칙 (2024.3.19)

제1조【시행일】 이 법은 공포한 날부터 시행한다. 다만, 제57조의2제5항 및 제6항의 개정규정은 공포 후 3개월이 경과한 날부터 시행하고, 법률 제19851호 주택법 일부개정법률 제57조의2제2항의 개정규정은 2024년 6월 27일부터 시행한다.

제2조【거주의무기간의 개시 등에 관한 적용례】 제57조의2의 개정규정은 이 법 시행 이후 제49조에 따른 사용검사를 받는 경우부터 적용한다.

제3조【거주의무기간 적용 등에 대한 특례】 제57조의2제1항제1호에 해당하는 주택으로서 이 법 시행 전에 제49조에 따른 사용검사를 받은 주택의 경우에는 최초 입주가능일부터 거주의무기간이 개시된 것으로 보며, 거주의무 대상이 되는 해당 주택의 거주의무자는 제57조의2제1항의 개정규정 시행 이후 거주의무를 이행하기 전까지 총 3년의 범위에서 1회에 한정하여 해당 주택에 거주하지 아니할 수 있다. 이 경우 해당 주택에 거주한 기간이 연속적이지 아니한 경우에도 이를 거주의무를 이행한 기간에 산입한다.

제4조【부기등기 갱신 등에 대한 특례】 ① 제57조의2제5항 및 제6항의 개정규정이 시행되기 전 종전의 규정에 따라 부기등기된 주택의 거주의무자 중 제57조의2제5항 및 제6항의 개정규정을 적용받으려는 자에 대하여는 부칙 제2조에도 불구하고 제57조의2제5항 및 제6항의 개정규정을 적용한다. 이 경우 제57조의2제5항 전단의 개정규정에 따른 "사업주체"는 "거주의무자"로, "공급하는"은 "공급받은"으로 보고, 같은 항 후단은 적용하지 아니한다.

② 제1항에 따라 제57조의2제5항 및 제6항의 개정규정을 적용받으려는 자는 "이 주택은 「주택법」 제57조의2제1항에 따른 거주의무기간을 거주한 후 같은 조 제6항에 따라 부기등기를 말소하여야 양도할 수 있음"을 소유권에 관한 등기에 부기등기하여야 한다.

건축법

(2008년　3월　21일)
(전부개정법률 제8974호)

개정
2008. 3.28법 9049호
2008. 3.28법 9071호(도시교통정비촉진법)
2008. 6. 5법 9103호
2009. 1.30법 9384호(승강기시설안전관리법)
2009. 2. 6법 9437호　　2009. 4. 1법 9594호
2009. 6. 9법 9770호(소음·진동관리법)
2009. 6. 9법 9774호(측량·수로지적)
2009.12.29법 9858호
2010. 5.31법10331호(산지관리법)
2011. 4.14법10599호(국토이용)
2011. 5.30법10755호
2011. 5.30법10764호(택지개발촉진법)
2011. 7.21법10892호(환경영향평가법)
2011. 8. 4법11037호(소방시설설치·유지및안전관리에관한법)
2011. 9.16법11057호　　2012. 1.17법11182호
2012. 2.22법11365호(녹색건축물조성지원법)
2012.10.22법11495호(자연재해대책법)
2012.12.18법11599호(한국토지주택공사법)
2013. 3.23법11690호(정부조직)
2013. 5.10법11763호
2013. 5.22법11794호(건설기술진흥법)
2013. 7.16법11921호
2013. 8. 6법11998호(지방세외수입금의징수등에관한법)
2014. 1.14법12246호
2014. 1.14법12248호(도로법)
2014. 5.28법12701호
2014. 6. 3법12737호(지역개발및지원에관한법)
2014. 6. 3법12738호(공간정보구축관리)
2015. 1. 6법12968호
2015. 1. 6법12989호(주택도시기금법)
2015. 5.18법13325호
2015. 7.24법13433호(도시교통정비촉진법)
2015. 8.11법13470호(건축기본법)
2015. 8.11법13471호
2015. 8.11법13474호(공동주택관리법)
2015.12.22법13601호(실내공기질관리법)
2016. 1.19법13782호(감정평가감정평가사)
2016. 1.19법13785호
2016. 1.19법13805호(주택법)
2016. 2. 3법14016호
2017. 1.17법14532호(물환경보전법)
2017. 1.17법14535호
2017. 1.17법14545호(시설물의안전및유지관리에관한특별법)
2017. 2. 8법14567호(도시및주거환경정비법)
2017. 4.18법14792호
2017. 4.18법14795호(국토이용)
2017.10.24법14935호　　2017.12.26법15307호
2018. 3.27법15526호(승강기안전관리법)
2018. 4.17법15594호　　2018. 8.14법15721호
2018.12.18법15992호　　2019. 4.23법16380호
2019. 4.30법16415호(건설산업)
2019. 4.30법16416호(건축물관리법)
2019. 8.20법16485호
2019.11.26법16596호(문화재)
2020. 3.24법17091호(지방행정제재·부과금의징수등에관한법)
2020. 3.31법17171호(전기안전관리법)
2020. 4. 7법17219호(감정평가감정평가사)
2020. 4. 7법17223호
2020. 6. 9법17447호(국토안전관리원법)
2020. 6. 9법17453호(법률용어정비)
2020.12. 8법17606호　　2020.12.22법17733호
2021. 3.16법17939호(건설기술진흥법)
2021. 3.16법17940호
2021. 7.27법18340호(건축물관리법)
2021. 7.27법18341호　　2021. 8.10법18383호
2021.10.19법18508호　　2022. 2. 3법18825호
2022. 6.10법18935호　　2022.11.15법19045호
2023. 3.21법19251호(자연유산의보존및활용에관한법)
2023. 5.16법19409호(국가유산기본법)
2023. 8. 8법19590호(문화유산)
2023.12.26법19846호　　2024. 1.16법20037호
2024. 2. 6법20194호(자연유산의보존및활용에관한법)
2024. 3.26법20424호

제1장 총 칙

제1조 【목적】 이 법은 건축물의 대지·구조·설비 기준 및 용도 등을 정하여 건축물의 안전·기능·환경 및 미관을 향상시킴으로써 공공복리의 증진에 이바지하는 것을 목적으로 한다.

제2조 【정의】 ① 이 법에서 사용하는 용어의 뜻은 다음과 같다.

1. "대지(垈地)"란 「공간정보의 구축 및 관리 등에 관한 법률」에 따라 각 필지(筆地)로 나눈 토지를 말한다. 다만, 대통령령으로 정하는 토지는 둘 이상의 필지를 하나의 대지로 하거나 하나 이상의 필지의 일부를 하나의 대지로 할 수 있다. (2014.6.3 본문개정)
2. "건축물"이란 토지에 정착(定着)하는 공작물 중 지붕과 기둥 또는 벽이 있는 것과 이에 딸린 시설물, 지하나 고가(高架)의 공작물에 설치하는 사무소·공연장·점포·차고·창고, 그 밖에 대통령령으로 정하는 것을 말한다.
3. "건축물의 용도"란 건축물의 종류를 유사한 구조, 이용 목적 및 형태별로 묶어 분류한 것을 말한다.
4. "건축설비"란 건축물에 설치하는 전기·전화 설비, 초고속 정보통신 설비, 지능형 홈네트워크 설비, 가스·급수·배수(配水)·배수(排水)·환기·난방·냉방·소화(消火)·배연(排煙) 및 오물처리의 설비, 굴뚝, 승강기, 피뢰침, 국기 게양대, 공동시청 안테나, 유선방송 수신시설, 우편함, 저수조(貯水槽), 방범시설, 그 밖에 국토교통부령으로 정하는 설비를 말한다.(2016.1.19 본호개정)
5. "지하층"이란 건축물의 바닥이 지표면 아래에 있는 층으로서 바닥에서 지표면까지 평균높이가 해당 층 높이의 2분의 1 이상인 것을 말한다.
6. "거실"이란 건축물 안에서 거주, 집무, 작업, 집회, 오락, 그 밖에 이와 유사한 목적을 위하여 사용되는 방을 말한다.
7. "주요구조부"란 내력벽(耐力壁), 기둥, 바닥, 보, 지붕틀 및 주계단(主階段)을 말한다. 다만, 사이 기둥, 최하층 바닥, 작은 보, 차양, 옥외 계단, 그 밖에 이와 유사한 것으로 건축물의 구조상 중요하지 아니한 부분은 제외한다.
8. "건축"이란 건축물을 신축·증축·개축·재축(再築)하거나 건축물을 이전하는 것을 말한다.

8의2. "결합건축"이란 제56조에 따른 용적률을 개별 대지마다 적용하지 아니하고, 2개 이상의 대지를 대상으로 통합적용하여 건축물을 건축하는 것을 말한다.(2020.4.7 본호신설)

9. "대수선"이란 건축물의 기둥, 보, 내력벽, 주계단 등의 구조나 외부 형태를 수선·변경하거나 증설하는 것으로서 대통령령으로 정하는 것을 말한다.
10. "리모델링"이란 건축물의 노후화를 억제하거나 기능 향상 등을 위하여 대수선하거나 건축물의 일부를 증축 또는 개축하는 행위를 말한다.(2017.12.26 본호개정)
11. "도로"란 보행과 자동차 통행이 가능한 너비 4미터 이상의 도로(지형적으로 자동차 통행이 불가능한 경우와 막다른 도로의 경우에는 대통령령으로 정하는 구조와 너비의 도로)로서 다음 각 목의 어느 하나에 해당하는 도로나 그 예정도로를 말한다.
   가. 「국토의 계획 및 이용에 관한 법률」, 「도로법」, 「사도법」, 그 밖의 관계 법령에 따라 신설 또는 변경에 관한 고시가 된 도로
   나. 건축허가 또는 신고 시에 특별시장·광역시장·특별자치시장·도지사·특별자치도지사(이하 "시·도지사"라 한다) 또는 시장·군수·구청장(자치구의 구청장을 말한다. 이하 같다)이 위치를 지정하여 공고한 도로(2014.1.14 본목개정)
12. "건축주"란 건축물의 건축·대수선·용도변경, 건축설비의 설치 또는 공작물의 축조(이하 "건축물의 건축등"이라 한다)에 관한 공사를 발주하거나 현장 관리인을 두어 스스로 그 공사를 하는 자를 말한다.

12의2. "제조업자"란 건축물의 건축·대수선·용도변경, 건축설비의 설치 또는 공작물의 축조 등에 필요한 건축자재를 제조하는 사람을 말한다.(2016.2.3 본호신설)

12의3. "유통업자"란 건축물의 건축·대수선·용도변경, 건축설비의 설치 또는 공작물의 축조에 필요한 건축자재를 판매하거나 공사현장에 납품하는 사람을 말한다.(2016.2.3 본호신설)

13. "설계자"란 자기의 책임(보조자의 도움을 받는 경우를 포함한다)으로 설계도서를 작성하고 그 설계도서에서 의도하는 바를 해설하며, 지도하고 자문에 응하는 자를 말한다.
14. "설계도서"란 건축물의 건축등에 관한 공사용 도면, 구조 계산서, 시방서(示方書), 그 밖에 국토교통부령으로 정하는 공사에 필요한 서류를 말한다.(2013.3.23 본호개정)
15. "공사감리자"란 자기의 책임(보조자의 도움을 받는 경우를 포함한다)으로 이 법으로 정하는 바에 따라 건축물, 건축설비 또는 공작물이 설계도서의 내용대로 시공되는지를 확인하고, 품질관리·공사관리·안전관리 등에 대하여 지도·감독하는 자를 말한다.
16. "공사시공자"란 「건설산업기본법」 제2조제4호에 따른 건설공사를 하는 자를 말한다.

16의2. "건축물의 유지·관리"란 건축물의 소유자나 관리자가 사용 승인된 건축물의 대지·구조·설비 및 용도 등을 지속적으로 유지하기 위하여 건축물이 멸실될 때까지 관리하는 행위를 말한다.(2012.1.17 본호신설)

17. "관계전문기술자"란 건축물의 구조·설비 등 건축물과 관련된 전문기술자격을 보유하고 설계와 공사감리에 참여하여 설계자 및 공사감리자와 협력하는 자를 말한다.
18. "특별건축구역"이란 조화롭고 창의적인 건축물의 건축을 통하여 도시경관의 창출, 건설기술 수준향상 및 건축 관련 제도개선을 도모하기 위하여 이 법 또는 관계 법령에 따라 일부 규정을 적용하지 아니하거나 완화 또는 통합하여 적용할 수 있도록 특별히 지정하는 구역을 말한다.
19. "고층건축물"이란 층수가 30층 이상이거나 높이가 120미터 이상인 건축물을 말한다.(2011.9.16 본호신설)
20. "실내건축"이란 건축물의 실내를 안전하고 쾌적하며 효율적으로 사용하기 위하여 내부 공간을 칸막이로 구획하거나 벽지, 천장재, 바닥재, 유리 등 대통령령으로 정하는 재료 또는 장식물을 설치하는 것을 말한다.(2014.5.28 본호신설)
21. "부속구조물"이란 건축물의 안전·기능·환경 등을 향상시키기 위하여 건축물에 추가적으로 설치하는 환기시설물 등 대통령령으로 정하는 구조물을 말한다.(2016.2.3 본호신설)

② 건축물의 용도는 다음과 같이 구분하되, 각 용도에 속하는 건축물의 세부 용도는 대통령령으로 정한다.

1. 단독주택
2. 공동주택
3. 제1종 근린생활시설
4. 제2종 근린생활시설
5. 문화 및 집회시설
6. 종교시설
7. 판매시설
8. 운수시설
9. 의료시설
10. 교육연구시설
11. 노유자(老幼者 : 노인 및 어린이)시설
12. 수련시설
13. 운동시설

14. 업무시설
15. 숙박시설
16. 위락(慰樂)시설
17. 공장
18. 창고시설
19. 위험물 저장 및 처리 시설
20. 자동차 관련 시설
21. 동물 및 식물 관련 시설
22. 자원순환 관련 시설(2013.7.16 본호개정)
23. 교정(矯正)시설(2022.11.15 본호개정)
24. 국방·군사시설(2022.11.15 본호신설)
25. 방송통신시설
26. 발전시설
27. 묘지 관련 시설
28. 관광 휴게시설
29. 그 밖에 대통령령으로 정하는 시설

제3조【적용 제외】 ① 다음 각 호의 어느 하나에 해당하는 건축물에는 이 법을 적용하지 아니한다.
1. 「문화유산의 보존 및 활용에 관한 법률」에 따른 지정문화유산이나 임시지정문화유산 또는 「자연유산의 보존 및 활용에 관한 법률」에 따라 지정된 천연기념물등이나 임시지정천연기념물, 임시지정명승, 임시지정시·도자연유산, 임시자연유산자료(2024.2.6 본호개정)
2. 철도나 궤도의 선로 부지(敷地)에 있는 다음 각 목의 시설
 가. 운전보안시설
 나. 철도 선로의 위나 아래를 가로지르는 보행시설
 다. 플랫폼
 라. 해당 철도 또는 궤도사업용 급수(給水)·급탄(給炭) 및 급유(給油) 시설
3. 고속도로 통행료 징수시설
4. 컨테이너를 이용한 간이창고(「산업집적활성화 및 공장설립에 관한 법률」 제2조제1호에 따른 공장의 용도로만 사용되는 건축물의 대지에 설치하는 것으로서 이동이 쉬운 것만 해당된다)
5. 「하천법」에 따른 하천구역 내의 수문조작실(2016.1.19 본호신설)

② 「국토의 계획 및 이용에 관한 법률」에 따른 도시지역 및 같은 법 제51조제3항에 따른 지구단위계획구역(이하 "지구단위계획구역"이라 한다) 외의 지역으로서 동이나 읍(동이나 읍에 속하는 섬의 경우에는 인구가 500명 이상인 경우만 해당된다)이 아닌 지역은 제44조부터 제47조까지, 제51조 및 제57조를 적용하지 아니한다.(2014.1.14 본항개정)
③ 「국토의 계획 및 이용에 관한 법률」 제47조제7항에 따른 건축물이나 공작물을 도시·군계획시설로 결정된 도로의 예정지에 건축하는 경우에는 제45조부터 제47조까지의 규정을 적용하지 아니한다.(2011.4.14 본항개정)

제4조【건축위원회】 ① 국토교통부장관, 시·도지사 및 시장·군수·구청장은 다음 각 호의 사항을 조사·심의·조정 또는 재정(이하 이 조에서 "심의등"이라 한다)하기 하여 각각 건축위원회를 두어야 한다.(2013.3.23 본문개정)
1. 이 법과 조례의 제정·개정 및 시행에 관한 중요 사항 (2014.5.28 본호개정)
2. 건축물의 건축등과 관련된 분쟁의 조정 또는 재정에 관한 사항. 다만, 시·도지사 및 시장·군수·구청장이 두는 건축위원회는 제외한다.(2014.5.28 단서개정)
3. 건축물의 건축등과 관련된 민원에 관한 사항. 다만, 국토교통부장관이 두는 건축위원회는 제외한다.(2014.5.28 본호신설)
4. 건축물의 건축 또는 대수선에 관한 사항(2014.5.28 본호개정)
5. 다른 법령에서 건축위원회의 심의를 받도록 규정한 사항

② 국토교통부장관, 시·도지사 및 시장·군수·구청장은 건축위원회의 심의등을 효율적으로 수행하기 위하여 필요하면 자신이 설치하는 건축위원회에 다음 각 호의 전문위원회를 두어 운영할 수 있다.(2014.5.28 본문개정)
1. 건축분쟁전문위원회(국토교통부에 설치하는 건축위원회에 한정한다)
2. 건축민원전문위원회(시·도 및 시·군·구에 설치하는 건축위원회에 한정한다)
3. 건축계획·건축구조·건축설비 등 분야별 전문위원회
(2014.5.28 1호~3호신설)

③ 제2항에 따른 전문위원회는 건축위원회가 정하는 사항에 대하여 심의등을 한다.(2014.5.28 본항개정)
④ 제3항에 따라 전문위원회의 심의등을 거친 사항은 건축위원회의 심의등을 거친 것으로 본다.(2014.5.28 본항개정)
⑤ 제1항에 따른 각 건축위원회의 조직·운영, 그 밖에 필요한 사항은 대통령령으로 정하는 바에 따라 국토교통부령이나 해당 지방자치단체의 조례(자치구의 경우에는 특별시나 광역시의 조례를 말한다. 이하 같다)로 정한다.(2013.3.23 본항개정)

제4조의2【건축위원회의 건축 심의 등】 ① 대통령령으로 정하는 건축물을 건축하거나 대수선하려는 자는 국토교통부령으로 정하는 바에 따라 시·도지사 또는 시장·군수·구청장에게 제4조에 따른 건축위원회(이하 "건축위원회"라 한다)의 심의를 신청하여야 한다.(2017.1.17 본항개정)
② 제1항에 따라 심의 신청을 받은 시·도지사 또는 시장·군수·구청장은 대통령령으로 정하는 바에 따라 건축위원회에 심의 안건을 상정하고, 심의 결과를 국토교통부령으로 정하는 바에 따라 심의를 신청한 자에게 통보하여야 한다.
③ 제2항에 따른 건축위원회의 심의 결과에 이의가 있는 자는 심의 결과를 통보받은 날부터 1개월 이내에 시·도지사 또는 시장·군수·구청장에게 건축위원회의 재심의를 신청할 수 있다.
④ 제3항에 따른 재심의 신청을 받은 시·도지사 또는 시장·군수·구청장은 그 신청을 받은 날부터 15일 이내에 대통령령으로 정하는 바에 따라 건축위원회에 재심의 안건을 상정하고, 재심의 결과를 국토교통부령으로 정하는 바에 따라 재심의를 신청한 자에게 통보하여야 한다.
(2014.5.28 본조신설)

제4조의3【건축위원회 회의록의 공개】 시·도지사 또는 시장·군수·구청장은 제4조의2제1항에 따른 심의(같은 조 제3항에 따른 재심의를 포함한다. 이하 이 조에서 같다)를 신청한 자가 요청하는 경우에는 대통령령으로 정하는 바에 따라 건축위원회 심의의 일시·장소·안건·내용·결과 등이 기록된 회의록을 공개하여야 한다. 다만, 심의의 공정성을 침해할 우려가 있다고 인정되는 이름, 주민등록번호 등 대통령령으로 정하는 개인 식별 정보에 관한 부분의 경우에는 그러하지 아니하다.(2014.5.28 본조신설)

제4조의4【건축민원전문위원회】 ① 제4조제2항에 따른 건축민원전문위원회는 건축물의 건축등과 관련된 다음 각 호의 민원〔특별시장·광역시장·특별자치시장·특별자치도지사 또는 시장·군수·구청장(이하 "허가권자"라 한다)의 처분이 완료되기 전의 것으로 한정하며, 이하 "질의민원"이라 한다〕을 심의하며, 시·도지사가 설치하는 건축민원전문위원회(이하 "광역지방건축민원전문위원회"라 한다)와 시장·군수·구청장이 설치하는 건축민원전문위원회(이하 "기초지방건축민원전문위원회"라 한다)로 구분한다.
1. 건축법령의 운영 및 집행에 관한 민원
2. 건축물의 건축등과 복합된 사항으로서 제11조제5항 각 호에 해당하는 법률 규정의 운영 및 집행에 관한 민원
3. 그 밖에 대통령령으로 정하는 민원

② 광역지방건축민원전문위원회는 허가권자나 도지사(이하 "허가권자등"이라 한다)의 제11조에 따른 건축허가나 사전승인에 대한 질의민원을 심의하고, 기초지방건축민원전문위원회는 시장(행정시의 시장을 포함한다)·군수·구청장의 제11조 및 제14조에 따른 건축허가 또는 건축신고와 관련한 질의민원을 심의한다.
③ 건축민원전문위원회의 구성·회의·운영, 그 밖에 필요한 사항은 해당 지방자치단체의 조례로 정한다.
(2014.5.28 본조신설)

제4조의5【질의민원 심의의 신청】 ① 건축물의 건축등과 관련된 질의민원의 심의를 신청하려는 자는 제4조의4제2항에 따른 관할 건축민원전문위원회에 심의 신청서를 제출하여야 한다.

② 제1항에 따른 심의를 신청하고자 하는 자는 다음 각 호의 사항을 기재하여 문서로 신청하여야 한다. 다만, 문서에 의할 수 없는 특별한 사정이 있는 경우에는 구술로 신청할 수 있다.
1. 신청인의 이름과 주소
2. 신청의 취지·이유와 민원신청의 원인이 된 사실내용
3. 그 밖에 행정기관의 명칭 등 대통령령으로 정하는 사항
③ 건축민원전문위원회는 신청인의 질의민원을 받으면 15일 이내에 심의절차를 마쳐야 한다. 다만, 사정이 있으면 건축민원전문위원회의 의결로 15일 이내의 범위에서 기간을 연장할 수 있다.
(2014.5.28 본조신설)

제4조의6【심의를 위한 조사 및 의견 청취】 ① 건축민원전문위원회는 심의에 필요하다고 인정하면 위원 또는 사무국의 소속 공무원에게 관계 서류를 열람하게 하거나 관계 사업장에 출입하여 조사하게 할 수 있다.
② 건축민원전문위원회는 필요하다고 인정하면 신청인, 허가권자의 업무담당자, 이해관계자 또는 참고인을 위원회에 출석하게 하여 의견을 들을 수 있다.
③ 민원의 심의신청을 받은 건축민원전문위원회는 심의기간 내에 심의하여 심의결정서를 작성하여야 한다.
(2014.5.28 본조신설)

제4조의7【의견의 제시 등】 ① 건축민원전문위원회는 질의민원에 대하여 관계 법령, 관계 행정기관의 유권해석, 유사판례와 현장여건 등을 충분히 검토하여 심의의견을 제시할 수 있다.
② 건축민원전문위원회는 민원심의의 결정내용을 지체 없이 신청인 및 해당 허가권자등에게 통지하여야 한다.
③ 제2항에 따라 심의 결정내용을 통지받은 허가권자등은 이를 존중하여야 하며, 통지받은 날부터 10일 이내에 그 처리결과를 해당 건축민원전문위원회에 통보하여야 한다.
④ 제2항에 따른 심의 결정내용을 시장·군수·구청장이 이행하지 아니하는 경우에는 제4조의4제2항에도 불구하고 해당 민원인은 시장·군수·구청장이 통보한 처리결과를 첨부하여 광역지방건축민원전문위원회에 심의를 신청할 수 있다.
⑤ 제3항에 따라 처리결과를 통보받은 건축민원전문위원회는 신청인에게 그 내용을 지체 없이 통보하여야 한다.
(2014.5.28 본조신설)

제4조의8【사무국】 ① 건축민원전문위원회의 사무를 처리하기 위하여 위원회에 사무국을 두어야 한다.
② 건축민원전문위원회에는 다음 각 호의 사무를 나누어 맡도록 심사관을 둔다.
1. 건축민원전문위원회의 심의·운영에 관한 사항
2. 건축물의 건축등과 관련된 민원처리에 관한 업무지원 사항
3. 그 밖에 위원장이 지정하는 사항
③ 건축민원전문위원회의 위원장은 특정 사건에 관한 전문적인 사항을 처리하기 위하여 관계 전문가를 위촉하여 제2항 각 호의 사무를 하게 할 수 있다.
(2014.5.28 본조신설)

제5조【적용의 완화】 ① 건축주, 설계자, 공사시공자 또는 공사감리자(이하 "건축관계자"라 한다)는 업무를 수행할 때 이 법을 적용하는 것이 매우 불합리하다고 인정되는 대지나 건축물로서 대통령령으로 정하는 것에 대하여는 이 법의 기준을 완화하여 적용할 것을 허가권자에게 요청할 수 있다.(2014.5.28 본항개정)
② 제1항에 따른 요청을 받은 허가권자는 건축위원회의 심의를 거쳐 완화 여부와 적용 범위를 결정하고 그 결과를 신청인에게 알려야 한다.(2014.5.28 본항개정)
③ 제1항과 제2항에 따른 요청 및 결정의 절차와 그 밖에 필요한 사항은 해당 지방자치단체의 조례로 정한다.

제6조【기존의 건축물 등에 관한 특례】 허가권자는 법령의 제정·개정이나 그 밖에 대통령령으로 정하는 사유로 대지나 건축물이 이 법에 맞지 아니하게 된 경우에는 대통령령으로 정하는 범위에서 해당 지방자치단체의 조례로 정하는 바에 따라 건축을 허가할 수 있다.

제6조의2【특수구조 건축물의 특례】 건축물의 구조, 재료, 형식, 공법 등이 특수한 대통령령으로 정하는 건축물(이하 "특수구조 건축물"이라 한다)은 제4조, 제4조의2부터 제4조의8까지, 제5조부터 제9조까지, 제11조, 제14조, 제19조, 제21조부터 제25조까지, 제40조, 제41조, 제48조, 제48조의2, 제49조, 제50조, 제50조의2, 제51조, 제52조, 제52조의2, 제52조의4, 제53조, 제62조부터 제64조까지, 제65조의2, 제67조, 제68조 및 제84조를 적용할 때 대통령령으로 정하는 바에 따라 강화 또는 변경하여 적용할 수 있다.(2019.4.30 본조개정)

제6조의3【부유식 건축물의 특례】 ①「공유수면 관리 및 매립에 관한 법률」제8조에 따른 공유수면 위에 고정된 인공대지(제2조제1항제1호의 "대지"로 본다)를 설치하고 그 위에 설치한 건축물(이하 "부유식 건축물"이라 한다)은 제40조부터 제44조까지, 제46조 및 제47조를 적용할 때 대통령령으로 정하는 바에 따라 달리 적용할 수 있다.
② 부유식 건축물의 설계, 시공 및 유지관리 등에 대하여 이 법을 적용하기 어려운 경우에는 대통령령으로 정하는 바에 따라 변경하여 적용할 수 있다.
(2016.1.19 본조신설)

제7조【통일성을 유지하기 위한 도의 조례】 도(道) 단위로 통일성을 유지할 필요가 있으면 제5조제3항, 제6조, 제17조제2항, 제20조제2항제3호, 제27조제3항, 제42조, 제57조제1항, 제58조 및 제61조에 따라 시·군의 조례로 정하여야 할 사항을 도의 조례로 정할 수 있다.(2015.5.18 본조개정)

제8조【리모델링에 대비한 특례 등】 리모델링이 쉬운 구조의 공동주택의 건축을 촉진하기 위하여 공동주택을 대통령령으로 정하는 구조로 하여 건축허가를 신청하면 제56조, 제60조 및 제61조에 따른 기준을 100분의 120의 범위에서 대통령령으로 정하는 비율로 완화하여 적용할 수 있다.

제9조【다른 법령의 배제】 ① 건축물의 건축등을 위하여 지하를 굴착하는 경우에는「민법」제244조제1항을 적용하지 아니한다. 다만, 필요한 안전조치를 하여 위해(危害)를 방지하여야 한다.
② 건축물에 딸린 개인하수처리시설에 관한 설계의 경우에는「하수도법」제38조를 적용하지 아니한다.

제2장 건축물의 건축

제10조【건축 관련 입지와 규모의 사전결정】 ① 제11조에 따른 건축허가 대상 건축물을 건축하려는 자는 건축허가를 신청하기 전에 허가권자에게 그 건축물의 건축에 관한 다음 각 호의 사항에 대한 사전결정을 신청할 수 있다.(2015.5.18 본문개정)
1. 해당 대지에 건축하는 것이 이 법이나 관계 법령에서 허용되는지 여부
2. 이 법 또는 관계 법령에 따른 건축기준 및 건축제한, 그 완화에 관한 사항 등을 고려하여 해당 대지에 건축 가능한 건축물의 규모
3. 건축허가를 받기 위하여 신청자가 고려하여야 할 사항
(2015.5.18 1호~3호신설)
② 제1항에 따른 사전결정을 신청하는 자(이하 "사전결정신청자"라 한다)는 건축위원회 심의와「도시교통정비 촉진법」에 따른 교통영향평가서의 검토를 동시에 신청할 수 있다.
(2015.7.24 본항개정)
③ 허가권자는 제1항에 따라 사전결정이 신청된 건축물의 대지면적이「환경영향평가법」제43조에 따른 소규모 환경영향평가 대상사업인 경우 환경부장관이나 지방환경관서의 장과 소규모 환경영향평가에 관한 협의를 하여야 한다.(2011.7.21 본항개정)
④ 허가권자는 제1항과 제2항에 따른 신청을 받으면 입지, 건축물의 규모, 용도 등을 사전결정한 후 사전결정 신청자에게 알려야 한다.
⑤ 제1항과 제2항에 따른 신청 절차, 신청 서류, 통지 등에 필요한 사항은 국토교통부령으로 정한다.(2013.3.23 본항개정)
⑥ 제4항에 따른 사전결정 통지를 받은 경우에는 다음 각 호의 허가를 받거나 신고 또는 협의를 한 것으로 본다.

1.「국토의 계획 및 이용에 관한 법률」제56조에 따른 개발행위허가
2.「산지관리법」제14조와 제15조에 따른 산지전용허가와 산지전용신고, 같은 법 제15조의2에 따른 산지일시사용허가·신고. 다만, 보전산지인 경우에는 도시지역만 해당된다. (2010.5.31 본문개정)
3.「농지법」제34조, 제35조 및 제43조에 따른 농지전용허가·신고 및 협의
4.「하천법」제33조에 따른 하천점용허가

⑦ 허가권자는 제6항 각 호의 어느 하나에 해당되는 내용이 포함된 사전결정을 하려면 미리 관계 행정기관의 장과 협의하여야 하며, 협의를 요청받은 관계 행정기관의 장은 요청받은 날부터 15일 이내에 의견을 제출하여야 한다.

⑧ 관계 행정기관의 장이 제7항에서 정한 기간(「민원 처리에 관한 법률」제20조제2항에 따라 회신기간을 연장한 경우에는 그 연장된 기간을 말한다) 내에 의견을 제출하지 아니하면 협의가 이루어진 것으로 본다.(2018.12.18 본항신설)

⑨ 사전결정신청자는 제4항에 따른 사전결정을 통지받은 날부터 2년 이내에 제11조에 따른 건축허가를 신청하여야 하며, 이 기간에 건축허가를 신청하지 아니하면 사전결정의 효력이 상실된다.

제11조【건축허가】 ① 건축물을 건축하거나 대수선하려는 자는 특별자치시장·특별자치도지사 또는 시장·군수·구청장의 허가를 받아야 한다. 다만, 21층 이상의 건축물 등 대통령령으로 정하는 용도 및 규모의 건축물을 특별시나 광역시에 건축하려면 특별시장이나 광역시장의 허가를 받아야 한다. (2014.1.14 본문개정)

② 시장·군수는 제1항에 따라 다음 각 호의 어느 하나에 해당하는 건축물의 건축을 허가하려면 미리 건축계획서와 국토교통부령으로 정하는 건축물의 용도, 규모 및 형태가 표시된 기본설계도서를 첨부하여 도지사의 승인을 받아야 한다. (2013.3.23 본문개정)
1. 제1항 단서에 해당하는 건축물. 다만, 도시환경, 광역교통 등을 고려하여 해당 도의 조례로 정하는 건축물은 제외한다. (2014.5.28 단서신설)
2. 자연환경이나 수질을 보호하기 위하여 도지사가 지정·공고한 구역에 건축하는 3층 이상 또는 연면적의 합계가 1천제곱미터 이상인 건축물로서 위락시설과 숙박시설 등 대통령령으로 정하는 용도에 해당하는 건축물
3. 주거환경이나 교육환경 등 주변 환경을 보호하기 위하여 필요하다고 인정하여 도지사가 지정·공고한 구역에 건축하는 위락시설 및 숙박시설에 해당하는 건축물

③ 제1항에 따라 허가를 받으려는 자는 허가신청서에 국토교통부령으로 정하는 설계도서와 제5항 각 호에 따른 허가 등을 받거나 신고를 하기 위하여 관계 법령에서 제출하도록 의무화하고 있는 신청서 및 구비서류를 첨부하여 허가권자에게 제출하여야 한다. 다만, 국토교통부장관이 관계 행정기관의 장과 협의하여 국토교통부령으로 정하는 신청서 및 구비서류는 제21조에 따른 착공신고 전까지 제출할 수 있다.(2015.5.18 본항개정)

④ 허가권자는 제1항에 따른 건축허가를 하고자 하는 때에「건축기본법」제25조에 따른 한국건축규정의 준수 여부를 확인하여야 한다. 다만, 다음 각 호의 어느 하나에 해당하는 경우에는 이 법이나 다른 법률에도 불구하고 건축위원회의 심의를 거쳐 건축허가를 하지 아니할 수 있다.(2015.8.11 본문개정)
1. 위락시설이나 숙박시설에 해당하는 건축물의 건축을 허가하는 경우 해당 대지에 건축하려는 건축물의 용도·규모 또는 형태가 주거환경이나 교육환경 등 주변 환경을 고려할 때 부적합하다고 인정되는 경우(2012.1.17 본호신설)
2.「국토의 계획 및 이용에 관한 법률」제37조제1항제4호에 따른 방재지구(이하 "방재지구"라 한다) 및「자연재해대책법」제12조제1항에 따른 자연재해위험개선지구 등 상습적으로 침수되거나 침수가 우려되는 대통령령으로 정하는 지역에 건축하려는 건축물에 대하여 일부 공간에 거실을 설치하는 것이 부적합하다고 인정되는 경우(2023.12.26 본호개정)

⑤ 제1항에 따른 건축허가를 받으면 다음 각 호의 허가 등을 받거나 신고를 한 것으로 보며, 공장건축물의 경우에는「산업집적활성화 및 공장설립에 관한 법률」제13조의2와 제14조에 따라 관련 법률의 인·허가등이나 허가등을 받은 것으로 본다.
1. 제20조제3항에 따른 공사용 가설건축물의 축조신고 (2014.1.14 본호개정)
2. 제83조에 따른 공작물의 축조신고
3.「국토의 계획 및 이용에 관한 법률」제56조에 따른 개발행위허가
4.「국토의 계획 및 이용에 관한 법률」제86조제5항에 따른 시행자의 지정과 같은 법 제88조제2항에 따른 실시계획의 인가
5.「산지관리법」제14조와 제15조에 따른 산지전용허가와 산지전용신고, 같은 법 제15조의2에 따른 산지일시사용허가·신고. 다만, 보전산지인 경우에는 도시지역만 해당된다. (2010.5.31 본문개정)
6.「사도법」제4조에 따른 사도(私道)개설허가
7.「농지법」제34조, 제35조 및 제43조에 따른 농지전용허가·신고 및 협의
8.「도로법」제36조에 따른 도로관리청이 아닌 자에 대한 도로공사 시행의 허가, 같은 법 제52조제1항에 따른 도로와 다른 시설의 연결 허가(2014.1.14 본호개정)
9.「도로법」제61조에 따른 도로의 점용 허가(2014.1.14 본호개정)
10.「하천법」제33조에 따른 하천점용 등의 허가
11.「하수도법」제27조에 따른 배수설비(配水設備)의 설치신고
12.「하수도법」제34조제2항에 따른 개인하수처리시설의 설치신고
13.「수도법」제38조에 따라 수도사업자가 지방자치단체인 경우 그 지방자치단체가 정한 조례에 따른 상수도 공급신청
14.「전기안전관리법」제8조에 따른 자가용전기설비 공사계획의 인가 또는 신고(2020.3.31 본호개정)
15.「물환경보전법」제33조에 따른 수질오염물질 배출시설 설치의 허가나 신고(2017.1.17 본호개정)
16.「대기환경보전법」제23조에 따른 대기오염물질 배출시설설치의 허가나 신고
17.「소음·진동관리법」제8조에 따른 소음·진동 배출시설 설치의 허가나 신고(2009.6.9 본호개정)
18.「가축분뇨의 관리 및 이용에 관한 법률」제11조에 따른 배출시설 설치허가나 신고(2011.5.30 본호신설)
19.「자연공원법」제23조에 따른 행위허가(2011.5.30 본호신설)
20.「도시공원 및 녹지 등에 관한 법률」제24조에 따른 도시공원의 점용허가(2011.5.30 본호신설)
21.「토양환경보전법」제12조에 따른 특정토양오염관리대상시설의 신고(2011.5.30 본호신설)
22.「수산자원관리법」제52조제2항에 따른 행위의 허가
23.「초지법」제23조에 따른 초지전용의 허가 및 신고
(2017.1.17 22호~23호신설)

⑥ 허가권자는 제5항 각 호의 어느 하나에 해당하는 사항이 다른 행정기관의 권한에 속하면 그 행정기관의 장과 미리 협의하여야 하며, 협의 요청을 받은 관계 행정기관의 장은 요청을 받은 날부터 15일 이내에 의견을 제출하여야 한다. 이 경우 관계 행정기관의 장은 제8항에 따른 처리기준이 아닌 사유를 이유로 협의를 거부할 수 없고, 협의 요청을 받은 날부터 15일 이내에 의견을 제출하지 아니하면 협의가 이루어진 것으로 본다.(2017.1.17 후단개정)

⑦ 허가권자는 제1항에 따른 허가를 받은 자가 다음 각 호의 어느 하나에 해당하면 허가를 취소하여야 한다. 다만, 제1호에 해당하는 경우로서 정당한 사유가 있다고 인정되면 1년의 범위에서 공사의 착수기간을 연장할 수 있다.
1. 허가를 받은 날부터 2년(「산업집적활성화 및 공장설립에 관한 법률」제13조에 따라 공장의 신설·증설 또는 업종변경의 승인을 받은 공장은 3년) 이내에 공사에 착수하지 아니한 경우(2017.1.17 본호개정)
2. 제1호의 기간 이내에 공사에 착수하였으나 공사의 완료가 불가능하다고 인정되는 경우(2014.1.14 본호개정)

3. 제21조에 따른 착공신고 전에 경매 또는 공매 등으로 건축주가 대지의 소유권을 상실한 때부터 6개월이 지난 이후 공사의 착수가 불가능하다고 판단되는 경우(2020.6.9 본호개정)
⑧ 제5항 각 호의 어느 하나에 해당하는 사항과 제12조제1항의 관계 법령을 관장하는 중앙행정기관의 장은 그 처리기준을 국토교통부장관에게 통보하여야 한다. 처리기준을 변경한 경우에도 또한 같다.(2013.3.23 전단개정)
⑨ 국토교통부장관은 제8항에 따라 처리기준을 통보받은 때에는 이를 통합하여 고시하여야 한다.(2013.3.23 본항개정)
⑩ 제4조제1항에 따른 건축위원회의 심의를 받은 자가 심의 결과를 통지 받은 날부터 2년 이내에 건축허가를 신청하지 아니하면 건축위원회 심의의 효력이 상실된다.(2011.5.30 본항신설)
⑪ 제1항에 따라 건축허가를 받으려는 자는 해당 대지의 소유권을 확보하여야 한다. 다만, 다음 각 호의 어느 하나에 해당하는 경우에는 그러하지 아니하다.
1. 건축주가 대지의 소유권을 확보하지 못하였으나 그 대지를 사용할 수 있는 권원을 확보한 경우. 다만, 분양을 목적으로 하는 공동주택은 제외한다.
2. 건축주가 건축물의 노후화 또는 구조안전 문제 등 대통령령으로 정하는 사유로 건축물을 신축·개축·재축 및 리모델링을 하기 위하여 건축물 및 해당 대지의 공유자 수의 100분의 80 이상의 동의를 얻고 동의한 공유자의 지분 합계가 전체 지분의 100분의 80 이상인 경우
3. 건축주가 제1항에 따른 건축허가를 받아 주택과 주택 외의 시설을 동일 건축물로 건축하기 위하여 「주택법」 제21조를 준용한 대지 소유 등의 권리 관계를 증명한 경우. 다만, 「주택법」 제15조제1항 각 호 외의 부분 본문에 따른 대통령령으로 정하는 호수 이상으로 건설·공급하는 경우에 한정한다.(2017.1.17 본호신설)
4. 건축하려는 대지에 포함된 국유지 또는 공유지에 대하여 허가권자가 해당 토지의 관리청이 해당 토지를 건축주에게 매각하거나 양여할 것을 확인한 경우(2017.1.17 본호신설)
5. 건축주가 집합건물의 공용부분을 변경하기 위하여 「집합건물의 소유 및 관리에 관한 법률」 제15조제1항에 따른 결의가 있었음을 증명한 경우(2017.1.17 본호신설)
6. 건축주가 집합건물을 재건축하기 위하여 「집합건물의 소유 및 관리에 관한 법률」 제47조에 따른 결의가 있었음을 증명한 경우(2021.8.10 본호신설)
(2016.1.19 본항신설)

판례 건축허가권자는 건축허가신청이 건축법 등 관계 법규에서 정하는 어떠한 제한에 배치되지 않는 이상 당연히 같은 법조에서 정하는 건축허가를 하여야 하고, 중대한 공익상의 필요가 없는데도 관계 법령에서 정하는 제한사유 이외의 사유를 들어 요건을 갖춘 자에 대한 허가를 거부할 수는 없다.(대판 2009.9.24, 2009두8946)

제12조 【건축복합민원 일괄협의회】 ① 허가권자는 제11조에 따라 허가를 하려면 해당 용도·규모 또는 형태의 건축물을 건축하려는 대지에 건축하는 것이 「국토의 계획 및 이용에 관한 법률」 제54조, 제56조부터 제62조까지 및 제76조부터 제82조까지의 규정과 그 밖에 대통령령으로 정하는 관계 법령의 규정에 맞는지를 확인하고, 제10조제6항 각 호와 같은 조 제7항 또는 제11조제5항 각 호와 같은 조 제6항의 사항을 처리하기 위하여 대통령령으로 정하는 바에 따라 건축복합민원 일괄협의회를 개최하여야 한다.
② 제1항에 따라 확인이 요구되는 법령의 관계 행정기관의 장과 제10조제7항 및 제11조제6항에 따른 관계 행정기관의 장은 소속 공무원을 제1항에 따른 건축복합민원 일괄협의회에 참석하게 하여야 한다.

제13조 【건축 공사현장 안전관리 예치금 등】 ① 제11조에 따라 건축허가를 받은 자는 건축물의 건축공사를 중단하고 장기간 공사현장을 방치할 경우 공사현장의 미관 개선과 안전관리 등 필요한 조치를 하여야 한다.
② 허가권자는 연면적이 1천제곱미터 이상인 건축물(「주택도시기금법」에 따른 주택도시보증공사가 분양보증을 한 건축물, 「건축물의 분양에 관한 법률」 제4조제1항제1호에 따른 분양보증이나 신탁계약을 체결한 건축물은 제외한다)로서 해당 지방자치단체의 조례로 정하는 건축물에 대하여는 제21조에 따른 착공신고를 하는 건축주(「한국토지주택공사법」에 따른 한국토지주택공사 또는 「지방공기업법」에 따라 건축사업을 수행하기 위하여 설립된 지방공사는 제외한다)에게 장기간 건축물의 공사현장이 방치되는 것에 대비하여 미리 미관 개선과 안전관리에 필요한 비용(대통령령으로 정하는 보증서를 포함하며, 이하 "예치금"이라 한다)을 건축공사비의 1퍼센트의 범위에서 예치하게 할 수 있다.(2015.1.6 본항개정)
③ 허가권자가 예치금을 반환할 때에는 대통령령으로 정하는 이율로 산정한 이자를 포함하여 반환하여야 한다. 다만, 보증서를 예치한 경우에는 그러하지 아니하다.
④ 제2항에 따른 예치금의 산정·예치 방법, 반환 등에 관하여 필요한 사항은 해당 지방자치단체의 조례로 정한다.
⑤ 허가권자는 공사현장이 방치되어 도시미관을 저해하고 안전을 위해한다고 판단되면 건축허가를 받은 자에게 건축물 공사현장의 미관과 안전관리를 위한 다음 각 호의 개선을 명할 수 있다.(2014.5.28 본문개정)
1. 안전울타리 설치 등 안전조치(2020.6.9 본호개정)
2. 공사재개 또는 해체 등 정비(2019.4.30 본호개정)
⑥ 허가권자는 제5항에 따른 개선명령을 받은 자가 개선을 하지 아니하면 「행정대집행법」으로 정하는 바에 따라 대집행을 할 수 있다. 이 경우 제2항에 따라 건축주가 예치한 예치금을 행정대집행에 필요한 비용에 사용할 수 있으며, 행정대집행에 필요한 비용이 이미 납부한 예치금보다 많을 때에는 「행정대집행법」 제6조에 따라 그 차액을 추가로 징수할 수 있다.
⑦ 허가권자는 방치되는 공사현장의 안전관리를 위하여 긴급한 필요가 있다고 인정하는 경우에는 대통령령으로 정하는 바에 따라 건축주에게 고지한 후 제2항에 따라 건축주가 예치한 예치금을 사용하여 제5항제1호 중 대통령령으로 정하는 조치를 할 수 있다.(2014.5.28 본항신설)

제13조의2 【건축물 안전영향평가】 ① 허가권자는 초고층 건축물 등 대통령령으로 정하는 주요 건축물에 대하여 제11조에 따른 건축허가를 하기 전에 건축물의 구조, 지반 및 풍환경(風環境) 등이 건축물의 구조안전과 인접 대지의 안전에 미치는 영향 등을 평가하는 건축물 안전영향평가(이하 "안전영향평가"라 한다)를 안전영향평가기관에 의뢰하여 실시하여야 한다.(2021.3.16 본항개정)
② 안전영향평가기관은 국토교통부장관이 「공공기관의 운영에 관한 법률」 제4조에 따른 공공기관으로서 건축 관련 업무를 수행하는 기관 중에서 지정하여 고시한다.
③ 안전영향평가 결과는 건축위원회의 심의를 거쳐 확정한다. 이 경우 제4조의2에 따라 건축위원회의 심의를 받아야 하는 건축물은 건축위원회 심의에 안전영향평가 결과를 포함하여 심의할 수 있다.
④ 안전영향평가 대상 건축물의 건축주는 건축허가 신청 시 제출하여야 하는 도서에 안전영향평가 결과를 반영하여야 하며, 건축물의 계획상 반영이 곤란하다고 판단되는 경우에는 그 근거 자료를 첨부하여 허가권자에게 건축위원회의 재심의를 요청할 수 있다.
⑤ 안전영향평가의 검토 항목과 건축주의 안전영향평가 의뢰, 평가 비용 납부 및 처리 절차 등 그 밖에 필요한 사항은 대통령령으로 정한다.
⑥ 허가권자는 제3항 및 제4항의 심의 결과 및 안전영향평가 내용을 국토교통부령으로 정하는 방법에 따라 즉시 공개하여야 한다.
⑦ 안전영향평가를 실시하여야 하는 건축물이 다른 법률에 따라 구조안전과 인접 대지의 안전에 미치는 영향 등을 평가 받은 경우에는 안전영향평가의 해당 항목을 평가 받은 것으로 본다.(2016.2.3 본조신설)

제14조 【건축신고】 ① 제11조에 해당하는 허가 대상 건축물이라 하더라도 다음 각 호의 어느 하나에 해당하는 경우에는 미리 특별자치시장·특별자치도지사 또는 시장·군수·구청장에게 국토교통부령으로 정하는 바에 따라 신고를 하면 건축허가를 받은 것으로 본다.(2014.1.14 본문개정)
1. 바닥면적의 합계가 85제곱미터 이내의 증축·개축 또는 재축. 다만, 3층 이상 건축물인 경우에는 증축·개축 또는 재축하려는 부분의 바닥면적의 합계가 건축물 연면적의 10분의 1 이내인 경우로 한정한다.(2014.5.28 단서신설)

2. 「국토의 계획 및 이용에 관한 법률」에 따른 관리지역, 농림지역 또는 자연환경보전지역에서 연면적이 200제곱미터 미만이고 3층 미만인 건축물의 건축. 다만, 다음 각 목의 어느 하나에 해당하는 구역에서의 건축은 제외한다.(2014.1.14 단서개정)
   가. 지구단위계획구역
   나. 방재지구 등 재해취약지역으로서 대통령령으로 정하는 구역
   (2014.1.14 가목~나목신설)
3. 연면적이 200제곱미터 미만이고 3층 미만인 건축물의 대수선 (2009.2.6 본호개정)
4. 주요구조부의 해체가 없는 등 대통령령으로 정하는 대수선 (2009.2.6 본호신설)
5. 그 밖에 소규모 건축물로서 대통령령으로 정하는 건축물의 건축

② 제1항에 따른 건축신고에 관하여는 제11조제5항 및 제6항을 준용한다.(2014.5.28 본항개정)
③ 특별자치시장 · 특별자치도지사 또는 시장 · 군수 · 구청장은 제1항에 따른 신고를 받은 날부터 5일 이내에 신고수리 여부 또는 민원 처리 관련 법령에 따른 처리기간의 연장 여부를 신고인에게 통지하여야 한다. 다만, 이 법 또는 다른 법령에 따라 심의, 동의, 협의, 확인 등이 필요한 경우에는 20일 이내에 통지하여야 한다.(2017.4.18 본항신설)
④ 특별자치시장 · 특별자치도지사 또는 시장 · 군수 · 구청장은 제1항에 따른 신고가 제3항 단서에 해당하는 경우에는 신고를 받은 날부터 5일 이내에 신고인에게 그 내용을 통지하여야 한다.(2017.4.18 본항신설)
⑤ 제1항에 따라 신고를 한 자가 신고일부터 1년 이내에 공사에 착수하지 아니하면 그 신고의 효력은 없어진다. 다만, 건축주의 요청에 따라 허가권자가 정당한 사유가 있다고 인정하면 1년의 범위에서 착수기한을 연장할 수 있다.(2016.1.19 단서신설)

제15조【건축주와의 계약 등】 ① 건축관계자는 건축물이 설계도서에 따라 이 법과 이 법에 따른 명령이나 처분, 그 밖의 관계 법령에 맞게 건축되도록 업무를 성실히 수행하여야 하며, 서로 위법하거나 부당한 일을 하도록 강요하거나 이와 관련하여 어떠한 불이익도 주어서는 아니 된다.
② 건축관계자 간의 책임에 관한 내용과 그 범위는 이 법에서 규정한 것 외에는 건축주와 설계자, 건축주와 공사시공자, 건축주와 공사감리자 간의 계약으로 정한다.
③ 국토교통부장관은 제2항에 따른 계약의 체결에 필요한 표준계약서를 작성하여 보급하고 활용하게 하거나 「건축사법」 제31조에 따른 건축사협회(이하 "건축사협회"라 한다), 「건설산업기본법」 제50조에 따른 건설사업자단체로 하여금 표준계약서를 작성하여 보급하고 활용하게 할 수 있다.(2019.4.30 본항개정)

제16조【허가와 신고사항의 변경】 ① 건축주가 제11조나 제14조에 따라 허가를 받았거나 신고한 사항을 변경하려면 변경하기 전에 대통령령으로 정하는 바에 따라 허가권자의 허가를 받거나 특별자치시장 · 특별자치도지사 또는 시장 · 군수 · 구청장에게 신고하여야 한다. 다만, 대통령령으로 정하는 경미한 사항의 변경은 그러하지 아니하다.(2014.1.14 본문개정)
② 제1항 본문에 따른 허가나 신고사항 중 대통령령으로 정하는 사항의 변경은 제22조에 따른 사용승인을 신청할 때 허가권자에게 일괄하여 신고할 수 있다.
③ 제1항에 따른 허가 사항의 변경허가에 관하여는 제11조제5항 및 제6항을 준용한다.(2017.4.18 본항개정)
④ 제1항에 따른 신고 사항의 변경신고에 관하여는 제11조제5항 · 제6항 및 제14조제3항 · 제4항을 준용한다.(2017.4.18 본항신설)

제17조【건축허가 등의 수수료】 ① 제11조, 제14조, 제16조, 제19조, 제20조 및 제83조에 따라 허가를 신청하거나 신고를 하는 자는 허가권자나 신고수리자에게 수수료를 납부하여야 한다.
② 제1항에 따른 수수료는 국토교통부령으로 정하는 범위에서 해당 지방자치단체의 조례로 정한다.(2013.3.23 본항개정)

제17조의2【매도청구 등】 ① 제11조제11항제2호에 따라 건축허가를 받은 건축주는 해당 건축물 또는 대지의 공유자 중 동의하지 아니한 공유자에게 그 공유지분을 시가(市價)로 매도할 것을 청구할 수 있다. 이 경우 매도청구를 하기 전에 매도청구 대상이 되는 공유자와 3개월 이상 협의를 하여야 한다.
② 제1항에 따른 매도청구에 관하여는 「집합건물의 소유 및 관리에 관한 법률」 제48조를 준용한다. 이 경우 구분소유권 및 대지사용권은 매도청구의 대상이 되는 대지 또는 건축물의 공유지분으로 본다.
(2016.1.19 본조신설)

제17조의3【소유자를 확인하기 곤란한 공유지분 등에 대한 처분】 ① 제11조제11항제2호에 따라 건축허가를 받은 건축주는 해당 건축물 또는 대지의 공유자가 거주하는 곳을 확인하기가 현저히 곤란한 경우에는 전국적으로 배포되는 둘 이상의 일간신문에 두 차례 이상 공고하고, 공고한 날부터 30일 이상이 지났을 때에는 제17조의2에 따른 매도청구 대상이 되는 건축물 또는 대지로 본다.
② 건축주는 제1항에 따른 매도청구 대상 공유지분의 감정평가액에 해당하는 금액을 법원에 공탁(供託)하고 착공할 수 있다.
③ 제2항에 따른 공유지분의 감정평가액은 허가권자가 추천하는 「감정평가 및 감정평가사에 관한 법률」에 따른 감정평가법인등 2인 이상이 평가한 금액을 산술평균하여 산정한다.
(2020.4.7 본항개정)
(2016.1.19 본조신설)

제18조【건축허가 제한 등】 ① 국토교통부장관은 국토관리를 위하여 특히 필요하다고 인정하거나 주무부장관이 국방, 「국가유산기본법」 제3조에 따른 국가유산의 보존, 환경보전 또는 국민경제를 위하여 특히 필요하다고 인정하여 요청하면 허가권자의 건축허가나 허가를 받은 건축물의 착공을 제한할 수 있다.(2023.5.16 본항개정)
② 특별시장 · 광역시장 · 도지사는 지역계획이나 도시 · 군계획에 특히 필요하다고 인정하면 시장 · 군수 · 구청장의 건축허가나 허가를 받은 건축물의 착공을 제한할 수 있다.(2014.1.14 본항개정)
③ 국토교통부장관이나 시 · 도지사는 제1항이나 제2항에 따라 건축허가나 건축허가를 받은 건축물의 착공을 제한하려는 경우에는 「토지이용규제 기본법」 제8조에 따라 주민의견을 청취한 후 건축위원회의 심의를 거쳐야 한다.(2014.5.28 본항신설)
④ 제1항이나 제2항에 따라 건축허가나 건축물의 착공을 제한하는 경우 제한기간은 2년 이내로 한다. 다만, 1회에 한하여 1년 이내의 범위에서 제한기간을 연장할 수 있다.
⑤ 국토교통부장관이나 특별시장 · 광역시장 · 도지사는 제1항이나 제2항에 따라 건축허가나 건축물의 착공을 제한하는 경우 제한 목적 · 기간, 대상 건축물의 용도와 대상 구역의 위치 · 면적 · 경계 등을 상세하게 정하여 허가권자에게 통보하여야 하며, 통보를 받은 허가권자는 지체 없이 이를 공고하여야 한다.(2014.1.14 본항개정)
⑥ 특별시장 · 광역시장 · 도지사는 제2항에 따라 시장 · 군수 · 구청장의 건축허가나 건축물의 착공을 제한한 경우 즉시 국토교통부장관에게 보고하여야 하며, 보고를 받은 국토교통부장관은 제한 내용이 지나치다고 인정하면 해제를 명할 수 있다.
(2014.1.14 본항개정)

제19조【용도변경】 ① 건축물의 용도변경은 변경하려는 용도의 건축기준에 맞게 하여야 한다.
② 제22조에 따라 사용승인을 받은 건축물의 용도를 변경하려는 자는 다음 각 호의 구분에 따라 국토교통부령으로 정하는 바에 따라 특별자치시장 · 특별자치도지사 또는 시장 · 군수 · 구청장의 허가를 받거나 신고를 하여야 한다.(2014.1.14 본문개정)
1. 허가 대상 : 제4항 각 호의 어느 하나에 해당하는 시설군(施設群)에 속하는 건축물의 용도를 상위군(제4항 각 호의 번호가 용도변경하려는 건축물이 속하는 시설군보다 작은 시설군을 말한다)에 해당하는 용도로 변경하는 경우
2. 신고 대상 : 제4항 각 호의 어느 하나에 해당하는 시설군에 속하는 건축물의 용도를 하위군(제4항 각 호의 번호가 용도변경하려는 건축물이 속하는 시설군보다 큰 시설군을 말한다)에 해당하는 용도로 변경하는 경우

③ 제4항에 따른 시설군 중 같은 시설군 안에서 용도를 변경하려는 자는 국토교통부령으로 정하는 바에 따라 특별자치시장·특별자치도지사 또는 시장·군수·구청장에게 건축물대장 기재내용의 변경을 신청하여야 한다. 다만, 대통령령으로 정하는 변경의 경우에는 그러하지 아니하다.(2014.1.14 본문개정)
④ 시설군은 다음 각 호와 같고 각 시설군에 속하는 건축물의 세부 용도는 대통령령으로 정한다.
1. 자동차 관련 시설군
2. 산업 등의 시설군
3. 전기통신시설군
4. 문화 및 집회시설군
5. 영업시설군
6. 교육 및 복지시설군
7. 근린생활시설군
8. 주거업무시설군
9. 그 밖의 시설군
⑤ 제2항에 따른 허가나 신고 대상인 경우로서 용도변경하려는 부분의 바닥면적의 합계가 100제곱미터 이상인 경우의 사용승인에 관하여는 제22조를 준용한다. 다만, 용도변경하려는 부분의 바닥면적의 합계가 500제곱미터 미만으로서 대수선에 해당되는 공사를 수반하지 아니하는 경우에는 그러하지 아니하다.(2016.1.19 단서신설)
⑥ 제2항에 따른 허가 대상인 경우로서 용도변경하려는 부분의 바닥면적의 합계가 500제곱미터 이상인 용도변경(대통령령으로 정하는 경우는 제외한다)의 설계에 관하여는 제23조를 준용한다.
⑦ 제1항과 제2항에 따른 건축물의 용도변경에 관하여는 제3조, 제5조, 제6조, 제7조, 제11조제2항부터 제9항까지, 제12조, 제14조부터 제16조까지, 제18조, 제20조, 제27조, 제29조, 제38조, 제42조부터 제44조까지, 제48조부터 제50조까지, 제50조의2, 제51조부터 제56조까지, 제58조, 제60조부터 제64조까지, 제67조, 제68조, 제78조부터 제87조까지의 규정과 「녹색건축물 조성 지원법」 제15조 및 「국토의 계획 및 이용에 관한 법률」 제54조를 준용한다.(2019.4.30 본항개정)

제19조의2 【복수 용도의 인정】 ① 건축주는 건축물의 용도를 복수로 하여 제11조에 따른 건축허가, 제14조에 따른 건축신고 및 제19조에 따른 용도변경 허가·신고 또는 건축물대장 기재내용의 변경 신청을 할 수 있다.
② 허가권자는 제1항에 따라 신청한 복수의 용도가 이 법 및 관계 법령에서 정한 건축기준과 입지기준 등에 모두 적합한 경우에 한정하여 국토교통부령으로 정하는 바에 따라 복수 용도를 허용할 수 있다.(2020.6.9 본항개정)
(2016.1.19 본조신설)

제20조 【가설건축물】 ① 도시·군계획시설 및 도시·군계획시설예정지에서 가설건축물을 건축하려는 자는 특별자치시장·특별자치도지사 또는 시장·군수·구청장의 허가를 받아야 한다.
② 특별자치시장·특별자치도지사 또는 시장·군수·구청장은 해당 가설건축물의 건축이 다음 각 호의 어느 하나에 해당하는 경우가 아니면 제1항에 따른 허가를 하여야 한다.
1. 「국토의 계획 및 이용에 관한 법률」 제64조에 위배되는 경우
2. 4층 이상인 경우
3. 구조, 존치기간, 설치목적 및 다른 시설 설치 필요성 등에 관하여 대통령령으로 정하는 기준의 범위에서 조례로 정하는 바에 따르지 아니한 경우
4. 그 밖에 이 법 또는 다른 법령에 따른 제한규정을 위반하는 경우
(2014.1.14 본항신설)
③ 제1항에도 불구하고 재해복구, 흥행, 전람회, 공사용 가설건축물 등 대통령령으로 정하는 용도의 가설건축물을 축조하려는 자는 대통령령으로 정하는 존치 기간, 설치 기준 및 절차에 따라 특별자치시장·특별자치도지사 또는 시장·군수·구청장에게 신고한 후 착공하여야 한다.
④ 제3항에 따른 신고에 관하여는 제14조제3항 및 제4항을 준용한다.(2017.4.18 본항신설)
⑤ 제1항과 제3항에 따른 가설건축물을 건축하거나 축조할 때에는 대통령령으로 정하는 바에 따라 제25조, 제38조부터 제42조까지, 제44조부터 제50조까지, 제50조의2, 제51조부터 제64조까지, 제67조, 제68조와 「녹색건축물 조성 지원법」 제15조 및 「국토의 계획 및 이용에 관한 법률」 제76조 중 일부 규정을 적용하지 아니한다.
⑥ 특별자치시장·특별자치도지사 또는 시장·군수·구청장은 제1항부터 제3항까지의 규정에 따라 가설건축물의 건축을 허가하거나 축조신고를 받은 경우 국토교통부령으로 정하는 바에 따라 가설건축물대장에 이를 기재하여 관리하여야 한다.
⑦ 제2항 또는 제3항에 따라 가설건축물의 건축허가 신청 또는 축조신고를 받은 때에는 다른 법령에 따른 제한 규정에 대하여 확인이 필요한 경우 관계 행정기관의 장과 미리 협의하여야 하고, 협의 요청을 받은 관계 행정기관의 장은 요청을 받은 날부터 15일 이내에 의견을 제출하여야 한다. 이 경우 관계 행정기관의 장이 협의 요청을 받은 날부터 15일 이내에 의견을 제출하지 아니하면 협의가 이루어진 것으로 본다.
(2017.1.17 본항신설)
(2014.1.14 본조개정)

제21조 【착공신고 등】 ① 제11조·제14조 또는 제20조제1항에 따라 허가를 받거나 신고를 한 건축물의 공사를 착수하려는 건축주는 국토교통부령으로 정하는 바에 따라 허가권자에게 공사계획을 신고하여야 한다.(2021.7.27 단서삭제)
② 제1항에 따라 공사계획을 신고하거나 변경신고를 하는 경우 해당 공사감리자(제25조제1항에 따른 공사감리자를 지정한 경우만 해당된다)와 공사시공자가 신고서에 함께 서명하여야 한다.
③ 허가권자는 제1항 본문에 따른 신고를 받은 날부터 3일 이내에 신고수리 여부 또는 민원 처리 관련 법령에 따른 처리기간의 연장 여부를 신고인에게 통지하여야 한다.
(2017.4.18 본항신설)
④ 허가권자가 제3항에서 정한 기간 내에 신고수리 여부 또는 민원 처리 관련 법령에 따른 처리기간의 연장 여부를 신고인에게 통지하지 아니하면 그 기간이 끝난 날의 다음 날에 신고를 수리한 것으로 본다.(2017.4.18 본항신설)
⑤ 건축주는 「건설산업기본법」 제41조를 위반하여 건축물의 공사를 하거나 하게 할 수 없다.
⑥ 제11조에 따라 허가를 받은 건축물의 건축주는 제1항에 따른 신고를 할 때에는 제15조제2항에 따른 각 계약서의 사본을 첨부하여야 한다.

제22조 【건축물의 사용승인】 ① 건축주가 제11조·제14조 또는 제20조제1항에 따라 허가를 받았거나 신고를 한 건축물의 건축공사를 완료〔하나의 대지에 둘 이상의 건축물을 건축하는 경우 동(棟)별 공사를 완료한 경우를 포함한다〕한 후 그 건축물을 사용하려면 제25조제6항에 따라 공사감리자가 작성한 감리완료보고서(같은 조 제1항에 따른 공사감리자를 지정한 경우만 해당된다)와 국토교통부령으로 정하는 공사완료도서를 첨부하여 허가권자에게 사용승인을 신청하여야 한다.(2016.2.3 본항개정)
② 허가권자는 제1항에 따른 사용승인신청을 받은 경우 국토교통부령으로 정하는 기간에 다음 각 호의 사항에 대한 검사를 실시하고, 검사에 합격된 건축물에 대하여는 사용승인서를 내주어야 한다. 다만, 해당 지방자치단체의 조례로 정하는 건축물은 사용승인을 위한 검사를 실시하지 아니하고 사용승인서를 내줄 수 있다.(2013.3.23 본문개정)
1. 사용승인을 신청한 건축물이 이 법에 따라 허가 또는 신고한 설계도서대로 시공되었는지의 여부
2. 감리완료보고서, 공사완료도서 등의 서류 및 도서가 적합하게 작성되었는지의 여부
③ 건축주는 제2항에 따라 사용승인을 받은 후가 아니면 건축물을 사용하거나 사용하게 할 수 없다. 다만, 다음 각 호의 어느 하나에 해당하는 경우에는 그러하지 아니하다.
1. 허가권자가 제2항에 따른 기간 내에 사용승인서를 교부하지 아니한 경우

2. 사용승인서를 교부받기 전에 공사가 완료된 부분이 건폐율, 용적률, 설비, 피난·방화 등 국토교통부령으로 정하는 기준에 적합한 경우로서 기간을 정하여 대통령령으로 정하는 바에 따라 임시로 사용의 승인을 한 경우(2013.3.23 본호개정)
④ 건축주가 제2항에 따른 사용승인을 받은 경우에는 다음 각 호에 따른 사용승인·준공검사 또는 등록신청 등을 받거나 한 것으로 보며, 공장건축물의 경우에는 「산업집적활성화 및 공장설립에 관한 법률」 제14조의2에 따라 관련 법률의 검사 등을 받은 것으로 본다.
1. 「하수도법」 제27조에 따른 배수설비(排水設備)의 준공검사 및 같은 법 제37조에 따른 개인하수처리시설의 준공검사 (2011.5.30 본호개정)
2. 「공간정보의 구축 및 관리 등에 관한 법률」 제64조에 따른 지적공부(地籍公簿)의 변동사항 등록신청(2014.6.3 본호개정)
3. 「승강기 안전관리법」 제28조에 따른 승강기 설치검사 (2018.3.27 본호개정)
4. 「에너지이용 합리화법」 제39조에 따른 보일러 설치검사
5. 「전기안전관리법」 제9조에 따른 전기설비의 사용전검사 (2020.3.31 본호개정)
6. 「정보통신공사업법」 제36조에 따른 정보통신공사의 사용전 검사
6의2. 「기계설비법」 제15조에 따른 기계설비의 사용 전 검사 (2024.1.16 본호신설)
7. 「도로법」 제62조제2항에 따른 도로점용 공사의 준공확인 (2014.1.14 본호개정)
8. 「국토의 계획 및 이용에 관한 법률」 제62조에 따른 개발 행위의 준공검사
9. 「국토의 계획 및 이용에 관한 법률」 제98조에 따른 도시·군계획시설사업의 준공검사(2011.4.14 본호개정)
10. 「물환경보전법」 제37조에 따른 수질오염물질 배출시설의 가동개시의 신고(2017.1.17 본호개정)
11. 「대기환경보전법」 제30조에 따른 대기오염물질 배출시설의 가동개시의 신고
12. (2009.6.9 삭제)
⑤ 허가권자는 제2항에 따른 사용승인을 하는 경우 제4항 각 호의 어느 하나에 해당하는 내용이 포함되어 있으면 관계 행정기관의 장과 미리 협의하여야 한다.
⑥ 특별시장 또는 광역시장은 제2항에 따라 사용승인을 한 경우 지체 없이 그 사실을 군수 또는 구청장에게 알려서 건축물대장에 적게 하여야 한다. 이 경우 건축물대장에는 설계자, 대통령령으로 정하는 주요 공사의 시공자, 공사감리자를 적어야 한다.
제23조【건축물의 설계】 ① 제11조제1항에 따라 건축허가를 받아야 하거나 제14조제1항에 따라 건축신고를 하여야 하는 건축물 또는 「주택법」 제66조제1항 또는 제2항에 따른 리모델링을 하는 건축물의 건축등을 위한 설계는 건축사가 아니면 할 수 없다. 다만, 다음 각 호의 어느 하나에 해당하는 경우에는 그러하지 아니하다.(2016.1.19 본문개정)
1. 바닥면적의 합계가 85제곱미터 미만인 증축·개축 또는 재축
2. 연면적이 200제곱미터 미만이고 층수가 3층 미만인 건축물의 대수선
3. 그 밖에 건축물의 특수성과 용도 등을 고려하여 대통령령으로 정하는 건축물의 건축등
② 설계자는 건축물이 이 법과 이 법에 따른 명령이나 처분, 그 밖의 관계 법령에 맞고 안전·기능 및 미관에 지장이 없도록 설계하여야 하며, 국토교통부장관이 정하여 고시하는 설계도서 작성기준에 따라 설계도서를 작성하여야 한다. 다만, 해당 건축물의 공법(工法) 등이 특수한 경우로서 국토교통부령으로 정하는 바에 따라 건축위원회의 심의를 거친 때에는 그러하지 아니하다.(2013.3.23 본항개정)
③ 제2항에 따라 설계도서를 작성한 설계자는 설계가 이 법과 이 법에 따른 명령이나 처분, 그 밖의 관계 법령에 맞게 작성되었는지를 확인한 후 설계도서에 서명날인하여야 한다.
④ 국토교통부장관이 국토교통부령으로 정하는 바에 따라 작성하거나 인정하는 표준설계도서나 특수한 공법을 적용한 설계도서에 따라 건축물을 건축하는 경우에는 제1항을 적용하지 아니한다.(2013.3.23 본항개정)
제24조【건축시공】 ① 공사시공자는 제15조제2항에 따른 계약대로 성실하게 공사를 수행하여야 하며, 이 법과 이 법에 따른 명령이나 처분, 그 밖의 관계 법령에 맞게 건축물을 건축하여 건축주에게 인도하여야 한다.
② 공사시공자는 건축물(건축허가나 용도변경허가 대상인 것만 해당된다)의 공사현장에 설계도서를 갖추어 두어야 한다.
③ 공사시공자는 설계도서가 이 법과 이 법에 따른 명령이나 처분, 그 밖의 관계 법령에 맞지 아니하거나 공사의 여건상 불합리하다고 인정되면 건축주와 공사감리자의 동의를 받아 서면으로 설계자에게 설계를 변경하도록 요청할 수 있다. 이 경우 설계자는 정당한 사유가 없으면 요청에 따라야 한다.
④ 공사시공자는 공사를 하는 데에 필요하다고 인정하거나 제25조제5항에 따라 공사감리자로부터 상세시공도면을 작성하도록 요청을 받으면 상세시공도면을 작성하여 공사감리자의 확인을 받아야 하며, 이에 따라 공사를 하여야 한다.(2016.2.3 본항개정)
⑤ 공사시공자는 건축허가나 용도변경허가가 필요한 건축물의 건축공사를 착수한 경우에는 해당 건축공사의 현장에 국토교통부령으로 정하는 바에 따라 건축허가 표지판을 설치하여야 한다.(2013.3.23 본항개정)
⑥ 「건설산업기본법」 제41조제1항 각 호에 해당하지 아니하는 건축물의 건축주는 공사 현장의 공정 및 안전을 관리하기 위하여 같은 법 제2조제15호에 따른 건설기술인 1명을 현장관리인으로 지정하여야 한다. 이 경우 현장관리인은 국토교통부령으로 정하는 바에 따라 공정 및 안전 관리 업무를 수행하여야 하며, 건축주의 승낙을 받지 아니하고는 정당한 사유 없이 그 공사 현장을 이탈하여서는 아니 된다.(2018.8.14 본항개정)
⑦ 공동주택, 종합병원, 관광숙박시설 등 대통령령으로 정하는 용도 및 규모의 건축물의 공사시공자는 건축주, 공사감리자 및 허가권자가 설계도서에 따라 적정하게 공사되었는지를 확인할 수 있도록 공사의 공정이 대통령령으로 정하는 진도에 다다른 때마다 사진 및 동영상을 촬영하고 보관하여야 한다. 이 경우 촬영 및 보관 등 그 밖에 필요한 사항은 국토교통부령으로 정한다.(2016.2.3 본항신설)
제25조【건축물의 공사감리】 ① 건축주는 대통령령으로 정하는 용도·규모 및 구조의 건축물을 건축하는 경우 건축사나 대통령령으로 정하는 자를 공사감리자(공사시공자 본인 및 「독점규제 및 공정거래에 관한 법률」 제2조에 따른 계열회사는 제외한다)로 지정하여 공사감리를 하게 하여야 한다. (2016.2.3 본항개정)
② 제1항에도 불구하고 「건설산업기본법」 제41조제1항 각 호에 해당하지 아니하는 소규모 건축물로서 건축주가 직접 시공하는 건축물 및 주택으로 사용하는 건축물 중 대통령령으로 정하는 건축물의 경우에는 대통령령으로 정하는 바에 따라 허가권자가 해당 건축물의 설계에 참여하지 아니한 자 중에서 공사감리자를 지정하여야 한다. 다만, 다음 각 호의 어느 하나에 해당하는 건축물의 건축주가 국토교통부령으로 정하는 바에 따라 허가권자에게 신청하는 경우에는 해당 건축물을 설계한 자를 공사감리자로 지정할 수 있다.(2018.8.14 본문개정)
1. 「건설기술 진흥법」 제14조에 따른 신기술 중 대통령령으로 정하는 신기술을 보유한 자가 그 신기술을 적용하여 설계한 건축물(2020.4.7 본호개정)
2. 「건축서비스산업 진흥법」 제13조제4항에 따른 역량 있는 건축사로서 대통령령으로 정하는 건축사가 설계한 건축물 (2020.4.7 본호개정)
3. 설계공모를 통하여 설계한 건축물 (2016.2.3 본항신설)
③ 공사감리자는 공사감리를 할 때 이 법과 이 법에 따른 명령이나 처분, 그 밖의 관계 법령에 위반된 사항을 발견하거나 공사시공자가 설계도서대로 공사를 하지 아니하면 이를 건축주에게 알린 후 공사시공자에게 시정하거나 재시공하도록 요청

하여야 하며, 공사시공자가 시정이나 재시공 요청에 따르지 아니하면 서면으로 그 건축공사를 중지하도록 요청할 수 있다. 이 경우 공사중지를 요청받은 공사시공자는 정당한 사유가 없으면 즉시 공사를 중지하여야 한다.
④ 공사감리자는 제3항에 따라 공사시공자가 시정이나 재시공 요청을 받은 후 이에 따르지 아니하거나 공사중지 요청을 받고도 공사를 계속하면 국토교통부령으로 정하는 바에 따라 이를 허가권자에게 보고하여야 한다.(2016.2.3 본항개정)
⑤ 대통령령으로 정하는 용도 또는 규모의 공사의 공사감리자는 필요하다고 인정하면 공사시공자에게 상세시공도면을 작성하도록 요청할 수 있다.
⑥ 공사감리자는 국토교통부령으로 정하는 바에 따라 감리일지를 기록·유지하여야 하고, 공사의 공정(工程)이 대통령령으로 정하는 진도에 다다른 경우에는 감리중간보고서를, 공사를 완료한 경우에는 감리완료보고서를 국토교통부령으로 정하는 바에 따라 각각 작성하여 건축주에게 제출하여야 한다. 이 경우 건축주는 감리중간보고서는 제출받은 때, 감리완료보고서는 제22조에 따른 건축물의 사용승인을 신청할 때 허가권자에게 제출하여야 한다.(2020.4.7 본항개정)
⑦ 건축주나 공사시공자는 제3항과 제4항에 따라 위반사항에 대한 시정이나 재시공을 요청하거나 위반사항을 허가권자에게 보고한 공사감리자에게 이를 이유로 공사감리자의 지정을 취소하거나 보수의 지급을 거부하거나 지연시키는 등 불이익을 주어서는 아니 된다.(2016.2.3 본항개정)
⑧ 제1항에 따른 공사감리의 방법 및 범위 등은 건축물의 용도·규모 등에 따라 대통령령으로 정하되, 이에 따른 세부기준이 필요한 경우에는 국토교통부장관이 정하거나 건축사협회로 하여금 국토교통부장관의 승인을 받아 정하도록 할 수 있다.(2013.3.23 본항개정)
⑨ 국토교통부장관은 제8항에 따라 세부기준을 정하거나 승인을 한 경우 이를 고시하여야 한다.(2016.2.3 본항개정)
⑩ 「주택법」 제15조에 따른 사업계획 승인 대상과 「건설기술 진흥법」 제39조제2항에 따라 건설사업관리를 하게 하는 건축물의 공사감리는 제1항부터 제9항까지 및 제11항부터 제14항까지의 규정에도 불구하고 각각 해당 법령으로 정하는 바에 따른다.(2018.8.14 본항개정)
⑪ 제1항에 따라 건축주가 공사감리자를 지정하거나 제2항에 따라 허가권자가 공사감리자를 지정하는 건축물의 건축주는 제21조에 따른 착공신고를 하는 때에 감리비용이 명시된 감리 계약서를 허가권자에게 제출하여야 하고, 제22조에 따른 사용승인을 신청하는 때에는 감리용역 계약내용에 따라 감리비용을 지급하여야 한다. 이 경우 허가권자는 감리계약서에 따라 감리비용이 지급되었는지를 확인한 후 사용승인을 하여야 한다.(2021.7.27 본항개정)
⑫ 제2항에 따라 허가권자가 공사감리자를 지정하는 건축물의 건축주는 설계자의 설계의도가 구현되도록 해당 건축물의 설계자를 건축과정에 참여시켜야 한다. 이 경우 「건축서비스산업 진흥법」 제22조를 준용한다.(2018.8.14 본항신설)
⑬ 제12항에 따라 설계자를 건축과정에 참여시켜야 하는 건축주는 제21조에 따른 착공신고를 하는 때에 해당 계약서 등 대통령령으로 정하는 서류를 허가권자에게 제출하여야 한다.(2018.8.14 본항신설)
⑭ 허가권자는 제2항에 따라 허가권자가 공사감리자를 지정하는 경우의 감리비용에 관한 기준을 해당 지방자치단체의 조례로 정할 수 있다.(2020.12.22 본항개정)

제25조의2【건축관계자등에 대한 업무제한】 ① 허가권자는 설계자, 공사시공자, 공사감리자 및 관계전문기술자(이하 "건축관계자등"이라 한다)가 대통령령으로 정하는 주요 건축물에 대하여 제21조에 따른 착공신고 시부터 「건설산업기본법」 제28조에 따른 하자담보책임 기간에 제40조, 제41조, 제48조, 제50조 및 제51조를 위반하거나 중대한 과실로 건축물의 기초 및 주요구조부에 중대한 손괴를 일으켜 사람을 사망하게 한 경우에는 1년 이내의 기간을 정하여 이 법에 의한 업무를 수행할 수 없도록 업무정지를 명할 수 있다.
② 허가권자는 건축관계자등이 제40조, 제41조, 제48조, 제49조, 제50조, 제50조의2, 제51조, 제52조 및 제52조의4를 위반하여 건축물의 기초 및 주요구조부에 중대한 손괴를 일으켜 대통령령으로 정하는 규모 이상의 재산상의 피해가 발생한 경우(제1항에 해당하는 위반행위는 제외한다)에는 다음 각 호에서 정하는 기간 이내의 범위에서 다중이용건축물 등 대통령령으로 정하는 주요 건축물에 대하여 이 법에 의한 업무를 수행할 수 없도록 업무정지를 명할 수 있다.(2019.4.23 본문개정)
1. 최초로 위반행위가 발생한 경우 : 업무정지일부터 6개월
2. 2년 이내에 동일한 현장에서 위반행위가 다시 발생한 경우 : 다시 업무정지를 받는 날부터 1년
③ 허가권자는 건축관계자등이 제40조, 제41조, 제48조, 제49조, 제50조, 제50조의2, 제51조, 제52조 및 제52조의4를 위반한 경우(제1항 및 제2항에 해당하는 위반행위는 제외한다)와 제28조를 위반하여 가설시설물이 붕괴된 경우에는 기간을 정하여 시정을 명하거나 필요한 지시를 할 수 있다.(2019.4.23 본항개정)
④ 허가권자는 제3항에 따른 시정명령 등에도 불구하고 특별한 이유 없이 이를 이행하지 아니한 경우에는 다음 각 호에서 정하는 기간 이내의 범위에서 이 법에 의한 업무를 수행할 수 없도록 업무정지를 명할 수 있다.
1. 최초의 위반행위가 발생하여 허가권자가 지정한 시정기간 동안 특별한 사유 없이 시정하지 아니하는 경우 : 업무정지일부터 3개월
2. 2년 이내에 제3항에 따른 위반행위가 동일한 현장에서 2차례 발생한 경우 : 업무정지일부터 3개월
3. 2년 이내에 제3항에 따른 위반행위가 동일한 현장에서 3차례 발생한 경우 : 업무정지일부터 1년
⑤ 허가권자는 제4항에 따른 업무정지처분을 갈음하여 다음 각 호의 구분에 따라 건축관계자등에게 과징금을 부과할 수 있다.
1. 제4항제1호 또는 제2호에 해당하는 경우 : 3억원 이하
2. 제4항제3호에 해당하는 경우 : 10억원 이하
⑥ 건축관계자등은 제1항, 제2항 또는 제4항에 따른 업무정지처분에도 불구하고 그 처분을 받기 전에 계약을 체결하였거나 관계 법령에 따라 허가, 인가 등을 받아 착수한 업무는 제22조에 따른 사용승인을 받은 때까지 계속 수행할 수 있다.
⑦ 제1항부터 제5항까지에 해당하는 조치는 그 소속 법인 또는 단체에게도 동일하게 적용한다. 다만, 소속 법인 또는 단체가 위반행위를 방지하기 위하여 해당 업무에 관하여 상당한 주의와 감독을 게을리하지 아니한 경우에는 그러하지 아니하다.
⑧ 제1항부터 제5항까지의 조치는 관계 법률에 따라 건축허가를 의제하는 경우의 건축관계자등에게 동일하게 적용한다.
⑨ 허가권자는 제1항부터 제5항까지의 조치를 한 경우 그 내용을 국토교통부장관에게 통보하여야 한다.
⑩ 국토교통부장관은 제9항에 따라 통보된 사항을 종합관리하고, 허가권자가 해당 건축관계자등과 그 소속 법인 또는 단체를 알 수 있도록 국토교통부령으로 정하는 바에 따라 공개하여야 한다.
⑪ 건축관계자등, 소속 법인 또는 단체에 대한 업무정지처분을 하려는 경우에는 청문을 하여야 한다.
(2016.2.3 본조신설)

제26조【허용 오차】 대지의 측량(「공간정보의 구축 및 관리 등에 관한 법률」에 따른 지적측량은 제외한다)이나 건축물의 건축 과정에서 부득이하게 발생하는 오차는 이 법을 적용할 때 국토교통부령으로 정하는 범위에서 허용한다.(2014.6.3 본조개정)

제27조【현장조사·검사 및 확인업무의 대행】 ① 허가권자는 이 법에 따른 현장조사·검사 및 확인업무를 대통령령으로 정하는 바에 따라 「건축사법」 제23조에 따라 건축사사무소개설신고를 한 자에게 대행하게 할 수 있다.(2014.5.28 본항개정)
② 제1항에 따라 업무를 대행하는 자는 현장조사·검사 또는 확인결과를 국토교통부령으로 정하는 바에 따라 허가권자에게 서면으로 보고하여야 한다.(2013.3.23 본항개정)
③ 허가권자는 제1항에 따른 자에게 업무를 대행하게 한 경우 국토교통부령으로 정하는 범위에서 해당 지방자치단체의 조례로 정하는 수수료를 지급하여야 한다.(2013.3.23 본항개정)

제28조【공사현장의 위해 방지 등】 ① 건축물의 공사시공자는 대통령령으로 정하는 바에 따라 공사현장의 위해를 방지하기 위하여 필요한 조치를 하여야 한다.
② 허가권자는 건축물의 공사와 관련하여 건축관계자간 분쟁상담 등의 필요한 조치를 하여야 한다.
제29조【공용건축물에 대한 특례】 ① 국가나 지방자치단체는 제11조, 제14조, 제19조, 제20조 및 제83조에 따른 건축물을 건축·대수선·용도변경하거나 가설건축물을 건축하거나 공작물을 축조하려는 경우에는 대통령령으로 정하는 바에 따라 미리 건축물의 소재지를 관할하는 허가권자와 협의하여야 한다.(2011.5.30 본항개정)
② 국가나 지방자치단체가 제1항에 따라 건축물의 소재지를 관할하는 허가권자와 협의한 경우에는 제11조, 제14조, 제19조, 제20조 및 제83조에 따른 허가를 받았거나 신고한 것으로 본다.(2011.5.30 본항개정)
③ 제1항에 따라 협의한 건축물에는 제22조제1항부터 제3항까지의 규정을 적용하지 아니한다. 다만, 건축물의 공사가 끝난 경우에는 지체 없이 허가권자에게 통보하여야 한다.
④ 국가나 지방자치단체가 소유한 대지의 지상 또는 지하 여유공간에 구분지상권을 설정하여 주민편의시설 등 대통령령으로 정하는 시설을 설치하고자 하는 경우 허가권자는 구분지상권자를 건축주로 보고 구분지상권이 설정된 부분을 제2조제1항제1호의 대지로 보아 건축허가를 할 수 있다. 이 경우 구분지상권 설정의 대상 및 범위, 기간 등은 「국유재산법」 및 「공유재산 및 물품 관리법」에 적합하여야 한다.(2016.1.19 본항신설)
제30조【건축통계 등】 ① 허가권자는 다음 각 호의 사항(이하 "건축통계"라 한다)을 국토교통부령으로 정하는 바에 따라 국토교통부장관이나 시·도지사에게 보고하여야 한다.
(2013.3.23 본문개정)
1. 제11조에 따른 건축허가 현황
2. 제14조에 따른 건축신고 현황
3. 제19조에 따른 용도변경허가 및 신고 현황
4. 제21조에 따른 착공신고 현황
5. 제22조에 따른 사용승인 현황
6. 그 밖에 대통령령으로 정하는 사항
② 건축통계의 작성 등에 필요한 사항은 국토교통부령으로 정한다.(2013.3.23 본항개정)
제31조【건축행정 전산화】 ① 국토교통부장관은 이 법에 따른 건축행정 관련 업무를 전산처리하기 위하여 종합적인 계획을 수립·시행할 수 있다.(2013.3.23 본항개정)
② 허가권자는 제10조, 제11조, 제14조, 제16조, 제19조부터 제22조까지, 제25조, 제29조, 제30조, 제38조, 제83조 및 제92조에 따른 신청서, 신고서, 첨부서류, 통지, 보고 등을 디스켓, 디스크 또는 정보통신망 등으로 제출하게 할 수 있다.(2019.4.30 본항개정)
제32조【건축허가 업무 등의 전산처리 등】 ① 허가권자는 건축허가 업무 등의 효율적인 처리를 위하여 국토교통부령으로 정하는 바에 따라 전자정보처리 시스템을 이용하여 이 법에 규정된 업무를 처리할 수 있다.(2013.3.23 본항개정)
② 제1항에 따른 전자정보처리 시스템에 따라 처리된 자료(이하 "전산자료"라 한다)를 이용하려는 자는 대통령령으로 정하는 바에 따라 관계 중앙행정기관의 장의 심사를 거쳐 다음 각 호의 구분에 따라 국토교통부장관, 시·도지사 또는 시장·군수·구청장의 승인을 받아야 한다. 다만, 지방자치단체의 장이 승인을 신청하는 경우에는 관계 중앙행정기관의 장의 심사를 받지 아니한다.(2013.3.23 본문개정)
1. 전국 단위의 전산자료 : 국토교통부장관(2013.3.23 본호개정)
2. 특별시·광역시·특별자치시·도·특별자치도(이하 "시·도"라 한다) 단위의 전산자료 : 시·도지사(2014.1.14 본호개정)
3. 시·군 또는 구(자치구를 말한다. 이하 같다) 단위의 전산자료 : 시장·군수·구청장(2022.6.10 본호개정)
③ 국토교통부장관, 시·도지사 또는 시장·군수·구청장이 제2항에 따른 승인신청을 받은 경우에는 건축허가 업무 등의 효율적인 처리에 지장이 없고 대통령령으로 정하는 건축주 등의 개인정보 보호기준을 위반하지 아니한다고 인정되는 경우에만 승인할 수 있다. 이 경우 용도를 한정하여 승인할 수 있다.(2013.3.23 전단개정)
④ 제2항 및 제3항에도 불구하고 건축물의 소유자가 본인 소유의 건축물에 대한 소유 정보를 신청하거나 건축물의 소유자가 사망하여 그 상속인이 피상속인의 건축물에 대한 소유 정보를 신청하는 경우에는 승인 및 심사를 받지 아니할 수 있다.(2017.10.24 본항신설)
⑤ 제2항에 따른 승인을 받아 전산자료를 이용하려는 자는 사용료를 내야 한다.
⑥ 제1항부터 제5항까지의 규정에 따른 전자정보처리 시스템의 운영에 관한 사항, 전산자료의 이용 대상 범위와 심사기준, 승인절차, 사용료 등에 관하여 필요한 사항은 대통령령으로 정한다.(2017.10.24 본항개정)
제33조【전산자료의 이용자에 대한 지도·감독】 ① 국토교통부장관, 시·도지사 또는 시장·군수·구청장은 개인정보의 보호 및 전산자료의 이용목적 외 사용 방지 등을 위하여 필요하다고 인정되면 전산자료의 보유 또는 관리 등에 관한 사항에 관하여 제32조에 따라 전산자료를 이용하는 자를 지도·감독할 수 있다.(2019.8.20 본항개정)
② 제1항에 따른 지도·감독의 대상 및 절차 등에 관하여 필요한 사항은 대통령령으로 정한다.
제34조【건축종합민원실의 설치】 특별자치시장·특별자치도지사 또는 시장·군수·구청장은 대통령령으로 정하는 바에 따라 건축허가, 건축신고, 사용승인 등 건축과 관련된 민원을 종합적으로 접수하여 처리할 수 있는 민원실을 설치·운영하여야 한다.(2014.1.14 본조개정)

제3장 건축물의 유지와 관리

제35조~제36조 (2019.4.30 삭제)
제37조【건축지도원】 ① 특별자치시장·특별자치도지사 또는 시장·군수·구청장은 이 법 또는 이 법에 따른 명령이나 처분에 위반되는 건축물의 발생을 예방하고 건축물을 적법하게 유지·관리하도록 지도하기 위하여 대통령령으로 정하는 바에 따라 건축지도원을 지정할 수 있다.(2014.1.14 본항개정)
② 제1항에 따른 건축지도원의 자격과 업무 범위 등은 대통령령으로 정한다.
제38조【건축물대장】 ① 특별자치시장·특별자치도지사 또는 시장·군수·구청장은 건축물의 소유·이용 및 유지·관리 상태를 확인하거나 건축정책의 기초 자료로 활용하기 위하여 다음 각 호의 어느 하나에 해당하면 건축물대장에 건축물과 그 대지의 현황 및 국토교통부령으로 정하는 건축물의 구조내력(構造耐力)에 관한 정보를 적어서 보관하고 이를 지속적으로 정비하여야 한다.(2017.10.24 본문개정)
1. 제22조제2항에 따라 사용승인서를 내준 경우
2. 제11조에 따른 건축허가 대상 건축물(제14조에 따른 신고 대상 건축물을 포함한다) 외의 건축물의 공사를 끝낸 후 기재를 요청한 경우
3. (2019.4.30 삭제)
4. 그 밖에 대통령령으로 정하는 경우
② 특별자치시장·특별자치도지사 또는 시장·군수·구청장은 건축물대장의 작성·보관 및 정비를 위하여 필요한 자료나 정보의 제공을 중앙행정기관의 장 또는 지방자치단체의 장에게 요청할 수 있다. 이 경우 자료나 정보의 제공을 요청받은 기관의 장은 특별한 사유가 없으면 그 요청에 따라야 한다.
(2017.10.24 본항신설)
③ 제1항 및 제2항에 따른 건축물대장의 서식, 기재 내용, 기재 절차, 그 밖에 필요한 사항은 국토교통부령으로 정한다.
(2017.10.24 본항개정)
제39조【등기촉탁】 ① 특별자치시장·특별자치도지사 또는 시장·군수·구청장은 다음 각 호의 어느 하나에 해당하는 사유로 건축물대장의 기재 내용이 변경되는 경우(제2호의 경우 신규 등록은 제외한다) 관할 등기소에 그 등기를 촉탁하여야 한다. 이 경우 제1호와 제4호의 등기촉탁은 지방자치단체가 자기를 위하여 하는 등기로 본다.(2017.1.17 전단개정)
1. 지번이나 행정구역의 명칭이 변경된 경우

2. 제22조에 따른 사용승인을 받은 건축물로서 사용승인 내용 중 건축물의 면적·구조·용도 및 층수가 변경된 경우
3. 「건축물관리법」 제30조에 따라 건축물을 해체한 경우 (2019.4.30 본호개정)
4. 「건축물관리법」 제34조에 따른 건축물의 멸실 후 멸실신고를 한 경우(2019.4.30 본호개정)
② 제1항에 따른 등기촉탁의 절차에 관하여 필요한 사항은 국토교통부령으로 정한다.(2013.3.23 본항개정)

제4장 건축물의 대지와 도로

제40조【대지의 안전 등】 ① 대지는 인접한 도로면보다 낮아서는 아니 된다. 다만, 대지의 배수에 지장이 없거나 건축물의 용도상 방습(防濕)의 필요가 없는 경우에는 인접한 도로면보다 낮아도 된다.
② 습한 토지, 물이 나올 우려가 많은 토지, 쓰레기, 그 밖에 이와 유사한 것으로 매립된 토지에 건축물을 건축하는 경우에는 성토(盛土), 지반 개량 등 필요한 조치를 하여야 한다.
③ 대지에는 빗물과 오수를 배출하거나 처리하기 위하여 필요한 하수관, 하수구, 저수탱크, 그 밖에 이와 유사한 시설을 하여야 한다.
④ 손궤(損潰 : 무너져 내림)의 우려가 있는 토지에 대지를 조성하려면 국토교통부령으로 정하는 바에 따라 옹벽을 설치하거나 그 밖에 필요한 조치를 하여야 한다.(2013.3.23 본항개정)
제41조【토지 굴착 부분에 대한 조치 등】 ① 공사시공자는 대지를 조성하거나 건축공사를 하기 위하여 토지를 굴착·절토(切土)·매립(埋立) 또는 성토 등을 하는 경우 그 변경 부분에는 국토교통부령으로 정하는 바에 따라 공사 중 비탈면 붕괴, 토사 유출 등 위험 발생의 방지, 환경 보존, 그 밖에 필요한 조치를 한 후 해당 공사현장에 그 사실을 게시하여야 한다. (2014.5.28 본항개정)
② 허가권자는 제1항을 위반한 자에게 의무이행에 필요한 조치를 명할 수 있다.
제42조【대지의 조경】 ① 면적이 200제곱미터 이상인 대지에 건축을 하는 건축주는 용도지역 및 건축물의 규모에 따라 해당 지방자치단체의 조례로 정하는 기준에 따라 대지에 조경이나 그 밖에 필요한 조치를 하여야 한다. 다만, 조경이 필요하지 아니한 건축물로서 대통령령으로 정하는 건축물에 대하여는 조경 등의 조치를 하지 아니할 수 있으며, 옥상 조경 등 대통령령으로 따로 기준을 정하는 경우에는 그 기준에 따른다.
② 국토교통부장관은 식재(植栽) 기준, 조경 시설물의 종류 및 설치방법, 옥상 조경의 방법 등 조경에 필요한 사항을 정하여 고시할 수 있다.(2013.3.23 본항개정)
제43조【공개 공지 등의 확보】 ① 다음 각 호의 어느 하나에 해당하는 지역의 환경을 쾌적하게 조성하기 위하여 대통령령으로 정하는 용도와 규모의 건축물은 일반이 사용할 수 있도록 대통령령으로 정하는 기준에 따라 소규모 휴식시설 등의 공개 공지(空地 : 공터) 또는 공개 공간(이하 "공개공지등"이라 한다)을 설치하여야 한다.(2019.4.23 본문개정)
1. 일반주거지역, 준주거지역
2. 상업지역
3. 준공업지역
4. 특별자치시장·특별자치도지사 또는 시장·군수·구청장이 도시화의 가능성이 크거나 노후 산업단지의 정비가 필요하다고 인정하여 지정·공고하는 지역(2018.8.14 본호개정)
② 제1항에 따라 공개공지등을 설치하는 경우에는 제55조, 제56조와 제60조를 대통령령으로 정하는 바에 따라 완화하여 적용할 수 있다.(2019.4.23 본항개정)
③ 시·도지사 또는 시장·군수·구청장은 관할 구역 내 공개공지등에 대한 점검 등 유지·관리에 관한 사항을 해당 지방자치단체의 조례로 정할 수 있다.(2019.4.23 본항신설)
④ 누구든지 공개공지등에 물건을 쌓아놓거나 출입을 차단하는 시설을 설치하는 등 공개공지등의 활용을 저해하는 행위를 하여서는 아니 된다.(2019.4.23 본항신설)
⑤ 제4항에 따라 제한되는 행위의 유형 또는 기준은 대통령령으로 정한다.(2019.4.23 본항신설)

제44조【대지와 도로의 관계】 ① 건축물의 대지는 2미터 이상이 도로(자동차만의 통행에 사용되는 도로는 제외한다)에 접하여야 한다. 다만, 다음 각 호의 어느 하나에 해당하면 그러하지 아니하다.
1. 해당 건축물의 출입에 지장이 없다고 인정되는 경우
2. 건축물의 주변에 대통령령으로 정하는 공지가 있는 경우
3. 「농지법」 제2조제1호나목에 따른 농막을 건축하는 경우 (2016.1.19 본호신설)
② 건축물의 대지가 접하는 도로의 너비, 대지가 도로에 접하는 부분의 길이, 그 밖에 대지와 도로의 관계에 관하여 필요한 사항은 대통령령으로 정하는 바에 따른다.
제45조【도로의 지정·폐지 또는 변경】 ① 허가권자는 제2조제1항제11호나목에 따라 도로의 위치를 지정·공고하려면 국토교통부령으로 정하는 바에 따라 그 도로에 대한 이해관계인의 동의를 받아야 한다. 다만, 다음 각 호의 어느 하나에 해당하면 이해관계인의 동의를 받지 아니하고 건축위원회의 심의를 거쳐 도로를 지정할 수 있다.(2013.3.23 본문개정)
1. 허가권자가 이해관계인이 해외에 거주하는 등의 사유로 이해관계인의 동의를 받기가 곤란하다고 인정하는 경우
2. 주민이 오랫 동안 통행로로 이용하고 있는 사실상의 통로로서 해당 지방자치단체의 조례로 정하는 것인 경우
② 허가권자는 제1항에 따라 지정한 도로를 폐지하거나 변경하려면 그 도로에 대한 이해관계인의 동의를 받아야 한다. 그 도로에 편입된 토지의 소유자, 건축주 등이 허가권자에게 제1항에 따라 지정된 도로의 폐지나 변경을 신청하는 경우에도 또한 같다.
③ 허가권자는 제1항과 제2항에 따라 도로를 지정하거나 변경하면 국토교통부령으로 정하는 바에 따라 도로관리대장에 이를 적어서 관리하여야 한다.(2013.3.23 본항개정)
제46조【건축선의 지정】 ① 도로와 접한 부분에 건축물을 건축할 수 있는 선[이하 "건축선(建築線)"이라 한다]은 대지와 도로의 경계선으로 한다. 다만, 제2조제1항제11호에 따른 소요 너비에 못 미치는 너비의 도로인 경우에는 그 중심선으로부터 그 소요 너비의 2분의 1의 수평거리만큼 물러난 선을 건축선으로 하되, 그 도로의 반대쪽에 경사지, 하천, 철도, 선로부지, 그 밖에 이와 유사한 것이 있는 경우에는 그 경사지 등이 있는 쪽의 도로경계선에서 소요 너비에 해당하는 수평거리의 선을 건축선으로 하며, 도로의 모퉁이에서는 대통령령으로 정하는 선을 건축선으로 한다.
② 특별자치시장·특별자치도지사 또는 시장·군수·구청장은 시가지 안에서 건축물의 위치나 환경을 정비하기 위하여 필요하다고 인정하면 제1항에도 불구하고 대통령령으로 정하는 범위에서 건축선을 따로 지정할 수 있다.(2014.1.14 본항개정)
③ 특별자치시장·특별자치도지사 또는 시장·군수·구청장은 제2항에 따라 건축선을 지정하면 지체 없이 이를 고시하여야 한다.(2014.1.14 본항개정)
제47조【건축선에 따른 건축제한】 ① 건축물과 담장은 건축선의 수직면(垂直面)을 넘어서는 아니 된다. 다만, 지표(地表) 아래 부분은 그러하지 아니하다.
② 도로면으로부터 높이 4.5미터 이하에 있는 출입구, 창문, 그 밖에 이와 유사한 구조물은 열고 닫을 때 건축선의 수직면을 넘지 아니하는 구조로 하여야 한다.

제5장 건축물의 구조 및 재료 등
(2014.5.28 본장제목개정)

제48조【구조내력 등】 ① 건축물은 고정하중, 적재하중(積載荷重), 적설하중(積雪荷重), 풍압(風壓), 지진, 그 밖의 진동 및 충격 등에 대하여 안전한 구조를 가져야 한다.
② 제11조제1항에 따른 건축물을 건축하거나 대수선하는 경우에는 대통령령으로 정하는 바에 따라 구조의 안전을 확인하여야 한다.
③ 지방자치단체의 장은 제2항에 따른 구조 안전 확인 대상 건축물에 대하여 허가 등을 하는 경우 내진(耐震)성능 확보 여부를 확인하여야 한다.(2011.9.16 본항신설)

④ 제1항에 따른 구조내력의 기준과 구조 계산의 방법 등에 관하여 필요한 사항은 국토교통부령으로 정한다.(2015.1.6 본항개정)

제48조의2【건축물 내진등급의 설정】 ① 국토교통부장관은 지진으로부터 건축물의 구조 안전을 확보하기 위하여 건축물의 용도, 규모 및 설계구조의 중요도에 따라 내진등급(耐震等級)을 설정하여야 한다.
② 제1항에 따른 내진등급을 설정하기 위한 내진등급기준 등 필요한 사항은 국토교통부령으로 정한다.
(2013.7.16 본조신설)

제48조의3【건축물의 내진능력 공개】 ① 다음 각 호의 어느 하나에 해당하는 건축물을 건축하고자 하는 자는 제22조에 따른 사용승인을 받는 즉시 건축물이 지진 발생 시에 견딜 수 있는 능력(이하 "내진능력"이라 한다)을 공개하여야 한다. 다만, 제48조제2항에 따른 구조안전 확인 대상 건축물이 아니거나 내진능력 산정이 곤란한 건축물로서 대통령령으로 정하는 건축물은 공개하지 아니한다.(2017.12.26 단서신설)
1. 층수가 2층〔주요구조부인 기둥과 보를 설치하는 건축물로서 그 기둥과 보가 목재인 목구조 건축물(이하 "목구조 건축물"이라 한다)의 경우에는 3층〕 이상인 건축물(2017.12.26 본호개정)
2. 연면적이 200제곱미터(목구조 건축물의 경우에는 500제곱미터) 이상인 건축물(2017.12.26 본호개정)
3. 그 밖에 건축물의 규모와 중요도를 고려하여 대통령령으로 정하는 건축물
② 제1항의 내진능력의 산정 기준과 공개 방법 등 세부사항은 국토교통부령으로 정한다.
(2016.1.19 본조신설)

제48조의4【부속구조물의 설치 및 관리】 건축관계자, 소유자 및 관리자는 건축물의 부속구조물을 설계·시공 및 유지·관리 등을 고려하여 국토교통부령으로 정하는 기준에 따라 설치·관리하여야 한다.(2016.2.3 본조신설)

제49조【건축물의 피난시설 및 용도제한 등】 ① 대통령령으로 정하는 용도 및 규모의 건축물과 그 대지에는 국토교통부령으로 정하는 바에 따라 복도, 계단, 출입구, 그 밖의 피난시설과 저수조(貯水槽), 대지 안의 피난과 소화에 필요한 통로를 설치하여야 한다.(2018.4.17 본항개정)
② 대통령령으로 정하는 용도 및 규모의 건축물의 안전·위생 및 방화(防火) 등을 위하여 필요한 용도 및 구조의 제한, 방화구획(防火區劃), 화장실의 구조, 계단·출입구, 거실의 반자 높이, 거실의 채광·환기, 배연설비와 바닥의 방습 등에 관하여 필요한 사항은 국토교통부령으로 정한다. 다만, 대규모 창고시설 등 대통령령으로 정하는 용도 및 규모의 건축물에 대해서는 방화구획 등 화재 안전에 필요한 사항을 국토교통부령으로 별도로 정할 수 있다.(2021.10.19 단서신설)
③ 대통령령으로 정하는 건축물은 국토교통부령으로 정하는 기준에 따라 소방관이 진입할 수 있는 창을 설치하고, 외부에서 주야간에 식별할 수 있는 표시를 하여야 한다.(2019.4.23 본항신설)
④ 대통령령으로 정하는 용도 및 규모의 건축물에 대하여 가구·세대 등 간 소음 방지를 위하여 국토교통부령으로 정하는 바에 따라 경계벽 및 바닥을 설치하여야 한다.(2014.5.28 본항신설)
⑤ 「자연재해대책법」 제12조제1항에 따른 자연재해위험개선지구 중 침수위험지구에 국가·지방자치단체 또는 「공공기관의 운영에 관한 법률」 제4조제1항에 따른 공공기관이 건축하는 건축물은 침수 방지 및 방수를 위하여 다음 각 호의 기준에 따라야 한다.
1. 건축물의 1층 전체를 필로티(건축물을 사용하기 위한 경비실, 계단실, 승강기실, 그 밖에 이와 비슷한 것을 포함한다) 구조로 할 것
2. 국토교통부령으로 정하는 침수 방지시설을 설치할 것
(2015.1.6 본항신설)

제49조의2【피난시설 등의 유지·관리에 대한 기술지원】 국가 또는 지방자치단체는 건축물의 소유자나 관리자에게 제49조제1항 및 제2항에 따른 피난시설 등의 설치, 개량·보수 등 유지·관리에 대한 기술지원을 할 수 있다.(2018.8.14 본조신설)

제50조【건축물의 내화구조와 방화벽】 ① 문화 및 집회시설, 의료시설, 공동주택 등 대통령령으로 정하는 건축물은 국토교통부령으로 정하는 기준에 따라 주요구조부와 지붕을 내화(耐火)구조로 하여야 한다. 다만, 막구조 등 대통령령으로 정하는 구조는 주요구조부에만 내화구조로 할 수 있다.(2018.8.14 본항개정)
② 대통령령으로 정하는 용도 및 규모의 건축물은 국토교통부령으로 정하는 기준에 따라 방화벽으로 구획하여야 한다.
(2013.3.23 본조개정)

제50조의2【고층건축물의 피난 및 안전관리】 ① 고층건축물에는 대통령령으로 정하는 바에 따라 피난안전구역을 설치하거나 대피공간을 확보한 계단을 설치하여야 한다. 이 경우 피난안전구역의 설치 기준, 계단의 설치 기준과 구조 등에 관하여 필요한 사항은 국토교통부령으로 정한다.
② 고층건축물에 설치된 피난안전구역·피난시설 또는 대피공간에는 국토교통부령으로 정하는 바에 따라 화재 등의 경우에 피난 용도로 사용되는 것임을 표시하여야 한다.(2015.1.6 본항신설)
③ 고층건축물의 화재예방 및 피해경감을 위하여 국토교통부령으로 정하는 바에 따라 제48조부터 제50조까지의 기준을 강화하여 적용할 수 있다.(2018.4.17 본항개정)
(2013.3.23 본조개정)

제51조【방화지구 안의 건축물】 ① 「국토의 계획 및 이용에 관한 법률」 제37조제1항제3호에 따른 방화지구(이하 "방화지구"라 한다) 안에서는 건축물의 주요구조부와 지붕·외벽을 내화구조로 하여야 한다. 다만, 대통령령으로 정하는 경우에는 그러하지 아니하다.(2018.8.14 본문개정)
② 방화지구 안의 공작물로서 간판, 광고탑, 그 밖에 대통령령으로 정하는 공작물 중 건축물의 지붕 위에 설치하는 공작물이나 높이 3미터 이상의 공작물은 주요부를 불연(不燃)재료로 하여야 한다.
③ 방화지구 안의 지붕·방화문 및 인접 대지 경계선에 접하는 외벽은 국토교통부령으로 정하는 구조 및 재료로 하여야 한다.
(2013.3.23 본항개정)

제52조【건축물의 마감재료 등】 ① 대통령령으로 정하는 용도 및 규모의 건축물의 벽, 반자, 지붕(반자가 없는 경우에 한정한다) 등 내부의 마감재료〔제52조의4제1항의 복합자재의 경우 심재(心材)를 포함한다〕는 방화에 지장이 없는 재료로 하되, 「실내공기질 관리법」 제5조 및 제6조에 따른 실내공기질 유지기준 및 권고기준을 고려하고 관계 중앙행정기관의 장과 협의하여 국토교통부령으로 정하는 기준에 따른 것이어야 한다.(2021.3.16 본항개정)
② 대통령령으로 정하는 건축물의 외벽에 사용하는 마감재료(두 가지 이상의 재료로 제작된 자재의 경우 각 재료를 포함한다)는 방화에 지장이 없는 재료로 하여야 한다. 이 경우 마감재료의 기준은 국토교통부령으로 정한다.(2021.3.16 전단개정)
③ 욕실, 화장실, 목욕장 등의 바닥 마감재료는 미끄럼을 방지할 수 있도록 국토교통부령으로 정하는 기준에 적합하여야 한다.(2013.7.16 본항신설)
④ 대통령령으로 정하는 용도 및 규모에 해당하는 건축물 외벽에 설치되는 창호(窓戶)는 방화에 지장이 없도록 인접 대지와의 이격거리를 고려하여 방화성능 등이 국토교통부령으로 정하는 기준에 적합하여야 한다.(2020.12.22 본항신설)
(2020.12.22 본조제목개정)

제52조의2【실내건축】 ① 대통령령으로 정하는 용도 및 규모에 해당하는 건축물의 실내건축은 방화에 지장이 없고 사용자의 안전에 문제가 없는 구조 및 재료로 시공하여야 한다.
② 실내건축의 구조·시공방법 등에 관한 기준은 국토교통부령으로 정한다.
③ 특별자치시장·특별자치도지사 또는 시장·군수·구청장은 제1항 및 제2항에 따라 실내건축이 적정하게 설치 및 시공되었는지를 검사하여야 한다. 이 경우 검사하는 대상 건축물과 주기(週期)는 건축조례로 정한다.
(2014.5.28 본조신설)

제52조의3【건축자재의 제조 및 유통 관리】 ① 제조업자 및 유통업자는 건축물의 안전과 기능 등에 지장을 주지 아니하도록 건축자재를 제조·보관 및 유통하여야 한다.
② 국토교통부장관, 시·도지사 및 시장·군수·구청장은 건축물의 구조 및 재료의 기준 등이 공사현장에서 준수되고 있는지를 확인하기 위하여 제조업자 및 유통업자에게 필요한 자료의 제출을 요구하거나 건축공사장, 제조업자의 제조현장 및 유통업자의 유통장소 등을 점검할 수 있으며 필요한 경우에는 시료를 채취하여 성능 확인을 위한 시험을 할 수 있다.
③ 국토교통부장관, 시·도지사 및 시장·군수·구청장은 제2항의 점검을 통하여 위법 사실을 확인한 경우 대통령령으로 정하는 바에 따라 공사 중단, 사용 중단 등의 조치를 하거나 관계 기관에 대하여 관계 법률에 따른 영업정지 등의 요청을 할 수 있다.
④ 국토교통부장관, 시·도지사, 시장·군수·구청장은 제2항의 점검업무를 대통령령으로 정하는 전문기관으로 하여금 대행하게 할 수 있다.
⑤ 제2항에 따른 점검에 관한 절차 등에 관하여 필요한 사항은 국토교통부령으로 정한다.
(2016.2.3 본조신설)

제52조의4【건축자재의 품질관리 등】 ① 복합자재(불연재료인 양면 철판, 석재, 콘크리트 또는 이와 유사한 재료와 불연재료가 아닌 심재로 구성된 것을 말한다)를 포함한 제52조에 따른 마감재료, 방화문 등 대통령령으로 정하는 건축자재의 제조업자, 유통업자, 공사시공자 및 공사감리자는 국토교통부령으로 정하는 사항을 기재한 품질관리서(이하 "품질관리서"라 한다)를 대통령령으로 정하는 바에 따라 허가권자에게 제출하여야 한다.(2021.3.16 본항개정)
② 제1항에 따른 건축자재의 제조업자, 유통업자는 「과학기술분야 정부출연연구기관 등의 설립·운영 및 육성에 관한 법률」에 따른 한국건설기술연구원 등 대통령령으로 정하는 시험기관에 건축자재의 성능시험을 의뢰하여야 한다.(2019.4.23 본항개정)
③ 제2항에 따른 성능시험을 수행하는 시험기관의 장은 성능시험 결과 등 건축자재의 품질관리에 필요한 정보를 국토교통부령으로 정하는 바에 따라 기관 또는 단체에 제공하거나 공개하여야 한다.(2019.4.23 본항신설)
④ 제3항에 따라 정보를 제공받은 기관 또는 단체는 해당 건축자재의 정보를 홈페이지 등에 게시하여 일반인이 알 수 있도록 하여야 한다.(2019.4.23 본항신설)
⑤ 제1항에 따른 건축자재 중 국토교통부령으로 정하는 단열재는 국토교통부장관이 고시하는 기준에 따라 해당 건축자재에 대한 정보를 표면에 표시하여야 한다.(2019.4.23 본항신설)
⑥ 복합자재에 대한 난연성분 분석시험, 난연성능기준, 시험수수료 등 필요한 사항은 국토교통부령으로 정한다.
(2019.4.23 본조제목개정)
(2015.1.6 본조신설)

제52조의5【건축자재등의 품질인정】 ① 방화문, 복합자재 등 대통령령으로 정하는 건축자재와 내화구조(이하 "건축자재등"이라 한다)는 방화성능, 품질관리 등 국토교통부령으로 정하는 기준에 따라 품질이 적합하다고 인정받아야 한다.
② 건축관계자등은 제1항에 따라 품질인정을 받은 건축자재등만 사용하고, 인정받은 내용대로 제조·유통·시공하여야 한다.
(2020.12.22 본조신설)

제52조의6【건축자재등 품질인정기관의 지정·운영 등】 ① 국토교통부장관은 건축 관련 업무를 수행하는 「공공기관의 운영에 관한 법률」 제4조에 따른 공공기관으로서 대통령령으로 정하는 기관을 품질인정 업무를 수행하는 기관(이하 "건축자재등 품질인정기관"이라 한다)으로 지정할 수 있다.
② 건축자재등 품질인정기관은 제52조의5제1항에 따른 건축자재등에 대한 품질인정 업무를 수행하며, 품질인정을 신청한 자에 대하여 국토교통부령으로 정하는 바에 따라 수수료를 받을 수 있다.
③ 건축자재등 품질인정기관은 제2항에 따라 품질이 적합하다고 인정받은 건축자재등(이하 "품질인정자재등"이라 한다)이 다음 각 호의 어느 하나에 해당하면 그 인정을 취소할 수 있다. 다만, 제1호에 해당하는 경우에는 그 인정을 취소하여야 한다.
1. 거짓이나 그 밖의 부정한 방법으로 인정받은 경우
2. 인정받은 내용과 다르게 제조·유통·시공하는 경우
3. 품질인정자재등이 국토교통부장관이 정하여 고시하는 품질관리기준에 적합하지 아니한 경우
4. 인정의 유효기간을 연장하기 위한 시험결과를 제출하지 아니한 경우
④ 건축자재등 품질인정기관은 제52조의5제2항에 따른 건축자재등의 품질 유지·관리 의무가 준수되고 있는지 확인하기 위하여 국토교통부령으로 정하는 바에 따라 제52조의4에 따른 건축자재 시험기관의 시험장소, 제조업자의 제조현장, 유통업자의 유통장소, 건축공사장 등을 점검하여야 한다.
⑤ 건축자재등 품질인정기관은 제4항에 따른 점검 결과 위법 사실을 발견한 경우 국토교통부장관에게 그 사실을 통보하여야 한다. 이 경우 국토교통부장관은 대통령령으로 정하는 바에 따라 공사 중단, 사용 중단 등의 조치를 하거나 관계 기관에 대하여 관계 법률에 따른 영업정지 등의 요청을 할 수 있다.
⑥ 건축자재등 품질인정기관은 건축자재등의 품질관리 상태 확인 등을 위하여 대통령령으로 정하는 바에 따라 제조업자, 유통업자, 건축관계자등에 대하여 건축자재등의 생산 및 판매실적, 시공현장별 시공실적 등의 자료를 요청할 수 있다.
⑦ 그 밖에 건축자재등 품질인정기관이 건축자재등의 품질인정을 운영하기 위한 인정절차, 품질관리 등 필요한 사항은 국토교통부장관이 정하여 고시한다.
(2020.12.22 본조신설)

제53조【지하층】 ① 건축물에 설치하는 지하층의 구조 및 설비는 국토교통부령으로 정하는 기준에 맞게 하여야 한다.
② 단독주택, 공동주택 등 대통령령으로 정하는 건축물의 지하층에는 거실을 설치할 수 없다. 다만, 다음 각 호의 사항을 고려하여 해당 지방자치단체의 조례로 정하는 경우에는 그러하지 아니하다.
1. 침수위험 정도를 비롯한 지역적 특성
2. 피난 및 대피 가능성
3. 그 밖에 주거의 안전과 관련된 사항
(2023.12.26 본항신설)
(2013.3.23 본조개정)

제53조의2【건축물의 범죄예방】 ① 국토교통부장관은 범죄를 예방하고 안전한 생활환경을 조성하기 위하여 건축물, 건축설비 및 대지에 관한 범죄예방 기준을 정하여 고시할 수 있다.
② 대통령령으로 정하는 건축물은 제1항의 범죄예방 기준에 따라 건축하여야 한다.
(2014.5.28 본조신설)

제6장 지역 및 지구의 건축물

제54조【건축물의 대지가 지역·지구 또는 구역에 걸치는 경우의 조치】 ① 대지가 이 법이나 다른 법률에 따른 지역·지구(녹지지역과 방화지구는 제외한다. 이하 이 조에서 같다) 또는 구역에 걸치는 경우에는 대통령령으로 정하는 바에 따라 그 건축물과 대지의 전부에 대하여 대지의 과반(過半)이 속하는 지역·지구 또는 구역 안의 건축물 및 대지 등에 관한 이 법의 규정을 적용한다.(2017.4.18 단서삭제)
② 하나의 건축물이 방화지구와 그 밖의 구역에 걸치는 경우에는 그 전부에 대하여 방화지구 안의 건축물에 관한 이 법의 규정을 적용한다. 다만, 건축물의 방화지구에 속한 부분과 그 밖의 구역에 속한 부분의 경계가 방화벽으로 구획되는 경우 그 밖의 구역에 있는 부분에 대하여는 그러하지 아니하다.
③ 대지가 녹지지역과 그 밖의 지역·지구 또는 구역에 걸치는 경우에는 각 지역·지구 또는 구역 안의 건축물과 대지에 관한

이 법의 규정을 적용한다. 다만, 녹지지역 안의 건축물이 방화지구에 걸치는 경우에는 제2항에 따른다.(2017.4.18 단서개정)
④ 제1항에도 불구하고 해당 대지의 규모와 그 대지가 속한 용도지역·지구 또는 구역의 성격 등 그 대지에 관한 주변여건상 필요하다고 인정하여 해당 지방자치단체의 조례로 적용방법을 따로 정하는 경우에는 그에 따른다.

제55조【건축물의 건폐율】 대지면적에 대한 건축면적(대지에 건축물이 둘 이상 있는 경우에는 이들 건축면적의 합계로 한다)의 비율(이하 "건폐율"이라 한다)의 최대한도는 「국토의 계획 및 이용에 관한 법률」 제77조에 따른 건폐율의 기준에 따른다. 다만, 이 법에서 기준을 완화하거나 강화하여 적용하도록 규정한 경우에는 그에 따른다.

제56조【건축물의 용적률】 대지면적에 대한 연면적(대지에 건축물이 둘 이상 있는 경우에는 이들 연면적의 합계로 한다)의 비율(이하 "용적률"이라 한다)의 최대한도는 「국토의 계획 및 이용에 관한 법률」 제78조에 따른 용적률의 기준에 따른다. 다만, 이 법에서 기준을 완화하거나 강화하여 적용하도록 규정한 경우에는 그에 따른다.

제57조【대지의 분할 제한】 ① 건축물이 있는 대지는 대통령령으로 정하는 범위에서 해당 지방자치단체의 조례로 정하는 면적에 못 미치게 분할할 수 없다.
② 건축물이 있는 대지는 제44조, 제55조, 제56조, 제58조, 제60조 및 제61조에 따른 기준에 못 미치게 분할할 수 없다.
③ 제1항과 제2항에도 불구하고 제77조의6에 따라 건축협정이 인가된 경우 그 건축협정의 대상이 되는 대지는 분할할 수 있다.(2014.1.14 본항신설)

제58조【대지 안의 공지】 건축물을 건축하는 경우에는 「국토의 계획 및 이용에 관한 법률」에 따른 용도지역·용도지구, 건축물의 용도 및 규모 등에 따라 건축선 및 인접 대지경계선으로부터 6미터 이내의 범위에서 대통령령으로 정하는 바에 따라 해당 지방자치단체의 조례로 정하는 거리 이상을 띄워야 한다.
(2011.5.30 본조개정)

제59조【맞벽 건축과 연결복도】 ① 다음 각 호의 어느 하나에 해당하는 경우에는 제58조, 제61조 및 「민법」 제242조를 적용하지 아니한다.
1. 대통령령으로 정하는 지역에서 도시미관 등을 위하여 둘 이상의 건축물 벽을 맞벽(대지경계선으로부터 50센티미터 이내인 경우를 말한다. 이하 같다)으로 하여 건축하는 경우
2. 대통령령으로 정하는 기준에 따라 인근 건축물과 이어지는 연결복도나 연결통로를 설치하는 경우
② 제1항 각 호에 따른 맞벽, 연결복도, 연결통로의 구조·크기 등에 관하여 필요한 사항은 대통령령으로 정한다.

제60조【건축물의 높이 제한】 ① 허가권자는 가로구역〔(街路區域) : 도로로 둘러싸인 일단(一團)의 지역을 말한다. 이하 같다〕을 단위로 하여 대통령령으로 정하는 기준과 절차에 따라 건축물의 높이를 지정·공고할 수 있다. 다만, 특별자치시장·특별자치도지사 또는 시장·군수·구청장은 가로구역의 높이를 완화하여 적용할 필요가 있다고 판단되는 대지에 대하여는 대통령령으로 정하는 바에 따라 건축위원회의 심의를 거쳐 높이를 완화하여 적용할 수 있다.
② 특별시장이나 광역시장은 도시의 관리를 위하여 필요하면 제1항에 따른 가로구역별 건축물의 높이를 특별시나 광역시의 조례로 정할 수 있다.
③ (2015.5.18 삭제)
④ 허가권자는 제1항 및 제2항에도 불구하고 일조(日照)·통풍 등 주변 환경 및 도시미관에 미치는 영향이 크지 않다고 인정하는 경우에는 건축위원회의 심의를 거쳐 이 법 및 다른 법률에 따른 가로구역의 높이 완화에 관한 규정을 중첩하여 적용할 수 있다.(2022.2.3 본항신설)
(2014.1.14 본조개정)

제61조【일조 등의 확보를 위한 건축물의 높이 제한】 ① 전용주거지역과 일반주거지역 안에서 건축하는 건축물의 높이는 일조 등의 확보를 위하여 정북방향(正北方向)의 인접 대지경계선으로부터의 거리에 따라 대통령령으로 정하는 높이 이하로 하여야 한다.(2022.2.3 본항개정)
② 다음 각 호의 어느 하나에 해당하는 공동주택(일반상업지역과 중심상업지역에 건축하는 것은 제외한다)은 채광(採光) 등의 확보를 위하여 대통령령으로 정하는 높이 이하로 하여야 한다.
1. 인접 대지경계선 등의 방향으로 채광을 위한 창문 등을 두는 경우
2. 하나의 대지에 두 동(棟) 이상을 건축하는 경우(2013.5.10 본항개정)
③ 다음 각 호의 어느 하나에 해당하면 제1항에도 불구하고 건축물의 높이를 정남(正南)방향의 인접 대지경계선으로부터의 거리에 따라 대통령령으로 정하는 높이 이하로 할 수 있다.
1. 「택지개발촉진법」 제3조에 따른 택지개발지구인 경우
(2011.5.30 본호개정)
2. 「주택법」 제15조에 따른 대지조성사업지구인 경우
(2016.1.19 본호개정)
3. 「지역 개발 및 지원에 관한 법률」 제11조에 따른 지역개발사업구역인 경우(2014.6.3 본호개정)
4. 「산업입지 및 개발에 관한 법률」 제6조, 제7조, 제7조의2 및 제8조에 따른 국가산업단지, 일반산업단지, 도시첨단산업단지 및 농공단지인 경우(2014.1.14 본호개정)
5. 「도시개발법」 제2조제1항제1호에 따른 도시개발구역인 경우
6. 「도시 및 주거환경정비법」 제8조에 따른 정비구역인 경우
(2017.2.8 본호개정)
7. 정북방향으로 도로, 공원, 하천 등 건축이 금지된 공지에 접하는 대지인 경우
8. 정북방향으로 접하고 있는 대지의 소유자와 합의한 경우나 그 밖에 대통령령으로 정하는 경우
④ 2층 이하로서 높이가 8미터 이하인 건축물에는 해당 지방자치단체의 조례로 정하는 바에 따라 제1항부터 제3항까지의 규정을 적용하지 아니할 수 있다.

제7장 건축설비

제62조【건축설비기준 등】 건축설비의 설치 및 구조에 관한 기준과 설계 및 공사감리에 관하여 필요한 사항은 대통령령으로 정한다.

제63조 (2015.5.18 삭제)

제64조【승강기】 ① 건축주는 6층 이상으로서 연면적이 2천제곱미터 이상인 건축물(대통령령으로 정하는 건축물은 제외한다)을 건축하려면 승강기를 설치하여야 한다. 이 경우 승강기의 규모 및 구조는 국토교통부령으로 정한다.
② 높이 31미터를 초과하는 건축물에는 대통령령으로 정하는 바에 따라 제1항에 따른 승강기뿐만 아니라 비상용승강기를 추가로 설치하여야 한다. 다만, 국토교통부령으로 정하는 건축물의 경우에는 그러하지 아니하다.
③ 고층건축물에는 제1항에 따라 건축물에 설치하는 승용승강기 중 1대 이상을 대통령령으로 정하는 바에 따라 피난용승강기로 설치하여야 한다.(2018.4.17 본항신설)
(2013.3.23 본조개정)

제64조의2 (2014.5.28 삭제)

제65조 (2012.2.22 삭제)

제65조의2【지능형건축물의 인증】 ① 국토교통부장관은 지능형건축물〔Intelligent Building〕의 건축을 활성화하기 위하여 지능형건축물 인증제도를 실시한다.(2013.3.23 본항개정)
② 국토교통부장관은 제1항에 따른 지능형건축물의 인증을 위하여 인증기관을 지정할 수 있다.(2013.3.23 본항개정)
③ 지능형건축물의 인증을 받으려는 자는 제2항에 따른 인증기관에 인증을 신청하여야 한다.
④ 국토교통부장관은 건축물을 구성하는 설비 및 각종 기술을 최적으로 통합하여 건축물의 생산성과 설비 운영의 효율성을 극대화할 수 있도록 다음 각 호의 사항을 포함하여 지능형건축물 인증기준을 고시한다.(2013.3.23 본문개정)
1. 인증기준 및 절차
2. 인증표시 홍보기준

3. 유효기간
4. 수수료
5. 인증 등급 및 심사기준 등
⑤ 제2항과 제3항에 따른 인증기관의 지정 기준, 지정 절차 및 인증 신청 절차 등에 필요한 사항은 국토교통부령으로 정한다.(2013.3.23 본항개정)
⑥ 허가권자는 지능형건축물로 인증을 받은 건축물에 대하여 제42조에 따른 조경설치면적을 100분의 85까지 완화하여 적용할 수 있으며, 제56조 및 제60조에 따른 용적률 및 건축물의 높이를 100분의 115의 범위에서 완화하여 적용할 수 있다.
(2011.5.30 본조신설)
제66조~제66조의2 (2012.2.22 삭제)
제67조【관계전문기술자】 ① 설계자와 공사감리자는 제40조, 제41조, 제48조부터 제50조까지, 제50조의2, 제51조, 제52조, 제62조 및 제64조와 「녹색건축물 조성 지원법」 제15조에 따른 대지의 안전, 건축물의 구조상 안전, 부속구조물 및 건축설비의 설치 등을 위한 설계 및 공사감리를 할 때 대통령령으로 정하는 바에 따라 다음 각 호의 어느 하나의 자격을 갖춘 관계전문기술자(「기술사법」 제21조제2호에 따라 벌칙을 받은 후 대통령령으로 정하는 기간이 지나지 아니한 자는 제외한다)의 협력을 받아야 한다.(2020.6.9 본문개정)
1. 「기술사법」 제6조에 따라 기술사사무소를 개설등록한 자
2. 「건설기술 진흥법」 제26조에 따라 건설엔지니어링사업자로 등록한 자(2021.3.16 본호개정)
3. 「엔지니어링산업 진흥법」 제21조에 따라 엔지니어링사업자의 신고를 한 자
4. 「전력기술관리법」 제14조에 따라 설계업 및 감리업으로 등록한 자
(2016.2.3 본항개정)
② 관계전문기술자는 건축물이 이 법 및 이 법에 따른 명령이나 처분, 그 밖의 관계 법령에 맞고 안전·기능 및 미관에 지장이 없도록 업무를 수행하여야 한다.
제68조【기술적 기준】 ① 제40조, 제41조, 제48조부터 제50조까지, 제50조의2, 제51조, 제52조, 제52조의2, 제62조 및 제64조에 따른 대지의 안전, 건축물의 구조상의 안전, 건축설비 등에 관한 기술적 기준은 이 법에서 특별히 규정한 경우 외에는 국토교통부령으로 정하되, 이에 따른 세부기준이 필요하면 국토교통부장관이 세부기준을 정하거나 국토교통부장관이 지정하는 연구기관(시험기관·검사기관을 포함한다), 학술단체, 그 밖의 관련 전문기관 또는 단체가 국토교통부장관의 승인을 받아 정할 수 있다.(2014.5.28 본항개정)
② 국토교통부장관은 제1항에 따라 세부기준을 정하거나 승인을 하려면 미리 건축위원회의 심의를 거쳐야 한다.
③ 국토교통부장관은 제1항에 따라 세부기준을 정하거나 승인을 한 경우 이를 고시하여야 한다.
④ 국토교통부장관은 제1항에 따른 기술적 기준 및 세부기준을 적용하기 어려운 건축설비에 관한 기술·제품이 개발된 경우, 개발한 자의 신청을 받아 그 기술·제품을 평가하여 신규성·진보성 및 현장 적용성이 있다고 판단하는 경우에는 대통령령으로 정하는 바에 따라 설치 등을 위한 기준을 건축위원회의 심의를 거쳐 인정할 수 있다.(2020.4.7 본항신설)
(2013.3.23 본조개정)
제68조의2 (2015.8.11 삭제)
제68조의3【건축물의 구조 및 재료 등에 관한 기준의 관리】
① 국토교통부장관은 기후 변화나 건축기술의 변화 등에 따라 제48조, 제48조의2, 제49조, 제50조, 제50조의2, 제51조, 제52조, 제52조의2, 제52조의4, 제53조의 건축물의 구조 및 재료 등에 관한 기준이 적정한지를 검토하는 모니터링(이하 이 조에서 "건축모니터링"이라 한다)을 대통령령으로 정하는 기간마다 실시하여야 한다.(2019.4.23 본항개정)
② 국토교통부장관은 대통령령으로 정하는 전문기관을 지정하여 건축모니터링을 하게 할 수 있다.
(2015.1.6 본조신설)

제8장 특별건축구역 등
(2014.1.14 본장제목개정)

제69조【특별건축구역의 지정】 ① 국토교통부장관 또는 시·도지사는 다음 각 호의 구분에 따라 도시나 지역의 일부가 특별건축구역으로 특례 적용이 필요하다고 인정하는 경우에는 특별건축구역을 지정할 수 있다.
1. 국토교통부장관이 지정하는 경우
가. 국가가 국제행사 등을 개최하는 도시 또는 지역의 사업구역
나. 관계법령에 따른 국가정책사업으로서 대통령령으로 정하는 사업구역
2. 시·도지사가 지정하는 경우
가. 지방자치단체가 국제행사 등을 개최하는 도시 또는 지역의 사업구역
나. 관계법령에 따른 도시개발·도시재정비 및 건축문화 진흥사업으로서 건축물 또는 공간환경을 조성하기 위하여 대통령령으로 정하는 사업구역
다. 그 밖에 대통령령으로 정하는 도시 또는 지역의 사업구역
(2014.1.14 본항개정)
② 다음 각 호의 어느 하나에 해당하는 지역·구역 등에 대하여는 제1항에도 불구하고 특별건축구역으로 지정할 수 없다.
1. 「개발제한구역의 지정 및 관리에 관한 특별조치법」에 따른 개발제한구역
2. 「자연공원법」에 따른 자연공원
3. 「도로법」에 따른 접도구역
4. 「산지관리법」에 따른 보전산지
5. (2016.2.3 삭제)
③ 국토교통부장관 또는 시·도지사는 특별건축구역으로 지정하고자 하는 지역이 「군사기지 및 군사시설 보호법」에 따른 군사기지 및 군사시설 보호구역에 해당하는 경우에는 국방부장관과 사전에 협의하여야 한다.(2016.2.3 본항신설)
제70조【특별건축구역의 건축물】 특별건축구역에서 제73조에 따라 건축기준 등의 특례사항을 적용하여 건축할 수 있는 건축물은 다음 각 호의 어느 하나에 해당되어야 한다.
1. 국가 또는 지방자치단체가 건축하는 건축물
2. 「공공기관의 운영에 관한 법률」 제4조에 따른 공공기관 중 대통령령으로 정하는 공공기관이 건축하는 건축물
3. 그 밖에 대통령령으로 정하는 용도·규모의 건축물로서 도시경관의 창출, 건설기술 수준향상 및 건축 관련 제도개선을 위하여 특례 적용이 필요하다고 허가권자가 인정하는 건축물
제71조【특별건축구역의 지정절차 등】 ① 중앙행정기관의 장, 제69조제1항 각 호의 사업구역을 관할하는 시·도지사 또는 시장·군수·구청장(이하 이 장에서 "지정신청기관"이라 한다)은 특별건축구역의 지정이 필요한 경우에는 다음 각 호의 자료를 갖추어 중앙행정기관의 장 또는 시·도지사는 국토교통부장관에게, 시장·군수·구청장은 특별시장·광역시장·도지사에게 각각 특별건축구역의 지정을 신청할 수 있다.
(2014.1.14 본문개정)
1. 특별건축구역의 위치·범위 및 면적 등에 관한 사항
2. 특별건축구역의 지정 목적 및 필요성
3. 특별건축구역 내 건축물의 규모 및 용도 등에 관한 사항
4. 특별건축구역의 도시·군관리계획에 관한 사항. 이 경우 도시·군관리계획의 세부 내용은 대통령령으로 정한다.
(2011.4.14 본호개정)
5. 건축물의 설계, 공사감리 및 건축시공 등의 발주방법 등에 관한 사항
6. 제74조에 따라 특별건축구역 전부 또는 일부를 대상으로 통합하여 적용하는 미술작품, 부설주차장, 공원 등의 시설에 대한 운영관리 계획서. 이 경우 운영관리 계획서의 작성방법, 서식, 내용 등에 관한 사항은 국토교통부령으로 정한다.
(2014.1.14 전단개정)
7. 그 밖에 특별건축구역의 지정에 필요한 대통령령으로 정하는 사항

② 제1항에 따른 지정신청기관 외의 자는 제1항 각 호의 자료를 갖추어 제69조제1항제2호의 사업구역을 관할하는 시 · 도지사에게 특별건축구역의 지정을 제안할 수 있다.(2020.4.7 본항신설)
③ 제2항에 따른 특별건축구역 지정 제안의 방법 및 절차 등에 관하여 필요한 사항은 대통령령으로 정한다.(2020.4.7 본항신설)
④ 국토교통부장관 또는 특별시장 · 광역시장 · 도지사는 제1항에 따라 지정신청이 접수된 경우에는 특별건축구역 지정의 필요성, 타당성 및 공공성 등과 피난 · 방재 등의 사항을 검토하고, 지정 여부를 결정하기 위하여 지정신청을 받은 날부터 30일 이내에 국토교통부장관이 지정신청을 받은 경우에는 국토교통부장관이 두는 건축위원회(이하 "중앙건축위원회"라 한다), 특별시장 · 광역시장 · 도지사가 지정신청을 받은 경우에는 각각 특별시장 · 광역시장 · 도지사가 두는 건축위원회의 심의를 거쳐야 한다.(2014.1.14 본항개정)
⑤ 국토교통부장관 또는 특별시장 · 광역시장 · 도지사는 각각 중앙건축위원회 또는 특별시장 · 광역시장 · 도지사가 두는 건축위원회의 심의 결과를 고려하여 필요한 경우 특별건축구역의 범위, 도시 · 군관리계획 등에 관한 사항을 조정할 수 있다.(2014.1.14 본항개정)
⑥ 국토교통부장관 또는 시 · 도지사는 필요한 경우 직권으로 특별건축구역을 지정할 수 있다. 이 경우 제1항 각 호의 자료에 따라 특별건축구역 지정의 필요성, 타당성 및 공공성 등과 피난 · 방재 등의 사항을 검토하고 각각 중앙건축위원회 또는 시 · 도지사가 두는 건축위원회의 심의를 거쳐야 한다.
(2014.1.14 본항개정)
⑦ 국토교통부장관 또는 시 · 도지사는 특별건축구역을 지정하거나 변경 · 해제하는 경우에는 대통령령으로 정하는 바에 따라 주요 내용을 관보(시 · 도지사는 공보)에 고시하고, 국토교통부장관 또는 특별시장 · 광역시장 · 도지사는 지정신청기관에 관계 서류의 사본을 송부하여야 한다.(2014.1.14 본항개정)
⑧ 제7항에 따라 관계 서류의 사본을 받은 지정신청기관은 관계 서류에 도시 · 군관리계획의 결정사항이 포함되어 있는 경우에는 「국토의 계획 및 이용에 관한 법률」 제32조에 따라 지형도면의 승인신청 등 필요한 조치를 취하여야 한다.(2020.4.7 본항개정)
⑨ 지정신청기관은 특별건축구역 지정 이후 변경이 있는 경우 변경지정을 받아야 한다. 이 경우 변경지정을 받아야 하는 변경의 범위, 변경지정의 절차 등 필요한 사항은 대통령령으로 정한다.
⑩ 국토교통부장관 또는 시 · 도지사는 다음 각 호의 어느 하나에 해당하는 경우에는 특별건축구역의 전부 또는 일부에 대하여 지정을 해제할 수 있다. 이 경우 국토교통부장관 또는 특별시장 · 광역시장 · 도지사는 지정신청기관의 의견을 청취하여야 한다.(2014.1.14 본문개정)
1. 지정신청기관의 요청이 있는 경우
2. 거짓이나 그 밖의 부정한 방법으로 지정을 받은 경우
3. 특별건축구역 지정일부터 5년 이내에 특별건축구역 지정목적에 부합하는 건축물의 착공이 이루어지지 아니하는 경우
4. 특별건축구역 지정요건 등을 위반하였으나 시정이 불가능한 경우
⑪ 특별건축구역을 지정하거나 변경한 경우에는 「국토의 계획 및 이용에 관한 법률」 제30조에 따른 도시 · 군관리계획의 결정(용도지역 · 지구 · 구역의 지정 및 변경은 제외한다)이 있는 것으로 본다.(2020.6.9 본항개정)

제72조【특별건축구역 내 건축물의 심의 등】 ① 특별건축구역에서 제73조에 따라 건축기준 등의 특례사항을 적용하여 건축허가를 신청하고자 하는 자(이하 이 조에서 "허가신청자"라 한다)는 다음 각 호의 사항이 포함된 특례적용계획서를 첨부하여 제11조에 따라 해당 허가권자에게 건축허가를 신청하여야 한다. 이 경우 특례적용계획서의 작성방법 및 제출서류 등은 국토교통부령으로 정한다.(2013.3.23 후단개정)
1. 제5조에 따라 기준을 완화하여 적용할 것을 요청하는 사항
2. 제71조에 따른 특별건축구역의 지정요건에 관한 사항
3. 제73조제1항의 적용배제 특례를 적용한 사유 및 예상효과 등
4. 제73조제2항의 완화적용 특례의 동등 이상의 성능에 대한 증빙내용
5. 건축물의 공사 및 유지 · 관리 등에 관한 계획
② 제1항에 따른 건축허가는 해당 건축물이 특별건축구역의 지정 목적에 적합한지의 여부와 특례적용계획서 등 해당 사항에 대하여 제4조제1항에 따라 시 · 도지사 및 시장 · 군수 · 구청장이 설치하는 건축위원회(이하 "지방건축위원회"라 한다)의 심의를 거쳐야 한다.
③ 허가신청자는 제1항에 따른 건축허가 시 「도시교통정비 촉진법」 제16조에 따른 교통영향평가서의 검토를 동시에 진행하고자 하는 경우에는 같은 법 제16조에 따른 교통영향평가서에 관한 서류를 첨부하여 허가권자에게 심의를 신청할 수 있다.(2015.7.24 본항개정)
④ 제3항에 따라 교통영향평가서에 대하여 지방건축위원회에서 통합심의한 경우에는 「도시교통정비 촉진법」 제17조에 따른 교통영향평가서의 심의를 한 것으로 본다.(2015.7.24 본항개정)
⑤ 제1항 및 제2항에 따라 심의된 내용에 대하여 대통령령으로 정하는 변경사항이 발생한 경우에는 지방건축위원회의 변경심의를 받아야 한다. 이 경우 변경심의는 제1항에서 제3항까지의 규정을 준용한다.
⑥ 국토교통부장관 또는 특별시장 · 광역시장 · 도지사는 건축제도의 개선 및 건설기술의 향상을 위하여 허가권자의 의견을 들어 특별건축구역 내에서 제1항 및 제2항에 따라 건축허가를 받은 건축물에 대하여 모니터링(특례를 적용한 건축물에 대하여 해당 건축물의 건축시공, 공사감리, 유지 · 관리 등의 과정을 검토하고 실제로 건축물에 구현된 기능 · 미관 · 환경 등을 분석하여 평가하는 것을 말한다. 이하 이 장에서 같다)을 실시할 수 있다.(2016.2.3 본항개정)
⑦ 허가권자는 제1항 및 제2항에 따라 건축허가를 받은 건축물의 특례적용계획서를 심의하는 데에 필요한 국토교통부령으로 정하는 자료를 특별시장 · 광역시장 · 특별자치시장 · 도지사 · 특별자치도지사는 국토교통부장관에게, 시장 · 군수 · 구청장은 특별시장 · 광역시장 · 도지사에게 각각 제출하여야 한다.
(2016.2.3 본항개정)
⑧ 제1항 및 제2항에 따라 건축허가를 받은 「건설기술 진흥법」 제2조제6호에 따른 발주청은 설계의도의 구현, 건축시공 및 공사감리의 모니터링, 그 밖에 발주청이 위탁하는 업무의 수행 등을 위하여 필요한 경우 설계자를 건축허가 이후에도 해당 건축물의 건축에 참여하게 할 수 있다. 이 경우 설계자의 업무내용 및 보수 등에 관하여는 대통령령으로 정한다.(2013.5.22 전단개정)

제73조【관계 법령의 적용 특례】 ① 특별건축구역에 건축하는 건축물에 대하여는 다음 각 호를 적용하지 아니할 수 있다.
1. 제42조, 제55조, 제56조, 제58조, 제60조 및 제61조(2016.2.3 본호개정)
2. 「주택법」 제35조 중 대통령령으로 정하는 규정(2016.1.19 본호개정)
② 특별건축구역에 건축하는 건축물이 제49조, 제50조, 제50조의2, 제51조부터 제53조까지, 제62조 및 제64조와 「녹색건축물 조성 지원법」 제15조에 해당할 때에는 해당 규정에서 요구하는 기준 또는 성능 등을 다른 방법으로 대신할 수 있는 것으로 지방건축위원회가 인정하는 경우에만 해당 규정의 전부 또는 일부를 완화하여 적용할 수 있다.(2014.1.14 본항개정)
③ 「소방시설 설치 · 유지 및 안전관리에 관한 법률」 제9조와 제11조에서 요구하는 기준 또는 성능 등을 대통령령으로 정하는 절차 · 심의방법 등에 따라 다른 방법으로 대신할 수 있는 경우 전부 또는 일부를 완화하여 적용할 수 있다.(2011.8.4 본항개정)

제74조【통합적용계획의 수립 및 시행】 ① 특별건축구역에서는 다음 각 호의 관계 법령의 규정에 대하여는 개별 건축물마다 적용하지 아니하고 특별건축구역 전부 또는 일부를 대상으로 통합하여 적용할 수 있다.

1.「문화예술진흥법」 제9조에 따른 건축물에 대한 미술작품의 설치(2014.1.14 본호개정)
2.「주차장법」 제19조에 따른 부설주차장의 설치
3.「도시공원 및 녹지 등에 관한 법률」에 따른 공원의 설치
② 지정신청기관은 제1항에 따라 관계 법령의 규정을 통합하여 적용하려는 경우에는 특별건축구역 전부 또는 일부에 대하여 미술작품, 부설주차장, 공원 등에 대한 수요를 개별법으로 정한 기준 이상으로 산정하여 파악하고 이용자의 편의성, 쾌적성 및 안전 등을 고려한 통합적용계획을 수립하여야 한다.(2014.1.14 본항개정)
③ 지정신청기관이 제2항에 따라 통합적용계획을 수립하는 때에는 해당 구역을 관할하는 허가권자와 협의하여야 하며, 협의 요청을 받은 허가권자는 요청받은 날부터 20일 이내에 지정신청기관에게 의견을 제출하여야 한다.
④ 지정신청기관은 도시·군관리계획의 변경을 수반하는 통합적용계획이 수립된 때에는 관련 서류를 「국토의 계획 및 이용에 관한 법률」 제30조에 따른 도시·군관리계획 결정권자에게 송부하여야 하며, 이 경우 해당 도시·군관리계획 결정권자는 특별한 사유가 없으면 도시·군관리계획의 변경에 필요한 조치를 취하여야 한다.(2020.6.9 본항개정)

제75조【건축주 등의 의무】 ① 특별건축구역에서 제73조에 따라 건축기준 등의 적용 특례사항을 적용하여 건축허가를 받은 건축물의 공사감리자, 시공자, 건축주, 소유자 및 관리자는 시공 중이거나 건축물의 사용승인 이후에도 당초 허가를 받은 건축물의 형태, 재료, 색채 등이 원형을 유지하도록 필요한 조치를 하여야 한다.(2012.1.17 본항개정)
② (2016.2.3 삭제)

제76조【허가권자 등의 의무】 ① 허가권자는 특별건축구역의 건축물에 대하여 설계자의 창의성·심미성 등의 발휘와 제도개선·기술발전 등이 유도될 수 있도록 노력하여야 한다.
② 허가권자는 제77조제2항에 따른 모니터링 결과를 국토교통부장관 또는 특별시장·광역시장·도지사에게 제출하여야 하며, 국토교통부장관 또는 특별시장·광역시장·도지사는 제77조에 따른 검사 및 모니터링 결과 등을 분석하여 필요한 경우 이 법 또는 관계 법령의 제도개선을 위하여 노력하여야 한다.(2016.2.3 본항개정)

제77조【특별건축구역 건축물의 검사 등】 ① 국토교통부장관 및 허가권자는 특별건축구역의 건축물에 대하여 제87조에 따라 검사를 할 수 있으며, 필요한 경우 제79조에 따라 시정명령 등 필요한 조치를 할 수 있다.
② 국토교통부장관 및 허가권자는 제72조제6항에 따라 모니터링을 실시하는 건축물에 대하여 직접 모니터링을 하거나 분야별 전문가 또는 전문기관에 용역을 의뢰할 수 있다. 이 경우 해당 건축물의 건축주, 소유자 또는 관리자는 특별한 사유가 없으면 모니터링에 필요한 사항에 대하여 협조하여야 한다.(2016.2.3 전단개정)
(2014.1.14 본조개정)

제77조의2【특별가로구역의 지정】 ① 국토교통부장관 및 허가권자는 도로에 인접한 건축물의 건축을 통한 조화로운 도시경관의 창출을 위하여 이 법 및 관계 법령에 따라 일부 규정을 적용하지 아니하거나 완화하여 적용할 수 있도록 다음 각 호의 어느 하나에 해당하는 지구 또는 구역에서 대통령령으로 정하는 도로에 접한 대지의 일정 구역을 특별가로구역으로 지정할 수 있다.
1. (2017.4.18 삭제)
2. 경관지구
3. 지구단위계획구역 중 미관유지를 위하여 필요하다고 인정하는 구역
(2017.1.17 본항개정)
② 국토교통부장관 및 허가권자는 제1항에 따라 특별가로구역을 지정하려는 경우에는 다음 각 호의 자료를 갖추어 국토교통부장관 또는 허가권자가 두는 건축위원회의 심의를 거쳐야 한다.
1. 특별가로구역의 위치·범위 및 면적 등에 관한 사항
2. 특별가로구역의 지정 목적 및 필요성
3. 특별가로구역 내 건축물의 규모 및 용도 등에 관한 사항
4. 그 밖에 특별가로구역의 지정에 필요한 사항으로서 대통령령으로 정하는 사항
③ 국토교통부장관 및 허가권자는 특별가로구역을 지정하거나 변경·해제하는 경우에는 국토교통부령으로 정하는 바에 따라 이를 지역 주민에게 알려야 한다.(2014.1.14 본조신설)

제77조의3【특별가로구역의 관리 및 건축물의 건축기준 적용 특례 등】 ① 국토교통부장관 및 허가권자는 특별가로구역을 효율적으로 관리하기 위하여 국토교통부령으로 정하는 바에 따라 제77조의2제2항 각 호의 지정 내용을 작성하여 관리하여야 한다.
② 특별가로구역의 변경절차 및 해제, 특별가로구역 내 건축물에 관한 건축기준의 적용 등에 관하여는 제71조제9항·제10항(각 호 외의 부분 후단은 제외한다), 제72조제1항부터 제5항까지, 제73조제1항(제77조의2제1항제3호에 해당하는 경우에는 제55조 및 제56조는 제외한다)·제2항, 제75조제1항 및 제77조제1항을 준용한다. 이 경우 "특별건축구역"은 각각 "특별가로구역"으로, "지정신청기관", "국토교통부장관 또는 시·도지사" 및 "국토교통부장관, 시·도지사 및 허가권자"는 각각 "국토교통부장관 및 허가권자"로 본다.(2020.4.7 전단개정)
③ 특별가로구역 안의 건축물에 대하여 국토교통부장관 또는 허가권자가 배치기준을 따로 정하는 경우에는 제46조 및 「민법」 제242조를 적용하지 아니한다.(2016.1.19 본항신설)
(2014.1.14 본조신설)

제8장의2 건축협정
(2014.1.14 본장신설)

제77조의4【건축협정의 체결】 ① 토지 또는 건축물의 소유자, 지상권자 등 대통령령으로 정하는 자(이하 "소유자등"이라 한다)는 전원의 합의로 다음 각 호의 어느 하나에 해당하는 지역 또는 구역에서 건축물의 건축·대수선 또는 리모델링에 관한 협정(이하 "건축협정"이라 한다)을 체결할 수 있다.
1.「국토의 계획 및 이용에 관한 법률」 제51조에 따라 지정된 지구단위계획구역
2.「도시 및 주거환경정비법」 제2조제2호가목에 따른 주거환경개선사업을 시행하기 위하여 같은 법 제8조에 따라 지정·고시된 정비구역(2017.2.8 본호개정)
3.「도시재정비 촉진을 위한 특별법」 제2조제6호에 따른 존치지역
4.「도시재생 활성화 및 지원에 관한 특별법」 제2조제1항제5호에 따른 도시재생활성화지역(2017.4.18 본호신설)
5. 그 밖에 시·도지사 및 시장·군수·구청장(이하 "건축협정인가권자"라 한다)이 도시 및 주거환경개선이 필요하다고 인정하여 해당 지방자치단체의 조례로 정하는 구역(2016.2.3 본호개정)
② 제1항 각 호의 지역 또는 구역에서 둘 이상의 토지를 소유한 자가 1인인 경우에도 그 토지 소유자는 해당 토지의 구역을 건축협정 대상 지역으로 하는 건축협정을 정할 수 있다. 이 경우 그 토지 소유자 1인을 건축협정 체결자로 본다.
③ 소유자등은 제1항에 따라 건축협정을 체결(제2항에 따라 토지 소유자 1인이 건축협정을 정하는 경우를 포함한다. 이하 같다)하는 경우에는 다음 각 호의 사항을 준수하여야 한다.
1. 이 법 및 관계 법령을 위반하지 아니할 것
2.「국토의 계획 및 이용에 관한 법률」 제30조에 따른 도시·군관리계획 및 이 법 제77조의11제1항에 따른 건축물의 건축·대수선 또는 리모델링에 관한 계획을 위반하지 아니할 것
④ 건축협정은 다음 각 호의 사항을 포함하여야 한다.
1. 건축물의 건축·대수선 또는 리모델링에 관한 사항
2. 건축물의 위치·용도·형태 및 부대시설에 관하여 대통령령으로 정하는 사항
⑤ 소유자등이 건축협정을 체결하는 경우에는 건축협정서를 작성하여야 하며, 건축협정서에는 다음 각 호의 사항이 명시되어야 한다.

1. 건축협정의 명칭
2. 건축협정 대상 지역의 위치 및 범위
3. 건축협정의 목적
4. 건축협정의 내용
5. 제1항 및 제2항에 따라 건축협정을 체결하는 자(이하 "협정체결자"라 한다)의 성명, 주소 및 생년월일(법인, 법인 아닌 사단이나 재단 및 외국인의 경우에는 「부동산등기법」 제49조에 따라 부여된 등록번호를 말한다. 이하 제6호에서 같다)
6. 제77조의5제1항에 따른 건축협정운영회가 구성되어 있는 경우에는 그 명칭, 대표자 성명, 주소 및 생년월일
7. 건축협정의 유효기간
8. 건축협정 위반 시 제재에 관한 사항
9. 그 밖에 건축협정에 필요한 사항으로서 해당 지방자치단체의 조례로 정하는 사항

⑥ 제1항제4호에 따라 시·도지사가 필요하다고 인정하여 조례로 구역을 정하려는 때에는 해당 시장·군수·구청장의 의견을 들어야 한다.(2016.2.3 본항신설)

제77조의5【건축협정운영회의 설립】 ① 협정체결자는 건축협정서 작성 및 건축협정 관리 등을 위하여 필요한 경우 협정체결자 간의 자율적 기구로서 운영회(이하 "건축협정운영회"라 한다)를 설립할 수 있다.

② 제1항에 따라 건축협정운영회를 설립하려면 협정체결자 과반수의 동의를 받아 건축협정운영회의 대표자를 선임하고, 국토교통부령으로 정하는 바에 따라 건축협정인가권자에게 신고하여야 한다. 다만, 제77조의6에 따른 건축협정 인가 신청 시 건축협정운영회에 관한 사항을 포함한 경우에는 그러하지 아니하다.

제77조의6【건축협정의 인가】 ① 협정체결자 또는 건축협정운영회의 대표자는 건축협정서를 작성하여 국토교통부령으로 정하는 바에 따라 해당 건축협정인가권자의 인가를 받아야 한다. 이 경우 인가신청을 받은 건축협정인가권자는 인가를 하기 전에 건축협정인가권자가 두는 건축위원회의 심의를 거쳐야 한다.

② 제1항에 따른 건축협정 체결 대상 토지가 둘 이상의 특별자치시 또는 시·군·구에 걸치는 경우 건축협정 체결 대상 토지면적의 과반(過半)이 속하는 건축협정인가권자에게 인가를 신청할 수 있다. 이 경우 인가 신청을 받은 건축협정인가권자는 건축협정을 인가하기 전에 다른 특별자치시장 또는 시장·군수·구청장과 협의하여야 한다.

③ 건축협정인가권자는 제1항에 따라 건축협정을 인가하였을 때에는 국토교통부령으로 정하는 바에 따라 그 내용을 공고하여야 한다.

제77조의7【건축협정의 변경】 ① 협정체결자 또는 건축협정운영회의 대표자는 제77조의6제1항에 따라 인가받은 사항을 변경하려면 국토교통부령으로 정하는 바에 따라 변경인가를 받아야 한다. 다만, 대통령령으로 정하는 경미한 사항을 변경하는 경우에는 그러하지 아니하다.

② 제1항에 따른 변경인가에 관하여는 제77조의6을 준용한다.

제77조의8【건축협정의 관리】 건축협정인가권자는 제77조의6 및 제77조의7에 따라 건축협정을 인가하거나 변경인가하였을 때에는 국토교통부령으로 정하는 바에 따라 건축협정 관리대장을 작성하여 관리하여야 한다.

제77조의9【건축협정의 폐지】 ① 협정체결자 또는 건축협정운영회의 대표자는 건축협정을 폐지하려는 경우에는 협정체결자 과반수의 동의를 받아 국토교통부령으로 정하는 바에 따라 건축협정인가권자의 인가를 받아야 한다. 다만, 제77조의13에 따른 특례를 적용하여 제21조에 따른 착공신고를 한 경우에는 대통령령으로 정하는 기간이 지난 후에 건축협정의 폐지 인가를 신청할 수 있다.(2020.6.9 단서개정)

② 제1항에 따른 건축협정의 폐지에 관하여는 제77조의6제3항을 준용한다.

제77조의10【건축협정의 효력 및 승계】 ① 건축협정이 체결된 지역 또는 구역(이하 "건축협정구역"이라 한다)에서 건축물의 건축·대수선 또는 리모델링을 하거나 그 밖에 대통령령으로 정하는 행위를 하려는 소유자등은 제77조의6 및 제77조의7에 따라 인가·변경인가된 건축협정에 따라야 한다.

② 제77조의6제3항에 따라 건축협정이 공고된 후 건축협정구역에 있는 토지나 건축물 등에 관한 권리를 협정체결자인 소유자등으로부터 이전받거나 설정받은 자는 협정체결자로서의 지위를 승계한다. 다만, 건축협정에서 달리 정한 경우에는 그에 따른다.

제77조의11【건축협정에 관한 계획 수립 및 지원】 ① 건축협정인가권자는 소유자등이 건축협정을 효율적으로 체결할 수 있도록 건축협정구역에서 건축물의 건축·대수선 또는 리모델링에 관한 계획을 수립할 수 있다.

② 건축협정인가권자는 대통령령으로 정하는 바에 따라 도로 개설 및 정비 등 건축협정구역 안의 주거환경개선을 위한 사업비용의 일부를 지원할 수 있다.

제77조의12【경관협정과의 관계】 ① 소유자등은 제77조의4에 따라 건축협정을 체결할 때 「경관법」 제19조에 따른 경관협정을 함께 체결하려는 경우에는 「경관법」 제19조제3항·제4항 및 제20조에 관한 사항을 반영하여 건축협정인가권자에게 인가를 신청할 수 있다.

② 제1항에 따른 인가 신청을 받은 건축협정인가권자는 건축협정에 대한 인가를 하기 전에 건축위원회의 심의를 하는 때에 「경관법」 제29조제3항에 따라 경관위원회와 공동으로 하는 심의를 거쳐야 한다.

③ 제2항에 따른 절차를 거쳐 건축협정을 인가받은 경우에는 「경관법」 제21조에 따른 경관협정의 인가를 받은 것으로 본다.

제77조의13【건축협정에 따른 특례】 ① 제77조의4제1항에 따라 건축협정을 체결하여 제59조제1항제1호에 따라 둘 이상의 건축물 벽을 맞벽으로 하여 건축하려는 경우 맞벽으로 건축하려는 자는 공동으로 제11조에 따른 건축허가를 신청할 수 있다.

② 제1항의 경우에 제17조, 제21조, 제22조 및 제25조에 관하여는 개별 건축물마다 적용하지 아니하고 허가를 신청한 건축물 전부 또는 일부를 대상으로 통합하여 적용할 수 있다.

③ 건축협정의 인가를 받은 건축협정구역에서 연접한 대지에 대하여는 다음 각 호의 관계 법령의 규정을 개별 건축물마다 적용하지 아니하고 건축협정구역의 전부 또는 일부를 대상으로 통합하여 적용할 수 있다.(2016.1.19 본문개정)

1. 제42조에 따른 대지의 조경
2. 제44조에 따른 대지와 도로와의 관계
3. (2016.1.19 삭제)
4. 제53조에 따른 지하층의 설치
5. 제55조에 따른 건폐율(2016.1.19 본호개정)
6. 「주차장법」 제19조에 따른 부설주차장의 설치
7. (2016.1.19 삭제)
8. 「하수도법」 제34조에 따른 개인하수처리시설의 설치 (2015.5.18 본호신설)

④ 제3항에 따라 관계 법령의 규정을 적용하려는 경우에는 건축협정구역 전부 또는 일부에 대하여 조경 및 부설주차장에 대한 기준을 이 법 및 「주차장법」에서 정한 기준 이상으로 산정하여 적용하여야 한다.

⑤ 건축협정을 체결하여 둘 이상 건축물의 경계벽을 전체 또는 일부를 공유하여 건축하는 경우에는 제1항부터 제4항까지의 특례를 적용하며, 해당 대지를 하나의 대지로 보아 이 법의 기준을 개별 건축물마다 적용하지 아니하고 허가를 신청한 건축물의 전부 또는 일부를 대상으로 통합하여 적용할 수 있다. (2016.1.19 본항신설)

⑥ 건축협정구역에 건축하는 건축물에 대하여는 제42조, 제55조, 제56조, 제58조, 제60조 및 제61조와 「주택법」 제35조를 대통령령으로 정하는 바에 따라 완화하여 적용할 수 있다. 다만, 제56조를 완화하여 적용하는 경우에는 제4조에 따른 건축위원회의 심의와 「국토의 계획 및 이용에 관한 법률」 제113조에 따른 지방도시계획위원회의 심의를 통합하여 거쳐야 한다. (2016.2.3 본항신설)

⑦ 제6항 단서에 따라 통합 심의를 하는 경우 통합 심의의 방법 및 절차 등에 관한 구체적인 사항은 대통령령으로 정한다. (2016.2.3 본항신설)

⑧ 제6항 본문에 따른 건축협정구역 내의 건축물에 대한 건축기준의 적용에 관하여는 제72조제1항(제2호 및 제4호는 제외한다)부터 제5항까지를 준용한다. 이 경우 "특별건축구역"은 "건축협정구역"으로 본다.(2016.2.3 본항신설)

제77조의14【건축협정 집중구역 지정 등】 ① 건축협정인가권자는 건축협정의 효율적인 체결을 통한 도시의 기능 및 미관의 증진을 위하여 제77조의4제1항 각 호의 어느 하나에 해당하는 지역 및 구역의 전체 또는 일부를 건축협정 집중구역으로 지정할 수 있다.
② 건축협정인가권자는 제1항에 따라 건축협정 집중구역을 지정하는 경우에는 미리 다음 각 호의 사항에 대하여 건축협정인가권자가 두는 건축위원회의 심의를 거쳐야 한다.
1. 건축협정 집중구역의 위치, 범위 및 면적 등에 관한 사항
2. 건축협정 집중구역의 지정 목적 및 필요성
3. 건축협정 집중구역에서 제77조의4제4항 각 호의 사항 중 건축협정인가권자가 도시의 기능 및 미관 증진을 위하여 세부적으로 규정하는 사항
4. 건축협정 집중구역에서 제77조의13에 따른 건축협정의 특례 적용에 관하여 세부적으로 규정하는 사항
③ 제1항에 따른 건축협정 집중구역의 지정 또는 변경·해제에 관하여는 제77조의6제3항을 준용한다.
④ 건축협정 집중구역 내의 건축협정이 제2항 각 호에 관한 심의내용에 부합하는 경우에는 제77조의6제1항에 따른 건축위원회의 심의를 생략할 수 있다.
(2017.4.18 본조신설)

제8장의3 결합건축
(2016.1.19 본장신설)

제77조의15【결합건축 대상지】 ① 다음 각 호의 어느 하나에 해당하는 지역에서 대지간의 최단거리가 100미터 이내의 범위에서 대통령령으로 정하는 범위에 있는 2개의 대지의 건축주가 서로 합의한 경우 2개의 대지를 대상으로 결합건축을 할 수 있다.(2020.4.7 본문개정)
1. 「국토의 계획 및 이용에 관한 법률」 제36조에 따라 지정된 상업지역
2. 「역세권의 개발 및 이용에 관한 법률」 제4조에 따라 지정된 역세권개발구역
3. 「도시 및 주거환경정비법」 제2조에 따른 정비구역 중 주거환경개선사업의 시행을 위한 구역(2017.2.8 본호개정)
4. 그 밖에 도시 및 주거환경 개선과 효율적인 토지이용이 필요하다고 대통령령으로 정하는 지역
② 다음 각 호의 어느 하나에 해당하는 경우에는 제1항 각 호의 어느 하나에 해당하는 지역에서 대통령령으로 정하는 범위에 있는 3개 이상 대지의 건축주 등이 서로 합의한 경우 3개 이상의 대지를 대상으로 결합건축을 할 수 있다.
1. 국가·지방자치단체 또는 「공공기관의 운영에 관한 법률」 제4조제1항에 따른 공공기관이 소유 또는 관리하는 건축물과 결합건축하는 경우
2. 「빈집 및 소규모주택 정비에 관한 특례법」 제2조제1항제1호에 따른 빈집 또는 「건축물관리법」 제42조에 따른 빈 건축물을 철거하여 그 대지에 공원, 광장 등 대통령령으로 정하는 시설을 설치하는 경우
3. 그 밖에 대통령령으로 정하는 건축물과 결합건축하는 경우
(2020.4.7 본항신설)
③ 제1항 및 제2항에도 불구하고 도시경관의 형성, 기반시설 부족 등의 사유로 해당 지방자치단체의 조례로 정하는 지역 안에서는 결합건축을 할 수 없다.(2020.4.7 본항신설)
④ 제1항 또는 제2항에 따라 결합건축을 하려는 2개 이상의 대지를 소유한 자가 1명인 경우는 제77조의4제2항을 준용한다.(2020.4.7 본항개정)

제77조의16【결합건축의 절차】 ① 결합건축을 하고자 하는 건축주는 제11조에 따라 건축허가를 신청하는 때에는 다음 각 호의 사항을 명시한 결합건축협정서를 첨부하여야 하며 국토교통부령으로 정하는 도서를 제출하여야 한다.
1. 결합건축 대상 대지의 위치 및 용도지역
2. 결합건축협정서를 체결하는 자(이하 "결합건축협정체결자"라 한다)의 성명, 주소 및 생년월일(법인, 법인 아닌 사단이나 재단 및 외국인의 경우에는 「부동산등기법」 제49조에 따라 부여된 등록번호를 말한다)
3. 「국토의 계획 및 이용에 관한 법률」 제78조에 따라 조례로 정한 용적률과 결합건축으로 조정되어 적용되는 대지별 용적률
4. 결합건축 대상 대지별 건축계획서
② 허가권자는 「국토의 계획 및 이용에 관한 법률」 제2조제11호에 따른 도시·군계획사업에 편입된 대지가 있는 경우에는 결합건축을 포함한 건축허가를 아니할 수 있다.
③ 허가권자는 제1항에 따른 건축허가를 하기 전에 건축위원회의 심의를 거쳐야 한다. 다만, 결합건축으로 조정되어 적용되는 대지별 용적률이 「국토의 계획 및 이용에 관한 법률」 제78조에 따라 해당 대지에 적용되는 도시계획조례의 용적률의 100분의 20을 초과하는 경우에는 대통령령으로 정하는 바에 따라 건축위원회 심의와 도시계획위원회 심의를 공동으로 하여 거쳐야 한다.
④ 제1항에 따른 결합건축 대상 대지가 둘 이상의 특별자치시, 특별자치도 및 시·군·구에 걸치는 경우 제77조의6제2항을 준용한다.

제77조의17【결합건축의 관리】 ① 허가권자는 결합건축을 포함하여 건축허가를 한 경우 국토교통부령으로 정하는 바에 따라 그 내용을 공고하고, 결합건축 관리대장을 작성하여 관리하여야 한다.
② 허가권자는 제77조의15제1항에 따른 결합건축과 관련된 건축물의 사용승인 신청이 있는 경우 해당 결합건축협정서상의 다른 대지에서 착공신고 또는 대통령령으로 정하는 조치가 이행되었는지를 확인한 후 사용승인을 하여야 한다.(2020.4.7 본항개정)
③ 허가권자는 결합건축을 허용한 경우 건축물대장에 국토교통부령으로 정하는 바에 따라 결합건축에 관한 내용을 명시하여야 한다.
④ 결합건축협정서에 따른 협정체결 유지기간은 최소 30년으로 한다. 다만, 결합건축협정서의 용적률 기준을 종전대로 환원하여 신축·개축·재축하는 경우에는 그러하지 아니한다.
⑤ 결합건축협정서를 폐지하려는 경우에는 결합건축협정체결자 전원이 동의하여 허가권자에게 신고하여야 하며, 허가권자는 용적률을 이전받은 건축물이 멸실된 것을 확인한 후 결합건축의 폐지를 수리하여야 한다. 이 경우 결합건축 폐지에 관하여는 제1항 및 제3항을 준용한다.
⑥ 결합건축협정의 준수 여부, 효력 및 승계에 대하여는 제77조의4제3항 및 제77조의10을 준용한다. 이 경우 "건축협정"은 각각 "결합건축협정"으로 본다.

제9장 보 칙

제78조【감독】 ① 국토교통부장관은 시·도지사 또는 시장·군수·구청장이 한 명령이나 처분이 이 법이나 이 법에 따른 명령이나 처분 또는 조례에 위반되거나 부당하다고 인정하면 그 명령 또는 처분의 취소·변경, 그 밖에 필요한 조치를 명할 수 있다.(2013.3.23 본항개정)
② 특별시장·광역시장·도지사는 시장·군수·구청장이 한 명령이나 처분이 이 법 또는 이 법에 따른 명령이나 처분 또는 조례에 위반되거나 부당하다고 인정하면 그 명령이나 처분의 취소·변경, 그 밖에 필요한 조치를 명할 수 있다.(2014.1.14 본항개정)
③ 시·도지사 또는 시장·군수·구청장이 제1항에 따라 필요한 조치명령을 받으면 그 시정 결과를 국토교통부장관에게 지체 없이 보고하여야 하며, 시장·군수·구청장이 제2항에 따라 필요한 조치명령을 받으면 그 시정 결과를 특별시장·광역시장·도지사에게 지체 없이 보고하여야 한다.(2014.1.14 본항개정)
④ 국토교통부장관 및 시·도지사는 건축허가의 적법한 운영, 위법 건축물의 관리 실태 등 건축행정의 건실한 운영을 지도·점검하기 위하여 국토교통부령으로 정하는 바에 따라

매년 지도·점검 계획을 수립·시행하여야 한다.(2013.3.23 본항개정)
⑤ 국토교통부장관 및 시·도지사는 제4조의2에 따른 건축위원회의 심의 방법 또는 결과가 이 법 또는 이 법에 따른 명령이나 처분 또는 조례에 위반되거나 부당하다고 인정하면 그 심의 방법 또는 결과의 취소·변경, 그 밖에 필요한 조치를 할 수 있다. 이 경우 심의에 관한 조사·시정명령 및 변경절차 등에 관하여는 대통령령으로 정한다.(2016.1.19 본항신설)

제79조【위반 건축물 등에 대한 조치 등】 ① 허가권자는 이 법 또는 이 법에 따른 명령이나 처분에 위반되는 대지나 건축물에 대하여 이 법에 따른 허가 또는 승인을 취소하거나 그 건축물의 건축주·공사시공자·현장관리인·소유자·관리자 또는 점유자(이하 "건축주등"이라 한다)에게 공사의 중지를 명하거나 상당한 기간을 정하여 그 건축물의 해체·개축·증축·수선·용도변경·사용금지·사용제한, 그 밖에 필요한 조치를 명할 수 있다.(2019.4.30 본항개정)
② 허가권자는 제1항에 따라 허가나 승인이 취소된 건축물 또는 제1항에 따른 시정명령을 받고 이행하지 아니한 건축물에 대하여는 다른 법령에 따른 영업이나 그 밖의 행위를 허가·면허·인가·등록·지정 등을 하지 아니하도록 요청할 수 있다. 다만, 허가권자가 기간을 정하여 그 사용 또는 영업, 그 밖의 행위를 허용한 주택과 대통령령으로 정하는 경우에는 그러하지 아니하다.(2014.5.28 본문개정)
③ 제2항에 따른 요청을 받은 자는 특별한 이유가 없으면 요청에 따라야 한다.
④ 허가권자는 제1항에 따른 시정명령을 하는 경우 국토교통부령으로 정하는 바에 따라 건축물대장에 위반내용을 적어야 한다.(2016.1.19 본항개정)
⑤ 허가권자는 이 법 또는 이 법에 따른 명령이나 처분에 위반되는 대지나 건축물에 대한 실태를 파악하기 위하여 조사를 할 수 있다.(2019.4.23 본항신설)
⑥ 제5항에 따른 실태조사의 방법 및 절차에 관한 사항은 대통령령으로 정한다.(2019.4.23 본항신설)

제80조【이행강제금】 ① 허가권자는 제79조제1항에 따라 시정명령을 받은 후 시정기간 내에 시정명령을 이행하지 아니한 건축주등에 대하여는 그 시정명령의 이행에 필요한 상당한 이행기한을 정하여 그 기한까지 시정명령을 이행하지 아니하면 다음 각 호의 이행강제금을 부과한다. 다만, 연면적(공동주택의 경우에는 세대 면적을 기준으로 한다)이 60제곱미터 이하인 주거용 건축물과 제2호 중 주거용 건축물로서 대통령령으로 정하는 경우에는 다음 각 호의 어느 하나에 해당하는 금액의 2분의 1의 범위에서 해당 지방자치단체의 조례로 정하는 금액을 부과한다.(2019.4.23 단서개정)
1. 건축물이 제55조와 제56조에 따른 건폐율이나 용적률을 초과하여 건축된 경우 또는 허가를 받지 아니하거나 신고를 하지 아니하고 건축된 경우에는 「지방세법」에 따라 해당 건축물에 적용되는 1제곱미터의 시가표준액의 100분의 50에 해당하는 금액에 위반면적을 곱한 금액 이하의 범위에서 위반내용에 따라 대통령령으로 정하는 비율을 곱한 금액
(2015.8.11 본호개정)
2. 건축물이 제1호 외의 위반 건축물에 해당하는 경우에는 「지방세법」에 따라 그 건축물에 적용되는 시가표준액에 해당하는 금액의 100분의 10의 범위에서 위반내용에 따라 대통령령으로 정하는 금액
② 허가권자는 영리목적을 위한 위반이나 상습적 위반 등 대통령령으로 정하는 경우에 제1항에 따른 금액을 100분의 100의 범위에서 해당 지방자치단체의 조례로 정하는 바에 따라 가중하여야 한다.(2020.12.8 본항개정)
③ 허가권자는 제1항 및 제2항에 따른 이행강제금을 부과하기 전에 제1항에 따른 이행강제금을 부과·징수한다는 뜻을 미리 문서로써 계고(戒告)하여야 한다.(2015.8.11 본항개정)
④ 허가권자는 제1항 및 제2항에 따른 이행강제금을 부과하는 경우 금액, 부과 사유, 납부기한, 수납기관, 이의제기 방법 및 이의제기 기관 등을 구체적으로 밝힌 문서로 하여야 한다.
(2015.8.11 본항개정)
⑤ 허가권자는 최초의 시정명령이 있었던 날을 기준으로 하여 1년에 2회 이내의 범위에서 해당 지방자치단체의 조례로 정하는 횟수만큼 그 시정명령이 이행될 때까지 반복하여 제1항 및 제2항에 따른 이행강제금을 부과·징수할 수 있다.(2019.4.23 단서삭제)
⑥ 허가권자는 제79조제1항에 따라 시정명령을 받은 자가 이를 이행하면 새로운 이행강제금의 부과를 즉시 중지하되, 이미 부과된 이행강제금은 징수하여야 한다.
⑦ 허가권자는 제4항에 따라 이행강제금 부과처분을 받은 자가 이행강제금을 납부기한까지 내지 아니하면 「지방행정제재·부과금의 징수 등에 관한 법률」에 따라 징수한다.
(2020.3.24 본항개정)

제80조의2【이행강제금 부과에 관한 특례】 ① 허가권자는 제80조에 따른 이행강제금을 다음 각 호에서 정하는 바에 따라 감경할 수 있다. 다만, 지방자치단체의 조례로 정하는 기간까지 위반내용을 시정하지 아니한 경우는 제외한다.
1. 축사 등 농업용·어업용 시설로서 500제곱미터(「수도권정비계획법」 제2조제1호에 따른 수도권 외의 지역에서는 1천제곱미터) 이하인 경우는 5분의 1을 감경
2. 그 밖에 위반 동기, 위반 범위 및 위반 시기 등을 고려하여 대통령령으로 정하는 경우(제80조제2항에 해당하는 경우는 제외한다)에는 100분의 75의 범위에서 대통령령으로 정하는 비율을 감경(2024.3.26 본호개정)
② 허가권자는 법률 제4381호 건축법개정법률의 시행일(1992년 6월 1일을 말한다) 이전에 이 법 또는 이 법에 따른 명령이나 처분을 위반한 주거용 건축물에 관하여는 대통령령으로 정하는 바에 따라 제80조에 따른 이행강제금을 감경할 수 있다.
(2015.8.11 본조신설)

제81조~제81조의3 (2019.4.30 삭제)

제82조【권한의 위임과 위탁】 ① 국토교통부장관은 이 법에 따른 권한의 일부를 대통령령으로 정하는 바에 따라 시·도지사에게 위임할 수 있다.(2013.3.23 본항개정)
② 시·도지사는 이 법에 따른 권한의 일부를 대통령령으로 정하는 바에 따라 시장(행정시의 시장을 포함하며, 이하 이 조에서 같다)·군수·구청장에게 위임할 수 있다.
③ 시장·군수·구청장은 이 법에 따른 권한의 일부를 대통령령으로 정하는 바에 따라 구청장(자치구가 아닌 구의 구청장을 말한다)·동장·읍장 또는 면장에게 위임할 수 있다.
④ 국토교통부장관은 제31조제1항과 제32조제1항에 따라 건축허가 업무 등을 효율적으로 처리하기 위하여 구축하는 전자정보처리 시스템의 운영을 대통령령으로 정하는 기관 또는 단체에 위탁할 수 있다.(2013.3.23 본항개정)

제83조【옹벽 등의 공작물에의 준용】 ① 대지를 조성하기 위한 옹벽, 굴뚝, 광고탑, 고가수조(高架水槽), 지하 대피호, 그 밖에 이와 유사한 것으로서 대통령령으로 정하는 공작물을 축조하려는 자는 대통령령으로 정하는 바에 따라 특별자치시장·특별자치도지사 또는 시장·군수·구청장에게 신고하여야 한다.(2014.1.14 본항개정)
② (2019.4.30 삭제)
③ 제14조, 제21조제5항, 제29조, 제40조제4항, 제41조, 제47조, 제48조, 제55조, 제58조, 제60조, 제61조, 제79조, 제84조, 제85조, 제87조와 「국토의 계획 및 이용에 관한 법률」 제76조는 대통령령으로 정하는 바에 따라 제1항의 경우에 준용한다.
(2019.4.30 본항개정)

제84조【면적·높이 및 층수의 산정】 건축물의 대지면적, 연면적, 바닥면적, 높이, 처마, 천장, 바닥 및 층수의 산정방법은 대통령령으로 정한다.

제85조【「행정대집행법」 적용의 특례】 ① 허가권자는 제11조, 제14조, 제41조와 제79조제1항에 따라 필요한 조치를 할 때 다음 각 호의 어느 하나에 해당하는 경우로서 「행정대집행법」 제3조제1항과 제2항에 따른 절차에 의하면 그 목적을 달성하기 곤란한 때에는 해당 절차를 거치지 아니하고 대집행할 수 있다.
1. 재해가 발생할 위험이 절박한 경우
2. 건축물의 구조 안전상 심각한 문제가 있어 붕괴 등 손괴의 위험이 예상되는 경우

3. 허가권자의 공사중지명령을 받고도 따르지 아니하고 공사를 강행하는 경우(2020.6.9 본호개정)
4. 도로통행에 현저하게 지장을 주는 불법건축물인 경우
5. 그 밖에 공공의 안전 및 공익에 매우 저해되어 신속하게 실시할 필요가 있다고 인정되는 경우로서 대통령령으로 정하는 경우(2020.6.9 본호개정)
② 제1항에 따른 대집행은 건축물의 관리를 위하여 필요한 최소한도에 그쳐야 한다.
(2009.4.1 본조개정)
제86조【청문】 허가권자는 제79조에 따라 허가나 승인을 취소하려면 청문을 실시하여야 한다.
제87조【보고와 검사 등】 ① 국토교통부장관, 시·도지사, 시장·군수·구청장, 그 소속 공무원, 제27조에 따른 업무대행자 또는 제37조에 따른 건축지도원은 건축물의 건축주등, 공사감리자, 공사시공자 또는 관계전문기술자에게 필요한 자료의 제출이나 보고를 요구할 수 있으며, 건축물·대지 또는 건축공사장에 출입하여 그 건축물, 건축설비, 그 밖에 건축공사에 관련되는 물건을 검사하거나 필요한 시험을 할 수 있다.(2016.2.3 본항개정)
② 제1항에 따라 검사나 시험을 하는 자는 그 권한을 표시하는 증표를 지니고 이를 관계인에게 내보여야 한다.
③ 허가권자는 건축관계자등과의 계약 내용을 검토할 수 있으며, 검토결과 불공정 또는 불합리한 사항이 있어 부실설계·시공·감리가 될 우려가 있는 경우에는 해당 건축주에게 그 사실을 통보하고 해당 건축물의 건축공사 현장을 특별히 지도·감독하여야 한다.(2016.2.3 본항신설)
제87조의2【지역건축안전센터 설립】 ① 지방자치단체의 장은 다음 각 호의 업무를 수행하기 위하여 관할 구역에 지역건축안전센터를 설치할 수 있다.(2022.6.10 본문개정)
1. 제21조, 제22조, 제27조 및 제87조에 따른 기술적인 사항에 대한 보고·확인·검토·심사 및 점검(2020.4.7 본호개정)
1의2. 제11조, 제14조 및 제16조에 따른 허가 또는 신고에 관한 업무(2020.4.7 본호신설)
2. 제25조에 따른 공사감리에 대한 관리·감독
3. (2019.4.30 삭제)
4. 그 밖에 대통령령으로 정하는 사항
② 제1항에도 불구하고 다음 각 호의 어느 하나에 해당하는 지방자치단체의 장은 관할 구역에 지역건축안전센터를 설치하여야 한다.
1. 시·도
2. 인구 50만명 이상 시·군·구
3. 국토교통부령으로 정하는 바에 따라 산정한 건축허가 면적(직전 5년 동안의 연평균 건축허가 면적을 말한다) 또는 노후건축물 비율이 전국 지방자치단체 중 상위 30퍼센트 이내에 해당하는 인구 50만명 미만 시·군·구
(2022.6.10 본항신설)
③ 체계적이고 전문적인 업무 수행을 위하여 지역건축안전센터에 「건축사법」 제23조제1항에 따라 신고한 건축사 또는 「기술사법」 제6조제1항에 따라 등록한 기술사 등 전문인력을 배치하여야 한다.
④ 제1항부터 제3항까지의 규정에 따른 지역건축안전센터의 설치·운영 및 전문인력의 자격과 배치기준 등에 필요한 사항은 국토교통부령으로 정한다.(2022.6.10 본항개정)
(2017.4.18 본조신설)
제87조의3【건축안전특별회계의 설치】 ① 시·도지사 또는 시장·군수·구청장은 관할 구역의 지역건축안전센터 설치·운영 등을 지원하기 위하여 건축안전특별회계(이하 "특별회계"라 한다)를 설치할 수 있다.
② 특별회계는 다음 각 호의 재원으로 조성한다.
1. 일반회계로부터의 전입금
2. 제17조에 따라 납부되는 건축허가 등의 수수료 중 해당 지방자치단체의 조례로 정하는 비율의 금액(2020.4.7 본호신설)
3. 제80조에 따라 부과·징수되는 이행강제금 중 해당 지방자치단체의 조례로 정하는 비율의 금액
4. 제113조에 따라 부과·징수되는 과태료 중 해당 지방자치단체의 조례로 정하는 비율의 금액(2020.4.7 본호신설)
5. 그 밖의 수입금
③ 특별회계는 다음 각 호의 용도로 사용한다.
1. 지역건축안전센터의 설치·운영에 필요한 경비
2. 지역건축안전센터의 전문인력 배치에 필요한 인건비
3. 제87조의2제1항 각 호의 업무 수행을 위한 조사·연구비
4. 특별회계의 조성·운용 및 관리를 위하여 필요한 경비
5. 그 밖에 건축물 안전에 관한 기술지원 및 정보제공을 위하여 해당 지방자치단체의 조례로 정하는 사업의 수행에 필요한 비용
(2017.4.18 본조신설)
제88조【건축분쟁전문위원회】 ① 건축등과 관련된 다음 각 호의 분쟁(「건설산업기본법」 제69조에 따른 조정의 대상이 되는 분쟁은 제외한다. 이하 같다)의 조정(調停) 및 재정(裁定)을 하기 위하여 국토교통부에 건축분쟁전문위원회(이하 "분쟁위원회"라 한다)를 둔다.(2014.5.28 본문개정)
1. 건축관계자와 해당 건축물의 건축등으로 피해를 입은 인근주민(이하 "인근주민"이라 한다) 간의 분쟁
2. 관계전문기술자와 인근주민 간의 분쟁
3. 건축관계자와 관계전문기술자 간의 분쟁
4. 건축관계자 간의 분쟁
5. 인근주민 간의 분쟁
6. 관계전문기술자 간의 분쟁
7. 그 밖에 대통령령으로 정하는 사항
②~③ (2014.5.28 삭제)
(2009.4.1 본조제목개정)
제89조【분쟁위원회의 구성】 ① 분쟁위원회는 위원장과 부위원장 각 1명을 포함한 15명 이내의 위원으로 구성한다.
(2014.5.28 본항개정)
② 분쟁위원회의 위원은 건축이나 법률에 관한 학식과 경험이 풍부한 자로서 다음 각 호의 어느 하나에 해당하는 자 중에서 국토교통부장관이 임명하거나 위촉한다. 이 경우 제4호에 해당하는 자가 2명 이상 포함되어야 한다.(2014.5.28 전단개정)
1. 3급 상당 이상의 공무원으로 1년 이상 재직한 자(2014.5.28 본호개정)
2. (2014.5.28 삭제)
3. 「고등교육법」에 따른 대학에서 건축공학이나 법률학을 가르치는 조교수 이상의 직(職)에 3년 이상 재직한 자
4. 판사, 검사 또는 변호사의 직에 6년 이상 재직한 자
5. 「국가기술자격법」에 따른 건축분야 기술사 또는 「건축사법」 제23조에 따라 건축사사무소개설신고를 하고 건축사로 6년 이상 종사한 자(2014.5.28 본호개정)
6. 건설공사나 건설업에 대한 학식과 경험이 풍부한 자로서 그 분야에 15년 이상 종사한 자
③ (2014.5.28 삭제)
④ 분쟁위원회의 위원장과 부위원장은 위원 중에서 국토교통부장관이 위촉한다.(2014.5.28 본항개정)
⑤ 공무원이 아닌 위원의 임기는 3년으로 하되, 연임할 수 있으며, 보궐위원의 임기는 전임자의 남은 임기로 한다.
⑥ 분쟁위원회의 회의는 재적위원 과반수의 출석으로 열고 출석위원 과반수의 찬성으로 의결한다.(2014.5.28 본항개정)
⑦ 다음 각 호의 어느 하나에 해당하는 자는 분쟁위원회의 위원이 될 수 없다.(2014.5.28 본문개정)
1. 피성년후견인, 피한정후견인 또는 파산선고를 받고 복권되지 아니한 자(2014.5.28 본호개정)
2. 금고 이상의 실형을 선고받고 그 집행이 끝나거나(집행이 끝난 것으로 보는 경우를 포함한다)되거나 집행이 면제된 날부터 2년이 지나지 아니한 자
3. 법원의 판결이나 법률에 따라 자격이 정지된 자
⑧ 위원의 제척·기피·회피 및 위원회의 운영, 조정 등의 거부와 중지 등 그 밖에 필요한 사항은 대통령령으로 정한다.
(2014.5.28 본항신설)
(2014.5.28 본조제목개정)
제90조 (2014.5.28 삭제)
제91조【대리인】 ① 당사자는 다음 각 호에 해당하는 자를 대리인으로 선임할 수 있다.
1. 당사자의 배우자, 직계존·비속 또는 형제자매

2. 당사자인 법인의 임직원
3. 변호사
② (2014.5.28 삭제)
③ 대리인의 권한은 서면으로 소명하여야 한다.
④ 대리인은 다음 각 호의 행위를 하기 위하여는 당사자의 위임을 받아야 한다.
1. 신청의 철회
2. 조정안의 수락
3. 복대리인의 선임

제92조 【조정등의 신청】 ① 건축물의 건축등과 관련된 분쟁의 조정 또는 재정(이하 "조정등"이라 한다)을 신청하려는 자는 분쟁위원회에 조정등의 신청서를 제출하여야 한다.
② 제1항에 따른 조정신청은 해당 사건의 당사자 중 1명 이상이 하며, 재정신청은 해당 사건 당사자 간의 합의로 한다. 다만, 분쟁위원회는 조정신청을 받으면 해당 사건의 모든 당사자에게 조정신청이 접수된 사실을 알려야 한다.
③ 분쟁위원회는 당사자의 조정신청을 받으면 60일 이내에, 재정신청을 받으면 120일 이내에 절차를 마쳐야 한다. 다만, 부득이한 사정이 있으면 분쟁위원회의 의결로 기간을 연장할 수 있다.
(2014.5.28 본조개정)

제93조 【조정등의 신청에 따른 공사중지】 ①~② (2014. 5.28 삭제)
③ 시 · 도지사 또는 시장 · 군수 · 구청장은 위해 방지를 위하여 긴급한 상황이거나 그 밖에 특별한 사유가 없으면 조정등의 신청이 있다는 이유만으로 해당 공사를 중지하게 하여서는 아니 된다.
(2014.5.28 본조제목개정)

제94조 【조정위원회와 재정위원회】 ① 조정은 3명의 위원으로 구성되는 조정위원회에서 하고, 재정은 5명의 위원으로 구성되는 재정위원회에서 한다.
② 조정위원회의 위원(이하 "조정위원"이라 한다)과 재정위원회의 위원(이하 "재정위원"이라 한다)은 사건마다 분쟁위원회의 위원 중에서 위원장이 지명한다. 이 경우 재정위원회에는 제89조제2항제4호에 해당하는 위원이 1명 이상 포함되어야 한다.(2014.5.28 전단개정)
③ 조정위원회와 재정위원회의 회의는 구성원 전원의 출석으로 열고 과반수의 찬성으로 의결한다.

제95조 【조정을 위한 조사 및 의견 청취】 ① 조정위원회는 조정에 필요하다고 인정하면 조정위원 또는 사무국의 소속 직원에게 관계 서류를 열람하게 하거나 관계 사업장에 출입하여 조사하게 할 수 있다.(2014.5.28 본항개정)
② 조정위원회는 필요하다고 인정하면 당사자나 참고인을 조정위원회에 출석하게 하여 의견을 들을 수 있다.
③ 분쟁의 조정신청을 받은 조정위원회는 조정기간 내에 심사하여 조정안을 작성하여야 한다.(2014.5.28 본항개정)

제96조 【조정의 효력】 ① 조정위원회는 제95조제3항에 따라 조정안을 작성하면 지체 없이 각 당사자에게 조정안을 제시하여야 한다.
② 제1항에 따라 조정안을 제시받은 당사자는 제시를 받은 날부터 15일 이내에 수락 여부를 조정위원회에 알려야 한다.
③ 조정위원회는 당사자가 조정안을 수락하면 즉시 조정서를 작성하여야 하며, 조정위원과 각 당사자는 이에 기명날인하여야 한다.
④ 당사자가 제3항에 따라 조정안을 수락하고 조정서에 기명날인하면 조정서의 내용은 재판상 화해와 동일한 효력을 갖는다. 다만, 당사자가 임의로 처분할 수 없는 사항에 관한 것은 그러하지 아니하다.(2020.12.22 본항개정)

제97조 【분쟁의 재정】 ① 재정은 문서로써 하여야 하며, 재정 문서에는 다음 각 호의 사항을 적고 재정위원이 이에 기명날인하여야 한다.
1. 사건번호와 사건명
2. 당사자, 선정대표자, 대표당사자 및 대리인의 주소 · 성명
3. 주문(主文)
4. 신청 취지
5. 이유
6. 재정 날짜
② 제1항제5호에 따른 이유를 적을 때에는 주문의 내용이 정당하다는 것을 인정할 수 있는 한도에서 당사자의 주장 등을 표시하여야 한다.
③ 재정위원회는 재정을 하면 지체 없이 재정 문서의 정본(正本)을 당사자나 대리인에게 송달하여야 한다.

제98조 【재정을 위한 조사권 등】 ① 재정위원회는 분쟁의 재정을 위하여 필요하다고 인정하면 당사자의 신청이나 직권으로 재정위원 또는 소속 공무원에게 다음 각 호의 행위를 하게 할 수 있다.
1. 당사자나 참고인에 대한 출석 요구, 자문 및 진술 청취
2. 감정인의 출석 및 감정 요구
3. 사건과 관계있는 문서나 물건의 열람 · 복사 · 제출 요구 및 유치
4. 사건과 관계있는 장소의 출입 · 조사
② 당사자는 제1항에 따른 조사 등에 참여할 수 있다.
③ 재정위원회가 직권으로 제1항에 따른 조사 등을 한 경우에는 그 결과에 대하여 당사자의 의견을 들어야 한다.
④ 재정위원회는 제1항에 따라 당사자나 참고인에게 진술하게 하거나 감정인에게 감정하게 할 때에는 당사자나 참고인 또는 감정인에게 선서를 하도록 하여야 한다.
⑤ 제1항제4호의 경우에 재정위원 또는 소속 공무원은 그 권한을 나타내는 증표를 지니고 이를 관계인에게 내보여야 한다.

제99조 【재정의 효력 등】 재정위원회가 재정을 한 경우 재정 문서의 정본이 당사자에게 송달된 날부터 60일 이내에 당사자 양쪽이나 어느 한쪽으로부터 그 재정의 대상인 건축물의 건축등의 분쟁을 원인으로 하는 소송이 제기되지 아니하거나 그 소송이 철회되면 그 재정 내용은 재판상 화해와 동일한 효력을 갖는다. 다만, 당사자가 임의로 처분할 수 없는 사항에 관한 것은 그러하지 아니하다.(2020.12.22 본조개정)

제100조 【시효의 중단】 당사자가 재정에 불복하여 소송을 제기한 경우 시효의 중단과 제소기간을 산정할 때에는 재정신청을 재판상의 청구로 본다.(2020.6.9 본조개정)

제101조 【조정 회부】 분쟁위원회는 재정신청이 된 사건을 조정에 회부하는 것이 적합하다고 인정하면 직권으로 직접 조정할 수 있다.(2014.5.28 본조개정)

제102조 【비용부담】 ① 분쟁의 조정등을 위한 감정 · 진단 · 시험 등에 드는 비용은 당사자 간의 합의로 정하는 비율에 따라 당사자가 부담하여야 한다. 다만, 당사자 간에 비용부담에 대하여 합의가 되지 아니하면 조정위원회나 재정위원회에서 부담비율을 정한다.
② 조정위원회나 재정위원회는 필요하다고 인정하면 대통령령으로 정하는 바에 따라 당사자에게 제1항에 따른 비용을 예치하게 할 수 있다.
③ 제1항에 따른 비용의 범위에 관하여는 국토교통부령으로 정한다.(2014.5.28 본항개정)

제103조 【분쟁위원회의 운영 및 사무처리 위탁】 ① 국토교통부장관은 분쟁위원회의 운영 및 사무처리를 「국토안전관리원법」에 따른 국토안전관리원(이하 "국토안전관리원"이라 한다)에 위탁할 수 있다.(2020.6.9 본항개정)
② 분쟁위원회의 운영 및 사무처리를 위한 조직 및 인력 등은 대통령령으로 정한다.
③ 국토교통부장관은 예산의 범위에서 분쟁위원회의 운영 및 사무처리에 필요한 경비를 국토안전관리원에 출연 또는 보조할 수 있다.(2020.6.9 본항개정)
(2014.5.28 본조개정)

제104조 【조정등의 절차】 제88조부터 제103조까지의 규정에서 정한 것 외에 분쟁의 조정등의 방법 · 절차 등에 관하여 필요한 사항은 대통령령으로 정한다.

제104조의2 【건축위원회의 사무의 정보보호】 건축위원회 또는 관계 행정기관 등은 제4조의5의 민원심의 및 제92조의 분쟁조정 신청과 관련된 정보의 유출로 인하여 신청인과 이해관계

인의 이익이 침해되지 아니하도록 노력하여야 한다.(2014.5.28 본조신설)

제105조【벌칙 적용 시 공무원 의제】 다음 각 호의 어느 하나에 해당하는 사람은 공무원이 아니더라도 「형법」 제129조부터 제132조까지의 규정과 「특정범죄가중처벌 등에 관한 법률」 제2조와 제3조에 따른 벌칙을 적용할 때에는 공무원으로 본다.(2014.1.14 본문개정)
1. 제4조에 따른 건축위원회의 위원(2014.1.14 본호신설)
1의2. 제13조의2제2항에 따라 안전영향평가를 하는 자(2016.2.3 본호신설)
1의3. 제52조의3제4항에 따라 건축자재를 점검하는 자(2019.4.23 본호개정)
2. 제27조에 따라 현장조사·검사 및 확인업무를 대행하는 사람(2014.1.14 본호개정)
3. 제37조에 따른 건축지도원
4. 제82조제4항에 따른 기관 및 단체의 임직원
5. 제87조의2제3항에 따라 지역건축안전센터에 배치된 전문인력(2022.6.10 본호개정)

제10장 벌 칙

제106조【벌칙】 ① 제23조, 제24조제1항, 제25조제3항, 제52조의3제1항 및 제52조의5제2항을 위반하여 설계·시공·공사감리 및 유지·관리와 건축자재의 제조 및 유통을 함으로써 건축물이 부실하게 되어 착공 후 「건설산업기본법」 제28조에 따른 하자담보책임 기간에 건축물의 기초와 주요구조부에 중대한 손괴를 일으켜 일반인을 위험에 처하게 한 설계자·감리자·시공자·제조업자·유통업자·관계전문기술자 및 건축주는 10년 이하의 징역에 처한다.(2020.12.22 본항개정)
② 제1항의 죄를 범하여 사람을 죽거나 다치게 한 자는 무기징역이나 3년 이상의 징역에 처한다.

제107조【벌칙】 ① 업무상 과실로 제106조제1항의 죄를 범한 자는 5년 이하의 징역이나 금고 또는 5억원 이하의 벌금에 처한다.
② 업무상 과실로 제106조제2항의 죄를 범한 자는 10년 이하의 징역이나 금고 또는 10억원 이하의 벌금에 처한다.
(2016.2.3 본조개정)

제108조【벌칙】 ① 다음 각 호의 어느 하나에 해당하는 자는 3년 이하의 징역이나 5억원 이하의 벌금에 처한다.
1. 도시지역에서 제11조제1항, 제19조제1항 및 제2항, 제47조, 제55조, 제56조, 제58조, 제60조, 제61조 또는 제77조의10을 위반하여 건축물을 건축하거나 대수선 또는 용도변경을 한 건축주 및 공사시공자
2. 제52조제1항 및 제2항에 따른 방화에 지장이 없는 재료를 사용하지 아니한 공사시공자 또는 그 재료 사용에 책임이 있는 설계자나 공사감리자
3. 제52조의3제1항을 위반한 건축자재의 제조업자 및 유통업자
4. 제52조의4제1항을 위반하여 품질관리서를 제출하지 아니하거나 거짓으로 제출한 제조업자, 유통업자, 공사시공자 및 공사감리자
5. 제52조의5제1항을 위반하여 품질인정기준에 적합하지 아니함에도 품질인정을 한 자(2020.12.22 본호신설)
(2019.4.23 본항개정)
② 제1항의 경우 징역과 벌금은 병과(倂科)할 수 있다.

제109조【벌칙】 다음 각 호의 어느 하나에 해당하는 자는 2년 이하의 징역이나 2억원 이하의 벌금에 처한다.(2017.4.18 본문개정)
1. 제27조제2항에 따른 보고를 거짓으로 한 자
2. 제87조의2제1항제1호에 따른 보고·확인·검토·심사 및 점검을 거짓으로 한 자
(2017.4.18 1호~2호신설)

제110조【벌칙】 다음 각 호의 어느 하나에 해당하는 자는 2년 이하의 징역 또는 1억원 이하의 벌금에 처한다.(2016.2.3 본문개정)
1. 도시지역 밖에서 제11조제1항, 제19조제1항 및 제2항, 제47조, 제55조, 제56조, 제58조, 제60조, 제61조, 제77조의10을 위반하여 건축물을 건축하거나 대수선 또는 용도변경을 한 건축주 및 공사시공자(2016.1.19 본호개정)
1의2. 제13조제5항을 위반한 건축주 및 공사시공자(2016.2.3 본호신설)
2. 제16조(변경허가 사항만 해당한다), 제21조제5항, 제22조제3항 또는 제25조제7항을 위반한 건축주 및 공사시공자(2017.4.18 본호개정)
3. 제20조제1항에 따른 허가를 받지 아니하거나 제83조에 따른 신고를 하지 아니하고 가설건축물을 건축하거나 공작물을 축조한 건축주 및 공사시공자
4. 다음 각 목의 어느 하나에 해당하는 자
   가. 제25조제1항을 위반하여 공사감리자를 지정하지 아니하고 공사를 하게 한 자(2016.2.3 본목개정)
   나. 제25조제1항을 위반하여 공사시공자 본인 및 계열회사를 공사감리자로 지정한 자(2016.2.3 본목개정)
(2008.3.28 본호개정)
5. 제25조제3항을 위반하여 공사감리자로부터 시정 요청이나 재시공 요청을 받고 이에 따르지 아니하거나 공사 중지의 요청을 받고도 공사를 계속한 공사시공자(2016.2.3 본호개정)
6. 제25조제6항을 위반하여 정당한 사유 없이 감리중간보고서나 감리완료보고서를 제출하지 아니하거나 거짓으로 작성하여 제출한 자(2016.2.3 본호개정)
6의2. 제27조제2항을 위반하여 현장조사·검사 및 확인 대행 업무를 한 자(2016.2.3 본호신설)
7. (2019.4.30 삭제)
8. 제40조제4항을 위반한 건축주 및 공사시공자
8의2. 제43조제1항, 제49조, 제50조, 제51조, 제53조, 제58조, 제61조제1항·제2항 또는 제64조를 위반한 건축주, 설계자, 공사시공자 또는 공사감리자(2016.2.3 본호신설)
9. 제48조를 위반한 설계자, 공사감리자, 공사시공자 및 제67조에 따른 관계전문기술자
9의2. 제50조의2제1항을 위반한 설계자, 공사감리자 및 공사시공자(2011.9.16 본호신설)
9의3. 제48조의4를 위반한 건축주, 설계자, 공사감리자, 공사시공자 및 제67조에 따른 관계전문기술자(2016.2.3 본호신설)
10.~11. (2019.4.23 삭제)
12. 제62조를 위반한 설계자, 공사감리자, 공사시공자 및 제67조에 따른 관계전문기술자

제111조【벌칙】 다음 각 호의 어느 하나에 해당하는 자는 5천만원 이하의 벌금에 처한다.(2016.2.3 본문개정)
1. 제14조, 제16조(변경신고 사항만 해당한다), 제20조제3항, 제21조제1항, 제22조제1항 또는 제83조제1항에 따른 신고 또는 신청을 하지 아니하거나 거짓으로 신고하거나 신청한 자(2016.2.3 본호개정)
2. 제24조제3항을 위반하여 설계 변경을 요청받고도 정당한 사유 없이 따르지 아니한 설계자(2009.2.6 본호개정)
3. 제24조제4항을 위반하여 공사감리자로부터 상세시공도면을 작성하도록 요청받고도 이를 작성하지 아니하거나 시공도면에 따라 공사하지 아니한 자(2009.2.6 본호개정)
3의2. 제24조제6항을 위반하여 현장관리인을 지정하지 아니하거나 착공신고서에 이를 거짓으로 기재한 자(2016.2.3 본호신설)
3의3. (2019.4.23 삭제)
4. 제28조제1항을 위반한 공사시공자(2009.2.6 본호개정)
5. 제41조나 제42조를 위반한 건축주 및 공사시공자(2009.2.6 본호개정)
5의2. 제43조제4항을 위반하여 공개공지등의 활용을 저해하는 행위를 한 자(2019.4.23 본호신설)
6. 제52조의2를 위반하여 실내건축을 한 건축주 및 공사시공자(2014.5.28 본호신설)
6의2. 제52조의4제5항을 위반하여 건축자재에 대한 정보를 표시하지 아니하거나 거짓으로 표시한 자(2019.4.23 본호신설)
7. (2019.4.30 삭제)
8. (2009.2.6 삭제)

제112조【양벌규정】 ① 법인의 대표자, 대리인, 사용인, 그 밖의 종업원이 그 법인의 업무에 관하여 제106조의 위반행위를 하면 행위자를 벌할 뿐만 아니라 그 법인에도 10억원 이하의 벌금에 처한다. 다만, 법인이 그 위반행위를 방지하기 위하여 해당 업무에 관하여 상당한 주의와 감독을 게을리하지 아니한 때에는 그러하지 아니하다.
② 개인의 대리인, 사용인, 그 밖의 종업원이 그 개인의 업무에 관하여 제106조의 위반행위를 하면 행위자를 벌할 뿐만 아니라 그 개인에게도 10억원 이하의 벌금에 처한다. 다만, 개인이 그 위반행위를 방지하기 위하여 해당 업무에 관하여 상당한 주의와 감독을 게을리하지 아니한 때에는 그러하지 아니하다.
③ 법인의 대표자, 대리인, 사용인, 그 밖의 종업원이 그 법인의 업무에 관하여 제107조부터 제111조까지의 규정에 따른 위반행위를 하면 행위자를 벌할 뿐만 아니라 그 법인에도 해당 조문의 벌금형을 과(科)한다. 다만, 법인이 그 위반행위를 방지하기 위하여 해당 업무에 관하여 상당한 주의와 감독을 게을리하지 아니한 때에는 그러하지 아니하다.
④ 개인의 대리인, 사용인, 그 밖의 종업원이 그 개인의 업무에 관하여 제107조부터 제111조까지의 규정에 따른 위반행위를 하면 행위자를 벌할 뿐만 아니라 그 개인에게도 해당 조문의 벌금형을 과한다. 다만, 개인이 그 위반행위를 방지하기 위하여 해당 업무에 관하여 상당한 주의와 감독을 게을리하지 아니한 때에는 그러하지 아니하다.

제113조【과태료】 ① 다음 각 호의 어느 하나에 해당하는 자에게는 200만원 이하의 과태료를 부과한다.
1. 제19조제3항에 따른 건축물대장 기재내용의 변경을 신청하지 아니한 자(2014.5.28 본호신설)
2. 제24조제2항을 위반하여 공사현장에 설계도서를 갖추어 두지 아니한 자
3. 제24조제5항을 위반하여 건축허가 표지판을 설치하지 아니한 자
4. 제52조의3제2항 및 제52조의6제4항에 따른 점검을 거부·방해 또는 기피한 자(2020.12.22 본호개정)
5. 제48조의3제1항 본문에 따른 공개를 하지 아니한 자(2017.12.26 본호개정)

② 다음 각 호의 어느 하나에 해당하는 자에게는 100만원 이하의 과태료를 부과한다.(2014.5.28 본문개정)
1. 제25조제4항을 위반하여 보고를 하지 아니한 공사감리자(2016.2.3 본호개정)
2. 제27조제2항에 따른 보고를 하지 아니한 자
3~4. (2019.4.30 삭제)
5. (2016.2.3 삭제)
6. 제77조제2항을 위반하여 모니터링에 필요한 사항에 협조하지 아니한 건축주, 소유자 또는 관리자
7. (2016.1.19 삭제)
8. 제83조제2항에 따른 보고를 하지 아니한 자(2014.5.28 본호신설)
9. 제87조제1항에 따른 자료의 제출 또는 보고를 하지 아니하거나 거짓 자료를 제출하거나 거짓 보고를 한 자

(2009.2.6 본항신설)
③ 제24조제6항을 위반하여 공정 및 안전 관리 업무를 수행하지 아니하거나 공사 현장을 이탈한 현장관리인에게는 50만원 이하의 과태료를 부과한다.(2018.8.14 본항개정)
④ 제1항부터 제3항까지에 따른 과태료는 대통령령으로 정하는 바에 따라 국토교통부장관, 시·도지사 또는 시장·군수·구청장이 부과·징수한다.(2016.2.3 본항개정)
⑤ (2009.2.6 삭제)
(2009.2.6 본조개정)

부 칙

제1조【시행일】 이 법은 공포한 날부터 시행한다. 다만, 부칙 제13조제62항의 개정규정은 2008년 4월 7일부터 시행하고, 부칙 제13조제43항의 개정규정은 2008년 4월 11일부터 시행하며, 부칙 제13조제5항의 개정규정은 2008년 6월 8일부터 시행하고, 부칙 제13조제70항의 개정규정은 2008년 6월 28일부터 시행하며, 제22조제4항제4호의 개정규정은 2008년 8월 28일부터 시행하고, 제69조제2항제5호의 개정규정은 2008년 9월 22일부터 시행하며, 부칙 제13조제67항, 제13조제68항 및 제13조제69항의 개정규정은 각각 2008년 12월 28일부터 시행한다.

제2조【시행일에 관한 경과조치】 부칙 제1조 단서에 따라 제22조제4항제4호 및 제69조제2항제5호의 개정규정이 시행되기 전까지는 그에 해당하는 종전의 제18조제4항제6호 및 제60조제2항제5호부터 제7호까지의 규정을 적용한다.

제3조【복합단지에서의 건축물의 높이 제한에 관한 경과조치】 이 법 시행 당시 종전의 「지역균형개발 및 지방중소기업 육성에 관한 법률」(법률 제7695호 지역균형개발및지방중소기업육성에관한법률 일부개정법률로 개정되기 전의 것을 말한다) 제2조제5호에 따른 복합단지에 대하여는 제61조제3항제3호의 개정규정에도 불구하고 종전의 규정을 적용한다.

제4조【건축기준 등에 관한 경과조치】 법률 제7696호 건축법중개정법률(이하 "종전법"이라 한다)의 시행일인 2006년 5월 9일 전에 건축허가를 받은 경우와 건축허가를 신청하거나 건축신고를 한 경우의 건축기준 등의 적용에 있어서는 종전의 규정에 따른다. 다만, 종전의 규정이 개정규정(제21조제4항은 제외한다)에 비하여 건축주·시공자 또는 공사감리자에게 불리한 경우에는 개정규정에 따른다.

제5조【건축허가 신청 등에 관한 경과조치】 종전법 시행 당시 종전의 규정에 따라 시장·군수·구청장에게 건축허가 또는 건축신고 없이 건축이 가능한 건축물을 건축 중인 경우에는 제11조제1항 또는 제14조제1항의 개정규정에 따라 건축허가를 받거나 건축신고를 한 것으로 본다.

제6조【공사현장의 안전관리 등에 관한 경과조치】 ① 허가권자는 종전법 시행 당시 건축허가를 받은 건축물로서 바닥면적의 합계가 5천제곱미터 이상인 공사현장이 1년 이상 방치되어 도시미관을 저해하고 안전에 위해하다고 판단하면 제13조제5항의 개정규정에 따라 개선을 명하여야 한다.
② 제1항의 개선명령을 이행하지 아니하면 제13조제6항의 개정규정에 따라 대집행을 하고, 대집행에 드는 비용은 제22조의 개정규정에 따른 해당 건축물의 사용검사의신청 시 납부하도록 건축주에게 부과하여 이를 납부한 후에 사용승인서를 교부하여야 한다.

제7조【건축물의 사용승인에 관한 경과조치】 종전법 시행 당시 사용승인이 신청된 건축물에 대하여는 제22조의 개정규정에도 불구하고 종전의 규정에 따른다.

제8조【건축분쟁조정 등에 관한 경과조치】 종전법 시행 당시 신청된 건축분쟁사건은 제88조제2항의 개정규정에도 불구하고 종전의 규정에 따른 관할 건축분쟁조정위원회(종전의 규정에 따른 시·도조정위원회의 관할 사건은 제88조와 제89조의 개정규정에 따라 구성되는 지방건축분쟁조정위원회)가 처리한다. 다만, 종전의 규정에 따른 관할 건축분쟁조정위원회는 제88조제2항의 개정규정에 따른 건축분쟁조정위원회가 처리할 필요가 있으면 해당 사건을 관할 건축분쟁조정위원회에 이첩할 수 있다.

제9조【이행강제금에 관한 경과조치】 종전법 시행 당시 부과된 이행강제금의 징수와 이의절차에 관하여는 제80조의 개정규정에도 불구하고 종전법에 따라 개정되기 전의 규정에 따른다.

제10조【건축신고 등에 관한 경과조치】 ① 법률 제8219호 건축법 일부개정법률의 시행일인 2007년 7월 4일 전에 건축허가를 받은 경우와 건축허가를 신청하거나 건축신고를 한 경우의 건축기준 등을 적용할 때에는 종전의 규정에 따른다. 다만, 종전의 규정이 개정규정에 비하여 건축주·시공자 또는 공사감리자에게 불리한 경우에는 개정규정에 따른다.
② 법률 제8219호 건축법 일부개정법률의 시행일인 2007년 7월 4일 전에 건축신고를 한 건축물에 대하여는 제14조제3항의 개정규정에도 불구하고 종전의 규정에 따른다.
③ 법률 제8219호 건축법 일부개정법률 제69조의2제6항의 시행일인 2007년 1월 3일 전에 이행강제금 부과처분을 받은 자가 이행강제금을 납부기한까지 내지 아니한 경우에는 제80조제6항의 개정규정에 따라 징수할 수 있다.

제11조【처분 등에 관한 일반적 경과조치】 이 법 시행 당시 종전의 규정에 따른 행정기관의 행위나 행정기관에 대한 행위는 그에 해당하는 이 법에 따른 행정기관의 행위나 행정기관에 대한 행위로 본다.

제12조【벌칙이나 과태료에 관한 경과조치】 이 법 시행 전의 행위에 대하여 벌칙이나 과태료 규정을 적용할 때에는 종전의 규정에 따른다.

제13조【다른 법률의 개정】 ①~⑳ ※(해당 법령에 가제정리 하였음)

제14조【다른 법령과의 관계】 이 법 시행 당시 다른 법령에서 종전의 「건축법」 또는 그 규정을 인용한 경우에 이 법 가운데 그에 해당하는 규정이 있으면 종전의 규정을 갈음하여 이 법 또는 이 법의 해당 규정을 인용한 것으로 본다.

부 칙 (2014.1.14 법12246호)

제1조【시행일】 이 법은 공포한 날부터 시행한다. 다만, 제105조제1호의 개정규정은 공포 후 6개월이 경과한 날부터 시행하고, 제7조, 제11조제5항제1호, 제14조제1항제2호, 제20조(제4항은 제외한다), 제57조제3항, 제60조제3항제3호, 제69조제1항, 제71조, 제72조제6항·제7항, 제76조제2항, 제77조, 제77조의2부터 제77조의13까지 및 제111조제1호의 개정규정은 공포 후 9개월이 경과한 날부터 시행한다.

제2조【재해취약지역 내 건축허가에 관한 적용례】 제14조제1항제2호의 개정규정은 부칙 제1조 단서에 따른 시행일 후 건축허가를 신청한 경우부터 적용한다.

제3조【건축물의 높이 제한에 관한 적용례】 제60조제3항 단서 및 각 호의 개정규정은 해당 지방자치단체의 조례가 제정되거나 개정된 후 건축허가를 신청(건축허가를 신청하기 위하여 제4조에 따른 건축위원회에 심의를 신청한 경우를 포함한다)하거나 건축신고(변경신고를 포함한다)를 하는 경우부터 적용한다.

제4조【공장의 건축허가 취소에 관한 경과조치】 이 법 시행 당시 건축허가를 받은 공장의 경우에는 제11조제7항의 개정규정에도 불구하고 종전의 규정에 따른다.

제5조【다른 법률의 개정】 ①~⑦ ※(해당 법령에 가제정리 하였음)

부 칙 (2014.5.28)

제1조【시행일】 이 법은 공포한 날부터 시행한다. 다만, 제2조제1항제20호, 제4조, 제4조의2부터 제4조의8까지, 제11조제2항제1호 단서, 제13조, 제27조제1항, 제35조의2, 제41조제1항, 제49조제3항, 제52조의2, 제53조의2, 제60조제3항제4호, 제80조제4항, 제83조제2항·제3항, 제88조부터 제93조까지, 제95조, 제102조제3항, 제103조, 제104조의2, 제105조제5호, 제111조제6호·제7호, 제113조제2항제8호·제9호의 개정규정은 공포 후 6개월이 경과한 날부터 시행한다.

제2조【3층 이상으로서 건축신고 대상인 건축물의 증축·개축 또는 재축에 관한 적용례】 제14조제1항제1호 단서의 개정규정은 이 법 시행 후 건축신고를 하는 경우부터 적용한다.

제3조【건축허가의 제한 등에 관한 적용례】 제18조제3항의 개정규정은 이 법 시행 후 건축허가나 건축허가를 받은 건축물의 착공을 제한하는 경우부터 적용한다.

제4조【현장조사·검사 및 확인업무의 대행에 관한 적용례】 제27조제1항의 개정규정은 같은 개정규정 시행 후 건축신고를 하는 건축물부터 적용한다.

제5조【건축물의 경계벽 및 바닥의 소음 방지에 관한 적용례】 제49조제3항의 개정규정은 같은 개정규정 시행 후 건축허가를 신청(건축허가를 신청하기 위하여 제4조에 따른 건축위원회에 심의를 신청한 경우를 포함한다)하거나 건축신고를 하는 건축물부터 적용한다.

제6조【범죄예방 기준에 관한 적용례】 제53조의2의 개정규정은 같은 개정규정 시행 후 건축허가를 신청(건축허가를 신청하기 위하여 제4조에 따른 건축위원회에 심의를 신청한 경우를 포함한다)하거나 건축신고를 하는 건축물부터 적용한다.

제7조【금치산자 등에 대한 경과조치】 제89조제7항제1호의 개정규정에 따른 피성년후견인, 피한정후견인에는 법률 제10429호 민법 일부개정법률 부칙 제2조에 따라 금치산 또는 한정치산 선고의 효력이 유지되는 사람을 포함하는 것으로 본다.

제8조【벌칙의 과태료 전환에 관한 경과조치】 이 법 시행 전의 위반행위에 대해서는 제108조제1항, 제110조제1호 및 제113조제1항제1호의 개정규정에도 불구하고 종전의 규정에 따른다.

부 칙 (2016.1.19 법13785호)

제1조【시행일】 이 법은 공포 후 6개월이 경과한 날부터 시행한다. 다만, 제48조의3 및 제113조제1항제4호의 개정규정은 공포 후 1년이 경과한 날부터 시행한다.

제2조【내진능력 공개에 관한 적용례】 제48조의3의 개정규정은 같은 개정규정 시행 후 건축허가를 신청(건축허가를 신청하기 위하여 제4조의2에 따른 건축위원회에 심의를 신청한 경우 및 건축신고를 한 경우를 포함한다)하거나 용도변경 허가를 신청(용도변경 신고를 포함한다)하는 경우부터 적용한다.

부 칙 (2016.2.3)

제1조【시행일】 이 법은 공포 후 6개월이 경과한 날부터 시행한다. 다만, 법률 제13785호 건축법 일부개정법률 제113조제1항제4호·제5호의 개정규정은 2017년 1월 20일부터 시행하고, 제13조의2, 제24조제6항·제7항, 제25조의2, 제105조제1호의2, 제107조부터 제109조까지, 제110조(벌금액이 1천만원에서 1억원으로 상향하는 부분만 해당한다), 제111조(벌금액이 500만원에서 5천만원으로 상향하는 부분만 해당한다), 같은 조 제3호의2 및 제113조제3항·제4항의 개정규정은 공포 후 1년이 경과한 날부터 시행한다.

제2조【「주택법」 제35조에 관한 경과조치】 제77조의13제6항의 개정규정 중 "「주택법」 제35조"는 2016년 8월 11일까지는 "「주택법」 제21조"로 본다.

부 칙 (2017.1.17 법14535호)

제1조【시행일】 이 법은 공포 후 6개월이 경과한 날부터 시행한다.

제2조【건축허가 의제에 관한 적용례】 제11조제5항 및 같은 조 제6항 후단의 개정규정은 이 법 시행 후 건축허가를 신청하거나 건축신고를 하는 건축물부터 적용한다.

제3조【건축허가취소 등에 관한 적용례】 제11조제7항의 개정규정은 이 법 시행 후 건축허가를 신청하는 건축물부터 적용한다.

제4조【가설건축물 허가 등에 관한 적용례】 제20조제6항의 개정규정은 이 법 시행 후 가설건축물의 건축허가를 신청하거나 축조신고를 하는 경우부터 적용한다.

부 칙 (2017.4.18 법14792호)

제1조【시행일】 이 법은 공포 후 6개월이 경과한 날부터 시행한다. 다만, 제35조의2, 제87조의2, 제87조의3, 제105조제5호 및 제109조제2호의 개정규정은 공포 후 1년이 경과한 날부터 시행하고, 부칙 제4조의 개정규정은 2018년 2월 9일부터 시행한다.

제2조【건축신고 등의 수리여부 및 연장 통지에 관한 적용례】 제14조제3항·제4항, 제16조제4항 및 제20조제4항의 개정규정은 이 법 시행 후 신고를 하는 경우부터 적용한다.

제3조【착공신고의 수리 간주에 관한 적용례】 제21조제3항 및 제4항의 개정규정은 이 법 시행 후 착공신고를 하는 경우부터 적용한다.

제4조【다른 법률의 개정】 ※(해당 법령에 가제정리 하였음)

부 칙 (2017.12.26)

제1조【시행일】 이 법은 공포 후 6개월이 경과한 날부터 시행한다.
제2조【리모델링에 관한 적용례】 제2조제1항제10호의 개정규정은 이 법 시행 후 건축허가를 신청(건축허가를 신청하기 위하여 제4조의2에 따라 건축위원회에 심의를 신청한 경우 및 건축신고를 한 경우를 포함한다)하는 경우부터 적용한다.
제3조【내진능력 공개에 관한 적용례】 제48조의3제1항의 개정규정은 이 법 시행 후 건축허가를 신청(건축허가를 신청하기 위하여 제4조의2에 따라 건축위원회에 심의를 신청한 경우 및 건축신고를 한 경우를 포함한다)하거나 용도변경 허가를 신청(용도변경 신고를 포함한다)하는 경우부터 적용한다.

부 칙 (2018.4.17)

제1조【시행일】 이 법은 공포 후 6개월이 경과한 날부터 시행한다.
제2조【피난시설 및 승강기에 관한 적용례】 제49조제1항 및 제64조제3항의 개정규정은 이 법 시행 후 건축허가를 신청(건축허가를 신청하기 위하여 제4조에 따른 건축위원회에 심의를 신청한 경우를 포함한다)하거나 건축신고를 하는 경우부터 적용한다.

부 칙 (2018.8.14)

제1조【시행일】 이 법은 공포 후 6개월이 경과한 날부터 시행한다. 다만, 제50조제1항 및 제51조제1항의 개정규정은 공포 후 2년이 경과한 날부터 시행한다.
제2조【일반적 적용례】 이 법은 이 법 시행 후 최초로 건축허가를 신청하거나 건축신고를 하는 경우부터 적용한다.
제3조【건축물의 내화구조에 관한 적용례】 제50조제1항 및 제51조제1항의 개정규정은 같은 개정규정 시행 후 최초로 건축허가를 신청하거나 건축신고를 하는 경우부터 적용한다.

부 칙 (2018.12.18)

제1조【시행일】 이 법은 공포 후 1개월이 경과한 날부터 시행한다.
제2조【허가 등의 의제를 위한 협의에 관한 적용례】 제10조제8항의 개정규정은 이 법 시행 이후 제10조제1항에 따른 사전결정을 신청하는 경우부터 적용한다.

부 칙 (2019.4.23)

제1조【시행일】 이 법은 공포 후 6개월이 경과한 날부터 시행한다. 다만, 제80조제1항·제2항 및 제5항의 개정규정은 공포한 날부터 시행하고, 제79조제1항·제5항 및 제6항의 개정규정은 공포 후 1년이 경과한 날부터 시행한다.
제2조【소방관 진입창에 관한 적용례】 제49조제3항의 개정규정은 이 법 시행 후 최초로 건축허가를 신청하거나 건축신고를 하는 경우부터 적용한다.
제3조【이행강제금 부과에 관한 경과조치】 이 법 시행 전 종전의 규정에 따라 부과되고 있는 이행강제금에 대하여는 제80조제1항·제2항 및 제5항의 개정규정에도 불구하고 종전의 규정에 따른다.
제4조【품질관리서에 관한 경과조치】 이 법 시행 전에 제11조에 따른 건축허가·대수선허가를 신청(제4조의2제1항에 따른 건축위원회에 심의를 신청한 경우를 포함한다)하거나, 제14조에 따른 건축신고·대수선신고, 제19조에 따른 용도변경 허가를 신청(같은 조에 따른 용도변경 신고 및 건축물대장 기재내용의 변경신청을 포함한다)한 경우에는 제52조의4제1항의 개정규정에도 불구하고 종전의 규정에 따른다.

부 칙 (2020.3.24)

제1조【시행일】 이 법은 공포한 날부터 시행한다.(이하 생략)

부 칙 (2020.3.31)

제1조【시행일】 이 법은 공포 후 1년이 경과한 날부터 시행한다.(이하 생략)

부 칙 (2020.4.7 법17219호)

제1조【시행일】 이 법은 공포 후 3개월이 경과한 날부터 시행한다.(이하 생략)

부 칙 (2020.4.7 법17223호)

제1조【시행일】 이 법은 공포 후 9개월이 경과한 날부터 시행한다. 다만, 제25조제2항 및 제6항의 개정규정은 공포 후 6개월이 경과한 날부터 시행한다.
제2조【공사감리에 관한 적용례】 제25조제2항 및 제6항의 개정규정은 이 법 시행 후 최초로 공사감리자를 지정하는 경우부터 적용한다.

부 칙 (2020.6.9 법17447호)

제1조【시행일】 이 법은 공포 후 6개월이 경과한 날부터 시행한다.(이하 생략)

부 칙 (2020.6.9 법17453호)

이 법은 공포한 날부터 시행한다.(이하 생략)

부 칙 (2020.12.8)

제1조【시행일】 이 법은 공포 후 6개월이 경과한 날부터 시행한다.
제2조【이행강제금 부과에 관한 적용례】 ① 제80조제2항의 개정규정은 이 법 시행 이후 이행강제금을 부과하는 경우부터 적용한다.
② 이 법 시행 후 제80조제2항의 개정규정에 따라 해당 지방자치단체의 조례로 정하도록 한 가중 비율을 정하지 아니한 경우에는 제80조제2항에 따른 기준 가중 비율을 적용한다.

부 칙 (2020.12.22)

제1조【시행일】 이 법은 공포 후 6개월이 경과한 날부터 시행한다. 다만, 제52조의5 및 제52조의6의 개정규정은 공포 후 1년이 경과한 날부터 시행하고, 제87조의2제1항의 개정규정은 2022년 1월 1일부터 시행한다.
제2조【건축물의 공사감리에 관한 적용례】 제25조제11항의 개정규정은 이 법 시행 후 제21조에 따른 착공신고를 하는 경우부터 적용한다.
제3조【건축물의 마감재료에 관한 적용례】 제52조제4항의 개정규정은 이 법 시행 후 건축허가를 신청하거나 건축신고를 하는 경우부터 적용한다.

부 칙 (2021.3.16 법17939호)

제1조【시행일】 이 법은 공포 후 3개월이 경과한 날부터 시행한다.(이하 생략)

부　칙 (2021.3.16 법17940호)

제1조【시행일】 이 법은 2021년 12월 23일부터 시행한다.
제2조【건축물 내부 및 외벽의 마감재료에 관한 적용례】 제52조제1항 및 제2항의 개정규정은 이 법 시행 후 최초로 건축허가를 신청하거나 건축신고를 하는 경우부터 적용한다.

부　칙 (2021.7.27 법18340호)

제1조【시행일】 이 법은 공포 후 3개월이 경과한 날부터 시행한다.(이하 생략)

부　칙 (2021.7.27 법18341호)

이 법은 공포한 날부터 시행한다.

부　칙 (2021.8.10)

제1조【시행일】 이 법은 공포 후 3개월이 경과한 날부터 시행한다.
제2조【건축허가에 관한 적용례】 제11조제11항제6호의 개정규정은 이 법 시행 이후 건축허가를 신청하는 경우부터 적용한다.

부　칙 (2021.10.19)

제1조【시행일】 이 법은 공포 후 6개월이 경과한 날부터 시행한다.
제2조【대규모 창고시설 등의 방화구획 등에 관한 적용례】 제49조제2항의 개정규정은 이 법 시행 이후 건축허가를 신청(건축허가를 신청하기 위하여 제4조의2에 따라 건축위원회의 심의를 신청하는 경우를 포함한다)하거나 건축신고를 하는 경우부터 적용한다.

부　칙 (2022.2.3)

제1조【시행일】 이 법은 공포한 날부터 시행한다.
제2조【가로구역의 높이 완화에 관한 특례 규정의 중첩 적용에 관한 적용례】 제60조제4항의 개정규정은 이 법 시행 당시 건축허가를 신청(건축허가를 신청하기 위하여 제4조의2에 따라 건축위원회의 심의를 신청한 경우를 포함한다)하거나 건축신고를 한 경우(다른 법률에 따라 건축허가 또는 건축신고가 의제되는 허가·결정·인가·협의·승인 등을 신청한 경우를 포함한다)에도 적용한다.

부　칙 (2022.6.10)

이 법은 공포 후 1년이 경과한 날부터 시행한다.

부　칙 (2022.11.15)

제1조【시행일】 이 법은 공포 후 6개월이 경과한 날부터 시행한다.
제2조【다른 법률의 개정】 ①~③ ※(해당 법령에 가제정리 하였음)

부　칙 (2023.3.21)

제1조【시행일】 이 영은 2024년 5월 17일부터 시행한다.(이하 생략)

부　칙 (2023.5.16)

제1조【시행일】 이 법은 공포 후 1년이 경과한 날부터 시행한다.(이하 생략)

부　칙 (2023.8.8)

제1조【시행일】 이 법은 2024년 5월 17일부터 시행한다.(이하 생략)

부　칙 (2023.12.26)

제1조【시행일】 이 법은 공포 후 3개월이 경과한 날부터 시행한다.
제2조【지하층의 거실 설치 금지 등에 관한 적용례】 제11조제4항제2호 및 제53조제2항의 개정규정은 이 법 시행 이후 건축허가를 신청(건축허가를 신청하기 위하여 제4조에 따른 건축위원회에 심의를 신청한 경우를 포함한다)하거나 건축신고를 하는 경우(다른 법률에 따라 건축허가 또는 건축신고가 의제되는 허가·결정·인가·협의·승인 등을 신청한 경우를 포함한다)부터 적용한다.

부　칙 (2024.1.16)

제1조【시행일】 이 법은 공포 후 3개월이 경과한 날부터 시행한다.
제2조【사용승인에 관한 적용례】 제22조제4항제6호의2의 개정규정은 이 법 시행 이후 건축물 사용승인을 신청하는 경우부터 적용한다.

부　칙 (2024.2.6)

제1조【시행일】 이 법은 2024년 5월 17일부터 시행한다.(이하 생략)

부　칙 (2024.3.26)

제1조【시행일】 이 법은 공포 후 3개월이 경과한 날부터 시행한다.
제2조【이행강제금 부과에 관한 적용례】 제80조의2제1항제2호의 개정규정은 이 법 시행 이후 이행강제금을 부과하는 경우부터 적용한다.

공간정보의 구축 및 관리 등에 관한 법률(약칭 : 공간정보관리법)

(2009년 6월 9일 법 률 제9774호)

개정
2011. 3.30법10485호(국유재산)
2011. 4.12법10580호(부등)
2011. 9.16법11062호(지적재조사에관한특별법)
2012.12.18법11592호
2013. 3.23법11690호(정부조직)
2013. 5.22법11794호(건설기술진흥법)
2013. 7.17법11943호 2014. 6. 3법12738호
2015. 7.24법13426호(제주자치법)
2015.12.29법13673호
2016. 1.19법13796호(부동산가격공시에관한법)
2017. 7.26법14839호(정부조직)
2017.10.24법14936호 2018. 4.17법15596호
2018. 8.14법15719호(건설기술진흥법)
2019.12.10법16807호
2019.12.10법16812호(지적재조사에관한특별법)
2020. 2. 4법16912호(부등)
2020. 2.18법17007호(권한지방이양)
2020. 2.18법17063호(해양조사와해양정보활용에관한법)
2020. 4. 7법17224호
2020. 6. 9법17453호(법률용어정비)
2021. 1.12법17893호(지방자치)
2021. 7.20법18310호 2021. 8.10법18384호
2022. 6.10법18936호 2022.11.15법19047호
2024. 2.20법20341호(한국국토정보공사법)
2024. 3.19법20388호

제1장 총 칙

제1조【목적】 이 법은 측량의 기준 및 절차와 지적공부(地籍公簿)·부동산종합공부(不動産綜合公簿)의 작성 및 관리 등에 관한 사항을 규정함으로써 국토의 효율적 관리 및 국민의 소유권 보호에 기여함을 목적으로 한다.(2020.2.18 본조개정)

제2조【정의】 이 법에서 사용하는 용어의 뜻은 다음과 같다.
1. "공간정보"란 「국가공간정보 기본법」 제2조제1호에 따른 공간정보를 말한다.(2022.6.10 본호신설)
1의2. "측량"이란 공간상에 존재하는 일정한 점들의 위치를 측정하고 그 특성을 조사하여 도면 및 수치로 표현하거나 도면상의 위치를 현지(現地)에 재현하는 것을 말하며, 측량용 사진의 촬영, 지도의 제작 및 각종 건설사업에서 요구하는 도면작성 등을 포함한다.
2. "기본측량"이란 모든 측량의 기초가 되는 공간정보를 제공하기 위하여 국토교통부장관이 실시하는 측량을 말한다.(2013.3.23 본호개정)
3. "공공측량"이란 다음 각 목의 측량을 말한다.
가. 국가, 지방자치단체, 그 밖에 대통령령으로 정하는 기관이 관계 법령에 따른 사업 등을 시행하기 위하여 기본측량을 기초로 실시하는 측량
나. 가목 외의 자가 시행하는 측량 중 공공의 이해 또는 안전과 밀접한 관련이 있는 측량으로서 대통령령으로 정하는 측량
4. "지적측량"이란 토지를 지적공부에 등록하거나 지적공부에 등록된 경계점을 지상에 복원하기 위하여 제21호에 따른 필지의 경계 또는 좌표와 면적을 정하는 측량을 말하며, 지적확정측량 및 지적재조사측량을 포함한다.(2013.7.17 본호개정)
4의2. "지적확정측량"이란 제86조제1항에 따른 사업이 끝나 토지의 표시를 새로 정하기 위하여 실시하는 지적측량을 말한다.(2013.7.17 본호신설)
4의3. "지적재조사측량"이란 「지적재조사에 관한 특별법」에 따른 지적재조사사업에 따라 토지의 표시를 새로 정하기 위하여 실시하는 지적측량을 말한다.(2013.7.17 본호신설)
5. (2020.2.18 삭제)
6. "일반측량"이란 기본측량, 공공측량 및 지적측량 외의 측량을 말한다.(2020.2.18 본호개정)
7. "측량기준점"이란 측량의 정확도를 확보하고 효율성을 높이기 위하여 특정 지점을 제6조에 따른 측량기준에 따라 측정하고 좌표 등으로 표시하여 측량 시에 기준으로 사용되는 점을 말한다.
8. "측량성과"란 측량을 통하여 얻은 최종 결과를 말한다.
9. "측량기록"이란 측량성과를 얻을 때까지의 측량에 관한 작업의 기록을 말한다.
9의2. "지명(地名)"이란 산, 하천, 호수 등과 같이 자연적으로 형성된 지형(地形)이나 교량, 터널, 교차로 등 지물(地物)·지역(地域)에 부여된 이름을 말한다.(2022.6.10 본호신설)
10. "지도"란 측량 결과에 따라 공간상의 위치와 지형 및 지명 등 여러 공간정보를 일정한 축척에 따라 기호나 문자 등으로 표시한 것을 말하며, 정보처리시스템을 이용하여 분석, 편집 및 입력·출력할 수 있도록 제작된 수치지형도[항공기나 인공위성 등을 통하여 얻은 영상정보를 이용하여 제작하는 정사영상지도(正射映像地圖)를 포함한다]와 이를 이용하여 특정한 주제에 관하여 제작된 지하시설물도·토지이용현황도 등 대통령령으로 정하는 수치주제도(數値主題圖)를 포함한다.
11.~17. (2020.2.18 삭제)
18. "지적소관청"이란 지적공부를 관리하는 특별자치시장, 시장(「제주특별자치도 설치 및 국제자유도시 조성을 위한 특별법」 제10조제2항에 따른 행정시의 시장을 포함하며, 「지방자치법」 제3조제3항에 따라 자치구가 아닌 구를 두는 시의 시장은 제외한다)·군수 또는 구청장(자치구가 아닌 구의 구청장을 포함한다)을 말한다.(2015.7.24 본호개정)
19. "지적공부"란 토지대장, 임야대장, 공유지연명부, 대지권등록부, 지적도, 임야도 및 경계점좌표등록부 등 지적측량 등을 통하여 조사된 토지의 표시와 해당 토지의 소유자 등을 기록한 대장 및 도면(정보처리시스템을 통하여 기록·저장된 것을 포함한다)을 말한다.
19의2. "연속지적도"란 지적측량을 하지 아니하고 전산화된 지적도 및 임야도 파일을 이용하여, 도면상 경계점들을 연결하여 작성한 도면으로서 측량에 활용할 수 없는 도면을 말한다.(2013.7.17 본호신설)
19의3. "부동산종합공부"란 토지의 표시와 소유자에 관한 사항, 건축물의 표시와 소유자에 관한 사항, 토지의 이용 및 규제에 관한 사항, 부동산의 가격에 관한 사항 등 부동산에 관한 종합정보를 정보관리체계를 통하여 기록·저장한 것을 말한다.(2013.7.17 본호신설)
20. "토지의 표시"란 지적공부에 토지의 소재·지번(地番)·지목(地目)·면적·경계 또는 좌표를 등록한 것을 말한다.
21. "필지"란 대통령령으로 정하는 바에 따라 구획되는 토지의 등록단위를 말한다.
22. "지번"이란 필지에 부여하여 지적공부에 등록한 번호를 말한다.

23. "지번부여지역"이란 지번을 부여하는 단위지역으로서 동·리 또는 이에 준하는 지역을 말한다.
24. "지목"이란 토지의 주된 용도에 따라 토지의 종류를 구분하여 지적공부에 등록한 것을 말한다.
25. "경계점"이란 필지를 구획하는 선의 굴곡점으로서 지적도나 임야도에 도해(圖解) 형태로 등록하거나 경계점좌표등록부에 좌표 형태로 등록하는 점을 말한다.
26. "경계"란 필지별로 경계점들을 직선으로 연결하여 지적공부에 등록한 선을 말한다.
27. "면적"이란 지적공부에 등록한 필지의 수평면상 넓이를 말한다.
28. "토지의 이동(異動)"이란 토지의 표시를 새로 정하거나 변경 또는 말소하는 것을 말한다.
29. "신규등록"이란 새로 조성된 토지와 지적공부에 등록되어 있지 아니한 토지를 지적공부에 등록하는 것을 말한다.
30. "등록전환"이란 임야대장 및 임야도에 등록된 토지를 토지대장 및 지적도에 옮겨 등록하는 것을 말한다.
31. "분할"이란 지적공부에 등록된 1필지를 2필지 이상으로 나누어 등록하는 것을 말한다.
32. "합병"이란 지적공부에 등록된 2필지 이상을 1필지로 합하여 등록하는 것을 말한다.
33. "지목변경"이란 지적공부에 등록된 지목을 다른 지목으로 바꾸어 등록하는 것을 말한다.
34. "축척변경"이란 지적도에 등록된 경계점의 정밀도를 높이기 위하여 작은 축척을 큰 축척으로 변경하여 등록하는 것을 말한다.

제3조【다른 법률과의 관계】 측량과 지적공부·부동산종합공부의 작성 및 관리, 지명의 결정에 관하여 다른 법률에 특별한 규정이 있는 경우를 제외하고는 이 법에 따른다.(2022.6.10 본조개정)

제4조【적용 범위】 다음 각 호의 어느 하나에 해당하는 측량으로서 국토교통부장관이 고시하는 측량 및 「해양조사와 해양정보 활용에 관한 법률」 제2조제3호에 따른 수로측량에 대하여는 이 법을 적용하지 아니한다.(2020.2.18 본문개정)
1. 국지적 측량(지적측량은 제외한다)
2. 고도의 정확도가 필요하지 아니한 측량
3. 순수 학술 연구나 군사 활동을 위한 측량(2020.2.18 본호개정)
4. (2020.2.18 삭제)

제2장 측 량
(2020.2.18 본장제목개정)

제1절 통 칙

제5조【측량기본계획 및 시행계획】 ① 국토교통부장관은 다음 각 호의 사항이 포함된 측량기본계획을 5년마다 수립하여야 한다.(2020.2.18 본문개정)
1. 측량에 관한 기본 구상 및 추진 전략
2. 측량의 국내외 환경 분석 및 기술연구
3. 측량산업 및 기술인력 육성 방안
4. 그 밖에 측량 발전을 위하여 필요한 사항

② 국토교통부장관은 제1항에 따른 측량기본계획에 따라 연도별 시행계획을 수립·시행하고, 그 추진실적을 평가하여야 한다.(2019.12.10 본항개정)
③ 국토교통부장관은 제1항에 따른 측량기본계획과 제2항에 따른 연도별 시행계획을 수립하려는 경우 제2항에 따른 평가결과를 반영하여야 한다.(2019.12.10 본항신설)
④ 제2항에 따른 연도별 추진실적 평가의 기준·방법·절차에 관한 사항은 국토교통부령으로 정한다.(2019.12.10 본항신설)

제6조【측량기준】 ① 측량의 기준은 다음 각 호와 같다.
1. 위치는 세계측지계(世界測地系)에 따라 측정한 지리학적 경위도와 높이(평균해수면으로부터의 높이를 말한다. 이하 이 항에서 같다)로 표시한다. 다만, 지도 제작 등을 위하여 필요한 경우에는 직각좌표와 높이, 극좌표와 높이, 지구중심 직교좌표 및 그 밖의 다른 좌표로 표시할 수 있다.
2. 측량의 원점은 대한민국 경위도원점(經緯度原點) 및 수준원점(水準原點)으로 한다. 다만, 섬 등 대통령령으로 정하는 지역에 대하여는 국토교통부장관이 따로 정하여 고시하는 원점을 사용할 수 있다.(2013.3.23 단서개정)
3.~4. (2020.2.18 삭제)

② (2020.2.18 삭제)
③ 제1항에 따른 세계측지계, 측량의 원점 값의 결정 및 직각좌표의 기준 등에 필요한 사항은 대통령령으로 정한다.

제7조【측량기준점】 ① 측량기준점은 다음 각 호의 구분에 따른다.
1. 국가기준점 : 측량의 정확도를 확보하고 효율성을 높이기 위하여 국토교통부장관이 전 국토를 대상으로 주요 지점마다 정한 측량의 기본이 되는 측량기준점(2020.2.18 본호개정)
2. 공공기준점 : 제17조제2항에 따른 공공측량시행자가 공공측량을 정확하고 효율적으로 시행하기 위하여 국가기준점을 기준으로 하여 따로 정하는 측량기준점
3. 지적기준점 : 특별시장·광역시장·특별자치시장·도지사 또는 특별자치도지사(이하 "시·도지사"라 한다)나 지적소관청이 지적측량을 정확하고 효율적으로 시행하기 위하여 국가기준점을 기준으로 하여 따로 정하는 측량기준점(2012.12.18 본호개정)

② 제1항에 따른 측량기준점의 구분에 관한 세부 사항은 대통령령으로 정한다.

제8조【측량기준점표지의 설치 및 관리】 ① 측량기준점을 정한 자는 측량기준점표지를 설치하고 관리하여야 한다.
② 제1항에 따라 측량기준점표지를 설치한 자는 대통령령으로 정하는 바에 따라 그 종류와 설치 장소를 국토교통부장관, 관계 시·도지사, 시장·군수 또는 구청장(자치구의 구청장을 말한다. 이하 같다) 및 측량기준점표지를 설치한 부지의 소유자 또는 점유자에게 통지하여야 한다. 설치한 측량기준점표지를 이전·철거하거나 폐기한 경우에도 같다.(2020.2.18 전단개정)
③ (2020.2.18 삭제)
④ 시·도지사 또는 지적소관청은 지적기준점표지를 설치·이전·복구·철거하거나 폐기한 경우에는 그 사실을 고시하여야 한다.(2013.7.17 본항개정)
⑤ 특별자치시장, 특별자치도지사, 시장·군수 또는 구청장은 국토교통부령으로 정하는 바에 따라 매년 관할 구역에 있는 측량기준점표지의 현황을 조사하고 그 결과를 시·도지사를 거쳐(특별자치시장 및 특별자치도지사의 경우는 제외한다) 국토교통부장관에게 보고하여야 한다. 측량기준점표지가 멸실·파손되거나 그 밖에 이상이 있음을 발견한 경우에도 같다.(2013.3.23 전단개정)
⑥ 제5항에도 불구하고 국토교통부장관은 필요하다고 인정하는 경우에는 직접 측량기준점표지의 현황을 조사할 수 있다.(2020.2.18 본항개정)
⑦ 측량기준점표지의 형상, 규격, 관리방법 등에 필요한 사항은 국토교통부령으로 정한다.(2020.2.18 본항개정)

제9조【측량기준점표지의 보호】 ① 누구든지 측량기준점표지를 이전·파손하거나 그 효용을 해치는 행위를 하여서는 아니 된다.
② 측량기준점표지를 파손하거나 그 효용을 해칠 우려가 있는 행위를 하려는 자는 그 측량기준점표지를 설치한 자에게 이전을 신청하여야 한다.
③ 제2항에 따른 신청을 받은 측량기준점표지의 설치자는 측량기준점표지를 이전하지 아니하고 제2항에 따른 신청인의 목적을 달성할 수 있는 경우를 제외하고는 그 측량기준점표지를 이전하여야 하며, 그 측량기준점표지를 이전하지 아니하는 경우에는 그 사유를 제2항에 따른 신청인에게 알려야 한다.
④ 제3항에 따른 측량기준점표지의 이전에 드는 비용은 제2항에 따른 신청인이 부담한다. 다만, 측량기준점표지 중 국가기준점표지의 이전에 드는 비용은 설치자가 부담한다.(2020.2.18 단서개정)

제10조【협력체계의 구축】 ① 국토교통부장관은 지형에 관한 자료를 활용하여 제15조제1항에 따른 지도등을 유지·관리하기 위하여 필요한 경우에는 관계 행정기관, 지방자치단체, 「고등교육법」에 따른 대학, 「공공기관의 운영에 관한 법률」에

따른 공공기관(이하 "관계기관"이라 한다) 등과 협력체계를 구축할 수 있다.
② 국토교통부장관은 제1항에 따른 협력체계에 참여한 기관에 제15조제1항에 따른 지도등에 관한 자료를 제공할 수 있다.
(2013.3.23 본조개정)

제10조의2【측량업정보의 종합관리】 ① 국토교통부장관은 측량업자의 자본금, 경영실태, 측량용역 수행실적, 측량기술자 및 장비 보유현황 등 측량업정보를 종합적으로 관리하고, 국토교통부령으로 정하는 바에 따라 그 측량업정보가 필요한 측량용역의 발주자, 행정기관 및 관련 단체 등의 장에게 제공할 수 있다.(2020.6.9 본항개정)
② 국토교통부장관은 제1항에 따른 측량업정보를 체계적으로 관리하기 위하여 대통령령으로 정하는 바에 따라 측량업정보 종합관리체계를 구축·운영하여야 한다.
③ 국토교통부장관은 제1항의 업무를 수행하기 위하여 측량업자, 행정기관 등의 장에게 관련 자료의 제출을 요청할 수 있다. 이 경우 요청을 받은 자는 특별한 사유가 없으면 이에 따라야 한다.
④ 제3항에 따른 자료 제출의 요청 절차 등에 필요한 사항은 대통령령으로 정한다.
(2014.6.3 본조신설)

제10조의3【측량용역사업에 대한 사업수행능력의 평가 및 공시】 ① 국토교통부장관은 발주자가 적정한 측량업자를 선정할 수 있도록 하기 위하여 측량업자의 신청이 있는 경우 그 측량업자의 측량용역 수행실적, 자본금, 기술인력·장비 보유현황 수준 등에 따라 사업수행능력을 평가하여 공시하여야 한다.
② 제1항에 따른 사업수행능력의 평가 및 공시를 받으려는 측량업자는 전년도 측량용역 수행실적, 기술자 보유현황, 재무상태, 그 밖에 국토교통부령으로 정하는 사항을 국토교통부장관에게 제출하여야 한다.
③ 제1항 및 제2항에 따른 측량업자의 사업수행능력 공시, 사업수행능력 평가 기준 및 실적 등의 신고에 필요한 사항은 대통령령으로 정한다.
(2014.6.3 본조신설)

제11조【지형·지물의 변동사항 통보 등】 ① 특별자치시장, 특별자치도지사, 시장·군수 또는 구청장은 대통령령으로 정하는 바에 따라 관할 구역 내 지형·지물의 변동 여부를 정기적으로 조사하여야 한다.(2019.12.10 본항신설)
② 특별자치시장, 특별자치도지사, 시장·군수 또는 구청장은 그 관할 구역에서 지형·지물의 변동이 발생하거나 제1항에 따라 실시한 조사 결과 지형·지물의 변동사항이 있을 경우에는 대통령령으로 정하는 바에 따라 국토교통부장관에게 그 지형·지물의 변동사항을 통보하여야 한다.(2019.12.10 본항개정)
③ 제17조제2항에 따른 공공측량시행자는 지형·지물의 변동을 유발할 수 있는 건설공사 중 대통령령으로 정하는 종류 및 규모의 건설공사를 착공할 때에는 그 착공사실을, 완공하였을 때에는 그 지형·지물의 변동사항을 국토교통부장관에게 통보하여야 한다.
④ 국토교통부장관은 관계 행정기관에 기본측량에 관한 자료의 제출을 요구할 수 있다.(2020.2.18 본항개정)
⑤ 제3항에 따른 지형·지물의 변동을 유발하는 건설공사에 대한 통보에 필요한 사항은 국토교통부령으로 정한다.
(2019.12.10 본항개정)
(2013.3.23 본조개정)

제2절 기본측량

제12조【기본측량의 실시 등】 ① 국토교통부장관은 기본측량을 하려면 미리 측량지역, 측량기간, 그 밖에 필요한 사항을 시·도지사에게 통지하여야 한다. 그 기본측량을 끝낸 경우에도 같다.(2013.3.23 본항개정)
② 시·도지사는 제1항에 따른 통지를 받았으면 지체 없이 시장·군수 또는 구청장에게 그 사실을 통지(특별자치시장 및 특별자치도지사의 경우는 제외한다)하고 대통령령으로 정하는 바에 따라 공고하여야 한다.(2012.12.18 본항개정)
③ 기본측량의 방법 및 절차 등에 필요한 사항은 국토교통부령으로 정한다.(2013.3.23 본항개정)

제13조【기본측량성과의 고시】 ① 국토교통부장관은 기본측량을 끝냈으면 대통령령으로 정하는 바에 따라 기본측량성과를 고시하여야 한다.(2013.3.23 본항개정)
② 국토교통부장관은 대통령령으로 정하는 측량 관련 전문기관으로 하여금 기본측량성과의 정확도를 검증하도록 할 수 있다.(2013.3.23 본항개정)
③ 국토교통부장관은 기본측량성과를 고시한 후 지형·지물의 변동 등이 발생한 경우에는 그 변동 내용에 따라 기본측량성과를 수정하여야 한다.(2013.3.23 본항개정)
④ 제1항에 따라 고시된 측량성과에 어긋나는 측량성과를 사용하여서는 아니 된다.

제14조【기본측량성과의 보관 및 열람 등】 ① 국토교통부장관은 기본측량성과 및 기본측량기록을 보관하고 일반인이 열람할 수 있도록 하여야 한다.(2013.3.23 본항개정)
② 기본측량성과나 기본측량기록을 복제하거나 그 사본을 발급받으려는 자는 국토교통부령으로 정하는 바에 따라 국토교통부장관에게 그 복제 또는 발급을 신청하여야 한다.(2013.3.23 본항개정)
③ 국토교통부장관은 제2항에 따른 신청 내용이 다음 각 호의 어느 하나에 해당하는 경우에는 기본측량성과나 기본측량기록을 복제하게 하거나 그 사본을 발급할 수 없다.
(2013.3.23 본문개정)
1. 국가안보나 그 밖에 국가의 중대한 이익을 해칠 우려가 있다고 인정되는 경우
2. 다른 법령에 따라 비밀로 유지되거나 열람이 제한되는 등 비공개사항으로 규정된 경우

제15조【기본측량성과 등을 사용한 지도등의 간행】 ① 국토교통부장관은 기본측량성과 및 기본측량기록을 사용하여 지도나 그 밖에 필요한 간행물(이하 "지도등"이라 한다)을 간행(정보처리시스템을 통한 전자적 기록 방식에 따른 정보 제공을 포함한다. 이하 같다)하여 판매하거나 배포할 수 있다. 이 경우 색맹, 색약 등 색각이상자가 보는 데 지장이 없는 지도등을 별도로 간행하여야 한다.(2021.7.20 본항개정)
② 제1항에도 불구하고 국가안보를 해칠 우려가 있는 사항으로서 대통령령으로 정하는 사항은 지도등에 표시할 수 없다.
(2021.7.20 본항신설)
③ 국토교통부장관은 제1항에 따라 간행한 지도등 중에서 다음 각 호의 요건에 적합한 것을 공간정보의 구축 및 활용에 기준이 되는 국가기본도로 지정할 수 있다.(2022.6.10 본문개정)
1. 전국을 대상으로 하여 국토교통부령으로 정한 축척으로 제작된 것
2. 규격이 일정하고 정확도가 통일된 것
(2022.6.10 1호~2호신설)
④ 기본측량성과, 기본측량기록 또는 제1항에 따라 간행한 지도등을 활용한 지도등을 간행하여 판매하거나 배포하려는 자(제17조제2항에 따른 공공측량시행자는 제외한다. 이하 이 조 및 제15조의2에서 같다)는 그 지도등에 대하여 국토교통부령으로 정하는 바에 따라 국토교통부장관의 심사를 받아야 한다.
(2022.6.10 본항개정)
⑤ 제4항에 따라 지도등을 간행하여 판매하거나 배포하는 자는 국토교통부령으로 정하는 바에 따라 사용한 기본측량성과 또는 그 측량기록을 지도등에 명시하여야 한다.(2021.7.20 본항개정)
⑥ 다음 각 호의 어느 하나에 해당하는 자는 제4항에 따른 지도등을 간행하여 판매하거나 배포할 수 없다.(2021.7.20 본문개정)
1. 피성년후견인 또는 피한정후견인(2013.7.17 본호개정)
2. 이 법이나 「국가보안법」 또는 「형법」 제87조부터 제104조까지의 규정을 위반하여 금고 이상의 실형을 선고받고 그 집행이 끝나거나(집행이 끝난 것으로 보는 경우를 포함한다) 집행이 면제된 날부터 2년이 지나지 아니한 자
3. 이 법이나 「국가보안법」 또는 「형법」 제87조부터 제104조까지의 규정을 위반하여 금고 이상의 형의 집행유예를 선고받고 그 집행유예기간 중에 있는 자

⑦ 제1항에 따라 간행하는 지도등의 판매나 배포에 필요한 사항은 국토교통부령으로 정한다.(2013.3.23 본항개정)

제15조의2【정밀도로지도에 대한 간행심사 등의 특례】 ① 국토교통부장관은 제15조제4항에도 불구하고 「자율주행자동차 상용화 촉진 및 지원에 관한 법률」 제2조제4호에 따른 정밀도로지도(이하 "정밀도로지도"라 한다)를 심사하는 경우에는 보안시설 식별에 관한 사항 및 정밀도로지도의 보안에 관한 사항으로서 국토교통부령으로 정하는 사항에 대해서만 심사할 수 있다.
② 국토교통부장관은 제1항에 따른 정밀도로지도의 심사 신청이 있는 경우 그 신청을 받은 날부터 14일 이내에 심사를 완료하여 신청인에게 알려야 한다.
③ 제1항에 따라 국토교통부장관의 심사를 받은 정밀도로지도를 간행한 자가 그 지도를 수정하여 간행한 경우에는 수정하여 간행한 지도의 사본을 국토교통부장관에게 제출하여야 한다. 다만, 수정 사항이 제1항에 따른 심사 대상에 포함되지 아니한 경우에는 국토교통부장관에게 그 수정사항을 보고하는 것으로써 사본제출을 갈음할 수 있다.
④ 국토교통부장관은 제3항에 따라 제출받은 정밀도로지도에 적정하지 아니한 사항이 있는 경우에는 그 간행자에게 보완을 요구할 수 있다.
⑤ 정밀도로지도의 심사 기준·절차 및 수정간행 등에 필요한 사항은 국토교통부령으로 정한다.
(2022.6.10 본조신설)

제16조【기본측량성과의 국외 반출 금지】 ① 누구든지 국토교통부장관의 허가 없이 기본측량성과 중 지도등 또는 측량용 사진을 국외로 반출하여서는 아니 된다. 다만, 외국 정부와 기본측량성과를 서로 교환하는 등 대통령령으로 정하는 경우에는 그러하지 아니하다.(2013.3.23 본문개정)
② 누구든지 제14조제3항 각 호의 어느 하나에 해당하는 경우에는 기본측량성과를 국외로 반출하여서는 아니 된다. 다만, 국토교통부장관이 국가안보와 관련된 사항에 대하여 과학기술정보통신부장관, 외교부장관, 통일부장관, 국방부장관, 행정안전부장관, 산업통상자원부장관 및 국가정보원장 등 관계 기관의 장과 협의체를 구성하여 국외로 반출하기로 결정한 경우에는 그러하지 아니하다.(2017.7.26 단서개정)
③ 제2항 단서에 따른 협의체에는 1인 이상의 민간전문가를 포함하여야 한다.(2017.10.24 본항신설)
④ 제2항 단서에 따른 협의체의 구성 및 운영과 제3항에 따른 민간전문가의 자격기준 등에 필요한 사항은 대통령령으로 정한다.(2017.10.24 본항개정)
⑤ 제3항에 따른 민간전문가는 「형법」 제127조 및 제129조부터 제132조까지의 규정을 적용할 때에는 공무원으로 본다.
(2017.10.24 본항신설)

제3절 공공측량 및 일반측량

제17조【공공측량의 실시 등】 ① 공공측량은 기본측량성과나 다른 공공측량성과를 기초로 실시하여야 한다.
② 공공측량의 시행을 하는 자(이하 "공공측량시행자"라 한다)가 공공측량을 하려면 국토교통부령으로 정하는 바에 따라 미리 공공측량 작업계획서를 국토교통부장관에게 제출하여야 한다. 제출한 공공측량 작업계획서를 변경한 경우에는 변경한 작업계획서를 제출하여야 한다.(2013.3.23 전단개정)
③ 국토교통부장관은 공공측량의 정확도를 높이거나 측량의 중복을 피하기 위하여 필요하다고 인정하면 공공측량시행자에게 공공측량에 관한 장기 계획서 또는 연간 계획서의 제출을 요구할 수 있다.(2013.3.23 본항개정)
④ 국토교통부장관은 제2항 또는 제3항에 따라 제출된 계획서의 타당성을 검토하여 그 결과를 공공측량시행자에게 통지하여야 한다. 이 경우 공공측량시행자는 특별한 사유가 없으면 그 결과에 따라야 한다.(2013.3.23 전단개정)
⑤ 공공측량시행자는 공공측량을 하려면 미리 측량지역, 측량기간, 그 밖에 필요한 사항을 시·도지사에게 통지하여야 한다. 그 공공측량을 끝낸 경우에도 또한 같다.
⑥ 시·도지사는 공공측량을 하거나 제5항에 따른 통지를 받았으면 지체 없이 시장·군수 또는 구청장에게 그 사실을 통지하고(특별자치시장 및 특별자치도지사의 경우는 제외한다) 대통령령으로 정하는 바에 따라 공고하여야 한다.(2012.12.18 본항개정)

제18조【공공측량성과의 심사】 ① 공공측량시행자는 공공측량성과를 얻은 경우에는 지체 없이 그 사본을 국토교통부장관에게 제출하여야 한다.
② 국토교통부장관은 필요하다고 인정하면 공공측량시행자에게 공공측량기록의 사본을 제출하도록 할 수 있다.
③ 국토교통부장관은 제1항에 따라 공공측량성과의 사본을 받았으면 지체 없이 그 내용을 심사하여 그 결과를 해당 공공측량시행자에게 통지하여야 한다.
④ 국토교통부장관은 제3항에 따른 심사 결과 공공측량성과가 적합하다고 인정되면 대통령령으로 정하는 바에 따라 그 측량성과를 고시하여야 한다.
⑤ 공공측량성과의 제출 및 심사에 필요한 사항은 국토교통부령으로 정한다.
(2013.3.23 본조개정)

제19조【공공측량성과의 보관 및 열람 등】 ① 국토교통부장관 및 공공측량시행자는 공공측량성과 및 공공측량기록 또는 그 사본을 보관하고 일반인이 열람할 수 있도록 하여야 한다. 다만, 공공측량시행자가 공공측량성과 및 공공측량기록을 보관할 수 없는 경우에는 그 공공측량성과 및 공공측량기록을 국토교통부장관에게 송부하여 보관하게 함으로써 일반인이 열람할 수 있도록 하여야 한다.
② 공공측량성과 또는 공공측량기록을 복제하거나 그 사본을 발급받으려는 자는 국토교통부령으로 정하는 바에 따라 국토교통부장관이나 공공측량시행자에게 그 복제 또는 발급을 신청하여야 한다.
③ 국토교통부장관이나 공공측량시행자는 제2항에 따른 신청 내용이 제14조제3항 각 호의 어느 하나에 해당하는 경우에는 공공측량성과나 공공측량기록을 복제하게 하거나 그 사본을 발급할 수 없다.
(2013.3.23 본조개정)

제20조【공공측량성과를 사용한 지도등의 간행】 ① 공공측량시행자는 대통령령으로 정하는 바에 따라 공공측량성과를 사용하여 지도등을 간행하여 판매하거나 배포할 수 있다. 이 경우 일반 공개 여부 등을 고려하여 대통령령으로 정하는 지도등의 경우에는 색맹, 색약 등 색각이상자가 보는 데 지장이 없는 지도등을 별도로 간행하여야 한다.(2021.7.20 본항개정)
② 제1항에도 불구하고 국가안보를 해칠 우려가 있는 사항으로서 대통령령으로 정하는 사항은 지도등에 표시할 수 없다.
(2021.7.20 본항신설)

제21조【공공측량성과의 국외 반출 금지】 ① 누구든지 국토교통부장관의 허가 없이 공공측량성과 중 지도등 또는 측량용 사진을 국외로 반출하여서는 아니 된다. 다만, 외국 정부와 공공측량성과를 서로 교환하는 등 대통령령으로 정하는 경우에는 그러하지 아니하다.(2013.3.23 본문개정)
② 누구든지 제14조제3항 각 호의 어느 하나에 해당하는 경우에는 공공측량성과를 국외로 반출하여서는 아니 된다. 다만, 국가안보와 관련된 사항에 대하여 제16조제2항 단서에 따른 협의체에서 국외로 반출하기로 결정한 경우에는 그러하지 아니하다.(2014.6.3 단서신설)

제22조【일반측량의 실시 등】 ① 일반측량은 기본측량성과 및 그 측량기록, 공공측량성과 및 그 측량기록을 기초로 실시하여야 한다.
② 국토교통부장관은 다음 각 호의 어느 하나에 해당하는 목적을 위하여 필요하다고 인정되는 경우에는 일반측량을 한 자에게 그 측량성과 및 측량기록의 사본을 제출하게 할 수 있다.
(2013.3.23 본문개정)

1. 측량의 정확도 확보
2. 측량의 중복 배제
3. 측량에 관한 자료의 수집·분석
③ 국토교통부장관은 측량의 정확도 확보 등을 위하여 일반측량에 관한 작업기준을 정할 수 있다.(2013.7.17 본항신설)

제4절 지적측량

제23조 【지적측량의 실시 등】 ① 다음 각 호의 어느 하나에 해당하는 경우에는 지적측량을 하여야 한다.
1. 제7조제1항제3호에 따른 지적기준점을 정하는 경우
2. 제25조에 따라 지적측량성과를 검사하는 경우
3. 다음 각 목의 어느 하나에 해당하는 경우로서 측량을 할 필요가 있는 경우
  가. 제74조에 따라 지적공부를 복구하는 경우
  나. 제77조에 따라 토지를 신규등록하는 경우
  다. 제78조에 따라 토지를 등록전환하는 경우
  라. 제79조에 따라 토지를 분할하는 경우
  마. 제82조에 따라 바다가 된 토지의 등록을 말소하는 경우
  바. 제83조에 따라 축척을 변경하는 경우
  사. 제84조에 따라 지적공부의 등록사항을 정정하는 경우
  아. 제86조에 따른 도시개발사업 등의 시행지역에서 토지의 이동이 있는 경우
  자. 「지적재조사에 관한 특별법」에 따른 지적재조사사업에 따라 토지의 이동이 있는 경우(2013.7.17 본목신설)
4. 경계점을 지상에 복원하는 경우
5. 그 밖에 대통령령으로 정하는 경우
② 지적측량의 방법 및 절차 등에 필요한 사항은 국토교통부령으로 정한다.(2013.3.23 본항개정)

제24조 【지적측량 의뢰 등】 ① 토지소유자 등 이해관계인은 제23조제1항제1호 및 제3호(자목은 제외한다)부터 제5호까지의 사유로 지적측량을 할 필요가 있는 경우에는 다음 각 호의 어느 하나에 해당하는 자(이하 "지적측량수행자"라 한다)에게 지적측량을 의뢰하여야 한다.(2013.7.17 본문개정)
1. 제44조제1항제2호의 지적측량업의 등록을 한 자
2. 「한국국토정보공사법」 제3조제1항에 따라 설립된 한국국토정보공사(이하 "한국국토정보공사"라 한다)(2024.2.20 본호개정)
② 지적측량수행자는 제1항에 따른 지적측량 의뢰를 받으면 지적측량을 하여 그 측량성과를 결정하여야 한다.
③ 제1항 및 제2항에 따른 지적측량 의뢰 및 측량성과 결정 등에 필요한 사항은 국토교통부령으로 정한다.(2013.7.17 본항개정)

제25조 【지적측량성과의 검사】 ① 지적측량수행자가 제23조에 따라 지적측량을 하였으면 시·도지사, 대도시 시장(「지방자치법」 제198조에 따라 서울특별시·광역시 및 특별자치시를 제외한 인구 50만 이상의 시의 시장을 말한다. 이하 같다) 또는 지적소관청으로부터 측량성과에 대한 검사를 받아야 한다. 다만, 지적공부를 정리하지 아니하는 측량으로서 국토교통부령으로 정하는 측량의 경우에는 그러하지 아니하다.(2021.1.12 본문개정)
② 제1항에 따른 지적측량성과의 검사방법 및 검사절차 등에 필요한 사항은 국토교통부령으로 정한다.
(2013.3.23 본조개정)

제26조 【토지의 이동에 따른 면적 등의 결정방법】 ① 합병에 따른 경계·좌표 또는 면적은 따로 지적측량을 하지 아니하고 다음 각 호의 구분에 따라 결정한다.
1. 합병 후 필지의 경계 또는 좌표 : 합병 전 각 필지의 경계 또는 좌표 중 합병으로 필요 없게 된 부분을 말소하여 결정
2. 합병 후 필지의 면적 : 합병 전 각 필지의 면적을 합산하여 결정
② 등록전환이나 분할에 따른 면적을 정할 때 오차가 발생하는 경우 그 오차의 허용 범위 및 처리방법 등에 필요한 사항은 대통령령으로 정한다.
(2013.7.17 본조제목개정)

제27조 【지적기준점성과의 보관 및 열람 등】 ① 시·도지사나 지적소관청은 지적기준점성과(지적기준점에 의한 측량성과를 말한다. 이하 같다)와 그 측량기록을 보관하고 일반인이 열람할 수 있도록 하여야 한다.
② 지적기준점성과의 등본이나 그 측량기록의 사본을 발급받으려는 자는 국토교통부령으로 정하는 바에 따라 시·도지사나 지적소관청에 그 발급을 신청하여야 한다.(2013.3.23 본항개정)

제28조 【지적위원회】 ① 다음 각 호의 사항을 심의·의결하기 위하여 국토교통부에 중앙지적위원회를 둔다.
1. 지적 관련 정책 개발 및 업무 개선 등에 관한 사항
2. 지적측량기술의 연구·개발 및 보급에 관한 사항
3. 제29조제6항에 따른 지적측량 적부심사(適否審査)에 대한 재심사(再審査)
4. 제39조에 따른 측량기술자 중 지적분야 측량기술자(이하 "지적기술자"라 한다)의 양성에 관한 사항
5. 제42조에 따른 지적기술자의 업무정지 처분 및 징계요구에 관한 사항
(2013.7.17 본항개정)
② 제29조에 따른 지적측량에 대한 적부심사 청구사항을 심의·의결하기 위하여 특별시·광역시·특별자치시·도 또는 특별자치도(이하 "시·도"라 한다)에 지방지적위원회를 둔다.
(2013.7.17 본항신설)
③ 중앙지적위원회와 지방지적위원회의 위원 구성 및 운영에 필요한 사항은 대통령령으로 정한다.(2017.10.24 본항개정)
④ 중앙지적위원회와 지방지적위원회의 위원 중 공무원이 아닌 사람은 「형법」 제127조 및 제129조부터 제132조까지의 규정을 적용할 때에는 공무원으로 본다.(2017.10.24 본항신설)

제29조 【지적측량의 적부심사 등】 ① 토지소유자, 이해관계인 또는 지적측량수행자는 지적측량성과에 대하여 다툼이 있는 경우에는 대통령령으로 정하는 바에 따라 관할 시·도지사를 거쳐 지방지적위원회에 지적측량 적부심사를 청구할 수 있다.(2013.7.17 본항개정)
② 제1항에 따른 지적측량 적부심사청구를 받은 시·도지사는 30일 이내에 다음 각 호의 사항을 조사하여 지방지적위원회에 회부하여야 한다.
1. 다툼이 되는 지적측량의 경위 및 그 성과
2. 해당 토지에 대한 토지이동 및 소유권 변동 연혁
3. 해당 토지 주변의 측량기준점, 경계, 주요 구조물 등 현황 실측도
③ 제2항에 따라 지적측량 적부심사청구를 회부받은 지방지적위원회는 그 심사청구를 회부받은 날부터 60일 이내에 심의·의결하여야 한다. 다만, 부득이한 경우에는 그 심의기간을 해당 지적위원회의 의결을 거쳐 30일 이내에서 한 번만 연장할 수 있다.
④ 지방지적위원회는 지적측량 적부심사를 의결하였으면 대통령령으로 정하는 바에 따라 의결서를 작성하여 시·도지사에게 송부하여야 한다.
⑤ 시·도지사는 제4항에 따라 의결서를 받은 날부터 7일 이내에 지적측량 적부심사 청구인 및 이해관계인에게 그 의결서를 통지하여야 한다.
⑥ 제5항에 따라 의결서를 받은 자가 지방지적위원회의 의결에 불복하는 경우에는 그 의결서를 받은 날부터 90일 이내에 국토교통부장관을 거쳐 중앙지적위원회에 재심사를 청구할 수 있다.(2013.7.17 본항개정)
⑦ 제6항에 따른 재심사청구에 관하여는 제2항부터 제5항까지의 규정을 준용한다. 이 경우 "시·도지사"는 "국토교통부장관"으로, "지방지적위원회"는 "중앙지적위원회"로 본다.
(2013.3.23 후단개정)
⑧ 제7항에 따라 중앙지적위원회로부터 의결서를 받은 국토교통부장관은 그 의결서를 관할 시·도지사에게 송부하여야 한다.(2013.3.23 본항개정)

⑨ 시·도지사는 제4항에 따라 지방지적위원회의 의결서를 받은 후 해당 지적측량 적부심사 청구인 및 이해관계인이 제6항에 따른 기간에 재심사를 청구하지 아니하면 그 의결서 사본을 지적소관청에 보내야 하며, 제8항에 따라 중앙지적위원회의 의결서를 받은 경우에는 그 의결서 사본에 제4항에 따라 받은 지방지적위원회의 의결서 사본을 첨부하여 지적소관청에 보내야 한다.
⑩ 제9항에 따라 지방지적위원회 또는 중앙지적위원회의 의결서 사본을 받은 지적소관청은 그 내용에 따라 지적공부의 등록사항을 정정하거나 측량성과를 수정하여야 한다.
⑪ 제9항 및 제10항에도 불구하고 특별자치시장은 제4항에 따라 지방지적위원회의 의결서를 받은 후 해당 지적측량 적부심사 청구인 및 이해관계인이 제6항에 따른 기간에 재심사를 청구하지 아니하거나 제8항에 따라 중앙지적위원회의 의결서를 받은 경우에는 직접 그 내용에 따라 지적공부의 등록사항을 정정하거나 측량성과를 수정하여야 한다.(2012.12.18 본항신설)
⑫ 지방지적위원회의 의결이 있은 후 제6항에 따른 기간에 재심사를 청구하지 아니하거나 중앙지적위원회의 의결이 있는 경우에는 해당 지적측량성과에 대하여 다시 지적측량 적부심사청구를 할 수 없다.

제5절 수로조사

제30조~제38조 (2020.2.18 삭제)

제6절 측량기술자
(2020.2.18 본절제목개정)

제39조【측량기술자】 ① 이 법에서 정하는 측량은 측량기술자가 아니면 할 수 없다.(2020.2.18 본항개정)
② 측량기술자는 다음 각 호의 어느 하나에 해당하는 자로서 대통령령으로 정하는 자격기준에 해당하는 자이어야 하며, 대통령령으로 정하는 바에 따라 그 등급을 나눌 수 있다.
1. 「국가기술자격법」에 따른 측량 및 지형공간정보, 지적, 측량, 지도 제작, 도화(圖畵) 또는 항공사진 분야의 기술자격 취득자
2. 측량, 지형공간정보, 지적, 지도 제작, 도화 또는 항공사진 분야의 일정한 학력 또는 경력을 가진 자
③ 측량기술자는 전문분야를 측량분야와 지적분야로 구분한다.(2013.7.17 본항신설)
제40조【측량기술자의 신고 등】 ① 측량업무에 종사하는 측량기술자(「건설기술 진흥법」 제2조제8호에 따른 건설기술인인 측량기술자와 「기술사법」 제2조에 따른 기술사는 제외한다. 이하 이 조에서 같다)는 국토교통부령으로 정하는 바에 따라 근무처·경력·학력 및 자격 등(이하 "근무처 및 경력등"이라 한다)을 관리하는 데에 필요한 사항을 국토교통부장관에게 신고할 수 있다. 신고사항의 변경이 있는 경우에도 같다.(2020.2.18 전단개정)
② 국토교통부장관은 제1항에 따른 신고를 받았으면 측량기술자의 근무처 및 경력등에 관한 기록을 유지·관리하여야 한다.(2020.2.18 본항개정)
③ 국토교통부장관은 측량기술자가 신청하면 근무처 및 경력등에 관한 증명서(이하 "측량기술경력증"이라 한다)를 발급할 수 있다.(2020.2.18 본항개정)
④ 국토교통부장관은 제1항에 따라 신고를 받은 내용을 확인하기 위하여 필요한 경우에는 중앙행정기관, 지방자치단체, 「초·중등교육법」 제2조 및 「고등교육법」 제2조의 학교, 신고를 한 측량기술자가 소속된 측량 관련 업체 등 관련 기관의 장에게 관련 자료를 제출하도록 요청할 수 있다. 이 경우 그 요청을 받은 기관의 장은 특별한 사유가 없으면 요청에 따라야 한다.(2020.2.18 전단개정)
⑤ 이 법이나 그 밖의 관계 법률에 따른 인가·허가·등록·면허 등을 하려는 행정기관의 장은 측량기술자의 근무처 및 경력등을 확인할 필요가 있는 경우에는 국토교통부장관의 확인을 받아야 한다.(2020.2.18 본항개정)
⑥ 제1항에 따른 신고가 신고서의 기재사항 및 구비서류에 흠이 없고, 관계 법령 등에 규정된 형식상의 요건을 충족하는 경우에는 신고서가 접수기관에 도달된 때에 신고된 것으로 본다.(2017.10.24 본항신설)
⑦ 제1항부터 제6항까지에서 규정한 사항 외에 측량기술자의 신고, 기록의 유지·관리, 측량기술경력증의 발급 등에 필요한 사항은 국토교통부령으로 정한다.(2020.2.18 본항개정)
제41조【측량기술자의 의무】 ① 측량기술자는 신의와 성실로써 공정하게 측량을 하여야 하며, 정당한 사유 없이 측량을 거부하여서는 아니 된다.
② 측량기술자는 정당한 사유 없이 그 업무상 알게 된 비밀을 누설하여서는 아니 된다.
③ 측량기술자는 둘 이상의 측량업자에게 소속될 수 없다.
④ 측량기술자는 다른 사람에게 측량기술경력증을 빌려 주거나 자기의 성명을 사용하여 측량업무를 수행하게 하여서는 아니 된다.
제42조【측량기술자의 업무정지 등】 ① 국토교통부장관은 측량기술자(「건설기술 진흥법」 제2조제8호에 따른 건설기술인인 측량기술자는 제외한다)가 다음 각 호의 어느 하나에 해당하는 경우에는 1년(지적기술자의 경우에는 2년) 이내의 기간을 정하여 측량업무의 수행을 정지시킬 수 있다. 이 경우 지적기술자에 대하여는 대통령령으로 정하는 바에 따라 중앙지적위원회의 심의·의결을 거쳐야 한다.(2020.2.18 전단개정)
1. 제40조제1항에 따른 근무처 및 경력등의 신고 또는 변경신고를 거짓으로 한 경우
2. 제41조제4항을 위반하여 다른 사람에게 측량기술경력증을 빌려 주거나 자기의 성명을 사용하여 측량업무를 수행하게 한 경우
3. 지적기술자가 제50조제1항을 위반하여 신의와 성실로써 공정하게 지적측량을 하지 아니하거나 고의 또는 중대한 과실로 지적측량을 잘못하여 다른 사람에게 손해를 입힌 경우(2013.7.17 본호신설)
4. 지적기술자가 제50조제1항을 위반하여 정당한 사유 없이 지적측량 신청을 거부한 경우(2013.7.17 본호신설)
② 국토교통부장관은 지적기술자가 제1항 각 호의 어느 하나에 해당하는 경우 위반행위의 횟수, 정도, 동기 및 결과 등을 고려하여 지적기술자가 소속된 한국국토정보공사 또는 지적측량업자에게 해임 등 적절한 징계를 할 것을 요청할 수 있다.(2014.6.3 본항개정)
③ 제1항에 따른 업무정지의 기준과 그 밖에 필요한 사항은 국토교통부령으로 정한다.(2020.2.18 본항개정)
(2013.7.17 본조제목개정)
제43조 (2020.2.18 삭제)

제7절 측량업
(2020.2.18 본절제목개정)

제44조【측량업의 등록】 ① 측량업은 다음 각 호의 업종으로 구분한다.
1. 측지측량업
2. 지적측량업
3. 그 밖에 항공촬영, 지도제작 등 대통령령으로 정하는 업종
② 측량업을 하려는 자는 업종별로 대통령령으로 정하는 기술인력·장비 등의 등록기준을 갖추어 국토교통부장관, 시·도지사 또는 대도시 시장에게 등록하여야 한다. 다만, 한국국토정보공사는 측량업의 등록을 하지 아니하고 제1항제2호의 지적측량업을 할 수 있다.(2020.2.18 본문개정)
③ 국토교통부장관, 시·도지사 또는 대도시 시장은 제2항에 따른 측량업의 등록을 한 자(이하 "측량업자"라 한다)에게 측량업등록증 및 측량업등록수첩을 발급하여야 한다.(2020.2.18 본항개정)
④ 측량업자는 제3항에 따라 발급받은 측량업등록증 또는 측량업등록수첩을 잃어버리거나 못쓰게 된 때에는 국토교통부령으로 정하는 바에 따라 재발급 받을 수 있다.(2022.6.10 본항신설)

⑤ 측량업자는 등록사항이 변경된 경우에는 국토교통부장관, 시·도지사 또는 대도시 시장에게 신고하여야 한다.(2020.2.18 본항개정)
⑥ 국토교통부장관, 시·도지사 또는 대도시 시장은 제5항에 따른 신고를 받은 날부터 20일 이내에 신고수리 여부를 신고인에게 통지하여야 한다.(2022.6.10 본항개정)
⑦ 국토교통부장관, 시·도지사 또는 대도시 시장이 제6항에 따른 기간 내에 신고수리 여부 또는 민원 처리 관련 법령에 따른 처리기간의 연장을 신고인에게 통지하지 아니하면 그 기간(민원 처리 관련 법령에 따라 처리기간이 연장 또는 재연장된 경우에는 해당 처리기간을 말한다)이 끝난 날의 다음 날에 신고를 수리한 것으로 본다.(2022.6.10 본항개정)
⑧ 측량업의 등록, 등록사항의 변경신고, 측량업등록증 및 측량업등록수첩의 발급절차 등에 필요한 사항은 대통령령으로 정한다.

제45조【지적측량업자의 업무 범위】 제44조제1항제2호에 따른 지적측량업의 등록을 한 자(이하 "지적측량업자"라 한다)는 제23조제1항제1호 및 제3호부터 제5호까지의 규정에 해당하는 사유로 하는 지적측량 중 다음 각 호의 지적측량과 지적전산자료를 활용한 정보화사업을 할 수 있다.
1. 제73조에 따른 경계점좌표등록부가 있는 지역에서의 지적측량
2. 「지적재조사에 관한 특별법」에 따른 지적재조사지구에서 실시하는 지적재조사측량(2019.12.10 본호개정)
3. 제86조에 따른 도시개발사업 등이 끝남에 따라 하는 지적확정측량

제46조【측량업자의 지위 승계】 ① 측량업자가 그 사업을 양도하거나 사망한 경우 또는 법인인 측량업자의 합병이 있는 경우로서 그 사업의 양수인·상속인 또는 합병 후 존속하는 법인이나 합병으로 설립된 법인이 종전의 측량업자의 지위를 승계하려는 경우에는 양수·상속 또는 합병한 날부터 30일 이내에 대통령령으로 정하는 바에 따라 국토교통부장관, 시·도지사 또는 대도시 시장에게 신고하여야 한다.
② 국토교통부장관, 시·도지사 또는 대도시 시장은 제1항에 따른 신고를 받은 경우 측량업자의 지위를 승계하려는 자가 제47조 각 호의 어느 하나에 해당하면 신고를 수리하여서는 아니 된다.
③ 국토교통부장관, 시·도지사 또는 대도시 시장은 제1항에 따른 신고를 받은 날부터 20일 이내에 신고수리 여부를 신고인에게 통지하여야 한다.(2021.8.10 본항신설)
④ 국토교통부장관, 시·도지사 또는 대도시 시장이 제3항에서 정한 기간 내에 신고수리 여부 또는 민원 처리 관련 법령에 따른 처리기간의 연장을 신고인에게 통지하지 아니하면 제2항의 규정에도 불구하고 그 기간(민원 처리 관련 법령에 따라 처리기간이 연장 또는 재연장된 경우에는 해당 처리기간을 말한다)이 끝난 날의 다음 날에 신고를 수리한 것으로 본다.(2021.8.10 본항신설)
⑤ 제1항에 따른 양수인·상속인 또는 합병 후 존속하는 법인이나 합병으로 설립된 법인은 제3항에 따른 신고가 수리된 경우(제4항에 따라 신고가 수리된 것으로 보는 경우를 포함한다)에는 그 양수일, 상속일 또는 합병일부터 종전의 측량업자의 지위를 승계한다.(2021.8.10 본항신설)
(2021.8.10 본조개정)

제47조【측량업등록의 결격사유】 다음 각 호의 어느 하나에 해당하는 자는 측량업의 등록을 할 수 없다.
1. 피성년후견인 또는 피한정후견인(2013.7.17 본호개정)
2. 이 법이나 「국가보안법」 또는 「형법」 제87조부터 제104조까지의 규정을 위반하여 금고 이상의 실형을 선고받고 그 집행이 끝나거나(집행이 끝난 것으로 보는 경우를 포함한다) 집행이 면제된 날부터 2년이 지나지 아니한 자
3. 이 법이나 「국가보안법」 또는 「형법」 제87조부터 제104조까지의 규정을 위반하여 금고 이상의 형의 집행유예를 선고받고 그 집행유예기간 중에 있는 자
4. 제52조에 따라 측량업의 등록이 취소(제47조제1호에 해당하여 등록이 취소된 경우는 제외한다)된 후 2년이 지나지 아니한 자(2015.12.29 본호개정)
5. 임원 중에 제1호부터 제4호까지의 어느 하나에 해당하는 자가 있는 법인

제48조【측량업의 휴업·폐업 등 신고】 다음 각 호의 어느 하나에 해당하는 자는 국토교통부령으로 정하는 바에 따라 국토교통부장관, 시·도지사 또는 대도시 시장에게 해당 각 호의 사실이 발생한 날부터 30일 이내에 그 사실을 신고하여야 한다.(2020.2.18 본문개정)
1. 측량업자인 법인이 파산 또는 합병 외의 사유로 해산한 경우 : 해당 법인의 청산인
2. 측량업자가 폐업한 경우 : 폐업한 측량업자
3. 측량업자가 30일을 넘는 기간 동안 휴업하거나, 휴업 후 업무를 재개한 경우 : 해당 측량업자

제49조【측량업등록증의 대여 금지 등】 ① 측량업자는 다른 사람에게 자기의 측량업등록증 또는 측량업등록수첩을 빌려주거나 자기의 성명 또는 상호를 사용하여 측량업무를 하게 하여서는 아니 된다.
② 누구든지 다른 사람의 등록증 또는 등록수첩을 빌려서 사용하거나 다른 사람의 성명 또는 상호를 사용하여 측량업무를 하여서는 아니 된다.

제50조【지적측량수행자의 성실의무 등】 ① 지적측량수행자(소속 지적기술자를 포함한다. 이하 이 조에서 같다)는 신의와 성실로써 공정하게 지적측량을 하여야 하며, 정당한 사유 없이 지적측량 신청을 거부하여서는 아니 된다.(2013.7.17 본항개정)
② 지적측량수행자는 본인, 배우자 또는 직계 존속·비속이 소유한 토지에 대한 지적측량을 하여서는 아니 된다.
③ 지적측량수행자는 제106조제2항에 따른 지적측량수수료 외에는 어떠한 명목으로도 그 업무와 관련된 대가를 받으면 아니 된다.

제51조【손해배상책임의 보장】 ① 지적측량수행자가 타인의 의뢰에 의하여 지적측량을 하는 경우 고의 또는 과실로 지적측량을 부실하게 함으로써 지적측량의뢰인이나 제3자에게 재산상의 손해를 발생하게 한 때에는 지적측량수행자는 그 손해를 배상할 책임이 있다.(2020.6.9 본항개정)
② 지적측량수행자는 제1항에 따른 손해배상책임을 보장하기 위하여 대통령령으로 정하는 바에 따라 보험가입 등 필요한 조치를 하여야 한다.

제52조【측량업의 등록취소 등】 ① 국토교통부장관, 시·도지사 또는 대도시 시장은 측량업자가 다음 각 호의 어느 하나에 해당하는 경우에는 측량업의 등록을 취소하거나 1년 이내의 기간을 정하여 영업의 정지를 명할 수 있다. 다만, 제2호·제4호·제7호·제8호·제11호 또는 제15호에 해당하는 경우에는 측량업의 등록을 취소하여야 한다.(2020.2.18 본문개정)
1. 고의 또는 과실로 측량을 부정확하게 한 경우
2. 거짓이나 그 밖의 부정한 방법으로 측량업의 등록을 한 경우
3. 정당한 사유 없이 측량업의 등록을 한 날부터 1년 이내에 영업을 시작하지 아니하거나 계속하여 1년 이상 휴업한 경우
4. 제44조제2항에 따른 등록기준에 미달하게 된 경우. 다만, 일시적으로 등록기준에 미달되는 등 대통령령으로 정하는 경우는 제외한다.
5. (2022.11.15 삭제)
6. 지적측량업자가 제45조에 따른 업무 범위를 위반하여 지적측량을 한 경우
7. 제47조 각 호의 어느 하나에 해당하게 된 경우. 다만, 측량업자가 같은 조 제5호에 해당하게 된 경우로서 그 사유가 발생한 날부터 3개월 이내에 그 사유를 없앤 경우는 제외한다.(2020.6.9 단서개정)
8. 제49조제1항을 위반하여 다른 사람에게 자기의 측량업등록증 또는 측량업등록수첩을 빌려 주거나 자기의 성명 또는 상호를 사용하여 측량업무를 하게 한 경우
9. 지적측량업자가 제50조를 위반한 경우

10. 제51조를 위반하여 보험가입 등 필요한 조치를 하지 아니한 경우
11. 영업정지기간 중에 계속하여 영업을 한 경우
12. 제52조제3항에 따른 임원의 직무정지 명령을 이행하지 아니한 경우(2018.4.17 본호신설)
13. 지적측량업자가 제106조제2항에 따른 지적측량수수료를 같은 조 제3항에 따라 고시한 금액보다 과다 또는 과소하게 받은 경우
14. 다른 행정기관이 관계 법령에 따라 등록취소 또는 영업정지를 요구한 경우
15. 「국가기술자격법」 제15조제2항을 위반하여 측량업자가 측량기술자의 국가기술자격증을 대여 받은 사실이 확인된 경우(2014.6.3 본호신설)

② 측량업자의 지위를 승계한 상속인이 제47조에 따른 측량업등록의 결격사유에 해당하는 경우에는 그 결격사유에 해당하게 된 날부터 6개월이 지난 날까지는 제1항제7호를 적용하지 아니한다.

③ 국토교통부장관, 시·도지사 또는 대도시 시장은 측량업자가 제47조제5호에 해당하게 된 경우에는 같은 조 제1호부터 제4호까지의 어느 하나에 해당하는 임원의 직무를 정지하도록 해당 측량업자에게 명할 수 있다.(2020.2.18 본항개정)

④ 국토교통부장관, 시·도지사 또는 대도시 시장은 제1항에 따라 영업정지를 명하여야 하는 경우로서 그 영업정지가 해당 영업의 이용자에게 심한 불편을 주거나 공익을 해칠 우려가 있는 경우에는 영업정지 처분을 갈음하여 4천만원 이하의 과징금을 부과할 수 있다.(2022.11.15 본항개정)

⑤ 국토교통부장관, 시·도지사 또는 대도시 시장은 제1항 또는 제4항에 따라 측량업등록의 취소, 영업정지 또는 과징금 부과처분을 하였으면 그 사실을 공고하여야 한다.(2022.11.15 본항개정)

⑥ 국토교통부장관, 시·도지사 또는 대도시 시장은 제4항에 따라 과징금 부과처분을 받은 자가 납부기한까지 과징금을 내지 아니하면 국세강제징수의 예 또는 「지방행정제재·부과금의 징수 등에 관한 법률」에 따라 징수한다.(2022.11.15 본항신설)

⑦ 제1항에 따른 측량업등록의 취소 및 영업정지 처분에 관한 세부 기준과 제4항에 따른 과징금의 부과기준 및 과징금의 징수에 관하여 필요한 사항은 대통령령으로 정한다.(2022.11.15 본항신설)

제52조의2【측량업자의 행정처분 효과의 승계 등】 ① 제48조에 따라 폐업신고한 측량업자가 폐업신고 당시와 동일한 측량업을 다시 등록한 때에는 폐업신고 전의 측량업자의 지위를 승계한다.

② 제1항의 경우 폐업신고 전의 측량업자에 대하여 제52조제1항 및 제111조제1항부터 제3항까지의 규정의 위반행위로 인한 행정처분의 효과는 그 폐업일부터 6개월 이내에 다시 측량업의 등록을 한 자(이하 이 조에서 "재등록 측량업자"라 한다)에게 승계된다.(2022.11.15 본항개정)

③ 제1항의 경우 재등록 측량업자에 대하여 폐업신고 전의 제52조제1항 각 호의 위반행위에 대한 행정처분을 할 수 있다. 다만, 다음 각 호의 어느 하나에 해당하는 경우는 제외한다.
1. 폐업신고를 한 날부터 다시 측량업의 등록을 한 날까지의 기간(이하 이 조에서 "폐업기간"이라 한다)이 2년을 초과한 경우
2. 폐업신고 전의 위반행위에 대한 행정처분이 영업정지에 해당하는 경우로서 폐업기간이 1년을 초과한 경우

④ 제3항에 따라 행정처분을 할 때에는 폐업기간과 폐업의 사유를 고려하여야 한다.
(2014.6.3 본조신설)

제53조【등록취소 등의 처분 후 측량업자의 업무 수행 등】 ① 등록취소 또는 영업정지 처분을 받거나 제48조에 따라 폐업신고를 한 측량업자 및 그 포괄승계인은 그 처분 및 폐업신고 전에 체결한 계약에 따른 측량업무를 계속 수행할 수 있다. 다만, 등록취소 또는 영업정지 처분을 받은 지적측량업자나 그 포괄승계인의 경우에는 그러하지 아니하다.(2014.6.3 본문개정)

② 제1항에 따른 측량업자 또는 포괄승계인은 등록취소 또는 영업정지 처분을 받은 사실을 지체 없이 해당 측량의 발주자에게 알려야 한다.

③ 제1항에 따라 측량업무를 계속하는 자는 그 측량이 끝날 때까지 측량업자로 본다.

④ 측량의 발주자는 특별한 사유가 있는 경우를 제외하고는 그 측량업자로부터 제2항에 따른 통지를 받거나 등록취소 또는 영업정지의 처분이 있은 사실을 안 날부터 30일 이내에만 그 측량에 관한 계약을 해지할 수 있다.

제54조 (2020.2.18 삭제)

제55조【측량의 대가】 ① 기본측량 및 공공측량에 대한 대가의 기준과 산정방법에 필요한 사항은 대통령령으로 정한다.(2020.2.18 본항개정)

② 국토교통부장관은 제1항에 따른 기준을 정할 때에는 기획재정부장관과 협의하여야 한다.(2020.2.18 본항개정)

③ 일반측량의 대가는 제1항에 따른 기준을 준용하여 산정할 수 있다.
(2020.2.18 본조제목개정)

제8절 협 회

제56조 (2014.6.3 삭제)
제57조 (2020.2.18 삭제)

제9절 대한지적공사

제58조~제63조 (2014.6.3 삭제)

제3장 지적(地籍)

제1절 토지의 등록

제64조【토지의 조사·등록 등】 ① 국토교통부장관은 모든 토지에 대하여 필지별로 소재·지번·지목·면적·경계 또는 좌표 등을 조사·측량하여 지적공부에 등록하여야 한다.(2013.3.23 본항개정)

② 지적공부에 등록하는 지번·지목·면적·경계 또는 좌표는 토지의 이동이 있을 때 토지소유자(법인이 아닌 사단이나 재단의 경우에는 그 대표자나 관리인을 말한다. 이하 같다)의 신청을 받아 지적소관청이 결정한다. 다만, 신청이 없으면 지적소관청이 직권으로 조사·측량하여 결정할 수 있다.

③ 제2항 단서에 따른 조사·측량의 절차 등에 필요한 사항은 국토교통부령으로 정한다.(2013.3.23 본항개정)

제65조【지상경계의 구분 등】 ① 토지의 지상경계는 둑, 담장이나 그 밖에 구획의 목표가 될 만한 구조물 및 경계점표지 등으로 구분한다.

② 지적소관청은 토지의 이동에 따라 지상경계를 새로 정한 경우에는 다음 각 호의 사항을 등록한 지상경계점등록부를 작성·관리하여야 한다.
1. 토지의 소재
2. 지번
3. 경계점 좌표(경계점좌표등록부 시행지역에 한정한다)
4. 경계점 위치 설명도
5. 그 밖에 국토교통부령으로 정하는 사항

③ 제1항에 따른 지상경계의 결정 기준 등 지상경계의 결정에 필요한 사항은 대통령령으로 정하고, 경계점표지의 규격과 재질 등에 필요한 사항은 국토교통부령으로 정한다.
(2013.7.17 본조신설)

제66조【지번의 부여 등】 ① 지번은 지적소관청이 지번부여지역별로 차례대로 부여한다.

② 지적소관청은 지적공부에 등록된 지번을 변경할 필요가 있다고 인정하면 시·도지사나 대도시 시장의 승인을 받아 지번부여지역의 전부 또는 일부에 대하여 지번을 새로 부여할 수 있다.
③ 제1항과 제2항에 따른 지번의 부여방법 및 부여절차 등에 필요한 사항은 대통령령으로 정한다.

제67조【지목의 종류】 ① 지목은 전·답·과수원·목장용지·임야·광천지·염전·대(垈)·공장용지·학교용지·주차장·주유소용지·창고용지·도로·철도용지·제방(堤防)·하천·구거(溝渠)·유지(溜池)·양어장·수도용지·공원·체육용지·유원지·종교용지·사적지·묘지·잡종지로 구분하여 정한다.
② 제1항에 따른 지목의 구분 및 설정방법 등에 필요한 사항은 대통령령으로 정한다.

제68조【면적의 단위 등】 ① 면적의 단위는 제곱미터로 한다.
② 면적의 결정방법 등에 필요한 사항은 대통령령으로 정한다.

제2절 지적공부

제69조【지적공부의 보존 등】 ① 지적소관청은 해당 청사에 지적서고를 설치하고 그 곳에 지적공부(정보처리시스템을 통하여 기록·저장한 경우는 제외한다. 이하 이 항에서 같다)를 영구히 보존하여야 하며, 다음 각 호의 어느 하나에 해당하는 경우 외에는 해당 청사 밖으로 지적공부를 반출할 수 없다.
1. 천재지변이나 그 밖에 이에 준하는 재난을 피하기 위하여 필요한 경우
2. 관할 시·도지사 또는 대도시 시장의 승인을 받은 경우
② 지적공부를 정보처리시스템을 통하여 기록·저장한 경우 관할 시·도지사, 시장·군수 또는 구청장은 그 지적공부를 지적정보관리체계에 영구히 보존하여야 한다.(2013.7.17 본항개정)
③ 국토교통부장관은 제2항에 따라 보존하여야 하는 지적공부가 멸실되거나 훼손될 경우를 대비하여 지적공부를 복제하여 관리하는 정보관리체계를 구축하여야 한다.(2013.7.17 본항개정)
④ 지적서고의 설치기준, 지적공부의 보관방법 및 반출승인 절차 등에 필요한 사항은 국토교통부령으로 정한다.(2013.3.23 본항개정)

제70조【지적정보 전담 관리기구의 설치】 ① 국토교통부장관은 지적공부의 효율적인 관리 및 활용을 위하여 지적정보 전담 관리기구를 설치·운영한다.(2013.3.23 본항개정)
② 국토교통부장관은 지적공부를 과세나 부동산정책자료 등으로 활용하기 위하여 주민등록전산자료, 가족관계등록전산자료, 부동산등기전산자료 또는 공시지가전산자료 등을 관리하는 기관에 그 자료를 요청할 수 있으며 요청을 받은 관리기관의 장은 특별한 사정이 없으면 그 요청을 따라야 한다.
(2020.6.9 본항개정)
③ 제1항에 따른 지적정보 전담 관리기구의 설치·운영에 관한 세부사항은 대통령령으로 정한다.

제71조【토지대장 등의 등록사항】 ① 토지대장과 임야대장에는 다음 각 호의 사항을 등록하여야 한다.
1. 토지의 소재
2. 지번
3. 지목
4. 면적
5. 소유자의 성명 또는 명칭, 주소 및 주민등록번호(국가, 지방자치단체, 법인, 법인 아닌 사단이나 재단 및 외국인의 경우에는 「부동산등기법」 제49조에 따라 부여된 등록번호를 말한다. 이하 같다)(2011.4.12 본호개정)
6. 그 밖에 국토교통부령으로 정하는 사항(2013.3.23 본호개정)
② 제1항제5호의 소유자가 둘 이상이면 공유지연명부에 다음 각 호의 사항을 등록하여야 한다.
1. 토지의 소재
2. 지번
3. 소유권 지분
4. 소유자의 성명 또는 명칭, 주소 및 주민등록번호
5. 그 밖에 국토교통부령으로 정하는 사항(2013.3.23 본호개정)
③ 토지대장이나 임야대장에 등록하는 토지가 「부동산등기법」에 따라 대지권 등기가 되어 있는 경우에는 대지권등록부에 다음 각 호의 사항을 등록하여야 한다.
1. 토지의 소재
2. 지번
3. 대지권 비율
4. 소유자의 성명 또는 명칭, 주소 및 주민등록번호
5. 그 밖에 국토교통부령으로 정하는 사항(2013.3.23 본호개정)

제72조【지적도 등의 등록사항】 지적도 및 임야도에는 다음 각 호의 사항을 등록하여야 한다.
1. 토지의 소재
2. 지번
3. 지목
4. 경계
5. 그 밖에 국토교통부령으로 정하는 사항(2013.3.23 본호개정)

제73조【경계점좌표등록부의 등록사항】 지적소관청은 제86조에 따른 도시개발사업 등에 따라 새로이 지적공부에 등록하는 토지에 대하여는 다음 각 호의 사항을 등록한 경계점좌표등록부를 작성하고 갖춰 두어야 한다.
1. 토지의 소재
2. 지번
3. 좌표
4. 그 밖에 국토교통부령으로 정하는 사항(2013.3.23 본호개정)

제74조【지적공부의 복구】 지적소관청(제69조제2항에 따른 지적공부의 경우에는 시·도지사, 시장·군수 또는 구청장)은 지적공부의 전부 또는 일부가 멸실되거나 훼손된 경우에는 대통령령으로 정하는 바에 따라 지체 없이 이를 복구하여야 한다.

제75조【지적공부의 열람 및 등본 발급】 ① 지적공부를 열람하거나 그 등본을 발급받으려는 자는 해당 지적소관청에 그 열람 또는 발급을 신청하여야 한다. 다만, 정보처리시스템을 통하여 기록·저장된 지적공부(지적도 및 임야도는 제외한다)를 열람하거나 그 등본을 발급받으려는 경우에는 특별자치시장, 시장·군수 또는 구청장이나 읍·면·동의 장에게 신청할 수 있다.(2012.12.18 단서개정)
② 제1항에 따른 지적공부의 열람 및 등본 발급의 절차 등에 필요한 사항은 국토교통부령으로 정한다.(2013.3.23 본항개정)

제76조【지적전산자료의 이용 등】 ① 지적공부에 관한 전산자료(연속지적도를 포함하며, 이하 "지적전산자료"라 한다)를 이용하거나 활용하려는 자는 다음 각 호의 구분에 따라 국토교통부장관, 시·도지사 또는 지적소관청에 지적전산자료를 신청하여야 한다.(2017.10.24 본문개정)
1. 전국 단위의 지적전산자료 : 국토교통부장관, 시·도지사 또는 지적소관청(2013.3.23 본호개정)
2. 시·도 단위의 지적전산자료 : 시·도지사 또는 지적소관청
3. 시·군·구(자치구가 아닌 구를 포함한다) 단위의 지적전산자료 : 지적소관청
② 제1항에 따라 지적전산자료를 신청하려는 자는 대통령령으로 정하는 바에 따라 지적전산자료의 이용 또는 활용 목적 등에 관하여 미리 관계 중앙행정기관의 심사를 받아야 한다. 다만, 중앙행정기관의 장, 그 소속 기관의 장 또는 지방자치단체의 장이 신청하는 경우에는 그러하지 아니하다.(2017.10.24 본항개정)
③ 제2항에도 불구하고 다음 각 호의 어느 하나에 해당하는 경우에는 관계 중앙행정기관의 심사를 받지 아니할 수 있다.
1. 토지소유자가 자기 토지에 대한 지적전산자료를 신청하는 경우
2. 토지소유자가 사망하여 그 상속인이 피상속인의 토지에 대한 지적전산자료를 신청하는 경우
3. 「개인정보 보호법」 제2조제1호에 따른 개인정보를 제외한 지적전산자료를 신청하는 경우
(2017.10.24 본항개정)
④ 제1항 및 제3항에 따른 지적전산자료의 이용 또는 활용에 필요한 사항은 대통령령으로 정한다.(2013.7.17 본항개정)

제76조의2【부동산종합공부의 관리 및 운영】 ① 지적소관청은 부동산의 효율적 이용과 부동산과 관련된 정보의 종합적 관리·운영을 위하여 부동산종합공부를 관리·운영한다.
② 지적소관청은 부동산종합공부를 영구히 보존하여야 하며, 부동산종합공부의 멸실 또는 훼손에 대비하여 이를 별도로 복제하여 관리하는 정보관리체계를 구축하여야 한다.
③ 제76조의3 각 호의 등록사항을 관리하는 기관의 장은 지적소관청에 상시적으로 관련 정보를 제공하여야 한다.
④ 지적소관청은 부동산종합공부의 정확한 등록 및 관리를 위하여 필요한 경우에는 제76조의3 각 호의 등록사항을 관리하는 기관의 장에게 관련 자료의 제출을 요구할 수 있다. 이 경우 자료의 제출을 요구받은 기관의 장은 특별한 사유가 없으면 자료를 제공하여야 한다.
(2013.7.17 본조신설)
제76조의3【부동산종합공부의 등록사항 등】 지적소관청은 부동산종합공부에 다음 각 호의 사항을 등록하여야 한다.
1. 토지의 표시와 소유자에 관한 사항 : 이 법에 따른 지적공부의 내용
2. 건축물의 표시와 소유자에 관한 사항(토지에 건축물이 있는 경우만 해당한다) : 「건축법」 제38조에 따른 건축물대장의 내용
3. 토지의 이용 및 규제에 관한 사항 : 「토지이용규제 기본법」 제10조에 따른 토지이용계획확인서의 내용
4. 부동산의 가격에 관한 사항 : 「부동산 가격공시에 관한 법률」 제10조에 따른 개별공시지가, 같은 법 제16조, 제17조 및 제18조에 따른 개별주택가격 및 공동주택가격 공시내용(2016.1.19 본호개정)
5. 그 밖에 부동산의 효율적 이용과 부동산과 관련된 정보의 종합적 관리·운영을 위하여 필요한 사항으로서 대통령령으로 정하는 사항
(2013.7.17 본조신설)
제76조의4【부동산종합공부의 열람 및 증명서 발급】 ① 부동산종합공부를 열람하거나 부동산종합공부 기록사항의 전부 또는 일부에 관한 증명서(이하 "부동산종합증명서"라 한다)를 발급받으려는 자는 지적소관청이나 읍·면·동의 장에게 신청할 수 있다.
② 제1항에 따른 부동산종합공부의 열람 및 부동산종합증명서 발급의 절차 등에 관하여 필요한 사항은 국토교통부령으로 정한다.
(2013.7.17 본조신설)
제76조의5【준용】 부동산종합공부의 등록사항 정정에 관하여는 제84조를 준용한다.(2013.7.17 본조신설)

제3절 토지의 이동 신청 및 지적정리 등

제77조【신규등록 신청】 토지소유자는 신규등록할 토지가 있으면 대통령령으로 정하는 바에 따라 그 사유가 발생한 날부터 60일 이내에 지적소관청에 신규등록을 신청하여야 한다.
제78조【등록전환 신청】 토지소유자는 등록전환할 토지가 있으면 대통령령으로 정하는 바에 따라 그 사유가 발생한 날부터 60일 이내에 지적소관청에 등록전환을 신청하여야 한다.
제79조【분할 신청】 ① 토지소유자는 토지를 분할하려면 대통령령으로 정하는 바에 따라 지적소관청에 분할을 신청하여야 한다.
② 토지소유자는 지적공부에 등록된 1필지의 일부가 형질변경 등으로 용도가 변경된 경우에는 대통령령으로 정하는 바에 따라 용도가 변경된 날부터 60일 이내에 지적소관청에 토지의 분할을 신청하여야 한다.
제80조【합병 신청】 ① 토지소유자는 토지를 합병하려면 대통령령으로 정하는 바에 따라 지적소관청에 합병을 신청하여야 한다.
② 토지소유자는 「주택법」에 따른 공동주택의 부지, 도로, 제방, 하천, 구거, 유지, 그 밖에 대통령령으로 정하는 토지로서 합병하여야 할 토지가 있으면 그 사유가 발생한 날부터 60일 이내에 지적소관청에 합병을 신청하여야 한다.
③ 다음 각 호의 어느 하나에 해당하는 경우에는 합병 신청을 할 수 없다.
1. 합병하려는 토지의 지번부여지역, 지목 또는 소유자가 서로 다른 경우
2. 합병하려는 토지에 다음 각 목의 등기 외의 등기가 있는 경우
가. 소유권·지상권·전세권 또는 임차권의 등기
나. 승역지(承役地)에 대한 지역권의 등기
다. 합병하려는 토지 전부에 대한 등기원인(登記原因) 및 그 연월일과 접수번호가 같은 저당권의 등기
라. 합병하려는 토지 전부에 대한 「부동산등기법」 제81조제1항 각 호의 등기사항이 동일한 신탁등기(2020.2.4 본목신설)
3. 그 밖에 합병하려는 토지의 지적도 및 임야도의 축척이 서로 다른 경우 등 대통령령으로 정하는 경우
제81조【지목변경 신청】 토지소유자는 지목변경을 할 토지가 있으면 대통령령으로 정하는 바에 따라 그 사유가 발생한 날부터 60일 이내에 지적소관청에 지목변경을 신청하여야 한다.
제82조【바다로 된 토지의 등록말소 신청】 ① 지적소관청은 지적공부에 등록된 토지가 지형의 변화 등으로 바다로 된 경우로서 원상(原狀)으로 회복될 수 없거나 다른 지목의 토지로 될 가능성이 없는 경우에는 지적공부에 등록된 토지소유자에게 지적공부의 등록말소 신청을 하도록 통지하여야 한다.
② 지적소관청은 제1항에 따른 토지소유자가 통지를 받은 날부터 90일 이내에 등록말소 신청을 하지 아니하면 대통령령으로 정하는 바에 따라 등록을 말소한다.
③ 지적소관청은 제2항에 따라 말소한 토지가 지형의 변화 등으로 다시 토지가 된 경우에는 대통령령으로 정하는 바에 따라 토지로 회복등록을 할 수 있다.
제83조【축척변경】 ① 축척변경에 관한 사항을 심의·의결하기 위하여 지적소관청에 축척변경위원회를 둔다.
② 지적소관청은 지적도가 다음 각 호의 어느 하나에 해당하는 경우에는 토지소유자의 신청 또는 지적소관청의 직권으로 일정한 지역을 정하여 그 지역의 축척을 변경할 수 있다.
1. 잦은 토지의 이동으로 1필지의 규모가 작아서 소축척으로는 지적측량성과의 결정이나 토지의 이동에 따른 정리를 하기가 곤란한 경우
2. 하나의 지번부여지역에 서로 다른 축척의 지적도가 있는 경우
3. 그 밖에 지적공부를 관리하기 위하여 필요하다고 인정되는 경우
③ 지적소관청은 제2항에 따라 축척변경을 하려면 축척변경 시행지역의 토지소유자 3분의 2 이상의 동의를 받아 제1항에 따른 축척변경위원회의 의결을 거친 후 시·도지사 또는 대도시 시장의 승인을 받아야 한다. 다만, 다음 각 호의 어느 하나에 해당하는 경우에는 축척변경위원회의 의결 및 시·도지사 또는 대도시 시장의 승인 없이 축척변경을 할 수 있다.
1. 합병하려는 토지가 축척이 다른 지적도에 각각 등록되어 있어 축척변경을 하는 경우
2. 제86조에 따른 도시개발사업 등의 시행지역에 있는 토지로서 그 사업 시행에서 제외된 토지의 축척변경을 하는 경우
④ 축척변경의 절차, 축척변경으로 인한 면적 증감의 처리, 축척변경 결과에 대한 이의신청 및 축척변경위원회의 구성·운영 등에 필요한 사항은 대통령령으로 정한다.
제84조【등록사항의 정정】 ① 토지소유자는 지적공부의 등록사항에 잘못이 있음을 발견하면 지적소관청에 그 정정을 신청할 수 있다.
② 지적소관청은 지적공부의 등록사항에 잘못이 있음을 발견하면 대통령령으로 정하는 바에 따라 직권으로 조사·측량하여 정정할 수 있다.
③ 제1항에 따른 정정으로 인접 토지의 경계가 변경되는 경우에는 다음 각 호의 어느 하나에 해당하는 서류를 지적소관청에 제출하여야 한다.

1. 인접 토지소유자의 승낙서
2. 인접 토지소유자가 승낙하지 아니하는 경우에는 이에 대항할 수 있는 확정판결서 정본(正本)

④ 지적소관청이 제1항 또는 제2항에 따라 등록사항을 정정할 때 그 정정사항이 토지소유자에 관한 사항인 경우에는 등기필증, 등기완료통지서, 등기사항증명서 또는 등기관서에서 제공한 등기전산정보자료에 따라 정정하여야 한다. 다만, 제1항에 따라 미등기 토지에 대하여 토지소유자의 성명 또는 명칭, 주민등록번호, 주소 등에 관한 사항의 정정을 신청한 경우로서 그 등록사항이 명백히 잘못된 경우에는 가족관계 기록사항에 관한 증명서에 따라 정정하여야 한다.(2011.4.12 본문개정)

판례 지적공부상 면적의 표시가 잘못된 등록사항 정정 대상토지의 일부에 관해 시효취득한 점유자가 토지소유자를 상대로 그 토지에 관하여 지적공부 등록사항 정정절차 이행을 구할 수 있는지 여부 : 지적공부의 등록사항 중 면적의 표시가 잘못된 경우에는 토지소유자의 신청이 있어야 정정할 수 있으며, 지적소관청이 직권으로 정정하거나 토지소유자의 채권자 등이 대신하여 신청할 수 없다. 그런데 1필지 토지 중 일부에 관해 점유취득시효가 완성된 경우, 그 소유권을 이전받기 위해서는 분할절차를 거치는 것이 일반적이다. 이때 그 토지가 지적공부상 면적의 표시가 잘못된 등록사항 정정 대상토지라면 지적공부의 등록사항 정정절차를 통하여 먼저 그 토지의 면적을 확정할 필요가 있다. 따라서 지적공부상 면적의 표시가 잘못된 등록사항 정정 대상토지의 일부를 점유함으로써 점유취득시효가 완성된 점유자가 자신의 점유 부분에 관한 소유권이전등기를 위해 선행절차로 토지분할을 해야 하는 경우, 점유자는 그 소유권이전등기청구권을 실행하기 위하여 토지소유자를 상대로 지적공부 등록사항 정정절차의 이행을 구할 수 있다고 보아야 한다. 만일 이와 같은 경우에도 지적공부 등록사항 정정절차 이행을 구할 수 없다고 본다면, 점유취득시효가 완성됨에 따라 소유권이전등기청구권을 갖는 점유자의 법적 지위가 보장받지 못하게 되는 결과가 발생한다.
(대판 2023.6.15, 2022다303766)

제85조【행정구역의 명칭변경 등】 ① 행정구역의 명칭이 변경되었으면 지적공부에 등록된 토지의 소재는 새로운 행정구역의 명칭으로 변경된 것으로 본다.

② 지번부여지역의 일부가 행정구역의 개편으로 다른 지번부여지역에 속하게 되었으면 지적소관청은 새로 속하게 된 지번부여지역의 지번을 부여하여야 한다.

제86조【도시개발사업 등 시행지역의 토지이동 신청에 관한 특례】 ①「도시개발법」에 따른 도시개발사업,「농어촌정비법」에 따른 농어촌정비사업, 그 밖에 대통령령으로 정하는 토지개발사업의 시행자는 대통령령으로 정하는 바에 따라 그 사업의 착수·변경 및 완료 사실을 지적소관청에 신고하여야 한다.

② 제1항에 따른 사업과 관련하여 토지의 이동이 필요한 경우에는 해당 사업의 시행자가 지적소관청에 토지의 이동을 신청하여야 한다.

③ 제2항에 따른 토지의 이동은 토지의 형질변경 등의 공사가 준공된 때에 이루어진 것으로 본다.

④ 제1항에 따라 사업의 착수 또는 변경의 신고가 된 토지의 소유자가 해당 토지의 이동을 원하는 경우에는 해당 사업의 시행자에게 그 토지의 이동을 신청하도록 요청하여야 하며, 요청을 받은 시행자는 해당 사업에 지장이 없다고 판단되면 지적소관청에 그 이동을 신청하여야 한다.

제87조【신청의 대위】 다음 각 호의 어느 하나에 해당하는 자는 이 법에 따라 토지소유자가 하여야 하는 신청을 대신할 수 있다. 다만, 제84조에 따른 등록사항 정정 대상토지는 제외한다.(2014.6.3 단서신설)

1. 공공사업 등에 따라 학교용지·도로·철도용지·제방·하천·구거·유지·수도용지 등의 지목으로 되는 토지인 경우 : 해당 사업의 시행자
2. 국가나 지방자치단체가 취득하는 토지인 경우 : 해당 토지를 관리하는 행정기관의 장 또는 지방자치단체의 장
3. 「주택법」에 따른 공동주택의 부지인 경우 :「집합건물의 소유 및 관리에 관한 법률」에 따른 관리인(관리인이 없는 경우에는 공유자가 선임한 대표자) 또는 해당 사업의 시행자
4. 「민법」 제404조에 따른 채권자

제88조【토지소유자의 정리】 ① 지적공부에 등록된 토지소유자의 변경사항은 등기관서에서 등기한 것을 증명하는 등기필증, 등기완료통지서, 등기사항증명서 또는 등기관서에서 제공한 등기전산정보자료에 따라 정리한다. 다만, 신규등록하는 토지의 소유자는 지적소관청이 직접 조사하여 등록한다.
(2011.4.12 본문개정)

②「국유재산법」 제2조제10호에 따른 총괄청이나 같은 조 제11호에 따른 중앙관서의 장이 같은 법 제12조제3항에 따라 소유자 없는 부동산에 대한 소유자 등록을 신청하는 경우 지적소관청은 지적공부에 해당 토지의 소유자가 등록되지 아니한 경우에만 등록할 수 있다.(2011.3.30 본항개정)

③ 등기부에 적혀 있는 토지의 표시가 지적공부와 일치하지 아니하면 제1항에 따라 토지소유자를 정리할 수 없다. 이 경우 토지의 표시와 지적공부가 일치하지 아니하다는 사실을 관할 등기관서에 통지하여야 한다.

④ 지적소관청은 필요하다고 인정하는 경우에는 관할 등기관서의 등기부를 열람하여 지적공부와 부동산등기부가 일치하는지 여부를 조사·확인하여야 하며, 일치하지 아니하는 사항을 발견하면 등기사항증명서 또는 등기관서에서 제공한 등기전산정보자료에 따라 지적공부를 직권으로 정리하거나, 토지소유자나 그 밖의 이해관계인에게 그 지적공부와 부동산등기부가 일치하게 하는 데에 필요한 신청 등을 하도록 요구할 수 있다.(2011.4.12 본항개정)

⑤ 지적소관청 소속 공무원이 지적공부와 부동산등기부의 부합 여부를 확인하기 위하여 등기부를 열람하거나, 등기사항증명서의 발급을 신청하거나, 등기전산정보자료의 제공을 요청하는 경우 그 수수료는 무료로 한다.(2011.4.12 본항개정)

제89조【등기촉탁】 ① 지적소관청은 제64조제2항(신규등록은 제외한다), 제66조제2항, 제82조, 제83조제2항, 제84조제2항 또는 제85조제2항에 따른 사유로 토지의 표시 변경에 관한 등기를 할 필요가 있는 경우에는 지체 없이 관할 등기관서에 그 등기를 촉탁하여야 한다. 이 경우 등기촉탁은 국가가 국가를 위하여 하는 등기로 본다.

② 제1항에 따른 등기촉탁에 필요한 사항은 국토교통부령으로 정한다.(2013.3.23 본항개정)

제90조【지적정리 등의 통지】 제64조제2항 단서, 제66조제2항, 제74조, 제82조제2항, 제84조제2항, 제85조제2항, 제86조제2항, 제87조 또는 제89조에 따라 지적소관청이 지적공부에 등록하거나 지적공부를 복구 또는 말소하거나 등기촉탁을 하였으면 대통령령으로 정하는 바에 따라 해당 토지소유자에게 통지하여야 한다. 다만, 통지받을 자의 주소나 거소를 알 수 없는 경우에는 국토교통부령으로 정하는 바에 따라 일간신문, 해당 시·군·구의 공보 또는 인터넷홈페이지에 공고하여야 한다.
(2013.3.23 단서개정)

제90조의2【연속지적도의 관리 등】 ① 국토교통부장관은 연속지적도의 관리 및 정비에 관한 정책을 수립·시행하여야 한다.

② 지적소관청은 지적도·임야도에 등록된 사항에 대하여 토지의 이동 또는 오류사항을 정비한 때에는 이를 연속지적도에 반영하여야 한다.

③ 국토교통부장관은 제2항에 따른 지적소관청의 연속지적도 정비에 필요한 경비의 전부 또는 일부를 지원할 수 있다.

④ 국토교통부장관은 연속지적도를 체계적으로 관리하기 위하여 대통령령으로 정하는 바에 따라 연속지적도 정보관리체계를 구축·운영할 수 있다.

⑤ 국토교통부장관 또는 지적소관청은 제2항에 따른 연속지적도의 관리·정비 및 제4항에 따른 연속지적도 정보관리체계의 구축·운영에 관한 업무를 대통령령으로 정하는 법인, 단체 또는 기관에 위탁할 수 있다. 이 경우 위탁관리에 필요한 경비의 전부 또는 일부를 지원할 수 있다.

⑥ 제1항 및 제2항에 따른 연속지적도의 관리·정비의 방법 등에 필요한 사항은 국토교통부령으로 정한다.
(2024.3.19 본조신설)

제4장 보 칙

제91조【국가지명위원회 등의 설치】 ① 지명에 관한 다음 각 호의 사항을 심의·의결하기 위하여 국토교통부에 국가지명위원회를 둔다.(2022.6.10 본문개정)
1. 지명의 제정·변경 및 폐지에 관한 사항
2. 지명 관련 법령, 제도 및 정책의 개선에 관한 사항
3. 그 밖에 지명에 관하여 필요한 사항으로서 대통령령으로 정하는 사항
(2022.6.10 1호~3호신설)
② 관할 지역의 지명의 제정·변경 및 폐지에 관한 사항과 그 밖에 지명에 관한 중요 사항을 심의·의결하기 위하여 시·도에 시·도 지명위원회를 두고, 시·군 또는 구(자치구를 말한다. 이하 같다)에 시·군·구 지명위원회를 둔다.(2022.6.10 본항개정)
③ 국가지명위원회, 시·도 지명위원회 및 시·군·구 지명위원회의 위원 중 공무원이 아닌 위원은 「형법」 제127조 및 제129조부터 제132조까지의 규정을 적용할 때에는 공무원으로 본다.(2019.12.10 본항신설)
④ 국가지명위원회의 구성 및 운영 등에 필요한 사항은 대통령령으로 정하고, 시·도 지명위원회와 시·군·구 지명위원회의 구성 및 운영 등에 필요한 사항은 대통령령으로 정하는 기준에 따라 해당 지방자치단체의 조례로 정한다.
⑤ (2020.2.18 삭제)
(2022.6.10 본조제목개정)

제91조의2【지명의 결정】 ① 시·군·구의 지명에 관한 사항은 해당 지역을 관할하는 시·도지사가 시장·군수·구청장이 관할 시·군·구 지명위원회의 심의·의결을 거쳐 보고한 사항에 대하여 시·도 지명위원회의 심의·의결을 거쳐 결정한다. 다만, 둘 이상의 시·군·구에 걸치는 지명에 관한 사항은 해당 지역을 관할하는 시·도지사가 시장·군수·구청장의 의견을 들은 후 시·도 지명위원회의 심의·의결을 거쳐 결정하고, 둘 이상의 시·도에 걸치는 지명에 관한 사항은 국토교통부장관이 시·도지사의 의견을 들은 후 국가지명위원회의 심의·의결을 거쳐 결정한다.
② 제1항에도 불구하고 시·도지사는 대한민국의 영토의 경계와 관련된 지명의 결정에 관한 사항 등 대통령령으로 정하는 경우에는 국토교통부장관에게 그 결정을 요청할 수 있다.
③ 국토교통부장관 및 시·도지사가 지명을 결정(제91조의3에 따라 재심의하는 경우를 포함한다)하는 경우 대통령령으로 정하는 지명결정 원칙을 준수하여야 한다.
④ 제1항 및 제2항에 따라 결정된 지명에 대하여 국토교통부장관은 시·도지사에게 통보하고, 시·도지사는 국토교통부장관 및 관할 시장·군수·구청장에게 각각 통보하여야 한다.
⑤ 국토교통부장관은 제1항 및 제2항에 따라 결정된 지명을 제91조의3에 따른 재심의 청구 기간이 도과된 후 지체 없이 고시하여야 한다. 다만, 같은 조에 따른 재심의 청구·요구가 있는 경우에는 그러하지 아니하다.
⑥ 제1항부터 제5항까지에서 규정한 사항 외에 지명의 결정·통보 및 고시 등에 필요한 사항은 대통령령으로 정한다.
(2022.6.10 본조신설)

제91조의3【결정된 지명에 대한 재심의 청구】 ① 제91조의2에 따라 결정된 지명에 대하여 이의가 있는 경우에는 제91조의2제4항에 따른 통보를 받은 날부터 30일 이내에 시·도지사는 국토교통부장관에게, 시장·군수·구청장은 시·도지사에게 각각 재심의를 청구할 수 있다.
② 시장·군수·구청장은 제1항에 따른 시·도지사의 재심의 결과에 대하여 이의가 있는 경우 제5항에 따른 통보를 받은 날부터 30일 이내에 국토교통부장관에게 재심의를 청구할 수 있다.
③ 제1항 및 제2항에 따라 국토교통부장관이 재심의한 안건에 대해서 시·도지사 및 시장·군수·구청장은 다시 재심의를 청구할 수 없다.
④ 국토교통부장관은 제91조의2제1항에 따라 시·도지사가 결정한 지명이 같은 조 제3항에 따른 지명결정 원칙에 부합하지 아니한다고 인정하는 경우에는 같은 조 제4항에 따른 통보를 받은 날부터 30일 이내에 시·도지사에게 재심의를 요구할 수 있다.
⑤ 제1항, 제2항 및 제4항에 따른 재심의 결과의 통보에 관한 사항은 제91조의2제4항을 준용한다. 이 경우 국토교통부장관은 제2항에 따른 재심의 결과를 재심의를 청구한 시장·군수·구청장에게도 통보하여야 한다.
⑥ 국토교통부장관은 제1항, 제2항 또는 제4항에 따른 재심의 절차를 거쳐 지명이 결정된 경우에는 그 지명을 지체 없이 고시하여야 한다.
⑦ 제1항부터 제6항까지에서 규정한 사항 외에 재심의 절차·방법 및 결과 통보 등에 필요한 사항은 대통령령으로 정한다.
(2022.6.10 본조신설)

제91조의4【자료제출 등의 요청】 국토교통부장관, 시·도지사 또는 시장·군수·구청장은 지명의 결정을 위하여 필요한 경우 관계 중앙행정기관 또는 지방자치단체의 장에게 관련 자료의 제출 또는 의견의 제시 등을 요청할 수 있다. 이 경우 요청을 받은 관계 중앙행정기관 또는 지방자치단체의 장은 특별한 사유가 없으면 이에 따라야 한다.(2022.6.10 본조신설)

제92조【측량기기의 검사】 ① 측량업자는 트랜싯, 레벨, 그 밖에 대통령령으로 정하는 측량기기에 대하여 5년의 범위에서 대통령령으로 정하는 기간마다 국토교통부장관이 실시하는 성능검사를 받아야 한다. 다만, 「국가표준기본법」 제14조에 따라 국가교정업무 전담기관의 교정검사를 받은 측량기기로서 국토교통부장관이 제6항에 따른 성능검사 기준에 적합하다고 인정한 경우에는 성능검사를 받은 것으로 본다.(2020.4.7 단서개정)
② 한국국토정보공사는 성능검사를 위한 적합한 시설과 장비를 갖추고 자체적으로 검사를 실시하여야 한다.(2014.6.3 본항개정)
③ 제93조제1항에 따라 측량기기의 성능검사업무를 대행하는 자로 등록한 자(이하 "성능검사대행자"라 한다)는 제1항에 따른 국토교통부장관의 성능검사업무를 대행할 수 있다.
(2020.4.7 본항개정)
④ 한국국토정보공사와 성능검사대행자는 제6항에 따른 성능검사의 기준, 방법 및 절차와 다르게 성능검사를 하여서는 아니 된다.(2020.4.7 본항신설)
⑤ 국토교통부장관은 한국국토정보공사와 성능검사대행자가 제6항에 따른 기준, 방법 및 절차에 따라 성능검사를 정확하게 하는지 실태를 점검하고, 필요한 경우에는 시정을 명할 수 있다.(2020.4.7 본항신설)
⑥ 제1항 및 제2항에 따른 성능검사의 기준, 방법 및 절차와 제5항에 따른 실태점검 및 시정명령 등에 필요한 사항은 국토교통부령으로 정한다.(2020.4.7 본항개정)

제93조【성능검사대행자의 등록 등】 ① 제92조제1항에 따른 측량기기의 성능검사업무를 대행하려는 자는 측량기기별로 대통령령으로 정하는 기술능력과 시설 등의 등록기준을 갖추어 시·도지사에게 등록하여야 하며, 등록사항을 변경하려는 경우에는 시·도지사에게 신고하여야 한다.
② 시·도지사는 제1항에 따라 등록신청을 받은 경우 등록기준에 적합하다고 인정되면 신청인에게 측량기기 성능검사대행자 등록증을 발급한 후 그 발급사실을 공고하고 국토교통부장관에게 통지하여야 한다.(2013.3.23 본항개정)
③ 성능검사대행자는 제2항에 따라 발급받은 등록증을 잃어버리거나 못쓰게 된 때에는 국토교통부령으로 정하는 바에 따라 재발급 받을 수 있다.(2022.6.10 본항신설)
④ 시·도지사는 제1항에 따른 신고를 받은 날부터 20일 이내에 신고수리 여부를 신고인에게 통지하여야 한다.(2021.8.10 본항신설)
⑤ 시·도지사가 제4항에 따른 기간 내에 신고수리 여부 또는 민원 처리 관련 법령에 따른 처리기간의 연장을 신고인에게 통지하지 아니하면 그 기간(민원 처리 관련 법령에 따라 처리기

간이 연장 또는 재연장된 경우에는 해당 처리기간을 말한다) 이 끝난 날의 다음 날에 신고를 수리한 것으로 본다.(2022.6.10 본항개정)
⑥ 성능검사대행자가 폐업을 한 경우에는 30일 이내에 국토교통부령으로 정하는 바에 따라 시·도지사에게 폐업사실을 신고하여야 한다.(2020.4.7 본항개정)
⑦ 성능검사대행자와 그 검사업무를 담당하는 임직원은 「형법」 제129조부터 제132조까지의 규정을 적용할 때에는 공무원으로 본다.(2020.4.7 본항개정)
⑧ 성능검사대행자의 등록, 등록사항의 변경신고, 측량기기 성능검사대행자 등록증의 발급, 검사 수수료 등에 필요한 사항은 국토교통부령으로 정한다.(2013.3.23 본항개정)
(2020.4.7 본조제목개정)

제94조【성능검사대행자 등록의 결격사유】 다음 각 호의 어느 하나에 해당하는 자는 성능검사대행자의 등록을 할 수 없다.
1. 피성년후견인 또는 피한정후견인(2013.7.17 본호개정)
2. 이 법을 위반하여 징역의 실형을 선고받고 그 집행이 종료(집행이 종료된 것으로 보는 경우를 포함한다)되거나 집행이 면제된 날부터 2년이 지나지 아니한 자(2020.6.9 본호개정)
3. 이 법을 위반하여 징역형의 집행유예를 선고받고 그 유예기간 중에 있는 자
4. 제96조제1항에 따라 등록이 취소된 후 2년이 지나지 아니한 자(2020.6.9 본호개정)
5. 임원 중에 제1호부터 제4호까지의 어느 하나에 해당하는 자가 있는 법인

제95조【성능검사대행자 등록증의 대여 금지 등】 ① 성능검사대행자는 다른 사람에게 자기의 성능검사대행자 등록증을 빌려 주거나 자기의 성명 또는 상호를 사용하여 성능검사대행업무를 수행하게 하여서는 아니 된다.
② 누구든지 다른 사람의 성능검사대행자 등록증을 빌려서 사용하거나 다른 사람의 성명 또는 상호를 사용하여 성능검사대행업무를 수행하여서는 아니 된다.

제96조【성능검사대행자의 등록취소 등】 ① 시·도지사는 성능검사대행자가 다음 각 호의 어느 하나에 해당하는 경우에는 성능검사대행자의 등록을 취소하거나 1년 이내의 기간을 정하여 업무정지 처분을 할 수 있다. 다만, 제1호·제4호·제6호 또는 제7호에 해당하는 경우에는 성능검사대행자의 등록을 취소하여야 한다.
1. 거짓이나 그 밖의 부정한 방법으로 등록을 한 경우
1의2. 제92조제5항에 따른 시정명령을 따르지 아니한 경우(2020.4.7 본호신설)
2. 제93조제1항의 등록기준에 미달하게 된 경우. 다만, 일시적으로 등록기준에 미달하는 등 대통령령으로 정하는 경우는 제외한다.
3. (2022.11.15 삭제)
4. 제95조를 위반하여 다른 사람에게 자기의 성능검사대행자 등록증을 빌려 주거나 자기의 성명 또는 상호를 사용하여 성능검사대행업무를 수행하게 한 경우
5. 정당한 사유 없이 성능검사를 거부하거나 기피한 경우
6. 거짓이나 부정한 방법으로 성능검사를 한 경우
7. 업무정지기간 중에 계속하여 성능검사대행업무를 한 경우
8. 다른 행정기관이 관계 법령에 따라 등록취소 또는 업무정지를 요구한 경우
② 시·도지사는 제1항에 따라 성능검사대행자의 등록을 취소하였으면 취소 사실을 공고한 후 국토교통부장관에게 통지하여야 한다.(2013.3.23 본항개정)
③ 시·도지사는 제1항에 따라 업무정지를 명하여야 하는 경우로서 그 업무정지가 해당 영업의 이용자에게 심한 불편을 주거나 공익을 해칠 우려가 있는 경우에는 업무정지 처분을 갈음하여 4천만원 이하의 과징금을 부과할 수 있다.(2022.11.15 본항개정)
④ 시·도지사는 제3항에 따라 과징금 부과처분을 받은 자가 납부기한까지 과징금을 내지 아니하면 「지방행정제재·부과금의 징수 등에 관한 법률」에 따라 징수한다.(2022.11.15 본항신설)
⑤ 제1항에 따른 성능검사대행자의 등록취소 및 업무정지 처분에 관한 세부 기준과 제3항에 따른 과징금의 부과기준 및 과징금의 징수에 관하여 필요한 사항은 대통령령으로 정한다.(2022.11.15 본항신설)

제97조【연구·개발의 추진 등】 ① 국토교통부장관은 측량 및 지적제도의 발전을 위한 시책을 추진하여야 한다.
② 국토교통부장관은 제1항에 따른 시책에 관한 연구·기술개발 및 교육 등의 업무를 수행하는 연구기관을 설립하거나 대통령령으로 정하는 관련 전문기관에 해당 업무를 수행하게 할 수 있다.
③ 국토교통부장관은 제2항에 따른 연구기관 또는 관련 전문기관에 예산의 범위에서 제2항에 따른 업무를 수행하는 데에 필요한 비용의 전부 또는 일부를 지원할 수 있다.
④ 국토교통부장관은 측량 및 지적제도에 관한 정보 생산과 서비스 기술을 향상시키기 위하여 관련 국제기구 및 국가 간 협력 활동을 추진하여야 한다.
(2020.2.18 본조개정)

제98조【측량 분야 종사자 등의 교육훈련】 ① 국토교통부장관은 측량업무 수행능력의 향상을 위하여 측량기술자와 그 밖에 측량 분야와 관련된 업무에 종사하는 자에 대하여 교육훈련을 실시할 수 있다.
② 성능검사대행자 및 그 소속 직원은 측량기기 성능검사의 품질향상과 서비스제고를 위하여 국토교통부령으로 정하는 바에 따라 국토교통부장관이 실시하는 교육을 받아야 한다.
(2020.4.7 본항신설)
(2020.4.7 본조제목개정)
(2020.2.18 본조개정)

제99조【보고 및 조사】 ① 국토교통부장관, 시·도지사, 대도시 시장 또는 지적소관청은 다음 각 호의 어느 하나에 해당하는 경우에는 그 사유를 명시하여 해당 각 호의 자에게 필요한 보고를 하게 하거나 소속 공무원으로 하여금 조사를 하게 할 수 있다.(2020.2.18 본문개정)
1. 측량업자 또는 지적측량수행자가 고의나 중대한 과실로 측량을 부실하게 하여 민원을 발생하게 한 경우(2020.2.18 본호개정)
2. (2020.2.18 삭제)
3. 측량업자가 제44조제2항에 따른 측량업의 등록기준에 미달된다고 인정되는 경우(2020.2.18 본호개정)
4. 성능검사대행자가 성능검사를 부실하게 하거나 등록기준에 미달된다고 인정되는 경우(2020.4.7 본호개정)
5. 제92조제5항에 따른 한국국토정보공사와 성능검사대행자에 대한 실태점검을 위하여 필요한 경우(2020.4.7 본호신설)
② 제1항에 따라 조사를 하는 경우에는 조사 3일 전까지 조사 일시·목적·내용 등에 관한 계획을 조사 대상자에게 알려야 한다. 다만, 긴급한 경우나 사전에 조사계획이 알려지면 조사 목적을 달성할 수 없다고 인정하는 경우에는 그러하지 아니하다.
③ 제1항에 따라 조사를 하는 공무원은 그 권한을 표시하는 증표를 지니고 관계인에게 이를 내보여야 한다.
④ 제3항의 증표에 관한 사항은 국토교통부령으로 정한다.
(2020.2.18 본항개정)

제100조【청문】 국토교통부장관, 시·도지사 또는 대도시 시장은 다음 각 호의 어느 하나에 해당하는 처분을 하려는 경우에는 청문을 하여야 한다.(2020.2.18 본문개정)
1. (2020.2.18 삭제)
2. 제52조제1항에 따른 측량업의 등록취소
3. (2020.2.18 삭제)
4. 제96조제1항에 따른 성능검사대행자의 등록취소

제101조【토지등에의 출입 등】 ① 이 법에 따라 측량을 하거나, 측량기준점을 설치하거나, 토지의 이동을 조사하는 자는

그 측량 또는 조사 등에 필요한 경우에는 타인의 토지·건물·공유수면 등(이하 "토지등"이라 한다)에 출입하거나 일시 사용할 수 있으며, 특히 필요한 경우에는 나무, 흙, 돌, 그 밖의 장애물(이하 "장애물"이라 한다)을 변경하거나 제거할 수 있다. (2020.2.18 본항개정)

② 제1항에 따라 타인의 토지등에 출입하려는 자는 관할 특별자치시장, 특별자치도지사, 시장·군수 또는 구청장의 허가를 받아야 하며, 출입하려는 날의 3일 전까지 해당 토지등의 소유자·점유자 또는 관리인에게 그 일시와 장소를 통지하여야 한다. 다만, 행정청인 자는 허가를 받지 아니하고 타인의 토지등에 출입할 수 있다.(2012.12.18 본문개정)

③ 제1항에 따라 타인의 토지등을 일시 사용하거나 장애물을 변경 또는 제거하려는 자는 그 소유자·점유자 또는 관리인의 동의를 받아야 한다. 다만, 소유자·점유자 또는 관리인의 동의를 받을 수 없는 경우 행정청인 자는 관할 특별자치시장, 특별자치도지사, 시장·군수 또는 구청장에게 그 사실을 통지하여야 하며, 행정청이 아닌 자는 미리 관할 특별자치시장, 특별자치도지사, 시장·군수 또는 구청장의 허가를 받아야 한다.(2012.12.18 단서개정)

④ 특별자치시장, 특별자치도지사, 시장·군수 또는 구청장은 제3항 단서에 따라 허가를 하려면 미리 그 소유자·점유자 또는 관리인의 의견을 들어야 한다.(2012.12.18 본항개정)

⑤ 제3항에 따라 토지등을 일시 사용하거나 장애물을 변경 또는 제거하려는 자는 토지등을 사용하려는 날이나 장애물을 변경 또는 제거하려는 날의 3일 전까지 그 소유자·점유자 또는 관리인에게 통지하여야 한다. 다만, 토지등의 소유자·점유자 또는 관리인이 현장에 없거나 주소 또는 거소가 분명하지 아니할 때에는 관할 특별자치시장, 특별자치도지사, 시장·군수 또는 구청장에게 통지하여야 한다.(2012.12.18 단서개정)

⑥ 해 뜨기 전이나 해가 진 후에는 그 토지등의 점유자의 승낙 없이 택지나 담장 또는 울타리로 둘러싸인 타인의 토지에 출입할 수 없다.

⑦ 토지등의 점유자는 정당한 사유 없이 제1항에 따른 행위를 방해하거나 거부하지 못한다.

⑧ 제1항에 따른 행위를 하려는 자는 그 권한을 표시하는 허가증을 지니고 관계인에게 이를 내보여야 한다.(2012.12.18 본항개정)

⑨ 제8항에 따른 허가증에 관하여 필요한 사항은 국토교통부령으로 정한다.(2020.2.18 본항개정)

제102조【토지등의 출입 등에 따른 손실보상】 ① 제101조제1항에 따른 행위로 손실을 받은 자가 있으면 그 행위를 한 자는 그 손실을 보상하여야 한다.

② 제1항에 따른 손실보상에 관하여는 손실을 보상할 자와 손실을 받은 자가 협의하여야 한다.

③ 손실을 보상할 자 또는 손실을 받은 자는 제2항에 따른 협의가 성립되지 아니하거나 협의를 할 수 없는 경우에는 관할 토지수용위원회에 재결(裁決)을 신청할 수 있다.

④ 관할 토지수용위원회의 재결에 관하여는 「공익사업을 위한 토지 등의 취득 및 보상에 관한 법률」 제84조부터 제88조까지의 규정을 준용한다.

제103조【토지의 수용 또는 사용】 ① 국토교통부장관은 기본측량을 실시하기 위하여 필요하다고 인정하는 경우에는 토지, 건물, 나무, 그 밖의 공작물을 수용하거나 사용할 수 있다. (2020.2.18 본항개정)

② 제1항에 따른 수용 또는 사용 및 이에 따른 손실보상에 관하여는 「공익사업을 위한 토지 등의 취득 및 보상에 관한 법률」을 적용한다.

제104조【업무의 수탁】 국토교통부장관은 그 업무 수행에 지장이 없는 범위에서 공익을 위하여 필요하다고 인정되면 국토교통부령으로 정하는 바에 따라 측량 업무를 위탁받아 수행할 수 있다.(2020.2.18 본조개정)

제105조【권한의 위임·위탁 등】 ① 이 법에 따른 국토교통부장관의 권한은 그 일부를 대통령령으로 정하는 바에 따라 소속 기관의 장, 시·도지사, 대도시 시장 또는 지적소관청에 위임할 수 있다.(2022.6.10 본항개정)

② 이 법에 따른 국토교통부장관, 시·도지사, 대도시 시장 및 지적소관청의 권한 중 다음 각 호의 업무에 관한 권한은 대통령령으로 정하는 바에 따라 한국국토정보공사, 「공간정보산업 진흥법」 제24조에 따른 공간정보산업협회 또는 「민법」 제32조에 따라 국토교통부장관의 허가를 받아 설립된 비영리법인으로서 대통령령으로 정하는 측량 관련 인력과 장비를 갖춘 법인에 위탁할 수 있다.(2022.6.10 본문개정)

1. (2020.2.18 삭제)

1의2. 제10조의2에 따른 측량업정보 종합관리체계의 구축·운영(2014.6.3 본호신설)

1의3. 제10조의3에 따른 측량업자의 측량용역사업에 대한 사업수행능력 공시 및 실적 등의 접수 및 내용의 확인(2014.6.3 본호신설)

2. 제15조제4항에 따른 지도등의 간행에 관한 심사(2021.7.20 본호개정)

2의2. 제15조의2에 따른 정밀도로지도의 간행에 관한 심사(2022.6.10 본호신설)

3. 제18조제3항에 따른 공공측량성과의 심사

4.~8. (2020.2.18 삭제)

9. 제40조에 따른 측량기술자의 신고 접수, 기록의 유지·관리, 측량기술경력증의 발급, 신고받은 내용의 확인을 위한 관련 자료 제출 요청 및 제출 자료의 접수, 측량기술자의 근무처 및 경력등의 확인

10. 제44조제2항 및 제5항에 따른 측량업의 등록신청 및 변경신고의 접수(2022.6.10 본호신설)

10의2. 제44조제4항에 따른 측량업등록증 및 측량업등록수첩의 재발급 신청의 접수(2022.6.10 본호신설)

10의3. 제46조제1항에 따른 측량업자의 지위 승계신고의 접수(2022.6.10 본호신설)

10의4. 제48조에 따른 측량업의 휴업·폐업 등 신고의 접수(2022.6.10 본호신설)

11. 제98조에 따른 지적기술자의 교육훈련(2013.7.17 본호신설)

12. 제8조제1항에 따른 측량기준점(지적기준점에 한정한다)의 관리(2014.6.3 본호신설)

13. 제8조제5항에 따른 측량기준점(지적기준점에 한정한다)표지의 현황조사 보고의 접수(2014.6.3 본호신설)

③ 제2항에 따라 국토교통부장관, 시·도지사, 대도시 시장 및 지적소관청으로부터 위탁받은 업무에 종사하는 한국국토정보공사, 「공간정보산업 진흥법」 제24조에 따른 공간정보산업협회 또는 비영리법인의 임직원은 「형법」 제127조 및 제129조부터 제132조까지의 규정을 적용할 때에는 공무원으로 본다. (2022.6.10 본항개정)

제106조【수수료 등】 ① 다음 각 호의 어느 하나에 해당하는 신청 등을 하는 자는 국토교통부령으로 정하는 바에 따라 수수료를 내야 한다.(2020.2.18 본문개정)

1. 제14조제2항 및 제19조제2항에 따른 측량성과 등의 복제 또는 사본의 발급 신청

2. 제15조에 따른 기본측량성과·기본측량기록 또는 같은 조 제1항에 따라 간행한 지도등의 활용 신청

3. 제15조제4항 및 제15조의2제1항에 따른 지도등 간행의 심사 신청(2022.6.10 본호개정)

4. 제16조 또는 제21조에 따른 측량성과의 국외 반출 허가 신청

5. 제18조에 따른 공공측량성과의 심사 요청

6. 제27조에 따른 지적기준점성과의 열람 또는 그 등본의 발급 신청

7.~8. (2020.2.18 삭제)

9. 제44조제2항에 따른 측량업의 등록 신청

10. 제44조제4항에 따른 측량업등록증 및 측량업등록수첩의 재발급 신청(2022.6.10 본호개정)

11.~12. (2020.2.18 삭제)

13. 제75조에 따른 지적공부의 열람 및 등본 발급 신청

14. 제76조에 따른 지적전산자료의 이용 또는 활용 신청

14의2. 제76조의4에 따른 부동산종합공부의 열람 및 부동산종합증명서 발급 신청(2013.7.17 본호신설)

15. 제77조에 따른 신규등록 신청, 제78조에 따른 등록전환 신청, 제79조에 따른 분할 신청, 제80조에 따른 합병 신청, 제81

조에 따른 지목변경 신청, 제82조에 따른 바다로 된 토지의 등록말소 신청, 제83조에 따른 축척변경 신청, 제84조에 따른 등록사항의 정정 신청 또는 제86조에 따른 도시개발사업 등 시행지역의 토지이동 신청
16. 제92조제1항에 따른 측량기기의 성능검사 신청
17. 제93조제1항에 따른 성능검사대행자의 등록 신청
18. 제93조제3항에 따른 성능검사대행자 등록증의 재발급 신청(2022.6.10 본호개정)

② 제24조제1항에 따라 지적측량을 의뢰하는 자는 국토교통부령으로 정하는 바에 따라 지적측량수행자에게 지적측량수수료를 내야 한다.(2013.3.23 본항개정)

③ 제2항에 따른 지적측량수수료는 국토교통부장관이 매년 12월 31일까지 고시하여야 한다.(2020.6.9 본항개정)

④ 지적소관청이 제64조제2항 단서에 따라 직권으로 조사·측량하여 지적공부를 정리한 경우에는 그 조사·측량에 들어간 비용을 제2항에 준하여 토지소유자로부터 징수한다. 다만, 제82조에 따라 지적공부를 등록말소한 경우에는 그러하지 아니하다.

⑤ 제1항에도 불구하고 다음 각 호의 경우에는 수수료를 면제할 수 있다.(2020.2.18 단서삭제)
1. 제1항제1호 또는 제2호의 신청자가 공공측량시행자인 경우
2.~3. (2020.2.18 삭제)
4. 제1항제13호의 신청자가 국가, 지방자치단체 또는 지적측량수행자인 경우
5. 제1항제14호의2 및 제15호의 신청자가 국가 또는 지방자치단체인 경우(2013.7.17 본호개정)

⑥ 제1항 및 제4항에 따른 수수료를 국토교통부령으로 정하는 기간 내에 내지 아니하면 국세 또는 지방세 체납처분의 예에 따라 징수한다.(2020.2.18 본항개정)

제5장 벌 칙

제107조【벌칙】 측량업자로서 속임수, 위력(威力), 그 밖의 방법으로 측량업과 관련된 입찰의 공정성을 해친 자는 3년 이하의 징역 또는 3천만원 이하의 벌금에 처한다.(2020.2.18 본조개정)

제108조【벌칙】 다음 각 호의 어느 하나에 해당하는 자는 2년 이하의 징역 또는 2천만원 이하의 벌금에 처한다.
1. 제9조제1항을 위반하여 측량기준점표지를 이전 또는 파손하거나 그 효용을 해치는 행위를 한 자
2. 고의로 측량성과를 사실과 다르게 한 자(2020.2.18 본호개정)
3. 제16조 또는 제21조를 위반하여 측량성과를 국외로 반출한 자
4. 제44조를 위반하여 측량업의 등록을 하지 아니하거나 거짓이나 그 밖의 부정한 방법으로 측량업의 등록을 하고 측량업을 한 자
5. (2020.2.18 삭제)
6. 제92조제1항에 따른 성능검사를 부정하게 한 성능검사대행자
7. 제93조제1항을 위반하여 성능검사대행자의 등록을 하지 아니하거나 거짓이나 그 밖의 부정한 방법으로 성능검사대행자의 등록을 하고 성능검사업무를 한 자

제109조【벌칙】 다음 각 호의 어느 하나에 해당하는 자는 1년 이하의 징역 또는 1천만원 이하의 벌금에 처한다.
1. 제14조제2항 또는 제19조제2항을 위반하여 무단으로 측량성과 또는 측량기록을 복제한 자
2. 제15조제4항 및 제15조의2제1항에 따른 심사를 받지 아니하고 지도등을 간행하여 판매하거나 배포한 자(2022.6.10 본호개정)
3. (2020.2.18 삭제)
4. 제39조제1항을 위반하여 측량기술자가 아님에도 불구하고 측량을 한 자
5. 제41조제2항을 위반하여 업무상 알게 된 비밀을 누설한 측량기술자(2020.2.18 본호개정)
6. 제41조제3항을 위반하여 둘 이상의 측량업자에게 소속된 측량기술자(2020.2.18 본호개정)
7. 제49조제1항을 위반하여 다른 사람에게 측량업등록증 또는 측량업등록수첩을 빌려주거나 자기의 성명 또는 상호를 사용하여 측량업무를 하게 한 자
8. 제49조제2항을 위반하여 다른 사람의 측량업등록증 또는 측량업등록수첩을 빌려서 사용하거나 다른 사람의 성명 또는 상호를 사용하여 측량업무를 한 자
9. 제50조제3항을 위반하여 제106조제2항에 따른 지적측량수수료 외의 대가를 받은 지적측량기술자
10. 거짓으로 다음 각 목의 신청을 한 자
   가. 제77조에 따른 신규등록 신청
   나. 제78조에 따른 등록전환 신청
   다. 제79조에 따른 분할 신청
   라. 제80조에 따른 합병 신청
   마. 제81조에 따른 지목변경 신청
   바. 제82조에 따른 바다로 된 토지의 등록말소 신청
   사. 제83조에 따른 축척변경 신청
   아. 제84조에 따른 등록사항의 정정 신청
   자. 제86조에 따른 도시개발사업 등 시행지역의 토지이동 신청
11. 제95조제1항을 위반하여 다른 사람에게 자기의 성능검사대행자 등록증을 빌려 주거나 자기의 성명 또는 상호를 사용하여 성능검사대행업무를 수행하게 한 자
12. 제95조제2항을 위반하여 다른 사람의 성능검사대행자 등록증을 빌려서 사용하거나 다른 사람의 성명 또는 상호를 사용하여 성능검사대행업무를 수행한 자

제110조【양벌규정】 법인의 대표자나 법인 또는 개인의 대리인, 사용인, 그 밖의 종업원이 그 법인 또는 개인의 업무에 관하여 제107조부터 제109조까지의 어느 하나에 해당하는 위반행위를 하면 그 행위자를 벌하는 외에 그 법인 또는 개인에게도 해당 조문의 벌금형을 과(科)한다. 다만, 법인 또는 개인이 그 위반행위를 방지하기 위하여 해당 업무에 관하여 상당한 주의와 감독을 게을리하지 아니한 경우에는 그러하지 아니하다.

제111조【과태료】 ① 제13조제4항을 위반하여 고시된 측량성과에 어긋나는 측량성과를 사용한 자에게는 300만원 이하의 과태료를 부과한다.

② 다음 각 호의 어느 하나에 해당하는 자에게는 200만원 이하의 과태료를 부과한다.
1. 정당한 사유 없이 측량을 방해한 자
2. 제92조제1항을 위반하여 측량기기에 대한 성능검사를 받지 아니하거나 부정한 방법으로 성능검사를 받은 자
3. 정당한 사유 없이 제99조제1항에 따른 보고를 하지 아니하거나 거짓으로 보고를 한 자
4. 정당한 사유 없이 제99조제1항에 따른 조사를 거부·방해 또는 기피한 자
5. 정당한 사유 없이 제101조제7항을 위반하여 토지등에의 출입 등을 방해하거나 거부한 자

③ 다음 각 호의 어느 하나에 해당하는 자에게는 100만원 이하의 과태료를 부과한다.
1. 제40조제1항을 위반하여 거짓으로 측량기술자의 신고를 한 자
2. 제44조제5항을 위반하여 측량업 등록사항의 변경신고를 하지 아니한 자
3. 제46조제1항을 위반하여 측량업자의 지위 승계 신고를 하지 아니한 자
4. 제48조를 위반하여 측량업의 휴업·폐업 등의 신고를 하지 아니하거나 거짓으로 신고한 자
5. 제93조제1항을 위반하여 성능검사대행자의 등록사항 변경을 신고하지 아니한 자
6. 제93조제6항을 위반하여 성능검사대행업무의 폐업신고를 하지 아니한 자

7. 정당한 사유 없이 제98조제2항에 따른 교육을 받지 아니한 자
④ 제1항부터 제3항까지의 규정에 따른 과태료는 대통령령으로 정하는 바에 따라 국토교통부장관, 시·도지사, 대도시 시장 또는 지적소관청이 부과·징수한다.
(2022.11.15 본조개정)

부 칙

제1조【시행일】 이 법은 공포 후 6개월이 경과한 날부터 시행한다.
제2조【다른 법률의 폐지】 다음 각 호의 법률은 폐지한다.
1. 「측량법」
2. 「지적법」
3. 「수로업무법」
제3조【측량업자 등의 휴업 등 신고에 관한 적용례】 제48조제3호(제54조제6항에 따라 준용되는 경우를 포함한다)는 이 법 시행 후 최초로 휴업하거나 업무를 재개하는 분부터 적용한다.
제4조【처분 등에 관한 일반적 경과조치】 이 법 시행 당시 종전의 「측량법」·「지적법」 또는 「수로업무법」에 따른 행정기관의 행위나 행정기관에 대한 행위는 이 법에 따른 행정기관의 행위나 행정기관에 대한 행위로 본다.
제5조【측량기준에 관한 경과조치】 ① 제6조제1항에도 불구하고 지도·측량용 사진 등을 이용하는 자의 편익을 위하여 종전의 「측량법」(2001년 12월 19일 법률 제6532호로 개정되기 전의 것을 말한다)에 따른 측량기준을 사용하는 것이 불가피하다고 인정하여 국토해양부장관이 지정하여 고시한 경우에는 2009년 12월 31일까지 다음 각 호에 따른 종전의 측량기준을 사용할 수 있다.
1. 지구의 형상과 크기는 베셀(Bessel)값에 따른다.
2. 위치는 지리학상의 경도 및 위도와 평균해면으로부터의 높이로 표시한다. 다만, 필요한 경우에는 직각좌표 또는 극좌표로 표시할 수 있다.
3. 거리와 면적은 수평면상의 값으로 표시한다.
4. 측량의 원점은 대한민국 경위도원점 및 수준원점으로 한다.
② 제6조제1항에도 불구하고 제86조제1항에 따른 사업의 시행지역이 아닌 지역에 대하여는 2020년 12월 31일까지 다음 각 호에 따른 종전의 지적측량기준을 사용할 수 있다.
1. 지구의 형상과 크기는 베셀값에 따른다.
2. 수평위치는 지리학적 경위도로 표시한다. 다만, 지적도를 제작할 때에는 그 필지의 경계점 및 도곽(圖廓)을 직각좌표로 표시한다.
3. 거리와 면적은 수평면상의 값으로 표시한다.
4. 측량의 원점은 대한민국 경위도원점으로 한다.
제6조【종전의 측량 및 수로조사에 관한 경과조치】 이 법 시행 전에 종전의 「측량법」에 따라 시행한 기본측량·공공측량·일반측량 및 그 성과와 종전의 「지적법」에 따라 시행한 지적측량 및 그 성과는 이 법에 따른 기본측량·공공측량·일반측량·지적측량 및 그 성과로 보며, 종전의 「수로업무법」에 따라 시행한 수로조사 및 그 성과는 이 법에 따른 수로조사 및 그 성과로 본다.
제7조【지적위원회에 관한 경과조치】 종전의 「지적법」에 따라 설치된 중앙지적위원회와 지방지적위원회는 각각 제28조에 따라 설치된 중앙지적위원회와 지방지적위원회로 본다.
제8조【판매대행업자에 관한 경과조치】 이 법 시행 전에 종전의 「수로업무법」에 따라 수로도서지의 판매를 대행할 자로 지정된 자는 제35조제2항에 따라 지정된 판매대행업자로 본다.
제9조【측량기술자의 신고에 관한 경과조치】 이 법 시행 전에 종전의 「측량법」에 따라 이루어진 측량기술자의 신고는 제40조제1항에 따른 신고로 본다.
제10조【측량업 및 수로사업의 등록 등에 관한 경과조치】 ① 이 법 시행 전에 종전의 「측량법」에 따라 이루어진 측량업의 등록과 종전의 「지적법」에 따라 이루어진 지적측량업의 등록은 그에 해당하는 제44조에 따른 측량업의 등록으로 보며, 종전의 「수로업무법」에 따라 이루어진 수로사업의 등록은 제54조에 따른 수로사업의 등록으로 본다.
② 이 법 시행 전에 종전의 「측량법」에 따라 이루어진 측량업의 변경등록과 종전의 「지적법」에 따라 이루어진 지적측량업의 등록사항 변경신고는 제44조제4항에 따른 측량업의 등록사항 변경신고로 보며, 종전의 「수로업무법」에 따라 이루어진 수로사업의 변경등록은 제54조제4항에 따른 수로사업의 등록사항 변경신고로 본다.
③ 이 법 시행 전에 종전의 「지적법」에 따라 등록한 지적편집도 간행·판매업자는 그에 해당하는 제44조제1항제3호에 따른 업종을 등록한 자로 본다.
제11조【대한측량협회 및 한국해양조사협회에 관한 경과조치】 종전의 「측량법」에 따라 설립된 대한측량협회와 종전의 「수로업무법」에 따라 설립된 한국해양조사협회는 각각 제56조에 따라 설립된 측량협회와 제57조에 따라 설립된 해양조사협회로 본다.
제12조【대한지적공사에 관한 경과조치】 종전의 「지적법」에 따라 설립된 대한지적공사는 제58조에 따라 설립된 대한지적공사로 본다.
제13조【지명위원회에 관한 경과조치】 이 법 시행 전에 종전의 「측량법」에 따라 설치된 시·도지명위원회와 시·군·구지명위원회는 제91조제1항에 따라 설치된 것으로 본다.
제14조【측량기기 성능검사에 관한 경과조치】 이 법 시행 전에 종전의 「측량법」에 따라 측량기기 성능검사를 받은 자는 제92조에 따른 측량기기 성능검사를 받은 것으로 본다.
제15조【성능검사대행자에 관한 경과조치】 이 법 시행 전에 종전의 「측량법」에 따라 등록된 성능검사대행자는 제93조제1항에 따라 등록된 성능검사대행자로 본다.
제16조【행정처분기준에 관한 경과조치】 이 법 시행 전의 위반행위에 대한 행정처분에 관하여는 그 기준이 종전보다 강화된 경우에는 종전의 「측량법」·「지적법」 또는 「수로업무법」에 따르고, 종전보다 완화된 경우에는 이 법에 따른다.
제17조【벌칙 및 과태료 규정에 관한 경과조치】 이 법 시행 전의 행위에 대한 벌칙 및 과태료를 적용할 때에는 종전의 「측량법」·「지적법」 또는 「수로업무법」에 따른다.
제18조【다른 법률의 개정】 ①~㊹ ※(해당 법령에 가제정리 하였음)
제19조【다른 법령과의 관계】 이 법 시행 당시 다른 법령에서 종전의 「측량법」·「지적법」·「수로업무법」 또는 그 규정을 인용한 경우에 이 법 가운데 그에 해당하는 규정이 있으면 종전의 규정을 갈음하여 이 법 또는 이 법의 해당 규정을 인용한 것으로 본다.

부 칙 (2013.7.17)

제1조【시행일】 이 법은 공포 후 6개월이 경과한 날부터 시행한다. 다만, 제76조의3제4호의 개정규정은 2014년 7월 1일부터, 같은 조 제5호의 개정규정은 2015년 7월 1일부터 각각 시행한다.
제2조【측량기준점표지의 이전비용에 관한 적용례】 제9조제4항의 개정규정은 이 법 시행 후 측량기준점표지를 이전하는 것부터 적용한다.
제3조【금치산자 등에 대한 경과조치】 제15조제5항제1호, 제35조제3항제1호, 제47조제1호 및 제94조제1호의 개정규정에 따른 피성년후견인 또는 피한정후견인에는 법률 제10429호 민법 일부개정법률 부칙 제2조에 따라 금치산 또는 한정치산 선고의 효력이 유지되는 사람을 포함하는 것으로 본다.
제4조【행정처분에 관한 경과조치】 이 법 시행 전의 위반행위에 대한 행정처분에 관하여는 종전의 규정에 따른다.
제5조【다른 법률의 개정】 ①~② ※(해당 법령에 가제정리 하였음)

부 칙 (2017.10.24)

제1조【시행일】 이 법은 공포한 날부터 시행한다. 다만, 제16조의 개정규정은 공포 후 6개월이 경과한 날부터 시행한다.

제2조【측량기술자의 신고에 관한 적용례】 제40조제6항의 개정규정은 이 법 시행 후 최초로 측량기술자의 신고서가 접수기관에 도달한 경우부터 적용한다.
제3조【지적전산자료의 신청에 관한 적용례】 제76조의 개정규정은 이 법 시행 후 최초로 지적전산자료를 신청하는 경우부터 적용한다.

부　칙 (2018.4.17)

제1조【시행일】 이 법은 공포 후 6개월이 경과한 날부터 시행한다.
제2조【측량업의 등록취소에 관한 적용례】 제52조제1항제7호 단서의 개정규정은 측량업자가 이 법 시행 전에 제47조제5호에 해당하게 된 경우에도 적용한다.

부　칙 (2020.2.4)

제1조【시행일】 이 법은 공포 후 6개월이 경과한 날부터 시행한다.(이하 생략)

부　칙 (2020.2.18 법17007호)

제1조【시행일】 이 법은 2021년 1월 1일부터 시행한다.(단서 생략)
제2조【사무이양을 위한 사전조치】 ① 관계 중앙행정기관의 장은 이 법에 따른 중앙행정권한 및 사무의 지방 일괄 이양에 필요한 인력 및 재정 소요 사항을 지원하기 위하여 필요한 조치를 마련하여 이 법에 따른 시행일 3개월 전까지 국회 소관 상임위원회에 보고하여야 한다.
②「지방자치분권 및 지방행정체제개편에 관한 특별법」제44조에 따른 자치분권위원회는 제1항에 따른 인력 및 재정 소요 사항을 사전에 전문적으로 조사·평가할 수 있다.
제3조【행정처분 등에 관한 일반적 경과조치】 이 법 시행 당시 종전의 규정에 따라 행정기관이 행한 처분 또는 그 밖의 행위는 이 법의 규정에 따라 행정기관이 행한 처분 또는 그 밖의 행위로 보고, 종전의 규정에 따라 행정기관에 대하여 행한 신청·신고, 그 밖의 행위는 이 법의 규정에 따라 행정기관에 대하여 행한 신청·신고, 그 밖의 행위로 본다.
제4조【다른 법률의 개정】 (생략)

부　칙 (2020.2.18 법17063호)

제1조【시행일】 이 법은 공포 후 1년이 경과한 날부터 시행한다.(이하 생략)

부　칙 (2020.4.7)

제1조【시행일】 이 법은 공포 후 1년이 경과한 날부터 시행한다.
제2조【행정처분에 관한 경과조치】 이 법 시행 전의 위반행위에 대한 행정처분에 관하여는 종전의 규정에 따른다.

부　칙 (2020.6.9)

이 법은 공포한 날부터 시행한다.(이하 생략)

부　칙 (2021.1.12)

제1조【시행일】 이 법은 공포 후 1년이 경과한 날부터 시행한다.(이하 생략)

부　칙 (2021.7.20)

제1조【시행일】 이 법은 공포 후 1년이 경과한 날부터 시행한다.
제2조【다른 법률의 개정】 ①~㉛ ※(해당 법령에 가제정리 하였음)

부　칙 (2021.8.10)

제1조【시행일】 이 법은 공포 후 1년이 경과한 날부터 시행한다.
제2조【측량업의 등록사항 변경신고에 관한 적용례】 제44조제5항 및 제6항의 개정규정은 이 법 시행 이후 측량업의 등록사항 변경신고를 하는 경우부터 적용한다.
제3조【측량업자의 지위 승계 신고에 관한 적용례】 제46조의 개정규정은 이 법 시행 이후 측량업자의 지위 승계 신고를 하는 경우부터 적용한다.
제4조【성능검사대행자의 등록사항 변경신고에 관한 적용례】 제93조의 개정규정은 이 법 시행 이후 성능검사대행자의 등록사항 변경신고를 하는 경우부터 적용한다.
제5조【다른 법률의 개정】 ※(해당 법령에 가제정리 하였음)

부　칙 (2022.6.10)

제1조【시행일】 이 법은 공포 후 1년이 경과한 날부터 시행한다. 다만, 법률 제18310호 공간정보의 구축 및 관리 등에 관한 법률 일부개정법률 제15조제4항, 제15조의2, 제105조제2항제2호의2, 법률 제18310호 공간정보의 구축 및 관리 등에 관한 법률 일부개정법률 제106조제1항제3호 및 법률 제18310호 공간정보의 구축 및 관리 등에 관한 법률 일부개정법률 제109조제2호의 개정규정은 공포 후 6개월이 경과한 날부터 시행한다.
제2조【지명 결정에 관한 경과조치】 이 법 시행 당시 국가지명위원회나 지방자치단체에 설치된 지명위원회에 계류 중인 안건은 종전의 규정에 따른다.
제3조【다른 법률의 개정】 ※(해당 법령에 가제정리 하였음)

부　칙 (2022.11.15)

제1조【시행일】 이 법은 공포 후 1년이 경과한 날부터 시행한다.
제2조【영업정지 및 업무정지 처분에 갈음하여 부과하는 과징금 처분에 관한 적용례】 ① 제52조제4항의 개정규정은 이 법 시행 전에 같은 조 제1항 각 호(제5호는 제외한다)에 해당하여 같은 항에 따라 영업정지를 명하여야 하는 경우에도 적용한다.
② 제96조제3항의 개정규정은 이 법 시행 전에 같은 조 제1항 각 호(제3호는 제외한다)에 해당하여 같은 항에 따라 업무정지를 명하여야 하는 경우에도 적용한다.

부　칙 (2024.2.20)

제1조【시행일】 이 법은 공포 후 1년이 경과한 날부터 시행한다.(이하 생략)

부　칙 (2024.3.19)

이 법은 공포 후 6개월이 경과한 날부터 시행한다.

공인중개사법

(2005년 7월 29일
전부개정법률 제7638호)

개정
2005.12. 7법 7710호 2006.12.28법 8120호
2007. 8. 3법 8635호(자본시장금융투자업)
2008. 2.29법 8852호(정부조직)
2008. 2.29법 8863호(금융위원회의설치등에관한법)
2008. 6.13법 9127호 2009. 4. 1법 9596호
2011. 4.12법10580호(부등)
2011. 5.19법10663호
2013. 3.23법11690호(정부조직)
2013. 6. 4법11866호
2013. 7.17법11943호(측량·수로지적)
2014. 1.28법12374호 2014. 5.21법12635호
2016. 1. 6법13726호(옥외광고물등의관리와옥외광고산업진흥에관한법)
2016.12. 2법14334호 2018. 4.17법15597호
2018. 8.14법15724호 2019. 8.20법16489호
2020. 6. 9법17453호(법률용어정비)
2020.12. 8법17608호
2020.12.29법17799호(독점)
2023. 4.18법19371호 2023. 6. 1법19423호
2023.12.26법19841호(주민등록)

제1장 총 칙

제1조【목적】 이 법은 공인중개사의 업무 등에 관한 사항을 정하여 그 전문성을 제고하고 부동산중개업을 건전하게 육성하여 국민경제에 이바지함을 목적으로 한다.(2014.1.28 본조개정)

판례 「공인중개사법」(舊 : 공인중개사의 업무 및 부동산 거래신고에 관한 법률)의 목적, 중개업자의 자격요건·기본윤리 등이 엄격하게 규정되어 있는 점, 위 법이 중개업자로 하여금 중개가 완성된 때에 거래계약서 등을 작성·교부하도록 정하고 있는 점 등을 고려하면, 중개업자는 중개가 완성된 때에만 거래계약서 등을 작성·교부하여야 하고 중개를 하지 아니하였음에도 함부로 거래계약서 등을 작성·교부하여서는 아니 된다.(대판 2010.5.13, 2009다78863,78870)

제2조【정의】 이 법에서 사용하는 용어의 정의는 다음과 같다.
1. "중개"라 함은 제3조에 따른 중개대상물에 대하여 거래당사자간의 매매·교환·임대차 그 밖의 권리의 득실변경에 관한 행위를 알선하는 것을 말한다.(2020.6.9 본호개정)
2. "공인중개사"라 함은 이 법에 의한 공인중개사자격을 취득한 자를 말한다.
3. "중개업"이라 함은 다른 사람의 의뢰에 의하여 일정한 보수를 받고 중개를 업으로 행하는 것을 말한다.
4. "개업공인중개사"라 함은 이 법에 의하여 중개사무소의 개설등록을 한 자를 말한다.
5. "소속공인중개사"라 함은 개업공인중개사에 소속된 공인중개사(개업공인중개사인 법인의 사원 또는 임원으로서 공인중개사인 자를 포함한다)로서 중개업무를 수행하거나 개업공인중개사의 중개업무를 보조하는 자를 말한다.
6. "중개보조원"이라 함은 공인중개사가 아닌 자로서 개업공인중개사에 소속되어 중개대상물에 대한 현장안내 및 일반서무 등 개업공인중개사의 중개업무와 관련된 단순한 업무를 보조하는 자를 말한다.

(2014.1.28 4호~6호개정)

제2조의2【공인중개사 정책심의위원회】 ① 공인중개사의 업무에 관한 다음 각 호의 사항을 심의하기 위하여 국토교통부에 공인중개사 정책심의위원회를 둘 수 있다.
1. 공인중개사의 시험 등 공인중개사의 자격취득에 관한 사항
2. 부동산 중개업의 육성에 관한 사항
3. 중개보수 변경에 관한 사항
4. 손해배상책임의 보장 등에 관한 사항

② 공인중개사 정책심의위원회의 구성 및 운영 등에 관하여 필요한 사항은 대통령령으로 정한다.

③ 제1항에 따라 공인중개사 정책심의위원회에서 심의한 사항 중 제1호의 경우에는 특별시장·광역시장·도지사·특별자치도지사(이하 "시·도지사"라 한다)는 이에 따라야 한다.
(2014.1.28 본조신설)

제3조【중개대상물의 범위】 이 법에 의한 중개대상물은 다음 각 호와 같다.
1. 토지
2. 건축물 그 밖의 토지의 정착물
3. 그 밖에 대통령령으로 정하는 재산권 및 물건(2020.6.9 본호개정)

판례 종전 임차인과 신규 임차인 사이에 이루어지는 권리금계약은 공인중개사법의 중개대상물이 아니다. 부동산 매매 또는 임대차계약 등 과정에서 '권리금계약'이 반드시 수반되지는 않는다. 권리금계약은 기존 임차인과 신규 임차인 사이의 '임차권 양도 계약'이 아니며, 권리금계약과 임대차계약은 전체로서 하나의 법률효과를 가지는 계약으로 취급될 필요가 없다. 또한 임대차계약서의 당사자는 임대인과 새로운 임차인인데, 권리금계약은 종전 임차인과 신규 임차인 사이에 주고받게 되므로 그 당사자가 서로 다르다. 따라서 공인중개사가 종전 임차인과 신규 임차인 사이에 권리금계약서를 작성하고 수수료를 받는 것은 행정사법 위반행위에 해당한다.
(대판 2024.4.12, 2024도1766)

제2장 공인중개사

제4조【자격시험】 ① 공인중개사가 되려는 자는 시·도지사가 시행하는 공인중개사자격시험에 합격하여야 한다.
(2014.1.28 본항개정)
② 국토교통부장관은 공인중개사자격시험 수준의 균형유지 등을 위하여 필요하다고 인정하는 때에는 대통령령으로 정하는 바에 따라 직접 시험문제를 출제하거나 시험을 시행할 수 있다.
(2020.6.9 본항개정)
③ 공인중개사자격시험의 시험과목·시험방법 및 시험의 일부면제 그 밖에 시험에 관하여 필요한 사항은 대통령령으로 정한다.

제4조의2 (2014.1.28 삭제)

제4조의3【부정행위자에 대한 제재】 제4조제1항 및 제2항에 따라 시험을 시행하는 시·도지사 또는 국토교통부장관(이하 "시험시행기관장"이라 한다)은 시험에서 부정한 행위를 한 응시자에 대하여는 그 시험을 무효로 하고, 그 처분이 있은 날부터 5년간 시험응시자격을 정지한다. 이 경우 시험시행기관장은 지체 없이 이를 다른 시험시행기관장에게 통보하여야 한다.
(2013.3.23 전단개정)

제5조【자격증의 교부 등】 ① 제4조제1항 및 제2항에 따라 공인중개사자격시험을 시행하는 시험시행기관의 장은 공인중개사자격시험의 합격자가 결정된 때에는 이를 공고하여야 한다.
② 시·도지사는 제1항에 따른 합격자에게 국토교통부령으로 정하는 바에 따라 공인중개사자격증을 교부하여야 한다.
③ 제2항에 따라 공인중개사자격증을 교부받은 자는 공인중개사자격증을 잃어버리거나 못쓰게 된 경우에는 국토교통부령으로 정하는 바에 따라 시·도지사에게 재교부를 신청할 수 있다.
(2020.6.9 본조개정)

제6조【결격사유】 제35조제1항에 따라 공인중개사의 자격이 취소된 후 3년이 지나지 아니한 자는 공인중개사가 될 수 없다.(2020.6.9 본조개정)

제7조【자격증 대여 등의 금지】 ① 공인중개사는 다른 사람에게 자기의 성명을 사용하여 중개업무를 하게 하거나 자기의 공인중개사자격증을 양도 또는 대여하여서는 아니된다.
② 누구든지 다른 사람의 공인중개사자격증을 양수하거나 대여받아 이를 사용하여서는 아니된다.
③ 누구든지 제1항 및 제2항에서 금지한 행위를 알선하여서는 아니 된다.(2023.6.1 본항신설)

제8조【유사명칭의 사용금지】 공인중개사가 아닌 자는 공인중개사 또는 이와 유사한 명칭을 사용하지 못한다.

제3장 중개업 등

제9조【중개사무소의 개설등록】 ① 중개업을 영위하려는 자는 국토교통부령으로 정하는 바에 따라 중개사무소(법인의 경우에는 주된 중개사무소를 말한다)를 두려는 지역을 관할하는 시장(구가 설치되지 아니한 시의 시장과 특별자치도 행정시의 시장을 말한다. 이하 같다)·군수 또는 구청장(이하 "등록관청"이라 한다)에게 중개사무소의 개설등록을 하여야 한다.
② 공인중개사(소속공인중개사는 제외한다) 또는 법인이 아닌 자는 제1항에 따라 중개사무소의 개설등록을 신청할 수 없다.
③ 제1항에 따라 중개사무소 개설등록의 기준은 대통령령으로 정한다.
(2020.6.9 본조개정)

제10조【등록의 결격사유 등】 ① 다음 각 호의 어느 하나에 해당하는 자는 중개사무소의 개설등록을 할 수 없다.
1. 미성년자
2. 피성년후견인 또는 피한정후견인(2018.4.17 본호개정)
3. 파산선고를 받고 복권되지 아니한 자
4. 금고 이상의 실형의 선고를 받고 그 집행이 종료(집행이 종료된 것으로 보는 경우를 포함한다)되거나 집행이 면제된 날부터 3년이 지나지 아니한 자(2020.6.9 본호개정)
5. 금고 이상의 형의 집행유예를 받고 그 유예기간이 만료된 날부터 2년이 지나지 아니한 자(2023.4.18 본호개정)
6. 제35조제1항에 따라 공인중개사의 자격이 취소된 후 3년이 지나지 아니한 자
7. 제36조제1항에 따라 공인중개사의 자격이 정지된 자로서 자격정지기간 중에 있는 자
8. 제38조제1항제2호·제4호부터 제8호까지, 같은 조 제2항제2호부터 제11호까지에 해당하는 사유로 중개사무소의 개설등록이 취소된 후 3년(제40조제3항에 따라 등록이 취소된 경우에는 3년에서 같은 항 제1호에 따른 폐업기간을 공제한 기간을 말한다)이 지나지 아니한 자
9. 제39조에 따라 업무정지처분을 받고 제21조에 따른 폐업신고를 한 자로서 업무정지기간(폐업에도 불구하고 진행되는 것으로 본다)이 지나지 아니한 자
10. 제39조에 따라 업무정지처분을 받은 개업공인중개사인 법인의 업무정지의 사유가 발생한 당시의 사원 또는 임원이었던 자로서 해당 개업공인중개사에 대한 업무정지기간이 지나지 아니한 자
11. 이 법을 위반하여 300만원 이상의 벌금형의 선고를 받고 3년이 지나지 아니한 자
12. 사원 또는 임원 중 제1호부터 제11호까지의 어느 하나에 해당하는 자가 있는 법인
(2020.6.9 6호~12호개정)
② 제1항제1호부터 제11호까지의 어느 하나에 해당하는 자는 소속공인중개사 또는 중개보조원이 될 수 없다.(2020.6.9 본항개정)
③ 등록관청은 개업공인중개사·소속공인중개사·중개보조원 및 개업공인중개사인 법인의 사원·임원(이하 "개업공인중개사등"이라 한다)이 제1항제1호부터 제11호까지의 어느 하나에 해당하는지 여부를 확인하기 위하여 관계 기관에 조회할 수 있다.(2014.1.28 본항개정)

제10조의2【벌금형의 분리 선고】「형법」제38조에도 불구하고 제48조 및 제49조에 규정된 죄와 다른 죄의 경합범(競合犯)에 대하여 벌금형을 선고하는 경우에는 이를 분리 선고하여야 한다.(2014.1.28 본조신설)

제11조【등록증의 교부 등】 ① 등록관청은 제9조에 따라 중개사무소의 개설등록을 한 자에 대하여 국토교통부령으로 정하는 바에 따라 중개사무소등록증을 교부하여야 한다.
(2020.6.9 본항개정)
② 제5조제3항의 규정은 중개사무소등록증의 재교부에 관하여 이를 준용한다.

제12조【이중등록의 금지 등】 ① 개업공인중개사는 이중으로 중개사무소의 개설등록을 하여 중개업을 할 수 없다.
② 개업공인중개사등은 다른 개업공인중개사의 소속공인중개사·중개보조원 또는 개업공인중개사인 법인의 사원·임원이 될 수 없다.
(2014.1.28 본조개정)

제13조【중개사무소의 설치기준】 ① 개업공인중개사는 그 등록관청의 관할 구역 안에 중개사무소를 두되, 1개의 중개사무소만을 둘 수 있다.(2014.1.28 본항개정)
② 개업공인중개사는 천막 그 밖에 이동이 용이한 임시 중개시설물을 설치하여서는 아니된다.(2014.1.28 본항개정)
③ 제1항에도 불구하고 법인인 개업공인중개사는 대통령령으로 정하는 기준과 절차에 따라 등록관청에 신고하고 그 관할 구역 외의 지역에 분사무소를 둘 수 있다.(2020.6.9 본항개정)
④ 제3항에 따라 분사무소 설치신고를 받은 등록관청은 그 신고내용이 적합한 경우에는 국토교통부령으로 정하는 신고확인서를 교부하고 지체 없이 그 분사무소 설치예정지역을 관할하는 시장·군수 또는 구청장에게 이를 통보하여야 한다.
(2020.6.9 본항개정)
⑤ 제5조제3항은 제4항에 따른 신고확인서의 재교부에 관하여 이를 준용한다.(2020.6.9 본항개정)
⑥ 개업공인중개사는 그 업무의 효율적인 수행을 위하여 다른 개업공인중개사와 중개사무소를 공동으로 사용할 수 있다. 다만, 개업공인중개사가 제39조제1항에 따른 업무의 정지기간 중에 있는 경우로서 대통령령으로 정하는 때에는 그러하지 아니하다.(2014.1.28 본항개정)
⑦ 중개사무소의 설치기준 및 운영 등에 관하여 필요한 사항은 대통령령으로 정한다.

제14조【개업공인중개사의 겸업제한 등】 ① 법인인 개업공인중개사는 다른 법률에 규정된 경우를 제외하고는 중개업 및 다음 각 호에 규정된 업무와 제2항에 규정된 업무 외에 다른 업무를 함께 할 수 없다.(2014.1.28 본문개정)
1. 상업용 건축물 및 주택의 임대관리 등 부동산의 관리대행
2. 부동산의 이용·개발 및 거래에 관한 상담
3. 개업공인중개사를 대상으로 한 중개업의 경영기법 및 경영정보의 제공(2014.1.28 본호개정)
4. 상업용 건축물 및 주택의 분양대행(2009.4.1 본호개정)
5. 그 밖에 중개업에 부수되는 업무로서 대통령령으로 정하는 업무(2020.6.9 본호개정)
② 개업공인중개사는「민사집행법」에 의한 경매 및「국세징수법」그 밖의 법령에 의한 공매대상 부동산에 대한 권리분석 및 취득의 알선과 매수신청 또는 입찰신청의 대리를 할 수 있다.
(2014.1.28 본항개정)
③ 개업공인중개사가 제2항의 규정에 따라「민사집행법」에 의한 경매대상 부동산의 매수신청 또는 입찰신청의 대리를 하고자 하는 때에는 대법원규칙으로 정하는 요건을 갖추어 법원에 등록을 하고 그 감독을 받아야 한다.(2020.6.9 본항개정)
(2014.1.28 본조제목개정)

제15조【개업공인중개사의 고용인의 신고 등】 ① 개업공인중개사는 소속공인중개사 또는 중개보조원을 고용하거나 고용관계가 종료된 때에는 국토교통부령으로 정하는 바에 따라 등록관청에 신고하여야 한다.
② 소속공인중개사 또는 중개보조원의 업무상 행위는 그를 고용한 개업공인중개사의 행위로 본다.
③ 개업공인중개사가 고용할 수 있는 중개보조원의 수는 개업공인중개사와 소속공인중개사를 합한 수의 5배를 초과하여서는 아니 된다.(2023.4.18 본항신설)
(2014.1.28 본조개정)

판례 부동산중개업자가 고용한 중개보조원이 고의 또는 과실로 거래당사자에게 재산상 손해를 입힌 경우에 중개보조원은 불법행위자로서 거래당사자가 입은 손해를 배상할 책임을 지는 것이고, 그 중개보조원의 업무상 행위를 그를 고용한 중개업자의 행위로 본다고 정함으로써 중개업자 역시 거래당사자에게 손해를 배상할 책임을 지도록 하는 규정이다. 따라서 위 조항이 중개보조원이 고의 또는 과실로 거래당사자에게 손해를 입힌 경우에 그 중개보조원을 고용한 중개업자만이 손해배상책임을 지도록 하고 중개보조원에게는 손해배상책임을 지우지 않는다는 취지를 규정한 것은 아니다.
(대판 2006.9.14, 2006다29945)

제16조【인장의 등록】 ① 개업공인중개사 및 소속공인중개사는 국토교통부령으로 정하는 바에 따라 중개행위에 사용할 인장을 등록관청에 등록하여야 한다. 등록한 인장을 변경한 경우에도 또한 같다.
② 개업공인중개사 및 소속공인중개사는 중개행위를 하는 경우 제1항에 따라 등록한 인장을 사용하여야 한다.
(2020.6.9 본조개정)

제17조【중개사무소등록증 등의 게시】 개업공인중개사는 중개사무소등록증·중개보수표 그 밖에 국토교통부령으로 정하는 사항을 해당 중개사무소 안의 보기 쉬운 곳에 게시하여야 한다.(2020.6.9 본조개정)

제18조【명칭】 ① 개업공인중개사는 그 사무소의 명칭에 "공인중개사사무소" 또는 "부동산중개"라는 문자를 사용하여야 한다.(2014.1.28 본항개정)
② 개업공인중개사가 아닌 자는 "공인중개사사무소", "부동산중개" 또는 이와 유사한 명칭을 사용하여서는 아니된다.
(2014.1.28 본항개정)
③ 개업공인중개사가 「옥외광고물 등의 관리와 옥외광고산업 진흥에 관한 법률」 제2조제1호에 따른 옥외광고물을 설치하는 경우 중개사무소등록증에 표기된 개업공인중개사(법인의 경우에는 대표자, 법인 분사무소의 경우에는 제13조제4항의 규정에 따른 신고확인서에 기재된 책임자를 말한다)의 성명을 표기하여야 한다.(2020.6.9 본항개정)
④ 제3항의 규정에 따른 개업공인중개사 성명의 표기방법 등에 관하여 필요한 사항은 국토교통부령으로 정한다.(2014.1.28 본항개정)
⑤ 등록관청은 제1항부터 제3항까지의 규정을 위반한 사무소의 간판 등에 대하여 철거를 명할 수 있다. 이 경우 그 명령을 받은 자가 철거를 이행하지 아니하는 경우에는 「행정대집행법」에 의하여 대집행을 할 수 있다.(2020.6.9 전단개정)

제18조의2【중개대상물의 표시·광고】 ① 개업공인중개사가 의뢰받은 중개대상물에 대하여 표시·광고(「표시·광고의 공정화에 관한 법률」 제2조에 따른 표시·광고를 말한다. 이하 같다)를 하려면 중개사무소, 개업공인중개사에 관한 사항으로서 대통령령으로 정하는 사항을 명시하여야 하며, 중개보조원에 관한 사항은 명시해서는 아니 된다.(2019.8.20 본항개정)
② 개업공인중개사가 인터넷을 이용하여 중개대상물에 대한 표시·광고를 하는 때에는 제1항에서 정하는 사항 외에 중개대상물의 종류별로 대통령령으로 정하는 소재지, 면적, 가격 등의 사항을 명시하여야 한다.(2019.8.20 본항신설)
③ 개업공인중개사가 아닌 자는 중개대상물에 대한 표시·광고를 하여서는 아니 된다.
④ 개업공인중개사는 중개대상물에 대하여 다음 각 호의 어느 하나에 해당하는 부당한 표시·광고를 하여서는 아니 된다.
1. 중개대상물이 존재하지 않아서 실제로 거래를 할 수 없는 중개대상물에 대한 표시·광고
2. 중개대상물의 가격 등 내용을 사실과 다르게 거짓으로 표시·광고하거나 사실을 과장되게 하는 표시·광고
3. 그 밖에 표시·광고의 내용이 부동산거래질서를 해치거나 중개의뢰인에게 피해를 줄 우려가 있는 것으로서 대통령령으로 정하는 내용의 표시·광고

(2019.8.20 본항신설)
⑤ 제4항에 따른 부당한 표시·광고의 세부적인 유형 및 기준 등에 관한 사항은 국토교통부장관이 정하여 고시한다.
(2019.8.20 본항신설)
(2014.1.28 본조개정)

제18조의3【인터넷 표시·광고 모니터링】 ① 국토교통부장관은 인터넷을 이용한 중개대상물에 대한 표시·광고가 제18조의2의 규정을 준수하는지 여부를 모니터링 할 수 있다.
② 국토교통부장관은 제1항에 따른 모니터링을 위하여 필요한 때에는 정보통신서비스 제공자(「정보통신망 이용촉진 및 정보보호 등에 관한 법률」 제2조제1항제3호에 따른 정보통신서비스 제공자를 말한다. 이하 이 조에서 같다)에게 관련 자료의 제출을 요구할 수 있다. 이 경우 관련 자료의 제출을 요구받은 정보통신서비스 제공자는 정당한 사유가 없으면 이에 따라야 한다.
③ 국토교통부장관은 제1항에 따른 모니터링 결과에 따라 정보통신서비스 제공자에게 이 법 위반이 의심되는 표시·광고에 대한 확인 또는 추가정보의 게재 등 필요한 조치를 요구할 수 있다. 이 경우 필요한 조치를 요구받은 정보통신서비스 제공자는 정당한 사유가 없으면 이에 따라야 한다.
④ 국토교통부장관은 제1항에 따른 모니터링 업무를 대통령령으로 정하는 기관에 위탁할 수 있다.
⑤ 국토교통부장관은 제4항에 따른 업무위탁기관에 예산의 범위에서 위탁업무 수행에 필요한 예산을 지원할 수 있다.
⑥ 모니터링의 내용, 방법, 절차 등에 관한 사항은 국토교통부령으로 정한다.
(2019.8.20 본조신설)

제18조의4【중개보조원의 고지의무】 중개보조원은 현장안내 등 중개업무를 보조하는 경우 중개의뢰인에게 본인이 중개보조원이라는 사실을 미리 알려야 한다.(2023.4.18 본조신설)

제19조【중개사무소등록증 대여 등의 금지】 ① 개업공인중개사는 다른 사람에게 자기의 성명 또는 상호를 사용하여 중개업무를 하게 하거나 자기의 중개사무소등록증을 양도 또는 대여하는 행위를 하여서는 아니된다.(2014.1.28 본항개정)
② 누구든지 다른 사람의 성명 또는 상호를 사용하여 중개업무를 하거나 다른 사람의 중개사무소등록증을 양수 또는 대여받아 이를 사용하는 행위를 하여서는 아니된다.
③ 누구든지 제1항 및 제2항에서 금지한 행위를 알선하여서는 아니 된다.(2023.6.1 본항신설)

제20조【중개사무소의 이전신고】 ① 개업공인중개사는 중개사무소를 이전한 때에는 이전한 날부터 10일 이내에 국토교통부령으로 정하는 바에 따라 등록관청에 이전사실을 신고하여야 한다. 다만, 중개사무소를 등록관청의 관할 지역 외의 지역으로 이전한 경우에는 이전 후의 중개사무소를 관할하는 시장·군수 또는 구청장(이하 이 조에서 "이전 후 등록관청"이라 한다)에게 신고하여야 한다.
② 제1항 단서에 따라 신고를 받은 이전후 등록관청은 종전의 등록관청에 관련 서류를 송부하여 줄 것을 요청하여야 한다. 이 경우 종전의 등록관청은 지체 없이 관련 서류를 이전후 등록관청에 송부하여야 한다.
③ 제1항 단서에 따른 신고 전에 발생한 사유로 인한 개업공인중개사에 대한 행정처분은 이전후 등록관청이 이를 행한다.
(2020.6.9 본조개정)

제21조【휴업 또는 폐업의 신고】 ① 개업공인중개사는 3개월을 초과하는 휴업(중개사무소의 개설등록 후 업무를 개시하지 아니하는 경우를 포함한다. 이하 같다), 폐업 또는 휴업한 중개업을 재개하고자 하는 때에는 등록관청에 그 사실을 신고하여야 한다. 휴업기간을 변경하고자 하는 때에도 또한 같다.
② 제1항에 따른 휴업은 6개월을 초과할 수 없다. 다만, 질병으로 인한 요양 등 대통령령으로 정하는 부득이한 사유가 있는 경우에는 그러하지 아니하다.
③ 제1항에 따른 신고의 절차 등에 관하여 필요한 사항은 대통령령으로 정한다.
(2020.6.9 본조개정)

제21조의2【간판의 철거】 ① 개업공인중개사는 다음 각 호의 어느 하나에 해당하는 경우에는 지체 없이 사무소의 간판을 철거하여야 한다.(2014.1.28 본문개정)
1. 제20조제1항에 따라 등록관청에 중개사무소의 이전사실을 신고한 경우
2. 제21조제1항에 따라 등록관청에 폐업사실을 신고한 경우
3. 제38조제1항 또는 제2항에 따라 중개사무소의 개설등록 취소처분을 받은 경우

② 등록관청은 제1항에 따른 간판의 철거를 개업공인중개사가 이행하지 아니하는 경우에는 「행정대집행법」에 따라 대집행을 할 수 있다.(2014.1.28 본항개정)
(2013.6.4 본조신설)

제22조【일반중개계약】 중개의뢰인은 중개의뢰내용을 명확하게 하기 위하여 필요한 경우에는 개업공인중개사에게 다음 각 호의 사항을 기재한 일반중개계약서의 작성을 요청할 수 있다.(2014.1.28 본문개정)

1. 중개대상물의 위치 및 규모
2. 거래예정가격
3. 거래예정가격에 대하여 제32조에 따라 정한 중개보수 (2020.6.9 본호개정)
4. 그 밖에 개업공인중개사와 중개의뢰인이 준수하여야 할 사항(2014.1.28 본호개정)

제23조【전속중개계약】 ① 중개의뢰인은 중개대상물의 중개를 의뢰하는 경우 특정한 개업공인중개사를 정하여 그 개업공인중개사에 한정하여 해당 중개대상물을 중개하도록 하는 계약(이하 "전속중개계약"이라 한다)을 체결할 수 있다. (2020.6.9 본항개정)

② 제1항에 따른 전속중개계약은 국토교통부령으로 정하는 계약서에 의하여야 하며, 개업공인중개사는 전속중개계약을 체결한 때에는 해당 계약서를 국토교통부령으로 정하는 기간 동안 보존하여야 한다.(2020.6.9 본항개정)

③ 개업공인중개사는 전속중개계약을 체결한 때에는 제24조에 따른 부동산거래정보망 또는 일간신문에 해당 중개대상물에 관한 정보를 공개하여야 한다. 다만, 중개의뢰인이 비공개를 요청한 경우에는 이를 공개하여서는 아니된다.(2020.6.9 본문개정)

④ 전속중개계약의 유효기간, 공개하여야 할 정보의 내용 그 밖에 필요한 사항은 대통령령으로 정한다.

제24조【부동산거래정보망의 지정 및 이용】 ① 국토교통부장관은 개업공인중개사 상호간에 부동산매매 등에 관한 정보의 공개와 유통을 촉진하고 공정한 부동산거래질서를 확립하기 위하여 부동산거래정보망을 설치·운영할 자를 지정할 수 있다.(2014.1.28 본항개정)

② 제1항에 따라 지정을 받을 수 있는 자는 「전기통신사업법」의 규정에 의한 부가통신사업자로서 국토교통부령으로 정하는 요건을 갖춘 자로 한다.(2020.6.9 본항개정)

③ 제1항에 따라 지정을 받은 자(이하 "거래정보사업자"라 한다)는 지정받은 날부터 3개월 이내에 부동산거래정보망의 이용 및 정보제공방법 등에 관한 운영규정(이하 "운영규정"이라 한다)을 정하여 국토교통부장관의 승인을 얻어야 한다. 이를 변경하고자 하는 때에도 또한 같다.(2020.6.9 전단개정)

④ 거래정보사업자는 개업공인중개사로부터 공개를 의뢰받은 중개대상물의 정보에 한정하여 이를 부동산거래정보망에 공개하여야 하며, 의뢰받은 내용과 다르게 정보를 공개하거나 어떠한 방법으로든지 개업공인중개사에 따라 정보가 차별적으로 공개되도록 하여서는 아니된다.(2020.6.9 본항개정)

⑤ 국토교통부장관은 거래정보사업자가 다음 각 호의 어느 하나에 해당하는 경우에는 그 지정을 취소할 수 있다.(2013.3.23 본문개정)
1. 거짓이나 그 밖의 부정한 방법으로 지정을 받은 경우 (2020.6.9 본호개정)
2. 제3항의 규정을 위반하여 운영규정의 승인 또는 변경승인을 받지 아니하거나 운영규정을 위반하여 부동산거래정보망을 운영한 경우
3. 제4항의 규정을 위반하여 정보를 공개한 경우
4. 정당한 사유 없이 지정받은 날부터 1년 이내에 부동산거래정보망을 설치·운영하지 아니한 경우
5. 개인인 거래정보사업자의 사망 또는 법인인 거래정보사업자의 해산 그 밖의 사유로 부동산거래정보망의 계속적인 운영이 불가능한 경우

⑥ 국토교통부장관은 제5항제1호부터 제4호까지의 규정에 의하여 거래정보사업자 지정을 취소하고자 하는 경우에는 청문을 실시하여야 한다.(2020.6.9 본항개정)

⑦ 개업공인중개사는 부동산거래정보망에 중개대상물에 관한 정보를 거짓으로 공개하여서는 아니되며, 해당 중개대상물의 거래가 완성된 때에는 지체 없이 이를 해당 거래정보사업자에게 통보하여야 한다.(2020.6.9 본항개정)

⑧ 거래정보사업자의 지정절차, 운영규정에 정할 내용 그 밖에 필요한 사항은 국토교통부령으로 정한다.(2013.3.23 본항개정)

제25조【중개대상물의 확인·설명】 ① 개업공인중개사는 중개를 의뢰받은 경우에는 중개가 완성되기 전에 다음 각 호의 사항을 확인하여 이를 해당 중개대상물에 관한 권리를 취득하고자 하는 중개의뢰인에게 성실·정확하게 설명하고, 토지대장 등본 또는 부동산종합증명서, 등기사항증명서 등 설명의 근거자료를 제시하여야 한다.(2020.6.9 본문개정)
1. 해당 중개대상물의 상태·입지 및 권리관계(2020.6.9 본호개정)
2. 법령의 규정에 의한 거래 또는 이용제한사항
3. 그 밖에 대통령령으로 정하는 사항(2020.6.9 본호개정)

② 개업공인중개사는 제1항에 따른 확인·설명을 위하여 필요한 경우에는 중개대상물의 매도의뢰인·임대의뢰인 등에게 해당 중개대상물의 상태에 관한 자료를 요구할 수 있다.(2020.6.9 본항개정)

③ 개업공인중개사는 중개가 완성되어 거래계약서를 작성하는 때에는 제1항에 따른 확인·설명사항을 대통령령으로 정하는 바에 따라 서면으로 작성하여 거래당사자에게 교부하고 대통령령으로 정하는 기간 동안 그 원본, 사본 또는 전자문서를 보존하여야 한다. 다만, 확인·설명사항이 「전자문서 및 전자거래 기본법」 제2조제9호에 따른 공인전자문서센터(이하 "공인전자문서센터"라 한다)에 보관된 경우에는 그러하지 아니하다.(2020.6.9 본문개정)

④ 제3항에 따른 확인·설명서에는 개업공인중개사(법인인 경우에는 대표자를 말하며, 법인에 분사무소가 설치되어 있는 경우에는 분사무소의 책임자를 말한다)가 서명 및 날인하되, 해당 중개행위를 한 소속공인중개사가 있는 경우에는 소속공인중개사가 함께 서명 및 날인하여야 한다.(2020.6.9 본항개정)

제25조의2【소유자 등의 확인】 개업공인중개사는 중개업무의 수행을 위하여 필요한 경우에는 중개의뢰인에게 주민등록증(모바일 주민등록증을 포함한다) 등 신분을 확인할 수 있는 증표를 제시할 것을 요구할 수 있다.(2023.12.26 본조개정)

제25조의3【임대차 중개 시의 설명의무】 개업공인중개사는 주택의 임대차계약을 체결하려는 중개의뢰인에게 다음 각 호의 사항을 설명하여야 한다.
1. 「주택임대차보호법」 제3조의6제4항에 따라 확정일자부여기관에 정보제공을 요청할 수 있다는 사항
2. 「국세징수법」 제109조제1항·제2항 및 「지방세징수법」 제6조제1항·제3항에 따라 임대인이 납부하지 아니한 국세 및 지방세의 열람을 신청할 수 있다는 사항

(2023.4.18 본조신설)

제26조【거래계약서의 작성 등】 ① 개업공인중개사는 중개대상물에 관하여 중개가 완성된 때에는 대통령령으로 정하는 바에 따라 거래계약서를 작성하여 거래당사자에게 교부하고 대통령령으로 정하는 기간 동안 그 원본, 사본 또는 전자문서를 보존하여야 한다. 다만, 거래계약서가 공인전자문서센터에 보관된 경우에는 그러하지 아니하다.

② 제25조제4항의 규정은 제1항에 따른 거래계약서의 작성에 관하여 이를 준용한다.

③ 개업공인중개사는 제1항에 따라 거래계약서를 작성하는 때에는 거래금액 등 거래내용을 거짓으로 기재하거나 서로 다른 둘 이상의 거래계약서를 작성하여서는 아니된다.

(2020.6.9 본조개정)

제27조~제28조 (2014.1.28 삭제)

제29조【개업공인중개사등의 기본윤리】 ① 개업공인중개사 및 소속공인중개사는 전문직업인으로서 지녀야 할 품위를 유지하고 신의와 성실로써 공정하게 중개 관련 업무를 수행하여야 한다.(2020.6.9 본항개정)

② 개업공인중개사등은 이 법 및 다른 법률에 특별한 규정이 있는 경우를 제외하고는 그 업무상 알게 된 비밀을 누설하여서는 아니된다. 개업공인중개사등이 그 업무를 떠난 후에도 또한 같다.

(2014.1.28 본조개정)

판례 부동산중개업자는 당해 중개대상물의 권리관계 등을 확인하여 중개의뢰인에게 설명할 의무가고 하더라도 부동산중개업자의 개입을 신뢰하여 거래를 하기에 이른 거래 상대방에 대하여도 신의성실의 원칙상 목적부동산의 하자, 권리자의 진위, 대리관계의 적법성 등에 대하여 각별한 주의를 기울여야 할 업무상의 일반적인 주의의무를 부담한다.(대판 2008.3.13, 2007다73611)

제30조【손해배상책임의 보장】 ① 개업공인중개사는 중개행위를 하는 경우 고의 또는 과실로 인하여 거래당사자에게 재산상의 손해를 발생하게 한 때에는 그 손해를 배상할 책임이 있다.(2020.6.9 본항개정)

② 개업공인중개사는 자기의 중개사무소를 다른 사람의 중개행위의 장소로 제공함으로써 거래당사자에게 재산상의 손해를 발생하게 한 때에는 그 손해를 배상할 책임이 있다.(2014.1.28 본항개정)

③ 개업공인중개사는 업무를 개시하기 전에 제1항 및 제2항에 따른 손해배상책임을 보장하기 위하여 대통령령으로 정하는 바에 따라 보증보험 또는 제42조에 따른 공제에 가입하거나 공탁을 하여야 한다.(2020.6.9 본항개정)

④ 제3항에 따라 공탁한 공탁금은 개업공인중개사가 폐업 또는 사망한 날부터 3년 이내에는 이를 회수할 수 없다.(2020.6.9 본항개정)

⑤ 개업공인중개사는 중개가 완성된 때에는 거래당사자에게 손해배상책임의 보장에 관한 다음 각 호의 사항을 설명하고 관계 증서의 사본을 교부하거나 관계 증서에 관한 전자문서를 제공하여야 한다.(2014.1.28 본문개정)

1. 보장금액
2. 보증보험회사, 공제사업을 행하는 자, 공탁기관 및 그 소재지
3. 보장기간

제31조【계약금 등의 반환채무이행의 보장】 ① 개업공인중개사는 거래의 안전을 보장하기 위하여 필요하다고 인정하는 경우에는 거래계약의 이행이 완료될 때까지 계약금·중도금 또는 잔금(이하 이 조에서 "계약금등"이라 한다)을 개업공인중개사 또는 대통령령으로 정하는 자의 명의로 금융기관, 제42조에 따라 공제사업을 하는 자 또는 「자본시장과 금융투자업에 관한 법률」에 따른 신탁업자 등에 예치하도록 거래당사자에게 권고할 수 있다.

② 제1항에 따라 계약금등을 예치한 경우 매도인·임대인등 계약금등을 수령할 수 있는 권리가 있는 자는 해당 계약을 해제한 때에 계약금 등의 반환을 보장하는 내용의 금융기관 또는 보증보험회사가 발행하는 보증서를 계약금등의 예치명의자에게 교부하고 계약금 등을 미리 수령할 수 있다.

③ 제1항에 따라 예치한 계약금등의 관리·인출 및 반환절차 등에 관하여 필요한 사항은 대통령령으로 정한다.

(2020.6.9 본조개정)

제32조【중개보수 등】 ① 개업공인중개사는 중개업무에 관하여 중개의뢰인으로부터 소정의 보수를 받는다. 다만, 개업공인중개사의 고의 또는 과실로 인하여 중개의뢰인간의 거래행위가 무효·취소 또는 해제된 경우에는 그러하지 아니하다.

② 개업공인중개사는 중개의뢰인으로부터 제25조제1항에 따른 중개대상물의 권리관계 등의 확인 또는 제31조에 따른 계약금 등의 반환채무이행 보장에 소요되는 실비를 받을 수 있다.(2020.6.9 본항개정)

③ 제1항에 따른 보수의 지급시기는 대통령령으로 정한다.(2014.1.28 본항신설)

④ 주택(부속토지를 포함한다. 이하 이 항에서 같다)의 중개에 대한 보수와 제2항에 따른 실비의 한도 등에 관하여 필요한 사항은 국토교통부령으로 정하는 범위 안에서 특별시·광역시·도 또는 특별자치도(이하 "시·도"라 한다)의 조례로 정하고, 주택 외의 중개대상물의 중개에 대한 보수는 국토교통부령으로 정한다.(2020.6.9 본항개정)

(2014.1.28 본조개정)

제33조【금지행위】 ① 개업공인중개사등은 다음 각 호의 행위를 하여서는 아니된다.(2014.1.28 본문개정)

1. 제3조에 따른 중개대상물의 매매를 업으로 하는 행위(2020.6.9 본호개정)
2. 제9조에 따른 중개사무소의 개설등록을 하지 아니하고 중개업을 영위하는 자인 사실을 알면서 그를 통하여 중개를 의뢰받거나 그에게 자기의 명의를 이용하게 하는 행위(2020.6.9 본호개정)
3. 사례·증여 그 밖의 어떠한 명목으로도 제32조에 따른 보수 또는 실비를 초과하여 금품을 받는 행위(2014.1.28 본호개정)
4. 해당 중개대상물의 거래상의 중요사항에 관하여 거짓된 언행 그 밖의 방법으로 중개의뢰인의 판단을 그르치게 하는 행위(2020.6.9 본호개정)
5. 관계 법령에서 양도·알선 등이 금지된 부동산의 분양·임대 등과 관련 있는 증서 등의 매매·교환 등을 중개하거나 그 매매를 업으로 하는 행위
6. 중개의뢰인과 직접 거래를 하거나 거래당사자 쌍방을 대리하는 행위
7. 탈세 등 관계 법령을 위반할 목적으로 소유권보존등기 또는 이전등기를 하지 아니한 부동산이나 관계 법령의 규정에 의하여 전매 등 권리의 변동이 제한된 부동산의 매매를 중개하는 등 부동산투기를 조장하는 행위
8. 부당한 이익을 얻거나 제3자에게 부당한 이익을 얻게 할 목적으로 거짓으로 거래가 완료된 것처럼 꾸미는 등 중개대상물의 시세에 부당한 영향을 주거나 줄 우려가 있는 행위(2019.8.20 본호신설)
9. 단체를 구성하여 특정 중개대상물에 대하여 중개를 제한하거나 단체 구성원 이외의 자와 공동중개를 제한하는 행위(2019.8.20 본호신설)

② 누구든지 시세에 부당한 영향을 줄 목적으로 다음 각 호의 어느 하나의 방법으로 개업공인중개사등의 업무를 방해해서는 아니 된다.

1. 안내문, 온라인 커뮤니티 등을 이용하여 특정 개업공인중개사등에 대한 중개의뢰를 제한하거나 제한을 유도하는 행위
2. 안내문, 온라인 커뮤니티 등을 이용하여 중개대상물에 대하여 시세보다 현저하게 높게 표시·광고 또는 중개하는 특정 개업공인중개사등에게만 중개의뢰를 하도록 유도함으로써 다른 개업공인중개사등을 부당하게 차별하는 행위
3. 안내문, 온라인 커뮤니티 등을 이용하여 특정 가격 이하로 중개를 의뢰하지 아니하도록 유도하는 행위
4. 정당한 사유 없이 개업공인중개사등의 중개대상물에 대한 정당한 표시·광고 행위를 방해하는 행위
5. 개업공인중개사등에게 중개대상물을 시세보다 현저하게 높게 표시·광고하도록 강요하거나 대가를 약속하고 시세보다 현저하게 높게 표시·광고하도록 유도하는 행위

(2019.8.20 본항신설)

판례 공인중개사가 집주인이 전세 매물로 내놓은 아파트를 남편 명의로 계약하는 것은 '직접거래금지' 위반이다. 전세계약서상 명의자는 비록 해당 공인중개사의 남편이지만 이들은 부부관계로서 경제적 공동체 관계이고, 해당 공인중개사가 그 아파트에 실제로 거주했으며, 집주인에게 자신이 중개하는 임차인이 남편이라는 사실을 알리지 않았다. 또한 해당 공인중개사가 집주인으로부터 중개를 의뢰 받고 집주인이 전임차인의 전세금을 빨리 반환해줘야 하기 때문에 희망하는 금액보다 적은 금액으로 새로운 임차인을 구한다는 사정을 알고 자신이 직접 시세보다 저렴한 금액으로 임차하는 이익을 얻었기에 직접거래 금지 규정의 취지를 정면으로 위배했다고 보아야 한다.(대판 2021.9.3, 2021도6910)

제34조【개업공인중개사등의 교육】 ① 제9조에 따라 중개사무소의 개설등록을 신청하려는 자(법인의 경우에는 사원·임원을 말하며, 제13조제3항에 따라 분사무소의 설치신고를 하려는 경우에는 분사무소의 책임자를 말한다)는 등록신청일(분사무소 설치신고의 경우에는 신고일을 말한다)전 1년 이내에 시·도지사가 실시하는 실무교육(실무수습을 포함한다)을 받아야 한다. 다만, 다음 각 호의 어느 하나에 해당하는 자는 그러하지 아니하다.(2020.6.9 본문개정)

1. 폐업신고 후 1년 이내에 중개사무소의 개설등록을 다시 신청하려는 자
2. 소속공인중개사로서 고용관계 종료 신고 후 1년 이내에 중개사무소의 개설등록을 신청하려는 자

② 소속공인중개사는 제15조제1항에 따른 고용 신고일 전 1년 이내에 시·도지사가 실시하는 실무교육을 받아야 한다. 다만, 다음 각 호의 어느 하나에 해당하는 자는 그러하지 아니하다.(2014.5.21 단서개정)

1. 고용관계 종료 신고 후 1년 이내에 고용 신고를 다시 하려는 자
2. 개업공인중개사로서 폐업신고를 한 후 1년 이내에 소속공인중개사로 고용 신고를 하려는 자

(2014.5.21 1호~2호신설)

③ 중개보조원은 제15조제1항에 따른 고용 신고일 전 1년 이내에 시·도지사 또는 등록관청이 실시하는 직무교육을 받아야 한다. 다만, 고용관계 종료 신고 후 1년 이내에 고용 신고를 다시 하려는 자는 그러하지 아니하다.(2014.5.21 본문개정)

④ 제1항 및 제2항에 따른 실무교육을 받은 개업공인중개사 및 소속공인중개사는 실무교육을 받은 후 2년마다 시·도지사가 실시하는 연수교육을 받아야 한다.(2014.1.28 본항개정)

⑤ 국토교통부장관은 제1항부터 제4항까지의 규정에 따라 시·도지사가 실시하는 실무교육, 직무교육 및 연수교육의 전국적인 균형유지를 위하여 필요하다고 인정하면 해당 교육의 지침을 마련하여 시행할 수 있다.

⑥ 제1항부터 제5항까지의 규정에 따른 교육 및 교육지침에 관하여 필요한 사항은 대통령령으로 정한다.

(2014.1.28 본조제목개정)

(2013.6.4 본조개정)

제34조의2【개업공인중개사등에 대한 교육비 지원 등】 ① 국토교통부장관, 시·도지사 및 등록관청은 개업공인중개사등이 부동산거래사고 예방 등을 위하여 교육을 받는 경우에는 대통령령으로 정하는 바에 따라 필요한 비용을 지원할 수 있다.

② 국토교통부장관, 시·도지사 및 등록관청은 필요하다고 인정하면 대통령령으로 정하는 바에 따라 개업공인중개사등의 부동산거래사고 예방을 위한 교육을 실시할 수 있다.(2014.5.21 본항개정)

(2014.1.28 본조신설)

제4장 지도·감독

제35조【자격의 취소】 ① 시·도지사는 공인중개사가 다음 각 호의 어느 하나에 해당하는 경우에는 그 자격을 취소하여야 한다.

1. 부정한 방법으로 공인중개사의 자격을 취득한 경우
2. 제7조제1항의 규정을 위반하여 다른 사람에게 자기의 성명을 사용하여 중개업무를 하게 하거나 공인중개사자격증을 양도 또는 대여한 경우
3. 제36조에 따른 자격정지처분을 받고 그 자격정지기간 중에 중개업무를 행한 경우(다른 개업공인중개사의 소속공인중개사·중개보조원 또는 법인인 개업공인중개사의 사원·임원이 되는 경우를 포함한다)(2020.6.9 본호개정)
4. 이 법 또는 공인중개사의 직무와 관련하여 「형법」 제114조, 제231조, 제234조, 제347조, 제355조 또는 제356조를 위반하여 금고 이상의 형(집행유예를 포함한다)을 선고받은 경우 (2023.6.1 본호개정)

② 시·도지사는 제1항에 따라 공인중개사의 자격을 취소하고자 하는 경우에는 청문을 실시하여야 한다.(2020.6.9 본항개정)

③ 제1항에 따라 공인중개사의 자격이 취소된 자는 국토교통부령으로 정하는 바에 따라 공인중개사자격증을 시·도지사에게 반납하여야 한다.(2020.6.9 본항개정)

④ 분실 등의 사유로 인하여 제3항에 따라 공인중개사자격증을 반납할 수 없는 자는 제3항에도 불구하고 자격증 반납을 대신하여 그 이유를 기재한 사유서를 시·도지사에게 제출하여야 한다.(2020.6.9 본항개정)

제36조【자격의 정지】 ① 시·도지사는 공인중개사가 소속공인중개사로서 업무를 수행하는 기간 중에 다음 각 호의 어느 하나에 해당하는 경우에는 6개월의 범위 안에서 기간을 정하여 그 자격을 정지할 수 있다.(2020.6.9 본문개정)

1. 제12조제2항의 규정을 위반하여 둘 이상의 중개사무소에 소속된 경우(2020.6.9 본호개정)
2. 제16조의 규정을 위반하여 인장등록을 하지 아니하거나 등록하지 아니한 인장을 사용한 경우
3. 제25조제1항의 규정을 위반하여 성실·정확하게 중개대상물의 확인·설명을 하지 아니하거나 설명의 근거자료를 제시하지 아니한 경우
4. 제25조제4항의 규정을 위반하여 중개대상물확인·설명서에 서명 및 날인을 하지 아니한 경우(2009.4.1 본호개정)
5. 제26조제2항의 규정을 위반하여 거래계약서에 서명 및 날인을 하지 아니한 경우(2009.4.1 본호개정)
6. 제26조제3항의 규정을 위반하여 거래계약서에 거래금액 등 거래내용을 거짓으로 기재하거나 서로 다른 둘 이상의 거래계약서를 작성한 경우(2020.6.9 본호개정)
7. 제33조제1항 각 호에 규정된 금지행위를 한 경우(2019.8.20 본호개정)

② 등록관청은 공인중개사가 제1항 각 호의 어느 하나에 해당하는 사실을 알게 된 때에는 지체 없이 그 사실을 시·도지사에게 통보하여야 한다.

③ 제1항에 따른 자격정지의 기준은 국토교통부령으로 정한다.(2020.6.9 본항개정)

제37조【감독상의 명령 등】 ① 국토교통부장관, 시·도지사 및 등록관청(법인인 개업공인중개사의 분사무소 소재지의 시장·군수 또는 구청장을 포함한다. 이하 이 조에서 같다)은 다음 각 호의 어느 하나의 경우에는 개업공인중개사 또는 거래정보사업자에 대하여 그 업무에 관한 사항을 보고하게 하거나 자료의 제출 그 밖에 필요한 명령을 할 수 있으며, 소속 공무원으로 하여금 중개사무소(제9조에 따른 중개사무소의 개설등록을 하지 아니하고 중개업을 하는 자의 사무소를 포함한다)에 출입하여 장부·서류 등을 조사 또는 검사하게 할 수 있다.(2020.6.9 본문개정)

1.~2. (2009.4.1 삭제)

3. 부동산투기 등 거래동향의 파악을 위하여 필요한 경우
4. 이 법 위반행위의 확인, 공인중개사의 자격취소·정지 및 개업공인중개사에 대한 등록취소·업무정지 등 행정처분을 위하여 필요한 경우(2014.1.28 본호개정)

② 제1항에 따라 출입·검사 등을 하는 공무원은 국토교통부령으로 정하는 증표를 지니고 상대방에게 이를 내보여야 한다.(2013.3.23 본항개정)

③ 국토교통부장관, 시·도지사 및 등록관청은 불법 중개행위 등에 대한 단속을 하는 경우 필요한 때에는 제41조에 따른 공인중개사협회 및 관계 기관에 협조를 요청할 수 있다. 이 경우 공인중개사협회는 특별한 사정이 없으면 이에 따라야 한다.(2020.6.9 본항개정)

제38조【등록의 취소】 ① 등록관청은 개업공인중개사가 다음 각 호의 어느 하나에 해당하는 경우에는 중개사무소의 개설등록을 취소하여야 한다.(2014.1.28 본문개정)

1. 개인인 개업공인중개사가 사망하거나 개업공인중개사인 법인이 해산한 경우(2014.1.28 본호개정)
2. 거짓이나 그 밖의 부정한 방법으로 중개사무소의 개설등록을 한 경우(2020.6.9 본호개정)
3. 제10조제1항제2호부터 제6호까지 또는 같은 항 제11호·제12호에 따른 결격사유에 해당하게 된 경우. 다만, 같은 항 제12호에 따른 결격사유에 해당하는 경우로서 그 사유가 발생한 날부터 2개월 이내에 그 사유를 해소한 경우에는 그러하지 아니하다.(2020.6.9 본호개정)
4. 제12조제1항의 규정을 위반하여 이중으로 중개사무소의 개설등록을 한 경우
5. 제12조제2항의 규정을 위반하여 다른 개업공인중개사의 소속공인중개사·중개보조원 또는 개업공인중개사인 법인의 사원·임원이 된 경우(2014.1.28 본호개정)

5의2. 제15조제3항을 위반하여 중개보조원을 고용한 경우 (2023.4.18 본호신설)

6. 제19조제1항의 규정을 위반하여 다른 사람에게 자기의 성명 또는 상호를 사용하여 중개업무를 하게 하거나 중개사무소등록증을 양도 또는 대여한 경우

7. 업무정지기간 중에 중개업무를 하거나 자격정지처분을 받은 소속공인중개사로 하여금 자격정지기간 중에 중개업무를 하게 한 경우
8. 최근 1년 이내에 이 법에 의하여 2회 이상 업무정지처분을 받고 다시 업무정지처분에 해당하는 행위를 한 경우
② 등록관청은 개업공인중개사가 다음 각 호의 어느 하나에 해당하는 경우에는 중개사무소의 개설등록을 취소할 수 있다.(2014.1.28 본문개정)
1. 제9조제3항에 따른 등록기준에 미달하게 된 경우(2020.6.9 본호개정)
2. 제13조제1항의 규정을 위반하여 둘 이상의 중개사무소를 둔 경우(2020.6.9 본호개정)
3. 제13조제2항의 규정을 위반하여 임시 중개시설물을 설치한 경우
4. 제14조제1항의 규정을 위반하여 겸업을 한 경우
5. 제21조제2항의 규정을 위반하여 계속하여 6개월을 초과하여 휴업한 경우(2020.6.9 본호개정)
6. 제23조제3항의 규정을 위반하여 중개대상물에 관한 정보를 공개하지 아니하거나 중개의뢰인의 비공개요청에도 불구하고 정보를 공개한 경우
7. 제26조제3항의 규정을 위반하여 거래계약서에 거래금액 등 거래내용을 거짓으로 기재하거나 서로 다른 둘 이상의 거래계약서를 작성한 경우(2020.6.9 본호개정)
8. 제30조제3항에 따른 손해배상책임을 보장하기 위한 조치를 이행하지 아니하고 업무를 개시한 경우(2020.6.9 본호개정)
9. 제33조제1항 각 호에 규정된 금지행위를 한 경우(2019.8.20 본호개정)
10. 최근 1년 이내에 이 법에 의하여 3회 이상 업무정지 또는 과태료의 처분을 받고 다시 업무정지 또는 과태료의 처분에 해당하는 행위를 한 경우(제1항제8호에 해당하는 경우는 제외한다)(2020.6.9 본호개정)
11. 개업공인중개사가 조직한 사업자단체(「독점규제 및 공정거래에 관한 법률」 제2조제2호의 사업자단체를 말한다. 이하 같다) 또는 그 구성원인 개업공인중개사가 「독점규제 및 공정거래에 관한 법률」 제51조를 위반하여 같은 법 제52조 또는 제53조에 따른 처분을 최근 2년 이내에 2회 이상 받은 경우(2020.12.29 본호개정)
③ 등록관청은 제1항제2호부터 제8호까지 및 제2항 각 호의 사유로 중개사무소의 개설등록을 취소하고자 하는 경우에는 청문을 실시하여야 한다.(2020.6.9 본항개정)
④ 제1항 또는 제2항에 따라 중개사무소의 개설등록이 취소된 자는 국토교통부령으로 정하는 바에 따라 중개사무소등록증을 등록관청에 반납하여야 한다.(2020.6.9 본항개정)

제39조【업무의 정지】 ① 등록관청은 개업공인중개사가 다음 각 호의 어느 하나에 해당하는 경우에는 6개월의 범위 안에서 기간을 정하여 업무의 정지를 명할 수 있다. 이 경우 법인인 개업공인중개사에 대하여는 법인 또는 분사무소별로 업무의 정지를 명할 수 있다.(2020.6.9 본문개정)
1. 제10조제2항의 규정을 위반하여 같은 조 제1항제1호부터 제11호까지의 어느 하나에 해당하는 자를 소속공인중개사 또는 중개보조원으로 둔 경우. 다만, 그 사유가 발생한 날부터 2개월 이내에 그 사유를 해소한 경우에는 그러하지 아니하다.(2020.6.9 본호개정)
2. 제16조의 규정을 위반하여 인장등록을 하지 아니하거나 등록하지 아니한 인장을 사용한 경우
3. 제23조제2항의 규정을 위반하여 국토교통부령으로 정하는 전속중개계약서에 의하지 아니하고 전속중개계약을 체결하거나 계약서를 보존하지 아니한 경우(2020.6.9 본호개정)
4. 제24조제7항의 규정을 위반하여 중개대상물에 관한 정보를 거짓으로 공개하거나 거래정보사업자에게 공개를 의뢰한 중개대상물의 거래가 완성된 사실을 해당 거래정보사업자에게 통보하지 아니한 경우(2020.6.9 본호개정)
5. (2014.1.28 삭제)
6. 제25조제3항의 규정을 위반하여 중개대상물확인·설명서를 교부하지 아니하거나 보존하지 아니한 경우
7. 제25조제4항의 규정을 위반하여 중개대상물확인·설명서에 서명 및 날인을 하지 아니한 경우(2009.4.1 본호개정)
8. 제26조제1항의 규정을 위반하여 적정하게 거래계약서를 작성·교부하지 아니하거나 보존하지 아니한 경우
9. 제26조제2항의 규정을 위반하여 거래계약서에 서명 및 날인을 하지 아니한 경우(2009.4.1 본호개정)
10. 제37조제1항에 따른 보고, 자료의 제출, 조사 또는 검사를 거부·방해 또는 기피하거나 그 밖의 명령을 이행하지 아니하거나 거짓으로 보고 또는 자료제출을 한 경우(2020.6.9 본호개정)
11. 제38조제2항 각 호의 어느 하나에 해당하는 경우
12. 최근 1년 이내에 이 법에 의하여 2회 이상 업무정지 또는 과태료의 처분을 받고 다시 과태료의 처분에 해당하는 행위를 한 경우
13. 개업공인중개사가 조직한 사업자단체 또는 그 구성원인 개업공인중개사가 「독점규제 및 공정거래에 관한 법률」 제51조를 위반하여 같은 법 제52조 또는 제53조에 따른 처분을 받은 경우(2020.12.29 본호개정)
14. 그 밖에 이 법 또는 이 법에 의한 명령이나 처분에 위반한 경우
② 제1항에 따른 업무의 정지에 관한 기준은 국토교통부령으로 정한다.(2020.6.9 본항개정)
③ 제1항의 규정에 따른 업무정지처분은 같은 항 각 호의 어느 하나에 해당하는 사유가 발생한 날부터 3년이 지난 때에는 이를 할 수 없다.(2020.6.9 본항개정)

제39조의2【자료제공의 요청】 국토교통부장관, 시·도지사 및 등록관청은 제38조제2항제11호 또는 제39조제1항제13호에 따라 처분하고자 하는 경우에는 미리 공정거래위원회에 처분과 관련된 자료의 제공을 요청할 수 있으며 공정거래위원회는 특별한 사유가 없으면 이에 따라야 한다.(2013.3.23 본조개정)

제40조【행정제재처분효과의 승계 등】 ① 개업공인중개사가 제21조에 따른 폐업신고 후 제9조에 따라 다시 중개사무소의 개설등록을 한 때에는 폐업신고 전의 개업공인중개사의 지위를 승계한다.(2020.6.9 본항개정)
② 제1항의 경우 폐업신고 전의 개업공인중개사에 대하여 제39조제1항 각 호, 제51조제1항 각 호, 같은 조 제2항 각 호 및 같은 조 제3항 각 호의 위반행위를 사유로 행한 행정처분의 효과는 그 처분일부터 1년간 다시 중개사무소의 개설등록을 한 자(이하 이 조에서 "재등록 개업공인중개사"라 한다)에게 승계된다.(2020.6.9 본항개정)
③ 제1항의 경우 재등록 개업공인중개사에 대하여 폐업신고전의 제38조제1항 각 호, 같은 조 제2항 각 호 및 제39조제1항 각 호의 위반행위에 대한 행정처분을 할 수 있다. 다만, 다음 각 호의 어느 하나에 해당하는 경우는 제외한다.(2020.6.9 본문개정)
1. 폐업신고를 한 날부터 다시 중개사무소의 개설등록을 한 날까지의 기간(이하 제2호에서 "폐업기간"이라 한다)이 3년을 초과한 경우
2. 폐업신고 전의 위반행위에 대한 행정처분이 업무정지에 해당하는 경우로서 폐업기간이 1년을 초과한 경우
④ 제3항에 따라 행정처분을 하는 경우에는 폐업기간과 폐업의 사유 등을 고려하여야 한다.(2020.6.9 본항개정)
⑤ 개업공인중개사인 법인의 대표자에 관하여는 제1항부터 제4항까지를 준용한다. 이 경우 "개업공인중개사"는 "법인의 대표자"로 본다.(2014.5.21 본항신설)

제5장 공인중개사협회

제41조【협회의 설립】 ① 개업공인중개사인 공인중개사(부칙 제6조제2항에 따라 이 법에 의한 중개사무소의 개설등록을 한 것으로 보는 자를 포함한다)는 그 자질향상 및 품위유지와 중개업에 관한 제도의 개선 및 운용에 관한 업무를 효율적으로 수행하기 위하여 공인중개사협회(이하 "협회"라 한다)를 설립할 수 있다.(2020.6.9 본항개정)

② 협회는 법인으로 한다.
③ 협회는 회원 300인 이상이 발기인이 되어 정관을 작성하여 창립총회의 의결을 거친 후 국토교통부장관의 인가를 받아 그 주된 사무소의 소재지에서 설립등기를 함으로써 성립한다.
(2013.3.23 본항개정)
④ 협회는 정관으로 정하는 바에 따라 시·도에 지부를, 시(구가 설치되지 아니한 시와 특별자치도의 행정시를 말한다)·군·구에 지회를 둘 수 있다.(2013.6.4 본항개정)
⑤ 협회의 설립 및 설립인가의 신청 등에 관하여 필요한 사항은 대통령령으로 정한다.

제42조【공제사업】 ① 협회는 제30조에 따른 개업공인중개사의 손해배상책임을 보장하기 위하여 공제사업을 할 수 있다.
(2020.6.9 본항개정)
② 협회는 제1항에 따른 공제사업을 하고자 하는 때에는 공제규정을 제정하여 국토교통부장관의 승인을 얻어야 한다. 공제규정을 변경하고자 하는 때에도 또한 같다.(2020.6.9 전단개정)
③ 제2항의 공제규정에는 대통령령으로 정하는 바에 따라 공제사업의 범위, 공제계약의 내용, 공제금, 공제료, 회계기준 및 책임준비금의 적립비율 등 공제사업의 운용에 관하여 필요한 사항을 정하여야 한다.(2020.6.9 본항개정)
④ 협회는 공제사업을 다른 회계와 구분하여 별도의 회계로 관리하여야 하며, 책임준비금을 다른 용도로 사용하고자 하는 경우에는 국토교통부장관의 승인을 얻어야 한다.
(2013.3.23 본항개정)
⑤ 협회는 대통령령으로 정하는 바에 따라 매년도의 공제사업 운용실적을 일간신문·협회보 등을 통하여 공제계약자에게 공시하여야 한다.(2020.6.9 본항개정)
⑥~⑦ (2013.6.4 삭제)

제42조의2【운영위원회】 ① 제42조제1항에 따른 공제사업에 관한 사항을 심의하고 그 업무집행을 감독하기 위하여 협회에 운영위원회를 둔다.
② 운영위원회의 위원은 협회의 임원, 중개업·법률·회계·금융·보험·부동산 분야 전문가, 관계 공무원 및 그 밖에 중개업 관련 이해관계자로 구성하되, 그 수는 19명 이내로 한다.
③ 운영위원회의 구성과 운영에 필요한 세부 사항은 대통령령으로 정한다.
(2013.6.4 본조신설)

제42조의3【조사 또는 검사】「금융위원회의 설치 등에 관한 법률」에 따른 금융감독원의 원장은 국토교통부장관의 요청이 있는 경우에는 공제사업에 관하여 조사 또는 검사를 할 수 있다.(2013.6.4 본조신설)

제42조의4【공제사업 운영의 개선명령】 국토교통부장관은 협회의 공제사업 운영이 적정하지 아니하거나 자산상황이 불량하여 중개사고 피해자 및 공제 가입자 등의 권익을 해칠 우려가 있다고 인정하면 다음 각 호의 조치를 명할 수 있다.
1. 업무집행방법의 변경
2. 자산예탁기관의 변경
3. 자산의 장부가격의 변경
4. 불건전한 자산에 대한 적립금의 보유
5. 가치가 없다고 인정되는 자산의 손실 처리
6. 그 밖에 이 법 및 공제규정을 준수하지 아니하여 공제사업의 건전성을 해할 우려가 있는 경우 이에 대한 개선명령
(2013.6.4 본조신설)

제42조의5【임원에 대한 제재 등】 국토교통부장관은 협회의 임원이 다음 각 호의 어느 하나에 해당하여 공제사업을 건전하게 운영하지 못할 우려가 있는 경우 그 임원에 대한 징계·해임을 요구하거나 해당 위반행위를 시정하도록 명할 수 있다.
1. 제42조제2항에 따른 공제규정을 위반하여 업무를 처리한 경우
2. 제42조의4에 따른 개선명령을 이행하지 아니한 경우
3. 제42조의6에 따른 재무건전성 기준을 지키지 아니한 경우
(2013.6.4 본조신설)

제42조의6【재무건전성의 유지】 협회는 공제금 지급능력과 경영의 건전성을 확보하기 위하여 다음 각 호의 사항에 관하여 대통령령으로 정하는 재무건전성 기준을 지켜야 한다.
1. 자본의 적정성에 관한 사항
2. 자산의 건전성에 관한 사항
3. 유동성의 확보에 관한 사항
(2013.6.4 본조신설)

제43조【민법의 준용】 협회에 관하여 이 법에 규정된 것 외에는「민법」중 사단법인에 관한 규정을 적용한다.

제44조【지도·감독 등】 ① 국토교통부장관은 협회와 그 지부 및 지회를 지도·감독하기 위하여 필요한 때에는 그 업무에 관한 사항을 보고하게 하거나 자료의 제출 그 밖에 필요한 명령을 할 수 있으며, 소속 공무원으로 하여금 그 사무소에 출입하여 장부·서류 등을 조사 또는 검사하게 할 수 있다.
② 제1항에 따라 출입·검사 등을 하는 공무원은 국토교통부령으로 정하는 증표를 지니고 상대방에게 이를 내보여야 한다.
(2020.6.9 본조개정)

제6장 보 칙

제45조【업무위탁】 국토교통부장관, 시·도지사 또는 등록관청은 대통령령으로 정하는 바에 따라 그 업무의 일부를 협회 또는 대통령령으로 정하는 기관에 위탁할 수 있다.
(2020.6.9 본조개정)

제46조【포상금】 ① 등록관청은 다음 각 호의 어느 하나에 해당하는 자를 등록관청, 수사기관이나 제47조의2에 따른 부동산거래질서교란행위 신고센터에 신고 또는 고발한 자에 대하여 대통령령으로 정하는 바에 따라 포상금을 지급할 수 있다.
(2020.12.8 본문개정)
1. 제9조에 따른 중개사무소의 개설등록을 하지 아니하고 중개업을 한 자(2020.6.9 본호개정)
2. 거짓이나 그 밖의 부정한 방법으로 중개사무소의 개설등록을 한 자(2020.6.9 본호개정)
3. 중개사무소등록증 또는 공인중개사자격증을 다른 사람에게 양도·대여하거나 다른 사람으로부터 양수·대여받은 자
4. 제18조의2제3항을 위반하여 표시·광고를 한 자
5. 제33조제1항제8호 또는 제9호에 따른 행위를 한 자
6. 제33조제2항을 위반하여 개업공인중개사등의 업무를 방해한 자
(2020.12.8 4호~6호신설)
② 제1항에 따른 포상금의 지급에 소요되는 비용은 대통령령으로 정하는 바에 따라 그 일부를 국고에서 보조할 수 있다.
(2020.6.9 본항개정)

제47조【수수료】 ① 다음 각 호의 어느 하나에 해당하는 자는 해당 지방자치단체의 조례로 정하는 바에 따라 수수료를 납부하여야 한다. 다만, 공인중개사자격시험을 제4조제2항의 규정에 따라 국토교통부장관이 시행하는 경우 제1호에 해당하는 자는 국토교통부장관이 결정·공고하는 수수료를 납부하여야 한다.
1. 제4조에 따른 공인중개사자격시험에 응시하는 자
2. 제5조제3항에 따라 공인중개사자격증의 재교부를 신청하는 자
3. 제9조제1항에 따라 중개사무소의 개설등록을 신청하는 자
4. 제11조제2항에 따라 중개사무소등록증의 재교부를 신청하는 자
5. 제13조제3항에 따라 분사무소설치의 신고를 하는 자
6. 제13조제5항에 따라 분사무소설치신고확인서의 재교부를 신청하는 자
② 제4조에 따른 공인중개사자격시험 또는 제5조제3항에 따른 공인중개사자격증 재교부업무를 제45조의 규정에 따라 위탁한 경우에는 해당 업무를 위탁받은 자가 위탁한 자의 승인을 얻어 결정·공고하는 수수료를 각각 납부하여야 한다.
(2020.6.9 본조개정)

제47조의2【부동산거래질서교란행위 신고센터의 설치·운영】 ① 국토교통부장관은 부동산 시장의 건전한 거래질서를 조성하기 위하여 부동산거래질서교란행위 신고센터(이하 이 조에서 "신고센터"라 한다)를 설치·운영할 수 있다.
(2023.6.1 본항개정)
② 누구든지 부동산중개업 및 부동산 시장의 건전한 거래질서를 해치는 다음 각 호의 어느 하나에 해당하는 행위(이하 이 조에서 "부동산거래질서교란행위"라 한다)를 발견하는 경우 그 사실을 신고센터에 신고할 수 있다.
1. 제7조부터 제9조까지, 제18조의4 또는 제33조제2항을 위반하는 행위
2. 제48조제2호에 해당하는 행위
3. 개업공인중개사가 제12조제1항, 제13조제1항·제2항, 제14조제1항, 제15조제3항, 제17조, 제18조, 제19조, 제25조제1항, 제25조의3 또는 제26조제3항을 위반하는 행위
4. 개업공인중개사등이 제12조제2항, 제29조제2항 또는 제33조제1항을 위반하는 행위
5. 「부동산 거래신고 등에 관한 법률」 제3조, 제3조의2 또는 제4조를 위반하는 행위
(2023.6.1 본항신설)
③ 신고센터는 다음 각 호의 업무를 수행한다.
1. 부동산거래질서교란행위 신고의 접수 및 상담
2. 신고사항에 대한 확인 또는 시·도지사 및 등록관청 등에 신고사항에 대한 조사 및 조치 요구
3. 신고인에 대한 신고사항 처리 결과 통보
④ 국토교통부장관은 제2항에 따른 신고센터의 업무를 대통령령으로 정하는 기관에 위탁할 수 있다.
⑤ 제1항에 따라 설치된 신고센터의 운영 및 신고방법 등에 관한 사항은 대통령령으로 정한다.
(2019.8.20 본조신설)

제7장 벌 칙

제48조【벌칙】 다음 각 호의 어느 하나에 해당하는 자는 3년 이하의 징역 또는 3천만원 이하의 벌금에 처한다.(2016.12.2 본문개정)
1. 제9조에 따른 중개사무소의 개설등록을 하지 아니하고 중개업을 한 자(2020.6.9 본호개정)
2. 거짓이나 그 밖의 부정한 방법으로 중개사무소의 개설등록을 한 자(2020.6.9 본호개정)
3. 제33조제1항제5호부터 제9호까지의 규정을 위반한 자 (2019.8.20 본호개정)
4. 제33조제2항 각 호의 규정을 위반한 자(2019.8.20 본호신설)

제49조【벌칙】 ① 다음 각 호의 어느 하나에 해당하는 자는 1년 이하의 징역 또는 1천만원 이하의 벌금에 처한다.
1. 제7조제1항 또는 제2항을 위반하여 다른 사람에게 자기의 성명을 사용하여 중개업무를 하게 하거나 공인중개사자격증을 양도·대여한 자 또는 다른 사람의 공인중개사자격증을 양수·대여받은 자(2023.6.1 본호개정)
1의2. 제7조제3항을 위반하여 같은 조 제1항 및 제2항에서 금지한 행위를 알선한 자(2023.6.1 본호신설)
2. 제8조의 규정을 위반하여 공인중개사가 아닌 자로서 공인중개사 또는 이와 유사한 명칭을 사용한 자
3. 제12조의 규정을 위반하여 이중으로 중개사무소의 개설등록을 하거나 둘 이상의 중개사무소에 소속된 자(2020.6.9 본호개정)
4. 제13조제1항의 규정을 위반하여 둘 이상의 중개사무소를 둔 자(2020.6.9 본호개정)
5. 제13조제2항의 규정을 위반하여 임시 중개시설물을 설치한 자
5의2. 제15조제3항을 위반하여 중개보조원을 고용한 자 (2023.4.18 본호신설)
6. 제18조제2항의 규정을 위반하여 개업공인중개사가 아닌 자로서 "공인중개사사무소", "부동산중개" 또는 이와 유사한 명칭을 사용한 자(2014.1.28 본호개정)
6의2. 제18조의2제3항을 위반하여 개업공인중개사가 아닌 자로서 중개업을 하기 위하여 중개대상물에 대한 표시·광고를 한 자(2019.8.20 본호개정)
7. 제19조제1항 또는 제2항을 위반하여 다른 사람에게 자기의 성명 또는 상호를 사용하여 중개업무를 하게 하거나 중개사무소등록증을 다른 사람에게 양도·대여한 자 또는 다른 사람의 성명·상호를 사용하여 중개업무를 하거나 중개사무소등록증을 양수·대여받은 자(2023.6.1 본호개정)
7의2. 제19조제3항을 위반하여 같은 조 제1항 및 제2항에서 금지한 행위를 알선한 자(2023.6.1 본호신설)
8. 제24조제4항의 규정을 위반하여 정보를 공개한 자
9. 제29조제2항의 규정을 위반하여 업무상 비밀을 누설한 자
10. 제33조제1항제1호부터 제4호까지의 규정을 위반한 자 (2019.8.20 본호개정)
② 제29조제2항의 규정에 위반한 자는 피해자의 명시한 의사에 반하여 벌하지 아니한다.

제50조【양벌규정】 소속공인중개사·중개보조원 또는 개업공인중개사인 법인의 사원·임원이 중개업무에 관하여 제48조 또는 제49조의 규정에 해당하는 위반행위를 한 때에는 그 행위자를 벌하는 외에 그 개업공인중개사에 대하여도 해당 조에 규정된 벌금형을 과한다. 다만, 그 개업공인중개사가 그 위반행위를 방지하기 위하여 해당 업무에 관하여 상당한 주의와 감독을 게을리하지 아니한 경우에는 그러하지 아니하다.(2014.1.28 본조개정)

제51조【과태료】 ① (2014.1.28 삭제)
② 다음 각 호의 어느 하나에 해당하는 자에게는 500만원 이하의 과태료를 부과한다.
1. 제18조의2제4항 각 호를 위반하여 부당한 표시·광고를 한 자(2019.8.20 본호신설)
1의2. 정당한 사유 없이 제18조의3제2항의 요구에 따르지 아니하여 관련 자료를 제출하지 아니한 자(2019.8.20 본호신설)
1의3. 정당한 사유 없이 제18조의3제3항의 요구에 따르지 아니하여 필요한 조치를 하지 아니한 자(2019.8.20 본호신설)
1의4. 제18조의4를 위반하여 중개의뢰인에게 본인이 중개보조원이라는 사실을 미리 알리지 아니한 사람 및 그가 소속된 개업공인중개사. 다만, 개업공인중개사가 그 위반행위를 방지하기 위하여 해당 업무에 관하여 상당한 주의와 감독을 게을리하지 아니한 경우는 제외한다.(2023.4.18 본호신설)
1의5. 제24조제3항을 위반하여 운영규정의 승인 또는 변경승인을 얻지 아니하거나 운영규정의 내용을 위반하여 부동산거래정보망을 운영한 자
1의6. 제25조제1항을 위반하여 성실·정확하게 중개대상물의 확인·설명을 하지 아니하거나 설명의 근거자료를 제시하지 아니한 자(2014.5.21 본호신설)
2.~5. (2014.1.28 삭제)
5의2. 제34조제4항에 따른 연수교육을 정당한 사유 없이 받지 아니한 자(2013.6.4 본호신설)
6. 제37조제1항에 따른 보고, 자료의 제출, 조사 또는 검사를 거부·방해 또는 기피하거나 그 밖의 명령을 이행하지 아니하거나 거짓으로 보고 또는 자료제출을 한 거래정보사업자
7. 제42조제5항을 위반하여 공제사업 운용실적을 공시하지 아니한 자
8. 제42조의4에 따른 공제업무의 개선명령을 이행하지 아니한 자(2013.6.4 본호개정)
8의2. 제42조의5에 따른 임원에 대한 징계·해임의 요구를 이행하지 아니하거나 시정명령을 이행하지 아니한 자(2013.6.4 본호신설)
9. 제42조의3 또는 제44조제1항에 따른 보고, 자료의 제출, 조사 또는 검사를 거부·방해 또는 기피하거나 그 밖의 명령을 이행하지 아니하거나 거짓으로 보고 또는 자료제출을 한 자 (2013.6.4 본호개정)
10. (2014.1.28 삭제)

③ 다음 각 호의 어느 하나에 해당하는 자에게는 100만원 이하의 과태료를 부과한다.
1. 제17조를 위반하여 중개사무소등록증 등을 게시하지 아니한 자
2. 제18조제1항 또는 제3항을 위반하여 사무소의 명칭에 "공인중개사사무소", "부동산중개"라는 문자를 사용하지 아니한 자 또는 옥외 광고물에 성명을 표기하지 아니하거나 거짓으로 표기한 자
2의2. 제18조의2제1항 또는 제2항을 위반하여 중개대상물의 중개에 관한 표시 · 광고를 한 자(2019.8.20 본호개정)
3. 제20조제1항을 위반하여 중개사무소의 이전신고를 하지 아니한 자
4. 제21조제1항을 위반하여 휴업, 폐업, 휴업한 중개업의 재개 또는 휴업기간의 변경 신고를 하지 아니한 자
5. 제30조제5항을 위반하여 손해배상책임에 관한 사항을 설명하지 아니하거나 관계 증서의 사본 또는 관계 증서에 관한 전자문서를 교부하지 아니한 자
6. 제35조제3항 또는 제4항을 위반하여 공인중개사자격증을 반납하지 아니하거나 공인중개사자격증을 반납할 수 없는 사유서를 제출하지 아니한 자 또는 거짓으로 공인중개사자격증을 반납할 수 없는 사유서를 제출한 자
7. 제38조제4항을 위반하여 중개사무소등록증을 반납하지 아니한 자
④ (2014.1.28 삭제)
⑤ 제2항 및 제3항에 따른 과태료는 대통령령으로 정하는 바에 따라 다음 각 호의 자가 각각 부과 · 징수한다.(2014.1.28 본문개정)
1. 제2항제1호의2 · 제1호의3 · 제1호의5, 제6호부터 제8호까지, 제8호의2 및 제9호의 경우 : 국토교통부장관(2023.4.18 본호개정)
2. 제2항제5호의2 및 제3항제6호의 경우 : 시 · 도지사
3. (2014.1.28 삭제)
4. 제2항제1호 · 제1호의4 · 제1호의6, 제3항제1호 · 제2호 · 제2호의2, 제3호부터 제5호까지 및 제7호의 경우 : 등록관청(2023.4.18 본호개정)
(2013.6.4 본항개정)
⑥~⑨ (2009.4.1 삭제)
⑩ (2014.1.28 삭제)
(2008.6.13 본조개정)

부　칙 (2008.6.13)

제1조【시행일】 이 법은 공포 후 3개월이 경과한 날부터 시행한다. 다만, 제51조제5항의 개정규정은 공포한 날부터 시행한다.
제2조【주택거래신고지역의 주택에 대한 중개업자의 부동산거래의 신고에 관한 적용례】 제27조제6항의 개정규정은 이 법 시행 후 중개업자가 최초로 주택거래계약서를 작성하여 교부하는 분부터 적용한다.
제3조【과태료 부과에 따른 경과조치】 ① 부칙 제1조 본문에 따른 시행일 당시 종전의 제27조의2에 따라 자료제출을 요구 중인 신고사항에 대하여 제51조제1항 또는 같은 조 제2항제5호의 개정규정을 위반한 자에 대한 과태료 처분은 개정규정에도 불구하고 종전의 규정에 따른다.
② 부칙 제1조 단서에 따른 시행일 당시 종전의 제51조제1항 및 제3항에 따른 부동산거래 신고의무를 위반하여 등록관청 등에서 과태료 부과가 예고 중인 자의 과태료는 등록관청 등에서 부과 · 징수한다.

부　칙 (2013.6.4)

제1조【시행일】 이 법은 공포한 날부터 시행한다. 다만, 제13조제6항 단서, 제18조의2, 제21조의2, 제25조의2, 제27조제5항, 제42조, 제42조의2부터 제42조의6까지, 제49조제1항제6호의2, 제51조제1항, 같은 조 제2항제3호 · 제2항제10호 · 제3항제2호의2 및 같은 조 제4항 · 제5항의 개정규정은 공포 후 6개월이 경과한 날부터 시행하고, 제34조제2항부터 제6항까지, 제51조제2항제5호의2의 개정규정은 공포 후 1년이 경과한 날부터 시행한다.
제2조【소속공인중개사 및 중개보조원의 교육에 관한 경과조치】 종전의 제15조제1항에 따라 신고된 소속공인중개사 및 중개보조원은 제34조제2항 및 제3항의 개정규정 시행 후 1년 이내에 같은 개정규정에 따라 교육을 이수하여야 하며, 교육을 이수하지 아니할 경우 신고의 효력이 상실된 것으로 본다.
제3조【과태료에 관한 경과조치】 이 법 시행 전의 행위에 대하여 과태료를 부과할 때에는 종전의 규정에 따른다.

부　칙 (2014.1.28)

제1조【시행일】 이 법은 공포 후 6개월이 경과한 날부터 시행한다. 다만, 제34조제1항의 개정규정은 공포 후 2년이 경과한 날부터 시행한다.
제2조【벌금형의 분리 선고에 관한 적용례】 제10조의2의 개정규정은 이 법 시행 후 발생한 범죄행위로 형벌을 받는 사람부터 적용한다.
제3조【개업공인중개사에 관한 규정의 준용】 법률 제7638호 不動産仲介業法 전부개정법률 부칙 제6조제1항에 따라 중개사무소의 개설등록을 한 것으로 보는 자가 중개업을 하는 경우 그 성질에 어긋나지 아니하면 개업공인중개사에 관한 규정을 준용하되, 같은 조 제2항부터 제7항까지의 규정을 적용한다.

부　칙 (2014.5.21)

제1조【시행일】 이 법은 2014년 7월 29일부터 시행한다.
제2조【행정제재처분의 속행에 관한 적용례】 제40조의 개정규정은 이 법 시행 후 행정처분의 대상이 되는 위반행위를 하는 자부터 적용한다.
제3조【과태료에 관한 경과조치】 이 법 시행 당시 개업공인중개사가 이 법 시행 전에 발생한 사유로 인하여 제51조제2항제1호의2의 개정규정에 해당되는 경우에는 종전의 규정에 따른다.

부　칙 (2016.12.2)

제1조【시행일】 이 법은 공포한 날부터 시행한다. 다만, 제48조의 개정규정은 공포 후 6개월이 경과한 날부터 시행한다.
제2조【벌칙에 관한 경과조치】 제48조의 개정규정 시행 전의 행위에 대하여 벌칙을 적용할 때에는 종전의 규정에 따른다.

부　칙 (2018.4.17)

제1조【시행일】 이 법은 공포한 날부터 시행한다.
제2조【금치산자 등의 결격사유에 관한 경과조치】 제10조제1항제2호의 개정규정에 따른 피성년후견인 또는 피한정후견인에는 법률 제10429호 민법 일부개정법률 부칙 제2조에 따라 금치산 또는 한정치산 선고의 효력이 유지되는 사람을 포함하는 것으로 본다.

부　칙 (2019.8.20)

제1조【시행일】 이 법은 공포 후 1년이 경과한 날부터 시행한다. 다만, 제33조제1항제8호 및 제9호, 제33조제2항, 제36조제1항제7호, 제38조제2항제9호, 제47조의2, 제48조제3호 · 제4호 및 제49조제1항제10호의 개정규정은 공포 후 6개월이 경과한 날부터 시행한다.
제2조【공인중개사 자격의 정지에 관한 경과조치】 이 법 시행 전의 위반행위에 대한 자격의 정지 처분에 관하여는 종전의 규정에 따른다.
제3조【중개업 등록취소에 관한 경과조치】 이 법 시행 전의 위반행위에 대한 등록취소 처분에 관하여는 종전의 규정에 따른다.

부　칙 (2020.6.9)

이 법은 공포한 날부터 시행한다.(이하 생략)

부　칙 (2020.12.8)

이 법은 공포 후 3개월이 경과한 날부터 시행한다.

부　칙 (2020.12.29)

제1조【시행일】 이 법은 공포 후 1년이 경과한 날부터 시행한다.(이하 생략)

부　칙 (2023.4.18)

제1조【시행일】 이 법은 공포 후 6개월이 경과한 날부터 시행한다.
제2조【임대차 중개 시 설명의무에 관한 적용례】 제25조의3의 개정규정은 이 법 시행 이후 주택의 임대차계약을 체결하는 경우부터 적용한다.
제3조【결격사유에 관한 경과조치】 이 법 시행 전의 행위로 제10조제1항제5호의 개정규정에 따른 결격사유에 해당하게 된 경우에는 같은 개정규정에도 불구하고 종전의 규정에 따른다.
제4조【중개보조원 수의 제한에 관한 경과조치】 이 법 시행 당시 개업공인중개사와 소속공인중개사를 합한 수의 5배를 초과하여 중개보조원을 고용하고 있는 개업공인중개사는 제15조제3항의 개정규정에도 불구하고 이 법 시행일부터 3년 이내에 같은 개정규정에 적합하도록 하여야 한다.

부　칙 (2023.6.1)

이 법은 공포 후 1개월이 경과한 날부터 시행한다. 다만, 제47조의2제2항의 개정규정은 공포한 날부터 시행하고, 같은 항 제1호 및 제3호의 개정규정 중 제15조제3항, 제18조의4 및 제25조의3에 관한 부분은 2023년 10월 19일부터 시행한다.

부　칙 (2023.12.26)

제1조【시행일】 이 법은 공포 후 1년이 경과한 날부터 시행한다.(이하 생략)

자동차손해배상 보장법

(약칭 : 자동차손배법)

(2008년 3월 28일 전부개정법률 제9065호)

개정
2009. 2. 6법 9449호(자동차관리법)
2009. 2. 6법 9450호
2009. 5.27법 9738호
2012. 2.22법11369호
2013. 3.23법11690호(정부조직)
2013. 8. 6법12021호
2015. 1. 6법12987호
2015. 6.22법13377호
2016. 3.22법14092호
2016.12.20법14450호
2017.10.24법14939호(한국교통안전공단법)
2017.11.28법15118호
2019.11.26법16635호
2020. 4. 7법17236호
2020. 6. 9법17453호(법률용어정비)
2021. 1.26법17911호(생활물류서비스산업발전법)
2021. 3.16법17948호
2021. 7.27법18347호
2021.12. 7법18560호
2022.11.15법19055호
2024. 1. 9법19981호
2024. 1. 9법19986호(행정기관정비일부개정법령등)
2024. 1.16법20046호
2024. 2.20법20340호
2024.12. 3법20555호

제1장　총　칙

제1조【목적】 이 법은 자동차의 운행으로 사람이 사망 또는 부상하거나 재물이 멸실 또는 훼손된 경우에 손해배상을 보장하는 제도를 확립하여 피해자를 보호하고, 자동차사고로 인한 사회적 손실을 방지함으로써 자동차운송의 건전한 발전을 촉진함을 목적으로 한다.(2013.8.6 본조개정)
제2조【정의】 이 법에서 사용하는 용어의 뜻은 다음과 같다.
1. "자동차"란 「자동차관리법」의 적용을 받는 자동차와 「건설기계관리법」의 적용을 받는 건설기계 중 대통령령으로 정하는 것을 말한다.
1의2. "자율주행자동차"란 「자동차관리법」 제2조제1호의3에 따른 자율주행자동차를 말한다.(2020.4.7 본호신설)
2. "운행"이란 사람 또는 물건의 운송 여부와 관계없이 자동차를 그 용법에 따라 사용하거나 관리하는 것을 말한다.
3. "자동차보유자"란 자동차의 소유자나 자동차를 사용할 권리가 있는 자로서 자기를 위하여 자동차를 운행하는 자를 말한다.
4. "운전자"란 다른 사람을 위하여 자동차를 운전하거나 운전을 보조하는 일에 종사하는 자를 말한다.
5. "책임보험"이란 자동차보유자와 「보험업법」에 따라 허가를 받아 보험업을 영위하는 자(이하 "보험회사"라 한다)가 자동차의 운행으로 다른 사람이 사망하거나 부상한 경우 이 법에 따른 손해배상책임을 보장하는 내용을 약정하는 보험을 말한다.
6. "책임공제(責任共濟)"란 사업용 자동차의 보유자와 「여객자동차 운수사업법」, 「화물자동차 운수사업법」, 「건설기계관리법」 또는 「생활물류서비스산업발전법」에 따라 공제사업을 하는 자(이하 "공제사업자"라 한다)가 자동차의 운행으로 다른 사람이 사망하거나 부상한 경우 이 법에 따른 손해배상책임을 보장하는 내용을 약정하는 공제를 말한다.(2021.1.26 본호개정)
7. "자동차보험진료수가(診療酬價)"란 자동차의 운행으로 사고를 당한 자(이하 "교통사고환자"라 한다)가 「의료법」에 따른 의료기관(이하 "의료기관"이라 한다)에서 진료를 받음으로써 발생하는 비용으로서 다음 각 목의 어느 하나의 경우에 적용되는 금액을 말한다.
가. 보험회사(공제사업자를 포함한다. 이하 "보험회사등"이라 한다)의 보험금(공제금을 포함한다. 이하 "보험금등"이라 한다)으로 해당 비용을 지급하는 경우
나. 제30조에 따른 자동차손해배상 보장사업의 보상금으로 해당 비용을 지급하는 경우

다. 교통사고환자에 대한 배상(제30조에 따른 보상을 포함한다)이 종결된 후 해당 교통사고로 발생한 치료비를 교통사고환자가 의료기관에 지급하는 경우

(2009.2.6 본호개정)

8. "자동차사고 피해지원사업"이란 자동차사고로 인한 피해를 구제하거나 예방하기 위한 사업을 말하며, 다음 각 목과 같이 구분한다.

가. 자동차손해배상 보장사업 : 제30조에 따라 국토교통부장관이 자동차사고 피해를 보상하는 사업

나. 자동차사고 피해예방사업 : 제30조의2에 따라 국토교통부장관이 자동차사고 피해예방을 지원하는 사업

다. 자동차사고 피해자 가족 등 지원사업 : 제30조제2항에 따라 국토교통부장관이 자동차사고 피해자 및 가족을 지원하는 사업

라. 자동차사고 후유장애인 재활지원사업 : 제31조에 따라 국토교통부장관이 자동차사고 후유장애인 등의 재활을 지원하는 사업(2016.3.22 본목개정)

(2013.8.6 본호신설)

9. "자율주행자동차사고"란 자율주행자동차의 운행 중에 그 운행과 관련하여 발생한 자동차사고를 말한다.

(2020.4.7 본호신설)

제3조【자동차손해배상책임】 자기를 위하여 자동차를 운행하는 자는 그 운행으로 다른 사람을 사망하게 하거나 부상하게 한 경우에는 그 손해를 배상할 책임을 진다. 다만, 다음 각 호의 어느 하나에 해당하면 그러하지 아니하다.

1. 승객이 아닌 자가 사망하거나 부상한 경우에 자기와 운전자가 자동차의 운행에 주의를 게을리 하지 아니하였고, 피해자 또는 자기 및 운전자 외의 제3자에게 고의 또는 과실이 있으며, 자동차의 구조상의 결함이나 기능상의 장해가 없었다는 것을 증명한 경우
2. 승객이 고의나 자살행위로 사망하거나 부상한 경우

판례 A는 알고 지내던 B의 집 앞에 자동차를 주차한 뒤 다음 날 새벽까지 인근 술집에서 B와 술을 마시고 B의 집에 가 잠이 들었다. 이때 B가 A의 자동차 열쇠를 몰래 가져가 술에 취한 상태로 A의 차를 운전하다 행인을 들이받는 사고를 내었다. 이 사건에서 B가 자동차 열쇠를 쉽게 찾아 바로 차를 운전할 수 있었던 점, 비교적 가까운 거리를 짧은 시간 운전했을 뿐이므로 자동차 반환의사가 있었던 것으로 보이는 점, 또한 A가 사고 발생 무렵에는 B를 절도 혐의로 고소하지 않다가 나중에야 고소한 점 등에 비춰 보면 A가 사고 당시 자동차에 대한 운행지배와 운행이익을 완전히 상실했다고 보기는 어려우며, 이에 따라 사고에 대해 법적 책임이 있다고 보아야 한다.
(대판 2024.5.30, 2024다204221)

판례 자동차손해배상법의 목적이 자동차의 운행으로 사람이 사망하거나 부상한 경우에 손해배상을 보장하는 제도를 확립함으로써 피해자를 보호하고 자동차 운송의 건전한 발전을 촉진함에 있음(제1조)에 비추어 보면, '승객의 고의 또는 자살행위'는 승객의 자유로운 의사결정에 기하여 의식적으로 행한 행위에 한정된다.
(대판 2017.7.18, 2016다216953)

판례 '자기를 위하여 자동차를 운행하는 자'란 사회통념상 당해 자동차에 대한 운행을 지배하여 그 이익을 향수하는 책임주체로서의 지위에 있다고 할 수 있는 자를 말하고, 이 경우 운행의 지배는 현실적인 지배에 한하지 아니하고 사회통념상 간접지배 내지는 지배가능성이 있다고 볼 수 있는 경우도 포함한다.
(대판 2009.10.15, 2009다42703,42710)

판례 승객이란 자동차 운행자의 명시적·묵시적 동의하에 승차한 사람을 의미하는데, 반드시 자동차에 탑승하여 차량 내부에 있는 사람만을 승객이라고 할 수 없고, 운행중인 자동차에서 잠시 하차하였으나 운행중인 자동차의 직접적인 위험범위에서 벗어나지 않은 사람도 승객의 지위를 유지할 수 있으며, 그 해당 여부를 판단함에는 운행자와 승객의 의사, 승객이 하차한 경위, 하차 후 경과한 시간, 자동차가 주·정차한 장소의 성격, 그 장소와 사고 위치의 관계 등의 제반 사정을 종합하여 사회통념에 비추어 결정하여야 한다.(대판 2008.2.28, 2006다18303)

제4조【「민법」의 적용】 자기를 위하여 자동차를 운행하는 자의 손해배상책임에 대하여는 제3조에 따른 경우 외에는 「민법」에 따른다.

제2장 손해배상을 위한 보험 가입 등

제5조【보험 등의 가입 의무】 ① 자동차보유자는 자동차의 운행으로 다른 사람이 사망하거나 부상한 경우에 피해자(피해자가 사망한 경우에는 손해배상을 받을 권리를 가진 자를 말한다. 이하 같다)에게 대통령령으로 정하는 금액을 지급할 책임을 지는 책임보험이나 책임공제(이하 "책임보험등"이라 한다)에 가입하여야 한다.

② 자동차보유자는 책임보험등에 가입하는 것 외에 자동차의 운행으로 다른 사람의 재물이 멸실되거나 훼손된 경우에 피해자에게 대통령령으로 정하는 금액을 지급할 책임을 지는 「보험업법」에 따른 보험이나 「여객자동차 운수사업법」, 「화물자동차 운수사업법」, 「건설기계관리법」 및 「생활물류서비스산업발전법」에 따른 공제에 가입하여야 한다.(2021.1.26 본항개정)

③ 다음 각 호의 어느 하나에 해당하는 자는 책임보험등에 가입하는 것 외에 자동차 운행으로 인하여 다른 사람이 사망하거나 부상한 경우에 피해자에게 책임보험등의 배상책임한도를 초과하여 대통령령으로 정하는 금액을 지급할 책임을 지는 「보험업법」에 따른 보험이나 「여객자동차 운수사업법」, 「화물자동차 운수사업법」, 「건설기계관리법」 및 「생활물류서비스산업발전법」에 따른 공제에 가입하여야 한다.(2021.1.26 본문개정)

1. 「여객자동차 운수사업법」 제4조제1항에 따라 면허를 받거나 등록한 여객자동차 운송사업자
2. 「여객자동차 운수사업법」 제28조제1항에 따라 등록한 자동차 대여사업자
3. 「화물자동차 운수사업법」 제3조 및 제29조에 따라 허가를 받은 화물자동차 운송사업자 및 화물자동차 운송가맹사업자
4. 「건설기계관리법」 제21조제1항에 따라 등록한 건설기계 대여업자
5. 「생활물류서비스산업발전법」 제2조제4호나목에 따른 소화물배송대행서비스인증사업자(2021.1.26 본호신설)

④ 제1항 및 제2항은 대통령령으로 정하는 자동차와 도로(「도로교통법」 제2조제1호에 따른 도로를 말한다. 이하 같다)가 아닌 장소에서만 운행하는 자동차에 대하여는 적용하지 아니한다.

⑤ 제1항의 책임보험등과 제2항 및 제3항의 보험 또는 공제에는 각 자동차별로 가입하여야 한다.

제5조의2【보험 등의 가입 의무 면제】 ① 자동차보유자는 보유한 자동차(제5조제3항 각 호의 자가 면허 등을 받은 사업에 사용하는 자동차는 제외한다)를 해외체류 등으로 3개월 이상 2년 이하의 범위에서 일정 기간 운행할 수 없는 경우로서 대통령령으로 정하는 경우에는 그 자동차의 등록업무를 관할하는 특별시장·광역시장·특별자치시장·도지사·특별자치도지사(자동차의 등록업무가 시장·군수·구청장에게 위임된 경우에는 시장·군수·구청장을 말한다. 이하 "시·도지사"라 한다)의 승인을 받아 그 운행중지기간에 한정하여 제5조제1항 및 제2항에 따른 보험 또는 공제에의 가입 의무를 면제받을 수 있다. 이 경우 자동차보유자는 해당 자동차등록증 및 자동차등록번호판을 시·도지사에게 보관하여야 한다.(2024.1.16 전단개정)

② 제1항에 따라 보험 또는 공제에의 가입 의무를 면제받은 자는 면제기간 중에는 해당 자동차를 도로에서 운행하여서는 아니 된다.

③ 보험회사등은 자기와 제1항에 따라 보험 또는 공제에의 가입 의무를 면제받은 자가 체결한 보험 또는 공제의 계약기간을 국토교통부령으로 정하는 바에 따라 그 운행중지기간 내에서 유예할 수 있다.(2024.1.16 본항신설)

④ 제1항에 따른 보험 또는 공제에의 가입 의무를 면제받을 수 있는 승인 기준 및 신청 절차 등 필요한 사항은 국토교통부령으로 정한다.(2013.3.23 본항개정)

(2012.2.22 본조신설)

제6조【의무보험 미가입자에 대한 조치 등】 ① 보험회사등은 자기와 제5조제1항부터 제3항까지의 규정에 따라 자동차보유자가 가입하여야 하는 보험 또는 공제(이하 "의무보험"이라 한다)의 계약을 체결하고 있는 자동차보유자에게 그 계약 종료일의 75일 전부터 30일 전까지의 기간 및 30일 전부터 10일 전까지의 기간에 각각 그 계약이 끝난다는 사실을 알려야 한다. 다만, 보험회사등은 보험기간이 1개월 이내인 계약인 경우와 자동차보유자가 자기와 다시 계약을 체결하거나 다른 보험회

사등과 새로운 계약을 체결한 사실을 안 경우에는 통지를 생략할 수 있다.(2009.2.6 본항개정)
② 보험회사등은 의무보험에 가입하여야 할 자가 다음 각 호의 어느 하나에 해당하면 그 사실을 국토교통부령으로 정하는 기간 내에 특별자치시장·특별자치도지사·시장·군수 또는 구청장(자치구의 구청장을 말하며, 이하 "시장·군수·구청장"이라 한다)에게 알려야 한다.(2021.7.27 본문개정)
1. 자기와 의무보험 계약을 체결한 경우
2. 자기와 의무보험 계약을 체결한 후 계약 기간이 끝나기 전에 그 계약을 해지한 경우
3. 자기와 의무보험 계약을 체결한 자가 그 계약 기간이 끝난 후 자기와 다시 계약을 체결하지 아니한 경우
③ 제2항에 따른 통지를 받은 시장·군수·구청장은 의무보험에 가입하지 아니한 자동차보유자에게 지체 없이 10일 이상 15일 이하의 기간을 정하여 의무보험에 가입하고 그 사실을 증명할 수 있는 서류를 제출할 것을 명하여야 한다.
④ 시장·군수·구청장은 의무보험에 가입되지 아니한 자동차의 등록번호판(이륜자동차 번호판 및 건설기계의 등록번호표를 포함한다. 이하 같다)을 영치할 수 있다.
⑤ 시장·군수·구청장은 제4항에 따라 의무보험에 가입되지 아니한 자동차의 등록번호판을 영치하기 위하여 필요하면 경찰서장에게 협조를 요청할 수 있다. 이 경우 협조를 요청받은 경찰서장은 특별한 사유가 없으면 이에 따라야 한다.
⑥ 시장·군수·구청장은 제4항에 따라 의무보험에 가입되지 아니한 자동차의 등록번호판을 영치하면 「자동차관리법」이나 「건설기계관리법」에 따라 그 자동차의 등록업무를 관할하는 시·도지사와 그 자동차보유자에게 그 사실을 통보하여야 한다.(2012.2.22 본항개정)
⑦ 제1항과 제2항에 따른 통지의 방법과 절차에 관하여 필요한 사항, 제4항에 따른 자동차 등록번호판의 영치 및 영치 해제의 방법·절차 등에 관하여 필요한 사항은 국토교통부령으로 정한다.(2013.3.23 본항개정)

제7조【의무보험 가입관리전산망의 구성·운영 등】 ① 국토교통부장관은 의무보험에 가입하지 아니한 자동차보유자를 효율적으로 관리하기 위하여 「자동차관리법」 제69조제1항에 따른 전산정보처리조직과 「보험업법」 제176조에 따른 보험요율산출기관(이하 "보험요율산출기관"이라 한다)이 관리·운영하는 전산정보처리조직을 연계하여 의무보험 가입관리전산망(이하 "가입관리전산망"이라 한다)을 구성하여 운영할 수 있다.(2013.3.23 본항개정)
② 국토교통부장관은 관계 중앙행정기관의 장, 지방자치단체의 장, 「공공기관의 운영에 관한 법률」 제4조에 따른 공공기관의 장, 「유료도로법」에 따른 유료도로관리청 및 유료도로관리권자, 보험회사 및 보험 관련 단체의 장에게 가입관리전산망을 구성·운영하기 위하여 대통령령으로 정하는 정보의 제공을 요청할 수 있다. 이 경우 관련 정보의 제공을 요청받은 자는 특별한 사유가 없으면 요청에 따라야 한다.(2024.1.9 전단개정)
③ (2009.2.6 삭제)
④ 가입관리전산망의 운영에 필요한 사항은 대통령령으로 정한다.

제8조【운행의 금지】 의무보험에 가입되어 있지 아니한 자동차는 도로에서 운행하여서는 아니 된다. 다만, 제5조제4항에 따라 대통령령으로 정하는 자동차는 운행할 수 있다.

제9조【의무보험의 가입증명서 발급 청구】 의무보험에 가입한 자와 그 의무보험 계약의 피보험자(이하 "보험가입자등"이라 한다) 및 이해관계인은 권리의무 또는 사실관계를 증명하기 위하여 필요하면 보험회사등에게 의무보험에 가입한 사실을 증명하는 서류의 발급을 청구할 수 있다.

제10조【보험금등의 청구】 ① 보험가입자등에게 제3조에 따른 손해배상책임이 발생하면 그 피해자는 대통령령으로 정하는 바에 따라 보험회사등에게 「상법」 제724조제2항에 따라 보험금등을 자기에게 직접 지급할 것을 청구할 수 있다. 이 경우 피해자는 자동차보험진료수가에 해당하는 금액은 진료한 의료기관에 직접 지급하여 줄 것을 청구할 수 있다.
② 보험가입자등은 보험회사등이 보험금등을 지급하기 전에 피해자에게 손해에 대한 배상금을 지급한 경우에는 보험회사등에게 보험금등의 보상한도에서 그가 피해자에게 지급한 금액의 지급을 청구할 수 있다.

제11조【피해자에 대한 가불금】 ① 보험가입자등이 자동차의 운행으로 다른 사람을 사망하게 하거나 부상하게 한 경우에는 피해자는 대통령령으로 정하는 바에 따라 보험회사등에게 자동차보험진료수가에 대하여는 그 전액을, 그 외의 보험금등에 대하여는 대통령령으로 정한 금액을 제10조에 따른 보험금등을 지급하기 위한 가불금(假拂金)으로 지급할 것을 청구할 수 있다.
② 보험회사등은 제1항에 따른 청구를 받으면 국토교통부령으로 정하는 기간에 그 청구받은 가불금을 지급하여야 한다.(2013.3.23 본항개정)
③ 보험회사등은 제2항에 따라 지급한 가불금이 지급하여야 할 보험금등을 초과하면 가불금을 지급받은 자에게 그 초과액의 반환을 청구할 수 있다.
④ 보험회사등은 제2항에 따라 가불금을 지급한 후 보험가입자등에게 손해배상책임이 없는 것으로 밝혀진 경우에는 가불금을 지급받은 자에게 그 지급액의 반환을 청구할 수 있다.(2020.6.9 본항개정)
⑤ 보험회사등은 제3항 및 제4항에 따른 반환 청구에도 불구하고 가불금을 반환받지 못하는 경우로서 대통령령으로 정하는 요건을 갖추면 반환받지 못한 가불금의 보상을 정부에 청구할 수 있다.(2016.12.20 본항개정)

제12조【자동차보험진료수가의 청구 및 지급】 ① 보험회사등은 보험가입자등 또는 제10조제1항 후단에 따른 피해자가 청구하거나 그 밖의 원인으로 교통사고환자가 발생한 것을 안 경우에는 지체 없이 그 교통사고환자를 진료하는 의료기관에 해당 진료에 따른 자동차보험진료수가의 지급 의사 유무와 지급 한도를 알려야 한다.(2009.2.6 본항개정)
② 제1항에 따라 보험회사등으로부터 자동차보험진료수가의 지급 의사와 지급 한도를 통지받은 의료기관은 그 보험회사등에게 제15조에 따라 국토교통부장관이 고시한 기준에 따라 자동차보험진료수가를 청구할 수 있다.(2013.3.23 본항개정)
③ 의료기관이 제2항에 따라 보험회사등에게 자동차보험진료수가를 청구하는 경우에는 「의료법」 제22조에 따른 진료기록부의 진료기록에 따라 청구하여야 한다.
④ 제2항에 따라 의료기관이 자동차보험진료수가를 청구하면 보험회사등은 30일 이내에 그 청구액을 지급하여야 한다. 다만, 보험회사등이 제12조의2제1항에 따라 위탁한 경우 전문심사기관이 심사결과를 통지한 날부터 14일 이내에 심사결과에 따라 자동차보험진료수가를 지급하여야 한다.(2015.6.22 단서개정)
⑤ 의료기관은 제2항에 따라 보험회사등에게 자동차보험진료수가를 청구할 수 있는 경우에는 교통사고환자(환자의 보호자를 포함한다)에게 이에 해당하는 진료비를 청구하여서는 아니 된다. 다만, 다음 각 호의 어느 하나에 해당하는 경우에는 해당 진료비를 청구할 수 있다.
1. 보험회사등이 지급 의사가 없다는 사실을 알리거나 지급 의사를 철회한 경우
2. 보험회사등이 보상하여야 할 대상이 아닌 비용의 경우
3. 제1항에 따라 보험회사등이 알린 지급 한도를 초과한 진료비의 경우
4. 제10조제1항 또는 제11조제1항에 따라 피해자가 보험회사등에게 자동차보험진료수가를 자기에게 직접 지급할 것을 청구한 경우
5. 그 밖에 국토교통부령으로 정하는 사유에 해당하는 경우
(2013.3.23 본호개정)

제12조의2【업무의 위탁】 ① 보험회사등은 제12조제4항에 따라 의료기관이 청구하는 자동차보험진료수가의 심사·조정 업무 등을 대통령령으로 정하는 전문심사기관(이하 "전문심사기관"이라 한다)에 위탁할 수 있다.
② 전문심사기관은 제1항에 따라 의료기관이 청구한 자동차보험진료수가가 제15조에 따른 자동차보험진료수가에 관한 기준에 적합한지를 심사한다.
③ (2015.6.22 삭제)

④ 제1항에 따라 전문심사기관에 위탁한 경우 청구, 심사, 이의제기 등의 방법 및 절차 등은 국토교통부령으로 정한다.
(2015.6.22 본항개정)
(2012.2.22 본조신설)

제12조의3【전문심사기관의 조정 및 정산 등】 ① 전문심사기관은 전문심사기관의 심사결과에 따라 자동차보험진료수가가 지급된 이후에도, 다음 각 호의 어느 하나에 해당하는 경우에는 제19조제3항에도 불구하고 지급된 자동차보험진료수가를 확인·조정하여 보험회사등과 의료기관에 통보할 수 있다. 이 경우 보험회사등과 의료기관은 전문심사기관의 조정결과에 따라 자동차보험진료수가를 상호 정산하여야 한다.
1. 거짓이나 부정한 방법으로 자동차보험진료수가를 지급받은 경우
2. 착오 등으로 자동차보험진료수가가 잘못 지급된 경우
3. 그 밖에 자동차보험진료수가가 잘못 지급된 경우로서 대통령령으로 정하는 경우

② 전문심사기관이 제1항에 따라 자동차보험진료수가를 확인·조정할 수 있는 기간은 제12조제2항에 따라 의료기관이 보험회사등에 해당 자동차보험진료수가를 청구한 날부터 5년 이내로 한다.
③ 제1항에 따른 자동차보험진료수가의 확인·조정, 상호 정산 등의 방법 및 절차 등은 국토교통부령으로 정한다.
(2024.1.9 본조신설)

제13조【입원환자의 관리 등】 ① 제12조제2항에 따라 보험회사등에 자동차보험진료수가를 청구할 수 있는 의료기관은 교통사고로 입원한 환자(이하 "입원환자"라 한다)의 외출이나 외박에 관한 사항을 기록·관리하여야 한다.
② 입원환자는 외출하거나 외박하려면 의료기관의 허락을 받아야 한다.
③ 제12조제1항에 따라 자동차보험진료수가의 지급 의사 유무 및 지급 한도를 통지한 보험회사등은 입원환자의 외출이나 외박에 관한 기록의 열람을 청구할 수 있다. 이 경우 의료기관은 정당한 사유가 없으면 청구에 따라야 한다.

제13조의2【교통사고환자의 퇴원·전원 지시】 ① 의료기관은 입원 중인 교통사고환자가 수술·처치 등의 진료를 받은 후 상태가 호전되어 더 이상 입원진료가 필요하지 아니한 경우에는 그 환자에게 퇴원하도록 지시할 수 있고, 생활근거지에서 진료할 필요가 있는 경우 등 대통령령으로 정하는 경우에는 대통령령으로 정하는 다른 의료기관으로 전원(轉院)하도록 지시할 수 있다. 이 경우 의료기관은 해당 환자와 제12조제1항에 따라 자동차보험진료수가의 지급 의사를 통지한 해당 보험회사등에게 그 사유와 일자를 지체없이 통보하여야 한다.
② 제1항에 따라 교통사고환자에게 다른 의료기관으로 전원하도록 지시한 의료기관이 다른 의료기관이나 담당의사로부터 진료기록, 임상소견서 및 치료경위서의 열람이나 송부 등 진료에 관한 정보의 제공을 요청받으면 지체 없이 이에 따라야 한다.
(2009.2.6 본조신설)

제14조【진료기록의 열람 등】 ① 보험회사등은 의료기관으로부터 제12조제2항에 따라 자동차보험진료수가를 청구받으면 그 의료기관에 대하여 관계 진료기록의 열람을 청구할 수 있다.
② 제12조의2에 따라 심사 등을 위탁받은 전문심사기관은 심사 등에 필요한 진료기록·주민등록·출입국관리 등의 자료로서 대통령령으로 정하는 자료(이하 "진료기록등"이라 한다)의 제공을 국가, 지방자치단체, 의료기관, 보험회사등, 보험요율산출기관, 「공공기관의 운영에 관한 법률」에 따른 공공기관 및 그 밖의 공공단체 등에 요청할 수 있다.(2021.7.27 본항개정)
③ 제1항에 따른 청구를 받은 의료기관 및 제2항에 따른 요청을 받은 기관은 정당한 사유가 없으면 이에 따라야 한다.
(2021.7.27 본항개정)
④ 보험회사등은 보험금 지급 청구를 받은 경우 대통령령으로 정하는 바에 따라 경찰청 등 교통사고 조사기관에 대하여 교통사고 관련 조사기록의 열람을 청구할 수 있다. 이 경우 경찰청 등 교통사고 조사기관은 특별한 사정이 없으면 열람하게 하여야 한다.(2020.6.9 후단개정)
⑤ 국토교통부장관은 보험회사등이 의무보험의 보험료(공제계약의 경우에는 공제분담금을 말한다) 산출 및 보험금등의 지급업무에 활용하기 위하여 필요한 경우 음주운전 등 교통법규 위반 또는 운전면허(「건설기계관리법」 제26조제1항 본문에 따른 건설기계조종사면허를 포함한다. 이하 같다)의 효력에 관한 개인정보를 제공하여 줄 것을 보유기관의 장에게 요청할 수 있다. 이 경우 제공 요청을 받은 보유기관의 장은 특별한 사정이 없으면 이에 따라야 한다.(2019.11.26 본항신설)
⑥ 국토교통부장관은 제5항에 따른 교통법규 위반 또는 운전면허의 효력에 관한 개인정보를 제39조의3에 따른 자동차손해배상진흥원을 통하여 보험회사등에게 제공할 수 있다. 이 경우 그 개인정보 제공의 범위·절차 및 방법에 관한 사항은 대통령령으로 정한다.(2019.11.26 본항신설)
⑦ 자동차손해배상진흥원은 제5항 및 제6항에 따라 보험회사등이 의무보험의 보험료 산출 및 보험금등의 지급 업무에 활용하기 위하여 필요한 경우 외에는 제6항에 따라 제공받아 보유하는 개인정보를 타인에게 제공할 수 없다.(2019.11.26 본항신설)
⑧ 보험회사등, 전문심사기관 및 자동차손해배상진흥원에 종사하거나 종사한 자는 제1항부터 제4항까지에 따른 진료기록등 또는 교통사고 관련 조사기록의 열람으로 알게 된 다른 사람의 비밀이나 제6항에 따라 제공받은 개인정보를 누설하거나 직무상 목적 외의 용도로 이용 또는 제3자에게 제공하여서는 아니 된다.(2021.7.27 본항개정)
⑨ 전문심사기관은 의료기관, 보험회사등 및 보험요율산출기관에 제2항에 따른 자료의 제공을 요청하는 경우 자료 제공 요청 근거 및 사유, 자료 제공 대상자, 대상기간, 자료 제공 기한, 제공 자료 등이 기재된 자료제공요청서를 발송하여야 한다.
(2021.7.27 본항신설)
⑩ 제2항에 따른 국가, 지방자치단체, 의료기관, 보험요율산출기관, 공공기관 및 그 밖의 공공단체가 전문심사기관에 제공하는 자료에 대하여는 사용료와 수수료를 면제한다.(2021.7.27 본항신설)
(2012.2.22 본조개정)

제14조의2【책임보험등의 보상한도를 초과하는 경우에의 준용】 자동차보유자가 책임보험등의 보상한도를 초과하는 손해를 보상하는 보험 또는 공제에 가입한 경우 피해자가 책임보험등의 보상한도 및 이를 초과하는 손해를 보상하는 보험 또는 공제의 보상한도의 범위에서 자동차보험진료수가를 청구할 경우에도 제10조부터 제13조까지, 제13조의2 및 제14조를 준용한다.(2009.2.6 본조신설)

제3장 자동차보험진료수가 기준 및 분쟁 조정

제15조【자동차보험진료수가 등】 ① 국토교통부장관은 교통사고환자에 대한 적절한 진료를 보장하고 보험회사등, 의료기관 및 교통사고환자 간의 진료비에 관한 분쟁을 방지하기 위하여 자동차보험진료수가에 관한 기준(이하 "자동차보험진료수가기준"이라 한다)을 정하여 고시하여야 한다.(2021.7.27 본항개정)
② 자동차보험진료수가기준에는 자동차보험진료수가의 인정범위·청구절차 및 지급절차, 그 밖에 국토교통부령으로 정하는 사항이 포함되어야 한다.
③ 국토교통부장관은 자동차보험진료수가기준을 정하거나 변경하는 경우 제17조에 따른 자동차보험진료수가분쟁심의회의 심의를 거쳐 결정한다.(2021.7.27 본항개정)
(2013.3.23 본조개정)

제15조의2【자동차보험정비협의회】 ① 보험회사등과 자동차정비업자는 자동차보험 정비요금에 대한 분쟁의 예방·조정 및 상호 간의 협력을 위하여 다음 각 호의 사항을 협의하는 자동차보험정비협의회(이하 "협의회"라 한다)를 구성하여야 한다.
1. 정비요금(표준 작업시간과 공임 등을 포함한다)의 산정에 관한 사항

2. 제1호에 따른 정비요금의 조사·연구 및 연구결과의 갱신 등에 관한 사항
3. 그 밖에 보험회사등과 자동차정비업자의 상호 협력을 위하여 필요한 사항
② 협의회는 위원장 1명을 포함한 다음 각 호의 위원으로 구성하며, 위원은 국토교통부령으로 정하는 바에 따라 국토교통부장관이 위촉한다.
1. 보험업계를 대표하는 위원 5명
2. 정비업계를 대표하는 위원 5명
3. 공익을 대표하는 위원 5명
③ 협의회의 위원장은 제2항제3호에 해당하는 위원 중에서 위원 과반수의 동의로 선출한다.
④ 협의회 위원의 임기는 3년으로 한다. 다만, 위원의 사임 등으로 인하여 새로 위촉된 위원의 임기는 전임위원의 남은 임기로 한다.
⑤ 협의회는 제1항 각 호의 사항을 협의하기 위하여 매년 1회 이상 회의를 개최하여야 한다.
⑥ 협의회는 매년 9월 30일까지 제1항제1호에 따른 정비요금의 산정에 관한 사항을 정하여야 한다.(2024.2.20 본항신설)
⑦ 제6항에 따른 기한으로부터 60일을 경과하고서도 정비요금의 산정에 관한 사항이 정하여지지 아니한 경우 협의회의 위원장은 국토교통부령으로 정하는 바에 따라 정비요금에 대한 심의촉진안을 표결에 부칠 수 있다.(2024.2.20 본항신설)
⑧ 협의회는 제1항 각 호의 사항에 대한 협의를 도출하기 위하여 필요하다고 인정하면 국내외 연구기관, 대학, 전문단체 또는 산업체에 연구용역을 의뢰할 수 있다.(2024.2.20 본항신설)
⑨ 제1항제1호에 따른 정비요금의 산정에 관한 사항은 보험회사등과 자동차정비업자 간의 정비요금에 대한 계약을 체결하는 데 참고자료로 사용할 수 있다.
⑩ 제1항부터 제9항까지에서 규정한 사항 외에 협의회의 구성·운영 및 조사·연구 등에 필요한 사항은 대통령령으로 정한다.(2024.2.20 본항개정)
(2020.4.7 본조신설)
제16조 (2020.4.7 삭제)
제17조【자동차보험진료수가분쟁심의회】 ① 보험회사등과 의료기관은 서로 협의하여 자동차보험진료수가와 관련된 분쟁의 예방 및 신속한 해결을 위한 다음 각 호의 업무를 수행하기 위하여 자동차보험진료수가분쟁심의회(이하 "심의회"라 한다)를 구성하여야 한다.
1. 자동차보험진료수가에 관한 분쟁의 심사·조정
2. 자동차보험진료수가기준의 제정·변경 등에 관한 심의 (2021.7.27 본호개정)
3. 제1호 및 제2호의 업무와 관련된 조사·연구
② 심의회는 위원장을 포함한 18명의 위원으로 구성한다.
③ 위원은 국토교통부장관이 위촉하되, 6명은 보험회사등의 단체가 추천한 자 중에서, 6명은 의료사업자단체가 추천한 자 중에서, 6명은 대통령령으로 정하는 요건을 갖춘 자 중에서 각각 위촉한다. 이 중 대통령령으로 정하는 요건을 갖추어 국토교통부장관이 위촉한 위원은 보험회사등 및 의료기관의 자문위원 등 심의회 업무의 공정성을 해칠 수 있는 직을 겸하여서는 아니 된다.(2013.3.23 본항개정)
④ 위원장은 위원 중에서 호선한다.
⑤ 위원의 임기는 2년으로 하되, 연임할 수 있다. 다만, 보궐위원의 임기는 전임자의 남은 임기로 한다.
⑥ 심의회의 구성·운영 등에 필요한 세부사항은 대통령령으로 정한다.
제18조【운영비용】 심의회의 운영을 위하여 필요한 운영비용은 보험회사등과 의료기관이 부담한다.
제19조【자동차보험진료수가의 심사 청구 등】 ① 보험회사등과 의료기관은 제12조의2제2항에 따른 심사결과 또는 제12조의3제1항에 따른 조정결과에 이의가 있는 때에는 이의제기 결과를 통보받은 날부터 30일 이내에 심의회에 그 심사를 청구할 수 있다.(2024.1.9 본항개정)
② (2013.8.6 삭제)
③ 전문심사기관의 심사결과 또는 조정결과를 통지받은 보험회사등 및 의료기관은 제1항의 기간에 심사를 청구하지 아니하면 그 기간이 끝나는 날에 의료기관이 지급 청구한 내용, 심사결과 또는 조정결과에 합의한 것으로 본다.(2024.1.9 본항개정)
④~⑤ (2013.8.6 삭제)
⑥ 제1항에 따른 심사 청구의 대상 및 절차 등은 대통령령으로 정한다.(2013.8.6 본항신설)
제20조【심사·결정 절차 등】 ① 심의회는 제19조제1항에 따른 심사청구가 있으면 자동차보험진료수가기준에 따라 이를 심사·결정하여야 한다. 다만, 그 심사 청구 사건이 자동차보험진료수가기준에 따라 심사·결정할 수 없는 경우에는 당사자에게 합의를 권고할 수 있다.
② 심의회의 심사·결정 절차 등에 필요한 사항은 심의회가 정하여 국토교통부장관의 승인을 받아야 한다.(2013.3.23 본항개정)
제21조【심사와 결정의 효력 등】 ① 심의회는 제19조제1항의 심사청구에 대하여 결정한 때에는 지체 없이 그 결과를 당사자에게 알려야 한다.
② 제1항에 따라 통지를 받은 당사자가 심의회의 결정 내용을 받아들인 경우에는 그 수락 의사를 표시한 날에, 통지를 받은 날부터 30일 이내에 소(訴)를 제기하지 아니한 경우에는 그 30일이 지난 날의 다음 날에 당사자 간에 결정내용과 같은 내용의 합의가 성립된 것으로 본다. 이 경우 당사자는 합의가 성립된 것으로 보는 날부터 7일 이내에 심의회의 결정 내용에 따라 상호 정산하여야 한다.(2015.6.22 후단신설)
제22조【심의회의 권한】 심의회는 제20조제1항에 따른 심사·결정을 위하여 필요하다고 인정하면 보험회사등·의료기관·보험사업자단체 또는 의료사업자단체에 필요한 서류를 제출하게 하거나 의견을 진술 또는 보고하게 하거나 관계 전문가에게 진단 또는 검안 등을 하게 할 수 있다.
제22조의2【자료의 제공】 심의회는 제20조제1항에 따른 심사·결정을 위하여 전문심사기관에 필요한 자료 및 의견서를 제출하게 할 수 있다. 이 경우 요청을 받은 전문심사기관은 특별한 사유가 없으면 이에 협조하여야 한다.(2016.3.22 본조신설)
제23조【위법 사실의 통보 등】 심의회는 심사 청구 사건의 심사나 그 밖의 업무를 처리할 때 당사자 또는 관계인이 법령을 위반한 사실이 확인되면 관계 기관에 이를 통보하여야 한다.
제23조의2【심의회 운영에 대한 점검】 ① 국토교통부장관은 필요한 경우 심의회의 운영 및 심사기준의 운용과 관련한 자료를 제출받아 이를 점검할 수 있다.(2013.3.23 본항개정)
② 심의회는 제1항에 따라 자료의 제출 또는 보고를 요구받은 때에는 특별한 사유가 없으면 그 요구를 따라야 한다. (2020.6.9 본항개정)

제3장의2 자동차손해배상보장위원회
(2024.1.9 본장신설)

제23조의3【자동차손해배상보장위원회의 설치】 ① 자동차사고와 관련된 이해관계자의 손해배상 및 사회복귀 지원 등과 관련된 사항을 심의·의결 또는 조정하기 위하여 국토교통부장관 소속으로 자동차손해배상보장위원회를 둔다.
② 자동차손해배상보장위원회는 다음 각 호의 사항을 심의·의결 또는 조정한다.
1. 제31조제1항에 따른 재활시설의 설치 및 재활사업의 운영 등에 관한 다음 각 목의 사항
가. 재활시설의 설치와 관리에 관한 사항
나. 재활사업의 운영에 관한 사항
다. 재활시설운영자의 지정과 지정 취소에 관한 사항
라. 재활시설운영자의 사업계획과 예산에 관한 사항
마. 그 밖에 재활시설과 재활사업의 관리·운영에 관한 사항으로서 대통령령으로 정하는 사항

2. 제39조제1항 및 제2항에 따른 채권의 결손처분과 관련된 사항
3. 다음 각 목의 조합 등과 자동차사고 피해자나 그 밖의 이해관계인 사이에서 발생하는 분쟁의 조정에 관한 사항
  가.「여객자동차 운수사업법」 제60조에 따라 공제사업을 하는 조합 및 연합회
  나.「여객자동차 운수사업법」 제61조에 따른 공제조합
  다.「화물자동차 운수사업법」 제51조에 따라 공제사업을 하는 자
  라.「생활물류서비스산업발전법」 제41조에 따른 공제조합
4. 그 밖에 자동차손해배상보장과 관련하여 국토교통부장관이 필요하다고 인정하는 사항

제23조의4【자동차손해배상보장위원회의 구성 등】 ① 자동차손해배상보장위원회는 위원장 1명을 포함한 50명 이내의 위원으로 구성한다.
② 자동차손해배상보장위원회의 업무를 효율적으로 수행하기 위하여 다음 각 호의 분과위원회를 둘 수 있으며, 분과위원회에서 심의·의결 또는 조정한 사항은 자동차손해배상보장위원회에서 심의·의결 또는 조정한 것으로 본다.
1. 공제분쟁조정분과위원회
2. 재활시설운영심의분과위원회
3. 채권정리분과위원회
③ 제2항제1호에 따른 공제분쟁조정분과위원회는 제23조의3 제2항제3호에 따른 분쟁 당사자의 조정 신청을 받아 조정안을 작성한 경우 각 당사자에게 이를 지체 없이 제시하여야 한다. 이 경우 각 당사자가 조정안을 수락한 경우에는 당사자 간에 조정조서와 동일한 내용의 합의가 성립된 것으로 본다.
④ 국토교통부장관은 대통령령으로 정하는 바에 따라 자동차손해배상보장위원회의 운영 및 사무 처리에 관한 업무(제45조 제2항에 따라 한국교통안전공단에 위탁하는 업무에 관한 사항은 제외한다)의 일부를 제39조의3에 따른 자동차손해배상진흥원에 위탁할 수 있다.
⑤ 제1항부터 제4항까지에서 규정한 사항 외에 자동차손해배상위원회·분과위원회의 구성·운영 및 조정의 절차 등에 관하여 필요한 사항은 대통령령으로 정한다.

제4장　책임보험등 사업

제24조【계약의 체결 의무】 ① 보험회사등은 자동차보유자가 제5조제1항부터 제3항까지의 규정에 따른 보험 또는 공제에 가입하려는 때에는 대통령령으로 정하는 사유가 있는 경우 외에는 계약의 체결을 거부할 수 없다.
② 자동차보유자가 교통사고를 발생시킬 개연성이 높은 경우 등 국토교통부령으로 정하는 사유에 해당하면 제1항에도 불구하고 다수의 보험회사가 공동으로 제5조제1항부터 제3항까지의 규정에 따른 보험 또는 공제의 계약을 체결할 수 있다. 이 경우 보험회사는 자동차보유자에게 공동계약체결의 절차 및 보험료에 대한 안내를 하여야 한다.(2013.3.23 전단개정)

제25조【보험 계약의 해제 등】 보험가입자와 보험회사등은 다음 각 호의 어느 하나에 해당하는 경우 외에는 의무보험의 계약을 해제하거나 해지하여서는 아니 된다.
1.「자동차관리법」 제13조 또는「건설기계관리법」 제6조에 따라 자동차의 말소등록(抹消登錄)을 한 경우
2.「자동차관리법」 제58조제5항제1호에 따라 자동차해체재활용업자가 해당 자동차·자동차등록증·등록번호판 및 봉인을 인수하고 그 사실을 증명하는 서류를 발급한 경우 (2017.11.28 본호신설)
3.「건설기계관리법」 제25조의2에 따라 건설기계해체재활용업자가 해당 건설기계와 등록번호표를 인수하고 그 사실을 증명하는 서류를 발급한 경우(2017.11.28 본호신설)
4. 해당 자동차가 제5조제4항의 자동차로 된 경우
5. 해당 자동차가 다른 의무보험에 이중으로 가입되어 하나의 가입 계약을 해제하거나 해지하려는 경우
6. 해당 자동차를 양도한 경우
7. 천재지변·교통사고·화재·도난, 그 밖의 사유로 자동차를 더 이상 운행할 수 없게 된 사실을 증명한 경우
8. 그 밖에 국토교통부령으로 정하는 경우(2013.3.23 본호개정)

제26조【의무보험 계약의 승계】 ① 의무보험에 가입된 자동차가 양도된 경우에 그 자동차의 양도일(양수인이 매매대금을 지급하고 현실적으로 자동차의 점유를 이전받은 날을 말한다)부터「자동차관리법」 제12조에 따른 자동차소유권 이전등록 신청기간이 끝나는 날(자동차소유권 이전등록 신청기간이 끝나기 전에 양수인이 새로운 책임보험등의 계약을 체결한 경우에는 그 계약 체결일)까지의 기간은「상법」 제726조의4에도 불구하고 자동차의 양수인이 의무보험의 계약에 관한 양도인의 권리의무를 승계한다.
② 제1항의 경우 양도인은 양수인에게 그 승계기간에 해당하는 의무보험의 보험료(공제계약의 경우에는 공제분담금을 말한다. 이하 같다)의 반환을 청구할 수 있다.
③ 제2항에 따라 양수인이 의무보험의 승계기간에 해당하는 보험료를 양도인에게 반환한 경우에는 그 금액의 범위에서 양수인은 보험회사등에게 보험료의 지급의무를 지지 아니한다.

제27조【의무보험 사업의 구분경리】 보험회사등은 의무보험에 따른 사업에 대하여는 다른 보험사업·공제사업이나 그 밖의 다른 사업과 구분하여 경리하여야 한다.

제28조【사전협의】 금융위원회는「보험업법」 제4조제1항제2호다목에 따른 자동차보험의 보험약관(책임보험이 포함되는 경우에 한정한다)을 작성하거나 변경하려는 경우에는 국토교통부장관과 미리 협의하여야 한다.(2015.6.22 본조개정)

제29조【보험금등의 지급 등】 ① 다음 각 호의 어느 하나에 해당하는 사유로 다른 사람이 사망 또는 부상하거나 다른 사람의 재물이 멸실되거나 훼손되어 보험회사등이 피해자에게 보험금등을 지급한 경우에는 보험회사등은 해당 보험금등에 상당하는 금액을 법률상 손해배상책임이 있는 자에게 구상(求償)할 수 있다.(2021.7.27 본문개정)
1.「도로교통법」에 따른 운전면허 또는「건설기계관리법」에 따른 건설기계조종사면허 등 자동차를 운행할 수 있는 자격을 갖추지 아니한 상태(자격의 효력이 정지된 경우를 포함한다)에서 자동차를 운행하다가 일으킨 사고(2017.11.28 본호신설)
2.「도로교통법」 제44조제1항을 위반하여 술에 취한 상태에서 자동차를 운행하거나 같은 법 제45조를 위반하여 약물의 영향으로 정상적으로 운전하지 못할 우려가 있는 상태에서 자동차를 운행하다가 일으킨 사고(사고 발생 후「도로교통법」 제44조제2항에 따른 경찰공무원의 호흡조사 측정에 응하지 아니하는 경우를 포함한다)(2024.2.20 본호개정)
3.「도로교통법」 제54조제1항에 따른 조치를 하지 아니한 사고 (「도로교통법」 제156조제10호에 해당하는 경우는 제외한다) (2017.11.28 본호신설)
② 제5조제1항에 따른 책임보험등의 보험금등을 변경하는 것을 내용으로 하는 대통령령을 개정할 때 그 변경 내용이 보험가입자등에게 유리하게 되는 경우에는 그 변경 전에 체결된 계약 내용에도 불구하고 보험회사등에게 변경된 보험금등을 지급하도록 하는 다음 각 호의 사항을 규정할 수 있다.
1. 종전의 계약을 새로운 계약으로 갱신하지 아니하더라도 이미 계약된 종전의 보험금등을 변경된 보험금등으로 볼 수 있도록 하는 사항
2. 그 밖에 보험금등의 변경에 필요한 사항이나 변경된 보험금등의 지급에 필요한 사항

제29조의2【자율주행자동차사고 보험금등의 지급 등】 자율주행자동차의 결함으로 인하여 발생한 자율주행자동차사고로 다른 사람이 사망 또는 부상하거나 다른 사람의 재물이 멸실 또는 훼손되어 보험회사등이 피해자에게 보험금등을 지급한 경우에는 보험회사등은 법률상 손해배상책임이 있는 자에게 그 금액을 구상할 수 있다.(2020.4.7 본조신설)

제5장 자동차사고 피해지원사업
(2013.8.6 본장제목개정)

제30조【자동차손해배상 보장사업】 ① 정부는 다음 각 호의 어느 하나에 해당하는 경우에는 피해자의 청구에 따라 책임보험의 보험금 한도에서 그가 입은 피해를 보상한다. 다만, 정부는 피해자가 청구하지 아니한 경우에도 직권으로 조사하여 책임보험의 보험금 한도에서 그가 입은 피해를 보상할 수 있다.(2012.2.22 단서신설)
1. 자동차보유자를 알 수 없는 자동차의 운행으로 사망하거나 부상한 경우
2. 보험가입자등이 아닌 자가 제3조에 따라 손해배상의 책임을 지게 되는 경우. 다만, 제5조제4항에 따른 자동차의 운행으로 인한 경우는 제외한다.
3. 자동차보유자를 알 수 없는 자동차의 운행 중 해당 자동차로부터 낙하된 물체로 인하여 사망하거나 부상한 경우
(2021.7.27 본호신설)

② 정부는 자동차의 운행으로 인한 사망자나 대통령령으로 정하는 중증 후유장애인(重症 後遺障礙人)의 유자녀(幼子女) 및 피부양가족이 경제적으로 어려워 생계가 곤란하거나 학업을 중단하여야 하는 문제 등을 해결하고 중증 후유장애인이 재활할 수 있도록 지원할 수 있다.
③ 국토교통부장관은 제1항 및 제2항에 따른 업무를 수행하기 위하여 다음 각 호의 기관에 대통령령에 따른 정보의 제공을 요청하고 수집·이용할 수 있으며, 요청받은 기관은 특별한 사유가 없으면 관련 정보를 제공하여야 한다.(2016.3.22 본문개정)
1. 행정안전부장관(2021.7.27 본호신설)
2. 보건복지부장관(2021.7.27 본호신설)
3. 여성가족부장관(2021.7.27 본호신설)
4. 경찰청장
5. 특별시장·광역시장·특별자치시장·도지사·특별자치도지사·시장·군수·구청장(2021.7.27 본호개정)
6. 보험요율산출기관(2016.3.22 본호신설)
(2012.2.22 본항신설)

④ 정부는 제11조제5항에 따른 보험회사등의 청구에 따라 보상을 실시한다.
⑤ 제1항·제2항 및 제4항에 따른 정부의 보상 또는 지원의 대상·기준·금액·방법 및 절차 등에 필요한 사항은 대통령령으로 정한다.(2012.2.22 본항개정)
⑥ 제1항·제2항 및 제4항에 따른 정부의 보상사업(이하 "자동차손해배상 보장사업"이라 한다)에 관한 업무는 국토교통부장관이 행한다.(2013.3.23 본항개정)

제30조의2【자동차사고 피해예방사업】 ① 국토교통부장관은 자동차사고로 인한 피해 등을 예방하기 위하여 다음 각 호의 사업을 수행할 수 있다.
1. 자동차사고 피해예방을 위한 교육 및 홍보 또는 이와 관련한 시설 및 장비의 지원
2. 자동차사고 피해예방을 위한 기기 및 장비 등의 개발·보급
3. 그 밖에 자동차사고 피해예방을 위한 연구·개발 등 대통령령으로 정하는 사항

② 제1항에 따른 자동차사고 피해예방사업의 기준·금액·방법 및 절차 등에 관하여 필요한 사항은 대통령령으로 정한다.
(2013.8.6 본조신설)

제31조【후유장애인 등의 재활 지원】 ① 국토교통부장관은 자동차사고 부상자나 부상으로 인한 후유장애인의 재활을 지원하기 위한 의료재활시설 및 직업재활시설(이하 "재활시설"이라 한다)을 설치하여 그 재활에 필요한 다음 각 호의 사업(이하 "재활사업"이라 한다)을 수행할 수 있다.(2016.3.22 본문개정)
1. 의료재활사업 및 그에 딸린 사업으로서 대통령령으로 정하는 사업
2. 직업재활사업(직업재활상담을 포함한다) 및 그에 딸린 사업으로서 대통령령으로 정하는 사업

② (2016.12.20 삭제)
③ 재활시설의 용도로 건설되거나 조성되는 건축물, 토지, 그 밖의 시설물 등은 국가에 귀속된다.
④ 국토교통부장관이 재활시설을 설치하는 경우에는 그 규모와 설계 등에 관한 중요 사항에 대하여 자동차사고 후유장애인단체의 의견을 들어야 한다.(2013.3.23 본항개정)
(2016.3.22 본조제목개정)

제32조【재활시설운영자의 지정】 ① 국토교통부장관은 다음 각 호의 구분에 따라 그 요건을 갖춘 자 중 국토교통부장관의 지정을 받은 자에게 재활시설이나 재활사업의 관리·운영을 위탁할 수 있다.(2013.3.23 본문개정)
1. 의료재활시설 및 제31조제1항제1호에 따른 재활사업 : 「의료법」 제33조에 따라 의료기관의 개설허가를 받고 재활 관련 진료과목을 개설한 자로서 같은 법 제3조제3항에 따른 종합병원을 운영하고 있는 자(2009.5.27 본호개정)
2. 직업재활시설 및 제31조제1항제2호에 따른 재활사업 : 다음 각 목의 어느 하나에 해당하는 자
   가. 자동차사고 후유장애인단체 중에서 「민법」 제32조에 따라 국토교통부장관의 허가를 받은 법인으로서 대통령령으로 정하는 요건을 갖춘 법인
   나. 자동차사고 후유장애인단체 중에서 「협동조합 기본법」에 따라 설립된 사회적협동조합으로서 대통령령으로 정하는 요건을 갖춘 법인

(2015.6.22 본호개정)

② 제1항에 따라 지정을 받으려는 자는 대통령령으로 정하는 바에 따라 국토교통부장관에게 신청하여야 한다.(2013.3.23 본항개정)
③ 제1항에 따라 지정을 받은 자로서 재활시설이나 재활사업의 관리·운영을 위탁받은 자(이하 "재활시설운영자"라 한다)는 재활시설이나 재활사업의 관리·운영에 관한 업무를 수행할 때에는 별도의 회계를 설치하고 다른 사업과 구분하여 경리하여야 한다.(2009.5.27 본항개정)
④ 재활시설운영자의 지정 절차 및 그에 대한 감독 등에 관해 필요한 사항은 대통령령으로 정한다.

제33조【재활시설운영자의 지정 취소】 ① 국토교통부장관은 재활시설운영자가 다음 각 호의 어느 하나에 해당하면 그 지정을 취소할 수 있다. 다만, 제1호 또는 제2호에 해당하면 그 지정을 취소하여야 한다.(2013.3.23 본문개정)
1. 거짓이나 그 밖의 부정한 방법으로 지정을 받은 경우
2. 제32조제1항 각 호의 요건에 맞지 아니하게 된 경우
3. 제32조제3항을 위반하여 다른 사업과 구분하여 경리하지 아니한 경우
4. 정당한 사유 없이 제43조제4항에 따른 시정명령을 3회 이상 이행하지 아니한 경우
5. 법인의 해산 등 사정의 변경으로 재활시설이나 재활사업의 관리·운영에 관한 업무를 계속 수행하는 것이 불가능하게 된 경우

② 국토교통부장관은 제1항에 따라 재활시설운영자의 지정을 취소한 경우로서 다음 각 호에 모두 해당하는 경우에는 새로운 재활시설운영자가 지정될 때까지 그 기간 및 관리·운영조건을 정하여 지정이 취소된 자에게 재활시설이나 재활사업의 관리·운영업무를 계속하게 할 수 있다. 이 경우 지정이 취소된 자는 그 계속하는 업무의 범위에서 재활시설운영자로 본다.(2013.3.23 전단개정)
1. 지정취소일부터 새로운 재활시설운영자를 정할 수 없는 경우
2. 계속하여 재활시설이나 재활사업의 관리·운영이 필요한 경우

③ 제1항에 따라 지정이 취소된 자는 그 지정이 취소된 날(제2항에 따라 업무를 계속한 경우에는 그 계속된 업무가 끝난 날을 말한다)부터 2년 이내에는 재활시설운영자로 다시 지정받을 수 없다.

제34조 (2024.1.9 삭제)

제35조【준용】 ① 제30조제1항에 따른 피해자의 보상금 청구에 관하여는 제10조부터 제13조까지, 제13조의2 및 제14조를 준용한다. 이 경우 "보험회사등"은 "자동차손해배상 보장사업을 하는 자"로, "보험금등"은 "보상금"으로 본다.(2009.2.6 본항개정)

② 제30조제1항에 따른 보상금 중 피해자의 진료수가에 대한 심사청구 등에 관하여는 제19조 및 제20조를 준용한다. 이 경우 "보험회사등"은 "자동차손해배상 보장사업을 하는 자"로 본다.

제36조【다른 법률에 따른 배상 등과의 조정】 ① 정부는 피해자가 「국가배상법」, 「산업재해보상보험법」, 그 밖에 대통령령으로 정하는 법률에 따라 제30조제1항의 손해에 대하여 배상 또는 보상을 받으면 그가 배상 또는 보상받는 금액의 범위에서 제30조제1항에 따른 보상 책임을 지지 아니한다.

② 정부는 피해자가 제3조의 손해배상책임이 있는 자로부터 제30조제1항의 손해에 대하여 배상을 받으면 그가 배상받는 금액의 범위에서 제30조제1항에 따른 보상 책임을 지지 아니한다.

③ 정부는 제30조제2항에 따라 지원받을 자가 다른 법률에 따라 같은 사유로 지원을 받으면 그 지원을 받는 범위에서 제30조제2항에 따른 지원을 하지 아니할 수 있다.

제37조【자동차사고 피해지원사업 분담금】 ① 제5조제1항에 따라 책임보험등에 가입하여야 하는 자와 제5조제4항에 따른 자동차 중 대통령령으로 정하는 자동차보유자는 자동차사고 피해지원사업 및 관련 사업을 위한 분담금을 국토교통부장관에게 내야 한다.(2016.12.20 본항개정)

② 제1항에 따른 분담금은 책임보험등의 보험료(책임공제의 경우에는 책임공제분담금을 말한다)에 해당하는 금액의 100분의 5를 초과하지 아니하는 범위에서 대통령령으로 정한다.
(2022.11.15 본항신설)

③ 제1항에 따라 분담금을 내야 할 자 중 제5조제1항에 따라 책임보험등에 가입하여야 하는 자의 분담금은 책임보험등의 계약을 체결하는 보험회사등이 해당 납부 의무자와 계약을 체결할 때에 징수하여 정부에 내야 한다.

④ 국토교통부장관은 제30조제1항제1호 및 제2호의 경우에 해당하는 사고를 일으킨 자에게는 제1항에 따른 분담금의 3배의 범위에서 대통령령으로 정하는 바에 따라 분담금을 추가로 징수할 수 있다.(2020.6.9 본항개정)

⑤ 제1항에 따른 분담금의 납부 방법 및 관리 등에 필요한 사항은 대통령령으로 정한다.(2022.11.15 본항개정)
(2013.8.6 본조제목개정)

제38조【분담금의 체납처분】 ① 국토교통부장관은 제37조에 따른 분담금을 납부기간에 내지 아니한 자에 대하여는 10일 이상의 기간을 정하여 분담금을 낼 것을 독촉하여야 한다.

② 국토교통부장관은 제1항에 따라 분담금 납부를 독촉받은 자가 그 기한까지 분담금을 내지 아니하면 국세 체납처분의 예에 따라 징수한다.
(2013.3.23 본조개정)

제39조【청구권 등의 대위】 ① 정부는 제30조제1항에 따라 피해를 보상한 경우에는 그 보상금액의 한도에서 제3조에 따른 손해배상책임이 있는 자에 대한 피해자의 손해배상 청구권을 대위행사(代位行使)할 수 있다.

② 정부는 제30조제4항에 따라 보험회사등에게 보상을 한 경우에는 제11조제3항 및 제4항에 따른 가불금을 지급받은 자에 대한 보험회사등의 반환청구권을 대위행사할 수 있다.
(2012.2.22 본항개정)

③ 정부는 다음 각 호의 어느 하나에 해당하는 때에는 제23조의3에 따른 자동차손해배상보장위원회의 의결에 따라 제1항 및 제2항에 따른 청구권의 대위행사를 중지할 수 있으며, 구상금 또는 미반환가불금 등의 채권을 결손처분할 수 있다.
(2024.1.9 본문개정)

1. 해당 권리에 대한 소멸시효가 완성된 때
2. 그 밖에 채권을 회수할 가능성이 없다고 인정되는 경우로서 대통령령으로 정하는 경우

(2009.2.6 본항신설)

제39조의2 (2024.1.9 삭제)

제6장 자동차손해배상진흥원

(2015.6.22 본장신설)

제39조의3【자동차손해배상진흥원의 설립】 ① 국토교통부장관은 자동차손해배상 보장사업의 체계적인 지원 및 공제사업자에 대한 검사 업무 등을 수행하기 위하여 자동차손해배상진흥원을 설립할 수 있다.

② 자동차손해배상진흥원은 법인으로 한다.

③ 자동차손해배상진흥원은 주된 사무소의 소재지에서 설립등기를 함으로써 성립한다.

④ 자동차손해배상진흥원의 정관에는 다음 각 호의 사항이 포함되어야 한다.

1. 목적
2. 명칭
3. 사무소에 관한 사항
4. 임직원에 관한 사항
5. 업무와 그 집행에 관한 사항
6. 예산과 회계에 관한 사항
7. 이사회에 관한 사항
8. 정관의 변경에 관한 사항

⑤ 자동차손해배상진흥원은 정관을 작성하고 변경할 때에는 국토교통부장관의 승인을 받아야 한다.

제39조의4【업무 등】 ① 자동차손해배상진흥원은 다음 각 호의 업무를 수행한다.

1. 제2항의 검사 대상 기관의 업무 및 재산 상황 검사
2. 자동차손해배상 및 보상 정책의 수립·추진 지원
3. 자동차손해배상 및 보상 정책 관련 연구
4. 이 법 또는 다른 법령에 따라 위탁받은 업무(2021.3.16 본호신설)
5. 그 밖에 국토교통부령으로 정하는 업무

② 자동차손해배상진흥원의 검사를 받는 기관은 다음 각 호와 같다.

1. 「여객자동차 운수사업법」에 따른 인가·허가를 받아 공제사업을 하는 기관(2021.3.16 본호개정)
2. 「화물자동차 운수사업법」에 따른 인가·허가를 받아 공제사업을 하는 기관(2021.3.16 본호개정)
3. 그 밖에 국토교통부령으로 정하는 기관

제39조의5【임원 등】 ① 자동차손해배상진흥원에 원장 1명, 이사장 1명을 포함한 12명 이내의 이사, 감사 1명을 둔다.
(2021.7.27 본항개정)

② 원장은 자동차손해배상진흥원을 대표하고, 그 업무를 총괄하며, 제5항에 따른 이사회에서 추천을 받아 국토교통부장관이 임명한다.

③ 감사는 자동차손해배상진흥원의 업무와 회계를 감사하며, 국토교통부장관이 임명한다.

④ 원장 외의 임원은 비상근으로 한다.

⑤ 자동차손해배상진흥원은 제39조의4제1항의 업무에 관한 사항을 심의·의결하기 위하여 이사회를 둘 수 있다.

⑥ 이사회는 원장, 이사장, 이사로 구성하되, 그 수는 13명 이내로 한다.(2021.7.27 본항개정)

⑦ 이사회의 구성과 운영에 관하여 필요한 사항은 국토교통부령으로 정한다.

제39조의6【유사명칭의 사용 금지】 이 법에 따른 자동차손해배상진흥원이 아닌 자는 자동차손해배상진흥원 또는 이와 유사한 명칭을 사용할 수 없다.

제39조의7【재원】 ① 자동차손해배상진흥원은 제39조의4제2항 각 호의 기관으로부터 같은 조 제1항제1호의 검사 업무에 따른 소요 비용을 받을 수 있다.

② 자동차손해배상진흥원은 제39조의4제2항 각 호의 기관으로부터 검사 업무 이외에 필요한 운영비용을 받을 수 있다.
③ 자동차손해배상진흥원은 다음 각 호의 재원으로 그 경비를 충당한다.
1. 제1항에 따른 수입금
2. 제2항에 따른 수입금
3. 그 밖의 수입금
④ 제3항에 따른 수입금의 한도 및 관리 등에 필요한 사항은 대통령령으로 정한다.
제39조의8【자료의 제출요구 등】 ① 원장은 업무 수행에 필요하다고 인정할 때에는 제39조의4제2항 각 호의 기관에 대하여 업무 또는 재산에 관한 자료의 제출요구, 검사 및 질문 등을 할 수 있다.
② 제1항에 따라 검사 또는 질문을 하는 자는 그 권한을 표시하는 증표를 지니고 이를 관계인에게 내보여야 한다.
③ 원장은 제1항에 따른 업무 등으로 인한 검사결과를 국토교통부장관에게 지체 없이 보고하여야 한다.
제39조의9 (2020.4.7 삭제)
제39조의10【예산과 결산】 ① 자동차손해배상진흥원의 예산은 국토교통부장관의 승인을 받아야 한다.
② 자동차손해배상진흥원의 회계연도는 정부의 회계연도에 따른다.
③ 자동차손해배상진흥원은 회계연도 개시 60일 전까지 국토교통부장관에게 예산서를 제출하여야 한다.
④ 원장은 회계연도 종료 후 2개월 이내에 해당 연도의 결산서를 국토교통부장관에게 제출하여야 한다.

제6장의2 자동차사고 피해지원기금
(2016.12.20 본장신설)

제39조의11【자동차사고 피해지원기금의 설치】 국토교통부장관은 자동차사고 피해지원사업 및 관련 사업에 필요한 재원을 확보하기 위하여 자동차사고 피해지원기금(이하 "기금"이라 한다)을 설치한다.
제39조의12【기금의 조성 및 용도】 ① 기금은 다음 각 호의 재원으로 조성한다.
1. 제37조에 따른 분담금
2. 기금의 운용으로 생기는 수익금
② 기금은 다음 각 호의 어느 하나에 해당하는 용도에 사용한다.
1. 제7조제1항에 따른 가입관리전산망의 구성·운영
1의2. 제23조의4제2항제3호에 따른 채권정리분과위원회의 운영(2024.1.9 본호신설)
2. 제30조제1항에 따른 보상
3. 제30조제2항에 따른 지원
4. 제30조제4항에 따른 미반환 가불금의 보상
5. 제30조의2제1항에 따른 자동차사고 피해예방사업
6. 제31조제1항에 따른 재활시설의 설치
7. 제32조제1항에 따른 재활시설 및 재활사업의 관리·운영
8. 제39조제1항 및 제2항에 따른 청구권의 대위행사
9. (2024.1.9 삭제)
10. 제39조의3제1항에 따른 자동차손해배상진흥원의 운영 및 지원
11. (2021.12.7 삭제)
12. 자동차사고 피해지원사업과 관련된 연구·조사
13. 자동차사고 피해지원사업과 관련된 전문인력 양성을 위한 국내외 교육훈련
14. 분담금의 수납·관리 등 기금의 조성 및 기금 운용을 위하여 필요한 경비(2020.6.9 본호개정)
제39조의13【기금의 관리·운용】 ① 기금은 국토교통부장관이 관리·운용한다.
② 기금의 관리·운용에 관한 국토교통부장관의 사무는 대통령령으로 정하는 바에 따라 그 일부를 제39조의3에 따라 설립된 자동차손해배상진흥원, 보험회사등 또는 보험 관련 단체에 위탁할 수 있다.
③ 제1항 및 제2항에서 규정한 사항 외에 기금의 관리 및 운용에 필요한 사항은 대통령령으로 정한다.

제6장의3 자율주행자동차사고조사위원회
(2020.4.7 본장신설)

제39조의14【자율주행자동차사고조사위원회의 설치 등】 ① 국토교통부장관은 제39조의17제1항에 따른 자율주행정보 기록장치(이하 "자율주행정보 기록장치"라 한다)에 기록된 자율주행정보 기록의 수집·분석을 통하여 사고원인을 규명하고, 자율주행자동차사고 관련 정보를 제공하기 위하여 필요한 경우 자율주행자동차사고조사위원회(이하 "사고조사위원회"라 한다)를 구성·운영할 수 있다.(2024.1.9 본항개정)
② 국토교통부장관은 사고조사위원회의 구성 목적을 달성하였다고 인정하는 경우에는 사고조사위원회를 해산할 수 있다.(2024.1.9 본항신설)
③ 사고조사위원회의 구성 및 운영에 필요한 사항은 대통령령으로 정한다.
제39조의15【사고조사위원회의 업무 등】 ① 사고조사위원회는 다음 각 호의 업무를 수행한다.
1. 자율주행자동차사고 조사
2. 그 밖에 자율주행자동차사고 조사에 필요한 업무로서 대통령령으로 정하는 업무
② 사고조사위원회는 제1항의 업무를 수행하기 위하여 사고가 발생한 자율주행자동차에 부착된 자율주행정보 기록장치를 확보하고 기록된 정보를 수집·이용 및 제공할 수 있다.
③ 사고조사위원회는 제1항의 업무를 수행하기 위하여 사고가 발생한 자율주행자동차의 보유자, 운전자, 피해자, 사고 목격자 및 해당 자율주행자동차를 제작·조립 또는 수입한 자(판매를 위탁받은 자를 포함한다. 이하 "제작자등"이라 한다) 등 그 밖에 해당 사고와 관련된 자에게 필요한 사항을 통보하거나 관계 서류를 제출하게 할 수 있다. 이 경우 관계 서류의 제출을 요청받은 자는 정당한 사유가 없으면 요청에 따라야 한다.
④ 제2항에 따른 정보의 수집·이용 및 제공은 「개인정보 보호법」 및 「위치정보의 보호 및 이용 등에 관한 법률」에 따라야 한다.
⑤ 사고조사위원회의 업무를 수행하거나 수행하였던 자는 그 직무상 알게 된 비밀을 누설해서는 아니 된다.
⑥ 사고조사위원회가 자율주행자동차사고의 조사를 위하여 수집한 정보는 사고가 발생한 날부터 3년간 보관한다.
제39조의16【관계 행정기관 등의 협조】 사고조사위원회는 신속하고 정확한 조사를 수행하기 위하여 관계 행정기관의 장, 관계 지방자치단체의 장, 그 밖의 단체의 장(이하 "관계기관의 장"이라 한다)에게 해당 자율주행자동차사고와 관련된 자료·정보의 제공 등 그 밖의 필요한 협조를 요청할 수 있다. 이 경우 관계기관의 장은 정당한 사유가 없으면 이에 따라야 한다.
제39조의17【이해관계자의 의무 등】 ① 자율주행자동차의 제작자등은 제작·조립·수입·판매하고자 하는 자율주행자동차에 대통령령으로 정하는 자율주행과 관련된 정보를 기록할 수 있는 자율주행정보 기록장치를 부착하여야 한다.
② 자율주행자동차사고의 통보를 받거나 인지한 보험회사등은 사고조사위원회에 사고 사실을 지체 없이 알려야 한다.
③ 자율주행자동차의 보유자는 자율주행정보 기록장치에 기록된 내용을 1년의 범위에서 대통령령으로 정하는 기간 동안 보관하여야 한다. 이 경우 자율주행정보 기록장치 또는 자율주행정보 기록장치에 기록된 내용을 훼손해서는 아니 된다.
④ 자율주행자동차사고로 인한 피해자, 해당 자율주행자동차의 제작자등 또는 자율주행자동차사고로 인하여 피해자에게 보험금등을 지급한 보험회사등은 대통령령으로 정하는 바에 따라 사고조사위원회에 대하여 사고조사위원회가 확보한 자율주행정보 기록장치에 기록된 내용 및 분석·조사 결과의 열람 및 제공을 요구할 수 있다.
⑤ 제4항에 따른 열람 및 제공에 드는 비용은 청구인이 부담하여야 한다.

제7장 보 칙

제40조【압류 등의 금지】 ① 제10조제1항, 제11조제1항 또는 제30조제1항에 따른 청구권은 압류하거나 양도할 수 없다.
② 제30조제2항에 따라 지급된 지원금은 압류하거나 양도할 수 없다.(2021.7.27 본항신설)

제41조【시효】 제10조, 제11조제1항, 제29조제1항 또는 제30조제1항에 따른 청구권은 3년간 행사하지 아니하면 시효로 소멸한다.(2009.2.6 본조개정)

제42조【의무보험 미가입자에 대한 등록 등 처분의 금지】 ① 제5조제1항부터 제3항까지의 규정에 따라 의무보험 가입이 의무화된 자동차가 다음 각 호의 어느 하나에 해당하는 경우에는 관할 관청(해당 업무를 위탁받은 자를 포함한다. 이하 같다)은 그 자동차가 의무보험에 가입하였는지를 확인하여 의무보험에 가입된 경우에만 등록·허가·검사·해제를 하거나 신고를 받아야 한다.
1. 「자동차관리법」 제8조, 제12조, 제27조, 제43조제1항제2호, 제43조의2제1항, 제48조제1항부터 제3항까지 또는 「건설기계관리법」 제3조 및 제13조제1항제2호에 따라 등록·허가·검사의 신청 또는 신고가 있는 경우
2. 「자동차관리법」 제37조제3항 또는 「지방세법」 제131조에 따라 영치(領置)된 자동차등록번호판을 해제하는 경우
② 제1항제1호를 적용하는 경우 「자동차관리법」 제8조에 따라 자동차를 신규로 등록할 때에는 해당 자동차가 같은 법 제27조에 따른 임시운행허가 기간이 만료된 이후에 발생한 손해배상책임을 보장하는 의무보험에 가입된 경우에만 의무보험에 가입된 것으로 본다.
③ 제1항 및 제2항에 따른 의무보험 가입의 확인 방법 및 절차 등에 관하여 필요한 사항은 국토교통부령으로 정한다.
(2013.3.23 본항개정)
(2012.2.22 본조개정)

제43조【검사·질문 등】 ① 국토교통부장관은 필요하다고 인정하면 소속 공무원에게 재활시설, 자동차보험진료수가를 청구하는 의료기관 또는 제45조제1항부터 제6항까지의 규정에 따라 권한을 위탁받은 자의 사무소 등에 출입하여 다음 각 호의 행위를 하게 할 수 있다. 다만, 자동차보험진료수가를 청구한 의료기관에 대하여는 제1호 및 제3호의 행위에 한정한다.
(2020.6.9 단서개정)
1. 이 법에 규정된 업무의 처리 상황에 관한 장부 등 서류의 검사
2. 그 업무·회계 및 재산에 관한 사항을 보고받는 행위
3. 관계인에 대한 질문
② 국토교통부장관은 이 법에 규정된 보험사업에 관한 업무의 처리 상황을 파악하거나 자동차손해배상 보장사업을 효율적으로 운영하기 위하여 필요하면 관계 중앙행정기관, 지방자치단체, 금융감독원 등에 필요한 자료의 제출을 요청할 수 있다. 이 경우 자료 제출을 요청받은 중앙행정기관, 지방자치단체, 금융감독원 등은 정당한 사유가 없으면 요청에 따라야 한다.
(2013.3.23 전단개정)
③ 제1항에 따라 검사 또는 질문을 하는 공무원은 그 권한을 표시하는 증표를 지니고 이를 관계인에게 내보여야 한다.
④ 국토교통부장관은 제1항에 따라 검사를 하거나 보고를 받은 결과 법령을 위반한 사실이나 부당한 사실이 있으면 재활시설운영자나 권한을 위탁받은 자에게 시정하도록 명할 수 있다.
(2013.3.23 본항개정)

제43조의2 (2021.12.7 삭제)

제43조의3【보험료 할인의 권고】 ① 국토교통부장관은 자동차사고의 예방 및 원인 파악에 효과적인 자동차 운행 안전장치 및 기록장치를 장착한 자동차의 보험료 할인을 확대하도록 보험회사등에 권고할 수 있다.
② 제1항에 따른 자동차 운행 안전장치 및 사고원인 파악을 위한 기록장치의 종류에 대해서는 대통령령으로 정한다.
(2024.12.3 본조개정)

제44조【권한의 위임】 국토교통부장관은 이 법에 따른 권한의 일부를 대통령령으로 정하는 바에 따라 특별시장·광역시장·특별자치시장·도지사·특별자치도지사·시장·군수 또는 구청장에게 위임할 수 있다.(2021.7.27 본조개정)

제45조【권한의 위탁 등】 ① 국토교통부장관은 대통령령으로 정하는 바에 따라 다음 각 호의 업무를 보험회사등, 보험 관련 단체 또는 자동차손해배상진흥원에 위탁할 수 있다. 이 경우 금융위원회와 협의하여야 한다.(2019.11.26 전단개정)
1. 제30조제1항에 따른 보상에 관한 업무
2. 제35조에 따라 자동차손해배상 보장사업을 하는 자를 보험회사등으로 보게 됨으로써 자동차손해배상 보장사업을 하는 자가 가지는 권리와 의무의 이행을 위한 업무
3. 제37조에 따른 분담금의 수납·관리에 관한 업무(2016.12.20 본호개정)
4. 제39조제1항에 따른 손해배상 청구권의 대위행사에 관한 업무
5. (2024.1.9 삭제)
6. (2021.12.7 삭제)
② 국토교통부장관은 대통령령으로 정하는 바에 따라 제30조제2항에 따른 지원에 관한 업무 및 재활시설의 설치에 관한 업무를 「한국교통안전공단법」에 따라 설립된 한국교통안전공단 또는 자동차손해배상진흥원에 위탁할 수 있다.(2024.2.20 본항개정)
③ 국토교통부장관은 제7조에 따른 가입관리전산망의 구성·운영에 관한 업무를 보험요율산출기관에 위탁할 수 있다.
(2013.3.23 본항개정)
④ 국토교통부장관은 제30조제4항에 따른 보상 업무와 제39조제2항에 따른 반환 청구에 관한 업무를 보험 관련 단체 또는 특별법에 따라 설립된 특수법인에 위탁할 수 있다.(2013.3.23 본항개정)
⑤ 국토교통부장관은 제30조의2제1항에 따른 자동차사고 피해예방사업에 관한 업무를 「한국교통안전공단법」에 따라 설립된 한국교통안전공단 및 보험 관련 단체에 위탁할 수 있다.
(2017.10.24 본항개정)
⑥ 국토교통부장관은 제39조의14에 따른 사고조사위원회의 운영 및 사무처리에 관한 사무의 일부를 대통령령으로 정하는 바에 따라 「공공기관의 운영에 관한 법률」에 따른 공공기관에 위탁할 수 있다.(2020.4.7 본항신설)
⑦ 국토교통부장관은 제1항 또는 제2항에 따라 권한을 위탁받은 자에게 그가 지급할 보상금 또는 지원금에 충당하기 위하여 예산의 범위에서 보조금을 지급할 수 있다.(2013.8.6 본항개정)
⑧ 제1항부터 제6항까지의 규정에 따라 권한을 위탁받은 자는 「형법」 제129조부터 제132조까지의 규정을 적용할 때에는 공무원으로 본다.(2020.4.7 본항개정)
⑨ (2016.12.20 삭제)

제45조의2【정보의 제공 및 관리】 ① 제45조제3항에 따라 업무를 위탁받은 보험요율산출기관은 같은 조 제1항에 따라 업무를 위탁받은 자의 요청이 있는 경우 제공할 정보의 내용 등 대통령령으로 정하는 범위에서 가입관리전산망에서 관리되는 정보를 제공할 수 있다.
② 제1항에 따라 정보를 제공하는 경우 제45조제3항에 따라 업무를 위탁받은 보험요율산출기관은 정보제공 대상자, 제공한 정보의 내용, 정보를 요청한 자, 제공 목적을 기록한 자료를 3년간 보관하여야 한다.
(2009.2.6 본조신설)

제45조의3【정보 이용자의 의무】 제45조제3항에 따라 업무를 위탁받은 보험요율산출기관과 제45조의2제1항에 따라 정보를 제공받은 자는 그 직무상 알게 된 정보를 누설하거나 다른 사람의 이용에 제공하는 등 부당한 목적을 위하여 사용하여서는 아니 된다.(2009.2.6 본조신설)

제45조의4【벌칙 적용에서 공무원 의제】 다음 각 호의 어느 하나에 해당하는 사람은 「형법」 제129조부터 제132조까지의 규정을 적용할 때에는 공무원으로 본다.
1. 제23조의3에 따른 자동차손해배상보장위원회의 위원 중 공무원이 아닌 위원(2024.1.9 본호개정)
2. 자동차손해배상진흥원의 임직원
(2020.4.7 본조신설)

제8장 벌 칙

제46조【벌칙】 ① 제14조제8항을 위반하여 진료기록등 또는 교통사고 관련 조사기록의 열람으로 알게 된 다른 사람의 비밀이나 제공받은 개인정보를 누설하거나 직무상 목적 외의 용도로 이용 또는 제3자에게 제공한 자는 5년 이하의 징역 또는 5천만원 이하의 벌금에 처한다. 이 경우 고소가 있어야 공소를 제기할 수 있다.(2021.7.27 본항신설)

② 다음 각 호의 어느 하나에 해당하는 자는 3년 이하의 징역 또는 3천만원 이하의 벌금에 처한다.(2021.7.27 단서삭제)

1. (2021.7.27 삭제)
2. 제27조를 위반하여 의무보험 사업을 구분 경리하지 아니한 보험회사등
3. 제32조제3항을 위반하여 다른 사업과 구분하여 경리하지 아니한 재활시설운영자

3의2. 제39조의15제5항을 위반하여 직무상 알게 된 비밀을 누설한 자(2020.4.7 본호신설)

4. 제45조의3을 위반하여 정보를 누설하거나 다른 사람의 이용에 제공한 자(2009.2.6 본호신설)

③ 다음 각 호의 어느 하나에 해당하는 자는 1년 이하의 징역 또는 1천만원 이하의 벌금에 처한다.(2015.1.6 본문개정)

1. 제5조의2제2항을 위반하여 가입 의무 면제기간 중에 자동차를 운행한 자동차보유자
2. 제8조 본문을 위반하여 의무보험에 가입되어 있지 아니한 자동차를 운행한 자동차보유자

(2012.2.22 1호~2호신설)

④ 제12조제3항을 위반하여 진료기록부의 진료기록과 다르게 자동차보험진료수가를 청구하거나 이를 청구할 목적으로 거짓의 진료기록을 작성한 의료기관에 대하여는 5천만원 이하의 벌금에 처한다.

제47조【양벌규정】 법인의 대표자나 법인 또는 개인의 대리인, 사용인, 그 밖의 종업원이 그 법인 또는 개인의 업무에 관하여 제46조의 위반행위를 하면 그 행위자를 벌하는 외에 그 법인 또는 개인에게도 해당 조문의 벌금형을 과(科)한다. 다만, 법인 또는 개인이 그 위반행위를 방지하기 위하여 해당 업무에 관하여 상당한 주의와 감독을 게을리하지 아니한 경우에는 그러하지 아니하다.(2009.2.6 본조개정)

제48조【과태료】 ① (2013.8.6 삭제)

② 다음 각 호의 어느 하나에 해당하는 자에게는 2천만원 이하의 과태료를 부과한다.

1. 제11조제2항을 위반하여 피해자가 청구한 가불금의 지급을 거부한 보험회사등
2. 제12조제5항을 위반하여 자동차보험진료수가를 교통사고환자(환자의 보호자를 포함한다)에게 청구한 의료기관의 개설자
3. 제24조제1항을 위반하여 제5조제1항부터 제3항까지의 규정에 따른 보험 또는 공제에 가입하려는 자와의 계약 체결을 거부한 보험회사등
4. 제25조를 위반하여 의무보험의 계약을 해제하거나 해지한 보험회사등
5. 제39조의15제3항을 위반하여 정당한 사유 없이 사고조사위원회의 요청에 따르지 아니한 자(2020.4.7 본호신설)
6. 제39조의17제1항을 위반하여 자율주행정보 기록장치를 부착하지 아니한 자율주행자동차를 제작·조립·수입·판매한 자(2020.4.7 본호신설)
7. 제39조의17제3항을 위반하여 자율주행정보 기록장치에 기록된 내용을 정하여진 기간 동안 보관하지 아니하거나 훼손한 자(2020.4.7 본호신설)

③ 다음 각 호의 어느 하나에 해당하는 자에게는 300만원 이하의 과태료를 부과한다.

1. 제5조제1항부터 제3항까지의 규정에 따른 의무보험에 가입하지 아니한 자
2. 제6조제1항 또는 제2항을 위반하여 통지를 하지 아니한 보험회사등
3. 제13조제1항을 위반하여 입원환자의 외출이나 외박에 관한 사항을 기록·관리하지 아니하거나 거짓으로 기록·관리한 의료기관의 개설자

3의2. 제13조제3항을 위반하여 기록의 열람 청구에 따르지 아니한 자(2009.5.27 본호신설)

3의3. 제43조제1항에 따른 검사·보고요구·질문에 정당한 사유 없이 따르지 아니하거나 이를 방해 또는 기피한 자(2009.5.27 본호신설)

4. 제43조제4항에 따른 시정명령을 이행하지 아니한 자

④ 제39조의6을 위반하여 자동차손해배상진흥원 또는 이와 유사한 명칭을 사용한 자에게는 500만원 이하의 과태료를 부과한다.(2015.6.22 본항신설)

⑤ 제2항(제5호부터 제7호까지는 제외한다) 및 제3항에 따른 과태료는 대통령령으로 정하는 바에 따라 시장·군수·구청장이, 제2항제5호부터 제7호까지 및 제4항에 따른 과태료는 국토교통부장관이 각각 부과·징수한다.(2020.4.7 본항개정)

제49조 (2009.2.6 삭제)

제9장 범칙행위에 관한 처리의 특례

제50조【통칙】 ① 이 장에서 "범칙행위"란 제46조제3항의 죄에 해당하는 위반행위(의무보험에 가입되어 있지 아니한 자동차를 운행하다가 교통사고를 일으킨 경우는 제외한다)를 뜻하며, 그 구체적인 범위는 대통령령으로 정한다.(2021.7.27 본항개정)

② 이 장에서 "범칙자"란 범칙행위를 한 자로서 다음 각 호의 어느 하나에 해당하지 아니하는 자를 뜻한다.

1. 범칙행위를 상습적으로 하는 자
2. 죄를 범한 동기·수단 및 결과 등을 헤아려 통고처분을 하는 것이 상당하지 아니하다고 인정되는 자

③ 이 장에서 "범칙금"이란 범칙자가 제51조에 따른 통고처분에 의하여 국고 또는 특별자치도·시·군 또는 구(자치구를 말한다)의 금고에 내야 할 금전을 뜻한다.(2012.2.22 본항개정)

④ 국토교통부장관은 사법경찰관 또는 「사법경찰관리의 직무를 수행할 자와 그 직무범위에 관한 법률」 제5조제35호에 따라 지명을 받은 공무원이 범칙행위에 대한 수사를 원활히 수행할 수 있도록 대통령령으로 정하는 범위에서 가입관리전산망에서 관리하는 정보를 시·도지사, 시장·군수·구청장 또는 경찰청장에게 제공할 수 있다.(2024.1.9 본항개정)

제51조【통고처분】 ① 시장·군수·구청장 또는 경찰서장은 범칙자로 인정되는 자에게는 그 이유를 분명하게 밝힌 범칙금 납부통고서로 범칙금을 낼 것을 통고할 수 있다. 다만, 다음 각 호의 어느 하나에 해당하는 자에게는 그러하지 아니하다.(2012.2.22 본문개정)

1. 성명이나 주소가 확실하지 아니한 자
2. 범칙금 납부통고서를 받기를 거부한 자

② 제1항에 따라 통고할 범칙금의 액수는 차종과 위반 정도에 따라 제46조제3항에 따른 벌금액의 범위에서 대통령령으로 정한다.(2021.7.27 본항개정)

제52조【범칙금의 납부】 ① 제51조에 따라 범칙금 납부통고서를 받은 자는 범칙금 납부통고서를 받은 날부터 10일 이내에 시장·군수·구청장 또는 경찰서장이 지정하는 수납기관에 범칙금을 내야 한다. 다만, 천재지변이나 그 밖의 부득이한 사유로 그 기간에 범칙금을 낼 수 없을 때에는 그 사유가 없어진 날부터 5일 이내에 내야 한다.

② 제1항에 따른 범칙금 납부통고서에 불복하는 자는 그 납부기간에 시장·군수·구청장 또는 경찰서장에게 이의를 제기할 수 있다.

(2012.2.22 본조개정)

제53조【통고처분의 효과】 ① 제51조제1항에 따라 범칙금을 낸 자는 그 범칙행위에 대하여 다시 벌 받지 아니한다.

② 특별사법경찰관리(「사법경찰관리의 직무를 수행할 자와 그 직무범위에 관한 법률」 제5조제35호에 따라 지명받은 공무원을 말한다) 또는 사법경찰관은 다음 각 호의 어느 하나에 해당하는 경우에는 지체 없이 관할 지방검찰청 또는 지방검찰청 지청에 사건을 송치하여야 한다.(2012.2.22 본문개정)

1. 제50조제2항 각 호의 어느 하나에 해당하는 경우
2. 제51조제1항 각 호의 어느 하나에 해당하는 경우
3. 제52조제1항에 따른 납부기간에 범칙금을 내지 아니한 경우
4. 제52조제2항에 따라 이의를 제기한 경우

부 칙 (2021.1.26)

제1조【시행일】 이 법은 공포 후 6개월이 경과한 날부터 시행한다.(이하 생략)

부 칙 (2021.3.16)

이 법은 공포 후 3개월이 경과한 날부터 시행한다.

부 칙 (2021.7.27)

제1조【시행일】 이 법은 공포 후 6개월이 경과한 날부터 시행한다. 다만, 제29조제1항의 개정규정은 공포 후 1년이 경과한 날부터 시행한다.
제2조【보험금등의 구상에 관한 적용례】 제29조제1항의 개정규정은 같은 개정규정 시행 이후 발생한 자동차사고로 인하여 보험회사등이 법률상 손해배상책임이 있는 자에게 구상하는 경우부터 적용한다.
제3조【자동차손해배상 보장사업에 관한 적용례】 제30조제1항제3호의 개정규정은 이 법 시행 이후 자동차보유자를 알 수 없는 자동차의 운행 중 해당 자동차로부터 낙하된 물체로 인하여 사망하거나 부상하는 경우부터 적용한다.

부 칙 (2021.12.7)

제1조【시행일】 이 법은 공포 후 3개월이 경과한 날부터 시행한다. 다만, 제29조제1항제2호의 개정규정은 공포 후 6개월이 경과한 날부터 시행한다.
제2조【보험금등의 구상에 관한 적용례】 제29조제1항제2호의 개정규정은 같은 개정규정 시행 이후 발생한 자동차사고부터 적용한다.

부 칙 (2022.11.15)

이 법은 공포 후 6개월이 경과한 날부터 시행한다.

부 칙 (2024.1.9 법19981호)

제1조【시행일】 이 법은 공포 후 6개월이 경과한 날부터 시행한다.
제2조【전문심사기관의 조정 및 정산 등에 관한 적용례】 제12조의3 및 제19조의 개정규정은 이 법 시행 이후 의료기관이 제12조에 따라 청구한 자동차보험진료수가에 대하여 전문심사기관이 심사하여 지급된 경우부터 적용한다.

부 칙 (2024.1.9 법19986호)

제1조【시행일】 이 법은 공포 후 6개월이 경과한 날부터 시행한다.
제2조 생략
제3조【「여객자동차 운수사업법」 및 「자동차손해배상 보장법」의 개정에 관한 경과조치】 ① 이 법 시행 당시 종전의 「여객자동차 운수사업법」 제70조에 따른 공제분쟁조정위원회, 종전의 「자동차손해배상 보장법」 제34조에 따른 재활시설운영심의위원회 및 같은 법 제39조의2에 따른 자동차손해배상보장사업 채권정리위원회(이하 이 조에서 "종전위원회"라 한다)의 위원으로 위촉되거나 지명된 위원은 「자동차손해배상 보장법」 제23조의3의 개정규정에 따른 자동차손해배상보장위원회의 위원으로 위촉되거나 지명된 것으로 본다. 이 경우 위촉위원의 임기는 종전 임기의 남은 기간으로 한다.
② 이 법 시행 전에 종전위원회에 심의·의결 또는 조정 요청된 사항은 「자동차손해배상 보장법」 제23조의3의 개정규정에 따른 자동차손해배상보장위원회에 심의·의결 또는 조정 요청된 것으로 본다.
③ 이 법 시행 전의 행위에 대하여 벌칙을 적용할 때 다음 각 호에 따른 위원회 위원 중 공무원이 아닌 위원의 공무원 의제에 관하여는 「여객자동차 운수사업법」 제71조제5항 및 「자동차손해배상 보장법」 제45조의4제1호의 개정규정에도 불구하고 종전의 규정에 따른다.
1. 종전의 「여객자동차 운수사업법」 제70조제1항에 따른 공제분쟁조정위원회
2. 종전의 「자동차손해배상 보장법」 제34조제1항에 따른 재활시설운영심의위원회

부 칙 (2024.1.16)

이 법은 공포 후 1년이 경과한 날부터 시행한다.

부 칙 (2024.2.20)

제1조【시행일】 이 법은 공포 후 6개월이 경과한 날부터 시행한다. 다만, 제29조제1항제2호의 개정규정은 공포한 날부터 시행한다.
제2조【보험금등의 구상에 관한 적용례】 제29조제1항제2호의 개정규정은 같은 개정규정 시행 이후 발생한 자동차사고부터 적용한다.

부 칙 (2024.12.3)

이 법은 공포 후 6개월이 경과한 날부터 시행한다.

經濟編

高句麗 平壤出土 숫막새(紋樣)

국가재정법

(2006년 10월 4일)
(법 률 제8050호)

개정
2006.12.30법 8135호(공공자금관리기금법) <중략>
2012. 1.26법11230호(농업소득의보전에관한법)
2012. 3.21법11378호
2013. 1. 1법11614호(조세)
2013. 5.28법11821호 2014. 1. 1법12161호
2014. 5.28법12698호(양성평등기본법)
2014.12.23법12858호(산업기술혁신촉진법)
2014.12.30법12861호
2015. 1. 6법12989호(주택도시기금법)
2015. 7.24법13448호(자본시장금융투자업)
2015.12.15법13551호
2016. 1.28법13931호(보조금관리에관한법)
2016. 3.29법14122호(기술보증기금법)
2016.12.20법14381호 2017.12.26법15284호
2018. 1.16법15342호 2019. 4.23법16328호
2019. 8.27법16568호(양식산업발전법)
2019.11.26법16652호(자산관리)
2019.12.31법16832호
2019.12.31법16858호(농업·농촌공익기능증진직접지불제도운영에관한법)
2020. 3.31법17136호
2020. 6. 9법17339호(법률용어정비)
2020. 6. 9법17344호(지능정보화기본법)
2021. 4.20법18128호(자본시장금융투자업)
2021. 6.15법18240호
2021. 9.24법18469호(기후위기대응을위한탄소중립·녹색성장기본법)
2021.12.21법18585호 2022.12.31법19188호
2023. 5.16법19409호(국가유산기본법)
2023. 6. 9법19430호(지방자치분권및지역균형발전에관한특별법)
2023. 8. 8법19589호(국가유산보호기금법)
2024.12.31법20610호

경제

제1장 총 칙

제1조【목적】 이 법은 국가의 예산·기금·결산·성과관리 및 국가채무 등 재정에 관한 사항을 정함으로써 효율적이고 성과 지향적이며 투명한 재정운용과 건전재정의 기틀을 확립하고 재정운용의 공공성을 증진하는 것을 목적으로 한다.
(2020.3.31 본조개정)

제2조【회계연도】 국가의 회계연도는 매년 1월 1일에 시작하여 12월 31일에 종료한다.

제3조【회계연도 독립의 원칙】 각 회계연도의 경비는 그 연도의 세입 또는 수입으로 충당하여야 한다.

제4조【회계구분】 ① 국가의 회계는 일반회계와 특별회계로 구분한다.
② 일반회계는 조세수입 등을 주요 세입으로 하여 국가의 일반적인 세출에 충당하기 위하여 설치한다.
③ 특별회계는 국가에서 특정한 사업을 운영하고자 할 때, 특정한 자금을 보유하여 운용하고자 할 때, 특정한 세입으로 특정한 세출에 충당함으로써 일반회계와 구분하여 회계처리할 필요가 있을 때에 법률로써 설치하되, 별표1에 규정된 법률에 의하지 아니하고는 이를 설치할 수 없다.(2014.1.1 본항개정)

제5조【기금의 설치】 ① 기금은 국가가 특정한 목적을 위하여 특정한 자금을 신축적으로 운용할 필요가 있을 때에 한정하여 법률로써 설치하되, 정부의 출연금 또는 법률에 따른 민간부담금을 재원으로 하는 기금은 별표2에 규정된 법률에 의하지 아니하고는 이를 설치할 수 없다.(2020.6.9 본항개정)
② 제1항의 규정에 따른 기금은 세입세출예산에 의하지 아니하고 운용할 수 있다.

제6조【독립기관 및 중앙관서】 ① 이 법에서 "독립기관"이라 함은 국회·대법원·헌법재판소 및 중앙선거관리위원회를 말한다.
② 이 법에서 "중앙관서"라 함은 「헌법」 또는 「정부조직법」 그 밖의 법률에 따라 설치된 중앙행정기관을 말한다.
③ 국회의 사무총장, 법원행정처장, 헌법재판소의 사무처장 및 중앙선거관리위원회의 사무총장은 이 법을 적용할 때 중앙관서의 장으로 본다.(2020.6.9 본항개정)

제7조【국가재정운용계획의 수립 등】 ① 정부는 재정운용의 효율화와 건전화를 위하여 매년 해당 회계연도부터 5회계연도 이상의 기간에 대한 재정운용계획(이하 "국가재정운용계획"이라 한다)을 수립하여 회계연도 개시 120일 전까지 국회에 제출하여야 한다.(2020.6.9 본항개정)
② 국가재정운용계획에는 다음 각 호의 사항이 포함되어야 한다.
1. 재정운용의 기본방향과 목표
2. 중기 재정전망 및 근거(2020.3.31 본호개정)
3. 분야별 재원배분계획 및 투자방향
4. 재정규모증가율 및 그 근거(2010.5.17 본호개정)
4의2. 의무지출(재정지출 중 법률에 따라 지출의무가 발생하고 법령에 따라 지출규모가 결정되는 법정지출 및 이자지출을 말하며, 그 구체적인 범위는 대통령령으로 정한다)의 증가율 및 산출내역(2010.5.17 본호신설)
4의3. 재량지출(재정지출에서 의무지출을 제외한 지출을 말한다)의 증가율에 대한 분야별 전망과 근거 및 관리계획(2010.5.17 본호신설)
4의4. 세입·세외수입·기금수입 등 재정수입의 증가율 및 그 근거(2010.5.17 본호신설)
5. 조세부담률 및 국민부담률 전망
6. 통합재정수지〔일반회계, 특별회계 및 기금을 통합한 재정통계로서 순(純) 수입에서 순 지출을 뺀 금액을 말한다. 이하 같다〕 전망과 관리계획. 다만, 통합재정수지에서 제외되는 기금은 국제기구에서 권고하는 기준에 준하여 대통령령으로 정한다.(2020.3.31 본호개정)
7. (2010.5.17 삭제)
8. 그 밖에 대통령령으로 정하는 사항(2020.6.9 본호개정)
③ 제1항에 따라 국회에 제출하는 국가재정운용계획에는 다음 각 호의 서류를 첨부하여야 한다.
1. 전년도에 수립한 국가재정운용계획 대비 변동사항, 변동요인 및 관리계획 등에 대한 평가·분석보고서
2. 제73조의4에 따른 중장기 기금재정관리계획(2021.6.15 본호개정)
3. 제91조에 따른 국가채무관리계획
4. 「국세기본법」 제20조의2에 따른 중장기 조세정책운용계획(2014.1.1 본호신설)
5. 제4항에 따른 장기 재정전망 결과(2020.3.31 본호신설)
(2010.5.17 본항신설)
④ 기획재정부장관은 40회계연도 이상의 기간을 대상으로 5년마다 장기 재정전망을 실시하여야 한다.(2020.3.31 본항신설)
⑤ 기획재정부장관은 국가재정운용계획을 수립하기 위하여 필요한 때에는 관계 국가기관 또는 공공단체의 장에게 중·장기 대내·외 거시경제전망 및 재정전망 등에 관하여 자료의 제출을 요청하거나, 관계 국가기관 또는 공공단체의 장과 이에 관하여 협의할 수 있다.(2020.6.9 본항개정)
⑥ 기획재정부장관은 국가재정운용계획을 수립하는 때에는 관계 중앙관서의 장과 협의하여야 한다.(2008.2.29 본항개정)
⑦ 제1항부터 제6항까지에 규정된 사항 외에 국가재정운용계획의 수립에 관하여 필요한 사항은 대통령령으로 정한다.
(2020.3.31 본항개정)

⑧ 기획재정부장관은 제35조에 따른 수정예산안 및 제89조에 따른 추가경정예산안이 제출될 때에는 재정수지, 국가채무 등 국가재정운용계획의 재정총량에 미치는 효과 및 그 관리방안에 대하여 국회에 보고하여야 한다.(2010.5.17 본항신설)
⑨ 기획재정부장관은 국가재정운용계획을 국회에 제출하기 30일 전에 재정규모, 재정수지, 재원배분 등 수립 방향을 국회 소관 상임위원회에 보고하여야 한다.(2014.12.30 본항개정)
⑩ 각 중앙관서의 장은 재정지출을 수반하는 중·장기계획을 수립하는 때에는 미리 기획재정부장관과 협의하여야 한다.(2008.2.29 본항개정)
⑪ 지방자치단체의 장은 국가의 재정지원에 따라 수행되는 사업으로서 대통령령으로 정하는 규모 이상인 사업의 계획을 수립하는 때에는 미리 관계 중앙관서의 장과 협의하여야 한다. 이 경우 중앙관서의 장은 기획재정부장관과 협의하여야 한다.(2020.6.9 전단개정)
제8조 (2021.12.21 삭제)
제8조의2【전문적인 조사·연구기관의 지정 등】 ① 기획재정부장관은 예비타당성조사 등을 적정하게 수행하기 위하여 「정부출연연구기관 등의 설립·운영 및 육성에 관한 법률」에 따라 설립된 한국개발연구원 및 한국조세재정연구원과 전문 인력 및 조사·연구 능력 등 대통령령으로 정하는 지정기준을 갖춘 기관을 전문기관으로 지정하여 다음 각 호의 업무 중 전부 또는 일부를 수행하게 할 수 있다.(2021.12.21 본문개정)
1. 제38조제1항 및 제3항에 따른 사업의 예비타당성조사 및 그 조사와 관련된 전문적인 조사·연구
2. 제50조제2항 및 제4항에 따른 사업의 타당성 재조사 및 그 조사와 관련된 전문적인 조사·연구(2020.3.31 본호개정)
3. 제85조의8제1항에 따른 재정사업에 대한 성과평가 및 그 평가와 관련된 전문적인 조사·연구(2021.12.21 본호신설)
4. 제82조제2항에 따른 기금운용평가단의 운영
5. 제85조의5제4항에 따른 재정성과평가단의 운영(2021.12.21 본호신설)
6. 「부담금관리 기본법」 제8조제4항에 따른 부담금운용평가단의 운영
7. 「보조금 관리에 관한 법률」 제15조제3항에 따른 보조사업평가단의 운영(2016.1.28 본호개정)
8. 「복권 및 복권기금법」 제22조제4항에 따라 구성하는 복권기금사업의 성과에 대한 평가단의 운영
② 기획재정부장관은 제1항에 따라 지정된 전문기관이 그 업무를 수행하는 데에 드는 비용을 지원하기 위하여 해당 전문기관에 출연할 수 있다.
③ 기획재정부장관은 제1항에 따라 지정된 전문기관이 다음 각 호의 어느 하나에 해당하는 경우에는 그 지정을 취소할 수 있다. 다만, 제1호에 해당하면 그 지정을 취소하여야 한다.
1. 거짓이나 그 밖의 부정한 방법으로 지정을 받은 경우
2. 제1항에 따른 지정기준에 적합하지 아니하게 된 경우
3. 제1항에 따른 업무를 적정하게 수행하지 아니하는 등 수행하는 업무가 그 지정의 목적을 벗어난 것으로 인정되는 경우
④ 기획재정부장관은 제3항에 따라 전문기관의 지정을 취소하려는 경우에는 청문을 하여야 한다.(2021.12.21 본항신설)
⑤ 제1항에 따른 전문기관의 지정 및 그 운영 등에 필요한 사항은 대통령령으로 정한다.
(2021.12.21 본조제목개정)
(2014.1.1 본조신설)
제9조【재정정보의 공표】 ① 정부는 예산, 기금, 결산, 국채, 차입금, 국유재산의 현재액, 통합재정수지 및 제2항에 따른 일반정부 및 공공부문 재정통계, 그 밖에 대통령령으로 정하는 국가와 지방자치단체의 재정에 관한 중요한 사항을 매년 1회 이상 정보통신매체·인쇄물 등 적당한 방법으로 알기 쉽고 투명하게 공표하여야 한다.(2020.6.9 본항개정)
② 기획재정부장관은 회계연도마다 결산을 기준으로 다음 각 호의 재정상황을 종합적으로 나타내는 통계(이하 "일반정부 및 공공부문 재정통계"라 한다)를 작성하여야 한다. 이 경우 제2호와 제3호에 관하여는 해당 기관 및 관계 중앙관서의 장과 협의하여 작성하여야 한다.
1. 국가 및 지방자치단체의 일반회계, 특별회계 및 기금
2. 다음 각 목의 기관 중 시장성이 없는 기관으로서 대통령령으로 정하는 기관
가. 「공공기관의 운영에 관한 법률」에 따른 공공기관
나. 「지방공기업법」에 따른 지방공사·공단
다. 그 밖에 공영방송사·국립대학법인 등 공공성이 인정되는 법인
3. 제2호 각 목의 기관 중 시장성이 있는 기관(금융을 다루는 기관은 제외한다)으로서 대통령령으로 정하는 기관
(2020.3.31 본항신설)
③ 기획재정부장관은 각 중앙관서의 장, 지방자치단체의 장, 관계 기관의 장에게 제1항에 따른 재정정보의 공표 또는 제2항에 따른 일반정부 및 공공부문 재정통계의 작성을 위하여 필요한 자료의 제출을 요구할 수 있다.(2020.3.31 본항개정)
④ 각 중앙관서의 장은 해당 중앙관서의 세입·세출예산 운용상황을, 각 법률에 따라 기금을 관리·운용하는 자(기금의 관리 또는 운용 업무를 위탁받은 자는 제외하며, 이하 "기금관리주체"라 한다)는 해당 기금의 운용상황을 인터넷 홈페이지에 공개하여야 한다.(2021.12.21 본항개정)
⑤ 제4항의 세입·세출예산 운용상황 및 기금 운용상황 공개에는 각 사업별 사업설명자료가 첨부되어야 한다. 그 밖에 공개에 필요한 사항은 대통령령으로 정한다.(2020.3.31 전단개정)
⑥ 기획재정부장관은 제4항 및 제5항에 관한 지침을 작성하여 각 중앙관서의 장과 기금관리주체에게 각각 통보하여야 하며, 지침과 서로 다를 경우 시정 요구하여야 한다. 이 경우 각 중앙관서의 장과 기금관리주체는 다른 법령에서 별도로 규정하는 경우를 제외하고는 그 요구를 따라야 한다.(2020.6.9 본항개정)
제9조의2【재정 관련 자료의 제출】 기획재정부장관은 매년 회계연도 개시 120일 전까지 다음 각 호의 서류를 국회에 제출하여야 한다.(2013.5.28 본문개정)
1. 제92조에 따른 국가보증채무관리계획
2. 「공공기관의 운영에 관한 법률」 제39조의2에 따른 중장기 재무관리계획
3. 「사회기반시설에 대한 민간투자법」 제24조의2에 따른 임대형 민자사업 정부지급금추계서
(2010.5.17 본조신설)
제10조【재정운용에 대한 의견수렴】 ① 기획재정부장관은 재정운용에 대한 의견수렴을 위하여 각 중앙관서와 지방자치단체의 공무원 및 민간 전문가 등으로 구성된 재정정책자문회의(이하 "자문회의"라 한다)를 운영하여야 한다.
② 기획재정부장관은 국가재정운용계획을 수립할 때, 매 회계연도의 예산안을 편성할 때와 기금운용계획안을 마련할 때에는 미리 자문회의의 의견수렴을 거쳐야 한다.
③ 자문회의의 구성·기능 및 운영 등에 관하여 필요한 사항은 대통령령으로 정한다.
(2008.12.31 본조개정)
제11조【업무의 관장】 ① 예산, 결산 및 기금에 관한 사무는 기획재정부장관이 관장한다.
② 각 중앙관서의 장은 제1항의 규정에 따른 사무에 관한 법령을 제정·개정 또는 폐지하거나 제1항의 규정에 따른 사무와 관련되는 사항을 다른 법령에 규정하고자 하는 때에는 기획재정부장관과 협의하여야 한다.
(2008.2.29 본조개정)
제12조【출연금】 국가는 국가연구개발사업의 수행, 공공목적을 수행하는 기관의 운영 등 특정한 목적을 달성하기 위하여 법률에 근거가 있는 경우에는 해당 기관에 출연할 수 있다.
제13조【회계·기금 간 여유재원의 전입·전출】 ① 정부는 국가재정의 효율적 운용을 위하여 필요한 경우에는 다른 법률의 규정에도 불구하고 회계 및 기금의 목적 수행에 지장을 초래하지 아니하는 범위 안에서 회계와 기금 간 또는 회계 및 기금 상호 간에 여유재원을 전입 또는 전출하여 통합적으로 활용할 수 있다. 다만, 다음 각 호의 특별회계 및 기금은 제외한다.(2020.6.9 본문개정)
1. 우체국보험특별회계
2. 국민연금기금
3. 공무원연금기금
4. 사립학교교직원연금기금

5. 군인연금기금
6. 고용보험기금
7. 산업재해보상보험및예방기금
8. 임금채권보장기금
9. 방사성폐기물관리기금(2008.3.28 본호신설)
10. 그 밖에 차입금이나 「부담금관리기본법」 제2조의 규정에 따른 부담금 등을 주요 재원으로 하는 특별회계와 기금 중 대통령령으로 정하는 특별회계와 기금(2020.6.9 본호개정)

② 기획재정부장관은 제1항의 규정에 따라 전입·전출을 하고자 하는 때에는 관계 중앙관서의 장 및 기금관리주체와 협의한 후 그 내용을 예산안 또는 기금운용계획안에 반영하여야 한다.(2008.2.29 본항개정)

제14조 【특별회계 및 기금의 신설에 관한 심사】 ① 중앙관서의 장은 소관 사무와 관련하여 특별회계 또는 기금을 신설하고자 하는 때에는 해당 법률안을 입법예고하기 전에 특별회계 또는 기금의 신설에 관한 계획서(이하 이 조에서 "계획서"라 한다)를 기획재정부장관에게 제출하여 그 신설의 타당성에 관한 심사를 요청하여야 한다.(2008.2.29 본항개정)

② 기획재정부장관은 제1항의 규정에 따라 심사를 요청받은 경우 기금에 대하여는 제1호부터 제4호까지의 기준에 적합한지 여부를 심사하고, 특별회계에 대하여는 제4호 및 제5호의 기준에 적합한지 여부를 심사하여야 한다. 이 경우 미리 자문회의에 자문하여야 한다.(2008.12.31 본문개정)
1. 부담금 등 기금의 재원이 목적사업과 긴밀하게 연계되어 있을 것
2. 사업의 특성으로 인하여 신축적인 사업추진이 필요할 것
3. 중·장기적으로 안정적인 재원조달과 사업추진이 가능할 것
4. 일반회계나 기존의 특별회계·기금보다 새로운 특별회계나 기금으로 사업을 수행하는 것이 더 효과적일 것
5. 특정한 사업을 운영하거나 특정한 세입으로 특정한 세출에 충당함으로써 일반회계와 구분하여 회계처리할 필요가 있을 것(2014.1.1 본호개정)

③ 기획재정부장관은 제2항의 규정에 따른 심사 결과 특별회계 또는 기금의 신설이 제2항의 규정에 따른 심사기준에 부합하지 아니한다고 인정하는 때에는 계획서를 제출한 중앙관서의 장에게 계획서의 재검토 또는 수정을 요청할 수 있다.(2008.2.29 본항개정)

제15조 【특별회계 및 기금의 통합·폐지】 특별회계 및 기금이 다음 각 호의 어느 하나에 해당하는 경우에는 이를 폐지하거나 다른 특별회계 또는 기금과 통합할 수 있다.
1. 설치목적을 달성한 경우
2. 설치목적의 달성이 불가능하다고 판단되는 경우
3. 특별회계와 기금 간 또는 특별회계 및 기금 상호 간에 유사하거나 중복되게 설치된 경우
4. 그 밖에 재정운용의 효율성 및 투명성을 높이기 위하여 일반회계에서 통합 운용하는 것이 바람직하다고 판단되는 경우

제2장 예 산

제1절 총 칙

제16조 【예산의 원칙】 정부는 예산을 편성하거나 집행할 때 다음 각 호의 원칙을 준수하여야 한다.(2020.6.9 본문개정)
1. 정부는 재정건전성의 확보를 위하여 최선을 다하여야 한다.
2. 정부는 국민부담의 최소화를 위하여 최선을 다하여야 한다.
3. 정부는 재정을 운용할 때 재정지출 및 「조세특례제한법」 제142조의2제1항에 따른 조세지출의 성과를 제고하여야 한다.(2020.6.9 본호개정)
4. 정부는 예산과정의 투명성과 예산과정에의 국민참여를 제고하기 위하여 노력하여야 한다.
5. 정부는 「성별영향평가법」 제2조제1호에 따른 성별영향평가의 결과를 포함하여 예산이 여성과 남성에게 미치는 효과를 평가하고, 그 결과를 정부의 예산편성에 반영하기 위하여 노력하여야 한다.(2021.12.21 본호개정)
6. 정부는 예산이 「기후위기 대응을 위한 탄소중립·녹색성장 기본법」 제2조제5호에 따른 온실가스(이하 "온실가스"라 한다) 감축에 미치는 효과를 평가하고, 그 결과를 정부의 예산편성에 반영하기 위하여 노력하여야 한다.(2021.9.24 본호개정)

제17조 【예산총계주의】 ① 한 회계연도의 모든 수입을 세입으로 하고, 모든 지출을 세출로 한다.

② 제53조에 규정된 사항을 제외하고는 세입과 세출은 모두 예산에 계상하여야 한다.

제18조 【국가의 세출재원】 국가의 세출은 국채·차입금(외국정부·국제협력기구 및 외국법인으로부터 도입되는 차입자금을 포함한다. 이하 같다) 외의 세입을 그 재원으로 한다. 다만, 부득이한 경우에는 국회의 의결을 얻은 금액의 범위 안에서 국채 또는 차입금으로써 충당할 수 있다.

제19조 【예산의 구성】 예산은 예산총칙·세입세출예산·계속비·명시이월비 및 국고채무부담행위를 총칭한다.

제20조 【예산총칙】 ① 예산총칙에는 세입세출예산·계속비·명시이월비 및 국고채무부담행위에 관한 총괄적 규정을 두는 외에 다음 각 호의 사항을 규정하여야 한다.
1. 제18조 단서의 규정에 따른 국채와 차입금의 한도액(중앙관서의 장이 관리하는 기금의 기금운용계획안에 계상된 국채 발행 및 차입금의 한도액을 포함한다)
2. 「국고금관리법」 제32조의 규정에 따른 재정증권의 발행과 일시차입금의 최고액
3. 그 밖에 예산집행에 관하여 필요한 사항

② 정부는 기존 국채를 새로운 국채로 대체하기 위하여 필요한 경우에는 제1항제1호의 한도액을 초과하여 국채를 발행할 수 있다. 이 경우 미리 국회에 이를 보고하여야 한다.(2008.12.31 본항신설)

제21조 【세입세출예산의 구분】 ① 세입세출예산은 필요한 때에는 계정으로 구분할 수 있다.

② 세입세출예산은 독립기관 및 중앙관서의 소관별로 구분한 후 소관 내에서 일반회계·특별회계로 구분한다.

③ 세입예산은 제2항의 규정에 따른 구분에 따라 그 내용을 성질별로 관·항으로 구분하고, 세출예산은 제2항의 규정에 따른 구분에 따라 그 내용을 기능별·성질별 또는 기관별로 장·관·항으로 구분한다.

④ 예산의 구체적인 분류기준 및 세항과 각 경비의 성질에 따른 목의 구분은 기획재정부장관이 정한다.(2008.2.29 본항개정)

제22조 【예비비】 ① 정부는 예측할 수 없는 예산 외의 지출 또는 예산초과지출에 충당하기 위하여 일반회계 예산총액의 100분의 1 이내의 금액을 예비비로 세입세출예산에 계상할 수 있다. 다만, 예산총칙 등에 따라 미리 사용목적을 지정해 놓은 예비비는 본문에도 불구하고 별도로 세입세출예산에 계상할 수 있다.

② 제1항 단서에도 불구하고 공무원의 보수 인상을 위한 인건비 충당을 위하여는 예비비의 사용목적을 지정할 수 없다.(2020.6.9 본조개정)

제23조 【계속비】 ① 완성에 수년이 필요한 공사나 제조 및 연구개발사업은 그 경비의 총액과 연부액(年賦額)을 정하여 미리 국회의 의결을 얻은 범위 안에서 수년도에 걸쳐서 지출할 수 있다.(2020.6.9 본항개정)

② 제1항의 규정에 따라 국가가 지출할 수 있는 연한은 그 회계연도부터 5년 이내로 한다. 다만, 사업규모 및 국가재원 여건을 고려하여 필요한 경우에는 예외적으로 10년 이내로 할 수 있다.(2020.6.9 단서개정)

③ 기획재정부장관은 필요하다고 인정하는 때에는 국회의 의결을 거쳐 제2항의 지출연한을 연장할 수 있다.(2012.3.21 본항신설)

제24조 【명시이월비】 ① 세출예산 중 경비의 성질상 연도 내에 지출을 끝내지 못할 것이 예측되는 때에는 그 취지를 세입세출예산에 명시하여 미리 국회의 승인을 얻은 후 다음 연도에 이월하여 사용할 수 있다.

② 각 중앙관서의 장은 제1항의 규정에 따른 명시이월비에 대하여 예산집행상 부득이한 사유가 있는 때에는 사항마다 사유와 금액을 명백히 하여 기획재정부장관의 승인을 얻은 범위 안에서 다음 연도에 걸쳐서 지출하여야 할 지출원인행위를 할 수 있다.(2008.2.29 본항개정)

③ 기획재정부장관은 제2항의 규정에 따라 다음 연도에 걸쳐서 지출하여야 할 지출원인행위를 승인한 때에는 감사원에 통지하여야 한다.(2008.2.29 본항개정)

제25조【국고채무부담행위】 ① 국가는 법률에 따른 것과 세출예산금액 또는 계속비의 총액의 범위 안의 것 외에 채무를 부담하는 행위를 하는 때에는 미리 예산으로써 국회의 의결을 얻어야 한다.
② 국가는 제1항에 규정된 것 외에 재해복구를 위하여 필요한 때에는 회계연도마다 국회의 의결을 얻은 범위 안에서 채무를 부담하는 행위를 할 수 있다. 이 경우 그 행위는 일반회계 예비비의 사용절차에 준하여 집행한다.
③ 국고채무부담행위는 사항마다 그 필요한 이유를 명백히 하고 그 행위를 할 연도 및 상환연도와 채무부담의 금액을 표시하여야 한다.

제26조【성인지 예산서의 작성】 ① 정부는 예산이 여성과 남성에게 미칠 영향을 미리 분석한 보고서〔이하 "성인지(性認知) 예산서"라 한다〕를 작성하여야 한다.
② 성인지 예산서에는 성평등 기대효과, 성과목표, 성별 수혜분석 등을 포함하여야 한다.(2010.5.17 본항신설)
③ 성인지 예산서의 작성에 관한 구체적인 사항은 대통령령으로 정한다.

제27조【온실가스감축인지 예산서의 작성】 ① 정부는 예산이 온실가스 감축에 미칠 영향을 미리 분석한 보고서(이하 "온실가스감축인지 예산서"라 한다)를 작성하여야 한다.
② 온실가스감축인지 예산서에는 온실가스 감축에 대한 기대효과, 성과목표, 효과분석 등을 포함하여야 한다.
③ 온실가스감축인지 예산서의 작성에 관한 구체적인 사항은 대통령령으로 정한다.
(2021.6.15 본조신설)

제2절 예산안의 편성

제28조【중기사업계획서의 제출】 각 중앙관서의 장은 매년 1월 31일까지 해당 회계연도부터 5회계연도 이상의 기간 동안의 신규사업 및 기획재정부장관이 정하는 주요 계속사업에 대한 중기사업계획서를 기획재정부장관에게 제출하여야 한다.
(2020.6.9 본조개정)

제29조【예산안편성지침의 통보】 ① 기획재정부장관은 국무회의의 심의를 거쳐 대통령의 승인을 얻은 다음 연도의 예산안편성지침을 매년 3월 31일까지 각 중앙관서의 장에게 통보하여야 한다.(2014.1.1 본항개정)
② 기획재정부장관은 제7조의 규정에 따른 국가재정운용계획과 예산편성을 연계하기 위하여 제1항의 규정에 따른 예산안편성지침에 중앙관서별 지출한도를 포함하여 통보할 수 있다.
(2008.2.29 본조개정)

제30조【예산안편성지침의 국회보고】 기획재정부장관은 제29조제1항의 규정에 따라 각 중앙관서의 장에게 통보한 예산안편성지침을 국회 예산결산특별위원회에 보고하여야 한다.
(2008.2.29 본조개정)

제31조【예산요구서의 제출】 ① 각 중앙관서의 장은 제29조의 규정에 따른 예산안편성지침에 따라 그 소관에 속하는 다음 연도의 세입세출예산·계속비·명시이월비 및 국고채무부담행위 요구서(이하 "예산요구서"라 한다)를 작성하여 매년 5월 31일까지 기획재정부장관에게 제출하여야 한다.(2014.1.1 본항개정)
② 예산요구서에는 대통령령으로 정하는 바에 따라 예산의 편성 및 예산관리기법의 적용에 필요한 서류를 첨부하여야 한다.
(2020.6.9 본항개정)
③ 기획재정부장관은 제1항의 규정에 따라 제출된 예산요구서가 제29조의 규정에 따른 예산안편성지침에 부합하지 아니하는 때에는 기한을 정하여 이를 수정 또는 보완하도록 요구할 수 있다.(2008.2.29 본항개정)

제32조【예산안의 편성】 기획재정부장관은 제31조제1항의 규정에 따른 예산요구서에 따라 예산안을 편성하여 국무회의의 심의를 거친 후 대통령의 승인을 얻어야 한다.(2008.2.29 본조개정)

제33조【예산안의 국회제출】 정부는 제32조의 규정에 따라 대통령의 승인을 얻은 예산안을 회계연도 개시 120일 전까지 국회에 제출하여야 한다.(2013.5.28 본조개정)

제34조【예산안의 첨부서류】 제33조의 규정에 따라 국회에 제출하는 예산안에는 다음 각 호의 서류를 첨부하여야 한다.
1. 세입세출예산 총계표 및 순계표
2. 세입세출예산 사업별설명서
2의2. 세입예산 추계분석보고서(세입추계 방법 및 근거, 전년도 세입예산과 세입결산 간 총액 및 세목별 차이에 대한 평가 및 원인 분석, 세입추계 개선사항을 포함한다)(2019.4.23 본호신설)
3. 계속비에 관한 전년도말까지의 지출액 또는 지출추정액, 해당 연도 이후의 지출예정액과 사업전체의 계획 및 그 진행상황에 관한 명세서(2020.6.9 본호개정)
3의2. 제50조에 따른 총사업비 관리대상 사업의 사업별 개요, 전년도 대비 총사업비 증감 내역과 증감 사유, 해당 연도까지의 연부액 및 해당 연도 이후의 지출예정액(2012.3.21 본호신설)
4. 국고채무부담행위설명서
5. 국고채무부담행위로서 다음 연도 이후에 걸치는 것인 경우 전년도말까지의 지출액 또는 지출추정액과 해당 연도 이후의 지출예정액에 관한 명세서(2020.6.9 본호개정)
5의2. 완성에 2년 이상이 소요되는 사업으로서 대통령령으로 정하는 대규모 사업의 국고채무부담행위 총규모(2014.1.1 본호신설)
6. 예산정원표와 예산안편성기준단가
7. 국유재산의 전전년도 말 기준 현재액과 전년도말과 해당 연도 말 기준 현재액 추정에 관한 명세서(2020.6.9 본호개정)
8. 제85조의7에 따른 성과계획서(2021.12.21 본호개정)
9. 성인지 예산서
9의2. 온실가스감축인지 예산서(2021.6.15 본호신설)
10. 「조세특례제한법」 제142조의2에 따른 조세지출예산서
(2013.1.1 본호개정)
11. 제40조제2항 및 제41조의 규정에 따라 독립기관의 세출예산요구액을 감액하거나 감사원의 세출예산요구액을 감액한 때에는 그 규모 및 이유와 감액에 대한 해당 기관의 장의 의견
(2020.6.9 본호개정)
12. (2010.5.17 삭제)
13. 회계와 기금 간 또는 회계 상호 간 여유재원의 전입·전출 명세서 그 밖에 재정의 상황과 예산안의 내용을 명백히 할 수 있는 서류
14. 「국유재산특례제한법」 제10조제1항에 따른 국유재산특례지출예산서(2011.3.30 본호신설)
15. 제38조제2항에 따라 예비타당성조사를 실시하지 아니한 사업의 내역 및 사유(2014.1.1 본호신설)
16. 지방자치단체 국고보조사업 예산안에 따른 분야별 총 대응지방비 소요 추계서(2017.12.26 본호신설)

제35조【국회제출 중인 예산안의 수정】 정부는 예산안을 국회에 제출한 후 부득이한 사유로 인하여 그 내용의 일부를 수정하고자 하는 때에는 국무회의의 심의를 거쳐 대통령의 승인을 얻은 수정예산안을 국회에 제출할 수 있다.

제36조【예산안 첨부서류의 생략】 정부는 제35조에 따른 수정예산안 또는 제89조에 따른 추가경정예산안을 편성하여 국회에 제출하는 때에는 제34조 각 호에 규정된 첨부서류의 일부를 생략할 수 있다. 다만, 제85조의7에 따른 성과계획서의 제출을 생략하는 때에는 사후에 이를 제출하여야 한다.(2021.12.21 단서개정)

제37조【총액계상】 ① 기획재정부장관은 대통령령으로 정하는 사업으로서 세부내용을 미리 확정하기 곤란한 사업의 경우에는 이를 총액으로 예산에 계상할 수 있다.(2020.6.9 본항개정)
② 제1항의 규정에 따른 총액계상사업의 총 규모는 매 회계연도 예산의 순계를 기준으로 대통령령으로 정하는 비율을 초과할 수 없다.(2020.6.9 본항개정)
③ 각 중앙관서의 장은 제1항의 규정에 따른 총액계상사업에 대하여는 예산배정 전에 예산배분에 관한 세부사업시행계획을

경제

수립하여 기획재정부장관과 협의하여야 하며, 그 세부집행실적을 회계연도 종료 후 3개월 이내에 기획재정부장관에게 제출하여야 한다.(2008.2.29 본항개정)
④ 각 중앙관서의 장은 제3항의 규정에 따른 총액계상사업의 세부사업시행계획과 세부집행실적을 국회 예산결산특별위원회에 제출하여야 한다.

제38조【예비타당성조사】 ① 기획재정부장관은 총사업비가 500억원 이상이고 국가의 재정지원 규모가 300억원 이상인 신규 사업으로서 다음 각 호의 어느 하나에 해당하는 대규모사업에 대한 예산을 편성하기 위하여 미리 예비타당성조사를 실시하고, 그 결과를 요약하여 국회 소관 상임위원회와 예산결산특별위원회에 제출하여야 한다. 다만, 제4호의 사업은 제28조에 따라 제출된 중기사업계획서에 의한 재정지출이 500억원 이상 수반되는 신규 사업으로 한다.(2014.1.1 본문개정)
1. 건설공사가 포함된 사업(2014.1.1 본호신설)
2. 「지능정보화 기본법」 제14조제1항에 따른 지능정보화 사업(2020.6.9 본호개정)
3. 「과학기술기본법」 제11조에 따른 국가연구개발사업
4. 그 밖에 사회복지, 보건, 교육, 노동, 문화 및 관광, 환경 보호, 농림해양수산, 산업·중소기업 분야의 사업

(2014.1.1 3호~4호신설)
② 제1항에도 불구하고 다음 각 호의 어느 하나에 해당하는 사업은 대통령령으로 정하는 절차에 따라 예비타당성조사 대상에서 제외한다.
1. 공공청사, 교정시설, 초·중등 교육시설의 신·증축 사업
2. 「국가유산기본법」 제3조에 따른 국가유산 복원사업(2023.5.16 본호개정)
3. 국가안보와 관계되거나 보안이 필요한 국방 관련 사업(2020.6.9 본호개정)
4. 남북교류협력과 관계되거나 국가 간 협약·조약에 따라 추진하는 사업(2020.6.9 본호개정)
5. 도로 유지보수, 노후 상수도 개량 등 기존 시설의 효용 증진을 위한 단순개량 및 유지보수사업
6. 「재난 및 안전관리기본법」 제3조제1호에 따른 재난(이하 "재난"이라 한다)복구 지원, 시설 안전성 확보, 보건·식품 안전 문제 등으로 시급한 추진이 필요한 사업
7. 재난예방을 위하여 시급한 추진이 필요한 사업으로서 국회 소관 상임위원회의 동의를 받은 사업
8. 법령에 따라 추진하여야 하는 사업
9. 출연·보조기관의 인건비 및 경상비 지원, 융자 사업 등과 같이 예비타당성조사의 실익이 없는 사업
10. 지역 균형발전, 긴급한 경제·사회적 상황 대응 등을 위하여 국가 정책적으로 추진이 필요한 사업(종전에 경제성 부족 등을 이유로 예비타당성조사를 통과하지 못한 사업은 연계사업의 시행, 주변지역의 개발 등으로 해당 사업과 관련한 경제·사회 여건이 변동하였거나, 예비타당성조사 결과 등을 반영하여 사업을 재기획한 경우에 한정한다)으로서 다음 각 목의 요건을 모두 갖춘 사업. 이 경우, 예비타당성조사 면제 사업의 내역 및 사유를 지체 없이 국회 소관 상임위원회에 보고하여야 한다.(2020.3.31 전단개정)
   가. 사업목적 및 규모, 추진방안 등 구체적인 사업계획이 수립된 사업
   나. 국가 정책적으로 추진이 필요하여 국무회의를 거쳐 확정된 사업

(2014.1.1 본항신설)
③ 제1항의 규정에 따라 실시하는 예비타당성조사 대상사업은 기획재정부장관이 중앙관서의 장의 신청에 따라 또는 직권으로 선정할 수 있다.
④ 기획재정부장관은 국회가 그 의결로 요구하는 사업에 대하여는 예비타당성조사를 실시하여야 한다.
⑤ 기획재정부장관은 제2항제10호에 따라 예비타당성조사를 면제한 사업에 대하여 예비타당성조사 방식에 준하여 사업의 중장기 재정소요, 재원조달방안, 비용과 편익 등을 고려한 효율적 대안 등의 분석을 통하여 사업계획의 적정성을 검토하고, 그 결과를 예산편성에 반영하여야 한다.(2020.3.31 본항신설)
⑥ 기획재정부장관은 제1항의 규정에 따른 예비타당성조사 대상사업의 선정기준·조사수행기관·조사방법 및 절차 등에 관한 지침을 마련하여 중앙관서의 장에게 통보하여야 한다.
(2008.2.29 본조개정)

제38조의2【예비타당성조사 결과 관련 자료의 공개】 기획재정부장관은 제38조제1항에 따른 예비타당성조사를 제8조의2 제1항제1호의 업무를 수행하는 전문기관에 의뢰하여 실시할 수 있으며, 예비타당성조사를 의뢰 받은 전문기관의 장은 수요예측자료 등 예비타당성조사 결과에 관한 자료를 「공공기관의 정보공개에 관한 법률」 제7조에 따라 공개하여야 한다.
(2021.12.21 본조개정)

제38조의3【국가연구개발사업 예비타당성조사의 특례】 ① 기획재정부장관은 제8조의2, 제38조 및 제38조의2에 규정된 사항 중 「과학기술기본법」 제11조에 따른 국가연구개발사업에 대한 예비타당성조사에 관해서는 대통령령으로 정하는 바에 따라 과학기술정보통신부장관에게 위탁할 수 있다.
② 제1항에 따라 예비타당성조사에 관하여 위탁받은 과학기술정보통신부장관은 제38조제2항 및 제6항과 관련한 사항의 경우 사전에 기획재정부장관과 협의하여야 한다.(2020.3.31 본항개정)
③ 기획재정부장관은 제1항에 따라 위탁한 예비타당성조사가 적절하게 운영되는지 등을 대통령령으로 정하는 바에 따라 평가할 수 있다.
(2018.1.16 본조신설)

제39조【대규모 개발사업예산의 편성】 ① 각 중앙관서의 장은 대통령령으로 정하는 대규모 개발사업에 대하여는 타당성조사 및 기본설계비·실시설계비·보상비(댐수몰지역에 대하여 보상하는 경우와 공사완료 후 존속하는 어업권 또는 양식업권의 피해에 대하여 보상하는 경우는 제외한다)와 공사비의 순서에 따라 그 중 하나의 단계에 소요되는 경비의 전부 또는 일부를 해당 연도의 예산으로 요구하여야 한다. 다만, 부분완공 후 사용이 가능한 경우 등 사업의 효율적인 추진을 위하여 기획재정부장관이 불가피하다고 인정하는 사업에 대하여는 2단계 이상의 예산을 동시에 요구할 수 있다.(2020.6.9 본문개정)
② 기획재정부장관은 제1항에 따른 대규모 개발사업에 대하여는 같은 항에 따른 요구에 따라 단계별로 해당 연도에 필요한 예산안을 편성하여야 한다. 이 경우 다음 각 호의 어느 하나에 해당하는 사업으로서 전체공정에 대한 실시설계가 완료되고 총사업비가 확정된 경우에는 그 사업이 지연되지 아니하도록 계속비로 예산안을 편성하여야 한다.(2012.3.21 본문개정)
1. 국가기간 교통망 구축을 위하여 필수적인 사업
2. 재해복구를 위하여 시급히 추진하여야 하는 사업
3. 공사가 지연될 경우 추가 재정부담이 큰 사업
4. 그 밖에 국민편익, 사업성격 및 효과 등을 고려하여 시급히 추진할 필요가 있는 사업

(2012.3.21 1호~4호신설)
③ 기획재정부장관은 제2항 후단에도 불구하고 재정여건, 사업성격, 사업기간 및 규모 등을 고려하여 필요하다고 인정하는 대규모 개발사업은 계속비로 예산안을 편성하지 아니할 수 있으며 이에 대한 기준, 절차 등 구체적 사항은 대통령령으로 정한다.(2012.3.21 본항신설)
(2012.3.21 본조제목개정)

제40조【독립기관의 예산】 ① 정부는 독립기관의 예산을 편성할 때 해당 독립기관의 장의 의견을 최대한 존중하여야 하며, 국가재정상황 등에 따라 조정이 필요한 때에는 해당 독립기관의 장과 미리 협의하여야 한다.
② 정부는 제1항의 규정에 따른 협의에도 불구하고 독립기관의 세출예산요구액을 감액하고자 할 때에는 국무회의에서 해당 독립기관의 장의 의견을 들어야 하며, 정부가 독립기관의 세출예산요구액을 감액한 때에는 그 규모 및 이유, 감액에 대한 독립기관의 장의 의견을 국회에 제출하여야 한다.
(2020.6.9 본조개정)

제41조【감사원의 예산】 정부는 감사원의 세출예산요구액을 감액하고자 할 때에는 국무회의에서 감사원장의 의견을 들어야 한다.(2020.6.9 본조개정)

제3절 예산의 집행

제42조【예산배정요구서의 제출】 각 중앙관서의 장은 예산이 확정된 후 사업운영계획 및 이에 따른 세입세출예산·계속비와 국고채무부담행위를 포함한 예산배정요구서를 기획재정부장관에게 제출하여야 한다.(2008.2.29 본조개정)

제43조【예산의 배정】 ① 기획재정부장관은 제42조의 규정에 따른 예산배정요구서에 따라 분기별 예산배정계획을 작성하여 국무회의의 심의를 거친 후 대통령의 승인을 얻어야 한다.
② 기획재정부장관은 각 중앙관서의 장에게 예산을 배정한 때에는 감사원에 통지하여야 한다.
③ 기획재정부장관은 필요한 때에는 대통령령으로 정하는 바에 따라 회계연도 개시 전에 예산을 배정할 수 있다.
(2020.6.9 본항개정)
④ 기획재정부장관은 예산의 효율적인 집행관리를 위하여 필요한 때에는 제1항의 규정에 따른 분기별 예산배정계획에도 불구하고 개별사업계획을 검토하여 그 결과에 따라 예산을 배정할 수 있다.(2020.6.9 본항개정)
⑤ 기획재정부장관은 재정수지의 적정한 관리 및 예산사업의 효율적인 집행관리 등을 위하여 필요한 때에는 제1항의 규정에 따른 분기별 예산배정계획을 조정하거나 예산배정을 유보할 수 있으며, 배정된 예산의 집행을 보류하도록 조치를 취할 수 있다.
(2008.2.29 본조개정)

제43조의2【예산의 재배정】 ① 각 중앙관서의 장은 「국고금 관리법」 제22조제1항에 따른 재무관으로 하여금 지출원인행위를 하게 할 때에는 제43조에 따라 배정된 세출예산의 범위 안에서 재무관별로 세출예산재배정계획서를 작성하고 이에 따라 세출예산을 재배정(기획재정부장관이 각 중앙관서의 장에게 배정한 예산을 각 중앙관서의 장이 재무관별로 다시 배정하는 것을 말한다. 이하 같다)하여야 한다.
② 각 중앙관서의 장은 예산집행에 필요하다고 인정할 때에는 제1항에 따라 작성한 세출예산재배정계획서를 변경할 수 있고 이에 따라 세출예산을 재배정하여야 한다.
③ 각 중앙관서의 장은 제1항 및 제2항에 따라 세출예산을 재배정한 때에는 이를 「국고금 관리법」 제22조제1항에 따른 지출관과 기획재정부장관에게 통지하여야 한다.
④ 각 중앙관서의 장은 제1항 및 제2항에 따라 세출예산을 재배정하려는 경우 대통령령으로 정하는 바에 따라 이를 「한국재정정보원법」에 따른 한국재정정보원으로 하여금 대행하게 할 수 있다.
(2021.12.21 본조신설)

제44조【예산집행지침의 통보】 기획재정부장관은 예산집행의 효율성을 높이기 위하여 매년 예산집행에 관한 지침을 작성하여 각 중앙관서의 장에게 통보하여야 한다.(2008.2.29 본조개정)

제45조【예산의 목적 외 사용금지】 각 중앙관서의 장은 세출예산이 정한 목적 외에 경비를 사용할 수 없다.

제46조【예산의 전용】 ① 각 중앙관서의 장은 예산의 목적범위 안에서 재원의 효율적 활용을 위하여 대통령령으로 정하는 바에 따라 기획재정부장관의 승인을 얻어 각 세항 또는 목의 금액을 전용할 수 있다. 이 경우 사업 간의 유사성이 있는지, 재해대책 재원 등으로 사용할 시급한 필요가 있는지, 기관운영을 위한 필수적 경비의 충당을 위한 것인지 여부 등을 종합적으로 고려하여야 한다.(2020.6.9 전단개정)
② 각 중앙관서의 장은 제1항에도 불구하고 회계연도마다 기획재정부장관이 위임하는 범위 안에서 각 세항 또는 목의 금액을 자체적으로 전용할 수 있다.(2020.6.9 본항개정)
③ 제1항 및 제2항에도 불구하고 각 중앙관서의 장은 다음 각 호의 어느 하나에 해당하는 경우에는 전용할 수 없다.
1. 당초 예산에 계상되지 아니한 사업을 추진하는 경우
2. 국회가 의결한 취지와 다르게 사업 예산을 집행하는 경우
(2014.12.30 본항신설)
④ 기획재정부장관은 제1항의 규정에 따라 전용의 승인을 한 때에는 그 전용명세서를 그 중앙관서의 장 및 감사원에 각각 송부하여야 하며, 각 중앙관서의 장은 제2항의 규정에 따라 전용을 한 때에는 전용을 한 과목별 금액 및 이유를 명시한 명세서를 기획재정부장관 및 감사원에 각각 송부하여야 한다.
(2008.2.29 본항개정)
⑤ 각 중앙관서의 장이 제1항 또는 제2항에 따라 전용을 한 경우에는 분기별로 분기만료일이 속하는 달의 다음 달 말일까지 그 전용 내역을 국회 소관 상임위원회와 예산결산특별위원회에 제출하여야 한다.(2009.3.18 본항신설)
⑥ 제1항 또는 제2항의 규정에 따라 전용한 경비의 금액은 세입세출결산보고서에 이를 명백히 하고 이유를 기재하여야 한다.

제47조【예산의 이용·이체】 ① 각 중앙관서의 장은 예산이 정한 각 기관 간 또는 각 장·관·항 간에 상호 이용(移用)할 수 없다. 다만, 다음 각 호의 어느 하나에 해당하는 경우에 한정하여 미리 예산으로써 국회의 의결을 얻은 때에는 기획재정부장관의 승인을 얻어 이용하거나 기획재정부장관이 위임하는 범위 안에서 자체적으로 이용할 수 있다.(2014.12.30 단서개정)
1. 법령상 지출의무의 이행을 위한 경비 및 기관운영을 위한 필수적 경비의 부족액이 발생하는 경우
2. 환율변동·유가변동 등 사전에 예측하기 어려운 불가피한 사정이 발생하는 경우
3. 재해대책 재원 등으로 사용할 시급한 필요가 있는 경우
4. 그 밖에 대통령령으로 정하는 경우
(2014.12.30 1호~4호신설)
② 기획재정부장관은 정부조직 등에 관한 법령의 제정·개정 또는 폐지로 인하여 중앙관서의 직무와 권한에 변동이 있는 때에는 그 중앙관서의 장의 요구에 따라 그 예산을 상호 이용하거나 이체(移替)할 수 있다.
③ 각 중앙관서의 장은 제1항 단서의 규정에 따라 예산을 자체적으로 이용한 때에는 기획재정부장관 및 감사원에 각각 통지하여야 하며, 기획재정부장관은 제1항 단서의 규정에 따라 이용의 승인을 하거나 제2항의 규정에 따라 예산을 이용 또는 이체한 때에는 그 중앙관서의 장 및 감사원에 각각 통지하여야 한다.
④ 각 중앙관서의 장이 제1항 또는 제2항에 따라 이용 또는 이체를 한 경우에는 분기별로 분기만료일이 속하는 달의 다음 달 말일까지 그 이용 또는 이체 내역을 국회 소관 상임위원회와 예산결산특별위원회에 제출하여야 한다.(2009.3.18 본항신설)
(2008.2.29 본조개정)

제48조【세출예산의 이월】 ① 매 회계연도의 세출예산은 다음 연도에 이월하여 사용할 수 없다.
② 제1항에도 불구하고 다음 각 호의 어느 하나에 해당하는 경비의 금액은 다음 회계연도에 이월하여 사용할 수 있다. 이 경우 이월액은 다른 용도로 사용할 수 없으며, 제2호에 해당하는 경비의 금액은 재이월할 수 없다.(2020.6.9 전단개정)
1. 명시이월비
2. 연도 내에 지출원인행위를 하고 불가피한 사유로 인하여 연도 내에 지출하지 못한 경비와 지출원인행위를 하지 아니한 그 부대경비
3. 지출원인행위를 위하여 입찰공고를 한 경비 중 입찰공고 후 지출원인행위까지 장기간이 소요되는 경우로서 대통령령으로 정하는 경비
4. 공익사업의 시행에 필요한 손실보상비로서 대통령령으로 정하는 경비
5. 경상적 성격의 경비로서 대통령령으로 정하는 경비
(2020.6.9 3호~5호개정)
③ 제1항에도 불구하고 계속비의 연도별 연부액 중 해당 연도에 지출하지 못한 금액은 계속비사업의 완성연도까지 계속 이월하여 사용할 수 있다.(2020.6.9 본항개정)
④ 각 중앙관서의 장은 제2항 및 제3항의 규정에 따라 예산을 이월하는 때에는 대통령령으로 정하는 바에 따라 이월명세서를 작성하여 다음 연도 1월 31일까지 기획재정부장관 및 감사원에 각각 송부하여야 한다.(2020.6.9 본항개정)
⑤ 각 중앙관서의 장이 제2항 및 제3항의 규정에 따라 예산을 이월한 경우 이월하는 과목별 금액은 다음 연도의 이월예산으로 배정된 것으로 본다.
⑥ 매 회계연도 세입세출의 결산상 잉여금이 발생하는 경우에는 제2항 및 제3항의 규정에 따른 세출예산 이월액에 상당하는 금액을 다음 연도의 세입에 우선적으로 이입하여야 한다.

⑦ 기획재정부장관은 세입징수상황 등을 고려하여 필요하다고 인정하는 때에는 미리 제2항 및 제3항의 규정에 따른 세출예산의 이월사용을 제한하기 위한 조치를 취할 수 있다. (2020.6.9 본항개정)

제49조【예산성과금의 지급 등】 ① 각 중앙관서의 장은 예산의 집행방법 또는 제도의 개선 등으로 인하여 수입이 증대되거나 지출이 절약된 때에는 이에 기여한 자에게 성과금을 지급할 수 있으며, 절약된 예산을 다른 사업에 사용할 수 있다.

② 각 중앙관서의 장은 제1항의 규정에 따라 성과금을 지급하거나 절약된 예산을 다른 사업에 사용하고자 하는 때에는 예산성과금심사위원회의 심사를 거쳐야 한다.

③ 제1항 및 제2항의 규정에 따른 성과금 지급, 절약된 예산의 다른 사업에의 사용 및 예산성과금심사위원회의 구성·운영 등에 관하여 필요한 사항은 대통령령으로 정한다.

제50조【총사업비의 관리】 ① 각 중앙관서의 장은 완성에 2년 이상이 소요되는 사업으로서 대통령령으로 정하는 대규모사업에 대하여는 그 사업규모·총사업비 및 사업기간을 정하여 미리 기획재정부장관과 협의하여야 한다. 협의를 거친 사업규모·총사업비 또는 사업기간을 변경하고자 하는 때에도 또한 같다.(2020.6.9 전단개정)

② 기획재정부장관은 제1항의 규정에 따른 사업 중 다음 각 호의 어느 하나에 해당하는 사업 및 감사원의 감사결과에 따라 감사원이 요청하는 사업에 대하여는 사업의 타당성을 재조사(이하 "타당성재조사"라 한다)하고, 그 결과를 국회에 보고하여야 한다.(2020.3.31 본문개정)

1. 총사업비 또는 국가의 재정지원 규모가 예비타당성조사 대상 규모에 미달하여 예비타당성조사를 실시하지 않았으나 사업추진 과정에서 총사업비와 국가의 재정지원 규모가 예비타당성조사 대상 규모로 증가한 사업
2. 예비타당성조사 대상사업 중 예비타당성조사를 거치지 않고 예산에 반영되어 추진 중인 사업
3. 총사업비가 대통령령으로 정하는 규모 이상 증가한 사업
4. 사업여건의 변동 등으로 해당 사업의 수요예측치가 대통령령으로 정하는 규모 이상 감소한 사업
5. 그 밖에 예산낭비 우려가 있는 등 타당성을 재조사할 필요가 있는 사업

(2020.3.31 1호~5호신설)

③ 제2항에도 불구하고 다음 각 호의 어느 하나에 해당하는 경우에는 타당성재조사를 실시하지 아니할 수 있다.

1. 사업의 상당부분이 이미 시공되어 매몰비용이 차지하는 비중이 큰 경우
2. 총사업비 증가의 주요 원인이 법정경비 반영 및 상위계획의 변경 등과 같이 타당성재조사의 실익이 없는 경우
3. 지역 균형발전, 긴급한 경제·사회적 상황에 대응할 목적으로 추진되는 사업의 경우
4. 재해예방·복구 지원 또는 안전 문제 등으로 시급한 추진이 필요한 사업의 경우

(2020.3.31 본항신설)

④ 기획재정부장관은 국회가 그 의결로 요구하는 사업에 대하여는 타당성재조사를 하고, 그 결과를 국회에 보고하여야 한다. (2014.1.1 본항개정)

⑤ 기획재정부장관은 총사업비 관리에 관한 지침을 마련하여 각 중앙관서의 장에게 통보하여야 한다. (2008.2.29 본조개정)

제50조의2【타당성재조사 결과 관련 자료의 공개】 기획재정부장관은 제50조에 따른 타당성재조사를 제8조의2제1항제2호의 업무를 수행하는 전문기관에 의뢰하여 실시할 수 있으며, 타당성재조사를 의뢰 받은 전문기관의 장은 수요예측자료 등 타당성재조사 결과에 관한 자료를 「공공기관의 정보공개에 관한 법률」 제7조에 따라 공개하여야 한다.(2021.12.21 본조개정)

제51조【예비비의 관리와 사용】 ① 예비비는 기획재정부장관이 관리한다.(2008.2.29 본항개정)

② 각 중앙관서의 장은 예비비의 사용이 필요한 때에는 그 이유 및 금액과 추산의 기초를 명백히 한 명세서를 작성하여 기획재정부장관에게 제출하여야 한다. 다만, 대규모 재난에 따른 피해의 신속한 복구를 위하여 필요한 때에는 「재난 및 안전관리기본법」 제20조의 규정에 따른 피해상황보고를 기초로 긴급구호, 긴급구조 및 복구에 소요되는 금액을 개산(概算)하여 예비비를 신청할 수 있다.(2014.12.30 단서개정)

③ 기획재정부장관은 제2항의 규정에 따른 예비비 신청을 심사한 후 필요하다고 인정하는 때에는 이를 조정하고 예비비사용계획명세서를 작성한 후 국무회의의 심의를 거쳐 대통령의 승인을 얻어야 한다.(2008.2.29 본항개정)

④ 일반회계로부터 전입받은 특별회계는 필요한 경우에는 일반회계 예비비를 전입받아 그 특별회계의 세출로 사용할 수 있다.

제52조【예비비사용명세서의 작성 및 국회제출】 ① 각 중앙관서의 장은 예비비로 사용한 금액의 명세서를 작성하여 다음 연도 2월말까지 기획재정부장관에게 제출하여야 한다. (2008.2.29 본항개정)

② 기획재정부장관은 제1항의 규정에 따라 제출된 명세서에 따라 예비비로 사용한 금액의 총괄명세서를 작성한 후 국무회의의 심의를 거쳐 대통령의 승인을 얻어야 한다.(2008.2.29 본항개정)

③ 기획재정부장관은 제2항의 규정에 따라 대통령의 승인을 얻은 총괄명세서를 감사원에 제출하여야 한다.(2008.2.29 본항개정)

④ 정부는 예비비로 사용한 금액의 총괄명세서를 다음 연도 5월 31일까지 국회에 제출하여 그 승인을 얻어야 한다.

제53조【예산총계주의 원칙의 예외】 ① 각 중앙관서의 장은 용역 또는 시설을 제공하여 발생하는 수입과 관련되는 경비로서 대통령령으로 정하는 경비(이하 "수입대체경비"라 한다)의 경우 수입이 예산을 초과하거나 초과할 것이 예상되는 때에는 그 초과수입을 대통령령으로 정하는 바에 따라 그 초과수입에 직접 관련되는 경비 및 이에 수반되는 경비에 초과지출할 수 있다.(2020.6.9 본항개정)

② 국가가 현물로 출자하는 경우와 외국차관을 도입하여 전대(轉貸)하는 경우에는 이를 세입세출예산 외로 처리할 수 있다.

③ 차관물자대(借款物資貸)의 경우 전년도 인출예정분의 부득이한 이월 또는 환율 및 금리의 변동으로 인하여 세입이 그 세입예산을 초과하게 되는 때에는 그 세출예산을 초과하여 지출할 수 있다.

④ 전대차관을 상환하는 경우 환율 및 금리의 변동, 기한 전 상환으로 인하여 원리금 상환액이 그 세출예산을 초과하게 되는 때에는 초과한 범위 안에서 그 세출예산을 초과하여 지출할 수 있다.

⑤ (2014.1.1 삭제)

⑥ 수입대체경비 등 예산총계주의 원칙의 예외에 관하여 필요한 사항은 대통령령으로 정한다.

제54조【보조금의 관리】 각 중앙관서의 장은 지방자치단체 및 민간에 지원한 국고보조금의 교부실적과 해당 보조사업자의 보조금 집행실적을 기획재정부장관, 국회 소관 상임위원회 및 예산결산특별위원회에 각각 제출하여야 한다.(2010.5.17 본조개정)

제55조【예산불확정 시의 예산집행】 ① 정부는 국회에서 부득이한 사유로 회계연도 개시 전까지 예산안이 의결되지 못한 때에는 「헌법」 제54조제3항의 규정에 따라 예산을 집행하여야 한다.

② 제1항의 규정에 따라 집행된 예산은 해당 연도의 예산이 확정된 때에는 그 확정된 예산에 따라 집행된 것으로 본다. (2020.6.9 본항개정)

제3장 결 산

제56조【결산의 원칙】 정부는 결산이 「국가회계법」에 따라 재정에 관한 유용하고 적정한 정보를 제공할 수 있도록 객관적인 자료와 증거에 따라 공정하게 이루어지게 하여야 한다. (2008.12.31 본조개정)

제57조【성인지 결산서의 작성】 ① 정부는 여성과 남성이 동등하게 예산의 수혜를 받고 예산이 성차별을 개선하는 방향으로 집행되었는지를 평가하는 보고서(이하 "성인지 결산서"라 한다)를 작성하여야 한다.

② 성인지 결산서에는 집행실적, 성평등 효과분석 및 평가 등을 포함하여야 한다.(2010.5.17 본항신설)

제57조의2【온실가스감축인지 결산서의 작성】 ① 정부는 예산이 온실가스를 감축하는 방향으로 집행되었는지를 평가하는 보고서(이하 "온실가스감축인지 결산서"라 한다)를 작성하여야 한다.

② 온실가스감축인지 결산서에는 집행실적, 온실가스 감축 효과분석 및 평가 등을 포함하여야 한다.

(2021.6.15 본조신설)

제58조【중앙관서결산보고서의 작성 및 제출】 ① 각 중앙관서의 장은 「국가회계법」에서 정하는 바에 따라 회계연도마다 작성한 결산보고서(이하 "중앙관서결산보고서"라 한다)를 다음 연도 2월 말일까지 기획재정부장관에게 제출하여야 한다.(2008.12.31 본항개정)

② 국회의 사무총장, 법원행정처장, 헌법재판소의 사무처장 및 중앙선거관리위원회의 사무총장은 회계연도마다 예비금사용명세서를 작성하여 다음 연도 2월말까지 기획재정부장관에게 제출하여야 한다.(2008.2.29 본항개정)

③~④ (2008.12.31 삭제)

(2008.12.31 본조제목개정)

제59조【국가결산보고서의 작성 및 제출】 기획재정부장관은 「국가회계법」에서 정하는 바에 따라 회계연도마다 작성하여 대통령의 승인을 받은 국가결산보고서를 다음 연도 4월 10일까지 감사원에 제출하여야 한다.(2008.12.31 본조개정)

제60조【결산검사】 감사원은 제59조에 따라 제출된 국가결산보고서를 검사하고 그 보고서를 다음 연도 5월 20일까지 기획재정부장관에게 송부하여야 한다.(2008.12.31 본조개정)

제61조【국가결산보고서의 국회제출】 정부는 제60조에 따라 감사원의 검사를 거친 국가결산보고서를 다음 연도 5월 31일까지 국회에 제출하여야 한다.(2008.12.31 본조개정)

제4장 기 금

제62조【기금관리·운용의 원칙】 ① 기금관리주체는 그 기금의 설치목적과 공익에 맞게 기금을 관리·운용하여야 한다.

② (2008.12.31 삭제)

제63조【기금자산운용의 원칙】 ① 기금관리주체는 안정성·유동성·수익성 및 공공성을 고려하여 기금자산을 투명하고 효율적으로 운용하여야 한다.

② 기금관리주체는 제79조의 규정에 따라 작성된 자산운용지침에 따라 자산을 운용하여야 한다.

③ 기금관리주체는 「자본시장과 금융투자업에 관한 법률」에 따른 기관전용 사모집합기구의 무한책임사원이 될 수 없다.(2021.4.20 본항개정)

제64조【의결권 행사의 원칙】 기금관리주체는 기금이 보유하고 있는 주식의 의결권을 기금의 이익을 위하여 신의에 따라 성실하게 행사하고, 그 행사내용을 공시하여야 한다.

제65조【다른 법률과의 관계】 기금운용계획안의 작성 및 제출 등에 관하여는 다른 법률에 다른 규정이 있는 경우에도 제66조부터 제68조까지, 제68조의2, 제68조의3, 제69조부터 제72조까지의 규정을 적용한다. 다만, 기금신설로 인하여 연도 중 기금운용계획안을 수립할 때에는 제66조제5항, 제68조제1항 전단의 규정 중 제출시기에 관한 사항은 적용하지 아니한다.(2021.6.15 본문개정)

제66조【기금운용계획안의 수립】 ① 기금관리주체는 매년 1월 31일까지 해당 회계연도부터 5회계연도 이상의 기간 동안의 신규사업 및 기획재정부장관이 정하는 주요 계속사업에 대한 중기사업계획서를 기획재정부장관에게 제출하여야 한다.(2020.6.9 본항개정)

② 기획재정부장관은 자문회의의 자문과 국무회의의 심의를 거쳐 대통령의 승인을 얻은 다음 연도의 기금운용계획안 작성지침을 매년 3월 31일까지 기금관리주체에게 통보하여야 한다.(2014.1.1 본항개정)

③ 기획재정부장관은 제7조의 규정에 따른 국가재정운용계획과 기금운용계획 수립을 연계하기 위하여 제2항의 규정에 따른 기금운용계획안 작성지침에 기금별 지출한도를 포함하여 통보할 수 있다.(2008.2.29 본항개정)

④ 기획재정부장관은 제2항의 규정에 따라 기금관리주체에게 통보한 기금운용계획안 작성지침을 국회 예산결산특별위원회에 보고하여야 한다.(2008.2.29 본항개정)

⑤ 기금관리주체는 제2항의 규정에 따른 기금운용계획안 작성지침에 따라 다음 연도의 기금운용계획안을 작성하여 매년 5월 31일까지 기획재정부장관에게 제출하여야 한다.(2014.1.1 본항개정)

⑥ 기획재정부장관은 제5항의 규정에 따라 제출된 기금운용계획안에 대하여 기금관리주체와 협의·조정하여 기금운용계획안을 마련한 후 국무회의의 심의를 거쳐 대통령의 승인을 얻어야 한다.(2008.2.29 본항개정)

⑦ 기획재정부장관은 제6항의 규정에 따라 기금운용계획안을 조정하는 경우 과도한 여유재원이 운용되고 있는 기금(구조적인 요인을 지닌 연금성 기금은 제외한다)에 대하여는 예산상의 지원을 중단하거나 해당 기금수입의 원천이 되는 부담금 등의 감소를 위한 조치를 취할 것을 기금관리주체에게 요구할 수 있다. 이 경우 기금관리주체가 중앙관서의 장이 아닌 경우에는 그 소관 중앙관서의 장을 거쳐야 한다.(2020.6.9 전단개정)

⑧ 제1항·제5항 및 제6항에 규정된 기금관리주체 중 중앙관서의 장이 아닌 기금관리주체는 각각 같은 항에 규정된 제출·협의 등을 하는 경우 소관 중앙관서의 장을 거쳐야 한다.(2020.6.9 본항개정)

제67조【기금운용계획안의 내용】 ① 기금운용계획안은 운용총칙과 자금운용계획으로 구성된다.

② 운용총칙에는 기금의 사업목표, 자금의 조달과 운용(주식 및 부동산 취득한도를 포함한다) 및 자산취득에 관한 총괄적 사항을 규정한다.

③ 자금운용계획은 수입계획과 지출계획으로 구분하되, 수입계획은 성질별로 구분하고 지출계획은 성질별 또는 사업별로 주요항목 및 세부항목으로 구분한다. 이 경우 주요항목의 단위는 장·관·항으로, 세부항목의 단위는 세항·목으로 각각 구분한다.

④ 기금운용계획안의 작성에 관하여 필요한 사항은 대통령령으로 정한다.

제68조【기금운용계획안의 국회제출 등】 ① 정부는 제67조제3항의 규정에 따른 주요항목 단위로 마련된 기금운용계획안을 회계연도 개시 120일 전까지 국회에 제출하여야 한다. 이 경우 중앙관서의 장이 관리하는 기금의 기금운용계획안에 계상된 국채발행 및 차입금의 한도액은 제20조의 규정에 따른 예산총칙에 규정하여야 한다.(2013.5.28 전단개정)

② 기금관리주체는 기금운용계획이 확정된 때에는 기금의 월별 수입 및 지출계획서를 작성하여 회계연도 개시 전까지 기획재정부장관에게 제출하여야 한다.(2008.2.29 본항개정)

제68조의2【성인지 기금운용계획서의 작성】 ① 정부는 기금이 여성과 남성에게 미칠 영향을 미리 분석한 보고서(이하 "성인지 기금운용계획서"라 한다)를 작성하여야 한다.

② 성인지 기금운용계획서에는 성평등 기대효과, 성과목표, 성별 수혜분석 등을 포함하여야 한다.

③ 성인지 기금운용계획서의 작성에 관한 구체적인 사항은 대통령령으로 정한다.

(2010.5.17 본조신설)

제68조의3【온실가스감축인지 기금운용계획서의 작성】 ① 정부는 기금이 온실가스 감축에 미칠 영향을 미리 분석한 보고서(이하 "온실가스감축인지 기금운용계획서"라 한다)를 작성하여야 한다.

② 온실가스감축인지 기금운용계획서에는 온실가스 감축에 대한 기대효과, 성과목표, 효과분석 등을 포함하여야 한다.

③ 온실가스감축인지 기금운용계획서의 작성에 관한 구체적인 사항은 대통령령으로 정한다.

(2021.6.15 본조신설)

제69조【증액 동의】 국회는 정부가 제출한 기금운용계획안의 주요항목 지출금액을 증액하거나 새로운 과목을 설치하고자 하는 때에는 미리 정부의 동의를 얻어야 한다.

제70조【기금운용계획의 변경】 ① 기금관리주체는 지출계획의 주요항목 지출금액의 범위 안에서 대통령령으로 정하는 바에 따라 세부항목 지출금액을 변경할 수 있다.(2020.6.9 본항개정)

② 기금관리주체(기금관리주체가 중앙관서의 장이 아닌 경우에는 소관 중앙관서의 장을 말한다)는 기금운용계획 중 주요항목 지출금액을 변경하고자 하는 때에는 기획재정부장관과 협의·조정하여 마련한 기금운용계획변경안을 국무회의의 심의를 거쳐 대통령의 승인을 얻은 후 국회에 제출하여야 한다.
(2008.2.29 본항개정)
③ 제2항에도 불구하고 주요항목 지출금액이 다음 각 호의 어느 하나에 해당하는 경우에는 기금운용계획변경안을 국회에 제출하지 아니하고 대통령령으로 정하는 바에 따라 변경할 수 있다.(2008.12.31 본문개정)
1. 별표3에 규정된 금융성 기금 외의 기금은 주요항목 지출금액의 변경범위가 10분의 2 이하
2. 별표3에 규정된 금융성 기금은 주요항목 지출금액의 변경범위가 10분의 3 이하. 다만, 기금의 관리 및 운용에 소요되는 경상비에 해당하는 주요항목 지출금액에 대하여는 10분의 2 이하로 한다.(2020.6.9 단서개정)
3. 다른 법률의 규정에 따른 의무적 지출금액
4. 다음 각 목의 어느 하나에 해당하는 지출금액
가. 기금운용계획상 여유자금 운용으로 계상된 지출금액
나. 수입이 기금운용계획상의 수입계획을 초과하거나 초과할 것이 예상되는 경우 그 초과수입과 직접 관련되는 지출금액
다. 환율 및 금리의 변동, 기한 전 상환으로 인한 차입금 원리금 상환 지출금액(2008.12.31 본목신설)
5. 기존 국채를 새로운 국채로 대체하기 위한 국채 원리금 상환(2008.12.31 본호신설)
6. 일반회계 예산의 세입 부족을 보전하기 위한 목적으로 해당 연도에 이미 발행한 국채의 금액 범위에서 해당 연도에 예상되는 초과 조세수입을 이용한 국채 원리금 상환(2008.12.31 본호신설)
④ 기금관리주체는 제1항부터 제3항까지의 규정에 따라 세부항목 또는 주요항목의 지출금액을 변경한 때에는 변경명세서를 기획재정부장관과 감사원에 각각 제출하여야 하며, 정부는 제61조에 따라 국회에 제출하는 국가결산보고서에 그 내용과 사유를 명시하여야 한다.(2008.12.31 본항개정)
⑤ 기금관리주체는 제3항제4호다목, 같은 항 제5호 및 제6호에 따라 지출금액을 변경한 때(주요항목 지출금액의 변경범위가 10분의 2를 초과한 경우에 한정한다)에는 변경명세서를 국회 소관 상임위원회 및 예산결산특별위원회에 제출하여야 한다. 이 경우 변경명세서에는 국채 발행 및 상환 실적을 포함하여야 한다.(2008.12.31 본항신설)
⑥ 각 기금관리주체가 제1항부터 제3항까지의 규정에 따라 세부항목 또는 주요항목의 지출금액을 변경한 경우에는 분기별로 분기만료일이 속하는 달의 다음 달 말일까지 그 변경 내역을 국회 소관 상임위원회와 예산결산특별위원회에 제출하여야 한다.(2009.3.18 본항신설)
⑦ 제2항부터 제6항까지의 경우 경유기관에 관하여는 제66조제8항의 규정을 준용한다.(2009.3.18 본항개정)

제71조【기금운용계획안 등의 첨부서류】 정부 또는 기금관리주체는 제68조제1항 및 제70조제2항에 따라 기금운용계획안과 기금운용계획변경안(이하 "기금운용계획안등"이라 한다)을 국회에 제출하는 경우에는 다음 각 호의 서류를 첨부하여야 한다. 다만, 기금운용계획변경안을 제출하는 경우로서 첨부서류가 이미 제출된 서류와 중복되는 때에는 이를 생략할 수 있다.
(2008.12.31 본문개정)
1. 기금조성계획
2. 추정재정상태표 및 추정재정운영표(2008.12.31 본호개정)
3. 수입지출계획의 총계표·순계표 및 주요항목별 내역서
4. 제85조의7에 따른 성과계획서(2021.12.21 본호개정)
5. 기금과 회계 간 또는 기금 상호 간 여유재원의 전입·전출명세서 그 밖에 기금운용계획안등의 내용을 명백히 할 수 있는 서류
6. 성인지 기금운용계획서(2010.5.17 본호신설)
6의2. 온실가스감축인지 기금운용계획서(2021.6.15 본호신설)
7. 제38조제2항(제85조에 따라 준용하는 경우를 말한다)에 따라 예비타당성조사를 실시하지 아니한 사업의 내역 및 사유(2014.1.1 본호신설)
(2008.12.31 본조제목개정)

제72조【지출사업의 이월】 ① 기금관리주체는 매 회계연도의 지출금액을 다음 연도에 이월하여 사용할 수 없다. 다만, 연도 내에 지출원인행위를 하고 불가피한 사유로 연도 내에 지출하지 못한 금액은 다음 연도에 이월하여 사용할 수 있다.
② 기금관리주체는 제1항 단서의 규정에 따라 지출금액을 이월하는 때에는 대통령령으로 정하는 바에 따라 이월명세서를 작성하여 다음 연도 1월 31일까지 기획재정부장관과 감사원에 각각 송부하여야 한다. 이 경우 경유기관에 관하여는 제66조제8항의 규정을 준용한다.
(2020.6.9 전단개정)

제73조【기금결산】 각 중앙관서의 장은 「국가회계법」에서 정하는 바에 따라 회계연도마다 소관 기금의 결산보고서를 중앙관서결산보고서에 통합하여 작성한 후 제58조제1항에 따라 기획재정부장관에게 제출하여야 한다.(2008.12.31 본조개정)

제73조의2【성인지 기금결산서의 작성】 ① 정부는 여성과 남성이 동등하게 기금의 수혜를 받고 기금이 성차별을 개선하는 방향으로 집행되었는지를 평가하는 보고서(이하 "성인지 기금결산서"라 한다)를 작성하여야 한다.
② 성인지 기금결산서에는 집행실적, 성평등 효과분석 및 평가 등을 포함하여야 한다.
(2010.5.17 본조신설)

제73조의3【온실가스감축인지 기금결산서의 작성】 ① 정부는 기금이 온실가스를 감축하는 방향으로 집행되었는지를 평가하는 보고서(이하 "온실가스감축인지 기금결산서"라 한다)를 작성하여야 한다.
② 온실가스감축인지 기금결산서에는 집행실적, 온실가스 감축 효과분석 및 평가 등을 포함하여야 한다.
(2021.6.15 본조신설)

제73조의4【중장기 기금재정관리계획 등】 ① 연금급여 및 보험사업 수행을 목적으로 하는 기금 또는 채권을 발행하는 기금 중 대통령령으로 정하는 기금의 관리주체는 소관 기금에 관하여 매년 해당 회계연도부터 5회계연도 이상의 기간에 대한 중장기 기금재정관리계획(이하 "중장기 기금재정관리계획"이라 한다)을 수립하고 이를 기획재정부장관에게 제출하여야 한다. 이 경우 기금관리주체가 중앙관서의 장이 아닌 경우에는 소관 중앙관서의 장을 거쳐야 한다.
② 중장기 기금재정관리계획에는 다음 각 호의 사항이 포함되어야 한다.
1. 재정 수지 등의 전망과 근거 및 관리계획
2. 부채의 증감에 대한 전망과 근거 및 관리계획
3. 전년도 중장기 기금재정관리계획 대비 변동사항, 변동요인 및 관리계획 등에 대한 평가·분석
4. 그 밖에 대통령령으로 정하는 사항
③ 기획재정부장관은 제1항 및 제2항에 따라 수립된 중장기 기금재정관리계획을 제7조에 따른 국가재정운용계획 수립 시 반영하여야 한다.
④ 중장기 기금재정관리계획의 수립 절차 등에 관한 사항은 대통령령으로 정한다.
(2010.5.17 본조신설)

제74조【기금운용심의회】 ① 기금관리주체는 기금의 관리·운용에 관한 중요한 사항을 심의하기 위하여 기금별로 기금운용심의회(이하 "심의회"라 한다)를 설치하여야 한다. 다만, 심의회를 설치할 필요가 없다고 인정되는 기금의 경우에는 기획재정부장관과 협의하여 설치하지 아니할 수 있다.(2008.2.29 단서개정)
② 다음 각 호의 사항은 심의회의 심의를 거쳐야 한다.
1. 제66조제5항의 규정에 따른 기금운용계획안의 작성
2. 제70조제2항 및 제3항의 규정에 따른 주요항목 지출금액의 변경
3. 제73조에 따른 기금결산보고서의 작성(2008.12.31 본호개정)
4. 제79조의 규정에 따른 자산운용지침의 제정 및 개정
5. 기금의 관리·운용에 관한 중요사항으로서 대통령령으로 정하는 사항과 기금관리주체가 필요하다고 인정하여 회의에 부치는 사항(2020.6.9 본호개정)
③ 심의회의 위원장은 기금관리주체의 장이 되며, 위원은 위원장이 위촉하되, 학식과 경험이 풍부한 사람으로서 공무원이 아닌 사람을 2분의 1 이상 위촉하여야 한다.(2020.6.9 본항개정)

④ 그 밖에 심의회의 구성과 운영에 관하여 필요한 사항은 대통령령으로 정한다.
⑤ 기금의 관리·운용에 관한 사항을 심의하기 위하여 다른 법률에 따라 설치된 위원회 등은 이를 심의회로 보며, 그 위원회 등이 다른 법률에 따라 심의하여야 하는 사항은 제2항 각 호의 심의사항에 해당하는 것으로 본다.
제75조 (2008.12.31 삭제)
제76조【자산운용위원회】 ① 기금관리주체는 자산운용에 관한 중요한 사항을 심의하기 위하여 다른 법률에서 따로 정하는 경우를 제외하고는 심의회에 자산운용위원회(이하 "자산운용위원회"라 한다)를 설치하여야 한다. 다만, 「외국환거래법」 제13조에 따른 외국환평형기금이나 기획재정부장관과 협의하여 자산운용위원회를 설치할 필요가 없다고 인정되는 기금의 경우에는 자산운용위원회를 설치하지 아니할 수 있다.
(2016.12.20 본항개정)
② 다음 각 호의 사항은 자산운용위원회의 심의를 거쳐야 한다.
1. 제77조의 규정에 따른 자산운용 전담부서의 설치 등에 관한 사항
2. 제79조의 규정에 따른 자산운용지침의 제정 및 개정에 관한 사항
3. 자산운용 전략에 관한 사항
4. 자산운용 평가 및 위험관리에 관한 사항
5. 그 밖에 자산운용과 관련된 중요한 사항
③ 자산운용위원회의 위원장은 기금관리주체의 장이 기금의 여건 등을 고려하여 해당 기금관리주체 및 수탁기관의 임·직원 또는 공무원 중에서 선임한다.(2020.6.9 본항개정)
④ 자산운용위원회의 위원은 다음 각 호의 어느 하나에 해당하는 사람 중에서 기금관리주체의 장이 선임 또는 위촉한다. 이 경우 제2호에 해당하는 위원의 정수는 전체위원 정수의 과반수가 되어야 한다.
1. 해당 기금관리주체 및 수탁기관의 임·직원 또는 공무원
2. 자산운용에 관한 학식과 경험이 풍부한 사람으로서 대통령령으로 정하는 자격을 갖춘 사람
(2020.6.9 본항개정)
⑤ 그 밖에 자산운용위원회의 구성 및 운영 등에 관하여 필요한 사항은 대통령령으로 정한다.
제77조【자산운용 전담부서의 설치 등】 ① 기금관리주체는 자산운용위원회의 심의를 거쳐 자산운용을 전담하는 부서를 두어야 한다.
② 기금관리주체는 자산운용위원회의 심의를 거쳐 자산운용평가 및 위험관리를 전담하는 부서를 두거나 그 업무를 외부 전문기관에 위탁하여야 한다.
제78조【국민연금기금의 자산운용에 관한 특례】 ① 제77조에도 불구하고 국민연금기금은 자산운용을 전문으로 하는 법인을 설립하여 여유자금을 운용하여야 한다.(2020.6.9 본항개정)
② 제1항의 규정에 따른 법인의 조직·운영 및 감독에 관하여 필요한 사항은 「국민연금법」에서 따로 정한다.
제79조【자산운용지침의 제정 등】 ① 기금관리주체는 기금의 자산운용이 투명하고 효율적으로 이루어지도록 하기 위하여 자산운용업무를 수행할 때에 준수하여야 할 지침(이하 "자산운용지침"이라 한다)을 심의회의 심의를 거쳐 정하고, 이를 14일 이내에 국회 소관 상임위원회에 제출하여야 한다. 이 경우 자산운용위원회가 설치되어 있는 기금은 심의회의 심의 전에 자산운용위원회의 심의를 거쳐야 한다.(2020.6.9 전단개정)
② 제1항에도 불구하고 제74조제1항 단서의 규정에 따라 심의회를 설치하지 아니한 기금의 경우에는 기금관리주체가 직접 자산운용지침을 정하여야 한다.(2020.6.9 본항개정)
③ 자산운용지침에는 다음 각 호의 사항이 포함되어야 한다.
1. 투자결정 및 위험관리 등에 관련된 기준과 절차에 관한 사항
2. 투자자산별 배분에 관한 사항
3. 자산운용 실적의 평가 및 공시에 관한 사항
4. 보유주식의 의결권 행사에 대한 기준과 절차에 관한 사항
5. 자산운용과 관련된 부정행위 등을 방지하기 위하여 자산운용업무를 수행하는 자가 지켜야 할 사항
6. 그 밖에 자산운용과 관련하여 기금관리주체가 필요하다고 인정하는 사항

제80조【기금운용계획의 집행지침】 기획재정부장관은 기금운용계획 집행의 효율성 및 공공성을 높이기 위하여 기금운용계획의 집행에 관한 지침을 정할 수 있다.(2008.12.31 본조개정)
제81조【여유자금의 통합운용】 기획재정부장관은 기금 여유자금의 효율적인 관리·운용을 위하여 각 기금관리주체가 예탁하는 여유자금을 대통령령으로 정하는 기준과 절차에 따라 선정된 금융기관으로 하여금 통합하여 운용하게 할 수 있다.
(2020.6.9 본조개정)
제82조【기금운용의 평가】 ① 기획재정부장관은 회계연도마다 전체 기금 중 3분의 1 이상의 기금에 대하여 대통령령으로 정하는 바에 따라 그 운용실태를 조사·평가하여야 하며, 3년마다 전체 재정체계를 고려하여 기금의 존치 여부를 평가하여야 한다.(2020.6.9 본항개정)
② 기획재정부장관은 제1항의 규정에 따른 기금운용실태의 조사·평가와 기금제도에 관한 전문적·기술적인 연구 또는 자문을 위하여 기금운용평가단을 운영할 수 있다.(2008.2.29 본항개정)
③ 기획재정부장관은 제1항 또는 제2항에 따른 평가결과를 국무회의에 보고한 후 제61조에 따라 국회에 제출하는 국가결산보고서와 함께 국회에 제출하여야 한다.(2008.12.31 본항개정)
④ 제2항의 규정에 따른 기금운용평가단의 구성 및 운영에 관하여 필요한 사항은 대통령령으로 정한다.
제83조【국정감사】 이 법의 적용을 받는 기금을 운용하는 기금관리주체는 「국정감사 및 조사에 관한 법률」 제7조의 규정에 따른 감사의 대상기관으로 한다.
제84조【기금자산운용담당자의 손해배상 책임】 ① 기금의 자산운용을 담당하는 자는 고의 또는 중대한 과실로 법령을 위반하여 기금에 손해를 끼친 경우 그 손해를 배상할 책임이 있다.
② 공무원이 기금의 자산운용에 영향을 줄 목적으로 직권을 남용하여 기금관리주체 그 밖에 기금의 자산운용을 담당하는 자에게 부당한 영향력을 행사하여 기금에 손해를 끼친 경우 해당 공무원은 제1항의 규정에 따른 책임이 있는 자와 연대하여 손해를 배상하여야 한다.(2020.6.9 본항개정)
제85조【준용규정】 제31조제3항·제35조·제38조·제38조의2·제38조의3·제39조·제45조·제49조·제50조·제54조 및 제55조의 규정은 기금에 관하여 이를 준용한다.(2020.3.31 본조개정)

제4장의2 성과관리
(2021.12.21 본장신설)

제85조의2【재정사업의 성과관리】 ① 정부는 성과중심의 재정운용을 위하여 다음 각 호의 성과목표관리 및 성과평가를 내용으로 하는 재정사업의 성과관리(이하 "재정사업 성과관리"라 한다)를 시행한다.
1. 성과목표관리 : 재정사업에 대한 성과목표, 성과지표 등의 설정 및 그 달성을 위한 집행과정·결과의 관리
2. 성과평가 : 재정사업의 계획 수립, 집행과정 및 결과 등에 대한 점검·분석·평가
② 재정사업 성과관리의 대상이 되는 재정사업의 기준은 성과관리의 비용 및 효과를 고려하여 기획재정부장관이 정한다. 다만, 개별 법령에 따라 실시되는 평가의 대상은 관계 중앙관서의 장이 별도로 정한다.
제85조의3【재정사업 성과관리의 원칙】 ① 정부는 재정사업 성과관리를 통하여 재정운용에 대한 효율성과 책임성을 높이도록 노력하여야 한다.
② 정부는 재정사업 성과관리를 실시할 때 전문성과 공정성을 확보하여 평가결과에 대한 신뢰도를 높이도록 노력하여야 한다.
③ 정부는 재정사업 성과관리의 결과를 공개하여 재정운용에 대한 투명성을 확보하도록 노력하여야 한다.
제85조의4【재정사업 성과관리 기본계획의 수립 등】 ① 기획재정부장관은 재정사업 성과관리를 효율적으로 실시하기 위하여 5년마다 다음 각 호의 사항을 포함하여 재정사업 성과관리 기본계획을 수립하여야 한다.
1. 재정사업 성과관리 추진의 기본방향
2. 재정사업 성과관리의 대상 및 방법에 관한 사항

3. 재정사업 성과관리 관련 연구·개발에 관한 사항
4. 재정사업 성과관리 결과의 활용 및 공개에 관한 사항
5. 재정사업 성과관리 관련 인력 및 조직의 전문성·독립성 확보에 관한 사항
6. 그 밖에 대통령령으로 정하는 재정사업 성과관리 업무의 발전에 관한 사항
② 기획재정부장관은 제1항에 따른 재정사업 성과관리 기본계획에 기초하여 매년 재정사업 성과관리 추진계획을 수립하여야 한다.
③ 기획재정부장관은 제1항 및 제2항에 따른 재정사업 성과관리 기본계획 및 재정사업 성과관리 추진계획을 수립한 때에는 국무회의에 보고하여야 한다.
④ 제1항부터 제3항까지에서 규정한 사항 외에 재정사업 성과관리 기본계획 및 재정사업 성과관리 추진계획의 수립에 필요한 사항은 대통령령으로 정한다.

제85조의5【재정사업 성과관리의 추진체계】 ① 각 중앙관서의 장과 기금관리주체는 재정사업 성과관리를 위한 추진체계를 구축하여야 한다.
② 각 중앙관서의 장은 재정사업 성과관리 중 성과목표관리를 책임지고 담당할 공무원(이하 "재정성과책임관"이라 한다), 재정성과책임관을 보좌할 담당 공무원(이하 "재정성과운영관"이라 한다) 및 개별 재정사업이나 사업군에 대한 성과목표관리를 담당할 공무원(이하 "성과목표담당관"이라 한다)을 지정하여 재정사업 성과목표관리 업무를 효율적으로 수행하도록 하여야 한다.
③ 재정성과책임관, 재정성과운영관 및 성과목표담당관의 역할 등에 관한 구체적인 사항은 제85조의6제5항에 따라 기획재정부장관이 정하는 지침으로 정한다.
④ 기획재정부장관은 재정사업 성과목표관리 등을 위하여 대통령령으로 정하는 바에 따라 재정성과평가단을 구성·운영할 수 있다.

제85조의6【성과목표관리를 위한 성과계획서 및 성과보고서의 작성】 ① 각 중앙관서의 장 및 기금관리주체는 재정사업 성과목표관리를 위하여 매년 예산 및 기금에 관한 성과목표·성과지표가 포함된 성과계획서 및 성과보고서(「국가회계법」 제14조제4호에 따른 성과보고서를 말한다. 이하 같다)를 작성하여야 한다.
② 성과목표는 기관의 임무 및 상위·하위 목표와 연계되어야 하며, 성과지표를 통하여 성과목표의 달성 여부를 측정할 수 있도록 구체적이고 결과지향적으로 설정되어야 한다.
③ 성과지표는 명확하고 구체적으로 설정되어야 하며, 성과목표의 달성을 객관적으로 제때에 측정할 수 있어야 한다.
④ 각 중앙관서의 장 및 기금관리주체는 제33조에 따른 예산안, 제35조에 따른 수정예산안, 제68조제1항에 따른 기금운용계획안, 제70조제2항에 따른 기금운용계획변경안 및 제89조제1항에 따른 추가경정예산안과 그에 따라 작성된 성과계획서의 사업내용 및 사업비 등이 각각 일치되도록 노력하여야 한다.
⑤ 기획재정부장관은 제1항에 따른 성과계획서 및 성과보고서의 작성에 관한 지침을 정하여 각 중앙관서의 장 및 기금관리주체에게 통보하여야 한다.
⑥ 기획재정부장관은 재정사업 성과목표관리의 원활한 운영을 위하여 성과지표의 개발·보급 등 필요한 조치와 지원을 하여야 한다.

제85조의7【성과계획서 및 성과보고서의 제출】 각 중앙관서의 장은 제31조제1항에 따라 예산요구서를 제출할 때 다음 연도 예산의 성과계획서 및 전년도 예산의 성과보고서를 함께 제출하여야 하며, 기금관리주체는 제66조제5항에 따라 기금운용계획안을 제출할 때 다음 연도 기금의 성과계획서 및 전년도 기금의 성과보고서를 함께 제출하여야 한다.

제85조의8【재정사업 성과평가】 ① 기획재정부장관은 대통령령으로 정하는 바에 따라 재정사업에 대한 성과평가를 실시할 수 있다.
② 기획재정부장관 및 관계 중앙관서의 장 등은 제1항에 따라 실시되는 재정사업 성과평가와 개별 법령에 따라 실시되는 평가의 대상 간 중복이 최소화되도록 노력하여야 한다.

제85조의9【자료제출 등의 요구】 기획재정부장관은 재정사업 성과관리를 할 때 필요하다고 인정하는 경우에는 관계 행정기관의 장 등에게 재정사업 성과관리에 관한 의견 또는 자료의 제출을 요구할 수 있다. 이 경우 관계 행정기관의 장 등은 특별한 사유가 없으면 이에 따라야 한다.

제85조의10【재정사업 성과관리 결과의 반영 등】 ① 기획재정부장관은 매년 재정사업의 성과목표관리 결과를 종합하여 국무회의에 보고하여야 한다.
② 기획재정부장관은 재정사업의 성과평과 결과를 재정운용에 반영할 수 있다.
③ 중앙관서의 장은 재정사업 성과관리의 결과를 조직·예산·인사 및 보수체계에 연계·반영할 수 있다.
④ 정부는 재정사업 성과관리 결과 등이 우수한 중앙관서 또는 공무원에게 표창·포상 등을 할 수 있다.

제85조의11【재정사업 성과관리의 역량강화】 각 중앙관서의 장은 재정사업 성과관리 담당 공무원의 전문성 및 역량이 제고될 수 있도록 교육프로그램의 개발·운영 등에 노력하여야 하며, 기획재정부장관은 이를 위하여 필요한 지원을 할 수 있다.

제85조의12【성과정보의 관리 및 공개】 ① 기획재정부장관은 재정사업 성과목표관리 및 성과평가 결과 등 성과정보(이하 이 조에서 "성과정보"라 한다)가 체계적으로 관리될 수 있도록 재정사업 성과정보관리시스템을 구축·운영하여야 하며, 성과정보가 공개될 수 있도록 필요한 조치를 마련하여야 한다.
② 기획재정부장관은 제1항에 따른 성과정보의 체계적 관리를 위하여각 중앙관서의 장에게 소관 재정사업의 성과정보를 생산·관리하도록 요구할 수 있다. 이 경우 각 중앙관서의 장은 특별한 사유가 없으면 이에 따라야 한다.

제5장 재정건전화

제86조【재정건전화를 위한 노력】 정부는 건전재정을 유지하고 국가채권을 효율적으로 관리하며 국가채무를 적정수준으로 유지하도록 노력하여야 한다.

제87조【재정부담을 수반하는 법령의 제정 및 개정】 ① 정부는 재정지출 또는 조세감면을 수반하는 법률안을 제출하고자 하는 때에는 법률이 시행되는 연도부터 5회계연도의 재정수입·지출의 증감액에 관한 추계자료와 이에 상응하는 재원조달방안을 그 법률안에 첨부하여야 한다.
② 각 중앙관서의 장은 입안하는 법령이 재정지출을 수반하는 때에는 대통령령으로 정하는 바에 따라 제1항의 규정에 따른 추계자료와 재원조달방안을 작성하여 그 법령안에 대한 입법예고 전에 기획재정부장관과 협의하여야 한다.(2020.6.9 본항개정)
③ 각 중앙관서의 장은 제2항에 따른 협의를 한 후 법령안의 변경으로 대통령령으로 정하는 사항이 변경되는 경우에는 그 법령안에 대하여 추계자료와 재원조달방안을 작성하여 기획재정부장관과 재협의하여야 한다.(2010.5.17 본항신설)

제88조【국세감면의 제한】 ① 기획재정부장관은 대통령령으로 정하는 해당 연도 국세 수입총액과 국세감면액 총액을 합한 금액에서 국세감면액 총액이 차지하는 비율(이하 "국세감면율"이라 한다)이 대통령령으로 정하는 비율 이하가 되도록 노력하여야 한다.
② 각 중앙관서의 장은 새로운 국세감면을 요청하는 때에는 대통령령으로 정하는 바에 따라 감면액을 보충하기 위한 기존 국세감면의 축소 또는 폐지방안이나 재정지출의 축소방안과 그 밖의 필요한 사항을 작성하여 기획재정부장관에게 제출하여야 한다.
(2020.6.9 본조개정)

제89조【추가경정예산안의 편성】 ① 정부는 다음 각 호의 어느 하나에 해당하게 되어 이미 확정된 예산에 변경을 가할 필요가 있는 경우에는 추가경정예산안을 편성할 수 있다.
(2009.2.6 본문개정)
1. 전쟁이나 대규모 재해(「재난 및 안전관리 기본법」 제3조에서 정의한 자연재난과 사회재난의 발생에 따른 피해를 말한다)가 발생한 경우(2015.12.15 본호개정)

2. 경기침체, 대량실업, 남북관계의 변화, 경제협력과 같은 대내·외 여건에 중대한 변화가 발생하였거나 발생할 우려가 있는 경우(2009.2.6 본호개정)
3. 법령에 따라 국가가 지급하여야 하는 지출이 발생하거나 증가하는 경우
② 정부는 국회에서 추가경정예산안이 확정되기 전에 이를 미리 배정하거나 집행할 수 없다.
(2009.2.6 본조제목개정)

제90조【세계잉여금 등의 처리 및 사용계획】 ① 일반회계 예산의 세입 부족을 보전(補塡)하기 위한 목적으로 해당 연도에 이미 발행한 국채의 금액 범위에서는 해당 연도에 예상되는 초과 조세수입을 이용하여 국채를 우선 상환할 수 있다. 이 경우 세입·세출 외로 처리할 수 있다.(2008.12.31 본항신설)
② 매 회계연도 세입세출의 결산상 잉여금 중 다른 법률에 따른 것과 제48조의 규정에 따른 이월액을 공제한 금액(이하 "세계잉여금"이라 한다)은 「지방교부세법」 제5조제2항의 규정에 따른 교부세의 정산 및 「지방교육재정교부금법」 제9조제3항의 규정에 따른 교부금의 정산에 사용할 수 있다.
③ 제2항의 규정에 따라 사용한 금액을 제외한 세계잉여금은 100분의 30 이상을 「공적자금상환기금법」에 따른 공적자금상환기금에 우선적으로 출연하여야 한다.(2008.12.31 본항개정)
④ 제2항 및 제3항의 규정에 따라 사용하거나 출연한 금액을 제외한 세계잉여금은 100분의 30 이상을 다음 각 호의 채무를 상환하는데 사용하여야 한다.(2008.12.31 본문개정)
1. 국채 또는 차입금의 원리금
2. 「국가배상법」에 따라 확정된 국가배상금
3. 「공공자금관리기금법」에 따른 공공자금관리기금의 융자계정의 차입금(예수금을 포함한다)의 원리금. 다만, 2006년 12월 31일 이전의 차입금(예수금을 포함한다)에 한정한다.(2020.6.9 단서개정)
4. 그 밖에 다른 법률에 따라 정부가 부담하는 채무
⑤ 제2항부터 제4항까지의 규정에 따라 사용하거나 출연한 금액을 제외한 세계잉여금은 추가경정예산의 편성에 사용할 수 있다.(2008.12.31 본항개정)
⑥ 제2항부터 제4항까지의 규정에 따른 세계잉여금의 사용 또는 출연은 그 세계잉여금이 발생한 다음 연도까지 그 회계의 세출예산과 관계없이 이를 하되, 국무회의의 심의를 거쳐 대통령의 승인을 얻어야 한다.(2020.6.9 본항개정)
⑦ 제2항부터 제5항까지의 규정에 따른 세계잉여금의 사용 또는 출연은 다른 법률의 규정에도 불구하고 「국가회계법」 제13조제3항에 따라 국가결산보고서에 대한 대통령의 승인을 얻은 때부터 이를 할 수 있다.(2020.6.9 본항개정)
⑧ 세계잉여금 중 제2항부터 제5항까지의 규정에 따라 사용하거나 출연한 금액을 공제한 잔액은 다음 연도의 세입에 이입하여야 한다.(2008.12.31 본항개정)
⑨ 정부는 매년 제61조에 따른 국가결산보고서의 국회제출 전까지 직전 회계연도에 발생한 세계잉여금의 내역을 산출하고 그 사용계획을 수립하여야 한다.(2021.6.15 본항신설)
(2021.6.15 본조제목개정)

제91조【국가채무의 관리】 ① 기획재정부장관은 국가의 회계 또는 기금이 부담하는 금전채무에 대하여 매년 다음 각 호의 사항이 포함된 국가채무관리계획을 수립하여야 한다.
(2008.2.29 본문개정)
1. 전전년도 및 전년도 국채 또는 차입금의 차입 및 상환실적
2. 해당 회계연도의 국채 발행 또는 차입금 등에 대한 추정액(2020.6.9 본호개정)
3. 해당 회계연도부터 5회계연도 이상의 기간에 대한 국채 발행 계획 또는 차입 계획과 그에 따른 국채 또는 차입금의 상환 계획(2010.5.17 본호개정)
4. 해당 회계연도부터 5회계연도 이상의 기간에 대한 채무의 증감 전망과 근거 및 관리계획(2010.5.17 본호개정)
5. 그 밖에 대통령령으로 정하는 사항(2020.6.9 본호개정)
② 제1항의 규정에 따른 금전채무는 다음 각 호의 어느 하나에 해당하는 채무를 말한다.
1. 국가의 회계 또는 기금(재원의 조성 및 운용방식 등에 따라 실질적으로 국가의 회계 또는 기금으로 보기 어려운 회계 또는 기금으로서 대통령령으로 정하는 회계 또는 기금은 제외한다. 이하 이 항에서 같다)이 발행한 채권(2020.6.9 본호개정)
2. 국가의 회계 또는 기금의 차입금
3. 국가의 회계 또는 기금의 국고채무부담행위
4. 그 밖에 제1호 및 제2호에 준하는 채무로서 대통령령으로 정하는 채무(2020.6.9 본호개정)
③ 제2항에도 불구하고 다음 각 호의 어느 하나에 해당하는 채무는 국가채무에 포함하지 아니한다.(2020.6.9 본문개정)
1. 「국고금관리법」 제32조제1항의 규정에 따른 재정증권 또는 한국은행으로부터의 일시차입금
2. 제2항제1호에 해당하는 채권 중 국가의 회계 또는 기금이 인수 또는 매입하여 보유하고 있는 채권
3. 제2항제2호에 해당하는 차입금 중 국가의 다른 회계 또는 기금으로부터의 차입금
④ 기획재정부장관은 제1항의 규정에 따른 국가채무관리계획을 수립하기 위하여 필요한 때에는 관계 중앙관서의 장에게 자료제출을 요청할 수 있다.(2008.2.29 본항개정)

제92조【국가보증채무의 부담 및 관리】 ① 국가가 보증채무를 부담하고자 하는 때에는 미리 국회의 동의를 얻어야 한다.
② 기획재정부장관은 매년 제1항에 따른 국가보증채무의 부담 및 관리에 관한 국가보증채무관리계획을 작성하여야 한다.
(2010.5.17 본항신설)
③ 제1항에 따른 보증채무의 관리 및 제2항에 따른 국가보증채무관리계획의 작성 등에 관한 사항은 대통령령으로 정한다.
(2010.5.17 본항개정)

제6장 보 칙

제93조【유가증권의 보관】 ① 중앙관서의 장은 법령의 규정에 따르지 아니하고는 유가증권을 보관할 수 없다.
② 중앙관서의 장은 법령의 규정에 따라 유가증권을 보관하게 되는 때에는 한국은행 또는 대통령령으로 정하는 금융기관에 보관업무를 위탁하여야 한다.(2020.6.9 본항개정)
③ 제2항의 규정에 따라 한국은행 또는 대통령령으로 정하는 금융기관이 유가증권을 위탁 관리하는 때에는 「국유재산법」 제15조제2항부터 제5항까지의 규정을 준용한다.(2020.6.9 본항개정)

제94조【장부의 기록과 비치】 기획재정부장관, 중앙관서의 장, 제93조제2항의 규정에 따라 유가증권 보관업무를 위탁받은 한국은행 및 금융기관은 대통령령으로 정하는 바에 따라 장부를 비치하고 필요한 사항을 기록하여야 한다.(2020.6.9 본조개정)

제95조【자금의 보유】 국가는 법률로 정하는 경우에만 특별한 자금을 보유할 수 있다.(2020.6.9 본조개정)

제96조【금전채권·채무의 소멸시효】 ① 금전의 급부를 목적으로 하는 국가의 권리로서 시효에 관하여 다른 법률에 규정이 없는 것은 5년 동안 행사하지 아니하면 시효로 인하여 소멸한다.
② 국가에 대한 권리로서 금전의 급부를 목적으로 하는 것도 또한 제1항과 같다.
③ 금전의 급부를 목적으로 하는 국가의 권리의 경우 소멸시효의 중단·정지 그 밖의 사항에 관하여 다른 법률의 규정이 없는 때에는 「민법」의 규정을 적용한다. 국가에 대한 권리로서 금전의 급부를 목적으로 하는 것도 또한 같다.(2020.6.9 전단개정)
④ 법령의 규정에 따라 국가가 행하는 납입의 고지는 시효중단의 효력이 있다.

제97조【재정집행의 관리】 ① 각 중앙관서의 장과 기금관리주체는 대통령령으로 정하는 바에 따라 사업집행보고서와 예산 및 기금운용계획에 관한 집행보고서를 기획재정부장관에게 제출하여야 한다.(2020.6.9 본항개정)
② 기획재정부장관은 예산 및 기금의 효율적인 운용을 위하여 제1항의 규정에 따른 보고서의 내용을 분석하고 예산 및 기금의 집행상황과 낭비 실태를 확인·점검한 후 필요한 때에는 집행 애로요인의 해소와 낭비 방지를 위하여 필요한 조치를 각 중앙관서의 장과 기금관리주체에게 요구할 수 있다.
(2008.2.29 본조개정)

제97조의2【재정업무의 정보화】 ① 기획재정부장관은 재정에 관한 업무를 원활하게 수행하기 위하여 정보통신매체 및 프로그램 등을 개발하여 중앙관서의 장이 사용하게 할 수 있다. 이 경우 국가회계업무에 관한 정보통신매체 및 프로그램 등의 개발에 대하여는 감사원과 미리 협의를 하여야 한다.
② 중앙관서의 장은 제1항에도 불구하고 재정에 관한 업무를 처리하는 정보통신매체 및 프로그램 등을 직접 개발하여 사용할 수 있다. 이 경우 기획재정부장관 및 감사원(국가회계업무에 관한 정보통신매체 및 프로그램 등의 개발인 경우에 한정한다)과 미리 협의를 하여야 한다.
③ 기획재정부장관은 제1항에 따른 정보통신매체 및 프로그램 등을 통한 재정에 관한 업무를 수행하기 위하여 필요한 경우에는 관계 중앙관서의 장, 지방자치단체의 장, 제9조제2항제2호 및 제3호에 해당하는 기관 등 관계 기관에 전자적 시스템의 연계를 요청할 수 있다. 이 경우 관계 중앙관서의 장 등은 특별한 사유가 없으면 이에 따라야 한다.(2021.12.21 본항신설)
④ 기획재정부장관 및 중앙관서의 장은 제1항 및 제2항에 따른 정보통신매체 및 프로그램 등을 통하여 산출되는 재정정보에 대하여 국회의 정보 제공 요구가 있는 경우에는 정당한 사유가 없으면 해당 재정정보를 제공하여야 한다.(2014.12.30 본항신설)
⑤ 제4항에 따른 재정정보 제공의 범위, 절차 및 방법 등에 필요한 사항은 대통령령으로 정한다.(2021.12.21 본항개정)
(2008.12.31 본조신설)

제98조【내부통제】 각 중앙관서의 장은 재정관리·재원사용의 적정성과 집행과정에서 보고된 자료의 신빙성을 분석·평가하기 위하여 소속 공무원으로 하여금 필요한 사항에 관하여 내부통제를 하게 하여야 한다.(2020.6.9 본조개정)

제99조【예산 및 기금운용계획의 집행 및 결산의 감독】 기획재정부장관은 예산 및 기금운용계획의 집행 또는 결산의 적정을 도모하기 위하여 소속 공무원으로 하여금 확인·점검하게 하여야 하며, 필요한 때에는 각 중앙관서의 장에게 관련 제도의 개선을 요구하거나 국무회의 심의를 거친 후 대통령의 승인을 얻어 예산 및 기금운용계획의 집행과 결산에 관한 지시를 할 수 있다.(2020.6.9 본조개정)

제100조【예산·기금의 불법지출에 대한 국민감시】 ① 국가의 예산 또는 기금을 집행하는 자, 재정지원을 받는 자, 각 중앙관서의 장(그 소속기관의 장을 포함한다) 또는 기금관리주체와 계약 그 밖의 거래를 하는 자가 법령을 위반함으로써 국가에 손해를 가하였음이 명백한 때에는 누구든지 집행에 책임있는 중앙관서의 장 또는 기금관리주체에게 불법지출에 대한 증거를 제출하고 시정을 요구할 수 있다.
② 제1항의 규정에 따라 시정요구를 받은 중앙관서의 장 또는 기금관리주체는 대통령령으로 정하는 바에 따라 그 처리결과를 시정요구를 한 자에게 통지하여야 한다.(2020.6.9 본항개정)
③ 중앙관서의 장 또는 기금관리주체는 제2항의 규정에 따른 처리결과에 따라 수입이 증대되거나 지출이 절약된 때에는 시정요구를 한 자에게 제49조의 규정에 따른 예산성과금을 지급할 수 있다.

제101조【재정 관련 공무원의 교육】 기획재정부장관은 재정업무를 담당하는 공무원의 업무전문성 향상을 위하여 대통령령으로 정하는 바에 따라 교육을 실시할 수 있다.(2020.6.9 본조개정)

제7장 벌 칙

제102조【벌칙】 공무원이 기금의 자산운용에 영향을 줄 목적으로 직권을 남용하여 기금관리주체 그 밖에 기금의 자산운용을 담당하는 자에게 부당한 영향력을 행사한 때에는 5년 이하의 징역, 10년 이하의 자격정지 또는 1천만원 이하의 벌금에 처한다.

부 칙

제1조【시행일】 이 법은 2007년 1월 1일부터 시행한다. 다만, 제56조의 규정은 법률에 따라 정부회계에 관한 기준이 마련되어 시행되는 회계연도부터, 부칙 제11조제14항, 동조제17항(「국유재산법」 제48조제4항 관련 규정에 한한다) 및 동조제29항(「물품관리법」 제21조 관련 규정에 한한다)의 규정은 각각 2008년 1월 1일부터 시행한다.

제2조【폐지법률】「예산회계법」 및 「기금관리기본법」은 이를 각각 폐지한다.

제3조【국가재정운용계획 등에 관한 적용례】 제7조의 규정은 이 법 시행 후 최초로 수립하는 국가재정운용계획, 중·장기계획 등부터 적용한다.

제4조【성과계획서·성과보고서 및 성과검사보고서의 제출 등에 관한 적용례】 ① 제8조제2항 및 동조제5항의 규정에 따른 성과계획서의 제출과 성과계획서에 관한 지침의 작성은 2008회계연도 예산안 및 기금운용계획안부터, 제34조제8호 및 제71조제4호의 규정에 따른 성과계획서의 국회에 대한 제출은 2009회계연도 예산안 및 기금운용계획안부터 각각 적용한다.
② 제8조제2항 및 제3항의 규정에 따른 성과보고서의 제출과 제8조제5항의 규정에 따른 성과보고서에 관한 지침의 작성은 2008회계연도 결산 및 기금결산부터, 제61조 및 제73조제6항제7호의 규정에 따른 성과보고서의 국회에 대한 제출은 2009회계연도 결산 및 기금결산부터 각각 적용한다.
③ 제8조제4항의 규정에 따른 성과검사보고서의 기획재정부장관에 대한 송부는 2008회계연도 결산 및 기금결산부터, 국회에 대한 제출은 2009회계연도 결산 및 기금결산부터 각각 적용한다.(2008.2.29 본항개정)

제5조【성인지 예산서 및 성인지 결산서의 작성·제출에 관한 적용례】 제26조의 규정에 따른 성인지 예산서의 작성 및 제34조제9호의 규정에 따른 성인지 예산서의 제출, 제57조의 규정에 따른 성인지 결산서의 작성 및 제58조제1항제4호의 규정에 따른 성인지 결산서의 제출은 각각 2010회계연도 예산안 및 결산부터 적용한다.

제6조【조세지출예산서의 작성·제출에 관한 적용례 등】 ① 제27조 및 제34조제10호의 규정에 따른 조세지출예산서의 작성 및 제출은 2011회계연도 예산안부터 적용한다.
② 정부는 2009회계연도까지는 대통령이 정하는 바에 따라 국세감면금액·국세감면율 등에 관한 전년도 실적 및 당해 연도 전망보고서를 작성하여 국회에 제출하여야 한다.

제7조【중기사업계획서에 관한 적용례】 제28조 및 제66조제1항의 규정은 2008회계연도 예산안 및 기금운용계획안과 관련된 중기사업계획서부터 적용한다.

제8조【총액계상사업의 세부사업시행계획 및 세부집행실적에 관한 적용례】 제37조제3항 및 제4항의 규정은 2008회계연도 예산에 총액으로 계상된 사업에 대한 세부사업시행계획 및 세부집행실적부터 적용한다.

제9조【예비비사용총괄명세서 및 결산·기금결산의 제출시기에 관한 적용례 등】 ① 제52조, 제58조 내지 제61조 및 제73조의 규정에 따른 예비비사용총괄명세서 및 결산·기금결산의 제출시기는 2007회계연도 예비비사용 승인 및 결산·기금결산부터 적용한다.
② 2006회계연도 예비비사용총괄명세서 및 결산·기금결산의 제출시기에 관하여는 종전의 「예산회계법」 및 「기금관리기본법」에 따른다.

제10조【재정부담을 수반하는 법률의 제정 및 개정에 관한 적용례】 제87조제1항의 규정은 이 법 시행 후 최초로 제출하는 법률안부터 적용한다.

제11조【다른 법률의 개정】 ①~59 ※(해당 법령에 가제정리 하였음)

제12조【다른 법령과의 관계】 이 법 시행 당시 다른 법령에서 「예산회계법」 또는 「기금관리기본법」 및 그 규정을 인용한 경우 이 법 중 그에 해당하는 규정이 있는 때에는 종전의 규정에 갈음하여 이 법 또는 이 법의 해당 조항을 인용한 것으로 본다.

부 칙 (2008.12.31 법9278호)

제1조【시행일】 이 법은 2009년 1월 1일부터 시행한다. 다만, 제63조제3항의 개정규정은 2009년 2월 4일부터 시행한다.

제2조【결산보고서의 제출에 관한 적용례】 ① 제58조부터 제61조까지 및 제73조의 개정규정은 2009회계연도 결산부터 적용한다.
② 제1항에도 불구하고 제59조 및 제61조의 개정규정 중 국가

결산보고서의 내용에 포함되는 재무제표에 관한 부분은 2011회계연도 결산부터 적용하고, 2009회계연도 및 2010회계연도 결산 시에는 각 중앙관서의 장 및 기금관리주체 등이 소관 회계 및 기금에 대한 다음 각 호의 서류를 작성하여 다음 연도 2월 말일까지 기획재정부장관에게 제출하고 기획재정부장관은 이를 종합하여 국무회의 심의를 거쳐 대통령의 승인을 받은 후 감사원 및 국회에 제출하여야 한다.
1. 각 기금의 재무제표 및 첨부서류
2. 「정부기업예산법」 제3조에 따른 특별회계의 재무제표 및 첨부서류
3. 「책임운영기관의 설치·운영에 관한 법률」 제27조제1항에 따른 책임운영기관특별회계의 재무제표 및 첨부서류
4. 종전의 제58조제1항제6호에 따른 국가채무관리보고서
5. 종전의 제58조제1항제7호에 따른 국가채권현재액보고서
6. 「국유재산법」 제69조에 따른 국유재산관리운용보고서 (2009.1.30 본호개정)
7. 「물품관리법」 제21조에 따른 물품증감과 현재액의 총계산서

제3조【결산보고서의 제출 등에 관한 특례】 2009회계연도 및 2010회계연도 결산의 경우 각 중앙관서의 장은 제58조제1항의 개정규정에도 불구하고 「국가회계법」 제14조제3호에 따른 재무제표를 다음 연도 3월 말일까지 기획재정부장관에게 제출하여야 한다.

부 칙 (2013.5.28)

제1조【시행일】 이 법은 2014년 1월 1일부터 시행한다.

제2조【국가재정운용계획, 재정 관련 자료, 예산안 및 기금운용계획안의 국회제출에 관한 특례】 ① 제7조제1항, 제9조의2, 제33조, 제68조제1항의 개정규정에도 불구하고 2014년에 제출되는 국가재정운용계획, 재정 관련 자료, 예산안 및 기금운용계획안에 대하여는 "120일"을 "100일"로, 2015년에 제출되는 국가재정운용계획, 재정 관련 자료, 예산안 및 기금운용계획안에 대하여는 "120일"을 "110일"로 본다.
② 정부는 2015년부터 매년 2월까지 당해연도 예산안의 이전년도 국회 조기제출과 관련한 성과를 평가점검하여 국회에 보고하고, 국회는 이를 토대로 필요한 조치를 취한다.

제3조【다른 법률의 개정】 ①~③ ※(해당 법령에 가제정리 하였음)

제4조【「국유재산법」상 국유재산종합계획의 국회제출에 관한 특례】 「국유재산법」 제9조제3항의 개정규정에도 불구하고 2014년에 제출되는 국유재산종합계획에 대하여는 "120일"을 "100일"로, 2015년에 제출되는 국유재산종합계획에 대하여는 "120일"을 "110일"로 본다.

제5조【「부담금관리 기본법」상 부담금운용종합계획서의 국회제출에 관한 특례】 법률 제11549호 부담금관리 기본법 일부개정법률 제6조의2제2항의 개정규정에도 불구하고 2014년에 제출되는 부담금운용종합계획서에 대하여는 "120일"을 "100일"로, 2015년에 제출되는 부담금운용종합계획서에 대하여는 "120일"을 "110일"로 본다.

제6조【「자유무역협정 체결에 따른 농어업인 등의 지원에 관한 특별법」상 농어업인지원 투자·융자계획의 국회제출에 관한 특례】 「자유무역협정 체결에 따른 농어업인 등의 지원에 관한 특별법」 제12조의2제1항 전단의 개정규정에도 불구하고 2014년에 제출되는 농어업인지원 투자·융자계획에 대하여는 "120일"을 "100일"로, 2015년에 제출되는 농어업인지원 투자·융자계획에 대하여는 "120일"을 "110일"로 본다.

부 칙 (2014.1.1)

제1조【시행일】 이 법은 공포한 날부터 시행한다. 다만, 제34조제15호, 제38조제2항 및 제71조제7호의 개정규정은 공포 후 3개월이 경과한 날부터 시행한다.

제2조【예산안 편성지침의 통보, 예산요구서의 제출 및 기금운용계획안의 수립에 관한 특례】 ① 제29조제1항, 제66조제2항의 개정규정에도 불구하고 2014년에 편성되는 예산안 및 기금운용계획안에 관하여는 "3월 31일"을 "4월 20일"로 보고, 2015년에 편성되는 예산안 및 기금운용계획안에 관하여는 "3월 31일"을 "4월 10일"로 본다.
② 제31조제1항, 제66조제5항의 개정규정에도 불구하고 2014년에 편성되는 예산안 및 기금운용계획안에 관하여는 "5월 31일"을 "6월 20일"로 보고, 2015년에 편성되는 예산안 및 기금운용계획안에 관하여는 "5월 31일"을 "6월 10일"로 본다.

제3조【다른 법률의 개정】 ①~② ※(해당 법령에 가제정리 하였음)

제4조【「국가균형발전 특별법」상 예산편성절차상의 특례에 관한 특례】 ① 「국가균형발전 특별법」 제38조제2항의 개정규정에도 불구하고 2014년에 제출되는 예산신청서에 대하여는 "4월 30일"을 "5월 20일"로, 2015년에 제출되는 예산신청서에 대하여는 "4월 30일"을 "5월 10일"로 본다.
② 「국가균형발전 특별법」 제38조제3항·제4항의 개정규정에도 불구하고 2014년에 제출·통보되는 예산요구서 및 예산편성에 관한 의견에 대하여는 "5월 31일"을 "6월 20일"로, 2015년에 제출·통보되는 예산요구서 및 예산편성에 관한 의견에 대하여는 "5월 31일"을 "6월 10일"로 본다.

제5조【「보조금 관리에 관한 법률」상 예산계상 신청서 및 지방비 부담경비 협의 의견서 제출에 관한 특례】 ① 「보조금 관리에 관한 법률」 제4조제4항의 개정규정에도 불구하고 2014년에 제출되는 예산계상 신청서에 대하여는 "4월 30일"을 "5월 20일"로, 2015년에 제출되는 예산계상 신청서에 대하여는 "4월 30일"을 "5월 10일"로 본다.
② 「보조금 관리에 관한 법률」 제7조제2항의 개정규정에도 불구하고 2014년에 제출되는 지방비 부담경비 협의 의견서에 대하여는 "5월 20일"을 "6월 10일"로, 2015년에 제출되는 지방비 부담경비 협의 의견서에 대하여는 "5월 20일"을 "5월 31일"로 본다.

제6조【국가연구개발사업의 개발 성과물 사용에 따른 대가에 관한 경과조치】 이 법 시행 전에 종전의 제53조제5항에 따라 국가연구개발사업의 개발 성과물 사용에 따른 대가에 대하여 세입세출예산 외로 사용할 수 있도록 기획재정부장관과의 협의를 거친 경우에는 제53조제5항의 개정규정에도 불구하고 2014년 12월 31일까지는 종전의 규정에 따른다.

부 칙 (2019.12.31 법16832호)

제1조【시행일】 이 법은 2020년 1월 1일부터 시행한다.

제2조【유효기간】 별표1 제22호의 개정규정은 2029년 12월 31까지 효력을 가진다.(2024.12.31 본조개정)

부 칙 (2020.3.31)

제1조【시행일】 이 법은 공포 후 3개월이 경과한 날부터 시행한다. 다만, 제8조의2제1항제3호 및 제50조의 개정규정은 공포 후 6개월이 경과한 날부터 시행한다.

제2조【일반정부 및 공공부문 재정통계 작성에 관한 적용례】 제9조의 개정규정은 2019회계연도 결산부터 적용한다.

제3조【예비타당성조사 면제에 관한 적용례】 제38조제2항 및 제5항의 개정규정은 이 법 시행 후 최초로 중앙관서의 장이 기획재정부장관에게 예비타당성조사의 면제를 요구한 경우부터 적용한다.

제4조【보조금 교부실적 등의 제출에 관한 적용례】 제85조의 개정규정은 2020회계연도 기금결산부터 적용한다.

부 칙 (2020.6.9 법17339호)

이 법은 공포한 날부터 시행한다.(이하 생략)

부 칙 (2020.6.9 법17344호)

제1조【시행일】 이 법은 공포 후 6개월이 경과한 날부터 시행한다.(이하 생략)

부 칙 (2021.4.20)

제1조【시행일】 이 법은 공포 후 6개월이 경과한 날부터 시행한다.(이하 생략)

부　칙 (2021.6.15)

제1조【시행일】 이 법은 2022년 1월 1일부터 시행한다.
제2조【온실가스감축인지 예산서 및 온실가스감축인지 결산서의 작성·제출에 관한 적용례】 제27조의 개정규정에 따른 온실가스감축인지 예산서의 작성, 제34조제9호의2의 개정규정에 따른 온실가스감축인지 예산서의 제출 및 제57조의2의 개정규정에 따른 온실가스감축인지 결산서의 작성은 각각 2023회계연도 예산안 및 결산부터 적용한다.
제3조【온실가스감축인지 기금운용계획서 및 온실가스감축인지 기금결산서의 작성·제출에 관한 적용례】 제68조의3의 개정규정에 따른 온실가스감축인지 기금운용계획서의 작성, 제71조제6호의2의 개정규정에 따른 온실가스감축인지 기금운용계획서의 제출 및 제73조의3의 개정규정에 따른 온실가스감축인지 기금결산서의 작성은 각각 2023회계연도 기금운용계획안 및 기금결산부터 적용한다.
제4조【세계잉여금 사용계획 수립 등에 관한 적용례】 제90조제9항의 개정규정은 2021회계연도 결산부터 적용한다.

부　칙 (2021.9.24)

제1조【시행일】 이 법은 공포 후 6개월이 경과한 날부터 시행한다.(이하 생략)

부　칙 (2021.12.21)

제1조【시행일】 이 법은 공포한 날부터 시행한다. 다만, 제16조제5호 및 제43조의2의 개정규정은 공포 후 3개월이 경과한 날부터 시행하고, 제85조의4 및 별표2 제71호의 개정규정은 2022년 1월 1일부터 시행하며, 제85조의10제1항의 개정규정은 2023년 1월 1일부터 시행한다.
제2조【유효기간】 별표1 제21호의 개정규정은 2025년 12월 31일까지 효력을 가진다.(2022.12.31 본조개정)
제3조【다른 법률의 개정】 ①~⑦ ※(해당 법령에 가제정리 하였음)

부　칙 (2022.12.31)

제1조【시행일】 이 법은 2023년 1월 1일부터 시행한다.
제2조【유효기간】 별표1 제23호의 개정규정은 2025년 12월 31일까지 효력을 가진다.

부　칙 (2023.5.16)

제1조【시행일】 이 법은 공포 후 1년이 경과한 날부터 시행한다.(이하 생략)

부　칙 (2023.6.9)

제1조【시행일】 이 법은 공포 후 1개월이 경과한 날부터 시행한다.(이하 생략)

부　칙 (2023.8.8)

제1조【시행일】 이 법은 2024년 5월 17일부터 시행한다.(이하 생략)

부　칙 (2024.12.31)

이 법은 공포한 날부터 시행한다.

〔**별표**〕 ➡ 「www.hyeonamsa.com」 참조

경제

국유재산법

(2009년 1월 30일 전부개정법률 제9401호)

개정
2009. 3.25법 9544호(한국수자원공사법)
2009. 3.25법 9547호(철도건설법)
2009. 5.27법 9711호
2009. 6. 9법 9774호(측량·수로지적)
2011. 3.30법10485호
2011. 4.12법10580호(부등)
2011. 5.19법10682호(금융부실)
2011. 7.14법10816호　2012.12.18법11548호
2013. 5.28법11821호(국가재정법)
2014. 6. 3법12738호(공간정보구축관리)
2015. 6.22법13383호(수산업·어촌발전기본법)
2016. 3. 2법14041호　2017. 8. 9법14841호
2017.12.26법15286호　2018. 3.13법15425호
2019.11.26법16652호(자산관리)
2020. 3.31법17137호
2020. 6. 9법17339호(법률용어정비)
2020.12.29법17758호(국세징수)
2021.12.28법18661호(중소기업창업)
2024. 1. 9법19990호(벤처기업육성에관한특별법)

제1장 총　칙

제1조【목적】 이 법은 국유재산에 관한 기본적인 사항을 정함으로써 국유재산의 적정한 보호와 효율적인 관리·처분을 목적으로 한다.
제2조【정의】 이 법에서 사용하는 용어의 뜻은 다음과 같다.
1. "국유재산"이란 국가의 부담, 기부채납이나 법령 또는 조약에 따라 국가 소유로 된 제5조제1항 각 호의 재산을 말한다.
2. "기부채납"이란 국가 외의 자가 제5조제1항 각 호에 해당하는 재산의 소유권을 무상으로 국가에 이전하여 국가가 이를 취득하는 것을 말한다.
3. "관리"란 국유재산의 취득·운용과 유지·보존을 위한 모든 행위를 말한다.
4. "처분"이란 매각, 교환, 양여, 신탁, 현물출자 등의 방법으로 국유재산의 소유권이 국가 외의 자에게 이전되는 것을 말한다.
5. "관리전환"이란 일반회계와 특별회계·기금 간 또는 서로 다른 특별회계·기금 간에 국유재산의 관리권을 넘기는 것을 말한다.(2011.3.30 본호개정)
6. "정부출자기업체"란 정부가 출자하였거나 출자할 기업체로서 대통령령으로 정하는 기업체를 말한다.
7. "사용허가"란 행정재산을 국가 외의 자가 일정 기간 유상이나 무상으로 사용·수익할 수 있도록 허용하는 것을 말한다.
8. "대부계약"이란 일반재산을 국가 외의 자가 일정 기간 유상이나 무상으로 사용·수익할 수 있도록 체결하는 계약을 말한다.

9. "변상금"이란 사용허가나 대부계약 없이 국유재산을 사용·수익하거나 점유한 자(사용허가나 대부계약 기간이 끝난 후 다시 사용허가나 대부계약 없이 국유재산을 계속 사용·수익하거나 점유한 자를 포함한다. 이하 "무단점유자"라 한다)에게 부과하는 금액을 말한다.
10. "총괄청"이란 기획재정부장관을 말한다.(2011.3.30 본호신설)
11. "중앙관서의 장등"이란 「국가재정법」 제6조에 따른 중앙관서의 장(이하 "중앙관서의 장"이라 한다)과 제42조제1항에 따라 일반재산의 관리·처분에 관한 사무를 위임·위탁받은 자를 말한다.(2011.3.30 본호신설)

제3조【국유재산 관리·처분의 기본원칙】 국가는 국유재산을 관리·처분할 때에는 다음 각 호의 원칙을 지켜야 한다.
1. 국가전체의 이익에 부합되도록 할 것
2. 취득과 처분이 균형을 이룰 것
3. 공공가치와 활용가치를 고려할 것
3의2. 경제적 비용을 고려할 것(2011.3.30 본호신설)
4. 투명하고 효율적인 절차를 따를 것

제4조【다른 법률과의 관계】 국유재산의 관리와 처분에 관하여는 다른 법률에 특별한 규정이 있는 경우를 제외하고는 이 법에서 정하는 바에 따른다. 다만, 다른 법률의 규정이 제2장에 저촉되는 경우에는 이 법에서 정하는 바에 따른다.

제5조【국유재산의 범위】 ① 국유재산의 범위는 다음 각 호와 같다.
1. 부동산과 그 종물(從物)
2. 선박, 부표(浮標), 부잔교(浮棧橋), 부선거(浮船渠) 및 항공기와 그들의 종물
3. 「정부기업예산법」 제2조에 따른 정부기업(이하 "정부기업"이라 한다)이나 정부시설에서 사용하는 기계와 기구 중 대통령령으로 정하는 것
4. 지상권, 지역권, 전세권, 광업권, 그 밖에 이에 준하는 권리
5. 「자본시장과 금융투자업에 관한 법률」 제4조에 따른 증권(이하 "증권"이라 한다)
6. 다음 각 목의 어느 하나에 해당하는 권리(이하 "지식재산"이라 한다)
가. 「특허법」·「실용신안법」·「디자인보호법」 및 「상표법」에 따라 등록된 특허권, 실용신안권, 디자인권 및 상표권
나. 「저작권법」에 따른 저작권, 저작인접권 및 데이터베이스 제작자의 권리 및 그 밖에 같은 법에서 보호되는 권리로서 같은 법 제53조 및 제112조제1항에 따라 한국저작권위원회에 등록된 권리(이하 "저작권등"이라 한다)
다. 「식물신품종 보호법」 제2조제4호에 따른 품종보호권
라. 가목부터 다목까지의 규정에 따른 지식재산 외에 「지식재산 기본법」 제3조제3호에 따른 지식재산권. 다만, 「저작권법」에 따라 등록되지 아니한 권리는 제외한다.
(2012.12.18 본호개정)

② 제1항제3호의 기계와 기구로서 해당 기업이나 시설의 폐지와 함께 포괄적으로 용도폐지된 것은 해당 기업이나 시설이 폐지된 후에도 국유재산으로 한다.

제6조【국유재산의 구분과 종류】 ① 국유재산은 그 용도에 따라 행정재산과 일반재산으로 구분한다.
② 행정재산의 종류는 다음 각 호와 같다.
1. 공용재산 : 국가가 직접 사무용·사업용 또는 공무원의 주거용(직무 수행을 위하여 필요한 경우로서 대통령령으로 정하는 경우로 한정한다)으로 사용하거나 대통령령으로 정하는 기한까지 사용하기로 결정한 재산(2012.12.18 본호개정)
2. 공공용재산 : 국가가 직접 공공용으로 사용하거나 대통령령으로 정하는 기한까지 사용하기로 결정한 재산
3. 기업용재산 : 정부기업이 직접 사무용·사업용 또는 그 기업에 종사하는 직원의 주거용(직무 수행을 위하여 필요한 경우로서 대통령령으로 정하는 경우로 한정한다)으로 사용하거나 대통령령으로 정하는 기한까지 사용하기로 결정한 재산
(2012.12.18 본호개정)
4. 보존용재산 : 법령이나 그 밖의 필요에 따라 국가가 보존하는 재산

③ "일반재산"이란 행정재산 외의 모든 국유재산을 말한다.

제7조【국유재산의 보호】 ① 누구든지 이 법 또는 다른 법률에서 정하는 절차와 방법에 따르지 아니하고는 국유재산을 사용하거나 수익하지 못한다.
② 행정재산은 「민법」 제245조에도 불구하고 시효취득(時效取得)의 대상이 되지 아니한다.

제8조【국유재산 사무의 총괄과 관리】 ① 총괄청은 국유재산에 관한 사무를 총괄하고 그 국유재산(제3항에 따라 중앙관서의 장이 관리·처분하는 국유재산은 제외한다)을 관리·처분한다.(2011.3.30 본항개정)
② 총괄청은 일반재산을 보존용재산으로 전환하여 관리할 수 있다.
③ 중앙관서의 장은 「국가재정법」 제4조에 따라 설치된 특별회계 및 같은 법 제5조에 따라 설치된 기금에 속하는 국유재산과 제40조제2항 각 호에 따른 재산을 관리·처분한다.
(2011.3.30 본항개정)
④ 중앙관서의 장은 제3항 외의 국유재산을 행정재산으로 사용하려는 경우에는 대통령령으로 정하는 바에 따라 총괄청의 승인을 받아야 한다.(2011.3.30 본항신설)
⑤ 총괄청은 제4항에 따른 사용승인을 할 때 제40조의2에 따른 우선사용예약을 고려하여야 한다.(2020.3.31 본항신설)
⑥ 이 법에 따른 총괄청의 행정재산의 관리·처분에 관한 사무는 그 일부를 대통령령으로 정하는 바에 따라 중앙관서의 장에게 위임할 수 있다.(2011.3.30 본항신설)

제8조의2【사용 승인 철회 등】 ① 총괄청은 제8조제4항에 따라 사용을 승인한 행정재산에 대하여 다음 각 호의 어느 하나에 해당하는 경우에는 제26조에 따른 국유재산정책심의위원회의 심의를 거쳐 그 사용 승인을 철회할 수 있다.
1. 다른 국가기관의 행정목적을 달성하기 위하여 우선적으로 필요한 경우
2. 제21조제1항에 따른 보고나 같은 조 제3항에 따른 감사 결과 위법하거나 부당한 재산관리가 인정되는 경우
3. 제1호 및 제2호의 경우 외에 감사원의 감사 결과 위법하거나 부당한 재산관리가 인정되는 등 사용 승인의 철회가 불가피하다고 인정되는 경우
② 총괄청은 제1항에 따라 사용 승인 철회를 하려면 미리 그 내용을 중앙관서의 장에게 알려 의견을 제출할 기회를 주어야 한다.
③ 중앙관서의 장은 제1항에 따라 사용 승인이 철회된 경우에는 해당 행정재산을 지체 없이 총괄청에 인계하여야 한다. 이 경우 인계된 재산은 제40조제1항에 따라 용도가 폐지된 것으로 본다.
(2011.3.30 본조신설)

제9조【국유재산종합계획】 ① 총괄청은 다음 연도의 국유재산의 관리·처분에 관한 계획의 작성을 위한 지침을 매년 4월 30일까지 중앙관서의 장에게 통보하여야 한다.
② 중앙관서의 장은 제1항의 지침에 따라 국유재산의 관리·처분에 관한 다음 연도의 계획을 작성하여 매년 6월 30일까지 총괄청에 제출하여야 한다.
③ 총괄청은 제2항에 따라 제출된 계획을 종합조정하여 수립한 국유재산종합계획을 국무회의의 심의를 거쳐 대통령의 승인을 받아 확정하고, 회계연도 개시 120일 전까지 국회에 제출하여야 한다.(2013.5.28 본항개정)
④ 국유재산종합계획에는 다음 각 호의 사항이 포함되어야 한다.
1. 국유재산을 효율적으로 관리·처분하기 위한 중장기적인 국유재산 정책방향
2. 대통령령으로 정하는 국유재산 관리·처분의 총괄 계획
3. 국유재산 처분의 기준에 관한 사항
4. 「국유재산특례제한법」 제8조에 따른 국유재산특례 종합계획에 관한 사항
5. 제1호부터 제4호까지의 규정에 따른 사항 외에 국유재산의 관리·처분에 관한 중요한 사항
⑤ 국유재산종합계획을 변경하는 경우에는 제3항을 준용한다.
⑥ 총괄청은 제3항 및 제5항에 따라 국유재산종합계획을 확정하거나 변경한 경우에는 중앙관서의 장에게 알리고, 제5항에 따라 변경한 경우에는 지체 없이 국회에 제출하여야 한다.

경제

⑦ 중앙관서의 장은 제3항에 따라 확정된 국유재산종합계획의 반기별 집행계획을 수립하여 해당 연도 1월 31일까지 총괄청에 제출하여야 한다.
⑧ 총괄청이 제3항에 따라 국유재산종합계획을 수립하는 경우에는 「국가재정법」 제6조제1항에 따른 독립기관의 장(이하 "독립기관의 장"이라 한다)의 의견을 최대한 존중하여야 하며, 국유재산 정책운용 등에 따라 불가피하게 조정이 필요한 때에는 해당 독립기관의 장과 미리 협의하여야 한다.
⑨ 총괄청은 제8항에 따른 협의에도 불구하고 제2항에 따른 독립기관의 계획을 조정하려는 때에는 국무회의에서 해당 독립기관의 장의 의견을 들어야 하며, 총괄청이 그 계획을 조정한 때에는 그 규모 및 이유, 조정에 대한 독립기관의 장의 의견을 국유재산종합계획과 함께 국회에 제출하여야 한다.
(2011.3.30 본조개정)
제10조【국유재산의 취득】 ① 국가는 국유재산의 매각대금과 비축 필요성 등을 고려하여 국유재산의 취득을 위한 재원을 확보하도록 노력하여야 한다.
② 중앙관서의 장이 「국가재정법」 제4조에 따라 설치된 특별회계와 같은 법 제5조에 따라 설치된 기금의 재원으로 공용재산 용도의 토지나 건물을 매입하려는 경우에는 총괄청과 협의하여야 한다.
(2011.3.30 본조개정)
제11조【사권 설정의 제한】 ① 사권(私權)이 설정된 재산은 그 사권이 소멸된 후가 아니면 국유재산으로 취득하지 못한다. 다만, 판결에 따라 취득하는 경우에는 그러하지 아니하다.
② 국유재산에는 사권을 설정하지 못한다. 다만, 일반재산에 대하여 대통령령으로 정하는 경우에는 그러하지 아니하다.
제12조【소유자 없는 부동산의 처리】 ① 총괄청이나 중앙관서의 장은 소유자 없는 부동산을 국유재산으로 취득한다.
(2011.3.30 본항개정)
② 총괄청이나 중앙관서의 장은 제1항에 따라 소유자 없는 부동산을 국유재산으로 취득할 경우에는 대통령령으로 정하는 바에 따라 6개월 이상의 기간을 정하여 그 기간에 정당한 권리자나 그 밖의 이해관계인이 이의를 제기할 수 있다는 뜻을 공고하여야 한다.(2011.3.30 본항개정)
③ 총괄청이나 중앙관서의 장은 소유자 없는 부동산을 취득하려면 제2항에 따른 기간에 이의가 없는 경우에만 제2항에 따른 공고를 하였음을 입증하는 서류를 첨부하여 「공간정보의 구축 및 관리 등에 관한 법률」에 따른 지적소관청에 소유자 등록을 신청할 수 있다.(2014.6.3 본항개정)
④ 제1항부터 제3항까지의 규정에 따라 취득한 국유재산은 그 등기일부터 10년간은 처분을 하여서는 아니 된다. 다만, 대통령령으로 정하는 특별한 사유가 있으면 그러하지 아니하다.
(2016.3.2 본문개정)
제13조【기부채납】 ① 총괄청이나 중앙관서의 장(특별회계나 기금에 속하는 국유재산으로 기부받으려는 경우만 해당한다)은 제5조제1항 각 호의 재산을 국가에 기부하려는 자가 있으면 대통령령으로 정하는 바에 따라 받을 수 있다.(2011.3.30 본항개정)
② 총괄청이나 중앙관서의 장은 제1항에 따라 국가에 기부하려는 재산이 국가가 관리하기 곤란하거나 필요하지 아니한 것인 경우 또는 기부에 조건이 붙은 경우에는 받아서는 아니 된다. 다만, 다음 각 호의 어느 하나에 해당하는 경우에는 기부에 조건이 붙은 것으로 보지 아니한다.(2011.3.30 본문개정)
1. 행정재산으로 기부하는 재산에 대하여 기부자, 그 상속인, 그 밖의 포괄승계인에게 무상으로 사용허가하여 줄 것을 조건으로 그 재산을 기부하는 경우
2. 행정재산의 용도를 폐지하는 경우 그 용도에 사용될 대체시설을 제공한 자, 그 상속인, 그 밖의 포괄승계인이 그 부담한 비용의 범위에서 제55조제1항제3호에 따라 용도폐지된 재산을 양여할 것을 조건으로 그 대체시설을 기부하는 경우
제14조【등기·등록 등】 ① 총괄청이나 중앙관서의 장은 국유재산을 취득한 경우 대통령령으로 정하는 바에 따라 지체 없이 등기·등록, 명의개서(名義改書), 그 밖의 권리보전에 필요한 조치를 하여야 한다.(2011.3.30 본항개정)
② 등기·등록이나 명의개서가 필요한 국유재산인 경우 그 권리자의 명의는 국(國)으로 하되 소관 중앙관서의 명칭을 함께 적어야 한다. 다만, 대통령령으로 정하는 법인에 증권을 예탁(預託)하는 경우에는 권리자의 명의를 그 법인으로 할 수 있다.
③ 중앙관서의 장등은 국유재산이 지적공부와 일치하지 아니하는 경우 「공간정보의 구축 및 관리 등에 관한 법률」에 따라 등록전환, 분할·합병 또는 지목변경 등 필요한 조치를 하여야 한다. 이 경우 「공간정보의 구축 및 관리 등에 관한 법률」 제106조에 따른 수수료는 면제한다.(2016.3.2 본항신설)
제15조【증권의 보관·취급】 ① 총괄청이나 중앙관서의 장등은 증권을 한국은행이나 대통령령으로 정하는 법인(이하 "한국은행등"이라 한다)으로 하여금 보관·취급하게 하여야 한다.
(2011.3.30 본항개정)
② 한국은행등은 증권의 보관·취급에 관한 장부를 갖추어 두고 증권의 수급을 기록하여야 한다. 이 경우 장부와 수급의 기록은 전산자료로 대신할 수 있다.
③ 한국은행등은 증권의 수급에 관한 보고서 및 계산서를 작성하여 총괄청과 감사원에 제출하되, 감사원에 제출하는 수급계산서에는 증거서류를 붙여야 한다.
④ 한국은행등은 증권의 수급에 관하여 감사원의 검사를 받아야 한다.
⑤ 한국은행등은 증권의 보관·취급과 관련하여 국가에 손해를 끼친 경우에는 「민법」과 「상법」에 따라 그 손해를 배상할 책임을 진다.
제16조【국유재산의 관리전환】 ① 국유재산의 관리전환은 다음 각 호의 방법에 따른다.
1. 일반회계와 특별회계·기금 간에 관리전환을 하려는 경우 : 총괄청과 해당 특별회계·기금의 소관 중앙관서의 장 간의 협의
2. 서로 다른 특별회계·기금 간에 관리전환을 하려는 경우 : 해당 특별회계·기금의 소관 중앙관서의 장 간의 협의
(2011.3.30 본항개정)
② 제1항의 협의가 성립되지 아니하는 경우 총괄청은 다음 각 호의 사항을 고려하여 소관 중앙관서의 장을 결정한다.
(2011.3.30 본문개정)
1. 해당 재산의 관리 상황 및 활용 계획
2. 국가의 정책목적 달성을 위한 우선 순위
(2011.3.30 본조제목개정)
제17조【유상 관리전환 등】 국유재산을 관리전환하거나 서로 다른 회계·기금 간에 그 사용을 하도록 하는 경우에는 유상으로 하여야 한다. 다만, 다음 각 호의 어느 하나에 해당하는 경우에는 무상으로 할 수 있다.(2011.3.30 본문개정)
1. 직접 도로, 하천, 항만, 공항, 철도, 공유수면, 그 밖의 공공용으로 사용하기 위하여 필요한 경우
2. 다음 각 목의 어느 하나에 해당하는 사유로 총괄청과 중앙관서의 장 또는 중앙관서의 장 간에 무상으로 관리전환하기로 합의하는 경우(2011.3.30 본문개정)
가. 관리전환하려는 국유재산의 감정평가에 드는 비용이 해당 재산의 가액(價額)에 비하여 과다할 것으로 예상되는 경우
나. 상호교환의 형식으로 관리전환하는 경우로서 유상으로 관리전환하는 데에 드는 예산을 확보하기가 곤란한 경우
다. 제8조제3항에 따른 특별회계 및 기금에 속하는 일반재산의 효율적인 활용을 위하여 필요한 경우로서 제26조에 따른 국유재산정책심의위원회의 심의를 거친 경우(2020.3.31 본목신설)
(2011.3.30 본조제목개정)
제18조【영구시설물의 축조 금지】 ① 국가 외의 자는 국유재산에 건물, 교량 등 구조물과 그 밖의 영구시설물을 축조하지 못한다. 다만, 다음 각 호의 어느 하나에 해당하는 경우에는 그러하지 아니하다.
1. 기부를 조건으로 축조하는 경우
2. 다른 법률에 따라 국가에 소유권이 귀속되는 공공시설을 축조하는 경우
2의2. 제50조제2항에 따라 매각대금을 나누어 내고 있는 일반재산으로서 대통령령으로 정하는 경우(2011.3.30 본호신설)
3. 지방자치단체나 「지방공기업법」에 따른 지방공기업(이하 "지방공기업"이라 한다)이 「사회기반시설에 대한 민간투자법」 제2조제1호의 사회기반시설 중 주민생활을 위한 문화시

설, 생활체육시설 등 기획재정부령으로 정하는 사회기반시설을 해당 국유재산 소관 중앙관서의 장과 협의를 거쳐 총괄청의 승인을 받아 축조하는 경우(2020.3.31 본호신설)
4. 제59조의2에 따라 개발하는 경우(2016.3.2 본호신설)
5. 법률 제4347호 지방교육자치에관한법률 시행 전에 설립한 초등학교·중학교·고등학교 및 특수학교에 총괄청 및 관련 중앙관서의 장과 협의를 거쳐 교육부장관의 승인을 받아 「학교시설사업 촉진법」 제2조제1호에 따른 학교시설을 증축 또는 개축하는 경우(2020.3.31 본호신설)
6. 그 밖에 국유재산의 사용 및 이용에 지장이 없고 국유재산의 활용가치를 높일 수 있는 경우로서 대부계약의 사용목적을 달성하기 위하여 중앙관서의 장등이 필요하다고 인정하는 경우(2011.3.30 본호개정)

② 제1항 단서에 따라 영구시설물의 축조를 허용하는 경우에는 대통령령으로 정하는 기준 및 절차에 따라 그 영구시설물의 철거 등 원상회복에 필요한 비용의 상당액에 대하여 이행을 보증하는 조치를 하게 하여야 한다.

제19조【국유재산에 관한 법령의 협의】 각 중앙관서의 장은 국유재산의 관리·처분에 관련된 법령을 제정·개정하거나 폐지하려면 그 내용에 관하여 총괄청 및 감사원과 협의하여야 한다.(2011.3.30 본조개정)

제20조【직원의 행위 제한】 ① 국유재산에 관한 사무에 종사하는 직원은 그 처리하는 국유재산을 취득하거나 자기의 소유재산과 교환하지 못한다. 다만, 해당 총괄청이나 중앙관서의 장의 허가를 받은 경우에는 그러하지 아니하다.(2011.3.30 단서개정)

② 제1항을 위반한 행위는 무효로 한다.

제2장 총괄청

제21조【총괄청의 감사 등】 ① 총괄청은 중앙관서의 장등에 해당 국유재산의 관리상황에 관하여 보고하게 하거나 자료를 제출하게 할 수 있다.

② 중앙관서의 장은 소관 행정재산 중 대통령령으로 정하는 유휴 행정재산 현황을 매년 1월 31일까지 총괄청에 보고하여야 한다.

③ 총괄청은 중앙관서의 장등의 재산 관리상황과 유휴 행정재산 현황을 감사(監査)하거나 그 밖에 필요한 조치를 할 수 있다.
(2011.3.30 본조개정)

제22조【총괄청의 용도폐지 요구 등】 ① 총괄청은 중앙관서의 장에게 그 소관에 속하는 국유재산의 용도를 폐지하거나 변경할 것을 요구할 수 있으며 그 국유재산을 관리전환하게 하거나 총괄청에 인계하게 할 수 있다.(2020.6.9 본항개정)

② 총괄청은 제1항의 조치를 하려면 미리 그 내용을 중앙관서의 장에게 통보하여 의견을 제출할 기회를 주어야 한다.
(2020.6.9 본항개정)

③ 총괄청은 중앙관서의 장이 정당한 사유 없이 제1항에 따른 용도폐지 등을 이행하지 아니하는 경우에는 직권으로 용도폐지 등을 할 수 있다.

④ 제3항에 따라 직권으로 용도폐지된 재산은 제8조의2에 따라 행정재산의 사용 승인이 철회된 것으로 본다.(2011.3.30 본항신설)
(2011.3.30 본조개정)

제23조【용도폐지된 재산의 처리】 총괄청은 용도를 폐지함으로써 일반재산으로 된 국유재산에 대하여 필요하다고 인정하는 경우에는 그 처리방법을 지정하거나 이를 인계받아 직접 처리할 수 있다.

제24조【중앙관서의 장의 지정】 총괄청은 국유재산의 관리·처분에 관한 소관 중앙관서의 장이 없거나 분명하지 아니한 국유재산에 대하여 그 소관 중앙관서의 장을 지정한다.(2011.3.30 본조개정)

제25조【총괄사무의 위임 및 위탁】 총괄청은 대통령령으로 정하는 바에 따라 이 법에서 규정하는 총괄에 관한 사무의 일부를 조달청장 또는 지방자치단체의 장에게 위임하거나 정부출자기업체 또는 특별법에 따라 설립된 법인으로서 대통령령으로 정하는 자에게 위탁할 수 있다.(2011.3.30 본조개정)

제26조【국유재산정책심의위원회】 ① 국유재산의 관리·처분에 관한 다음 각 호의 사항을 심의하기 위하여 총괄청에 국유재산정책심의위원회(이하 "위원회"라 한다)를 둔다.
(2011.3.30 본문개정)
1. 국유재산의 중요 정책방향에 관한 사항
2. 국유재산과 관련한 법령 및 제도의 개정·폐지에 관한 중요사항(2020.6.9 본호개정)
2의2. 제8조의2에 따른 행정재산의 사용 승인 철회에 관한 사항(2011.3.30 본호신설)
3. 제9조에 따른 국유재산종합계획의 수립 및 변경에 관한 중요 사항(2011.3.30 본호개정)
4. 제16조제2항에 따른 소관 중앙관서의 장의 지정 및 제22조제3항에 따른 직권 용도폐지에 관한 사항(2011.3.30 본호개정)
4의2. 제17조제2호다목에 따른 무상 관리전환에 관한 사항(2020.3.31 본호신설)
4의3. 제26조의2에 따른 국유재산관리기금의 관리·운용에 관한 사항(2011.3.30 본호신설)
5. 제57조에 따른 일반재산의 개발에 관한 사항
6. 제60조에 따른 현물출자에 관한 중요 사항
6의2. 「국유재산특례제한법」 제6조에 따른 국유재산특례의 신설등 및 같은 법 제7조에 따른 국유재산특례의 점검·평가에 관한 사항(2011.3.30 본호신설)
7. 그 밖에 국유재산의 관리·처분 업무와 관련하여 총괄청이 중요하다고 인정한 사항

② 위원회는 위원장을 포함한 20명 이내의 위원으로 구성한다.
(2011.3.30 본항개정)

③ 위원회의 위원장은 기획재정부장관이 되고, 위원은 관계 중앙행정기관의 소속 공무원과 국유재산 분야에 학식과 경험이 풍부한 사람 중에서 기획재정부장관이 임명 또는 위촉한다. 이 경우 공무원이 아닌 위원의 정수는 전체 위원 정수의 과반수가 되어야 한다.(2011.3.30 본항개정)

④ 위원회를 효율적으로 운영하기 위하여 위원회에 분야별 분과위원회를 둘 수 있다. 이 경우 분과위원회의 심의는 위원회의 심의로 본다.(2011.3.30 본항신설)

⑤ 제1항부터 제4항까지에서 규정한 사항 외에 위원회 및 분과위원회의 조직과 운영 등에 필요한 사항은 대통령령으로 정한다.(2011.3.30 본항개정)

제2장의2 국유재산관리기금
(2011.3.30 본장신설)

제26조의2【국유재산관리기금의 설치】 국유재산의 원활한 수급과 개발 등을 통한 국유재산의 효용을 높이기 위하여 국유재산관리기금을 설치한다.

제26조의3【국유재산관리기금의 조성】 국유재산관리기금은 다음 각 호의 재원으로 조성한다.
1. 정부의 출연금 또는 출연재산
2. 다른 회계 또는 다른 기금으로부터의 전입금
3. 제26조의4에 따른 차입금
4. 다음 각 목의 어느 하나에 해당하는 총괄청 소관 일반재산(증권은 제외한다)과 관련된 수입금
  가. 대부료, 변상금 등 재산관리에 따른 수입금
  나. 매각, 교환 등 처분에 따른 수입금
5. 총괄청 소관 일반재산에 대한 제57조의 개발에 따른 관리·처분 수입금
6. 제1호부터 제5호까지의 규정에 따른 재원 외에 국유재산관리기금의 관리·운용에 따른 수입금

제26조의4【자금의 차입】 ① 총괄청은 국유재산관리기금의 관리·운용을 위하여 필요한 경우에는 위원회의 심의를 거쳐 국유재산관리기금의 부담으로 금융회사 등이나 다른 회계 또는 다른 기금으로부터 자금을 차입할 수 있다.

② 총괄청은 국유재산관리기금의 운용을 위하여 필요할 때에는 국유재산관리기금의 부담으로 자금을 일시차입할 수 있다.
(2020.6.9 본항개정)

③ 제2항에 따른 일시차입금은 해당 회계연도 내에 상환하여야 한다.(2012.12.18 본항신설)

제26조의5【국유재산관리기금의 용도】 ① 국유재산관리기금은 다음 각 호의 어느 하나에 해당하는 용도에 사용한다.
1. 국유재산의 취득에 필요한 비용의 지출
2. 총괄청 소관 일반재산의 관리·처분에 필요한 비용의 지출
3. 제26조의4에 따른 차입금의 원리금 상환
4. 제26조의6에 따른 국유재산관리기금의 관리·운용에 필요한 위탁료 등의 지출
5. 제42조제1항에 따른 총괄청 소관 일반재산 중 부동산의 관리·처분에 관한 사무의 위임·위탁에 필요한 귀속금 또는 위탁료 등의 지출
6. 제57조에 따른 개발에 필요한 비용의 지출
7. 「국가재정법」 제13조에 따른 다른 회계 또는 다른 기금으로의 전출금
8. 제1호부터 제7호까지의 규정에 따른 용도 외에 국유재산관리기금의 관리·운용에 필요한 비용의 지출

② 국유재산관리기금에서 취득한 재산은 일반회계 소속으로 한다.

제26조의6【국유재산관리기금의 관리·운용】 ① 국유재산관리기금은 총괄청이 관리·운용한다.
② 총괄청은 국유재산관리기금의 관리·운용에 관한 사무의 일부를 대통령령으로 정하는 바에 따라 「한국자산관리공사 설립 등에 관한 법률」에 따른 한국자산관리공사(이하 "한국자산관리공사"라 한다)에 위탁할 수 있다.(2019.11.26 본항개정)

제26조의7【국유재산관리기금의 회계기관】 ① 총괄청은 소속 공무원 중에서 국유재산관리기금의 수입과 지출에 관한 업무를 수행할 기금수입징수관, 기금재무관, 기금지출관 및 기금출납공무원을 임명하여야 한다.
② 총괄청이 제26조의6제2항에 따라 국유재산관리기금의 관리·운용에 관한 사무의 일부를 한국자산관리공사에 위탁한 경우에는 국유재산관리기금의 출납업무 수행을 위하여 한국자산관리공사의 임원 중에서 기금수입 담당임원과 기금지출원인행위 담당임원을, 한국자산관리공사의 직원 중에서 기금지출원과 기금출납원을 각각 임명하여야 한다. 이 경우 기금수입 담당임원은 기금수입징수관의 직무를, 기금지출원인행위 담당임원은 기금재무관의 직무를, 기금지출원은 기금지출관의 직무를, 기금출납원은 기금출납공무원의 직무를 수행한다.

제3장 행정재산

제27조【처분의 제한】 ① 행정재산은 처분하지 못한다. 다만, 다음 각 호의 어느 하나에 해당하는 경우에는 교환하거나 양여할 수 있다.(2011.3.30 본문개정)
1. 공유(公有) 또는 사유재산과 교환하여 그 교환받은 재산을 행정재산으로 관리하려는 경우
2. 대통령령으로 정하는 행정재산을 직접 공용이나 공공용으로 사용하려는 지방자치단체에 양여하는 경우(2020.6.9 본호개정)

② 제1항제1호에 따라 교환하는 경우에는 제54조제2항부터 제4항까지를 준용하고, 제1항제2호에 따라 양여하는 경우에는 제55조제2항·제3항을 준용한다. 이 경우 "일반재산"은 "행정재산"으로 본다.
③ 제1항제1호에 따른 교환에 관한 교환목적·가격 등의 확인사항, 제1항제2호에 따라 양여하는 경우 제55조제3항의 준용에 따라 총괄청과 협의하여야 하는 사항, 그 밖에 필요한 사항은 대통령령으로 정한다.

제27조의2【국유재산책임관의 임명 등】 ① 중앙관서의 장은 소관 국유재산의 관리·처분 업무를 효율적으로 수행하기 위하여 그 관서의 고위공무원으로서 기획 업무를 총괄하는 직위에 있는 자를 국유재산책임관으로 임명하여야 한다.
② 국유재산책임관의 업무는 다음 각 호와 같다.
1. 제9조제2항에 따른 소관 국유재산의 관리·처분에 관한 계획과 같은 조 제7항에 따른 집행계획에 관한 업무
2. 제69조에 따른 국유재산관리운용보고에 관한 업무
3. 제1호 및 제2호에 따른 업무 외에 국유재산 관리·처분 업무와 관련하여 대통령령으로 정하는 업무

③ 국유재산책임관의 임명은 중앙관서의 장이 소속 관서에 설치된 직위를 지정하는 것으로 갈음할 수 있다.
(2011.3.30 본조신설)

제28조【관리사무의 위임】 ① 중앙관서의 장은 대통령령으로 정하는 바에 따라 소속 공무원에게 그 소관에 속하는 행정재산의 관리에 관한 사무를 위임할 수 있다.
② 중앙관서의 장은 제1항에 따라 위임을 받은 공무원의 사무의 일부를 분장하는 공무원을 둘 수 있다.
③ 중앙관서의 장은 대통령령으로 정하는 바에 따라 다른 중앙관서의 장의 소속 공무원에게 그 소관에 속하는 행정재산의 관리에 관한 사무를 위임할 수 있다.
④ 중앙관서의 장은 그 소관에 속하는 행정재산의 관리에 관한 사무의 일부를 대통령령으로 정하는 바에 따라 지방자치단체의 장이나 그 소속 공무원에게 위임할 수 있다.
⑤ 제1항부터 제4항까지의 규정에 따른 사무의 위임은 중앙관서의 장이 해당 기관에 설치된 직위를 지정함으로써 갈음할 수 있다.
(2011.3.30 본조개정)

제29조【관리위탁】 ① 중앙관서의 장은 행정재산을 효율적으로 관리하기 위하여 필요하면 국가기관 외의 자에게 그 재산의 관리를 위탁(이하 "관리위탁"이라 한다)할 수 있다.
(2011.3.30 본항개정)
② 제1항에 따라 관리위탁을 받은 자는 미리 해당 중앙관서의 장의 승인을 받아 위탁받은 재산의 일부를 사용·수익하거나 다른 사람에게 사용·수익하게 할 수 있다.(2011.3.30 본항개정)
③ 관리위탁을 받을 수 있는 자의 자격, 관리위탁 기간, 관리위탁을 받은 재산의 사용료, 관리현황에 대한 보고, 그 밖에 관리위탁에 필요한 사항은 대통령령으로 정한다.

제30조【사용허가】 ① 중앙관서의 장은 다음 각 호의 범위에서만 행정재산의 사용허가를 할 수 있다.(2011.3.30 본문개정)
1. 공용·공공용·기업용 재산 : 그 용도나 목적에 장애가 되지 아니하는 범위
2. 보존용재산 : 보존목적의 수행에 필요한 범위

② 제1항에 따라 사용허가를 받은 자는 그 재산을 다른 사람에게 사용·수익하게 하여서는 아니 된다. 다만, 다음 각 호의 어느 하나에 해당하는 경우에는 중앙관서의 장의 승인을 받아 다른 사람에게 사용·수익하게 할 수 있다.(2020.3.31 단서개정)
1. 기부를 받은 재산에 대하여 사용허가를 받은 자가 그 재산의 기부자이거나 그 상속인, 그 밖의 포괄승계인인 경우(2020.3.31 본호신설)
2. 지방자치단체나 지방공기업이 행정재산에 대하여 제18조제1항제3호에 따른 사회기반시설로 사용·수익하기 위한 사용허가를 받은 후 이를 지방공기업 등 대통령령으로 정하는 기관으로 하여금 사용·수익하게 하는 경우(2020.3.31 본호신설)

③ 중앙관서의 장은 제2항 단서에 따른 사용·수익이 그 용도나 목적에 장애가 되거나 원상회복이 어렵다고 인정되면 승인하여서는 아니 된다.(2011.3.30 본항개정)

제31조【사용허가의 방법】 ① 행정재산을 사용허가하려는 경우에는 그 뜻을 공고하여 일반경쟁에 부쳐야 한다. 다만, 사용허가의 목적·성질·규모 등을 고려하여 필요하다고 인정되면 대통령령으로 정하는 바에 따라 참가자의 자격을 제한하거나 참가자를 지명하여 경쟁에 부치거나 수의(隨意)의 방법으로 할 수 있다.
② 제1항에 따라 경쟁에 부치는 경우에는 총괄청이 지정·고시하는 정보처리장치를 이용하여 입찰공고·개찰·낙찰선언을 한다. 이 경우 중앙관서의 장은 필요하다고 인정하면 일간신문 등에 게재하는 방법을 병행할 수 있으며, 같은 재산에 대하여 수 회의 입찰에 관한 사항을 일괄하여 공고할 수 있다.
(2011.3.30 후단개정)
③ 행정재산의 사용허가에 관하여는 이 법에서 정한 것을 제외하고는 「국가를 당사자로 하는 계약에 관한 법률」의 규정을 준용한다.

제32조【사용료】 ① 행정재산을 사용허가한 때에는 대통령령으로 정하는 요율(料率)과 산출방법에 따라 매년 사용료를 징수한다. 다만, 연간 사용료가 대통령령으로 정하는 금액 이하인 경우에는 사용허가기간의 사용료를 일시에 통합 징수할 수 있다.(2016.3.2 단서신설)

② 제1항의 사용료는 대통령령으로 정하는 바에 따라 나누어 내게 할 수 있다. 이 경우 연간 사용료가 대통령령으로 정하는 금액 이상인 경우에는 사용허가(허가를 갱신하는 경우를 포함한다)할 때에 그 허가를 받는 자에게 대통령령으로 정하는 금액의 범위에서 보증금을 예치하게 하거나 이행보증조치를 하도록 하여야 한다.
③ 중앙관서의 장이 제30조에 따른 사용허가에 관한 업무를 지방자치단체의 장에게 위임한 경우에는 제42조제6항을 준용한다.(2011.3.30 본항개정)
④ 제1항 단서에 따라 사용료를 일시에 통합 징수하는 경우에 사용허가기간 중의 사용료가 증가 또는 감소되더라도 사용료를 추가로 징수하거나 반환하지 아니한다.(2016.3.2 본항신설)
제33조【사용료의 조정】 ① 중앙관서의 장은 동일인(상속인이나 그 밖의 포괄승계인은 피승계인과 동일인으로 본다)이 같은 행정재산을 사용허가기간 내에서 1년을 초과하여 계속 사용·수익하는 경우로서 대통령령으로 정하는 경우에는 사용료를 조정할 수 있다.(2012.12.18 본항개정)
② 제1항에 따라 조정되는 해당 연도 사용료의 산출방법은 대통령령으로 정한다.
③ 다른 법률에 따른 사용료나 점용료의 납부 대상인 행정재산이 이 법에 따른 사용료 납부 대상으로 된 경우 그 사용료의 산출에 관하여는 제1항 및 제2항을 준용한다.
제34조【사용료의 감면】 ① 중앙관서의 장은 다음 각 호의 어느 하나에 해당하면 대통령령으로 정하는 바에 따라 그 사용료를 면제할 수 있다.(2011.3.30 본문개정)
1. 행정재산으로 할 목적으로 기부를 받은 재산에 대하여 기부자나 그 상속인, 그 밖의 포괄승계인에게 사용허가하는 경우
1의2. 건물 등을 신축하여 기부채납을 하려는 자가 신축기간에 그 부지를 사용하는 경우(2011.3.30 본호개정)
2. 행정재산을 직접 공용·공공용 또는 비영리 공익사업용으로 사용하려는 지방자치단체에 사용허가하는 경우
3. 행정재산을 직접 비영리 공익사업용으로 사용하려는 대통령령으로 정하는 공공단체에 사용허가하는 경우
② 사용허가를 받은 행정재산을 천재지변이나 「재난 및 안전관리 기본법」 제3조제1호의 재난으로 사용하지 못하게 되면 그 사용하지 못한 기간에 대한 사용료를 면제할 수 있다.
③ 중앙관서의 장은 행정재산의 형태·규모·내용연수 등을 고려하여 활용성이 낮거나 보수가 필요한 재산 등 대통령령으로 정하는 행정재산을 사용허가하는 경우에는 대통령령으로 정하는 바에 따라 사용료를 감면할 수 있다.(2018.3.13 본항신설)
(2018.3.13 본조제목개정)
제35조【사용허가기간】 ① 행정재산의 사용허가기간은 5년 이내로 한다. 다만, 제34조제1항제1호의 경우에는 사용료의 총액이 기부를 받은 재산의 가액에 이르는 기간 이내로 한다.
② 제1항의 허가기간이 끝난 재산에 대하여 대통령령으로 정하는 경우를 제외하고는 5년을 초과하지 아니하는 범위에서 종전의 사용허가를 갱신할 수 있다. 다만, 수의의 방법으로 사용허가를 할 수 있는 경우가 아니면 1회만 갱신할 수 있다.
③ 제2항에 따라 갱신받으려는 자는 허가기간이 끝나기 1개월 전에 중앙관서의 장에게 신청하여야 한다.(2020.6.9 본항개정)
제36조【사용허가의 취소와 철회】 ① 중앙관서의 장은 행정재산의 사용허가를 받은 자가 다음 각 호의 어느 하나에 해당하면 그 허가를 취소하거나 철회할 수 있다.(2011.3.30 본문개정)
1. 거짓 진술을 하거나 부실한 증명서류를 제시하거나 그 밖에 부정한 방법으로 사용허가를 받은 경우
2. 사용허가 받은 재산을 제30조제2항을 위반하여 다른 사람에게 사용·수익하게 한 경우
3. 해당 재산의 보존을 게을리하였거나 그 사용목적을 위배한 경우
4. 납부기한까지 사용료를 납부하지 아니하거나 제32조제2항 후단에 따른 보증금 예치나 이행보증조치를 하지 아니한 경우
5. 중앙관서의 장의 승인 없이 사용허가를 받은 재산의 원래 상태를 변경한 경우(2011.3.30 본호개정)
② 중앙관서의 장은 사용허가한 행정재산을 국가나 지방자치단체가 직접 공용이나 공공용으로 사용하기 위하여 필요하게 된 경우에는 그 허가를 철회할 수 있다.(2011.3.30 본항개정)
③ 제2항의 경우에 그 철회로 인하여 해당 사용허가를 받은 자에게 손실이 발생하면 그 재산을 사용할 기관은 대통령령으로 정하는 바에 따라 보상한다.
④ 중앙관서의 장은 제1항이나 제2항에 따라 사용허가를 취소하거나 철회한 경우에 그 재산이 기부를 받은 재산으로서 제30조제2항 단서에 따라 사용·수익하고 있는 자가 있으면 그 사용·수익자에게 취소 또는 철회 사실을 알려야 한다.(2011.3.30 본항개정)
제37조【청문】 중앙관서의 장은 제36조에 따라 행정재산의 사용허가를 취소하거나 철회하려는 경우에는 청문을 하여야 한다.(2011.3.30 본조개정)
제38조【원상회복】 사용허가를 받은 자는 허가기간이 끝나거나 제36조에 따라 사용허가가 취소 또는 철회된 경우에는 그 재산을 원래 상태대로 반환하여야 한다. 다만, 중앙관서의 장이 미리 상태의 변경을 승인한 경우에는 변경된 상태로 반환할 수 있다.(2011.3.30 단서개정)
제39조【관리 소홀에 대한 제재】 행정재산의 사용허가를 받은 자가 그 행정재산의 관리를 소홀히 하여 재산상의 손해를 발생하게 한 경우에는 사용료 외에 대통령령으로 정하는 바에 따라 그 사용료를 넘지 아니하는 범위에서 가산금을 징수할 수 있다.
제40조【용도폐지】 ① 중앙관서의 장은 행정재산이 다음 각 호의 어느 하나에 해당하는 경우에는 지체 없이 그 용도를 폐지하여야 한다.
1. 행정목적으로 사용되지 아니하게 된 경우
2. 행정재산으로 사용하기로 결정한 날부터 5년이 지난 날까지 행정재산으로 사용되지 아니한 경우
3. 제57조에 따라 개발하기 위하여 필요한 경우
(2017.8.9 본항개정)
② 중앙관서의 장은 제1항에 따라 용도폐지를 한 때에는 그 재산을 지체 없이 총괄청에 인계하여야 한다. 다만, 다음 각 호의 어느 하나에 해당하는 재산은 그러하지 아니하다.
1. 관리전환, 교환 또는 양여의 목적으로 용도를 폐지한 재산
2. 제5조제1항제2호의 재산
3. 공항·항만 또는 산업단지에 있는 재산으로서 그 시설운영에 필요한 재산
4. 총괄청이 그 중앙관서의 장에게 관리·처분하도록 하거나 다른 중앙관서의 장에게 인계하도록 지정한 재산
(2011.3.30 본조개정)
제40조의2【우선사용예약】 ① 중앙관서의 장은 제40조제1항에 따라 행정재산이 용도폐지된 경우 장래의 행정수요에 대비하기 위하여 해당 재산에 대하여 제8조제4항에 따른 사용승인을 우선적으로 해 줄 것(이하 "우선사용예약"이라 한다)을 용도폐지된 날부터 1개월 이내에 대통령령으로 정하는 바에 따라 총괄청에 신청할 수 있다.
② 총괄청은 제1항에 따른 신청을 받은 경우 중앙관서의 장이 제출한 사업계획 및 다른 기관의 행정수요 등을 고려하여 우선사용예약을 승인할 수 있다.
③ 중앙관서의 장이 제2항에 따라 우선사용예약을 승인받은 날부터 3년 이내에 총괄청으로부터 제8조제4항에 따른 사용승인을 받지 아니한 경우에는 그 우선사용예약은 효력을 잃는다.
(2020.3.31 본조신설)

제4장 일반재산

제1절 통 칙

제41조【처분 등】 ① 일반재산은 대부 또는 처분할 수 있다.
(2011.3.30 본항개정)
② 중앙관서의 장등은 국가의 활용계획이 없는 건물이나 그 밖의 시설물이 다음 각 호의 어느 하나에 해당하는 경우에는 철거할 수 있다.(2011.3.30 본문개정)
1. 구조상 공중의 안전에 미치는 위험이 중대한 경우
2. 재산가액에 비하여 유지·보수 비용이 과다한 경우
3. 위치, 형태, 용도, 노후화 등의 사유로 철거가 불가피하다고 중앙관서의 장등이 인정하는 경우(2011.3.30 본호개정)

제42조【관리·처분 사무의 위임·위탁】 ① 총괄청은 대통령령으로 정하는 바에 따라 소관 일반재산의 관리·처분에 관한 사무의 일부를 총괄청 소속 공무원, 중앙관서의 장 또는 그 소속 공무원, 지방자치단체의 장 또는 그 소속 공무원에게 위임하거나 정부출자기업체, 금융기관, 투자매매업자·투자중개업자 또는 특별법에 따라 설립된 법인으로서 대통령령으로 정하는 자에게 위탁할 수 있다.(2011.3.30 본항개정)
② 총괄청은 제8조제3항의 일반재산의 관리·처분에 관한 사무의 일부를 위탁받을 수 있으며, 필요한 경우 위탁하는 중앙관서의 장과 협의를 거쳐 특별법에 따라 설립된 법인으로서 대통령령으로 정하는 자에게 위탁받은 사무를 재위탁할 수 있다.
(2020.3.31 본항개정)
③ 중앙관서의 장이 소관 특별회계나 기금에 속하는 일반재산을 제59조에 따라 개발하려는 경우에는 제1항을 준용하여 위탁할 수 있다.(2011.3.30 본항개정)
④ 중앙관서의 장과 제1항에 따라 위임받은 기관이 일반재산을 관리·처분하는 경우에는 제28조 및 제29조를 준용한다.
(2011.3.30 본항개정)
⑤ 제1항 및 제4항에 따라 일반재산의 관리·처분에 관한 사무를 위임이나 위탁한 총괄청이나 중앙관서의 장은 위임이나 위탁을 받은 자가 해당 사무를 부적절하게 집행하고 있다고 인정되거나 일반재산의 집중적 관리 등을 위하여 필요한 경우에는 그 위임이나 위탁을 철회할 수 있다.(2012.12.18 본항개정)
⑥ 제1항 및 제4항에 따라 위임이나 위탁을 받아 관리·처분한 일반재산 중 대통령령으로 정하는 재산의 대부료, 매각대금, 개발수입 또는 변상금은 「국가재정법」 제17조와 「국고금관리법」 제7조에도 불구하고 대통령령으로 정하는 바에 따라 위임이나 위탁을 받은 자에게 귀속시킬 수 있다.

제43조【계약의 방법】 ① 일반재산을 처분하는 계약을 체결할 경우에는 그 뜻을 공고하여 일반경쟁에 부쳐야 한다. 다만, 계약의 목적·성질·규모 등을 고려하여 필요하다고 인정되면 대통령령으로 정하는 바에 따라 참가자의 자격을 제한하거나 참가자를 지명하여 경쟁에 부치거나 수의계약으로 할 수 있으며, 증권인 경우에는 대통령령으로 정하는 방법에 따를 수 있다.
② 제1항에 따라 경쟁에 부치는 경우 공고와 절차에 관하여는 제31조제2항을 준용한다.

제44조【처분재산의 가격결정】 일반재산의 처분가격은 대통령령으로 정하는 바에 따라 시가(時價)를 고려하여 결정한다.

제44조의2【물납 증권의 처분 제한】 ① 「상속세 및 증여세법」 제73조에 따라 물납된 증권의 경우 물납한 본인 및 대통령령으로 정하는 자에게는 수납가액보다 적은 금액으로 처분할 수 없다. 다만, 「자본시장과 금융투자업에 관한 법률」 제8조의2제4항제1호에 따른 증권시장에서 거래되는 증권을 그 증권시장에서 매각하는 경우에는 그러하지 아니하다.
② 총괄청은 제1항 본문에 따른 처분 제한 대상자의 해당 여부를 확인하기 위하여 관계 행정기관의 장, 「공공기관의 운영에 관한 법률」에 따른 공공기관의 장에게 필요한 자료의 제출을 요청할 수 있다. 이 경우 자료 제출을 요청받은 관계 행정기관의 장 등은 특별한 사유가 없으면 이에 따라야 한다.
③ 제2항에 따른 자료 제출 요청의 범위와 절차 등 필요한 사항은 대통령령으로 정한다.
(2018.3.13 본조신설)

제45조【개척·매립·간척·조림을 위한 예약】 ① 일반재산은 개척·매립·간척 또는 조림 사업을 시행하기 위하여 그 사업의 완성을 조건으로 대통령령으로 정하는 바에 따라 대부·매각 또는 양여를 예약할 수 있다.
② 제1항의 경우에 예약 상대방은 그 사업기간 중 예약된 재산 또는 사업의 기성부분(既成部分)을 무상으로 사용하거나 수익할 수 있다.
③ 제1항의 예약 상대방이 지정된 기한까지 사업을 시작하지 아니하거나 그 사업을 완성할 수 없다고 인정되면 그 예약을 해제하거나 해지할 수 있다.(2020.6.9 본항개정)
④ 제3항에 따라 예약을 해제하거나 해지하는 경우에 사업의 일부가 이미 완성된 때에는 공익상 지장이 없다고 인정되는 경우에만 그 기성부분의 전부 또는 일부를 예약 상대방에게 대부·매각 또는 양여할 수 있다.
⑤ 중앙관서의 장등이 제1항에 따라 그 재산의 매각이나 양여를 예약하려는 경우에는 총괄청과 협의하여야 한다.(2011.3.30 본항개정)

제2절 대 부

제46조【대부기간】 ① 일반재산의 대부기간은 다음 각 호의 기간 이내로 한다. 다만, 제18조제1항 단서에 따라 영구시설물을 축조하는 경우에는 10년 이내로 한다.
1. 조림을 목적으로 하는 토지와 그 정착물 : 20년
2. 대부 받은 자의 비용으로 시설을 보수하는 건물(대통령령으로 정하는 경우에 한정한다) : 10년
3. 제1호 및 제2호 외의 토지와 그 정착물 : 5년
4. 그 밖의 재산 : 1년
(2017.12.26 1호~4호개정)
② 제1항의 대부기간이 끝난 재산에 대하여 대통령령으로 정하는 경우를 제외하고는 그 대부기간을 초과하지 아니하는 범위에서 종전의 대부계약을 갱신할 수 있다. 다만, 수의계약의 방법으로 대부할 수 있는 경우가 아니면 1회만 갱신할 수 있다.
③ 제2항에 따라 갱신을 받으려는 자는 대부기간이 끝나기 1개월 전에 중앙관서의 장등에 신청하여야 한다.(2011.3.30 본항개정)
④ 제1항에도 불구하고 제58조 및 제59조의2에 따라 개발된 일반재산의 대부기간은 30년 이내로 할 수 있으며, 20년의 범위에서 한 차례만 연장할 수 있다.(2016.3.2 본항신설)

제47조【대부료, 계약의 해제 등】 ① 일반재산의 대부의 제한, 대부료, 대부료의 감면 및 대부계약의 해제나 해지 등에 관하여는 제30조제2항, 제31조제1항·제2항, 제32조, 제33조, 제34조제1항제2호·제3호, 같은 조 제2항·제3항, 제36조 및 제38조를 준용한다.(2018.3.13 본항개정)
② 제1항에도 불구하고 대부료에 관하여는 대통령령으로 정하는 바에 따라 연간 대부료의 전부 또는 일부를 대부보증금으로 환산하여 받을 수 있다.
③ 중앙관서의 장등은 대부기간이 만료되거나 대부계약이 해제 또는 해지된 경우에는 제2항에 따른 대부보증금을 반환하여야 한다. 이 경우 대부받은 자가 내지 아니한 대부료, 공과금 등이 있으면 이를 제외하고 반환하여야 한다.
(2011.3.30 본조개정)

제47조의2【대부료의 감면】 중앙관서의 장은 국가가 타인의 재산을 점유하는 동시에 해당 재산 소유자는 일반재산을 점유(이하 "상호 점유"라 한다)하는 경우 대통령령으로 정하는 바에 따라 해당 재산 소유자에게 점유 중인 일반재산의 대부료를 감면할 수 있다.(2016.3.2 본조신설)

제3절 매 각

제48조【매각】 ① 일반재산은 다음 각 호의 어느 하나에 해당하는 경우 외에는 매각할 수 있다.
1. 중앙관서의 장이 행정목적으로 사용하기 위하여 그 재산에 대하여 제8조제4항에 따른 행정재산의 사용 승인이나 관리전환을 신청한 경우
2. 「국토의 계획 및 이용에 관한 법률」 등 다른 법률에 따라 그 처분이 제한되는 경우
3. 장래 행정목적의 필요성 등을 고려하여 제9조제4항제3호의 처분기준에서 정한 처분제한 대상에 해당하는 경우
4. 제1호부터 제3호까지의 규정에 따른 경우 외에 대통령령으로 정하는 바에 따라 국가가 관리할 필요가 있다고 총괄청이나 중앙관서의 장이 지정하는 경우
② 중앙관서의 장이 소관 특별회계나 기금에 속하는 일반재산 중 대통령령으로 정하는 일반재산을 매각하려는 경우에는 총괄청과 협의하여야 한다.
(2011.3.30 본조개정)

제49조【용도를 지정한 매각】 일반재산을 매각하는 경우에는 대통령령으로 정하는 바에 따라 매수자에게 그 재산의 용도와 그 용도에 사용하여야 할 기간을 정하여 매각할 수 있다.

제50조【매각대금의 납부】 ① 일반재산의 매각대금은 대통령령으로 정하는 바에 따라 납부하여야 한다. 다만, 대통령령으로 정하는 경우에는 납부기간을 연장할 수 있다.
② 일반재산의 매각대금을 한꺼번에 납부하도록 하는 것이 곤란하다고 인정되어 대통령령으로 정하는 경우에는 1년 만기 정기예금 금리수준을 고려하여 대통령령으로 정하는 이자를 붙여 20년 이내에 걸쳐 나누어 내게 할 수 있다.
제51조【소유권의 이전 등】 ① 일반재산을 매각하는 경우 해당 매각재산의 소유권 이전은 매각대금이 완납된 후에 하여야 한다.
② 제1항에도 불구하고 제50조제2항에 따라 매각대금을 나누어 내게 하는 경우로서 공익사업의 원활한 시행 등을 위하여 소유권의 이전이 불가피하여 대통령령으로 정하는 경우에는 매각대금이 완납되기 전에 소유권을 이전할 수 있다. 이 경우 저당권 설정 등 채권의 확보를 위하여 필요한 조치를 취하여야 한다.
제52조【매각계약의 해제】 일반재산을 매각한 경우에 다음 각 호의 어느 하나에 해당하는 사유가 있으면 그 계약을 해제할 수 있다.
1. 매수자가 매각대금을 체납한 경우
2. 매수자가 거짓 진술을 하거나 부실한 증명서류를 제시하거나 그 밖의 부정한 방법으로 매수한 경우
3. 제49조에 따라 용도를 지정하여 매각한 경우에 매수자가 지정된 날짜가 지나도 그 용도에 사용하지 아니하거나 지정된 용도에 제공한 후 지정된 기간에 그 용도를 폐지한 경우
제53조【건물 등의 매수】 일반재산의 매각계약이 해제된 경우 그 재산에 설치된 건물이나 그 밖의 물건을 중앙관서의 장이 제44조에 따라 결정한 가격으로 매수할 것을 알린 경우 그 소유자는 정당한 사유 없이 그 매수를 거절하지 못한다.
(2011.3.30 본조개정)

제4절 교 환

제54조【교환】 ① 다음 각 호의 어느 하나에 해당하는 경우에는 일반재산인 토지·건물, 그 밖의 토지의 정착물, 동산과 공유 또는 사유재산인 토지·건물, 그 밖의 토지의 정착물, 동산을 교환할 수 있다.(2012.12.18 본문개정)
1. 국가가 직접 행정재산으로 사용하기 위하여 필요한 경우
2. 소규모 일반재산을 한 곳에 모아 관리함으로써 재산의 효용성을 높이기 위하여 필요한 경우
3. 일반재산의 가치와 이용도를 높이기 위하여 필요한 경우로서 매각 등 다른 방법으로 해당 재산의 처분이 곤란한 경우
4. 상호 점유를 하고 있고 해당 재산 소유자가 사유토지만으로는 진입·출입이 곤란한 경우 등 대통령령으로 정하는 불가피한 사유로 인하여 점유 중인 일반재산과 교환을 요청한 경우
(2016.3.2 본호신설)
② 제1항에 따라 교환하는 재산의 종류와 가격 등은 대통령령으로 정하는 바에 따라 제한할 수 있다.
③ 제1항에 따라 교환할 때 쌍방의 가격이 같지 아니하면 그 차액을 금전으로 대신 납부하여야 한다.(2020.6.9 본항개정)
④ 중앙관서의 장등은 일반재산을 교환하려면 그 내용을 감사원에 보고하여야 한다.(2011.3.30 본항개정)

제5절 양 여

제55조【양여】 ① 일반재산은 다음 각 호의 어느 하나에 해당하는 경우에는 양여할 수 있다.(2011.3.30 본문개정)
1. 대통령령으로 정하는 일반재산을 직접 공용이나 공공용으로 사용하려는 지방자치단체에 양여하는 경우(2011.3.30 본호개정)
2. 지방자치단체나 대통령령으로 정하는 공공단체가 유지·보존비용을 부담한 공공용재산이 용도폐지됨으로써 일반재산이 되는 경우에 해당 재산을 그 부담한 비용의 범위에서 해당 지방자치단체나 공공단체에 양여하는 경우
3. 대통령령으로 정하는 행정재산을 용도폐지하는 경우 그 용도에 사용될 대체시설을 제공한 자 또는 그 상속인, 그 밖의 포괄승계인에게 그 부담한 비용의 범위에서 용도폐지된 재산을 양여하는 경우(2012.12.18 본호개정)
4. 국가가 보존·활용할 필요가 없고 대부·매각이나 교환이 곤란하여 대통령령으로 정하는 재산을 양여하는 경우
(2011.3.30 본호개정)
② 제1항제1호에 따라 양여한 재산이 10년 내에 양여목적과 달리 사용된 때에는 그 양여를 취소할 수 있다.
③ 중앙관서의 장등은 제1항에 따라 일반재산을 양여하려면 총괄청과 협의하여야 한다. 다만, 대통령령으로 정하는 가액 이하의 일반재산을 제1항제3호에 따라 양여하는 경우에는 그러하지 아니하다.(2017.12.26 단서개정)
제56조 (2011.3.30 삭제)

제6절 개 발

제57조【개발】 ① 일반재산은 국유재산관리기금의 운용계획에 따라 국유재산관리기금의 재원으로 개발하거나 제58조·제59조 및 제59조의2에 따라 개발하여 대부·분양할 수 있다.
(2018.3.13 본항개정)
② 제1항의 개발이란 다음 각 호의 행위를 말한다.
1. 「건축법」 제2조에 따른 건축, 대수선, 리모델링 등의 행위
2. 「공공주택 특별법」, 「국토의 계획 및 이용에 관한 법률」, 「도시개발법」, 「도시 및 주거환경정비법」, 「산업입지 및 개발에 관한 법률」, 「주택법」, 「택지개발촉진법」 및 그 밖에 대통령령으로 정하는 법률에 따라 토지를 조성하는 행위
(2018.3.13 본항신설)
③ 제2항제2호에 따른 개발은 제59조에 따라 위탁 개발하는 경우에 한정한다.(2018.3.13 본항신설)
④ 제1항에 따라 일반재산을 개발하는 경우에는 다음 각 호의 사항을 고려하여야 한다.
1. 재정수입의 증대 등 재정관리의 건전성
2. 공공시설의 확보 등 공공의 편익성
3. 주변환경의 개선 등 지역발전의 기여도
4. 제1호부터 제3호까지의 규정에 따른 사항 외에 국가 행정목적 달성을 위한 필요성
(2011.3.30 본조개정)
제58조【신탁 개발】 ① 일반재산은 대통령령으로 정하는 바에 따라 부동산신탁을 취급하는 신탁업자에게 신탁하여 개발할 수 있다.
② 중앙관서의 장이 소관 특별회계나 기금에 속하는 일반재산을 제1항에 따라 개발하려는 경우에는 신탁업자의 선정, 신탁기간, 신탁보수, 자금차입의 한도, 시설물의 용도 등에 대하여 대통령령으로 정하는 바에 따라 총괄청과 협의하여야 한다. 협의된 사항 중 대통령령으로 정하는 중요 사항을 변경하려는 경우에도 또한 같다.(2011.3.30 본항개정)
③ 제42조제1항에 따라 관리·처분에 관한 사무를 위임·위탁받은 자가 제1항에 따라 개발하려는 경우에는 신탁업자의 선정, 신탁기간, 신탁보수, 자금차입의 한도, 시설물의 용도 등에 대하여 대통령령으로 정하는 바에 따라 총괄청의 승인을 받아야 한다. 승인받은 사항 중 대통령령으로 정하는 중요 사항을 변경하려는 경우에도 또한 같다.
④ 제1항에 따른 신탁으로 발생한 수익의 국가귀속방법, 그 밖에 필요한 사항은 대통령령으로 정한다.
제59조【위탁 개발】 ① 제42조제1항과 제3항에 따라 관리·처분에 관한 사무를 위탁받은 자(이하 이 조에서 "수탁자"라 한다)는 위탁받은 일반재산을 개발할 수 있다.
② 수탁자가 제1항에 따라 개발하려는 경우에는 위탁기간, 위탁보수, 자금차입의 한도, 시설물의 용도 등에 대하여 대통령령으로 정하는 바에 따라 총괄청이나 중앙관서의 장의 승인을 받아야 한다. 승인받은 사항 중 대통령령으로 정하는 중요 사항을 변경하려는 경우에도 또한 같다.(2011.3.30 전단개정)
③ 중앙관서의 장이 제2항에 따라 개발을 승인하려는 경우에는 대통령령으로 정하는 바에 따라 총괄청과 협의하여야 한다. 협의된 사항 중 대통령령으로 정하는 중요 사항을 변경하려는 경우에도 또한 같다.(2011.3.30 전단개정)
④ 제1항에 따른 위탁 개발로 발생한 수익의 국가귀속방법, 그 밖에 필요한 사항은 대통령령으로 정한다.

⑤ 제1항에 따라 개발한 재산의 대부·분양·관리의 방법은 제43조·제44조·제46조 및 제47조에도 불구하고 수탁자가 총괄청이나 중앙관서의 장과 협의하여 정할 수 있다.(2011.3.30 본항개정)

제59조의2【민간참여 개발】 ① 총괄청은 다음 각 호의 어느 하나에 해당하는 일반재산을 대통령령으로 정하는 민간사업자와 공동으로 개발할 수 있다.

1. 5년 이상 활용되지 아니한 재산
2. 국유재산정책심의위원회의 심의를 거쳐 개발이 필요하다고 인정되는 재산

(2016.3.2 1호~2호개정)

② 총괄청은 제1항의 개발을 위하여 설립하는 국유지개발목적회사(국유지를 개발하기 위하여 민간사업자와 공동으로 설립하는 「법인세법」 제51조의2제1항제9호에 따른 투자회사를 말한다. 이하 같다)와 자산관리회사(자산 관리·운용 및 처분에 관한 업무의 수행을 국유지개발목적회사로부터 위탁받은 자산관리회사로서 대통령령으로 정하는 회사를 말한다. 이하 같다)에 국유재산관리기금운용계획에 따라 출자할 수 있다. 이 경우 국유지개발목적회사에 대한 국가의 출자규모는 자본금의 100분의 30을 초과할 수 없다.

③ 국유지개발목적회사는 다음 각 호에 해당하는 자(각 호의 자와 대통령령으로 정하는 특수관계에 있는 자를 포함한다)로부터 총사업비의 100분의 30을 초과하여 사업비를 조달하여서는 아니 된다.

1. 「공공기관의 운영에 관한 법률」에 따른 공공기관
2. 특별법에 따라 설립된 각종 공사 또는 공단

④ 국유지개발목적회사와 자산관리회사에 관하여 이 법에서 정하는 사항 외에는 「상법」에서 정하는 바에 따른다.

⑤ 총괄청은 제2항의 국유재산관리기금운용계획에서 정한 범위 외에 국가에 부담이 되는 계약을 체결하려는 경우에는 미리 국회의 의결을 얻어야 한다.

⑥ 총괄청은 제1항에 따른 개발이 완료되고 출자목적이 달성된 경우 기획재정부장관이 정하는 바에 따라 제2항에 따라 출자한 지분을 회수하여야 한다.

(2011.3.30 본조신설)

제59조의3【민간참여 개발의 절차】 ① 총괄청이 제59조의2에 따른 개발을 하려면 다음 각 호의 사항을 포함하는 민간참여개발사업에 관한 기본계획(이하 "민간참여개발기본계획"이라 한다)을 수립하여야 한다.

1. 개발대상 재산 및 시설물의 용도에 관한 사항
2. 개발사업의 추정 투자금액·건설기간 및 규모에 관한 사항
3. 사전사업타당성 조사 결과에 관한 사항(「국가재정법」 제38조에 따른 예비타당성조사를 포함한다)
4. 민간사업자 모집에 관한 사항
5. 협상대상자 선정 기준 및 방법에 관한 사항
6. 그 밖에 개발과 관련된 중요 사항

② 총괄청은 민간참여개발기본계획에 대하여 제26조제4항에 따른 분과위원회를 거쳐 위원회의 심의를 받아야 한다.

③ 총괄청은 제2항에 따른 위원회의 전문적인 심의를 위하여 기획재정부장관이 정하는 바에 따라 수익성 분석 및 기술 분야의 전문가로 민간참여개발자문단을 구성·운영하여야 한다. 이 경우 민간참여개발자문단은 민간참여개발기본계획에 대한 자문의견서를 위원회에 제출하여야 한다.

④ 총괄청은 협상대상자 선정 기준 및 방법 등 대통령령으로 정하는 민간참여개발기본계획의 중요 사항을 변경하려는 경우 제2항을 준용한다.

⑤ 총괄청은 제1항의 민간사업자를 공개적으로 모집하고 선정하여야 한다. 이 경우 협상대상자 선정 기준 및 방법 등 모집에 관한 사항을 공고(인터넷에 게재하는 방식에 따른 경우를 포함한다)하여야 한다.

⑥ 민간사업자가 제5항에 따라 공고된 민간참여 개발사업에 참여하려는 경우에는 타당성 조사내용, 수익배분기준 등 대통령령으로 정하는 사항을 포함하는 민간참여개발사업계획제안서(이하 "사업제안서"라 한다)를 작성하여 총괄청에 제출하여야 한다.

⑦ 총괄청은 제6항에 따라 제출된 사업제안서에 대하여민간전문가가 과반수로 구성된 민간참여개발사업평가단의 평가와 위원회의 심의를 거쳐 협상대상자를 지정하여야 한다.

⑧ 총괄청은 제7항에 따라 지정한 협상대상자와의 협의에 따라 개발사업의 추진을 위한 사업협약을 체결한다. 이 경우 제59조의2제3항에 따른 사업비 조달 제한 및 위반 시 책임에 관한 사항이 포함되어야 한다.

⑨ 제7항에 따른 민간참여개발사업평가단의 구성·운영에 관한 사항은 대통령령으로 정한다.

(2011.3.30 본조신설)

제59조의4【민간참여 개발사업의 평가】 ① 총괄청은 매년 민간참여 개발사업의 추진현황 및 실적을 평가하여 위원회에 보고하여야 한다.

② 총괄청은 제1항에 따른 평가결과 제59조의2제3항을 위반하거나 사업부실 등으로 개발목적을 달성할 수 없다고 판단하는 경우에는 위원회의 심의를 거쳐 출자지분의 회수 등 필요한 조치를 하여야 한다.

(2011.3.30 본조신설)

제59조의5【손해배상책임】 제59조의3제7항에 따라 협상대상자로 지정받은 자가 사업제안서를 거짓으로 작성하여 국가에 손해를 발생하게 한 때에는 국가에 손해를 배상할 책임을 진다.(2011.3.30 본조신설)

제7절 현물출자

제60조【현물출자】 정부는 다음 각 호의 어느 하나에 해당하는 경우에는 일반재산을 현물출자할 수 있다.

1. 정부출자기업체를 새로 설립하려는 경우
2. 정부출자기업체의 고유목적사업을 원활히 수행하기 위하여 자본의 확충이 필요한 경우
3. 정부출자기업체의 운영체제와 경영구조의 개편을 위하여 필요한 경우

제61조【현물출자 절차】 ① 정부출자기업체는 제60조에 따라 현물출자를 받으려는 때에는 다음 각 호의 서류를 붙여 관계 법령에 따라 해당 정부출자기업체의 업무를 관장하는 행정기관의 장(이하 "주무기관의 장"이라 한다)에게 신청하여야 한다.

(2020.6.9 본문개정)

1. 현물출자의 필요성
2. 출자재산의 규모와 명세
3. 출자재산의 가격평가서
4. 재무제표 및 경영현황
5. 사업계획서

② 주무기관의 장이 제1항에 따라 출자신청을 받은 때에는 현물출자의 적정성을 검토한 후 제1항 각 호의 서류와 현물출자 의견서를 붙여 총괄청에 현물출자를 요청하여야 한다.

(2020.6.9 본항개정)

③ 총괄청은 제2항에 따라 현물출자를 요청받은 경우에는 현물출자계획서를 작성하여 국무회의의 심의를 거쳐 대통령의 승인을 받아야 한다.

제62조【출자가액 산정】 제60조에 따라 현물출자하는 경우에 일반재산의 출자가액은 제44조에 따라 산정한다. 다만, 지분증권의 산정가액이 액면가에 미달하는 경우에는 그 지분증권의 액면가에 따른다.

제63조【출자재산 등의 수정】 총괄청은 평가기준일부터 출자일까지의 기간에 현물출자 대상재산이 멸실·훼손 등으로 변동된 경우에는 출자재산이나 출자가액을 수정할 수 있다. 이 경우 해당 주무기관의 장은 현물출자 대상재산의 변동 사실을 지체 없이 총괄청에 알려야 한다.

제64조【현물출자에 따른 지분증권의 취득가액】 정부가 현물출자로 취득하는 지분증권의 취득가액은 기획재정부령으로 정하는 자산가치 이하로 한다. 다만, 지분증권의 자산가치가 액면가에 미달하는 경우로서 대통령령으로 정하는 경우에는 액면가로 할 수 있다.

제65조【「상법」의 적용 제외】 정부출자기업체가 제60조에 따라 현물출자를 받는 경우에는 「상법」 제295조제2항, 제299조제1항, 제299조의2와 제422조를 적용하지 아니한다.

제8절 정부배당
(2011.7.14 본절신설)

제65조의2【정부배당대상기업 및 출자재산의 적용범위】 이 절은 국유재산으로 관리되고 있는 출자재산으로서 국가가 일반회계, 특별회계 및 기금으로 지분을 가지고 있는 법인 중 대통령령으로 정하는 기업(「상속세 및 증여세법」에 따라 정부가 현물로 납입받은 지분을 가지고 있는 기업은 제외한다. 이하 이 절에서 "정부배당대상기업"이라 한다)으로부터 정부가 받는 배당(이하 이 절에서 "정부배당"이라 한다)에 대하여 적용한다.

제65조의3【정부배당결정의 원칙】 제8조에 따른 총괄청과 중앙관서의 장은 「상법」 또는 관계 법령에 따라 산정된 배당가능이익이 발생한 해당 정부배당대상기업에 대하여는 다음 각 호의 사항을 고려하여 적정하게 정부배당이 이루어지도록 하여야 한다.
1. 배당대상이 되는 이익의 규모
2. 정부출자수입 예산 규모의 적정성 및 정부의 재정여건
3. 각 정부배당대상기업의 배당률 및 배당성향
4. 같거나 유사한 업종의 민간부문 배당률 및 배당성향
(2020.6.9 본호개정)
5. 해당 정부배당대상기업의 자본금 규모, 내부자금 적립 규모, 부채비율, 국제결제은행의 기준에 따른 자기자본비율, 과거 배당실적, 투자재원 소요의 적정성 등 경영여건
6. 그 밖에 대통령령으로 정하는 배당결정 기준

제65조의4【정부배당수입의 예산안 계상 등】 ① 정부배당대상기업은 대통령령으로 정하는 바에 따라 정부배당수입을 추정할 수 있는 자료를 총괄청이나 중앙관서의 장에게 제출하여야 한다.
② 총괄청이나 중앙관서의 장은 제1항에 따라 제출받은 자료를 기초로 다음 연도의 정부배당수입을 추정하여 소관 예산안의 세입예산 또는 기금운용계획안의 수입계획에 계상하여야 한다.

제65조의5【정부배당의 결정】 ① 정부배당대상기업은 대통령령으로 정하는 바에 따라 정부배당결정과 관련한 자료를 총괄청과 중앙관서의 장에게 각각 제출하여야 한다.
② 정부배당대상기업은 정부배당을 결정하는 경우 이사회·주주총회 등 정부배당결정 관련 절차를 거치기 전에 총괄청과 중앙관서의 장과 각각 미리 협의하여야 한다.(2020.6.9 본항개정)

제65조의6【국회 보고 등】 총괄청과 중앙관서의 장은 정부배당대상기업의 배당이 완료된 때에는 정부배당대상기업의 배당내역을 국회 소관 상임위원회와 예산결산특별위원회에 보고하고 공표하여야 한다.

제4장의2 지식재산 관리·처분의 특례
(2012.12.18 본장신설)

제65조의7【지식재산의 사용허가등】 ① 지식재산의 사용허가 또는 대부(이하 "사용허가등"이라 한다)를 받은 자는 제30조제2항 본문 및 제47조제1항에도 불구하고 해당 중앙관서의 장등의 승인을 받아 그 지식재산을 다른 사람에게 사용·수익하게 할 수 있다.
② 저작권등의 사용허가등을 받은 자는 해당 지식재산을 관리하는 중앙관서의 장등의 승인을 받아 그 저작물의 변형, 변경 또는 개작을 할 수 있다.

제65조의8【지식재산의 사용허가등의 방법】 ① 중앙관서의 장등은 지식재산의 사용허가등을 하려는 경우에는 제31조제1항 본문 및 제47조제1항에도 불구하고 수의(隨意)의 방법으로 하되, 다수에게 일시에 또는 여러 차례에 걸쳐 할 수 있다.
(2020.6.9 본항개정)
② 제1항에 따라 사용허가등을 받은 자는 다른 사람의 이용을 방해하여서는 아니 된다.
③ 중앙관서의 장등은 제2항을 위반하여 다른 사람의 이용을 방해한 자에 대하여 사용허가등을 철회할 수 있다.
④ 중앙관서의 장등은 제1항에도 불구하고 제65조의11제1항에 따른 사용허가등의 기간 동안 신청자 외에 사용허가등을 받으려는 자가 없거나 지식재산의 효율적인 관리를 위하여 특히 필요하다고 인정하는 경우에는 특정인에 대하여서만 사용허가등을 할 수 있다. 이 경우 사용허가등의 방법은 제31조제1항 본문 및 제2항 또는 제47조제1항에 따른다.

제65조의9【지식재산의 사용료 등】 ① 지식재산의 사용허가등을 한 때에는 제32조제1항 및 제47조제1항에도 불구하고 해당 지식재산으로부터의 매출액 등을 고려하여 대통령령으로 정하는 사용료 또는 대부료를 징수한다.
② 동일인(상속인이나 그 밖의 포괄승계인은 피승계인과 동일인으로 본다)이 같은 지식재산을 계속 사용·수익하는 경우에는 제33조 및 제47조제1항은 적용하지 아니한다.

제65조의10【지식재산 사용료 또는 대부료의 감면】 중앙관서의 장등은 제34조제1항 및 제47조제1항에서 정한 사항 외에 다음 각 호의 어느 하나에 해당하는 경우에는 대통령령으로 정하는 바에 따라 그 사용료 또는 대부료를 감면할 수 있다.
1. 「농업·농촌 및 식품산업 기본법」 제3조제2호에 따른 농업인과 「수산업·어촌 발전 기본법」 제3조제3호에 따른 어업인의 소득 증대, 「중소기업기본법」 제2조에 따른 중소기업의 수출 증진, 「중소기업창업 지원법」 제2조제3호 및 제6호에 따른 창업기업·재창업기업에 대한 지원 및 「벤처기업육성에 관한 특별법」 제2조제1항에 따른 벤처기업의 창업 촉진, 그 밖에 이에 준하는 국가시책을 추진하기 위하여 중앙관서의 장등이 필요하다고 인정하는 경우 : 면제(2024.1.9 본호개정)
2. 그 밖에 지식재산을 공익적 목적으로 활용하기 위하여 중앙관서의 장등이 필요하다고 인정하는 경우 : 감면

제65조의11【지식재산의 사용허가등 기간】 ① 제35조 또는 제46조에도 불구하고 지식재산의 사용허가기간 또는 대부기간은 5년 이내에서 대통령령으로 정한다.
② 제1항에 따른 사용허가기간 또는 대부기간이 끝난 지식재산(제35조제2항 본문 및 제46조제2항에 따라 대통령령으로 정하는 지식재산의 경우는 제외한다)에 대하여는 제1항의 사용허가기간 또는 대부기간을 초과하지 아니하는 범위에서 종전의 사용허가등을 갱신할 수 있다. 다만, 제65조의8제4항에 따른 사용허가등의 경우에는 이를 한 번만 갱신할 수 있다.

제65조의12【저작권의 귀속 등】 ① 중앙관서의 장등은 국가 외의 자와 저작물 제작을 위한 계약을 체결하는 경우 그 결과물에 대한 저작권 귀속에 관한 사항을 계약내용에 포함하여야 한다.
② 중앙관서의 장등이 국가 외의 자와 공동으로 창작하기 위한 계약을 체결하는 경우 그 결과물에 대한 저작권은 제11조제1항 본문에도 불구하고 공동으로 소유하며, 별도의 정함이 없으면 그 지분은 균등한 것으로 한다. 다만, 그 결과물에 대한 기여도 및 국가안전보장, 국방, 외교관계 등 계약목적물의 특수성을 고려하여 협의를 통하여 저작권의 귀속주체 또는 지분율 등을 달리 정할 수 있다.
③ 중앙관서의 장등은 제1항 및 제2항에 따른 계약을 체결하는 경우 그 결과물에 대한 저작권의 전부를 국가 외의 자에게 귀속시키는 내용의 계약을 체결하여서는 아니된다.

제5장 대장(臺帳)과 보고

제66조【대장과 실태조사】 ① 중앙관서의 장등은 제6조에 따른 구분과 종류에 따라 그 소관에 속하는 국유재산의 대장·등기사항증명서와 도면을 갖추어 두어야 한다. 이 경우 국유재산의 대장은 전산자료로 대신할 수 있다.(2012.12.18 전단개정)
② 중앙관서의 장등은 매년 그 소관에 속하는 국유재산의 실태를 조사하여 제1항의 대장을 정비하여야 한다.(2011.3.30 본항개정)
③ 제1항의 대장과 제2항의 실태조사에 필요한 사항은 대통령령으로 정한다.
④ 총괄청은 중앙관서별로 국유재산에 관한 총괄부(總括簿)를 갖추어 두어 그 상황을 명백히 하여야 한다. 이 경우 총괄부는 전산자료로 대신할 수 있다.(2011.3.30 전단개정)
⑤ 총괄청, 중앙관서의 장 또는 제28조, 제29조, 제42조제1항·제3항에 따라 관리사무를 위임받은 공무원이나 위탁받은 자가 국유재산의 관리·처분을 위하여 필요하면 등기소, 그 밖의 관계 행정기관의 장에게 무료로 필요한 서류의 열람과 등사 또는

그 등본, 초본 또는 등기사항증명서의 교부를 청구할 수 있다. (2011.4.12 본항개정)

제67조【다른 사람의 토지 등의 출입】 ① 중앙관서의 장등 또는 제25조에 따라 총괄사무를 위임·위탁받은 자의 직원은 그 위임·위탁 사무의 수행이나 제66조제2항에 따른 실태조사를 위하여 필요한 경우 다른 사람의 토지 등에 출입할 수 있다. (2011.3.30 본항개정)

② 제1항에 따라 다른 사람의 토지 등에 출입하려는 사람은 소유자·점유자 또는 관리인(이하 이 조에서 "이해관계인"이라 한다)에게 미리 알려야 한다. 다만, 이해관계인을 알 수 없는 때에는 그러하지 아니하다.(2020.6.9 본문개정)

③ 이해관계인은 정당한 사유 없이 제1항에 따른 출입을 거부하거나 방해하지 못한다.

④ 제1항에 따라 다른 사람의 토지 등에 출입하려는 사람은 신분을 표시하는 증표를 지니고 이를 이해관계인에게 내보여야 한다.(2020.6.9 본항개정)

제68조【가격평가 등】 국유재산의 가격평가 등 회계처리는 「국가회계법」 제11조에 따른 국가회계기준에서 정하는 바에 따른다.

제69조【국유재산관리운용보고서】 ① 중앙관서의 장은 그 소관에 속하는 국유재산에 관하여 국유재산관리운용보고서를 작성하여 다음 연도 2월 말일까지 총괄청에 제출하여야 한다. 이 경우 국유재산관리운용보고서에 포함되어야 할 사항은 대통령령으로 정한다.(2011.3.30 전단개정)

② 총괄청은 제1항의 국유재산관리운용보고서를 통합하여 국유재산관리운용총보고서를 작성하여야 한다.

③ 총괄청은 제2항의 국유재산관리운용총보고서를 다음 연도 4월 10일까지 감사원에 제출하여 검사를 받아야 한다.

④ 총괄청은 제3항에 따라 감사원의 검사를 받은 국유재산관리운용총보고서와 감사원의 검사보고서를 다음 연도 5월 31일까지 국회에 제출하여야 한다.

제70조【멸실 등의 보고】 중앙관서의 장등은 그 소관에 속하는 국유재산이 멸실되거나 철거된 경우에는 지체 없이 그 사실을 총괄청과 감사원에 보고하여야 한다.(2011.3.30 본조개정)

제71조【적용 제외】 국방부장관이 관리하는 제5조제1항제2호의 재산과 그 밖에 중앙관서의 장이 총괄청과 협의하여 정하는 재산은 제68조부터 제70조까지의 규정을 적용하지 아니한다. (2011.3.30 본조개정)

제6장 보 칙

제72조【변상금의 징수】 ① 중앙관서의 장등은 무단점유자에 대하여 대통령령으로 정하는 바에 따라 그 재산에 대한 사용료나 대부료의 100분의 120에 상당하는 변상금을 징수한다. 다만, 다음 각 호의 어느 하나에 해당하는 경우에는 변상금을 징수하지 아니한다.(2011.3.30 본문개정)

1. 등기사항증명서나 그 밖의 공부(公簿)상의 명의인을 정당한 소유자로 믿고 적절한 대가를 지급하고 권리를 취득한 자(취득자의 상속인이나 승계인을 포함한다)의 재산이 취득 후에 국유재산으로 밝혀져 국가에 귀속된 경우(2020.6.9 본호개정)
2. 국가나 지방자치단체가 재해대책 등 불가피한 사유로 일정 기간 국유재산을 점유하게 하거나 사용·수익하게 한 경우

② 제1항의 변상금은 무단점유를 하게 된 경위(經緯), 무단점유지의 용도 및 해당 무단점유자의 경제적 사정 등을 고려하여 대통령령으로 정하는 바에 따라 5년의 범위에서 징수를 미루거나 나누어 내게 할 수 있다.(2009.5.27 본항개정)

③ 제1항에 따라 변상금을 징수하는 경우에는 제33조에 따른 사용료와 제47조에 따른 대부료의 조정을 하지 아니한다.

판례 국유재산법에서 사용허가나 대부계약 없이 국유재산을 사용·수익하거나 점유한 자에 대하여 변상금을 징수하도록 규정한 것은 국유재산에 대한 점유나 사용·수익 자체가 법률상 아무런 권원 없이 이루어진 경우에 정상적인 사용료나 대부료를 징수할 수 없기 때문에 그 사용료나 대부료 대신에 변상금을 징수한다는 취지라고 풀이되므로, 점유나 사용·수익을 정당화할 법적 지위에 있는 자에 대하여는 그 규정이 적용되지 않는다. 따라서 국유재산인 향교 문화재를 약 100년 동안 관리하던 재단은 향교건물을 포함한 향교의 관리·운용을 위하여 토지의 점유나 사용·수익을 정당화할 법적 지위가 있다고 볼 수 있으므로, 이러한 법적 지위에 있는 재단에 대하여 변상금을 부과한 처분은 당연무효이다.(대판 2023.10.18, 2023두42584)

제73조【연체료 등의 징수】 ① 중앙관서의 장등은 국유재산의 사용료, 관리소홀에 따른 가산금, 대부료, 매각대금, 교환자금 및 변상금(징수를 미루거나 나누어 내는 경우 이자는 제외한다)이 납부기한까지 납부되지 아니한 경우 대통령령으로 정하는 바에 따라 연체료를 징수할 수 있다. 이 경우 연체료 부과대상이 되는 연체기간은 납기일부터 60개월을 초과할 수 없다. (2011.3.30 전단개정)

② 중앙관서의 장등은 국유재산의 사용료, 관리소홀에 따른 가산금, 대부료, 변상금 및 제1항에 따른 연체료가 납부기한까지 납부되지 아니한 경우에는 다음 각 호의 방법에 따라 「국세징수법」 제10조와 같은 법의 체납처분에 관한 규정을 준용하여 징수할 수 있다.(2020.12.29 본문개정)

1. 중앙관서의 장(일반재산의 경우 제42조제1항에 따라 관리·처분에 관한 사무를 위임받은 자를 포함한다. 이하 이 호에서 같다)은 직접 또는 관할 세무서장이나 지방자치단체의 장(이하 "세무서장등"이라 한다)에게 위임하여 징수할 수 있다. 이 경우 관할 세무서장등은 그 사무를 집행할 때 위임한 중앙관서의 장의 감독을 받는다.(2011.3.30 본호개정)
2. 제42조제1항에 따라 관리·처분에 관한 사무를 위탁받은 자는 관할 세무서장등에게 징수하게 할 수 있다.

제73조의2【도시관리계획의 협의 등】 ① 중앙관서의 장이나 지방자치단체의 장은 국유재산에 대하여 「국토의 계획 및 이용에 관한 법률」에 따라 도시관리계획을 결정·변경하거나 다른 법률에 따라 이용 및 보전에 관한 제한을 하는 경우 대통령령으로 정하는 바에 따라 미리 해당 국유재산을 소관하는 총괄청이나 중앙관서의 장과 협의하여야 한다.

② 중앙관서의 장등(다른 법령에 따라 국유재산의 관리·처분에 관한 사무를 위임 또는 위탁받은 자를 포함한다)은 「국토의 계획 및 이용에 관한 법률」 제65조제3항 또는 그 밖의 법률에 따라 국유재산인 공공시설의 귀속에 관한 사항이 포함된 개발행위에 관한 인·허가 등을 하려는 자에게 의견을 제출하려는 경우에는 대통령령으로 정하는 바에 따라 총괄청과 미리 협의하여야 한다.(2017.12.26 본항신설)

③ 총괄청이나 중앙관서의 장등은 국유재산을 효율적으로 관리하고 그 활용도를 높이기 위하여 필요하다고 인정하는 경우 「국토의 계획 및 이용에 관한 법률」에 따른 도시관리계획의 입안권자에게 해당 도시관리계획의 변경을 요청할 수 있다. (2011.3.30 본조신설)

제73조의3【소멸시효】 ① 이 법에 따라 금전의 급부를 목적으로 하는 국가의 권리는 5년간 행사하지 아니하면 시효의 완성으로 소멸한다.

② 제73조제2항의 권리의 소멸시효는 다음 각 호의 사유로 인하여 중단된다.

1. 납부고지
2. 독촉
3. 교부청구
4. 압류

③ 제2항에 따라 중단된 소멸시효는 다음 각 호의 어느 하나의 기간이 지난 때부터 새로 진행한다.

1. 납부고지나 독촉에 따른 납입기간
2. 교부청구 중의 기간
3. 압류해제까지의 기간

④ 제1항에 따른 소멸시효는 다음 각 호의 어느 하나에 해당하는 기간에는 진행되지 아니한다.

1. 이 법에 따른 분납기간, 징수유예기간
2. 「국세징수법」에 따른 압류·매각의 유예기간(2020.12.29 본호개정)
3. 「국세징수법」 제25조에 따른 사해행위 취소소송이나 「민법」 제404조에 따른 채권자대위 소송을 제기하여 그 소송이 진행 중인 기간(소송이 각하·기각 또는 취소된 경우에는 시효정지의 효력이 없다)(2020.12.29 본호개정)

⑤ 이 법에 따라 금전의 급부를 목적으로 하는 국가의 권리의 소멸시효에 관하여 이 법에 특별한 규정이 있는 것을 제외하고는 「민법」과 「국가재정법」에 따른다.
(2016.3.2 본조신설)

제74조【불법시설물의 철거】 정당한 사유 없이 국유재산을 점유하거나 이에 시설물을 설치한 경우에는 중앙관서의 장등은 「행정대집행법」을 준용하여 철거하거나 그 밖에 필요한 조치를 할 수 있다.(2016.3.2 본조개정)

제75조【과오납금 반환 가산금】 국가는 과오납된 국유재산의 사용료, 대부료, 매각대금 또는 변상금을 반환하는 경우에는 과오납된 날의 다음 날부터 반환하는 날까지의 기간에 대하여 대통령령으로 정하는 이자를 가산하여 반환한다.

제76조【정보공개】 ① 총괄청은 국유재산의 효율적인 관리와 처분을 위하여 보유·관리하고 있는 정보를 정보통신망을 활용한 정보공개시스템을 통하여 공표하여야 한다.
② 제1항에 따른 공표 대상 정보의 범위 및 공표 절차 등에 필요한 사항은 대통령령으로 정한다.

제77조【은닉재산 등의 신고】 ① 은닉된 국유재산이나 소유자 없는 부동산을 발견하여 정부에 신고한 자에게는 대통령령으로 정하는 바에 따라 보상금을 지급할 수 있다.
② 지방자치단체가 은닉된 국유재산이나 소유자 없는 부동산을 발견하여 신고한 경우에는 대통령령으로 정하는 바에 따라 그 재산가격의 2분의 1의 범위에서 그 지방자치단체에 국유재산을 양여하거나 보상금을 지급할 수 있다.

제78조【은닉재산의 자진반환자 등에 관한 특례】 은닉된 국유재산을 선의(善意)로 취득한 후 그 재산을 다음 각 호의 어느 하나에 해당하는 원인으로 국가에 반환한 자에게 같은 재산을 매각하는 경우에는 제50조에도 불구하고 대통령령으로 정하는 바에 따라 반환의 원인별로 차등을 두어 그 매각대금을 이자 없이 12년 이하에 걸쳐 나누어 내게 하거나 매각 가격에서 8할 이하의 금액을 뺀 잔액을 그 매각대금으로 하여 전액을 한꺼번에 내게 할 수 있다.
1. 자진 반환
2. 재판상의 화해
3. 그 밖에 대통령령으로 정하는 원인

제79조【변상책임】 ① 제28조에 따라 국유재산의 관리에 관한 사무를 위임받은 자가 고의나 중대한 과실로 그 임무를 위반한 행위를 함으로써 그 재산에 대하여 손해를 끼친 경우에는 변상의 책임이 있다.
② 제1항의 변상책임에 관하여는 「회계관계직원 등의 책임에 관한 법률」 제4조제3항·제4항 및 제6조부터 제8조까지의 규정을 준용한다.

제79조의2【벌칙 적용에서의 공무원 의제】 위원회, 제59조의3 제3항에 따른 민간참여개발자문단 및 같은 조 제7항에 따른 민간참여개발사업평가단의 위원 중 공무원이 아닌 위원은 「형법」 제129조부터 제132조까지의 규정을 적용할 때에는 공무원으로 본다.(2011.3.30 본조신설)

제80조【청산절차의 특례】 국가가 지분증권의 2분의 1 이상을 보유하는 회사 중 대통령령으로 정하는 회사의 청산에 관하여는 「상법」 중 주주총회나 사원총회의 권한과 소집·결의방법 등에 관한 규정에도 불구하고 대통령령으로 정하는 바에 따른다.

제81조【군사분계선 이북지역에 있는 회사의 청산절차】 ① 제80조에 따른 회사 중 그 본점이나 주사무소가 군사분계선 이북지역에 있는 회사의 청산에 관하여는 「상법」과 제80조를 준용한다. 다만, 「상법」 중 다음 각 호의 사항에 해당하는 규정은 그러하지 아니하다.
1. 회사의 해산등기
2. 청산인의 신고 및 등기
3. 「상법」 제533조에 따른 재산목록 및 대차대조표의 제출
4. 청산종결의 등기
② 제1항에 따라 청산절차가 진행 중인 회사가 소유하고 있는 부동산의 소유권이 「민법」 제245조에 따라 그 부동산을 무단점유하고 있는 자에게 이전될 우려가 있으면 청산절차의 종결 전에도 총괄청이 그 부동산을 국가로 귀속시킬 수 있다. 이 경우 청산종결 후 남은 재산의 분배에서 주주나 그 밖의 지분권자의 권리는 영향을 받지 아니한다.
③ 제1항에 따라 회사를 청산하려면 대통령령으로 정하는 바에 따라 필요한 사항을 공고하여야 한다.
④ 제2항이나 청산절차종결에 의하여 남은 재산의 분배에 따라 국가가 해당 회사의 부동산에 대한 소유권이전등기를 촉탁하는 경우의 등기절차는 「부동산등기법」의 규정에도 불구하고 대통령령으로 정하는 바에 따른다.

제7장 벌 칙

제82조【벌칙】 제7조제1항을 위반하여 행정재산을 사용하거나 수익한 자는 2년 이하의 징역 또는 2천만원 이하의 벌금에 처한다.(2020.3.31 본조개정)

부 칙

제1조【시행일】 이 법은 공포 후 6개월이 경과한 날부터 시행한다. 다만, 제76조의 개정규정은 2010년 1월 1일부터 시행한다.

제2조【다른 법률의 폐지】 國有財産의現物出資에관한法律은 폐지한다.

제3조【사용허가기간 및 대부기간에 관한 적용례】 제35조제1항 본문 및 제46조제1항 단서의 개정규정은 이 법 시행 후 최초로 사용허가하거나 대부계약하는 분부터 적용한다.

제4조【사용허가 및 대부계약 갱신에 관한 적용례】 제35조제2항과 제46조제2항의 개정규정은 이 법 시행 후 최초로 사용허가 또는 대부계약을 갱신하는 분부터 적용한다.

제5조【변상금에 관한 적용례】 제72조제3항에 따라 사용료 및 대부료의 조정을 실시하지 아니하는 변상금은 이 법 시행 후의 무단점유기간에 따른 변상금분부터 적용한다.

제6조【연체료에 관한 적용례】 제73조제1항의 개정규정은 최초 납부고지에 따른 납부기한이 이 법 시행 후 도래하여 발생하는 연체료분부터 적용한다.

제7조【관리청 명칭의 첨기 등기】 법률 제2950호 國有財産法改正法律 시행 당시 관리청이 국세청으로 첨기 등기된 잡종재산은 같은 법 시행일에 재무부로 첨기 등기된 것으로 본다. 다만, 매각대금이 완납되지 아니하였거나 완납된 후 그 소유권이전에 따른 변경등기를 하지 아니한 재산은 그러하지 아니하다.

제8조【현물출자에 관한 경과조치】 ① 이 법 시행 당시 종전의 國有財産의現物出資에관한法律(이하 이 조에서 "종전의 법률"이라 한다)에 따른 현물출자는 이 법에 따라 행하여진 것으로 본다.
② 이 법 시행 당시 종전의 법률에 따른 정부출자기업체의 현물출자 신청은 이 법에 따른 신청으로 본다. 이 경우 출자가액의 산정은 종전의 법률에 따른다.
③ 이 법 시행 당시 종전의 법률에 따라 국무회의 심의를 거친 것은 이 법에 따라 국무회의 심의를 거친 것으로 본다.

제9조【가격평가 등에 관한 경과조치】 공공용재산 중 도로·하천·항만·공유수면은 「국가회계법」 제11조에 따른 국가회계기준에서 정하는 사회기반시설에 대한 회계처리 시행시점까지는 제68조·제69조 및 제71조의 개정규정에도 불구하고 종전의 제47조·제48조 및 제50조에 따른다.

제10조【다른 법률의 개정】 ①~㊱ ※(해당 법령에 가제정리 하였음)

제11조【다른 법령과의 관계】 ① 이 법 시행 당시 다른 법령에서 국유인 보존재산을 인용한 경우에는 행정재산 중 보존용재산을 인용한 것으로 보고, 국유인 잡종재산을 인용한 경우에는 일반재산을 인용한 것으로 보며, 관리환을 인용한 경우에는 관리전환을 인용한 것으로 보고, 사용·수익허가를 인용한 경우에는 사용허가를 인용한 것으로 본다.

② 이 법 시행 당시 다른 법령에서 종전의 「국유재산법」이나 「국유재산의 현물출자에 관한 법률」 및 그 규정을 인용한 경우에 이 법 가운데 그에 해당하는 규정이 있으면 종전의 규정을 갈음하여 이 법 및 이 법의 해당 조항을 인용한 것으로 본다.

부　칙 (2011.3.30)

제1조【시행일】 이 법은 2011년 4월 1일부터 시행한다.
제2조【국유재산관리기금운용의 평가에 관한 특례】 총괄청은 2012회계연도부터 2015회계연도까지의 국유재산관리기금운용에 대한 평가분석 결과를 2015회계연도의 국가결산보고서와 함께 국회에 제출하여야 한다.
제3조【영구시설물의 축조 금지에 관한 적용례】 제18조제1항제2호의2의 개정규정은 이 법 시행 당시 매각대금을 나누어 내고 있는 일반재산에 대하여도 적용한다.
제4조【국유재산관리기금운용계획안 작성 등에 관한 적용례】 제26조의2의 개정규정에 따른 국유재산관리기금의 기금운용계획안 작성 및 제출 등은 2012년도분부터 적용한다.
제5조【일괄 입찰공고에 관한 적용례】 제31조제2항 후단의 개정규정은 이 법 시행 후 최초로 입찰공고하는 분부터 적용한다.
제6조【사용료의 면제에 관한 적용례】 제34조제1항제1호의2의 개정규정은 이 법 시행 당시 기부채납을 위하여 건물 등을 신축 중인 자에 대하여도 적용한다.
제7조【대부보증금에 관한 적용례】 제47조제2항 및 제3항의 개정규정은 2012년 1월 1일 이후 최초로 연간대부료를 받는 분부터 적용한다.
제8조【도시관리계획의 협의 등에 관한 적용례】 제73조의2의 개정규정은 이 법 시행 후 최초로 도시관리계획을 결정 · 변경하거나 다른 법률에 따라 이용 및 보전에 관한 제한을 하는 경우부터 적용한다.
제9조【사용 승인 등에 관한 경과조치】 이 법 시행 당시 종전의 「국유재산법」에 따라 중앙관서의 장의 소관에 속하는 행정재산에 대하여는 제8조제4항의 개정규정에 따라 총괄청이 그 중앙관서의 장에게 그 행정재산의 사용을 승인한 것으로 본다.
제10조【국유재산종합계획에 관한 경과조치】 2012년도 국유재산종합계획이 시행되기 전까지는 제9조의 개정규정에도 불구하고 종전의 규정에 따른다.
제11조【다른 법률의 개정】 ①~③ ※(해당 법령에 가제정리 하였음)
제12조【다른 법령과의 관계】 이 법 시행 당시 다른 법령(국유재산과 관련된 규정에 한정한다)에서 관리청 또는 관리청등을 인용하고 있는 경우에는 그를 갈음하여 각각 이 법에 따른 중앙관서의 장 또는 중앙관서의 장등을 인용한 것으로 본다.

부　칙 (2012.12.18)

제1조【시행일】 이 법은 공포 후 6개월이 경과한 날부터 시행한다. 다만, 제26조의4, 제66조제1항 및 제72조제1항제1호의 개정규정은 공포한 날부터 시행하고, 제6조제2항제1호 및 제3호의 개정규정은 공포 후 1년이 경과한 날부터 시행한다.
제2조【일반재산의 양여에 관한 적용례】 제55조제1항제3호의 개정규정에 따른 일반재산의 양여는 이 법 시행 후 최초로 용도폐지되는 행정재산부터 적용한다.
제3조【지식재산 관리 · 처분의 특례에 관한 적용례】 제65조의7부터 제65조의11까지의 개정규정은 이 법 시행 후 지식재산의 사용허가등을 하는 분부터 적용한다.
제4조【지식재산의 저작권 귀속에 관한 적용례】 제65조의12의 개정규정은 이 법 시행 후 최초로 체결하는 계약분부터 적용한다.

부　칙 (2018.3.13)

제1조【시행일】 이 법은 공포 후 1년이 경과한 날부터 시행한다. 다만, 제57조의 개정규정은 공포한 날부터 시행한다.
제2조【사용료 및 대부료 감면에 관한 적용례】 제34조제3항 및 제47조제1항의 개정규정은 이 법 시행 이후 최초로 허가하거나 갱신하는 사용허가 및 체결하거나 갱신하는 대부계약부터 적용한다.
제3조【물납 증권의 처분 제한에 관한 적용례】 제44조의2의 개정규정은 이 법 시행 이후 최초로 매각하는 증권부터 적용한다.

부　칙 (2020.3.31)

제1조【시행일】 이 법은 공포 후 6개월이 경과한 날부터 시행한다. 다만, 제17조제2호다목 및 제26조제1항의 개정규정은 공포한 날부터 시행한다.
제2조【사용허가에 관한 적용례】 제30조제2항제2호의 개정규정(제47조제1항에 따라 준용되는 경우를 포함한다)은 이 법 시행 이후 사용허가를 하거나 사용허가를 갱신하는 경우부터 적용한다.

부　칙 (2020.6.9)

이 법은 공포한 날부터 시행한다.(이하 생략)

부　칙 (2020.12.29)

제1조【시행일】 이 법은 2021년 1월 1일부터 시행한다.(이하 생략)

부　칙 (2021.12.28)
(2024.1.9)

제1조【시행일】 이 법은 공포 후 6개월이 경과한 날부터 시행한다.(이하 생략)

독점규제 및 공정거래에 관한 법률(약칭 : 공정거래법)

(2020년 12월 29일
전부개정법률 제17799호)

개정
2021.12.28법18661호(중소기업창업)
2023. 6.20법19504호(벤처투자촉진에관한법)
2023. 6.20법19510호 2023. 8. 8법19617호
2024. 1. 9법19990호(벤처기업육성에관한특별법)
2024. 2. 6법20239호→시행일 부칙 참조
2025. 1.21법20711호
2025. 1.21법20712호(이행강제금규정정비를위한일부개정법령등)

제1장 총 칙

제1조 【목적】 이 법은 사업자의 시장지배적지위의 남용과 과도한 경제력의 집중을 방지하고, 부당한 공동행위 및 불공정거래행위를 규제하여 공정하고 자유로운 경쟁을 촉진함으로써 창의적인 기업활동을 조성하고 소비자를 보호함과 아울러 국민경제의 균형 있는 발전을 도모함을 목적으로 한다.

제2조 【정의】 이 법에서 사용하는 용어의 뜻은 다음과 같다.
1. "사업자"란 제조업, 서비스업 또는 그 밖의 사업을 하는 자를 말한다. 이 경우 사업자의 이익을 위한 행위를 하는 임원, 종업원(계속하여 회사의 업무에 종사하는 사람으로서 임원 외의 사람을 말한다. 이하 같다), 대리인 및 그 밖의 자는 사업자단체에 관한 규정을 적용할 때에는 사업자로 본다.
2. "사업자단체"란 그 형태가 무엇이든 상관없이 둘 이상의 사업자가 공동의 이익을 증진할 목적으로 조직한 결합체 또는 그 연합체를 말한다.
3. "시장지배적사업자"란 일정한 거래분야의 공급자나 수요자로서 단독으로 또는 다른 사업자와 함께 상품이나 용역의 가격, 수량, 품질, 그 밖의 거래조건을 결정·유지 또는 변경할 수 있는 시장지위를 가진 사업자를 말한다. 이 경우 시장지배적사업자를 판단할 때에는 시장점유율, 진입장벽의 존재 및 정도, 경쟁사업자의 상대적 규모 등을 종합적으로 고려한다.
4. "일정한 거래분야"란 거래의 객체별·단계별 또는 지역별로 경쟁관계에 있거나 경쟁관계가 성립될 수 있는 분야를 말한다.
5. "경쟁을 실질적으로 제한하는 행위"란 일정한 거래분야의 경쟁이 감소하여 특정 사업자 또는 사업자단체의 의사에 따라 어느 정도 자유로이 가격, 수량, 품질, 그 밖의 거래조건 등의 결정에 영향을 미치거나 미칠 우려가 있는 상태를 초래하는 행위를 말한다.
6. "임원"이란 다음 각 목의 어느 하나에 해당하는 사람을 말한다.
가. 이사
나. 대표이사
다. 업무집행을 하는 무한책임사원
라. 감사
마. 가목부터 라목까지의 규정 중 어느 하나에 준하는 사람
바. 지배인 등 본점이나 지점의 영업 전반을 총괄적으로 처리할 수 있는 상업사용인
7. "지주회사"란 주식(지분을 포함한다. 이하 같다)의 소유를 통하여 국내 회사의 사업내용을 지배하는 것을 주된 사업으로 하는 회사로서 자산총액이 대통령령으로 정하는 금액 이상인 회사를 말한다. 이 경우 주된 사업의 기준은 대통령령으로 정한다.
8. "자회사"란 지주회사로부터 대통령령으로 정하는 기준에 따라 그 사업내용을 지배받는 국내 회사를 말한다.
9. "손자회사"란 자회사로부터 대통령령으로 정하는 기준에 따라 그 사업내용을 지배받는 국내 회사를 말한다.
10. "금융업 또는 보험업"이란 「통계법」 제22조제1항에 따라 통계청장이 고시하는 한국표준산업분류상 금융 및 보험업을 말한다. 다만, 제18조제2항제5호에 따른 일반지주회사는 금융업 또는 보험업을 영위하는 회사로 보지 아니한다.
11. "기업집단"이란 동일인이 다음 각 목의 구분에 따라 대통령령으로 정하는 기준에 따라 사실상 그 사업내용을 지배하는 회사의 집단을 말한다.
가. 동일인이 회사인 경우 : 그 동일인과 그 동일인이 지배하는 하나 이상의 회사의 집단
나. 동일인이 회사가 아닌 경우 : 그 동일인이 지배하는 둘 이상의 회사의 집단
12. "계열회사"란 둘 이상의 회사가 동일한 기업집단에 속하는 경우에 이들 각각의 회사를 서로 상대방의 계열회사라 한다.
13. "계열출자"란 기업집단 소속 회사가 계열회사의 주식을 취득 또는 소유하는 행위를 말한다.
14. "계열출자회사"란 계열출자를 통하여 다른 계열회사의 주식을 취득 또는 소유하는 계열회사를 말한다.
15. "계열출자대상회사"란 계열출자를 통하여 계열출자회사가 취득 또는 소유하는 계열회사 주식을 발행한 계열회사를 말한다.
16. "순환출자"란 세 개 이상의 계열출자로 연결된 계열회사 모두가 계열출자회사 및 계열출자대상회사가 되는 계열출자 관계를 말한다.
17. "순환출자회사집단"이란 기업집단 소속 회사 중 순환출자 관계에 있는 계열회사의 집단을 말한다.
18. "채무보증"이란 기업집단에 속하는 회사가 다음 각 목의 어느 하나에 해당하는 국내 금융기관의 여신과 관련하여 국내 계열회사에 대하여 하는 보증을 말한다.
가. 「은행법」에 따른 은행
나. 「한국산업은행법」에 따른 한국산업은행
다. 「한국수출입은행법」에 따른 한국수출입은행
라. 「중소기업은행법」에 따른 중소기업은행
마. 「보험업법」에 따른 보험회사
바. 「자본시장과 금융투자업에 관한 법률」에 따른 투자매매업자·투자중개업자 및 종합금융회사
사. 그 밖에 대통령령으로 정하는 금융기관
19. "여신"이란 국내 금융기관이 하는 대출 및 회사채무의 보증 또는 인수를 말한다.
20. "재판매가격유지행위"란 사업자가 상품 또는 용역을 거래할 때 거래상대방인 사업자 또는 그 다음 거래단계별 사업자에 대하여 거래가격을 정하여 그 가격대로 판매 또는 제공할 것을 강제하거나 그 가격대로 판매 또는 제공하도록 그 밖의 구속조건을 붙여 거래하는 행위를 말한다.

제3조 【국외에서의 행위에 대한 적용】 국외에서 이루어진 행위라도 그 행위가 국내 시장에 영향을 미치는 경우에는 이 법을 적용한다.

제2장 시장지배적지위의 남용금지

제4조 【독과점적 시장구조의 개선 등】 ① 공정거래위원회는 독과점적 시장구조가 장기간 유지되고 있는 상품이나 용역의 공급시장 또는 수요시장에 대하여 경쟁을 촉진하기 위한 시책을 수립·시행하여야 한다.
② 공정거래위원회는 제1항에 따른 시책을 추진하기 위하여 필요한 경우에는 관계 행정기관의 장에게 경쟁의 도입 또는 그 밖에 시장구조의 개선 등에 관하여 필요한 의견을 제시할 수 있다. 이 경우 관계 행정기관의 장은 공정거래위원회의 의견을 검토한 후 검토결과를 공정거래위원회에 송부하여야 한다.
③ 공정거래위원회는 제1항에 따른 시책을 추진하기 위하여 다음 각 호의 업무를 수행할 수 있다.
1. 시장구조의 조사 및 공표
2. 특정 산업의 경쟁상황 분석, 규제현황 분석 및 경쟁촉진 방안 마련
④ 공정거래위원회는 사업자 및 사업자단체에 제3항 각 호의 업무를 수행하기 위하여 필요한 자료의 제출을 요청할 수 있다.
⑤ 공정거래위원회는 제3항 및 제4항의 사무를 대통령령으로 정하는 바에 따라 다른 기관에 위탁할 수 있다.

제5조 【시장지배적지위의 남용금지】 ① 시장지배적사업자는 다음 각 호의 어느 하나에 해당하는 행위(이하 "남용행위"라 한다)를 해서는 아니 된다.

1. 상품의 가격이나 용역의 대가(이하 "가격"이라 한다)를 부당하게 결정·유지 또는 변경하는 행위
2. 상품의 판매 또는 용역의 제공을 부당하게 조절하는 행위
3. 다른 사업자의 사업활동을 부당하게 방해하는 행위
4. 새로운 경쟁사업자의 참가를 부당하게 방해하는 행위
5. 부당하게 경쟁사업자를 배제하기 위하여 거래하거나 소비자의 이익을 현저히 해칠 우려가 있는 행위

② 남용행위의 유형 및 기준은 대통령령으로 정한다.

제6조【시장지배적사업자의 추정】 일정한 거래분야에서 시장점유율이 다음 각 호의 어느 하나에 해당하는 사업자(일정한 거래분야에서 연간 매출액 또는 구매액이 80억원 미만인 사업자는 제외한다)는 시장지배적사업자로 추정한다.(2024.2.6 본문개정)

1. 하나의 사업자의 시장점유율이 100분의 50 이상
2. 셋 이하의 사업자의 시장점유율의 합계가 100분의 75 이상. 이 경우 시장점유율이 100분의 10 미만인 사업자는 제외한다.

제7조【시정조치】 ① 공정거래위원회는 남용행위가 있을 때에는 그 시장지배적사업자에게 가격의 인하, 해당 행위의 중지, 시정명령을 받은 사실의 공표 또는 그 밖에 필요한 시정조치를 명할 수 있다.

② 공정거래위원회는 남용행위를 한 회사인 시장지배적사업자가 합병으로 소멸한 경우에는 해당 회사가 한 남용행위를 합병 후 존속하거나 합병에 따라 설립된 회사가 한 행위로 보아 제1항의 시정조치를 명할 수 있다.

③ 공정거래위원회는 남용행위를 한 회사인 시장지배적사업자가 분할되거나 분할합병된 경우에는 분할되는 시장지배적사업자의 분할일 또는 분할합병일 이전의 남용행위를 다음 각 호의 어느 하나에 해당하는 회사의 행위로 보고 제1항의 시정조치를 명할 수 있다.

1. 분할되는 회사
2. 분할 또는 분할합병으로 설립되는 새로운 회사
3. 분할되는 회사의 일부가 다른 회사에 합병된 후 그 다른 회사가 존속하는 경우 그 다른 회사

④ 공정거래위원회는 남용행위를 한 회사인 시장지배적사업자가 「채무자 회생 및 파산에 관한 법률」 제215조에 따라 새로운 회사를 설립하는 경우에는 기존 회사 또는 새로운 회사 중 어느 하나의 행위로 보고 제1항의 시정조치를 명할 수 있다.

제8조【과징금】 공정거래위원회는 시장지배적사업자가 남용행위를 한 경우에는 그 사업자에게 대통령령으로 정하는 매출액(대통령령으로 정하는 사업자의 경우에는 영업수익을 말한다. 이하 같다)에 100분의 6을 곱한 금액을 초과하지 아니하는 범위에서 과징금을 부과할 수 있다. 다만, 매출액이 없거나 매출액의 산정이 곤란한 경우로서 대통령령으로 정하는 경우(이하 "매출액이 없는 경우등"이라 한다)에는 20억원을 초과하지 아니하는 범위에서 과징금을 부과할 수 있다.

제3장 기업결합의 제한

제9조【기업결합의 제한】 ① 누구든지 직접 또는 대통령령으로 정하는 특수한 관계에 있는 자(이하 "특수관계인"이라 한다)를 통하여 다음 각 호의 어느 하나에 해당하는 행위(이하 "기업결합"이라 한다)로서 일정한 거래분야에서 경쟁을 실질적으로 제한하는 행위를 하여서는 아니 된다. 다만, 자산총액 또는 매출액의 규모가 대통령령으로 정하는 규모에 해당하는 회사(이하 "대규모회사"라 한다) 외의 자가 제2호에 해당하는 행위를 하는 경우에는 그러하지 아니하다.

1. 다른 회사 주식의 취득 또는 소유
2. 임원 또는 종업원에 의한 다른 회사의 임원 지위의 겸임(이하 "임원겸임"이라 한다)
3. 다른 회사와의 합병
4. 다른 회사의 영업의 전부 또는 주요 부분의 양수·임차 또는 경영의 수임이나 다른 회사의 영업용 고정자산의 전부 또는 주요 부분의 양수(이하 "영업양수"라 한다)
5. 새로운 회사설립에의 참여. 다만, 다음 각 목의 어느 하나에 해당하는 경우는 제외한다.
   가. 특수관계인(대통령령으로 정하는 자는 제외한다) 외의 자는 참여하지 아니하는 경우
   나. 「상법」 제530조의2제1항에 따른 분할에 따른 회사설립에 참여하는 경우

② 다음 각 호의 어느 하나에 해당한다고 공정거래위원회가 인정하는 기업결합에 대해서는 제1항을 적용하지 아니한다. 이 경우 해당 요건을 충족하는지에 대한 입증은 해당 사업자가 하여야 한다.

1. 해당 기업결합 외의 방법으로는 달성하기 어려운 효율성 증대효과가 경쟁제한으로 인한 폐해보다 큰 경우
2. 상당한 기간 동안 재무상태표상의 자본총계가 납입자본금보다 작은 상태에 있는 등 회생이 불가능한 회사와의 기업결합으로서 대통령령으로 정하는 요건에 해당하는 경우

(2025.1.21 본호개정)

③ 기업결합이 다음 각 호의 어느 하나에 해당하는 경우에는 일정한 거래분야에서 경쟁을 실질적으로 제한하는 것으로 추정한다.

1. 기업결합의 당사회사(제1항제5호의 경우에는 회사설립에 참여하는 모든 회사를 말한다. 이하 같다)의 시장점유율(계열회사의 시장점유율을 합산한 점유율을 말한다. 이하 이 조에서 같다)의 합계가 다음 각 목의 요건을 갖춘 경우
   가. 시장점유율의 합계가 시장지배적사업자의 추정요건에 해당할 것
   나. 시장점유율의 합계가 해당 거래분야에서 제1위일 것
   다. 시장점유율의 합계와 시장점유율이 제2위인 회사(당사회사를 제외한 회사 중 제1위인 회사를 말한다)의 시장점유율과의 차이가 그 시장점유율의 합계의 100분의 25 이상일 것
2. 대규모회사가 직접 또는 특수관계인을 통하여 한 기업결합이 다음 각 목의 요건을 갖춘 경우
   가. 「중소기업기본법」에 따른 중소기업의 시장점유율이 3분의 2 이상인 거래분야에서의 기업결합일 것
   나. 해당 기업결합으로 100분의 5 이상의 시장점유율을 가지게 될 것

④ 제1항에 따른 일정한 거래분야에서 경쟁을 실질적으로 제한하는 기업결합과 제2항에 따라 제1항을 적용하지 아니하는 기업결합에 관한 기준은 공정거래위원회가 정하여 고시한다.

⑤ 제1항 각 호 외의 부분 단서에 따른 자산총액 또는 매출액의 규모는 기업결합일 전부터 기업결합일 이후까지 계속하여 계열회사의 지위를 유지하고 있는 회사의 자산총액 또는 매출액을 합산한 규모로 한다. 다만, 다음 각 호에 따른 회사의 자산총액 또는 매출액의 규모는 계열회사의 자산총액 또는 매출액을 합산하지 아니한 규모로 한다.(2024.2.6 본문개정)

1. 계열회사 간에 제1항제3호에 해당하는 행위를 하는 경우 다음 각 목의 구분에 따른 회사
   가. 제11조제1항에 따른 기업결합신고대상회사 또는 그 특수관계인이 같은 항에 따른 상대회사에 대하여 제1항제3호에 해당하는 행위를 하는 경우 해당 상대회사
   나. 제11조제1항에 따른 기업결합신고대상회사 외의 회사로서 상대회사의 규모에 해당하는 회사 또는 그 특수관계인이 같은 항에 따른 기업결합신고대상회사에 대하여 제1항제3호에 해당하는 행위를 하는 경우 해당 기업결합신고대상회사
2. 영업양수의 경우 영업을 양도(영업의 임대, 경영의 위임 및 영업용 고정자산의 양도를 포함한다)하는 회사

(2024.2.6 1호~2호신설)

제10조【주식의 취득 또는 소유의 기준】 이 법에 따른 주식의 취득 또는 소유는 취득 또는 소유의 명의와 관계없이 실질적인 소유관계를 기준으로 한다.

제11조【기업결합의 신고】 ① 자산총액 또는 매출액의 규모가 대통령령으로 정하는 기준에 해당하는 회사(제3호에 해당하는 기업결합을 하는 경우에는 대규모회사만을 말하며, 이하 이 조에서 "기업결합신고대상회사"라 한다) 또는 그 특수관계인이 자산총액 또는 매출액의 규모가 대통령령으로 정하는 기준에 해당하는 다른 회사(이하 이 조에서 "상대회사"라 한다)에 대하여 제1호부터 제4호까지의 규정 중 어느 하나에 해당하는 기업결합을 하거나 기업결합신고대상회사 또는 그 특수관계인이 상대회사 또는 그 특수관계인과 공동으로 제5호의 기업결합을 하는 경우와 기업결합신고대상회사 외의 회사로서

상대회사의 규모에 해당하는 회사 또는 그 특수관계인이 기업결합신고대상회사에 대하여 제1호부터 제4호까지의 규정 중 어느 하나에 해당하는 기업결합을 하거나 기업결합신고대상회사 외의 회사로서 상대회사의 규모에 해당하는 회사 또는 그 특수관계인이 기업결합신고대상회사 또는 그 특수관계인과 공동으로 제5호의 기업결합을 하는 경우에는 대통령령으로 정하는 바에 따라 공정거래위원회에 신고하여야 한다.

1. 다른 회사의 발행주식총수(「상법」 제344조의3제1항 및 제369조제2항·제3항의 의결권 없는 주식의 수는 제외한다. 이하 이 장에서 같다)의 100분의 20〔「자본시장과 금융투자업에 관한 법률」에 따른 주권상장법인(이하 "상장법인"이라 한다)의 경우에는 100분의 15를 말한다〕 이상을 소유하게 되는 경우
2. 다른 회사의 발행주식을 제1호에 따른 비율 이상으로 소유한 자가 그 회사의 주식을 추가로 취득하여 최다출자자가 되는 경우
3. 임원겸임의 경우. 다만, 다음 각 목의 경우는 제외한다.
   가. 계열회사의 임원을 겸임하는 경우
   나. 겸임하는 임원 수가 임원이 겸임되는 회사 임원 총수의 3분의 1 미만이면서 대표이사가 아닌 임원을 겸임하는 경우
   (2024.2.6 본호개정)
4. 제9조제1항제3호 또는 제4호에 해당하는 행위를 하는 경우(「상법」 제342조의2에 따라 모회사와 자회사 간에 합병하거나 영업양수하는 경우는 제외한다)(2024.2.6 본호개정)
5. 새로운 회사설립에 참여하여 그 회사의 최다출자자가 되는 경우

② 기업결합신고대상회사 또는 그 특수관계인이 상대회사의 자산총액 또는 매출액 규모에 해당하지 아니하는 회사(이하 이 조에서 "소규모피취득회사"라 한다)에 대하여 제1항제1호, 제2호 또는 제4호에 해당하는 기업결합을 하거나 기업결합신고대상회사 또는 그 특수관계인이 소규모피취득회사 또는 그 특수관계인과 공동으로 제1항제5호의 기업결합을 할 때에는 다음 각 호의 요건에 모두 해당하는 경우에만 대통령령으로 정하는 바에 따라 공정거래위원회에 신고하여야 한다.

1. 기업결합의 대가로 지급 또는 출자하는 가치의 총액(당사회사가 자신의 특수관계인을 통하여 지급 또는 출자하는 것을 포함한다)이 대통령령으로 정하는 금액 이상일 것
2. 소규모피취득회사 또는 그 특수관계인이 국내 시장에서 상품 또는 용역을 판매·제공하거나, 국내 연구시설 또는 연구인력을 보유·활용하는 등 대통령령으로 정하는 상당한 수준으로 활동할 것

③ 제1항 및 제2항에도 불구하고 다음 각 호의 어느 하나에 해당하는 경우에는 신고대상에서 제외한다.

1. 「벤처투자 촉진에 관한 법률」 제2조제10호 또는 제11호에 따른 벤처투자회사 또는 벤처투자조합이 「중소기업창업 지원법」 제2조제3호에 따른 창업기업(이하 "창업기업"이라 한다) 또는 「벤처기업육성에 관한 특별법」 제2조제1항에 따른 벤처기업(이하 "벤처기업"이라 한다)의 주식을 제1항제1호에 따른 비율 이상으로 소유하게 되거나 창업기업 또는 벤처기업의 설립에 다른 회사와 공동으로 참여하여 최다출자자가 되는 경우(2024.1.9 본호개정)
2. 「여신전문금융업법」 제2조제14호의3 또는 제14호의5에 따른 신기술사업금융업자 또는 신기술사업투자조합이 「기술보증기금법」 제2조제1호에 따른 신기술사업자(이하 "신기술사업자"라 한다)의 주식을 제1항제1호에 따른 비율 이상으로 소유하게 되거나 신기술사업자의 설립에 다른 회사와 공동으로 참여하여 최다출자자가 되는 경우
3. 기업결합신고대상회사가 다음 각 목의 어느 하나에 해당하는 회사의 주식을 제1항제1호에 따른 비율 이상으로 소유하게 되거나 다음 각 목의 어느 하나에 해당하는 회사의 설립에 다른 회사와 공동으로 참여하여 최다출자자가 되는 경우
   가. 「자본시장과 금융투자업에 관한 법률」 제9조제18항제2호에 따른 투자회사
   나. 「사회기반시설에 대한 민간투자법」에 따라 사회기반시설 민간투자사업시행자로 지정된 회사
   다. 나목에 따른 회사에 대한 투자목적으로 설립된 투자회사(「법인세법」 제51조의2제1항제6호에 해당하는 회사로 한정한다)
   라. 「부동산투자회사법」 제2조제1호에 따른 부동산투자회사
4. 기업결합신고대상회사가 「자본시장과 금융투자업에 관한 법률」 제9조제19항에 따른 사모집합투자기구의 설립에 다른 회사와 공동으로 참여하여 최다출자자가 되는 경우(2024.2.6 본호신설)

④ 제1항 및 제2항은 관계 중앙행정기관의 장이 다른 법률에 따라 미리 해당 기업결합에 관하여 공정거래위원회와 협의한 경우에는 적용하지 아니한다.

⑤ 제1항제1호, 제2호 또는 제5호에 따른 주식의 소유 또는 인수의 비율을 산정하거나 최다출자자가 되는지를 판단할 때에는 해당 회사의 특수관계인이 소유하고 있는 주식을 합산한다.

⑥ 제1항에 따른 기업결합의 신고는 해당 기업결합일부터 30일 이내에 하여야 한다. 다만, 다음 각 호의 어느 하나에 해당하는 기업결합은 합병계약을 체결한 날 등 대통령령으로 정하는 날부터 기업결합일 전까지의 기간 내에 신고하여야 한다.

1. 제1항제1호, 제2호, 제4호 또는 제5호에 따른 기업결합(대통령령으로 정하는 경우는 제외한다) 중 기업결합의 당사회사 중 하나 이상의 회사가 대규모회사인 기업결합
2. 제2항에 따른 기업결합

⑦ 공정거래위원회는 제6항에 따라 신고를 받으면 신고일부터 30일 이내에 제9조에 해당하는지를 심사하고, 그 결과를 해당 신고자에게 통지하여야 한다. 다만, 공정거래위원회가 필요하다고 인정할 경우에는 90일의 범위에서 그 기간을 연장할 수 있다.

⑧ 제6항 각 호 외의 부분 단서에 따라 신고를 하여야 하는 자는 제7항에 따른 공정거래위원회의 심사결과를 통지받기 전까지 각각 주식소유, 합병등기, 영업양수계약의 이행행위 또는 주식인수행위를 하여서는 아니 된다.

⑨ 기업결합을 하려는 자는 제6항에 따른 신고기간 전이라도 그 행위가 경쟁을 실질적으로 제한하는 행위에 해당하는지에 대하여 공정거래위원회에 심사를 요청할 수 있다.

⑩ 공정거래위원회는 제9항에 따라 심사를 요청받은 경우에는 30일 이내에 그 심사결과를 요청한 자에게 통지하여야 한다. 다만, 공정거래위원회가 필요하다고 인정할 경우에는 90일의 범위에서 그 기간을 연장할 수 있다.

⑪ 제1항 및 제2항에 따른 신고의무자가 둘 이상인 경우에는 공동으로 신고하여야 한다. 다만, 공정거래위원회가 신고의무자가 소속된 기업집단에 속하는 회사 중 하나의 회사의 신청을 받아 대통령령으로 정하는 바에 따라 해당 회사를 기업결합신고 대리인으로 지정하는 경우에는 그 대리인이 신고할 수 있다.

⑫ 제1항에 따른 기업결합신고대상회사 및 상대회사의 자산총액 또는 매출액의 규모에 관하여는 제9조제5항을 준용한다.

제12조【기업결합 신고절차 등의 특례】 ① 다음 각 호의 어느 하나에 해당하는 법인의 설립이나 합병 또는 최다액출자자 변경 등(이하 이 조에서 "법인설립등"이라 한다)에 관한 승인·변경승인 등(이하 이 조에서 "승인등"이라 한다)을 신청하는 자는 법인설립등이 제11조제1항 및 제2항에 따른 신고대상에 해당하는 경우에는 승인등의 주무관청(방송통신위원회를 포함한다. 이하 이 조에서 같다)에 승인등을 신청할 때 기업결합 신고서류를 함께 제출할 수 있다.

1. 「방송법」 제15조제1항제1호에 따른 법인(같은 법 제2조제3호나목에 따른 종합유선방송사업자인 법인으로 한정한다. 이하 이 조에서 "종합유선방송사업자"라 한다)의 합병
2. 「방송법」 제15조의2제1항에 따라 종합유선방송사업자의 최다액출자자가 되려고 하거나 종합유선방송사업자의 경영권을 실질적으로 지배하려는 경우

② 승인등의 신청인이 제1항에 따라 주무관청에 기업결합 신고서류를 제출하였을 때에는 그 서류가 주무관청에 접수된 날을 제11조제1항 및 제2항에 따른 신고를 한 날로 본다.

③ 주무관청은 제1항에 따라 기업결합 신고서류를 제출받았을 때에는 지체 없이 공정거래위원회에 기업결합 신고서류를 송부하여야 한다.

④ 제11조제6항 각 호 외의 부분 단서에 따라 기업결합 신고를 하여야 하는 자는 공정거래위원회에 기업결합 신고를 할 때에 법인설립등의 승인등에 관한 서류를 함께 제출할 수 있다.
⑤ 공정거래위원회는 제4항에 따라 법인설립등의 승인등에 관한 서류를 제출받았을 때에는 지체 없이 법인설립등의 승인등에 관한 서류를 주무관청에 송부하여야 한다.
제13조【탈법행위의 금지】 ① 누구든지 제9조제1항의 적용을 회피하려는 행위를 하여서는 아니 된다.
② 제1항에 따른 탈법행위의 유형 및 기준은 대통령령으로 정한다.
제13조의2【시정방안의 제출】 ① 제11조제1항 및 제2항에 따라 기업결합의 신고를 하여야 하는 자는 해당 신고 대상 기업결합으로 초래되는 경쟁제한의 우려를 해소하기 위하여 필요한 시정방안을 공정거래위원회에 제출할 수 있다.
② 제1항에 따라 시정방안을 제출하려는 자는 제11조제7항에 따른 심사 기간 내에 시정방안을 서면으로 제출하여야 한다.
③ 공정거래위원회는 제1항에 따라 제출된 시정방안이 다음 각 호의 요건을 갖추지 못하였다고 판단되는 경우에는 시정방안을 제출한 자에게 시정방안을 수정하여 다시 제출할 것을 요청할 수 있다.
1. 기업결합으로 초래되는 경쟁제한의 우려가 있는 상태(이하 이 조에서 "경쟁제한우려상태"라 한다)를 해소하기에 충분할 것
2. 경쟁제한우려상태를 효과적으로 해소하는 데 필요한 시정방안을 적정 기간 내에 이행할 수 있을 것
④ 제3항에 따른 시정방안의 수정에 걸리는 기간은 제11조제7항에 따른 심사 기간에 산입하지 아니한다.
⑤ 제1항부터 제4항까지에서 규정한 사항 외에 시정방안의 제출 방법 및 절차 등에 필요한 사항은 공정거래위원회가 정하여 고시한다.
(2024.2.6 본조신설)
제14조【시정조치 등】 ① 공정거래위원회는 제9조제1항 또는 제13조를 위반하거나 위반할 우려가 있는 행위가 있을 때에는 해당 사업자〔제9조제1항을 위반한 경우에는 기업결합 당사회사(기업결합 당사회사에 대한 시정조치만으로는 경쟁제한으로 인한 폐해를 시정하기 어렵거나 기업결합 당사회사의 특수관계인이 사업을 영위하는 거래분야의 경쟁제한으로 인한 폐해를 시정할 필요가 있는 경우에는 그 특수관계인을 포함한다)를 말한다〕 또는 위반행위자에게 다음 각 호의 시정조치를 명할 수 있다. 이 경우 제11조제6항 각 호 외의 부분 단서에 따른 신고를 받았을 때에는 같은 조 제7항에 따른 기간 내에 시정조치를 명하여야 한다.
1. 해당 행위의 중지
2. 주식의 전부 또는 일부의 처분
3. 임원의 사임
4. 영업의 양도
5. 시정명령을 받은 사실의 공표
6. 기업결합에 따른 경쟁제한의 폐해를 방지할 수 있는 영업방식 또는 영업범위의 제한
7. 그 밖에 법 위반상태를 시정하기 위하여 필요한 조치
② 공정거래위원회는 제11조제1항 및 제2항에 따라 신고된 기업결합이 제9조제1항을 위반하거나 위반할 우려가 있는 행위에 해당하여 제1항에 따른 시정조치를 명하려는 경우로서 해당 기업결합에 대하여 제13조의2제1항에 따라 시정방안이 제출된 경우에는 그 시정방안(같은 조 제3항에 따라 시정방안이 수정되어 제출된 경우에는 그 수정된 시정방안을 포함한다)을 고려하여 제1항에 따른 시정조치를 명할 수 있다.(2024.2.6 본항신설)
③ 공정거래위원회는 제9조제1항 또는 제11조제8항을 위반한 회사의 합병 또는 설립이 있는 경우에는 해당 회사의 합병 또는 설립 무효의 소(訴)를 제기할 수 있다.
④ 제9조제1항을 위반하는 행위에 대하여 제1항 각 호의 시정조치를 부과하기 위한 기준은 공정거래위원회가 정하여 고시한다.
⑤ 합병, 분할, 분할합병 또는 새로운 회사의 설립 등에 따른 제1항 각 호의 시정조치에 관하여는 제7조제2항부터 제4항까지의 규정을 준용한다. 이 경우 "시장지배적사업자"는 "사업자"로 본다.
제15조【시정조치의 이행확보】 제14조제1항에 따른 주식처분명령을 받은 자는 그 명령을 받은 날부터 해당 주식에 대하여 의결권을 행사할 수 없다.
제16조【이행강제금】 ① 공정거래위원회는 제9조제1항을 위반하여 제14조에 따라 시정조치를 부과받은 후 그 정한 기한 내에 이행을 하지 아니하는 자에게 이행기한이 지난 날부터 1일당 다음 각 호의 구분에 따른 금액에 1만분의 3을 곱한 금액을 초과하지 아니하는 범위에서 이행강제금을 부과할 수 있다. 다만, 제9조제1항제2호의 기업결합을 한 자에게는 이행기한이 지난 날부터 1일당 200만원의 범위에서 이행강제금을 부과할 수 있다.
1. 제9조제1항제1호 또는 제5호의 기업결합의 경우 : 취득 또는 소유한 주식의 장부가격과 인수하는 채무의 합계액
2. 제9조제1항제3호의 기업결합의 경우 : 합병의 대가로 지급하는 주식의 장부가격과 인수하는 채무의 합계액
3. 제9조제1항제4호의 기업결합의 경우 : 영업양수금액
② 이행강제금의 부과 · 납부 · 징수 · 환급 등에 필요한 사항은 대통령령으로 정한다.(2025.1.21 단서삭제)
③ 제1항 및 제2항에서 규정한 사항 외에 이행강제금의 부과 · 징수에 관하여는 「행정기본법」 제31조제2항부터 제6항까지에 따른다.(2025.1.21 본항신설)
④ 공정거래위원회는 제1항부터 제3항까지의 규정에 따른 이행강제금의 징수 또는 체납처분에 관한 업무를 대통령령으로 정하는 바에 따라 국세청장에게 위탁할 수 있다.(2025.1.21 본항개정)

제4장 경제력 집중의 억제

제17조【지주회사 설립 · 전환의 신고】 지주회사를 설립하거나 지주회사로 전환한 자는 대통령령으로 정하는 바에 따라 공정거래위원회에 신고하여야 한다.
제18조【지주회사 등의 행위제한 등】 ① 이 조에서 사용하는 용어의 뜻은 다음과 같다.
1. "공동출자법인"이란 경영에 영향을 미칠 수 있는 상당한 지분을 소유하고 있는 2인 이상의 출자자(특수관계인의 관계에 있는 출자자 중 대통령령으로 정하는 자 외의 자는 1인으로 본다)가 계약 또는 이에 준하는 방법으로 출자지분의 양도를 현저히 제한하고 있어 출자자 간 지분변동이 어려운 법인을 말한다.
2. "벤처지주회사"란 벤처기업 또는 대통령령으로 정하는 중소기업을 자회사로 하는 지주회사로서 대통령령으로 정하는 기준에 해당하는 지주회사를 말한다.
② 지주회사는 다음 각 호의 어느 하나에 해당하는 행위를 하여서는 아니 된다.
1. 자본총액(재무상태표상의 자산총액에서 부채액을 뺀 금액을 말한다. 이하 같다)의 2배를 초과하는 부채액을 보유하는 행위. 다만, 지주회사로 전환하거나 설립될 당시에 자본총액의 2배를 초과하는 부채액을 보유하고 있을 때에는 지주회사로 전환하거나 설립된 날부터 2년간은 자본총액의 2배를 초과하는 부채액을 보유할 수 있다.(2025.1.21 본문개정)
2. 자회사의 주식을 그 자회사 발행주식총수의 100분의 50〔자회사가 상장법인인 경우, 주식 소유의 분산요건 등 상장요건이 「자본시장과 금융투자업에 관한 법률」에 따른 증권시장으로서 대통령령으로 정하는 국내 증권시장의 상장요건에 상당하는 것으로 공정거래위원회가 고시하는 국외 증권거래소에 상장된 법인(이하 "국외상장법인"이라 한다)인 경우 또는 공동출자법인인 경우에는 100분의 30으로 하고, 벤처지주회사의 자회사인 경우에는 100분의 20으로 한다. 이하 이 조에서 "자회사주식보유기준"이라 한다〕 미만으로 소유하는 행위. 다만, 다음 각 목의 어느 하나에 해당하는 사유로 자회사주식보유기준에 미달하게 된 경우는 제외한다.

가. 지주회사로 전환하거나 설립될 당시에 자회사의 주식을 자회사주식보유기준 미만으로 소유하고 있는 경우로서 지주회사로 전환하거나 설립된 날부터 2년 이내인 경우
나. 상장법인 또는 국외상장법인이거나 공동출자법인이었던 자회사가 그에 해당하지 아니하게 되어 자회사주식보유기준에 미달하게 된 경우로서 그 해당하지 아니하게 된 날부터 1년 이내인 경우
다. 벤처지주회사였던 회사가 그에 해당하지 아니하게 되어 자회사주식보유기준에 미달하게 된 경우로서 그 해당하지 아니하게 된 날부터 1년 이내인 경우
라. 자회사가 주식을 모집하거나 매출하면서 「자본시장과 금융투자업에 관한 법률」 제165조의7에 따라 우리사주조합원에게 배정하거나 해당 자회사가 「상법」 제513조 또는 제516조의2에 따라 발행한 전환사채 또는 신주인수권부사채의 전환이 청구되거나 신주인수권이 행사되어 자회사주식보유기준에 미달하게 된 경우로서 그 미달하게 된 날부터 1년 이내인 경우
마. 자회사가 아닌 회사가 자회사에 해당하게 되고 자회사주식보유기준에는 미달하는 경우로서 그 회사가 자회사에 해당하게 된 날부터 1년 이내인 경우
바. 자회사를 자회사에 해당하지 아니하게 하는 과정에서 자회사주식보유기준에 미달하게 된 경우로서 그 미달하게 된 날부터 1년 이내인 경우(같은 기간 내에 자회사에 해당하지 아니하게 된 경우로 한정한다)
사. 자회사가 다른 회사와 합병하여 자회사주식보유기준에 미달하게 된 경우로서 그 미달하게 된 날부터 1년 이내인 경우

3. 계열회사가 아닌 국내 회사(「사회기반시설에 대한 민간투자법」 제4조제1호부터 제4호까지의 규정에서 정한 방식으로 민간투자사업을 영위하는 회사는 제외한다. 이하 이 호에서 같다)의 주식을 그 회사 발행주식총수의 100분의 5를 초과하여 소유하는 행위(벤처지주회사 또는 소유하고 있는 계열회사가 아닌 국내 회사의 주식가액의 합계액이 자회사의 주식가액의 합계액의 100분의 15 미만인 지주회사에는 적용하지 아니한다) 또는 자회사 외의 국내 계열회사의 주식을 소유하는 행위. 다만, 다음 각 목의 어느 하나에 해당하는 사유로 주식을 소유하고 있는 계열회사가 아닌 국내 회사나 국내 계열회사의 경우는 예외로 한다.
가. 지주회사로 전환하거나 설립될 당시에 이 호 본문에서 규정하고 있는 행위에 해당하는 경우로서 지주회사로 전환하거나 설립된 날부터 2년 이내인 경우
나. 계열회사가 아닌 회사를 자회사에 해당하게 하는 과정에서 이 호 본문에서 규정하고 있는 행위에 해당하게 된 날부터 1년 이내인 경우(같은 기간 내에 자회사에 해당하게 된 경우로 한정한다)
다. 주식을 소유하고 있지 아니한 국내 계열회사를 자회사에 해당하게 하는 과정에서 그 국내 계열회사 주식을 소유하게 된 날부터 1년 이내인 경우(같은 기간 내에 자회사에 해당하게 된 경우로 한정한다)
라. 자회사를 자회사에 해당하지 아니하게 하는 과정에서 그 자회사가 자회사에 해당하지 아니하게 된 날부터 1년 이내인 경우

4. 금융업 또는 보험업을 영위하는 자회사의 주식을 소유하는 지주회사(이하 "금융지주회사"라 한다)인 경우 금융업 또는 보험업을 영위하는 회사(금융업 또는 보험업과 밀접한 관련이 있는 등 대통령령으로 정하는 기준에 해당하는 회사를 포함한다) 외의 국내 회사의 주식을 소유하는 행위. 다만, 금융지주회사로 전환하거나 설립될 당시에 금융업 또는 보험업을 영위하는 회사 외의 국내 회사 주식을 소유하고 있을 때에는 금융지주회사로 전환하거나 설립된 날부터 2년간은 그 국내 회사의 주식을 소유할 수 있다.

5. 금융지주회사 외의 지주회사(이하 "일반지주회사"라 한다)인 경우 금융업 또는 보험업을 영위하는 국내 회사의 주식을 소유하는 행위. 다만, 일반지주회사로 전환하거나 설립될 당시에 금융업 또는 보험업을 영위하는 국내 회사의 주식을 소유하고 있을 때에는 일반지주회사로 전환하거나 설립된 날부터 2년간은 그 국내 회사의 주식을 소유할 수 있다.

③ 일반지주회사의 자회사는 다음 각 호의 어느 하나에 해당하는 행위를 하여서는 아니 된다.

1. 손자회사의 주식을 그 손자회사 발행주식총수의 100분의 50〔그 손자회사가 상장법인 또는 국외상장법인이거나 공동출자법인인 경우에는 100분의 30으로 하고, 벤처지주회사(일반지주회사의 자회사인 벤처지주회사로 한정한다)의 자회사인 경우에는 100분의 20으로 한다. 이하 이 조에서 "손자회사주식보유기준"이라 한다〕 미만으로 소유하는 행위. 다만, 다음 각 목의 어느 하나에 해당하는 사유로 손자회사주식보유기준에 미달하게 된 경우는 예외로 한다.
가. 자회사가 될 당시에 손자회사의 주식을 손자회사주식보유기준 미만으로 소유하고 있는 경우로서 자회사에 해당하게 된 날부터 2년 이내인 경우
나. 상장법인 또는 국외상장법인이거나 공동출자법인이었던 손자회사가 그에 해당하지 아니하게 되어 손자회사주식보유기준에 미달하게 된 경우로서 그 해당하지 아니하게 된 날부터 1년 이내인 경우
다. 일반지주회사의 자회사인 벤처지주회사였던 회사가 벤처지주회사에 해당하지 아니한 자회사가 됨에 따라 손자회사주식보유기준에 미달하게 된 경우로서 그 해당하지 아니한 자회사가 된 날부터 1년 이내인 경우
라. 손자회사가 주식을 모집하거나 매출하면서 「자본시장과 금융투자업에 관한 법률」 제165조의7에 따라 우리사주조합에 우선 배정하거나 그 손자회사가 「상법」 제513조 또는 제516조의2에 따라 발행한 전환사채 또는 신주인수권부사채의 전환이 청구되거나 신주인수권이 행사되어 손자회사주식보유기준에 미달하게 된 경우로서 그 미달하게 된 날부터 1년 이내인 경우
마. 손자회사가 아닌 회사가 손자회사에 해당하게 되고 손자회사주식보유기준에는 미달하는 경우로서 그 회사가 손자회사에 해당하게 된 날부터 1년 이내인 경우
바. 손자회사를 손자회사에 해당하지 아니하게 하는 과정에서 손자회사주식보유기준에 미달하게 된 경우로서 그 미달하게 된 날부터 1년 이내인 경우(같은 기간 내에 손자회사에 해당하지 아니하게 된 경우로 한정한다)
사. 손자회사가 다른 회사와 합병하여 손자회사주식보유기준에 미달하게 된 경우로서 그 미달하게 된 날부터 1년 이내인 경우

2. 손자회사가 아닌 국내 계열회사의 주식을 소유하는 행위. 다만, 다음 각 목의 어느 하나에 해당하는 사유로 주식을 소유하고 있는 국내 계열회사의 경우는 예외로 한다.
가. 자회사가 될 당시에 주식을 소유하고 있는 국내 계열회사의 경우로서 자회사에 해당하게 된 날부터 2년 이내인 경우
나. 계열회사가 아닌 회사를 손자회사에 해당하게 하는 과정에서 그 회사가 계열회사에 해당하게 된 날부터 1년 이내인 경우(같은 기간 내에 손자회사에 해당하게 된 경우로 한정한다)
다. 주식을 소유하고 있지 아니한 국내 계열회사를 손자회사에 해당하게 하는 과정에서 그 국내 계열회사의 주식을 소유하게 된 날부터 1년 이내인 경우(같은 기간 내에 손자회사에 해당하게 된 경우로 한정한다)
라. 손자회사를 손자회사에 해당하지 아니하게 하는 과정에서 그 손자회사가 손자회사에 해당하지 아니하게 된 날부터 1년 이내인 경우(같은 기간 내에 계열회사에 해당하지 아니하게 된 경우로 한정한다)
마. 손자회사가 다른 자회사와 합병하여 그 다른 자회사의 주식을 소유하게 된 경우로서 주식을 소유한 날부터 1년 이내인 경우
바. 자기주식을 보유하고 있는 자회사가 회사분할로 다른 국내 계열회사의 주식을 소유하게 된 경우로서 주식을 소유한 날부터 1년 이내인 경우

3. 금융업이나 보험업을 영위하는 회사를 손자회사로 지배하는 행위. 다만, 일반지주회사의 자회사가 될 당시에 금융업이나 보험업을 영위하는 회사를 손자회사로 지배하고 있는 경우에는 자회사에 해당하게 된 날부터 2년간 그 손자회사를 지배할 수 있다.

④ 일반지주회사의 손자회사는 국내 계열회사의 주식을 소유해서는 아니 된다. 다만, 다음 각 호의 어느 하나에 해당하는 경우에는 그러하지 아니하다.
1. 손자회사가 될 당시에 주식을 소유하고 있는 국내 계열회사의 경우로서 손자회사에 해당하게 된 날부터 2년 이내인 경우
2. 주식을 소유하고 있는 계열회사가 아닌 국내 회사가 계열회사에 해당하게 된 경우로서 그 회사가 계열회사에 해당하게 된 날부터 1년 이내인 경우
3. 자기주식을 소유하고 있는 손자회사가 회사분할로 다른 국내 계열회사의 주식을 소유하게 된 경우로서 주식을 소유한 날부터 1년 이내인 경우
4. 손자회사가 국내 계열회사(금융업 또는 보험업을 영위하는 회사는 제외한다) 발행주식총수를 소유하고 있는 경우
5. 손자회사가 벤처지주회사인 경우 그 손자회사가 국내 계열회사(금융업 또는 보험업을 영위하는 회사는 제외한다) 발행주식총수의 100분의 50 이상을 소유하는 경우
⑤ 제4항제4호 또는 제5호에 따라 손자회사가 주식을 소유하고 있는 회사(이하 "증손회사"라 한다)는 국내 계열회사의 주식을 소유해서는 아니 된다. 다만, 다음 각 호의 어느 하나에 해당하는 경우에는 그러하지 아니하다.
1. 증손회사가 될 당시에 주식을 소유하고 있는 국내 계열회사인 경우로서 증손회사에 해당하게 된 날부터 2년 이내인 경우
2. 주식을 소유하고 있는 계열회사가 아닌 국내 회사가 계열회사에 해당하게 된 경우로서 그 회사가 계열회사에 해당하게 된 날부터 1년 이내인 경우
3. 일반지주회사의 손자회사인 벤처지주회사였던 회사가 제1항제2호에 따른 기준에 해당하지 아니하게 되어 제4항제5호의 주식보유기준에 미달하게 된 경우로서 그 해당하지 아니하게 된 날부터 1년 이내인 경우
⑥ 제2항제1호 단서, 같은 항 제2호가목, 같은 항 제3호가목, 같은 항 제4호 단서, 같은 항 제5호 단서, 제3항제1호가목, 같은 항 제2호가목, 같은 항 제3호 단서, 제4항제1호 및 제5항제1호를 적용할 때 각 해당 규정의 유예기간은 주식가격의 급격한 변동 등 경제여건의 변화, 주식처분금지계약, 사업의 현저한 손실 또는 그 밖의 사유로 부채액을 감소시키거나 주식의 취득·처분 등이 곤란한 경우 공정거래위원회의 승인을 받아 2년을 연장할 수 있다.
⑦ 지주회사는 대통령령으로 정하는 바에 따라 해당 지주회사·자회사·손자회사 및 증손회사(이하 "지주회사등"이라 한다)의 주식소유 현황·재무상황 등 사업내용에 관한 보고서를 공정거래위원회에 제출하여야 한다.

제19조【상호출자제한기업집단의 지주회사 설립제한】 제31조제1항 전단에 따라 지정된 상호출자제한기업집단(이하 "상호출자제한기업집단"이라 한다)에 속하는 회사를 지배하는 동일인 또는 해당 동일인의 특수관계인이 지주회사를 설립하거나 지주회사로 전환하려는 경우에는 다음 각 호에 해당하는 채무보증을 해소하여야 한다.
1. 지주회사와 자회사 간의 채무보증
2. 지주회사와 다른 국내 계열회사(그 지주회사가 지배하는 자회사는 제외한다) 간의 채무보증
3. 자회사 상호 간의 채무보증
4. 자회사와 다른 국내 계열회사(그 자회사를 지배하는 지주회사 및 그 지주회사가 지배하는 다른 자회사는 제외한다) 간의 채무보증

제20조【일반지주회사의 금융회사 주식 소유 제한에 관한 특례】 ① 일반지주회사는 제18조제2항제5호에도 불구하고 「벤처투자 촉진에 관한 법률」에 따른 벤처투자회사(이하 이 조에서 "벤처투자회사"라 한다) 및 「여신전문금융업법」에 따른 신기술사업금융전문회사(이하 이 조에서 "신기술사업금융전문회사"라 한다)의 주식을 소유할 수 있다.(2023.6.20 본항개정)
② 제1항에 따라 일반지주회사가 벤처투자회사 및 신기술사업금융전문회사의 주식을 소유하는 경우에는 벤처투자회사 및 신기술사업금융전문회사의 발행주식총수를 소유하여야 한다. 다만, 다음 각 호의 어느 하나에 해당하는 경우에는 그러하지 아니하다.
1. 계열회사가 아닌 벤처투자회사 및 신기술사업금융전문회사를 자회사에 해당하게 하는 과정에서 해당 벤처투자회사 및 신기술사업금융전문회사 주식을 발행주식총수 미만으로 소유하고 있는 경우로서 해당 회사의 주식을 보유하게 된 날부터 1년 이내인 경우(1년 이내에 발행주식총수를 보유하게 되는 경우에 한정한다)
2. 자회사인 벤처투자회사 및 신기술사업금융전문회사를 자회사에 해당하지 아니하게 하는 과정에서 해당 벤처투자회사 및 신기술사업금융전문회사 주식을 발행주식총수 미만으로 소유하게 된 날부터 1년 이내인 경우(발행주식총수 미만으로 소유하게 된 날부터 1년 이내에 모든 주식을 처분한 경우에 한정한다)
(2023.6.20 본항개정)
③ 제1항에 따라 일반지주회사가 주식을 소유한 벤처투자회사 및 신기술사업금융전문회사는 다음 각 호의 어느 하나에 해당하는 행위를 하여서는 아니 된다. 다만, 제2항 각 호의 어느 하나에 해당하는 경우에는 제1호부터 제5호까지의 규정을 적용하지 아니한다.(2023.6.20 본문개정)
1. 자본총액의 2배를 초과하는 부채액을 보유하는 행위
2. 벤처투자회사인 경우 「벤처투자 촉진에 관한 법률」 제37조제1항 각 호 이외의 금융업 또는 보험업을 영위하는 행위
(2023.6.20 본호개정)
3. 신기술사업금융전문회사인 경우 「여신전문금융업법」 제41조제1항제1호, 제3호부터 제5호까지의 규정 이외의 금융업 또는 보험업을 영위하는 행위
4. 다음 각 목의 어느 하나에 해당하는 투자조합(「벤처투자 촉진에 관한 법률」 제2조제11호에 따른 벤처투자조합 및 「여신전문금융업법」 제2조제14호의5에 따른 신기술사업투자조합을 말한다. 이하 이 조에서 같다)을 설립하는 행위
가. 자신이 소속된 기업집단 소속 회사가 아닌 자가 출자금 총액의 100분의 40 이내에서 대통령령으로 정하는 비율을 초과하여 출자한 투자조합
나. 자신이 소속된 기업집단 소속 회사 중 금융업 또는 보험업을 영위하는 회사가 출자한 투자조합
다. 자신의 특수관계인(동일인 및 그 친족에 한정한다)이 출자한 투자조합(동일인이 자연인인 기업집단에 한정한다)
5. 다음 각 목의 어느 하나에 해당하는 투자(「벤처투자 촉진에 관한 법률」 제2조제1호 각 목의 어느 하나에 해당하는 것을 말한다)를 하는 행위(투자조합의 업무집행을 통한 투자를 포함한다)
가. 자신이 소속된 기업집단 소속 회사에 투자하는 행위
나. 자신의 특수관계인(동일인 및 그 친족에 한정한다)이 출자한 회사에 투자하는 행위
다. 공시대상기업집단 소속 회사에 투자하는 행위
라. 총자산(운용 중인 모든 투자조합의 출자금액을 포함한다)의 100분의 20을 초과하는 금액을 해외 기업에 투자하는 행위
6. 자신(자신이 업무를 집행하는 투자조합을 포함한다)이 투자한 회사의 주식, 채권 등을 자신의 특수관계인(동일인 및 그 친족에 한정한다) 및 특수관계인이 투자한 회사로서 지주회사 등이 아닌 계열회사가 취득 또는 소유하도록 하는 행위
④ 일반지주회사는 제1항에 따라 벤처투자회사 및 신기술사업금융전문회사의 주식을 소유하는 경우에 해당 주식을 취득 또는 소유한 날부터 4개월 이내에 그 사실을 공정거래위원회가 정하여 고시하는 바에 따라 공정거래위원회에 보고하여야 한다.(2023.6.20 본항개정)
⑤ 일반지주회사의 자회사인 벤처투자회사 및 신기술사업금융전문회사는 자신 및 자신이 운용중인 모든 투자조합의 투자 현황, 출자자 내역 등을 공정거래위원회가 정하여 고시하는 바에 따라 공정거래위원회에 보고하여야 한다.(2023.6.20 본항개정)

제21조【상호출자의 금지 등】 ① 상호출자제한기업집단에 속하는 국내 회사는 자기의 주식을 취득 또는 소유하고 있는 국내 계열회사의 주식을 취득 또는 소유해서는 아니 된다. 다만, 다음 각 호의 어느 하나에 해당하는 경우에는 그러하지 아니하다.
1. 회사의 합병 또는 영업전부의 양수
2. 담보권의 실행 또는 대물변제의 수령

② 제1항 각 호 외의 부분 단서에 따라 출자를 한 회사는 그 주식을 취득 또는 소유한 날부터 6개월 이내에 처분하여야 한다. 다만, 자기의 주식을 취득 또는 소유하고 있는 국내 계열회사가 그 주식을 처분한 경우에는 그러하지 아니하다.
③ 상호출자제한기업집단에 속하는 국내 회사로서 「벤처투자 촉진에 관한 법률」에 따른 벤처투자회사는 국내 계열회사주식을 취득 또는 소유해서는 아니 된다.(2023.6.20 본항개정)

제22조【순환출자의 금지】 ① 상호출자제한기업집단에 속하는 국내 회사는 순환출자를 형성하는 계열출자(국내 계열회사에 대한 계열출자로 한정한다. 이하 같다)를 하여서는 아니 되고, 상호출자제한기업집단 소속 회사 중 순환출자 관계에 있는 국내 계열회사는 계열출자대상회사에 대한 추가적인 계열출자〔계열출자회사가 「상법」 제418조제1항에 따른 신주배정 또는 제462조의2제1항에 따른 주식배당(이하 "신주배정등"이라 한다)에 따라 취득 또는 소유한 주식 중에서 신주배정등이 있기 전 자신의 지분율 범위의 주식, 순환출자회사집단에 속하는 국내 계열회사 간 합병에 따른 계열출자는 제외한다〕를 하여서는 아니 된다. 다만, 다음 각 호의 어느 하나에 해당하는 경우에는 그러하지 아니하다.
1. 회사의 합병·분할, 주식의 포괄적 교환·이전 또는 영업전부의 양수
2. 담보권의 실행 또는 대물변제의 수령
3. 계열출자회사가 신주배정등에 따라 취득 또는 소유한 주식 중에서 다른 주주의 실권(失權) 등에 따라 신주배정등이 있기 전 자신의 지분율 범위를 초과하여 취득 또는 소유한 계열출자대상회사의 주식이 있는 경우
4. 「기업구조조정 촉진법」 제8조제1항에 따라 부실징후기업의 관리절차를 개시한 회사에 대하여 같은 법 제24조제2항에 따라 금융채권자협의회가 의결하여 동일인(친족을 포함한다)의 재산출연 또는 부실징후기업의 주주인 계열출자회사의 유상증자 참여(채권의 출자전환을 포함한다)를 결정한 경우
5. 「기업구조조정 촉진법」 제2조제2호의 금융채권자가 같은 조 제7호에 따른 부실징후기업과 기업개선계획의 이행을 위한 약정을 체결하고 금융채권자협의회의 의결로 동일인(친족을 포함한다)의 재산출연 또는 부실징후기업의 주주인 계열출자회사의 유상증자 참여(채권의 출자전환을 포함한다)를 결정한 경우

② 제1항 각 호 외의 부분 단서에 따라 계열출자를 한 회사는 다음 각 호의 구분에 따른 기간 내에 취득 또는 소유한 해당 주식(제1항제3호부터 제5호까지의 규정에 따른 경우는 신주배정등의 결정, 재산출연 또는 유상증자 결정이 있기 전 지분율 초과분을 말한다)을 처분하여야 한다. 다만, 순환출자회사집단에 속한 다른 회사 중 하나가 취득 또는 소유하고 있는 계열출자대상회사의 주식을 처분하여 제1항에 따른 계열출자로 형성되거나 강화된 순환출자가 해소된 경우에는 그러하지 아니하다.
1. 제1항제1호 또는 제2호에 따라 계열출자를 한 회사 : 해당 주식을 취득 또는 소유한 날부터 6개월
2. 제1항제3호에 따라 계열출자를 한 회사 : 해당 주식을 취득 또는 소유한 날부터 1년
3. 제1항제4호 또는 제5호에 따라 계열출자를 한 회사 : 해당 주식을 취득 또는 소유한 날부터 3년

제23조【순환출자에 대한 의결권 제한】 ① 상호출자제한기업집단에 속하는 국내 회사로서 순환출자를 형성하는 계열출자를 한 회사는 상호출자제한기업집단 지정일 당시 취득 또는 소유하고 있는 순환출자회사집단 내의 계열출자대상회사 주식에 대하여 의결권을 행사할 수 없다.
② 순환출자회사집단에 속한 다른 국내 회사 중 하나가 취득 또는 소유하고 있는 계열출자대상회사의 주식을 처분함으로써 기존에 형성된 순환출자를 해소한 경우에는 제1항을 적용하지 아니한다.

제24조【계열회사에 대한 채무보증의 금지】 상호출자제한기업집단에 속하는 국내 회사(금융업 또는 보험업을 영위하는 회사는 제외한다)는 채무보증을 하여서는 아니 된다. 다만, 다음 각 호의 어느 하나에 해당하는 채무보증의 경우에는 그러하지 아니하다.
1. 「조세특례제한법」에 따른 합리화기준에 따라 인수되는 회사의 채무와 관련된 채무보증
2. 기업의 국제경쟁력 강화를 위하여 필요한 경우 등 대통령령으로 정하는 경우에 대한 채무보증

제25조【금융회사·보험회사 및 공익법인의 의결권 제한】 ① 상호출자제한기업집단에 속하는 국내 회사로서 금융업 또는 보험업을 영위하는 회사는 취득 또는 소유하고 있는 국내 계열회사 주식에 대하여 의결권을 행사할 수 없다. 다만, 다음 각 호의 어느 하나에 해당하는 경우에는 그러하지 아니하다.
1. 금융업 또는 보험업을 영위하기 위하여 주식을 취득 또는 소유하는 경우
2. 보험자산의 효율적인 운용·관리를 위하여 「보험업법」 등에 따른 승인 등을 받아 주식을 취득 또는 소유하는 경우
3. 해당 국내 계열회사(상장법인으로 한정한다)의 주주총회에서 다음 각 목의 어느 하나에 해당하는 사항을 결의하는 경우. 이 경우 그 계열회사의 주식 중 의결권을 행사할 수 있는 주식의 수는 그 계열회사에 대하여 특수관계인 중 대통령령으로 정하는 자를 제외한 자가 행사할 수 있는 주식수를 합하여 그 계열회사 발행주식총수(「상법」 제344조의3제1항 및 제369조제2항·제3항의 의결권 없는 주식의 수는 제외한다. 이하 이 조에서 같다)의 100분의 15를 초과할 수 없다.
 가. 임원의 선임 또는 해임
 나. 정관 변경
 다. 그 계열회사의 다른 회사로의 합병, 영업의 전부 또는 주요 부분의 다른 회사로의 양도. 다만, 그 다른 회사가 계열회사인 경우는 제외한다.

② 상호출자제한기업집단에 속하는 회사를 지배하는 동일인의 특수관계인에 해당하는 공익법인(「상속세 및 증여세법」 제16조에 따른 공익법인등을 말한다. 이하 같다)은 취득 또는 소유하고 있는 주식 중 그 동일인이 지배하는 국내 계열회사 주식에 대하여 의결권을 행사할 수 없다. 다만, 다음 각 호의 어느 하나에 해당하는 경우에는 그러하지 아니하다.
1. 공익법인이 해당 국내 계열회사 발행주식총수를 소유하고 있는 경우
2. 해당 국내 계열회사(상장법인으로 한정한다)의 주주총회에서 다음 각 목의 어느 하나에 해당하는 사항을 결의하는 경우. 이 경우 그 계열회사의 주식 중 의결권을 행사할 수 있는 주식의 수는 그 계열회사에 대하여 특수관계인 중 대통령령으로 정하는 자를 제외한 자가 행사할 수 있는 주식수를 합하여 그 계열회사 발행주식총수의 100분의 15를 초과할 수 없다.
 가. 임원의 선임 또는 해임
 나. 정관 변경
 다. 그 계열회사의 다른 회사로의 합병, 영업의 전부 또는 주요 부분의 다른 회사로의 양도. 다만, 그 다른 회사가 계열회사인 경우는 제외한다.

제26조【대규모내부거래의 이사회 의결 및 공시】 ① 제31조제1항 전단에 따라 지정된 공시대상기업집단(이하 "공시대상기업집단"이라 한다)에 속하는 국내 회사는 특수관계인(국외 계열회사는 제외한다. 이하 이 조에서 같다)을 상대방으로 하거나 특수관계인을 위하여 대통령령으로 정하는 규모 이상의 다음 각 호의 어느 하나에 해당하는 거래행위(이하 "대규모내부거래"라 한다)를 하려는 경우에는 미리 이사회의 의결을 거친 후 공시하여야 하며, 제2항에 따른 주요 내용을 변경하려는 경우에도 미리 이사회의 의결을 거친 후 공시하여야 한다.
1. 가지급금 또는 대여금 등의 자금을 제공 또는 거래하는 행위
2. 주식 또는 회사채 등의 유가증권을 제공 또는 거래하는 행위
3. 부동산 또는 무체재산권(無體財産權) 등의 자산을 제공 또는 거래하는 행위
4. 주주의 구성 등을 고려하여 대통령령으로 정하는 계열회사를 상대방으로 하거나 그 계열회사를 위하여 상품 또는 용역을 제공 또는 거래하는 행위

② 공시대상기업집단에 속하는 국내 회사는 제1항에 따라 공시를 할 때 거래의 목적·상대방·규모 및 조건 등 대통령령으로 정하는 주요 내용을 포함하여야 한다.
③ 제1항에 따른 공시는 「자본시장과 금융투자업에 관한 법률」 제161조에 따라 보고서를 제출받는 기관을 통하여 할 수 있다.

이 경우 공시의 방법, 절차 및 그 밖에 필요한 사항은 해당 기관과의 협의를 거쳐 공정거래위원회가 정한다.
④ 공시대상기업집단에 속하는 국내 회사 중 금융업 또는 보험업을 영위하는 회사가 약관에 따라 정형화된 거래로서 대통령령으로 정하는 기준에 해당하는 거래행위를 하는 경우에는 제1항에도 불구하고 이사회의 의결을 거치지 아니할 수 있다. 이 경우 그 거래내용은 공시하여야 한다.
⑤ 제1항의 경우에 상장법인이 「상법」 제393조의2에 따라 설치한 위원회(같은 법 제382조제3항에 따른 사외이사가 세 명 이상 포함되고, 사외이사의 수가 위원총수의 3분의 2 이상인 경우로 한정한다)에서 의결한 경우에는 이사회의 의결을 거친 것으로 본다.

제27조 【비상장회사 등의 중요사항 공시】 ① 공시대상기업집단에 속하는 국내 회사 중 자산총액 등이 대통령령으로 정하는 기준에 해당하는 회사(금융업 또는 보험업을 영위하는 회사는 제외한다)로서 상장법인을 제외한 회사는 다음 각 호의 어느 하나에 해당하는 사항을 공시하여야 한다. 다만, 제26조에 따라 공시되는 사항은 제외한다.
1. 대통령령으로 정하는 최대주주와 주요주주의 주식소유 현황 및 그 변동사항 등 회사의 소유지배구조와 관련된 중요사항(임원 현황 및 그 변동사항은 제외한다)으로서 대통령령으로 정하는 사항(2024.2.6 본호개정)
2. 자산·주식의 취득, 증여, 담보제공, 채무인수·면제 등 회사의 재무구조에 중요한 변동을 초래하는 사항으로서 대통령령으로 정하는 사항
3. 영업양도·양수, 합병·분할, 주식의 교환·이전 등 회사의 경영활동과 관련된 중요한 사항으로서 대통령령으로 정하는 사항
② 제1항의 공시에 관하여는 제26조제2항 및 제3항을 준용한다.

제28조 【기업집단현황 등에 관한 공시】 ① 공시대상기업집단에 속하는 국내 회사 중 자산총액 등이 대통령령으로 정하는 기준에 해당하는 회사는 그 기업집단의 다음 각 호의 어느 하나에 해당하는 사항으로서 대통령령으로 정하는 사항을 공시하여야 한다.
1. 일반 현황
2. 주식소유 현황
3. 지주회사등이 아닌 국내 계열회사 현황〔지주회사등의 자산총액 합계액이 기업집단 소속 국내 회사의 자산총액(금융업 또는 보험업을 영위하는 회사의 경우에는 자본총액 또는 자본금 중 큰 금액으로 한다) 합계액의 100분의 50 이상인 경우로 한정한다〕
4. 2개의 국내 계열회사가 서로의 주식을 취득 또는 소유하고 있는 상호출자 현황
5. 순환출자 현황
6. 채무보증 현황
7. 취득 또는 소유하고 있는 국내 계열회사 주식에 대한 의결권 행사(금융업 또는 보험업을 영위하는 회사의 주식에 대한 의결권 행사는 제외한다) 여부
8. 특수관계인과의 거래 현황
② 공시대상기업집단에 속하는 회사를 지배하는 동일인은 다음 각 호의 어느 하나에 해당하는 사항을 공시하여야 한다. 다만, 동일인이 의식불명 등 대통령령으로 정하는 사유로 공시할 수 없는 경우에는 그러하지 아니하다.
1. 특수관계인(자연인인 동일인 및 그 친족만을 말한다. 이하 이 호에서 같다)이 단독으로 또는 다른 특수관계인과 합하여 발행주식총수의 100분의 20 이상의 주식을 소유한 국외 계열회사의 주주 구성 등 대통령령으로 정하는 사항
2. 공시대상기업집단에 속하는 국내 회사의 주식을 직접 또는 대통령령으로 정하는 방법으로 소유하고 있는 국외 계열회사의 주식소유 현황 등에 관한 사항으로서 대통령령으로 정하는 사항 및 그 국외 계열회사가 하나 이상 포함된 순환출자 현황
③ 제1항 및 제2항에 따른 공시에 관하여는 제26조제2항 및 제3항을 준용한다.
④ 제1항 및 제2항에 따른 공시의 시기·방법 및 절차에 관하여 제3항에 규정된 것 외에 필요한 사항은 대통령령으로 정한다.

제29조 【특수관계인인 공익법인의 이사회 의결 및 공시】 ① 공시대상기업집단에 속하는 회사를 지배하는 동일인의 특수관계인에 해당하는 공익법인은 다음 각 호의 어느 하나에 해당하는 거래행위를 하거나 주요 내용을 변경하려는 경우에는 미리 이사회 의결을 거친 후 이를 공시하여야 한다.
1. 해당 공시대상기업집단에 속하는 국내 회사 주식의 취득 또는 처분
2. 해당 공시대상기업집단의 특수관계인(국외 계열회사는 제외한다. 이하 이 조에서 같다)을 상대방으로 하거나 특수관계인을 위하여 하는 대통령령으로 정하는 규모 이상의 다음 각 목의 어느 하나에 해당하는 거래
가. 가지급금 또는 대여금 등의 자금을 제공 또는 거래하는 행위
나. 주식 또는 회사채 등의 유가증권을 제공 또는 거래하는 행위
다. 부동산 또는 무체재산권 등의 자산을 제공 또는 거래하는 행위
라. 주주의 구성 등을 고려하여 대통령령으로 정하는 계열회사를 상대방으로 하거나 그 계열회사를 위하여 상품 또는 용역을 제공 또는 거래하는 행위
② 제1항의 공시에 관하여는 제26조제2항 및 제3항을 준용한다.

제30조 【주식소유 현황 등의 신고】 ① 공시대상기업집단에 속하는 국내 회사는 대통령령으로 정하는 바에 따라 해당 회사의 주주의 주식소유 현황·재무상황 및 다른 국내 회사 주식의 소유현황을 공정거래위원회에 신고하여야 한다.
② 상호출자제한기업집단에 속하는 국내 회사는 대통령령으로 정하는 바에 따라 채무보증 현황을 국내 금융기관의 확인을 받아 공정거래위원회에 신고하여야 한다.
③ 제1항 및 제2항의 신고에 관하여는 제11조제11항 단서를 준용한다.

제31조 【상호출자제한기업집단 등의 지정 등】 ① 공정거래위원회는 대통령령으로 정하는 바에 따라 산정한 자산총액이 5조원 이상인 기업집단을 대통령령으로 정하는 바에 따라 공시대상기업집단으로 지정하고, 지정된 공시대상기업집단 중 자산총액이 국내총생산액의 1천분의 5에 해당하는 금액 이상인 기업집단을 대통령령으로 정하는 바에 따라 상호출자제한기업집단으로 지정한다. 이 경우 공정거래위원회는 지정된 기업집단에 속하는 국내 회사와 그 회사를 지배하는 동일인의 특수관계인인 공익법인에 지정 사실을 대통령령으로 정하는 바에 따라 통지하여야 한다.
② 제21조부터 제30조까지 및 제47조는 제1항 후단에 따른 통지(제32조제4항에 따른 편입 통지를 포함한다)를 받은 날부터 적용한다.
③ 제2항에도 불구하고 제1항에 따라 상호출자제한기업집단으로 지정되어 상호출자제한기업집단에 속하는 국내 회사로 통지를 받은 회사 또는 제32조제1항에 따라 상호출자제한기업집단의 국내 계열회사로 편입되어 상호출자제한기업집단에 속하는 국내 회사로 통지를 받은 회사가 통지받은 당시 제21조제1항·제3항 또는 제24조를 위반하고 있는 경우에는 다음 각 호의 구분에 따른다.
1. 제21조제1항 또는 제3항을 위반하고 있는 경우(취득 또는 소유하고 있는 주식을 발행한 회사가 새로 국내 계열회사로 편입되어 제21조제3항을 위반하게 되는 경우를 포함한다)에는 지정일 또는 편입일부터 1년간은 같은 항을 적용하지 아니한다.
2. 제24조를 위반하고 있는 경우(채무보증을 받고 있는 회사가 새로 계열회사로 편입되어 위반하게 되는 경우를 포함한다)에는 지정일 또는 편입일부터 2년간은 같은 조를 적용하지 아니한다. 다만, 이 항 각 호 외의 부분에 따른 회사에 「채무자 회생 및 파산에 관한 법률」에 따른 회생절차가 개시된 경우에는 회생절차의 종료일까지, 이 항 각 호 외의 부분에 따른 회사가 회생절차가 개시된 회사에 대하여 채무보증을 하고 있는 경우에는 그 채무보증에 한정하여 채무보증을 받고 있는 회사의 회생절차의 종료일까지는 제24조를 적용하지 아니한다.

④ 공정거래위원회는 회사 또는 해당 회사의 특수관계인에게 제1항에 따른 기업집단의 지정을 위하여 회사의 일반 현황, 회사의 주주 및 임원 구성, 특수관계인 현황, 주식소유 현황 등 대통령령으로 정하는 자료의 제출을 요청할 수 있다.
⑤ 공시대상기업집단에 속하는 국내 회사(청산 중에 있거나 1년 이상 휴업 중인 회사는 제외한다)는 공인회계사의 회계감사를 받아야 하며, 공정거래위원회는 공인회계사의 감사의견에 따라 수정한 재무상태표를 사용하여야 한다.(2025.1.21 본항개정)
⑥ 제1항에 따른 국내총생산액의 1천분의 5에 해당하는 금액의 산정 기준 및 방법과 그 밖에 필요한 사항은 대통령령으로 정한다.

제32조【계열회사 등의 편입 및 제외 등】 ① 공정거래위원회는 공시대상기업집단의 국내 계열회사로 편입하거나 국내 계열회사에서 제외하여야 할 사유가 발생한 경우에는 해당 회사(해당 회사의 특수관계인을 포함한다. 이하 이 조에서 같다)의 요청에 의하거나 직권으로 국내 계열회사에 해당하는지를 심사하여 국내 계열회사로 편입하거나 국내 계열회사에서 제외하고 그 내용을 해당 회사에 통지하여야 한다.
② 공정거래위원회는 공익법인을 공시대상기업집단에 속하는 회사를 지배하는 동일인의 특수관계인으로 편입하거나 제외하여야 할 사유가 발생한 경우에는 해당 공익법인(해당 공익법인의 특수관계인을 포함한다. 이하 이 조에서 같다)의 요청에 의하거나 직권으로 특수관계인에 해당하는지를 심사하여 특수관계인으로 편입하거나 특수관계인에서 제외하고 그 내용을 해당 공익법인에 통지하여야 한다.
③ 공정거래위원회는 제1항 또는 제2항에 따른 심사를 위하여 필요하다고 인정하는 경우에는 해당 회사 또는 공익법인에 주주 및 임원의 구성, 채무보증관계, 자금대차관계, 거래관계, 그 밖에 필요한 자료의 제출을 요청할 수 있다.
④ 공정거래위원회는 제1항 또는 제2항에 따라 심사를 요청받은 경우에는 30일 이내에 그 심사결과를 요청한 자에게 통지하여야 한다. 다만, 공정거래위원회가 필요하다고 인정할 경우에는 60일의 범위에서 그 기간을 연장할 수 있다.

제33조【계열회사의 편입·통지일의 의제】 공정거래위원회는 제31조제4항 또는 제32조제3항에 따른 요청을 받은 자가 정당한 이유 없이 자료제출을 거부하거나 거짓의 자료를 제출함으로써 공시대상기업집단의 국내 계열회사 또는 공시대상기업집단의 국내 계열회사를 지배하는 동일인의 특수관계인으로 편입되어야 함에도 불구하고 편입되지 아니한 경우에는 공시대상기업집단에 속하여야 할 사유가 발생한 날 등을 고려하여 대통령령으로 정하는 날에 그 공시대상기업집단의 국내 계열회사 또는 특수관계인으로 편입·통지된 것으로 본다.

제34조【관계 기관에 대한 자료의 확인요구 등】 공정거래위원회는 제21조부터 제25조까지 또는 제30조부터 제32조까지의 규정을 시행하기 위하여 필요하다고 인정하는 경우에는 다음 각 호의 어느 하나에 해당하는 기관에 공시대상기업집단의 국내 계열회사 주주의 주식소유 현황, 채무보증 관련 자료, 가지급금·대여금 또는 담보의 제공에 관한 자료, 부동산의 거래 또는 제공에 관한 자료 등 필요한 자료의 확인 또는 조사를 대통령령으로 정하는 바에 따라 요청할 수 있다.
1. 국세청
2. 「금융위원회의 설치 등에 관한 법률」 제24조에 따른 금융감독원
3. 제2조제18호 각 목에 따른 국내 금융기관
4. 그 밖에 금융 또는 주식의 거래에 관련되는 기관으로서 대통령령으로 정하는 기관

제35조【공시대상기업집단의 현황 등에 관한 정보공개】 ① 공정거래위원회는 과도한 경제력 집중을 방지하고 기업집단의 투명성 등을 제고하기 위하여 공시대상기업집단에 속하는 회사에 대한 다음 각 호의 정보를 공개할 수 있다.
1. 공시대상기업집단에 속하는 회사의 일반현황, 지배구조현황 등에 관한 정보로서 대통령령으로 정하는 정보
2. 공시대상기업집단에 속하는 회사 간 또는 공시대상기업집단에 속하는 회사와 그 특수관계인 간의 출자, 채무보증, 거래관계 등에 관한 정보로서 대통령령으로 정하는 정보
② 공정거래위원회는 제1항 각 호에 규정된 정보의 효율적 처리 및 공개를 위하여 정보시스템을 구축·운영할 수 있다.
③ 제1항 및 제2항에 규정된 사항 외의 정보공개에 관하여는 「공공기관의 정보공개에 관한 법률」에서 정하는 바에 따른다.

제36조【탈법행위의 금지】 ① 누구든지 제18조제2항부터 제5항까지 및 제19조부터 제25조까지의 규정을 회피하려는 행위를 하여서는 아니 된다.
② 제1항에 따른 탈법행위의 유형 및 기준은 대통령령으로 정한다.

제37조【시정조치 등】 ① 공정거래위원회는 제18조제2항부터 제5항까지, 제19조, 제20조제2항부터 제5항까지, 제21조부터 제29조까지 또는 제36조를 위반하거나 위반할 우려가 있는 행위가 있을 때에는 해당 사업자 또는 위반행위자에게 다음 각 호에 해당하는 시정조치를 명할 수 있다.
1. 해당 행위의 중지
2. 주식의 전부 또는 일부의 처분
3. 임원의 사임
4. 영업의 양도
5. 채무보증의 취소
6. 시정명령을 받은 사실의 공표
7. 공시의무의 이행 또는 공시내용의 정정
8. 그 밖에 법 위반상태를 시정하기 위하여 필요한 조치
② 공정거래위원회는 제19조를 위반한 회사의 합병 또는 설립이 있는 경우에는 해당 회사의 합병 또는 설립 무효의 소를 제기할 수 있다.
③ 합병, 분할, 분할합병 또는 새로운 회사의 설립 등에 따른 제1항 각 호의 시정조치에 관하여는 제7조제2항부터 제4항까지의 규정을 준용한다. 이 경우 "시장지배적사업자"는 "사업자"로 본다.

제38조【과징금】 ① 공정거래위원회는 제21조 또는 제22조를 위반하여 주식을 취득 또는 소유한 회사에 위반행위로 취득 또는 소유한 주식의 취득가액에 100분의 20을 곱한 금액을 초과하지 아니하는 범위에서 과징금을 부과할 수 있다.
② 공정거래위원회는 제24조를 위반하여 채무보증을 한 회사에 해당 법위반 채무보증액에 100분의 20을 곱한 금액을 초과하지 아니하는 범위에서 과징금을 부과할 수 있다.
③ 공정거래위원회는 제18조제2항부터 제5항까지, 제20조제2항 또는 제3항의 규정을 위반한 자에게 다음 각 호의 구분에 따른 금액에 100분의 20을 곱한 금액을 초과하지 아니하는 범위에서 과징금을 부과할 수 있다.
1. 제18조제2항제1호를 위반한 경우 : 대통령령으로 정하는 재무상태표(이하 이 항에서 "기준재무상태표"라 한다)상 자본총액의 2배를 초과한 부채액(2025.1.21 본호개정)
2. 제18조제2항제2호를 위반한 경우 : 해당 자회사 주식의 기준재무상태표상 장부가액의 합계액에 다음 각 목의 비율에서 그 자회사 주식의 소유비율을 뺀 비율을 곱한 금액을 그 자회사 주식의 소유비율로 나누어 산출한 금액(2025.1.21 본문개정)
   가. 해당 자회사가 상장법인 또는 국외상장법인이거나 공동출자법인인 경우에는 100분의 30
   나. 벤처지주회사의 자회사인 경우에는 100분의 20
   다. 가목 및 나목에 해당하지 아니하는 경우에는 100분의 50
3. 제18조제2항제3호부터 제5호까지, 같은 조 제3항제2호·제3호, 같은 조 제4항제1호부터 제4호까지 또는 같은 조 제5항을 위반한 경우 : 위반하여 소유하는 주식의 기준재무상태표상 장부가액의 합계액(2025.1.21 본호개정)
4. 제18조제3항제1호를 위반한 경우 : 해당 손자회사 주식의 기준재무상태표상 장부가액의 합계액에 다음 각 목의 비율에서 그 손자회사 주식의 소유비율을 뺀 비율을 곱한 금액을 그 손자회사 주식의 소유비율로 나누어 산출한 금액(2025.1.21 본문개정)
   가. 해당 손자회사가 상장법인 또는 국외상장법인이거나 공동출자법인인 경우에는 100분의 30
   나. 해당 손자회사가 벤처지주회사의 자회사인 경우에는 100분의 20

다. 가목 및 나목에 해당하지 아니하는 손자회사의 경우에는 100분의 50
5. 제18조제4항제5호를 위반한 경우 : 해당 손자회사인 벤처지주회사가 발행주식총수의 100분의 50 미만을 소유하고 있는 국내 계열회사 주식의 기준재무상태표상 장부가액의 합계액에 100분의 50의 비율에서 그 국내 계열회사 주식의 소유비율을 뺀 비율을 곱한 금액을 그 국내 계열회사 주식의 소유비율로 나누어 산출한 금액(2025.1.21 본호개정)
6. 제20조제2항을 위반한 경우 : 해당 자회사 주식의 기준재무상태표상 장부가액의 합계액을 그 자회사 주식의 소유비율로 나눈 금액에 해당 자회사 발행주식 중 자신이 보유하지 않은 주식의 비율을 곱하여 산출한 금액(2025.1.21 본호개정)
7. 제20조제3항제1호를 위반한 경우 : 기준재무상태표상 자본총액의 2배를 초과한 부채액(2025.1.21 본호개정)
8. 제20조제3항제4호를 위반한 경우 : 위반에 해당하는 만큼의 출자금액
9. 제20조제3항제5호를 위반한 경우 : 위반하여 소유하는 주식, 채권 등의 기준재무상태표상 장부가액의 합계액(2025.1.21 본호개정)
10. 제20조제3항제6호를 위반한 경우 : 위반하여 소유하도록 한 주식, 채권 등의 기준재무상태표상 장부가액의 합계액(2025.1.21 본호개정)

제39조【시정조치의 이행확보】 ① 제21조 또는 제22조를 위반하여 상호출자 또는 순환출자를 한 주식에 대해서는 그 시정조치를 부과받은 날부터 법 위반상태가 해소될 때까지 해당 주식 전부에 대하여 의결권을 행사할 수 없다.
② 제37조제1항에 따른 주식처분명령을 받은 자는 그 명령을 받은 날부터 해당 주식에 대하여 의결권을 행사할 수 없다.

제5장 부당한 공동행위의 제한

제40조【부당한 공동행위의 금지】 ① 사업자는 계약·협정·결의 또는 그 밖의 어떠한 방법으로도 다른 사업자와 공동으로 부당하게 경쟁을 제한하는 다음 각 호의 어느 하나에 해당하는 행위를 할 것을 합의(이하 "부당한 공동행위"라 한다)하거나 다른 사업자로 하여금 이를 하도록 하여서는 아니 된다.
1. 가격을 결정·유지 또는 변경하는 행위
2. 상품 또는 용역의 거래조건이나, 그 대금 또는 대가의 지급조건을 정하는 행위
3. 상품의 생산·출고·수송 또는 거래의 제한이나 용역의 거래를 제한하는 행위
4. 거래지역 또는 거래상대방을 제한하는 행위
5. 생산 또는 용역의 거래를 위한 설비의 신설 또는 증설이나 장비의 도입을 방해하거나 제한하는 행위
6. 상품 또는 용역의 생산·거래 시에 그 상품 또는 용역의 종류·규격을 제한하는 행위
7. 영업의 주요 부문을 공동으로 수행·관리하거나 수행·관리하기 위한 회사 등을 설립하는 행위
8. 입찰 또는 경매를 할 때 낙찰자, 경락자, 입찰가격, 낙찰가격 또는 경락가격, 그 밖에 대통령령으로 정하는 사항을 결정하는 행위
9. 그 밖의 행위로서 다른 사업자(그 행위를 한 사업자를 포함한다)의 사업활동 또는 사업내용을 방해·제한하거나 가격, 생산량, 그 밖에 대통령령으로 정하는 정보를 주고받음으로써 일정한 거래분야에서 경쟁을 실질적으로 제한하는 행위
② 제1항은 부당한 공동행위가 다음 각 호의 어느 하나에 해당하는 목적을 위하여 하는 경우로서 대통령령으로 정하는 요건에 해당하고 공정거래위원회의 인가를 받은 경우에는 적용하지 아니한다.
1. 불황극복을 위한 산업구조조정
2. 연구·기술개발
3. 거래조건의 합리화
4. 중소기업의 경쟁력향상
③ 제2항에 따른 인가의 기준·방법·절차 및 인가사항변경 등에 관하여 필요한 사항은 대통령령으로 정한다.
④ 부당한 공동행위를 할 것을 약정하는 계약 등은 해당 사업자 간에는 그 효력을 무효로 한다.
⑤ 제1항 각 호의 어느 하나에 해당하는 행위를 하는 둘 이상의 사업자가 다음 각 호의 어느 하나에 해당하는 경우에는 그 사업자들 사이에 공동으로 제1항 각 호의 어느 하나에 해당하는 행위를 할 것을 합의한 것으로 추정한다.
1. 해당 거래분야, 상품·용역의 특성, 해당 행위의 경제적 이유 및 파급효과, 사업자 간 접촉의 횟수·양태 등 제반 사정에 비추어 그 행위를 그 사업자들이 공동으로 한 것으로 볼 수 있는 상당한 개연성이 있을 때
2. 제1항 각 호의 행위(제9호의 행위 중 정보를 주고받음으로써 일정한 거래분야에서 경쟁을 실질적으로 제한하는 행위를 제외한다)에 필요한 정보를 주고받은 때
⑥ 부당한 공동행위에 관한 심사의 기준은 공정거래위원회가 정하여 고시한다.

제41조【공공부문 입찰 관련 부당한 공동행위를 방지하기 위한 조치】 ① 공정거래위원회는 국가·지방자치단체, 「공공기관의 운영에 관한 법률」에 따른 공공기관 또는 「지방공기업법」에 따른 지방공기업이 발주하는 입찰과 관련된 부당한 공동행위를 적발하거나 방지하기 위하여 중앙행정기관·지방자치단체, 「공공기관의 운영에 관한 법률」에 따른 공공기관 또는 「지방공기업법」에 따른 지방공기업의 장(이하 "공공기관의 장"이라 한다)에게 입찰 관련 자료의 제출과 그 밖의 협조를 요청할 수 있다.(2023.6.20 본항개정)
② 대통령령으로 정하는 공공기관의 장은 입찰공고를 하거나 낙찰자가 결정되었을 때에는 입찰 관련 정보를 공정거래위원회에 제출하여야 한다.
③ 제2항에 따라 공정거래위원회에 제출하여야 하는 입찰 관련 정보의 범위 및 제출 절차에 관하여는 대통령령으로 정한다.

제42조【시정조치】 ① 공정거래위원회는 부당한 공동행위가 있을 때에는 그 사업자에게 해당 행위의 중지, 시정명령을 받은 사실의 공표 또는 그 밖에 필요한 시정조치를 명할 수 있다.
② 합병, 분할, 분할합병 또는 새로운 회사의 설립 등에 따른 제1항의 시정조치에 관하여는 제7조제2항부터 제4항까지의 규정을 준용한다. 이 경우 "시장지배적사업자"는 "사업자"로 본다.

제43조【과징금】 공정거래위원회는 부당한 공동행위가 있을 때에는 그 사업자에게 대통령령으로 정하는 매출액에 100분의 20을 곱한 금액을 초과하지 아니하는 범위에서 과징금을 부과할 수 있다. 다만, 매출액이 없는 경우등에는 40억원을 초과하지 아니하는 범위에서 과징금을 부과할 수 있다.

제44조【자진신고자 등에 대한 감면 등】 ① 다음 각 호의 어느 하나에 해당하는 자(소속 전·현직 임직원을 포함한다)에 대해서는 제42조에 따른 시정조치나 제43조에 따른 과징금을 감경 또는 면제할 수 있고, 제129조에 따른 고발을 면제할 수 있다.
1. 부당한 공동행위의 사실을 자진신고한 자
2. 증거제공 등의 방법으로 공정거래위원회의 조사 및 심의·의결에 협조한 자
② 제1항에 따라 시정조치 또는 과징금을 감경 또는 면제받은 자가 그 감경 또는 면제받은 날부터 5년 이내에 새롭게 제40조제1항을 위반하는 경우에는 제1항에 따른 감경 또는 면제를 하지 아니한다.
③ 제1항에 따라 시정조치나 과징금을 감경 또는 면제받은 자가 그 부당한 공동행위와 관련된 재판에서 조사과정에서 진술한 내용과 달리 진술하는 등 대통령령으로 정하는 경우에 해당하는 경우에는 제1항에 따른 시정조치나 과징금의 감경 또는 면제를 취소할 수 있다.
④ 공정거래위원회 및 그 소속 공무원은 사건처리를 위하여 필요한 경우 등 대통령령으로 정하는 경우를 제외하고는 자진신고자 또는 공정거래위원회의 조사 및 심의·의결에 협조한 자의 신원·제보 내용 등 자진신고나 제보와 관련된 정보 및 자료를 사건 처리와 관계없는 자에게 제공하거나 누설해서는 아니 된다.
⑤ 제1항에 따라 시정조치 또는 과징금이 감경 또는 면제되는 자의 범위와 감경 또는 면제의 기준·정도 등과 제4항에 따른 정보 및 자료의 제공·누설 금지에 관한 세부 사항은 대통령령으로 정한다.

제6장 불공정거래행위, 재판매가격유지행위 및 특수관계인에 대한 부당한 이익제공의 금지

제45조【불공정거래행위의 금지】 ① 사업자는 다음 각 호의 어느 하나에 해당하는 행위로서 공정한 거래를 해칠 우려가 있는 행위(이하 "불공정거래행위"라 한다)를 하거나, 계열회사 또는 다른 사업자로 하여금 이를 하도록 하여서는 아니 된다.
1. 부당하게 거래를 거절하는 행위
2. 부당하게 거래의 상대방을 차별하여 취급하는 행위
3. 부당하게 경쟁자를 배제하는 행위
4. 부당하게 경쟁자의 고객을 자기와 거래하도록 유인하는 행위
5. 부당하게 경쟁자의 고객을 자기와 거래하도록 강제하는 행위
6. 자기의 거래상의 지위를 부당하게 이용하여 상대방과 거래하는 행위
7. 거래의 상대방의 사업활동을 부당하게 구속하는 조건으로 거래하는 행위
8. 부당하게 다른 사업자의 사업활동을 방해하는 행위
9. 부당하게 다음 각 목의 어느 하나에 해당하는 행위를 통하여 특수관계인 또는 다른 회사를 지원하는 행위
가. 특수관계인 또는 다른 회사에 가지급금·대여금·인력·부동산·유가증권·상품·용역·무체재산권 등을 제공하거나 상당히 유리한 조건으로 거래하는 행위
나. 다른 사업자와 직접 상품·용역을 거래하면 상당히 유리함에도 불구하고 거래상 실질적인 역할이 없는 특수관계인이나 다른 회사를 매개로 거래하는 행위
10. 그 밖의 행위로서 공정한 거래를 해칠 우려가 있는 행위

② 특수관계인 또는 회사는 다른 사업자로부터 제1항제9호에 해당할 우려가 있음에도 불구하고 해당 지원을 받는 행위를 하여서는 아니 된다.
③ 불공정거래행위의 유형 또는 기준은 대통령령으로 정한다.
④ 공정거래위원회는 제1항을 위반하는 행위를 예방하기 위하여 필요한 경우 사업자가 준수하여야 할 지침을 제정·고시할 수 있다.
⑤ 사업자 또는 사업자단체는 부당한 고객유인을 방지하기 위하여 자율적으로 규약(이하 "공정경쟁규약"이라 한다)을 정할 수 있다.
⑥ 사업자 또는 사업자단체는 공정거래위원회에 공정경쟁규약이 제1항제4호를 위반하는지에 대한 심사를 요청할 수 있다.

제46조【재판매가격유지행위의 금지】 사업자는 재판매가격유지행위를 하여서는 아니 된다. 다만, 다음 각 호의 어느 하나에 해당하는 경우에는 그러하지 아니하다.
1. 효율성 증대로 인한 소비자후생 증대효과가 경쟁제한으로 인한 폐해보다 큰 경우 등 재판매가격유지행위에 정당한 이유가 있는 경우
2. 「저작권법」 제2조제1호에 따른 저작물 중 관계 중앙행정기관의 장과의 협의를 거쳐 공정거래위원회가 고시하는 출판된 저작물(전자출판물을 포함한다)인 경우

제47조【특수관계인에 대한 부당한 이익제공 등 금지】 ① 공시대상기업집단(동일인이 자연인인 기업집단으로 한정한다)에 속하는 국내 회사는 특수관계인(동일인 및 그 친족으로 한정한다. 이하 이 조에서 같다), 동일인이 단독으로 또는 다른 특수관계인과 합하여 발행주식총수의 100분의 20 이상의 주식을 소유한 국내 계열회사 또는 그 계열회사가 단독으로 발행주식총수의 100분의 50을 초과하는 주식을 소유한 국내 계열회사와 다음 각 호의 어느 하나에 해당하는 행위를 통하여 특수관계인에게 부당한 이익을 귀속시키는 행위를 하여서는 아니 된다. 이 경우 다음 각 호에 해당하는 행위의 유형 및 기준은 대통령령으로 정한다.
1. 정상적인 거래에서 적용되거나 적용될 것으로 판단되는 조건보다 상당히 유리한 조건으로 거래하는 행위
2. 회사가 직접 또는 자신이 지배하고 있는 회사를 통하여 수행할 경우 회사에 상당한 이익이 될 사업기회를 제공하는 행위
3. 특수관계인과 현금이나 그 밖의 금융상품을 상당히 유리한 조건으로 거래하는 행위
4. 사업능력, 재무상태, 신용도, 기술력, 품질, 가격 또는 거래조건 등에 대한 합리적인 고려나 다른 사업자와의 비교 없이 상당한 규모로 거래하는 행위

② 기업의 효율성 증대, 보안성, 긴급성 등 거래의 목적을 달성하기 위하여 불가피한 경우로서 대통령령으로 정하는 거래에는 제1항제4호를 적용하지 아니한다.
③ 제1항에 따른 거래 또는 사업기회 제공의 상대방은 제1항 각 호의 어느 하나에 해당할 우려가 있음에도 불구하고 해당 거래를 하거나 사업기회를 제공받는 행위를 하여서는 아니 된다.
④ 특수관계인은 누구에게든지 제1항 또는 제3항에 해당하는 행위를 하도록 지시하거나 해당 행위에 관여해서는 아니 된다.

제48조【보복조치의 금지】 사업자는 제45조제1항의 불공정거래행위 및 제46조의 재판매가격유지행위와 관련하여 다음 각 호의 어느 하나에 해당하는 행위를 한 사업자에게 그 행위를 한 것을 이유로 거래의 정지 또는 물량의 축소, 그 밖에 불이익을 주는 행위를 하거나 계열회사 또는 다른 사업자로 하여금 이를 하도록 하여서는 아니 된다.
1. 제76조제1항에 따른 분쟁조정 신청
2. 제80조제2항에 따른 신고
3. 제81조에 따른 공정거래위원회의 조사에 대한 협조

제49조【시정조치】 ① 공정거래위원회는 제45조제1항·제2항, 제46조, 제47조 또는 제48조를 위반하는 행위가 있을 때에는 해당 사업자(제45조제2항 및 제47조의 경우에는 해당 특수관계인 또는 회사를 말한다)에게 해당 불공정거래행위, 재판매가격유지행위 또는 특수관계인에 대한 부당한 이익제공행위의 중지 및 재발방지를 위한 조치, 해당 보복조치의 금지, 계약조항의 삭제, 시정명령을 받은 사실의 공표, 그 밖에 필요한 시정조치를 명할 수 있다.
② 합병, 분할, 분할합병 또는 새로운 회사의 설립 등에 따른 제1항의 시정조치에 관하여는 제7조제2항부터 제4항까지의 규정을 준용한다. 이 경우 "시장지배적사업자"는 "사업자"로 본다.

제50조【과징금】 ① 공정거래위원회는 제45조제1항(제9호는 제외한다), 제46조 또는 제48조를 위반하는 행위가 있을 때에는 해당 사업자에게 대통령령으로 정하는 매출액에 100분의 4를 곱한 금액을 초과하지 아니하는 범위에서 과징금을 부과할 수 있다. 다만, 매출액이 없는 경우등에는 10억원을 초과하지 아니하는 범위에서 과징금을 부과할 수 있다.
② 공정거래위원회는 제45조제1항제9호 또는 같은 조 제2항, 제47조제1항 또는 제3항을 위반하는 행위가 있을 때에는 해당 특수관계인 또는 회사에 대통령령으로 정하는 매출액에 100분의 10을 곱한 금액을 초과하지 아니하는 범위에서 과징금을 부과할 수 있다. 다만, 매출액이 없는 경우등에는 40억원을 초과하지 아니하는 범위에서 과징금을 부과할 수 있다.

제7장 사업자단체

제51조【사업자단체의 금지행위】 ① 사업자단체는 다음 각 호의 어느 하나에 해당하는 행위를 하여서는 아니 된다.
1. 제40조제1항 각 호의 행위로 부당하게 경쟁을 제한하는 행위
2. 일정한 거래분야에서 현재 또는 장래의 사업자 수를 제한하는 행위
3. 구성사업자(사업자단체의 구성원인 사업자를 말한다. 이하 같다)의 사업내용 또는 활동을 부당하게 제한하는 행위
4. 사업자에게 제45조제1항에 따른 불공정거래행위 또는 제46조에 따른 재판매가격유지행위를 하게 하거나 이를 방조하는 행위

② 제1항제1호에 따른 행위의 인가에 관하여는 제40조제2항 및 제3항을 준용한다. 이 경우 "사업자"는 "사업자단체"로 본다.
③ 공정거래위원회는 제1항을 위반하는 행위를 예방하기 위하여 필요한 경우 사업자단체가 준수하여야 할 지침을 제정·고시할 수 있다.
④ 공정거래위원회는 제3항의 지침을 제정하려는 경우에는 관계 행정기관의 장의 의견을 들어야 한다.

제52조【시정조치】 ① 공정거래위원회는 제51조를 위반하는 행위가 있을 때에는 그 사업자단체(필요한 경우 관련 구성사업자를 포함한다)에 해당 행위의 중지, 시정명령을 받은 사실의 공표, 그 밖에 필요한 시정조치를 명할 수 있다.
② 합병, 분할, 분할합병 또는 새로운 회사의 설립 등에 따른 제1항의 시정조치에 관하여는 제7조제2항부터 제4항까지의 규정을 준용한다. 이 경우 "시장지배적사업자"는 "사업자단체"로 본다.
제53조【과징금】 ① 공정거래위원회는 제51조제1항을 위반하는 행위가 있을 때에는 해당 사업자단체에 10억원의 범위에서 과징금을 부과할 수 있다.
② 공정거래위원회는 제51조제1항제1호를 위반하는 행위에 참가한 사업자에게 대통령령으로 정하는 매출액에 100분의 20을 곱한 금액을 초과하지 아니하는 범위에서 과징금을 부과할 수 있다. 다만, 매출액이 없는 경우등에는 40억원을 초과하지 아니하는 범위에서 과징금을 부과할 수 있다.
③ 공정거래위원회는 제51조제1항제2호부터 제4호까지의 규정을 위반하는 행위에 참가한 사업자에게 대통령령으로 정하는 매출액에 100분의 10을 곱한 금액을 초과하지 아니하는 범위에서 과징금을 부과할 수 있다. 다만, 매출액이 없는 경우등에는 20억원을 초과하지 아니하는 범위에서 과징금을 부과할 수 있다.

제8장 전담기구

제54조【공정거래위원회의 설치】 ① 이 법에 따른 사무를 독립적으로 수행하기 위하여 국무총리 소속으로 공정거래위원회를 둔다.
② 공정거래위원회는 「정부조직법」 제2조제2항에 따른 중앙행정기관으로서 소관 사무를 수행한다.
제55조【공정거래위원회의 소관 사무】 공정거래위원회의 소관 사무는 다음 각 호와 같다.
1. 시장지배적지위의 남용행위 규제에 관한 사항
2. 기업결합의 제한 및 경제력 집중의 억제에 관한 사항
3. 부당한 공동행위 및 사업자단체의 경쟁제한행위 규제에 관한 사항
4. 불공정거래행위, 재판매가격유지행위 및 특수관계인에 대한 부당한 이익제공의 금지행위 규제에 관한 사항
5. 경쟁제한적인 법령 및 행정처분의 협의·조정 등 경쟁촉진 정책에 관한 사항
6. 다른 법령에서 공정거래위원회의 소관으로 규정한 사항

제56조【공정거래위원회의 국제협력】 ① 정부는 대한민국의 법률 및 이익에 반하지 아니하는 범위에서 외국정부와 이 법의 집행을 위한 협정을 체결할 수 있다.
② 공정거래위원회는 제1항의 협정에 따라 외국정부의 법집행을 지원할 수 있다.
③ 공정거래위원회는 제1항의 협정이 체결되어 있지 아니한 경우에도 외국정부의 법집행 요청 시 동일하거나 유사한 사항에 관하여 대한민국의 지원요청에 따른다는 요청국의 보증이 있는 경우에는 지원할 수 있다.
제57조【공정거래위원회의 구성 등】 ① 공정거래위원회는 위원장 1명, 부위원장 1명을 포함하여 9명의 위원으로 구성하며, 그 중 4명은 비상임위원으로 한다.
② 공정거래위원회의 위원은 독점규제 및 공정거래 또는 소비자분야에 경험이나 전문지식이 있는 사람으로서 다음 각 호의 어느 하나에 해당하는 사람 중에서 위원장과 부위원장은 국무총리의 제청으로 대통령이 임명하고, 그 밖의 위원은 위원장의 제청으로 대통령이 임명하거나 위촉한다. 이 경우 위원장은 국회의 인사청문을 거쳐야 한다.
1. 2급 이상 공무원(고위공무원단에 속하는 일반직공무원을 포함한다)의 직에 있었던 사람
2. 판사·검사 또는 변호사의 직에 15년 이상 있었던 사람
3. 법률·경제·경영 또는 소비자 관련 분야 학문을 전공하고 대학이나 공인된 연구기관에서 15년 이상 근무한 자로서 부교수 이상 또는 이에 상당하는 직에 있었던 사람
4. 기업경영 및 소비자보호활동에 15년 이상 종사한 경력이 있는 사람

③ 위원장과 부위원장은 정무직으로 하고, 그 밖의 상임위원은 고위공무원단에 속하는 일반직공무원으로서 「국가공무원법」 제26조의5에 따른 임기제공무원으로 보(補)한다.
④ 위원장·부위원장 및 제70조에 따른 사무처의 장은 「정부조직법」 제10조에도 불구하고 정부위원이 된다.
제58조【회의의 구분】 공정거래위원회의 회의는 위원 전원으로 구성하는 회의(이하 "전원회의"라 한다)와 상임위원 1명을 포함하여 위원 3명으로 구성하는 회의(이하 "소회의"라 한다)로 구분한다.
제59조【전원회의 및 소회의 관장사항】 ① 전원회의는 다음 각 호의 사항을 심의·의결한다.
1. 공정거래위원회 소관의 법령이나 규칙·고시 등의 해석 적용에 관한 사항
2. 제96조에 따른 이의신청
3. 소회의에서 의결되지 아니하거나 소회의가 전원회의에서 처리하도록 결정한 사항
4. 규칙 또는 고시의 제정 또는 변경
5. 경제적 파급효과가 중대한 사항
6. 그 밖에 전원회의에서 스스로 처리하는 것이 필요하다고 인정하는 사항

② 소회의는 제1항 각 호의 사항 외의 사항을 심의·의결한다.
제60조【위원장】 ① 위원장은 공정거래위원회를 대표한다.
② 위원장은 국무회의에 출석하여 발언할 수 있다.
③ 위원장이 부득이한 사유로 직무를 수행할 수 없을 때에는 부위원장이 그 직무를 대행하며, 위원장과 부위원장이 모두 부득이한 사유로 직무를 수행할 수 없을 때에는 선임상임위원 순으로 그 직무를 대행한다.
제61조【위원의 임기】 공정거래위원회의 위원장, 부위원장 및 다른 위원의 임기는 3년으로 하고, 한 차례만 연임할 수 있다.
제62조【위원의 신분보장】 위원은 다음 각 호의 어느 하나에 해당하는 경우를 제외하고는 그 의사에 반하여 면직되거나 해촉(解囑)되지 아니한다.
1. 금고 이상의 형의 선고를 받은 경우
2. 장기간의 심신쇠약으로 직무를 수행할 수 없게 된 경우

제63조【위원의 정치운동 금지】 위원은 정당에 가입하거나 정치운동에 관여할 수 없다.
제64조【회의 의사정족수 및 의결정족수】 ① 전원회의는 위원장이 주재하며, 재적위원 과반수의 찬성으로 의결한다.
② 소회의는 상임위원이 주재하며, 구성위원 전원의 출석과 출석위원 전원의 찬성으로 의결한다.
제65조【심리·의결의 공개 및 합의의 비공개】 ① 공정거래위원회의 심리(審理)와 의결은 공개한다. 다만, 사업자 또는 사업자단체의 사업상의 비밀을 보호할 필요가 있다고 인정할 때에는 그러하지 아니하다.
② 공정거래위원회의 심리는 구술심리를 원칙으로 하되, 필요한 경우 서면심리로 할 수 있다.
③ 공정거래위원회의 사건에 관한 의결의 합의는 공개하지 아니한다.
제66조【심판정의 질서유지】 전원회의 및 소회의의 의장은 심판정에 출석하는 당사자·이해관계인·참고인 및 참관인 등에게 심판정의 질서유지를 위하여 필요한 조치를 명할 수 있다.
제67조【위원의 제척·기피·회피】 ① 위원은 다음 각 호의 어느 하나에 해당하는 사건에 대한 심의·의결에서 제척(除斥)된다.
1. 자기나 배우자 또는 배우자였던 사람이 당사자이거나 공동권리자 또는 공동의무자인 사건
2. 자기가 당사자와 친족이거나 친족이었던 사건
3. 자기 또는 자기가 속한 법인이 당사자의 법률·경영 등에 대한 자문·고문 등으로 있는 사건
4. 자기 또는 자기가 속한 법인이 증언이나 감정(鑑定)을 한 사건
5. 자기 또는 자기가 속한 법인이 당사자의 대리인으로서 관여하거나 관여하였던 사건
6. 자기 또는 자기가 속한 법인이 사건의 대상이 된 처분 또는 부작위(不作爲)에 관여한 사건
7. 자기가 공정거래위원회 소속 공무원으로서 해당 사건의 조사 또는 심사를 한 사건

② 당사자는 위원에게 심의·의결의 공정을 기대하기 어려운 사정이 있는 경우에는 기피신청을 할 수 있다. 이 경우 위원장은 이 기피신청에 대하여 위원회의 의결을 거치지 아니하고 기피 여부를 결정한다.
③ 위원 본인이 제1항 각 호의 어느 하나 또는 제2항의 사유에 해당하는 경우에는 스스로 그 사건의 심의·의결을 회피할 수 있다.

제68조【의결서 작성 및 경정】 ① 공정거래위원회가 이 법 위반 여부에 관한 사항을 심의·의결하는 경우에는 의결 내용 및 그 이유를 명시한 의결서로 하여야 하고, 의결에 참여한 위원이 그 의결서에 서명날인하여야 한다.
② 공정거래위원회는 의결서 등에 오기(誤記), 계산착오 또는 그 밖에 이와 유사한 오류가 있는 것이 명백한 경우에는 신청이나 직권으로 경정할 수 있다.

제69조【법 위반행위의 판단시점】 공정거래위원회가 이 법에 위반되는 사항에 대하여 의결하는 경우에는 그 사항에 관한 심리를 종결하는 날까지 발생한 사실을 기초로 판단한다.

제70조【사무처의 설치】 공정거래위원회의 사무를 처리하기 위하여 공정거래위원회에 사무처를 둔다.

제71조【조직에 관한 규정】 ① 이 법에서 규정한 것 외에 공정거래위원회의 조직에 관하여 필요한 사항은 대통령령으로 정한다.
② 이 법에서 규정한 것 외에 공정거래위원회의 운영 등에 필요한 사항은 공정거래위원회의 규칙으로 정한다.

제9장 한국공정거래조정원의 설립 및 분쟁조정

제72조【한국공정거래조정원의 설립 등】 ① 다음 각 호의 업무를 수행하기 위하여 한국공정거래조정원(이하 "조정원"이라 한다)을 설립한다.
1. 제45조제1항을 위반한 혐의가 있는 행위와 관련된 분쟁의 조정
2. 다른 법률에서 조정원으로 하여금 담당하게 하는 분쟁의 조정
3. 시장 또는 산업의 동향과 공정경쟁에 관한 조사 및 분석
4. 사업자의 거래 관행과 행태의 조사 및 분석
5. 제90조제7항에 따라 공정거래위원회로부터 위탁받은 제89조제3항에 따른 동의의결의 이행관리
6. 제97조의2제2항에 따라 공정거래위원회로부터 위탁받은 시정조치의 이행관리(2023.6.20 본호신설)
7. 공정거래와 관련된 제도와 정책의 연구 및 건의
8. 그 밖에 공정거래위원회로부터 위탁받은 사업

② 조정원은 법인으로 한다.
③ 조정원의 장은 제57조제2항 각 호의 어느 하나에 해당하는 자 중에서 공정거래위원회 위원장이 임명한다.
④ 정부는 조정원의 설립과 운영에 필요한 경비를 예산의 범위에서 출연하거나 보조할 수 있다.
⑤ 조정원에 관하여 이 법에서 규정한 것 외에는 「민법」 중 재단법인에 관한 규정을 준용한다.

제73조【공정거래분쟁조정협의회의 설치 및 구성】 ① 제45조제1항을 위반한 혐의가 있는 행위와 관련된 분쟁을 조정하기 위하여 조정원에 공정거래분쟁조정협의회(이하 "협의회"라 한다)를 둔다.
② 협의회는 협의회 위원장 1명을 포함하여 9명 이내의 협의회 위원으로 구성하며, 위원장은 상임으로 한다.(2023.8.8 본항개정)
③ 협의회 위원장은 위원 중에서 조정원의 장의 제청으로 공정거래위원회 위원장이 위촉한다.(2023.8.8 본항개정)
④ 협의회 위원은 독점규제 및 공정거래 또는 소비자분야에 경험 또는 전문지식이 있는 사람으로서 다음 각 호의 어느 하나에 해당하는 사람 중에서 조정원의 장의 제청으로 공정거래위원회 위원장이 임명하거나 위촉한다. 이 경우 다음 각 호의 어느 하나에 해당하는 사람이 1명 이상 포함되어야 한다.
1. 대통령령으로 정하는 요건을 갖춘 공무원의 직에 있었던 사람
2. 판사·검사 또는 변호사의 직에 대통령령으로 정하는 기간 이상 있었던 사람
3. 법률·경제·경영 또는 소비자 관련 분야 학문을 전공하고 대학이나 공인된 연구기관에서 대통령령으로 정하는 기간 이상 근무한 사람으로서 부교수 이상 또는 이에 상당하는 직에 있었던 사람
4. 기업경영, 소비자보호활동 및 분쟁조정활동에 대통령령으로 정하는 기간 이상 종사한 경력이 있는 사람(2023.8.8 본호개정)

⑤ 협의회 위원의 임기는 3년으로 한다.
⑥ 협의회 위원 중 결원이 생긴 때에는 제4항에 따라 보궐위원을 위촉하여야 하며, 그 보궐위원의 임기는 전임자의 남은 임기로 한다.
⑦ 공정거래위원회 위원장은 협의회 위원이 직무와 관련된 비위사실이 있거나 직무태만, 품위손상 또는 그 밖의 사유로 위원으로 적합하지 아니하다고 인정되는 경우 그 직에서 해임 또는 해촉할 수 있다.
⑧ 협의회 위원장은 그 직무 외에 영리를 목적으로 하는 업무에 종사하지 못한다.(2024.2.6 본항신설)
⑨ 제8항에 따른 영리를 목적으로 하는 업무의 범위에 관하여는 「공공기관의 운영에 관한 법률」 제37조제3항을 준용한다.(2024.2.6 본항신설)
⑩ 협의회 위원장은 제9항에 따른 영리를 목적으로 하는 업무에 해당하는지에 대한 공정거래위원회 위원장의 심사를 거쳐 비영리 목적의 업무를 겸할 수 있다.(2024.2.6 본항신설)

제74조【협의회의 회의】 ① 협의회 위원장은 협의회의 회의를 소집하고 그 의장이 된다.
② 협의회는 재적위원 과반수의 출석으로 개의(開議)하고, 출석위원 과반수의 찬성으로 의결한다.
③ 협의회 위원장이 부득이한 사유로 직무를 수행할 수 없을 때에는 공정거래위원회 위원장이 지명하는 협의회 위원이 그 직무를 대행한다.
④ 조정의 대상이 된 분쟁의 당사자인 사업자(이하 "분쟁당사자"라 한다)는 협의회에 출석하여 의견을 진술할 수 있다.

제75조【협의회 위원의 제척·기피·회피】 ① 협의회 위원은 다음 각 호의 어느 하나에 해당하는 경우에는 해당 분쟁조정사항의 조정에서 제척된다.
1. 자기나 배우자 또는 배우자였던 사람이 분쟁조정사항의 분쟁당사자이거나 공동권리자 또는 공동의무자인 경우
2. 자기가 분쟁조정사항의 분쟁당사자와 친족이거나 친족이었던 경우
3. 자기 또는 자기가 속한 법인이 분쟁조정사항의 분쟁당사자의 법률·경영 등에 대한 자문·고문 등으로 있는 경우
4. 자기 또는 자기가 속한 법인이 증언이나 감정을 한 경우
5. 자기 또는 자기가 속한 법인이 분쟁조정사항의 분쟁당사자의 대리인으로서 관여하거나 관여하였던 경우

② 분쟁당사자는 협의회 위원에게 협의회의 조정에 공정을 기하기 어려운 사정이 있을 때에는 협의회에 해당 위원에 대한 기피신청을 할 수 있다.
③ 협의회 위원 본인이 제1항 각 호의 어느 하나 또는 제2항의 사유에 해당하는 경우에는 스스로 해당 분쟁조정사항의 조정에서 회피할 수 있다.

제76조【조정의 신청 등】 ① 제45조제1항을 위반한 혐의가 있는 행위로 피해를 입은 사업자는 대통령령으로 정하는 사항을 기재한 서면(이하 "분쟁조정신청서"라 한다)을 협의회에 제출함으로써 분쟁조정을 신청할 수 있다.
② 공정거래위원회는 제80조제2항에 따른 신고가 접수된 경우 협의회에 그 행위 또는 사건에 대한 분쟁조정을 의뢰할 수 있다.
③ 협의회는 제1항에 따라 분쟁조정 신청을 받거나 제2항에 따른 분쟁조정 의뢰를 받았을 때에는 즉시 그 접수사실 등을 대통령령으로 정하는 바에 따라 공정거래위원회 및 분쟁당사자에게 통지하여야 한다.
④ 제1항에 따른 분쟁조정의 신청은 시효중단의 효력이 있다. 다만, 신청이 취하되거나 각하(却下)된 경우에는 그러하지 아니하다.
⑤ 제4항 단서의 경우에 6개월 내에 재판상의 청구, 파산절차참가, 압류 또는 가압류, 가처분을 하였을 때에는 시효는 최초의 분쟁조정의 신청으로 중단된 것으로 본다.

⑥ 제4항 본문에 따라 중단된 시효는 다음 각 호의 어느 하나에 해당하는 때부터 새로이 진행한다.
1. 분쟁조정이 이루어져 조정조서를 작성한 때
2. 분쟁조정이 이루어지지 아니하고 조정절차가 종료된 때
제77조【조정 등】 ① 협의회는 분쟁당사자에게 분쟁조정사항에 대하여 스스로 합의하도록 권고하거나 조정안을 작성하여 제시할 수 있다.
② 협의회는 해당 분쟁조정사항에 관한 사실을 확인하기 위하여 필요한 경우 조사를 하거나 분쟁당사자에게 관련 자료의 제출이나 출석을 요구할 수 있다.
③ 협의회는 다음 각 호의 어느 하나에 해당하는 행위 또는 사건에 대해서는 조정신청을 각하하여야 한다. 이 경우 협의회는 분쟁조정이 신청된 행위 또는 사건이 제4호에 해당하는지에 대하여 공정거래위원회의 확인을 받아야 한다.
1. 조정신청의 내용과 직접적인 이해관계가 없는 자가 조정신청을 한 경우
2. 이 법의 적용대상이 아닌 사안에 관하여 조정신청을 한 경우
3. 위반혐의가 있는 행위의 내용·성격 및 정도 등을 고려하여 공정거래위원회가 직접 처리하는 것이 적합한 경우로서 대통령령으로 정하는 기준에 해당하는 행위
4. 조정신청이 있기 전에 공정거래위원회가 제80조에 따라 조사를 개시한 사건에 대하여 조정신청을 한 경우. 다만, 공정거래위원회로부터 시정조치 등의 처분을 받은 후 분쟁조정을 신청한 경우에는 그러하지 아니하다.
④ 협의회는 다음 각 호의 어느 하나에 해당되는 경우에는 조정절차를 종료하여야 한다.
1. 분쟁당사자가 협의회의 권고 또는 조정안을 수락하거나 스스로 조정하는 등 조정이 성립된 경우
2. 제76조제1항에 따라 분쟁조정의 신청을 받은 날 또는 같은 조 제2항에 따라 공정거래위원회로부터 분쟁조정의 의뢰를 받은 날부터 60일(분쟁당사자 양쪽이 기간 연장에 동의한 경우에는 90일로 한다)이 지나도 조정이 성립하지 아니한 경우
3. 분쟁당사자의 어느 한쪽이 조정을 거부하는 등 조정절차를 진행할 실익이 없는 경우(2023.6.20 본호개정)
⑤ 협의회는 조정신청을 각하하거나 조정절차를 종료한 경우에는 대통령령으로 정하는 바에 따라 공정거래위원회에 조정의 경위, 조정신청 각하 또는 조정절차 종료의 사유 등을 관계 서류와 함께 지체 없이 서면으로 보고하여야 하고, 분쟁당사자에게 그 사실을 통보하여야 한다.
⑥ 공정거래위원회는 조정절차 개시 전에 시정조치 등의 처분을 하지 아니한 분쟁조정사항에 관하여 조정절차가 종료될 때까지 해당 분쟁당사자에게 제49조제1항에 따른 시정조치 및 제88조제1항에 따른 시정권고를 하여서는 아니 된다.
제77조의2【소송과의 관계】 ① 제76조제1항에 따라 분쟁조정이 신청된 사건에 대하여 신청 전 또는 신청 후 소가 제기되어 소송이 진행 중일 때에는 수소법원(受訴法院)은 조정이 있을 때까지 소송절차를 중지할 수 있다.
② 협의회는 제1항에 따라 소송절차가 중지되지 아니하는 경우에는 해당 사건의 조정절차를 중지하여야 한다.
③ 협의회는 조정이 신청된 사건과 동일한 원인으로 다수인이 관련되는 동종·유사 사건에 대한 소송이 진행 중인 경우에는 협의회의 결정으로 조정절차를 중지할 수 있다.
(2023.6.20 본조신설)
제78조【조정조서의 작성과 그 효력】 ① 협의회는 분쟁조정사항에 대하여 조정이 성립된 경우 조정에 참가한 위원과 분쟁당사자가 기명날인하거나 서명한 조정조서를 작성한다.
② 협의회는 분쟁당사자가 조정절차를 개시하기 전에 분쟁조정사항을 스스로 조정하고 조정조서의 작성을 요청하는 경우에는 그 조정조서를 작성하여야 한다.
③ 분쟁당사자는 조정에서 합의된 사항의 이행결과를 공정거래위원회에 제출하여야 한다.
④ 공정거래위원회는 조정절차 개시 전에 시정조치 등의 처분을 하지 아니한 분쟁조정사항에 대하여 제1항에 따라 합의가 이루어지고, 그 합의된 사항을 이행한 경우에는 제49조제1항에 따른 시정조치 및 제88조제1항에 따른 시정권고를 하지 아니한다.
⑤ 제1항 또는 제2항에 따라 조정조서를 작성한 경우 조정조서는 재판상 화해와 동일한 효력을 갖는다.
제79조【협의회의 조직·운영 등】 제73조부터 제77조까지, 제77조의2 및 제78조에서 규정한 사항 외에 협의회의 조직·운영·조정절차 등에 관하여 필요한 사항은 대통령령으로 정한다.(2023.6.20 본조개정)

제10장 조사 등의 절차

제80조【위반행위의 인지·신고 등】 ① 공정거래위원회는 이 법을 위반한 혐의가 있다고 인정할 때에는 직권으로 필요한 조사를 할 수 있다.
② 누구든지 이 법에 위반되는 사실을 공정거래위원회에 신고할 수 있다.
③ 공정거래위원회는 직권으로 또는 제2항에 따른 신고로 조사한 결과 이 법에 따른 처분을 하거나 처분을 하지 아니하는 경우에는 그 근거, 내용 및 사유 등을 기재한 서면을 해당 사건의 당사자에게 통지하여야 한다. 다만, 제68조에 따라 의결서를 작성하는 경우에는 해당 의결서 정본을 송부한다.
④ 공정거래위원회는 이 법 위반행위에 대하여 해당 위반행위의 종료일부터 7년이 지난 경우에는 이 법에 따른 시정조치를 명하거나 과징금을 부과할 수 없다.
⑤ 공정거래위원회는 제4항에도 불구하고 부당한 공동행위에 대하여 다음 각 호의 기간이 지난 경우에는 이 법에 따른 시정조치를 명하거나 과징금을 부과할 수 없다.
1. 공정거래위원회가 해당 위반행위에 대하여 조사를 개시한 경우 대통령령으로 정하는 조사 개시일부터 5년
2. 공정거래위원회가 해당 위반행위에 대하여 조사를 개시하지 아니한 경우 해당 위반행위의 종료일부터 7년
⑥ 제4항 및 제5항은 법원의 판결에 따라 시정조치 또는 과징금 부과처분이 취소된 경우로서 그 판결이유에 따라 새로운 처분을 하는 경우에는 적용하지 아니한다.
⑦ 제4항 및 제5항의 기간은 공정거래위원회가 제95조에 따른 자료의 열람 또는 복사 요구에 따르지 아니하여 당사자가 소를 제기한 경우 그 당사자 및 동일한 사건으로 심의를 받는 다른 당사자에 대하여 진행이 정지되고 그 재판이 확정된 때부터 진행한다.
제81조【위반행위의 조사 등】 ① 공정거래위원회는 이 법의 시행을 위하여 필요하다고 인정할 때에는 대통령령으로 정하는 바에 따라 다음 각 호의 처분을 할 수 있다.
1. 당사자, 이해관계인 또는 참고인의 출석 및 의견의 청취
2. 감정인의 지정 및 감정의 위촉
3. 사업자, 사업자단체 또는 이들의 임직원에게 원가 및 경영상황에 관한 보고, 그 밖에 필요한 자료나 물건의 제출 명령 또는 제출된 자료나 물건의 일시 보관
② 공정거래위원회는 이 법의 시행을 위하여 필요하다고 인정할 때에는 소속 공무원(제122조에 따른 위임을 받은 기관의 소속 공무원을 포함한다)으로 하여금 사업자 또는 사업자단체의 사무소 또는 사업장에 출입하여 업무 및 경영상황, 장부·서류, 전산자료·음성녹음자료·화상자료, 그 밖에 대통령령으로 정하는 자료나 물건을 조사하게 할 수 있다.
③ 제2항에 따른 조사를 하는 공무원은 대통령령으로 정하는 바에 따라 지정된 장소에서 당사자, 이해관계인 또는 참고인의 진술을 들을 수 있다.
④ 조사공무원은 제59조제1항 또는 제2항에 따른 심의·의결 절차가 진행 중인 경우에는 제2항에 따른 조사를 하거나 제3항에 따른 당사자의 진술을 들어서는 아니 된다. 다만, 조사공무원 또는 당사자의 신청에 대하여 전원회의 또는 소회의가 필요하다고 인정하는 경우에는 그러하지 아니하다.
⑤ 제1항제1호 및 제3항에 따라 당사자의 진술을 들었을 때에는 대통령령으로 정하는 바에 따라 진술조서를 작성하여야 한다.
⑥ 제2항에 따른 조사를 하는 공무원은 대통령령으로 정하는 바에 따라 사업자, 사업자단체 또는 이들의 임직원에게 조사에 필요한 자료나 물건의 제출을 명하거나 제출된 자료나 물건을 일시 보관할 수 있다.

⑦ 제1항제3호 및 제6항에 따라 사업자, 사업자단체 또는 이들의 임직원의 자료나 물건을 일시 보관할 때에는 대통령령으로 정하는 바에 따라 보관조서를 작성·발급하여야 한다.
⑧ 제1항제3호 및 제6항에 따라 보관한 자료나 물건이 다음 각 호의 어느 하나에 해당하는 경우에는 즉시 반환하여야 한다.
1. 보관한 자료나 물건을 검토한 결과 해당 조사와 관련이 없다고 인정되는 경우
2. 해당 조사 목적의 달성 등으로 자료나 물건을 보관할 필요가 없어진 경우
⑨ 제2항에 따른 조사를 하는 공무원은 그 권한을 표시하는 증표를 관계인에게 제시하고, 조사목적·조사기간 및 조사방법 등 대통령령으로 정하는 사항이 기재된 문서를 발급하여야 한다.
⑩ 제1항에 따른 처분 또는 제2항에 따른 조사와 관련된 당사자, 이해관계인 또는 참고인은 의견을 제출하거나 진술할 수 있다.

제82조【조사시간 및 조사기간】 ① 조사공무원은 제80조 및 제81조에 따른 조사를 하는 경우에는 조사를 받는 사업자 또는 사업자단체의 정규 근무시간 내에 조사를 진행하여야 한다. 다만, 증거인멸의 우려 등으로 정규 근무시간 내의 조사로는 조사의 목적을 달성하는 것이 불가능한 경우에는 피조사업체와 협의하여 정규 근무시간 외의 시간에도 조사를 진행할 수 있다.
② 조사공무원은 제81조제9항의 문서에 기재된 조사기간 내에 조사를 종료하여야 한다. 다만, 조사기간 내에 조사목적 달성을 위한 충분한 조사가 이루어지지 못한 경우에는 조사를 받는 사업자 또는 사업자단체의 업무 부담을 최소화할 수 있는 범위에서 조사기간을 연장할 수 있다.
③ 제2항 단서에 따라 조사기간을 연장하는 경우에는 해당 사업자 또는 사업자단체에 연장된 조사기간이 명시된 공문서를 발급하여야 한다.

제83조【위반행위 조사 및 심의 시 조력을 받을 권리】 공정거래위원회로부터 조사 및 심의를 받는 사업자, 사업자단체 또는 이들의 임직원은 변호사 등 변호인으로 하여금 조사 및 심의에 참여하게 하거나 의견을 진술하게 할 수 있다.

제84조【조사권의 남용금지】 조사공무원은 이 법의 시행을 위하여 필요한 최소한의 범위에서 조사를 하여야 하며, 다른 목적 등을 위하여 조사권을 남용해서는 아니 된다.

제85조【조사 등의 연기신청】 ① 제81조제1항부터 제3항까지의 규정에 따라 공정거래위원회로부터 처분 또는 조사를 받게 된 사업자 또는 사업자단체가 천재지변이나 그 밖에 대통령령으로 정하는 사유로 처분을 이행하거나 조사를 받기가 곤란한 경우에는 대통령령으로 정하는 바에 따라 공정거래위원회에 처분 또는 조사를 연기하여 줄 것을 신청할 수 있다.
② 공정거래위원회는 제1항에 따라 처분 또는 조사의 연기신청을 받았을 때에는 그 사유를 검토하여 타당하다고 인정되는 경우에는 처분 또는 조사를 연기할 수 있다.

제86조【이행강제금 등】 ① 공정거래위원회는 사업자 또는 사업자단체가 제81조제1항제3호 또는 같은 조 제6항에 따른 보고 또는 자료나 물건의 제출 명령을 이행하지 아니한 경우에 그 보고 또는 자료나 물건이 이 법 위반 여부를 확인하는 데 필요하다고 인정할 때에는 소회의의 결정으로 이행기한을 정하여 그 보고 또는 자료나 물건의 제출을 다시 명령할 수 있으며, 이를 이행하지 아니한 자에게는 이행기한이 지난 날부터 1일당 대통령령으로 정하는 1일 평균매출액의 1천분의 3의 범위에서 이행강제금을 부과할 수 있다. 다만, 매출액이 없거나 매출액의 산정이 곤란한 경우에는 이행기한이 지난 날부터 1일당 200만원의 범위에서 이행강제금을 부과할 수 있다.
② 이행강제금의 부과·납부·징수 및 환급 등에 관하여는 제16조제2항부터 제4항까지를 준용한다.(2025.1.21 본항개정)

제87조【서면실태조사】 ① 공정거래위원회는 일정한 거래분야의 공정한 거래질서 확립을 위하여 해당 거래분야에 관한 서면실태조사를 실시하여 그 조사결과를 공표할 수 있다.
② 공정거래위원회가 제1항에 따라 서면실태조사를 실시하려는 경우에는 조사대상자의 범위, 조사기간, 조사내용, 조사방법, 조사절차 및 조사결과 공표범위 등에 관한 계획을 수립하여야 하고, 조사대상자에게 거래실태 등 조사에 필요한 자료의 제출을 요구할 수 있다.
③ 공정거래위원회가 제2항에 따라 자료의 제출을 요구하는 경우에는 조사대상자에게 자료의 범위와 내용, 요구사유, 제출기한 등을 분명하게 밝혀 서면으로 알려야 한다.

제88조【위반행위의 시정권고】 ① 공정거래위원회는 이 법을 위반하는 행위가 있는 경우에 해당 사업자 또는 사업자단체에 시정방안을 정하여 이에 따를 것을 권고할 수 있다.
② 제1항에 따라 권고를 받은 자는 시정권고를 통지받은 날부터 10일 이내에 해당 권고를 수락하는지에 관하여 공정거래위원회에 통지하여야 한다.
③ 제1항에 따라 시정권고를 받은 자가 해당 권고를 수락한 때에는 이 법에 따른 시정조치가 명하여진 것으로 본다.

제89조【동의의결】 ① 공정거래위원회의 조사나 심의를 받고 있는 사업자 또는 사업자단체(이하 이 조부터 제91조까지의 규정에서 "신청인"이라 한다)는 해당 조사나 심의의 대상이 되는 행위(이하 이 조부터 제91조까지의 규정에서 "해당 행위"라 한다)로 인한 경쟁제한상태 등의 자발적 해소, 소비자 피해구제, 거래질서의 개선 등을 위하여 제3항에 따른 동의의결을 하여 줄 것을 공정거래위원회에 신청할 수 있다. 다만, 해당 행위가 다음 각 호의 어느 하나에 해당하는 경우 공정거래위원회는 동의의결을 하지 아니하고 이 법에 따른 심의 절차를 진행하여야 한다.
1. 해당 행위가 제40조제1항에 따른 위반행위인 경우
2. 제129조제2항에 따른 고발요건에 해당하는 경우
3. 동의의결이 있기 전에 신청인이 신청을 취소하는 경우
② 신청인이 제1항에 따른 신청을 하는 경우 다음 각 호의 사항을 기재한 서면으로 하여야 한다.
1. 해당 행위를 특정할 수 있는 사실관계
2. 해당 행위의 중지, 원상회복 등 경쟁질서의 회복이나 거래질서의 적극적 개선을 위하여 필요한 시정방안
3. 소비자, 다른 사업자 등의 피해를 구제하거나 예방하기 위하여 필요한 시정방안
③ 공정거래위원회는 해당 행위의 사실관계에 대한 조사를 마친 후 제2항제2호 및 제3호에 따른 시정방안(이하 "시정방안"이라 한다)이 다음 각 호의 요건을 모두 갖추었다고 판단되는 경우에는 해당 행위 관련 심의 절차를 중단하고 시정방안과 같은 취지의 의결(이하 "동의의결"이라 한다)을 할 수 있다. 이 경우 신청인과의 협의를 거쳐 시정방안을 수정할 수 있다.
1. 해당 행위가 이 법을 위반한 것으로 판단될 경우에 예상되는 시정조치 및 그 밖의 제재와 균형을 이룰 것
2. 공정하고 자유로운 경쟁질서나 거래질서를 회복시키거나 소비자, 다른 사업자 등을 보호하기에 적절하다고 인정될 것
④ 공정거래위원회의 동의의결은 해당 행위가 이 법에 위반된다고 인정한 것을 의미하지 아니하며, 누구든지 신청인이 동의의결을 받은 사실을 들어 해당 행위가 이 법에 위반된다고 주장할 수 없다.

제90조【동의의결의 절차】 ① 공정거래위원회는 신속한 조치의 필요성, 소비자 피해의 직접 보상 필요성 등을 종합적으로 고려하여 동의의결 절차의 개시 여부를 결정하여야 한다.
② 공정거래위원회는 동의의결을 하기 전에 30일 이상의 기간을 정하여 다음 각 호의 사항을 신고인 등 이해관계인에게 통지하거나, 관보 또는 공정거래위원회의 인터넷 홈페이지에 공고하는 등의 방법으로 의견을 제출할 기회를 주어야 한다.
1. 해당 행위의 개요
2. 관련 법령 조항
3. 시정방안(제89조제3항 각 호 외의 부분 후단에 따라 시정방안이 수정된 경우에는 그 수정된 시정방안을 말한다)
4. 해당 행위와 관련하여 신고인 등 이해관계인의 이해를 돕는 그 밖의 정보. 다만, 사업상 또는 사생활의 비밀 보호나 그 밖에 공익상 공개하기에 적절하지 아니한 것은 제외한다.
③ 공정거래위원회는 제2항 각 호의 사항을 관계 행정기관의 장에게 통보하고 그 의견을 들어야 한다. 다만, 제124조부터 제127조까지의 규정이 적용되는 행위에 대해서는 검찰총장과 협의하여야 한다.
④ 공정거래위원회는 동의의결을 하거나 이를 취소하는 경우에는 제59조의 구분에 따른 회의의 심의·의결을 거쳐야 한다.
⑤ 동의의결을 받은 신청인은 제4항의 의결에 따라 동의의결의 이행계획과 이행결과를 공정거래위원회에 제출하여야 한다.

⑥ 공정거래위원회는 제5항에 따라 제출된 이행계획의 이행 여부를 점검할 수 있고, 동의의결을 받은 신청인에게 그 이행에 관련된 자료의 제출을 요청할 수 있다.
⑦ 공정거래위원회는 제6항에 따른 이행계획의 이행 여부 점검 등 동의의결의 이행관리에 관한 업무를 대통령령으로 정하는 바에 따라 조정원 또는 「소비자기본법」 제33조에 따른 한국소비자원(이하 "소비자원"이라 한다)에 위탁할 수 있다.
⑧ 제7항에 따른 위탁을 받은 기관의 장은 제5항에 따라 신청인이 제출한 동의의결의 이행계획과 이행결과에 대한 이행관리 현황을 분기별로 공정거래위원회에 보고하여야 한다. 다만, 공정거래위원회의 현황 보고 요구가 있는 경우 즉시 이에 따라야 한다.
⑨ 제7항에 따른 위탁을 받은 기관의 장은 동의의결을 받은 신청인이 그 이행을 게을리하거나 이행하지 아니하는 경우에는 지체 없이 그 사실을 공정거래위원회에 통보하여야 한다.
⑩ 제80조제4항 및 제5항의 기간은 신청인이 제89조제1항에 따라 동의의결을 신청한 경우 그 신청인 및 동일한 사건으로 심의를 받는 다른 당사자에 대하여 진행이 정지된다. 다만, 다음 각 호의 어느 하나에 해당하는 때부터 남은 기간이 진행한다.
1. 신청인이 동의의결의 신청을 취소한 때
2. 공정거래위원회가 동의의결 절차를 개시하지 아니하기로 결정한 때
3. 공정거래위원회가 동의의결을 하지 아니하기로 결정한 때
4. 동의의결의 이행이 모두 완료된 때
5. 동의의결이 취소된 때
(2023.6.20 본항신설)
⑪ 제89조제2항에 따른 신청방법, 의견조회 방법, 심의·의결절차, 조정원 또는 소비자원에 대한 이행관리 업무의 위탁 절차 등 그 밖의 세부 사항은 공정거래위원회가 정하여 고시할 수 있다.
제91조【동의의결의 취소】 ① 공정거래위원회는 다음 각 호의 어느 하나에 해당하는 경우에는 동의의결을 취소할 수 있다.
1. 동의의결의 기초가 된 시장상황 등 사실관계의 현저한 변경 등으로 시정방안이 적정하지 아니하게 된 경우
2. 신청인이 제공한 불완전하거나 부정확한 정보로 동의의결을 하게 되었거나, 신청인이 거짓 또는 그 밖의 부정한 방법으로 동의의결을 받은 경우
3. 신청인이 정당한 이유 없이 동의의결을 이행하지 아니하는 경우
② 제1항제1호에 따라 동의의결을 취소한 경우 신청인이 제89조제1항에 따라 동의의결을 하여줄 것을 신청하면 공정거래위원회는 다시 동의의결을 할 수 있다. 이 경우 제89조부터 제92조까지의 규정을 적용한다.
③ 제1항제2호 또는 제3호에 따라 동의의결을 취소한 경우 공정거래위원회는 제89조제3항에 따라 중단된 해당 행위 관련 심의절차를 계속하여 진행할 수 있다.
제92조【이행강제금 등】 ① 공정거래위원회는 정당한 이유 없이 동의의결 시 정한 이행기한까지 동의의결을 이행하지 아니한 자에게 동의의결이 이행되거나 취소되기 전까지 이행기한이 지난 날부터 1일당 200만원 이하의 이행강제금을 부과할 수 있다.
② 이행강제금의 부과·납부·징수 및 환급 등에 관하여는 제16조제2항부터 제4항까지를 준용한다.(2025.1.21 본항개정)
제93조【의견진술기회의 부여】 ① 공정거래위원회는 이 법에 위반되는 사항에 대하여 시정조치를 명하거나 과징금을 부과하기 전에 당사자 또는 이해관계인에게 의견을 진술할 기회를 주어야 한다.
② 당사자 또는 이해관계인은 공정거래위원회의 회의에 출석하여 그 의견을 진술하거나 필요한 자료를 제출할 수 있다.
제94조【심의절차에서의 증거조사】 ① 공정거래위원회는 사건을 심의하기 위하여 필요하면 당사자의 신청이나 직권으로 증거조사를 할 수 있다.
② 전원회의 또는 소회의 의장은 당사자의 증거조사 신청을 채택하지 아니하는 경우 그 이유를 당사자에게 고지하여야 한다.
제95조【자료열람요구 등】 당사자 또는 신고인 등 대통령령으로 정하는 자는 공정거래위원회에 이 법에 따른 처분과 관련된 자료의 열람 또는 복사를 요구할 수 있다. 이 경우 공정거래위원회는 다음 각 호의 어느 하나에 해당하는 자료를 제외하고는 이에 따라야 한다.
1. 영업비밀(「부정경쟁방지 및 영업비밀보호에 관한 법률」 제2조제2호에 따른 영업비밀을 말한다. 이하 같다) 자료
2. 제44조제4항에 따른 자진신고 등과 관련된 자료
3. 다른 법률에 따른 비공개 자료
제96조【이의신청】 ① 이 법에 따른 처분에 대하여 불복하는 자는 그 처분의 통지를 받은 날부터 30일 이내에 그 사유를 갖추어 공정거래위원회에 이의신청을 할 수 있다.
② 공정거래위원회는 제1항의 이의신청에 대하여 60일 이내에 재결(裁決)을 하여야 한다. 다만, 부득이한 사정으로 그 기간 내에 재결을 할 수 없을 경우에는 30일의 범위에서 결정으로 그 기간을 연장할 수 있다.
제97조【시정조치의 집행정지】 ① 공정거래위원회는 이 법에 따른 시정조치를 부과받은 자가 제96조제1항에 따른 이의신청을 제기한 경우로서 그 시정조치의 이행 또는 절차의 계속 진행으로 발생할 수 있는 회복하기 어려운 손해를 예방하기 위하여 필요하다고 인정할 때에는 당사자의 신청이나 직권으로 그 시정조치의 이행 또는 절차의 계속 진행에 대한 정지(이하 "집행정지"라 한다)를 결정할 수 있다.(2023.6.20 본항개정)
② 공정거래위원회는 집행정지의 결정을 한 후에 집행정지의 사유가 없어진 경우에는 당사자의 신청이나 직권으로 집행정지의 결정을 취소할 수 있다.
제97조의2【시정조치의 이행관리】 ① 공정거래위원회는 제7조, 제14조, 제37조, 제42조, 제49조 또는 제52조에 따른 시정조치의 이행 여부를 점검할 수 있고, 해당 사업자 또는 사업자단체에 그 이행에 관련된 자료의 제출을 요구할 수 있다.
② 공정거래위원회는 제1항에 따른 시정조치의 이행 여부 점검 등 시정조치의 이행관리에 관한 업무를 대통령령으로 정하는 바에 따라 조정원에 위탁할 수 있다.
(2023.6.20 본조신설)
제98조【문서의 송달】 ① 문서의 송달에 관하여는 「행정절차법」 제14조부터 제16조까지의 규정을 준용한다.
② 제1항에도 불구하고 국외에 주소·영업소 또는 사무소를 두고 있는 사업자 또는 사업자단체에 대해서는 국내에 대리인을 지정하도록 하여 그 대리인에게 송달한다.
③ 제2항에 따라 국내에 대리인을 지정하여야 하는 사업자 또는 사업자단체가 국내에 대리인을 지정하지 아니한 경우에는 제1항에 따른다.

제98조【문서의 송달】 문서의 송달에 관하여는 「행정절차법」 제14조부터 제16조까지를 준용한다.(2024.2.6 본조개정 : 2027.2.7 시행)
제98조의2【전자정보처리조직을 통한 문서의 제출 및 송달】
① 당사자 등 대통령령으로 정하는 자(이하 이 조에서 "당사자등"이라 한다)는 이 법에 따른 심의에 필요한 문서와 그 밖에 대통령령으로 정하는 자료를 전자문서화하고 이를 정보통신망을 이용하여 공정거래위원회가 지정·운영하는 전자정보처리조직(이 법에 따른 심의에 필요한 전자문서를 작성·제출·송달할 수 있도록 하는 하드웨어, 소프트웨어, 데이터베이스, 네트워크, 보안요소 등을 결합하여 구축한 정보처리능력을 갖춘 전자적 장치를 말한다. 이하 같다)을 통하여 제출할 수 있다.
② 제1항에 따라 제출된 전자문서는 그 문서를 제출한 당사자등이 정보통신망을 통하여 전자정보처리조직에서 제공하는 접수번호를 확인하였을 때 전자정보처리조직에 기록된 내용으로 접수된 것으로 본다.
③ 공정거래위원회는 당사자등에게 전자정보처리조직과 그와 연계된 정보통신망을 이용하여 의결서 및 재결서와 그 밖에 이 법에 따른 심의에 필요한 문서를 송달할 수 있다. 다만, 당사자등이 동의하지 아니하는 경우에는 그러하지 아니하다.
④ 공정거래위원회는 제3항의 방법으로 문서를 송달하는 경우 해당 문서를 전자정보처리조직에 입력하여 등재한 후 그 등재 사실을 전자우편 등 대통령령으로 정하는 방법으로 당사자등에게 통지하여야 한다.
⑤ 제3항의 방법에 따른 문서의 송달은 당사자등이 제4항에 따라 등재된 전자문서를 확인하였을 때 전자정보처리조직에

기록된 내용으로 도달한 것으로 본다. 다만, 제4항에 따라 등재 사실이 통지된 날부터 2주 이내(의결서 및 재결서 외의 서류는 7일 이내)에 확인하지 아니하였을 때에는 그 등재 사실이 통지된 날부터 2주가 지난 날(의결서 및 재결서 외의 서류는 7일이 지난 날)에 도달한 것으로 본다.
⑥ 전자정보처리조직의 장애로 송달 또는 통지를 받을 자가 전자문서를 확인할 수 없는 기간은 제5항 단서의 기간에 산입하지 아니한다. 이 경우 전자문서를 확인할 수 없는 기간의 계산 방법은 대통령령으로 정한다.
(2024.2.6 본조신설 : 2027.2.7 시행)

제98조의3【국내 지정 대리인에 대한 문서의 송달】 ① 제98조 및 제98조의2제3항부터 제6항까지에 따른 문서의 송달에 관한 규정에도 불구하고 국외에 주소·영업소 또는 사무소를 두고 있는 사업자 또는 사업자단체에 대해서는 국내에 대리인을 지정하도록 하여 그 대리인에게 송달한다.
② 제1항에 따라 국내에 대리인을 지정하여야 하는 사업자 또는 사업자단체가 국내에 대리인을 지정하지 아니한 경우 문서의 송달에 관하여는 제98조 및 제98조의2제3항부터 제6항까지에 따른다.
(2024.2.6 본조신설 : 2027.2.7 시행)

제99조【소의 제기】 ① 이 법에 따른 처분에 대하여 불복의 소를 제기하려는 자는 처분의 통지를 받은 날 또는 이의신청에 대한 재결서의 정본을 송달받은 날부터 30일 이내에 이를 제기하여야 한다.
② 제1항의 기간은 불변기간으로 한다.

제100조【불복의 소의 전속관할】 제99조에 따른 불복의 소는 서울고등법원을 전속관할로 한다.

제101조【사건처리절차 등】 이 법에 위반하는 사건의 처리절차 등에 관하여 필요한 사항은 공정거래위원회가 정하여 고시한다.

제11장 과징금 부과 및 징수 등

제102조【과징금 부과】 ① 공정거래위원회는 제8조, 제38조, 제43조, 제50조 및 제53조에 따라 과징금을 부과하는 경우 다음 각 호의 사항을 고려하여야 한다.
1. 위반행위의 내용 및 정도
2. 위반행위의 기간 및 횟수
3. 위반행위로 취득한 이익의 규모 등

② 공정거래위원회는 이 법을 위반한 회사인 사업자가 합병으로 소멸한 경우에는 해당 회사가 한 위반행위를 합병 후 존속하거나 합병에 따라 설립된 회사가 한 행위로 보아 과징금을 부과·징수할 수 있다.
③ 공정거래위원회는 이 법을 위반한 회사인 사업자가 분할되거나 분할합병된 경우에는 분할되는 사업자의 분할일 또는 분할합병일 이전의 위반행위를 다음 각 호의 어느 하나에 해당하는 회사의 행위로 보고 과징금을 부과·징수할 수 있다.
1. 분할되는 회사
2. 분할 또는 분할합병으로 설립되는 새로운 회사
3. 분할되는 회사의 일부가 다른 회사에 합병된 후 그 다른 회사가 존속하는 경우 그 다른 회사

④ 공정거래위원회는 이 법을 위반한 회사인 사업자가 「채무자 회생 및 파산에 관한 법률」 제215조에 따라 새로운 회사를 설립하는 경우에는 기존 회사 또는 새로운 회사 중 어느 하나의 행위로 보고 과징금을 부과·징수할 수 있다.
⑤ 제1항에 따른 과징금의 부과기준은 대통령령으로 정한다.

제103조【과징금 납부기한의 연기 및 분할납부】 ① 공정거래위원회는 과징금의 금액이 대통령령으로 정하는 기준을 초과하는 경우로서 다음 각 호의 어느 하나에 해당하는 사유로 과징금을 부과받은 자(이하 "과징금납부의무자"라 한다)가 과징금의 전액을 일시에 납부하기가 어렵다고 인정될 때에는 그 납부기한을 연기하거나 분할납부하게 할 수 있다. 이 경우 필요하다고 인정할 때에는 담보를 제공하게 할 수 있다.
1. 재해 또는 도난 등으로 재산에 현저한 손실이 생긴 경우
2. 사업여건의 악화로 사업이 중대한 위기에 처한 경우
3. 과징금의 일시납부에 따라 자금사정에 현저한 어려움이 예상되는 경우
4. 그 밖에 제1호부터 제3호까지에 준하는 사유가 있는 경우

② 과징금납부의무자가 제1항에 따른 과징금 납부기한의 연기 또는 분할납부를 신청하려는 경우에는 과징금 납부를 통지받은 날부터 30일 이내에 공정거래위원회에 신청하여야 한다.
③ 공정거래위원회는 제1항에 따라 납부기한이 연기되거나 분할납부가 허용된 과징금납부의무자가 다음 각 호의 어느 하나에 해당하게 된 경우에는 그 납부기한의 연기 또는 분할납부 결정을 취소하고 일시에 징수할 수 있다.
1. 분할납부 결정된 과징금을 그 납부기한까지 납부하지 아니한 경우
2. 담보의 변경 또는 그 밖에 담보보전에 필요한 공정거래위원회의 명령을 이행하지 아니한 경우
3. 강제집행, 경매의 개시, 파산선고, 법인의 해산, 국세 또는 지방세의 체납처분 등으로 과징금의 전부 또는 잔여분을 징수할 수 없다고 인정되는 경우
4. 제1항에 따른 사유가 해소되어 과징금을 일시에 납부할 수 있다고 인정되는 경우

④ 제1항부터 제3항까지의 규정에 따른 과징금 납부기한의 연기 또는 분할납부 등에 필요한 사항은 대통령령으로 정한다.

제104조【과징금의 연대납부의무】 ① 과징금을 부과받은 회사인 사업자가 분할 또는 분할합병되는 경우(부과일에 분할 또는 분할합병되는 경우를 포함한다) 그 과징금은 다음 각 호의 회사가 연대하여 납부할 책임을 진다.
1. 분할되는 회사
2. 분할 또는 분할합병으로 설립되는 회사
3. 분할되는 회사의 일부가 다른 회사에 합병된 후 그 다른 회사가 존속하는 경우 그 다른 회사

② 과징금을 부과받은 회사인 사업자가 분할 또는 분할합병으로 해산되는 경우(부과일에 해산되는 경우를 포함한다) 그 과징금은 다음 각 호의 회사가 연대하여 납부할 책임을 진다.
1. 분할 또는 분할합병으로 설립되는 회사
2. 분할되는 회사의 일부가 다른 회사에 합병된 후 그 다른 회사가 존속하는 경우 그 다른 회사

제105조【과징금 징수 및 체납처분】 ① 공정거래위원회는 과징금납부의무자가 납부기한까지 과징금을 납부하지 아니한 경우에는 납부기한의 다음 날부터 납부한 날까지의 기간에 대하여 연 100분의 40의 범위에서 「은행법」에 따른 은행의 연체이자율을 고려하여 대통령령으로 정하는 바에 따라 가산금을 징수한다. 이 경우 가산금을 징수하는 기간은 60개월을 초과할 수 없다.
② 공정거래위원회는 과징금납부의무자가 납부기한까지 과징금을 납부하지 아니하였을 때에는 기간을 정하여 독촉을 하고, 그 기간 내에 과징금 및 제1항에 따른 가산금을 납부하지 아니하였을 때에는 국세체납처분의 예에 따라 이를 징수할 수 있다.
③ 공정거래위원회는 제1항 및 제2항에 따른 과징금 및 가산금의 징수 또는 체납처분에 관한 업무를 대통령령으로 정하는 바에 따라 국세청장에게 위탁할 수 있다.
④ 공정거래위원회는 체납된 과징금의 징수를 위하여 필요하다고 인정되는 경우에는 국세청장에게 과징금을 체납한 자에 대한 국세과세에 관한 정보의 제공을 요청할 수 있다.
⑤ 과징금 업무를 담당하는 공무원이 과징금의 징수를 위하여 필요할 때에는 등기소 또는 다른 관계 행정기관의 장에게 무료로 필요한 서류의 열람이나 복사 또는 그 등본이나 초본의 발급을 청구할 수 있다.
⑥ 제1항부터 제5항까지에서 규정한 사항 외에 과징금의 징수에 관하여 필요한 사항은 대통령령으로 정한다.

제106조【과징금 환급가산금】 공정거래위원회가 이의신청의 재결 또는 법원의 판결 등의 사유로 과징금을 환급하는 경우에는 과징금을 납부한 날부터 환급한 날까지의 기간에 대하여 대통령령으로 정하는 바에 따라 환급가산금을 지급하여야 한다. 다만, 법원의 판결에 따라 과징금 부과처분이 취소되어 그 판결이유에 따라 새로운 과징금을 부과하는 경우에는 당초 납부한 과징금에서 새로 부과하기로 결정한 과징금을 공제한 나머지 금액에 대해서만 환급가산금을 계산하여 지급한다.

제107조【결손처분】 ① 공정거래위원회는 과징금·과태료, 그 밖에 이 법에 따른 징수금(이하 "징수금등"이라 한다)의 납부의무자에게 다음 각 호의 어느 하나에 해당하는 사유가 있는 경우에는 결손처분을 할 수 있다.
1. 체납처분이 끝나고 체납액에 충당된 배분금액이 체납액에 미치지 못하는 경우
2. 징수금등의 징수권에 대한 소멸시효가 완성된 경우
3. 체납자의 행방이 분명하지 아니하거나 재산이 없다는 것이 판명된 경우
4. 체납처분의 목적물인 총재산의 추산가액이 체납처분비에 충당하고 남을 여지가 없음이 확인된 경우
5. 체납처분의 목적물인 총재산이 징수금등보다 우선하는 국세, 지방세, 전세권·질권 또는 저당권으로 담보된 채권 등의 변제에 충당하고 남을 여지가 없음이 확인된 경우
6. 징수할 가능성이 없는 경우로서 대통령령으로 정하는 사유에 해당되는 경우
② 제1항에 따라 결손처분을 할 때에는 지방행정기관 등 관계 기관에 체납자의 행방 또는 재산의 유무를 조사하고 확인하여야 한다.
③ 제1항제4호 또는 제5호에 해당되어 결손처분을 할 때에는 체납처분을 중지하고 그 재산의 압류를 해제하여야 한다.
④ 공정거래위원회는 제1항에 따라 결손처분을 한 후 압류할 수 있는 다른 재산을 발견하였을 때에는 지체 없이 결손처분을 취소하고 체납처분을 하여야 한다. 다만, 제1항제2호에 해당하는 경우에는 그러하지 아니하다.

제12장 금지청구 및 손해배상

제108조【금지청구 등】 ① 제45조제1항(제9호는 제외한다) 및 제51조제1항제4호〔제45조제1항(제9호는 제외한다)에 따른 불공정거래행위에 관한 부분으로 한정한다〕를 위반한 행위로 피해를 입거나 피해를 입을 우려가 있는 자는 그 위반행위를 하거나 할 우려가 있는 사업자 또는 사업자단체에 자신에 대한 침해행위의 금지 또는 예방을 청구할 수 있다.
② 제1항에 따른 금지청구의 소를 제기하는 경우에는 「민사소송법」에 따라 관할권을 갖는 지방법원 외에 해당 지방법원 소재지를 관할하는 고등법원이 있는 곳의 지방법원에도 제기할 수 있다.
③ 법원은 제1항에 따른 금지청구의 소가 제기된 경우에 그로 인한 피고의 이익을 보호하기 위하여 필요하다고 인정하면 피고의 신청이나 직권으로 원고에게 상당한 담보의 제공을 명할 수 있다.

제109조【손해배상책임】 ① 사업자 또는 사업자단체는 이 법을 위반함으로써 피해를 입은 자가 있는 경우에는 해당 피해자에 대하여 손해배상의 책임을 진다. 다만, 사업자 또는 사업자단체가 고의 또는 과실이 없음을 입증한 경우에는 그러하지 아니하다.
② 제1항에도 불구하고 사업자 또는 사업자단체는 제40조, 제48조 또는 제51조제1항제1호를 위반함으로써 손해를 입은 자가 있는 경우에는 그 자에게 발생한 손해의 3배를 넘지 아니하는 범위에서 손해배상의 책임을 진다. 다만, 사업자 또는 사업자단체가 고의 또는 과실이 없음을 입증한 경우에는 손해배상의 책임을 지지 아니하고, 사업자가 제44조제1항 각 호의 어느 하나에 해당하는 경우 그 배상액은 해당 사업자가 제40조를 위반하여 손해를 입은 자에게 발생한 손해를 초과해서는 아니 된다.
③ 법원은 제2항의 배상액을 정할 때에는 다음 각 호의 사항을 고려하여야 한다.
1. 고의 또는 손해 발생의 우려를 인식한 정도
2. 위반행위로 인한 피해 규모
3. 위반행위로 사업자 또는 사업자단체가 취득한 경제적 이익
4. 위반행위에 따른 벌금 및 과징금
5. 위반행위의 기간·횟수 등
6. 사업자의 재산상태
7. 사업자 또는 사업자단체의 피해구제 노력의 정도
④ 제44조제1항 각 호의 어느 하나에 해당하는 사업자가 제2항에 따른 배상책임을 지는 경우에는 다른 사업자와 공동으로 제40조를 위반하여 손해를 입은 자에게 발생한 손해를 초과하지 아니하는 범위에서 「민법」 제760조에 따른 공동불법행위자의 책임을 진다.

제110조【기록의 송부 등】 법원은 제109조에 따른 손해배상청구의 소가 제기되었을 때 필요한 경우 공정거래위원회에 대하여 해당 사건의 기록(사건관계인, 참고인 또는 감정인에 대한 심문조서, 속기록 및 그 밖에 재판상 증거가 되는 모든 것을 포함한다)의 송부를 요구할 수 있다.

제111조【자료의 제출】 ① 법원은 제40조제1항, 제45조제1항(제9호는 제외한다) 또는 제51조제1항제1호를 위반한 행위로 인한 손해배상청구소송에서 당사자의 신청에 따라 상대방 당사자에게 해당 손해의 증명 또는 손해액의 산정에 필요한 자료(제44조제4항에 따른 자진신고 등과 관련된 자료는 제외한다)의 제출을 명할 수 있다. 다만, 그 자료의 소지자가 자료의 제출을 거절할 정당한 이유가 있으면 그러하지 아니하다.
② 법원은 자료의 소지자가 제1항에 따른 제출을 거부할 정당한 이유가 있다고 주장하는 경우에는 그 주장의 당부(當否)를 판단하기 위하여 자료의 제시를 명할 수 있다. 이 경우 법원은 그 자료를 다른 사람이 보게 하여서는 아니 된다.
③ 제1항에 따라 제출되어야 할 자료가 영업비밀에 해당하나 손해의 증명 또는 손해액의 산정에 반드시 필요한 경우에는 제1항 단서에 따른 정당한 이유로 보지 아니한다. 이 경우 법원은 제출명령의 목적 내에서 열람할 수 있는 범위 또는 열람할 수 있는 사람을 지정하여야 한다.
④ 법원은 당사자가 정당한 이유 없이 자료제출명령에 따르지 아니한 경우에는 자료의 기재에 대한 상대방의 주장을 진실한 것으로 인정할 수 있다.
⑤ 법원은 제4항에 해당하는 경우 자료의 제출을 신청한 당사자가 자료의 기재에 관하여 구체적으로 주장하기에 현저히 곤란한 사정이 있고 자료로 증명할 사실을 다른 증거로 증명하는 것을 기대하기도 어려운 경우에는 그 당사자가 자료의 기재로 증명하려는 사실에 관한 주장을 진실한 것으로 인정할 수 있다.

제112조【비밀유지명령】 ① 법원은 제109조에 따라 제기된 손해배상청구소송에서 그 당사자가 보유한 영업비밀에 대하여 다음 각 호의 사유를 모두 소명한 경우에는 그 당사자의 신청에 따라 결정으로 다른 당사자(법인인 경우에는 그 대표자를 말한다), 당사자를 위하여 소송을 대리하는 자, 그 밖에 그 소송으로 영업비밀을 알게 된 자에게 그 영업비밀을 그 소송의 계속적인 수행 외의 목적으로 사용하거나 그 영업비밀에 관계된 이 항에 따른 명령을 받은 자 외의 자에게 공개하지 아니할 것을 명할 수 있다. 다만, 그 신청 시점까지 다른 당사자(법인인 경우에는 그 대표자를 말한다), 당사자를 위하여 소송을 대리하는 자, 그 밖에 그 소송으로 영업비밀을 알게 된 자가 제1호에 따른 준비서면의 열람이나 증거조사 외의 방법으로 그 영업비밀을 이미 취득하고 있는 경우에는 그러하지 아니하다.
1. 이미 제출하였거나 제출하여야 할 준비서면, 이미 조사하였거나 조사하여야 할 증거 또는 제111조제1항에 따라 제출하였거나 제출하여야 할 자료에 영업비밀이 포함되어 있다는 것
2. 제1호의 영업비밀이 해당 소송 수행 외의 목적으로 사용되거나 공개되면 당사자의 영업에 지장을 줄 우려가 있어 이를 방지하기 위하여 영업비밀의 사용 또는 공개를 제한할 필요가 있다는 것
② 당사자는 제1항에 따른 명령(이하 "비밀유지명령"이라 한다)을 신청하려면 다음 각 호의 사항을 적은 서면으로 하여야 한다.
1. 비밀유지명령을 받을 자
2. 비밀유지명령의 대상이 될 영업비밀을 특정하기에 충분한 사실
3. 제1항 각 호의 사유에 해당하는 사실
③ 법원은 비밀유지명령이 결정된 경우에는 그 결정서를 비밀유지명령을 받을 자에게 송달하여야 한다.
④ 비밀유지명령은 제3항의 결정서가 비밀유지명령을 받을 자에게 송달된 때부터 효력이 발생한다.
⑤ 비밀유지명령의 신청을 기각하거나 각하한 재판에 대해서는 즉시항고를 할 수 있다.

제113조【비밀유지명령의 취소】 ① 비밀유지명령을 신청한 자 또는 비밀유지명령을 받은 자는 제112조제1항에 따른 요건을 갖추지 못하였거나 갖추지 못하게 된 경우 소송기록을 보관하고 있는 법원(소송기록을 보관하고 있는 법원이 없는 경우에는 비밀유지명령을 내린 법원을 말한다)에 비밀유지명령의 취소를 신청할 수 있다.
② 법원은 비밀유지명령의 취소신청에 대한 재판이 있는 경우에는 그 결정서를 그 신청을 한 자 및 상대방에게 송달하여야 한다.
③ 비밀유지명령의 취소신청에 대한 재판에 대해서는 즉시항고를 할 수 있다.
④ 비밀유지명령을 취소하는 재판은 확정되어야 효력이 발생한다.
⑤ 비밀유지명령을 취소하는 재판을 한 법원은 비밀유지명령의 취소신청을 한 자 또는 상대방 외에 해당 영업비밀에 관한 비밀유지명령을 받은 자가 있는 경우에는 그 자에게 즉시 비밀유지명령의 취소 재판을 한 사실을 알려야 한다.
제114조【소송기록 열람 등의 청구 통지 등】 ① 비밀유지명령이 내려진 소송(모든 비밀유지명령이 취소된 소송은 제외한다)에 관한 소송기록에 대하여 「민사소송법」 제163조제1항의 결정이 있었던 경우에, 당사자가 같은 항에서 규정하는 비밀 기재부분의 열람 등의 청구를 하였으나 그 청구 절차를 해당 소송에서 비밀유지명령을 받지 아니한 자가 밟은 경우에는 법원서기관, 법원사무관, 법원주사 또는 법원주사보(이하 이 조에서 "법원사무관등"이라 한다)는 같은 항의 신청을 한 당사자(그 열람 등의 청구를 한 자는 제외한다. 이하 제3항에서 같다)에게 그 청구 직후에 그 열람 등의 청구가 있었다는 사실을 알려야 한다.
② 법원사무관등은 제1항의 청구가 있었던 날부터 2주일이 지날 때까지(그 청구 절차를 밟은 자에 대한 비밀유지명령 신청이 그 기간 내에 이루어진 경우에는 그 신청에 대한 재판이 확정되는 시점까지를 말한다) 그 청구 절차를 밟은 자에게 제1항의 비밀 기재부분의 열람 등을 하게 하여서는 아니 된다.
③ 제2항은 제1항의 열람 등의 청구를 한 자에게 제1항의 비밀 기재부분의 열람 등을 하게 하는 것에 대하여 「민사소송법」 제163조제1항의 신청을 한 당사자 모두가 동의하는 경우에는 적용되지 아니한다.
제115조【손해액의 인정】 법원은 이 법을 위반한 행위로 손해가 발생한 것은 인정되나 그 손해액을 입증하기 위하여 필요한 사실을 입증하는 것이 해당 사실의 성질상 매우 곤란한 경우에 변론 전체의 취지와 증거조사의 결과에 기초하여 상당한 손해액을 인정할 수 있다.

제13장 적용 제외

제116조【법령에 따른 정당한 행위】 이 법은 사업자 또는 사업자단체가 다른 법령에 따라 하는 정당한 행위에 대해서는 적용하지 아니한다.
제117조【무체재산권의 행사행위】 이 법은 「저작권법」, 「특허법」, 「실용신안법」, 「디자인보호법」 또는 「상표법」에 따른 권리의 정당한 행사라고 인정되는 행위에 대해서는 적용하지 아니한다.
제118조【일정한 조합의 행위】 이 법은 다음 각 호의 요건을 갖추어 설립된 조합(조합의 연합체를 포함한다)의 행위에 대해서는 적용하지 아니한다. 다만, 불공정거래행위 또는 부당하게 경쟁을 제한하여 가격을 인상하게 되는 경우에는 그러하지 아니하다.
1. 소규모의 사업자 또는 소비자의 상호부조(相互扶助)를 목적으로 할 것
2. 임의로 설립되고, 조합원이 임의로 가입하거나 탈퇴할 수 있을 것
3. 각 조합원이 평등한 의결권을 가질 것
4. 조합원에게 이익배분을 하는 경우에는 그 한도가 정관에 정하여져 있을 것

제14장 보 칙

제119조【비밀엄수의 의무】 다음 각 호의 어느 하나에 해당하는 사람은 그 직무상 알게 된 사업자 또는 사업자단체의 비밀을 누설하거나 이 법의 시행을 위한 목적 외에 이를 이용해서는 아니 된다.(2023.6.20 본문개정)
1. 이 법에 따른 직무에 종사하거나 종사하였던 위원 또는 공무원
2. 제73조부터 제77조까지, 제77조의2, 제78조 및 제79조에 따른 분쟁의 조정업무를 담당하거나 담당하였던 사람
3. 제90조에 따른 동의의결 이행관리 업무를 담당하거나 담당하였던 사람
4. 제97조의2에 따른 시정조치 이행관리 업무를 담당하거나 담당하였던 사람
(2023.6.20 1호~4호신설)
제120조【경쟁제한적인 법령 제정의 협의 등】 ① 관계 행정기관의 장은 사업자의 가격·거래조건의 결정, 시장진입 또는 사업활동의 제한, 부당한 공동행위 또는 사업자단체의 금지행위 등 경쟁제한사항을 내용으로 하는 법령을 제정 또는 개정하거나, 사업자 또는 사업자단체에 경쟁제한사항을 내용으로 하는 승인 또는 그 밖의 처분을 하려는 경우에는 미리 공정거래위원회와 협의하여야 한다.
② 관계 행정기관의 장은 경쟁제한사항을 내용으로 하는 예규·고시 등을 제정하거나 개정하려는 경우에는 미리 공정거래위원회에 통보하여야 한다.
③ 관계 행정기관의 장은 제1항에 따른 경쟁제한사항을 내용으로 하는 승인 또는 그 밖의 처분을 한 경우에는 해당 승인 또는 그 밖의 처분의 내용을 공정거래위원회에 통보하여야 한다.
④ 공정거래위원회는 제2항에 따라 통보를 받은 경우에 해당 제정 또는 개정하려는 예규·고시 등에 경쟁제한사항이 포함되어 있다고 인정되는 경우에는 관계 행정기관의 장에게 해당 경쟁제한사항의 시정에 관한 의견을 제시할 수 있다.
⑤ 공정거래위원회는 제1항에 따른 협의 없이 제정 또는 개정된 법령과 통보 없이 제정 또는 개정된 예규·고시 등이나 통보 없이 한 승인 또는 그 밖의 처분에 경쟁제한사항이 포함되어 있다고 인정되는 경우에는 관계 행정기관의 장에게 해당 경쟁제한사항의 시정에 관한 의견을 제시할 수 있다.
제120조의2【공정거래 자율준수 문화의 확산】 ① 공정거래위원회는 경쟁촉진의 일환으로 공정거래 자율준수 문화를 확산시키기 위한 시책을 마련하고 추진할 수 있다.
② 공정거래위원회는 공정거래위원회 소관 법령을 자율적으로 준수하기 위하여 내부준법제도(이하 "공정거래 자율준수제도"라 한다)를 운영하는 사업자를 대상으로 그 운영상황에 대하여 평가(이하 "공정거래 자율준수평가"라 한다)를 할 수 있다.
③ 공정거래 자율준수평가를 받으려는 사업자는 대통령령으로 정하는 바에 따라 공정거래위원회에 신청하여야 한다.
④ 공정거래위원회는 공정거래 자율준수제도를 활성화하기 위하여 공정거래 자율준수평가를 받은 사업자를 대상으로 대통령령으로 정하는 바에 따라 그 평가 결과 등에 근거하여 시정조치 또는 과징금 감경이나 포상 또는 지원 등을 할 수 있다.
⑤ 공정거래위원회는 공정거래 자율준수평가를 신청한 사업자에 대하여 대통령령으로 정하는 바에 따라 그 평가에 소요되는 비용을 부담하게 할 수 있다.
⑥ 제1항부터 제5항까지 외에 공정거래 자율준수평가의 기준 및 절차 등에 필요한 사항은 대통령령으로 정한다.
(2023.6.20 본조신설)
제120조의3【자율준수평가기관의 지정 등】 ① 공정거래위원회는 공정거래 관련 분야에 대하여 전문성이 있는 기관 또는 단체를 대통령령으로 정하는 바에 따라 공정거래 자율준수평가기관(이하 "평가기관"이라 한다)으로 지정하여 공정거래 자율준수평가에 관한 업무(이하 "평가업무"라 한다)를 수행하게 할 수 있다.
② 공정거래위원회는 평가기관이 다음 각 호의 어느 하나에 해당하는 경우에는 평가기관의 지정을 취소하거나 1년 이내의

기간을 정하여 업무의 정지를 명할 수 있다. 다만, 제1호 또는 제5호에 해당하면 그 지정을 취소하여야 한다.
1. 거짓이나 부정한 방법으로 지정을 받은 경우
2. 업무정지명령을 위반하여 그 정지 기간 중 평가업무를 행한 경우
3. 고의 또는 중대한 과실로 제120조의2제6항에 따른 공정거래 자율준수평가의 기준 및 절차를 위반한 경우
4. 정당한 사유 없이 평가업무를 거부한 경우
5. 파산 또는 폐업한 경우
6. 그 밖에 휴업 또는 부도 등으로 인하여 평가업무를 수행하기 어려운 경우
(2023.6.20 본조신설)

제121조 【관계 기관 등의 장의 협조】 ① 공정거래위원회는 이 법의 시행을 위하여 필요하다고 인정할 때에는 관계 행정기관의 장이나 그 밖의 기관 또는 단체의 장의 의견을 들을 수 있다.
② 공정거래위원회는 이 법의 시행을 위하여 필요하다고 인정할 때에는 관계 행정기관의 장이나 그 밖의 기관 또는 단체의 장에게 필요한 조사를 의뢰하거나 필요한 자료를 요청할 수 있다.
③ 공정거래위원회는 이 법에 따른 시정조치의 이행을 확보하기 위하여 필요하다고 인정하는 경우에는 관계 행정기관의 장이나 그 밖의 기관 또는 단체의 장에게 필요한 협조를 의뢰할 수 있다.

제122조 【권한의 위임·위탁】 공정거래위원회는 이 법에 따른 권한의 일부를 대통령령으로 정하는 바에 따라 소속 기관의 장이나 특별시장·광역시장·특별자치시장·도지사 또는 특별자치도지사에게 위임하거나, 다른 행정기관의 장에게 위탁할 수 있다.

제123조 【벌칙 적용 시의 공무원 의제】 ① 공정거래위원회의 위원 중 공무원이 아닌 위원은 「형법」이나 그 밖의 법률에 따른 벌칙을 적용할 때에는 공무원으로 본다.
② 다음 각 호의 어느 하나에 해당하는 사람은 「형법」 제129조부터 제132조까지의 규정에 따른 벌칙을 적용할 때에는 공무원으로 본다.(2023.6.20 본문개정)
1. 제73조부터 제77조까지, 제77조의2, 제78조 및 제79조에 따른 분쟁의 조정업무를 담당하거나 담당하였던 사람
2. 제90조에 따른 동의의결 이행관리 업무를 담당하거나 담당하였던 사람
3. 제97조의2에 따른 시정조치 이행관리 업무를 담당하거나 담당하였던 사람
(2023.6.20 1호~3호신설)

제15장 벌 칙

제124조 【벌칙】 ① 다음 각 호의 어느 하나에 해당하는 자는 3년 이하의 징역 또는 2억원 이하의 벌금에 처한다.
1. 제5조를 위반하여 남용행위를 한 자
2. 제13조 또는 제36조를 위반하여 탈법행위를 한 자
3. 제15조, 제23조, 제25조 또는 제39조를 위반하여 의결권을 행사한 자
4. 제18조제2항부터 제5항까지의 규정을 위반한 자
5. 제19조를 위반하여 지주회사를 설립하거나 지주회사로 전환한 자
6. 제20조제2항 또는 제3항을 위반한 자
7. 제21조 또는 제22조를 위반하여 주식을 취득하거나 소유하고 있는 자
8. 제24조를 위반하여 채무보증을 하고 있는 자
9. 제40조제1항을 위반하여 부당한 공동행위를 한 자 또는 이를 하도록 한 자
10. 제45조제1항제9호, 제47조제1항 또는 제4항을 위반한 자
11. 제48조를 위반한 자
12. 제51조제1항제1호를 위반하여 사업자단체의 금지행위를 한 자
13. 제81조제2항에 따른 조사 시 폭언·폭행, 고의적인 현장진입 저지·지연 등을 통하여 조사를 거부·방해 또는 기피한 자
② 제1항의 징역형과 벌금형은 병과(倂科)할 수 있다.

제125조 【벌칙】 다음 각 호의 어느 하나에 해당하는 자는 2년 이하의 징역 또는 1억5천만원 이하의 벌금에 처한다.
1. 제7조제1항, 제14조제1항, 제37조제1항, 제42조제1항, 제49조제1항 및 제52조제1항에 따른 시정조치에 따르지 아니한 자
2. 제31조제4항에 따른 자료제출 요청에 대하여 정당한 이유 없이 자료 제출을 거부하거나 거짓의 자료를 제출한 자
3. 제31조제5항을 위반하여 공인회계사의 회계감사를 받지 아니한 자
4. 제45조제1항(제1호·제2호·제3호·제7호 및 제9호는 제외한다)을 위반하여 불공정거래행위를 한 자
5. 제51조제1항제3호를 위반하여 사업자단체의 금지행위를 한 자
6. 제81조제1항제3호 또는 같은 조 제6항에 따른 보고 또는 필요한 자료나 물건을 제출하지 아니하거나 거짓의 보고 또는 자료나 물건을 제출한 자
7. 제81조제2항에 따른 조사 시 자료의 은닉·폐기, 접근 거부 또는 위조·변조 등을 통하여 조사를 거부·방해 또는 기피한 자

제126조 【벌칙】 다음 각 호의 어느 하나에 해당하는 자는 1억원 이하의 벌금에 처한다.
1. 제17조를 위반하여 지주회사의 설립 또는 전환의 신고를 하지 아니하거나 거짓으로 신고한 자
2. 제18조제7항을 위반하여 해당 지주회사등의 사업내용에 관한 보고서를 제출하지 아니하거나 거짓으로 보고서를 제출한 자
3. 제30조제1항 및 제2항을 위반하여 주식소유 현황 또는 채무보증 현황의 신고를 하지 아니하거나 거짓으로 신고한 자
4. 거짓으로 감정을 한 제81조제1항제2호에 따른 감정인

제127조 【벌칙】 ① 국내외에서 정당한 이유 없이 제112조제1항에 따른 비밀유지명령을 위반한 자는 2년 이하의 징역 또는 2천만원 이하의 벌금에 처한다.
② 제1항의 죄는 비밀유지명령을 신청한 자의 고소가 없으면 공소를 제기할 수 없다.
③ 제119조를 위반한 자는 2년 이하의 징역 또는 200만원 이하의 벌금에 처한다.

제128조 【양벌규정】 법인(법인격이 없는 단체를 포함한다. 이하 이 조에서 같다)의 대표자나 법인 또는 개인의 대리인, 사용인, 그 밖의 종업원이 그 법인 또는 개인의 업무에 관하여 제124조부터 제126조까지의 어느 하나에 해당하는 위반행위를 하면 그 행위자를 벌하는 외에 그 법인 또는 개인에게도 해당 조문의 벌금형을 과(科)한다. 다만, 법인 또는 개인이 그 위반행위를 방지하기 위하여 해당 업무에 관하여 상당한 주의와 감독을 게을리하지 아니한 경우에는 그러하지 아니하다.

제129조 【고발】 ① 제124조 및 제125조의 죄는 공정거래위원회의 고발이 있어야 공소를 제기할 수 있다.
② 공정거래위원회는 제124조 및 제125조의 죄 중 그 위반의 정도가 객관적으로 명백하고 중대하여 경쟁질서를 현저히 해친다고 인정하는 경우에는 검찰총장에게 고발하여야 한다.
③ 검찰총장은 제2항에 따른 고발요건에 해당하는 사실이 있음을 공정거래위원회에 통보하여 고발을 요청할 수 있다.
④ 공정거래위원회가 제2항에 따른 고발요건에 해당하지 아니한다고 결정하더라도 감사원장, 중소벤처기업부장관, 조달청장은 사회적 파급효과, 국가재정에 끼친 영향, 중소기업에 미친 피해 정도 등 다른 사정을 이유로 공정거래위원회에 고발을 요청할 수 있다.
⑤ 공정거래위원회는 제3항 또는 제4항에 따른 고발요청이 있을 때에는 검찰총장에게 고발하여야 한다.
⑥ 공정거래위원회는 공소가 제기된 후에는 고발을 취소할 수 없다.

제130조 【과태료】 ① 사업자, 사업자단체, 공시대상기업집단에 속하는 회사를 지배하는 동일인 또는 그 동일인의 특수관계인인 공익법인이 다음 각 호의 어느 하나에 해당하는 경우에는 1억원 이하, 회사·사업자단체·공익법인의 임원 또는 종업원, 그 밖의 이해관계인이 다음 각 호의 어느 하나에 해당하는 경우에는 1천만원 이하의 과태료를 부과한다.

1. 제11조제1항, 제2항 또는 제6항에 따른 기업결합의 신고를 하지 아니하거나 거짓의 신고를 한 자 또는 같은 조 제8항을 위반한 자
2. 제20조제3항제2호ㆍ제3호를 위반하여 금융업 또는 보험업을 영위한 자
3. 제20조제4항ㆍ제5항에 따른 보고를 하지 아니한 자 또는 주요내용을 누락하거나 거짓으로 보고를 한 자
4. 제26조부터 제29조까지의 규정에 따른 공시를 하는 경우에 이사회의 의결을 거치지 아니하거나 공시를 하지 아니한 자 또는 주요 내용을 누락하거나 거짓으로 공시한 자
5. 제32조제3항에 따른 자료제출 요청에 대하여 정당한 이유 없이 자료를 제출하지 아니하거나 거짓의 자료를 제출한 자
6. 제81조제1항제1호를 위반하여 정당한 이유 없이 출석을 하지 아니한 자
7. 제87조제2항에 따른 자료제출 요구에 대하여 정당한 이유 없이 자료를 제출하지 아니하거나 거짓의 자료를 제출한 자

② 제66조를 위반하여 질서유지의 명령을 따르지 아니한 사람에게는 100만원 이하의 과태료를 부과한다.
③ 제1항 또는 제2항에 따른 과태료는 대통령령으로 정하는 바에 따라 공정거래위원회가 부과ㆍ징수한다. 이 경우 제1항제4호에 따른 과태료는 공정거래위원회가 시정 여부, 위반의 정도, 위반의 동기 및 그 결과 등을 고려하여 대통령령으로 정하는 기준에 따라 면제할 수 있다.(2024.2.6 후단신설)
④ 제1항 또는 제2항에 따른 과태료의 부과ㆍ징수에 관하여는 제102조제2항부터 제4항까지의 규정을 준용한다. 이 경우 "과징금"은 "과태료"로 본다.

부 칙

제1조【시행일】 이 법은 공포 후 1년이 경과한 날부터 시행한다. 다만, 제25조제2항의 개정규정은 공포 후 2년이 경과한 날부터 시행한다.
제2조【기업결합 신고에 관한 적용례】 제11조제2항의 개정규정은 이 법 시행 이후 기업결합 신고의 기산일이 시작되는 경우부터 적용한다.
제3조【기존 순환출자에 대한 의결권 제한에 관한 적용례】 제23조의 개정규정은 이 법 시행 이후 상호출자제한기업집단으로 지정ㆍ통지받는 경우부터 적용한다.
제4조【상호출자제한기업집단의 지정에 관한 적용례】 제31조제1항의 개정규정은 이 법 시행 이후 국내총생산액이 2천조원을 초과하는 것으로 「한국은행법」에 따른 한국은행이 발표한 해의 다음 연도에 상호출자제한기업집단을 지정하는 경우부터 적용한다.
제5조【분쟁조정의 신청에 관한 적용례】 제77조제3항제4호의 개정규정은 이 법 시행 이후 분쟁조정을 신청하는 경우부터 적용한다.
제6조【손해배상청구소송에서의 자료의 제출 및 비밀유지 명령 등에 관한 적용례】 제111조부터 제114조까지의 개정규정은 이 법 시행 이후 손해배상청구의 소를 제기하는 경우부터 적용한다.
제7조【공익법인의 의결권 제한에 관한 특례】 상호출자제한기업집단에 속하는 회사를 지배하는 동일인의 특수관계인에 해당하는 공익법인이 의결권을 행사할 수 있는 주식의 비율에 관하여 제25조제2항제2호 각 목 외의 부분 후단의 개정규정 중 "100분의 15"를 다음 각 호의 구분에 따른 기간 동안에는 해당 호에 따른 비율로 본다.
1. 2023년 12월 31일까지 : 100분의 30
2. 2024년 1월 1일부터 2024년 12월 31일까지 : 100분의 25
3. 2025년 1월 1일부터 2025년 12월 31일까지 : 100분의 20

제8조【소급적용】 제2조제10호의 개정규정은 2017년 7월 1일부터 소급하여 적용한다.
제9조【일반적 경과조치】 이 법 시행 당시 종전의 「독점규제 및 공정거래에 관한 법률」에 따른 결정ㆍ처분ㆍ절차, 그 밖의 행위는 이 법의 규정에 따라 이루어진 것으로 본다.
제10조【과징금의 부과에 관한 경과조치】 이 법 시행 전에 이루어진 행위에 대한 과징금의 부과에 관하여는 제8조, 제38조, 제43조, 제50조 및 제53조의 개정규정에도 불구하고 종전의 규정에 따른다.
제11조【지주회사 등의 행위제한에 관한 경과조치】 ① 이 법 시행 전에 지주회사를 설립하거나 지주회사로 전환하여 종전의 규정에 따라 신고를 한 지주회사(이하 "종전지주회사"라 한다)가 이 법 시행 전에 지배하던 자회사(이하 "종전자회사"라 한다)의 주식을 보유하는 행위에 관하여는 제18조제2항제2호의 개정규정에도 불구하고 종전의 규정에 따른다.
② 종전자회사가 이 법 시행 전에 지배하던 손자회사(이하 "종전손자회사"라 한다)의 주식을 보유하는 행위에 관하여는 제18조제3항제1호의 개정규정에도 불구하고 종전의 규정에 따른다.
③ 종전자회사, 종전손자회사 또는 종전손자회사가 이 법 시행 전에 지배하던 증손회사(이하 "종전증손회사"라 한다)가 이 법 시행 이후 상호 간에 합병(분할합병을 포함한다. 이하 이 항에서 같다)을 하여 합병 후 존속하거나 합병으로 설립되는 회사가 종전지주회사의 자회사 또는 손자회사가 되는 경우에는 제18조제2항제2호 및 같은 조 제3항제1호의 개정규정에도 불구하고 종전의 규정에 따른다.
④ 종전자회사 또는 종전손자회사가 이 법 시행 이후 분할되는 경우 분할로 설립되는 회사가 종전지주회사의 자회사 또는 손자회사가 되는 경우에는 제18조제2항제2호 및 같은 조 제3항제1호의 개정규정에도 불구하고 종전의 규정에 따른다.
제12조【순환출자 금지에 관한 경과조치】 ① 2014년 7월 25일 당시 상호출자제한기업집단으로 지정된 기업집단에 속하는 회사가 2014년 7월 25일 전에 취득하거나 소유한 주식에 대한 순환출자의 금지에 관하여는 법률 제12334호 독점규제 및 공정거래에 관한 법률 일부개정법률 제9조의2의 개정규정에도 불구하고 종전의 규정(법률 제12334호 독점규제 및 공정거래에 관한 법률 일부개정법률로 개정되기 전의 것을 말한다. 이하 이 조에서 같다)에 따른다.
② 2014년 7월 25일 이후 상호출자제한기업집단으로 지정되는 기업집단에 속하는 회사가 지정일 전에 취득하거나 소유한 주식에 대한 순환출자의 금지에 관하여는 법률 제12334호 독점규제 및 공정거래에 관한 법률 일부개정법률 제9조의2의 개정규정에도 불구하고 종전의 규정에 따른다.
제13조【상호출자제한기업집단등의 지정 등에 관한 경과조치】 2002년 4월 1일 당시 종전의 규정(법률 제6651호 獨占規制및公正去來에관한法律중改正法律로 개정되기 전의 것을 말한다) 제14조제1항에 따라 대규모기업집단 또는 채무보증제한대규모기업집단으로 지정된 기업집단은 법률 제6651호 독점규제및공정거래에관한법률중개정법률 제14조제1항의 개정규정에 따라 상호출자제한기업집단등으로 지정된 것으로 본다.
제14조【기업집단 지정자료 요청 거부 등에 대한 벌칙에 관한 경과조치】 2017년 7월 19일 전에 종전의 규정(법률 제14813호 독점규제 및 공정거래에 관한 법률 일부개정법률로 개정되기 전의 것을 말한다. 이하 이 조에서 같다) 제14조제4항에 따른 기업집단의 지정을 위한 자료의 제출 요청을 거부한 경우 등에 대한 벌칙에 관하여는 법률 제14813호 독점규제 및 공정거래에 관한 법률 일부개정법률 제14조제4항 및 제67조제7호의 개정규정에도 불구하고 종전의 규정에 따른다.
제15조【부당한 공동행위의 합의 추정 등에 관한 경과조치】 ① 이 법 시행 전에 종료된 행위에 관하여는 제40조제1항제9호의 개정규정에도 불구하고 종전의 규정에 따른다.
② 이 법 시행 전에 종료된 종전의 제19조제1항 각 호의 행위에 대한 부당한 공동행위의 합의 추정에 관하여는 제40조제5항의 개정규정에도 불구하고 종전의 규정에 따른다.
제16조【재판매가격유지행위의 금지에 관한 경과조치】 이 법 시행 전에 종료된 재판매가격유지행위에 관하여는 제46조의 개정규정에도 불구하고 종전의 규정에 따른다.
제17조【특수관계인에 대한 부당한 이익제공 등 금지에 관한 경과조치】 ① 이 법 시행 전에 이루어진 행위를 통한 특수관계인에 대한 부당한 이익제공 등 금지에 관하여는 제47조의 개정규정에도 불구하고 종전의 규정에 따른다.
② 이 법 시행 당시 계속 중인 행위를 통한 특수관계인에 대한 부당한 이익제공 등 금지에 관하여는 이 법 시행일부터 1년간은 제47조의 개정규정에도 불구하고 종전의 규정에 따른다.

제18조【불공정거래행위의 금지 및 특수관계인에 대한 부당한 이익제공 등의 금지에 관한 경과조치】 ① 2014년 2월 14일 전에 이루어진 행위를 통한 불공정거래행위 및 특수관계인에 대한 부당한 이익제공 등 금지에 관하여는 법률 제12095호 독점규제 및 공정거래에 관한 법률 일부개정법률의 개정규정에도 불구하고 종전의 규정(법률 제12095호 독점규제 및 공정거래에 관한 법률 일부개정법률로 개정되기 전의 것을 말한다. 이하 이 조에서 같다)에 따른다.
② 2014년 2월 14일 당시 계속 중인 행위를 통한 불공정거래행위 및 특수관계인에 대한 부당한 이익제공 등 금지에 관하여는 2014년 2월 14일부터 1년간은 종전의 규정에 따른다.
제19조【사업자단체의 금지행위 위반에 대한 과징금 부과에 관한 경과조치】 ① 2012년 6월 22일 전에 종료된 행위에 대한 과징금의 부과는 법률 제11406호 독점규제 및 공정거래에 관한 법률 일부개정법률 제28조제2항 및 제3항의 개정규정에도 불구하고 종전의 규정(법률 제11406호 독점규제 및 공정거래에 관한 법률 일부개정법률로 개정되기 전의 것을 말한다)에 따른다.
② 2016년 9월 30일 전에 종료된 행위에 대한 과징금의 부과는 법률 제14137호 독점규제 및 공정거래에 관한 법률 일부개정법률 제28조제3항 단서의 개정규정에도 불구하고 종전의 규정(법률 제14137호 독점규제 및 공정거래에 관한 법률 일부개정법률로 개정되기 전의 것을 말한다)에 따른다.
제20조【이행관리 업무 위탁에 따른 경과조치】 2021년 5월 20일 전에 동의의결을 신청한 건에 관하여는 법률 제17290호 독점규제 및 공정거래에 관한 법률 일부개정법률 제48조의2제1항제5호 및 제51조의3제6항부터 제9항까지의 개정규정에도 불구하고 종전의 규정(법률 제17290호 독점규제 및 공정거래에 관한 법률 일부개정법률로 개정되기 전의 것을 말한다)에 따른다.
제21조【공정거래위원회의 분쟁조정 의뢰에 관한 경과조치】 2019년 3월 19일 전에 공정거래위원회에 신고된 위반행위에 대한 분쟁조정에 관하여는 법률 제15784호 독점규제 및 공정거래에 관한 법률 일부개정법률 제48조의6 및 제48조의7의 개정규정에도 불구하고 종전의 규정(법률 제15784호 독점규제 및 공정거래에 관한 법률 일부개정법률로 개정되기 전의 것을 말한다)에 따른다.
제22조【처분시효에 관한 경과조치】 2021년 5월 20일 전에 공정거래위원회가 조사를 개시한 사건에 대한 처분시효에 관하여는 법률 제17290호 독점규제 및 공정거래에 관한 법률 일부개정법률 제49조제4항의 개정규정에도 불구하고 종전의 규정(법률 제17290호 독점규제 및 공정거래에 관한 법률 일부개정법률로 개정되기 전의 것을 말한다)에 따른다.
제23조【손해배상에 관한 경과조치】 2019년 9월 19일 전에 발생한 위반행위에 대한 손해배상에 관하여는 법률 제15784호 독점규제 및 공정거래에 관한 법률 일부개정법률 제56조의 개정규정에도 불구하고 종전의 규정(법률 제15784호 독점규제 및 공정거래에 관한 법률 일부개정법률로 개정되기 전의 것을 말한다)에 따른다.
제24조【포상금 환수에 관한 경과조치】 ① 이 법 시행 전에 지급된 포상금의 환수에 관하여는 종전의 규정에 따른다.
② 2015년 1월 20일 전에 지급된 포상금의 환수에 관하여는 법률 제13071호 독점규제 및 공정거래에 관한 법률 일부개정법률 제64조의3의 개정규정에도 불구하고 종전의 규정(법률 제13071호 독점규제 및 공정거래에 관한 법률 일부개정법률로 개정되기 전의 것을 말한다)에 따른다.
제25조【다른 법률의 개정】 ①~㉜ ※(해당 법령에 가제정리하였음)
제26조【다른 법령과의 관계】 이 법 시행 당시 다른 법령에서 종전의 「독점규제 및 공정거래에 관한 법률」 또는 그 규정을 인용하고 있는 경우 이 법에 그에 해당하는 규정이 있으면 이 법 또는 이 법의 해당 규정을 인용한 것으로 본다.

부 칙 (2021.12.28)
(2023.6.20 법19504호)

제1조【시행일】 이 법은 공포 후 6개월이 경과한 날부터 시행한다.(이하 생략)

부 칙 (2023.6.20 법19510호)

제1조【시행일】 이 법은 공포 후 6개월이 경과한 날부터 시행한다. 다만, 제97조제1항의 개정규정은 공포한 날부터 시행하고, 제120조의2 및 제120조의3의 개정규정은 공포 후 1년이 경과한 날부터 시행한다.
제2조【공공부문 입찰 관련 부당한 공동행위 방지 조치에 관한 적용례】 제41조의 개정규정은 이 법 시행 이후 공고 또는 통지되는 입찰부터 적용한다.
제3조【소송·조정절차 중지에 관한 적용례】 제77조의2의 개정규정은 이 법 시행 이후 조정을 신청하는 경우부터 적용한다.
제4조【시정조치 등에 대한 기간 진행에 관한 경과조치】 이 법 시행 전에 동의의결을 신청한 사건에 대하여 시정조치를 명하거나 과징금을 부과할 수 있는 기간의 진행에 관하여는 제90조제10항의 개정규정에도 불구하고 종전의 규정에 따른다.

부 칙 (2023.8.8)

이 법은 공포 후 6개월이 경과한 날부터 시행한다.

부 칙 (2024.1.9)

제1조【시행일】 이 법은 공포 후 6개월이 경과한 날부터 시행한다.(이하 생략)

부 칙 (2024.2.6)

제1조【시행일】 이 법은 공포 후 6개월이 경과한 날부터 시행한다. 다만, 제6조의 개정규정은 공포한 날부터 시행하고, 제73조의 개정규정은 2024년 2월 9일부터 시행하며, 제98조, 제98조의2 및 제98조의3의 개정규정은 공포 후 3년이 경과한 날부터 시행한다.
제2조【비상장회사 등의 중요사항 공시에 관한 적용례】 제27조제1항의 개정규정은 이 법 시행 이후 공시하는 경우부터 적용한다.
제3조【공정거래분쟁조정협의회 위원장의 겸직에 관한 적용례】 제73조제8항부터 제10항까지의 개정규정은 이 법 시행 이후 새로 구성되는 협의회의 위원장부터 적용한다.
제4조【기업결합 회사의 자산총액 또는 매출액 규모 산정에 관한 경과조치】 이 법 시행 전에 종전의 규정에 따라 신고 의무가 발생한 기업결합 회사의 자산총액 또는 매출액 규모 산정에 관하여는 제9조제5항제1호의 개정규정에도 불구하고 종전의 규정에 따른다.
제5조【기업결합 신고대상 제외에 따른 기업결합의 신고에 관한 경과조치】 이 법 시행 전에 종전의 제11조제1항제3호·제4호 및 같은 조 제3항에 따라 기업결합의 신고 사유가 발생한 경우 기업결합의 신고에 관하여는 제11조제1항제3호나목, 같은 항 제4호 및 같은 조 제3항제4호의 개정규정에도 불구하고 종전의 규정에 따른다.
제6조【다른 법률의 개정】 ①~⑨ ※(해당 법령에 가제정리하였음)

부 칙 (2025.1.21 법20711호)

이 법은 공포 후 3개월이 경과한 날부터 시행한다.

부 칙 (2025.1.21 법20712호)

이 법은 공포한 날부터 시행한다.

소비자기본법

(2006년 9월 27일
전부개정법률 제7988호)

개정
2008. 2.29법 8852호(정부조직)
2008. 3.21법 8983호
2008.12.26법 9257호
2009. 7.31법 9785호(신문등의진흥에관한법)
2010. 3.22법10170호
2011. 5.19법10678호
2016. 3.29법14139호
2017.10.31법15015호
2018. 3.13법15470호
2018. 6.12법15696호
2018.12.31법16178호
2020. 5.19법17290호(독점)
2020.12.29법17799호(독점)
2023. 6.20법19511호
2024. 2.13법20301호

제1장 총 칙

제1조【목적】 이 법은 소비자의 권익을 증진하기 위하여 소비자의 권리와 책무, 국가·지방자치단체 및 사업자의 책무, 소비자단체의 역할 및 자유시장경제에서 소비자와 사업자 사이의 관계를 규정함과 아울러 소비자정책의 종합적 추진을 위한 기본적인 사항을 규정함으로써 소비생활의 향상과 국민경제의 발전에 이바지함을 목적으로 한다.

제2조【정의】 이 법에서 사용하는 용어의 정의는 다음 각 호와 같다.
1. "소비자"라 함은 사업자가 제공하는 물품 또는 용역(시설물을 포함한다. 이하 같다)을 소비생활을 위하여 사용(이용을 포함한다. 이하 같다)하는 자 또는 생산활동을 위하여 사용하는 자로서 대통령령이 정하는 자를 말한다.
2. "사업자"라 함은 물품을 제조(가공 또는 포장을 포함한다. 이하 같다)·수입·판매하거나 용역을 제공하는 자를 말한다.
3. "소비자단체"라 함은 소비자의 권익을 증진하기 위하여 소비자가 조직한 단체를 말한다.
4. "사업자단체"라 함은 2 이상의 사업자가 공동의 이익을 증진할 목적으로 조직한 단체를 말한다.

제3조【다른 법률과의 관계】 소비자의 권익에 관하여 다른 법률에서 특별한 규정을 두고 있는 경우를 제외하고는 이 법을 적용한다.

제2장 소비자의 권리와 책무

제4조【소비자의 기본적 권리】 소비자는 다음 각 호의 기본적 권리를 가진다.
1. 물품 또는 용역(이하 "물품등"이라 한다)으로 인한 생명·신체 또는 재산에 대한 위해로부터 보호받을 권리
2. 물품등을 선택함에 있어서 필요한 지식 및 정보를 제공받을 권리
3. 물품등을 사용함에 있어서 거래상대방·구입장소·가격 및 거래조건 등을 자유로이 선택할 권리
4. 소비생활에 영향을 주는 국가 및 지방자치단체의 정책과 사업자의 사업활동 등에 대하여 의견을 반영시킬 권리
5. 물품등의 사용으로 인하여 입은 피해에 대하여 신속·공정한 절차에 따라 적절한 보상을 받을 권리
6. 합리적인 소비생활을 위하여 필요한 교육을 받을 권리
7. 소비자 스스로의 권익을 증진하기 위하여 단체를 조직하고 이를 통하여 활동할 수 있는 권리
8. 안전하고 쾌적한 소비생활 환경에서 소비할 권리

제5조【소비자의 책무】 ① 소비자는 사업자 등과 더불어 자유시장경제를 구성하는 주체임을 인식하여 물품등을 올바르게 선택하고, 제4조의 규정에 따른 소비자의 기본적 권리를 정당하게 행사하여야 한다.
② 소비자는 스스로의 권익을 증진하기 위하여 필요한 지식과 정보를 습득하도록 노력하여야 한다.
③ 소비자는 자주적이고 합리적인 행동과 자원절약적이고 환경친화적인 소비생활을 함으로써 소비생활의 향상과 국민경제의 발전에 적극적인 역할을 다하여야 한다.

제3장 국가·지방자치단체 및 사업자의 책무

제1절 국가 및 지방자치단체의 책무 등

제6조【국가 및 지방자치단체의 책무】 국가 및 지방자치단체는 제4조의 규정에 따른 소비자의 기본적 권리가 실현되도록 하기 위하여 다음 각 호의 책무를 진다.
1. 관계 법령 및 조례의 제정 및 개정·폐지
2. 필요한 행정조직의 정비 및 운영 개선
3. 필요한 시책의 수립 및 실시
4. 소비자의 건전하고 자주적인 조직활동의 지원·육성

제7조【지방행정조직에 대한 지원】 국가는 지방자치단체의 소비자권익과 관련된 행정조직의 설치·운영 등에 관하여 대통령령이 정하는 바에 따라 필요한 지원을 할 수 있다.

제8조【위해의 방지】 ① 국가는 사업자가 소비자에게 제공하는 물품등으로 인한 소비자의 생명·신체 또는 재산에 대한 위해를 방지하기 위하여 다음 각 호의 사항에 관하여 사업자가 지켜야 할 기준을 정하여야 한다.
1. 물품등의 성분·함량·구조 등 안전에 관한 중요한 사항
2. 물품등을 사용할 때의 지시사항이나 경고 등 표시할 내용과 방법
3. 그 밖에 위해방지를 위하여 필요하다고 인정되는 사항
② 중앙행정기관의 장은 제1항의 규정에 따라 국가가 정한 기준을 사업자가 준수하는지 여부를 정기적으로 시험·검사 또는 조사하여야 한다.

제9조【계량 및 규격의 적정화】 ① 국가 및 지방자치단체는 소비자가 사업자와의 거래에 있어서 계량으로 인하여 손해를 입지 아니하도록 물품등의 계량에 관하여 필요한 시책을 강구하여야 한다.
② 국가 및 지방자치단체는 물품등의 품질개선 및 소비생활의 향상을 위하여 물품등의 규격을 정하고 이를 보급하기 위한 시책을 강구하여야 한다.

제10조【표시의 기준】 ① 국가는 소비자가 사업자와의 거래에 있어서 표시나 포장 등으로 인하여 물품등을 잘못 선택하거나 사용하지 아니하도록 물품등에 대하여 다음 각 호의 사항에 관한 표시기준을 정하여야 한다.
1. 상품명·용도·성분·재질·성능·규격·가격·용량·허가번호 및 용역의 내용
2. 물품등을 제조·수입 또는 판매하거나 제공한 사업자의 명칭(주소 및 전화번호를 포함한다) 및 물품의 원산지
3. 사용방법, 사용·보관할 때의 주의사항 및 경고사항
4. 제조연월일, 부품보유기간, 품질보증기간 또는 식품이나 의약품 등 유통과정에서 변질되기 쉬운 물품은 그 유효기간 (2023.6.20 본호개정)
5. 표시의 크기·위치 및 방법
6. 물품등에 따른 불만이나 소비자피해가 있는 경우의 처리기구(주소 및 전화번호를 포함한다) 및 처리방법
7. 「장애인차별금지 및 권리구제 등에 관한 법률」 제20조에 따른 시각장애인을 위한 표시방법(2011.5.19 본호신설)
② 국가는 소비자가 사업자와의 거래에 있어서 표시나 포장 등으로 인하여 물품등을 잘못 선택하거나 사용하지 아니하도록 사업자가 제1항 각 호의 사항을 변경하는 경우 그 변경 전후 사항을 표시하도록 기준을 정할 수 있다.(2011.5.19 본항신설)

제11조【광고의 기준】 국가는 물품등의 잘못된 소비 또는 과다한 소비로 인하여 발생할 수 있는 소비자의 생명·신체 또는 재산에 대한 위해를 방지하기 위하여 다음 각 호의 어느 하나에 해당하는 경우에는 광고의 내용 및 방법에 관한 기준을 정하여야 한다.
1. 용도·성분·성능·규격 또는 원산지 등을 광고하는 때에 허가 또는 공인된 내용만으로 광고를 제한할 필요가 있거나 특정내용을 소비자에게 반드시 알릴 필요가 있는 경우
2. 소비자가 오해할 우려가 있는 특정용어 또는 특정표현의 사용을 제한할 필요가 있는 경우
3. 광고의 매체 또는 시간대에 대하여 제한이 필요한 경우

제12조【거래의 적정화】 ① 국가는 사업자의 불공정한 거래조건이나 거래방법으로 인하여 소비자가 부당한 피해를 입지 아니하도록 필요한 시책을 수립·실시하여야 한다.
② 국가는 소비자의 합리적인 선택을 방해하고 소비자에게 손해를 끼칠 우려가 있다고 인정되는 사업자의 부당한 행위를 지정·고시할 수 있다.
③ 국가 및 지방자치단체는 약관에 따른 거래 및 방문판매·다단계판매·할부판매·통신판매·전자거래 등 특수한 형태의 거래에 대하여는 소비자의 권익을 위하여 필요한 시책을 강구하여야 한다.
제13조【소비자에의 정보제공】 ① 국가 및 지방자치단체는 소비자의 기본적인 권리가 실현될 수 있도록 소비자의 권익과 관련된 주요시책 및 주요결정사항을 소비자에게 알려야 한다.
② 국가 및 지방자치단체는 소비자가 물품등을 합리적으로 선택할 수 있도록 하기 위하여 물품등의 거래조건·거래방법·품질·안전성 및 환경성 등에 관련되는 사업자의 정보가 소비자에게 제공될 수 있도록 필요한 시책을 강구하여야 한다.
제14조【소비자의 능력 향상】 ① 국가 및 지방자치단체는 소비자의 올바른 권리행사를 이끌고, 물품등과 관련된 판단능력을 높이며, 소비자가 자신의 선택에 책임을 지는 소비생활을 할 수 있도록 필요한 교육을 하여야 한다.
② 국가 및 지방자치단체는 경제 및 사회의 발전에 따라 소비자의 능력 향상을 위한 프로그램을 개발하여야 한다.
③ 국가 및 지방자치단체는 소비자교육과 학교교육·평생교육을 연계하여 교육적 효과를 높이기 위한 시책을 수립·시행하여야 한다.
④ 국가 및 지방자치단체는 소비자의 능력을 효과적으로 향상시키기 위한 방법으로 「방송법」에 따른 방송사업을 할 수 있다.
⑤ 제1항의 규정에 따른 소비자교육의 방법 등에 관하여 필요한 사항은 대통령령으로 정한다.
제15조【개인정보의 보호】 ① 국가 및 지방자치단체는 소비자가 사업자와의 거래에서 개인정보의 분실·도난·누출·변조 또는 훼손으로 인하여 부당한 피해를 입지 아니하도록 필요한 시책을 강구하여야 한다.
② 국가는 제1항의 규정에 따라 소비자의 개인정보를 보호하기 위한 기준을 정하여야 한다.
제16조【소비자분쟁의 해결】 ① 국가 및 지방자치단체는 소비자의 불만이나 피해가 신속·공정하게 처리될 수 있도록 관련기구의 설치 등 필요한 조치를 강구하여야 한다.
② 국가는 소비자와 사업자 사이에 발생하는 분쟁을 원활하게 해결하기 위하여 대통령령이 정하는 바에 따라 소비자분쟁해결기준을 제정할 수 있다.
③ 제2항의 규정에 따른 소비자분쟁해결기준은 분쟁당사자 사이에 분쟁해결방법에 관한 별도의 의사표시가 없는 경우에 한하여 분쟁해결을 위한 합의 또는 권고의 기준이 된다.
제16조의2【소비자종합지원시스템의 구축·운영】 ① 공정거래위원회는 소비자에게 물품등의 선택, 피해의 예방 또는 구제에 필요한 정보의 제공 및 이 법 또는 다른 법률에 따른 소비자 피해구제(분쟁조정을 포함한다. 이하 같다)를 신청하는 창구의 통합 제공 등을 위하여 소비자종합지원시스템(이하 "종합지원시스템"이라 한다)을 구축·운영한다.
② 공정거래위원회는 종합지원시스템을 통하여 소비자에게 다음 각 호의 사항을 제공하여야 한다. 이 경우 공정거래위원회는 해당 사항을 관장하는 중앙행정기관의 장, 지방자치단체의 장 및 관련 기관·단체의 장(이하 이 조에서 "중앙행정기관의 장등"이라 한다)과 협의하여야 한다.
1. 물품등의 유통이력, 결함, 피해사례, 품질인증 등 소비자의 선택, 피해의 예방 또는 구제와 관련된 정보 제공
2. 소비자 피해구제기관 및 절차 안내, 피해구제를 신청하는 창구의 통합 제공, 피해구제신청에 대한 처리결과 안내 등 소비자 피해구제 지원
3. 그 밖에 소비자의 물품등의 선택, 피해의 예방 또는 구제를 위하여 필요한 업무로서 대통령령으로 정하는 업무
③ 공정거래위원회는 종합지원시스템의 구축·운영을 위하여 필요한 경우 중앙행정기관의 장등에게 다음 각 호의 자료 또는 정보를 제공하여 줄 것을 요청하고 제공받은 목적의 범위에서 그 자료·정보를 보유·이용할 수 있다.
1. 「국세기본법」 제81조의13에 따른 과세정보로서 소비자 피해가 발생한 물품을 제조·수입·판매하거나 용역을 제공한 사업자의 개업일·휴업일 및 폐업일
2. 그 밖에 종합지원시스템의 구축·운영을 위하여 필요한 정보로서 대통령령으로 정하는 자료 또는 정보
④ 제3항에 따라 자료 또는 정보의 제공을 요청받은 중앙행정기관의 장등은 특별한 사유가 없으면 이에 협조하여야 한다.
⑤ 중앙행정기관의 장등은 공정거래위원회와 협의하여 종합지원시스템을 이용할 수 있다.
⑥ 공정거래위원회는 사업자 또는 사업자단체가 물품등에 관한 정보를 종합지원시스템에 등록한 경우 그 등록 사실을 나타내는 표지(이하 "등록표지"라 한다)를 부여할 수 있다.
⑦ 공정거래위원회는 필요한 경우 종합지원시스템 운영의 전부 또는 일부를 대통령령으로 정하는 기준에 적합한 법인으로서 공정거래위원회가 지정하는 기관 또는 단체에 위탁할 수 있다.
⑧ 제1항부터 제7항까지에서 규정한 사항 외에 종합지원시스템의 구축·운영, 등록표지의 부여 등에 필요한 사항은 공정거래위원회가 정하여 고시한다.
(2018.3.13 본조신설)
제17조【시험·검사시설의 설치 등】 ① 국가 및 지방자치단체는 물품등의 규격·품질 및 안전성 등에 관하여 시험·검사 또는 조사를 실시할 수 있는 기구와 시설을 갖추어야 한다.
② 국가·지방자치단체 또는 소비자나 소비자단체는 필요하다고 인정되는 때 또는 소비자의 요청이 있는 때에는 제1항의 규정에 따라 설치된 시험·검사기관이나 제33조의 규정에 따른 한국소비자원(이하 "한국소비자원"이라 한다)에 시험·검사 또는 조사를 의뢰하여 시험 등을 실시할 수 있다.
③ 국가 및 지방자치단체는 제2항의 규정에 따라 시험 등을 실시한 경우에는 그 결과를 공표하고 소비자의 권익을 위하여 필요한 조치를 취하여야 한다.
④ 국가 및 지방자치단체는 소비자단체가 물품등의 규격·품질 또는 안전성 등에 관하여 시험·검사를 실시할 수 있는 시설을 갖출 수 있도록 지원할 수 있다.
⑤ 국가 및 지방자치단체는 제8조·제10조 내지 제13조 또는 제15조의 규정에 따라 기준을 정하거나 소비자의 권익과 관련된 시책을 수립하기 위하여 필요한 경우에는 한국소비자원, 국립 또는 공립의 시험·검사기관 등 대통령령이 정하는 기관에 조사·연구를 의뢰할 수 있다.

제2절　사업자의 책무 등

제18조【소비자권익 증진시책에 대한 협력 등】 ① 사업자는 국가 및 지방자치단체의 소비자권익 증진시책에 적극 협력하여야 한다.
② 사업자는 소비자단체 및 한국소비자원의 소비자 권익증진과 관련된 업무의 추진에 필요한 자료 및 정보제공 요청에 적극 협력하여야 한다.
③ 사업자는 안전하고 쾌적한 소비생활 환경을 조성하기 위하여 물품등을 제공함에 있어서 환경친화적인 기술의 개발과 자원의 재활용을 위하여 노력하여야 한다.
④ 사업자는 소비자의 생명·신체 또는 재산 보호를 위한 국가·지방자치단체 및 한국소비자원의 조사 및 위해방지 조치에 적극 협력하여야 한다.(2018.12.31 본항신설)
제19조【사업자의 책무】 ① 사업자는 물품등으로 인하여 소비자에게 생명·신체 또는 재산에 대한 위해가 발생하지 아니하도록 필요한 조치를 강구하여야 한다.
② 사업자는 물품등을 공급함에 있어서 소비자의 합리적인 선택이나 이익을 침해할 우려가 있는 거래조건이나 거래방법을 사용하여서는 아니 된다.
③ 사업자는 소비자에게 물품등에 대한 정보를 성실하고 정확하게 제공하여야 한다.
④ 사업자는 소비자의 개인정보가 분실·도난·누출·변조 또는 훼손되지 아니하도록 그 개인정보를 성실하게 취급하여야 한다.

⑤ 사업자는 물품등의 하자로 인한 소비자의 불만이나 피해를 해결하거나 보상하여야 하며, 채무불이행 등으로 인한 소비자의 손해를 배상하여야 한다.

제20조【소비자의 권익증진 관련 기준의 준수】 ① 사업자는 제8조제1항의 규정에 따라 국가가 정한 기준에 위반되는 물품등을 제조·수입·판매하거나 제공하여서는 아니 된다.
② 사업자는 제10조의 규정에 따라 국가가 정한 표시기준을 위반하여서는 아니 된다.
③ 사업자는 제11조의 규정에 따라 국가가 정한 광고기준을 위반하여서는 아니 된다.
④ 사업자는 제12조제2항의 규정에 따라 국가가 지정·고시한 행위를 하여서는 아니 된다.
⑤ 사업자는 제15조제2항의 규정에 따라 국가가 정한 개인정보의 보호기준을 위반하여서는 아니 된다.

제20조의2【소비자중심경영의 인증】 ① 공정거래위원회는 물품의 제조·수입·판매 또는 용역의 제공의 모든 과정이 소비자 중심으로 이루어지는 경영(이하 "소비자중심경영"이라 한다)을 하는 사업자에 대하여 소비자중심경영에 대한 인증(이하 "소비자중심경영인증"이라 한다)을 할 수 있다.
② 소비자중심경영인증을 받으려는 사업자는 대통령령으로 정하는 바에 따라 공정거래위원회에 신청하여야 한다.
③ 소비자중심경영인증을 받은 사업자는 대통령령으로 정하는 바에 따라 그 인증의 표시를 할 수 있다.
④ 소비자중심경영인증의 유효기간은 그 인증을 받은 날부터 3년으로 한다.(2024.2.13 본항개정)
⑤ 공정거래위원회는 소비자중심경영을 활성화하기 위하여 대통령령으로 정하는 바에 따라 소비자중심경영인증을 받은 기업에 대하여 포상 또는 지원 등을 할 수 있다.
⑥ 공정거래위원회는 소비자중심경영인증을 신청하는 사업자에 대하여 대통령령으로 정하는 바에 따라 그 인증의 심사에 소요되는 비용을 부담하게 할 수 있다.
⑦ 제1항부터 제6항까지의 규정 외에 소비자중심경영인증의 기준 및 절차 등에 필요한 사항은 대통령령으로 정한다.
(2017.10.31 본조신설)

제20조의3【소비자중심경영인증기관의 지정 등】 ① 공정거래위원회는 소비자중심경영에 관하여 전문성이 있는 기관 또는 단체를 대통령령으로 정하는 바에 따라 소비자중심경영인증기관(이하 "인증기관"이라 한다)으로 지정하여 소비자중심경영인증에 관한 업무(이하 "인증업무"라 한다)를 수행하게 할 수 있다.
② 인증업무를 수행하는 인증기관의 임직원은 「형법」 제129조부터 제132조까지의 규정을 적용할 때에는 공무원으로 본다.
③ 공정거래위원회는 인증기관이 다음 각 호의 어느 하나에 해당하는 경우에는 인증기관의 지정을 취소하거나 1년 이내의 기간을 정하여 업무의 정지를 명할 수 있다. 다만, 제1호 또는 제5호에 해당하면 그 지정을 취소하여야 한다.
1. 거짓이나 부정한 방법으로 지정을 받은 경우
2. 업무정지명령을 위반하여 그 정지기간 중 인증업무를 행한 경우
3. 고의 또는 중대한 과실로 제20조의2제7항에 따른 소비자중심경영인증의 기준 및 절차를 위반한 경우
4. 정당한 사유 없이 인증업무를 거부한 경우
5. 파산 또는 폐업한 경우
6. 그 밖에 휴업 또는 부도 등으로 인하여 인증업무를 수행하기 어려운 경우
(2017.10.31 본조신설)

제20조의4【소비자중심경영인증의 취소】 ① 공정거래위원회는 소비자중심경영인증을 받은 사업자가 다음 각 호의 어느 하나에 해당하면 그 인증을 취소할 수 있다. 다만, 제1호에 해당하면 그 인증을 취소하여야 한다.
1. 거짓이나 부정한 방법으로 소비자중심경영인증을 받은 경우
2. 제20조의2제7항에 따른 소비자중심경영인증의 기준에 적합하지 아니하게 된 경우
3. 소비자중심경영인증을 받은 후에 소비자의 생명·신체 또는 재산의 보호 등에 관한 법률로서 대통령령으로 정하는 법률을 위반하여 관계 중앙행정기관으로부터 시정명령 등 대통령령으로 정하는 조치를 받은 경우
② 공정거래위원회는 제1항제1호 또는 제3호에 따라 소비자중심경영인증이 취소된 사업자에 대하여 그 인증이 취소된 날부터 3년 이내의 범위에서 대통령령으로 정하는 기간 동안에는 소비자중심경영인증을 하여서는 아니 된다.
(2017.10.31 본조신설)

제4장 소비자정책의 추진체계

제1절 소비자정책의 수립

제21조【기본계획의 수립 등】 ① 공정거래위원회는 제23조의 규정에 따른 소비자정책위원회의 심의·의결을 거쳐 소비자정책에 관한 기본계획(이하 "기본계획"이라 한다)을 3년마다 수립하여야 한다.(2008.2.29 본항개정)
② 기본계획에는 다음 각 호의 사항이 포함되어야 한다.
1. 소비자정책과 관련된 경제·사회 환경의 변화
2. 소비자정책의 기본방향
3. 다음 각 목의 사항이 포함된 소비자정책의 목표
  가. 소비자안전의 강화
  나. 소비자와 사업자 사이의 거래의 공정화 및 적정화
  다. 소비자교육 및 정보제공의 촉진
  라. 소비자피해의 원활한 구제
  마. 국제소비자문제에 대한 대응
  바. 그 밖에 소비자의 권익과 관련된 주요한 사항
4. 소비자정책의 추진과 관련된 재원의 조달방법
5. 어린이 위해방지를 위한 연령별 안전기준의 작성
6. 그 밖에 소비자정책의 수립과 추진에 필요한 사항
③ 공정거래위원회는 제23조의 규정에 따른 소비자정책위원회의 심의·의결을 거쳐 기본계획을 변경할 수 있다.(2008.2.29 본항개정)
④ 기본계획의 수립·변경 절차 등에 관하여 필요한 사항은 대통령령으로 정한다.

제22조【시행계획의 수립 등】 ① 관계 중앙행정기관의 장은 기본계획에 따라 매년 10월 31일까지 소관 업무에 관하여 다음 연도의 소비자정책에 관한 시행계획(이하 "중앙행정기관별시행계획"이라 한다)을 수립하여야 한다.
② 특별시장·광역시장·특별자치시장·도지사 또는 특별자치도지사(이하 "시·도지사"라 한다)는 기본계획과 중앙행정기관별시행계획에 따라 매년 11월 30일까지 소비자정책에 관한 다음 연도의 시·도별시행계획(이하 "시·도별시행계획"이라 한다)을 수립하여야 한다.(2016.3.29 본항개정)
③ 공정거래위원회는 매년 12월 31일까지 중앙행정기관별시행계획 및 시·도별시행계획을 취합·조정하여 제23조의 규정에 따른 소비자정책위원회의 심의·의결을 거쳐 종합적인 시행계획(이하 "종합시행계획"이라 한다)을 수립하여야 한다.
(2008.2.29 본항개정)
④ 관계 중앙행정기관의 장 및 시·도지사는 종합시행계획이 실효성 있게 추진될 수 있도록 매년 소요비용에 대한 예산편성 등 필요한 재정조치를 강구하여야 한다.
⑤ 종합시행계획의 수립 및 그 집행실적의 평가 등에 관하여 필요한 사항은 대통령령으로 정한다.

제2절 소비자정책위원회

제23조【소비자정책위원회의 설치】 소비자의 권익증진 및 소비생활의 향상에 관한 기본적인 정책을 종합·조정하고 심의·의결하기 위하여 국무총리 소속으로 소비자정책위원회(이하 "정책위원회"라 한다)를 둔다.(2017.10.31 본조개정)

제24조【정책위원회의 구성 등】 ① 정책위원회는 위원장 2명을 포함한 25명 이내의 위원으로 구성한다.(2017.10.31 본항개정)
② 위원장은 국무총리와 소비자문제에 관하여 학식과 경험이 풍부한 자 중에서 대통령이 위촉하는 자가 된다.(2017.10.31 본항개정)

③ 위원은 관계 중앙행정기관의 장 및 제38조의 규정에 따른 한국소비자원의 원장(이하 "원장"이라 한다)과 다음 각 호의 어느 하나에 해당하는 자 중에서 국무총리가 위촉하는 자가 된다. (2017.10.31 본문개정)
1. 소비자문제에 관한 학식과 경험이 풍부한 자
2. 제29조의 규정에 따라 등록한 소비자단체(이하 "등록소비자단체"라 한다) 및 대통령령이 정하는 경제단체에서 추천하는 소비자대표 및 경제계대표
④ 제2항의 규정에 따른 위촉위원장 및 제3항의 규정에 따른 위촉위원의 임기는 3년으로 한다.
⑤ 정책위원회의 효율적 운영 및 지원을 위하여 정책위원회에 간사위원 1명을 두며, 간사위원은 공정거래위원회위원장이 된다.(2017.10.31 본항개정)
⑥ 국무총리는 제3항 각 호의 위촉위원이 다음 각 호의 어느 하나에 해당하는 경우에는 해당 위원을 해촉(解囑)할 수 있다.
1. 심신장애로 인하여 직무를 수행할 수 없게 된 경우
2. 직무와 관련된 비위사실이 있는 경우
3. 직무태만, 품위손상, 그 밖의 사유로 인하여 위원으로 적합하지 아니하다고 인정되는 경우
4. 위원 스스로 직무를 수행하는 것이 곤란하다고 의사를 밝히는 경우
(2017.10.31 본항신설)
⑦ 정책위원회의 사무를 처리하기 위하여 공정거래위원회에 사무국을 두고, 그 조직·구성 및 운영 등에 필요한 사항은 대통령령으로 정한다.(2017.10.31 본항신설)
(2017.10.31 본조제목개정)

제25조【정책위원회의 기능 등】 ① 정책위원회는 다음 각 호의 사항을 종합·조정하고 심의·의결한다.(2017.10.31 본문개정)
1. 기본계획 및 종합시행계획의 수립·평가와 그 결과의 공표(2017.10.31 본호개정)
2. 소비자정책의 종합적 추진 및 조정에 관한 사항(2017.10.31 본호개정)
3. 소비자보호 및 안전 확보를 위하여 필요한 조치에 관한 사항(2017.10.31 본호신설)
4. 소비자정책의 평가 및 제도개선·권고 등에 관한 사항(2016.3.29 본호개정)
5. 그 밖에 위원장이 소비자의 권익증진 및 소비생활의 향상을 위하여 토의에 부치는 사항
② 정책위원회는 소비자의 기본적인 권리를 제한하거나 제한할 우려가 있다고 평가한 법령·고시·예규·조례 등에 대하여 중앙행정기관의 장 및 지방자치단체의 장에게 법령의 개선 등 필요한 조치를 권고할 수 있다.(2016.3.29 본항신설)
③ 정책위원회는 제2항에 따른 법령의 개선 등 필요한 조치를 권고하기 전에 중앙행정기관의 장 및 지방자치단체의 장에게 미리 의견을 제출할 기회를 주어야 한다.(2016.3.29 본항신설)
④ 중앙행정기관의 장 및 지방자치단체의 장은 제2항에 따른 권고를 받은 날부터 3개월 내에 필요한 조치의 이행계획을 수립하여 정책위원회에 통보하여야 한다.(2016.3.29 본항신설)
⑤ 정책위원회는 제4항에 따라 통보받은 이행계획을 검토하여 그 결과를 공표할 수 있다.(2016.3.29 본항신설)
⑥ 정책위원회는 업무를 효율적으로 수행하기 위하여 정책위원회에 실무위원회와 분야별 전문위원회를 둘 수 있다.
⑦ 이 법에 규정한 것 외에 정책위원회·실무위원회 및 전문위원회의 조직과 운영에 관하여 필요한 사항은 대통령령으로 정한다.

제25조의2【긴급대응 등】 ① 위원장은 다음 각 호에 해당한다고 인정하는 경우에는 긴급회의를 소집할 수 있다.
1. 사업자가 제공하는 물품등으로 인하여 소비자의 생명 또는 신체에 대통령령으로 정하는 위해가 발생하였거나 발생할 우려가 있는 경우
2. 제1호에 따른 위해의 발생 또는 확산을 방지하기 위하여 복수의 중앙행정기관에 의한 종합적인 대책 마련이 필요한 경우
② 긴급회의는 위원장, 간사위원 및 위원장이 종합적인 대책의 수립과 관계된다고 인정하는 중앙행정기관의 장으로 구성한다.
③ 긴급회의는 제1항에 따른 위해의 발생 및 확산을 방지하기 위한 종합대책을 마련할 수 있다.
④ 중앙행정기관의 장은 제3항에 따라 마련된 종합대책에 필요한 세부계획을 즉시 수립하고, 해당 세부계획의 이행 상황 및 결과를 정책위원회에 보고하여야 한다.
⑤ 중앙행정기관의 장 및 지방자치단체의 장은 제1항의 요건에 해당한다고 인정되는 위해가 신고 또는 보고되거나 이러한 위해를 인지한 경우에는 즉시 정책위원회에 해당 내용을 통보하여야 한다.
⑥ 정책위원회는 제3항에 따른 종합대책을 마련하기 위하여 필요한 경우에는 중앙행정기관 및 그 소속기관, 「공공기관의 운영에 관한 법률」 제4조에 따른 공공기관에 자료를 요청하거나 피해의 발생원인·범위 등의 조사·분석·검사를 요청할 수 있다.
⑦ 제1항부터 제6항까지 규정한 사항 외에 긴급회의의 운영, 종합대책 수립에 따른 중앙행정기관의 이행에 대한 점검 및 결과 공표 등 필요한 사항은 대통령령으로 정한다.
(2017.10.31 본조신설)

제26조【의견청취 등】 ① 정책위원회는 제25조제1항 각 호의 사항을 심의하기 위하여 필요한 경우에는 소비자문제에 관하여 전문지식이 있는 자, 소비자 또는 관계사업자의 의견을 들을 수 있다.
② 공정거래위원회는 소비자권익증진, 정책위원회의 운영 등을 위하여 필요한 경우 중앙행정기관의 장 및 지방자치단체의 장 등 관계 행정기관에 의견제시 및 자료제출을 요청할 수 있다. (2008.2.29 본항개정)

제3절 국제협력

제27조【국제협력】 ① 국가는 소비자문제의 국제화에 대응하기 위하여 국가 사이의 상호협력방안을 마련하는 등 필요한 대책을 강구하여야 한다.
② 공정거래위원회는 관계 중앙행정기관의 장과 협의하여 국제적인 소비자문제에 대응하기 위한 정보의 공유, 국제협력창구 또는 협의체의 구성·운영 등 관련시책을 수립·시행하여야 한다.(2008.2.29 본항개정)
③ 제2항의 규정에 따른 관련시책의 수립 등에 관하여 필요한 사항은 대통령령으로 정한다.

제5장 소비자단체

제28조【소비자단체의 업무 등】 ① 소비자단체는 다음 각 호의 업무를 행한다.
1. 국가 및 지방자치단체의 소비자의 권익과 관련된 시책에 대한 건의
2. 물품등의 규격·품질·안전성·환경성에 관한 시험·검사 및 가격 등을 포함한 거래조건이나 거래방법에 관한 조사·분석
3. 소비자문제에 관한 조사·연구
4. 소비자의 교육
5. 소비자의 불만 및 피해를 처리하기 위한 상담·정보제공 및 당사자 사이의 합의의 권고
② 소비자단체는 제1항제2호의 규정에 따른 조사·분석 등의 결과를 공표할 수 있다. 다만, 공표되는 사항 중 물품등의 품질·성능 및 성분 등에 관한 시험·검사로서 전문적인 인력과 설비를 필요로 하는 시험·검사인 경우에는 대통령령이 정하는 시험·검사기관의 시험·검사를 거친 후 공표하여야 한다.
③ 소비자단체는 제78조의 규정에 따라 자료 및 정보의 제공을 요청하였음에도 사업자 또는 사업자단체가 정당한 사유 없이 이를 거부·방해·기피하거나 거짓으로 제출한 경우에는 그 사업자 또는 사업자단체의 이름(상호 그 밖의 명칭을 포함한다), 거부 등의 사실과 사유를 「신문 등의 진흥에 관한 법률」에 따른 일반일간신문에 게재할 수 있다.(2009.7.31 본항개정)
④ 소비자단체는 업무상 알게 된 정보를 소비자의 권익을 증진하기 위한 목적 아닌 용도에 사용하여서는 아니된다.

⑤ 소비자단체는 사업자 또는 사업자단체로부터 제공받은 자료 및 정보를 소비자의 권익을 증진하기 위한 목적 아닌 용도로 사용함으로써 사업자 또는 사업자단체에 손해를 끼친 때에는 그 손해에 대하여 배상할 책임을 진다.

제29조【소비자단체의 등록】 ① 다음 각 호의 요건을 모두 갖춘 소비자단체는 대통령령이 정하는 바에 따라 공정거래위원회 또는 지방자치단체에 등록할 수 있다.
1. 제28조제1항제2호 및 제5호의 업무를 수행할 것
2. 물품 및 용역에 대하여 전반적인 소비자문제를 취급할 것
3. 대통령령이 정하는 설비와 인력을 갖출 것
4. 「비영리민간단체지원법」 제2조 각 호의 요건을 모두 갖출 것

② 공정거래위원회 또는 지방자치단체의 장은 제1항의 규정에 따라 등록을 신청한 소비자단체가 제1항 각 호의 요건을 갖추었는지 여부를 심사하여 등록여부를 결정하여야 한다.

제30조【등록의 취소】 ① 공정거래위원회 또는 지방자치단체의 장은 소비자단체가 거짓 그 밖의 부정한 방법으로 제29조의 규정에 따른 등록을 한 경우에는 등록을 취소하여야 한다.
② 공정거래위원회 또는 지방자치단체의 장은 등록소비자단체가 제29조제1항 각 호의 요건을 갖추지 못하게 된 경우에는 3월 이내에 보완을 하도록 명할 수 있고, 그 기간이 경과하여도 요건을 갖추지 못하는 경우에는 등록을 취소할 수 있다.

제31조【자율적 분쟁조정】 ① 제29조의 규정에 따라 공정거래위원회에 등록한 소비자단체의 협의체는 제28조제1항제5호의 규정에 따른 소비자의 불만 및 피해를 처리하기 위하여 자율적 분쟁조정(紛爭調停)을 할 수 있다. 다만, 다른 법률의 규정에 따라 설치된 전문성이 요구되는 분야의 분쟁조정기구(紛爭調停機構)로서 대통령령이 정하는 기구에서 관장하는 사항에 대하여는 그러하지 아니하다.
② 제1항의 규정에 따른 자율적 분쟁조정은 당사자가 이를 수락한 경우에는 당사자 사이에 자율적 분쟁조정의 내용과 동일한 합의가 성립된 것으로 본다.
③ 제1항 본문의 규정에 따른 소비자단체의 협의체 구성 및 분쟁조정의 절차 등에 관하여 필요한 사항은 대통령령으로 정한다.

제32조【보조금의 지급】 국가 또는 지방자치단체는 등록소비자단체의 건전한 육성·발전을 위하여 필요하다고 인정될 때에는 보조금을 지급할 수 있다.

제6장 한국소비자원

제1절 설립 등

제33조【설립】 ① 소비자권익 증진시책의 효과적인 추진을 위하여 한국소비자원을 설립한다.
② 한국소비자원은 법인으로 한다.
③ 한국소비자원은 공정거래위원회의 승인을 얻어 필요한 곳에 그 지부를 설치할 수 있다.
④ 한국소비자원은 그 주된 사무소의 소재지에서 설립등기를 함으로써 성립한다.

제34조【정관】 한국소비자원의 정관에는 다음 각 호의 사항을 기재하여야 한다.
1. 목적
2. 명칭
3. 주된 사무소 및 지부에 관한 사항
4. 임원 및 직원에 관한 사항
5. 이사회의 운영에 관한 사항
6. 제51조의 규정에 따른 소비자안전센터에 관한 사항
7. 제60조의 규정에 따른 소비자분쟁조정위원회에 관한 사항
8. 업무에 관한 사항
9. 재산 및 회계에 관한 사항
10. 공고에 관한 사항
11. 정관의 변경에 관한 사항
12. 내부규정의 제정 및 개정·폐지에 관한 사항

제35조【업무】 ① 한국소비자원의 업무는 다음 각 호와 같다.
1. 소비자의 권익과 관련된 제도와 정책의 연구 및 건의
2. 소비자의 권익증진을 위하여 필요한 경우 물품등의 규격·품질·안전성·환경성에 관한 시험·검사 및 가격 등을 포함한 거래조건이나 거래방법에 대한 조사·분석
3. 소비자의 권익증진·안전 및 소비생활의 향상을 위한 정보의 수집·제공 및 국제협력
4. 소비자의 권익증진·안전 및 능력개발과 관련된 교육·홍보 및 방송사업
5. 소비자의 불만처리 및 피해구제
6. 소비자의 권익증진 및 소비생활의 합리화를 위한 종합적인 조사·연구
7. 국가 또는 지방자치단체가 소비자의 권익증진과 관련하여 의뢰한 조사 등의 업무
8. 「독점규제 및 공정거래에 관한 법률」 제90조제7항에 따라 공정거래위원회로부터 위탁받은 동의의결의 이행관리 (2020.12.29 본호개정)
9. 그 밖에 소비자의 권익증진 및 안전에 관한 업무

② 한국소비자원이 제1항제5호의 규정에 따른 업무를 수행함에 있어서 다음 각 호의 사항은 그 처리대상에서 제외한다.
1. 국가 또는 지방자치단체가 제공한 물품등으로 인하여 발생한 피해구제. 다만, 대통령령으로 정하는 물품등에 관하여는 그러하지 아니하다.
2. 그 밖에 다른 법률의 규정에 따라 설치된 전문성이 요구되는 분야의 분쟁조정기구에 신청된 피해구제 등으로서 대통령령이 정하는 피해구제

③ 한국소비자원은 업무수행 과정에서 취득한 사실 중 소비자의 권익증진, 소비자피해의 확산 방지, 물품등의 품질향상 그 밖에 소비생활의 향상을 위하여 필요하다고 인정되는 사실은 이를 공표하여야 한다. 다만, 사업자 또는 사업자단체의 영업비밀을 보호할 필요가 있다고 인정되거나 공익상 필요하다고 인정되는 때에는 그러하지 아니하다.
④ 원장은 제1항제2호 및 제5호의 업무를 수행함에 있어서 다수의 피해가 우려되는 등 긴급하다고 인정되는 때에는 사업자로부터 필요한 최소한의 시료를 수거할 수 있다. 이 경우 그 사업자는 정당한 사유가 없는 한 이에 따라야 한다.(2018.12.31 본항신설)
⑤ 원장은 제4항 전단에 따라 시료를 수거한 경우 특별한 사정이 없으면 시료 수거일로부터 30일 이내에 공정거래위원회 및 관계 중앙행정기관의 장에게 그 시료수거 사실과 결과를 보고하여야 한다.(2018.12.31 본항신설)

제36조【시험·검사의 의뢰】 ① 원장은 제35조제1항제2호 및 제5호의 업무를 수행함에 있어서 필요하다고 인정되는 때에는 국립 또는 공립의 시험·검사기관에 물품등에 대한 시험·검사를 의뢰할 수 있다.
② 제1항의 규정에 따른 의뢰를 받은 기관은 특별한 사유가 없는 한 우선하여 이에 응하여야 한다.

제37조【유사명칭의 사용금지】 이 법에 따른 한국소비자원이 아닌 자는 한국소비자원 또는 이와 유사한 한국소비자보호원 등의 명칭을 사용하여서는 아니 된다.

제2절 임원 및 이사회

제38조【임원 및 임기】 ① 한국소비자원에 원장·부원장 및 제51조의 규정에 따른 소비자안전센터의 소장(이하 "소장"이라 한다) 각 1인을 포함한 10인 이내의 이사와 감사 1인을 둔다.
② 원장·부원장·소장 및 대통령령이 정하는 이사는 상임으로 하고 그 밖의 임원은 비상임으로 한다.
③ 원장은 「공공기관의 운영에 관한 법률」 제29조에 따른 임원추천위원회(이하 이 조에서 "임원추천위원회"라 한다)가 복수로 추천한 사람 중에서 공정거래위원회 위원장의 제청으로 대통령이 임명한다.(2016.3.29 본항개정)
④ 부원장, 소장 및 상임이사는 원장이 임명한다.(2016.3.29 본항개정)
⑤ 비상임이사는 임원추천위원회가 복수로 추천한 사람 중에서 공정거래위원회 위원장이 임명한다.(2016.3.29 본항개정)
⑥ 감사는 임원추천위원회가 복수로 추천하여 「공공기관의 운영에 관한 법률」 제8조에 따른 공공기관운영위원회의 심의·

의결을 거친 사람 중에서 기획재정부장관의 제청으로 대통령이 임명한다.(2016.3.29 본항개정)
⑦ 원장의 임기는 3년으로 하고, 부원장, 소장, 이사 및 감사의 임기는 2년으로 한다.(2016.3.29 본항신설)
제39조【임원의 직무】 ① 원장은 한국소비자원을 대표하고 한국소비자원의 업무를 총괄한다.
② 부원장은 원장을 보좌하며, 원장이 부득이한 사유로 직무를 수행할 수 없는 경우에 그 직무를 대행한다.
③ 소장은 원장의 지휘를 받아 제51조제1항의 규정에 따라 설치되는 소비자안전센터의 업무를 총괄하며, 원장·부원장 및 소장이 아닌 이사는 정관이 정하는 바에 따라 한국소비자원의 업무를 분장한다.
④ 원장·부원장이 모두 부득이한 사유로 직무를 수행할 수 없는 때에는 상임이사·비상임이사의 순으로 정관이 정하는 순서에 따라 그 직무를 대행한다.
⑤ 감사는 한국소비자원의 업무 및 회계를 감사한다.
제40조【이사회】 ① 한국소비자원의 업무와 운영에 관한 중요사항을 심의·의결하기 위하여 한국소비자원에 이사회를 둔다.
② 이사회는 원장·부원장·소장 그 밖의 이사로 구성한다.
③ 원장은 이사회를 소집하고 이사회의 의장이 된다.
④ 감사는 이사회에 출석하여 의견을 진술할 수 있다.

제3절 회계·감독 등

제41조【재원】 한국소비자원의 설립·시설·운영 및 업무에 필요한 경비는 다음 각 호의 재원으로 충당한다.
1. 국가 및 지방자치단체의 출연금
2. 그 밖에 한국소비자원의 운영에 따른 수입금

제42조【감독】 ① 공정거래위원회는 한국소비자원(제51조의 규정에 따른 소비자안전센터를 포함한다. 이하 이 절에서 같다)을 지도·감독하고, 필요하다고 인정되는 때에는 한국소비자원에 대하여 그 사업에 관한 지시 또는 명령을 할 수 있다.
② 한국소비자원은 매년 업무계획서와 예산서를 작성하여 공정거래위원회의 승인을 얻어야 하며, 매년 결산보고서와 이에 대한 감사의 의견서를 작성하여 공정거래위원회에 보고하여야 한다. 이 경우 그 절차 등에 관하여는 대통령령으로 정한다.
③ 공정거래위원회는 필요하다고 인정되는 때에는 한국소비자원에 대하여 그 업무·회계 및 재산에 관한 사항을 보고하게 하거나 감사할 수 있다.
제43조【벌칙 적용에서 공무원 의제】 다음 각 호의 어느 하나에 해당하는 사람은 「형법」 제129조부터 제132조까지의 규정에 따른 벌칙을 적용할 때에는 공무원으로 본다.
1. 한국소비자원의 임원
2. 제35조제1항제2호·제5호의 업무에 종사하는 직원
3. 제52조제1항·제2항의 업무에 종사하는 직원
4. 제60조에 따른 소비자분쟁조정위원회의 위원

(2018.6.12 본조개정)
제44조【준용】 한국소비자원에 관하여 이 법 및 「공공기관의 운영에 관한 법률」에 규정하지 아니한 사항에 관하여는 「민법」 중 재단법인에 관한 규정을 준용한다.(2016.3.29 본조개정)

제7장 소비자안전

제1절 총 칙

제45조【취약계층의 보호】 ① 국가 및 지방자치단체는 어린이·노약자·장애인 및 결혼이민자(「재한외국인 처우 기본법」 제2조제3호에 따른 결혼이민자를 말한다. 이하 같다) 등 안전취약계층에 대하여 우선적으로 보호시책을 강구하여야 한다.
② 사업자는 어린이·노약자·장애인 및 결혼이민자 등 안전취약계층에 대하여 물품등을 판매·광고 또는 제공하는 경우에는 그 취약계층에게 위해가 발생하지 아니하도록 제19조제1항의 규정에 따른 조치와 더불어 필요한 예방조치를 취하여야 한다.
(2016.3.29 본조개정)
제46조【시정요청 등】 ① 공정거래위원회 또는 시·도지사는 사업자가 제공한 물품등으로 인하여 소비자에게 위해발생이 우려되는 경우에는 관계중앙행정기관의 장에게 다음 각 호의 조치를 요청할 수 있다.(2016.3.29 본문개정)
1. 사업자가 다른 법령에서 정한 안전조치를 취하지 아니하는 경우에는 그 법령의 규정에 따른 조치
2. 다른 법령에서 안전기준이나 규격을 정하고 있지 아니하는 경우에는 다음 각 목의 조치
  가. 제49조의 규정에 따른 수거·파기 등의 권고
  나. 제50조의 규정에 따른 수거·파기 등의 명령
  다. 제86조제1항제1호의 규정에 따른 과태료 처분
3. 그 밖에 물품등에 대한 위해방지대책의 강구

② 제1항에 따라 공정거래위원회 또는 시·도지사의 요청을 받은 관계 중앙행정기관의 장은 조치 여부 및 그 내용을 신속히 공정거래위원회 또는 시·도지사에게 통보하여야 한다.
(2018.3.13 본항신설)

제2절 소비자안전조치

제47조【결함정보의 보고의무】 ① 사업자는 다음 각 호의 어느 하나에 해당하는 경우에는 제조·수입·판매 또는 제공한 물품등의 결함을 소관 중앙행정기관의 장에게 보고(전자적 보고를 포함한다. 이하 같다)하여야 한다. 다만, 제2호에 해당하는 경우로서 사업자가 제48조에 따라 해당 물품등의 수거·파기·수리·교환·환급 또는 제조·수입·판매·제공의 금지 및 그 밖의 필요한 조치(이하 이 조에서 "수거·파기등"이라 한다)를 한 경우에는 그러하지 아니하다.(2017.10.31 본문개정)
1. 제조·수입·판매 또는 제공한 물품등에 소비자의 생명·신체 또는 재산에 위해를 끼치거나 끼칠 우려가 있는 제조·설계 또는 표시 등의 중대한 결함이 있다는 사실을 알게 된 경우
2. 제조·수입·판매 또는 제공한 물품등과 동일한 물품등에 대하여 외국에서 결함이 발견되어 사업자가 다음 각 목의 어느 하나에 해당하는 조치를 한 경우 또는 외국의 다른 사업자가 해당 조치를 한 사실을 알게 된 경우
  가. 외국 정부로부터 수거·파기등의 권고 또는 명령을 받고 한 수거·파기등
  나. 자발적으로 한 수거·파기등

(2017.10.31 1호~2호신설)
② 제1항의 규정에 따른 보고를 받은 중앙행정기관의 장은 사업자가 보고한 결함의 내용에 관하여 제17조의 규정에 따른 시험·검사기관 또는 한국소비자원 등에 시험·검사를 의뢰하고, 시험·검사의 결과 그 물품등이 제49조 또는 제50조의 요건에 해당하는 경우에는 사업자에게 각각에 해당하는 규정에 따른 필요한 조치를 취하여야 한다.
③ 제1항의 규정에 따라 결함의 내용을 보고하여야 할 사업자는 다음 각 호와 같다.
1. 물품등을 제조·수입 또는 제공하는 자
2. 물품에 성명·상호 그 밖에 식별 가능한 기호 등을 부착함으로써 자신을 제조자로 표시한 자
3. 「유통산업발전법」 제2조제3호의 규정에 따른 대규모점포 중 대통령령이 정하는 대규모점포를 설치하여 운영하는 자
4. 그 밖에 소비자의 생명·신체 및 재산에 위해를 끼치거나 끼칠 우려가 있는 물품등을 제조·수입·판매 또는 제공하는 자로서 대통령령이 정하는 사업자

④ 제1항의 규정에 따라 사업자가 보고하여야 할 중대한 결함의 범위, 보고기한 및 보고절차 등에 관하여 필요한 사항은 대통령령으로 정한다.
제48조【물품등의 자진수거 등】 사업자는 소비자에게 제공한 물품등의 결함으로 인하여 소비자의 생명·신체 또는 재산에 위해를 끼치거나 끼칠 우려가 있는 경우에는 대통령령이 정하는 바에 따라 당해 물품등의 수거·파기·수리·교환·환급 또는 제조·수입·판매·제공의 금지 그 밖의 필요한 조치를 취하여야 한다.
제49조【수거·파기 등의 권고 등】 ① 중앙행정기관의 장은 사업자가 제공한 물품등의 결함으로 인하여 소비자의 생명·신체 또는 재산에 위해를 끼치거나 끼칠 우려가 있다고 인정되

는 경우에는 그 사업자에 대하여 당해 물품등의 수거·파기·수리·교환·환급 또는 제조·수입·판매·제공의 금지 그 밖의 필요한 조치를 권고할 수 있다.
② 제1항의 규정에 따른 권고를 받은 사업자는 그 권고의 수락여부를 소관 중앙행정기관의 장에게 통지하여야 한다.
③ 사업자는 제1항의 규정에 따른 권고를 수락한 경우에는 제48조의 규정에 따른 조치를 취하여야 한다.
④ 중앙행정기관의 장은 제1항의 규정에 따른 권고를 받은 사업자가 정당한 사유 없이 그 권고를 따르지 아니하는 때에는 사업자가 권고를 받은 사실을 공표할 수 있다.
⑤ 제1항 내지 제4항의 규정에 따른 권고, 권고의 수락 및 공표의 절차에 관하여 필요한 세부사항은 대통령령으로 정한다.
제50조【수거·파기 등의 명령 등】 ① 중앙행정기관의 장은 사업자가 제공한 물품등의 결함으로 인하여 소비자의 생명·신체 또는 재산에 위해를 끼치거나 끼칠 우려가 있다고 인정되는 경우에는 대통령령이 정하는 절차에 따라 그 물품등의 수거·파기·수리·교환·환급을 명하거나 제조·수입·판매 또는 제공의 금지를 명할 수 있고, 그 물품등과 관련된 시설의 개수(改修) 그 밖의 필요한 조치를 명할 수 있다. 다만, 소비자의 생명·신체 또는 재산에 긴급하고 현저한 위해를 끼치거나 끼칠 우려가 있다고 인정되는 경우로서 그 위해의 발생 또는 확산을 방지하기 위하여 불가피하다고 인정되는 경우에는 그 절차를 생략할 수 있다.
② 중앙행정기관의 장은 사업자가 제1항의 규정에 따른 명령에 따르지 아니하는 경우에는 대통령령이 정하는 바에 따라 직접 그 물품등의 수거·파기 또는 제공금지 등 필요한 조치를 취할 수 있다.
③ 중앙행정기관의 장은 사업자에게 제1항에 따른 명령을 하는 경우 그 사실을 공표할 수 있다.(2017.10.31 본항신설)
④ 제3항에 따른 공표방법 등 공표에 관하여 필요한 사항은 대통령령으로 정한다.(2017.10.31 본항신설)

제3절 위해정보의 수집 등

제51조【소비자안전센터의 설치】 ① 소비자안전시책을 지원하기 위하여 한국소비자원에 소비자안전센터를 둔다.
② 소비자안전센터에 소장 1인을 두고, 그 조직에 관한 사항은 정관으로 정한다.
③ 소비자안전센터의 업무는 다음 각 호와 같다.
1. 제52조의 규정에 따른 위해정보의 수집 및 처리
2. 소비자안전을 확보하기 위한 조사 및 연구
3. 소비자안전과 관련된 교육 및 홍보
4. 위해 물품등에 대한 시정 건의
5. 소비자안전에 관한 국제협력
6. 그 밖에 소비자안전에 관한 업무

제52조【위해정보의 수집 및 처리】 ① 소비자안전센터는 물품등으로 인하여 소비자의 생명·신체 또는 재산에 위해가 발생하였거나 발생할 우려가 있는 사안에 대한 정보(이하 "위해정보"라 한다)를 수집할 수 있다.
② 소장은 제1항의 규정에 따라 수집한 위해정보를 분석하여 그 결과를 원장에게 보고하여야 하고, 원장은 위해정보의 분석결과에 따라 필요한 경우에는 다음 각 호의 조치를 할 수 있다.
1. 위해방지 및 사고예방을 위한 소비자안전경보의 발령
2. 물품등의 안전성에 관한 사실의 공표
3. 위해 물품등을 제공하는 사업자에 대한 시정 권고
4. 국가 또는 지방자치단체에의 시정조치·제도개선 건의
5. 그 밖에 소비자안전을 확보하기 위하여 필요한 조치로서 대통령령이 정하는 사항
③ 원장은 제2항제3호에 따라 시정 권고를 받은 사업자에게 수락 여부 및 다음 각 호의 사항을 포함한 이행 결과 등의 제출을 요청할 수 있다. 이 경우 사업자는 특별한 사유가 없으면 이에 따라야 한다.
1. 시정 권고에 따른 이행 내용과 실적
2. 시정 권고를 이행하지 못한 물품등에 대한 조치계획
3. 위해의 재발방지를 위한 대책
(2018.3.13 본항신설)
④ 원장은 물품등으로 인하여 소비자의 생명·신체 또는 재산에 위해가 발생하거나 발생할 우려가 높다고 판단되는 경우로서 사업자가 제2항제3호에 따른 시정 권고를 이행하지 않는 경우에는 공정거래위원회에 제46조제1항에 따른 시정요청을 해 줄 것을 건의할 수 있다.(2018.3.13 본항신설)
⑤ 제1항 및 제2항의 규정에 따라 위해정보를 수집·처리하는 자는 물품등의 위해성이 판명되어 공표되기 전까지 사업자명·상품명·피해정도·사건경위에 관한 사항을 누설하여서는 아니 된다.
⑥ 공정거래위원회는 소비자안전센터가 위해정보를 효율적으로 수집할 수 있도록 하기 위하여 필요한 경우에는 행정기관·병원·학교·소비자단체 등을 위해정보 제출기관으로 지정·운영할 수 있다.(2008.2.29 본항개정)
⑦ 제1항 및 제2항의 규정에 따른 위해정보의 수집 및 처리 등에 관하여 필요한 사항은 대통령령으로 정한다.

제8장 소비자분쟁의 해결

제1절 사업자의 불만처리 등

제53조【소비자상담기구의 설치·운영】 ① 사업자 및 사업자단체는 소비자로부터 제기되는 의견이나 불만 등을 기업경영에 반영하고, 소비자의 피해를 신속하게 처리하기 위한 기구(이하 "소비자상담기구"라 한다)의 설치·운영에 적극 노력하여야 한다.
② 사업자 및 사업자단체는 소비자의 불만 또는 피해의 상담을 위하여 「국가기술자격법」에 따른 관련자격이 있는 자 등 전담직원을 고용·배치하도록 적극 노력하여야 한다.
제54조【소비자상담기구의 설치 권장】 ① 중앙행정기관의 장 또는 시·도지사는 사업자 또는 사업자단체에게 소비자상담기구의 설치·운영을 권장하거나 그 설치·운영에 필요한 지원을 할 수 있다.(2016.3.29 본항개정)
② 공정거래위원회는 소비자상담기구의 설치·운영에 관한 권장기준을 정하여 고시할 수 있다.(2008.2.29 본항개정)

제2절 한국소비자원의 피해구제

제55조【피해구제의 신청 등】 ① 소비자는 물품등의 사용으로 인한 피해의 구제를 한국소비자원에 신청할 수 있다.
② 국가·지방자치단체 또는 소비자단체는 소비자로부터 피해구제의 신청을 받은 때에는 한국소비자원에 그 처리를 의뢰할 수 있다.
③ 사업자는 소비자로부터 피해구제의 신청을 받은 때에는 다음 각 호의 어느 하나에 해당하는 경우에 한하여 한국소비자원에 그 처리를 의뢰할 수 있다.
1. 소비자로부터 피해구제의 신청을 받은 날부터 30일이 경과하여도 합의에 이르지 못하는 경우
2. 한국소비자원에 피해구제의 처리를 의뢰하기로 소비자와 합의한 경우
3. 그 밖에 한국소비자원의 피해구제의 처리가 필요한 경우로서 대통령령이 정하는 사유에 해당하는 경우
④ 원장은 제1항의 규정에 따른 피해구제의 신청(제2항 및 제3항의 규정에 따른 피해구제의 의뢰를 포함한다. 이하 이 절에서 같다)을 받은 경우 그 내용이 한국소비자원에서 처리하는 것이 부적합하다고 판단되는 때에는 신청인에게 그 사유를 통보하고 그 사건의 처리를 중지할 수 있다.
제56조【위법사실의 통보 등】 원장은 피해구제신청사건을 처리함에 있어서 당사자 또는 관계인이 법령을 위반한 것으로 판단되는 때에는 관계기관에 이를 통보하고 적절한 조치를 의뢰하여야 한다. 다만, 다음 각 호의 경우에는 그러하지 아니하다.(2011.5.19 단서신설)
1. 피해구제신청사건의 당사자가 피해보상에 관한 합의를 하고 법령위반행위를 시정한 경우(2011.5.19 본호신설)
2. 관계 기관에서 위법사실을 이미 인지하여 조사하고 있는 경우(2011.5.19 본호신설)

제57조【합의권고】 원장은 피해구제신청의 당사자에 대하여 피해보상에 관한 합의를 권고할 수 있다.

제58조【처리기간】 원장은 제55조제1항 내지 제3항의 규정에 따라 피해구제의 신청을 받은 날부터 30일 이내에 제57조의 규정에 따른 합의가 이루어지지 아니하는 때에는 지체 없이 제60조의 규정에 따른 소비자분쟁조정위원회에 분쟁조정을 신청하여야 한다. 다만, 피해의 원인규명 등에 상당한 시일이 요구되는 피해구제신청사건으로서 대통령령이 정하는 사건에 대하여는 60일 이내의 범위에서 처리기간을 연장할 수 있다.

제59조【피해구제절차의 중지】 ① 한국소비자원의 피해구제 처리절차 중에 법원에 소를 제기한 당사자는 그 사실을 한국소비자원에 통보하여야 한다.

② 한국소비자원은 당사자의 소제기 사실을 알게 된 때에는 지체 없이 피해구제절차를 중지하고, 당사자에게 이를 통지하여야 한다.

제3절 소비자분쟁의 조정(調停) 등

제60조【소비자분쟁조정위원회의 설치】 ① 소비자와 사업자 사이에 발생한 분쟁을 조정하기 위하여 한국소비자원에 소비자분쟁조정위원회(이하 "조정위원회"라 한다)를 둔다.

② 조정위원회는 다음 각 호의 사항을 심의·의결한다.

1. 소비자분쟁에 대한 조정결정
2. 조정위원회의 의사(議事)에 관한 규칙의 제정 및 개정·폐지
3. 그 밖에 조정위원회의 위원장이 토의에 부치는 사항

③ 조정위원회의 운영 및 조정절차 등에 관하여 필요한 사항은 대통령령으로 정한다.

제61조【조정위원회의 구성】 ① 조정위원회는 위원장 1명을 포함한 150명 이내의 위원으로 구성하며, 위원장을 포함한 5명은 상임으로 하고, 나머지는 비상임으로 한다.(2017.10.31 본항개정)

② 위원은 다음 각 호의 어느 하나에 해당하는 자 중에서 대통령령이 정하는 바에 따라 원장의 제청에 의하여 공정거래위원회위원장이 임명 또는 위촉한다.

1. 대학이나 공인된 연구기관에서 부교수 이상 또는 이에 상당하는 직에 있거나 있었던 자로서 소비자권익 관련분야를 전공한 자
2. 4급 이상의 공무원 또는 이에 상당하는 공공기관의 직에 있거나 있었던 자로서 소비자권익과 관련된 업무에 실무경험이 있는 자
3. 판사·검사 또는 변호사의 자격이 있는 자
4. 소비자단체의 임원의 직에 있거나 있었던 자
5. 사업자 또는 사업자단체의 임원의 직에 있거나 있었던 자
6. 그 밖에 소비자권익과 관련된 업무에 관한 학식과 경험이 풍부한 자

③ 위원장은 상임위원 중에서 공정거래위원회위원장이 임명한다.

④ 위원장이 부득이한 사유로 직무를 수행할 수 없는 때에는 위원장이 아닌 상임위원이 위원장의 직무를 대행하고, 위원장이 아닌 상임위원이 부득이한 사유로 위원장의 직무를 대행할 수 없는 때에는 공정거래위원회위원장이 지정하는 위원이 그 직무를 대행한다.

⑤ 위원의 임기는 3년으로 하며, 연임할 수 있다.

⑥ 조정위원회의 업무를 효율적으로 수행하기 위하여 조정위원회에 분야별 전문위원회를 둘 수 있다.

⑦ 제6항의 규정에 따른 전문위원회의 구성 및 운영에 관한 사항은 대통령령으로 정한다.

제62조【위원의 신분보장】 조정위원회의 위원은 다음 각 호의 어느 하나에 해당하는 경우를 제외하고는 그의 의사와 다르게 면직되지 아니한다.

1. 자격정지 이상의 형을 선고받은 경우
2. 신체상·정신상 또는 그 밖의 사유로 직무를 수행할 수 없는 경우

(2011.5.19 본조개정)

제63조【조정위원회의 회의】 ① 조정위원회의 회의는 다음 각 호에 따라 구분한다.

1. 분쟁조정회의 : 위원장, 상임위원과 위원장이 회의마다 지명하는 5명 이상 9명 이하의 위원으로 구성하는 회의
2. 조정부 : 위원장 또는 상임위원과 위원장이 회의마다 지명하는 2명 이상 4명 이하의 위원으로 구성하는 회의

② 조정위원회의 회의는 다음 각 호의 구분에 따라 주재한다.

1. 분쟁조정회의 : 위원장
2. 조정부 : 위원장 또는 상임위원

③ 조정위원회의 회의는 위원 과반수 출석과 출석위원 과반수의 찬성으로 의결한다. 이 경우 조정위원회의 회의에는 소비자 및 사업자를 대표하는 위원이 각 1명 이상 균등하게 포함되어야 한다.

(2011.5.19 본조개정)

제63조의2【분쟁조정회의와 조정부의 관장사항】 ① 분쟁조정회의는 다음 각 호의 사항을 심의·의결한다.

1. 제60조제2항제1호에 따른 소비자분쟁 중 대통령령으로 정하는 금액 이상의 소비자분쟁에 대한 조정
2. 제60조제2항제2호에 따른 조정위원회의 의사에 관한 규칙의 제정 및 개정·폐지
3. 제68조제1항에 따라 조정위원회에 의뢰 또는 신청된 분쟁조정
4. 조정부가 분쟁조정회의에서 처리하도록 결정한 사항

② 조정부는 제1항 각 호의 사항 외의 사항을 심의·의결한다.

(2011.5.19 본조신설)

제64조【위원의 제척·기피·회피】 ① 조정위원회의 위원은 다음 각 호의 어느 하나에 해당하는 경우에는 제58조 또는 제65조제1항의 규정에 따라 조정위원회에 신청된 그 분쟁조정사건(이하 이 조에서 "사건"이라 한다)의 심의·의결에서 제척된다.

1. 위원 또는 그 배우자나 배우자이었던 자가 그 사건의 당사자가 되거나 그 사건에 관하여 공동의 권리자 또는 의무자의 관계에 있는 경우
2. 위원이 그 사건의 당사자와 친족관계에 있거나 있었던 경우
3. 위원이 그 사건에 관하여 증언이나 감정을 한 경우
4. 위원이 그 사건에 관하여 당사자의 대리인으로서 관여하거나 관여하였던 경우

② 당사자는 위원에게 심의·의결의 공정을 기대하기 어려운 사정이 있는 경우에는 원장에게 기피신청을 할 수 있다. 이 경우 원장은 기피신청에 대하여 조정위원회의 의결을 거치지 아니하고 결정한다.

③ 위원이 제1항 또는 제2항의 사유에 해당하는 경우에는 스스로 그 사건의 심의·의결에서 회피할 수 있다.

제65조【분쟁조정】 ① 소비자와 사업자 사이에 발생한 분쟁에 관하여 제16조제1항의 규정에 따라 설치된 기구에서 소비자분쟁이 해결되지 아니하거나 제28조제1항제5호의 규정에 따른 합의권고에 따른 합의가 이루어지지 아니한 경우 당사자나 그 기구 또는 단체의 장은 조정위원회에 분쟁조정을 신청할 수 있다.

② 조정위원회는 제58조 또는 제1항의 규정에 따라 분쟁조정을 신청받은 경우에는 대통령령이 정하는 바에 따라 지체 없이 분쟁조정절차를 개시하여야 한다.

③ 조정위원회는 제2항의 규정에 따른 분쟁조정을 위하여 필요한 경우에는 제61조제6항의 규정에 따른 전문위원회에 자문할 수 있다.

④ 조정위원회는 제2항의 규정에 따른 분쟁조정절차에 앞서 이해관계인·소비자단체 또는 관계기관의 의견을 들을 수 있다.

⑤ 제59조의 규정은 분쟁조정절차의 중지에 관하여 이를 준용한다.

제66조【분쟁조정의 기간】 ① 조정위원회는 제58조 또는 제65조제1항의 규정에 따라 분쟁조정을 신청받은 때에는 그 신청을 받은 날부터 30일 이내에 그 분쟁조정을 마쳐야 한다.

② 조정위원회는 제1항의 규정에 불구하고 정당한 사유가 있는 경우로서 30일 이내에 그 분쟁조정을 마칠 수 없는 때에는 그 기간을 연장할 수 있다. 이 경우 그 사유와 기한을 명시하여 당사자 및 그 대리인에게 통지하여야 한다.(2017.10.31 전단개정)

제67조【분쟁조정의 효력 등】 ① 조정위원회의 위원장은 제66조의 규정에 따라 분쟁조정을 마친 때에는 지체 없이 당사자에게 그 분쟁조정의 내용을 통지하여야 한다.

② 제1항의 규정에 따른 통지를 받은 당사자는 그 통지를 받은 날부터 15일 이내에 분쟁조정의 내용에 대한 수락 여부를 조정위원회에 통보하여야 한다. 이 경우 15일 이내에 의사표시가 없는 때에는 수락한 것으로 본다.
③ 제2항의 규정에 따라 당사자가 분쟁조정의 내용을 수락하거나 수락한 것으로 보는 경우 조정위원회는 조정조서를 작성하고, 조정위원회의 위원장 및 각 당사자가 기명날인하거나 서명하여야 한다. 다만, 수락한 것으로 보는 경우에는 각 당사자의 기명날인 또는 서명을 생략할 수 있다.(2018.6.12 본항개정)
④ 제2항의 규정에 따라 당사자가 분쟁조정의 내용을 수락하거나 수락한 것으로 보는 때에는 그 분쟁조정의 내용은 재판상 화해와 동일한 효력을 갖는다.

제68조【분쟁조정의 특례】 ① 제65조제1항의 규정에 불구하고, 국가·지방자치단체·한국소비자원·소비자단체·소비자 또는 사업자는 소비자의 피해가 다수의 소비자에게 같거나 비슷한 유형으로 발생하는 경우로서 대통령령이 정하는 사건에 대하여는 조정위원회에 일괄적인 분쟁조정(이하 "집단분쟁조정"이라 한다)을 의뢰 또는 신청할 수 있다.(2016.3.29 본항개정)
② 제1항의 규정에 따라 집단분쟁조정을 의뢰받거나 신청받은 조정위원회는 다음 각 호의 어느 하나에 해당하는 사건을 제외하고는 조정위원회의 의결로써 의뢰받거나 신청받은 날부터 60일 이내에 제4항부터 제7항까지의 규정에 따른 집단분쟁조정의 절차를 개시하여야 한다. 이 경우 조정위원회는 대통령령이 정하는 기간동안 그 절차의 개시를 공고하여야 한다.
(2018.6.12 전단개정)
1. 제1항의 요건을 갖추지 못한 사건
2. 기존의 집단분쟁조정결정이 있는 사건으로서 개시의결을 반복할 필요가 없다고 인정되는 사건
3. 신청인의 신청내용이 이유가 없다고 명백하게 인정되는 사건
(2018.6.12 1호~3호신설)
③ 제2항에도 불구하고 조정위원회는 다음 각 호의 어느 하나에 해당하는 사건에 대하여는 제2항에 따른 개시결정기간 내에 조정위원회의 의결로써 집단분쟁조정 절차개시의 결정을 보류할 수 있다. 이 경우 그 사유와 기한을 명시하여 의뢰 또는 신청한 자에게 통지하여야 하고, 그 보류기간은 제2항에 따른 개시결정기간이 경과한 날부터 60일을 넘을 수 없다.
1. 피해의 원인규명에 시험, 검사 또는 조사가 필요한 사건
2. 피해의 원인규명을 위하여 제68조의2에 따른 대표당사자가 집단분쟁조정 절차개시 결정의 보류를 신청하는 사건
(2018.6.12 본항신설)
④ 조정위원회는 집단분쟁조정의 당사자가 아닌 소비자 또는 사업자로부터 그 분쟁조정의 당사자에 추가로 포함될 수 있도록 하는 신청을 받을 수 있다.
⑤ 조정위원회는 사업자가 조정위원회의 집단분쟁조정의 내용을 수락한 경우에는 집단분쟁조정의 당사자가 아닌 자로서 피해를 입은 소비자에 대한 보상계획서를 작성하여 조정위원회에 제출하도록 권고할 수 있다.
⑥ 제65조제5항의 규정에 불구하고 조정위원회는 집단분쟁조정의 당사자인 다수의 소비자 중 일부의 소비자가 법원에 소를 제기한 경우에는 그 절차를 중지하지 아니하고, 소를 제기한 일부의 소비자를 그 절차에서 제외한다.
⑦ 제66조제1항에도 불구하고 집단분쟁조정은 제2항에 따른 공고가 종료된 날의 다음 날부터 30일 이내에 마쳐야 한다. 다만, 정당한 사유가 있는 경우로서 해당 기간 내에 분쟁조정을 마칠 수 없는 때에는 2회에 한하여 각각 30일의 범위에서 그 기간을 연장할 수 있으며, 이 경우 그 사유와 기한을 구체적으로 밝혀 당사자 및 그 대리인에게 통지하여야 한다.(2017.10.31 단서개정)
⑧ 집단분쟁조정의 절차 등에 관하여 필요한 사항은 대통령령으로 정한다.

제68조의2【대표당사자의 선임 등】 ① 집단분쟁조정에 이해관계가 있는 당사자들은 그 중 3명 이하를 대표당사자로 선임할 수 있다.
② 조정위원회는 당사자들이 제1항에 따라 대표당사자를 선임하지 아니한 경우에 필요하다고 인정하는 때에는 당사자들에게 대표당사자를 선임할 것을 권고할 수 있다.
③ 대표당사자는 자기를 선임한 당사자들을 위하여 그 사건의 조정에 관한 모든 행위를 할 수 있다. 다만, 조정신청의 철회 및 조정안의 수락·거부는 자기를 선임한 당사자들의 서면에 의한 동의를 받아야 한다.
④ 대표당사자를 선임한 당사자들은 대표당사자를 통하여서만 그 사건의 조정에 관한 행위를 할 수 있다.
⑤ 대표당사자를 선임한 당사자들은 필요하다고 인정하는 경우에는 대표당사자를 해임하거나 변경할 수 있다. 이 경우 당사자들은 그 사실을 지체 없이 조정위원회에 통지하여야 한다.
(2011.5.19 본조신설)

제68조의3【시효의 중단】 ① 제58조 및 제65조제1항에 따른 분쟁조정의 신청과 제68조제1항 및 제4항에 따른 집단분쟁조정의 의뢰 또는 신청은 시효중단의 효력이 있다. 다만, 다음 각 호의 어느 하나에 해당하는 경우 외의 경우로 분쟁조정절차 또는 집단분쟁조정절차가 종료된 경우에는 그 조정절차가 종료된 날부터 1개월 이내에 소를 제기하지 아니하면 시효중단의 효력이 없다.(2018.6.12 본문개정)
1. 당사자가 분쟁조정 또는 집단분쟁조정의 내용을 수락하거나 수락한 것으로 보는 경우
2. 당사자의 일방 또는 쌍방이 분쟁조정 또는 집단분쟁조정의 내용을 수락하지 아니한 경우
② 제1항 각 호 외의 부분 본문에 따라 중단된 시효는 같은 항 각 호의 어느 하나에 해당하는 때부터 새로이 진행한다.
(2016.3.29 본조신설)

제68조의4【소송과의 관계】 ① 제58조 또는 제65조제1항에 따라 분쟁조정이 신청된 사건에 대하여 신청 전 또는 신청 후 소가 제기되어 소송이 진행 중일 때에는 수소법원(受訴法院)은 조정이 있을 때까지 소송절차를 중지할 수 있다.
② 제1항에 따라 소송절차가 중지된 경우 조정위원회는 해당 사건의 조정절차를 재개한다.
③ 조정위원회는 조정이 신청된 사건과 동일한 원인으로 다수인이 관련되는 동종·유사 사건에 대한 소송이 진행 중인 경우에는 조정위원회의 결정으로 조정절차를 중지할 수 있다.
(2023.6.20 본조신설)

제69조【「민사조정법」의 준용】 조정위원회의 운영 및 조정절차에 관하여 이 법에서 규정하지 아니한 사항에 대하여는 「민사조정법」을 준용한다.

제4절 소비자단체소송

제70조【단체소송의 대상 등】 다음 각 호의 어느 하나에 해당하는 단체는 사업자가 제20조의 규정을 위반하여 소비자의 생명·신체 또는 재산에 대한 권익을 직접적으로 침해하고 그 침해가 계속되는 경우 법원에 소비자권익침해행위의 금지·중지를 구하는 소송(이하 "단체소송"이라 한다)을 제기할 수 있다.
1. 제29조의 규정에 따라 공정거래위원회에 등록한 소비자단체로서 다음 각 목의 요건을 모두 갖춘 단체
 가. 정관에 따라 상시적으로 소비자의 권익증진을 주된 목적으로 하는 단체일 것
 나. 단체의 정회원수가 1천명 이상일 것
 다. 제29조의 규정에 따른 등록 후 3년이 경과하였을 것
2. 제33조에 따라 설립된 한국소비자원(2016.3.29 본호신설)
3. 「상공회의소법」에 따른 대한상공회의소, 「중소기업협동조합법」에 따른 중소기업협동조합중앙회 및 전국 단위의 경제단체로서 대통령령이 정하는 단체
4. 「비영리민간단체지원법」 제2조의 규정에 따른 비영리민간단체로서 다음 각 목의 요건을 모두 갖춘 단체
 가. 법률상 또는 사실상 동일한 침해를 입은 50인 이상의 소비자로부터 단체소송의 제기를 요청받을 것
 나. 정관에 소비자의 권익증진을 단체의 목적으로 명시한 후 최근 3년 이상 이를 위한 활동실적이 있을 것
 다. 단체의 상시 구성원수가 5천명 이상일 것
 라. 중앙행정기관에 등록되어 있을 것

제71조【전속관할】 ① 단체소송의 소는 피고의 주된 사무소 또는 영업소가 있는 곳, 주된 사무소나 영업소가 없는 경우에는 주된 업무담당자의 주소가 있는 곳의 지방법원 본원 합의부의 관할에 전속한다.

② 제1항의 규정을 외국사업자에 적용하는 경우 대한민국에 있는 이들의 주된 사무소·영업소 또는 업무담당자의 주소에 따라 정한다.

제72조【소송대리인의 선임】 단체소송의 원고는 변호사를 소송대리인으로 선임하여야 한다.

제73조【소송허가신청】 ① 단체소송을 제기하는 단체는 소장과 함께 다음 각 호의 사항을 기재한 소송허가신청서를 법원에 제출하여야 한다.

1. 원고 및 그 소송대리인
2. 피고
3. 금지·중지를 구하는 사업자의 소비자권익침해행위의 범위

② 제1항의 규정에 따른 소송허가신청서에는 다음 각 호의 자료를 첨부하여야 한다.

1. 소제기단체가 제70조 각 호의 어느 하나에 해당하는 요건을 갖추고 있음을 소명하는 자료
2. 소제기단체가 제74조제1항제3호의 규정에 따라 요청한 서면 및 이에 대한 사업자의 의견서. 다만, 동호에서 정하는 기간 내에 사업자의 응답이 없을 경우에는 사업자의 의견서를 생략할 수 있다.

제74조【소송허가요건 등】 ① 법원은 다음 각 호의 요건을 모두 갖춘 경우에 한하여 결정으로 단체소송을 허가한다.

1. 물품등의 사용으로 인하여 소비자의 생명·신체 또는 재산에 피해가 발생하거나 발생할 우려가 있는 등 다수 소비자의 권익보호 및 피해예방을 위한 공익상의 필요가 있을 것
2. 제73조의 규정에 따른 소송허가신청서의 기재사항에 흠결이 없을 것
3. 소제기단체가 사업자에게 소비자권익 침해행위를 금지·중지할 것을 서면으로 요청한 후 14일이 경과하였을 것

② 단체소송을 허가하거나 불허가하는 결정에 대하여는 즉시항고할 수 있다.

제75조【확정판결의 효력】 원고의 청구를 기각하는 판결이 확정된 경우 이와 동일한 사안에 관하여는 제70조의 규정에 따른 다른 단체는 단체소송을 제기할 수 없다. 다만, 다음 각 호의 어느 하나에 해당하는 경우에는 그러하지 아니하다.

1. 판결이 확정된 후 그 사안과 관련하여 국가 또는 지방자치단체가 설립한 기관에 의하여 새로운 연구결과나 증거가 나타난 경우
2. 기각판결이 원고의 고의로 인한 것임이 밝혀진 경우

제76조【「민사소송법」의 적용 등】 ① 단체소송에 관하여 이 법에 특별한 규정이 없는 경우에는 「민사소송법」을 적용한다.

② 제74조의 규정에 따른 단체소송의 허가결정이 있는 경우에는 「민사집행법」 제4편의 규정에 따른 보전처분을 할 수 있다.

③ 단체소송의 절차에 관하여 필요한 사항은 대법원규칙으로 정한다.

제9장 조사절차 등

제77조【검사·시료수거와 자료제출 등】 ① 중앙행정기관의 장은 다음 각 호의 어느 하나에 해당하는 경우에는 대통령령이 정하는 바에 따라 소속공무원으로 하여금 사업자의 물품·시설 및 제조공정 그 밖의 물건의 검사 또는 필요한 최소한의 시료수거를 하게 하거나 그 사업자에게 그 업무에 관한 보고 또는 관계물품·서류 등의 제출을 명할 수 있다.(2018.12.31 본문개정)

1. 제8조제2항의 규정에 따라 국가가 정한 기준을 사업자가 준수하는지 여부를 시험·검사 또는 조사하기 위하여 필요한 경우(2018.12.31 본호신설)
2. 제13조의 규정에 따라 소비자에게 정보제공을 하기 위하여 필요한 경우
3. 제16조제1항의 규정에 따라 소비자의 불만 및 피해를 처리하기 위하여 필요한 경우
4. 이 법의 위반 여부를 확인하기 위하여 필요한 경우

② 제1항의 규정에 따른 시료수거는 무상으로 할 수 있다.(2018.12.31 본항신설)

③ 중앙행정기관의 장은 물품등의 안전성을 의심할 만한 정당한 이유가 있는 경우로서 대통령령이 정하는 사유가 있는 때에는 소속공무원으로 하여금 사업자의 영업장소, 제조장소, 창고 등 저장소, 사무소 그 밖의 이와 유사한 장소에 출입하여 제1항의 규정에 따른 검사 등을 할 수 있다.

④ 제1항 또는 제2항의 규정에 따라 검사 등을 하는 공무원은 그 권한을 나타내는 증표를 지니고 이를 관계인에게 내보여야 한다.

⑤ 이 법에 따른 직무에 종사하는 공무원은 제1항 또는 제2항의 규정에 따른 검사나 제출된 물품 또는 서류 등으로 알게 된 내용을 이 법의 시행을 위한 목적 아닌 용도로 사용하여서는 아니 된다.

⑥ 중앙행정기관의 장은 소관 소비자권익증진시책을 추진하기 위하여 필요한 경우에는 원장에게 소비자피해에 관한 정보 및 각종 실태조사 결과 등 소비자의 권익과 관련된 정보의 제공을 요청할 수 있다.

(2018.12.31 본조제목개정)

제78조【자료 및 정보제공요청 등】 ① 소비자단체 및 한국소비자원은 그 업무를 추진함에 있어서 필요한 자료 및 정보의 제공을 사업자 또는 사업자단체에 요청할 수 있다. 이 경우 그 사업자 또는 사업자단체는 정당한 사유가 없는 한 이에 응하여야 한다.

② 제1항의 규정에 따라 자료 및 정보의 제공을 요청하는 소비자단체 및 한국소비자원은 그 자료 및 정보의 사용목적·사용절차 등을 미리 사업자 또는 사업자단체에게 알려야 한다.

③ 제1항의 규정에 따라 소비자단체가 자료 및 정보를 요청하는 때에는 제79조의 규정에 따른 소비자정보요청협의회의 협의·조정을 미리 거쳐야 한다.

④ 제1항의 규정에 따라 자료 및 정보를 요청할 수 있는 소비자단체의 요건과 자료 및 정보의 범위 등에 관한 사항은 대통령령으로 정한다.

⑤ 제1항 내지 제4항의 규정에 따라 사업자 또는 사업자단체로부터 소비자단체에 제공된 자료 및 정보는 미리 사업자 또는 사업자단체에 알린 사용목적 아닌 용도 및 사용절차 아닌 방법으로 사용하여서는 아니 된다.

제79조【소비자정보요청협의회】 ① 제78조제1항의 규정에 따른 소비자단체의 자료 및 정보의 제공요청과 관련한 다음 각 호의 사항을 협의·조정하기 위하여 한국소비자원에 소비자정보요청협의회(이하 "협의회"라 한다)를 둔다.

1. 소비자단체가 요청하는 자료 및 정보의 범위·사용목적·사용절차에 관한 사항
2. 그 밖에 대통령령이 정하는 사항

② 협의회의 구성과 운영 그 밖에 필요한 사항은 대통령령으로 정한다.

제10장 보칙

제80조【시정조치 등】 ① 중앙행정기관의 장은 사업자가 제20조의 규정을 위반하는 행위를 한 경우에는 그 사업자에게 그 행위의 중지 등 시정에 필요한 조치를 명할 수 있다.

② 중앙행정기관의 장은 사업자에게 제1항의 규정에 따라 시정명령을 받은 사실을 공표하도록 명할 수 있다.

제81조【시정조치의 요청 등】 ① 국가 및 지방자치단체는 사업자가 제20조의 규정을 위반하는지 여부를 판단하기 위하여 필요한 경우에는 등록소비자단체 또는 한국소비자원에 조사를 의뢰할 수 있다.

② 공정거래위원회는 사업자가 제20조의 규정을 위반하는 행위를 한 사실을 알게 된 때에는 그 물품등을 주관하는 중앙행정기관의 장에게 위반행위의 시정에 필요한 적절한 조치를 요청할 수 있다.(2008.2.29 본항개정)

제81조의2【실태조사】 ① 공정거래위원회는 소비자의 권익증진이나 소비자정책의 효율적 추진을 위하여 필요하다고 인정하는 경우 실태조사를 실시하고, 그 결과를 공표할 수 있다.

② 공정거래위원회는 제1항에 따른 실태조사를 위하여 필요한 경우에는 관계 소비자단체·사업자·사업자단체와 관계 행정

기관·공공기관에 필요한 자료 또는 의견의 제출을 요청할 수 있다. 이 경우 해당 요청을 받은 자는 정당한 사유가 없으면 그 요청에 따라야 한다.
③ 공정거래위원회는 제1항에 따른 실태조사의 효율적 추진을 위하여 필요한 경우에는 해당 실태조사 업무를 한국소비자원이나 관계 법인·단체에 위탁할 수 있다.
④ 제1항에 따른 실태조사의 절차 및 방법, 그 밖에 필요한 사항은 대통령령으로 정한다.
(2024.2.13 본조신설)

제82조【청문】 중앙행정기관의 장은 제20조의3제3항·제20조의4제1항·제30조·제50조 또는 제80조의 규정에 따른 명령 등의 조치를 하고자 하는 경우에는 청문을 실시하여야 한다. 다만, 제50조제1항 단서의 경우에는 그러하지 아니하다.
(2017.10.31 본문개정)

제83조【권한의 위임·위탁 등】 ① 중앙행정기관의 장은 이 법에 따른 권한의 일부를 대통령령이 정하는 바에 따라 시·도지사에게 위임할 수 있다.
② 중앙행정기관의 장은 다음 각 호의 어느 하나에 해당하는 경우에는 제77조제1항에 따른 권한을 한국소비자원에 위탁할 수 있다.(2008.3.21 본문개정)
1. 제17조제2항의 규정에 따라 한국소비자원에 시험·검사 또는 조사를 의뢰하는 경우
2. 제55조제1항 내지 제3항의 규정에 따라 한국소비자원에 신청 또는 의뢰된 피해구제사건을 처리함에 있어서 사실확인을 위하여 필요하다고 인정되는 경우
3. 원장이 제35조제1항제2호 및 제52조제2항제1호부터 제3호까지의 조치를 하기 위하여 필요하다고 요청하는 경우
(2016.3.29 본호개정)
4. 제81조제1항에 따라 한국소비자원에 조사를 의뢰하는 경우
(2016.3.29 본호신설)
③ 제77조제4항 및 제5항은 제2항에 따라 중앙행정기관의 장으로부터 제77조제1항에 따른 검사 등의 권한을 위탁받은 한국소비자원의 직원으로서 그 검사 등의 권한을 행하는 직원에 대하여 준용한다.(2018.12.31 본항개정)

제83조의2【민감정보 및 고유식별정보의 처리】 ① 공정거래위원회는 종합지원시스템을 통하여 소비자 피해의 예방 및 구제를 위한 사무를 수행하기 위하여 불가피한 경우 「개인정보 보호법」 제23조에 따른 건강에 관한 정보(의료분쟁조정과 관련된 정보에 한정한다. 이하 같다)나 같은 법 제24조에 따른 고유식별정보가 포함된 자료를 처리할 수 있다.
② 제16조의2제7항에 따라 종합지원시스템 운영의 전부 또는 일부를 위탁받은 자는 소비자 피해의 예방 및 구제를 위한 사무를 수행하기 위하여 불가피한 경우 당사자의 동의를 얻어 「개인정보 보호법」 제23조에 따른 건강에 관한 정보나 같은 법 제24조에 따른 고유식별정보가 포함된 자료를 처리할 수 있다.
③ 제1항 및 제2항에 따라 「개인정보 보호법」 제23조에 따른 건강에 관한 정보나 같은 법 제24조에 따른 고유식별정보가 포함된 자료를 처리할 때에는 해당 정보를 「개인정보 보호법」에 따라 보호하여야 한다.
(2018.3.13 본조신설)

제11장 벌 칙

제84조【벌칙】 ① 다음 각 호의 어느 하나에 해당하는 자는 3년 이하의 징역 또는 5천만원 이하의 벌금에 처한다.
1. 제50조 또는 제80조의 규정에 따른 명령을 위반한 자
2. 제77조제5항(제83조제3항의 규정에 따라 준용되는 경우를 포함한다)의 규정을 위반하여 검사 등으로 알게 된 내용을 이 법의 시행을 위한 목적이 아닌 용도로 사용한 자
(2018.12.31 본호개정)
3. 제78조제5항의 규정을 위반하여 제공된 자료 및 정보를 사용목적이 아닌 용도 또는 사용절차가 아닌 방법으로 사용한 자
② 제52조제5항을 위반하여 위해정보에 관한 사항을 누설한 자는 1년 이하의 징역 또는 3천만원 이하의 벌금에 처한다.
(2018.3.13 본항개정)
③ 제1항의 경우에 징역형과 벌금형은 이를 병과(併科)할 수 있다.

제85조【양벌규정】 법인의 대표자나 법인 또는 개인의 대리인, 사용인, 그 밖의 종업원이 그 법인 또는 개인의 업무에 관하여 제84조의 위반행위를 하면 그 행위자를 벌하는 외에 그 법인 또는 개인에게도 해당 조문의 벌금형을 과(科)한다. 다만, 법인 또는 개인이 그 위반행위를 방지하기 위하여 해당 업무에 관하여 상당한 주의와 감독을 게을리하지 아니한 경우에는 그러하지 아니하다.(2008.12.26 본조개정)

제86조【과태료】 ① 다음 각 호의 어느 하나에 해당하는 자는 3천만원 이하의 과태료에 처한다.
1. 제20조의 규정을 위반한 자
2. 제37조의 규정을 위반하여 동일 또는 유사명칭을 사용한 자
3. 제47조제1항의 규정을 위반하여 보고의무를 이행하지 아니하거나 거짓으로 이행한 자(2017.10.31 본호개정)
4. 제77조제1항 또는 제3항의 규정에 따른 검사·시료수거·출입을 거부·방해·기피한 자, 업무에 관한 보고를 하지 아니하거나 거짓으로 보고한 자 또는 관계물품·서류 등을 제출하지 아니하거나 거짓으로 제출한 자(2018.12.31 본호개정)
② 제1항의 규정에 따른 과태료는 대통령령으로 정하는 바에 따라 중앙행정기관의 장 또는 시·도지사가 부과·징수한다.
(2010.3.22 본항개정)
③~⑥ (2010.3.22 삭제)

부 칙

제1조【시행일】 이 법은 공포 후 6개월이 경과한 날부터 시행한다. 다만, 제70조 내지 제76조의 개정규정은 2008년 1월 1일부터 시행한다.

제2조【소비자정책에 관한 기본계획 및 시행계획의 수립에 관한 적용례】 기본계획, 중앙행정기관별시행계획, 시·도별시행계획 및 종합시행계획은 이 법이 시행되는 연도의 다음연도의 계획부터 적용한다.

제3조【한국소비자원의 감사의 임기에 관한 적용례】 제38조제6항의 개정규정 중 감사의 임기에 관한 사항은 이 법 시행 후 최초로 임명되는 감사부터 적용한다.

제4조【한국소비자원의 결산보고서와 이에 대한 감사의견서의 보고에 관한 적용례】 제42조제2항의 개정규정은 이 법 시행 후 최초로 한국소비자원이 공정거래위원회에 보고하는 결산보고서와 이에 대한 감사의견서부터 적용한다.

제5조【소비자로부터 피해구제의 신청을 받은 사업자의 한국소비자원에의 처리의뢰에 관한 적용례】 제55조제3항의 개정규정은 이 법 시행 후 최초로 사업자가 소비자로부터 피해구제의 신청을 받는 것부터 적용한다.

제6조【한국소비자원이 처리하는 피해구제신청사건의 처리기간에 관한 적용례】 제58조 단서의 개정규정은 이 법 시행 후 최초로 한국소비자원이 제55조제1항 내지 제3항의 개정규정에 따라 피해구제의 신청 또는 의뢰를 받는 것부터 적용한다.

제7조【소비자정책심의위원회에 관한 경과조치】 ① 이 법 시행 당시 종전의 「소비자보호법」 제21조의 규정에 따라 재정경제부에 둔 소비자정책심의위원회는 제23조의 개정규정에 따른 소비자정책위원회로 본다.
② 이 법 시행 당시 종전의 「소비자보호법」 제22조의 규정에 따라 위촉된 소비자정책심의위원회의 위원은 제24조의 개정규정에 따라 위촉된 소비자정책위원회의 위원으로 보며, 그 임기는 종전의 규정에 따라 임명된 날부터 기산한다.

제8조【소비자단체의 등록에 관한 경과조치】 이 법 시행 당시 종전의 「소비자보호법」 제19조제1항의 규정에 따라 등록을 한 소비자단체는 제29조제1항의 개정규정에 따른 요건에 따라 등록을 한 소비자단체로 본다. 다만, 제29조제1항 각 호의 요건을 갖추지 못한 소비자단체는 이 법 시행일부터 1년 이내에 그 요건을 갖추어야 하고, 그 기간 내에 요건을 갖추지 못하는 경우에는 공정거래위원회 또는 지방자치단체의 장은 제30조의 개정규정에 따라 그 등록을 취소하여야 한다.

제9조【한국소비자보호원 등에 관한 경과조치】 ① 이 법 시행 당시 종전의 「소비자보호법」 제26조의 규정에 따라 설립된 한국소비자보호원은 제33조의 개정규정에 따른 한국소비자원으로 본다.
② 이 법 시행 당시 종전의 「소비자보호법」에 따른 한국소비자보호원·소비자분쟁조정위원회·소비자정보요청위원회 또는 한국소비자보호원의 장(이하 "한국소비자보호원등"이라 한다. 이하 같다)이 행한 행위 또는 한국소비자보호원등에 대하여 행하여진 행위는 그에 해당하는 이 법의 규정에 따른 한국소비자원·소비자분쟁조정위원회·소비자정보요청협의회 또는 한국소비자원의 장(이하 "한국소비자원등"이라 한다. 이하 같다)이 행하거나 한국소비자원등에 대하여 행하여진 것으로 본다.
③ 이 법 시행 당시 종전의 「소비자보호법」 제31조 또는 제35조의 규정에 따라 임명 또는 위촉된 한국소비자보호원의 임원 및 소비자분쟁조정위원회의 위원은 제38조 또는 제61조의 개정규정에 따라 임명 또는 위촉된 한국소비자원의 임원 및 소비자분쟁조정위원회의 위원으로 보며, 그 임기는 종전의 규정에 따라 임명 또는 위촉된 날부터 기산한다.
④ 이 법 시행 당시 종전의 「소비자보호법」 제47조의 규정에 따라 국가가 한국소비자보호원에 출연한 출연금은 제41조제1호의 개정규정에 따른 국가의 출연금으로 본다.
⑤ 이 법 시행 당시 한국소비자보호원에 관한 등기부 그 밖의 공부에 표시된 "한국소비자보호원"의 명의는 각각 "한국소비자원"의 명의로 본다.
제10조【행정처분 등에 관한 경과조치】 이 법 시행 당시 종전의 「소비자보호법」에 따라 국가·지방자치단체 및 중앙행정기관의 장 등(한국소비자보호원등을 제외하며, 이하 이 조에서 "국가등"이라 한다)이 행한 행정처분 등 또는 국가등에 행하여진 등록신청 등은 이 법의 해당 규정에 따른 행정처분 등 또는 등록신청 등으로 본다.
제11조【벌칙 등에 관한 경과조치】 이 법 시행 전의 행위에 대한 벌칙 및 과태료를 적용할 때에는 종전의 「소비자보호법」에 따른다.
제12조【다른 법률의 개정】 ①~⑫ ※(해당 법령에 가제정리 하였음)
제13조【다른 법령과의 관계】 이 법 시행 당시 다른 법령에서 종전의 「소비자보호법」 또는 그 규정을 인용하고 있는 경우 이 법 중 그에 해당하는 규정이 있는 때에는 종전의 규정에 갈음하여 이 법 또는 이 법의 해당 조항을 인용한 것으로 본다.

부　칙 (2016.3.29)

제1조【시행일】 이 법은 공포 후 6개월이 경과한 날부터 시행한다.
제2조【시효의 중단에 관한 적용례】 제68조의3의 개정규정은 이 법 시행 후 최초로 분쟁조정 또는 집단분쟁조정이 신청되거나 의뢰되는 경우부터 적용한다.

부　칙 (2017.10.31)

제1조【시행일】 이 법은 공포 후 6개월이 경과한 날부터 시행한다. 다만, 제61조제1항의 개정규정은 공포한 날부터 시행한다.
제2조【분쟁조정의 기간 연장에 관한 적용례】 제66조제2항 및 제68조제7항의 개정규정은 이 법 시행 후 최초로 분쟁조정 또는 집단분쟁조정이 신청되거나 의뢰되는 경우부터 적용한다.

부　칙 (2018.3.13)

제1조【시행일】 이 법은 공포한 날부터 시행한다.
제2조【시정요청에 관한 적용례】 제46조의 개정규정은 이 법 시행 후 최초로 시정요청한 경우부터 적용한다.
제3조【시정 권고에 관한 적용례】 제52조제3항 및 제4항의 개정규정은 이 법 시행 후 최초로 시정 권고한 경우부터 적용한다.

부　칙 (2018.6.12)

제1조【시행일】 이 법은 공포 후 6개월이 경과한 날부터 시행한다. 다만, 제67조제3항의 개정규정은 공포한 날부터 시행한다.
제2조【집단분쟁조정의 개시에 관한 적용례】 제68조의 개정규정은 이 법 시행 후 최초로 집단분쟁조정을 의뢰하거나 신청하는 경우부터 적용한다.

부　칙 (2020.5.19)
(2020.12.29)

제1조【시행일】 이 법은 공포 후 1년이 경과한 날부터 시행한다.(이하 생략)

부　칙 (2023.6.20)

제1조【시행일】 이 법은 공포 후 6개월이 경과한 날부터 시행한다.
제2조【소송·조정절차 중지에 관한 적용례】 제68조의4의 개정규정은 이 법 시행 이후 조정을 신청하는 경우부터 적용한다.

부　칙 (2024.2.13)

제1조【시행일】 이 법은 공포 후 6개월이 경과한 날부터 시행한다. 다만, 제20조의2제4항의 개정규정은 2025년 1월 1일부터 시행한다.
제2조【소비자중심경영인증의 유효기간에 관한 적용례】 제20조의2제4항의 개정규정은 같은 개정규정 시행 전에 소비자중심경영인증을 받은 사업자로서 같은 개정규정 시행 당시 그 인증의 유효기간이 만료되지 아니한 사업자에 대해서도 적용한다.

약관의 규제에 관한 법률
(약칭 : 약관법)

(1986년 12월 31일
법 률 제3922호)

개정
1992.12. 8법 4515호
1997.12.31법 5491호(한국은행법)
2001. 3.28법 6459호 2004. 1.20법 7108호
2005. 3.31법 7491호
2006. 9.27법 7988호(소비자기본법)
2007. 8. 3법 8632호
2008. 2.29법 8863호(금융위원회의설치등에관한법)
2010. 3.22법10169호
2010. 5.17법10303호(은행법)
2011. 3.29법10474호 2012. 2.17법11325호
2013. 5.28법11840호 2016. 3.29법14141호
2018. 6.12법15697호
2020.12.29법17799호(독점)
2023. 6.20법19512호 2023. 8. 8법19618호
2024. 2. 6법20239호(독점)
2024. 2. 6법20240호

제1장 총 칙
(2010.3.22 본장개정)

제1조 【목적】 이 법은 사업자가 그 거래상의 지위를 남용하여 불공정한 내용의 약관(約款)을 작성하여 거래에 사용하는 것을 방지하고 불공정한 내용의 약관을 규제함으로써 건전한 거래질서를 확립하고, 이를 통하여 소비자를 보호하고 국민생활을 균형 있게 향상시키는 것을 목적으로 한다.

제2조 【정의】 이 법에서 사용하는 용어의 정의는 다음과 같다.
1. "약관"이란 그 명칭이나 형태 또는 범위에 상관없이 계약의 한쪽 당사자가 여러 명의 상대방과 계약을 체결하기 위하여 일정한 형식으로 미리 마련한 계약의 내용을 말한다.
2. "사업자"란 계약의 한쪽 당사자로서 상대 당사자에게 약관을 계약의 내용으로 할 것을 제안하는 자를 말한다.
3. "고객"이란 계약의 한쪽 당사자로서 사업자로부터 약관을 계약의 내용으로 할 것을 제안받은 자를 말한다.

판례 약관의 규제에 관한 법률의 규제 대상인 '약관'이라 함은 그 명칭이나 형태 또는 범위를 불문하고 계약의 일방 당사자가 다수의 상대방과 계약을 체결하기 위하여 일정한 형식에 의하여 미리 마련한 계약의 내용이 되는 것을 말하고, 구체적인 계약에서 일방 당사자와 상대방 사이에 교섭이 이루어져 계약의 내용으로 된 조항은 일방적으로 작성된 것이 아니므로 약관의 규제에 관한 법률의 규제 대상인 약관에는 해당하지 않는다.(대판 2011.2.10, 2009다81906)

제3조 【약관의 작성 및 설명의무 등】 ① 사업자는 고객이 약관의 내용을 쉽게 알 수 있도록 한글로 작성하고, 표준화·체계화된 용어를 사용하며, 약관의 중요한 내용을 부호, 색채, 굵고 큰 문자 등으로 명확하게 표시하여 알아보기 쉽게 약관을 작성하여야 한다.(2011.3.29 본항개정)
② 사업자는 계약을 체결할 때에는 고객에게 약관의 내용을 계약의 종류에 따라 일반적으로 예상되는 방법으로 분명하게 밝히고, 고객이 요구할 경우 그 약관의 사본을 고객에게 내주어 고객이 약관의 내용을 알 수 있게 하여야 한다. 다만, 다음 각 호의 어느 하나에 해당하는 업종의 약관에 대하여는 그러하지 아니하다.(2011.3.29 단서개정)
1. 여객운송업(2011.3.29 본호신설)
2. 전기·가스 및 수도사업(2011.3.29 본호신설)
3. 우편업(2011.3.29 본호신설)
4. 공중전화 서비스 제공 통신업(2011.3.29 본호신설)
③ 사업자는 약관에 정하여져 있는 중요한 내용을 고객이 이해할 수 있도록 설명하여야 한다. 다만, 계약의 성질상 설명하는 것이 현저하게 곤란한 경우에는 그러하지 아니하다.
④ 사업자가 제2항 및 제3항을 위반하여 계약을 체결한 경우에는 해당 약관을 계약의 내용으로 주장할 수 없다.

제4조 【개별 약정의 우선】 약관에서 정하고 있는 사항에 관하여 사업자와 고객이 약관의 내용과 다르게 합의한 사항이 있을 때에는 그 합의 사항은 약관보다 우선한다.

제5조 【약관의 해석】 ① 약관은 신의성실의 원칙에 따라 공정하게 해석되어야 하며 고객에 따라 다르게 해석되어서는 아니 된다.
② 약관의 뜻이 명백하지 아니한 경우에는 고객에게 유리하게 해석되어야 한다.

판례 갑 보험회사의 보험계약 약관에서 말하는 암 수술급여금의 지급대상인 '수술'에 폐색전술이 해당하는지 여부가 문제된 사안에서, 보험계약 약관 제5조에서는 암 보험급여의 대상이 되는 수술을 특정암 또는 일반암의 치료를 직접적인 목적으로 수술을 받는 행위라고만 규정하고 있을 뿐 의료계에서 표준적으로 인정되는 수술이라고 제한하고 있지 않고, 위 약관에서 수술의 의미를 구체적으로 명확하게 제한하고 있지도 않으므로, 가는 관을 대동맥에 삽입하여 이를 통해 약물 등을 주입하는 색전술도 넓은 의미의 수술에 포함될 여지가 충분히 있고, 갑 보험회사는 병원에 직접 을의 치료내용을 확인한 후 3년 3개월 동안 19회에 걸쳐 합계 1억 1,400만 원의 암 수술급여금을 지급해 왔으므로, 을이 받은 폐색전술은 보험계약 약관 제5조의 수술에 해당한다고 봄이 상당하고, 이러한 해석론이 약관 해석에 있어서의 작성자 불이익의 원칙에도 부합하는 것이라고 하여, 폐색전술이 보험계약 약관상 수술에 해당하지 않는다고 본 원심판결을 파기한다.
(대판 2010.7.22, 2010다28208,28215)

판례 보통거래약관 및 보험제도의 특성에 비추어 볼 때 약관의 해석은 일반 법률행위와는 달리 개개 계약 당사자가 기도한 목적이나 의사를 기준으로 하지 않고 평균적 고객의 이해가능성을 기준으로 하되 보험단체 전체의 이해관계를 고려하여 객관적, 획일적으로 해석하여야 하므로, 자동차종합보험의 가족운전자 한정운전 특별약관에 정한 기명피보험자의 모(母)에 기명피보험자의 법률상의 모가 아닌 기명피보험자의 부(父)의 사실상의 배우자는 포함되지 아니한다.
(대판 2009.1.30, 2008다68944)

판례 보험계약의 재해보장특약 약관에 "재해라 함은 우발적인 외래의 사고(다만, 질병 또는 체질적 요인이 있는 자로서 경미한 외부요인에 의하여 발병하거나 또는 그 증상이 더욱 악화되었을 때에는 그 경미한 외부요인은 우발적인 외래의 사고로 보지 아니함)로서 약관상 별표인 재해분류표에 열거되어 있는 재해를 의미한다"라고 규정하고 있다면, 망인이 승용차를 운전하고 가다가 급성 심근경색증을 원인으로 사망한 것은 망인의 질병이 갑자기 발현된 것이므로 위 약관상의 '재해'인 우발적인 외래의 사고에는 해당하지 않는다.(대판 2007.12.13, 2007다67920)

판례 약관이 계약 내용의 일부로서 상대방의 법률상 지위에 중대한 영향을 미치는 경우에 법률행위의 해석 방법 : 법률행위는 당사자의 내심적 의사에 관계없이 당사자가 그 표시행위에 부여한 객관적 의미를 합리적으로 해석하여야 하며, 특히 당사자 일방이 작성한 약관이 계약의 일부로서 상대방의 법률상 지위에 중대한 영향을 미치게 되는 경우에는 약관의 규제에 관한 법률 제6조제1항, 제7조제2호의 규정 취지에 비추어 더욱 엄격하게 해석하여야 한다.(대판 2006.9.8, 2006다24131)

판례 보통거래약관의 해석 원칙 : 보통거래약관의 내용은 개개 계약체결자의 의사나 구체적인 사정을 고려함이 없이 평균적 고객의 이해가능성을 기준으로 하여 객관적·획일적으로 해석하여야 하고, 고객보호의 측면에서 약관 내용이 명백하지 못하거나 의심스러운 때에는 고객에게 유리하게, 약관작성자에게 불리하게 제한해석하여야 한다.
(대판 2005.10.28, 2005다35226)

판례 화재보험계약상 잔존물제거비용담보특별약관에서 규정하고 있는 "실제의 잔존물 제거비용"의 의미 및 "잔존물 제거비용"의 범위 : 보험사고 이후 잔존물 제거작업이 완료된 경우 잔존물제거비용담보특별약관에서 규정하고 있는 "실제의 잔존물 제거비용"이란 실제 소요된 잔존물 제거비용을 말하는 것이며, "잔존물 제거비용"에는 잔존물에 대한 현장정리 및 상차비용 이외에 운반, 처리비용 등 보험사고인 화재로 인하여 발생한 잔존물을 실제로 제거하는 데 소요되는 일체의 비용을 포함한다.(대판 2001.6.26, 99다27972)

제2장 불공정약관조항
(2010.3.22 본장개정)

제6조 【일반원칙】 ① 신의성실의 원칙을 위반하여 공정성을 잃은 약관 조항은 무효이다.
② 약관의 내용 중 다음 각 호의 어느 하나에 해당하는 내용을 정하고 있는 조항은 공정성을 잃은 것으로 추정된다.
1. 고객에게 부당하게 불리한 조항
2. 고객이 계약의 거래형태 등 관련된 모든 사정에 비추어 예상하기 어려운 조항
3. 계약의 목적을 달성할 수 없을 정도로 계약에 따르는 본질적 권리를 제한하는 조항

판례 대한항공과 아시아나항공은 2008년경 마일리지에 5년 유효기간을 도입하는 내용으로 약관을 개정했다. 이후 2010년에 이 유효기간을 10년으로 연장했다. 다만 2008년 이전에 쌓은 마일리지는 유효기간 무제한을 유지하고, 2008년 이후 쌓은 마일리지는 유효기간 내 사용하지 않으면 소멸하도록 했다. 해당 약관 조항은 상인인 대한항공과 아시아

나항공이 부담하는 채무에 관한 것임에도 상사시효가 아닌 민사상 소멸시효에 준하는 10년의 유효기간을 정하고 있어 고객들을 현저히 불리한 지위에 두었다고 단정할 수 없다.(대판 2024.11.28, 2021다308030)

판례 고객에 대하여 부당하게 과중한 손해배상의무나 위약벌 등을 부담시키는 약관 조항은 고객에게 부당하게 불리하여 공정을 잃은 것으로 추정되고 신의성실의 원칙에 반하는 것으로서 무효라고 보아야 할 것이다.(대판 2009.8.20, 2009다20475,20482)

판례 은행여신거래기본약관에서 은행이 상계를 하는 경우 민법 규정과는 달리 채권·채무의 이자나 지연손해금 등의 계산의 종기를 달리 정하는 규정을 둘 경우에는 적어도 그 계산의 종기가 상계적 상시로부터 과도하게 이탈하지 않도록 필요한 범위 내에서 이탈의 정도를 최소화함과 동시에 고객인 채무자가 어느 시점을 기준으로 이자나 지연손해금 등이 계산될 것인지를 예측할 수 있도록 하는 등 채무자측의 이익도 배려하여야 할 뿐만 아니라 상당한 이유가 없는 한 채무자가 상계를 하는 경우와 사이에 형평을 유지하여야 한다(은행이 상계를 하는 경우, 이자나 지연손해금 등의 계산의 종기를 임의로 정할 수 있도록 한 은행여신거래기본약관 조항은 무효라고 본 사례).
(대판 2003.7.8, 2002다64551)

판례 경쟁입찰에서 단순 최저가 낙찰제에 의한 낙찰자결정방식에 따른 시설공사 도급계약에 있어서는 현저한 저가입찰을 억제하여 덤핑에 의한 부실공사를 방지하고 계약의 이행을 담보할 필요성이 매우 강한 점에 비추어, 예정가격의 100분의 85 미만에 낙찰받은 자는 예정가격과 낙찰금액의 차액을 차액보증금으로서 현금으로 납부하게 하고 채무불이행의 경우 차액보증금을 발주자에게 귀속시키기로 하는 약관조항은 허용될 수 있으며 이러한 약관조항이 약관의규제에관한법률 제6조, 제8조에 저촉된다고 보기는 어렵다.(대판 2002.4.23, 2000다56976)

제7조【면책조항의 금지】 계약 당사자의 책임에 관하여 정하고 있는 약관의 내용 중 다음 각 호의 어느 하나에 해당하는 내용을 정하고 있는 조항은 무효로 한다.
1. 사업자, 이행 보조자 또는 피고용자의 고의 또는 중대한 과실로 인한 법률상의 책임을 배제하는 조항
2. 상당한 이유 없이 사업자의 손해배상 범위를 제한하거나 사업자가 부담하여야 할 위험을 고객에게 떠넘기는 조항
3. 상당한 이유 없이 사업자의 담보책임을 배제 또는 제한하거나 그 담보책임에 따르는 고객의 권리행사의 요건을 가중하는 조항
4. 상당한 이유 없이 계약목적물에 관하여 견본이 제시되거나 품질·성능 등에 관한 표시가 있는 경우 그 보장된 내용에 대한 책임을 배제 또는 제한하는 조항

판례 건설기계 판매대리계약 중 대리상에 불과한 판매회사에게 미회수 매매대금에 관한 무조건의 이행담보책임을 지우는 조항은 상당한 이유 없이 건설기계 생산자가 부담하여야 할 책임을 판매회사에게 이전시키는 것이므로 무효이다.(대판 2003.4.22, 2000다55775,55782)

판례 자동차종합보험보통약관상 "보험증권에 기재된 피보험자 또는 그 부모, 배우자 및 자녀가 죽거나 다친 경우에는 보상하지 아니합니다"라는 면책조항에서 "배우자"라 함은 반드시 법률상의 배우자만을 의미하는 것이 아니라, 관행에 따른 결혼식을 하고 결혼생활을 하면서 아직 혼인신고만 되지 않고 있는 사실혼관계의 배우자도 이에 포함된다고 봄이 상당하다.(대판 1994.10.25, 93다39942)

제8조【손해배상액의 예정】 고객에게 부당하게 과중한 지연 손해금 등의 손해배상 의무를 부담시키는 약관 조항은 무효로 한다.

판례 부동산임대업자가 미리 부동문자로 인쇄한 임대차계약서를 제시하여 임대차계약을 체결한 사안에서, 그 계약서상 임대차목적물의 명도 또는 원상복구 지연에 따른 배상금 조항이 약관에 해당하고, 임차인에 대하여, 부당하게 과중한 손해배상의무를 부담시키는 조항으로서 약관의 규제에 관한 법률 제8조에 의한 무효 여부 : 부동산임대업자가 미리 부동문자로 인쇄한 임대차계약서를 제시하여 임대차계약을 체결한 사안에서, 그 계약서에 기재된 임대차계약 종료일로부터 인도 또는 복구된 날까지의 통상 차임 및 관리비와 임대차보증금에 대한 월 1%의 비율에 의한 이자의 합산액의 2배를 배상액으로 정하고 있는 '임대차목적물의 명도 또는 원상복구 지연에 따른 배상금' 조항은 개별적인 교섭을 거침으로써 상대방이 자신의 이익을 조정할 기회를 가졌다고 할 수 없어 약관에 해당하고, 또한 고객인 임차인에 대하여 부당하게 과중한 손해배상의무를 부담시키는 조항이므로 약관의 규제에 관한 법률 제8조에 의하여 무효이다.(대판 2008.7.10, 2008다16950)

제9조【계약의 해제·해지】 계약의 해제·해지에 관하여 정하고 있는 약관의 내용 중 다음 각 호의 어느 하나에 해당되는 내용을 정하고 있는 조항은 무효로 한다.
1. 법률에 따른 고객의 해제권 또는 해지권을 배제하거나 그 행사를 제한하는 조항
2. 사업자에게 법률에서 규정하고 있지 아니하는 해제권 또는 해지권을 부여하여 고객에게 부당하게 불이익을 줄 우려가 있는 조항
3. 법률에 따른 사업자의 해제권 또는 해지권의 행사 요건을 완화하여 고객에게 부당하게 불이익을 줄 우려가 있는 조항
4. 계약의 해제 또는 해지로 인한 원상회복의무를 상당한 이유 없이 고객에게 과중하게 부담시키거나 고객의 원상회복 청구권을 부당하게 포기하도록 하는 조항
5. 계약의 해제 또는 해지로 인한 사업자의 원상회복의무나 손해배상의무를 부당하게 경감하는 조항
6. 계속적인 채권관계의 발생을 목적으로 하는 계약에서 그 존속기간을 부당하게 단기 또는 장기로 하거나 묵시적인 기간의 연장 또는 갱신이 가능하도록 정하여 고객에게 부당하게 불이익을 줄 우려가 있는 조항

제10조【채무의 이행】 채무의 이행에 관하여 정하고 있는 약관의 내용 중 다음 각 호의 어느 하나에 해당하는 내용을 정하고 있는 조항은 무효로 한다.
1. 상당한 이유 없이 급부(給付)의 내용을 사업자가 일방적으로 결정하거나 변경할 수 있도록 권한을 부여하는 조항
2. 상당한 이유 없이 사업자가 이행하여야 할 급부를 일방적으로 중지할 수 있게 하거나 제3자에게 대행할 수 있게 하는 조항

제11조【고객의 권익 보호】 고객의 권익에 관하여 정하고 있는 약관의 내용 중 다음 각 호의 어느 하나에 해당하는 내용을 정하고 있는 조항은 무효로 한다.
1. 법률에 따른 고객의 항변권(抗辯權), 상계권(相計權) 등의 권리를 상당한 이유 없이 배제하거나 제한하는 조항
2. 고객에게 주어진 기한의 이익을 상당한 이유 없이 박탈하는 조항
3. 고객이 제3자와 계약을 체결하는 것을 부당하게 제한하는 조항
4. 사업자가 업무상 알게 된 고객의 비밀을 정당한 이유 없이 누설하는 것을 허용하는 조항

제12조【의사표시의 의제】 의사표시에 관하여 정하고 있는 약관의 내용 중 다음 각 호의 어느 하나에 해당하는 내용을 정하고 있는 조항은 무효로 한다.
1. 일정한 작위(作爲) 또는 부작위(不作爲)가 있을 경우 고객의 의사표시가 표명되거나 표명되지 아니한 것으로 보는 조항. 다만, 고객에게 상당한 기한 내에 의사표시를 하지 아니하면 의사표시가 표명되거나 표명되지 아니한 것으로 본다는 뜻을 명확하게 따로 고지한 경우이거나 부득이한 사유로 그러한 고지를 할 수 없는 경우에는 그러하지 아니하다.
2. 고객의 의사표시의 형식이나 요건에 대하여 부당하게 엄격한 제한을 두는 조항
3. 고객의 이익에 중대한 영향을 미치는 사업자의 의사표시가 상당한 이유 없이 고객에게 도달된 것으로 보는 조항
4. 고객의 이익에 중대한 영향을 미치는 사업자의 의사표시 기한을 부당하게 길게 정하거나 불확정하게 정하는 조항

제13조【대리인의 책임 가중】 고객의 대리인에 의하여 계약이 체결된 경우 고객이 그 의무를 이행하지 아니하는 경우에는 대리인에게 그 의무의 전부 또는 일부를 이행할 책임을 지우는 내용의 약관 조항은 무효로 한다.

제14조【소송 제기의 금지 등】 소송 제기 등과 관련된 약관의 내용 중 다음 각 호의 어느 하나에 해당하는 조항은 무효로 한다.
1. 고객에게 부당하게 불리한 소송 제기 금지 조항 또는 재판관할의 합의 조항
2. 상당한 이유 없이 고객에게 입증책임을 부담시키는 약관 조항

제15조【적용의 제한】 국제적으로 통용되는 약관이나 그 밖에 특별한 사정이 있는 약관으로서 대통령령으로 정하는 경우에는 제7조부터 제14조까지의 규정을 적용하는 것을 조항별·업종별로 제한할 수 있다.

제16조【일부 무효의 특칙】 약관의 전부 또는 일부의 조항이 제3조제4항에 따라 계약의 내용이 되지 못하는 경우나 제6조부터 제14조까지의 규정에 따라 무효인 경우 계약은 나머지 부분만으로 유효하게 존속한다. 다만, 유효한 부분만으로는 계약의 목적 달성이 불가능하거나 그 유효한 부분이 한쪽 당사자에게 부당하게 불리한 경우에는 그 계약은 무효로 한다.

제3장 약관의 규제

(2010.3.22 본장제목개정)

제17조【불공정약관조항의 사용금지】 사업자는 제6조부터 제14조까지의 규정에 해당하는 불공정한 약관 조항(이하 "불공정약관조항"이라 한다)을 계약의 내용으로 하여서는 아니 된다.(2010.3.22 본조개정)

제17조의2【시정 조치】 ① 공정거래위원회는 사업자가 제17조를 위반한 경우에는 사업자에게 해당 불공정약관조항의 삭제·수정, 시정명령을 받은 사실의 공표, 그 밖에 시정에 필요한 조치를 권고할 수 있다.(2013.5.28 본항개정)

② 공정거래위원회는 제17조를 위반한 사업자가 다음 각 호의 어느 하나에 해당하는 경우에는 사업자에게 해당 불공정약관조항의 삭제·수정, 시정명령을 받은 사실의 공표, 그 밖에 약관을 시정하기 위하여 필요한 조치를 명할 수 있다.(2013.5.28 본문개정)

1. 사업자가 「독점규제 및 공정거래에 관한 법률」 제2조제3호의 시장지배적사업자인 경우(2020.12.29 본호개정)
2. 사업자가 자기의 거래상의 지위를 부당하게 이용하여 계약을 체결하는 경우
3. 사업자가 일반 공중에게 물품·용역을 공급하는 계약으로서 계약 체결의 긴급성·신속성으로 인하여 고객이 계약을 체결할 때에 약관 조항의 내용을 변경하기 곤란한 경우
4. 사업자의 계약 당사자로서의 지위가 현저하게 우월하거나 고객이 다른 사업자를 선택할 범위가 제한되어 있어 약관을 계약의 내용으로 하는 것이 사실상 강제되는 경우
5. 계약의 성질상 또는 목적상 계약의 취소·해제 또는 해지가 불가능하거나 계약을 취소·해제 또는 해지하면 고객에게 현저한 재산상의 손해가 발생하는 경우
6. 사업자가 제1항에 따른 권고를 정당한 사유 없이 따르지 아니하여 여러 고객에게 피해가 발생하거나 발생할 우려가 현저한 경우

③ 공정거래위원회는 제1항 및 제2항에 따른 시정권고 또는 시정명령을 할 때 필요하면 해당 사업자와 같은 종류의 사업을 하는 다른 사업자에게 같은 내용의 불공정약관조항을 사용하지 말 것을 권고할 수 있다.

(2010.3.22 본조개정)

제18조【관청 인가 약관 등】 ① 공정거래위원회는 행정관청이 작성한 약관이나 다른 법률에 따라 행정관청의 인가를 받은 약관이 제6조부터 제14조까지의 규정에 해당된다고 인정할 때에는 해당 행정관청에 그 사실을 통보하고 이를 시정하기 위하여 필요한 조치를 하도록 요청할 수 있다.

② 공정거래위원회는 「은행법」에 따른 은행의 약관이 제6조부터 제14조까지의 규정에 해당된다고 인정할 때에는 「금융위원회의 설치 등에 관한 법률」에 따라 설립된 금융감독원에 그 사실을 통보하고 이를 시정하기 위하여 필요한 조치를 권고할 수 있다.(2010.5.17 본항개정)

③ 제1항에 따라 행정관청에 시정을 요청한 경우 공정거래위원회는 제17조의2제1항 및 제2항에 따른 시정권고 또는 시정명령은 하지 아니한다.

(2010.3.22 본조개정)

제19조【약관의 심사청구】 ① 다음 각 호의 자는 약관 조항이 이 법에 위반되는지 여부에 관한 심사를 공정거래위원회에 청구할 수 있다.

1. 약관의 조항과 관련하여 법률상의 이익이 있는 자
2. 「소비자기본법」 제29조에 따라 등록된 소비자단체
3. 「소비자기본법」 제33조에 따라 설립된 한국소비자원
4. 사업자단체

② 제1항에 따른 약관의 심사청구는 공정거래위원회에 서면이나 전자문서로 제출하여야 한다.

(2010.3.22 본조개정)

제19조의2【약관변경으로 인한 심사대상의 변경】 공정거래위원회는 심사대상인 약관 조항이 변경된 때에는 직권으로 또는 심사청구인의 신청에 의하여 심사대상을 변경할 수 있다.
(2012.2.17 본조신설)

제19조의3【표준약관】 ① 사업자 및 사업자단체는 건전한 거래질서를 확립하고 불공정한 내용의 약관이 통용되는 것을 방지하기 위하여 일정한 거래 분야에서 표준이 될 약관의 제정·개정안을 마련하여 그 내용이 이 법에 위반되는지 여부에 관하여 공정거래위원회에 심사를 청구할 수 있다.(2016.3.29 본항개정)

② 「소비자기본법」 제29조에 따라 등록된 소비자단체 또는 같은 법 제33조에 따라 설립된 한국소비자원(이하 "소비자단체등"이라 한다)은 소비자 피해가 자주 일어나는 거래 분야에서 표준이 될 약관을 제정 또는 개정할 것을 공정거래위원회에 요청할 수 있다.(2016.3.29 본항개정)

③ 공정거래위원회는 다음 각 호의 어느 하나에 해당하는 경우에 사업자 및 사업자단체에 대하여 표준이 될 약관의 제정·개정안을 마련하여 심사 청구할 것을 권고할 수 있다.(2016.3.29 본문개정)

1. 소비자단체등의 요청이 있는 경우
2. 일정한 거래 분야에서 여러 고객에게 피해가 발생하거나 발생할 우려가 있는 경우에 관련 상황을 조사하여 약관이 없거나 불공정약관조항이 있는 경우(2016.3.29 본호개정)
3. 법률의 제정·개정·폐지 등으로 약관을 정비할 필요가 발생한 경우(2016.3.29 본호신설)

④ 공정거래위원회는 사업자 및 사업자단체가 제3항의 권고를 받은 날부터 4개월 이내에 필요한 조치를 하지 아니하면 관련 분야의 거래 당사자 및 소비자단체등의 의견을 듣고 관계 부처의 협의를 거쳐 표준이 될 약관을 제정 또는 개정할 수 있다.(2016.3.29 본항개정)

⑤ 공정거래위원회는 제1항 또는 제4항에 따라 심사하거나 제정·개정한 약관(이하 "표준약관"이라 한다)을 공시(公示)하고 사업자 및 사업자단체에 표준약관을 사용할 것을 권장할 수 있다.(2016.3.29 본항개정)

⑥ 공정거래위원회로부터 표준약관의 사용을 권장받은 사업자 및 사업자단체는 표준약관과 다른 약관을 사용하는 경우 표준약관과 다르게 정한 주요 내용을 고객이 알기 쉽게 표시하여야 한다.

⑦ 공정거래위원회는 표준약관의 사용을 활성화하기 위하여 표준약관 표지(標識)를 정할 수 있고, 사업자 및 사업자단체는 표준약관을 사용하는 경우 공정거래위원회가 고시하는 바에 따라 표준약관 표지를 사용할 수 있다.

⑧ 사업자 및 사업자단체는 표준약관과 다른 내용을 약관으로 사용하는 경우 표준약관 표지를 사용하여서는 아니 된다.

⑨ 사업자 및 사업자단체가 제8항을 위반하여 표준약관 표지를 사용하는 경우 표준약관의 내용보다 고객에게 더 불리한 약관의 내용은 무효로 한다.

(2010.3.22 본조개정)

제20조【조사】 ① 공정거래위원회는 다음 각 호의 어느 하나의 경우 약관이 이 법에 위반된 사실이 있는지 여부를 확인하기 위하여 필요한 조사를 할 수 있다.

1. 제17조의2제1항 또는 제2항에 따른 시정권고 또는 시정명령을 하기 위하여 필요하다고 인정되는 경우
2. 제19조에 따라 약관의 심사청구를 받은 경우

② 제1항에 따라 조사를 하는 공무원은 그 권한을 표시하는 증표를 지니고 이를 관계인에게 내보여야 한다.

(2010.3.22 본조개정)

제21조 (2010.3.22 삭제)

제22조【의견 진술】 ① 공정거래위원회는 약관의 내용이 이 법에 위반되는지 여부에 대하여 심의하기 전에 그 약관에 따라 거래를 한 사업자 또는 이해관계인에게 그 약관이 심사 대상이 되었다는 사실을 알려야 한다.

② 제1항에 따라 통지를 받은 당사자 또는 이해관계인은 공정거래위원회의 회의에 출석하여 의견을 진술하거나 필요한 자료를 제출할 수 있다.

③ 공정거래위원회는 심사 대상이 된 약관이 다른 법률에 따라 행정관청의 인가를 받았거나 받아야 할 것인 경우에는 심의에 앞서 그 행정관청에 의견을 제출하도록 요구할 수 있다.

(2010.3.22 본조개정)

제23조【불공정약관조항의 공개】 공정거래위원회는 이 법에 위반된다고 심의·의결한 약관 조항의 목록을 인터넷 홈페이지에 공개하여야 한다.(2011.3.29 본조개정)

제4장 분쟁의 조정 등

(2012.2.17 본장신설)

제24조【약관 분쟁조정협의회의 설치 및 구성】 ① 제17조를 위반한 약관 또는 이와 비슷한 유형의 약관으로서 대통령령으로 정하는 약관과 관련된 분쟁을 조정하기 위하여 「독점규제 및 공정거래에 관한 법률」 제72조제1항에 따른 한국공정거래조정원(이하 "조정원"이라 한다)에 약관 분쟁조정협의회(이하 "협의회"라 한다)를 둔다.(2020.12.29 본항개정)
② 협의회는 위원장 1명을 포함한 9명의 위원으로 구성하며, 위원장은 상임으로 한다.(2023.8.8 본항개정)
③ 협의회 위원장은 조정원의 장의 제청으로 공정거래위원회 위원장이 위촉한다.
④ 협의회 위원장이 사고로 직무를 수행할 수 없을 때에는 협의회의 위원장이 지명하는 협의회 위원이 그 직무를 대행한다.
⑤ 협의회 위원은 약관규제·소비자 분야에 경험 또는 전문지식이 있는 사람으로서 다음 각 호의 어느 하나에 해당하는 사람 중에서 조정원의 장의 제청으로 공정거래위원회 위원장이 임명하거나 위촉한다.(2023.8.8 본문개정)
1. 공정거래 및 소비자보호 업무에 관한 경험이 있는 4급 이상 공무원(고위공무원단에 속하는 일반직공무원을 포함한다)의 직에 있거나 있었던 사람
2. 판사·검사 직에 있거나 있었던 사람 또는 변호사의 자격이 있는 사람
3. 대학에서 법률학·경제학·경영학 또는 소비자 관련 분야 학문을 전공한 사람으로서 「고등교육법」 제2조제1호·제2호·제4호 또는 제5호에 따른 학교나 공인된 연구기관에서 부교수 이상의 직 또는 이에 상당하는 직에 있거나 있었던 사람
4. 그 밖에 기업경영, 소비자권익 및 분쟁조정과 관련된 업무에 관한 학식과 경험이 풍부한 사람(2023.8.8 본호개정)
⑥ 협의회 위원의 임기는 3년으로 하되, 연임할 수 있다.
⑦ 협의회 위원 중 결원이 생긴 때에는 제5항에 따라 보궐위원을 위촉하여야 하며, 그 보궐위원의 임기는 전임자의 남은 임기로 한다.
⑧ 협의회의 회의 등 업무지원을 위하여 별도 사무지원 조직을 조정원 내에 둔다.
⑨ 협의회 위원장은 그 직무 외에 영리를 목적으로 하는 업무에 종사하지 못한다.(2024.2.6 본항신설)
⑩ 제9항에 따른 영리를 목적으로 하는 업무의 범위에 관하여는 「공공기관의 운영에 관한 법률」 제37조제3항을 준용한다.(2024.2.6 본항신설)
⑪ 협의회 위원장은 제10항에 따른 영리를 목적으로 하는 업무에 해당하는지에 대한 공정거래위원회 위원장의 심사를 거쳐 비영리 목적의 업무를 겸할 수 있다.(2024.2.6 본항신설)

제25조【협의회의 회의】 ① 협의회의 회의는 위원 전원으로 구성되는 회의(이하 "전체회의"라 한다)와 위원장이 지명하는 3명의 위원(위원장을 포함할 수 있다)으로 구성되는 회의(이하 "분과회의"라 한다)로 구분된다.(2023.8.8 본항개정)
② 분과회의는 전체회의로부터 위임받은 사항에 관하여 심의·의결한다.
③ 전체회의는 위원장이 주재하며, 재적위원 과반수의 출석으로 개의하고, 출석위원 과반수의 찬성으로 의결한다.
④ 분과회의는 위원장 또는 위원장이 지명하는 위원이 주재하며, 구성위원 전원의 출석과 출석위원 전원의 찬성으로 의결한다. 이 경우 분과회의의 의결은 협의회의 의결로 보되, 회의의 결과를 전체회의에 보고하여야 한다.(2023.8.8 전단개정)
⑤ 조정의 대상이 된 분쟁의 당사자인 고객(「소비자기본법」 제2조제1호에 따른 소비자는 제외한다. 이하 이 장에서 같다)과 사업자(이하 "분쟁당사자"라 한다)는 협의회의 회의에 출석하여 의견을 진술하거나 관계 자료를 제출할 수 있다.

제26조【협의회 위원의 제척·기피·회피】 ① 협의회 위원은 다음 각 호의 어느 하나에 해당하는 경우에는 해당 분쟁조정사항의 조정에서 제척된다.
1. 협의회 위원 또는 그 배우자나 배우자였던 사람이 해당 분쟁조정사항의 분쟁당사자가 되거나 공동권리자 또는 의무자의 관계에 있는 경우
2. 협의회 위원이 해당 분쟁조정사항의 분쟁당사자와 친족관계에 있거나 있었던 경우
3. 협의회 위원 또는 협의회 위원이 속한 법인이 분쟁당사자의 법률·경영 등에 대하여 자문이나 고문의 역할을 하고 있는 경우
4. 협의회 위원 또는 협의회 위원이 속한 법인이 해당 분쟁조정사항에 대하여 분쟁당사자의 대리인으로 관여하거나 관여하였던 경우 및 증언 또는 감정을 한 경우
② 분쟁당사자는 협의회 위원에게 협의회의 조정에 공정을 기하기 어려운 사정이 있는 때에 협의회에 해당 협의회 위원에 대한 기피신청을 할 수 있다.
③ 협의회 위원이 제1항 또는 제2항의 사유에 해당하는 경우에는 스스로 해당 분쟁조정사항의 조정에서 회피할 수 있다.

제27조【분쟁조정의 신청 등】 ① 제17조를 위반한 약관 또는 이와 비슷한 유형의 약관으로서 대통령령으로 정하는 약관으로 인하여 피해를 입은 고객은 대통령령으로 정하는 사항을 기재한 서면(이하 "분쟁조정 신청서"라 한다)을 협의회에 제출함으로써 분쟁조정을 신청할 수 있다. 다만, 다음 각 호의 어느 하나에 해당하는 경우에는 그러하지 아니하다.
1. 분쟁조정 신청이 있기 이전에 공정거래위원회가 조사 중인 사건
2. 분쟁조정 신청의 내용이 약관의 해석이나 그 이행을 요구하는 사건
3. 약관의 무효판정을 요구하는 사건
4. (2023.6.20 삭제)
5. 그 밖에 분쟁조정에 적합하지 아니한 것으로 대통령령으로 정하는 사건
② 공정거래위원회는 제1항에 따른 분쟁조정을 협의회에 의뢰할 수 있다.
③ 협의회는 제1항에 따라 분쟁조정 신청서를 접수하거나 제2항에 따라 분쟁조정을 의뢰받은 경우에는 즉시 분쟁당사자에게 통지하여야 한다.

제27조의2【조정 등】 ① 협의회는 분쟁당사자에게 분쟁조정사항을 스스로 조정하도록 권고하거나 조정안을 작성하여 이를 제시할 수 있다.
② 협의회는 해당 분쟁조정사항에 관한 사실을 확인하기 위하여 필요한 경우 조사를 하거나 분쟁당사자에게 관련 자료의 제출이나 출석을 요구할 수 있다.
③ 협의회는 제27조제1항 각 호의 어느 하나에 해당하는 사건에 대하여는 조정신청을 각하하여야 한다.
④ 협의회는 다음 각 호의 어느 하나에 해당하는 경우에는 조정절차를 종료하여야 한다.
1. 분쟁당사자가 협의회의 권고 또는 조정안을 수락하거나 스스로 조정하는 등 조정이 성립된 경우
2. 조정을 신청 또는 의뢰받은 날부터 60일(분쟁당사자 쌍방이 기간연장에 동의한 경우에는 90일로 한다)이 경과하여도 조정이 성립되지 아니한 경우
3. 분쟁당사자의 일방이 조정을 거부하는 등 조정절차를 진행할 실익이 없는 경우(2023.6.20 본호개정)
⑤ 협의회는 제3항에 따라 조정신청을 각하하거나 제4항에 따라 조정절차를 종료한 경우에는 대통령령으로 정하는 바에 따라 공정거래위원회에 조정신청 각하 또는 조정절차 종료의 사유 등과 관계 서류를 서면으로 지체 없이 보고하여야 하고 분쟁당사자에게 그 사실을 통보하여야 한다.

제27조의3【소송과의 관계】 ① 제27조제1항에 따라 분쟁조정이 신청된 사건에 대하여 신청 전 또는 신청 후 소가 제기되어 소송이 진행 중일 때에는 수소법원(受訴法院)은 조정이 있을 때까지 소송절차를 중지할 수 있다.

② 협의회는 제1항에 따라 소송절차가 중지되지 아니하는 경우에는 해당 사건의 조정절차를 중지하여야 한다.
③ 협의회는 조정이 신청된 사건과 동일한 원인으로 다수인이 관련되는 동종·유사 사건에 대한 소송이 진행 중인 경우에는 협의회의 결정으로 조정절차를 중지할 수 있다.
(2023.6.20 본조신설)

제28조【조정조서의 작성과 그 효력】 ① 협의회는 분쟁조정사항의 조정이 성립된 경우 조정에 참가한 위원과 분쟁당사자가 기명날인하거나 서명한 조정조서를 작성한다. 이 경우 분쟁당사자 간에 조정조서와 동일한 내용의 합의가 성립된 것으로 본다.(2018.6.12 전단개정)
② 협의회는 조정절차를 개시하기 전에 분쟁당사자가 분쟁조정사항을 스스로 조정하고 조정조서의 작성을 요청하는 경우에는 그 조정조서를 작성한다.

제28조의2【분쟁조정의 특례】 ① 제27조제1항에도 불구하고 공정거래위원회, 고객 또는 사업자는 제28조에 따라 조정이 성립된 사항과 같거나 비슷한 유형의 피해가 다수 고객에게 발생할 가능성이 크다고 판단한 경우로서 대통령령으로 정하는 사건에 대하여는 협의회에 일괄적인 분쟁조정(이하 "집단분쟁조정"이라 한다)을 의뢰하거나 신청할 수 있다.
② 제1항에 따라 집단분쟁조정을 의뢰받거나 신청받은 협의회는 협의회의 의결로서 제3항부터 제7항까지의 규정에 따른 집단분쟁조정의 절차를 개시할 수 있다. 이 경우 협의회는 분쟁조정된 사안 중 집단분쟁조정신청에 필요한 사항에 대하여 대통령령으로 정하는 방법에 따라 공표하고, 대통령령으로 정하는 기간 동안 그 절차의 개시를 공고하여야 한다.
③ 협의회는 집단분쟁조정의 당사자가 아닌 고객으로부터 그 분쟁조정의 당사자에 추가로 포함될 수 있도록 하는 신청을 받을 수 있다.
④ 협의회는 협의회의 의결로써 제1항 및 제3항에 따른 집단분쟁조정의 당사자 중에서 공동의 이익을 대표하기에 가장 적합한 1인 또는 수인을 대표당사자로 선임할 수 있다.
⑤ 협의회는 사업자가 협의회의 집단분쟁조정의 내용을 수락한 경우에는 집단분쟁조정의 당사자가 아닌 자로서 피해를 입은 고객에 대한 보상계획서를 작성하여 협의회에 제출하도록 권고할 수 있다.
⑥ 협의회는 집단분쟁조정의 당사자인 다수의 고객 중 일부의 고객이 법원에 소를 제기한 경우에는 그 절차를 중지하지 아니하고 소를 제기한 일부의 고객을 그 절차에서 제외한다.
⑦ 집단분쟁조정의 기간은 제2항에 따른 공고가 종료된 날의 다음 날부터 기산한다.
⑧ 집단분쟁조정의 절차 등에 관하여 필요한 사항은 대통령령으로 정한다.
⑨ 조정원은 집단분쟁조정 대상 발굴, 조정에 의한 피해구제 사례 연구 등 집단분쟁조정 활성화에 필요한 연구를 하며, 연구결과를 인터넷 홈페이지에 공개한다.

제29조【협의회의 조직·운영 등】 제24조부터 제27조까지, 제27조의2, 제27조의3, 제28조 및 제28조의2 외에 협의회의 조직·운영·조정절차 등에 필요한 사항은 대통령령으로 정한다.(2023.6.20 본조개정)

제29조의2【협의회의 재원】 정부는 협의회의 운영, 업무 및 관련 연구에 필요한 경비를 조정원에 출연한다.

제5장 보 칙

(2010.3.22 본장개정)

제30조【적용 범위】 ① 약관이 「상법」 제3편, 「근로기준법」 또는 그 밖에 대통령령으로 정하는 비영리사업의 분야에 속하는 계약에 관한 것일 경우에는 이 법을 적용하지 아니한다.
② 특정한 거래 분야의 약관에 대하여 다른 법률에 특별한 규정이 있는 경우를 제외하고는 이 법에 따른다.

제30조의2【「독점규제 및 공정거래에 관한 법률」의 준용】 ① 이 법에 따른 공정거래위원회의 심의·의결에 관하여는 「독점규제 및 공정거래에 관한 법률」 제64조부터 제68조까지의 규정을 준용한다.
② 이 법에 따른 공정거래위원회의 처분에 대한 이의신청, 소송 제기 및 불복 소송의 전속관할(專屬管轄)에 대하여는 「독점규제 및 공정거래에 관한 법률」 제96조부터 제98조까지, 제98조의2, 제98조의3 및 제99조부터 제101조까지를 준용한다.
(2024.2.6 본항개정)
(2020.12.29 본조개정)

제31조【인가·심사의 기준】 행정관청이 다른 법률에 따라 약관을 인가하거나 다른 법률에 따라 특정한 거래 분야에 대하여 설치된 심사기구에서 약관을 심사하는 경우에는 제6조부터 제14조까지의 규정을 그 인가·심사의 기준으로 하여야 한다.

제31조의2【자문위원】 ① 공정거래위원회는 이 법에 따른 약관 심사 업무를 수행하기 위하여 필요하다고 인정하면 자문위원을 위촉할 수 있다.
② 제1항에 따른 자문위원의 위촉과 그 밖에 필요한 사항은 대통령령으로 정한다.

제6장 벌 칙

(2010.3.22 본장개정)

제32조【벌칙】 제17조의2제2항에 따른 명령을 이행하지 아니한 자는 2년 이하의 징역 또는 1억원 이하의 벌금에 처한다.

제33조【양벌규정】 법인의 대표자나 법인 또는 개인의 대리인, 사용인, 그 밖의 종업원이 그 법인 또는 개인의 업무에 관하여 제32조의 위반행위를 하면 그 행위자를 벌하는 외에 그 법인 또는 개인에게도 해당 조문의 벌금형을 과(科)한다. 다만, 법인 또는 개인이 그 위반행위를 방지하기 위하여 해당 업무에 관하여 상당한 주의와 감독을 게을리하지 아니한 경우에는 그러하지 아니하다.

제34조【과태료】 ① 다음 각 호의 어느 하나에 해당하는 자에게는 5천만원 이하의 과태료를 부과한다.
1. 제19조의3제8항을 위반하여 표준약관과 다른 내용을 약관으로 사용하면서 표준약관 표지를 사용한 자(2012.2.17 본호개정)
2. 제20조제1항에 따른 조사를 거부·방해 또는 기피한 사업자 또는 사업자단체(2018.6.12 본호개정)

② 사업자 또는 사업자단체의 임원 또는 종업원, 그 밖의 이해관계인이 제20조제1항에 따른 조사를 거부·방해 또는 기피한 경우에는 1천만원 이하의 과태료를 부과한다.(2018.6.12 본항신설)
③ 다음 각 호의 어느 하나에 해당하는 자에게는 500만원 이하의 과태료를 부과한다.
1. 제3조제2항을 위반하여 고객에게 약관의 내용을 밝히지 아니하거나 그 약관의 사본을 내주지 아니한 자
2. 제3조제3항을 위반하여 고객에게 약관의 중요한 내용을 설명하지 아니한 자
3. 제19조의3제6항을 위반하여 표준약관과 다르게 정한 주요 내용을 고객이 알기 쉽게 표시하지 아니한 자(2012.2.17 본호개정)

④ 제30조의2제1항에 따라 준용되는 「독점규제 및 공정거래에 관한 법률」 제66조를 위반하여 질서유지의 명령을 따르지 아니한 자에게는 100만원 이하의 과태료를 부과한다.(2020.12.29 본항개정)
⑤ 제1항부터 제4항까지의 규정에 따른 과태료는 대통령령으로 정하는 바에 따라 공정거래위원회가 부과·징수한다.
(2018.6.12 본항개정)

부 칙 (2018.6.12)

제1조【시행일】 이 법은 공포 후 6개월이 경과한 날부터 시행한다. 다만, 제28조제1항 전단의 개정규정은 공포한 날부터 시행한다.

제2조【조사 거부·방해행위에 대한 과태료 부과에 관한 적용례】 제34조제1항제2호 및 제2항의 개정규정은 이 법 시행 후 최초로 제20조에 따라 실시하는 공정거래위원회의 조사부터 적용한다.

부 칙 (2020.12.29)

제1조【시행일】 이 법은 공포 후 1년이 경과한 날부터 시행한다.(이하 생략)

부 칙 (2023.6.20)

제1조【시행일】 이 법은 공포 후 6개월이 경과한 날부터 시행한다.
제2조【소송·조정절차 중지에 관한 적용례】 제27조의3의 개정규정은 이 법 시행 이후 조정을 신청한 경우부터 적용한다.

부 칙 (2023.8.8)

제1조【시행일】 이 법은 공포 후 6개월이 경과한 날부터 시행한다.
제2조【협의회에 관한 적용례】 이 법은 이 법 시행 이후 새로 구성되는 협의회부터 적용한다.

부 칙 (2024.2.6 법20239호)

제1조【시행일】 이 법은 공포 후 6개월이 경과한 날부터 시행한다.(이하 생략)

부 칙 (2024.2.6 법20240호)

제1조【시행일】 이 법은 2024년 2월 9일부터 시행한다.
제2조【적용례】 이 법은 이 법 시행 이후 새로 구성되는 협의회의 위원장부터 적용한다.

국가를 당사자로 하는 계약에 관한 법률(약칭 : 국가계약법)

(1995년 1월 5일 법 률 제4868호)

개정
1997.12.13법 5453호(행정절차)
1997.12.13법 5454호(정부부처명)
2002.12.30법 6836호(국고금관리법)
2005.12.14법 7722호
2006.10. 4법 8050호(국가재정법)
2008. 2.29법 8852호(정부조직)
2012. 3.21법11377호 2012.12.18법11547호
2013. 8.13법12028호 2014.12.30법12860호
2016. 3. 2법14038호
2017. 7.26법14839호(정부조직)
2017.12.19법15219호 2019.11.26법16578호
2020. 3.31법17133호
2020. 6. 9법17339호(법률용어정비)
2020. 6. 9법17348호(소프트웨어진흥법)
2020.10.20법17555호(대·중소기업상생협력촉진에관한법)
2021. 1. 5법17816호
2023. 3.28법19317호(대·중소기업상생협력촉진에관한법)
2023. 7.18법19544호(행정기관정비일부개정법령등)
2024. 3.26법20401호

제1조【목적】 이 법은 국가를 당사자로 하는 계약에 관한 기본적인 사항을 정함으로써 계약업무를 원활하게 수행할 수 있도록 함을 목적으로 한다.(2012.12.18 본조개정)
제2조【적용 범위】 이 법은 국제입찰에 따른 정부조달계약과 국가가 대한민국 국민을 계약상대자로 하여 체결하는 계약〔세입(歲入)의 원인이 되는 계약을 포함한다〕 등 국가를 당사자로 하는 계약에 대하여 적용한다.(2012.12.18 본조개정)
제3조【다른 법률과의 관계】 국가를 당사자로 하는 계약에 관하여는 다른 법률에 특별한 규정이 있는 경우를 제외하고는 이 법에서 정하는 바에 따른다.(2012.12.18 본조개정)
제4조【국제입찰에 따른 정부조달계약의 범위】 ① 국제입찰에 의한 정부조달계약의 범위는 정부기관이 체결하는 물품·공사(工事) 및 용역의 계약으로서 정부조달협정과 이에 근거한 국제규범에 따라 기획재정부장관이 정하여 고시하는 금액 이상의 계약으로 한다. 다만, 다음 각 호의 어느 하나에 해당하는 경우에는 국제입찰에 따른 정부조달계약의 대상에서 제외한다.
1. 재판매(再販賣)나 판매를 위한 생산에 필요한 물품이나 용역을 조달하는 경우
2. 「중소기업제품 구매촉진 및 판로지원에 관한 법률」에 따라 중소기업제품을 제조·구매하는 경우
3. 「양곡관리법」, 「농수산물 유통 및 가격안정에 관한 법률」 및 「축산법」에 따른 농·수·축산물을 구매하는 경우
4. 그 밖에 정부조달협정에 규정된 내용으로서 대통령령으로 정한 경우

② 제1항 각 호 외의 부분 본문에 따른 정부기관과 물품·공사 및 용역의 범위는 정부조달협정의 내용에 따라 대통령령으로 정한다.
③ 「국가재정법」 제6조에 따른 중앙관서의 장(이하 "각 중앙관서의 장"이라 한다) 또는 제6조에 따라 위임·위탁 등을 받아 계약사무를 담당하는 공무원(이하 "계약담당공무원"이라 한다)은 계약의 목적과 성질 등을 고려하여 필요하다고 인정하면 제1항에 해당하지 아니하는 경우에도 대통령령으로 정하는 바에 따라 국제입찰에 의하여 조달할 수 있다.
(2012.12.18 본조개정)
제5조【계약의 원칙】 ① 계약은 서로 대등한 입장에서 당사자의 합의에 따라 체결되어야 하며, 당사자는 계약의 내용을 신의성실의 원칙에 따라 이행하여야 한다.
② 각 중앙관서의 장 또는 계약담당공무원은 제4조제1항에 따른 국제입찰의 경우에는 호혜(互惠)의 원칙에 따라 정부조달협정 가입국(加入國)의 국민과 이들 국가에서 생산되는 물품

또는 용역에 대하여 대한민국의 국민과 대한민국에서 생산되는 물품 또는 용역과 차별되는 특약(特約)이나 조건을 정하여서는 아니 된다.
③ 각 중앙관서의 장 또는 계약담당공무원은 계약을 체결할 때 이 법 및 관계 법령에 규정된 계약상대자의 계약상 이익을 부당하게 제한하는 특약 또는 조건(이하 "부당한 특약등"이라 한다)을 정해서는 아니 된다.(2019.11.26 본항신설)
④ 제3항에 따른 부당한 특약등은 무효로 한다.(2019.11.26 본항신설)
(2012.12.18 본조개정)

제5조의2【청렴계약】 ① 각 중앙관서의 장 또는 계약담당공무원은 국가를 당사자로 하는 계약에서 투명성 및 공정성을 높이기 위하여 입찰자 또는 계약상대자로 하여금 입찰·낙찰, 계약체결 또는 계약이행 등의 과정(준공·납품 이후를 포함한다)에서 직접적·간접적으로 금품·향응 등을 주거나 받지 아니할 것을 약정하게 하고 이를 지키지 아니한 경우에는 해당 입찰·낙찰을 취소하거나 계약을 해제·해지할 수 있다는 조건의 계약(이하 "청렴계약"이라 한다)을 체결하여야 한다.
(2020.6.9 본항개정)
② 청렴계약의 구체적 내용과 체결 절차 등 세부적인 사항은 대통령령으로 정한다.
(2012.12.18 본조신설)

제5조의3【청렴계약 위반에 따른 계약의 해제·해지 등】 각 중앙관서의 장 또는 계약담당공무원은 청렴계약을 지키지 아니한 경우 해당 입찰·낙찰을 취소하거나 계약을 해제·해지하여야 한다. 다만, 금품·향응 제공 등 부정행위의 경중, 해당 계약의 이행 정도, 계약이행 중단으로 인한 국가의 손실 규모 등 제반사정을 고려하여 공익을 현저히 해(害)한다고 인정되는 경우에는 대통령령으로 정하는 바에 따라 각 중앙관서의 장의 승인을 받아 해당 계약을 계속하여 이행하게 할 수 있다.
(2012.12.18 본조신설)

제5조의4【근로관계법령의 준수】 각 중앙관서의 장 또는 계약담당공무원은 계약을 체결할 때 계약상대자로 하여금 해당 계약을 이행하는 근로자(「하도급거래 공정화에 관한 법률」에 따른 수급사업자가 고용한 근로자를 포함한다)의 근로조건이 「근로기준법」 등 근로관계 법령을 준수하도록 하는 내용을 계약서에 포함시킬 수 있다.(2020.3.31 본조신설)

제6조【계약사무의 위임·위탁】 ① 각 중앙관서의 장은 그 소관에 속하는 계약사무를 처리하기 위하여 필요하다고 인정하면 그 소속 공무원 중에서 계약에 관한 사무를 담당하는 공무원(이하 "계약관"이라 한다)을 임명하여 그 사무를 위임할 수 있으며, 그 소속 공무원에게 계약관의 사무를 대리(代理)하게 하거나 그 사무의 일부를 분장(分掌)하게 할 수 있다.
② 각 중앙관서의 장은 대통령령으로 정하는 바에 따라 다른 중앙관서 소속 공무원에게 계약관의 사무를 위탁할 수 있다.
③ 각 중앙관서의 장은 대통령령으로 정하는 바에 따라 그 소관의 계약에 관한 사무를 다른 관서에 위탁할 수 있다.
④ 제1항과 제2항에 따른 계약관의 사무의 위임·위탁, 대리 및 일부 분장은 각 중앙관서 소속 기관에 설치된 관직을 지정함으로써 갈음할 수 있다.
⑤ 계약관은 대통령령으로 정하는 재정보증이 없으면 그 직무를 담당할 수 없다.
(2012.12.18 본조개정)

제7조【계약의 방법】 ① 각 중앙관서의 장 또는 계약담당공무원은 계약을 체결하려면 일반경쟁에 부쳐야 한다. 다만, 계약의 목적, 성질, 규모 등을 고려하여 필요하다고 인정되면 대통령령으로 정하는 바에 따라 참가자의 자격을 제한하거나 참가자를 지명(指名)하여 경쟁에 부치거나 수의계약(隨意契約)을 할 수 있다.
② 제1항 본문에 따라 경쟁입찰에 부치는 경우 계약이행의 난이도, 이행실적, 기술능력, 재무상태, 사회적 신인도 및 계약이행의 성실도 등 계약수행능력평가에 필요한 사전심사기준, 사전심사절차, 그 밖에 대통령령으로 정하는 바에 따라 입찰 참가자격을 사전심사하고 적격자만을 입찰에 참가하게 할 수 있다.
③ 제1항에 따라 계약을 체결하는 과정에서 다른 법률에 따른 우선구매 대상이 경합하는 경우에는 계약의 목적이나 규모, 사회적 약자에 대한 배려 수준 등을 고려하여 계약상대자를 결정하여야 한다.(2017.12.19 본항신설)
(2012.12.18 본조개정)

제8조【입찰 공고 등】 ① 각 중앙관서의 장 또는 계약담당공무원은 경쟁입찰을 하는 경우에는 입찰에 관한 사항을 공고하거나 통지하여야 한다.
② 제1항에 따른 입찰 공고 또는 통지의 방법, 내용, 시기, 그 밖에 필요한 사항은 대통령령으로 정한다.
(2012.12.18 본조개정)

제8조의2【예정가격의 작성】 ① 각 중앙관서의 장 또는 계약담당공무원은 입찰 또는 수의계약 등에 부칠 사항에 대하여 낙찰자 및 계약금액의 결정기준으로 삼기 위하여 미리 해당 규격서 및 설계서 등에 따라 예정가격을 작성하여야 한다. 다만, 다른 국가기관 또는 지방자치단체와 계약을 체결하는 경우 등 대통령령으로 정하는 경우에는 예정가격을 작성하지 아니하거나 생략할 수 있다.
② 각 중앙관서의 장 또는 계약담당공무원이 제1항 본문에 따른 예정가격을 작성할 경우에는 계약수량, 이행기간, 수급상황, 계약조건 등을 고려하여 계약목적물의 품질·안전 등이 확보되도록 적정한 금액을 반영하여야 한다.
③ 제1항 본문에 따른 예정가격의 작성시기, 결정방법, 결정기준, 그 밖에 필요한 사항은 대통령령으로 정한다.
(2019.11.26 본조신설)

제9조【입찰보증금】 ① 각 중앙관서의 장 또는 계약담당공무원은 경쟁입찰에 참가하려는 자에게 입찰보증금을 내도록 하여야 한다. 다만, 대통령령으로 정하는 경우에는 입찰보증금의 전부 또는 일부의 납부를 면제할 수 있다.
② 제1항에 따른 입찰보증금의 금액, 납부방법, 그 밖에 필요한 사항은 대통령령으로 정한다.
③ 각 중앙관서의 장 또는 계약담당공무원은 낙찰자가 계약을 체결하지 아니하였을 때에는 해당 입찰보증금을 국고에 귀속시켜야 한다. 이 경우 제1항 단서에 따라 입찰보증금의 전부 또는 일부의 납부를 면제하였을 때에는 대통령령으로 정하는 바에 따라 입찰보증금에 해당하는 금액을 국고에 귀속시켜야 한다.
(2012.12.18 본조개정)

제10조【경쟁입찰에서의 낙찰자 결정】 ① 세입의 원인이 되는 경쟁입찰에서는 최고가격의 입찰자를 낙찰자로 한다. 다만, 계약의 목적, 입찰 가격과 수량 등을 고려하여 대통령령으로 기준을 정한 경우에는 그러하지 아니하다.
② 국고의 부담이 되는 경쟁입찰에서는 다음 각 호의 어느 하나의 기준에 해당하는 입찰자를 낙찰자로 한다.
1. 충분한 계약이행 능력이 있다고 인정되는 자로서 최저가격으로 입찰한 자
2. 입찰공고나 입찰설명서에 명기된 평가기준에 따라 국가에 가장 유리하게 입찰한 자
3. 그 밖에 계약의 성질, 규모 등을 고려하여 대통령령으로 특별히 기준을 정한 경우에는 그 기준에 가장 적합하게 입찰한 자

③ 각 중앙관서의 장 또는 계약담당공무원은 제2항에도 불구하고 공사에 대한 경쟁입찰로서 예정가격이 100억원 미만인 공사의 경우 다음 각 호에 해당하는 비용의 합계액의 100분의 98 미만으로 입찰한 자를 낙찰자로 하여서는 아니 된다.
1. 재료비·노무비·경비
2. 제1호에 대한 부가가치세

(2019.11.26 본항신설)
④ 제2항 각 호에도 불구하고 각 중앙관서의 장 또는 계약담당공무원은 계약의 목적·성질·수량 등 대통령령으로 정하는 요건에 해당하여 1인의 낙찰자로는 계약목적 달성이 곤란하다고 판단되는 경우에는 둘 이상의 입찰자를 낙찰자로 결정할 수 있다. 이 경우 각 중앙관서의 장 또는 계약담당공무원은 둘 이상의 낙찰자를 결정한다는 취지를 입찰공고 또는 입찰통지에 명시하여야 한다.
(2024.3.26 본항신설)
(2012.12.18 본조개정)

판례 낙찰자로 결정된 자의 지위 : 지방자치단체가 당사자가 되는 계약의 체결은 계약서의 작성을 성립요건으로 하는 요식행위로 정하고 있으므로, 이 경우 낙찰자의 결정으로 바로 계약이 성립된다고 볼 수는 없어 낙찰자는 지방자치단체에 대하여 계약을 체결하여 줄 것을 청구할 수 있는 권리를 가질 뿐이다.(대판 2006.6.29, 2005다41603)

판례 낙찰자 결정의 법적 성질 : 낙찰자 결정의 법적 성질은 입찰과 낙찰행위가 있은 후에 더 나아가 본계약을 따로 체결한다는 취지로서 계약의 편무예약에 해당한다고 할 것이다.
(대판 2004.5.27, 2002다46829,46836)

제11조【계약서의 작성 및 계약의 성립】 ① 각 중앙관서의 장 또는 계약담당공무원은 계약을 체결할 때에는 다음 각 호의 사항을 명백하게 기재한 계약서를 작성하여야 한다. 다만, 대통령령으로 정하는 경우에는 계약서의 작성을 생략할 수 있다.
1. 계약의 목적
2. 계약금액
3. 이행기간
4. 계약보증금
5. 위험부담
6. 지체상금(遲滯償金)
7. 그 밖에 필요한 사항

② 제1항에 따라 계약서를 작성하는 경우에는 그 담당 공무원과 계약상대자가 계약서에 기명하고 날인하거나 서명함으로써 계약이 확정된다.
(2012.12.18 본조개정)

제12조【계약보증금】 ① 각 중앙관서의 장 또는 계약담당공무원은 국가와 계약을 체결하려는 자에게 계약보증금을 내도록 하여야 한다. 다만, 대통령령으로 정하는 경우에는 계약보증금의 전부 또는 일부의 납부를 면제할 수 있다.
② 제1항에 따른 계약보증금의 금액, 납부방법, 그 밖에 필요한 사항은 대통령령으로 정한다.
③ 각 중앙관서의 장 또는 계약담당공무원은 계약상대자가 계약상의 의무를 이행하지 아니하였을 때에는 해당 계약보증금을 국고에 귀속시켜야 한다. 이 경우 제1항 단서에 따라 계약보증금의 전부 또는 일부의 납부를 면제하였을 때에는 대통령령으로 정하는 바에 따라 계약보증금에 해당하는 금액을 국고에 귀속시켜야 한다.
(2012.12.18 본조개정)

판례 동조의 규정은 국가와 사인 간의 계약관계에서 관계 공무원이 지켜야 할 계약사무 처리에 관한 필요한 사항을 정한 국가의 내부규정에 불과할 뿐만 아니라 위 법이 적용되는 계약도 그 본질은 사인 간의 계약과 다를 바가 없으므로, 그 법령에 특별한 규정이 있는 경우를 제외하고는 사법의 규정 내지 법 원리가 그대로 적용된다고 할 것이므로, 매매계약에 의하여 지급된 계약금에 관하여 위약금 약정이 있어 그 계약금이 동조가 규정한 계약보증금의 성질을 갖는다고 하더라도, 당연히 위약벌의 성질을 갖는 것은 아니다.(대판 2004.12.10, 2002다73852)

제13조【감독】 ① 각 중앙관서의 장 또는 계약담당공무원은 공사, 제조, 용역 등의 계약을 체결한 경우에 그 계약을 적절하게 이행하도록 하기 위하여 필요하다고 인정하면 계약서, 설계서, 그 밖의 관계 서류에 의하여 직접 감독하거나 소속 공무원에게 그 사무를 위임하여 필요한 감독을 하게 하여야 한다. 다만, 대통령령으로 정하는 계약의 경우에는 전문기관을 따로 지정하여 필요한 감독을 하게 할 수 있다.
② 제1항에 따라 감독하는 자는 감독조서(監督調書)를 작성하여야 한다.
(2012.12.18 본조개정)

제14조【검사】 ① 각 중앙관서의 장 또는 계약담당공무원은 계약상대자가 계약의 전부 또는 일부를 이행하면 이를 확인하기 위하여 계약서, 설계서, 그 밖의 관계 서류에 의하여 검사하거나 소속 공무원에게 그 사무를 위임하여 필요한 검사를 하게 하여야 한다. 다만, 대통령령으로 정하는 계약의 경우에는 전문기관을 따로 지정하여 필요한 검사를 하게 할 수 있다.
② 제1항에 따라 검사하는 자는 검사조서(檢査調書)를 작성하여야 한다. 다만, 대통령령으로 정하는 경우에는 검사조서의 작성을 생략할 수 있다.
③ 각 중앙관서의 장 또는 계약담당공무원은 제1항에도 불구하고 다른 법령에 따른 품질인증을 받은 물품 또는 품질관리능력을 인증받은 자가 제조한 물품 등 대통령령으로 정하는 물품에 대하여는 같은 항에 따른 검사를 하지 아니할 수 있다.
④ 물품구매계약 또는 물품제조계약의 경우 물품의 특성상 필요한 시험 등의 검사에 드는 비용과 검사로 인하여 생기는 변형, 파손 등의 손상은 계약상대자가 부담한다.
(2012.12.18 본조개정)

제15조【대가의 지급】 ① 각 중앙관서의 장 또는 계약담당공무원은 공사, 제조, 구매, 용역, 그 밖에 국고의 부담이 되는 계약의 경우 검사를 하거나 검사조서를 작성한 후에 그 대가(代價)를 지급하여야 한다. 다만, 국제관례 등 부득이한 사유가 있다고 인정되는 경우에는 그러하지 아니하다.
② 제1항에 따른 대가는 계약상대자로부터 대가 지급의 청구를 받은 날부터 대통령령으로 정하는 기한까지 지급하여야 하며, 그 기한까지 대가를 지급할 수 없는 경우에는 대통령령으로 정하는 바에 따라 그 지연일수(遲延日數)에 따른 이자를 지급하여야 한다.
③ 동일한 계약에서 제2항에 따른 이자와 제26조에 따른 지체상금은 상계(相計)할 수 있다.
(2012.12.18 본조개정)

제16조【대가의 선납】 각 중앙관서의 장 또는 계약담당공무원은 재산의 매각·대부, 용역의 제공, 그 밖에 세입의 원인이 되는 계약에서는 다른 법령에 특별한 규정이 없으면 계약상대자에게 그 대가를 미리 내도록 하여야 한다.(2012.12.18 본조개정)

제17조【공사계약의 담보책임】 각 중앙관서의 장 또는 계약담당공무원은 공사의 도급계약을 체결할 때에는 그 담보책임의 존속기간을 정하여야 한다. 이 경우 그 담보책임의 존속기간은 「민법」 제671조에서 규정한 기간을 초과할 수 없다.
(2012.12.18 본조개정)

제18조【하자보수보증금】 ① 각 중앙관서의 장 또는 계약담당공무원은 공사의 도급계약의 경우 계약상대자로 하여금 그 공사의 하자보수(瑕疵補修) 보증을 위하여 하자보수보증금을 내도록 하여야 한다. 다만, 대통령령으로 정하는 경우에는 하자보수보증금의 전부 또는 일부의 납부를 면제할 수 있다.
② 제1항에 따른 하자보수보증금의 금액, 납부시기, 납부방법, 예치기간, 그 밖에 필요한 사항은 대통령령으로 정한다.
③ 하자보수보증금의 국고 귀속에 관하여는 제12조제3항을 준용한다. 다만, 그 하자의 보수를 위한 예산이 없거나 부족한 경우에는 그 하자보수보증금을 그 하자의 보수를 위하여 직접 사용할 수 있다.
④ 제3항 단서의 경우에 사용하고 남은 금액은 국고에 납입하여야 한다.
(2012.12.18 본조개정)

제19조【물가변동 등에 따른 계약금액 조정】 각 중앙관서의 장 또는 계약담당공무원은 공사계약·제조계약·용역계약 또는 그 밖에 국고의 부담이 되는 계약을 체결한 다음 물가변동, 설계변경, 그 밖에 계약내용의 변경(천재지변, 전쟁 등 불가항력적 사유에 따른 경우를 포함한다)으로 인하여 계약금액을 조정(調整)할 필요가 있을 때에는 대통령령으로 정하는 바에 따라 그 계약금액을 조정한다.(2019.11.26 본조개정)

판례 물가변동으로 인한 계약금액조정이 이루어지기 위한 요건 : 물가변동으로 인한 계약금액조정에 있어, 계약체결일부터 일정한 기간이 경과함과 동시에 품목조정률이 일정한 비율 이상 증감함으로써 조정사유가 발생하였다 하더라도 계약금액조정은 자동적으로 이루어지는 것이 아니라, 계약당사자의 상대방에 대한 적법한 계약금액조정신청에 의하여 비로소 이루어진다.(대판 2006.9.14, 2004다28825)

판례 동법에 의한 계약금액조정에 있어서 조정기준일 이후에 채권자가 공사대금에 대하여 압류 및 전부명령을 받은 후 회사의 공사대금조정신청에 따라 공사대금이 증액된 경우, 그 증액된 부분은 채권자가 전부받은 공사대금에 포함되므로 그 일부를 수령하였더라도 양도할 수 있다.(대판 2003.12.11, 2001다3771)

제20조【회계연도 시작 전의 계약체결】 각 중앙관서의 장 또는 계약담당공무원은 임차계약·운송계약·보관계약 등 그 성질상 중단할 수 없는 계약의 경우 대통령령으로 정하는 바에 따라 「국고금 관리법」 제20조에도 불구하고 회계연도 시작 전에 해당 연도의 확정된 예산의 범위에서 미리 계약을 체결할 수 있다.(2012.12.18 본조개정)

제21조【계속비 및 장기계속계약】 ① 각 중앙관서의 장 또는 계약담당공무원은 「국가재정법」 제23조에 따른 계속비사업에 대하여는 총액과 연부액을 명백히 하여 계속비계약을 체결하여야 한다.

② 각 중앙관서의 장 또는 계약담당공무원은 임차, 운송, 보관, 전기·가스·수도의 공급, 그 밖에 그 성질상 수년간 계속하여 존속할 필요가 있거나 이행에 수년이 필요한 계약의 경우 대통령령으로 정하는 바에 따라 장기계속계약을 체결할 수 있다. 이 경우 각 회계연도 예산의 범위에서 해당 계약을 이행하게 하여야 한다.(2020.6.9 전단개정)
(2012.3.21 본조개정)

제22조【단가계약】 각 중앙관서의 장 또는 계약담당공무원은 일정 기간 계속하여 제조, 수리, 가공, 매매, 공급, 사용 등의 계약을 할 필요가 있을 때에는 해당 연도 예산의 범위에서 단가(單價)에 대하여 계약을 체결할 수 있다.(2012.12.18 본조개정)

제23조【개산계약】 ① 각 중앙관서의 장 또는 계약담당공무원은 다음 각 호의 어느 하나에 해당하는 계약으로서 미리 가격을 정할 수 없을 때에는 대통령령으로 정하는 바에 따라 개산계약(槪算契約)을 체결할 수 있다.
1. 개발시제품(開發試製品)의 제조계약
2. 시험·조사·연구 용역계약
3. 「공공기관의 운영에 관한 법률」에 따른 공공기관과의 관계 법령에 따른 위탁 또는 대행 계약
4. 시간적 여유가 없는 긴급한 재해복구를 위한 계약

② 제1항에 따른 개산계약의 사후정산의 절차·기준 등에 관하여 필요한 사항은 대통령령으로 정한다.
③ 각 중앙관서의 장 또는 계약담당공무원은 제1항에 따라 개산계약을 체결하는 경우 제2항에 따른 사후정산의 절차·기준 등에 대하여 입찰공고 등을 통하여 입찰참가자에게 미리 알려주어야 한다.
(2012.12.18 본조개정)

제24조【종합계약】 ① 각 중앙관서의 장 또는 계약담당공무원은 같은 장소에서 다른 관서, 지방자치단체 또는 「공공기관의 운영에 관한 법률」에 따른 공기업 및 준정부기관이 관련되는 공사 등에 대하여 관련 기관과 공동으로 발주하는 계약(이하 "종합계약"이라 한다)을 체결할 수 있다.
② 종합계약을 체결하는 데에 관련되는 기관의 장은 그 계약체결에 필요한 사항에 대하여 협조하여야 한다.
(2012.12.18 본조개정)

제25조【공동계약】 ① 각 중앙관서의 장 또는 계약담당공무원은 공사계약·제조계약 또는 그 밖의 계약에서 필요하다고 인정하면 계약상대자를 둘 이상으로 하는 공동계약을 체결할 수 있다.
② 제1항에 따라 계약서를 작성하는 경우에는 그 담당 공무원과 계약상대자 모두가 계약서에 기명하고 날인하거나 서명함으로써 계약이 확정된다.
(2012.12.18 본조개정)

제26조【지체상금】 ① 각 중앙관서의 장 또는 계약담당공무원은 정당한 이유 없이 계약의 이행을 지체한 계약상대자로 하여금 지체상금을 내도록 하여야 한다.
② 제1항에 따른 지체상금의 금액, 납부방법, 그 밖에 필요한 사항은 대통령령으로 정한다.
③ 제1항의 지체상금에 관하여는 제18조제3항 단서를 준용한다.
(2012.12.18 본조개정)

제27조【부정당업자의 입찰 참가자격 제한 등】 ① 각 중앙관서의 장은 다음 각 호의 어느 하나에 해당하는 자(이하 "부정당업자"라 한다)에게는 2년 이내의 범위에서 대통령령으로 정하는 바에 따라 입찰 참가자격을 제한하여야 하며, 그 제한사실을 즉시 다른 중앙관서의 장에게 통보하여야 한다. 이 경우 통보를 받은 다른 중앙관서의 장은 대통령령으로 정하는 바에 따라 해당 부정당업자의 입찰 참가자격을 제한하여야 한다.
(2016.3.2 전단개정)
1. 계약을 이행할 때에 부실·조잡 또는 부당하게 하거나 부정한 행위를 한 자(2020.6.9 본호개정)
2. 경쟁입찰, 계약 체결 또는 이행 과정에서 입찰자 또는 계약상대자 간에 서로 상의하여 미리 입찰가격, 수주 물량 또는 계약의 내용 등을 협정하였거나 특정인의 낙찰 또는 납품대상자 선정을 위하여 담합한 자(2016.3.2 본호신설)
3. 「건설산업기본법」, 「전기공사업법」, 「정보통신공사업법」, 「소프트웨어 진흥법」 및 그 밖의 다른 법률에 따른 하도급에 관한 제한규정을 위반(하도급통지의무위반의 경우는 제외한다)하여 하도급한 자 및 발주관서의 승인 없이 하도급을 하거나 발주관서의 승인을 얻은 하도급조건을 변경한 자
(2020.6.9 본호개정)
4. 사기, 그 밖의 부정한 행위로 입찰·낙찰 또는 계약의 체결·이행 과정에서 국가에 손해를 끼친 자(2016.3.2 본호신설)
5. 「독점규제 및 공정거래에 관한 법률」 또는 「하도급거래 공정화에 관한 법률」을 위반하여 공정거래위원회로부터 입찰참가자격 제한의 요청이 있는 자(2016.3.2 본호신설)
6. 「대·중소기업 상생협력 촉진에 관한 법률」 제28조의2제2항에 따라 중소벤처기업부장관으로부터 입찰참가자격 제한의 요청이 있는 자(2023.3.28 본호개정)
7. 입찰·낙찰 또는 계약의 체결·이행과 관련하여 관계 공무원(제29조제1항에 따른 국가계약분쟁조정위원회, 「건설기술 진흥법」에 따른 중앙건설기술심의위원회·특별건설기술심의위원회 및 기술자문위원회, 그 밖에 대통령령으로 정하는 위원회의 위원을 포함한다)에게 뇌물을 준 자(2023.7.18 본호개정)
8. 계약을 이행할 때에 「산업안전보건법」에 따른 안전·보건 조치 규정을 위반하여 근로자에게 대통령령으로 정하는 기준에 따른 사망 등 중대한 위해를 가한 자(2021.1.5 본호신설)
9. 그 밖에 다음 각 목의 어느 하나에 해당하는 자로서 대통령령으로 정하는 자
   가. 입찰·계약 관련 서류를 위조 또는 변조하거나 입찰·계약을 방해하는 등 경쟁의 공정한 집행을 저해할 염려가 있는 자
   나. 정당한 이유 없이 계약의 체결 또는 이행 관련 행위를 하지 아니하거나 방해하는 등 계약의 적정한 이행을 해칠 염려가 있는 자
   다. 다른 법령을 위반하는 등 입찰에 참가시키는 것이 적합하지 아니하다고 인정되는 자
(2016.3.2 본호신설)

② 각 중앙관서의 장은 제1항제2호 또는 제5호에 따라 입찰 참가자격을 제한받은 부정당업자가 「독점규제 및 공정거래에 관한 법률」 제44조에 따라 부당한 공동행위를 한 사실의 자진신고 등을 통하여 시정조치나 과징금을 감경 또는 면제받은 경우에는 대통령령으로 정하는 바에 따라 제1항에 따른 입찰 참가자격 제한처분을 감경 또는 면제할 수 있다.(2024.3.26 본항신설)
③ 각 중앙관서의 장 또는 계약담당공무원은 제1항에 따라 입찰 참가자격을 제한받은 자와 수의계약을 체결하여서는 아니 된다. 다만, 제1항에 따라 입찰 참가자격을 제한받은 자 외에는 적합한 시공자, 제조자가 존재하지 아니하는 등 부득이한 사유가 있는 경우에는 그러하지 아니하다.
④ 제1항에도 불구하고 각 중앙관서의 장은 제1항 각 호의 행위가 종료된 때(제5호 및 제6호의 경우에는 중소벤처기업부장관 또는 공정거래위원회으로부터 요청이 있었던 때)부터 5년이 지난 경우에는 입찰 참가자격을 제한할 수 없다. 다만, 제2호 및 제7호의 행위에 대하여는 위반행위 종료일부터 7년으로 한다.(2020.6.9 본문개정)
⑤ 각 중앙관서의 장은 제1항에 따라 입찰참가자격을 제한할 경우, 그 제한내용을 대통령령으로 정하는 바에 따라 공개하여야 한다.(2016.3.2 본항신설)
(2016.3.2 본조제목개정)
(2012.12.18 본조개정)

제27조의2【과징금】 ① 각 중앙관서의 장은 제27조제1항에 따라 부정당업자에게 입찰 참가자격을 제한하여야 하는 경우로서 다음 각 호의 어느 하나에 해당하는 경우에는 입찰 참가자격 제한을 갈음하여 다음 각 호의 구분에 따른 금액 이하의 과징금을 부과할 수 있다.
1. 부정당업자의 위반행위가 예견할 수 없음이 명백한 경제여건 변화에 기인하는 등 부정당업자의 책임이 경미한 경우로서 대통령령으로 정하는 경우 : 위반행위와 관련된 계약의 계약금액(계약을 체결하지 아니한 경우에는 추정가격을 말한다)의 100분의 10에 해당하는 금액
2. 입찰 참가자격 제한으로 유효한 경쟁입찰이 명백히 성립되지 아니하는 경우로서 대통령령으로 정하는 경우 : 위반행위와 관련된 계약의 계약금액(계약을 체결하지 아니한 경우에는 추정가격을 말한다)의 100분의 30에 해당하는 금액

② (2023.7.18 삭제)
③ 제1항에 따른 과징금의 금액과 그 밖에 필요한 사항은 대통령령으로 정한다.
④ 각 중앙관서의 장은 제1항에 따라 과징금을 부과받은 자가 납부기한까지 내지 아니하면 국세 체납처분의 예에 따라 징수한다.
(2012.12.18 본조신설)
제27조의3 (2023.7.18 삭제)
제27조의4 【하도급대금 직불조건부 입찰참가】 ① 각 중앙관서의 장은 계약상대자가 「건설산업기본법」 제34조제1항 또는 「하도급거래 공정화에 관한 법률」 제13조제1항이나 제3항을 위반한 사실을 확인한 때에는 해당 계약상대자 및 위반행위를 다른 중앙관서의 장에게 지체 없이 통보하여야 한다.
② 제1항의 통보가 있는 때에는 각 중앙관서의 장 또는 계약담당공무원은 같은 항의 계약상대자가 통보일부터 1년 이내에 입찰공고일이 도래하는 입찰에 참가하고자 하는 경우 계약상대자가 제15조제1항에 따른 대가 지급 시 하도급대금은 발주기관이 하수급인에게 직접 지급하는 것에 합의한다는 내용의 확약서를 제출하는 경우에 한정하여 입찰참가를 허용하여야 한다.
(2012.12.18 본조신설)
제27조의5 【조세포탈 등을 한 자의 입찰 참가자격 제한】 ① 각 중앙관서의 장은 대통령령으로 정하는 조세포탈 등을 한 자로서 유죄판결이 확정된 날부터 2년이 지나지 아니한 자에 대하여 입찰 참가자격을 제한하여야 한다.
② 제1항에 따라 입찰 참가자격을 제한받은 자와의 수의계약 체결에 관하여는 제27조제3항을 준용한다.
(2013.8.13 본조신설)
제28조 【이의신청】 ① 대통령령으로 정하는 금액(국제입찰의 경우 제4조에 따른다) 이상의 정부조달계약 과정에서 해당 중앙관서의 장 또는 계약담당공무원의 다음 각 호의 어느 하나에 해당하는 행위로 불이익을 받은 자는 그 행위를 취소하거나 시정(是正)하기 위한 이의신청을 할 수 있다.
1. 제4조제1항의 국제입찰에 따른 정부조달계약의 범위와 관련된 사항
1의2. 제5조제3항에 따른 부당한 특약등과 관련된 사항
(2019.11.26 본호신설)
2. 제7조에 따른 입찰 참가자격과 관련된 사항
3. 제8조에 따른 입찰 공고 등과 관련된 사항
4. 제10조제2항에 따른 낙찰자 결정과 관련된 사항
5. 그 밖에 대통령령으로 정하는 사항
② 이의신청은 이의신청의 원인이 되는 행위가 있었던 날부터 20일 이내 또는 그 행위가 있음을 안 날부터 15일 이내에 해당 중앙관서의 장에게 하여야 한다.(2020.3.31 본항개정)
③ 해당 중앙관서의 장은 이의신청을 받은 날부터 15일 이내에 심사하여 시정 등 필요한 조치를 하고 그 결과를 신청인에게 통지하여야 한다.(2020.3.31 본항개정)
④ 제3항에 따른 조치에 이의가 있는 자는 통지를 받은 날부터 20일 이내에 제29조에 따른 국가계약분쟁조정위원회에 조정(調停)을 위한 재심(再審)을 청구할 수 있다.(2020.3.31 본항개정)
(2012.12.18 본조개정)
제28조의2 【분쟁해결방법의 합의】 ① 각 중앙관서의 장 또는 계약담당공무원은 국가를 당사자로 하는 계약에서 발생하는 분쟁을 효율적으로 해결하기 위하여 계약을 체결하는 때에 계약당사자 간 분쟁의 해결방법을 정할 수 있다.
② 제1항에 따른 분쟁의 해결방법은 다음 각 호의 어느 하나 중 계약당사자 간 합의로 정한다.
1. 제29조에 따른 국가계약분쟁조정위원회의 조정
2. 「중재법」에 따른 중재
(2017.12.19 본조신설)
제29조 【국가계약분쟁조정위원회】 ① 국가를 당사자로 하는 계약에서 발생하는 분쟁을 심사·조정하게 하기 위하여 기획재정부에 국가계약분쟁조정위원회(이하 "위원회"라 한다)를 둔다.(2017.12.19 본항개정)
② 위원회는 위원장 1명을 포함하여 15명 이내의 위원으로 구성한다.(2016.3.2 본항개정)
③ 위원회의 위원장은 기획재정부장관이 지명하는 고위공무원단에 속하는 공무원이 되고, 위원은 대통령령으로 정하는 중앙행정기관 소속 공무원으로서 해당 기관의 장이 지명하는 사람과 다음 각 호의 어느 하나에 해당하는 사람 중 성별을 고려하여 기획재정부장관이 위촉하는 사람이 된다.
1. 「고등교육법」에 따른 대학에서 법학·재정학·무역학 또는 회계학의 부교수 이상의 직에 5년 이상 근무한 경력이 있는 사람
2. 변호사의 자격을 가진 사람으로서 그 자격과 관련된 업무에 5년 이상 재직 중이거나 재직한 사람
3. 정부의 회계 및 조달계약 업무에 관한 학식과 경험이 풍부한 사람으로서 제1호 또는 제2호의 기준에 상당하다고 인정되는 사람
(2016.3.2 본항신설)
④ 제3항 각 호의 위촉위원의 임기는 2년으로 하되, 연임할 수 있다.(2016.3.2 본항신설)
⑤ 제3항 각 호의 위촉위원의 사임 등으로 인하여 새로 위촉된 위원의 임기는 전임위원 임기의 남은 기간으로 한다.(2016.3.2 본항신설)
⑥ 제3항 각 호의 위촉위원은 금고 이상의 형의 선고를 받거나 장기간의 심신쇠약으로 직무를 수행할 수 없게 된 때를 제외하고는 임기 중 그 의사에 반하여 해촉되지 아니한다.(2016.3.2 본항신설)
⑦ 위원회의 위원은 그 위원과 직접 이해관계가 있는 안건의 심사·조정에 참여할 수 없다.(2016.3.2 본항신설)
⑧ 제2항부터 제7항까지에서 규정한 사항 외에 위원회의 운영 및 심사·조정 절차와 그 밖에 필요한 사항은 대통령령으로 정한다.(2016.3.2 본항개정)
(2016.3.2 본조제목개정)
제30조 【계약절차의 중지】 ① 위원회는 심사·조정을 시작하는 경우 청구인과 해당 중앙관서의 장에게 그 사실을 통지하여야 한다.(2020.6.9 본항개정)
② 위원회는 해당 중앙관서의 장의 의견을 고려하여 필요하다고 인정하면 조정이 완료될 때까지 해당 입찰 절차를 연기하거나 계약체결을 중지할 것을 명할 수 있다.
(2012.12.18 본조개정)
제31조 【심사·조정】 ① 위원회는 특별한 사유가 없으면 심사·조정청구를 받은 날부터 50일 이내에 심사·조정하여야 한다.(2017.12.19 본항개정)
② 위원회는 심사·조정의 완료 전에 청구인 및 해당 중앙관서의 장과 그 대리인에게 의견을 진술할 기회를 주어야 하며, 필요한 경우에는 청구인 및 해당 중앙관서의 장과 그 대리인, 증인 또는 관계 전문가로 하여금 위원회에 출석하게 하여 그 의견을 들을 수 있다.(2020.3.31 본항신설)
③ 제1항에 따른 조정은 청구인과 해당 중앙관서의 장이 조정이 완료된 후 15일 이내에 이의를 제기하지 아니한 경우에는 재판상 화해(和解)와 같은 효력을 갖는다.
(2012.12.18 본조개정)
제32조 【계약담당공무원의 교육】 정부는 계약담당공무원의 자질향상을 위하여 교육을 할 수 있다.(2012.12.18 본조개정)
제33조 【계약실적보고서의 제출】 각 중앙관서의 장은 대통령령으로 정하는 바에 따라 계약실적보고서를 기획재정부장관에게 제출하여야 한다.(2012.12.18 본조개정)
제34조 【계약에 관한 법령의 협의】 각 중앙관서의 장은 계약에 관한 법령을 입안할 때에는 기획재정부장관과 미리 협의하여야 한다.(2012.12.18 본조개정)
제35조 【벌칙 적용에서의 공무원 의제】 다음 각 호의 위원회의 위원 중 공무원이 아닌 위원은 「형법」 제129조부터 제132조까지의 규정을 적용할 때에는 공무원으로 본다.
1. (2023.7.18 삭제)
2. 제29조에 따른 국가계약분쟁조정위원회
3. 입찰·낙찰 또는 계약의 체결·이행에 관한 사전심사 및 자문 업무를 수행하는 대통령령으로 정하는 위원회
(2014.12.30 본조신설)

부　칙 (2012.12.18)

제1조【시행일】 이 법은 공포한 날부터 시행한다. 다만, 제5조의2, 제5조의3, 제14조제3항 · 제4항, 제23조, 제27조의2부터 제27조의4까지, 제28조제1항 · 제4항 및 제29조제1항의 개정규정은 공포 후 6개월이 경과한 날부터 시행한다.
제2조【청렴계약에 관한 적용례】 제5조의2의 개정규정은 같은 개정규정 시행 후 최초로 입찰 공고 또는 통지되는 입찰부터 적용한다. 다만, 제7조제1항 단서의 개정규정에 따라 수의계약에 의하는 경우에는 최초로 체결되는 계약부터 적용한다.
제3조【부정당업자의 과징금 부과에 관한 적용례】 제27조의2의 개정규정은 같은 개정규정 시행 후 최초로 제27조의 개정규정에 따른 입찰 참가자격 제한사유가 발생하는 경우부터 적용한다.
제4조【하도급대금 직불조건부 입찰참가에 관한 적용례】 제27조의4제2항의 개정규정은 같은 개정규정 시행 후 최초의 통보부터 적용한다.
제5조【이의신청 등에 관한 적용례】 제28조제1항 · 제4항 및 제29조제1항의 개정규정은 같은 개정규정 시행 후 최초로 입찰 공고되거나 체결된 계약부터 적용한다.
제6조【일반적 경과조치】 이 법 시행 전에 입찰 공고되거나 체결된 계약에 대하여는 종전의 규정에 따른다.

부　칙 (2019.11.26)

제1조【시행일】 이 법은 공포 후 6개월이 경과한 날부터 시행한다. 다만, 제19조의 개정규정은 공포 후 3개월이 경과한 날부터 시행한다.
제2조【낙찰자 결정 및 이의신청에 관한 적용례】 ① 제10조제3항의 개정규정은 이 법 시행 후 최초로 공고 또는 통지되는 입찰부터 적용한다.
② 제28조제1항의 개정규정은 이 법 시행 후 최초로 공고 또는 통지되는 입찰부터 적용한다. 다만, 제7조제1항 단서에 따라 수의계약에 의하는 경우에는 최초로 체결되는 계약부터 적용한다.

부　칙 (2020.3.31)

제1조【시행일】 이 법은 공포 후 6개월이 경과한 날부터 시행한다.
제2조【이의신청에 관한 적용례】 제28조제2항부터 제4항까지의 개정규정은 이 법 시행 이후 이의신청을 하는 경우부터 적용한다.
제3조【심사 · 조정에 관한 적용례】 제31조제2항의 개정규정은 이 법 시행 이후 심사 · 조정을 청구하는 경우부터 적용한다.

부　칙 (2020.6.9　법17339호)

이 법은 공포한 날부터 시행한다.(이하 생략)

부　칙 (2020.6.9　법17348호)
(2020.10.20)

제1조【시행일】 이 법은 공포 후 6개월이 경과한 날부터 시행한다.(이하 생략)

부　칙 (2021.1.5)

제1조【시행일】 이 법은 공포 후 6개월이 경과한 날부터 시행한다.
제2조【부정당업자의 입찰 참가자격 제한 등에 관한 적용례】 제27조제1항제8호의 개정규정은 이 법 시행 후 최초로 입찰 참가자격을 제한하는 경우부터 적용한다.

부　칙 (2023.3.28)

제1조【시행일】 이 법은 공포 후 6개월이 경과한 날부터 시행한다.(이하 생략)

부　칙 (2023.7.18)

제1조【시행일】 이 법은 공포 후 3개월이 경과한 날부터 시행한다.
제2조【「국가를 당사자로 하는 계약에 관한 법률」의 개정에 관한 경과조치】 ① 부칙 제1조에 따른 시행일 전에 입찰 · 낙찰 또는 계약의 체결 · 이행과 관련하여 뇌물을 준 자에 대한 입찰 참가자격 제한에 관하여는 「국가를 당사자로 하는 계약에 관한 법률」 제27조제1항제7호의 개정규정에도 불구하고 종전의 규정에 따른다.
② 부칙 제1조에 따른 시행일 전의 행위에 대하여 벌칙을 적용할 때 종전의 「국가를 당사자로 하는 계약에 관한 법률」 제27조의3제1항에 따른 과징금부과심의위원회의 위원 중 공무원이 아닌 위원의 공무원 의제에 관하여는 같은 법 제35조제1호의 개정규정에도 불구하고 종전의 규정에 따른다.

부　칙 (2024.3.26)

제1조【시행일】 이 법은 공포 후 6개월이 경과한 날부터 시행한다.
제2조【부정당업자의 입찰 참가자격 제한에 관한 적용례】 제27조제2항의 개정규정은 이 법 시행 이후 제27조제1항에 따라 부정당업자에 대한 입찰 참가자격을 제한하는 경우부터 적용한다.

금융실명거래 및 비밀보장에 관한 법률(약칭 : 금융실명법)

(1997년 12월 31일
법 률 제5493호)

개정
1998. 9.16법 5552호(소득)
1999.12.28법 6051호(소득)
1999.12.28법 6062호(우체국예금·보험에관한법)
2001. 3.28법 6429호(상호저축은행법)
2002. 3.30법 6682호
2004. 1.29법 7115호
2004. 3.12법 7189호(공직선거및선거부정방지법)
2006. 3.24법 7886호
2007. 8. 3법 8635호(자본시장금융투자업)
2008. 2.29법 8863호(금융위원회의설치등에관한법)
2008.12.31법 9324호
2010. 5.17법10303호(은행법)
2011. 3.31법10522호(농협)
2011. 7.14법10854호
2013. 5.28법11845호(자본시장금융투자업)
2013. 8.13법12098호
2014. 5.28법12711호
2016. 5.29법14242호(수협)
2018.12.11법15929호
2019.11.26법16651호
2020. 3.24법17113호(특정금융거래정보의보고및이용등에관한법)
2020.12.29법17758호(국세징수)
2020.12.29법17799호(독점)
2021. 1.26법17914호

제1조【목적】 이 법은 실지명의(實地名義)에 의한 금융거래를 실시하고 그 비밀을 보장하여 금융거래의 정상화를 꾀함으로써 경제정의를 실현하고 국민경제의 건전한 발전을 도모함을 목적으로 한다.(2011.7.14 본조개정)

제2조【정의】 이 법에서 사용하는 용어의 뜻은 다음과 같다.
1. "금융회사등"이란 다음 각 목의 것을 말한다.
 가. 「은행법」에 따른 은행
 나. 「중소기업은행법」에 따른 중소기업은행
 다. 「한국산업은행법」에 따른 한국산업은행
 라. 「한국수출입은행법」에 따른 한국수출입은행
 마. 「한국은행법」에 따른 한국은행
 바. 「자본시장과 금융투자업에 관한 법률」에 따른 투자매매업자·투자중개업자·집합투자업자·신탁업자·증권금융회사·종합금융회사 및 명의개서대행회사
 사. 「상호저축은행법」에 따른 상호저축은행 및 상호저축은행중앙회
 아. 「농업협동조합법」에 따른 조합과 그 중앙회 및 농협은행
 자. 「수산업협동조합법」에 따른 조합과 그 중앙회 및 수협은행(2016.5.29 본목개정)
 차. 「신용협동조합법」에 따른 신용협동조합 및 신용협동조합중앙회
 카. 「새마을금고법」에 따른 금고 및 중앙회
 타. 「보험업법」에 따른 보험회사
 파. 「우체국예금·보험에 관한 법률」에 따른 체신관서
 하. 그 밖에 대통령령으로 정하는 기관
2. "금융자산"이란 금융회사등이 취급하는 예금·적금·부금(賦金)·계금(契金)·예탁금·출자금·신탁재산·주식·채권·수익증권·출자지분·어음·수표·채무증서 등 금전 및 유가증권과 그 밖에 이와 유사한 것으로서 총리령으로 정하는 것을 말한다.
3. "금융거래"란 금융회사등이 금융자산을 수입(受入)·매매·환매·중개·할인·발행·상환·환급·수탁·등록·교환하거나 그 이자, 할인액 또는 배당을 지급하는 것과 이를 대행하는 것 또는 그 밖에 금융자산을 대상으로 하는 거래로서 총리령으로 정하는 것을 말한다.
4. "실지명의"란 주민등록표상의 명의, 사업자등록증상의 명의, 그 밖에 대통령령으로 정하는 명의를 말한다.

(2011.7.14 본조개정)

판례 대출이나 보증 등 특정인의 금융기관에 대한 채무부담을 내용으로 하는 거래는 이 법이 정하는 금융자산에 관한 거래라고 할 수 없다.(대판 2003.2.11, 2002도6154)

제3조【금융실명거래】 ① 금융회사등은 거래자의 실지명의(이하 "실명"이라 한다)로 금융거래를 하여야 한다.
② 금융회사등은 제1항에도 불구하고 다음 각 호의 어느 하나에 해당하는 경우에는 실명을 확인하지 아니할 수 있다.
1. 실명이 확인된 계좌에 의한 계속거래(繼續去來), 공과금 수납 및 100만원 이하의 송금 등의 거래로서 대통령령으로 정하는 거래
2. 외국통화의 매입, 외국통화로 표시된 예금의 수입(受入) 또는 외국통화로 표시된 채권의 매도 등의 거래로서 대통령령으로 정하는 기간 동안의 거래
3. 다음 각 목의 어느 하나에 해당하는 채권(이하 "특정채권"이라 한다)으로서 법률 제5493호 금융실명거래및비밀보장에관한법률 시행일(1997년 12월 31일) 이후 1998년 12월 31일 사이에 재정경제부장관이 정하는 발행기간·이자율 및 만기 등의 발행조건으로 발행된 채권의 거래
 가. 고용 안정과 근로자의 직업능력 향상 및 생활 안정 등을 위하여 발행되는 대통령령으로 정하는 채권
 나. 「외국환거래법」 제13조에 따른 외국환평형기금 채권으로서 외국통화로 표시된 채권
 다. 중소기업의 구조조정 지원 등을 위하여 발행되는 대통령령으로 정하는 채권
 라. 「자본시장과 금융투자업에 관한 법률」 제329조에 따라 증권금융회사가 발행한 사채
 마. 그 밖에 국민생활 안정과 국민경제의 건전한 발전을 위하여 발행되는 대통령령으로 정하는 채권
③ 누구든지 「특정 금융거래정보의 보고 및 이용 등에 관한 법률」 제2조제4호에 따른 불법재산의 은닉, 같은 조 제5호에 따른 자금세탁행위 또는 같은 조 제6호에 따른 공중협박자금조달행위 및 강제집행의 면탈, 그 밖에 탈법행위를 목적으로 타인의 실명으로 금융거래를 하여서는 아니 된다.(2020.3.24 본항개정)
④ 금융회사등에 종사하는 자는 제3항에 따른 금융거래를 알선하거나 중개하여서는 아니 된다.(2014.5.28 본항신설)
⑤ 제1항에 따라 실명이 확인된 계좌 또는 외국의 관계 법령에 따라 이와 유사한 방법으로 실명이 확인된 계좌에 보유하고 있는 금융자산은 명의자의 소유로 추정한다.(2014.5.28 본항신설)
⑥ 금융회사등은 금융위원회가 정하는 방법에 따라 제3항의 주요 내용을 거래자에게 설명하여야 한다.(2014.5.28 본항신설)
⑦ 실명거래의 확인 방법 및 절차, 확인 업무의 위탁과 그 밖에 필요한 사항은 대통령령으로 정한다.(2014.5.28 본항개정)

(2011.7.14 본조개정)

판례 예금출연자와 금융기관 사이에 예금명의인이 아닌 출연자에게 예금반환채권을 귀속시키기로 하는 약정이 있는 경우의 예금주 : 동조제1항에 따라 금융기관은 거래자의 실지명의에 의하여 금융거래를 하여야 하므로 원칙적으로 예금명의자를 예금주로 보아야 하지만, 특별한 사정으로 예금의 출연자와 금융기관 사이에 예금명의인이 아닌 출연자에게 예금반환채권을 귀속시키기로 하는 명시적 또는 묵시적 약정이 있는 경우에는 그 출연자를 예금주로 하는 금융거래계약이 성립된다.
(대판 2002.5.14, 2001다75660)

제4조【금융거래의 비밀보장】 ① 금융회사등에 종사하는 자는 명의인(신탁의 경우에는 위탁자 또는 수익자를 말한다)의 서면상의 요구나 동의를 받지 아니하고는 그 금융거래의 내용에 대한 정보 또는 자료(이하 "거래정보등"이라 한다)를 타인에게 제공하거나 누설하여서는 아니 되며, 누구든지 금융회사등에 종사하는 자에게 거래정보등의 제공을 요구하여서는 아니 된다. 다만, 다음 각 호의 어느 하나에 해당하는 경우로서 그 사용 목적에 필요한 최소한의 범위에서 거래정보등을 제공하거나 그 제공을 요구하는 경우에는 그러하지 아니하다.
1. 법원의 제출명령 또는 법관이 발부한 영장에 따른 거래정보등의 제공
2. 조세에 관한 법률에 따라 제출의무가 있는 과세자료 등의 제공과 소관 관서의 장이 상속·증여 재산의 확인, 조세탈루의 혐의를 인정할 만한 명백한 자료의 확인, 체납자(체납액 5천만원 이상인 체납자의 경우에는 체납자의 재산을 은닉한 혐의가 있다고 인정되는 다음 각 목에 해당하는 사람을 포함한다)의 재산조회, 「국세징수법」 제9조제1항 각 호의 어느 하나에 해당하는 사유로 조세에 관한 법률에 따른 질문·조사를 위하여 필요로 하는 거래정보등의 제공(2020.12.29 본문개정)

가. 체납자의 배우자(사실상 혼인관계에 있는 사람을 포함한다)(2019.11.26 본목신설)
나. 체납자의 6촌 이내 혈족(2019.11.26 본목신설)
다. 체납자의 4촌 이내 인척(2019.11.26 본목신설)
3. 「국정감사 및 조사에 관한 법률」에 따른 국정조사에 필요한 자료로서 해당 조사위원회의 의결에 따른 금융감독원장(「금융위원회의 설치 등에 관한 법률」 제24조에 따른 금융감독원의 원장을 말한다. 이하 같다) 및 예금보험공사사장(「예금자보호법」 제3조에 따른 예금보험공사의 사장을 말한다. 이하 같다)의 거래정보등의 제공
4. 금융위원회(증권시장·파생상품시장의 불공정거래조사의 경우에는 증권선물위원회를 말한다. 이하 이 조에서 같다), 금융감독원장 및 예금보험공사사장이 금융회사등에 대한 감독·검사를 위하여 필요로 하는 거래정보등의 제공으로서 다음 각 목의 어느 하나에 해당하는 경우와 제3호에 따라 해당 조사위원회에 제공하기 위한 경우
가. 내부자거래 및 불공정거래행위 등의 조사에 필요한 경우
나. 고객예금 횡령, 무자원(無資源) 입금 기표(記票) 후 현금 인출 등 금융사고의 적발에 필요한 경우
다. 구속성예금 수입(受入), 자기앞수표 선발행(先發行) 등 불건전 금융거래행위의 조사에 필요한 경우
라. 금융실명거래 위반, 장부 외 거래, 출자자 대출, 동일인 한도 초과 등 법령 위반행위의 조사에 필요한 경우
마. 「예금자보호법」에 따른 예금보험업무 및 「금융산업의 구조개선에 관한 법률」에 따라 예금보험공사사장이 예금자표(預金者表)의 작성업무를 수행하기 위하여 필요한 경우
5. 동일한 금융회사등의 내부 또는 금융회사등 상호간에 업무상 필요한 거래정보등의 제공
6. 금융위원회 및 금융감독원장이 그에 상응하는 업무를 수행하는 외국 금융감독기관(국제금융감독기구를 포함한다. 이하 같다)과 다음 각 목의 사항에 대한 업무협조를 위하여 필요로 하는 거래정보등의 제공
가. 금융회사등 및 금융회사등의 해외지점·현지법인 등에 대한 감독·검사
나. 「자본시장과 금융투자업에 관한 법률」 제437조에 따른 정보교환 및 조사 등의 협조
7. 「자본시장과 금융투자업에 관한 법률」에 따라 거래소허가를 받은 거래소(이하 "거래소"라 한다)가 다음 각 목의 경우에 필요로 하는 투자매매업자·투자중개업자가 보유한 거래정보등의 제공(2013.5.28 본문개정)
가. 「자본시장과 금융투자업에 관한 법률」 제404조에 따른 이상거래(異常去來)의 심리 또는 회원의 감리를 수행하는 경우
나. 이상거래의 심리 또는 회원의 감리와 관련하여 거래소에 상응하는 업무를 수행하는 외국거래소 등과 협조하기 위한 경우. 다만, 금융위원회의 사전 승인을 받은 경우로 한정한다.(2013.5.28 본문개정)
8. 그 밖에 법률에 따라 불특정 다수인에게 의무적으로 공개하여야 하는 것으로서 해당 법률에 따른 거래정보등의 제공
<2022.2.24 헌법재판소 단순위헌결정으로 이 항 본문 중 '누구든지 금융회사등에 종사하는 자에게 거래정보등의 제공을 요구하여서는 아니 된다' 부분은 헌법에 위반>
② 제1항제1호부터 제4호까지 또는 제6호부터 제8호까지의 규정에 따라 거래정보등의 제공을 요구하는 자는 다음 각 호의 사항이 포함된 금융위원회가 정하는 표준양식에 의하여 금융회사등의 특정 점포에 이를 요구하여야 한다. 다만, 제1항제1호에 따라 거래정보등의 제공을 요구하거나 같은 항 제2호에 따라 거래정보등의 제공을 요구하는 경우로서 부동산(부동산에 관한 권리를 포함한다. 이하 이 항에서 같다)의 보유기간, 보유 수, 거래 규모 및 거래 방법 등 명백한 자료에 의하여 대통령령으로 정하는 부동산거래와 관련한 소득세 또는 법인세의 탈루혐의가 인정되어 그 탈루사실의 확인이 필요한 자(해당 부동산 거래를 알선·중개한 자를 포함한다)에 대한 거래정보등의 제공을 요구하는 경우 또는 체납액 1천만원 이상인 체납자의 재산조회를 위하여 필요한 거래정보등의 제공을 대통령령으로 정하는 바에 따라 요구하는 경우에는 거래정보등을 보관 또는 관리하는 부서에 이를 요구할 수 있다.
1. 명의인의 인적사항
2. 요구 대상 거래기간
3. 요구의 법적 근거
4. 사용 목적
5. 요구하는 거래정보등의 내용
6. 요구하는 기관의 담당자 및 책임자의 성명과 직책 등 인적사항
③ 금융회사등에 종사하는 자는 제1항 또는 제2항을 위반하여 거래정보등의 제공을 요구받은 경우에는 그 요구를 거부하여야 한다.
④ 제1항 각 호[종전의 금융실명거래에관한법률(대통령긴급재정경제명령 제16호로 폐지되기 전의 것을 말한다) 제5조제1항제1호부터 제4호까지 및 금융실명거래및비밀보장에관한긴급재정경제명령(법률 제5493호로 폐지되기 전의 것을 말한다. 이하 같다) 제4조제1항 각 호를 포함한다]에 따라 거래정보등을 알게 된 자는 그 알게 된 거래정보등을 타인에게 제공 또는 누설하거나 그 목적 외의 용도로 이용하여서는 아니 되며, 누구든지 거래정보등을 알게 된 자에게 그 거래정보등의 제공을 요구하여서는 아니 된다. 다만, 금융위원회 또는 금융감독원장이 제1항제4호 및 제6호에 따라 알게 된 거래정보등을 외국 금융감독기관에 제공하거나 거래소가 제1항제7호에 따라 외국거래소 등에 거래정보등을 제공하는 경우에는 그러하지 아니하다.(2013.5.28 단서개정)
⑤ 제1항 또는 제4항을 위반하여 제공 또는 누설된 거래정보등을 취득한 자(그로부터 거래정보등을 다시 취득한 자를 포함한다)는 그 위반사실을 알게 된 경우 그 거래정보등을 타인에게 제공 또는 누설하여서는 아니 된다.
⑥ 다음 각 호의 법률의 규정에 따라 거래정보등의 제공을 요구하는 경우에는 해당 법률의 규정에도 불구하고 제2항에 따른 금융위원회가 정한 표준양식으로 하여야 한다.
1. 「감사원법」 제27조제2항
2. 「정치자금법」 제52조제2항
3. 「공직자윤리법」 제8조제5항
4. (2020.12.29 삭제)
5. 「상속세 및 증여세법」 제83조제1항
6. 「특정 금융거래정보의 보고 및 이용 등에 관한 법률」 제13조제3항(2020.3.24 본호개정)
7. 「과세자료의 제출 및 관리에 관한 법률」 제6조제1항
(2011.7.14 본조개정)

판례 금융거래의 역할이나 중요성에 비추어 볼 때 그 비밀을 보장할 필요성은 인정되나, 금융거래는 금융기관을 매개로 하여서만 가능하므로 금융기관 및 그 종사자에 대하여 정보의 제공 또는 누설에 대하여 형사적 제재를 가하는 것만으로도 금융거래의 비밀은 보장될 수 있다. 금융거래정보 제공요구행위는 구체적인 사안에 따라 죄질과 책임을 달리하는데도 불구하고 정보제공요구의 사유나 경위, 행위 태양, 요구한 거래정보의 내용 등을 전혀 고려하지 아니하고 일률적으로 금지하고, 위반 시 형사처벌을 하는 것은 지나치게 일반 국민의 일반적 행동자유권을 제한하는 것이다.(헌재결 2022.2.24, 2020헌가5)

판례 노동조합의 위원장이 신용카드사의 콜센터를 통해 회사 임직원이 사용하는 법인카드 사용내역을 직접 받아 열람한 사건에서, 금융거래의 '내용'에 대한 정보 또는 자료는 비밀보장의 대상이 되는데, 신용카드 대금채무와 그 발생에 관한 정보, 신용카드 사용내역이나 승인내용이 바로 여기에 해당한다. 따라서 이 사건에서 노동조합 위원장이 신용카드사로부터 회사 임직원이 사용하는 법인카드 사용내역을 직접 받아 열람했다면 금융실명법 위반이다.(대판 2021.6.30, 2021도3020)

판례 이른바 마이너스예금거래계좌로서 통상의 예금과 일정 한도액 범위 내의 자동적 대출이 하나의 통장으로 함께 관리되는 계좌인 경우, 조회 당시에 그 잔고가 일시적으로 마이너스 상태(예금이 없고 대출만 되어 있는 상태)에 있었다고 하더라도, 계좌 개설이래 금융거래(예금 등의 거래)가 전혀 없이 대출만 행해졌다는 경우가 아닌 이상, 그러한 거래계좌에 관한 정보를 알려달라고 요구하거나 이에 응하여 그 내용을 알려주는 행위는 동조 제1항에서 금지하는 '거래정보등'의 제공의 요구 또는 그 제공에 해당한다.(대판 2003.2.11, 2002도6154)

제4조의2【거래정보등의 제공사실의 통보】 ① 금융회사등은 명의인의 서면상의 동의를 받아 거래정보등을 제공한 경우나 제4조제1항제1호·제2호(조세에 관한 법률에 따라 제출의무가 있는 과세자료 등의 경우는 제외한다)·제3호 및 제8호에 따라 거래정보등을 제공한 경우에는 제공한 날(제2항 또는 제3항에 따라 통보를 유예한 경우에는 통보유예기간이 끝난 날)부터 10일 이내에 제공한 거래정보등의 주요 내용, 사용 목적, 제공받은 자 및 제공일 등을 명의인에게 서면으로 통보하여야 한다.

② 금융회사등은 통보 대상 거래정보등의 요구자로부터 다음 각 호의 어느 하나에 해당하는 사유로 통보의 유예를 서면으로 요청받은 경우에는 제1항에도 불구하고 유예요청기간(제2호 또는 제3호의 사유로 요청을 받은 경우로서 그 유예요청기간이 6개월 이상인 경우에는 6개월) 동안 통보를 유예하여야 한다.
1. 해당 통보가 사람의 생명이나 신체의 안전을 위협할 우려가 있는 경우
2. 해당 통보가 증거 인멸, 증인 위협 등 공정한 사법절차의 진행을 방해할 우려가 명백한 경우
3. 해당 통보가 질문·조사 등의 행정절차의 진행을 방해하거나 과도하게 지연시킬 우려가 명백한 경우
③ 금융회사등은 거래정보등의 요구자가 제2항 각 호의 어느 하나에 해당하는 사유가 지속되고 있음을 제시하고 통보의 유예를 서면으로 반복하여 요청하는 경우에는 요청받은 날부터 두 차례만(제2항제1호의 경우는 제외한다) 매 1회 3개월의 범위에서 유예요청기간 동안 통보를 유예하여야 한다. 다만, 제4조제1항제2호(조세에 관한 법률에 따라 제출의무가 있는 과세자료 등의 경우는 제외한다)에 따른 거래정보등의 제공을 요구하는 자가 통보의 유예를 요청하는 경우에는 요청을 받은 때마다 그 날부터 6개월의 범위에서 유예요청기간 동안 통보를 유예하여야 한다.
④ 제1항에 따라 금융회사등이 거래정보등의 제공사실을 명의인에게 통보하는 경우에 드는 비용은 대통령령으로 정하는 바에 따라 제4조제1항에 따라 거래정보등의 제공을 요구하는 자가 부담한다.
⑤ 다음 각 호의 법률의 규정에 따라 거래정보등의 제공을 요구하는 경우에는 제1항부터 제4항까지의 규정을 적용한다.
1. 「감사원법」 제27조제2항
2. 「정치자금법」 제52조제2항
3. 「공직자윤리법」 제8조제5항
4. (2020.12.29 삭제)
5. 「상속세 및 증여세법」 제83조제1항
6. 「과세자료의 제출 및 관리에 관한 법률」 제6조제1항
(2011.7.14 본조개정)

제4조의3 【거래정보등의 제공내용의 기록·관리】 ① 금융회사등은 명의인의 서면상의 동의를 받아 명의인 외의 자에게 거래정보등을 제공한 경우나 제4조제1항제1호·제2호(조세에 관한 법률에 따라 제출의무가 있는 과세자료 등의 경우는 제외한다)·제3호·제4호·제6호·제7호 또는 제8호에 따라 명의인 외의 자로부터 거래정보등의 제공을 요구받거나 명의인 외의 자에게 거래정보등을 제공한 경우에는 다음 각 호의 사항이 포함된 금융위원회가 정하는 표준양식으로 기록·관리하여야 한다.
1. 요구자(담당자 및 책임자)의 인적사항, 요구하는 내용 및 요구일
1의2. 사용 목적(명의인의 서면상의 동의를 받아 명의인 외의 자에게 거래정보등을 제공한 경우는 제외한다)(2018.12.11 본호신설)
2. 제공자(담당자 및 책임자)의 인적사항 및 제공일
3. 제공된 거래정보등의 내용
4. 제공의 법적 근거
5. 명의인에게 통보한 날
6. 통보를 유예한 경우 통보유예를 한 날, 사유, 기간 및 횟수 (2013.8.13 본호신설)
② 제1항에 따른 기록은 거래정보등을 제공한 날(제공을 거부한 경우에는 그 제공을 요구받은 날)부터 5년간 보관하여야 한다.
③ 다음 각 호의 법률의 규정에 따라 거래정보등의 제공을 요구하는 경우에는 제1항 및 제2항을 적용한다.
1. 「감사원법」 제27조제2항
2. 「정치자금법」 제52조제2항
3. 「공직자윤리법」 제8조제5항
4. (2020.12.29 삭제)
5. 「상속세 및 증여세법」 제83조제1항
6. 「특정 금융거래정보의 보고 및 이용 등에 관한 법률」 제13조제3항(2020.3.24 본호개정)
7. 「과세자료의 제출 및 관리에 관한 법률」 제6조제1항
(2011.7.14 본조개정)

제4조의4 【금융위원회의 업무】 금융위원회는 이 법 또는 다른 법률에 따른 거래정보등의 요구, 제공, 통보 및 통보유예 현황을 파악하여 분석하고 그 결과를 매년 정기국회에 보고하여야 한다.(2018.12.11 본조개정)

제5조 【비실명자산소득에 대한 차등과세】 실명에 의하지 아니하고 거래한 금융자산에서 발생하는 이자 및 배당소득에 대하여는 소득세의 원천징수세율을 100분의 90〔특정채권에서 발생하는 이자소득의 경우에는 100분의 20(2001년 1월 1일 이후부터는 100분의 15)〕으로 하며, 「소득세법」 제14조제2항에 따른 종합소득과세표준의 계산에는 이를 합산하지 아니한다.
(2011.7.14 본조개정)

제5조의2 【행정처분】 ① 금융위원회는 금융회사등이 이 법 또는 이 법에 따른 명령이나 지시를 위반한 사실을 발견하였을 때에는 다음 각 호의 어느 하나에 해당하는 조치를 하거나 해당 금융회사등의 영업에 관한 행정제재처분의 권한을 가진 관계 행정기관의 장에게 그 조치를 요구할 수 있다.
1. 위반행위의 시정명령 또는 중지명령
2. 위법행위로 인한 조치를 받았다는 사실의 공표명령 또는 게시명령
3. 기관경고
4. 기관주의
② 금융위원회는 금융회사등이 다음 각 호의 어느 하나에 해당하는 경우에는 6개월 이내의 범위에서 그 업무의 전부 또는 일부의 정지를 명하거나 해당 금융회사등의 영업에 관한 행정제재처분의 권한을 가진 관계 행정기관의 장에게 그 조치를 요구할 수 있다.
1. 제1항제1호 및 제2호에 따른 명령을 이행하지 아니한 경우
2. 제1항제3호에 따른 기관경고를 3회 이상 받은 경우
3. 그 밖에 이 법 또는 이 법에 따른 명령이나 지시를 위반하여 건전한 금융거래의 질서 또는 거래자의 이익을 크게 해칠 우려가 있는 경우
③ 금융위원회는 금융회사등의 임원 또는 직원이 이 법 또는 이 법에 따른 명령이나 지시를 위반한 사실을 발견하였을 때에는 다음 각 호의 구분에 따른 조치를 하여 줄 것을 해당 금융회사등의 장에게 요구할 수 있다.
1. 임원 : 다음 각 목의 어느 하나에 해당하는 조치
  가. 해임
  나. 6개월 이내의 직무정지
  다. 문책경고
  라. 주의적 경고
  마. 주의
2. 직원 : 다음 각 목의 어느 하나에 해당하는 조치
  가. 면직
  나. 6개월 이내의 정직
  다. 감봉
  라. 견책
  마. 주의
④ 제1항 또는 제2항에 따른 요구를 받은 관계 행정기관의 장은 정당한 사유가 없으면 그 요구에 따라야 한다.
(2014.5.28 본조신설)

제6조 【벌칙】 ① 제3조제3항 또는 제4항, 제4조제1항 또는 제3항부터 제5항까지의 규정을 위반한 자는 5년 이하의 징역 또는 5천만원 이하의 벌금에 처한다.(2014.5.28 본항개정)
<2022.2.24 헌법재판소 단순위헌결정으로 이 항 중 제4조제1항 본문의 '누구든지 금융회사등에 종사하는 자에게 거래정보등의 제공을 요구하여서는 아니 된다' 부분은 헌법에 위반>
② 제1항의 징역형과 벌금형은 병과(併科)할 수 있다.
(2011.7.14 본조개정)

제7조 【과태료】 ① 제3조·제4조의2제1항 및 제5항(제4조의2제1항을 적용하는 경우로 한정한다)·제4조의3을 위반한 금융회사등의 임원 또는 직원에게는 3천만원 이하의 과태료를 부과한다.(2014.5.28 본항개정)
② 제1항에 따른 과태료는 대통령령으로 정하는 바에 따라 금융위원회가 부과·징수한다.
(2011.7.14 본조개정)

제8조【양벌규정】 법인의 대표자나 법인 또는 개인의 대리인, 사용인, 그 밖의 종업원이 그 법인 또는 개인의 업무에 관하여 제6조 또는 제7조의 위반행위를 하면 그 행위자를 벌하는 외에 그 법인 또는 개인에게도 해당 조문의 벌금 또는 과태료를 과(科)한다. 다만, 법인 또는 개인이 그 위반행위를 방지하기 위하여 해당 업무에 관하여 상당한 주의와 감독을 게을리하지 아니한 경우에는 그러하지 아니하다.(2011.7.14 본조개정)

제9조【다른 법률과의 관계】 ① 이 법과 다른 법률이 서로 일치하지 아니하는 경우에는 이 법에 따른다.

② 금융실명거래및비밀보장에관한긴급재정경제명령 시행 당시 같은 긴급재정경제명령보다 우선하여 적용하였던 법률은 제1항에도 불구하고 이 법에 우선하여 적용한다.

(2011.7.14 본조개정)

제10조【권한의 위탁】 금융위원회는 이 법에 따른 권한의 일부를 대통령령으로 정하는 바에 따라 금융감독원장에게 위탁할 수 있다.(2021.1.26 본조신설)

부 칙

제1조【시행일】 이 법은 공포한 날부터 시행한다.

제2조【긴급명령의 폐지】 금융실명거래및비밀보장에관한긴급재정경제명령(이하 "긴급명령"이라 한다)은 이를 폐지한다.

제3조【일반적 경과조치】 이 법 시행전의 금융거래의 비밀보장·금융자산의 실명전환 및 금융자산에서 발생한 소득에 대한 소득세의 원천징수에 관하여 이 법이 따로 규정하지 아니하는 것에 대하여는 종전의 긴급명령에 의한다.

제4조【벌칙등에 관한 경과조치】 이 법 시행전의 행위에 대한 벌칙 및 과태료의 적용에 있어서는 종전의 긴급명령에 의한다.

제5조【기존금융자산에 대한 실명확인】 ① 금융기관은 종전의 긴급명령 시행전에 금융거래계좌가 개설된 금융자산(이하 "기존금융자산"이라 한다)중 이 법 시행전까지 실명확인되지 아니한 금융자산의 명의인에 대하여는 이 법 시행후 최초의 금융거래가 있는 때에 그 명의가 실명인지의 여부를 확인하여야 한다.

② 금융기관은 제1항의 규정에 의한 확인을 하지 아니하였거나 실명이 아닌 것으로 확인된 기존금융자산에 대한 지급·상환·환급·환매등을 하여서는 아니된다.

③ 제7조 및 제8조의 규정은 금융기관 임원 또는 직원의 제1항 또는 제2항의 위반행위에 대하여 이를 준용한다. 이 경우 제7조제1항중 "제3조"는 "부칙 제5조제1항 또는 제2항"으로 본다.

제6조【실명전환자에 대한 과징금부과】 ① 금융기관은 기존금융자산의 거래자가 이 법 시행후 그 명의를 실명으로 전환하는 경우에는 종전의 긴급명령 시행일 현재의 금융자산 가액에 100분의 50을 적용하여 계산한 금액을 과징금으로 원천징수하여 그 징수일이 속하는 달의 다음달 10일까지 정부에 납부하여야 한다.

② 기존금융자산의 거래자가 대통령령이 정하는 사유로 인하여 실명전환을 하는 것이 곤란하다고 인정되는 경우에는 그 사유가 소멸된 날부터 1월내에 실명전환하는 경우 제1항의 규정에 불구하고 과징금을 부과하지 아니한다.

③ 재정경제원장관은 제1항의 경우 금융기관이 징수하였거나 징수하여야 할 과징금을 기한내에 납부하지 아니하거나 미달하게 납부한 경우에는 그 금융기관으로부터 납부하지 아니한 과징금 또는 미달한 과징금외에 그 과징금의 100분의 10에 해당하는 금액을 가산금으로 징수한다.

④ 재정경제원장관은 제1항 및 제3항의 규정에 의한 과징금 및 가산금의 징수·납부·체납처분 및 환급(이하 "징수등"이라 한다)에 관한 업무를 국세청장에게 위임할 수 있다.

⑤ 제1항 및 제3항의 규정에 의한 과징금 및 가산금의 징수등에 관하여는 국세징수법·국세기본법 및 소득세법을 준용한다. 이 경우 "국세"는 "과징금"으로 본다.

제7조【실명전환자산에 대한 소득세 원천징수】 ① 금융기관은 이 법 시행후 실명으로 전환된 기존금융자산에서 발생한 이자 및 배당소득에 대하여는 다음 각호의 규정에 의한 소득세 원천징수 부족액의 합계액을 원천징수하여 실명전환일이 속하는 달의 다음 달 10일까지 정부에 납부하여야 한다.

1. 이 법 시행일이후 발생한 이자 및 배당소득에 대하여는 제5조에서 규정하는 원천징수세률을 적용하여 계산한 소득세 원천징수액에서 기원천징수한 소득세액을 차감한 잔액
2. 1993년 10월 13일이후 이 법 시행일전까지 발생한 이자 및 배당소득에 대하여는 종전의 긴급명령 제9조의 규정에 의한 원천징수세률을 적용하여 계산한 소득세 원천징수액에서 기원천징수한 소득세액을 차감한 잔액
3. 1993년 10월 12일까지 발생한 이자 및 배당소득에 대하여는 종전의 긴급명령 제8조제1항의 규정에 의하여 계산한 소득세 원천징수액

② 제1항의 규정에 의하여 원천징수하는 소득세액은 실명전환일 현재의 해당 금융자산가액을 한도로 한다.

③ 금융기관이 제1항의 규정에 의하여 소득세를 원천징수하여 납부한 경우에는 소득세법 제158조제1항의 규정을 적용하지 아니한다.

제8조【실명전환금융자산에 대한 세무조사의 특례등】 ① 이 법 시행후 실명으로 전환된 기존금융자산에 대하여는 조세에 관한 법률에 불구하고 실명전환과 관련하여 자금의 출처등을 조사하지 아니하며, 그 금융자산을 과세자료로 하여 종전의 긴급명령 시행전에 납세의무가 성립된 조세를 부과하지 아니한다. 다만, 다음 각호의 1에 해당하는 경우에는 그러하지 아니하다.

1. 30세미만인 자의 명의로 실명전환된 금융자산으로서 그 금융자산의 가액이 3천만원을 초과하는 경우
2. 그 금융자산외의 과세자료에 의하여 조세를 부과하는 경우

② 금융기관은 제1항제1호의 규정에 의한 금융자산에 대하여 그 전환내용을 대통령령이 정하는 바에 의하여 국세청장에게 통보하여야 한다.

③ 제1항의 규정은 이 법 시행전에 실명전환되어 국세청장에게 통보된 금융자산에 대하여도 이를 적용한다.

제9조【특정채권의 거래에 대한 세무조사의 특례등】 특정채권의 소지인에 대하여는 조세에 관한 법률에 불구하고 자금의 출처등을 조사하지 아니하며, 이를 과세자료로 하여 그 채권의 매입전에 납세의무가 성립된 조세를 부과하지 아니한다. 다만, 그 채권을 매입한 자금외의 과세자료에 의하여 조세를 부과하는 경우에는 그러하지 아니하다.

제10조【중소기업출자금등에 대한 세무조사의 특례등】 ① 소득세법 제1조의 규정에 의한 거주자가 대통령령이 정하는 기간동안 다음 각호의 1에 해당하는 경우에는 당해 자금에 대하여는 조세에 관한 법률에 불구하고 그 출자 또는 투자와 관련하여 자금의 출처등을 조사하지 아니하며, 이를 과세자료로 하여 그 출자 또는 투자전에 납세의무가 성립된 조세를 부과하지 아니한다. 다만, 그 출자 또는 투자하는 자금외의 과세자료에 의하여 조세를 부과하는 경우에는 그러하지 아니하다.

1. 대통령령이 정하는 중소기업(법인에 한한다)에 출자하는 경우
2. 중소기업창업지원법에 의한 중소기업창업투자회사 및 중소기업창업투자조합 기타 이와 유사한 법인 또는 조합으로서 대통령령이 정하는 것에 출자하는 경우
3. 중소기업에 대하여 자금을 지원하는 금융기관으로서 대통령령이 정하는 것에 출자하는 경우
4. 조세감면규제법 제13조의3제1항제2호에 규정하는 벤처기업투자신탁의 수익증권에 투자하는 경우

② 제1항제3호의 규정을 적용받고자 하는 거주자는 당해 출자에 대한 부담금(이하 "출자부담금"이라 한다)을 대통령령이 정하는 신용보증기관에 출연하여야 한다.

③ 다음 각호의 1에 해당하는 경우에는 제1항 본문의 규정을 적용하지 아니한다.

1. 30세미만인 자가 출자 또는 투자하는 경우
2. 타인의 출자지분이나 수익증권을 양수하는 방법으로 출자 또는 투자하는 경우
3. 출자일 또는 투자일부터 5년이 경과하기 전에 다음 각목의 1에 해당하는 경우. 다만, 출자자 또는 투자자의 사망 기타 대통령령이 정하는 사유로 인한 경우에는 그러하지 아니하다.
   가. 제1항제1호 내지 제3호에 규정하는 출자지분을 이전하거나 회수하는 경우

나. 제1항제4호에 규정하는 벤처기업투자신탁의 수익증권을 양도하거나 증권투자신탁업법 제2조제3항의 규정에 의한 위탁회사가 당해 수익증권을 환매하는 경우
4. 조세를 회피할 목적으로 출자 또는 투자하였다고 인정되는 경우로서 대통령령이 정하는 경우
④ 제2항의 규정에 의한 출자부담금은 건별 출자액에 다음의 부담율을 적용하여 계산한 금액으로 한다.

<출자액>	<부담율>
10억원이하	출자액의 100분의 10
10억원초과	1억원+10억원을 초과하는 금액의 100분의 15

⑤ 출자부담금의 출연방법 기타 필요한 사항은 대통령령으로 정한다.
제11조【금융실명거래 및 종합과세의 추진】 종전의 긴급명령 제11조의 규정에 의하여 설치된 전담기구는 대통령령이 정하는 때까지 존속한다.
제12조 (1999.12.28 삭제)
제13조【다른 법률의 개정 및 다른 법령과의 관계】 ①~⑦ ※(해당 법령에 가제정리 하였음)
⑧ 이 법 시행당시 다른 법령에서 종전의 긴급명령 또는 그 규정을 인용한 경우에 이 법중 그에 해당하는 규정이 있는 때에는 이 법 또는 이 법의 해당 조항을 인용한 것으로 본다.
제14조【다른 법률의 개정에 따른 적용례】 ① 부칙 제13조제3항의 상속세및증여세법의 개정규정은 이 법 시행후 최초로 상속세 또는 증여세를 결정하는 것부터 적용한다.
② 부칙 제13조제7항의 농어촌특별세법의 개정규정은 1998년 1월 1일이후 최초로 발생하는 소득을 지급하는 것부터 적용한다.

부 칙 (2020.3.24)

제1조【시행일】 이 법은 공포 후 1년이 경과한 날부터 시행한다.(이하 생략)

부 칙 (2020.12.29 법17758호)

제1조【시행일】 이 법은 2021년 1월 1일부터 시행한다.(이하 생략)

부 칙 (2020.12.29 법17799호)

제1조【시행일】 이 법은 공포 후 1년이 경과한 날부터 시행한다.(이하 생략)

부 칙 (2021.1.26)

이 법은 공포 후 6개월이 경과한 날부터 시행한다.

금융회사의 지배구조에 관한 법률(약칭 : 금융사지배구조법)

(2015년 7월 31일
법 률 제13453호)

개정
2015.12.22법13613호(예금자보호법)
2017. 4.18법14818호
2020.12.29법17799호(독점)
2023. 9.14법19700호(행정법제혁신을위한일부개정법령등)
2024. 1. 2법19913호

제1장 총 칙

제1조【목적】 이 법은 금융회사 임원의 자격요건, 이사회의 구성 및 운영, 내부통제제도 등 금융회사의 지배구조에 관한 기본적인 사항을 정함으로써 금융회사의 건전한 경영과 금융시장의 안정성을 기하고, 예금자, 투자자, 보험계약자, 그 밖의 금융소비자를 보호하는 것을 목적으로 한다.
제2조【정의】 이 법에서 사용하는 용어의 뜻은 다음과 같다.
1. "금융회사"란 다음 각 목의 어느 하나에 해당하는 회사를 말한다.
가. 「은행법」에 따른 인가를 받아 설립된 은행
나. 「자본시장과 금융투자업에 관한 법률」에 따른 금융투자업자 및 종합금융회사
다. 「보험업법」에 따른 보험회사
라. 「상호저축은행법」에 따른 상호저축은행
마. 「여신전문금융업법」에 따른 여신전문금융회사
바. 「금융지주회사법」에 따른 금융지주회사
사. 그 밖의 법률에 따라 금융업무를 하는 회사로서 대통령령으로 정하는 회사
2. "임원"이란 이사, 감사, 집행임원(「상법」에 따른 집행임원을 둔 경우로 한정한다) 및 업무집행책임자를 말한다.
3. "이사"란 사내이사, 사외이사 및 그 밖에 상시적인 업무에 종사하지 아니하는 이사(이하 "비상임이사"라 한다)를 말한다.
4. "사외이사"란 상시적인 업무에 종사하지 아니하는 이사로서 제17조에 따라 선임되는 사람을 말한다.
5. "업무집행책임자"란 이사가 아니면서 명예회장·회장·부회장·사장·부사장·행장·부행장·부행장보·전무·상무·이사 등 업무를 집행할 권한이 있는 것으로 인정될 만한 명칭을 사용하여 금융회사의 업무를 집행하는 사람을 말한다.
6. "대주주"란 다음 각 목의 어느 하나에 해당하는 주주를 말한다.
가. 금융회사의 의결권 있는 발행주식(출자지분을 포함한다. 이하 같다) 총수를 기준으로 본인 및 그와 대통령령으로 정하는 특수한 관계가 있는 자(이하 "특수관계인"이라 한다)가 누구의 명의로 하든지 자기의 계산으로 소유하는 주식(그 주식과 관련된 증권예탁증권을 포함한다)을 합하여 그 수가 가장 많은 경우의 그 본인(이하 "최대주주"라 한다)
나. 다음 각 1) 및 2)의 어느 하나에 해당하는 자(이하 "주요주주"라 한다)
1) 누구의 명의로 하든지 자기의 계산으로 금융회사의 의결권 있는 발행주식 총수의 100분의 10 이상의 주식(그 주식과 관련된 증권예탁증권을 포함한다)을 소유한 자
2) 임원(업무집행책임자는 제외한다)의 임면(任免) 등의 방법으로 금융회사의 중요한 경영사항에 대하여 사실상의 영향력을 행사하는 주주로서 대통령령으로 정하는 자
7. "금융관계법령"이란 대통령령으로 정하는 금융 관계 법령 및 이에 상당하는 외국의 금융 관계 법령을 말한다.
제3조【적용범위】 ① 다음 각 호의 어느 하나에 해당하는 자에게는 이 법을 적용하지 아니한다.
1. 금융회사의 국외 현지법인(국외지점을 포함한다)
2. 「자본시장과 금융투자업에 관한 법률」 제8조제9항에 따른 겸영금융투자업자(이하 "겸영금융투자업자"라 한다) 중 대통령령으로 정하는 자

3. 「자본시장과 금융투자업에 관한 법률」 제100조제1항에 따른 역외투자자문업자 또는 역외투자일임업자

② 외국의 법령에 따라 설립되어 외국에서 금융업을 영위하는 자(이하 "외국금융회사"라 한다)의 국내지점에 대해서는 제5조, 제7조, 제4장 및 제7장을 적용하며, 이 경우 외국금융회사의 국내지점의 대표자와 그 밖에 대통령령으로 정하는 사람은 이 법에 따른 금융회사의 임원으로 본다.

③ 자산규모, 영위하는 금융업무 등을 고려하여 대통령령으로 정하는 금융회사에 대해서는 다음 각 호의 사항을 적용하지 아니한다.

1. 제12조제1항 및 같은 조 제2항 본문, 제14조에 따른 이사회의 구성·운영에 관한 사항
2. 제16조제1항부터 제3항까지에 따른 이사회내 위원회의 설치에 관한 사항(2024.1.2 본호개정)
3. 제21조에 따른 위험관리위원회에 관한 사항
4. 제22조에 따른 보수위원회 및 보수체계 등에 관한 사항

4의2. 제22조의2에 따른 내부통제위원회에 관한 사항 (2024.1.2 본호신설)

5. 제33조에 따른 소수주주권(「보험업법」 제2조제7호에 따른 상호회사인 보험회사의 경우 소수사원권을 말한다)의 행사에 관한 사항

제4조【다른 법률과의 관계】 ① 금융회사의 지배구조에 관하여 다른 금융관계법령에 특별한 규정이 있는 경우를 제외하고는 이 법에서 정하는 바에 따른다.

② 금융회사의 지배구조에 관하여 이 법에 특별한 규정이 없으면 「상법」을 적용한다.

제2장 임 원

제1절 임원의 자격요건

제5조【임원의 자격요건】 ① 다음 각 호의 어느 하나에 해당하는 사람은 금융회사의 임원이 되지 못한다.

1. 미성년자·피성년후견인 또는 피한정후견인
2. 파산선고를 받고 복권(復權)되지 아니한 사람
3. 금고 이상의 실형을 선고받고 그 집행이 끝나거나(집행이 끝난 것으로 보는 경우를 포함한다) 집행이 면제된 날부터 5년이 지나지 아니한 사람
4. 금고 이상의 형의 집행유예를 선고받고 그 유예기간 중에 있는 사람
5. 이 법 또는 금융관계법령에 따라 벌금 이상의 형을 선고받고 그 집행이 끝나거나(집행이 끝난 것으로 보는 경우를 포함한다) 집행이 면제된 날부터 5년이 지나지 아니한 사람
6. 다음 각 목의 어느 하나에 해당하는 조치를 받은 금융회사의 임직원 또는 임직원이었던 사람(그 조치를 받게 된 원인에 대하여 직접 또는 이에 상응하는 책임이 있는 사람으로서 대통령령으로 정하는 사람으로 한정한다)으로서 해당 조치가 있었던 날부터 5년이 지나지 아니한 사람
   가. 금융관계법령에 따른 영업의 허가·인가·등록 등의 취소
   나. 「금융산업의 구조개선에 관한 법률」 제10조제1항에 따른 적기시정조치
   다. 「금융산업의 구조개선에 관한 법률」 제14조제2항에 따른 행정처분
7. 이 법 또는 금융관계법령에 따라 임직원 제재조치(퇴임 또는 퇴직한 임원의 경우 해당 조치에 상응하는 통보를 포함한다)를 받은 사람으로서 조치의 종류별로 5년을 초과하지 아니하는 범위에서 대통령령으로 정하는 기간이 지나지 아니한 사람
8. 해당 금융회사의 공익성 및 건전경영과 신용질서를 해칠 우려가 있는 경우로서 대통령령으로 정하는 사람

② 금융회사의 임원으로 선임된 사람이 제1항제1호부터 제8호까지의 어느 하나에 해당하게 된 경우에는 그 직(職)을 잃는다. 다만, 제1항제7호에 해당하는 사람으로서 대통령령으로 정하는 경우에는 그 직을 잃지 아니한다.

③ 제30조의2제1항에 따른 임원은 제30조의3제1항에 따른 책무구조도에서 정하는 자신의 책무를 수행하기에 적합한 전문성, 업무경험, 정직성 및 신뢰성을 갖춘 사람이어야 한다. (2024.1.2 본항신설)

제6조【사외이사의 자격요건】 ① 다음 각 호의 어느 하나에 해당하는 사람은 금융회사의 사외이사가 될 수 없다. 다만, 사외이사가 됨으로써 제1호에 따른 최대주주의 특수관계인에 해당하게 되는 사람은 사외이사가 될 수 있다.

1. 최대주주 및 그의 특수관계인(최대주주 및 그의 특수관계인이 법인인 경우에는 그 임직원을 말한다)
2. 주요주주 및 그의 배우자와 직계존속·비속(주요주주가 법인인 경우에는 그 임직원을 말한다)
3. 해당 금융회사 또는 그 계열회사(「독점규제 및 공정거래에 관한 법률」 제2조제12호에 따른 계열회사를 말한다. 이하 같다)의 상근(常勤) 임직원 또는 비상임이사이거나 최근 3년 이내에 상근 임직원 또는 비상임이사이었던 사람(2020.12.29 본호개정)
4. 해당 금융회사 임원의 배우자 및 직계존속·비속
5. 해당 금융회사 임직원이 비상임이사로 있는 회사의 상근 임직원
6. 해당 금융회사와 대통령령으로 정하는 중요한 거래관계가 있거나 사업상 경쟁관계 또는 협력관계에 있는 법인의 상근 임직원이거나 최근 2년 이내에 상근 임직원이었던 사람
7. 해당 금융회사에서 6년 이상 사외이사로 재직하였거나 해당 금융회사 또는 그 계열회사에서 사외이사로 재직한 기간을 합산하여 9년 이상인 사람
8. 그 밖에 금융회사의 사외이사로서 직무를 충실하게 이행하기 곤란하거나 그 금융회사의 경영에 영향을 미칠 수 있는 사람으로서 대통령령으로 정하는 사람

② 금융회사의 사외이사가 된 사람이 제1항 각 호의 어느 하나에 해당하게 된 경우에는 그 직을 잃는다.

③ 금융회사의 사외이사는 금융, 경제, 경영, 법률, 회계 등 분야의 전문지식이나 실무경험이 풍부한 사람으로서 대통령령으로 정하는 사람이어야 한다.

제7조【임원의 자격요건 적합 여부 보고 등】 ① 금융회사는 다음 각 호의 어느 하나에 해당하는 경우 해당 임원이 제5조 및 제6조의 자격요건을 충족하는지를 확인하여야 한다.

1. 임원(제30조의2제1항에 따른 임원을 포함한다)을 선임하려는 경우
2. 제30조의3제1항에 따른 책무구조도에서 정하는 임원의 직책을 변경하려는 경우
3. 제1호 및 제2호에 준하는 경우로서 대통령령으로 정하는 경우

(2024.1.2 본항개정)

② 금융회사는 제1항 각 호의 어느 하나에 해당하는 사실이 발생한 경우에는 지체 없이 그 사실 및 자격요건 적합 여부와 그 사유 등을 금융위원회가 정하여 고시하는 바에 따라 인터넷 홈페이지 등에 공시하고 금융위원회에 보고하여야 한다. (2024.1.2 본항개정)

③ 금융회사는 임원을 해임(사임을 포함한다)한 경우에는 금융위원회가 정하여 고시하는 바에 따라 지체 없이 그 사실을 인터넷 홈페이지 등에 공시하고 금융위원회에 보고하여야 한다.

제2절 주요업무집행책임자

제8조【주요업무집행책임자의 임면 등】 ① 전략기획, 재무관리, 위험관리 및 그 밖에 이에 준하는 업무로서 대통령령으로 정하는 주요업무를 집행하는 업무집행책임자(이하 "주요업무집행책임자"라 한다)는 이사회의 의결을 거쳐 임면한다.

② 주요업무집행책임자의 임기는 정관에 다른 규정이 없으면 3년을 초과하지 못한다.

③ 주요업무집행책임자와 해당 금융회사의 관계에 관하여는 「민법」 중 위임에 관한 규정을 준용한다.

제9조【주요업무집행책임자의 이사회 보고】 주요업무집행책임자는 이사회의 요구가 있으면 언제든지 이사회에 출석하여 요구한 사항을 보고하여야 한다.

제3절 임원 등 겸직

제10조 【겸직제한】 ① 금융회사의 상근 임원은 다른 영리법인의 상시적인 업무에 종사할 수 없다. 다만, 다음 각 호의 어느 하나에 해당하는 경우에는 상시적인 업무에 종사할 수 있다.
1. 「채무자 회생 및 파산에 관한 법률」 제74조에 따라 관리인으로 선임되는 경우
2. 「금융산업의 구조개선에 관한 법률」 제10조제1항제4호에 따라 관리인으로 선임되는 경우
3. 금융회사 해산 등의 사유로 청산인으로 선임되는 경우

② 제1항 각 호 외의 부분 본문에도 불구하고 다음 각 호의 금융회사의 상근 임원은 다음 각 호의 구분에 따라 다른 회사의 상근 임직원을 겸직할 수 있다.
1. 해당 금융회사가 은행인 경우 : 그 은행이 의결권 있는 발행주식 총수의 100분의 15를 초과하는 주식을 보유하고 있는 다른 회사의 상근 임직원을 겸직하는 경우
2. 해당 금융회사가 상호저축은행인 경우 : 그 상호저축은행이 의결권 있는 발행주식 총수의 100분의 15를 초과하는 주식을 보유하고 있는 다른 상호저축은행의 상근 임직원을 겸직하는 경우
3. 해당 금융회사가 보험회사인 경우 : 그 보험회사가 의결권 있는 발행주식 총수의 100분의 15를 초과하는 주식을 보유하고 있는 다른 회사의 상근 임직원을 겸직하는 경우(「금융산업의 구조개선에 관한 법률」 제2조제1호가목부터 아목까지 및 차목에 따른 금융기관의 상근 임직원을 겸직하는 경우는 제외한다)
4. 그 밖에 이해상충 또는 금융회사의 건전성 저해의 우려가 적은 경우로서 대통령령으로 정하는 경우

③ 은행의 임직원은 한국은행, 다른 은행 또는 「금융지주회사법」 제2조제1항제5호에 따른 은행지주회사의 임직원을 겸직할 수 없다. 다만, 「은행법」 제37조제5항에 따른 자은행의 임직원이 되는 경우에는 겸직할 수 있다.

④ 다른 법령, 제6조(제1항제3호는 제외한다), 이 조 제1항 및 제3항에도 불구하고 금융지주회사 및 그의 자회사등(「금융지주회사법」 제4조제1항제2호에 따른 자회사등을 말한다. 이하 같다)의 임직원은 다음 각 호의 어느 하나에 해당하는 경우에는 겸직할 수 있다.
1. 금융지주회사의 임직원이 해당 금융지주회사의 자회사등의 임직원을 겸직하는 경우
2. 금융지주회사의 자회사등(금융업을 영위하는 회사 또는 금융업의 영위와 밀접한 관련이 있는 회사로서 대통령령으로 정하는 회사로 한정한다. 이하 이 호에서 같다)의 임직원이 다른 자회사등의 임직원을 겸직하는 경우로서 다음 각 목의 어느 하나의 업무를 겸직하지 아니하는 경우
   가. 「자본시장과 금융투자업에 관한 법률」 제6조제4항에 따른 집합투자업(대통령령으로 정하는 경우는 제외한다)
   나. 「보험업법」 제108조제1항제3호에 따른 변액보험계약에 관한 업무
   다. 그 밖에 자회사등의 고객과 이해가 상충하거나 해당 자회사등의 건전한 경영을 저해할 우려가 있는 경우로서 금융위원회가 정하여 고시하는 업무

제11조 【겸직 승인 및 보고 등】 ① 금융회사는 해당 금융회사의 임직원이 제10조제2항부터 제4항까지의 규정에 따라 다른 회사의 임직원을 겸직하려는 경우에는 이해상충 방지 및 금융회사의 건전성 등에 관하여 대통령령으로 정하는 기준(이하 이 조에서 "겸직기준"이라 한다)을 갖추어 미리 금융위원회의 승인을 받아야 한다. 다만, 이해상충 또는 금융회사의 건전성 저해의 우려가 적은 경우로서 대통령령으로 정하는 경우에는 다음 각 호의 사항을 대통령령으로 정하는 방법 및 절차에 따라 금융위원회에 보고하여야 한다.
1. 겸직하는 회사에서 수행하는 업무의 범위
2. 겸직하는 업무의 처리에 대한 기록 유지에 관한 사항
3. 그 밖에 이해상충 방지 또는 금융회사의 건전성 유지를 위하여 필요한 사항으로서 대통령령으로 정하는 사항

② 금융회사는 해당 금융회사의 임원이 다른 금융회사의 임원을 겸직하는 경우(제10조에 따른 겸직은 제외한다)로서 대통령령으로 정하는 경우에는 대통령령으로 정하는 방법 및 절차에 따라 제1항 각 호의 사항을 금융위원회에 보고하여야 한다.

③ 금융위원회는 금융회사가 겸직기준을 충족하지 아니하는 경우 또는 제1항 단서에 따른 보고 방법 및 절차를 따르지 아니하거나 보고한 사항을 이행하지 아니하는 경우에는 해당 임직원 겸직을 제한하거나 그 시정을 명할 수 있다.

④ 임직원을 겸직하게 한 금융지주회사와 해당 자회사등은 금융업의 영위와 관련하여 임직원 겸직으로 인한 이해상충 행위로 고객에게 손해를 끼친 경우에는 연대하여 그 손해를 배상할 책임이 있다.다만, 다음 각 호의 어느 하나에 해당하는 경우에는 그러하지 아니하다.
1. 금융지주회사와 해당 자회사등이 임직원 겸직으로 인한 이해상충의 발생 가능성에 대하여 상당한 주의를 한 경우
2. 고객이 거래 당시에 임직원 겸직에 따른 이해상충 행위라는 사실을 알고 있었거나 이에 동의한 경우
3. 그 밖에 금융지주회사와 해당 자회사등의 책임으로 돌릴 수 없는 사유로 손해가 발생한 경우로서 대통령령으로 정하는 경우

제3장 이사회

제1절 이사회의 구성 및 운영 등

제12조 【이사회의 구성】 ① 금융회사는 이사회에 사외이사를 3명 이상 두어야 한다.

② 사외이사의 수는 이사 총수의 과반수가 되어야 한다. 다만, 대통령령으로 정하는 금융회사의 경우 이사 총수의 4분의 1 이상을 사외이사로 하여야 한다.

③ 금융회사는 사외이사의 사임·사망 등의 사유로 사외이사의 수가 제1항 및 제2항에 따른 이사회의 구성요건에 미치지 못하게 된 경우에는 그 사유가 발생한 후 최초로 소집되는 주주총회(「보험업법」 제2조제7호에 따른 상호회사인 보험회사의 경우 사원총회를 포함한다. 이하 같다)에서 제1항 및 제2항에 따른 요건을 충족하도록 조치하여야 한다.

제13조 【이사회 의장의 선임 등】 ① 이사회는 매년 사외이사 중에서 이사회 의장을 선임한다.

② 제1항에도 불구하고 이사회는 사외이사가 아닌 자를 이사회 의장으로 선임할 수 있으며, 이 경우 이사회는 그 사유를 공시하고, 사외이사를 대표하는 자(이하 "선임사외이사"라 한다)를 별도로 선임하여야 한다.

③ 선임사외이사는 다음 각 호의 업무를 수행한다.
1. 사외이사 전원으로 구성되는 사외이사회의의 소집 및 주재
2. 사외이사의 효율적인 업무수행을 위한 지원
3. 사외이사의 책임성 제고를 위한 지원

④ 금융회사 및 그 임직원은 선임사외이사가 제3항에 따른 업무를 원활하게 수행할 수 있도록 적극 협조하여야 한다.

제14조 【이사회의 운영 등】 ① 금융회사는 주주와 예금자, 투자자, 보험계약자, 그 밖의 금융소비자의 이익을 보호하기 위하여 그 금융회사의 이사회의 구성과 운영, 이사회내 위원회의 설치, 임원의 전문성 요건, 임원 성과평가 및 최고경영자의 자격 등 경영승계에 관한 사항 등에 관하여 지켜야 할 구체적인 원칙과 절차(이하 "지배구조내부규범"이라 한다)를 마련하여야 한다.

② 지배구조내부규범에 규정하여야 할 세부적인 사항과 그 밖에 필요한 사항은 대통령령으로 정한다.

③ 금융회사는 다음 각 호의 사항을 금융위원회가 정하는 바에 따라 인터넷 홈페이지 등에 공시하여야 한다.
1. 지배구조내부규범을 제정하거나 변경한 경우 그 내용
2. 금융회사가 매년 지배구조내부규범에 따라 이사회 등을 운영한 현황

제15조 【이사회의 권한】 ① 다음 각 호의 사항은 이사회의 심의·의결을 거쳐야 한다.
1. 경영목표 및 평가에 관한 사항
2. 정관의 변경에 관한 사항

3. 예산 및 결산에 관한 사항
4. 해산 · 영업양도 및 합병 등 조직의 중요한 변경에 관한 사항
5. 제24조에 따른 내부통제기준 및 제27조에 따른 위험관리기준의 제정 · 개정 및 폐지에 관한 사항
5의2. 내부통제 및 위험관리 정책의 수립 및 감독에 관한 사항(2024.1.2 본호신설)
6. 최고경영자의 경영승계 등 지배구조 정책 수립에 관한 사항
7. 대주주 · 임원 등과 회사 간의 이해상충 행위 감독에 관한 사항

② 이사회의 심의 · 의결 사항은 정관으로 정하여야 한다.

③「상법」제393조제1항에 따른 이사회의 권한 중 지배인의 선임 또는 해임과 지점의 설치 · 이전 또는 폐지에 관한 권한은 정관에서 정하는 바에 따라 위임할 수 있다.

④ 이사회는 제30조의4에 따른 대표이사등의 내부통제등 총괄 관리의무의 이행을 감독한다.(2024.1.2 본항신설)

제2절 이사회내 위원회

제16조【이사회내 위원회의 설치 및 구성】 ① 금융회사는「상법」제393조의2에 따른 이사회내 위원회로서 다음 각 호의 위원회(이하 이 조에서 "위원회"라 한다)를 설치하여야 한다. 이 경우 제2호의 감사위원회는「상법」제415조의2에 따른 감사위원회로 본다.
1. 임원후보추천위원회
2. 감사위원회
3. 위험관리위원회
4. 보수위원회
5. 내부통제위원회(2024.1.2 본호신설)

② 제1항제4호에도 불구하고 금융회사의 정관에서 정하는 바에 따라 감사위원회가 제22조제1항 각 호에 관한 사항을 심의 · 의결하는 경우에는 보수위원회를 설치하지 아니할 수 있다. 다만, 대통령령으로 정하는 금융회사의 경우에는 그러하지 아니하다.

③ 제1항제5호에도 불구하고 금융회사의 정관으로 정하는 바에 따라 감사위원회 또는 위험관리위원회에서 제22조의2제1항 각 호에 관한 사항을 심의 · 의결하고, 같은 조 제2항에 따라 점검 · 평가 및 필요한 조치를 요구하는 경우에는 내부통제위원회를 설치하지 아니할 수 있다.(2024.1.2 본항신설)

④ 위원회 위원의 과반수는 사외이사로 구성한다.

⑤ 위원회의 대표는 사외이사로 한다.

제17조【임원후보추천위원회】 ① 임원후보추천위원회는 임원(사외이사, 대표이사, 대표집행임원, 감사위원에 한정한다. 이하 이 조에서 같다)후보를 추천한다.

② 임원후보추천위원회는 3명 이상의 위원으로 구성한다.

③ 금융회사는 주주총회 또는 이사회에서 임원을 선임하려는 경우 임원후보추천위원회의 추천을 받은 사람 중에서 선임하여야 한다.

④ 임원후보추천위원회가 사외이사 후보를 추천하는 경우에는 제33조제1항에 따른 주주제안권을 행사할 수 있는 요건을 갖춘 주주가 추천한 사외이사 후보를 포함시켜야 한다.

⑤ 임원후보추천위원회의 위원은 본인을 임원 후보로 추천하는 임원후보추천위원회 결의에 관하여 의결권을 행사하지 못한다.

⑥ 제2항과 제16조제4항 · 제5항은 최초로 제12조제1항에 따른 이사회를 구성하는 금융회사가 그 임원을 선임하는 경우에는 적용하지 아니한다.(2024.1.2 본항개정)

제18조【사외이사에 대한 정보제공】 ① 금융회사는 사외이사의 원활한 직무수행을 위하여 대통령령으로 정하는 바에 따라 충분한 자료나 정보를 제공하여야 한다.

② 사외이사는 해당 금융회사에 대하여 그 직무를 수행할 때 필요한 자료나 정보의 제공을 요청할 수 있다. 이 경우 금융회사는 특별한 사유가 없으면 이에 따라야 한다.

제19조【감사위원회의 구성 및 감사위원의 선임 등】 ① 감사위원회는 3명 이상의 이사로 구성한다. 이 경우 감사위원회 위원(이하 "감사위원"이라 한다) 중 1명 이상은 대통령령으로 정하는 회계 또는 재무 전문가이어야 한다.

② 제16조제4항에도 불구하고 사외이사가 감사위원의 3분의 2 이상이어야 한다.(2024.1.2 본항개정)

③ 금융회사는 감사위원의 사임 · 사망 등의 사유로 감사위원의 수가 제1항 및 제2항에 따른 감사위원회의 구성요건에 미치지 못하게 된 경우에는 그 사유가 발생한 후 최초로 소집되는 주주총회에서 제1항 및 제2항에 따른 요건을 충족하도록 조치하여야 한다.

④ 감사위원 후보는 제16조제1항제1호에 따른 임원후보추천위원회에서 추천한다. 이 경우 위원 총수의 3분의 2 이상의 찬성으로 의결한다.

⑤ 금융회사는 감사위원이 되는 사외이사 1명 이상에 대해서는 다른 이사와 분리하여 선임하여야 한다.

⑥ 감사위원을 선임하거나 해임하는 권한은 주주총회에 있다. 이 경우 감사위원이 되는 이사의 선임에 관하여는 감사 선임 시 의결권 행사의 제한에 관한「상법」제409조제2항 및 제3항을 준용한다.

⑦ 최대주주, 최대주주의 특수관계인, 그 밖에 대통령령으로 정하는 자가 소유하는 금융회사의 의결권 있는 주식의 합계가 그 금융회사의 의결권 없는 주식을 제외한 발행주식 총수의 100분의 3을 초과하는 경우 그 주주는 100분의 3을 초과하는 주식에 관하여 감사위원이 되는 이사를 선임하거나 해임할 때에는 의결권을 행사하지 못한다. 다만, 금융회사는 정관으로 100분의 3보다 낮은 비율을 정할 수 있다.

⑧ 자산규모 등을 고려하여 대통령령으로 정하는 금융회사는 회사에 상근하면서 감사업무를 수행하는 감사(이하 "상근감사"라 한다)를 1명 이상 두어야 한다. 다만, 이 법에 따른 감사위원회를 설치한 경우(감사위원회 설치 의무가 없는 금융회사가 이 조의 요건을 갖춘 감사위원회를 설치한 경우를 포함한다)에는 상근감사를 둘 수 없다.

⑨ 상근감사를 선임하는 경우 감사 선임 시 의결권 행사의 제한에 관한 제7항 및「상법」제409조제2항 · 제3항을 준용한다.

⑩ 상근감사 및 사외이사가 아닌 감사위원의 자격요건에 관하여는 제6조제1항 및 제2항을 준용한다. 다만, 해당 금융회사의 상근감사 또는 사외이사가 아닌 감사위원으로 재임(在任) 중이거나 재임하였던 사람은 제6조제1항제3호에도 불구하고 상근감사 또는 사외이사가 아닌 감사위원이 될 수 있다.

제20조【감사위원회 또는 감사에 대한 지원 등】 ① 감사위원회 또는 감사는 금융회사의 비용으로 전문가의 조력을 구할 수 있다.

② 금융회사는 감사위원회 또는 감사의 업무를 지원하는 담당부서를 설치하여야 한다.

③ 금융회사는 감사위원회 또는 감사의 업무 내용을 적은 보고서를 정기적으로 금융위원회가 정하는 바에 따라 금융위원회에 제출하여야 한다.

④ 감사위원(감사위원회가 설치되지 아니한 경우에는 감사를 말한다)에 대한 정보제공에 관하여는 제18조를 준용한다. 이 경우 "사외이사"는 "감사위원" 또는 "감사"로 본다.

제21조【위험관리위원회】 위험관리위원회는 다음 각 호에 관한 사항을 심의 · 의결한다.
1. 위험관리의 기본방침 및 전략 수립
2. 금융회사가 부담 가능한 위험 수준 결정
3. 적정투자한도 및 손실허용한도 승인
4. 제27조에 따른 위험관리기준의 제정 및 개정
5. 그 밖에 금융위원회가 정하여 고시하는 사항

제22조【보수위원회 및 보수체계 등】 ① 보수위원회는 대통령령으로 정하는 임직원에 대한 보수와 관련한 다음 각 호에 관한 사항을 심의 · 의결한다.
1. 보수의 결정 및 지급방식에 관한 사항
2. 보수지급에 관한 연차보고서의 작성 및 공시에 관한 사항
3. 그 밖에 금융위원회가 정하여 고시하는 사항

② 금융회사는 임직원이 과도한 위험을 부담하지 아니하도록 보수체계를 마련하여야 한다.

③ 금융회사는 대통령령으로 정하는 임직원에 대하여 보수의 일정비율 이상을 성과에 연동(連動)하여 미리 정해진 산정방식에 따른 보수(이하 "성과보수"라 한다)로 일정기간 이상 이연(移延)하여 지급하여야 한다. 이 경우 성과에 연동하는 보수의 비율, 이연 기간 등 세부 사항은 대통령령으로 정한다.

④ 금융회사는 대통령령으로 정하는 임직원의 보수지급에 관한 연차보고서를 작성하고 결산 후 3개월 이내에 금융위원회가 정하는 바에 따라 인터넷 홈페이지 등에 그 내용을 공시하여야 한다.
⑤ 제4항의 연차보고서에는 다음 각 호의 사항이 포함되어야 하며, 연차보고서의 작성에 관한 세부 기준은 대통령령으로 정한다.
1. 보수위원회의 구성, 권한 및 책임 등
2. 임원의 보수총액(기본급, 성과보수, 이연 성과보수 및 이연 성과보수 중 해당 회계연도에 지급된 금액 등)

제22조의2【내부통제위원회】 ① 내부통제위원회는 다음 각 호에 관한 사항을 심의·의결한다.
1. 내부통제의 기본방침 및 전략 수립
2. 임직원의 직업윤리와 준법정신을 중시하는 조직문화의 정착방안 마련
3. 제14조제1항에 따른 지배구조내부규범의 마련 및 변경
4. 제24조제1항에 따른 내부통제기준의 제정 및 개정
5. 그 밖에 금융위원회가 정하여 고시하는 사항
② 내부통제위원회는 제30조의2제1항에 따른 임원과 제30조의2제2항에 따른 대표이사등이 각각 제30조의2 및 제30조의4에 따른 관리조치와 보고를 적절하게 수행하고 있는지 여부를 점검·평가하고 미흡한 사항에 대해서는 개선 등 필요한 조치를 요구하여야 한다.
③ 제1항 및 제2항에도 불구하고 대통령령으로 정하는 사항에 대해서는 금융회사의 정관으로 정하는 바에 따라 내부통제위원회가 아닌 감사위원회나 위험관리위원회가 담당하도록 할 수 있다.
(2024.1.2 본조신설)

제23조【금융지주회사의 완전자회사등의 특례】 ① 금융지주회사가 발행주식 총수를 소유하는 자회사 및 그 자회사가 발행주식 총수를 소유하는 손자회사(손자회사가 발행주식 총수를 소유하는 증손회사를 포함한다. 이하 이 조에서 "완전자회사등"이라 한다)는 경영의 투명성 등 대통령령으로 정하는 요건에 해당하는 경우에는 제12조 및 제16조에도 불구하고 사외이사를 두지 아니하거나 이사회내 위원회를 설치하지 아니할 수 있다.
② 제1항에 따라 완전자회사등이 감사위원회를 설치하지 아니할 때에는 상근감사를 선임하여야 한다.
③ 제2항에 따른 상근감사의 자격요건에 관하여는 제6조제1항 및 제2항을 준용한다. 다만, 해당 완전자회사등의 상근감사 또는 사외이사가 아닌 감사위원으로 재임 중이거나 재임하였던 사람은 제6조제1항제3호에도 불구하고 상근감사가 될 수 있다.

제4장 내부통제 및 위험관리 등

제24조【내부통제기준】 ① 금융회사는 법령을 준수하고, 경영을 건전하게 하며, 주주 및 이해관계자 등을 보호하기 위하여 금융회사의 임직원이 직무를 수행할 때 준수하여야 할 기준 및 절차(이하 "내부통제기준"이라 한다)를 마련하여야 한다.
② 제1항에도 불구하고 금융지주회사가 금융회사인 자회사등의 내부통제기준을 마련하는 경우 그 자회사등은 내부통제기준을 마련하지 아니할 수 있다.
③ 내부통제기준에서 정하여야 할 세부적인 사항과 그 밖에 필요한 사항은 대통령령으로 정한다.

제25조【준법감시인의 임면 등】 ① 금융회사(자산규모 등을 고려하여 대통령령으로 정하는 투자자문업자 및 투자일임업자는 제외한다)는 내부통제기준의 준수 여부를 점검하고 내부통제기준을 위반하는 경우 이를 조사하는 등 내부통제 관련 업무를 총괄하는 사람(이하 "준법감시인"이라 한다)을 1명 이상 두어야 하며, 준법감시인은 필요하다고 판단하는 경우 조사결과를 감사위원회 또는 감사에게 보고할 수 있다.
② 금융회사는 사내이사 또는 업무집행책임자 중에서 준법감시인을 선임하여야 한다. 다만, 자산규모, 영위하는 금융업무 등을 고려하여 대통령령으로 정하는 금융회사 또는 외국금융회사의 국내지점은 사내이사 또는 업무집행책임자가 아닌 직원 중에서 준법감시인을 선임할 수 있다.
③ 금융회사(외국금융회사의 국내지점은 제외한다)가 준법감시인을 임면하려는 경우에는 이사회의 의결을 거쳐야 하며, 해임할 경우에는 이사 총수의 3분의 2 이상의 찬성으로 의결한다.
④ 준법감시인의 임기는 2년 이상으로 한다.
⑤ 금융회사는 준법감시인을 제2항 단서에 따라 직원 중에서 선임하는 경우 「기간제 및 단시간근로자 보호 등에 관한 법률」에 따른 기간제근로자 또는 단시간근로자를 준법감시인으로 선임하여서는 아니 된다.
⑥ 금융회사는 준법감시인에 대하여 회사의 재무적 경영성과와 연동하지 아니하는 별도의 보수지급 및 평가 기준을 마련하여 운영하여야 한다.

제26조【준법감시인의 자격요건】 ① 준법감시인은 다음 각 호의 요건을 모두 충족한 사람이어야 한다.
1. 최근 5년간 이 법 또는 금융관계법령을 위반하여 금융위원회 또는 금융감독원(「금융위원회의 설치 등에 관한 법률」에 따른 금융감독원을 말한다. 이하 같다)의 원장(이하 "금융감독원장"이라 한다), 그 밖에 대통령령으로 정하는 기관으로부터 제35조제1항 각 호 및 제2항 각 호에 규정된 조치 중 문책경고 또는 감봉요구 이상에 해당하는 조치를 받은 사실이 없을 것
2. 다음 각 목의 어느 하나에 해당하는 사람. 다만, 다음 각 목(라목 후단의 경우는 제외한다)의 어느 하나에 해당하는 사람으로서 라목 전단에서 규정한 기관에서 퇴임하거나 퇴직한 후 5년이 지나지 아니한 사람은 제외한다.
   가. 「금융위원회의 설치 등에 관한 법률」 제38조에 따른 검사 대상 기관(이에 상당하는 외국금융회사를 포함한다)에서 10년 이상 근무한 사람
   나. 금융 관련 분야의 석사학위 이상의 학위소지자로서 연구기관 또는 대학에서 연구원 또는 조교수 이상의 직에 5년 이상 종사한 사람
   다. 변호사 또는 공인회계사의 자격을 가진 사람으로서 그 자격과 관련된 업무에 5년 이상 종사한 사람
   라. 기획재정부, 금융위원회, 「금융위원회의 설치 등에 관한 법률」 제19조에 따른 증권선물위원회, 감사원, 금융감독원, 한국은행, 「예금자보호법」 제3조에 따라 설립된 예금보험공사(이하 "예금보험공사"라 한다), 그 밖에 금융위원회가 정하여 고시하는 금융 관련 기관에서 7년 이상 근무한 사람. 이 경우 예금보험공사의 직원으로서 「예금자보호법」 제2조제5호에 따른 부실금융회사 또는 같은 조 제6호에 따른 부실우려금융회사와 같은 법 제36조의3에 따른 정리금융회사의 업무 수행을 위하여 필요한 경우에는 7년 이상 근무 중인 사람을 포함한다.(2015.12.22 후단개정)
   마. 그 밖에 가목부터 라목까지의 규정에 준하는 자격이 있다고 인정되는 사람으로서 대통령령으로 정하는 사람
② 준법감시인이 된 사람이 제1항제1호의 요건을 충족하지 못하게 된 경우에는 그 직을 잃는다.

제27조【위험관리기준】 ① 금융회사는 자산의 운용이나 업무의 수행, 그 밖의 각종 거래에서 발생하는 위험을 제때에 인식·평가·감시·통제하는 등 위험관리를 위한 기준 및 절차(이하 "위험관리기준"이라 한다)를 마련하여야 한다.
② 제1항에도 불구하고 금융지주회사가 금융회사인 자회사등의 위험관리기준을 마련하는 경우 그 자회사등은 위험관리기준을 마련하지 아니할 수 있다.
③ 위험관리기준에서 정하여야 할 세부적인 사항과 그 밖에 필요한 사항은 대통령령으로 정한다.

제28조【위험관리책임자의 임면 등】 ① 금융회사(자산규모 및 영위하는 업무 등을 고려하여 대통령령으로 정하는 투자자문업자 및 투자일임업자는 제외한다)는 자산의 운용이나 업무의 수행, 그 밖의 각종 거래에서 발생하는 위험을 점검하고 관리하는 위험관리책임자를 1명 이상 두어야 한다.
② 위험관리책임자의 임면, 임기 등에 관하여는 제25조제2항부터 제6항까지를 준용한다. 이 경우 "준법감시인"은 "위험관리책임자"로 본다.
③ 위험관리책임자는 위험관리에 대한 전문적인 지식과 실무경험을 갖춘 사람으로서 다음 각 호의 요건을 모두 충족한 사람이어야 한다.

1. 최근 5년간 이 법 또는 금융관계법령을 위반하여 금융위원회 또는 금융감독원장, 그 밖에 대통령령으로 정하는 기관으로부터 제35조제1항 각 호 및 제2항 각 호에 규정된 조치 중 문책경고 또는 감봉요구 이상에 해당하는 조치를 받은 사실이 없을 것
2. 다음 각 목의 어느 하나에 해당하는 사람일 것. 다만, 다음 각 목의 어느 하나에 해당하는 사람으로서 다목에서 규정한 기관에서 퇴임하거나 퇴직한 후 5년이 지나지 아니한 사람은 제외한다.
가. 「금융위원회의 설치 등에 관한 법률」 제38조에 따른 검사 대상 기관(이에 상당하는 외국금융회사를 포함한다)에서 10년 이상 근무한 사람
나. 금융 관련 분야의 석사학위 이상의 학위소지자로서 연구기관 또는 대학에서 위험관리와 관련하여 연구원 또는 조교수 이상의 직에 5년 이상 종사한 사람
다. 금융감독원, 한국은행, 예금보험공사, 그 밖에 금융위원회가 정하는 금융 관련 기관에서 위험관리 관련 업무에 7년 이상 종사한 사람
라. 그 밖에 가목부터 다목까지의 규정에 준하는 자격이 있다고 인정되는 사람으로서 대통령령으로 정하는 사람
④ 위험관리책임자가 된 사람이 제3항제1호의 요건을 충족하지 못하게 된 경우에는 그 직을 잃는다.

제29조【겸직 금지 등】 준법감시인 및 위험관리책임자는 선량한 관리자의 주의로 그 직무를 수행하여야 하며, 다음 각 호의 업무를 수행하는 직무를 담당해서는 아니 된다.(2017.4.18 본문개정)
1. 자산 운용에 관한 업무
2. 해당 금융회사의 본질적 업무(해당 금융회사가 인가를 받거나 등록을 한 업무와 직접적으로 관련된 필수업무로서 대통령령으로 정하는 업무를 말한다) 및 그 부수업무
3. 해당 금융회사의 겸영(兼營)업무
4. 금융지주회사의 경우에는 자회사등의 업무(금융지주회사의 위험관리책임자가 그 소속 자회사등의 위험관리업무를 담당하는 경우는 제외한다)
5. 그 밖에 이해가 상충할 우려가 있거나 내부통제 및 위험관리업무에 전념하기 어려운 경우로서 대통령령으로 정하는 업무

제30조【준법감시인 및 위험관리책임자에 대한 금융회사의 의무】 ① 금융회사는 준법감시인 및 위험관리책임자가 그 직무를 독립적으로 수행할 수 있도록 하여야 한다.
② 금융회사는 준법감시인 및 위험관리책임자를 임면하였을 때에는 대통령령으로 정하는 바에 따라 그 사실을 금융위원회에 보고하여야 한다.
③ 금융회사 및 그 임직원은 준법감시인 및 위험관리책임자가 그 직무를 수행할 때 필요한 자료나 정보의 제출을 요구하는 경우 이에 성실히 응하여야 한다.
④ 금융회사는 준법감시인 및 위험관리책임자였던 사람에 대하여 그 직무수행과 관련된 사유로 부당한 인사상의 불이익을 주어서는 아니 된다.

제30조의2【임원의 내부통제등 관리의무】 ① 금융회사의 임원(해당 금융회사의 책무에 사실상 영향력을 미치는 다른 회사 임원을 포함하며, 금융회사의 자산규모, 담당하는 직책의 특성 등을 고려하여 대통령령으로 정하는 임원을 제외하거나 대통령령으로 정하는 직원을 포함한다. 이하 이 조, 제30조의3 및 제35조의2에서 같다)은 제30조의3제1항에 따른 책무구조도에서 정하는 자신의 책무와 관련하여 내부통제 및 위험관리(이하 "내부통제등"이라 한다)가 효과적으로 작동할 수 있도록 다음 각 호의 관리조치를 하여야 한다.
1. 이 법 및 금융관계법령에 따른 내부통제기준 및 위험관리기준(이하 "내부통제기준등"이라 한다)이 적정하게 마련되었는지 여부에 대한 점검
2. 내부통제기준등이 효과적으로 집행·운영되고 있는지 여부에 대한 점검
3. 임직원이 법령 또는 내부통제기준등을 충실하게 준수하고 있는지 여부에 대한 점검
4. 제1호부터 제3호까지에 따른 점검 과정에서 알게 된 법령 및 내부통제기준등의 위반사항이나 내부통제등에 관한 미흡한 사항에 대한 시정·개선 등 필요한 조치
5. 제1호부터 제4호까지에 따른 조치에 준하는 조치로서 내부통제등의 효과적 작동을 위해 대통령령으로 정하는 관리조치
② 금융회사의 임원은 다음 각 호의 사항에 관하여 대표이사(「상법」에 따른 집행임원을 둔 경우에는 대표집행임원, 외국금융회사의 국내지점의 경우 그 대표자를 포함하며, 이하 "대표이사등"이라 한다)에게 보고하여야 한다.
1. 제1항 각 호에 따른 관리조치의 내용과 결과
2. 제1항에 따른 관리조치를 수행하는 과정에서 알게 된 내부통제등에 관한 사항
3. 제1호 및 제2호에 준하는 사항으로서 대통령령으로 정하는 사항
③ 제1항에 따른 관리조치 및 제2항에 따른 보고 등에 관하여 필요한 사항은 대통령령으로 정한다.
(2024.1.2 본조신설)

제30조의3【책무구조도】 ① 금융회사의 대표이사등은 제30조의2에 따른 관리의무를 이행하여야 하는 임원과 임원의 직책별로 이 법, 「상법」, 「형법」, 금융관계법령 및 그 밖에 대통령령으로 정하는 금융 관련 법령에서 정한 사항으로서 대통령령으로 정하는 책무를 배분한 문서(이하 "책무구조도"라고 한다)를 마련하여야 한다.
② 책무구조도는 다음 각 호의 요건을 갖추어야 한다.
1. 제1항에 따른 책무별로 담당하는 임원이 반드시 존재할 것
2. 제1항에 따른 책무별로 담당하는 임원이 복수로 존재하지 아니할 것
3. 제1호 및 제2호에 준하는 요건으로서 내부통제등의 효과적 작동을 위하여 대통령령으로 정하는 요건
③ 대표이사등이 책무구조도를 마련하려는 경우에는 이사회의 의결을 거쳐야 한다. 다만, 외국금융회사의 국내지점의 경우에는 대통령령으로 정하는 절차에 따른다.
④ 금융회사는 대표이사등이 마련한 책무구조도를 금융위원회에 제출하여야 한다.
⑤ 금융위원회는 제4항에 따라 제출된 책무구조도가 다음 각 호의 어느 하나에 해당하는 경우에는 책무구조도의 기재내용을 정정하거나 보완하여 제출할 것을 요구할 수 있다.
1. 형식을 제대로 갖추지 아니한 경우
2. 중요사항을 누락한 경우
3. 기재내용이 불분명한 경우
4. 제1호부터 제3호까지에 준하는 사항으로서 금융위원회가 정하여 고시하는 사항
⑥ 제1항부터 제5항까지는 제출된 책무구조도의 기재내용에 대통령령으로 정하는 변경이 있는 경우에도 적용한다.
⑦ 제1항부터 제6항까지에 따른 책무구조도의 작성방법, 기재내용, 제출방법 및 정정·보완 요구 등에 관하여 필요한 사항은 금융위원회가 정하여 고시한다.
(2024.1.2 본조신설)

제30조의4【대표이사등의 내부통제등 총괄 관리의무】 ① 금융회사의 대표이사등은 내부통제등의 전반적 집행 및 운영에 대한 최종적인 책임자로서 다음 각 호의 총괄적인 관리조치를 실효성 있게 하여야 한다.
1. 내부통제등 정책·기본방침 및 전략의 집행·운영
2. 임직원이 법령 및 내부통제기준등을 준수하기 위하여 필요한 인적·물적 자원의 지원 및 그 지원의 적정성에 대한 점검
3. 임직원의 법령 또는 내부통제기준등 위반사실을 대표이사등이 적시에 파악할 수 있도록 하기 위한 제보·신고 및 보고 등에 대한 관리체계의 구축·운영
4. 각 임원이 제30조의2에 따른 관리의무를 적절하게 수행하고 있는지 여부에 대한 점검
5. 임직원의 법령 또는 내부통제기준등 위반을 초래할 수 있는 대통령령으로 정하는 잠재적 위험요인 또는 취약분야에 대한 점검
6. 임직원의 법령 또는 내부통제기준등 위반이 장기화 또는 반복되거나 조직적으로 또는 광범위하게 이루어지는 것을 방지하기 위한 조치로서 대통령령으로 정하는 조치
7. 제1호부터 제6호까지 및 제8호에 따른 관리조치를 하는 과정에서 알게 된 법령 및 내부통제기준등의 위반사항이나 내부통제등에 관한 미흡한 사항에 대한 시정·개선 등 필요한 조치

8. 그 밖에 내부통제등의 효과적 작동을 위한 대통령령으로 정하는 조치
② 금융회사의 대표이사등은 다음 각 호의 사항에 관하여 이사회에 보고하여야 한다.
1. 제1항 각 호에 따른 관리조치의 내용과 결과
2. 제1항에 따른 관리조치를 수행하는 과정에서 알게 된 내부통제등에 관한 중요한 사항
3. 제30조의2제2항에 따라 임원이 보고하는 사항 중 중요한 사항
4. 제1호 및 제2호에 준하는 사항으로서 대통령령으로 정하는 사항
③ 제1항에 따른 관리조치 및 제2항에 따른 보고 등에 관하여 필요한 사항은 대통령령으로 정한다.
(2024.1.2 본조신설)

제5장 대주주의 건전성 유지

제31조 【대주주 변경승인 등】 ① 금융회사(「은행법」에 따른 인가를 받아 설립된 은행, 「금융지주회사법」에 따른 은행지주회사, 「상호저축은행법」에 따른 인가를 받아 설립된 상호저축은행, 「자본시장과 금융투자업에 관한 법률」에 따른 투자자문업자 및 투자일임업자, 「여신전문금융업법」에 따른 시설대여업자, 할부금융업자, 신기술사업금융업자는 제외한다)가 발행한 주식을 취득·양수(실질적으로 해당 주식을 지배하는 것을 말하며, 이하 이 장에서 "취득등"이라 한다)하여 대주주(최대주주의 경우 최대주주의 특수관계인인 주주를 포함하며, 최대주주가 법인인 경우 그 법인의 중요한 경영사항에 대하여 사실상 영향력을 행사하고 있는 자로서 대통령령으로 정하는 자를 포함한다. 이하 이 조에서 같다)가 되고자 하는 자는 건전한 경영을 위하여 「독점규제 및 공정거래에 관한 법률」, 「조세범 처벌법」 및 금융과 관련하여 대통령령으로 정하는 법령을 위반하지 아니하는 등 대통령령으로 정하는 요건을 갖추어 미리 금융위원회의 승인을 받아야 한다. 다만, 대통령령으로 정하는 자는 그러하지 아니하다.
② 제1항에 따른 주식의 취득등이 기존 대주주의 사망 등 대통령령으로 정하는 사유로 인한 때에는 취득등을 한 날부터 3개월 이내에서 대통령령으로 정하는 기간 이내에 금융위원회에 승인을 신청하여야 한다.
③ 금융위원회는 제1항에 따른 승인을 받지 아니하고 취득등을 한 주식과 제2항에 따른 취득등을 한 후 승인을 신청하지 아니한 주식에 대하여 6개월 이내의 기간을 정하여 처분을 명할 수 있다.
④ 제1항에 따른 승인을 받지 아니하거나 제2항에 따른 승인을 신청하지 아니한 자는 승인 없이 취득하거나 취득 후 승인을 신청하지 아니한 주식에 대하여 의결권을 행사할 수 없다.
⑤ 「자본시장과 금융투자업에 관한 법률」에 따른 투자자문업자 및 투자일임업자, 「여신전문금융업법」에 따른 시설대여업자, 할부금융업자, 신기술사업금융업자는 대주주가 변경된 경우에는 이를 2주 이내에 금융위원회에 보고하여야 한다. 이 경우 투자자문업 또는 투자일임업과 「자본시장과 금융투자업에 관한 법률」 제6조제1항제1호부터 제3호까지 및 제6호의 어느 하나에 해당하는 금융투자업을 함께 영위하는 자로서 제1항에 따라 승인을 받은 때에는 보고를 한 것으로 본다.
⑥ 제1항부터 제3항까지에 따른 방법 및 절차에 관하여 필요한 세부사항은 대통령령으로 정한다.
제32조 【최대주주의 자격 심사 등】 ① 금융위원회는 금융회사(제31조제1항의 적용대상인 금융회사에 한정한다. 이하 이 조에서 같다)의 최대주주 중 최다출자자 1인(최다출자자 1인이 법인인 경우 그 법인의 최대주주 중 최다출자자 1인을 말하며, 그 최다출자자 1인도 법인인 경우에는 최다출자자 1인이 개인이 될 때까지 같은 방법으로 선정한다. 다만, 법인 간 순환출자 구조인 경우에는 최대주주 중 대통령령으로 정하는 최다출자자 1인으로 한다. 이하 이 조에서 "적격성 심사대상"이라 한다)에 대하여 대통령령으로 정하는 기간마다 변경승인요건 중 「독점규제 및 공정거래에 관한 법률」, 「조세범 처벌법」 및 금융과 관련하여 대통령령으로 정하는 법령을 위반하지 아니하는 등 대통령령으로 정하는 요건(이하 "적격성 유지요건"이라 한다)에 부합하는지 여부를 심사하여야 한다.
② 금융회사는 해당 금융회사의 적격성 심사대상이 적격성 유지요건을 충족하지 못하는 사유가 발생한 사실을 인지한 경우 지체 없이 그 사실을 금융위원회에 보고하여야 한다.
③ 금융위원회는 제1항에 따른 심사를 위하여 필요한 경우에는 금융회사 또는 적격성 심사대상에 대하여 필요한 자료 또는 정보의 제공을 요구할 수 있다.
④ 금융위원회는 제1항에 따른 심사 결과 적격성 심사대상이 적격성 유지요건을 충족하지 못하고 있다고 인정되는 경우 해당 적격성 심사대상에 대하여 6개월 이내의 기간을 정하여 해당 금융회사의 경영건전성을 확보하기 위한 다음 각 호의 전부 또는 일부를 포함한 조치를 이행할 것을 명할 수 있다.
1. 적격성 유지요건을 충족하기 위한 조치
2. 해당 적격성 심사대상과의 거래의 제한 등 이해상충 방지를 위한 조치
3. 그 밖에 금융회사의 경영건전성을 위하여 필요하다고 인정되는 조치로서 대통령령으로 정하는 조치
⑤ 금융위원회는 제1항에 따른 심사 결과 적격성 심사대상이 다음 각 호의 어느 하나에 해당하는 경우로서 법령 위반 정도를 감안할 때 건전한 금융질서와 금융회사의 건전성이 유지되기 어렵다고 인정되는 경우 5년 이내의 기간으로서 대통령령으로 정하는 기간 내에 해당 적격성 심사대상이 보유한 금융회사의 의결권 있는 발행주식(최다출자자 1인이 법인인 경우 그 법인이 보유한 해당 금융회사의 의결권 있는 발행주식을 말한다) 총수의 100분의 10 이상에 대하여는 의결권을 행사할 수 없도록 명할 수 있다.
1. 제1항에 규정된 법령의 위반으로 금고 1년 이상의 실형을 선고받고 그 형이 확정된 경우
2. 그 밖에 건전한 금융질서 유지를 위하여 대통령령으로 정하는 경우
⑥ 제1항에 규정된 법령의 위반에 따른 죄와 다른 죄의 경합범에 대하여는 「형법」 제38조에도 불구하고 이를 분리 심리하여 따로 선고하여야 한다.
⑦ 제1항부터 제5항까지에 따른 방법 및 절차 등에 관하여 필요한 세부사항은 대통령령으로 정한다.

제6장 소수주주의 권리행사의 특례

제33조 【소수주주권】 ① 6개월 전부터 계속하여 금융회사의 의결권 있는 발행주식 총수의 1만분의 10 이상에 해당하는 주식을 대통령령으로 정하는 바에 따라 보유한 자는 「상법」 제363조의2에 따른 주주의 권리를 행사할 수 있다.
② 6개월 전부터 계속하여 금융회사의 발행주식 총수의 1만분의 150 이상(대통령령으로 정하는 금융회사의 경우에는 1만분의 75 이상)에 해당하는 주식을 대통령령으로 정하는 바에 따라 보유한 자는 「상법」 제366조 및 제467조에 따른 주주의 권리를 행사할 수 있다. 이 경우 「상법」 제366조에 따른 주주의 권리를 행사할 때에는 의결권 있는 주식을 기준으로 한다.
③ 6개월 전부터 계속하여 금융회사의 발행주식 총수의 10만분의 250 이상(대통령령으로 정하는 금융회사의 경우에는 10만분의 125 이상)에 해당하는 주식을 대통령령으로 정하는 바에 따라 보유한 자는 「상법」 제385조(같은 법 제415조에서 준용하는 경우를 포함한다) 및 제539조에 따른 주주의 권리를 행사할 수 있다.
④ 6개월 전부터 계속하여 금융회사의 발행주식 총수의 100만분의 250 이상(대통령령으로 정하는 금융회사의 경우에는 100만분의 125 이상)에 해당하는 주식을 대통령령으로 정하는 바에 따라 보유한 자는 「상법」 제402조에 따른 주주의 권리를 행사할 수 있다.
⑤ 6개월 전부터 계속하여 금융회사의 발행주식 총수의 10만분의 1 이상에 해당하는 주식을 대통령령으로 정하는 바에 따라 보유한 자는 「상법」 제403조(같은 법 제324조, 제415조, 제424조의2, 제467조의2 및 제542조에서 준용하는 경우를 포함한다)에 따른 주주의 권리를 행사할 수 있다.
⑥ 6개월 전부터 계속하여 금융회사의 발행주식 총수의 10만

분의 50 이상(대통령령으로 정하는 금융회사의 경우에는 10만분의 25 이상)에 해당하는 주식을 대통령령으로 정하는 바에 따라 보유한 자는 「상법」 제466조에 따른 주주의 권리를 행사할 수 있다.
⑦ 제5항의 주주가 「상법」 제403조(같은 법 제324조, 제415조, 제424조의2, 제467조의2 및 제542조에서 준용하는 경우를 포함한다)에 따른 소송을 제기하여 승소한 경우에는 금융회사에 소송비용, 그 밖에 소송으로 인한 모든 비용의 지급을 청구할 수 있다.
⑧ 제1항부터 제6항까지의 규정은 그 각 항에서 규정하는 「상법」의 해당 규정에 따른 소수주주권의 행사에 영향을 미치지 아니한다.

제7장 처분 및 제재절차

제34조【금융회사에 대한 조치】 ① 금융위원회는 금융회사가 별표 각 호의 어느 하나에 해당하는 경우에는 다음 각 호의 어느 하나에 해당하는 조치를 할 수 있다.
1. 위법행위의 시정명령
2. 위법행위의 중지명령
3. 금융회사에 대한 경고
4. 금융회사에 대한 주의
5. 그 밖에 위법행위를 시정하거나 방지하기 위하여 필요한 조치로서 대통령령으로 정하는 조치

② 제1항에도 불구하고 제2조제1호가목, 다목 및 마목에 따른 금융회사가 별표 각 호의 어느 하나에 해당하는 경우에는 다음 각 호에서 정하는 바에 따른다.
1. 금융위원회는 제2조제1호가목에 따른 금융회사에 대해서는 금융감독원장의 건의에 따라 제1항제1호 및 제5호의 어느 하나에 해당하는 조치를 하거나, 금융감독원장으로 하여금 제1항제2호부터 제4호까지의 어느 하나에 해당하는 조치를 하게 할 수 있다.
2. 금융위원회는 제2조제1호다목 또는 마목에 따른 금융회사에 대해서는 금융감독원장의 건의에 따라 제1항 각 호의 어느 하나에 해당하는 조치를 하거나, 금융감독원장으로 하여금 제1항제3호 또는 제4호의 어느 하나에 해당하는 조치를 하게 할 수 있다.

제35조【임직원에 대한 제재조치】 ① 금융위원회는 금융회사의 임원(업무집행책임자는 제외한다. 이하 이 조에서 같다)이 별표 각 호의 어느 하나에 해당하는 경우에는 다음 각 호의 어느 하나에 해당하는 조치를 할 수 있다.
1. 해임요구
2. 6개월 이내의 직무정지 또는 임원의 직무를 대행하는 관리인의 선임
3. 문책경고
4. 주의적 경고
5. 주의

② 금융위원회는 금융회사의 직원(업무집행책임자를 포함한다. 이하 이 조에서 같다)이 별표 각 호의 어느 하나에 해당하는 경우에는 다음 각 호의 어느 하나에 해당하는 조치를 할 것을 그 금융회사에 요구할 수 있다.
1. 면직
2. 6개월 이내의 정직
3. 감봉
4. 견책
5. 주의

③ 제1항에도 불구하고 제2조제1호가목, 다목 및 마목에 따른 금융회사의 임원에 대해서는 다음 각 호에서 정하는 바에 따른다.
1. 금융위원회는 제2조제1호가목에 따른 금융회사의 임원에 대해서는 금융감독원장의 건의에 따라 제1항제1호 또는 제2호의 어느 하나에 해당하는 조치를 할 수 있으며, 금융감독원장으로 하여금 제1항제3호부터 제5호까지의 어느 하나에 해당하는 조치를 하게 할 수 있다.
2. 금융위원회는 제2조제1호다목 또는 마목에 따른 금융회사의 임원에 대해서는 금융감독원장의 건의에 따라 제1항 각 호의 어느 하나에 해당하는 조치를 하거나, 금융감독원장으로 하여금 제1항제3호부터 제5호까지의 어느 하나에 해당하는 조치를 하게 할 수 있다.

④ 제2항에도 불구하고 제2조제1호가목, 다목 및 마목에 따른 금융회사의 직원에 대해서는 다음 각 호에서 정하는 바에 따른다.
1. 금융감독원장은 제2조제1호가목에 따른 금융회사의 직원에 대해서는 제2항 각 호의 어느 하나에 해당하는 조치를 할 것을 그 금융회사에 요구할 수 있다.
2. 금융위원회는 제2조제1호다목 또는 마목에 따른 금융회사의 직원에 대해서는 제2항 각 호의 어느 하나에 해당하는 조치를 할 것을 금융감독원장의 건의에 따라 그 금융회사에 요구하거나, 금융감독원장으로 하여금 요구하게 할 수 있다.

⑤ 금융위원회는 제1항부터 제4항까지의 규정에 따라 금융회사의 임직원에 대하여 조치를 하거나 해당 조치를 하도록 요구하는 경우 그 임직원에 대한 관리·감독의 책임이 있는 임직원에 대한 조치를 함께 하거나, 해당 조치를 하도록 요구할 수 있다. 다만, 관리·감독의 책임이 있는 사람이 그 임직원의 관리·감독에 상당한 주의를 다한 경우에는 조치를 감경하거나 면제할 수 있다.
⑥ 금융위원회(제3항 또는 제4항에 따라 조치를 하거나 조치를 할 것을 요구할 수 있는 금융감독원장을 포함한다)는 금융회사의 퇴임한 임원 또는 퇴직한 직원이 재임 또는 재직 중이었더라면 제1항부터 제5항까지에 해당하는 조치를 받았을 것으로 인정되는 경우에는 그 조치의 내용을 해당 금융회사의 장에게 통보할 수 있다. 이 경우 통보를 받은 금융회사의 장은 이를 퇴임·퇴직한 해당 임직원에게 통보하여야 한다.(2017.4.18 전단개정)

제35조의2【내부통제등 관리의무 위반에 대한 제재 등】 ① 금융위원회는 임원이 제30조의2를 위반하거나 대표이사등이 제30조의4를 위반하는 경우에는 제35조에 따른 조치(같은 조 제5항에 따른 조치는 제외한다)를 할 수 있다.
② 금융위원회는 제1항에 따라 조치를 하는 경우에는 다음 각 호의 사항을 고려하여 제재조치를 감경하거나 면제할 수 있다.
1. 임직원의 법령 또는 내부통제기준등 위반행위의 발생 경위, 정도와 그 결과
2. 제1호에 따른 위반행위의 발생을 방지하기 위하여 상당한 주의를 다하여 제30조의2 또는 제30조의4에 따른 관리의무를 수행하였는지 여부

③ 금융위원회는 제1항 및 제2항에 따라 임원 또는 대표이사등에 대하여 제재조치를 하는 경우 해당 금융회사에 대하여 제34조제1항 각 호의 조치를 할 수 있다. 이 경우 제2조제1호가목, 다목 및 마목에 따른 금융회사에 대한 조치는 제34조제2항 각 호에서 정하는 바에 따른다.
(2024.1.2 본조신설)

제36조【청문】 금융위원회는 제35조제1항부터 제5항까지 및 제35조의2에 따른 조치 중 임원의 해임요구 또는 직원의 면직요구의 조치를 할 경우 청문을 하여야 한다.(2024.1.2 본조개정)

제37조【이의신청 특례】 ① 제34조, 제35조제1항부터 제5항까지 및 제35조의2에 따른 조치(해임요구 또는 면직요구의 조치는 제외한다)에 대하여 불복하는 자는 그 조치를 고지받은 날부터 30일 이내에 그 사유를 갖추어 금융위원회에 이의를 신청할 수 있다.(2024.1.2 본항개정)
② 금융위원회는 제1항에 따른 이의신청에 대하여 60일 이내에 결정을 하여야 한다. 다만, 부득이한 사정으로 그 기간 이내에 결정을 할 수 없는 경우에는 30일의 범위에서 그 기간을 연장할 수 있다.
③ 제1항 및 제2항에서 규정한 사항 외에 처분에 대한 이의신청에 관한 사항은 「행정기본법」 제36조에 따른다.(2023.9.14 본항신설)
(2023.9.14 본조제목개정)

제38조【기록 및 조회 등】 ① 금융위원회는 제34조, 제35조 및 제35조의2에 따라 조치한 경우에는 그 내용을 기록하고 이를 유지·관리하여야 한다.(2024.1.2 본항개정)
② 금융회사는 금융위원회의 조치 요구에 따라 그 임직원을 조치한 경우 및 제35조제6항에 따라 통보를 받은 경우에는 그 내용을 기록하고 이를 유지·관리하여야 한다.

③ 금융회사 또는 그 임직원(임직원이었던 사람을 포함한다)은 금융위원회 또는 금융회사에 자기에 대한 제34조, 제35조 및 제35조의2에 따른 조치 여부 및 그 내용을 조회할 수 있다.(2024.1.2 본항개정)
④ 금융위원회 또는 금융회사는 제3항에 따른 조회를 요청받은 경우에는 정당한 사유가 없으면 조치 여부 및 그 내용을 그 조회요청자에게 통보하여야 한다.

제39조【이행강제금】 ① 금융위원회는 제31조제3항에 따른 주식처분명령을 받은 자가 그 정한 기간 이내에 그 명령을 이행하지 아니하면 이행기간이 지난 날부터 1일당 그 처분하여야 하는 주식의 장부가액에 1만분의 3을 곱한 금액을 초과하지 아니하는 범위에서 이행강제금을 부과할 수 있다.
② 이행강제금은 주식처분명령에서 정한 이행기간의 종료일의 다음 날부터 주식처분명령을 이행하는 날(주권지급일을 말한다)까지의 기간에 대하여 이를 부과한다.
③ 금융위원회는 주식처분명령을 받은 자가 주식처분명령에서 정한 이행기간의 종료일부터 90일이 지난 후에도 그 명령을 이행하지 아니하면 그 종료일부터 매 90일이 지나는 날을 기준으로 하여 이행강제금을 징수한다.
④ 이행강제금의 부과 및 징수에 관하여는 「은행법」 제65조의4부터 제65조의8까지, 제65조의10 및 제65조의11을 준용한다.
⑤ 그 밖에 이행강제금의 부과·납부·징수·환급 등에 관하여 필요한 사항은 대통령령으로 정한다.

제8장 보 칙

제40조【권한의 위탁】 금융위원회는 이 법에 따른 권한의 일부를 대통령령으로 정하는 바에 따라 금융감독원장에게 위탁할 수 있다.

제41조【공시】 ① 금융회사는 주주총회와 관련하여 주주의 참석률, 안건에 대한 찬반비율 등 대통령령으로 정하는 사항을 공시하여야 한다.
② 금융회사는 주주가 제33조에 따른 주주의 권리를 행사한 경우 이를 공시하여야 한다.

제9장 벌 칙

제42조【벌칙】 ① 다음 각 호의 어느 하나에 해당하는 자는 1년 이하의 징역 또는 1천만원 이하의 벌금에 처한다.
1. 제31조제1항 또는 제2항을 위반하여 승인을 받지 아니한 자 또는 승인신청을 하지 아니한 자
2. 제31조제3항에 따른 주식처분명령을 위반한 자
② 제1항의 징역과 벌금은 이를 병과할 수 있다.
③ 법인의 대표자나 법인 또는 개인의 대리인, 사용인, 그 밖의 종업원이 그 법인 또는 개인의 업무에 관하여 제1항의 위반행위를 하면 그 행위자를 벌하는 외에 그 법인 또는 개인에게도 해당 조문의 벌금형을 과(科)한다. 다만, 법인 또는 개인이 그 위반행위를 방지하기 위하여 해당 업무에 관하여 상당한 주의와 감독을 게을리하지 아니한 경우에는 그러하지 아니하다.

제43조【과태료】 ① 다음 각 호의 어느 하나에 해당하는 자에게는 1억원 이하의 과태료를 부과한다.(2017.4.18 본문개정)
1. 제8조제1항을 위반하여 이사회의 의결을 거치지 아니하고 주요업무집행책임자를 임면한 자
2. 제12조제1항 및 제2항을 위반하여 같은 항에 규정된 사외이사 선임의무를 이행하지 아니한 자
3. 제12조제3항을 위반하여 같은 조 제1항 및 제2항의 이사회의 구성요건을 충족시키지 아니한 자
4. 제13조제2항을 위반하여 선임사외이사를 선임하지 아니한 자
5. 제13조제4항을 위반하여 선임사외이사의 업무를 방해하거나 협조를 거부한 자
6. 제16조제1항 및 같은 조 제2항 단서를 위반하여 이사회내 위원회를 설치하지 아니한 자
7. 제16조제4항을 위반하여 위원회 위원의 과반수를 사외이사로 두지 아니한 자(2024.1.2 본호개정)
8. 제17조제1항을 위반하여 임원후보를 추천하지 아니한 자
9. 제17조제2항을 위반하여 임원후보추천위원회를 구성한 자
10. 제17조제3항에 따라 임원을 선임하지 아니한 자
11. 제17조제4항을 위반하여 주주제안권을 행사할 수 있는 요건을 갖춘 주주가 추천한 사외이사 후보를 포함시키지 아니한 자
12. 제19조제1항 및 제2항을 위반하여 같은 항에 규정된 요건을 모두 충족하는 감사위원회를 설치하지 아니한 자
13. 제19조제3항을 위반하여 같은 조 제1항 및 제2항의 감사위원회의 구성요건을 충족시키지 아니한 자
14. 제19조제4항부터 제7항까지의 규정을 위반하여 감사위원의 선임절차를 준수하지 아니한 자
15. 제19조제8항을 위반하여 상근감사를 두지 아니한 자
16. 제24조제1항을 위반하여 내부통제기준을 마련하지 아니한 자
17. 제25조제1항을 위반하여 준법감시인을 두지 아니한 자
18. 제25조제2항에 따라 준법감시인을 선임하지 아니한 자
19. 제25조제3항에 따른 의결절차(제28조제2항에서 준용하는 경우를 포함한다)를 거치지 아니하고 준법감시인을 임면한 자
20. 제25조제5항을 위반하여 준법감시인을 선임한 자
21. 제27조제1항을 위반하여 위험관리기준을 마련하지 아니한 자
22. 제28조제1항을 위반하여 위험관리책임자를 두지 아니한 자
22의2. 제30조의3제3항에 따른 절차를 거치지 아니하고 책무구조도를 마련한 자(2024.1.2 본호신설)
23. 제32조제2항을 위반하여 보고를 하지 아니하거나 거짓으로 보고한 자
24. 제32조제3항에 따른 금융위원회의 자료 또는 정보의 제공요구에 따르지 아니하거나 거짓 자료 또는 정보를 제공한 자
25. 제34조에 따른 시정명령·중지명령 및 조치를 이행하지 아니한 자
26. 제35조에 따른 임직원에 대한 조치요구를 이행하지 아니한 자
② 다음 각 호의 어느 하나에 해당하는 자에게는 3천만원 이하의 과태료를 부과한다.
1. 제7조제1항을 위반하여 임원의 자격요건 적합 여부를 확인하지 아니한 자
1의2. 제7조제2항을 위반하여 그 사실 및 자격요건 적합 여부와 그 사유 등에 관한 공시 또는 보고를 하지 아니하거나 거짓으로 공시 또는 보고를 한 자(2024.1.2 본호개정)
1의3. 제7조제3항을 위반하여 임원의 해임(사임을 포함한다)에 관한 공시 또는 보고를 하지 아니하거나 거짓으로 공시 또는 보고를 한 자(2017.4.18 본호신설)
2. 제10조를 위반하여 겸직하게 하거나 겸직한 자
2의2. 제11조제1항 본문을 위반하여 겸직승인을 받지 아니한 자(2017.4.18 본호신설)
2의3. 제11조제1항 단서 및 같은 조 제2항을 위반하여 겸직보고를 하지 아니하거나 거짓으로 보고한 자(2017.4.18 본호신설)
2의4. 제13조제2항을 위반하여 사외이사가 아닌 자를 이사회 의장으로 선임하면서 그 사유를 공시하지 아니하거나 거짓으로 공시한 자(2017.4.18 본호신설)
2의5. 제14조제3항을 위반하여 공시를 하지 아니하거나 거짓으로 공시한 자(2017.4.18 본호신설)
3. 제18조(제20조제4항에서 준용하는 경우를 포함한다)를 위반하여 자료나 정보를 제공하지 아니하거나 거짓으로 제공한 자
4. 제20조제2항을 위반하여 담당부서를 설치하지 아니한 자
5. 제20조제3항을 위반하여 보고서를 제출하지 아니한 자
5의2. 제22조제4항 및 제5항에 따른 연차보고서의 공시를 하지 아니하거나 거짓으로 공시한 자(2017.4.18 본호신설)
6. 제25조제6항(제28조제2항에서 준용하는 경우를 포함한다)을 위반하여 준법감시인에 대한 별도의 보수지급 및 평가 기준을 운영하지 아니한 자

7. 제29조를 위반하여 준법감시인 또는 위험관리책임자가 같은 조 각 호의 어느 하나에 해당하는 업무를 수행하는 직무를 담당하거나 준법감시인 또는 위험관리책임자에게 이를 담당하게 한 자
8. 제30조제2항을 위반하여 준법감시인 및 위험관리책임자의 임면사실을 보고하지 아니하거나 거짓으로 보고한 자(2017.4.18 본호신설)
8의2. 제30조의3제4항을 위반하여 책무구조도를 제출하지 아니한 자(2024.1.2 본호신설)
9. 제41조제1항을 위반하여 주주총회와 관련한 공시를 하지 아니하거나 거짓으로 공시한 자(2017.4.18 본호신설)
10. 제41조제2항을 위반하여 주주가 주주의 권리를 행사한 내용을 공시하지 아니하거나 거짓으로 공시한 자(2017.4.18 본호신설)
③ 금융회사의 임직원으로서 이 법에 따른 서류의 비치·제출·보고·공고 또는 공시를 게을리한 자에게는 2천만원 이하의 과태료를 부과한다.(2017.4.18 본항개정)
④ 제1항부터 제3항까지의 규정에 따른 과태료는 대통령령으로 정하는 바에 따라 금융위원회가 부과·징수한다.

부 칙

제1조【시행일】 이 법은 공포 후 1년이 경과한 날부터 시행한다.
제2조【임원의 자격요건 및 자격요건 적합 여부 보고 등에 관한 적용례】 제5조부터 제7조까지의 규정 및 제19조제10항은 이 법 시행 후 최초로 선임(연임을 포함한다)하는 임원부터 적용한다.
제3조【주요업무집행책임자의 선임에 관한 적용례】 제8조는 이 법 시행 후 최초로 선임하는 주요업무집행책임자부터 적용한다.
제4조【겸직 승인 및 보고에 관한 적용례】 제11조는 이 법 시행 후 최초로 겸직하는 경우부터 적용한다.
제5조【임원의 선임에 관한 적용례】 제17조는 이 법 시행 후 최초로 선임하는 임원부터 적용한다.
제6조【준법감시인의 선임에 관한 적용례】 제26조는 이 법 시행 후 최초로 선임하는 준법감시인부터 적용한다.
제7조【최대주주 자격 심사에 관한 적용례】 제32조는 이 법 시행 후 최초로 발생한 사유로 적격성 유지요건을 갖추지 못한 경우부터 적용한다.
제8조【임원의 자격요건 변경에 따른 경과조치】 이 법 시행 당시 재임 중인 금융회사의 임원자격에 관하여는 제5조, 제6조 및 제19조제10항에도 불구하고 그 임기가 만료되는 날까지는 종전의 「은행법」, 「자본시장과 금융투자업에 관한 법률」, 「보험업법」, 「상호저축은행법」, 「여신전문금융업법」 및 「금융지주회사법」에 따른다.
제9조【겸직제한에 관한 경과조치】 이 법 시행 당시 재임 중인 금융회사의 임원으로서 다른 회사의 임직원을 겸직하고 있는 사람은 제6조 및 제10조에도 불구하고 금융회사의 임원으로서의 임기 만료일과 그 임원이 겸직하고 있는 다른 회사의 임원으로서의 임기 만료일 중 먼저 도래하는 날(임기 만료일이 이 법 시행 후 3년 이후이거나 다른 회사의 직원을 겸직하고 있는 경우에는 이 법 시행 후 3년이 되는 날로 한다)까지는 이 법에 따라 겸직하고 있는 것으로 본다.
제10조【주요업무집행책임자의 임면 등에 관한 경과조치】 이 법 시행 당시 재임 또는 재직 중인 금융회사의 주요업무집행책임자에 관하여는 제8조에도 불구하고 그 임기가 만료되는 날(임기 만료일이 이 법 시행 후 3년 이후이거나 직원으로 재직 중인 경우에는 이 법 시행 후 3년이 되는 날로 한다)까지는 이 법에 따라 선임된 주요업무집행책임자로 본다.
제11조【이사회의 구성 및 운영에 관한 경과조치】 금융회사(제3조제3항에 해당하는 금융회사는 제외한다)는 이 법 시행 후 최초로 소집하는 주주총회일까지 제12조에 따라 이사회를 구성하여야 한다.
제12조【이사회내 위원회의 설치에 관한 경과조치】 금융회사(제3조제3항에 해당하는 금융회사는 제외한다)는 이 법 시행 후 최초로 소집되는 주주총회일까지 제16조에 따라 임원후보추천위원회, 감사위원회, 위험관리위원회 및 보수위원회를 설치하여야 한다.
제13조【감사위원 및 상근감사의 선임에 관한 경과조치】 ① 금융회사(제3조제3항에 해당하는 금융회사는 제외한다)는 이 법 시행 후 최초로 소집되는 주주총회일까지 제19조제1항부터 제7항까지 및 제10항에 적합하도록 감사위원을 선임하여야 한다.
② 제19조제8항 본문에 따라 대통령령으로 정하는 금융회사는 이 법 시행 후 최초로 소집되는 주주총회일까지 제19조제8항부터 제10항까지의 규정에 적합하도록 상근감사를 선임하여야 한다.
제14조【준법감시인에 대한 경과조치】 ① 이 법 시행 당시 재임 또는 재직 중인 금융회사의 준법감시인에 대하여는 그 임기가 만료되는 날(임기 만료일이 이 법 시행 후 2년 이후이거나 직원으로 재직 중인 경우에는 이 법 시행 후 2년이 되는 날로 한다)까지 이 법에 따라 선임된 준법감시인으로 본다.
② 제1항의 준법감시인의 자격요건에 대해서는 제26조에도 불구하고 종전의 「은행법」, 「자본시장과 금융투자업에 관한 법률」, 「보험업법」, 「상호저축은행법」, 「여신전문금융업법」 및 「금융지주회사법」에 따른다.
제15조【제재처분에 관한 경과조치】 이 법 시행 전에 종전의 「은행법」, 「자본시장과 금융투자업에 관한 법률」, 「보험업법」, 「상호저축은행법」, 「여신전문금융업법」 및 「금융지주회사법」의 위반행위에 대해서는 종전의 규정에 따른다.
제16조【과태료에 관한 경과조치】 이 법 시행 전에 종전의 「은행법」, 「자본시장과 금융투자업에 관한 법률」, 「보험업법」, 「상호저축은행법」, 「여신전문금융업법」 및 「금융지주회사법」의 위반행위에 대해서는 종전의 규정에 따른다.
제17조【금치산자 등에 대한 경과조치】 이 법 시행 당시 이미 금치산 또는 한정치산의 선고를 받은 사람에 대하여는 그 선고가 취소되거나 효력을 잃을 때까지 이 법에 따른 피성년후견인 또는 피한정후견인으로 본다.
제18조【다른 법률의 개정】 ①~⑳ ※(해당 법령에 가제정리 하였음)

부 칙 (2017.4.18.)

제1조【시행일】 이 법은 공포 후 6개월이 경과한 날부터 시행한다.
제2조【퇴임한 임원 등에 대한 조치 내용의 통보에 관한 적용례】 제35조제6항의 개정규정은 이 법 시행 전에 퇴임한 임원 또는 퇴직한 직원에 대해서도 적용한다.

부 칙 (2020.12.29)

제1조【시행일】 이 법은 공포 후 1년이 경과한 날부터 시행한다.(이하 생략)

부 칙 (2023.9.14)

제1조【시행일】 이 법은 공포한 날부터 시행한다.(이하 생략)

부 칙 (2024.1.2)

제1조【시행일】 이 법은 공포 후 6개월이 경과한 날부터 시행한다.
제2조【임원의 자격요건 적합여부 확인·공시·보고에 관한 적용례】 제5조제3항 및 제7조제1항·제2항의 개정규정은 부칙 제6조에 따라 최초로 책무구조도를 작성하여 금융위원회에 제출한 후에 최초로 선임(연임을 포함한다)되거나 책무구조도에서 정하는 직책이 변경되는 임원부터 적용한다.

제3조【이사회 심의 · 의결사항에 대한 적용례】 제15조제1항제5호의2의 개정규정은 이 법 시행 이후 최초로 소집되는 주주총회일부터 적용한다.

제4조【내부통제등 관리의무에 대한 적용례】 제30조의2 및 제30조의4의 개정규정은 부칙 제6조에 따라 최초로 책무구조도를 작성하여 금융위원회에 제출한 경우부터 적용한다.

제5조【이사회내 내부통제위원회 설치에 관한 경과조치】 금융회사는 이 법 시행 이후 최초로 소집되는 주주총회일까지 제16조제1항제5호의 개정규정에 따른 내부통제위원회를 설치하여야 한다.

제6조【책무구조도 마련 · 제출에 관한 경과조치】 금융회사는 제30조의3의 개정규정에도 불구하고 다음 각 호에 규정된 기간 이내에 같은 개정규정에 따른 책무구조도를 금융위원회에 제출하여야 한다.

1. 제2조제1호가목에 따른 은행 및 같은 호 바목에 따른 금융지주회사 : 이 법 시행 이후 6개월
2. 제2조제1호나목에 따른 금융투자업자(최근 사업연도 말 현재 자산총액이 5조원 이상이거나 운영하는 집합투자재산, 투자일임재산 및 신탁재산의 전체 합계액이 20조원 이상인 금융투자업자에 한정한다) 및 종합금융회사 : 이 법 시행 이후 1년
3. 제2조제1호다목에 따른 보험회사(최근 사업연도 말 현재 자산총액이 5조원 이상인 보험회사에 한정한다) : 이 법 시행 이후 1년
4. 그 밖의 금융회사 : 5년을 넘지 아니하는 범위에서 대통령령으로 정하는 기간

〔별표〕 ➡ 「www.hyeonamsa.com」 참조

은행법

(1998년 1월 13일
전개법률 제5499호)

개정
<중략>
1998. 2.24법 5520호
2013. 8.13법12101호
2015. 7.24법13448호(자본시장금융투자업)
2015. 7.31법13453호(금융회사의지배구조에관한법)
2015.12.22법13613호(예금자보호법)
2016. 3.22법14096호(주식 · 사채등의전자등록에관한법)
2016. 3.29법14129호
2016. 5.29법14242호(수협)
2017. 4.18법14826호
2017.10.31법15022호(주식회사등의외부감사에관한법)
2018.12.11법15936호
2018.12.31법16190호
2020. 2. 4법16957호(신용정보의이용및보호에관한법)
2020. 3.24법17112호(금융소비자보호에관한법)
2020. 5.19법17293호
2020.12.29법17799호(독점)
2021. 4.20법18126호
2021. 4.20법18128호(자본시장금융투자업)
2021.12. 7법18573호
2023. 3.21법19261호
2023. 9.14법19700호(행정법제혁신을위한일부개정법령등)

제1장 총 칙

(2010.5.17 본장개정)

제1조【목적】 이 법은 은행의 건전한 운영을 도모하고 자금중개기능의 효율성을 높이며 예금자를 보호하고 신용질서를 유지함으로써 금융시장의 안정과 국민경제의 발전에 이바지함을 목적으로 한다.

제2조【정의】 ① 이 법에서 사용하는 용어의 뜻은 다음과 같다.

1. "은행업"이란 예금을 받거나 유가증권 또는 그 밖의 채무증서를 발행하여 불특정 다수인으로부터 채무를 부담함으로써 조달한 자금을 대출하는 것을 업(業)으로 하는 것을 말한다.
2. "은행"이란 은행업을 규칙적 · 조직적으로 경영하는 한국은행 외의 모든 법인을 말한다.
3. "상업금융업무"란 대부분 요구불예금을 받아 조달한 자금을 1년 이내의 기한으로 대출하거나 금융위원회가 예금 총액을 고려하여 정하는 최고 대출한도를 초과하지 아니하는 범위에서 1년 이상 3년 이내의 기한으로 대출하는 업무를 말한다.
4. "장기금융업무"란 자본금 · 적립금 및 그 밖의 잉여금, 1년 이상의 기한부 예금 또는 사채(社債)나 그 밖의 채권을 발행하여 조달한 자금을 1년을 초과하는 기한으로 대출하는 업무를 말한다.
5. "자기자본"이란 국제결제은행의 기준에 따른 기본자본과 보완자본의 합계액을 말한다.
6. "지급보증"이란 은행이 타인의 채무를 보증하거나 인수하는 것을 말한다.
7. "신용공여"란 대출, 지급보증 및 유가증권의 매입(자금지원적 성격인 것만 해당한다), 그 밖에 금융거래상의 신용위험이 따르는 은행의 직접적 · 간접적 거래를 말한다.
8. "동일인"이란 본인 및 그와 대통령령으로 정하는 특수관계에 있는 자(이하 "특수관계인"이라 한다)를 말한다.

9. "비금융주력자"란 다음 각 목의 어느 하나에 해당하는 자를 말한다.
가. 동일인 중 비금융회사(대통령령으로 정하는 금융업이 아닌 업종을 운영하는 회사를 말한다. 이하 같다)인 자의 자본총액(재무상태표상 자산총액에서 부채총액을 뺀 금액을 말한다. 이하 같다)의 합계액이 동일인 중 회사인 자의 자본총액의 합계액의 100분의 25 이상인 경우의 그 동일인 (2021.4.20 본목개정)
나. 동일인 중 비금융회사인 자의 자산총액의 합계액이 2조원 이상으로서 대통령령으로 정하는 금액 이상인 경우의 그 동일인
다. 「자본시장과 금융투자업에 관한 법률」에 따른 투자회사(이하 "투자회사"라 한다)로서 가목 또는 나목의 자가 그 발행주식 총수의 100분의 4를 초과하여 주식을 보유(동일인이 자기 또는 타인의 명의로 주식을 소유하거나 계약 등에 의하여 의결권을 가지는 것을 말한다. 이하 같다)하는 경우의 그 투자회사(2013.8.13 본목개정)
라. 「자본시장과 금융투자업에 관한 법률」에 따른 기관전용 사모집합투자기구(이하 "기관전용 사모집합투자기구"라 한다)로서 다음 각각의 어느 하나에 해당하는 기관전용 사모집합투자기구
1) 가목부터 다목까지의 어느 하나에 해당하는 자가 기관전용 사모집합투자기구 출자총액의 100분의 10 이상 지분을 보유하는 유한책임사원인 경우(이 경우 지분계산에 있어서 해당 사원과 다른 유한책임사원으로서 해당 사원의 특수관계인의 지분을 포함한다)
2) 가목부터 다목까지의 어느 하나에 해당하는 자가 기관전용 사모집합투자기구의 무한책임사원인 경우〔다만, 가목부터 다목까지의 어느 하나에 해당하지 아니하는 무한책임사원이 다른 기관전용 사모집합투자기구를 통하여 비금융회사의 주식 또는 지분에 투자함으로써 가목부터 다목까지의 어느 하나에 해당하게 된 경우로서 해당 기관전용 사모집합투자기구의 유한책임사원(해당 사원과 다른 유한책임사원으로서 해당 사원의 특수관계인을 포함한다)이 그 다른 기관전용 사모집합투자기구에 출자하지 아니한 경우에는 이를 제외한다〕
3) 다른 상호출자제한기업집단(「독점규제 및 공정거래에 관한 법률」에 따른 상호출자제한기업집단을 말한다. 이하 같다)에 속하는 각각의 계열회사(「독점규제 및 공정거래에 관한 법률」에 따른 계열회사를 말한다. 이하 같다)가 취득한 기관전용 사모집합투자기구의 지분의 합이 기관전용 사모집합투자기구 출자총액의 100분의 30 이상인 경우 (2021.4.20 본목개정)
마. 라목에 해당하는 기관전용 사모집합투자기구(「자본시장과 금융투자업에 관한 법률」에 따른 투자목적회사의 주식 또는 지분을 취득한 자 중 이 호 가목부터 다목까지의 어느 하나에 해당하는 자를 포함한다)가 투자목적회사의 주식 또는 지분의 100분의 4를 초과하여 취득·보유하거나 임원의 임면 등 주요 경영사항에 대하여 사실상의 영향력을 행사하는 경우의 해당 투자목적회사(2021.4.20 본목개정)
10. "대주주(大株主)"란 다음 각 목의 어느 하나에 해당하는 자를 말한다.
가. 은행의 주주 1인을 포함한 동일인이 은행의 의결권 있는 발행주식 총수의 100분의 10〔전국을 영업구역으로 하지 아니하는 은행(이하 "지방은행"이라 한다)의 경우에는 100분의 15〕을 초과하여 주식을 보유하는 경우의 그 주주 1인
나. 은행의 주주 1인을 포함한 동일인이 은행(지방은행은 제외한다)의 의결권 있는 발행주식 총수(제16조의2제2항에 따라 의결권을 행사할 수 없는 주식은 제외한다)의 100분의 4를 초과하여 주식을 보유하는 경우로서 그 동일인이 최대주주이거나 대통령령으로 정하는 바에 따라 임원을 임면(任免)하는 등의 방법으로 그 은행의 주요 경영사항에 대하여 사실상 영향력을 행사하고 있는 자인 경우의 그 주주 1인(2013.8.13 본목개정)
② 자기자본 및 신용공여의 구체적 범위에 대하여는 대통령령으로 정하는 바에 따라 금융위원회가 정한다.

제3조【적용 법규】 ① 대한민국에 있는 모든 은행은 이 법, 「한국은행법」, 「금융위원회의 설치 등에 관한 법률」, 「금융회사의 지배구조에 관한 법률」 및 이에 따른 규정 및 명령에 따라 운영되어야 한다.(2015.7.31 본항개정)
② 이 법과 「한국은행법」은 「상법」이나 그 밖의 법령에 우선하여 적용한다.
제4조【법인】 법인이 아니면 은행업을 경영할 수 없다.
제5조 (2016.5.29 삭제)
제6조【보험사업자 등】 보험사업자와 상호저축은행업무 또는 신탁업무만을 경영하는 회사는 은행으로 보지 아니한다.
제7조【은행 해당 여부의 결정】 ① 법인이 은행에 해당하는지 여부는 금융위원회가 결정한다.
② 금융위원회는 제1항에 따른 결정을 위하여 필요하면 해당 법인에 장부와 그 밖의 서류를 제출하도록 요구할 수 있다.

제2장 은행업의 인가 등
(2010.5.17 본장개정)

제8조【은행업의 인가】 ① 은행업을 경영하려는 자는 금융위원회의 인가를 받아야 한다.
② 제1항에 따른 은행업 인가를 받으려는 자는 다음 각 호의 요건을 모두 갖추어야 한다.
1. 자본금이 1천억원 이상일 것. 다만, 지방은행의 자본금은 250억원 이상으로 할 수 있다.
2. 은행업 경영에 드는 자금 조달방안이 적정할 것
3. 주주구성계획이 제15조, 제15조의3 및 제16조의2에 적합할 것(2013.8.13 본호개정)
4. 대주주가 충분한 출자능력, 건전한 재무상태 및 사회적 신용을 갖출 것
5. 사업계획이 타당하고 건전할 것
6. 발기인(개인인 경우만 해당한다) 및 임원이 「금융회사의 지배구조에 관한 법률」 제5조에 적합할 것(2015.7.31 본호개정)
7. 은행업을 경영하기에 충분한 인력, 영업시설, 전산체계 및 그 밖의 물적 설비를 갖출 것
③ 제2항에 따른 요건 등에 관하여 필요한 세부사항은 대통령령으로 정한다.
④ 금융위원회는 제1항에 따른 인가를 하는 경우에 금융시장의 안정, 은행의 건전성 확보 및 예금자 보호를 위하여 필요한 조건을 붙일 수 있다.
⑤ 제4항에 따라 조건이 붙은 은행업 인가를 받은 자는 사정의 변경, 그 밖에 정당한 사유가 있는 경우에는 금융위원회에 그 조건의 취소 또는 변경을 신청할 수 있다. 이 경우 금융위원회는 2개월 이내에 조건의 취소 또는 변경 여부를 결정하고, 그 결과를 지체 없이 신청인에게 문서로 알려야 한다.
제9조【최저자본금】 은행은 제8조에 따른 인가를 받아 은행업을 경영할 때 같은 조 제2항제1호에 따른 자본금을 유지하여야 한다.
제10조【자본금 감소의 승인】 ① 은행이 주식 수 감소 등 대통령령으로 정하는 자본금의 감소에 해당하는 행위를 하려는 경우에는 금융위원회의 승인을 받아야 한다.
② 제1항에 따른 승인을 받으려는 자는 다음 각 호의 요건을 모두 갖추어 신청하여야 한다.
1. 자본금 감소가 관계 법령에 위반되지 아니할 것
2. 재무구조의 개선 목적 등 자본금 감소의 불가피성이 인정될 것
3. 예금자 등 은행이용자의 권익을 침해하지 아니할 것
③ 금융위원회는 제2항에 따른 신청이 있는 때에는 신청일부터 30일 이내에 승인여부를 결정하여야 한다.(2016.3.29 본항신설)
④ 제2항에 따른 요건 등에 관하여 필요한 세부 사항은 대통령령으로 정한다.(2016.3.29 본항신설)
⑤ 금융위원회가 제1항에 따른 승인을 하는 경우에는 제8조제4항 및 제5항을 준용한다.(2016.3.29 본항신설)
(2016.3.29 본조개정)
제11조【신청서 등의 제출】 ① 제8조에 따른 인가를 받으려는 자는 신청서를 금융위원회에 제출하여야 한다.
② 제1항에 따른 신청서의 내용과 종류는 대통령령으로 정한다.

제11조의2【예비인가】 ① 제8조에 따른 인가(이하 이 조에서 "본인가"라 한다)를 받으려는 자는 미리 금융위원회에 예비인가를 신청할 수 있다.
② 금융위원회는 제1항에 따른 예비인가 여부를 결정할 때 예비인가를 받으려는 자가 본인가 요건을 모두 충족할 수 있는지를 확인하여야 한다.
③ 금융위원회는 제2항에 따른 예비인가에 조건을 붙일 수 있다.
④ 금융위원회는 예비인가를 받은 자가 본인가를 신청하는 경우에는 제3항에 따른 예비인가 조건을 이행하였는지와 본인가 요건을 모두 충족하는지를 확인한 후 본인가 여부를 결정하여야 한다.
⑤ 예비인가에 관하여는 제8조제3항 및 제11조를 준용한다.
(2010.5.17 본조신설)

제12조【인가 등의 공고】 금융위원회는 제8조에 따른 인가를 하거나 제53조제2항에 따라 인가를 취소한 경우에는 지체 없이 그 내용을 관보에 공고하고 인터넷 홈페이지 등을 이용하여 일반인에게 알려야 한다.

제13조【국외현지법인 등의 신설】 ① 은행이 대한민국 외에 소재하는 제37조제2항에 따른 자회사등(이하 "국외현지법인"이라 한다) 또는 지점(이하 "국외지점"이라 한다)을 신설하려는 경우에는 신설계획을 수립하여야 한다.
② 제1항에 따른 신설계획을 수립한 은행 중 다음 각 호의 사항 등을 고려하여 대통령령으로 정하는 경우에는 그 계획을 미리 금융위원회에 신고하여야 한다.
1. 해당 은행, 그 국외현지법인 및 국외지점의 경영건전성
2. 해당 은행의 국외현지법인 및 국외지점의 진출방식
3. 해당 은행의 국외현지법인 및 국외지점의 업무범위
4. 해당 은행의 국외현지법인 및 국외지점이 소재할 국가의 특성
③ 금융위원회는 제2항에 따라 신고받은 내용이 은행의 경영건전성 및 금융시장의 안정성을 해칠 우려가 있는 경우 신설계획의 보완, 변경 및 제한을 명할 수 있다.

제14조【유사상호 사용 금지】 한국은행과 은행이 아닌 자는 그 상호 중에 은행이라는 문자를 사용하거나 그 업무를 표시할 때 은행업 또는 은행업무라는 문자를 사용할 수 없으며, 은행·은행업 또는 은행업무와 같은 의미를 가지는 외국어 문자로서 대통령령으로 정하는 문자를 사용할 수 없다.

제3장 은행 주식의 보유한도 등
(2010.5.17 본장개정)

제15조【동일인의 주식보유한도 등】 ① 동일인은 은행의 의결권 있는 발행주식 총수의 100분의 10을 초과하여 은행의 주식을 보유할 수 없다. 다만, 다음 각 호의 어느 하나에 해당하는 경우와 제3항 및 제16조의2제3항의 경우에는 그러하지 아니하다.
1. 정부 또는 「예금자보호법」에 따른 예금보험공사가 은행의 주식을 보유하는 경우
2. 지방은행의 의결권 있는 발행주식 총수의 100분의 15 이내에서 보유하는 경우
② 동일인(대통령령으로 정하는 자를 제외한다)은 다음 각 호의 어느 하나에 해당하게 된 경우에는 은행 주식보유상황 또는 주식보유비율의 변동상황 확인을 위하여 필요한 사항으로서 대통령령으로 정하는 사항을 금융위원회에 보고하여야 한다.
1. 은행(지방은행은 제외한다. 이하 이 항에서 같다)의 의결권 있는 발행주식 총수의 100분의 4를 초과하여 주식을 보유하게 되었을 때
2. 제1호에 해당하는 동일인이 해당 은행의 최대주주가 되었을 때
3. 제1호에 해당하는 동일인의 주식보유비율이 해당 은행의 의결권 있는 발행주식 총수의 100분의 1 이상 변동되었을 때
4. 은행의 의결권 있는 발행주식총수의 100분의 4를 초과하여 보유한 기관전용 사모집합투자기구의 경우 그 사원의 변동이 있을 때(2021.4.20 본호개정)
5. 은행의 의결권 있는 발행주식총수의 100분의 4를 초과하여 보유한 투자목적회사의 경우 그 주주 또는 사원의 변동이 있을 때(해당 투자목적회사의 주주 또는 사원인 기관전용 사모집합투자기구의 사원의 변동이 있을 때를 포함한다)
(2021.4.20 본호개정)
③ 제1항 각 호 외의 부분 본문에도 불구하고 동일인은 다음 각 호의 구분에 따른 한도를 각각 초과할 때마다 금융위원회의 승인을 받아 은행의 주식을 보유할 수 있다. 다만, 금융위원회는 은행업의 효율성과 건전성에 기여할 가능성, 해당 은행 주주의 보유지분 분포 등을 고려하여 필요하다고 인정되는 경우에만 각 호에서 정한 한도 외에 따로 구체적인 보유한도를 정하여 승인할 수 있으며, 동일인이 그 승인받은 한도를 초과하여 주식을 보유하려는 경우에는 다시 금융위원회의 승인을 받아야 한다.
1. 제1항 각 호 외의 부분 본문에서 정한 한도(지방은행의 경우에는 제1항제2호에서 정한 한도)
2. 해당 은행의 의결권 있는 발행주식 총수의 100분의 25
3. 해당 은행의 의결권 있는 발행주식 총수의 100분의 33
④ 금융위원회는 제3항에 따른 승인을 하지 아니하는 경우에는 대통령령으로 정하는 기간 이내에 신청인에게 그 사유를 명시하여 알려야 한다.
⑤ 제2항을 적용할 때 보고의 절차·방법·세부기준과 제3항을 적용할 때 은행의 주식을 보유할 수 있는 자의 자격, 주식보유와 관련한 승인의 요건·절차, 그 밖에 필요한 사항은 다음 각 호의 사항 등을 고려하여 대통령령으로 정한다.
1. 해당 은행의 건전성을 해칠 위험성
2. 자산규모 및 재무상태의 적정성
3. 해당 은행으로부터 받은 신용공여의 규모
4. 은행업의 효율성과 건전성에 기여할 가능성
⑥ 투자회사가 제3항에 따른 승인을 받아 은행의 주식을 보유하는 경우 그 투자회사에 대하여는 「자본시장과 금융투자업에 관한 법률」 제81조제1항제1호가목부터 다목까지를 적용하지 아니한다.
⑦ 금융위원회는 해당 은행이 다음 각 호의 어느 하나에 해당하는 경우에는 제5항에 따른 승인의 요건을 갖추지 아니한 경우에도 승인을 할 수 있다.
1. 「금융산업의 구조개선에 관한 법률」 제2조제2호에 따른 부실금융기관인 경우
2. 「예금자보호법」 제2조제5호에 따른 부실금융회사인 경우
(2015.12.22 본호개정)
3. 「예금자보호법」 제2조제6호에 따른 부실우려금융회사인 경우(2015.12.22 본호개정)
4. 제34조제2항에 따른 경영지도기준을 준수하지 못하는 등 금융위원회가 정하여 고시하는 경우
⑧ 금융위원회 또는 은행은 그 은행의 주식을 보유하고 있는 동일인과 그 동일인이 보유하는 주식의 범위를 확인하기 위하여 그 은행의 주주에게 필요한 자료의 제출을 요구할 수 있다.
⑨ 제8항에 따른 자료 제출 요구와 관련하여 필요한 사항은 대통령령으로 정한다.

제15조의2 (2013.8.13 삭제)

제15조의3【기관전용 사모집합투자기구등의 주식보유에 대한 승인 등】 ① (2013.8.13 삭제)
② 기관전용 사모집합투자기구 또는 투자목적회사(이하 "기관전용 사모집합투자기구등"이라 한다)가 제15조제3항에 따른 승인을 받고자 하는 경우에는 다음 각 호의 요건을 모두 갖추어야 한다.
1. 기관전용 사모집합투자기구의 업무집행사원에 관한 요건
가. 법인으로서 자신이 업무집행사원으로 있거나 그 재산운용을 위탁받은 기관전용 사모집합투자기구등의 다른 사원 또는 주주의 특수관계인이 아닐 것
나. 자신이 업무집행사원으로 있거나 그 재산운용을 위탁받은 기관전용 사모집합투자기구등의 다른 사원 또는 주주가 해당 기관전용 사모집합투자기구등의 재산인 주식 또는 지분에 대하여 영향력을 행사하는 것을 배제할 수 있을 정도의 자산운용 능력·경험 및 사회적 신용을 갖출 것

2. 그 밖에 기관전용 사모집합투자기구등의 주식보유가 해당 은행의 건전성에 미치는 영향 등을 고려하여 대통령령으로 정하는 요건
(2021.4.20 본항개정)
③ 금융위원회는 제15조제3항에 따른 승인을 위한 심사를 함에 있어서 제2항의 요건에 해당하는지 여부를 확인하기 위하여 필요한 경우에는 해당 기관전용 사모집합투자기구등 또는 그 재산운용 등을 담당하는 업무집행사원에게 해당 기관전용 사모집합투자기구등의 정관, 그 밖에 그 주주 또는 사원 사이에 체결된 계약내용 등 대통령령으로 정하는 정보 또는 자료의 제공을 요구할 수 있다.(2021.4.20 본항개정)
④ 금융위원회는 제15조제3항에 따른 승인을 하지 아니하는 경우에는 대통령령으로 정하는 기간 이내에 신청인에게 그 사유를 명시하여 통지하여야 한다.(2013.8.13 본항개정)
⑤ (2013.8.13 삭제)
⑥ 금융위원회는 제15조제3항에 따른 승인을 함에 있어서 해당 은행 주주의 보유지분분포 · 구성내역, 해당 기관전용 사모집합투자기구등의 사원 또는 주주의 구성내역 등을 고려하여 해당 기관전용 사모집합투자기구등이 은행의 주요 경영사항에 대하여 사실상 영향력 행사의 가능성이 높은 경우에는 경영관여 등과 관련하여 필요한 조건을 붙일 수 있다.(2021.4.20 본항개정)
⑦ 제15조제3항에 따른 승인의 절차 · 심사방법, 제2항의 요건의 세부기준, 그 밖에 필요한 사항은 대통령령으로 정한다.
(2013.8.13 본항개정)
(2021.4.20 본조제목개정)

제15조의4 【기관전용 사모집합투자기구등의 보고사항】 제15조제3항에 따른 승인을 받아 은행의 주식을 보유한 기관전용 사모집합투자기구등이 제15조의3제3항에 따라 금융위원회에 제출한 정보 또는 자료의 내용에 변경이 있는 경우에는 지체 없이 그 사실을 금융위원회에 보고하여야 한다.(2021.4.20 본조개정)

제15조의5 【기관전용 사모집합투자기구등의 의무】 기관전용 사모집합투자기구등 또는 그 주주 · 사원은 제15조제3항에 따른 승인을 받아 은행의 주식을 보유한 경우 다음 각 호의 어느 하나에 해당하는 행위를 하여서는 아니 된다.(2021.4.20 본문개정)
1. 기관전용 사모집합투자기구의 유한책임사원 또는 투자목적회사로부터 재산운용을 위탁받은 기관전용 사모집합투자기구의 업무집행사원 이외의 자가 기관전용 사모집합투자기구등이 보유한 은행의 주식의 의결권 행사에 영향을 미치는 행위(2021.4.20 본호개정)
2. 비금융회사의 주식 또는 지분에 투자함으로써 「자본시장과 금융투자업에 관한 법률」 제249조의7제5항제1호 또는 제2호의 요건을 충족하게 되는 행위(2021.4.20 본호개정)
3. 이 법 또는 이 법에 따른 명령을 위반하는 행위
4. 주주 또는 사원 사이에 이 법 또는 다른 금융 관련 법령을 위반하는 계약을 체결하는 행위 등 대통령령으로 정하는 행위
(2021.4.20 본조제목개정)

제16조 【한도초과주식의 의결권 제한 등】 ① 동일인이 제15조제1항 · 제3항 또는 제16조의2제1항 · 제2항에 따른 주식의 보유한도를 초과하여 은행의 주식을 보유하는 경우 제15조제1항 · 제3항 또는 제16조의2제1항 · 제2항에 따른 한도를 초과하는 주식에 대하여는 그 의결권을 행사할 수 없으며, 지체 없이 그 한도에 적합하도록 하여야 한다.
② 제1항에도 불구하고 제33조제1항제3호에 따라 발행된 은행 주식 전환형 조건부자본증권이 은행의 주식으로 전환됨에 따라 동일인이 다음 각 호의 어느 하나에 해당하게 되는 경우에는 해당 각 호의 구분에 따른다.
1. 제15조제1항 · 제3항에 따른 주식의 보유한도를 초과하여 은행의 주식을 보유하게 되는 경우 : 다음 각 목의 절차를 모두 완료하여야 하며, 그 완료 전까지는 보유한도를 초과하여 보유하는 주식에 대하여 그 의결권을 행사할 수 없다.
가. 대통령령으로 정하는 기간 이내에 제15조제1항 · 제3항에 따른 한도를 초과하는 은행 주식의 보유사실을 금융위원회에 보고할 것
나. 대통령령으로 정하는 기간 이내에 다음의 어느 하나에 해당하는 조치를 완료할 것. 다만, 불가피한 사유가 있는 경우에는 금융위원회의 승인을 받아 6개월 이내의 범위에서 그 기간을 연장할 수 있다.
1) 제15조제3항에 따른 금융위원회의 승인을 받는 조치
2) 제15조제1항 · 제3항에 따른 한도를 초과하지 아니하도록 하는 조치
2. 제16조의2제1항에 따른 주식의 보유한도(지방은행의 경우는 제외한다)를 초과하고, 같은 조 제2항에 따른 주식의 보유한도 이내에서 은행의 주식을 보유하게 되는 경우 : 보유한도를 초과하여 보유하는 주식에 대해서는 그 의결권을 행사할 수 없으며, 다음 각 목의 절차를 모두 완료하여야 한다.
가. 대통령령으로 정하는 기간 이내에 제16조의2제1항에 따른 한도를 초과하는 은행 주식의 보유사실을 금융위원회에 보고할 것
나. 대통령령으로 정하는 기간 이내에 다음의 어느 하나에 해당하는 조치를 완료할 것. 다만, 불가피한 사유가 있는 경우에는 금융위원회의 승인을 받아 6개월 이내의 범위에서 그 기간을 연장할 수 있다.
1) 제16조의2제2항에 따른 금융위원회의 승인을 받는 조치
2) 제16조의2제1항에 따른 한도를 초과하지 아니하도록 하는 조치
3. 제16조의2제1항에 따른 주식의 보유한도(지방은행의 경우만 해당한다) 또는 같은 조 제2항에 따른 주식의 보유한도를 초과하여 은행의 주식을 보유하게 되는 경우 : 보유한도를 초과하여 보유하는 주식에 대해서는 그 의결권을 행사할 수 없으며, 지체 없이 그 한도에 적합하도록 하여야 한다.
(2016.3.29 본항신설)
③ 금융위원회는 동일인이 제1항 또는 제2항을 준수하지 아니하는 경우에는 6개월 이내의 기간을 정하여 그 한도를 초과하는 주식을 처분할 것을 명할 수 있다.(2016.3.29 본항개정)
④ 제2항제1호가목 및 제2호가목에 따른 보고의 절차 및 방법 등은 금융위원회가 정하여 고시한다.(2016.3.29 본항신설)
(2013.8.13 본조개정)

제16조의2 【비금융주력자의 주식보유제한 등】 ① 비금융주력자(「독점규제 및 공정거래에 관한 법률」 제32조에 따라 상호출자제한기업집단등에서 제외되어 비금융주력자에 해당하지 아니하게 된 자로서 그 제외된 날부터 대통령령으로 정하는 기간이 지나지 아니한 자를 포함한다. 이하 제2항에서 같다)는 제15조제1항에도 불구하고 은행의 의결권 있는 발행주식 총수의 100분의 4(지방은행의 경우에는 100분의 15)를 초과하여 은행의 주식을 보유할 수 없다.(2020.12.29 본항개정)
② 제1항에도 불구하고 비금융주력자가 제1항에서 정한 한도(지방은행인 경우는 제외한다)를 초과하여 보유하려는 은행의 주식에 대한 의결권을 행사하지 아니하는 조건으로 재무건전성 등 대통령령으로 정하는 요건을 충족하여 금융위원회의 승인을 받은 경우에는 제15조제1항 각 호 외의 부분 본문에서 정한 한도까지 주식을 보유할 수 있다.
③ 다음 각 호의 어느 하나에 해당하는 비금융주력자에 대하여는 제1항 · 제2항에도 불구하고 제15조제1항 각 호 외의 부분 본문 및 같은 조 제3항을 적용한다.(2013.8.13 본문개정)
1. 2년 이내에 비금융주력자가 아닌 자로 전환하기 위한 계획(이하 "전환계획"이라 한다)을 금융위원회에 제출하여 승인을 받은 비금융주력자
2. 「외국인투자 촉진법」에 따른 외국인(이하 "외국인"이라 한다)의 은행에 대한 주식보유비율 이내에서 주식을 보유하는 비금융주력자
3. 「국가재정법」 제5조에 따른 기금 또는 그 기금을 관리 · 운용하는 법인(법률에 따라 기금의 관리 · 운용을 위탁받은 법인을 포함하며, 이하 이 호에서 "기금등"이라 한다)으로서 다음 각 목의 요건을 모두 갖추어 금융위원회의 승인을 받은 비금융주력자
가. 은행의 주식을 보유한 기금등과 은행의 예금자, 다른 주주 등 이해관계자 사이에 발생할 수 있는 이해상충을 방지하기 위하여 대통령령으로 정하는 체계를 갖출 것
나. 가목의 이해상충의 방지를 위하여 금융위원회가 정하여

고시하는 기관으로부터 필요한 범위 내에서 감독 및 검사를 받을 것
다. 그 밖에 기금등의 주식보유가 은행의 건전성에 미치는 영향 등을 고려하여 대통령령으로 정하는 요건
④ 비금융주력자가 제3항제2호에 따라 은행의 주식을 보유한 후 외국인의 주식보유비율을 초과하게 된 경우에는 그 초과 보유한 주식에 대하여는 의결권을 행사할 수 없다.
⑤ 금융위원회는 1년 이내의 기간을 정하여 제4항에 따라 비금융주력자가 초과 보유한 주식을 처분할 것을 명할 수 있다. 다만, 금융위원회는 비금융주력자가 초과 보유한 주식의 규모, 증권시장의 상황 등에 비추어 부득이하다고 인정되는 경우에는 그 기간을 정하여 주식의 처분기한을 연장할 수 있다.
⑥ 비금융주력자가 제3항제2호에 따라 주식을 보유할 수 있는 은행의 수는 1개로 제한한다.
⑦ 제3항제1호에 따른 전환계획의 승인 요건 및 제3항제3호의 승인의 절차·방법, 그 밖에 승인 심사에 필요한 사항은 대통령령으로 정한다.
제16조의3 【전환계획에 대한 평가 및 점검 등】 ① 제16조의2제3항제1호에 따른 승인을 신청하려는 비금융주력자는 전환계획을 금융위원회에 제출하여야 하며, 금융위원회는 전환계획에 대한 전문기관의 평가가 필요하다고 인정하는 경우에는 금융위원회가 정하는 바에 따라 그 평가를 할 수 있다.
② 금융위원회는 제16조의2제3항제1호에 따라 전환계획에 대한 승인을 받아 같은 조 제1항에서 정한 한도를 초과하여 은행의 주식을 보유하는 비금융주력자(이하 "전환대상자"라 한다)의 전환계획 이행 상황을 대통령령으로 정하는 바에 따라 정기적으로 점검하고 그 결과를 인터넷 홈페이지 등을 이용하여 공시하여야 한다.
③ 금융위원회는 제2항에 따른 점검 결과 전환대상자가 전환계획을 이행하지 아니하고 있다고 인정되는 경우에는 6개월 이내의 기간을 정하여 그 이행을 명할 수 있다.
④ 다음 각 호의 어느 하나에 해당하는 전환대상자는 제16조의2제1항에서 정한 한도를 초과하여 보유하는 은행의 주식에 대하여는 의결권을 행사할 수 없다.
1. 금융위원회로부터 제3항에 따른 이행명령을 받은 전환대상자
2. 제48조의2제1항제1호나목의 사유에 따라 제43조의2제1항에 따른 금융감독원장의 검사 결과 은행과의 불법거래 사실이 확인된 전환대상자
⑤ 금융위원회는 전환대상자가 다음 각 호의 어느 하나에 해당하면 6개월 이내의 기간을 정하여 제16조의2제1항에서 정한 한도를 초과하여 보유하는 은행의 주식을 처분할 것을 명할 수 있다.
1. 제3항에 따른 이행명령을 이행하지 아니하는 경우
2. 제4항제2호에 해당하는 경우
제16조의4 【한도초과보유주주등에 대한 적격성심사 등】 ① 금융위원회는 제15조제3항 및 제16조의2제3항에 따라 은행의 주식을 보유하는 자(이하 이 조에서 "한도초과보유주주등"이라 한다)가 그 주식을 보유한 후에도 각각 제15조제5항 및 제15조의3제7항에 따른 자격 및 승인의 요건(이하 이 조에서 "초과보유요건등"이라 한다)을 충족하는지 여부를 대통령령으로 정하는 바에 따라 심사하여야 한다.(2013.8.13 본항개정)
② 금융위원회는 제1항에 따른 심사를 위하여 필요한 경우에는 은행 또는 한도초과보유주주등에 대하여 필요한 자료 또는 정보의 제공을 요구할 수 있다.
③ 금융위원회는 제1항에 따른 심사 결과 한도초과보유주주등이 초과보유요건등을 충족하지 못하고 있다고 인정되는 경우에는 6개월 이내의 기간을 정하여 초과보유요건등을 충족하도록 명할 수 있다.
④ 제3항에 따른 명령을 받은 한도초과보유주주등은 그 명령을 이행할 때까지 제15조제3항제1호에서 정한 한도(한도초과보유주주등이 비금융주력자인 경우에는 제16조의2제1항에서 정한 한도를 말한다. 이하 제5항에서 같다)를 초과하여 보유하는 은행의 주식에 대하여는 의결권을 행사할 수 없다.
(2013.8.13 본항개정)
⑤ 금융위원회는 제3항에 따른 명령을 받은 한도초과보유주주등이 그 명령을 이행하지 아니하는 경우에는 6개월 이내의 기간을 정하여 그 한도초과보유주주등이 제15조제3항제1호에서 정한 한도를 초과하여 보유하는 은행의 주식을 처분할 것을 명할 수 있다.
⑥ 금융위원회는 제1항의 초과보유요건등의 충족 여부를 심사할 경우 제16조의2제3항제3호에 해당하는 자에 대하여 같은 호 각 목의 요건을 충족하고 있는지 여부를 심사하여야 한다.
제16조의5 【외국은행등에 대한 특례】 ① 금융위원회는 외국에서 은행업을 주로 경영하는 회사 또는 해당 법인의 지주회사(이하 이 조에서 "외국은행등"이라 한다)를 포함하는 동일인이 제2조제1항제9호가목 및 나목에 해당하는지 여부를 판단할 때 외국은행등이 다음 각 호의 요건을 모두 충족하는 경우로서 그 외국은행등의 신청이 있는 경우에는 제2조제1항제8호에도 불구하고 그 외국은행등이 직접적·간접적으로 주식 또는 출자지분을 보유하는 외국 법인으로서 외국법에 따라 설립된 법인(또는 이에 준하는 것으로서 금융위원회가 인정하는 단체·조합 등을 포함한다)을 동일인의 범위에서 제외할 수 있다. 다만, 그 외국 법인이 그 외국은행등이 주식을 보유하는 은행의 주식을 직접적·간접적으로 보유하는 경우에는 그러하지 아니하다.
1. 자산총액, 영업규모 등에 비추어 국제적 영업활동에 적합하고 국제적 신인도가 높을 것
2. 해당 외국의 금융감독기관으로부터 해당 외국은행등의 건전성 등과 관련한 감독을 충분히 받을 것
3. 금융위원회가 해당 외국의 금융감독당국과 정보교환 등 업무협조 관계에 있을 것
② 금융위원회는 제1항에 따른 요건의 세부기준, 해당 외국은행등의 신청의 절차 및 방법 등에 관하여 필요한 사항을 정하여 고시할 수 있다.
제17조 (2010.5.17 삭제)

제4장 지배구조
(2010.5.17 본장개정)

제18조 (2015.7.31 삭제)
제19조 (1999.2.5 삭제)
제20조 (2015.7.31 삭제)
제21조 (2010.5.17 삭제)
제21조의2 【비공개정보 누설 등의 금지】 은행의 임직원(임직원이었던 자를 포함한다)은 업무상 알게 된 공개되지 아니한 정보 또는 자료를 외부(은행의 대주주 또는 그 대주주의 특수관계인을 포함한다)에 누설하거나 업무목적 외로 이용하여서는 아니 된다.
제22조~제25조 (2015.7.31 삭제)
제26조 (2010.5.17 삭제)

제5장 은행업무
(2010.5.17 본장개정)

제27조 【업무범위】 ① 은행은 이 법 또는 그 밖의 관계 법률의 범위에서 은행업에 관한 모든 업무(이하 "은행업무"라 한다)를 운영할 수 있다.
② 은행업무의 범위는 다음 각 호와 같다
1. 예금·적금의 수입 또는 유가증권, 그 밖의 채무증서의 발행
2. 자금의 대출 또는 어음의 할인
3. 내국환·외국환
제27조의2 【부수업무의 운영】 ① 은행은 은행업무에 부수하는 업무(이하 "부수업무"라 한다)를 운영할 수 있다.
② 은행이 부수업무를 운영하려는 경우에는 그 업무를 운영하려는 날의 7일 전까지 금융위원회에 신고하여야 한다. 다만, 부수업무 중 다음 각 호에서 정하는 업무는 신고를 하지 아니하고 운영할 수 있다.
1. 채무의 보증 또는 어음의 인수
2. 상호부금(相互賦金)
3. 팩토링(기업의 판매대금 채권의 매수·회수 및 이와 관련된 업무를 말한다)
4. 보호예수(保護預受)
5. 수납 및 지급대행

6. 지방자치단체의 금고대행
7. 전자상거래와 관련한 지급대행
8. 은행업과 관련된 전산시스템 및 소프트웨어의 판매 및 대여
9. 금융 관련 연수, 도서 및 간행물 출판업무
10. 금융 관련 조사 및 연구업무
11. 그 밖에 은행업무에 부수하는 업무로서 대통령령으로 정하는 업무

③ 은행이 제2항에 따른 신고를 하는 경우에는 업무계획 및 예상손익에 관한 서류 등 대통령령으로 정하는 서류를 첨부하여야 한다.

④ 금융위원회는 제2항에 따른 신고내용이 다음 각 호의 어느 하나에 해당하는 경우에는 그 부수업무의 운영을 제한하거나 시정할 것을 명할 수 있다.

1. 은행의 경영건전성을 해치는 경우
2. 예금자 등 은행 이용자의 보호에 지장을 가져오는 경우
3. 금융시장 등의 안정성을 해치는 경우

⑤ 금융위원회는 제2항에 따라 신고받은 부수업무 및 제4항에 따라 제한 또는 시정명령을 한 부수업무를 대통령령으로 정하는 방법 및 절차에 따라 인터넷 홈페이지 등에 공고하여야 한다.

(2010.5.17 본조신설)

제28조【겸영업무의 운영】 ① 은행은 은행업이 아닌 업무로서 다음 각 호의 업무(이하 "겸영업무"라 한다)를 직접 운영할 수 있다.

1. 대통령령으로 정하는 금융 관련 법령에서 인가 · 허가 및 등록 등을 받아야 하는 업무 중 대통령령으로 정하는 금융업무
2. 대통령령으로 정하는 법령에서 정하는 금융 관련 업무로서 해당 법령에서 은행이 운영할 수 있도록 한 업무
3. 그 밖에 그 업무를 운영하여도 제27조의2제4항 각 호의 어느 하나에 해당할 우려가 없는 업무로서 대통령령으로 정하는 금융업무

② 은행이 겸영업무를 직접 운영하려는 경우에는 다음 각 호에 따라 금융위원회에 신고하여야 한다.

1. 제1항제1호에 따른 업무 : 금융 관련 법령에 따라 인가 · 허가 및 등록 등을 신청할 때 신고
2. 제1항제2호 및 제3호에 따른 업무 : 그 업무를 운영하려는 날의 7일 전까지 신고

③ 금융위원회는 제2항에 따른 신고내용이 제27조의2제4항 각 호의 어느 하나에 해당할 우려가 있는 경우에는 그 겸영업무의 운영을 제한하거나 시정할 것을 명할 수 있다.

제28조의2【이해상충의 관리】 ① 은행은 이 법에 따른 업무를 운영할 때 은행과 은행이용자 간, 특정 이용자와 다른 이용자 간의 이해상충(利害相衝)을 방지하기 위하여 대통령령으로 정하는 업무 간에는 이해상충이 발생할 가능성에 대하여 인식 · 평가하고 정보교류를 차단하는 등 공정하게 관리하여야 한다.

② 은행은 제1항에 따른 이해상충을 관리하는 방법 및 절차 등을 대통령령으로 정하는 바에 따라 「금융회사의 지배구조에 관한 법률」 제24조에 따른 내부통제기준(이하 "내부통제기준"이라 한다)에 반영하여야 한다.(2015.7.31 본항개정)

③ 은행은 이해상충을 공정하게 관리하는 것이 어렵다고 인정되는 경우에는 그 사실을 미리 해당 이용자 등에게 충분히 알려야 하며, 그 이해상충이 발생할 가능성을 내부통제기준이 정하는 방법 및 절차에 따라 은행이용자 보호 등에 문제가 없는 수준으로 낮춘 후 거래를 하여야 한다.

④ 은행은 제3항에 따라 그 이해상충이 발생할 가능성을 낮추는 것이 어렵다고 판단되는 경우에는 거래를 하여서는 아니 된다.

⑤ 금융위원회는 은행이용자 보호 등을 위하여 필요하다고 인정되는 경우에는 이해상충에 관한 내부통제기준의 변경을 권고할 수 있다.

⑥ 은행은 대통령령으로 정하는 겸영업무 및 부수업무의 경우에는 대통령령으로 정하는 바에 따라 은행업무와 구별하고 별도의 장부와 기록을 보유하여야 한다.

(2010.5.17 본조신설)

제29조 (2010.5.17 삭제)

제30조【예금지급준비금과 금리 등에 관한 준수 사항】 ① 은행은 「한국은행법」 제55조에 따른 지급준비금 적립대상 채무에 대한 지급준비를 위하여 「한국은행법」 제4장제2절에 따른 최저율 이상의 지급준비금과 지급준비자산을 보유하여야 한다. 다만, 제28조에 따라 운영하는 신탁업무에 대하여는 지급준비금과 지급준비자산을 보유하지 아니할 수 있다.(2011.9.16 본항개정)

② 은행은 「한국은행법」에 따른 금융통화위원회가 하는 다음 각 호의 결정 및 제한 등을 준수하여야 한다.

1. 은행의 각종 예금에 대한 이자 및 그 밖의 지급금의 최고율의 결정
2. 은행의 각종 대출 등 여신업무에 대한 이자 및 그 밖의 요금의 최고율의 결정
3. 은행 대출의 최장기한 및 담보의 종류에 대한 제한
4. 극심한 통화팽창기 등 국민경제상 절실한 경우 일정한 기간 내의 은행의 대출과 투자의 최고한도 또는 분야별 최고한도의 제한
5. 극심한 통화팽창기 등 국민경제상 절실한 경우 은행의 대출에 대한 사전승인

제30조의2【금리인하 요구】 ① 은행과 신용공여 계약을 체결한 자는 재산 증가나 신용등급 또는 개인신용평점 상승 등 신용상태 개선이 나타났다고 인정되는 경우 은행에 금리인하를 요구할 수 있다.(2020.2.4 본항개정)

② 은행은 신용공여 계약을 체결하려는 자에게 제1항에 따라 금리인하를 요구할 수 있음을 알려야 한다.

③ 그 밖에 금리인하 요구의 요건 및 절차에 관한 구체적 사항은 대통령령으로 정한다.

(2018.12.11 본조신설)

제31조【상업금융업무 및 장기금융업무】 은행은 상업금융업무와 장기금융업무를 모두 운영할 수 있다.

제32조【당좌예금의 취급】 당좌예금은 상업금융업무를 운영하는 은행만이 취급할 수 있다.

제33조【금융채의 발행】 ① 은행은 자기자본의 5배의 범위에서 대통령령으로 정하는 한도 내에서 다음 각 호의 사채(이하 "금융채"라 한다)를 발행할 수 있다. 다만, 제4호의 사채는 비상장은행(「자본시장과 금융투자업에 관한 법률」 제9조제15항제4호에 따른 주권비상장법인인 은행을 말한다. 이하 같다)만이 발행할 수 있다.

1. 「상법」에 따른 사채
2. 「자본시장과 금융투자업에 관한 법률」 제165조의11제1항에 따른 사채 중 해당 사채의 발행 당시 객관적이고 합리적인 기준에 따라 미리 정하는 사유(이하 "예정사유"라 한다)가 발생하는 경우 그 사채의 상환과 이자지급 의무가 감면된다는 조건이 붙은 사채(이하 "상각형 조건부자본증권"이라 한다)
3. 「자본시장과 금융투자업에 관한 법률」 제165조의11제1항에 따른 사채 중 해당 사채의 발행 당시 예정사유가 발생하는 경우 은행의 주식으로 전환된다는 조건이 붙은 사채(이하 "은행주식 전환형 조건부자본증권"이라 한다)
4. 「상법」 제469조제2항, 제513조 및 제516조의2에 따른 사채와 다른 종류의 사채로서 해당 사채의 발행 당시 예정사유가 발생하는 경우 비상장은행의 주식으로 전환됨과 동시에 그 전환된 주식이 상장은행지주회사(해당 사채의 발행 당시 비상장은행의 발행주식 총수를 보유한 「자본시장과 금융투자업에 관한 법률」 제9조제15항제3호에 따른 주권상장법인인 은행지주회사를 말한다. 이하 같다)의 주식과 교환된다는 조건이 붙은 사채(이하 "은행지주회사주식 전환형 조건부자본증권"이라 한다)
5. 그 밖에 제1호부터 제4호까지의 사채에 준하는 사채로서 대통령령으로 정하는 사채

② 금융채의 발행조건 및 발행방법 등에 관하여 필요한 사항은 대통령령으로 정한다.

③ 금융위원회는 은행이 제33조의2 또는 제33조의3에 따른 이사회의 의결 또는 주주총회의 결의를 거치지 아니하고 금융채를 발행한 경우 그 은행에 대하여 6개월 이내의 기간을 정하여 금융채 발행의 금지를 명할 수 있다.

(2016.3.29 본조개정)

제33조의2【상각형 조건부자본증권 및 은행주식 전환형 조건부자본증권의 발행절차 등】 ① 상각형 조건부자본증권의 발행 등에 관하여는 「자본시장과 금융투자업에 관한 법률」 제165조의11제2항 및 제314조제8항을 준용한다.
② 은행주식 전환형 조건부자본증권의 발행 등에 관하여는 「자본시장과 금융투자업에 관한 법률」 제165조의6제1항 · 제2항 · 제4항, 제165조의9, 제165조의11제2항 및 제314조제8항을 준용한다.
(2016.3.29 본조신설)

제33조의3【은행지주회사주식 전환형 조건부자본증권의 발행절차 등】 ① 비상장은행이 은행지주회사주식 전환형 조건부자본증권을 발행하려면 비상장은행 및 상장은행지주회사는 각각의 정관으로 정하는 바에 따라 은행지주회사주식 전환형 조건부자본증권의 총액 등 대통령령으로 정하는 사항을 포함한 주식교환계약서를 작성하여 다음 각 호의 구분에 따른 절차를 거쳐야 한다.
1. 비상장은행의 경우 : 이사회의 의결
2. 상장은행지주회사의 경우 : 이사회의 의결과 「상법」 제434조에 따른 주주총회의 결의
② 비상장은행은 은행지주회사주식 전환형 조건부자본증권을 발행하는 경우 「공사채 등록법」 제3조에 따른 등록기관에 등록하여 발행하여야 한다. 이 경우 「자본시장과 금융투자업에 관한 법률」 제309조제5항에 따른 방법으로 그 은행지주회사주식 전환형 조건부자본증권이 등록되도록 하여야 한다.
③ 비상장은행 및 상장은행지주회사는 비상장은행이 은행지주회사주식 전환형 조건부자본증권을 발행한 경우 「상법」 제476조에 따른 납입이 완료된 날부터 2주일 이내에 각각의 본점 소재지에서 은행지주회사주식 전환형 조건부자본증권의 총액 등 대통령령으로 정하는 사항을 등기하여야 한다.
④ 제1항제2호에 따른 이사회의 의결이 있는 경우 그 의결에 반대하는 상장은행지주회사의 주주가 주주총회 전에 상장은행지주회사에 대하여 서면으로 그 의결에 반대하는 의사를 통지한 경우 그 주주총회의 결의일부터 20일 이내에 주식의 종류와 수를 적은 서면으로 상장은행지주회사에 대하여 자기가 소유하고 있는 주식의 매수를 청구할 수 있다. 이 경우 주식의 매수기간 및 매수가액의 결정 등에 관하여는 「상법」 제374조의2제2항부터 제5항까지의 규정을 준용한다.
⑤ 비상장은행 및 상장은행지주회사는 비상장은행이 은행지주회사주식 전환형 조건부자본증권을 발행하는 날부터 제6항에 따른 효력발생일과 만기일 중 먼저 도래하는 날까지 전환 및 교환으로 인하여 새로 발행할 주식의 수를 유보(留保)하여야 한다.
⑥ 은행지주회사주식 전환형 조건부자본증권의 비상장은행 주식으로의 전환 및 그 전환된 주식의 상장은행지주회사 주식과의 교환은 예정사유가 발생한 날부터 제15영업일이 되는 날까지 중 대통령령으로 정하는 날에 그 효력이 발생한다.
⑦ 「상법」 제355조제1항에도 불구하고 비상장은행은 제6항에 따른 효력이 발생하는 경우에도 주권을 발행하지 아니할 수 있다.
⑧ 비상장은행이 은행지주회사주식 전환형 조건부자본증권을 발행한 이후 상장은행지주회사가 비상장은행을 지배(「금융지주회사법」 제2조제1항제1호에 따른 지배를 말한다)하지 아니하게 된 때에는 그 때까지 발행된 예정사유가 발생하지 아니한 은행지주회사주식 전환형 조건부자본증권은 예정사유 및 전환의 조건이 동일한 은행주식 전환형 조건부자본증권으로 변경되는 것으로 본다. 다만, 제1항에 따른 주식교환계약서에서 달리 정한 경우에는 그러하지 아니하다.
⑨ 비상장은행 및 상장은행지주회사는 은행지주회사주식 전환형 조건부자본증권의 변경등기를 다음 각 호의 구분에 따라 각각의 본점 소재지에서 하여야 한다.
1. 제6항에 따른 전환 · 교환으로 인한 변경등기 : 같은 항에 따른 효력발생일부터 2주일 이내
2. 제8항에 따른 변경으로 인한 변경등기 : 같은 항에 따라 변경되는 날부터 2주일 이내
⑩ 은행지주회사주식 전환형 조건부자본증권의 발행에 관하여는 「상법」 제424조, 제424조의2 및 제429조부터 제432조까지의 규정과 「자본시장과 금융투자업에 관한 법률」 제165조의6제1항 · 제2항 · 제4항, 제165조의9 및 제314조제8항을 준용하며, 은행지주회사주식 전환형 조건부자본증권의 비상장은행 주식으로의 전환 및 그 전환된 주식의 상장은행지주회사 주식과의 교환에 관하여는 「상법」 제339조, 제348조, 제350조제2항 · 제3항, 제360조의4, 제360조의7, 제360조의11, 제360조의12 및 제360조의14를 준용한다.
⑪ 제1항부터 제10항까지에서 규정한 사항 외에 정관에 규정하여야 하는 사항, 예정사유의 구체적인 기준, 그 밖에 은행지주회사주식 전환형 조건부자본증권의 발행 등에 필요한 세부사항은 대통령령으로 정한다.
(2016.3.29 본조신설)

제33조의4【소규모 은행지주회사주식 전환형 조건부자본증권의 발행절차 등에 관한 특례】 ① 비상장은행이 발행하는 은행지주회사주식 전환형 조건부자본증권의 발행가액이 상장은행지주회사 자본총액(재무상태표상 자산총액에서 부채총액을 뺀 금액을 말한다)의 100분의 5를 초과하지 아니하는 경우에는 제33조의3제1항제2호에 따른 상장은행지주회사 주주총회의 결의(이하 이 조에서 "특별결의"라 한다)는 같은 호에 따른 상장은행지주회사 이사회의 의결(정관에서 「상법」 제368조제1항에 따른 주주총회의 결의를 거치도록 한 경우에는 그 주주총회의 결의)로 갈음할 수 있다. 이 경우 제33조의3제1항에 따른 주식교환계약서에 특별결의를 거치지 아니하고 은행지주회사주식 전환형 조건부자본증권을 발행할 수 있다는 뜻을 적어야 한다.(2021.4.20 전단개정)
② 상장은행지주회사는 제1항 후단에 따라 주식교환계약서를 작성한 날부터 2주일 이내에 비상장은행의 상호와 본점, 은행지주회사주식 전환형 조건부자본증권을 발행할 날 및 특별결의를 거치지 아니하고 은행지주회사주식 전환형 조건부자본증권을 발행한다는 뜻을 공고하거나 주주에게 통지하여야 한다.
③ 상장은행지주회사의 발행주식 총수의 100분의 20 이상에 해당하는 주식을 가지는 주주가 제2항에 따른 공고 또는 통지를 한 날부터 2주일 이내에 상장은행지주회사에 대하여 서면으로 은행지주회사주식 전환형 조건부자본증권 발행에 반대하는 의사를 통지하는 경우에는 제1항에 따른 방법으로 은행지주회사주식 전환형 조건부자본증권을 발행할 수 없다.
④ 제1항의 경우에는 제33조의3제4항을 적용하지 아니한다.
⑤ 제1항부터 제4항까지에서 규정한 사항 외에 소규모 은행지주회사주식 전환형 조건부자본증권의 발행 등에 관하여는 「상법」 제360조의10제6항을 준용한다.
(2016.3.29 본조신설)

제33조의5【사채등의 등록】 ① 사채, 그 밖에 등록에 적합한 것으로서 대통령령으로 정하는 권리(이하 이 조에서 "사채등"이라 한다)의 소유자 · 질권자, 그 밖의 이해관계자는 해당 사채등을 발행하는 은행(이하 이 조에서 "발행은행"이라 한다)에 각각 그 권리를 등록할 수 있다.
② 등록한 사채등에 대해서는 증권(證券)이나 증서(證書)를 발행하지 아니하며, 발행은행은 이미 증권이나 증서가 발행된 사채등을 등록하는 경우에는 그 증권이나 증서를 회수하여야 한다.
③ 사채등의 소유자는 언제든지 발행은행에 사채등의 등록을 말소하고 사채등이 표시된 증권이나 증서의 발행을 청구할 수 있다. 다만, 사채등의 발행 조건에서 증권이나 증서를 발행하지 아니하기로 정한 경우에는 그러하지 아니하다.
④ 등록한 사채등을 이전하거나 담보권의 목적으로 하거나 신탁재산으로 위탁한 경우에는 그 사실을 등록하지 아니하면 발행은행이나 그 밖의 제3자에게 대항하지 못한다.
⑤ 등록한 사채등을 법령에 따라 담보로서 공탁(供託)하거나 임치(任置)하는 경우에는 그 사실을 등록함으로써 담보를 갈음할 수 있다.
⑥ 제1항부터 제5항까지에서 규정한 사항 외에 사채등의 등록 및 말소의 방법과 절차, 등록부의 작성 · 비치 및 관리 등에 필요한 사항은 대통령령으로 정한다.
(2016.3.22 본조신설)

제6장 건전경영의 유지
(2010.5.17 본장개정)

제34조【건전경영의 지도】 ① 은행은 은행업을 경영할 때 자기자본을 충실하게 하고 적정한 유동성을 유지하는 등 경영의 건전성을 확보하여야 한다.
② 은행은 경영의 건전성을 유지하기 위하여 다음 각 호의 사항에 관하여 대통령령으로 정하는 바에 따라 금융위원회가 정하는 경영지도기준을 지켜야 한다.
1. 자본의 적정성에 관한 사항
2. 자산의 건전성에 관한 사항
3. 유동성에 관한 사항
4. 그 밖에 경영의 건전성 확보를 위하여 필요한 사항
③ 제2항에 따라 금융위원회가 경영지도기준을 정할 때에는 국제결제은행이 권고하는 은행의 건전성 감독에 관한 원칙을 충분히 반영하여야 한다.
④ 금융위원회는 은행이 제2항에 따른 경영지도기준을 충족시키지 못하는 등 경영의 건전성을 크게 해칠 우려가 있거나 경영의 건전성을 유지하기 위하여 불가피하다고 인정될 때에는 자본금의 증액, 이익배당의 제한, 유동성이 높은 자산의 확보, 일정한 규모의 조건부자본증권(제33조제1항제2호부터 제4호까지의 사채를 말한다)의 발행·보유 등 경영개선을 위하여 필요한 조치를 요구할 수 있다.(2016.3.29 본항개정)
(2010.5.17 본조신설)

제34조의2【불건전 영업행위의 금지】 ① 은행은 다음 각 호의 어느 하나에 해당하는 행위를 해서는 아니 된다.
1. 실제 자금을 수취하지 아니하였음에도 입금처리하는 행위 등 은행이용자에게 부당하게 편익을 제공하는 행위
2. 예금, 대출 등 은행이 취급하는 상품을 비정상적으로 취급하여 은행이용자의 조세포탈·회계분식·부당내부거래 등 부당한 거래를 지원하는 행위(2020.3.24 본호개정)
3. 은행업무, 부수업무 또는 겸영업무와 관련하여 은행이용자에게 정상적인 수준을 초과하여 재산상 이익을 제공하는 행위
4. 그 밖에 은행업무, 부수업무 또는 겸영업무와 관련하여 취득한 정보 등을 활용하여 은행의 건전한 운영 또는 신용질서를 해치는 행위
② 제1항 각 호에 따른 행위의 구체적인 유형 또는 기준은 대통령령으로 정한다.
(2016.3.29 본조신설)

제34조의3【금융사고의 예방】 ① 은행은 다음 각 호의 사항을 포함한 금융사고 예방대책을 마련하여 내부통제기준에 반영하고 이를 준수하여야 한다.(2017.4.18 본문개정)
1. 지점(대리점, 국외현지법인 및 국외지점을 포함한다. 이하 제2호에서 같다)의 금융사고 관리에 관한 사항으로서 대통령령으로 정하는 사항
2. 지점의 업무운영에 관한 자체적인 검사에 관한 사항으로서 대통령령으로 정하는 사항
3. 은행이용자의 정보보호에 관한 사항으로서 대통령령으로 정하는 사항
4. 전산사무, 현금수송사무 등 금융사고 가능성이 높은 사무에 관한 사항으로서 대통령령으로 정하는 사항
② (2017.4.18 삭제)
③ 은행은 은행의 경영에 중대한 영향을 미칠 수 있는 금융사고에 관한 사항으로서 대통령령으로 정하는 사항이 발생한 경우에는 대통령령으로 정하는 기간 이내에 그 내용을 금융위원회에 보고하고, 인터넷 홈페이지 등을 이용하여 공시하여야 한다.
(2016.3.29 본조신설)

제35조【동일차주 등에 대한 신용공여의 한도】 ① 은행은 동일한 개인·법인 및 그 개인·법인과 대통령령으로 정하는 신용위험을 공유하는 자〔이하 "동일차주"(同一借主)라 한다〕에 대하여 그 은행의 자기자본의 100분의 25를 초과하는 신용공여를 할 수 없다. 다만, 다음 각 호의 어느 하나에 해당하는 경우로서 대통령령으로 정하는 경우에는 그러하지 아니하다.
1. 국민경제를 위하여 또는 은행의 채권 확보의 실효성을 높이기 위하여 필요한 경우
2. 은행이 추가로 신용공여를 하지 아니하였음에도 불구하고 자기자본의 변동, 동일차주 구성의 변동 등으로 인하여 본문에 따른 한도를 초과하게 되는 경우
② 은행이 제1항제2호에 따라 제1항·제3항 및 제4항 본문에 규정된 한도를 초과하게 되는 경우에는 그 한도가 초과하게 된 날부터 1년 이내에 제1항·제3항 및 제4항 본문에 규정된 한도에 맞도록 하여야 한다. 다만, 대통령령으로 정하는 부득이한 사유에 해당하는 경우에는 금융위원회가 그 기간을 정하여 연장할 수 있다.
③ 은행은 동일한 개인이나 법인 각각에 대하여 그 은행의 자기자본의 100분의 20을 초과하는 신용공여를 할 수 없다. 다만, 제1항 단서에 해당하는 경우에는 그러하지 아니하다.
④ 동일한 개인이나 법인 또는 동일차주 각각에 대한 은행의 신용공여가 그 은행의 자기자본의 100분의 10을 초과하는 거액 신용공여인 경우 그 총합계액은 그 은행의 자기자본의 5배를 초과할 수 없다. 다만, 제1항 단서에 해당하는 경우에는 그러하지 아니하다.

제35조의2【은행의 대주주에 대한 신용공여한도 등】 ① 은행이 그 은행의 대주주(국외현지법인을 제외한 특수관계인을 포함한다. 이하 이 조에서 같다)에게 할 수 있는 신용공여는 그 은행 자기자본의 100분의 25의 범위에서 대통령령으로 정하는 비율에 해당하는 금액과 그 대주주의 그 은행에 대한 출자비율에 해당하는 금액 중 적은 금액을 초과할 수 없다.
② 은행이 그 은행의 전체 대주주에게 할 수 있는 신용공여는 그 은행 자기자본의 100분의 25의 범위에서 대통령령으로 정하는 비율에 해당하는 금액을 초과할 수 없다.
③ 은행은 제1항 및 제2항에 따른 신용공여한도를 회피하기 위한 목적으로 다른 은행과 교차하여 신용공여를 하여서는 아니 된다.
④ 은행은 그 은행의 대주주에 대하여 대통령령으로 정하는 금액 이상의 신용공여(대통령령으로 정하는 거래를 포함한다. 이하 이 조에서 같다)를 하려는 경우에는 미리 이사회의 의결을 거쳐야 한다. 이 경우 이사회는 재적이사 전원의 찬성으로 의결한다.
⑤ 은행은 그 은행의 대주주에 대하여 대통령령으로 정하는 금액 이상의 신용공여를 한 경우에는 지체 없이 그 사실을 금융위원회에 보고하고 인터넷 홈페이지 등을 이용하여 공시하여야 한다.
⑥ 은행은 그 은행의 대주주에 대한 신용공여에 관한 사항을 대통령령으로 정하는 바에 따라 분기별로 인터넷 홈페이지 등을 이용하여 공시하여야 한다.
⑦ 은행은 그 은행의 대주주의 다른 회사에 대한 출자를 지원하기 위한 신용공여를 하여서는 아니 된다.
⑧ 은행은 그 은행의 대주주에게 자산을 무상으로 양도하거나 통상의 거래조건에 비추어 그 은행에게 현저하게 불리한 조건으로 매매 또는 교환하거나 신용공여를 하여서는 아니 된다.

제35조의3【대주주가 발행한 지분증권의 취득한도 등】 ① 은행은 자기자본의 100분의 1의 범위에서 대통령령으로 정하는 비율에 해당하는 금액을 초과하여 그 은행의 대주주(제37조제2항에 따른 자회사등을 제외한 특수관계인을 포함한다. 이하 같다)가 발행한 지분증권(「자본시장과 금융투자업에 관한 법률」 제4조제4항에 따른 지분증권을 말한다. 이하 같다)을 취득(대통령령으로 정하는 바에 따라 신탁업무를 운영함으로써 취득하는 것을 포함한다. 이하 이 조에서 같다)하여서는 아니 된다. 다만, 「금융지주회사법」 제2조제1항제5호에 따른 은행지주회사의 자회사등(「금융지주회사법」 제4조제1항제2호에 따른 자회사등을 말한다. 이하 이 항에서 같다)인 은행이 그 은행지주회사의 다른 자회사등이 업무집행사원인 기관전용 사모집합투자기구에 출자하는 경우에는 그러하지 아니하다.(2021.4.20 단서개정)
② 금융위원회는 제1항 본문에 따른 취득한도 내에서 지분증권의 종류별로 취득한도를 따로 정할 수 있다.
③ 은행의 대주주가 아닌 자가 새로 대주주가 됨에 따라 은행이 제1항에 따른 한도를 초과하게 되는 경우 그 은행은 대통령령으로 정하는 기간 이내에 그 한도를 초과한 지분증권을 처분하여야 한다.
④ 은행이 그 은행의 대주주가 발행한 지분증권을 대통령령으로 정하는 금액 이상으로 취득하려는 경우에는 미리 이사회의

의결을 거쳐야 한다. 이 경우 이사회는 재적이사 전원의 찬성으로 의결한다.
⑤ 은행이 그 은행의 대주주가 발행한 지분증권을 대통령령으로 정하는 금액 이상으로 취득한 경우에는 지체 없이 그 사실을 금융위원회에 보고하고 인터넷 홈페이지 등을 이용하여 공시하여야 한다.
⑥ 은행은 그 은행의 대주주가 발행한 지분증권의 취득에 관한 사항을 대통령령으로 정하는 바에 따라 분기별로 인터넷 홈페이지 등을 이용하여 공시하여야 한다.
⑦ 은행은 그 은행의 대주주가 발행한 지분증권의 의결권을 행사할 때 그 대주주 주주총회에 참석한 주주의 지분증권수에서 그 은행이 소유한 지분증권수를 뺀 지분증권수의 의결 내용에 영향을 미치지 아니하도록 의결권을 행사하여야 한다. 다만, 대주주의 합병, 영업의 양도·양수, 임원의 선임, 그 밖에 이에 준하는 사항으로서 그 은행에 손실을 입히게 될 것이 명백하게 예상되는 경우에는 그러하지 아니하다.

제35조의4【대주주의 부당한 영향력 행사의 금지】 은행의 대주주는 그 은행의 이익에 반하여 대주주 개인의 이익을 취할 목적으로 다음 각 호의 어느 하나에 해당하는 행위를 하여서는 아니 된다.
1. 부당한 영향력을 행사하기 위하여 그 은행에 대하여 외부에 공개되지 아니한 자료 또는 정보의 제공을 요구하는 행위. 다만, 「금융회사의 지배구조에 관한 법률」 제33조제6항 및 「상법」 제466조에 따른 권리의 행사에 해당하는 경우를 제외한다.(2015.7.31 단서개정)
2. 경제적 이익 등 반대급부의 제공을 조건으로 다른 주주와 담합하여 그 은행의 인사 또는 경영에 부당한 영향력을 행사하는 행위
3. 경쟁사업자의 사업활동을 방해할 목적으로 신용공여를 조기 회수하도록 요구하는 등 은행의 경영에 영향력을 행사하는 행위
3의2. 제35조의2제1항 및 제2항에서 정한 비율을 초과하여 은행으로부터 신용공여를 받는 행위
3의3. 은행으로 하여금 제35조의2제3항을 위반하게 하여 다른 은행으로부터 신용공여를 받는 행위
3의4. 은행으로 하여금 제35조의2제7항을 위반하게 하여 신용공여를 받는 행위
3의5. 은행으로 하여금 제35조의2제8항을 위반하게 하여 대주주에게 자산의 무상양도·매매·교환 및 신용공여를 하게 하는 행위
3의6. 제35조의3제1항에서 정한 비율을 초과하여 은행으로 하여금 대주주의 주식을 소유하게 하는 행위
4. 제1호부터 제3호까지의 행위에 준하는 행위로서 대통령령으로 정하는 행위

제35조의5【대주주에 대한 자료 제출 요구 등】 ① 금융위원회는 은행 또는 그 대주주가 제35조의2부터 제35조의4까지를 위반한 혐의가 있다고 인정할 때에는 은행 또는 그 대주주에 대하여 필요한 자료의 제출을 요구할 수 있다.
② 금융위원회는 은행 대주주(회사만 해당한다)의 부채가 자산을 초과하는 등 재무구조의 부실화로 인하여 은행의 경영건전성을 현저히 해칠 우려가 있는 경우로서 대통령령으로 정하는 경우에는 그 은행 또는 그 대주주에 대하여 필요한 자료의 제출을 요구할 수 있으며 그 은행에 대하여 그 대주주에 대한 신용공여의 제한을 명하는 등 대통령령으로 정하는 조치를 할 수 있다.
③ 금융위원회는 은행의 주주가 제2조제1항제10호나목에 따른 사실상 영향력을 행사하고 있는 자인지 여부를 확인하기 위하여 은행 및 주주에게 필요한 자료의 제출을 요구할 수 있다.(2021.12.7 본항신설)

제36조【정부대행기관에 대한 대출】 「한국은행법」에 따른 정부대행기관에 대한 은행의 대출은 그 원리금의 상환에 관하여 정부가 보증한 경우에만 할 수 있다.

제37조【다른 회사 등에 대한 출자제한 등】 ① 은행은 다른 회사등의 의결권 있는 지분증권의 100분의 15를 초과하는 지분증권을 소유할 수 없다.
② 은행은 제1항에도 불구하고 금융위원회가 정하는 업종에 속하는 회사 등에 출자하는 경우 또는 기업구조조정 촉진을 위하여 필요한 것으로 금융위원회의 승인을 받은 경우에는 의결권 있는 지분증권의 100분의 15를 초과하는 지분증권을 소유할 수 있다. 다만, 은행이 의결권 있는 지분증권의 100분의 15를 초과하는 지분증권을 소유하는 회사 등(이하 "자회사등"이라 한다)에 대한 출자 총액이 다음 각 호의 어느 하나의 금액을 초과하지 아니하는 경우만 해당한다.
1. 은행 자기자본의 100분의 20의 범위에서 대통령령으로 정하는 비율에 해당하는 금액
2. 은행과 그 은행의 자회사등의 경영상태 등을 고려하여 금융위원회가 정하여 고시하는 요건을 충족하는 경우에는 은행 자기자본의 100분의 40의 범위에서 대통령령으로 정하는 비율에 해당하는 금액
③ 은행은 그 은행의 자회사등과 거래를 할 때 다음 각 호의 어느 하나에 해당하는 행위를 하여서는 아니 된다.
1. 그 은행의 자회사등에 대한 신용공여로서 대통령령으로 정하는 기준을 초과하는 신용공여(그 은행의 자회사등이 합병되는 등 대통령령으로 정하는 경우는 제외한다)
2. 그 은행의 자회사등의 지분증권을 담보로 하는 신용공여와 그 은행의 자회사등의 지분증권을 사게 하기 위한 신용공여
3. 그 은행의 자회사등의 임직원에 대한 대출(금융위원회가 정하는 소액대출은 제외한다)
4. 그 밖에 그 은행의 건전한 경영을 해치거나 예금자 등 은행이용자의 이익을 해칠 우려가 있는 행위로서 대통령령으로 정하는 행위
④ 은행의 자회사등에 대한 출자에 관하여 구체적인 사항은 대통령령으로 정한다.
⑤ 제6항부터 제8항까지의 규정에서 "모은행(母銀行)" 및 "자은행"이란 은행이 다른 은행의 의결권 있는 발행주식 총수의 100분의 15를 초과하여 주식을 소유하는 경우의 그 은행과 그 다른 은행을 말한다. 이 경우 모은행과 자은행이 합하여 자은행이 아닌 다른 은행의 의결권 있는 발행주식 총수의 100분의 15를 초과하여 주식을 소유하는 경우 그 다른 은행은 그 모은행의 자은행으로 본다.
⑥ 자은행은 다음 각 호의 행위를 하여서는 아니 된다.
1. 모은행 및 그 모은행의 다른 자은행(이하 "모은행등"이라 한다)이 발행한 주식을 소유하는 행위(대통령령으로 정하는 경우는 제외한다)
2. 다른 은행의 의결권 있는 발행주식의 100분의 15를 초과하여 주식을 소유하는 행위
3. 대통령령으로 정하는 기준을 초과하여 모은행등에 신용공여를 하는 행위
4. 그 밖에 그 자은행의 건전한 경영을 해치거나 예금자 등 은행이용자의 이익을 해칠 우려가 있는 행위로서 대통령령으로 정하는 행위
⑦ 자은행과 모은행등 상호 간에 신용공여를 하는 경우에는 대통령령으로 정하는 기준에 따라 적정한 담보를 확보하여야 한다. 다만, 그 자은행과 모은행등의 구조조정에 필요한 신용공여 등 대통령령으로 정하는 요건에 해당하는 경우에는 그러하지 아니하다.
⑧ 자은행과 모은행등 상호 간에는 대통령령으로 정하는 불량자산을 거래하여서는 아니 된다. 다만, 그 자은행과 모은행등의 구조조정에 필요한 거래 등 금융위원회가 정하는 요건에 해당하는 경우에는 그러하지 아니하다.

제38조【금지업무】 은행은 다음 각 호의 어느 하나에 해당하는 업무를 하여서는 아니 된다.
1. 다음 각 목의 증권에 대한 투자의 총 합계액이 은행의 자기자본의 100분의 100의 범위에서 대통령령으로 정하는 비율에 해당하는 금액을 초과하는 투자. 이 경우 금융위원회는 필요한 경우 같은 투자한도의 범위에서 다음 각 목의 증권에 대한 투자한도를 따로 정할 수 있다.
가. 「자본시장과 금융투자업에 관한 법률」 제4조제3항에 따른 채무증권으로서 상환기간이 3년을 초과하는 것. 다만, 국채 및 한국은행 통화안정증권, 「금융산업의 구조개선에 관한 법률」 제11조제6항제2호에 따른 채권은 제외한다.
나. 지분증권. 다만, 「금융산업의 구조개선에 관한 법률」 제11조제6항제1호에 따른 주식은 제외한다.

다. 「자본시장과 금융투자업에 관한 법률」 제4조제7항에 따른 파생결합증권 중 대통령령으로 정하는 것
라. 그 밖에 「자본시장과 금융투자업에 관한 법률」 제4조제2항 각 호의 증권 중 대통령령으로 정하는 증권
2. 대통령령으로 정하는 업무용 부동산이 아닌 부동산(저당권 등 담보권의 실행으로 취득한 부동산은 제외한다)의 소유
3. 자기자본의 100분의 100의 범위에서 대통령령으로 정하는 비율에 해당하는 금액을 초과하는 업무용 부동산의 소유
4. 직접 · 간접을 불문하고 해당 은행의 주식을 담보로 하는 대출
5. 직접 · 간접을 불문하고 해당 은행의 주식을 사게 하기 위한 대출
6. 해당 은행의 임직원에 대한 대출(금융위원회가 정하는 소액대출은 제외한다)

제39조【비업무용 자산 등의 보고 및 처분】 은행은 그 소유물이나 그 밖의 자산 중 이 법에 따라 그 취득 또는 보유가 금지되거나 저당권 등 담보권의 실행으로 취득한 자산이 있는 경우에는 금융위원회가 정하는 바에 따라 금융위원회에 보고하고, 이를 처분하여야 한다.(2021.12.7 본조개정)

제40조【이익준비금의 적립】 은행은 적립금이 자본금의 총액이 될 때까지 결산 순이익금을 배당할 때마다 그 순이익금의 100분의 10 이상을 적립하여야 한다.

제41조【재무제표의 공고 등】 ① 은행은 그 결산일 후 3개월 이내에 금융위원회가 정하는 서식에 따라 결산일 현재의 재무상태표, 그 결산기(決算期)의 손익계산서 및 금융위원회가 정하는 연결재무제표(聯結財務諸表)를 공고하여야 한다. 다만, 부득이한 사유로 3개월 이내에 공고할 수 없는 서류에 대하여는 금융위원회의 승인을 받아 그 공고를 연기할 수 있다.
(2021.4.20 본문개정)
② 제1항에 따른 재무상태표, 손익계산서 및 연결재무제표에는 대표자 및 담당 책임자가 서명 · 날인하여야 한다.
(2021.4.20 본항개정)
③ 은행의 결산일은 12월 31일로 한다. 다만, 금융위원회는 결산일의 변경을 지시할 수 있으며, 은행은 금융위원회의 승인을 받아 결산일을 변경할 수 있다.

제42조【재무상태표 등의 제출】 ① 은행은 매월 말일을 기준으로 한 재무상태표를 다음 달 말일까지 한국은행이 정하는 서식에 따라 작성하여 한국은행에 제출하여야 하며, 한국은행은 이를 한국은행 통계월보(統計月報)에 게재하여야 한다.
② 제1항에 따른 재무상태표에는 담당 책임자 또는 그 대리인이 서명 · 날인하여야 한다.
③ 은행은 법률에서 정하는 바에 따라 제1항에 따른 재무상태표 외에 한국은행의 업무 수행에 필요한 정기적 통계자료 또는 정보를 한국은행에 제공하여야 한다.
(2021.4.20 본조개정)

제43조【자료 공개의 거부】 은행은 「상법」 제466조제1항에 따른 회계장부와 서류의 열람 또는 등사의 청구가 있는 경우에도 은행이용자의 권익을 심하게 해칠 염려가 있을 때에는 그 청구를 거부할 수 있다.

제43조의2【업무보고서 등의 제출】 ① 은행은 매월의 업무내용을 기술한 보고서를 다음 달 말일까지 「금융위원회의 설치 등에 관한 법률」에 따라 설립된 금융감독원(이하 "금융감독원"이라 한다)의 원장(이하 "금융감독원장"이라 한다)이 정하는 서식에 따라 금융감독원장에게 제출하여야 한다.
② 제1항에 따른 보고서에는 대표자와 담당 책임자 또는 그 대리인이 서명 · 날인하여야 한다.
③ 은행은 금융감독원장이 감독 및 검사 업무를 수행하기 위하여 요구하는 자료를 제공하여야 한다.
(2010.5.17 본조신설)

제43조의3【경영공시】 은행은 예금자와 투자자를 보호하기 위하여 필요한 사항으로서 대통령령으로 정하는 사항을 금융위원회가 정하는 바에 따라 공시하여야 한다.(2010.5.17 본조신설)

제43조의4【정기주주총회 보고】 ① 은행은 다음 각 호의 사항을 정기주주총회에 보고하여야 한다.
1. 해당 회계연도 중 변동된 부실여신 현황
2. 대통령령으로 정하는 금액 이상의 대출 및 지급보증 이용자에 대하여 해당 회계연도 중 신규 발생한 채권 재조정 현황
3. 해당 회계연도 중 지출한 기부금내역
4. 자회사등의 영업성과와 재무상태에 관한 경영평가 결과
5. 그 밖에 은행의 경영건전성에 영향을 미치고 주주가 알아야 할 필요가 있는 사항으로서 대통령령으로 정하는 사항
② 제1항 각 호의 보고사항에 관한 세부기준, 제1항에 따른 보고의 방법 및 절차에 관하여 필요한 사항은 금융위원회가 정한다.
(2023.3.21 본조신설)

제7장 감독 · 검사
(2010.5.17 본장개정)

제44조【은행의 감독】 금융감독원은 금융위원회의 규정과 지시에서 정하는 바에 따라 이 법, 그 밖의 관계 법률, 금융위원회의 규정 · 명령 및 지시에 대한 은행의 준수 여부를 감독하여야 한다.

제45조 (2010.5.17 삭제)

제46조【예금지급불능 등에 대한 조치】 금융위원회는 은행의 파산 또는 예금지급불능의 우려 등 예금자의 이익을 크게 해칠 우려가 있다고 인정할 때에는 예금 수입(受入) 및 여신(與信)의 제한, 예금의 전부 또는 일부의 지급정지, 그 밖에 필요한 조치를 명할 수 있다.

제47조【정관변경 등의 보고】 은행이 다음 각 호의 어느 하나에 해당하는 경우에는 대통령령으로 정하는 바에 따라 그 사실을 금융위원회에 보고하여야 한다.
1. 정관을 변경한 때
2. 제10조제1항에 해당하지 아니하는 자본금의 감소를 한 때
3. 본점이 그 본점이 소재한 특별시 · 광역시 · 도 · 특별자치도(이하 "시 · 도"라 한다)에서 다른 시 · 도로 이전한 때
4. 제13조제2항에 해당하지 아니하는 국외현지법인 또는 국외지점을 신설한 때, 은행이 국외현지법인 또는 국외지점을 폐쇄한 때, 국외사무소 등을 신설 · 폐쇄한 때
5. 상호를 변경한 때
6. (2015.7.31 삭제)
7. 자회사등에 출자를 한 때(기업구조조정 촉진을 위하여 금융위원회의 승인을 받은 경우는 제외한다)
8. 다른 회사 등의 지분증권의 100분의 20을 초과하는 지분증권을 담보로 하는 대출을 한 때
9. 외국은행이 지점 또는 대리점을 동일한 시 · 도로 이전하거나 사무소를 폐쇄한 때
10. 그 밖에 은행의 건전한 경영을 해치거나 예금자 등 은행이용자의 이익을 해칠 우려가 있는 행위로서 대통령령으로 정하는 행위를 한 때

제48조【검사】 ① 금융감독원장은 은행의 업무와 재산 상황을 검사한다.
② 금융감독원장은 제1항에 따른 검사를 하면서 필요하다고 인정할 때에는 은행에 대하여 업무 또는 재산에 관한 보고, 자료의 제출, 관계자의 출석 및 의견의 진술을 요구할 수 있다.
③ 금융감독원장은 「주식회사 등의 외부감사에 관한 법률」에 따라 은행이 선임한 외부감사인에게 그 은행을 감사한 결과 알게 된 정보나 그 밖에 경영의 건전성에 관련되는 자료의 제출을 요구할 수 있다.(2017.10.31 본항개정)
④ 제1항에 따라 검사를 하는 사람은 그 권한을 표시하는 증표를 지니고 이를 관계자에게 내보여야 한다.

제48조의2【대주주등에 대한 검사】 ① 금융위원회는 다음 각 호의 어느 하나에 해당되는 자(이하 이 조에서 "대주주등"이라 한다)가 각각 다음 각 목의 어느 하나에 해당하는 경우에는 금융감독원장으로 하여금 그 목적에 필요한 최소한의 범위에서 해당 대주주등의 업무 및 재산 상황을 검사하게 할 수 있다.
1. 전환대상자
가. 제16조의3제2항에 따른 점검결과를 확인하기 위하여 필요한 경우
나. 전환대상자가 차입금의 급격한 증가, 거액의 손실 발생 등 재무상황의 부실화로 인하여 은행과 불법거래를 할 가능성이 크다고 인정되는 경우

2. 제16조의2제3항제3호에 따라 승인을 얻은 비금융주력자
가. 제16조의2제3항제3호가목 및 다목의 요건을 충족하는 지 여부를 확인하기 위하여 필요한 경우
나. 해당 비금융주력자가 지배하는 비금융회사의 차입금의 급격한 증가 등 재무상황 부실로 인하여 은행과 불법거래를 할 가능성이 크다고 인정되는 경우
3. 은행의 대주주(은행의 대주주가 되려고 하는 자를 포함한다)
가. 제15조제3항에 따른 승인심사를 위하여 필요한 경우
(2013.8.13 본목개정)
나. 제35조의4를 위반한 혐의가 인정되는 경우
다. 그 밖에 가목 및 나목에 준하는 경우로서 대통령령으로 정하는 경우
② 제1항에 따른 검사의 구체적 범위, 방법, 그 밖에 검사에 필요한 사항은 금융위원회가 정한다.
③ 제1항에 따른 검사에 관하여는 제48조제2항부터 제4항까지를 준용한다.

제49조 (2010.5.17 삭제)

제50조【적립금 보유 및 손실처리의 요구】 금융감독원장은 은행의 경영건전성 유지를 위하여 필요하다고 인정할 때에는 은행에 대하여 불건전한 자산을 위한 적립금의 보유 등 대통령령으로 정하는 조치를 요구할 수 있다.

제51조 (2010.5.17 삭제)

제52조【약관의 변경 등】 ① 은행은 이 법에 따른 업무를 취급할 때 은행 이용자의 권익을 보호하여야 하며, 금융거래와 관련된 약관을 제정하거나 변경하는 경우에는 약관의 제정 또는 변경 후 10일 이내에 금융위원회에 보고하여야 한다. 다만, 이용자의 권리나 의무에 중대한 영향을 미칠 우려가 있는 경우로서 대통령령으로 정하는 경우에는 약관의 제정 또는 변경 전에 미리 금융위원회에 신고하여야 한다.(2018.12.31 본항개정)
② 은행은 약관을 제정 또는 변경하는 경우 다음 각 호의 사항을 준수하여야 한다.
1. 이 법 또는 다른 법령에 위반되는 내용을 포함하지 아니할 것
2. 부당하게 은행이용자에게 불리한 내용을 포함하지 아니할 것
3. 예금자 등 은행이용자의 권익을 보호하고 건전한 금융거래 질서를 유지하기 위하여 금융위원회가 정하여 고시하는 기준에 적합할 것
(2021.12.7 본항신설)
③ 은행은 약관을 제정하거나 변경한 경우에는 인터넷 홈페이지 등을 이용하여 공시하여야 한다.
④ 제1항에 따라 약관을 보고 또는 신고받은 금융위원회는 그 약관을 공정거래위원회에 통보하여야 한다. 이 경우 공정거래위원회는 통보받은 약관이 「약관의 규제에 관한 법률」 제6조부터 제14조까지의 규정에 해당하는 사실이 있다고 인정될 때에는 금융위원회에 그 사실을 통보하고 그 시정에 필요한 조치를 취하도록 요청할 수 있으며, 금융위원회는 특별한 사유가 없는 한 이에 응하여야 한다.(2018.12.31 전단개정)
⑤ 금융위원회는 건전한 금융거래질서를 유지하기 위하여 필요한 경우에는 은행에 대하여 제1항에 따른 약관의 변경을 권고할 수 있다.
⑥ 제1항에 따른 보고 또는 신고의 절차·방법 및 제5항에 따른 약관의 변경 권고와 관련한 심사기준 등은 금융위원회가 정하여 고시한다.(2021.12.7 본항개정)

제52조의2【금융거래상 중요 정보 제공】 ① (2020.3.24 삭제)
② 은행은 예금자 등 은행이용자를 보호하고 금융분쟁의 발생을 방지하기 위하여 은행이용자에게 금융거래상 중요 정보를 제공하는 등 적절한 조치를 마련하여야 한다.
③ 제2항에 따른 구체적 내용은 대통령령으로 정한다.
(2020.3.24 본항개정)
④ (2020.3.24 삭제)
⑤ 금융위원회는 은행이용자의 보호 등이 필요하다고 인정하는 경우 제2항에 따른 조치에 대하여 시정 또는 보완을 명할 수 있다.
(2020.3.24 본조제목개정)
(2010.5.17 본조신설)

제52조의3 (2020.3.24 삭제)

제52조의4【고객응대직원에 대한 보호 조치 의무】 ① 은행은 이 법에 따른 업무를 운영할 때 고객을 직접 응대하는 직원을 고객의 폭언이나 성희롱, 폭행 등으로부터 보호하기 위하여 다음 각 호의 조치를 하여야 한다.
1. 직원이 요청하는 경우 해당 고객으로부터의 분리 및 업무담당자 교체
2. 직원에 대한 치료 및 상담 지원
3. 고객을 직접 응대하는 직원을 위한 상시적 고충처리 기구 마련. 다만, 「근로자참여 및 협력증진에 관한 법률」 제26조에 따라 고충처리위원을 두는 경우에는 고객을 직접 응대하는 직원을 위한 고충처리위원의 선임 또는 위촉
4. 그 밖에 직원의 보호를 위하여 필요한 법적 조치 등 대통령령으로 정하는 조치
② 직원은 은행에 대하여 제1항 각 호의 조치를 요구할 수 있다.
③ 은행은 제2항에 따른 직원의 요구를 이유로 직원에게 불이익을 주어서는 아니 된다.
(2016.3.29 본조신설)

제53조【은행에 대한 제재】 ① 금융위원회는 은행이 이 법 또는 이 법에 따른 규정·명령 또는 지시를 위반하여 은행의 건전한 경영을 해칠 우려가 있다고 인정되거나 「금융회사의 지배구조에 관한 법률」 별표 각 호의 어느 하나에 해당하는 경우(제2호에 해당하는 조치로 한정한다), 「금융소비자 보호에 관한 법률」 제51조제1항제4호, 제5호 또는 같은 조 제2항 각 호 외의 부분 본문 중 대통령령으로 정하는 경우에 해당하는 경우(제2호에 해당하는 조치로 한정한다)에는 금융감독원장의 건의에 따라 다음 각 호의 어느 하나에 해당하는 조치를 하거나 금융감독원장으로 하여금 해당 위반행위의 중지 및 경고 등 적절한 조치를 하게 할 수 있다.(2020.3.24 본문개정)
1. 해당 위반행위에 대한 시정명령
2. 6개월 이내의 영업의 일부정지
② 금융위원회는 은행이 다음 각 호의 어느 하나에 해당하면 그 은행에 대하여 6개월 이내의 기간을 정하여 영업의 전부정지를 명하거나 은행업의 인가를 취소할 수 있다.
1. 거짓이나 그 밖의 부정한 방법으로 은행업의 인가를 받은 경우
2. 인가 내용 또는 인가 조건을 위반한 경우
3. 영업정지 기간에 그 영업을 한 경우
4. 제1항제1호에 따른 시정명령을 이행하지 아니한 경우
5. 제1호부터 제4호까지의 경우 외의 경우로서 이 법 또는 이 법에 따른 명령이나 처분을 위반하여 예금자 또는 투자자의 이익을 크게 해칠 우려가 있는 경우
6. 「금융회사의 지배구조에 관한 법률」 별표 각 호의 어느 하나에 해당하는 경우(영업의 전부정지를 명하는 경우로 한정한다)(2015.7.31 본호신설)
7. 「금융소비자 보호에 관한 법률」 제51조제1항제4호 또는 제5호에 해당하는 경우(2020.3.24 본호신설)
8. 「금융소비자 보호에 관한 법률」 제51조제2항 각 호 외의 부분 본문 중 대통령령으로 정하는 경우(영업의 전부정지를 명하는 경우로 한정한다)(2020.3.24 본호신설)

제53조의2【기관전용 사모집합투자기구등에 대한 제재 등】 ① 기관전용 사모집합투자기구등(제15조제3항에 따른 승인을 얻어 은행의 주식을 보유한 기관전용 사모집합투자기구등에 한한다. 이하 이 조 제2항부터 제4항까지에서 같다)과 기관전용 사모집합투자기구등의 주주 또는 사원이 제15조의5를 위반하는 경우 해당 기관전용 사모집합투자기구등은 초과보유한 주식에 대하여 의결권을 행사할 수 없으며 초과보유한 주식은 지체 없이 처분하여야 한다.(2021.4.20 본항개정)
② 금융위원회는 기관전용 사모집합투자기구등이 제1항을 준수하지 아니하는 경우에는 1개월 이내의 기간을 정하여 초과보유 주식을 처분할 것을 명할 수 있다.(2021.4.20 본항개정)
③ 금융위원회는 기관전용 사모집합투자기구등이 제15조의5 각 호의 어느 하나에 해당하는 경우 다음 각 호의 어느 하나에 해당하는 조치를 할 수 있다.(2021.4.20 본문개정)
1. 해당 행위의 시정명령 또는 중지명령
2. 해당 행위로 인한 조치를 받았다는 사실의 공표명령 또는 게시명령
3. 기관경고
4. 기관주의

5. 그 밖에 해당 행위를 시정하거나 방지하기 위하여 필요한 조치로서 대통령령으로 정하는 조치
④ 금융위원회는 기관전용 사모집합투자기구등의 재산 운용 등을 담당하는 업무집행사원이 제15조의5 각 호의 어느 하나에 해당하는 경우 다음 각 호의 어느 하나에 해당하는 조치를 할 수 있다.(2021.4.20 본문개정)
1. 그 업무집행사원에 대한 조치
가. 해임요구
나. 6개월 이내의 직무정지
다. 기관경고
라. 기관주의
마. 그 밖에 해당 행위를 시정하거나 방지하기 위하여 필요한 조치로서 대통령령으로 정하는 조치
2. 그 업무집행사원의 임원(「금융회사의 지배구조에 관한 법률」 제2조제5호에 따른 업무집행책임자는 제외한다. 이하 제54조 및 제54조의2에서 같다)에 대한 조치(2017.4.18 본문개정)
가. 해임요구
나. 6개월 이내의 직무정지
다. 문책경고
라. 주의적 경고
마. 그 밖에 해당 행위를 시정하거나 방지하기 위하여 필요한 조치로서 대통령령으로 정하는 조치
3. 그 업무집행사원의 직원(「금융회사의 지배구조에 관한 법률」 제2조제5호에 따른 업무집행책임자를 포함한다. 이하 제54조 및 제54조의2에서 같다)에 대한 조치요구(2017.4.18 본문개정)
가. 면직
나. 6개월 이내의 정직
다. 감봉
라. 견책
마. 주의
바. 그 밖에 위법행위를 시정하거나 방지하기 위하여 필요한 조치로서 대통령령으로 정하는 조치
⑤ 다음 각 호의 어느 하나에 해당하는 기관전용 사모집합투자기구등(그 주주 또는 사원을 포함한다)에 대하여는 제2항부터 제4항까지를 준용한다. 이 경우 업무집행사원이 개인인 경우에는 제4항제2호를 준용한다.(2021.4.20 전단개정)
1. 제15조제1항·제3항에 따른 주식의 보유한도를 초과하여 은행의 주식을 보유하는 경우
2. (2013.8.13 삭제)
3. 제16조의4제5항에 따라 주식처분 명령을 받은 경우
⑥ 제5항제1호에 해당하는 기관전용 사모집합투자기구등에 대하여는 제16조제3항을 적용하지 아니한다.(2021.4.20 본항개정)
(2021.4.20 본조제목개정)

제54조【임직원에 대한 제재】 ① 금융위원회는 은행의 임원이 이 법 또는 이 법에 따른 규정·명령 또는 지시를 고의로 위반하거나 은행의 건전한 운영을 크게 해치는 행위를 하는 경우에는 금융감독원장의 건의에 따라 해당 임원의 업무집행 정지를 명하거나 주주총회에 그 임원의 해임을 권고할 수 있으며, 금융감독원장으로 하여금 경고 등 적절한 조치를 하게 할 수 있다.
② 금융감독원장은 은행의 직원이 이 법 또는 이 법에 따른 규정·명령 또는 지시를 고의로 위반하거나 은행의 건전한 운영을 크게 해치는 행위를 하는 경우에는 면직·정직·감봉·견책 등 적절한 문책처분을 할 것을 해당 은행의 장에게 요구할 수 있다.

제54조의2【퇴임한 임원 등에 대한 조치 내용의 통보】 ① 금융위원회(제54조제1항에 따라 조치를 하거나 같은 조 제2항에 따라 문책처분을 할 것을 요구할 수 있는 금융감독원장을 포함한다)는 은행의 퇴임한 임원 또는 퇴직한 직원이 재임 중이었거나 재직 중이었더라면 제54조제1항 또는 제2항에 해당하는 조치를 받았을 것으로 인정되는 경우에는 그 조치의 내용을 해당 은행의 장에게 통보할 수 있다.
② 제1항에 따른 통보를 받은 은행의 장은 이를 퇴임·퇴직한 해당 임직원에게 통보하고, 그 내용을 기록·유지하여야 한다.
(2017.4.18 본조개정)

제8장 합병·폐업·해산
(2010.5.17 본장개정)

제55조【합병·해산·폐업의 인가】 ① 은행이 다음 각 호의 어느 하나에 해당하는 행위를 하려는 경우에는 대통령령으로 정하는 바에 따라 금융위원회의 인가를 받아야 한다.
1. 분할 또는 합병(분할합병을 포함한다)(2016.3.29 본호개정)
2. 해산 또는 은행업의 전부 또는 대통령령으로 정하는 중요한 일부의 폐업(2023.3.21 본호개정)
3. 영업의 전부 또는 대통령령으로 정하는 중요한 일부의 양도·양수
② 금융위원회가 제1항에 따른 인가를 하는 경우에는 제8조제4항 및 제5항을 준용한다.

제56조【인가 취소에 의한 해산】 ① (1999.2.5 삭제)
② 은행은 제53조에 따라 은행업의 인가가 취소된 경우에는 해산한다.
③ 법원은 은행이 제2항에 따라 해산한 경우에는 이해관계인이나 금융위원회의 청구 또는 법원의 직권으로 청산인을 선임하거나 해임할 수 있다.

제57조【청산인 등의 선임】 ① 은행이 해산하거나 파산한 경우에는 금융감독원장 또는 그 소속 직원 1명이 청산인이나 파산관재인으로 선임되어야 한다.
② 제1항에 따라 청산인이나 파산관재인으로 선임된 금융감독원장 또는 그 소속 직원은 그 임무에 대하여 보수를 청구할 수 없다. 다만, 그 임무를 수행하는 데에 든 정당한 경비는 해당 재산에서 받을 수 있다.

제9장 외국은행의 국내지점
(2010.5.17 본장개정)

제58조【외국은행의 은행업 인가 등】 ① 외국은행(외국 법령에 따라 설립되어 외국에서 은행업을 경영하는 자를 말한다. 이하 같다)이 대한민국에서 은행업을 경영하기 위하여 지점·대리점을 신설하거나 폐쇄하려는 경우에는 제8조제2항 및 제55조에도 불구하고 대통령령으로 정하는 바에 따라 금융위원회의 인가를 받아야 한다.
② 금융위원회가 제1항에 따른 인가를 하는 경우에는 제8조제4항 및 제5항을 준용한다.
③ 외국은행이 제1항에 따라 인가를 받은 지점 또는 대리점을 다른 시·도로 이전하거나 사무소를 신설하려는 경우에는 미리 금융위원회에 신고하여야 한다.

제59조【외국은행에 대한 법 적용】 ① 제58조제1항에 따라 인가를 받은 외국은행의 지점 또는 대리점은 이 법에 따른 은행으로 보며, 외국은행의 국내 대표자는 이 법에 따른 은행의 임원으로 본다. 다만, 제4조, 제9조, 제15조, 제15조의3부터 제15조의5까지, 제16조, 제16조의2부터 제16조의5까지, 제48조의2 및 제53조의2는 적용하지 아니한다.(2016.3.29 단서개정)
② 하나의 외국은행이 대한민국에 둘 이상의 지점 또는 대리점을 두는 경우 그 지점 또는 대리점 전부를 하나의 은행으로 본다.

제60조【인가취소 등】 ① 금융위원회는 외국은행의 본점이 다음 각 호의 어느 하나에 해당하게 되면 그 외국은행의 지점 또는 대리점에 관한 제58조제1항에 따른 인가를 취소할 수 있다.
1. 합병이나 영업의 양도로 인하여 소멸한 경우
2. 위법행위, 불건전한 영업행위 등의 사유로 감독기관으로부터 징계를 받은 경우
3. 휴업하거나 영업을 중지한 경우
② 외국은행의 지점·대리점 또는 사무소는 그 외국은행의 본점이 제1항 각 호의 어느 하나에 해당하게 되면 그 사유가 발생한 날부터 7일 이내에 그 사실을 금융위원회에 보고하여야 한다.
③ 외국은행의 본점이 해산 또는 파산하였거나 은행업을 폐업한 경우 또는 은행업의 인가가 취소된 경우에는 그 외국은행의 지점 또는 대리점에 대한 제58조제1항에 따른 인가는 그 사유가 발생한 날에 취소된 것으로 본다. 다만, 금융위원회는 예금자 등 은행이용자의 이익을 보호할 필요가 있는 경우 취소된 날을 달리 정할 수 있다.

제61조【인가취소 시의 지점폐쇄 및 청산】 ① 외국은행의 지점 또는 대리점이 제53조, 제60조제1항 또는 제3항에 따라 인가가 취소되거나 취소된 것으로 보게 되는 경우에는 그 지점 또는 대리점은 폐쇄되며 대한민국에 있는 재산의 전부를 청산하여야 한다.
② 법원은 제1항의 경우에 이해관계인이나 금융위원회의 청구 또는 법원의 직권으로 청산인을 선임하거나 해임할 수 있다.
③ 제1항에 따른 청산에 관하여는 「상법」 제620조제2항을 준용한다.
제62조【외국은행의 국내 자산】 ① 외국은행의 지점 또는 대리점은 대통령령으로 정하는 바에 따라 자산의 전부 또는 일부를 대한민국 내에 보유하여야 한다.
② 외국은행의 지점 또는 대리점이 청산을 하거나 파산한 경우 그 자산, 자본금, 적립금, 그 밖의 잉여금은 대한민국 국민과 대한민국에 주소 또는 거소(居所)를 둔 외국인의 채무를 변제하는 데에 우선 충당되어야 한다.
③ 외국은행의 지점 또는 대리점이 보유하는 대한민국 내 자산이 제1항에서 정한 자산보다 적은 경우 금융위원회가 정하여 고시하는 기간 이내에 이를 보전하여야 한다. 이 경우 금융위원회는 신속하게 보전할 필요가 있는 때에는 30일 이내의 기간을 정하여 부족한 자산을 보전할 것을 명할 수 있다.(2021.12.7 본항신설)
제63조【자본금에 관한 규정의 적용】 외국은행의 지점 또는 대리점에 대하여 이 법 중 은행의 자본금에 관한 규정을 적용할 때에는 대통령령으로 정하는 바에 따른다.

제10장 보 칙

(2010.5.17 본장개정)

제64조【청문】 금융위원회는 다음 각 호의 어느 하나에 해당하는 처분을 하려면 청문을 하여야 한다.
1. 제53조에 따른 인가의 취소
2. 제60조제1항에 따른 외국은행의 지점 또는 대리점의 인가의 취소

제65조【권한의 위탁】 금융위원회는 이 법에 따른 권한의 일부를 대통령령으로 정하는 바에 따라 금융감독원장에게 위탁할 수 있다.
제65조의2【전자문서에 의한 공고 등】 은행이 제41조, 제42조 또는 제43조의2에 따라 공고를 하거나 자료를 제출할 때에는 각각 금융위원회, 한국은행 총재 또는 금융감독원장이 정하는 바에 따라 전자문서의 방법으로 할 수 있다.

제11장 과징금 등의 부과 및 징수

(2010.5.17 본장개정)

제65조의3【과징금】 금융위원회는 은행이 제35조, 제35조의2, 제35조의3, 제37조, 제38조 또는 제62조를 위반하거나 대주주가 제35조의4를 위반한 경우에는 다음 각 호의 구분에 따라 과징금을 부과할 수 있다.
1. 제35조제1항·제3항·제4항 또는 제37조제3항제1호·제6항제3호에 따른 신용공여한도를 초과한 경우 : 초과한 신용공여액의 100분의 30 이하
2. 제35조의2제1항 또는 제2항에 따른 신용공여한도를 초과한 경우 : 초과한 신용공여액 이하
3. 제35조의3제1항에 따른 지분증권의 취득한도를 초과한 경우 : 초과 취득한 지분증권의 장부가액(帳簿價額) 합계액 이하
4. 제37조제1항·제2항 또는 제6항제2호에 따른 지분증권의 소유한도를 초과한 경우 : 초과 소유한 지분증권의 장부가액 합계액의 100분의 30 이하
5. 제37조제3항제2호를 위반하여 신용공여를 한 경우 : 해당 신용공여액의 100분의 5 이하
6. 제37조제6항제1호를 위반하여 주식을 소유한 경우 : 소유한 주식의 장부가액 합계액의 100분의 5 이하
7. 제37조제7항 본문을 위반하여 적정한 담보를 확보하지 아니하고 신용공여를 한 경우 : 해당 신용공여액의 100분의 30 이하
8. 제37조제8항 본문을 위반하여 불량자산을 거래한 경우 : 해당 불량자산의 장부가액의 100분의 30 이하
9. 제38조제1호에 따른 투자한도를 초과한 경우 : 초과 투자액의 100분의 30 이하
10. 제38조제2호를 위반하여 부동산을 소유한 경우 : 소유한 부동산 취득가액의 100분의 30 이하
11. 제38조제3호에 따른 부동산 소유한도를 초과한 경우 : 초과 소유한 부동산 취득가액의 100분의 30 이하
12. 제38조제4호를 위반하여 해당 은행의 주식을 담보로 대출한 경우 : 대출금액의 100분의 5 이하
13. 제38조제5호를 위반하여 대출한 경우 : 대출금액의 100분의 5 이하
14. 제62조제1항에 따른 자산을 보유하지 아니한 경우 : 위반금액의 100분의 5 이하
15. 제35조의2제7항 또는 제8항을 위반하여 신용공여하거나 자산을 무상양도·매매·교환한 경우 : 해당 신용공여액 또는 해당 자산의 장부가액 이하
16. 대주주가 제35조의4를 위반함으로써 은행이 제35조의2제1항 또는 제2항에 따른 신용공여한도를 초과하여 해당 대주주에게 신용공여한 경우 : 초과한 신용공여액 이하
17. 대주주가 제35조의4를 위반함으로써 은행이 제35조의2제7항 또는 제8항을 위반하여 해당 대주주에게 신용공여하거나 자산을 무상양도·매매·교환한 경우 : 해당 신용공여액 또는 해당 자산의 장부가액 이하
18. 대주주가 제35조의4를 위반함으로써 은행이 제35조의3제1항에 따른 주식취득한도를 초과하여 해당 대주주의 주식을 취득한 경우 : 초과취득한 주식의 장부가액 합계액 이하

(2017.4.18 1호~18호개정)
제65조의4【과징금의 부과】 ① 금융위원회는 제65조의3에 따라 과징금을 부과하는 경우에는 다음 각 호의 사항을 고려하여야 한다.
1. 위반행위의 내용 및 정도
2. 위반행위의 기간 및 횟수
3. 위반행위로 인하여 취득한 이익의 규모

② 과징금의 부과에 관하여 그 밖에 필요한 사항은 대통령령으로 정한다.
제65조의5【의견 제출】 ① 금융위원회는 과징금을 부과하기 전에 미리 당사자 또는 이해관계인 등에게 의견을 제출할 기회를 주어야 한다.
② 제1항에 따른 당사자 또는 이해관계인 등은 금융위원회의 회의에 출석하여 의견을 진술하거나 필요한 자료를 제출할 수 있다.
제65조의6【이의신청 특례】 ① 금융위원회는 제65조의3에 따른 과징금 부과처분에 대한 이의신청을 받으면 그 신청을 받은 날부터 30일 이내에 그 이의신청에 대한 결과를 신청인에게 통지하여야 한다. 다만, 부득이한 사유로 30일 이내에 통지할 수 없는 경우에는 그 기간을 만료일 다음 날부터 기산하여 30일의 범위에서 한 차례 연장할 수 있다.
② 제1항에서 규정한 사항 외에 이의신청에 관한 사항은 「행정기본법」 제36조에 따른다.
(2023.9.14 본조개정)
제65조의7【과징금의 납부기한 연기 및 분할 납부】 ① 금융위원회는 과징금을 부과받은 자(이하 "과징금납부의무자"라 한다)에 대하여 「행정기본법」 제29조 단서에 따라 과징금 납부기한을 연기하거나 과징금을 분할 납부하게 할 수 있으며, 이 경우 필요하다고 인정하면 담보를 제공하게 할 수 있다.
② 과징금납부의무자는 제1항에 따라 과징금의 납부기한을 연기받거나 분할 납부를 하려는 경우에는 그 납부기한의 10일 전까지 금융위원회에 신청하여야 한다.
③ 금융위원회는 제1항에 따라 과징금 납부기한이 연기되거나 분할 납부가 허용된 과징금납부의무자가 다음 각 호의 어느 하나에 해당하게 된 때에는 그 납부기한의 연기 또는 분할 납부 결정을 취소하고 과징금을 일시에 징수할 수 있다.
1. 분할 납부하기로 한 과징금을 그 납부기한까지 내지 아니한 경우
2. 담보 제공 요구에 따르지 아니하거나 제공된 담보의 가치를 훼손하는 행위를 한 경우

3. 강제집행, 경매의 개시, 파산선고, 법인의 해산, 국세 강제징수 또는 지방세 체납처분 등의 사유로 과징금의 전부 또는 나머지를 징수할 수 없다고 인정되는 경우
4. 「행정기본법」 제29조 각 호의 사유가 해소되어 과징금을 한꺼번에 납부할 수 있다고 인정되는 경우
5. 그 밖에 제1호부터 제4호까지에 준하는 사유가 있는 경우

④ 제1항부터 제3항까지에서 규정한 사항 외에 과징금의 납부기한 연기, 분할 납부 또는 담보 제공 등에 관하여 필요한 사항은 대통령령으로 정한다.
(2023.9.14 본조개정)

제65조의8【과징금 징수 및 체납처분】 ① 금융위원회는 과징금납부의무자가 납부기한까지 과징금을 내지 아니하면 납부기한의 다음 날부터 과징금을 낸 날의 전날까지의 기간에 대하여 대통령령으로 정하는 가산금을 징수할 수 있다. 이 경우 가산금을 징수하는 기간은 60개월을 초과하지 못한다.(2017.4.18 후단신설)

② 금융위원회는 과징금납부의무자가 납부기한까지 과징금을 내지 아니하면 기간을 정하여 독촉을 하고, 그 지정한 기간 이내에 과징금과 제1항에 따른 가산금을 내지 아니하면 국세 체납처분의 예에 따라 징수할 수 있다.

③ 금융위원회는 제1항 및 제2항에 따른 과징금 및 가산금의 징수 또는 체납처분에 관한 업무를 국세청장에게 위탁할 수 있다.

④ 과징금의 징수에 관하여 그 밖에 필요한 사항은 대통령령으로 정한다.

제65조의9【이행강제금】 ① 금융위원회는 제16조제3항·제16조의2제5항·제16조의3제5항·제16조의4제5항 또는 제53조의2제2항에 따른 주식처분명령을 받은 자가 그 정한 기간 이내에 그 명령을 이행하지 아니하면 이행기한이 지난 날부터 1일당 그 처분하여야 하는 주식의 장부가액에 1만분의 3을 곱한 금액을 초과하지 아니하는 범위에서 이행강제금을 부과할 수 있다.(2016.3.29 본항개정)

② 이행강제금은 주식처분명령에서 정한 이행기간의 종료일 다음 날부터 주식처분을 이행하는 날〔주권(株券) 지급일을 말한다〕까지의 기간에 대하여 부과한다.

③ 금융위원회는 주식처분명령을 받은 자가 주식처분명령에서 정한 이행기간의 종료일부터 90일이 지난 후에도 그 명령을 이행하지 아니하면 그 종료일부터 매 90일이 지나는 날을 기준으로 하여 이행강제금을 징수한다.

④ 이행강제금의 부과 및 징수에 관하여는 제65조의4부터 제65조의8까지를 준용한다.

제65조의10【과오납금의 환급】 ① 금융위원회는 과징금납부의무자가 이의신청의 재결 또는 법원의 판결 등의 사유로 과징금 과오납금의 환급을 청구하는 경우에는 지체 없이 환급하여야 하며, 과징금납무의무자의 청구가 없어도 금융위원회가 확인한 과오납금은 환급하여야 한다.

② 금융위원회가 제1항에 따라 과징금을 환급하는 경우에는 과징금을 납부한 날부터 환급한 날까지의 기간에 대하여 대통령령으로 정하는 가산금 이율을 적용하여 환급가산금을 환급받을 자에게 지급하여야 한다.
(2010.5.17 본조신설)

제65조의11【결손처분】 금융위원회는 과징금납부의무자에게 다음 각 호의 어느 하나에 해당하는 사유가 있으면 결손처분을 할 수 있다.
1. 체납처분이 끝나고 체납액에 충당된 배분금액이 체납액에 미치지 못하는 경우
2. 징수금 등의 징수권에 대한 소멸시효가 완성된 경우
3. 체납자의 행방이 분명하지 아니하거나 재산이 없다는 것이 판명된 경우
4. 체납처분의 목적물인 총재산의 추산가액이 체납처분 비용에 충당하면 남을 여지가 없음이 확인된 경우
5. 체납처분의 목적물인 총재산이 징수금 등보다 우선하는 국세, 지방세, 전세권·질권 또는 저당권으로 담보된 채권 등의 변제에 충당하면 남을 여지가 없음이 확인된 경우
6. 그 밖에 징수할 가망이 없는 경우로서 대통령령으로 정하는 사유에 해당하는 경우

(2010.5.17 본조신설)

제12장 벌 칙

(2010.5.17 본장개정)

제66조【벌칙】 ① 다음 각 호의 어느 하나에 해당하는 자는 10년 이하의 징역 또는 5억원 이하의 벌금에 처한다.
1. 제21조의2를 위반한 자
2. 제35조의2제1항부터 제3항까지 및 제7항·제8항을 위반하여 대주주에게 신용공여·무상양도를 한 자와 그로부터 신용공여·무상양도를 받은 대주주 또는 자산을 매매·교환한 당사자
3. 제35조의3제1항을 위반하여 대주주가 발행한 지분증권을 취득한 자
4. 제35조의4를 위반한 자

② 제8조에 따른 인가를 받지 아니하고 은행업을 경영하는 자는 5년 이하의 징역 또는 2억원 이하의 벌금에 처한다.

제67조【벌칙】 다음 각 호의 어느 하나에 해당하는 자는 3년 이하의 징역 또는 1억원 이하의 벌금에 처한다.
1. 제10조제1항을 위반하여 승인을 받지 아니하고 자본금의 감소에 해당하는 행위를 한 자(2017.4.18 본호신설)
2. 제35조제1항·제3항 또는 제4항을 위반하여 신용공여를 한 자
3. 제37조제1항·제3항 또는 제6항부터 제8항까지의 규정 중 어느 하나를 위반한 자

제68조【벌칙】 ① 은행의 임원, 지배인, 대리점주(대리점주가 법인인 경우에는 그 업무를 집행하는 사원, 임원, 지배인, 그 밖의 법인의 대표자) 또는 청산인(이하 "은행의 임원등"이라 한다)이나 그 직원이 다음 각 호의 어느 하나에 해당하는 행위를 한 경우에는 1년 이하의 징역 또는 3천만원 이하의 벌금에 처한다.
1. 제9조를 위반하여 최저자본금을 유지하지 아니한 경우
2. 제32조를 위반한 경우
3. 제33조를 위반하여 채권을 발행한 경우
4. 제38조를 위반하여 금지업무를 한 경우
5. 제40조를 위반하여 이익준비금을 적립하지 아니한 경우
6. 제55조제1항에 따른 인가를 받지 아니하고 같은 항 각 호에 규정된 행위를 한 경우
7. 제58조제1항(지점·대리점을 신설하기 위하여 인가를 받아야 하는 경우는 제외한다)을 위반한 경우
8. 제62조제1항 또는 제2항을 위반한 경우

② (2020.3.24 삭제)

제68조의2【양벌규정】 법인의 대표자나 법인 또는 개인의 대리인, 사용인, 그 밖의 종업원이 그 법인 또는 개인의 업무에 관하여 제66조부터 제68조까지의 어느 하나에 해당하는 위반행위를 하면 그 행위자를 벌하는 외에 그 법인 또는 개인에게도 해당 조문의 벌금형을 과(科)한다. 다만, 법인 또는 개인이 그 위반행위를 방지하기 위하여 해당 업무에 관하여 상당한 주의와 감독을 게을리하지 아니한 경우에는 그러하지 아니하다.

제69조【과태료】 ① 다음 각 호의 어느 하나에 해당하는 자에게는 1억원 이하의 과태료를 부과한다.(2017.4.18 본문개정)
1. 제13조제2항 또는 제27조의2제2항 또는 제28조제2항을 위반하여 신고하지 아니한 자
2. 제14조를 위반하여 유사상호를 사용한 자
3. 제15조제2항 및 제15조의4를 위반하여 보고를 하지 아니한 자(2013.8.13 본호개정)
4. 제15조의3제3항(제15조제3항에 따른 승인의 심사를 위한 경우를 포함한다), 제16조의4제2항 또는 제35조의5제1항·제2항에 따른 자료제공 등의 요구에 따르지 아니한 자
5. 제30조를 위반한 은행

5의2. 제34조의2제1항을 위반한 은행(2016.3.29 본호신설)

5의3. 제34조의3제1항을 위반한 은행(2016.3.29 본호신설)

6. 제35조의2제4항 또는 제35조의3제4항을 위반하여 이사회의 의결을 거치지 아니한 은행
7. 제35조의2제5항·제6항 또는 제35조의3제5항·제6항을 위반하여 금융위원회에 대한 보고 또는 공시를 하지 아니한 은행

7의2. 제41조에 따른 공고를 거짓으로 한 은행

7의3. 제43조의2를 위반하여 보고서를 제출하거나 보고서에 사실과 다른 내용을 적은 은행

7의4. 제43조의3을 위반하여 공시를 하거나 사실과 다른 내용을 공시한 은행
7의5. 제48조에 따른 검사를 거부·방해 또는 기피한 은행
(2017.4.18 7호의2~7호의5신설)
8. 제48조의2에 따른 검사를 거부·방해 또는 기피한 자
9. 제52조의2를 위반한 은행
10. (2020.3.24 삭제)
11. 그 밖에 이 법 또는 이 법에 따른 규정·명령 또는 지시를 위반한 은행
② 다음 각 호의 어느 하나에 해당하는 자에게는 5천만원 이하의 과태료를 부과한다.(2023.3.21 본문개정)
1. 제34조의3제3항을 위반하여 보고 또는 공시를 하지 아니한 은행
2. 제43조의4제1항을 위반하여 정기주주총회에 보고를 하지 아니하거나 사실과 다른 내용을 보고한 은행
(2023.3.21 1호~2호신설)
③ 제52조의4를 위반하여 직원의 보호를 위한 조치를 하지 아니하거나 직원에게 불이익을 준 은행에게는 3천만원 이하의 과태료를 부과한다.(2017.4.18 본항개정)
④ 제30조의2제2항을 위반하여 금리인하요구권을 알리지 아니한 은행에는 2천만원 이하의 과태료를 부과한다.(2020.5.19 본항신설)
⑤ 은행의 임원등 또는 직원이 다음 각 호의 어느 하나에 해당하는 경우에는 2천만원 이하의 과태료를 부과한다.(2017.4.18 본문개정)
1. (2020.5.19 삭제)
2. (2015.7.31 삭제)
2의2.~4. (2017.4.18 삭제)
5. 제48조에 따른 검사를 거부·방해 또는 기피한 경우
6. (2017.4.18 삭제)
7. 이 법에 따른 서류의 비치, 제출, 보고, 공고 또는 공시를 게을리한 경우
8. 그 밖에 이 법 또는 이 법에 따른 규정·명령 또는 지시를 위반한 경우
⑥ 제1항부터 제5항까지에 따른 과태료는 대통령령으로 정하는 바에 따라 금융위원회가 부과·징수한다.(2020.5.19 본항개정)

부 칙 (2016.3.29)

제1조【시행일】 이 법은 공포 후 4개월이 경과한 날부터 시행한다. 다만, 제52조의4 및 제69조제3항의 개정규정은 공포 후 3개월이 경과한 날부터 시행한다.
제2조【한도초과주식의 의결권 제한 등에 관한 적용례】 제16조제2항의 개정규정은 이 법 시행 전에 발행된 「자본시장과 금융투자업에 관한 법률」 제165조의11제1항에 따른 사채(부칙 제4조에 따라 은행주식 전환형 조건부자본증권으로 보는 사채를 말한다)가 이 법 시행 이후에 은행의 주식으로 전환되는 경우에도 적용한다.
제3조【자본금 감소의 신고에 관한 경과조치】 이 법 시행 전에 종전의 제10조제1항에 따라 신고한 경우에는 제10조제1항의 개정규정에 따라 승인을 받은 것으로 본다.
제4조【조건부자본증권에 관한 경과조치】 이 법 시행 전에 은행(「중소기업은행법」에 따른 중소기업은행, 「한국산업은행법」에 따른 한국산업은행 및 「농업협동조합법」에 따른 농협은행을 포함한다)이 발행한 「자본시장과 금융투자업에 관한 법률」 제165조의11제1항에 따른 사채는 이 법 제33조제1항제2호·제3호의 개정규정에 따른 상각형 조건부자본증권 또는 은행주식 전환형 조건부자본증권으로 본다.
제5조【금융사고 예방대책의 내부통제기준 반영에 관한 경과조치】 이 법 시행 당시 제34조의3제1항의 개정규정에 적합하지 아니한 내부통제기준은 이 법 시행일부터 3개월 이내에 같은 개정규정에 적합하도록 하여야 한다.
제6조【은행의 합병에 대한 금융위원회의 인가에 관한 경과조치】 이 법 시행 전에 은행이 합병(분할합병을 포함한다)을 하기 위하여 제23조제1항제4호에 따라 이사회의 심의·의결을 거친 경우에는 제55조제1항제1호의 개정규정에도 불구하고 종전의 규정에 따른다.
제7조【벌칙에 관한 경과조치】 이 법 시행 전의 위반행위에 대하여 벌칙을 적용할 때에는 종전의 규정에 따른다.
제8조【다른 법률의 개정】 ①~② ※(해당 법령에 가제정리 하였음)

부 칙 (2017.4.18)

제1조【시행일】 이 법은 공포 후 6개월이 경과한 날부터 시행한다. 다만, 제34조의3제1항·제2항, 제52조의2제1항제3호, 제69조제4항제2호의2·제2호의3 및 제6호의 개정규정은 공포한 날부터 시행한다.
제2조【퇴임한 임원 등에 대한 조치 내용의 통보에 관한 적용례】 제54조의2제1항 및 제2항의 개정규정은 이 법 시행 전에 퇴임한 임원 또는 퇴직한 직원에 대해서도 적용한다.
제3조【가산금 징수기간에 관한 적용례】 제65조의8제1항 후단의 개정규정은 이 법 시행 전의 납부기한 내에 과징금을 납부하지 아니한 경우에도 적용하되, 이 법 시행 당시 가산금 징수기간이 60개월을 초과한 경우에는 이 법 시행 이후의 기간에 대해서는 가산금을 징수하지 아니한다.
제4조【과징금에 관한 경과조치】 이 법 시행 전의 위반행위에 대하여 과징금을 부과하는 경우에는 제65조의3의 개정규정에도 불구하고 종전의 규정에 따른다.
제5조【과태료에 관한 경과조치】 ① 제69조제4항 각 호 외의 부분, 같은 항 제1호·제3호·제4호의 개정규정 시행 전의 위반행위에 대하여 과태료를 적용할 때에는 같은 개정규정에도 불구하고 종전의 규정에 따른다.
② 제69조제4항제2호의2·제2호의3·제6호의 개정규정 시행 전의 위반행위에 대하여 과태료를 적용할 때에는 같은 개정규정에도 불구하고 종전의 규정에 따른다.

부 칙 (2020.2.4)

제1조【시행일】 이 법은 공포 후 6개월이 경과한 날부터 시행한다.(이하 생략)

부 칙 (2020.3.24)

제1조【시행일】 이 법은 공포 후 1년이 경과한 날부터 시행한다.(이하 생략)

부 칙 (2020.5.19)

이 법은 공포 후 3개월이 경과한 날부터 시행한다.

부 칙 (2020.12.29)

제1조【시행일】 이 법은 공포 후 1년이 경과한 날부터 시행한다.(이하 생략)

부 칙 (2021.4.20 법18126호)

이 법은 공포 후 3개월이 경과한 날부터 시행한다.

부 칙 (2021.4.20 법18128호)

제1조【시행일】 이 법은 공포 후 6개월이 경과한 날부터 시행한다.(이하 생략)

부 칙 (2021.12.7)
(2023.3.21)

이 법은 공포 후 6개월이 경과한 날부터 시행한다.

부 칙 (2023.9.14)

제1조【시행일】 이 법은 공포한 날부터 시행한다.(이하 생략)

여신전문금융업법

(1997년 8월 28일
법 률 제5374호)

개정
1998. 1.13법 5505호(금융감독) <중략>
2010. 1.18법 9932호(정부조직)
2010. 3.12법10062호
2011. 4. 7법10564호(의료기기법)
2011. 7.21법10866호(고등교육)
2012. 3.21법11410호
2012. 6. 1법11461호(전자문서및전자거래기본법)
2013. 3.22법11629호
2013. 4. 5법11758호(자본시장금융투자업)
2015. 1.20법13068호
2015. 7.24법13448호(자본시장금융투자업)
2015. 7.31법13453호(금융회사의지배구조에관한법)
2016. 3.29법14116호(항공안전법)
2016. 3.29법14122호(기술보증기금법)
2016. 3.29법14127호 2017. 4.18법14825호
2017.10.31법15022호(주식회사등의외부감사에관한법)
2018. 2.21법15416호 2018. 4.17법15615호
2018.12.11법15934호 2018.12.31법16189호
2020. 2. 4법16957호(신용정보의이용및보호에관한법)
2020. 3.24법17112호(금융소비자보호에관한법)
2023. 3.21법19260호 2025. 1.21법20716호

제1장 총 칙

(2009.2.6 본장개정)

제1조【목적】 이 법은 신용카드업, 시설대여업(施設貸與業), 할부금융업(割賦金融業) 및 신기술사업금융업(新技術事業金融業)을 하는 자의 건전하고 창의적인 발전을 지원함으로써 국민의 금융편의를 도모하고 국민경제의 발전에 이바지함을 목적으로 한다.

제2조【정의】 이 법에서 사용하는 용어의 뜻은 다음과 같다.

1. "여신전문금융업(與信專門金融業)"이란 신용카드업, 시설대여업, 할부금융업 또는 신기술사업금융업을 말한다.
2. "신용카드업"이란 다음 각 목의 업무 중 나목의 업무를 포함한 둘 이상의 업무를 업(業)으로 하는 것을 말한다.
가. 신용카드의 발행 및 관리
나. 신용카드 이용과 관련된 대금(代金)의 결제
다. 신용카드가맹점의 모집 및 관리

2의2. "신용카드업자"란 제3조제1항에 따라 신용카드업의 허가를 받거나 등록을 한 자를 말한다. 다만, 제3조제3항제1호의 요건에 해당하는 자가 제13조제1항제2호 및 제3호의 업무를 하는 경우에는 그 업무에 관하여만 신용카드업자로 본다.

3. "신용카드"란 이를 제시함으로써 반복하여 신용카드가맹점에서 다음 각 목을 제외한 사항을 결제할 수 있는 증표(證票)로서 신용카드업자(외국에서 신용카드업에 상당하는 영업을 영위하는 자를 포함한다)가 발행한 것을 말한다.(2010.3.12 본문개정)
가. 금전채무의 상환
나. 「자본시장과 금융투자업에 관한 법률」 제3조제1항에 따른 금융투자상품 등 대통령령으로 정하는 금융상품
다. 「게임산업진흥에 관한 법률」 제2조제1호의2에 따른 사행성게임물의 이용 대가 및 이용에 따른 금전의 지급. 다만, 외국인(「해외이주법」 제2조에 따른 해외이주자를 포함한다)이 「관광진흥법」에 따라 허가받은 카지노영업소에서 외국에서 신용카드업에 상당하는 영업을 영위하는 자가 발행한 신용카드로 결제하는 것은 제외한다.
라. 그 밖에 사행행위 등 건전한 국민생활을 저해하고 선량한 풍속을 해치는 행위로 대통령령으로 정하는 사항의 이용 대가 및 이용에 따른 금전의 지급
(2010.3.12 가목~라목신설)

4. "신용카드회원"이란 신용카드업자와의 계약에 따라 그로부터 신용카드를 발급받은 자를 말한다.
5. "신용카드가맹점"이란 다음 각 목의 자를 말한다.
가. 신용카드업자와의 계약에 따라 신용카드회원·직불카드회원 또는 선불카드소지자(이하 "신용카드회원등"이라 한다)에게 신용카드·직불(直拂)카드 또는 선불(先拂)카드(이하 "신용카드등"이라 한다)를 사용한 거래에 의하여 물품의 판매 또는 용역의 제공 등을 하는 자
나. 신용카드업자와의 계약에 따라 신용카드회원등에게 물품의 판매 또는 용역의 제공 등을 하는 자를 위하여 신용카드등에 의한 거래를 대행(代行)하는 자(이하 "결제대행업체"라 한다)

5의2. "수납대행가맹점"이란 신용카드업자와의 별도의 계약에 따라 다른 신용카드가맹점을 위하여 신용카드등에 의한 거래에 필요한 행위로서 대통령령으로 정하는 사항을 대행하는 신용카드가맹점을 말한다.(2010.3.12 본호신설)

5의3. "가맹점모집인"이란 신용카드업자를 위하여 가맹점계약의 체결을 중개 또는 대리하고 부가통신업자를 위하여 신용카드 단말기를 설치하는 자로서 제16조의3에 따라 금융위원회에 등록을 한 자를 말한다.(2015.1.20 본호신설)

5의4. "신용카드포인트"란 신용카드업자가 신용카드의 이용금액 등에 따라 신용카드회원에게 적립하여 재화를 구매하거나 서비스를 이용할 수 있도록 하는 경제상의 이익을 말한다.(2016.3.29 본호신설)

6. "직불카드"란 직불카드회원과 신용카드가맹점 간에 전자적(電子的) 또는 자기적(磁氣的) 방법으로 금융거래계좌에 이체(移替)하는 등의 방법으로 결제가 이루어질 수 있도록 신용카드업자가 발행한 증표[자금(資金)을 융통받을 수 있는 증표는 제외한다]를 말한다.(2010.3.12 본호개정)

7. "직불카드회원"이란 신용카드업자와의 계약에 따라 그로부터 직불카드를 발급받은 자를 말한다.

8. "선불카드"란 신용카드업자가 대금을 미리 받고 이에 해당하는 금액을 기록(전자적 또는 자기적 방법에 따른 기록을 말한다)하여 발행한 증표로서 선불카드소지자가 신용카드가맹점에 제시하여 그 카드에 기록된 금액의 범위에서 결제할 수 있게 한 증표를 말한다.(2010.3.12 본호개정)

8의2. "신용카드등부가통신업"이란 신용카드업자 및 신용카드가맹점과의 계약에 따라 단말기 설치, 신용카드등의 조회·승인 및 매출전표 매입·자금정산 등 신용카드등의 대금결제를 승인·중계하기 위한 전기통신서비스 제공을 업으로 하는 것을 말한다.(2015.1.20 본호신설)

8의3. "부가통신업자"란 신용카드등부가통신업에 대하여 제27조의2에 따라 금융위원회에 등록을 한 자를 말한다.
(2015.1.20 본호신설)

9. "시설대여업"이란 시설대여를 업으로 하는 것을 말한다.

10. "시설대여"란 대통령령으로 정하는 물건(이하 "특정물건"이라 한다)을 새로 취득하거나 대여받아 거래상대방에게 대통령령으로 정하는 일정 기간 이상 사용하게 하고, 그 사용 기간 동안 일정한 대가를 정기적으로 나누어 지급받으며, 그 사용 기간이 끝난 후의 물건의 처분에 관하여는 당사자 간의 약정(約定)으로 정하는 방식의 금융을 말한다.

10의2. "시설대여업자"란 시설대여업에 대하여 제3조제2항에 따라 금융위원회에 등록한 자를 말한다.(2016.3.29 본호신설)

11. "연불판매(延拂販賣)"란 특정물건을 새로 취득하여 거래상대방에게 넘겨주고, 그 물건의 대금·이자 등을 대통령령으

로 정하는 일정한 기간 이상 동안 정기적으로 나누어 지급받으며, 그 물건의 소유권 이전 시기와 그 밖의 조건에 관하여는 당사자 간의 약정으로 정하는 방식의 금융을 말한다.
12. "할부금융업"이란 할부금융을 업으로 하는 것을 말한다.
13. "할부금융"이란 재화(財貨)와 용역의 매매계약(賣買契約)에 대하여 매도인(賣渡人) 및 매수인(買受人)과 각각 약정을 체결하여 매수인에게 융자한 재화와 용역의 구매자금을 매도인에게 지급하고 매수인으로부터 그 원리금(元利金)을 나누어 상환(償還)받는 방식의 금융을 말한다.
13의2. "할부금융업자"란 할부금융업에 대하여 제3조제2항에 따라 금융위원회에 등록한 자를 말한다.(2016.3.29 본호신설)
14. "신기술사업금융업"이란 제41조제1항 각 호에 따른 업무를 종합적으로 업으로서 하는 것을 말한다.
14의2. "신기술사업자"란 「기술보증기금법」 제2조제1호에 따른 신기술사업자와 기술 및 저작권·지적재산권 등과 관련된 연구·개발·개량·제품화 또는 이를 응용하여 사업화하는 사업(이하 "신기술사업"이라 한다)을 영위하는 「중소기업기본법」 제2조에 따른 중소기업, 「중견기업 성장촉진 및 경쟁력 강화에 관한 특별법」 제2조제1호에 따른 중견기업 및 「외국환거래법」 제3조제15호에 따른 비거주자를 말한다. 다만, 다음 각 목의 어느 하나에 해당하는 업종을 영위하는 자는 제외한다.
가. 「통계법」 제22조제1항에 따라 통계청장이 고시하는 한국표준산업분류에 따른 금융 및 보험업. 다만, 동 분류에 따른 금융 및 보험관련 서비스업으로서 대통령령으로 정하는 업종은 제외한다.
나. 「통계법」 제22조제1항에 따라 통계청장이 고시하는 한국표준산업분류에 따른 부동산업. 다만, 동 분류에 따른 부동산관련 서비스업으로서 대통령령으로 정하는 업종은 제외한다.
다. 그 밖에 신기술사업과 관련이 적은 업종으로서 대통령령으로 정하는 업종
(2018.2.21 본호개정)
14의3. "신기술사업금융업자"란 신기술사업금융업에 대하여 제3조제2항에 따라 금융위원회에 등록한 자를 말한다.
(2016.3.29 본호신설)
14의4. "신기술사업금융전문회사"란 신기술사업금융업자로서 신용카드업·시설대여업·할부금융업, 그 밖에 대통령령으로 정하는 금융업을 함께 하지 아니하는 자를 말한다.
(2016.3.29 본호신설)
14의5. "신기술사업투자조합"이란 신기술사업자에게 투자하기 위하여 설립된 조합으로서 다음 각 목의 어느 하나에 해당하는 조합을 말한다.
가. 신기술사업금융업자가 신기술사업금융업자 외의 자와 공동으로 출자하여 설립한 조합
나. 신기술사업금융업자가 조합자금을 관리·운용하는 조합
(2016.3.29 본호신설)
15. "여신전문금융회사"란 여신전문금융업에 대하여 제3조제1항 또는 제2항에 따라 금융위원회의 허가를 받거나 금융위원회에 등록을 한 자로서 제46조제1항 각 호에 따른 업무를 전업(專業)으로 하는 자를 말한다.
16. "겸영여신업자(兼營與信業者)"란 여신전문금융업에 대하여 제3조제3항 단서에 따라 금융위원회의 허가를 받거나 금융위원회에 등록을 한 자로서 여신전문금융회사가 아닌 자를 말한다.
17. "대주주"란 「금융회사의 지배구조에 관한 법률」 제2조제6호에 따른 주주를 말한다.(2015.7.31 본호개정)
18. "신용공여"란 대출, 지급보증 또는 자금 지원적 성격의 유가증권의 매입, 그 밖에 금융거래상의 신용위험이 따르는 여신전문금융회사의 직접적·간접적 거래로서 대통령령으로 정하는 것을 말한다.
19. "자기자본"이란 납입자본금·자본잉여금 및 이익잉여금 등의 합계액으로서 대통령령으로 정하는 것을 말한다.
20. "총자산"이란 유동자산 및 비유동자산 등의 합계액으로서 대통령령으로 정하는 것을 말한다.(2012.3.21 본호신설)

제2장 허가 또는 등록
(2009.2.6 본장개정)

제3조【영업의 허가·등록】 ① 신용카드업을 하려는 자는 금융위원회의 허가를 받아야 한다. 다만, 제3항제2호에 해당하는 자는 금융위원회에 등록하면 신용카드업을 할 수 있다.
② 시설대여업·할부금융업 또는 신기술사업금융업을 하고 있거나 하려는 자로서 이 법을 적용받으려는 자는 업별(業別)로 금융위원회에 등록하여야 한다.
③ 제1항이나 제2항에 따라 허가를 받거나 등록을 할 수 있는 자는 여신전문금융회사이거나 여신전문금융회사가 되려는 자로 제한한다. 다만, 다음 각 호의 어느 하나에 해당하는 자는 그러하지 아니하다.
1. 다른 법률에 따라 설립되거나 금융위원회의 인가(認可) 또는 허가를 받은 금융기관으로서 대통령령으로 정하는 자
2. 경영하고 있는 사업의 성격상 신용카드업을 겸하여 경영하는 것이 바람직하다고 인정되는 자로서 대통령령으로 정하는 자
④ 금융위원회는 제1항에 따른 허가에 조건을 붙일 수 있다.

제4조【허가·등록의 신청】 제3조제1항 또는 제2항에 따라 허가를 받거나 등록을 하려는 자는 다음 각 호의 사항을 적은 허가신청서나 등록신청서에 대통령령으로 정하는 서류를 첨부하여 금융위원회에 제출하여야 한다.
1. 상호(商號) 및 주된 사무소의 소재지
2. 자본금 및 출자자(총리령으로 정하는 소액출자자는 제외한다)의 성명 또는 명칭과 그 지분율(持分率)
3. 임원의 성명
4. 경영하려는 여신전문금융업
5. 여신전문금융회사가 되려는 자는 그 취지
6. 겸영여신업자가 되려는 자는 경영하고 있는 사업의 내용

제5조【자본금】 ① 여신전문금융업의 허가를 받거나 등록을 하여 여신전문금융회사가 될 수 있는 자는 주식회사로서 자본금이 다음 각 호의 구분에 따른 금액 이상인 자로 제한한다.
1. 신용카드업을 하려는 경우로서 시설대여업·할부금융업 또는 신기술사업금융업을 함께 하지 아니하거나 그 중 하나의 업을 함께 하려는 경우 : 200억원
2. 신용카드업을 하려는 경우로서 시설대여업·할부금융업 또는 신기술사업금융업 중 둘 이상의 업을 함께 하려는 경우 : 400억원
3. 시설대여업·할부금융업 또는 신기술사업금융업 중 어느 하나 또는 둘 이상의 업을 하려는 경우로서 신용카드업을 하지 아니하는 경우 : 200억원
4. 신기술사업금융업을 하려는 경우로서 신기술사업금융전문회사가 되려는 경우 : 100억원
(2016.3.29 본항개정)
② 제3조제3항제2호에 따른 겸영여신업자로서 신용카드업의 등록을 할 수 있는 자는 주식회사로서 자본금과 자기자본이 20억원 이상인 자로 제한한다.

제6조【허가·등록의 요건】 ① 다음 각 호의 어느 하나에 해당하는 자는 제3조에 따른 허가를 받거나 등록을 할 수 없다.
1. 제10조 또는 제57조제2항·제3항에 따른 등록·허가가 말소(抹消)되거나 취소된 날부터 3년이 지나지 아니한 법인 및 그 말소 또는 취소 당시 그 법인의 대통령령으로 정하는 출자자이었던 자로서 말소되거나 취소된 날부터 3년이 지나지 아니한 자
2. 「채무자 회생 및 파산에 관한 법률」에 따른 회생절차 중에 있는 회사 및 그 회사의 출자자 중 대통령령으로 정하는 출자자
3. 금융거래 등 상거래에서 약정한 날까지 채무(債務)를 변제(辨濟)하지 아니한 자로서 대통령령으로 정하는 자
4. 허가신청일 및 등록신청일을 기준으로 최근 3년 동안 대통령령으로 정하는 금융 관계 법령(이하 "금융관계법령"이라 한다)을 위반하여 벌금형 이상의 처벌을 받은 사실이 있는 자
5. 대통령령으로 정하는 재무건전성기준에 미치지 못하는 자(허가의 경우만 해당한다)

6. 제1호부터 제5호까지의 어느 하나에 해당하는 자가 출자자인 법인으로서 대통령령으로 정하는 법인
7. 신기술사업금융업자와 투자자 간, 특정 투자자와 다른 투자자 간의 이해관계의 충돌을 방지하기 위한 체계를 갖추지 아니한 자(제44조의2에 따른 공모신기술투자조합을 결성하려는 신기술사업금융업자만 해당한다)

② 제3조제1항 본문에 따라 신용카드업의 허가를 받으려는 자는 다음 각 호의 요건을 갖추어야 한다.
1. 제5조에 따른 자본금을 보유할 것
2. 거래자를 보호하고 취급하려는 업무를 하기에 충분한 전문 인력과 전산설비 등 물적(物的) 시설을 갖추고 있을 것
3. 사업계획이 타당하고 건전할 것
4. 대주주(최대주주의 특수관계인인 주주를 포함하며, 최대주주가 법인인 경우에는 그 법인의 주요 경영사항에 대하여 사실상의 영향력을 행사하고 있는 주주로서 대통령령으로 정하는 자를 포함한다)가 충분한 출자능력, 건전한 재무상태 및 사회적 신용을 갖추고 있을 것

③~⑤ (2015.7.31 삭제)

⑥ 제2항의 규정에 따른 허가의 세부 요건은 대통령령으로 정한다.(2015.7.31 본항개정)

제6조의2【허가요건의 유지】 제3조제1항 본문에 따라 허가를 받아 신용카드업을 하고 있는 자는 제6조제2항제2호에서 정한 요건을 신용카드업의 허가를 받은 이후에도 계속 유지하여야 한다. 다만, 해당 회사의 경영건전성 확보, 거래자 등의 이익 보호를 위하여 대통령령으로 정하는 경우로서 금융위원회의 승인을 받는 경우에는 제6조제2항제2호에서 정한 요건을 유지하지 아니할 수 있다.
(2010.3.12 본조신설)

제7조【허가·등록의 실시】 ① 금융위원회는 제4조에 따른 허가신청서를 제출받은 날부터 3개월 안에 허가 여부를 결정하여 신청인에게 통보하여야 한다.

② 금융위원회는 제4조에 따른 등록신청서를 제출한 자가 제5조와 제6조의 요건에 맞는 경우에는 지체 없이 등록을 하고 그 사실을 신청인에게 통보하여야 한다.

③ 금융위원회는 제4조에 따라 제출받은 서류에 잘못되거나 부족한 부분이 있으면 서류를 제출받은 날부터 10일 안에 보완을 요청할 수 있다. 이 경우 보완에 걸린 기간은 제1항에 따른 기간에 넣어 계산하지 아니한다.

제8조【예비허가】 ① 제3조제1항 본문에 따른 허가(이하 이 조에서 "본허가"라 한다)를 받으려는 자는 미리 금융위원회에 예비허가를 신청할 수 있다.

② 금융위원회는 제1항에 따른 예비허가 여부를 결정할 때 예비허가를 받으려는 자가 본허가 요건을 모두 충족할 수 있는지를 확인하여야 한다.

③ 금융위원회는 제2항에 따른 예비허가에 조건을 붙일 수 있다.

④ 금융위원회는 예비허가를 받은 자가 본허가를 신청하는 경우에는 제3항에 따른 예비허가 조건을 이행하였는지와 본허가 요건을 모두 충족하는지를 확인한 후 본허가 여부를 결정하여야 한다.

⑤ 예비허가에 관하여는 제4조 및 제6조제1항·제2항·제6항을 준용한다.
(2016.3.29 본조신설)

제9조 (1999.2.1 삭제)

제10조【신청에 의한 등록의 말소】 ① 제3조제1항 단서 또는 제2항에 따라 등록을 한 자는 대통령령으로 정하는 바에 따라 그 등록의 말소를 신청할 수 있다.

② 금융위원회는 제1항에 따른 신청을 받으면 지체 없이 그 등록을 말소한다.

제11조【허가 등의 공고】 금융위원회는 다음 각 호의 어느 하나에 해당하면 지체 없이 그 내용을 관보(官報)에 공고(公告)하고 인터넷 홈페이지 등을 이용하여 일반인에게 알려야 한다.
1. 제3조제1항 또는 제2항에 따라 허가를 하거나 등록을 한 경우
2. 제10조제2항에 따라 등록을 말소한 경우
3. 제57조제1항부터 제3항까지의 규정에 따라 업무정지를 명하거나 허가 또는 등록을 취소한 경우

제3장 여신전문금융업

제1절 신용카드업
(2009.2.6 본절개정)

제12조【적용 범위】 이 절(節)은 신용카드업자가 하는 신용카드업과 제13조에 따른 부대업무(附帶業務)에 대하여 적용한다.

제13조【신용카드업자의 부대업무】 ① 신용카드업자는 대통령령으로 정하는 기준에 따라 다음 각 호에 따른 부대업무를 할 수 있다.
1. 신용카드회원에 대한 자금의 융통(融通)
2. 직불카드의 발행 및 대금의 결제
3. 선불카드의 발행·판매 및 대금의 결제

② 신용카드업자는 제1항에 따른 업무를 대통령령으로 정하는 바에 따라 제3자가 대행하도록 할 수 있다.

제14조【신용카드·직불카드의 발급】 ① 신용카드업자는 발급신청을 받아야만 신용카드나 직불카드를 발급할 수 있다. 다만, 이미 발급한 신용카드나 직불카드를 갱신하거나 대체 발급하는 것에 대하여 대통령령으로 정하는 바에 따라 신용카드회원이나 직불카드회원의 동의를 받은 경우에는 그러하지 아니하다.

② 신용카드업자는 제1항에 따른 발급신청이 다음 각 호의 요건을 갖추고 있는지를 확인하여야 한다. 다만, 제2호는 신용카드 발급신청인 경우에만 적용한다.
1. 본인이 신청할 것
2. 신용카드 한도액이 신용카드업자가 정하는 신용한도 산정(算定) 기준(다음 각 목의 사항이 포함되어야 한다)에 따른 개인신용한도를 넘지 아니할 것
  가. 소득과 재산에 관한 사항
  나. 타인에 대한 지급 보증(保證)에 관한 사항
  다. 신용카드이용대금을 결제할 수 있는 능력에 관한 사항
  라. 신청인이 신용카드 발급 당시 다른 금융기관으로부터 받은 신용공여액(信用供與額)에 관한 사항
  마. 그 밖에 신용한도 산정에 중요한 사항으로서 대통령령으로 정하는 사항

③ 신용카드업자는 다음 각 호의 요건을 갖춘 자에게 신용카드를 발급할 수 있다.
1. 제2항 각 호의 요건을 갖춘 자
2. 신용카드의 발급신청일 현재 대통령령으로 정하는 연령 이상인 자
3. 그 밖에 신용카드 발급에 중요한 요건으로서 대통령령으로 정하는 요건을 갖춘 자

④ 신용카드업자는 다음 각 호의 방법으로 신용카드회원을 모집하여서는 아니 된다.
1. 「방문판매 등에 관한 법률」 제2조제5호에 따른 다단계판매를 통한 모집
2. 인터넷을 통한 모집방법으로서 대통령령으로 정하는 모집
3. 그 밖에 대통령령으로 정하는 모집

⑤ 신용카드업자는 신용카드나 직불카드를 발급하는 경우 그 약관(約款)과 함께 신용카드회원이나 직불카드회원의 권익(權益)을 보호하기 위하여 필요한 사항으로서 대통령령으로 정하는 사항을 신청자에게 다음 각 호 중 어느 하나의 방법으로 제공한다. 이 경우 신청자가 다음 각 호 중 어느 하나의 방법을 요청하는 때에는 그 방법으로 제공하여야 한다.(2023.3.21 본문개정)
1. 서면(書面)
2. 팩스
3. 전자문서(「전자문서 및 전자거래 기본법」 제2조제1호에 따른 전자문서를 말한다. 이하 같다)
(2023.3.21 1호~3호신설)

제14조의2【신용카드회원의 모집】 ① 신용카드회원을 모집할 수 있는 자는 다음 각 호의 어느 하나에 해당하는 자이어야 한다.
1. 해당 신용카드업자의 임직원
2. 신용카드업자를 위하여 신용카드 발급계약의 체결을 중개(仲介)하는 자(이하 "모집인"이라 한다)

3. 신용카드업자와 신용카드회원의 모집에 관하여 업무 제휴(提携) 계약을 체결한 자(신용카드회원의 모집을 주된 업으로 하는 자는 제외한다) 및 그 임직원

② 신용카드회원을 모집하는 자가 모집할 때 지켜야 할 사항과 모집방법에 관하여 필요한 사항은 대통령령으로 정한다.

제14조의3【모집인의 등록】 ① 신용카드업자는 소속 모집인이 되고자 하는 자를 금융위원회에 등록하여야 한다.(2010.3.12 본항개정)

② 다음 각 호의 어느 하나에 해당하는 자는 모집인이 될 수 없다.

1. 피성년후견인 또는 피한정후견인(2016.3.29 본호개정)
2. 파산선고를 받고 복권(復權)되지 아니한 자
3. 이 법 또는 「금융소비자 보호에 관한 법률」(이하 "이 법등"이라 한다)에 따라 벌금 이상의 실형(實刑)을 선고받고 그 집행이 끝나거나(집행이 끝난 것으로 보는 경우를 포함한다) 집행이 면제된 날부터 2년이 지나지 아니한 자(2020.3.24 본호개정)
4. 제14조의4에 따라 모집인의 등록이 취소(이 항 제1호 또는 제2호에 해당하여 등록이 취소된 경우는 제외한다)된 후 2년이 지나지 아니한 자(2016.3.29 본호개정)
5. 영업에 관하여 성년자(成年者)와 같은 능력을 가지지 아니한 미성년자(未成年者)로서 그 법정대리인(法定代理人)이 제1호부터 제4호까지의 어느 하나에 해당하는 자
6. 법인 또는 법인이 아닌 사단(社團)이나 재단(財團)으로서 그 임원이나 관리인 가운데 제1호부터 제4호까지의 어느 하나에 해당하는 자가 있는 자

③ 금융위원회는 제1항에 따른 모집인의 등록에 관한 업무를 제62조제1항에 따른 여신전문금융업협회(이하 "여신전문금융업협회"라 한다)의 장에게 위탁한다.(2016.3.29 본항개정)

④ 여신전문금융업협회는 모집인의 등록·관리, 건전한 모집질서 유지 및 신용카드회원등의 보호 등을 위하여 모집인운영협의회를 둘 수 있다.(2016.3.29 본항개정)

제14조의4【등록의 취소 등】 ① 금융위원회는 모집인이 다음 각 호의 어느 하나에 해당하면 6개월 안의 기간을 정하여 그 업무의 정지를 명하거나 그 등록을 취소할 수 있다.

1. 이 법에 따른 명령이나 처분을 위반한 경우
2. 모집에 관한 이 법의 규정을 위반한 경우
3. 「금융소비자 보호에 관한 법률」 제51조제1항제3호부터 제5호까지의 어느 하나에 해당하는 경우(2020.3.24 본호신설)
4. 「금융소비자 보호에 관한 법률」 제51조제2항 각 호 외의 부분 본문 중 대통령령으로 정하는 경우(업무의 정지를 명하는 경우로 한정한다)(2020.3.24 본호신설)

② 금융위원회는 모집인이 다음 각 호의 어느 하나에 해당하면 그 등록을 취소하여야 한다.

1. 제14조의3제2항 각 호의 어느 하나에 해당하게 된 경우
2. 등록 당시 제14조의3제2항 각 호의 어느 하나에 해당하는 자이었음이 밝혀진 경우
3. 거짓이나 그 밖의 부정한 방법으로 제14조의3제1항에 따른 등록을 한 경우

3의2. 제14조의5제2항제4호 또는 제5호를 위반한 경우(2016.3.29 본호신설)

4. 정당한 사유 없이 제14조의5제4항에 따른 조사를 거부하는 경우(2010.3.12 본호신설)

③ 금융위원회는 제1항이나 제2항에 따라 업무의 정지를 명하거나 등록을 취소하려면 모집인에게 해명(解明)을 위한 의견제출의 기회를 주어야 한다.

④ 금융위원회는 모집인의 업무의 정지를 명하거나 등록을 취소한 경우에는 지체 없이 이유를 적은 문서로 그 뜻을 모집인에게 알려야 한다.

제14조의5【모집질서 유지】 ① 신용카드업자는 제14조의2제1항 각 호의 어느 하나에 해당하는 자 외의 자에게 신용카드회원의 모집을 하게 하거나 모집에 관하여 수수료·보수, 그 밖의 대가를 지급하지 못한다.

② 모집인은 다음 각 호의 어느 하나의 행위를 하지 못한다.

1. 자신이 소속된 신용카드업자 외의 자를 위하여 신용카드회원을 모집하는 행위

2.~3. (2020.3.24 삭제)

4. 신용카드회원을 모집할 때 알게 된 발급신청인의 개인식별정보(「신용정보의 이용 및 보호에 관한 법률」 제34조에 따른 정보를 말한다. 이하 이 항에서 같다) 또는 신용정보(같은 법 제2조제1호에 따른 신용정보를 말한다. 이하 같다) 및 사생활 등 개인적 비밀을 업무 목적 외의 목적으로 누설하거나 이용하는 행위(2016.3.29 본호신설)
5. 거짓이나 그 밖의 부정한 수단 또는 방법으로 취득하거나 제공받은 개인식별정보 또는 신용정보를 모집에 이용하는 행위(2016.3.29 본호신설)

③ 신용카드회원을 모집하는 자는 제14조제4항 각 호의 행위 및 제24조의2(신용카드회원 모집행위와 관련된 행위에 한한다)에 따른 금지행위를 하여서는 아니 된다.

④ 금융위원회는 건전한 모집질서의 확립을 위하여 필요하다고 인정되는 경우에는 신용카드회원을 모집하는 자에 대하여 대통령령으로 정하는 바에 따라 조사를 할 수 있다.

⑤ 신용카드업자는 모집인의 행위가 이 법등 또는 이 법등에 따른 명령이나 조치에 위반된 사실을 알게 된 경우에는 이를 금융위원회에 신고하여야 한다.(2020.3.24 본항개정)

⑥ 신용카드업자는 모집인에게 모집인이 신용카드회원을 모집할 때 지켜야 하는 사항을 교육하여야 한다.

⑦ 제6항에 따른 교육 내용 및 방법에 관하여 필요한 사항은 금융위원회가 정하여 고시한다.
(2010.3.12 본조신설)

제15조【신용카드의 양도 등의 금지】 신용카드는 양도(讓渡)·양수(讓受)하거나 질권(質權)을 설정(設定)할 수 없다.

제16조【신용카드회원등에 대한 책임】 ① 신용카드업자는 신용카드회원이나 직불카드회원으로부터 그 카드의 분실·도난 등의 통지를 받은 때부터 그 회원에 대하여 그 카드의 사용에 따른 책임을 진다.

② 신용카드업자는 제1항에 따른 통지 전에 생긴 신용카드의 사용에 대하여 대통령령으로 정하는 기간의 범위에서 책임을 진다.

③ 제2항에도 불구하고 신용카드업자는 신용카드의 분실·도난 등에 대하여 그 책임의 전부 또는 일부를 신용카드회원이 지도록 할 수 있다는 취지의 계약을 체결한 경우에는 그 신용카드회원에 대하여 그 계약내용에 따른 책임을 지도록 할 수 있다. 다만, 저항할 수 없는 폭력이나 자기 또는 친족의 생명·신체에 대한 위해(危害) 때문에 비밀번호를 누설(漏泄)한 경우 등 신용카드회원의 고의(故意) 또는 과실(過失)이 없는 경우에는 그러하지 아니하다.

④ 신용카드업자는 제1항에 따른 통지를 받은 경우에는 즉시 통지의 접수자, 접수번호, 그 밖에 접수사실을 확인할 수 있는 사항을 그 통지인에게 알려야 한다.

⑤ 신용카드업자는 신용카드회원등에 대하여 다음 각 호에 따른 신용카드등의 사용으로 생기는 책임을 진다.

1. 위조(僞造)되거나 변조(變造)된 신용카드등의 사용
2. 해킹, 전산장애, 내부자정보유출 등 부정한 방법으로 얻은 신용카드등의 정보를 이용한 신용카드등의 사용
3. 다른 사람의 명의를 도용(盜用)하여 발급받은 신용카드등의 사용(신용카드회원등의 고의 또는 중대한 과실이 있는 경우는 제외한다)

⑥ 제5항에도 불구하고 신용카드업자가 제5항제1호 및 제2호에 따른 신용카드등의 사용에 대하여 그 신용카드회원등의 고의 또는 중대한 과실을 증명하면 그 책임의 전부 또는 일부를 신용카드회원등이 지도록 할 수 있다는 취지의 계약을 신용카드회원등과 체결한 경우에는 그 신용카드회원등이 그 계약내용에 따른 책임을 지도록 할 수 있다.

⑦ 제3항 및 제6항에 따른 계약은 서면 또는 전자문서로 한 경우에만 효력이 있으며, 신용카드회원등의 중대한 과실은 계약서에 적혀 있는 것만 해당한다.(2023.3.21 본항개정)

⑧ 신용카드업자는 제1항·제2항·제5항 및 제17조에 따른 책임을 이행하기 위하여 보험이나 공제(共濟)에 가입하거나 준비금을 적립하는 등 필요한 조치를 하여야 한다.

⑨ 제5항제3호, 제6항 및 제7항에 따른 신용카드회원등의 고의 또는 중대한 과실의 범위는 대통령령으로 정한다.

⑩ 신용카드회원이 서면, 전화, 전자문서 등으로 신용카드의 이용금액에 대하여 이의를 제기할 경우 신용카드업자는 이에 대한 조사를 마칠 때까지 그 신용카드회원으로부터 그 금액을 받을 수 없다.(2023.3.21 본항개정)

제16조의2【가맹점의 모집 등】 ① 신용카드가맹점을 모집할 수 있는 자는 다음 각 호의 어느 하나에 해당하는 자이어야 한다.

1. 해당 신용카드업자의 임직원
2. 가맹점모집인

② 신용카드가맹점을 모집하는 자가 모집할 때 지켜야 할 사항과 모집방법에 필요한 사항은 대통령령으로 정한다.

③ 금융위원회는 건전한 가맹점모집질서의 확립을 위하여 필요하다고 인정하는 경우에는 신용카드가맹점을 모집하는 자에 대하여 대통령령으로 정하는 바에 따라 조사를 할 수 있다.

(2015.1.20 본조개정)

제16조의3【가맹점모집인의 등록 등】 ① 부가통신업자는 소속 가맹점모집인이 되려는 자를 금융위원회에 등록하여야 한다.

② 다음 각 호의 어느 하나에 해당하는 자는 가맹점모집인이 될 수 없다.

1. 피한정후견인 또는 피성년후견인
2. 파산선고를 받고 복권되지 아니한 자
3. 이 법에 따라 벌금 이상의 실형을 선고받고 그 집행이 끝나거나(집행이 끝난 것으로 보는 경우를 포함한다) 집행이 면제된 날부터 2년이 지나지 아니한 자
4. 이 법에 따라 가맹점모집인의 등록이 취소(제1호 또는 제2호에 해당하여 등록이 취소된 경우는 제외한다)된 후 2년이 지나지 아니한 자(2018.4.17 본호개정)
5. 영업에 관하여 성년자와 같은 능력을 가지지 아니한 미성년자로서 그 법정대리인이 제1호부터 제4호까지의 어느 하나에 해당하는 자
6. 법인 또는 법인이 아닌 사단이나 재단으로서 그 임원이나 관리인 가운데 제1호부터 제4호까지의 어느 하나에 해당하는 자가 있는 자

③ 가맹점모집인의 등록요건 및 영업기준 등에 필요한 사항은 대통령령으로 정한다.

④ 금융위원회는 제1항에 따른 가맹점모집인의 등록에 관한 업무를 여신전문금융업협회의 장(이하 "여신전문금융업협회장"이라 한다)에게 위탁한다.(2016.3.29 본항개정)

(2015.1.20 본조신설)

제16조의4【등록의 취소 등】 ① 금융위원회는 가맹점모집인이 다음 각 호의 어느 하나에 해당하면 6개월 이내의 기간을 정하여 그 업무의 정지를 명하거나 그 등록을 취소할 수 있다.

1. 이 법에 따른 명령이나 처분을 위반한 경우
2. 가맹점모집에 관한 이 법의 규정을 위반한 경우

② 금융위원회는 가맹점모집인이 다음 각 호의 어느 하나에 해당하면 그 등록을 취소하여야 한다.

1. 정당한 사유 없이 제16조의2제3항에 따른 조사를 거부하는 경우
2. 거짓이나 그 밖의 부정한 방법으로 제16조의3제1항에 따른 등록을 한 경우
3. 제16조의3제2항에 해당하게 된 경우
4. 등록 당시 제16조의3제2항에 해당하는 자이었음이 밝혀진 경우

③ 등록취소의 절차에 관하여는 제14조의4제3항 및 제4항을 준용한다.

(2015.1.20 본조신설)

제16조의5【계약 해지에 따른 연회비 반환】 ① 신용카드업자는 신용카드회원이 신용카드업자와의 계약을 해지하는 경우 연회비를 반환하여야 한다.

② 제1항에 따른 연회비 반환사유, 반환금액, 그 밖에 필요한 사항은 대통령령으로 정한다.

(2013.3.22 본조신설)

제17조【가맹점에 대한 책임】 ① 신용카드업자는 다음 각 호의 어느 하나에 해당하는 거래에 따른 손실을 신용카드가맹점이 부담하도록 할 수 없다. 다만, 신용카드업자가 그 거래에 대한 그 신용카드가맹점의 고의 또는 중대한 과실을 증명하면 그 손실의 전부 또는 일부를 신용카드가맹점이 부담하도록 할 수 있다는 취지의 계약을 신용카드가맹점과 체결한 경우에는 그러하지 아니하다.

1. 잃어버리거나 도난당한 신용카드를 사용한 거래
2. 위조되거나 변조된 신용카드를 사용한 거래
3. 해킹, 전산장애, 내부자정보유출 등 부정한 방법으로 얻은 신용카드등의 정보를 이용하여 신용카드등을 사용한 거래
4. 다른 사람의 명의를 도용하여 발급받은 신용카드등을 사용한 거래

② 제1항 각 호 외의 부분 단서에 따른 계약은 서면 또는 전자문서로 한 경우에만 효력이 있으며, 신용카드가맹점의 중대한 과실은 계약서에 적혀 있는 사항만 해당한다.(2023.3.21 본항개정)

제18조【거래조건의 주지의무】 신용카드업자는 다음 각 호의 사항을 총리령으로 정하는 방법에 따라 신용카드회원등과 신용카드가맹점에 알려야 한다.

1. 신용카드업자가 정하는 이자율·할인율·연체료율·가맹점수수료율 등 각종 요율(料率)(2012.3.21 본호개정)
2. 신용카드·직불카드 이용금액의 결제방법
3. 제16조에 따른 신용카드회원등에 대한 책임
4. 제17조와 제19조에 따른 신용카드가맹점에 대한 책임과 신용카드가맹점의 준수 사항
5. 그 밖에 총리령으로 정하는 사항

제18조의2【가맹점 단체 설립 등】 ① 연간 매출규모 등 대통령령으로 정하는 기준에 해당하는 신용카드가맹점은 신용카드업자와 가맹점수수료 등 거래조건(이하 이 조에서 "거래조건"이라 한다)과 관련하여 합리적으로 계약을 체결·유지하기 위하여 단체를 설립할 수 있다.

② 금융위원회는 신용카드업자가 신용카드가맹점과의 거래조건과 관련하여 합리적으로 계약을 체결·유지하고 있는지 여부를 확인하기 위하여 신용카드업자에게 필요한 자료의 제출을 요구할 수 있다.

③ 금융위원회는 제2항에 따라 신용카드업자가 신용카드가맹점과의 거래조건과 관련하여 합리적으로 계약을 체결·유지하고 있는지 여부를 확인함에 있어서 신용카드가맹점 매출규모 조사 등 업무상 필요하다고 인정하는 경우에는 국가기관·지방자치단체에 대하여 필요한 자료의 제공을 요청할 수 있다. 이 경우 자료의 제공을 요청받은 국가기관·지방자치단체는 정당한 사유 없이 이를 거부하여서는 아니 된다.

(2010.3.12 본조신설)

제18조의3【가맹점수수료율의 차별금지 등】 ① 신용카드업자는 신용카드가맹점과의 가맹점수수료율을 정함에 있어서 공정하고 합리적으로 정하여야 하며 부당하게 가맹점수수료율을 차별하여서는 아니 된다.

② 금융위원회는 신용카드업자가 제1항에 따른 가맹점수수료율을 정함에 있어서 준수하여야 할 사항을 정하여야 한다.

③ 제1항에도 불구하고 신용카드업자는 대통령령으로 정하는 규모 이하의 영세한 중소신용카드가맹점(이하 "영세한 중소신용카드가맹점"이라 한다)에 대하여 금융위원회가 정하는 우대수수료율을 적용하여야 한다.(2016.3.29 본항개정)

④ 대통령령으로 정하는 규모 이상의 대형 신용카드가맹점(이하 "대형신용카드가맹점"이라 한다)은 거래상의 우월적 지위를 이용하여 다음 각 호의 어느 하나에 해당하는 행위를 하여서는 아니 된다.(2015.1.20 본문개정)

1. 신용카드업자에게 부당하게 낮은 가맹점수수료율을 정할 것을 요구하는 행위
2. 신용카드와 관련한 거래를 이유로 부당하게 보상금, 사례금 등 명칭 또는 방식 여하를 불문하고 대가(이하 "보상금등"이라 한다)를 요구하거나 받는 행위(2015.1.20 본호개정)

(2012.3.21 본조신설)

제18조의4【가맹점수수료율의 조정요구 등】 금융위원회는 신용카드업자와 신용카드가맹점이 제18조의3제1항·제3항 또는 제4항을 위반하는 경우 이를 조정하도록 요구하거나 관계 기관 통보 등 필요한 조치를 할 수 있다.(2012.3.21 본조신설)

제19조【가맹점의 준수사항】 ① 신용카드가맹점은 신용카드로 거래한다는 이유로 신용카드 결제를 거절하거나 신용카드회원을 불리하게 대우하지 못한다.(2010.3.12 본항개정)

② 신용카드가맹점은 신용카드로 거래를 할 때마다 그 신용카드를 본인이 정당하게 사용하고 있는지를 확인하여야 한다.
③ 신용카드가맹점은 신용카드회원의 정보보호를 위하여 금융위원회에 등록된 신용카드 단말기를 설치·이용하여야 한다.
(2015.1.20 본항신설)
④ 신용카드가맹점은 가맹점수수료를 신용카드회원이 부담하게 하여서는 아니 된다.
⑤ 신용카드가맹점은 다음 각 호의 어느 하나에 해당하는 행위를 하여서는 아니 된다. 다만, 결제대행업체의 경우에는 제1호·제4호 및 제5호를 적용하지 아니하고, 수납대행가맹점의 경우에는 제3호·제5호(제2조제5호의2에 따라 대행하는 행위에 한한다)를 적용하지 아니한다.(2010.3.12 단서개정)
1. 물품의 판매 또는 용역의 제공 등이 없이 신용카드로 거래한 것처럼 꾸미는 행위
2. 신용카드로 실제 매출금액 이상의 거래를 하는 행위
3. 다른 신용카드가맹점의 명의(名義)를 사용하여 신용카드로 거래하는 행위
4. 신용카드가맹점의 명의를 타인에게 빌려주는 행위
5. 신용카드에 의한 거래를 대행하는 행위
⑥ 대형신용카드가맹점 및 그와 대통령령으로 정하는 특수한 관계에 있는 자(이하 "특수관계인"이라 한다)는 신용카드부가통신서비스 이용을 이유로 부가통신업자에게 부당하게 보상금등을 요구하거나 받아서는 아니 된다.(2016.3.29 본항개정)
⑦ 결제대행업체는 다음 각 호의 사항을 지켜야 한다.
(2015.1.20 본문개정)
1. 물품의 판매 또는 용역의 제공 등을 하는 자의 신용정보 및 신용카드등에 따른 거래를 대행한 내용을 신용카드업자에게 제공할 것
2. 물품의 판매 또는 용역의 제공 등을 하는 자의 상호 및 주소를 신용카드회원등이 알 수 있도록 할 것
3. 신용카드회원등이 거래 취소 또는 환불 등을 요구하는 경우 이에 따를 것
4. 그 밖에 신용카드회원등의 신용정보보호 및 건전한 신용카드거래를 위하여 대통령령으로 정하는 사항
(2015.1.20 1호~4호신설)

판례 여신전문금융업법 제19조제1항은 국민의 금융편의를 도모하고 거래의 투명화를 통한 탈세를 방지함으로써 국민경제의 발전에 이바지하기 위한 것으로 입법목적의 정당성이 인정된다. 그리고 신용카드가맹점에 대하여 신용카드 수납의무 및 차별금지의무를 부과하는 것은 위와 같은 입법목적 달성에 효과적인 수단이므로 수단의 적합성도 인정된다. 또한 침해의 최소성 원칙에도 반하지 아니하며 법익의 균형성도 갖추고 있다. 그러므로 이 법률조항은 과잉금지원칙에 반하여 직업수행의 자유를 침해하지 아니한다.(헌재결 2014.3.27, 2011헌마744)

제19조의2【수납대행가맹점의 준수사항】 수납대행가맹점은 다음 각 호의 사항을 준수하여야 한다.
1. 신용카드회원등의 신용정보 등이 업무 외의 목적에 사용되거나 외부에 유출되게 하지 아니할 것
2. 신용카드를 본인이 정당하게 사용하고 있는지를 확인할 것
3. 그 밖에 신용카드회원등의 신용정보보호 및 건전한 신용카드거래를 위하여 대통령령으로 정하는 사항
(2010.3.12 본조신설)

제20조【매출채권의 양도금지 등】 ① 신용카드가맹점은 신용카드에 따른 거래로 생긴 채권(신용카드업자에게 가지는 매출채권을 포함한다. 이하 이 항에서 같다)을 신용카드업자와 「은행법」에 따라 설립된 은행(「중소기업은행법」에 따라 설립된 중소기업은행과 「농업협동조합법」에 따라 설립된 농협은행을 포함한다. 이하 이 조에서 같다) 외의 자(이하 이 조에서 "신용카드업자등 외의 자"라 한다)에게 양도하여서는 아니 되고, 신용카드업자등 외의 자는 이를 양수하여서는 아니 된다. 다만, 신용카드가맹점이 신용카드업자에게 가지는 매출채권을 「자산유동화에 관한 법률」 제2조제1호에 따른 자산유동화를 위하여 양도하는 경우에는 신용카드가맹점은 신용카드에 따른 거래로 생긴 채권을 신용카드업자등 외의 자에게 양도할 수 있고, 신용카드업자등 외의 자도 이를 양수할 수 있다.(2016.3.29 본항개정)
② 신용카드가맹점이 아닌 자는 신용카드가맹점의 명의로 신용카드등에 의한 거래를 하여서는 아니 된다.

제21조【가맹점의 해지의무】 신용카드업자는 신용카드가맹점이 제19조 또는 제20조제1항을 위반하여 형을 선고받거나 관계 행정기관으로부터 같은 규정의 위반사실에 대하여 서면통보를 받는 등 대통령령으로 정하는 사유에 해당하는 경우에는 특별한 사유가 없으면 지체 없이 가맹점계약을 해지(解止)하여야 한다.

제22조 (2006.4.28 삭제)

제23조【가맹점 모집·이용방식의 제한】 ① 제3조제1항 단서에 따라 신용카드업의 등록을 한 겸영여신업자가 모집할 수 있는 신용카드가맹점의 범위는 대통령령으로 정한다.
② 금융위원회는 신용카드 이용의 편의와 신용카드업자의 업무 효율화를 위하여 신용카드업자(제1항에 따른 겸영여신업자는 제외한다. 이하 이 항에서 같다)에 대하여 다른 신용카드업자의 매출전표(賣出錢票)를 상호 매입하거나 접수 및 대금지급을 대행하는 등의 방법으로 신용카드가맹점을 공동으로 이용할 것을 명할 수 있다.
③ 금융위원회는 제2항에 따라 신용카드가맹점을 공동으로 이용하도록 명하는 경우에는 가맹점수수료율이 각 신용카드업자에 의하여 자율적으로 결정되고 신용카드업자 간에 지급되는 대가가 적정한 수준으로 결정되도록 하는 등 신용카드업자 간의 공정한 경쟁이 제한되지 아니하도록 하여야 한다.

제24조【신용카드등의 이용한도 제한 등】 금융위원회는 신용질서를 유지하고 소비자를 보호하기 위하여 신용카드업자가 지켜야 할 사항으로 다음 각 호에 대한 기준을 정하는 등 필요한 조치를 할 수 있다.
1. 신용카드에 의한 현금융통의 최고한도
2. 직불카드의 1회 또는 1일 이용한도
3. 선불카드의 총발행한도와 발행권면금액(發行券面金額)의 최고한도
4. 제14조제2항제2호에 따라 신용카드업자가 정하는 신용한도 산정 기준에 관한 사항
5. 신용카드 이용한도를 정할 때 지켜야 할 사항
6. 신용카드업자가 정하는 약관의 내용에 관한 사항
7. 가맹점 관리에 관한 사항
8. 채권을 추심할 때 지켜야 할 사항
9. 수수료율을 적용하기 위하여 회원을 분류할 때 지켜야 할 사항
10. 그 밖에 대통령령으로 정하는 사항

제24조의2【신용카드업자 등의 금지행위】 ① 신용카드업자는 소비자 보호 목적과 건전한 영업질서를 해칠 우려가 있는 다음 각 호의 행위(이하 "금지행위"라 한다)를 하여서는 아니 된다.
1. (2020.3.24 삭제)
2. 신용카드업자의 경영상태를 부실하게 할 수 있는 모집행위 또는 서비스 제공 등으로 신용카드등의 건전한 영업질서를 해치는 행위
② 금지행위의 세부적인 유형과 기준은 대통령령으로 정한다.
③ 신용카드업자와 부가통신업자는 대형신용카드가맹점이 자기와 거래하도록 대형신용카드가맹점 및 특수관계인에게 부당하게 보상금등을 제공하여서는 아니 된다.(2016.3.29 본항개정)
(2015.1.20 본조제목개정)
(2009.2.6 본조신설)

제25조【공탁】 ① 금융위원회는 선불카드를 발행한 신용카드업자에게 선불카드 발행총액의 100분의 10의 범위에서 대통령령으로 정하는 금액을 공탁할 것을 명할 수 있다.
② 제1항에 따른 공탁은 선불카드를 발행한 신용카드업자의 본점 또는 주된 사무소의 소재지에서 하여야 한다.
③ 제1항에 따른 공탁명령을 받은 자가 이를 이행한 때에는 지체없이 그 사실을 금융위원회에 신고하여야 한다.
④ 제1항에 따라 공탁을 한 신용카드업자는 금융위원회의 승인을 받아 공탁물을 반환받을 수 있다.
⑤ 제1항에 따른 공탁물의 종류, 공탁의 시기, 그 밖에 공탁에 관하여 필요한 사항은 총리령으로 정한다.

제26조【공탁물의 배당 등】 ① 금융위원회는 제25조에 따라 공탁을 한 신용카드업자가 선불카드에 의하여 물품을 판매하거나 용역을 제공한 신용카드가맹점에게 지급하여야 할 선불카드대금 및 미상환선불카드의 잔액을 상환할 수 없게 된 때에

는 해당 신용카드업자가 공탁한 공탁물을 출급하여 해당 신용카드가맹점 및 미상환선불카드의 소지자(이하 "미상환채권자"라 한다)에게 배당을 실행할 자(이하 "권리실행자"라 한다)를 지정하고 총리령으로 정하는 바에 따라 이를 공고하여야 한다.
② 권리실행자가 될 수 있는 자는 대통령령으로 정한다.
③ 미상환채권자는 권리실행자에게 상환받지 못한 금액을 신고하여 배당을 받을 수 있다.
④ 권리실행자는 총리령으로 정하는 바에 따라 제3항에 따른 신고의 기간·방법 및 장소를 공고하여야 한다.
⑤ 권리실행자는 다른 채권에 우선하여 제3항에 따라 신고된 금액의 합계액과 소요비용을 합산한 총액의 범위에서 금융위원회의 승인을 받아 공탁물을 출급할 수 있다.
⑥ 권리실행자는 출급한 공탁물을 금융위원회가 정하는 방법 및 절차에 따라 미상환채권자에게 배당하여야 한다.
⑦ 제25조에 따라 공탁을 한 신용카드업자는 제1항부터 제6항까지의 규정에 의한 배당절차가 완료되기 전에는 해당 공탁물을 반환받을 수 없다.

제27조【유사명칭의 사용금지】 이 법에 따른 신용카드업자가 아니면 그 상호에 신용카드 또는 이와 비슷한 명칭을 사용하지 못한다.

제27조의2【신용카드등부가통신업의 등록 등】 ① 신용카드등부가통신업을 하려는 자는 대통령령으로 정하는 기준에 따른 시설·장비 및 기술능력을 갖추어 금융위원회에 등록하여야 한다.
② 신용카드등부가통신업의 등록을 할 수 있는 자는 법인으로서 자본금이 20억원 이상인 자로 한다. 다만, 대통령령으로 정하는 규모 이하의 소규모 가맹점을 대상으로 서비스를 제공하는 자는 법인으로서 자본금이 10억원 이상인 자로 한다.
③ 다음 각 호의 어느 하나에 해당하는 자는 제1항에 따른 등록을 할 수 없다.
1. 제5항에 따라 등록이 말소되거나 제27조의3에 따라 등록이 취소된 날부터 3년이 지나지 아니한 법인 및 그 말소 또는 취소 당시 그 법인의 대통령령으로 정하는 출자자이었던 자로서 말소되거나 취소된 날부터 3년이 지나지 아니한 자
2. 「채무자 회생 및 파산에 관한 법률」에 따른 회생절차 중에 있는 회사 및 그 회사의 출자자 중 대통령령으로 정하는 출자자
3. 금융거래 등 상거래에서 약정한 날까지 채무를 변제하지 아니한 자로서 대통령령으로 정하는 자
4. 등록신청일을 기준으로 최근 3년 동안 금융관계법령을 위반하여 벌금형 이상의 처벌을 받은 사실이 있는 자
5. 제1호부터 제4호까지의 어느 하나에 해당하는 자가 출자자인 법인으로서 대통령령으로 정하는 법인
④ 제1항에 따라 등록한 사항을 변경하려는 때에는 대통령령으로 정하는 바에 따라 변경등록을 하여야 한다.
⑤ 제1항에 따라 등록한 자는 대통령령으로 정하는 바에 따라 그 등록의 말소를 신청할 수 있다. 이 경우 금융위원회는 지체 없이 그 등록을 말소한다.
⑥ 「금융회사의 지배구조에 관한 법률」 제5조제1항 각 호의 어느 하나에 해당하는 사람은 부가통신업자의 임원이 될 수 없으며, 임원이 된 후에 이에 해당하게 된 경우(같은 법 제5조제1항 제7호에 해당하는 사람으로서 대통령령으로 정하는 경우는 제외한다)에는 그 직(職)을 잃는다.(2018.12.11 본항신설)
⑦ 부가통신업자는 임원을 선임하거나 해임한 경우 대통령령으로 정하는 바에 따라 그 사실을 금융위원회에 보고하여야 한다.(2018.12.11 본항신설)
(2015.1.20 본조신설)

제27조의3【신용카드등부가통신업 등록의 취소】 ① 금융위원회는 부가통신업자가 다음 각 호의 어느 하나에 해당하는 경우에는 제27조의2에 따른 등록을 취소할 수 있다.
1. 거짓이나 그 밖의 부정한 방법으로 제27조의2에 따른 등록을 한 경우
2. 제27조의2제3항에 해당하는 경우
3. 제53조제4항에 따른 금융위원회의 조치를 정당한 사유 없이 이행하지 아니한 경우
4. 정당한 사유 없이 1년 이상 계속하여 영업을 하지 아니한 경우
5. 법인의 합병·파산·폐업 등으로 사실상 영업을 끝낸 경우
② 금융위원회는 제1항에 따라 등록을 취소하려는 경우에는 청문을 하여야 한다.
③ 부가통신업자는 제1항에 따라 등록이 취소된 경우에도 그 처분 전에 행하여진 신용카드등에 따른 대금의 결제를 위한 업무를 계속 할 수 있다.
(2015.1.20 본조신설)

제27조의4【신용카드 단말기의 등록】 ① 부가통신업자는 자신이 전기통신서비스를 제공하는 신용카드 단말기를 금융위원회에 등록하여야 한다. 다만, 부가통신업자가 전기통신서비스를 제공하지 아니하는 신용카드 단말기의 경우에는 신용카드가맹점이 금융위원회에 등록하여야 한다.
② 등록하려는 신용카드 단말기는 신용카드회원의 정보보호를 위하여 금융위원회가 정하는 기술기준에 적합하여야 한다.
③ 신용카드 단말기의 등록요건 및 등록절차 등에 필요한 사항은 대통령령으로 정한다.
④ 금융위원회는 제1항 및 제2항에 따른 신용카드 단말기의 등록 및 기술기준에 관한 업무를 여신전문금융업협회장에게 위탁한다.
(2015.1.20 본조신설)

제27조의5【영세한 중소신용카드가맹점 대상 부가통신업자 지정】 ① 금융위원회는 영세한 중소신용카드가맹점을 대상으로 전기통신서비스를 제공하는 부가통신업자를 지정할 수 있다.
② 제1항에 따른 부가통신업자는 다음 각 호의 어느 하나에 해당하는 자 중에서 지정한다.
1. 「민법」 제32조 또는 다른 법률에 따라 설립된 비영리법인
2. 그 밖에 영세한 중소신용카드가맹점 자문·교육 등 대통령령으로 정하는 업무를 수행하는 것이 적합하다고 인정되는 법인
③ 제1항에 따라 지정된 부가통신업자는 신용카드등부가통신업과 관련하여 영세한 중소신용카드가맹점을 위한 자문·교육 등 대통령령으로 정한 업무를 할 수 있다.
④ 금융위원회는 신용카드등부가통신업의 건전한 거래질서 확립 및 영세한 중소신용카드가맹점 보호를 위하여 필요한 경우에는 제1항에 따라 지정된 부가통신업자에게 자료의 제출이나 의견의 진술을 요청할 수 있다. 이 경우 요청을 받은 부가통신업자는 특별한 사유가 없으면 요청에 따라야 한다.
⑤ 그 밖에 영세한 중소신용카드가맹점을 대상으로 전기통신서비스를 제공하는 부가통신업자의 지정기준 및 절차 등에 필요한 사항은 대통령령으로 정한다.
⑥ 금융위원회는 제1항부터 제4항까지와 관련된 업무를 여신전문금융업협회장에게 위탁한다.
(2016.3.29 본조신설)

제2절 시설대여업
(2009.2.6 본절개정)

제28조【적용 범위】 이 절은 시설대여업자가 하는 시설대여업과 연불판매업무에 적용한다.(2016.3.29 본조개정)

제29조【각종 자금의 이용】 시설대여업자와 시설대여 또는 연불판매 계약을 체결한 자(이하 "대여시설이용자"라 한다)가 기업의 설비투자를 지원하기 위하여 운용(運用)되는 자금의 융자대상자인 경우에는 시설대여업자가 그 대여시설이용자를 위하여 그 자금을 융자받아 특정물건을 취득하거나 대여받아 시설대여 또는 연불판매(이하 "시설대여등"이라 한다)를 할 수 있다.

제30조【「대외무역법」상의 특례】 시설대여업자가 시설대여등을 한 특정물건이 외화획득용 시설기재(施設機材)인 경우에는 대여시설이용자가 「대외무역법」 제16조제3항 본문에 따른 "그 수입에 대응하는 외화획득"을 하여야 한다.

제31조【「의료기기법」상의 특례】 ① 시설대여업자는 시설대여등의 목적으로 수입(輸入)하는 특정물건인 의료기기에 대하여 보건복지부장관이 지정하는 자의 시설과 기구를 이용하여 시험검사를 하는 경우에는 「의료기기법」 제15조제4항에도 불구하고 그 의료기기를 수입할 수 있다.

② 시설대여업자는 제1항에 따라 수입한 특정물건인 의료기기를 「의료기기법」 제17조제1항에도 불구하고 신고하지 아니하고 양도할 수 있다.
(2011.4.7 본조개정)
제32조【행정처분상의 특례】 시설대여업자가 시설대여등의 목적으로 특정물건을 취득·수입하거나 대여받으려는 경우에 제30조와 제31조에 규정된 사항 외에 법령에 따라 받아야 할 허가·승인·추천, 그 밖에 행정처분에 필요한 요건을 대여시설이용자가 갖춘 경우에는 시설대여업자가 해당 요건을 갖춘 것으로 본다.
제33조【등기·등록상의 특례】 ① 시설대여업자가 건설기계나 차량(車輛)의 시설대여등을 하는 경우에는 「건설기계관리법」 또는 「자동차관리법」에도 불구하고 대여시설이용자(연불판매의 경우 특정물건의 소유권을 취득한 자는 제외한다. 이하 같다)의 명의로 등록할 수 있다.
② 시설대여업자가 시설대여등의 목적으로 그 소유의 선박이나 항공기를 등기·등록하려는 경우 대여시설이용자가 「선박법」 제2조 또는 「항공안전법」 제10조에 따라 등기·등록에 필요한 요건을 갖추고 있는 경우에는 그 이용 기간 동안 시설대여업자가 그 요건을 갖추고 있는 것으로 본다.(2016.3.29 본항개정)
제34조【의무이행상의 특례】 ① 대여시설이용자가 특정물건의 시설대여등을 받아 사용하는 경우에는 다른 법령에 따라 특정물건의 소유자에게 부과되는 검사 등 그 물건의 유지·관리에 관한 각종 의무를 대여시설이용자가 당사자로서 이행하여야 한다.
② 제1항에 따른 의무를 지게 된 시설대여업자는 지체 없이 이를 대여시설이용자에게 알려야 한다.
제35조【자동차 등의 손해배상책임】 대여시설이용자가 이 법에 따라 건설기계나 차량의 시설대여등을 받아 운행하면서 위법행위로 다른 사람에게 손해를 입힌 경우에는 「자동차손해배상 보장법」 제3조를 적용할 때 시설대여업자를 자기를 위하여 자동차를 운행하는 자로 보지 아니한다.
제36조【시설대여등의 표시】 ① 시설대여업자는 시설대여등(연불판매에서 특정물건의 소유권을 이전한 경우는 제외한다)을 하는 특정물건에 총리령으로 정하는 바에 따라 시설대여등을 나타내는 표지(標識)를 붙여야 한다.
② 해당 특정물건의 시설대여등을 한 시설대여업자 외의 자는 제1항의 표지를 손괴 또는 제거하거나 그 내용 또는 붙인 위치를 변경하여서는 아니 된다.
제37조【중소기업에 대한 지원】 ① 금융위원회는 대통령령으로 정하는 바에 따라 시설대여업자에게 시설대여등의 연간 실행액의 일정 비율 이상을 중소기업(「중소기업기본법」 제2조에 따른 중소기업을 말한다)에 대하여 운용하도록 명할 수 있다.
② 제1항에 따른 일정 비율은 100분의 50을 넘을 수 없다.

제3절 할부금융업
(2009.2.6 본절개정)

제38조【적용 범위】 이 절은 할부금융업자가 하는 할부금융업에 적용한다.(2016.3.29 본조개정)
제39조【거래조건의 주지 의무】 ① 할부금융업자는 할부금융계약을 체결한 재화와 용역의 매수인(이하 "할부금융이용자"라 한다)에게 다음 각 호의 사항을 제공하여야 한다.(2023.3.21 본문개정)
1. 할부금융업자가 정하는 이자율, 연체이자율 및 각종 요율. 이 경우 각종 요율은 취급수수료 등 그 명칭이 무엇이든 할부금융이용자가 할부금융업자에게 지급하는 금액이 포함되도록 산정하여야 한다.
2. 할부금융에 의한 대출액(이하 "할부금융자금"이라 한다)의 변제방법
3. 그 밖에 총리령으로 정하는 사항
② 할부금융업자는 제1항에 따른 사항을 다음 각 호 중 어느 하나의 방법으로 제공한다. 이 경우 할부금융이용자가 다음 각 호 중 어느 하나의 방법을 요청하는 때에는 그 방법으로 제공하여야 한다.
1. 서면
2. 팩스
3. 전자문서
(2023.3.21 본항신설)
제40조【할부금융업자의 준수사항】 ① 할부금융업자는 할부금융이용자에게 할부금융의 대상이 되는 재화 및 용역의 구매액(그 구매에 필요한 부대비용을 포함한다) 이상으로 할부금융자금을 대출할 수 없다.
② 할부금융업자는 할부금융자금을 할부금융의 대상이 되는 재화 및 용역의 매도인에게 직접 지급하여야 한다.

제4절 신기술사업금융업

제41조【적용 범위】 ① 이 절은 신기술사업금융업자가 하는 다음 각 호의 업무에 적용한다.(2016.3.29 본문개정)
1. 신기술사업자에 대한 투자
2. 신기술사업자에 대한 융자
3. 신기술사업자에 대한 경영 및 기술의 지도
4. 신기술사업투자조합의 설립
5. 신기술사업투자조합 자금의 관리·운용
②~③ (2016.3.29 삭제)
(2009.2.6 본조개정)
제42조【자금의 차입】 신기술사업금융업자는 제47조제1항에도 불구하고 정부 또는 대통령령으로 정하는 기금(基金)으로부터 신기술사업자에 대한 투자(投資)·융자(融資)에 필요한 자금을 차입(借入)할 수 있다.(2009.2.6 본조개정)
제43조【세제상의 지원】 정부는 신기술사업금융업의 발전을 위하여 신기술사업금융업자, 신기술사업금융업자에게 투자한 자, 신기술사업투자조합 및 그 조합원에 대하여 「조세특례제한법」으로 정하는 바에 따라 세제(稅制)상의 지원을 할 수 있다.
(2009.2.6 본조개정)
제44조【신기술사업투자조합】 ① 신기술사업투자조합(이하 이 조에서 "조합"이라 한다)의 규약(規約)에는 다음 각 호의 내용이 포함되어야 한다.
1. 신기술사업금융업자가 그 조합의 자금을 관리·운용한다는 내용. 이 경우 신기술사업금융업자는 조합과의 계약에 따라 조합자금 운용업무의 전부 또는 일부를 신기술사업금융업자 외의 자에게 위탁할 수 있다.
2. 조합의 자금은 신기술사업자에게 투자한다는 내용
② 조합은 그 자금을 관리·운용함에 따라 생긴 투자수익(投資收益)의 100분의 20을 넘지 아니하는 범위에서 규약으로 정하는 바에 따라 조합의 업무를 집행하는 신기술사업금융업자에게 그 업무집행에 대한 대가로서 투자수익의 일부를 배분할 수 있다.
③ 조합은 그 자금을 관리·운용함에 따라 투자손실이 생긴 경우에는 규약으로 정하는 바에 따라 신기술사업금융업자 외의 자에게 유리하도록 손실의 분배비율을 정할 수 있다.
(2009.2.6 본조개정)
제44조의2【공모신기술투자조합에 관한 특례】 「자본시장과 금융투자업에 관한 법률」 제11조부터 제16조까지, 제30조부터 제32조까지, 제34조부터 제36조까지, 제40조부터 제43조까지, 제50조부터 제53조까지, 제56조, 제58조, 제61조부터 제65조까지, 제80조부터 제83조까지, 제85조제2호·제3호 및 제6호부터 제8호까지, 제86조부터 제88조까지, 제90조, 제92조부터 제95조까지, 제181조, 제183조, 제184조제1항·제2항·제5항부터 제7항까지, 제185조부터 제187조까지, 제218조부터 제223조까지, 제229조부터 제249조까지, 제249조의2부터 제249조의22까지, 제250조, 제251조까지, 제415조부터 제425조까지, 「금융소비자 보호에 관한 법률」 제11조, 제12조, 제14조, 제16조, 제22조제6항, 제24조부터 제28조까지, 제44조, 제45조, 제47조부터 제66조까지 및 「금융회사의 지배구조에 관한 법률」(제24조부터 제26조까지의 규정은 제외한다)은 공모신기술투자조합(「자본시장과 금융투자업에 관한 법률」 제9조제19항에 따른 사모집합투자기구에 해당하지 아니하는 신기술투자조합을 말한다) 및 신기술사업금융업자(공모신기술투자조합이 아닌 신기술투자조합만을 설립하여 그 자금을 관리·운용하는 신기술사업금융업자를 제외한다)에 대하여는 적용하지 아니한다.(2020.3.24 본조개정)

제45조【신기술사업금융업자의 준수사항】 신기술사업금융업자는 제41조제1항제2호에 따른 융자업무를 하는 경우에 총리령으로 정하는 융자한도를 넘겨서는 아니 된다.(2009.2.6 본조개정)

제4장 여신전문금융회사
(2009.2.6 본장개정)

제46조【업무】 ① 여신전문금융회사가 할 수 있는 업무는 다음 각 호의 업무로 제한한다.
1. 제3조에 따라 허가를 받거나 등록을 한 여신전문금융업(시설대여업의 등록을 한 경우에는 연불판매업무를 포함한다)
2. 기업이 물품과 용역을 제공함으로써 취득한 매출채권(어음을 포함한다)의 양수·관리·회수(回收)업무
3. 대출(어음할인을 포함한다. 이하 이 조에서 같다)업무
4. 제13조제1항제2호 및 제3호에 따른 신용카드업자의 부대업무(신용카드업의 허가를 받은 경우만 해당한다)
5. 그 밖에 제1호부터 제4호까지의 규정과 관련된 업무로서 대통령령으로 정하는 업무
6. 제1호부터 제4호까지의 규정에 따른 업무와 관련된 신용조사 및 그에 따르는 업무
6의2. 그 업무를 함께 하여도 금융이용자 보호 및 건전한 거래질서를 해할 우려가 없는 업무로서 대통령령으로 정하는 금융업무(2016.3.29 본호신설)
7. 여신전문금융업에 부수하는 업무로서 소유하고 있는 인력·자산 또는 설비를 활용하는 업무(2016.3.29 본호개정)

② 제1항제3호에 따른 대출업무, 그 밖에 이와 유사한 업무로서 대통령령으로 정하는 업무에 따라 발생하는 채권액은 총자산(대통령령으로 정하는 업무에 따라 발생하는 채권액은 제외한다)의 100분의 100의 범위에서 금융위원회가 정하는 비율을 초과해서는 아니 된다.(2016.3.29 본항개정)
③ 제2항에 따른 채권액을 산정할 때 포함되는 채권의 범위, 산정 방식 등에 대해서는 대통령령으로 정한다.(2016.3.29 본항신설)

제46조의2【부수업무의 신고】 ① 여신전문금융회사가 제46조제1항제7호에 따른 부수업무를 하려는 경우에는 그 부수업무를 하려는 날의 7일 전까지 이를 금융위원회에 신고하여야 한다. 다만, 다음 각 호의 어느 하나에 해당하는 경우에는 신고를 하지 아니하고 그 부수업무를 할 수 있다.
1. 금융이용자 보호 및 건전한 거래질서를 해할 우려가 없는 업무로서 금융위원회가 정하는 업무를 하는 경우
2. 제4항에 따라 공고된 다른 여신전문금융회사와 같은 부수업무(제2항에 따라 제한명령 또는 시정명령을 받은 부수업무는 제외한다)를 하려는 경우

② 금융위원회는 제46조제1항제7호에 따른 부수업무의 내용이 다음 각 호의 어느 하나에 해당하는 경우에는 그 부수업무를 하는 것을 제한하거나 시정할 것을 명할 수 있다.
1. 여신전문금융회사의 경영건전성을 저해하는 경우
2. 금융이용자 보호에 지장을 초래하는 경우
3. 금융시장의 안정성을 저해하는 경우
4. 그 밖에 금융이용자 보호 및 건전한 거래질서 유지를 위하여 필요한 경우로서 대통령령으로 정하는 경우

③ 제2항에 따른 제한명령 또는 시정명령은 그 내용 및 사유가 구체적으로 적힌 문서로 하여야 한다.
④ 금융위원회는 제1항에 따라 신고받은 부수업무 및 제2항에 따라 제한명령 또는 시정명령을 한 부수업무를 대통령령으로 정하는 방법 및 절차에 따라 인터넷 홈페이지 등에 공고하여야 한다.
(2016.3.29 본조신설)

제46조의3【겸영업무·부수업무의 회계처리】 신용카드업자가 제46조제1항제6호의2 또는 제7호에 따라 다른 금융업무 또는 부수업무를 하는 경우에는 대통령령으로 정하는 바에 따라 그 업무를 신용카드업과 구분하여 회계처리하여야 한다.
(2016.3.29 본조신설)

제47조【자금조달방법】 ① 여신전문금융회사는 다음 각 호에서 정한 방법으로만 자금을 조달할 수 있다.
1. 다른 법률에 따라 설립되거나, 금융위원회의 인가 또는 허가를 받거나, 금융위원회에 등록한 금융기관으로부터의 차입
2. 사채(社債)나 어음의 발행
3. 보유하고 있는 유가증권의 매출
4. 보유하고 있는 대출채권(貸出債權)의 양도
5. 그 밖에 대통령령으로 정하는 방법

② 제1항제2호에 따른 사채나 어음의 발행 및 같은 항 제3호에 따른 유가증권의 매출에 대하여는 대통령령으로 정하는 바에 따라 그 방법이나 대상을 제한할 수 있다.

제48조【외형확대 위주의 경영제한】 ① 여신전문금융회사는 총자산이 자기자본의 10배의 범위에서 금융위원회가 정하는 배수(이하 "자기자본 대비 총자산 한도"라 한다)에 해당하는 금액을 초과하여서는 아니 된다.
② 금융위원회는 자기자본 대비 총자산 한도를 정함에 있어 여신전문금융업별 자산의 성격 및 건전성 등을 감안하여 신용카드업을 영위하는 여신전문금융회사와 신용카드업을 영위하지 아니하는 여신전문금융회사에 적용되는 한도를 달리 정할 수 있다.
③ 제1항 및 제2항에서 정한 것 외에 자기자본 대비 총자산 한도의 시행에 관하여 필요한 사항은 대통령령으로 정한다.
(2012.3.21 본항신설)
④ (2012.3.21 삭제)
(2012.3.21 본조개정)

제49조【부동산의 취득제한】 ① 여신전문금융회사가 취득할 수 있는 업무용 부동산은 다음 각 호의 어느 하나에 해당하는 것으로 제한한다.
1. 본점(本店)·지점(支店), 그 밖의 사무소
2. 임직원용 사택(社宅), 합숙소 및 직원 연수원
3. 그 밖에 업무에 직접 필요한 부동산으로서 총리령으로 정하는 것

② 금융위원회는 여신전문금융회사가 너무 많은 부동산을 보유하는 것을 제한할 필요가 있다고 인정하면 여신전문금융회사가 제1항에 따라 취득할 수 있는 업무용 부동산의 총액을 자기자본의 100분의 100 이상 일정 비율 이내로 제한할 수 있다.
③ 제2항에 따른 업무용 부동산의 총액은 장부가액(帳簿價額)을 기준으로 산출(算出)한다.
④ 여신전문금융회사는 다음 각 호의 어느 하나에 해당하는 경우에만 업무용 부동산 외의 부동산을 취득할 수 있다.
1. 해당 부동산이 시설대여나 연불판매의 목적물인 경우
2. 담보권(擔保權)을 실행하여 부동산을 취득하는 경우

제49조의2【대주주에 대한 신용공여한도 등】 ① 여신전문금융회사가 그의 대주주(대통령령으로 정하는 대주주의 특수관계인을 포함한다. 이하 이 조에서 같다)에게 제공할 수 있는 신용공여의 합계액은 그 여신전문금융회사의 자기자본의 100분의 50을 넘을 수 없으며, 대주주는 그 여신전문금융회사로부터 그 한도를 넘겨 신용공여를 받아서는 아니 된다.
② 여신전문금융회사는 그의 대주주에게 제1항의 범위에서 대통령령으로 정하는 금액 이상의 신용공여(대통령령으로 정하는 거래를 포함한다. 이하 이 조에서 같다)를 하려는 경우에는 미리 이사회의 결의를 거쳐야 한다. 이 경우 이사회는 재적이사 전원의 찬성으로 의결한다.
③ 여신전문금융회사는 그의 대주주에게 제2항에 따라 대통령령으로 정하는 금액 이상의 신용공여를 한 경우에는 그 사실을 금융위원회에 지체 없이 보고하고, 인터넷 홈페이지 등을 이용하여 공시하여야 한다.
④ 여신전문금융회사는 제3항에 따른 보고사항 중 대통령령으로 정하는 사항을 종합하여 분기별로 금융위원회에 보고하고, 인터넷 홈페이지 등을 이용하여 공시하여야 한다.
⑤ 여신전문금융회사는 추가적인 신용공여를 하지 아니하였음에도 불구하고 자기자본의 변동, 대주주의 변경 등으로 제1항에 따른 한도를 넘게 되는 경우에는 대통령령으로 정하는 기간 내에 제1항에 따른 한도에 적합하도록 하여야 한다.
⑥ 제5항에도 불구하고 여신전문금융회사는 신용공여의 기한 및 규모 등에 따른 부득이한 사유가 있으면 금융위원회의 승인을 받아 그 기간을 연장할 수 있다.

⑦ 제6항에 따른 승인을 받으려는 여신전문금융회사는 제5항에 따른 기간이 만료되기 3개월 전까지 제1항에 따른 한도에 적합하도록 하기 위한 세부계획서를 금융위원회에 제출하여야 하고, 금융위원회는 세부계획서를 제출받은 날부터 1개월 내에 승인 여부를 결정·통보하여야 한다.
⑧ 여신전문금융회사는 그의 대주주의 다른 회사에 대한 출자를 지원하기 위한 목적으로 신용공여를 하여서는 아니 된다.
(2016.3.29 본조신설)

제50조【대주주가 발행한 주식의 소유한도 등】 ① 여신전문금융회사는 자기자본의 100분의 150의 범위에서 대통령령으로 정하는 비율에 해당하는 금액을 초과하여 그 여신전문금융회사의 대주주(대통령령으로 정하는 대주주의 특수관계인을 포함한다. 이하 이 조에서 같다)가 발행한 주식을 소유하여서는 아니 된다.(2016.3.29 본항개정)
② 여신전문금융회사는 그의 대주주가 발행한 주식을 제1항의 범위에서 대통령령으로 정하는 금액 이상으로 취득하려는 경우에는 미리 이사회의 결의를 거쳐야 한다. 이 경우 이사회는 재적이사 전원의 찬성으로 의결한다.(2016.3.29 전단개정)
③ 여신전문금융회사는 제2항에 따라 그의 대주주가 발행한 주식을 대통령령으로 정하는 금액 이상으로 취득한 경우에는 그 사실을 금융위원회에 지체 없이 보고하고, 인터넷 홈페이지 등을 이용하여 공시하여야 한다.(2016.3.29 본항개정)
④ 여신전문금융회사는 제3항에 따른 보고사항 중 대통령령으로 정하는 사항을 종합하여 분기별로 금융위원회에 보고하고, 인터넷 홈페이지 등을 이용하여 공시하여야 한다.
⑤ 여신전문금융회사의 대주주가 아닌 자가 새로 대주주가 됨에 따라 여신전문금융회사가 제1항에 따른 한도를 초과하게 되는 경우 그 여신전문금융회사는 대통령령으로 정하는 기간 내에 그 한도를 초과한 주식을 처분하여야 한다.(2016.3.29 본항개정)
⑥ 제5항에도 불구하고 여신전문금융회사는 소유한 대주주 주식의 규모 등에 따른 부득이한 사유가 있으면 금융위원회의 승인을 받아 그 기간을 연장할 수 있다.(2016.3.29 본항개정)
⑦ 제6항에 따른 승인을 받으려는 여신전문금융회사는 제5항에 따른 기간이 만료되기 3개월 전까지 제1항에 따른 한도에 적합하도록 하기 위한 세부계획서를 금융위원회에 제출하여야 하고, 금융위원회는 세부계획서를 제출받은 날부터 1개월 내에 승인 여부를 결정·통보하여야 한다.
(2016.3.29 본조제목개정)

제50조의2【자금지원 관련 금지행위 등】 ① 여신전문금융회사는 다른 금융기관(「금융산업의 구조개선에 관한 법률」 제2조제1호에 따른 금융기관을 말한다. 이하 이 조에서 같다) 또는 다른 회사와 다음 각 호의 행위를 하여서는 아니 된다.
1. 제49조의2제1항에 따른 신용공여한도의 제한을 피하기 위하여 의결권(議決權) 있는 주식을 서로 교차(交叉)하여 보유하거나 신용공여를 하는 행위(2016.3.29 본호개정)
2. 「상법」 제341조 또는 「자본시장과 금융투자업에 관한 법률」 제165조의3에 따른 자기주식(自己株式) 취득의 제한을 피하기 위하여 주식을 서로 교차하여 취득하는 행위(2013.4.5 본호개정)
3. 그 밖에 거래자의 이익을 크게 해칠 우려가 있는 행위로서 대통령령으로 정하는 행위
② 제1항을 위반하여 취득한 주식에 대하여는 의결권을 행사할 수 없다.
③ 여신전문금융회사는 해당 여신전문금융회사의 주식을 매입하도록 하기 위한 여신이나 제49조의2제1항에 따른 신용공여한도의 제한을 피하기 위한 자금중개 등의 행위를 하여서는 아니 된다.(2016.3.29 본항개정)
④ 금융위원회는 제1항이나 제3항을 위반하여 주식을 취득하거나 신용공여를 한 여신전문금융회사에 대하여 그 주식의 처분 또는 신용공여액의 회수를 명하는 등 필요한 조치를 할 수 있다.(2016.3.29 본항개정)
⑤ 여신전문금융회사의 대주주(그의 특수관계인을 포함한다. 이하 이 항에서 같다)는 회사의 이익에 반하여 대주주 자신의 이익을 목적으로 다음 각 호의 어느 하나에 해당하는 행위를 하여서는 아니 된다.
1. 부당한 영향력을 행사하기 위하여 여신전문금융회사에 대하여 외부에 공개되지 아니한 자료나 정보의 제공을 요구하는 행위. 다만, 「금융회사의 지배구조에 관한 법률」 제33조제6항에 따라 주주의 권리를 행사하는 경우는 제외한다.(2015.7.31 단서개정)
2. 경제적 이익 등 반대급부의 제공을 조건으로 다른 주주와 담합하여 여신전문금융회사의 인사 또는 경영에 부당한 영향력을 행사하는 행위
3. 그 밖에 제1호 및 제2호에 준하는 행위로서 대통령령으로 정하는 행위

제50조의3【수뢰 등의 금지】 ① 여신전문금융회사의 임직원은 직무와 관련하여 횡령, 배임, 직접 또는 간접을 불문하고 증여, 그 밖에 뇌물의 수수, 요구 또는 약속을 하여서는 아니된다.
② 제1항은 다음 각 호의 업무와 관련하여 제62조제1항에 따른 여신전문금융업협회의 임직원에 대하여 준용한다.
1. 제64조제11호에 따른 기부금관리재단의 관리 및 운영 등에 관한 업무
2. 「보조금 관리에 관한 법률」 제2조제3호의 보조사업자로서 수행하는 업무
(2025.1.21 본조신설)

제50조의4~제50조의7 (2015.7.31 삭제)

제50조의8【여신전문금융회사 등에 대한 자료제출의 요구 등】 ① 금융위원회는 여신전문금융회사 또는 그의 대주주가 제49조의2제1항부터 제5항까지, 제50조제1항부터 제5항까지 및 제50조의2제1항부터 제3항까지와 제5항을 위반한 혐의가 있다고 인정되면 여신전문금융회사 또는 그의 대주주에게 필요한 자료의 제출을 요구할 수 있다.(2016.3.29 본항개정)
② 금융위원회는 여신전문금융회사의 대주주(회사만 해당한다)의 부채가 자산을 넘는 등 재무구조의 부실로 그 여신전문금융회사의 경영 건전성을 뚜렷이 해칠 우려가 있는 경우로서 대통령령으로 정하는 경우에는 그 여신전문금융회사에 대하여 다음 각 호의 조치를 할 수 있다.
1. 그 대주주에 대한 신규 신용공여의 금지
2. 그 대주주가 발행한 유가증권의 신규 취득 금지
3. 그 밖에 그 대주주에 대한 자금지원 성격의 거래제한 등 대통령령으로 정하는 조치

제50조의9 (2020.3.24 삭제)

제50조의10【광고의 자율심의】 ① 여신전문금융회사와 겸영여신업자(이하 "여신전문금융회사등"이라 한다)가 제13조제1항제1호, 제46조제1항제1호·제3호, 그 밖에 대통령령으로 정하는 업무와 관련하여 취급하는 금융상품 중 대통령령으로 정하는 금융상품에 관하여 광고를 하려는 경우에는 광고계획신고서와 광고안을 협회에 제출하여 심의를 받아야 한다.
(2020.3.24 본항개정)
② 협회는 제1항에 따른 심의 결과 광고의 내용이 사실과 다르거나 「금융소비자 보호에 관한 법률」 제22조를 위반하여 광고하려는 경우에는 해당 여신전문금융회사등에 대하여 광고의 시정이나 사용중단을 요구할 수 있다. 이 경우 해당 여신전문금융회사등은 정당한 사유가 없으면 협회의 요구에 성실히 응하여야 한다.(2020.3.24 전단개정)
③ 협회는 매분기별 광고 심의 결과를 해당 분기의 말일부터 1개월 이내에 금융위원회에 보고하여야 한다.
(2016.3.29 본조신설)

제50조의11 (2020.3.24 삭제)

제50조의12【고객응대직원에 대한 보호 조치 의무】 ① 여신전문금융회사는 고객을 직접 응대하는 직원을 고객의 폭언이나 성희롱, 폭행 등으로부터 보호하기 위하여 다음 각 호의 조치를 하여야 한다.
1. 직원이 요청하는 경우 해당 고객으로부터의 분리 및 업무담당자 교체
2. 직원에 대한 치료 및 상담 지원
3. 고객을 직접 응대하는 직원을 위한 상시적 고충처리 기구 마련. 다만, 「근로자참여 및 협력증진에 관한 법률」 제26조에 따라 고충처리위원을 두는 경우에는 고객을 직접 응대하는 직원을 위한 고충처리위원의 선임 또는 위촉

4. 그 밖에 직원의 보호를 위하여 필요한 법적 조치 등 대통령령으로 정하는 조치
② 직원은 여신전문금융회사에 대하여 제1항 각 호의 조치를 요구할 수 있다.
③ 여신전문금융회사는 제2항에 따른 직원의 요구를 이유로 직원에게 불이익을 주어서는 아니 된다.
(2016.3.29 본조신설)

제50조의13【금리인하 요구】 ① 여신전문금융회사와 신용공여 계약을 체결한 자는 재산 증가나 신용등급 또는 개인신용평점 상승 등 신용상태 개선이 나타났다고 인정되는 경우 여신전문금융회사에 금리인하를 요구할 수 있다.(2020.2.4 본항개정)
② 여신전문금융회사는 신용공여 계약을 체결하려는 자에게 제1항에 따라 금리인하를 요구할 수 있음을 알려야 한다.
③ 그 밖에 금리인하 요구의 요건 및 절차에 관한 구체적 사항은 대통령령으로 정한다.
(2018.12.11 본조신설)

제51조【유사상호의 사용금지】 이 법에 따른 여신전문금융회사가 아닌 자는 그 상호에 여신·신용카드·시설대여·리스·할부금융 또는 신기술금융과 같거나 비슷한 표시를 하여서는 아니 된다.

제52조【다른 법률과의 관계】 ① 여신전문금융회사와 제3조제3항제2호에 따른 겸영여신업자에 대하여는 「한국은행법」 및 「은행법」을 적용하지 아니한다.
② 여신전문금융회사에 대하여 「금융산업의 구조개선에 관한 법률」을 적용하는 경우에는 같은 법 제3조부터 제10조까지, 제11조제1항·제4항 및 제5항, 제13조의2, 제14조, 제14조의2부터 제14조의4까지, 제14조의7, 제15조부터 제19조까지, 제24조, 제24조의2, 제24조의3 및 제26조부터 제28조까지의 규정만 적용한다. 다만, 신기술사업금융업자가 신기술사업자에게 투자하는 경우에는 같은 법 제24조를 적용하지 아니한다.

제5장 감 독

(2009.2.6 본장개정)

제53조【감독】 ① 금융위원회는 여신전문금융회사등과 부가통신업자가 이 법 또는 이 법에 따른 명령을 지키는지를 감독한다.(2015.1.20 본항개정)
② 금융위원회는 제1항에 따른 감독을 위하여 필요한 경우에는 여신전문금융회사등과 부가통신업자에 대하여 그 업무 및 재무상태에 관한 보고를 하게 할 수 있다.(2015.1.20 본항개정)
③ (2001.3.28 삭제)
④ 금융위원회는 여신전문금융회사등과 부가통신업자(각각 그 소속 임직원을 포함한다)가 별표 각 호의 어느 하나에 해당하는 경우에는 금융감독원장의 건의에 따라 다음 각 호의 어느 하나에 해당하는 조치를 하거나 금융감독원장으로 하여금 제1호에 해당하는 조치를 하게 할 수 있다.(2025.1.21 본문개정)
1. 여신전문금융회사등과 부가통신업자에 대한 주의·경고 또는 그 임직원에 대한 주의·경고·문책(問責)의 요구(2015.1.20 본호개정)
2. 해당 위반행위에 대한 시정명령
3. 임원(「금융회사의 지배구조에 관한 법률」 제2조제5호에 따른 업무집행책임자는 제외한다. 이하 이 조에서 같다)의 해임권고·직무정지(2017.4.18 본호개정)
⑤ 금융위원회(제4항에 따라 조치를 할 수 있는 금융감독원장을 포함한다)는 여신전문금융회사등과 부가통신업자의 퇴임한 임원 또는 퇴직한 직원(「금융회사의 지배구조에 관한 법률」 제2조제5호에 따른 업무집행책임자를 포함한다)이 재임 또는 재직 중이었더라면 제4항제1호 또는 제3호에 해당하는 조치를 받았을 것으로 인정되는 경우에는 그 조치의 내용을 해당 여신전문금융회사등과 부가통신업자의 장에게 통보할 수 있다.
(2017.4.18 본항개정)
⑥ 제5항에 따른 통보를 받은 여신전문금융회사등과 부가통신업자의 장은 이를 퇴임·퇴직한 해당 임직원에게 통보하고, 그 내용을 인사기록부에 기록·유지하여야 한다.(2017.4.18 본항개정)

제53조의2【검사】 ① 금융감독원장은 그 소속직원으로 하여금 여신전문금융회사등과 부가통신사업자의 업무와 재산상황을 검사하게 할 수 있다.(2015.1.20 본항개정)
② 제1항에 따라 검사를 하는 자는 그 권한을 표시하는 증표를 지니고 이를 관계자에게 내보여야 한다.
③ 금융감독원장은 여신전문금융회사등과 부가통신업자(여신전문금융회사등이나 부가통신업자와 계약을 체결하여 여신전문금융업이나 신용카드등부가통신업의 전부 또는 일부를 위탁받은 자를 포함한다)에 대하여 검사에 필요한 장부·기록문서와 그 밖의 자료의 제출 또는 관계인의 출석 및 의견의 진술을 요구할 수 있다.(2015.1.20 본항개정)
④ 금융감독원장은 「주식회사 등의 외부감사에 관한 법률」에 따라 여신전문금융회사등이 선임한 외부 감사인에게 그 여신전문금융회사등을 감사한 결과 알게 된 경영의 건전성과 관련되는 정보 및 자료의 제출을 요구할 수 있다.(2017.10.31 본항개정)

제53조의3【건전경영의 지도】 ① 금융위원회는 여신전문금융회사의 건전한 경영을 지도하고 금융사고를 예방하기 위하여 대통령령으로 정하는 바에 따라 다음 각 호의 어느 하나에 해당하는 경영지도의 기준을 정할 수 있다.
1. 자본의 적정성에 관한 사항
2. 자산의 건전성에 관한 사항
3. 유동성(流動性)에 관한 사항
4. 그 밖에 경영의 건전성 확보를 위하여 필요한 사항
② 금융위원회는 여신전문금융회사가 제1항에 따른 경영지도의 기준에 미치지 못하는 등 경영의 건전성을 크게 해칠 우려가 있다고 인정되면 자본금의 증액(增額), 이익배당의 제한 등 경영을 개선하기 위하여 필요한 조치를 요구할 수 있다.

제54조【업무보고서 등의 제출】 ① 여신전문금융회사등과 부가통신업자는 금융위원회가 정하는 바에 따라 업무 및 경영실적에 관한 보고서를 작성하여 금융위원회에 제출하여야 한다.
(2015.1.20 본항개정)
② 여신전문금융회사와 부가통신업자는 다음 각 호의 어느 하나에 해당하는 경우에는 대통령령으로 정하는 바에 따라 그 사실을 금융위원회에 보고하여야 한다.(2015.1.20 본문개정)
1. 상호 또는 명칭을 변경한 경우
2. (2015.7.31 삭제)
3. 최대주주가 변경된 경우
4. 대주주 또는 그의 특수관계인의 소유주식이 의결권 있는 발행주식 총수의 100분의 1 이상 변동된 경우(부가통신업자는 제외한다)(2015.1.20 본호개정)

제54조의2【경영의 공시】 ① 금융위원회는 여신전문금융회사에 대하여 경영상황에 관한 주요 정보와 자료를 공시(公示)하게 할 수 있다.
② 제1항에 따른 공시의 종류·범위 및 방법에 관하여 필요한 사항은 금융위원회가 정한다.

제54조의3【약관의 개정 등】 ① 여신전문금융회사등은 금융이용자의 권익을 보호하여야 하며, 금융거래와 관련된 약관(이하 "금융약관"이라 한다)을 제정하거나 개정하는 경우에는 금융약관의 제정 또는 개정 후 10일 이내에 금융위원회에 보고하여야 한다. 다만, 금융이용자의 권리나 의무에 중대한 영향을 미칠 우려가 있는 경우로서 대통령령으로 정하는 경우에는 금융약관의 제정 또는 개정 전에 미리 금융위원회에 신고하여야 한다.(2018.12.31 본항개정)
② 여신전문금융회사등은 금융약관을 제정하거나 개정한 경우에는 인터넷 홈페이지 등을 이용하여 공시하여야 한다.
(2010.3.12 본항개정)
③ 여신전문금융업협회는 건전한 거래질서를 확립하고 불공정한 내용의 금융약관이 통용되는 것을 막기 위하여 여신전문금융업 금융거래와 관련하여 표준이 되는 약관(이하 "표준약관"이라 한다)을 제정하거나 개정할 수 있다.(2016.3.29 본항개정)
④ 여신전문금융업협회는 표준약관을 제정하거나 개정하려는 경우에는 금융위원회에 미리 신고하여야 한다.
⑤ 제1항에 따라 금융약관의 신고 또는 보고를 받거나 제4항에 따라 표준약관을 신고받은 금융위원회는 그 금융약관 또는 표준약관의 내용을 공정거래위원회에 통보하여야 한다.

⑥ 공정거래위원회는 제5항에 따라 통보받은 금융약관 또는 표준약관의 내용이 「약관의 규제에 관한 법률」 제6조부터 제14조까지의 규정에 위반된다고 인정하면 금융위원회에 그 사실을 통보하고 그 시정에 필요한 조치를 하도록 요청할 수 있으며, 금융위원회는 특별한 사유가 없으면 이에 따라야 한다.
⑦ 금융위원회는 금융약관 또는 표준약관이 이 법 또는 금융 관련 법령에 위반되거나 그 밖에 금융이용자의 이익을 해칠 우려가 있다고 인정하면 여신전문금융회사등 또는 여신전문금융업협회에 그 내용을 구체적으로 적은 서면으로 금융약관 또는 표준약관을 변경할 것을 명령할 수 있다. 금융위원회는 이 변경명령을 하기 전에 공정거래위원회와 협의하여야 한다.
(2010.3.12 전단개정)
⑧ 제1항부터 제4항까지의 규정에 따른 금융약관 및 표준약관의 제정 또는 개정에 대한 신고 및 보고의 시기·절차, 그 밖에 필요한 사항은 금융위원회가 정한다.(2016.3.29 본항신설)
(2009.2.6 본조신설)

제54조의4【안전성확보의무】 ① 여신전문금융회사등과 부가통신업자는 금융거래가 안전하게 처리될 수 있도록 선량한 관리자로서의 주의를 다하여야 한다.
② 여신전문금융회사등과 부가통신업자는 금융거래의 안전성과 신뢰성을 확보할 수 있도록 전자적 전송이나 처리를 위한 인력, 시설, 전자적 장치, 소요경비 등의 정보기술부문 및 전자금융업무에 관하여 금융위원회가 정하는 기준을 준수하여야 한다.
③ 여신전문금융회사등과 부가통신업자는 안전한 금융거래를 위하여 대통령령으로 정하는 바에 따라 정보기술부문에 대한 계획을 매년 수립하여 대표자의 확인·서명을 받아 금융위원회에 제출하여야 한다.
(2015.1.20 본조신설)

제54조의5【신용정보보호】 ① 여신전문금융회사등과 부가통신업자는 신용정보가 분실·도난·유출·변조되지 아니하도록 신용정보의 보호 및 관리에 관한 조치를 하여야 한다.
② 여신전문금융회사등과 부가통신업자는 신용정보를 제3자에 제공하거나 이용하는 경우 신용정보 주체로부터 별도의 동의를 받아야 한다.
③ 여신전문금융회사등과 부가통신업자는 이 법에서 정한 업무 외의 목적을 위하여 신용정보를 수집 또는 사용하여서는 아니 된다.
④ 그 밖에 제1항부터 제3항에 관한 방법과 절차 등 세부사항은 대통령령으로 정한다.
(2015.1.20 본조신설)

제55조【회계처리】 여신전문금융회사등은 자금운용과 업무성과를 분석할 수 있도록 허가를 받거나 등록을 한 여신전문금융업을 업종별로 다른 업무와 구분하여 회계처리를 하여야 한다.

제56조【감사인의 지정】 금융위원회는 여신전문금융회사가 이 법등을 위반한 사실이 있는 등 대통령령으로 정하는 사유에 해당하면 증권선물위원회의 심의를 거쳐 그 여신전문금융회사의 감사인을 지정할 수 있다.(2020.3.24 본조개정)

제57조【허가·등록의 취소 등】 ① 금융위원회는 여신전문금융회사등과 부가통신업자가 다음 각 호의 어느 하나에 해당하는 경우에는 6개월의 범위에서 기간을 정하여 제46조제1항제1호부터 제4호까지의 규정에 따른 업무(신용카드업자의 경우 제13조제1항제1호에 따른 부대업무를 포함한다) 또는 같은 항 제5호에 따른 업무 중 대통령령으로 정하는 업무와 신용카드등부가통신업의 전부 또는 일부의 정지를 명할 수 있다.
(2016.3.29 본문개정)
1. 제13조제1항에 따른 기준을 위반하여 같은 항 각 호에 따른 부대업무를 한 경우
2. 제14조, 제14조의2, 제16조, 제17조, 제18조, 제21조, 제23조제1항, 제24조의2, 제25조제4항, 제46조(이 항 각 호 외의 부분에서 정하는 업무에 관한 규정으로 한정한다), 제54조의4 제2항·제3항 또는 제54조의5를 위반한 경우(2016.3.29 본호개정)
3. 제18조의4, 제23조제2항, 제24조·제25조제1항, 제53조제4항, 제53조의3제2항에 따른 금융위원회의 명령이나 조치를 위반한 경우(2012.3.21 본호개정)
4. 「금융회사의 지배구조에 관한 법률」 별표 각 호의 어느 하나에 해당하는 경우(2015.7.31 본호신설)
5. 「금융소비자 보호에 관한 법률」 제51조제1항제4호 또는 제5호에 해당하는 경우(2020.3.24 본호신설)
6. 「금융소비자 보호에 관한 법률」 제51조제2항 각 호 외의 부분 본문 중 대통령령으로 정하는 경우(2020.3.24 본호신설)
② 금융위원회는 신용카드업자가 다음 각 호의 어느 하나에 해당하는 경우에는 그 허가 또는 등록을 취소할 수 있다.
1. 거짓이나 그 밖의 부정한 방법으로 제3조제1항에 따른 허가를 받거나 등록을 한 경우
2. 제6조제1항제2호부터 제4호까지의 어느 하나에 해당하는 자인 경우(여신전문금융회사인 경우만 해당한다)
3. 제1항에 따른 업무의 정지명령을 위반한 경우
3의2. 제6조의2에 따른 허가요건 유지의무를 위반한 경우 (2010.3.12 본호신설)
4. 정당한 사유 없이 1년 이상 계속하여 영업을 하지 아니한 경우
5. 법인의 합병·파산·폐업 등으로 사실상 영업을 끝낸 경우
6. 「금융소비자 보호에 관한 법률」 제51조제1항제4호 또는 제5호에 해당하는 경우(2020.3.24 본호신설)
③ 금융위원회는 시설대여업자, 할부금융업자 또는 신기술사업금융업자가 다음 각 호의 어느 하나에 해당하는 경우에는 그 등록을 취소할 수 있다.
1. 거짓이나 그 밖의 부정한 방법으로 제3조제2항에 따른 등록을 한 경우
2. 제6조제1항제2호부터 제4호까지의 어느 하나에 해당하는 자인 경우(여신전문금융회사인 경우만 해당한다)
3. 제53조제4항 또는 제53조의3제2항에 따른 금융위원회의 명령이나 조치를 위반한 경우
4. 등록을 한 날부터 1년 이내에 등록한 업에 관하여 영업을 시작하지 아니하거나 영업을 시작한 후 정당한 사유 없이 1년 이상 계속하여 영업을 하지 아니한 경우(2016.3.29 본호개정)
5. 법인의 합병·파산·폐업 등으로 사실상 영업을 끝낸 경우
6. 「금융소비자 보호에 관한 법률」 제51조제1항제3호부터 제5호까지의 어느 하나에 해당하는 경우(2020.3.24 본호신설)

제58조【과징금】 ① 금융위원회는 여신전문금융회사가 제46조(제57조제1항 각 호 외의 부분에서 정하는 업무에 관한 규정으로 한정한다)를 위반한 경우에는 대통령령으로 정하는 바에 따라 3억원 이하의 과징금을 부과할 수 있다.(2017.4.18 본항개정)
② 금융위원회는 신용카드업자가 제57조제1항 각 호의 어느 하나에 해당하는 경우에는 대통령령으로 정하는 바에 따라 업무정지처분 대신에 1억원 이하의 과징금을 부과할 수 있다.
③ 금융위원회는 다음 각 호의 어느 하나에 해당하는 경우에는 대통령령으로 정하는 바에 따라 2억원 이하의 과징금을 부과할 수 있다.(2017.4.18 본문개정)
1. 시설대여업자가 제37조에 따른 금융위원회의 명령을 위반한 경우
2. 할부금융업자가 제39조나 제40조를 위반한 경우
3. 신기술사업금융업자가 제45조를 위반한 경우
4. 여신전문금융회사등(신용카드업은 제외한다)이나 부가통신업자가 제16조의3, 제27조의4, 제54조의4 또는 제54조의5를 위반한 경우(2015.1.20 본호신설)
④ 금융위원회는 여신전문금융회사가 제47조, 제48조, 제49조제1항·제4항, 제49조의2제1항·제8항 또는 제50조제1항을 위반하거나 제49조제2항에 따른 금융위원회의 명령을 위반한 경우에는 다음 각 호의 구분에 따른 범위에서 과징금을 부과할 수 있다.
1. 제47조를 위반하여 자금을 조달한 경우 : 조달한 자금의 100분의 30 이하
2. 제48조를 위반하여 자기자본 대비 총자산 한도를 초과한 경우 : 초과액의 100분의 30 이하
3. 제49조제1항·제4항을 위반하여 부동산을 취득한 경우 : 취득한 부동산 취득가액의 100분의 30 이하
4. 제49조제2항에 따른 금융위원회의 명령을 위반한 경우 : 초과 취득한 부동산 취득가액의 100분의 30 이하
(2017.4.18 1호~4호신설)

5. 제49조의2제1항에 따른 신용공여한도를 초과하여 신용공여를 한 경우 : 초과한 신용공여액 이하
6. 제49조의2제8항을 위반하여 신용공여를 한 경우 : 신용공여액 이하
7. 제50조제1항에 따른 주식의 소유한도를 초과하여 대주주가 발행한 주식을 소유한 경우 : 초과 소유한 주식 장부가액 합계액 이하
(2017.4.18 본항개정)
⑤ 제1항부터 제4항까지의 규정에 따른 과징금을 부과하는 위반행위의 종류와 위반 정도 등에 따른 과징금의 금액과 그 밖에 필요한 사항은 대통령령으로 정한다.
⑥ 금융위원회는 제1항부터 제4항까지의 규정에 따른 과징금을 부과받은 자가 그 기한까지 납부하지 아니하면 국세 체납처분의 예에 따라 이를 징수한다.
⑦ 금융위원회는 대통령령으로 정하는 바에 따라 과징금의 징수 및 체납처분에 관한 업무를 국세청장에게 위탁할 수 있다.
⑧ 금융위원회는 과징금을 부과하기 전에 미리 당사자 또는 이해관계인 등에게 의견을 제출할 기회를 주어야 한다.
(2018.12.11 본항신설)
⑨ 제8항에 따른 당사자 또는 이해관계인 등은 금융위원회의 회의에 출석하여 의견을 진술하거나 필요한 자료를 제출할 수 있다.(2018.12.11 본항신설)

제58조의2【이의신청】 ① 제58조에 따른 과징금 부과처분에 대하여 불복하는 자는 그 처분의 고지를 받은 날부터 30일 이내에 그 사유를 갖추어 금융위원회에 이의를 신청할 수 있다.
② 금융위원회는 제1항에 따른 이의신청에 대하여 60일 이내에 결정을 하여야 한다. 다만, 부득이한 사정으로 그 기간 이내에 결정을 할 수 없을 경우에는 30일의 범위에서 그 기간을 연장할 수 있다.
③ 금융위원회는 제2항 단서에 따라 결정기간을 연장하는 경우에는 지체 없이 제1항에 따라 이의를 신청한 자에게 결정기간이 연장되었음을 통보하여야 한다.
(2010.3.12 본조신설)

제58조의3【과오납금의 환급】 금융위원회는 과징금 납부의무자가 이의신청의 재결 또는 법원의 판결 등의 사유로 과징금 과오납금의 환급을 청구하는 경우에는 지체 없이 환급하여야 하며, 과징금 납부의무자의 청구가 없어도 금융위원회가 확인한 과오납금은 환급하여야 한다.(2010.3.12 본조신설)

제58조의4【환급가산금】 금융위원회는 제58조의3에 따라 과징금을 환급하는 경우에는 과징금을 납부한 날부터 환급한 날까지의 기간에 대하여 대통령령으로 정하는 가산금 이율을 적용하여 환급가산금을 환급받을 자에게 지급하여야 한다.
(2010.3.12 본조신설)

제59조 (2001.3.28 삭제)

제60조【신용카드업의 허가 또는 등록 취소에 따른 조치】 신용카드업자는 제57조제2항에 따라 허가 또는 등록이 취소된 경우에도 그 처분 전에 행하여진 신용카드에 의한 거래대금의 결제를 위한 업무를 계속 할 수 있다.

제61조【청문】 금융위원회는 제57조제2항 또는 제3항에 따라 허가 또는 등록을 취소하려면 청문을 하여야 한다.

제6장 여신전문금융업협회
(2009.2.6 본장개정)

제62조【설립】 ① 여신전문금융회사등은 여신전문금융업의 건전한 발전을 도모하기 위하여 여신전문금융업협회(이하 "협회"라 한다)를 설립할 수 있다.
② 협회는 법인으로 한다.
③ 여신전문금융회사등이 협회를 설립하려면 창립총회에서 정관을 작성한 후 금융위원회의 허가를 받아야 한다.
④ 협회는 정관으로 정하는 바에 따라 회장·이사·감사, 그 밖의 임원을 둔다.
⑤ (1999.2.1 삭제)
⑥ 협회에 대하여 이 법에 특별한 규정이 없으면 「민법」 중 사단법인에 관한 규정을 준용한다.

제63조【가입】 협회는 여신전문금융회사등이 협회에 가입하려는 경우에 정당한 이유 없이 그 가입을 거부하거나 가입에 부당한 조건을 부과하여서는 아니 된다.

제64조【업무】 협회는 다음 각 호의 업무를 한다.
1. 이 법 또는 그 밖의 법령을 지키도록 하기 위한 회원에 대한 지도와 권고
2. 회원에 대한 건전한 영업질서의 유지 및 이용자 보호를 위한 업무방식의 개선권고
3. 회원의 재무상태에 대한 분석
4. 이용자 민원의 상담·처리
5. 회원 간의 신용정보의 교환
6. 신용카드가맹점에 대한 정보 관리
7. 여신전문금융업과 여신전문금융회사의 발전을 위한 조사·연구
8. 표준약관의 제정 및 개정
9. 영세한 중소신용카드가맹점을 대상으로 하는 신용카드 단말기 지원사업에 관한 업무(2016.3.29 본호신설)
10. 제27조의5에 따라 위탁받은 부가통신업자 지정 등에 관한 업무(2016.3.29 본호신설)
11. 제67조에 따라 설립된 기부금관리재단의 관리 및 운영 등에 관한 업무(2016.3.29 본호신설)
12. 그 밖에 협회의 목적을 달성하기 위하여 필요한 업무

제65조【정관】 협회의 정관에는 다음 각 호의 사항이 포함되어야 한다.
1. 목적, 명칭 및 사무소의 소재지
2. 회원의 자격
3. 임원의 선출에 관한 사항
4. 업무 범위
5. 회비의 분담과 예산 및 회계에 관한 사항
6. 회의에 관한 사항과 그 밖에 협회의 운영에 필요한 사항

제66조【협회에 대한 감독 및 검사】 협회와 그 소속 임직원에 관하여는 제53조 및 제53조의2를 준용한다. 이 경우 "여신전문금융회사등과 부가통신업자"는 "협회"로 본다.(2025.1.21 전단개정)

제67조【기부금관리재단의 설립 등】 ① 협회는 소멸시효가 완성된 선불카드의 사용잔액(이하 "선불카드 미사용잔액"이라 한다) 및 신용카드포인트 등 기부금을 통한 사회 공헌 사업의 효율적인 관리 및 운용 등을 위하여 기부금관리재단(이하 "재단"이라 한다)을 설립할 수 있다.
② 재단은 법인으로 한다.
③ 재단에 관하여 이 법에 특별한 규정이 없으면 「민법」 중 재단법인에 관한 규정을 준용한다.
(2016.3.29 본조신설)

제68조【선불카드 미사용잔액 등의 기부】 ① 신용카드업자는 선불카드 미사용잔액을 재단에 기부할 수 있다.
② 신용카드업자는 신용카드회원의 기부 요청이 있거나 신용카드포인트가 유효기한 내에 사용되지 아니한 경우 신용카드포인트의 재산상 이익에 상당하는 금액(신용카드업자의 부담으로 적립된 금액에 한정한다)을 재단에 기부할 수 있다.
③ 신용카드업자는 제1항 및 제2항에 따라 선불카드 미사용잔액 및 신용카드포인트(이하 "선불카드 미사용잔액등"이라 한다)를 기부하기로 결정한 경우에는 대통령령으로 정하는 금액 이상의 선불카드 미사용잔액등에 대하여 기부하기 1개월 전에 선불카드 미사용잔액등의 원권리자에게 기부에 관한 통지를 하고 동의를 얻어야 한다. 이 경우 통지 및 동의의 방법과 그 밖에 필요한 사항은 대통령령으로 정한다.
(2016.3.29 본조신설)

제68조의2【재단의 운영 재원】 재단은 다음 각 호의 재원으로 운영한다.
1. 제68조에 따라 기부받은 선불카드 미사용잔액등의 재산상 이익에 상당하는 금액
2. 기부금
3. 그 밖의 수익금
(2016.3.29 본조신설)

제7장 보 칙

(2009.2.6 본장개정)

제69조 (2009.2.6 삭제)

제69조의2【권한의 위탁】 ① 금융위원회는 여신전문금융회사 또는 부가통신업자에 대한 감독의 효율성을 높이기 위하여 필요한 경우에는 이 법에 따른 권한의 일부를 대통령령으로 정하는 바에 따라 금융감독원장에게 위탁할 수 있다.(2016.3.29 본항개정)

② 금융위원회는 거래자를 보호하기 위하여 필요하다고 인정하면 제1항에 따른 권한 외의 권한의 일부를 대통령령으로 정하는 바에 따라 협회 회장에게 위탁할 수 있다.

제8장 벌 칙

(2009.2.6 본장개정)

제70조【벌칙】 ① 다음 각 호의 어느 하나에 해당하는 자는 7년 이하의 징역 또는 5천만원 이하의 벌금에 처한다.

1. 신용카드등을 위조하거나 변조한 자
2. 위조되거나 변조된 신용카드등을 판매하거나 사용한 자
3. 분실하거나 도난당한 신용카드나 직불카드를 판매하거나 사용한 자
4. 강취(强取) · 횡령하거나, 사람을 기망(欺罔)하거나 공갈(恐喝)하여 취득한 신용카드나 직불카드를 판매하거나 사용한 자
5. 행사할 목적으로 위조되거나 변조된 신용카드등을 취득한 자
6. 거짓이나 그 밖의 부정한 방법으로 알아낸 타인의 신용카드 정보를 보유하거나 이를 이용하여 신용카드로 거래한 자
7. 제3조제1항에 따른 허가를 받지 아니하거나 등록을 하지 아니하고 신용카드업을 한 자
8. 거짓이나 그 밖의 부정한 방법으로 제3조제1항에 따른 허가를 받거나 등록을 한 자
9. 제49조의2제1항 또는 제8항을 위반하여 대주주에게 신용공여를 한 여신전문금융회사와 그로부터 신용공여를 받은 대주주 또는 대주주의 특수관계인(2016.3.29 본호개정)

9의2. 제50조제1항을 위반하여 대주주가 발행한 주식을 소유한 여신전문금융회사(2016.3.29 본호신설)

10. 제50조의2제5항을 위반하여 같은 항 각 호의 어느 하나에 해당하는 행위를 한 대주주 또는 대주주의 특수관계인

② 제18조의3제4항제2호, 제19조제6항 또는 제24조의2제3항을 위반한 자는 5년 이하의 징역 또는 3천만원 이하의 벌금에 처한다.(2015.1.20 본항신설)

③ 다음 각 호의 어느 하나에 해당하는 자는 3년 이하의 징역 또는 2천만원 이하의 벌금에 처한다.

1. 거짓이나 그 밖의 부정한 방법으로 제3조제2항에 따른 등록을 한 자
2. 다음 각 목의 어느 하나에 해당하는 행위를 통하여 자금을 융통하여 준 자 또는 이를 중개 · 알선한 자
   가. 물품의 판매 또는 용역의 제공 등을 가장하거나 실제 매출금액을 넘겨 신용카드로 거래하거나 이를 대행하게 하는 행위
   나. 신용카드회원으로 하여금 신용카드로 구매하도록 한 물품 · 용역 등을 할인하여 매입하는 행위
   다. 제15조를 위반하여 신용카드에 질권을 설정하는 행위
3. 제19조제5항제3호를 위반하여 다른 신용카드가맹점의 명의를 사용하여 신용카드로 거래한 자(2015.1.20 본호개정)
4. 제19조제5항제5호를 위반하여 신용카드에 의한 거래를 대행한 자(2015.1.20 본호개정)
5. 제20조제1항을 위반하여 매출채권을 양도한 자 및 양수한 자
6. 제20조제2항을 위반하여 신용카드가맹점의 명의로 신용카드등에 의한 거래를 한 자
7. 제27조의2제1항에 따른 등록을 하지 아니하고 신용카드등 부가통신업을 한 자(2015.1.20 본호신설)
8. 거짓이나 그 밖의 부정한 방법으로 제27조의2제1항에 따른 등록을 한 자(2015.1.20 본호신설)

④ 다음 각 호의 어느 하나에 해당하는 자는 1년 이하의 징역 또는 1천만원 이하의 벌금에 처한다.

1.~2. (2015.7.31 삭제)

2의2. 제14조의2제1항 각 호의 어느 하나에 해당하지 아니한 자로서 신용카드회원을 모집한 자(2010.3.12 본호신설)

3. 제15조를 위반하여 신용카드를 양도 · 양수한 자

3의2. 제18조의3제4항제1호를 위반한 자(2015.1.20 본호개정)

4. 제19조제1항을 위반하여 신용카드로 거래한다는 이유로 물품의 판매 또는 용역의 제공 등을 거절하거나 신용카드회원을 불리하게 대우한 자
5. 제19조제4항을 위반하여 가맹점수수료를 신용카드회원이 부담하게 한 자(2015.1.20 본호개정)
6. 제19조제5항제4호를 위반하여 신용카드가맹점의 명의를 타인에게 빌려준 자(2015.1.20 본호개정)
7. 제27조, 제50조의2제1항 · 제3항 또는 제51조를 위반한 자

⑤ 제36조제2항을 위반한 자는 500만원 이하의 벌금에 처한다.

⑥ 제1항제1호 및 제2호의 미수범은 처벌한다.

⑦ 제1항제1호의 죄를 범할 목적으로 예비(豫備)하거나 음모(陰謀)한 자는 3년 이하의 징역 또는 2천만원 이하의 벌금에 처한다. 다만, 그 목적한 죄를 실행하기 전에 자수한 자에 대하여는 그 형(刑)을 감경(減輕)하거나 면제한다.

⑧ 제1항부터 제4항까지의 규정에 따른 징역형과 벌금형은 병과(倂科)할 수 있다.(2015.1.20 본항개정)

제71조【양벌규정】 법인의 대표자나 법인 또는 개인의 대리인, 사용인, 그 밖의 종업원이 그 법인 또는 개인의 업무에 관하여 제70조의 위반행위를 하면 그 행위자를 벌하는 외에 그 법인 또는 개인에게도 해당 조문의 벌금형을 과(科)한다. 다만, 법인 또는 개인이 그 위반행위를 방지하기 위하여 해당 업무에 관하여 상당한 주의와 감독을 게을리하지 아니한 경우에는 그러하지 아니하다.

제72조【과태료】 ① 다음 각 호의 어느 하나에 해당하는 자에게는 5천만원 이하의 과태료를 부과한다.
(2016.3.29 본문개정)

1. 제14조의5제1항부터 제3항까지의 규정을 위반한 자
2. 제14조의5제4항에 따른 조사를 거부한 자
3. 제14조의5제5항을 위반하여 모집인의 불법행위 신고를 하지 아니한 자

(2010.3.12 1호~3호신설)

4. 제16조의2제3항에 따른 조사를 거부한 자(2015.1.20 본호신설)

4의2. 제16조의5를 위반하여 연회비를 반환하지 아니한 자(2015.1.20 본호개정)

5. 제19조제3항 · 제7항 또는 제19조의2를 위반한 자(2015.1.20 본호개정)

5의2. 제27조의2제4항을 위반하여 변경등록을 하지 아니한 자(2015.1.20 본호신설)

5의3. 제46조의2제1항을 위반하여 부수업무의 신고를 하지 아니한 자(2017.4.18 본호신설)

6. 제49조의2제2항 또는 제50조제2항을 위반하여 이사회의 결의를 거치지 아니한 자(2016.3.29 본호개정)
7. 제49조의2제3항 · 제4항 또는 제50조제3항 · 제4항을 위반하여 보고 또는 공시를 하지 아니한 자(2016.3.29 본호개정)

8.~9. (2015.7.31 삭제)

10. 제50조의8제1항에 따른 자료제출 요구에 따르지 아니한 자

10의2. (2020.3.24 삭제)

10의3. 제53조의2제3항에 따른 자료제출 또는 관계인의 출석 및 의견진술 요구에 따르지 아니한 자(2015.1.20 본호신설)

10의4. 제54조를 위반하여 보고서를 제출하지 아니하거나 보고를 하지 아니한 자(거짓의 보고서를 제출하거나 거짓으로 보고한 자를 포함한다)(2017.4.18 본호신설)

11. 제54조의2에 따른 공시를 하지 아니하거나 거짓으로 공시한 자
12. 제54조의3을 위반하여 금융위원회에 신고하거나 보고하지 아니하고 금융약관 또는 표준약관을 제정하거나 개정한 자
13. 제55조를 위반하여 다른 업무와 구분하여 회계처리를 하지 아니한 자

② 제50조의12를 위반하여 직원의 보호를 위한 조치를 하지 아니하거나 직원에게 불이익을 준 자에게는 3천만원 이하의 과태료를 부과한다.(2017.4.18 본항신설)
③ 제50조의13제2항을 위반하여 신용공여 계약을 체결하려는 자에게 금리인하를 요구할 수 있음을 알리지 아니한 자에게는 2천만원 이하의 과태료를 부과한다.(2018.12.11 본항신설)
④ 다음 각 호의 어느 하나에 해당하는 자에게는 1천만원 이하의 과태료를 부과한다.
1. 제14조의5제6항을 위반하여 모집인에 대한 교육을 하지 아니한 자
2. (2020.3.24 삭제)
3.~4. (2017.4.18 삭제)
(2016.3.29 본항신설)
⑤ 제1항부터 제4항까지의 규정에 따른 과태료는 대통령령으로 정하는 바에 따라 금융위원회가 부과·징수한다.
(2018.12.11 본항개정)

부 칙 (2015.1.20)

제1조【시행일】 이 법은 공포 후 6개월이 경과한 날부터 시행한다.
제2조【부가통신업자의 결격사유에 관한 적용례】 제27조의2제3항의 개정규정은 이 법 시행 후 발생한 사유로 인하여 결격사유에 해당하게 된 자부터 적용한다.
제3조【신용카드등부가통신업 등록에 관한 경과조치】 이 법 시행 당시 「전기통신사업법」에 따른 부가통신업자로서 신용카드등부가통신업을 하고 있는 자는 제27조의2의 개정규정에 따른 등록을 한 것으로 본다. 다만, 이 법 시행 후 1년 이내에 제27조의2의 개정규정에 따라 금융위원회에 등록하여야 한다.
제4조【신용카드 단말기의 등록에 관한 경과조치】 이 법 시행 당시 신용카드 거래와 관련하여 전기통신서비스를 제공하는 신용카드 단말기는 제27조의4의 개정규정에 따른 등록을 한 것으로 본다. 다만, 이 법 시행 후 3년 이내에 제27조의4의 개정규정에 따라 금융위원회에 등록하여야 한다.

부 칙 (2016.3.29 법14127호)

제1조【시행일】 이 법은 공포 후 6개월이 경과한 날부터 시행한다.
제2조【모집인의 등록 취소에 관한 적용례】 제14조의4제2항제3호의2의 개정규정은 이 법 시행 후 최초로 제14조의5제2항제4호 또는 제5호의 개정규정에 따른 위반행위를 한 경우부터 적용한다.
제3조【시설대여업자·할부금융업자·신기술사업금융업자의 등록 취소에 관한 적용례】 제57조제3항제4호의 개정규정은 이 법 시행 후 최초로 시설대여업·할부금융업 또는 신기술사업금융업의 등록을 신청한 자부터 적용한다.
제4조【선불카드 미사용잔액등의 기부에 관한 적용례】 제68조의 개정규정은 이 법 시행 후 최초로 소멸시효가 완성된 선불카드 미사용잔액등부터 적용한다.
제5조【여신전문금융회사등 및 그 임직원에 대한 처분 사유에 관한 적용례】 별표 제30호의2부터 제30호의4까지, 제35호 및 제43호의2의 개정규정은 이 법 시행 후 최초로 여신전문금융회사등(그 소속 임직원을 포함한다)이 그 개정규정에 해당하는 행위를 하여 제53조제4항에 따라 금융위원회가 조치를 하거나 금융감독원장으로 하여금 조치를 하게 하는 경우부터 적용한다.
제6조【금치산자 등에 대한 경과조치】 제14조의3제2항제1호의 개정규정에 따른 피성년후견인 또는 피한정후견인에는 법률 제10429호 민법 일부개정법률 부칙 제2조에 따라 금치산 또는 한정치산 선고의 효력이 유지되는 사람을 포함하는 것으로 본다.
제7조【대주주에 대한 신용공여한도 등에 관한 경과조치】 이 법 시행 당시 제49조의2제1항의 개정규정에 따른 한도를 초과하였거나 같은 조 제8항의 개정규정에 따른 신용공여를 한 여신전문금융회사는 이 법 시행일부터 3년 이내에 그 한도에 적합하도록 하여야 한다. 다만, 금융위원회는 해당 여신전문금융회사의 대주주에 대한 신용공여 규모 등을 고려하여 부득이하다고 인정되는 경우에는 그 기간을 연장할 수 있다.
제8조【대주주가 발행한 주식의 소유한도에 관한 경과조치】 이 법 시행 당시 제50조제1항의 개정규정에 따른 한도를 초과하여 대주주가 발행한 주식을 소유한 여신전문금융회사는 이 법 시행일부터 2년 이내에 그 한도에 적합하도록 하여야 한다.
제9조【과징금 또는 과태료 부과에 관한 경과조치】 이 법 시행 전의 행위에 대하여 과징금 또는 과태료를 부과할 때에는 종전의 규정에 따른다.
제10조【벌칙에 관한 경과조치】 이 법 시행 전의 행위에 대하여 벌칙을 적용할 때에는 종전의 규정에 따른다.
제11조【다른 법률의 개정】 ①~⑩ ※(해당 법령에 가제정리 하였음)

부 칙 (2017.4.18)

제1조【시행일】 이 법은 공포 후 6개월이 경과한 날부터 시행한다.
제2조【퇴임한 임원 등에 대한 조치 내용의 통보에 관한 적용례】 제53조제5항 및 제6항의 개정규정은 이 법 시행 전에 퇴임한 임원 또는 퇴직한 직원에 대해서도 적용한다.
제3조【임원의 직무정지 요구에 관한 경과조치】 이 법 시행 전의 위반행위에 대해서는 제53조제4항제3호(직무정지에 한정한다)의 개정규정에도 불구하고 종전의 규정에 따른다.
제4조【과징금에 관한 경과조치】 이 법 시행 전의 위반행위에 대하여 과징금을 부과하는 경우에는 제58조제1항, 제3항 및 제4항의 개정규정에도 불구하고 종전의 규정에 따른다.

부 칙 (2018.12.11)

제1조【시행일】 이 법은 공포 후 6개월이 경과한 날부터 시행한다.
제2조【부가통신업자 임원의 자격요건 등에 관한 적용례】 제27조의2제6항 및 제7항의 개정규정은 이 법 시행 후 최초로 선임하는 부가통신업자의 임원부터 적용한다.
제3조【금리인하 요구에 관한 적용례】 제50조의13의 개정규정은 이 법 시행 후 최초로 신용공여 계약을 체결하는 경우부터 적용한다.

부 칙 (2020.2.4)

제1조【시행일】 이 법은 공포 후 6개월이 경과한 날부터 시행한다.(이하 생략)

부 칙 (2020.3.24)

제1조【시행일】 이 법은 공포 후 1년이 경과한 날부터 시행한다.(이하 생략)

부 칙 (2023.3.21)
(2025.1.21)

이 법은 공포 후 3개월이 경과한 날부터 시행한다.

〔별표〕 ➡ 「www.hyeonamsa.com」 참조

외국환거래법

(1998년 9월 16일
법 률 제5550호)

개정
2000.10.23법 6277호
2000.12.29법 6316호(대외무역)
2005.12.14법 7716호
2006.10. 4법 8050호(국가재정법)
2007. 1.26법 8266호
2007. 8. 3법 8635호(자본시장금융투자업)
2008. 2.29법 8863호(금융위원회의설치등에관한법)
2009. 1.30법 9351호
2009. 1.30법 9374호(외국인투자)
2009. 4. 1법 9617호(신용정보의이용및보호에관한법)
2011. 4.30법10618호
2012. 3.21법11407호(금융위원회의설치등에관한법)
2016. 3. 2법14047호 2017. 1.17법14525호
2020. 3.24법17112호(금융소비자보호에관한법)
2020.12.22법17651호(국제조세조정에관한법)
2021. 6.15법18244호

제1장 총 칙
(2009.1.30 본장개정)

제1조【목적】 이 법은 외국환거래와 그 밖의 대외거래의 자유를 보장하고 시장기능을 활성화하여 대외거래의 원활화 및 국제수지의 균형과 통화가치의 안정을 도모함으로써 국민경제의 건전한 발전에 이바지함을 목적으로 한다.

제2조【적용 대상】 ① 이 법은 다음 각 호의 어느 하나에 해당하는 경우에 적용한다.
1. 대한민국에서의 외국환과 대한민국에서 하는 외국환거래 및 그 밖에 이와 관련되는 행위
2. 대한민국과 외국 간의 거래 또는 지급·수령, 그 밖에 이와 관련되는 행위(외국에서 하는 행위로서 대한민국에서 그 효과가 발생하는 것을 포함한다)
3. 외국에 주소 또는 거소를 둔 개인과 외국에 주된 사무소를 둔 법인이 하는 거래로서 대한민국 통화(通貨)로 표시되거나 지급받을 수 있는 거래와 그 밖에 이와 관련되는 행위
4. 대한민국에 주소 또는 거소를 둔 개인 또는 그 대리인, 사용인, 그 밖의 종업원이 외국에서 그 개인의 재산 또는 업무에 관하여 한 행위
5. 대한민국에 주된 사무소를 둔 법인의 대표자, 대리인, 사용인, 그 밖의 종업원이 외국에서 그 법인의 재산 또는 업무에 관하여 한 행위

② 제1항제1호부터 제3호까지의 규정에 따른 "그 밖에 이와 관련되는 행위"의 범위는 대통령령으로 정한다.

제3조【정의】 ① 이 법에서 사용하는 용어의 뜻은 다음과 같다.
1. "내국통화"란 대한민국의 법정통화인 원화(貨)를 말한다.
2. "외국통화"란 내국통화 외의 통화를 말한다.
3. "지급수단"이란 다음 각 목의 어느 하나에 해당하는 것을 말한다.
   가. 정부지폐·은행권·주화·수표·우편환·신용장
   나. 대통령령으로 정하는 환어음, 약속어음, 그 밖의 지급지시
   다. 증표, 플라스틱카드 또는 그 밖의 물건에 전자 또는 자기적 방법으로 재산적 가치가 입력되어 불특정 다수인 간에 지급을 위하여 통화를 갈음하여 사용할 수 있는 것으로서 대통령령으로 정하는 것
4. "대외지급수단"이란 외국통화, 외국통화로 표시된 지급수단, 그 밖에 표시통화에 관계없이 외국에서 사용할 수 있는 지급수단을 말한다.
5. "내국지급수단"이란 대외지급수단 외의 지급수단을 말한다.
6. "귀금속"이란 금, 금합금의 지금(地金), 유통되지 아니하는 금화, 그 밖에 금을 주재료로 하는 제품 및 가공품을 말한다.
7. "증권"이란 제3호에 해당하지 아니하는 것으로서 「자본시장과 금융투자업에 관한 법률」 제4조에 따른 증권과 그 밖에 대통령령으로 정하는 것을 말한다.
8. "외화증권"이란 외국통화로 표시된 증권 또는 외국에서 지급받을 수 있는 증권을 말한다.
9. "파생상품"이란 「자본시장과 금융투자업에 관한 법률」 제5조에 따른 파생상품과 그 밖에 대통령령으로 정하는 것을 말한다.
10. "외화파생상품"이란 외국통화로 표시된 파생상품 또는 외국에서 지급받을 수 있는 파생상품을 말한다.
11. "채권"이란 모든 종류의 예금·신탁·보증·대차(貸借) 등으로 생기는 금전 등의 지급을 청구할 수 있는 권리로서 제1호부터 제10호까지의 규정에 해당되지 아니하는 것을 말한다.
12. "외화채권"이란 외국통화로 표시된 채권 또는 외국에서 지급받을 수 있는 채권을 말한다.
13. "외국환"이란 대외지급수단, 외화증권, 외화파생상품 및 외화채권을 말한다.
14. "거주자"란 대한민국에 주소 또는 거소를 둔 개인과 대한민국에 주된 사무소를 둔 법인을 말한다.
15. "비거주자"란 거주자 외의 개인 및 법인을 말한다. 다만, 비거주자의 대한민국에 있는 지점, 출장소, 그 밖의 사무소는 법률상 대리권의 유무에 상관없이 거주자로 본다.
16. "외국환업무"란 다음 각 목의 어느 하나에 해당하는 것을 말한다.
   가. 외국환의 발행 또는 매매
   나. 대한민국과 외국 간의 지급·추심(推尋) 및 수령
   다. 외국통화로 표시되거나 지급되는 거주자와의 예금, 금전의 대차 또는 보증
   라. 비거주자와의 예금, 금전의 대차 또는 보증
   마. 그 밖에 가목부터 라목까지의 규정과 유사한 업무로서 대통령령으로 정하는 업무
17. "금융회사등"이란 「금융위원회의 설치 등에 관한 법률」 제38조(제9호 및 제10호는 제외한다)에 따른 기관과 그 밖에 금융업 및 금융 관련 업무를 하는 자로서 대통령령으로 정하는 자를 말한다.(2012.3.21 본호개정)
18. "해외직접투자"란 거주자가 하는 다음 각 목의 어느 하나에 해당하는 거래·행위 또는 지급을 말한다.
   가. 외국법령에 따라 설립된 법인(설립 중인 법인을 포함한다)이 발행한 증권을 취득하거나 그 법인에 대한 금전의 대여 등을 통하여 그 법인과 지속적인 경제관계를 맺기 위하여 하는 거래 또는 행위로서 대통령령으로 정하는 것
   나. 외국에서 영업소를 설치·확장·운영하거나 해외사업 활동을 하기 위하여 자금을 지급하는 행위로서 대통령령으로 정하는 것
19. "자본거래"란 다음 각 목의 어느 하나에 해당하는 거래 또는 행위를 말한다.
   가. 예금계약, 신탁계약, 금전대차계약, 채무보증계약, 대외지급수단·채권 등의 매매계약(다목에 해당하는 경우는 제외한다)에 따른 채권의 발생·변경 또는 소멸에 관한 거래(거주자 간 거래는 외국환과 관련된 경우로 한정한다)
   나. 증권의 발행·모집, 증권 또는 이에 관한 권리의 취득(다목에 해당하는 경우는 제외하며, 거주자 간 거래는 외국환과 관련된 경우로 한정한다)
   다. 파생상품거래(거주자 간의 파생상품거래는 외국환과 관련된 경우로 한정한다)
   라. 거주자에 의한 외국에 있는 부동산이나 이에 관한 권리의 취득 또는 비거주자에 의한 국내에 있는 부동산이나 이에 관한 권리의 취득
   마. 가목의 경우를 제외하고 법인의 국내에 있는 본점, 지점, 출장소, 그 밖의 사무소(이하 이 목에서 "사무소"라 한다)와 외국에 있는 사무소 사이에 이루어지는 사무소의 설치·확장 또는 운영 등과 관련된 행위와 그에 따른 자금의 수수(授受)(사무소를 유지하는 데에 필요한 경비나 경상적 거래와 관련된 자금의 수수로서 대통령령으로 정하는 것은 제외한다)
   바. 그 밖에 가목부터 마목까지의 규정과 유사한 형태로서 대통령령으로 정하는 거래 또는 행위
20. "비예금성외화부채등"이란 금융회사등의 외국통화표시 부채(외화예수금은 제외한다) 및 이와 유사한 것으로서 대통령령으로 정하는 것을 말한다.(2011.4.30 본호신설)

② 제1항제14호 및 제15호에 따른 거주자와 비거주자의 구분이 명백하지 아니한 경우에는 대통령령으로 정하는 바에 따른다.

제4조【대외거래의 원활화 촉진 등】 ① 기획재정부장관은 이 법에 따른 제한을 필요한 최소한의 범위에서 함으로써 외국환거래나 그 밖의 대외거래가 원활하게 이루어질 수 있도록 노력하여야 한다.

② 기획재정부장관은 안정적인 외국환수급(需給)의 기반 조성과 외환시장의 안정을 위하여 노력하여야 하며, 이를 위한 시책을 마련하여야 한다.

제5조【환율】 ① 기획재정부장관은 원활하고 질서 있는 외국환거래를 위하여 필요하면 외국환거래에 관한 기준환율, 외국환의 매도율·매입률 및 재정환율(이하 "기준환율등"이라 한다)을 정할 수 있다.

② 거주자와 비거주자는 제1항에 따라 기획재정부장관이 기준환율등을 정한 경우에는 그 기준환율등에 따라 거래하여야 한다.

제6조【외국환거래의 정지 등】 ① 기획재정부장관은 천재지변, 전시·사변, 국내외 경제사정의 중대하고도 급격한 변동, 그 밖에 이에 준하는 사태가 발생하여 부득이 하다고 인정되는 경우에는 대통령령으로 정하는 바에 따라 다음 각 호의 어느 하나에 해당하는 조치를 할 수 있다.

1. 이 법을 적용받는 지급 또는 수령, 거래의 전부 또는 일부에 대한 일시 정지
2. 지급수단 또는 귀금속을 한국은행·정부기관·외국환평형기금·금융회사등에 보관·예치 또는 매각하도록 하는 의무의 부과(2011.4.30 본호개정)
3. 비거주자에 대한 채권을 보유하고 있는 거주자로 하여금 그 채권을 추심하여 국내로 회수하도록 하는 의무의 부과(2017.1.17 본호신설)

② 기획재정부장관은 다음 각 호의 어느 하나에 해당된다고 인정되는 경우에는 대통령령으로 정하는 바에 따라 자본거래를 하려는 자에게 허가를 받도록 하는 의무를 부과하거나, 자본거래를 하는 자에게 그 거래와 관련하여 취득하는 지급수단의 일부를 한국은행·외국환평형기금 또는 금융회사등에 예치하도록 하는 의무를 부과하는 조치를 할 수 있다.(2011.4.30 본문개정)

1. 국제수지 및 국제금융상 심각한 어려움에 처하거나 처할 우려가 있는 경우
2. 대한민국과 외국 간의 자본 이동으로 통화정책, 환율정책, 그 밖의 거시경제정책을 수행하는 데에 심각한 지장을 주거나 줄 우려가 있는 경우

③ 제1항과 제2항에 따른 조치는 특별한 사유가 없으면 6개월의 범위에서 할 수 있으며, 그 조치 사유가 소멸된 경우에는 그 조치를 즉시 해제하여야 한다.

④ 제1항부터 제3항까지의 규정에 따른 조치는 「외국인투자 촉진법」 제2조제1항제4호에 따른 외국인투자에 대하여 적용하지 아니한다.

⑤ 기획재정부장관은 제1항제3호의 조치를 하기 위하여 필요한 경우 해당 거주자의 관할 세무관서의 장에게 「국제조세조정에 관한 법률」 제52조제3호에 따른 해외금융계좌정보의 제공을 요청할 수 있다. 이 경우 해외금융계좌정보의 제공을 요청받은 관할 세무관서의 장은 특별한 사정이 없으면 그 요청에 따라야 한다.(2020.12.29 전단개정)

제7조 (2017.1.17 삭제)

제2장 외국환업무취급기관 등

(2009.1.30 본장개정)

제8조【외국환업무의 등록 등】 ① 외국환업무를 업으로 하려는 자는 대통령령으로 정하는 바에 따라 외국환업무를 하는 데에 충분한 자본·시설 및 전문인력을 갖추어 미리 기획재정부장관에게 등록하여야 한다. 다만, 기획재정부장관이 업무의 내용을 고려하여 등록이 필요하지 아니하다고 인정하여 대통령령으로 정하는 금융회사등은 그러하지 아니하다.(2011.4.30 단서개정)

② 외국환업무는 금융회사등만 할 수 있으며, 외국환업무를 하는 금융회사등은 대통령령으로 정하는 바에 따라 그 금융회사등의 업무와 직접 관련되는 범위에서 외국환업무를 할 수 있다.(2011.4.30 본항개정)

③ 제1항 및 제2항에도 불구하고 금융회사등이 아닌 자가 다음 각 호의 어느 하나에 해당하는 외국환업무를 업으로 하려는 경우에는 대통령령으로 정하는 바에 따라 해당 업무에 필요한 자본·시설 및 전문인력 등 대통령령으로 정하는 요건을 갖추어 미리 기획재정부장관에게 등록하여야 한다. 이 경우 제1호 및 제2호의 외국환업무의 규모, 방식 등 구체적인 범위 및 안전성 확보를 위한 기준은 대통령령으로 정한다.

1. 외국통화의 매입 또는 매도, 외국에서 발행한 여행자수표의 매입
2. 대한민국과 외국 간의 지급 및 수령과 이에 수반되는 외국통화의 매입 또는 매도
3. 그 밖에 외국환거래의 편의 증진을 위하여 필요하다고 인정하여 대통령령으로 정하는 외국환업무

(2017.1.17 본항개정)

④ 제1항 본문에 따라 외국환업무의 등록을 한 금융회사등과 제3항에 따라 외국환업무의 등록을 한 자(이하 "전문외국환업무취급업자"라 한다)가 그 등록사항 중 대통령령으로 정하는 사항을 변경하려 하거나 외국환업무를 폐지하려는 경우에는 대통령령으로 정하는 바에 따라 기획재정부장관에게 미리 그 사실을 신고하여야 한다.(2017.1.17 본항개정)

⑤ 제1항에 따라 외국환업무의 등록을 한 금융회사등(제1항 단서에 따른 금융회사등을 포함한다. 이하 "외국환업무취급기관"이라 한다)은 국민경제의 건전한 발전, 국제 평화와 안전의 유지 등을 위하여 필요하다고 인정하여 대통령령으로 정하는 경우에는 이 법을 적용받는 업무에 관하여 외국금융기관과 계약을 체결할 때 기획재정부장관의 인가를 받아야 한다.(2011.4.30 본항개정)

⑥ 외국환업무취급기관 및 전문외국환업무취급업자의 업무 수행에 필요한 사항은 대통령령으로 정한다.(2017.1.17 본항개정)

⑦ 기획재정부장관은 외국환업무의 성실한 이행을 위하여 제3항에 따라 등록한 자에게 기획재정부장관이 지정하는 기관에 보증금을 예탁하게 하거나 보험 또는 공제에 가입하게 하는 등 대통령령으로 정하는 바에 따라 필요한 조치를 할 수 있다.(2017.1.17 본항신설)

제9조【외국환중개업무 등】 ① 다음 각 호의 업무(이하 "외국환중개업무"라 한다)를 업으로 하려는 자는 대통령령으로 정하는 바에 따라 자본·시설 및 전문인력을 갖추어 기획재정부장관의 인가를 받아야 한다. 이 경우 인가사항 중 대통령령으로 정하는 중요 사항을 변경하려면 기획재정부장관에게 신고하여야 한다.

1. 외국통화의 매매·교환·대여의 중개
2. 외국통화를 기초자산으로 하는 파생상품거래의 중개
3. 그 밖에 제1호 및 제2호와 관련된 업무

② 제1항에 따라 외국환중개업무를 인가받은 자(이하 "외국환중개회사"라 한다)가 외국환중개업무를 할 수 있는 거래의 상대방은 외국환거래 관련 전문성을 갖춘 금융회사등 및 관련 기관으로서 대통령령으로 정하는 자로 한다.(2011.4.30 본항개정)

③ 외국환중개회사가 다음 각 호의 어느 하나에 해당하는 행위를 하려는 경우에는 대통령령으로 정하는 구분에 따라 기획재정부장관의 인가를 받거나 기획재정부장관에게 신고하여야 한다.

1. 합병 또는 해산
2. 영업의 전부 또는 일부의 폐지·양도·양수

④ 기획재정부장관은 외국환중개업무의 성실한 이행을 위하여 외국환중개회사에 대하여 대통령령으로 정하는 바에 따라 기획재정부장관이 지정하는 기관에 보증금을 예탁하게 할 수 있다.

⑤ 외국환중개회사가 외국에서 외국환중개업무를 하려는 경우에는 대통령령으로 정하는 바에 따라 기획재정부장관의 인가를 받아야 한다.

⑥ 이 법에 따른 외국환중개업무에 관하여는 「자본시장과 금융투자업에 관한 법률」 및 「금융소비자 보호에 관한 법률」을 적용하지 아니한다. 다만, 「자본시장과 금융투자업에 관한 법

률」 제37조, 제39조, 제44조, 제54조 및 그 밖에 투자자 보호를 위하여 대통령령으로 정하는 바에 따라 같은 법을 준용할 수 있다. 이 경우 "금융투자업자"는 "외국환중개회사"로, "금융투자업"은 "외국환중개업무"로 본다.(2020.3.24 본문개정)
⑦ 제1항부터 제6항까지에서 규정한 사항 외에 외국환중개회사의 업무 수행에 필요한 사항은 대통령령으로 정한다.

제10조【업무상의 의무】 ① 외국환업무취급기관, 전문외국환업무취급업자 및 외국환중개회사(이하 "외국환업무취급기관등"이라 한다)는 그 고객과 이 법을 적용받는 거래를 할 때에는 고객의 거래나 지급 또는 수령이 이 법에 따른 허가를 받았거나 신고를 한 것인지를 확인하여야 한다. 다만, 외국환수급 안정과 대외거래 원활화를 위하여 기획재정부장관이 정하여 고시하는 경우에는 그러하지 아니하다.
② 외국환업무취급기관등은 외국환업무와 관련하여 부당한 이익을 얻거나 제3자에게 부당한 이익을 얻게 할 목적으로 다음 각 호의 어느 하나에 해당하는 행위를 하여서는 아니 된다.
1. 외국환의 시세를 변동 또는 고정시키는 행위
2. 제1호의 행위와 유사한 행위로서 대통령령으로 정하는 건전한 거래질서를 해치는 행위
(2017.1.17 본항신설)
(2017.1.17 본조개정)

제10조의2【외국환업무에 필요한 일부 사무의 위탁】 ① 외국환업무취급기관등(이하 이 조에서 "위탁기관"이라 한다)은 외국환 매매 또는 지급·수령 등의 업무 수행에 필요한 일부 사무로서 대통령령으로 정하는 사무를 다른 외국환업무취급기관등 또는 그 밖에 대통령령으로 정하는 자(이하 이 조에서 "수탁기관"이라 한다)에게 위탁할 수 있다. 이 경우 수탁기관은 제10조에 따른 업무상의 의무를 준수하여야 하며, 위탁기관은 이를 감독하여야 한다.
② 수탁기관이 위탁받은 사무를 처리하는 과정에서 그 사무와 관련한 법률의 규정을 위반하여 발생한 손해배상책임에 대하여는 수탁기관을 위탁기관의 소속 직원으로 본다.
③ 그 밖에 위탁 방법·절차 및 수탁기관의 자격 등 사무 위탁에 필요한 사항은 대통령령으로 정한다.
(2021.6.15 본조신설)

제11조【업무의 감독과 건전성 규제 등】 ① 기획재정부장관은 외국환업무취급기관등(외국환업무취급기관등의 외국에 있는 영업소를 포함한다. 이하 이 조에서 같다)의 업무를 감독하고 감독상 필요한 명령을 할 수 있다.
② 기획재정부장관은 외환시장의 안정과 외국환업무취급기관등의 건전성을 유지하기 위하여 필요하다고 인정되는 경우에는 외국환업무취급기관등의 외국통화 자산·부채비율을 정하는 등 외국통화의 조달·운용에 필요한 제한을 할 수 있다. 이 경우 제한의 구체적인 기준은 대통령령으로 정한다.

제11조의2【외환건전성부담금】 ① 기획재정부장관은 외화자금의 급격한 유입·유출에 따른 금융시장의 불안을 최소화하고 국민경제의 건전한 발전을 위하여 금융시장에서의 역할, 취급 외국환업무 및 외국통화 표시 부채의 규모 등을 종합적으로 고려하여 대통령령으로 정하는 금융회사등에 외환건전성부담금(이하 이 조 및 제11조의3에서 "부담금"이라 한다)을 부과·징수할 수 있다.
② 제1항에 따라 부과·징수하는 부담금은 비예금성외화부채등의 잔액에 1천분의 5 이내의 범위에서 금융회사등의 영업구역, 비예금성외화부채등의 만기 등을 고려하여 대통령령으로 정하는 부과요율을 곱하여 계산한 금액으로 한다.
③ 기획재정부장관은 제2항에도 불구하고 국제금융시장의 불안정, 외화자금의 급격한 유출·유입 등으로 금융시장과 국민경제의 안정을 현저히 해칠 우려가 있다고 인정되는 경우에는 6개월 이내의 기간을 정하여 다음 각 호의 어느 하나에 해당하는 금액을 부담금으로 부과·징수할 수 있다.
1. 해당 기간의 비예금성외화부채등 잔액에 대하여 제2항에 따른 부과요율 대신에 기획재정부장관이 하향하여 고시하는 부과요율을 곱하여 계산한 금액
2. 해당 기간의 비예금성외화부채등 잔액 증가분에 대하여 기획재정부장관이 제2항에 따른 부과요율보다 상향하여 고시하는 부과요율(이하 이 호에서 "추가부과요율"이라 한다)을 적용하여 계산한 금액을 제2항에 따라 산정한 부담금 금액에 더한 금액. 이 경우 추가부과요율은 제2항에 따른 부과요율을 더하여 1천분의 10을 넘지 아니하도록 하여야 한다.
(2017.1.17 본항개정)
④ 제1항에 따라 징수한 부담금은 제13조제1항에 따른 외국환평형기금에 귀속된다.
⑤ 제2항의 비예금성외화부채등의 잔액과 제3항의 비예금성외화부채등 잔액의 증가분의 산정방법 및 그 밖에 부담금의 부과에 필요한 사항은 대통령령으로 정한다.
(2011.4.30 본조신설)

제11조의3【부담금의 징수 및 이의신청】 ① 기획재정부장관은 금융회사등이 내야 하는 부담금을 대통령령으로 정하는 바에 따라 나누어 내게 할 수 있다.
② 기획재정부장관은 금융회사등이 부담금을 납부기한까지 내지 아니하면 납부기한이 지난 후 10일 이내에 10일 이상의 기간을 정하여 독촉장을 발급하여야 한다.
③ 기획재정부장관은 체납된 부담금에 대하여는 100분의 10 이내의 범위에서 대통령령으로 정하는 가산금을 징수할 수 있다.
④ 기획재정부장관은 제2항에 따라 독촉장을 받은 금융회사등이 정하여진 기한까지 납부하지 아니할 때에는 국세 체납처분의 예에 따라 부담금과 가산금을 징수한다.
⑤ 기획재정부장관은 제11조의2에 따른 부담금의 부과·징수를 위하여 필요하다고 인정되는 경우에는 해당 금융회사등에 관련 자료의 제출을 요구할 수 있다. 이 경우 자료의 제출을 요구받은 금융회사등은 특별한 사유가 없으면 요구에 따라야 한다.
⑥ 제11조의2에 따라 부담금을 부과받은 금융회사등이 부과받은 사항에 대하여 이의가 있는 경우에는 기획재정부장관에게 이의를 신청할 수 있다.
⑦ 그 밖에 부담금의 징수 및 이의신청 등에 필요한 사항은 대통령령으로 정한다.
(2011.4.30 본조신설)

제12조【인가의 취소 등】 ① 기획재정부장관은 외국환업무취급기관등이 다음 각 호의 어느 하나에 해당하는 경우에는 제8조 및 제9조에 따른 등록 또는 인가를 취소하거나, 6개월 이내의 기간을 정하여 외국환업무취급기관등(영업소를 포함한다)의 업무를 제한하거나 업무의 전부 또는 일부를 정지할 수 있다.
1. 거짓이나 그 밖의 부정한 방법으로 등록을 하거나 인가를 받은 경우
2. 업무의 제한 또는 정지 기간에 그 업무를 한 경우
3. 등록 또는 인가의 내용이나 조건을 위반한 경우
4. 제8조제2항을 위반하여 외국환업무를 한 경우
5. 제8조제4항 또는 제9조제3항에 따른 인가를 받지 아니한 경우 또는 신고를 하지 아니하거나 거짓으로 신고를 한 경우
5의2. 제8조제6항에 따른 외국환업무취급기관 및 전문외국환업무취급업자의 업무 수행에 필요한 사항을 따르지 아니한 경우(2017.1.17 본호신설)
5의3. 제8조제7항에 따른 보증금 예탁 등 필요한 조치를 따르지 아니한 경우(2017.1.17 본호신설)
5의4. 제8조제7항에 따른 조치에도 불구하고 전문외국환업무취급업자의 파산 또는 지급불능 우려 사유가 발생한 경우(2017.1.17 본호신설)
6. 제9조제2항을 위반하여 거래한 경우 또는 같은 조 제4항에 따른 보증금 예탁 명령을 따르지 아니한 경우
7. 제10조에 따른 의무를 위반한 경우(2017.1.17 본호개정)
8. 제11조제1항에 따른 감독상의 명령 또는 같은 조 제2항에 따른 업무상 제한을 위반한 경우
9. 제20조제1항 또는 제2항에 따른 보고 또는 자료·정보 제출을 하지 아니하거나 거짓 보고 또는 거짓 자료·정보를 제출한 경우
10. 제20조제3항 또는 제6항에 따른 검사에 응하지 아니하거나 이 검사를 거부·방해 또는 기피한 경우
11. 제20조제4항 또는 제6항에 따른 자료의 제출을 거부하거나 거짓 자료를 제출한 경우
12. 제20조제5항 또는 제6항에 따른 시정명령에 따르지 아니한 경우

13. 제21조에 따른 기획재정부장관의 명령을 위반하여 통보 또는 제공을 하지 아니하거나 거짓으로 통보 또는 제공한 경우
14. 제24조제2항에 따른 기획재정부장관의 명령을 위반하여 신고, 신청, 보고, 자료의 통보 및 제출을 전자문서의 방법으로 하지 아니한 경우
② (2017.1.17 삭제)
③ 기획재정부장관은 제1항에 따라 등록 또는 인가를 취소하려는 경우에는 청문을 하여야 한다.
④ 제1항에 따라 등록 또는 인가가 취소된 자(제1항에 따라 등록 또는 인가가 취소된 자의 임직원이었던 자로서 그 취소 사유의 발생에 직접 또는 이에 상응하는 책임이 있는 자를 포함한다)는 등록 또는 인가가 취소된 날부터 3년이 경과하지 아니한 경우에는 해당 외국환업무를 다시 제8조제1항 또는 제3항에 따라 등록하거나 제9조제1항에 따라 인가받을 수 없다.
(2017.1.17 본항신설)
⑤ 제1항에 따른 처분의 구체적인 기준은 대통령령으로 정한다.

제12조의2 【과징금】 ① 기획재정부장관은 제12조제1항 각 호의 어느 하나에 해당하는 위반행위를 한 자에 대하여 업무를 제한하거나 업무의 전부 또는 일부를 정지할 수 있는 경우에는 이에 갈음하여 그 위반행위로 취득한 이익의 범위에서 과징금을 부과할 수 있다.
② 제1항에 따라 과징금을 부과하는 경우에는 대통령령으로 정하는 기준에 따라 다음 각 호의 사항을 고려하여야 한다.
1. 위반행위의 내용 및 정도
2. 위반행위의 기간 및 횟수
3. 위반행위로 취득한 이익의 규모
③ 과징금의 부과, 과징금 납부기한의 연장, 분할납부, 담보, 그 밖에 과징금의 징수에 필요한 사항은 대통령령으로 정한다.
④ 기획재정부장관은 과징금 납부 의무자가 납부기한까지 과징금을 납부하지 아니한 경우에는 국세 체납처분의 예에 따라 징수할 수 있다.
(2009.1.30 본조신설)

제3장 외국환평형기금
(2009.1.30 본장개정)

제13조 【외국환평형기금】 ① 외국환거래를 원활하게 하기 위하여 「국가재정법」 제5조에 따른 기금으로서 외국환평형기금을 설치한다.
② 외국환평형기금은 다음 각 호의 재원(財源)으로 조성한다.
1. 정부로부터의 출연금 및 예수금
2. 외국환평형기금 채권의 발행으로 조성된 자금
3. 외국정부, 외국중앙은행, 그 밖의 거주자 또는 비거주자로부터의 예수금 또는 일시차입금
4. 제6조제1항제2호 및 같은 조 제2항에 따른 예수금
5. 제11조의2에 따른 외환건전성부담금 및 제11조의3제3항에 따른 가산금(2011.4.30 본호신설)
6. 그 밖에 외국환거래의 원활화를 위하여 필요한 자금 등 대통령령으로 정하는 자금
③ 외국환평형기금은 다음 각 호의 방법으로 운용한다. 다만, 제2항제5호에 따른 외환건전성부담금 및 가산금으로 조성된 외국환평형기금의 경우에는 제2호의 방법 또는 제4호 중 금융회사등에 대한 외화유동성 공급을 위한 거래에 한하여 운용한다.(2011.4.30 단서신설)
1. 외국환의 매매
2. 한국은행·외국정부·외국중앙은행 또는 국내외 금융회사등에의 예치·예탁 또는 대여(2011.4.30 본호개정)
3. 외국환업무취급기관의 외화채무로서 국가가 보증한 채무를 상환하기 위하여 국가가 예비비 또는 추가경정예산으로 지급하기 전까지 국가를 대신하여 일시적으로 하는 지급
4. 그 밖에 외국환거래의 원활화를 위하여 필요하다고 인정되어 대통령령으로 정하는 방법
④ 제3항제3호에 따라 외국환평형기금에서 채무를 대신 지급한 경우 정부는 이를 보전(補塡)하는 조치를 하여야 한다.
⑤ 제2항과 제3항에 따른 외국환평형기금의 조성 및 운용은 내국지급수단 또는 대외지급수단으로 할 수 있다.
⑥ 외국환평형기금은 기획재정부장관이 운용·관리한다.
⑦ 기획재정부장관은 외국환평형기금 채권을 발행할 수 있다.
⑧ 외국환평형기금의 운용·관리, 예수금의 지급이자 및 외국환평형기금 채권의 발행 등에 필요한 사항은 대통령령으로 정한다.
⑨ 기획재정부장관은 제2항에 따라 외국환평형기금에 예치된 자금에 대하여 대통령령으로 정하는 바에 따라 예치증서를 발행할 수 있다. 이 경우 기획재정부장관은 그 예치증서의 사용용도를 정할 수 있다.
⑩ 제2항제2호에 따른 외국환평형기금 채권을 발행하는 경우에는 「국채법」 제4조를 적용하지 아니한다.
⑪ 기획재정부장관은 외국통화로 표시하는 외국환평형기금 채권 발행액의 변경 범위가 해당 회계연도의 외국환평형기금 기금운용계획에 따른 외국통화 표시 외국환평형기금 채권 발행액의 10분의 2를 초과한 경우에는 변경명세서를 국회 소관 상임위원회 및 예산결산특별위원회에 제출하여야 한다. 이 경우 변경명세서에는 외국환평형기금 채권의 발행 및 상환 내역과 변경 사유 등이 포함되어야 한다.
⑫ 기획재정부장관은 외국환평형기금의 재원 중 제2항제5호에 따른 외환건전성부담금 및 가산금을 대통령령으로 정하는 바에 따라 다른 재원과 구분하여 별도로 관리하여야 한다.
(2011.4.30 본항신설)

제14조 【외국환평형기금 채권의 원리금 상환】 ① 외국환평형기금 채권의 발행으로 인한 원리금은 「국가재정법」 제90조제6항에 따른 절차에 따라 일반회계 세계잉여금으로 상환할 수 있다.
② 제1항에 따라 일반회계 세계잉여금으로 상환할 수 있는 금액은 외국환평형기금 채권의 이자에 그 이자 외의 외국환평형기금 운용손익을 더하거나 뺀 금액으로 한다.

제4장 지급과 거래
(2009.1.30 본장개정)

제15조 【지급절차 등】 ① 기획재정부장관은 이 법을 적용받는 지급 또는 수령과 관련하여 환전절차, 송금절차, 재산반출절차 등 필요한 사항을 정할 수 있다.
② 기획재정부장관은 다음 각 호의 어느 하나에 해당한다고 인정되는 경우에는 국내로부터 외국에 지급하려는 거주자·비거주자, 비거주자에게 지급하거나 비거주자로부터 수령하려는 거주자에게 그 지급 또는 수령을 할 때 대통령령으로 정하는 바에 따라 허가를 받도록 할 수 있다.
1. 우리나라가 체결한 조약 및 일반적으로 승인된 국제법규를 성실하게 이행하기 위하여 불가피한 경우
2. 국제 평화 및 안전을 유지하기 위한 국제적 노력에 특히 기여할 필요가 있는 경우

제16조 【지급 또는 수령의 방법의 신고】 거주자 간, 거주자와 비거주자 간 또는 비거주자 상호 간의 거래나 행위에 따른 채권·채무를 결제할 때 거주자가 다음 각 호의 어느 하나에 해당하면(제18조에 따라 신고를 한 자가 그 신고된 방법으로 지급 또는 수령을 하는 경우는 제외한다) 대통령령으로 정하는 바에 따라 그 지급 또는 수령의 방법을 기획재정부장관에게 미리 신고하여야 한다. 다만, 외국환수급 안정과 대외거래 원활화를 위하여 대통령령으로 정하는 거래의 경우에는 사후에 보고하거나 신고하지 아니할 수 있다.(2017.1.17 단서개정)
1. 상계 등의 방법으로 채권·채무를 소멸시키거나 상쇄시키는 방법으로 결제하는 경우
2. 기획재정부장관이 정하는 기간을 넘겨 결제하는 경우
3. 거주자가 해당 거래의 당사자가 아닌 자와 지급 또는 수령을 하거나 해당 거래의 당사자가 아닌 거주자가 그 거래의 당사자인 비거주자와 지급 또는 수령을 하는 경우
4. 외국환업무취급기관등을 통하지 아니하고 지급 또는 수령을 하는 경우(2017.1.17 본호개정)

제17조 【지급수단 등의 수출입 신고】 기획재정부장관은 이 법의 실효성을 확보하기 위하여 필요하다고 인정되어 대통령령으로 정하는 경우에는 지급수단 또는 증권을 수출 또는 수입하려는 거주자나 비거주자로 하여금 그 지급수단 또는 증권을

수출 또는 수입할 때 대통령령으로 정하는 바에 따라 신고하게 할 수 있다.

제18조【자본거래의 신고 등】 ① 자본거래를 하려는 자는 대통령령으로 정하는 바에 따라 기획재정부장관에게 신고하여야 한다. 다만, 외국환수급 안정과 대외거래 원활화를 위하여 대통령령으로 정하는 자본거래는 사후에 보고하거나 신고하지 아니할 수 있다.(2017.1.17 단서개정)

② 제1항의 신고와 제3항의 신고수리(申告受理)는 제15조제1항에 따른 절차 이전에 완료하여야 한다.

③ 기획재정부장관은 제1항에 따라 신고하도록 정한 사항 중 거주자의 해외직접투자와 해외부동산 또는 이에 관한 권리의 취득의 경우에는 투자자 적격성 여부, 투자가격 적정성 여부 등의 타당성을 검토하여 신고수리 여부를 결정할 수 있다.

④ 기획재정부장관은 제3항에 따른 신고에 대하여 대통령령으로 정하는 처리기간에 다음 각 호의 어느 하나에 해당하는 결정을 하여 신고인에게 통지하여야 한다.

1. 신고의 수리
2. 신고의 수리 거부
3. 거래 내용의 변경 권고

⑤ 기획재정부장관이 제4항제2호의 결정을 한 경우 그 신고를 한 거주자는 해당 거래를 하여서는 아니 된다.

⑥ 제4항제3호에 해당하는 통지를 받은 자가 해당 권고를 수락한 경우에는 그 수락한 바에 따라 그 거래를 할 수 있으며, 수락하지 아니한 경우에는 그 거래를 하여서는 아니 된다.

⑦ 제4항에 따른 처리기간에 기획재정부장관의 통지가 없으면 그 기간이 지난 날에 해당 신고가 수리된 것으로 본다.

제5장 보 칙

(2009.1.30 본장개정)

제19조【경고 및 거래정지 등】 ① 기획재정부장관은 이 법을 적용받는 자가 다음 각 호의 어느 하나에 해당하는 경우에는 경고를 할 수 있다.

1. 제15조부터 제18조까지의 규정에 따라 허가를 받거나 신고를 한 경우 허가사항 또는 신고사항에 정하여진 기한이 지난 후에 거래 또는 행위를 한 경우
2. 대통령령으로 정하는 금액(거래 또는 행위 유형에 따라 금액을 달리 정할 수 있다) 이하의 거래 또는 행위로서 제15조부터 제18조까지의 규정에 따른 절차 준수, 허가 또는 신고(이하 "신고등"이라 한다)의 의무를 위반하여 거래 또는 행위를 한 경우

② 기획재정부장관은 이 법을 적용받는 자의 거래 또는 행위가 제15조부터 제18조까지의 규정에 따른 신고등의 의무를 5년 이내에 2회 이상 위반한 경우에는 각각의 위반행위에 대하여 1년 이내의 범위에서 관련 외국환거래 또는 행위를 정지·제한하거나 허가를 취소할 수 있다.(2017.1.17 본항개정)

③ 기획재정부장관은 제2항에 따른 처분을 하려는 경우에는 청문을 하여야 한다.

④ 제1항 또는 제2항에 따른 처분에 필요한 사항은 대통령령으로 정한다.

제20조【보고·검사】 ① 기획재정부장관은 이 법의 실효성을 확보하기 위하여 거래 당사자 또는 관계인으로 하여금 필요한 보고를 하게 할 수 있으며, 비거주자에 대한 채권을 보유하고 있는 거주자로 하여금 대통령령으로 정하는 바에 따라 그 보유 채권의 현황을 기획재정부장관에게 보고하게 할 수 있다.

② 기획재정부장관은 이 법을 시행하기 위하여 필요하다고 인정되는 경우에는 국세청, 한국은행, 금융감독원, 외국환업무취급기관등 이 법을 적용받는 관계 기관의 장에게 관련 자료 또는 정보의 제출을 요구할 수 있다. 이 경우 관계 기관의 장은 특별한 사유가 없으면 그 요구에 따라야 한다.(2017.1.17 전단개정)

③ 기획재정부장관은 이 법을 시행하기 위하여 필요하다고 인정되는 경우에는 소속 공무원으로 하여금 외국환업무취급기관등이나 그 밖에 이 법을 적용받는 거래 당사자 또는 관계인의 업무에 관하여 검사하게 할 수 있다.

④ 기획재정부장관은 효율적인 검사를 위하여 필요하다고 인정되는 경우에는 외국환업무취급기관등이나 그 밖에 이 법을 적용받는 거래 당사자 또는 관계인의 업무와 재산에 관한 자료의 제출을 요구할 수 있다.

⑤ 기획재정부장관은 제3항에 따른 검사 결과 위법한 사실을 발견하였을 때에는 그 시정을 명하거나 그 밖에 대통령령으로 정하는 필요한 조치를 할 수 있다.(2021.6.15 본항개정)

⑥ 기획재정부장관은 필요하다고 인정되는 경우에는 대통령령으로 정하는 바에 따라 한국은행총재, 금융감독원장, 그 밖에 대통령령으로 정하는 자에게 위탁하여 그 소속 직원으로 하여금 제3항부터 제5항까지의 규정에 따른 업무를 수행하게 할 수 있다.

⑦ 제3항이나 제6항에 따라 검사를 하는 사람은 그 권한을 표시하는 증표를 지니고 관계인에게 내보여야 한다.

제21조【국세청장 등에게의 통보 등】 ① 다른 법률에도 불구하고 기획재정부장관은 이 법을 적용받는 거래, 지급, 수령, 자금의 이동 등에 관한 자료를 국세청장, 관세청장, 금융감독원장 또는 한국수출입은행장에게 직접 통보하거나 한국은행총재, 외국환업무취급기관등의 장, 세관의 장, 그 밖에 대통령령으로 정하는 자로 하여금 국세청장, 관세청장, 금융감독원장 또는 한국수출입은행장에게 통보하도록 할 수 있다.

② 기획재정부장관은 대통령령으로 정하는 자에게 이 법을 적용받는 거래, 지급, 수령, 자금의 이동 등에 관한 자료를 「신용정보의 이용 및 보호에 관한 법률」 제25조에 따른 신용정보집중기관에 제공하도록 할 수 있다.(2009.4.1 본항개정)

제22조【외국환거래의 비밀보장】 이 법에 따른 허가·인가·등록·신고·보고·통보·중개(仲介)·중계(中繼)·집중(集中)·교환 등의 업무에 종사하는 사람은 그 업무와 관련하여 알게 된 정보를 「금융실명거래 및 비밀보장에 관한 법률」 제4조에서 정하는 경우를 제외하고는 이 법에서 정하는 용도가 아닌 용도로 사용하거나 다른 사람에게 누설하여서는 아니 된다.

제23조【권한의 위임·위탁 등】 ① 기획재정부장관은 이 법에 따른 권한의 일부를 대통령령으로 정하는 바에 따라 금융위원회, 증권선물위원회, 관계 행정기관의 장, 한국은행총재, 금융감독원장, 외국환업무 취급기관등의 장, 그 밖에 대통령령으로 정하는 자에게 위임하거나 위탁할 수 있다.

② 제1항 및 제20조제6항에 따른 업무를 담당하는 사람과 그 소속 임원 및 직원(공무원 및 다른 법률에서 공무원으로 보도록 하는 사람은 제외한다)은 「형법」이나 그 밖의 법률에 따른 벌칙을 적용할 때에는 공무원으로 본다.

제24조【전자문서에 의한 허가 등】 ① 기획재정부장관은 이 법에 따른 허가·인가·통지·통보를 대통령령으로 정하는 바에 따라 전자문서(전산망 또는 전산처리설비를 이용한 자료의 제출을 포함한다. 이하 이 조에서 같다)의 방법으로 할 수 있다.

② 기획재정부장관은 이 법의 실효성을 확보하기 위하여 필요하다고 인정되는 경우에는 외국환업무취급기관등이나 그 밖에 이 법을 적용받는 거래 당사자 또는 관계인으로 하여금 신고, 신청, 보고, 자료의 통보 및 제출을 전자문서의 방법으로 하도록 명할 수 있다.

제25조【사무처리 등】 ① 기획재정부장관은 이 법의 효율적인 운영과 실효성 확보를 위하여 필요하다고 인정되는 경우에는 사무처리나 지급 또는 수령의 절차와 그 밖에 필요한 사항을 정할 수 있다.

② 기획재정부장관은 대통령령으로 정하는 바에 따라 외국환업무와 관련이 있거나 전문성을 갖춘 법인 또는 단체 중에서 하나 이상의 법인 또는 단체를 지정하여 외국환거래, 지급 또는 수령에 관한 자료를 중계·집중·교환 또는 분석하는 기관으로 운영할 수 있다.

제26조【다른 법률과의 관계】 제11조의3제5항, 제20조, 제23조, 제24조 및 제25조제2항은 「금융실명거래 및 비밀보장에 관한 법률」 제4조에 우선하여 적용된다.(2011.4.30 본조개정)

제6장 벌 칙

(2009.1.30 본장개정)

제27조【벌칙】 ① 다음 각 호의 어느 하나에 해당하는 자는 5년 이하의 징역 또는 5억원 이하의 벌금에 처한다. 다만, 위반

행위의 목적물 가액(價額)의 3배가 5억원을 초과하는 경우에는 그 벌금을 목적물 가액의 3배 이하로 한다.(2017.1.17 본문개정)
1. 제5조제2항을 위반하여 기준환율등에 따르지 아니하고 거래한 자
2. 제6조제1항제1호의 조치를 위반하여 지급 또는 수령이나 거래를 한 자
3. 제6조제1항제2호의 조치에 따른 보관·예치 또는 매각 의무를 위반한 자
4. 제6조제1항제3호의 조치에 따른 회수의무를 위반한 자(2017.1.17 본호신설)
5. 제6조제2항의 조치에 따른 허가를 받지 아니하거나, 거짓이나 그 밖의 부정한 방법으로 허가를 받고 자본거래를 한 자 또는 예치의무를 위반한 자
6. 제10조제2항을 위반하여 외국환업무를 한 자(2017.1.17 본호개정)
7.~8. (2017.1.17 삭제)
② 제1항의 징역과 벌금은 병과(倂科)할 수 있다.

제27조의2【벌칙】 ① 다음 각 호의 어느 하나에 해당하는 자는 3년 이하의 징역 또는 3억원 이하의 벌금에 처한다. 다만, 위반행위의 목적물 가액의 3배가 3억원을 초과하는 경우에는 그 벌금을 목적물 가액의 3배 이하로 한다.
1. 제8조제1항 본문 또는 같은 조 제3항에 따른 등록을 하지 아니하거나, 거짓이나 그 밖의 부정한 방법으로 등록을 하고 외국환업무를 한 자(제8조제4항에 따른 폐지신고를 거짓으로 하고 외국환업무를 한 자 및 제12조제1항에 따른 처분을 위반하여 외국환업무를 한 자를 포함한다)
2. 제9조제1항 전단, 같은 조 제3항 또는 제5항에 따른 인가를 받지 아니하거나, 거짓이나 그 밖의 부정한 방법으로 인가를 받고 외국환중개업무를 한 자(제9조제3항에 따른 신고를 거짓으로 하고 외국환중개업무를 한 자 및 제12조제1항에 따른 처분을 위반하여 외국환중개업무를 한 자를 포함한다)
3. 제15조제2항에 따른 허가를 받지 아니하거나, 거짓이나 그 밖의 부정한 방법으로 허가를 받고 지급 또는 수령을 한 자
② 제1항의 징역과 벌금은 병과할 수 있다.
(2017.1.17 본조신설)

제28조【벌칙】 ① 제22조를 위반하여 정보를 이 법에서 정하는 용도가 아닌 용도로 사용하거나 다른 사람에게 누설한 사람은 2년 이하의 징역 또는 2억원 이하의 벌금에 처한다.
② 제1항의 징역과 벌금은 병과할 수 있다.

제29조【벌칙】 ① 다음 각 호의 어느 하나에 해당하는 자는 1년 이하의 징역 또는 1억원 이하의 벌금에 처한다. 다만, 위반행위의 목적물 가액의 3배가 1억원을 초과하는 경우에는 그 벌금을 목적물 가액의 3배 이하로 한다.
1. 제8조제5항에 따른 인가를 받지 아니하거나, 거짓이나 그 밖의 부정한 방법으로 인가를 받고 계약을 체결한 자
2. 제10조제1항을 위반하여 확인하지 아니한 자(2017.1.17 본호개정)
3. 제16조 또는 제18조에 따른 신고의무를 위반한 금액이 5억원 이상의 범위에서 대통령령으로 정하는 금액을 초과하는 자
4. 제17조에 따른 신고를 하지 아니하거나 거짓으로 신고를 하고 지급수단 또는 증권을 수출하거나 수입한 자(제17조에 따른 신고의무를 위반한 금액이 미화 2만달러 이상의 범위에서 대통령령으로 정하는 금액을 초과하는 경우로 한정한다)
(2016.3.2 본호개정)
5. 제19조제2항에 따른 거래 또는 행위의 정지·제한을 위반하여 거래 또는 행위를 한 자
6. 제32조제1항에 따른 과태료 처분을 받은 자가 해당 처분을 받은 날부터 2년 이내에 다시 같은 항에 따른 위반행위를 한 경우(2017.1.17 본호개정)
② 제1항제4호의 미수범은 처벌한다.(2017.1.17 본항개정)
③ 제1항의 징역과 벌금은 병과할 수 있다.

제30조【몰수·추징】 제27조제1항 각 호, 제27조의2제1항 각 호 또는 제29조제1항 각 호의 어느 하나에 해당하는 자가 해당 행위를 하여 취득한 외국환이나 그 밖에 증권, 귀금속, 부동산 및 내국지급수단은 몰수하며, 몰수할 수 없는 경우에는 그 가액을 추징한다.(2017.1.17 본조개정)

제31조【양벌규정】 법인의 대표자나 법인 또는 개인의 대리인, 사용인, 그 밖의 종업원이 그 법인 또는 개인의 재산 또는 업무에 관하여 제27조, 제27조의2, 제28조 및 제29조의 어느 하나에 해당하는 위반행위를 하면 그 행위자를 벌하는 외에 그 법인 또는 개인에게도 해당 조문의 벌금형을 과(科)한다. 다만, 법인 또는 개인이 그 위반행위를 방지하기 위하여 해당 재산 또는 업무에 관하여 상당한 주의와 감독을 게을리하지 아니한 경우에는 그러하지 아니하다.(2017.1.17 본문개정)

제32조【과태료】 ① 다음 각 호의 어느 하나에 해당하는 자에게는 1억원 이하의 과태료를 부과한다. 다만, 제29조에 해당하는 경우는 제외한다.(2017.1.17 본문개정)
1. 제8조제4항에 따른 변경신고를 하지 아니하거나 거짓으로 변경신고를 하고 외국환업무를 한 자(2017.1.17 본호개정)
2. 제9조제1항 후단에 따른 변경신고를 하지 아니하거나 거짓으로 변경신고를 하고 외국환중개업무를 한 자 또는 같은 조 제2항을 위반하여 거래한 자(2017.1.17 본호개정)
3. 제16조에 따른 신고를 하지 아니하거나 거짓으로 신고를 하고 지급 또는 수령을 한 자
3의2. (2017.1.17 삭제)
4. 제18조제1항에 따른 신고를 하지 아니하거나 거짓으로 신고를 하고 자본거래를 한 자
5. 제18조제5항을 위반하여 신고수리가 거부되었음에도 그 신고에 해당하는 자본거래를 한 자
6. 제18조제6항을 위반하여 같은 조 제4항제3호의 권고내용과 달리 자본거래를 한 자
② 다음 각 호의 어느 하나에 해당하는 자에게는 5천만원 이하의 과태료를 부과한다. 다만, 제29조에 해당하는 경우는 제외한다.
1. 제11조의3제5항에 따른 자료를 제출하지 아니하거나 거짓으로 제출한 자
2. 제15조제1항에 따른 지급절차 등을 위반하여 지급·수령을 하거나 자금을 이동시킨 자
3. 제17조에 따른 신고를 하지 아니하거나 거짓으로 신고를 하고 지급수단 또는 증권을 수출입하거나 수출입하려 한 자
(2017.1.17 본항신설)
③ 다음 각 호의 어느 하나에 해당하는 자에게는 3천만원 이하의 과태료를 부과한다.(2017.1.17 본문개정)
1. 제16조 또는 제18조를 위반하여 신고를 갈음하는 사후 보고를 하지 아니하거나 거짓으로 사후 보고를 한 자(2017.1.17 본호개정)
2. 제20조제3항 또는 제6항에 따른 검사에 응하지 아니하거나 검사를 거부·방해 또는 기피한 자
3. 제20조제5항 또는 제6항에 따른 시정명령에 따르지 아니한 자
4. 제21조에 따른 기획재정부장관의 명령을 위반하여 통보 또는 제공을 하지 아니하거나 거짓으로 통보 또는 제공한 자
④ 다음 각 호의 어느 하나에 해당하는 자에게는 1천만원 이하의 과태료를 부과한다.
1. 제8조제4항에 따른 폐지신고를 하지 아니한 자
2. 제9조제3항에 따른 신고를 하지 아니한 자
3. 제19조제1항에 따른 경고를 받고 2년 이내에 경고 사유에 해당하는 위반행위를 한 자
4. 제20조제1항 또는 제2항에 따른 보고 또는 자료 제출을 하지 아니하거나 거짓으로 보고 또는 자료 제출을 한 자
5. 제20조제4항 또는 제6항에 따른 자료를 제출하지 아니하거나 거짓으로 자료 제출을 한 자
6. 제24조제2항에 따른 기획재정부장관의 명령을 위반하여 신고, 신청, 보고, 자료의 통보 및 제출을 전자문서의 방법으로 하지 아니한 자
(2017.1.17 본항신설)
⑤ 제1항부터 제4항까지의 규정에 따른 과태료는 대통령령으로 정하는 바에 따라 기획재정부장관이 부과·징수한다.
(2017.1.17 본항개정)

부 칙 (2017.1.17)

제1조【시행일】 이 법은 공포 후 6개월이 경과한 날부터 시행한다.

제2조【채권의 회수의무 부과 조치 등에 관한 적용례】 제6조제1항제3호, 같은 조 제5항 및 제7조의 개정규정은 이 법 시행 전에 발생한 채권에 대해서도 적용한다.
제3조【업무의 제한 등에 관한 적용례】 제12조제1항제5호의2의 개정규정은 이 법 시행 이후 발생한 위반행위부터 적용한다.
제4조【등록 등의 취소에 관한 적용례】 제12조제4항의 개정규정은 이 법 시행 이후 등록 또는 인가가 취소된 경우부터 적용한다.
제5조【환전업무의 등록에 관한 경과조치】 ① 이 법 시행 당시 종전의 제8조제3항에 따라 환전업무를 등록한 금융회사등은 제8조제1항에 따라 외국환업무를 등록한 것으로 본다.
② 이 법 시행 당시 종전의 제8조제3항에 따라 환전업무를 등록한 자로서 금융회사등이 아닌 자는 제8조제3항제1호의 개정규정에 한정하여 외국환업무를 등록한 것으로 본다.
제6조【행정처분 기준적용에 관한 경과조치】 ① 이 법 시행 전의 제15조부터 제18조까지의 규정에 따른 신고등의 의무위반행위에 대하여 행정처분을 할 때에는 제19조제2항의 개정규정에도 불구하고 종전의 규정에 따른다.
② 이 법 시행 전의 제15조부터 제18조까지의 규정에 따른 신고등의 의무위반행위는 제19조제2항의 개정규정에도 불구하고 이 법 시행 이후의 의무위반행위부터 과거 2년 이내에 한 경우에 한정하여 제19조제2항의 개정규정에 따른 의무위반행위의 횟수 산정에 포함한다.
제7조【벌칙 및 과태료에 관한 경과조치】 이 법 시행 전의 위반행위에 대하여 벌칙 및 과태료를 적용할 때에는 종전의 규정에 따른다.
제8조【다른 법률의 개정】 ※(해당 법령에 가제정리 하였음)

부 칙 (2020.3.24)

제1조【시행일】 이 법은 공포 후 1년이 경과한 날부터 시행한다.(이하 생략)

부 칙 (2020.12.22)

제1조【시행일】 이 법은 2021년 1월 1일부터 시행한다.(이하 생략)

부 칙 (2021.6.15)

제1조【시행일】 이 법은 공포 후 3개월이 경과한 날부터 시행한다.
제2조【위탁기관의 손해배상책임에 관한 적용례】 제10조의2 제2항의 개정규정은 수탁기관이 위탁받은 업무와 관련한 법률의 규정을 이 법 시행 이후 위반한 경우부터 적용한다.

주식·사채 등의 전자등록에 관한 법률(약칭 : 전자증권법)

(2016년 3월 22일 법 률 제14096호)

개정
2023. 9.14법19700호(행정법제혁신을위한일부개정법령등)
2024.12.31법20620호

제1장 총 칙

제1조【목적】 이 법은 주식 및 사채(社債) 등의 전자등록 제도를 마련하여 그 권리의 유통을 원활하게 하고 발행인·권리자, 그 밖의 이해관계인의 권익을 보호함으로써 자본시장의 건전성과 효율성을 높이고 국민경제를 발전시키는 데에 이바지함을 목적으로 한다.
제2조【정의】 이 법에서 사용하는 용어의 뜻은 다음과 같다.
1. "주식등"이란 다음 각 목의 어느 하나에 해당하는 것을 말한다.
 가. 주식
 나. 사채(「신탁법」에 따른 신탁사채 및 「자본시장과 금융투자업에 관한 법률」에 따른 조건부자본증권을 포함한다)
 다. 국채
 라. 지방채
 마. 법률에 따라 직접 설립된 법인이 발행하는 채무증권에 표시되어야 할 권리
 바. 신주인수권증서 또는 신주인수권증권에 표시되어야 할 권리
 사. 「신탁법」에 따른 수익자가 취득하는 수익권(受益權)
 아. 「자본시장과 금융투자업에 관한 법률」에 따른 투자신탁의 수익권
 자. 「이중상환청구권부 채권 발행에 관한 법률」에 따른 이중상환청구권부 채권
 차. 「한국주택금융공사법」에 따른 주택저당증권 또는 학자금대출증권에 표시되어야 할 권리
 카. 「자산유동화에 관한 법률」에 따른 유동화증권에 표시될 수 있거나 표시되어야 할 권리
 타. 「자본시장과 금융투자업에 관한 법률」에 따른 파생결합증권에 표시될 수 있거나 표시되어야 할 권리로서 대통령령으로 정하는 권리
 파. 「자본시장과 금융투자업에 관한 법률」에 따른 증권예탁증권에 표시될 수 있거나 표시되어야 할 권리로서 대통령령으로 정하는 권리
 하. 외국법인등(「자본시장과 금융투자업에 관한 법률」 제9조제16항에 따른 외국법인등을 말한다. 이하 같다)이 국내에서 발행하는 증권(證券) 또는 증서(證書)에 표시될 수 있거나 표시되어야 할 권리로서 가목부터 타목까지의 어느 하나에 해당하는 권리
 거. 가목부터 하목까지의 규정에 따른 권리와 비슷한 권리로서 그 권리의 발생·변경·소멸이 전자등록계좌부에 전자등록되는 데에 적합한 것으로서 대통령령으로 정하는 권리
2. "전자등록"이란 주식등의 종류, 종목, 금액, 권리자 및 권리내용 등 주식등에 관한 권리의 발생·변경·소멸에 관한 정보를 전자등록계좌부에 전자적 방식으로 기재하는 것을 말한다.
3. "전자등록계좌부"란 주식등에 관한 권리의 발생·변경·소멸에 대한 정보를 전자적 방식으로 편성한 장부로서 다음 각 목의 장부를 말한다.
 가. 제22조제2항에 따라 작성되는 고객계좌부(이하 "고객계좌부"라 한다)
 나. 제23조제2항에 따라 작성되는 계좌관리기관등 자기계좌부(自己計座簿)(이하 "계좌관리기관등 자기계좌부"라 한다)
4. "전자등록주식등"이란 전자등록계좌부에 전자등록된 주식등을 말한다.

5. "권리자"란 전자등록주식등의 소유자 또는 질권자, 그 밖에 전자등록주식등에 이해관계가 있는 자로서 대통령령으로 정하는 자를 말한다.
6. "전자등록기관"이란 주식등의 전자등록에 관한 제도의 운영을 위하여 제5조제1항에 따라 허가를 받은 자를 말한다.
7. "계좌관리기관"이란 제19조 각 호의 어느 하나에 해당하는 자로서 제22조제1항에 따른 고객계좌를 관리하는 자를 말한다.

제3조【다른 법률과의 관계】 전자등록주식등에 관하여는 다른 법률에 특별한 규정이 있는 경우를 제외하고는 이 법에서 정하는 바에 따른다.

제2장 제도운영기관

제1절 전자등록기관

제4조【무허가 전자등록영업행위 금지】 누구든지 이 법에 따른 전자등록업허가(변경허가를 포함한다)를 받지 아니하고는 전자등록업(제14조제1항에 따른 업무를 영업으로 하는 것을 말한다. 이하 같다)을 하여서는 아니 된다.

제5조【전자등록업의 허가】 ① 전자등록업을 하려는 자는 전자등록의 대상이 되는 주식등의 범위를 구성요소로 하여 대통령령으로 정하는 업무 단위(이하 "전자등록업 허가업무 단위"라 한다)의 전부 또는 일부를 선택하여 금융위원회 및 법무부장관으로부터 하나의 전자등록업허가를 받아야 한다.
② 제1항에 따라 전자등록업허가를 받으려는 자는 다음 각 호의 요건을 모두 갖추어야 한다.
1. 「상법」에 따른 주식회사일 것
2. 100억원 이상으로서 전자등록업 허가업무 단위별로 대통령령으로 정하는 금액 이상의 자기자본을 갖출 것
3. 사업계획이 타당하고 건전할 것
4. 권리자의 보호가 가능하고 전자등록업을 수행하기에 충분한 인력과 전산설비, 그 밖의 물적 설비를 갖출 것
5. 정관 및 전자등록업무규정이 법령에 적합하고 전자등록업을 수행하기에 충분할 것
6. 임원(이사 및 감사를 말한다. 이하 같다)이 「금융회사의 지배구조에 관한 법률」 제5조에 적합할 것
7. 대주주(「자본시장과 금융투자업에 관한 법률」 제12조제2항제6호가목의 대주주를 말한다)가 충분한 출자능력, 건전한 재무상태 및 사회적 신용을 갖출 것
8. 대통령령으로 정하는 사회적 신용을 갖출 것
9. 이해상충방지체계를 구축하고 있을 것
③ 제2항의 허가요건에 관한 구체적인 사항은 대통령령으로 정한다.

제6조【허가의 신청 및 심사】 ① 제5조제1항에 따른 허가를 받으려는 자는 허가신청서를 금융위원회 및 법무부장관에게 제출하여야 한다.
② 금융위원회 및 법무부장관은 제1항의 허가신청서를 접수한 때에는 그 내용을 심사하여 3개월 이내에 허가 여부를 결정하고, 그 결과와 이유를 지체 없이 신청인에게 문서로 통지하여야 한다. 이 경우 허가신청서에 흠결이 있는 경우에는 보완을 요구할 수 있다.
③ 제2항의 심사기간을 산정할 때 허가신청서 흠결의 보완기간 등 대통령령으로 정하는 기간은 산입하지 아니한다.
④ 금융위원회 및 법무부장관은 제2항에 따라 허가를 하는 경우에는 전자등록기관의 경영의 건전성 확보 및 권리자 보호에 필요한 조건을 붙일 수 있다.
⑤ 제4항에 따라 조건이 붙은 허가를 받은 자는 사정의 변경이나 그 밖에 정당한 사유가 있는 경우에는 금융위원회 및 법무부장관에게 조건의 취소 또는 변경을 요청할 수 있다. 이 경우 금융위원회 및 법무부장관은 2개월 이내에 조건의 취소 또는 변경 여부를 결정하고, 그 결과를 지체 없이 신청인에게 문서로 통지하여야 한다.
⑥ 금융위원회 및 법무부장관은 제2항에 따라 허가를 한 경우에는 다음 각 호의 사항을 관보 및 인터넷 홈페이지 등에 공고하여야 한다.
1. 허가의 내용
2. 허가의 조건(조건을 붙인 경우로 한정한다)
3. 허가의 조건을 취소하거나 변경한 경우 그 내용(조건을 취소하거나 변경한 경우로 한정한다)
⑦ 제1항부터 제6항까지의 규정에 따른 허가신청서의 기재사항·첨부서류 등 허가의 신청에 관한 사항과 허가심사의 방법·절차, 그 밖에 필요한 사항은 대통령령으로 정한다.

제7조【예비허가】 ① 제5조에 따른 전자등록업허가(이하 이 조에서 "본허가"라 한다)를 받으려는 자는 미리 금융위원회 및 법무부장관에게 예비허가를 신청할 수 있다.
② 금융위원회 및 법무부장관은 예비허가를 신청받은 경우에는 2개월 이내에 제5조제2항 각 호의 요건을 갖출 수 있는지 여부를 심사하여 예비허가 여부를 결정하고, 그 결과와 이유를 지체 없이 신청인에게 문서로 통지하여야 한다. 이 경우 예비허가신청에 관하여 흠결이 있는 때에는 보완을 요구할 수 있다.
③ 제2항의 심사기간을 산정할 때 예비허가신청과 관련된 흠결의 보완기간 등 대통령령으로 정하는 기간은 심사기간에 산입하지 아니한다.
④ 금융위원회 및 법무부장관은 제2항에 따라 예비허가를 하는 경우에는 전자등록기관의 경영의 건전성 확보 및 권리자 보호에 필요한 조건을 붙일 수 있다.
⑤ 금융위원회 및 법무부장관은 예비허가를 받은 자가 본허가를 신청하는 경우에는 제4항에 따른 예비허가의 조건을 이행하였는지 여부와 제5조제2항 각 호의 요건을 갖추었는지 여부를 확인한 후 본허가 여부를 결정하여야 한다.
⑥ 제1항부터 제5항까지의 규정에 따른 예비허가의 신청서 및 그 기재사항·첨부서류 등 예비허가의 신청에 관한 사항과 예비허가심사의 방법·절차, 그 밖에 예비허가에 관하여 필요한 사항은 대통령령으로 정한다.

제8조【허가요건의 유지】 전자등록기관은 제5조에 따른 전자등록업허가를 받아 그 업무를 함에 있어서 같은 조 제2항 각 호의 허가요건(제8호는 제외한다)을 유지하여야 한다.

제9조【업무의 추가 및 허가의 변경】 전자등록기관은 제5조에 따라 허가를 받은 전자등록업 허가업무 단위 외에 다른 전자등록업 허가업무 단위를 추가하여 전자등록업을 하려는 경우에는 제5조 및 제6조에 따라 금융위원회 및 법무부장관의 변경허가를 받아야 한다. 이 경우 제7조를 적용한다.

제10조【유사명칭 사용 금지】 전자등록기관이 아닌 자는 "증권등록", "등록결제" 또는 이와 유사한 명칭을 사용하여서는 아니 된다.

제11조【영업양도 등의 승인】 ① 전자등록기관은 합병, 분할, 분할합병 또는 주식의 포괄적 교환·이전(이하 "합병등"이라 한다)을 하려는 경우에는 금융위원회의 승인을 받아야 한다. 이 경우 금융위원회는 합병등을 승인할 때에는 미리 법무부장관과 협의하여야 한다.
② 전자등록기관은 영업양도를 하려는 경우에는 금융위원회의 승인을 받아야 한다. 다만, 전자등록기관이 양도하려는 영업에 제5조에 따라 허가를 받거나 제9조에 따라 업무의 추가 및 변경허가를 받은 전자등록업 허가업무 단위가 포함된 경우에는 금융위원회는 승인 전에 미리 법무부장관과 협의하여야 한다.

제12조【전자등록업 폐지 등】 ① 전자등록기관은 전자등록업의 전부 또는 일부를 폐지하거나 해산하고자 하는 경우에는 금융위원회의 승인을 받아야 한다. 이 경우 금융위원회는 그 승인을 할 때에는 미리 법무부장관과 협의하여야 한다.
② 금융위원회는 제1항 전단에 따른 승인을 한 경우 그 내용을 관보 및 인터넷 홈페이지 등에 공고하여야 한다.
③ 제1항 전단에 따른 승인 방법·절차, 그 밖에 승인업무 처리를 위하여 필요한 사항은 대통령령으로 정한다.

제13조【임원 등】 ① 전자등록기관의 상근임원은 계좌관리기관의 임직원이 아닌 사람이어야 한다.
② 전자등록기관의 임원의 자격에 관하여는 「금융회사의 지배구조에 관한 법률」 제5조를 준용한다.
③ 전자등록기관의 대표이사는 주주총회에서 선임한다.

④ 금융위원회는 제3항에 따라 선임된 대표이사가 직무수행에 부적합하다고 인정되는 경우로서 대통령령으로 정하는 경우에는 법무부장관과 협의하여 그 선임된 날부터 1개월 이내에 그 사유를 구체적으로 밝혀 해임을 요구할 수 있다. 이 경우 해임 요구된 대표이사의 직무는 정지되며, 전자등록기관은 2개월 이내에 대표이사를 새로 선임하여야 한다.
⑤ 전자등록기관의 상근 임직원은 계좌관리기관 및 「자본시장과 금융투자업에 관한 법률」 제9조제17항에 따른 금융투자업관계기관(그 상근 임직원이 소속된 같은 항 제2호에 따른 예탁결제원은 제외한다)과 자금의 공여, 손익의 분배, 그 밖에 영업에 관하여 대통령령으로 정하는 특별한 이해관계를 가져서는 아니 된다.
⑥ 「자본시장과 금융투자업에 관한 법률」 제63조는 전자등록기관에 준용한다. 이 경우 "금융투자업자"는 각각 "전자등록기관"으로 본다.

제14조【전자등록기관의 업무】 ① 전자등록기관은 정관으로 정하는 바에 따라 다음 각 호의 업무를 한다.
1. 주식등의 전자등록에 관한 업무
2. 발행인관리계좌, 고객관리계좌 및 계좌관리기관등 자기계좌의 개설, 폐지 및 관리에 관한 업무
3. 발행인관리계좌부, 고객관리계좌부 및 계좌관리기관등 자기계좌부의 작성 및 관리에 관한 업무
4. 외국 전자등록기관(외국 법령에 따라 외국에서 전자등록기관의 업무에 상당하는 업무를 하는 자를 말한다. 이하 같다)과의 약정에 따라 설정한 계좌를 통하여 하는 주식등의 전자등록에 관한 업무
5. 제37조에 따른 소유자명세의 작성에 관한 업무
6. 전자등록주식등에 대한 권리 행사의 대행에 관한 업무
7. 주식등의 전자등록 및 관리를 위한 정보통신망의 운영에 관한 업무
8. 전자등록주식등의 발행 내용의 공개에 관한 업무
9. 그 밖에 금융위원회로부터 승인을 받은 업무
② 전자등록기관은 정관으로 정하는 바에 따라 제1항 각 호의 업무에 부수하는 업무로서 다음 각 호의 어느 하나에 해당하는 업무를 한다.
1. 전자등록주식등의 담보관리에 관한 업무
2. 「자본시장과 금융투자업에 관한 법률」 제80조에 따라 집합투자업자·투자일임업자와 집합투자재산을 보관·관리하는 신탁업자 등 사이에서 이루어지는 집합투자재산의 취득·처분 등에 관한 지시 등을 처리하는 업무
3. 그 밖에 금융위원회로부터 승인을 받은 업무
③ 전자등록기관은 정관으로 정하는 바에 따라 제1항 및 제2항 각 호의 업무 외에 다음 각 호의 업무를 할 수 있다.
1. 다음 각 목의 어느 하나에 해당하는 업무. 이 경우 다른 법률에서 인가·허가·등록·신고 등이 필요한 경우에는 인가·허가 등을 받거나 등록·신고 등을 하여야 한다.
   가. 주식등의 명의개서대행업무
   나. 주식등의 대차의 중개 또는 주선 업무
   다. 그 밖에 금융위원회의 승인을 받은 업무
2. 다른 법령에서 전자등록기관의 업무로 규정한 업무
3. 그 밖에 금융위원회로부터 승인을 받은 업무

제15조【전자등록업무규정】 ① 전자등록기관은 주식등의 전자등록과 전자등록주식등의 관리를 위하여 전자등록업무규정을 제정하여 금융위원회의 승인을 받아야 한다. 이 경우 금융위원회는 그 승인을 할 때에 미리 법무부장관과 협의하여야 한다.
② 제1항의 전자등록업무규정에는 다음 각 호의 사항이 포함되어야 한다.
1. 주식등의 신규 전자등록 및 그 변경·말소의 전자등록에 관한 사항
2. 발행인관리계좌, 고객계좌, 고객관리계좌 및 계좌관리기관등 자기계좌의 개설 및 폐지에 관한 사항
3. 발행인관리계좌부, 고객계좌부, 고객관리계좌부 및 계좌관리기관등 자기계좌부의 작성 및 관리에 관한 사항
4. 전자등록주식등의 계좌간 대체, 질권의 설정·말소, 신탁재산이라는 사실의 표시·말소의 전자등록에 관한 사항
5. 제37조에 따른 소유자명세의 작성 및 전자등록주식등의 권리 행사에 관한 사항
6. 전자등록주식등의 금액 또는 수량 확인에 관한 사항
7. 주식등의 전자등록 및 관리를 위한 정보통신망의 운영에 관한 사항
8. 그 밖에 전자등록주식등의 관리를 위하여 필요한 사항

제16조【정관 변경의 승인】 전자등록기관은 정관을 변경하려는 경우에는 금융위원회의 승인을 받아야 한다. 이 경우 금융위원회는 그 승인을 할 때에는 미리 법무부장관과 협의하여야 한다.

제17조【전자등록업무규정 개정·폐지의 승인】 전자등록기관은 제15조제1항에 따른 전자등록업무규정(이하 "전자등록업무규정"이라 한다)을 개정하거나 폐지하려는 경우에는 금융위원회의 승인을 받아야 한다. 이 경우 금융위원회는 그 승인을 할 때에는 미리 법무부장관과 협의하여야 한다.

제18조【전자등록업무규정 외의 업무규정의 보고】 전자등록기관은 전자등록업무규정 외의 업무에 관한 규정을 제정·변경하거나 폐지한 경우에는 지체 없이 금융위원회에 보고하여야 한다. 다만, 다른 법률에서 금융위원회의 승인을 받도록 한 경우에는 그 법률의 규정에 따른다.

제2절 계좌관리기관

제19조【계좌관리기관】 다음 각 호의 어느 하나에 해당하는 자는 계좌관리기관이 될 수 있다.
1. 「자본시장과 금융투자업에 관한 법률」에 따른 금융투자업자로서 다음 각 목의 어느 하나에 해당하는 자
   가. 증권에 관한 투자매매업자 또는 투자중개업자
   나. 신탁업자(집합투자재산을 보관·관리하는 신탁업자로 한정한다)
2. 다음 각 목의 어느 하나에 해당하는 자
   가. 「은행법」에 따라 인가를 받아 설립된 은행(같은 법 제59조에 따라 은행으로 보는 자를 포함한다)
   나. 「은행법」 제5조에서 은행으로 보는 신용사업 부문
   다. 「농업협동조합법」에 따른 농협은행
   라. 「한국산업은행법」에 따른 한국산업은행
   마. 「중소기업은행법」에 따른 중소기업은행
3. 「한국은행법」에 따른 한국은행(이하 "한국은행"이라 한다)
4. 「보험업법」에 따른 보험회사
5. 외국 전자등록기관
6. 명의개서대행회사(「자본시장과 금융투자업에 관한 법률」에 따른 명의개서대행회사를 말하며, 제29조에 따라 개설된 특별계좌를 관리하는 경우만 해당한다)
7. 법령에 따른 업무를 하기 위하여 고객계좌를 관리할 필요가 있는 자로서 대통령령으로 정하는 자
8. 그 밖에 업무의 성격 등을 고려하여 대통령령으로 정하는 자

제20조【계좌관리기관의 업무】 ① 계좌관리기관은 다음 각 호의 업무를 한다.
1. 고객계좌부에 따른 주식등의 전자등록에 관한 업무
2. 고객계좌의 개설, 폐지 및 관리에 관한 업무
3. 고객계좌부의 작성 및 관리에 관한 업무
4. 제1호부터 제3호까지의 규정에 따른 업무에 부수하는 업무
② 계좌관리기관이 아닌 자는 전자등록기관에 고객관리계좌, 그 밖에 이와 비슷한 계좌를 개설하여 주식등의 전자등록에 관한 업무를 하여서는 아니 된다.

제3장 계좌의 개설 등

제21조【발행인관리계좌의 개설 등】 ① 다음 각 호의 어느 하나에 해당하는 자는 전자등록기관에 발행인관리계좌를 개설하여야 한다.

1. 주식등을 전자등록의 방법으로 새로 발행하려는 자
2. 이미 주권(株券), 그 밖에 대통령령으로 정하는 증권 또는 증서(이하 "주권등"이라 한다)가 발행된 주식등의 권리자에게 전자등록의 방법으로 주식등을 보유하게 하거나 취득하게 하려는 자
3. 그 밖에 제1호 및 제2호에 준하는 자로서 대통령령으로 정하는 자

② 제1항에 따라 발행인관리계좌가 개설된 경우 전자등록기관은 다음 각 호의 사항을 기록하여 발행인(제1항 각 호의 어느 하나에 해당하는 자로서 같은 항에 따라 발행인관리계좌를 개설한 자를 말한다. 이하 같다)별로 발행인관리계좌부를 작성하여야 한다.
1. 발행인의 명칭 및 사업자등록번호, 그 밖에 발행인을 식별할 수 있는 정보로서 대통령령으로 정하는 정보
2. 전자등록주식등의 종류, 종목 및 종목별 수량 또는 금액
3. 그 밖에 발행인관리계좌부에 기록할 필요가 있는 사항으로서 대통령령으로 정하는 사항

③ 제2항에 따라 작성된 발행인관리계좌부에 기록된 전자등록주식등의 종목별 수량 또는 금액이 다음 각 호의 어느 하나에 해당하는 장부에 기재된 주식등의 종목별 수량 또는 금액과 다른 경우에는 그 장부에 기재된 수량 또는 금액을 기준으로 한다.
1. 주주명부
2. 수익자명부(「신탁법」 제79조에 따른 수익자명부 또는 「자본시장과 금융투자업에 관한 법률」 제189조에 따른 수익자명부를 말한다)
3. 「국채법」, 「국고금 관리법」 또는 「한국은행 통화안정증권법」에 따른 등록부
4. 그 밖에 주식등의 권리자에 관한 장부로서 대통령령으로 정하는 장부

④ 발행인은 제2항 각 호의 사항이 변경된 경우에는 지체 없이 그 내용을 전자등록기관에 통지하여야 하고, 전자등록기관은 그 통지 내용에 따라 지체 없이 발행인관리계좌부의 기록을 변경하여야 한다.

⑤ 전자등록기관은 제4항에 따라 발행인관리계좌부의 기록이 변경된 경우에는 지체 없이 다음 각 호의 조치를 하여야 한다.
1. 변경 내용의 계좌관리기관에 대한 통지
2. 고객관리계좌부의 기록 및 계좌관리기관등 자기계좌부의 전자등록의 변경

⑥ 계좌관리기관은 제5항제1호의 통지를 받으면 지체 없이 그 통지 내용에 따라 고객계좌부의 전자등록을 변경하여야 한다.

제22조【고객계좌 및 고객관리계좌의 개설 등】 ① 전자등록주식등의 권리자가 되려는 자는 계좌관리기관에 고객계좌를 개설하여야 한다.

② 제1항에 따라 고객계좌가 개설된 경우 계좌관리기관은 다음 각 호의 사항을 전자등록하여 권리자별로 고객계좌부를 작성하여야 한다.
1. 권리자의 성명 또는 명칭 및 주소
2. 발행인의 명칭
3. 전자등록주식등의 종류, 종목 및 종목별 수량 또는 금액
4. 전자등록주식등에 질권이 설정된 경우에는 그 사실
5. 전자등록주식등이 신탁재산인 경우에는 그 사실
6. 전자등록주식등의 처분이 제한되는 경우에는 그에 관한 사항
7. 그 밖에 고객계좌부에 등록할 필요가 있는 사항으로서 대통령령으로 정하는 사항

③ 계좌관리기관은 제2항의 고객계좌부에 전자등록된 전자등록주식등의 총수량 또는 총금액을 관리하기 위하여 전자등록기관에 고객관리계좌를 개설하여야 한다.

④ 제3항에 따라 고객관리계좌가 개설된 경우 전자등록기관은 다음 각 호의 사항을 기록하여 계좌관리기관별로 고객관리계좌부를 작성하여야 한다.
1. 계좌관리기관의 명칭 및 주소
2. 전자등록주식등의 종류, 종목 및 종목별 수량 또는 금액
3. 그 밖에 고객관리계좌부에 등록할 필요가 있는 사항으로서 대통령령으로 정하는 사항

제23조【계좌관리기관등 자기계좌의 개설 등】 ① 제22조제1항에도 불구하고 계좌관리기관, 법률에 따라 설립된 기금, 그 밖에 전자등록기관에 주식등을 전자등록할 필요가 있는 자로서 대통령령으로 정하는 자(이하 "계좌관리기관등"이라 한다)가 전자등록주식등의 권리자가 되려는 경우에는 전자등록기관에 계좌관리기관등 자기계좌를 개설할 수 있다.

② 제1항에 따라 계좌관리기관등 자기계좌가 개설된 경우 전자등록기관은 다음 각 호의 사항을 전자등록하여 계좌관리기관등 자기계좌부를 작성하여야 한다.
1. 계좌관리기관등의 성명 또는 명칭 및 주소
2. 제22조제2항제2호부터 제6호까지의 규정에 따른 사항
3. 그 밖에 계좌관리기관등 자기계좌부에 등록할 필요가 있는 사항으로서 대통령령으로 정하는 사항

제4장 전자등록

제24조【전자등록의 신청 등】 ① 주식등의 전자등록은 발행인이나 권리자의 신청 또는 관공서의 촉탁에 따라 한다. 다만, 이 법에 다른 규정이 있는 경우에는 전자등록기관 또는 계좌관리기관이 직권으로 할 수 있다.

② 주식등의 전자등록은 이 법에 다른 규정이 없으면 발행인이나 권리자 단독으로 신청한다.

③ 관공서의 촉탁에 따라 전자등록을 하는 경우에 대해서는 신청에 따른 전자등록에 관한 규정을 준용한다.

제25조【주식등의 신규 전자등록】 ① 발행인은 전자등록의 방법으로 주식등을 새로 발행하려는 경우 또는 이미 주권등이 발행된 주식등을 권리자에게 보유하게 하거나 취득하게 하려는 경우 전자등록기관에 주식등의 신규 전자등록을 신청할 수 있다. 다만, 다음 각 호의 어느 하나에 해당하는 주식등에 대해서는 전자등록기관에 신규 전자등록을 신청하여야 한다.
1. 「자본시장과 금융투자업에 관한 법률」 제8조의2제4항제1호에 따른 증권시장에 상장하는 주식등
2. 「자본시장과 금융투자업에 관한 법률」에 따른 투자신탁의 수익권 또는 투자회사의 주식
3. 그 밖에 권리자 보호 및 건전한 거래질서의 유지를 위하여 신규 전자등록의 신청을 하도록 할 필요가 있는 주식등으로서 대통령령으로 정하는 주식등

② 제1항에도 불구하고 권리자 보호 및 건전한 거래질서의 유지를 위하여 대통령령으로 정하는 경우에 발행인은 제1항에 따른 신규 전자등록의 신청을 하기 전에 전자등록기관에 제6항제1호 각 목의 사항에 대한 사전심사를 신청하여야 한다.

③ 제1항 또는 제2항에 따라 신규 전자등록이나 사전심사를 신청하는 경우 발행인은 해당 주식등의 종목별로 전자등록신청서 또는 사전심사신청서(이하 이 조에서 "전자등록신청서등"이라 한다)를 작성하여 전자등록기관에 제출하여야 한다. 이 경우 신청하는 주식등의 종목에 관한 구체적 내용 등에 대해서는 전자등록업무규정으로 정한다.

④ 전자등록기관은 제3항에 따른 전자등록신청서등을 접수한 경우에는 그 내용을 검토하여 1개월 이내에 신규 전자등록 여부 또는 사전심사 내용을 결정하고, 그 결과와 이유를 지체 없이 신청인에게 문서로 통지하여야 한다. 이 경우 전자등록신청서등에 흠결이 있을 때에는 보완을 요구할 수 있다.

⑤ 제4항의 검토기간을 산정할 때 전자등록신청서등의 흠결에 대한 보완기간 등 대통령령으로 정하는 기간은 검토기간에 산입하지 아니한다.

⑥ 전자등록기관은 제4항의 전자등록 여부를 결정할 때 다음 각 호의 어느 하나에 해당하는 사유가 없으면 신규 전자등록을 거부할 수 없다.
1. 다음 각 목의 어느 하나에 해당하는 경우
 가. 해당 주식등이 성질상 또는 법령에 따라 양도될 수 없거나 그 양도가 제한되는 경우
 나. 같은 종류의 주식등의 권리자 간에 그 주식등의 권리 내용이 다르거나 그 밖에 해당 주식등의 대체 가능성이 없는 경우
 다. 그 밖에 주식등의 신규 전자등록이 적절하지 아니한 경우로서 대통령령으로 정하는 경우

2. 해당 주식등을 새로 발행하거나 이미 주권등이 발행된 주식등을 권리자에게 보유하게 하거나 취득하게 하는 것이 법령에 위반되는 경우
3. 이미 주권등이 발행된 주식등의 신규 전자등록이 신청된 경우로서 그 주권등에 대하여 「민사소송법」에 따른 공시최고절차가 계속 중인 경우. 이 경우 신규 전자등록의 거부는 공시최고절차가 계속 중인 주권등에 대한 주식등의 수량으로 한정한다.
4. 전자등록신청서등을 거짓으로 작성한 경우
5. 제4항 후단의 보완요구를 이행하지 아니한 경우
6. 그 밖에 권리자 보호 및 건전한 거래질서 유지를 위하여 대통령령으로 정하는 경우

⑦ 제1항부터 제6항까지의 규정에 따른 전자등록신청서등의 기재사항·첨부서류, 그 밖에 전자등록 또는 사전심사의 신청에 관한 사항과 전자등록 또는 사전심사의 검토 방법·절차, 그 밖에 필요한 사항은 대통령령으로 정한다.

제26조【새로 발행되는 주식등의 신규 전자등록에 따른 조치】 ① 전자등록기관은 제25조에 따라 새로 발행되는 주식등의 신규 전자등록을 할 때 같은 조 제1항에 따른 신청 내용을 발행인관리계좌부에 기록하고 다음 각 호의 구분에 따른 조치를 하여야 한다.
1. 신청 내용 중 전자등록기관에 전자등록될 사항 : 계좌관리기관등 자기계좌부에 전자등록
2. 신청 내용 중 계좌관리기관에 전자등록될 사항 : 고객관리계좌부에 기록하고 지체 없이 그 신청 내용과 관련된 각각의 권리자가 고객계좌를 개설한 계좌관리기관에 통지

② 계좌관리기관이 제1항제2호에 따른 통지를 받은 경우 지체 없이 그 통지 내용에 따라 전자등록될 사항을 고객계좌부에 전자등록하여야 한다.

제27조【이미 주권등이 발행된 주식등의 신규 전자등록에 따른 조치 등】 ① 발행인이 제25조제1항에 따라 이미 주권등이 발행된 주식등의 신규 전자등록을 신청하는 경우에는 신규 전자등록을 하려는 날(이하 "기준일"이라 한다)의 직전 영업일을 말일로 1개월 이상의 기간을 정하여 다음 각 호의 사항을 공고하고, 주주명부, 그 밖에 대통령령으로 정하는 장부(이하 "주주명부등"이라 한다)에 권리자로 기재되어 있는 자에게 그 사항을 통지하여야 한다.
1. 기준일부터 주권등이 그 효력을 잃는다는 뜻
2. 권리자는 기준일의 직전 영업일까지 발행인에게 주식등이 전자등록되는 고객계좌 또는 계좌관리기관등 자기계좌(이하 "전자등록계좌"라 한다)를 통지하고 주권등을 제출하여야 한다는 뜻
3. 발행인은 기준일의 직전 영업일에 주주명부등에 기재된 권리자를 기준으로 제25조제1항에 따라 전자등록기관에 신규 전자등록의 신청을 한다는 뜻

② 발행인은 제25조제6항제3호에 따라 신규 전자등록이 거부된 주식등과 관련하여 주권등에 대한 제권판결(除權判決)의 확정, 그 밖에 이와 비슷한 사유에 따라 해당 주식등에 관한 권리를 주장할 수 있는 자가 있는 경우에는 그 권리를 주장할 수 있는 자를 위하여 전자등록기관에 신규 전자등록의 추가 신청을 하여야 한다.

③ 전자등록기관이 제25조제1항에 따라 이미 주권등이 발행된 주식등의 신규 전자등록의 신청을 받은 경우 또는 제2항에 따라 신규 전자등록의 추가 신청을 받은 경우에 대해서는 제26조를 준용한다.

④ 제1항에 따른 공고와 통지의 방법 및 구체적 절차, 제2항에 따른 신규 전자등록의 추가 신청에 관한 서류의 기재사항 및 첨부서류, 그 밖에 신규 전자등록의 추가 신청에 관한 사항 등에 대해서는 대통령령으로 정한다.

제28조【이미 주권이 발행된 주식의 입질(入質) 등에 관한 특례】 ① 발행인이 제25조부터 제27조까지의 규정에 따라 이미 주권이 발행된 주식을 전자등록하는 경우 해당 주식의 질권자로서 발행인의 주주명부에 기재되지 아니한 자는 질권설정자가 청구하지 아니하더라도 단독으로 기준일의 1개월 전부터 기준일의 직전 영업일까지 발행인에게 주주명부에 질권 내용을 기재하여 줄 것을 요청할 수 있다.

② 제1항에 따른 질권 내용의 기재를 위하여 필요한 경우 제1항의 질권자는 발행인에게 질권설정자의 성명과 주소를 주주명부에 기재할 것을 요청할 수 있다.

③ 발행인은 특별한 사정이 없으면 제1항 또는 제2항의 요청에 따라야 한다.

④ 명의개서대행회사가 발행인을 대행하여 제1항에 따른 질권 내용의 기재 또는 제2항에 따른 질권설정자의 성명과 주소의 기재에 관한 업무를 하는 경우에는 「금융실명거래 및 비밀보장에 관한 법률」 제3조에도 불구하고 질권설정자의 실지명의를 확인하지 아니할 수 있다.

⑤ 제1항의 질권자가 제1항 또는 제2항에 따른 요청을 하는 경우에는 지체 없이 그 사실을 질권설정자에게 통지하여야 한다.

제29조【특별계좌의 개설 및 관리】 ① 발행인이 제25조부터 제27조까지의 규정에 따라 이미 주권등이 발행된 주식등을 전자등록하는 경우 제25조제1항에 따른 신규 전자등록의 신청을 하기 전에 제27조제1항제2호에 따른 통지를 하지 아니하거나 주권등을 제출하지 아니한 주식등의 소유자 또는 질권자를 위하여 명의개서대행회사, 그 밖에 대통령령으로 정하는 기관(이하 이 조에서 "명의개서대행회사등"이라 한다)에 기준일의 직전 영업일을 기준으로 주주명부등에 기재된 주식등의 소유자 또는 질권자를 명의자로 하는 전자등록계좌(이하 "특별계좌"라 한다)를 개설하여야 한다.

② 제1항에 따라 특별계좌가 개설되는 때에 제22조제2항 또는 제23조제2항에 따라 작성되는 전자등록계좌부(이하 이 조에서 "특별계좌부"라 한다)에 전자등록된 주식등에 대해서는 제30조부터 제32조까지의 규정에 따른 전자등록을 할 수 없다. 다만, 다음 각 호의 어느 하나에 해당하는 경우에는 그러하지 아니하다.
1. 해당 특별계좌의 명의자가 아닌 자가 주식등이 특별계좌부에 전자등록되기 전에 이미 주식등의 소유자 또는 질권자가 된 경우에 그 자가 발행인에게 그 주식등에 관한 권리가 표시된 주권등을 제출(주권등을 제출할 수 없는 경우에는 해당 주권등에 대한 제권판결의 정본·등본을 제출하는 것을 말한다. 이하 제2호 및 제3호에서 같다)하고 그 주식등을 제30조에 따라 자기 명의의 전자등록계좌로 계좌간 대체의 전자등록을 하려는 경우(해당 주식등에 질권이 설정된 경우에는 다음 각 목의 어느 하나에 해당하는 경우로 한정한다)
   가. 해당 주식등에 설정된 질권이 말소된 경우
   나. 해당 주식등의 질권자가 그 주식등을 특별계좌 외의 소유자 명의의 다른 전자등록계좌로 이전하는 것에 동의한 경우
2. 해당 특별계좌의 명의자인 소유자가 발행인에게 전자등록된 주식등에 관한 권리가 표시된 주권등을 제출하고 그 주식등을 제30조에 따라 특별계좌 외의 자기 명의의 다른 전자등록계좌로 이전하려는 경우(해당 주식등에 질권이 설정된 경우에는 제1호 각 목의 어느 하나에 해당하는 경우로 한정한다)
3. 해당 특별계좌의 명의자인 질권자가 발행인에게 주권등을 제출하고 그 주식등을 제30조에 따라 특별계좌 외의 자기 명의의 전자등록계좌로 이전하려는 경우
4. 그 밖에 특별계좌에 전자등록된 주식등의 권리자의 이익을 해칠 우려가 없는 경우로서 대통령령으로 정하는 경우

③ 누구든지 주식등을 특별계좌로 이전하기 위하여 제30조에 따른 계좌간 대체의 전자등록을 신청할 수 없다. 다만, 제1항에 따라 특별계좌를 개설한 발행인이 대통령령으로 정하는 사유에 따라 신청을 한 경우에는 그러하지 아니하다.

④ 명의개서대행회사등이 발행인을 대행하여 제1항에 따라 특별계좌를 개설하는 경우에는 「금융실명거래 및 비밀보장에 관한 법률」 제3조에도 불구하고 특별계좌부에 소유자 또는 질권자로 전자등록될 자의 실지명의를 확인하지 아니할 수 있다.

제30조【계좌간 대체의 전자등록】 ① 전자등록주식등의 양도(다음 각 호의 어느 하나에 해당하는 경우를 포함한다)를 위하여 계좌간 대체를 하려는 자는 해당 전자등록주식등이 전자등록된 전자등록기관 또는 계좌관리기관에 계좌간 대체의 전자등록을 신청하여야 한다.
1. 제29조제2항제1호부터 제3호까지의 어느 하나에 해당하는 경우

2. 상속·합병 등을 원인으로 전자등록주식등의 포괄승계를 받은 자가 자기의 전자등록계좌로 그 전자등록주식등을 이전하는 경우
3. 그 밖에 계좌간 대체가 필요하다고 인정되는 경우로서 대통령령으로 정하는 경우
② 제1항에 따라 전자등록 신청을 받은 전자등록기관 또는 계좌관리기관은 지체 없이 전자등록계좌부에 해당 전자등록주식등의 계좌간 대체의 전자등록을 하여야 한다.
③ 제1항과 제2항에 따른 계좌간 대체의 전자등록의 신청 및 전자등록의 방법과 절차에 관하여 필요한 사항은 대통령령으로 정한다.

제31조【질권 설정 및 말소의 전자등록】 ① 전자등록주식등에 질권을 설정하거나 말소하려는 자는 해당 전자등록주식등이 전자등록된 전자등록기관 또는 계좌관리기관에 질권 설정 또는 말소의 전자등록을 신청하여야 한다.
② 제1항에 따라 전자등록 신청을 받은 전자등록기관 또는 계좌관리기관은 지체 없이 해당 전자등록주식등이 질물(質物)이라는 사실과 질권자를 질권설정자의 전자등록계좌부에 전자등록하는 방법으로 해당 전자등록주식등에 질권 설정 또는 말소의 전자등록을 하여야 한다.
③ 제1항과 제2항에 따른 질권 설정 또는 말소의 전자등록의 신청 및 전자등록의 방법과 절차에 관하여 필요한 사항은 대통령령으로 정한다.

제32조【신탁재산이라는 사실의 표시 및 말소의 전자등록】 ① 전자등록주식등에 대하여 신탁재산이라는 사실을 표시하거나 그 표시를 말소하려는 자는 해당 전자등록주식등이 전자등록된 전자등록기관 또는 계좌관리기관에 신탁재산이라는 사실의 표시 또는 말소의 전자등록을 신청하여야 한다.
② 제1항에 따라 전자등록 신청을 받은 전자등록기관 또는 계좌관리기관은 지체 없이 해당 전자등록주식등이 신탁재산이라는 사실을 전자등록계좌부에 표시하거나 말소하는 전자등록을 하여야 한다.
③ 제1항과 제2항에 따른 신탁재산이라는 사실의 표시 또는 말소 전자등록의 신청 및 전자등록의 방법과 절차에 관하여 필요한 사항은 대통령령으로 정한다.

제33조【권리의 소멸 등에 따른 변경·말소의 전자등록】 ① 다음 각 호의 어느 하나에 해당하는 사유로 제25조부터 제27조까지의 규정에 따른 신규 전자등록을 변경하거나 말소하려는 자는 해당 전자등록주식등이 전자등록된 전자등록기관 또는 계좌관리기관에 신규 전자등록의 변경·말소의 전자등록을 신청하여야 한다.
1. 원리금·상환금 지급 등으로 인한 전자등록주식등에 관한 권리의 전부 또는 일부의 소멸
2. 발행인인 회사의 정관 변경 등으로 인한 전자등록주식등의 주권등으로의 전환
3. 발행인인 회사의 합병 및 분할(분할합병을 포함한다)
4. 발행인인 회사의 전자등록된 주식의 병합·분할·소각 또는 액면주식과 무액면주식 간의 전환
5. 그 밖에 주식등에 대한 권리가 변경되거나 소멸되는 경우로서 대통령령으로 정하는 사유
② 제1항에 따른 전자등록 신청을 받은 전자등록기관 또는 계좌관리기관은 지체 없이 전자등록주식등에 관한 권리 내용을 변경하거나 말소하는 전자등록을 하여야 한다.
③ 제1항 및 제2항에도 불구하고 전자등록기관 또는 계좌관리기관은 다음 각 호의 어느 하나에 해당하는 경우에는 직권으로 전자등록주식등에 관한 권리 내용을 변경하거나 말소할 수 있다.
1. 제38조에 따른 전자등록기관을 통한 권리 행사로 제1항제1호의 사유가 발생한 경우
2. 발행인이 「상법」, 그 밖의 법률에 따라 해산·청산된 경우
3. 그 밖에 주식등에 대한 권리가 변경되거나 소멸되는 경우로서 대통령령으로 정하는 경우
④ 제1항부터 제3항까지의 규정에 따른 변경·말소의 전자등록의 신청 및 전자등록의 방법과 절차, 그 밖에 변경·말소의 전자등록에 필요한 사항은 대통령령으로 정한다.

제34조【합병등에 관한 특례】 전자등록주식등이 아닌 주식등의 소유자가 다음 각 호의 어느 하나에 해당하는 사유로 다른 회사의 전자등록주식등을 취득하는 경우에 대해서는 제25조제6항제3호, 제26조, 제27조제1항·제2항, 제28조부터 제30조까지 및 제36조제3항을 준용한다. 이 경우 "기준일"은 각각 "합병등의 효력이 발생하는 날"로 본다.
1. 회사의 합병 및 분할(분할합병을 포함한다)
2. 주식의 포괄적 교환
3. 주식의 포괄적 이전

제35조【전자등록의 효력】 ① 전자등록계좌부에 전자등록된 자는 해당 전자등록주식등에 대하여 전자등록된 권리를 적법하게 가지는 것으로 추정한다.
② 전자등록주식등을 양도하는 경우에는 제30조에 따른 계좌간 대체의 전자등록을 하여야 그 효력이 발생한다.
③ 전자등록주식등을 질권의 목적으로 하는 경우에는 제31조에 따른 질권 설정의 전자등록을 하여야 입질의 효력이 발생한다. 이 경우 「상법」 제340조제1항에 따른 주식의 등록질(登錄質)의 경우 질권자의 성명을 주권에 기재하는 것에 대해서는 그 성명을 전자등록계좌부에 전자등록하는 것으로 갈음한다.
④ 전자등록주식등의 신탁은 제32조에 따라 해당 전자등록주식등이 신탁재산이라는 사실을 전자등록함으로써 제3자에게 대항할 수 있다.
⑤ 선의(善意)로 중대한 과실 없이 전자등록계좌부의 권리 내용을 신뢰하고 소유자 또는 질권자로 전자등록된 자는 해당 전자등록주식등에 대한 권리를 적법하게 취득한다.

제36조【전자등록주식등에 대한 증권·증서의 효력 등】 ① 발행인은 전자등록주식등에 대해서는 증권 또는 증서를 발행해서는 아니 된다.
② 제1항을 위반하여 발행된 증권 또는 증서는 효력이 없다.
③ 이미 주권등이 발행된 주식등이 제25조부터 제27조까지의 규정에 따라 신규 전자등록된 경우 그 전자등록주식등에 대한 주권등은 기준일부터 그 효력을 잃는다. 다만, 기준일 당시 「민사소송법」에 따른 공시최고절차가 계속 중이었던 주권등은 그 주권등에 대한 제권판결의 확정, 그 밖에 이와 비슷한 사유가 발생한 날부터 효력을 잃는다.

제5장 전자등록주식등에 대한 권리 행사

제37조【소유자명세】 ① 전자등록주식등으로서 기명식(記名式) 주식등의 발행인은 「상법」 제354조제1항(다른 법률에서 준용하는 경우를 포함한다)에 따라 일정한 날을 정한 경우에는 전자등록기관에 그 일정한 날을 기준으로 해당 주식등의 소유자의 성명 및 주소, 소유자가 가진 주식등의 종류·종목·수량 등을 기록한 명세(이하 "소유자명세"라 한다)의 작성을 요청하여야 한다. 다만, 「자본시장과 금융투자업에 관한 법률」에 따라 투자신탁재산을 운용하는 집합투자업자가 집합투자기구의 결산에 따라 발생하는 분배금을 배분하기 위한 경우, 그 밖에 권리자의 이익을 해칠 우려가 적은 경우로서 대통령령으로 정하는 경우에는 그러하지 아니하다.
② 전자등록주식등으로서 기명식 주식등의 발행인은 다음 각 호의 어느 하나에 해당하는 경우에는 전자등록기관에 소유자명세의 작성을 요청할 수 있다.
1. 발행인이 법령 또는 법원의 결정 등에 따라 해당 전자등록주식등의 소유자를 파악하여야 하는 경우
2. 발행인이 대통령령으로 정하는 주기별로 해당 전자등록주식등의 소유자를 파악하려는 경우
3. 「자본시장과 금융투자업에 관한 법률」 제134조에 따라 공개매수신고서가 제출된 전자등록주식등의 발행인(그 전자등록주식등과 관련된 증권예탁증권에 표시된 권리, 그 밖에 대통령령으로 정하는 주식등의 경우에는 대통령령으로 정하는 자를 말한다. 이하 이 항에서 같다)이 그 주식등의 소유상황을 파악하기 위하여 일정한 날을 정하여 전자등록기관에 주주에 관한 사항의 통보를 요청하는 경우
4. 그 밖에 발행인이 해당 전자등록주식등의 소유자를 파악할 필요가 있는 경우로서 대통령령으로 정하는 경우

③ 전자등록주식등으로서 무기명식(無記名式) 주식등의 발행인은 「자본시장과 금융투자업에 관한 법률」 제165조의11에 따른 조건부자본증권이 주식으로 전환되는 경우, 그 밖에 해당 주식등이 다른 주식등으로 전환되는 경우로서 대통령령으로 정하는 경우에 소유자명세의 작성이 필요하면 전자등록기관에 소유자명세의 작성을 요청할 수 있다.
④ 전자등록기관은 제1항부터 제3항까지의 규정에 따른 요청을 받은 경우에는 소유자명세를 작성하여 그 주식등의 발행인에게 지체 없이 통지하여야 한다. 이 경우 전자등록기관은 계좌관리기관에 소유자명세의 작성에 필요한 사항의 통보를 요청할 수 있으며, 그 요청을 받은 계좌관리기관은 그 사항을 지체 없이 전자등록기관에 통보하여야 한다.
⑤ 전자등록기관은 전자등록주식등으로서 기명식 주식등의 질권자의 신청에 따라 발행인에게 질권 내용을 통보하는 경우에는 제4항에 따른 소유자명세에 해당 내용을 포함하여야 한다. 이 경우 계좌관리기관에 전자등록된 기명식 주식등의 질권자는 해당 계좌관리기관을 통하여 신청하여야 한다.
⑥ 발행인은 제4항 전단에 따른 통지를 받은 경우 통지받은 사항과 통지 연월일을 기재하여 주주명부등을 작성·비치하여야 한다. 다만, 해당 주식등이 무기명식인 경우에는 그러하지 아니하다.
⑦ 전자등록기관은 다음 각 호의 어느 하나에 해당하는 사유로 제33조제2항 또는 제3항에 따른 말소의 전자등록이 된 주식등에 대하여 그 말소의 전자등록이 된 날을 기준으로 전자등록계좌부에 전자등록되었던 권리자의 성명, 주소 및 권리 내용 등을 기록한 명세를 작성하여 해당 주식등의 발행인에게 지체 없이 통지하여야 한다.
1. 제33조제1항제2호에 따른 사유
2. 제33조제3항제2호에 따른 사유
3. 그 밖에 전자등록기관이 주식등에 관한 권리를 관리하기 곤란하다고 인정되는 경우로서 대통령령으로 정하는 사유
⑧ 제7항에 따른 명세의 작성 등에 관하여는 제4항 후단 및 제6항을 준용한다.

제38조【전자등록기관을 통한 권리 행사】 ① 전자등록주식등의 권리자는 전자등록기관을 통하여 배당금·원리금·상환금 등의 수령, 그 밖에 주식등에 관한 권리를 행사할 수 있다.
② 제1항에 따라 권리를 행사하려는 전자등록주식등의 권리자는 전자등록기관을 통하여 권리를 행사한다는 뜻과 권리 행사의 내용을 구체적으로 밝혀 전자등록기관에 신청하여야 한다. 이 경우 고객계좌부에 전자등록된 권리자는 계좌관리기관을 통하여 신청하여야 한다.
③ 전자등록주식등의 발행인은 제1항에 따른 전자등록기관을 통한 권리 행사를 위하여 대통령령으로 정하는 사항을 지체 없이 전자등록기관에 통지하여야 한다.
④ 「자본시장과 금융투자업에 관한 법률」 제165조의11제1항에 따른 조건부자본증권의 권리자가 전자등록기관을 통하여 권리행사를 하는 데에 필요한 사항은 대통령령으로 정한다.

제39조【소유자증명서】 ① 전자등록기관은 전자등록주식등의 소유자가 자신의 권리를 행사하기 위하여 해당 전자등록주식등의 전자등록을 증명하는 문서(이하 "소유자증명서"라 한다)의 발행을 신청하는 경우에는 대통령령으로 정하는 방법에 따라 발행하여야 한다. 이 경우 계좌관리기관에 고객계좌를 개설한 전자등록주식등의 소유자는 해당 계좌관리기관을 통하여 신청하여야 한다.
② 계좌관리기관은 제1항 후단에 따른 신청을 받으면 전자등록주식등의 소유 내용 및 행사하려는 권리의 내용, 그 밖에 대통령령으로 정하는 사항을 지체 없이 전자등록기관에 통지하여야 한다.
③ 전자등록기관은 제1항에 따라 소유자증명서를 발행하였을 때에는 발행인, 그 밖에 대통령령으로 정하는 자(이하 "발행인등"이라 한다)에게 그 사실을 지체 없이 통지하여야 한다.
④ 전자등록기관이 제1항에 따라 소유자증명서를 발행한 경우 해당 전자등록주식등이 전자등록된 전자등록기관 또는 계좌관리기관은 대통령령으로 정하는 바에 따라 전자등록계좌부에 그 소유자증명서 발행의 기초가 된 전자등록주식등의 처분을 제한하는 전자등록을 하여야 하며, 그 소유자증명서가 반환된 때에는 그 처분을 제한하는 전자등록을 말소하여야 한다.
⑤ 전자등록주식등의 소유자가 제1항에 따라 발행된 소유자증명서를 발행인이나 그 밖에 대통령령으로 정하는 자에게 제출한 경우에는 그 자에 대하여 소유자로서의 권리를 행사할 수 있다.

제40조【소유 내용의 통지】 ① 전자등록기관은 전자등록주식등의 소유자가 자신의 전자등록주식등에 대한 소유 내용을 발행인등에게 통지하여 줄 것을 신청하는 경우에는 대통령령으로 정하는 방법에 따라 그 내용을 통지하여야 한다. 이 경우 계좌관리기관에 고객계좌를 개설한 전자등록주식등의 소유자는 해당 계좌관리기관을 통하여 신청하여야 한다.
② 계좌관리기관은 제1항 후단에 따른 신청을 받으면 전자등록주식등의 소유 내용 및 통지 내용, 그 밖에 대통령령으로 정하는 사항을 지체 없이 전자등록기관에 통지하여야 한다.
③ 전자등록기관이 제1항에 따라 소유 내용을 통지하였을 때에는 해당 전자등록주식등이 전자등록된 전자등록기관 또는 계좌관리기관은 대통령령으로 정하는 바에 따라 전자등록계좌부에 그 통지의 기초가 된 전자등록주식등의 처분을 제한하는 전자등록을 하여야 한다. 이 경우 그 통지에서 정한 유효기간이 만료된 때에는 그 처분을 제한하는 전자등록을 말소하여야 한다.
④ 전자등록주식등의 소유자는 제1항에 따라 통지된 내용에 대하여 해당 전자등록주식등의 발행인등에게 소유자로서의 권리를 행사할 수 있다.

제41조【권리 내용의 열람 등】 ① 전자등록기관 또는 계좌관리기관은 해당 기관에 전자등록계좌를 개설한 전자등록주식등의 권리자가 자신의 권리 내용을 주식등의 전자등록 및 관리를 위한 정보통신망 등을 통하여 열람 또는 출력·복사할 수 있도록 하여야 한다.
② 전자등록기관은 발행인관리계좌를 개설한 발행인이 자신의 발행 내용을 정보통신망 등을 통하여 열람 또는 출력·복사할 수 있도록 하여야 한다.

제6장 전자등록의 안전성 확보

제42조【초과분에 대한 해소 의무 등】 ① 계좌관리기관은 제1호의 총수량 또는 총금액이 제2호의 총수량 또는 총금액을 초과하는 경우에는 대통령령으로 정하는 바에 따라 지체 없이 그 초과분을 해소하여야 한다.
1. 고객계좌부에 전자등록된 주식등의 종목별 총수량 또는 총금액
2. 고객관리계좌부에 기록된 전자등록주식등의 종목별 총수량 또는 총금액
② 전자등록기관은 제1호의 총수량 또는 총금액이 제2호의 총수량 또는 총금액을 초과하는 경우에는 대통령령으로 정하는 바에 따라 지체 없이 그 초과분을 해소하여야 한다.
1. 계좌관리기관등 자기계좌부에 전자등록된 주식등의 종목별 총수량 또는 총금액과 고객관리계좌부에 기록된 전자등록주식등의 종목별 총수량 또는 총금액의 합
2. 발행인관리계좌부에 기록된 전자등록주식등의 종목별 총수량 또는 총금액
③ 제1항 또는 제2항에 따른 초과분에 대한 해소 의무의 전부 또는 일부를 이행하지 아니한 경우에는 계좌관리기관과 전자등록기관은 대통령령으로 정하는 방법 및 절차에 따라 그 초과분을 해소하여야 한다.
④ 제1항부터 제3항까지의 규정에 따른 초과분에 대한 해소 의무의 전부 또는 일부를 이행하지 아니한 경우에는 제1항 또는 제2항에 따라 해소 의무가 있는 계좌관리기관 또는 전자등록기관이 대통령령으로 정하는 바에 따라 해소되지 아니한 초과분에 해당하는 전자등록주식등에 대하여 지급되는 원리금, 배당금, 그 밖에 대통령령으로 정하는 금액을 지급할 의무를 진다.
⑤ 제1항부터 제4항까지의 규정에 따른 의무를 이행한 계좌관리기관 또는 전자등록기관은 각각 해당 초과분 발생에 책임이 있는 자에게 구상권(求償權)을 행사할 수 있다.

⑥ 계좌관리기관은 전자등록기관에 개설한 계좌를 폐쇄한 이후에도 제3항에 따른 해소 의무를 부담한다. 다만, 계좌를 폐쇄한 때부터 5년이 지난 경우에는 해당 의무가 소멸한다.
제43조 【초과분에 대한 권리 행사의 제한】 ① 제42조제1항에 따른 초과분이 발생한 경우에는 같은 항에 따른 의무가 이행될 때까지 그 의무가 발생한 계좌관리기관의 고객계좌부에 해당 전자등록주식등의 권리자로 전자등록된 자로서 대통령령으로 정하는 자는 대통령령으로 정하는 바에 따라 산정된 수량 또는 금액에 대한 권리를 발행인에게 주장할 수 없다.
② 제42조제2항에 따른 초과분이 발생한 경우에는 같은 항에 따른 의무가 이행될 때까지 해당 전자등록주식등의 권리자로 전자등록된 자로서 대통령령으로 정하는 자는 대통령령으로 정하는 바에 따라 산정된 수량 또는 금액에 대한 권리를 발행인에게 주장할 수 없다.
③ 제1항 또는 제2항에 따른 권리 행사의 제한으로 해당 전자등록주식등의 권리자에게 손해가 발생한 경우 제42조제1항 또는 제2항에 따른 해소 의무를 부담하는 자는 해당 손해를 배상하여야 한다.
④ 제3항에 따른 손해배상 의무의 전부 또는 일부가 이행되지 아니한 경우에는 계좌관리기관 및 전자등록기관은 연대하여 배상할 책임이 있다. 이 경우 제42조제5항 및 제6항을 준용한다.
제44조 【전자등록 정보 등의 보안】 ① 누구든지 전자등록기관 또는 계좌관리기관의 주식등의 전자등록 및 관리를 위한 정보통신망(정보처리장치를 포함한다. 이하 이 조에서 같다)에 거짓 정보 또는 부정한 명령을 입력하거나 권한 없이 정보를 입력·변경해서는 아니 된다.
② 누구든지 전자등록기관 또는 계좌관리기관에 보관된 전자등록 정보 또는 기록 정보를 멸실하거나 훼손해서는 아니 된다.
③ 누구든지 정당한 접근권한 없이 또는 허용된 접근권한을 초과하여 전자등록기관 또는 계좌관리기관의 주식등의 전자등록 및 관리를 위한 정보통신망에 침입해서는 아니 된다.
제45조 【직무 관련 정보의 이용 금지】 ① 전자등록기관과 계좌관리기관은 이 법에 따른 직무상 알게 된 정보로서 외부에 공개되지 아니한 정보를 정당한 사유 없이 자기 또는 제3자의 이익을 위하여 이용해서는 아니 된다.
② 전자등록기관 또는 계좌관리기관의 임직원 및 임직원이었던 사람에 대해서는 제1항을 준용한다.
제46조 【계좌관리기관의 자료제출 등】 ① 전자등록기관은 계좌관리기관에 전자등록업무에 관한 보고, 자료의 제출 또는 관련 장부의 열람 등을 요구할 수 있다. 이 경우 계좌관리기관은 정당한 사유가 없으면 전자등록기관의 요구에 따라야 한다.
② 계좌관리기관은 다음 각 호의 어느 하나에 해당하는 경우에는 전자등록기관에 그 사실을 지체 없이 통지하여야 한다.
1. 제42조제1항에 따른 초과분 발생을 확인한 경우
2. 영업의 정지, 인가·허가의 취소, 파산·해산, 그 밖에 전자등록업무를 정상적으로 수행할 수 없는 사유가 발생한 경우
③ 전자등록기관은 다음 각 호의 어느 하나에 해당하는 경우에는 금융위원회에 그 사실을 지체 없이 보고하여야 한다.
1. 제42조제2항에 따른 초과분 발생을 확인한 경우
2. 제2항에 따른 통지를 받은 경우
3. 그 밖에 주식등에 대한 전자등록을 위한 업무를 정상적으로 수행할 수 없다고 인정되는 경우로서 대통령령으로 정하는 사유가 발생한 경우
제47조 【계좌간 대체의 전자등록 제한】 전자등록기관은 계좌관리기관의 파산·해산, 그 밖에 대통령령으로 정하는 사유가 발생한 경우 대통령령으로 정하는 기준 및 방법에 따라 고객계좌부에 전자등록된 전자등록주식등의 계좌간 대체의 전자등록을 제한할 수 있다.
제48조 【전자등록 정보 등의 보존】 ① 전자등록기관과 계좌관리기관은 전자등록 정보 또는 기록 정보를 보존하여야 한다.
② 제1항에 따라 전자등록기관과 계좌관리기관이 보존하여야 하는 전자등록 정보 또는 기록 정보의 종류, 보존 방법 및 보존기간은 대통령령으로 정한다.
제49조 【긴급사태 시의 처분】 ① 금융위원회는 천재지변, 전시, 사변, 경제사정의 급격한 변동, 주식등의 전자등록 및 관리를 위한 정보통신망의 중대한 장애, 그 밖에 이에 준하는 사태가 발생하여 주식등의 전자등록업무가 정상적으로 이루어질 수 없다고 인정되는 경우에는 전자등록기관 및 계좌관리기관에 전자등록업무의 중단 등을 명하거나 그 밖에 필요한 조치를 할 수 있다.
② 금융위원회는 제1항에 따른 긴급조치를 한 경우에는 법무부장관에게 지체 없이 통지하여야 한다.
제50조 【준용규정】 전자등록기관 및 계좌관리기관의 전자등록 및 관리업무에 관하여는 「금융실명거래 및 비밀보장에 관한 법률」 제4조를 준용한다.

제7장 검사 및 감독

제51조 【보고 및 검사】 ① 금융위원회는 이 법의 목적을 달성하기 위하여 필요한 경우 전자등록기관에 보고 또는 자료의 제출을 요구하거나 소속 공무원으로 하여금 그 전자등록기관의 업무 상황이나 장부·서류 또는 그 밖에 필요한 물건을 검사하게 할 수 있다.
② 금융위원회는 제1항에 따른 검사를 「금융위원회의 설치 등에 관한 법률」에 따라 설립된 금융감독원의 원장(이하 "금융감독원장"이라 한다)에게 위탁할 수 있다.
③ 금융위원회는 제1항에 따른 검사를 할 때에 필요하다고 인정되는 경우에는 전자등록기관에 이 법에 따른 업무 또는 재산에 관한 보고, 자료의 제출, 증인의 출석·증언 및 의견의 진술을 요구할 수 있다.
④ 제1항에 따라 검사를 하는 사람은 그 권한을 표시하는 증표를 지니고 관계인에게 보여주어야 한다.
⑤ 금융감독원장이 제2항에 따른 금융위원회의 위탁을 받아 제1항에 따른 검사를 한 경우에는 그 보고서를 금융위원회에 제출하여야 한다. 이 경우 이 법 또는 이 법에 따른 명령이나 처분을 위반한 사실이 있으면 그 처리에 관한 의견서를 첨부하여야 한다.
제52조 【법무부장관의 검사 요청 등】 ① 법무부장관은 이 법의 목적을 달성하기 위하여 필요한 경우 전자등록기관에 보고 또는 자료의 제출을 요구하거나 금융위원회에 전자등록기관에 대한 검사를 요청할 수 있으며 그 검사에 법무부 소속 공무원이 참여하도록 할 수 있다.
② 금융위원회는 제1항에 따른 법무부장관의 검사 요청을 받은 경우 그 검사를 금융감독원장에게 위탁하여 하게 할 수 있다.
③ 금융감독원장은 제2항에 따른 금융위원회의 위탁을 받아 검사를 한 경우에는 그 보고서를 법무부장관에게 제출하여야 한다. 이 경우 검사보고서의 내용은 제14조제1항 각 호의 업무, 같은 조 제2항 각 호의 업무 및 그 업무와 관련된 재산의 검사에 관한 사항으로 한정하며, 전자등록기관이 이 법 또는 이 법에 따른 명령이나 처분을 위반한 사실이 있으면 그 처리에 관한 의견서를 첨부하여야 한다.
④ 법무부장관은 이 법의 목적을 달성하기 위하여 필요한 경우 금융위원회에 제51조제5항 전단에 따른 검사보고서(같은 항 후단에 따른 의견서를 포함한다)를 송부하여 줄 것을 요청할 수 있다.
제53조 【전자등록기관에 대한 조치】 ① 금융위원회는 전자등록기관이 다음 각 호의 어느 하나에 해당하는 경우에는 제5조에 따른 허가를 취소할 수 있다. 이 경우 금융위원회는 허가를 취소할 때에는 미리 법무부장관과 협의하여야 한다.
1. 거짓, 그 밖의 부정한 방법으로 제5조에 따른 허가를 받은 경우
2. 허가조건을 위반한 경우
3. 제8조에 따른 허가요건 유지의무를 위반한 경우
4. 업무의 정지기간 중에 업무를 한 경우
5. 금융위원회의 시정명령 또는 중지명령을 이행하지 아니한 경우
6. 별표1 각 호의 어느 하나에 해당하는 경우로서 대통령령으로 정하는 경우
7. 대통령령으로 정하는 금융 관련 법령 등을 위반한 경우로서 대통령령으로 정하는 경우
8. 정당한 사유 없이 업무를 중단한 경우

9. 정당한 사유 없이 제3항부터 제6항까지의 규정에 따른 조치 또는 제57조제1항에 따른 업무이전명령에 따르지 않은 경우
10. 합병, 파산, 영업의 폐지 등으로 사실상 전자등록업무를 수행할 수 없게 된 경우
11. 그 밖에 권리자의 이익을 현저히 해할 우려가 있거나 전자등록업무를 하기 곤란하다고 인정되는 경우로서 대통령령으로 정하는 경우

② 전자등록기관은 허가가 취소된 경우에도 제57조제1항에 따른 업무이전명령에 따라 업무 이전이 완료되기 전까지는 허가 취소 전에 전자등록된 주식등에 관한 전자등록업을 계속하여 할 수 있다.

③ 금융위원회는 전자등록기관이 제1항 각 호(제6호는 제외한다)의 어느 하나에 해당하거나 별표1 각 호의 어느 하나에 해당하는 경우에는 다음 각 호의 어느 하나에 해당하는 조치를 할 수 있다. 이 경우 금융위원회는 조치를 할 때에는 미리 법무부장관과 협의하여야 한다.

1. 6개월의 범위에서 이 법에 따른 업무의 전부 또는 일부 정지
2. 이 법에 따른 업무와 관련된 계약의 인계명령
3. 위법행위의 시정명령 또는 중지명령
4. 위법행위로 인한 조치를 받았다는 사실의 공표명령 또는 게시명령
5. 기관경고
6. 기관주의
7. 그 밖에 위법행위를 시정하거나 방지하기 위하여 필요한 조치로서 대통령령으로 정하는 조치

④ 금융위원회는 전자등록기관의 임원이 제1항 각 호(제6호는 제외한다)의 어느 하나에 해당하거나 별표1 각 호의 어느 하나에 해당하는 경우에는 다음 각 호의 어느 하나에 해당하는 조치를 할 수 있다. 이 경우 금융위원회는 조치를 할 때에는 미리 법무부장관과 협의하여야 한다.

1. 해임요구
2. 6개월 범위에서의 직무정지
3. 문책경고
4. 주의적 경고
5. 주의
6. 그 밖에 위법행위를 시정하거나 방지하기 위하여 필요한 조치로서 대통령령으로 정하는 조치

⑤ 금융위원회는 전자등록기관의 직원이 제1항 각 호(제6호는 제외한다)의 어느 하나에 해당하거나 별표1 각 호의 어느 하나에 해당하는 경우에는 다음 각 호의 어느 하나에 해당하는 조치를 전자등록기관에 요구할 수 있다. 이 경우 금융위원회는 조치를 요구할 때에는 미리 법무부장관과 협의하여야 한다.

1. 면직
2. 6개월 범위에서의 정직(停職)
3. 감봉
4. 견책
5. 경고
6. 주의
7. 그 밖에 위법행위를 시정하거나 방지하기 위하여 필요한 조치로서 대통령령으로 정하는 조치

⑥ 금융위원회는 제4항 또는 제5항에 따라 전자등록기관의 임직원에 대하여 조치를 하거나 조치를 요구하는 경우 그 임직원에 대하여 관리·감독의 책임이 있는 임직원에 대한 조치를 함께 하거나 이를 요구할 수 있다. 다만, 관리·감독의 책임이 있는 자가 그 임직원의 관리·감독에 상당한 주의를 다한 경우에는 조치를 감면할 수 있다.

제54조【청문】 금융위원회는 다음 각 호의 어느 하나에 해당하는 처분 또는 조치를 하려는 경우에는 청문을 하여야 한다.

1. 제53조제1항에 따른 전자등록기관에 대한 허가의 취소
2. 제53조제4항제1호에 따른 전자등록기관 임원에 대한 해임요구
3. 제53조제5항제1호에 따른 전자등록기관 직원에 대한 면직요구

제55조【조치 등의 기록 및 공시 등】 ① 금융위원회는 제53조에 따라 조치를 하거나 조치를 요구한 경우에는 그 내용을 기록하고 유지·관리하여야 한다.

② 금융위원회는 제53조제1항 또는 제3항에 따라 조치를 한 경우 그 사실을 관보 및 인터넷 홈페이지 등에 공고하여야 한다.

③ 금융위원회는 전자등록기관의 퇴임한 임원 또는 퇴직한 직원이 재임 또는 재직 중이었다면 제53조제4항제1호 또는 제5항제1호에 해당하는 조치 또는 조치요구를 받았을 것으로 인정되는 경우에는 그 받았을 것으로 인정되는 조치 또는 조치요구의 내용을 전자등록기관에 통보하여야 한다. 이 경우 통보를 받은 전자등록기관은 그 조치 또는 조치요구의 내용을 퇴임·퇴직한 그 임직원에게 통보하여야 한다.

④ 전자등록기관이 금융위원회의 조치요구에 따라 해당 임직원을 조치한 경우 및 제3항에 따라 통보를 받은 경우에는 그 내용을 기록하고 유지·관리하여야 한다.

⑤ 전자등록기관 또는 그 임직원(임직원이었던 사람을 포함한다)은 금융위원회에 자기에 대한 제53조에 따른 조치 또는 조치요구 여부 및 그 내용을 조회할 수 있다.

⑥ 금융위원회는 제5항의 조회요청을 받은 경우에는 정당한 사유가 없으면 조치 또는 조치요구 여부 및 그 내용을 그 조회요청자에게 통보하여야 한다.

제56조【이의신청 특례】 ① 제53조제1항·제3항, 같은 조 제4항제2호부터 제6호까지 및 같은 조 제6항(같은 조 제4항제2호부터 제6호까지의 어느 하나에 해당하는 처분 또는 조치에 한정한다)에 따른 처분 또는 조치에 불복하는 자는 그 처분 또는 조치를 고지받은 날부터 30일 이내에 그 사유를 갖추어 금융위원회에 이의를 신청할 수 있다.

② 금융위원회는 제1항에 따른 이의신청을 받으면 그 신청을 받은 날부터 60일 이내에 그 이의신청에 대한 결과를 신청인에게 통지하여야 한다. 다만, 부득이한 사유로 60일 이내에 통지할 수 없는 경우에는 그 기간을 만료일 다음 날부터 기산하여 30일의 범위에서 한 차례 연장할 수 있다.

③ 제1항 및 제2항에서 규정한 사항 외에 처분에 대한 이의신청에 관한 사항은 「행정기본법」 제36조에 따른다.(2023.9.14 본항신설)

(2023.9.14 본조개정)

제57조【업무이전명령】 ① 금융위원회는 전자등록기관이 다음 각 호의 어느 하나에 해당하는 경우에는 전자등록업의 전부 또는 일부를 다른 전자등록기관에 이전할 것을 명할 수 있다. 이 경우 금융위원회는 이전을 명할 때에는 미리 법무부장관과 협의하여야 한다.

1. 전자등록기관이 제12조제1항에 따라 전자등록업의 전부 또는 일부를 폐지하거나 해산한 경우
2. 제53조제1항에 따라 전자등록업허가가 취소된 경우

② 금융위원회는 계좌관리기관이 다음 각 호의 어느 하나에 해당하는 경우에는 제20조제1항 각 호의 업무의 전부 또는 일부를 다른 계좌관리기관에 이전할 것을 명할 수 있다.

1. 계좌관리기관이 정당한 사유 없이 제20조제1항 각 호의 업무를 폐지 또는 중단한 경우
2. 계좌관리기관이 합병, 파산, 영업의 폐지 등으로 사실상 전자등록업무를 수행할 수 없게 된 경우

제58조【계좌관리기관에 대한 검사 및 조치】 ① 계좌관리기관(한국은행, 그 밖에 업무의 성격과 검사의 필요성 등을 고려하여 대통령령으로 정하는 기관은 제외한다)은 제20조제1항 각 호의 업무의 수행과 관련하여 그 업무와 재산상황에 관하여 금융감독원장의 검사를 받아야 한다. 이 경우 제51조제3항부터 제5항까지의 규정을 준용한다.

② 금융위원회는 계좌관리기관이 별표2 각 호의 어느 하나에 해당하는 경우에는 제53조제3항 각 호의 어느 하나에 해당하는 조치를 할 수 있다.

③ 금융위원회는 계좌관리기관의 임원이 별표2 각 호의 어느 하나에 해당하는 경우에는 제53조제4항 각 호의 어느 하나에 해당하는 조치를 할 수 있다.

④ 금융위원회는 계좌관리기관의 직원이 별표2 각 호의 어느 하나에 해당하는 경우에는 제53조제5항 각 호의 어느 하나에 해당하는 조치를 계좌관리기관에 요구할 수 있다.

⑤ 제2항부터 제4항까지의 규정에 따른 계좌관리기관 및 그 임직원에 대한 조치 등에 관하여는 제53조제6항 및 제54조부터 제56조까지(허가의 취소에 관한 부분은 제외한다)의 규정을 준용한다.

제8장 단기사채등에 대한 특례

제59조【발행 절차 및 발행 한도에 관한 특례】 제2조제1호나목 또는 마목에 따른 권리(이하 이 조에서 "사채등"이라 한다)로서 다음 각 호의 요건을 모두 갖추고 전자등록된 것(이하 "단기사채등"이라 한다)을 발행하려는 자는 「상법」 제469조제4항(다른 법률에서 준용하는 경우를 포함한다)에도 불구하고 이사회가 정하는 발행 한도(미상환된 단기사채등의 발행 잔액을 기준으로 한다) 이내에서 대표이사에게 단기사채등의 발행 권한을 위임할 수 있다. 이 경우 해당 발행인이 이사회 또는 대표이사의 기능을 수행하는 다른 기구 등을 둔 경우에는 명칭과 관계없이 그 다른 기구 등을 각각 이 법에 따른 이사회 또는 대표이사로 본다.

1. 각 사채등의 금액이 1억원 이상일 것
2. 만기가 1년 이내일 것
3. 사채등의 금액을 한꺼번에 납입할 것
4. 만기에 원리금 전액을 한꺼번에 지급한다는 취지가 정해져 있을 것
5. 사채등에 전환권(轉換權), 신주인수권, 그 밖에 다른 권리로 전환하거나 다른 권리를 취득할 수 있는 권리가 부여되지 아니할 것
6. 사채등에 「담보부사채신탁법」 제4조에 따른 물상담보(物上擔保)를 붙이지 아니할 것

제60조【사채원부 작성에 관한 특례】 단기사채등에 대해서는 「상법」 제488조(다른 법률에서 준용하는 경우를 포함한다)에도 불구하고 사채원부를 작성하지 아니한다.

제61조【사채권자집회에 관한 특례】 단기사채등에 대해서는 「상법」 제439조제3항(「상법」 제530조제2항, 제530조의9제4항 및 제530조의11제2항에서 준용하는 경우를 포함한다), 제481조부터 제484조까지 및 제484조의2(사채권자집회에 관한 부분으로 한정한다), 제490조, 제491조, 제491조의2, 제492조부터 제504조까지, 제508조부터 제510조까지 및 제512조를 적용 또는 준용하지 아니한다.

제9장 보 칙

제62조【발행 내용의 공개】 ① 전자등록기관은 발행인이 제25조부터 제27조까지의 규정에 따라 주식등을 전자등록한 경우에는 해당 전자등록주식등의 종류·종목, 발행조건, 그 밖에 대통령령으로 정하는 발행 내용을 해당 전자등록기관의 인터넷 홈페이지를 통하여 공개하여야 하며, 이를 지체 없이 금융위원회가 따로 지정하는 전자등록기관에 통보하여야 한다.

② 금융위원회가 따로 지정하는 전자등록기관은 제1항에 따른 통지를 받은 경우 지체 없이 대통령령으로 정하는 바에 따라 이를 인터넷 홈페이지를 통하여 공개하여야 한다.

제63조【전자등록증명서】 ① 전자등록기관은 전자등록주식등의 소유자가 「공탁법」에 따라 공탁하거나 「자본시장과 금융투자업에 관한 법률」 제171조에 따라 보증금 또는 공탁금을 대신 납부하기 위하여 해당 전자등록주식등의 전자등록을 증명하는 문서(이하 이 조에서 "전자등록증명서"라 한다)의 발행을 신청하는 경우에는 대통령령으로 정하는 방법에 따라 발행하여야 한다. 이 경우 계좌관리기관에 전자등록된 주식등의 소유자는 해당 계좌관리기관을 통하여 신청하여야 한다.

② 전자등록기관이 제1항에 따라 전자등록증명서를 발행한 때에는 해당 전자등록주식등이 전자등록된 전자등록기관 또는 계좌관리기관은 전자등록계좌부에 그 전자등록증명서 발행의 기초가 된 전자등록주식등의 처분을 제한하는 전자등록을 하여야 하며, 그 전자등록증명서가 반환된 때에는 그 처분을 제한하는 전자등록을 말소하여야 한다.

③ 누구든지 제2항에 따라 처분이 제한되는 전자등록주식등을 자신의 채권과 상계(相計)하지 못하며, 이를 압류(가압류를 포함한다)하려는 경우에는 대통령령으로 정하는 방법 및 절차에 따라야 한다.

제64조【종류주식 전환에 관한 특례】 ① 회사가 「상법」 제346조제2항에 따라 전자등록된 종류주식(種類株式)을 다른 종류주식으로 전환하는 경우 이사회는 같은 조 제3항제2호 및 제3호에 따른 사항 대신에 회사가 정한 일정한 날(이하 이 조에서 "전환기준일"이라 한다)에 전자등록된 종류주식이 다른 종류주식으로 전환된다는 뜻을 공고하고, 주주명부에 주주, 질권자, 그 밖의 이해관계자로 기재되어 있는 자에게 그 사항을 통지하여야 한다.

② 「상법」 제350조제1항에도 불구하고 회사가 전자등록된 종류주식을 다른 종류주식으로 전환한 경우에는 전환기준일에 전환의 효력이 발생한다.

③ 「상법」 제351조에도 불구하고 회사가 전자등록된 종류주식을 다른 종류주식으로 전환한 경우의 변경등기는 전환기준일이 속하는 달의 마지막 날부터 2주 내에 본점 소재지에서 하여야 한다.

제65조【주식의 병합에 관한 특례】 ① 회사는 전자등록된 주식을 병합하는 경우에는 「상법」 제440조에도 불구하고 회사가 정한 일정한 날(이하 이 조에서 "병합기준일"이라 한다)에 주식이 병합된다는 뜻을 그 날부터 2주 전까지 공고하고 주주명부에 기재된 주주와 질권자에게는 개별적으로 그 통지를 하여야 한다.

② 「상법」 제441조 본문에도 불구하고 전자등록된 주식의 병합은 병합기준일에 효력이 생긴다. 다만, 「상법」 제232조의 절차가 종료되지 아니한 경우에는 그 종료된 때에 효력이 생긴다.

③ 제1항과 제2항은 「상법」 제329조제5항, 제329조의2제3항, 제343조제2항, 제530조제3항 및 제530조의11제1항에도 불구하고 다음 각 호의 사유로 전자등록된 주식의 신규 전자등록 및 신규 전자등록의 변경·말소의 전자등록을 하는 경우에 준용한다.

1. 회사의 합병 및 분할(분할합병을 포함한다)
2. 주식의 분할
3. 주식의 소각
4. 액면주식과 무액면주식 간의 전환

제66조【주주명부 등에 관한 특례】 제37조제1항 단서에 따라 소유자명세의 작성을 요청하지 아니하는 경우에는 전자등록주식등의 발행인은 「상법」 제354조제1항(다른 법률에서 준용하는 경우를 포함한다)에도 불구하고 제37조제1항 본문에 따른 일정한 날에 전자등록계좌부에 전자등록된 전자등록주식등의 권리자를 그 권리를 행사할 자로 본다.

제67조【외국 전자등록기관 등에 관한 특례】 ① 제20조제1항제3호, 제37조, 제39조, 제40조, 제41조제1항, 제42조, 제43조제3항·제4항, 제48조 및 제63조는 외국 전자등록기관이 이 법에 따른 계좌관리기관의 업무를 하는 경우에 대해서는 적용하지 아니한다. 다만, 외국 전자등록기관이 그 적용을 요청하는 경우에는 적용한다.

② 제36조제1항에도 불구하고 외국법인등은 전자등록주식등에 대하여 증권 또는 증서를 발행할 수 있다. 이 경우 그 증권 또는 증서를 그 외국법인등의 소재지의 외국 전자등록기관 또는 금융위원회가 정하여 고시하는 보관기관에 보관하는 경우에만 해당 증권 또는 증서에 표시될 수 있거나 표시되어야 할 권리의 전자등록을 할 수 있다.

제68조【민사집행 등】 전자등록주식등에 대한 강제집행, 가압류, 가처분의 집행, 경매 또는 공탁에 관하여 필요한 사항은 대법원규칙으로 정한다.

제69조【권한의 위탁】 이 법에 따른 금융위원회의 권한은 그 일부를 대통령령으로 정하는 바에 따라 금융감독원장에게 위탁할 수 있다.

제70조【고유식별정보의 처리】 전자등록기관은 이 법에 따라 수행하는 사무로서 대통령령으로 정하는 사무를 수행하기 위하여 불가피한 경우에는 「개인정보 보호법」 제24조제1항에 따른 고유식별정보로서 대통령령으로 정하는 정보가 포함된 자료를 처리할 수 있다.

제71조【전자등록기관의 변경】 ① 전자등록기관은 발행인이 해당 전자등록기관에 전자등록한 주식등을 다른 전자등록기관으로 이전하여 전자등록할 것을 신청하는 경우에는 해당 발행인이 전자등록한 주식등의 권리 내역 등 대통령령으로 정하는 사항을 지체 없이 발행인에게 통지하여야 한다.

② 발행인은 제1항에 따른 통지를 받은 경우 이를 지체 없이 새로 발행인관리계좌를 개설한 전자등록기관에 통지하여야 한다.
③ 제1항 및 제2항에 따른 통지 방법·절차, 그 밖에 전자등록기관의 변경과 관련하여 필요한 사항은 대통령령으로 정한다.
제72조【한국은행에 관한 특례】 ① 한국은행은 다음 각 호의 어느 하나에 해당하는 것(이하 이 조에서 "국채등"이라 한다)의 소유자가 되려는 자가 국채등의 발행을 청구하는 경우에는 그 소유자가 되려는 자의 신청으로 이들을 갈음하여 전자등록기관을 명의인으로 하는 국채등의 등록(「국채법」, 「국고금 관리법」 또는 「한국은행 통화안정증권법」에 따른 등록을 말한다)을 할 수 있다.
1. 「국채법」에 따른 국고채권
2. 「국고금 관리법」에 따른 재정증권
3. 「한국은행 통화안정증권법」에 따른 통화안정증권
4. 「외국환거래법」에 따른 외국환평형기금 채권(원화로 표시하는 외국환평형기금 채권으로 한정한다)(2024.12.31 본호신설)
② 한국은행은 제1항에 따라 전자등록기관의 명의로 등록된 국채등이 이 법에 따라 소유자의 명의로 전자등록될 수 있도록 제1항의 등록 내용을 전자등록기관에 통지하여야 한다. 이 경우 제25조 및 제26조를 준용한다.

제10장 벌 칙

제73조【벌칙】 ① 다음 각 호의 어느 하나에 해당하는 자는 7년 이하의 징역 또는 2억원 이하의 벌금에 처한다.
1. 제44조제1항을 위반하여 전자등록기관 또는 계좌관리기관의 주식등의 전자등록 및 관리를 위한 정보통신망(정보처리장치를 포함한다. 이하 이 항에서 같다)에 거짓 정보 또는 부정한 명령을 입력하거나 권한 없이 정보를 입력·변경한 자
2. 제44조제3항을 위반하여 전자등록기관 또는 계좌관리기관의 주식등의 전자등록 및 관리를 위한 정보통신망에 침입한 자
② 다음 각 호의 어느 하나에 해당하는 자는 5년 이하의 징역 또는 1억원 이하의 벌금에 처한다.
1. 제4조를 위반하여 전자등록업허가(변경허가를 포함한다)를 받지 아니하고 전자등록업을 한 자
2. 거짓, 그 밖의 부정한 방법으로 제5조에 따른 전자등록업허가(변경허가를 포함한다)를 받은 자
3. 제44조제2항을 위반하여 전자등록 정보 또는 기록 정보를 멸실하거나 훼손한 자
4. 제45조제1항(같은 조 제2항에서 준용하는 경우를 포함한다)을 위반하여 직무상 알게 된 정보로서 외부에 공개되지 아니한 정보를 정당한 사유 없이 자기 또는 제3자의 이익을 위하여 이용한 자
5. 제50조에서 준용하는 「금융실명거래 및 비밀보장에 관한 법률」 제4조제1항 또는 제3항부터 제5항까지의 규정을 위반하여 거래정보등을 제3자에게 제공하거나 누설한 자와 이를 요구한 자
③ 다음 각 호의 어느 하나에 해당하는 자는 3년 이하의 징역 또는 5천만원 이하의 벌금에 처한다.
1. 제13조제5항을 위반하여 자금의 공여, 손익의 분배, 그 밖에 영업에 관하여 특별한 이해관계를 가진 자
2. 제13조제6항에서 준용하는 「자본시장과 금융투자업에 관한 법률」 제63조제1항제1호를 위반하여 같은 호에 규정된 방법에 따르지 아니하고 금융투자상품을 매매한 자
3. 제20조제2항을 위반하여 주식등의 전자등록에 관한 업무를 한 자
4. 제36조제1항을 위반하여 증권 또는 증서를 발행한 자
④ 다음 각 호의 어느 하나에 해당하는 자는 1년 이하의 징역 또는 3천만원 이하의 벌금에 처한다.
1. 제21조제2항을 위반하여 발행인관리계좌부를 작성하지 아니하거나 거짓으로 작성한 자
2. 제22조제2항을 위반하여 고객계좌부를 작성하지 아니하거나 거짓으로 작성한 자
3. 제22조제3항을 위반하여 전자등록기관에 고객관리계좌를 개설하지 아니한 자
4. 제22조제4항을 위반하여 고객관리계좌부를 작성하지 아니하거나 거짓으로 작성한 자
5. 제23조제2항을 위반하여 계좌관리기관등 자기계좌부를 작성하지 아니하거나 거짓으로 작성한 자
⑤ 「형법」 제214조부터 제217조까지에 규정된 죄를 적용하는 경우 전자등록주식등은 유가증권으로 보아 그 유가증권에 관한 죄에 대한 각 조문의 형으로 처벌한다.
제74조【양벌규정】 법인(단체를 포함한다. 이하 이 조에서 같다)의 대표자나 법인 또는 개인의 대리인, 사용인, 그 밖의 종업원이 그 법인 또는 개인의 업무에 관하여 제73조제1항부터 제4항까지의 어느 하나에 해당하는 위반행위를 하면 그 행위자를 벌하는 외에 그 법인 또는 개인에게도 해당 조문의 벌금형을 과(科)한다. 다만, 법인 또는 개인이 그 위반행위를 방지하기 위하여 해당 업무에 관하여 상당한 주의와 감독을 게을리하지 아니한 경우에는 그러하지 아니하다.
제75조【과태료】 ① 다음 각 호의 어느 하나에 해당하는 자에게는 5천만원 이하의 과태료를 부과한다.
1. 제10조를 위반하여 명칭을 사용한 자
2. 제13조제6항에서 준용하는 「자본시장과 금융투자업에 관한 법률」 제63조제1항을 위반하여 같은 항 제2호부터 제4호까지의 방법에 따르지 아니하고 자기의 계산으로 금융투자상품을 매매한 자
3. 제25조제1항 각 호 외의 부분 단서를 위반하여 전자등록기관에 신규 전자등록을 신청하지 아니한 자
4. 제29조제2항 각 호 외의 부분 본문을 위반하여 특별계좌부에 전자등록된 주식등에 대하여 제30조부터 제32조까지의 규정에 따른 전자등록을 한 자
5. 제39조제1항 전단을 위반하여 소유자증명서를 발행하지 아니하거나 거짓으로 발행한 자
6. 제39조제2항을 위반하여 전자등록기관에 통지하지 아니하거나 거짓으로 통지한 자
7. 제40조제1항 전단을 위반하여 발행인등에게 통지하지 아니하거나 거짓으로 통지한 자
8. 제40조제2항을 위반하여 전자등록기관에 통지하지 아니하거나 거짓으로 통지한 자
9. 제41조에 따른 열람 또는 출력·복사에 필요한 조치를 하지 아니한 자
10. 제48조제1항을 위반하여 전자등록 정보 또는 기록 정보를 보존하지 아니한 자
11. 제51조제1항 또는 제58조제1항에 따른 검사를 거부·방해 또는 기피한 자
② 다음 각 호의 어느 하나에 해당하는 자에게는 1천만원 이하의 과태료를 부과한다.
1. 제21조제4항을 위반하여 전자등록기관에 통지하지 아니하거나 거짓으로 통지한 자
2. 제27조제1항을 위반하여 공고 또는 통지를 하지 아니하거나 거짓으로 공고 또는 통지한 자
3. 제27조제2항을 위반하여 전자등록기관에 신규 전자등록의 추가 신청을 하지 아니하거나 거짓으로 신청한 자
4. 제28조제3항을 위반하여 질권자의 요청에 따르지 아니한 자
5. 제28조제5항을 위반하여 질권설정자에게 통지를 하지 아니하거나 거짓으로 통지한 자
6. 제29조제1항을 위반하여 특별계좌를 개설하지 아니한 자
7. 제37조제1항 본문을 위반하여 전자등록기관에 소유자명세의 작성을 요청하지 아니한 자
8. 제37조제4항 전단을 위반하여 소유자명세를 발행인에게 통지하지 아니한 자
9. 제37조제4항 후단(같은 조 제8항에서 준용하는 경우를 포함한다)을 위반하여 요청받은 사항을 통보하지 아니하거나 거짓으로 통보한 자
10. 제37조제6항 본문(같은 조 제8항에서 준용하는 경우를 포함한다)을 위반하여 주주명부등을 작성·비치하지 아니한 자
11. 제37조제7항을 위반하여 명세를 발행인에게 통지하지 아니한 자

12. 제38조제3항을 위반하여 전자등록기관에 통지를 하지 아니하거나 거짓으로 통지한 자
13. 제46조제1항 후단을 위반하여 전자등록기관의 요구에 정당한 사유 없이 따르지 아니한 자
14. 제46조제2항을 위반하여 전자등록기관에 통지를 하지 아니하거나 거짓으로 통지한 자
15. 제51조제3항(제58조제1항 후단에서 준용하는 경우를 포함한다)에 따른 보고, 자료의 제출, 증인의 출석, 증언 및 의견의 진술 요구에 따르지 아니한 자

③ 제1항과 제2항에 따른 과태료는 대통령령으로 정하는 바에 따라 금융위원회가 부과·징수한다.

부 칙

제1조【시행일】 이 법은 공포 후 4년을 넘지 아니하는 범위에서 대통령령으로 정하는 날부터 시행한다.

제2조【다른 법률의 폐지】 ①「공사채 등록법」은 폐지한다.
②「전자단기사채등의 발행 및 유통에 관한 법률」은 폐지한다.

제3조【전자등록주식등으로의 전환에 관한 특례】 ① 제25조제1항 각 호의 어느 하나에 해당하는 주식등은 같은 항 각 호 외의 부분 단서에 따른 발행인의 신규 전자등록 신청이 없더라도 이 법 시행일부터 전자등록주식등으로 전환된다.
② 제1항에도 불구하고 사채권, 그 밖의 무기명식 증권(이하 "사채권등"이라 한다)에 표시된 권리로서 이 법 시행 당시 그 사채권등이「자본시장과 금융투자업에 관한 법률」에 따라 설립된 한국예탁결제원(이하 "예탁결제원"이라 한다)에 예탁되지 아니한 금액 또는 수량에 대해서는 제1항에 따라 전자등록주식등으로 전환되지 아니한다. 이 경우 그 사채권등이 종전의「공사채 등록법」에 따라 예탁결제원에 등록된 공사채로서 이 법 시행 당시 예탁결제원에 예탁되지 아니한 금액 또는 수량에 대해서는 이 법 시행 후 해당 공사채에 대하여 대통령령으로 정하는 방법 및 절차에 따라 그 소유자의 신청을 받아 전자등록주식등으로 전환된다.
③ 제1항에 따라 전자등록주식등으로 전환되는 주식등에 관한 권리가 표시된 주권등(이하 이 조에서 "전환대상주권등"이라 한다)의 발행인은 이 법 시행 당시 예탁되지 아니한 전환대상주권등의 권리자를 보호하기 위하여 이 법 시행일의 직전 영업일을 말일로 1개월 이상의 기간을 정하여 다음 각 호의 사항을 공고하고, 주주명부등에 권리자로 기재되어 있는 자에게 그 사항을 통지하여야 한다.
1. 이 법 시행일부터 전환대상주권등이 효력을 잃는다는 뜻
2. 권리자는 이 법 시행일의 직전 영업일까지 발행인에게 주식등이 전자등록되는 전자등록계좌를 통지하고 전환대상주권등을 제출하여야 한다는 뜻
3. 발행인은 이 법 시행일의 직전 영업일에 주주명부등에 기재된 권리자를 기준으로 전자등록이 되도록 전자등록기관에 요청한다는 뜻

④ 권리자가 제3항제2호에 따라 전자등록계좌를 통지하지 아니하거나 전환대상주권등을 제출하지 아니한 경우에 대해서는 제29조를 준용한다.
⑤ 전자등록기관이 제3항제3호에 따라 요청을 받은 경우에 하여야 하는 조치에 대해서는 제26조를 준용한다. 이 경우 "신청 내용"은 "요청 내용"으로 본다.
⑥ 계좌관리기관이 제5항에 따라 전자등록기관으로부터 통지를 받은 경우 지체 없이 그 통지 내용에 따라 전자등록될 사항을 고객계좌부에 전자등록하여야 한다.
⑦ 전환대상주권등의 발행인이 예탁되지 아니한 주권등의 질권자로서 발행인의 주주명부에 기재되지 아니한 자를 위하여 하는 조치 등에 대해서는 제28조를 준용한다. 이 경우 "기준일"은 "이 법 시행일"로 본다.
⑧ 전환대상주권등의 효력에 대해서는 제36조제3항을 준용한다. 이 경우 "기준일"은 "이 법 시행일"로 본다.
⑨ 제1항부터 제8항까지에서 규정한 사항 외에 제25조제1항 각 호의 어느 하나에 해당하는 주식등의 전자등록주식등으로의 전환에 필요한 사항은 대통령령으로 정한다.

제4조【신청에 의한 전자등록주식등으로의 전환에 관한 특례】 ① 예탁결제원은 이 법 공포일부터 대통령령으로 정하는 기간의 말일 당시 예탁결제원에 예탁된 증권등(「자본시장과 금융투자업에 관한 법률」에 따른 증권등을 말한다. 이하 같다)에 표시된 권리로서 제25조제1항 각 호에 해당하지 아니하는 주식등(사채권등은 제외하며, 이하 이 조에서 "예탁 비상장주식등"이라 한다)의 발행인에게 이 법 시행일부터 6개월 전까지 다음 각 호의 사항을 통지하여야 한다.
1. 예탁 비상장주식등을 이 법 시행일에 맞추어 전자등록하려는 발행인은 해당 예탁 비상장주식등을 전자등록한다는 취지로 정관을 변경하여야 한다는 뜻
2. 발행인은 이 법 시행일부터 3개월 전까지 예탁결제원에 해당 예탁 비상장주식등의 전자등록에 관한 신청을 하여야 한다는 뜻
3. 그 밖에 대통령령으로 정하는 사항

② 발행인이 제1항제2호에 따라 신청을 한 경우 해당 예탁 비상장주식등은 이 법 시행일부터 전자등록주식등으로 전환된다.
③ 제1항 및 제2항에 따라 전환되는 예탁 비상장주식등에 관한 권리가 표시된 주권등에 대해서는 부칙 제3조제3항부터 제8항까지의 규정을 준용한다.
④ 제1항부터 제3항까지에서 규정한 사항 외에 신청에 의한 전자등록주식등으로의 전환에 필요한 사항은 대통령령으로 정한다.

제5조【일반적 경과조치】 ① 이 법 시행 당시 종전의「공사채 등록법」및「전자단기사채등의 발행 및 유통에 관한 법률」에 따라 행정기관 또는 예탁결제원에 한 신청, 통지, 그 밖의 행위는 그에 해당하는 이 법의 규정에 따라 한 것으로 본다.
② 이 법 시행 당시 종전의「공사채 등록법」및「전자단기사채등의 발행 및 유통에 관한 법률」에 따라 행정기관 또는 예탁결제원이 한 등록, 승인, 그 밖의 행위는 그에 해당하는 이 법의 규정에 따라 한 것으로 본다.

제6조【등록된 공사채에 관한 경과조치】 이 법 시행 당시 종전의「공사채 등록법」에 따라 예탁결제원이 등록기관으로서 공사채를 등록받은 것에 대해서는 종전의「공사채 등록법」에 따른다.

제7조【전자단기사채등에 관한 경과조치】 ① 이 법 시행 당시 종전의「전자단기사채등의 발행 및 유통에 관한 법률」제2조제4호에 따른 등록은 제2조제2호에 따른 전자등록으로 본다.
② 이 법 시행 당시 종전의「전자단기사채등의 발행 및 유통에 관한 법률」제7조제1항에 따른 등록업무규정은 제15조제1항에 따른 전자등록업무규정으로 본다.
③ 이 법 시행 당시 종전의「전자단기사채등의 발행 및 유통에 관한 법률」에 따른 발행인관리계좌, 발행인관리계좌부, 고객계좌, 고객계좌부, 고객관리계좌, 고객관리계좌부, 계좌관리기관등자기계좌, 계좌관리기관등자기계좌부는 각각 이 법에 따른 발행인관리계좌, 발행인관리계좌부, 고객계좌, 고객계좌부, 고객관리계좌, 고객관리계좌부, 계좌관리기관등 자기계좌, 계좌관리기관등 자기계좌부로 본다.
④ 이 법 시행 당시 종전의「전자단기사채등의 발행 및 유통에 관한 법률」제16조제1항에 따른 채권자증명서는 제39조에 따른 소유자증명서로 본다.
⑤ 이 법 시행 당시 종전의「전자단기사채등의 발행 및 유통에 관한 법률」제17조제1항에 따라 이루어진 소유 내용의 통지로서 유효기간이 만료되지 아니한 통지가 있는 경우 그 소유 내용의 통지는 제40조에 따른 소유 내용의 통지로 본다.
⑥ 이 법 시행 당시 종전의「전자단기사채등의 발행 및 유통에 관한 법률」제2조제2호에 따른 전자단기사채등은 제59조에 따른 단기사채등으로 본다.

제8조【한국예탁결제원 등에 대한 경과조치】 ① 이 법 공포 후 6개월이 경과한 날 당시 예탁결제원은 제5조제1항에 따라 전자등록기관의 허가를 받은 것으로 본다.
② 이 법 공포 후 6개월이 경과한 날 당시 제1항에 따라 전자등록기관의 허가를 받은 것으로 보는 예탁결제원이 다른 법률에 따라 하고 있던 업무에 대하여는 금융위원회의 승인 및 이 법

또는 다른 법률에 따른 인가·허가 등을 받거나 이 법 또는 다른 법률에 따른 등록·신고 등을 한 것으로 본다.
③ 이 법 시행 당시 부칙 제3조제1항 및 부칙 제4조제2항에 따라 전자등록주식등으로 전환되는 주식등에 대하여 예탁결제원의 명의로 발행, 명의개서 또는 등록한 증권등은 제1항에 따라 허가를 받은 것으로 보는 전자등록기관의 명의로 발행, 명의개서 또는 등록한 증권등으로 본다.
④ 이 법 시행 당시 부칙 제3조제1항 및 부칙 제4조제2항에 따라 전자등록주식등으로 전환되는 주식등에 대하여 예탁결제원이 종전의 「자본시장과 금융투자업에 관한 법률」 제171조에 따라 발행한 예탁증명서 및 같은 법 제318조에 따라 발행한 실질주주증명서(같은 법 제319조에 따라 발행한 실질수익자증명서를 포함한다)는 각각 제1항에 따라 허가를 받은 것으로 보는 전자등록기관이 발행한 전자등록증명서 및 소유자증명서로 본다.
⑤ 이 법 시행 당시 예탁결제원이 종전의 「자본시장과 금융투자업에 관한 법률」 제189조에 따라 위탁받은 수익자명부의 작성에 관한 업무는 제1항에 따라 허가를 받은 것으로 보는 전자등록기관이 「자본시장과 금융투자업에 관한 법률」 제189조의 개정규정에 따라 위탁받은 것으로 본다.

제9조【행정처분에 관한 경과조치】 이 법 시행 전의 위반행위에 대한 행정처분에 관하여는 각각 종전의 「공사채 등록법」 또는 「전자단기사채등의 발행 및 유통에 관한 법률」의 규정에 따른다.

제10조【다른 법률의 개정】 ①~⑤ ※(해당 법령에 가제정리 하였음)

제11조【다른 법령과의 관계】 이 법 시행 당시 다른 법령에서 종전의 「공사채 등록법」 및 「전자단기사채등의 발행 및 유통에 관한 법률」 또는 그 규정을 인용한 경우에 이 법 가운데 그에 해당하는 규정이 있으면 종전의 규정을 갈음하여 이 법 또는 이 법의 해당 규정을 인용한 것으로 본다.

부 칙 (2023.9.14)

제1조【시행일】 이 법은 공포한 날부터 시행한다.(이하 생략)

부 칙 (2024.12.31)

이 법은 공포한 날부터 시행한다.

〔별표〕 ➡ 「www.hyeonamsa.com」 참조

자본시장과 금융투자업에 관한 법률(약칭 : 자본시장법)

(2007년 8월 3일 법 률 제8635호)

개정
2008. 2.29법 8852호(정부조직) <중략>
2015. 7.24법13448호
2015. 7.31법13453호(금융회사의지배구조에관한법)
2016. 1.19법13782호(감정평가감정평가사)
2016. 3.18법14075호(기업구조조정촉진법)
2016. 3.22법14096호(주식·사채등의전자등록에관한법)
2016. 3.29법14129호(은행법)
2016. 3.29법14130호
2016. 5.29법14242호(수협)
2016.12.20법14458호
2017. 4.18법14817호(금융지주회사법)
2017. 4.18법14827호
2017.10.31법15021호
2017.10.31법15022호(주식회사등의외부감사에관한법)
2018. 3.27법15549호
2018.12.31법16191호
2019.11.26법16657호
2019.12.31법16859호(소재·부품·장비산업경쟁력강화를위한특별조치법)
2020. 2. 4법16957호(신용정보의이용및보호에관한법)
2020. 2. 4법16958호
2020. 2.11법16998호(벤처투자촉진에관한법)
2020. 3.24법17112호(금융소비자보호에관한법)
2020. 4. 7법17219호(감정평가감정평가사)
2020. 5.19법17295호
2020.12.29법17764호(상법)
2020.12.29법17799호(독점)
2020.12.29법17805호
2021. 1. 5법17879호
2021. 4.20법18128호
2021. 6. 8법18228호
2021.12.21법18585호(국가재정법)
2021.12.28법18661호(중소기업창업)
2022.12.31법19211호(보험)
2023. 3.21법19263호
2023. 6.13법19438호(소재·부품·장비산업경쟁력강화및공급망안정화를위한특별조치법)
2023. 7.18법19566호
2023. 9.14법19700호(행정법제혁신을위한일부개정법령등)
2024. 1. 9법19990호(벤처기업육성에관한특별법)
2024. 1.23법20137호
2024. 2.13법20305호
2024.10.22법20531호
2025. 1.21법20718호→2025년 1월 21일 및 2025년 7월 22일 시행

제1편 총 칙

제1조【목적】 이 법은 자본시장에서의 금융혁신과 공정한 경쟁을 촉진하고 투자자를 보호하며 금융투자업을 건전하게 육성함으로써 자본시장의 공정성·신뢰성 및 효율성을 높여 국민경제의 발전에 이바지함을 목적으로 한다.

제2조【국외행위에 대한 적용】 이 법은 국외에서 이루어진 행위로서 그 효과가 국내에 미치는 경우에도 적용한다.

제3조【금융투자상품】 ① 이 법에서 "금융투자상품"이란 이익을 얻거나 손실을 회피할 목적으로 현재 또는 장래의 특정(特定) 시점에 금전, 그 밖의 재산적 가치가 있는 것(이하 "금전등"이라 한다)을 지급하기로 약정함으로써 취득하는 권리로서, 그 권리를 취득하기 위하여 지급하였거나 지급하여야 할 금전등의 총액(판매수수료 등 대통령령으로 정하는 금액을 제외한다)이 그 권리로부터 회수하였거나 회수할 수 있는 금전등의 총액(해지수수료 등 대통령령으로 정하는 금액을 포함한다)을 초과하게 될 위험(이하 "투자성"이라 한다)이 있는 것을 말한다. 다만, 다음 각 호의 어느 하나에 해당하는 것을 제외한다.
1. 원화로 표시된 양도성 예금증서
2. 「신탁법」 제78조제1항에 따른 수익증권발행신탁이 아닌 신탁으로서 다음 각 목의 어느 하나에 해당하는 신탁(제103조제1항제1호의 재산을 신탁받는 경우는 제외하고 수탁자가 「신탁법」 제46조부터 제48조까지의 규정에 따라 처분 권한을 행사하는 경우는 포함한다. 이하 "관리형신탁"이라 한다)의 수익권
 가. 위탁자(신탁계약에 따라 처분권한을 가지고 있는 수익자를 포함한다)의 지시에 따라서만 신탁재산의 처분이 이루어지는 신탁
 나. 신탁계약에 따라 신탁재산에 대하여 보존행위 또는 그 신탁재산의 성질을 변경하지 아니하는 범위에서 이용·개량 행위만을 하는 신탁
 (2013.5.28 본호개정)
3. 그 밖에 해당 금융투자상품의 특성 등을 고려하여 금융투자상품에서 제외하더라도 투자자 보호 및 건전한 거래질서를 해할 우려가 없는 것으로서 대통령령으로 정하는 금융투자상품(2013.5.28 본호신설)

② 제1항의 금융투자상품은 다음 각 호와 같이 구분한다.
1. 증권
2. 파생상품
 가. 장내파생상품
 나. 장외파생상품

제4조【증권】 ① 이 법에서 "증권"이란 내국인 또는 외국인이 발행한 금융투자상품으로서 투자자가 취득과 동시에 지급한 금전등 외에 어떠한 명목으로든지 추가로 지급의무(투자자가 기초자산에 대한 매매를 성립시킬 수 있는 권리를 행사하게 됨으로써 부담하게 되는 지급의무를 제외한다)를 부담하지 아니하는 것을 말한다. 다만, 다음 각 호의 어느 하나에 해당하는 증권은 제2편제5장, 제3편제1장(제8편부터 제10편까지의 규정 중 제2편제5장, 제3편제1장의 규정에 따른 의무 위반행위에 대한 부분을 포함한다) 및 제178조·제179조를 적용하는 경우에만 증권으로 본다.(2015.7.24 단서개정)
1. 투자계약증권
2. 지분증권, 수익증권 또는 증권예탁증권 중 해당 증권의 유통가능성, 이 법 또는 금융관련 법령에서의 규제 여부 등을 종합적으로 고려하여 대통령령으로 정하는 증권
(2013.5.28 1호~2호신설)

② 제1항의 증권은 다음 각 호와 같이 구분한다.
1. 채무증권
2. 지분증권
3. 수익증권
4. 투자계약증권
5. 파생결합증권
6. 증권예탁증권

③ 이 법에서 "채무증권"이란 국채증권, 지방채증권, 특수채증권(법률에 의하여 직접 설립된 법인이 발행한 채권을 말한다. 이하 같다), 사채권(「상법」 제469조제2항제3호에 따른 사채의 경우에는 제7항제1호에 해당하는 것으로 한정한다. 이하 같

다), 기업어음증권(기업이 사업에 필요한 자금을 조달하기 위하여 발행한 약속어음으로서 대통령령으로 정하는 요건을 갖춘 것을 말한다. 이하 같다), 그 밖에 이와 유사(類似)한 것으로서 지급청구권이 표시된 것을 말한다.(2013.5.28 본항개정)
④ 이 법에서 "지분증권"이란 주권, 신주인수권이 표시된 것, 법률에 의하여 직접 설립된 법인이 발행한 출자증권, 「상법」에 따른 합자회사 · 유한책임회사 · 유한회사 · 합자조합 · 익명조합의 출자지분, 그 밖에 이와 유사한 것으로서 출자지분 또는 출자지분을 취득할 권리가 표시된 것을 말한다.(2013.5.28 본항개정)
⑤ 이 법에서 "수익증권"이란 제110조의 수익증권, 제189조의 수익증권, 그 밖에 이와 유사한 것으로서 신탁의 수익권이 표시된 것을 말한다.
⑥ 이 법에서 "투자계약증권"이란 특정 투자자가 그 투자자와 타인(다른 투자자를 포함한다. 이하 이 항에서 같다) 간의 공동사업에 금전등을 투자하고 주로 타인이 수행한 공동사업의 결과에 따른 손익을 귀속받는 계약상의 권리가 표시된 것을 말한다.
⑦ 이 법에서 "파생결합증권"이란 기초자산의 가격 · 이자율 · 지표 · 단위 또는 이를 기초로 하는 지수 등의 변동과 연계하여 미리 정하여진 방법에 따라 지급하거나 회수하는 금전등이 결정되는 권리가 표시된 것을 말한다. 다만, 다음 각 호의 어느 하나에 해당하는 것은 제외한다.(2013.5.28 본문개정)
1. 발행과 동시에 투자자가 지급한 금전등에 대한 이자, 그 밖의 과실(果實)에 대하여만 해당 기초자산의 가격 · 이자율 · 지표 · 단위 또는 이를 기초로 하는 지수 등의 변동과 연계된 증권(2013.5.28 본호신설)
2. 제5조제1항제2호에 따른 계약상의 권리(제5조제1항 각 호 외의 부분 단서에서 정하는 금융투자상품은 제외한다)(2013.5.28 본호신설)
3. 해당 사채의 발행 당시 객관적이고 합리적인 기준에 따라 미리 정하는 사유가 발생하는 경우 주식으로 전환되거나 그 사채의 상환과 이자지급 의무가 감면된다는 조건이 붙은 것으로서 제165조의11제1항에 따라 주권상장법인이 발행하는 사채(2017.4.18 본호개정)
3의2. 「은행법」 제33조제1항제2호부터 제4호까지의 규정에 따른 상각형 조건부자본증권, 은행주식 전환형 조건부자본증권 및 은행지주회사주식 전환형 조건부자본증권(2016.3.29 본호신설)
3의3. 「금융지주회사법」 제15조의2제1항제2호 또는 제3호에 따른 상각형 조건부자본증권 또는 전환형 조건부자본증권(2017.4.18 본호신설)
3의4. 「보험업법」 제114조의2제1항제1호에서 제3호까지의 규정에 따른 상각형 조건부자본증권, 보험회사주식 전환형 조건부자본증권 및 금융지주회사주식 전환형 조건부자본증권(2022.12.31 본호신설)
4. 「상법」 제469조제2항제2호, 제513조 및 제516조의2에 따른 사채(2013.5.28 본호신설)
5. 그 밖에 제1호부터 제3호까지, 제3호의2부터 제3호의4까지 및 제4호에 따른 금융투자상품과 유사한 것으로서 대통령령으로 정하는 금융투자상품(2022.12.31 본호개정)
⑧ 이 법에서 "증권예탁증권"이란 제2항제1호부터 제5호까지의 증권을 예탁받은 자가 그 증권이 발행된 국가 외의 국가에서 발행한 것으로서 그 예탁받은 증권에 관련된 권리가 표시된 것을 말한다.
⑨ 제2항 각 호의 어느 하나에 해당하는 증권에 표시될 수 있거나 표시되어야 할 권리는 그 증권이 발행되지 아니한 경우에도 그 증권으로 본다.
⑩ 이 법에서 "기초자산"이란 다음 각 호의 어느 하나에 해당하는 것을 말한다.
1. 금융투자상품
2. 통화(외국의 통화를 포함한다)
3. 일반상품(농산물 · 축산물 · 수산물 · 임산물 · 광산물 · 에너지에 속하는 물품 및 이 물품을 원료로 하여 제조하거나 가공한 물품, 그 밖에 이와 유사한 것을 말한다)
4. 신용위험(당사자 또는 제삼자의 신용등급의 변동, 파산 또는 채무재조정 등으로 인한 신용의 변동을 말한다)
5. 그 밖에 자연적 · 환경적 · 경제적 현상 등에 속하는 위험으로서 합리적이고 적정한 방법에 의하여 가격 · 이자율 · 지표 · 단위의 산출이나 평가가 가능한 것

제5조【파생상품】 ① 이 법에서 "파생상품"이란 다음 각 호의 어느 하나에 해당하는 계약상의 권리를 말한다. 다만, 해당 금융투자상품의 유통 가능성, 계약당사자, 발행사유 등을 고려하여 증권으로 규제하는 것이 타당한 것으로서 대통령령으로 정하는 금융투자상품은 그러하지 아니하다.(2013.5.28 단서신설)
1. 기초자산이나 기초자산의 가격 · 이자율 · 지표 · 단위 또는 이를 기초로 하는 지수 등에 의하여 산출된 금전등을 장래의 특정 시점에 인도할 것을 약정하는 계약
2. 당사자 어느 한쪽의 의사표시에 의하여 기초자산이나 기초자산의 가격 · 이자율 · 지표 · 단위 또는 이를 기초로 하는 지수 등에 의하여 산출된 금전등을 수수하는 거래를 성립시킬 수 있는 권리를 부여하는 것을 약정하는 계약
3. 장래의 일정기간 동안 미리 정한 가격으로 기초자산이나 기초자산의 가격 · 이자율 · 지표 · 단위 또는 이를 기초로 하는 지수 등에 의하여 산출된 금전등을 교환할 것을 약정하는 계약
4. 제1호부터 제3호까지의 규정에 따른 계약과 유사한 것으로서 대통령령으로 정하는 계약(2013.5.28 본호신설)
② 이 법에서 "장내파생상품"이란 다음 각 호의 어느 하나에 해당하는 것을 말한다.
1. 파생상품시장에서 거래되는 파생상품
2. 해외 파생상품시장(파생상품시장과 유사한 시장으로서 해외에 있는 시장과 대통령령으로 정하는 해외 파생상품거래가 이루어지는 시장을 말한다)에서 거래되는 파생상품
3. 그 밖에 금융투자상품시장을 개설하여 운영하는 자가 정하는 기준과 방법에 따라 금융투자상품시장에서 거래되는 파생상품
(2013.5.28 본항개정)
③ 이 법에서 "장외파생상품"이란 파생상품으로서 장내파생상품이 아닌 것을 말한다.
④ 제1항 각 호의 어느 하나에 해당하는 계약 중 매매계약이 아닌 계약의 체결은 이 법을 적용함에 있어서 매매계약의 체결로 본다.
판례 양도소득세 과세 대상이 되는 해외 파생상품의 범위를 규정한 자본시장법 제5조제2항제2호가 과세요건명확주의에 위반되는지 여부 : 자본시장법은 파생상품과 장내파생상품, 파생상품시장에 관해 상세한 규정을 두고 있고, 관련 조항과 해외 파생상품 조항의 문언을 체계적으로 해석하면 '파생상품시장과 유사한 시장으로서 해외에 있는 시장'이라 함은 '해외에서 파생상품이 매매되는 시장'이라고 충분히 파악할 수 있으므로 과세요건명확주의에 위반되지 않는다. 또한 파생상품은 기초자산의 종류, 계약의 형태, 계약으로 취득하는 권리의 내용 등에 따라 응용기법이 다양하고, 새로운 경제 현상에 따라 새 상품이 개발돼 다양한 형태로 존재할 수 있어 새 상품에 대한 규율의 필요성 등에 맞춰 탄력적으로 대처하기 위해서는 과세대상이 되는 파생상품의 범위를 하위법규에 위임할 필요성이 있다.
(헌재결 2024.7.78, 2020헌바487 등)

제6조【금융투자업】 ① 이 법에서 "금융투자업"이란 이익을 얻을 목적으로 계속적이거나 반복적인 방법으로 행하는 행위로서 다음 각 호의 어느 하나에 해당하는 업(業)을 말한다.
1. 투자매매업
2. 투자중개업
3. 집합투자업
4. 투자자문업
5. 투자일임업
6. 신탁업
② 이 법에서 "투자매매업"이란 누구의 명의로 하든지 자기의 계산으로 금융투자상품의 매도 · 매수, 증권의 발행 · 인수 또는 그 청약의 권유, 청약, 청약의 승낙을 영업으로 하는 것을 말한다.
③ 이 법에서 "투자중개업"이란 누구의 명의로 하든지 타인의 계산으로 금융투자상품의 매도 · 매수, 그 중개나 청약의 권유, 청약, 청약의 승낙 또는 증권의 발행 · 인수에 대한 청약의 권유, 청약, 청약의 승낙을 영업으로 하는 것을 말한다.(2013.5.28 본항개정)
④ 이 법에서 "집합투자업"이란 집합투자를 영업으로 하는 것을 말한다.
⑤ 제4항에서 "집합투자"란 2인 이상의 투자자로부터 모은 금전등을 투자자로부터 일상적인 운용지시를 받지 아니하면서 재산적 가치가 있는 투자대상자산을 취득 · 처분, 그 밖의 방법으로 운용하고 그 결과를 투자자에게 배분하여 귀속시키는 것을 말한다. 다만, 다음 각 호의 어느 하나에 해당하는 경우를 제외한다.(2018.3.27 본문개정)

1. 대통령령으로 정하는 법률에 따라 사모(私募)의 방법으로 금전등을 모아 운용·배분하는 것으로서 대통령령으로 정하는 투자자의 총수가 대통령령으로 정하는 수 이하인 경우
2. 「자산유동화에 관한 법률」 제3조의 자산유동화계획에 따라 금전등을 모아 운용·배분하는 경우
3. 그 밖에 행위의 성격 및 투자자 보호의 필요성 등을 고려하여 대통령령으로 정하는 경우

⑥ 제5항 각 호 외의 부분 본문에도 불구하고 다음 각 호의 어느 하나에 해당하는 자로부터 위탁받은 금전등을 그 자로부터 일상적인 운용지시를 받지 아니하면서 재산적 가치가 있는 투자대상자산을 취득·처분, 그 밖의 방법으로 운용하고 그 결과를 그 자에게 귀속시키는 행위는 집합투자로 본다.
1. 「국가재정법」 제9조제4항에 따른 기금관리주체(이에 준하는 외국기관으로서 대통령령으로 정하는 자를 포함한다)(2021.12.21 본호개정)
2. 「농업협동조합법」에 따른 농업협동조합중앙회
3. 「수산업협동조합법」에 따른 수산업협동조합중앙회
4. 「신용협동조합법」에 따른 신용협동조합중앙회
5. 「상호저축은행법」에 따른 상호저축은행중앙회
6. 「산림조합법」에 따른 산림조합
7. 「새마을금고법」에 따른 새마을금고중앙회
8. 「우체국예금·보험에 관한 법률」에 따른 체신관서
9. 제251조제1항 전단에 따라 보험회사가 설정한 투자신탁
10. 법률에 따라 설립된 법인 또는 단체로서 다음 각 목의 어느 하나에 해당하는 자 중에서 대통령령으로 정하는 자
 가. 공제조합
 나. 공제회
 다. 그 밖에 이와 비슷한 법인 또는 단체로서 같은 직장·직종에 종사하거나 같은 지역에 거주하는 구성원의 상호부조, 복리증진 등을 목적으로 구성되어 공제사업을 하는 법인 또는 단체
11. 그 밖에 제7항에 따른 금융투자상품등에 대한 투자를 목적으로 2인 이상의 자로부터 금전등을 모아 설립한 기구 또는 법인 등으로서 효율적이고 투명한 투자구조, 관리주체 등 대통령령으로 정하는 요건을 갖춘 자

(2018.3.27 본항신설)

⑦ 이 법에서 "투자자문업"이란 금융투자상품, 그 밖에 대통령령으로 정하는 투자대상자산(이하 "금융투자상품등"이라 한다)의 가치 또는 금융투자상품등에 대한 투자판단(종류, 종목, 취득·처분, 취득·처분의 방법·수량·가격 및 시기 등에 대한 판단을 말한다. 이하 같다)에 관한 자문에 응하는 것을 영업으로 하는 것을 말한다.(2013.5.28 본항개정)

⑧ 이 법에서 "투자일임업"이란 투자자로부터 금융투자상품등에 대한 투자판단의 전부 또는 일부를 일임받아 투자자별로 구분하여 그 투자자의 재산상태나 투자목적 등을 고려하여 금융투자상품등을 취득·처분, 그 밖의 방법으로 운용하는 것을 영업으로 하는 것을 말한다.(2013.5.28 본항개정)

⑨ 이 법에서 "신탁업"이란 신탁을 영업으로 하는 것을 말한다.

⑩ 이 법에서 "전담중개업무"란 제9조제19항제2호에 따른 일반 사모집합투자기구, 그 밖에 대통령령으로 정하는 투자자(이하 이 조 및 제77조의3에서 "일반 사모집합투자기구등"이라 한다)에 대하여 다음 각 호의 어느 하나에 해당하는 업무를 효율적인 신용공여와 담보관리 등을 위하여 대통령령으로 정하는 방법에 따라 연계하여 제공하는 업무를 말한다.(2021.4.20 본문개정)
1. 증권의 대여 또는 그 중개·주선이나 대리업무
2. 금전의 융자, 그 밖의 신용공여
3. 일반 사모집합투자기구등의 재산의 보관 및 관리(2021.4.20 본호개정)
4. 그 밖에 일반 사모집합투자기구등의 효율적인 업무 수행을 지원하기 위하여 필요한 업무로서 대통령령으로 정하는 업무(2021.4.20 본호개정)

(2013.5.28 본항신설)

제7조【금융투자업의 적용배제】 ① 자기가 증권을 발행하는 경우에는 투자매매업으로 보지 아니한다. 다만, 다음 각 호의 어느 하나에 해당하는 증권은 그러하지 아니하다.(2013.5.28 본문개정)
1. 투자신탁의 수익증권
2. 대통령령으로 정하는 파생결합증권
3. 제77조제1항에서 정하는 투자성 있는 예금계약, 그 밖에 이에 준하는 것으로서 대통령령으로 정하는 계약에 따른 증권
4. 제77조제2항에서 정하는 투자성 있는 보험계약에 따른 증권

(2013.5.28 1호~4호신설)

② 제51조제9항의 투자권유대행인이 투자권유를 대행하는 경우에는 투자중개업으로 보지 아니한다.

③ 간행물·출판물·통신물 또는 방송 등을 통하여 개별성 없는 조언(개별 투자자를 상정하지 아니하고 다수인을 대상으로 일방적으로 이루어지는 투자에 관한 조언을 말한다. 이하 같다)을 하는 경우에는 투자자문업으로 보지 아니한다. 다만, 본문의 조언과 관련하여 온라인상에서 일정한 대가를 지급한 고객과 의견을 교환할 수 있는 경우에는 그러하지 아니하다.(2024.2.13 본항개정)

④ 투자중개업자가 투자자의 매매주문을 받아 이를 처리하는 과정에서 금융투자상품에 대한 투자판단의 전부 또는 일부를 일임받을 필요가 있는 경우로서 대통령령으로 정하는 경우에는 투자일임업으로 보지 아니한다.

⑤ 「담보부사채신탁법」에 따른 담보부사채에 관한 신탁업, 「저작권법」에 따른 저작권신탁관리업의 경우에는 신탁업으로 보지 아니한다.(2009.4.22 본항개정)

⑥ 제1항부터 제5항까지 규정된 것 외에 다음 각 호의 어느 하나에 해당하는 경우에는 대통령령으로 정하는 바에 따라 제6조제1항 각 호의 금융투자업으로 보지 아니한다.
1. 제8조의2제2항에 따른 거래소가 증권시장 또는 파생상품시장을 개설·운영하는 경우(2013.5.28 본호개정)
2. 투자매매업자를 상대방으로 하거나 투자중개업자를 통하여 금융투자상품을 매매하는 경우
3. 제9조제29항에 따른 일반 사모집합투자업자가 자신이 운용하는 제9조제19항제2호에 따른 일반 사모집합투자기구의 집합투자증권을 판매하는 경우(2021.4.20 본호개정)
4. 그 밖에 해당 행위의 성격 및 투자자 보호의 필요성 등을 고려하여 금융투자업의 적용에서 제외할 필요가 있는 것으로서 대통령령으로 정하는 경우

제8조【금융투자업자】 ① 이 법에서 "금융투자업자"란 제6조제1항 각 호의 금융투자업에 대하여 금융위원회의 인가를 받거나 금융위원회에 등록하여 이를 영위하는 자를 말한다.(2008.2.29 본항개정)

② 이 법에서 "투자매매업자"란 금융투자업자 중 투자매매업을 영위하는 자를 말한다.

③ 이 법에서 "투자중개업자"란 금융투자업자 중 투자중개업을 영위하는 자를 말한다.

④ 이 법에서 "집합투자업자"란 금융투자업자 중 집합투자업을 영위하는 자를 말한다.

⑤ 이 법에서 "투자자문업자"란 금융투자업자 중 투자자문업을 영위하는 자를 말한다.

⑥ 이 법에서 "투자일임업자"란 금융투자업자 중 투자일임업을 영위하는 자를 말한다.

⑦ 이 법에서 "신탁업자"란 금융투자업자 중 신탁업을 영위하는 자를 말한다.

⑧ 이 법에서 "종합금융투자사업자"란 투자매매업자 또는 투자중개업자 중 제77조의2에 따라 금융위원회의 지정을 받은 자를 말한다.(2013.5.28 본항신설)

⑨ 이 법에서 "겸영금융투자업자"란 다음 각 호의 어느 하나에 해당하는 자로서 금융투자업을 겸영(兼營)하는 자를 말한다.
1. 「은행법」 제2조의 은행(이하 "은행"이라 한다)(2016.5.29 본호개정)
2. 「보험업법」 제2조의 보험회사(이하 "보험회사"라 한다)
3. 그 밖에 대통령령으로 정하는 금융기관 등

(2015.7.31 본항신설)

제8조의2【금융투자상품시장 등】 ① 이 법에서 "금융투자상품시장"이란 증권 또는 장내파생상품의 매매를 하는 시장을 말한다.

② 이 법에서 "거래소"란 증권 및 장내파생상품의 공정한 가격 형성과 그 매매, 그 밖의 거래의 안정성 및 효율성을 도모하기 위하여 제373조의2에 따른 금융위원회의 허가를 받아 금융투자상품시장을 개설하는 자를 말한다.

③ 이 법에서 "거래소시장"이란 거래소가 개설하는 금융투자상품시장을 말한다.

④ 거래소시장은 다음 각 호와 같이 구분한다.
1. 증권시장 : 증권의 매매를 위하여 거래소가 개설하는 시장
2. 파생상품시장 : 장내파생상품의 매매를 위하여 거래소가 개설하는 시장
⑤ 이 법에서 "다자간매매체결회사"란 정보통신망이나 전자정보처리장치를 이용하여 동시에 다수의 자를 거래상대방 또는 각 당사자로 하여 다음 각 호의 어느 하나에 해당하는 매매가격의 결정방법으로 증권시장에 상장된 주권, 그 밖에 대통령령으로 정하는 증권(이하 "매매체결대상상품"이라 한다)의 매매 또는 그 중개·주선이나 대리 업무(이하 "다자간매매체결업무"라 한다)를 하는 투자매매업자 또는 투자중개업자를 말한다.
1. 경쟁매매의 방법(매매체결대상상품의 거래량이 대통령령으로 정하는 기준을 넘지 아니하는 경우로 한정한다)
2. 매매체결대상상품이 상장증권인 경우 해당 거래소가 개설하는 증권시장에서 형성된 매매가격을 이용하는 방법
3. 그 밖에 공정한 매매가격 형성과 매매체결의 안정성 및 효율성 등을 확보할 수 있는 방법으로서 대통령령으로 정하는 방법
(2013.5.28 본조신설)

제9조【그 밖의 용어의 정의】 ① 이 법에서 "대주주"란 「금융회사의 지배구조에 관한 법률」 제2조제6호에 따른 주주를 말한다. 이 경우 "금융회사"는 "법인"으로 본다.(2015.7.31 본항개정)
② 이 법에서 "임원"이란 이사 및 감사를 말한다.
③ 이 법에서 "사외이사"란 상시적인 업무에 종사하지 아니하는 사람으로서 「금융회사의 지배구조에 관한 법률」 제17조에 따라 선임되는 이사를 말한다.(2015.7.31 본항개정)
④ 이 법에서 "투자권유"란 특정 투자자를 상대로 금융투자상품의 매매 또는 투자자문계약·투자일임계약·신탁계약(관리형신탁계약 및 투자성 없는 신탁계약을 제외한다)의 체결을 권유하는 것을 말한다.(2013.5.28 본항개정)
⑤ 이 법에서 "전문투자자"란 금융투자상품에 관한 전문성 구비 여부, 소유자산규모 등에 비추어 투자에 따른 위험감수능력이 있는 투자자로서 다음 각 호의 어느 하나에 해당하는 자를 말한다. 다만, 전문투자자 중 대통령령으로 정하는 자가 일반투자자와 같은 대우를 받겠다는 의사를 금융투자업자에게 서면으로 통지하는 경우 금융투자업자는 정당한 사유가 있는 경우를 제외하고는 이에 동의하여야 하며, 금융투자업자가 동의한 경우에는 해당 투자자는 일반투자자로 본다.
1. 국가
2. 한국은행
3. 대통령령으로 정하는 금융기관
4. 주권상장법인. 다만, 금융투자업자와 장외파생상품 거래를 하는 경우에는 전문투자자와 같은 대우를 받겠다는 의사를 금융투자업자에게 서면으로 통지하는 경우에 한한다.
(2009.2.3 단서신설)
5. 그 밖에 대통령령으로 정하는 자
⑥ 이 법에서 "일반투자자"란 전문투자자가 아닌 투자자를 말한다.
⑦ 이 법에서 "모집"이란 대통령령으로 정하는 방법에 따라 산출한 50인 이상의 투자자에게 새로 발행되는 증권의 취득의 청약을 권유하는 것을 말한다.
⑧ 이 법에서 "사모"란 새로 발행되는 증권의 취득의 청약을 권유하는 것으로서 모집에 해당하지 아니하는 것을 말한다.
⑨ 이 법에서 "매출"이란 대통령령으로 정하는 방법에 따라 산출한 50인 이상의 투자자에게 이미 발행된 증권의 매도의 청약을 하거나 매수의 청약을 권유하는 것을 말한다.
⑩ 이 법에서 "발행인"이란 증권을 발행하였거나 발행하고자 하는 자를 말한다. 다만, 증권예탁증권을 발행함에 있어서는 그 기초가 되는 증권을 발행하였거나 발행하고자 하는 자를 말한다.
⑪ 이 법에서 "인수"란 제삼자에게 증권을 취득시킬 목적으로 다음 각 호의 어느 하나에 해당하는 행위를 하거나 그 행위를 전제로 발행인 또는 매출인을 위하여 증권의 모집·사모·매출을 하는 것을 말한다.(2013.5.28 본문개정)
1. 그 증권의 전부 또는 일부를 취득하거나 취득하는 것을 내용으로 하는 계약을 체결하는 것(2013.5.28 본호개정)
2. 그 증권의 전부 또는 일부에 대하여 이를 취득하는 자가 없는 때에 그 나머지를 취득하는 것을 내용으로 하는 계약을 체결하는 것
⑫ 이 법에서 "인수인"이란 증권을 모집·사모·매출하는 경우 인수를 하는 자를 말한다.(2013.5.28 본항개정)
⑬ 이 법에서 "주선인"이란 제11항에 따른 행위 외에 발행인 또는 매출인을 위하여 해당 증권의 모집·사모·매출을 하거나 그 밖에 직접 또는 간접으로 증권의 모집·사모·매출을 분담하는 자를 말한다.(2013.5.28 본항개정)
⑭ 이 법에서 "매출인"이란 증권의 소유자로서 스스로 또는 인수인이나 주선인을 통하여 그 증권을 매출하였거나 매출하려는 자를 말한다.(2013.5.28 본항개정)
⑮ 이 법에서 "상장법인", "비상장법인", "주권상장법인" 및 "주권비상장법인"이란 각각 다음 각 호의 자를 말한다.
1. 상장법인 : 증권시장에 상장된 증권(이하 "상장증권"이라 한다)을 발행한 법인
2. 비상장법인 : 상장법인을 제외한 법인
3. 주권상장법인 : 다음 각 목의 어느 하나에 해당하는 법인
가. 증권시장에 상장된 주권을 발행한 법인
나. 주권과 관련된 증권예탁증권이 증권시장에 상장된 경우에는 그 주권을 발행한 법인
(2009.2.3 본호개정)
4. 주권비상장법인 : 주권상장법인을 제외한 법인
⑯ 이 법에서 "외국법인등"이란 다음 각 호의 어느 하나에 해당하는 자를 말한다.
1. 외국 정부
2. 외국 지방자치단체
3. 외국 공공단체
4. 외국 법령에 따라 설립된 외국 기업
5. 대통령령으로 정하는 국제기구
6. 그 밖에 외국에 있는 법인 등으로서 대통령령으로 정하는 자
⑰ 이 법에서 "금융투자업관계기관"이란 다음 각 호의 자를 말한다.
1. 제283조에 따라 설립된 한국금융투자협회(이하 "협회"라 한다)
2. 제294조에 따라 설립된 한국예탁결제원(이하 "예탁결제원"이라 한다)
2의2. 제323조의3에 따라 인가를 받은 자(이하 "금융투자상품거래청산회사"라 한다)(2013.4.5 본호신설)
3. 제324조제1항에 따라 인가를 받은 자(이하 "증권금융회사"라 한다)
3의2. 제335조의3에 따라 인가를 받은 자(이하 "신용평가회사"라 한다)(2013.5.28 본호신설)
4. 제336조에 따른 종합금융회사
5. 제355조제1항에 따라 인가를 받은 자(이하 "자금중개회사"라 한다)
6. 제360조제1항에 따라 인가를 받은 자(이하 "단기금융회사"라 한다)
7. 제365조제1항에 따라 등록한 자(이하 "명의개서대행회사"라 한다)(2009.2.3 본호개정)
8. 제370조에 따라 설립된 금융투자 관계 단체
⑱ 이 법에서 "집합투자기구"란 집합투자를 수행하기 위한 기구로서 다음 각 호의 것을 말한다.
1. 집합투자업자인 위탁자가 신탁업자에게 신탁한 재산을 신탁업자로 하여금 그 집합투자업자의 지시에 따라 투자·운용하게 하는 신탁 형태의 집합투자기구(이하 "투자신탁"이라 한다)
2. 「상법」에 따른 주식회사 형태의 집합투자기구(이하 "투자회사"라 한다)
3. 「상법」에 따른 유한회사 형태의 집합투자기구(이하 "투자유한회사"라 한다)
4. 「상법」에 따른 합자회사 형태의 집합투자기구(이하 "투자합자회사"라 한다)
4의2. 「상법」에 따른 유한책임회사 형태의 집합투자기구(이하 "투자유한책임회사"라 한다)(2013.5.28 본호신설)
5. 「상법」에 따른 합자조합 형태의 집합투자기구(이하 "투자합자조합"이라 한다)(2013.5.28 본호개정)

6. 「상법」에 따른 익명조합 형태의 집합투자기구(이하 "투자익명조합"이라 한다)
7. (2015.7.24 삭제)
⑲ 이 법에서 "사모집합투자기구"란 집합투자증권을 사모로만 발행하는 집합투자기구로서 대통령령으로 정하는 투자자의 총수가 대통령령으로 정하는 방법에 따라 산출한 100인 이하인 것을 말하며, 다음 각 호와 같이 구분한다.
1. 제249조의11제6항에 해당하는 자만을 사원으로 하는 투자합자회사인 사모집합투자기구(이하 "기관전용 사모집합투자기구"라 한다)
2. 기관전용 사모집합투자기구를 제외한 사모집합투자기구(이하 "일반 사모집합투자기구"라 한다)
(2021.4.20 본항개정)
⑳ 이 법에서 "집합투자재산"이란 집합투자기구의 재산으로서 투자신탁재산, 투자회사재산, 투자유한회사재산, 투자합자회사재산, 투자유한책임회사재산, 투자합자조합재산 및 투자익명조합재산을 말한다.(2013.5.28 본항개정)
㉑ 이 법에서 "집합투자증권"이란 집합투자기구에 대한 출자지분(투자신탁의 경우에는 수익권을 말한다)이 표시된 것을 말한다.
㉒ 이 법에서 "집합투자규약"이란 집합투자기구의 조직, 운영 및 투자자의 권리·의무를 정한 것으로서 투자신탁의 신탁계약, 투자회사·투자유한회사·투자합자회사·투자유한책임회사의 정관 및 투자합자조합·투자익명조합의 조합계약을 말한다.(2013.5.28 본항개정)
㉓ 이 법에서 "집합투자자총회"란 집합투자기구의 투자자 전원으로 구성된 의사결정기관으로서 수익자총회, 주주총회, 사원총회, 조합원총회 및 익명조합원총회를 말한다.
㉔ 이 법에서 "신탁"이란 「신탁법」 제2조의 신탁을 말한다.(2011.7.25 본항개정)
㉕ 이 법에서 "금융투자상품거래청산업"이란 금융투자업자 및 대통령령으로 정하는 자(이하 "청산대상업자"라 한다)를 상대방으로 하여 청산대상업자가 대통령령으로 정하는 금융투자상품의 거래(이하 "청산대상거래"라 한다)를 함에 따라 발생하는 채무를 채무인수, 경개(更改), 그 밖의 방법으로 부담하는 것을 영업으로 하는 것을 말한다.(2013.4.5 본항신설)
㉖ 이 법에서 "신용평가업"이란 다음 각 호의 어느 하나에 해당하는 것에 대한 신용상태를 평가(이하 "신용평가"라 한다)하여 그 결과에 대하여 기호, 숫자 등을 사용하여 표시한 등급(이하 "신용등급"이라 한다)을 부여하고 그 신용등급을 발행인, 인수인, 투자자, 그 밖의 이해관계자에게 제공하거나 열람하게 하는 행위를 영업으로 하는 것을 말한다.
1. 금융투자상품
2. 기업·집합투자기구, 그 밖에 대통령령으로 정하는 자
(2013.5.28 본항신설)
㉗ 이 법에서 "온라인소액투자중개업자"란 온라인상에서 누구의 명의로 하든지 타인의 계산으로 다음 각 호의 자가, 대통령령으로 정하는 방법으로 발행하는 채무증권, 지분증권, 투자계약증권의 모집 또는 사모에 관한 중개(이하 "온라인소액투자중개"라 한다)를 영업으로 하는 투자중개업자를 말한다.
1. 「중소기업창업 지원법」 제2조제3호에 따른 창업기업 중 대통령령으로 정하는 자(2021.12.28 본호개정)
2. 그 밖에 대통령령으로 정하는 요건에 부합하는 자
(2015.7.24 본항신설)
㉘ 이 법에서 "일반 사모집합투자업"이란 집합투자업 중 일반 사모집합투자기구를 통한 집합투자를 영업으로 하는 것을 말한다.(2021.4.20 본항개정)
㉙ 이 법에서 "일반 사모집합투자업자"란 집합투자업자 중 일반 사모집합투자업을 영위하는 자를 말한다.(2021.4.20 본항개정)
제10조 【다른 법률과의 관계】 ① 금융투자업에 관하여는 다른 법률에 특별한 규정이 있는 경우를 제외하고는 이 법이 정하는 바에 따른다.
② 금융투자업자가 금융투자업을 영위하는 경우에는 「형법」 제246조를 적용하지 아니한다.
③ 기업어음증권을 발행하는 경우에는 「전자어음의 발행 및 유통에 관한 법률」 제6조의2를 적용하지 아니한다.(2010.3.12 본항신설)

제2편 금융투자업

제1장 금융투자업의 인가 및 등록

제1절 인가요건 및 절차

제11조 【무인가 영업행위 금지】 누구든지 이 법에 따른 금융투자업인가(변경인가를 포함한다)를 받지 아니하고는 금융투자업(투자자문업, 투자일임업 및 일반 사모집합투자업은 제외한다. 이하 이 절에서 같다)을 영위하여서는 아니 된다.
(2021.4.20 본조개정)
제11조의2 【알선·중개행위 금지】 누구든지 제11조에 따른 무인가 영업행위를 목적으로 계좌의 대여를 알선하거나 중개하여서는 아니 된다.(2021.6.8 본조신설)
제12조 【금융투자업의 인가】 ① 금융투자업을 영위하려는 자는 다음 각 호의 사항을 구성요소로 하여 대통령령으로 정하는 업무 단위(이하 "인가업무 단위"라 한다)의 전부나 일부를 선택하여 금융위원회로부터 하나의 금융투자업인가를 받아야 한다.(2008.2.29 본문개정)
1. 금융투자업의 종류(투자매매업, 투자중개업, 집합투자업 및 신탁업을 말하되, 투자매매업 중 인수업을 포함한다)
2. 금융투자상품(집합투자업의 경우에는 제229조에 따른 집합투자기구의 종류를 말하며, 신탁업의 경우에는 제103조제1항 각 호의 신탁재산을 말한다)의 범위(증권, 장내파생상품 및 장외파생상품을 말하되, 증권 중 국채증권, 사채권, 그 밖에 대통령령으로 정하는 것을 포함하고 파생상품 중 주권을 기초자산으로 하는 파생상품·그 밖에 대통령령으로 정하는 것을 포함한다)
3. 투자자의 유형(전문투자자 및 일반투자자를 말한다. 이하 같다)
② 제1항에 따라 금융투자업인가를 받으려는 자는 다음 각 호의 요건을 모두 갖추어야 한다.
1. 다음 각 목의 어느 하나에 해당하는 자일 것(2013.5.28 단서삭제)
가. 「상법」에 따른 주식회사이거나 대통령령으로 정하는 금융기관
나. 외국 금융투자업자(외국 법령에 따라 외국에서 금융투자업에 상당하는 영업을 영위하는 자를 말한다. 이하 같다)로서 외국에서 영위하고 있는 영업에 상당하는 금융투자업 수행에 필요한 지점, 그 밖의 영업소를 설치한 자
2. 인가업무 단위별로 5억원 이상으로서 대통령령으로 정하는 금액 이상의 자기자본을 갖출 것
3. 사업계획이 타당하고 건전할 것
4. 투자자의 보호가 가능하고 그 영위하고자 하는 금융투자업을 수행하기에 충분한 인력과 전산설비, 그 밖의 물적 설비를 갖출 것
5. 임원이 「금융회사의 지배구조에 관한 법률」 제5조에 적합할 것(2015.7.31 본호개정)
6. 대주주나 외국 금융투자업자가 다음 각 목의 구분에 따른 요건을 갖출 것
가. 제1호가목의 경우 대주주(최대주주의 특수관계인인 주주를 포함하며, 최대주주가 법인인 경우 그 법인의 중요한 경영사항에 대하여 사실상 영향력을 행사하고 있는 자로서 대통령령으로 정하는 자를 포함한다)가 충분한 출자능력, 건전한 재무상태 및 사회적 신용을 갖출 것
나. 제1호나목의 경우 외국 금융투자업자가 충분한 출자능력, 건전한 재무상태 및 사회적 신용을 갖출 것
6의2. 대통령령으로 정하는 건전한 재무상태와 사회적 신용을 갖출 것(2010.3.12 본호신설)
7. 금융투자업자와 투자자 간, 특정 투자자와 다른 투자자 간의 이해상충(利害相衝)을 방지하기 위한 체계를 갖출 것
③ 제2항의 인가요건에 관하여 필요한 세부사항은 대통령령으로 정한다.
제13조 【인가의 신청 및 심사】 ① 제12조제1항에 따른 금융투자업인가를 받으려는 자는 인가신청서를 금융위원회에 제출하여야 한다.(2008.2.29 본항개정)

② 금융위원회는 제1항의 인가신청서를 접수한 경우에는 그 내용을 심사하여 3개월(제14조에 따른 예비인가를 받은 경우에는 1개월) 이내에 금융투자업인가 여부를 결정하고, 그 결과와 이유를 지체 없이 신청인에게 문서로 통지하여야 한다. 이 경우 인가신청서에 흠결(欠缺)이 있는 때에는 보완을 요구할 수 있다.(2008.2.29 전단개정)
③ 제2항 및 제5항 후단의 심사기간을 산정함에 있어서 인가신청서 흠결의 보완기간 등 총리령으로 정하는 기간은 심사기간에 산입(算入)하지 아니한다.(2013.5.28 본항개정)
④ 금융위원회는 제2항에 따라 금융투자업인가를 하는 경우에는 경영의 건전성 확보 및 투자자 보호에 필요한 조건을 붙일 수 있다.(2008.2.29 본항개정)
⑤ 제4항에 따라 조건이 붙은 금융투자업인가를 받은 자는 사정의 변경, 그 밖에 정당한 사유가 있는 경우에는 금융위원회에 조건의 취소 또는 변경을 신청할 수 있다. 이 경우 금융위원회는 2개월 이내에 조건의 취소 또는 변경 여부를 결정하고, 그 결과를 지체 없이 신청인에게 문서로 통지하여야 한다.
(2008.2.29 본항개정)
⑥ 금융위원회는 제2항에 따라 금융투자업인가를 하거나 제5항에 따라 그 인가의 조건을 취소 또는 변경한 경우에는 다음 각 호의 사항을 관보 및 인터넷 홈페이지 등에 공고하여야 한다.
(2008.2.29 본문개정)
1. 금융투자업인가의 내용
2. 금융투자업인가의 조건(조건을 붙인 경우에 한한다)
3. 금융투자업인가의 조건을 취소하거나 변경한 경우 그 내용(조건을 취소하거나 변경한 경우에 한한다)
⑦ 제1항부터 제6항까지의 규정에 따른 인가신청서 또는 조건의 취소·변경 신청서의 기재사항·첨부서류 등 인가신청 또는 조건의 취소·변경의 신청에 관한 사항과 심사의 방법·절차, 그 밖에 필요한 사항은 대통령령으로 정한다.(2013.5.28 본항개정)

제14조【예비인가】 ① 제12조에 따른 금융투자업인가(이하 이 조에서 "본인가"라 한다)를 받으려는 자는 미리 금융위원회에 예비인가를 신청할 수 있다.(2008.2.29 본항개정)
② 금융위원회는 예비인가를 신청받은 경우에는 2개월 이내에 제12조제2항 각 호의 요건을 갖출 수 있는지 여부를 심사하여 예비인가 여부를 결정하고, 그 결과와 이유를 지체 없이 신청인에게 문서로 통지하여야 한다. 이 경우 예비인가신청에 관하여 흠결이 있는 때에는 보완을 요구할 수 있다.(2008.2.29 전단개정)
③ 제2항의 심사기간을 산정함에 있어서 예비인가신청과 관련된 흠결의 보완기간 등 총리령으로 정하는 기간은 심사기간에 산입하지 아니한다.(2008.2.29 본항개정)
④ 금융위원회는 제2항에 따라 예비인가를 하는 경우에는 경영의 건전성 확보 및 투자자 보호에 필요한 조건을 붙일 수 있다.(2008.2.29 본항개정)
⑤ 금융위원회는 예비인가를 받은 자가 본인가를 신청하는 경우에는 제4항에 따른 예비인가의 조건을 이행하였는지 여부와 제12조제2항 각 호의 요건을 갖추었는지 여부를 확인한 후 본인가 여부를 결정하여야 한다.(2008.2.29 본항개정)
⑥ 제1항부터 제5항까지의 규정에 따른 예비인가의 신청서 및 그 기재사항·첨부서류 등 예비인가의 신청에 관한 사항과 예비인가심사의 방법·절차, 그 밖에 예비인가에 관하여 필요한 사항은 대통령령으로 정한다.

제15조【인가요건 등의 유지】 ① 금융투자업자는 제12조에 따른 금융투자업인가를 받아 그 영업을 영위함에 있어서 제12조제2항 각 호의 인가요건(같은 조 같은 항 제6호가목 및 같은 항 제6호의2를 제외하며, 같은 항 제2호 및 같은 항 제6호나목의 경우에는 대통령령으로 정하는 완화된 요건을 말한다)을 유지하여야 한다.
② 제16조의2에 따라 업무 단위 추가등록을 한 투자매매업자 또는 투자중개업자는 업무 단위 추가등록 이후 그 영업을 영위할 때에는 제12조제2항 각 호의 요건(같은 항 제3호, 제6호 및 제6호의2는 제외하며, 같은 항 제2호의 경우에는 대통령령으로 정하는 완화된 요건을 말한다)을 유지하여야 한다.(2021.6.8 본항신설)
(2021.6.8 본조제목개정)
(2015.7.31 본조개정)

제16조【업무의 추가 및 인가의 변경】 ① 금융투자업자는 제12조에 따라 인가받은 인가업무 단위 외에 다른 인가업무 단위를 추가하여 금융투자업을 영위하려는 경우에는 제12조 및 제13조에 따라 금융위원회의 변경인가를 받아야 한다. 이 경우 제14조를 적용한다.(2009.2.3 후단개정)
② 제1항에 따른 변경인가를 함에 있어서 제12조제2항제6호의 인가요건에 관하여는 같은 호에도 불구하고 대통령령으로 정하는 완화된 요건을 적용한다.(2010.3.12 본항신설)

제16조의2【투자매매업 등의 업무 단위 추가 및 등록】 ① 제12조에 따라 금융투자업인가를 받은 투자매매업자 또는 투자중개업자(겸영금융투자업자는 제외한다)가 같은 금융투자업의 종류에 속하는 금융투자상품을 구성요소로 하여 대통령령으로 정하는 업무 단위를 추가하여 금융투자업을 영위하려는 경우에는 제12조제1항에도 불구하고 금융위원회에 이를 등록(이하 "업무 단위 추가등록"이라 한다)하여야 한다.
② 제1항에 따라 업무 단위 추가등록을 하려는 금융투자업자는 제12조제2항 각 호의 요건(같은 항 제3호 및 제6호는 제외한다)을 갖추어 금융위원회에 등록신청서를 제출하여야 한다.
③ 금융위원회는 제2항의 등록신청서를 접수한 경우에는 그 내용을 검토하여 2개월 이내에 업무 단위 추가등록 여부를 결정하고, 그 결과와 이유를 지체 없이 신청인에게 문서로 통지하여야 한다. 이 경우 등록신청서에 흠결이 있는 때에는 보완을 요구할 수 있다.
④ 금융위원회는 제3항에 따라 업무 단위 추가등록 여부를 결정하는 경우 다음 각 호의 어느 하나에 해당하는 사유가 없으면 등록을 거부하여서는 아니 된다.
1. 제2항에 따른 업무 단위 추가등록 요건을 갖추지 아니한 경우
2. 제2항에 따른 등록신청서를 거짓으로 작성한 경우
3. 제3항 후단에 따른 보완요구를 이행하지 아니한 경우
⑤ 금융위원회는 제3항에 따라 업무 단위 추가등록을 결정하는 경우 경영의 건전성 확보 및 투자자 보호에 필요한 조건을 붙일 수 있다.
⑥ 제5항에 따라 조건이 붙은 업무 단위 추가등록을 한 자는 사정의 변경, 그 밖의 정당한 사유가 있는 경우에는 금융위원회에 조건의 취소 또는 변경을 신청할 수 있다. 이 경우 금융위원회는 그 내용을 심사하여 2개월 이내에 조건의 취소 또는 변경 여부를 결정하고, 그 결과를 지체 없이 신청인에게 문서로 통지하여야 한다.
⑦ 제3항의 검토기간 및 제6항의 심사기간을 산정할 때에는 등록신청서 흠결의 보완기간 등 총리령으로 정하는 기간은 그 기간에서 제외한다.
⑧ 금융위원회는 제3항에 따라 업무 단위 추가등록을 결정하거나 제6항에 따라 그 등록의 조건을 취소 또는 변경한 경우에는 투자매매업자등록부 또는 투자중개업자등록부에 필요한 사항을 기재하여야 하며, 다음 각 호의 사항을 관보 및 인터넷 홈페이지 등에 공고하여야 한다.
1. 업무 단위 추가등록의 내용
2. 업무 단위 추가등록의 조건(조건을 붙인 경우에 한정한다)
3. 업무 단위 추가등록의 조건을 취소하거나 변경한 경우 그 내용(조건을 취소하거나 변경한 경우에 한정한다)
⑨ 제3항부터 제8항까지의 규정에 따른 업무 단위 추가등록의 신청 또는 조건의 취소·변경의 신청에 관한 사항과 등록검토 또는 조건의 취소·변경 심사의 방법·절차, 그 밖에 필요한 사항은 대통령령으로 정한다.
⑩ 제1항에 따라 업무 단위 추가등록을 한 자는 제16조제1항에 따른 변경인가를 받은 것으로 본다.
(2021.6.8 본조신설)

제16조의3【외국 금융투자업자의 조직형태 변경에 따른 인가에 관한 특례】 제12조제2항제1호 각 목에 따라 금융투자업인가를 받은 외국 금융투자업자 또는 대통령령으로 정하는 외국 금융투자업자의 국내법인이 대통령령으로 정하는 조직형태 변경을 통하여 금융투자업 전부(이에 준하는 경우를 포함한다)를 양도하는 경우로서 영업을 양수하는 자가 제12조에 따른 금융투자업인가를 받아야 하는 경우에는 대통령령으로 정하는 바에 따라 제12조제2항제3호·제4호 및 제6호의 요건 중 전부 또는 일부를 갖춘 것으로 본다.(2021.6.8 본조신설)

제2절 등록요건 및 절차

제17조【미등록 영업행위의 금지】 누구든지 이 법에 따른 금융투자업등록(변경등록을 포함한다)을 하지 아니하고는 투자자문업 또는 투자일임업을 영위하여서는 아니 된다.

제18조【투자자문업 또는 투자일임업의 등록】 ① 투자자문업 또는 투자일임업을 영위하려는 자는 다음 각 호의 사항을 구성요소로 하여 대통령령으로 정하는 업무 단위(이하 "등록업무 단위"라 한다)의 전부나 일부를 선택하여 금융위원회에 하나의 금융투자업등록을 하여야 한다.(2008.2.29 본문개정)

1. 투자자문업 또는 투자일임업
2. 금융투자상품등의 범위(증권, 장내파생상품, 장외파생상품 및 그 밖에 대통령령으로 정하는 투자대상자산을 말한다)(2013.5.28 본호개정)
3. 투자자의 유형

② 제1항에 따라 금융투자업등록을 하려는 자는 다음 각 호의 요건을 모두 갖추어야 한다.

1. 다음 각 목의 어느 하나에 해당하는 자일 것. 다만, 외국 투자자문업자(외국 법령에 따라 외국에서 투자자문업에 상당하는 영업을 영위하는 자를 말한다. 이하 같다) 또는 외국 투자일임업자(외국 법령에 따라 외국에서 투자일임업에 상당하는 영업을 영위하는 자를 말한다. 이하 같다)가 외국에서 국내 거주자를 상대로 직접 영업을 하거나 통신수단을 이용하여 투자자문업 또는 투자일임업을 영위하는 경우에는 적용하지 아니한다.
   가. 「상법」에 따른 주식회사이거나 대통령령으로 정하는 금융기관(2011.8.4 본목개정)
   나. 외국 투자자문업자로서 투자자문업의 수행에 필요한 지점, 그 밖의 영업소를 설치한 자
   다. 외국 투자일임업자로서 투자일임업의 수행에 필요한 지점, 그 밖의 영업소를 설치한 자
2. 등록업무 단위별로 1억원 이상으로서 대통령령으로 정하는 금액 이상의 자기자본을 갖출 것
3. 다음 각 목의 구분에 따른 투자권유자문인력(제286조제1항제3호가목에 따른 투자권유자문인력을 말한다. 이하 같다) 또는 투자운용인력(제286조제1항제3호다목에 따른 투자운용인력을 말한다. 이하 같다)을 갖출 것. 이 경우 제1호 각 목 외의 부분 단서에 규정된 자가 해당 국가에서 투자권유자문인력 또는 투자운용인력에 상당하는 자를 다음 각 목의 수 이상 확보하고 있는 때에는 해당 요건을 갖춘 것으로 본다.
   가. 투자자문업의 경우에는 투자권유자문인력을 대통령령으로 정하는 수 이상 갖출 것
   나. 투자일임업의 경우에는 투자운용인력을 대통령령으로 정하는 수 이상 갖출 것
4. 임원이 「금융회사의 지배구조에 관한 법률」 제5조에 적합할 것(2015.7.31 본호개정)
5. 대주주나 외국 투자자문업자 또는 외국 투자일임업자가 다음 각 목의 구분에 따른 요건을 갖출 것
   가. 제1호가목의 경우 대주주(제12조제2항제6호가목의 대주주를 말한다)가 대통령령으로 정하는 사회적 신용을 갖출 것
   나. 제1호 각 목 외의 부분 단서 및 같은 호 나목·다목의 경우 외국 투자자문업자 또는 외국 투자일임업자가 대통령령으로 정하는 사회적 신용을 갖출 것

5의2. 대통령령으로 정하는 건전한 재무상태와 사회적 신용을 갖출 것(2010.3.12 본호신설)

6. 금융투자업자와 투자자 간, 특정 투자자와 다른 투자자 간의 이해상충을 방지하기 위한 체계로서 대통령령으로 정하는 요건을 갖출 것

제19조【등록의 신청 등】 ① 제18조에 따른 금융투자업등록을 하려는 자는 등록신청서를 금융위원회에 제출하여야 한다.(2008.2.29 본항개정)

② 금융위원회는 제1항의 등록신청서를 접수한 경우에는 그 내용을 검토하여 2개월 이내에 금융투자업등록 여부를 결정하고, 그 결과와 이유를 지체 없이 신청인에게 문서로 통지하여야 한다. 이 경우 등록신청서에 흠결이 있는 때에는 보완을 요구할 수 있다.(2008.2.29 전단개정)

③ 제2항의 검토기간을 산정함에 있어서 등록신청서 흠결의 보완기간 등 총리령으로 정하는 기간은 검토기간에 산입하지 아니한다.(2008.2.29 본항개정)

④ 금융위원회는 제2항의 금융투자업등록 여부를 결정함에 있어서 다음 각 호의 어느 하나에 해당하는 사유가 없는 한 등록을 거부하여서는 아니 된다.(2008.2.29 본문개정)

1. 제18조제2항의 금융투자업등록요건을 갖추지 아니한 경우
2. 제1항의 등록신청서를 거짓으로 작성한 경우
3. 제2항 후단의 보완요구를 이행하지 아니한 경우

⑤ 금융위원회는 제2항에 따라 금융투자업등록을 결정한 경우 투자자문업자등록부 또는 투자일임업자등록부에 필요한 사항을 기재하여야 하며, 등록결정한 내용을 관보 및 인터넷 홈페이지 등에 공고하여야 한다.(2008.2.29 본항개정)

⑥ 제1항부터 제5항까지의 규정에 따른 등록신청서의 기재사항·첨부서류 등 등록의 신청에 관한 사항과 등록검토의 방법·절차, 그 밖에 필요한 사항은 대통령령으로 정한다.

제20조【등록요건의 유지】 투자자문업자 또는 투자일임업자는 금융투자업등록 이후 그 영업을 영위함에 있어서 제18조제2항 각 호의 등록요건(같은 조 같은 항 제5호의2를 제외하며, 같은 항 제2호 및 제5호의 경우에는 대통령령으로 정하는 완화된 요건을 말한다)을 유지하여야 한다.(2010.3.12 본조개정)

제20조의2【등록의 직권말소】 ① 금융위원회는 투자자문업자, 투자일임업자 및 일반 사모집합투자업자가 다음 각 호의 어느 하나에 해당하는 경우에는 그 등록을 직권으로 말소할 수 있다.

1. 해당 등록업무 단위별 최저자기자본의 100분의 70 이상을 6개월 이상 계속해서 유지하지 아니한 경우
2. 등록을 한 날부터 6개월(일반 사모집합투자업자의 경우에는 1년) 이내에 정당한 사유 없이 영업을 시작하지 아니하거나, 영업을 시작한 후 정당한 사유 없이 등록한 업무를 6개월 이상 계속해서 하지 아니한 경우
3. 해당 등록업무 단위별 투자권유자문인력 또는 투자운용인력 요건을 6개월 이상 계속해서 유지하지 아니한 경우
4. 월별 업무보고서를 6개월 이상 계속 제출하지 아니하고, 금융위원회로부터 그 보고서 제출요구를 받은 날부터 1개월 이내에 이를 제출하지 아니한 경우
5. 관할 세무서장에게 폐업신고를 하거나 관할 세무서장이 사업자등록을 말소한 경우
6. 파산선고를 받은 경우

② 금융위원회는 제1항의 등록 말소를 위하여 관할 세무서장에게 영업자의 폐업 여부에 관한 정보를 요청할 수 있다. 이 경우 관할 세무서장은 그 정보를 제공하여야 한다.
(2021.4.20 본조신설)

제21조【업무의 추가 및 변경등록】 ① 금융투자업자는 제18조에 따라 등록한 등록업무 단위 외에 다른 등록업무 단위를 추가하여 금융투자업을 영위하려는 경우에는 제18조 및 제19조에 따라 금융위원회에 변경등록하여야 한다.(2008.2.29 본항개정)

② 제1항에 따른 변경등록을 함에 있어서 제18조제2항제5호의 등록요건에 관하여는 같은 호에도 불구하고 대통령령으로 정하는 완화된 요건을 적용한다.(2010.3.12 본항신설)

제2장 금융투자업자의 지배구조

제22조~제28조 (2015.7.31 삭제)

제28조의2【파생상품업무책임자】 ① 자산규모 및 금융투자업의 종류 등을 고려하여 대통령령으로 정하는 금융투자업자(겸영금융투자업자를 포함한다)는 상근 임원(「상법」 제401조의2제1항 각 호의 자를 포함한다)으로서 대통령령으로 정하는 파생상품업무책임자를 1인 이상 두어야 한다.(2016.3.29 본항개정)

② 제1항의 파생상품업무책임자는 다음 각 호의 업무를 수행한다.

1. 파생상품 투자자보호에 필요한 절차나 기준의 수립 및 집행에 관한 관리·감독업무
2. 장외파생상품 매매에 대한 승인 업무
3. 그 밖에 대통령령으로 정하는 업무

(2009.2.3 본조신설)

제29조 (2015.7.31 삭제)

제3장 건전경영 유지

제1절 경영건전성 감독

제30조【재무건전성 유지】 ① 금융투자업자(겸영금융투자업자, 그 밖에 대통령령으로 정하는 금융투자업자를 제외한다. 이하 이 조에서 같다)는 제1호의 합계액에서 제2호의 합계액을 뺀 금액(이하 "영업용순자본"이라 한다)을 금융투자업자의 자산 및 부채에 내재하거나 업무에 수반되는 위험을 금액으로 환산하여 합계한 금액(이하 "총위험액"이라 한다) 이상으로 유지하여야 한다.

1. 자본금·준비금, 그 밖에 총리령으로 정하는 금액
2. 고정자산, 그 밖에 단기간 내에 유동화가 어려운 자산으로서 총리령으로 정하는 자산

(2008.2.29 1호~2호개정)

② 제1항의 영업용순자본과 총위험액의 산정에 관한 구체적인 기준 및 방법은 금융위원회가 정하여 고시한다.(2008.2.29 본항개정)

③ 금융투자업자는 매 분기의 말일을 기준으로 영업용순자본에서 총위험액을 뺀 금액을 기재한 서면을 해당 분기의 말일부터 45일 이내로서 대통령령으로 정하는 기간 이내에 금융위원회에 보고하여야 하며, 보고기간 종료일부터 3개월간 본점과 지점, 그 밖의 영업소에 비치하고, 인터넷 홈페이지 등을 이용하여 공시하여야 한다.(2008.2.29 본항개정)

제31조【경영건전성기준】 ① 금융투자업자(겸영금융투자업자를 제외한다. 이하 이 절에서 같다)는 경영의 건전성을 유지하기 위하여 다음 각 호의 사항에 관하여 금융위원회가 정하여 고시하는 경영건전성기준을 준수하여야 하며, 이를 위한 적절한 체계를 구축·시행하여야 한다.(2008.2.29 본문개정)

1. 자기자본비율, 그 밖의 자본의 적정성에 관한 사항
2. 자산의 건전성에 관한 사항
3. 유동성에 관한 사항
4. 그 밖에 경영의 건전성 확보를 위하여 필요한 사항으로서 대통령령으로 정하는 사항

② 금융위원회는 제1항에 따른 경영건전성기준을 정함에 있어서 금융투자업자가 영위하는 금융투자업의 종류 등을 고려하여 금융투자업별로 그 내용을 달리 정할 수 있다.(2008.2.29 본항개정)

③ 금융위원회는 금융투자업자의 경영건전성 확보를 위한 경영실태 및 위험에 대한 평가를 할 수 있다. 다만, 자산규모 등을 고려하여 대통령령으로 정하는 금융투자업자에 대하여는 평가를 실시하여야 한다.(2009.2.3 본항개정)

④ 금융위원회는 금융투자업자가 제1항 및 제2항의 기준을 충족하지 못하거나 제30조제1항 및 제2항을 위반한 경우에는 금융투자업자에 대하여 자본금의 증액, 이익배당의 제한 등 경영건전성 확보를 위한 필요한 조치를 명할 수 있다.(2008.2.29 본항개정)

제32조【회계처리】 ① 금융투자업자는 다음 각 호에 따라 회계처리를 하여야 한다.

1. 회계연도를 금융투자업별로 총리령으로 정하는 기간으로 할 것(2008.2.29 본호개정)
2. 금융투자업자의 고유재산과 신탁재산, 그 밖에 총리부령으로 정하는 투자자재산을 명확히 구분하여 회계처리할 것(2008.2.29 본호개정)
3. 증권선물위원회의 심의를 거쳐 금융위원회가 정하여 고시하는 금융투자업자 회계처리준칙 및 「주식회사 등의 외부감사에 관한 법률」 제5조에 따른 회계처리기준을 따를 것(2017.10.31 본호개정)

② 금융투자업자의 고유재산의 회계처리에 관한 사항으로서 제1항에서 정하지 아니한 회계처리, 계정과목의 종류와 배열순서, 그 밖에 필요한 사항은 금융위원회가 정하여 고시한다.(2008.2.29 본항개정)

제33조【업무보고서 및 공시 등】 ① 금융투자업자는 매 사업연도 개시일부터 3개월간·6개월간·9개월간 및 12개월간의 업무보고서를 작성하여 그 기간 경과 후 45일 이내로서 대통령령으로 정하는 기간 이내에 금융위원회에 제출하여야 한다.(2008.2.29 본항개정)

② 금융투자업자는 제1항에 따른 업무보고서를 금융위원회에 제출한 날부터 그 업무보고서 중 중요사항을 발췌한 공시서류를 1년간 본점과 지점, 그 밖의 영업소에 이를 비치하고, 인터넷 홈페이지 등을 이용하여 공시하여야 한다.(2008.2.29 본항개정)

③ 금융투자업자는 거액의 금융사고 또는 부실채권의 발생 등 금융투자업자의 경영상황에 중대한 영향을 미칠 사항으로서 금융투자업의 종류별로 대통령령으로 정하는 사항이 발생한 경우에는 금융위원회에 보고하고, 인터넷 홈페이지 등을 이용하여 공시하여야 한다.(2009.2.3 본항개정)

④ 금융투자업자는 제1항에 따른 업무보고서 외에 매월의 업무 내용을 적은 보고서를 다음 달 말일까지 금융위원회에 제출하여야 한다.(2009.2.3 본항신설)

⑤ 제1항에 따른 업무보고서, 제2항에 따른 공시서류의 기재사항 및 제3항에 따른 경영상황 공시, 제4항에 따른 보고서, 그 밖에 필요한 사항은 대통령령으로 정한다.(2009.2.3 본항개정)

(2009.2.3 본조제목개정)

제2절 대주주와의 거래제한 등

제34조【대주주와의 거래 등의 제한】 ① 금융투자업자(겸영금융투자업자는 제외한다. 이하 이 절에서 같다)는 다음 각 호의 어느 하나에 해당하는 행위를 하여서는 아니 된다. 다만, 담보권의 실행 등 권리행사에 필요한 경우, 제176조제3항제1호에 따른 안정조작 또는 같은 항 제2호에 따른 시장조성을 하는 경우, 그 밖에 금융투자업자의 건전성을 해치지 아니하는 범위에서 금융투자업의 효율적 수행을 위하여 대통령령으로 정하는 경우에는 그러하지 아니하며, 이 경우 금융위원회는 다음 각 호별로 그 소유기한 등을 정하여 고시할 수 있다.(2009.2.3 본문개정)

1. 그 금융투자업자의 대주주가 발행한 증권을 소유하는 행위
2. 그 금융투자업자의 특수관계인(금융투자업자의 대주주를 제외한다) 중 대통령령으로 정하는 자가 발행한 주식, 채권 및 약속어음(기업이 사업에 필요한 자금을 조달하기 위하여 발행한 것에 한한다)을 소유하는 행위. 다만, 대통령령으로 정하는 비율의 범위에서 소유하는 경우를 제외한다.
3. 그 밖에 금융투자업자의 건전한 자산운용을 해할 우려가 있는 행위로서 대통령령으로 정하는 행위

② 금융투자업자는 대주주(그의 특수관계인을 포함한다. 이하 이 조에서 같다)에 대하여 신용공여(금전·증권 등 경제적 가치가 있는 재산의 대여, 채무이행의 보증, 자금 지원적 성격의 증권의 매입, 그 밖에 거래상의 신용위험을 수반하는 직접적·간접적 거래로서 대통령령으로 정하는 거래를 말한다. 이하 이 절에서 같다)를 하여서는 아니 되며, 대주주는 그 금융투자업자로부터 신용공여를 받아서는 아니 된다. 다만, 대주주에 대한 신용공여가 다음 각 호의 어느 하나에 해당하는 경우에는 이를 할 수 있다.(2020.12.29 단서개정)

1. 임원에 대하여 연간 급여액(근속기간 중에 그 금융투자업자로부터 지급된 소득세 과세대상이 되는 급여액을 말한다)과 대통령령으로 정하는 금액 중 적은 금액의 범위에서 하는 신용공여
2. 금융투자업자가 발행주식총수 또는 출자총액의 100분의 50 이상을 소유 또는 출자하거나 대통령령으로 정하는 기준에 의하여 사실상 경영을 지배하는 해외현지법인에 대한 신용공여
3. 그 밖에 금융투자업자의 건전성을 해할 우려가 없는 신용공여로서 대통령령으로 정하는 신용공여

(2020.12.29 1호~3호신설)

③ 금융투자업자는 제1항제2호 단서 또는 제2항 단서에 해당하는 행위(대통령령으로 정하는 행위를 제외한다)를 하고자 하는 경우에는 미리 이사회 결의를 거쳐야 한다. 이 경우 이사회 결의는 재적이사 전원의 찬성으로 한다.

④ 금융투자업자는 제1항제2호 단서 또는 제2항 단서에 해당하는 행위(대통령령으로 정하는 행위를 제외한다)를 한 경우에는 그 사실을 금융위원회에 지체 없이 보고하고, 인터넷 홈페이지 등을 이용하여 공시하여야 한다.(2008.2.29 본항개정)

⑤ 금융투자업자는 제4항에 따른 보고사항 중 대통령령으로 정하는 사항을 종합하여 분기별로 금융위원회에 보고하고, 인터넷 홈페이지 등을 이용하여 공시하여야 한다.(2008.2.29 본항개정)

⑥ 금융위원회는 금융투자업자 또는 그의 대주주가 제1항부터 제5항까지의 규정을 위반한 혐의가 있다고 인정될 경우에는 금융투자업자 또는 그의 대주주에게 필요한 자료의 제출을 명할 수 있다.(2008.2.29 본항개정)
⑦ 금융위원회는 금융투자업자의 대주주(회사에 한한다)의 부채가 자산을 초과하는 등 재무구조의 부실로 인하여 금융투자업자의 경영건전성을 현저히 해칠 우려가 있는 경우로서 대통령령으로 정하는 경우에는 금융투자업자에 대하여 대주주가 발행한 증권의 신규취득 및 제2항 단서에 따른 신용공여를 제한할 수 있다.(2008.2.29 본항개정)

제35조【대주주의 부당한 영향력 행사의 금지】 금융투자업자의 대주주(그의 특수관계인을 포함한다. 이하 이 조 및 제36조에서 같다)는 금융투자업자의 이익에 반하여 대주주 자신의 이익을 얻을 목적으로 다음 각 호의 어느 하나에 해당하는 행위를 하여서는 아니 된다.
1. 부당한 영향력을 행사하기 위하여 금융투자업자에 대하여 외부에 공개되지 아니한 자료 또는 정보의 제공을 요구하는 행위. 다만, 「금융회사의 지배구조에 관한 법률」 제33조제6항 또는 「상법」 제466조에 따른 권리의 행사에 해당하는 경우를 제외한다.(2015.7.31 단서개정)
2. 경제적 이익 등 반대급부의 제공을 조건으로 다른 주주와 담합하여 금융투자업자의 인사 또는 경영에 부당한 영향력을 행사하는 행위
3. 그 밖에 제1호 및 제2호에 준하는 행위로서 대통령령으로 정하는 행위

제36조【금융위원회의 자료 제출명령】 금융위원회는 금융투자업자의 대주주가 제35조를 위반한 혐의가 있다고 인정될 경우에는 금융투자업자 또는 그의 대주주에게 필요한 자료의 제출을 명할 수 있다.(2008.2.29 본조개정)

제4장 영업행위 규칙

제1절 공통 영업행위 규칙

제1관 신의성실의무 등

제37조【신의성실의무 등】 ① 금융투자업자는 신의성실의 원칙에 따라 공정하게 금융투자업을 영위하여야 한다.
② 금융투자업자는 금융투자업을 영위함에 있어서 정당한 사유 없이 투자자의 이익을 해하면서 자기가 이익을 얻거나 제삼자가 이익을 얻도록 하여서는 아니 된다.

제38조【상호】 ① 금융투자업자가 아닌 자는 그 상호 중에 "금융투자"라는 문자 또는 이와 같은 의미를 가지는 외국어 문자로서 대통령령으로 정하는 문자를 사용하여서는 아니 된다.(2009.2.3 본항신설)
② 증권을 대상으로 하여 투자매매업 또는 투자중개업을 영위하는 자가 아닌 자는 그 상호 중에 "증권"이라는 문자 또는 이와 같은 의미를 가지는 외국어문자로서 대통령령으로 정하는 문자를 사용하여서는 아니 된다. 다만, 제229조제1호의 증권집합투자기구는 제183조제1항에 따라 "증권"이라는 문자 또는 이와 같은 의미를 가지는 외국어문자로서 대통령령으로 정하는 문자를 사용할 수 있다.
③ 장내파생상품 또는 장외파생상품을 대상으로 하여 투자매매업 또는 투자중개업을 영위하는 자가 아닌 자는 그 상호 중에 "파생" 또는 "선물"이라는 문자 또는 이와 같은 의미를 가지는 외국어문자로서 대통령령으로 정하는 문자를 사용하여서는 아니 된다.(2009.2.3 본항개정)
④ 집합투자업자가 아닌 자는 그 상호 중에 "집합투자", "투자신탁" 또는 "자산운용"이라는 문자 또는 이와 같은 의미를 가지는 외국어문자로서 대통령령으로 정하는 문자를 사용하여서는 아니 된다. 다만, 투자신탁인 집합투자기구는 "투자신탁"이라는 문자 또는 이와 같은 의미를 가지는 외국어문자로서 대통령령으로 정하는 문자를 사용할 수 있다.
⑤ 투자자문업자가 아닌 자는 그 상호 중에 "투자자문"이라는 문자 또는 이와 같은 의미를 가지는 외국어문자로서 대통령령으로 정하는 문자를 사용하여서는 아니 된다. 다만, 「부동산투자회사법」에 따른 부동산투자자문회사는 "투자자문"이라는 문자 또는 이와 같은 의미를 가지는 외국어문자로서 대통령령으로 정하는 문자를 사용할 수 있다.
⑥ 투자일임업자가 아닌 자는 그 상호 중에 "투자일임"이라는 문자 또는 이와 같은 의미를 가지는 외국어문자로서 대통령령으로 정하는 문자를 사용하여서는 아니 된다.
⑦ 신탁업자가 아닌 자는 그 상호 중에 "신탁"이라는 문자 또는 이와 같은 의미를 가지는 외국어문자로서 대통령령으로 정하는 문자를 사용하여서는 아니 된다. 다만, 집합투자업자 또는 제7조제5항에 따른 업을 영위하는 자는 그 상호 중에 "신탁"이라는 문자 또는 이와 같은 의미를 가지는 외국어문자로서 대통령령으로 정하는 문자를 사용할 수 있다.

제39조【명의대여의 금지】 금융투자업자는 자기의 명의를 대여하여 타인에게 금융투자업을 영위하게 하여서는 아니 된다.

제40조【금융투자업자의 다른 금융업무 영위】 ① 금융투자업자(겸영금융투자업자, 그 밖에 대통령령으로 정하는 금융투자업자를 제외한다. 이하 이 조에서 같다)는 투자자 보호 및 건전한 거래질서를 해할 우려가 없는 금융업무로서 다음 각 호의 금융업무를 영위할 수 있다. 이 경우 금융투자업자는 제2호부터 제5호까지의 업무를 영위하고자 하는 때에는 그 업무를 영위하기 시작한 날부터 2주 이내에 이를 금융위원회에 보고하여야 한다.(2020.5.19 후단개정)
1. 이 법 또는 대통령령으로 정하는 금융관련 법령에서 인가·허가·등록 등을 요하는 금융업무 중 「보험업법」 제91조에 따른 보험대리점의 업무 또는 보험중개사의 업무, 그 밖에 대통령령으로 정하는 금융업무
2. 이 법 또는 대통령령으로 정하는 금융관련 법령에서 정하고 있는 금융업무로서 해당 법령에서 금융투자업자가 영위할 수 있도록 한 업무
3. 국가 또는 공공단체 업무의 대리
4. 투자자를 위하여 그 투자자가 예탁한 투자자예탁금(제74조제1항의 투자자예탁금을 말한다)으로 수행하는 자금이체업무
5. 그 밖에 그 금융업무를 영위하여도 투자자 보호 및 건전한 거래질서를 해할 우려가 없는 업무로서 대통령령으로 정하는 금융업무

② 금융위원회는 제1항에 따른 겸영업무 보고내용이 다음 각 호의 어느 하나에 해당하는 경우에는 그 겸영업무의 영위를 제한하거나 시정할 것을 명할 수 있다.
1. 금융투자업자의 경영건전성을 저해하는 경우
2. 투자자 보호에 지장을 초래하는 경우
3. 금융시장의 안정성을 저해하는 경우

(2020.5.19 본항신설)
③ 제2항에 따른 제한명령 또는 시정명령은 제1항에 따라 보고를 받은 날부터 30일 이내에 그 내용 및 사유가 구체적으로 기재된 문서로 하여야 한다.(2020.5.19 본항신설)
④ 금융위원회는 제1항에 따라 보고받은 겸영업무 및 제2항에 따라 제한명령 또는 시정명령을 한 겸영업무를 대통령령으로 정하는 방법 및 절차에 따라 인터넷 홈페이지 등에 공고하여야 한다.(2020.5.19 본항신설)

제41조【금융투자업자의 부수업무 영위】 ① 금융투자업자는 금융투자업에 부수하는 업무를 영위하고자 하는 경우에는 그 업무를 영위하기 시작한 날부터 2주 이내에 이를 금융위원회에 보고하여야 한다.(2020.5.19 본항개정)
② 금융위원회는 제1항에 따른 부수업무 보고내용이 다음 각 호의 어느 하나에 해당하는 경우에는 그 부수업무의 영위를 제한하거나 시정할 것을 명할 수 있다.(2020.5.19 본문개정)
1. 금융투자업자의 경영건전성을 저해하는 경우
2. 인가를 받거나 등록한 금융투자업의 영위에 따른 투자자 보호에 지장을 초래하는 경우
3. 금융시장의 안정성을 저해하는 경우

③ 제2항에 따른 제한명령 또는 시정명령은 제1항에 따라 보고를 받은 날부터 30일 이내에 그 내용 및 사유가 구체적으로 기재된 문서로 하여야 한다.(2020.5.19 본항개정)
④ 금융위원회는 제1항에 따라 보고받은 부수업무 및 제2항에 따라 제한명령 또는 시정명령을 한 부수업무를 대통령령으로 정하는 방법 및 절차에 따라 인터넷 홈페이지 등에 공고하여야 한다.(2020.5.19 본항개정)

제42조【금융투자업자의 업무위탁】 ① 금융투자업자는 금융투자업, 제40조제1항 각 호의 업무 및 제41조제1항의 부수업무와 관련하여 그 금융투자업자가 영위하는 업무의 일부를 제삼자에게 위탁할 수 있다. 다만, 대통령령으로 정하는 내부통제

업무(해당 업무에 관한 의사결정권한까지 위탁하는 경우만 해당한다)는 제삼자에게 위탁하여서는 아니 된다.(2020.5.19 본항개정)
② 금융투자업자는 제1항 본문에 따라 제삼자에게 업무를 위탁하는 경우에는 다음 각 호의 사항을 포함하는 위탁계약을 체결하여야 하며, 그 내용을 대통령령으로 정하는 방법 및 절차에 따라 금융위원회에 보고하여야 한다.(2008.2.29 본문개정)
1. 위탁하는 업무의 범위
2. 수탁자의 행위제한에 관한 사항
3. 위탁하는 업무의 처리에 대한 기록유지에 관한 사항
4. 그 밖에 투자자 보호 또는 건전한 거래질서를 위하여 필요한 사항으로서 대통령령으로 정하는 사항
③ 금융위원회는 제2항에 따른 위탁계약의 내용이 다음 각 호의 어느 하나에 해당하는 경우에는 해당 업무의 위탁을 제한하거나 시정할 것을 명할 수 있다.(2008.2.29 본문개정)
1. 금융투자업자의 경영건전성을 저해하는 경우
2. 투자자 보호에 지장을 초래하는 경우
3. 금융시장의 안정성을 저해하는 경우
4. 금융거래질서를 문란하게 하는 경우
④ 제1항 본문에 따라 위탁받는 업무가 본질적 업무(해당 금융투자업자가 인가를 받거나 등록을 한 업무와 직접적으로 관련된 필수업무로서 대통령령으로 정하는 업무를 말한다. 이하 이 항에서 같다)인 경우 그 본질적 업무를 위탁받는 자는 그 업무 수행에 필요한 인가를 받거나 등록을 한 자이어야 한다. 이 경우 그 업무를 위탁받는 자가 외국 금융투자업자로서 대통령령으로 정하는 요건을 갖춘 경우에는 인가를 받거나 등록을 한 것으로 본다.
⑤ 제1항에 따라 금융투자업자의 업무를 위탁받은 자는 위탁한 자의 동의를 받은 경우에 한정하여 위탁받은 업무를 제삼자에게 재위탁할 수 있다.(2020.5.19 본항개정)
⑥ 제1항의 업무를 위탁한 자는 대통령령으로 정하는 기준에 따라 위탁한 업무의 범위에서 위탁받은 자에게 투자자의 금융투자상품의 매매, 그 밖의 거래에 관한 정보 및 투자자가 맡긴 금전, 그 밖의 재산에 관한 정보를 제공할 수 있다.
⑦ 금융투자업자는 제1항 본문에 따라 업무위탁을 하고자 하는 경우 투자자정보 보호 및 위험관리·평가 등에 관한 업무위탁 운영기준을 정하여야 한다.
⑧ 금융투자업자는 제1항 본문에 따라 업무위탁을 한 내용을 「금융소비자 보호에 관한 법률」 제23조제1항에 따른 계약서류 및 제123조제1항에 따른 투자설명서(집합투자업자의 경우 제124조제2항제3호에 따른 간이투자설명서를 포함한다. 이하 제64조, 제86조 및 제93조에서 같다)에 기재하여야 하며, 투자자와 계약을 체결한 후에 업무위탁을 하거나 그 내용을 변경한 경우에는 이를 투자자에게 통보하여야 한다.(2020.3.24 본항개정)
⑨ 「민법」 제756조는 제1항의 업무를 위탁받은 자(제5항에 따라 재위탁받은 자를 포함한다)가 그 위탁받은 업무를 영위하는 과정에서 투자자에게 손해를 끼친 경우에 준용한다.(2020.5.19 본항개정)
⑩ 제54조, 제55조 및 「금융실명거래 및 비밀보장에 관한 법률」 제4조는 제1항의 업무를 위탁받은 자가 그 위탁받은 업무를 영위하는 경우에 준용한다.
⑪ 그 밖에 업무의 위탁·재위탁의 기준·방법 및 절차에 관하여 투자자 보호 또는 건전한 거래질서를 위하여 필요한 사항은 대통령령으로 정한다.

제43조【검사 및 처분】 ① 제42조제1항에 따라 업무를 위탁받은 자는 그 위탁받은 업무와 관련하여 그 업무와 재산상황에 관하여 「금융위원회의 설치 등에 관한 법률」에 따라 설립된 금융감독원(이하 "금융감독원"이라 한다)의 원장(이하 "금융감독원장"이라 한다)의 검사를 받아야 한다. 이 경우 제419조제5항부터 제7항까지 및 제9항을 준용한다.(2015.7.31 전단개정)
② 금융위원회는 제42조제1항에 따라 업무를 위탁받은 자가 다음 각 호의 어느 하나에 해당하는 경우에는 위탁계약의 어느 한쪽 또는 양쪽 당사자에게 위탁계약의 취소 또는 변경을 명할 수 있다.(2008.2.29 본문개정)
1. 제42조제10항에서 준용하는 제54조, 제55조 또는 「금융실명거래 및 비밀보장에 관한 법률」 제4조제1항, 같은 조 제3항부터 제5항까지의 규정을 위반한 경우
2. 제1항 전단에 따른 검사를 거부·방해 또는 기피한 경우
3. 제1항 후단에서 준용하는 제419조제5항에 따른 보고 등의 요구에 불응한 경우
4. 별표1 각 호의 어느 하나(그 위탁받은 업무와 관련된 것에 한한다)에 해당하는 경우
③ 금융위원회는 제2항에 따라 조치를 한 경우에는 그 내용을 기록하고, 이를 유지·관리하여야 한다.(2008.2.29 본항개정)
④ 금융투자업자 또는 제42조제1항에 따라 업무를 위탁받은 자(업무를 위탁받았던 자를 포함한다)는 금융위원회에 자기에 대한 제2항에 따른 조치 여부 및 그 내용을 조회할 수 있다.(2008.2.29 본항개정)
⑤ 금융위원회는 제4항의 조회요청을 받은 경우에는 정당한 사유가 없는 한 조치 여부 및 그 내용을 그 조회 요청자에게 통보하여야 한다.(2008.2.29 본항개정)
⑥ 제425조는 제2항에 따른 위탁계약의 취소 또는 변경명령에 관하여 준용한다.

제44조【이해상충의 관리】 ① 금융투자업자는 금융투자업의 영위와 관련하여 금융투자업자와 투자자 간, 특정 투자자와 다른 투자자 간의 이해상충을 방지하기 위하여 이해상충이 발생할 가능성을 파악·평가하고, 「금융회사의 지배구조에 관한 법률」 제24조에 따른 내부통제기준(이하 "내부통제기준"이라 한다)이 정하는 방법 및 절차에 따라 이를 적절히 관리하여야 한다.(2015.7.31 본항개정)
② 금융투자업자는 제1항에 따라 이해상충이 발생할 가능성을 파악·평가한 결과 이해상충이 발생할 가능성이 있다고 인정되는 경우에는 그 사실을 미리 해당 투자자에게 알려야 하며, 그 이해상충이 발생할 가능성을 내부통제기준이 정하는 방법 및 절차에 따라 투자자 보호에 문제가 없는 수준으로 낮춘 후 매매, 그 밖의 거래를 하여야 한다.
③ 금융투자업자는 제2항에 따라 그 이해상충이 발생할 가능성을 낮추는 것이 곤란하다고 판단되는 경우에는 매매, 그 밖의 거래를 하여서는 아니 된다.

제45조【정보교류의 차단】 ① 금융투자업자는 금융투자업, 제40조제1항 각 호의 업무, 제41조제1항에 따른 부수업무 및 제77조의3에서 종합금융투자사업자에 허용된 업무(이하 이 조에서 "금융투자업등"이라 한다)를 영위하는 경우 내부통제기준이 정하는 방법 및 절차에 따라 제174조제1항 각 호 외의 부분에 따른 미공개중요정보 등 대통령령으로 정하는 정보의 교류를 적절히 차단하여야 한다.(2020.5.19 본항개정)
② 금융투자업자는 금융투자업등을 영위하는 경우 계열회사를 포함한 제삼자에게 정보를 제공할 때에는 내부통제기준이 정하는 방법 및 절차에 따라 제174조제1항 각 호 외의 부분에 따른 미공개중요정보 등 대통령령으로 정하는 정보의 교류를 적절히 차단하여야 한다.(2020.5.19 본항개정)
③ 제1항 및 제2항의 내부통제기준은 다음 각 호의 사항을 반드시 포함하여야 한다.
1. 정보교류 차단을 위해 필요한 기준 및 절차
2. 정보교류 차단의 대상이 되는 정보의 예외적 교류를 위한 요건 및 절차
3. 그 밖에 정보교류 차단의 대상이 되는 정보를 활용한 이해상충 발생을 방지하기 위하여 대통령령으로 정하는 사항
(2020.5.19 본항신설)
④ 금융투자업자는 제1항 및 제2항에 따른 정보교류 차단을 위하여 다음 각 호의 사항을 준수하여야 한다.
1. 정보교류 차단을 위한 내부통제기준의 적정성에 대한 정기적 점검
2. 정보교류 차단과 관련되는 법령 및 내부통제기준에 대한 임직원 교육
3. 그 밖에 정보교류 차단을 위하여 대통령령으로 정하는 사항
(2020.5.19 본항신설)

제2관 투자권유 등
(2009.2.3 본관제목개정)

제46조～제47조 (2020.3.24 삭제)
제48조【손해배상책임】 ① 금융투자업자는 「금융소비자 보호에 관한 법률」 제19조제1항 또는 제3항을 위반한 경우 이로 인하여 발생한 일반투자자의 손해를 배상할 책임이 있다.(2020.3.24 본항개정)

② 금융투자상품의 취득으로 인하여 일반투자자가 지급하였거나 지급하여야 할 금전등의 총액에서 그 금융투자상품의 처분, 그 밖의 방법으로 그 일반투자자가 회수하였거나 회수할 수 있는 금전등의 총액을 뺀 금액은 제1항에 따른 손해액으로 추정한다.(2017.10.31 본항개정)

제49조 (2020.3.24 삭제)

제50조【투자권유준칙】 ① 금융투자업자는 투자권유를 함에 있어서 금융투자업자의 임직원이 준수하여야 할 구체적인 기준 및 절차(이하 "투자권유준칙"이라 한다)를 정하여야 한다. 다만, 파생상품등에 대하여는 일반투자자의 투자목적·재산상황 및 투자경험 등을 고려하여 투자자 등급별로 차등화된 투자권유준칙을 마련하여야 한다.(2009.2.3 단서신설)

② 금융투자업자는 투자권유준칙을 정한 경우 이를 인터넷 홈페이지 등을 이용하여 공시하여야 한다. 투자권유준칙을 변경한 경우에도 또한 같다.

③ 협회는 투자권유준칙과 관련하여 금융투자업자가 공통으로 사용할 수 있는 표준투자권유준칙을 제정할 수 있다.

제51조【투자권유대행인의 등록 등】 ① 금융투자업자는 다음 각 호의 요건을 모두 갖춘 자(개인에 한한다)에게 투자권유(파생상품등에 대한 투자권유를 제외한다)를 위탁할 수 있다. 이 경우 제42조를 적용하지 아니한다.(2009.2.3 전단개정)

1. 제3항에 따라 금융위원회에 등록된 자가 아닐 것(2008.2.29 본호개정)
2. 금융투자상품에 관한 전문 지식이 있는 자로서 대통령령으로 정하는 자격을 갖출 것
3. 제53조제2항에 따라 등록이 취소된 경우 그 등록이 취소된 날부터 3년이 경과하였을 것

② 제1항에 따라 투자권유를 위탁받은 자는 제3항에 따른 등록 전에는 투자권유를 하여서는 아니 된다.

③ 금융투자업자는 제1항에 따라 투자권유를 위탁한 경우에는 위탁받은 자를 금융위원회에 등록하여야 한다. 이 경우 금융위원회는 그 등록업무를 대통령령으로 정하는 바에 따라 협회에 위탁할 수 있다.(2008.2.29 본항개정)

④ 금융투자업자는 제3항에 따라 투자권유를 위탁받은 자를 등록하고자 하는 경우에는 금융위원회(제3항 후단에 따라 협회에 위탁한 경우에는 협회를 말한다. 이하 이 조에서 같다)에 등록신청서를 제출하여야 한다.(2008.2.29 본항개정)

⑤ 금융위원회는 제4항의 등록신청서를 접수한 경우에는 그 내용을 검토하여 2주 이내에 등록 여부를 결정하고, 그 결과와 이유를 지체 없이 신청인에게 문서로 통지하여야 한다. 이 경우 등록신청서에 흠결이 있는 때에는 보완을 요구할 수 있다.(2008.2.29 전단개정)

⑥ 제5항의 검토기간을 산정함에 있어서 등록신청서 흠결의 보완기간 등 총리령으로 정하는 기간은 검토기간에 산입하지 아니한다.(2008.2.29 본항개정)

⑦ 금융위원회는 제5항의 등록 여부를 결정함에 있어서 다음 각 호의 어느 하나에 해당하는 사유가 없는 한 등록을 거부하여서는 아니 된다.(2008.2.29 본문개정)

1. 제1항의 요건을 갖추지 아니한 경우
2. 제4항의 등록신청서를 거짓으로 작성한 경우
3. 제5항 후단의 보완요구를 이행하지 아니한 경우

⑧ 금융위원회는 제5항에 따라 등록을 결정한 경우 투자권유대행인등록부에 필요한 사항을 기재하여야 하며, 등록결정한 내용을 인터넷 홈페이지 등에 공고하여야 한다.(2008.2.29 본항개정)

⑨ 제3항에 따라 등록된 자(이하 "투자권유대행인"이라 한다)는 등록 이후 그 영업을 영위함에 있어서 제1항제2호의 요건을 유지하여야 한다.

⑩ 제3항부터 제8항까지의 규정에 따른 등록신청서의 기재사항·첨부서류 등 등록의 신청에 관한 사항과 등록검토의 방법·절차, 그 밖에 등록에 관하여 필요한 사항은 대통령령으로 정한다.

제52조【투자권유대행인의 금지행위 등】 ① 금융투자업자는 투자권유대행인 외의 자에게 투자권유를 대행하게 하여서는 아니 된다.

②~③ (2020.3.24 삭제)

④ 금융투자업자는 투자권유대행인이 투자권유를 대행함에 있어서 법령을 준수하고 건전한 거래질서를 해하는 일이 없도록 성실히 관리하여야 하며, 이를 위한 투자권유대행기준을 정하여야 한다.

⑤ (2020.3.24 삭제)

⑥ 제48조, 제54조, 제55조 및 「금융실명거래 및 비밀보장에 관한 법률」 제4조는 투자권유대행인이 투자권유를 대행하는 경우에 준용한다.(2020.3.24 본항개정)

제53조【검사 및 조치】 ① 투자권유대행인은 투자권유의 대행과 관련하여 그 업무와 재산상황에 관하여 금융감독원장의 검사를 받아야 한다. 이 경우 제419조제5항부터 제7항까지 및 제9항을 준용한다.

② 금융위원회는 투자권유대행인이 다음 각 호의 어느 하나에 해당하는 경우에는 금융투자업자의 투자권유대행인 등록을 취소하거나 그 투자권유대행인에 대하여 6개월 이내의 투자권유대행업무 정지를 할 수 있다.(2008.2.29 본문개정)

1. 제51조제9항에 따른 등록요건 유지의무를 위반한 경우
2. 제52조제6항(제54조, 제55조 및 「금융실명거래 및 비밀보장에 관한 법률」 제4조제1항, 같은 조 제3항부터 제5항까지의 규정을 준용하는 경우에 한한다)을 위반한 경우(2020.3.24 본호개정)
3. 제1항 전단에 따른 검사를 거부·방해 또는 기피한 경우
4. 제1항 후단에서 준용하는 제419조제5항에 따른 보고 등의 요구에 불응한 경우
5. 「금융소비자 보호에 관한 법률」 제51조제1항제3호부터 제5호까지의 어느 하나에 해당하는 경우(2020.3.24 본호신설)
6. 「금융소비자 보호에 관한 법률」 제51조제2항 각 호 외의 부분 본문 중 대통령령으로 정하는 경우(투자권유대행업무를 정지하는 경우로 한정한다)(2020.3.24 본호신설)

③ 금융위원회는 제2항에 따라 투자권유대행인 등록을 취소하거나 투자권유대행업무를 정지한 경우에는 그 내용을 기록하고, 이를 유지·관리하여야 한다.(2008.2.29 본항개정)

④ 금융위원회는 제2항에 따라 투자권유대행인 등록을 취소하거나 투자권유대행업무를 정지한 경우에는 그 사실을 인터넷 홈페이지 등에 공고하여야 한다.(2008.2.29 본항개정)

⑤ 금융투자업자 또는 투자권유대행인(투자권유대행인이었던 자를 포함한다)은 금융위원회에 자기에 대한 제2항에 따른 조치 여부 및 그 내용을 조회할 수 있다.(2008.2.29 본항개정)

⑥ 금융위원회는 제5항의 조회요청을 받은 경우에는 정당한 사유가 없는 한 조치 여부 및 그 내용을 그 조회 요청자에게 통보하여야 한다.(2008.2.29 본항개정)

⑦ 제423조(제2호를 제외한다)는 제2항에 따른 투자권유대행인 등록의 취소에 관하여 준용하고, 제425조는 제2항에 따른 투자권유대행인 등록의 취소 및 투자권유대행업무의 정지에 관하여 준용한다.

제3관 직무관련 정보의 이용 금지 등

제54조【직무관련 정보의 이용 금지】 ① 금융투자업자는 직무상 알게 된 정보로서 외부에 공개되지 아니한 정보를 정당한 사유 없이 자기 또는 제삼자의 이익을 위하여 이용하여서는 아니 된다.

② 금융투자업자 및 그 임직원은 제45조제1항 또는 제2항에 따라 정보교류 차단의 대상이 되는 정보를 정당한 사유 없이 본인이 이용하거나 제삼자에게 이용하게 하여서는 아니 된다.(2020.5.19 본항신설)

제55조【손실보전 등의 금지】 금융투자업자는 금융투자상품의 매매, 그 밖의 거래와 관련하여 제103조제3항에 따라 손실의 보전 또는 이익의 보장을 하는 경우, 그 밖에 건전한 거래질서를 해할 우려가 없는 경우로서 정당한 사유가 있는 경우를 제외하고는 다음 각 호의 어느 하나에 해당하는 행위를 하여서는 아니 된다. 금융투자업자의 임직원이 자기의 계산으로 하는 경우에도 또한 같다.

1. 투자자가 입을 손실의 전부 또는 일부를 보전하여 줄 것을 사전에 약속하는 행위
2. 투자자가 입은 손실의 전부 또는 일부를 사후에 보전하여 주는 행위
3. 투자자에게 일정한 이익을 보장할 것을 사전에 약속하는 행위
4. 투자자에게 일정한 이익을 사후에 제공하는 행위

제56조【약관】 ① 금융투자업자는 금융투자업의 영위와 관련하여 약관을 제정 또는 변경하는 경우에는 약관의 제정 또는 변경 후 7일 이내에 금융위원회 및 협회에 보고하여야 한다. 다만, 투자자의 권리나 의무에 중대한 영향을 미칠 우려가 있는 경우로서 대통령령으로 정하는 경우에는 약관의 제정 또는 변경 전에 미리 금융위원회에 신고하여야 한다.(2018.12.31 본항개정)
② 금융투자업자는 약관을 제정 또는 변경한 경우에는 인터넷 홈페이지 등을 이용하여 공시하여야 한다.
③ 협회는 건전한 거래질서를 확립하고 불공정한 내용의 약관이 통용되는 것을 방지하기 위하여 금융투자업 영위와 관련하여 표준이 되는 약관(이하 이 조에서 "표준약관"이라 한다)을 제정할 수 있다.
④ 협회는 표준약관을 제정 또는 변경하고자 하는 경우에는 미리 금융위원회에 신고하여야 한다. 다만, 전문투자자만을 대상으로 하는 표준약관을 제정 또는 변경하는 경우에는 그 표준약관을 제정 또는 변경한 후 7일 이내에 금융위원회에 보고하여야 한다.(2008.2.29 본항개정)
⑤ 금융위원회는 제1항 단서 또는 제4항 본문에 따른 신고를 받은 경우 그 내용을 검토하여 이 법에 적합하면 신고를 수리하여야 한다.(2018.12.31 본항신설)
⑥ 제1항에 따라 약관을 신고 또는 보고받거나 제4항에 따라 표준약관을 신고 또는 보고받은 금융위원회는 그 약관 또는 표준약관을 공정거래위원회에 통보하여야 한다. 이 경우 공정거래위원회는 통보받은 약관 또는 표준약관이 「약관의 규제에 관한 법률」 제6조부터 제14조까지의 규정에 위반된 사실이 있다고 인정될 때에는 금융위원회에 그 사실을 통보하고 그 시정에 필요한 조치를 취하도록 요청할 수 있으며, 금융위원회는 특별한 사유가 없는 한 이에 응하여야 한다.(2008.2.29 본항개정)
⑦ 금융위원회는 약관 또는 표준약관이 이 법 또는 금융과 관련되는 법령에 위반되거나 그 밖에 투자자의 이익을 침해할 우려가 있다고 인정되는 경우에는 금융투자업자 또는 협회에 그 내용을 구체적으로 기재한 서면에 의하여 약관 또는 표준약관을 변경할 것을 명할 수 있다.(2008.2.29 본항개정)
제57조 (2020.3.24 삭제)
제58조【수수료】 ① 금융투자업자는 투자자로부터 받는 수수료의 부과기준 및 절차에 관한 사항을 정하고, 인터넷 홈페이지 등을 이용하여 공시하여야 한다.
② 금융투자업자는 제1항에 따른 수수료 부과기준을 정함에 있어서 투자자를 정당한 사유 없이 차별하여서는 아니 된다.
③ 금융투자업자는 제1항에 따른 수수료 부과기준 및 절차에 관한 사항을 협회에 통보하여야 한다.
④ 협회는 제3항에 따라 통보받은 사항을 금융투자업자별로 비교하여 공시하여야 한다.
제59조 (2020.3.24 삭제)
제60조【자료의 기록·유지】 ① 금융투자업자는 금융투자업 영위와 관련한 자료를 대통령령으로 정하는 자료의 종류별로 대통령령으로 정하는 기간 동안 기록·유지하여야 한다.
② 금융투자업자는 제1항에 따라 기록·유지하여야 하는 자료가 멸실되거나 위조 또는 변조가 되지 아니하도록 적절한 대책을 수립·시행하여야 한다.
제61조【소유증권의 예탁】 ① 금융투자업자(겸영금융투자업자를 제외한다. 이하 이 조에서 같다)는 그 고유재산을 운용함에 따라 소유하게 되는 증권(대통령령으로 정하는 것을 포함한다)을 예탁결제원에 지체 없이 예탁하여야 한다. 다만, 해당 증권의 유통 가능성, 다른 법령에 따른 유통방법이 있는지 여부, 예탁의 실행 가능성 등을 고려하여 대통령령으로 정하는 경우에는 예탁결제원에 예탁하지 아니할 수 있다.(2013.5.28 본항개정)
② 금융투자업자가 제1항 본문에 따라 외화증권(「외국환거래법」 제3조제1항제8호의 외화증권을 말한다. 이하 같다)을 예탁결제원에 예탁하는 경우에는 대통령령으로 정하는 방법에 따라 예탁하여야 한다.(2013.5.28 본항신설)
제62조【금융투자업 폐지 공고 등】 ① 금융투자업자는 금융투자업 또는 지점, 그 밖의 영업소의 영업을 폐지하고자 하는 경우에는 그 뜻을 폐지 30일 전에 전국을 보급지역으로 하는 둘 이상의 일간신문에 공고하여야 하며, 알고 있는 채권자에게는 각각 통지하여야 한다.
② 금융투자업자는 다음 각 호의 어느 하나에 해당하는 경우에는 그 금융투자업자가 행한 금융투자상품의 매매, 그 밖의 거래를 종결시켜야 한다. 이 경우 그 금융투자업자는 그 매매, 그 밖의 거래를 종결시키는 범위에서 금융투자업자로 본다.
1. 제417조제1항제6호에 따라 금융투자업 폐지의 승인을 받은 경우
2. 제417조제1항제7호에 따라 금융투자업 폐지의 승인을 받은 경우
3. 제420조제1항 또는 제421조제1항(같은 조 제4항에서 준용하는 경우를 포함한다)에 따라 금융투자업인가 또는 금융투자업등록이 취소된 경우
제63조【임직원의 금융투자상품 매매】 ① 금융투자업자의 임직원(겸영금융투자업자 중 대통령령으로 정하는 금융투자업자의 경우에는 금융투자업의 직무를 수행하는 임직원에 한한다. 이하 이 조에서 같다)은 자기의 계산으로 대통령령으로 정하는 금융투자상품을 매매하는 경우에는 다음 각 호의 방법에 따라야 한다.
1. 자기의 명의로 매매할 것
2. 투자중개업자 중 하나의 회사(투자중개업자의 임직원의 경우에는 그가 소속된 투자중개업자에 한하되, 그 투자중개업자가 그 임직원이 매매하려는 금융투자상품을 취급하지 아니하는 경우에는 다른 투자중개업자를 이용할 수 있다)를 선택하여 하나의 계좌를 통하여 매매할 것. 다만, 금융투자상품의 종류, 계좌의 성격 등을 고려하여 대통령령으로 정하는 경우에는 둘 이상의 회사 또는 둘 이상의 계좌를 통하여 매매할 수 있다.
3. 매매명세를 분기별(투자권유자문인력, 제286조제1항제3호나목의 조사분석인력 및 투자운용인력의 경우에는 월별로 한다. 이하 이 조에서 같다)로 소속 금융투자업자에게 통지할 것
4. 그 밖에 불공정행위의 방지 또는 투자자와의 이해상충의 방지를 위하여 대통령령으로 정하는 방법 및 절차를 준수할 것
② 금융투자업자는 그 임직원의 자기계산에 의한 금융투자상품 매매와 관련하여 불공정행위의 방지 또는 투자자와의 이해상충의 방지를 위하여 그 금융투자업자의 임직원이 따라야 할 적절한 기준 및 절차를 정하여야 한다.
③ 금융투자업자는 분기별로 임직원의 금융투자상품의 매매명세를 제2항의 기준 및 절차에 따라 확인하여야 한다.
제63조의2【고객응대직원에 대한 보호 조치 의무】 ① 금융투자업자는 고객을 직접 응대하는 직원(이하 "고객응대직원"이라 한다)을 고객의 폭언이나 성희롱, 폭행 등으로부터 보호하기 위하여 다음 각 호의 조치를 하여야 한다.
1. 고객응대직원이 요청하는 경우 해당 고객으로부터의 분리 및 업무담당자 교체
2. 고객응대직원에 대한 치료 및 상담 지원
3. 고객응대직원을 위한 상시적 고충처리 기구 설치 또는 「근로자참여 및 협력증진에 관한 법률」 제26조에 따라 고충처리위원을 두는 경우에는 고객응대직원을 위한 고충처리위원의 선임 또는 위촉
4. 그 밖에 고객응대직원의 보호를 위하여 필요한 법적 조치 등 대통령령으로 정하는 조치
② 고객응대직원은 금융투자업자에 대하여 제1항 각 호의 조치를 요구할 수 있다.
③ 금융투자업자는 제2항에 따른 요구를 이유로 고객응대직원에게 불이익을 주어서는 아니 된다.
(2016.3.29 본조신설)
제64조【손해배상책임】 ① 금융투자업자는 법령·약관·집합투자규약·투자설명서(제123조제1항에 따른 투자설명서를 말한다)에 위반하는 행위를 하거나 그 업무를 소홀히 하여 투자자에게 손해를 발생시킨 경우에는 그 손해를 배상할 책임이 있다. 다만, 배상의 책임을 질 금융투자업자가 제37조제2항, 제44조, 제45조, 제71조 또는 제85조를 위반한 경우(투자매매업 또는 투자중개업과 집합투자업을 함께 영위함에 따라 발생하는 이해상충과 관련된 경우에 한한다)로서 그 금융투자업자가 상당한 주의를 하였음을 증명하거나 투자자가 금융투자상품의 매매, 그 밖의 거래를 할 때에 그 사실을 안 경우에는 배상의 책임을 지지 아니한다.

② 금융투자업자가 제1항에 따른 손해배상책임을 지는 경우로서 관련되는 임원에게도 귀책사유(歸責事由)가 있는 경우에는 그 금융투자업자와 관련되는 임원이 연대하여 그 손해를 배상할 책임이 있다.

제65조【외국 금융투자업자의 특례】 ① 외국 금융투자업자의 지점, 그 밖의 영업소(이하 이 조에서 "국내지점등"이라 한다)에 대하여 이 법을 적용함에 있어서 대통령령으로 정하는 영업기금은 이를 자본금으로 보고, 자본금·적립금 및 이월이익잉여금의 합계액은 이를 자기자본으로 보며, 국내대표자는 임원으로 본다.

② 국내지점등은 제1항의 영업기금과 부채의 합계액에 상당하는 자산을 대통령령으로 정하는 방법으로 국내에 두어야 한다.

③ 국내지점등이 청산 또는 파산하는 경우 그 국내에 두는 자산은 국내에 주소 또는 거소가 있는 자에 대한 채무의 변제에 우선 충당하여야 한다.

④ 금융위원회는 다음 각 호의 요건을 모두 충족하는 국내지점등의 대표자의 직무를 일시 대행할 자(이하 이 항에서 "직무대행자"라 한다)를 지정하여야 하며, 그 국내지점등은 그 사실을 소재지에서 등기하여야 한다. 이 경우 금융위원회는 직무대행자에게 적정한 보수를 지급할 것을 그 국내지점등에 명할 수 있다.

1. 국내지점등의 대표자가 없거나 대표자가 그 직무를 수행할 수 없음에도 불구하고 대표자를 새로 선임하지 아니하거나 직무대행자를 지정하지 아니하는 경우로서 국내지점등과 이해관계가 있는 자가 금융위원회에 직무대행자의 선임을 요구할 것
2. 금융위원회가 제1호의 요구에 따라 그 국내지점등에 대하여 10일 이내에 대표자 또는 직무대행자를 선임하거나 지정할 것을 요청할 것
3. 제2호의 요청을 받은 국내지점등이 제2호에 따른 기간 이내에 대표자 또는 직무대행자를 선임하거나 지정하지 아니할 것

(2009.2.3 본항신설)

⑤ 제1항부터 제4항까지에 규정된 사항 외에 결산에 관한 사항 등 국내지점등의 금융투자업의 영위에 관하여 필요한 사항은 대통령령으로 정한다.

(2009.2.3 본조개정)

제2절 금융투자업자별 영업행위 규칙

제1관 투자매매업자 및 투자중개업자의 영업행위 규칙

제66조【매매형태의 명시】 투자매매업자 또는 투자중개업자는 투자자로부터 금융투자상품의 매매에 관한 청약 또는 주문을 받는 경우에는 사전에 그 투자자에게 자기가 투자매매업자인지 투자중개업자인지를 밝혀야 한다.(2013.5.28 본조개정)

제67조【자기계약의 금지】 투자매매업자 또는 투자중개업자는 금융투자상품에 관한 같은 매매에 있어 자신이 본인이 됨과 동시에 상대방의 투자중개업자가 되어서는 아니 된다. 다만, 다음 각 호의 어느 하나에 해당하는 경우에는 그러하지 아니하다. (2013.5.28 단서신설)

1. 투자매매업자 또는 투자중개업자가 증권시장 또는 파생상품시장을 통하여 매매가 이루어지도록 한 경우
2. 그 밖에 투자자 보호 및 건전한 거래질서를 해할 우려가 없는 경우로서 대통령령으로 정하는 경우

(2013.5.28 1호~2호신설)

제68조【최선집행의무】 ① 투자매매업자 또는 투자중개업자는 금융투자상품의 매매(대통령령으로 정하는 거래는 제외한다. 이하 이 조에서 같다)에 관한 투자자의 청약 또는 주문을 처리하기 위하여 대통령령으로 정하는 바에 따라 최선의 거래조건으로 집행하기 위한 기준(이하 이 조에서 "최선집행기준"이라 한다)을 마련하고 이를 공표하여야 한다.

② 투자매매업자 또는 투자중개업자는 최선집행기준에 따라 금융투자상품의 매매에 관한 청약 또는 주문을 집행하여야 한다.

③ 투자매매업자 또는 투자중개업자는 대통령령으로 정하는 기간마다 최선집행기준의 내용을 점검하여야 한다. 이 경우 최선집행기준의 내용이 제2항에 따른 청약 또는 주문을 집행하기에 적합하지 아니한 것으로 인정되는 때에는 이를 변경하고, 그 변경 사실을 공표하여야 한다.

④ 투자매매업자 또는 투자중개업자는 금융투자상품의 매매에 관한 청약 또는 주문을 받는 경우에는 미리 문서, 전자문서, 그 밖에 대통령령으로 정하는 방법으로 최선집행기준을 기재 또는 표시한 설명서를 투자자에게 교부하여야 한다. 다만, 이미 해당 설명서(제3항에 따라 최선집행기준을 변경한 경우에는 변경한 내용이 기재 또는 표시된 설명서를 말한다)를 교부한 경우에는 그러하지 아니하다.

⑤ 제1항에 따른 최선의 거래조건의 구체적인 내용, 최선집행기준의 공표의 방법과 제2항에 따른 청약·주문의 집행 방법 및 제3항에 따른 최선집행기준의 점검·변경 및 변경 사실의 공표 방법 등에 관하여 필요한 사항은 대통령령으로 정한다.

(2013.5.28 본조개정)

제69조【자기주식의 예외적 취득】 투자매매업자는 투자자로부터 그 투자매매업자가 발행한 자기주식으로서 증권시장(다자간매매체결회사에서의 거래를 포함한다. 이하 이 조에서 같다)의 매매 수량단위 미만의 주식에 대하여 매도의 청약을 받은 경우에는 이를 증권시장 밖에서 취득할 수 있다. 이 경우 취득한 자기주식은 대통령령으로 정하는 기간 이내에 처분하여야 한다.(2013.5.28 전단개정)

제70조【임의매매의 금지】 투자매매업자 또는 투자중개업자는 투자자나 그 대리인으로부터 금융투자상품의 매매의 청약 또는 주문을 받지 아니하고는 투자자로부터 예탁받은 재산으로 금융투자상품의 매매를 하여서는 아니 된다.(2013.5.28 본조개정)

제71조【불건전 영업행위의 금지】 투자매매업자 또는 투자중개업자는 다음 각 호의 어느 하나에 해당하는 행위를 하여서는 아니 된다. 다만, 투자자 보호 및 건전한 거래질서를 해할 우려가 없는 경우로서 대통령령으로 정하는 경우에는 이를 할 수 있다.

1. 투자자로부터 금융투자상품의 가격에 중대한 영향을 미칠 수 있는 매수 또는 매도의 청약이나 주문을 받거나 받게 될 가능성이 큰 경우 이를 체결시키기 전에 그 금융투자상품을 자기의 계산으로 매수 또는 매도하거나 제삼자에게 매수 또는 매도를 권유하는 행위(2013.5.28 본호개정)
2. 특정 금융투자상품의 가치에 대한 주장이나 예측을 담고 있는 자료(이하 "조사분석자료"라 한다)를 투자자에게 공표함에 있어서 그 조사분석자료의 내용이 사실상 확정된 때부터 공표 후 24시간이 경과하기 전까지 그 조사분석자료의 대상이 된 금융투자상품을 자기의 계산으로 매매하는 행위
3. 조사분석자료 작성을 담당하는 자에 대하여 대통령령으로 정하는 기업금융업무와 연동된 성과보수를 지급하는 행위
4. 다음 각 목의 어느 하나에 해당하는 증권의 모집 또는 매출과 관련한 계약을 체결한 날부터 그 증권이 증권시장에 최초로 상장된 후 대통령령으로 정하는 기간 이내에 그 증권에 대한 조사분석자료를 공표하거나 특정인에게 제공하는 행위

   (2009.2.3 본문개정)

   가. 주권
   나. 대통령령으로 정하는 주권 관련 사채권
   다. 가목 또는 나목과 관련된 증권예탁증권

   (2009.2.3 가목~다목신설)
5. 투자권유대행인 및 투자권유자문인력이 아닌 자에게 투자권유를 하게 하는 행위
6. 투자자로부터 금융투자상품에 대한 투자판단의 전부 또는 일부를 일임받아 투자자별로 구분하여 금융투자상품을 취득·처분, 그 밖의 방법으로 운용하는 행위. 다만, 투자일임업으로서 행하는 경우와 제7조제4항에 해당하는 경우에는 이를 할 수 있다.
7. 그 밖에 투자자 보호 또는 건전한 거래질서를 해할 우려가 있는 행위로서 대통령령으로 정하는 행위

제72조【신용공여】 ① 투자매매업자 또는 투자중개업자는 증권과 관련하여 금전의 융자 또는 증권의 대여의 방법으로 투자자에게 신용을 공여할 수 있다. 다만, 투자매매업자는 증권의 인수일부터 3개월 이내에 투자자에게 그 증권을 매수하게 하기 위하여 그 투자자에게 금전의 융자, 그 밖의 신용공여를 하여서는 아니 된다.

② 제1항에 따른 신용공여의 기준 및 방법에 관하여 필요한 사항은 대통령령으로 정한다.

제73조【매매명세의 통지】 투자매매업자 또는 투자중개업자는 금융투자상품의 매매가 체결된 경우에는 그 명세를 대통령령으로 정하는 방법에 따라 투자자에게 통지하여야 한다.

제74조【투자자예탁금의 별도예치】 ① 투자매매업자 또는 투자중개업자는 투자자예탁금(투자자로부터 금융투자상품의 매매, 그 밖의 거래와 관련하여 예탁받은 금전을 말한다. 이하 같다)을 고유재산과 구분하여 증권금융회사에 예치(預置) 또는 신탁하여야 한다.

② 겸영금융투자업자 중 대통령령으로 정하는 투자매매업자 또는 투자중개업자는 제1항에 불구하고 투자자예탁금을 제1항에 따른 예치 또는 신탁 외에 신탁업자(증권금융회사를 제외한다. 이하 이 조에서 같다)에게 신탁할 수 있다. 이 경우 그 투자매매업자 또는 투자중개업자가 신탁업을 영위하는 경우에는 「신탁법」 제3조제1항에 불구하고 자기계약을 할 수 있다.(2011.7.25 후단개정)

③ 투자매매업자 또는 투자중개업자는 제1항 또는 제2항에 따라 증권금융회사 또는 신탁업자(이하 이 조에서 "예치기관"이라 한다)에게 투자자예탁금을 예치 또는 신탁하는 경우에는 그 투자자예탁금이 투자자의 재산이라는 뜻을 밝혀야 한다.

④ 누구든지 제1항 또는 제2항에 따라 예치기관에 예치 또는 신탁한 투자자예탁금을 상계(相計)·압류(가압류를 포함한다)하지 못하며, 투자자예탁금을 예치 또는 신탁한 투자매매업자 또는 투자중개업자(이하 이 조에서 "예치금융투자업자"라 한다)는 대통령령으로 정하는 경우 외에는 예치기관에 예치 또는 신탁한 투자자예탁금을 양도하거나 담보로 제공하여서는 아니 된다.

⑤ 예치기관은 예치금융투자업자가 다음 각 호의 어느 하나에 해당하게 된 경우에는 투자자의 청구에 따라 예치 또는 신탁된 투자자예탁금을 대통령령으로 정하는 방법과 절차에 따라 그 투자자에게 우선하여 지급하여야 한다.(2021.6.8 본문개정)

1. 인가가 취소된 경우
2. 해산의 결의를 한 경우
3. 파산선고를 받은 경우
4. 제6조제1항제1호 및 제2호의 금융투자업 전부 양도가 승인된 경우
5. 제6조제1항제1호 및 제2호의 금융투자업 전부 폐지가 승인된 경우
6. 제6조제1항제1호 및 제2호의 금융투자업 전부의 정지명령을 받은 경우
7. 그 밖에 제1호부터 제6호까지의 사유에 준하는 사유가 발생한 경우

⑥ 금융위원회는 제5항 각 호의 어느 하나에 해당하는 사유가 발생한 경우 그 사실을 해당 예치금융투자업자, 예치기관 및 「예금자보호법」에 따른 예금보험공사(이하 "예금보험공사"라 한다)에 즉시 통지하여야 한다.(2021.6.8 본항신설)

⑦ 제6항에 따라 통지를 받은 예치기관은 투자자예탁금 별도예치 관련 정보를 예금보험공사에 제공하여야 하고, 그 통지를 받은 날부터 2개월 이내에 투자자예탁금의 지급시기·지급장소, 그 밖에 투자자예탁금의 지급과 관련된 사항을 둘 이상의 일간신문과 인터넷 홈페이지 등을 이용하여 공고하여야 한다. 다만, 예치기관은 불가피한 사유가 발생하여 그 기간 내에 공고를 할 수 없는 경우에는 금융위원회의 확인을 받아 1개월의 범위에서 그 기간을 연장할 수 있다.(2021.6.8 본항신설)

⑧ 예치기관은 제5항에 따른 투자자예탁금을 지급할 때 투자자가 「예금자보호법」 제21조의2제1항에 따른 부실관련자에 해당하거나 부실관련자와 대통령령으로 정하는 특수관계에 있는 경우에는 그 투자자예탁금에 대하여 대통령령으로 정하는 바에 따라 제7항에 따른 투자자예탁금의 지급시기 등의 공고일부터 6개월의 범위에서 그 지급을 보류할 수 있다.
(2021.6.8 본항신설)

⑨ 예치금융투자업자는 제5항 각 호의 어느 하나에 해당하는 사유가 발생한 경우 「금융실명거래 및 비밀보장에 관한 법률」 제4조제1항 및 「신용정보의 이용 및 보호에 관한 법률」 제32조·제33조에도 불구하고 「금융실명거래 및 비밀보장에 관한 법률」 제4조에 따른 금융거래의 내용에 대한 정보 또는 자료 및 「신용정보의 이용 및 보호에 관한 법률」 제32조제1항에 따른 개인신용정보를 다음 각 호의 사항에 관하여 금융위원회가 정하는 방법과 절차에 따라 예치기관에 투자자예탁금 지급에 이용하게 할 목적으로 제공할 수 있다.

1. 제공할 수 있는 정보의 범위
2. 투자자정보의 암호화 등 처리방법
3. 투자자정보의 분리 보관
4. 투자자정보의 이용기간 및 이용목적
5. 이용기간 경과 시 투자자정보의 삭제
6. 그 밖에 투자자정보의 엄격한 관리를 위하여 대통령령으로 정하는 사항

(2021.6.8 본항신설)

⑩ 제5항에 따라 예치기관이 투자자예탁금을 투자자에게 직접 지급한 경우 예치금융투자업자에 대한 예치기관의 투자자예탁금 지급채무와 투자자에 대한 예치금융투자업자의 투자자예탁금 지급채무는 그 범위에서 각각 소멸한 것으로 본다.
(2021.6.8 본항신설)

⑪ 예치기관은 그 예치기관이 제5항 각 호의 어느 하나에 해당하게 된 경우에는 예치금융투자업자에게 예치 또는 신탁받은 투자자예탁금을 우선하여 지급하여야 한다.

⑫ 예치기관은 다음 각 호의 어느 하나에 해당하는 방법으로 투자자예탁금을 운용하여야 한다.

1. 국채증권 또는 지방채증권의 매수
2. 정부·지방자치단체 또는 대통령령으로 정하는 금융기관이 지급을 보증한 채무증권의 매수
3. 그 밖에 투자자예탁금의 안정적 운용을 해할 우려가 없는 것으로서 대통령령으로 정하는 방법

⑬ 제1항 또는 제2항에 따라 투자매매업자 또는 투자중개업자가 예치기관에 예치 또는 신탁하여야 하는 투자자예탁금의 범위, 예치 또는 신탁의 비율, 예치 또는 신탁한 투자자예탁금의 인출, 예치기관의 투자자예탁금 관리, 그 밖에 투자자예탁금의 예치 또는 신탁에 관하여 필요한 사항은 대통령령으로 정한다. 이 경우 예치 또는 신탁의 비율은 투자매매업자 또는 투자중개업자의 재무상황 등을 고려하여 인가받은 투자매매업자 또는 투자중개업자별로 달리 정할 수 있다.

제75조【투자자 예탁증권의 예탁】 ① 투자매매업자 또는 투자중개업자는 금융투자상품의 매매, 그 밖의 거래에 따라 보관하게 되는 투자자 소유의 증권(대통령령으로 정하는 것을 포함한다)을 예탁결제원에 지체 없이 예탁하여야 한다. 다만, 해당 증권의 유통 가능성, 다른 법령에 따른 유통방법이 있는지 여부, 예탁의 실행 가능성 등을 고려하여 대통령령으로 정하는 경우에는 예탁결제원에 예탁하지 아니할 수 있다.(2013.5.28 단서개정)

② 투자매매업자 또는 투자중개업자가 제1항 본문에 따라 외화증권을 예탁결제원에 예탁하는 경우에는 대통령령으로 정하는 방법에 따라 예탁하여야 한다.(2013.5.28 본항신설)

제76조【집합투자증권 판매 등에 관한 특례】 ① 투자매매업자 또는 투자중개업자는 집합투자증권을 판매하는 경우 투자자가 집합투자증권의 취득을 위하여 금전등을 납입한 후 최초로 산정되는 기준가격(제238조제6항에 따른 기준가격을 말한다. 이하 같다)으로 판매하여야 한다. 다만, 투자자의 이익을 해할 우려가 없는 경우로서 대통령령으로 정하는 경우에는 대통령령으로 정하는 기준가격으로 판매하여야 한다.

② 투자매매업자 또는 투자중개업자는 제92조제1항(제186조제2항에서 준용하는 경우를 포함한다)에 따른 통지를 받은 경우에는 해당 집합투자증권을 판매하여서는 아니 된다. 다만, 제92조제2항(제186조제2항에서 준용하는 경우를 포함한다)에 따른 통지를 받은 경우에는 판매를 다시 시작할 수 있다.

③ 투자매매업자 또는 투자중개업자는 집합투자기구가 제182조에 따라 등록되기 전에는 해당 집합투자증권을 판매하거나 판매를 위한 광고를 하여서는 아니 된다. 다만, 투자자의 이익을 해할 우려가 없는 경우로서 대통령령으로 정하는 경우에는 판매를 위한 광고를 할 수 있다.

④ 투자매매업자 또는 투자중개업자는 집합투자증권의 판매와 관련하여 판매수수료(집합투자증권을 판매하는 행위에 대한 대가로 투자자로부터 직접 받는 금전을 말한다. 이하 같다) 및 판매보수(집합투자증권을 판매한 투자매매업자, 투자중개업자가 투자자에게 지속적으로 제공하는 용역의 대가로 집합투자기구로부터 받는 금전을 말한다. 이하 같다)를 받는 경우 집합투자기구의 운용실적에 연동(連動)하여 판매수수료 또는 판매보수를 받아서는 아니 된다.(2009.2.3 본항개정)

⑤ 제4항의 판매수수료 및 판매보수는 다음 각 호의 한도를 초과하여서는 아니 된다.(2015.7.24 단서삭제)
1. 판매수수료 : 납입금액 또는 환매금액의 100분의 3 이하로서 대통령령으로 정하는 한도
2. 판매보수 : 집합투자재산의 연평균가액의 1천분의 15 이하로서 대통령령으로 정하는 한도
(2010.3.12 본항개정)
⑥ 제5항에 따른 판매수수료 및 판매보수의 한도의 구체적인 설정방법, 부과방법, 그 밖에 판매수수료 및 판매보수에 관하여 필요한 사항은 대통령령으로 정한다.(2010.3.12 본항신설)
제77조【투자성 있는 예금·보험에 대한 특례】 ① 은행이 투자성 있는 예금계약, 그 밖에 이에 준하는 것으로서 대통령령으로 정하는 계약을 체결하는 경우에는 제12조에 따라 투자매매업에 관한 금융투자업인가를 받은 것으로 본다. 이 경우 제15조, 제39조부터 제45조까지, 제56조, 제58조, 제61조부터 제65조까지 및 제2편제2장·제3장·제4장제2절제1관을 적용하지 아니하며, 제3편제1장은 투자성 있는 외화예금계약을 체결하는 경우에 대하여는 적용하지 아니한다.
② 보험회사(「보험업법」 제2조제8호부터 제10호까지의 자를 포함한다)가 투자성 있는 보험계약을 체결하거나 그 중개 또는 대리를 하는 경우에는 제12조에 따라 투자매매업 또는 투자중개업에 관한 금융투자업인가를 받은 것으로 본다. 이 경우 제15조, 제39조부터 제45조까지, 제51조부터 제53조까지, 제56조, 제58조, 제61조부터 제65조까지, 제2편제2장·제3장·제4장제2절제1관 및 제3편제1장을 적용하지 아니한다.
(2020.3.24 본조개정)
제77조의2【종합금융투자사업자의 지정 등】 ① 금융위원회는 투자매매업자 또는 투자중개업자로서 다음 각 호의 기준을 모두 충족하는 자를 종합금융투자사업자로 지정할 수 있다.
1. 「상법」에 따른 주식회사일 것
2. 증권에 관한 인수업을 영위할 것
3. 3조원 이상으로서 대통령령으로 정하는 금액 이상의 자기자본을 갖출 것
4. 그 밖에 해당 투자매매업자 또는 투자중개업자의 신용공여 업무수행에 따른 위험관리 능력 등을 고려하여 대통령령으로 정하는 기준
② 투자매매업자 또는 투자중개업자로서 종합금융투자사업자로 지정받고자 하는 자는 금융위원회에 신청하여야 한다.
③ 금융위원회는 제1항에 따른 종합금융투자사업자의 지정을 위하여 필요한 경우에는 자료의 제출을 요청할 수 있다.
④ 금융위원회는 종합금융투자사업자가 다음 각 호의 어느 하나에 해당하는 경우에는 제1항에 따른 지정을 취소할 수 있다.
1. 거짓, 그 밖의 부정한 방법으로 지정받은 경우
2. 제1항 각 호의 기준을 충족하지 못하는 경우
⑤ 제1항 및 제4항에 따른 지정 및 지정취소 절차 등에 관한 세부적인 사항은 대통령령으로 정한다.
⑥ 제1항제3호에 따른 자기자본의 구체적인 세부기준은 금융위원회가 정하여 고시한다.
(2013.5.28 본조신설)
제77조의3【종합금융투자사업자에 관한 특례】 ① 종합금융투자사업자가 아니고는 전담중개업무를 영위할 수 없다.
② 종합금융투자사업자는 일반 사모집합투자기구등 중 투자대상, 차입 여부 등을 감안하여 대통령령으로 정하는 자에 대하여 전담중개업무를 제공하는 경우에는 미리 해당 일반 사모집합투자기구등, 그 밖에 대통령령으로 정하는 자와 다음 각 호의 사항을 포함하는 내용에 관한 계약을 체결하여야 한다.
(2021.4.20 본문개정)
1. 전담중개업무와 관련된 종합금융투자사업자와 일반 사모집합투자기구등의 역할 및 책임에 관한 사항
2. 종합금융투자사업자가 일반 사모집합투자기구등의 재산을 제삼자에 대한 담보, 대여, 그 밖에 대통령령으로 정하는 방법으로 이용하는 경우 그 이용에 관한 사항
3. 종합금융투자사업자가 제2호에 따라 이용한 일반 사모집합투자기구등의 재산 현황 등에 관한 정보를 일반 사모집합투자기구등에게 제공하는 절차 및 방법
(2021.4.20 1호~3호개정)
4. 그 밖에 대통령령으로 정하는 사항
③ 종합금융투자사업자는 이 법 또는 다른 금융관련 법령에도 불구하고 다음 각 호의 업무를 영위할 수 있다.
1. 기업에 대한 신용공여 업무
2. 그 밖에 해당 종합금융투자사업자의 건전성, 해당 업무의 효율적 수행에 이바지할 가능성 등을 고려하여 종합금융투자사업자에만 허용하는 것이 적합한 업무로서 대통령령으로 정하는 것
④ 종합금융투자사업자가 전담중개업무를 영위하는 경우에는 제72조에도 불구하고 증권 외의 금전등에 대한 투자와 관련하여 일반 사모집합투자기구등에 신용공여를 할 수 있다. 이 경우 종합금융투자사업자는 일반 사모집합투자기구등의 신용공여와 관련한 위험수준에 대하여 평가하고 적정한 수준으로 관리하여야 한다.(2021.4.20 본항개정)
⑤ 종합금융투자사업자가 제3항제1호, 제4항 또는 제72조제1항 본문에 따라 신용공여를 하는 경우에는 신용공여의 총 합계액이 자기자본의 100분의 200을 초과하여서는 아니 된다. 다만, 종합금융투자사업자 업무의 특성, 해당 신용공여가 종합금융투자사업자의 건전성에 미치는 영향 등을 고려하여 대통령령으로 정하는 경우에는 그러하지 아니하다.(2018.3.27 본문개정)
⑥ 종합금융투자사업자가 제3항제1호, 제4항 또는 제72조제1항 본문에 따라 신용공여를 하는 경우에는 다음 각 호의 신용공여를 제외한 신용공여의 합계액이 자기자본의 100분의 100을 초과하여서는 아니 된다.
1. 제71조제3호에 따른 기업금융업무 관련 신용공여
2. 「중소기업기본법」 제2조제1항에 따른 중소기업에 대한 신용공여
(2018.3.27 본항신설)
⑦ 종합금융투자사업자가 제3항제1호에 따라 신용공여를 하는 경우 동일한 법인 및 그 법인과 대통령령으로 정하는 신용위험을 공유하는 자에 대하여 그 종합금융투자사업자의 자기자본의 100분의 25의 범위에서 대통령령으로 정하는 비율에 해당하는 금액을 초과하는 신용공여를 할 수 없다.
⑧ 종합금융투자사업자가 추가로 신용공여를 하지 아니하였음에도 불구하고 자기자본의 변동, 동일차주 구성의 변동 등으로 인하여 제5항부터 제7항까지의 한도를 초과하게 되는 경우에는 그 한도를 초과하게 된 날부터 1년 이내에 그 한도에 적합하도록 하여야 한다.(2018.3.27 본항개정)
⑨ 종합금융투자사업자는 그와 계열회사의 관계에 있는 법인(대통령령으로 정하는 해외법인을 포함한다. 이하 이 항에서 같다)에 대하여 제3항제1호에 따른 신용공여를 하거나 또는 그 법인이 운용하는 일반 사모집합투자기구에 대하여 전담중개업무를 제공하여서는 아니 된다. 다만, 종합금융투자사업자가 발행주식총수 또는 출자총액의 100분의 50 이상을 소유 또는 출자하거나 대통령령으로 정하는 기준에 의하여 사실상 경영을 지배하는 해외현지법인에 대해서는 대통령령으로 정하는 바에 따라 제3항제1호에 따른 신용공여를 할 수 있다.
(2021.4.20 본문개정)
⑩ 종합금융투자사업자에 대하여는 「한국은행법」과 「은행법」을 적용하지 아니한다.
⑪ 제3항제1호에 따른 신용공여의 구체적 범위 등에 관하여 필요한 사항은 대통령령으로 정한다.
(2013.5.28 본조신설)
제78조【다자간매매체결회사에 관한 특례】 ① 다자간매매체결회사는 다자간매매체결업무를 함에 있어서 다음 각 호의 사항에 대하여 대통령령으로 정하는 업무기준을 준수하여야 한다.
1. 매매체결대상상품 및 다자간매매체결회사에서의 거래에 참가하는 자(이하 이 조, 제402조 및 제404조에서 "거래참가자"라 한다)에 관한 사항
2. 매매체결대상상품의 매매정지 및 그 해제에 관한 사항
3. 매매확인 등 매매계약의 체결에 관한 사항과 채무인수·차감 및 결제방법·결제책임 등 청산·결제에 관한 사항
4. 증거금 등 거래참가자의 매매수탁에 관한 사항
5. 매매체결대상상품의 발행인 등의 신고·공시에 관한 사항
6. 매매결과의 공표 및 보고에 관한 사항
7. 다자간매매체결업무의 개폐·정지 및 중단에 관한 사항
8. 그 밖에 다자간매매체결업무의 수행과 관련하여 필요한 사항

② 제40조, 제72조, 제73조 및 제419조제2항부터 제4항까지의 규정은 다자간매매체결회사에는 적용하지 아니한다.
③ 금융위원회가 지정하는 거래소(이하 이 조, 제402조 및 제404조에서 "지정거래소"라 한다)는 다자간매매체결회사에서의 투자자 보호 및 건전한 거래질서를 위하여 다음 각 호의 사항을 감시할 수 있다.
1. 매매체결대상상품의 매매에 관한 청약 또는 주문이나 거래참가자가 다자간매매체결회사에 제출하는 호가의 상황
2. 매매체결대상상품에 관련된 풍문·제보나 보도
3. 매매체결대상상품의 발행인 등에 관한 신고 또는 공시
4. 그 밖에 매매체결대상상품의 가격 형성이나 거래량에 영향을 미치는 상황 또는 요인으로서 대통령령으로 정하는 것
④ 지정거래소는 다음 각 호의 어느 하나에 해당하는 경우에는 거래참가자에게 그 사유를 밝힌 서면으로 관련 자료의 제출을 요청하거나, 거래참가자에 대하여 그와 관련된 업무·재산상황·장부·서류, 그 밖의 물건을 감리할 수 있다. 이 경우 제404조제2항 및 제3항을 준용한다.
1. 제377조제1항제8호에서 정하는 이상거래의 혐의가 있다고 인정되는 매매체결대상상품의 종목 또는 매매 품목의 거래상황을 파악하기 위한 경우
2. 거래참가자가 제1항에 따른 업무기준을 준수하는지를 확인하기 위한 경우
⑤ 누구든지 다음 각 호의 어느 하나에 해당하는 경우를 제외하고는 다자간매매체결회사의 의결권 있는 발행주식총수의 100분의 15를 초과하여 다자간매매체결회사가 발행한 주식을 소유할 수 없다. 이 경우 제406조제2항부터 제4항까지 및 제407조를 준용한다.
1. 집합투자기구가 소유하는 경우(사모집합투자기구가 소유하는 경우는 제외한다)
2. 정부가 소유하는 경우
3. 그 밖에 대통령령으로 정하는 바에 따라 금융위원회의 승인을 받아 소유하는 경우
⑥ 제383조제1항·제2항, 제408조 및 제413조는 다자간매매체결회사에 준용한다.
⑦ 다자간매매체결회사(제8조의2제5항제1호의 방법에 따라 매매가격을 결정하는 다자간매매체결회사는 제외한다)는 매매체결대상상품의 거래량이 대통령령으로 정하는 기준을 넘는 경우에는 투자자 보호 및 매매체결의 안정성 확보 등을 위하여 대통령령으로 정하는 조치를 하여야 한다.
⑧ 다자간매매체결회사의 업무 방법 및 절차, 그 밖에 공정한 매매가격 형성과 매매체결의 안정성 및 효율성 등의 확보를 위하여 필요한 세부사항은 대통령령으로 정한다.
(2013.5.28 본조개정)

제2관 집합투자업자의 영업행위 규칙

제79조【선관의무 및 충실의무】 ① 집합투자업자는 투자자에 대하여 선량한 관리자의 주의로써 집합투자재산을 운용하여야 한다.
② 집합투자업자는 투자자의 이익을 보호하기 위하여 해당 업무를 충실하게 수행하여야 한다.
제80조【자산운용의 지시 및 실행】 ① 투자신탁의 집합투자업자는 투자신탁재산을 운용함에 있어서 그 투자신탁재산을 보관·관리하는 신탁업자에 대하여 대통령령으로 정하는 방법에 따라 투자신탁재산별로 투자대상자산의 취득·처분 등에 관하여 필요한 지시를 하여야 하며, 그 신탁업자는 집합투자업자의 지시에 따라 투자대상자산의 취득·처분 등을 하여야 한다. 다만, 집합투자업자는 투자신탁재산의 효율적 운용을 위하여 불가피한 경우로서 대통령령으로 정하는 경우에는 자신의 명의로 직접 투자대상자산의 취득·처분 등을 할 수 있다.
② 투자신탁의 집합투자업자(그 투자신탁재산을 보관·관리하는 신탁업자를 포함한다. 이하 이 항에서 같다)는 제1항에 따라 투자대상자산의 취득·처분 등을 한 경우 그 투자신탁재산을 한도로 하여 그 이행 책임을 부담한다. 다만, 그 집합투자업자가 제64조제1항에 따라 손해배상책임을 지는 경우에는 그러하지 아니하다.(2018.3.27 본문개정)
③ 집합투자업자는 제1항 단서에 따라 투자대상자산의 취득·처분 등의 업무를 수행하는 경우에는 투자신탁재산별로 미리 정하여진 자산배분명세에 따라 취득·처분 등의 결과를 공정하게 배분하여야 한다. 이 경우 집합투자업자는 자산배분명세, 취득·처분 등의 결과, 배분결과 등에 관한 장부 및 서류를 총리령으로 정하는 방법에 따라 작성하고 이를 유지·관리하여야 한다.(2008.2.29 후단개정)
④ 제3항의 자산배분명세 등에 관하여 필요한 사항은 총리령으로 정한다.(2008.2.29 본항개정)
⑤ 투자신탁을 제외한 집합투자기구의 집합투자업자는 그 집합투자재산을 운용함에 있어서 집합투자기구의 명의(투자익명조합의 경우에는 그 집합투자업자의 명의를 말한다)로 대통령령으로 정하는 방법에 따라 집합투자재산(투자신탁재산은 제외한다)별로 투자대상자산의 취득·처분 등을 하고, 그 집합투자기구의 신탁업자에게 취득·처분 등을 한 자산의 보관·관리에 필요한 지시를 하여야 하며, 그 신탁업자는 집합투자업자의 지시에 따라야 한다. 이 경우 집합투자업자가 투자대상자산의 취득·처분 등을 함에 있어서는 집합투자업자가 그 집합투자기구를 대표한다는 사실을 표시하여야 한다.(2009.2.3 전단개정)
제81조【자산운용의 제한】 ① 집합투자업자는 집합투자재산을 운용함에 있어서 다음 각 호의 어느 하나에 해당하는 행위를 하여서는 아니 된다. 다만, 투자자 보호 및 집합투자재산의 안정적 운용을 해할 우려가 없는 경우로서 대통령령으로 정하는 경우에는 이를 할 수 있다.
1. 집합투자재산을 증권(집합투자증권, 그 밖에 대통령령으로 정하는 증권을 제외하며, 대통령령으로 정하는 투자대상자산을 포함한다. 이하 이 호에서 같다) 또는 파생상품에 운용함에 있어서 다음 각 목의 어느 하나에 해당하는 행위
가. 각 집합투자기구 자산총액의 100분의 10 이내의 범위에서 대통령령으로 정하는 비율을 초과하여 동일종목의 증권에 투자하는 행위. 이 경우 동일법인 등이 발행한 증권 중 지분증권(그 법인 등이 발행한 지분증권과 관련된 증권예탁증권을 포함한다. 이하 이 관에서 같다)과 지분증권을 제외한 증권은 각각 동일종목으로 본다.
나. 각 집합투자업자가 운용하는 전체 집합투자기구 자산총액으로 동일법인 등이 발행한 지분증권 총수의 100분의 20을 초과하여 투자하는 행위
다. 각 집합투자기구 자산총액으로 동일법인 등이 발행한 지분증권 총수의 100분의 10을 초과하여 투자하는 행위
라. 대통령령으로 정하는 적격 요건을 갖추지 못한 자와 장외파생상품을 매매하는 행위
마. 파생상품의 매매에 따른 위험평가액이 대통령령으로 정하는 기준을 초과하여 투자하는 행위
바. 파생상품의 매매와 관련하여 기초자산 중 동일법인 등이 발행한 증권(그 법인 등이 발행한 증권과 관련된 증권예탁증권을 포함한다)의 가격변동으로 인한 위험평가액이 각 집합투자기구 자산총액의 100분의 10을 초과하여 투자하는 행위
사. 같은 거래상대방과의 장외파생상품 매매에 따른 거래상대방 위험평가액이 각 집합투자기구 자산총액의 100분의 10을 초과하여 투자하는 행위
2. 집합투자재산을 부동산에 운용함에 있어서 다음 각 목의 어느 하나에 해당하는 행위
가. 부동산을 취득한 후 5년 이내의 범위에서 대통령령으로 정하는 기간 이내에 이를 처분하는 행위. 다만, 부동산개발사업(토지를 택지·공장용지 등으로 개발하거나 그 토지 위에 건축물, 그 밖의 공작물을 신축 또는 재축하는 사업을 말한다. 이하 같다)에 따라 조성하거나 설치한 토지·건축물 등을 분양하는 경우, 그 밖에 투자자 보호를 위하여 필요한 경우로서 대통령령으로 정하는 경우를 제외한다.
나. 건축물, 그 밖의 공작물이 없는 토지로서 그 토지에 대하여 부동산개발사업을 시행하기 전에 이를 처분하는 행위. 다만, 집합투자기구의 합병·해지 또는 해산, 그 밖에 투자자 보호를 위하여 필요한 경우로서 대통령령으로 정하는 경우를 제외한다.
3. 집합투자재산을 집합투자증권(제279조제1항의 외국 집합투자증권을 포함한다. 이하 이 호에서 같다)에 운용함에 있어서 다음 각 목의 어느 하나에 해당하는 행위

가. 각 집합투자기구 자산총액의 100분의 50을 초과하여 같은 집합투자업자(제279조제1항의 외국 집합투자업자를 포함한다)가 운용하는 집합투자기구(제279조제1항의 외국 집합투자기구를 포함한다)의 집합투자증권에 투자하는 행위
나. 각 집합투자기구 자산총액의 100분의 20을 초과하여 같은 집합투자기구(제279조제1항의 외국 집합투자기구를 포함한다)의 집합투자증권에 투자하는 행위
다. 집합투자증권에 자산총액의 100분의 40을 초과하여 투자할 수 있는 집합투자기구(제279조제1항의 외국 집합투자기구를 포함한다)의 집합투자증권에 투자하는 행위
라. 각 집합투자기구 자산총액의 100분의 5 이내에서 대통령령으로 정하는 비율을 초과하여 사모집합투자기구(사모집합투자기구에 상당하는 외국 사모집합투자기구를 포함한다)의 집합투자증권에 투자하는 행위(2015.7.24 본목개정)
마. 각 집합투자기구의 집합투자재산으로 같은 집합투자기구(제279조제1항의 외국 집합투자기구를 포함한다)의 집합투자증권 총수의 100분의 20을 초과하여 투자하는 행위. 이 경우 그 비율의 계산은 투자하는 날을 기준으로 한다.
바. 집합투자기구의 집합투자증권을 판매하는 투자매매업자 또는 투자중개업자가 받는 판매수수료 및 판매보수와 그 집합투자기구가 투자하는 다른 집합투자기구(제279조제1항의 외국 집합투자기구를 포함한다)의 집합투자증권을 판매하는 투자매매업자[외국 투자매매업자(외국 법령에 따라 외국에서 투자매매업에 상당하는 영업을 영위하는 자를 말한다)를 포함한다] 또는 투자중개업자[외국 투자중개업자(외국 법령에 따라 외국에서 투자중개업에 상당하는 영업을 영위하는 자를 말한다)를 포함한다]가 받는 판매수수료 및 판매보수의 합계가 대통령령으로 정하는 기준을 초과하여 집합투자증권에 투자하는 행위
4. 그 밖에 투자자 보호 또는 집합투자재산의 안정적 운용 등을 해할 우려가 있는 행위로서 대통령령으로 정하는 행위

② 제1항제1호마목의 위험평가액, 같은 항 같은 호 바목의 위험평가액 및 같은 항 같은 호 사목의 거래상대방 위험평가액의 산정방법 등에 관하여 필요한 사항은 금융위원회가 정하여 고시한다.(2008.2.29 본항개정)

③ 집합투자재산에 속하는 투자대상자산의 가격 변동 등 대통령령으로 정하는 사유로 불가피하게 제1항에 따른 투자한도를 초과하게 된 경우에는 초과일부터 대통령령으로 정하는 기간까지는 그 투자한도에 적합한 것으로 본다.

④ 제1항제1호가목 및 마목부터 사목까지와 제3호가목·나목, 제229조 각 호에 따른 투자비율은 집합투자기구의 최초 설정일 또는 설립일부터 6개월(제229조제2호에 따른 부동산집합투자기구의 경우 1년) 이내의 범위에서 대통령령으로 정하는 기간까지는 적용하지 아니한다.(2016.3.29 본항개정)

제82조【자기집합투자증권의 취득 제한】 투자신탁이나 투자익명조합의 집합투자업자는 집합투자기구의 계산으로 그 집합투자기구의 집합투자증권을 취득하거나 질권의 목적으로 받지 못한다. 다만, 다음 각 호의 어느 하나에 해당하는 경우에는 집합투자기구의 계산으로 그 집합투자기구의 집합투자증권을 취득할 수 있다.
1. 담보권의 실행 등 권리 행사에 필요한 경우. 이 경우 취득한 집합투자증권은 대통령령으로 정하는 방법에 따라 처분하여야 한다.
2. 제191조에 따라 수익증권을 매수하는 경우

제83조【금전차입 등의 제한】 ① 집합투자업자는 집합투자재산을 운용함에 있어서 집합투자기구의 계산으로 금전을 차입(借入)하지 못한다. 다만, 다음 각 호의 어느 하나에 해당하는 경우에는 집합투자기구의 계산으로 금전을 차입할 수 있다.
1. 제235조에 따른 집합투자증권의 환매청구가 대량으로 발생하여 일시적으로 환매대금의 지급이 곤란한 때
2. 제191조 및 제201조제4항에 따른 매수청구가 대량으로 발생하여 일시적으로 매수대금의 지급이 곤란한 때
3. 그 밖에 집합투자기구의 운용 및 결제 과정에서 일시적으로 금전의 차입이 필요하고 투자자 보호 및 건전한 거래질서를 해할 우려가 없는 때로서 대통령령으로 정하는 때(2018.3.27 본호신설)

② 제1항에 따라 집합투자기구의 계산으로 금전을 차입하는 경우 그 차입금의 총액은 차입 당시 집합투자기구 자산총액에서 부채총액을 뺀 가액의 100분의 10을 초과하여서는 아니 된다.(2015.7.24 본항개정)

③ 제1항에 따른 금전차입의 방법, 차입금 상환 전 투자대상자산의 취득 제한 등에 관하여 필요한 사항은 대통령령으로 정한다.

④ 집합투자업자는 집합투자재산을 운용함에 있어서 집합투자재산 중 금전을 대여(대통령령으로 정하는 금융기관에 대한 30일 이내의 단기대출을 제외한다)하여서는 아니 된다.

⑤ 집합투자업자는 집합투자재산을 운용함에 있어서 집합투자재산으로 해당 집합투자기구 외의 자를 위하여 채무보증 또는 담보제공을 하여서는 아니 된다.

제84조【이해관계인과의 거래제한 등】 ① 집합투자업자는 집합투자재산을 운용함에 있어서 대통령령으로 정하는 이해관계인(이하 이 절에서 "이해관계인"이라 한다)과 거래행위를 하여서는 아니 된다. 다만, 집합투자기구와 이해가 상충될 우려가 없는 거래로서 다음 각 호의 어느 하나에 해당하는 거래의 경우에는 이를 할 수 있다.
1. 이해관계인이 되기 6개월 이전에 체결한 계약에 따른 거래
2. 증권시장 등 불특정다수인이 참여하는 공개시장을 통한 거래
3. 일반적인 거래조건에 비추어 집합투자기구에 유리한 거래
4. 그 밖에 대통령령으로 정하는 거래

② 집합투자업자는 제1항 단서에 따라 허용되는 이해관계인과의 거래가 있는 경우 또는 이해관계인의 변경이 있는 경우에는 그 내용을 해당 집합투자재산을 보관·관리하는 신탁업자에게 즉시 통보하여야 한다.

③ 집합투자업자는 집합투자재산을 운용함에 있어서 집합투자기구의 계산으로 그 집합투자업자가 발행한 증권(제189조의 수익증권을 제외한다)을 취득하여서는 아니 된다.

④ 집합투자업자는 집합투자재산을 운용함에 있어서 대통령령으로 정하는 한도를 초과하여 그 집합투자업자의 계열회사가 발행한 증권(제189조의 수익증권, 그 밖에 대통령령으로 정하는 증권을 제외하며, 계열회사가 발행한 지분증권과 관련한 증권예탁증권 및 대통령령으로 정하는 투자대상자산을 포함한다. 이하 이 조에서 같다)을 취득하여서는 아니 된다.

⑤ 제4항에 따른 계열회사가 발행한 증권의 취득 제한에 관하여 필요한 사항은 대통령령으로 정한다.

제85조【불건전 영업행위의 금지】 집합투자업자는 다음 각 호의 어느 하나에 해당하는 행위를 하여서는 아니 된다. 다만, 투자자 보호 및 건전한 거래질서를 해할 우려가 없는 경우로서 대통령령으로 정하는 경우에는 이를 할 수 있다.
1. 집합투자재산을 운용함에 있어서 금융투자상품, 그 밖의 투자대상자산의 가격에 중대한 영향을 미칠 수 있는 매수 또는 매도 의사를 결정한 후 이를 실행하기 전에 그 금융투자상품, 그 밖의 투자대상자산을 집합투자업자 자기의 계산으로 매수 또는 매도하거나 제삼자에게 매수 또는 매도를 권유하는 행위
2. 자기 또는 대통령령으로 정하는 관계인수인(이하 이 절에서 "관계인수인"이라 한다)이 인수한 증권을 집합투자재산으로 매수하는 행위
3. 자기 또는 관계인수인이 대통령령으로 정하는 인수업무를 담당한 법인의 특정증권등(제172조제1항의 특정증권등을 말한다. 이하 이 호에서 같다)에 대하여 인위적인 시세(제176조제2항제1호의 시세를 말한다)를 형성하기 위하여 집합투자재산으로 그 특정증권등을 매매하는 행위
4. 특정 집합투자기구의 이익을 해하면서 자기 또는 제삼자의 이익을 도모하는 행위
5. 특정 집합투자재산을 집합투자업자의 고유재산 또는 그 집합투자업자가 운용하는 다른 집합투자재산, 투자일임재산(투자자로부터 투자판단을 일임받아 운용하는 재산을 말한다. 이하 같다) 또는 신탁재산과 거래하는 행위
6. 제삼자와의 계약 또는 담합 등에 의하여 집합투자재산으로 특정 자산에 교차하여 투자하는 행위
7. 투자운용인력이 아닌 자에게 집합투자재산을 운용하게 하는 행위
8. 그 밖에 투자자 보호 또는 건전한 거래질서를 해할 우려가 있는 행위로서 대통령령으로 정하는 행위

제86조【성과보수의 제한】 ① 집합투자업자는 집합투자기구의 운용실적에 연동하여 미리 정하여진 산정방식에 따른 보수(이하 "성과보수"라 한다)를 받아서는 아니 된다. 다만, 다음 각

호의 어느 하나에 해당하는 경우에는 성과보수를 받을 수 있다.
1. 집합투자기구가 사모집합투자기구인 경우
2. 사모집합투자기구 외의 집합투자기구 중 운용보수의 산정방식, 투자자의 구성 등을 고려하여 투자자 보호 및 건전한 거래질서를 해할 우려가 없는 경우로서 대통령령으로 정하는 경우

② 집합투자업자는 제1항 단서에 따라 성과보수를 받고자 하는 경우에는 그 성과보수의 산정방식, 그 밖에 대통령령으로 정하는 사항을 해당 투자설명서(제123조제1항에 따른 투자설명서를 말한다) 및 집합투자규약에 기재하여야 한다.

제87조【의결권 등】 ① 집합투자업자(투자신탁이나 투자익명조합의 집합투자업자에 한한다. 이하 이 조에서 같다)는 투자자의 이익을 보호하기 위하여 집합투자재산에 속하는 주식의 의결권을 충실하게 행사하여야 한다.(2013.5.28 본문개정)
1.~3. (2013.5.28 삭제)

② 제1항에도 불구하고 집합투자업자는 다음 각 호의 어느 하나에 해당하는 경우에는 집합투자재산에 속하는 주식을 발행한 법인의 주주총회에 참석한 주주가 소유하는 주식수에서 집합투자재산에 속하는 주식수를 뺀 주식수의 결의내용에 영향을 미치지 아니하도록 의결권을 행사하여야 한다.
1. 다음 각 목의 어느 하나에 해당하는 자가 그 집합투자재산에 속하는 주식을 발행한 법인을 계열회사로 편입하기 위한 경우
   가. 그 집합투자업자 및 그와 대통령령으로 정하는 이해관계가 있는 자
   나. 그 집합투자업자에 대하여 사실상의 지배력을 행사하는 자로서 대통령령으로 정하는 자
2. 그 집합투자재산에 속하는 주식을 발행한 법인이 그 집합투자업자와 다음 각 목의 어느 하나에 해당하는 관계가 있는 경우
   가. 계열회사의 관계가 있는 경우
   나. 그 집합투자업자에 대하여 사실상의 지배력을 행사하는 관계로서 대통령령으로 정하는 관계가 있는 경우
3. 그 밖에 투자자 보호 또는 집합투자재산의 적정한 운용을 해할 우려가 있는 경우로서 대통령령으로 정하는 경우

(2013.5.28 본항개정)

③ 제2항에도 불구하고 집합투자업자는 법인의 합병, 영업의 양도·양수, 임원의 임면, 정관변경, 그 밖에 이에 준하는 사항으로서 투자자의 이익에 명백한 영향을 미치는 사항(이하 이 조에서 "주요의결사항"이라 한다)에 대하여 제2항의 방법에 따라 의결권을 행사하는 경우 집합투자재산에 손실을 초래할 것이 명백하게 예상되는 때에는 제1항에 따라 의결권을 행사할 수 있다. 다만, 「독점규제 및 공정거래에 관한 법률」 제31조제1항에 따른 상호출자제한기업집단(이하 "상호출자제한기업집단"이라 한다)에 속하는 집합투자업자는 집합투자재산으로 그와 계열회사의 관계에 있는 주권상장법인이 발행한 주식을 소유하고 있는 경우에는 다음 각 호의 요건을 모두 충족하는 방법으로만 의결권을 행사할 수 있다.(2020.12.29 단서개정)
1. 그 주권상장법인의 특수관계인(「독점규제 및 공정거래에 관한 법률」 제9조제1항제5호가목에 따른 특수관계인을 말한다)이 의결권을 행사할 수 있는 주식의 수를 합하여 그 법인의 발행주식총수의 100분의 15를 초과하지 아니하도록 의결권을 행사할 것(2020.12.29 본호개정)
2. 집합투자업자가 제81조제1항 각 호 외의 부분 단서에 따라 같은 항 제1호가목의 투자한도를 초과하여 취득한 주식은 그 주식을 발행한 법인의 주주총회에 참석한 주주가 소유한 주식수에서 집합투자재산인 주식수를 뺀 주식수의 결의내용에 영향을 미치지 아니하도록 의결권을 행사할 것

(2013.5.28 본항개정)

④ 집합투자업자는 제81조제1항 및 제84조제4항에 따른 투자한도를 초과하여 취득한 주식에 대하여는 그 주식의 의결권을 행사할 수 없다.

⑤ 집합투자업자는 제삼자와의 계약에 의하여 의결권을 교차하여 행사하는 등 제2항부터 제4항까지의 규정의 적용을 면하기 위한 행위를 하여서는 아니 된다.(2013.5.28 본항개정)

⑥ 금융위원회는 집합투자업자가 제2항부터 제5항까지의 규정을 위반하여 집합투자재산에 속하는 주식의 의결권을 행사한 경우에는 6개월 이내의 기간을 정하여 그 주식의 처분을 명할 수 있다.(2013.5.28 본항개정)

⑦ 집합투자업자는 각 집합투자재산에서 대통령령으로 정하는 비율 또는 금액 이상을 소유하는 주식을 발행한 법인(이하 이 조에서 "의결권공시대상법인"이라 한다)에 대한 의결권 행사 여부 및 그 내용(의결권을 행사하지 아니한 경우에는 그 사유)을 대통령령으로 정하는 방법에 따라 기록·유지하여야 한다.

⑧ 집합투자업자는 집합투자재산에 속하는 주식 중 대통령령으로 정하는 주식(제9조제15항제3호나목에 따른 주권상장법인의 경우에는 주식과 관련된 증권예탁증권을 포함한다)의 의결권 행사 내용 등을 다음 각 호의 구분에 따라 공시하여야 한다. 이 경우 공시 방법 등에 관하여 필요한 사항은 대통령령으로 정한다.(2009.2.3 전단개정)
1. 제2항 및 제3항에 따라 주요의결사항에 대하여 의결권을 행사하는 경우 : 의결권의 구체적인 행사내용 및 그 사유
(2013.5.28 본호개정)
2. 의결권공시대상법인에 대하여 의결권을 행사하는 경우 : 제7항에 따른 의결권의 구체적인 행사내용 및 그 사유
(2013.5.28 본호개정)
3. 의결권공시대상법인에 대하여 의결권을 행사하지 아니한 경우 : 제7항에 따른 의결권을 행사하지 아니한 구체적인 사유

⑨ 집합투자업자는 제8항에 따라 의결권 행사 여부에 관한 사항 등을 공시하는 경우에는 투자자가 그 의결권 행사 여부의 적정성 등을 파악하는 데에 필요한 자료로서 대통령령으로 정하는 자료를 함께 공시하여야 한다.

제88조【자산운용보고서의 교부】 ① 집합투자업자는 자산운용보고서를 작성하여 해당 집합투자재산을 보관·관리하는 신탁업자의 확인을 받아 3개월마다 1회 이상 해당 집합투자기구의 투자자에게 교부하여야 한다. 다만, 투자자가 수시로 변동되는 등 투자자의 이익을 해할 우려가 없는 경우로서 대통령령으로 정하는 경우에는 자산운용보고서를 투자자에게 교부하지 아니할 수 있다.(2009.2.3 본항개정)

② 집합투자업자는 제1항에 따른 자산운용보고서에 다음 각 호의 사항을 기재하여야 한다.
1. 다음 각 목의 어느 하나에 해당하는 날(이하 이 조에서 "기준일"이라 한다) 현재의 해당 집합투자기구의 자산·부채 및 집합투자증권의 기준가격
   가. 회계기간의 개시일부터 3개월이 종료되는 날
   나. 회계기간의 말일
   다. 계약기간의 종료일 또는 존속기간의 만료일
   라. 해지일 또는 해산일
2. 직전의 기준일(직전의 기준일이 없는 경우에는 해당 집합투자기구의 최초 설정일 또는 성립일을 말한다)부터 해당 기준일까지의 기간(이하 이 조에서 "해당 운용기간"이라 한다) 중 운용경과의 개요 및 해당 운용기간 중의 손익 사항
3. 기준일 현재 집합투자재산에 속하는 자산의 종류별 평가액과 집합투자재산 총액에 대한 각각의 비율
4. 해당 운용기간 중 매매한 주식의 총수, 매매금액 및 대통령령으로 정하는 매매회전율
5. 그 밖에 대통령령으로 정하는 사항

③ 제1항에 따른 자산운용보고서의 교부시기 및 방법, 비용부담 등에 관하여 필요한 사항은 대통령령으로 정한다.(2009.2.3 본항개정)
(2009.2.3 본조제목개정)

제89조【수시공시】 ① 투자신탁이나 투자익명조합의 집합투자업자는 다음 각 호의 어느 하나에 해당하는 사항이 발생한 경우 대통령령으로 정하는 바에 따라 이를 지체 없이 공시하여야 한다.(2011.8.4 본문개정)
1. 투자운용인력의 변경이 있는 경우 그 사실과 변경된 투자운용인력의 운용경력(운용한 집합투자기구의 명칭, 집합투자재산의 규모와 수익률을 말한다)(2011.8.4 본호개정)
2. 환매연기 또는 환매재개의 결정 및 그 사유(제230조에 따른 환매금지형집합투자기구의 만기를 변경하거나 만기상환을 거부하는 결정 및 그 사유를 포함한다)(2021.4.20 본호개정)
3. 대통령령으로 정하는 부실자산이 발생한 경우 그 명세 및 상각률
4. 집합투자자총회의 결의내용
5. 그 밖에 투자자 보호를 위하여 필요한 사항으로서 대통령령으로 정하는 사항

② 제1항에 따른 수시공시는 다음 각 호의 방법으로 한다.

1. 집합투자업자, 집합투자증권을 판매한 투자매매업자 또는 투자중개업자 및 협회의 인터넷 홈페이지를 이용하여 공시하는 방법
2. 집합투자증권을 판매한 투자매매업자 또는 투자중개업자로 하여금 전자우편을 이용하여 투자자에게 알리는 방법
3. 집합투자업자, 집합투자증권을 판매한 투자매매업자 또는 투자중개업자의 본점과 지점, 그 밖의 영업소에 게시하는 방법
(2009.2.3 본항신설)

제90조【집합투자재산에 관한 보고 등】 ① 집합투자업자(투자신탁이나 투자익명조합의 집합투자업자에 한한다. 이하 이 조에서 같다)는 대통령령으로 정하는 방법에 따라 집합투자재산에 관한 매 분기의 영업보고서를 작성하여 매 분기 종료 후 2개월 이내에 금융위원회 및 협회에 제출하여야 한다.(2009.2.3 본항개정)

② 집합투자업자는 집합투자기구에 대하여 다음 각 호의 어느 하나에 해당하는 사유가 발생한 경우 그 사유가 발생한 날부터 2개월 이내에 제239조에 따른 결산서류를 금융위원회 및 협회에 제출하여야 한다.(2008.2.29 본문개정)
1. 집합투자기구의 회계기간 종료
2. 집합투자기구의 계약기간 또는 존속기간의 종료
3. 집합투자기구의 해지 또는 해산

③ 금융위원회 및 협회는 제1항 및 제2항에 따라 제출받은 서류를 인터넷 홈페이지 등을 이용하여 공시하여야 한다.(2008.2.29 본항개정)

④ 협회는 대통령령으로 정하는 방법에 따라 각 집합투자재산의 순자산가치의 변동명세가 포함된 운용실적을 비교하여 그 결과를 인터넷 홈페이지 등을 이용하여 공시하여야 한다.

제91조【장부·서류의 열람 및 공시 등】 ① 투자자는 집합투자업자(투자신탁이나 투자익명조합의 집합투자업자에 한하며, 해당 집합투자증권을 판매한 투자매매업자 및 투자중개업자를 포함한다. 이하 이 조에서 같다)에게 영업시간 중에 이유를 기재한 서면으로 그 투자자에 관련된 집합투자재산에 관한 장부·서류의 열람이나 등본 또는 초본의 교부를 청구할 수 있다. 이 경우 그 집합투자업자는 대통령령으로 정하는 정당한 사유가 없는 한 이를 거절하여서는 아니 된다.

② 제1항에 따른 열람이나 등본 또는 초본의 교부 청구의 대상이 되는 장부·서류의 범위 등에 관하여 필요한 사항은 대통령령으로 정한다.

③ 집합투자업자는 집합투자규약을 인터넷 홈페이지 등을 이용하여 공시하여야 한다.

제92조【환매연기 등의 통지】 ① 집합투자업자(투자신탁이나 투자익명조합의 집합투자업자에 한한다. 이하 이 조에서 같다)는 다음 각 호의 어느 하나에 해당하는 사유가 발생한 경우 해당 집합투자증권을 판매한 투자매매업자 또는 투자중개업자에게 이를 즉시 통지하여야 한다.
1. 제237조제1항에 따라 집합투자증권의 환매를 연기한 경우(제230조에 따른 환매금지형집합투자기구의 만기를 변경하거나 만기상환을 거부하기로 결정한 경우를 포함한다)
(2021.4.20 본호개정)
2. 제240조제3항에 따른 집합투자기구에 대한 회계감사인의 감사의견이 적정의견이 아닌 경우
3. 그 밖에 투자자에게 미치는 영향이 중대한 사유로서 대통령령으로 정하는 경우(2021.4.20 본호신설)

② 집합투자업자는 제1항의 사유가 해소된 경우에는 해당 집합투자증권을 판매한 투자매매업자 또는 투자중개업자에게 이를 즉시 통지하여야 한다.

제93조【파생상품의 운용 특례】 ① 집합투자업자는 파생상품 매매에 따른 위험평가액(제81조제1항제1호마목의 위험평가액을 말한다. 이하 이 조에서 같다)이 대통령령으로 정하는 기준을 초과하여 투자할 수 있는 집합투자기구의 집합투자재산을 파생상품에 운용하는 경우에는 계약금액, 그 밖에 대통령령으로 정하는 위험에 관한 지표를 인터넷 홈페이지 등을 이용하여 공시하여야 한다. 이 경우 그 집합투자기구의 투자설명서(제123조제1항에 따른 투자설명서를 말한다)에 해당 위험에 관한 지표의 개요 및 위험에 관한 지표가 공시된다는 사실을 기재하여야 한다.

② 집합투자업자는 장외파생상품 매매에 따른 위험평가액이 대통령령으로 정하는 기준을 초과하여 투자할 수 있는 집합투자기구의 집합투자재산을 장외파생상품에 운용하는 경우에는 장외파생상품 운용에 따른 위험관리방법을 작성하여 그 집합투자재산을 보관·관리하는 신탁업자의 확인을 받아 금융위원회에 신고하여야 한다.(2008.2.29 본항개정)

제94조【부동산의 운용 특례】 ① 집합투자업자는 제83조제1항 각 호 외의 부분 본문에 불구하고 집합투자재산으로 부동산을 취득하는 경우(제229조제2호에 따른 부동산집합투자기구는 운용하는 경우를 포함한다)에는 대통령령으로 정하는 방법에 따라 집합투자기구의 계산으로 금전을 차입할 수 있다.(2016.3.29 본항개정)

② 집합투자업자는 제83조제4항에 불구하고 집합투자재산으로 부동산개발사업을 영위하는 법인(부동산신탁업자, 그 밖에 대통령령으로 정하는 자를 포함한다)에 대하여 대통령령으로 정하는 방법에 따라 금전을 대여할 수 있다.

③ 집합투자업자는 집합투자재산으로 부동산을 취득하거나 처분하는 경우에는 그 부동산의 현황, 거래가격, 그 밖에 대통령령으로 정하는 사항이 기재된 실사보고서를 작성·비치하여야 한다.

④ 집합투자업자는 집합투자재산으로 부동산개발사업에 투자하고자 하는 경우에는 추진일정·추진방법, 그 밖에 대통령령으로 정하는 사항이 기재된 사업계획서를 작성하여 「감정평가 및 감정평가사에 관한 법률」에 따른 감정평가법인등으로부터 그 사업계획서가 적정한지의 여부에 대하여 확인을 받아야 하며, 이를 인터넷 홈페이지 등을 이용하여 공시하여야 한다.(2020.4.7 본항개정)

⑤ 투자신탁재산으로 부동산을 취득하는 경우 「부동산등기법」 제81조를 적용할 때에는 그 신탁원부에 수익자를 기록하지 아니할 수 있다.(2011.4.12 본항개정)

⑥ 제1항 및 제2항에 따른 금전 차입과 금전 대여의 한도, 차입한 금전의 운용 제한 등에 관하여 필요한 사항은 대통령령으로 정한다.

제95조【청산】 ① 금융위원회는 집합투자업을 영위하는 금융투자업자의 청산사무를 감독한다.

② 금융위원회는 청산사무 및 재산의 상황을 검사하거나 재산의 공탁명령, 그 밖에 청산의 감독에 필요한 명령을 할 수 있다.

③ 금융위원회는 집합투자업을 영위하는 금융투자업자가 금융투자업인가의 취소로 인하여 해산한 경우에는 직권으로 청산인을 선임한다.

④ 금융위원회는 집합투자업을 영위하는 금융투자업자가 법원의 명령 또는 판결에 의하여 해산하는 경우와 청산인이 없는 경우에는 직권으로 또는 이해관계인의 청구에 의하여 청산인을 선임한다.

⑤ 금융위원회는 청산인을 선임한 경우에는 집합투자업을 영위하는 금융투자업자에게 보수를 주게 할 수 있다. 이 경우 보수액은 금융위원회가 정하여 고시한다.

⑥ 금융위원회는 청산인이 업무를 집행함에 있어서 현저하게 부적합하거나 중대한 법령 위반사항이 있는 경우에는 직권으로 또는 이해관계인의 청구에 의하여 청산인을 해임할 수 있다.
(2008.2.29 본조개정)

제3관 투자자문업자 및 투자일임업자의 영업행위 규칙

제96조【선관의무 및 충실의무】 ① 투자자문업자는 투자자에 대하여 선량한 관리자의 주의로써 투자자문에 응하여야 하며, 투자일임업자는 투자자에 대하여 선량한 관리자의 주의로써 투자일임재산을 운용하여야 한다.

② 투자자문업자 및 투자일임업자는 투자자의 이익을 보호하기 위하여 해당 업무를 충실하게 수행하여야 한다.

제97조【계약의 체결】 ① 투자자문업자 또는 투자일임업자는 일반투자자와 투자자문계약 또는 투자일임계약을 체결하고자 하는 경우에는 다음 각 호의 사항을 기재한 서면자료를 미리 일반투자자에게 교부하여야 한다.
1. 투자자문의 범위 및 제공방법 또는 투자일임의 범위 및 투자대상 금융투자상품등(2013.5.28 본호개정)
2. 투자자문업 또는 투자일임업의 수행에 관하여 투자자문업자 또는 투자일임업자가 정하고 있는 일반적인 기준 및 절차
3. 투자자문업 또는 투자일임업을 실제로 수행하는 임직원의 성명 및 주요경력

4. 투자자와의 이해상충방지를 위하여 투자자문업자 또는 투자일임업자가 정한 기준 및 절차
5. 투자자문계약 또는 투자일임계약과 관련하여 투자결과가 투자자에게 귀속된다는 사실 및 투자자가 부담하는 책임에 관한 사항
6. 수수료에 관한 사항
7. 투자실적의 평가 및 투자결과를 투자자에게 통보하는 방법(투자일임계약의 경우에 한한다)
7의2. 투자자는 투자일임재산의 운용방법을 변경하거나 계약의 해지를 요구할 수 있다는 사실(2013.5.28 본호신설)
8. 그 밖에 투자자가 계약체결 여부를 결정하는 데에 중요한 판단기준이 되는 사항으로서 대통령령으로 정하는 사항
② 투자자문업자 또는 투자일임업자는 일반투자자와 투자자문계약 또는 투자일임계약을 체결하는 경우 「금융소비자 보호에 관한 법률」 제23조제1항에 따라 일반투자자에게 교부하는 계약서류에 다음 각 호의 사항을 기재하여야 한다. 이 경우 그 기재내용은 제1항에 따라 교부한 서면자료에 기재된 내용과 달라서는 아니 된다.(2020.3.24 전단개정)
1. 제1항 각 호의 사항
2. 계약당사자에 관한 사항
3. 계약기간 및 계약일자
4. 계약변경 및 계약해지에 관한 사항
5. 투자일임재산이 예탁된 투자매매업자·투자중개업자, 그 밖의 금융기관의 명칭 및 영업소명

제98조【불건전 영업행위의 금지】 ① 투자자문업자 또는 투자일임업자는 다음 각 호의 어느 하나에 해당하는 행위를 하여서는 아니 된다. 다만, 투자자 보호 및 건전한 거래질서를 해할 우려가 없는 경우로서 대통령령으로 정하는 경우에는 이를 할 수 있다.
1. 투자자로부터 금전·증권, 그 밖의 재산의 보관·예탁을 받는 행위
2. 투자자에게 금전·증권, 그 밖의 재산을 대여하거나 투자자에 대한 제삼자의 금전·증권, 그 밖의 재산의 대여를 중개·주선 또는 대리하는 행위
3. 투자권유자문인력 또는 투자운용인력이 아닌 자에게 투자자문업 또는 투자일임업을 수행하게 하는 행위
4. 계약으로 정한 수수료 외의 대가를 추가로 받는 행위
5. 투자자문에 응하거나 투자일임재산을 운용하는 경우 금융투자상품등의 가격에 중대한 영향을 미칠 수 있는 투자판단에 관한 자문 또는 매매 의사를 결정한 후 이를 실행하기 전에 그 금융투자상품등을 자기의 계산으로 매매하거나 제삼자에게 매매를 권유하는 행위(2013.5.28 본호신설)
② 투자일임업자는 투자일임재산을 운용함에 있어서 다음 각 호의 어느 하나에 해당하는 행위를 하여서는 아니 된다. 다만, 투자자 보호 및 건전한 거래질서를 해할 우려가 없는 경우로서 대통령령으로 정하는 경우에는 이를 할 수 있다.
1. 정당한 사유 없이 투자자의 운용방법의 변경 또는 계약의 해지 요구에 응하지 아니하는 행위(2013.5.28 본호개정)
2. 자기 또는 관계인수인이 인수한 증권을 투자일임재산으로 매수하는 행위
3. 자기 또는 관계인수인이 대통령령으로 정하는 인수업무를 담당한 법인의 특정증권등(제172조제1항의 특정증권등을 말한다. 이하 이 호에서 같다)에 대하여 인위적인 시세(제176조제2항제1호의 시세를 말한다)를 형성하기 위하여 투자일임재산으로 그 특정증권등을 매매하는 행위
4. 특정 투자자의 이익을 해하면서 자기 또는 제삼자의 이익을 도모하는 행위
5. 투자일임재산으로 자기가 운용하는 다른 투자일임재산, 집합투자재산 또는 신탁재산과 거래하는 행위
6. 투자일임재산으로 투자일임업자 또는 그 이해관계인의 고유재산과 거래하는 행위
7. 투자자의 동의 없이 투자일임재산으로 투자일임업자 또는 그 이해관계인이 발행한 증권에 투자하는 행위
8. 투자일임재산을 각각의 투자자별로 운용하지 아니하고 여러 투자자의 자산을 집합하여 운용하는 행위
9. 투자자로부터 다음 각 목의 행위를 위임받는 행위
가. 투자일임재산을 예탁하는 투자매매업자·투자중개업자, 그 밖의 금융기관을 지정하거나 변경하는 행위
나. 투자일임재산을 예탁하거나 인출하는 행위
다. 투자일임재산에 속하는 증권의 의결권, 그 밖의 권리를 행사하는 행위
10. 그 밖에 투자자 보호 또는 건전한 거래질서를 해할 우려가 있는 행위로서 대통령령으로 정하는 행위

제98조의2【성과보수의 제한】 ① 투자자문업자 또는 투자일임업자는 투자자문과 관련한 투자결과 또는 투자일임재산의 운용실적과 연동된 성과보수를 받아서는 아니 된다. 다만, 투자자 보호 및 건전한 거래질서를 해할 우려가 없는 경우로서 대통령령으로 정하는 경우에는 성과보수를 받을 수 있다.
② 투자자문업자 또는 투자일임업자가 제1항 단서에 따라 성과보수를 받고자 하는 경우에는 그 성과보수의 산정방식, 그 밖에 대통령령으로 정하는 사항을 해당 투자자문 또는 투자일임의 계약서류에 기재하여야 한다.
(2013.5.28 본조신설)

제99조【투자일임보고서의 교부】 ① 투자일임업자는 다음 각 호의 사항에 대한 보고서(이하 이 조에서 "투자일임보고서"라 한다)를 작성하여 3개월마다 1회 이상 투자일임계약을 체결한 일반투자자에게 교부하여야 한다.(2009.2.3 본문개정)
1. 투자일임재산의 운용현황
2. 투자일임재산 중 특정 자산을 그 투자일임업자의 고유재산과 거래한 실적이 있는 경우 그 거래시기·거래실적 및 잔액
② 투자일임보고서의 기재사항 및 교부방법 등에 관하여 필요한 사항은 대통령령으로 정한다.

제100조【역외투자자문업자 등의 특례】 ① 제28조의2, 제30조부터 제36조까지, 제38조, 제40조, 제41조, 제44조, 제45조, 제50조부터 제52조까지, 제56조 및 제61조부터 제63조까지의 규정은 제18조제2항제1호 각 목 외의 부분 단서에 따른 투자자문업 또는 투자일임업을 영위하는 외국 투자자문업자(이하 "역외투자자문업자"라 한다) 또는 외국 투자일임업자(이하 "역외투자일임업자"라 한다)에게는 적용하지 아니한다.
(2015.7.31 본항개정)
② 역외투자자문업자 또는 역외투자일임업자는 투자자 보호를 위하여 총리령으로 정하는 요건에 해당하는 연락책임자를 국내에 두어야 한다.(2008.2.29 본항개정)
③ 역외투자자문업자 또는 역외투자일임업자는 국내 거주자와 체결하는 투자자문계약 또는 투자일임계약 내용에 그 계약에 대하여 국내법이 적용되고 그 계약에 관한 소송은 국내법원이 관할한다는 내용을 포함하여야 한다.
④ 역외투자자문업자 또는 역외투자일임업자는 제98조에서 정한 사항의 준수 여부 점검 등을 위하여 임직원이 그 직무를 수행함에 있어서 따라야 할 적절한 기준 및 절차를 마련하고, 그 운영실태를 정기적으로 점검하여야 한다.
⑤ 역외투자자문업자 또는 역외투자일임업자는 대통령령으로 정하는 방법에 따라 업무보고서를 작성하여 금융위원회에 제출하여야 한다.(2008.2.29 본항개정)
⑥ 역외투자일임업자는 전문투자자 중 대통령령으로 정하는 자 외의 자를 대상으로 투자일임업을 영위하여서는 아니 된다.
⑦ 역외투자일임업자는 투자일임재산으로 취득한 외화증권을 대통령령으로 정하는 외국 보관기관에 보관하여야 한다.
⑧ 그 밖에 역외투자자문업자 또는 역외투자일임업자의 업무방법 및 절차 등에 관하여 필요한 사항은 대통령령으로 정한다.

제101조【유사투자자문업의 신고】 ① 투자자문업자 외의 자로서 고객으로부터 일정한 대가를 받고 간행물·출판물·통신물 또는 방송 등을 통하여 행하는 금융투자상품에 대한 투자판단 또는 금융투자상품의 가치에 관한 개별성 없는 조언을 하는 것을 업(이하 이 조 및 제101조의2에서 "유사투자자문업"이라 한다)으로 영위하고자 하는 자는 금융위원회가 정하여 고시하는 서식에 따라 금융위원회에 신고하여야 한다.
(2024.2.13 본항개정)
② 유사투자자문업을 영위하는 자(이하 이 조, 제101조의2 및 제101조의3에서 "유사투자자문업자"라 한다)는 다음 각 호의 어느 하나에 해당하는 경우 2주 이내에 이를 금융위원회에 보고하여야 한다.(2024.2.13 본문개정)
1. 유사투자자문업을 폐지한 경우
2. 명칭 또는 소재지를 변경한 경우
3. 대표자 또는 임원을 변경한 경우(2024.2.13 본호개정)

③ 금융위원회는 유사투자자문업의 질서유지 및 고객보호 등을 위하여 필요하다고 인정되는 경우에는 유사투자자문업을 영위하는 자에 대하여 영업내용 및 업무방법 등에 관한 자료의 제출을 요구할 수 있다. 이 경우 자료의 제출을 요구받은 자는 정당한 사유가 없으면 그 요구에 따라야 한다.(2018.12.31 후단신설)
④ (2024.2.13 삭제)
⑤ 제1항에도 불구하고 다음 각 호의 어느 하나에 해당하는 자에 대하여 유사투자자문업 신고를 수리하지 아니할 수 있다.
1. 이 법, 「유사수신행위의 규제에 관한 법률」 또는 「방문판매 등에 관한 법률」 등 대통령령으로 정하는 금융 또는 소비자 보호 관련 법령을 위반하여 벌금 이상의 형을 선고받고 그 집행이 끝나거나(집행이 끝난 것으로 보는 경우를 포함한다) 면제된 날부터 5년이 지나지 아니한 자(법인인 경우 임원을 포함한다)(2024.2.13 본호개정)
2. 제2항에 따라 유사투자자문업의 폐지를 보고하고 1년이 지나지 아니한 자
3. 제7항에 따른 교육을 받지 아니한 자
4. 제9항에 따라 신고가 말소되고 5년이 지나지 아니한 자(법인인 경우 말소에 책임 있는 임원을 포함한다)(2024.2.13 본호개정)
5. 그 밖에 제1호부터 제4호까지에 준하는 경우로서 투자자 보호의 필요성 등을 고려하여 대통령령으로 정하는 자
(2018.12.31 본항신설)
⑥ 제1항에 따른 신고의 유효기간은 신고를 수리한 날부터 5년으로 한다.(2018.12.31 본항신설)
⑦ 제1항에 따른 신고를 하려는 자는 투자자 보호를 위하여 유사투자자문업의 영위에 필요한 교육을 받아야 한다.
(2018.12.31 본항신설)
⑧ 제7항에 따른 교육의 실시기관, 대상, 내용, 방법 및 절차 등에 관하여 필요한 사항은 금융위원회가 정하여 고시한다.
(2018.12.31 본항신설)
⑨ 금융위원회는 다음 각 호의 어느 하나에 해당하는 자에 대한 신고사항을 직권으로 말소할 수 있다.
1. 유사투자자문업자가 「부가가치세법」 제8조에 따라 관할 세무서장에게 폐업신고를 하거나 관할 세무서장이 사업자등록을 말소한 자
1의2. 「방문판매 등에 관한 법률」 제49조 또는 「전자상거래 등에서의 소비자보호에 관한 법률」 제32조에 따른 시정조치를 이행하지 아니한 자(2024.2.13 본호신설)
2. 이 조, 제101조의2, 제101조의3, 제173조의2제1항, 제178조의2, 제180조 또는 제180조의2부터 제180조의4까지를 위반하여 과태료 또는 과징금 처분을 받고 그 처분을 받은 날부터 5년 이내에 위 규정 중 어느 하나를 다시 위반하여 과태료 또는 과징금 처분을 받은 자(법인인 경우에는 대표자 및 임원이 받은 과태료 또는 과징금 처분을 포함한다)(2024.2.13 본호개정)
3. 제5항 각 호의 어느 하나에 해당하는 자
(2018.12.31 본항신설)
⑩ 금융위원회는 제9항제1호 또는 제1호의2의 말소를 위하여 필요한 경우 관할 세무서장에게 영업자의 폐업 여부에 관한 정보의 제공을 요청하거나 공정거래위원회 위원장에게 시정조치 이행여부에 관한 정보의 제공을 요청할 수 있다. 이 경우 요청을 받은 관할 세무서장 또는 공정거래위원회 위원장은 「전자정부법」 제39조에 따라 영업자의 폐업 여부 또는 시정조치 이행여부에 관한 정보를 제공한다.(2024.2.13 본항개정)
⑪ 금융감독원장은 다음 각 호의 경우 그 업무와 재산상황에 관하여 검사를 할 수 있고, 검사에 관하여는 제419조를 준용한다.
1. 유사투자자문업자가 제2항에 따른 보고를 하지 않거나 거짓으로 보고한 경우(2024.2.13 본호개정)
2. 유사투자자문업자가 제3항 후단에 따른 정당한 사유 없이 자료제출을 하지 않거나 거짓으로 제출한 경우(2024.2.13 본호개정)
3. 유사투자자문업자가 제101조의2에 따른 불건전 영업행위의 금지 의무 등을 위반한 경우(2024.2.13 본호신설)
4. 유사투자자문업자가 제101조의3에 따른 준수사항을 위반한 경우(2024.2.13 본호신설)
(2018.12.31 본항신설)

제101조의2 【불건전 영업행위 금지 등】 ① 유사투자자문업자에 대하여는 제55조 및 제98조제1항(제3호를 제외한다)을 준용한다. 이 경우 "금융투자업자" 및 "투자자문업자 또는 투자일임업자"는 "유사투자자문업자"로, "투자자문업 또는 투자일임업"은 "유사투자자문업"으로 본다.
② 유사투자자문업자는 다음 각 호의 어느 하나에 해당하는 표시 또는 광고를 하여서는 아니 된다.
1. 유사투자자문업자를 금융회사로 오인하게 하는 표시 또는 광고
2. 손실보전 또는 이익보장이 되는 것으로 오인하게 하는 표시 또는 광고
3. 수익률을 사실과 다르게 표시하거나 실현되지 아니한 수익률을 제시하는 표시 또는 광고
4. 비교의 대상 및 기준을 명시하지 아니하거나 객관적인 근거 없이 자기의 금융투자상품에 대한 투자판단 또는 금융투자상품의 가치에 관한 조언이 다른 유사투자자문업자보다 유리하다고 주장하는 표시 또는 광고
5. 그 밖에 투자자 보호 또는 건전한 거래질서를 해할 우려가 있는 표시 또는 광고로서 대통령령으로 정하는 표시 또는 광고
(2024.2.13 본조신설)

제101조의3 【유사투자자문업자의 준수사항】 유사투자자문업자는 그 업무나 금융투자상품에 관하여 표시 또는 광고를 하는 경우 그 표시 또는 광고에 다음 각 호의 사항을 포함하여야 한다.
1. 개별적인 투자 상담과 자금운용이 불가능하다는 사항
2. 원금에 손실이 발생할 수 있으며 그 손실은 투자자에게 귀속된다는 사항
3. 정식 금융투자업자가 아닌 유사투자자문업자라는 사항
(2024.2.13 본조신설)

제4관 신탁업자의 영업행위 규칙

제102조 【선관의무 및 충실의무】 ① 신탁업자는 수익자에 대하여 선량한 관리자의 주의로써 신탁재산을 운용하여야 한다.
② 신탁업자는 수익자의 이익을 보호하기 위하여 해당 업무를 충실하게 수행하여야 한다.

제103조 【신탁재산의 제한 등】 ① 신탁업자는 다음 각 호의 재산 외의 재산을 수탁할 수 없다.
1. 금전
2. 증권
3. 금전채권
4. 동산
5. 부동산
6. 지상권, 전세권, 부동산임차권, 부동산소유권 이전등기청구권, 그 밖의 부동산 관련 권리
7. 무체재산권(지식재산권을 포함한다)(2011.5.19 본호개정)
② 신탁업자는 하나의 신탁계약에 의하여 위탁자로부터 제1항 각 호의 재산 중 둘 이상의 재산을 종합하여 수탁할 수 있다.
③ 제1항 각 호의 재산의 신탁 및 제2항의 종합재산신탁의 수탁과 관련한 신탁의 종류, 손실의 보전 또는 이익의 보장, 그 밖의 신탁거래조건 등에 관하여 필요한 사항은 대통령령으로 정한다.
④ 신탁업자는 부동산개발사업을 목적으로 하는 신탁계약을 체결한 경우에는 그 신탁계약에 의한 부동산개발사업별로 제1항제1호의 재산을 대통령령으로 정하는 사업비의 100분의 15 이내에서 수탁할 수 있다.

제104조 【신탁재산과 고유재산의 구분】 ① 「신탁법」 제34조제2항은 신탁업자에게는 적용하지 아니한다.(2018.3.27 본항개정)
② 신탁업자는 다음 각 호의 어느 하나에 해당하는 경우 신탁계약이 정하는 바에 따라 신탁재산을 고유재산으로 취득할 수 있다.
1. 신탁행위에 따라 수익자에 대하여 부담하는 채무를 이행하기 위하여 필요한 경우〔금전신탁재산의 운용으로 취득한 자산이 거래소시장(다자간매매체결회사에서의 거래를 포함한다) 또는 이와 유사한 시장으로서 해외에 있는 시장에서 시세(제176조제2항제1호의 시세를 말한다)가 있는 경우에 한한다〕
(2013.5.28 본호개정)

2. 신탁계약의 해지, 그 밖에 수익자 보호를 위하여 불가피한 경우로서 대통령령으로 정하는 경우(제103조제3항에 따라 손실이 보전되거나 이익이 보장되는 신탁계약에 한한다)

제105조【신탁재산 등 운용의 제한】 ① 신탁업자는 신탁재산에 속하는 금전을 다음 각 호의 방법으로 운용하여야 한다.
1. 증권(대통령령으로 정하는 증권에 한한다)의 매수
2. 장내파생상품 또는 장외파생상품의 매수
3. 대통령령으로 정하는 금융기관에의 예치
4. 금전채권의 매수
5. 대출
6. 어음의 매수
7. 실물자산의 매수
8. 무체재산권의 매수
9. 부동산의 매수 또는 개발
10. 그 밖에 신탁재산의 안전성·수익성 등을 고려하여 대통령령으로 정하는 방법

② 신탁업자는 제103조제1항제5호 및 제6호의 재산만을 신탁받는 경우, 그 밖에 대통령령으로 정하는 경우를 제외하고는 신탁의 계산으로 그 신탁업자의 고유재산으로부터 금전을 차입할 수 없다.
③ 제1항 및 제2항에 따른 신탁재산 운용의 구체적 범위·조건·한도, 그 밖의 신탁재산의 운용방법 및 제한에 관하여 필요한 사항은 대통령령으로 정한다.

제106조【여유자금의 운용】 신탁업자는 제103조제1항제5호 및 제6호의 재산만을 신탁받는 경우 그 신탁재산을 운용함에 따라 발생한 여유자금을 다음 각 호의 방법으로 운용하여야 한다.
1. 대통령령으로 정하는 금융기관에의 예치
2. 국채증권, 지방채증권 또는 특수채증권의 매수
3. 정부 또는 대통령령으로 정하는 금융기관이 지급을 보증한 증권의 매수
4. 그 밖에 제103조제1항제5호 및 제6호에 따른 신탁재산의 안정성·수익성 등을 저해하지 아니하는 방법으로서 대통령령으로 정하는 방법

제107조 (2009.2.3 삭제)

제108조【불건전 영업행위의 금지】 신탁업자는 다음 각 호의 어느 하나에 해당하는 행위를 하여서는 아니 된다. 다만, 수익자 보호 및 건전한 거래질서를 해할 우려가 없는 경우로서 대통령령으로 정하는 경우에는 이를 할 수 있다.
1. 신탁재산을 운용함에 있어서 금융투자상품, 그 밖의 투자대상자산의 가격에 중대한 영향을 미칠 수 있는 매수 또는 매도 의사를 결정한 후 이를 실행하기 전에 그 금융투자상품, 그 밖의 투자대상자산을 자기의 계산으로 매수 또는 매도하거나 제삼자에게 매수 또는 매도를 권유하는 행위
2. 자기 또는 관계인수인이 인수한 증권을 신탁재산으로 매수하는 행위
3. 자기 또는 관계인수인이 대통령령으로 정하는 인수업무를 담당한 법인의 특정증권등(제172조제1항의 특정증권등을 말한다. 이하 이 호에서 같다)에 대하여 인위적인 시세(제176조제2항제1호의 시세를 말한다)를 형성시키기 위하여 신탁재산으로 그 특정증권등을 매매하는 행위
4. 특정 신탁재산의 이익을 해하면서 자기 또는 제삼자의 이익을 도모하는 행위
5. 신탁재산으로 그 신탁업자가 운용하는 다른 신탁재산, 집합투자재산 또는 투자일임재산과 거래하는 행위
6. 신탁재산으로 신탁업자 또는 그 이해관계인의 고유재산과 거래하는 행위
7. 수익자의 동의 없이 신탁재산으로 신탁업자 또는 그 이해관계인이 발행한 증권에 투자하는 행위
8. 투자운용인력이 아닌 자에게 신탁재산을 운용하게 하는 행위
9. 그 밖에 수익자 보호 또는 건전한 거래질서를 해할 우려가 있는 행위로서 대통령령으로 정하는 행위

제109조【신탁계약】 신탁업자는 위탁자와 신탁계약을 체결하는 경우 「금융소비자 보호에 관한 법률」 제23조제1항에 따라 위탁자에게 교부하는 계약서류에 다음 각 호의 사항을 기재하여야 한다.(2020.3.24 본문개정)
1. 위탁자, 수익자 및 신탁업자의 성명 또는 명칭
2. 수익자의 지정 및 변경에 관한 사항
3. 신탁재산의 종류·수량과 가격
4. 신탁의 목적
5. 계약기간
6. 신탁재산의 운용에 의하여 취득할 재산을 특정한 경우에는 그 내용
7. 손실의 보전 또는 이익의 보장을 하는 경우 그 보전·보장 비율 등에 관한 사항
8. 신탁업자가 받을 보수에 관한 사항
9. 신탁계약의 해지에 관한 사항
10. 그 밖에 수익자 보호 또는 건전한 거래질서를 위하여 필요한 사항으로서 대통령령으로 정하는 사항

제110조【수익증권】 ① 신탁업자는 금전신탁계약에 의한 수익권이 표시된 수익증권을 발행할 수 있다.
② 신탁업자는 제1항에 따라 수익증권을 발행하고자 하는 경우에는 대통령령으로 정하는 서류를 첨부하여 금융위원회에 미리 신고하여야 한다.(2008.2.29 본항개정)
③ 수익증권은 무기명식으로 한다. 다만, 수익자의 청구가 있는 경우에는 기명식으로 할 수 있다.
④ 기명식 수익증권은 수익자의 청구에 의하여 무기명식으로 할 수 있다.
⑤ 수익증권에는 다음 각 호의 사항을 기재하고 신탁업자의 대표자가 이에 기명날인 또는 서명하여야 한다.
1. 신탁업자의 상호
2. 기명식의 경우에는 수익자의 성명 또는 명칭
3. 액면액
4. 운용방법을 정한 경우 그 내용
5. 제103조제3항에 따른 손실의 보전 또는 이익의 보장에 관한 계약을 체결한 경우에는 그 내용
6. 신탁계약기간
7. 신탁의 원금의 상환과 수익분배의 기간 및 장소
8. 신탁보수의 계산방법
9. 그 밖에 대통령령으로 정하는 사항

⑥ 수익증권이 발행된 경우에는 해당 신탁계약에 의한 수익권의 양도 및 행사는 그 수익증권으로 하여야 한다. 다만, 기명식 수익증권의 경우에는 수익증권으로 하지 아니할 수 있다.

제111조【수익증권의 매수】 신탁업자는 대통령령으로 정하는 방법에 따라 수익증권을 그 고유재산으로 매수할 수 있다. 이 경우 「신탁법」 제36조를 적용하지 아니한다.(2011.7.25 후단개정)

제112조【의결권 등】 ① 신탁재산으로 취득한 주식에 대한 권리는 신탁업자가 행사한다. 이 경우 신탁업자는 수익자의 이익을 보호하기 위하여 신탁재산에 속하는 주식의 의결권을 충실하게 행사하여야 한다.(2013.5.28 후단신설)
② 신탁업자는 신탁재산에 속하는 주식의 의결권을 행사함에 있어서 다음 각 호의 어느 하나에 해당하는 경우에는 제1항에 불구하고 신탁재산에 속하는 주식을 발행한 법인의 주주총회의 참석 주식수에서 신탁재산에 속하는 주식수를 뺀 주식수의 결의내용에 영향을 미치지 아니하도록 의결권을 행사하여야 한다. 다만, 신탁재산에 속하는 주식을 발행한 법인의 합병, 영업의 양도·양수, 임원의 선임, 그 밖에 이에 준하는 사항으로서 신탁재산에 손실을 초래할 것이 명백하게 예상되는 경우에는 그러하지 아니하다.
1. 다음 각 목의 어느 하나에 해당하는 자가 그 신탁재산에 속하는 주식을 발행한 법인을 계열회사로 편입하기 위한 경우
  가. 신탁업자 또는 그와 대통령령으로 정하는 특수관계에 있는 자
  나. 신탁업자에 대하여 사실상의 지배력을 행사하는 자로서 대통령령으로 정하는 자
2. 신탁재산에 속하는 주식을 발행한 법인이 그 신탁업자와 다음 각 목의 어느 하나에 해당하는 관계에 있는 경우
  가. 계열회사의 관계에 있는 경우
  나. 신탁업자에 대하여 사실상의 지배력을 행사하는 관계로서 대통령령으로 정하는 관계에 있는 경우
3. 그 밖에 수익자의 보호 또는 신탁재산의 적정한 운용을 해할 우려가 있는 경우로서 대통령령으로 정하는 경우

③ 신탁업자는 신탁재산에 속하는 주식이 다음 각 호의 어느 하나에 해당하는 경우에는 그 주식의 의결권을 행사할 수 없다.
1. 동일법인이 발행한 주식 총수의 100분의 15를 초과하여 주식을 취득한 경우 그 초과하는 주식

2. 신탁재산에 속하는 주식을 발행한 법인이 자기주식을 확보하기 위하여 신탁계약에 따라 신탁업자에게 취득하게 한 그 법인의 주식

④ 신탁업자는 제삼자와의 계약 등에 의하여 의결권을 교차하여 행사하는 등 제2항 및 제3항의 적용을 면하기 위한 행위를 하여서는 아니 된다.

⑤ 제2항 각 호 외의 부분 단서는 상호출자제한기업집단에 속하는 신탁업자에게는 적용하지 아니한다.

⑥ 금융위원회는 신탁업자가 제2항부터 제5항까지의 규정을 위반하여 신탁재산에 속하는 주식의 의결권을 행사한 경우에는 6개월 이내의 기간을 정하여 그 주식의 처분을 명할 수 있다.(2008.2.29 본항개정)

⑦ 신탁업자는 합병, 영업의 양도·양수, 임원의 선임 등 경영권의 변경과 관련된 사항에 대하여 제2항에 따라 의결권을 행사하는 경우에는 대통령령으로 정하는 방법에 따라 인터넷 홈페이지 등을 이용하여 공시하여야 한다.

제113조【장부·서류의 열람 및 공시 등】 ① 수익자는 신탁업자에게 영업시간 중에 이유를 기재한 서면으로 그 수익자에 관련된 신탁재산에 관한 장부·서류의 열람이나 등본 또는 초본의 교부를 청구할 수 있다. 이 경우 그 신탁업자는 대통령령으로 정하는 정당한 사유가 없는 한 이를 거절하여서는 아니 된다.

② 제1항에 따른 열람이나 등본 또는 초본의 교부 청구의 대상이 되는 장부·서류의 범위 등에 관하여 필요한 사항은 대통령령으로 정한다.

제114조【신탁재산의 회계처리 등】 ① 신탁업자는 신탁재산에 관하여 회계처리를 하는 경우 금융위원회가 증권선물위원회의 심의를 거쳐 정하여 고시한 회계처리기준에 따라야 한다.(2008.2.29 본항개정)

② 금융위원회는 제1항에 따른 회계처리기준의 제정 또는 개정을 전문성을 갖춘 민간법인 또는 단체로서 대통령령으로 정하는 자에게 위탁할 수 있다. 이 경우 그 민간법인 또는 단체는 회계처리기준을 제정 또는 개정한 때에는 이를 금융위원회에 지체 없이 보고하여야 한다.(2008.2.29 본항개정)

③ 신탁업자는 신탁재산에 대하여 그 신탁업자의 매 회계연도 종료 후 2개월 이내에 「주식회사 등의 외부감사에 관한 법률」 제2조제7호에 따른 감사인(이하 "회계감사인"이라 한다)의 회계감사를 받아야 한다. 다만, 수익자의 이익을 해할 우려가 없는 경우로서 대통령령으로 정하는 경우에는 회계감사를 받지 아니할 수 있다.(2017.10.31 본문개정)

④ 신탁업자는 신탁재산의 회계감사인을 선임하거나 교체하는 경우에는 그 선임일 또는 교체일부터 1주 이내에 금융위원회에 그 사실을 보고하여야 한다.(2008.2.29 본항개정)

⑤ 회계감사인은 신탁업자가 행하는 수익증권의 기준가격 산정업무 및 신탁재산의 회계처리 업무를 감사할 때 관련 법령을 준수하였는지 여부를 감사하고 그 결과를 신탁업자의 감사(감사위원회가 설치된 경우에는 감사위원회를 말한다)에게 통보하여야 한다.

⑥ 회계감사인은 제9항에 따른 감사기준 및 「주식회사 등의 외부감사에 관한 법률」 제16조에 따른 회계감사기준에 따라 회계감사를 실시하여야 한다.(2017.10.31 본항개정)

⑦ 회계감사인은 신탁업자에게 신탁재산의 회계장부 등 관계 자료의 열람·복사를 요청하거나 회계감사에 필요한 자료의 제출을 요구할 수 있다. 이 경우 신탁업자는 지체 없이 이에 응하여야 한다.

⑧ 「주식회사 등의 외부감사에 관한 법률」 제20조는 제3항에 따른 신탁재산의 회계감사에 관하여 준용한다.(2017.10.31 본항개정)

⑨ 회계감사인의 선임기준, 감사기준, 회계감사인의 권한, 회계감사보고서의 제출 및 공시 등에 관하여 필요한 사항은 대통령령으로 정한다.(2009.2.3 본항개정)

제115조【회계감사인의 손해배상책임】 ① 회계감사인은 제114조제3항에 따른 회계감사의 결과 회계감사보고서 중 중요사항에 관하여 거짓의 기재 또는 표시가 있거나 중요사항이 기재 또는 표시되지 아니함으로써 이를 이용한 수익자에게 손해를 끼친 경우에는 그 수익자에 대하여 손해를 배상할 책임을 진다. 이 경우 「주식회사 등의 외부감사에 관한 법률」 제2조제7호나목에 따른 감사반이 회계감사인인 때에는 그 신탁재산에 대한 감사에 참여한 자가 연대하여 손해를 배상할 책임을 진다.(2017.10.31 후단개정)

② 회계감사인이 수익자에 대하여 손해를 배상할 책임이 있는 경우로서 그 신탁업자의 이사·감사(감사위원회가 설치된 경우에는 감사위원회의 위원을 말한다. 이하 이 항에서 같다)에게도 귀책사유가 있는 경우에는 그 회계감사인과 신탁업자의 이사·감사는 연대하여 손해를 배상할 책임을 진다. 다만, 손해를 배상할 책임이 있는 자가 고의가 없는 경우에 그 자는 법원이 귀책사유에 따라 정하는 책임비율에 따라 손해를 배상할 책임이 있다.(2014.1.28 단서신설)

③ 제2항 단서에도 불구하고 손해배상을 청구하는 자의 소득인정액(「국민기초생활 보장법」 제2조제8호에 따른 소득인정액을 말한다)이 대통령령으로 정하는 금액 이하에 해당되는 경우에는 회계감사인과 신탁업자의 이사·감사는 연대하여 손해를 배상할 책임이 있다.(2014.1.28 본항신설)

④ 「주식회사 등의 외부감사에 관한 법률」 제31조제6항부터 제9항까지의 규정은 제1항 및 제2항의 경우에 준용한다.(2017.10.31 본항개정)

제116조【합병 등】 ① 신탁업자가 합병하는 경우 합병 후 존속하는 신탁업자 또는 합병으로 인하여 설립된 신탁업자는 합병으로 인하여 소멸된 신탁업자의 신탁에 관한 권리의무를 승계한다.

② 「신탁법」 제12조, 제21조제2항 및 제3항은 신탁업자의 합병에 관하여 이의를 제기한 수익자가 있는 경우 그 신탁업자의 임무 종료 및 새로운 신탁업자의 선임 등에 관하여 준용한다.(2011.7.25 본항개정)

③ 금융위원회는 신탁업자가 그 목적을 변경하여 다른 업무를 행하는 회사로서 존속하는 경우에는 그 회사가 신탁에 관한 채무 전부를 변제하기에 이르기까지 재산의 공탁을 명하거나, 그 밖에 필요한 명령을 할 수 있다. 합병으로 인하여 신탁업자가 아닌 회사가 신탁업자의 임무 종료를 위하여 필요한 사무를 처리하는 동안에도 또한 같다.(2008.2.29 전단개정)

제117조【청산】 제95조는 신탁업을 영위하는 금융투자업자의 청산에 관하여 준용한다.

제117조의2【관리형신탁에 관한 특례】 ① 제103조제1항제4호부터 제6호까지의 어느 하나에 규정된 재산만을 수탁받는 신탁업자가 관리형신탁계약을 체결하는 경우 그 신탁재산에 수반되는 금전채권을 수탁할 수 있다.

② 제1항에 따른 신탁재산의 운용방법 및 제한에 관하여 필요한 사항은 대통령령으로 정한다.

(2013.5.28 본조신설)

제5장 온라인소액투자중개업자 등에 대한 특례

(2015.7.24 본장신설)

제117조의3【미등록 영업행위의 금지】 누구든지 이 법에 따라 온라인소액투자중개업자 등록을 하지 아니한 자는 온라인소액투자중개를 할 수 없다.

제117조의4【등록】 ① 온라인소액투자중개업자가 되고자 하는 자는 금융위원회에 등록하는 경우 제12조에 따른 인가를 받은 것으로 본다.

② 제1항에 따라 등록을 하려는 자는 다음 각 호의 요건을 모두 갖추어야 한다.

1. 다음 각 목의 어느 하나에 해당하는 자일 것
   가. 「상법」에 따른 주식회사
   나. 외국 온라인소액투자중개업자(외국 법령에 따라 외국에서 온라인소액투자중개에 상당하는 영업을 영위하는 자를 말한다. 이하 같다)로서 온라인소액투자중개에 필요한 지점, 그 밖의 영업소를 설치한 자
2. 5억원 이상으로서 대통령령으로 정하는 금액 이상의 자기자본을 갖출 것
3. 사업계획이 타당하고 건전할 것
4. 투자자의 보호가 가능하고 그 영위하고자 하는 업을 수행하기에 충분한 인력과 전산설비, 그 밖의 물적 설비를 갖출 것
5. 임원이 「금융회사의 지배구조에 관한 법률」 제5조에 적합할 것(2015.7.31 본호개정)
6. 대주주(제12조제2항제6호가목의 대주주를 말한다)나 외국 온라인소액투자중개업자가 충분한 출자능력, 건전한 재무상태 및 사회적 신용을 갖출 것

7. 경영건전성기준 등 대통령령으로 정하는 건전한 재무상태와 법령 위반사실이 없는 등 대통령령으로 정하는 건전한 사회적 신용을 갖출 것
8. 온라인소액투자중개업자와 투자자 간, 특정 투자자와 다른 투자자 간의 이해상충을 방지하기 위한 체계로서 대통령령으로 정하는 요건을 갖출 것
③ 제1항에 따른 등록을 하려는 자는 등록신청서를 금융위원회에 제출하여야 한다.
④ 금융위원회는 제3항의 등록신청서를 접수한 경우에는 그 내용을 검토하여 2개월 이내에 등록 여부를 결정하고, 그 결과와 이유를 지체 없이 신청인에게 문서로 통지하여야 한다. 이 경우 등록신청서에 흠결이 있는 때에는 보완을 요구할 수 있다.
⑤ 제4항의 검토기간을 산정할 때 등록신청서 흠결의 보완기간 등 총리령으로 정하는 기간은 검토기간에 산입하지 아니한다.
⑥ 금융위원회는 제4항의 등록 여부를 결정할 때 다음 각 호의 어느 하나에 해당하는 사유가 없으면 등록을 거부하여서는 아니 된다.
1. 제2항의 등록요건을 갖추지 아니한 경우
2. 제3항의 등록신청서를 거짓으로 작성한 경우
3. 제4항 후단의 보완요구를 이행하지 아니한 경우
⑦ 금융위원회는 제4항에 따라 등록을 결정한 경우 온라인소액투자중개업자등록부에 필요한 사항을 기재하여야 하며, 등록결정한 내용을 관보 및 인터넷 홈페이지 등에 공고하여야 한다.
⑧ 온라인소액투자중개업자는 등록 이후 그 영업을 영위하는 경우 제2항 각 호의 등록요건(같은 항 제7호는 제외하며, 같은 항 제2호 및 제6호의 경우에는 대통령령으로 정하는 완화된 요건을 말한다)을 유지하여야 한다.
⑨ 제1항부터 제8항까지의 규정에 따른 등록요건, 등록신청서의 기재사항 · 첨부서류 등 등록의 신청에 관한 사항 및 등록검토의 방법 · 절차, 그 밖에 필요한 사항은 대통령령으로 정한다.

제117조의5【유사명칭의 사용 금지 등】 ① 다른 금융투자업(투자중개업 중 온라인소액투자중개에 해당하지 아니하는 것을 포함한다)을 영위하지 아니하는 온라인소액투자중개업자는 상호에 "금융투자" 및 이와 유사한 의미를 가지는 외국어 문자로서 대통령령으로 정하는 문자를 사용하여서는 아니 된다.
② 온라인소액투자중개업자가 아닌 자는 "온라인소액투자중개" 또는 이와 유사한 명칭을 사용하여서는 아니 된다.

제117조의6【지배구조 등】 ① 온라인소액투자중개업자는 대주주가 변경된 경우에는 이를 2주 이내에 금융위원회에 보고하여야 한다.(2018.3.27 본항개정)
② 온라인소액투자중개업자는 그 임직원이 직무를 수행할 때 준수하여야 할 적절한 기준 및 절차로서 대통령령으로 정하는 사항을 포함하는 내부통제기준을 정하여야 한다.
③ 제28조, 제28조의2, 제29조, 제30조, 제31조는 온라인소액투자중개업자에 대하여 적용하지 아니한다.

제117조의7【영업행위의 규제 등】 ① 제40조, 제48조, 제50조부터 제53조까지, 제61조, 제66조부터 제70조까지, 제72조부터 제77조까지, 제77조의2, 제77조의3, 제78조 및 「금융소비자 보호에 관한 법률」 제17조부터 제19조까지, 제21조, 제23조, 제25조제1항, 제26조, 제44조부터 제46조까지의 규정은 온라인소액투자중개업자에게 적용하지 아니한다.(2020.3.24 본항개정)
② 온라인소액투자중개업자는 자신이 온라인소액투자중개를 하는 증권을 자기의 계산으로 취득하거나, 증권의 발행 또는 그 청약을 주선 또는 대리하는 행위를 하여서는 아니 된다.
③ 온라인소액투자중개업자는 온라인소액투자중개를 통하여 증권을 발행하는 자(이하 이 장에서 "온라인소액증권발행인"이라 한다)의 신용 또는 투자 여부에 대한 투자자의 판단에 영향을 미칠 수 있는 자문이나 온라인소액증권발행인의 경영에 관한 자문에 응하여서는 아니 된다.
④ 온라인소액투자중개업자는 투자자가 청약의 내용, 투자에 따르는 위험, 증권의 매도 제한, 증권의 발행조건과 온라인소액증권발행인의 재무상태가 기재된 서류 및 사업계획서의 내용을 충분히 확인하였는지의 여부를 투자자의 서명 등 대통령령으로 정하는 방법으로 확인하기 전에는 그 청약의 의사 표시를 받아서는 아니 된다.
⑤ 온라인소액투자중개업자는 온라인소액증권발행인의 요청에 따라 투자자의 자격 등을 합리적이고 명확한 기준에 따라 제한할 수 있다.
⑥ 온라인소액투자중개업자는 투자자가 청약의 의사를 표시하지 아니한 상태에서 투자자의 재산으로 증권의 청약을 하여서는 아니 된다.
⑦ 온라인소액투자중개업자는 온라인소액증권발행인에 관한 정보의 제공, 청약주문의 처리 등의 업무를 수행할 때 특정한 온라인소액증권발행인 또는 투자자를 부당하게 우대하거나 차별하여서는 아니 된다. 다만, 투자자가 청약의 의사를 먼저 표시하는 등 대통령령으로 정하는 정당한 사유가 있는 경우에는 그러하지 아니하다.
⑧ 온라인소액투자중개업자는 증권의 청약기간이 만료된 경우에는 증권의 청약 및 발행에 관한 내역을 금융위원회가 정하여 고시하는 방법에 따라 지체 없이 투자자에게 통지하여야 한다.
⑨ 온라인소액투자중개업자는 제117조의10제1항과 제6항에 따른 증권의 발행한도와 투자자의 투자한도가 준수될 수 있도록 필요한 조치를 취하여야 한다.
⑩ 온라인소액투자중개업자는 다음 각 호의 행위를 제외하고는 증권의 청약을 권유하는 일체의 행위를 하여서는 아니 된다.
1. 제117조의9제1항 본문에 따른 투자광고를 자신의 인터넷 홈페이지에 게시하거나 같은 항 단서에 따라 같은 항 각 호의 사항을 제공하는 행위(2017.10.31 본호개정)
2. 제117조의10제2항에 따라 온라인소액증권발행인이 게재하는 내용을 자신의 인터넷 홈페이지에 게시하는 행위
3. 자신의 인터넷 홈페이지를 통하여 자신이 중개하는 증권 또는 그 온라인소액증권발행인에 대한 투자자들의 의견이 교환될 수 있도록 관리하는 행위. 다만, 온라인소액투자중개업자는 자신의 인터넷 홈페이지를 통하여 공개되는 투자자들의 의견을 임의로 삭제하거나 수정하여서는 아니 된다.
4. 사모의 방식으로 증권의 청약을 권유하는 경우에는 제117조의10제2항에 따라 온라인소액증권발행인이 게재하는 내용을 특정 투자자에게 전송하는 행위

제117조의8【청약증거금의 관리】 ① 온라인소액투자중개업자는 투자자로부터 일체의 금전 · 증권, 그 밖의 재산의 보관 · 예탁을 받아서는 아니 된다.
② 온라인소액투자중개업자는 투자자의 청약증거금이 대통령령으로 정하는 은행(이하 이 조에서 "은행"이라 한다) 또는 증권금융회사에 예치 또는 신탁되도록 하여야 한다.
③ 온라인소액투자중개업자는 제2항에 따라 은행 또는 증권금융회사에 예치 또는 신탁된 투자자의 청약증거금이 투자자의 재산이라는 뜻을 밝혀야 한다.
④ 누구든지 제2항에 따라 은행 또는 증권금융회사에 예치 또는 신탁된 투자자의 청약증거금을 상계 · 압류(가압류를 포함한다)하지 못하며, 온라인소액투자중개업자는 대통령령으로 정하는 경우 외에는 은행 또는 증권금융회사에 예치 또는 신탁된 투자자의 청약증거금을 양도하거나 담보로 제공하여서는 아니 된다.
⑤ 온라인소액투자중개업자는 등록취소, 해산결의 등 대통령령으로 정하는 사유가 발생한 경우 제2항에 따라 은행 또는 증권금융회사에 예치 또는 신탁된 투자자의 청약증거금이 투자자에게 우선하여 지급될 수 있도록 조치하여야 한다.
⑥ 그 밖에 제1항부터 제5항까지의 청약증거금의 예치 또는 신탁 등과 관련하여 필요한 사항은 대통령령으로 정한다.

제117조의9【투자광고의 특례】 ① 온라인소액투자중개업자 또는 온라인소액증권발행인은 온라인소액투자중개업자가 개설한 인터넷 홈페이지 이외의 수단을 통해서 투자광고를 하여서는 아니 된다. 다만, 온라인소액투자중개업자 또는 온라인소액증권발행인은 다른 매체를 이용하여 다음 각 호의 사항을 제공할 수 있다.(2017.10.31 단서개정)
1. 투자광고가 게시된 인터넷 홈페이지 주소
2. 투자광고가 게시된 인터넷 홈페이지에 접속할 수 있는 장치
3. 온라인소액투자중개업자 · 온라인소액증권발행인의 명칭, 온라인소액증권발행인의 업종 및 증권의 청약기간[온라인소액증권발행인이 개설한 인터넷 홈페이지 또는 「정보통신망 이용촉진 및 정보보호 등에 관한 법률」 제2조제1항제3호의 정보통신서비스 제공자가 운영하는 포털서비스(다른 인터넷주소 · 정보 등의 검색과 전자우편 · 커뮤니티 등을 제공하는 서비스를 말한다)를 이용하여 제공하는 경우에 한정한다]
(2017.10.31 1호~3호신설)
② 온라인소액투자중개업자 또는 온라인소액증권발행인이 아닌 자는 온라인소액투자중개에 대한 투자광고를 하여서는 아니 된다.

③ 온라인소액투자중개업자 또는 온라인소액증권발행인이 투자광고를 하는 경우 이 조에서 규정하지 아니한 사항은 제57조를 준용한다.

제117조의10【증권 모집의 특례】 ① 온라인소액투자중개의 방법으로 대통령령으로 정하는 금액 이하의 증권을 모집하는 경우에는 제119조 및 제130조를 적용하지 아니한다.

② 온라인소액증권발행인은 투자자를 보호하기 위하여 증권의 발행조건과 재무상태, 사업계획서 및 그 밖에 대통령령으로 정하는 사항을 온라인소액투자중개업자가 개설한 홈페이지에 게재하고, 그 밖에 대통령령으로 정하는 조치를 하여야 한다.

③ 온라인소액증권발행인은 온라인소액투자중개의 방법으로 증권을 모집하는 경우 청약금액이 모집예정금액에 대통령령으로 정하는 비율을 곱한 금액에 미달하는 때에는 그 발행을 취소하여야 한다.

④ 온라인소액증권발행인은 증권의 청약기간의 종료일부터 7일 전까지 제117조의7제10항제3호에 따라 온라인소액투자중개업자가 관리하는 인터넷 홈페이지를 통하여 투자자의 투자판단에 도움을 줄 수 있는 정보를 제공할 수 있다. 다만, 온라인소액증권발행인은 대통령령으로 정하는 바에 따라 투자자의 투자판단에 영향을 미칠 수 있는 중요한 사항을 포함하고 있는 정보가 제2항에 따른 게재의 내용과 상이한 경우에는 제2항에 따른 게재의 내용을 즉시 정정하고 온라인소액투자중개업자가 관리하는 인터넷 홈페이지를 통하여 정정 게재(정정 게재일이 청약기간의 말일부터 7일 이내인 경우에는 청약기간의 말일은 그 게재일부터 7일 후로 변경된 것으로 본다)하여야 한다.

⑤ 온라인소액증권발행인과 그 대주주(온라인소액투자중개의 방법으로 자금을 모집하기 직전을 기준으로 한 대주주를 말한다)는 온라인소액증권발행인이 온라인소액투자중개 방식으로 증권을 발행한 후 1년 이상으로서 대통령령으로 정하는 기간 동안은 보유한 온라인소액증권발행인의 지분을 누구에게도 매도할 수 없다.(2018.3.27 본항개정)

⑥ 투자자(전문투자자 등 대통령령으로 정하는 자를 제외한다)가 온라인소액투자중개를 통하여 투자하는 금액은 다음 각 호의 한도를 초과하여서는 아니 된다.

1. 소득 등 대통령령으로 정하는 요건을 갖춘 자
   가. 최근 1년간 동일 온라인소액증권발행인에 대한 누적투자금액 : 1천만원 이하로서 대통령령으로 정하는 금액
   나. 최근 1년간 누적투자금액 : 2천만원 이하로서 대통령령으로 정하는 금액
2. 제1호의 요건을 갖추지 못한 자
   가. 최근 1년간 동일 온라인소액증권발행인에 대한 누적투자금액 : 500만원 이하로서 대통령령으로 정하는 금액 (2017.10.31 본목개정)
   나. 최근 1년간 누적투자금액 : 1천만원 이하로서 대통령령으로 정하는 금액(2017.10.31 본목개정)

⑦ 투자자는 온라인소액투자중개를 통하여 발행된 증권을 지체 없이 제309조제5항에서 정하는 방법으로 예탁결제원에 예탁하거나 보호예수하여야 하며, 그 예탁일 또는 보호예수일부터 6개월간 해당 증권(증권에 부여된 권리의 행사로 취득하는 증권을 포함한다)을 매도, 그 밖의 방법으로 양도할 수 없다. 다만, 다음 각 호의 어느 하나에 해당하는 경우에는 증권을 매도하거나 양도할 수 있다.(2017.10.17 본문개정)

1. 전문투자자에 대한 매도
2. 해당 증권의 투자 손실가능성 및 낮은 유통 가능성 등을 인지하고 있는 자로서 대통령령으로 정하는 자에 대한 매도

⑧ 투자자는 온라인소액투자중개를 통하여 발행되는 증권의 청약기간의 종료일까지 대통령령으로 정하는 바에 따라 청약의 의사를 철회할 수 있다. 이 경우 온라인소액투자중개업자는 그 투자자의 청약증거금을 지체 없이 반환하여야 한다.

제117조의11【게재 내용의 사실확인】 ① 온라인소액투자중개업자는 온라인소액투자중개 전에 해당 온라인소액증권발행인에 관한 다음 각 호의 사항에 관한 사실을 확인하여야 한다.

1. 온라인소액증권발행인의 재무상황
2. 온라인소액증권발행인의 사업계획이 투자자 보호를 위하여 대통령령으로 정하는 항목을 포함하였는지 여부
3. 온라인소액증권발행인의 대표자 및 경영진의 이력
4. 모집 자금의 사용 계획이 투자자 보호를 위하여 대통령령으로 정하는 항목을 포함하였는지 여부
5. 그 밖에 온라인소액증권발행인의 신뢰성을 확인할 수 있는 사항으로서 대통령령으로 정하는 사항

② 제1항 각 호의 사항에 관한 사실을 확인하는 방법 및 절차는 금융위원회가 정하여 고시하는 바에 따른다.

제117조의12【손해배상책임 등】 ① 제117조의10제2항에 따라 게재한 증권의 발행조건과 재무상태 등을 기재한 서류 또는 사업계획서(제117조의10제4항에 따라 정정하여 게재한 경우를 포함한다) 중 중요사항에 관한 거짓의 기재 또는 표시가 있거나, 중요사항이 기재 또는 표시되지 아니함으로써 온라인소액투자중개를 통하여 증권을 취득한 자가 손해를 입은 경우에는 다음 각 호의 자는 그 손해에 관하여 배상책임을 진다. 다만, 배상의 책임을 질 자가 상당한 주의를 하였음에도 불구하고 이를 알 수 없었음을 증명하거나 그 증권의 취득자가 취득의 청약을 할 때에 그 사실을 안 경우에는 배상의 책임을 지지 아니한다.

1. 온라인소액증권발행인
2. 그 증권의 발행조건과 재무상태 등을 기재한 서류 또는 사업계획서의 작성 당시의 온라인소액증권발행인의 대표자 또는 이사(이사가 없는 경우에는 이에 준하는 자를 말하며, 법인의 설립 전에 작성된 경우에는 그 발기인을 말한다)
3. 「상법」 제401조의2제1항 각 호의 어느 하나에 해당하는 자로서 그 증권의 발행조건과 재무상태 등을 기재한 서류 또는 사업계획서의 작성을 지시하거나 집행한 자
4. 그 증권의 발행조건과 재무상태 등을 기재한 서류 또는 사업계획서가 진실 또는 정확하다고 증명하여 서명한 공인회계사·감정인 또는 신용평가를 전문으로 하는 자 등(그 소속단체를 포함한다) 대통령령으로 정하는 자
5. 그 증권의 발행조건과 재무상태 등을 기재한 서류 또는 사업계획서에 자기의 평가·분석·확인 의견이 기재되는 것에 동의하고 그 기재 내용을 확인하는 자

② 제1항에 따른 손해배상액의 산정에 관하여는 제126조를 준용한다.

③ 제1항에 따른 배상의 책임은 그 청구권자가 해당 사실을 안 날부터 1년 이내 또는 해당 증권의 청약기간의 종료일 전 7일부터 3년 이내에 청구권을 행사하지 아니한 경우에는 소멸한다.

제117조의13【중앙기록관리기관】 ① 온라인소액투자중개업자는 온라인소액증권발행인으로부터 증권의 모집 또는 사모의 중개에 관한 의뢰를 받거나 투자자로부터 청약의 주문을 받은 경우 의뢰 또는 주문의 내용, 온라인소액증권발행인과 투자자에 대한 정보 등 대통령령으로 정하는 자료를 지체 없이 중앙기록관리기관(대통령령으로 정하는 바에 따라 온라인소액투자중개업자로부터 온라인소액증권발행인과 투자자에 대한 정보를 제공받아 관리하는 기관을 말한다. 이하 같다)에 제공하여야 한다.

② 온라인소액투자중개업자는 제117조의7제9항에 따른 조치를 하기 위하여 필요한 사항을 중앙기록관리기관에 위탁하여야 한다.

③ 중앙기록관리기관은 제1항에 따라 제공받은 자료를 대통령령으로 정하는 방법에 따라 보관·관리하여야 한다.

④ 중앙기록관리기관은 제1항에 따라 제공받은 자료를 타인에게 제공하여서는 아니 된다. 다만, 온라인소액투자중개업자 또는 해당 온라인소액증권발행인에게 제공하는 경우, 그 밖에 대통령령으로 정하는 경우에는 이를 제공할 수 있다.

제117조의14【투자자명부의 관리】 ① 온라인소액증권발행인은 투자자명부(주주명부 등 증권의 소유자 내역을 기재·관리하는 명부를 말한다)의 관리에 관한 업무를 예탁결제원에 위탁하여야 한다.

② 예탁결제원은 제1항에 따라 위탁을 받은 경우 다음 각 호의 사항을 기재한 투자자명부를 작성·비치하여야 한다.

1. 투자자의 주소 및 성명
2. 투자자가 소유하는 증권의 수량
3. 증권의 실물을 발행한 경우에는 그 번호

③ 예탁결제원은 제2항 각 호에 관한 정보를 타인에게 제공하여서는 아니 된다. 다만, 온라인소액투자중개업자 또는 해당 온라인소액증권발행인에게 제공하는 경우, 그 밖에 대통령령으로 정하는 경우에는 이를 제공할 수 있다.

④ 「상법」 제358조의2제1항 및 제2항은 온라인소액투자중개를 통하여 발행된 증권에 관하여 준용한다.

제117조의15【전자게시판서비스 제공자의 책임】 ①「정보통신망 이용촉진 및 정보보호 등에 관한 법률」 제2조제1항제9호의 게시판을 운영하는 같은 항 제3호의 정보통신서비스 제공자(이하 "전자게시판서비스 제공자"라 한다)는 해당 게시판을 통하여 제117조의9제1항 각 호의 사항의 제공이 이루어지는 경우 이로 인한 투자자 피해가 발생하지 아니하도록 다음 각 호의 사항을 이행하여야 한다.(2017.10.31 본문개정)

1. 온라인소액증권발행인 또는 온라인소액투자중개업자가 게시판을 이용하여 제117조의9제1항 각 호의 사항을 제공하는 경우 제117조의9에 따른 의무를 준수하도록 안내하고 권고할 것(2017.10.31 본호개정)
2. 게시판을 이용하여 제117조의9제1항 각 호의 사항을 제공하는 온라인소액증권발행인 또는 온라인소액투자중개업자가 이 법을 위반하는 경우 다음 각 목의 조치를 이행할 것(2017.10.31 본문개정)
   가. 위반자에 대한 접속 제한, 법을 위반하여 게재된 정보의 삭제 등 투자자 피해를 방지하기 위한 조치
   나. 위반자의 법 위반 사실을 금융위원회에 신고
3. 그 밖에 대통령령으로 정하는 사항

② 금융위원회는 전자게시판서비스 제공자가 제1항에 따른 이행을 하지 아니하는 경우 방송통신위원회에 시정명령을 하거나 과태료를 부과하도록 요구할 수 있다.

제117조의16【검사 및 조치】 제419조제2항부터 제4항까지 및 제8항은 온라인소액투자중개업자에게 적용하지 아니한다.

제3편 증권의 발행 및 유통

제1장 증권신고서

제118조【적용범위】 이 장은 국채증권, 지방채증권, 대통령령으로 정하는 법률에 따라 직접 설립된 법인이 발행한 채권, 그 밖에 다른 법률에 따라 충분한 공시가 행하여지는 등 투자자 보호가 이루어지고 있다고 인정되는 증권으로서 대통령령으로 정하는 증권에 관하여는 적용하지 아니한다.

제119조【모집 또는 매출의 신고】 ① 증권의 모집 또는 매출(대통령령으로 정하는 방법에 따라 산정한 모집가액 또는 매출가액 각각의 총액이 대통령령으로 정하는 금액 이상인 경우에 한한다)은 발행인이 그 모집 또는 매출에 관한 신고서를 금융위원회에 제출하여 수리되지 아니하면 이를 할 수 없다.(2008.2.29 본항개정)

② 제1항에 불구하고 증권의 종류, 발행예정기간, 발행횟수, 발행인의 요건 등을 고려하여 대통령령으로 정하는 기준과 방법에 따라 일정기간 동안 모집하거나 매출할 증권의 총액을 일괄하여 기재한 신고서(이하 "일괄신고서"라 한다)를 금융위원회에 제출하여 수리된 경우에는 그 기간 중에 그 증권을 모집하거나 매출할 때마다 제출하여야 하는 신고서를 따로 제출하지 아니하고 그 증권을 모집하거나 매출할 수 있다. 이 경우 그 증권(집합투자증권 및 파생결합증권 중 대통령령으로 정하는 것을 제외한다)을 모집하거나 매출할 때마다 대통령령으로 정하는 일괄신고와 관련된 서류(이하 "일괄신고추가서류"라 한다)를 제출하여야 한다.(2013.5.28 후단개정)

③ 발행인은 제1항의 신고서와 제2항의 일괄신고서(이하 "증권신고서"라 한다)에 발행인(투자신탁의 수익증권 및 투자익명조합의 지분증권의 경우에는 그 투자신탁 및 투자익명조합을 말한다. 이하 이 항에서 같다)의 미래의 재무상태나 영업실적 등에 대한 예측 또는 전망에 관한 사항으로서 다음 각 호의 사항(이하 "예측정보"라 한다)을 기재 또는 표시할 수 있다. 이 경우 예측정보의 기재 또는 표시는 제125조제2항제1호·제2호 및 제4호의 방법에 따라야 한다.

1. 매출규모·이익규모 등 발행인의 영업실적, 그 밖의 경영성과에 대한 예측 또는 전망에 관한 사항
2. 자본금규모·자금흐름 등 발행인의 재무상태에 대한 예측 또는 전망에 관한 사항
3. 특정한 사실의 발생 또는 특정한 계획의 수립으로 인한 발행인의 경영성과 또는 재무상태의 변동 및 일정시점에서의 목표수준에 관한 사항
4. 그 밖에 발행인의 미래에 대한 예측 또는 전망에 관한 사항으로서 대통령령으로 정하는 사항

④ 증권신고서를 제출하는 경우 증권신고서에 기재하여야 할 사항이나 그 첨부서류에 이미 제출된 것과 같은 부분이 있는 때에는 그 부분을 적시하여 이를 참조하라는 뜻을 기재한 서면으로 갈음할 수 있다.

⑤ 증권신고서를 제출하는 경우 신고 당시 해당 발행인의 대표이사(집행임원 설치회사의 경우 대표집행임원을 말한다. 이하 이 조에서 같다) 및 신고업무를 담당하는 이사(대표이사 및 신고업무를 담당하는 이사가 없는 경우 이에 준하는 자를 말한다)는 그 증권신고서의 기재사항 중 중요사항에 관하여 거짓의 기재 또는 표시가 있거나 중요사항의 기재 또는 표시가 누락되어 있지 아니하다는 사실 등 대통령령으로 정하는 사항을 확인·검토하고 이에 각각 서명하여야 한다.(2013.5.28 본항개정)

⑥ 제1항부터 제5항까지의 규정에도 불구하고 발행인 및 같은 종류의 증권에 대하여 충분한 공시가 이루어지고 있는 등 대통령령으로 정한 사유에 해당하는 때에는 매출에 관한 증권신고서를 제출하지 아니할 수 있다.(2013.5.28 본항신설)

⑦ 제1항부터 제4항까지의 증권신고서의 기재사항 및 그 첨부서류에 관하여 필요한 사항은 대통령령으로 정한다.

⑧ 자금조달 계획의 동일성 등 대통령령으로 정하는 사항을 종합적으로 고려하여 둘 이상의 증권의 발행 또는 매도가 사실상 동일한 증권의 발행 또는 매도로 인정되는 경우에는 하나의 증권의 발행 또는 매도로 보아 제1항을 적용한다.(2017.10.31 본항신설)

제119조의2【자료요구권 등】 ① 종속회사(발행인이 지배회사로서 그 회사와 「주식회사 등의 외부감사에 관한 법률」 제2조제3호에 따른 대통령령으로 정하는 지배·종속의 관계에 있는 경우 그에 종속되는 회사를 말하며, 국제회계기준 등 발행인이 적용한 회계기준에 따라 연결재무제표 작성대상 종속회사를 보유한 외국법인등의 경우에는 해당 회계기준에 따른 종속회사를 말한다. 이하 같다)가 있는 법인(이하 "연결재무제표 작성대상법인"이라 한다) 중 증권신고서를 제출하여야 하는 법인은 증권신고서의 작성을 위하여 필요한 범위에서 종속회사에게 관련 자료의 제출을 요구할 수 있다.(2017.10.31 본항개정)

② 연결재무제표 작성대상법인 중 증권신고서를 제출하여야 하는 법인은 증권신고서의 작성을 위하여 필요한 자료를 입수할 수 없거나 종속회사가 제출한 자료의 내용을 확인할 필요가 있는 때에는 종속회사의 업무와 재산상태를 조사할 수 있다.(2013.5.28 본조신설)

제120조【신고의 효력발생시기 등】 ① 제119조제1항 및 제2항에 따른 증권의 신고(이하 "증권신고"라 한다)는 그 증권신고서가 금융위원회에 제출되어 수리된 날부터 증권의 종류 또는 거래의 특성 등을 고려하여 총리령으로 정하는 기간이 경과한 날에 그 효력이 발생한다.(2008.2.29 본항개정)

② 금융위원회는 증권신고서의 형식을 제대로 갖추지 아니한 경우 또는 그 증권신고서 중 중요사항에 관하여 거짓의 기재 또는 표시가 있거나 중요사항이 기재 또는 표시되지 아니한 경우를 제외하고는 그 수리를 거부하여서는 아니 된다.(2008.2.29 본항개정)

③ 제1항의 효력의 발생은 그 증권신고서의 기재사항이 진실 또는 정확하다는 것을 인정하거나 정부에서 그 증권의 가치를 보증 또는 승인하는 효력을 가지지 아니한다.

④ 증권의 발행인은 증권신고를 철회하고자 하는 경우에는 그 증권신고서에 기재된 증권의 취득 또는 매수의 청약일 전일까지 철회신고서를 금융위원회에 제출하여야 한다.(2008.2.29 본항개정)

제121조【거래의 제한】 ① 제120조에 따른 신고의 효력이 발생하지 아니한 증권의 취득 또는 매수의 청약이 있는 경우에 그 증권의 발행인·매출인과 그 대리인은 그 청약의 승낙을 하여서는 아니 된다.

② 제119조제2항에 따라 일괄신고추가서류를 제출하여야 하는 경우 그 일괄신고추가서류가 제출되지 아니하면 그 증권의 발행인·매출인과 그 대리인은 그 증권에 관한 취득 또는 매수의 청약에 대한 승낙을 하여서는 아니 된다.

제122조【정정신고서】 ① 금융위원회는 증권신고서의 형식을 제대로 갖추지 아니한 경우 또는 그 증권신고서 중 중요사항에 관하여 거짓의 기재 또는 표시가 있거나 중요사항이 기재 또는 표시되지 아니한 경우와 중요사항의 기재나 표시내용이 불분명하여 투자자의 합리적인 투자판단을 저해하거나 투자

자에게 중대한 오해를 일으킬 수 있는 경우에는 그 증권신고서에 기재된 증권의 취득 또는 매수의 청약일 전일까지 그 이유를 제시하고 그 증권신고서의 기재내용을 정정한 신고서(이하 이 장에서 "정정신고서"라 한다)의 제출을 요구할 수 있다.(2009.2.3 본항개정)

② 제1항에 따른 요구가 있는 경우 그 증권신고서는 그 요구를 한 날부터 수리되지 아니한 것으로 본다.

③ 증권신고서(제119조제2항의 일괄신고추가서류를 포함한다. 이하 이 항에서 같다)를 제출한 자는 그 증권신고서의 기재사항을 정정하고자 하는 경우에는 그 증권신고서에 기재된 증권의 취득 또는 매수의 청약일 전일까지 정정신고서를 제출할 수 있다. 이 경우 대통령령으로 정하는 중요한 사항을 정정하고자 하는 경우 또는 투자자 보호를 위하여 그 증권신고서에 기재된 내용을 정정할 필요가 있는 경우로서 대통령령으로 정하는 경우에는 반드시 정정신고서를 제출하여야 한다.(2013.5.28 전단개정)

④ 일괄신고서를 제출한 자는 제3항에 불구하고 그 발행예정기간 종료 전까지 정정신고서를 제출할 수 있다. 이 경우 집합투자증권 중 대통령령으로 정하는 것을 제외하고는 발행예정금액 및 발행예정기간은 이를 정정하여서는 아니 된다. 다만, 발행예정금액의 100분의 20의 범위에서 대통령령으로 정하는 한도 이하로 감액되는 발행예정금액은 정정할 수 있다.(2009.2.3 단서신설)

⑤ 제1항·제3항 또는 제4항에 따라 정정신고서가 제출된 경우에는 그 정정신고서가 수리된 날에 그 증권신고서가 수리된 것으로 본다.

⑥ 제1항에 따른 요구를 받은 후 대통령령으로 정하는 기한 이내에 발행인이 정정신고서를 제출하지 아니하는 경우에는 해당 증권신고서를 철회한 것으로 본다.(2013.5.28 본항신설)

제123조【투자설명서의 작성·공시】 ① 제119조에 따라 증권을 모집하거나 매출하는 경우 그 발행인은 대통령령으로 정하는 방법에 따라 작성한 투자설명서(이하 "투자설명서"라 한다) 및 제124조제2항제3호에 따른 간이투자설명서(모집 또는 매출하는 증권이 집합투자증권인 경우로 한정한다. 이하 이 조에서 같다)를 그 증권신고의 효력이 발생하는 날(제119조제2항에 따라 일괄신고추가서류를 제출하여야 하는 경우에는 그 일괄신고추가서류를 제출하는 날로 한다)에 금융위원회에 제출하여야 하며, 이를 총리령으로 정하는 장소에 비치하고 일반인이 열람할 수 있도록 하여야 한다.(2013.5.28 본항개정)

② 투자설명서에는 증권신고서(제119조제2항의 일괄신고추가서류를 포함한다. 이하 이 장에서 같다)에 기재된 내용과 다른 내용을 표시하거나 그 기재사항을 누락하여서는 아니 된다. 다만, 기업경영 등 비밀유지와 투자자 보호와의 형평 등을 고려하여 기재를 생략할 필요가 있는 사항으로서 대통령령으로 정하는 사항에 대하여는 그 기재를 생략할 수 있다.

③ 대통령령으로 정하는 집합투자증권 및 파생결합증권의 발행인은 제1항 외에 다음 각 호의 구분에 따라 투자설명서 및 간이투자설명서를 금융위원회에 추가로 제출하여야 하며, 이를 총리령으로 정하는 장소에 비치하고 일반인이 열람할 수 있도록 하여야 한다. 다만, 그 집합투자증권 및 파생결합증권의 모집 또는 매출을 중지한 경우에는 제출·비치 및 공시를 하지 아니할 수 있다.

1. 제1항에 따라 투자설명서 및 간이투자설명서를 제출한 후 총리령으로 정하는 기간마다 1회 이상 다시 고친 투자설명서 및 간이투자설명서를 제출할 것
2. 제182조제8항에 따라 변경등록을 한 경우 변경등록의 통지를 받은 날부터 5일 이내에 그 내용을 반영한 투자설명서 및 간이투자설명서를 제출할 것

(2013.5.28 본항개정)

제124조【정당한 투자설명서의 사용】 ① 누구든지 증권신고의 효력이 발생한 증권을 취득하고자 하는 자(전문투자자, 그 밖에 대통령령으로 정하는 자를 제외한다)에게 제123조에 적합한 투자설명서(집합투자증권의 경우 투자자가 제123조에 따른 투자설명서의 교부를 별도로 요청하지 아니하는 경우에는 제2항제3호에 따른 간이투자설명서를 말한다. 이하 이 항 및 제132조에서 같다)를 미리 교부하지 아니하면 그 증권을 취득하게 하거나 매도하여서는 아니 된다. 이 경우 투자설명서가 제436조에 따른 전자문서의 방법에 따르는 때에는 다음 각 호의 요건을 모두 충족하는 때에 이를 교부한 것으로 본다.(2013.5.28 전단개정)

1. 전자문서에 의하여 투자설명서를 받는 것을 전자문서를 받을 자(이하 "전자문서수신자"라 한다)가 동의할 것
2. 전자문서수신자가 전자문서를 받을 전자전달매체의 종류와 장소를 지정할 것
3. 전자문서수신자가 그 전자문서를 받은 사실이 확인될 것
4. 전자문서의 내용이 서면에 의한 투자설명서의 내용과 동일할 것

② 누구든지 증권신고의 대상이 되는 증권의 모집 또는 매출, 그 밖의 거래를 위하여 청약의 권유 등을 하고자 하는 경우에는 다음 각 호의 어느 하나에 해당하는 방법에 따라야 한다.

1. 제120조제1항에 따라 증권신고의 효력이 발생한 후 투자설명서를 사용하는 방법
2. 제120조제1항에 따라 증권신고서가 수리된 후 신고의 효력이 발생하기 전에 발행인이 대통령령으로 정하는 방법에 따라 작성한 예비투자설명서(신고의 효력이 발생되지 아니한 사실을 덧붙여 적은 투자설명서를 말한다. 이하 같다)를 사용하는 방법
3. 제120조제1항에 따라 증권신고서가 수리된 후 신문·방송·잡지 등을 이용한 광고, 안내문·홍보전단 또는 전자전달매체를 통하여 발행인이 대통령령으로 정하는 방법에 따라 작성한 간이투자설명서(투자설명서에 기재하여야 할 사항 중 그 일부를 생략하거나 중요한 사항만을 발췌하여 기재 또는 표시한 문서, 전자문서, 그 밖에 이에 준하는 기재 또는 표시를 말한다. 이하 같다)를 사용하는 방법

③ 집합투자증권의 경우 제2항에도 불구하고 간이투자설명서를 사용할 수 있다. 다만, 투자자가 제123조에 따른 투자설명서의 사용을 별도로 요청하는 경우에는 그러하지 아니하다.(2013.5.28 본항신설)

④ 제1항 및 제3항에 따라 집합투자증권의 간이투자설명서를 교부하거나 사용하는 경우에는 투자자에게 제123조에 따른 투자설명서를 별도로 요청할 수 있음을 알려야 한다.(2013.5.28 본항신설)

제125조【거짓의 기재 등으로 인한 배상책임】 ① 증권신고서(정정신고서 및 첨부서류를 포함한다. 이하 이 조에서 같다)와 투자설명서(예비투자설명서 및 간이투자설명서를 포함한다. 이하 이 조에서 같다) 중 중요사항에 관하여 거짓의 기재 또는 표시가 있거나 중요사항이 기재 또는 표시되지 아니함으로써 증권의 취득자가 손해를 입은 경우에는 다음 각 호의 자는 그 손해에 관하여 배상의 책임을 진다. 다만, 배상의 책임을 질 자가 상당한 주의를 하였음에도 불구하고 이를 알 수 없었음을 증명하거나 그 증권의 취득자가 취득의 청약을 할 때에 그 사실을 안 경우에는 배상의 책임을 지지 아니한다.

1. 그 증권신고서의 신고인과 신고 당시의 발행인의 이사(이사가 없는 경우 이에 준하는 자를 말하며, 법인의 설립 전에 신고된 경우에는 그 발기인을 말한다)
2. 「상법」 제401조의2제1항 각 호의 어느 하나에 해당하는 자로서 그 증권신고서의 작성을 지시하거나 집행한 자
3. 그 증권신고서의 기재사항 또는 그 첨부서류가 진실 또는 정확하다고 증명하여 서명한 공인회계사·감정인 또는 신용평가를 전문으로 하는 자 등(그 소속단체를 포함한다) 대통령령으로 정하는 자
4. 그 증권신고서의 기재사항 또는 그 첨부서류에 자기의 평가·분석·확인 의견이 기재되는 것에 대하여 동의하고 그 기재내용을 확인한 자
5. 그 증권의 인수인 또는 주선인(인수인 또는 주선인이 2인 이상인 경우에는 대통령령으로 정하는 자를 말한다)(2013.5.28 본호개정)
6. 그 투자설명서를 작성하거나 교부한 자(2009.2.3 본호개정)
7. 매출의 방법에 의한 경우 매출신고 당시의 매출인(2013.5.28 본호개정)

② 예측정보가 다음 각 호에 따라 기재 또는 표시된 경우에는 제1항에 불구하고 제1항 각 호의 자는 그 손해에 관하여 배상의 책임을 지지 아니한다. 다만, 그 증권의 취득자가 취득의 청약 시에 예측정보 중 중요사항에 관하여 거짓의 기재 또는 표시가 있거나 중요사항이 기재 또는 표시되지 아니한 사실을 알지 못한 경우로서 제1항 각 호의 자에게 그 기재 또는 표시와

관련하여 고의 또는 중대한 과실이 있었음을 증명한 경우에는 배상의 책임을 진다.
1. 그 기재 또는 표시가 예측정보라는 사실이 밝혀져 있을 것
2. 예측 또는 전망과 관련된 가정이나 판단의 근거가 밝혀져 있을 것
3. 그 기재 또는 표시가 합리적 근거나 가정에 기초하여 성실하게 행하여졌을 것
4. 그 기재 또는 표시에 대하여 예측치와 실제 결과치가 다를 수 있다는 주의문구가 밝혀져 있을 것
③ 제2항은 주권비상장법인이 최초로 주권을 모집 또는 매출하기 위하여 증권신고서를 제출하는 경우에는 적용하지 아니한다.
제126조【손해배상액】 ① 제125조에 따라 배상할 금액은 청구권자가 해당 증권을 취득함에 있어서 실제로 지급한 금액에서 다음 각 호의 어느 하나에 해당하는 금액을 뺀 금액으로 추정한다.
1. 제125조에 따라 손해배상을 청구하는 소송의 변론이 종결될 때의 그 증권의 시장가격(시장가격이 없는 경우에는 추정처분가격을 말한다)
2. 제1호의 변론종결 전에 그 증권을 처분한 경우에는 그 처분가격
② 제1항에 불구하고 제125조에 따라 배상책임을 질 자는 청구권자가 입은 손해액의 전부 또는 일부가 중요사항에 관하여 거짓의 기재 또는 표시가 있거나 중요사항이 기재 또는 표시되지 아니함으로써 발생한 것이 아님을 증명한 경우에는 그 부분에 대하여 배상책임을 지지 아니한다.
제127조【배상청구권의 소멸】 제125조에 따른 배상의 책임은 그 청구권자가 해당 사실을 안 날부터 1년 이내 또는 해당 증권에 관하여 증권신고서의 효력이 발생한 날부터 3년 이내에 청구권을 행사하지 아니한 경우에는 소멸한다.
제128조【증권발행실적보고서】 증권신고의 효력이 발생한 증권의 발행인은 금융위원회가 정하여 고시하는 방법에 따라 그 발행실적에 관한 보고서(이하 "증권발행실적보고서"라 한다)를 금융감독위원회에 제출하여야 한다.(2008.2.29 본조개정)
제129조【신고서와 보고서의 공시】 금융위원회는 다음 각 호의 서류를 3년간 일정한 장소에 비치하고, 인터넷 홈페이지 등을 이용하여 공시하여야 한다. 이 경우 기업경영 등 비밀유지와 투자자 보호와의 형평 등을 고려하여 대통령령으로 정하는 사항을 제외하고 비치 및 공시할 수 있다.(2008.2.29 전단개정)
1. 증권신고서 및 정정신고서
2. 투자설명서(집합투자증권의 경우 제124조제2항제3호에 따른 간이투자설명서를 포함한다)(2013.5.28 본호개정)
3. 증권발행실적보고서
제130조【신고서를 제출하지 아니하는 모집·매출】 ① 제119조제1항에 따른 신고서를 제출하지 아니하고 증권을 모집 또는 매출하는 발행인은 투자자를 보호하기 위하여 재무상태에 관한 사항의 공시, 그 밖에 대통령령으로 정하는 조치를 하여야 한다. 다만, 제119조제6항에서 정한 사유에 해당하는 때에는 그러하지 아니하다.(2013.5.28 단서신설)
② 자금조달 계획의 동일성 등 대통령령으로 정하는 사항을 종합적으로 고려하여 둘 이상의 증권의 발행 또는 매도가 사실상 동일한 증권의 발행 또는 매도로 인정되는 경우에는 하나의 증권의 발행 또는 매도로 보아 제1항을 적용한다.(2017.10.31 본항신설)
제131조【보고 및 조사】 ① 금융위원회는 투자자 보호를 위하여 필요한 경우에는 증권신고의 신고인, 증권의 발행인·매출인·인수인, 그 밖의 관계인에 대하여 참고가 될 보고 또는 자료의 제출을 명하거나, 금융감독원장에게 그 장부·서류, 그 밖의 물건을 조사하게 할 수 있다.(2008.2.29 본항개정)
② 제1항에 따라 조사를 하는 자는 그 권한을 표시하는 증표를 지니고 이를 관계인에게 내보여야 한다.
제132조【위원회의 조치】 금융위원회는 다음 각 호의 어느 하나에 해당하는 경우에는 증권신고의 신고인, 증권의 발행인·매출인·인수인 또는 주선인에 대하여 이유를 제시한 후 그 사실을 공고하고 정정을 명할 수 있으며, 필요한 때에는 그 증권의 발행·모집·매출, 그 밖의 거래를 정지 또는 금지하거나 대통령령으로 정하는 조치를 할 수 있다. 이 경우 그 조치에 필요한 절차 및 조치기준은 총리령으로 정한다.(2013.5.28 전단개정)
1. 증권신고서·정정신고서 또는 증권발행실적보고서를 제출하지 아니한 경우
2. 증권신고서·정정신고서 또는 증권발행실적보고서 중 중요사항에 관하여 거짓의 기재 또는 표시가 있거나 중요사항이 기재 또는 표시되지 아니한 경우
3. 제121조를 위반하여 증권의 취득 또는 매수의 청약에 대한 승낙을 한 경우
4. 투자설명서에 관하여 제123조 또는 제124조를 위반한 경우
5. 예비투자설명서 또는 간이투자설명서에 의한 증권의 모집·매출, 그 밖의 거래에 관하여 제124조제2항을 위반한 경우
6. 제130조에 따른 조치를 하지 아니한 경우

제2장 기업의 인수·합병 관련제도

제1절 공개매수

제133조【공개매수의 적용대상】 ① 이 절에서 "공개매수"란 불특정 다수인에 대하여 의결권 있는 주식, 그 밖에 대통령령으로 정하는 증권(이하 "주식등"이라 한다)의 매수(다른 증권과의 교환을 포함한다. 이하 이 절에서 같다)의 청약을 하거나 매도(다른 증권과의 교환을 포함한다. 이하 이 절에서 같다)의 청약을 권유하고 증권시장 및 다자간매매체결회사(이와 유사한 시장으로서 해외에 있는 시장을 포함한다. 이하 이 절에서 같다) 밖에서 그 주식등을 매수하는 것을 말한다.(2013.5.28 본항개정)
② 이 절에서 "공개매수사무취급자"란 공개매수를 하고자 하는 자를 대리하여 매수·교환·입찰, 그 밖의 유상취득(이하 이 절에서 "매수등"이라 한다)을 할 주식등의 보관, 공개매수에 필요한 자금 또는 교환대상 증권의 지급, 그 밖의 공개매수 관련 사무를 취급하는 자를 말한다.
③ 주식등을 대통령령으로 정하는 기간 동안 증권시장 밖에서 대통령령으로 정하는 수 이상의 자로부터 매수등을 하고자 하는 자는 그 매수등을 한 후에 본인과 그 특별관계자(대통령령으로 정하는 특별한 관계가 있는 자를 말한다. 이하 같다)가 보유(소유, 그 밖에 이에 준하는 경우로서 대통령령으로 정하는 경우를 포함한다. 이하 이 절 및 제2절에서 같다)하게 되는 주식등의 수의 합계가 그 주식등의 총수의 100분의 5 이상이 되는 경우(본인과 그 특별관계자가 보유하는 주식등의 수의 합계가 그 주식등의 총수의 100분의 5 이상인 자가 그 주식등의 매수등을 하는 경우를 포함한다)에는 공개매수를 하여야 한다. 다만, 매수등의 목적, 유형, 그 밖에 다른 주주의 권익침해 가능성 등을 고려하여 대통령령으로 정하는 매수등의 경우에는 공개매수 외의 방법으로 매수등을 할 수 있다.
④ 제3항을 적용함에 있어서 증권시장에서의 경쟁매매 외의 방법에 의한 주식등의 매수로서 대통령령으로 정하는 매수의 경우에는 증권시장 밖에서 행하여진 것으로 본다.
⑤ 제3항에 따른 주식등의 수와 주식등의 총수는 총리령으로 정하는 방법에 따라 산정한 수로 한다.(2008.2.29 본항개정)
제134조【공개매수공고 및 공개매수신고서의 제출】 ① 공개매수를 하고자 하는 자는 대통령령으로 정하는 방법에 따라 다음 각 호의 사항을 공고(이하 "공개매수공고"라 한다)하여야 한다.
1. 공개매수를 하고자 하는 자
2. 공개매수할 주식등의 발행인(그 주식등과 관련된 증권예탁증권, 그 밖에 대통령령으로 정하는 주식등의 경우에는 대통령령으로 정하는 자를 말한다. 이하 이 절에서 같다)
3. 공개매수의 목적
4. 공개매수할 주식등의 종류 및 수
5. 공개매수기간·가격·결제일 등 공개매수조건
6. 매수자금의 명세, 그 밖에 투자자 보호를 위하여 필요한 사항으로서 대통령령으로 정하는 사항
② 공개매수공고를 한 자(이하 "공개매수자"라 한다)는 대통령령으로 정하는 방법에 따라 다음 각 호의 사항을 기재한 신고서(이하 "공개매수신고서"라 한다)를 그 공개매수공고를 한 날(이하 "공개매수공고일"이라 한다)에 금융위원회와 거래소에 제출하여야 한다. 다만, 공개매수공고일이 공휴일(「근로자의 날 제정에 관한 법률」에 따른 근로자의 날 및 토요일을 포함한다), 그 밖에 금융위원회가 정하여 고시하는 날에 해당되는 경우에는 그 다음 날에 제출할 수 있다.(2008.2.29 본문개정)

1. 공개매수자 및 그 특별관계자에 관한 사항
2. 공개매수할 주식등의 발행인
3. 공개매수의 목적
4. 공개매수할 주식등의 종류 및 수
5. 공개매수기간 · 가격 · 결제일 등 공개매수조건
6. 공개매수공고일 이후에 공개매수에 의하지 아니하고 주식등의 매수등을 하는 계약이 있는 경우에는 그 계약의 내용
7. 매수자금의 명세, 그 밖에 투자자 보호를 위하여 필요한 사항으로서 대통령령으로 정하는 사항

③ 제1항 및 제2항에 따른 공개매수기간은 대통령령으로 정하는 기간 이내여야 한다.

④ 공개매수자는 공개매수신고서에 그 주식등의 발행인의 예측정보를 기재 또는 표시할 수 있다. 이 경우 예측정보의 기재 또는 표시는 제125조제2항제1호 · 제2호 및 제4호의 방법에 따라야 한다.

⑤ 공개매수신고서의 첨부서류, 그 밖에 공개매수신고서에 관하여 필요한 사항은 대통령령으로 정한다.

제135조【신고서 사본의 송부】 공개매수자는 공개매수신고서를 제출한 경우에는 지체 없이 그 사본을 공개매수할 주식등의 발행인에게 송부하여야 한다.

제136조【정정신고 · 공고 등】 ① 금융위원회는 공개매수신고서의 형식을 제대로 갖추지 아니한 경우 또는 그 공개매수신고서 중 중요사항에 관하여 거짓의 기재 또는 표시가 있거나 중요사항이 기재 또는 표시되지 아니한 경우에는 공개매수기간이 종료하는 날까지 그 이유를 제시하고 그 공개매수신고서의 기재내용을 정정한 신고서(이하 이 절에서 "정정신고서"라 한다)의 제출을 요구할 수 있다.(2008.2.29 본항개정)

② 제1항에 따른 요구가 있는 경우 그 공개매수신고서는 그 요구를 한 날부터 제출되지 아니한 것으로 본다.

③ 공개매수자는 공개매수조건, 그 밖에 공개매수신고서의 기재사항을 정정하고자 하는 경우 또는 투자자 보호를 위하여 그 공개매수신고서에 기재된 내용을 정정할 필요가 있는 경우로서 총리령으로 정하는 경우에는 공개매수기간이 종료하는 날까지 금융위원회와 거래소에 정정신고서를 제출하여야 한다. 다만, 매수가격의 인하, 매수예정 주식등의 수의 감소, 매수대금 지급기간의 연장(제4항제1호의 경우를 제외한다), 그 밖에 대통령령으로 정하는 공개매수조건 등은 변경할 수 없다.(2008.2.29 본문개정)

④ 공개매수자가 제1항 또는 제3항에 따라 공개매수신고서의 정정신고서를 제출하는 경우 공개매수기간의 종료일은 다음 각 호와 같다.

1. 그 정정신고서를 제출한 날이 제134조제1항제5호에 따라 공고한 공개매수기간 종료일 전 10일 이내에 해당하는 경우에는 그 정정신고서를 제출한 날부터 10일이 경과한 날
2. 그 정정신고서를 제출한 날이 제134조제1항제5호에 따라 공고한 공개매수기간 종료일 전 10일 이내에 해당하지 아니하는 경우에는 그 공개매수기간이 종료하는 날

⑤ 공개매수자는 제1항 또는 제3항에 따라 정정신고서를 제출한 경우에는 지체 없이 그 사실과 정정한 내용(공개매수공고에 포함된 사항에 한한다)을 공고하여야 한다. 이 경우 공고의 방법은 제134조제1항에 따른다.

⑥ 공개매수자는 공개매수신고서의 정정신고서를 제출한 경우에는 지체 없이 그 사본을 공개매수할 주식등의 발행인에게 송부하여야 한다.

제137조【공개매수설명서의 작성 · 공시】 ① 공개매수자(공개매수사무취급자를 포함한다. 이하 이 조에서 같다)는 공개매수를 하고자 하는 경우에는 대통령령으로 정하는 방법에 따라 그 공개매수에 관한 설명서(이하 "공개매수설명서"라 한다)를 작성하여 공개매수공고일에 금융위원회와 거래소에 제출하여야 하며, 이를 총리령으로 정하는 장소에 비치하고 일반인이 열람할 수 있도록 하여야 한다. 이 경우 제134조제2항 각 호외의 부분 단서를 준용한다.(2008.2.29 본항개정)

② 공개매수설명서에는 공개매수신고서에 기재된 내용과 다른 내용을 표시하거나 그 기재사항을 누락하여서는 아니 된다.

③ 공개매수자는 공개매수할 주식등을 매도하고자 하는 자에게 제1항에 적합한 공개매수설명서를 미리 교부하지 아니하면 그 주식등을 매수하여서는 아니 된다. 이 경우 공개매수설명서가 제436조에 따른 전자문서의 방법에 따르는 때에는 다음 각 호의 요건을 모두 충족하는 때에 이를 교부한 것으로 본다.

1. 전자문서에 의하여 공개매수설명서를 받는 것을 전자문서수신자가 동의할 것
2. 전자문서수신자가 전자문서를 받을 전자전달매체의 종류와 장소를 지정할 것
3. 전자문서수신자가 그 전자문서를 받은 사실이 확인될 것
4. 전자문서의 내용이 서면에 의한 공개매수설명서의 내용과 동일할 것

제138조【공개매수에 관한 의견표명】 ① 공개매수신고서가 제출된 주식등의 발행인은 대통령령으로 정하는 방법에 따라 그 공개매수에 관한 의견을 표명할 수 있다.

② 발행인은 제1항에 따라 의견을 표명한 경우에는 그 내용을 기재한 문서를 지체 없이 금융위원회와 거래소에 제출하여야 한다.(2008.2.29 본항개정)

제139조【공개매수의 철회 등】 ① 공개매수자는 공개매수공고일 이후에는 공개매수를 철회할 수 없다. 다만, 대항공개매수(공개매수기간 중 그 공개매수에 대항하는 공개매수를 말한다)가 있는 경우, 공개매수자가 사망 · 해산 · 파산한 경우, 그 밖에 투자자 보호를 해할 우려가 없는 경우로서 대통령령으로 정하는 경우에는 공개매수기간의 말일까지 철회할 수 있다.

② 공개매수자는 제1항에 따라 공개매수를 철회하고자 하는 경우에는 철회신고서를 금융위원회와 거래소에 제출하고, 그 내용을 공고하여야 한다. 이 경우 공고의 방법은 제134조제1항에 따른다.(2008.2.29 전단개정)

③ 공개매수자는 공개매수의 철회신고서를 제출한 경우에는 지체 없이 그 사본을 공개매수를 철회할 주식등의 발행인에게 송부하여야 한다.

④ 공개매수대상 주식등의 매수의 청약에 대한 승낙 또는 매도의 청약(이하 "응모"라 한다)을 한 자(이하 "응모주주"라 한다)는 공개매수기간 중에는 언제든지 응모를 취소할 수 있다. 이 경우 공개매수자는 응모주주에 대하여 그 응모의 취소에 따른 손해배상 또는 위약금의 지급을 청구할 수 없다.

제140조【공개매수에 의하지 아니한 매수등의 금지】 공개매수자(그 특별관계자 및 공개매수사무취급자를 포함한다)는 공개매수공고일부터 그 매수기간이 종료하는 날까지 그 주식등을 공개매수에 의하지 아니하고는 매수등을 하지 못한다. 다만, 공개매수에 의하지 아니하고 그 주식등의 매수등을 하더라도 다른 주주의 권익침해가 없는 경우로서 대통령령으로 정하는 경우에는 공개매수에 의하지 아니하고 매수등을 할 수 있다.

제141조【공개매수의 조건과 방법】 ① 공개매수자는 공개매수신고서에 기재한 매수조건과 방법에 따라 응모한 주식등의 전부를 공개매수기간이 종료하는 날의 다음 날 이후 지체 없이 매수하여야 한다. 다만, 다음 각 호의 어느 하나에 해당하는 조건을 공개매수공고에 게재하고 공개매수신고서에 기재한 경우에는 그 조건에 따라 응모한 주식등의 전부 또는 일부를 매수하지 아니할 수 있다.

1. 응모한 주식등의 총수가 공개매수 예정주식등의 수에 미달할 경우 응모 주식등의 전부를 매수하지 아니한다는 조건
2. 응모한 주식등의 총수가 공개매수 예정주식등의 수를 초과할 경우에는 공개매수 예정주식등의 수의 범위에서 비례배분하여 매수하고 그 초과 부분의 전부 또는 일부를 매수하지 아니한다는 조건

② 공개매수자가 제1항에 따라 공개매수를 하는 경우 그 매수가격은 균일하여야 한다.

제142조【공개매수자 등의 배상책임】 ① 공개매수신고서(그 첨부서류를 포함한다. 이하 이 조에서 같다) 및 그 공고, 정정신고서(그 첨부서류를 포함한다. 이하 이 조에서 같다) 및 그 공고 또는 공개매수설명서 중 중요사항에 관하여 거짓의 기재 또는 표시가 있거나 중요사항이 기재 또는 표시되지 아니함으로써 응모주주가 손해를 입은 경우에는 다음 각 호의 자는 그 손해에 관하여 배상의 책임을 진다. 다만, 배상의 책임을 질 자가 상당한 주의를 하였음에도 불구하고 이를 알 수 없었음을 증명하거나 응모주주가 응모를 할 때에 그 사실을 안 경우에는 배상의 책임을 지지 아니한다.

1. 공개매수신고서 및 그 정정신고서의 신고인(신고인의 특별관계자를 포함하며, 신고인이 법인인 경우 그 이사를 포함한다)과 그 대리인
2. 공개매수설명서의 작성자와 그 대리인

② 예측정보가 다음 각 호에 따라 기재 또는 표시된 경우에는 제1항에 불구하고 제1항 각 호의 자는 그 손해에 관하여 배상의 책임을 지지 아니한다. 다만, 응모주주가 주식등의 응모를 할 때에 예측정보 중 중요사항에 관하여 거짓의 기재 또는 표시가 있거나 중요사항이 기재 또는 표시되지 아니한 사실을 알지 못한 경우로서 제1항 각 호의 자에게 그 기재 또는 표시와 관련하여 고의 또는 중대한 과실이 있었음을 증명한 경우에는 배상의 책임을 진다.

1. 그 기재 또는 표시가 예측정보라는 사실이 밝혀져 있을 것
2. 예측 또는 전망과 관련된 가정 또는 판단의 근거가 밝혀져 있을 것
3. 그 기재 또는 표시가 합리적 근거 또는 가정에 기초하여 성실하게 행하여졌을 것
4. 그 기재 또는 표시에 대하여 예측치와 실제 결과치가 다를 수 있다는 주의문구가 밝혀져 있을 것

③ 제1항 및 제2항에 따라 배상할 금액은 손해배상을 청구하는 소송의 변론이 종결될 때의 그 주식등의 시장가격(시장가격이 없는 경우에는 추정처분가격을 말한다)에서 응모의 대가로 실제로 받은 금액을 뺀 금액으로 추정한다.

④ 제3항에 불구하고 제1항 및 제2항에 따라 배상책임을 질 자는 응모주주가 입은 손해액의 전부 또는 일부가 중요사항에 관하여 거짓의 기재 또는 표시가 있거나 중요사항을 기재 또는 표시하지 아니함으로써 발생한 것이 아님을 증명한 경우에는 그 부분에 대하여 배상의 책임을 지지 아니한다.

⑤ 제1항 및 제2항에 따른 배상책임은 응모주주가 해당 사실을 안 날부터 1년 이내 또는 해당 공개매수공고일부터 3년 이내에 청구권을 행사하지 아니한 경우에는 소멸한다.

제143조【공개매수결과보고서】 공개매수자는 금융위원회가 정하여 고시하는 방법에 따라 공개매수의 결과를 기재한 보고서(이하 "공개매수결과보고서"라 한다)를 금융위원회와 거래소에 제출하여야 한다.(2008.2.29 본조개정)

제144조【신고서 등의 공시】 금융위원회와 거래소는 다음 각 호의 서류를 그 접수일부터 3년간 비치하고, 인터넷 홈페이지 등을 이용하여 공시하여야 한다.(2008.2.29 본문개정)

1. 공개매수신고서 및 정정신고서
2. 공개매수설명서
3. 제138조에 따른 문서
4. 제139조제2항에 따른 철회신고서
5. 공개매수결과보고서

제145조【의결권 제한 등】 제133조제3항 또는 제134조제1항·제2항을 위반하여 주식등의 매수등을 한 경우에는 그 날부터 그 주식(그 주식등과 관련한 권리 행사 등으로 취득한 주식을 포함한다)에 대한 의결권을 행사할 수 없으며, 금융위원회는 6개월 이내의 기간을 정하여 그 주식등(그 주식등과 관련한 권리 행사 등으로 취득한 주식을 포함한다)의 처분을 명할 수 있다.(2008.2.29 본조개정)

제146조【조사 및 조치】 ① 금융위원회는 투자자 보호를 위하여 필요한 경우에는 공개매수자, 공개매수자의 특별관계자, 공개매수사무취급자, 그 밖의 관계인에 대하여 참고가 될 보고 또는 자료의 제출을 명하거나, 금융감독원장에게 그 장부·서류, 그 밖의 물건을 조사하게 할 수 있다. 이 경우 제131조제2항을 준용한다.(2008.2.29 전단개정)

② 금융위원회는 다음 각 호의 어느 하나에 해당하는 경우에는 공개매수자, 공개매수자의 특별관계자 또는 공개매수사무취급자에 대하여 이유를 제시한 후 그 사실을 공고하고 정정을 명할 수 있으며, 필요한 때에는 그 공개매수를 정지 또는 금지하거나 대통령령으로 정하는 조치를 할 수 있다. 이 경우 그 조치에 필요한 절차 및 조치기준은 총리령으로 정한다.
(2009.2.3 후단개정)

1. 공개매수공고 또는 제136조제5항의 공고를 하지 아니한 경우
2. 공개매수신고서, 정정신고서 또는 공개매수결과보고서를 제출하지 아니한 경우
3. 공개매수공고, 공개매수신고서, 정정신고서, 제136조제5항의 공고 또는 공개매수결과보고서 중 중요사항에 관하여 거짓의 기재 또는 표시가 있거나 중요사항이 기재 또는 표시되지 아니한 경우
4. 제135조, 제136조제6항 또는 제139조제3항을 위반하여 공개매수신고서, 정정신고서 또는 철회신고서의 사본을 발행인에게 송부하지 아니한 경우
5. 제135조, 제136조제6항 또는 제139조제3항에 따른 신고서 사본에 신고서에 기재된 내용과 다른 내용을 표시하거나 그 내용을 누락하여 송부한 경우
6. 공개매수설명서에 관하여 제137조를 위반한 경우
7. 제139조제1항 또는 제2항을 위반하여 공개매수를 철회한 경우
8. 제140조를 위반하여 공개매수에 의하지 아니하고 매수등을 한 경우
9. 제141조를 위반하여 공개매수를 한 경우
10. 제145조를 위반하여 의결권을 행사하거나, 같은 조에 따른 처분명령을 위반한 경우

제2절 주식등의 대량보유상황의 보고

제147조【주식등의 대량보유 등의 보고】 ① 주권상장법인의 주식등(제234조제1항에 따른 상장지수집합투자기구인 투자회사의 주식은 제외한다. 이하 이 절에서 같다)을 대량보유(본인과 그 특별관계자가 보유하게 되는 주식등의 수의 합계가 그 주식등의 총수의 100분의 5 이상인 경우를 말한다)하게 된 자는 그 날부터 5일(대통령령으로 정하는 날은 산입하지 아니한다. 이하 이 절에서 같다) 이내에 그 보유상황, 보유 목적(발행인의 경영권에 영향을 주기 위한 목적 여부를 말한다), 그 보유 주식등에 관한 주요계약내용, 그 밖에 대통령령으로 정하는 사항을 대통령령으로 정하는 방법에 따라 금융위원회와 거래소에 보고하여야 하며, 그 보유 주식등의 수의 합계가 그 주식등의 총수의 100분의 1 이상 변동된 경우(그 보유 주식등의 수가 변동되지 아니한 경우, 그 밖에 대통령령으로 정하는 경우를 제외한다)에는 그 변동된 날부터 5일 이내에 그 변동내용을 대통령령으로 정하는 방법에 따라 금융위원회와 거래소에 보고하여야 한다. 이 경우 그 보유 목적이 발행인의 경영권에 영향을 주기 위한 것(임원의 선임·해임 또는 직무의 정지, 이사회 등 회사의 기관과 관련된 정관의 변경 등 대통령령으로 정하는 것을 말한다)이 아닌 경우와 전문투자자 중 대통령령으로 정하는 자의 경우에는 그 보고내용 및 보고시기 등을 대통령령으로 달리 정할 수 있다.(2016.3.29 전단개정)

② 제1항에 따른 주식등의 수 및 주식등의 총수는 총리령으로 정하는 방법에 따라 산정한 수로 한다.(2008.2.29 본항개정)

③ 제1항에 따라 주식등의 대량보유상황·보유 목적 또는 그 변동내용을 보고하는 날 전일까지 새로 변동내용을 보고하여야 할 사유가 발생한 경우 새로 보고하여야 하는 변동내용은 당초의 대량보유상황, 보유 목적 또는 그 변동내용을 보고할 때 이를 함께 보고하여야 한다.

④ 제1항에 따라 보고한 자는 그 보유 목적이나 그 보유 주식등에 관한 주요계약내용 등 대통령령으로 정하는 중요한 사항의 변경이 있는 경우에는 5일 이내에 금융위원회와 거래소에 보고하여야 한다.(2008.2.29 본항개정)

제148조【대량보유보고서 등의 발행인에 대한 송부】 제147조제1항 또는 제4항에 따라 보고한 자는 지체 없이 그 사본을 해당 주식등의 발행인(대통령령으로 정하는 주식등의 경우에는 대통령령으로 정하는 자를 말한다)에게 송부하여야 한다.

제149조【보고서 등의 공시】 금융위원회 및 거래소는 제147조제1항 및 제4항에 따라 제출받은 보고서를 3년간 비치하고, 인터넷 홈페이지 등을 이용하여 공시하여야 한다.(2008.2.29 본조개정)

제150조【위반 주식등의 의결권행사 제한 등】 ① 제147조제1항·제3항 및 제4항에 따라 보고(그 정정보고를 포함한다)하지 아니한 자 또는 대통령령으로 정하는 중요한 사항을 거짓으로 보고하거나 대통령령으로 정하는 중요한 사항의 기재를 누락한 자는 대통령령으로 정하는 기간 동안 의결권 있는 발행주식총수의 100분의 5를 초과하는 부분 중 위반분에 대하여 그 의결권을 행사하여서는 아니 되며, 금융위원회는 6개월 이내의 기간을 정하여 그 위반분의 처분을 명할 수 있다.(2008.2.29 본항개정)

② 제147조제1항·제3항 및 제4항에 따라 주식등의 보유 목적을 발행인의 경영권에 영향을 주기 위한 것으로 보고하는 자는 그 보고하여야 할 사유가 발생한 날부터 보고한 날 이후 5일까지 그 발행인의 주식등을 추가로 취득하거나 보유 주식등에 대하여 그 의결권을 행사할 수 없다.

③ 제2항을 위반하여 주식등을 추가로 취득한 자는 그 추가 취득분에 대하여 그 의결권을 행사할 수 없으며, 금융위원회는 6개월 이내의 기간을 정하여 그 추가 취득분의 처분을 명할 수 있다.(2008.2.29 본항개정)

제151조【조사 및 정정요구 등】 ① 금융위원회는 투자자 보호를 위하여 필요한 경우에는 제147조제1항 또는 제4항에 따라 보고서를 제출한 자, 그 밖의 관계인에 대하여 참고가 될 보고 또는 자료의 제출을 명하거나, 금융감독원장에게 그 장부·서류, 그 밖의 물건을 조사하게 할 수 있다. 이 경우 제131조제2항을 준용한다.

② 금융위원회는 제147조제1항 또는 제4항에 따라 제출된 보고서의 형식을 제대로 갖추지 아니한 경우 또는 그 보고서 중 중요사항에 관하여 거짓의 기재 또는 표시가 있거나 중요사항의 기재 또는 표시가 누락된 경우에는 그 이유를 제시하고 그 보고서의 정정을 명할 수 있으며, 필요한 때에는 거래를 정지 또는 금지하거나 대통령령으로 정하는 조치를 할 수 있다.

(2008.2.29 본조개정)

제3절 의결권 대리행사의 권유 제한

제152조【의결권 대리행사의 권유】 ① 상장주권(그 상장주권과 관련된 증권예탁증권을 포함한다. 이하 이 절에서 같다)의 의결권 대리행사의 권유를 하고자 하는 자(이하 "의결권권유자"라 한다)는 그 권유에 있어서 그 상대방(이하 "의결권피권유자"라 한다)에게 대통령령으로 정하는 방법에 따라 위임장 용지 및 참고서류를 교부하여야 한다.

② 제1항에서 "의결권 대리행사의 권유"란 다음 각 호의 어느 하나에 해당하는 행위를 말한다. 다만, 의결권피권유자의 수 등을 고려하여 대통령령으로 정하는 경우에는 의결권 대리행사의 권유로 보지 아니한다.

1. 자기 또는 제삼자에게 의결권의 행사를 대리시키도록 권유하는 행위
2. 의결권의 행사 또는 불행사를 요구하거나 의결권 위임의 철회를 요구하는 행위
3. 의결권의 확보 또는 그 취소 등을 목적으로 주주에게 위임장 용지를 송부하거나, 그 밖의 방법으로 의견을 제시하는 행위

③ 국가기간산업 등 국민경제상 중요한 산업을 영위하는 법인으로서 대통령령으로 정하는 상장법인(이하 "공공적 법인"이라 한다)의 경우에는 그 공공적 법인만이 그 주식의 의결권 대리행사의 권유를 할 수 있다.

④ 제1항의 위임장 용지는 주주총회의 목적사항 각 항목에 대하여 의결권피권유자가 찬반(贊反)을 명기할 수 있도록 하여야 한다.

⑤ 의결권권유자는 위임장 용지에 나타난 의결권피권유자의 의사에 반하여 의결권을 행사할 수 없다.

⑥ 위임장 용지 및 참고서류의 기재사항 등에 관하여 필요한 사항은 대통령령으로 정한다.

제152조의2【발행인과 의결권권유자와의 관계】 ① 발행인이 아닌 의결권권유자는 발행인이 의결권 대리행사의 권유를 하는 경우에는 그 발행인에 대하여 다음 각 호의 어느 하나에 해당하는 행위를 할 것을 요구할 수 있다.

1. 발행인이 아닌 의결권권유자에 대하여 주주명부의 열람·등사를 허용하는 행위(2016.3.22 본호개정)
2. 발행인이 아닌 의결권권유자를 위하여 그 의결권권유자의 비용으로 위임장 용지 및 참고서류를 주주에게 송부하는 행위

② 발행인은 제1항에 따른 요구가 있는 경우에는 요구받은 날부터 2일(대통령령으로 정하는 날은 제외한다) 이내에 이에 응하여야 한다.

(2013.5.28 본조신설)

제153조【위임장 용지 및 참고서류의 비치 및 열람】 의결권권유자는 제152조에 따라 위임장 용지 및 참고서류를 의결권피권유자에게 제공하는 날 2일(대통령령으로 정하는 날을 제외한다) 전까지 이를 금융위원회와 거래소에 제출하여야 하며, 총리령으로 정하는 장소에 이를 비치하고 일반인이 열람할 수 있도록 하여야 한다.(2013.5.28 본조개정)

제154조【정당한 위임장 용지 등의 사용】 의결권권유자는 위임장 용지 및 참고서류 중 의결권피권유자의 의결권 위임 여부 판단에 중대한 영향을 미칠 수 있는 사항(이하 이 절에서 "의결권 위임 관련 중요사항"이라 한다)에 관하여 거짓의 기재 또는 표시를 하거나 의결권 위임 관련 중요사항의 기재 또는 표시를 누락하여서는 아니 된다.

제155조【의견표명】 의결권 대리행사의 권유대상이 되는 상장주권의 발행인은 의결권 대리행사의 권유에 대하여 의견을 표명한 경우에는 그 내용을 기재한 서면을 지체 없이 금융위원회와 거래소에 제출하여야 한다.(2008.2.29 본조개정)

제156조【정정요구 등】 ① 금융위원회는 위임장용지 및 참고서류의 형식을 제대로 갖추지 아니한 경우 또는 위임장 용지 및 참고서류 중 의결권 위임 관련 중요사항에 관하여 거짓의 기재 또는 표시가 있거나 의결권 위임 관련 중요사항이 기재 또는 표시되지 아니한 경우에는 그 이유를 제시하고 위임장용지 및 참고서류를 정정하여 제출할 것을 요구할 수 있다.

(2008.2.29 본항개정)

② 제1항에 따른 요구가 있는 경우에는 당초 제출한 위임장용지 및 참고서류는 제출하지 아니한 것으로 본다.

③ 의결권권유자는 위임장 용지 및 참고서류의 기재사항을 정정하고자 하는 경우에는 그 권유와 관련된 주주총회일 7일(대통령령으로 정하는 날을 제외한다) 전까지 이를 정정하여 제출할 수 있다. 이 경우 대통령령으로 정하는 중요한 사항을 정정하고자 하는 경우 또는 투자자 보호를 위하여 그 위임장 용지 및 참고서류에 기재된 내용을 정정할 필요가 있는 경우로서 대통령령으로 정하는 경우에는 반드시 이를 정정하여 제출하여야 한다.

제157조【위임장용지 등의 공시】 금융위원회와 거래소는 제152조에 따른 위임장용지 및 참고서류, 제155조에 따른 서면 및 제156조에 따른 정정내용을 그 접수일부터 3년간 비치하고, 인터넷 홈페이지 등을 이용하여 공시하여야 한다.(2008.2.29 본조개정)

제158조【조사 및 조치】 ① 금융위원회는 투자자 보호를 위하여 필요한 경우에는 의결권권유자, 그 밖의 관계인에 대하여 참고가 될 보고 또는 자료의 제출을 명하거나, 금융감독원장에게 그 장부·서류, 그 밖의 물건을 조사하게 할 수 있다. 이 경우 제131조제2항을 준용한다.(2008.2.29 전단개정)

② 금융위원회는 다음 각 호의 어느 하나에 해당하는 경우에는 의결권권유자에 대하여 이유를 제시한 후 그 사실을 공고하고 정정을 명할 수 있으며, 필요한 때에는 의결권 대리행사의 권유를 정지 또는 금지하거나 대통령령으로 정하는 조치를 할 수 있다. 이 경우 그 조치에 필요한 절차 및 조치기준은 총리령으로 정한다.(2009.2.3 후단개정)

1. 제152조제1항을 위반하여 위임장 용지 및 참고서류를 의결권피권유자에게 교부하지 아니한 경우
2. 제152조제3항을 위반하여 공공적 법인이 아닌 자가 의결권 대리행사의 권유를 한 경우
3. 위임장 용지 및 참고서류에 관하여 제153조 또는 제154조를 위반한 경우
4. 제153조 또는 제156조제1항·제3항에 따라 제출하는 위임장 용지 및 참고서류 중 의결권 위임 관련 중요사항에 관하여 거짓의 기재 또는 표시가 있거나 의결권 위임 관련 중요사항이 기재 또는 표시되지 아니한 경우
5. 제156조제3항 후단을 위반하여 정정서류를 제출하지 아니한 경우

제3장 상장법인의 사업보고서 등

제159조【사업보고서 등의 제출】 ① 주권상장법인, 그 밖에 대통령령으로 정하는 법인(이하 "사업보고서 제출대상법인"이라 한다)은 그 사업보고서를 각 사업연도 경과 후 90일 이내에 금융위원회와 거래소에 제출하여야 한다. 다만, 파산, 그 밖의 사유로 인하여 사업보고서의 제출이 사실상 불가능하거나 실효성이 없는 경우로서 대통령령으로 정하는 경우에는 사업보고서를 제출하지 아니할 수 있다.(2008.2.29 본문개정)

② 사업보고서 제출대상법인은 제1항의 사업보고서에 다음 각 호의 사항을 기재하고, 대통령령으로 정하는 서류를 첨부하여야 한다.

1. 회사의 목적, 상호, 사업내용
2. 임원보수(「상법」, 그 밖의 법률에 따른 주식매수선택권을 포함하되, 대통령령으로 정하는 것에 한한다. 이하 이 항에서 같다)

3. 임원 개인별 보수와 그 구체적인 산정기준 및 방법(임원 개인에게 지급된 보수가 5억원 이내의 범위에서 대통령령으로 정하는 금액 이상인 경우에 한한다)
3의2. 보수총액 기준 상위 5명의 개인별 보수와 그 구체적인 산정기준 및 방법(개인에게 지급된 보수가 5억원 이내의 범위에서 대통령령으로 정하는 금액 이상인 경우에 한정한다) (2016.3.29 본호신설)
4. 재무에 관한 사항
5. 그 밖에 대통령령으로 정하는 사항
(2013.5.28 본항개정)
③ 최초로 제1항에 따라 사업보고서를 제출하여야 하는 법인은 사업보고서 제출대상법인에 해당하게 된 날부터 5일(제1항에 따른 사업보고서의 제출기간 중에 사업보고서 제출대상법인에 해당하게 된 경우에는 그 제출기한으로 한다) 이내에 그 직전 사업연도의 사업보고서를 금융위원회와 거래소에 제출하여야 한다. 다만, 그 법인이 증권신고서 등을 통하여 이미 직전 사업연도의 사업보고서에 준하는 사항을 공시한 경우에는 직전 사업연도의 사업보고서를 제출하지 아니할 수 있다. (2009.2.3 본문개정)
④ 사업보고서 제출대상법인은 제1항의 사업보고서를 작성함에 있어서 금융위원회가 정하여 고시하는 기재방법 및 서식에 따라야 한다.(2009.2.3 본항개정)
⑤ (2009.2.3 삭제)
⑥ 사업보고서 제출대상법인은 사업보고서에 그 법인의 예측정보를 기재 또는 표시할 수 있다. 이 경우 예측정보의 기재 또는 표시는 제125조제2항제1호·제2호 및 제4호의 방법에 따라야 한다.
⑦ 사업보고서를 제출하는 경우 제출 당시 그 법인의 대표이사(집행임원 설치회사의 경우 대표집행임원을 말한다) 및 제출업무를 담당하는 이사는 그 사업보고서의 기재사항 중 중요사항에 관하여 거짓의 기재 또는 표시가 있거나 중요사항의 기재 또는 표시가 누락되어 있지 아니하다는 사실 등 대통령령으로 정하는 사항을 확인·검토하고 이에 각각 서명하여야 한다. (2013.5.28 본항개정)

제160조【반기·분기보고서의 제출】 ① 사업보고서 제출대상법인은 그 사업연도 개시일부터 6개월간의 사업보고서(이하 "반기보고서"라 한다)와 사업연도 개시일부터 3개월간 및 9개월간의 사업보고서(이하 "분기보고서"라 한다)를 각각 그 기간 경과 후 45일 이내에 금융위원회와 거래소에 제출하여야 하되, 사업보고서 제출대상법인이 재무에 관한 사항과 그 부속명세, 그 밖에 금융위원회가 정하여 고시하는 사항을 연결재무제표를 기준으로 기재하여 작성한 반기보고서와 분기보고서를 금융위원회와 거래소에 제출하는 경우에는 그 최초의 사업연도와 그 다음 사업연도에 한하여 그 기간 경과 후 60일 이내에 제출할 수 있다. 이 경우 제159조제2항(분기보고서에 대하여는 같은 항 제3호 및 제3호의2는 제외한다)·제4항·제6항 및 제7항을 준용한다.(2016.3.29 후단개정)
② 최초로 제159조제1항 본문에 따라 사업보고서를 제출하여야 하는 법인은 사업보고서 제출대상법인에 해당하게 된 날부터 5일(제1항 전단에 따른 반기보고서 또는 분기보고서의 제출기간 중에 사업보고서 제출대상법인에 해당하게 된 경우에는 그 제출기한으로 한다) 이내에 그 직전 반기보고서 또는 분기보고서를 금융위원회와 거래소에 제출하여야 한다. 다만, 그 법인이 증권신고서 등을 통하여 이미 직전 반기보고서 또는 분기보고서에 준하는 사항을 공시한 경우에는 직전 반기보고서 또는 분기보고서를 제출하지 아니할 수 있다.(2025.1.21 본항신설)

제161조【주요사항보고서의 제출】 ① 사업보고서 제출대상법인은 다음 각 호의 어느 하나에 해당하는 사실이 발생한 경우에는 그 사실이 발생한 날의 다음 날까지(제6호의 경우에는 그 사실이 발생한 날부터 3일까지, 제9호의 경우에는 그 사실이 발생한 다음 날과 납입기일의 1주 전 중 먼저 도래하는 날까지로 한다) 그 내용을 기재한 보고서(이하 "주요사항보고서"라 한다)를 금융위원회에 제출하여야 한다. 이 경우 제159조제6항 및 제7항을 준용한다.(2025.1.21 전단개정)
1. 발행한 어음 또는 수표가 부도로 되거나 은행과의 당좌거래가 정지 또는 금지된 때
2. 영업활동의 전부 또는 중요한 일부가 정지되거나 그 정지에 관한 이사회 등의 결정이 있은 때(2013.5.28 본호개정)
3. 「채무자 회생 및 파산에 관한 법률」에 따른 회생절차개시 또는 간이회생절차개시의 신청이 있은 때(2014.12.30 본호개정)
4. 이 법, 「상법」, 그 밖의 법률에 따른 해산사유가 발생한 때
5. 대통령령으로 정하는 경우에 해당하는 자본 또는 부채의 변동에 관한 이사회 등의 결정이 있은 때(2013.5.28 본호개정)
6. 「상법」 제360조의2, 제360조의15, 제522조 및 제530조의2에 규정된 사실이 발생한 때
7. 대통령령으로 정하는 중요한 영업 또는 자산을 양수하거나 양도할 것을 결의한 때
8. 자기주식을 취득(자기주식의 취득을 목적으로 하는 신탁계약의 체결을 포함한다) 또는 처분(자기주식의 취득을 목적으로 하는 신탁계약의 해지를 포함한다)할 것을 결의한 때
9. 전환사채, 교환사채, 또는 신주인수권부사채의 발행에 관한 결정이 있은 때. 다만, 해당 주권 관련 사채권의 발행이 증권의 모집 또는 매출에 따른 것으로서 제119조제1항에 따라 신고서를 제출하는 경우는 제외한다.(2025.1.21 본호신설)
10. 그 밖에 그 법인의 경영·재산 등에 관하여 중대한 영향을 미치는 사항으로서 대통령령으로 정하는 사실이 발생한 때
② 사업보고서 제출대상법인은 제1항에 따라 주요사항보고서를 제출하는 경우에는 제1항 각 호의 항목별로 대통령령으로 정하는 서류를 첨부하여야 한다.
③ 사업보고서 제출대상법인은 주요사항보고서를 작성함에 있어서 금융위원회가 정하여 고시하는 기재방법 및 서식에 따라야 한다.(2008.2.29 본항개정)
④ 금융위원회는 제출된 주요사항보고서가 투자자의 투자판단에 중대한 영향을 미칠 우려가 있어 그 내용을 신속하게 알릴 필요가 있는 경우에는 대통령령으로 정하는 방법에 따라 행정기관, 그 밖의 관계기관에 대하여 필요한 정보의 제공 또는 교환을 요청할 수 있다. 이 경우 요청을 받은 기관은 특별한 사유가 없는 한 이에 협조하여야 한다.(2008.2.29 전단개정)
⑤ 금융위원회는 제1항에 따라 주요사항보고서가 제출된 경우 이를 거래소에 지체 없이 송부하여야 한다.(2008.2.29 본항개정)

제161조의2【자료요구권 등】 ① 연결재무제표 작성대상법인 중 사업보고서 제출대상법인은 제159조의 사업보고서, 반기보고서, 분기보고서 및 주요사항보고서(이하 "사업보고서등"이라 한다)의 작성을 위하여 필요한 범위에서 종속회사에게 관련 자료의 제출을 요구할 수 있다.
② 연결재무제표 작성대상법인 중 사업보고서 제출대상법인은 사업보고서등의 작성을 위하여 필요한 자료를 입수할 수 없거나 종속회사가 제출한 자료의 내용을 확인할 필요가 있는 때에는 종속회사의 업무와 재산상태를 조사할 수 있다.
(2025.1.21 본조개정)

제162조【거짓의 기재 등에 의한 배상책임】 ① 사업보고서등과 그 첨부서류(회계감사인의 감사보고서는 제외한다) 중 중요사항에 관하여 거짓의 기재 또는 표시가 있거나 중요사항이 기재 또는 표시되지 아니함으로써 사업보고서 제출대상법인이 발행한 증권(그 증권과 관련된 증권예탁증권, 그 밖에 대통령령으로 정하는 증권을 포함한다. 이하 이 조에서 같다)의 취득자 또는 처분자가 손해를 입은 경우에는 다음 각 호의 자는 그 손해에 관하여 배상의 책임을 진다. 다만, 배상의 책임을 질 자가 상당한 주의를 하였음에도 불구하고 이를 알 수 없었음을 증명하거나 그 증권의 취득자 또는 처분자가 그 취득 또는 처분을 할 때에 그 사실을 안 경우에는 배상의 책임을 지지 아니한다.(2025.1.21 본문개정)
1. 그 사업보고서등의 제출인과 제출당시의 그 사업보고서 제출대상법인의 이사
2. 「상법」 제401조의2제1항 각 호의 어느 하나에 해당하는 자로서 그 사업보고서등의 작성을 지시하거나 집행한 자
3. 그 사업보고서등의 기재사항 및 그 첨부서류가 진실 또는 정확하다고 증명하여 서명한 공인회계사·감정인 또는 신용평가를 전문으로 하는 자 등(그 소속단체를 포함한다) 대통령령으로 정하는 자
4. 그 사업보고서등의 기재사항 및 그 첨부서류에 자기의 평가·분석·확인 의견이 기재되는 것에 대하여 동의하고 그 기재내용을 확인한 자

② 예측정보가 다음 각 호에 따라 기재 또는 표시된 경우에는 제1항에 불구하고 제1항 각 호의 자는 그 손해에 관하여 배상의 책임을 지지 아니한다. 다만, 해당 증권의 취득자 또는 처분자가 그 취득 또는 처분을 할 때에 예측정보 중 중요사항에 관하여 거짓의 기재 또는 표시가 있거나 중요사항이 기재 또는 표시되지 아니한 사실을 알지 못한 경우로서 제1항 각 호의 자에게 그 기재 또는 표시와 관련하여 고의 또는 중대한 과실이 있었음을 증명한 경우에는 배상의 책임을 진다.
1. 그 기재 또는 표시가 예측정보라는 사실이 밝혀져 있을 것
2. 예측 또는 전망과 관련된 가정 또는 판단의 근거가 밝혀져 있을 것
3. 그 기재 또는 표시가 합리적 근거 또는 가정에 기초하여 성실하게 행하여졌을 것
4. 그 기재 또는 표시에 대하여 예측치와 실제 결과치가 다를 수 있다는 주의문구가 밝혀져 있을 것
③ 제1항 및 제2항에 따라 배상할 금액은 청구권자가 그 증권을 취득 또는 처분함에 있어서 실제로 지급한 금액 또는 받은 금액과 다음 각 호의 어느 하나에 해당하는 금액(처분의 경우에는 제1호에 한한다)과의 차액으로 추정한다.
1. 제1항 및 제2항에 따라 손해배상을 청구하는 소송의 변론이 종결될 때의 그 증권의 시장가격(시장가격이 없는 경우에는 추정처분가격을 말한다)
2. 제1호의 변론종결 전에 그 증권을 처분한 경우에는 그 처분가격
④ 제3항에 불구하고 제1항 및 제2항에 따라 배상책임을 질 자는 청구권자가 입은 손해액의 전부 또는 일부가 중요사항에 관하여 거짓의 기재 또는 표시가 있거나 중요사항이 기재 또는 표시되지 아니함으로써 발생한 것이 아님을 증명한 경우에는 그 부분에 대하여 배상책임을 지지 아니한다.
⑤ 제1항 및 제2항에 따른 배상의 책임은 그 청구권자가 해당 사실을 안 날부터 1년 이내 또는 해당 제출일부터 3년 이내에 청구권을 행사하지 아니한 경우에는 소멸한다.
제163조【사업보고서등의 공시】 금융위원회와 거래소는 사업보고서등을 3년간 일정한 장소에 비치하고, 인터넷 홈페이지 등을 이용하여 공시하여야 한다. 이 경우 기업경영 등 비밀유지와 투자자 보호와의 형평 등을 고려하여 대통령령으로 정하는 사항을 제외하고 비치 및 공시할 수 있다.(2008.2.29 전단개정)
제164조【조사 및 조치】 ① 금융위원회는 투자자 보호를 위하여 필요한 경우에는 사업보고서 제출대상법인, 그 밖의 관계인에 대하여 참고가 될 보고 또는 자료의 제출을 명하거나, 금융감독원장에게 그 장부·서류, 그 밖의 물건을 조사하게 할 수 있다. 이 경우 제131조제2항을 준용한다.(2008.2.29 전단개정)
② 금융위원회는 다음 각 호의 어느 하나에 해당하는 경우에는 사업보고서 제출대상법인에 대하여 이유를 제시한 후 그 사실을 공고하고 정정을 명할 수 있으며, 필요한 때에는 증권의 발행, 그 밖의 거래를 정지 또는 금지하거나 대통령령으로 정하는 조치를 할 수 있다. 이 경우 그 조치에 필요한 절차 및 조치기준은 총리령으로 정한다.(2009.2.3 후단개정)
1. 사업보고서등을 제출하지 아니한 경우
2. 사업보고서등 중 중요사항에 관하여 거짓의 기재 또는 표시가 있거나 중요사항이 기재 또는 표시되지 아니한 경우
제165조【사업보고서등의 제출에 관한 특례】 ① 제159조부터 제161조까지의 규정에 불구하고 외국법인등의 경우에는 대통령령으로 정하는 기준 및 방법에 따라 제출의무를 면제하거나 제출기한을 달리하는 등 그 적용을 달리할 수 있다.
② 제160조에도 불구하고 「중소기업기본법」 제2조에 따른 중소기업이 발행한 주권을 매매하는 대통령령으로 정하는 증권시장에 상장된 주권을 발행한 법인의 경우에는 대통령령으로 정하는 기준 및 방법에 따라 반기·분기보고서의 제출의무를 면제하거나 제출기한을 달리하는 등 그 적용을 달리할 수 있다.
(2013.8.13 본항신설)
③ 제159조 및 제160조에도 불구하고 사업보고서 제출대상법인은 그 회계감사인과 감사보고서 작성을 위하여 부득이 사업보고서등(주요사항보고서는 제외한다. 이하 이 항에서 같다)의 제출기한 연장이 필요하다고 미리 합의하고 제159조제1항 및 제160조제1항에 따른 사업보고서등의 제출기한 만료 7일 전까지 금융위원회와 거래소에 기한 연장 사유를 기재하여 신고한 경우에는 연 1회에 한정하여 사업보고서등 제출기한을 5영업일 이내에서 연장하여 제출할 수 있다.(2025.1.21 본항개정)
④ 사업보고서 제출대상법인이 제3항에 따라 금융위원회와 거래소에 신고하는 경우에는 금융위원회가 정하여 고시하는 기재방법 및 서식에 따라야 하고, 회계감사인이 기재하여 서명날인한 기한 연장 사유서를 첨부하여야 한다.(2017.10.31 본항신설)
(2025.1.21 본조제목개정)

제3장의2 주권상장법인에 대한 특례
(2009.2.3 본장신설)

제165조의2【적용범위】 ① 이 장은 다음 각 호의 어느 하나에 해당하지 아니하는 주권상장법인에 대하여 적용한다.
1. 외국법인등. 다만, 제165조의16 및 제165조의18은 그러하지 아니하다.
2. 투자회사
② 이 장은 주권상장법인에 관하여 「상법」 제3편에 우선하여 적용한다.
(2013.4.5 본조개정)
제165조의3【자기주식 취득 및 처분의 특례】 ① 주권상장법인은 다음 각 호의 방법으로 자기주식을 취득할 수 있다.
1. 「상법」 제341조제1항에 따른 방법
2. 신탁계약에 따라 자기주식을 취득한 신탁업자로부터 신탁계약이 해지되거나 종료된 때 반환받는 방법(신탁업자가 해당 주권상장법인의 자기주식을 「상법」 제341조제1항의 방법으로 취득한 경우로 한정한다)
② 제1항의 경우 자기주식의 취득가액의 총액은 「상법」 제462조제1항에 따른 이익배당을 할 수 있는 한도 이내이어야 한다.
③ 주권상장법인은 제1항의 방법 또는 「상법」 제341조제1항 각 호의 어느 하나에 해당하는 방법으로 자기주식을 취득하는 경우에는 같은 조 제2항에도 불구하고 이사회의 결의로써 자기주식을 취득할 수 있다.
④ 주권상장법인은 제1항에 따라 자기주식을 취득(자기주식을 취득하기로 하는 신탁업자와의 신탁계약의 체결을 포함한다)하거나 이에 따라 취득한 자기주식을 처분(자기주식을 취득하기로 하는 신탁업자와의 신탁계약의 해지를 포함한다)하는 경우에는 대통령령으로 정하는 요건·방법 등의 기준에 따라야 한다.
(2013.4.5 본조개정)
제165조의4【합병 등의 특례】 ① 주권상장법인은 다음 각 호의 어느 하나에 해당하는 행위(이하 이 조에서 "합병 등"이라 한다)를 하려면 대통령령으로 정하는 요건·방법 등의 기준에 따라야 한다.(2013.5.28 본문개정)
1. 다른 법인과의 합병
2. 대통령령으로 정하는 중요한 영업 또는 자산의 양수 또는 양도
3. 주식의 포괄적 교환 또는 포괄적 이전
4. 분할 또는 분할합병
② 주권상장법인은 합병 등을 하는 경우 투자자 보호 및 건전한 거래질서를 위하여 대통령령으로 정하는 바에 따라 외부의 전문평가기관(이하 이 조 및 제165조의18에서 "외부평가기관"이라 한다)으로부터 합병 등의 가액, 그 밖에 대통령령으로 정하는 사항에 관한 평가를 받아야 한다.(2013.5.28 본항신설)
③ 금융위원회는 외부평가기관의 합병 등에 관한 평가가 현저히 부실한 경우, 그 밖에 투자자 보호 또는 건전한 거래질서를 해할 우려가 있는 경우로서 대통령령으로 정하는 경우에는 제2항에 따른 평가 업무를 제한할 수 있다.(2013.5.28 본항신설)
④ 외부평가기관의 범위, 제3항에 따른 평가 업무 제한의 방법 등에 대하여는 대통령령으로 정한다.(2013.5.28 본항신설)
제165조의5【주식매수청구권의 특례】 ① 주권상장법인이 「상법」 제360조의3·제360조의9·제360조의16·제374조·제522조·제527조의2 및 제530조의3(같은 법 제530조의2에 따른 분할합병 및 같은 조에 따른 분할로서 대통령령으로 정하는 경우만 해당한다)에서 규정하는 의결사항에 관한 이사회 결의에 반대하는 주주(「상법」 제344조의3제1항에 따른 의결권이 없거나 제한되는 종류주식의 주주를 포함한다. 이하 이 조에서 같다)는 주주총회 전(「상법」 제360조의9에 따른 완전자회사가 되는 회사의 주주와 같은 법 제527조의2에 따른 소멸하는 회사의 주주의 경우에는 같은 법 제360조의9제2항 및 제527조의2

제2항에 따른 공고 또는 통지를 한 날부터 2주 이내)에 해당 법인에 대하여 서면으로 그 결의에 반대하는 의사를 통지한 경우에만 자기가 소유하고 있는 주식(반대 의사를 통지한 주주가 제391조에 따라 이사회 결의 사실이 공시되기 이전에 취득하였음을 증명한 주식과, 이사회 결의 사실이 공시된 이후에 취득하였지만 대통령령으로 정하는 경우에 해당함을 증명한 주식만 해당한다)을 매수하여 줄 것을 해당 법인에 대하여 주주총회의 결의일(「상법」 제360조의9에 따른 완전자회사가 되는 회사의 주주와 같은 법 제527조의2에 따른 소멸하는 회사의 주주의 경우에는 같은 법 제360조의9제2항 및 제527조의2제2항에 따른 공고 또는 통지를 한 날부터 2주가 경과한 날)부터 20일 이내에 주식의 종류와 수를 기재한 서면으로 청구할 수 있다.(2013.5.28 본항개정)

② 제1항의 청구를 받으면 해당 법인은 매수청구기간이 종료하는 날부터 1개월 이내에 해당 주식을 매수하여야 한다.

③ 제2항에 따른 주식의 매수가격은 주주와 해당 법인 간의 협의로 결정한다. 다만, 협의가 이루어지지 아니하는 경우의 매수가격은 이사회 결의일 이전에 증권시장에서 거래된 해당 주식의 거래가격을 기준으로 하여 대통령령으로 정하는 방법에 따라 산정된 금액으로 하며, 해당 법인이나 매수를 청구한 주주가 그 매수가격에 대하여도 반대하면 법원에 매수가격의 결정을 청구할 수 있다.

④ 주권상장법인이 제1항에 따라 매수한 주식은 대통령령으로 정하는 기간 이내에 처분하여야 한다.(2013.4.5 단서삭제)

⑤ 주권상장법인은 「상법」 제363조에 따라 같은 법 제360조의3, 제360조의16, 제374조, 제522조 및 제530조의3(같은 법 제530조의2에 따른 분할합병 및 같은 조에 따른 분할로서 대통령령으로 정하는 경우만 해당한다)에서 규정하는 결의사항에 관한 주주총회 소집의 통지 또는 공고를 하거나 같은 법 제360조의9제2항 및 제527조의2제2항에 따른 통지 또는 공고를 하는 경우에는 제1항에 따른 주식매수청구권의 내용 및 행사방법을 명시하여야 한다. 이 경우 같은 법 제344조의3제1항에 따른 의결권이 없거나 제한되는 종류주식의 주주에게도 그 사항을 통지하거나 공고하여야 한다.(2013.5.28 전단개정)

제165조의6【주식의 발행 및 배정 등에 관한 특례】 ① 주권상장법인이 신주(제3호의 경우에는 이미 발행한 주식을 포함한다. 이하 이 항 및 제4항에서 같다)를 배정하는 경우 다음 각 호의 방식에 따른다.

1. 주주에게 그가 가진 주식 수에 따라서 신주를 배정하기 위하여 신주인수의 청약을 할 기회를 부여하는 방식
2. 신기술의 도입, 재무구조의 개선 등 회사의 경영상 목적을 달성하기 위하여 필요한 경우 제1호 외의 방법으로 특정한 자(해당 주권상장법인의 주식을 소유한 자를 포함한다)에게 신주를 배정하기 위하여 신주인수의 청약을 할 기회를 부여하는 방식
3. 제1호 외의 방법으로 불특정 다수인(해당 주권상장법인의 주식을 소유한 자를 포함한다)에게 신주인수의 청약을 할 기회를 부여하고 이에 따라 청약을 한 자에 대하여 신주를 배정하는 방식

② 주권상장법인은 신주를 배정하는 경우 그 기일까지 신주인수의 청약을 하지 아니하거나 그 가액을 납입하지 아니한 주식〔이하 이 조 및 제165조의18에서 "실권주"(失權株)라 한다〕에 대하여 발행을 철회하여야 한다. 다만, 금융위원회가 정하여 고시하는 방법에 따라 산정한 가격 이상으로 신주를 발행하는 경우로서 다음 각 호의 어느 하나에 해당하는 경우에는 그러하지 아니하다.

1. 실권주가 발생하는 경우 대통령령으로 정하는 특수한 관계에 있지 아니한 투자매매업자가 인수인으로서 그 실권주 전부를 취득하는 것을 내용으로 하는 계약을 해당 주권상장법인과 체결하는 경우
2. 제1항제1호의 경우 신주인수의 청약 당시에 해당 주권상장법인과 주주 간의 별도의 합의에 따라 실권주가 발생하는 때에는 신주인수의 청약에 따라 배정받을 주식수를 초과하는 내용의 청약(이하 이 호에서 "초과청약"이라 한다)을 하여 그 초과청약을 한 주주에게 우선적으로 그 실권주를 배정하기로 하는 경우. 이 경우 신주인수의 청약에 따라 배정받을 주식수에 대통령령으로 정하는 비율을 곱한 주식수를 초과할 수 없다.
3. 그 밖에 주권상장법인의 자금조달의 효율성, 주주 등의 이익 보호, 공정한 시장질서 유지의 필요성을 종합적으로 고려하여 대통령령으로 정하는 경우

③ 주권상장법인은 제1항제1호의 방식으로 신주를 배정하는 경우 「상법」 제416조제5호 및 제6호에도 불구하고 주주에게 신주인수권증서를 발행하여야 한다. 이 경우 주주 등의 이익 보호, 공정한 시장질서 유지의 필요성 등을 고려하여 대통령령으로 정하는 방법에 따라 신주인수권증서가 유통될 수 있도록 하여야 한다.

④ 제1항제3호의 방식으로 신주를 배정하는 경우에는 정관으로 정하는 바에 따라 이사회의 결의로 다음 각 호의 어느 하나에 해당하는 방식으로 신주를 배정하여야 한다. 이 경우 「상법」 제418조제1항 및 같은 조 제2항 단서를 적용하지 아니한다.

1. 신주인수의 청약을 할 기회를 부여하는 자의 유형을 분류하지 아니하고 불특정 다수의 청약자에게 신주를 배정하는 방식
2. 제165조의7에 따라 우리사주조합원에 대하여 신주를 배정하고 청약되지 아니한 주식까지 포함하여 불특정 다수인에게 신주인수의 청약을 할 기회를 부여하는 방식
3. 주주에 대하여 우선적으로 신주인수의 청약을 할 수 있는 기회를 부여하고 청약되지 아니한 주식이 있는 경우 이를 불특정 다수인에게 신주를 배정받을 기회를 부여하는 방식
4. 투자매매업자 또는 투자중개업자가 인수인 또는 주선인으로서 마련한 수요예측 등 대통령령으로 정하는 합리적인 기준에 따라 특정한 유형의 자에게 신주인수의 청약을 할 수 있는 기회를 부여하는 경우로서 금융위원회가 인정하는 방식

(2013.5.28 본조개정)

제165조의7【우리사주조합원에 대한 주식의 배정 등에 관한 특례】 ① 대통령령으로 정하는 주권상장법인 또는 주권을 대통령령으로 정하는 증권시장에 상장하려는 법인(이하 이 조에서 "해당 법인"이라 한다)이 주식을 모집하거나 매출하는 경우 「상법」 제418조에도 불구하고 해당 법인의 우리사주조합원(「근로복지기본법」에 따른 우리사주조합원을 말한다. 이하 같다)에 대하여 모집하거나 매출하는 주식총수의 100분의 20을 배정하여야 한다. 다만, 다음 각 호의 어느 하나에 해당하는 경우에는 그러하지 아니하다.(2013.5.28 본문개정)

1. 「외국인투자 촉진법」에 따른 외국인투자기업 중 대통령령으로 정하는 법인이 주식을 발행하는 경우
2. 그 밖에 해당 법인이 우리사주조합원에 대하여 우선배정을 하기 어려운 경우로서 대통령령으로 정하는 경우(2013.5.28 본호개정)

② 우리사주조합원이 소유하는 주식수가 신규로 발행되는 주식과 이미 발행된 주식의 총수의 100분의 20을 초과하는 경우에는 제1항을 적용하지 아니한다.

③ 제165조의6제1항제1호의 방식으로 신주를 발행하는 경우 제1항에 따른 우리사주조합원에 대한 배정분에 대하여는 「상법」 제419조제1항부터 제3항까지의 규정을 적용하지 아니한다.
(2013.5.28 본항신설)

④ 금융위원회는 제1항에 따른 우리사주조합원에 대한 주식의 배정과 그 주식의 처분 등에 필요한 기준을 정하여 고시할 수 있다.

(2013.4.5 본조제목개정)

제165조의8【액면미달발행의 특례】 ① 주권상장법인은 「상법」 제417조에도 불구하고 법원의 인가 없이 같은 법 제434조에 따른 주주총회의 결의만으로 주식을 액면미달의 가액으로 발행할 수 있다. 다만, 그 액면미달금액의 총액에 대하여 상각(償却)을 완료하지 아니한 경우에는 그러하지 아니하다.
(2013.4.5 단서개정)

② 제1항에 따른 주주총회의 결의에서는 주식의 최저발행가액을 정하여야 한다. 이 경우 최저발행가액은 대통령령으로 정하는 방법에 따라 산정한 가격 이상이어야 한다.

③ 주권상장법인은 주주총회에서 다르게 정하는 경우를 제외하고는 제1항에 따른 주식을 주주총회의 결의일부터 1개월 이내에 발행하여야 한다.

제165조의9【주주에 대한 통지 또는 공고의 특례】 주권상장법인이 제165조의6 또는 「상법」 제418조제2항의 방식으로 신주를 배정할 때 제161조제1항제5호에 따라 금융위원회에 제출한 주요사항보고서가 제163조에 따라 금융위원회와 거래소에 그 납입기일의 1주 전까지 공시된 경우에는 「상법」 제418조제4항을 적용하지 아니한다.(2017.10.31 본조개정)

제165조의10 【사채의 발행 및 배정 등에 관한 특례】 ① 주권상장법인이 다음 각 호의 사채(이하 "주권 관련 사채권"이라 한다)를 발행하는 경우에는 제165조의6제1항·제2항·제4항 및 제165조의9를 준용한다.(2017.4.18 본문개정)

1. 제165조의11제1항에 따른 사채(주식으로 전환되는 조건이 붙은 사채로 한정한다)
2. 「상법」 제469조제2항제2호, 제513조 및 제516조의2에 따른 사채

(2016.3.29 본항개정)

② 주권상장법인이 「상법」 제516조의2제1항에 따른 사채를 발행할 때 같은 조 제2항제4호에도 불구하고 사채권자가 신주인수권증권만을 양도할 수 있는 사채는 사모의 방법으로 발행할 수 없다.(2015.7.24 본항개정)

제165조의11 【조건부자본증권의 발행 등】 ① 주권상장법인(「은행법」 제33조제1항제2호·제3호, 「금융지주회사법」 제15조의2제1항제2호·제3호 또는 「보험업법」 제114조의2제1항제1호·제2호에 따라 해당 사채를 발행할 수 있는 자를 제외한다)은 정관으로 정하는 바에 따라 이사회의 결의로 「상법」 제469조제2항, 제513조 및 제516조의2에 따른 사채와 다른 종류의 사채로서 해당 사채의 발행 당시 객관적이고 합리적인 기준에 따라 미리 정하는 사유가 발생하는 경우 주식으로 전환되거나 그 사채의 상환과 이자지급 의무가 감면된다는 조건이 붙은 사채, 그 밖에 대통령령으로 정하는 사채를 발행할 수 있다.(2022.12.31 본항개정)

② 제1항에 따라 발행하는 사채의 내용, 발행사항 및 유통 등의 방법, 조건의 세부내용 등 필요한 사항은 대통령령으로 정한다.(2013.5.28 본조개정)

제165조의12 【이익배당의 특례】 ① 연 1회의 결산기를 정한 주권상장법인은 정관으로 정하는 바에 따라 사업연도 중 그 사업연도 개시일부터 3월, 6월 및 9월 말일부터 45일 이내의 이사회 결의로써 금전으로 이익배당(이하 "분기배당"이라 한다)을 할 수 있다.(2025.1.21 본항개정)

② (2025.1.21 삭제)

③ 제1항에 따른 분기배당금은 이사회 결의일부터 1개월 이내에 지급하여야 한다. 다만, 정관 또는 이사회에서 그 지급시기를 따로 정한 경우에는 그에 따른다.(2025.1.21 본항개정)

④ 분기배당은 직전 결산기의 재무상태표상의 순자산액에서 다음 각 호의 금액을 뺀 금액을 한도로 한다.(2021.4.20 본문개정)

1. 직전 결산기의 자본의 액
2. 직전 결산기까지 적립된 자본준비금과 이익준비금의 합계액
3. 직전 결산기의 정기총회에서 이익배당을 하기로 정한 금액
4. 분기배당에 따라 해당 결산기에 적립하여야 할 이익준비금의 합계액

⑤ 해당 결산기의 재무상태표상의 순자산액이 「상법」 제462조제1항 각 호의 금액의 합계액에 미치지 못할 우려가 있으면 분기배당을 하여서는 아니 된다.(2021.4.20 본항개정)

⑥ 해당 결산기의 재무상태표상의 순자산액이 「상법」 제462조제1항 각 호의 금액의 합계액에 미치지 못함에도 불구하고 분기배당을 한다는 이사회 결의에 찬성한 이사는 해당 법인에 대하여 연대하여 그 차액(분기배당액의 합계액이 그 차액보다 적을 경우에는 분기배당액의 합계액)을 배상할 책임이 있다. 다만, 그 이사가 상당한 주의를 하였음에도 불구하고 제5항의 우려가 있다는 것을 알 수 없었음을 증명하면 배상할 책임이 없다.(2021.4.20 본문개정)

⑦ 「상법」 제340조제1항, 제344조제1항, 제354조제1항, 제370조제1항, 제457조제2항, 제458조, 제464조 및 제625조제3호의 적용에 관하여는 분기배당을 같은 법 제462조제1항에 따른 이익의 배당으로 보고, 같은 법 제635조제1항제22호의2의 적용에 관하여는 제3항의 기간을 같은 법 제464조의2제1항의 기간으로 본다.(2020.12.29 본항개정)

⑧ 제6항에 따라 이사가 연대책임을 지는 경우에 관하여는 「상법」 제399조제3항 및 제400조를 준용하고, 제4항을 위반하여 분기배당을 한 경우에 관하여는 「상법」 제462조제2항 및 제3항을 준용한다.

⑨ 주권상장법인이 「상법」 제462조제2항 단서에 따라 이사회의 결의로 이익배당을 정한 경우 이사는 배당액의 산정근거 등 대통령령으로 정하는 사항을 주주총회에 보고하여야 한다.(2016.3.29 본항신설)

제165조의13 【주식배당의 특례】 ① 주권상장법인은 「상법」 제462조의2제1항 단서에도 불구하고 이익배당총액에 상당하는 금액까지는 새로 발행하는 주식으로 이익배당을 할 수 있다. 다만, 해당 주식의 시가가 액면액에 미치지 못하면 「상법」 제462조의2제1항 단서에 따른다.

② 제1항 단서에 따른 주식의 시가 산정방법은 대통령령으로 정한다.

제165조의14 【공공적 법인의 배당 등의 특례】 ① 공공적 법인은 이익이나 이자를 배당할 때 정부에 지급할 배당금의 전부 또는 일부를 「상법」 제464조에도 불구하고 대통령령으로 정하는 방법에 따라 해당 법인의 주주 중 다음 각 호의 어느 하나에 해당하는 자에게 지급할 수 있다.

1. 해당 주식을 발행한 법인의 우리사주조합원
2. 연간소득수준 및 소유재산규모 등을 고려하여 대통령령으로 정하는 기준에 해당하는 자

② 공공적 법인은 준비금의 전부 또는 일부를 자본에 전입할 때에는 정부에 대하여 발행할 주식의 전부 또는 일부를 「상법」 제461조제2항에도 불구하고 대통령령으로 정하는 기준 및 방법에 따라 공공적 법인의 발행주식을 일정 기간 소유하는 주주에게 발행할 수 있다.

제165조의15 【의결권이 없거나 제한되는 주식의 특례】 ① 「상법」 제344조의3제1항에 따른 의결권이 없거나 제한되는 주식의 총수에 관한 한도를 적용할 때 주권상장법인(주권을 신규로 상장하기 위하여 주권을 모집하거나 매출하는 법인을 포함한다. 이하 이 조에서 같다)이 다음 각 호의 어느 하나에 해당하는 경우에 발행하는 의결권 없는 주식은 그 한도를 계산할 때 산입하지 아니한다.(2013.4.5 본문개정)

1. 대통령령으로 정하는 방법에 따라 외국에서 주식을 발행하거나, 외국에서 발행한 주권 관련 사채권, 그 밖에 주식과 관련된 증권의 권리행사로 주식을 발행하는 경우(2013.5.28 본호개정)
2. 국가기간산업 등 국민경제상 중요한 산업을 경영하는 법인 중 대통령령으로 정하는 기준에 해당하는 법인으로서 금융위원회가 의결권 없는 주식의 발행이 필요하다고 인정하는 법인이 주식을 발행하는 경우

② 제1항 각 호의 어느 하나에 해당하는 의결권 없는 주식과 「상법」 제344조의3제1항에 따른 의결권이 없거나 제한되는 주식을 합한 의결권 없는 주식의 총수는 발행주식총수의 2분의 1을 초과하여서는 아니 된다.(2013.4.5 본항개정)

③ 의결권이 없거나 제한되는 주식 총수의 발행주식총수에 대한 비율이 4분의 1을 초과하는 주권상장법인은 제2항에 따른 비율 이내에서 대통령령으로 정하는 방법에 따라 신주인수권의 행사, 준비금의 자본전입 또는 주식배당 등의 방법으로 의결권 없는 주식을 발행할 수 있다.(2013.4.5 본항개정)

(2013.4.5 본조제목개정)

제165조의16 【주권상장법인 재무관리기준】 ① 금융위원회는 투자자를 보호하고 공정한 거래질서를 확립하기 위하여 다음 각 호의 사항에 관하여 주권상장법인 재무관리기준을 정하여 고시하거나 그 밖에 필요한 권고를 할 수 있다. 다만, 제9조제15항제3호나목에 따른 법인에 대하여는 주권상장법인 재무관리기준을 다르게 정할 수 있다.(2013.5.28 본문개정)

1. 유상증자의 요건에 관한 사항

1의2. 주권 관련 사채권의 발행에 관한 사항(2013.5.28 본호신설)

2. 배당에 관한 사항
3. 대통령령으로 정하는 해외증권의 발행에 관한 사항
4. 그 밖에 건전한 재무관리에 필요한 것으로서 대통령령으로 정하는 사항

② 주권상장법인은 제1항에 따른 재무관리기준에 따라야 한다.

제165조의17 【주식매수선택권 부여신고 등】 ① 「상법」 제340조의2 또는 제542조의3에 따른 주식매수선택권을 부여한 주권상장법인은 주주총회 또는 이사회에서 주식매수선택권을 부여하기로 결의한 경우 대통령령으로 정하는 방법에 따라 금융위원회와 거래소에 그 사실을 신고하여야 하며, 금융위원회와 거래소는 신고일부터 주식매수선택권의 존속기한까지 그 사실에 대한 기록을 갖추어 두고, 인터넷 홈페이지 등을 이용하여 그 사실을 공시하여야 한다.(2013.4.5 본항개정)

② 「공기업의 경영구조개선 및 민영화에 관한 법률」, 「금융회사의 지배구조에 관한 법률」, 그 밖의 법률에 따라 선임된 주권상

장법인의 비상임이사 또는 사외이사는 「상법」에 따른 요건 및 절차 등에 따라 선임된 사외이사로 본다.(2015.7.31 본항개정)
③ 주권상장법인은 사외이사를 선임 또는 해임하거나 사외이사가 임기만료 외의 사유로 퇴임한 경우에는 그 내용을 선임·해임 또는 퇴임한 날의 다음 날까지 금융위원회와 거래소에 신고하여야 한다.

제165조의18【주권상장법인에 대한 조치】 금융위원회는 다음 각 호의 어느 하나에 해당하는 경우에는 주권상장법인에 대하여 이유를 제시한 후 그 사실을 공고하고 정정을 명할 수 있으며, 필요하면 그 법인의 주주총회에 대한 임원의 해임 권고, 일정 기간 증권의 발행 제한, 그 밖에 대통령령으로 정하는 조치를 할 수 있다. 이 경우 그 조치에 필요한 절차 및 조치기준은 총리령으로 정한다.(2017.4.18 전단개정)

1. 제165조의3제2항을 위반하여 자기주식을 취득한 경우 (2013.4.5 본호개정)
2. 제165조의3제4항을 위반하여 자기주식을 취득(자기주식을 취득하기로 한 신탁업자와의 신탁계약의 체결을 포함한다)하거나 처분(자기주식을 취득하기로 한 신탁업자와의 신탁계약의 해지를 포함한다)한 경우(2013.4.5 본호개정)
3. 제165조의4제1항을 위반하여 같은 항 각 호의 어느 하나에 해당하는 행위를 한 경우
4. 제165조의4제2항을 위반하여 외부평가기관으로부터 평가를 받지 아니한 경우
5. 제165조의5제2항을 위반하여 주식매수청구기간이 종료하는 날부터 1개월 이내에 해당 주식을 매수하지 아니한 경우
6. 제165조의5제4항을 위반하여 대통령령으로 정하는 기간 이내에 주식을 처분하지 아니한 경우
7. 제165조의5제5항의 절차를 위반하여 통지 또는 공고를 하거나, 같은 항에 따른 통지 또는 공고를 하지 아니한 경우
8. 제165조의6제2항을 위반하여 실권주의 발행을 철회하지 아니한 경우
9. 제165조의6제3항을 위반하여 신주인수권증서를 발행하지 아니하거나 유통될 수 있도록 하지 아니한 경우
10. 제165조의6제4항을 위반하여 불특정 다수인(해당 주권상장법인의 주식을 소유한 자를 포함한다)에게 신주를 배정한 경우
11. 제165조의7을 위반하여 우리사주조합원에 대하여 주식의 배정을 한 경우
12. 제165조의8제1항 단서를 위반하여 액면미달의 가액으로 주식을 발행한 경우
13. 제165조의8제2항을 위반하여 최저발행가액을 정하지 아니하거나 같은 항 후단에 따른 방법에 따라 산정하지 아니한 경우
14. 제165조의8제3항을 위반하여 주주총회의 결의일부터 1개월 이내에 주식을 발행하지 아니한 경우
15. 제165조의10을 위반하여 사채를 발행한 경우
16. 제165조의11을 위반하여 조건부자본증권 등을 발행한 경우
(2013.5.28 3호~16호개정)
17. 165조의12제1항을 위반하여 이사회 결의를 거치지 아니하고 분기배당을 한 경우(2025.1.21 본호개정)
18. 제165조의12제3항을 위반하여 분기배당금을 지급하지 아니한 경우
19. 제165조의12제5항을 위반하여 분기배당을 한 경우
20. 제165조의13제1항을 위반하여 주식배당을 한 경우
21. 제165조의13제2항을 위반하여 주식의 시가를 산정한 경우
(2013.5.28 18호~21호개정)
22. 제165조의15제2항을 위반하여 의결권이 없거나 제한되는 주식을 발행한 경우
23. 제165조의16제2항을 위반하여 재무관리기준에 따르지 아니한 경우
24. 제165조의17제1항을 위반하여 같은 항에 따른 방법에 따라 주식매수선택권 부여에 관한 신고를 하지 아니한 경우
25. 제165조의17제3항을 위반하여 사외이사의 선임·해임 또는 퇴임 사실을 신고하지 아니한 경우
(2013.5.28 22호~25호신설)

제165조의19【사외이사 및 상근감사에 관한 특례】 「중소기업기본법」 제2조에 따른 중소기업이 발행한 주권을 매매하는 대통령령으로 정하는 증권시장에 상장된 주권을 발행한 법인에 대하여는 「상법」 제542조의8(제1항 단서, 제4항 및 제5항은 제외한다) 및 제542조의10을 적용하지 아니한다.(2013.8.13 본조신설)

제165조의20【이사회의 성별 구성에 관한 특례】 최근 사업연도말 현재 자산총액〔금융업 또는 보험업을 영위하는 회사의 경우 자본총액(재무상태표상의 자산총액에서 부채총액을 뺀 금액을 말한다) 또는 자본금 중 큰 금액으로 한다〕이 2조원 이상인 주권상장법인의 경우 이사회의 이사 전원을 특정 성(性)의 이사로 구성하지 아니하여야 한다.(2021.4.20 본조개정)

제4장 장외거래 등

제166조【장외거래】 거래소시장 또는 다자간매매체결회사 외에서 금융투자상품을 매매, 그 밖의 거래를 하는 경우 그 매매, 그 밖의 거래방법 및 결제의 방법 등 필요한 사항은 대통령령으로 정한다.(2013.5.28 본조개정)

제166조의2【장외파생상품의 매매 등】 ① 투자매매업자 또는 투자중개업자는 장외파생상품을 대상으로 하여 투자매매업 또는 투자중개업을 하는 경우에는 다음 각 호의 기준을 준수하여야 한다.

1. 장외파생상품의 매매 및 그 중개·주선 또는 대리의 상대방이 일반투자자인 경우에는 그 일반투자자가 대통령령으로 정하는 위험회피 목적의 거래를 하는 경우에 한할 것. 이 경우 투자매매업자 또는 투자중개업자는 일반투자자가 장외파생상품 거래를 통하여 회피하려는 위험의 종류와 금액을 확인하고, 관련 자료를 보관하여야 한다.
2. 장외파생상품의 매매에 따른 위험액(금융위원회가 정하여 고시하는 위험액을 말한다)이 금융위원회가 정하여 고시하는 한도를 초과하지 아니할 것
3. 영업용순자본에서 총위험액을 차감한 금액을 제15조, 제20조, 제117조의4제8항 또는 제249조의3제8항에서 요구하는 인가업무 또는 등록업무 단위별 자기자본(각 해당 조항에서 대통령령으로 정하는 완화된 요건을 말한다)을 합계한 금액으로 나눈 값이 100분의 150에 미달하는 경우(겸영금융투자업자의 경우에는 금융위원회가 정하여 고시하는 경우를 말한다)에는 그 미달상태가 해소될 때까지 새로운 장외파생상품의 매매를 중지하고, 미종결거래의 정리나 위험회피에 관련된 업무만을 수행할 것(2017.4.18 본호개정)
4. 장외파생상품의 매매를 할 때마다 제28조의2의 파생상품업무책임자의 승인을 받을 것. 다만, 금융위원회가 정하여 고시하는 기준을 충족하는 계약으로서 거래당사자 간에 미리 합의된 계약조건에 따라 장외파생상품을 매매하는 경우는 제외한다.
5. 월별 장외파생상품(파생결합증권을 포함한다)의 매매, 그 중개·주선 또는 대리의 거래내역을 다음 달 10일까지 금융위원회에 보고할 것
6. 다음 각 목의 어느 하나에 해당하는 장외파생상품을 신규로 취급하는 경우 협회의 사전심의를 받을 것. 다만, 대통령령으로 정하는 경우는 제외한다.
   가. 기초자산이 제4조제10항제4호 또는 제5호에 해당하는 장외파생상품
   나. 일반투자자를 대상으로 하는 장외파생상품
   (2010.3.12 본호신설 : 2011.12.31까지 유효)

② 장외파생상품 거래의 매매에 따른 위험관리, 그 밖에 투자자를 보호하기 위하여 필요한 사항은 금융위원회가 정하여 고시할 수 있다.
③ 금융감독원장은 투자매매업자 및 투자중개업자의 장외파생상품의 매매 등과 관련하여 제1항 각 호의 기준 준수 여부를 감독하여야 한다.
(2009.2.3 본조신설)

제166조의3【장외거래의 청산의무】 금융투자업자는 다른 금융투자업자 및 대통령령으로 정하는 자(이하 이 조에서 "거래상대방"이라 한다)와 대통령령으로 정하는 장외파생상품의 매매 및 그 밖의 장외거래(그 거래에 따른 채무의 불이행이 국내 자본시장에 중대한 영향을 줄 우려가 있는 경우로 한정하며, 이하 이 조에서 "청산의무거래"라 한다)를 하는 경우 금융투자상품거래청산회사, 그 밖에 이에 준하는 자로서 대통령령으로 정하는 자에게 청산의무거래에 따른 자기와 거래상대방의 채무를 채무인수, 경개, 그 밖의 방법으로 부담하게 하여야 한다.
(2013.4.5 본조신설)

제167조【공공적 법인이 발행한 주식의 소유제한】 ① 누구든지 공공적 법인이 발행한 주식을 누구의 명의로 하든지 자기의 계산으로 다음 각 호의 기준을 초과하여 소유할 수 없다. 이 경우 의결권 없는 주식은 발행주식총수에 포함되지 아니하며, 그 특수관계인의 명의로 소유하는 때에는 자기의 계산으로 취득한 것으로 본다.

1. 그 주식이 상장된 당시에 발행주식총수의 100분의 10 이상을 소유한 주주는 그 소유비율
2. 제1호에 따른 주주 외의 자는 발행주식총수의 100분의 3 이내에서 정관이 정하는 비율

② 제1항에 불구하고 소유비율 한도에 관하여 금융위원회의 승인을 받은 경우에는 그 소유비율 한도까지 공공적 법인이 발행한 주식을 소유할 수 있다.(2008.2.29 본항개정)

③ 제1항 및 제2항에서 규정하는 기준을 초과하여 사실상 주식을 소유하는 자는 그 초과분에 대하여는 의결권을 행사할 수 없으며, 금융위원회는 그 기준을 초과하여 사실상 주식을 소유하고 있는 자에 대하여 6개월 이내의 기간을 정하여 그 기준을 충족하도록 시정할 것을 명할 수 있다.(2008.2.29 본항개정)

제168조【외국인의 증권 또는 장내파생상품 거래의 제한】

① 외국인(국내에 6개월 이상 주소 또는 거소를 두지 아니한 개인을 말한다. 이하 이 조에서 같다) 또는 외국법인등에 의한 증권 또는 장내파생상품의 매매, 그 밖의 거래에 관하여는 대통령령으로 정하는 기준 및 방법에 따라 그 취득한도 등을 제한할 수 있다.(2009.2.3 본항개정)

② 외국인 또는 외국법인등에 의한 공공적 법인의 주식 취득에 관하여는 제1항에 따른 제한에 추가하여 그 공공적 법인의 정관이 정하는 바에 따라 따로 이를 제한할 수 있다.

③ 제1항 또는 제2항을 위반하여 주식을 취득한 자는 그 주식에 대한 의결권을 행사할 수 없으며, 금융위원회는 제1항 또는 제2항을 위반하여 증권 또는 장내파생상품을 매매한 자에게 6개월 이내의 기간을 정하여 그 시정을 명할 수 있다.(2008.2.29 본항개정)

④ 그 밖에 외국인 또는 외국법인등에 의한 증권 또는 장내파생상품의 매매, 그 밖의 거래와 관련하여 투자자 보호 및 건전한 거래질서를 위하여 필요한 사항은 대통령령으로 정한다.

제169조【회계감사인에 의한 감사증명】 ① 이 편에 따라 금융위원회와 거래소에 재무에 관한 서류를 제출하는 자 중 대통령령으로 정하는 자는 「주식회사 등의 외부감사에 관한 법률」에 따라 회계감사를 받아야 한다. 다만, 기업경영 등 비밀유지 및 기업부담과 투자자 보호와의 형평 등을 고려하여 대통령령으로 정하는 사항에 대하여는 그러하지 아니하다.(2017.10.31 본문개정)

② 금융위원회는 투자자 보호를 위하여 필요하다고 인정되는 경우에는 제1항에 따라 회계감사를 한 회계감사인 또는 회계감사를 받은 법인에 대하여 자료의 제출 및 보고를 명하거나, 그 밖에 필요한 조치를 할 수 있다.(2008.2.29 본항개정)

③ 외국법인등이 외국 금융투자업관련 법령에 따라 회계감사를 받은 경우로서 대통령령으로 정하는 기준을 충족하였을 경우에는 제1항 본문에 따른 회계감사를 받은 것으로 본다. 이 경우 제2항은 외국 금융투자업관련 법령에 따라 회계감사를 한 회계감사인(이하 "외국회계감사인"이라 한다) 또는 회계감사를 받은 외국법인등에게 준용한다.

제170조【회계감사인의 손해배상책임】 ① 「주식회사 등의 외부감사에 관한 법률」 제31조제2항부터 제9항까지의 규정은 선의의 투자자가 사업보고서등에 첨부된 회계감사인(외국회계감사인을 포함한다. 이하 이 조에서 같다)의 감사보고서를 신뢰하여 손해를 입은 경우 그 회계감사인의 손해배상책임에 관하여 준용한다.(2017.10.31 본항개정)

② 제1항에 따라 배상할 금액은 청구권자가 그 증권(그 증권과 관련된 증권예탁증권, 그 밖에 대통령령으로 정하는 증권을 포함한다. 이하 이 조에서 같다)을 취득 또는 처분함에 있어서 실제로 지급한 금액 또는 받은 금액과 다음 각 호의 어느 하나에 해당하는 금액(처분의 경우에는 제1호에 한한다)과의 차액으로 추정한다.

1. 제1항에 따라 손해배상을 청구하는 소송의 변론이 종결될 때의 그 증권의 시장가격(시장가격이 없는 경우에는 추정처분가격을 말한다)
2. 제1호의 변론종결 전에 그 증권을 처분한 경우에는 그 처분가격

③ 제2항에 불구하고 제1항에 따라 배상책임을 질 자는 청구권자가 입은 손해액의 전부 또는 일부가 중요사항에 관하여 거짓의 기재 또는 표시가 있거나 중요사항이 기재 또는 표시되지 아니함으로써 발생한 것이 아님을 증명한 경우에는 그 부분에 대하여 배상책임을 지지 아니한다.

제171조【보증금 등의 대신 납부】 ① 국가·지방자치단체 또는 「공공기관의 운영에 관한 법률」에 따른 공공기관(이하 이 조에서 "공공기관"이라 한다)에 납부할 보증금 또는 공탁금 중 대통령령으로 정하는 보증금이나 공탁금은 상장증권으로 대신 납부할 수 있다.

② 국가·지방자치단체 또는 공공기관은 제1항에 따라 상장증권으로 대신 납부하는 경우 이를 거부하여서는 아니 된다.

③ 제1항에 따라 국가·지방자치단체 또는 공공기관에 대신 납부할 수 있는 상장증권 및 그 상장증권의 대신 납부하는 가액의 평가기준은 대통령령으로 정한다.

④~⑥ (2016.3.22 삭제)

제4편 불공정거래의 규제

제1장 내부자 거래 등

제172조【내부자의 단기매매차익 반환】 ① 주권상장법인의 임원(「상법」 제401조의2제1항 각 호의 자를 포함한다. 이하 이 장에서 같다), 직원(직무상 제174조제1항의 미공개중요정보를 알 수 있는 자로서 대통령령으로 정하는 자에 한한다. 이하 이 조에서 같다) 또는 주요주주가 다음 각 호의 어느 하나에 해당하는 금융투자상품(이하 "특정증권등"이라 한다)을 매수(권리 행사의 상대방이 되는 경우로서 매수자의 지위를 가지게 되는 특정증권등의 매도를 포함한다. 이하 이 조에서 같다)한 후 6개월 이내에 매도(권리를 행사할 수 있는 경우로서 매도자의 지위를 가지게 되는 특정증권등의 매수를 포함한다. 이하 이 조에서 같다)하거나 특정증권등을 매도한 후 6개월 이내에 매수하여 이익을 얻은 경우에는 그 법인은 그 임직원 또는 주요주주에게 그 이익(이하 "단기매매차익"이라 한다)을 그 법인에게 반환할 것을 청구할 수 있다. 이 경우 이익의 산정기준·반환절차 등에 관하여 필요한 사항은 대통령령으로 정한다.

1. 그 법인이 발행한 증권(대통령령으로 정하는 증권을 제외한다)
2. 제1호의 증권과 관련된 증권예탁증권
3. 그 법인 외의 자가 발행한 것으로서 제1호 또는 제2호의 증권과 교환을 청구할 수 있는 교환사채권
4. 제1호부터 제3호까지의 증권만을 기초자산으로 하는 금융투자상품

② 해당 법인의 주주(주권 외의 지분증권 또는 증권예탁증권을 소유한 자를 포함한다. 이하 이 조에서 같다)는 그 법인으로 하여금 제1항에 따른 단기매매차익을 얻은 자에게 단기매매차익의 반환청구를 하도록 요구할 수 있으며, 그 법인이 그 요구를 받은 날부터 2개월 이내에 그 청구를 하지 아니하는 경우에는 그 주주는 그 법인을 대위(代位)하여 그 청구를 할 수 있다.

③ 증권선물위원회는 제1항에 따른 단기매매차익의 발생사실을 알게 된 경우에는 해당 법인에 이를 통보하여야 한다. 이 경우 그 법인은 통보받은 내용을 대통령령으로 정하는 방법에 따라 인터넷 홈페이지 등을 이용하여 공시하여야 한다.

④ 제2항의 청구에 관한 소를 제기한 주주가 승소한 경우에는 그 주주는 회사에 대하여 소송비용, 그 밖에 소송으로 인한 모든 비용의 지급을 청구할 수 있다.

⑤ 제1항 및 제2항에 따른 권리는 이익을 취득한 날부터 2년 이내에 행사하지 아니한 경우에는 소멸한다.

⑥ 제1항은 임직원 또는 주요주주로서 행한 매도 또는 매수의 성격, 그 밖의 사정 등을 고려하여 대통령령으로 정하는 경우 및 주요주주가 매도·매수한 시기 중 어느 한 시기에 있어서 주요주주가 아닌 경우에는 적용하지 아니한다.

⑦ 제1항 및 제2항은 주권상장법인이 모집·사모·매출하는 특정증권등을 인수한 투자매매업자에게 대통령령으로 정하는 기간 동안 준용한다.

제173조【임원 등의 특정증권등 소유상황 보고】 ① 주권상장법인의 임원 또는 주요주주는 임원 또는 주요주주가 된 날부터 5일(대통령령으로 정하는 날은 산입하지 아니한다. 이하 이

조에서 같다) 이내에 누구의 명의로 하든지 자기의 계산으로 소유하고 있는 특정증권등의 소유상황을, 그 특정증권등의 소유상황에 변동이 있는 경우(대통령령으로 정하는 경미한 소유상황의 변동은 제외한다. 이하 이 조에서 같다)에는 그 변동이 있는 날부터 5일까지 그 내용을 대통령령으로 정하는 방법에 따라 각각 증권선물위원회와 거래소에 보고하여야 한다. 이 경우 대통령령으로 정하는 부득이한 사유에 따라 특정증권등의 소유상황에 변동이 있는 경우와 전문투자자 중 대통령령으로 정하는 자에 대하여는 그 보고 내용 및 시기를 대통령령으로 달리 정할 수 있다.(2013.5.28 본항개정)
② 증권선물위원회와 거래소는 제1항의 보고서를 3년간 갖추어 두고, 인터넷 홈페이지 등을 이용하여 공시하여야 한다.(2009.2.3 본항개정)

제173조의2【장내파생상품의 대량보유 보고 등】 ① 동일 품목의 장내파생상품(제4조제10항제3호에 따른 일반상품, 그 밖에 대통령령으로 정하는 것을 기초자산으로 하는 파생상품으로서 파생상품시장에서 거래되는 것만 해당한다. 이하 이 조에서 같다)을 금융위원회가 정하여 고시하는 수량 이상 보유(누구의 명의로든지 자기의 계산으로 소유하는 경우를 말한다. 이하 이 항에서 같다)하게 된 자는 그 날부터 5일(대통령령으로 정하는 날은 산입하지 아니한다. 이하 이 조에서 같다) 이내에 그 보유 상황, 그 밖에 대통령령으로 정하는 사항을 대통령령으로 정하는 방법에 따라 금융위원회와 거래소에 보고하여야 하며, 그 보유 수량이 금융위원회가 정하여 고시하는 수량 이상으로 변동된 경우에는 그 변동된 날부터 5일 이내에 그 변동 내용을 대통령령으로 정하는 방법에 따라 금융위원회와 거래소에 보고하여야 한다.(2013.5.28 본항개정)
② 다음 각 호의 어느 하나에 해당하는 자로서 파생상품시장에서의 시세에 영향을 미칠 수 있는 정보를 업무와 관련하여 알게 된 자와 그 자로부터 그 정보를 전달받은 자는 그 정보를 누설하거나, 제1항에 따른 장내파생상품 및 그 기초자산의 매매나 그 밖의 거래에 이용하거나, 타인으로 하여금 이용하게 하여서는 아니 된다.(2013.5.28 본문개정)
1. 장내파생상품의 시세에 영향을 미칠 수 있는 정책을 입안·수립 또는 집행하는 자
2. 장내파생상품의 시세에 영향을 미칠 수 있는 정보를 생성·관리하는 자
3. 장내파생상품의 기초자산의 중개·유통 또는 검사와 관련된 업무에 종사하는 자
(2009.2.3 본조신설)

제173조의3【임원 등의 특정증권등 거래계획 보고】 ① 주권상장법인의 임원 또는 주요주주(대통령령으로 정하는 자는 제외한다)가 특정증권등의 매매, 그 밖의 거래(상속·주식배당 등 대통령령으로 정하는 부득이한 사유로 하는 매매, 그 밖의 거래를 제외한다. 이하 이 조 및 제429조에서 "거래등"이라 한다)를 하려는 때에는 거래목적, 거래가격, 거래수량, 거래기간 등 대통령령으로 정하는 사항(이하 "거래계획"이라 한다)을 그 거래기간의 개시일 전 30일 이상 90일 이내의 대통령령으로 정하는 기간까지 증권선물위원회와 거래소에 각각 보고하여야 한다. 다만, 거래계획의 거래수량 및 거래금액과 그 거래계획의 개시일 기준 과거 6개월간 거래수량 및 거래금액을 합산하여 대통령령으로 정하는 규모 미만인 경우에는 그러하지 아니하다.
② 제1항에 따라 거래계획을 보고한 자(이하 이 조에서 "거래계획 보고자"라 한다)는 그 거래계획을 보고한 때부터 그 거래계획에 따른 거래기간의 종료일까지는 새로운 거래계획을 보고하여서는 아니 된다.
③ 거래계획 보고자는 그 거래계획에 따라 특정증권등의 거래등을 하여야 한다. 다만, 거래 당시의 시장 상황 등을 반영하여 필요한 경우에 한정하여 거래금액의 100분의 30 이하의 비율로서 대통령령으로 정하는 바에 따라 거래계획과 달리 거래등을 할 수 있다.
④ 거래계획 보고자는 사망, 파산, 시장변동성 확대로 과도한 손실이 예상되는 경우 등 대통령령으로 정하는 부득이한 사유가 발생하는 때에는 대통령령으로 정하는 바에 따라 증권선물위원회와 거래소에 보고한 후 그 거래계획을 철회할 수 있다.
⑤ 증권선물위원회와 거래소는 제1항에 따라 보고된 거래계획(제4항에 따라 철회된 경우를 포함한다)을 3년간 갖추어 두고, 인터넷 홈페이지 등을 이용하여 공시하여야 한다.
⑥ 제1항부터 제5항까지에서 규정한 사항 외에 거래계획의 보고 등에 필요한 사항은 대통령령으로 정한다.
(2024.1.23 본조신설)

제174조【미공개중요정보 이용행위 금지】 ① 다음 각 호의 어느 하나에 해당하는 자(제1호부터 제5호까지의 어느 하나의 자에 해당하지 아니하게 된 날부터 1년이 경과하지 아니한 자를 포함한다)는 상장법인〔6개월 이내에 상장하는 법인 또는 6개월 이내에 상장법인과의 합병, 주식의 포괄적 교환, 그 밖에 대통령령으로 정하는 기업결합 방법에 따라 상장되는 효과가 있는 비상장법인(이하 이 항에서 "상장예정법인등"이라 한다)을 포함한다. 이하 이 항 및 제443조제1항제1호에서 같다〕의 업무 등과 관련된 미공개중요정보(투자자의 투자판단에 중대한 영향을 미칠 수 있는 정보로서 대통령령으로 정하는 방법에 따라 불특정 다수인이 알 수 있도록 공개되기 전의 것을 말한다. 이하 이 항에서 같다)를 특정증권등(상장예정법인등이 발행한 해당 특정증권등을 포함한다. 이하 제443조제1항제1호에서 같다)의 매매, 그 밖의 거래에 이용하거나 타인에게 이용하게 하여서는 아니 된다.(2013.5.28 본문개정)
1. 그 법인(그 계열회사를 포함한다. 이하 이 호 및 제2호에서 같다) 및 그 법인의 임직원·대리인으로서 그 직무와 관련하여 미공개중요정보를 알게 된 자(2009.2.3 본호개정)
2. 그 법인의 주요주주로서 그 권리를 행사하는 과정에서 미공개중요정보를 알게 된 자(2009.2.3 본호개정)
3. 그 법인에 대하여 법령에 따른 허가·인가·지도·감독, 그 밖의 권한을 가지는 자로서 그 권한을 행사하는 과정에서 미공개중요정보를 알게 된 자
4. 그 법인과 계약을 체결하고 있거나 체결을 교섭하고 있는 자로서 그 계약을 체결·교섭 또는 이행하는 과정에서 미공개중요정보를 알게 된 자
5. 제2호부터 제4호까지의 어느 하나에 해당하는 자의 대리인(이에 해당하는 자가 법인인 경우에는 그 임직원 및 대리인을 포함한다)·사용인, 그 밖의 종업원(제2호부터 제4호까지의 어느 하나에 해당하는 자가 법인인 경우에는 그 임직원 및 대리인)으로서 그 직무와 관련하여 미공개중요정보를 알게 된 자
6. 제1호부터 제5호까지의 어느 하나에 해당하는 자(제1호부터 제5호까지의 어느 하나의 자에 해당하지 아니하게 된 날부터 1년이 경과하지 아니한 자를 포함한다)로부터 미공개중요정보를 받은 자
② 다음 각 호의 어느 하나에 해당하는 자(제1호부터 제5호까지의 어느 하나의 자에 해당하지 아니하게 된 날부터 1년이 경과하지 아니한 자를 포함한다)는 주식등에 대한 공개매수(제133조제1항의 공개매수를 말한다. 이하 이 항에서 같다)의 실시 또는 중지에 관한 미공개정보(대통령령으로 정하는 방법에 따라 불특정 다수인이 알 수 있도록 공개되기 전의 것을 말한다. 이하 이 항에서 같다)를 그 주식등과 관련된 특정증권등의 매매, 그 밖의 거래에 이용하거나 타인에게 이용하게 하여서는 아니 된다. 다만, 공개매수를 하려는 자(이하 이 조에서 "공개매수예정자"라 한다)가 공개매수공고 이후에도 상당한 기간 동안 주식등을 보유하는 등 주식등에 대한 공개매수의 실시 또는 중지에 관한 미공개정보를 그 주식등과 관련된 특정증권등의 매매, 그 밖의 거래에 이용할 의사가 없다고 인정되는 경우에는 그러하지 아니하다.(2013.5.28 단서개정)
1. 공개매수예정자(그 계열회사를 포함한다. 이하 이 호 및 제2호에서 같다) 및 공개매수예정자의 임직원·대리인으로서 그 직무와 관련하여 공개매수의 실시 또는 중지에 관한 미공개정보를 알게 된 자
2. 공개매수예정자의 주요주주로서 그 권리를 행사하는 과정에서 공개매수의 실시 또는 중지에 관한 미공개정보를 알게 된 자
3. 공개매수예정자에 대하여 법령에 따른 허가·인가·지도·감독, 그 밖의 권한을 가지는 자로서 그 권한을 행사하는 과정에서 공개매수의 실시 또는 중지에 관한 미공개정보를 알게 된 자
4. 공개매수예정자와 계약을 체결하고 있거나 체결을 교섭하고 있는 자로서 그 계약을 체결·교섭 또는 이행하는 과정에서 공개매수의 실시 또는 중지에 관한 미공개정보를 알게 된 자
(2013.5.28 1호~4호개정)

5. 제2호부터 제4호까지의 어느 하나에 해당하는 자의 대리인(이에 해당하는 자가 법인인 경우에는 그 임직원 및 대리인을 포함한다) · 사용인, 그 밖의 종업원(제2호부터 제4호까지의 어느 하나에 해당하는 자가 법인인 경우에는 그 임직원 및 대리인)으로서 그 직무와 관련하여 공개매수의 실시 또는 중지에 관한 미공개정보를 알게 된 자
6. 공개매수예정자 또는 제1호부터 제5호까지의 어느 하나에 해당하는 자(제1호부터 제5호까지의 어느 하나의 자에 해당하지 아니하게 된 날부터 1년이 경과하지 아니한 자를 포함한다)로부터 공개매수의 실시 또는 중지에 관한 미공개정보를 받은 자(2013.5.28 본호개정)

③ 다음 각 호의 어느 하나에 해당하는 자(제1호부터 제5호까지의 어느 하나의 자에 해당하지 아니하게 된 날부터 1년이 경과하지 아니한 자를 포함한다)는 주식등의 대량취득 · 처분(경영권에 영향을 줄 가능성이 있는 대량취득 · 처분으로서 대통령령으로 정하는 취득 · 처분을 말한다. 이하 이 항에서 같다)의 실시 또는 중지에 관한 미공개정보(대통령령으로 정하는 방법에 따라 불특정 다수인이 알 수 있도록 공개되기 전의 것을 말한다. 이하 이 항에서 같다)를 그 주식등과 관련된 특정증권등의 매매, 그 밖의 거래에 이용하거나 타인에게 이용하게 하여서는 아니 된다. 다만, 대량취득 · 처분을 하려는 자가 제149조에 따른 공시 이후에도 상당한 기간 동안 주식등을 보유하는 등 주식등에 대한 대량취득 · 처분의 실시 또는 중지에 관한 미공개정보를 그 주식등과 관련된 특정증권등의 매매, 그 밖의 거래에 이용할 의사가 없다고 인정되는 경우에는 그러하지 아니하다.(2013.5.28 단서개정)

1. 대량취득 · 처분을 하려는 자(그 계열회사를 포함한다. 이하 이 호 및 제2호에서 같다) 및 대량취득 · 처분을 하려는 자의 임직원 · 대리인으로서 그 직무와 관련하여 대량취득 · 처분의 실시 또는 중지에 관한 미공개정보를 알게 된 자(2013.5.28 본호개정)
2. 대량취득 · 처분을 하려는 자의 주요주주로서 그 권리를 행사하는 과정에서 대량취득 · 처분의 실시 또는 중지에 관한 미공개정보를 알게 된 자(2013.5.28 본호개정)
3. 대량취득 · 처분을 하려는 자에 대하여 법령에 따른 허가 · 인가 · 지도 · 감독, 그 밖의 권한을 가지는 자로서 그 권한을 행사하는 과정에서 대량취득 · 처분의 실시 또는 중지에 관한 미공개정보를 알게 된 자(2013.5.28 본호개정)
4. 대량취득 · 처분을 하려는 자와 계약을 체결하고 있거나 체결을 교섭하고 있는 자로서 그 계약을 체결 · 교섭 또는 이행하는 과정에서 대량취득 · 처분의 실시 또는 중지에 관한 미공개정보를 알게 된 자(2013.5.28 본호개정)
5. 제2호부터 제4호까지의 어느 하나에 해당하는 자의 대리인(이에 해당하는 자가 법인인 경우에는 그 임직원 및 대리인을 포함한다) · 사용인, 그 밖의 종업원(제2호부터 제4호까지의 어느 하나에 해당하는 자가 법인인 경우에는 그 임직원 및 대리인)으로서 그 직무와 관련하여 대량취득 · 처분의 실시 또는 중지에 관한 미공개정보를 알게 된 자
6. 대량취득 · 처분을 하려는 자 또는 제1호부터 제5호까지의 어느 하나에 해당하는 자(제1호부터 제5호까지의 어느 하나의 자에 해당하지 아니하게 된 날부터 1년이 경과하지 아니한 자를 포함한다)로부터 대량취득 · 처분의 실시 또는 중지에 관한 미공개정보를 알게 된 자(2013.5.28 본호개정)

판례 미공개 정보를 직접투자와 무관한 애널리스트에게 전달한 것도 미공개정보 이용행위에 해당하는지 여부 : 자본시장과 금융투자업에 관한 법률 제174조제1항에서 '타인에게 미공개중요정보를 이용하게 하여서는 아니된다'고 함은 기업 내부자가 단순히 타인에게 정보를 전달하여 이를 전달받은 사람이 이 정보를 거래에 이용하는 경우는 물론이고, 직접 전달받은 사람을 통해 정보전달이 이루어져 다시금 정보를 제공받은 사람이 정보를 거래에 이용하게 하는 경우를 포함한다. 여기서 직접 정보를 전달받은 사람에게 다시금 정보를 전달받은 사람이 이를 이용해 증권 매매를 한다는 인식은 반드시 확정적일 필요가 없고 미필적인 정도로도 충분하다. 따라서 직접 투자를 하지 않는 애널리스트들이 기업 내부 정보를 받아 이를 펀드매니저에게 제공한다면 이는 자본시장법에서 금지하는 '미공개정보 이용행위'에 해당한다.(대판 2020.10.29, 2017도18164)

제175조【미공개중요정보 이용행위의 배상책임】 ① 제174조를 위반한 자는 해당 특정증권등의 매매, 그 밖의 거래를 한 자가 그 매매, 그 밖의 거래와 관련하여 입은 손해를 배상할 책임을 진다.

② 제1항에 따른 손해배상청구권은 청구권자가 제174조를 위반한 행위가 있었던 사실을 안 때부터 2년간 또는 그 행위가 있었던 때부터 5년간 이를 행사하지 아니한 경우에는 시효로 인하여 소멸한다.(2018.3.27 본항개정)

제2장 시세조종 등

제176조【시세조종행위 등의 금지】 ① 누구든지 상장증권 또는 장내파생상품의 매매에 관하여 그 매매가 성황을 이루고 있는 듯이 잘못 알게 하거나, 그 밖에 타인에게 그릇된 판단을 하게 할 목적으로 다음 각 호의 어느 하나에 해당하는 행위를 하여서는 아니 된다.

1. 자기가 매도하는 것과 같은 시기에 그와 같은 가격 또는 약정수치로 타인이 그 증권 또는 장내파생상품을 매수할 것을 사전에 그 자와 서로 짠 후 매도하는 행위
2. 자기가 매수하는 것과 같은 시기에 그와 같은 가격 또는 약정수치로 타인이 그 증권 또는 장내파생상품을 매도할 것을 사전에 그 자와 서로 짠 후 매수하는 행위
3. 그 증권 또는 장내파생상품의 매매를 함에 있어서 그 권리의 이전을 목적으로 하지 아니하는 거짓으로 꾸민 매매를 하는 행위
4. 제1호부터 제3호까지의 행위를 위탁하거나 수탁하는 행위

② 누구든지 상장증권 또는 장내파생상품의 매매를 유인할 목적으로 다음 각 호의 어느 하나에 해당하는 행위를 하여서는 아니 된다.

1. 그 증권 또는 장내파생상품의 매매가 성황을 이루고 있는 듯이 잘못 알게 하거나 그 시세(증권시장 또는 파생상품시장에서 형성된 시세, 다자간매매체결회사가 상장주권의 매매를 중개함에 있어서 형성된 시세, 그 밖에 대통령령으로 정하는 시세를 말한다. 이하 같다)를 변동시키는 매매 또는 그 위탁이나 수탁을 하는 행위(2013.5.28 본호개정)
2. 그 증권 또는 장내파생상품의 시세가 자기 또는 타인의 시장 조작에 의하여 변동한다는 말을 유포하는 행위
3. 그 증권 또는 장내파생상품의 매매를 함에 있어서 중요한 사실에 관하여 거짓의 표시 또는 오해를 유발시키는 표시를 하는 행위

③ 누구든지 상장증권 또는 장내파생상품의 시세를 고정시키거나 안정시킬 목적으로 그 증권 또는 장내파생상품에 관한 일련의 매매 또는 그 위탁이나 수탁을 하는 행위를 하여서는 아니 된다. 다만, 다음 각 호의 어느 하나에 해당하는 경우에는 그러하지 아니하다.

1. 투자매매업자(모집 또는 매출되는 증권의 발행인 또는 소유자와 인수계약을 체결한 투자매매업자로서 대통령령으로 정하는 자에 한한다. 이하 이 조에서 같다)가 대통령령으로 정하는 방법에 따라 그 증권의 모집 또는 매출의 청약기간의 종료일 전 30일의 범위에서 대통령령으로 정하는 날부터 그 청약기간의 종료일까지의 기간 동안 증권의 가격을 안정시킴으로써 증권의 모집 또는 매출을 원활하도록 하기 위한 매매거래(이하 이 항에서 "안정조작"이라 한다)를 하는 경우
2. 투자매매업자가 대통령령으로 정하는 방법에 따라 모집 또는 매출한 증권의 수요 · 공급을 그 증권이 상장된 날부터 6개월의 범위에서 대통령령으로 정하는 기간 동안 조성하는 매매거래(이하 이 항에서 "시장조성"이라 한다)를 하는 경우
3. 모집 또는 매출되는 증권 발행인의 임원 등 대통령령으로 정하는 자가 투자매매업자에게 안정조작을 위탁하는 경우
4. 투자매매업자가 제3호에 따라 안정조작을 수탁하는 경우
5. 모집 또는 매출되는 증권의 인수인이 투자매매업자에게 시장조성을 위탁하는 경우
6. 투자매매업자가 제5호에 따라 시장조성을 수탁하는 경우

④ 누구든지 증권, 파생상품 또는 그 증권 · 파생상품의 기초자산 중 어느 하나가 거래소에 상장되거나 그 밖에 이에 준하는 경우로서 대통령령으로 정하는 경우에는 그 증권 또는 파생상품에 관한 매매, 그 밖의 거래(이하 이 항, 제177조 및 제443조제1항제7호에서 "매매등"이라 한다)와 관련하여 다음 각 호의 어느 하나에 해당하는 행위를 하여서는 아니 된다.

1. 파생상품의 매매등에서 부당한 이익을 얻거나 제삼자에게 부당한 이익을 얻게 할 목적으로 그 파생상품의 기초자산의 시세를 변동 또는 고정시키는 행위

2. 파생상품의 기초자산의 매매등에서 부당한 이익을 얻거나 제삼자에게 부당한 이익을 얻게 할 목적으로 그 파생상품의 시세를 변동 또는 고정시키는 행위
3. 증권의 매매등에서 부당한 이익을 얻거나 제삼자에게 부당한 이익을 얻게 할 목적으로 그 증권과 연계된 증권으로서 대통령령으로 정하는 증권 또는 그 증권의 기초자산의 시세를 변동 또는 고정시키는 행위
4. 증권의 기초자산의 매매등에서 부당한 이익을 얻거나 제삼자에게 부당한 이익을 얻게 할 목적으로 그 증권의 시세를 변동 또는 고정시키는 행위(2013.5.28 본호신설)
5. 파생상품의 매매등에서 부당한 이익을 얻거나 제삼자에게 부당한 이익을 얻게 할 목적으로 그 파생상품과 기초자산이 동일하거나 유사한 파생상품의 시세를 변동 또는 고정시키는 행위(2013.5.28 본호신설)

(2013.5.28 본항개정)

제177조【시세조종의 배상책임】 ① 제176조를 위반한 자는 다음 각 호의 구분에 따른 손해를 배상할 책임을 진다.
1. 그 위반행위로 인하여 형성된 가격에 의하여 해당 증권 또는 파생상품에 관한 매매등을 하거나 그 위탁을 한 자가 그 매매등 또는 위탁으로 인하여 입은 손해
2. 제1호의 손해 외에 그 위반행위(제176조제4항 각 호의 어느 하나에 해당하는 행위로 한정한다)로 인하여 가격에 영향을 받은 다른 증권, 파생상품 또는 그 증권·파생상품의 기초자산에 대한 매매등을 하거나 그 위탁을 한 자가 그 매매등 또는 위탁으로 인하여 입은 손해
3. 제1호 및 제2호의 손해 외에 그 위반행위(제176조제4항 각 호의 어느 하나에 해당하는 행위로 한정한다)로 인하여 특정 시점의 가격 또는 수치에 따라 권리행사 또는 조건성취 여부가 결정되거나 금전등이 결제되는 증권 또는 파생상품과 관련하여 그 증권 또는 파생상품을 보유한 자가 그 위반행위로 형성된 가격 또는 수치에 따라 결정되거나 결제됨으로써 입은 손해

(2013.5.28 본항개정)

② 제1항에 따른 손해배상청구권은 청구권자가 제176조를 위반한 행위가 있었던 사실을 안 때부터 2년간 또는 그 행위가 있었던 때부터 5년간 이를 행사하지 아니한 경우에는 시효로 인하여 소멸한다.(2018.3.27 본항개정)

제3장 부정거래행위 등

제178조【부정거래행위 등의 금지】 ① 누구든지 금융투자상품의 매매(증권의 경우 모집·사모·매출을 포함한다. 이하 이 조 및 제179조에서 같다), 그 밖의 거래와 관련하여 다음 각 호의 어느 하나에 해당하는 행위를 하여서는 아니 된다.
1. 부정한 수단, 계획 또는 기교를 사용하는 행위
2. 중요사항에 관하여 거짓의 기재 또는 표시를 하거나 타인에게 오해를 유발시키지 아니하기 위하여 필요한 중요사항의 기재 또는 표시가 누락된 문서, 그 밖의 기재 또는 표시를 사용하여 금전, 그 밖의 재산상의 이익을 얻고자 하는 행위
3. 금융투자상품의 매매, 그 밖의 거래를 유인할 목적으로 거짓의 시세를 이용하는 행위

② 누구든지 금융투자상품의 매매, 그 밖의 거래를 할 목적이나 그 시세의 변동을 도모할 목적으로 풍문의 유포, 위계(僞計)의 사용, 폭행 또는 협박을 하여서는 아니 된다.

판례 투자자문업자 등이 추천하는 증권을 자신이 선행매수하여 보유하고 있고 추천 후에 이를 매도할 수도 있다는 그 증권에 관한 자신의 이해관계를 표시하지 않은 채 그 증권의 매수를 추천하는 행위는 자본시장과 금융투자업에 관한 법률 제178조 제1항 제1호에서 말하는 '부정한 수단, 계획, 기교를 사용하는 행위'에 해당하는 한편, 투자자들의 오해를 초래하지 않기 위하여 필요한 중요사항인 개인적인 이해관계의 표시를 누락함으로써 투자자들에게 객관적인 동기에서 그 증권을 추천한다는 인상을 주어 거래를 유인하려는 행위로서 같은 법 제178조 제2항에서 정한 '위계의 사용'에도 해당한다.(대판 2017.3.30, 2014도6910)

제178조의2【시장질서 교란행위의 금지】 ① 제1호에 해당하는 자는 제2호에 해당하는 정보를 증권시장에 상장된 증권(제174조제1항에 따른 상장예정법인등이 발행한 증권을 포함한다)이나 장내파생상품 또는 이를 기초자산으로 하는 파생상품(이를 모두 포괄하여 이하 이 항에서 "지정 금융투자상품"이라 한다)의 매매, 그 밖의 거래(이하 이 조에서 "매매등"이라 한다)에 이용하거나 타인에게 이용하게 하는 행위를 하여서는 아니 된다. 다만, 투자자 보호 및 건전한 시장질서를 해할 우려가 없는 행위로서 대통령령으로 정하는 경우 및 그 행위가 제173조의2제2항, 제174조 또는 제178조에 해당하는 경우는 제외한다.
1. 다음 각 목의 어느 하나에 해당하는 자
 가. 제174조 각 항 각 호의 어느 하나에 해당하는 자로부터 나온 미공개중요정보 또는 미공개정보인 정을 알면서 이를 받거나 전득(轉得)한 자
 나. 자신의 직무와 관련하여 제2호에 해당하는 정보(이하 이 호에서 "정보"라 한다)를 생산하거나 알게 된 자
 다. 해킹, 절취(竊取), 기망(欺罔), 협박, 그 밖의 부정한 방법으로 정보를 알게 된 자
 라. 나목 또는 다목의 어느 하나에 해당하는 자로부터 나온 정보인 정을 알면서 이를 받거나 전득(轉得)한 자
2. 다음 각 목의 모두에 해당하는 정보
 가. 그 정보가 지정 금융투자상품의 매매등 여부 또는 매매등의 조건에 중대한 영향을 줄 가능성이 있을 것
 나. 그 정보가 투자자들이 알지 못하는 사실에 관한 정보로서 불특정 다수인이 알 수 있도록 공개되기 전일 것

② 누구든지 상장증권 또는 장내파생상품에 관한 매매등과 관련하여 다음 각 호의 어느 하나에 해당하는 행위를 하여서는 아니 된다. 다만, 그 행위가 제176조 또는 제178조에 해당하는 경우는 제외한다.
1. 거래 성립 가능성이 희박한 호가를 대량으로 제출하거나 호가를 제출한 후 해당 호가를 반복적으로 정정·취소하여 시세에 부당한 영향을 주거나 줄 우려가 있는 행위
2. 권리의 이전을 목적으로 하지 아니함에도 불구하고 거짓으로 꾸민 매매를 하여 시세에 부당한 영향을 주거나 줄 우려가 있는 행위
3. 손익이전 또는 조세회피 목적으로 자기가 매매하는 것과 같은 시기에 그와 같은 가격 또는 약정수치로 타인이 그 상장증권 또는 장내파생상품을 매수할 것을 사전에 그 자와 서로 짠 후 매매를 하여 시세에 부당한 영향을 주거나 영향을 줄 우려가 있는 행위
4. 풍문을 유포하거나 거짓으로 계책을 꾸미는 등으로 상장증권 또는 장내파생상품의 수요·공급 상황이나 그 가격에 대하여 타인에게 잘못된 판단이나 오해를 유발하거나 상장증권 또는 장내파생상품의 가격을 왜곡할 우려가 있는 행위

(2014.12.30 본조신설)

제178조의3【불공정거래행위 통보 등】 ① 증권선물위원회는 제429조 및 제429조의2의 과징금 사건이 제173조의2제2항, 제174조, 제176조 또는 제178조의 위반 혐의가 있다고 인정하는 경우에는 검찰총장에게 이를 통보하여야 한다.

② 증권선물위원회는 검찰총장이 제173조의2제2항, 제174조, 제176조 또는 제178조를 위반한 자를 소추하기 위하여 관련 정보를 요구하는 경우에는 이를 제공할 수 있다.

(2014.12.30 본조신설)

제179조【부정거래행위 등의 배상책임】 ① 제178조를 위반한 자는 그 위반행위로 인하여 금융투자상품의 매매, 그 밖의 거래를 한 자가 그 매매, 그 밖의 거래와 관련하여 입은 손해를 배상할 책임을 진다.

② 제1항에 따른 손해배상청구권은 청구권자가 제178조를 위반한 행위가 있었던 사실을 안 때부터 2년간 또는 그 행위가 있었던 때부터 5년간 이를 행사하지 아니한 경우에는 시효로 인하여 소멸한다.(2018.3.27 본항개정)

제180조【공매도의 제한】 ① 누구든지 증권시장(다자간매매체결회사에서의 증권의 매매거래를 포함한다. 이하 이 장에서 같다)에서 상장증권(대통령령으로 정하는 증권에 한한다. 이하 이 장에서 같다)에 대하여 다음 각 호의 어느 하나에 해당하는 매도(이하 "공매도"라 한다)를 하거나 그 위탁 또는 수탁을 하여서는 아니 된다. 다만, 제2호에 해당하는 경우로서(이하 "차입공매도"라 한다) 증권시장의 안정성 및 공정한 가격형성을 위하여 대통령령으로 정하는 방법에 따르는 경우에는 이를 할 수 있다.(2016.3.29 본문개정)
1. 소유하지 아니한 상장증권의 매도
2. 차입한 상장증권으로 결제하고자 하는 매도

② 제1항 본문에 불구하고 다음 각 호의 어느 하나에 해당하는 경우에는 이를 공매도로 보지 아니한다.

1. 증권시장에서 매수계약이 체결된 상장증권을 해당 수량의 범위에서 결제일 전에 매도하는 경우
2. 전환사채·교환사채·신주인수권부사채 등의 권리 행사, 유·무상증자, 주식배당 등으로 취득할 주식을 매도하는 경우로서 결제일까지 그 주식이 상장되어 결제가 가능한 경우
3. 그 밖에 결제를 이행하지 아니할 우려가 없는 경우로서 대통령령으로 정하는 경우

③ 금융위원회는 증권시장의 안정성 및 공정한 가격형성을 저해할 우려가 있는 경우에는 거래소의 요청에 따라 상장증권의 범위, 매매거래의 유형 및 기한 등을 정하여 차입공매도를 제한할 수 있다.(2021.1.5 본항개정)

제180조의2【순보유잔고의 보고】 ① 제180조제1항 각 호 외의 부분 단서에 따라 상장증권을 차입공매도한 자(대통령령으로 정하는 거래에 따라 증권을 차입공매도한 자는 제외하며, 이하 이 장에서 "매도자"라 한다)는 해당 증권에 관한 매수, 그 밖의 거래에 따라 보유하게 된 순보유잔고(이하 이 장에서 "순보유잔고"라 한다)가 발행주식 수의 일정 비율을 초과하는 경우에는 매도자의 순보유잔고에 관한 사항과 그 밖에 필요한 사항을 금융위원회와 거래소에 보고하여야 한다.

② 금융위원회는 제1항에 따라 제출된 보고서에 거짓의 기재 또는 표시가 있거나 기재사항이 누락된 경우에는 그 이유를 제시하고 그 보고서의 정정을 명할 수 있다.

③ 전문투자자로서 제1항에 따른 보고의무가 있는 자는 대통령령으로 정하는 기간 동안 순보유잔고 산정에 관한 자료를 보관하여야 하며, 금융위원회가 자료제출을 요구하는 경우 이를 지체 없이 제출하여야 한다.

④ 제1항의 매도자의 구체적인 범위, 순보유잔고의 산출방법, 순보유잔고의 비율 등 보고의 기준, 그 밖에 필요한 보고 사항은 대통령령으로 정하고, 보고의 절차 및 방법은 금융위원회가 정하여 고시한다.

(2016.3.29 본조신설)

제180조의3【순보유잔고의 공시】 ① 대통령령으로 정하는 상장증권의 종목별 발행총수 대비 매도자의 해당 증권에 대한 종목별 순보유잔고의 비율이 대통령령으로 정하는 기준에 해당하는 경우 매도자는 매도자에 관한 사항, 순보유잔고에 관한 사항, 그 밖에 대통령령으로 정하는 사항을 공시하여야 한다.

② 제1항에 따른 공시에 필요한 절차 및 방법 등의 세부사항은 금융위원회가 정하여 고시한다.

(2016.3.29 본조신설)

제180조의4【공매도 거래자의 모집 또는 매출 등에 따른 증권 취득 제한】 ① 누구든지 증권시장에 상장된 주식에 대한 모집 또는 매출 계획이 공시된 이후부터 해당 주식의 모집가액 또는 매출가액이 결정되기 전까지 대통령령으로 정하는 기간 동안 모집 또는 매출 대상 주식과 동일한 종목에 대하여 증권시장에서 공매도를 하거나 공매도 주문을 위탁한 경우에는 해당 모집 또는 매출에 따른 주식을 취득하여서는 아니 된다. 다만, 모집가액 또는 매출가액의 공정한 가격형성을 저해하지 아니하는 경우로서 대통령령으로 정하는 경우에는 그러하지 아니하다.

② 누구든지 주권상장법인의 전환사채 또는 신주인수권부사채 발행 계획이 공시된 이후부터 전환가액 또는 신주인수권행사가액이 결정되기 전까지 대통령령으로 정하는 기간 동안 해당 주권상장법인의 주식에 대하여 증권시장에서 공매도를 하거나 공매도 주문을 위탁한 경우에는 해당 사채 발행에 따른 전환사채 또는 신주인수권부사채를 취득하여서는 아니 된다. 다만, 전환가액 또는 신주인수권행사가액의 공정한 가격형성을 저해하지 아니하는 경우로서 대통령령으로 정하는 경우에는 그러하지 아니하다.(2024.10.22 본항신설)

(2024.10.22 본조제목개정)

(2021.1.5 본조신설)

제180조의5【차입공매도를 위한 대차거래】 ① 차입공매도를 목적으로 상장증권의 대차거래 계약을 체결한 자는 계약체결 일시, 종목 및 수량 등 대통령령으로 정하는 대차거래정보를 대통령령으로 정하는 방법으로 5년간 보관하여야 한다.

② 제1항에 따라 대차거래정보의 보관의무를 지는 자는 금융위원회 및 거래소가 그 자료의 제출을 요구하는 경우 이를 지체 없이 제출하여야 한다.

③ 차입공매도를 목적으로 대통령령으로 정하는 상장증권의 대차거래 계약을 체결하려는 자는 대통령령으로 정하는 바에 따라 상환기간을 정하여 계약을 체결하여야 한다.(2024.10.22 본항신설)

④ 증권의 대차거래의 중개·주선이나 대리업무를 하려는 자는 차입자가 차입공매도를 목적으로 대차거래 계약을 체결하는 경우 제3항의 상환기간이 적용되도록 대차거래 계약을 구분하여 관리하여야 한다.(2024.10.22 본항신설)

(2024.10.22 본조제목개정)

(2021.1.5 본조신설)

제180조의6【무차입공매도 방지조치】 ① 대통령령으로 정하는 상장증권을 차입공매도하려는 법인은 임직원이 공매도 관련 직무를 수행할 때 준수하여야 할 기준 및 절차를 마련하고 전산설비를 갖추는 등 제180조제1항 각 호 외의 부분 단서에 따른 차입공매도에 해당하지 아니하는 공매도(이하 "무차입공매도"라 한다)를 방지하기 위하여 필요한 조치를 하여야 한다.

② 투자중개업자는 법인으로부터 공매도의 위탁을 받는 경우 그 법인이 제1항에 따른 조치를 하였는지 확인하는 등 대통령령으로 정하는 방법에 따라 무차입공매도를 방지하기 위한 조치를 하여야 한다.

③ 제1항에 따른 조치를 하여야 하는 법인의 범위와 조치의 내용 등에 관하여 필요한 세부사항은 대통령령으로 정한다.

(2024.10.22 본조신설)

제5편 집합투자기구

제1장 총 칙

제181조【관련 법률의 적용】 집합투자기구는 이 법에서 특별히 정한 경우를 제외하고는 「상법」 및 「민법」의 적용을 받는다.

제182조【집합투자기구의 등록】 ① 투자신탁이나 투자익명조합의 집합투자업자 또는 투자회사·투자유한회사·투자합자회사·투자유한책임회사 및 투자합자조합(이하 이 편에서 "투자회사등"이라 한다)은 집합투자기구가 설정·설립된 경우 그 집합투자기구를 금융위원회에 등록하여야 한다.

(2013.5.28 본항개정)

② 제1항에 따른 집합투자기구의 등록요건은 다음 각 호와 같다.

1. 다음 각 목의 자가 업무정지기간 중에 있지 아니할 것
   가. 그 집합투자재산을 운용하는 집합투자업자
   나. 그 집합투자재산을 보관·관리하는 신탁업자
   다. 그 집합투자증권을 판매하는 투자매매업자·투자중개업자
   라. 투자회사인 경우 그 투자회사로부터 제184조제6항의 업무를 위탁받은 일반사무관리회사(제254조에 따른 일반사무관리회사를 말한다. 이하 같다)
2. 집합투자기구가 이 법에 따라 적법하게 설정·설립되었을 것
3. 집합투자규약이 법령을 위반하거나 투자자의 이익을 명백히 침해하지 아니할 것
4. 그 밖에 제9조제18항 각 호의 집합투자기구의 형태 등을 고려하여 대통령령으로 정하는 요건을 갖출 것

③ 투자신탁이나 투자익명조합의 집합투자업자 또는 투자회사등은 집합투자기구를 등록하려는 경우에는 금융위원회에 등록신청서를 제출하여야 한다.(2008.2.29 본항개정)

④ 금융위원회는 제3항의 등록신청서를 접수한 경우에는 그 내용을 검토하여 20일 이내에 등록 여부를 결정하고, 그 결과와 이유를 지체 없이 신청인에게 문서로 통지하여야 한다. 이 경우 등록신청서에 흠결이 있는 때에는 보완을 요구할 수 있다.

(2008.2.29 전단개정)

⑤ 제4항의 검토기간을 산정함에 있어서 등록신청서 흠결의 보완기간 등 총리령으로 정하는 기간은 검토기간에 산입하지 아니한다.(2008.2.29 본항개정)

⑥ 금융위원회는 제4항의 등록 여부를 결정함에 있어서 다음 각 호의 어느 하나에 해당하는 사유가 없는 한 그 등록을 거부하여서는 아니 된다.(2008.2.29 본문개정)

1. 제2항의 등록요건을 갖추지 아니한 경우
2. 제3항의 등록신청서를 거짓으로 작성한 경우
3. 제4항 후단의 보완요구를 이행하지 아니한 경우

⑦ 금융위원회는 제4항에 따라 등록을 결정한 경우 집합투자기구등록부에 필요한 사항을 기재하여야 하며, 등록내용을 인터넷 홈페이지 등에 공고하여야 한다.(2008.2.29 본항개정)

⑧ 투자신탁이나 투자익명조합의 집합투자업자 또는 투자회사등은 제1항에 따라 등록된 사항이 변경된 경우에는 투자자 보호를 해할 우려가 없는 경우로서 대통령령으로 정하는 경우를 제외하고는 2주 이내에 그 내용을 금융위원회에 변경등록하여야 한다. 이 경우 제2항부터 제7항까지의 규정을 준용한다.
(2008.2.29 전단개정)
⑨ 제1항부터 제8항까지의 규정에 따른 등록신청서의 기재사항 및 첨부서류 등 등록 및 변경등록의 신청에 관한 사항과 등록검토의 방법 · 절차, 그 밖에 필요한 사항은 대통령령으로 정한다.

제182조의2【교차판매 집합투자기구의 등록】 ① 투자신탁이나 투자익명조합의 집합투자업자 또는 투자회사등은 집합투자기구의 집합투자증권을 대한민국 정부와 외국 정부 간 체결한 것으로서 대통령령으로 정하는 집합투자기구 교차판매에 관한 협약 등(이하 "교차판매협약등"이라 한다)을 체결한 해당 외국에서 판매하려는 경우에는 그 집합투자기구를 금융위원회에 교차판매 집합투자기구로 등록할 수 있다.
② 제1항에 따른 교차판매 집합투자기구(이하 "교차판매 집합투자기구"라 한다)의 등록요건은 다음 각 호와 같다.
1. 제182조제1항에 따라 등록된 집합투자기구일 것
2. 교차판매 집합투자기구를 운용하는 투자신탁이나 투자익명조합의 집합투자업자 또는 투자회사등이 자기자본, 임원 및 운용인력 등 대통령령으로 정하는 적격 요건을 갖출 것
3. 그 밖에 집합투자재산의 투자대상자산 등 교차판매협약등의 내용 등을 고려하여 대통령령으로 정하는 요건을 갖출 것
③ 투자신탁이나 투자익명조합의 집합투자업자 또는 투자회사등은 제1항에 따라 등록한 사항이 변경된 경우에는 투자자 보호를 해할 우려가 없는 경우로서 대통령령으로 정하는 경우를 제외하고는 2주 이내에 그 내용을 금융위원회에 변경등록하여야 한다.
④ 제1항 및 제3항에 따른 교차판매 집합투자기구의 등록과 변경등록의 절차 등에 관하여는 제182조제3항부터 제7항까지의 규정을 준용한다. 이 경우 등록신청서 및 변경등록신청서의 기재사항, 첨부서류 등 필요한 사항은 대통령령으로 정한다.
(2019.11.26 본조신설)

제183조【집합투자기구의 명칭】 ① 집합투자기구는 그 상호 또는 명칭 중에 제229조 각 호의 집합투자기구의 종류를 표시하는 문자(증권 · 부동산 · 특별자산 · 혼합자산 및 단기금융을 말한다)를 사용하여야 한다.
② 이 법에 따른 집합투자기구가 아닌 자는 "집합투자", "간접투자", "투자신탁", "투자회사", "투자유한회사", "투자합자회사", "기관전용 사모집합투자기구", "투자유한책임회사", "투자합자조합", "투자익명조합", 그 밖에 이와 유사한 명칭을 사용하여서는 아니 된다. 다만, 집합투자업자 및 제6조제5항제1호에 규정된 것의 경우에는 이를 사용할 수 있다.(2021.4.20 본문개정)

제184조【집합투자기구의 업무수행 등】 ① 투자신탁재산 또는 투자익명조합재산에 속하는 지분증권(그 지분증권과 관련된 증권예탁증권을 포함한다. 이하 이 조에서 같다)의 의결권 행사는 그 투자신탁 또는 투자익명조합의 집합투자업자가 수행하여야 하며, 투자회사등의 집합투자재산에 속하는 지분증권의 의결권 행사는 그 투자회사등이 수행하여야 한다. 다만, 투자회사등은 그 투자회사등의 집합투자업자에게 그 투자회사등의 집합투자재산에 속하는 지분증권의 의결권 행사를 위탁할 수 있다.
② 투자신탁재산 또는 투자익명조합재산의 운용업무는 그 투자신탁 또는 투자익명조합의 집합투자업자가 이를 수행하며, 투자회사등의 집합투자재산 운용업무는 그 투자회사등의 법인이사 · 업무집행사원 · 업무집행자 또는 업무집행조합원인 집합투자업자가 이를 수행한다.(2013.5.28 본항개정)
③ 투자신탁이나 투자익명조합의 집합투자업자 또는 투자회사등은 집합투자재산의 보관 · 관리업무를 신탁업자에게 위탁하여야 한다.
④ 집합투자업자는 자신이 운용하는 집합투자재산을 보관 · 관리하는 신탁업자가 되어서는 아니 된다.
⑤ 투자신탁이나 투자익명조합의 집합투자업자 또는 투자회사등은 집합투자기구의 집합투자증권을 판매하고자 하는 경우 투자매매업자와 판매계약을 체결하거나 투자중개업자와 위탁판매계약을 체결하여야 한다. 다만, 투자신탁이나 투자익명조합의 집합투자업자가 투자매매업자 또는 투자중개업자로서 집합투자기구의 집합투자증권을 판매하는 경우에는 판매계약 또는 위탁판매계약을 체결하지 아니한다.
⑥ 투자회사는 다음 각 호의 업무를 일반사무관리회사에 위탁하여야 한다.
1. 투자회사 주식의 발행 및 명의개서(名義改書)
2. 투자회사재산의 계산
3. 법령 또는 정관에 의한 통지 및 공고
4. 이사회 및 주주총회의 소집 · 개최 · 의사록 작성 등에 관한 업무
5. 그 밖에 투자회사의 사무를 처리하기 위하여 필요한 업무로서 대통령령으로 정하는 업무
⑦ 투자회사등은 상근임원 또는 직원을 둘 수 없으며, 본점 외의 영업소를 설치할 수 없다.

제185조【연대책임】 집합투자업자 · 신탁업자 · 투자매매업자 · 투자중개업자 · 일반사무관리회사 · 집합투자기구평가회사(제258조에 따른 집합투자기구평가회사를 말한다) 및 채권평가회사(제263조에 따른 채권평가회사를 말한다)는 이 법에 따라 투자자에 대한 손해배상책임을 부담하는 경우 귀책사유가 있는 경우에는 연대하여 손해배상책임을 진다.

제186조【자기집합투자증권의 취득 제한 등】 ① 투자회사등은 자기의 계산으로 자기가 발행한 집합투자증권을 취득하거나 질권의 목적으로 받지 못한다. 다만, 다음 각 호의 어느 하나에 해당하는 경우에는 자기의 계산으로 자기가 발행한 집합투자증권을 취득할 수 있다.
1. 담보권의 실행 등 권리 행사에 필요한 경우. 이 경우 취득한 집합투자증권은 대통령령으로 정하는 방법에 따라 처분하여야 한다.
2. 제235조에 따라 투자회사등의 집합투자증권을 환매하는 경우
3. 제201조제4항에 따라 주식을 매수하는 경우
② 제87조 및 제89조부터 제92조까지의 규정은 투자회사등에 준용한다. 이 경우 제87조 중 "집합투자업자(투자신탁이나 투자익명조합의 집합투자업자에 한한다. 이하 이 조에서 같다)는"은 "투자회사등(투자회사등이 의결권 행사를 집합투자업자에게 위탁한 경우에는 집합투자업자를 말한다. 이하 이 조에서 같다)은"으로, "집합투자업자"는 각각 "투자회사등"으로 보고, 제89조제1항 중 "투자신탁이나 투자익명조합의 집합투자업자는"은 "투자회사등은"으로 보며, 제90조 및 제92조 중 "집합투자업자(투자신탁이나 투자익명조합의 집합투자업자에 한한다. 이하 이 조에서 같다)는" 및 "집합투자업자는"은 각각 "투자회사등은"으로 보고, 제91조 중 "집합투자업자(투자신탁이나 투자익명조합의 집합투자업자에 한하며, 해당 집합투자증권을 판매한 투자매매업자 및 투자중개업자를 포함한다. 이하 이 조에서 같다)는"은 "투자회사등(해당 집합투자증권을 판매한 투자매매업자 및 투자중개업자를 포함한다. 이하 이 조에서 같다)은"으로, "집합투자업자"는 각각 "투자회사등"으로 본다.
(2009.2.3 후단개정)

제187조【자료의 기록 · 유지】 ① 투자회사등은 투자회사등의 업무와 관련한 자료를 대통령령으로 정하는 자료의 종류별로 대통령령으로 정하는 기간 동안 기록 · 유지하여야 한다.
② 투자회사등은 제1항에 따라 기록 · 유지하여야 하는 자료가 멸실되거나 위조 또는 변조되지 아니하도록 적절한 대책을 수립 · 시행하여야 한다.

제2장 집합투자기구의 구성 등

제1절 투자신탁

제188조【신탁계약의 체결 등】 ① 투자신탁을 설정하고자 하는 집합투자업자는 다음 각 호의 사항이 기재된 신탁계약서에 의하여 신탁업자와 신탁계약을 체결하여야 한다.
1. 집합투자업자 및 신탁업자의 상호
2. 신탁원본의 가액 및 제189조제1항 및 제3항에 따라 발행하는 투자신탁의 수익권(이하 "수익증권"이라 한다)의 총좌수에 관한 사항(2016.3.22 본호개정)
3. 투자신탁재산의 운용 및 관리에 관한 사항

4. 이익분배 및 환매에 관한 사항
5. 집합투자업자 · 신탁업자 등이 받는 보수, 그 밖의 수수료의 계산방법과 지급시기 · 방법에 관한 사항. 다만, 집합투자업자가 기준가격 산정업무를 위탁하는 경우에는 그 수수료는 해당 투자신탁재산에서 부담한다는 내용을 포함하여야 한다.
6. 수익자총회에 관한 사항
7. 공시 및 보고서에 관한 사항
8. 그 밖에 수익자 보호를 위하여 필요한 사항으로서 대통령령으로 정하는 사항
② 투자신탁을 설정한 집합투자업자는 신탁계약을 변경하고자 하는 경우에는 신탁업자와 변경계약을 체결하여야 한다. 이 경우 신탁계약 중 다음 각 호의 어느 하나에 해당하는 사항을 변경하는 경우에는 미리 제190조제5항 본문에 따른 수익자총회의 결의를 거쳐야 한다.
1. 집합투자업자 · 신탁업자 등이 받는 보수, 그 밖의 수수료의 인상
2. 신탁업자의 변경(합병 · 분할 · 분할합병, 그 밖에 대통령령으로 정하는 사유로 변경되는 경우를 제외한다)
3. 신탁계약기간의 변경(투자신탁을 설정할 당시에 그 기간변경이 신탁계약서에 명시되어 있는 경우는 제외한다)
(2013.5.28 본호개정)
4. 그 밖에 수익자의 이익과 관련된 중요한 사항으로서 대통령령으로 정하는 사항
③ 투자신탁을 설정한 집합투자업자는 제2항에 따라 신탁계약을 변경한 경우에는 인터넷 홈페이지 등을 이용하여 공시하여야 하며, 제2항 후단에 따라 신탁계약을 변경한 경우에는 공시 외에 이를 수익자에게 통지하여야 한다.
④ 집합투자업자는 제1항에 따라 투자신탁을 설정하는 경우(그 투자신탁을 추가로 설정하는 경우를 포함한다) 신탁업자에게 해당 신탁계약에서 정한 신탁원본 전액을 금전으로 납입하여야 한다.

제189조【투자신탁의 수익권 등】 ① 투자신탁을 설정한 집합투자업자는 투자신탁의 수익권을 균등하게 분할하여 수익증권을 발행한다.(2016.3.22 본항개정)
② 수익자는 신탁원본의 상환 및 이익의 분배 등에 관하여 수익증권의 좌수에 따라 균등한 권리를 가진다.
③ 투자신탁을 설정한 집합투자업자는 신탁계약에서 정한 신탁원본 전액이 납입된 경우 신탁업자의 확인을 받아 「주식 · 사채 등의 전자등록에 관한 법률」에 따른 전자등록의 방법으로 투자신탁의 수익권을 발행하여야 한다.(2016.3.22 본항개정)
④ 수익증권은 무액면 기명식으로 한다.
⑤ 투자신탁을 설정한 집합투자업자는 제3항에 따른 수익증권을 발행하는 경우에는 다음 각 호의 사항이 「주식 · 사채 등의 전자등록에 관한 법률」에 따라 전자등록 또는 기록되도록 하여야 한다. 이 경우 그 집합투자업자 및 그 투자신탁재산을 보관 · 관리하는 신탁업자의 대표이사(집행임원 설치회사의 경우 대표집행임원을 말한다)로부터 대통령령으로 정하는 방법과 절차에 따라 확인을 받아야 한다.(2016.3.22 본문개정)
1. 집합투자업자 및 신탁업자의 상호
2. 수익자의 성명 또는 명칭
3. 신탁계약을 체결할 당시의 신탁원본의 가액 및 수익증권의 총좌수
4. 수익증권의 발행일
5. (2016.3.22 삭제)
⑥ 투자신탁을 설정한 집합투자업자는 수익자명부의 작성에 관한 업무를 「주식 · 사채 등의 전자등록에 관한 법률」 제2조제6호에 따른 전자등록기관(이하 "전자등록기관"이라 한다)에 위탁하여야 한다.(2016.3.22 본항개정)
⑦ 전자등록기관은 제6항에 따라 위탁을 받은 경우 다음 각 호의 사항을 기재한 수익자명부를 작성 · 비치하여야 한다.
(2016.3.22 본문개정)
1. 수익자의 주소 및 성명
2. 수익자가 소유하는 수익증권의 좌수
3. (2016.3.22 삭제)
⑧ 전자등록기관은 제7항 각 호에 관한 정보를 타인에게 제공해서는 아니 된다. 다만, 수익자총회 개최를 위하여 집합투자업자에게 제공하는 경우, 그 밖에 대통령령으로 정하는 경우에는 이를 제공할 수 있다.(2016.3.22 본항개정)
⑨ 「상법」 제337조, 제339조, 제340조 및 「주식 · 사채 등의 전자등록에 관한 법률」 제35조제3항 후단은 수익권 및 수익증권에 관하여 준용하며, 「상법」 제353조 및 제354조는 수익자명부에 관하여 준용한다.(2016.3.22 본항개정)
(2016.3.22 본조제목개정)

제190조【수익자총회】 ① 투자신탁에는 전체 수익자로 구성되는 수익자총회를 두며, 수익자총회는 이 법 또는 신탁계약에서 정한 사항에 대하여만 결의할 수 있다.
② 수익자총회는 투자신탁을 설정한 집합투자업자가 소집한다.
③ 투자신탁을 설정한 집합투자업자는 투자신탁재산을 보관 · 관리하는 신탁업자 또는 발행된 수익증권의 총좌수의 100분의 5 이상을 소유한 수익자가 수익자총회의 목적과 소집의 이유를 기재한 서면을 제출하여 수익자총회의 소집을 그 집합투자업자에 요청하는 경우 1개월 이내에 수익자총회를 소집하여야 한다. 이 경우 집합투자업자가 정당한 사유 없이 수익자총회를 소집하기 위한 절차를 거치지 아니하는 경우에는 그 신탁업자 또는 발행된 수익증권총좌수의 100분의 5 이상을 소유한 수익자는 금융위원회의 승인을 받아 수익자총회를 개최할 수 있다.(2008.2.29 후단개정)
④ 「상법」 제363조제1항 및 제2항은 수익자총회의 소집통지에 관하여 준용한다. 이 경우 "주주"는 각각 "수익자"로, "주주명부"는 "수익자명부"로, "회사"는 "집합투자업자"로 본다.
⑤ 수익자총회는 출석한 수익자의 의결권의 과반수와 발행된 수익증권 총좌수의 4분의 1 이상의 수로 결의한다. 다만, 이 법에서 정한 수익자총회의 결의사항 외에 신탁계약으로 정한 수익자총회의 결의사항에 대하여는 출석한 수익자의 의결권의 과반수와 발행된 수익증권의 총좌수의 5분의 1 이상의 수로 결의할 수 있다.(2013.5.28 본항개정)
⑥ 수익자는 수익자총회에 출석하지 아니하고 서면에 의하여 의결권을 행사할 수 있다. 다만, 다음 각 호의 요건을 모두 충족하는 경우에는 수익자총회에 출석한 수익자가 소유한 수익증권의 총좌수의 결의내용에 영향을 미치지 아니하도록 의결권을 행사(이하 이 항에서 "간주의결권행사"라 한다)한 것으로 본다.(2013.5.28 단서신설)
1. 수익자에게 대통령령으로 정하는 방법에 따라 의결권 행사에 관한 통지가 있었으나 의결권이 행사되지 아니하였을 것
2. 간주의결권행사의 방법이 집합투자규약에 기재되어 있을 것
3. 수익자총회에서 의결권을 행사한 수익증권의 총좌수가 발행된 수익증권의 총좌수의 10분의 1 이상일 것
4. 그 밖에 수익자를 보호하기 위하여 대통령령으로 정하는 방법 및 절차를 따를 것
(2013.5.28 1호~4호신설)
⑦ 투자신탁을 설정한 집합투자업자(제3항 후단에 따라 수익자총회를 소집하는 신탁업자 또는 발행된 수익증권 총좌수의 100분의 5 이상을 소유한 수익자를 포함한다. 이하 이 항에서 같다)는 제5항에 따른 수익자총회의 결의가 이루어지지 아니한 경우 그 날부터 2주 이내에 연기된 수익자총회(이하 "연기수익자총회"라 한다)를 소집하여야 한다.(2013.5.28 본항개정)
⑧ 연기수익자총회의 결의에 관하여는 제5항 및 제6항을 준용한다. 이 경우 "발행된 수익증권 총좌수의 4분의 1 이상"은 "발행된 수익증권 총좌수의 8분의 1 이상"으로 보고, "수익증권의 총좌수의 5분의 1 이상"은 "수익증권의 총좌수의 10분의 1 이상"으로 본다.(2013.5.28 본항개정)
⑨ 수익자총회 및 연기수익자총회의 소집 방법, 서면에 의한 의결권 행사 방법, 그 밖에 수익자총회에 관하여 필요한 사항은 대통령령으로 정한다.
⑩ 「상법」 제364조, 제366조의2제2항 · 제3항, 제367조, 제368조제3항 · 제4항, 제368조의4, 제369조제1항 · 제2항, 제371조부터 제373조까지, 제376조, 제377조 및 제379조부터 제381조까지의 규정은 수익자총회에 관하여 준용한다. 이 경우 "주주"는 각각 "수익자"로, "정관"은 각각 "신탁계약"으로, "주식"은 "수익증권"으로, "회사"는 각각 "집합투자업자"로, "이사회의 결의"는 각각 "집합투자업자의 결정"으로 본다.(2013.5.28 본항개정)

제191조【반대수익자의 수익증권매수청구권】 ① 투자신탁의 수익자는 다음 각 호의 어느 하나에 해당하는 경우 집합투자업자에게 수익증권의 수를 기재한 서면으로 자기가 소유하고 있는 수익증권의 매수를 청구할 수 있다.

1. 제188조제2항 각 호 외의 부분 후단에 따른 신탁계약의 변경 또는 제193조제2항에 따른 투자신탁의 합병에 대한 수익자총회의 결의에 반대(수익자총회 전에 해당 집합투자업자에게 서면으로 그 결의에 반대하는 의사를 통지한 경우로 한정한다)하는 수익자가 그 수익자총회의 결의일부터 20일 이내에 수익증권의 매수를 청구하는 경우
2. 제193조제2항 각 호 외의 부분 단서에 따른 투자신탁의 합병에 반대하는 수익자가 대통령령으로 정하는 방법에 따라 수익증권의 매수를 청구하는 경우

(2013.5.28 본항개정)

② 투자신탁을 설정한 집합투자업자는 제1항에 따른 청구가 있는 경우 해당 수익자에게 수익증권의 매수에 따른 수수료, 그 밖의 비용을 부담시켜서는 아니 된다.

③ 투자신탁을 설정한 집합투자업자는 제1항에 따른 청구가 있는 경우에는 매수청구기간이 만료된 날부터 15일 이내에 그 투자신탁재산으로 대통령령으로 정하는 방법에 따라 그 수익증권을 매수하여야 한다. 다만, 매수자금이 부족하여 매수에 응할 수 없는 경우에는 금융위원회의 승인을 받아 수익증권의 매수를 연기할 수 있다.(2008.2.29 단서개정)

④ 투자신탁을 설정한 집합투자업자는 제3항 본문에 따라 수익증권을 매수한 경우에는 지체 없이 그 수익증권을 소각(消却)하여야 한다.

제192조 【투자신탁의 해지】 ① 투자신탁을 설정한 집합투자업자는 금융위원회의 승인을 받아 투자신탁을 해지할 수 있다. 다만, 수익자의 이익을 해할 우려가 없는 경우로서 대통령령으로 정하는 경우에는 금융위원회의 승인을 받지 아니하고 투자신탁을 해지할 수 있으며, 이 경우 집합투자업자는 그 해지사실을 지체 없이 금융위원회에 보고하여야 한다.(2008.2.29 본항개정)

② 투자신탁을 설정한 집합투자업자는 다음 각 호의 어느 하나에 해당하는 경우에는 지체 없이 투자신탁을 해지하여야 한다. 이 경우 집합투자업자는 그 해지사실을 지체 없이 금융위원회에 보고하여야 한다.(2008.2.29 후단개정)

1. 신탁계약에서 정한 신탁계약기간의 종료
2. 수익자총회의 투자신탁 해지 결의
3. 투자신탁의 피흡수합병
4. 투자신탁의 등록 취소
5. 수익자의 총수가 1인이 되는 경우. 다만, 제6조제6항에 따라 인정되거나 건전한 거래질서를 해할 우려가 없는 경우로서 대통령령으로 정하는 경우는 제외한다.(2018.3.27 단서개정)
6. 제249조의9제1항에 따라 투자신탁인 일반 사모집합투자기구의 해지 명령을 받은 경우(2021.4.20 본호개정)

③ 투자신탁을 설정한 집합투자업자는 제1항 또는 제2항(제3호를 제외한다)에 따라 투자신탁을 해지하는 경우에는 신탁계약이 정하는 바에 따라 투자신탁재산에 속하는 자산을 해당 수익자에게 지급할 수 있다.

④ 제1항에 따라 해지 승인을 신청하는 경우 신청서의 기재사항 및 첨부서류, 제1항·제2항에 따라 투자신탁이 해지되는 경우 미수금 및 미지급금 등의 처리방법, 그 밖에 투자신탁의 해지에 관하여 필요한 사항은 대통령령으로 정한다.

⑤ 투자신탁을 설정한 집합투자업자는 수익자의 환매청구에 응하는 등 대통령령으로 정하는 경우에는 투자신탁의 일부를 해지할 수 있다.

제193조 【투자신탁의 합병】 ① 투자신탁을 설정한 집합투자업자는 그 집합투자업자가 운용하는 다른 투자신탁을 흡수하는 방법으로 투자신탁을 합병할 수 있다.

② 투자신탁을 설정한 집합투자업자는 제1항에 따라 투자신탁을 합병하고자 하는 경우 다음 각 호의 사항을 기재한 합병계획서를 작성하여 합병하는 각 투자신탁의 수익자총회의 결의를 거쳐야 한다. 다만, 건전한 거래질서를 해할 우려가 적은 소규모 투자신탁의 합병 등 대통령령으로 정하는 경우는 제외한다.(2013.5.28 단서신설)

1. 투자신탁의 합병으로 인하여 존속하는 투자신탁의 증가하는 신탁원본의 가액 및 수익증권의 좌수
2. 투자신탁의 합병으로 인하여 소멸하는 투자신탁의 수익자에게 발행하는 수익증권의 배정에 관한 사항
3. 투자신탁의 합병으로 인하여 소멸하는 투자신탁의 수익자에게 현금을 지급하는 경우 그 내용
4. 합병하는 각 투자신탁의 수익자총회의 회일
5. 합병을 할 날
6. 투자신탁의 합병으로 인하여 존속하는 투자신탁의 신탁계약을 변경하는 경우 그 내용
7. 그 밖에 대통령령으로 정하는 사항

③ 「상법」 제527조의5제1항 및 제3항은 채권자가 있는 투자신탁이 합병하는 경우에 준용한다. 이 경우 "회사"는 각각 "집합투자업자"로, "주주총회"는 "수익자총회"로 본다.

④ 투자신탁을 설정한 집합투자업자는 수익자총회일의 2주 전부터 합병 후 6개월이 경과하는 날까지 다음 각 호의 서류를 본점 및 투자매매업자 또는 투자중개업자의 영업소에 비치하여야 한다. 이 경우 그 투자신탁의 수익자 및 채권자는 영업시간 중 언제든지 그 서류를 열람할 수 있으며, 그 서류의 등본 또는 초본의 교부를 청구할 수 있다.

1. 합병하는 각 투자신탁의 최종의 결산서류
2. 합병으로 인하여 소멸하는 투자신탁의 수익자에게 발행하는 수익증권의 배정에 관한 사항 및 그 이유를 기재한 서면
3. 합병계획서

⑤ 투자신탁을 설정한 집합투자업자는 제1항에 따라 투자신탁을 합병한 경우에는 그 사실을 지체 없이 금융위원회에 보고하여야 한다. 이 경우 합병되는 투자신탁의 수익증권이 증권시장에 상장되어 있는 때에는 거래소에도 보고하여야 한다.

(2008.2.29 전단개정)

⑥ 투자신탁의 합병은 존속하는 투자신탁의 집합투자업자가 제5항에 따라 금융위원회에 보고를 한 때에 그 효력이 발생한다. 이 경우 소멸하는 투자신탁은 해지된 것으로 본다.

(2008.2.29 전단개정)

⑦ 합병 후 존속하는 투자신탁은 합병으로 인하여 소멸된 투자신탁의 권리·의무를 승계한다.

⑧ 수익증권의 합병가액 산정방식, 수익자총회 승인사항의 수익자 통지, 그 밖에 투자신탁의 합병에 관하여 필요한 사항은 대통령령으로 정한다.

제2절 회사 형태의 집합투자기구

제1관 투자회사

제194조 【투자회사의 설립 등】 ① 「금융회사의 지배구조에 관한 법률」 제5조에 적합하지 아니한 자는 투자회사의 발기인이 될 수 없다.(2015.7.31 본항개정)

② 발기인은 투자회사를 설립하는 경우 다음 각 호의 사항을 기재한 정관을 작성하여 발기인 전원이 기명날인 또는 서명하여야 한다.

1. 목적
2. 상호
3. 발행할 주식의 총수
4. 설립시에 발행하는 주식의 총수 및 발행가액
5. 회사의 소재지
6. 투자회사재산의 운용 및 관리에 관한 사항
7. 그 투자회사가 유지하여야 하는 순자산액(자산에서 부채를 뺀 금액을 말한다)의 최저액(이하 "최저순자산액"이라 한다)
(2009.2.3 본호개정)
8. 이익분배 및 환매에 관한 사항
9. 공시 및 보고서에 관한 사항
10. 공고방법
11. 그 밖에 주주를 보호하기 위하여 필요한 사항으로서 대통령령으로 정하는 사항

③ 투자회사 설립시의 자본금은 주식 발행가액의 총액으로 한다.

④ 투자회사가 설립시에 발행하는 주식의 총수는 그 상한과 하한을 두는 방법으로 정할 수 있다.

⑤ (2015.7.24 삭제)

⑥ 투자회사의 발기인은 투자회사의 설립시에 발행하는 주식의 총수를 인수(「상법」 제293조에 따른 인수를 말한다. 이하 이 장에서 같다)하여야 한다.

⑦ 제6항에 따라 주식을 인수한 발기인은 지체 없이 주식의 인수가액을 금전으로 납입하여야 한다.

⑧ 발기인은 투자회사 설립시에 발행하는 주식의 인수가액의 납입이 완료된 경우에는 지체 없이 의결권 과반수의 찬성으로

이사를 선임하여야 하며, 선임된 이사는 투자회사의 설립에 관하여 법령이나 투자회사의 정관을 위반한 사항이 있는지를 조사하여 그 결과를 이사회에 보고하여야 한다.
⑨ 이사는 제8항에 따른 조사결과 법령 또는 투자회사의 정관을 위반한 사항을 발견한 경우에는 지체 없이 이를 발기인에게 보고하여야 한다.
⑩ 투자회사의 발기인은 다음 각 호의 사항을 제8항에 따른 보고를 종료한 날부터 2주 이내에 대통령령으로 정하는 서류를 첨부하여 설립등기를 하여야 한다.
1. 제2항제1호부터 제3호까지의 사항 및 같은 항 제5호 · 제7호 · 제10호의 사항
2. 정관으로 투자회사의 존속기간 또는 해산사유를 정한 경우 그 내용
3. 이사의 성명 · 주민등록번호(법인인 경우에는 상호 · 사업자등록번호)
⑪ 투자회사의 발기인은 투자회사재산을 선박에 투자하는 투자회사를 설립하여서는 아니 되며, 투자회사는 설립 후에도 투자회사재산을 선박에 투자하는 투자회사에 해당하도록 그 투자회사의 정관을 변경하여서는 아니 된다.(2016.3.29 본항개정)
제195조【정관의 변경 등】 ① 투자회사는 이사회 결의로 정관을 변경할 수 있다. 다만, 정관의 내용 중 다음 각 호의 어느 하나에 해당하는 사항을 변경하고자 하는 경우에는 제201조제2항 본문에 따른 주주총회의 결의를 거쳐야 한다.(2013.5.28 단서개정)
1. 집합투자업자 · 신탁업자 등이 받는 보수, 그 밖의 수수료의 인상
2. 집합투자업자 또는 신탁업자의 변경
3. 정관으로 투자회사의 존속기간 또는 해산사유를 정한 경우 존속기간 또는 해산사유의 변경
4. 그 밖에 주주의 이익과 관련된 중요한 사항으로서 대통령령으로 정하는 사항
② 투자회사는 제1항에 불구하고 합병 · 분할 · 분할합병, 그 밖에 대통령령으로 정하는 사유로 집합투자업자 또는 신탁업자가 변경된 경우에는 이사회 결의 및 주주총회의 결의 없이 정관을 변경할 수 있다.
③ 투자회사는 제1항 또는 제2항에 따라 정관을 변경한 경우에는 인터넷 홈페이지 등을 이용하여 공시하여야 하며, 제1항 단서에 따라 정관을 변경한 경우에는 공시 외에 이를 주주에게 통지하여야 한다.
제196조【투자회사의 주식】 ① 투자회사의 주식은 무액면 기명식으로 한다.
② 투자회사는 회사 성립일 또는 신주(新株)의 납입기일에 지체 없이 「주식 · 사채 등의 전자등록에 관한 법률」에 따른 전자등록의 방법으로 주식을 발행하여야 한다.(2016.3.22 본항개정)
③ 투자회사가 그 성립 후에 신주를 발행하는 경우 신주의 수, 발행가액 및 납입기일은 이사회가 결정한다. 다만, 정관에서 달리 정하고 있는 경우에는 그에 따른다.
④ 주주의 청구가 있는 경우 그 주주의 주식을 매수할 수 있는 투자회사(이하 이 조에서 "개방형투자회사"라 한다)가 그 성립 후에 신주를 발행하는 경우 이사회는 다음 각 호의 사항을 결정할 수 있다. 이 경우 개방형투자회사는 제3호의 방법에 따라 확정된 매일의 발행가액을 그 투자회사의 주식을 판매하는 투자매매업자 또는 투자중개업자의 지점, 그 밖의 영업소에 게시하고, 인터넷 홈페이지 등을 이용하여 공시하여야 한다.
1. 신주의 발행기간
2. 제1호의 발행기간 이내에 발행하는 신주수의 상한
3. 제1호의 발행기간 동안 매일의 발행가액 및 주금납입기일을 정하는 방법
⑤ 투자회사는 그 성립 후에 신주를 발행하는 경우 같은 날에 발행하는 신주의 발행가액, 그 밖의 발행조건은 균등하게 정하여야 한다. 이 경우 신주의 발행가액은 그 투자회사가 소유하는 자산의 순자산액에 기초하여 대통령령으로 정하는 방법에 따라 산정한다.
⑥ 제194조제7항은 신주를 발행하는 경우의 주식인수인에게 준용한다.
⑦ 주식인수인은 투자회사가 그 성립 후에 신주를 발행하는 경우 주금의 납입과 동시에 주주의 권리 · 의무를 가진다.
제197조【이사의 구분 등】 ① 투자회사의 이사는 집합투자업자인 이사(이하 이 관에서 "법인이사"라 한다)와 감독이사로 구분한다.
② 투자회사는 법인이사 1인과 감독이사 2인 이상을 선임하여야 한다.
제198조【법인이사】 ① 법인이사는 투자회사를 대표하고 투자회사의 업무를 집행한다.
② 법인이사는 다음 각 호의 어느 하나에 해당하는 업무를 집행하고자 하는 경우에는 이사회 결의를 거쳐야 한다.
1. 집합투자업자 · 신탁업자 · 투자매매업자 · 투자중개업자 및 일반사무관리회사와의 업무위탁계약(변경계약을 포함한다)의 체결
2. 자산의 운용 또는 보관 등에 따르는 보수의 지급
3. 금전의 분배 및 주식의 배당에 관한 사항
4. 그 밖에 투자회사의 운영상 중요하다고 인정되는 사항으로서 정관이 정하는 사항
③ 법인이사는 3개월마다 1회 이상 그 업무의 집행상황 및 자산의 운용 내용을 이사회에 보고하여야 한다.
④ 법인이사는 법인이사의 직무를 정하여 그 직무를 수행할 자를 그 임직원 중에서 선임할 수 있다. 이 경우 집합투자업자는 이를 투자회사에 서면으로 통보하여야 한다.
⑤ 제4항에 의하여 투자회사에 통보된 자가 그 직무 범위에서 행한 행위는 법인이사의 행위로 본다.
제199조【감독이사】 ① 감독이사는 법인이사의 업무집행을 감독하며, 투자회사의 업무 및 재산상황을 파악하기 위하여 필요한 경우에는 법인이사와 그 투자회사재산을 보관 · 관리하는 신탁업자, 그 투자회사의 주식을 판매하는 투자매매업자 · 투자중개업자 또는 그 투자회사로부터 제184조제6항의 업무를 위탁받은 일반사무관리회사에 대하여 그 투자회사와 관련되는 업무 및 재산상황에 관한 보고를 요구할 수 있다.
② 감독이사는 그 직무를 수행함에 있어서 필요하다고 인정되는 경우에는 제240조제3항에 따른 회계감사인에 대하여 회계감사에 관한 보고를 요구할 수 있다.
③ 제1항 또는 제2항에 따라 감독이사의 요구를 받은 자는 특별한 사유가 없는 한 이에 응하여야 한다.
④ 다음 각 호의 어느 하나에 해당하는 자는 감독이사가 될 수 없으며, 감독이사가 된 후 이에 해당하게 된 경우에는 그 직을 상실한다.
1. 「금융회사의 지배구조에 관한 법률」 제5조에 적합하지 아니한 자(2015.7.31 본호개정)
2. 해당 투자회사의 발기인(제194조제8항에 따라 최초로 투자회사의 감독이사를 선임하는 경우에 한한다)
3. 투자회사의 대주주 및 그 특수관계인
4. 법인이사의 특수관계인 또는 법인이사로부터 계속적으로 보수를 지급받고 있는 자
5. 그 투자회사의 주식을 판매하는 투자매매업자 또는 투자중개업자의 특수관계인
6. 그 투자회사의 이사가 다른 법인의 이사로 있는 경우 그 법인의 상근 임직원인 자
7. 그 밖에 감독이사로서의 중립성을 해할 우려가 있는 자로서 대통령령으로 정하는 자
⑤ 제54조는 감독이사에게 준용한다.
제200조【이사회】 ① 이사회는 각 이사가 소집한다.
② 이사는 이사회를 소집하고자 하는 경우에는 그 회의일 3일 전까지 각 이사에게 소집을 통지하여야 한다. 다만, 정관이 정하는 바에 따라 통지기간을 단축할 수 있다.
③ 이사회는 이 법과 정관이 정하는 사항에 대하여만 결의한다.
④ 이사회는 이사가 결원된 경우 이사를 선임하기 위한 주주총회를 즉시 소집하여야 한다.
⑤ 이사회 결의는 이사 과반수의 출석과 출석한 이사 과반수의 찬성으로 한다.
제201조【주주총회】 ① 투자회사의 주주총회는 이사회가 소집한다.
② 주주총회는 출석한 주주의 의결권의 과반수와 발행주식총수의 4분의 1 이상의 수로 결의한다. 다만, 이 법에서 정한 주주총회의 결의사항 외에 집합투자규약으로 정한 주주총회의 결의사항에 대하여는 출석한 주주의 의결권의 과반수와 발행주식총수의 5분의 1 이상의 수로 결의할 수 있다.(2013.5.28 본항개정)
③ 제190조제1항 · 제3항 및 제6항부터 제9항까지의 규정은 투자회사의 주주총회에 관하여 준용한다. 이 경우 "투자신탁"은 "투자회사"로, "신탁계약"은 "정관"으로, "투자신탁을 설정한

집합투자업자"및 "집합투자업자"는 각각 "투자회사의 이사회"로, "투자신탁재산"은 "투자회사재산"으로, "수익증권"은 각각 "주식"으로, "총좌수"는 각각 "총수"로, "수익자"는 각각 "주주"로, "수익자총회"는 각각 "주주총회"로, "좌수"는 각각 "수"로, 같은 조 제8항 중 "제5항"은 "제2항"으로 본다.(2013.5.28 본항개정)

④ 제191조는 투자회사가 제195조제1항 단서에 따른 정관의 변경 또는 제204조제2항에 따른 합병에 반대하는 주주에게 준용한다. 이 경우 "신탁계약"은 "정관"으로, "투자신탁", "집합투자업자" 및 "투자신탁을 설정한 집합투자업자"는 각각 "투자회사"로, "수익자총회"는 각각 "주주총회"로, "수익자"는 각각 "주주"로, "수익증권"은 각각 "주식"으로, "투자신탁재산"은 "투자회사재산"으로 본다.(2013.5.28 전단개정)

제202조【해산】 ① 투자회사는 다음 각 호의 어느 하나에 해당하는 사유로 해산한다. 이 경우 청산인은 해산일부터 30일 이내에 해산의 사유 및 연월일, 청산인 및 청산감독인의 성명·주민등록번호(청산인이 법인이사인 경우에는 상호·사업자등록번호)를 금융위원회에 보고하여야 한다.(2008.2.29 후단개정)

1. 정관에서 정한 존속기간의 만료, 그 밖의 해산사유의 발생
2. 주주총회의 해산 결의
3. 투자회사의 피흡수합병
4. 투자회사의 파산
5. 법원의 명령 또는 판결
6. 투자회사 등록의 취소
7. 주주(법인이사인 주주는 제외한다)의 총수가 1인이 되는 경우. 다만, 건전한 거래질서를 해할 우려가 없는 경우로서 대통령령으로 정하는 경우는 제외한다.(2013.5.28 본호신설)

② 투자회사는 해산한 경우 법인이사가 청산인이 되는 때에는 해산일부터 2주 이내에, 청산인이 선임된 때에는 그 선임일부터 2주 이내에 대통령령으로 정하는 서류를 첨부하여 다음 각 호의 사항을 등기하여야 한다.

1. 청산인의 성명·주민등록번호(청산인이 법인이사인 경우에는 상호·사업자등록번호)
2. 청산인 중에서 대표청산인을 정하도록 하거나 2인 이상의 청산인이 공동으로 투자회사를 대표할 것을 정한 경우에는 그 내용

③ 투자회사는 해산한 경우 감독이사가 청산감독인이 되는 때에는 해산일부터 2주 이내에, 청산감독인이 선임된 때에는 선임일부터 2주 이내에 대통령령으로 정하는 서류를 첨부하여 청산감독인의 성명 및 주민등록번호를 등기하여야 한다.

④ 투자회사가 해산한 경우(제1항제3호 및 제4호의 사유로 해산한 경우를 제외한다)에는 청산인 및 청산감독인으로 구성되는 청산인회를 둔다.

⑤ 투자회사가 제1항제1호·제2호 또는 제7호의 사유로 해산한 때에는 정관 또는 주주총회에서 달리 정한 경우 외에는 법인이사 및 감독이사가 각각 청산인 및 청산감독인이 된다.(2013.5.28 본항개정)

⑥ 투자회사가 다음 각 호의 어느 하나에 해당하는 경우에는 금융위원회가 이해관계인의 청구에 의하여 청산인 및 청산감독인을 선임한다.(2008.2.29 본문개정)

1. 제1항제5호의 사유로 해산한 경우
2. 청산인 또는 청산감독인이 없는 경우
3. 「상법」 제193조제1항에 따라 청산하는 경우

⑦ 투자회사가 제1항제6호의 사유로 해산한 경우에는 금융위원회가 직권으로 청산인 및 청산감독인을 선임한다.(2008.2.29 본항개정)

⑧ 금융위원회는 청산인 또는 청산감독인이 업무를 집행함에 있어서 현저하게 부적합하거나 중대한 법령 위반사항이 있는 경우에는 직권으로 또는 이해관계인의 청구에 의하여 이들을 해임할 수 있다. 이 경우 금융위원회는 직권으로 새로운 청산인 또는 청산감독인을 선임할 수 있다.(2008.2.29 본항개정)

⑨ 금융위원회는 다음 각 호의 어느 하나에 해당하는 경우에는 등기원인을 증명하는 서면을 첨부하여 투자회사의 소재지를 관할하는 등기소에 해당 등기를 촉탁하여야 한다.(2008.2.29 본문개정)

1. 제1항제6호의 사유로 투자회사가 해산한 경우
2. 금융위원회가 직권으로 청산인 또는 청산감독인을 해임한 경우(2008.2.29 본호개정)

제203조【청산】 ① 청산인은 취임 후 지체 없이 투자회사의 재산상황을 조사하여 총리령으로 정하는 기간 이내에 재산목록과 재무상태표를 작성하여 이를 청산인회에 제출하여 승인을 받아야 하며, 그 등본을 지체 없이 금융위원회에 제출하여야 한다.(2021.4.20 본항개정)

② 청산감독인은 청산인이 업무수행과 관련하여 법령이나 정관을 위반하거나, 그 밖에 투자회사에 대하여 현저하게 손해를 끼칠 우려가 있는 사실을 발견한 경우에는 금융위원회에 이를 보고하여야 한다.(2008.2.29 본항개정)

③ 청산인은 취임한 날부터 1개월 이내에 투자회사의 채권자에 대하여 일정 기간 이내에 그 채권을 신고할 것과 그 기간 이내에 신고하지 아니하면 청산에서 제외된다는 뜻을 2회 이상 공고함으로써 최고하여야 한다. 이 경우 그 신고기간은 1개월 이상으로 하여야 한다.

④ 청산인은 자금차입·채무보증 또는 담보제공이 제한되는 투자회사의 경우 제3항에 불구하고 대통령령으로 정하는 방법에 따라 채권자에 대한 최고절차를 생략할 수 있다. 다만, 장내파생상품 매매에 따른 계약이행책임이 있는 경우 등 대통령령으로 정하는 경우에는 그 절차를 생략하여서는 아니 된다.

⑤ 청산인은 청산사무가 종결된 경우에는 지체 없이 결산보고서를 작성하여 주주총회의 승인을 받아야 한다. 이 경우 그 결산보고서를 공고하고, 이를 금융위원회 및 협회에 제출하여야 한다.(2008.2.29 후단개정)

⑥ 청산인 또는 청산감독인은 제202조제5항에 따른 경우에는 정관 또는 주주총회가 정하는 바에 따라, 같은 조 제6항 및 제7항에 따라 선임된 경우에는 금융위원회가 정하는 바에 따라 투자회사로부터 보수를 지급받을 수 있다.(2008.2.29 본항개정)

⑦ 청산인은 제1항에 따라 승인을 얻은 재산목록과 재무상태표를 청산종결시까지 투자회사에 비치하여야 하며, 이를 집합투자업자 및 투자매매업자·투자중개업자에게 송부하여 그 영업소에 비치하도록 하여야 한다.(2021.4.20 본항개정)

제204조【합병】 ① 투자회사는 그 투자회사와 법인이사가 같은 다른 투자회사를 흡수하는 방법으로 합병하는 경우가 아니면 다른 회사와 합병할 수 없다.

② 투자회사는 제1항에 따라 합병하고자 하는 경우에는 제201조제2항 단서에 따른 주주총회의 결의를 거쳐야 한다. 다만, 건전한 거래질서를 해할 우려가 적은 소규모 투자회사의 합병 등 대통령령으로 정하는 경우는 제외한다.(2013.5.28 단서신설)

③ 제193조제4항·제5항 및 제8항은 투자회사의 합병에 관하여 준용한다. 이 경우 "투자신탁을 설정한 집합투자업자", "투자신탁" 및 "투자신탁의 집합투자업자"는 각각 "투자회사"로, "수익자총회"는 각각 "주주총회"로, "수익자"는 각각 "주주"로, "수익증권"은 각각 "주식"으로 본다.

제205조【투자회사의 특례】 ① 제3편제3장은 투자회사에는 적용하지 아니한다.

② 투자회사의 주주에 관하여는 「금융회사의 지배구조에 관한 법률」 제33조를 준용한다. 이 경우 "금융회사"는 "투자회사"로 보고, 같은 조 제1항 중 "1만분의 10"은 "1천분의 10"으로, 같은 조 제2항 전단 중 "1만분의 150"은 "1천분의 30"으로, "1만분의 75"는 "1천분의 15"로 보고, 같은 조 제3항 중 "10만분의 250"은 "1만분의 50"으로, "10만분의 125"는 "1만분의 25"로 보며, 같은 조 제4항 중 "100만분의 250"은 "10만분의 50"으로, "100만분의 125"는 "10만분의 25"로 보고, 같은 조 제5항 중 "10만분의 1"은 "1만분의 1"로 보며, 같은 조 제6항 중 "10만분의 50"은 "1만분의 10"으로, "10만분의 25"는 "1만분의 5"로 본다.(2015.7.31 본항개정)

제206조【「상법」과의 관계】 ① 투자회사에 「상법」을 적용함에 있어서 「상법」 제259조제4항, 제298조제4항, 제299조, 제299조의2, 제300조, 제325조, 제422조, 제467조제1항부터 제3항까지, 제536조, 제539조 및 제541조 중 "법원"은 각각 "금융위원회"로, 제176조 중 "검사"는 각각 "금융위원회"로 본다.(2008.2.29 본항개정)

② 「상법」 제19조, 제177조, 제288조, 제292조, 제298조제1항부터 제3항까지, 제301조부터 제313조까지, 제330조, 제335조제1항 단서, 제335조의2부터 제335조의7까지, 제341조, 제341조의2, 제341조의3, 제342조, 제342조의2, 제342조의3, 제343조, 제344조, 제344조의2, 제344조의3, 제345조부터 제351조까지, 제365조, 제374조의2, 제383조, 제389조제1항, 제397조, 제408조의2

부터 제408조의9까지, 제409조, 제409조의2, 제410조부터 제412조까지, 제412조의2부터 제412조의5까지, 제413조, 제413조의2, 제414조, 제415조, 제415조의2, 제417조부터 제420조까지, 제420조의2부터 제420조의5까지, 제438조, 제439조, 제449조, 제449조의2, 제450조, 제458조부터 제461조까지, 제461조의2 및 제604조는 투자회사에 적용하지 아니한다.(2013.5.28 본항개정)

제2관 투자유한회사

제207조【투자유한회사의 설립 등】 ① 집합투자업자는 투자유한회사를 설립하는 경우 다음 각 호의 사항을 기재한 정관을 작성하여 기명날인 또는 서명하여야 한다.
1. 목적
2. 상호
3. 제209조제1항에 따른 법인이사의 상호·사업자등록번호
4. 회사의 소재지
5. 투자유한회사재산의 운용 및 관리에 관한 사항
6. 이익분배 및 환매에 관한 사항
7. 공시 및 보고서에 관한 사항
8. 그 밖에 사원을 보호하기 위하여 필요한 사항으로서 대통령령으로 정하는 사항

② 집합투자업자는 정관을 작성한 후 투자유한회사 설립시에 출자금을 금전으로 납입하여야 한다.
③ 집합투자업자는 다음 각 호의 사항을 출자금액이 납입된 날부터 2주 이내에 대통령령으로 정하는 서류를 첨부하여 설립등기를 하여야 한다.
1. 제1항제1호부터 제4호까지의 사항
2. 정관으로 투자유한회사의 존속기간 또는 해산사유를 정한 경우 그 내용

④ 투자유한회사 사원의 출자의 목적은 금전에 한한다.
⑤ 투자유한회사는 제182조에 따라 등록하기 전에는 집합투자업자 외의 자를 사원으로 가입시켜서는 아니 된다.
제208조【지분증권】 ① 투자유한회사의 사원은 출자금액의 반환 및 이익의 분배 등에 관하여 지분증권의 수에 따라 균등한 권리를 가진다.
② 투자유한회사의 지분증권에는 다음 각 호의 사항을 기재하고, 제209조제1항에 따른 법인이사가 기명날인 또는 서명하여야 한다.
1. 회사의 상호
2. 회사의 성립연월일
3. 지분증권의 발행일
4. 사원의 성명(법인인 경우에는 상호)
5. 그 밖에 투자유한회사 사원의 보호에 필요한 사항으로서 대통령령으로 정하는 사항

③ 제196조(제2항은 제외한다)는 투자유한회사의 지분증권에 관하여 준용한다. 이 경우 "투자회사"는 각각 "투자유한회사"로, "주식"은 각각 "지분증권"으로, "신주"는 각각 "새 지분증권"으로, "이사회"는 각각 "법인이사"로, "주주"는 각각 "사원"으로, "주금"은 각각 "지분증권 대금"으로 본다.(2013.5.28 전단개정)
제209조【법인이사】 ① 투자유한회사에는 집합투자업자인 이사(이하 이 관에서 "법인이사"라 한다) 1인을 둔다.
② 제198조제1항·제4항 및 제5항은 투자유한회사의 법인이사에게 준용한다. 이 경우 "투자회사"는 각각 "투자유한회사"로 본다.
제210조【사원총회】 ① 투자유한회사의 사원총회는 법인이사가 소집한다.
② 투자유한회사의 사원총회는 출석한 사원의 의결권의 과반수와 발행된 지분증권 총수의 4분의 1 이상의 수로 결의한다. 다만, 이 법에서 정한 사원총회의 결의사항 외에 정관으로 정한 사원총회의 결의사항에 대하여는 출석한 사원의 의결권의 과반수와 발행된 지분증권총수의 5분의 1 이상의 수로 결의할 수 있다.(2013.5.28 본항개정)
③ 제190조제1항·제3항·제4항 및 제6항부터 제10항까지의 규정은 투자유한회사의 사원총회에 관하여 준용한다. 이 경우 "투자신탁을 설정한 집합투자업자" 및 "집합투자업자"는 각각 "투자유한회사의 법인이사"로, "투자신탁재산"은 "투자유한회사재산"으로, "수익증권"은 각각 "지분증권"으로, "총좌수"는 각각 "총수"로, "수익자"는 각각 "사원"으로, "수익자총회"는 각각 "사원총회"로, "수익자명부"는 "사원명부"로, "좌수"는 각각 "수"로 보고, 같은 조 제8항 중 "제5항"은 "제2항"으로 본다.(2013.5.28 본항개정)
제211조【준용규정】 ① 제195조는 투자유한회사의 정관변경에 관하여 준용한다. 이 경우 "투자회사"는 각각 "투자유한회사"로, 같은 조 제1항 중 "이사회 결의로"는 "법인이사가"로, "제201조제2항 단서"는 "제210조제2항 단서"로, 같은 조 제1항 중 "주주총회의 결의" 및 같은 조 제2항 중 "이사회 결의 및 주주총회의 결의"는 각각 "사원총회의 결의"로, "주주"는 각각 "사원"으로 본다.
② 제202조(제3항 및 제4항을 제외한다), 제203조(제2항을 제외한다) 및 제204조는 투자유한회사의 해산·청산 및 합병에 관하여 준용한다. 이 경우 "주주"는 "사원(법인이사인 사원은 제외한다)"으로, "투자회사"는 각각 "투자유한회사"로, "주주총회"는 각각 "사원총회"로, "법인이사 및 감독이사"는 "법인이사"로, "청산인 및 청산감독인" 및 "청산인 또는 청산감독인"은 각각 "청산인"으로, "재산목록과 재무상태표를 작성하여 이를 청산인회에 제출하여 그 승인을 받은 후 그 등본을"은 "재산목록과 재무상태표를 작성하여 그 등본을"로, "제201조제2항 단서"는 "제210조제2항 단서"로, "주식"은 "지분증권"으로 본다.(2021.4.20 후단개정)
제212조【「상법」과의 관계】 ① 투자유한회사에 「상법」을 적용함에 있어서 같은 법 제582조, 제613조제1항(제259조제4항, 제536조제2항 및 제541조제2항을 준용하는 경우에 한한다) 및 같은 조 제2항(제539조를 준용하는 경우에 한한다) 중 "법원"은 각각 "금융위원회"로 본다.(2008.2.29 본항개정)
② 「상법」 제543조제3항, 제546조, 제560조(제341조의3, 제342조 및 제343조제1항을 준용하는 경우에 한한다), 제568조부터 제570조까지, 제575조 단서, 제583조(제449조제1항·제2항, 제450조, 제458조부터 제460조까지의 규정을 준용하는 경우에 한한다), 제584조부터 제592조까지, 제597조(제439조제1항 및 제2항을 준용하는 경우에 한한다) 및 제607조는 투자유한회사에는 적용하지 아니한다.(2013.5.28 본항개정)

제3관 투자합자회사

제213조【투자합자회사의 설립 등】 ① 집합투자업자는 투자합자회사를 설립하는 경우 다음 각 호의 사항을 기재한 정관을 작성하여 무한책임사원 1인과 유한책임사원 1인이 기명날인 또는 서명하여야 한다.
1. 목적
2. 상호
3. 업무집행사원의 상호·사업자등록번호
4. 회사의 소재지
5. 투자합자회사재산의 운용 및 관리에 관한 사항
6. 이익분배 및 환매에 관한 사항
7. 공시 및 보고서에 관한 사항
8. 그 밖에 사원을 보호하기 위하여 필요한 사항으로서 대통령령으로 정하는 사항

② 집합투자업자는 정관을 작성한 후 투자합자회사 설립시에 출자금을 금전으로 납입하여야 한다.
③ 집합투자업자는 다음 각 호의 사항을 출자금액이 납입된 날부터 2주 이내에 대통령령으로 정하는 서류를 첨부하여 설립등기를 하여야 한다.
1. 제1항제1호부터 제4호까지의 사항
2. 정관으로 투자합자회사의 존속기간 또는 해산사유를 정한 경우 그 내용

④ 투자합자회사 사원의 출자의 목적은 금전에 한한다.
⑤ 투자합자회사는 제182조에 따라 등록하기 전에는 제1항에 따른 사원 외의 자를 사원으로 가입시켜서는 아니 된다.
제214조【업무집행사원】 ① 투자합자회사는 업무집행사원 1인 외의 무한책임사원을 둘 수 없다. 이 경우 업무집행사원은 「상법」 제173조에 불구하고 집합투자업자이어야 한다.
② 제198조제1항·제4항 및 제5항은 투자합자회사의 업무집행사원에게 준용한다. 이 경우 "법인이사"는 각각 "업무집행사원"으로, "투자회사"는 각각 "투자합자회사"로 본다.

제215조【사원총회】 ① 투자합자회사에 사원 전원으로 구성되는 사원총회를 두며, 사원총회는 이 법 또는 정관에서 정한 사항에 대하여만 결의할 수 있다.
② 투자합자회사의 사원총회는 업무집행사원이 소집한다.
③ 투자합자회사의 사원총회는 출석한 사원의 의결권의 과반수와 발행된 지분증권 총수의 4분의 1 이상의 수로 결의한다. 다만, 이 법에서 정한 사원총회의 결의사항 외에 정관으로 정한 사원총회의 결의사항에 대하여는 출석한 사원의 의결권의 과반수와 발행된 지분증권총수의 5분의 1 이상의 수로 결의할 수 있다.(2013.5.28 본항개정)
④ 제190조제3항 · 제4항 및 제6항부터 제10항까지의 규정은 투자합자회사의 사원총회에 관하여 준용한다. 이 경우 "투자신탁을 설정한 집합투자업자" 및 "집합투자업자"는 각각 "투자합자회사의 업무집행사원"으로, "투자신탁재산"은 "투자합자회사재산"으로, "수익증권"은 각각 "지분증권"으로, "총좌수"는 각각 "총수"로, "수익자"는 각각 "사원"으로, "수익자총회"는 각각 "사원총회"로, "수익자명부"는 "사원명부"로, "좌수"는 각각 "수"로 보고, 같은 조 제8항 중 "제5항"은 "제3항"으로 본다.(2013.5.28 후단개정)

제216조【준용규정】 ① 제195조는 투자합자회사의 정관변경에 관하여 준용한다. 이 경우 "투자회사"는 각각 "투자합자회사"로, 같은 조 제1항 중 "이사회 결의로"는 "업무집행사원이"로, "제201조제2항 단서"는 "제215조제3항"으로, 같은 조 제1항 중 "주주총회의 결의" 및 같은 조 제2항 중 "이사회 결의 및 주주총회의 결의"는 각각 "사원총회의 결의"로, "주주"는 각각 "사원"으로 본다.
② 제208조는 투자합자회사의 지분증권에 관하여 준용한다. 이 경우 "투자유한회사"는 각각 "투자합자회사"로, "제209조제1항에 따른 법인이사" 및 "법인이사"는 각각 "업무집행사원"으로 보며, 같은 조 제1항 중 "사원"은 "유한책임사원"으로 본다.
③ 제202조(제3항 및 제4항을 제외한다), 제203조(제2항을 제외한다) 및 제204조는 투자합자회사의 해산 · 청산 및 합병에 관하여 준용한다. 이 경우 "주주"는 "사원(업무집행사원은 제외한다)"으로, "투자회사"는 각각 "투자합자회사"로, "주주총회"는 각각 "사원총회"로, "법인이사" 및 "법인이사 및 감독이사"는 각각 "업무집행사원"으로, "청산인 및 청산감독인" 및 "청산인 또는 청산감독인"은 각각 "청산인"으로, "재산목록과 재무상태표를 작성하여 이를 청산인회에 제출하여 승인을 받은 후 그 등본을"은 "재산목록과 대차대조표를 작성하여 그 등본을"로, "제201조제2항 단서"는 "제215조제3항"으로, "주식"은 각각 "지분증권"으로 본다.(2021.4.20 후단개정)

제217조【「상법」과의 관계】 ① 투자합자회사에 「상법」을 적용함에 있어서 같은 법 제200조의2, 제205조, 제259조 및 제277조 중 "법원"은 각각 "금융위원회"로 본다.(2008.2.29 본항개정)
② 「상법」 제198조, 제217조부터 제220조까지, 제224조, 제280조 및 제286조는 투자합자회사에 적용하지 아니한다.
③ 투자합자회사의 유한책임사원은 「상법」 제279조에 불구하고 투자합자회사의 채무에 대하여 출자를 이행한 금액을 한도로 하여 책임을 진다.
④ 투자합자회사는 정관이 정하는 바에 따라 이익을 배당함에 있어서 무한책임사원과 유한책임사원의 배당률 또는 배당순서 등을 달리 정할 수 있다.
⑤ 투자합자회사는 손실을 배분함에 있어서 무한책임사원과 유한책임사원의 배분율 또는 배분순서 등을 달리 하여서는 아니 된다.

제4관 투자유한책임회사
(2013.5.28 본관신설)

제217조의2【투자유한책임회사의 설립 등】 ① 집합투자업자는 투자유한책임회사를 설립하는 경우 다음 각 호의 사항을 기재한 정관을 작성하여 사원 1인이 기명날인 또는 서명하여야 한다.
1. 목적
2. 상호
3. 제217조의4제1항에 따른 업무집행자의 상호 · 사업자등록번호
4. 회사의 소재지
5. 투자유한책임회사재산의 운용 및 관리에 관한 사항
6. 이익분배 및 환매에 관한 사항
7. 공시 및 보고서에 관한 사항
8. 그 밖에 사원을 보호하기 위하여 필요한 사항으로서 대통령령으로 정하는 사항

② 투자유한책임회사의 사원은 정관을 작성한 후 설립등기를 할 때까지 출자금을 금전으로 납입하여야 한다.
③ 집합투자업자는 다음 각 호의 사항을 출자금액이 납입된 날부터 2주 이내에 대통령령으로 정하는 서류를 첨부하여 설립등기를 하여야 한다.
1. 제1항제1호부터 제4호까지의 사항
2. 정관으로 투자유한책임회사의 존속기간 또는 해산사유를 정한 경우 그 내용

④ 투자유한책임회사 사원의 출자의 목적은 금전에 한한다.
⑤ 투자유한책임회사는 제182조에 따라 등록하기 전에는 제1항에 따른 사원 외의 자를 사원으로 가입시켜서는 아니 된다.

제217조의3【지분증권】 ① 투자유한책임회사의 사원은 출자금액의 반환 및 이익의 분배 등에 관하여 지분증권의 수에 따라 균등한 권리를 가진다.
② 투자유한책임회사의 지분증권에는 다음 각 호의 사항을 기재하고, 제217조의4제1항에 따른 업무집행자가 기명날인 또는 서명하여야 한다.
1. 회사의 상호
2. 회사의 성립연월일
3. 지분증권의 발행일
4. 사원의 성명(법인인 경우에는 상호)
5. 그 밖에 투자유한책임회사 사원의 보호에 필요한 사항으로서 대통령령으로 정하는 사항

③ 제196조(제2항은 제외한다)는 투자유한책임회사의 지분증권에 관하여 준용한다. 이 경우 "투자회사"는 각각 "투자유한책임회사"로, "주식"은 각각 "지분증권"으로, "신주"는 각각 "새 지분증권"으로, "이사회"는 각각 "업무집행자"로, "주주"는 각각 "사원"으로, "주금"은 각각 "지분증권 대금"으로 본다.

제217조의4【업무집행자】 ① 투자유한책임회사는 사원 또는 사원이 아닌 자로 업무집행자(이하 이 관에서 "업무집행자"라 한다) 1인을 두어야 한다. 이 경우 업무집행자는 집합투자업자이어야 한다.
② 제198조제1항 · 제4항 및 제5항은 투자유한책임회사의 업무집행자에게 준용한다. 이 경우 "법인이사"는 각각 "업무집행자"로, "투자회사"는 각각 "투자유한책임회사"로 본다.

제217조의5【사원총회】 ① 투자유한책임회사의 사원 전원으로 구성되는 사원총회를 두며, 사원총회는 이 법 또는 정관에서 정한 사항에 대하여만 결의할 수 있다.
② 투자유한책임회사의 사원총회는 업무집행자가 소집한다.
③ 투자유한책임회사의 사원총회는 출석한 사원의 의결권의 과반수와 발행된 지분증권 총수의 4분의 1 이상의 수로 결의한다. 다만, 이 법에서 정한 사원총회의 결의사항 외에 정관으로 정한 사원총회의 결의사항에 대하여는 출석한 사원의 의결권의 과반수와 발행된 지분증권총수의 5분의 1 이상의 수로 결의할 수 있다.
④ 제190조제3항 · 제4항 및 제6항부터 제10항까지의 규정은 투자유한책임회사의 사원총회에 관하여 준용한다. 이 경우 "투자신탁을 설정한 집합투자업자" 및 "집합투자업자"는 각각 "투자유한책임회사의 업무집행자"로, "투자신탁재산"은 "투자유한책임회사재산"으로, "수익증권"은 각각 "지분증권"으로, "총좌수"는 각각 "총수"로, "수익자"는 각각 "사원"으로, "수익자총회"는 각각 "사원총회"로, "수익자명부"는 "사원명부"로, "좌수"는 각각 "수"로 보고, 같은 조 제8항 중 "제5항"은 "제3항"으로 본다.
⑤ 제191조는 투자유한책임회사의 제195조제1항 단서에 따른 정관의 변경 또는 제204조제2항에 따른 합병에 반대하는 사원에게 준용한다. 이 경우 "신탁계약"은 "정관"으로, "투자신탁", "집합투자업자" 및 "투자신탁을 설정한 집합투자업자"는 각각 "투자유한책임회사"로, "수익자총회"는 각각 "사원총회"로, "수익자"는 각각 "사원"으로, "수익증권"은 각각 "지분증권"으로, "투자신탁재산"은 "투자유한책임회사재산"으로 본다.

제217조의6【준용규정】 ① 제195조는 투자유한책임회사의 정관변경에 관하여 준용한다. 이 경우 "투자회사"는 각각 "투

자유한책임회사"로, 같은 조 제1항 중 "이사회 결의로"는 "업무집행자가"로, "제201조제2항"은 "제217조의5제3항"으로, 같은 조 제1항 중 "주주총회의 결의" 및 같은 조 제2항 중 "이사회 결의 및 주주총회의 결의"는 각각 "사원총회의 결의"로, "주주"는 각각 "사원"으로 본다.
② 제202조(제3항 및 제4항은 제외한다), 제203조(제2항은 제외한다) 및 제204조는 투자유한책임회사의 해산·청산 및 합병에 관하여 준용한다. 이 경우 "주주"는 "사원(업무집행자인 사원은 제외한다)"으로, "투자회사"는 각각 "투자유한책임회사"로, "주주총회"는 각각 "사원총회"로, "법인이사 및 감독이사"는 "업무집행자"로, "청산인 및 청산감독인" 및 "청산인 또는 청산감독인"은 각각 "청산인"으로, "재산목록과 재무상태표를 작성하여 이를 청산인회에 제출하여 승인을 받아야 하며, 그 등본을"은 "재산목록과 재무상태표를 작성하여 그 등본을"로, "제201조제2항 단서"는 "제217조의5제3항"으로, "주식"은 "지분증권"으로 본다.(2021.4.20 후단개정)

제217조의7【「상법」과의 관계】 ① 투자유한책임회사에 「상법」을 적용함에 있어서 같은 법 제287조의13(제200조의2를 준용하는 경우로 한정한다), 제287조의14(제277조를 준용하는 경우로 한정한다), 제287조의17(제205조를 준용하는 경우로 한정한다), 제287조의45(제259조제4항을 준용하는 경우로 한정한다) 중 "법원"은 각각 "금융위원회"로 본다.
② 「상법」 제287조의9, 제287조의10, 제287조의12, 제287조의15, 제287조의16, 제287조의23제3항, 제287조의24부터 제287조의44까지는 투자유한책임회사에는 적용하지 아니한다.

제3절 조합 형태의 집합투자기구

제1관 투자합자조합
(2013.5.28 본관제목개정)

제218조【투자합자조합의 설립 등】 ① 집합투자업자는 투자합자조합을 설립하는 경우 다음 각 호의 사항을 기재한 조합계약을 작성하여 제219조제1항에 따른 업무집행조합원 1인과 유한책임조합원 1인이 기명날인 또는 서명하여야 한다.
(2013.5.28 본문개정)
1. 목적
2. 투자합자조합의 명칭(2013.5.28 본호개정)
3. 업무집행조합원의 상호·사업자등록번호
4. 투자합자조합의 소재지(2013.5.28 본호개정)
5. 투자합자조합재산의 운용 및 관리에 관한 사항(2013.5.28 본호개정)
6. 존속기간 또는 해산사유를 정한 경우에는 그 내용
7. 이익분배 및 환매에 관한 사항
8. 공시 및 보고서에 관한 사항
9. 그 밖에 조합원을 보호하기 위하여 필요한 사항으로서 대통령령으로 정하는 사항

② 조합원의 출자의 목적은 금전에 한한다.
③ 투자합자조합은 제182조에 따라 등록하기 전에는 제1항에 따른 조합원 외의 자를 조합원으로 가입시켜서는 아니 된다.
(2013.5.28 본항개정)
④ 투자합자조합은 설립 후 2주 이내에 대통령령으로 정하는 서류를 첨부하여 다음 각 호의 사항을 등기하여야 한다.
1. 제1항제1호부터 제4호까지의 사항
2. 조합계약으로 투자합자조합의 존속기간 또는 해산사유를 정한 경우 그 내용

(2013.5.28 본항신설)
(2013.5.28 본조제목개정)

제219조【업무집행조합원 등】 ① 투자합자조합은 투자합자조합의 채무에 대하여 무한책임을 지는 집합투자업자인 업무집행조합원 1인과 출자액을 한도로 하여 유한책임을 지는 유한책임조합원으로 구성된다.
② 제198조제1항·제4항 및 제5항은 투자합자조합의 업무집행조합원에게 준용한다. 이 경우 "법인이사"는 각각 "업무집행조합원"으로, "투자회사"는 각각 "투자합자조합"으로 본다.
(2013.5.28 본조개정)

제220조【조합원총회】 ① 투자합자조합에 조합원 전원으로 구성되는 조합원총회를 두며, 조합원총회는 이 법 또는 조합계약에서 정한 사항에 대하여만 결의할 수 있다.
② 투자합자조합의 조합원총회는 업무집행조합원이 소집한다.
③ 투자합자조합의 조합원총회는 출석한 조합원의 의결권의 과반수와 발행된 지분증권 총수의 4분의 1 이상의 수로 결의한다. 다만, 이 법에서 정한 조합원총회의 결의사항 외에 조합계약으로 정한 조합원총회의 결의사항에 대하여는 출석한 조합원의 의결권의 과반수와 발행된 지분증권 총수의 5분의 1 이상의 수로 결의할 수 있다.
④ 제190조제3항·제4항 및 제6항부터 제10항까지의 규정은 투자합자조합의 조합원총회에 관하여 준용한다. 이 경우 "투자신탁을 설정한 집합투자업자" 및 "집합투자업자"는 각각 "투자합자조합의 업무집행조합원"으로, "투자신탁재산"은 "투자합자조합재산"으로, "수익증권"은 각각 "지분증권"으로, "총좌수"는 각각 "총수"로, "수익자"는 각각 "조합원"으로, "수익자총회"는 각각 "조합원총회"로, "수익자명부"는 "조합원명부"로, "좌수"는 각각 "수"로 보고, 같은 조 제8항 중 "제5항"은 "제3항"으로 본다.
(2013.5.28 본조개정)

제221조【투자합자조합의 해산 및 청산】 ① 투자합자조합은 다음 각 호의 어느 하나에 해당하는 사유로 해산한다. 이 경우 청산인은 대통령령으로 정하는 사항을 금융위원회에 보고하여야 한다.(2013.5.28 전단개정)
1. 조합계약에서 정한 존속기간의 만료, 그 밖의 해산사유의 발생
2. 조합원총회의 결의
3. 투자합자조합 등록의 취소(2013.5.28 본호개정)
4. 유한책임조합원의 총수가 1인이 되는 경우. 다만, 건전한 거래질서를 해할 우려가 없는 경우로서 대통령령으로 정하는 경우는 제외한다.(2013.5.28 본호신설)

② 투자합자조합이 해산하는 경우 조합계약 또는 조합원총회에서 달리 정한 경우를 제외하고는 업무집행조합원이 청산인이 된다.(2013.5.28 본항개정)
③ 금융위원회는 투자합자조합이 제2항에 따른 청산인이 없거나 없게 된 경우에는 직권으로 청산인을 선임한다.(2013.5.28 본항개정)
④ 금융위원회는 청산인이 업무를 집행함에 있어서 현저하게 부적합하거나 중대한 법령 위반사항이 있는 경우에는 직권으로 또는 이해관계인의 청구에 의하여 청산인을 해임할 수 있다. 이 경우 금융위원회는 직권으로 새로운 청산인을 선임할 수 있다.(2008.2.29 본항개정)
⑤ 청산인은 투자합자조합의 잔여재산을 조합원에게 분배함에 있어서 조합계약이 정하는 바에 따라 투자합자조합재산에 속하는 자산을 그 조합원에게 지급할 수 있다.(2013.5.28 본항개정)
⑥ 제203조(제2항을 제외한다)는 투자합자조합의 청산에 관하여 준용한다. 이 경우 "투자회사"는 각각 "투자합자조합"으로, "재산목록과 재무상태표를 작성하여 이를 청산인회에 제출하여 승인을 받은 후 그 등본을"은 "재산목록과 재무상태표를 작성하여 그 등본을"로, "주주총회"는 "조합원총회"로, "청산인 및 청산감독인"은 "청산인"으로 본다.(2021.4.20 후단개정)
(2013.5.28 본조제목개정)

제222조【준용규정】 ① 제195조는 투자합자조합의 조합계약변경에 관하여 준용한다. 이 경우 "투자회사"는 각각 "투자합자조합"으로, 같은 조 제1항 중 "이사회 결의로"는 "업무집행조합원이"로, "제201조제2항"은 "제220조제3항"으로, 같은 조 제1항 중 "주주총회의 결의" 및 같은 조 제2항 중 "이사회 결의 및 주주총회의 결의"는 각각 "조합원총회의 결의"로, "주주"는 각각 "조합원"으로 본다.
② 제208조는 투자합자조합의 지분증권에 관하여 준용한다. 이 경우 "투자유한회사" 및 "회사"는 각각 "투자합자조합"으로, "제209조제1항에 따른 법인이사" 및 "법인이사"는 각각 "업무집행조합원"으로, "정관"은 "조합계약"으로, 같은 조 제1항 중 "사원"은 "유한책임조합원"으로, 같은 조 제2항 및 제3항 중 "사원"은 각각 "조합원"으로 본다.
(2013.5.28 본조개정)

제223조【「상법」 및 「민법」과의 관계】 ① 투자합자조합에 「상법」을 적용함에 있어서 같은 법 제86조의8제2항(제200조의2를 준용하는 경우로 한정한다), 같은 조 제3항(제277조를 준용하는 경우로 한정한다) 중 "법원"은 각각 "금융위원회"로 본다.

②「상법」 제86조의8제2항(제198조, 제208조제2항 및 제287조를 준용하는 경우로 한정한다)은 투자합자조합에는 적용하지 아니한다.
③「민법」 제703조, 제706조부터 제713조까지 및 제716조부터 제724조까지의 규정은 투자합자조합에 적용하지 아니한다.
④ 투자자가 투자합자조합의 지분증권을 매수한 경우 투자합자조합에 가입한 것으로 본다.
⑤ 투자합자조합은 조합계약으로 정하는 바에 따라 이익을 배당함에 있어서 무한책임조합원과 유한책임조합원의 배당률 또는 배당순서 등을 달리 정할 수 있다.
⑥ 투자합자조합은 손실을 배분함에 있어서 무한책임조합원과 유한책임조합원의 배분율 또는 배분순서 등을 달리 하여서는 아니 된다.
(2013.5.28 본조개정)

제2관 투자익명조합

제224조【투자익명조합의 설립 등】 ① 집합투자업자는 투자익명조합을 설립하는 경우 다음 각 호의 사항을 기재한 익명조합계약을 작성하여 영업자 1인과 익명조합원 1인이 기명날인 또는 서명하여야 한다.
1. 목적
2. 투자익명조합의 명칭
3. 영업자의 상호·사업자등록번호
4. 투자익명조합의 소재지
5. 투자익명조합재산의 운용 및 관리에 관한 사항
6. 존속기간 또는 해산사유를 정한 경우에는 그 내용
7. 이익분배 및 환매에 관한 사항
8. 공시 및 보고서에 관한 사항
9. 그 밖에 익명조합원을 보호하기 위하여 필요한 사항으로서 대통령령으로 정하는 사항

② 익명조합원의 출자의 목적은 금전에 한한다.
③ 투자익명조합의 영업자는 제182조에 따라 등록하기 전에는 제1항에 따른 익명조합원 외의 자를 익명조합원으로 가입시켜서는 아니 된다.

제225조【영업자】 ① 투자익명조합재산은 집합투자업자인 영업자 1인이 운용한다.
② 제198조제1항·제4항 및 제5항은 투자익명조합의 영업자에게 준용한다. 이 경우 "법인이사"는 각각 "영업자"로, "투자회사"는 각각 "투자익명조합"으로 본다.

제226조【익명조합원총회】 ① 투자익명조합에 익명조합원 전원으로 구성되는 익명조합원총회를 두며, 익명조합원총회는 이 법 또는 익명조합계약에서 정한 사항에 대하여만 결의할 수 있다.
② 투자익명조합의 익명조합원총회는 영업자가 소집한다.
③ 투자익명조합의 익명조합원총회는 출석한 익명조합원의 의결권의 과반수와 발행된 지분증권 총수의 4분의 1 이상의 수로 결의한다. 다만, 이 법에서 정한 익명조합원총회의 결의사항 외에 익명조합계약으로 정한 익명조합원총회의 결의사항에 대하여는 출석한 익명조합원의 의결권의 과반수와 발행된 지분증권 총수의 5분의 1 이상의 수로 결의할 수 있다.
(2013.5.28 본항개정)
④ 제190조제3항·제4항 및 제6항부터 제10항까지의 규정은 투자익명조합의 익명조합원총회에 관하여 준용한다. 이 경우 "투자신탁을 설정한 집합투자업자" 및 "집합투자업자"는 각각 "투자익명조합의 영업자"로, "투자신탁재산"은 "투자익명조합재산"으로, "수익증권"은 각각 "지분증권"으로, "총좌수"는 각각 "총수"로, "수익자"는 각각 "익명조합원"으로, "수익자총회"는 각각 "익명조합원총회"로, "수익자명부"는 "익명조합원명부"로, "좌수"는 각각 "수"로 보고, 같은 조 제8항 중 "제5항"은 "제3항"으로 본다.(2013.5.28 후단개정)

제227조【준용규정】 ① 제195조는 투자익명조합의 익명조합계약변경에 관하여 준용한다. 이 경우 "투자회사"는 각각 "투자익명조합"으로, 같은 조 제1항 중 "이사회 결의로"는 "영업자가"로, "제201조제2항 단서"는 "제226조제3항"으로, 같은 조 제1항 중 "주주총회의 결의" 및 같은 조 제2항 중 "이사회 결의 및 주주총회의 결의"는 각각 "익명조합원총회의 결의"로, "주주"는 각각 "익명조합원"으로 본다.
② 제208조는 투자익명조합의 지분증권에 관하여 준용한다. 이 경우 "투자유한회사" 및 "회사"는 각각 "투자익명조합"으로, "제209조제1항에 따른 법인이사" 및 "법인이사"는 각각 "영업자"로, "사원"은 각각 "익명조합원"으로, "정관"은 "익명조합계약"으로 본다.
③ 제221조는 투자익명조합의 해산·청산에 관하여 준용한다. 이 경우 "투자합자조합"은 각각 "투자익명조합"으로, "유한책임조합원"은 "익명조합원"으로, "조합원총회"는 각각 "익명조합원총회"로, "업무집행조합원"은 각각 "영업자"로 본다.
(2013.5.28 후단개정)

제228조【다른 법률과의 관계】 ①「상법」 제82조제3항, 제83조 및 제84조는 투자익명조합에 적용하지 아니한다.
②「신탁법」 제3장은 투자익명조합에 준용한다. 이 경우 "신탁재산"은 "투자익명조합재산"으로, "수탁자"는 "영업자"로, "신탁"은 "투자익명조합 가입"으로, "위탁자" 및 "수익자"는 각각 "익명조합원"으로 본다.
③ 투자자가 투자익명조합의 지분증권을 매수한 경우 투자익명조합에 가입한 것으로 본다.

제3장 집합투자기구의 종류 등

제1절 집합투자기구의 종류

제229조【집합투자기구의 종류】 집합투자기구는 집합투자재산의 운용대상에 따라 다음 각 호와 같이 구분한다.
1. 증권집합투자기구 : 집합투자재산의 100분의 40 이상으로서 대통령령으로 정하는 비율을 초과하여 증권(대통령령으로 정하는 증권을 제외하며, 대통령령으로 정하는 증권 외의 증권을 기초자산으로 한 파생상품을 포함한다. 이하 이 조에서 같다)에 투자하는 집합투자기구로서 제2호 및 제3호에 해당하지 아니하는 집합투자기구
2. 부동산집합투자기구 : 집합투자재산의 100분의 40 이상으로서 대통령령으로 정하는 비율을 초과하여 부동산(부동산을 기초자산으로 한 파생상품, 부동산 개발과 관련된 법인에 대한 대출, 그 밖에 대통령령으로 정하는 방법으로 부동산 및 대통령령으로 정하는 부동산과 관련된 증권에 투자하는 경우를 포함한다. 이하 이 조에서 같다)에 투자하는 집합투자기구
3. 특별자산집합투자기구 : 집합투자재산의 100분의 40 이상으로서 대통령령으로 정하는 비율을 초과하여 특별자산(증권 및 부동산을 제외한 투자대상자산을 말한다)에 투자하는 집합투자기구
4. 혼합자산집합투자기구 : 집합투자재산을 운용함에 있어서 제1호부터 제3호까지의 규정의 제한을 받지 아니하는 집합투자기구
5. 단기금융집합투자기구 : 집합투자재산 전부를 대통령령으로 정하는 단기금융상품에 투자하는 집합투자기구로서 대통령령으로 정하는 방법으로 운용되는 집합투자기구

제2절 특수한 형태의 집합투자기구

제230조【환매금지형집합투자기구】 ① 투자신탁·투자유한회사·투자합자회사·투자유한책임회사·투자합자조합 및 투자익명조합을 설정·설립하고자 하는 집합투자업자 또는 투자회사의 발기인(이하 이 절에서 "집합투자업자등"이라 한다)은 제235조제1항에 불구하고 존속기간을 정한 집합투자기구에 대하여만 집합투자증권의 환매를 청구할 수 없는 집합투자기구(이하 이 조에서 "환매금지형집합투자기구"라 한다)를 설정·설립할 수 있다.(2013.5.28 본항개정)
② 투자신탁이나 투자익명조합의 집합투자업자 또는 투자회사등은 기존 투자자의 이익을 해할 우려가 없는 등 대통령령으로 정하는 때에만 환매금지형집합투자기구의 집합투자증권을 추가로 발행할 수 있다.
③ 투자신탁의 집합투자업자 또는 투자회사는 신탁계약 또는 정관에 투자자의 환금성 보장 등을 위한 별도의 방법을 정하지 아니한 경우에는 환매금지형집합투자기구의 집합투자증권을 최초로 발행한 날부터 90일 이내에 그 집합투자증권을 증권시장에 상장하여야 한다.

④ 제238조제6항부터 제8항까지의 규정은 환매금지형집합투자기구의 집합투자증권에 관하여는 적용하지 아니한다. 다만, 제2항에 따라 추가로 집합투자증권을 발행할 수 있는 환매금지형집합투자기구의 경우에는 적용한다.
⑤ 집합투자업자등은 집합투자기구의 투자대상자산의 현금화하기 곤란한 사정 등을 고려하여 대통령령으로 정하는 경우에는 그 집합투자기구를 환매금지형집합투자기구로 설정·설립하여야 한다.

제231조【종류형집합투자기구】 ① 집합투자업자등은 제189조제2항, 제196조제5항 및 제208조제1항(제216조제2항, 제222조제2항 및 제227조제2항에서 준용하는 경우를 포함한다)에 불구하고 같은 집합투자기구에서 제76조제4항에 따른 판매보수의 차이로 인하여 기준가격이 다르거나 판매수수료가 다른 여러 종류의 집합투자증권을 발행하는 집합투자기구(이하 이 조에서 "종류형집합투자기구"라 한다)를 설정·설립할 수 있다.
② 종류형집합투자기구는 집합투자자총회의 결의가 필요한 경우로서 특정 종류의 집합투자증권의 투자자에 대하여만 이해관계가 있는 경우에는 그 종류의 투자자만으로 종류집합투자자총회를 개최할 수 있다.
③ 종류형집합투자기구의 설정·설립, 집합투자증권의 발행·판매·환매, 그 밖에 종류형집합투자기구에 관하여 필요한 사항은 대통령령으로 정한다.

제232조【전환형집합투자기구】 ① 집합투자업자등은 복수의 집합투자기구 간에 각 집합투자기구의 투자자가 소유하고 있는 집합투자증권을 다른 집합투자기구의 집합투자증권으로 전환할 수 있는 권리를 투자자에게 부여하는 구조의 집합투자기구(이하 이 조에서 "전환형집합투자기구"라 한다)를 설정·설립하는 경우에는 다음 각 호의 요건을 모두 충족하여야 한다.
1. 복수의 집합투자기구 간에 공통으로 적용되는 집합투자규약이 있을 것
2. 집합투자규약에 제9조제18항제1호부터 제4호까지, 제4호의2, 제5호, 제6호 및 같은 조 제19항제1호의 규정에 따른 집합투자기구 간의 전환이 금지되어 있을 것(2015.7.24 본호개정)
② 집합투자증권의 전환, 그 밖에 전환형집합투자기구에 관하여 필요한 사항은 대통령령으로 정한다.

제233조【모자형집합투자기구】 ① 집합투자업자등은 다른 집합투자기구(이하 이 조에서 "모집합투자기구"라 한다)가 발행하는 집합투자증권을 취득하는 구조의 집합투자기구(이하 이 조에서 "자집합투자기구"라 한다)를 설정·설립하는 경우에는 다음 각 호의 요건을 모두 충족하여야 한다.
1. 자집합투자기구가 모집합투자기구의 집합투자증권 외의 다른 집합투자증권을 취득하는 것이 허용되지 아니할 것
2. 자집합투자기구 외의 자가 모집합투자기구의 집합투자증권을 취득하는 것이 허용되지 아니할 것
3. 자집합투자기구와 모집합투자기구의 집합투자재산을 운용하는 집합투자업자가 동일할 것
② 제81조제1항제3호(라목을 제외한다)는 자집합투자기구가 모집합투자기구의 집합투자증권을 취득하는 경우에는 적용하지 아니한다.
③ 모집합투자기구 및 자집합투자기구(이하 이 조에서 "모자형집합투자기구"라 한다)의 설정·설립, 집합투자증권의 판매·환매, 그 밖에 모자형집합투자기구에 관하여 필요한 사항은 대통령령으로 정한다.

제234조【상장지수집합투자기구】 ① 제34조제1항제1호·제2호, 제87조제3항(제186조제2항에서 준용하는 경우를 포함한다), 제88조, 제147조, 제172조, 제173조 및 제235조부터 제237조까지의 규정은 다음 각 호의 요건을 모두 갖춘 집합투자기구(이하 이 조에서 "상장지수집합투자기구"라 한다)에는 적용하지 아니한다.(2013.5.28 본문개정)
1. 기초자산의 가격 또는 기초자산의 종류에 따라 다수 종목의 가격수준을 종합적으로 표시하는 지수의 변화에 연동하여 운용하는 것을 목표로 할 것. 이 경우 기초자산의 가격 또는 지수는 대통령령으로 정하는 요건을 갖추어야 한다.(2009.2.3 본호개정)
2. 수익증권 또는 투자회사 주식의 환매가 허용될 것
3. 수익증권 또는 투자회사 주식이 해당 투자신탁의 설정일 또는 투자회사의 설립일부터 30일 이내에 증권시장에 상장될 것
② 투자매매업자 또는 투자중개업자 중 대통령령으로 정하는 자가 상장지수집합투자기구의 설정·설립을 위하여 자기 또는 타인의 계산으로 증권을 매매하는 경우에는 투자일임업을 영위하는 것으로 보지 아니한다.
③ 상장지수집합투자기구를 설정·추가설정 또는 설립·신주발행하는 경우 제188조제4항 및 제194조제7항(제196조제6항에서 준용하는 경우를 포함한다)에 불구하고 금전 외의 자산으로 납입할 수 있다.(2009.2.3 본항개정)
④ 상장지수집합투자기구의 설정·추가설정·설립 및 신주발행, 집합투자증권의 판매 및 환매, 상장 및 상장폐지, 소유 재산의 공고, 그 밖에 필요한 사항은 대통령령으로 정한다.(2009.2.3 본항개정)

제234조의2 (2013.8.13 삭제)

제4장 집합투자증권의 환매

제235조【환매청구 및 방법 등】 ① 투자자는 언제든지 집합투자증권의 환매를 청구할 수 있다.
② 투자자는 집합투자증권의 환매를 청구하고자 하는 경우에는 그 집합투자증권을 판매한 투자매매업자 또는 투자중개업자에게 청구하여야 한다. 다만, 투자매매업자 또는 투자중개업자가 해산·인가취소 또는 업무정지, 그 밖에 대통령령으로 정하는 사유(이하 이 항에서 "해산등"이라 한다)로 인하여 환매청구에 응할 수 없는 경우에는 총리령으로 정하는 방법에 따라 해당 집합투자기구의 집합투자업자에게 직접 청구할 수 있으며, 환매청구를 받은 집합투자업자가 해산등으로 인하여 환매에 응할 수 없는 경우에는 해당 집합투자재산을 보관·관리하는 신탁업자에게 청구할 수 있다.(2008.2.29 단서개정)
③ 제2항 본문에 따라 환매청구를 받은 투자매매업자 또는 투자중개업자는 수익증권 또는 투자익명조합의 지분증권인 경우 해당 투자신탁 또는 투자익명조합의 집합투자업자에 대하여, 투자회사등이 발행한 집합투자증권인 경우 그 투자회사등에 대하여 각각 지체 없이 환매에 응할 것을 요구하여야 하며, 제2항 단서에 따라 투자회사등이 발행한 집합투자증권의 환매청구를 받은 집합투자업자 또는 신탁업자는 투자회사등에 대하여 지체 없이 환매에 응할 것을 요구하여야 한다.
④ 제2항 및 제3항에 따라 환매청구를 받거나 환매에 응할 것을 요구받은 투자신탁이나 투자익명조합의 집합투자업자(해당 집합투자재산을 보관·관리하는 신탁업자를 포함한다) 또는 투자회사등은 그 집합투자기구의 투자대상자산의 환금성 등을 고려하여 대통령령으로 정하는 경우를 제외하고는 투자자가 환매청구를 한 날부터 15일 이내에 집합투자규약에서 정한 환매일에 환매대금을 지급하여야 한다.
⑤ 투자신탁이나 투자익명조합의 집합투자업자(해당 집합투자재산을 보관·관리하는 신탁업자를 포함한다) 또는 투자회사등은 제4항에 따라 환매대금을 지급하는 경우에는 집합투자재산의 범위에서 집합투자재산으로 소유 중인 금전 또는 집합투자재산을 처분하여 조성한 금전으로만 하여야 한다. 다만, 집합투자기구의 투자자 전원의 동의를 얻은 경우에는 그 집합투자기구에서 소유하고 있는 집합투자재산으로 지급할 수 있다.
⑥ 집합투자증권을 판매한 투자매매업자·투자중개업자, 집합투자재산을 운용하는 집합투자업자 또는 집합투자재산을 보관·관리하는 신탁업자는 환매청구를 받거나 환매에 응할 것을 요구받은 집합투자증권을 자기의 계산으로 취득하거나 타인에게 취득하게 하여서는 아니 된다. 다만, 집합투자증권의 원활한 환매를 위하여 필요하거나 투자자의 이익을 해할 우려가 없는 경우로서 대통령령으로 정하는 경우에는 그 투자매매업자·투자중개업자·집합투자업자 또는 신탁업자는 환매청구를 받거나 환매에 응할 것을 요구받은 집합투자증권을 자기의 계산으로 취득할 수 있다.
⑦ 투자신탁이나 투자익명조합의 집합투자업자(해당 집합투자재산을 보관·관리하는 신탁업자를 포함한다. 이하 이 장에서 같다) 또는 투자회사등은 이 장에 따라 집합투자증권을 환매한 경우에는 그 집합투자증권을 소각하여야 한다.

제236조【환매가격 및 수수료】 ① 투자신탁이나 투자익명조합의 집합투자업자 또는 투자회사등은 집합투자증권을 환매하는 경우 환매청구일 후에 산정되는 기준가격으로 하여야 한다. 다만, 투자자의 이익 또는 집합투자재산의 안정적 운용을

해할 우려가 없는 경우로서 대통령령으로 정하는 경우에는 환매청구일 이전에 산정된 기준가격으로 환매할 수 있다.
② 집합투자증권을 환매하는 경우에 부과하는 환매수수료는 대통령령으로 정하는 방법에 따라 집합투자증권의 환매를 청구하는 해당 투자자가 부담하며, 투자자가 부담한 환매수수료는 집합투자재산에 귀속된다.
③ 제1항에 따른 환매청구일 후의 기준가격의 결정 등 환매가격에 관하여 필요한 사항은 대통령령으로 정한다.
제237조【환매의 연기】 ① 투자신탁이나 투자익명조합의 집합투자업자 또는 투자회사등은 집합투자재산인 자산의 처분이 불가능한 경우 등 대통령령으로 정하는 사유로 인하여 집합투자규약에서 정한 환매일에 집합투자증권을 환매할 수 없게 된 경우에는 그 집합투자증권의 환매를 연기할 수 있다. 이 경우 투자신탁이나 투자익명조합의 집합투자업자 또는 투자회사등은 환매를 연기한 날부터 6주 이내에 집합투자자총회에서 집합투자증권의 환매에 관한 사항으로서 대통령령으로 정하는 사항을 결의(제190조제5항 본문, 제201조제2항 단서, 제210조제2항 단서, 제215조제3항, 제220조제3항 및 제226조제3항의 결의를 말한다)하여야 한다.
② 투자신탁이나 투자익명조합의 집합투자업자 또는 투자회사등은 제1항 후단의 집합투자자총회에서 집합투자증권의 환매에 관한 사항을 정하지 아니하거나 환매에 관하여 정한 사항의 실행이 불가능한 경우에는 계속하여 환매를 연기할 수 있다.
③ 투자신탁이나 투자익명조합의 집합투자업자 또는 투자회사등은 제1항 후단의 집합투자자총회에서 환매에 관한 사항이 결의되거나 제2항에 따라 환매의 연기를 계속하는 경우 지체 없이 다음 각 호의 구분에 따라 정한 사항을 투자자에게 통지하여야 한다.
1. 집합투자자총회에서 환매에 관한 사항을 결의한 경우
  가. 환매에 관하여 결의한 사항
  나. 그 밖에 대통령령으로 정하는 사항
2. 환매연기를 계속하는 경우
  가. 환매를 연기하는 사유
  나. 환매를 연기하는 기간
  다. 환매를 재개하는 경우 환매대금의 지급방법
  라. 그 밖에 대통령령으로 정하는 사항
④ 투자신탁이나 투자익명조합의 집합투자업자 또는 투자회사등은 환매연기사유의 전부 또는 일부가 해소된 경우에는 환매가 연기된 투자자에 대하여 환매한다는 뜻을 통지하고 대통령령으로 정하는 방법에 따라 환매대금을 지급하여야 한다.
⑤ 투자신탁이나 투자익명조합의 집합투자업자 또는 투자회사등은 집합투자재산의 일부가 제1항에 따른 환매연기사유에 해당하는 경우 그 일부에 대하여는 환매를 연기하고 나머지에 대하여는 투자자가 소유하고 있는 집합투자증권의 지분(持分)에 따라 환매에 응할 수 있다.
⑥ 투자신탁이나 투자익명조합의 집합투자업자 또는 투자회사등은 제5항에 따라 환매가 연기된 집합투자재산만으로 별도의 집합투자기구를 설정 또는 설립할 수 있다. 이 경우 제81조, 제88조, 제238조제7항, 제240조제3항부터 제8항까지 및 제248조를 적용하지 아니한다.
⑦ 제5항에 따른 환매대금의 지급방법 및 제6항에 따른 별도의 집합투자기구의 설정 또는 설립 등에 관하여 필요한 사항은 대통령령으로 정한다.
⑧ 투자신탁이나 투자익명조합의 집합투자업자 또는 투자회사등은 다음 각 호의 어느 하나에 해당하는 경우에는 제235조제1항에 따른 환매청구에 응하지 아니할 수 있다.
1. 집합투자기구(투자신탁을 제외한다)가 해산한 경우
2. 투자회사의 순자산액이 정관이 정하는 최저순자산액에 미달하는 경우
3. 법령 또는 법령에 따른 명령에 따라 환매가 제한되는 경우
4. 투자신탁의 수익자, 투자회사의 주주 또는 그 수익자 · 주주의 질권자로서 권리를 행사할 자를 정하기 위하여 「상법」 제354조제1항(제189조제9항에서 준용하는 경우를 포함한다. 이하 이 조에서 같다)에 따라 일정한 날을 정하여 수익자명부 또는 주주명부에 기재된 수익자 · 주주 또는 질권자를 그 권리를 행사할 수익자 · 주주 또는 질권자로 보도록 한 경우로서 이 일정한 날과 그 권리를 행사할 날의 사이에 환매청구를 한 경우. 이 경우 같은 법 제354조제3항을 적용함에 있어서 "3월"을 "2개월"로 한다.

제5장 평가 및 회계

제238조【집합투자재산의 평가 및 기준가격의 산정 등】 ① 집합투자업자는 대통령령으로 정하는 방법에 따라 집합투자재산을 시가에 따라 평가하되, 평가일 현재 신뢰할 만한 시가가 없는 경우에는 대통령령으로 정하는 공정가액으로 평가하여야 한다. 다만, 투자자가 수시로 변동되는 등 투자자의 이익을 해할 우려가 적은 경우로서 대통령령으로 정하는 경우에는 대통령령으로 정하는 가액으로 평가할 수 있다.
② 집합투자업자는 제1항에 따른 집합투자재산의 평가업무를 수행하기 위하여 대통령령으로 정하는 방법에 따라 평가위원회를 구성 · 운영하여야 한다.
③ 집합투자업자는 집합투자재산에 대한 평가가 공정하고 정확하게 이루어질 수 있도록 그 집합투자재산을 보관 · 관리하는 신탁업자의 확인을 받아 다음 각 호의 사항이 포함된 집합투자재산의 평가와 절차에 관한 기준(이하 이 조에서 "집합투자재산평가기준"이라 한다)을 마련하여야 한다.
1. 제2항에 따른 평가위원회의 구성 및 운영에 관한 사항
2. 집합투자재산의 평가의 일관성 유지에 관한 사항
3. 집합투자재산의 종류별로 해당 재산의 가격을 평가하는 채권평가회사(제263조에 따른 채권평가회사를 말한다)를 두는 경우 그 선정 및 변경과 해당 채권평가회사가 제공하는 가격의 적용에 관한 사항
4. 그 밖에 대통령령으로 정하는 사항
④ 집합투자업자는 제2항에 따른 평가위원회가 집합투자재산을 평가한 경우 그 평가명세를 지체 없이 그 집합투자재산을 보관 · 관리하는 신탁업자에게 통보하여야 한다.
⑤ 집합투자재산을 보관 · 관리하는 신탁업자는 집합투자업자의 집합투자재산에 대한 평가가 법령 및 집합투자재산평가기준에 따라 공정하게 이루어졌는지 확인하여야 한다.
⑥ 투자신탁이나 투자익명조합의 집합투자업자 또는 투자회사등은 제1항부터 제5항까지의 규정에 따른 집합투자재산의 평가결과에 따라 대통령령으로 정하는 방법으로 집합투자증권의 기준가격을 산정하여야 한다.
⑦ 투자신탁이나 투자익명조합의 집합투자업자 또는 투자회사등은 제6항에 따라 산정된 기준가격을 매일 공고 · 게시하여야 한다. 다만, 기준가격을 매일 공고 · 게시하기 곤란한 경우 등 대통령령으로 정하는 경우에는 해당 집합투자규약에서 기준가격의 공고 · 게시주기를 15일 이내의 범위에서 별도로 정할 수 있다.
⑧ 금융위원회는 투자신탁이나 투자익명조합의 집합투자업자 또는 투자회사등이 제6항을 위반하여 거짓으로 기준가격을 산정한 경우에는 그 투자신탁이나 투자익명조합의 집합투자업자 또는 투자회사등에 대하여 기준가격 산정업무를 일반사무관리회사에 그 범위를 정하여 위탁하도록 명할 수 있다. 이 경우 해당 집합투자업자 및 그 집합투자업자의 계열회사, 투자회사 · 투자유한회사 · 투자합자회사 · 투자유한책임회사의 계열회사는 그 수탁대상에서 제외된다.(2013.5.28 후단개정)
제239조【결산서류의 작성 등】 ① 투자신탁이나 투자익명조합의 집합투자업자 또는 투자회사등은 집합투자기구의 결산기마다 다음 각 호의 서류 및 부속명세서(이하 이 조에서 "결산서류"라 한다)를 작성하여야 한다.
1. 재무상태표(2021.4.20 본호개정)
2. 손익계산서
3. 제88조에 따른 자산운용보고서
② 투자회사의 법인이사는 결산서류의 승인을 위하여 이사회 개최 1주 전까지 그 결산서류를 이사회에 제출하여 그 승인을 받아야 한다.
③ 투자신탁이나 투자익명조합의 집합투자업자 또는 투자회사등은 다음 각 호의 서류를 본점(투자회사등의 경우 그 투자회사등의 집합투자재산을 운용하는 집합투자업자의 본점을 포함한다)에 비치하여야 하며, 해당 집합투자증권을 판매한 투자매매업자 또는 투자중개업자에게 이를 송부하여 그 영업소에 비치하도록 하여야 한다.
1. 결산서류
2. 회계감사보고서

3. 집합투자자총회 의사록
4. 이사회 의사록(투자회사의 경우에 한한다)
④ 투자신탁이나 투자익명조합의 집합투자업자, 투자회사등 및 해당 집합투자증권을 판매한 투자매매업자 또는 투자중개업자는 결산서류 및 회계감사보고서를 제3항의 비치일부터 5년간 보존하여야 한다.
⑤ 집합투자기구의 투자자 및 채권자는 영업시간 중 언제든지 제3항에 따라 비치된 서류를 열람할 수 있으며, 그 서류의 등본 또는 초본의 교부를 청구할 수 있다.
⑥ 결산서류의 기재사항 등에 관하여 필요한 사항은 금융위원회가 정하여 고시한다.(2008.2.29 본항개정)

제240조【집합투자재산의 회계처리 등】 ① 투자신탁이나 투자익명조합의 집합투자업자 또는 투자회사등은 집합투자재산에 관하여 회계처리를 하는 경우 금융위원회가 증권선물위원회의 심의를 거쳐 정하여 고시한 회계처리기준에 따라야 한다.(2008.2.29 본항개정)
② 금융위원회는 제1항에 따른 회계처리기준의 제정 또는 개정을 전문성을 갖춘 민간법인 또는 단체로서 대통령령으로 정하는 자에게 위탁할 수 있다. 이 경우 그 민간법인 또는 단체는 회계처리기준을 제정 또는 개정한 때에는 이를 금융위원회에 지체 없이 보고하여야 한다.(2008.2.29 본항개정)
③ 투자신탁이나 투자익명조합의 집합투자업자 또는 투자회사등은 집합투자재산에 대하여 회계기간의 말일 및 다음 각 호의 날부터 2개월 이내에 회계감사인의 회계감사를 받아야 한다. 다만, 투자자의 이익을 해할 우려가 없는 경우로서 대통령령으로 정하는 경우에는 그러하지 아니하다.
1. 계약기간 종료 또는 해지의 경우 : 그 종료일 또는 해지일
2. 존속기간 만료 또는 해산의 경우 : 그 만료일 또는 해산일
④ 투자신탁이나 투자익명조합의 집합투자업자 또는 투자회사등은 집합투자재산의 회계감사인을 선임하거나 교체한 경우에는 지체 없이 그 집합투자재산을 보관·관리하는 신탁업자에게 그 사실을 통지하여야 하며, 그 선임일 또는 교체일부터 1주 이내에 금융위원회에 그 사실을 보고하여야 한다.(2008.2.29 본항개정)
⑤ 회계감사인은 투자신탁이나 투자익명조합재산의 집합투자업자 또는 투자회사등의 집합투자증권의 기준가격 산정업무 및 집합투자재산의 회계처리 업무를 감사함에 있어서 집합투자재산평가기준을 준수하는지 감사하고 그 결과를 투자신탁이나 투자익명조합의 집합투자업자의 감사(감사위원회가 설치된 경우에는 감사위원회를 말한다) 또는 투자회사등에 통보하여야 한다.
⑥ 회계감사인은 제10항에 따른 감사기준 및 「주식회사 등의 외부감사에 관한 법률」 제16조에 따른 회계감사기준에 따라 회계감사를 실시하여야 한다.(2017.10.31 본항개정)
⑦ 회계감사인은 다음 각 호의 자에게 집합투자재산의 회계장부 등 관계 자료의 열람·복사를 요청하거나 회계감사에 필요한 자료의 제출을 요구할 수 있다. 이 경우 요청 또는 요구를 받은 자는 지체 없이 이에 응하여야 한다.
1. 그 집합투자재산을 운용하는 집합투자업자
2. 그 집합투자재산을 보관·관리하는 신탁업자
3. 해당 집합투자증권을 판매하는 투자매매업자·투자중개업자
4. 제184조제6항에 따라 해당 투자회사로부터 업무를 위탁받은 일반사무관리회사 또는 제238조제8항에 따라 투자신탁이나 투자익명조합의 집합투자업자 또는 투자회사등으로부터 기준가격 산정업무를 위탁받은 일반사무관리회사
⑧ 「주식회사 등의 외부감사에 관한 법률」 제20조는 제3항에 따른 집합투자재산의 회계감사에 관하여 준용한다.(2017.10.31 본항개정)
⑨ 「주식회사 등의 외부감사에 관한 법률」 제4조 및 제8조는 투자회사에는 적용하지 아니한다.(2017.10.31 본항개정)
⑩ 회계감사인의 선임기준, 감사기준, 회계감사인의 권한, 회계감사보고서의 제출 및 공시 등에 관하여 필요한 사항은 대통령령으로 정한다.(2009.2.3 본항개정)

제241조【회계감사인의 손해배상책임】 ① 회계감사인은 제240조제3항에 따른 회계감사의 결과 회계감사보고서 중 중요사항에 관하여 거짓의 기재 또는 표시가 있거나 중요사항이 기재 또는 표시되지 아니함으로써 이를 이용한 투자자에게 손해를 끼친 경우에는 그 투자자에 대하여 손해를 배상할 책임을 진다. 이 경우 「주식회사 등의 외부감사에 관한 법률」 제2조제7호나목에 따른 감사반이 회계감사인인 경우에는 해당 집합투자재산에 대한 감사에 참여한 자가 연대하여 손해를 배상할 책임을 진다.(2017.10.31 후단개정)
② 회계감사인이 투자자에 대하여 손해를 배상할 책임이 있는 경우로서 해당 집합투자재산을 운용하는 집합투자업자의 이사·감사(감사위원회가 설치된 경우에는 감사위원회의 위원을 말한다. 이하 이 항에서 같다) 또는 투자회사의 감독이사에게도 귀책사유가 있는 경우에는 그 회계감사인과 집합투자업자의 이사·감사 또는 투자회사의 감독이사는 연대하여 손해를 배상할 책임을 진다. 다만, 손해를 배상할 책임이 있는 자가 고의가 없는 경우에 그 자는 법원이 귀책사유에 따라 정하는 책임비율에 따라 손해를 배상할 책임이 있다.(2014.1.28 단서신설)
③ 제2항 단서에도 불구하고 손해배상을 청구하는 자의 소득인정액(「국민기초생활 보장법」 제2조제8호에 따른 소득인정액을 말한다)이 대통령령으로 정하는 금액 이하에 해당되는 경우에는 회계감사인과 집합투자업자의 이사·감사 또는 투자회사의 감독이사는 연대하여 손해를 배상할 책임이 있다.(2014.1.28 본항신설)
④ 「주식회사 등의 외부감사에 관한 법률」 제31조제6항부터 제9항까지의 규정은 제1항 및 제2항의 경우에 준용한다.(2017.10.31 본항개정)

제242조【이익금의 분배】 ① 투자신탁이나 투자익명조합의 집합투자업자 또는 투자회사등은 집합투자기구의 집합투자재산 운용에 따라 발생한 이익금을 투자자에게 금전 또는 새로 발행하는 집합투자증권으로 분배하여야 한다. 다만, 집합투자기구의 특성을 고려하여 대통령령으로 정하는 집합투자기구의 경우에는 집합투자규약이 정하는 바에 따라 이익금의 분배를 집합투자기구에 유보할 수 있다.
② 투자신탁이나 투자익명조합의 집합투자업자 또는 투자회사등은 집합투자기구의 특성에 따라 이익금을 초과하여 분배할 필요가 있는 경우에는 이익금을 초과하여 금전으로 분배할 수 있다. 다만, 투자회사의 경우에는 순자산액에서 최저순자산액을 뺀 금액을 초과하여 분배할 수 없다.
③ 제1항에 따른 이익금의 분배 및 제2항에 따른 이익금을 초과하는 금전의 분배에 관하여 필요한 사항은 대통령령으로 정한다.(2009.2.3 본항개정)

제243조 (2015.7.24 삭제)

제6장 집합투자재산의 보관 및 관리

제244조【선관주의의무】 집합투자재산을 보관·관리하는 신탁업자는 선량한 관리자의 주의로써 집합투자재산을 보관·관리하여야 하며, 투자자의 이익을 보호하여야 한다.

제245조【적용배제】 제2편제4장제2절제4관(제116조 및 제117조를 제외한다)은 신탁업자가 투자신탁재산을 신탁받는 경우 그 투자신탁에 관하여는 적용하지 아니한다.

제246조【신탁업자의 업무제한 등】 ① 집합투자재산을 보관·관리하는 신탁업자는 다음 각 호의 어느 하나에 해당하는 자의 계열회사여서는 아니 된다.
1. 해당 집합투자기구(투자회사·투자유한회사·투자합자회사 및 투자유한책임회사로 한정한다)(2013.5.28 본호개정)
2. 그 집합투자재산을 운용하는 집합투자업자
② 집합투자재산을 보관·관리하는 신탁업자는 집합투자재산을 자신의 고유재산, 다른 집합투자재산 또는 제삼자로부터 보관을 위탁받은 재산과 구분하여 관리하여야 한다. 이 경우 집합투자재산이라는 사실과 위탁자를 명기하여야 한다.
③ 집합투자재산을 보관·관리하는 신탁업자는 집합투자재산 중 증권, 그 밖에 대통령령으로 정하는 것을 자신의 고유재산과 구분하여 집합투자기구별로 예탁결제원에 예탁하여야 한다. 다만, 해당 증권의 유통 가능성, 다른 법령에 따른 유통방법이 있는지 여부, 예탁의 실행 가능성 등을 고려하여 대통령령으로 정하는 경우에는 그러하지 아니하다.(2013.5.28 단서신설)
④ 집합투자재산을 보관·관리하는 신탁업자는 집합투자재산을 운용하는 집합투자업자가 제80조에 따라 그 신탁업자에 대하여 자산의 취득·처분 등의 이행 또는 보관·관리 등에 필요한 지시를 하는 경우 대통령령으로 정하는 방법에 따라 이를 각각의 집합투자기구별로 이행하여야 한다.

⑤ 집합투자재산을 보관·관리하는 신탁업자는 자신이 보관·관리하는 집합투자재산을 자신의 고유재산, 다른 집합투자재산 또는 제삼자로부터 보관을 위탁받은 재산과 거래하여서는 아니 된다. 다만, 집합투자재산을 효율적으로 운용하기 위하여 필요한 경우로서 대통령령으로 정하는 경우에는 그러하지 아니하다.(2013.5.28 본문개정)
⑥ 집합투자재산을 보관·관리하는 신탁업자는 자신이 보관·관리하는 집합투자재산을 그 이해관계인의 고유재산과 거래하여서는 아니 된다.(2009.2.3 본항신설)
⑦ 집합투자재산을 보관·관리하는 신탁업자는 그 집합투자기구의 집합투자재산에 관한 정보를 자기의 고유재산의 운용, 자기가 운용하는 집합투자재산의 운용 또는 자기가 판매하는 집합투자증권의 판매를 위하여 이용하여서는 아니 된다.
(2009.2.3 본항신설)
제247조【운용행위감시 등】 ① 집합투자재산(투자회사재산을 제외한다)을 보관·관리하는 신탁업자는 그 집합투자재산을 운용하는 집합투자업자의 운용지시 또는 운용행위가 법령, 집합투자규약 또는 투자설명서(예비투자설명서 및 간이투자설명서를 포함한다. 이하 이 조에서 같다) 등을 위반하는지 여부에 대하여 대통령령으로 정하는 기준 및 방법에 따라 확인하고 위반사항이 있는 경우에는 그 집합투자업자에 대하여 그 운용지시 또는 운용행위의 철회·변경 또는 시정을 요구하여야 한다.
② 투자회사재산을 보관·관리하는 신탁업자는 그 투자회사재산을 운용하는 집합투자업자의 운용행위가 법령, 정관 또는 투자설명서 등을 위반하는지의 여부에 대하여 대통령령으로 정하는 기준 및 방법에 따라 확인하고 위반이 있는 경우에는 그 투자회사의 감독이사에게 보고하여야 하며, 보고를 받은 투자회사의 감독이사는 그 투자회사재산을 운용하는 집합투자업자에 대하여 그 운용행위의 시정을 요구하여야 한다.
③ 집합투자재산(투자회사재산을 제외한다)을 보관·관리하는 신탁업자 또는 투자회사의 감독이사는 해당 집합투자재산을 운용하는 집합투자업자가 제1항 또는 제2항에 따른 요구를 3영업일 이내에 이행하지 아니하는 경우에는 그 사실을 금융위원회에 보고하여야 하며, 대통령령으로 정하는 사항을 대통령령으로 정하는 방법에 따라 공시하여야 한다. 다만, 투자회사의 감독이사가 금융위원회에 대한 보고 또는 공시에 관한 업무를 이행하지 아니한 경우에는 그 투자회사재산을 보관·관리하는 신탁업자가 이를 이행하여야 한다.(2021.4.20 본문개정)
④ 집합투자업자는 제1항 또는 제2항의 요구에 대하여 금융위원회에 이의를 신청할 수 있다. 이 경우 관련 당사자는 대통령령으로 정하는 기준에 따라 행하는 금융위원회의 결정에 따라야 한다.(2008.2.29 본항개정)
⑤ 집합투자재산을 보관·관리하는 신탁업자는 집합투자재산과 관련하여 다음 각 호의 사항을 확인하여야 한다.
1. 투자설명서가 법령 및 집합투자규약에 부합하는지 여부
2. 제88조제1항·제2항에 따른 자산운용보고서의 작성이 적정한지 여부
3. 제93조제2항에 따른 위험관리방법의 작성이 적정한지 여부
4. 제238조제1항에 따른 집합투자재산의 평가가 공정한지 여부
5. 제238조제6항에 따른 기준가격 산정이 적정한지 여부
6. 제1항 또는 제2항의 시정요구 등에 대한 집합투자업자의 이행명세
7. 그 밖에 투자자 보호를 위하여 필요한 사항으로서 대통령령으로 정하는 사항
⑥ 집합투자재산을 보관·관리하는 신탁업자는 제1항에 따른 요구를 하거나 제2항에 따른 보고를 하기 위하여 필요한 경우 또는 제5항 각 호의 사항을 확인하기 위하여 필요한 경우에는 해당 집합투자업자, 투자회사등 또는 투자회사로부터 제184조제6항의 업무를 위탁받은 일반사무관리회사에 대하여 관련된 자료의 제출을 요구할 수 있다. 이 경우 그 집합투자업자, 투자회사등 또는 일반사무관리회사는 정당한 사유가 없는 한 이에 응하여야 한다.(2021.4.20 본항개정)
⑦ 집합투자재산을 보관·관리하는 신탁업자가 제5항 각 호의 사항을 확인하는 시기·절차·범위 등에 관하여 필요한 사항은 총리령으로 정한다.(2008.2.29 본항개정)
제248조【자산보관·관리보고서의 교부】 ① 집합투자재산을 보관·관리하는 신탁업자는 집합투자재산에 관하여 제90조제2항 각 호의 어느 하나의 사유가 발생한 날부터 2개월 이내에 다음 각 호의 사항이 기재된 자산보관·관리보고서를 작성하여 투자자에게 교부하여야 한다. 다만, 투자자가 수시로 변동되는 등 투자자의 이익을 해할 우려가 없는 경우로서 대통령령으로 정하는 경우에는 자산보관·관리보고서를 투자자에게 교부하지 아니할 수 있다.(2009.2.3 본문개정)
1. 집합투자규약의 주요 변경사항
2. 투자운용인력의 변경
3. 집합투자자총회의 결의내용
4. 제247조제5항 각 호의 사항
5. 그 밖에 대통령령으로 정하는 사항
② 신탁업자는 제1항에 따른 자산보관·관리보고서를 제1항의 기간 이내에 금융위원회 및 협회에 교부하여야 한다.
(2009.2.3 본항개정)
③ 제1항에 따른 자산보관·관리보고서의 제공시기 및 방법, 비용부담 등에 관하여 필요한 사항은 대통령령으로 정한다.
(2009.2.3 본조제목개정)

제7장 사모집합투자기구 등에 대한 특례

제1절 일반 사모집합투자기구
(2021.4.20 본절제목개정)

제249조【미등록 영업행위의 금지】 누구든지 이 법에 따른 일반 사모집합투자업 등록을 하지 아니하고는 일반 사모집합투자업을 영위해서는 아니 된다.(2021.4.20 본조개정)
제249조의2【일반 사모집합투자기구의 투자자】 일반 사모집합투자기구인 투자신탁이나 투자익명조합의 일반 사모집합투자업자 또는 일반 사모집합투자기구인 투자회사등은 다음 각 호의 어느 하나에 해당하는 투자자(이하 이 장에서 "적격투자자"라 한다)에 한정하여 집합투자증권을 발행할 수 있다.
(2021.4.20 본문개정)
1. 전문투자자로서 대통령령으로 정하는 투자자
2. 1억원 이상으로서 대통령령으로 정하는 금액 이상을 투자하는 개인 또는 법인, 그 밖의 단체(「국가재정법」 별표2에서 정한 법률에 따른 기금과 집합투자기구를 포함한다)
(2021.4.20 본조제목개정)
(2015.7.24 본조개정)
제249조의3【일반 사모집합투자업의 등록】 ① 일반 사모집합투자업을 영위하려는 자는 금융위원회에 일반 사모집합투자업 등록을 하여야 한다.(2021.4.20 본항개정)
② 제1항에 따라 등록을 하려는 자는 다음 각 호의 요건을 모두 갖추어야 한다.
1. 다음 각 목의 어느 하나에 해당하는 자일 것
가. 「상법」에 따른 주식회사이거나 대통령령으로 정하는 금융회사
나. 외국 집합투자업자(외국 법령에 따라 외국에서 집합투자업에 상당하는 영업을 영위하는 자를 말한다. 이하 이 조에서 같다)로서 외국에서 영위하고 있는 영업에 상당하는 집합투자업 수행에 필요한 지점, 그 밖의 영업소를 설치한 자
2. 5억원 이상으로서 대통령령으로 정하는 금액 이상의 자기자본을 갖출 것
3. 투자자의 보호가 가능하고 그 영위하려는 일반 사모집합투자업을 수행하기에 충분한 인력과 전산설비, 그 밖의 물적 설비를 갖출 것(2021.4.20 본호개정)
4. 임원이 「금융회사의 지배구조에 관한 법률」 제5조에 적합할 것(2015.7.31 본호개정)
5. 대주주나 외국 집합투자업자가 다음 각 목의 구분에 따른 요건을 갖출 것
가. 제1호가목의 경우 대주주(제12조제2항제6호가목의 대주주를 말한다)가 충분한 출자능력, 건전한 재무상태 및 사회적 신용을 갖출 것
나. 제1호나목의 경우 외국 집합투자업자가 충분한 출자능력, 건전한 재무상태 및 사회적 신용을 갖출 것
6. 경영건전성기준 등 대통령령으로 정하는 건전한 재무상태와 법령 위반사실이 없는 등 대통령령으로 정하는 건전한 사회적 신용을 갖출 것

7. 일반 사모집합투자업자와 투자자 간, 특정 투자자와 다른 투자자 간의 이해상충을 방지하기 위한 체계를 갖출 것(2021.4.20 본호개정)
③ 제1항에 따른 일반 사모집합투자업 등록을 하려는 자는 등록신청서를 금융위원회에 제출하여야 한다.(2021.4.20 본항개정)
④ 금융위원회는 제3항의 등록신청서를 접수한 경우에는 그 내용을 검토하여 2개월 이내에 일반 사모집합투자업 등록 여부를 결정하고, 그 결과와 이유를 지체 없이 신청인에게 문서로 통지하여야 한다. 이 경우 등록신청서에 흠결이 있는 때에는 보완을 요구할 수 있다.(2021.4.20 전단개정)
⑤ 제4항의 검토기간을 산정할 때 등록신청서 흠결의 보완기간 등 총리령으로 정하는 기간은 검토기간에 산입하지 아니한다.
⑥ 금융위원회는 제4항의 일반 사모집합투자업 등록 여부를 결정할 때 다음 각 호의 어느 하나에 해당하는 사유가 없으면 등록을 거부해서는 아니 된다.(2021.4.20 본문개정)
1. 제2항의 일반 사모집합투자업 등록요건을 갖추지 아니한 경우(2021.4.20 본호개정)
2. 제3항의 등록신청서를 거짓으로 작성한 경우
3. 제4항 후단의 보완요구를 이행하지 아니한 경우
⑦ 금융위원회는 제4항에 따라 일반 사모집합투자업 등록을 결정한 경우 일반 사모집합투자업자 등록부에 필요한 사항을 적어야 하며, 등록결정한 내용을 관보 및 인터넷 홈페이지 등에 공고하여야 한다.(2021.4.20 본항개정)
⑧ 일반 사모집합투자업자는 등록 이후 그 영업을 영위하는 경우 제2항 각 호의 등록요건(같은 항 제6호는 제외하며, 같은 항 제2호 및 제5호의 경우에는 대통령령으로 정하는 완화된 요건을 말한다)을 유지하여야 한다.(2021.4.20 본항개정)
⑨ 제1항부터 제8항까지의 규정에 따른 등록요건, 등록신청서의 기재사항 · 첨부서류 등 등록의 신청에 관한 사항 및 등록검토의 방법 · 절차, 그 밖에 필요한 사항은 대통령령으로 정한다.
(2021.4.20 본조제목개정)
(2015.7.24 본조신설)

제249조의4【일반 사모집합투자기구의 투자권유 등】 ① 일반 사모집합투자기구의 집합투자증권을 판매하는 금융투자업자는 투자자가 적격투자자인지를 확인하여야 한다.
② 일반 사모집합투자기구의 집합투자증권을 발행하는 집합투자업자는 「금융소비자 보호에 관한 법률」 제19조에도 불구하고 대통령령으로 정하는 사항이 포함된 설명서(이하 "핵심상품설명서"라 한다)를 작성하여 그 일반 사모집합투자기구의 집합투자증권을 투자권유 또는 판매하는 자에게 제공하여야 한다. 그 핵심상품설명서에 기재된 사항(경미한 사항으로서 대통령령으로 정하는 경우는 제외한다)이 변경된 경우에도 이와 같다.
③ 일반 사모집합투자기구의 집합투자증권을 투자권유 또는 판매하는 자는 핵심상품설명서가 그 일반 사모집합투자기구의 집합투자규약과 부합하는지 여부 등 대통령령으로 정하는 사항을 미리 검증하여야 한다.
④ 일반 사모집합투자기구의 집합투자증권을 투자권유 또는 판매하는 자는 그 일반 사모집합투자기구의 집합투자증권을 발행하는 자가 작성하여 제공한 핵심상품설명서를 투자자(전문투자자와 그 밖에 대통령령으로 정하는 자는 제외한다)에게 대통령령으로 정하는 방법에 따라 교부하고, 그 핵심상품설명서를 사용하여 투자권유 또는 판매하여야 한다. 다만, 일반 사모집합투자기구의 집합투자증권을 투자권유 또는 판매하는 자가 투자자가 이해하기 쉽도록 핵심상품설명서의 내용 중 대통령령으로 정하는 중요한 사항을 발췌하여 기재 또는 표시한 경우로서 그 일반 사모집합투자기구의 집합투자증권을 발행한 집합투자업자와 미리 합의한 경우에는 해당 자료를 사용하여 투자권유 또는 판매할 수 있다.
⑤ 일반 사모집합투자기구(일반투자자를 대상으로 하는 경우로 한정한다)의 집합투자증권을 판매한 자는 그 일반 사모집합투자기구의 집합투자증권을 발행한 집합투자업자의 운용행위가 제2항에 따른 핵심상품설명서에 부합하는지 여부에 대하여 대통령령으로 정하는 기준 및 방법에 따라 확인하고, 부합하지 아니하는 경우에는 그 집합투자업자에게 그 운용행위의 철회 · 변경 또는 시정을 요구하여야 한다.
⑥ 일반 사모집합투자기구의 집합투자증권을 판매한 자는 제5항의 요구를 한 날부터 3영업일 이내(집합투자업자가 3영업일 이내에 요구를 이행하기 곤란한 불가피한 사유가 있는 경우로서 일반 사모집합투자기구의 집합투자증권을 판매하는 자와 이행을 위한 기간을 따로 합의한 경우에는 그 기간 이내)에 그 일반 사모집합투자기구의 집합투자증권을 발행한 집합투자업자가 그 요구를 이행하지 아니하는 경우에는 그 사실을 대통령령으로 정하는 방법에 따라 금융위원회에 보고하고 투자자에게 통보하여야 한다.
⑦ 집합투자업자는 제5항의 요구에 대하여 금융위원회에 이의를 신청할 수 있다. 이 경우 관련 당사자는 대통령령으로 정하는 기준에 따라 행하는 금융위원회의 결정에 따라야 한다.
(2021.4.20 본조개정)

제249조의5【일반 사모집합투자기구의 투자광고】 ① 일반 사모집합투자기구의 집합투자증권을 판매하는 금융투자업자가 그 사모집합투자기구의 투자광고를 하는 경우에는 전문투자자 또는 투자광고를 하는 날 전날의 금융투자상품 잔고(투자자예탁금 잔액을 포함한다)가 1억원 이상으로서 대통령령으로 정하는 금액 이상인 일반투자자만을 대상으로 하여야 한다.
② 제1항에 따른 투자광고를 하는 경우에는 서면, 전화, 전자우편, 그 밖에 금융위원회가 고시하는 매체를 통하여 전문투자자 또는 제1항에 따른 투자자에게 개별적으로 알려야 한다.
(2021.4.20 본조개정)

제249조의6【일반 사모집합투자기구의 설정 · 설립 및 보고】 ① 일반 사모집합투자기구인 투자신탁이나 투자익명조합의 집합투자업자 또는 일반 사모집합투자기구인 투자회사등은 다음 각 호의 요건을 모두 갖추어 일반 사모집합투자기구를 설정 · 설립하여야 한다.(2021.4.20 본문개정)
1. 다음 각 목의 자가 업무정지기간 중에 있지 아니할 것
  가. 그 일반 사모집합투자기구의 집합투자재산을 운용하는 집합투자업자(2021.4.20 본목개정)
  나. 그 일반 사모집합투자기구의 집합투자재산을 보관 · 관리하는 신탁업자(2021.4.20 본목개정)
  다. 그 일반 사모집합투자기구의 집합투자증권을 판매하는 투자매매업자 · 투자중개업자(2021.4.20 본목개정)
  라. 투자회사인 경우 그 투자회사로부터 제184조제6항의 업무를 위탁받은 일반사무관리회사
2. 일반 사모집합투자기구가 이 법에 따라 적법하게 설정 · 설립되었을 것(2021.4.20 본호개정)
3. 일반 사모집합투자기구의 집합투자규약이 법령을 위반하거나 투자자의 이익을 명백히 침해하지 아니할 것(2021.4.20 본호개정)
4. 그 밖에 제9조제18항 각 호의 집합투자기구의 형태 등을 고려하여 대통령령으로 정하는 요건을 갖출 것
② 일반 사모집합투자기구인 투자신탁이나 투자익명조합의 집합투자업자 또는 일반 사모집합투자기구인 투자회사등은 제1항에 따라 일반 사모집합투자기구를 설정 · 설립한 경우 그 날부터 2주일 이내에 금융위원회에 보고하여야 한다. 다만, 투자자 보호 및 건전한 거래질서를 해칠 우려가 있는 경우로서 대통령령으로 정하는 경우에는 일반 사모집합투자기구가 설정 · 설립된 후 지체 없이 보고하여야 한다.(2021.4.20 본항개정)
③ 금융위원회는 제2항에 따른 보고 내용에 흠결이 있는 경우에는 보완을 요구할 수 있다.
④ 일반 사모집합투자기구인 투자신탁이나 투자익명조합의 집합투자업자 또는 일반 사모집합투자기구인 투자회사등은 제2항에 따라 보고한 사항이 변경된 경우에는 투자자 보호를 해칠 우려가 없는 경우로서 대통령령으로 정하는 경우를 제외하고는 그 변경된 날부터 2주일 이내에 금융위원회에 변경보고를 하여야 한다. 이 경우 제3항을 준용한다.(2021.4.20 전단개정)
⑤ 제1항부터 제4항까지의 규정에 따른 보고 및 변경보고의 방법 · 절차, 그 밖에 필요한 사항은 대통령령으로 정한다.
(2021.4.20 본조제목개정)
(2015.7.24 본조신설)

제249조의7【일반 사모집합투자기구의 집합투자재산 운용방법 등】 ① 일반 사모집합투자업자가 일반 사모집합투자기구의 집합투자재산(제249조의13에 따른 투자목적회사의 재산을 포함한다. 이하 이 조에서 같다)을 운용하는 경우 다음 각 호의 금액을 합산한 금액이 일반 사모집합투자기구의 자산총액에서 부채총액을 뺀 가액의 100분의 400 이내에서 대통령령으로 정하는 비율을 초과해서는 아니 된다. 다만, 투자자 보호 및 집합투자재산의 안정적 운용을 해칠 우려가 없는 경우로서

대통령령으로 정하는 일반 사모집합투자기구의 경우에는 제1호·제2호 및 제4호를 합산한 금액 또는 제3호의 금액이 각각 일반 사모집합투자기구의 자산총액에서 부채총액을 뺀 가액의 100분의 400 이내에서 대통령령으로 정하는 비율을 초과해서는 아니 된다.(2021.4.20 본문개정)
1. 파생상품에 투자하는 경우 그 파생상품의 매매에 따른 위험평가액
2. 집합투자재산으로 해당 일반 사모집합투자기구 외의 자를 위하여 채무보증 또는 담보제공을 하는 방법으로 운용하는 경우 그 채무보증액 또는 담보목적물의 가액(2021.4.20 본호개정)
3. 일반 사모집합투자기구의 계산으로 금전을 차입하는 경우 그 차입금의 총액(2021.4.20 본호개정)
4. 그 밖에 거래의 실질이 차입에 해당하는 경우로서 대통령령으로 정하는 경우에는 대통령령으로 정하는 방법에 따라 산정한 그 실질적인 차입금의 총액(2021.4.20 본호신설)
② 일반 사모집합투자업자는 일반 사모집합투자기구의 집합투자재산을 운용할 때 다음 각 호의 어느 하나에 해당하는 행위를 해서는 아니 된다.
1. 대통령령으로 정하는 부동산을 취득한 후 5년 이내의 범위에서 대통령령으로 정하는 기간 이내에 이를 처분(대통령령으로 정하는 부동산을 취득한 투자목적회사가 발행한 주식 또는 지분을 처분하는 것을 포함한다. 이하 이 항에서 같다)하는 행위. 다만, 부동산개발사업에 따라 조성하거나 설치한 토지·건축물 등을 분양하는 경우, 그 밖에 투자자 보호를 위하여 필요한 경우로서 대통령령으로 정하는 경우는 제외한다.
2. 건축물, 그 밖의 공작물이 없는 토지로서 그 토지에 대하여 부동산개발사업을 시행하기 전에 이를 처분하는 행위. 다만, 일반 사모집합투자기구의 합병·해지 또는 해산, 그 밖에 투자자 보호를 위하여 필요한 경우로서 대통령령으로 정하는 경우는 제외한다.
3. 일반 사모집합투자업자가 일반 사모집합투자기구의 집합투자재산을 개인 및 그 밖에 대통령령으로 정하는 자에게 직접 대여하거나 이를 회피할 목적으로 「대부업 등의 등록 및 금융이용자 보호에 관한 법률」 제3조에 따라 등록한 대부업자 등 대통령령으로 정하는 자와의 연계거래 등을 이용하는 행위(2021.4.20 본호신설)
4. 일반 사모집합투자업자가 일반 사모집합투자기구의 집합투자재산을 금전의 대여로 운용하는 경우 그 집합투자기구의 집합투자증권을 다음 각 목의 자 이외의 자에게 발행하는 행위. 다만, 집합투자재산의 안정적 운용을 해칠 우려가 없는 경우로서 일반 사모집합투자기구가 금전을 대여한 차주의 목적이 대통령령으로 정하는 경우에 해당하는 경우에는 그러하지 아니하다.
가. 국가
나. 한국은행
다. 전문투자자 중 대통령령으로 정하는 자
(2021.4.20 본호신설)
5. 일반 사모집합투자업자가 이 장의 규제를 회피할 목적으로 제249조의13에 따른 투자목적회사가 아닌 법인으로서 이와 유사한 목적 또는 형태를 가진 법인을 설립 또는 이용(그 법인이 발행한 지분증권에 투자하는 행위를 포함한다. 이하 이 호에서 같다)하는 행위. 다만, 외국 투자대상자산의 취득을 목적으로 설립된 외국법인 등 대통령령으로 정하는 법인을 설립 또는 이용하는 행위는 제외한다.(2021.4.20 본호신설)
(2021.4.20 본항개정)
③ 일반 사모집합투자업자는 대통령령으로 정하는 방법에 따라 다음 각 호의 사항에 관하여 매분기의 말일을 기준으로 금융위원회에 보고하여야 한다.
1. 파생상품 매매 및 그에 따른 위험평가액 현황
2. 채무보증 또는 담보제공 현황
3. 금전차입 현황
4. 그 밖에 투자자 보호 또는 건전한 거래질서를 위하여 필요한 사항으로서 대통령령으로 정하는 사항
(2021.4.20 본항개정)
④ 일반 사모집합투자기구인 투자신탁이나 투자익명조합의 집합투자업자 또는 일반 사모집합투자기구인 투자회사등은 투자자 보호와 관련하여 대통령령으로 정한 사유가 발생한 경우에는 그 날부터 3영업일 이내에 금융위원회에 보고하여야 한다.(2021.4.20 본항개정)
⑤ 일반 사모집합투자업자는 다른 회사(투자목적회사, 투자회사, 투자유한회사, 투자합자회사, 투자유한책임회사, 그 밖에 대통령령으로 정하는 회사는 제외한다. 이하 이 항에서 같다)에 대한 경영권 참여, 사업구조 또는 지배구조의 개선 등을 위하여 다음 각 호의 어느 하나에 해당하는 방법으로 일반 사모집합투자기구의 집합투자재산을 운용하는 경우(대통령령으로 정하는 방법에 따라 다른 사모집합투자기구와 공동으로 운용하는 경우를 포함한다) 다음 각 호의 어느 하나에 해당하는 날부터 15년이 되는 날까지 그 지분증권을 제삼자에게 처분하여야 한다.
1. 다른 회사의 의결권 있는 발행주식총수 또는 출자총액의 100분의 10 이상을 보유하게 된 날
2. 임원의 임면 등 투자하는 회사의 주요 경영사항에 대하여 사실상의 지배력 행사가 가능하도록 하는 투자로서 대통령령으로 정하는 투자를 한 날
(2021.4.20 본항신설)
⑥ 일반 사모집합투자업자는 제87조제4항에도 불구하고 다음 각 호의 어느 하나에 해당하지 아니하는 일반 사모집합투자기구의 집합투자재산인 주식과 관련하여 제81조제1항에 따른 투자한도를 초과하여 취득한 주식에 대하여 의결권을 행사할 수 있다.
1. 상호출자제한기업집단의 계열회사인 일반 사모집합투자업자가 운용하는 일반 사모집합투자기구
2. 같은 상호출자제한기업집단에 속하는 금융회사가 집합투자증권 총수의 100분의 30을 초과하여 투자한 일반 사모집합투자기구
(2021.4.20 본항신설)
⑦ 제1항부터 제6항까지의 규정에 따른 일반 사모집합투자기구 집합투자재산의 구체적인 운용방법과 보고 절차, 그 밖에 필요한 사항은 대통령령으로 정한다.(2021.4.20 본항개정)
(2021.4.20 본조제목개정)
(2015.7.24 본조신설)
제249조의8【일반 사모집합투자기구에 대한 특례】 ① 제76조제2항부터 제6항까지, 제81조부터 제83조까지, 제88조, 제89조(제186조제2항에서 준용하는 경우를 포함한다), 제90조(제186조제2항에서 준용하는 경우를 포함한다), 제91조제3항(제186조제2항에서 준용하는 경우를 포함한다), 제93조, 제94조제1항부터 제4항까지, 같은 조 제6항, 제182조, 제183조제1항, 제186조(제87조를 준용하는 경우는 제외한다), 제188조제2항·제3항, 제189조제2항, 제195조, 제196조제5항(제208조제3항, 제216조제2항, 제217조의3제3항, 제222조제2항 및 제227조제2항에서 준용하는 경우를 포함한다), 제197조, 제198조제2항·제3항, 제199조, 제200조, 제207조제5항, 제208조제1항(제216조제2항, 제222조제2항 및 제227조제2항에서 준용하는 경우를 포함한다), 제211조제1항, 제213조제5항, 제216조제1항, 제217조의2제5항, 제217조의3제1항, 제217조의6제1항, 제218조제3항, 제222조제1항, 제224조제3항, 제227조제1항, 제229조, 제230조, 제235조, 제237조, 제238조제7항·제8항, 제239조제1항제3호, 같은 조 제2항부터 제5항까지, 제240조제3항부터 제8항까지, 같은 조 제10항, 제241조, 제247조제1항부터 제4항까지, 같은 조 제5항제1호부터 제3호까지, 같은 항 제6호·제7호, 같은 조 제6항·제7항, 제248조 및 제253조는 일반 사모집합투자기구에는 적용하지 아니한다.
② 제1항에도 불구하고 일반투자자를 대상으로 하는 일반 사모집합투자기구에는 다음 각 호의 조항을 적용한다. 다만, 제5호의 경우 다른 사모집합투자기구에 투자하는 집합투자기구로서 일반투자자를 대상으로 하는 일반 사모집합투자기구 등 대통령령으로 정하는 집합투자기구는 일반투자자로 본다.
1. 제76조제2항. 다만, 제92조제1항제1호 및 제2호(제186조제2항에서 준용하는 경우를 포함한다)에 따른 통지를 받은 경우로 한정한다.
2. 제88조. 다만, 전문투자자에 대해서는 자산운용보고서를 교부하지 아니할 수 있다.
3. 제230조제5항
4. 제240조제3항부터 제10항까지의 규정. 다만, 투자자 전원의 동의를 얻은 경우 및 투자자의 이익을 해할 우려가 없는 경우로서 대통령령으로 정하는 경우에는 이를 적용하지 아니한다.

5. 제247조(집합투자재산을 보관 · 관리하는 신탁업자가 제42조제1항에 따라 다른 신탁업자에게 업무를 위탁한 경우에는 당사자 간 합의가 있는 경우를 제외하고 위탁한 신탁업자가 제247조를 이행하여야 한다). 이 경우 "투자설명서"는 "핵심상품설명서"로, "3영업일"은 "3영업일 또는 집합투자업자가 3영업일 이내에 요구를 이행하기 곤란한 불가피한 사유가 있는 경우로서 일반 사모집합투자기구의 집합투자재산을 보관 · 관리하는 신탁업자와 이행을 위한 기간을 따로 합의한 경우에는 그 기간"으로 각각 본다.
(2021.4.20 본항개정)
③ 일반 사모집합투자기구의 투자자는 그 집합투자증권을 적격투자자가 아닌 자에게 양도해서는 아니 된다.
④ 일반 사모집합투자기구의 투자자(투자신탁의 경우 그 투자신탁재산을 운용하는 일반 사모집합투자업자를 말한다)는 제188조제4항, 제194조제7항(제196조제6항에서 준용하는 경우를 포함한다), 제207조제4항, 제213조제4항, 제217조의2제4항, 제218조제2항 및 제224조제2항에도 불구하고 객관적인 가치평가가 가능하고 다른 투자자의 이익을 해칠 우려가 없는 경우에는 대통령령으로 정하는 방법에 따라 증권, 부동산 또는 실물자산 등 금전 외의 자산으로 납입할 수 있다.
⑤ 집합투자자총회 및 그와 관련된 사항은 일반 사모집합투자기구에는 적용하지 아니한다. 다만, 제1항에도 불구하고 일반투자자를 대상으로 하는 일반 사모집합투자기구의 경우에는 제237조를 적용하며, 이 경우 집합투자자총회 결의일은 환매를 연기한 날부터 3개월 이내로 한다.
⑥ 일반 사모집합투자기구인 투자신탁이나 투자익명조합의 집합투자업자 또는 일반 사모집합투자기구인 투자회사등이 이 법 또는 「상법」에 따라 투자자에게 공시 또는 공고하여야 하는 사항에 대하여 집합투자규약에서 정한 방법으로 전체 투자자에게 통지한 경우에는 이 법 또는 「상법」에 따라 공시 또는 공고한 것으로 본다.
⑦ 일반 사모집합투자기구인 투자회사는 일반 사모집합투자업자인 법인이사 1명을 두며, 「상법」 제383조제1항에도 불구하고 이사의 수를 1명 또는 2명으로 할 수 있다.
⑧ 일반 사모집합투자기구는 집합투자규약에 따라 투자자에 대한 손익의 분배 또는 손익의 순위 등에 관한 사항을 정할 수 있다.
⑨ 제7조제6항제3호에도 불구하고 일반 사모집합투자업자가 자신이 운용하는 일반 사모집합투자기구의 집합투자증권을 판매하는 경우에는 제71조제5호부터 제7호까지(제7호의 경우 같은 호에 따른 대통령령으로 정하는 행위 중 대통령령으로 정하는 것으로 한정한다), 제74조 및 제76조제1항을 준용한다. 이 경우 제74조 및 제76조제1항 중 "투자매매업자 또는 투자중개업자는"은 "자신이 운용하는 일반 사모집합투자기구의 집합투자증권을 판매하는 일반 사모집합투자업자는"으로 본다.
(2021.4.20 본조개정)

제249조의9【일반 사모집합투자기구에 대한 조치】 ① 금융위원회는 다음 각 호의 어느 하나에 해당하는 경우 일반 사모집합투자기구의 해지 · 해산을 명할 수 있다. (2021.4.20 본문개정)
1. 일반 사모집합투자기구가 제249조의6제1항 각 호에 따른 요건을 갖추지 못한 경우(2021.4.20 본호개정)
2. 제249조의6제2항 · 제4항에 따른 보고 또는 변경보고를 하지 아니한 경우
3. 거짓, 그 밖의 부정한 방법으로 제249조의6제2항 · 제4항에 따른 보고 또는 변경보고를 한 경우
4. 금융관련 법령 중 대통령령으로 정하는 법령을 위반하는 경우로서 사회적 신용을 훼손하는 등 대통령령으로 정하는 경우
5. 제2항제3호에 따른 시정명령 또는 중지명령을 이행하지 아니한 경우
6. 그 밖에 투자자의 이익을 현저히 해칠 우려가 있거나 일반 사모집합투자기구로서 존속하기 곤란하다고 인정되는 경우로서 대통령령으로 정하는 경우(2021.4.20 본호개정)
② 금융위원회는 일반 사모집합투자기구인 투자회사등(그 집합투자업자 또는 그 법인이사 · 업무집행사원 · 업무집행조합원을 포함한다)이 제1항 각 호의 어느 하나에 해당하거나 별표2 각 호의 어느 하나에 해당하는 경우에는 그 투자회사등에 대하여 다음 각 호의 어느 하나에 해당하는 조치를 할 수 있다.
(2021.4.20 본문개정)
1. 6개월 이내의 업무의 전부 또는 일부의 정지
2. 계약의 인계명령
3. 위법행위의 시정명령 또는 중지명령
4. 위법행위로 인한 조치를 받았다는 사실의 공표명령 또는 게시명령
5. 기관경고
6. 기관주의
7. 그 밖에 위법행위를 시정하거나 방지하기 위하여 필요한 조치로서 대통령령으로 정하는 조치
③ 금융위원회는 일반 사모집합투자기구인 투자회사의 감독이사가 다음 각 호의 어느 하나에 해당하는 경우에는 해임요구, 6개월 이내의 직무정지, 문책경고, 주의적 경고, 주의, 그 밖에 대통령령으로 정하는 조치를 할 수 있다.(2021.4.20 본문개정)
1. 제199조제5항에서 준용하는 제54조제1항를 위반하여 정당한 사유 없이 직무관련 정보를 이용한 경우(2020.5.19 본호개정)
2. 그 밖에 투자자 보호 또는 건전한 거래질서를 해할 우려가 있는 경우로서 대통령령으로 정하는 경우
④ 일반 사모집합투자기구, 일반 사모집합투자업자 및 그 임직원에 대한 조치 등에 관하여는 제422조제3항 및 제423조부터 제425조까지의 규정을 준용한다.(2021.4.20 본항개정)
(2021.4.20 본조제목개정)
(2015.7.24 본조신설)

제2절 기관전용 사모집합투자기구 등
(2021.4.20 본절제목개정)

제249조의10【설립 및 보고】 ① 기관전용 사모집합투자기구의 정관에는 다음 각 호의 사항을 기재하고, 총사원이 기명날인 또는 서명하여야 한다.(2021.4.20 본문개정)
1. 목적
2. 상호
3. 회사의 소재지
4. 각 사원의 출자의 목적과 가격 또는 평가의 기준
5. (2021.4.20 삭제)
6. 회사의 해산사유를 정한 경우에는 그 내용
7. 사원의 성명 · 주민등록번호(법인인 경우에는 상호 또는 명칭 · 사업자등록번호) 및 주소
8. 무한책임사원 또는 유한책임사원의 구분
9. 정관의 작성연월일
② 기관전용 사모집합투자기구는 다음 각 호의 사항을 등기하여야 한다.(2021.4.20 본문개정)
1. 제1항제1호부터 제3호까지의 사항 및 같은 항 제6호의 사항 (2021.4.20 본호개정)
2. 무한책임사원의 상호 또는 명칭 · 사업자등록번호 및 주소
③ 기관전용 사모집합투자기구는 다음 각 호의 요건을 모두 갖추어야 한다.
1. 기관전용 사모집합투자기구가 이 법에 따라 적법하게 설립되었을 것
2. 기관전용 사모집합투자기구의 정관이 법령을 위반하거나 투자자의 이익을 명백히 침해하지 아니할 것
(2021.4.20 본항개정)
④ 기관전용 사모집합투자기구는 설립등기일부터 2주일 이내에 대통령령으로 정하는 바에 따라 금융위원회에 보고하여야 한다. 다만, 금융시장의 안정 또는 건전한 거래질서를 해칠 우려가 있는 경우로서 대통령령으로 정하는 경우에는 기관전용 사모집합투자기구의 설립등기 후 지체 없이 보고하여야 한다.
(2021.4.20 본항개정)
⑤ 금융위원회는 제4항에 따른 보고 내용에 흠결이 있는 경우에는 보완을 요구할 수 있다.
⑥ 기관전용 사모집합투자기구는 제4항에 따라 보고한 사항이 변경된 경우에는 경미한 사항으로서 대통령령으로 정하는 경우를 제외하고는 그 날부터 2주일 이내에 금융위원회에 변경보고를 하여야 한다. 이 경우 제4항 및 제5항을 준용한다.
(2021.4.20 전단개정)
⑦ 제4항부터 제6항까지의 규정에 따른 보고 및 변경보고의 방법 · 절차, 그 밖에 필요한 사항은 대통령령으로 정한다.
(2015.7.24 본조신설)

제249조의11【사원 및 출자】 ① 기관전용 사모집합투자기구의 사원은 1인 이상의 무한책임사원과 1인 이상의 유한책임사원으로 하되, 사원의 총수는 100인 이하로 한다.(2021.4.20 본항개정)
② 제1항의 사원 총수를 계산할 때 다른 집합투자기구가 그 기관전용 사모집합투자기구의 지분을 100분의 10 이상 취득하는 경우 등 대통령령으로 정하는 경우에는 그 다른 집합투자기구의 투자자 수를 합하여 계산하여야 한다.(2021.4.20 본항개정)
③ 전문투자자 중 대통령령으로 정하는 자는 제1항에 따른 사원의 총수 계산에서 제외한다.
④ 유한책임사원은 기관전용 사모집합투자기구의 집합투자재산인 주식 또는 지분의 의결권 행사 및 대통령령으로 정하는 업무집행사원의 업무에 관여해서는 아니 된다.(2021.4.20 본항개정)
⑤ 기관전용 사모집합투자기구 사원의 출자의 방법은 금전에 한정한다. 다만, 객관적인 가치평가가 가능하고 사원의 이익을 해칠 우려가 없는 경우로서 다른 모든 사원의 동의가 있는 경우에는 증권으로 출자할 수 있다.(2021.4.20 본문개정)
⑥ 유한책임사원은 개인(제168조제1항에 따른 외국인, 해당 기관전용 사모집합투자기구의 업무집행사원의 임원 또는 운용인력을 제외한다)이 아닌 자로서 다음 각 호에 해당하는 자여야 한다.(2021.4.20 본문개정)
1. 전문투자자로서 대통령령으로 정하는 투자자
2. 그 밖에 전문성 또는 위험감수능력 등을 갖춘 자로서 대통령령으로 정하는 투자자(2021.4.20 본호개정)
⑦ 「한국산업은행법」에 따른 한국산업은행과 「중소기업은행법」에 따른 중소기업은행은 그 설립목적에 부합하는 범위에서 기관전용 사모집합투자기구에 출자할 수 있다.(2021.4.20 본항개정)
⑧ 기관전용 사모집합투자기구는 그 업무집행사원의 특수관계인인 유한책임사원의 출자지분이 그 기관전용 사모집합투자기구의 전체 출자지분 중 대통령령으로 정하는 비율 이상인 경우 해당 유한책임사원 관련 정보 및 기관전용 사모집합투자기구의 투자 구조 등 대통령령으로 정하는 사항을 대통령령으로 정하는 기간 이내에 금융위원회에 보고하여야 한다.
(2021.4.20 본항개정)
⑨ 제1항부터 제8항까지에서 규정한 사항 외에 사원의 출자방법 및 절차, 보고의 절차 등에 관하여 필요한 사항은 대통령령으로 정한다.
(2015.7.24 본조신설)

제249조의12【기관전용 사모집합투자기구 집합투자재산의 운용방법】 ① 기관전용 사모집합투자기구의 집합투자재산 운용에 관하여는 제249조의7(제3항 및 제6항은 제외한다)을 준용한다.
② 기관전용 사모집합투자기구는 대통령령으로 정하는 방법에 따라 다음 각 호의 사항에 관하여 금융위원회에 보고하여야 한다.
1. 파생상품 매매 및 그에 따른 위험평가액 현황
2. 채무보증 또는 담보제공 현황
3. 금전차입 현황
4. 그 밖에 금융시장의 안정 또는 건전한 거래질서를 위하여 필요한 사항으로서 대통령령으로 정하는 사항
(2021.4.20 본조개정)

제249조의13【투자목적회사】 ① 사모집합투자기구는 다음 각 호의 요건을 모두 충족하는 투자목적회사의 지분증권에 투자할 수 있다.(2021.4.20 본문개정)
1. 「상법」에 따른 주식회사 또는 유한회사일 것
2. 특정 법인 또는 특정 자산 등에 대한 효율적인 투자를 목적으로 할 것(2021.4.20 본호개정)
3. 그 주주 또는 사원이 다음 각 목의 어느 하나에 해당하되, 가목에 해당하는 주주 또는 사원의 출자비율이 대통령령으로 정하는 비율 이상일 것
가. 사모집합투자기구 또는 그 사모집합투자기구가 투자한 투자목적회사(2021.4.20 본호개정)
나. 투자목적회사가 투자하는 회사의 임원 또는 대주주
다. 그 밖에 투자목적회사의 효율적 운영을 위하여 투자목적회사의 주주 또는 사원이 될 필요가 있는 자로서 대통령령으로 정하는 자
4. 그 주주 또는 사원인 사모집합투자기구의 투자자 수와 사모집합투자기구가 아닌 주주 또는 사원의 수를 합산한 수가 100인 이내일 것(2021.4.20 본호개정)
5. 상근임원을 두거나 직원을 고용하지 아니하고, 본점 외에 영업소를 설치하지 아니할 것
② 투자목적회사에 관하여는 이 법에 특별한 규정이 없으면 「상법」의 주식회사 또는 유한회사에 관한 규정을 적용한다.
③ (2021.4.20 삭제)
④ 투자목적회사 재산의 투자비율 산정방식과 그 밖에 투자목적회사 재산의 운용에 관하여 필요한 사항은 대통령령으로 정한다.
⑤ 투자목적회사에 관하여는 제242조, 제249조의11제3항 및 제249조의18을 준용한다.(2021.4.20 본항개정)
⑥ 일반투자자를 대상으로 하는 일반 사모집합투자기구가 주주 또는 사원인 투자목적회사에 관하여는 제184조제3항·제4항 및 제249조의8제2항제5호를 준용한다. 이 경우 "집합투자재산"은 "투자목적회사의 재산"으로 본다.(2021.4.20 본항신설)
⑦ 「상법」 제317조제2항제2호·제3호 및 제549조제2항제2호는 투자목적회사에는 적용하지 아니한다.
(2015.7.24 본조신설)

제249조의14【업무집행사원 등】 ① 기관전용 사모집합투자기구는 정관으로 무한책임사원 중 1인 이상을 업무집행사원으로 정하여야 한다. 이 경우 그 업무집행사원이 회사의 업무를 집행할 권리와 의무를 가진다.(2021.4.20 전단개정)
② 금융관련 법령 중 대통령령으로 정하는 법령에서 규정하고 있는 업무를 영위하고 있는 자는 그 법령에도 불구하고 업무집행사원이 될 수 있다. 이 경우 그 업무집행사원은 그 법령에서 제한하거나 금지하는 규정을 위반하지 아니하는 범위에서 업무를 집행할 수 있으며, 대통령령으로 정하는 방법으로 기관전용 사모집합투자기구의 집합투자재산을 운용하여야 한다.
(2021.4.20 후단개정)
③ 기관전용 사모집합투자기구는 정관으로 업무집행사원에 대한 손익의 분배 또는 손익의 순위 등에 관한 사항을 정할 수 있다.(2021.4.20 본항개정)
④ 기관전용 사모집합투자기구의 업무집행사원이 기관전용 사모집합투자기구의 집합투자재산의 운용 및 보관·관리, 기관전용 사모집합투자기구 지분의 판매 및 환매 등을 영위하는 경우에는 제11조를 적용하지 아니한다.(2021.4.20 본항개정)
⑤ 업무집행사원은 법령과 정관에 따라 기관전용 사모집합투자기구를 위하여 그 직무를 충실히 수행하여야 한다.
(2021.4.20 본항개정)
⑥ 업무집행사원(법인이 업무집행사원인 경우 제2호 및 제3호에 대해서는 법인의 임직원을 포함한다)은 다음 각 호의 행위를 해서는 아니 된다.
1. 기관전용 사모집합투자기구와 거래하는 행위(사원 전원의 동의가 있는 경우는 제외한다)(2021.4.20 본호개정)
2. 원금 또는 일정한 이익의 보장을 약속하는 등의 방법으로 사원이 될 것을 부당하게 권유하는 행위
3. 사원 전원의 동의 없이 사원의 일부 또는 제삼자의 이익을 위하여 기관전용 사모집합투자기구가 소유한 자산의 명세를 사원이 아닌 자에게 제공하는 행위(2021.4.20 본호개정)
4. 그 밖에 금융시장의 안정 및 건전한 거래질서를 해칠 우려가 있는 경우로서 대통령령으로 정하는 행위(2021.4.20 본호개정)
⑦ 기관전용 사모집합투자기구는 제5항 및 제6항에 따라 업무집행사원이 준수하여야 할 구체적인 행위준칙을 제정하여야 하며, 행위준칙을 제정·변경한 경우에는 지체 없이 이를 금융위원회에 보고하여야 한다. 이 경우 금융위원회는 보고받은 행위준칙이 법령을 위반하거나 금융시장의 안정 및 건전한 거래질서를 해칠 우려가 있는 때에는 그 내용을 변경하거나 보완할 것을 명할 수 있다.(2021.4.20 본항개정)
⑧ 업무집행사원은 대통령령으로 정하는 기간마다 1회 이상 기관전용 사모집합투자기구 및 기관전용 사모집합투자기구가 출자한 투자목적회사의 재무제표 등을 사원에게 제공하고 그 운영 및 재산에 관한 사항을 설명하여야 하며, 그 제공 및 설명 사실에 관한 내용을 기록·유지하여야 한다.(2021.4.20 본항개정)
⑨ 업무집행사원이 아닌 사원은 영업시간 내에만 기관전용 사모집합투자기구 또는 기관전용 사모집합투자기구가 출자한 투자목적회사의 재산에 관한 장부·서류의 열람이나 등본 또는 초본의 교부를 청구할 수 있다.(2021.4.20 본항개정)

⑩ 업무집행사원이 아닌 사원은 업무집행사원이 업무를 집행할 때 현저하게 부적합하거나 업무수행에 중대한 위반행위가 있는 경우에는 기관전용 사모집합투자기구 또는 기관전용 사모집합투자기구가 출자한 투자목적회사의 업무와 재산상황을 검사할 수 있다.(2021.4.20 본항개정)
⑪ 기관전용 사모집합투자기구는 정관에서 정하는 바에 따라 기관전용 사모집합투자기구의 집합투자재산으로 업무집행사원에게 보수(운용실적에 따른 성과보수를 포함한다)를 지급할 수 있다.(2021.4.20 본항개정)
⑫ 금융위원회는 금융시장의 안정 또는 건전한 거래질서를 위하여 필요한 경우에는 기관전용 사모집합투자기구의 업무집행사원에 대하여 기관전용 사모집합투자기구의 운용에 관하여 필요한 조치를 명할 수 있다.(2021.4.20 본항신설)
⑬ 금융감독원장은 금융시장의 안정 또는 건전한 거래질서를 위하여 필요한 경우에는 기관전용 사모집합투자기구의 업무와 재산상황에 관하여 기관전용 사모집합투자기구 및 그 업무집행사원을 검사할 수 있다. 이 경우 제419조제5항부터 제7항까지 및 제9항을 준용한다.(2021.4.20 본항신설)
(2015.7.24 본조신설)

제249조의15【업무집행사원의 등록 등】 ① 기관전용 사모집합투자기구의 업무집행사원으로서 기관전용 사모집합투자기구의 집합투자재산 운용업무를 영위하려는 자는 다음 각 호의 요건을 갖추어 금융위원회에 등록하여야 한다.(2021.4.20 본문개정)
1. 1억원 이상으로서 대통령령으로 정하는 금액 이상의 자기자본을 갖출 것
2. 임원(합자회사의 업무집행사원 등 대통령령으로 정하는 자를 포함한다)이 「금융회사의 지배구조에 관한 법률」 제5조에 적합할 것(2015.7.31 본호개정)
3. 대통령령으로 정하는 투자운용전문인력을 대통령령으로 정하는 수 이상 갖출 것(2021.4.20 본호개정)
4. 제44조에 따라 이해상충이 발생할 가능성을 파악·평가·관리할 수 있는 적절한 내부통제기준을 갖출 것
5. 대통령령으로 정하는 건전한 재무상태와 사회적 신용을 갖출 것
② 제1항에 따른 등록을 하려는 자는 금융위원회에 등록신청서를 제출하여야 한다.
③ 금융위원회는 제2항의 등록신청서를 접수한 경우에는 그 내용을 검토하여 1개월 이내에 등록 여부를 결정하고, 그 결과와 이유를 지체 없이 신청인에게 문서로 통지하여야 한다. 이 경우 등록신청서에 흠결이 있을 때에는 보완을 요구할 수 있다.
④ 제3항의 검토기간을 산정할 때 등록신청서 흠결의 보완기간 등 총리령으로 정하는 기간은 검토기간에 산입하지 아니한다.
⑤ 금융위원회는 제3항의 등록 여부를 결정할 때 다음 각 호의 어느 하나에 해당하는 사유가 없으면 그 등록을 거부해서는 아니 된다.
1. 제1항의 등록요건을 갖추지 아니한 경우
2. 제2항의 등록신청서를 거짓으로 작성한 경우
3. 제3항 후단의 보완요구를 이행하지 아니한 경우
⑥ 기관전용 사모집합투자기구의 업무집행사원은 제1항에 따른 등록 이후 그 기관전용 사모집합투자기구의 집합투자재산 운용업무를 영위하는 경우 같은 항 각 호의 등록요건을 유지하여야 한다.(2021.4.20 본항개정)
⑦ 금융위원회는 기관전용 사모집합투자기구의 업무집행사원이 다음 각 호의 어느 하나에 해당하는 경우에는 그 업무집행사원의 등록을 취소할 수 있다.(2021.4.20 본문개정)
1. 거짓, 그 밖의 부정한 방법으로 업무집행사원의 등록을 한 경우
2. 제6항에 따른 등록요건의 유지의무를 위반한 경우
3. 업무의 정지기간 중에 업무를 한 경우
4. 금융위원회의 시정명령 또는 중지명령을 이행하지 아니한 경우
5. 그 밖에 금융시장의 안정 또는 건전한 거래질서를 현저히 해칠 우려가 있거나 해당 기관전용 사모집합투자기구의 집합투자재산 운용업무를 영위하기 곤란하다고 인정되는 경우로서 대통령령으로 정하는 경우(2021.4.20 본호개정)
⑧ 제1항에 따라 등록한 기관전용 사모집합투자기구의 업무집행사원은 등록사항이 변경된 경우 대통령령으로 정하는 경미한 사항을 제외하고는 그 날부터 2주일 이내에 금융위원회에 변경된 사항을 보고하여야 한다. 이 경우 금융위원회는 보고 내용에 흠결이 있으면 보완을 요구할 수 있다.(2021.4.20 본항신설)
⑨ 업무집행사원(「금융회사의 지배구조에 관한 법률」 제2조제1호에 따른 금융회사는 제외한다)은 각 사업연도의 재무제표를 작성하여 매 사업연도 경과 후 90일 이내의 범위에서 대통령령으로 정하는 기간 이내에 금융위원회에 제출하여야 한다. (2021.4.20 본항신설)
⑩ 제8항에 따라 변경사항을 보고하거나 제9항에 따라 재무제표를 제출한 경우에는 제249조의10제6항에 따른 변경보고 사항 중 업무집행사원에 관한 것으로서 대통령령으로 정하는 사항을 금융위원회에 변경보고한 것으로 본다.(2021.4.20 본항신설)
⑪ 제1항부터 제5항까지 및 제8항의 규정에 따른 등록신청서의 기재사항·첨부서류 등 등록의 신청에 관한 사항과 등록검토의 방법·절차, 등록사항 변경의 보고에 관한 사항 및 그 밖에 필요한 사항은 대통령령으로 정한다.(2021.4.20 본항개정)
(2015.7.24 본조신설)

제249조의16【이해관계인과의 거래제한 등】 ① 업무집행사원은 기관전용 사모집합투자기구의 집합투자재산을 운용할 때 대통령령으로 정하는 이해관계인(이하 이 조에서 "이해관계인"이라 한다)과 거래행위를 해서는 아니 된다. 다만, 기관전용 사모집합투자기구와 이해가 상충될 우려가 없는 거래로서 다음 각 호의 어느 하나에 해당하는 거래의 경우에는 이를 할 수 있다.(2021.4.20 본문개정)
1. 증권시장 등 불특정다수인이 참여하는 공개시장을 통한 거래
2. 일반적인 거래조건에 비추어 기관전용 사모집합투자기구에 유리한 거래(2021.4.20 본호개정)
3. 그 밖에 대통령령으로 정하는 거래
② 업무집행사원은 제1항 단서에 따라 허용되는 이해관계인과의 거래가 있는 경우 또는 이해관계인의 변경이 있는 경우에는 그 내용을 해당 기관전용 사모집합투자기구의 집합투자재산을 보관·관리하는 신탁업자에게 즉시 통보하여야 한다. (2021.4.20 본항개정)
③ 업무집행사원은 기관전용 사모집합투자기구의 집합투자재산을 운용할 때 기관전용 사모집합투자기구의 계산으로 그 업무집행사원이 발행한 증권을 취득해서는 아니 된다.(2021.4.20 본항개정)
④ 업무집행사원은 기관전용 사모집합투자기구의 집합투자재산을 운용할 때 집합투자재산의 100분의 5 이하로서 대통령령으로 정하는 비율을 초과하여 다음 각 호의 어느 하나에 해당하는 계열회사가 발행한 증권(그 계열회사가 발행한 지분증권과 관련한 증권예탁증권 및 대통령령으로 정하는 투자대상자산을 포함한다)을 취득해서는 아니 된다. 이 경우 기관전용 사모집합투자기구의 집합투자재산으로 취득하는 증권은 시가로 평가하되 평가의 방법과 절차는 대통령령으로 정하는 바에 따른다.(2021.4.20 본문개정)
1. 그 업무집행사원의 계열회사
2. 그 기관전용 사모집합투자기구에 사실상 지배력을 행사하는 유한책임사원으로서 대통령령으로 정하는 자의 계열회사 (2021.4.20 본호개정)
(2015.7.24 본조신설)

제249조의17【지분양도 등】 ① 기관전용 사모집합투자기구의 무한책임사원은 출자한 지분을 타인에게 양도할 수 없다. 다만, 정관으로 정한 경우에는 사원 전원의 동의를 받아 지분을 분할하지 아니하고 타인에게 양도할 수 있다.
② 기관전용 사모집합투자기구의 유한책임사원은 무한책임사원 전원의 동의를 받아 출자한 지분을 분할하지 아니하고 타인에게 양도할 수 있다.
③ 기관전용 사모집합투자기구의 무한책임사원 및 유한책임사원은 제1항 단서 및 제2항에도 불구하고 양도의 결과 기관전용 사모집합투자기구의 사원 총수가 100인을 초과하지 아니하는 범위에서는 지분을 분할하여 양도할 수 있다. 이 경우 제249조의11제3항을 준용한다.
④ 기관전용 사모집합투자기구는 다른 회사(다른 기관전용 사모집합투자기구를 포함한다)와 합병할 수 없다.
⑤ 기관전용 사모집합투자기구의 유한책임사원은 그 지분을 제249조의11제6항 각 호에 해당하지 아니하는 자에게 양도해서는 아니 된다.
(2021.4.20 본조개정)

제249조의18【상호출자제한기업집단 계열 기관전용 사모집합투자기구 등에 대한 제한】 ① 상호출자제한기업집단의 계열회사인 기관전용 사모집합투자기구 또는 상호출자제한기업집단의 계열회사가 무한책임사원인 기관전용 사모집합투자기구는 다른 회사(제9조제16항제4호에 따른 외국 기업은 제외한다)를 계열회사로 편입한 경우에는 편입일부터 5년 이내에 그 다른 회사의 지분증권을 그 상호출자제한기업집단의 계열회사가 아닌 자에게 처분하여야 한다.(2021.4.20 본항개정)
② 제1항에도 불구하고 다음 각 호의 자(이하 "기관전용 사모집합투자기구등"이라 한다)를 제외한 상호출자제한기업집단의 계열회사 전체의 자산총액〔금융업 또는 보험업을 영위하는 회사의 경우 자본총액(재무상태표상의 자산총액에서 부채총액을 뺀 금액을 말한다. 이하 이 항에서 같다) 또는 자본금 중 큰 금액으로 한다〕에 대한 금융업 또는 보험업을 영위하는 회사의 자본총액 또는 자본금 중 큰 금액의 합계액의 비율이 100분의 75 이상으로서 대통령령으로 정하는 비율 이상인 상호출자제한기업집단의 계열회사인 기관전용 사모집합투자기구 또는 상호출자제한기업집단의 계열회사가 무한책임사원인 기관전용 사모집합투자기구가 다른 회사(제9조제16항제4호에 따른 외국 기업은 제외한다)를 계열회사로 편입한 경우에는 편입일부터 7년 이내에 그 다른 회사의 지분증권을 그 상호출자제한기업집단의 계열회사가 아닌 자에게 처분하여야 한다. 다만, 대통령령으로 정하는 방법에 따라 금융위원회의 승인을 받은 경우에는 처분기한을 3년 이내에서 연장할 수 있다.(2021.4.20 본문개정)
1. 기관전용 사모집합투자기구(2021.4.20 본호개정)
2. 제1호에 해당하는 자가 투자한 투자목적회사
3. 제2호에 해당하는 자가 투자한 투자목적회사
4. 제1호부터 제3호까지에 해당하는 자가 투자한 투자대상기업(기관전용 사모집합투자기구 또는 제249조의13에 따른 투자목적회사가 제249조의7제5항제1호 또는 제2호의 방법으로 투자한 기업을 말한다. 이하 이 장에서 같다)(2021.4.20 본호개정)
5. 제4호에 해당하는 자가 지배하는 회사
③ 상호출자제한기업집단의 계열회사인 기관전용 사모집합투자기구 또는 상호출자제한기업집단의 계열회사가 무한책임사원인 기관전용 사모집합투자기구는 그 계열회사(투자목적회사 및 투자대상기업은 제외한다)가 발행한 지분증권을 취득해서는 아니 된다.(2021.4.20 본항개정)
④ 제2항에 해당하는 상호출자제한기업집단의 계열회사는 다음 각 호의 어느 하나에 해당하는 행위를 해서는 아니 된다.
1. 기관전용 사모집합투자기구등이 기관전용 사모집합투자기구등이 아닌 계열회사의 지분증권을 취득 또는 소유하는 행위(2021.4.20 본호개정)
2. 기관전용 사모집합투자기구등이 아닌 계열회사가 제2항제4호 또는 제5호의 자의 지분증권을 취득 또는 소유하는 행위(2021.4.20 본호개정)
(2021.4.20 본조제목개정)
(2015.7.24 본조신설)

제249조의19【지주회사 규제의 특례】 ①「독점규제 및 공정거래에 관한 법률」에 따른 지주회사에 관한 규정은 사모집합투자기구 또는 투자목적회사가 제249조의7제5항제1호 또는 제2호의 요건을 충족하는 경우 그 요건을 충족한 날부터 10년이 되는 날까지는 적용하지 아니한다.
② 사모집합투자기구(일반 사모집합투자기구인 투자신탁이나 투자익명조합의 집합투자업자를 포함한다) 또는 투자목적회사는 제1항에 해당하는 경우 그 요건을 충족한 날부터 2주일 이내에 그 사실을 대통령령으로 정하는 방법에 따라 금융위원회에 보고하여야 하며, 금융위원회는 그 사항을 공정거래위원회에 통보하여야 한다.
③ 사모집합투자기구(기관전용 사모집합투자기구의 무한책임사원 또는 일반 사모집합투자기구의 집합투자업자 중 상호출자제한기업집단 계열회사 또는 금융지주회사가 아닌 자를 포함한다) 및 투자목적회사에 대해서는 제249조의7제5항제1호 또는 제2호의 요건을 충족하는 경우 그 요건을 충족한 날부터 10년이 되는 날까지는「금융지주회사법」에 따른 금융지주회사로 보지 아니한다. 다만, 사모집합투자기구 또는 투자목적회사가 대통령령으로 정하는 1개 이상의 금융기관을 지배하는 경우에는 같은 법 제45조, 제45조의2부터 제45조의4까지 및 제48조를 준용한다.
④ 회사가 기관전용 사모집합투자기구의 업무집행사원 또는 일반 사모집합투자기구의 집합투자업자인 경우에는「금융지주회사법」제45조의2부터 제45조의4까지의 규정을 준용한다. 이 경우 "은행지주회사의 주요출자자"는 "업무집행사원 또는 집합투자업자" 또는 "업무집행사원 또는 집합투자업자의 대주주"로 본다.
⑤「금융지주회사법」에 따른 자회사는 같은 법 제19조에도 불구하고 사모집합투자기구의 지분을 취득할 수 있다.
(2021.4.20 본조개정)

제249조의20【기관전용 사모집합투자기구에 대한 특례】
① 제182조, 제183조제1항, 제184조제1항·제2항·제5항·제6항, 제186조, 제213조부터 제215조까지, 제216조(같은 조 제3항 중 투자합자회사의 해산·청산에 관하여 준용하는 부분은 제외한다), 제217조, 제229조부터 제237조까지, 제238조제2항부터 제5항까지, 같은 조 제7항·제8항, 제239조, 제240조제3항부터 제10항까지, 제241조, 제247조제1항부터 제4항까지, 같은 조 제5항제1호부터 제3호까지, 같은 항 제6호·제7호, 같은 조 제6항·제7항, 제248조, 제249조, 제249조의2부터 제249조의6까지, 제249조의8, 제249조의9, 제250조, 제251조 및 제253조는 기관전용 사모집합투자기구에 적용하지 아니한다.
②「상법」제173조, 제198조, 제217조제2항, 제224조, 제274조 및 제286조는 기관전용 사모집합투자기구에 적용하지 아니한다.
③「독점규제 및 공정거래에 관한 법률」제25조제1항은 제249조의18제2항에 해당하는 상호출자제한기업집단에 속하는 기관전용 사모집합투자기구 또는 그 기관전용 사모집합투자기구가 투자한 투자목적회사가 소유하는 투자목적회사 또는 투자대상기업〔상호출자제한기업집단에 속하는 기관전용 사모집합투자기구 또는 그 기관전용 사모집합투자기구가 투자한 투자목적회사의「독점규제 및 공정거래에 관한 법률」제9조제1항에 따른 특수관계인(동일인 및 그 친족에 한정한다)이 주식을 소유하고 있는 기업은 제외한다〕의 지분증권에 대하여 의결권을 행사하는 경우에는 적용하지 아니한다.
④「독점규제 및 공정거래에 관한 법률」제27조 및 제28조 중 유한책임사원의 현황과 관련된 것으로서 대통령령으로 정하는 사항은「독점규제 및 공정거래에 관한 법률」제14조제1항에 따른 공시대상기업집단(이하 "공시대상기업집단"이라 한다)의 계열회사인 기관전용 사모집합투자기구 또는 공시대상기업집단의 계열회사가 무한책임사원인 기관전용 사모집합투자기구 중에서 대통령령으로 정하는 기관전용 사모집합투자기구에 대해서는 적용하지 아니한다.
(2021.4.20 본조개정)

제249조의21【기관전용 사모집합투자기구에 대한 조치】
① 금융위원회는 다음 각 호의 어느 하나에 해당하는 경우 기관전용 사모집합투자기구의 해산을 명할 수 있다.(2021.4.20 본문개정)
1. 제249조의10제4항·제6항 또는 제249조의11제8항에 따른 보고나 변경보고를 하지 아니한 경우
2. 거짓, 그 밖의 부정한 방법으로 제249조의10제4항·제6항 또는 제249조의11제8항에 따른 보고나 변경보고를 한 경우
3. 기관전용 사모집합투자기구가 제249조의10제3항 각 호에 따른 요건을 갖추지 못한 경우(2021.4.20 본호개정)
4. 별표6 각 호의 어느 하나에 해당하는 경우로서 대통령령으로 정하는 경우
5. 금융관련 법령 중 대통령령으로 정하는 법령을 위반하는 경우로서 사회적 신용을 훼손하는 등 대통령령으로 정하는 경우
6. 제2항제3호에 따른 시정명령 또는 중지명령을 이행하지 아니한 경우
7. 그 밖에 금융시장의 안정 또는 건전한 거래질서를 현저히 해칠 우려가 있거나 기관전용 사모집합투자기구로서 존속하기 곤란하다고 인정되는 경우로서 대통령령으로 정하는 경우(2021.4.20 본호개정)
② 금융위원회는 기관전용 사모집합투자기구가 제1항 각 호(제4호는 제외한다)의 어느 하나에 해당하거나 별표6 각 호의 어느 하나에 해당하는 경우에는 다음 각 호의 어느 하나에 해당하는 조치를 할 수 있다.(2021.4.20 본문개정)
1. 6개월 이내의 업무의 전부 또는 일부의 정지

2. 계약의 인계명령
3. 위법행위의 시정명령 또는 중지명령
4. 위법행위로 인한 조치를 받았다는 사실의 공표명령 또는 게시명령
5. 기관경고
6. 기관주의
7. 그 밖에 위법행위를 시정하거나 방지하기 위하여 필요한 조치로서 대통령령으로 정하는 조치

③ 금융위원회는 기관전용 사모집합투자기구의 업무집행사원이 제1항 각 호(제4호는 제외한다)의 어느 하나에 해당하거나 별표6 각 호의 어느 하나에 해당하는 경우에는 다음 각 호의 어느 하나에 해당하는 조치를 할 수 있다.(2021.4.20 본문개정)

1. 그 업무집행사원에 대한 조치
 가. 해임요구
 나. 6개월 이내의 직무정지
 다. 기관경고
 라. 기관주의
 마. 그 밖에 위법행위를 시정하거나 방지하기 위하여 필요한 조치로서 대통령령으로 정하는 조치
2. 그 업무집행사원의 임원에 대한 조치
 가. 해임요구
 나. 6개월 이내의 직무정지
 다. 문책경고
 라. 주의적 경고
 마. 그 밖에 위법행위를 시정하거나 방지하기 위하여 필요한 조치로서 대통령령으로 정하는 조치
3. 그 업무집행사원의 직원에 대한 조치요구
 가. 면직
 나. 6개월 이내의 정직
 다. 감봉
 라. 견책
 마. 주의
 바. 그 밖에 위법행위를 시정하거나 방지하기 위하여 필요한 조치로서 대통령령으로 정하는 조치

④ 기관전용 사모집합투자기구 및 기관전용 사모집합투자기구의 업무집행사원에 대한 조치 등에 관하여는 제422조제3항 및 제423조부터 제425조까지의 규정을 준용한다.(2021.4.20 본항개정)

(2021.4.20 본조제목개정)
(2015.7.24 본조신설)

제249조의22【기업재무안정 사모집합투자기구 등에 대한 특례】 ① 이 조에서 "기업재무안정 사모집합투자기구"란 다음 각 호의 어느 하나에 해당하는 재무구조개선기업(「금융산업의 구조개선에 관한 법률」에서 정하는 금융기관은 제외한다. 이하 이 조에서 같다)의 경영정상화 및 재무안정 등을 위하여 제2항에서 정하는 바에 따라 투자·운용하여 그 수익을 투자자에게 배분하는 것을 목적으로 하는 사모집합투자기구를 말한다.(2021.4.20 본문개정)

1. 「기업구조조정 촉진법」 제2조제7호에 따른 부실징후기업
2. 「채무자 회생 및 파산에 관한 법률」 제34조 또는 제35조에 따라 법원에 회생절차개시를 신청한 기업
3. 「채무자 회생 및 파산에 관한 법률」 제294조 또는 제295조에 따라 법원에 파산을 신청한 기업
4. 채권금융기관(대통령령으로 정하는 금융기관을 말한다)과 대통령령으로 정하는 재무구조개선을 위한 약정을 체결한 기업
5. 법인(그 계열회사를 포함한다)의 합병·전환·정리 등 대통령령으로 정하는 바에 따라 구조조정 또는 재무구조개선 등을 하려는 기업
6. 그 밖에 기업의 재무구조개선 또는 경영정상화의 추진이 필요한 기업으로서 대통령령으로 정하는 요건에 해당하는 기업

② 기업재무안정 사모집합투자기구는 그 집합투자재산을 운용할 때에는 사원이 출자한 날부터 6개월 이상의 기간으로서 대통령령으로 정하는 기간 이내에 출자한 금액의 100분의 50 이상으로서 대통령령으로 정하는 비율 이상을 다음 각 호의 어느 하나에 해당하는 방법으로 운용하여야 하며, 그와 같이 운용하고 남은 재산은 대통령령으로 정하는 바에 따라 운용할 수 있다.(2021.4.20 본문개정)

1. 재무구조개선기업이 발행한 증권의 매매
2. 재무구조개선기업이 채무자인 대출채권 등 채권, 이에 수반되는 담보권 및 그 밖의 권리의 매매
3. 재무구조개선기업이 보유하고 있는 부동산, 영업권 등 경제적 가치가 있는 자산의 매매
4. 자산총액에서 부채총액을 뺀 가액을 초과하지 아니하는 범위에서의 재무구조개선기업에 대한 자금의 대여 및 지급의 보증
5. 제3항에 따른 투자목적회사의 지분증권에 대한 투자

③ 기업재무안정 사모집합투자기구가 주주 또는 사원인 경우로서 주주 또는 사원의 출자비율이 대통령령으로 정하는 비율 이상인 투자목적회사는 제249조의13제1항제2호에도 불구하고 제2항제1호부터 제4호까지(제4호를 적용할 때 자산총액은 투자목적회사의 자산총액을 말한다)의 어느 하나에 해당하는 방법 및 그 밖에 대통령령으로 정하는 방법으로 재산을 운용할 수 있다.(2021.4.20 본항개정)

④ (2021.4.20 삭제)

⑤ 「국가재정법」 제13조제1항제2호부터 제5호까지의 기금을 관리하는 자는 해당 기금 여유자금운용액의 100분의 10의 범위에서 대통령령으로 정하는 비율 이내의 자금을 해당 기금운용계획에 따라 기업재무안정 사모집합투자기구에 출자할 수 있다. 이 경우 기금이 출자한 금액은 제3항의 투자목적회사에 출자한 금액을 합하여 산정한다.(2021.4.20 전단개정)

⑥ 기업재무안정 사모집합투자기구 및 제3항의 투자목적회사는 6개월 미만의 기간 중에는 취득한 지분증권을 처분해서는 아니 된다. 다만, 그 지분증권을 계속 소유함으로써 사원의 이익을 명백히 해칠 우려가 있는 경우, 그 밖에 대통령령으로 정하는 경우로서 미리 금융위원회의 승인을 받은 경우에는 6개월 미만의 기간 중에 이를 처분할 수 있다.(2020.12.29 본문개정)

⑦ 기업재무안정 사모집합투자기구의 집합투자재산 및 제3항의 투자목적회사 재산의 투자비율의 산정방식, 그 밖에 기업재무안정 사모집합투자기구의 집합투자재산 및 제3항의 투자목적회사 재산의 운용 및 운용제한, 자금차입 한도 산정방법 등에 관하여 필요한 사항은 대통령령으로 정한다.(2021.4.20 본항개정)

(2021.4.20 본조제목개정)
(2016.12.20 본조신설)

제249조의23【창업·벤처전문 사모집합투자기구 등에 대한 특례】 ① 이 조에서 "창업·벤처전문 사모집합투자기구"란 다음 각 호의 어느 하나에 해당하는 기업(이하 이 조에서 "창업·벤처기업등"이라 한다)의 성장기반 조성 및 건전한 발전을 위하여 제2항에서 정하는 바에 따라 투자·운용하여 그 수익을 투자자에게 배분하는 것을 목적으로 하는 사모집합투자기구를 말한다.(2021.4.20 본문개정)

1. 「중소기업창업 지원법」 제2조제3호에 따른 창업기업. 다만, 해당 창업기업이 창업하거나 창업하여 사업을 개시한 중소기업이 「중소기업창업 지원법」 제5조제1항 단서에 해당하는 업종의 중소기업인 경우는 제외한다.(2021.12.28 본호개정)
2. 「벤처기업육성에 관한 특별법」 제2조제1항에 따른 벤처기업(2024.1.9 본호개정)
3. 「중소기업 기술혁신 촉진법」 제15조에 따른 기술혁신형 중소기업 또는 같은 법 제15조의3에 따른 경영혁신형 중소기업
4. 「기술보증기금법」 제2조제1호에 따른 신기술사업자
5. 「소재·부품·장비산업 경쟁력 강화 및 공급망 안정화를 위한 특별조치법」 제2조제5호에 따른 전문기업으로서 「중소기업기본법」 제2조에 따른 중소기업(2023.6.13 본호개정)
6. 그 밖에 성장기반 조성 및 건전한 발전이 필요한 「중소기업기본법」 제2조에 따른 중소기업으로서 대통령령으로 정하는 기업

② 창업·벤처전문 사모집합투자기구는 그 집합투자재산을 운용할 때에는 사원이 출자한 날부터 6개월 이상의 기간으로서 대통령령으로 정하는 기간 이내에 출자한 금액의 100분의 50 이상으로서 대통령령으로 정하는 비율 이상을 다음 각 호의 어느 하나에 해당하는 방법으로 운용하여야 하며, 그와 같이 운용하고 남은 재산은 대통령령으로 정하는 바에 따라 운용할 수 있다.(2021.4.20 본문개정)

1. 창업·벤처기업등이 발행한 증권에 대한 투자
2. 제3항에 따른 투자목적회사의 지분증권에 대한 투자
3. 그 밖에 창업·벤처기업등에 대한 자금 지원을 위하여 필요한 방법으로서 대통령령으로 정하는 방법

③ 창업·벤처전문 사모집합투자기구가 주주 또는 사원인 경우로서 주주 또는 사원의 출자비율이 대통령령으로 정하는 비율 이상인 투자목적회사는 제249조의13제1항제2호에도 불구하고 제2항제1호·제3호 또는 그 밖에 대통령령으로 정하는 방법으로 재산을 운용할 수 있다.(2021.4.20 본항개정)
④ 창업·벤처전문 사모집합투자기구의 집합투자재산 및 제3항의 투자목적회사 재산의 투자비율의 산정방식, 그 밖에 창업·벤처전문 사모집합투자기구의 집합투자재산 및 제3항의 투자목적회사 재산의 운용 및 운용제한 등에 관하여 필요한 사항은 대통령령으로 정한다.(2021.4.20 본항개정)
⑤ 창업·벤처전문 사모집합투자기구는 대통령령으로 정하는 바에 따라 제2항에 따른 집합투자재산 운용 현황, 그 밖에 대통령령으로 정하는 사항에 관하여 금융위원회에 보고하여야 한다.
(2021.4.20 본항개정)
(2021.4.20 본조제목개정)
(2016.12.20 본조신설)

제3절 은행 및 보험회사에 대한 특칙
(2015.7.24 본절제목삽입)

제250조【은행에 대한 특칙】 ① 은행으로서 제12조에 따라 집합투자업에 관한 금융투자업인가를 받은 자(이하 이 조에서 "집합투자업겸영은행"이라 한다)는 인가받은 범위에서 투자신탁의 설정·해지 및 투자신탁재산의 운용업무를 영위할 수 있다.
② 집합투자업겸영은행은 집합투자재산 운용업무와 관련한 의사결정을 위하여 제7항제1호·제3호·제4호의 업무를 수행하지 아니하는 임원 3인(사외이사 2인을 포함한다)으로 구성된 집합투자재산운용위원회를 설치하여야 한다. 이 경우 집합투자재산운용위원회의 운영 등에 관하여 필요한 사항은 대통령령으로 정한다.
③ 집합투자업겸영은행은 투자신탁재산의 운용과 관련하여 다음 각 호의 어느 하나에 해당하는 행위를 하여서는 아니 된다.
1. 자기가 발행한 투자신탁의 수익증권을 자기의 고유재산으로 취득하는 행위
2. 자기가 운용하는 투자신탁의 투자신탁재산에 관한 정보를 다른 집합투자증권의 판매에 이용하는 행위
3. 자기가 운용하는 투자신탁의 수익증권을 다른 은행을 통하여 판매하는 행위
4. 제229조제5호의 단기금융집합투자기구를 설정하는 행위
④ 집합투자재산의 보관·관리업무를 영위하는 은행은 그 집합투자기구의 집합투자재산에 관한 정보를 자기가 운용하는 투자신탁재산의 운용 또는 자기가 판매하는 집합투자증권의 판매를 위하여 이용하여서는 아니 된다.
⑤ 일반사무관리회사의 업무를 영위하는 은행은 해당 집합투자기구의 집합투자재산에 관한 정보를 자기가 운용하는 투자신탁재산의 운용 또는 자기가 판매하는 집합투자증권의 판매를 위하여 이용하여서는 아니 된다.
⑥ 투자매매업 또는 투자중개업 인가를 받아 집합투자증권의 판매를 영위하는 은행은 다음 각 호의 어느 하나에 해당하는 행위를 하여서는 아니 된다.
1. 자기가 판매하는 집합투자증권의 집합투자재산에 관한 정보를 자기가 운용하는 투자신탁재산의 운용 또는 자기가 운용하는 투자신탁의 수익증권의 판매를 위하여 이용하는 행위
2. 집합투자증권의 판매업무와 「은행법」에 따른 업무를 연계하여 정당한 사유 없이 고객을 차별하는 행위
⑦ 은행이 이 법에 따라 집합투자업, 신탁업(집합투자재산의 보관·관리업무를 포함한다. 이하 이 항에서 같다) 또는 일반사무관리회사의 업무를 영위하는 경우에는 임원(사실상 임원과 동등한 지위에 있는 자로서 대통령령으로 정하는 자를 포함한다. 이하 이 항에서 같다)을 두어야 하고, 임직원에게 다음 각 호의 업무를 겸직하게 하여서는 아니 되며, 전산설비 또는 사무실 등의 공동사용 금지 및 다른 업무를 영위하는 임직원 간의 정보교류 제한 등 대통령령으로 정하는 이해상충방지체계를 갖추어야 한다. 다만, 임원의 경우 제1호의 업무 중 제2호부터 제4호까지의 업무와 이해상충이 적은 업무로서 대통령령으로 정하는 업무와 제2호부터 제4호까지의 업무를 겸직할 수 있으며, 제3호 및 제4호의 업무 간에는 겸직할 수 있다.
(2009.2.3 본문개정)
1. 「은행법」에 따른 업무(제2호부터 제4호까지의 업무 및 대통령령으로 정하는 업무는 제외한다)(2013.5.28 본호개정)
2. 집합투자업
3. 신탁업(2009.2.3 본호개정)
4. 일반사무관리회사의 업무

제251조【보험회사에 대한 특칙】 ① 보험회사로서 제12조에 따라 집합투자업에 관한 금융투자업인가를 받은 자(이하 이 조에서 "집합투자업겸영보험회사"라 한다)는 인가받은 범위에서 투자신탁의 설정·해지 및 투자신탁재산의 운용업무를 영위할 수 있다. 이 경우 투자신탁의 설정·해지 및 투자신탁재산의 운용업무는 「보험업법」 제108조제1항제3호에 따른 특별계정(특별계정 내에 각각의 신탁계약에 의하여 설정된 다수의 투자신탁이 있는 경우 각각의 투자신탁을 말한다. 이하 이 항에서 같다)에 한하며, 그 특별계정은 이 법에 따른 투자신탁으로 본다.
② 제250조제3항(제2호에 한한다)은 집합투자업겸영보험회사에 준용하며, 같은 조 제4항부터 제6항까지의 규정은 보험회사에 준용한다. 이 경우 "은행"은 "보험회사"로, "「은행법」"은 "「보험업법」"으로 본다.
③ 보험회사는 이 법에 따라 집합투자업, 신탁업(집합투자재산의 보관·관리업무를 포함한다. 이하 이 항에서 같다) 또는 일반사무관리회사의 업무를 영위하는 경우에는 임원(대통령령으로 정하는 방법으로 투자신탁재산을 운용하는 경우의 임원을 제외하며, 사실상 임원과 동등한 지위에 있는 자로서 대통령령으로 정하는 자를 포함한다. 이하 이 항에서 같다)을 두어야 하고, 임직원에게 다음 각 호의 업무를 겸직하게 하여서는 아니 되며, 전산설비 또는 사무실 등의 공동사용 금지 및 다른 업무를 영위하는 임직원 간의 정보교류 제한 등 대통령령으로 정하는 이해상충방지체계를 갖추어야 한다. 다만, 임원의 경우 제1호의 업무 중 제2호부터 제4호까지의 업무와 이해상충이 적은 업무로서 대통령령으로 정하는 업무와 제2호부터 제4호까지의 업무를 겸직할 수 있으며, 제3호 및 제4호의 업무 간에는 겸직할 수 있다.(2009.2.3 본문개정)
1. 「보험업법」에 따른 업무(제2호부터 제4호까지의 업무 및 대통령령으로 정하는 업무는 제외한다)(2013.5.28 본호개정)
2. 집합투자업
3. 신탁업(2009.2.3 본호개정)
4. 일반사무관리회사의 업무
④ 집합투자업겸영보험회사는 제83조제4항에 불구하고 투자신탁재산에 속하는 자산을 「보험업법」에서 정하는 방법에 따라 그 보험에 가입한 자에게 대출하는 방법으로 운용할 수 있다.
⑤ 제182조, 제183조제1항, 제188조제1항제2호·제6호, 같은 조 제2항 각 호 외의 부분 후단 및 같은 조 제3항, 제189조부터 제191조까지, 제192조(같은 조 제1항 단서는 제외한다), 제193조, 제230조, 제235조부터 제237조까지, 제238조제2항(대통령령으로 정하는 방법으로 투자신탁재산을 운용하는 경우에 한한다), 제239조제3항, 제253조제1항 및 제420조제1항은 집합투자업겸영보험회사가 운용하는 투자신탁에 관하여는 적용하지 아니한다.(2013.5.28 본항개정)
⑥ 제82조, 제86조, 제89조제1항제4호, 제90조 및 제92조는 보험회사의 집합투자업 영위에 관하여는 적용하지 아니한다.
(2009.2.3 본항개정)

제8장 감독·검사

제252조【투자회사등에 대한 감독·검사】 ① 금융위원회는 투자자를 보호하고 건전한 거래질서를 유지하기 위하여 투자회사등(기관전용 사모집합투자기구는 제외한다. 이하 이 조에서 같다)에 대하여 다음 각 호의 사항에 관하여 필요한 조치를 명할 수 있다.(2021.4.20 본문개정)
1. 집합투자재산의 운용에 관한 사항
2. 집합투자재산의 공시에 관한 사항
3. 그 밖에 투자자 보호 또는 건전한 거래질서를 위하여 필요한 사항으로서 대통령령으로 정하는 사항
② 제419조(제2항부터 제4항까지 및 제8항을 제외한다)는 투자회사등에 대한 검사에 관하여 준용한다.

제253조【집합투자기구의 등록취소 등】 ① 금융위원회는 다음 각 호의 어느 하나에 해당하는 경우에는 집합투자기구의

등록을 취소할 수 있다. 다만, 제3호의 경우에는 등록을 취소하여야 한다.(2008.2.29 본문개정)
1. 거짓, 그 밖의 부정한 방법으로 제182조제1항 또는 제8항에 따른 등록이나 변경등록을 한 경우
2. 제182조제2항 각 호에 따른 등록요건을 갖추지 못하게 된 경우
3. 집합투자기구가 해지 또는 해산한 경우
4. 투자회사의 순자산액이 3개월 이상 계속하여 제194조제2항 제7호에 따른 최저순자산액에 미달하는 경우
5. 제182조제8항에 따른 변경등록을 하지 아니한 경우
6. 금융위원회의 시정명령 또는 중지명령을 이행하지 아니한 경우(2008.2.29 본호개정)
7. 별표2 각 호의 어느 하나에 해당하는 경우로서 대통령령으로 정하는 경우
8. 대통령령으로 정하는 금융관련 법령 등을 위반한 경우로서 대통령령으로 정하는 경우
9. 그 밖에 투자자의 이익을 현저히 해할 우려가 있거나 집합투자기구로서 존속하기 곤란하다고 인정되는 경우로서 대통령령으로 정하는 경우

② 금융위원회는 투자회사등(그 집합투자업자 또는 그 법인이사·업무집행사원·업무집행조합원을 포함한다)이 제1항 각 호(제7호를 제외한다)의 어느 하나에 해당하거나 별표2 각 호의 어느 하나에 해당하는 경우에는 그 투자회사등에 대하여 다음 각 호의 어느 하나에 해당하는 조치를 할 수 있다.(2008.2.29 본문개정)
1. 6개월 이내의 업무의 전부 또는 일부의 정지
2. 계약의 인계명령
3. 위법행위의 시정명령 또는 중지명령
4. 위법행위로 인한 조치를 받았다는 사실의 공표명령 또는 게시명령
5. 기관경고
6. 기관주의
7. 그 밖에 위법행위를 시정하거나 방지하기 위하여 필요한 조치로서 대통령령으로 정하는 조치

③ 금융위원회는 투자회사의 감독이사가 다음 각 호의 어느 하나에 해당하는 경우에는 해임요구, 6개월 이내의 직무정지, 문책경고, 주의적 경고, 주의, 그 밖에 대통령령으로 정하는 조치를 할 수 있다.(2008.2.29 본문개정)
1. 제195조제1항 각 호 외의 부분 단서를 위반하여 정관을 변경한 경우
2. 제199조제5항에서 준용하는 제54조제1항를 위반하여 정당한 사유 없이 직무관련 정보를 이용한 경우(2020.5.19 본호개정)
3. 제200조제3항을 위반하여 결의한 경우
4. 제247조제2항을 위반하여 시정을 요구하지 아니하거나, 같은 조 제3항을 위반하여 보고 또는 공시에 관한 업무를 이행하지 아니한 경우
5. 그 밖에 투자자 보호 또는 건전한 거래질서를 해할 우려가 있는 경우로서 대통령령으로 정하는 경우

④ 금융위원회는 다음 각 호의 어느 하나에 해당하는 경우에는 교차판매 집합투자기구의 등록을 취소할 수 있다. 다만, 제1호 및 제4호의 경우에는 등록을 취소하여야 한다.
1. 거짓이나 그 밖의 부정한 방법으로 제182조의2제1항 또는 제3항에 따른 등록이나 변경등록을 한 경우
2. 제182조의2제2항 각 호에 따른 등록요건을 갖추지 못하게 된 경우
3. 제182조의2제3항에 따른 변경등록을 하지 아니한 경우
4. 제1항에 따라 집합투자기구의 등록이 취소된 경우
5. 그 밖에 투자자의 이익을 현저히 해할 우려가 있거나 교차판매 집합투자기구로서 존속하기 곤란하다고 인정되는 경우로서 대통령령으로 정하는 경우
(2019.11.26 본항신설)

⑤ 금융위원회는 제1항 또는 제4항에 따라 집합투자기구 또는 교차판매 집합투자기구의 등록을 취소하거나, 제3항에 따라 투자회사의 감독이사에 대한 해임요구를 하고자 하는 경우에는 청문을 실시하여야 한다.(2019.11.26 본항개정)

⑥ 제424조 및 제425조는 집합투자기구 및 투자회사의 감독이사에 대한 조치 등에 관하여 준용한다.

제9장 집합투자기구의 관계회사

제254조【일반사무관리회사】 ① 제184조제6항에 따라 투자회사의 위탁을 받아 같은 조 제6항 각 호의 업무를 영위하거나, 투자신탁이나 투자익명조합의 집합투자업자 또는 투자회사등의 위탁을 받아 제238조제6항에 따른 집합투자증권의 기준가격 산정 및 그 밖에 이와 관련된 업무로서 대통령령으로 정하는 업무를 영위하려는 자는 금융위원회에 등록하여야 한다.(2021.6.8 본항개정)

② 제1항에 따른 등록을 하려는 자는 다음 각 호의 요건을 모두 갖추어야 한다.
1. 다음 각 목의 어느 하나에 해당할 것
  가. 「상법」에 따른 주식회사
  나. 명의개서대행회사(2016.3.22 본목개정)
  다. 그 밖에 대통령령으로 정하는 금융기관
2. 5억원 이상으로서 대통령령으로 정하는 금액 이상의 자기자본을 갖출 것
3. 상근 임직원 중 대통령령으로 정하는 기준의 전문인력을 보유할 것
4. 전산설비 등 대통령령으로 정하는 물적 설비를 갖출 것
5. 임원이 「금융회사의 지배구조에 관한 법률」 제5조에 적합할 것(2015.7.31 본호개정)
6. 대통령령으로 정하는 이해상충방지체계를 구축하고 있을 것(대통령령으로 정하는 금융업을 영위하고 있는 경우에 한한다)

③ 제1항에 따른 등록을 하려는 자는 금융위원회에 등록신청서를 제출하여야 한다.(2008.2.29 본항개정)

④ 금융위원회는 제3항의 등록신청서를 접수한 경우에는 그 내용을 검토하여 30일 이내에 등록 여부를 결정하고, 그 결과와 이유를 지체 없이 신청인에게 문서로 통지하여야 한다. 이 경우 등록신청서에 흠결이 있는 때에는 보완을 요구할 수 있다.(2008.2.29 전단개정)

⑤ 제4항의 검토기간을 산정함에 있어서 등록신청서 흠결의 보완기간 등 총리령으로 정하는 기간은 검토기간에 산입하지 아니한다.(2008.2.29 본항개정)

⑥ 금융위원회는 제4항의 등록 여부를 결정함에 있어서 다음 각 호의 어느 하나에 해당하는 사유가 없는 한 그 등록을 거부하여서는 아니 된다.(2008.2.29 본문개정)
1. 제2항의 등록요건을 갖추지 아니한 경우
2. 제3항의 등록신청서를 거짓으로 작성한 경우
3. 제4항 후단의 보완요구를 이행하지 아니한 경우

⑦ 금융위원회는 제4항에 따라 등록을 결정한 경우 일반사무관리회사등록부에 필요한 사항을 기재하여야 하며, 등록결정한 내용을 관보 및 인터넷 홈페이지 등에 공고하여야 한다.(2008.2.29 본항개정)

⑧ 제1항에 따라 등록을 한 자(이하 "일반사무관리회사"라 한다)는 등록 이후 그 영업을 영위함에 있어서 제2항 각 호의 등록요건(같은 항 제2호의 경우에는 대통령령으로 정하는 완화된 요건을 말한다)을 계속 유지하여야 한다.

⑨ 제1항부터 제7항까지의 규정에 따른 등록신청서의 기재사항·첨부서류 등 등록의 신청에 관한 사항과 등록검토의 방법·절차, 그 밖에 필요한 사항은 대통령령으로 정한다.

제255조【준용규정】 제42조, 제54조, 제60조 및 제64조는 일반사무관리회사에 준용한다.

제256조【일반사무관리회사에 대한 감독·검사】 ① 금융위원회는 투자자를 보호하고 건전한 거래질서를 유지하기 위하여 일반사무관리회사에 대하여 다음 각 호의 사항에 관하여 필요한 조치를 명할 수 있다.(2008.2.29 본문개정)
1. 고유재산의 운용에 관한 사항
2. 영업의 질서 유지에 관한 사항
3. 영업방법에 관한 사항
4. 그 밖에 투자자 보호 또는 건전한 거래질서를 위하여 필요한 사항으로서 대통령령으로 정하는 사항

② 제419조(제2항부터 제4항까지 및 제8항을 제외한다)는 일반사무관리회사에 대한 검사에 관하여 준용한다.

제257조【일반사무관리회사에 대한 처분】 ① 금융위원회는 일반사무관리회사가 별표3 각 호의 어느 하나에 해당하는 경

우에는 제254조제1항에 따른 등록을 취소할 수 있다.(2008.2.29 본항개정)
② 금융위원회는 일반사무관리회사가 별표3 각 호의 어느 하나에 해당하는 경우에는 다음 각 호의 어느 하나에 해당하는 조치를 할 수 있다.(2008.2.29 본문개정)
1. 6개월 이내의 업무의 전부 또는 일부의 정지
2. 계약의 인계명령
3. 위법행위의 시정명령 또는 중지명령
4. 위법행위로 인한 조치를 받았다는 사실의 공표명령 또는 게시명령
5. 기관경고
6. 기관주의
7. 그 밖에 위법행위를 시정하거나 방지하기 위하여 필요한 조치로서 대통령령으로 정하는 조치
③ 금융위원회는 일반사무관리회사의 임원이 별표3 각 호의 어느 하나에 해당하는 경우에는 다음 각 호의 어느 하나에 해당하는 조치를 할 수 있다.(2008.2.29 본문개정)
1. 해임요구
2. 6개월 이내의 직무정지
3. 문책경고
4. 주의적 경고
5. 주의
6. 그 밖에 위법행위를 시정하거나 방지하기 위하여 필요한 조치로서 대통령령으로 정하는 조치
④ 금융위원회는 일반사무관리회사의 직원이 별표3 각 호의 어느 하나에 해당하는 경우에는 다음 각 호의 어느 하나에 해당하는 조치를 그 일반사무관리회사에 요구할 수 있다.(2008.2.29 본문개정)
1. 면직
2. 6개월 이내의 정직
3. 감봉
4. 견책
5. 경고
6. 주의
7. 그 밖에 위법행위를 시정하거나 방지하기 위하여 필요한 조치로서 대통령령으로 정하는 조치
⑤ 제422조제3항 및 제423조부터 제425조까지의 규정은 일반사무관리회사 및 그 임직원에 대한 조치 등에 관하여 준용한다.

제258조【집합투자기구평가회사】 ① 집합투자기구를 평가하고 이를 투자자에게 제공하는 업무를 영위하려는 자는 금융위원회에 등록하여야 한다.(2008.2.29 본항개정)
② 제1항에 따른 등록을 하려는 자는 다음 각 호의 요건을 모두 갖추어야 한다.
1. 「상법」에 따른 주식회사일 것
2. 투자매매업자·투자중개업자 또는 집합투자업자와 그 계열회사가 아닐 것
3. 1억원 이상으로서 대통령령으로 정하는 금액 이상의 자기자본을 갖출 것
4. 상근 임직원 중 대통령령으로 정하는 기준의 전문인력을 보유할 것
5. 전산설비 등 대통령령으로 정하는 물적 설비를 갖출 것
6. 임원이 「금융회사의 지배구조에 관한 법률」 제5조에 적합할 것(2015.7.31 본호개정)
7. 대통령령으로 정하는 집합투자기구평가체계를 갖출 것
8. 대통령령으로 정하는 이해상충방지체계를 구축하고 있을 것(대통령령으로 정하는 금융업을 영위하고 있는 경우에 한한다)
③ 제1항에 따른 등록을 하려는 자는 금융위원회에 등록신청서를 제출하여야 한다.(2008.2.29 본항개정)
④ 금융위원회는 제3항의 등록신청서를 접수한 경우에는 그 내용을 검토하여 30일 이내에 등록 여부를 결정하고, 그 결과와 이유를 지체 없이 신청인에게 문서로 통지하여야 한다. 이 경우 등록신청서에 흠결이 있는 때에는 보완을 요구할 수 있다.(2008.2.29 전단개정)
⑤ 제4항의 검토기간을 산정함에 있어서 등록신청서 흠결의 보완기간 등 총리령으로 정하는 기간은 검토기간에 산입하지 아니한다.(2008.2.29 본항개정)
⑥ 금융위원회는 제4항의 등록 여부를 결정함에 있어서 다음 각 호의 어느 하나에 해당하는 사유가 없는 한 그 등록을 거부하여서는 아니 된다.(2008.2.29 본문개정)
1. 제2항의 등록요건을 갖추지 아니한 경우
2. 제3항의 등록신청서를 거짓으로 작성한 경우
3. 제4항 후단의 보완요구를 이행하지 아니한 경우
⑦ 금융위원회는 제4항에 따라 등록을 결정한 경우 집합투자기구평가회사등록부에 필요한 사항을 기재하여야 하며, 등록결정한 내용을 관보 및 인터넷 홈페이지 등에 공고하여야 한다.(2008.2.29 본항개정)
⑧ 제1항에 따라 등록을 한 자(이하 "집합투자기구평가회사"라 한다)는 등록 이후 그 영업을 영위함에 있어서 제2항 각 호의 등록요건(같은 항 제3호의 경우에는 대통령령으로 정하는 완화된 요건을 말한다)을 계속 유지하여야 한다.
⑨ 제1항부터 제7항까지의 규정에 따른 등록신청서의 기재사항·첨부서류 등 등록의 신청에 관한 사항과 등록검토의 방법·절차, 그 밖에 필요한 사항은 대통령령으로 정한다.

제259조【영업행위준칙 등】 ① 집합투자기구평가회사는 대통령령으로 정하는 사항이 포함된 영업행위준칙을 제정하여야 한다.
② 집합투자업자는 집합투자재산의 명세를 대통령령으로 정하는 방법에 따라 집합투자기구평가회사에 제공할 수 있다.
③ 집합투자기구평가회사의 평가기준의 공시방법 등에 관하여 필요한 사항은 대통령령으로 정한다.

제260조【준용규정】 제54조, 제60조 및 제64조는 집합투자기구평가회사에 준용한다.

제261조【집합투자기구평가회사에 대한 감독·검사】 ① 금융위원회는 투자자를 보호하고 건전한 거래질서를 유지하기 위하여 집합투자기구평가회사에 대하여 다음 각 호의 사항에 관하여 필요한 조치를 명할 수 있다.(2008.2.29 본문개정)
1. 고유재산의 운용에 관한 사항
2. 영업의 질서 유지에 관한 사항
3. 영업방법에 관한 사항
4. 그 밖에 투자자 보호 또는 건전한 거래질서를 위하여 필요한 사항으로서 대통령령으로 정하는 사항
② 제419조(제2항부터 제4항까지 및 제8항을 제외한다)는 집합투자기구평가회사에 대한 검사에 관하여 준용한다.

제262조【집합투자기구평가회사에 대한 조치】 ① 금융위원회는 집합투자기구평가회사가 별표4 각 호의 어느 하나에 해당하는 경우에는 제258조제1항에 따른 등록을 취소할 수 있다.(2008.2.29 본항개정)
② 금융위원회는 집합투자기구평가회사가 별표4 각 호의 어느 하나에 해당하는 경우에는 다음 각 호의 어느 하나에 해당하는 조치를 할 수 있다.(2008.2.29 본문개정)
1. 6개월 이내의 업무의 전부 또는 일부의 정지
2. 계약의 인계명령
3. 위법행위의 시정명령 또는 중지명령
4. 위법행위로 인한 조치를 받았다는 사실의 공표명령 또는 게시명령
5. 기관경고
6. 기관주의
7. 그 밖에 위법행위를 시정하거나 방지하기 위하여 필요한 조치로서 대통령령으로 정하는 조치
③ 금융위원회는 집합투자기구평가회사의 임원이 별표4 각 호의 어느 하나에 해당하는 경우에는 다음 각 호의 어느 하나에 해당하는 조치를 할 수 있다.(2008.2.29 본문개정)
1. 해임요구
2. 6개월 이내의 직무정지
3. 문책경고
4. 주의적 경고
5. 주의
6. 그 밖에 위법행위를 시정하거나 방지하기 위하여 필요한 조치로서 대통령령으로 정하는 조치
④ 금융위원회는 집합투자기구평가회사의 직원이 별표4 각 호의 어느 하나에 해당하는 경우에는 다음 각 호의 어느 하나에 해당하는 조치를 그 집합투자기구평가회사에 요구할 수 있다.(2008.2.29 본문개정)
1. 면직

2. 6개월 이내의 정직
3. 감봉
4. 견책
5. 경고
6. 주의
7. 그 밖에 위법행위를 시정하거나 방지하기 위하여 필요한 조치로서 대통령령으로 정하는 조치

⑤ 제422조제3항 및 제423조부터 제425조까지의 규정은 집합투자기구평가회사 및 그 임직원에 대한 조치 등에 관하여 준용한다.

제263조【채권평가회사】 ① 집합투자재산에 속하는 채권 등 자산의 가격을 평가하고 이를 집합투자기구에게 제공하는 업무를 영위하려는 자는 금융위원회에 등록하여야 한다. (2008.2.29 본항개정)

② 제1항에 따른 등록을 하려는 자는 다음 각 호의 요건을 모두 갖추어야 한다.
1. 「상법」에 따른 주식회사일 것
2. 20억원 이상으로서 대통령령으로 정하는 금액 이상의 자기자본을 갖출 것
3. 상호출자제한기업집단의 출자액 또는 대통령령으로 정하는 금융기관의 출자액이 각각 100분의 10 이하일 것
4. 상근 임직원 중 대통령령으로 정하는 기준의 전문인력을 보유할 것
5. 전산설비 등 대통령령으로 정하는 물적 설비를 갖출 것
6. 임원이 「금융회사의 지배구조에 관한 법률」 제5조에 적합할 것(2015.7.31 본호개정)
7. 대통령령으로 정하는 채권 등의 가격평가체계를 갖출 것
8. 대통령령으로 정하는 이해상충방지체계를 구축하고 있을 것(대통령령으로 정하는 금융업을 영위하고 있는 경우에 한한다)

③ 제1항에 따른 등록을 하려는 자는 금융위원회에 등록신청서를 제출하여야 한다.(2008.2.29 본항개정)

④ 금융위원회는 제3항의 등록신청서를 접수한 경우에는 그 내용을 검토하여 30일 이내에 등록 여부를 결정하고, 그 결과와 이유를 지체 없이 신청인에게 문서로 통지하여야 한다. 이 경우 등록신청서에 흠결이 있는 때에는 보완을 요구할 수 있다. (2008.2.29 전단개정)

⑤ 제4항의 검토기간을 산정함에 있어서 등록신청서 흠결의 보완기간 등 총리령으로 정하는 기간은 검토기간에 산입하지 아니한다.(2008.2.29 본항개정)

⑥ 금융위원회는 제4항의 등록 여부를 결정함에 있어서 다음 각 호의 어느 하나에 해당하는 사유가 없는 한 그 등록을 거부하여서는 아니 된다.(2008.2.29 본문개정)
1. 제2항의 등록요건을 갖추지 아니한 경우
2. 제3항의 등록신청서를 거짓으로 작성한 경우
3. 제4항 후단의 보완요구를 이행하지 아니한 경우

⑦ 금융위원회는 제4항에 따라 등록을 결정한 경우 채권평가회사등록부에 필요한 사항을 기재하여야 하며, 등록결정한 내용을 관보 및 인터넷 홈페이지 등에 공고하여야 한다. (2008.2.29 본항개정)

⑧ 제1항에 따라 등록을 한 자(이하 "채권평가회사"라 한다)는 등록 이후 그 영업을 영위함에 있어서 제2항 각 호의 등록요건(같은 항 제2호의 경우에는 대통령령으로 정하는 완화된 요건을 말한다)을 계속 유지하여야 한다.

⑨ 제1항부터 제7항까지의 규정에 따른 등록신청서의 기재사항·첨부서류 등 등록의 신청에 관한 사항과 등록검토의 방법·절차, 그 밖에 필요한 사항은 대통령령으로 정한다.

제264조【업무준칙 등】 ① 채권평가회사는 대통령령으로 정하는 사항이 포함된 업무준칙을 제정하여야 한다.

② 채권평가회사의 증권평가기준 공시방법 등에 관하여 필요한 사항은 대통령령으로 정한다.

제265조【준용규정】 제54조, 제60조 및 제64조는 채권평가회사에 준용한다.

제266조【채권평가회사에 대한 감독·검사】 ① 금융위원회는 투자자를 보호하고 건전한 거래질서를 유지하기 위하여 채권평가회사에 대하여 다음 각 호의 사항에 관하여 필요한 조치를 명할 수 있다.(2008.2.29 본문개정)
1. 고유재산의 운용에 관한 사항
2. 영업의 질서 유지에 관한 사항
3. 영업방법에 관한 사항
4. 그 밖에 투자자 보호 또는 건전한 거래질서를 위하여 필요한 사항으로서 대통령령으로 정하는 사항

② 제419조(제2항부터 제4항까지 및 제8항을 제외한다)는 채권평가회사에 대한 검사에 관하여 준용한다.

제267조【채권평가회사에 대한 조치】 ① 금융위원회는 채권평가회사가 별표5 각 호의 어느 하나에 해당하는 경우에는 제263조제1항에 따른 등록을 취소할 수 있다.(2008.2.29 본항개정)

② 금융위원회는 채권평가회사가 별표5 각 호의 어느 하나에 해당하는 경우에는 다음 각 호의 어느 하나에 해당하는 조치를 할 수 있다.(2008.2.29 본문개정)
1. 6개월 이내의 업무의 전부 또는 일부의 정지
2. 계약의 인계명령
3. 위법행위의 시정명령 또는 중지명령
4. 위법행위로 인한 조치를 받았다는 사실의 공표명령 또는 게시명령
5. 기관경고
6. 기관주의
7. 그 밖에 위법행위를 시정하거나 방지하기 위하여 필요한 조치로서 대통령령으로 정하는 조치

③ 금융위원회는 채권평가회사의 임원이 별표5 각 호의 어느 하나에 해당하는 경우에는 다음 각 호의 어느 하나에 해당하는 조치를 할 수 있다.(2008.2.29 본문개정)
1. 해임요구
2. 6개월 이내의 직무정지
3. 문책경고
4. 주의적 경고
5. 주의
6. 그 밖에 위법행위를 시정하거나 방지하기 위하여 필요한 조치로서 대통령령으로 정하는 조치

④ 금융위원회는 채권평가회사의 직원이 별표5 각 호의 어느 하나에 해당하는 경우에는 다음 각 호의 어느 하나에 해당하는 조치를 그 채권평가회사에 요구할 수 있다.(2008.2.29 본문개정)
1. 면직
2. 6개월 이내의 정직
3. 감봉
4. 견책
5. 경고
6. 주의
7. 그 밖에 위법행위를 시정하거나 방지하기 위하여 필요한 조치로서 대통령령으로 정하는 조치

⑤ 제422조제3항 및 제423조부터 제425조까지의 규정은 채권평가회사 및 그 임직원에 대한 조치 등에 관하여 준용한다.

제10장 사모투자전문회사에 대한 특례

제268조~제274조 (2015.7.24 삭제)
제275조 (2009.6.9 삭제)
제276조~제278조 (2015.7.24 삭제)
제278조의2 (2013.8.13 삭제)
제278조의3 (2015.7.24 삭제)

제11장 외국 집합투자증권에 대한 특례

제279조【외국 집합투자기구의 등록 등】 ① 외국 투자신탁(투자신탁과 유사한 것으로서 외국 법령에 따라 설정된 투자신탁을 말한다. 이하 같다)이나 외국 투자익명조합(투자익명조합과 유사한 것으로서 외국 법령에 따라 설립된 투자익명조합을 말한다. 이하 같다)의 외국 집합투자업자(외국 법령에 따라 집합투자업에 상당하는 영업을 영위하는 자를 말한다. 이하 같다) 또는 외국 투자회사등(외국 법령에 따라 설립된 투자회사등을 말한다. 이하 같다)은 외국 집합투자증권(집합투자증권과 유사한 것으로서 외국 법령에 따라 외국에서 발행된 것을 말한다. 이하 같다)을 국내에서 판매하고자 하는 경우에는 해당 외국 집합투자기구(집합투자기구와 유사한 것으로서 외국 법령에 따라 설정·설립된 것을 말한다. 이하 같다)를 금융위원회에 등록하여야 한다.(2008.2.29 본항개정)

② 외국 투자신탁이나 외국 투자익명조합의 외국 집합투자업자 또는 외국 투자회사등은 제1항에 따라 외국 집합투자기구를 등록하고자 하는 경우 대통령령으로 정하는 외국 집합투자업자 적격 요건 및 외국 집합투자증권 판매적격 요건을 갖추어야 한다. 이 경우 다음 각 호의 어느 하나에 해당하는 경우에는 외국 집합투자업자 적격 요건 및 외국 집합투자증권 판매적격 요건을 달리 정할 수 있다.(2019.11.26 후단개정)

1. 전문투자자 중 대통령령으로 정하는 자만을 대상으로 외국 집합투자증권을 판매하려는 경우
2. 교차판매협약등을 체결한 외국에서 교차판매협약등에 따라 설정·설립된 것으로 인정되는 외국 집합투자기구의 집합투자증권을 판매하려는 경우

(2019.11.26 1호~2호신설)

③ 제182조제2항부터 제9항까지의 규정은 제1항에 따른 외국 집합투자기구의 등록에 관하여 준용한다. 이 경우 같은 조 제2항제2호 중 "이 법"은 "외국 집합투자기구가 설정·설립된 국가의 법"으로 본다.

제280조【외국 집합투자증권의 국내판매】 ① 외국 투자신탁이나 외국 투자익명조합의 외국 집합투자업자 또는 외국 투자회사등은 외국 집합투자증권을 국내에서 판매하는 경우에는 투자매매업자 또는 투자중개업자를 통하여 판매하여야 한다.

② 외국 집합투자업자는 제88조에 따른 자산운용보고서를 작성하여 3개월마다 1회 이상 해당 외국 집합투자기구의 투자자에게 제공하여야 한다.

③ 투자자는 외국 투자신탁이나 외국 투자익명조합의 외국 집합투자업자, 외국 투자회사등 또는 외국 집합투자증권을 판매한 투자매매업자 또는 투자중개업자에 대하여 영업시간 중 이유를 기재한 서면으로 그 투자자에 관련된 집합투자재산에 관한 장부·서류로서 대통령령으로 정하는 장부·서류의 열람이나 등본 또는 초본의 교부를 청구할 수 있으며, 외국 투자신탁이나 외국 투자익명조합의 외국 집합투자업자, 외국 투자회사등 또는 외국 집합투자증권을 판매한 투자매매업자 또는 투자중개업자는 대통령령으로 정하는 정당한 사유가 없는 한 이를 거절하지 못한다.

④ 외국 투자신탁이나 외국 투자익명조합의 외국 집합투자업자 또는 외국 투자회사등은 해당 외국 집합투자증권의 기준가격을 매일 공고·게시하여야 한다. 다만, 기준가격을 매일 공고·게시하기 곤란한 경우 등 대통령령으로 정하는 경우에는 해당 집합투자규약에서 기준가격의 공고·게시기간을 15일 이내의 범위에서 별도로 정할 수 있다.

⑤ 외국 집합투자증권의 국내 판매와 관련하여 판매방법, 보고서 제공, 그 밖에 필요한 사항은 대통령령으로 정한다.

제281조【외국 집합투자업자 등에 대한 감독·검사】 ① 금융위원회는 투자자를 보호하고 건전한 거래질서를 유지하기 위하여 외국 투자신탁이나 외국 투자익명조합의 외국 집합투자업자 또는 외국 투자회사등에 대하여 해당 집합투자재산의 공시 등에 관하여 필요한 조치를 명할 수 있다.(2008.2.29 본항개정)

② 제419조(제2항부터 제4항까지 및 제8항을 제외한다)는 외국 투자신탁이나 외국 투자익명조합의 외국 집합투자업자 또는 외국 투자회사등에 대한 검사에 관하여 준용한다.

제282조【외국 집합투자기구의 등록취소】 ① 금융위원회는 다음 각 호의 어느 하나에 해당하는 경우에는 외국 집합투자기구의 등록을 취소할 수 있다.(2008.2.29 본문개정)

1. 거짓, 그 밖의 부정한 방법으로 제279조제1항에 따른 등록을 하거나 제279조제3항에서 준용하는 제182조제8항에 따른 변경등록을 한 경우
2. 제279조제3항에서 준용하는 제182조제2항 각 호에 따른 등록요건을 갖추지 못하게 된 경우
3. 제279조제3항에서 준용하는 제182조제8항에 따른 변경등록을 하지 아니한 경우
4. 제279조제2항에 따른 외국 집합투자업자 적격 요건 또는 외국 집합투자증권 판매적격 요건을 갖추지 못하게 된 경우
5. 제280조를 위반한 경우
6. 제281조제1항에 따른 명령을 위반한 경우
7. 그 밖에 투자자의 이익을 현저히 해할 우려가 있거나 외국 집합투자기구로서 존속하기 곤란하다고 인정되는 경우로서 대통령령으로 정하는 경우

② 금융위원회는 제1항에 따라 외국 집합투자기구의 등록을 취소하고자 하는 경우에는 청문을 실시하여야 한다.
(2008.2.29 본항개정)

③ 제424조 및 제425조는 외국 집합투자기구의 등록 취소에 관하여 준용한다.

제6편 금융투자업관계기관

제1장 한국금융투자협회

제283조【설립】 ① 회원 상호 간의 업무질서 유지 및 공정한 거래를 확립하고 투자자를 보호하며 금융투자업의 건전한 발전을 위하여 한국금융투자협회를 설립한다.

② 협회는 회원조직으로서의 법인으로 한다.

③ 협회는 대통령령으로 정하는 바에 따라 주된 사무소의 소재지에서 설립등기를 함으로써 성립한다.

④ 협회에 대하여는 이 법에서 특별한 규정이 있는 것을 제외하고는 「민법」 중 사단법인에 관한 규정을 준용한다.

제284조【유사명칭 사용의 금지】 협회가 아닌 자는 "금융투자협회", "증권협회", "선물협회", "자산운용협회" 또는 이와 유사한 명칭을 사용하여서는 아니 된다.

제285조【회원】 ① 협회의 회원이 될 수 있는 자는 금융투자업자, 그 밖에 금융투자업과 관련된 업무를 영위하는 자로서 대통령령으로 정하는 자로 한다.

② 협회는 정관이 정하는 바에 따라 회원으로부터 회비를 징수할 수 있다.

제286조【업무】 ① 협회는 정관이 정하는 바에 따라 다음 각 호의 업무를 행한다.

1. 회원 간의 건전한 영업질서 유지 및 투자자 보호를 위한 자율규제업무
2. 회원의 영업행위와 관련된 분쟁의 자율조정(당사자의 신청이 있는 경우에 한한다)에 관한 업무
3. 다음 각 목의 주요직무 종사자의 등록 및 관리에 관한 업무
   가. 투자권유자문인력(투자권유를 하거나 투자에 관한 자문 업무를 수행하는 자를 말한다)
   나. 조사분석인력(조사분석자료를 작성하거나 이를 심사·승인하는 업무를 수행하는 자를 말한다)
   다. 투자운용인력(집합투자재산·신탁재산 또는 투자일임재산을 운용하는 업무를 수행하는 자를 말한다)
   라. 그 밖에 투자자 보호 또는 건전한 거래질서를 위하여 대통령령으로 정하는 주요직무 종사자
4. 금융투자업자가 다음 각 목의 어느 하나에 해당하는 장외파생상품을 신규로 취급하는 경우 그 사전심의업무
   가. 기초자산이 제4조제10항제4호 또는 제5호에 해당하는 장외파생상품
   나. 일반투자자를 대상으로 하는 장외파생상품

(2010.3.12 본호신설 : 2011.12.31까지 유효)

5. 증권시장에 상장되지 아니한 주권의 장외매매거래에 관한 업무
6. 금융투자업 관련제도의 조사·연구에 관한 업무
7. 투자자 교육 및 이를 위한 재단의 설립·운영에 관한 업무
8. 금융투자업 관련 연수업무
9. 이 법 또는 다른 법령에 따라 위탁받은 업무
10. 제1호부터 제9호까지의 업무 외에 대통령령으로 정하는 업무(2010.3.12 본호개정)
11. 제1호부터 제10호까지의 업무에 부수되는 업무(2010.3.12 본호개정)

② 협회는 제1항 각 호의 업무를 행함에 있어 같은 항 제1호, 제2호 및 제4호의 업무가 다른 업무와 독립적으로 운영되도록 하여야 하며, 이를 위하여 별도의 조직을 갖추어야 한다.
(2010.3.12 본항개정)

제287조【정관】 ① 협회의 정관에는 다음 각 호의 사항을 기재하여야 한다.

1. 목적
2. 명칭
3. 조직에 관한 사항. 이 경우 조직은 금융투자업의 종류 및 금융투자상품의 범위를 기준으로 대통령령으로 정하는 바에 따라 구분·운영되어야 한다.

4. 사무소에 관한 사항
5. 업무에 관한 사항
6. 회원의 자격 및 권리의무에 관한 사항
7. 회원의 가입, 제명, 그 밖의 제재(회원의 임직원에 대한 제재의 권고를 포함한다)에 관한 사항
8. 회비에 관한 사항
9. 공고의 방법
10. 그 밖에 협회의 운영에 관한 사항으로서 대통령령으로 정하는 사항
② 협회는 정관 중 대통령령으로 정하는 사항을 변경하고자 하는 경우에는 금융위원회의 승인을 받아야 한다.(2008.2.29 본항개정)

제288조【분쟁의 자율조정】 ① 협회는 제286조제1항제2호에 따른 분쟁의 자율조정을 위하여 필요한 분쟁조정규정을 정한다.
② 협회는 분쟁의 조정을 위하여 필요하다고 인정되는 경우에는 당사자에 대하여 사실의 확인 또는 자료의 제출 등을 요구할 수 있다.
③ 협회는 당사자, 그 밖의 이해관계인의 의견을 들을 필요가 있다고 인정되는 경우에는 이들에게 회의에 출석하여 의견을 진술할 것을 요청할 수 있다.

제288조의2【장외파생상품심의위원회】 ① 협회는 제286조제1항제4호에 따른 장외파생상품에 관한 사전심의업무 수행을 위하여 장외파생상품심의위원회(이하 이 조에서 "위원회"라 한다)를 둔다.
② 위원회는 위원장 1명을 포함한 5명 이상 10명 이내의 위원으로 구성한다.
③ 위원회의 회의는 재적위원 과반수의 출석과 출석위원 3분의 2 이상의 찬성으로 의결한다.
④ 위원회는 제1항의 사전심의업무를 수행함에 있어서 다음 각 호의 사항을 고려하여야 한다.
1. 기초자산이 제4조제10항제4호 또는 제5호에 해당하는 장외파생상품의 경우 기초자산 가격 변동에 대한 정보 제공 가능성에 관한 사항
2. 일반투자자를 대상으로 하는 장외파생상품의 경우 위험회피구조의 타당성, 일반투자자에게 교부하는 설명 자료의 충실성, 투자권유자문인력의 자격 사항 및 교육 등 판매계획의 적정성에 관한 사항
3. 그 밖에 투자자 보호를 위하여 위원회가 필요하다고 인정하는 사항
⑤ 위원회는 제1항의 사전심의업무를 수행함에 있어 필요한 경우에는 금융투자업자 등에 대하여 사실의 확인 또는 자료의 제출 등을 요구할 수 있다.
⑥ 위원회는 제3항에 따른 의결이 있을 경우 금융감독원장에게 지체 없이 보고하여야 한다.
⑦ 협회는 다음 각 호의 사항을 포함하여 위원회의 구성 및 운영을 위하여 필요한 규정을 정하여야 한다.
1. 위원장 및 위원의 자격, 선임방법에 관한 사항
2. 위원장 및 위원의 임기에 관한 사항
3. 위원회 운영 및 의사결정의 독립성 확보에 관한 사항
4. 위원회 심의절차 및 의사결정의 효력에 관한 사항
(2010.3.12 본조신설 : 2011.12.31까지 유효)

제289조【준용규정】 제54조, 제63조 및 「금융회사의 지배구조에 관한 법률」 제5조는 협회에 준용한다.(2015.7.31 본조개정)

제290조【업무규정의 보고】 협회는 업무에 관한 규정(規程)을 제정ㆍ변경하거나 폐지한 경우에는 지체 없이 금융위원회에 이를 보고하여야 한다.(2008.2.29 본조개정)

제291조【연수원】 협회는 금융투자업에 종사하는 자의 자질을 향상시키고 금융투자업에 관한 전문적인 지식을 보급하기 위하여 연수원을 둘 수 있다.

제292조【협회에 대한 검사】 제419조(제2항부터 제4항까지 및 제8항을 제외한다)는 협회에 대한 검사에 관하여 준용한다.

제293조【협회에 대한 조치】 ① 금융위원회는 협회가 별표7 각 호의 어느 하나에 해당하는 경우에는 다음 각 호의 어느 하나에 해당하는 조치를 할 수 있다.(2008.2.29 본문개정)
1. 6개월 이내의 업무의 전부 또는 일부의 정지
2. 계약의 인계명령
3. 위법행위의 시정명령 또는 중지명령
4. 위법행위로 인한 조치를 받았다는 사실의 공표명령 또는 게시명령
5. 기관경고
6. 기관주의
7. 그 밖에 위법행위를 시정하거나 방지하기 위하여 필요한 조치로서 대통령령으로 정하는 조치
② 금융위원회는 협회의 임원이 별표7 각 호의 어느 하나에 해당하는 경우에는 다음 각 호의 어느 하나에 해당하는 조치를 할 수 있다.(2008.2.29 본문개정)
1. 해임요구
2. 6개월 이내의 직무정지
3. 문책경고
4. 주의적 경고
5. 주의
6. 그 밖에 위법행위를 시정하거나 방지하기 위하여 필요한 조치로서 대통령령으로 정하는 조치
③ 금융위원회는 협회의 직원이 별표7 각 호의 어느 하나에 해당하는 경우에는 다음 각 호의 어느 하나에 해당하는 조치를 협회에 요구할 수 있다.(2008.2.29 본문개정)
1. 면직
2. 6개월 이내의 정직
3. 감봉
4. 견책
5. 경고
6. 주의
7. 그 밖에 위법행위를 시정하거나 방지하기 위하여 필요한 조치로서 대통령령으로 정하는 조치
④ 제422조제3항, 제423조(제1호를 제외한다), 제424조(제2항을 제외한다) 및 제425조는 협회 및 그 임직원에 대한 조치 등에 관하여 준용한다.

제2장 한국예탁결제원

제1절 설립 및 감독

제294조【설립】 ① 증권등(증권, 그 밖에 대통령령으로 정하는 것을 말한다. 이하 이 장에서 같다)의 집중예탁과 계좌 간 대체, 매매거래에 따른 결제업무 및 유통의 원활을 위하여 한국예탁결제원을 설립한다.
② 예탁결제원은 법인으로 한다.
③ 예탁결제원은 대통령령으로 정하는 바에 따라 주된 사무소의 소재지에서 설립등기를 함으로써 성립한다.

제295조【유사명칭의 사용금지】 예탁결제원이 아닌 자는 "한국예탁결제원" 또는 이와 유사한 명칭을 사용하여서는 아니 된다.

제296조【업무】 ① 예탁결제원은 정관으로 정하는 바에 따라 다음 각 호의 업무를 행한다.(2013.5.28 본문개정)
1. 증권등의 집중예탁업무
2. 증권등의 계좌 간 대체업무
3. (2016.3.22 삭제)
4. 증권시장 밖에서의 증권등의 매매거래(다자간매매체결회사에서의 증권의 매매거래는 제외한다)에 따른 증권등의 인도와 대금의 지급에 관한 업무(2013.5.28 본호개정)
5. 예탁결제원과 유사한 업무를 영위하는 외국 법인(이하 "외국예탁결제기관"이라 한다)과의 계좌설정을 통한 증권등의 예탁, 계좌 간 대체 및 매매거래에 따른 증권등의 인도와 대금의 지급에 관한 업무
6.～10. (2013.5.28 삭제)
② 예탁결제원은 정관으로 정하는 바에 따라 제1항 각 호의 업무에 부수하는 업무로서 다음 각 호의 어느 하나에 해당하는 업무를 행한다.
1. 증권등의 보호예수업무
2. 예탁증권등의 담보관리에 관한 업무
3. 제80조에 따라 집합투자업자ㆍ투자일임업자와 집합투자재산을 보관ㆍ관리하는 신탁업자 등 사이에서 이루어지는 집합투자재산의 취득ㆍ처분 등에 관한 지시 등을 처리하는 업무
4. 그 밖에 금융위원회로부터 승인을 받은 업무
(2013.5.28 본항신설)

③ 예탁결제원은 정관으로 정하는 바에 따라 제1항 및 제2항 각 호의 업무 외에 다음 각 호의 업무를 영위할 수 있다.
1. 금융위원회의 승인을 받은 업무. 이 경우 이 법 또는 다른 법률에서 인가·허가·등록·신고 등이 필요한 경우에는 인가·허가 등을 받거나 등록·신고 등을 하여야 한다.(2016.3.22 본호개정)
2. 이 법 또는 다른 법령에서 예탁결제원의 업무로 규정한 업무
3. (2016.3.22 삭제)
(2013.5.28 본항신설)
제297조【증권시장 결제기관】 증권시장에서의 매매거래(다자간매매체결회사에서의 증권의 매매거래를 포함한다. 이하 제303조제2항제5호에서 같다)에 따른 증권인도 및 대금지급 업무는 결제기관으로서 전자등록기관이 수행한다. 이 경우 전자등록기관은 대금지급 업무를 금융위원회가 따로 지정하는 전자등록기관에 위탁할 수 있다.(2016.3.22 본조개정)
제298조【예탁업무 영위 등의 금지】 ① 예탁결제원이 아닌 자는 증권등을 예탁받아 그 증권등의 수수를 갈음하여 계좌간의 대체로 결제하는 업무를 영위하여서는 아니 된다.
② 전자등록기관이 아닌 자는 국내에서 증권예탁증권을 발행하는 업무를 영위하여서는 아니 된다.(2016.3.22 본항개정)
제299조【정관】 ① 예탁결제원의 정관에는 다음 각 호의 사항을 기재하여야 한다.
1. 목적
2. 명칭
3. 주된 사무소의 소재지
4. 주식 및 자본금에 관한 사항
5. 주식의 취득자격 및 소유한도에 관한 사항
6. 주주총회 및 이사회에 관한 사항
7. 임원에 관한 사항
8. 회계에 관한 사항
9. 공고의 방법
② 예탁결제원은 정관을 변경하고자 하는 경우에는 금융위원회의 승인을 받아야 한다.(2008.2.29 본항개정)
제300조【「상법」의 준용】 ① 예탁결제원에 관하여 이 법 또는 이 법에 따른 명령에 특별한 규정이 있는 것을 제외하고는 「상법」 중 주식회사에 관한 규정(제517조부터 제521조의2까지의 규정을 제외한다)을 준용한다.
② 예탁결제원은 이 법 또는 다른 법률에서 인가·허가·등록·신고 등이 필요한 업무를 수행하는 경우에는 「상법」에 따른 주식회사로 본다.(2013.4.5 본항신설)
제301조【임원 등】 ① 예탁결제원의 임원은 사장·전무이사·이사 및 감사로 한다.
② 사장은 주주총회에서 선출하되, 금융위원회의 승인을 받아야 한다.(2008.2.29 본항개정)
③ 상근감사는 주주총회에서 선출한다.
④ 「금융회사의 지배구조에 관한 법률」 제5조는 예탁결제원의 임원에게 준용한다.(2015.7.31 본항개정)
⑤ 예탁결제원의 상근 임직원은 금융투자업자 및 다른 금융투자업관계기관과 자금의 공여, 손익의 분배, 그 밖에 영업에 관하여 대통령령으로 정하는 특별한 이해관계를 가져서는 아니 된다.
제302조【예탁업무규정】 ① 예탁결제원은 증권등의 예탁과 제309조제3항제2호의 예탁증권등의 관리를 위하여 예탁업무규정을 정하여야 한다.
② 제1항의 예탁업무규정에는 다음 각 호의 사항이 포함되어야 한다.
1. 제308조에 따른 예탁대상증권등의 지정·취소 및 그 관리에 관한 사항
2. 예탁자의 계좌개설과 그 폐지에 관한 사항
3. 예탁자계좌부의 작성 및 비치에 관한 사항
4. 제308조에 따른 예탁대상증권등의 예탁·반환 및 계좌 간 대체에 관한 사항
5. 제309조제3항제2호의 예탁증권등에 대한 담보권의 설정·소멸 및 신탁재산의 표시·말소에 관한 사항
6. 제309조제3항제2호의 예탁증권등의 권리 행사에 관한 사항
7. 그 밖에 제309조제3항제2호의 예탁증권등의 관리를 위하여 필요한 사항
제303조【결제업무규정】 ① 예탁결제원 및 전자등록기관은 증권등의 매매거래에 따른 결제업무의 수행을 위하여 결제업무규정을 정하여야 한다. 이 경우 결제업무규정은 제323조의11의 청산업무규정, 제387조의 회원관리규정 및 제393조의 업무규정과 상충되어서는 아니 된다.(2016.3.22 전단개정)
② 제1항의 결제업무규정에는 다음 각 호의 사항이 포함되어야 한다.
1. 예탁결제원 및 전자등록기관 결제회원의 가입·탈퇴 및 권리·의무에 관한 사항(2016.3.22 본호개정)
2. 결제계좌의 개설 및 관리에 관한 사항
3. 결제시한에 관한 사항
4. 증권등의 인도 및 대금지급에 관한 사항
5. 증권시장에서의 증권의 매매거래에 따른 결제이행·불이행 결과의 거래소에 대한 통지에 관한 사항(전자등록기관의 결제업무규정에 한정한다)(2016.3.22 본호개정)
6. 그 밖에 결제업무 수행을 위하여 필요한 사항
제304조【준용규정】 제54조, 제63조, 제408조, 제413조(제296조제1항제1호·제2호·제4호의 업무로 한정한다) 및 「금융실명거래 및 비밀보장에 관한 법률」 제4조는 예탁결제원에 준용한다.(2016.3.22 본조개정)
제305조【업무규정의 승인·보고】 ① 예탁결제원은 제296조제1항제5호의 업무에 관한 규정(規程), 제302조의 예탁업무규정 및 제303조의 결제업무규정을 제정·변경하거나 폐지하고자 하는 경우에는 금융위원회의 승인을 받아야 한다.(2016.3.22 본항개정)
② (2008.2.29 삭제)
③ 예탁결제원은 제1항 외의 업무에 관한 규정을 제정·변경하거나 폐지한 경우에는 지체 없이 금융위원회에 보고하여야 한다.(2008.2.29 본조개정)
제306조【예탁결제원에 대한 검사】 제419조(제2항부터 제4항까지 및 제8항을 제외한다)는 예탁결제원에 대한 검사에 관하여 준용한다.
제307조【예탁결제원에 대한 조치】 ① 금융위원회는 예탁결제원이 별표8 각 호의 어느 하나에 해당하는 경우에는 다음 각 호의 어느 하나에 해당하는 조치를 할 수 있다.(2008.2.29 본문개정)
1. 6개월 이내의 업무의 전부 또는 일부의 정지
2. 계약의 인계명령
3. 위법행위의 시정명령 또는 중지명령
4. 위법행위로 인한 조치를 받았다는 사실의 공표명령 또는 게시명령
5. 기관경고
6. 기관주의
7. 그 밖에 위법행위를 시정하거나 방지하기 위하여 필요한 조치로서 대통령령으로 정하는 조치
② 금융위원회는 예탁결제원의 임원이 별표8 각 호의 어느 하나에 해당하는 경우에는 다음 각 호의 어느 하나에 해당하는 조치를 할 수 있다.(2008.2.29 본문개정)
1. 해임요구
2. 6개월 이내의 직무정지
3. 문책경고
4. 주의적 경고
5. 주의
6. 그 밖에 위법행위를 시정하거나 방지하기 위하여 필요한 조치로서 대통령령으로 정하는 조치
③ 금융위원회는 예탁결제원의 직원이 별표8 각 호의 어느 하나에 해당하는 경우에는 다음 각 호의 어느 하나에 해당하는 조치를 예탁결제원에 요구할 수 있다.(2008.2.29 본문개정)
1. 면직
2. 6개월 이내의 정직
3. 감봉
4. 견책
5. 경고
6. 주의
7. 그 밖에 위법행위를 시정하거나 방지하기 위하여 필요한 조치로서 대통령령으로 정하는 조치
④ 제422조제3항, 제423조(제1호를 제외한다), 제424조(제2항을 제외한다) 및 제425조는 예탁결제원 및 그 임직원에 대한 조치 등에 관하여 준용한다.

제2절 예탁관련제도

제308조【예탁대상증권등】 ① 이 절은 증권등에 표시될 수 있거나 표시되어야 할 권리가 「주식·사채 등의 전자등록에 관한 법률」에 따라 전자등록된 경우 그 증권등에 대해서는 적용하지 아니한다.
② 예탁결제원에 예탁할 수 있는 증권등(이하 "예탁대상증권등"이라 한다)은 예탁결제원이 지정한다.
(2016.3.22 본조개정)

제309조【예탁결제원에의 예탁 등】 ① 예탁결제원에 증권등을 예탁하고자 하는 자는 예탁결제원에 계좌를 개설하여야 한다.
② 제1항에 따라 계좌를 개설한 자(이하 "예탁자"라 한다)는 자기가 소유하고 있는 증권등과 투자자로부터 예탁받은 증권등을 투자자의 동의를 얻어 예탁결제원에 예탁할 수 있다.
③ 예탁결제원은 다음 각 호의 사항을 기재하여 예탁자계좌부를 작성·비치하되, 예탁자의 자기소유분과 투자자 예탁분이 구분될 수 있도록 하여야 한다.
1. 예탁자의 명칭 및 주소
2. 예탁받은 증권등(이하 "예탁증권등"이라 한다)의 종류 및 수와 그 발행인의 명칭
3. 그 밖에 총리령으로 정하는 사항(2008.2.29 본호개정)
④ 예탁결제원은 예탁증권등을 종류·종목별로 혼합하여 보관할 수 있다.
⑤ 예탁자 또는 그 투자자가 증권등을 인수 또는 청약하거나, 그 밖의 사유로 새로 증권등의 발행을 청구하는 경우에 그 증권등의 발행인은 예탁자 또는 그 투자자의 신청에 의하여 이들을 갈음하여 예탁결제원을 명의인으로 하여 그 증권등을 발행할 수 있다.(2016.3.22 본항개정)

제310조【투자자의 예탁자에의 예탁 등】 ① 투자자로부터 예탁받은 증권등을 예탁결제원에 다시 예탁하는 예탁자는 다음 각 호의 사항을 기재하여 투자자계좌부를 작성·비치하여야 한다.
1. 투자자의 성명 및 주소
2. 예탁증권등의 종류 및 수와 그 발행인의 명칭
3. 그 밖에 총리령으로 정하는 사항(2008.2.29 본호개정)
② 예탁자는 제1항에 따른 기재를 한 경우에는 해당 증권등이 투자자 예탁분이라는 것을 밝혀 지체 없이 예탁결제원에 예탁하여야 한다.
③ 예탁자는 제1항에 따른 기재를 한 경우에는 제2항에 따라 해당 증권등을 예탁결제원에 예탁하기 전까지는 이를 자기소유분과 구분하여 보관하여야 한다.
④ 제1항에 따른 투자자계좌부에 기재된 증권등은 그 기재를 한 때에 예탁결제원에 예탁된 것으로 본다.

제311조【계좌부 기재의 효력】 ① 투자자계좌부와 예탁자계좌부에 기재된 자는 각각 그 증권등을 점유하는 것으로 본다.
② 투자자계좌부 또는 예탁자계좌부에 증권등의 양도를 목적으로 계좌 간 대체의 기재를 하거나 질권설정을 목적으로 질물(質物)인 뜻과 질권자를 기재한 경우에는 증권등의 교부가 있었던 것으로 본다.
③ 예탁증권등의 신탁은 예탁자계좌부 또는 투자자계좌부에 신탁재산인 뜻을 기재함으로써 제삼자에게 대항할 수 있다.
(2011.7.25 본항개정)
④ (2016.3.22 삭제)

제312조【권리 추정 등】 ① 예탁자의 투자자와 예탁자는 각각 투자자계좌부와 예탁자계좌부에 기재된 증권등의 종류·종목 및 수량에 따라 예탁증권등에 대한 공유지분을 가지는 것으로 추정한다.
② 예탁자의 투자자나 그 질권자는 예탁자에 대하여, 예탁자는 예탁결제원에 대하여 언제든지 공유지분에 해당하는 예탁증권등의 반환을 청구할 수 있다. 이 경우 질권의 목적으로 되어 있는 예탁증권등에 대하여는 질권자의 동의가 있어야 한다.
③ 예탁결제원은 예탁자의 파산·해산, 그 밖에 대통령령으로 정하는 사유가 발생한 경우 총리령으로 정하는 기준 및 방법에 따라 예탁증권등 중 투자자 예탁분의 반환 또는 계좌 간 대체를 제한할 수 있다.(2008.2.29 본항개정)

제313조【보전의무】 ① 예탁증권등이 부족하게 된 경우에는 예탁결제원 및 제310조제1항에 규정된 예탁자가 대통령령으로 정하는 방법 및 절차에 따라 이를 보전하여야 한다. 이 경우 예탁결제원 및 예탁자는 그 부족에 대한 책임이 있는 자에 대하여 구상권(求償權)을 행사할 수 있다.
② 제1항의 예탁자는 제309조제1항에 따른 계좌를 폐쇄한 이후에도 제1항에 따른 보전책임을 부담한다. 다만, 계좌를 폐쇄한 때부터 5년이 경과한 경우에는 그 책임은 소멸한다.

제314조【예탁증권등의 권리 행사 등】 ① 예탁결제원은 예탁자 또는 그 투자자의 신청에 의하여 예탁증권등에 관한 권리를 행사할 수 있다. 이 경우 그 투자자의 신청은 예탁자를 거쳐야 한다.
② 예탁결제원은 예탁증권등에 대하여 자기명의로 명의개서를 청구할 수 있다.(2016.3.22 본항개정)
③ 예탁결제원은 제2항에 따라 자기명의로 명의개서된 주권에 대하여는 예탁자의 신청이 없는 경우에도 「상법」 제358조의2에 규정된 사항과 주주명부의 기재 및 주권에 관하여 주주로서의 권리를 행사할 수 있다.
④~⑤ (2013.5.28 삭제)
⑥ 예탁증권등의 발행인은 제1항에 따른 예탁결제원의 권리행사를 위하여 대통령령으로 정하는 사항을 지체 없이 예탁결제원에 통지하여야 한다.(2013.5.28 본항개정)
⑦ 제3항은 예탁증권등 중 기명식 증권에 관하여 준용한다.
⑧ 예탁자를 통하여 투자자에게 반환된 후 투자자의 명의로 명의개서가 되지 아니한 예탁결제원 명의의 주권(그 주권에서 발생하는 권리를 포함한다)의 관리에 대하여 필요한 사항은 대통령령으로 정한다.(2016.3.22 본항개정)
(2013.5.28 본조제목개정)

제315조【실질주주의 권리 행사 등】 ① 예탁증권등 중 주식의 공유자(이하 "실질주주"라 한다)는 주주로서의 권리 행사에 있어서는 각각 제312조제1항에 따른 공유지분에 상당하는 주식을 가지는 것으로 본다.
② 실질주주는 제314조제3항에 따른 권리를 행사할 수 없다. 다만, 회사의 주주에 대한 통지 및 「상법」 제396조제2항에 따른 주주명부의 열람 또는 등사 청구에 대하여는 그 권리를 행사할 수 있다.
③ 예탁증권등 중 주권의 발행인은 「상법」 제354조에 따라 일정한 기간 또는 일정한 날을 정한 경우에는 예탁결제원에 이를 지체 없이 통지하여야 하며, 예탁결제원은 그 일정한 기간의 첫날 또는 그 일정한 날(이하 이 조에서 "주주명부폐쇄기준일"이라 한다)의 실질주주에 관하여 다음 각 호의 사항을 지체 없이 그 주권의 발행인 또는 명의개서를 대리하는 회사에 통지하여야 한다.
1. 성명 및 주소
2. 제1항에 따른 주식의 종류 및 수
④ 예탁결제원은 제310조제1항에 규정된 예탁자에게 주주명부폐쇄기준일의 실질주주에 관하여 제3항 각 호에 규정된 사항의 통보를 요청할 수 있다. 이 경우 요청받은 예탁자는 지체 없이 이를 통보하여야 한다.
⑤~⑥ (2016.3.22 삭제)

제316조【실질주주명부의 작성 등】 ① 제315조제3항에 따라 통지받은 발행인 또는 명의개서를 대행하는 회사는 통지받은 사항과 통지 연월일을 기재하여 실질주주명부를 작성·비치하여야 한다.
② 예탁결제원에 예탁된 주권의 주식에 관한 실질주주명부에의 기재는 주주명부에의 기재와 같은 효력을 가진다.
③ 제1항에 따른 발행인 또는 명의개서를 대리하는 회사는 주주명부에 주주로 기재된 자와 실질주주명부에 실질주주로 기재된 자가 동일인이라고 인정되는 경우에는 주주로서의 권리 행사에 있어서 주주명부의 주식수와 실질주주명부의 주식수를 합산하여야 한다.

제317조【민사집행】 예탁증권등에 관한 강제집행·가압류 및 가처분의 집행 또는 경매에 관하여 필요한 사항은 대법원규칙으로 정한다.

제318조【실질주주증명서】 ① 예탁결제원은 예탁자 또는 그 투자자가 주주로서의 권리를 행사하기 위하여 증권등의 예탁을 증명하는 문서(이하 이 조에서 "실질주주증명서"라 한다)의 발행을 신청하는 경우에는 총리령으로 정하는 방법에 따라 이

를 발행하여야 한다. 이 경우 투자자의 신청은 예탁자를 거쳐야 한다.(2008.2.29 전단개정)
② 예탁결제원은 제1항에 따라 실질주주증명서를 발행한 경우에는 해당 발행인에게 그 사실을 지체 없이 통지하여야 한다.
③ 예탁자 또는 그 투자자가 제1항에 따라 발행된 실질주주증명서를 발행인에게 제출한 경우에는 「상법」 제337조제1항에 불구하고 발행인에게 대항할 수 있다.

제319조 (2016.3.22 삭제)

제320조【외국예탁결제기관 등의 예탁 등에 관한 특례】 ① 제310조, 제313조, 제314조제6항, 제315조 및 제316조제3항은 외국예탁결제기관에 적용하지 아니한다. 다만, 외국예탁결제기관이 그 적용을 요청하는 경우에는 그러하지 아니하다.
② 제309조제5항, 제314조제6항, 제315조, 제316조 및 제318조는 예탁증권등의 발행인이 외국법인등인 경우에 적용하지 아니한다. 다만, 그 외국법인등이 그 적용을 요청하는 경우에는 그러하지 아니하다.
(2013.5.28 본조개정)

제321조【보고 및 확인 등】 예탁결제원은 예탁자에 대하여 예탁업무에 관한 보고 또는 자료의 제출을 요구하거나, 관련 장부의 열람 또는 예탁자 자체보관 증권등의 보관상황 등을 확인할 수 있다.

제322조【증권등의 관리】 ① 상장법인 및 명의개서대행회사는 증권등의 용지·발행·소각·교체발행·폐기, 그 밖에 그 관리에 관하여 예탁결제원이 정하는 증권등 취급규정에 따라야 한다.
② 예탁결제원은 상장법인이 증권등의 발행을 위하여 예비로 보관하고 있는 증권등의 용지(이하 "예비증권등"이라 한다)를 관리할 수 있다.
③ 예탁결제원은 필요하다고 인정되는 경우에는 상장법인 및 명의개서대행회사에 대하여 제1항에 따른 증권등의 사무취급절차와 예비증권등의 관리에 관한 자료의 제출을 요구할 수 있고, 소속직원에게 이를 확인하게 할 수 있다.
④ 비상장법인이 발행하는 증권등에 관하여 예탁결제원의 증권등 취급규정에 따른 용지를 사용하고자 할 경우에는 예탁결제원의 승인을 받아야 한다. 이 경우 제1항부터 제3항까지의 규정을 준용한다.
⑤ 제1항부터 제3항까지의 규정은 상장법인이 비상장법인으로 된 경우 예탁결제원의 증권등 취급규정에 따른 용지와 그 용지에 의하여 발행한 증권등이 전부 폐기될 때까지 준용한다.

제323조【발행명세 및 사고증권등의 명세 통지 등】 ① 예탁대상증권등의 발행인은 새로 증권등을 발행하는 경우 그 증권등의 종류, 그 밖에 총리령으로 정하는 사항을 예탁결제원에 지체 없이 통지하여야 한다.(2008.2.29 본항개정)
② 예탁대상증권등의 발행인은 증권등의 압류·가압류 또는 가처분의 명령에 관한 통지를 받거나 도난·분실 또는 멸실된 증권등에 대한 사고신고(「민사소송법」에 따른 공시최고 및 제권판결을 포함한다)를 접수한 경우 그 증권등의 종류, 그 밖에 총리령으로 정하는 사항을 예탁결제원에 지체 없이 통지하여야 한다.(2008.2.29 본항개정)
③ 제1항 및 제2항에 따라 통지를 받은 예탁결제원은 그 내용을 공표하여야 한다.

제2장의2 금융투자상품거래청산회사
(2013.4.5 본장신설)

제323조의2【무인가 청산영업행위 금지】 누구든지 이 법에 따른 금융투자상품거래청산업인가(변경인가를 포함한다)를 받지 아니하고는 금융투자상품거래청산업을 영위하여서는 아니 된다.

제323조의3【금융투자상품거래청산업의 인가】 ① 금융투자상품거래청산업을 영위하려는 자는 청산대상거래 및 청산대상업자를 구성요소로 하여 대통령령으로 정하는 업무 단위(이하 "청산업 인가업무 단위"라 한다)의 전부나 일부를 선택하여 금융위원회로부터 하나의 금융투자상품거래청산업인가를 받아야 한다.
② 제1항에 따라 금융투자상품거래청산업인가를 받으려는 자는 다음 각 호의 요건을 모두 갖추어야 한다.
1. 「상법」에 따른 주식회사일 것
2. 청산업 인가업무 단위별로 200억원 이상으로서 대통령령으로 정하는 금액 이상의 자기자본을 갖출 것
3. 사업계획이 타당하고 건전할 것
4. 투자자의 보호가 가능하고 그 영위하려는 금융투자상품거래청산업을 수행하기에 충분한 인력과 전산설비, 그 밖의 물적 설비를 갖출 것
5. 정관 및 청산업무규정이 법령에 적합하고 금융투자상품거래청산업을 수행하기에 충분할 것
6. 임원이 「금융회사의 지배구조에 관한 법률」 제5조에 적합할 것(2015.7.31 본호개정)
7. 대주주(제12조제2항제6호가목의 대주주를 말한다)가 충분한 출자능력, 건전한 재무상태 및 사회적 신용을 갖출 것
8. 대통령령으로 정하는 사회적 신용을 갖출 것
9. 이해상충방지체계를 구축하고 있을 것
③ 제2항의 인가요건에 관하여 필요한 사항은 대통령령으로 정한다.

제323조의4【인가의 신청 및 심사】 ① 제323조의3제1항에 따른 인가를 받으려는 자는 인가신청서를 금융위원회에 제출하여야 한다.
② 금융위원회는 제1항의 인가신청서를 접수한 때에는 그 내용을 심사하여 3개월 이내에 인가 여부를 결정하고, 그 결과와 이유를 지체 없이 신청인에게 문서로 통지하여야 한다. 이 경우 인가신청서에 흠결이 있는 경우에는 보완을 요구할 수 있다.
③ 제2항의 심사기간을 산정함에 있어서 인가신청서 흠결의 보완기간 등 총리령으로 정하는 기간은 산입하지 아니한다.
④ 금융위원회는 제2항에 따라 인가를 하는 경우에는 금융투자상품거래청산회사의 경영의 건전성 확보 및 건전한 시장질서 유지에 필요한 조건을 붙일 수 있다.
⑤ 제4항에 따라 조건이 붙은 인가를 받은 자는 사정의 변경이나 그 밖에 정당한 사유가 있는 경우에는 금융위원회에 조건의 취소 또는 변경을 신청할 수 있다. 이 경우 금융위원회는 2개월 이내에 조건의 취소 또는 변경 여부를 결정하고, 그 결과를 지체 없이 신청인에게 문서로 통지하여야 한다.
⑥ 금융위원회는 제2항에 따라 인가를 한 경우에는 다음 각 호의 사항을 관보 및 인터넷 홈페이지 등에 공고하여야 한다.
1. 인가의 내용
2. 인가의 조건(조건을 붙인 경우로 한정한다)
3. 인가의 조건을 취소하거나 변경한 경우 그 내용(조건을 취소하거나 변경한 경우로 한정한다)
⑦ 제1항부터 제6항까지의 규정에 따른 인가신청서의 기재사항·첨부서류 등 인가의 신청에 관한 사항과 인가심사의 방법·절차, 그 밖에 필요한 사항은 대통령령으로 정한다.

제323조의5【예비인가】 ① 제323조의3에 따른 금융투자상품거래청산업인가(이하 이 조에서 "본인가"라 한다)를 받으려는 자는 미리 금융위원회에 예비인가를 신청할 수 있다.
② 금융위원회는 예비인가를 신청받은 경우에는 2개월 이내에 제323조의3제2항 각 호의 요건을 갖출 수 있는지 여부를 심사하여 예비인가 여부를 결정하고, 그 결과와 이유를 지체 없이 신청인에게 문서로 통지하여야 한다. 이 경우 예비인가신청에 관하여 흠결이 있는 때에는 보완을 요구할 수 있다.
③ 제2항의 심사기간을 산정함에 있어서 예비인가신청과 관련된 흠결의 보완기간 등 총리령으로 정하는 기간은 심사기간에 산입하지 아니한다.
④ 금융위원회는 제2항에 따라 예비인가를 하는 경우에는 금융투자상품거래청산회사의 경영의 건전성 확보 및 건전한 시장질서 유지에 필요한 조건을 붙일 수 있다.
⑤ 금융위원회는 예비인가를 받은 자가 본인가를 신청하는 경우에는 제4항에 따른 예비인가의 조건을 이행하였는지 여부와 제323조의3제2항 각 호의 요건을 갖추었는지 여부를 확인한 후 본인가 여부를 결정하여야 한다.
⑥ 제1항부터 제5항까지의 규정에 따른 예비인가의 신청서 및 그 기재사항·첨부서류 등 예비인가의 신청에 관한 사항과 예비인가심사의 방법·절차, 그 밖에 예비인가에 관하여 필요한 사항은 대통령령으로 정한다.

제323조의6【인가요건의 유지】 금융투자상품거래청산회사는 제323조의3에 따른 금융투자상품거래청산업인가를 받아 그 업무를 영위함에 있어서 같은 조 제2항 각 호의 인가요건(제8호는 제외한다)을 유지하여야 한다.

제323조의7【업무의 추가 및 인가의 변경】 금융투자상품거래청산회사는 제323조의3에 따라 인가받은 청산업 인가업무 단위 외에 다른 청산업 인가업무 단위를 추가하여 금융투자상품거래청산업을 영위하려는 경우에는 제323조의3 및 제323조의4에 따라 금융위원회의 변경인가를 받아야 한다. 이 경우 제323조의5를 적용한다.

제323조의8【유사명칭 사용 금지】 금융투자상품거래청산회사가 아닌 자는 "금융투자상품거래청산", "금융투자상품청산", "증권거래청산", "증권청산", "파생상품거래청산", "파생상품청산" 또는 이와 유사한 명칭을 사용하여서는 아니 된다.

제323조의9【임원 등】 ① 금융투자상품거래청산회사의 상근임원은 청산대상업자의 임직원 외의 사람이어야 한다.
② 금융투자상품거래청산회사의 임원의 자격에 관하여는 「금융회사의 지배구조에 관한 법률」 제5조를 준용한다.(2015.7.31 본항개정)
③ 금융투자상품거래청산회사의 상근 임직원은 청산대상업자 및 금융투자업관계기관(그 상근 임직원이 소속된 금융투자상품거래청산회사는 제외한다)과 자금의 공여, 손익의 분배, 그 밖에 영업에 관하여 대통령령으로 정하는 특별한 이해관계를 가져서는 아니 된다.

제323조의10【업무】 ① 금융투자상품거래청산회사는 정관으로 정하는 바에 따라 다음 각 호의 업무를 행한다.
1. 청산대상거래의 확인업무
2. 청산대상거래에 따른 채무의 채무인수, 경개, 그 밖의 방법에 따른 채무부담업무
3. 청산대상거래에서 발생하는 다수의 채권 및 채무에 대한 차감업무
4. 결제목적물·결제금액의 확정 및 결제기관에 대한 결제지시업무
5. 결제불이행에 따른 처리업무
6. 제1호부터 제5호까지의 규정에 따른 업무에 수반되는 부수업무로서 금융위원회로부터 승인을 받은 업무
② 금융투자상품거래청산회사는 제1항 각 호의 업무 외에 다른 업무를 할 수 없다. 다만, 다음 각 호의 어느 하나에 해당하는 경우에는 그러하지 아니하다.
1. 이 법 또는 다른 법령에서 금융투자상품거래청산회사의 업무로 규정한 업무를 행하는 경우
2. 이 법 또는 다른 법률에서 정하는 바에 따라 거래소, 그 밖에 대통령령으로 정하는 금융투자업관계기관이 금융투자상품거래청산업무를 하는 경우

제323조의11【청산업무규정 등】 ① 금융투자상품거래청산회사는 청산업무규정을 정하여야 한다. 이 경우 청산업무규정은 제303조의 결제업무규정, 제387조의 회원관리규정 및 제393조의 업무규정과 상충되어서는 아니 된다.
② 금융투자상품거래청산회사는 정관 및 제1항의 청산업무규정을 변경하려는 경우에는 금융위원회의 승인을 받아야 한다.
③ 제1항의 청산업무규정에는 다음 각 호의 사항을 포함하여야 한다.
1. 청산대상거래 및 그 거래대상이 되는 금융투자상품에 관한 사항
2. 청산대상업자의 요건에 관한 사항
3. 금융투자상품거래청산업으로서 행하는 채무의 채무인수, 경개, 그 밖의 방법에 의한 채무의 부담 및 그 이행에 관한 사항
4. 청산대상업자의 채무의 이행 확보에 관한 사항
5. 청산증거금 및 손해배상공동기금에 관한 사항
6. 청산대상업자가 아닌 자가 청산대상업자를 통하여 금융투자상품거래청산회사로 하여금 청산대상거래의 채무를 부담하게 하는 경우 그 금융투자상품거래청산의 중개·주선이나 대리에 관한 사항
7. 외국 금융투자상품거래청산회사(외국의 법령에 따라 외국에서 금융투자상품거래청산업무에 상당하는 업무를 수행하는 자를 말한다)와의 협력에 관한 사항
8. 그 밖에 금융투자상품거래청산업무의 수행을 위하여 필요한 사항으로서 금융위원회가 정하여 고시하는 사항

제323조의12【부당한 차별의 금지】 금융투자상품거래청산회사는 정당한 사유 없이 특정한 청산대상업자를 차별적으로 대우하여서는 아니 된다.

제323조의13【청산증거금】 ① 청산대상업자는 금융투자상품거래청산회사에 대하여 부담하는 채무의 이행을 보증하기 위하여 청산업무규정으로 정하는 바에 따라 금융투자상품거래청산회사에 금전등으로 청산증거금을 예치하여야 한다. 다만, 금융투자상품거래청산회사가 인정하는 청산대상거래에 대하여는 그러하지 아니하다.
② 금융투자상품거래청산회사는 청산대상업자가 금융투자상품거래청산회사에 대하여 청산대상거래에 따른 채무를 이행하지 아니하는 경우에는 그 청산대상업자의 청산증거금으로 그 채무의 변제에 충당할 수 있다.

제323조의14【손해배상공동기금】 ① 청산대상업자는 청산대상거래에 따른 채무의 불이행으로 인하여 발생하는 손해를 배상하기 위하여 청산업무규정으로 정하는 바에 따라 금융투자상품거래청산회사에 금전등으로 손해배상공동기금을 적립하여야 한다. 다만, 청산업무규정으로 정하는 청산대상업자에 대하여는 그러하지 아니하다.
② 금융투자상품거래청산회사는 제1항에 따른 손해배상공동기금을 청산대상거래의 유형별로 구분하여 적립하여야 한다.
③ 청산대상업자(제1항 단서에 따른 청산대상업자는 제외한다)는 제1항 및 제2항의 손해배상공동기금의 범위에서 청산대상거래에 따른 채무의 불이행으로 인하여 발생하는 손해배상에 관하여 연대책임을 진다.
④ 금융투자상품거래청산회사는 손해배상공동기금으로 제1항에 따른 손해를 보전한 경우에는 손해를 끼친 청산대상업자에 대하여 그 보전한 금액과 이에 소요된 비용에 관하여 구상권을 가진다.
⑤ 금융투자상품거래청산회사는 제4항에 따라 추심된 금액을 손해배상공동기금에 충당한다.
⑥ 제1항의 손해배상공동기금의 총적립규모, 적립방법, 사용·관리·환급 및 제4항에 따른 구상권 행사 등에 관하여 필요한 사항은 대통령령으로 정한다.

제323조의15【채무변제순위】 ① 청산대상업자가 청산대상거래에 따른 채무를 이행하지 아니하여 금융투자상품거래청산회사 또는 다른 청산대상업자에게 손해를 끼친 경우 그 손해를 입은 금융투자상품거래청산회사 또는 다른 청산대상업자는 그 손해를 끼친 청산대상업자의 청산증거금 및 손해배상공동기금 지분에 대하여 다른 채권자보다 우선하여 변제받을 권리를 가진다.
② 금융투자상품거래청산회사는 청산대상업자가 결제를 위하여 납부한 결제목적물 및 결제대금에 관하여 다른 채권자보다 우선하여 변제를 받을 권리가 있다.
③ 금융투자상품거래청산회사는 청산대상거래에 따른 결제의 완료 전에 결제목적물 또는 결제대금이 인도된 경우에 해당 청산대상업자가 그 결제를 이행하지 아니함으로써 금융투자상품거래청산회사에 손해를 끼친 때에는 그 청산대상업자의 재산에 관하여 다른 채권자보다 우선하여 변제를 받을 권리가 있다. 다만, 그 결제의 이행 기한이 도래하기 전에 설정된 전세권·질권·저당권 또는 「동산·채권 등의 담보에 관한 법률」에 따른 담보권에 의하여 담보된 채권에 대하여는 우선하여 변제를 받을 권리가 없다.

제323조의16【금융투자상품거래청산회사의 거래정보 보고 등】 ① 금융투자상품거래청산회사는 제166조의3에 따른 청산의무거래, 그 밖에 대통령령으로 정하는 거래정보를 보관·관리하여야 한다.
② 금융투자상품거래청산회사는 제1항에 따라 보관·관리하는 거래정보를 금융위원회, 그 밖에 대통령령으로 정하는 자에게 보고하여야 한다.
③ 제1항 및 제2항에 따른 거래정보의 보관·관리 및 보고의 요령과 방법, 그 밖에 필요한 사항은 대통령령으로 정한다.

제323조의17【준용규정】 제54조, 제63조, 제383조제1항, 제408조, 제413조 및 「금융실명거래 및 비밀보장에 관한 법률」 제4조는 금융투자상품거래청산회사에 준용한다.

제323조의18【주식소유의 제한】 누구든지 다음 각 호의 어느 하나에 해당하는 경우를 제외하고는 금융투자상품거래청산회사의 의결권 있는 발행주식총수의 100분의 20을 초과하여 금융투자상품거래청산회사가 발행한 주식을 소유할 수 없다. 이 경우 제406조제2항부터 제4항까지 및 제407조를 준용한다.
1. 정부가 소유하는 경우

2. 그 밖에 대통령령으로 정하는 바에 따라 금융위원회의 승인을 받은 경우

제323조의19【금융투자상품거래청산회사에 대한 검사】 금융투자상품거래청산회사에 대한 검사에 관하여는 제419조(제2항부터 제4항까지 및 제8항은 제외한다)를 준용한다.

제323조의20【금융투자상품거래청산회사에 대한 조치】 ① 금융위원회는 금융투자상품거래청산회사가 다음 각 호의 어느 하나에 해당하는 경우에는 제323조의3제1항에 따른 인가를 취소할 수 있다.

1. 거짓, 그 밖의 부정한 방법으로 제323조의3제1항에 따른 인가를 받은 경우
2. 인가조건을 위반한 경우
3. 제323조의6에 따른 인가요건 유지의무를 위반한 경우
4. 업무의 정지기간 중에 업무를 한 경우
5. 금융위원회의 시정명령 또는 중지명령을 이행하지 아니한 경우
6. 별표8의2 각 호의 어느 하나에 해당하는 경우로서 대통령령으로 정하는 경우
7. 대통령령으로 정하는 금융 관련 법령 등을 위반한 경우로서 대통령령으로 정하는 경우
8. 그 밖에 투자자의 이익을 현저히 해할 우려가 있거나 해당 업무를 영위하기 곤란하다고 인정되는 경우로서 대통령령으로 정하는 경우

② 금융위원회는 금융투자상품거래청산회사가 제1항 각 호(제6호는 제외한다)의 어느 하나에 해당하거나 별표8의2 각 호의 어느 하나에 해당하는 경우에는 다음 각 호의 어느 하나에 해당하는 조치를 할 수 있다.

1. 6개월 이내의 업무의 전부 또는 일부의 정지
2. 계약의 인계명령
3. 위법행위의 시정명령 또는 중지명령
4. 위법행위로 인한 조치를 받았다는 사실의 공표명령 또는 게시명령
5. 기관경고
6. 기관주의
7. 그 밖에 위법행위를 시정하거나 방지하기 위하여 필요한 조치로서 대통령령으로 정하는 조치

③ 금융위원회는 금융투자상품거래청산회사의 임원이 제1항 각 호(제6호는 제외한다)의 어느 하나에 해당하거나 별표8의2 각 호의 어느 하나에 해당하는 경우에는 다음 각 호의 어느 하나에 해당하는 조치를 할 수 있다.

1. 해임요구
2. 6개월 이내의 직무정지
3. 문책경고
4. 주의적 경고
5. 주의
6. 그 밖에 위법행위를 시정하거나 방지하기 위하여 필요한 조치로서 대통령령으로 정하는 조치

④ 금융위원회는 금융투자상품거래청산회사의 직원이 제1항 각 호(제6호는 제외한다)의 어느 하나에 해당하거나 별표8의2 각 호의 어느 하나에 해당하는 경우에는 다음 각 호의 어느 하나에 해당하는 조치를 그 금융투자상품거래청산회사에 요구할 수 있다.

1. 면직
2. 6개월 이내의 정직
3. 감봉
4. 견책
5. 경고
6. 주의
7. 그 밖에 위법행위를 시정하거나 방지하기 위하여 필요한 조치로서 대통령령으로 정하는 조치

⑤ 제422조제3항 및 제423조부터 제425조까지의 규정은 금융투자상품거래청산회사 및 그 임직원에 대한 조치 등에 관하여 준용한다.

제3장 증권금융회사

제323조의21【무인가 증권금융업무 금지】 누구든지 이 법에 따른 인가를 받지 아니하고는 증권금융업무(제326조제1항에 따른 업무를 말한다. 이하 같다)를 영위하여서는 아니 된다. 다만, 투자자 보호 및 건전한 거래질서를 해할 우려가 없는 경우로서 대통령령으로 정하는 경우는 제외한다.(2013.5.28 본조신설)

제324조【인가】 ① 제326조제1항제2호의 업무를 포함하는 증권금융업무(이하 "증권금융업무"라 한다)를 영위하려는 자는 금융위원회의 인가를 받아야 한다.(2013.5.28 본항개정)

② 제1항에 따른 인가를 받으려는 자는 다음 각 호의 요건을 모두 갖추어야 한다.

1. 「상법」에 따른 주식회사일 것
2. 20억원 이상으로서 대통령령으로 정하는 금액 이상의 자기자본을 갖출 것
3. 사업계획이 타당하고 건전할 것
4. 투자자를 보호하고 영위하고자 하는 업무를 수행하기에 충분한 인력 및 전산설비, 그 밖의 물적 설비를 갖출 것
5. 임원이 「금융회사의 지배구조에 관한 법률」 제5조에 적합할 것(2015.7.31 본호개정)
6. 대주주(제12조제2항제6호가목의 대주주를 말한다)가 충분한 출자능력, 건전한 재무상태 및 사회적 신용을 갖출 것
7. 이해상충방지체계를 구축하고 있을 것

③ 제1항에 따른 인가를 받으려는 자는 인가신청서를 금융위원회에 제출하여야 한다.(2008.2.29 본항개정)

④ 금융위원회는 제3항의 인가신청서를 접수한 경우에는 그 내용을 심사하여 3개월 이내에 인가 여부를 결정하고, 그 결과와 이유를 지체 없이 신청인에게 문서로 통지하여야 한다. 이 경우 인가신청서에 흠결이 있는 때에는 보완을 요구할 수 있다.(2008.2.29 전단개정)

⑤ 제4항의 심사기간을 산정함에 있어서 인가신청서 흠결의 보완기간 등 총리령으로 정하는 기간은 산입하지 아니한다.(2008.2.29 본항개정)

⑥ 금융위원회는 제4항에 따라 인가를 하는 경우에는 경영의 건전성 확보 및 투자자 보호에 필요한 조건을 붙일 수 있다.(2008.2.29 본항개정)

⑦ 제6항에 따라 조건이 붙은 인가를 받은 자는 사정의 변경, 그 밖에 정당한 사유가 있는 경우에는 금융위원회에 조건의 취소 또는 변경을 요청할 수 있다. 이 경우 금융위원회는 2개월 이내에 조건의 취소 또는 변경 여부를 결정하고, 그 결과를 지체 없이 신청인에게 문서로 통지하여야 한다.(2008.2.29 본항개정)

⑧ 금융위원회는 제4항에 따라 인가를 한 경우에는 다음 각 호의 사항을 관보 및 인터넷 홈페이지 등에 공고하여야 한다.(2008.2.29 본문개정)

1. 인가의 내용
2. 인가의 조건(조건을 붙인 경우에 한한다)
3. 인가의 조건을 취소하거나 변경한 경우 그 내용

⑨ 증권금융회사는 인가를 받아 그 영업을 영위함에 있어서 제2항 각 호의 인가요건(제2호 및 제6호의 경우에는 대통령령으로 정하는 완화된 요건을 말한다)을 유지하여야 한다.

⑩ 제1항부터 제8항까지의 규정에 따른 인가신청서의 기재사항·첨부서류 등 인가의 신청에 관한 사항과 인가심사의 방법·절차, 그 밖에 필요한 사항은 대통령령으로 정한다.

제325조【유사명칭 사용 금지】 증권금융회사가 아닌 자는 "증권금융" 또는 이와 유사한 명칭을 사용하여서는 아니 된다.

제326조【업무】 ① 증권금융업무는 다음 각 호와 같다.

1. 금융투자상품의 매도·매수, 증권의 발행·인수 또는 그 중개나 청약의 권유, 청약, 청약의 승낙과 관련하여 투자매매업자 또는 투자중개업자에 대하여 필요한 자금 또는 증권을 대여하는 업무(2013.5.28 본호개정)
2. 거래소시장에서의 매매거래(다자간매매체결회사에서의 거래를 포함한다) 또는 청산대상거래에 필요한 자금 또는 증권을 제378조제1항에 따른 청산기관인 거래소 또는 금융투자상품거래청산회사를 통하여 대여하는 업무(2013.5.28 본호개정)
3. 증권을 담보로 하는 대출업무
4. 그 밖에 금융위원회의 승인을 받은 업무(2008.2.29 본호개정)

② 증권금융회사는 증권금융업무 외에 다음 각 호의 업무를 영위할 수 있다.

1. 다음 각 목의 어느 하나에 해당하는 업무. 이 경우 이 법 또는 다른 법률에서 인가·허가·등록 등이 필요한 경우에는 이를 받아야 한다.

가. 투자매매업 및 투자중개업 중 대통령령으로 정하는 업무
나. 신탁업무
다. 집합투자재산의 보관·관리 업무
라. 증권대차업무
마. 그 밖에 금융위원회의 승인을 받은 업무
2. 이 법 또는 다른 법령에서 증권금융회사의 업무로 규정한 업무
3. 그 밖에 금융위원회로부터 승인을 받은 업무
(2013.5.28 본항개정)
③ 증권금융회사는 증권금융업무, 제2항의 업무 또는 제330조에 따른 업무에 부수하는 업무로서 다음 각 호의 어느 하나에 해당하는 업무를 행한다.
1. 보호예수업무
2. 그 밖에 금융위원회의 승인을 받은 업무
(2013.5.28 본항개정)

제327조【임원 등】 ① 증권금융회사의 상근임원은 금융투자업자의 임직원 외의 자이어야 한다.
②「금융회사의 지배구조에 관한 법률」제5조는 증권금융회사의 임원에게 준용한다.(2015.7.31 본항개정)
③ 증권금융회사의 상근 임직원은 금융투자업자 및 금융투자업관계기관(그 상근 임직원이 소속된 증권금융회사를 제외한다)과 자금의 공여, 손익의 분배, 그 밖에 영업에 관하여 대통령령으로 정하는 특별한 이해관계를 가져서는 아니 된다.

제328조【준용규정】 제54조, 제63조, 제64조 및「금융회사의 지배구조에 관한 법률」제31조(제5항은 제외한다)는 증권금융회사에 준용한다.(2015.7.31 본조개정)

제329조【사채의 발행】 ① 증권금융회사는 자본금과 준비금의 합계액의 20배를 초과하지 아니하는 범위에서 사채를 발행할 수 있다.(2013.5.28 본항개정)
② 증권금융회사는 제1항에 따라 발행한 사채의 상환을 위하여 일시적으로 그 한도를 초과하여 사채를 발행할 수 있다. 이 경우 발행 후 1개월 이내에 제1항의 한도에 적합하도록 하여야 한다.
③ 제1항에 따른 증권금융회사의 사채 발행에 관하여 필요한 사항은 대통령령으로 정한다.

제330조【금융투자업자 자금의 예탁 등】 ① 증권금융회사는 금융투자업자, 금융투자업관계기관(그 증권금융회사를 제외한다), 거래소, 상장법인, 그 밖에 총리령으로 정하는 자로부터 자금의 예탁을 받을 수 있다.(2008.2.29 본항개정)
② 증권금융회사는 제1항의 업무를 위하여 필요한 경우에는 총리령으로 정하는 방법에 따라 채무증서를 발행할 수 있다.
(2008.2.29 본항개정)
③ 제1항 및 제2항의 경우에는「한국은행법」과「은행법」을 적용하지 아니한다.

제331조【감독】 ① 금융위원회는 증권금융회사에 대하여 이 법이 정하는 바에 따라 감독하며, 이에 필요한 조치를 명할 수 있다.
② (2008.2.29 삭제)
③「은행법」제34조 및 제46조는 증권금융회사의 경영의 건전성을 유지하기 위한 감독업무에 관하여 준용한다. 이 경우 금융위원회는 증권금융회사의 특성을 고려하여 별도의 경영지도기준을 정하여야 한다.(2010.5.17 전단개정)
(2008.2.29 본조개정)

제332조【업무 폐지 등의 승인】 ① 증권금융회사는 제326조제1항에 따른 업무를 폐지하거나 해산하고자 하는 경우에는 금융위원회의 승인을 받아야 한다.(2008.2.29 본항개정)
② 금융위원회는 제1항에 따른 승인을 한 경우 그 내용을 관보 및 인터넷 홈페이지 등에 공고하여야 한다.(2008.2.29 본항개정)
③ 제1항에 따른 승인방법·절차, 그 밖의 승인업무 처리를 위하여 필요한 사항은 대통령령으로 정한다.

제333조【정관·규정의 보고】 ① 증권금융회사는 정관을 변경한 경우에는 이를 지체 없이 금융위원회에 보고하여야 한다.
② 증권금융회사는 그 업무에 관한 규정(規程)을 제정·변경하거나 폐지한 경우에는 이를 지체 없이 금융위원회에 보고하여야 한다.
(2008.2.29 본조개정)

제334조【증권금융회사에 대한 검사】 제419조(제2항부터 제4항까지의 규정 및 제8항을 제외한다)는 증권금융회사에 대한 검사에 관하여 준용한다.

제335조【증권금융회사에 대한 조치】 ① 금융위원회는 증권금융회사가 다음 각 호의 어느 하나에 해당하는 경우에는 제324조제1항에 따른 인가를 취소할 수 있다.(2008.2.29 본문개정)
1. 거짓, 그 밖의 부정한 방법으로 제324조제1항에 따른 인가를 받은 경우
2. 인가조건을 위반한 경우
3. 제324조제9항에 따른 인가요건 유지의무를 위반한 경우
4. 업무의 정지기간 중에 업무를 한 경우
5. 금융위원회의 시정명령 또는 중지명령을 이행하지 아니한 경우(2008.2.29 본호개정)
6. 별표9 각 호의 어느 하나에 해당하는 경우로서 대통령령으로 정하는 경우
7. 대통령령으로 정하는 금융관련 법령 등을 위반한 경우로서 대통령령으로 정하는 경우
8. 그 밖에 투자자의 이익을 현저히 해할 우려가 있거나 해당 업무를 영위하기 곤란하다고 인정되는 경우로서 대통령령으로 정하는 경우
② 금융위원회는 증권금융회사가 제1항 각 호(제6호를 제외한다)의 어느 하나에 해당하거나 별표9 각 호의 어느 하나에 해당하는 경우에는 다음 각 호의 어느 하나에 해당하는 조치를 할 수 있다.(2008.2.29 본문개정)
1. 6개월 이내의 업무의 전부 또는 일부의 정지
2. 계약의 인계명령
3. 위법행위의 시정명령 또는 중지명령
4. 위법행위로 인한 조치를 받았다는 사실의 공표명령 또는 게시명령
5. 기관경고
6. 기관주의
7. 그 밖에 위법행위를 시정하거나 방지하기 위하여 필요한 조치로서 대통령령으로 정하는 조치
③ 금융위원회는 증권금융회사의 임원이 제1항 각 호(제6호를 제외한다)의 어느 하나에 해당하거나 별표9 각 호의 어느 하나에 해당하는 경우에는 다음 각 호의 어느 하나에 해당하는 조치를 할 수 있다.(2008.2.29 본문개정)
1. 해임요구
2. 6개월 이내의 직무정지
3. 문책경고
4. 주의적 경고
5. 주의
6. 그 밖에 위법행위를 시정하거나 방지하기 위하여 필요한 조치로서 대통령령으로 정하는 조치
④ 금융위원회는 증권금융회사의 직원이 제1항 각 호(제6호를 제외한다)의 어느 하나에 해당하거나 별표9 각 호의 어느 하나에 해당하는 경우에는 다음 각 호의 어느 하나에 해당하는 조치를 그 증권금융회사에 요구할 수 있다.(2008.2.29 본문개정)
1. 면직
2. 6개월 이내의 정직
3. 감봉
4. 견책
5. 경고
6. 주의
7. 그 밖에 위법행위를 시정하거나 방지하기 위하여 필요한 조치로서 대통령령으로 정하는 조치
⑤ 제422조제3항 및 제423조부터 제425조까지의 규정은 증권금융회사 및 그 임직원에 대한 조치 등에 관하여 준용한다.
(2008.2.29 후단삭제)

제3장의2 신용평가회사
(2013.5.28 본장신설)

제335조의2【무인가 신용평가 금지】 누구든지 이 법에 따른 신용평가업인가를 받지 아니하고는 신용평가업을 영위하여서는 아니 된다. 다만, 투자자 보호 및 건전한 거래질서를 해할 우려가 없는 경우로서 대통령령으로 정하는 경우는 제외한다.

제335조의3【인가】 ① 신용평가업을 영위하려는 자는 금융위원회로부터 신용평가업인가를 받아야 한다.
② 제1항에 따라 신용평가업인가를 받으려는 자는 다음 각 호의 요건을 모두 갖추어야 한다.

1. 「상법」에 따른 주식회사, 그 밖에 대통령령으로 정하는 법인일 것. 다만, 다음 각 목의 어느 하나에 해당하는 자는 제외한다.
가. 상호출자제한기업집단에 속하는 회사가 100분의 10을 초과하여 출자한 법인
나. 대통령령으로 정하는 금융기관이 100분의 10을 초과하여 출자한 법인
다. 가목 또는 나목의 회사가 최대주주인 법인
2. 50억원 이상으로서 대통령령으로 정하는 금액 이상의 자기자본을 갖출 것
3. 사업계획이 타당하고 건전할 것
4. 신뢰성 있는 신용등급을 지속적으로 생산하기에 충분한 인력 및 전산설비, 그 밖의 물적 설비를 갖출 것
5. 임원이 「금융회사의 지배구조에 관한 법률」 제5조에 적합할 것(2015.7.31 본호개정)
6. 대주주(제12조제2항제6호가목의 대주주를 말한다)가 충분한 출자능력, 건전한 재무상태 및 사회적 신용을 갖출 것
7. 신용평가회사와 투자자 또는 발행인 사이의 이해상충을 방지하기 위한 체계를 갖출 것
③ 제2항의 인가요건에 관하여 필요한 세부사항은 대통령령으로 정한다.
제335조의4【인가의 신청 및 심사】 ① 제335조의3제1항에 따른 인가를 받으려는 자는 인가신청서를 금융위원회에 제출하여야 한다.
② 금융위원회는 제1항의 인가신청서를 접수한 때에는 그 내용을 심사하여 3개월 이내에 인가 여부를 결정하고, 그 결과와 이유를 지체 없이 신청인에게 문서로 통지하여야 한다. 이 경우 인가신청서에 흠결이 있는 경우에는 보완을 요구할 수 있다.
③ 제2항의 심사기간을 산정함에 있어서 인가신청서 흠결의 보완기간 등 총리령으로 정하는 기간은 이를 산입하지 아니한다.
④ 금융위원회는 제2항에 따라 인가를 하는 경우에는 신용평가회사의 경영의 건전성 확보 및 건전한 시장질서 유지에 필요한 조건을 붙일 수 있다.
⑤ 제4항에 따라 조건이 붙은 인가를 받은 자는 사정의 변경이나 그 밖에 정당한 사유가 있는 경우에는 금융위원회에 조건의 취소 또는 변경을 요청할 수 있다. 이 경우 금융위원회는 2개월 이내에 조건의 취소 또는 변경 여부를 결정하고, 그 결과를 지체 없이 신청인에게 문서로 통지하여야 한다.
⑥ 금융위원회는 제2항에 따라 인가를 한 경우에는 다음 각 호의 사항을 관보 및 인터넷 홈페이지 등에 공고하여야 한다.
1. 인가의 내용
2. 인가의 조건(조건을 붙인 경우로 한정한다)
3. 인가의 조건을 취소하거나 변경한 경우 그 내용(조건을 취소하거나 변경한 경우로 한정한다)
⑦ 제1항부터 제6항까지의 규정에 따른 인가신청서의 기재사항·첨부서류 등 인가의 신청에 관한 사항과 인가심사의 방법·절차, 그 밖에 필요한 사항은 대통령령으로 정한다.
제335조의5【예비인가】 ① 제335조의3에 따른 신용평가업 인가(이하 이 조에서 "본인가"라 한다)를 받으려는 자는 미리 금융위원회에 예비인가를 신청할 수 있다.
② 금융위원회는 예비인가를 신청받은 경우에는 2개월 이내에 제335조의3제2항 각 호의 요건을 갖출 수 있는지 여부를 심사하여 예비인가 여부를 결정하고, 그 결과와 이유를 지체 없이 신청인에게 문서로 통지하여야 한다. 이 경우 예비인가신청에 관하여 흠결이 있는 때에는 보완을 요구할 수 있다.
③ 제2항의 심사기간을 산정함에 있어서 예비인가신청과 관련된 흠결의 보완기간 등 총리령으로 정하는 기간은 심사기간에 산입하지 아니한다.
④ 금융위원회는 제2항에 따라 예비인가를 하는 경우에는 신용평가회사의 경영의 건전성 확보 및 건전한 시장질서 유지에 필요한 조건을 붙일 수 있다.
⑤ 금융위원회는 예비인가를 받은 자가 본인가를 신청하는 경우에는 제4항에 따른 예비인가의 조건을 이행하였는지 여부와 제335조의2제2항 각 호의 요건을 갖추었는지 여부를 확인한 후 본인가 여부를 결정하여야 한다.
⑥ 제1항부터 제5항까지의 규정에 따른 예비인가의 신청서 및 그 기재사항·첨부서류 등 예비인가의 신청에 관한 사항과 예비인가심사의 방법·절차, 그 밖에 예비인가에 관하여 필요한 사항은 대통령령으로 정한다.
제335조의6【인가요건의 유지】 신용평가회사는 제335조의3에 따른 신용평가업인가를 받아 그 업무를 영위함에 있어서 제335조의3제2항 각 호의 인가요건을 유지하여야 한다.
제335조의7【유사명칭 사용 금지】 신용평가회사가 아닌 자는 신용평가 또는 이와 유사한 명칭을 사용하여서는 아니 된다. 다만, 그 밖에 대통령령으로 정하는 경우에는 그러하지 아니하다.(2020.2.4 단서신설)
제335조의8【임원 및 내부통제기준 등】 ① 「금융회사의 지배구조에 관한 법률」 제5조 및 제31조(제5항은 제외한다)는 신용평가회사 및 그 임원에게 준용한다.(2015.7.31 본항개정)
② 신용평가회사는 그 임직원이 직무를 수행함에 있어서 준수하여야 할 적절한 기준 및 절차로서 다음 각 호의 사항을 포함하는 신용평가내부통제기준을 정하여야 한다.
1. 평가조직과 영업조직의 분리에 관한 사항
2. 이해상충방지체계에 관한 사항
3. 불공정행위의 금지에 관한 사항
4. 신용평가 대상의 특성에 적합한 신용평가기준 도입에 관한 사항
5. 그 밖에 신용평가내부통제기준에 관하여 필요한 사항으로서 대통령령으로 정하는 사항
③ 신용평가회사(자산규모, 매출액 등을 고려하여 대통령령으로 정하는 법인은 제외한다. 이하 이 조에서 같다)는 신용평가내부통제기준의 준수 여부를 점검하고 신용평가내부통제기준을 위반하는 경우 이를 조사하여 감사위원회 또는 감사에게 보고하는 자로서 준법감시인을 1인 이상 두어야 한다.
④ 준법감시인은 선량한 관리자의 주의로 그 직무를 수행하여야 하며, 다음 각 호의 업무를 수행하는 직무를 담당하여서는 아니 된다.
1. 해당 신용평가회사의 고유재산의 운용업무
2. 해당 신용평가회사가 영위하고 있는 신용평가업 및 그 부수업무
3. 해당 신용평가회사가 제335조의10에 따라 영위하고 있는 겸영업무
⑤ 「금융회사의 지배구조에 관한 법률」 제5조, 제25조제3항, 제26조제1항제1호 및 제30조는 신용평가회사의 준법감시인에게 준용한다.(2015.7.31 본항개정)
⑥ 그 밖에 신용평가내부통제기준 및 준법감시인에 관하여 필요한 사항은 대통령령으로 정한다.
제335조의9【독립성·공정성】 신용평가회사 및 그 임직원은 신용평가에 관한 업무를 함에 있어 독립적인 입장에서 공정하고 충실하게 그 업무를 수행하여야 한다.
제335조의10【겸영업무 및 부수업무】 ① 신용평가회사는 투자자 보호 및 건전한 거래질서를 해할 우려가 없는 업무로서 다음 각 호의 업무를 겸영할 수 있다.
1. 제263조에 따른 채권평가회사의 업무
2. 그 밖에 대통령령으로 정하는 업무
② 신용평가회사는 다음 각 호의 어느 하나에 해당하는 업무를 포함하여 신용평가업에 부수하는 업무를 영위할 수 있다.
1. 은행, 그 밖에 대통령령으로 정하는 금융기관의 기업 등에 대한 신용공여의 원리금상환 가능성에 대한 평가 업무
2. 은행, 보험회사, 그 밖에 대통령령으로 정하는 금융기관의 지급능력, 재무건전성 등에 대한 평가 업무
3. 그 밖에 대통령령으로 정하는 업무
③ 신용평가회사는 제1항 또는 제2항의 업무를 영위하려는 때에는 영위하려는 날의 7일 전까지 이를 금융위원회에 신고하여야 한다.
④ 제41조제2항부터 제4항까지의 규정은 신용평가회사에 대하여 준용한다.
제335조의11【신용평가회사의 행위규칙】 ① 신용평가회사는 금융위원회가 정하여 고시하는 바에 따라 신용등급의 부여·제공·열람에 제공하기 위한 방침 및 방법(이하 "신용평가방법"이라 한다)을 정하고, 그 신용평가방법 등에 따라 신용평가를 하여야 한다.
② 신용평가회사는 신용평가를 요청한 자(이하 "요청인"이라 한다)에 대한 신용평가를 하는 경우에는 재무상태·사업실적 등 현재의 상황과 사업위험·경영위험 및 재무위험 등 미래의 전망을 종합적으로 고려하여야 한다.
③ 신용평가회사는 신용평가의 결과를 기술(記述)한 것으로서

다음 각 호의 사항을 포함한 서류(이하 "신용평가서"라 한다)를 작성하여야 한다.
1. 신용등급
2. 신용평가회사의 의견
3. 제7항제1호에 따라 대통령령으로 정하는 자가 아닌 자로서 해당 신용평가회사와 출자관계에 있는 자와 관련한 신용평가를 하는 경우에 그 출자관계에 관한 사항
4. 그 밖에 투자자 등의 합리적 의사결정에 필요한 정보로서 금융위원회가 정하여 고시하는 사항
④ 신용평가회사는 요청인에게 신용평가서를 제공하는 경우에는 신용평가실적서(신용평가회사가 부여한 신용등급별로 원리금 상환 이행률 등을 기재한 것을 말한다), 그 밖에 해당 신용평가회사의 신용평가 능력의 파악에 필요한 것으로서 금융위원회가 정하여 고시하는 서류(이하 "신용평가실적서등"이라 한다)를 함께 제공하여야 한다.
⑤ 신용평가회사는 다음 각 호의 사항에 대한 기록을 3년간 보존하여야 한다.
1. 요청인의 주소와 성명
2. 요청받은 업무 내용 및 요청받은 날짜
3. 요청받은 업무의 처리 내용 또는 제공한 신용평가서 및 제공한 날짜
4. 그 밖에 투자자 보호 및 건전한 거래질서 유지를 위하여 기록 보존이 필요한 것으로서 대통령령으로 정하는 사항
⑥ 신용평가회사의 임직원이나 임직원이었던 자는 직무상 알게 된 요청인의 비밀을 누설하거나 이용하여서는 아니 된다. 다만, 다음 각 호의 어느 하나에 해당하는 경우에는 그러하지 아니하다.
1. 요청인이 제공·이용에 동의한 목적으로 이용하는 경우
2. 법원의 제출명령 또는 법관이 발부한 영장에 따라 제공되는 경우
3. 그 밖에 법률에 따라 제공되는 경우
⑦ 신용평가회사는 다음 각 호의 어느 하나에 해당하는 행위를 하여서는 아니 된다.
1. 신용평가회사와 일정한 비율 이상의 출자관계에 있는 등 특수한 관계에 있는 자로서 대통령령으로 정하는 자와 관련된 신용평가를 하는 행위
2. 신용평가 과정에서 신용평가회사 또는 그 계열회사의 상품이나 서비스를 구매하거나 이용하도록 강요하는 행위
3. 그 밖에 투자자 보호 또는 건전한 거래질서를 해할 우려가 있는 행위로서 대통령령으로 정하는 행위

제335조의12【신용평가서 등의 제출·공시 등】 ① 신용평가회사는 신용평가방법을 제335조의11제1항에 따라 정하거나 변경한 경우에는 금융위원회, 거래소 및 협회에 이를 제출하여야 한다.
② 신용평가회사는 다음 각 호의 어느 하나에 해당하는 경우에는 신용평가서를 금융위원회, 거래소 및 협회에 제출하여야 한다.
1. 이 법 또는 금융관련 법령에 따라 발행인 등에 대하여 신용평가를 받도록 한 경우
2. 증권신고서·사업보고서 등 이 법 또는 금융관련 법령에 따라 의무적으로 작성되는 서류에 신용평가서를 첨부하는 경우
3. 그 밖에 투자자 보호 및 건전한 거래질서를 위하여 필요한 경우로서 대통령령으로 정하는 경우
③ 신용평가회사는 신용평가의 적정성 등에 관한 것으로서 금융위원회가 정하여 고시하는 서류를 금융위원회, 거래소 및 협회에 제출하여야 한다.
④ 금융위원회와 거래소는 제1항부터 제3항까지의 규정에 따라 제출받은 서류 중 대통령령으로 정하는 서류를 3년간 일정한 장소에 비치하고, 인터넷 홈페이지 등을 이용하여 공시하여야 한다.
⑤ 제1항부터 제3항까지의 규정에 따른 서류제출의 방법, 시기 및 절차 등에 관하여는 대통령령으로 정한다.

제335조의13【의결권의 제한】 ① 상호출자제한기업집단에 속하는 회사 또는 제335조의3제2항제1호나목에 따른 금융기관이 같은 호 가목 또는 나목에 따른 출자한도를 초과하여 신용평가회사의 주식(출자지분을 포함한다. 이하 이 조에서 같다)을 보유하는 경우 해당 주식의 의결권 행사의 범위는 같은 항 각 호에 따른 한도로 제한하며, 지체 없이 그 한도에 적합하도록 하여야 한다.
② 금융위원회는 상호출자제한기업집단에 속하는 회사 또는 제335조의3제2항제1호나목에 따른 금융기관이 제335조의3제2항제1호가목 또는 나목에 따른 출자한도를 초과하여 보유하고 있는 신용평가회사의 주식을 처분할 것을 6개월 이내의 기간을 정하여 명할 수 있다.

제335조의14【준용규정】 ① 제33조(제2항부터 제4항까지의 규정은 제외한다), 제63조(금융투자상품의 신용평가를 담당하는 임직원으로 한정한다), 제415조부터 제419조(제2항부터 제4항까지 및 제8항은 제외한다)까지의 규정은 신용평가회사에 준용한다.
② 제259조제2항은 신용평가회사에 준용한다. 이 경우 "집합투자기구평가회사"는 "신용평가회사"로 본다.

제335조의15【신용평가회사에 대한 조치】 ① 금융위원회는 신용평가회사가 다음 각 호의 어느 하나에 해당하는 경우에는 제335조의3제1항에 따른 인가를 취소할 수 있다.
1. 거짓, 그 밖의 부정한 방법으로 제335조의3제1항에 따른 인가를 받은 경우
2. 제335조의4제4항에 따른 인가조건을 위반한 경우
3. 제335조의6에 따른 인가요건 유지의무를 위반한 경우
4. 업무의 정지기간 중에 업무를 한 경우
5. 금융위원회의 시정명령 또는 중지명령을 이행하지 아니한 경우
6. 별표9의2 각 호의 어느 하나에 해당하는 경우로서 대통령령으로 정하는 경우
7. 대통령령으로 정하는 금융관련 법령 등을 위반한 경우로서 대통령령으로 정하는 경우
8. 그 밖에 투자자의 이익을 현저히 해할 우려가 있거나 해당 업무를 영위하기 곤란하다고 인정되는 경우로서 대통령령으로 정하는 경우
② 금융위원회는 신용평가회사가 제1항 각 호(제6호는 제외한다)의 어느 하나에 해당하거나 별표9의2 각 호의 어느 하나에 해당하는 경우에는 다음 각 호의 어느 하나에 해당하는 조치를 할 수 있다.
1. 6개월 이내의 업무의 전부 또는 일부의 정지
2. 계약의 인계명령
3. 위법행위의 시정명령 또는 중지명령
4. 위법행위로 인한 조치를 받았다는 사실의 공표명령 또는 게시명령
5. 기관경고
6. 기관주의
7. 그 밖에 위법행위를 시정하거나 방지하기 위하여 필요한 조치로서 대통령령으로 정하는 조치
③ 금융위원회는 신용평가회사의 임원이 제1항 각 호(제6호는 제외한다)의 어느 하나에 해당하거나 별표9의2 각 호의 하나에 해당하는 경우에는 다음 각 호의 어느 하나에 해당하는 조치를 할 수 있다.
1. 해임요구
2. 6개월 이내의 직무정지
3. 문책경고
4. 주의적 경고
5. 주의
6. 그 밖에 위법행위를 시정하거나 방지하기 위하여 필요한 조치로서 대통령령으로 정하는 조치
④ 금융위원회는 신용평가회사의 직원이 제1항 각 호(제6호는 제외한다)의 어느 하나에 해당하거나 별표9의2 각 호의 어느 하나에 해당하는 경우에는 다음 각 호의 어느 하나에 해당하는 조치를 그 신용평가회사에 요구할 수 있다.
1. 면직
2. 6개월 이내의 정직
3. 감봉
4. 견책
5. 경고
6. 주의
7. 그 밖에 위법행위를 시정하거나 방지하기 위하여 필요한 조치로서 대통령령으로 정하는 조치
⑤ 제422조제3항 및 제423조부터 제425조까지의 규정은 신용평가회사 및 그 임직원에 대한 조치 등에 관하여 준용한다.

제4장 종합금융회사

제336조【종합금융회사의 업무】 ① 종합금융회사(종전의 「종합금융회사에 관한 법률」 제3조에 따라 금융위원회의 인가를 받은 자를 말한다. 이하 같다)의 업무는 다음 각 호와 같다.(2008.2.29 본문개정)
1. 1년 이내에서 대통령령으로 정하는 기간 이내에 만기가 도래하는 어음의 발행·할인·매매·중개·인수 및 보증
2. 설비 또는 운전자금의 투융자
3. 증권의 인수·매출 또는 모집·매출의 중개·주선·대리
4. 외자도입, 해외 투자, 그 밖의 국제금융의 주선과 외자의 차입 및 전대
5. 채권의 발행
6. 기업의 경영 상담과 기업인수 또는 합병 등에 관한 용역
7. 지급보증
8. 제1호부터 제7호까지의 업무에 부수되는 업무로서 대통령령으로 정하는 업무

② 종합금융회사는 제1항의 업무 외에 다음 각 호의 어느 하나에 해당하는 업무를 이 법 또는 해당 법률이 정하는 바에 따라 인가·허가·등록 등을 받아 영위할 수 있다.
1. 「여신전문금융업법」에 따른 시설대여업무
2. 집합투자업(투자신탁의 설정·해지 및 투자신탁재산의 운용업무에 한한다)
3. 금전신탁 외의 신탁업
4. 증권을 대상으로 하는 투자매매업 및 투자중개업(제1항제3호에 해당되는 부분을 제외한다)
5. 「외국환거래법」에 따른 외국환업무
6. 그 밖에 제1항 각 호의 업무 또는 제1호부터 제5호까지의 업무와 관련된 업무로서 대통령령으로 정하는 업무

③ 제1항 각 호의 업무를 영위함에 있어서 그 방법 및 절차와 준수사항 등에 관하여 필요한 사항은 대통령령으로 정한다.

제337조【지점등의 설치】 종합금융회사는 지점·사무소, 그 밖에 이와 유사한 명칭의 영업소(사무의 일부만을 수행하는 출장소·관리사무소, 그 밖에 이와 유사한 장소를 포함하며, 이하 "지점등"이라 한다)를 설치하고자 하는 경우에는 대통령령으로 정하는 기준 및 방법에 따라 금융위원회의 인가를 받아야 한다.(2008.2.29 본조개정)

제338조【유사명칭의 사용금지】 종합금융회사가 아닌 자는 "종합금융회사" 또는 이와 유사한 명칭을 사용하여서는 아니 된다.

제339조【인가사항 등】 ① 종합금융회사는 제336조제1항에 따른 업무를 폐지하거나 해산하고자 하는 경우에는 금융위원회의 인가를 받아야 한다.(2008.2.29 본항개정)

② 종합금융회사는 다음 각 호의 어느 하나에 해당하는 경우에는 그 사유가 발생한 날부터 7일 이내에 금융위원회에 그 내용을 보고하여야 한다. 다만, 제3호의 경우에는 사전에 금융위원회에 신고하여야 한다.(2008.2.29 본문개정)
1. 정관의 변경
2. 업무방법의 변경
3. 본점의 이전 또는 지점등의 이전·폐쇄

제340조【채권의 발행】 ① 종합금융회사는 「상법」 제470조에 불구하고 자기자본의 10배의 범위에서 채권을 발행할 수 있다.

② 종합금융회사는 제1항에 따라 발행한 채권의 상환을 위하여 필요한 경우에는 일시적으로 그 한도를 초과하여 채권을 발행할 수 있다.

③ 그 밖에 채권의 발행에 관하여 필요한 사항은 대통령령으로 정한다.

제341조【집합투자업에 대한 특례】 ① 제250조제3항(제1호 및 제2호에 한한다)·제5항 및 제6항은 종합금융회사에 준용한다.

② 종합금융회사는 이 법에 따라 투자신탁의 설정·해지 및 투자신탁재산의 운용업무를 영위하는 경우에는 임원(사실상 임원과 동등한 지위에 있는 자로서 대통령령으로 정하는 자를 포함한다. 이하 이 항에서 같다)을 두어야 하고, 임직원에게 다음 각 호의 업무를 겸직하게 하여서는 아니 되며, 전산설비 또는 사무실 등의 공동사용 금지 및 다른 업무를 영위하는 임직원 간의 정보교류 제한 등 대통령령으로 정하는 이해상충방지체계를 갖추어야 한다. 다만, 임원의 경우 제1호의 업무 중 제2호의 업무와 이해상충이 적은 업무로서 대통령령으로 정하는 업무와 제2호의 업무를 겸직할 수 있다.
1. 제336조에 따른 업무(제2호의 업무를 제외한다)
2. 투자신탁의 설정·해지 및 투자신탁재산의 운용업무

제342조【동일차주 등에 대한 신용공여한도 등】 ① 종합금융회사는 같은 개인·법인 및 그와 신용위험을 공유하는 자(이하 이 조에서 "동일차주"라 한다)에 대하여 그 종합금융회사의 자기자본(국제결제은행의 기준에 따른 기본자본과 보완자본의 합계액을 말한다. 이하 이 장에서 같다)의 100분의 25를 초과하는 신용공여(대출, 어음의 할인, 지급보증, 자금 지원적 성격의 증권의 매입, 그 밖에 금융거래상의 신용위험을 수반하는 종합금융회사의 직접·간접적 거래를 말한다. 이하 이 장에서 같다)를 할 수 없다.

② 종합금융회사는 그 종합금융회사의 임원·자회사 및 그와 신용위험을 공유하는 자(이하 이 조에서 "관계인"이라 한다)에 대하여 그 종합금융회사의 자기자본의 100분의 25의 범위에서 대통령령으로 정하는 한도를 초과하는 신용공여를 할 수 없다.

③ 종합금융회사의 동일차주 각각에 대한 신용공여가 그 종합금융회사의 자기자본의 100분의 10을 초과하는 신용공여의 총합계액은 매 월말 기준으로 그 종합금융회사 자기자본의 5배를 초과할 수 없다.

④ 종합금융회사는 같은 개인이나 법인 각각에 대하여 그 종합금융회사의 자기자본의 100분의 20을 초과하여 신용공여를 할 수 없다.

⑤ 종합금융회사는 제1항부터 제4항까지의 규정에 불구하고 다음 각 호의 어느 하나에 해당하는 경우로서 대통령령으로 정하는 경우에는 제1항부터 제4항까지의 규정에 따른 한도를 초과하여 신용공여를 할 수 있다.
1. 국민경제 또는 종합금융회사의 채권확보의 실효성 제고를 위하여 필요한 경우
2. 종합금융회사가 추가로 신용공여를 하지 아니하였음에도 불구하고 자기자본의 변동, 동일차주 구성의 변동 등으로 인하여 제1항부터 제4항까지의 규정에 따른 한도를 초과하게 되는 경우

⑥ 종합금융회사는 제5항제2호에 따라 제1항부터 제4항까지의 규정에 따른 한도를 초과하게 되는 경우에는 그 한도를 초과하게 된 날부터 1년 이내에 제1항부터 제4항까지의 규정에 따른 한도에 적합하도록 하여야 한다. 다만, 대통령령으로 정하는 부득이한 사유에 해당하는 경우에는 금융위원회가 그 기간을 정하여 연장할 수 있다.(2008.2.29 단서개정)

⑦ 제1항에 따른 자기자본, 신용공여 및 동일차주와 제2항에 따른 관계인의 구체적 범위는 대통령령으로 정한다.

제343조【대주주와의 거래의 제한 등】 ① 종합금융회사는 그의 대주주(그의 특수관계인을 포함한다. 이하 이 조에서 같다)에게 신용공여를 함에 있어서 자기자본의 100분의 25의 범위에서 대통령령으로 정하는 한도를 초과하여서는 아니되며, 대주주는 그 종합금융회사로부터 그 한도를 초과하여 신용공여를 받아서는 아니 된다.

② 종합금융회사는 그의 대주주에게 제1항의 범위에서 대통령령으로 정하는 금액 이상의 신용공여(대통령령으로 정하는 거래를 포함한다. 이하 이 조에서 같다)를 하거나 대주주가 발행한 주식을 대통령령으로 정하는 금액 이상으로 취득하려는 경우에는 미리 이사회 결의를 거쳐야 한다. 이 경우 이사회는 재적이사 전원의 찬성으로 결의한다.

③ 종합금융회사는 그의 대주주에게 제2항에 따라 대통령령으로 정하는 금액 이상의 신용공여를 하거나 대주주가 발행한 주식을 대통령령으로 정하는 금액 이상으로 취득한 경우에는 그 사실을 금융위원회에 지체 없이 보고하고, 인터넷 홈페이지 등을 이용하여 공시하여야 한다.(2008.2.29 본항개정)

④ 종합금융회사는 그의 대주주에 대한 신용공여 또는 대주주가 발행한 주식의 취득에 관한 보고사항 중 대통령령으로 정하는 사항을 종합하여 분기별로 금융위원회에 보고하고, 인터넷 홈페이지 등을 이용하여 공시하여야 한다.(2008.2.29 본항개정)

⑤ 종합금융회사는 추가적인 신용공여를 하지 아니하였음에도 불구하고 자기자본의 변동 및 대주주의 변경 등으로 인하여 제1항에서 정한 한도를 초과하게 되는 경우에는 대통령령으로 정하는 기간 이내에 제1항에 적합하도록 하여야 한다.

⑥ 종합금융회사는 제5항에 불구하고 신용공여의 기한 및 규모 등에 따른 부득이한 사유가 있는 경우에는 금융위원회의 승인을 받아 그 기간을 연장할 수 있다.(2008.2.29 본항개정)
⑦ 제6항에 따른 승인을 받으려는 종합금융회사는 제5항에 따른 기간이 만료되기 3개월 전까지 제1항에 따른 한도에 적합하도록 하기 위한 세부계획서를 금융위원회에 제출하여야 하고, 금융위원회는 세부계획서를 제출받은 날부터 1개월 이내에 승인 여부를 결정·통보하여야 한다.(2008.2.29 본항개정)
⑧ 금융위원회는 종합금융회사 또는 그의 대주주가 제1항부터 제7항까지의 규정을 위반한 혐의가 있다고 인정되는 경우에는 종합금융회사 또는 대주주에 대하여 필요한 자료의 제출을 명할 수 있다.(2008.2.29 본항개정)
⑨ 금융위원회는 종합금융회사의 대주주(회사에 한한다)의 부채가 자산을 초과하는 등 재무구조의 부실로 인하여 종합금융회사의 경영건전성을 현저히 해칠 우려가 있는 경우로서 대통령령으로 정하는 경우에는 그 종합금융회사에 대하여 다음 각 호의 조치를 할 수 있다.(2008.2.29 본문개정)
1. 그 대주주에 대한 신규 신용공여의 금지
2. 그 대주주가 발행한 증권의 신규취득 금지
3. 그 밖에 그 대주주에 대한 자금지원 성격의 거래제한 등 대통령령으로 정하는 조치

제344조【증권의 투자한도】 ① 종합금융회사는 대통령령으로 정하는 경우를 제외하고는 자기자본의 100분의 100을 초과하여 증권에 투자하여서는 아니 된다. 이 경우 국채증권과 한국은행이 발행한 통화안정증권은 그 한도계산에 산입하지 아니한다.
② 금융위원회는 필요한 경우 제1항에 따른 투자한도의 범위에서 대통령령으로 정하는 방법에 따라 주식 및 파생결합증권 등에 대한 투자한도를 따로 정하여 고시할 수 있다.(2008.2.29 본항개정)

제345조【자금지원 관련 금지행위】 ① 상호출자제한기업집단에 속하는 종합금융회사는 다른 상호출자제한기업집단에 속하는 금융기관(「금융산업의 구조개선에 관한 법률」에 따른 금융기관을 말한다. 이하 이 항에서 같다) 또는 회사와 다음 각 호의 행위를 하여서는 아니 된다.
1. 제342조부터 제344조까지의 규정에 따른 한도를 회피하기 위한 목적으로 다른 금융기관 또는 회사의 의결권 있는 주식을 서로 교차하여 소유하거나 신용공여를 하는 행위
2. 「상법」, 그 밖의 법률에 따른 자기주식 취득의 제한을 회피하기 위한 목적으로 서로 교차하여 주식을 취득하는 행위
3. 그 밖에 예금자 및 투자자의 이익을 크게 해할 우려가 있는 행위로서 대통령령으로 정하는 행위
② 종합금융회사는 제1항을 위반하여 취득한 주식에 대하여는 의결권을 행사할 수 없다.
③ 종합금융회사는 그 종합금융회사의 주식을 매입시키기 위한 신용공여를 하여서는 아니 된다.
④ 금융위원회는 제1항 또는 제3항을 위반하여 주식을 취득하거나 신용공여를 한 종합금융회사에 대하여 6개월 이내의 기간을 정하여 그 주식의 처분 또는 신용공여의 회수를 명하는 등 필요한 조치를 할 수 있다.(2008.2.29 본항개정)

제346조【지급준비자산의 보유】 종합금융회사는 채무의 변제와 긴급한 자금인출에 대비하기 위하여 대통령령으로 정하는 기준 및 방법에 따라 지급준비자산을 보유하여야 한다.

제347조【부동산 취득의 제한】 ① 종합금융회사는 업무용 부동산을 제외하고는 부동산을 취득하거나 소유할 수 없다. 다만, 담보권의 실행으로 인하여 취득하는 경우에는 이를 소유할 수 있다.
② 종합금융회사는 자기자본의 100분의 100을 초과하여 업무용 부동산을 취득하여서는 아니 된다.
③ 종합금융회사는 자기가 소유하는 부동산 중 업무용 부동산이 아니거나 제1항 단서에 따라 취득한 부동산을 대통령령으로 정하는 방법에 따라 처분하여야 한다.
④ 제1항 본문에 따른 업무용 부동산의 범위는 대통령령으로 정한다.

제348조 (2015.7.31 삭제)

제349조【과징금】 ① 금융위원회는 종합금융회사가 제343조제1항을 위반한 경우에는 그 종합금융회사에 대하여 한도를 초과한 신용공여액의 범위에서 과징금을 부과할 수 있다.
② 금융위원회는 종합금융회사가 제347조제1항 또는 제2항을 위반한 경우에는 그 종합금융회사에 대하여 다음 각 호의 구분에 따른 범위에서 과징금을 부과할 수 있다.
1. 제347조제1항을 위반한 경우 : 부동산 취득금액의 100분의 30
2. 제347조제2항을 위반한 경우 : 한도를 초과한 업무용 부동산 취득금액의 100분의 30
(2017.4.18 본항신설)
③ 제1항 및 제2항에 따른 과징금의 부과에 관하여는 제430조부터 제434조까지의 규정을 준용한다.
(2017.4.18 본조개정)

제350조【준용규정】 종합금융회사에 관하여는 제31조부터 제33조까지, 제35조, 제36조, 제416조, 제418조(제4호부터 제9호까지의 규정에 한정한다) 및 「금융회사의 지배구조에 관한 법률」 제31조(제5항은 제외한다)를 준용한다. 이 경우 제31조제1항 중 "금융투자업자(겸영금융투자업자를 제외한다. 이하 이 절에서 같다)"는 "종합금융회사"로 보고, 제418조 각 호 외의 부분 중 "금융투자업자(겸영금융투자업자의 경우에는 제6호부터 제9호까지에 한한다)"는 "종합금융회사"로 본다.
(2015.7.31 본조개정)

제351조 (2009.2.3 삭제)

제352조【다른 법률과의 관계】 ① 「한국은행법」 및 「은행법」은 종합금융회사에는 적용하지 아니한다.
② 종합금융회사가 제336조에 규정하는 업무를 영위하는 경우에는 이 장에 특별한 규정이 있는 사항을 제외하고는 그 업무의 종류에 따라 이 법 또는 각 해당 법률을 적용한다.

제353조【종합금융회사에 대한 검사】 제419조(제2항부터 제4항까지 및 제8항을 제외한다)는 종합금융회사에 대한 검사에 관하여 준용한다.

제354조【종합금융회사에 대한 조치】 ① 금융위원회는 종합금융회사가 다음 각 호의 어느 하나에 해당하는 경우에는 종합금융회사의 인가를 취소할 수 있다.(2008.2.29 본문개정)
1. 인가조건을 위반한 경우
2. 업무의 정지기간 중에 업무를 한 경우
3. 금융위원회의 시정명령 또는 중지명령을 이행하지 아니한 경우(2008.2.29 본호개정)
4. 별표10 각 호의 어느 하나에 해당하는 경우로서 대통령령으로 정하는 경우
5. 대통령령으로 정하는 금융관련 법령 등을 위반한 경우로서 대통령령으로 정하는 경우
6. 그 밖에 투자자의 이익을 현저히 해할 우려가 있거나 해당 업무를 영위하기 곤란하다고 인정되는 경우로서 대통령령으로 정하는 경우
② 금융위원회는 종합금융회사가 제1항 각 호(제4호를 제외한다)의 어느 하나에 해당하거나 별표10 각 호의 어느 하나에 해당하는 경우에는 다음 각 호의 어느 하나에 해당하는 조치를 할 수 있다.(2008.2.29 본문개정)
1. 6개월 이내의 업무의 전부 또는 일부의 정지
2. 계약의 인계명령
3. 위법행위의 시정명령 또는 중지명령
4. 위법행위로 인한 조치를 받았다는 사실의 공표명령 또는 게시명령
5. 기관경고
6. 기관주의
7. 그 밖에 위법행위를 시정하거나 방지하기 위하여 필요한 조치로서 대통령령으로 정하는 조치
③ 금융위원회는 종합금융회사의 임원이 제1항 각 호(제4호를 제외한다)의 어느 하나에 해당하거나 별표10 각 호의 어느 하나에 해당하는 경우에는 다음 각 호의 어느 하나에 해당하는 조치를 할 수 있다.(2008.2.29 본문개정)
1. 해임요구
2. 6개월 이내의 직무정지
3. 문책경고
4. 주의적 경고
5. 주의
6. 그 밖에 위법행위를 시정하거나 방지하기 위하여 필요한 조치로서 대통령령으로 정하는 조치
④ 금융위원회는 종합금융회사의 직원이 제1항 각 호(제4호를 제외한다)의 어느 하나에 해당하거나 별표10 각 호의 어느 하나

에 해당하는 경우에는 다음 각 호의 어느 하나에 해당하는 조치를 그 종합금융회사에 요구할 수 있다.(2008.2.29 본문개정)
1. 면직
2. 6개월 이내의 정직
3. 감봉
4. 견책
5. 경고
6. 주의
7. 그 밖에 위법행위를 시정하거나 방지하기 위하여 필요한 조치로서 대통령령으로 정하는 조치
⑤ 제422조제3항 및 제423조부터 제425조까지의 규정은 종합금융회사 및 그 임직원에 대한 조치 등에 관하여 준용한다.

제5장 자금중개회사

제355조【자금중개회사의 인가】 ① 대통령령으로 정하는 금융기관 등 간 자금거래의 중개업무를 영위하려는 자는 금융위원회의 인가를 받아야 한다.(2008.2.29 본항개정)
② 제1항에 따른 인가를 받으려는 자는 다음 각 호의 요건을 모두 갖추어야 한다.
1.「상법」에 따른 주식회사일 것
2. 10억원 이상으로서 대통령령으로 정하는 금액 이상의 자기자본을 갖출 것
3. 사업계획이 타당하고 건전할 것
4. 투자자를 보호하고 영위하고자 하는 업을 수행하기에 충분한 인력 및 전산설비, 그 밖의 물적 설비를 갖출 것
5. 임원이「금융회사의 지배구조에 관한 법률」제5조에 적합할 것(2015.7.31 본호개정)
6. 대주주(제12조제2항제6호가목의 대주주를 말한다)가 충분한 출자능력, 건전한 재무상태 및 사회적 신용을 갖출 것
③ 제1항에 따른 인가를 받으려는 자는 인가신청서를 금융위원회에 제출하여야 한다.(2008.2.29 본항개정)
④ 금융위원회는 제3항의 인가신청서를 접수한 경우에는 그 내용을 심사하여 3개월 이내에 인가 여부를 결정하고, 그 결과와 이유를 지체 없이 신청인에게 문서로 통지하여야 한다. 이 경우 인가신청서에 흠결이 있는 때에는 보완을 요구할 수 있다.
(2008.2.29 전단개정)
⑤ 제4항의 심사기간을 산정함에 있어서 인가신청서 흠결의 보완기간 등 총리령으로 정하는 기간은 산입하지 아니한다.
(2008.2.29 본항개정)
⑥ 금융위원회는 제4항에 따라 인가를 하는 경우에는 경영의 건전성 확보 및 투자자 보호에 필요한 조건을 붙일 수 있다.
(2008.2.29 본항개정)
⑦ 제6항에 따라 조건이 붙은 인가를 받은 자는 사정의 변경, 그 밖에 정당한 사유가 있는 경우에는 금융위원회에 조건의 취소 또는 변경을 요청할 수 있다. 이 경우 금융위원회는 2개월 이내에 조건의 취소 또는 변경 여부를 결정하고, 그 결과를 지체 없이 신청인에게 문서로 통지하여야 한다.(2008.2.29 본항개정)
⑧ 금융위원회는 제4항에 따라 인가를 한 경우에는 다음 각 호의 사항을 관보 및 인터넷 홈페이지 등에 공고하여야 한다.
(2008.2.29 본문개정)
1. 인가의 내용
2. 인가의 조건(조건을 붙인 경우에 한한다)
3. 인가의 조건을 취소하거나 변경한 경우 그 내용
⑨ 자금중개회사는 인가를 받아 그 업무를 영위함에 있어서 제2항 각 호의 인가요건(제2호 및 제6호의 경우에는 대통령령으로 정하는 완화된 요건을 말한다)을 유지하여야 한다.
⑩ 제1항부터 제8항까지의 규정에 따른 인가신청서의 기재사항·첨부서류 등 인가의 신청에 관한 사항과 인가심사의 방법·절차, 그 밖에 필요한 사항은 대통령령으로 정한다.
제356조【유사명칭 사용 금지】 자금중개회사가 아닌 자는 "자금중개" 또는 이와 유사한 명칭을 사용하여서는 아니 된다.
제357조【자금중개회사의 행위규제 등】 ① 자금중개회사는 금융투자업(제355조제1항에 따른 자금거래의 중개업무와 경제적 실질이 유사한 것으로서 대통령령으로 정하는 금융투자업을 제외한다)을 영위하여서는 아니 된다.
② 제31조부터 제33조까지, 제339조(제2항제3호는 제외한다) 및 제416조는 자금중개회사에 준용한다.(2015.7.31 본항개정)
③ 자금중개회사가 제355조제1항에 따른 자금거래의 중개업무를 영위함에 있어서 필요한 방법 및 절차 등은 대통령령으로 정한다.
④ 자금중개회사의 상근임원은 대통령령으로 정하는 다른 영리법인의 상시적인 업무에 종사하려는 경우에는 금융위원회의 승인을 받아야 한다.(2015.7.31 본항신설)
제358조【자금중개회사에 대한 검사】 제419조(제2항부터 제4항까지 및 제8항을 제외한다)는 자금중개회사에 대한 검사에 관하여 준용한다.
제359조【자금중개회사에 대한 조치】 ① 금융위원회는 자금중개회사가 다음 각 호의 어느 하나에 해당하는 경우에는 제355조제1항에 따른 인가를 취소할 수 있다.(2008.2.29 본문개정)
1. 거짓, 그 밖의 부정한 방법으로 제355조제1항에 따른 인가를 받은 경우
2. 인가조건을 위반한 경우
3. 제355조제9항에 따른 인가요건 유지의무를 위반한 경우
4. 업무의 정지기간 중에 업무를 한 경우
5. 금융위원회의 시정명령 또는 중지명령을 이행하지 아니한 경우(2008.2.29 본호개정)
6. 별표11 각 호의 어느 하나에 해당하는 경우로서 대통령령으로 정하는 경우
7. 대통령령으로 정하는 금융관련 법령 등을 위반한 경우로서 대통령령으로 정하는 경우
8. 그 밖에 투자자의 이익을 현저히 해할 우려가 있거나 해당 업무를 영위하기 곤란하다고 인정되는 경우로서 대통령령으로 정하는 경우
② 금융위원회는 자금중개회사가 제1항 각 호(제6호를 제외한다)의 어느 하나에 해당하거나 별표11 각 호의 어느 하나에 해당하는 경우에는 다음 각 호의 어느 하나에 해당하는 조치를 할 수 있다.(2008.2.29 본문개정)
1. 6개월 이내의 업무의 전부 또는 일부의 정지
2. 계약의 인계명령
3. 위법행위의 시정명령 또는 중지명령
4. 위법행위로 인한 조치를 받았다는 사실의 공표명령 또는 게시명령
5. 기관경고
6. 기관주의
7. 그 밖에 위법행위를 시정하거나 방지하기 위하여 필요한 조치로서 대통령령으로 정하는 조치
③ 금융위원회는 자금중개회사의 임원이 제1항 각 호(제6호를 제외한다)의 어느 하나에 해당하거나 별표11 각 호의 하나에 해당하는 경우에는 다음 각 호의 어느 하나에 해당하는 조치를 할 수 있다.(2008.2.29 본문개정)
1. 해임요구
2. 6개월 이내의 직무정지
3. 문책경고
4. 주의적 경고
5. 주의
6. 그 밖에 위법행위를 시정하거나 방지하기 위하여 필요한 조치로서 대통령령으로 정하는 조치
④ 금융위원회는 자금중개회사의 직원이 제1항 각 호(제6호를 제외한다)의 어느 하나에 해당하거나 별표11 각 호의 어느 하나에 해당하는 경우에는 다음 각 호의 어느 하나에 해당하는 조치를 그 자금중개회사에 요구할 수 있다.(2008.2.29 본문개정)
1. 면직
2. 6개월 이내의 정직
3. 감봉
4. 견책
5. 경고
6. 주의
7. 그 밖에 위법행위를 시정하거나 방지하기 위하여 필요한 조치로서 대통령령으로 정하는 조치
⑤ 제422조제3항 및 제423조부터 제425조까지의 규정은 자금중개회사 및 그 임직원에 대한 조치 등에 관하여 준용한다.

제6장 단기금융회사

제360조【금융기관의 단기금융업무】 ① 1년 이내에서 대통

령령으로 정하는 기간 이내에 만기가 도래하는 어음의 발행·할인·매매·중개·인수 및 보증업무와 그 부대업무(附帶業務)로서 대통령령으로 정하는 업무(이하 "단기금융업무"라 한다)를 영위하려는 자는 금융위원회의 인가를 받아야 한다.(2008.2.29 본항개정)

② 제1항에 따른 인가를 받으려는 자는 다음 각 호의 요건을 모두 갖추어야 한다.

1. 은행, 그 밖에 대통령령으로 정하는 금융기관일 것
2. 200억원 이상으로서 대통령령으로 정하는 금액 이상의 자기자본을 갖출 것
3. 사업계획이 타당하고 건전할 것
4. 투자자를 보호하고 영위하고자 하는 업을 수행하기에 충분한 인력 및 전산설비, 그 밖의 물적 시설을 갖출 것
5. 대주주(제12조제2항제6호가목의 대주주를 말한다)가 충분한 출자능력, 건전한 재무상태 및 사회적 신용을 갖출 것
6. 대통령령으로 정하는 건전한 재무상태와 사회적 신용을 갖출 것(2021.6.8 본호신설)

③ 제1항에 따른 인가를 받으려는 자는 인가신청서를 금융위원회에 제출하여야 한다.(2008.2.29 본항개정)

④ 금융위원회는 제3항의 인가신청서를 접수한 경우에는 그 내용을 심사하여 3개월 이내에 인가 여부를 결정하고, 그 결과와 이유를 지체 없이 신청인에게 문서로 통지하여야 한다. 이 경우 인가신청서에 흠결이 있는 때에는 보완을 요구할 수 있다.(2008.2.29 전단개정)

⑤ 제4항의 심사기간을 산정함에 있어서 인가신청서 흠결의 보완기간 등 총리령으로 정하는 기간은 산입하지 아니한다.(2008.2.29 본항개정)

⑥ 금융위원회는 제4항에 따라 인가를 하는 경우에는 경영의 건전성 확보 및 투자자 보호에 필요한 조건을 붙일 수 있다.(2008.2.29 본항개정)

⑦ 제6항에 따라 조건이 붙은 인가를 받은 자는 사정의 변경, 그 밖에 정당한 사유가 있는 경우에는 금융위원회에 조건의 취소 또는 변경을 요청할 수 있다. 이 경우 금융위원회는 2개월 이내에 조건의 취소 또는 변경 여부를 결정하고, 그 결과를 지체 없이 신청인에게 문서로 통지하여야 한다.(2008.2.29 본항개정)

⑧ 금융위원회는 제4항에 따라 인가를 한 경우에는 다음 각 호의 사항을 관보 및 인터넷 홈페이지 등에 공고하여야 한다.(2008.2.29 본문개정)

1. 인가의 내용
2. 인가의 조건(조건을 붙인 경우에 한한다)
3. 인가의 조건을 취소하거나 변경한 경우 그 내용

⑨ 단기금융회사는 인가를 받아 그 영업을 영위함에 있어서 제2항 각 호의 인가요건(제6호를 제외하며, 제2호 및 제5호의 경우에는 대통령령으로 정하는 완화된 요건을 말한다)을 유지하여야 한다.(2021.6.8 본항개정)

⑩ 제1항부터 제8항까지의 규정에 따른 인가신청서의 기재사항·첨부서류 등 인가의 신청에 관한 사항과 인가심사의 방법·절차, 그 밖에 필요한 사항은 대통령령으로 정한다.

판례 어음 중 일부가 발행일이나 액면금액 또는 만기가 기재되지 않은 채로 발행되었더라도, 수개월 내에 지급제시 및 지급거절 될 것을 예정하고 발행일 등을 백지로 하여 발행되는 이른바 딱지어음에 피고인이 기명날인하여 외관을 갖춘 어음을 발행하였고, 실제로 단기간 내에 액면금액 등이 보충되어 지급제시 된 이상 「자본시장과 금융투자업에 관한 법률」 제360조에서 규정하는 '어음의 발행'에 해당한다.
(대판 2012.3.29, 2011도17097)

제361조【준용규정】 제33조, 제339조(제2항제1호 및 제3호를 제외한다), 제342조, 제352조제1항 및 제416조는 단기금융회사에 그 인가받은 단기금융업무 범위에서 준용한다.

제362조【단기금융업무의 적용배제 등】 ① 투자매매업 또는 투자중개업에 관한 금융투자업인가를 받은 자가 기업어음증권에 대한 투자매매업 또는 투자중개업을 영위하는 경우에는 이를 단기금융업무로 보지 아니한다.

② 단기금융회사(종합금융회사를 포함한다)가 해당 업무를 영위하는 경우에는 이를 기업어음증권에 대한 투자매매업 또는 투자중개업으로 보지 아니한다.

제363조【단기금융회사에 대한 검사】 제419조(제2항부터 제4항까지 및 제8항을 제외한다)는 단기금융회사에 대한 검사에 관하여 준용한다.

제364조【단기금융회사에 대한 조치】 ① 금융위원회는 단기금융회사가 다음 각 호의 어느 하나에 해당하는 경우에는 제360조제1항에 따른 인가를 취소할 수 있다.(2008.2.29 본문개정)

1. 거짓, 그 밖의 부정한 방법으로 제360조제1항에 따른 인가를 받은 경우
2. 인가조건을 위반한 경우
3. 제360조제9항에 따른 인가요건 유지의무를 위반한 경우
4. 업무의 정지기간 중에 업무를 한 경우
5. 금융위원회의 시정명령 또는 중지명령을 이행하지 아니한 경우(2008.2.29 본호개정)
6. 별표12 각 호의 어느 하나에 해당하는 경우로서 대통령령으로 정하는 경우
7. 대통령령으로 정하는 금융관련 법령 등을 위반한 경우로서 대통령령으로 정하는 경우
8. 그 밖에 투자자의 이익을 현저히 해할 우려가 있거나 해당 업무를 영위하기 곤란하다고 인정되는 경우로서 대통령령으로 정하는 경우

② 금융위원회는 단기금융회사가 제1항 각 호(제6호를 제외한다)의 어느 하나에 해당하거나 별표12 각 호의 어느 하나에 해당하는 경우에는 다음 각 호의 어느 하나에 해당하는 조치를 할 수 있다.(2008.2.29 본문개정)

1. 6개월 이내의 업무의 전부 또는 일부의 정지
2. 계약의 인계명령
3. 위법행위의 시정명령 또는 중지명령
4. 위법행위로 인한 조치를 받았다는 사실의 공표명령 또는 게시명령
5. 기관경고
6. 기관주의
7. 그 밖에 위법행위를 시정하거나 방지하기 위하여 필요한 조치로서 대통령령으로 정하는 조치

③ 금융위원회는 단기금융회사의 임원이 제1항 각 호(제6호를 제외한다)의 어느 하나에 해당하거나 별표12 각 호의 어느 하나에 해당하는 경우에는 다음 각 호의 어느 하나에 해당하는 조치를 할 수 있다.(2008.2.29 본문개정)

1. 해임요구
2. 6개월 이내의 직무정지
3. 문책경고
4. 주의적 경고
5. 주의
6. 그 밖에 위법행위를 시정하거나 방지하기 위하여 필요한 조치로서 대통령령으로 정하는 조치

④ 금융위원회는 단기금융회사의 직원이 제1항 각 호(제6호를 제외한다)의 어느 하나에 해당하거나 별표12 각 호의 어느 하나에 해당하는 경우에는 다음 각 호의 어느 하나에 해당하는 조치를 그 단기금융회사에 요구할 수 있다.(2008.2.29 본문개정)

1. 면직
2. 6개월 이내의 정직
3. 감봉
4. 견책
5. 경고
6. 주의
7. 그 밖에 위법행위를 시정하거나 방지하기 위하여 필요한 조치로서 대통령령으로 정하는 조치

⑤ 제422조제3항 및 제423조부터 제425조까지의 규정은 단기금융회사 및 그 임직원에 대한 조치 등에 관하여 준용한다.

제7장 명의개서대행회사

제365조【명의개서대행회사의 등록】 ① 증권의 명의개서를 대행하는 업무를 영위하려는 자는 금융위원회에 등록하여야 한다.(2008.2.29 본항개정)

② 제1항에 따른 등록을 하려는 자는 다음 각 호의 요건을 모두 갖추어야 한다.

1. 전자등록기관 또는 전국적인 점포망을 갖춘 은행일 것(2016.3.22 본호개정)
2. 전산설비 등 대통령령으로 정하는 물적 설비를 갖출 것
3. 대통령령으로 정하는 이해상충방지체계를 구축하고 있을 것

③ 제1항에 따른 등록을 하려는 자는 금융위원회에 등록신청서를 제출하여야 한다.(2008.2.29 본항개정)
④ 금융위원회는 제3항의 등록신청서를 접수한 경우에는 그 내용을 검토하여 2개월 이내에 등록 여부를 결정하고, 그 결과와 이유를 지체 없이 신청인에게 문서로 통지하여야 한다. 이 경우 등록신청서에 흠결이 있는 때에는 보완을 요구할 수 있다. (2008.2.29 전단개정)
⑤ 제4항의 검토기간을 산정함에 있어서 등록신청서 흠결의 보완기간 등 총리령으로 정하는 기간은 검토기간에 산입하지 아니한다.(2008.2.29 본항개정)
⑥ 금융위원회는 제4항의 등록 여부를 결정함에 있어서 다음 각 호의 어느 하나에 해당하는 사유가 없는 한 그 등록을 거부하여서는 아니 된다.(2008.2.29 본문개정)
1. 제2항의 등록요건을 갖추지 아니한 경우
2. 제3항의 등록신청서를 거짓으로 작성한 경우
3. 제4항 후단의 보완요구를 이행하지 아니한 경우
⑦ 금융위원회는 제4항에 따라 등록을 결정한 경우 명의개서대행회사등록부에 필요한 사항을 기재하여야 하며, 등록결정한 내용을 관보 및 인터넷 홈페이지 등에 공고하여야 한다. (2008.2.29 본항개정)
⑧ 명의개서대행회사는 등록 이후 그 영업을 영위함에 있어서 제2항 각 호의 등록요건을 계속 유지하여야 한다.
⑨ 제1항부터 제7항까지의 규정에 따른 등록신청서의 기재사항·첨부서류 등 등록의 신청에 관한 사항과 등록검토의 방법·절차, 그 밖에 필요한 사항은 대통령령으로 정한다.
제366조【명의개서대행회사의 부수업무】 명의개서대행회사는 증권의 배당·이자 및 상환금의 지급을 대행하는 업무와 증권의 발행을 대행하는 업무를 영위할 수 있다.
제367조【준용규정】 제54조, 제63조(증권의 명의개서를 대행하는 업무를 담당하는 임직원에 한한다), 제64조 및 제416조는 명의개서대행회사에 준용한다.
제368조【명의개서대행회사에 대한 검사】 제419조(제2항부터 제4항까지 및 제8항을 제외한다)는 명의개서대행회사에 대한 검사에 관하여 준용한다.
제369조【명의개서대행회사에 대한 조치】 ① 금융위원회는 명의개서대행회사가 다음 각 호의 어느 하나에 해당하는 경우에는 제365조제1항에 따른 등록을 취소할 수 있다.(2008.2.29 본문개정)
1. 거짓, 그 밖의 부정한 방법으로 제365조제1항에 따른 등록을 한 경우
2. 제365조제8항에 따른 등록요건 유지의무를 위반한 경우
3. 업무의 정지기간 중에 업무를 한 경우
4. 금융위원회의 시정명령 또는 중지명령을 이행하지 아니한 경우(2008.2.29 본호개정)
5. 별표13 각 호의 어느 하나에 해당하는 경우로서 대통령령으로 정하는 경우
6. 대통령령으로 정하는 금융관련 법령 등을 위반한 경우로서 대통령령으로 정하는 경우
7. 그 밖에 투자자의 이익을 현저히 해할 우려가 있거나 해당 업무를 영위하기 곤란하다고 인정되는 경우로서 대통령령으로 정하는 경우
② 금융위원회는 명의개서대행회사가 제1항 각 호(제5호를 제외한다)의 어느 하나에 해당하거나 별표13 각 호의 어느 하나에 해당하는 경우에는 다음 각 호의 어느 하나에 해당하는 조치를 할 수 있다.(2008.2.29 본문개정)
1. 6개월 이내의 업무의 전부 또는 일부의 정지
2. 명의개서대행계약, 그 밖의 계약의 인계명령
3. 위법행위의 시정명령 또는 중지명령
4. 위법행위로 인한 조치를 받았다는 사실의 공표명령 또는 게시명령
5. 기관경고
6. 기관주의
7. 그 밖에 위법행위를 시정하거나 방지하기 위하여 필요한 조치로서 대통령령으로 정하는 조치
③ 금융위원회는 명의개서대행회사의 임원이 제1항 각 호(제5호를 제외한다)의 어느 하나에 해당하거나 별표13 각 호의 어느 하나에 해당하는 경우에는 다음 각 호의 어느 하나에 해당하는 조치를 할 수 있다.(2008.2.29 본문개정)
1. 해임요구
2. 6개월 이내의 직무정지
3. 문책경고
4. 주의적 경고
5. 주의
6. 그 밖에 위법행위를 시정하거나 방지하기 위하여 필요한 조치로서 대통령령으로 정하는 조치
④ 금융위원회는 명의개서대행회사의 직원이 제1항 각 호(제5호를 제외한다)의 어느 하나에 해당하거나 별표13 각 호의 어느 하나에 해당하는 경우에는 다음 각 호의 어느 하나에 해당하는 조치를 그 명의개서대행회사에 요구할 수 있다.(2008.2.29 본문개정)
1. 면직
2. 6개월 이내의 정직
3. 감봉
4. 견책
5. 경고
6. 주의
7. 그 밖에 위법행위를 시정하거나 방지하기 위하여 필요한 조치로서 대통령령으로 정하는 조치
⑤ 제422조제3항 및 제423조부터 제425조까지의 규정은 명의개서대행회사 및 그 임직원에 대한 조치 등에 관하여 준용한다.

제8장 금융투자 관계 단체

제370조【금융투자 관계 단체의 설립 및 감독】 ① 투자자 보호 및 건전한 거래질서를 위하여 투자자, 주권상장법인 또는 대통령령으로 정하는 자로 구성되는 단체를 설립하고자 하는 자는 금융위원회의 허가를 받아야 한다.(2009.2.3 본항개정)
② 금융위원회는 제1항의 허가를 하고자 하는 경우에는 다음 각 호의 사항을 심사하여야 한다.(2008.2.29 본문개정)
1. 설립취지
2. 해당 단체의 재산상황과 수지 전망
3. 발기인 및 임원의 인적 구성
4. 자본시장과 금융투자업에 대한 기여도(2013.5.28 본호개정)
③ 제1항의 허가에 관하여 필요한 사항은 대통령령으로 정한다.
④ 제1항의 허가를 받은 단체는 정관을 변경한 경우에는 이를 지체 없이 금융위원회에 보고하여야 한다.(2008.2.29 본항개정)
제371조【금융투자 관계 단체에 대한 검사】 제419조(제2항부터 제4항까지 및 제8항을 제외한다)는 금융투자 관계 단체에 대한 검사에 관하여 준용한다.
제372조【금융투자 관계 단체에 대한 조치】 ① 금융위원회는 금융투자 관계 단체가 다음 각 호의 어느 하나에 해당하는 경우에는 제370조제1항에 따른 허가를 취소할 수 있다. (2008.2.29 본문개정)
1. 거짓, 그 밖의 부정한 방법으로 제370조제1항에 따른 허가를 받은 경우
2. 허가조건을 위반한 경우
3. 정관에 따른 목적 외의 업무를 영위한 경우
4. 그 밖에 투자자 보호 또는 건전한 거래질서를 해할 우려가 있는 경우로서 대통령령으로 정하는 경우
② 제423조(제2호를 제외한다), 제424조제1항·제2항 및 제425조는 금융투자 관계 단체의 허가 취소에 관하여 준용한다. (2008.2.29 후단삭제)

제7편 거래소
(2013.5.28 본편제목개정)

제1장 총 칙

제373조【무허가 시장개설행위 금지】 누구든지 이 법에 따른 거래소허가를 받지 아니하고는 금융투자상품시장을 개설하거나 운영하여서는 아니 된다. 다만, 다음 각 호의 어느 하나에 해당하는 경우에는 그러하지 아니하다.
1. 다자간매매체결회사가 제78조에 따라 다자간매매체결업무를 하는 경우
2. 협회가 제286조제1항제5호에 따라 증권시장에 상장되지 아니한 주권의 장외매매거래에 관한 업무를 하는 경우

3. 그 밖에 거래소 외의 자가 금융투자상품의 매매체결에 관한 업무를 수행하더라도 공정한 가격 형성, 매매 그 밖의 거래의 안정성 및 효율성의 도모 및 투자자의 보호에 우려가 없는 경우로서 대통령령으로 정하는 경우
(2013.5.28 본조개정)

제373조의2【거래소의 허가】 ① 금융투자상품시장을 개설하거나 운영하려는 자는 다음 각 호의 사항을 구성요소로 하여 대통령령으로 정하는 시장개설 단위의 전부나 일부를 선택하여 금융위원회로부터 하나의 거래소허가를 받아야 한다.
1. 매매의 대상이 되는 금융투자상품의 범위(증권 및 장내파생상품을 말하되, 증권 중 주권, 그 밖에 대통령령으로 정하는 것을 포함한다)
2. 회원(거래소시장에서의 거래에 참가할 수 있는 자로서 제387조제1항의 회원관리규정에 따른 자를 말한다. 이하 같다)이 되는 자의 범위
② 제1항에 따라 거래소허가를 받으려는 자는 다음 각 호의 요건을 모두 갖추어야 한다.
1. 「상법」에 따른 주식회사일 것
2. 거래소허가 단위별로 1천억원 이상으로서 대통령령으로 정하는 금액 이상의 자기자본을 갖출 것
3. 사업계획이 타당하고 건전할 것
4. 투자자의 보호가 가능하고 금융투자상품시장을 개설·운영하기에 충분한 인력과 전산설비, 그 밖의 물적 설비를 갖출 것
5. 정관, 회원관리규정·증권시장업무규정·파생상품시장업무규정·상장규정·공시규정·시장감시규정·분쟁조정규정, 그 밖의 업무에 관한 규정(이하 이 호 및 제373조의7에서 "정관등"이라 한다)이 법령에 적합하고, 증권 및 장내파생상품의 공정한 가격 형성과 매매 그 밖의 거래의 안정성 및 효율성을 도모하며 투자자의 보호를 위하여 충분할 것
6. 임원이 「금융회사의 지배구조에 관한 법률」 제5조에 적합할 것(2015.7.31 본호개정)
7. 대주주(제12조제2항제6호가목의 대주주를 말한다)가 충분한 출자능력, 건전한 재무상태 및 사회적 신용을 갖출 것
8. 대통령령으로 정하는 사회적 신용을 갖출 것
9. 이해상충방지체계를 구축하고 있을 것
③ 제2항의 허가요건에 관하여 필요한 세부사항은 대통령령으로 정한다.
(2013.5.28 본조신설)

제373조의3【허가의 신청 및 심사】 ① 제373조의2제1항에 따른 허가를 받으려는 자는 허가신청서를 금융위원회에 제출하여야 한다.
② 금융위원회는 제1항의 허가신청서를 접수한 때에는 그 내용을 심사하여 3개월 이내에 허가 여부를 결정하고, 그 결과와 이유를 지체 없이 신청인에게 문서로 통지하여야 한다. 이 경우 허가신청서에 흠결이 있는 경우에는 보완을 요구할 수 있다.
③ 제2항의 심사기간을 산정함에 있어서 허가신청서 흠결의 보완기간 등 총리령으로 정하는 기간은 이를 산입하지 아니한다.
④ 금융위원회는 제2항에 따라 허가를 하는 경우에는 증권 및 장내파생상품의 공정한 가격 형성과 그 매매, 그 밖의 거래의 안정성 및 효율성 도모, 회사 경영의 건전성 확보 및 투자자 보호에 필요한 조건을 붙일 수 있다.
⑤ 제4항에 따라 조건이 붙은 허가를 받은 자는 사정의 변경이나 그 밖에 정당한 사유가 있는 경우에는 금융위원회에 조건의 취소 또는 변경을 요청할 수 있다. 이 경우 금융위원회는 2개월 이내에 조건의 취소 또는 변경 여부를 결정하고, 그 결과를 지체 없이 신청인에게 문서로 통지하여야 한다.
⑥ 금융위원회는 제2항에 따라 허가를 한 경우에는 다음 각 호의 사항을 관보 및 인터넷 홈페이지 등에 공고하여야 한다.
1. 허가의 내용
2. 허가의 조건(조건을 붙인 경우로 한정한다)
3. 허가의 조건을 취소하거나 변경한 경우 그 내용(조건을 취소하거나 변경한 경우로 한정한다)
⑦ 제1항부터 제6항까지의 규정에 따른 허가신청서의 기재사항·첨부서류 등 허가의 신청에 관한 사항과 허가심사의 방법·절차, 그 밖에 필요한 사항은 대통령령으로 정한다.
(2013.5.28 본조신설)

제373조의4【예비허가】 ① 제373조의2에 따른 거래소허가(이하 이 조에서 "본허가"라 한다)를 받으려는 자는 미리 금융위원회에 예비허가를 신청할 수 있다.
② 금융위원회는 예비허가를 신청받은 경우에는 2개월 이내에 제373조의2제2항 각 호의 요건을 갖출 수 있는지 여부를 심사하여 예비허가 여부를 결정하고, 그 결과와 이유를 지체 없이 신청인에게 문서로 통지하여야 한다. 이 경우 예비허가신청에 관하여 흠결이 있는 때에는 보완을 요구할 수 있다.
③ 제2항의 심사기간을 산정함에 있어서 예비허가신청과 관련된 흠결의 보완기간 등 총리령으로 정하는 기간은 심사기간에 산입하지 아니한다.
④ 금융위원회는 제2항에 따라 예비허가를 하는 경우에는 증권 및 장내파생상품의 공정한 가격 형성과 그 매매, 그 밖의 거래의 안정성 및 효율성 도모, 회사 경영의 건전성 확보 및 투자자 보호에 필요한 조건을 붙일 수 있다.
⑤ 금융위원회는 예비허가를 받은 자가 본허가를 신청하는 경우에는 제4항에 따른 예비허가의 조건을 이행하였는지 여부와 제373조의2제2항 각 호의 요건을 갖추었는지 여부를 확인한 후 본허가 여부를 결정하여야 한다.
⑥ 제1항부터 제5항까지의 규정에 따른 예비허가의 신청서 및 그 기재사항·첨부서류 등 예비허가의 신청에 관한 사항과 예비허가심사의 방법·절차, 그 밖에 예비허가에 관하여 필요한 사항은 대통령령으로 정한다.
(2013.5.28 본조신설)

제373조의5【허가요건의 유지】 거래소는 제373조의2에 따른 거래소허가를 받아 시장을 개설·운영함에 있어서 제373조의2제2항 각 호(제8호는 제외한다)의 허가요건을 유지하여야 한다.(2013.5.28 본조신설)

제373조의6【시장개설 단위의 추가 및 허가의 변경】 거래소는 제373조의2에 따라 허가받은 시장개설 단위 외에 다른 시장개설 단위를 추가하여 금융투자상품시장을 개설·운영하려는 경우에는 제373조의2 및 제373조의3에 따라 금융위원회의 변경허가를 받아야 한다. 이 경우 제373조의4를 적용한다.
(2013.5.28 본조신설)

제373조의7【상장 및 시장감시 등의 책무】 거래소는 다음 각 호의 업무를 행함에 있어서 이 법 또는 정관등에 따라 거래소시장에서 투자자를 보호하고 증권 및 장내파생상품의 매매를 공정하게 수행할 책무를 가진다.
1. 증권의 상장 및 상장폐지 업무
2. 제402조제1항제1호부터 제3호까지의 규정에 따른 업무
3. 그 밖에 투자자를 보호하고 공정한 거래질서를 확보하기 위하여 필요한 업무로서 대통령령으로 정하는 업무
(2013.5.28 본조신설)

제374조【「상법」의 적용】 거래소에 대하여는 이 법에서 특별히 정한 경우를 제외하고는 「상법」 중 주식회사에 관한 규정을 적용한다.

제2장 조직 등

제375조 (2013.5.28 삭제)

제376조【정관】 ① 거래소의 정관에는 다음 각 호의 사항을 기재하여야 한다.
1. 목적
2. 상호
3. 거래소가 발행할 주식의 총수
4. 1주의 금액
5. 거래소의 설립시에 발행하는 주식의 총수
6. 거래소가 공고하는 방법
7. 증권시장 및 파생상품시장 등 시장의 구분에 관한 사항
(2013.5.28 본호개정)
8. 거래소 규정(規程)의 제정·변경 및 폐지에 관한 사항
9. 임원 및 집행간부에 관한 사항
10. 이사회, 이사회 내 소위원회 및 이사후보추천위원회에 관한 사항
11. 감사위원회에 관한 사항
12. 시장감시위원회에 관한 사항
13. 업무의 집행에 관한 사항
② 거래소는 정관을 변경하고자 하는 경우에는 금융위원회의 승인을 받아야 한다. 이 경우 금융위원회는 정관변경을 승인함에 있어서 각 시장운영의 자율성을 고려하여야 한다.(2008.2.29 본항개정)

제377조【업무】 ① 거래소는 정관으로 정하는 바에 따라 다음 각 호의 업무를 행한다. 다만, 제3호 및 제4호의 업무는 제378조에 따라 금융위원회로부터 청산기관 또는 결제기관으로 지정된 거래소로 한정한다.(2013.5.28 본문개정)
1. 거래소시장의 개설·운영에 관한 업무(2013.5.28 본호개정)
2. 증권 및 장내파생상품의 매매에 관한 업무
3. 증권 및 장내파생상품의 거래(다자간매매체결회사에서의 거래를 포함한다)에 따른 매매확인, 채무인수, 차감, 결제증권·결제품목·결제금액의 확정, 결제이행보증, 결제불이행에 따른 처리 및 결제지시에 관한 업무(2013.5.28 본호개정)
4. 장내파생상품의 매매거래에 따른 품목인도 및 대금지급에 관한 업무
5. 증권의 상장에 관한 업무
6. 장내파생상품 매매의 유형 및 품목의 결정에 관한 업무
7. 상장법인의 신고·공시에 관한 업무
8. 증권 또는 장내파생상품 매매 품목의 가격이나 거래량이 비정상적으로 변동하는 거래 등 대통령령으로 정하는 이상거래(이하 "이상거래"라 한다)의 심리 및 회원의 감리에 관한 업무(2013.5.28 본호개정)
9. 증권의 경매업무
10. 거래소시장 등에서의 매매와 관련된 분쟁의 자율조정(당사자의 신청이 있는 경우에 한한다)에 관한 업무(2013.5.28 본호개정)
11. 거래소시장의 개설에 수반되는 부대업무(2013.5.28 본호개정)
12. 금융위원회의 승인을 받은 업무(2013.5.28 본호개정)
13. 그 밖에 정관에서 정하는 업무

② 거래소는 제1항 각 호의 업무 외에 다른 업무를 할 수 없다. 다만, 다음 각 호의 어느 하나에 해당하는 경우에는 그러하지 아니하다.
1. 이 법 또는 다른 법령에서 거래소가 운영할 수 있도록 한 업무를 행하는 경우
2. 제323조의3에 따라 인가를 받아 금융투자상품거래청산업을 영위하는 경우

(2013.5.28 본항신설)

제378조【청산기관 및 결제기관】 ① 증권시장 및 파생상품시장에서의 매매거래(다자간매매체결회사에서의 거래를 포함한다)에 따른 매매확인, 채무인수, 차감, 결제증권·결제품목·결제금액의 확정, 결제이행보증, 결제불이행에 따른 처리 및 결제지시업무는 제323조의2 및 제323조의3에도 불구하고 청산기관으로서 금융위원회가 지정하는 거래소가 수행한다.
② 파생상품시장에서의 품목인도 및 대금지급업무는 결제기관으로서 금융위원회가 지정하는 거래소가 수행한다.
(2013.5.28 본조개정)

제379조【유사명칭의 사용금지】 거래소가 아닌 자는 그 명칭 또는 상호에 "한국거래소", "금융상품거래소", "금융투자상품거래소", "증권선물거래소", "증권거래소", "선물거래소", "파생상품거래소", "거래소시장", "증권시장", "유가증권시장", "코스닥시장", "선물시장", "파생상품시장" 또는 이와 유사한 명칭을 사용하여서는 아니 된다.(2013.5.28 본조개정)

제380조【임원】 ① 거래소에 15인 이내로 다음 각 호의 임원을 둔다.
1. 이사장 1인
2. 상근이사인 감사위원회 위원 1인
3. 시장감시위원장 1인
4. 이사 12인 이내

② 임원의 임기는 3년으로 하며, 정관이 정하는 바에 따라 연임할 수 있다.
③ 이사장은 대통령령으로 정하는 금융에 관한 경험과 지식을 갖추고 거래소의 건전한 경영과 공정한 거래질서를 해할 우려가 없는 자 중에서 제385조제1항에 따른 이사후보추천위원회(이하 "후보추천위원회"라 한다)의 추천을 받아 주주총회에서 선임한다.
④ 금융위원회는 제3항에 따라 선임된 이사장이 직무수행에 부적합하다고 인정되는 경우로서 대통령령으로 정하는 경우에는 그 선임된 날부터 1개월 이내에 그 사유를 구체적으로 밝혀 해임을 요구할 수 있다. 이 경우 해임 요구된 이사장의 직무는 정지되며, 거래소는 2개월 이내에 이사장을 새로 선임하여야 한다.(2008.2.29 전단개정)
⑤ 거래소의 사외이사(상시적인 업무에 종사하지 아니하는 자로서 거래소의 정관이 정하는 요건을 갖춘 자를 말한다. 이하 이 장에서 같다)와 상근이사인 감사위원회의 위원은 후보추천위원회의 추천을 받아 주주총회에서 각각 선임한다. 이 경우 최대주주와 그 특수관계인, 그 밖에 대통령령으로 정하는 자가 소유하는 거래소의 의결권 있는 주식의 합계가 거래소의 의결권 있는 발행주식총수의 100분의 3(정관으로 그 비율을 더 낮게 정한 경우에는 그 비율로 한다)을 초과하는 경우 그 주주는 그 초과하는 주식에 관하여 상근이사인 감사위원회 위원의 선임 및 해임에 있어서는 의결권을 행사하지 못한다.
⑥ 제384조제3항 각 호의 어느 하나에 해당하는 자는 거래소의 상근이사인 감사위원회의 위원이 될 수 없으며, 상근이사인 감사위원회의 위원이 된 후 이에 해당하게 된 경우에는 그 직을 상실한다. 다만, 거래소의 상근이사인 감사위원회의 위원으로 재임 중이거나 재임하였던 자는 제384조제3항제2호에 불구하고 상근이사인 감사위원회의 위원이 될 수 있다.(2015.7.31 본항개정)

제381조【이사회】 ① 거래소에 제380조제1항 각 호의 자로 구성되는 이사회를 둔다. 이 경우 사외이사가 이사회의 과반수를 구성하도록 하여야 한다.
② 거래소 이사회의 효율적인 업무수행을 위하여 이사회 내에 각 시장별로 이사회가 위임한 사항을 심의·결의하는 「상법」 제393조의2에 따른 이사회 내 위원회로서 소위원회를 설치한다.
③ 그 밖에 이사회 및 소위원회의 구성 및 운영에 관하여 필요한 사항은 정관으로 정한다.

제382조【임원의 자격 등】 ① 「금융회사의 지배구조에 관한 법률」 제5조는 거래소의 임원에게 준용한다.(2015.7.31 본항개정)
② 「금융회사의 지배구조에 관한 법률」 제6조제1항(제1호는 제외한다) 및 제2항은 거래소의 사외이사에게 준용한다.
(2015.7.31 본항개정)
③ 거래소의 임원은 둘 이상의 거래소의 임원의 지위를 겸직하여서는 아니 된다.(2013.5.28 본항신설)

제383조【정보이용금지 등】 ① 거래소의 임직원 및 임직원이었던 자는 그 직무에 관하여 알게 된 비밀을 누설 또는 이용하여서는 아니 된다.
② 거래소의 상근 임직원은 금융투자업자 및 금융투자업관계기관과 자금의 공여, 손익의 분배, 그 밖에 영업에 관하여 대통령령으로 정하는 특별한 이해관계를 가져서는 아니 된다.
③ 제63조는 거래소의 임직원에게 준용한다.

제384조【감사위원회】 ① 거래소에 감사위원회를 설치하여야 한다.
② 감사위원회는 다음 각 호의 요건을 모두 충족하여야 한다.
1. 총 위원의 3분의 2 이상이 사외이사일 것
2. 위원 중 1명 이상은 대통령령으로 정하는 회계 또는 재무전문가일 것
3. 감사위원회의 대표는 사외이사일 것

(2015.7.31 본항개정)

③ 다음 각 호의 어느 하나에 해당하는 사람은 사외이사가 아닌 감사위원회의 위원이 될 수 없으며, 사외이사가 아닌 감사위원회의 위원이 된 후 이에 해당하게 된 경우에는 그 직을 상실한다. 다만, 거래소의 상근감사 또는 사외이사가 아닌 감사위원회의 위원으로 재임 중이거나 재임하였던 사람은 제2호에도 불구하고 사외이사가 아닌 감사위원회의 위원이 될 수 있다.
1. 거래소의 주요주주
2. 거래소의 상근 임직원 또는 최근 2년 이내에 상근 임직원이었던 사람
3. 그 밖에 거래소의 경영에 영향을 미칠 수 있는 사람 등 사외이사가 아닌 감사위원회의 위원으로서의 직무를 충실하게 수행하기 곤란한 사람으로서 대통령령으로 정하는 사람

(2015.7.31 본항신설)

④ 거래소는 사외이사의 사임·사망 등 사전에 예측하지 못한 사유로 사외이사의 수가 제2항에 따른 감사위원회의 구성요건에 미치지 못하게 된 경우에는 그 사유가 발생한 후 최초로 소집되는 주주총회에서 제2항에 따른 요건을 충족하도록 조치하여야 한다.(2015.7.31 본항신설)
⑤ 감사위원회의 위원이 되는 사외이사의 선임에 관하여는 감사선임 시 의결권 행사의 제한에 관한 「상법」 제409조제2항 및 제3항을 준용한다.(2015.7.31 본항신설)

제385조【이사후보추천위원회】 ① 거래소에 이사장·사외이사의 적정한 선임을 위하여 후보추천위원회를 둔다.
② 이사장은 다음 각 호의 자를 후보추천위원회 위원으로 위촉하며, 후보추천위원회의 위원장은 위원 간의 호선으로 선출한다.
1. 사외이사인 이사 5인
2. 협회가 추천하는 2인
3. 대통령령으로 정하는 주권상장법인 대표 2인(2013.5.28 본호개정)
4. (2013.5.28 삭제)
③ 후보추천위원회의 구성 및 운영에 관하여 필요한 사항은 정관으로 정한다.

제3장 시 장

제386조【시장의 개설·운영】 거래소는 시장을 효율적으로 관리하기 위하여 증권시장 또는 파생상품시장별로 둘 이상의 금융투자상품시장을 개설하여 운영할 수 있다.(2013.5.28 본조개정)
제387조【회원】 ① 거래소는 회원의 관리를 위하여 회원관리규정(이하 "회원관리규정"이라 한다)을 정하여야 한다.
② 회원은 다음 각 호와 같이 구분한다.
1. 거래소 결제회원
2. 매매전문회원
3. 그 밖에 대통령령으로 정하는 회원
③ 회원관리규정에는 다음 각 호의 사항이 포함되어야 한다.
1. 회원의 자격에 관한 사항
2. 회원의 가입과 탈퇴에 관한 사항
3. 회원의 권리와 의무에 관한 사항
4. 그 밖에 회원을 관리하기 위하여 필요한 사항
제388조【시장에서의 거래자격】 ① 거래소의 회원이 아닌 자는 증권시장 및 파생상품시장에서의 매매거래를 하여서는 아니 된다. 다만, 회원관리규정에서 특정한 증권의 매매거래를 할 수 있도록 정한 경우에는 그 특정한 증권의 매매거래를 할 수 있다.
② 제1항 단서에 따라 증권시장에서 매매거래를 할 수 있게 된 자는 제377조제8호, 제387조, 제389조, 제394조, 제395조, 제396조제2항, 제397조부터 제400조까지, 제404조 및 제426조제6항을 적용함에 있어서 이를 거래소의 회원으로 본다.
제389조【거래의 종결】 ① 거래소는 회원이 거래의 정지를 당하거나 그 자격을 상실한 경우에는 그 회원 또는 다른 회원으로 하여금 해당 증권시장 또는 파생상품시장에서 행한 매매거래를 종결시켜야 한다. 이 경우 자격을 상실한 회원은 매매거래를 종결시키는 범위에서 회원의 자격을 가진 것으로 본다.
② 제1항에 따라 거래소가 다른 회원으로 하여금 해당 매매거래를 종결시키는 경우에는 그 회원과 다른 회원 사이에 위임계약이 체결된 것으로 본다.
제390조【상장규정】 ① 거래소는 증권시장에 상장할 증권의 심사 및 상장증권의 관리를 위하여 증권상장규정(이하 "상장규정"이라 한다)을 정하여야 한다. 이 경우 거래소가 개설·운영하는 둘 이상의 증권시장에 대하여 별도의 상장규정으로 정할 수 있다.(2013.5.28 후단개정)
② 상장규정에는 다음 각 호의 사항이 포함되어야 한다.
1. 증권의 상장기준 및 상장심사에 관한 사항
2. 증권의 상장폐지기준 및 상장폐지에 관한 사항
3. 증권의 매매거래정지와 그 해제에 관한 사항
4. 그 밖에 상장법인 및 상장증권의 관리에 관하여 필요한 사항
제391조【공시규정】 ① 거래소는 주권, 그 밖에 대통령령으로 정하는 증권을 상장한 법인(이하 이 조 및 제392조에서 "주권등상장법인"이라 한다)의 기업내용 등의 신고·공시 및 관리를 위하여 주권등상장법인 공시규정(이하 "공시규정"이라 한다)을 정하여야 한다. 이 경우 거래소가 개설·운영하는 둘 이상의 증권시장에 대하여 별도의 공시규정으로 정할 수 있다.(2013.5.28 후단개정)
② 공시규정에는 다음 각 호의 사항이 포함되어야 한다.
1. 주권등상장법인이 신고하여야 하는 내용에 관한 사항
2. 주권등상장법인이 신고함에 있어서 준수하여야 할 방법 및 절차에 관한 사항
3. 주권등상장법인에 관한 풍문이나 보도 등의 사실 여부 및 그 법인이 발행한 증권의 가격이나 거래량의 현저한 변동의 원인 등에 대한 거래소의 신고 또는 확인 요구에 관한 사항
4. 주권등상장법인의 경영상 비밀유지와 투자자 보호와의 형평 등을 고려하여 신고·공시하지 아니할 사항
5. 주권등상장법인이 신고한 내용의 공시에 관한 사항
6. 주권등상장법인의 제1호부터 제4호까지의 위반유형, 위반여부 결정기준 및 조치 등에 관한 사항
7. 매매거래의 정지 등 주권등상장법인의 관리에 관한 사항
8. 주권등상장법인의 신고의무 이행실태의 점검에 관한 사항
9. 그 밖에 주권등상장법인의 신고 또는 공시와 관련하여 필요한 사항
제392조【공시의 실효성 확보】 ① 은행은 주권등상장법인에 대하여 다음 각 호에 해당하는 사실이 발생한 경우에는 이를 지체 없이 거래소에 통보하여야 한다.
1. 발행한 어음이나 수표가 부도로 된 경우
2. 은행과의 당좌거래가 정지 또는 금지된 경우
② 거래소는 제391조제2항제1호의 신고사항과 같은 항 제3호에 따른 신고 또는 확인 요구사항에 대하여 투자자의 투자판단에 중대한 영향을 미칠 우려가 있어 그 내용을 신속하게 알릴 필요가 있는 경우에는 대통령령으로 정하는 방법에 따라 행정기관, 그 밖의 관계기관에 대하여 필요한 정보의 제공 또는 교환을 요청할 수 있다. 이 경우 요청을 받은 기관은 특별한 사유가 없는 한 이에 협조하여야 한다.
③ 거래소는 주권등상장법인이 제391조에 따라 신고를 한 경우에는 이를 지체 없이 금융위원회에 송부하여야 한다.(2008.2.29 본항개정)
④ 금융위원회는 제3항에 따른 송부를 받은 경우에는 이를 인터넷 홈페이지 등을 이용하여 공시하여야 한다.(2008.2.29 본항개정)
제393조【업무규정】 ① 증권시장에서의 매매거래에 관하여 다음 각 호의 사항은 거래소의 증권시장업무규정으로 정한다. 이 경우 거래소가 개설·운영하는 둘 이상의 증권시장에 대하여 별도의 증권시장업무규정으로 정할 수 있다.(2013.5.28 후단개정)
1. 매매거래의 종류 및 수탁에 관한 사항
2. 증권시장의 개폐·정지 또는 휴장에 관한 사항
3. 매매거래계약의 체결 및 결제의 방법. 다만, 증권인도와 대금지급에 관한 것을 제외한다.
4. 증거금(證據金)의 납부 등 매매거래의 규제에 관한 사항
5. 그 밖에 매매거래에 관하여 필요한 사항
② 파생상품시장에서의 매매에 관하여 다음 각 호의 사항은 거래소의 파생상품시장업무규정으로 정한다.
1. 장내파생상품 매매의 수탁에 관한 사항
2. 취급하는 장내파생상품 매매의 유형 및 품목
3. 장내파생상품 매매의 결제월
4. 파생상품시장의 개폐·정지 또는 휴장에 관한 사항
5. 장내파생상품 매매에 관한 계약의 체결 및 제한에 관한 사항
6. 위탁증거금 및 거래증거금에 관한 사항
7. 결제의 방법
8. 그 밖에 장내파생상품 매매 및 그 수탁에 관하여 필요한 사항
제394조【손해배상공동기금】 ① 회원은 증권시장 또는 파생상품시장에서의 매매거래에 따른 채무의 불이행으로 인하여 발생하는 손해를 배상하기 위하여 거래소에 손해배상공동기금(이하 "공동기금"이라 한다)을 적립하여야 한다. 다만, 증권시장 또는 파생상품시장에서의 매매거래에 대한 결제이행의 책임을 부담하지 아니하는 회원 등 거래소가 정하는 회원은 공동기금을 적립하지 아니할 수 있다.
② 거래소는 제1항에 따른 공동기금을 증권시장과 파생상품시장으로 구분하여 적립하여야 한다.
③ 회원(제1항 단서에 따른 회원을 제외한다)은 제1항 및 제2항의 공동기금의 범위에서 회원의 증권시장 또는 파생상품시장에서의 매매거래에 따른 채무의 불이행으로 인하여 발생하는 손해배상에 관하여 연대책임을 진다.
④ 제1항의 공동기금의 총적립규모, 회원별 적립률, 적립방법, 사용, 관리, 환급, 그 밖에 그 운용에 관하여 필요한 사항은 대통령령으로 정한다.

제395조【회원보증금】 ① 회원은 장래 증권시장 또는 파생상품시장에서의 매매거래와 관련하여 발생할 수 있는 채무의 이행을 보증하기 위하여 거래소에 회원보증금을 예치하여야 한다.
② 거래소는 제398조에 따라 회원을 대신하여 채무를 이행 또는 인수함으로써 취득한 채권을 그 회원에 대한 회원보증금과 상계하여서는 아니 된다.
③ 회원에게 증권 또는 장내파생상품의 매매를 위탁한 자는 그 위탁으로 발생한 채권에 대하여 그 회원의 회원보증금에 관하여 다른 채권자보다 우선하여 변제받을 권리가 있다.
④ 제1항에 따른 회원보증금의 최저한도·운용 및 관리 등에 관하여 필요한 사항은 거래소의 회원관리규정으로 정한다.

제396조【위탁증거금 및 거래증거금】 ① 거래소의 회원은 파생상품시장에서의 매매의 수탁과 관련하여 거래소의 파생상품시장업무규정이 정하는 바에 따라 위탁자로부터 위탁증거금을 받아야 한다.
② 거래소의 회원은 증권시장 또는 파생상품시장에서의 매매거래를 함에 있어서 거래소에 대하여 부담하는 채무의 이행을 보증하기 위하여 증권시장업무규정 및 파생상품시장업무규정이 정하는 바에 따라 거래소에 거래증거금을 예치하여야 한다.

제397조【거래증거금과 회원보증금의 채무변제에의 충당】 거래소는 회원이 거래소 또는 다른 회원에 대하여 증권시장 또는 파생상품시장에서의 매매거래에 관한 채무를 이행하지 아니한 경우에는 그 회원의 거래증거금과 회원보증금으로 그 채무의 변제에 충당할 수 있다.

제398조【거래소에 의한 채무이행 등】 ① 거래소는 증권시장 및 파생상품시장에서의 매매거래를 원활하게 하기 위하여 증권시장업무규정 및 파생상품시장업무규정이 정하는 바에 따라 회원을 대신하여 그 회원의 증권시장 또는 파생상품시장에서의 매매거래에 의한 채권·채무에 대하여 그 채권을 행사 또는 취득하거나 그 채무를 이행 또는 인수할 수 있다.
② 제1항의 채무의 이행 또는 인수로 인하여 거래소에 손실이 발생한 경우 해당 회원은 증권시장업무규정 및 파생상품시장업무규정이 정하는 바에 따라 거래소에 대하여 같은 채무를 부담한다.

제399조【거래소의 손해배상책임】 ① 거래소는 회원의 증권시장 또는 파생상품시장에서의 매매거래의 위약(違約)으로 인하여 발생하는 손해에 관하여 배상의 책임을 진다.
② 거래소가 제1항에 따라 손해를 배상하는 경우에는 대통령령으로 정하는 바에 따라 거래소의 재산과 제394조에 따라 적립된 공동기금에서 충당한다.(2015.7.24 본항개정)
③ 거래소는 제1항 및 제2항에 따라 손해를 배상한 경우에는 위약한 회원에 대하여 그 배상한 금액과 이에 소요된 비용에 관하여 구상권을 가진다.
④ (2015.7.24 삭제)
⑤ 제3항의 구상권의 행사와 같은 항에 따라 추심된 금액의 배분 등에 필요한 사항은 대통령령으로 정한다.
(2015.7.24 본항개정)

제400조【채무변제순위】 ① 거래소의 회원이 증권시장 또는 파생상품시장에서의 매매거래에 따른 채무를 이행하지 아니하여 거래소 또는 다른 회원에게 손해를 끼친 경우 그 손해를 입은 거래소 또는 다른 회원은 그 손해를 끼친 회원의 회원보증금·거래증거금 및 공동기금 지분에 대하여 다른 채권자보다 우선하여 변제받을 권리를 가진다.
② 거래소는 회원이 증권시장 또는 파생상품시장에서의 매매에 따른 결제를 위하여 납부한 대금·증권 및 품목에 관하여 다른 채권자보다 우선하여 변제를 받을 권리가 있다.
③ 거래소는 증권시장 또는 파생상품시장에서의 매매에 따른 결제완료 전에 대금·증권 및 품목이 인도된 경우에 해당 회원이 그 결제를 이행하지 아니함으로써 거래소에 손해를 끼친 때에는 그 회원의 재산에 관하여 다른 채권자보다 우선하여 변제를 받을 권리가 있다. 다만, 그 결제의 이행 기한이 도래하기 전에 설정된 전세권·질권·저당권 또는 「동산·채권 등의 담보에 관한 법률」에 따른 담보권에 의하여 담보된 채권에 대하여는 우선하여 변제를 받을 권리가 없다.(2010.6.10 단서개정)
④ 제1항부터 제3항까지의 규정에 따른 거래소의 우선권은 제395조제3항에 따른 위탁자의 회원보증금에 대한 권리보다 우선하는 효력을 가진다.

제401조【시세의 공표】 거래소는 대통령령으로 정하는 방법에 따라 다음 각 호의 증권 및 장내파생상품의 시세(다자간매매체결회사가 다자간매매체결업무를 할 때 형성된 시세를 제외한다. 이하 이 조에서 같다)를 공표하여야 한다.(2013.5.28 본문개정)
1. 증권의 매일의 매매거래량 및 그 성립가격과 최고·최저 및 최종가격
2. 장내파생상품의 종목별 매일의 총거래량, 최초·최고·최저 및 최종거래 성립가격 또는 약정수치
3. 그 밖에 시세의 공정한 형성 및 투자자 보호에 필요하다고 인정되는 시세로서 대통령령으로 정하는 시세

제4장　시장감시 및 분쟁조정

제402조【시장감시위원회】 ① 거래소에 다음 각 호의 업무를 수행하기 위하여 시장감시위원회를 둔다.
1. 시장감시, 이상거래의 심리 및 회원에 대한 감리(지정거래소가 제78조제3항 및 제4항에 따라 행하는 감시, 이상거래의 심리 또는 거래참가자에 대한 감리를 포함한다)
2. 증권시장과 파생상품시장 사이의 연계감시(지정거래소가 제404조제2항 및 제3항에 따라 행하는 거래소시장과 다른 거래소시장 사이 및 거래소시장과 다자간매매체결회사 사이의 연계감시를 포함한다)
3. 제1호 및 제2호에 따른 이상거래의 심리, 회원에 대한 감리, 연계감시의 결과에 따른 회원 또는 거래참가자에 대한 징계 또는 관련 임직원에 대한 징계요구의 결정
(2013.5.28 1호~3호개정)
4. 불공정거래의 예방 등을 위한 활동(2014.12.30 본호신설)
5. 제377조제10호에 따른 분쟁의 자율조정에 관한 업무
6. 제403조에 따른 시장감시규정 및 제405조제1항에 따른 분쟁조정규정의 제정·변경 및 폐지
7. 그 밖에 제1호부터 제6호까지의 업무에 부수하는 업무
(2014.12.30 본호개정)
② 시장감시위원회는 다음 각 호의 위원으로 구성한다.
1. 시장감시위원회 위원장(이하 이 조에서 "시장감시위원장"이라 한다)
2. (2008.2.29 삭제)
3. 금융위원회 위원장이 추천하는 2인(2008.2.29 본호개정)
4. 협회가 추천하는 2인
③ 시장감시위원회 위원의 임기는 3년으로 하며, 정관이 정하는 바에 따라 연임할 수 있다.
④ 시장감시위원장은 대통령령으로 정하는 금융에 관한 경험과 지식을 갖추고 거래소의 건전한 경영과 공정한 거래질서를 해할 우려가 없는 자 중에서 시장감시위원회의 추천을 받아 주주총회에서 선임한다.
⑤ 금융위원회는 제4항에 따라 선임된 시장감시위원장이 직무수행에 부적합하다고 인정되는 경우로서 대통령령으로 정하는 경우에는 그 선임된 날부터 1개월 이내에 그 사유를 구체적으로 밝혀 해임을 요구할 수 있다. 이 경우 해임 요구된 시장감시위원장의 직무는 정지되며, 거래소는 2개월 이내에 시장감시위원장을 새로 선임하여야 한다.(2008.2.29 전단개정)
⑥ 「금융회사의 지배구조에 관한 법률」 제5조는 시장감시위원회 위원의 자격에 관하여 준용한다.(2015.7.31 본항개정)
⑦ 시장감시위원회 위원 및 그 직에 있었던 자는 그 직무에 관하여 알게 된 비밀을 누설 또는 이용하여서는 아니 된다.
⑧ 금융위원회는 시장감시위원회의 위원이 다음 각 호의 어느 하나에 해당하는 경우에는 그 위원에 대하여 6개월 이내의 기간을 정하여 업무집행을 정지하거나 해임을 요구할 수 있다.
(2008.2.29 본문개정)
1. 제7항을 위반하여 비밀을 누설하거나 이용한 경우
2. 그 밖에 투자자 보호 또는 건전한 시장 질서를 해할 우려가 있는 경우로서 대통령령으로 정하는 경우
⑨ 그 밖에 시장감시위원회의 구성 및 운영에 관하여 필요한 사항은 정관으로 정한다.

제403조【시장감시규정】 시장감시위원회는 제402조제1항제1호부터 제4호까지의 규정 및 이에 부수하는 사항이 포함된 시장감시규정을 제정하고, 이에 따라 업무를 수행한다.
1.~4. (2013.5.28 삭제)
(2014.12.30 본조개정)

제404조【이상거래의 심리 또는 회원의 감리】 ① 거래소는 다음 각 호의 어느 하나에 해당하는 경우에는 금융투자업자(증권 또는 장내파생상품을 대상으로 금융투자업을 영위하는 투자매매업자 또는 투자중개업자에 한한다)에게 그 사유를 밝힌 서면으로 관련 자료의 제출을 요청하거나, 회원에 대하여 그와 관련된 업무·재산상황·장부·서류, 그 밖의 물건을 감리할 수 있다.
1. 거래소시장에서 이상거래의 혐의가 있다고 인정되는 해당 증권의 종목 또는 장내파생상품 매매 품목의 거래상황을 파악하기 위한 경우(2013.5.28 본호개정)
2. 회원이 거래소의 업무관련규정을 준수하는지를 확인하기 위한 경우(2013.5.28 본호개정)
3. 회원이 제178조의2를 위반하는지를 확인하기 위한 경우(2014.12.30 본호신설)

② 거래소는 제1항에 따른 심리 또는 감리를 위하여 필요한 경우에는 회원에 대하여 이상거래 또는 업무관련규정 위반혐의와 관련된 보고, 자료의 제출 또는 관계자의 출석·진술을 요청할 수 있고, 지정거래소는 다른 거래소 또는 다자간매매체결회사에 대하여 이상거래의 심리 및 감리와 관련한 정보의 제공 또는 교환을 요구할 수 있다.(2013.5.28 본항개정)
③ 거래소는 제1항 또는 제2항에 따른 요청 또는 요구를 거부하거나 제1항에 따른 감리에 협조하지 아니하는 경우 시장감시규정이 정하는 바에 따라 회원의 자격을 정지하거나 증권 및 장내파생상품의 매매거래를 제한할 수 있고, 지정거래소는 다른 거래소 또는 다자간매매체결회사에 대하여 회원 또는 거래참가자의 자격을 정지하거나 거래를 제한할 것을 요구할 수 있다.(2013.5.28 본항개정)

제405조【분쟁의 자율조정】 ① 시장감시위원회는 제377조제10호에 따른 분쟁의 자율조정을 위하여 필요한 분쟁조정규정을 정한다.
② 시장감시위원회는 분쟁조정을 위하여 필요하다고 인정되는 경우에는 당사자에 대하여 사실의 확인 또는 자료의 제출 등을 요구할 수 있다.
③ 시장감시위원회는 당사자, 그 밖의 이해관계인의 의견을 들을 필요가 있다고 인정되는 경우에는 이들에게 회의에 출석하여 의견을 진술할 것을 요청할 수 있다.

제5장 소유 등에 대한 규제

제406조【주식소유의 제한】 ① 누구든지 다음 각 호의 어느 하나에 해당하는 경우를 제외하고는 거래소의 의결권 있는 발행주식총수의 100분의 5를 초과하여 거래소가 발행한 주식을 소유할 수 없다.
1. 집합투자기구가 소유하는 경우(사모집합투자기구가 소유하는 경우를 제외한다)
2. 외국 거래소(외국 법령에 따라 외국에서 거래소에 상당하는 기능을 수행하는 자를 말한다. 이하 같다)와의 제휴를 위하여 필요한 경우로서 금융위원회가 자본시장의 효율성과 건전성에 기여할 가능성, 해당 거래소 주주의 보유지분 분포 등을 고려하여 구체적인 보유한도를 정하여 승인한 경우(2013.5.28 본호개정)
3. 정부가 소유하는 경우
4. 그 밖에 거래소의 공정한 운영을 해할 우려가 없는 경우로서 대통령령으로 정하는 경우

② 다음 각 호의 어느 하나에 해당하는 경우에는 제1항에 따라 제한되는 주식의 소유로 본다.
1. 신탁계약, 그 밖의 계약 또는 법률의 규정에 따라 그 주식에 대한 의결권을 행사할 수 있는 권한 또는 그 의결권의 행사를 지시할 수 있는 권한을 가지는 경우
2. 대통령령으로 정하는 특수관계에 있는 자가 주식을 소유하는 경우
3. 그 밖에 제1호 및 제2호에 준하는 경우로서 대통령령으로 정하는 경우

③ 제1항을 위반하여 주식을 소유하는 경우 그 초과분에 대하여는 의결권을 행사할 수 없으며, 제1항을 위반하여 주식을 소유한 자는 지체 없이 제1항에서 정한 한도에 적합하도록 하여야 한다.
④ 금융위원회는 제3항을 준수하지 아니한 자에게 6개월 이내의 기한을 정하여 그 한도를 초과하는 주식을 처분할 것을 명할 수 있다.(2008.2.29 본항개정)

제407조【이행강제금】 ① 금융위원회는 제406조제4항에 따른 주식처분명령 또는 제426조의3제7항제1호에 따른 금융투자상품의 처분명령(이하 이 조에서 "처분명령"이라 한다)을 받은 후 그 기한 이내에 그 처분명령을 이행하지 아니한 자에 대하여는 다시 상당한 이행 기한을 정하여 그 주식 또는 금융투자상품을 처분할 것을 명하고, 그 기한까지 처분명령을 이행하지 아니하는 경우에는 그 처분하여야 하는 주식 또는 금융투자상품의 취득가액의 100분의 5를 초과하지 아니하는 범위에서 이행강제금을 부과한다.(2024.10.22 본항개정)
② 금융위원회는 제1항에 따른 이행강제금을 부과하기 전에 제1항에 따른 이행강제금을 부과·징수한다는 뜻을 미리 문서로써 통지하여야 한다.(2008.2.29 본항개정)
③ 금융위원회는 제1항에 따른 이행강제금을 부과하는 경우에는 이행강제금의 금액, 이행강제금의 부과사유, 이행강제금의 납부기한 및 수납기간, 이의제기방법 및 이의제기기관 등을 밝힌 문서로써 하여야 한다.(2008.2.29 본항개정)
④ 금융위원회는 처분명령을 한 날을 기준으로 하여 1년에 2회 이내의 범위에서 그 처분명령이 이행될 때까지 반복하여 제1항에 따른 이행강제금을 부과·징수할 수 있다.(2024.10.22 본항개정)
⑤ 금융위원회는 처분명령을 받은 자가 처분명령을 이행한 경우에는 새로운 이행강제금의 부과를 중지하되, 이미 부과된 이행강제금은 징수하여야 한다.(2024.10.22 본항개정)
⑥ 제430조(제2항을 제외한다)부터 제434조까지의 규정은 이행강제금의 부과 및 징수에 관하여 준용한다.

제408조【영업양도 등의 승인】 거래소는 영업양도, 합병, 분할, 분할합병 또는 주식의 포괄적 교환·이전을 하고자 하는 경우에는 금융위원회의 승인을 받아야 한다.(2008.2.29 본조개정)

제409조【거래소가 발행한 증권의 상장 및 상장폐지의 승인】 ① 거래소는 자기가 발행한 증권을 상장하거나 상장을 폐지하고자 하는 경우에는 금융위원회의 승인을 받아야 한다.
② 거래소는 제1항에 따라 상장한 경우에는 이상거래의 심리, 회원의 감리, 수시공시, 그 밖의 상장관리 등을 자체적으로 수행하고 그 결과를 금융위원회에 보고하여야 한다.
(2008.2.29 본조개정)

제6장 감독 등

제410조【보고와 검사】 ① 금융위원회는 투자자 보호 또는 건전한 거래질서를 위하여 필요하다고 인정되는 경우에는 거래소에 대하여 그 업무 및 재산에 관한 보고 또는 참고가 될 자료의 제출을 명하고, 금융감독원장에게 그 업무·재산상황·장부·서류, 그 밖의 물건을 검사하게 할 수 있다.
(2008.2.29 본항개정)
② 제1항에 따라 검사를 하는 자는 그 권한을 표시하는 증표를 지니고 관계인에게 내보여야 한다.
③ 금융감독원장은 제1항에 따라 검사를 한 경우에는 그 결과를 금융감독위원회에 보고하여야 한다. 이 경우 이 법 또는 이 법에 따른 명령이나 처분을 위반한 사실이 있는 때에는 그 처리에 관한 의견서를 첨부하여야 한다.
④ 제419조제9항은 거래소에 대한 검사에 관하여 준용한다.

제411조【거래소에 대한 조치】 ① 금융위원회는 거래소가 다음 각 호의 어느 하나에 해당하는 경우에는 제373조의2제1항에 따른 거래소허가를 취소할 수 있다.
1. 거짓, 그 밖의 부정한 방법으로 제373조의2제1항에 따른 허가를 받은 경우
2. 허가조건을 위반한 경우
3. 제373조의5에 따른 허가요건 유지의무를 위반한 경우
4. 업무의 정지기간 중에 업무를 한 경우
5. 금융위원회의 시정명령 또는 중지명령을 이행하지 아니한 경우
6. 별표14 각 호의 어느 하나에 해당하는 경우로서 대통령령으로 정하는 경우

7. 대통령령으로 정하는 금융관련 법령 등을 위반한 경우로서 대통령령으로 정하는 경우
8. 그 밖에 투자자의 이익을 현저히 해할 우려가 있거나 해당 업무를 영위하기 곤란하다고 인정되는 경우로서 대통령령으로 정하는 경우
② 금융위원회는 거래소가 제1항 각 호(제6호는 제외한다)의 어느 하나에 해당하거나 별표14 각 호의 어느 하나에 해당하는 경우에는 다음 각 호의 어느 하나에 해당하는 조치를 할 수 있다.
1. 6개월 이내의 업무의 전부 또는 일부의 정지
2. 계약의 인계명령
3. 위법행위의 시정명령 또는 중지명령
4. 위법행위로 인한 조치를 받았다는 사실의 공표명령 또는 게시명령
5. 기관경고
6. 기관주의
7. 그 밖에 위법행위를 시정하거나 방지하기 위하여 필요한 조치로서 대통령령으로 정하는 조치
③ 금융위원회는 거래소의 임원이 제1항 각 호(제6호는 제외한다)의 어느 하나에 해당하거나 별표14 각 호의 어느 하나에 해당하는 경우에는 다음 각 호의 어느 하나에 해당하는 조치를 할 수 있다.
1. 해임요구
2. 6개월 이내의 직무정지
3. 문책경고
4. 주의적 경고
5. 주의
6. 그 밖에 위법행위를 시정하거나 방지하기 위하여 필요한 조치로서 대통령령으로 정하는 조치
7. (2017.4.18 삭제)
④ 금융위원회는 거래소의 직원이 제1항 각 호(제6호는 제외한다)의 어느 하나에 해당하거나 별표14 각 호의 어느 하나에 해당하는 경우에는 다음 각 호의 어느 하나에 해당하는 조치를 거래소에 요구할 수 있다.
1. 면직
2. 6개월 이내의 정직
3. 감봉
4. 견책
5. 경고
6. 주의
7. 그 밖에 위법행위를 시정하거나 방지하기 위하여 필요한 조치로서 대통령령으로 정하는 조치
⑤ 제422조제3항, 제423조(제1호는 제외한다), 제424조(제2항은 제외한다) 및 제425조는 거래소 및 그 임직원에 대한 조치 등에 관하여 준용한다.(2013.5.28 본항신설)
(2013.5.28 본조개정)

제412조【거래소 규정의 승인】 ① 거래소는 회원관리규정·증권시장업무규정·파생상품시장업무규정·상장규정·공시규정·시장감시규정·분쟁조정규정, 그 밖의 업무에 관한 규정을 제정·변경하거나 폐지하고자 하는 경우에는 금융위원회의 승인을 받아야 한다.(2008.2.29 본항개정)
② (2008.2.29 삭제)

제413조【긴급사태시의 처분】 금융위원회는 천재지변, 전시, 사변, 경제사정의 급격한 변동, 그 밖에 이에 준하는 사태의 발생으로 인하여 매매거래가 정상적으로 이루어질 수 없다고 인정되는 경우에는 거래소에 대하여 개장시간의 변경, 거래의 중단 또는 시장의 휴장을 명하거나, 그 밖에 필요한 조치를 할 수 있다.(2008.2.29 본조개정)

제414조【시장효율화위원회】 ① 증권시장 및 파생상품시장의 거래비용 절감과 관련한 사항에 대한 심의를 위하여 금융위원회에 시장효율화위원회를 설치한다.(2013.5.28 본항개정)
② 이 법에 따라 설립된 기관, 그 밖에 대통령령으로 정하는 기관이 수수료 등을 변경하거나 대통령령으로 정하는 금액 이상으로 전산에 대한 투자를 하고자 하는 경우에는 시장효율화위원회의 심의를 거쳐야 한다.
③ 시장효율화위원회의 구성 및 운영에 관하여 필요한 사항은 대통령령으로 정한다.

제8편 감독 및 처분

제1장 명령 및 승인 등

제415조【감독】 금융위원회는 투자자를 보호하고 건전한 거래질서를 유지하기 위하여 금융투자업자가 이 법 또는 이 법에 따른 명령이나 처분을 적절히 준수하는지 여부를 감독하여야 한다.(2008.2.29 본조개정)

제416조【금융위원회의 조치명령권】 ① 금융위원회는 투자자를 보호하고 건전한 거래질서를 유지하기 위하여 긴급한 조치가 필요하다고 명백히 인정되는 경우에는 금융투자업자 및 그 임원(「상법」 제401조의2제1항 각 호의 자를 포함한다. 이하 이 조에서 같다)에 대하여 다음 각 호의 사항에 관하여 필요한 조치를 명할 수 있다. 다만, 제7호의 장내파생상품의 거래규모의 제한에 관한 사항에 관하여는 위탁자에게도 필요한 조치를 명할 수 있다.(2023.3.21 본문개정)
1. 금융투자업자의 고유재산 운용에 관한 사항
2. 투자자 재산의 보관·관리에 관한 사항
3. 금융투자업자의 경영 및 업무개선에 관한 사항
4. 각종 공시에 관한 사항
5. 영업의 질서유지에 관한 사항
6. 영업방법에 관한 사항
7. 장내파생상품 및 장외파생상품의 거래규모의 제한에 관한 사항
8. 그 밖에 투자자 보호 또는 건전한 거래질서를 위하여 필요한 사항으로서 대통령령으로 정하는 사항
② 제1항에서 정하는 필요한 조치란 다음 각 호에 해당하는 조치를 말한다.
1. 채무불이행 또는 가격변동 등의 위험이 높은 자산의 취득금지 또는 비정상적으로 높은 금리에 의한 수신(受信)의 제한
2. 영업의 양도나 예금·대출 등 금융거래와 관련된 계약의 이전
3. 채무변제행위의 금지
4. 계열회사 등 제3자에 대한 송금·자산이전 등 거래 금지
5. 투자자예탁금 등의 전부 또는 일부의 반환명령이나 지급정지
6. 투자자예탁금 등의 수탁금지 또는 다른 금융투자업자로의 이전
7. 임원의 직무정지나 임원의 직무를 대행하는 관리인의 선임
8. 보유자산의 처분이나 점포·조직의 축소
9. 합병 또는 제3자에 의한 해당 금융기관의 인수
10. 보고 또는 자료의 제출과 제출한 보고서 또는 자료의 공시
11. 영업의 전부 또는 일부 정지
12. 증권 및 파생상품의 매매제한
13. 파생상품의 거래규모 제한
14. 그 밖에 제1호부터 제13호까지에 준하는 조치로서 대통령령으로 정하는 조치
(2023.3.21 본항신설)
③ 제2항제7호에 따라 금융위원회가 선임한 관리인의 권한, 해임, 등기 등에 관하여는 「금융산업의 구조개선에 관한 법률」 제14조의3을 준용한다.(2023.3.21 본항신설)
④ 제1항부터 제3항까지에 따른 조치명령의 세부기준, 절차, 그 밖에 필요한 사항은 대통령령으로 정한다.(2023.3.21 본항신설)
(2008.2.29 본조제목개정)

제417조【승인사항 등】 ① 금융투자업자는 다음 각 호의 어느 하나에 해당하는 행위(겸영금융투자업자의 경우에는 제4호부터 제7호까지에 한한다)를 하고자 하는 경우에는 금융위원회의 승인을 받아야 한다. 다만, 역외투자자문업자 및 역외투자일임업자의 경우에는 제1호부터 제5호까지 및 제8호에 해당하는 행위를 한 날부터 7일 이내에 금융위원회에 보고하여야 한다.(2018.3.27 단서신설)
1. 합병, 분할 또는 분할합병
2. 주식의 포괄적 교환 또는 이전
3. 해산

4. 제6조제1항제1호부터 제3호까지 및 제6호의 어느 하나에 해당하는 금융투자업 전부(이에 준하는 경우를 포함한다)의 양도 또는 양수
5. 제6조제1항제4호 및 제5호의 어느 하나에 해당하는 금융투자업 전부(이에 준하는 경우를 포함한다)의 양도 또는 양수
6. 제6조제1항제1호부터 제3호까지 및 제6호의 어느 하나에 해당하는 금융투자업 전부(이에 준하는 경우를 포함한다)의 폐지
7. 제6조제1항제4호 및 제5호의 어느 하나에 해당하는 금융투자업 전부(이에 준하는 경우를 포함한다)의 폐지
8. 그 밖에 투자자 보호 또는 채권자 보호 등을 위하여 필요한 사항으로서 대통령령으로 정하는 행위

② 금융위원회는 제1항에 따른 승인을 하거나 보고를 받은 경우 그 내용을 관보 및 인터넷 홈페이지 등에 공고하여야 한다.
(2018.3.27 본항개정)

③ 제1항의 승인·보고의 기준·방법, 그 밖의 승인·보고 업무 처리를 위하여 필요한 사항은 대통령령으로 정한다.
(2018.3.27 본항개정)
(2018.3.27 본조제목개정)

제418조【보고사항】 금융투자업자(겸영금융투자업자의 경우에는 제6호부터 제9호까지에 한한다)는 다음 각 호의 어느 하나에 해당하는 경우에는 대통령령으로 정하는 방법에 따라 그 사실을 금융위원회에 보고하여야 한다.(2008.2.29 본문개정)
1. 상호를 변경한 때
2. 정관 중 대통령령으로 정하는 중요한 사항을 변경한 때
3. (2015.7.31 삭제)
4. 최대주주가 변경된 때
5. 대주주 또는 그의 특수관계인의 소유주식이 의결권 있는 발행주식총수의 100분의 1 이상 변동된 때
6. 제6조제1항제1호부터 제3호까지 및 제6호의 어느 하나에 해당하는 금융투자업의 일부를 양도 또는 양수한 때
7. 제6조제1항제4호 및 제5호의 어느 하나에 해당하는 금융투자업의 일부를 양도 또는 양수한 때
8. 제6조제1항제1호부터 제3호까지 및 제6호의 어느 하나에 해당하는 금융투자업의 일부를 폐지한 때
9. 제6조제1항제4호 및 제5호의 어느 하나에 해당하는 금융투자업의 일부를 폐지한 때
10. 지점, 그 밖의 영업소를 신설하거나 폐지한 때
11. 본점의 위치를 변경한 때
12. 본점·지점, 그 밖의 영업소의 영업을 중지하거나 다시 시작한 때
13. 그 밖에 투자자 보호 또는 건전한 거래질서를 위하여 필요한 경우로서 대통령령으로 정하는 경우

제2장 검사 및 조치

제419조【금융투자업자에 대한 검사】 ① 금융투자업자는 그 업무와 재산상황에 관하여 금융감독원장의 검사를 받아야 한다.

② 한국은행은 금융통화위원회가 금융투자업자의 제40조제1항제3호 또는 제4호의 업무와 관련하여 통화신용정책의 수행 및 지급결제제도의 원활한 운영을 위하여 필요하다고 인정하는 때에는 제40조제1항제3호 또는 제4호의 업무를 영위하는 금융투자업자에 대하여 자료제출을 요구할 수 있다. 이 경우 요구하는 자료는 금융투자업자의 업무부담을 충분히 고려하여 필요한 최소한의 범위로 한정하여야 한다.(2020.5.19 전단개정)

③ 한국은행은 금융통화위원회가 통화신용정책의 수행을 위하여 필요하다고 인정하는 때에는 금융투자업자가 영위하는 제40조제1항제3호 또는 제4호의 업무에 대하여 금융감독원장에게 검사를 요구하거나 한국은행과의 공동검사를 요구할 수 있다.(2020.5.19 본항개정)

④ 「한국은행법」 제87조 및 제88조와 「금융위원회의 설치 등에 관한 법률」 제62조는 제2항 및 제3항의 요구 방법 및 절차에 관하여 준용한다.(2008.2.29 본항개정)

⑤ 금융감독원장은 제1항의 검사를 함에 있어서 필요하다고 인정되는 경우에는 금융투자업자에게 업무 또는 재산에 관한 보고, 자료의 제출, 증인의 출석, 증언 및 의견의 진술을 요구할 수 있다.

⑥ 제1항에 따라 검사를 하는 자는 그 권한을 표시하는 증표를 지니고 이를 관계자에게 내보여야 한다.

⑦ 금융감독원장이 제1항에 따른 검사를 한 경우에는 그 보고서를 금융위원회에 제출하여야 한다. 이 경우 이 법 또는 이 법에 따른 명령이나 처분을 위반한 사실이 있는 때에는 그 처리에 관한 의견서를 첨부하여야 한다.(2008.2.29 본항개정)

⑧ 금융감독원장은 제1항에 따른 검사업무의 일부를 대통령령으로 정하는 바에 따라 거래소 또는 협회에 위탁할 수 있다.

⑨ 금융위원회는 검사의 방법·절차, 검사결과에 대한 조치기준, 그 밖의 검사업무와 관련하여 필요한 사항을 정하여 고시할 수 있다.(2008.2.29 본항개정)

제420조【금융투자업자에 대한 조치】 ① 금융위원회는 금융투자업자가 다음 각 호의 어느 하나에 해당하는 경우에는 제12조에 따른 금융투자업인가, 제16조의2에 따른 업무 단위 추가등록 또는 제18조·제117조의4 및 제249조의3에 따른 금융투자업등록을 취소할 수 있다.(2021.6.8 본문개정)
1. 거짓, 그 밖의 부정한 방법으로 금융투자업의 인가를 받거나 등록한 경우
2. 인가조건 또는 업무 단위 추가등록조건을 위반한 경우
(2021.6.8 본호개정)
3. 제15조제1항에 따른 인가요건, 같은 조 제2항에 따른 업무 단위 추가등록요건 또는 제20조·제117조의4제8항 및 제249조의3제8항에 따른 등록요건의 유지의무를 위반한 경우
(2021.6.8 본호개정)
4. 업무의 정지기간 중에 업무를 한 경우
5. 금융위원회의 시정명령 또는 중지명령을 이행하지 아니한 경우(2008.2.29 본호개정)
6. 별표1 각 호의 어느 하나에 해당하는 경우로서 대통령령으로 정하는 경우
7. 대통령령으로 정하는 금융관련 법령 등을 위반한 경우로서 대통령령으로 정하는 경우
8. 「금융소비자 보호에 관한 법률」 제51조제1항제4호 또는 제5호에 해당하는 경우(2020.3.24 본호신설)
9. 그 밖에 투자자의 이익을 현저히 해할 우려가 있거나 해당 금융투자업을 영위하기 곤란하다고 인정되는 경우로서 대통령령으로 정하는 경우

② 금융투자업자(겸영금융투자업자를 제외한다)는 제1항에 따라 그 업무에 관련된 금융투자업인가와 금융투자업등록이 모두 취소된 경우에는 이로 인하여 해산한다.

③ 금융위원회는 금융투자업자가 제1항 각 호(제6호를 제외한다)의 어느 하나에 해당하거나 별표1 각 호의 어느 하나에 해당하는 경우 또는 「금융회사의 지배구조에 관한 법률」 별표 각 호의 어느 하나에 해당하는 경우(제1호에 해당하는 조치로 한정한다), 「금융소비자 보호에 관한 법률」 제51조제2항 각 호 외의 부분 본문 중 대통령령으로 정하는 경우에 해당하는 경우(제1호에 해당하는 조치로 한정한다)에는 다음 각 호의 어느 하나에 해당하는 조치를 할 수 있다.(2020.3.24 본문개정)
1. 6개월 이내의 업무의 전부 또는 일부의 정지
2. 신탁계약, 그 밖의 계약의 인계명령
3. 위법행위의 시정명령 또는 중지명령
4. 위법행위로 인한 조치를 받았다는 사실의 공표명령 또는 게시명령
5. 기관경고
6. 기관주의
7. 그 밖에 위법행위를 시정하거나 방지하기 위하여 필요한 조치로서 대통령령으로 정하는 조치

제421조【외국 금융투자업자의 지점등의 인가·등록의 취소 등에 대한 특례】 ① 금융위원회는 외국 금융투자업자가 다음 각 호의 어느 하나에 해당하는 경우에는 그 외국 금융투자업자의 지점, 그 밖의 영업소에 대하여 제12조에 따른 금융투자업인가, 제16조의2에 따른 업무 단위 추가등록 또는 제18조·제117조의4 및 제249조의3에 따른 금융투자업등록을 취소할 수 있다.(2021.6.8 본문개정)
1. 해산
2. 파산
3. 합병 또는 영업의 양도 등으로 인한 소멸
4. 국내지점, 그 밖의 영업소가 영위하는 금융투자업에 상당하는 영업의 폐지 또는 인가·등록의 취소

5. 국내지점, 그 밖의 영업소가 영위하는 금융투자업에 상당하는 영업의 중지 또는 정지
6. 외국 법령을 위반한 경우(국내지점, 그 밖의 영업소가 이로 인해 영업 수행이 곤란하다고 인정되는 경우에 한한다)
② 외국 금융투자업자의 지점, 그 밖의 영업소는 제1항 각 호의 어느 하나에 해당하는 사실이 발생한 경우에는 지체 없이 그 사실을 금융위원회에 보고하여야 한다.(2008.2.29 본항개정)
③ 외국 금융투자업자의 지점, 그 밖의 영업소는 제1항에 따라 그 업무에 관련된 금융투자업인가와 금융투자업등록이 모두 취소된 경우에는 지체 없이 청산하여야 한다.
④ 제1항 및 제2항은 역외투자자문업자 또는 역외투자일임업자의 등록취소 등에 관하여 준용한다. 이 경우 제1항 각 호 외의 부분 중 "외국 금융투자업자"는 "역외투자자문업자 또는 역외투자일임업자"로, "외국 금융투자업자의 지점, 그 밖의 영업소"는 "역외투자자문업자 또는 역외투자일임업자"로 보고, 같은 항 제4호 및 제5호 중 "국내지점, 그 밖의 영업소가 영위하는 금융투자업"은 각각 "투자자문업 또는 투자일임업"으로, 같은 항 제6호 중 "국내지점, 그 밖의 영업소"는 "역외투자자문업자 또는 역외투자일임업자"로 보며, 제2항 중 "외국 금융투자업자의 지점, 그 밖의 영업소"는 "역외투자자문업자 또는 역외투자일임업자"로 본다.

제422조【임직원에 대한 조치】 ① 금융위원회는 금융투자업자의 임원이 제420조제1항 각 호(제6호를 제외한다)의 어느 하나에 해당하거나 별표1 각 호의 어느 하나에 해당하는 경우에는 다음 각 호의 어느 하나에 해당하는 조치를 할 수 있다.(2008.2.29 본문개정)
1. 해임요구
2. 6개월 이내의 직무정지
3. 문책경고
4. 주의적 경고
5. 주의
6. 그 밖에 위법행위를 시정하거나 방지하기 위하여 필요한 조치로서 대통령령으로 정하는 조치
② 금융위원회는 금융투자업자의 직원이 제420조제1항 각 호(제6호를 제외한다)의 어느 하나에 해당하거나 별표1 각 호의 어느 하나에 해당하는 경우에는 다음 각 호의 어느 하나에 해당하는 조치를 그 금융투자업자에게 요구할 수 있다.(2008.2.29 본문개정)
1. 면직
2. 6개월 이내의 정직
3. 감봉
4. 견책
5. 경고
6. 주의
7. 그 밖에 위법행위를 시정하거나 방지하기 위하여 필요한 조치로서 대통령령으로 정하는 조치
③ 금융위원회는 제1항 또는 제2항에 따라 금융투자업자의 임직원에 대하여 조치를 하거나 이를 요구하는 경우 그 임직원에 대하여 관리·감독의 책임이 있는 임직원에 대한 조치를 함께 하거나 이를 요구할 수 있다. 다만, 관리·감독의 책임이 있는 자가 그 임직원의 관리·감독에 상당한 주의를 다한 경우에는 조치를 감면할 수 있다.(2008.2.29 본문개정)

제423조【청문】 금융위원회는 다음 각 호의 어느 하나에 해당하는 처분 또는 조치를 하고자 하는 경우에는 청문을 실시하여야 한다.(2008.2.29 본문개정)
1. 제77조의2제4항에 따른 종합금융투자사업자에 대한 지정의 취소
2. 제323조의20제1항에 따른 금융투자상품거래청산회사에 대한 인가의 취소
3. 제323조의20제3항 또는 제4항에 따른 금융투자상품거래청산회사 임직원에 대한 해임요구 또는 면직요구
4. 제335조의15제1항에 따른 신용평가회사에 대한 인가의 취소
5. 제335조의15제3항 또는 제4항에 따른 신용평가회사 임직원에 대한 해임요구 또는 면직요구
6. 제411조제1항에 따른 거래소허가의 취소
7. 제411조제3항 또는 제4항에 따른 거래소 임직원에 대한 해임요구 또는 면직요구
(2013.5.28 1호~7호신설)
8. 제420조제1항 또는 제421조제1항(같은 조 제4항에서 준용하는 경우를 포함한다)에 의한 금융투자업에 대한 인가·등록의 취소
9. 제422조에 의한 금융투자업자 임직원에 대한 해임요구 또는 면직요구

제424조【처분 등의 기록 및 공시 등】 ① 금융위원회는 제420조부터 제422조까지의 규정에 따라 처분 또는 조치한 경우에는 그 내용을 기록하고 이를 유지·관리하여야 한다.
② 금융위원회는 제420조제1항·제3항 또는 제421조제1항(같은 조 제4항에서 준용하는 경우를 포함한다)에 따라 조치를 취한 경우 그 사실을 관보 및 인터넷 홈페이지 등에 공고하여야 한다.
③ 금융위원회는 금융투자업자의 퇴임한 임원 또는 퇴직한 직원이 재임 또는 재직 중이었다면 제422조제1항제1호부터 제5호까지 또는 같은 조 제2항제1호부터 제6호까지에 해당하는 조치를 받았을 것으로 인정되는 경우에는 그 조치의 내용을 해당 금융투자업자에게 통보할 수 있다. 이 경우 통보를 받은 금융투자업자는 이를 퇴임·퇴직한 해당 임직원에게 통보하여야 한다.(2017.4.18 본항개정)
④ 제1항은 금융투자업자가 금융위원회의 조치요구에 따라 그 임직원을 조치한 경우 및 제3항에 따라 통보를 받은 경우에 준용한다.
⑤ 금융투자업자 또는 그 임직원(임직원이었던 자를 포함한다)은 금융위원회에 자기에 대한 제420조부터 제422조까지의 규정에 따른 처분 또는 조치 여부 및 그 내용을 조회할 수 있다.
⑥ 금융위원회는 제5항의 조회요청을 받은 경우에는 정당한 사유가 없는 한 처분 또는 조치 여부 및 그 내용을 그 조회요청자에게 통보하여야 한다.
(2008.2.29 본조개정)

제425조【금융투자업인가 취소처분 등에 대한 이의신청 특례】 ① 제420조제1항·제3항, 제421조제1항·제4항, 제422조제1항제2호부터 제6호까지 및 같은 조 제3항(제1항제2호부터 제6호까지의 어느 하나에 해당하는 조치에 한한다)에 따른 처분 또는 조치에 대하여 불복하는 자는 그 처분 또는 조치의 고지를 받은 날부터 30일 이내에 그 사유를 갖추어 금융위원회에 이의를 신청할 수 있다.
② 금융위원회는 제1항에 따른 이의신청을 받으면 그 신청을 받은 날부터 60일 이내에 그 이의신청에 대한 결과를 신청인에게 통지하여야 한다. 다만, 부득이한 사유로 60일 이내에 통지할 수 없는 경우에는 그 기간을 만료일 다음 날부터 기산하여 30일의 범위에서 한 차례 연장할 수 있다.(2023.9.14 본항개정)
③ 제1항 및 제2항에서 규정한 사항 외에 처분에 대한 이의신청에 관한 사항은 「행정기본법」 제36조에 따른다.(2023.9.14 본항신설)
(2023.9.14 본조제목개정)
(2008.2.29 본조개정)

제3장 조사 등

제426조【보고 및 조사】 ① 금융위원회(제172조부터 제174조까지, 제176조, 제178조, 제178조의2, 제180조 및 제180조의2부터 제180조의6까지의 규정을 위반한 사항인 경우에는 증권선물위원회를 말한다. 이하 이 조에서 같다)는 이 법 또는 이 법에 따른 명령이나 처분을 위반한 사항이 있거나 투자자 보호 또는 건전한 거래질서를 위하여 필요하다고 인정되는 경우에는 위반행위의 혐의가 있는 자, 그 밖의 관계자에게 참고가 될 보고 또는 자료의 제출을 명하거나 금융감독원장에게 장부·서류, 그 밖의 물건을 조사하게 할 수 있다.(2024.10.22 본항개정)
② 금융위원회는 제1항에 따른 조사를 위하여 위반행위의 혐의가 있는 자, 그 밖의 관계자에게 다음 각 호의 사항을 요구할 수 있다.(2013.5.28 본문개정)
1. 조사사항에 관한 사실과 상황에 대한 진술서의 제출
2. 조사사항에 관한 진술을 위한 출석(2013.5.28 본호개정)
3. 조사에 필요한 장부·서류, 그 밖의 물건의 제출
③ 금융위원회는 제1항에 따른 조사를 함에 있어서 제172조부터 제174조까지, 제176조, 제178조, 제178조의2, 제180조 및 제180조의2부터 제180조의6까지의 규정을 위반한 사항의 조사에 필요하다고 인정되는 경우에는 다음 각 호의 조치를 할 수 있다.(2024.10.22 본문개정)

1. 제2항제3호에 따라 제출된 장부·서류, 그 밖의 물건의 영치
2. 관계자의 사무소 또는 사업장에 대한 출입을 통한 업무·장부·서류, 그 밖의 물건의 조사

④ 금융위원회는 제1항에 따른 조사를 함에 있어서 필요하다고 인정되는 경우에는 금융투자업자, 금융투자업관계기관 또는 거래소에 대통령령으로 정하는 방법에 따라 조사에 필요한 자료의 제출을 요구할 수 있다.(2008.2.29 본항개정)

⑤ 금융위원회는 제1항에 따른 조사 결과 별표15 각 호의 어느 하나에 해당하는 경우에는 시정명령, 그 밖에 대통령령으로 정하는 조치를 할 수 있으며, 조사 및 조치를 함에 있어서 필요한 절차·조치기준, 그 밖에 필요한 사항을 정하여 고시할 수 있다.(2008.2.29 본항개정)

⑥ 거래소는 이상거래의 심리 및 회원에 대한 감리결과 이 법 또는 이 법에 따른 명령이나 처분을 위반한 혐의를 알게 된 경우에는 금융위원회에 통보하여야 한다.(2008.2.29 본항개정)

⑦ 제3항제2호에 따라 조사를 하는 자는 그 권한을 표시하는 증표를 지니고 이를 관계자에게 내보여야 한다.

⑧ 금융위원회는 관계자에 대한 조사실적·처리결과, 그 밖에 관계자의 위법행위를 예방하는데 필요한 정보 및 자료를 대통령령으로 정하는 방법에 따라 공표할 수 있다.(2008.2.29 본항개정)

제426조의2【지급정지】 ① 금융위원회는 제173조의2제2항, 제174조, 제176조, 제178조, 제178조의2, 제180조 또는 제180조의4를 위반한 행위(이하 이 장에서 "특정 불공정거래 행위"라 한다)를 하였다고 판단할 만한 상당한 이유가 있고 불법이익 은닉 방지를 위하여 금융거래를 정지할 상당한 필요가 있다고 인정하는 경우 특정 불공정거래 행위에 사용되었다고 의심되는 계좌의 전부 또는 일부에 대하여 「전기통신금융사기 피해 방지 및 피해금 환급에 관한 특별법」 제2조제1호에 따른 금융회사(이하 이 조에서 "금융회사"라 한다)에 지급정지를 요구할 수 있다.

② 수사기관은 제1항에 따른 지급정지 요구 조치를 금융위원회에 요청할 수 있다.

③ 제1항에 따른 지급정지 기간은 6개월로 한다. 다만, 금융위원회는 불법이익 은닉 방지 등을 위하여 지급정지를 계속할 필요가 있다고 인정하는 경우에는 6개월의 범위에서 1회에 한정하여 연장을 요구할 수 있다.

④ 제1항에 따른 요구를 받은 금융회사는 금융위원회로부터 지급정지 조치를 요구받은 해당 계좌에 대하여 지체 없이 지급정지 조치를 하여야 하고, 그 사실을 해당 계좌의 명의인과 금융위원회에 통지하여야 한다. 다만, 명의인의 소재를 알 수 없는 경우에는 금융회사의 인터넷 홈페이지 등에 지급정지 조치에 관한 사실을 공개하여야 한다.

⑤ 수사기관은 도주 또는 증거인멸 등의 우려가 있는 경우 금융회사에 명의인에 대한 통지를 유예할 것을 요청할 수 있다. 이 경우 금융회사는 제4항에 따른 통지를 유예하여야 한다.

⑥ 제1항에 따른 요구를 받은 금융회사에 종사하는 사람은 지급정지 조치가 완료되기 전 또는 제5항에 따른 통지 유예기간 동안 이를 명의인 등 제3자에게 누설하여서는 아니 된다.

⑦ 금융위원회는 다음 각 호의 어느 하나에 해당하는 경우 제4항에 따라 지급정지된 계좌에 대하여 지급정지의 일부나 전부를 해제할 수 있다. 다만, 제1호 또는 제2호에 해당하는 경우에는 지급정지를 해제하여야 한다.

1. 명의인이 특정 불공정거래 행위에 관여하지 아니하였다는 사실이 인정되는 경우
2. 해당 계좌가 불법이익 은닉에 사용된 계좌가 아니라는 사실이 객관적인 자료 등으로 소명되는 경우
3. 수사기관에 대한 고발·통보 등이 이루어졌고, 수사기관에 의한 추징보전절차 등이 진행되어 더 이상 지급정지의 필요성이 인정되지 아니하는 경우
4. 지급정지를 한 날부터 12개월이 지날 때까지 특정 불공정거래 행위 여부에 대한 증권선물위원회 의결이 존재하지 아니하는 경우
5. 그 밖에 지급정지를 유지할 필요성 등을 고려하여 대통령령으로 정하는 경우

⑧ 제1항부터 제7항까지에 따른 지급정지의 대상, 요건, 절차, 통지 등에 필요한 사항은 대통령령으로 정한다.
(2024.10.22 본조신설)

제426조의3【불공정거래행위자에 대한 거래 및 임원선임 제한】 ① 금융위원회는 투자자를 보호하고 건전한 거래 질서를 유지하기 위하여 제426조에 따른 조사 결과 특정 불공정거래 행위를 한 자에 대하여 일정 기간(이하 이 조에서 "제한기간"이라 한다) 동안 다음 각 호의 어느 하나에 해당하는 행위를 제한하는 명령(이하 이 조에서 "제한명령"이라 한다)을 할 수 있다.

1. 누구의 명의로든지 자기의 계산으로 행하는 금융투자상품의 계좌 개설, 매매, 대여, 차입 및 그 밖의 거래. 다만, 거래의 성격, 그 밖의 사정 등을 고려하여 대통령령으로 정하는 경우는 제외한다.
2. 주권상장법인, 그 밖에 대통령령으로 정하는 법인(이하 이 조에서 "주권상장법인등"이라 한다)의 임원〔「상법」에 따른 집행임원, 「금융회사의 지배구조에 관한 법률」 제2조제5호에 따른 업무집행책임자(이 경우 "금융회사"는 "주권상장법인등"으로 본다)를 포함한다〕으로서의 선임·재임(在任)

② 제1항에 따른 제한기간을 정할 때 금융위원회는 다음 각 호의 사항을 고려하여야 하며, 제한기간은 5년을 초과하여서는 아니 된다.

1. 위반행위의 내용 및 정도
2. 위반행위의 기간 및 횟수
3. 위반행위로 인하여 취득한 이익의 규모

③ 금융위원회는 제1항제1호(같은 호 단서는 제외한다)에 따른 거래가 제한되는 자(이하 이 조에서 "거래제한대상자"라 한다)에 관한 다음 각 호의 정보 중 거래제한 조치에 필요한 정보를 금융투자업자(겸영금융투자업자를 포함한다), 금융투자업관계기관 또는 거래소에 통보하여야 한다.

1. 거래제한대상자의 인적사항 및 거래제한대상자가 보유한 금융투자상품 계좌정보
2. 제한명령의 내용 및 제한기간
3. 그 밖에 대통령령으로 정하는 정보

④ 금융투자업자는 제3항에 따라 통보받은 거래제한대상자로부터 금융투자상품의 거래 요청을 받은 경우 제1항제1호(같은 호 단서는 제외한다)에 해당하는 거래에 대해서는 이를 거부하여야 한다. 이 경우 거래제한대상자의 거래 요청 사실(제3항제1호의 정보를 포함한다. 이하 같다) 및 그 거부 또는 처리결과를 금융위원회 및 거래소에 통보하여야 한다.

⑤ 거래소는 금융투자업자가 제4항을 위반한 혐의를 알게 된 경우에는 이를 금융위원회에 통보하여야 한다.

⑥ 주권상장법인등은 제1항제2호에 따른 임원으로서의 선임·재임이 제한되는 자(이하 이 조에서 "임원선임·재임제한대상자"라 한다)를 임원으로 선임할 수 없다. 임원선임·재임제한대상자가 임원으로 재임 중인 경우에는 해당 임원을 지체 없이 해임하여야 한다.

⑦ 금융위원회는 다음 각 호의 어느 하나에 해당하는 경우 각 호의 구분에 따른 조치 및 그 밖에 시정에 필요한 조치를 할 수 있다.

1. 거래제한대상자가 제한명령을 위반하여 금융투자상품을 취득한 경우 : 6개월 이내의 범위에서 기간을 정하여 내리는 해당 금융투자상품의 처분명령
2. 주권상장법인등이 제6항 전단을 위반하여 임원선임·재임제한대상자를 임원으로 선임하거나 같은 항 후단을 위반하여 임원선임·재임제한대상자를 해임하지 아니한 경우 : 해당 임원선임·재임제한대상자의 해임 요구

⑧ 제1항부터 제7항까지에 따른 제한명령의 절차·기준, 거래제한대상자 통보 방법·절차, 시정에 필요한 조치의 구체적 내용·절차 및 그 밖에 필요한 사항은 대통령령으로 정한다.
(2024.10.22 본조신설)

제427조【불공정거래 조사를 위한 압수·수색】 ① 증권선물위원회는 제172조부터 제174조까지, 제176조, 제178조, 제178조의2, 제180조 및 제180조의2부터 제180조의5까지의 규정을 위반한 행위(이하 이 조에서 "위반행위"라 한다)를 조사하기 위하여 필요하다고 인정되는 경우에는 금융위원회 소속공무원 중 대통령령으로 정하는 자(이하 이 조에서 "조사공무원"이라 한다)에게 위반행위의 혐의가 있는 자를 심문하거나 물건을 압수 또는 사업장 등을 수색하게 할 수 있다.(2021.1.5 본항개정)

② 조사공무원이 위반행위를 조사하기 위하여 압수 또는 수색을 하는 경우에는 검사의 청구에 의하여 법관이 발부한 압수·수색영장이 있어야 한다.

③ 조사공무원이 제1항에 따라 심문·압수·수색을 하는 경우에는 그 권한을 표시하는 증표를 지니고 이를 관계자에게 내보여야 한다.
④ 형사소송법 중 압수·수색과 압수·수색영장의 집행 및 압수물 환부(還付) 등에 관한 규정은 이 법에 규정된 압수·수색과 압수·수색영장에 관하여 준용한다.
⑤ 조사공무원이 영치·심문·압수 또는 수색을 한 경우에는 그 전 과정을 기재하여 입회인 또는 심문을 받은 자에게 확인시킨 후 그와 함께 기명날인 또는 서명하여야 한다. 이 경우 입회인 또는 심문을 받은 자가 기명날인 또는 서명을 하지 아니하거나 할 수 없는 때에는 그 사유를 덧붙여 적어야 한다.
⑥ 조사공무원이 위반행위의 조사를 완료한 경우에는 그 결과를 증권선물위원회에 보고하여야 한다.

제427조의2【조사권한의 남용 금지】 ① 조사공무원 및 제426조에 따라 조사업무를 수행하는 금융감독원 소속 직원(이하 "조사원"이라 한다)은 이 법의 시행을 위하여 필요한 최소한의 범위 안에서 조사를 행하여야 하며, 다른 목적 등을 위하여 조사권을 남용하여서는 아니 된다.
② 금융위원회는 조사원의 조사권 남용을 방지하고 조사절차의 적법성을 보장하기 위한 구체적 기준을 정하여 고시할 수 있다.
(2013.5.28 본조신설)

제4장 과징금

제428조【금융투자업자에 대한 과징금】 ① 금융위원회는 금융투자업자가 제34조제1항제1호·제2호와 같은 조 제2항 및 제77조의3제9항을 위반한 경우에는 그 금융투자업자에 대하여 다음 각 호의 구분에 따른 위반금액을 초과하지 아니하는 범위에서 과징금을 부과할 수 있다.(2018.3.27 본문개정)
1. 제34조제1항제1호를 위반한 경우에는 취득금액
2. 제34조제1항제2호를 위반한 경우에는 허용비율을 초과하는 취득금액
3. 제34조제2항을 위반한 경우에는 신용공여액
(2013.5.28 1호~3호신설)
4. (2017.4.18 삭제)
5. 제77조의3제9항을 위반한 경우에는 신용공여액(2018.3.27 본호개정)
② 금융위원회는 금융투자업자가 제77조의3제5항부터 제7항까지를 위반한 경우(제77조의3제8항에 해당하는 경우는 제외한다)에는 그 금융투자업자에 대하여 허용금액을 초과한 신용공여액의 100분의 40을 초과하지 아니하는 범위에서 과징금을 부과할 수 있다.(2018.3.27 본항개정)
③ 금융위원회는 금융투자업자에 대하여 제420조제3항에 따라 업무정지처분을 부과할 수 있는 경우에는 이에 갈음하여 업무정지기간의 이익의 범위에서 과징금을 부과할 수 있다.
④ 금융위원회는 금융투자업자 및 그 임직원이 제54조제2항(제42조제10항, 제52조제6항, 제199조제5항, 제255조, 제260조, 제265조, 제289조, 제304조, 제323조의17, 제328조 또는 제367조에서 준용하는 경우를 포함한다)을 위반한 경우에는 그 금융투자업자, 임직원 및 정보교류 차단의 대상이 되는 정보를 제공받아 이용한 자에게 그 위반행위와 관련된 거래로 얻은 이익(미실현 이익을 포함한다) 또는 이로 인하여 회피한 손실액의 1.5배에 상당하는 금액 이하의 과징금을 부과할 수 있다.
(2020.5.19 본항신설)
(2008.2.29 본조개정)

제429조【공시위반에 대한 과징금】 ① 금융위원회는 제125조제1항 각 호의 어느 하나에 해당하는 자가 다음 각 호의 어느 하나에 해당하는 경우(제125조제1항제3호 또는 제4호의 자나 같은 항 제6호의 투자설명서를 교부한 자는 제1호에 해당하는 경우로 한정한다)에는 증권신고서상의 모집가액 또는 매출가액의 100분의 3(20억원을 초과하는 경우에는 20억원)을 초과하지 아니하는 범위에서 과징금을 부과할 수 있다.(2025.1.21 본문개정)
1. 제119조, 제122조 또는 제123조에 따른 신고서·설명서, 그 밖의 제출서류 중 중요사항에 관하여 거짓의 기재 또는 표시를 하거나 중요사항을 기재 또는 표시하지 아니한 때
2. 제119조, 제122조 또는 제123조에 따른 신고서·설명서, 그 밖의 제출서류를 제출하지 아니한 때
② 금융위원회는 제142조제1항 각 호의 어느 하나에 해당하는 자가 다음 각 호의 어느 하나에 해당하는 경우에는 공개매수신고서에 기재된 공개매수예정총액의 100분의 3(20억원을 초과하는 경우에는 20억원)을 초과하지 아니하는 범위에서 과징금을 부과할 수 있다. 이 경우 공개매수예정총액은 공개매수할 주식등의 수량을 공개매수가격으로 곱하여 산정한 금액으로 한다.(2008.2.29 전단개정)
1. 제134조, 제136조 또는 제137조에 따른 신고서·설명서, 그 밖의 제출서류 또는 공고 중 중요사항에 관하여 거짓의 기재 또는 표시를 하거나 중요사항을 기재 또는 표시하지 아니한 때
2. 제134조, 제136조 또는 제137조에 따른 신고서·설명서, 그 밖의 제출서류를 제출하지 아니하거나 공고하여야 할 사항을 공고하지 아니한 때
③ 금융위원회는 사업보고서 제출대상법인이 다음 각 호의 어느 하나에 해당하는 경우에는 직전 사업연도 중에 증권시장(다자간매매체결회사에서의 거래를 포함한다. 이하 이 항에서 같다)에서 형성된 그 법인이 발행한 주식(그 주식과 관련된 증권예탁증권을 포함한다. 이하 이 항에서 같다)의 일일평균거래금액의 100분의 10(10억원 미만인 경우에는 10억원, 20억원을 초과하거나 그 법인이 발행한 주식이 증권시장에서 거래되지 아니한 경우에는 20억원)을 초과하지 아니하는 범위에서 과징금을 부과할 수 있다.
1. 제159조, 제160조 또는 제161조제1항에 따라 제출하여야 하는 사업보고서등 중 중요사항에 관하여 거짓의 기재 또는 표시를 하거나 중요사항을 기재 또는 표시하지 아니한 때
2. 제159조, 제160조 또는 제161조제1항에 따라 제출하여야 하는 사업보고서등을 제출하지 아니한 때
(2025.1.21 본항개정)
④ 금융위원회는 제147조제1항에 따라 보고를 하여야 할 자가 다음 각 호의 어느 하나에 해당하는 경우에는 같은 항에 따른 주권상장법인이 발행한 주식의 시가총액(대통령령으로 정하는 방법에 따라 산정된 금액으로 한다)의 1만분의 1(5억원을 초과하는 경우에는 5억원)을 초과하지 아니하는 범위에서 과징금을 부과할 수 있다.(2025.1.21 본문개정)
1. 제147조제1항·제3항 또는 제4항을 위반하여 보고를 하지 아니한 경우
2. 제147조에 따른 보고서류 또는 제151조제2항에 따른 정정보고서 중 대통령령으로 정하는 중요한 사항에 관하여 거짓의 기재 또는 표시를 하거나 중요한 사항을 기재 또는 표시하지 아니한 경우
(2013.5.28 본항개정)
⑤ 금융위원회는 제173조의3에 따라 거래계획 등을 보고하여야 하는 자가 다음 각 호의 어느 하나에 해당하는 경우에는 같은 조에 따른 주권상장법인이 발행한 주식의 시가총액(대통령령으로 정하는 방법에 따라 산정된 금액으로 한다)의 1만분의 2(20억원을 초과하는 경우에는 20억원)를 초과하지 아니하는 범위에서 과징금을 부과할 수 있다.
1. 거래계획에 대통령령으로 정하는 중요사항을 기재 또는 표시하지 아니하거나 거짓으로 기재 또는 표시한 때
2. 제173조의3제1항을 위반하여 거래계획을 보고하지 아니하고 특정증권등의 거래등을 한 때
3. 제173조의3제2항을 위반하여 거래기간의 종료일 이전에 새로운 거래계획을 보고한 때
4. 제173조의3제3항을 위반하여 거래계획에 따라 특정증권등의 거래등을 하지 아니한 때
5. 제173조의3제4항을 위반하여 거래계획을 철회한 때
(2024.1.23 본항신설)
⑥ 제1항부터 제5항까지의 규정에 따른 과징금은 각 해당 규정의 위반행위가 있었던 때부터 5년이 경과하면 이를 부과하여서는 아니 된다.(2024.1.23 본항개정)

제429조의2【불공정거래행위 등에 대한 과징금】 ① 금융위원회는 다음 각 호의 어느 하나에 해당하는 자에 대하여 그 위반행위로 얻은 이익(미실현 이익을 포함한다. 이하 이 조에서 같다) 또는 이로 인하여 회피한 손실액의 2배에 상당하는 금액 이하의 과징금을 부과할 수 있다. 다만, 그 위반행위와 관련된 거래로 얻은 이익 또는 이로 인하여 회피한 손실액이 없거나 산정하기 곤란한 경우에는 40억원 이하의 과징금을 부과할 수 있다.

1. 제173조의2제2항을 위반하여 파생상품시장에서의 시세에 영향을 미칠 수 있는 정보를 누설하거나, 장내파생상품 및 그 기초자산의 매매나 그 밖의 거래에 이용하거나, 타인으로 하여금 이용하게 한 자
2. 제174조를 위반하여 미공개중요정보 이용행위를 한 자
3. 제176조를 위반하여 시세조종행위 등을 한 자
4. 제178조를 위반하여 부정거래행위 등을 한 자

② 금융위원회는 제1항에 따라 과징금을 부과할 때 동일한 위반행위로 제443조제1항 또는 제445조제22호의2에 따라 벌금을 부과받은 경우에는 제1항의 과징금 부과를 취소하거나 벌금에 상당하는 금액(몰수나 추징을 당한 경우 해당 금액을 포함한다)의 전부 또는 일부를 과징금에서 제외할 수 있다.
③ 검찰총장은 금융위원회가 제1항에 따라 과징금을 부과하기 위하여 수사 관련 자료를 요구하는 경우에는 필요하다고 인정되는 범위에서 이를 제공할 수 있다.
④ 금융위원회는 제178조의2를 위반한 자에 대하여 5억원 이하의 과징금을 부과할 수 있다. 다만, 그 위반행위와 관련된 거래로 얻은 이익 또는 이로 인하여 회피한 손실액의 1.5배에 해당하는 금액이 5억원을 초과하는 경우에는 그 이익 또는 회피한 손실액의 1.5배에 상당하는 금액 이하의 과징금을 부과할 수 있다.
(2023.7.18 본조개정)

제429조의3【위법한 공매도에 대한 과징금】 ① 금융위원회는 제180조를 위반하여 상장증권에 대하여 허용되지 아니하는 방법으로 공매도를 하거나 공매도 주문을 위탁 또는 수탁한 자에 대하여 다음 각 호의 구분에 따른 위반금액을 초과하지 아니하는 범위에서 과징금을 부과할 수 있다.
1. 공매도를 하거나 공매도 주문을 위탁한 경우에는 제180조를 위반한 공매도 주문금액
2. 공매도 주문을 수탁한 경우에는 제180조를 위반한 공매도 주문금액

② 금융위원회는 제180조의4를 위반한 자에 대하여 5억원 이하의 과징금을 부과할 수 있다. 다만, 그 위반행위와 관련된 거래로 얻은 이익(미실현 이익을 포함한다. 이하 이 항에서 같다) 또는 이로 인하여 회피한 손실액의 1.5배에 해당하는 금액이 5억원을 초과하는 경우에는 그 이익 또는 회피한 손실액의 1.5배에 상당하는 금액 이하의 과징금을 부과할 수 있다.
③ 금융위원회는 제1항에 따른 과징금을 부과할 때 동일한 위반행위로 제443조제1항제10호에 따라 벌금을 부과받은 경우에는 과징금 부과를 취소하거나 벌금에 상당하는 금액의 전부 또는 일부를 과징금에서 제외할 수 있다.
(2021.1.5 본조신설)

제430조【과징금의 부과】 ① 제428조, 제429조(제4항은 제외한다) 및 제429조의3제1항제2호에 따른 과징금의 부과는 과징금부과대상자에게 각 해당 규정의 위반행위에 대하여 고의 또는 중대한 과실이 있는 경우에 한한다.(2021.1.5 본항개정)
② 금융위원회는 제428조, 제429조, 제429조의2 및 제429조의3에 따라 과징금을 부과하는 경우에는 대통령령으로 정하는 기준에 따라 다음 각 호의 사항을 고려하여야 한다.(2021.1.5 본문개정)
1. 위반행위의 내용 및 정도
2. 위반행위의 기간 및 회수
3. 위반행위로 인하여 취득한 이익의 규모
4. 업무정지기간(제428조제3항에 따라 과징금을 부과하는 경우만 해당한다)(2017.4.18 본호개정)

③ 금융위원회는 이 법을 위반한 법인이 합병을 하는 경우 그 법인이 행한 위반행위는 합병 후 존속하거나 합병에 의하여 신설된 법인이 행한 행위로 보아 과징금을 부과·징수할 수 있다.(2008.2.29 본항개정)
④ 과징금의 부과에 관하여 필요한 사항은 대통령령으로 정한다.

제431조【의견제출】 ① 금융위원회는 과징금을 부과하기 전에 미리 당사자 또는 이해관계인 등에게 의견을 제출할 기회를 주어야 한다.
② 제1항에 따른 당사자 또는 이해관계인 등은 금융위원회의 회의에 출석하여 의견을 진술하거나 필요한 자료를 제출할 수 있다.
③ 당사자 또는 이해관계인 등은 제2항에 따른 의견 진술 등을 하는 경우 변호인의 도움을 받거나 그를 대리인으로 지정할 수 있다.(2013.5.28 본항신설)
(2008.2.29 본조개정)

제432조【과징금 부과처분에 대한 이의신청 특례】 제428조, 제429조, 제429조의2 및 제429조의3에 따른 과징금 부과처분에 대한 이의신청에 관하여는 제425조를 준용한다.(2023.9.14 본조개정)

제433조【과징금의 납부기한 연기 및 분할 납부】 ① 금융위원회는 과징금을 부과받은 자(이하 "과징금납부의무자"라 한다)에 대하여 「행정기본법」 제29조 단서에 따라 과징금 납부기한을 연기하거나 과징금을 분할 납부하게 할 수 있으며, 이 경우 필요하다고 인정하면 담보를 제공하게 할 수 있다.
② 과징금납부의무자는 제1항에 따라 과징금의 납부기한을 연기받거나 분할 납부를 하려는 경우에는 그 납부기한의 10일 전까지 금융위원회에 신청하여야 한다.
③ 금융위원회는 제1항에 따라 과징금 납부기한이 연기되거나 분할 납부가 허용된 과징금납부의무자가 다음 각 호의 어느 하나에 해당하게 된 때에는 그 납부기한의 연기 또는 분할 납부 결정을 취소하고 과징금을 일시에 징수할 수 있다.
1. 분할 납부하기로 한 과징금을 그 납부기한까지 내지 아니한 경우
2. 담보 제공 요구에 따르지 아니하거나 제공된 담보의 가치를 훼손하는 행위를 한 경우
3. 강제집행, 경매의 개시, 파산선고, 법인의 해산, 국세 강제징수 또는 지방세 체납처분 등의 사유로 과징금의 전부 또는 나머지를 징수할 수 없다고 인정되는 경우
4. 「행정기본법」 제29조 각 호의 사유가 해소되어 과징금을 한꺼번에 납부할 수 있다고 인정되는 경우
5. 그 밖에 제1호부터 제4호까지에 준하는 사유가 있는 경우

④ 제1항부터 제3항까지에서 규정한 사항 외에 과징금의 납부기한 연기, 분할 납부 또는 담보 제공 등에 관하여 필요한 사항은 대통령령으로 정한다.
(2023.9.14 본조개정)

제434조【과징금의 징수 및 체납처분】 ① 금융위원회는 과징금납부의무자가 납부기한 내에 과징금을 납부하지 아니한 경우에는 납부기한의 다음 날부터 납부한 날의 전일까지의 기간에 대하여 대통령령으로 정하는 가산금을 징수할 수 있다.
(2008.2.29 본항개정)
② 금융위원회는 과징금납부의무자가 납부기한 내에 과징금을 납부하지 아니한 경우에는 기간을 정하여 독촉을 하고, 그 지정한 기간 이내에 과징금 및 제1항에 따른 가산금을 납부하지 아니한 경우에는 국세체납처분의 예에 따라 징수할 수 있다.
(2008.2.29 본항개정)
③ 금융위원회는 제1항 및 제2항에 따른 과징금 및 가산금의 징수 또는 체납처분에 관한 업무를 국세청장에게 위탁할 수 있다.(2008.2.29 본항개정)
④ 금융위원회는 체납된 과징금의 징수를 위하여 필요하다고 인정되는 경우에는 「국세기본법」 및 「지방세기본법」에 따라 문서로서 해당 세무관서의 장이나 지방자치단체의 장에게 과세정보의 제공을 요청할 수 있다. 이 경우 과세정보의 제공을 요청받은 자는 정당한 사유가 없으면 그 요청에 따라야 한다.
(2014.12.30 본항신설)
⑤ 제1항부터 제4항까지의 규정 외에 과징금 또는 가산금의 징수에 관하여 필요한 사항은 대통령령으로 정한다.
(2014.12.30 본항개정)

제434조의2【과오납금의 환급】 ① 금융위원회는 과징금 납부의무자가 이의신청의 재결 또는 법원의 판결 등의 사유로 과징금 과오납금의 환급을 청구하는 경우에는 지체 없이 환급하여야 하며, 과징금 납부의무자의 청구가 없어도 금융위원회가 확인한 과오납금은 환급하여야 한다.
② 금융위원회는 제1항에 따라 과오납금을 환급하는 경우 환급받을 자가 금융위원회에 납부하여야 하는 과징금이 있으면 환급하는 금액을 과징금에 충당할 수 있다.
(2009.2.3 본조신설)

제434조의3【환급가산금】 금융위원회는 제434조의2제1항에 따라 과징금을 환급하는 경우에는 과징금을 납부한 날부터 환급한 날까지의 기간에 대하여 대통령령으로 정하는 가산금

이율을 적용하여 환급가산금을 환급받을 자에게 지급하여야 한다.(2009.2.3 본조신설)

제434조의4【결손처분】 금융위원회는 과징금 납부의무자에게 다음 각 호의 어느 하나에 해당하는 사유가 있으면 결손처분을 할 수 있다.

1. 체납처분이 끝나고 체납액에 충당된 배분금액이 체납액에 미치지 못하는 경우
2. 징수금 등의 징수권에 대한 소멸시효가 완성된 경우
3. 체납자의 행방이 분명하지 아니하거나 재산이 없다는 것이 판명된 경우
4. 체납처분의 목적물인 총재산의 추산가액이 체납처분 비용에 충당하면 남을 여지가 없음이 확인된 경우
5. 체납처분의 목적물인 총재산이 징수금 등보다 우선하는 국세, 지방세, 전세권·질권·저당권 및 「동산·채권 등의 담보에 관한 법률」에 따른 담보권으로 담보된 채권 등의 변제에 충당하면 남을 여지가 없음이 확인된 경우(2010.6.10 본호개정)
6. 그 밖에 징수할 가망이 없는 경우로서 대통령령으로 정하는 사유에 해당하는 경우

(2009.2.3 본조신설)

제9편 보 칙

제435조【위법행위의 신고 및 신고자 보호】 ① 누구든지 제4편의 불공정거래행위, 그 밖에 이 법의 위반행위를 알게 되었거나 이를 강요 또는 제의받은 경우에는 금융위원회(제172조부터 제174조까지, 제176조, 제178조, 제178조의2, 제180조 및 제180조의2부터 제180조의6까지의 규정을 위반한 사항인 경우에는 증권선물위원회를 말한다. 이하 이 조에서 같다)에 신고 또는 제보할 수 있다.(2024.10.22 본항개정)

② 금융위원회는 제1항에 따른 신고 또는 제보를 받은 경우에는 이를 신속하게 처리하고, 그 처리결과를 신고자 또는 제보자(이하 이 조에서 "신고자등"이라 한다)에게 통지하여야 한다.
(2009.2.3 본항개정)

③ (2009.2.3 삭제)

④ 금융위원회는 제1항에 따라 신고 또는 제보를 받은 경우 신고자등의 신분 등에 관한 비밀을 유지하여야 한다.
(2008.2.29 본항개정)

⑤ 신고자등이 소속된 기관·단체 또는 회사는 그 신고자등에 대하여 그 신고 또는 제보와 관련하여 직접 또는 간접적인 방법으로 불리한 대우를 하여서는 아니 된다.

⑥ 신고자등이 신고의 내용이 거짓이라는 사실을 알았거나 알 수 있었음에도 불구하고 신고한 경우에는 이 법의 보호를 받지 못한다.

⑦ 금융위원회는 신고자등에 대하여 포상금을 지급할 수 있다.
(2008.2.29 본항개정)

⑧ 제1항부터 제7항까지에 규정한 사항 외에 신고의 방법 및 처리, 신고자등에 대한 통지방법, 신고자등의 보호와 포상금 지급 등에 관한 사항은 대통령령으로 정한다.(2009.2.3 본항개정)

제436조【전자문서에 의한 신고 등】 ① 이 법에 따라 금융위원회, 증권선물위원회, 금융감독원장, 거래소, 협회 또는 예탁결제원에 신고서·보고서, 그 밖의 서류 또는 자료 등을 제출하는 경우에는 전자문서의 방법으로 할 수 있다.(2008.2.29 본항개정)

② 제1항의 전자문서에 의한 신고 등의 방법 및 절차, 그 밖에 필요한 사항은 대통령령으로 정한다.

제437조【외국금융투자감독기관과의 정보교환 등】 ① 금융위원회는 외국의 금융투자업 감독기관(이하 이 조에서 "외국금융투자감독기관"이라 한다)과 정보교환을 할 수 있다.
(2008.2.29 본항개정)

② 금융위원회(제172조부터 제174조까지, 제176조, 제178조, 제178조의2, 제180조 및 제180조의2부터 제180조의6까지의 규정을 위반한 사항인 경우에는 증권선물위원회를 말한다. 이하 이 조에서 같다)는 외국금융투자감독기관이 이 법 또는 이 법에 상응하는 외국의 법령을 위반한 행위에 대하여 목적·범위 등을 밝혀 이 법에서 정하는 방법에 따른 조사 또는 검사를 요청하는 경우 이에 협조할 수 있다. 이 경우 금융위원회는 상호주의 원칙에 따라 조사 또는 검사자료를 외국금융투자감독기관에 제공하거나 이를 제공받을 수 있다.(2024.10.22 전단개정)

③ 금융위원회는 다음 각 호의 요건을 모두 충족하는 경우에만 제2항 후단에 따라 외국금융투자감독기관에 조사 또는 검사자료를 제공할 수 있다.(2009.2.3 본문개정)

1. 외국금융투자감독기관에 제공된 조사 또는 검사자료가 제공된 목적 외의 다른 용도로 사용되지 아니할 것
2. 조사 또는 검사자료 및 그 제공사실의 비밀이 유지될 것. 다만, 조사 또는 검사자료가 제공된 목적 범위에서 이 법에 상응하는 외국 법령의 위반과 관련된 처분, 재판 또는 그에 상응하는 절차에 사용되는 경우에는 그러하지 아니하다.
(2009.2.3 단서신설)
3. (2009.2.3 삭제)

④ 거래소는 외국 거래소와 정보교환을 할 수 있다. 이 경우 거래소는 미리 금융위원회와 협의하여야 한다. 다만, 일반인에게 공개된 정보를 교환하는 경우, 그 밖에 대통령령으로 정하는 경우에는 금융위원회와 협의를 하지 아니할 수 있다.
(2008.2.29 본항개정)

⑤ 거래소가 제4항에 따라 정보교환을 하는 경우에는 제2항을 준용한다. 이 경우 제2항 중 "금융위원회"를 각각 "거래소"로 보며, "외국금융투자감독기관"을 각각 "외국 거래소"로, "조사 또는 검사"는 각각 "심리 또는 감리"로 본다.(2009.2.3 본항개정)

제438조【권한의 위임 또는 위탁】 ① (2008.2.29 삭제)

② 금융위원회는 이 법에 따른 권한의 일부를 대통령령으로 정하는 바에 따라 증권선물위원회에 위임할 수 있다.

③ 금융위원회는 이 법에 따른 권한의 일부를 대통령령으로 정하는 바에 따라 거래소 또는 협회에 위탁할 수 있다.

④ 금융위원회 또는 증권선물위원회는 이 법에 따른 권한의 일부를 대통령령으로 정하는 바에 따라 금융감독원장에게 위탁할 수 있다.
(2008.2.29 본조개정)

제439조【증권선물위원회의 심의】 금융위원회는 다음 각 호의 어느 하나에 해당하는 경우에는 미리 증권선물위원회의 심의를 거쳐야 한다.(2008.2.29 본문개정)

1. 다음 각 목의 어느 하나에 해당하는 사항을 정하는 경우
   가. 제131조제1항, 제132조, 제146조제1항 전단 및 제2항, 제151조제1항 전단 및 제2항, 제158조제1항 전단 및 제2항, 제164조제1항 전단 및 제2항에 따른 조사·조치의 절차 및 기준
   나. 제165조의16에 따른 재무관리기준(2009.2.3 본목신설)
   다. 제426조제5항에 따른 금융위원회의 조사·조치의 절차 및 기준(2008.2.29 본목개정)
2. 다음 각 목의 어느 하나에 해당하는 조치·명령 등을 하는 경우
   가. 제132조, 제146조제2항, 제151조제2항, 제158조제2항, 제164조제2항 및 제165조의18에 따른 조치(2013.5.28 본목개정)
   나. 제165조의15제1항제2호에 따른 의결권 없는 주식 발행의 인정(2009.2.3 본목신설)
   다. 제167조제2항에 따른 주식소유비율 한도의 승인
   라. 제416조에 따른 명령
   마. 제426조제5항에 따른 조사결과에 따른 조치
   바. 제426조의2제1항에 따른 지급정지 요구(2024.10.22 본목신설)
   사. 제426조의3에 따른 제한명령(2024.10.22 본목신설)
   아. 제428조, 제429조, 제429조의2 및 제429조의3에 따른 과징금부과처분(2021.1.5 본목개정)
   자. 제449조제3항에 따른 과태료부과처분
3. 그 밖에 금융위원회가 증권선물위원회의 심의가 필요하다고 정하여 고시하는 사항(2008.2.29 본호개정)

제440조【금융감독원장에 대한 지시·감독 등】 ① 금융위원회 또는 증권선물위원회는 이 법에 의한 권한을 행사하는 데에 필요하다고 인정되는 경우에는 금융감독원장에 대하여 지시·감독 및 업무집행방법의 변경, 그 밖에 감독상 필요한 조치를 명할 수 있다.(2008.2.29 본항개정)

② 금융감독원은 이 법에 따라 금융위원회 또는 증권선물위원회의 지시·감독을 받아 다음 각 호의 사항에 관한 업무를 행한다.(2008.2.29 본문개정)

1. 증권신고서에 관한 사항
2. 증권의 공개매수에 관한 사항

3. 이 법에 따라 금융감독원장의 검사를 받아야 하는 기관의 검사에 관한 사항
4. 상장법인의 관리에 관한 사항
5. 상장법인의 기업분석 및 기업내용의 신고에 관한 사항
6. 거래소시장(다자간매매체결회사에서의 거래를 포함한다) 외에서의 증권 및 장외파생상품의 매매의 감독에 관한 사항(2013.5.28 본호개정)
7. 정부로부터 위탁받은 업무
8. 그 밖에 이 법에 따라 부여된 업무
9. 제1호부터 제8호까지의 업무에 부수되는 업무

제441조【금융투자상품 매매의 제한 등】 제63조 및 제383조제1항은 다음 각 호의 자에게 준용한다.
1. 금융위원회의 위원 및 소속 공무원(2008.2.29 본호개정)
2. 증권선물위원회의 위원
3. 금융감독원의 원장·부원장·부원장보·감사 및 소속 직원

제442조【분담금】 ① 금융위원회에 증권신고서를 제출하는 발행인(그 증권이 집합투자증권인 경우에는 집합투자업자를 말한다)은 금융감독원의 운영경비의 일부를 분담하여야 한다.(2013.5.28 본항개정)
② 제1항에 따른 분담금의 분담요율·한도, 그 밖에 분담금의 납부에 관하여 필요한 사항은 대통령령으로 정한다.

제442조의2【위반행위로 얻은 이익의 산정】 제429조의2 및 제429조의3에 따른 위반행위와 관련된 거래로 얻은 이익 또는 이로 인하여 회피한 손실액 및 제443조에 따른 위반행위로 얻은 이익 또는 회피한 손실액은 그 위반행위를 통하여 이루어진 거래로 발생한 총수입에서 그 거래를 위한 총비용을 공제한 차액을 말한다. 이 경우 각 위반행위의 유형별 구체적인 산정 방식은 대통령령으로 정한다.(2023.7.18 본조신설)

제10편 벌 칙

제443조【벌칙】 ① 다음 각 호의 어느 하나에 해당하는 자는 1년 이상의 유기징역 또는 그 위반행위로 얻은 이익 또는 회피한 손실액의 4배 이상 6배 이하에 상당하는 벌금에 처한다. 다만, 그 위반행위로 얻은 이익 또는 회피한 손실액이 없거나 산정하기 곤란한 경우 또는 그 위반행위로 얻은 이익 또는 회피한 손실액의 6배에 해당하는 금액이 5억원 이하인 경우에는 벌금의 상한액을 5억원으로 한다.(2024.10.22 본문개정)
1. 제174조제1항을 위반하여 상장법인의 업무 등과 관련된 미공개중요정보를 특정증권등의 매매, 그 밖의 거래에 이용하거나 타인에게 이용하게 한 자
2. 제174조제2항을 위반하여 주식등에 대한 공개매수의 실시 또는 중지에 관한 미공개정보를 그 주식등과 관련된 특정증권등의 매매, 그 밖의 거래에 이용하거나 타인에게 이용하게 한 자
3. 제174조제3항을 위반하여 주식등의 대량취득·처분의 실시 또는 중지에 관한 미공개정보를 그 주식등과 관련된 특정증권등의 매매, 그 밖의 거래에 이용하거나 타인에게 이용하게 한 자
4. 제176조제1항을 위반하여 상장증권 또는 장내파생상품의 매매에 관하여 그 매매가 성황을 이루고 있는 듯이 잘못 알게 하거나, 그 밖에 타인에게 그릇된 판단을 하게 할 목적으로 같은 항 각 호의 어느 하나에 해당하는 행위를 한 자
5. 제176조제2항을 위반하여 상장증권 또는 장내파생상품의 매매를 유인할 목적으로 같은 항 각 호의 어느 하나에 해당하는 행위를 한 자
6. 제176조제3항을 위반하여 상장증권 또는 장내파생상품의 시세를 고정시키거나 안정시킬 목적으로 그 증권 또는 장내파생상품에 관한 일련의 매매 또는 그 위탁이나 수탁을 한 자
7. 증권 또는 파생상품에 관한 매매등과 관련하여 제176조제4항 각 호의 어느 하나에 해당하는 행위를 한 자(2013.5.28 본호개정)
8. 금융투자상품의 매매(증권의 경우 모집·사모·매출을 포함한다), 그 밖의 거래와 관련하여 제178조제1항 각 호의 어느 하나에 해당하는 행위를 한 자
9. 제178조제2항을 위반하여 금융투자상품의 매매(증권의 경우 모집·사모·매출을 포함한다), 그 밖의 거래를 할 목적이나 그 시세의 변동을 도모할 목적으로 풍문의 유포, 위계의 사용, 폭행 또는 협박을 한 자
10. 제180조를 위반하여 상장증권에 대하여 허용하지 아니하는 방법으로 공매도를 하거나 그 위탁 또는 수탁을 한 자(2021.1.5 본호신설)

② 제1항 각 호의 위반행위로 얻은 이익 또는 회피한 손실액이 5억원 이상인 경우에는 제1항의 징역을 다음 각 호의 구분에 따라 가중한다.(2024.10.22 본문개정)
1. 이익 또는 회피한 손실액이 50억원 이상인 경우에는 무기 또는 5년 이상의 징역(2018.3.27 본호개정)
2. 이익 또는 회피한 손실액이 5억원 이상 50억원 미만인 경우에는 3년 이상의 유기징역(2018.3.27 본호개정)

③ 제1항 또는 제2항에 따라 징역에 처하는 경우에는 10년 이하의 자격정지를 병과(竝科)할 수 있다.

제444조【벌칙】 다음 각 호의 어느 하나에 해당하는 자는 5년 이하의 징역 또는 2억원 이하의 벌금에 처한다.
1. 제11조를 위반하여 금융투자업인가(변경인가를 포함한다)를 받지 아니하고 금융투자업(투자자문업, 투자일임업 및 일반 사모집합투자업은 제외한다)을 영위한 자(2021.4.20 본호개정)
1의2. 제11조의2를 위반하여 계좌 대여를 알선하거나 중개한 자(2021.6.8 본호신설)
1의3. 제16조의2를 위반하여 업무 단위 추가등록을 하지 아니하고 투자매매업 또는 투자중개업을 영위한 자(2021.6.8 본호신설)
1의4. 거짓, 그 밖의 부정한 방법으로 제16조의2에 따른 업무 단위 추가등록을 한 자(2021.6.8 본호신설)
2. 거짓, 그 밖의 부정한 방법으로 제12조에 따른 금융투자업인가(변경인가를 포함한다)를 받은 자
3. 제34조제1항을 위반하여 같은 항 제1호 또는 제2호에 해당하는 행위를 한 자
4. 제34조제2항을 위반하여 신용공여를 한 금융투자업자와 그로부터 신용공여를 받은 자
5. 제35조(제350조에서 준용하는 경우를 포함한다)를 위반하여 대주주(그의 특수관계인을 포함한다) 자신의 이익을 얻을 목적으로 같은 조 각 호의 어느 하나에 해당하는 행위를 한 자
6. 제42조제10항, 제52조제6항 및 제304조에서 준용하는 「금융실명거래 및 비밀보장에 관한 법률」 제4조제1항 또는 제3항부터 제5항까지의 규정을 위반하여 거래정보등을 제삼자에게 제공하거나 누설한 자와 이를 요구한 자
6의2. 제54조제2항(제42조제10항, 제52조제6항, 제199조제5항, 제255조, 제260조, 제265조, 제289조, 제304조, 제323조의17, 제328조 또는 제367조에서 준용하는 경우를 포함한다)을 위반하여 제45조제1항 또는 제2항에 따라 정보교류 차단의 대상이 되는 정보를 정당한 사유 없이 본인이 이용하거나 제삼자에게 이용하게 한 자와 정보교류 차단의 대상이 되는 정보를 제공받아 이용한 자(2020.5.19 본호신설)
7. 제70조를 위반하여 투자자로부터 예탁받은 재산으로 금융투자상품의 매매를 한 자
8. 제71조(제7호를 제외한다), 제85조(제8호를 제외한다), 제98조제1항(제101조의2제1항에서 준용하는 경우를 포함한다)·제2항(제10호를 제외한다) 또는 제108조(제9호를 제외한다)를 위반하여 각 해당 조항 각 호의 어느 하나에 해당하는 행위를 한 자(2024.2.13 본호개정)
8의2. 제77조의3제5항부터 제7항까지(제77조의3제8항에 해당하는 경우는 제외한다)를 위반하여 신용공여를 한 자(2018.3.27 본호개정)
8의3. 제77조의3제8항의 기간 이내에 한도에 적합하도록 하지 아니한 자(2018.3.27 본호개정)
8의4. 제77조의3제9항을 위반하여 신용공여를 한 종합금융투자사업자와 그로부터 신용공여를 받은 자(2018.3.27 본호개정)
9. 제81조제1항을 위반하여 집합투자재산을 운용함에 있어서 같은 항 각 호의 어느 하나에 해당하는 행위를 한 자
10. 제84조제1항을 위반하여 집합투자재산을 운용함에 있어서 이해관계인과 거래행위를 한 자
11. 제87조제2항부터 제5항(제186조제2항에서 준용하는 경우를 포함한다)까지 또는 제112조제2항부터 제5항까지의 규정을 위반하여 의결권을 행사한 자(2013.5.28 본호개정)

11의2. 제117조의7제6항을 위반하여 투자자의 재산으로 증권의 청약을 한 자(2015.7.24 본호신설)
11의3. 제117조의8제1항을 위반하여 투자자의 재산을 보관·예탁받은 자(2015.7.24 본호신설)
12. 제119조(제5항을 제외한다)를 위반하여 증권을 모집 또는 매출한 자
13. 다음 각 목의 어느 하나에 해당하는 서류 중 중요사항에 관하여 거짓의 기재 또는 표시를 하거나 중요사항을 기재 또는 표시하지 아니한 자 및 그 중요사항에 관하여 거짓의 기재 또는 표시가 있거나 중요사항의 기재 또는 표시가 누락되어 있는 사실을 알고도 제119조제5항 또는 제159조제7항(제160조제1항 후단 또는 제161조제1항 각 호 외의 부분 후단에서 준용하는 경우를 포함한다)에 따른 서명을 한 자와 그 사실을 알고도 이를 진실 또는 정확하다고 증명하여 그 뜻을 기재한 공인회계사·감정인 또는 신용평가를 전문으로 하는 자(2025.1.21 본문개정)
가. 제119조에 따른 증권신고서 또는 일괄신고추가서류
나. 제122조에 따른 정정신고서
다. 제123조에 따른 투자설명서(집합투자증권의 경우 제124조제2항제3호에 따른 간이투자설명서를 포함한다)(2013.5.28 본목개정)
라. 제159조에 따른 사업보고서
마. 제160조에 따른 반기보고서 또는 분기보고서
바. 제161조에 따른 주요사항보고서
사. 제164조제2항에 따른 정정명령에 따라 제출하는 사업보고서등
14. 제122조제3항을 위반하여 정정신고서를 제출하지 아니한 자
15. 다음 각 목의 어느 하나에 해당하는 공고 또는 서류 중 중요사항에 관하여 거짓의 기재 또는 표시를 하거나 중요사항을 기재 또는 표시하지 아니한 자
가. 제134조에 따른 공개매수공고 또는 공개매수신고서
나. 제136조에 따른 정정신고서 또는 공고
다. 제137조제1항에 따른 공개매수설명서
16. 제134조제1항 또는 제136조제5항을 위반하여 공고를 하지 아니한 자
17. 제134조제2항을 위반하여 공개매수신고서를 제출하지 아니한 자
18. 제147조에 따른 보고서류 또는 제151조제2항에 따른 정정보고서 중 대통령령으로 정하는 중요한 사항(이하 이 호에서 "중요한 사항"이라 한다)에 관하여 거짓의 기재 또는 표시를 하거나 중요한 사항을 기재 또는 표시하지 아니한 자
19. 제154조에 따른 위임장 용지 및 참고서류 또는 제156조에 따른 정정서류 중 의결권피권유자의 의결권 위임 여부 판단에 중대한 영향을 미칠 수 있는 사항(이하 이 호에서 "의결권 위임 관련 중요사항"이라 한다)에 관하여 거짓의 기재 또는 표시를 하거나 의결권 위임 관련 중요사항을 기재 또는 표시하지 아니한 자
19의2. 제246조제5항·제6항을 위반하여 거래한 자(2009.2.3 본호신설)
19의3. 제249조의7제2항(제249조의12에서 준용하는 경우를 포함한다)을 위반하여 집합투자재산을 운용한 자(2021.4.20 본호개정)
19의4. 제249조의7제6항을 위반하여 의결권을 행사한 자(2021.4.20 본호신설)
19의5. 제249조의16제1항을 위반하여 거래행위를 한 자(2015.7.24 본호신설)
20. 제250조제1항 또는 제251조제1항을 위반하여 집합투자업을 영위한 자
21. 제280조제1항을 위반하여 투자매매업자 또는 투자중개업자를 통하지 아니하고 외국 집합투자증권을 국내에서 판매한 자
21의2. 제323조의2를 위반하여 금융투자상품거래청산업인가(변경인가를 포함한다)를 받지 아니하고 금융투자상품거래청산업무를 영위한 자(2013.4.5 본호신설)
21의3. 거짓, 그 밖의 부정한 방법으로 제323조의3에 따른 금융투자상품거래청산업인가(변경인가를 포함한다)를 받은 자(2013.4.5 본호신설)
22. 제323조의21, 제335조의2, 제355조제1항 또는 제360조제1항을 위반하여 인가를 받지 아니하고 해당 업무를 영위한 자(2013.5.28 본호개정)
23. 거짓, 그 밖의 부정한 방법으로 제324조제1항, 제335조의3제1항, 제355조제1항 또는 제360조제1항에 따른 인가를 받은 자(2013.5.28 본호개정)
24. 제335조제1항, 제354조제1항, 제359조제1항 또는 제364조제1항에 따라 인가가 취소된 후 그 취소된 업무를 영위한 자
25. 제343조제1항을 위반하여 신용공여를 한 종합금융회사와 그로부터 신용공여를 받은 자
26. 제357조제1항을 위반하여 금융투자업을 영위한 자
27. 제373조를 위반하여 거래소허가(변경허가를 포함한다)를 받지 아니하고 금융투자상품시장을 개설하거나 운영한 자(2013.5.28 본호개정)
27의2. 거짓, 그 밖의 부정한 방법으로 제373조의2에 따른 거래소허가(변경허가를 포함한다)를 받은 자(2013.5.28 본호신설)
28. 제420조제1항에 따라 금융투자업인가가 취소된 후 그 취소된 업무를 영위한 자
29. 제435조제4항을 위반하여 신고자등의 신분 등에 관한 비밀을 누설한 자

제445조【벌칙】 다음 각 호의 어느 하나에 해당하는 자는 3년 이하의 징역 또는 1억원 이하의 벌금에 처한다.
1. 제17조를 위반하여 금융투자업등록(변경등록을 포함한다)을 하지 아니하고 투자자문업 또는 투자일임업을 영위한 자
2. 거짓, 그 밖의 부정한 방법으로 제18조에 따른 금융투자업등록(변경등록을 포함한다)을 한 자
3. 제39조를 위반하여 자기의 명의를 대여하여 타인에게 금융투자업을 영위하게 한 자
4.~5. (2020.5.19 삭제)
6. (2020.3.24 삭제)
7. 제51조제2항을 위반하여 등록 전에 투자권유를 한 자
8. 제52조제1항을 위반하여 투자권유대행인 외의 자에게 투자권유를 대행하게 한 자
9. 제54조제1항(제42조제10항, 제52조제6항, 제199조제5항, 제255조, 제260조, 제265조, 제289조, 제304조, 제323조의17, 제328조 또는 제367조에서 준용하는 경우를 포함한다)를 위반하여 직무상 알게 된 정보로서 외부에 공개되지 아니한 정보를 자기 또는 제삼자의 이익을 위하여 이용한 자(2020.5.19 본호개정)
10. 제55조(제42조제10항, 제52조제6항 또는 제101조의2제1항에서 준용하는 경우를 포함한다)를 위반하여 같은 조 각 호의 어느 하나에 해당하는 행위를 한 자(2024.2.13 본호개정)
11. 제60조제1항(제255조, 제260조 또는 제265조에서 준용하는 경우를 포함한다) 또는 제187조제1항을 위반하여 자료를 기록·유지하지 아니한 자
12. 제63조제1항제1호(제289조, 제304조, 제323조의17, 제328조, 제335조의14, 제367조, 제383조제3항 또는 제441조에서 준용하는 경우를 포함한다)를 위반하여 같은 호에 규정된 방법에 따르지 아니하고 금융투자상품을 매매한 자(2013.5.28 본호개정)
13. 제76조제3항을 위반하여 집합투자증권을 판매하거나 판매를 위한 광고를 한 자
13의2. 거짓, 그 밖의 부정한 방법으로 제77조의2제1항에 따른 종합금융투자사업자의 지정을 받은 자(2013.5.28 본호신설)
13의3. 제77조의2에 따라 금융위원회로부터 종합금융투자사업자의 지정을 받지 아니하고 전담중개업무 또는 제77조의3제3항 각 호의 어느 하나에 해당하는 업무를 영위한 자(2013.5.28 본호신설)
14. 제80조제3항 전단을 위반하여 투자신탁재산별로 미리 정하여진 자산배분명세에 따라 취득·처분 등의 결과를 배분하지 아니한 자
15. 제87조제6항(제186조제2항에서 준용하는 경우를 포함한다)에 따른 명령을 위반하여 주식을 처분하지 아니한 자
16. 제104조제2항을 위반하여 신탁재산을 고유재산으로 취득한 자
17. (2009.2.3 삭제)
18. 제114조제3항 또는 제240조제3항을 위반하여 회계감사를 받지 아니한 자

18의2. 제117조의3을 위반하여 등록(변경등록을 포함한다)을 하지 아니하고 온라인소액투자중개를 한 자(2015.7.24 본호신설)
18의3. 거짓, 그 밖의 부정한 방법으로 제117조의4에 의한 등록(변경등록을 포함한다)을 한 자(2015.7.24 본호신설)
18의4. 제117조의7제10항을 위반하여 증권의 청약을 권유하는 행위를 한 자(2015.7.24 본호신설)
19. 제133조제3항 또는 제140조를 위반하여 공개매수에 의하지 아니하고 주식등의 매수등을 한 자
20. 제147조제1항 · 제3항 또는 제4항을 위반하여 보고를 하지 아니한 자
21. 제152조제1항 또는 제3항을 위반하여 의결권 대리행사의 권유를 한 자
22. 제169조제1항을 위반하여 회계감사를 받지 아니한 자
22의2. 제173조의2제2항을 위반하여 파생상품시장에서의 시세에 영향을 미칠 수 있는 정보를 누설하거나, 장내파생상품 및 그 기초자산의 매매나 그 밖의 거래에 이용하거나, 타인으로 하여금 이용하게 한 자(2009.2.3 본호신설)
23. 제182조제1항을 위반하여 집합투자기구를 등록하지 아니한 자
24. 거짓, 그 밖의 부정한 방법으로 제182조제1항 · 제8항(제279조제3항에서 준용하는 경우를 포함한다), 제182조의2제1항 · 제3항 또는 제279조제1항에 따른 등록이나 변경등록을 한 자(2019.11.26 본호개정)
24의2. 제246조제7항을 위반하여 정보를 이용한 자(2009.2.3 본호신설)
25. 제247조제1항을 위반하여 철회 · 변경 또는 시정을 요구하지 아니한 자
25의2. 제249조를 위반하여 일반 사모집합투자업 등록을 하지 아니하고 일반 사모집합투자업을 영위한 자(2021.4.20 본호개정)
25의3. 거짓, 그 밖의 부정한 방법으로 제249조의3에 따른 일반 사모집합투자업 등록을 한 자(2021.4.20 본호개정)
26. 제250조제3항(제251조제2항 또는 제341조제1항에서 준용하는 경우를 포함한다)을 위반하여 같은 항 각 호의 어느 하나에 해당하는 행위를 한 자
27. 제250조제4항(제251조제2항에서 준용하는 경우를 포함한다) 또는 제5항(제251조제2항 또는 제341조제1항에서 준용하는 경우를 포함한다)을 위반하여 집합투자재산에 관한 정보를 자기가 운용하는 투자신탁재산의 운용이나 자기가 판매하는 집합투자증권의 판매를 위하여 이용한 자
28. 제250조제6항(제251조제2항 또는 제341조제1항에서 준용하는 경우를 포함한다)을 위반하여 같은 항 각 호의 어느 하나에 해당하는 행위를 한 자
29. 제253조제1항에 따라 등록이 취소된 후 그 취소된 업무를 영위한 자
30. 제254조제1항을 위반하여 등록을 하지 아니하고 해당 업무를 영위한 자
31. 거짓, 그 밖의 부정한 방법으로 제254조제1항에 따른 등록을 한 자
32. 제257조제1항에 따라 등록이 취소된 후 그 취소된 업무를 영위한 자
32의2. 제249조의15제1항을 위반하여 등록을 하지 아니하고 해당 업무를 영위한 자(2015.7.24 본호개정)
32의3. 거짓, 그 밖의 부정한 방법으로 제249조의15제1항에 따른 등록을 한 자(2015.7.24 본호개정)
33. 제279조제1항에 따른 등록을 하지 아니하고 외국 집합투자증권을 판매한 자
34. 제282조제1항에 따라 등록이 취소된 후 그 취소된 외국 집합투자기구의 외국 집합투자증권을 판매한 자
35. 제298조를 위반하여 계좌 간의 대체로 결제하는 업무를 영위하거나 국내에서 증권예탁증권을 발행하는 업무를 영위한 자
36. 제301조제5항, 제323조의9제3항, 제327조제3항 또는 제383조제2항(제78조제6항에서 준용하는 경우를 포함한다)을 위반하여 자금의 공여, 손익의 분배, 그 밖에 영업에 관하여 특별한 이해관계를 가진 자(2013.5.28 본호개정)
37. 제335조제2항, 제354조제2항, 제359조제2항 또는 제364조제2항에 따른 업무의 정지기간 중 업무를 영위한 자
37의2. 제335조의11제6항을 위반하여 직무상 알게 된 요청인의 비밀을 누설하거나 이용한 자
37의3. 제335조의11제7항제1호를 위반하여 신용평가회사와 특수한 관계에 있는 자와 관련된 신용평가를 한 자
37의4. 제335조의11제7항제2호를 위반하여 신용평가 과정에서 신용평가회사 또는 그 계열회사의 상품이나 서비스를 구매하거나 이용하도록 강요한 자
(2013.5.28 37호의2~37호의4신설)
38. 제339조제1항(제357조제2항 또는 제361조에서 준용하는 경우를 포함한다)을 위반하여 인가를 받지 아니하고 업무를 폐지하거나 해산한 자
39. 제365조제1항을 위반하여 등록을 하지 아니하고 해당 업무를 영위한 자
40. 거짓, 그 밖의 부정한 방법으로 제365조제1항에 따른 등록을 한 자
41. 제369조제1항에 따라 등록이 취소된 후 그 취소된 업무를 영위한 자
42. 제383조제1항(제78조제6항, 제323조의17 및 제441조에서 준용하는 경우를 포함한다)을 위반하여 비밀을 누설하거나 이용한 자(2013.5.28 본호개정)
43. 제394조제1항을 위반하여 공동기금을 적립하지 아니한 자
44. 제402조제7항을 위반하여 비밀을 누설하거나 이용한 자
45. 제417조제1항(제335조의14에서 준용하는 경우를 포함한다)을 위반하여 승인을 받지 아니하거나 같은 항 단서를 위반하여 보고하지 아니하고 같은 항 각 호(겸영금융투자업자의 경우에는 제4호부터 제7호까지에 한한다)의 어느 하나에 해당하는 행위를 한 자(2018.3.27 본호개정)
46. 제420조제1항에 따라 금융투자업등록이 취소된 후 그 취소된 업무를 영위한 자
47. 제420조제3항에 따른 인가받은 업무의 정지기간 중 그 정지된 업무를 영위한 자
48. 제426조제2항에 따른 금융위원회(제172조부터 제174조까지, 제176조, 제178조, 제178조의2, 제180조 및 제180조의2부터 제180조의6까지의 규정을 위반한 사항인 경우에는 증권선물위원회를 말한다)의 요구에 불응한 자(2024.10.22 본호개정)

제446조 【벌칙】 다음 각 호의 어느 하나에 해당하는 자는 1년 이하의 징역 또는 3천만원 이하의 벌금에 처한다.
1.~2. (2015.7.31 삭제)
3. 제38조를 위반하여 상호 중에 금융투자, 증권, 파생, 선물, 집합투자, 투자신탁, 자산운용, 투자자문, 투자일임 또는 신탁이라는 문자를 사용한 자(2009.2.3 본호개정)
4. 제42조제1항 단서(제255조에서 준용하는 경우를 포함한다)를 위반하여 업무를 위탁한 자(2020.5.19 본호개정)
4의2. 제42조제5항(제255조에서 준용하는 경우를 포함한다)을 위반하여 위탁한 자의 동의를 받지 아니하고 위탁받은 업무를 제삼자에게 재위탁한 자(2020.5.19 본호신설)
5. 제43조제2항에 따른 위탁계약의 취소명령 또는 변경명령을 위반한 자
6. (2020.3.24 삭제)
7. 제53조제2항에 따라 투자권유대행인등록이 취소된 후 투자권유대행업무를 영위하거나, 같은 조 같은 항에 따른 투자권유대행업무의 정지기간 중 투자권유대행업무를 영위한 자
8. (2020.3.24 삭제)
9. 제65조제2항을 위반하여 자산을 국내에 두지 아니한 자
10. 제65조제3항을 위반하여 자산을 국내에 주소나 거소가 있는 자에 대한 채무의 변제에 우선 충당하지 아니한 자
11. 제66조를 위반하여 사전에 자기가 투자매매업자인지 투자중개업자인지를 밝히지 아니하고 금융투자상품의 매매에 관한 청약 또는 주문을 받은 자(2013.5.28 본호개정)
12. 제67조를 위반하여 금융투자상품을 매매한 자
13. (2013.5.28 삭제)
14. 제88조 또는 제280조제2항을 위반하여 자산운용보고서를 제공하지 아니한 자 또는 거짓으로 작성하거나 그 기재사항을 누락하고 작성하여 제공한 자
15. 제89조(제186조제2항에서 준용하는 경우를 포함한다)를 위반하여 공시를 하지 아니하거나 거짓으로 공시한 자
(2013.8.13 본호개정)

16. 제91조제1항(제186조제2항에서 준용하는 경우를 포함한다)·제113조제1항 또는 제280조제3항을 위반하여 열람이나 교부 청구를 거절한 자
17. 제95조제2항(제117조에서 준용하는 경우를 포함한다) 또는 제116조제3항에 따른 명령을 위반한 자
17의2. 제101조제1항에 따른 신고를 하지 아니하고 유사투자자문업을 영위한 자(2018.12.31 본호신설)
17의3. 거짓이나 그 밖의 부정한 방법으로 제101조제1항에 따른 신고를 한 자(2024.2.13 본호신설)
18. 제103조제1항 또는 제4항을 위반하여 재산을 수탁한 자
19. 제105조제1항부터 제3항까지의 규정을 위반하여 신탁재산을 운용한 자(2013.5.28 본호개정)
19의2. 제117조의5를 위반하여 상호 등에 금융투자 또는 온라인소액투자중개라는 문자를 사용한 자
19의3. 제117조의7제2항을 위반하여 자신이 중개하는 증권을 자기의 계산으로 취득한 자
19의4. 제117조의7제3항을 위반하여 자문에 응한 자
19의5. 제117조의7제4항을 위반하여 청약의 의사표시를 받은 자
19의6. 제117조의7제7항을 위반하여 특정한 온라인소액증권발행인 또는 투자자를 우대하거나 차별한 자
19의7. 제117조의9제2항을 위반하여 투자광고를 한 자
(2015.7.24 19호의2~19호의7신설)
19의8. 정당한 이유 없이 제119조의2 또는 제161조의2에 따른 연결재무제표 작성대상법인의 자료제출 요구 및 조사를 거부·방해·기피한 자(2013.5.28 본호신설)
20. 제121조를 위반하여 증권에 관한 취득 또는 매수의 청약에 대한 승낙을 한 자
21. 제123조제1항, 제137조제1항 또는 제153조를 위반하여 투자설명서(집합투자증권의 경우 제124조제2항제3호에 따른 간이투자설명서를 포함한다), 공개매수설명서 또는 위임장용지 및 참고서류를 제출하지 아니한 자(2013.5.28 본호개정)
22. 제124조제1항을 위반하여 투자설명서(집합투자증권의 경우 제124조제2항제3호에 따른 간이투자설명서를 포함한다)를 미리 교부하지 아니하고 증권을 취득하게 하거나 매도한 자
(2013.5.28 본호개정)
23. 제124조제2항을 위반하여 같은 항 각 호의 어느 하나에 해당하는 방법에 따르지 아니하고 청약의 권유 등을 한 자
24. 제132조, 제146조제2항, 제151조제2항, 제158조제2항 또는 제164조제2항에 따른 금융위원회의 처분을 위반한 자
(2008.2.29 본호개정)
25. 제137조제3항을 위반하여 공개매수설명서를 미리 교부하지 아니하고 주식등을 매수한 자
26. 제145조, 제150조제1항·제3항, 제167조제3항 또는 제168조제3항에 따른 처분명령 또는 시정명령을 위반한 자
27. 제156조제3항 후단을 위반하여 정정서류를 제출하지 아니한 자
28. 제159조, 제160조 또는 제161조제1항을 위반하여 사업보고서·반기보고서·분기보고서나 주요사항보고서를 제출하지 아니한 자
29. 제167조제1항을 위반하여 주식을 소유한 자
30. 제169조제2항(같은 조 제3항 후단에서 준용하는 경우를 포함한다)에 따른 자료의 제출 또는 보고명령이나 조치를 위반한 자
31. 제173조제1항을 위반하여 보고를 하지 아니하거나 거짓으로 보고한 자
32. 제192조제1항을 위반하여 승인을 받지 아니하고 투자신탁을 해지한 자
33. 거짓, 그 밖의 부정한 방법으로 제192조제1항에 따른 승인을 받은 자
34. 제192조제2항, 제202조제1항(제211조제2항, 제216조제3항, 제217조의6제2항에서 준용하는 경우를 포함한다), 제221조제1항(제227조제3항에서 준용하는 경우를 포함한다)을 위반하여 투자신탁을 해지하지 아니하거나 투자회사등을 해산하지 아니한 자(2013.5.28 본호개정)
35. 제235조제4항 또는 제5항을 위반하여 환매대금을 지급하거나 지급하지 아니한 자
36. 제238조제7항 또는 제280조제4항을 위반하여 기준가격을 공고·게시하지 아니하거나 거짓으로 공고·게시한 자
37. 제246조제2항을 위반하여 집합투자재산을 구분하여 관리하지 아니한 자
38. 제246조제3항을 위반하여 예탁하지 아니한 자
39. 제246조제4항을 위반하여 집합투자업자의 지시를 각각의 집합투자기구별로 이행하지 아니한 자
40. 제248조제1항을 위반하여 자산보관·관리보고서를 투자자에게 제공하지 아니하거나 거짓으로 작성하여 제공한 자
40의2. 제249조의4제2항을 위반하여 핵심상품설명서를 작성·제공하지 아니한 자(2021.4.20 본호신설)
40의3. 제249조의4제4항을 위반하여 핵심상품설명서를 교부하지 아니한 자(2021.4.20 본호신설)
40의4. 제249조의4제5항을 위반하여 철회·변경 또는 시정을 요구하지 아니한 자(2021.4.20 본호신설)
41. 제249조의6제2항 또는 제4항을 위반하여 보고(변경보고를 포함한다)를 하지 아니하거나 거짓으로 보고한 자(2015.7.24 본호개정)
41의2. 제249조의7제5항(제249조의12에서 준용하는 경우를 포함한다)을 위반하여 지분증권을 처분하지 아니한 자
(2021.4.20 본호신설)
41의3. 제249조의8제2항을 위반하여 집합투자증권을 타인에게 양도한 자(2015.7.24 본호개정)
41의4. 제249조의9제1항에 따른 일반 사모집합투자기구의 해지·해산명령을 따르지 아니한 자(2021.4.20 본호개정)
42. 제249조의9제2항, 제249조의21제2항, 제253조제2항, 제257조제2항 또는 제369조제2항에 따른 업무의 정지기간 중 업무를 영위한 자(2015.7.24 본호개정)
43. 제249조의10제4항·제6항 또는 제249조의11제8항을 위반하여 보고(변경보고를 포함한다)를 하지 아니하거나 거짓으로 보고한 자(2015.7.24 본항개정)
44. (2015.7.24 삭제)
45. 제249조의14제2항, 제249조의22제2항·제6항 또는 제249조의23제2항을 위반하여 운용한 자 또는 지분증권등을 소유하지 아니하거나 처분한 자(2021.4.20 본호개정)
46. (2021.4.20 삭제)
46의2. 제249조의23제5항을 위반하여 보고를 하지 아니하거나 거짓으로 보고한 자(2021.4.20 본호개정)
47. 제249조의14제6항을 위반하여 같은 항 제1호부터 제3호까지의 어느 하나에 해당하는 행위를 한 자(2015.7.24 본호개정)
48. 제249조의17제1항을 위반하여 출자한 지분을 타인에게 양도한 자(2015.7.24 본호개정)
49. 제249조의18제1항(제249조의13제5항에서 준용하는 경우를 포함한다)을 위반하여 지분증권을 처분하지 아니하거나, 같은 조 제3항(제249조의13제5항에서 준용하는 경우를 포함한다)을 위반하여 지분증권을 취득한 자(2015.7.24 본호개정)
50. (2009.6.9 삭제)
51. 제249조의19제2항을 위반하여 보고를 하지 아니하거나 거짓으로 보고한 자(2015.7.24 본호개정)
52. 제249조의21제1항에 따른 해산명령을 따르지 아니한 자
(2015.7.24 본호개정)
52의2. 제249조의21제3항에 따른 직무정지 기간 중 직무를 수행한 업무집행사원(2015.7.24 본호신설)
53. 제309조제3항 또는 제310조제1항을 위반하여 예탁자계좌부 또는 투자자계좌부를 작성·비치하지 아니하거나 거짓으로 작성한 자
53의2. 제323조의16제1항을 위반하여 거래정보를 보관·관리하지 아니한 자(2013.4.5 본호신설)
53의3. 제323조의16제2항을 위반하여 거래정보를 보고하지 아니하거나 거짓으로 보고한 자(2013.4.5 본호신설)
54. 제338조 또는 제356조를 위반하여 "종합금융회사", "자금중개" 또는 이와 유사한 명칭을 사용한 자
55. 제342조제1항부터 제4항(제361조에서 준용하는 경우를 포함한다)까지 또는 제345조제3항을 위반하여 신용공여를 한 자
56. 제344조를 위반하여 증권에 투자한 자
57. 제345조제1항을 위반하여 같은 항 각 호의 어느 하나에 해당하는 행위를 한 자
58. 제345조제2항을 위반하여 의결권을 행사한 자
59. 제345조제4항에 따른 조치를 이행하지 아니한 자
60.~61. (2017.4.18 삭제)

62. 제347조제3항을 위반하여 부동산을 처분하지 아니한 자
62의2. 제416조제1항(제335조의14, 제350조, 제357조, 제361조 및 제367조에서 준용하는 경우를 포함한다)에 따른 명령을 이행하기 위한 절차ㆍ조치를 이행하지 아니한 자(2023.3.21 본호신설)
63. 제420조제3항에 따른 등록된 업무의 정지기간 중 그 정지된 업무를 영위한 자
64. 제426조의2제6항을 위반하여 지급정지 조치가 완료되기 전 또는 제5항에 따른 통지 유예기간 동안 이를 명의인 등 제3자에게 누설한 자(2024.10.22 본호신설)

제447조【징역과 벌금의 병과】 ① 제443조제1항(제10호는 제외한다) 및 제2항에 따라 징역에 처하는 경우에는 같은 조 제1항에 따른 벌금을 병과한다.
② 제443조제1항제10호 및 제444조부터 제446조까지의 규정에 해당하는 죄를 범한 자에게는 징역과 벌금을 병과할 수 있다.
(2021.1.5 본조개정)

제447조의2【몰수ㆍ추징】 ① 제443조제1항 각 호(제10호는 제외한다)의 어느 하나에 해당하는 자가 해당 행위를 하여 취득한 재산은 몰수하며, 몰수할 수 없는 경우에는 그 가액을 추징한다.
② 제443조제1항제4호부터 제7호까지의 어느 하나에 해당하는 자가 해당 행위를 위하여 제공하였거나 제공하려 한 재산은 몰수하며, 몰수할 수 없는 경우에는 그 가액을 추징한다.
(2021.6.8 본항신설)
(2021.1.5 본조개정)

제448조【양벌규정】 법인(단체를 포함한다. 이하 이 조에서 같다)의 대표자나 법인 또는 개인의 대리인, 사용인, 그 밖의 종업원이 그 법인 또는 개인의 업무에 관하여 제443조부터 제446조까지의 어느 하나에 해당하는 위반행위를 하면 그 행위자를 벌하는 외에 그 법인 또는 개인에게도 해당 조문의 벌금형을 과(科)한다. 다만, 법인 또는 개인이 그 위반행위를 방지하기 위하여 해당 업무에 관하여 상당한 주의와 감독을 게을리하지 아니한 경우에는 그러하지 아니하다.(2009.2.3 본조개정)

제448조의2【형벌 등의 감면】 ① 제173조의2제2항, 제174조, 제176조 또는 제178조를 위반한 자가 수사기관에 자수(증권선물위원회에 자진신고한 경우를 포함한다. 이하 이 조에서 같다)하거나 수사ㆍ재판절차에서 해당 사건에 관한 다른 사람의 범죄를 규명하는 진술 또는 증언이나, 그 밖의 자료제출행위 또는 범인검거를 위한 제보와 관련하여 자신의 범죄로 처벌되는 경우에는 그 형을 감경 또는 면제할 수 있다.
② 금융위원회는 제1항에 따라 자수하거나 해당 사건에 관한 다른 사람의 범죄를 규명하는 진술 또는 증언이나, 그 밖의 자료제출행위 또는 범인검거를 위한 제보와 관련하여 자신의 위반행위로 제429조의2제1항에 따른 과징금을 부과받은 자에 대하여 그 과징금을 감경 또는 면제할 수 있다.
③ 제2항에 따라 과징금이 감경 또는 면제되는 자의 범위와 감경 또는 면제의 기준ㆍ정도 등에 관한 세부 사항은 대통령령으로 정한다.
(2023.7.18 본조신설)

제449조【과태료】 ① 다음 각 호의 어느 하나에 해당하는 자에 대하여는 1억원 이하의 과태료를 부과한다.(2017.4.18 본문개정)
1.～12. (2015.7.31 삭제)
13. 제33조제1항(제335조의14, 제350조, 제357조제2항 또는 제361조에서 준용하는 경우를 포함한다)을 위반하여 업무보고서를 제출하지 아니하거나 거짓으로 작성하여 제출한 자(2013.5.28 본호개정)
14. 제33조제2항(제350조, 제357조제2항 또는 제361조에서 준용하는 경우를 포함한다)을 위반하여 공시서류를 비치 또는 공시하지 아니하거나 거짓으로 작성하여 비치 또는 공시한 자
15. 제33조제3항(제350조, 제357조제2항 또는 제361조에서 준용하는 경우를 포함한다)을 위반하여 보고 또는 공시를 하지 아니하거나 거짓으로 보고 또는 공시한 자
15의2. 제33조제4항(제350조, 제357조제2항 또는 제361조에서 준용하는 경우를 포함한다)을 위반하여 보고서를 제출하지 아니하거나 거짓으로 작성하여 제출한 자(2009.2.3 본호신설)
16. 제34조제3항을 위반하여 이사회 결의를 거치지 아니한 자
17. 제34조제4항 또는 제5항을 위반하여 보고 또는 공시를 하지 아니하거나 거짓으로 보고 또는 공시한 자
18. 제34조제6항 또는 제36조(제350조에서 준용하는 경우를 포함한다)에 따른 자료의 제출명령을 위반한 자
19. 제40조제1항 후단 또는 제41조제1항을 위반하여 보고를 하지 아니한 자(2020.5.19 본호개정)
20. 제43조제1항, 제53조제1항, 제131조제1항, 제146조제1항, 제151조제1항, 제158조제1항, 제164조제1항, 제321조 또는 제419조제1항(제101조제11항, 제252조제2항, 제256조제2항, 제261조제2항, 제266조제2항, 제281조제2항, 제292조, 제306조, 제323조의19, 제334조 및 제335조의14, 제353조, 제358조, 제363조, 제368조 또는 제371조에서 준용하는 경우를 포함한다)에 따른 검사ㆍ조사 또는 확인을 거부ㆍ방해 또는 기피한 자(2018.12.31 본호개정)
21.～22. (2020.3.24 삭제)
23. 제50조제1항에 따른 투자권유준칙 또는 제52조제4항에 따른 투자권유대행기준을 정하지 아니한 자
24. 제56조제1항 단서에 따른 신고를 하지 아니하고 약관을 제정 또는 변경한 자(2018.12.31 본호개정)
25. 거짓, 그 밖의 부정한 방법으로 제56조제1항 단서에 따른 신고를 한 자(2018.12.31 본호개정)
25의2.～26. (2020.3.24 삭제)
27. 제62조제1항을 위반하여 공고 또는 통지를 하지 아니한 자
28. (2017.4.18 삭제)
28의2. 제68조제1항부터 제5항까지의 규정을 위반하여 각 해당 조항의 의무를 이행하지 아니한 자(2013.5.28 본호신설)
29. 제71조(제7호에 한한다), 제85조(제8호에 한한다), 제98조제2항(제10호에 한한다) 또는 제108조(제9호에 한한다)를 위반하여 각 해당 조항의 해당 호에 해당하는 행위를 한 자
30. 제76조제4항부터 제6항까지의 규정을 위반하여 판매수수료나 판매보수를 받은 자(2010.3.12 본호개정)
30의2. 제77조의3제2항을 위반하여 같은 항 각 호의 사항을 포함하는 계약을 체결하지 아니한 자(2013.5.28 본호신설)
31. 제86조를 위반하여 성과보수를 받은 자
32. 제87조제7항(제186조제2항에서 준용하는 경우를 포함한다)을 위반하여 기록ㆍ유지하지 아니한 자
33. 제87조제8항(제186조제2항에서 준용하는 경우를 포함한다) 또는 제112조제7항을 위반하여 공시를 하지 아니하거나 거짓으로 공시한 자
34. 제90조제1항(제186조제2항에서 준용하는 경우를 포함한다) 또는 제2항(제186조제2항에서 준용하는 경우를 포함한다)을 위반하여 영업보고서나 결산서류를 제출하지 아니하거나 거짓으로 작성하여 제출한 자
34의2. 제98조의2를 위반하여 성과보수를 받은 자(2013.5.28 본호신설)
34의3. 제101조의2제2항 또는 제101조의3을 위반하여 표시 또는 광고를 한 자(2024.2.13 본호신설)
35. 제114조제1항 또는 제240조제1항을 위반하여 회계처리를 한 자
35의2. 제117조의6제2항을 위반하여 온라인소액투자중개업자 내부통제기준을 정하지 아니한 자
35의3. 제117조의7제9항을 위반하여 필요한 조치를 취하지 아니한 자
35의4. 제117조의9제1항을 위반하여 투자광고를 한 자
35의5. 제117조의10제2항에 따른 조치를 하지 아니한 자
35의6. 제117조의10제3항을 위반한 자
35의7. 제117조의10제4항에 따라 게재한 내용을 정정하지 아니한 자
35의8. 제117조의10제5항을 위반하여 증권을 매도한 자
35의9. 제117조의10제8항에 따라 청약증거금을 지체 없이 반환하지 아니한 자
35의10. 제117조의11제1항에 따른 조치를 취하지 아니한 자
(2015.7.24 35호의2～35호의10신설)
36. 제130조에 따른 조치를 하지 아니한 자
37. 제135조, 제136조제6항, 제139조제3항 또는 제148조를 위반하여 신고서 또는 보고서의 사본을 송부하지 아니한 자
38. 제135조, 제136조제6항 또는 제139조제3항에 따른 신고서

사본이나 제148조에 따른 보고서 사본에 신고서 또는 보고서에 기재된 내용과 다른 내용을 표시하거나 그 내용을 누락하여 송부한 자
39. (2021.1.5 삭제)
39의2. 제180조의2제1항을 위반하여 순보유잔고를 보고하지 아니하거나 순보유잔고의 보고에 관하여 거짓의 기재 또는 표시를 한 자(2016.3.29 본호신설)
39의3. 제180조의2제2항을 위반하여 금융위원회의 정정명령을 이행하지 아니하거나 정정명령에 따른 보고에 관하여 거짓의 기재 또는 표시를 한 자(2016.3.29 본호신설)
39의4. 제180조의3을 위반하여 공시를 하지 아니하거나 거짓으로 공시한 자(2016.3.29 본호신설)
39의5. 제180조의5제1항을 위반하여 대차거래정보를 보관하지 아니하거나, 같은 조 제2항에 따른 자료제출 요구에 따르지 아니한 자(2024.10.22 본호개정)
39의6. 제180조의5제3항에 따른 상환기간을 위반하여 차입공매도를 목적으로 상장증권의 대차거래 계약을 체결하였거나, 같은 조 제4항을 위반하여 대차거래 계약을 구분하여 관리하지 아니한 자(2024.10.22 본호신설)
39의7. 제180조의6제1항 또는 제2항을 위반하여 무차입공매도를 방지하기 위한 조치를 하지 아니한 자(2024.10.22 본호신설)
40. 제182조제8항(제279조제3항에서 준용하는 경우를 포함한다) 또는 제182조의2제3항에 따른 변경등록을 하지 아니한 자(2019.11.26 본호개정)
41. 제183조제2항을 위반하여 명칭을 사용한 자
41의2. 제184조제3항을 위반하여 집합투자재산의 보관·관리 업무를 위탁하지 아니한 자(2015.7.24 본호신설)
41의3. 제249조의7제3항 또는 제249조의12제2항을 위반하여 보고를 하지 아니하거나 거짓으로 보고한 자(2021.4.20 본호개정)
42. 제250조제7항, 제251조제3항 또는 제341조제2항을 위반하여 임원을 두지 아니하거나 임직원에게 겸직하게 한 자
43. 제250조제7항, 제251조제3항 또는 제341조제2항을 위반하여 이해상충방지체계를 갖추지 아니한 자
44. 제284조, 제295조, 제323조의8, 제325조, 제335조의7 또는 제379조를 위반하여 명칭을 사용한 자(2013.5.28 본호개정)
44의2. 제335조의8제2항을 위반하여 신용평가내부통제기준을 정하지 아니한 자(2013.5.28 본호신설)
44의3. 제335조의8제3항을 위반하여 준법감시인을 두지 아니한 자(2013.5.28 본호신설)
44의4. 제335조의8제4항을 위반하여 같은 항 각 호의 어느 하나에 해당하는 업무를 수행하는 직무를 담당하거나 담당하게 한 자(2013.5.28 본호신설)
44의5. 제335조의12제1항 또는 제2항을 위반하여 금융위원회가 정하여 고시하는 서류 또는 신용평가서를 제출하지 아니하거나 거짓으로 작성하여 제출한 자(2013.5.28 본호신설)
45. 제343조제2항을 위반하여 이사회 결의를 거치지 아니한 자
46. 제343조제3항 또는 제4항에 따른 보고 또는 공시를 하지 아니하거나 거짓으로 보고 또는 공시한 자
47. 제343조제8항에 따른 자료의 제출명령을 위반한 자
47의2. 제346조를 위반하여 지급준비자산을 보유하지 아니한 자(2017.4.18 본호신설)
48. 거짓, 그 밖의 부정한 방법으로 제370조제1항에 따른 허가를 받은 자
48의2. 제426조의2제4항 본문을 위반하여 지급정지 조치를 하지 아니한 금융회사(2024.10.22 본호신설)
48의3. 제426조의3제1항에 따른 제한명령을 위반한 자(2024.10.22 본호신설)
48의4. 제426조의3제4항 전단을 위반하여 거래제한대상자의 거래 요청을 거부하지 아니한 자(2024.10.22 본호신설)
48의5. 제426조의3제6항 전단을 위반하여 임원선임·재임제한대상자를 임원으로 선임한 자 또는 같은 항 후단을 위반하여 임원선임·재임제한대상자를 해임하지 아니한 자(2024.10.22 본호신설)
48의6. 제426조의3제7항제2호에 따른 해임 요구를 이행하지 아니한 자(2024.10.22 본호신설)
49. 제435조제5항을 위반하여 신고자등에게 불리한 대우를 한 자

② 제63조제1항(제289조, 제304조, 제328조, 제367조, 제383조제3항 또는 제441조에서 준용하는 경우를 포함한다)을 위반하여 같은 항 제2호부터 제4호까지의 방법에 따르지 아니하고 자기의 계산으로 금융투자상품을 매매한 자에 대해서는 5천만원 이하의 과태료를 부과한다.(2017.4.18 본항신설)
③ 다음 각 호의 어느 하나에 해당하는 자에 대하여는 3천만원 이하의 과태료를 부과한다.(2017.4.18 본문개정)
1. (2015.7.31 삭제)
2. 제50조제2항을 위반하여 공시를 하지 아니하거나 거짓으로 공시한 자
3. (2020.3.24 삭제)
4. 제56조제1항 본문에 따른 보고를 하지 아니하거나 거짓으로 보고한 자(2018.12.31 본호개정)
4의2. 제63조의2를 위반하여 고객응대직원의 보호를 위한 조치를 하지 아니하거나 고객응대직원에게 불이익을 준 자(2016.3.29 본호신설)
5. 제73조를 위반하여 매매명세를 통지하지 아니하거나 거짓으로 통지한 자
5의2. 정당한 사유 없이 제101조제2항에 따른 보고를 하지 않거나 거짓으로 보고한 자(2018.12.31 본호신설)
5의3. 제101조제3항 후단에 따른 정당한 사유 없이 자료제출을 하지 않거나 거짓으로 제출한 자(2018.12.31 본호신설)
6. (2018.12.31 삭제)
6의2. 제117조의6제1항에 따른 보고를 하지 아니하거나 거짓으로 보고한 자
6의3. 제117조의7제8항에 따른 통지를 하지 아니하거나 거짓으로 통지한 자
6의4. 제117조의10제7항을 위반하여 증권을 예탁 또는 보호예수하지 아니하거나 증권을 매도 또는 인출한 자
6의5. 제117조의15에 따라 투자자 피해가 발생하지 아니하도록 하기 위한 사항을 이행하지 아니한 자
(2015.7.24 6호의2~6호의5신설)
7. 제128조 또는 제143조를 위반하여 보고서를 제출하지 아니하거나 거짓으로 작성하여 제출한 자
8. 제131조제1항, 제146조제1항, 제151조제1항, 제158조제1항, 제164조제1항 또는 제419조제5항(제43조제1항 후단, 제53조제1항 후단, 제252조제2항, 제256조제2항, 제261조제2항, 제266조제2항, 제281조제2항, 제292조, 제306조, 제334조, 제335조의14, 제353조, 제358조, 제363조, 제368조 또는 제371조에서 준용하는 경우를 포함한다)에 따른 보고 또는 자료의 제출명령이나 증인의 출석, 증언 및 의견의 진술 요구에 불응한 자(2013.5.28 본호개정)
8의2. 제152조의2제2항을 위반하여 발행인이 아닌 의결권권유자의 요구에 응하지 아니한 자(2013.5.28 본호개정)
8의3. 제173조의2제1항에 따른 보고를 하지 아니하거나 거짓으로 보고한 자(2013.5.28 본호신설)
8의4. 제180조의2제3항을 위반하여 자료를 보관하지 아니하거나 금융위원회의 자료제출 요구에 응하지 아니한 자(2016.3.29 본호신설)
9. 제190조제7항(제201조제3항, 제210조제3항, 제215조제4항, 제217조의5제4항, 제220조제4항 또는 제226조제4항에서 준용하는 경우를 포함한다)을 위반하여 연기수익자총회 등을 소집하지 아니한 자(2013.5.28 본호개정)
10. 제249조의14제7항을 위반하여 행위준칙을 제정하지 아니한 자 또는 보고를 하지 아니하거나 거짓으로 보고한 자(2015.7.24 본호개정)
10의2. 제249조의15제8항을 위반하여 등록사항 변경의 보고를 하지 아니하거나 거짓으로 보고한 자(2021.4.20 본호신설)
10의3. 제249조의15제9항을 위반하여 재무제표를 제출하지 아니하거나 거짓으로 작성하여 제출한 자(2021.4.20 본호신설)
11. 제310조제2항을 위반하여 예탁하지 아니한 자
12. 제310조제3항을 위반하여 증권등을 구분하여 보관하지 아니한 자
13. (2013.5.28 삭제)
14. 제314조제6항 또는 제315조제3항·제4항을 위반하여 통지나 통보를 하지 아니한 자(2016.3.22 본호개정)
15. 제316조제1항을 위반하여 실질주주명부를 작성·비치하지 아니하거나 거짓으로 작성한 자(2016.3.22 본호개정)

16. 제323조제1항 또는 제2항에 따른 통지를 하지 아니하거나 거짓으로 통지한 자
17. 제339조제2항(제357조제2항 또는 제361조에서 준용하는 경우를 포함한다)을 위반하여 보고를 하지 아니하거나 거짓으로 보고한 자 또는 신고를 하지 아니하고 같은 항 제3호에 해당하는 행위를 한 자
18. (2015.7.31 삭제)
18의2. (2023.3.21 삭제)
19. 제418조(제335조의14 및 제350조에서 준용하는 경우를 포함한다)를 위반하여 보고를 하지 아니하거나 거짓으로 보고한 자(2013.5.28 본호개정)
20. 제426조의2제4항을 위반하여 해당 지급정지 조치에 관한 사항을 통지하지 아니한 금융회사(2024.10.22 본호신설)
21. 제426조의3제4항 후단을 위반하여 거래제한대상자의 거래 요청 사실 및 그 거부 또는 처리결과를 통보하지 아니한 자(2024.10.22 본호신설)

④ 제1항부터 제3항까지의 규정에 따른 과태료는 대통령령으로 정하는 방법 및 절차에 따라 금융위원회(제3항제6호의5에 따른 과태료는 방송통신위원회)가 부과·징수한다.(2017.4.18 본항개정)

⑤~⑥ (2009.2.3 삭제)

부 칙

제1조【시행일】 이 법은 공포 후 1년 6개월이 경과한 날부터 시행한다. 다만, 부칙 제3조·제5조 및 제6조는 이 법 공포 후 1년이 경과한 날부터 시행한다.

제2조【폐지법률】 다음 각 호의 법률은 이를 각각 폐지한다.
1. 「증권거래법」
2. 「선물거래법」
3. 「간접투자자산 운용업법」
4. 「신탁업법」
5. 「종합금융회사에 관한 법률」
6. 「한국증권선물거래소법」

제3조【한국금융투자협회의 설립에 관한 사항】 ① 한국금융투자협회(이하 "협회"라 한다)는 종전의 「증권거래법」 제162조에 따라 설립된 한국증권업협회, 종전의 「선물거래법」 제75조에 따라 허가를 받아 설립된 선물협회 및 종전의 「간접투자자산 운용업법」 제160조제3항에 따라 허가를 받아 설립된 자산운용협회(이하 "합병대상협회"라 한다)를 합병하는 방법으로 설립한다.

② 제1항에 따른 합병 및 협회의 설립에 관한 사무를 처리하기 위하여 한국금융투자협회설립위원회(이하 "설립위원회"라 한다)를 설치한다.

③ 설립위원회의 구성 및 운영 등에 관하여 필요한 사항은 대통령령으로 정한다.

④ 설립위원회는 합병대상협회에 협회의 설립에 필요한 인적·물적 지원을 요청할 수 있다.

⑤ 합병대상협회는 대통령령으로 정하는 사항을 기재한 합병계약서를 작성하여 각각 회원총회에서 의결권 총수의 과반수의 찬성에 의한 승인을 받아야 한다.

⑥ 합병대상협회는 제5항에 따른 회원총회의 승인결의가 있는 날부터 1주 이내에 채권자에 대하여 합병에 이의가 있으면 2주 이상의 기간 이내에 이의를 제출할 것을 공고하고, 합병대상협회가 알고 있는 채권자에 대하여는 그 사실을 최고하여야 한다.

⑦ 「상법」 제232조제2항 및 제3항은 제6항의 공고 및 최고에 관하여 준용한다.

⑧ 설립위원회는 제6항 및 제7항에 따른 절차가 종료된 경우에는 지체 없이 협회의 창립총회를 소집하여야 한다.

⑨ 「상법」 제309조, 제311조제1항, 제312조 및 제316조는 제8항에 따른 창립총회에 관하여 준용한다. 이 경우 같은 법 제311조제1항 중 "발기인"은 "설립위원회의 위원장"으로 본다.

⑩ 설립위원회는 합병승인신청서 및 협회의 정관을 작성하여 금융위원회의 승인을 받아야 한다.(2008.2.29 본항개정)

⑪ 제10항의 합병승인신청서에는 다음 각 호의 사항을 기재하여야 하며, 합병계약서 및 업무관련 규정을 첨부하여야 한다.
1. 협회의 명칭
2. 본회 및 지회의 소재지
3. 임원의 성명·주민등록번호 및 주소
4. 회원의 상호 또는 명칭

⑫ 설립위원회는 제10항에 따른 승인을 받은 경우에는 지체 없이 협회의 설립등기를 하여야 한다.

⑬ 합병은 제12항에 따른 협회의 설립등기를 함으로써 효력이 발생한다. 이 경우 합병대상협회는 청산절차를 거치지 아니하고 협회의 설립과 동시에 소멸한다.

⑭ 설립위원회는 제12항에 따른 설립등기를 완료한 경우에는 그 사무를 협회의 회장에게 인계하여야 한다.

⑮ 설립위원은 제14항에 따라 사무의 인계가 끝난 경우에는 해촉된 것으로 본다.

⑯ 설립위원회는 이 법 공포 후 1년이 경과하는 날부터 6개월 이내에 협회의 설립에 필요한 절차를 완료하여야 한다.

⑰ 협회의 설립비용은 협회가 부담한다.

⑱ 협회는 협회의 설립과 동시에 소멸한 합병대상협회 직원의 고용관계를 포함한 합병대상협회의 모든 권리·의무를 포괄 승계한다.

⑲ 그 밖에 합병대상협회의 합병 및 협회의 설립에 관하여 필요한 사항은 대통령령으로 정한다.

제4조【투자권유 등에 관한 적용례】 제46조부터 제48조까지의 규정은 이 법 시행 후 최초로 투자권유를 하는 경우부터 적용한다.

제5조【신고에 의한 금융투자업 인가 및 등록 특례】 ① 이 법 공포 후 1년이 경과한 날 당시 제6조제1항 각 호의 어느 하나에 상당하는 업을 영위하고 있는 자는 그 영위하고 있는 업무의 범위에서 제15조의 인가유지요건 또는 제20조의 등록유지요건을 갖추어 이 법 공포 후 1년이 경과한 날부터 2개월 이내에 금융위원회에 신고할 수 있다.(2008.2.29 본항개정)

② 금융위원회는 제1항에 따른 신고를 받은 경우에는 신고인이 제15조의 인가유지요건 또는 제20조의 등록유지요건을 갖추었는지를 확인하여 이 법 시행일 전일까지 그 결과를 신고인에게 통보하여야 한다. 이 경우 제15조의 인가유지요건 또는 제20조의 등록유지요건을 갖춘 것으로 통보받은 자는 이 법 시행일에 금융투자업인가를 받거나 금융투자업등록을 한 것으로 본다.(2008.2.29 전단개정)

③ 제1항에 따라 신고를 한 자는 제2항에 따라 제15조의 인가유지요건 또는 제20조의 등록유지요건을 갖추지 아니한 것으로 통보받은 경우에도 제11조 및 제17조에 불구하고 이 법 시행 후 6개월까지는 종전에 영위하고 있는 업무를 영위할 수 있다. 이 경우 그 업무를 영위하는 범위에서 이 법에 의한 금융투자업자로 본다.

④ 제2항에 따라 통보를 받은 신고인 중 제15조의 인가유지요건 또는 제20조의 등록유지요건을 갖추지 아니한 것으로 통보받은 자는 이 법 시행일부터 3개월 이내에 그 요건을 갖추어 금융위원회에 다시 신고할 수 있다.(2008.2.29 본항개정)

⑤ 금융위원회는 제4항에 따라 신고를 받은 경우에는 신고인이 제15조의 인가유지요건 또는 제20조의 등록유지요건을 갖추었는지를 확인하여 이 법 시행일부터 6개월 이내에 그 결과를 신고인에게 통보하여야 한다.(2008.2.29 본항개정)

제6조【업무 단위 추가에 따른 금융투자업 인가 및 등록 특례】 ① 이 법 공포 후 1년이 경과한 날 당시 제6조제1항 각 호의 어느 하나에 상당하는 업을 영위하고 있는 자는 그 영위하고 있는 업무에 인가업무 단위 또는 등록업무 단위를 새로 추가하고자 하는 경우에는 이 법 공포 후 1년이 경과한 날부터 2개월 이내에 종전에 영위하고 있는 업무와 새로 추가하고자 하는 업무 단위를 종합하여 금융투자업인가 또는 금융투자업등록을 신청할 수 있다.

② 금융위원회는 제1항에 따라 인가 또는 등록의 신청을 받은 경우에는 그 내용을 심사하여 이 법 시행일 전일까지 그 결과를 신청인에게 통보하여야 한다. 이 경우 인가의 요건과 신청·심사 등에 관하여는 제12조 및 제13조를 준용하고, 등록의 요건과 신청·검토에 관하여는 제18조 및 제19조를 준용한다. 다만, 종전에 영위하고 있는 업무의 인가요건과 등록요건에 관하여는 제15조의 인가유지요건과 제20조의 등록유지요건을 준용한다.(2008.2.29 본항개정)

③ 제1항에 따라 인가 또는 등록을 신청한 자는 제2항에 따라 인가 또는 등록이 거부된 경우에도 제11조 및 제17조에 불구하고 이 법 시행 후 6개월까지는 종전에 영위하고 있는 업무를

영위할 수 있다. 이 경우 그 업무를 영위하는 범위에서 이 법에 의한 금융투자업자로 본다.
④ 제2항에 따라 통보를 받은 신청인 중 인가 또는 등록이 거부된 자는 이 법 시행일부터 3개월 이내에 제2항의 요건을 갖추어 금융위원회에 다시 인가 또는 등록을 신청할 수 있다.
(2008.2.29 본항개정)
⑤ 금융위원회는 제4항에 따라 인가 또는 등록의 신청을 받은 경우에는 제2항에 따른 인가 또는 등록의 요건을 갖추었는지를 심사 또는 검토하여 이 법 시행일부터 6개월 이내에 그 결과를 신청인에게 통보하여야 한다.(2008.2.29 본항개정)
제7조【일반적 경과조치】 ① 이 법 시행 당시 종전의 「증권거래법」, 종전의 「선물거래법」, 종전의 「간접투자자산 운용업법」, 종전의 「신탁업법」, 종전의 「종합금융회사에 관한 법률」 또는 종전의 「한국증권선물거래소법」에 따라 금융위원회, 증권선물위원회 또는 금융감독원장이 행한 허가·인가·승인·등록·명령·처분, 그 밖의 행위는 이 법에 따라 금융위원회, 증권선물위원회 또는 금융감독원장이 행한 행위로 본다.
② 이 법 시행 당시 종전의 「증권거래법」, 종전의 「선물거래법」, 종전의 「간접투자자산 운용업법」, 종전의 「신탁업법」, 종전의 「종합금융회사에 관한 법률」 또는 종전의 「한국증권선물거래소법」에 따라 금융위원회, 증권선물위원회 또는 금융감독원장에 대하여 행한 신고·신청·보고, 그 밖의 행위는 이 법에 따라 금융위원회, 증권선물위원회 또는 금융감독원장에 대하여 행한 행위로 본다.
(2008.2.29 본조개정)
제8조【금융투자업자의 임원 자격 등에 관한 경과조치】 ① 이 법 시행 당시 재임 중인 금융투자업자의 임원 자격에 관하여는 제24조(제289조, 제301조제4항, 제327조제2항, 제382조 및 제402조제6항에서 준용하는 경우를 포함한다)에 불구하고 그 임기가 만료될 때까지는 종전의 「증권거래법」, 종전의 「선물거래법」, 종전의 「간접투자자산 운용업법」, 종전의 「신탁업법」 또는 종전의 「한국증권선물거래소법」에 따른다.
② 제24조제3호 및 제5호부터 제7호(제289조, 제301조제4항, 제327조제2항, 제382조 및 제402조제6항에서 준용하는 경우를 포함한다)까지의 규정을 적용함에 있어서 "이 법"에는 종전의 「증권거래법」, 종전의 「선물거래법」, 종전의 「간접투자자산 운용업법」, 종전의 「신탁업법」, 종전의 「한국증권선물거래소법」 및 종전의 「종합금융회사에 관한 법률」이 포함되는 것으로 본다.
③ 이 법 시행 당시 재임 중인 금융투자업자의 임원으로서 제45조제2항제2호를 위반하여 겸직을 하고 있는 임원에 대하여는 금융투자업자의 임원으로서의 임기 만료일과 그 임원이 겸직하고 있는 다른 회사의 임원으로서의 임기 만료일 중 먼저 도래하는 날까지 제45조제2항제2호를 적용하지 아니한다.
(2009.2.3 본항신설)
(2009.2.3 본조제목개정)
제9조【금융투자업자의 사외이사 선임 및 이사회 구성에 관한 경과조치】 다음 각 호의 어느 하나에 해당하는 자로서 이 법 시행으로 제25조에 따라 새로 사외이사를 선임하여야 하는 자는 이 법 시행 후 최초로 소집되는 정기주주총회일까지 같은 조에 따라 사외이사를 선임하여야 한다. 이 경우 주주총회에서 사외이사로 선임된 자는 제25조제2항 및 제4항에 따라 사외이사후보추천위원회의 추천을 받은 것으로 본다.
1. 종전의 「선물거래법」에 따른 선물업자
2. 종전의 「간접투자자산 운용업법」에 따른 투자자문회사
3. 종전의 「신탁업법」에 따른 신탁회사
제10조【금융투자업자의 감사위원회 설치에 관한 경과조치】 다음 각 호의 어느 하나에 해당하는 자로서 이 법 시행으로 제26조에 따라 새로 감사위원회를 설치하여야 하는 자는 이 법 시행 후 최초로 소집되는 정기주주총회일까지 같은 조에 따라 감사위원회를 설치하여야 한다.
1. 종전의 「선물거래법」에 따른 선물업자
2. 종전의 「간접투자자산 운용업법」에 따른 투자자문회사
3. 종전의 「신탁업법」에 따른 신탁회사
제11조【금융투자업자의 상근감사 선임에 관한 경과조치】 다음 각 호의 어느 하나에 해당하는 자로서 이 법 시행으로 제27조에 따라 새로 상근감사를 선임하여야 하는 자는 이 법 시행 후 최초로 소집되는 정기주주총회일까지 같은 조에 따라 상근감사를 선임하여야 한다.
1. 종전의 「증권거래법」에 따른증권회사
2. 종전의 「선물거래법」에 따른 선물업자
3. 종전의 「간접투자자산 운용업법」에 따른 자산운용회사 및 투자자문회사
4. 종전의 「신탁업법」에 따른 신탁회사
제12조【준법감시인에 대한 경과조치】 ① 다음 각 호의 어느 하나에 해당하는 자로서 이 법 시행으로 제28조에 따라 새로 준법감시인을 선임하여야 하는 자는 이 법 시행 후 1개월 이내에 같은 조에 따라 준법감시인을 선임하여야 한다.
1. 종전의 「선물거래법」에 따른 선물업자
2. 종전의 「간접투자자산 운용업법」에 따른 투자자문회사
3. 종전의 「신탁업법」에 따른 신탁회사
② 이 법 시행 당시 종전의 「증권거래법」 또는 종전의 「간접투자자산 운용업법」에 따라 재임 또는 재직 중인 준법감시인에 대하여는 제28조제4항에 불구하고 그 임기가 만료될 때까지(직원의 경우는 이 법 시행 후 3년까지로 한다) 종전의 「증권거래법」 또는 종전의 「간접투자자산 운용업법」에 규정된 요건을 적용한다.
③ 제28조제4항제1호라목을 적용함에 있어서 합병대상협회 임직원의 근무경력은 협회의 근무경력에 포함되는 것으로 본다.
④ 제28조제4항제2호에 규정된 제24조제3호 및 제5호부터 제7호까지의 규정을 적용함에 있어서 "이 법"에는 종전의 「증권거래법」, 종전의 「선물거래법」, 종전의 「간접투자자산 운용업법」, 종전의 「신탁업법」, 종전의 「한국증권선물거래소법」 및 종전의 「종합금융회사에 관한 법률」이 포함되는 것으로 본다.
⑤ 제28조제4항제3호를 적용함에 있어서 "이 법"에는 종전의 「증권거래법」, 종전의 「선물거래법」, 종전의 「간접투자자산 운용업법」, 종전의 「신탁업법」, 종전의 「한국증권선물거래소법」 및 종전의 「종합금융회사에 관한 법률」이 포함되는 것으로 본다.
제13조【재무건전성 유지에 관한 경과조치】 법률 제6176호 증권거래법중개정법률 부칙 제3조 각 호의 어느 하나에 해당하는 증권회사가 이 법 부칙 제5조 및 제6조에 따라 투자매매업자 또는 투자중개업자가 된 경우 재무건전성 유지 요건에 관하여는 법률 제6176호 증권거래법중개정법률 부칙 제3조에 규정된 날까지 제30조제1항을 적용하지 아니한다.
제14조【금융투자업자의 부수업무 등의 신고에 관한 경과조치】 이 법 시행 당시 종전의 「증권거래법」, 종전의 「선물거래법」, 종전의 「간접투자자산 운용업법」 및 종전의 「신탁업법」에 따라 제40조제2호 또는 제5호의 업무와 제41조제1항의 부수업무를 영위하고 있는 경우에는 제40조 후단 및 제41조제1항에 불구하고 이 법 시행일부터 1개월 이내에 금융위원회에 신고할 수 있다.(2008.2.29 본조개정)
제15조【간접투자증권 취득권유자에 대한 경과조치】 이 법 시행 당시 종전의 간접투자자산 운용업법령에 따라 간접투자증권의 취득의 권유를 위탁받을 수 있는 요건을 갖춘 자에 대하여는 제51조 및 제52조에 불구하고 이 법 시행일부터 1개월까지는 집합투자증권 취득의 권유를 위탁할 수 있다. 이 경우 집합투자증권 취득의 권유를 위탁받는 자는 제51조제2항에 불구하고 투자권유를 할 수 있다.
제16조【유사투자자문업자에 대한 경과조치】 이 법 시행 당시 종전의 「간접투자자산 운용업법」 제149조에 따라 유사투자자문업의 신고를 한 자는 제101조에 따라 유사투자자문업의 신고를 한 것으로 본다.
제17조【신탁의 회계감사에 관한 경과조치】 법률 제6180호 신탁업법중개정법률의 시행일 전에 제정되거나 변경된 약관 또는 표준계약서에 따라 설정된 신탁에 대하여는 제114조 및 제115조를 적용하지 아니한다. 다만, 법률 제6180호 신탁업법중개정법률의 시행일 전에 제정되거나 변경된 약관 또는 표준계약서에 따라 설정된 신탁으로서 법률 제6180호 신탁업법중개정법률의 시행일 이후에 추가로 신탁을 한 신탁에 대하여는 제114조 및 제115조를 적용한다.
제18조【유가증권신고서 등에 관한 경과조치】 이 법 시행 당시 종전의 「증권거래법」에 따라 금융위원회에 제출한 유가증권신고서, 일괄신고서, 정정신고서, 사업설명서(예비사업설명서 및 간이사업설명서를 포함한다) 및 유가증권발행실적보고서에 관하여는 제118조부터 제132조까지의 규정에 불구하고 종전의 「증권거래법」에 따른다.(2008.2.29 본조개정)

제19조【자기주식 및 합병등의 신고에 관한 경과조치】 이 법 시행 당시 종전의 「증권거래법」 제189조의2 및 종전의 「증권거래법」 제190조의2에 따라 신고의무가 발생한 경우에는 제118조부터 제132조까지 및 제161조부터 제165조까지의 규정에 불구하고 종전의 「증권거래법」에 따른다.

제20조【공개매수신고서 등에 관한 경과조치】 이 법 시행 당시 종전의 「증권거래법」에 따라 제출한 공개매수신고서, 정정신고서, 공개매수설명서 및 공개매수철회신고서와 공개매수공고 및 정정공고에 관하여는 제133조부터 제146조까지의 규정에 불구하고 종전의 「증권거래법」에 따른다.

제21조【주식등의 대량보유등의 보고에 관한 경과조치】 ① 종전의 「증권거래법」 제200조의2제1항에 따른 주식등의 대량보유를 한 자 중 같은 조 같은 항의 보고의무를 면제받은 자가 이 법 시행 당시 제147조제1항에 따른 보고를 하여야 하는 경우에 있어서 그 보고기간은 제147조제1항에 불구하고 이 법 시행일부터 1개월 이내로 한다.

② 이 법 시행 당시 종전의 「증권거래법」 제200조의2제1항에 따라 보고한 자로서 그 보유 주식등에 관한 주요계약내용 등 대통령령으로 정하는 중요한 사항을 변경한 자는 이 법 시행일부터 1개월 이내에 이 법 제147조제4항에 따른 보고를 하여야 한다.

③ 이 법 시행 당시 종전의 「증권거래법」 제200조의2제1항 또는 제4항에 따라 보고의무가 발생한 경우에는 제148조를 적용하지 아니한다.

④ 이 법 시행 당시 종전의 「증권거래법」 제200조의2제4항에 따라 보고의무가 발생한 경우에는 위반 주식등의 의결권 행사 제한 등에 관하여 제150조제1항에 불구하고 종전의 「증권거래법」 제200조의3제1항에 따른다.

⑤ 이 법 시행 당시 종전의 「증권거래법」 제200조의2제1항·제3항 또는 제4항에 따라 주식 등의 보유목적을 발행인의 경영권에 영향을 주기 위한 것으로 보고할 의무가 발생한 경우에는 제150조제3항을 적용하지 아니한다.

제22조【의결권 대리행사의 권유에 관한 경과조치】 이 법 시행 당시 주주총회의 소집의 통지 또는 공고가 행하여진 경우 그 주주총회와 관련된 의결권 대리행사의 권유에 관하여는 제152조부터 제158조까지의 규정에 불구하고 종전의 「증권거래법」에 따른다.

제23조【수시공시 및 사업보고서 등에 관한 경과조치】 이 법 시행 당시 종전의 「증권거래법」 제186조에 따라 신고의무가 발생하거나, 종전의 「증권거래법」 제186조의2 및 제186조의3에 따라 제출의무가 발생한 경우에는 제159조부터 제165조까지의 규정에 불구하고 종전의 「증권거래법」에 따른다.

제24조【공공적 법인이 발행한 주식의 소유제한에 관한 경과조치】 이 법 시행 당시 종전의 「증권거래법」 제200조제1항제1호에 해당하는 주주의 주식 소유에 관하여는 제167조제1항제1호에 불구하고 종전의 「증권거래법」에 따른다.

제25조【감사인의 손해배상책임에 관한 경과조치】 종전의 「증권거래법」 제194조의3에 따라 회계감사를 한 감사인의 손해배상책임에 관하여는 제170조에 불구하고 종전의 「증권거래법」 제197조에 따른다.

제26조【내부자의 단기매매차익의 반환에 관한 경과조치】 종전의 「증권거래법」에 따른 주권상장법인 또는 코스닥상장법인의 임직원 또는 주요주주가 이 법 시행 전에 주권등을 매수하거나 매도한 후 6개월 이내에 그 주권등을 매도하거나 매수(이 법 시행 후에 매도하거나 매수한 경우에 한한다)하여 이익을 얻은 경우에 있어서 그 이익의 반환청구·산정기준·반환절차 등에 관하여는 제172조제1항부터 제3항까지의 규정에 불구하고 종전의 「증권거래법」 제188조제2항부터 제4항까지의 규정에 따른다.

제27조【특정증권등의 소유상황 보고에 관한 경과조치】 ① 종전의 「증권거래법」에 따른 주권상장법인 또는 코스닥상장법인의 임원 또는 주요주주로서 이 법 시행 당시 특정증권등을 소유하고 있는 자(주식만 소유하고 있는 자를 제외한다)의 소유상황 보고기간은 제173조제1항에 불구하고 이 법 시행일부터 1개월 이내로 한다.

② 종전의 「증권거래법」에 따른 주권상장법인 또는 코스닥상장법인의 임원 또는 주요주주로서 이 법 시행 당시 주식만 소유하고 있는 자가 이 법 시행 전에 그 소유주식수에 변동이 있었던 경우 그 보고에 관하여는 종전의 「증권거래법」 제188조제6항에 따른다.

제28조【간접투자기구 등에 관한 경과조치】 ① 이 법 시행 당시 종전의 「간접투자자산 운용업법」에 따라 설정 또는 설립된 투자신탁(보험회사가 설정한 특별계정을 제외한다) 및 투자회사에 대하여는 종전의 「간접투자자산 운용업법」에 따른다.

② 이 법 시행 당시 종전의 「간접투자자산 운용업법」 제135조제1항에 따른 보험회사의 특별계정은 제251조에 따른 보험회사의 특별계정으로 본다. 이 경우 특별계정을 운용하는 보험회사는 그 특별계정의 신탁계약이 이 법에 위반되는 때에는 이 법 시행 후 3개월 이내에 그 특별계정의 신탁계약을 이 법에 적합하게 변경하여야 한다.

③ 이 법 시행 당시 종전의 「간접투자자산 운용업법」에 따라 등록된 사모투자전문회사는 이 법에 따라 등록된 사모투자전문회사로 본다.

④ 이 법 시행 당시 종전의 「간접투자자산 운용업법」에 따라 금융위원회에 신고된 외국간접투자증권에 관하여는 종전의 「간접투자자산 운용업법」에 따른다.(2008.2.29 본항개정)

⑤ 법률 제6987호 간접투자자산운용업법 부칙 제2조제1항 단서에 따른 증권투자신탁 및 증권투자회사에 대하여는 종전의 「증권투자신탁업법」 또는 종전의 「증권투자회사법」에 따른다.

⑥ 법률 제6987호 간접투자자산운용업법 부칙 제14조제2항에 따른 금전의 신탁 및 특별계정에 대하여는 이 법 중 신탁업에 관한 규정 또는 「보험업법」에 따른다.

⑦ 이 법 시행 당시 다음 각 호의 어느 하나에 해당하는 법률에 따라 설정 또는 설립된 부동산투자회사(자기관리부동산투자회사는 제외한다), 선박투자회사, 문화산업전문회사, 기업구조조정조합, 중소기업창업투자조합, 신기술사업투자조합, 한국벤처투자조합, 개인투자조합, 부품·소재전문투자조합 및 기업구조조정투자회사에 대하여는 이 법을 적용하지 아니한다. (2009.2.3 본문개정)

1. (2009.2.3 삭제)
2. 「부동산투자회사법」
3. 「선박투자회사법」
4. 「문화산업진흥 기본법」
5. 「산업발전법」
6. 「중소기업창업 지원법」
7. 「여신전문금융업법」
8. 「벤처기업육성에 관한 특별조치법」
9. 「부품·소재전문기업 등의 육성에 관한 특별조치법」
10. (2009.2.3 삭제)
11. 종전의 「기업구조조정투자회사법」

제29조【간접투자기구의 전환에 관한 경과조치】 ① 종전의 「간접투자자산 운용업법」에 따라 설정된 투자신탁(보험회사가 운용하는 특별계정을 제외한다. 이하 이 조에서 같다)의 재산을 운용하는 집합투자업자 또는 투자회사는 부칙 제28조제1항에 불구하고 그 투자신탁 또는 투자회사를 제182조에 따라 이 법에 따른 집합투자기구로 금융위원회에 등록할 수 있다. 이 경우 제119조제1항 및 제2항에 따라 증권신고서를 금융위원회에 제출하여야 한다.

② 종전의 「간접투자자산 운용업법」에 따라 금융위원회에 신고된 외국간접투자증권을 발행한 외국투자신탁의 집합투자업자 또는 외국투자회사는 부칙 제28조제4항에 불구하고 그 외국투자신탁 또는 외국투자회사를 제279조에 따라 이 법에 따른 외국 집합투자기구로 금융위원회에 등록할 수 있다. 이 경우 제119조제1항 및 제2항에 따라 증권신고서를 금융위원회에 제출하여야 한다.

(2008.2.29 본조개정)

제30조【간접투자증권 등의 판매 등에 관한 경과조치】 ① 종전의 「간접투자자산 운용업법」에 따른 판매회사는 이 법 시행 후 3개월이 경과한 날부터 종전의 「간접투자자산 운용업법」에 따른 간접투자증권(종전의 「간접투자자산 운용업법」에 따라 금융위원회에 신고된 외국간접투자증권을 포함한다)을 판매하여서는 아니 된다. 다만, 대통령령으로 정하는 경우에는 그러하지 아니하다.(2008.2.29 본문개정)

② 종전의 「간접투자자산 운용업법」에 따른 판매회사는 법률 제6987호 간접투자자산운용업법 부칙 제11조에 따른 증권투자신탁의 수익증권 및 증권투자회사의 주식을 판매하여서는 아니 된다. 다만, 대통령령으로 정하는 경우에는 그러하지 아니하다.

③ 법률 제6987호 간접투자자산운용업법 부칙 제14조에 따라 자산운용업의 허가를 받은 것으로 보는 「은행법」에 따른 금융기관 및 「보험업법」에 따른 보험회사는 법률 제6987호 간접투자자산운용업법 시행 전에 설정한 금전의 신탁 및 특별계정을 추가 설정하여서는 아니 된다. 다만, 대통령령으로 정하는 경우에는 그러하지 아니하다.

제31조【투자회사 발기인 등의 자격에 관한 경과조치】 제194조제1항 및 제199조제4항제1호에 규정된 제24조제3호 및 제5호부터 제7호까지의 규정을 적용함에 있어서 "이 법"에는 종전의 「증권거래법」, 종전의 「선물거래법」, 종전의 「간접투자자산 운용업법」, 종전의 「신탁업법」, 종전의 「한국증권선물거래소법」 및 종전의 「종합금융회사에 관한 법률」이 포함되는 것으로 본다.

제32조【집합투자기구 관계회사 및 그 임원에 대한 경과조치】 ① 이 법 시행 당시 종전의 「간접투자자산 운용업법」 제25조, 제154조 및 제155조에 따라 금융위원회에 등록된 일반사무관리회사, 간접투자기구평가회사 및 채권평가회사는 각각 제254조, 제258조 및 제263조에 따라 등록된 일반사무관리회사, 집합투자기구평가회사 및 채권평가회사로 본다. 이 경우 이 법 시행일부터 3개월 이내에 각각 제254조제8항, 제258조제8항, 제263조제8항에 따른 등록유지요건을 갖추어야 한다. (2008.2.29 전단개정)

② 이 법 시행 당시 재임 중인 일반사무관리회사, 집합투자기구평가회사 및 채권평가회사의 임원 자격에 관하여는 제254조제2항제5호, 제258조제2항제6호 및 제263조제2항제6호에 불구하고 그 임기가 만료될 때까지는 종전의 「간접투자자산 운용업법」에 따른다.

③ 제254조제2항제5호, 제258조제2항제6호 및 제263조제2항제6호에 규정된 제24조제3호 및 제5호부터 제7호까지의 규정을 적용함에 있어서 "이 법"에는 종전의 「증권거래법」, 종전의 「선물거래법」, 종전의 「간접투자자산 운용업법」, 종전의 「신탁업법」, 종전의 「한국증권선물거래소법」 및 종전의 「종합금융회사에 관한 법률」이 포함되는 것으로 본다.

제33조【투자목적회사에 대한 경과조치】 이 법 시행 당시 종전의 「간접투자자산 운용업법」에 따른 투자목적회사는 이 법 시행 이후 회사의 등기사항을 제271조제5항에 따라 변경할 수 있다.

제34조【한국예탁결제원에 대한 경과조치】 ① 종전의 「증권거래법」 제173조에 따라 설립된 증권예탁결제원은 제294조에 따른 한국예탁결제원으로 본다.

② 종전의 「증권거래법」 제173조의7에 따라 증권예탁결제원이 지정한 예탁대상유가증권은 제308조에 따라 한국예탁결제원이 예탁대상증권등으로 지정한 것으로 본다.

③ 종전의 「증권거래법」 제174조의2에 따른 고객계좌부는 제310조제1항에 따른 투자자계좌부로 본다.

④ 종전의 「증권거래법」 제176조의2제4항에 따라 증권예탁결제원이 행한 승인은 제322조제4항에 따라 한국예탁결제원이 행한 승인으로 본다.

제35조【증권금융회사에 대한 경과조치】 ① 이 법 시행 당시 종전의 「증권거래법」 제145조에 따라 금융위원회의 허가를 받은 증권금융회사는 제324조제1항에 따라 인가를 받은 증권금융회사로 본다. 이 경우 이 법 시행일부터 3개월 이내에 제324조제9항에 따른 인가유지요건을 갖추어야 한다.(2008.2.29 본항개정)

② 제324조제2항제5호에 규정된 제24조제3호 및 제5호부터 제7호까지의 규정을 적용함에 있어서 "이 법"에는 종전의 「증권거래법」, 종전의 「선물거래법」, 종전의 「간접투자자산 운용업법」, 종전의 「신탁업법」, 종전의 「한국증권선물거래소법」 및 종전의 「종합금융회사에 관한 법률」이 포함되는 것으로 본다.

제36조【종합금융회사에 대한 경과조치】 ① 종합금융회사는 이 법 시행으로 제344조제1항에 따른 증권의 투자한도를 초과하게 된 경우에는 이 법 시행 후 1년 이내에 같은 조 같은 항에 적합하도록 하여야 한다.

② 이 법 시행 당시 재임 중인 종합금융회사의 임원의 자격에 관하여는 제350조에서 준용하는 제24조에 불구하고 그 임기가 만료될 때까지는 종전의 「종합금융회사에 관한 법률」에 따른다.

③ 제350조에서 준용하는 제24조제3호 및 제5호부터 제7호까지의 규정을 적용함에 있어서 "이 법"에는 종전의 「증권거래법」, 종전의 「선물거래법」, 종전의 「간접투자자산 운용업법」, 종전의 「신탁업법」, 종전의 「한국증권선물거래소법」 및 종전의 「종합금융회사에 관한 법률」이 포함되는 것으로 본다.

④ 제350조에서 준용하는 제25조제1항에 따라 사외이사를 선임하여야 하는 종합금융회사는 이 법 시행 후 최초로 소집되는 정기주주총회일까지 같은 조 같은 항에 따라 사외이사를 선임하여야 한다.

⑤ 제350조에서 준용하는 제26조제2항에 따라 감사위원회를 설치하여야 하는 종합금융회사는 이 법 시행 후 최초로 소집되는 정기주주총회일까지 같은 조 같은 항에 따라 감사위원회를 설치하여야 한다.

⑥ 이 법 시행 당시 종전의 「종합금융회사에 관한 법률」에 따라 재임 또는 재직 중인 종합금융회사의 준법감시인에 대하여는 제350조에서 준용하는 제28조제4항에 불구하고 그 임기가 만료될 때까지(직원의 경우는 이 법 시행 후 3년까지로 한다) 종전의 「종합금융회사에 관한 법률」에 규정된 요건을 적용한다.

⑦ 제350조에서 준용하는 제28조제4항제3호를 적용함에 있어서 "이 법"에는 종전의 「증권거래법」, 종전의 「선물거래법」, 종전의 「간접투자자산 운용업법」, 종전의 「신탁업법」, 종전의 「한국증권선물거래소법」 및 종전의 「종합금융회사에 관한 법률」이 포함되는 것으로 본다.

제37조【자금중개회사에 대한 경과조치】 ① 종전의 「종합금융회사에 관한 법률」 제9조제1항에 따라 금융위원회의 승인을 받아 설립된 자금중개회사는 제355조제1항에 따른 인가를 받은 자금중개회사로 본다. 이 경우 이 법 시행일부터 3개월 이내에 같은 조 제9항에 따른 인가유지요건을 갖추어야 한다. (2008.2.29 전단개정)

② 이 법 시행 당시 재임 중인 자금중개회사의 임원의 자격에 관하여는 제355조제2항제5호에 불구하고 그 임기가 만료될 때까지는 종전의 「종합금융회사에 관한 법률」에 따른다.

③ 제355조제2항제5호에 규정된 제24조제3호 및 제5호부터 제7호까지의 규정을 적용함에 있어서 "이 법"에는 종전의 「증권거래법」, 종전의 「선물거래법」, 종전의 「간접투자자산 운용업법」, 종전의 「신탁업법」, 종전의 「한국증권선물거래소법」 및 종전의 「종합금융회사에 관한 법률」이 포함되는 것으로 본다.

제38조【금융기관의 단기금융업무 겸영에 관한 경과조치】 종전의 「종합금융회사에 관한 법률」 제3조의2제1항에 따라 금융위원회의 인가를 받은 금융기관은 제360조제1항에 따라 단기금융업무에 관한 금융위원회의 인가를 받은 것으로 본다. 이 경우 이 법 시행일부터 3개월 이내에 같은 조 제9항에 따른 인가유지요건을 갖추어야 한다.(2008.2.29 전단개정)

제39조【명의개서대행회사에 대한 경과조치】 이 법 시행 당시 종전의 「증권거래법」 제180조에 따라 금융위원회에 등록된 명의개서대행회사는 제365조제1항에 따라 등록된 명의개서대행회사로 본다. 이 경우 이 법 시행일부터 3개월 이내에 같은 조 제8항에 따른 등록유지요건을 갖추어야 한다.(2008.2.29 전단개정)

제40조【한국거래소에 대한 경과조치】 ① 이 법 시행 당시 종전의 「한국증권선물거래소법」에 따른 한국증권선물거래소는 제373조에 따른 한국거래소로 본다.

② 이 법 시행 당시 종전의 「한국증권선물거래소법」에 따른 한국증권선물거래소가 개설한 유가증권시장 · 코스닥시장 및 선물시장에서 성립된 유가증권의 매매거래 및 선물거래로서 결제가 종결되지 아니한 것은 이 법에 따라 설립된 한국거래소가 개설하는 유가증권시장 · 코스닥시장 및 파생상품시장에서 같은 조건으로 거래가 성립된 것으로 본다.

③ 종전의 「증권거래법」 제95조제1항 또는 종전의 「선물거래법」 제27조제1항에 따라 적립된 위약손해배상공동기금은 제394조에 따라 적립된 손해배상공동기금으로 본다.

④ 이 법 시행 당시 종전의 「한국증권선물거래소법」 제25조에 따라 설치된 시장효율화위원회는 제414조에 따른 시장효율화위원회로 본다.

제41조【벌칙 등에 관한 경과조치】 ① 이 법 시행 전에 행한 종전의 「증권거래법」, 종전의 「선물거래법」, 종전의 「간접투자자산 운용업법」, 종전의 「신탁업법」, 종전의 「종합금융회사에 관한 법률」 및 종전의 「한국증권선물거래소법」의 위반행위에 대한 벌칙 및 과태료의 적용에 있어서는 종전의 규정에 따른다.

② 이 법 시행 전에 행한 종전의 「증권거래법」, 종전의 「선물거래법」, 종전의 「간접투자자산 운용업법」, 종전의 「신탁업법」, 종전의 「종합금융회사에 관한 법률」 및 종전의 「한국증권선물거래소법」의 위반행위로서 이 법 시행 전에 종료되거나 이 법 시행 후에도 그 상태가 지속되는 위반행위에 대한 과징금의 부과처분, 그 밖에 행정처분의 적용에 있어서는 종전의 규정에 따른다.
제42조【다른 법률의 개정】 ①~㊼ ※(해당 법령에 가제정리하였음)
제43조【다른 법률의 개정에 따른 경과조치】 ① 이 법 시행 당시 종전의 「사회기반시설에 대한 민간투자법」에 따라 설립된 투융자회사에 대하여는 부칙 제42조제57항에 따라 개정되는 「사회기반시설에 대한 민간투자법」의 개정규정에 불구하고 종전의 규정에 따른다.
② 부칙 제42조제58항에 따라 개정되는 「부동산투자회사법」 제7조제1항제3호의 개정규정을 적용함에 있어서 "「자본시장과 금융투자업에 관한 법률」"에는 종전의 「신탁업법」, 종전의 「증권거래법」, 종전의 「선물거래법」, 종전의 「한국증권선물거래소법」, 종전의 「간접투자자산 운용업법」 및 종전의 「종합금융회사에 관한 법률」이 포함되는 것으로 본다.
③ 이 법 시행 당시 종전의 「부동산투자회사법」에 따라 설립된 부동산투자회사 및 자산관리회사가 이 법 시행 전에 위탁받은 자산의 투자·운용업무 등에 관하여는 부칙 제42조제58항에 따라 개정되는 「부동산투자회사법」의 개정규정에 불구하고 종전의 규정에 따른다.
④ 이 법 시행 당시 종전의 「선박투자회사법」에 따라 설립된 선박투자회사 및 선박운용회사가 이 법 시행 전에 위탁받은 업무 등에 관하여는 부칙 제42조제59항에 따라 개정되는 「선박투자회사법」의 개정규정에 불구하고 종전의 규정에 따른다.
⑤ 이 법 시행 당시 종전의 「문화산업진흥 기본법」에 따라 설립된 문화산업전문회사 및 사업관리자가 이 법 시행 전에 위탁받은 업무 등에 관하여는 부칙 제42조제60항에 따라 개정되는 「문화산업진흥 기본법」의 개정규정에 불구하고 종전의 규정에 따른다.
⑥ 이 법 시행 당시 종전의 「산업발전법」에 따라 등록된 기업구조조정조합 및 기업구조조정전문회사가 이 법 시행 전에 결성한 기업구조조정조합의 업무 등에 관하여는 부칙 제42조제61항에 따라 개정되는 「산업발전법」의 개정규정에 불구하고 종전의 규정에 따른다.
⑦ 이 법 시행 당시 종전의 「중소기업창업 지원법」에 따라 등록된 창업투자조합 및 창업투자회사가 이 법 시행 전에 결성한 창업투자조합의 업무 등에 관하여는 부칙 제42조제62항에 따라 개정되는 「중소기업창업 지원법」의 개정규정에 불구하고 종전의 규정에 따른다.
⑧ 이 법 시행 당시 종전의 「여신전문금융업법」에 따라 결성된 신기술투자조합 및 신기술사업금융업자가 이 법 시행 전에 결성한 신기술투자조합의 업무 등에 관하여는 부칙 제42조제63항에 따라 개정되는 「여신전문금융업법」의 개정규정에 불구하고 종전의 규정에 따른다.
⑨ 이 법 시행 당시 종전의 「벤처기업육성에 관한 특별조치법」에 따라 등록된 한국벤처투자조합 또는 개인투자조합에 대하여는 부칙 제42조제64항에 따라 개정되는 「벤처기업육성에 관한 특별조치법」의 개정규정에 불구하고 종전의 규정에 따른다.
⑩ 이 법 시행 당시 종전의 「부품·소재전문기업 등의 육성에 관한 특별조치법」에 따라 등록된 부품·소재전문투자조합에 대하여는 부칙 제42조제65항에 따라 개정되는 「부품·소재전문기업 등의 육성에 관한 특별조치법」의 개정규정에 불구하고 종전의 규정에 따른다.
⑪ 이 법 시행 당시 종전의 「해외자원개발 사업법」에 따라 설립된 해외자원개발투자회사에 대하여는 부칙 제42조제66항에 따라 개정되는 「해외자원개발 사업법」의 개정규정에 불구하고 종전의 규정에 따른다.
제44조【다른 법률과의 관계】 ① 이 법 시행 당시 다른 법률에서 종전의 「증권거래법」, 종전의 「선물거래법」, 종전의 「간접투자자산 운용업법」, 종전의 「신탁업법」, 종전의 「종합금융회사에 관한 법률」 및 종전의 「한국증권선물거래소법」 또는 그 규정을 인용하고 있는 경우 이 법 중 그에 해당하는 규정이 있는 때에는 종전의 규정을 갈음하여 이 법 또는 이 법의 해당 규정을 인용한 것으로 본다.
② 이 법 시행 당시 다른 법률에서 종전의 「증권거래법」에 따른 증권회사, 종전의 「선물거래법」에 따른 선물업자, 종전의 「간접투자자산 운용업법」에 따른 자산운용회사 및 종전의 「신탁업법」에 따른 신탁회사를 인용하고 있는 경우에는 그 범위에서 이 법에 따른 금융투자업자를 인용한 것으로 본다.
③ 이 법 시행 당시 다른 법률에서 종전의 「종합금융회사에 관한 법률」에 따른 종합금융회사, 자금중개회사 또는 단기금융업무를 영위하고 있는 자를 인용하고 있는 경우 이 법에 따른 종합금융회사, 자금중개회사 또는 단기금융회사를 인용한 것으로 본다.

부 칙 (2009.2.3 법9407호)

제1조【시행일】 이 법은 2009년 2월 4일부터 시행한다.
제2조【반기·분기보고서의 제출에 관한 적용례】 제160조의 개정규정은 이 법 시행 후 최초로 제출하는 반기·분기보고서부터 적용한다.
제3조【적격투자자대상 사모집합투자기구에 관한 적용례】 제249조의2의 개정규정은 이 법 시행 후 최초로 설정·설립된 적격투자자대상 사모집합투자기구부터 적용한다.
제4조【자기주식 취득·처분에 관한 경과조치】 ① 주권상장법인이 이 법 시행 당시 종전의 「증권거래법」 제189조의2에 따라 취득하여 소유(신탁계약의 체결을 포함한다)하고 있는 자기주식은 제165조의2의 개정규정에 따라 취득한 것으로 본다.
② 이 법 시행 당시 종전의 「증권거래법」 제189조의2제2항에 따라 체결되어 있는 신탁계약에 대하여는 제165조의2제2항제3호의 개정규정을 적용한다.
제5조【자기주식취득한도 초과분에 관한 경과조치】 법률 제5736호 증권거래법중개정법률 시행 당시 자기주식을 취득하여 같은 법 제189조의2제1항 후단의 취득금액 한도를 초과하여 보유하고 있는 법인으로서 코스닥시장에 상장된 주권을 발행한 법인은 같은 조 제2항에 따른 금전의 신탁계약 등이 만료될 때까지 제165조의2제2항의 개정규정에 적합하게 하여야 한다.
제6조【주식의 소각에 관한 경과조치】 법률 제6423호 증권거래법중개정법률 시행 당시 종전의 「증권거래법」 제189조의2에 따라 취득하여 소유하고 있는 자기주식으로서 법률 제6423호 증권거래법중개정법률 부칙 제16조 각 호의 요건을 충족하는 경우에는 제165조의3제1항의 개정규정에 따라 그 자기주식을 소각할 수 있다. 이 경우 제165조의3제4항 및 제5항의 개정규정을 적용한다.
제7조【주식매수청구권에 관한 경과조치】 ① 이 법 시행 당시 종전의 「증권거래법」 제191조제1항에 따른 이사회의 결의가 있는 경우에는 제165조의5제1항의 개정규정에도 불구하고 종전의 규정에 따른다.
② 이 법 시행 당시 종전의 「증권거래법」 제191조제3항에 따라 주식매수가격의 조정을 신청한 경우에는 제165조의5제3항의 개정규정에도 불구하고 종전의 규정에 따른다.
제8조【신종사채에 관한 경과조치】 이 법 시행 당시 종전의 「증권거래법」 제191조의4에 따라 발행한 신종사채(법률 제5254호 증권거래법중개정법률 부칙 제21조의 경우를 포함한다)는 제165조의11의 개정규정에 따라 발행한 것으로 본다.
제9조【의결권 없는 주식에 관한 경과조치】 이 법 시행 당시 종전의 「증권거래법」 제191조의2제1항 각 호에 따라 발행된 의결권 없는 주식(법률 제5254호 증권거래법중개정법률 부칙 제20조의 경우를 포함한다)은 제165조의15제1항 각 호의 개정규정에 따라 발행된 것으로 본다.
제10조【장내파생상품의 대량보유 보고에 관한 경과조치】 이 법 시행 당시 종전의 「선물거래법」 제32조제2항에 따라 보고의무가 발생한 경우에는 제173조의2의 개정규정에도 불구하고 종전의 규정에 따른다.
제11조【한국상장회사협의회에 대한 경과조치】 이 법 시행 당시 종전의 「증권거래법」 제181조제1항에 따라 금융위원회의 허가를 받아 설립된 한국상장회사협의회는 제370조제1항의 개정규정에 따라 설립된 것으로 본다.
제12조【다른 법률의 개정】 ①~④ ※(해당 법령에 가제정리하였음)

부 칙 (2010.3.12)

제1조【시행일】 이 법은 공포 후 3개월이 경과한 날부터 시행한다. 다만, 제10조제3항의 개정규정은 공포한 날부터 시행한다.
제2조【장외파생상품 심의에 관한 유효기간】 장외파생상품 심의에 관한 제166조의2, 제286조 및 제288조의2의 개정규정은 2011년 12월 31일까지 효력을 가진다.
제3조【기업재무안정투자회사와 기업재무안정사모투자전문회사에 관한 유효기간 등】 ① 제234조의2 및 제278조의2의 개정규정은 이 법 시행일부터 3년간 효력을 가진다.
② 제1항에도 불구하고 제234조의2 및 제278조의2의 개정규정의 효력이 상실될 당시 금융위원회에 등록한 기업재무안정투자회사 및 기업재무안정사모투자전문회사와 그 기업재무안정사모투자전문회사가 제278조의2제3항에 따라 주주 또는 사원으로 출자한 투자목적회사에 대하여는 해당 회사의 존속기한까지 이 법을 적용한다.
③ 제2항에 따라 이 법이 적용되는 기업재무안정투자회사, 기업재무안정사모투자전문회사 및 투자목적회사는 제234조의2 및 제278조의2의 개정규정의 효력이 상실된 날부터는 추가로 출자를 받을 수 없다.
제4조【장외파생상품 심의에 관한 경과조치】 이 법 시행 전에 종전의 규정에 따라 거래된 장외파생상품은 제166조의2제1항제6호의 개정규정에 따른 심의를 받은 것으로 본다.
제5조【금융투자업자의 변경인가·등록에 관한 적용례】 제16조 및 제21조의 개정규정에 따른 업무의 추가를 위한 변경인가·등록 요건은 이 법 시행 후 최초로 위법행위를 한 경우부터 적용한다.
제6조【임원자격에 관한 적용례】 제24조의 개정규정은 이 법 시행 후 최초로 선임되는 임원(「상법」 제401조의2제1항제3호에 따른 자로서 대통령령으로 정하는 자를 포함한다)부터 적용한다.
제7조【판매수수료·판매보수 한도에 관한 적용례】 제76조제5항의 개정규정은 이 법 시행 후 설정·설립하는 집합투자기구에 대하여 적용한다.
제8조【사모투자전문회사의 변경등록에 대한 적용례】 이 법 시행 당시 금융위원회에 등록된 사모투자전문회사는 해당 사모투자전문회사의 정관에서 정하는 바에 따라 제278조의2의 개정규정에 따른 기업재무안정사모투자전문회사로 변경등록할 수 있다. 이 경우 금융위원회에 변경등록된 날부터 기업재무안정사모투자전문회사로 본다.

부 칙 (2013.5.28)

제1조【시행일】 이 법은 공포 후 3개월이 경과한 날부터 시행한다. 다만, 다음 각 호의 구분에 따른 개정규정은 각각 해당 호에서 정하는 날부터 시행한다.
1. 제4조제4항, 제9조제18항·제20항·제22항, 제119조제5항, 제159조제7항, 제182조제1항, 제183조제2항, 제184조제2항, 제189조제5항, 제206조제2항, 제212조제2항, 제217조의2부터 제217조의7까지(제249조 및 제249조의2에서 준용하는 경우를 포함한다), 제218조부터 제223조까지(제249조 및 제249조의2에서 준용하는 경우를 포함한다), 제227조제3항, 제230조제1항, 제238조제8항, 제246조제1항, 제270조제1항, 별표1 제178호, 제179호, 제181호부터 제185호까지, 제190호부터 제193호까지, 제205호, 제208호부터 제211호까지, 제218호부터 제225호까지, 제233호·제235호부터 제239호까지, 제241호부터 제247호까지, 제249호, 제250호, 제267호, 별표2 제6호, 제26호, 제27호, 제29호부터 제31호까지, 제38호, 제40호부터 제45호까지 및 제47호의 개정규정 : 공포한 날
2. 제159조제2항, 제443조제1항 및 제447조제2항의 개정규정 : 공포 후 6개월이 경과한 날
3. 제6조제5항, 제192조제2항제5호, 제202조제1항제7호, 제221조제1항제4호, 제314조제4항부터 제6항까지, 제320조제1항·제2항, 제449조제2항제13호 및 별표8 제18호의 개정규정 : 2015년 1월 1일

제2조【금융투자업인가 조건의 취소·변경 결정기한에 관한 적용례】 제13조제3항의 개정규정은 이 법 시행 후 최초로 금융위원회에 조건의 취소 또는 변경을 신청하는 경우부터 적용한다.
제3조【투자자문계약 및 투자일임계약에 관한 적용례】 제98조의2의 개정규정은 이 법 시행 후 최초로 체결하는 투자자문계약 및 투자일임계약부터 적용한다.
제4조【실권주 발행의 철회에 관한 적용례】 제165조의6제2항(제165조의10제1항에서 준용하는 경우를 포함한다)의 개정규정은 이 법 시행 후 최초로 신주 및 주권 관련 사채권 등을 발행하는 이사회의 의결이 있는 경우부터 적용한다.
제5조【신주인수권증서 발행에 관한 적용례】 제165조의6제3항의 개정규정은 이 법 시행 후 최초로 신주를 발행하는 이사회의 의결이 있는 경우부터 적용한다.
제6조【분리형 신주인수권부사채의 발행 제한에 관한 적용례】 제165조의10제2항의 개정규정은 이 법 시행 후 최초로 분리형 신주인수권부사채를 발행하는 이사회의 의결이 있는 경우부터 적용한다.
제7조【집합투자자총회의 결의 등에 관한 적용례】 제190조제5항부터 제8항까지(제201조제3항, 제210조제3항, 제215조제4항, 제217조의5제4항, 제220조제4항 및 제226조제4항에서 준용하는 경우를 포함한다), 제201조제2항, 제210조제2항, 제215조제3항, 제217조의5제3항, 제220조제3항 및 제226조제3항의 개정규정은 같은 개정규정 시행 후 최초로 결의하는 수익자총회, 연기수익자총회, 주주총회, 사원총회 등부터 적용한다.
제8조【집합투자기구에 대한 경과조치】 이 법 시행 당시 등록한 집합투자기구로서 그 투자자의 수가 1인인 집합투자기구(이 법 시행 후에 그 집합투자기구의 집합투자증권이 추가로 발행되지 아니한 경우로 한정한다)에 대하여는 제6조제5항, 제192조제2항제5호 및 제202조제1항제7호의 개정규정에도 불구하고 종전의 규정에 따른다.
제9조【종합금융투자사업자 지정에 관한 경과조치】 ① 이 법 시행 당시 종전의 규정에 따라 전담중개업무를 영위하고 있는 자가 제77조의2제1항의 개정규정에 따른 종합금융투자사업자로 지정을 받으려는 경우에는 이 법 시행 2개월 전에 금융위원회에 종합금융투자사업자 지정을 신청할 수 있다.
② 금융위원회는 제1항에 따라 지정 신청을 한 자가 제77조의2제1항 각 호의 기준을 모두 충족하는 경우에는 이 법 시행일 전날까지 신청인에게 종합금융투자사업자 지정결과를 통지하여야 한다.
③ 제1항에 따라 지정 신청을 한 자는 제2항에 따라 지정을 받지 못한 경우에도 제77조의2 및 제77조의3의 개정규정에도 불구하고 이 법 시행 후 6개월까지는 종전의 규정에 따라 전담중개업무를 영위할 수 있다.
제10조【증권신고서 등에 관한 경과조치】 이 법 시행 당시 종전의 규정에 따라 금융위원회에 제출한 증권신고서, 일괄신고서, 일괄추가신고서류, 정정신고서, 투자설명서 및 간이투자설명서에 대하여는 제119조제2항·제6항, 제119조의2, 제122조제3항·제6항, 제123조제1항·제3항, 제124조제1항·제3항 및 제4항, 제125조제1항제5호 및 제129조제2호의 개정규정에도 불구하고 종전의 규정에 따른다.
제11조【의결권 대리행사의 권유에 관한 경과조치】 이 법 시행 당시 주주총회 소집의 통지 또는 공고가 행하여진 경우 그 주주총회와 관련된 의결권 대리행사의 권유에 대하여는 제152조의2 및 제153조의 개정규정에도 불구하고 종전의 규정에 따른다.
제12조【사모투자전문회사의 업무집행사원에 대한 경과조치】 이 법 시행 당시 등록된 사모투자전문회사의 업무집행사원은 제272조의2제1항의 개정규정에 따라 그 사모투자전문회사재산의 운용업무에 한정하여 금융위원회에 등록한 것으로 본다.
제13조【한국예탁결제원의 겸영업무에 관한 경과조치】 한국예탁결제원이 이 법 시행 당시 종전의 제296조에 따라 행하고 있던 업무에 대하여는 제296조제3항제1호 각 목 외의 부분 후단의 개정규정에 따라 인가·허가 등을 받거나 등록·신고 등을 한 것으로 본다.
제14조【신용평가회사에 대한 경과조치】 ① 이 법 시행 당시 종전의 「신용정보의 이용 및 보호에 관한 법률」 제4조제2항에 따라 금융위원회의 허가를 받은 신용평가회사는 제335조의3제1항의 개정규정에 따라 인가를 받은 것으로 본다.

② 이 법 시행 당시 종전의 「신용정보의 이용 및 보호에 관한 법률」에 따라 신용평가회사에 대하여 금융위원회 또는 금융감독원장이 행한 명령·처분, 그 밖의 행위는 이 법에 따라 금융위원회 또는 금융감독원장이 행한 행위로 본다.
③ 이 법 시행 당시 종전의 「신용정보의 이용 및 보호에 관한 법률」에 따라 신용평가회사가 금융위원회 또는 금융감독원장에 대하여 행한 신고·신청·보고, 그 밖의 행위는 이 법에 따라 금융위원회 또는 금융감독원장에 대하여 행한 행위로 본다.
제15조【한국거래소에 대한 경과조치】 ① 이 법 시행 당시 종전의 제373조에 따른 한국거래소(이하 "한국거래소"라 한다)는 제373조의2제1항의 개정규정에 따라 시장개설 단위의 전부에 대하여 거래소허가를 받은 것으로 본다.
② 이 법 시행 당시 한국거래소가 개설한 유가증권시장·코스닥시장 및 파생상품시장에서 성립된 증권 및 파생상품의 매매로서 그 결제가 종결되지 아니한 것은 제1항에 따라 거래소허가를 받은 것으로 보는 거래소가 개설하는 증권시장 및 파생상품시장에서 같은 조건으로 거래가 성립된 것으로 본다.
③ 제1항에 따라 거래소허가를 받은 것으로 보는 거래소는 금융위원회가 제78조제3항의 개정규정에 따른 지정거래소, 제378조제1항의 개정규정에 따른 청산기관 및 제378조제2항의 개정규정에 따른 결제기관으로 지정한 것으로 본다.
④ 제1항에 따라 거래소허가를 받은 것으로 보는 거래소의 본점은 부산광역시에 둔다.
⑤ 이 법 시행 당시 제394조에 따라 한국거래소에 적립된 손해배상공동기금은 제1항에 따라 거래소허가를 받은 것으로 보는 거래소에 적립된 손해배상공동기금으로 본다.
제16조【다른 법률의 개정】 ①~㉓ ※(해당 법령에 가제정리하였음)
제17조【다른 법령과의 관계】 ① 이 법 시행 당시 다른 법령에서 한국거래소를 인용하고 있는 경우에는 부칙 제15조제1항에 따라 거래소허가를 받은 것으로 보는 거래소를 인용한 것으로 본다.
② 이 법 시행 당시 다른 법령에서 「신용정보의 이용 및 보호에 관한 법률」에 따른 신용평가회사를 인용하고 있는 경우에는 이 법에 따른 신용평가회사를 인용한 것으로 본다.
③ 이 법 시행 당시 다른 법령에서 종전의 「자본시장과 금융투자업에 관한 법률」 또는 그 규정을 인용한 경우 이 법 가운데 그에 해당하는 규정이 있으면 종전의 「자본시장과 금융투자업에 관한 법률」 또는 그 규정을 갈음하여 이 법 또는 이 법의 해당 조항을 인용한 것으로 본다.
제18조【예탁증권등의 권리 행사 등에 대한 경과조치】 ① 예탁결제원은 「상법」 제368조의4에 따라 주주가 총회에 출석하지 아니하고 전자적 방법으로 의결권을 행사하게 하고 의결권 있는 주식을 가지고 있는 모든 주주들을 대상으로 제152조에 따른 의결권 대리행사의 권유를 한 법인의 주주총회 목적사항 중 다음 각 호의 어느 하나에 해당하는 사항에 대하여는 제314조제5항의 개정규정에도 불구하고 2017년 12월 31일까지 종전의 규정에 따라 의결권을 행사할 수 있다.
1. 감사 및 감사위원회위원의 선임 또는 해임
2. 주주의 수 등을 고려하여 금융위원회가 정하여 고시하는 기준에 해당하는 법인의 경우 주주총회 목적사항
② 제314조제4항·제6항, 제449조제2항제13호 및 별표8 제18호의 개정규정에도 불구하고 제1항에 따른 예탁결제원의 의결권 행사에 관하여는 2017년 12월 31일까지 종전의 규정에 따른다. (2014.12.30 본조신설)

부 칙 (2013.8.13)

제1조【시행일】 이 법은 공포 후 3개월이 경과한 날부터 시행한다.
제2조【기업재무안정사모투자전문회사에 관한 유효기간 등】
① 제278조의3의 개정규정은 이 법 시행일부터 3년간 효력을 가진다.
② 제1항에도 불구하고 제278조의3의 개정규정의 효력이 상실될 당시 금융위원회에 등록한 기업재무안정사모투자전문회사와 그 기업재무안정사모투자전문회사가 같은 개정규정 제3항에 따라 주주 또는 사원으로 출자한 투자목적회사에 대해서는 해당 회사의 존속기한까지 같은 개정규정을 적용한다.
③ 제2항에 따른 기업재무안정사모투자전문회사 및 투자목적회사는 제278조의3의 개정규정의 효력이 상실된 날부터는 추가로 출자를 받을 수 없다.
제3조【사모투자전문회사의 변경등록에 관한 적용례】 이 법 시행 당시 금융위원회에 등록된 사모투자전문회사는 해당 사모투자전문회사의 정관으로 정하는 바에 따라 제278조의3의 개정규정에 따른 기업재무안정사모투자전문회사로 변경등록할 수 있다. 이 경우 금융위원회에 변경등록된 날부터 기업재무안정사모투자전문회사로 본다.
제4조【기업재무안정사모투자전문회사에 대한 경과조치】 ① 이 법 시행 당시 종전의 제278조의2에 따라 금융위원회에 등록한 기업재무안정사모투자전문회사와 그 기업재무안정사모투자전문회사가 같은 조 제3항에 따라 주주 또는 사원으로 출자한 투자목적회사는 각각 제278조의3의 개정규정에 따라 금융위원회에 등록한 기업재무안정사모투자전문회사와 그 기업재무안정사모투자전문회사가 같은 개정규정 제3항에 따라 주주 또는 사원으로 출자한 투자목적회사로 본다.
② 제1항에 따라 이 법이 적용되는 기업재무안정사모투자전문회사 및 투자목적회사는 법률 제10063호 자본시장과 금융투자업에 관한 법률 일부개정법률 부칙 제3조제3항에도 불구하고 이 법 시행일부터 제278조의3의 개정규정의 효력이 상실되는 날까지는 추가로 출자를 받을 수 있다.

부 칙 (2014.1.28)

제1조【시행일】 이 법은 공포한 날부터 시행한다.
제2조【손해배상에 관한 적용례】 제115조제2항·제3항, 제170조제1항 및 제241조제2항·제3항의 개정규정은 이 법 시행일이 속하는 연도에 최초로 시작되는 사업연도에 대한 재무제표 및 감사보고서부터 적용한다.

부 칙 (2015.7.24)

제1조【시행일】 이 법은 공포 후 3개월이 경과한 날부터 시행한다. 다만, 다음 각 호의 구분에 따른 개정규정은 각각 해당 호에서 정한 날부터 시행한다.
1. 제4조제1항, 제9조제27항, 제117조의3부터 제117조의16까지, 제399조제2항·제4항 및 제5항의 개정규정(이와 관련된 벌칙 조항 및 별표를 포함한다) : 공포 후 6개월이 경과한 날
2. 제165조의10제2항, 제194조제5항 및 제243조의 개정규정(이와 관련된 벌칙 조항 및 별표를 포함한다), 부칙 제5조 및 제6조 : 공포한 날
제2조【기업재무안정 경영참여형 사모집합투자기구 등에 대한 특례의 유효기간 등】 ① 제249조의22의 개정규정은 2016년 11월 13일까지 효력을 가진다.
② 제1항에도 불구하고 제249조의22의 개정규정의 효력이 상실될 당시 금융위원회에 등록한 기업재무안정 경영참여형 사모집합투자기구와 그 기업재무안정 경영참여형 사모집합투자기구가 같은 개정규정 제3항에 따라 주주 또는 사원으로 출자한 투자목적회사에 대해서는 해당 회사의 존속기한까지 같은 개정규정을 적용한다.
③ 제2항에 따른 기업재무안정 경영참여형 사모집합투자기구 및 투자목적회사는 제249조의22의 개정규정의 효력이 상실된 날부터는 추가로 출자를 받을 수 없다.
제3조【분리형 신주인수권부사채의 발행 제한에 관한 적용례】 제165조의10제2항의 개정규정은 같은 개정규정 시행 후 최초로 분리형 신주인수권부사채를 발행하는 이사회의 결의가 있는 경우부터 적용한다.
제4조【집합투자업자 등에 대한 특례】 ① 이 법 시행 전에 제182조에 따라 등록된 사모집합투자기구를 이 법 시행 당시 운용하는 집합투자업자(그 집합투자업자를 법인이사·업무집행사원·업무집행자 및 업무집행조합원으로 둔 사모집합투자기구인 투자회사·투자유한회사·투자합자회사·투자유한책임회사 및 투자합자조합을 포함한다. 이하 이 조에서 "집합투자업자등"이라 한다)는 이 법 시행일부터 3년까지는 종전의 규정에 따른 사모집합투자기구를 설정·설립할 수 있다.
② 제1항에 따라 설정·설립되는 사모집합투자기구의 존속기한은 이 법 시행일부터 4년 이내의 범위에서 정하여야 한다.

③ 집합투자업자등이 발행하는 사모집합투자기구의 집합투자증권의 합계액은 이 법 시행 당시 운용하는 사모집합투자기구의 집합투자재산 중 이 법 시행 후 해지·해산되는 사모집합투자기구의 집합투자재산의 합계액을 초과할 수 없다.
④ 제3항에 따른 집합투자증권 및 집합투자재산의 구체적인 산정기준과 산정방식 등은 대통령령으로 정한다.
제5조【신고에 의한 전문사모집합투자업 등록의 특례】 ① 이 법 공포 당시 집합투자업을 영위하고 있는 자로서 집합투자업 전부 또는 종전의 전문사모집합투자기구에 대한 집합투자업을 인가받은 자는 제249조의3제8항의 개정규정에 따른 등록유지요건을 갖추어 이 법 공포 후 2개월 이내에 금융위원회에 신고할 수 있다.
② 금융위원회는 제1항에 따른 신고를 받은 경우에는 신고인이 제249조의3제8항의 개정규정에 따른 등록유지요건을 갖추었는지를 확인하여 그 결과를 신고일부터 4개월 이내에 신고인에게 통보하여야 한다. 이 경우 등록유지요건을 갖춘 것으로 통보받은 자는 이 법 시행일에 전문사모집합투자업 등록을 한 것으로 본다.
③ 제1항에 따라 신고를 한 자 중 제249조의3제8항의 개정규정에 따른 등록유지요건을 갖추지 못한 것으로 통보받은 자와 제1항에 따른 신고를 하지 아니한 자는 제249조의3제1항의 개정규정에도 불구하고 이 법 시행 후 5년까지는 이 법 시행 전에 설정·설립된 사모집합투자기구에 관한 업무를 종전의 규정에 따라 영위할 수 있다.
제6조【신청에 의한 전문사모집합투자업 등록의 특례】 ① 이 법 공포 당시 집합투자업을 영위하고 있는 자로서 부칙 제5조제1항의 인가를 제외한 인가를 받은 자는 이 법 공포 후 2개월 이내에 전문사모집합투자업 등록을 신청할 수 있다.
② 금융위원회는 제1항에 따라 등록의 신청을 받은 경우에는 그 내용을 검토하여 신청일부터 4개월 이내에 그 결과를 신청인에게 통보하여야 한다. 이 경우 등록의 요건과 신청·검토에 관하여는 제249조의3제1항부터 제7항까지의 개정규정을 준용한다.
③ 제1항에 따른 신청을 한 자 중 제2항에 따라 등록이 거부된 자와 제1항에 따른 신청을 하지 아니한 자는 제249조의3제1항의 개정규정에도 불구하고 이 법 시행 후 5년까지는 이 법 시행 전에 설정·설립된 사모집합투자기구에 관한 업무를 종전의 규정에 따라 영위할 수 있다.
제7조【전문투자형 사모집합투자기구에 대한 적용배제 특례】 이 법 시행 당시 부칙 제10조제2항에 따라 전문투자형 사모집합투자기구로 보는 전문사모집합투자기구에 대해서는 제249조의8제1항의 개정규정에도 불구하고 제184조제3항·제4항·제6항, 제238조제4항·제5항 및 제247조제5항제4호·제5호를 적용하지 아니한다.
제8조【경영참여형 사모집합투자기구에 대한 적용배제 특례】 이 법 시행 당시 부칙 제10조제3항에 따라 경영참여형 사모집합투자기구로 보는 사모투자전문회사에 대해서는 제249조의20제1항의 개정규정에도 불구하고 제184조제3항·제4항, 제185조, 제244조부터 제246조까지 및 제247조제5항제4호·제5호를 적용하지 아니한다.
제9조【금전의 차입에 관한 경과조치】 이 법 시행 당시 집합투자기구의 계산으로 차입된 금전의 총액이 제83조제2항의 개정규정에 적합하지 아니한 경우 이 법 시행일부터 1년까지는 같은 개정규정에 적합한 것으로 본다.
제10조【사모집합투자기구에 대한 경과조치】 ① 이 법 시행 전에 제182조에 따라 설정·설립되어 등록된 사모집합투자기구에 대해서는 종전의 규정에 따른다.
② 이 법 시행 전에 종전의 제249조의2에 따라 설정·설립되어 보고된 전문사모집합투자기구는 제249조의6의 개정규정에 따라 설정·설립되어 보고된 전문투자형 사모집합투자기구로 본다.
③ 이 법 시행 전에 종전의 제268조에 따라 설립되어 등록된 사모투자전문회사는 제249조의10의 개정규정에 따라 설립되어 보고된 경영참여형 사모집합투자기구로 본다.
④ 이 법 시행 전에 종전의 제268조에 따라 설립되어 등록된 기업재무안정사모투자전문회사는 제249조의10의 개정규정에 따라 설립되어 보고된 기업재무안정 경영참여형 사모집합투자기구로 본다.
제11조【전문투자형 사모집합투자기구의 운용에 관한 경과조치 등】 ① 이 법 시행 당시 부칙 제10조제2항에 따라 전문투자형 사모집합투자기구로 보는 전문사모집합투자기구가 제249조의7제1항의 개정규정에 적합하지 아니한 경우 이 법 시행일부터 1년까지는 같은 개정규정에 적합한 것으로 본다.
② 제249조의7제2항의 개정규정은 이 법 시행 당시 부칙 제10조제2항에 따라 전문투자형 사모집합투자기구로 보는 전문사모집합투자기구가 이 법 시행 후 부동산을 취득하는 경우부터 적용한다.
제12조【경영참여형 사모집합투자기구의 차입 등에 관한 경과조치】 이 법 시행 당시 부칙 제10조제3항에 따라 경영참여형 사모집합투자기구로 보는 사모투자전문회사가 제249조의12제7항의 개정규정에 적합하지 아니한 경우 이 법 시행일부터 1년까지는 같은 개정규정에 적합한 것으로 본다.
제13조【업무집행사원에 대한 경과조치】 이 법 시행 당시 종전의 제272조의2에 따라 등록한 업무집행사원은 그 사모투자전문회사재산의 운용업무에 한정하여 제249조의15의 개정규정에 따라 등록한 업무집행사원으로 본다.
제14조【상호출자제한기업집단 계열회사의 지분증권 취득 등에 관한 경과조치】 이 법 시행 당시 제249조의18제2항의 개정규정에 해당하는 상호출자제한기업집단의 계열회사가 같은 조 제4항의 개정규정에 적합하지 아니한 경우 이 법 시행일부터 6개월까지는 제249조의18제4항의 개정규정에 적합한 것으로 본다.
제15조【기업재무안정 경영참여형 사모집합투자기구의 운용 및 차입 등에 관한 경과조치】 이 법 시행 당시 부칙 제10조제4항에 따라 기업재무안정 경영참여형 사모집합투자기구로 보는 기업재무안정사모투자전문회사가 제249조의22제2항제4호 또는 제249조의22제4항의 개정규정에 적합하지 아니한 경우 이 법 시행일부터 1년까지는 같은 개정규정에 적합한 것으로 본다.
제16조【거래소의 손해배상책임에 관한 경과조치】 제399조제1항·제4항 및 제5항의 개정규정 시행 전에 제399조제1항에 따른 거래소 회원의 증권시장 또는 파생상품시장에서의 매매거래의 위약으로 인하여 발생한 손해에 관한 배상에 대해서는 같은 조 제2항·제4항 및 제5항의 개정규정에도 불구하고 종전의 규정에 따른다.
제17조【행정처분 등에 관한 경과조치】 이 법 시행 전의 위반행위에 대한 행정처분 등에 관하여는 종전의 규정에 따른다.
제18조【벌칙에 관한 경과조치】 이 법 시행 전의 위반행위에 대하여 벌칙을 적용할 때에는 종전의 규정에 따른다.
제19조【다른 법률의 개정】 ①~⑳ ※(해당 법령에 가제정리 하였음)
제20조【다른 법령과의 관계】 ① 이 법 시행 당시 다른 법령에서 사모투자전문회사를 인용하고 있는 경우에는 그에 갈음하여 이 법에 따른 경영참여형 사모집합투자기구를 인용한 것으로 본다.
② 이 법 시행 당시 다른 법령에서 사모집합투자기구를 인용하고 있는 경우 이 법 시행 전에 제182조에 따라 설정·설립되어 등록된 사모집합투자기구 및 부칙 제4조제1항에 따라 설정·설립된 사모집합투자기구를 그 존속기한까지는 포함하는 것으로 본다.

부 칙 (2016.3.29 법14130호)

제1조【시행일】 이 법은 공포 후 3개월이 경과한 날부터 시행한다. 다만, 다음 각 호의 어느 하나에 해당하는 경우에는 각 호에서 정하는 날부터 시행한다.
1. 제28조의2, 제81조제4항, 제94조제1항, 제160조 후단(분기보고서에 대하여 제3호를 제외하는 부분에 한정한다) 및 제194조제11항의 개정규정 : 이 법을 공포한 날
2. 제159조제2항 및 제160조 후단(분기보고서에 대하여 제3호의2를 제외하는 부분에 한정한다)의 개정규정 : 이 법 공포 후 2년이 경과한 날

제2조【부동산집합투자기구 등에 관한 적용례】 ① 제81조제4항, 제94조제1항의 개정규정은 같은 개정규정 시행 전에 설정되거나 설립한 제229조제2호에 따른 부동산집합투자기구에 대해서도 적용한다.
② 제194조제11항의 개정규정은 같은 개정규정 시행 전에 설립한 제229조제2호에 따른 부동산집합투자기구 및 제249조의6에 따른 전문투자형 사모집합투자기구에 대해서도 적용한다.

제3조【보수총액 기준 상위 5명의 보수 등 기재에 관한 적용례】 제159조제2항의 개정규정은 2018년에 대한 반기보고서를 제출하는 경우부터 적용한다.
제4조【분기보고서에 관한 적용례】 제160조 후단의 개정규정은 같은 개정규정 시행 이후 최초로 분기보고서를 제출하는 경우부터 적용한다.
제5조【이사회의 이익배당 결정에 대한 주주총회 보고에 관한 적용례】 제165조의12제9항의 개정규정은 이 법 시행 이후 최초로 이사회의 결의로 이익배당을 정하는 경우부터 적용한다.

부 칙 (2016.12.20)

제1조【시행일】 이 법은 2017년 1월 1일부터 시행한다. 다만, 제249조의22의 개정규정은 공포한 날부터 시행한다.
제2조【기업재무안정 경영참여형 사모집합투자기구에 대한 경과조치】 ① 제249조의22의 개정규정 시행 당시 종전의 제249조의22에 따라 금융위원회에 보고한 기업재무안정 경영참여형 사모집합투자기구와 그 기업재무안정 경영참여형 사모집합투자기구가 같은 조 제3항에 따라 주주 또는 사원으로 출자한 투자목적회사는 각각 같은 개정규정에 따라 금융위원회에 보고한 기업재무안정 경영참여형 사모집합투자기구와 그 기업재무안정 경영참여형 사모집합투자기구가 같은 개정규정 제3항에 따라 주주 또는 사원으로 출자한 투자목적회사로 본다.
② 제1항에 따라 이 법이 적용되는 기업재무안정 경영참여형 사모집합투자기구 및 투자목적회사는 법률 제13448호 자본시장과 금융투자업에 관한 법률 일부개정법률 부칙 제2조제3항에도 불구하고 제249조의22의 개정규정 시행일부터는 추가로 출자를 받을 수 있다.

부 칙 (2017.4.18 법14827호)

제1조【시행일】 이 법은 공포 후 6개월이 경과한 날부터 시행한다. 다만, 제166조의2제1항제3호 및 제443조제1항의 개정규정은 공포한 날부터 시행하고, 부칙 제5조는 법률 제14096호 주식·사채 등의 전자등록에 관한 법률 시행일부터 시행한다.
제2조【장외파생상품 매매 등에 관한 특례】 다음 각 호의 어느 하나에 해당하는 자에 대하여 제166조의2제1항제3호의 개정규정 시행일부터 1년이 되는 날까지는 같은 개정규정에도 불구하고 종전의 규정에 따른다.
1. 제166조의2제1항제3호의 개정규정 시행 당시 영업용순자본이 총위험액의 2배 이상인 투자매매업자 또는 투자중개업자로서 같은 개정규정에서 정한 비율에 미달하는 자
2. 제166조의2제1항제3호의 개정규정 시행 당시 영업용순자본이 총위험액의 2배 이상이면서 같은 개정규정에서 정한 비율을 충족한 투자매매업자 또는 투자중개업자로서 같은 개정규정 시행일부터 1년간 종전의 규정을 적용받을 것을 금융감독원장에게 신청한 자
제3조【과징금에 관한 경과조치】 이 법 시행 전의 위반행위에 대하여 과징금을 부과하는 경우에는 제349조, 제428조제1항 및 제2항의 개정규정에도 불구하고 종전의 규정에 따른다.
제4조【벌칙에 관한 경과조치】 ① 제443조제1항의 개정규정 시행 전의 위반행위에 대하여 벌칙을 적용할 때에는 같은 개정규정에도 불구하고 종전의 규정에 따른다.
② 제446조제60호 및 제61호의 개정규정 시행 전의 위반행위에 대하여 벌칙을 적용할 때에는 같은 개정규정에도 불구하고 종전의 규정에 따른다.
제5조【다른 법률의 개정】 ※(해당 법령에 가제정리 하였음)

부 칙 (2018.12.31)

제1조【시행일】 이 법은 공포 후 6개월이 경과한 날부터 시행한다. 다만, 제56조제1항·제5항부터 제7항까지, 제449조제1항제24호·제25호 및 같은 조 제3항제4호의 개정규정은 공포 후 1년이 경과한 날부터 시행한다.
제2조【직권말소에 관한 적용례】 제101조제9항제2호에 따른 과태료 부과 횟수는 이 법이 시행된 날부터 기산한다.
제3조【기존 유사투자자문업자에 대한 적용례】 이 법 시행 전에 유사투자자문업을 신고하여 영업을 하고 있는 자가 시행일 이후 1년 이내에 제101조제7항에 따른 교육을 이수한 경우에는 개정규정에 따른 신고를 한 것으로 간주하고 신고의 유효기간은 교육을 이수한 날부터 5년으로 한다.

부 칙 (2020.2.4 법16957호)

제1조【시행일】 이 법은 공포 후 6개월이 경과한 날부터 시행한다.(이하 생략)

부 칙 (2020.2.4 법16958호)

제1조【시행일】 이 법은 공포 후 6개월이 경과한 날부터 시행한다.
제2조【이사회의 성별 구성에 관한 경과조치】 이 법 시행 당시 제165조의20의 개정규정에 적합하지 아니한 주권상장법인은 이 법 시행일부터 2년 이내에 제165조의20의 개정규정에 적합하도록 하여야 한다.

부 칙 (2020.12.29 법17805호)

이 법은 공포 후 6개월이 경과한 날부터 시행한다.

부 칙 (2021.1.5)

제1조【시행일】 이 법은 공포 후 3개월이 경과한 한 날부터 시행한다.
제2조【공매도 거래자의 모집 또는 매출에 따른 주식 취득 제한에 관한 적용례】 제180조의4의 개정규정은 이 법 시행 이후 증권시장에 상장된 주식에 대한 모집 또는 매출 계획이 공시된 경우부터 적용한다.
제3조【과태료에 관한 경과조치】 이 법 시행 전에 제180조를 위반한 행위에 대하여 과태료를 부과할 때에는 종전의 규정에 따른다.

부 칙 (2021.4.20)

제1조【시행일】 이 법은 공포 후 6개월이 경과한 날부터 시행한다.
제2조【일반 사모집합투자기구 투자권유 시 설명서 교부의무 등에 관한 적용례】 제249조의4제2항부터 제7항까지의 개정규정은 이 법 시행 후 최초로 설명서를 교부하는 경우부터 적용한다.
제3조【일반 사모집합투자기구의 회계감사에 관한 적용례】 제249조의8제2항제4호의 개정규정은 이 법 시행일이 속하는 회계연도의 말일 또는 이 법 시행 후 제240조제3항 각 호의 사유가 발생한 날부터 적용한다.
제4조【투자목적회사에 대한 적용례】 제249조의13제6항의 개정규정은 이 법 시행 후 설립된 투자목적회사부터 적용한다.
제5조【전문사모집합투자업에 대한 경과조치】 이 법 시행 당시 전문사모집합투자업을 영위하고 있는 자는 제249조의3의 개정규정에 따라 일반 사모집합투자업을 등록한 것으로 본다.
제6조【전문투자형 사모집합투자기구에 대한 경과조치】 ① 이 법 시행 전에 종전의 제249조의6에 따라 설정·설립되어 보고된 전문투자형 사모집합투자기구는 제249조의6의 개정규정에 따라 설정·설립되어 보고된 일반 사모집합투자기구로 본다.
② 제1항에 따른 전문투자형 사모집합투자기구의 집합투자재산 운용 중 이 법 시행일 당시 제249조의7제5항제1호의 개정규정에 해당하는 투자는 이 법 시행일부터 이에 해당하는 것으로 본다.
제7조【일반 사모집합투자기구의 환매연기에 대한 경과조치】 이 법 시행 전에 환매연기 사유가 발생한 경우에는 제249조의8제5항 단서의 개정규정을 적용하지 아니한다.
제8조【경영참여형 사모집합투자기구에 대한 경과조치】 ① 이 법 시행 전에 종전의 제249조의10에 따라 설립되어 보고된 경영참여형 사모집합투자기구와 그 경영참여형 사모집합투자기구가 종전의 제249조의13제1항제3호가목에 따라 주주 또는 사원으로 출자한 투자목적회사는 제249조의10의 개정규정에

따라 설정·설립되어 보고된 기관전용 사모집합투자기구와 그 기관전용 사모집합투자기구가 주주 또는 사원으로 출자한 투자목적회사로 본다.
② 제1항에도 불구하고 이 법 시행 전에 종전의 제249조의10에 따라 설립되어 보고된 경영참여형 사모집합투자기구와 그 경영참여형 사모집합투자기구가 종전의 제249조의13제1항제3호가목에 따라 주주 또는 사원으로 출자한 투자목적회사로서 그 경영참여형 사모집합투자기구의 유한책임사원 중 제249조의11제6항의 개정규정에 따른 자가 아닌 자가 있는 경우에는 종전의 제249조의12 및 제249조의13에 따른다.
③ 이 법 시행 전에 종전의 제249조의22에 따라 설립되어 보고된 기업재무안정 경영참여형 사모집합투자기구와 그 기업재무안정 경영참여형 사모집합투자기구가 같은 조 제3항에 따라 주주 또는 사원으로 출자한 투자목적회사는 제249조의22의 개정규정에 따라 설정·설립되어 보고된 기업재무안정 사모집합투자기구와 그 기업재무안정 사모집합투자기구가 주주 또는 사원으로 출자한 투자목적회사로 본다.
④ 이 법 시행 전에 종전의 제249조의23에 따라 설립되어 보고된 창업·벤처전문 경영참여형 사모집합투자기구와 그 창업·벤처전문 경영참여형 사모집합투자기구가 같은 조 제3항에 따라 주주 또는 사원으로 출자한 투자목적회사는 제249조의23의 개정규정에 따라 설정·설립되어 보고된 창업·벤처전문 사모집합투자기구와 그 창업·벤처전문 사모집합투자기구가 주주 또는 사원으로 출자한 투자목적회사로 본다.
⑤ 제1항부터 제4항까지에 따른 경영참여형 사모집합투자기구, 기업재무안정 경영참여형 사모집합투자기구 및 창업·벤처전문 경영참여형 사모집합투자기구는 이 법 시행일부터는 추가로 출자 약정을 받을 수 없다. 다만, 제249조의11제6항제1호의 개정규정에 따른 투자자로부터의 출자 약정은 제외한다.
⑥ 제1항부터 제4항까지에 따른 경영참여형 사모집합투자기구, 기업재무안정 경영참여형 사모집합투자기구 및 창업·벤처전문 경영참여형 사모집합투자기구 및 이들이 주주 또는 사원으로 출자한 투자목적회사는 제249조의12의 개정규정에서 준용하는 제249조의7제5항의 개정규정을 적용함에 있어, 같은 항 제1호 또는 제2호에 해당하는 지분증권을 해당 지분증권을 취득한 날부터 15년 이내에 제삼자에게 처분하여야 한다.
제9조【경영참여형 사모집합투자기구의 업무집행사원에 대한 경과조치】 ① 이 법 시행 당시 등록된 경영참여형 사모집합투자기구의 업무집행사원은 제249조의15의 개정규정에 따라 등록한 업무집행사원으로 본다.
② 이 법 시행 당시 등록된 경영참여형 사모집합투자기구의 업무집행사원에 대하여는 이 법 시행일부터 1년이 되는 날까지는 제249조의15제1항제3호의 개정규정에도 불구하고 종전의 규정에 따른다.
제10조【다른 법률의 개정】 ①~⑫ ※(해당 법령에 가제정리하였음)

부　칙 (2021.6.8)

제1조【시행일】 이 법은 공포 후 6개월이 경과한 날부터 시행한다.
제2조【투자매매업 등의 업무 추가 및 등록에 관한 적용례】 제16조의2 개정규정은 이 법 시행 이후 업무 단위 추가등록을 신청하는 경우부터 적용한다.
제3조【외국 금융투자업자 간의 영업 양도 및 양수에 관한 특례에 대한 적용례】 제16조의3의 개정규정은 이 법 시행 이후 외국 금융투자업자가 제12조제2항제1호 각 목에 해당하는 자로부터 금융투자업 전부를 양수하거나 제12조제2항제1호 각 목에 해당하는 자가 외국 금융투자업자로부터 금융투자업 전부를 양수하고 금융투자업의 인가를 신청하는 경우부터 적용한다.
제4조【투자자예탁금의 별도예치에 관한 적용례】 제74조의 개정규정은 이 법 시행 이후 제74조제5항 각 호의 어느 하나에 해당하는 사유가 발생한 경우부터 적용한다.
제5조【금융기관의 단기금융업무에 관한 적용례】 제360조의 개정규정은 이 법 시행 이후 단기금융업무의 인가를 신청하는 경우부터 적용한다.
제6조【몰수·추징에 관한 적용례】 제447조의2제2항의 개정규정은 이 법 시행 이후 제443조제1항제4호부터 제7호까지의 어느 하나에 해당하는 죄를 범하고 그 범죄행위를 위하여 제공하였거나 제공하려 한 재산을 몰수·추징하는 경우부터 적용한다.
제7조【일반사무관리회사 등록에 관한 경과조치】 제254조의 개정규정에도 불구하고 이 법 시행 당시 투자신탁이나 투자익명조합의 집합투자업자 또는 투자회사등의 위탁을 받아 집합투자증권의 기준가격 산정업무, 그 밖에 이와 관련된 업무로서 대통령령으로 정하는 업무를 영위하고 있는 자는 이 법 시행일부터 6개월까지는 같은 개정규정에 따른 등록을 하지 아니하고 해당 업무를 영위할 수 있으며, 이 법 시행 당시 종전의 규정에 따라 일반사무관리회사로 등록한 자는 같은 개정규정에 따라 등록한 것으로 본다.

부　칙 (2021.12.21)

제1조【시행일】 이 법은 공포한 날부터 시행한다.(이하 생략)

부　칙 (2021.12.28)

제1조【시행일】 이 법은 공포 후 6개월이 경과한 날부터 시행한다.(이하 생략)

부　칙 (2022.12.31)

제1조【시행일】 이 법은 2023년 1월 1일부터 시행한다.(이하 생략)

부　칙 (2023.3.21)

제1조【시행일】 이 법은 공포 후 6개월이 경과한 날부터 시행한다.
제2조【조치명령권에 관한 적용례】 제416조의 개정규정은 이 법 시행 이후 행하는 조치명령부터 적용한다.
제3조【과태료에 관한 경과조치】 이 법 시행 전의 행위에 대하여 과태료를 적용할 때에는 종전의 규정에 따른다.

부　칙 (2023.6.13)

제1조【시행일】 이 법은 공포 후 6개월이 경과한 날부터 시행한다.(이하 생략)

부　칙 (2023.7.18)

제1조【시행일】 이 법은 공포 후 6개월이 경과한 날부터 시행한다.
제2조【과징금 부과에 관한 적용례】 제429조의2의 개정규정은 이 법 시행 이후 같은 개정규정 제1항 각 호의 어느 하나에 해당하는 행위를 하는 경우부터 적용한다.
제3조【위반행위로 얻은 이익의 산정에 관한 적용례】 제442조의2의 개정규정은 이 법 시행 당시 수사 중인 사건에도 적용한다.
제4조【형벌 등의 감면에 관한 적용례】 제448조의2의 개정규정은 이 법 시행 당시 수사 중이거나 법원에 계속 중인 사건에 대해서도 적용한다.

부　칙 (2023.9.14)

제1조【시행일】 이 법은 공포한 날부터 시행한다.(이하 생략)

부　칙 (2024.1.9)

제1조【시행일】 이 법은 공포 후 6개월이 경과한 날부터 시행한다.(이하 생략)

부　칙 (2024.1.23)

이 법은 공포 후 6개월이 경과한 날부터 시행한다.

부 칙 (2024.2.13)

제1조【시행일】 이 법은 공포 후 6개월이 경과한 날부터 시행한다.

제2조【유사투자자문업 신고의 직권말소에 관한 적용례】 제101조제9항제1호의2의 개정규정은 이 법 시행 이후 공정거래위원회가 명한 시정조치를 이행하지 아니한 경우부터 적용한다.

제3조【유사투자자문업 신고의 직권말소에 관한 특례】 제101조제9항제2호의 개정규정에 따른 과태료 및 과징금의 부과 횟수는 이 법 시행 이후 부과받은 과태료 및 과징금 처분부터 합산한다. 다만, 이 법 시행 전에 제101조제2항 또는 같은 조 제3항 후단을 위반하여 과태료 처분을 3회 미만 받았던 경우에는 이를 1회 받은 것으로 보아 같은 개정규정에 따른 과태료 및 과징금 부과 횟수에 합산한다.

제4조【다른 법률의 개정】 ※(해당 법령에 가제정리 하였음)

부 칙 (2024.10.22)

제1조【시행일】 이 법은 2025년 3월 31일부터 시행한다. 다만, 제407조, 제426조의2, 제426조의3, 제439조, 제446조, 제449조제1항제48호의2부터 제48호의6까지 및 같은 조 제3항의 개정규정은 공포 후 6개월이 경과한 날부터 시행한다.

제2조【증권 취득 제한에 관한 적용례】 제180조의4제2항의 개정규정은 이 법 시행 이후 주권상장법인의 전환사채 또는 신주인수권부사채 발행 계획이 공시되는 경우부터 적용한다.

제3조【대차거래에 관한 경과조치】 이 법 시행 전에 체결된 대차거래 계약에 대해서는 제180조의5의 개정규정에도 불구하고 종전의 규정에 따른다.

부 칙 (2025.1.21)

제1조【시행일】 이 법은 공포 후 6개월이 경과한 날부터 시행한다. 다만, 제165조의12제1항부터 제3항까지 및 제165조의18제17호의 개정규정은 공포한 날부터 시행한다.

제2조【반기·분기보고서 제출기한에 관한 특례】 최초로 제159조제1항에 따라 사업보고서를 제출하여야 하는 법인 중 이 법 시행 당시 제160조제2항 본문의 개정규정에 따른 반기보고서 또는 분기보고서 제출기한이 5일 미만으로 남은 법인은 같은 개정규정에도 불구하고 이 법 시행일부터 5일 이내에 그 직전 반기보고서 또는 분기보고서를 제출하여야 한다.

〔별표〕 ➡「www.hyeonamsa.com」참조

신용정보의 이용 및 보호에 관한 법률(약칭 : 신용정보법)

(2009년 4월 1일
전부개정법률 제9617호)

개정
2010. 4. 5법10228호(무역보험법)
2011. 3.29법10465호(개인정보보호법)
2011. 5.19법10690호
2013. 3.23법11690호(정부조직)
2013. 5.28법11845호(자본시장금융투자업)
2014.11.19법12844호(정부조직)
2015. 3.11법13216호
2016. 3.29법14122호(기술보증기금법)
2017. 4.18법14823호
2017. 7.26법14839호(정부조직)
2017.11.28법15146호
2018. 8.14법15748호
2018.12.11법15933호
2018.12.31법16188호
2020. 2. 4법16930호(개인정보보호법)
2020. 2. 4법16957호
2020. 6. 9법17354호(전자서명법)
2020.12.29법17799호(독점)
2021. 4.20법18124호
2023. 3.14법19234호(개인정보보호법)
2024. 2.13법20304호

제1장 총 칙

제1조【목적】 이 법은 신용정보 관련 산업을 건전하게 육성하고 신용정보의 효율적 이용과 체계적 관리를 도모하며 신용정보의 오용·남용으로부터 사생활의 비밀 등을 적절히 보호함으로써 건전한 신용질서를 확립하고 국민경제의 발전에 이바지함을 목적으로 한다.(2020.2.4 본조개정)

제2조【정의】 이 법에서 사용하는 용어의 뜻은 다음과 같다.

1. "신용정보"란 금융거래 등 상거래에서 거래 상대방의 신용을 판단할 때 필요한 정보로서 다음 각 목의 정보를 말한다.(2020.2.4 본문개정)
  가. 특정 신용정보주체를 식별할 수 있는 정보(나목부터 마목까지의 어느 하나에 해당하는 정보와 결합되는 경우만 신용정보에 해당한다)(2020.2.4 본목개정)
  나. 신용정보주체의 거래내용을 판단할 수 있는 정보
  다. 신용정보주체의 신용도를 판단할 수 있는 정보
  라. 신용정보주체의 신용거래능력을 판단할 수 있는 정보
  마. 가목부터 라목까지의 정보 외에 신용정보주체의 신용을 판단할 때 필요한 정보(2020.2.4 본목개정)
  (2011.5.19 본호개정)

1의2. 제1호가목의 "특정 신용정보주체를 식별할 수 있는 정보"란 다음 각 목의 정보를 말한다.
  가. 살아 있는 개인에 관한 정보로서 다음 각각의 정보
    1) 성명, 주소, 전화번호 및 그 밖에 이와 유사한 정보로서 대통령령으로 정하는 정보
    2) 법령에 따라 특정 개인을 고유하게 식별할 수 있도록 부여된 정보로서 대통령령으로 정하는 정보(이하 "개인식별번호"라 한다)
    3) 개인의 신체 일부의 특징을 컴퓨터 등 정보처리장치에서 처리할 수 있도록 변환한 문자, 번호, 기호 또는 그 밖에 이와 유사한 정보로서 특정 개인을 식별할 수 있는 정보
    4) 1)부터 3)까지와 유사한 정보로서 대통령령으로 정하는 정보
  나. 기업(사업을 경영하는 개인 및 법인과 이들의 단체를 말한다. 이하 같다) 및 법인의 정보로서 다음 각각의 정보
    1) 상호 및 명칭
    2) 본점·영업소 및 주된 사무소의 소재지
    3) 업종 및 목적
    4) 개인사업자(사업을 경영하는 개인을 말한다. 이하 같다)·대표자의 성명 및 개인식별번호
    5) 법령에 따라 특정 기업 또는 법인을 고유하게 식별하기 위하여 부여된 번호로서 대통령령으로 정하는 정보

6) 1)부터 5)까지와 유사한 정보로서 대통령령으로 정하는 정보
(2020.2.4 본호신설)

1의3. 제1호나목의 "신용정보주체의 거래내용을 판단할 수 있는 정보"란 다음 각 목의 정보를 말한다.
가. 신용정보제공·이용자에게 신용위험이 따르는 거래로서 다음 각각의 거래의 종류, 기간, 금액, 금리, 한도 등에 관한 정보
1) 「은행법」 제2조제7호에 따른 신용공여
2) 「여신전문금융업법」 제2조제3호·제10호 및 제13호에 따른 신용카드, 시설대여 및 할부금융 거래
3) 「자본시장과 금융투자업에 관한 법률」 제34조제2항, 제72조, 제77조의3제4항 및 제342조제1항에 따른 신용공여
4) 1)부터 3)까지와 유사한 거래로서 대통령령으로 정하는 거래
나. 「금융실명거래 및 비밀보장에 관한 법률」 제2조제3호에 따른 금융거래의 종류, 기간, 금액, 금리 등에 관한 정보
다. 「보험업법」 제2조제1호에 따른 보험상품의 종류, 기간, 보험료 등 보험계약에 관한 정보 및 보험금의 청구 및 지급에 관한 정보
라. 「자본시장과 금융투자업에 관한 법률」 제3조에 따른 금융투자상품의 종류, 발행·매매 명세, 수수료·보수 등에 관한 정보
마. 「상법」 제46조에 따른 상행위에 따른 상거래의 종류, 기간, 내용, 조건 등에 관한 정보
바. 가목부터 마목까지의 정보와 유사한 정보로서 대통령령으로 정하는 정보
(2020.2.4 본호신설)

1의4. 제1호다목의 "신용정보주체의 신용도를 판단할 수 있는 정보"란 다음 각 목의 정보를 말한다.
가. 금융거래 등 상거래와 관련하여 발생한 채무의 불이행, 대위변제, 그 밖에 약정한 사항을 이행하지 아니한 사실과 관련된 정보
나. 금융거래 등 상거래와 관련하여 신용질서를 문란하게 하는 행위와 관련된 정보로서 다음 각각의 정보
1) 금융거래 등 상거래에서 다른 사람의 명의를 도용한 사실에 관한 정보
2) 보험사기, 전기통신금융사기를 비롯하여 사기 또는 부정한 방법으로 금융거래 등 상거래를 한 사실에 관한 정보
3) 금융거래 등 상거래의 상대방에게 위조·변조하거나 허위인 자료를 제출한 사실에 관한 정보
4) 대출금 등을 다른 목적에 유용(流用)하거나 부정한 방법으로 대출·보험계약 등을 체결한 사실에 관한 정보
5) 1)부터 4)까지의 정보와 유사한 정보로서 대통령령으로 정하는 정보
다. 가목 또는 나목에 관한 신용정보주체가 법인인 경우 실제 법인의 경영에 참여하여 법인을 사실상 지배하는 자로서 대통령령으로 정하는 자에 관한 정보
라. 가목부터 다목까지의 정보와 유사한 정보로서 대통령령으로 정하는 정보
(2020.2.4 본호신설)

1의5. 제1호라목의 "신용정보주체의 신용거래능력을 판단할 수 있는 정보"란 다음 각 목의 정보를 말한다.
가. 개인의 직업·재산·채무·소득의 총액 및 납세실적
나. 기업 및 법인의 연혁·목적·영업실태·주식 또는 지분 보유 현황 등 기업 및 법인의 개황(槪況), 대표자 및 임원에 관한 사항, 판매명세·수주실적 또는 경영상의 주요 계약 등 사업의 내용, 재무제표(연결재무제표를 작성하는 기업의 경우에는 연결재무제표를 포함한다) 등 재무에 관한 사항과 감사인(「주식회사 등의 외부감사에 관한 법률」 제2조제7호에 따른 감사인을 말한다)의 감사의견 및 납세실적
다. 가목 및 나목의 정보와 유사한 정보로서 대통령령으로 정하는 정보
(2020.2.4 본호신설)

1의6. 제1호마목의 "가목부터 라목까지의 정보 외에 신용정보주체의 신용을 판단할 때 필요한 정보"란 다음 각 목의 정보를 말한다.
가. 신용정보주체가 받은 법원의 재판, 행정처분 등과 관련된 정보로서 대통령령으로 정하는 정보
나. 신용정보주체의 조세, 국가채권 등과 관련된 정보로서 대통령령으로 정하는 정보
다. 신용정보주체의 채무조정에 관한 정보로서 대통령령으로 정하는 정보
라. 개인의 신용상태를 평가하기 위하여 정보를 처리함으로써 새로이 만들어지는 정보로서 기호, 숫자 등을 사용하여 점수나 등급 등으로 나타낸 정보(이하 "개인신용평점"이라 한다)
마. 기업 및 법인의 신용을 판단하기 위하여 정보를 처리함으로써 새로이 만들어지는 정보로서 기호, 숫자 등을 사용하여 점수나 등급 등으로 표시한 정보(이하 "기업신용등급"이라 한다). 다만, 「자본시장과 금융투자업에 관한 법률」 제9조제26항에 따른 신용등급은 제외한다.
바. 기술(「기술의 이전 및 사업화 촉진에 관한 법률」 제2조제1호에 따른 기술을 말한다. 이하 같다)에 관한 정보
사. 기업 및 법인의 신용을 판단하기 위하여 정보(기업 및 법인의 기술과 관련된 기술성·시장성·사업성 등을 대통령령으로 정하는 바에 따라 평가한 결과를 포함한다)를 처리함으로써 새로이 만들어지는 정보로서 대통령령으로 정하는 정보(이하 "기술신용정보"라 한다). 다만, 「자본시장과 금융투자업에 관한 법률」 제9조제26항에 따른 신용등급은 제외한다.
아. 그 밖에 제1호의2부터 제1호의5까지의 규정에 따른 정보 및 가목부터 사목까지의 규정에 따른 정보와 유사한 정보로서 대통령령으로 정하는 정보
(2020.2.4 본호신설)

2. "개인신용정보"란 기업 및 법인에 관한 정보를 제외한 살아 있는 개인에 관한 신용정보로서 다음 각 목의 어느 하나에 해당하는 정보를 말한다.(2020.2.4 본문개정)
가. 해당 정보의 성명, 주민등록번호 및 영상 등을 통하여 특정 개인을 알아볼 수 있는 정보
나. 해당 정보만으로는 특정 개인을 알아볼 수 없더라도 다른 정보와 쉽게 결합하여 특정 개인을 알아볼 수 있는 정보
(2020.2.4 가목~나목신설)

3. "신용정보주체"란 처리된 신용정보로 알아볼 수 있는 자로서 그 신용정보의 주체가 되는 자를 말한다.(2020.2.4 본호개정)

4. "신용정보업"이란 다음 각 목의 어느 하나에 해당하는 업(業)을 말한다.(2020.2.4 본문개정)
가. 개인신용평가업
나. 개인사업자신용평가업
다. 기업신용조회업
라. 신용조사업
(2020.2.4 가목~라목신설)

5. "신용정보회사"란 제4호 각 목의 신용정보업에 대하여 금융위원회의 허가를 받은 자로서 다음 각 목의 어느 하나에 해당하는 자를 말한다.(2020.2.4 본문개정)
가. 개인신용평가회사 : 개인신용평가업 허가를 받은 자
나. 개인사업자신용평가회사 : 개인사업자신용평가업 허가를 받은 자
다. 기업신용조회회사 : 기업신용조회업 허가를 받은 자
라. 신용조사회사 : 신용조사업 허가를 받은 자
(2020.2.4 가목~라목신설)

6. "신용정보집중기관"이란 신용정보를 집중하여 관리·활용하는 자로서 제25조제1항에 따라 금융위원회로부터 허가받은 자를 말한다.(2015.3.11 본호개정)

7. "신용정보제공·이용자"란 고객과의 금융거래 등 상거래를 위하여 본인의 영업과 관련하여 얻거나 만들어 낸 신용정보를 타인에게 제공하거나 타인으로부터 신용정보를 제공받아 본인의 영업에 이용하는 자와 그 밖에 이에 준하는 자로서 대통령령으로 정하는 자를 말한다.

8. "개인신용평가업"이란 개인의 신용을 판단하는 데 필요한 정보를 수집하고 개인의 신용상태를 평가(이하 "개인신용평가"라 한다)하여 그 결과(개인신용평점을 포함한다)를 제3자

에게 제공하는 행위를 영업으로 하는 것을 말한다.(2020.2.4 본호개정)

8의2. "개인사업자신용평가업"이란 개인사업자의 신용을 판단하는 데 필요한 정보를 수집하고 개인사업자의 신용상태를 평가하여 그 결과를 제3자에게 제공하는 행위를 영업으로 하는 것을 말한다. 다만, 「자본시장과 금융투자업에 관한 법률」 제9조제26항에 따른 신용평가업은 제외한다.(2020.2.4 본호신설)

8의3. "기업신용조회업"이란 다음 각 목에 따른 업무를 영업으로 하는 것을 말한다. 다만, 「자본시장과 금융투자업에 관한 법률」 제9조제26항에 따른 신용평가업은 제외한다.

가. 기업정보조회업무 : 기업 및 법인인 신용정보주체의 거래내용, 신용거래능력 등을 나타내기 위하여 대통령령으로 정하는 정보를 제외한 신용정보를 수집하고, 대통령령으로 정하는 방법으로 통합·분석 또는 가공하여 제공하는 행위

나. 기업신용등급제공업무 : 기업 및 법인인 신용정보주체의 신용상태를 평가하여 기업신용등급을 생성하고, 해당 신용정보주체 및 그 신용정보주체의 거래상대방 등 이해관계를 가지는 자에게 제공하는 행위

다. 기술신용평가업무 : 기업 및 법인인 신용정보주체의 신용상태 및 기술에 관한 가치를 평가하여 기술신용정보를 생성한 다음해당 신용정보주체 및 그 신용정보주체의 거래상대방 등 이해관계를 가지는 자에게 제공하는 행위

(2020.2.4 본호신설)

9. "신용조사업"이란 제3자의 의뢰를 받아 신용정보를 조사하고, 그 신용정보를 그 의뢰인에게 제공하는 행위를 영업으로 하는 것을 말한다.(2020.2.4 본호개정)

9의2. "본인신용정보관리업"이란 개인인 신용정보주체의 신용관리를 지원하기 위하여 다음 각 목의 전부 또는 일부의 신용정보를 대통령령으로 정하는 방식으로 통합하여 그 신용정보주체에게 제공하는 행위를 영업으로 하는 것을 말한다.

가. 제1호의3가목1)·2) 및 나목의 신용정보로서 대통령령으로 정하는 정보

나. 제1호의3다목의 신용정보로서 대통령령으로 정하는 정보

다. 제1호의3라목의 신용정보로서 대통령령으로 정하는 정보

라. 제1호의3마목의 신용정보로서 대통령령으로 정하는 정보

마. 그 밖에 신용정보주체 본인의 신용관리를 위하여 필요한 정보로서 대통령령으로 정하는 정보

(2020.2.4 본호신설)

9의3. "본인신용정보관리회사"란 본인신용정보관리업에 대하여 금융위원회로부터 허가를 받은 자를 말한다.(2020.2.4 본호신설)

10. "채권추심업"이란 채권자의 위임을 받아 변제하기로 약정한 날까지 채무를 변제하지 아니한 자에 대한 재산조사, 변제의 촉구 또는 채무자로부터의 변제금 수령을 통하여 채권자를 대신하여 추심채권을 행사하는 행위를 영업으로 하는 것을 말한다.(2020.2.4 본호개정)

10의2. "채권추심회사"란 채권추심업에 대하여 금융위원회로부터 허가를 받은 자를 말한다.(2020.2.4 본호신설)

11. 채권추심의 대상이 되는 "채권"이란 「상법」에 따른 상행위로 생긴 금전채권, 판결 등에 따라 권원(權原)이 인정된 민사채권으로서 대통령령으로 정하는 채권, 특별법에 따라 설립된 조합·공제조합·금고 및 그 중앙회·연합회 등의 조합원·회원 등에 대한 대출·보증, 그 밖의 여신 및 보험 업무에 따른 금전채권 및 다른 법률에서 채권추심회사에 대한 채권추심의 위탁을 허용한 채권을 말한다.(2020.2.4 본호개정)

12. (2013.5.28 삭제)

13. "처리"란 신용정보의 수집(조사를 포함한다. 이하 같다.), 생성, 연계, 연동, 기록, 저장, 보유, 가공, 편집, 검색, 출력, 정정(訂正), 복구, 이용, 결합, 제공, 공개, 파기(破棄), 그 밖에 이와 유사한 행위를 말한다.(2020.2.4 본호개정)

14. "자동화평가"란 제15조제1항에 따른 신용정보회사등의 종사자가 평가 업무에 관여하지 아니하고 컴퓨터 등 정보처리장치로만 개인신용정보 및 그 밖의 정보를 처리하여 개인인 신용정보주체를 평가하는 행위를 말한다.

15. "가명처리"란 추가정보를 사용하지 아니하고는 특정 개인인 신용정보주체를 알아볼 수 없도록 개인신용정보를 처리(그 처리 결과가 다음 각 목의 어느 하나에 해당하는 경우로서 제40조의2제1항 및 제2항에 따라 그 추가정보를 분리하여 보관하는 등 특정 개인인 신용정보주체를 알아볼 수 없도록 개인신용정보를 처리한 경우를 포함한다)하는 것을 말한다.

가. 어떤 신용정보주체와 다른 신용정보주체가 구별되는 경우

나. 하나의 정보집합물(정보를 체계적으로 관리하거나 처리할 목적으로 일정한 규칙에 따라 구성되거나 배열된 둘 이상의 정보들을 말한다. 이하 같다)에서나 서로 다른 둘 이상의 정보집합물 간에서 어떤 신용정보주체에 관한 둘 이상의 정보가 연계되거나 연동되는 경우

다. 가목 및 나목과 유사한 경우로서 대통령령으로 정하는 경우

16. "가명정보"란 가명처리한 개인신용정보를 말한다.

17. "익명처리"란 더 이상 특정 개인인 신용정보주체를 알아볼 수 없도록 개인신용정보를 처리하는 것을 말한다.

18. "대주주"란 다음 각 목의 어느 하나에 해당하는 주주를 말한다.

가. 신용정보회사, 본인신용정보관리회사 및 채권추심회사의 의결권 있는 발행주식(출자지분을 포함한다. 이하 같다) 총수를 기준으로 본인 및 그와 대통령령으로 정하는 특수한 관계가 있는 자(이하 "특수관계인"이라 한다)가 누구의 명의로 하든지 자기의 계산으로 소유하는 주식(그 주식과 관련된 증권예탁증권을 포함한다)을 합하여 그 수가 가장 많은 경우의 그 본인(이하 "최대주주"라 한다)

나. 다음 각 1) 및 2)의 어느 하나에 해당하는 자

1) 누구의 명의로 하든지 자기의 계산으로 신용정보회사, 본인신용정보관리회사 및 채권추심회사의 의결권 있는 발행주식 총수의 100분의 10 이상의 주식(그 주식과 관련된 증권예탁증권을 포함한다)을 소유한 자

2) 임원[이사, 감사, 집행임원(「상법」 제408조의2에 따라 집행임원을 둔 경우로 한정한다)을 말한다. 이하 같다]의 임면(任免) 등의 방법으로 신용정보회사, 본인신용정보관리회사 및 채권추심회사의 중요한 경영사항에 대하여 사실상의 영향력을 행사하는 주주로서 대통령령으로 정하는 자

(2020.2.4 14호~18호신설)

제3조【신용정보 관련 산업의 육성】 ① 금융위원회는 신용정보 제공능력의 향상과 신용정보의 원활한 이용에 필요하다고 인정하면 신용정보 관련 산업의 육성에 관한 계획을 세울 수 있다.(2020.2.4 본항개정)

② 금융위원회는 제1항에 따른 계획을 원활하게 추진하기 위하여 필요하면 관계 행정기관의 장에게 협조를 요청할 수 있으며, 그 요청을 받은 관계 행정기관의 장은 정당한 사유가 없으면 그 요청에 따라야 한다.

(2020.2.4 본조제목개정)

제3조의2【다른 법률과의 관계】 ① 신용정보의 이용 및 보호에 관하여 다른 법률에 특별한 규정이 있는 경우를 제외하고는 이 법에서 정하는 바에 따른다.

② 개인정보의 보호에 관하여 이 법에 특별한 규정이 있는 경우를 제외하고는 「개인정보 보호법」에서 정하는 바에 따른다.

(2015.3.11 본조신설)

제2장 신용정보업 등의 허가 등

(2020.2.4 본장제목개정)

제4조【신용정보업 등의 허가】 ① 누구든지 이 법에 따른 신용정보업, 본인신용정보관리업, 채권추심업 허가를 받지 아니하고는 신용정보업, 본인신용정보관리업 또는 채권추심업을 하여서는 아니 된다.(2020.2.4 본항개정)

② 신용정보업, 본인신용정보관리업 및 채권추심업을 하려는 자는 금융위원회로부터 허가를 받아야 한다.(2020.2.4 본항개정)

③ 제2항에 따른 허가를 받으려는 자는 대통령령으로 정하는 바에 따라 금융위원회에 신청서를 제출하여야 한다.

④ 금융위원회는 제2항에 따른 허가에 조건을 붙일 수 있다.

⑤ 제2항에 따른 허가와 관련된 허가신청서의 작성 방법 등 허가신청에 관한 사항, 허가심사의 절차 및 기준에 관한 사항, 그 밖에 필요한 사항은 총리령으로 정한다.

(2020.2.4 본조제목개정)

제5조【신용정보업 등의 허가를 받을 수 있는 자】 ① 개인신용평가업, 신용조사업 및 채권추심업 허가를 받을 수 있는 자는 다음 각 호의 자로 제한한다. 다만, 대통령령으로 정하는 금융거래에 관한 개인신용정보 및 제25조제2항제1호에 따른 종합신용정보집중기관이 집중관리·활용하는 개인신용정보를 제외한 정보만 처리하는 개인신용평가업(이하 "전문개인신용평가업"이라 한다)에 대해서는 그러하지 아니하다.(2020.2.4 본문개정)
1. 대통령령으로 정하는 금융기관 등이 100분의 50 이상을 출자한 법인
2. 「신용보증기금법」에 따른 신용보증기금
3. 「기술보증기금법」에 따른 기술보증기금(2016.3.29 본호개정)
4. 「지역신용보증재단법」에 따라 설립된 신용보증재단
5. 「무역보험법」에 따라 설립된 한국무역보험공사(2010.4.5 본호개정)
6. 신용정보업이나 채권추심업의 전부 또는 일부를 허가받은 자가 100분의 50 이상을 출자한 법인. 다만, 출자자가 출자를 받은 법인과 같은 종류의 업을 하는 경우는 제외한다.
(2020.2.4 본호개정)
② 개인사업자신용평가업 허가를 받을 수 있는 자는 다음 각 호의 어느 하나에 해당하는 자로 한다.
1. 개인신용평가회사(전문개인신용평가회사를 제외한다)
2. 기업신용등급제공업무를 하는 기업신용조회회사
3. 「여신전문금융업법」에 따른 신용카드업자
4. 제1항제1호에 따른 자
5. 제1항제6호에 따른 자
(2020.2.4 본항신설)
③ 기업신용조회업 허가를 받을 수 있는 자는 다음 각 호의 어느 하나에 해당하는 자로 한다. 다만, 기업신용등급제공업무 또는 기술신용평가업무를 하려는 자는 제1호·제2호 및 제4호의 자로 한정한다.
1. 제1항제1호에 따른 자
2. 제1항제2호부터 제6호까지의 규정에 따른 자
3. 「상법」에 따라 설립된 주식회사
4. 기술신용평가업무의 특성, 법인의 설립 목적 등을 고려하여 대통령령으로 정하는 법인
(2020.2.4 본항신설)
④ 제3항에도 불구하고 다음 각 호의 어느 하나에 해당하는 자는 제2조제8호의3나목 및 다목에 따른 업무의 허가를 받을 수 없다.
1. 「독점규제 및 공정거래에 관한 법률」 제31조제1항에 따른 공시대상기업집단 및 상호출자제한기업집단에 속하는 회사가 100분의 10을 초과하여 출자한 법인(2020.12.29 본호개정)
2. 「자본시장과 금융투자업에 관한 법률」 제9조제17항제3호의2에 따른 자(이하 이 조에서 "신용평가회사"라 한다) 또는 외국에서 신용평가회사와 유사한 업을 경영하는 회사가 100분의 10을 초과하여 출자한 법인
3. 제1호 또는 제2호의 회사가 최대주주인 법인
(2020.2.4 본항신설)
(2020.2.4 본조제목개정)

제6조【허가의 요건】 ① 신용정보업, 본인신용정보관리업 또는 채권추심업의 허가를 받으려는 자는 다음 각 호의 요건을 갖추어야 한다.(2020.2.4 본문개정)
1. 신용정보업, 본인신용정보관리업 또는 채권추심업을 하기에 충분한 인력(본인신용정보관리업은 제외한다)과 전산설비 등 물적 시설을 갖출 것(2020.2.4 본호개정)
1의2. 개인사업자신용평가업을 하려는 경우 : 50억원 이상
(2020.2.4 본호신설)
1의3. 기업신용조회업을 하려는 경우에는 제2조제8호의3 각 목에 따른 업무 단위별로 다음 각 목의 구분에 따른 금액 이상
가. 기업정보조회업무 : 5억원
나. 기업신용등급제공업무 : 20억원
다. 기술신용평가업무 : 20억원
(2020.2.4 본호신설)
1의4. 본인신용정보관리업을 하려는 경우 : 5억원 이상
(2020.2.4 본호신설)
2. 사업계획이 타당하고 건전할 것
3. 대주주가 충분한 출자능력, 건전한 재무상태 및 사회적 신용을 갖출 것(2020.2.4 본호개정)
3의2. 임원이 제22조제1항·제2항, 제22조의8 또는 제27조제1항에 적합할 것(2020.2.4 본호신설)
4. 신용정보업, 본인신용정보관리업 또는 채권추심업을 하기에 충분한 전문성을 갖출 것(2020.2.4 본호개정)
② 신용정보업, 본인신용정보관리업 또는 채권추심업의 허가를 받으려는 자는 다음 각 호의 구분에 따른 자본금 또는 기본재산을 갖추어야 한다.(2020.2.4 본문개정)
1. 개인신용평가업을 하려는 경우 : 50억원 이상. 다만, 전문개인신용평가업만 하려는 경우에는 다음 각 목의 구분에 따른 금액 이상으로 한다.
가. 다음 각각의 신용정보제공·이용자가 수집하거나 신용정보주체에 대한 상품 또는 서비스 제공의 대가로 생성한 거래내역에 관한 개인신용정보를 처리하는 개인신용평가업을 하려는 경우 : 20억원
1) 「전기통신사업법」에 따른 전기통신사업자
2) 「한국전력공사법」에 따른 한국전력공사
3) 「한국수자원공사법」에 따른 한국수자원공사
4) 1)부터 3)까지와 유사한 신용정보제공·이용자로서 대통령령으로 정하는 자
나. 가목에 따른 각 개인신용정보 외의 정보를 처리하는 개인신용평가업을 하려는 경우 : 5억원
(2020.2.4 본호개정)
2. 신용조사업 및 채권추심업을 각각 또는 함께 하려는 경우에는 50억원 이내에서 대통령령으로 정하는 금액 이상
③ 제1항에 따른 허가의 세부요건에 관하여 필요한 사항은 대통령령으로 정한다.
④ 신용정보회사, 본인신용정보관리회사 및 채권추심회사는 해당 영업을 하는 동안에는 제1항제1호에 따른 요건을 계속 유지하여야 한다.(2020.2.4 본항개정)

제7조【허가 등의 공고】 금융위원회는 다음 각 호의 어느 하나에 해당하는 경우 지체 없이 그 내용을 관보에 공고하고 인터넷 홈페이지 등을 이용하여 일반인에게 알려야 한다.
1. 제4조제2항에 따라 신용정보업, 본인신용정보관리업 및 채권추심업 허가를 한 경우
2. 제10조제1항에 따라 양도·양수 등을 인가한 경우
3. 제10조제4항에 따른 폐업신고를 수리한 경우
4. 제11조의2제1항에 따른 부수업무의 신고를 수리한 경우
5. 제11조의2제8항에 따라 부수업무에 대하여 제한명령 또는 시정명령을 한 경우
6. 제14조제1항에 따라 신용정보업, 본인신용정보관리업 및 채권추심업 허가 또는 양도·양수 등의 인가를 취소한 경우
7. 제26조의4제1항에 따라 데이터전문기관을 지정한 경우
(2020.2.4 본조개정)

제8조【신고 및 보고 사항】 ① 신용정보회사, 본인신용정보관리회사 및 채권추심회사가 제4조제2항에 따라 허가받은 사항 중 대통령령으로 정하는 사항을 변경하려면 미리 금융위원회에 신고하여야 한다. 다만, 대통령령으로 정하는 경미한 사항을 변경하려면 그 사유가 발생한 날부터 7일 이내에 그 사실을 금융위원회에 보고하여야 한다.(2020.2.4 본문개정)
② 금융위원회는 제1항 본문에 따른 신고를 받은 경우 그 내용을 검토하여 이 법에 적합하면 신고를 수리하여야 한다.
(2018.12.31 본항신설)

제9조【대주주의 변경승인 등】 ① 신용정보회사, 본인신용정보관리회사 및 채권추심회사가 발행한 주식을 취득·양수(실질적으로 해당 주식을 지배하는 것을 말하며, 이하 "취득등"이라 한다)하여 대주주(최대주주의 경우 최대주주의 특수관계인인 주주를 포함하며, 최대주주가 법인인 경우 그 법인의 중요한 경영사항에 대하여 사실상 영향력을 행사하고 있는 자로서 대통령령으로 정하는 자를 포함한다. 이하 이 조에서 같다)가 되고자 하는 자는 건전한 경영을 위하여 「조세범 처벌법」 및 금융과 관련하여 대통령령으로 정하는 법률을 위반하지 아니하는 등 대통령령으로 정하는 요건을 갖추어 미리 금융위원회의 승인을 받아야 한다. 다만, 국가 및 「공공기관의 운영에 관한 법률」 제4조에 따른 공공기관 등 건전한 금융질서를 저해할 우려가 없는 자로서 대통령령으로 정하는 자는 그러하지 아니하다.

② 제1항에 따른 주식의 취득등이 기존 대주주의 사망 등 대통령령으로 정하는 사유로 인한 때에는 취득등을 한 날부터 3개월 이내에서 대통령령으로 정하는 기간 이내에 금융위원회에 승인을 신청하여야 한다.
③ 금융위원회는 제1항에 따른 승인을 받지 아니하고 취득등을 한 주식과 제2항에 따른 취득등을 한 후 승인을 신청하지 아니한 주식에 대하여 6개월 이내의 기간을 정하여 처분을 명할 수 있다.
④ 제1항에 따른 승인을 받지 아니하거나 제2항에 따른 승인을 신청하지 아니한 자는 승인 없이 취득하거나 취득 후 승인을 신청하지 아니한 주식에 대하여 의결권을 행사할 수 없다.
⑤ 제1항부터 제3항까지에 따른 방법 및 절차에 관하여 필요한 세부사항은 대통령령으로 정한다.
(2020.2.4 본조개정)

제9조의2【최대주주의 자격심사 등】 ① 금융위원회는 대통령령으로 정하는 개인신용평가회사 및 개인사업자신용평가회사(이하 이 조에서 "심사대상회사"라 한다)의 최대주주 중 최다출자자 1인(최다출자자 1인이 법인인 경우 그 법인의 최대주주 중 최다출자자 1인을 말하며, 그 최다출자자 1인도 법인인 경우에는 최다출자자 1인이 개인이 될 때까지 같은 방법으로 선정한다. 다만, 법인 간 순환출자 구조인 경우에는 최대주주 중 대통령령으로 정하는 최다출자자 1인으로 한다. 이하 이 조에서 "적격성 심사대상"이라 한다)에 대하여 대통령령으로 정하는 기간마다 제9조제1항에 따른 요건 중「조세범 처벌법」 및 금융과 관련하여 대통령령으로 정하는 법률을 위반하지 아니하는 등 대통령령으로 정하는 요건(이하 "적격성 유지요건"이라 한다)에 부합하는지 여부를 심사하여야 한다.
② 심사대상회사는 해당 심사대상회사의 적격성 심사대상이 적격성 유지요건을 충족하지 못하는 사유가 발생한 사실을 인지한 경우 지체 없이 그 사실을 금융위원회에 보고하여야 한다.
③ 금융위원회는 제1항에 따른 심사를 위하여 필요한 경우에는 심사대상회사 또는 적격성 심사대상에 대하여 필요한 자료 또는 정보의 제공을 요구할 수 있다.
④ 금융위원회는 제1항에 따른 심사 결과 적격성 심사대상이 적격성 유지요건을 충족하지 못하고 있다고 인정되는 경우 해당 적격성 심사대상에 대하여 6개월 이내의 기간을 정하여 해당 심사대상회사의 경영건전성을 확보하기 위한 다음 각 호의 전부 또는 일부를 포함한 조치를 이행할 것을 명할 수 있다.
1. 적격성 유지요건을 충족하기 위한 조치
2. 해당 적격성 심사대상과의 거래의 제한 등 이해상충 방지를 위한 조치
3. 그 밖에 심사대상회사의 경영건전성을 위하여 필요하다고 인정되는 조치로서 대통령령으로 정하는 조치
⑤ 금융위원회는 제1항에 따른 심사 결과 적격성 심사대상이 다음 각 호의 어느 하나에 해당하는 경우로서 법령 위반 정도를 감안할 때 건전한 금융질서와 심사대상회사의 건전성이 유지되기 어렵다고 인정되는 경우 5년 이내에서 대통령령으로 정하는 기간 내에 해당 적격성 심사대상이 보유한 심사대상회사의 의결권 있는 발행주식(최다출자자 1인이 법인인 경우 그 법인이 보유한 해당 심사대상회사의 의결권 있는 발행주식을 말한다) 총수의 100분의 10 이상에 대하여는 의결권을 행사할 수 없도록 명할 수 있다.
1. 제1항에 규정된 법률의 위반으로 금고 1년 이상의 실형을 선고받고 그 형이 확정된 경우
2. 그 밖에 건전한 금융질서 유지를 위하여 대통령령으로 정하는 경우
⑥ 제1항에 규정된 법률의 위반에 따른 죄와 다른 죄의 경합범에 대하여는「형법」 제38조에도 불구하고 이를 분리 심리하여 따로 선고하여야 한다.
⑦ 제1항부터 제5항까지의 규정에 따른 방법 및 절차에 관하여 필요한 세부사항은 대통령령으로 정한다.
(2020.2.4 본조신설)

제10조【양도·양수 등의 인가 등】 ① 신용정보회사, 본인신용정보관리회사 및 채권추심회사가 그 사업의 전부 또는 일부를 양도·양수 또는 분할하거나, 다른 법인과 합병(「상법」 제530조의2에 따른 분할합병을 포함한다. 이하 같다)하려는 경우에는 대통령령으로 정하는 바에 따라 금융위원회의 인가를 받아야 한다.(2020.2.4 본항개정)
② 신용정보회사, 본인신용정보관리회사 및 채권추심회사가 제1항에 따라 인가를 받아 그 사업을 양도 또는 분할하거나 다른 법인과 합병한 경우에는 양수인, 분할 후 설립되는 법인 또는 합병 후 존속하는 법인(신용정보회사, 본인신용정보관리회사 및 채권추심회사인 법인이 신용정보회사, 본인신용정보관리회사 및 채권추심회사가 아닌 법인을 흡수합병하는 경우는 제외한다)이나 합병에 따라 설립되는 법인은 양도인, 분할 전의 법인 또는 합병 전의 법인의 신용정보회사, 본인신용정보관리회사 및 채권추심회사로서의 지위를 승계한다. 이 경우 종전의 신용정보회사, 본인신용정보관리회사 및 채권추심회사에 대한 허가는 그 효력(제1항에 따른 일부 양도 또는 분할의 경우에는 그 양도 또는 분할한 사업의 범위로 제한한다)을 잃는다.
(2020.2.4 본항개정)
③ 제1항 및 제2항에 따른 양수인, 합병 후 존속하는 법인 및 분할 또는 합병에 따라 설립되는 법인에 대하여는 제5조, 제6조, 제22조, 제22조의8 및 제27조제1항부터 제7항까지의 규정을 준용한다.(2020.2.4 본항개정)
④ 신용정보회사, 본인신용정보관리회사 및 채권추심회사가 영업의 전부 또는 일부를 일시적으로 중단하거나 폐업하려면 총리령으로 정하는 바에 따라 미리 금융위원회에 신고하여야 한다.(2020.2.4 본항개정)
⑤ 금융위원회는 제4항에 따른 신고를 받은 경우 그 내용을 검토하여 이 법에 적합하면 신고를 수리하여야 한다.(2018.12.31 본항신설)
(2020.2.4 본조제목개정)

제11조【겸영업무】 ① 신용정보회사, 본인신용정보관리회사 및 채권추심회사는 총리령으로 정하는 바에 따라 금융위원회에 미리 신고하고 신용정보주체 보호 및 건전한 신용질서를 저해할 우려가 없는 업무(이하 "겸영업무"라 한다)를 겸영할 수 있다. 이 경우 이 법 및 다른 법률에 따라 행정관청의 인가·허가·등록 및 승인 등의 조치가 필요한 겸영 업무는 해당 개별법률에 따라 인가·허가·등록 및 승인 등을 미리 받아야 할 수 있다.(2020.2.4 본문개정)
1.~4. (2020.2.4 삭제)
② 개인신용평가회사의 겸영업무는 다음 각 호와 같다.
1. 개인신용평가업 외의 신용정보업
2. 채권추심업
3.「정보통신망 이용촉진 및 정보보호 등에 관한 법률」 제23조의3에 따른 본인확인기관의 업무
4. 그 밖에 신용정보주체 보호 및 건전한 신용질서를 저해할 우려가 없는 업무로서 대통령령으로 정하는 업무
(2020.2.4 본항개정)
③ 개인사업자신용평가회사의 겸영업무는 다음 각 호와 같다.
1. 개인사업자신용평가업 외의 신용정보업
2. 채권추심업
3.「정보통신망 이용촉진 및 정보보호 등에 관한 법률」 제23조의3에 따른 본인확인기관의 업무
4. 그 밖에 신용정보주체 보호 및 건전한 신용질서를 저해할 우려가 없는 업무로서 대통령령으로 정하는 업무
(2020.2.4 본항신설)
④ 기업신용조회회사의 겸영업무는 다음 각 호와 같다.
1. 기업신용조회업 외의 신용정보업
2. 채권추심업
3. 그 밖에 신용정보주체 보호 및 건전한 신용질서를 저해할 우려가 없는 업무로서 대통령령으로 정하는 업무
(2020.2.4 본항신설)
⑤ 신용조사회사의 겸영업무는 다음 각 호와 같다.
1. 신용조사업 외의 신용정보업
2.「자산유동화에 관한 법률」 제10조에 따른 유동화자산 관리업무
3. 그 밖에 신용정보주체 보호 및 거래질서를 저해할 우려가 없는 업무로서 대통령령으로 정하는 업무
(2020.2.4 본항신설)
⑥ 본인신용정보관리회사의 겸영업무는 다음 각 호와 같다.

1. 「자본시장과 금융투자업에 관한 법률」 제6조제1항제4호 또는 제5호에 따른 투자자문업 또는 투자일임업(신용정보주체의 보호 및 건전한 신용질서를 저해할 우려가 없는 경우로서 대통령령으로 정하는 경우로 한정한다)
2. 그 밖에 신용정보주체 보호 및 건전한 거래질서를 저해할 우려가 없는 업무로서 대통령령으로 정하는 업무
(2020.2.4 본항신설)
⑦ 채권추심회사의 겸영업무는 다음 각 호와 같다.
1. 신용정보업
2. 「자산유동화에 관한 법률」 제10조에 따른 유동화자산 관리 업무
3. 그 밖에 신용정보주체 보호 및 거래질서를 저해할 우려가 없는 업무로서 대통령령으로 정하는 업무
(2020.2.4 본항신설)
⑧ 금융위원회는 제1항 각 호 외의 부분 전단에 따른 신고를 받은 경우 그 내용을 검토하여 이 법에 적합하면 신고를 수리하여야 한다.(2018.12.31 본항신설)
(2020.2.4 본조제목개정)

제11조의2 【부수업무】 ① 신용정보회사, 본인신용정보관리회사 및 채권추심회사는 해당 허가를 받은 영업에 부수하는 업무(이하 "부수업무"라 한다)를 할 수 있다. 이 경우 신용정보회사, 본인신용정보관리회사 및 채권추심회사는 그 부수업무를 하려는 날의 7일 전까지 이를 금융위원회에 신고하여야 한다.
② 개인신용평가회사의 부수업무는 다음 각 호와 같다.
1. 새로이 만들어 낸 개인신용평점, 그 밖의 개인신용평가 결과를 신용정보주체 본인에게 제공하는 업무
2. 개인신용정보나 이를 가공한 정보를 본인이나 제3자에게 제공하는 업무
3. 가명정보나 익명처리한 정보를 이용하거나 제공하는 업무
4. 개인신용정보, 그 밖의 정보를 기초로 하는 데이터 분석 및 컨설팅 업무
5. 개인신용정보 관련 전산처리시스템, 솔루션 및 소프트웨어(개인신용평가 및 위험관리 모형을 포함한다) 개발 및 판매 업무
6. 그 밖에 신용정보주체 보호 및 건전한 신용질서를 저해할 우려가 없는 업무로서 대통령령으로 정하는 업무
③ 개인사업자신용평가회사의 부수업무는 다음 각 호와 같다.
1. 새로이 만들어 낸 개인사업자의 신용상태에 대한 평가의 결과를 해당 개인사업자에게 제공하는 업무
2. 개인사업자에 관한 신용정보나 이를 가공한 정보를 해당 개인사업자나 제3자에게 제공하는 업무
3. 가명정보나 익명처리한 정보를 이용하거나 제공하는 업무
4. 개인사업자에 관한 신용정보, 그 밖의 정보를 기초로 하는 데이터 분석 및 컨설팅 업무
5. 개인사업자신용정보 관련 전산처리시스템, 솔루션 및 소프트웨어(개인사업자의 신용상태에 대한 평가 및 위험관리 모형을 포함한다) 개발 및 판매 업무
④ 기업신용조회회사의 부수업무는 다음 각 호와 같다. 다만, 제1호의 부수업무는 기업신용등급제공업무 또는 기술신용평가업무를 하는 기업신용조회회사로 한정한다.
1. 기업 및 법인에 관한 신용정보나 이를 가공한 정보를 본인이나 제3자에게 제공하는 업무
2. 가명정보나 익명처리한 정보를 이용하거나 제공하는 업무
3. 기업 및 법인에 관한 신용정보, 그 밖의 정보를 기초로 하는 데이터 분석 및 컨설팅 업무
4. 기업 및 법인에 관한 신용정보 관련 전산처리시스템, 솔루션 및 소프트웨어(기업신용등급 산출 및 위험관리 모형을 포함한다) 개발 및 판매 업무
5. 그 밖에 신용정보주체 보호 및 건전한 신용질서를 저해할 우려가 없는 업무로서 대통령령으로 정하는 업무
⑤ 신용조사회사의 부수업무는 다음 각 호와 같다.
1. 부동산과 동산의 임대차 현황 및 가격조사 업무
2. 사업체 및 사업장의 현황조사 업무
3. 그 밖에 신용정보주체 보호 및 건전한 신용질서를 저해할 우려가 없는 업무로서 대통령령으로 정하는 업무
⑥ 본인신용정보관리회사의 부수업무는 다음 각 호와 같다.
1. 해당 신용정보주체에게 제공된 본인의 개인신용정보를 기초로 그 본인에게 하는 데이터 분석 및 컨설팅 업무
2. 신용정보주체 본인에게 자신의 개인신용정보를 관리·사용할 수 있는 계좌를 제공하는 업무
3. 제39조의3제1항 각 호의 권리를 대리 행사하는 업무
4. 그 밖에 신용정보주체 보호 및 건전한 신용질서를 저해할 우려가 없는 업무로서 대통령령으로 정하는 업무
⑦ 채권추심회사의 부수업무는 다음 각 호와 같다.
1. 채권자 등에 대한 채권관리시스템의 구축 및 제공 업무
2. 대통령령으로 정하는 자로부터 위탁받아 「채권의 공정한 추심에 관한 법률」 제5조에 따른 채무확인서를 교부하는 업무
3. 그 밖에 신용정보주체 보호 및 건전한 신용질서를 저해할 우려가 없는 업무로서 대통령령으로 정하는 업무
⑧ 금융위원회는 부수업무에 관한 신고내용이 다음 각 호의 어느 하나에 해당하는 경우 그 부수업무를 하는 것을 제한하거나 시정할 것을 명할 수 있다.
1. 신용정보회사, 본인신용정보관리회사 및 채권추심회사의 경영건전성을 해치는 경우
2. 신용정보주체의 보호 및 건전한 신용질서 유지를 위하여 필요한 경우로서 대통령령으로 정하는 경우
⑨ 제8항에 따른 제한명령 또는 시정명령은 그 내용 및 사유가 구체적으로 적힌 문서로 하여야 한다.
(2020.2.4 본조신설)

제12조 【유사명칭의 사용 금지】 이 법에 따라 허가받은 신용정보회사, 본인신용정보관리회사, 채권추심회사 또는 신용정보집중기관이 아닌 자는 상호 또는 명칭 중에 신용정보·신용조사·개인신용평가·신용관리·마이데이터(MyData)·채권추심 또는 이와 비슷한 문자를 사용하지 못한다. 다만, 신용정보회사, 본인신용정보관리회사, 채권추심회사 또는 신용정보집중기관과 유사한 업무를 수행할 수 있도록 다른 법령에서 허용한 경우 등 대통령령으로 정하는 경우는 제외한다.(2020.2.4 본조개정)

제13조 【임원의 겸직 금지】 신용정보회사, 본인신용정보관리회사 및 채권추심회사의 상임 임원은 금융위원회의 승인 없이 다른 영리법인의 상무(常務)에 종사할 수 없다.(2020.2.4 본조개정)

제14조 【허가 등의 취소와 업무의 정지】 ① 금융위원회는 신용정보회사, 본인신용정보관리회사 및 채권추심회사가 다음 각 호의 어느 하나에 해당하는 경우에는 허가 또는 인가를 취소할 수 있다. 다만, 신용정보회사, 본인신용정보관리회사 및 채권추심회사가 다음 각 호의 어느 하나에 해당하더라도 대통령령으로 정하는 사유에 해당하면 6개월 이내의 기간을 정하여 허가 또는 인가를 취소하기 전에 시정명령을 할 수 있다.
(2020.2.4 본문개정)
1. 거짓이나 그 밖의 부정한 방법으로 제4조제2항에 따른 허가를 받거나 제10조제1항에 따른 인가를 받은 경우
2. 제5조제1항제1호·제2항제4호·제3항제1호에 따른 금융기관 등의 출자요건을 위반한 경우. 다만, 신용정보회사 및 채권추심회사의 주식이 「자본시장과 금융투자업에 관한 법률」 제8조의2제4항제1호에 따른 증권시장에 상장되어 있는 경우는 제외한다(다만, 개인신용평가회사, 개인사업자신용평가회사, 기업신용조회회사는 제5조제1항제1호에 따른 금융기관 등이 100분의 33 이상을 출자한 경우에 한정한다).(2024.2.13 단서개정)
3. (2013.5.28 삭제)
4. 신용정보회사, 본인신용정보관리회사 및 채권추심회사〔허가를 받은 날부터 3개 사업연도(개인신용평가업, 개인사업자신용평가업 및 기업신용조회업이 포함된 경우에는 5개 사업연도)가 지나지 아니한 경우는 제외한다〕의 자기자본(최근 사업연도 말 현재 재무상태표상 자산총액에서 부채총액을 뺀 금액을 말한다. 이하 같다)이 제6조제2항에 따른 자본금 또는 기본재산의 요건에 미치지 못한 경우(2021.4.20 본호개정)
5. 업무정지명령을 위반하거나 업무정지에 해당하는 행위를 한 자가 그 사유발생일 전 3년 이내에 업무정지처분을 받은 사실이 있는 경우(2015.3.11 본호개정)

6. 제22조의7제1항제1호를 위반하여 의뢰인에게 허위 사실을 알린 경우(2020.2.4 본호개정)
6의2. 제22조의7제1항제2호를 위반하여 신용정보에 관한 조사 의뢰를 강요한 경우
6의3. 제22조의7제1항제3호를 위반하여 신용정보 조사 대상자에게 조사자료의 제공과 답변을 강요한 경우
6의4. 제22조의7제1항제4호를 위반하여 금융거래 등 상거래관계 외의 사생활 등을 조사한 경우
(2020.2.4 6호의2~6호의4신설)
7. (2013.5.28 삭제)
8. 「채권의 공정한 추심에 관한 법률」 제9조 각 호의 어느 하나를 위반하여 채권추심행위를 한 경우(채권추심업만 해당한다)
9. 허가 또는 인가의 내용이나 조건을 위반한 경우
10. 정당한 사유 없이 1년 이상 계속하여 허가받은 영업을 하지 아니한 경우
11. 제41조제1항을 위반하여 채권추심행위를 한 경우(채권추심업만 해당한다)
② 금융위원회는 신용정보회사, 본인신용정보관리회사 및 채권추심회사가 다음 각 호의 어느 하나에 해당하는 경우에는 6개월의 범위에서 기간을 정하여 그 업무의 전부 또는 일부의 정지를 명할 수 있다.(2020.2.4 본문개정)
1. 제6조제4항을 위반한 경우
2. 제11조 및 제11조의2를 위반한 경우(2020.2.4 본호개정)
3. (2020.2.4 삭제)
4. 제17조제4항 또는 제19조를 위반하여 신용정보를 분실·도난·유출·변조 또는 훼손당한 경우(2015.3.11 본호신설)
5. 제22조제1항·제2항, 제22조의8 및 제27조제1항을 위반한 경우(2020.2.4 본호개정)
5의2. 제22조의9제3항을 위반하여 신용정보를 수집하거나 같은 조 제4항을 위반하여 개인신용정보를 전송한 경우
(2020.2.4 본호신설)
5의3. 제33조제2항을 위반한 경우(2020.2.4 본호신설)
6. (2020.2.4 삭제)
7. 제40조제1항제5호를 위반하여 정보원, 탐정, 그 밖에 이와 비슷한 명칭을 사용한 경우(2020.2.4 본호개정)
8. 제42조제1항·제3항 또는 제4항을 위반한 경우(2015.3.11 본호신설)
9. 별표에 규정된 처분 사유에 해당하는 경우
10. 「채권의 공정한 추심에 관한 법률」 제12조제2호·제5호를 위반하여 채권추심행위를 한 경우(채권추심업만 해당한다)
11. 그 밖에 법령 또는 정관을 위반하거나 경영상태가 건전하지 못하여 공익을 심각하게 해치거나 해칠 우려가 있는 경우

제3장 신용정보의 수집 및 처리
(2020.2.4 본장제목개정)

제15조【수집 및 처리의 원칙】 ① 신용정보회사, 본인신용정보관리회사, 채권추심회사, 신용정보집중기관 및 신용정보제공·이용자(이하 "신용정보회사등"이라 한다)는 신용정보를 수집하고 이를 처리할 수 있다. 이 경우 이 법 또는 정관으로 정한 업무 범위에서 수집 및 처리의 목적을 명확히 하여야 하며, 이 법 및 「개인정보 보호법」 제3조제1항 및 제2항에 따라 그 목적 달성에 필요한 최소한의 범위에서 합리적이고 공정한 수단을 사용하여 신용정보를 수집 및 처리하여야 한다.
(2020.2.4 본항개정)
② 신용정보회사등이 개인신용정보를 수집하는 때에는 해당 신용정보주체의 동의를 받아야 한다. 다만, 다음 각 호의 어느 하나에 해당하는 경우에는 그러하지 아니하다.
1. 「개인정보 보호법」 제15조제1항제2호부터 제7호까지의 어느 하나에 해당하는 경우(2023.3.14 본호개정)
2. 다음 각 목의 어느 하나에 해당하는 정보를 수집하는 경우
가. 법령에 따라 공시(公示)되거나 공개된 정보
나. 출판물이나 방송매체 또는 「공공기관의 정보공개에 관한 법률」 제2조제3호에 따른 공공기관의 인터넷 홈페이지 등의 매체를 통하여 공시 또는 공개된 정보
다. 신용정보주체가 스스로 사회관계망서비스 등에 직접 또는 제3자를 통하여 공개한 정보. 이 경우 대통령령으로 정하는 바에 따라 해당 신용정보주체의 동의가 있었다고 객관적으로 인정되는 범위 내로 한정한다.
3. 제1호 및 제2호에 준하는 경우로서 대통령령으로 정하는 경우
(2020.2.4 2호~3호개정)
4. (2020.2.4 삭제)
(2020.2.4 본조제목개정)
(2015.3.11 본조개정)
제16조 (2020.2.4 삭제)
제17조【처리의 위탁】 ① 신용정보회사등은 제3자에게 신용정보의 처리 업무를 위탁할 수 있다. 이 경우 개인신용정보의 처리 위탁에 대해서는 「개인정보 보호법」 제26조제1항부터 제3항까지의 규정을 준용한다.(2020.2.4 본항개정)
② 신용정보회사등은 신용정보의 처리를 위탁할 수 있으며 이에 따라 위탁을 받은 자(이하 "수탁자"라 한다)의 위탁받은 업무의 처리에 관하여는 제19조부터 제21조까지, 제22조의4부터 제22조의7까지, 제22조의9, 제40조, 제43조, 제43조의2, 제45조, 제45조의2 및 제45조의3(해당 조문에 대한 벌칙 및 과태료규정을 포함한다)을 준용한다.(2020.2.4 본항개정)
③ 제2항에 따라 신용정보의 처리를 위탁하려는 신용정보회사등으로서 대통령령으로 정하는 자는 제공하는 신용정보의 범위 등을 대통령령으로 정하는 바에 따라 금융위원회에 알려야 한다.
④ 신용정보회사등은 제2항에 따라 신용정보의 처리를 위탁하기 위하여 수탁자에게 개인신용정보를 제공하는 경우 특정 신용정보주체를 식별할 수 있는 정보는 대통령령으로 정하는 바에 따라 암호화 등의 보호 조치를 하여야 한다.(2015.3.11 본항신설)
⑤ 신용정보회사등은 수탁자에게 신용정보를 제공한 경우 신용정보를 분실·도난·유출·위조·변조 또는 훼손당하지 아니하도록 대통령령으로 정하는 바에 따라 수탁자를 교육하여야 하고 수탁자의 안전한 신용정보 처리에 관한 사항을 위탁계약에 반영하여야 한다.(2020.2.4 본항개정)
⑥ 수탁자가 개인신용정보를 이용하거나 제3자에게 제공하는 경우에는 「개인정보 보호법」 제26조제5항에 따른다.
(2020.2.4 본항개정)
⑦ 수탁자는 제2항에 따라 위탁받은 업무를 제3자에게 재위탁하여서는 아니 된다. 다만, 신용정보의 보호 및 안전한 처리를 저해하지 아니하는 범위에서 금융위원회가 인정하는 경우에는 그러하지 아니하다.(2015.3.11 본항신설)
(2020.2.4 본조제목개정)
제17조의2【정보집합물의 결합 등】 ① 신용정보회사등(대통령령으로 정하는 자는 제외한다. 이하 이 조 및 제40조의2에서 같다)은 자기가 보유한 정보집합물을 제3자가 보유한 정보집합물과 결합하려는 경우에는 제26조의4에 따라 지정된 데이터전문기관을 통하여 결합하여야 한다.
② 제26조의4에 따라 지정된 데이터전문기관이 제1항에 따라 결합된 정보집합물을 해당 신용정보회사등 또는 그 제3자에게 전달하는 경우에는 가명처리 또는 익명처리가 된 상태로 전달하여야 한다.
③ 제1항 및 제2항에서 규정한 사항 외에 정보집합물의 결합·제공·보관의 절차 및 방법에 대해서는 대통령령으로 정한다.
(2020.2.4 본조신설)

제4장 신용정보의 유통 및 관리
(2020.2.4 본장제목개정)

제18조【신용정보의 정확성 및 최신성의 유지】 ① 신용정보회사등은 신용정보의 정확성과 최신성이 유지될 수 있도록 대통령령으로 정하는 바에 따라 신용정보의 등록·변경 및 관리 등을 하여야 한다.
② 신용정보회사등은 신용정보주체에게 불이익을 줄 수 있는 신용정보를 그 불이익을 초래하게 된 사유가 해소된 날부터 최장 5년 이내에 등록·관리 대상에서 삭제하여야 한다. 다만, 다음 각 호의 어느 하나에 해당하는 경우에는 그러하지 아니하다.
(2020.2.4 단서신설)

1. 제25조의2제1호의3에 따른 업무를 수행하기 위한 경우
2. 그 밖에 신용정보주체의 보호 및 건전한 신용질서를 저해할 우려가 없는 경우로서 대통령령으로 정하는 경우
(2020.2.4 1호~2호신설)
③ 제2항에 따른 해당 신용정보의 구체적인 종류, 기록보존 및 활용기간 등은 대통령령으로 정한다.(2011.5.19 본항신설)

제19조 【신용정보전산시스템의 안전보호】 ① 신용정보회사등은 신용정보전산시스템(제25조제6항에 따른 신용정보공동전산망을 포함한다. 이하 같다)에 대한 제3자의 불법적인 접근, 입력된 정보의 변경·훼손 및 파괴, 그 밖의 위험에 대하여 대통령령으로 정하는 바에 따라 기술적·물리적·관리적 보안대책을 수립·시행하여야 한다.(2015.3.11 본항개정)
② 신용정보제공·이용자가 다른 신용정보제공·이용자 또는 개인신용평가회사, 개인사업자신용평가회사, 기업신용조회회사와 서로 이 법에 따라 신용정보를 제공하는 경우에는 금융위원회가 정하여 고시하는 바에 따라 신용정보 보안관리 대책을 포함한 계약을 체결하여야 한다.(2020.2.4 본항개정)

제20조 【신용정보 관리책임의 명확화 및 업무처리기록의 보존】 ① 신용정보회사등은 신용정보의 수집·처리·이용 및 보호 등에 대하여 금융위원회가 정하는 신용정보 관리기준을 준수하여야 한다.(2015.3.11 본항개정)
② 신용정보회사등은 다음 각 호의 구분에 따라 개인신용정보의 처리에 대한 기록을 3년간 보존하여야 한다.(2020.2.4 본문개정)
1. 개인신용정보를 수집·이용한 경우
 가. 수집·이용한 날짜
 나. 수집·이용한 정보의 항목
 다. 수집·이용한 사유와 근거
2. 개인신용정보를 제공하거나 제공받은 경우
 가. 제공하거나 제공받은 날짜
 나. 제공하거나 제공받은 정보의 항목
 다. 제공하거나 제공받은 사유와 근거
3. 개인신용정보를 폐기한 경우
 가. 폐기한 날짜
 나. 폐기한 정보의 항목
 다. 폐기한 사유와 근거
(2020.2.4 1호~3호개정)
4. 그 밖에 대통령령으로 정하는 사항
③ 신용정보회사, 본인신용정보관리회사, 채권추심회사, 신용정보집중기관 및 대통령령으로 정하는 신용정보제공·이용자는 제4항에 따른 업무를 하는 신용정보관리·보호인을 1명 이상 지정하여야 한다. 다만, 총자산, 종업원 수 등을 감안하여 대통령령으로 정하는 자는 신용정보관리·보호인을 임원(신용정보의 관리·보호 등을 총괄하는 지위에 있는 사람으로서 대통령령으로 정하는 사람을 포함한다)으로 하여야 한다.
(2020.2.4 본항개정)
④ 제3항에 따른 신용정보관리·보호인은 다음 각 호의 업무를 수행한다.
1. 개인신용정보의 경우에는 다음 각 목의 업무
 가. 「개인정보 보호법」 제31조제3항제1호부터 제5호까지에 따른 업무(2023.3.14 본목개정)
 나. 임직원 및 전속 모집인 등의 신용정보보호 관련 법령 및 규정 준수 여부 점검
 다. 그 밖에 신용정보의 관리 및 보호를 위하여 대통령령으로 정하는 업무
2. 기업신용정보의 경우 다음 각 목의 업무
 가. 신용정보의 수집·보유·제공·삭제 등 관리 및 보호 계획의 수립 및 시행
 나. 신용정보의 수집·보유·제공·삭제 등 관리 및 보호 실태와 관행에 대한 정기적인 조사 및 개선
 다. 신용정보 열람 및 정정청구 등 신용정보주체의 권리행사 및 피해구제
 라. 신용정보 유출 등을 방지하기 위한 내부통제시스템의 구축 및 운영
 마. 임직원 및 전속 모집인 등에 대한 신용정보보호 교육계획의 수립 및 시행
 바. 임직원 및 전속 모집인 등의 신용정보보호 관련 법령 및 규정 준수 여부 점검
 사. 그 밖에 신용정보의 관리 및 보호를 위하여 대통령령으로 정하는 업무
(2020.2.4 1호~2호개정)
3.~7. (2020.2.4 삭제)
(2015.3.11 본항신설)
⑤ 신용정보관리·보호인의 업무수행에 관하여는 「개인정보 보호법」 제31조제4항 및 제6항을 준용한다.(2023.3.14 본항개정)
⑥ 대통령령으로 정하는 신용정보회사등의 신용정보관리·보호인은 처리하는 개인신용정보의 관리 및 보호 실태를 대통령령으로 정하는 절차와 방법에 따라 정기적으로 점검하고, 그 결과를 금융위원회에 제출하여야 한다.(2020.2.4 본항신설)
⑦ 제3항에 따른 신용정보관리·보호인의 자격요건과 그 밖에 지정에 필요한 사항, 제6항에 따른 제출 방법에 대해서는 대통령령으로 정한다.(2020.2.4 본항개정)
⑧ 「금융지주회사법」 제48조의2제6항에 따라 선임된 고객정보관리인이 제6항의 자격요건에 해당하면 제3항에 따라 지정된 신용정보관리·보호인으로 본다.(2015.3.11 본항개정)

제20조의2 【개인신용정보의 보유기간 등】 ① 신용정보제공·이용자는 금융거래 등 상거래관계(고용관계는 제외한다. 이하 같다)가 종료된 날부터 금융위원회가 정하여 고시하는 기한까지 해당 신용정보주체의 개인신용정보가 안전하게 보호될 수 있도록 접근권한을 강화하는 등 대통령령으로 정하는 바에 따라 관리하여야 한다.
② 「개인정보 보호법」 제21조제1항에도 불구하고 신용정보제공·이용자는 금융거래 등 상거래관계가 종료된 날부터 최장 5년 이내(해당 기간 이전에 정보 수집·제공 등의 목적이 달성된 경우에는 그 목적이 달성된 날부터 3개월 이내)에 해당 신용정보주체의 개인신용정보를 관리대상에서 삭제하여야 한다. 다만, 다음 각 호의 경우에는 그러하지 아니하다.(2020.2.4 본문개정)
1. 이 법 또는 다른 법률에 따른 의무를 이행하기 위하여 불가피한 경우(2020.2.4 본호개정)
2. 개인의 급박한 생명·신체·재산의 이익을 위하여 필요하다고 인정되는 경우
2의2. 가명정보를 이용하는 경우로서 그 이용 목적, 가명처리의 기술적 특성, 정보의 속성 등을 고려하여 대통령령으로 정하는 기간 동안 보존하는 경우(2020.2.4 본호신설)
3. 그 밖에 다음 각 목의 어느 하나에 해당하는 경우로서 대통령령으로 정하는 경우(2020.2.4 본문개정)
 가. 예금·보험금의 지급을 위한 경우
 나. 보험사기자의 재가입 방지를 위한 경우
 다. 개인신용정보를 처리하는 기술의 특성 등으로 개인신용정보를 보존할 필요가 있는 경우
 라. 가목부터 다목까지와 유사한 경우로서 개인신용정보를 보존할 필요가 있는 경우
 (2020.2.4 가목~라목신설)
③ 신용정보제공·이용자가 제2항 단서에 따라 개인신용정보를 삭제하지 아니하고 보존하는 경우에는 현재 거래 중인 신용정보주체의 개인신용정보와 분리하는 등 대통령령으로 정하는 바에 따라 관리하여야 한다.
④ 신용정보제공·이용자가 제3항에 따라 분리하여 보존하는 개인신용정보를 활용하는 경우에는 신용정보주체에게 통지하여야 한다.
⑤ 제1항 및 제2항에 따른 개인신용정보의 종류, 관리기간, 삭제의 방법·절차 및 금융거래 등 상거래관계가 종료된 날의 기준 등은 대통령령으로 정한다.
(2015.3.11 본조신설)

제21조 【폐업 시 보유정보의 처리】 신용정보회사등(신용정보제공·이용자는 제외한다)이 폐업하려는 경우에는 금융위원회가 정하여 고시하는 바에 따라 보유정보를 처분하거나 폐기하여야 한다.(2020.2.4 본조개정)

제5장 신용정보 관련 산업
(2020.2.4 본장제목개정)

제1절 신용정보업
(2020.2.4 본절제목개정)

제22조【신용정보회사 임원의 자격요건 등】 ① 개인신용평가회사, 개인사업자신용평가회사 및 기업신용조회회사의 임원에 관하여는 「금융회사의 지배구조에 관한 법률」 제5조를 준용한다.
② 신용조사회사는 다음 각 호의 어느 하나에 해당하는 자를 임직원으로 채용하거나 고용하여서는 아니 된다.
1. 미성년자. 다만, 금융위원회가 정하여 고시하는 업무에 채용하거나 고용하는 경우는 제외한다.
2. 피성년후견인 또는 피한정후견인
3. 파산선고를 받고 복권되지 아니한 사람
4. 금고 이상의 실형을 선고받고 그 집행이 끝나거나(집행이 끝난 것으로 보는 경우를 포함한다) 집행이 면제된 날부터 3년이 지나지 아니한 사람
5. 금고 이상의 형의 집행유예를 선고받고 그 유예기간 중에 있는 사람
6. 이 법 또는 그 밖의 법령에 따라 해임되거나 면직된 후 5년이 지나지 아니한 사람
7. 이 법 또는 그 밖의 법령에 따라 영업의 허가 · 인가 등이 취소된 법인이나 회사의 임직원이었던 사람(그 취소사유의 발생에 직접 또는 이에 상응하는 책임이 있는 사람으로서 대통령령으로 정하는 사람만 해당한다)으로서 그 법인 또는 회사에 대한 취소가 있은 날부터 5년이 지나지 아니한 사람
8. 재임 또는 재직 중이었더라면 이 법 또는 그 밖의 법령에 따라 해임권고(해임요구를 포함한다) 또는 면직요구의 조치를 받았을 것으로 통보된 퇴임한 임원 또는 퇴직한 직원으로서 그 통보가 있었던 날부터 5년(통보가 있었던 날부터 5년이 퇴임 또는 퇴직한 날부터 7년을 초과한 경우에는 퇴임 또는 퇴직한 날부터 7년으로 한다)이 지나지 아니한 사람

(2020.2.4 본조개정)

제22조의2【신용정보 등의 보고】 개인신용평가회사, 개인사업자신용평가회사, 기업신용조회회사 및 본인신용정보관리회사는 신용정보의 이용범위, 이용기간, 제공 대상자를 대통령령으로 정하는 바에 따라 금융위원회에 보고하여야 한다.
(2020.2.4 본조개정)

제22조의3【개인신용평가 등에 관한 원칙】 ① 개인신용평가회사 및 그 임직원은 개인신용평가에 관한 업무를 할 때 다음 각 호의 사항을 고려하여 그 업무를 수행하여야 한다.
1. 개인신용평가 결과가 정확하고 그 평가체계가 공정한지 여부
2. 개인신용평가 과정이 공개적으로 투명하게 이루어지는지 여부

② 기업신용등급제공업무 또는 기술신용평가업무를 하는 기업신용조회회사 및 그 임직원은 기업신용등급이나 기술신용정보의 생성에 관한 업무를 할 때 독립적인 입장에서 공정하고 충실하게 그 업무를 수행하여야 한다.
③ 개인사업자신용평가회사 및 그 임직원에 대해서는 제1항 및 제2항을 준용한다.
(2020.2.4 본조개정)

제22조의4【개인신용평가회사의 행위규칙】 ① 개인신용평가회사가 개인인 신용정보주체의 신용상태를 평가할 경우 그 신용정보주체에게 개인신용평가에 불이익이 발생할 수 있는 정보 외에 개인신용평가에 혜택을 줄 수 있는 정보도 함께 고려하여야 한다.
② 개인신용평가회사가 개인신용평가를 할 때에는 다음 각 호의 행위를 하여서는 아니 된다.
1. 성별, 출신지역, 국적 등으로 합리적 이유 없이 차별하는 행위
2. 개인신용평가 모형을 만들 때 특정한 평가항목을 합리적 이유 없이 유리하게 또는 불리하게 반영하는 행위
3. 그 밖에 신용정보주체 보호 또는 건전한 신용질서를 저해할 우려가 있는 행위로서 대통령령으로 정하는 행위

③ 전문개인신용평가업을 하는 개인신용평가회사는 계열회사(「독점규제 및 공정거래에 관한 법률」 제2조제12호에 따른 계열회사를 말한다. 이하 같다)로부터 상품 또는 서비스를 제공받는 개인인 신용정보주체의 개인신용평점을 높이는 등 대통령령으로 정하는 불공정행위를 하여서는 아니 된다.
(2020.12.29 본항개정)
(2020.2.4 본조신설)

제22조의5【개인사업자신용평가회사의 행위규칙】 ① 개인사업자신용평가회사가 개인사업자의 신용상태를 평가할 경우에는 다음 각 호의 사항을 따라야 한다.
1. 해당 개인사업자에게 평가에 불이익이 발생할 수 있는 정보 외에 평가에 혜택을 줄 수 있는 정보도 함께 고려할 것
2. 개인사업자신용평가회사와 금융거래 등 상거래 관계가 있는 자와 그 외의 자를 합리적 이유 없이 차별하지 아니할 것

② 개인사업자신용평가회사는 다음 각 호의 어느 하나에 해당하는 행위를 하여서는 아니 된다.
1. 개인사업자의 신용상태를 평가하는 과정에서 개인사업자신용평가회사 또는 그 계열회사의 상품이나 서비스를 구매하거나 이용하도록 강요하는 행위
2. 그 밖에 신용정보주체 보호 또는 건전한 신용질서를 저해할 우려가 있는 행위로서 대통령령으로 정하는 행위

③ 개인사업자신용평가회사는 그 임직원이 직무를 수행할 때 지켜야 할 적절한 기준 및 절차로서 다음 각 호의 사항을 포함하는 내부통제기준을 정하여야 한다. 다만, 개인신용평가회사가 제11조제2항에 따라 개인사업자신용평가업을 하는 경우로서 자동화평가의 방법으로 개인사업자의 신용상태를 평가하는 경우에는 제1호를 포함하지 아니할 수 있다.
1. 평가조직과 영업조직의 분리에 관한 사항
2. 이해상충 방지에 관한 사항
3. 불공정행위의 금지에 관한 사항
4. 개인사업자의 특성에 적합한 신용상태의 평가기준에 관한 사항
5. 그 밖에 내부통제기준에 관하여 필요한 사항으로서 대통령령으로 정하는 사항

(2020.2.4 본조신설)

제22조의6【기업신용조회회사의 행위규칙】 ① 기업신용조회회사(기업정보조회업무만 하는 기업신용조회회사는 제외한다. 이하 제2항 및 제3항에서 같다)가 기업 및 법인의 신용상태를 평가할 경우에는 해당 기업 및 법인에게 평가에 불이익이 발생할 수 있는 정보 외에 평가에 혜택을 줄 수 있는 정보도 함께 고려하여야 한다.
② 기업신용조회회사는 다음 각 호의 어느 하나에 해당하는 행위를 하여서는 아니 된다.
1. 기업신용조회회사와 일정한 비율 이상의 출자관계에 있는 등 특수한 관계에 있는 자로서 대통령령으로 정하는 자와 관련된 기업신용등급 및 기술신용정보를 생성하는 행위
2. 기업신용등급 및 기술신용정보의 생성 과정에서 기업신용조회회사 또는 그 계열회사의 상품이나 서비스를 구매하거나 이용하도록 강요하는 행위
3. 그 밖에 신용정보주체 보호 또는 건전한 신용질서를 저해할 우려가 있는 행위로서 대통령령으로 정하는 행위

③ 기업신용조회회사는 그 임직원이 직무를 수행할 때 지켜야 할 적절한 기준 및 절차로서 다음 각 호의 사항을 포함하는 내부통제기준을 정하여야 한다.
1. 평가조직과 영업조직의 분리에 관한 사항
2. 이해상충 방지에 관한 사항
3. 불공정행위의 금지에 관한 사항
4. 기업 및 법인의 특성에 적합한 기업신용등급의 생성기준 또는 기술신용평가의 기준에 관한 사항
5. 그 밖에 내부통제기준에 관하여 필요한 사항으로서 대통령령으로 정하는 사항

④ 기업정보조회업무를 하는 기업신용조회회사는 신용정보의 이용자 관리를 위하여 대통령령으로 정하는 바에 따라 이용자 관리규정을 정하여야 한다.
(2020.2.4 본조신설)

제22조의7【신용조사회사의 행위규칙】 ① 신용조사회사는 다음 각 호의 어느 하나에 해당하는 행위를 하여서는 아니 된다.
1. 의뢰인에게 허위 사실을 알리는 행위
2. 신용정보에 관한 조사 의뢰를 강요하는 행위
3. 신용정보 조사 대상자에게 조사자료의 제공과 답변을 강요하는 행위
4. 금융거래 등 상거래관계 외의 사생활 등을 조사하는 행위
② 신용조사업에 종사하는 임직원이 신용정보를 조사하는 경우에는 신용조사업에 종사하고 있음을 나타내는 증표를 지니고 이를 상대방에게 내보여야 한다.
(2020.2.4 본조신설)

제2절 본인신용정보관리업
(2020.2.4 본절신설)

제22조의8【본인신용정보관리회사의 임원의 자격요건】 본인신용정보관리회사의 임원에 관하여는 「금융회사의 지배구조에 관한 법률」 제5조를 준용한다.

제22조의9【본인신용정보관리회사의 행위규칙】 ① 본인신용정보관리회사는 다음 각 호의 어느 하나에 해당하는 행위를 하여서는 아니 된다.
1. 개인인 신용정보주체에게 개인신용정보의 전송요구를 강요하거나 부당하게 유도하는 행위
2. 그 밖에 신용정보주체 보호 또는 건전한 신용질서를 저해할 우려가 있는 행위로서 대통령령으로 정하는 행위
② 본인신용정보관리회사는 제11조제6항에 따른 업무 및 제11조의2제6항제3호에 따른 업무를 수행하는 과정에서 개인인 신용정보주체와 본인신용정보관리회사 사이에 발생할 수 있는 이해상충을 방지하기 위한 내부관리규정을 마련하여야 한다.
③ 본인신용정보관리회사는 다음 각 호의 수단을 대통령령으로 정하는 방식으로 사용·보관함으로써 신용정보주체에게 교부할 신용정보를 수집하여서는 아니 된다.
1. 대통령령으로 정하는 신용정보제공·이용자나 「개인정보 보호법」에 따른 공공기관으로서 대통령령으로 정하는 공공기관 또는 본인신용정보관리회사(이하 이 조 및 제33조의2에서 "신용정보제공·이용자등"이라 한다)이 선정하여 사용·관리하는 신용정보주체 본인에 관한 수단으로서 「전자금융거래법」 제2조제10호에 따른 접근매체
2. 본인임을 확인 받는 수단으로서 본인의 신분을 나타내는 증표 제시 또는 전화, 인터넷 홈페이지의 이용 등 대통령령으로 정하는 방법
④ 신용정보제공·이용자등은 개인인 신용정보주체가 본인신용정보관리회사에 본인에 관한 개인신용정보의 전송을 요구하는 경우에는 정보제공의 안전성과 신뢰성이 보장될 수 있는 방식으로서 대통령령으로 정하는 방식으로 해당 개인인 신용정보주체의 개인신용정보를 그 본인신용정보관리회사에 직접 전송하여야 한다.
⑤ 제4항에도 불구하고 신용정보제공·이용자등의 규모, 금융거래 등 상거래의 빈도 등을 고려하여 대통령령으로 정하는 경우에 해당 신용정보제공·이용자등은 대통령령으로 정하는 중계기관을 통하여 본인신용정보관리회사에게 개인신용정보를 전송할 수 있다.
⑥ 신용정보제공·이용자등은 제33조의2제4항에 따라 개인신용정보를 정기적으로 전송할 경우에는 필요한 범위에서 최소한의 비용을 본인신용정보관리회사가 부담하도록 할 수 있다.
⑦ 제4항 및 제5항의 전송의 절차·방법, 제6항에 따른 비용의 산정기준 등에 대해서는 대통령령으로 정한다.

제3절 공공정보의 이용·제공
(2020.2.4 본절제목신설)

제23조【공공기관에 대한 신용정보의 제공 요청 등】 ①
(2015.3.11 삭제)
② 신용정보집중기관이 국가·지방자치단체 또는 대통령령으로 정하는 공공단체(이하 "공공기관"이라 한다)의 장에게 신용정보주체의 신용도·신용거래능력 등의 판단에 필요한 신용정보로서 대통령령으로 정하는 신용정보의 제공을 요청하면 그 요청을 받은 공공기관의 장은 다음 각 호의 법률에도 불구하고 해당 신용정보집중기관에 정보를 제공할 수 있다. 이 경우 정보를 제공하는 기준과 절차 등은 대통령령으로 정한다.
(2015.3.11 본문개정)
1. 「공공기관의 정보공개에 관한 법률」
2. 「개인정보 보호법」(2011.3.29 본호개정)
3. 「국민건강보험법」
4. 「국민연금법」
5. 「한국전력공사법」
6. 「주민등록법」
③ 신용정보집중기관은 제2항에 따라 공공기관으로부터 제공받은 신용정보를 대통령령으로 정하는 신용정보의 이용자에게 제공할 수 있다.(2015.3.11 본항개정)
④ 신용정보집중기관 또는 제3항에 따른 신용정보의 이용자가 제2항 및 제3항에 따라 공공기관으로부터 제공받은 개인신용정보를 제공하는 경우에는 제32조제3항에서 정하는 바에 따라 제공받으려는 자가 해당 개인으로부터 신용정보 제공·이용에 대한 동의를 받았는지를 확인하여야 한다. 다만, 제32조제6항 각 호의 어느 하나에 해당하는 경우에는 그러하지 아니하다.
(2020.2.4 본항개정)
⑤ 제4항에 따라 개인신용정보를 제공받은 자는 그 정보를 제3자에게 제공하여서는 아니 된다.(2020.2.4 본항개정)
⑥ 제2항에 따라 신용정보의 제공을 요청하는 자는 관계 법령에 따라 열람료 또는 수수료 등을 내야 한다.(2015.3.11 본항개정)
⑦ 신용정보회사등은 공공기관의 장이 관계 법령에서 정하는 공무상 목적으로 이용하기 위하여 신용정보의 제공을 문서로 요청한 경우에는 그 신용정보를 제공할 수 있다.
(2015.3.11 본조제목개정)

제24조【주민등록전산정보자료의 이용】 ① 신용정보집중기관 및 대통령령으로 정하는 신용정보제공·이용자는 다음 각 호의 어느 하나에 해당하는 경우에는 행정안전부장관에게 「주민등록법」 제30조제1항에 따른 주민등록전산정보자료의 제공을 요청할 수 있다. 이 경우 요청을 받은 행정안전부장관은 특별한 사유가 없으면 그 요청에 따라야 한다.(2017.7.26 본문개정)
1. 「상법」 제64조 등 다른 법률에 따라 소멸시효가 완성된 예금 및 보험금 등의 지급을 위한 경우로서 해당 예금 및 보험금 등의 원권리자에게 관련 사항을 알리기 위한 경우
2. 금융거래계약의 만기 도래, 실효(失效), 해지 등 계약의 변경 사유 발생 등 거래 상대방의 권리·의무에 영향을 미치는 사항을 알리기 위한 경우
② 제1항에 따라 주민등록전산정보자료를 요청하는 경우에는 금융위원회위원장의 심사를 받아야 한다.
③ 제2항에 따라 금융위원회위원장의 심사를 받은 경우에는 「주민등록법」 제30조제1항에 따른 관계 중앙행정기관의 장의 심사를 거친 것으로 본다. 처리절차, 사용료 또는 수수료 등에 관한 사항은 「주민등록법」에 따른다.

제4절 신용정보집중기관 및 데이터전문기관 등
(2020.2.4 본절제목신설)

제25조【신용정보집중기관】 ① 신용정보를 집중하여 수집·보관함으로써 체계적·종합적으로 관리하고, 신용정보회사등 상호 간에 신용정보를 교환·활용(이하 "집중관리·활용"이라 한다)하려는 자는 금융위원회로부터 신용정보집중기관으로 허가를 받아야 한다.(2015.3.11 본항개정)
② 제1항에 따른 신용정보집중기관은 다음 각 호의 구분에 따라 허가를 받아야 한다.(2015.3.11 본문개정)
1. 종합신용정보집중기관 : 대통령령으로 정하는 금융기관 전체로부터의 신용정보를 집중관리·활용하는 신용정보집중기관
2. 개별신용정보집중기관 : 제1호에 따른 금융기관 외의 같은 종류의 사업자가 설립한 협회 등의 협약 등에 따라 신용정보를 집중관리·활용하는 신용정보집중기관(2015.3.11 본호개정)
③ 제1항에 따른 신용정보집중기관으로 허가를 받으려는 자는 다음 각 호의 요건을 갖추어야 한다.(2015.3.11 본문개정)

1. 「민법」 제32조에 따라 설립된 비영리법인일 것(2015.3.11 본호개정)
2. 신용정보를 집중관리·활용하는 데 있어서 대통령령으로 정하는 바에 따라 공공성과 중립성을 갖출 것(2015.3.11 본호신설)
3. 대통령령으로 정하는 시설·설비 및 인력을 갖출 것
④ 제1항 및 제2항에 따른 허가 및 그 취소 등에 필요한 사항과 집중관리·활용되는 신용정보의 내용·범위 및 교환 대상자는 대통령령으로 정한다. 다만, 신용정보집중기관과 개인신용평가회사, 개인사업자신용평가회사, 기업신용조회회사(기업정보조회업무만 하는 기업신용조회회사는 제외한다) 사이의 신용정보 교환 및 이용은 개인신용평가회사, 개인사업자신용평가회사, 기업신용조회회사(기업정보조회업무만 하는 기업신용조회회사는 제외한다)의 의뢰에 따라 신용정보집중기관이 개인신용평가회사, 개인사업자신용평가회사, 기업신용조회회사(기업정보조회업무만 하는 기업신용조회회사는 제외한다)에 신용정보를 제공하는 방식으로 한다.(2020.2.4 단서개정)
⑤ 제2항제1호에 따른 종합신용정보집중기관(이하 "종합신용정보집중기관"이라 한다)은 집중되는 신용정보의 정확성·신속성을 확보하기 위하여 제26조에 따른 신용정보집중관리위원회가 정하는 바에 따라 신용정보를 제공하는 금융기관의 신용정보 제공의무 이행 실태를 조사할 수 있다.(2015.3.11 본항개정)
⑥ 신용정보집중기관은 대통령령으로 정하는 바에 따라 신용정보공동전산망(이하 "공동전산망"이라 한다)을 구축할 수 있으며, 공동전산망에 참여하는 자는 그 유지·관리 등에 필요한 협조를 하여야 한다. 이 경우 신용정보집중기관은 「전기통신사업법」 제2조제1항제1호에 따른 전기통신사업자이어야 한다.

제25조의2【종합신용정보집중기관의 업무】 종합신용정보집중기관은 다음 각 호의 업무를 수행한다.
1. 제25조제2항제1호에 따른 금융기관 전체로부터의 신용정보 집중관리·활용(2020.2.4 본호개정)
1의2. 제23조제2항에 따라 공공기관으로부터 수집한 신용정보의 집중관리·활용(2020.2.4 본호신설)
1의3. 제39조의2에 따라 신용정보주체에게 채권자변동정보를 교부하거나 열람하게 하는 업무(2020.2.4 본호신설)
2. 공공 목적의 조사 및 분석 업무
3. 신용정보의 가공·분석 및 제공 등과 관련하여 대통령령으로 정하는 업무
3의2. 제26조의3에 따른 개인신용평가체계 검증위원회의 운영(2020.2.4 본호신설)
4. (2020.2.4 삭제)
5. 이 법 및 다른 법률에서 종합신용정보집중기관이 할 수 있도록 정한 업무(2020.2.4 본호개정)
6. 그 밖에 제1호부터 제5호까지에 준하는 업무로서 대통령령으로 정하는 업무
(2015.3.11 본조신설)

제26조【신용정보집중관리위원회】 ① 다음 각 호의 업무를 수행하기 위하여 종합신용정보집중기관에 신용정보집중관리위원회(이하 "위원회"라 한다)를 둔다.(2015.3.11 본문개정)
1. 제25조의2 각 호의 업무로서 대통령령으로 정하는 업무와 관련한 중요 사안에 대한 심의(2020.2.4 본호개정)
2. 신용정보의 집중관리·활용에 드는 경상경비, 신규사업의 투자비 등의 분담에 관한 사항
3. 제25조제2항제1호에 따른 금융기관의 신용정보제공의무 이행 실태에 관한 조사 및 대통령령으로 정하는 바에 따른 제재를 부과하는 사항
4. 신용정보의 업무목적 외 누설 또는 이용의 방지대책에 관한 사항
5. 그 밖에 신용정보의 집중관리·활용에 필요한 사항
② (2015.3.11 삭제)
③ 위원회는 제1항 각 호의 사항을 결정한 경우 금융위원회가 정하는 바에 따라 금융위원회에 보고하여야 한다.(2015.3.11 본항개정)
(2015.3.11 본조제목개정)

제26조의2【신용정보집중관리위원회의 구성·운영 등】 ① 위원회는 위원장 1명을 포함한 15명 이내의 위원으로 구성한다.
② 위원회의 위원장은 종합신용정보집중기관의 장으로 하며, 위원은 공익성, 중립성, 업권별 대표성, 신용정보에 관한 전문지식 등을 고려하여 구성한다.
③ 그 밖에 위원회의 구성 및 운영 등에 필요한 사항은 대통령령으로 정한다.
(2015.3.11 본조신설)

제26조의3【개인신용평가체계 검증위원회】 ① 다음 각 호의 업무를 수행하기 위하여 종합신용정보집중기관에 개인신용평가체계 검증위원회를 둔다.
1. 개인신용평가회사 및 개인사업자신용평가회사(이하 이 조에서 "개인신용평가회사등"이라 한다)의 평가에 사용되는 기초정보에 관한 심의
2. 개인신용평가회사등의 평가모형의 예측력, 안정성 등에 관한 심의
3. 제1호 및 제2호와 유사한 것으로서 대통령령으로 정하는 사항
② 개인신용평가체계 검증위원회는 위원장 1명을 포함한 7명 이내의 위원으로 구성한다.
③ 개인신용평가체계 검증위원회는 제1항 각 호의 사항을 심의하여 그 결과를 금융위원회가 정하여 고시하는 바에 따라 금융위원회에 보고하고, 해당 개인신용평가회사등에 알려야 한다.
④ 금융위원회는 제3항에 따라 보고받은 심의결과를 금융위원회가 정하여 고시하는 바에 따라 인터넷 홈페이지 등을 이용하여 공개하여야 한다.
⑤ 제1항에 따른 개인신용평가체계 검증위원회의 구성 및 운영, 제2항부터 제4항까지의 규정에 따른 심의결과의 제출 방법, 시기 및 절차 등에 관하여는 대통령령으로 정한다.
(2020.2.4 본조신설)

제26조의4【데이터전문기관】 ① 금융위원회는 제17조의2에 따른 정보집합물의 결합 및 제40조의2에 따른 익명처리의 적정성 평가를 전문적으로 수행하는 법인 또는 기관(이하 "데이터전문기관"이라 한다)을 지정할 수 있다.
② 데이터전문기관은 다음 각 호의 업무를 수행한다.
1. 신용정보회사등이 보유하는 정보집합물과 제3자가 보유하는 정보집합물 간의 결합 및 전달
2. 신용정보회사등의 익명처리에 대한 적정성 평가
3. 제1호 및 제2호와 유사한 업무로서 대통령령으로 정하는 업무
③ 데이터전문기관은 제2항제1호 및 제2호의 업무를 전문적으로 수행하기 위하여 필요하면 대통령령으로 정하는 바에 따라 적정성평가위원회를 둘 수 있다.
④ 데이터전문기관은 다음 각 호의 어느 하나에 해당하는 경우에는 대통령령으로 정하는 위험관리체계를 마련하여야 한다.
1. 제2항제1호의 업무와 같은 항 제2호의 업무를 함께 수행하는 경우
2. 제2항 각 호의 업무와 이 법 또는 다른 법령에 따른 업무를 함께 수행하는 경우
⑤ 제1항에 따른 지정의 기준 및 취소, 제3항에 따른 적정성평가위원회의 구성·운영 등에 관하여 필요한 사항은 대통령령으로 정한다.
(2020.2.4 본조신설)

제5절 채권추심업
(2020.2.4 본절제목신설)

제27조【채권추심업 종사자 및 위임직채권추심인 등】 ① 채권추심회사는 다음 각 호의 어느 하나에 해당하는 자를 임직원으로 채용하거나 고용하여서는 아니 되며, 위임 또는 그에 준하는 방법으로 채권추심업무를 하여서는 아니 된다.(2020.2.4 본문개정)
1. 미성년자. 다만, 금융위원회가 정하여 고시하는 업무에 채용하거나 고용하는 경우는 제외한다.
2. 피성년후견인 또는 피한정후견인(2017.4.18 본호개정)
3. 파산선고를 받고 복권되지 아니한 자
4. 금고 이상의 실형을 선고받고 그 집행이 끝나거나(집행이 끝난 것으로 보는 경우를 포함한다) 집행이 면제된 날부터 3년이 지나지 아니한 자

5. 금고 이상의 형의 집행유예를 선고받고 그 유예기간 중에 있는 자
6. 이 법 또는 그 밖의 법령에 따라 해임되거나 면직된 후 5년이 지나지 아니한 자
7. 이 법 또는 그 밖의 법령에 따라 영업의 허가·인가 등이 취소된 법인이나 회사의 임직원이었던 자(그 취소사유의 발생에 직접 또는 이에 상응하는 책임이 있는 자로서 대통령령으로 정하는 자만 해당한다)로서 그 법인 또는 회사에 대한 취소가 있은 날부터 5년이 지나지 아니한 자
8. 제2항제2호에 따른 위임직채권추심인이었던 자로서 등록이 취소된 지 5년이 지나지 아니한 자
9. 재임 또는 재직 중이었더라면 이 법 또는 그 밖의 법령에 따라 해임권고(해임요구를 포함한다) 또는 면직요구의 조치를 받았을 것으로 통보된 퇴임한 임원 또는 퇴직한 직원으로서 그 통보가 있었던 날부터 5년(통보가 있었던 날부터 5년이 퇴임 또는 퇴직한 날부터 7년을 초과한 경우에는 퇴임 또는 퇴직한 날부터 7년으로 한다)이 지나지 아니한 사람
(2017.4.18 본호신설)

② 채권추심회사는 다음 각 호의 어느 하나에 해당하는 자를 통하여 추심업무를 하여야 한다.
1. 채권추심회사의 임직원
2. 채권추심회사가 위임 또는 그에 준하는 방법으로 채권추심업무를 하도록 한 자(이하 "위임직채권추심인"이라 한다)

③ 채권추심회사는 그 소속 위임직채권추심인이 되려는 자를 금융위원회에 등록하여야 한다.

④ 위임직채권추심인은 소속 채권추심회사 외의 자를 위하여 채권추심업무를 할 수 없다.

⑤ 채권추심회사는 추심채권이 아닌 채권을 추심할 수 없으며 다음 각 호의 어느 하나에 해당하는 위임직채권추심인을 통하여 채권추심업무를 하여서는 아니 된다.
1. 제3항에 따라 등록되지 아니한 위임직채권추심인
2. 다른 채권추심회사의 소속으로 등록된 위임직채권추심인
3. 제7항에 따라 업무정지 중에 있는 위임직채권추심인

⑥ 금융위원회는 위임직채권추심인이 다음 각 호의 어느 하나에 해당하면 그 등록을 취소할 수 있다.
1. 거짓이나 그 밖의 부정한 방법으로 제3항에 따른 등록을 한 경우
2. 제7항에 따른 업무정지명령을 위반하거나 업무정지에 해당하는 행위를 한 자가 그 사유발생일 전 1년 이내에 업무정지 처분을 받은 사실이 있는 경우
3. (2020.2.4 삭제)
4.「채권의 공정한 추심에 관한 법률」제9조 각 호의 어느 하나를 위반하여 채권추심행위를 한 경우
5. 등록의 내용이나 조건을 위반한 경우
6. 정당한 사유 없이 1년 이상 계속하여 등록한 영업을 하지 아니한 경우

⑦ 금융위원회는 위임직채권추심인이 다음 각 호의 어느 하나에 해당하면 6개월의 범위에서 기간을 정하여 그 업무의 전부 또는 일부의 정지를 명할 수 있다.
1. 제4항을 위반한 경우
2. (2020.2.4 삭제)
3. 제40조제1항제5호를 위반한 경우(2020.2.4 본호개정)
4.「채권의 공정한 추심에 관한 법률」제12조제2호·제5호를 위반한 경우
5. 그 밖에 법령 또는 소속 채권추심회사의 정관을 위반하여 공익을 심각하게 해치거나 해칠 우려가 있는 경우

⑧ 채권추심업에 종사하는 임직원이나 위임직채권추심인이 채권추심업무를 하려는 경우에는 채권추심업에 종사함을 나타내는 증표를 지니고 이를「채권의 공정한 추심에 관한 법률」에 따른 채무자 또는 관계인에게 내보여야 한다.(2020.2.4 본항개정)

⑨ 채권추심회사는 그 소속 위임직채권추심인이 채권추심업무를 함에 있어 법령을 준수하고 건전한 거래질서를 해하는 일이 없도록 성실히 관리하여야 한다. 이 경우 그 소속 위임직채권추심인이 다음 각 호의 구분에 따른 위반행위를 하지 아니하도록 하여야 한다.
1.「채권의 공정한 추심에 관한 법률」제8조의3제1항, 제9조, 제10조제1항, 제11조제1호 또는 제2호를 위반하는 행위
2.「채권의 공정한 추심에 관한 법률」제8조의3제2항, 제11조제3호부터 제5호까지, 제12조, 제13조 또는 제13조의2제2항을 위반하는 행위
(2017.11.28 본항신설)

⑩ 위임직채권추심인의 자격요건 및 등록절차는 대통령령으로 정한다.

⑪ 위임직채권추심인이 되고자 하는 자가 등록을 신청한 때에는 총리령으로 정하는 바에 따라 수수료를 내야 한다.
(2020.2.4 본조제목개정)

제27조의2【무허가 채권추심업자에 대한 업무위탁의 금지】 대통령령으로 정하는 여신금융기관, 대부업자 등 신용정보제공·이용자는 채권추심회사 외의 자에게 채권추심업무를 위탁하여서는 아니 된다.(2017.11.28 본조신설)

제28조~제30조 (2013.5.28 삭제)

제6장 신용정보주체의 보호

제31조【신용정보활용체제의 공시】 ① 개인신용평가회사, 개인사업자신용평가회사, 기업신용조회회사, 신용정보집중기관 및 대통령령으로 정하는 신용정보제공·이용자는 다음 각 호의 사항을 대통령령으로 정하는 바에 따라 공시하여야 한다.
1. 개인신용정보 보호 및 관리에 관한 기본계획(총자산, 종업원 수 등을 고려하여 대통령령으로 정하는 자로 한정한다)
2. 관리하는 신용정보의 종류 및 이용 목적
3. 신용정보를 제공받는 자
4. 신용정보주체의 권리의 종류 및 행사 방법
5. 신용평가에 반영되는 신용정보의 종류, 반영비중 및 반영기간(개인신용평가회사, 개인사업자신용평가회사 및 기업신용등급제공업무·기술신용평가업무를 하는 기업신용조회회사로 한정한다)
6.「개인정보 보호법」제30조제1항제6호 및 제7호의 사항
7. 그 밖에 신용정보의 처리에 관한 사항으로서 대통령령으로 정하는 사항

② 제1항 각 호의 공시 사항을 변경하는 경우에는「개인정보보호법」제30조제2항에 따른 방법을 준용한다.
(2020.2.4 본조개정)

제32조【개인신용정보의 제공·활용에 대한 동의】 ① 신용정보제공·이용자가 개인신용정보를 타인에게 제공하려는 경우에는 대통령령으로 정하는 바에 따라 해당 신용정보주체로부터 다음 각 호의 어느 하나에 해당하는 방식으로 개인신용정보를 제공할 때마다 미리 개별적으로 동의를 받아야 한다. 다만, 기존에 동의한 목적 또는 이용 범위에서 개인신용정보의 정확성·최신성을 유지하기 위한 경우에는 그러하지 아니하다.
(2015.3.11 본문개정)
1. 서면
2.「전자서명법」제2조제2호에 따른 전자서명(서명자의 실지명의를 확인할 수 있는 것을 말한다)이 있는 전자문서(「전자문서 및 전자거래 기본법」제2조제1호에 따른 전자문서를 말한다)(2020.6.9 본호개정)
3. 개인신용정보의 제공 내용 및 제공 목적 등을 고려하여 정보 제공 동의의 안정성과 신뢰성이 확보될 수 있는 유무선 통신으로 개인비밀번호를 입력하는 방식
4. 유무선 통신으로 동의 내용을 해당 개인에게 알리고 동의를 받는 방법. 이 경우 본인 여부 및 동의 내용, 그에 대한 해당 개인의 답변을 음성녹음하는 등 증거자료를 확보·유지하여야 하며, 대통령령으로 정하는 바에 따른 사후 고지절차를 거친다.
5. 그 밖에 대통령령으로 정하는 방식

② 개인신용평가회사, 개인사업자신용평가회사, 기업신용조회회사 또는 신용정보집중기관으로부터 개인신용정보를 제공받으려는 자는 대통령령으로 정하는 바에 따라 해당 신용정보주체로부터 제1항 각 호의 어느 하나에 해당하는 방식으로 개인신용정보를 제공받을 때마다 개별적으로 동의(기존에 동의한 목적 또는 이용 범위에서 개인신용정보의 정확성·최신성을

유지하기 위한 경우는 제외한다)를 받아야 한다. 이 경우 개인신용정보를 제공받으려는 자는 개인신용정보의 조회 시 개인신용평점이 하락할 수 있는 때에는 해당 신용정보주체에게 이를 고지하여야 한다.(2020.2.4 본항개정)

③ 개인신용평가회사, 개인사업자신용평가회사, 기업신용조회회사 또는 신용정보집중기관이 개인신용정보를 제2항에 따라 제공하는 경우에는 해당 개인신용정보를 제공받으려는 자가 제2항에 따른 동의를 받았는지를 대통령령으로 정하는 바에 따라 확인하여야 한다.(2020.2.4 본항개정)

④ 신용정보회사등은 개인신용정보의 제공 및 활용과 관련하여 동의를 받을 때에는 대통령령으로 정하는 바에 따라 서비스 제공을 위하여 필수적 동의사항과 그 밖의 선택적 동의사항을 구분하여 설명한 후 각각 동의를 받아야 한다. 이 경우 필수적 동의사항은 서비스 제공과의 관련성을 설명하여야 하며, 선택적 동의사항은 정보제공에 동의하지 아니할 수 있다는 사실을 고지하여야 한다.(2015.3.11 본항신설)

⑤ 신용정보회사등은 신용정보주체가 선택적 동의사항에 동의하지 아니한다는 이유로 신용정보주체에게 서비스의 제공을 거부하여서는 아니 된다.(2015.3.11 본항신설)

⑥ 신용정보회사등(제9호의3을 적용하는 경우에는 데이터전문기관을 포함한다)이 개인신용정보를 제공하는 경우로서 다음 각 호의 어느 하나에 해당하는 경우에는 제1항부터 제5항까지를 적용하지 아니한다.(2020.2.4 본문개정)

1. 신용정보회사 및 채권추심회사가 다른 신용정보회사 및 채권추심회사 또는 신용정보집중기관과 서로 집중관리·활용하기 위하여 제공하는 경우(2020.2.4 본호개정)
2. 제17조제2항에 따라 신용정보의 처리를 위탁하기 위하여 제공하는 경우(2020.2.4 본호개정)
3. 영업양도·분할·합병 등의 이유로 권리·의무의 전부 또는 일부를 이전하면서 그와 관련된 개인신용정보를 제공하는 경우
4. 채권추심(추심채권을 추심하는 경우만 해당한다), 인가·허가의 목적, 기업의 신용도 판단, 유가증권의 양수 등 대통령령으로 정하는 목적으로 사용하는 자에게 제공하는 경우
5. 법원의 제출명령 또는 법관이 발부한 영장에 따라 제공하는 경우
6. 범죄 때문에 피해자의 생명이나 신체에 심각한 위험 발생이 예상되는 등 긴급한 상황에서 제5호에 따른 법관의 영장을 발부받을 시간적 여유가 없는 경우로서 검사 또는 사법경찰관의 요구에 따라 제공하는 경우. 이 경우 개인신용정보를 제공받은 검사는 지체 없이 법관에게 영장을 청구하여야 하고, 사법경찰관은 검사에게 신청하여 검사의 청구로 영장을 청구하여야 하며, 개인신용정보를 제공받은 때부터 36시간 이내에 영장을 발부받지 못하면 지체 없이 제공받은 개인신용정보를 폐기하여야 한다.
7. 조세에 관한 법률에 따른 질문·검사 또는 조사를 위하여 관할 관서의 장이 서면으로 요구하거나 조세에 관한 법률에 따라 제출의무가 있는 과세자료의 제공을 요구함에 따라 제공하는 경우
8. 국제협약 등에 따라 외국의 금융감독기구에 금융회사가 가지고 있는 개인신용정보를 제공하는 경우
9. 제2조제1호의4나목 및 다목의 정보를 개인신용평가회사, 개인사업자신용평가회사, 기업신용등급제공업무·기술신용평가업무를 하는 기업신용조회회사 및 신용정보집중기관에 제공하거나 그로부터 제공받는 경우(2020.2.4 본호개정)

9의2. 통계작성, 연구, 공익적 기록보존 등을 위하여 가명정보를 제공하는 경우. 이 경우 통계작성에는 시장조사 등 상업적 목적의 통계작성을 포함하며, 연구에는 산업적 연구를 포함한다.

9의3. 제17조의2제1항에 따른 정보집합물의 결합 목적으로 데이터전문기관에 개인신용정보를 제공하는 경우

9의4. 다음 각 목의 요소를 고려하여 당초 수집한 목적과 상충되지 아니하는 목적으로 개인신용정보를 제공하는 경우
가. 양 목적 간의 관련성
나. 신용정보회사등이 신용정보주체로부터 개인신용정보를 수집한 경위
다. 해당 개인신용정보의 제공이 신용정보주체에게 미치는 영향
라. 해당 개인신용정보에 대하여 가명처리를 하는 등 신용정보의 보안대책을 적절히 시행하였는지 여부

(2020.2.4 9호의2~9호의4신설)

10. 이 법 및 다른 법률에 따라 제공하는 경우(2020.2.4 본호개정)
11. 제1호부터 제10호까지의 규정에 준하는 경우로서 대통령령으로 정하는 경우(2020.2.4 본호신설)

⑦ 제6항 각 호에 따라 개인신용정보를 타인에게 제공하려는 자 또는 제공받은 자는 대통령령으로 정하는 바에 따라 개인신용정보의 제공 사실 및 이유 등을 사전에 해당 신용정보주체에게 알려야 한다. 다만, 대통령령으로 정하는 불가피한 사유가 있는 경우에는 인터넷 홈페이지 게재 또는 그 밖에 유사한 방법을 통하여 사후에 알리거나 공시할 수 있다.(2015.3.11 본항개정)

⑧ 제6항제3호에 따라 개인신용정보를 타인에게 제공하는 신용정보제공·이용자로서 대통령령으로 정하는 자는 제공하는 신용정보의 범위 등 대통령령으로 정하는 사항에 관하여 금융위원회의 승인을 받아야 한다.(2015.3.11 본항개정)

⑨ 제8항에 따른 승인을 받아 개인신용정보를 제공받은 자는 해당 개인신용정보를 금융위원회가 정하는 바에 따라 현재 거래 중인 신용정보주체의 개인신용정보와 분리하여 관리하여야 한다.(2015.3.11 본항신설)

⑩ 신용정보회사등이 개인신용정보를 제공하는 경우에는 금융위원회가 정하여 고시하는 바에 따라 개인신용정보를 제공받는 자의 신원(身元)과 이용 목적을 확인하여야 한다.

⑪ 개인신용정보를 제공한 신용정보제공·이용자는 제1항에 따라 미리 개별적 동의를 받았는지 여부 등에 대한 다툼이 있는 경우 이를 증명하여야 한다.(2015.3.11 본항개정)

제33조【개인신용정보의 이용】 ① 개인신용정보는 다음 각 호의 어느 하나에 해당하는 경우에만 이용하여야 한다.

1. 해당 신용정보주체가 신청한 금융거래 등 상거래관계의 설정 및 유지 여부 등을 판단하기 위한 목적으로 이용하는 경우
2. 제1호의 목적 외의 다른 목적으로 이용하는 것에 대하여 신용정보주체로부터 동의를 받은 경우
3. 개인이 직접 제공한 개인신용정보(그 개인과의 상거래에서 생긴 신용정보를 포함한다)를 제공받은 목적으로 이용하는 경우(상품과 서비스를 소개하거나 그 구매를 권유할 목적으로 이용하는 경우는 제외한다)
4. 제32조제6항 각 호의 경우
5. 그 밖에 제1호부터 제4호까지의 규정에 준하는 경우로서 대통령령으로 정하는 경우

② 신용정보회사등이 개인의 질병, 상해 또는 그 밖에 이와 유사한 정보를 수집·조사하거나 제3자에게 제공하려면 미리 제32조제1항의 각 호의 방식으로 해당 개인의 동의를 받아야 하며, 대통령령으로 정하는 목적으로만 그 정보를 이용하여야 한다.(2020.2.4 본조개정)

제33조의2【개인신용정보의 전송요구】 ① 개인인 신용정보주체는 신용정보제공·이용자등에 대하여 그가 보유하고 있는 본인에 관한 개인신용정보를 다음 각 호의 어느 하나에 해당하는 자에게 전송하여 줄 것을 요구할 수 있다.

1. 해당 신용정보주체 본인
2. 본인신용정보관리회사
3. 대통령령으로 정하는 신용정보제공·이용자
4. 개인신용평가회사
5. 그 밖에 제1호부터 제4호까지의 규정에서 정한 자와 유사한 자로서 대통령령으로 정하는 자

② 제1항에 따라 개인인 신용정보주체가 전송을 요구할 수 있는 본인에 관한 개인신용정보의 범위는 다음 각 호의 요소를 모두 고려하여 대통령령으로 정한다.

1. 해당 신용정보주체(법령 등에 따라 그 신용정보주체의 신용정보를 처리하는 자를 포함한다. 이하 이 호에서 같다)와 신용정보제공·이용자등 사이에서 처리된 신용정보로서 다음 각 목의 어느 하나에 해당하는 정보일 것
가. 신용정보제공·이용자등이 신용정보주체로부터 수집한 정보

나. 신용정보주체가 신용정보제공·이용자등에게 제공한 정보
다. 신용정보주체와 신용정보제공·이용자등 간의 권리·의무 관계에서 생성된 정보
2. 컴퓨터 등 정보처리장치로 처리된 신용정보일 것
3. 신용정보제공·이용자등이 개인신용정보를 기초로 별도로 생성하거나 가공한 신용정보가 아닐 것
③ 제1항에 따라 본인으로부터 개인신용정보의 전송요구를 받은 신용정보제공·이용자등은 제32조 및 다음 각 호의 어느 하나에 해당하는 법률의 관련 규정에도 불구하고 지체 없이 본인에 관한 개인신용정보를 컴퓨터 등 정보처리장치로 처리가 가능한 형태로 전송하여야 한다.
1. 「금융실명거래 및 비밀보장에 관한 법률」 제4조
2. 「국세기본법」 제81조의13
3. 「지방세기본법」 제86조
4. 「개인정보 보호법」 제18조
5. 그 밖에 제1호부터 제4호까지의 규정에서 정한 규정과 유사한 규정으로서 대통령령으로 정하는 법률의 관련 규정
④ 제1항에 따라 신용정보주체 본인이 개인신용정보의 전송을 요구하는 경우 신용정보제공·이용자등에 대하여 해당 개인신용정보의 정확성 및 최신성이 유지될 수 있도록 정기적으로 같은 내역의 개인신용정보를 전송하여 줄 것을 요구할 수 있다.
⑤ 개인인 신용정보주체가 제1항 각 호의 어느 하나에 해당하는 자에게 제1항에 따른 전송요구를 할 때에는 다음 각 호의 사항을 모두 특정하여 전자문서나 그 밖에 안전성과 신뢰성이 확보된 방법으로 하여야 한다.
1. 신용정보제공·이용자등으로서 전송요구를 받는 자
2. 전송을 요구하는 개인신용정보
3. 전송요구에 따라 개인신용정보를 제공받는 자
4. 정기적인 전송을 요구하는지 여부 및 요구하는 경우 그 주기
5. 그 밖에 제1호부터 제4호까지의 규정에서 정한 사항과 유사한 사항으로서 대통령령으로 정하는 사항
⑥ 제3항에 따라 개인신용정보를 제공한 신용정보제공·이용자등은 제32조제7항 및 다음 각 호의 어느 하나에 해당하는 법률의 관련 규정에도 불구하고 개인신용정보의 전송 사실을 해당 신용정보주체 본인에게 통보하지 아니할 수 있다.
1. 「금융실명거래 및 비밀보장에 관한 법률」 제4조의2
2. 그 밖에 개인신용정보의 처리에 관한 규정으로서 대통령령으로 정하는 법률의 관련 규정
⑦ 개인인 신용정보주체는 제1항에 따른 전송요구를 철회할 수 있다.
⑧ 제1항에 따라 본인으로부터 개인신용정보의 전송요구를 받은 신용정보제공·이용자등은 신용정보주체의 본인 여부가 확인되지 아니하는 경우 등 대통령령으로 정하는 경우에는 전송요구를 거절하거나 전송을 정지·중단할 수 있다.
⑨ 제1항 및 제4항에 따른 전송요구의 방법, 제3항에 따른 전송의 기한 및 방법, 제7항에 따른 전송요구 철회의 방법, 제8항에 따른 거절이나 정지·중단의 방법에 대해서는 대통령령으로 정한다.
(2020.2.4 본조신설)

제34조【개인식별정보의 수집·이용 및 제공】 신용정보회사등이 개인을 식별하기 위하여 필요로 하는 정보로서 대통령령으로 정하는 정보를 수집·이용 및 제공하는 경우에는 제15조, 제32조 및 제33조를 준용한다.(2020.2.4 본조개정)

제34조의2【개인신용정보 등의 활용에 관한 동의의 원칙】
① 신용정보회사등은 제15조제2항, 제32조제1항·제2항, 제33조제1항제2호, 제34조에 따라 신용정보주체로부터 동의(이하 "정보활용 동의"라 한다. 이하 이 조 및 제34조의3에서 같다)를 받는 경우 「개인정보 보호법」 제15조제2항, 제17조제2항 및 제18조제3항에 따라 신용정보주체에게 해당 각 조항에서 규정한 사항(이하 이 조에서 "고지사항"이라 한다)을 알리고 정보활용 동의를 받아야 한다. 다만, 동의 방식이나 개인신용정보의 특성 등을 고려하여 대통령령으로 정하는 경우에 대해서는 그러하지 아니하다.
② 대통령령으로 정하는 신용정보제공·이용자는 다음 각 호의 사항을 고려하여 개인인 신용정보주체로부터 정보활용 동의를 받아야 한다.
1. 보다 쉬운 용어나 단순하고 시청각적인 전달 수단 등을 사용하여 신용정보주체가 정보활용 동의 사항을 이해할 수 있도록 할 것
2. 정보활용 동의 사항과 금융거래 등 상거래관계의 설정 및 유지 등에 관한 사항이 명확하게 구분되도록 할 것
3. 정보를 활용하는 신용정보회사등이나 정보활용의 목적별로 정보활용 동의 사항을 구분하여 신용정보주체가 개별적으로 해당 동의를 할 수 있도록 할 것(제32조제4항의 선택적 동의 사항으로 한정한다)
③ 대통령령으로 정하는 신용정보제공·이용자는 제1항에도 불구하고 고지사항 중 그 일부를 생략하거나 중요한 사항만을 발췌하여 그 신용정보주체에게 알리고 정보활용 동의를 받을 수 있다. 다만, 개인인 신용정보주체가 고지사항 전부를 알려줄 것을 요청한 경우에는 그러하지 아니하다.
④ 제3항 본문에 따라 고지사항 중 그 일부를 생략하거나 중요한 사항만을 발췌하여 정보활용 동의를 받는 경우에는 같은 항 단서에 따라 신용정보주체에게 고지사항 전부를 별도로 요청할 수 있음을 알려야 한다.
⑤ 제3항 본문에 따른 생략·발췌에 관한 사항, 같은 항 단서에 따른 요청의 방법, 제4항에 따라 알리는 방법에 대해서는 대통령령으로 정한다.
(2020.2.4 본조신설)

제34조의3【정보활용 동의등급】 ① 대통령령으로 정하는 신용정보제공·이용자는 정보활용 동의 사항에 대하여 금융위원회가 평가한 등급(이하 이 조에서 "정보활용 동의등급"이라 한다)을 신용정보주체에게 알리고 정보활용 동의를 받아야 한다. 정보활용 동의 사항 중 대통령령으로 정하는 중요사항을 변경한 경우에도 또한 같다.
② 금융위원회는 제1항에 따른 평가를 할 때 다음 각 호의 사항을 고려하여 정보활용 동의등급을 부여하여야 한다.
1. 정보활용에 따른 사생활의 비밀과 자유를 침해할 위험에 관한 사항(활용되는 개인신용정보가 「개인정보 보호법」 제23조에 따른 민감정보인지 여부를 포함한다)
2. 정보활용에 따라 신용정보주체가 받게 되는 이익이나 혜택
3. 제34조의2제2항제1호 및 제2호의 사항
4. 그 밖에 제1호부터 제3호까지의 규정에서 정한 사항과 유사한 사항으로서 대통령령으로 정하는 사항
③ 금융위원회는 제1항에 따른 신용정보제공·이용자가 거짓이나 그 밖의 부정한 방법으로 정보활용 동의등급을 부여받은 경우, 그 밖에 대통령령으로 정하는 경우에는 부여한 정보활용 동의등급을 취소하거나 변경할 수 있다.
④ 제1항 및 제2항에 따른 정보활용 동의등급의 부여, 제3항에 따른 취소·변경의 방법·절차 등에 대해서는 대통령령으로 정한다.
(2020.2.4 본조신설)

제35조【신용정보 이용 및 제공사실의 조회】 ① 신용정보회사등은 개인신용정보를 이용하거나 제공한 경우 대통령령으로 정하는 바에 따라 다음 각 호의 구분에 따른 사항을 신용정보주체가 조회할 수 있도록 하여야 한다. 다만, 내부 경영관리의 목적으로 이용하거나 반복적인 업무위탁을 위하여 제공하는 경우 등 대통령령으로 정하는 경우에는 그러하지 아니하다.
1. 개인신용정보를 이용한 경우 : 이용 주체, 이용 목적, 이용 날짜, 이용한 신용정보의 내용, 그 밖에 대통령령으로 정하는 사항
2. 개인신용정보를 제공한 경우 : 제공 주체, 제공받은 자, 제공 목적, 제공한 날짜, 제공한 신용정보의 내용, 그 밖에 대통령령으로 정하는 사항
② 신용정보회사등은 제1항에 따라 조회를 한 신용정보주체의 요청이 있는 경우 개인신용정보를 이용하거나 제공하는 때에 제1항 각 호의 구분에 따른 사항을 대통령령으로 정하는 바에 따라 신용정보주체에게 통지하여야 한다.
③ 신용정보회사등은 신용정보주체에게 제2항에 따른 통지를 요청할 수 있음을 알려주어야 한다.
(2015.3.11 본조개정)

제35조의2【개인신용평점 하락 가능성 등에 대한 설명의무】 대통령령으로 정하는 신용정보제공·이용자는 개인인 신용정보주체와 신용위험이 따르는 금융거래로서 대통령령으로 정하

는 금융거래를 하는 경우 다음 각 호의 사항을 해당 신용정보주체에게 설명하여야 한다.
1. 해당 금융거래로 인하여 개인신용평가회사가 개인신용평점을 만들어 낼 때 해당 신용정보주체에게 불이익이 발생할 수 있다는 사실
2. 그 밖에 해당 금융거래로 인하여 해당 신용정보주체에게 영향을 미칠 수 있는 사항으로서 대통령령으로 정하는 사항
(2020.2.4 본조신설)

제35조의3【신용정보제공·이용자의 사전통지】 ① 대통령령으로 정하는 신용정보제공·이용자가 제2조제1호다목의 정보 중 개인신용정보를 개인신용평가회사, 개인사업자신용평가회사, 기업신용조회회사 및 신용정보집중기관에 제공하여 그 업무에 이용하게 하는 경우에는 다음 각 호의 사항을 신용정보주체 본인에게 통지하여야 한다.
1. 채권자
2. 약정한 기일까지 채무를 이행하지 아니한 사실에 관한 정보로서 다음 각 목의 정보
가. 금액 및 기산일
나. 해당 정보 등록이 예상되는 날짜
3. 정보 등록시 개인신용평점 또는 기업신용등급이 하락하고 금리가 상승하는 등 불이익을 받을 수 있다는 사실(신용정보집중기관에 등록하는 경우에는 신용정보집중기관이 제3자에게 정보를 제공함으로써 신용정보주체가 불이익을 받을 수 있다는 사실)
4. 그 밖에 제1호부터 제3호까지의 규정에서 정한 사항과 유사한 사항으로서 대통령령으로 정하는 사항
② 제1항에 따른 통지의 시기와 방법 등에 대하여 필요한 사항은 대통령령으로 정한다.
(2020.2.4 본조신설)

제36조【상거래 거절 근거 신용정보의 고지 등】 ① 신용정보제공·이용자가 개인신용평가회사, 개인사업자신용평가회사, 기업신용조회회사(기업정보조회업무만 하는 기업신용조회회사는 제외한다) 및 신용정보집중기관으로부터 제공받은 개인신용정보로서 대통령령으로 정하는 정보에 근거하여 상대방과의 상거래관계 설정을 거절하거나 중지한 경우에는 해당 신용정보주체의 요구가 있으면 그 거절 또는 중지의 근거가 된 정보 등 대통령령으로 정하는 사항을 본인에게 고지하여야 한다.
(2020.2.4 본항개정)
② 신용정보주체는 제1항에 따라 고지받은 본인정보의 내용에 이의가 있으면 제1항에 따른 고지를 받은 날부터 60일 이내에 해당 신용정보를 수집·제공한 개인신용평가회사, 개인사업자신용평가회사, 기업신용조회회사(기업정보조회업무만 하는 기업신용조회회사는 제외한다) 및 신용정보집중기관에게 그 신용정보의 정확성을 확인하도록 요청할 수 있다.(2020.2.4 본항개정)
③ 제2항에 따른 확인절차 등에 관하여는 제38조를 준용한다.

제36조의2【자동화평가 결과에 대한 설명 및 이의제기 등】
① 개인인 신용정보주체는 개인신용평가회사 및 대통령령으로 정하는 신용정보제공·이용자(이하 이 조에서 "개인신용평가회사등"이라 한다)에 대하여 다음 각 호의 사항을 설명하여 줄 것을 요구할 수 있다.
1. 다음 각 목의 행위에 자동화평가를 하는지 여부
가. 개인신용평가
나. 대통령령으로 정하는 금융거래의 설정 및 유지 여부, 내용의 결정(대통령령으로 정하는 신용정보제공·이용자에 한정한다)
다. 그 밖에 컴퓨터 등 정보처리장치로만 처리하면 개인신용정보 보호를 저해할 우려가 있는 경우로서 대통령령으로 정하는 행위
2. 자동화평가를 하는 경우 다음 각 목의 사항
가. 자동화평가의 결과
나. 자동화평가의 주요 기준
다. 자동화평가에 이용된 기초정보(이하 이 조에서 "기초정보"라 한다)의 개요
라. 그 밖에 가목부터 다목까지의 규정에서 정한 사항과 유사한 사항으로서 대통령령으로 정하는 사항
② 개인인 신용정보주체는 개인신용평가회사등에 대하여 다음 각 호의 행위를 할 수 있다.
1. 해당 신용정보주체에게 자동화평가 결과의 산출에 유리하다고 판단되는 정보의 제출
2. 자동화평가에 이용된 기초정보의 내용이 정확하지 아니하거나 최신의 정보가 아니라고 판단되는 경우 다음 각 목의 어느 하나에 해당하는 행위
가. 기초정보를 정정하거나 삭제할 것을 요구하는 행위
나. 자동화평가 결과를 다시 산출할 것을 요구하는 행위
③ 개인신용평가회사등은 다음 각 호의 어느 하나에 해당하는 경우에는 제1항 및 제2항에 따른 개인인 신용정보주체의 요구를 거절할 수 있다.
1. 이 법 또는 다른 법률에 특별한 규정이 있거나 법령상 의무를 준수하기 위하여 불가피한 경우
2. 해당 신용정보주체의 요구에 따르게 되면 금융거래 등 상거래관계의 설정 및 유지 등이 곤란한 경우
3. 그 밖에 제1호 및 제2호에서 정한 경우와 유사한 경우로서 대통령령으로 정하는 경우
④ 제1항 및 제2항에 따른 요구의 절차 및 방법, 제3항의 거절의 통지 및 그 밖에 필요한 사항은 대통령령으로 정한다.
(2020.2.4 본조신설)

제37조【개인신용정보 제공 동의의 철회권 등】 ① 개인인 신용정보주체는 제32조제1항 각 호의 방식으로 동의를 받은 신용정보제공·이용자에게 개인신용평가회사, 개인사업자신용평가회사 또는 신용정보집중기관에 제공하여 개인의 신용도 등을 평가하기 위한 목적 외의 목적으로 행한 개인신용정보 제공 동의를 대통령령으로 정하는 바에 따라 철회할 수 있다. 다만, 동의를 받은 신용정보제공·이용자 외의 신용정보제공·이용자에게 해당 개인신용정보를 제공하지 아니하면 해당 신용정보주체와 약정한 용역의 제공을 하지 못하게 되는 등 계약 이행이 어려워지거나 제33조제1항제1호에 따른 목적을 달성할 수 없는 경우에는 고객이 동의를 철회하려면 그 용역의 제공을 받지 아니할 의사를 명확하게 밝혀야 한다.(2020.2.4 본항개정)
② 개인인 신용정보주체는 대통령령으로 정하는 바에 따라 신용정보제공·이용자에 대하여 상품이나 용역을 소개하거나 구매를 권유할 목적으로 본인에게 연락하는 것을 중지하도록 청구할 수 있다.
③ 신용정보제공·이용자는 서면, 전자문서 또는 구두에 의한 방법으로 제1항 및 제2항에 따른 권리의 내용, 행사방법 등을 거래 상대방인 개인에게 고지하고, 거래 상대방이 제1항 및 제2항의 요구를 하면 즉시 이에 따라야 한다. 이 때 구두에 의한 방법으로 이를 고지한 경우 대통령령으로 정하는 바에 따른 추가적인 사후 고지절차를 거쳐야 한다.
④ 신용정보제공·이용자는 대통령령으로 정하는 바에 따라 제3항에 따른 의무를 이행하기 위한 절차를 갖추어야 한다.
⑤ 신용정보제공·이용자는 제2항에 따른 청구에 따라 발생하는 전화요금 등 금전적 비용을 개인인 신용정보주체가 부담하지 아니하도록 대통령령으로 정하는 바에 따라 필요한 조치를 하여야 한다.
(2020.2.4 본조제목개정)

제38조【신용정보의 열람 및 정정청구 등】 ① 신용정보주체는 신용정보회사등에 본인의 신분을 나타내는 증표를 내보이거나 전화, 인터넷 홈페이지의 이용 등 대통령령으로 정하는 방법으로 본인임을 확인받아 신용정보회사등이 가지고 있는 신용정보주체 본인에 관한 신용정보로서 대통령령으로 정하는 신용정보의 교부 또는 열람을 청구할 수 있다.
② 제1항에 따라 자신의 신용정보를 열람한 신용정보주체는 본인 신용정보가 사실과 다른 경우에는 금융위원회가 정하여 고시하는 바에 따라 정정을 청구할 수 있다.(2020.2.4 본항신설)
③ 제2항에 따라 정정청구를 받은 신용정보회사등은 정정청구에 정당한 사유가 있다고 인정하면 지체 없이 해당 신용정보의 제공·이용을 중단한 후 사실인지를 조사하여 사실과 다르거나 확인할 수 없는 신용정보는 삭제하거나 정정하여야 한다.
④ 제3항에 따라 신용정보를 삭제하거나 정정한 신용정보회사등은 해당 신용정보를 최근 6개월 이내에 제공받은 자와 해당

신용정보주체가 요구하는 자에게 해당 신용정보에서 삭제하거나 정정한 내용을 알려야 한다.
⑤ 신용정보회사등은 제3항 및 제4항에 따른 처리결과를 7일 이내에 해당 신용정보주체에게 알려야 하며, 해당 신용정보주체는 처리결과에 이의가 있으면 대통령령으로 정하는 바에 따라 금융위원회에 그 시정을 요청할 수 있다. 다만, 개인신용정보에 대한 제45조의3제1항에 따른 상거래기업 및 법인의 처리에 대하여 이의가 있으면 대통령령으로 정하는 바에 따라 「개인정보 보호법」에 따른 개인정보 보호위원회(이하 "보호위원회"라 한다)에 그 시정을 요청할 수 있다.
⑥ 금융위원회 또는 보호위원회는 제5항에 따른 시정을 요청받으면 「금융위원회의 설치 등에 관한 법률」 제24조에 따라 설립된 금융감독원의 원장(이하 "금융감독원장"이라 한다) 또는 보호위원회가 지정한 자로 하여금 그 사실 여부를 조사하게 하고, 조사결과에 따라 신용정보회사등에 대하여 시정을 명하거나 그 밖에 필요한 조치를 할 수 있다. 다만, 필요한 경우 보호위원회는 해당 업무를 직접 수행할 수 있다.
⑦ 제6항에 따라 조사를 하는 자는 그 권한을 표시하는 증표를 지니고 이를 관계인에게 내보여야 한다.
⑧ 신용정보회사등이 제6항에 따른 금융위원회 또는 보호위원회의 시정명령에 따라 시정조치를 한 경우에는 그 결과를 금융위원회 또는 보호위원회에 보고하여야 한다.
(2020.2.4 본조개정)

제38조의2【신용조회사실의 통지 요청】 ① 신용정보주체는 개인신용평가회사, 개인사업자신용평가회사에 대하여 본인의 개인신용정보가 조회되는 사실을 통지하여 줄 것을 요청할 수 있다. 이 경우 신용정보주체는 금융위원회가 정하는 방식에 따라 본인임을 확인받아야 한다.(2020.2.4 전단개정)
② 제1항의 요청을 받은 개인신용평가회사 또는 개인사업자신용평가회사는 명의도용 가능성 등 대통령령으로 정하는 사유에 해당하는 개인신용정보 조회가 발생한 때에는 해당 조회에 따른 개인신용정보의 제공을 중지하고 그 사실을 지체 없이 해당 신용정보주체에게 통지하여야 한다.(2020.2.4 본항개정)
③ 제2항의 정보제공 중지 및 통지 방법, 통지에 따른 비용 부담 등에 필요한 사항은 대통령령으로 정한다.
(2015.3.11 본조신설)

제38조의3【개인신용정보의 삭제 요구】 ① 신용정보주체는 금융거래 등 상거래관계가 종료되고 대통령령으로 정하는 기간이 경과한 경우 신용정보제공·이용자에게 본인의 개인신용정보의 삭제를 요구할 수 있다. 다만, 제20조의2제2항 각 호의 어느 하나에 해당하는 경우에는 그러하지 아니하다.
② 신용정보제공·이용자가 제1항의 요구를 받았을 때에는 지체 없이 해당 개인신용정보를 삭제하고 그 결과를 신용정보주체에게 통지하여야 한다.
③ 신용정보제공·이용자는 신용정보주체의 요구가 제1항 단서에 해당될 때에는 다른 개인신용정보와 분리하는 등 대통령령으로 정하는 바에 따라 관리하여야 하며, 그 결과를 신용정보주체에게 통지하여야 한다.
④ 제2항 및 제3항에 따른 통지의 방법은 금융위원회가 정하여 고시한다.
(2015.3.11 본조신설)

제39조【무료 열람권】 개인인 신용정보주체는 1년 이내로서 대통령령으로 정하는 일정한 기간마다 개인신용평가회사(대통령령으로 정하는 개인신용평가회사는 제외한다)에 대하여 다음 각 호의 신용정보를 1회 이상 무료로 교부받거나 열람할 수 있다.(2020.2.4 본문개정)
1. 개인신용평점
2. 개인신용평점의 산출에 이용된 개인신용정보
3. 그 밖에 제1호 및 제2호에서 정한 정보와 유사한 정보로서 대통령령으로 정하는 신용정보
(2020.2.4 1호~3호신설)

제39조의2【채권자변동정보의 열람 등】 ① 대통령령으로 정하는 신용정보제공·이용자는 개인인 신용정보주체와의 금융거래로서 대통령령으로 정하는 금융거래로 인하여 발생한 채권을 취득하거나 제3자에게 양도하는 경우 해당 채권의 취득·양도·양수 사실에 관한 정보, 그 밖에 신용정보주체의 보호를 위하여 필요한 정보로서 대통령령으로 정하는 정보(이하 이 조에서 "채권자변동정보"라 한다)를 종합신용정보집중기관에 제공하여야 한다.
② 개인인 신용정보주체는 제1항에 따라 종합신용정보집중기관이 제공받아 보유하고 있는 신용정보주체 본인에 대한 채권자변동정보를 교부받거나 열람할 수 있다.
③ 종합신용정보집중기관은 제1항에 따라 제공받은 채권자변동정보를 제25조제1항에 따라 집중관리·활용하는 정보, 그 밖에 대통령령으로 정하는 정보와 대통령령으로 정하는 바에 따라 분리하여 보관하여야 한다.
④ 제1항 및 제2항에 따른 채권자변동정보의 제공 및 열람권 행사의 비용 등에 대해서는 대통령령으로 정한다.
(2020.2.4 본조신설)

제39조의3【신용정보주체의 권리행사 방법 및 절차】 ① 신용정보주체는 다음 각 호의 권리행사(이하 "열람등요구"라 한다)를 서면 등 대통령령으로 정하는 방법·절차에 따라 대리인에게 하게 할 수 있다.
1. 제33조의2제1항에 따른 전송요구
2. 제36조제1항에 따른 고지요구
3. 제36조의2제1항에 따른 설명 요구 및 제2항 각 호의 어느 하나에 해당하는 행위
4. 제37조제1항에 따른 동의 철회 및 제2항에 따른 연락중지 청구
5. 제38조제1항 및 제2항에 따른 열람 및 정정청구
6. 제38조의2제1항에 따른 통지 요청
7. 제39조에 따른 무료열람
8. 제39조의2제2항에 따른 교부 또는 열람
② 만 14세 미만 아동의 법정대리인은 신용정보회사등에 그 아동의 개인신용정보에 대하여 열람등요구를 할 수 있다.
(2020.2.4 본조신설)

제39조의4【개인신용정보 누설통지 등】 ① 신용정보회사등은 개인신용정보가 업무 목적 외로 누설되었음을 알게 된 때에는 지체 없이 해당 신용정보주체에게 통지하여야 한다. 이 경우 통지하여야 할 사항은 「개인정보 보호법」 제34조제1항 각 호의 사항을 준용한다.(2020.2.4 본문개정)
1.~5. (2020.2.4 삭제)
② 신용정보회사등은 개인신용정보가 누설된 경우 그 피해를 최소화하기 위한 대책을 마련하고 필요한 조치를 하여야 한다.
(2020.2.4 본항개정)
③ 신용정보회사등은 대통령령으로 정하는 규모 이상의 개인신용정보가 누설된 경우 제1항에 따른 통지 및 제2항에 따른 조치결과를 지체 없이 금융위원회 또는 대통령령으로 정하는 기관(이하 이 조에서 "금융위원회등"이라 한다)에 신고하여야 한다. 이 경우 금융위원회등은 피해 확산 방지, 피해 복구 등을 위한 기술을 지원할 수 있다.(2020.2.4 전단개정)
④ 제3항에도 불구하고 제45조의3제1항에 따른 상거래기업 및 법인은 보호위원회 또는 대통령령으로 정하는 기관(이하 이 조에서 "보호위원회등"이라 한다)에 신고하여야 한다.(2020.2.4 본항신설)
⑤ 금융위원회등은 제3항에 따른 신고를 받은 때에는 이를 개인정보 보호위원회에 알려야 한다.(2020.2.4 본항개정)
⑥ 금융위원회등 또는 보호위원회등은 제2항에 따라 신용정보회사등이 행한 조치에 대하여 조사할 수 있으며, 그 조치가 미흡하다고 판단되는 경우 금융위원회 또는 보호위원회는 시정을 요구할 수 있다.(2020.2.4 본항개정)
⑦ 제1항에 따른 통지의 시기, 방법 및 절차 등에 필요한 사항은 대통령령으로 정한다.
(2020.2.4 본조제목개정)
(2015.3.11 본조신설)

제40조【신용정보회사등의 금지사항】 ① 신용정보회사등은 다음 각 호의 행위를 하여서는 아니 된다.(2020.2.4 본문개정)
1.~3. (2020.2.4 삭제)
4. 특정인의 소재 및 연락처(이하 "소재등"이라 한다)를 알아내는 행위. 다만, 채권추심회사가 그 업무를 하기 위하여 특

정인의 소재등을 알아내는 경우 또는 다른 법령에 따라 특정 인의 소재등을 알아내는 것이 허용되는 경우에는 그러하지 아니하다.(2020.2.4 본호개정)
5. 정보원, 탐정, 그 밖에 이와 비슷한 명칭을 사용하는 일
6. (2013.5.28 삭제)
7. (2020.2.4 삭제)
② 신용정보회사등이 개인신용정보 또는 개인을 식별하기 위하여 필요한 정보를 이용하여 영리목적의 광고성 정보를 전송하는 경우에 대하여는 「정보통신망 이용촉진 및 정보보호 등에 관한 법률」 제50조를 준용한다.(2020.2.4 본항신설)

제40조의2 【가명처리·익명처리에 관한 행위규칙】 ① 신용정보회사등은 가명처리에 사용한 추가정보를 대통령령으로 정하는 방법으로 분리하여 보관하거나 삭제하여야 한다.
② 신용정보회사등은 가명처리한 개인신용정보에 대하여 제3자의 불법적인 접근, 입력된 정보의 변경·훼손 및 파괴, 그 밖의 위험으로부터 가명정보를 보호하기 위하여 내부관리계획을 수립하고 접속기록을 보관하는 등 대통령령으로 정하는 바에 따라 기술적·물리적·관리적 보안대책을 수립·시행하여야 한다.
③ 신용정보회사등은 개인신용정보에 대한 익명처리가 적정하게 이루어졌는지 여부에 대하여 금융위원회에 그 심사를 요청할 수 있다.
④ 금융위원회가 제3항의 요청에 따라 심사하여 적정하게 익명처리가 이루어졌다고 인정한 경우 더 이상 해당 개인인 신용정보주체를 알아볼 수 없는 정보로 추정한다.
⑤ 금융위원회는 제3항의 심사 및 제4항의 인정 업무에 대해서는 대통령령으로 정하는 바에 따라 제26조의4에 따른 데이터전문기관에 위탁할 수 있다.
⑥ 신용정보회사등은 영리 또는 부정한 목적으로 특정 개인을 알아볼 수 있게 가명정보를 처리하여서는 아니 된다.
⑦ 신용정보회사등은 가명정보를 이용하는 과정에서 특정 개인을 알아볼 수 있게 된 경우 즉시 그 가명정보를 회수하여 처리를 중지하고, 특정 개인을 알아볼 수 있게 된 정보는 즉시 삭제하여야 한다.
⑧ 신용정보회사등은 개인신용정보를 가명처리나 익명처리를 한 경우 다음 각 호의 구분에 따라 조치 기록을 3년간 보존하여야 한다.
1. 개인신용정보를 가명처리한 경우
 가. 가명처리한 날짜
 나. 가명처리한 정보의 항목
 다. 가명처리한 사유와 근거
2. 개인신용정보를 익명처리한 경우
 가. 익명처리한 날짜
 나. 익명처리한 정보의 항목
 다. 익명처리한 사유와 근거
(2020.2.4 본조신설)

제40조의3 【가명정보에 대한 적용 제외】 가명정보에 관하여는 제32조제7항, 제33조의2, 제35조, 제35조의2, 제35조의3, 제36조, 제36조의2, 제37조, 제38조, 제38조의2, 제38조의3, 제39조 및 제39조의2부터 제39조의4까지의 규정을 적용하지 아니한다.(2020.2.4 본조신설)

제41조 【채권추심회사의 금지 사항】 ① 채권추심회사는 자기의 명의를 빌려주어 타인으로 하여금 채권추심업을 하게 하여서는 아니 된다.
② 채권추심회사는 다른 법령에서 허용된 경우 외에는 상호 중에 "신용정보"라는 표현이 포함된 명칭 이외의 명칭을 사용하여서는 아니 된다. 다만, 채권추심회사가 신용조회업 또는 「자본시장과 금융투자업에 관한 법률」 제335조의3제1항에 따라 신용평가업인가를 받아 신용평가업을 함께하는 경우에는 그러하지 아니하다.(2013.5.28 단서개정)

제41조의2 【모집업무수탁자의 모집경로 확인 등】 ① 신용정보제공·이용자는 본인의 영업을 영위할 목적으로 모집업무(그 명칭과 상관없이 본인의 영업과 관련한 계약체결을 대리하거나 중개하는 업무를 말한다. 이하 같다)를 제3자에게 위탁하는 경우 그 모집업무를 위탁받은 자로서 대통령령으로 정하는 자(이하 "모집업무수탁자"라 한다)에 대하여 다음 각 호의 사항을 확인하여야 한다.
1. 거짓이나 그 밖의 부정한 수단이나 방법으로 취득하거나 제공받은 신용정보(이하 "불법취득신용정보"라 한다)를 모집업무에 이용하였는지 여부
2. 모집업무에 이용한 개인신용정보 등을 취득한 경로
3. 그 밖에 대통령령으로 정하는 사항
② 신용정보제공·이용자는 모집업무수탁자가 불법취득신용정보를 모집업무에 이용한 사실을 확인한 경우 해당 모집업무수탁자와의 위탁계약을 해지하여야 한다.
③ 신용정보제공·이용자는 제2항에 따라 모집업무수탁자와의 위탁계약을 해지한 경우 이를 금융위원회 또는 대통령령으로 정하는 등록기관에 알려야 한다.
④ 제1항에 따른 확인, 제3항에 따른 보고의 시기·방법 등에 필요한 사항은 대통령령으로 정한다.
(2015.3.11 본조신설)

제42조 【업무 목적 외 누설금지 등】 ① 신용정보회사등과 제17조제2항에 따라 신용정보의 처리를 위탁받은 자의 임직원이거나 임직원이었던 자(이하 "신용정보업관련자"라 한다)는 업무상 알게 된 타인의 신용정보 및 사생활 등 개인적 비밀(이하 "개인비밀"이라 한다)을 업무 목적 외에 누설하거나 이용하여서는 아니 된다.
② 신용정보회사등과 신용정보업관련자가 이 법에 따라 신용정보회사등에 신용정보를 제공하는 행위는 제1항에 따른 업무 목적 외의 누설이나 이용으로 보지 아니한다.
③ 제1항을 위반하여 누설된 개인비밀을 취득한 자(그로부터 누설된 개인비밀을 다시 취득한 자를 포함한다)는 그 개인비밀이 제1항을 위반하여 누설된 것임을 알게 된 경우 그 개인비밀을 타인에게 제공하거나 이용하여서는 아니 된다.
④ 신용정보회사등과 신용정보업관련자로부터 개인신용정보를 제공받은 자는 그 개인신용정보를 타인에게 제공하여서는 아니 된다. 다만, 이 법 또는 다른 법률에 따라 제공이 허용되는 경우에는 그러하지 아니하다.

제42조의2 【과징금의 부과 등】 ① 금융위원회(제45조의3제1항에 따른 상거래기업 및 법인이 다음 각 호의 어느 하나에 해당하는 행위를 한 경우에는 보호위원회를 말한다)는 다음 각 호의 어느 하나에 해당하는 행위가 있는 경우에는 전체 매출액의 100분의 3 이하에 해당하는 금액을 과징금으로 부과할 수 있다. 다만, 제1호에 해당하는 행위가 있는 경우에는 50억원 이하의 과징금을 부과할 수 있다.(2020.2.4 본문개정)
1. 제19조제1항을 위반하여 개인신용정보를 분실·도난·누출·변조 또는 훼손당한 경우(2020.2.4 본호개정)
1의2. 제32조제6항제9호의2에 해당하지 아니함에도 제32조제1항 또는 제2항을 위반하여 신용정보주체의 동의를 받지 아니하고 개인신용정보를 제3자에게 제공한 경우 및 그 사정을 알면서도 영리 또는 부정한 목적으로 개인신용정보를 제공받은 경우(2020.2.4 본호신설)
1의3. 제32조제6항제9호의2 및 제33조제1항제4호에 해당하지 아니함에도 제33조제1항을 위반하여 개인신용정보를 이용한 경우(2020.2.4 본호신설)
1의4. 제40조의2제6항을 위반하여 영리 또는 부정한 목적으로 특정 개인을 알아볼 수 있게 가명정보를 처리한 경우 (2020.2.4 본호신설)
2. 제42조제1항을 위반하여 개인비밀을 업무 목적 외에 누설하거나 이용한 경우
3. 제42조제3항을 위반하여 불법 누설된 개인비밀임을 알고 있음에도 그 개인비밀을 타인에게 제공하거나 이용한 경우
② 제1항에 따른 과징금을 부과하는 경우 신용정보회사등이 매출액 산정자료의 제출을 거부하거나 거짓의 자료를 제출한 때에는 해당 신용정보회사등과 비슷한 규모의 신용정보회사등의 재무제표나 그 밖의 회계자료 등의 자료에 근거하여 매출액을 추정할 수 있다. 다만, 매출액이 없거나 매출액의 산정이 곤란한 경우로서 대통령령으로 정하는 경우에는 200억원 이하의 과징금을 부과할 수 있다.

③ 금융위원회 또는 보호위원회는 제1항에 따른 과징금을 부과하려면 다음 각 호의 사항을 고려하여야 한다.(2020.2.4 본문개정)
1. 위반행위의 내용 및 정도
2. 위반행위의 기간 및 횟수
3. 위반행위로 인하여 취득한 이익의 규모
④ 제1항에 따른 과징금은 제3항을 고려하여 산정하되, 구체적인 산정기준과 산정절차는 대통령령으로 정한다.
⑤ 금융위원회 또는 보호위원회는 제1항에 따른 과징금을 내야 할 자가 납부기한까지 이를 내지 아니하면 납부기한의 다음 날부터 내지 아니한 과징금의 연 100분의 6에 해당하는 가산금을 징수한다. 이 경우 가산금을 징수하는 기간은 60개월을 초과하지 못한다.(2020.2.4 전단개정)
⑥ 금융위원회 또는 보호위원회는 제1항에 따른 과징금을 내야 할 자가 납부기한까지 이를 내지 아니한 경우에는 기간을 정하여 독촉을 하고, 그 지정된 기간에 과징금과 제5항에 따른 가산금을 내지 아니하면 국세 체납처분의 예에 따라 징수한다.
(2020.2.4 본항개정)
⑦ 법원의 판결 등의 사유로 제1항에 따라 부과된 과징금을 환급하는 경우에는 과징금을 낸 날부터 환급하는 날까지 연 100분의 6에 해당하는 환급가산금을 지급하여야 한다.
⑧ 신용정보제공·이용자가 위탁계약을 맺고 거래하는 모집인(「여신전문금융업법」 제14조의2제2호에 따른 모집인을 말한다) 등 대통령령으로 정하는 자가 제1항 각 호에 해당하는 경우에는 그 위반행위의 범위에서 해당 신용정보제공·이용자의 직원으로 본다. 다만, 그 신용정보제공·이용자가 그 모집인 등의 위반행위를 방지하기 위하여 상당한 주의와 감독을 다한 경우에는 그러하지 아니하다.
⑨ 그 밖에 과징금의 부과·징수에 관하여 필요한 사항은 대통령령으로 정한다.
(2015.3.11 본조신설)

제43조【손해배상의 책임】 ① 신용정보회사등과 그로부터 신용정보를 제공받은 자가 이 법을 위반하여 신용정보주체에게 손해를 가한 경우에는 해당 신용정보주체에 대하여 그 손해를 배상할 책임이 있다. 다만, 신용정보회사등과 그로부터 신용정보를 제공받은 자가 고의 또는 과실이 없음을 증명한 경우에는 그러하지 아니하다.(2020.2.4 본항개정)
② 신용정보회사등이나 그 밖의 신용정보 이용자(수탁자를 포함한다. 이하 이 조에서 같다)가 고의 또는 중대한 과실로 이 법을 위반하여 개인신용정보가 누설되거나 분실·도난·누출·변조 또는 훼손되어 신용정보주체에게 피해를 입힌 경우에는 해당 신용정보주체에 대하여 그 손해의 5배를 넘지 아니하는 범위에서 배상할 책임이 있다. 다만, 신용정보회사등이나 그 밖의 신용정보 이용자가 고의 또는 중대한 과실이 없음을 증명한 경우에는 그러하지 아니하다.(2020.2.4 본문개정)
③ 법원은 제2항의 배상액을 정할 때에는 다음 각 호의 사항을 고려하여야 한다.
1. 고의 또는 손해 발생의 우려를 인식한 정도
2. 위반행위로 인하여 입은 피해 규모
3. 위반행위로 인하여 신용정보회사등이나 그 밖의 신용정보 이용자가 취득한 경제적 이익
4. 위반행위에 따른 벌금 및 과징금
5. 위반행위의 기간·횟수 등
6. 신용정보회사등이나 그 밖의 신용정보 이용자의 재산상태
7. 신용정보회사등이나 그 밖의 신용정보 이용자의 개인신용정보 분실·도난·누출 후 해당 개인신용정보 회수 노력의 정도
8. 신용정보회사등이나 그 밖의 신용정보 이용자의 피해구제 노력의 정도
(2015.3.11 본항신설)
④ 채권추심회사 또는 위임직채권추심인이 이 법을 위반하여 「채권의 공정한 추심에 관한 법률」에 따른 채무자 또는 관계인에게 손해를 가한 경우에는 그 손해를 배상할 책임이 있다. 다만, 채권추심회사 또는 위임직채권추심인이 자신에게 고의 또는 과실이 없음을 증명한 경우에는 그러하지 아니하다.
(2020.2.4 본문개정)
⑤ 신용정보회사가 자신에게 책임 있는 사유로 의뢰인에게 손해를 가한 경우에는 그 손해를 배상할 책임이 있다.
(2020.2.4 본항개정)
⑥ 제17조제1항에 따라 신용정보의 처리를 위탁받은 자가 이 법을 위반하여 신용정보주체에게 손해를 가한 경우에는 위탁자는 수탁자와 연대하여 그 손해를 배상할 책임이 있다.
(2020.2.4 본항개정)
⑦ 위임직채권추심인이 이 법 또는 「채권의 공정한 추심에 관한 법률」을 위반하여 「채권의 공정한 추심에 관한 법률」에 따른 채무자 또는 관계인에게 손해를 가한 경우 채권추심회사는 위임직채권추심인과 연대하여 그 손해를 배상할 책임이 있다. 다만, 채권추심회사가 위임직채권추심인 선임 및 관리에 있어서 자신에게 고의 또는 과실이 없음을 증명한 경우에는 그러하지 아니하다.(2020.2.4 본항개정)

제43조의2【법정손해배상의 청구】 ① 신용정보주체는 신용정보회사등이나 그로부터 신용정보를 제공받은 자가 이 법의 규정을 위반한 경우에는 신용정보회사등이나 그로부터 신용정보를 제공받은 자에게 제43조에 따른 손해배상을 청구하는 대신 300만원 이하의 범위에서 상당한 금액을 손해액으로 하여 배상을 청구할 수 있다. 이 경우 해당 신용정보회사등이나 그로부터 신용정보를 제공받은 자는 고의 또는 과실이 없음을 입증하지 아니하면 책임을 면할 수 없다.
1.~2. (2020.2.4 삭제)
② 제1항에 따른 손해배상 청구의 변경 및 법원의 손해액 인정에 관하여는 「개인정보 보호법」 제39조의2제2항 및 제3항을 준용한다.
③ (2020.2.4 삭제)
(2020.2.4 본조개정)

제43조의3【손해배상의 보장】 대통령령으로 정하는 신용정보회사등은 제43조에 따른 손해배상책임의 이행을 위하여 금융위원회가 정하는 기준에 따라 보험 또는 공제에 가입하거나 준비금을 적립하는 등 필요한 조치를 하여야 한다.(2015.3.11 본조신설)

제44조【신용정보협회】 ① 신용정보회사, 본인신용정보관리회사 및 채권추심회사는 신용정보 관련 산업의 건전한 발전을 도모하고 신용정보회사, 본인신용정보관리회사 및 채권추심회사 사이의 업무질서를 유지하기 위하여 신용정보협회를 설립할 수 있다.(2020.2.4 본항개정)
② 신용정보협회는 법인으로 한다.
③ 신용정보협회는 정관으로 정하는 바에 따라 다음 각 호의 업무를 한다.
1. 신용정보회사, 본인신용정보관리회사 및 채권추심회사 간의 건전한 업무질서를 유지하기 위한 업무
2. 신용정보 관련 산업의 발전을 위한 조사·연구 업무
3. 신용정보 관련 민원의 상담·처리
(2020.2.4 1호~3호개정)
3의2. 이 법 및 다른 법령에서 신용정보협회가 할 수 있도록 허용한 업무(2020.2.4 본호신설)
4. 그 밖에 대통령령으로 정하는 업무
④ 신용정보협회에 대하여 이 법에서 정한 것을 제외하고는 「민법」 중 사단법인에 관한 규정을 준용한다.

제7장 보 칙

제45조【감독·검사 등】 ① 금융위원회는 신용정보회사등(데이터전문기관을 포함하며, 다음 각 호에 해당하는 자 외의 자로서 대통령령으로 정하는 자는 제외한다. 이하 이 조 및 제45조의2에서 같다)에 대하여 이 법 또는 이 법에 따른 명령의 준수 여부를 감독한다.
1. 신용정보회사 및 채권추심회사
2. 본인신용정보관리회사
3. 신용정보집중기관
4. 신용정보제공·이용자로서 「금융위원회의 설치 등에 관한 법률」 제38조 각 호의 어느 하나에 해당하는 자

5. 제4호 외의 자로서 대통령령으로 정하는 금융업 또는 보험업을 하는 자
(2020.2.4 본항개정)
② 금융위원회는 제1항에 따른 감독에 필요하면 신용정보회사등에 대하여 그 업무 및 재산상황에 관한 보고 등 필요한 명령을 할 수 있다.
③ 금융감독원장은 그 소속 직원으로 하여금 이 법에 따른 신용정보회사등의 업무와 재산상황을 검사하도록 할 수 있다.
④ 금융감독원장은 제3항에 따른 검사에 필요하다고 인정하면 자료의 제출, 관계자의 출석 및 의견의 진술을 신용정보회사등에 요구할 수 있다.
⑤ 제3항에 따라 검사를 하는 자는 그 권한을 표시하는 증표를 지니고 이를 관계인에게 내보여야 한다.
⑥ 금융감독원장은 제3항에 따른 검사를 마치면 그 결과를 금융위원회가 정하는 바에 따라 금융위원회에 보고하여야 한다.
⑦ 금융위원회는 신용정보회사등이 이 법(채권추심회사의 경우에는 「채권의 공정한 추심에 관한 법률」을 포함한다. 이하 이 항에서 같다) 또는 이 법에 따른 명령을 위반하여 신용정보 관련 산업의 건전한 경영과 신용정보주체의 권익을 해칠 우려가 있다고 인정하면 다음 각 호의 어느 하나에 해당하는 조치를 하거나, 금융감독원장으로 하여금 제1호부터 제3호까지의 규정에 해당하는 조치를 하게 할 수 있다.(2020.2.4 본문개정)
1. 신용정보회사등에 대한 주의 또는 경고
2. 임원에 대한 주의 또는 경고
3. 직원에 대한 주의 및 정직, 감봉, 견책 등의 문책 요구
4. 임원에 대한 해임권고, 직무정지 또는 직원에 대한 면직 요구
(2017.4.18 본호개정)
5. 위반행위에 대한 시정명령
6. 신용정보제공의 중지
⑧ 금융위원회는 개인신용정보가 유출되는 등 신용질서의 중대한 침해가 발생하지 않도록 관리할 책임을 진다.(2020.2.4 본항신설)

제45조의2【금융위원회의 조치명령권】 금융위원회는 신용정보주체를 보호하고 건전한 신용질서를 확립하기 위하여 신용정보회사등에 다음 각 호의 사항에 관하여 자료제출, 처리중단, 시정조치, 공시 등 필요한 조치를 명할 수 있다.
1. 신용정보회사등이 보유하는 신용정보에 관한 사항
2. 신용정보의 처리에 관한 사항
3. 신용정보회사등의 업무 개선에 관한 사항
4. 신용정보활용체제의 공시에 관한 사항
5. 그 밖에 신용정보주체 보호 또는 건전한 신용질서 확립을 위하여 필요한 사항으로서 대통령령으로 정하는 사항
(2020.2.4 본조신설)

제45조의3【보호위원회의 자료제출 요구·조사 등】 ① 보호위원회는 다음 각 호의 어느 하나에 해당하는 경우에는 제45조에 따라 금융위원회의 감독을 받지 아니하는 신용정보제공·이용자(이하 "상거래기업 및 법인"이라 한다)에게 관계 물품·서류 등 자료를 제출하게 할 수 있다.
1. 상거래기업 및 법인이 다음 각 목의 규정(이하 "상거래정보보호규정"이라 한다)을 위반하는 사항을 발견하거나 혐의가 있음을 알게 된 경우
가. 제15조 및 제17조
나. 제19조 및 제20조의2
다. 제32조·제33조·제34조·제36조·제37조·제38조·제38조의3·제39조의4·제40조의2 및 제42조
2. 상거래기업 및 법인의 상거래정보보호규정 위반에 대한 신고를 받거나 민원이 접수된 경우
3. 그 밖에 개인신용정보 보호를 위하여 필요한 경우로서 대통령령으로 정하는 경우
② 보호위원회는 상거래기업 및 법인이 제1항에 따른 자료를 제출하지 아니하거나 상거래정보보호규정을 위반한 사실이 있다고 인정되면 소속 공무원으로 하여금 상거래기업 및 법인 및 상거래정보보호규정 위반사실과 관련한 관계인의 사무소나 사업장에 출입하여 업무 상황, 장부 또는 서류 등을 조사하게 할 수 있다. 이 경우 검사를 하는 공무원은 그 권한을 나타내는 증표를 지니고 이를 관계인에게 내보여야 한다.
③ 보호위원회는 제1항에 따라 제출받거나 수집한 서류·자료 등을 이 법에 따른 경우를 제외하고는 제3자에게 제공하거나 일반에게 공개하여서는 아니 된다.
④ 보호위원회는 정보통신망을 통하여 자료의 제출 등을 받은 경우나 수집한 자료 등을 전자화한 경우에는 개인신용정보·영업비밀 등이 유출되지 아니하도록 제도적·기술적 보안조치를 하여야 한다.
(2020.2.4 본조신설)

제45조의4【보호위원회의 시정조치】 보호위원회는 상거래정보보호규정과 관련하여 개인신용정보가 침해되었다고 판단할 상당한 근거가 있고 이를 방치할 경우 회복하기 어려운 피해가 발생할 우려가 있다고 인정되면 상거래기업 및 법인에 대하여 다음 각 호에 해당하는 조치를 명할 수 있다.
1. 개인신용정보 침해행위의 중지
2. 개인신용정보 처리의 일시적인 정지
3. 그 밖에 개인정보의 보호 및 침해 방지를 위하여 필요한 조치
(2020.2.4 본조신설)

제45조의5【개인신용정보 활용·관리 실태에 대한 상시평가】 ① 금융위원회는 대통령령으로 정하는 신용정보회사등이 제20조제6항에 따라 신용정보관리·보호인을 통하여 점검한 결과를 제출받아 확인하고, 그 결과를 점수 또는 등급으로 표시할 수 있다.
② 금융위원회는 제1항에 따라 표시한 점수 또는 등급, 그 밖에 대통령령으로 정하는 사항을 금융감독원장에게 송부하여 제45조제3항에 따른 검사에 활용하도록 할 수 있다.
③ 제1항에 따른 점검결과의 확인 및 점수·등급의 표시, 제2항에 따른 송부의 방법 및 절차 등에 대해서는 금융위원회가 정하여 고시한다.
(2020.2.4 본조신설)

제46조【퇴임한 임원 등에 대한 조치 내용의 통보】 ① 금융위원회(제45조제7항에 따라 조치를 할 수 있는 금융감독원장을 포함한다)는 신용정보회사등에서 퇴임한 임원 또는 퇴직한 직원이 재임 또는 재직 중이었더라면 제45조제7항제2호부터 제4호까지의 규정에 따른 조치 중 어느 하나에 해당하는 조치를 받았을 것으로 인정되는 경우에는 그 조치의 내용을 해당 신용정보회사등의 장에게 통보할 수 있다.
② 제1항에 따른 통보를 받은 신용정보회사등의 장은 이를 퇴임·퇴직한 해당 임직원에게 통보하고, 그 내용을 기록·유지하여야 한다.
(2017.4.18 본조신설)

제47조【업무보고서의 제출】 ① 신용정보회사, 본인신용정보관리회사, 채권추심회사, 신용정보집중기관 및 데이터전문기관은 매 분기의 업무보고서를 매 분기 마지막 달의 다음 달 말일까지 금융감독원장이 정하는 서식에 따라 작성하여 금융감독원장에게 제출하여야 한다.(2020.2.4 본항개정)
② 제1항에 따른 보고서에는 대표자, 담당 책임자 또는 그 대리인이 서명 또는 기명·날인하여야 한다.(2020.2.4 본항개정)
③ 제1항에 따른 업무보고서를 작성하기 위한 세부 사항과 그 밖에 필요한 사항은 금융감독원장이 정한다.

제48조【청문】 금융위원회는 다음 각 호의 어느 하나에 해당하는 처분을 하려면 청문을 하여야 한다.
1. 제14조제1항에 따른 신용정보업, 본인신용정보관리업 및 채권추심업의 허가 또는 인가의 취소
2. 제27조제6항에 따른 위임직채권추심인의 등록 취소
(2020.2.4 본조개정)

제49조【권한의 위임·위탁】 이 법에 따른 금융위원회의 권한 중 대통령령으로 정하는 권한은 대통령령으로 정하는 바에 따라 특별시장·광역시장·특별자치시장·도지사·특별자치도지사, 금융감독원장, 종합신용정보집중기관, 데이터전문기관, 신용정보협회, 그 밖에 대통령령으로 정하는 자에게 위임하거나 위탁할 수 있다.(2020.2.4 본조개정)

제50조【벌칙】 ① 제42조제1항 또는 제3항을 위반한 자는 10년 이하의 징역 또는 1억원 이하의 벌금에 처한다.
② 다음 각 호의 어느 하나에 해당하는 자는 5년 이하의 징역 또는 5천만원 이하의 벌금에 처한다.
1. 제4조제1항을 위반하여 신용정보업, 본인신용정보관리업 또는 채권추심업 허가를 받지 아니하고 신용정보업, 본인신용정보관리업 또는 채권추심업을 한 자(2020.2.4 본호개정)
2. 거짓이나 그 밖의 부정한 방법으로 제4조제2항 또는 제10조제1항에 따른 허가 또는 인가를 받은 자
3. (2020.2.4 삭제)
4. 제17조제6항을 위반한 자
4의2. 제17조의2제1항을 위반하여 정보집합물을 결합한 자(2020.2.4 본호신설)
5. 권한 없이 제19조제1항에 따른 신용정보전산시스템의 정보를 변경·삭제하거나 그 밖의 방법으로 이용할 수 없게 한 자 또는 권한 없이 신용정보를 검색·복제하거나 그 밖의 방법으로 이용한 자
5의2. 제25조제1항을 위반하여 신용정보집중기관 허가를 받지 아니하고 신용정보집중기관 업무를 한 자(2020.2.4 본호신설)
5의3. 제27조의2를 위반하여 채권추심회사 외의 자에게 채권추심업무를 위탁한 자(2017.11.28 본호신설)
6. 제32조제1항 또는 제2항(제34조에 따라 준용하는 경우를 포함한다)을 위반한 자 및 그 사정을 알고 개인신용정보를 제공받거나 이용한 자(2020.2.4 본호개정)
7. 제33조(제34조에 따라 준용하는 경우를 포함한다)를 위반한 자
7의2. 제40조의2제6항을 위반하여 영리 또는 부정한 목적으로 특정 개인을 알아볼 수 있게 가명정보를 처리한 자(2020.2.4 본호신설)
8. 제42조제4항을 위반한 자
③ 다음 각 호의 어느 하나에 해당하는 자는 3년 이하의 징역 또는 3천만원 이하의 벌금에 처한다.
1. 제14조제2항에 따른 업무정지 기간에 업무를 한 자
1의2. 제22조의7제1항제1호를 위반하여 의뢰인에게 허위 사실을 알린 자(2020.2.4 본호신설)
1의3. 제22조의7제1항제2호를 위반하여 신용정보에 관한 조사 의뢰를 강요한 자(2020.2.4 본호신설)
1의4. 제22조의7제1항제3호를 위반하여 신용정보 조사 대상자에게 조사자료 제공과 답변을 강요한 자(2020.2.4 본호신설)
1의5. 제22조의7제1항제4호를 위반하여 금융거래 등 상거래관계 외의 사생활 등을 조사한 자(2020.2.4 본호신설)
2. 신용정보집중기관이 아니면서 제25조제6항에 따른 공동전산망을 구축한 자
3. 제40조제1항제4호 본문을 위반하여 특정인의 소재등을 알아낸 자(2020.2.4 본호개정)
3의2. 제40조제1항제5호를 위반하여 정보원, 탐정, 그 밖에 이와 비슷한 명칭을 사용한 자(2020.2.4 본호신설)
4. 제41조제1항을 위반한 자
5. 제41조의2제1항을 위반하여 모집업무수탁자가 불법취득 신용정보를 모집업무에 이용하였는지 등을 확인하지 아니한 자
④ 다음 각 호의 어느 하나에 해당하는 자는 1년 이하의 징역 또는 1천만원 이하의 벌금에 처한다.
1. 제9조제1항을 위반하여 금융위원회의 승인 없이 신용정보회사, 본인신용정보관리회사 및 채권추심회사의 주식에 대하여 취득등을 하여 대주주가 된 자(2020.2.4 본호개정)
1의2. 제9조제2항을 위반하여 승인 신청을 하지 아니한 자(2020.2.4 본호신설)
2. 제9조제3항에 따른 명령을 위반하여 승인 없이 취득한 주식을 처분하지 아니한 자(2020.2.4 본호개정)
3. (2020.2.4 삭제)
4. 제18조제2항을 위반한 자
5. 제20조제2항을 위반한 자
6. 제27조제3항을 위반하여 위임직채권추심인으로 금융위원회에 등록하지 아니하고 채권추심업무를 한 자
7. 제27조제4항을 위반한 자
8. 제27조제5항을 위반하여 추심채권이 아닌 채권을 추심하거나 등록되지 아니한 위임직채권추심인, 다른 채권추심회사의 소속으로 등록된 위임직채권추심인 또는 업무정지 중인 위임직채권추심인을 통하여 채권추심업무를 한 자
9. 제27조제7항에 따른 업무정지 중에 채권추심업무를 한 자
(2015.3.11 본조개정)

제51조【양벌규정】 법인의 대표자나 법인 또는 개인의 대리인, 사용인, 그 밖의 종업원이 그 법인 또는 개인의 업무에 관하여 제50조의 위반행위를 하면 그 행위자를 벌하는 외에 그 법인 또는 개인에게도 해당 조문의 벌금형을 과(科)한다. 다만, 법인 또는 개인이 그 위반행위를 방지하기 위하여 해당 업무에 관하여 상당한 주의와 감독을 게을리하지 아니한 경우에는 그러하지 아니하다.

제52조【과태료】 ① 다음 각 호의 어느 하나에 해당하는 자에게는 1억원 이하의 과태료를 부과한다.
1. 제9조의2제2항을 위반하여 보고를 하지 아니하거나 거짓으로 보고한 자
2. 제9조의2제3항에 따른 금융위원회의 자료 또는 정보의 제공요구에 따르지 아니하거나 거짓 자료 또는 정보를 제공한 자(2020.2.4 본항신설)
② 다음 각 호의 어느 하나에 해당하는 자에게는 5천만원 이하의 과태료를 부과한다.
1. 제12조를 위반하여 허가받은 신용정보회사, 본인신용정보관리회사, 채권추심회사 또는 신용정보집중기관이 아님에도 불구하고 상호 또는 명칭 중에 신용정보·신용조사·개인신용평가·신용관리·마이데이터(MyData)·채권추심 또는 이와 비슷한 명칭을 사용한 자(2020.2.4 본호개정)
2. 제15조제2항을 위반한 자
2의2. 제17조의2제2항을 위반하여 가명처리 또는 익명처리가 되지 아니한 상태로 전달한 자(2020.2.4 본호신설)
3. 제19조를 위반한 자
4. 제20조제6항을 위반한 자(2020.2.4 본호개정)
4의2. 제22조의9제3항을 위반하여 신용정보를 수집한 자(2020.2.4 본호신설)
4의3. 제22조의9제4항 및 제5항을 위반하여 개인신용정보를 전송한 자(2020.2.4 본호신설)
4의4. 채권추심회사 소속 위임직채권추심인이 제27조제9항제1호의 위반행위를 한 경우 해당 채권추심회사. 다만, 채권추심회사가 그 위반행위를 방지하기 위하여 해당 업무에 관한 관리에 상당한 주의를 게을리하지 아니한 경우는 제외한다.(2017.11.28 본호신설)
5. 제32조제4항 또는 제5항(제34조에 따라 준용하는 경우를 포함한다)을 위반한 자
5의2. 제39조의2제3항을 위반하여 분리하여 보관하지 아니한 자(2020.2.4 본호신설)
6. 제41조의2제2항을 위반하여 모집업무수탁업자와 위탁계약을 해지하지 아니한 자
7. 제45조제2항부터 제4항까지의 규정에 따른 명령에 따르지 아니하거나 검사 및 요구를 거부·방해 또는 기피한 자(2017.4.18 본호신설)
8. 제47조를 위반하여 보고서를 제출하지 아니하거나 사실과 다른 내용의 보고서를 제출한 자(2017.4.18 본호신설)
③ 다음 각 호의 어느 하나에 해당하는 자에게는 3천만원 이하의 과태료를 부과한다.
1. 제17조제4항을 위반한 자
2. 제20조제1항 또는 제3항을 위반한 자
2의2. 제20조제3항 및 제4항을 위반하여 신용정보관리·보호인을 지정하지 아니한 자(2020.2.4 본호신설)
3. 제20조의2제2항을 위반한 자
4. 제21조를 위반한 자
4의2. 제22조의4제1항 및 제2항을 위반하여 신용상태를 평가한 자(2020.2.4 본호신설)
4의3. 제22조의4제3항을 위반하여 불공정행위를 한 자(2020.2.4 본호신설)

4의4. 제22조의5제1항 및 제22조의6제1항을 위반하여 신용상태를 평가한 자(2020.2.4 본호신설)
4의5. 제22조의5제2항을 위반한 자(2020.2.4 본호신설)
4의6. 제22조의5제3항을 위반한 자(2020.2.4 본호신설)
4의7. 제22조의6제2항을 위반한 자(2020.2.4 본호신설)
4의8. 제22조의6제3항을 위반한 자(2020.2.4 본호신설)
4의9. 제22조의9제1항을 위반한 자(2020.2.4 본호신설)
4의10. 제22조의9제2항을 위반한 자(2020.2.4 본호신설)
5. 제23조제5항을 위반한 자
5의2. 채권추심회사 소속 위임직채권추심인이 제27조제9항제2호의 위반행위를 한 경우 해당 채권추심회사. 다만, 채권추심회사가 그 위반행위를 방지하기 위하여 해당 업무에 관한 관리에 상당한 주의를 게을리하지 아니한 경우는 제외한다.(2017.11.28 본호신설)
6. 제32조제8항 또는 제9항(제34조에 따라 준용하는 경우를 포함한다)을 위반한 자
6의2. 제33조의2제3항 또는 제4항을 위반하여 개인신용정보를 전송하지 아니한 자
6의3. 제34조의2제1항을 위반하여 신용정보주체에게 알려야 할 사항을 알리지 아니한 자
6의4. 제34조의2제3항 단서를 위반하여 신용정보주체가 요청하였음에도 불구하고 이에 따르지 아니한 자
6의5. 제34조의2제4항을 위반하여 별도로 요청할 수 있음을 알리지 아니한 자
6의6. 제35조의3제1항을 위반하여 통지하지 아니한 자
(2020.2.4 6호의2~6호의6신설)
7. 제36조제1항 또는 제3항을 위반한 자
7의2. 제36조의2제1항을 위반하여 설명을 하지 아니한 자(2020.2.4 본호신설)
8. 제37조제3항을 위반한 자
9. 제38조제3항부터 제6항까지 또는 제8항을 위반한 자(2020.2.4 본호개정)
10. 제38조의2를 위반한 자
11. 제38조의3을 위반한 자
12. 제39조를 위반한 자
13. 제39조의4제1항을 위반하여 신용정보주체에게 같은 항 각 호의 사실을 알리지 아니한 자(2020.2.4 본호개정)
14. 제39조의4제3항을 위반하여 조치결과를 신고하지 아니한 자(2020.2.4 본호개정)
15. 제40조제2항을 위반하여 영리목적의 광고성 정보를 전송하는 행위에 이용한 자(2020.2.4 본호개정)
16. 제40조의2제1항을 위반하여 가명처리에 사용한 추가정보를 분리하여 보관하거나 삭제하지 아니한 자
17. 제40조의2제2항을 위반하여 가명처리한 개인신용정보에 대하여 기술적·물리적·관리적 보안대책을 수립·시행하지 아니한 자
18. 제40조의2제7항을 위반하여 처리를 중지하거나 정보를 즉시 삭제하지 아니한 자
(2020.2.4 16호~18호신설)
④ 제10조제4항 또는 제17조제7항을 위반한 자에게는 2천만원 이하의 과태료를 부과한다.
⑤ 다음 각 호의 어느 하나에 해당하는 자에게는 1천만원 이하의 과태료를 부과한다.
1. 제8조제1항을 위반한 자(2018.12.31 본호개정)
2. 제11조제1항을 위반하여 금융위원회에 신고하지 아니하고 겸영업무를 한 자(2020.2.4 본호개정)
2의2. 제11조의2제1항을 위반하여 금융위원회에 신고하지 아니하고 부수업무를 한 자(2020.2.4 본호신설)
2의3. 제11조의2제8항에 따른 금융위원회의 제한명령 또는 시정명령에 따르지 아니한 자(2020.2.4 본호신설)
2의4. 제13조를 위반하여 금융위원회의 승인 없이 다른 영리법인의 상무에 종사한 자(2020.2.4 본호신설)
3. (2020.2.4 삭제)
4. 제17조제5항을 위반한 자
5. 제18조제1항을 위반한 자
6. 제20조의2제1항·제3항 또는 제4항을 위반한 자
7. 제22조의2를 위반하여 금융위원회에 보고를 하지 아니한 자
7의2. 제22조의6제4항을 위반하여 이용자관리규정을 정하지 아니한 자(2020.2.4 본호신설)
8. 제27조제8항을 위반하여 채권추심업무를 할 때 증표를 내보이지 아니한 자
9. 제31조를 위반한 자
10. 제32조제3항·제7항 또는 제10항(제34조에 따라 준용하는 경우를 포함한다)을 위반한 자
11. 제35조를 위반한 자
11의2. 제35조의2를 위반하여 해당 신용정보주체에게 설명하지 아니한 자(2020.2.4 본호신설)
11의3. 제40조의2제8항을 위반하여 개인신용정보를 가명처리하거나 익명처리한 기록을 보존하지 아니한 자(2020.2.4 본호신설)
12. 제41조의2제3항을 위반하여 위탁계약 해지에 관한 사항을 알리지 아니한 자
13.~14. (2017.4.18 삭제)
⑥ 제1항부터 제5항까지의 규정에 따른 과태료는 대통령령으로 정하는 바에 따라 금융위원회가 부과·징수한다. 다만, 상거래기업 및 법인의 상거래정보보호규정 위반과 관련된 제2항부터 제5항까지의 규정에 따른 과태료 부과는 대통령령으로 정하는 바에 따라 보호위원회가 부과·징수한다.(2020.2.4 본항개정)
⑦ 제2항제4호의2 본문에 해당하는 채권추심회사가 「채권의 공정한 추심에 관한 법률」에 따라 형사처벌을 받은 경우에는 과태료를 부과하지 아니하며, 과태료를 부과한 후 형사처벌을 받은 경우에는 그 과태료 부과를 취소한다.(2020.2.4 본항개정)
(2015.3.11 본조개정)

부　칙

제1조【시행일】 이 법은 공포 후 6개월이 경과한 날부터 시행한다.
제2조【유사명칭 사용에 관한 적용례】 법률 제6428호 신용정보의이용및보호에관한법률중개정법률 시행 전에 그 상호 중에 신용평가 또는 이와 비슷한 명칭을 사용한 자에 대하여는 제12조의 개정규정을 적용하지 아니한다.
제3조【개인신용정보의 제공·활용에 관한 특례】 이 법 시행 전에 개인인 신용정보주체가 제32조제1항의 개정규정에 따른 동의를 받아 개인신용정보를 확인한 후 해당 개인과 금융거래 등 상거래관계를 설정한 경우 그 상거래관계의 유지·관리를 위한 목적으로 해당 신용정보주체에 관한 개인신용정보를 제공받으려는 경우에는 제32조제2항의 개정규정을 적용하지 아니한다.
제4조【신용정보업자에 대한 경과조치】 이 법 시행 당시 종전의 규정에 따라 신용정보업의 허가를 받은 신용정보업자는 이 법에 따라 허가받은 신용정보회사로 본다.
제5조【벌칙 및 과태료에 관한 경과조치】 이 법 시행 전의 행위에 대하여 벌칙을 적용하거나 과태료를 부과하는 경우에는 종전의 규정에 따른다.
제6조【신용조사회사에 대한 경과조치】 ① 법률 제4866호 신용정보의이용및보호에관한법률로 폐지된 「신용조사업법」에 따라 신용조사업의 허가를 받은 자가 제6조제2항제1호의 개정규정의 자본금 요건을 충족하는 경우에는 제5조제1항의 개정규정에도 불구하고 신용조회업 허가를 할 수 있으며, 제6조제2항제2호의 개정규정의 자본금 요건을 충족하는 경우에는 제5조제1항의 개정규정에도 불구하고 채권추심업 허가를 할 수 있다.
② 제1항에 따른 신용조사업의 허가를 받은 자가 그 사업을 양도하려는 경우에는 그 양수인은 제4조제2항의 개정규정에 따라 신용정보업 허가를 받은 법인이어야 한다.
제7조【변경허가에 관한 경과조치】 이 법 시행 당시 종전의 규정에 따라 신용정보업의 변경허가를 받은 자는 제8조의 개정규정에 따라 변경 신고 또는 보고를 한 것으로 본다.

제8조【지배주주 변경승인에 관한 경과조치】 이 법 시행 당시 신용정보회사의 지배주주는 제9조의 개정규정에 따라 지배주주의 변경승인을 받은 것으로 본다.

제9조【신용정보업 종사자의 결격사유에 관한 경과조치】 이 법 시행 당시 신용정보업에 종사하고 있는 자가 이 법 시행 전에 생긴 사유로 제22조제1항, 제27조제1항 및 제28조의 개정규정에 따른 결격사유에 해당하게 된 경우에는 각 개정규정에도 불구하고 종전의 규정에 따른다.

제10조【위임직채권추심인 등록에 관한 경과조치】 채권추심회사는 제27조제5항의 개정규정에도 불구하고 이 법 시행일 현재 제27조제3항의 개정규정에 따라 등록되지 아니한 자사 소속 위임직채권추심인을 통하여 채권추심업무를 할 수 있다. 다만, 이 법 시행일부터 3개월 이내에 제27조제3항의 개정규정에 따른 등록을 하여야 하며 같은 기간 경과 후에는 등록되지 아니한 위임직채권추심인을 통하여 채권추심업무를 하여서는 아니 된다.

제11조【협회 설립 등에 관한 경과조치】 이 법 시행 전 종전의 「민법」에 따라 설립된 사단법인 신용정보협회는 제44조의 개정규정에 따라 설립된 신용정보협회로 본다.

제12조【다른 법률의 개정】 ①~㉔ ※(해당 법령에 가제정리 하였음)

제13조【다른 법령과의 관계】 이 법 시행 당시 다른 법령에서 종전의 「신용정보의 이용 및 보호에 관한 법률」의 규정을 인용한 경우에 이 법 중 그에 해당하는 규정이 있는 경우에는 종전의 규정을 갈음하여 이 법의 해당 규정을 인용한 것으로 본다.

부 칙 (2015.3.11)

제1조【시행일】 이 법은 공포 후 6개월이 경과한 날부터 시행한다. 다만, 제20조의2, 제32조, 제33조제3호, 제34조, 제35조, 제38조의2, 제38조의3의 개정규정은 공포 후 1년이 경과한 날부터 시행한다.

제2조【신용정보회사의 출자요건에 관한 적용례】 제14조제1항제2호의 개정규정은 이 법 시행 후 최초로 주식이 「자본시장과 금융투자업에 관한 법률」 제8조의2제4항제1호에 따른 증권시장에 상장되는 신용정보회사부터 적용한다.

제3조【허가 또는 인가의 취소에 관한 적용례】 제14조제1항제5호의 개정규정은 이 법 시행 후 최초로 업무정지처분을 받는 신용정보회사부터 적용한다.

제4조【업무정지에 관한 적용례】 ① 제14조제2항제4호 및 제8호의 개정규정은 이 법 시행 후 최초로 위반행위를 한 신용정보회사부터 적용한다.
② 제14조제2항제6호의 개정규정은 이 법 시행 후 최초로 계열회사 등에 신용정보를 제공한 신용조회회사부터 적용한다.

제5조【과징금의 부과에 관한 적용례】 제42조의2의 개정규정은 이 법 시행 후 최초로 위반행위를 한 신용정보회사등부터 적용한다.

제6조【손해배상 책임에 관한 적용례】 제43조의 개정규정은 이 법 시행 후 최초로 신용정보가 유출되어 손해배상 책임을 지는 신용정보회사등이나 그 밖의 신용정보 이용자부터 적용한다.

제7조【법정손해배상 책임에 관한 적용례】 제43조의2의 개정규정은 이 법 시행 후 최초로 신용정보가 유출되어 손해배상 책임을 지는 신용정보회사등이나 그 밖의 신용정보 이용자부터 적용한다.

제8조【신용조회회사의 딸린 업무 및 겸업에 관한 경과조치】 ① 이 법 시행 당시 신용조회회사가 종전의 제4조제1항 각 호의 딸린 업무 또는 제11조에 따른 겸업을 하고 있는 경우 이미 체결된 계약에 대하여는 제4조제1항제1호 및 제11조제2항의 개정규정에도 불구하고 이 법 시행 후 3년까지 종전의 규정을 적용한다.
② 신용조회회사는 제4조제1항제1호의 개정규정에도 불구하고 이 법 시행 후 1년 6개월까지 신용정보주체 주소변경의 통보대행 업무를 수행할 수 있다.

제9조【처리위탁에 관한 경과조치】 이 법 시행 당시 종전의 규정에 따라 신용정보의 처리를 위탁한 경우에는 제17조의 개정규정에도 불구하고 종전의 규정에 따른다.

제10조【개인신용정보의 삭제에 관한 경과조치】 제20조의2 제2항의 개정규정 시행 당시 상거래관계 종료일부터 5년이 경과한 개인신용정보를 보유한 신용정보제공 · 이용자는 같은 개정규정에도 불구하고 같은 개정규정 시행 후 3개월 이내에 해당 개인신용정보를 삭제하여야 한다.

제11조【신용정보집중기관의 등록 등에 관한 경과조치】 ① 이 법 시행 당시 종전의 규정에 따라 등록한 신용정보집중기관은 제25조의 개정규정에 따라 금융위원회의 허가를 받은 것으로 본다. 다만, 해당 신용정보집중기관은 이 법 시행 후 6개월 이내에 이 법에 따른 요건을 갖추어 금융위원회의 허가를 받아야 한다.
② 이 법 시행 당시 종전의 규정에 따라 종합신용정보집중기관에 둔 신용정보협의회는 제26조의 개정규정에 따른 신용정보집중관리위원회로 본다. 다만, 해당 신용정보집중기관은 제1항 단서에 따라 금융위원회에 허가를 신청하기 전까지 제26조의2의 개정규정에 적합하도록 하여야 한다.

제12조【개인신용정보 제공 · 활용의 동의에 관한 경과조치】 제32조의 개정규정 시행 당시 종전의 규정에 따라 신용정보제공 · 이용자가 적법하게 제공 · 활용하고 있는 개인신용정보의 경우에는 같은 개정규정에 따라 동의를 받은 것으로 본다.

제13조【개인식별정보 제공 · 이용의 동의에 관한 경과조치】 제34조의 개정규정 시행 당시 종전의 규정에 따라 신용정보제공 · 이용자가 개인식별정보의 제공 · 이용에 대한 동의를 받은 경우에는 같은 개정규정에 따라 동의를 받은 것으로 본다.

제14조【벌칙과 과태료에 관한 경과조치】 이 법 시행 전의 행위에 대하여 벌칙이나 과태료의 규정을 적용할 때에는 종전의 규정에 따른다.

제15조【다른 법률의 개정】 ①~⑫ ※(해당 법령에 가제정리 하였음)

부 칙 (2017.4.18)

제1조【시행일】 이 법은 공포 후 6개월이 경과한 날부터 시행한다.

제2조【임원 또는 직원의 자격제한에 관한 적용례】 제22조제1항제8호 및 제27조제1항제9호의 개정규정은 이 법 시행 이후 최초로 발생하는 사유로 인하여 임원 또는 직원 자격제한사유에 해당하게 되는 사람부터 적용한다.

제3조【가산금 징수기간에 관한 적용례】 제42조의2제5항 후단의 개정규정은 이 법 시행 전의 납부기한 내에 과징금을 납부하지 아니한 경우에도 적용하되, 이 법 시행 당시 가산금 징수기간이 60개월을 초과한 경우에는 이 법 시행 이후의 기간에 대해서는 가산금을 징수하지 아니한다.

제4조【퇴임한 임원 등에 대한 조치 내용의 통보에 관한 적용례】 제46조의 개정규정은 이 법 시행 전에 위반행위를 한 사람으로서 이 법 시행 이후 퇴임 또는 퇴직한 임직원에 대해서도 적용한다.

제5조【금치산자 등의 결격사유에 관한 경과조치】 이 법 시행 당시 이미 금치산 또는 한정치산의 선고를 받고 법률 제10429호 민법 일부개정법률 부칙 제2조에 따라 금치산 또는 한정치산 선고의 효력이 유지되는 사람에 대해서는 제22조제1항제2호 및 제27조제1항제2호의 개정규정에도 불구하고 종전의 규정에 따른다.

제6조【임원의 직무정지 요구에 관한 경과조치】 이 법 시행 전의 위반행위에 대해서는 제45조제7항제4호의 개정규정에도 불구하고 종전의 규정에 따른다.

부 칙 (2020.2.4 법16957호)

제1조【시행일】 이 법은 공포 후 6개월이 경과한 날부터 시행한다. 다만, 다음 각 호의 구분에 따른 개정규정은 각각 해당 호에서 정하는 날부터 시행한다.

1. 제33조의2, 제34조의2, 제34조의3, 제45조의5 및 제52조제3항제6호의2부터 제6호의5까지의 개정규정 : 이 법 공포 후 1년을 넘지 아니하는 범위에서 대통령령으로 정하는 날
2. 제22조의9제3항부터 제7항까지 및 제52조제2항제4호의2·제4호의3의 개정규정 : 이 법 공포 후 1년 6개월을 넘지 아니하는 범위에서 대통령령으로 정하는 날

제2조【기업신용조회업 허가에 관한 적용례】 제5조제4항의 개정규정은 이 법 시행 이후 기업신용등급제공업무 또는 기술신용평가업무를 하려는 경우로서 해당 업무에 관한 기업신용조회업 허가를 신청하는 경우부터 적용한다.

제3조【대주주의 변경승인 등에 대한 적용례】 제9조의 개정규정은 이 법 시행 이후 최초로 발생한 사유로 해당 개정규정에 따른 대주주의 변경승인 요건 등을 갖추지 못한 경우부터 적용한다.

제4조【최대주주의 자격심사 등에 관한 적용례】 제9조의2의 개정규정은 이 법 시행 이후 최초로 발생한 사유로 적격성 유지요건을 갖추지 못한 경우부터 적용한다.

제5조【임원의 자격요건에 관한 적용례】 제22조제1항·제2항 및 제22조의8의 개정규정은 이 법 시행 이후 최초로 선임(연임을 포함한다)되는 임원부터 적용한다.

제6조【신용정보업 허가 특례】 ① 이 법 공포 당시 신용정보업을 하는 자는 그 하고 있는 업무의 범위에서 제6조제4항의 유지요건을 갖추어 이 법 공포 후 4개월이 경과한 날부터 2개월 이내에 금융위원회에 신고할 수 있다.
② 금융위원회는 제1항에 따른 신고를 받은 경우에는 신고인이 제6조제4항의 유지요건을 갖추었는지를 확인하여 이 법 시행일 전일까지 그 결과를 신고인에게 통보하여야 한다. 이 경우 제6조제4항의 유지요건을 갖춘 것으로 통보받은 자는 이 법 시행일에 신용정보업 허가를 받은 것으로 본다.
③ 제1항에 따라 신고를 한 자는 제2항에 따라 제6조제4항의 유지요건을 갖추지 아니한 것으로 통보받은 경우에도 이 법 시행 이후 6개월까지는 종전에 영위하고 있는 업무를 할 수 있다. 이 경우 그 업무를 영위하는 범위에서 이 법에 따른 신용정보회사로 본다.
④ 제2항에 따라 통보를 받은 신고인 중 제6조제4항의 유지요건을 갖추지 아니한 것으로 통보받은 자는 이 법 시행일부터 3개월 이내에 그 요건을 갖추어 금융위원회에 다시 신고할 수 있다.
⑤ 금융위원회는 제4항에 따라 신고를 받은 경우에는 신고인이 제6조제4항의 유지요건을 갖추었는지를 확인하여 이 법 시행일부터 6개월 이내에 그 결과를 신고인에게 통보하여야 한다.

제7조【본인신용정보관리업에 관한 경과조치】 이 법 시행 당시 본인신용정보관리업을 하는 자는 이 법 시행 이후 6개월 이내에 이 법에 따른 요건을 갖추어 금융위원회로부터 허가를 받아야 한다.

제8조【임원의 자격요건 변경에 따른 경과조치】 이 법 시행 당시 재임 중인 임원자격에 관하여는 제22조제1항·제2항 및 제22조의8의 개정규정에도 불구하고 그 임기가 만료되는 날까지는 종전의 규정에 따른다.

제9조【신용정보활용체제의 공시에 관한 경과조치】 ① 이 법 시행 당시 종전의 규정에 따른 신용정보활용체제의 공시는 제31조제1항의 개정규정에 따른 신용정보활용체제의 공시로 본다.
② 신용정보회사등은 이 법 시행 이후 6개월 이내에 제1항에 따른 신용정보활용체제를 제31조제1항의 개정취지에 맞도록 개정하여야 한다.

제10조【개인신용정보 등의 활용 동의 등에 관한 경과조치】 이 법 시행 당시 종전의 규정에 따라 개인인 신용정보주체로부터 받은 동의는 제34조의2 및 제34조의3의 개정규정에 따라 동의를 받은 것으로 본다.

제11조【벌칙 등에 관한 경과조치】 ① 이 법 시행 전의 행위에 대하여 벌칙 또는 과태료를 적용할 때에는 종전의 규정에 따른다.
② 이 법 시행 전의 행위에 대하여 과징금의 부과처분, 그 밖의 행정처분을 적용할 때는 종전의 규정에 따른다.

제12조【다른 법률의 개정】 ①~㉙ ※(해당 법령에 가제정리 하였음)

제13조【다른 법령과의 관계】 이 법 시행 당시 다른 법령에서 종전의 「신용정보의 이용 및 보호에 관한 법률」의 규정을 인용하고 있는 경우 이 법 중 그에 해당하는 규정이 있을 때에는 종전의 규정을 갈음하여 이 법의 해당 규정을 인용한 것으로 본다.

부 칙 (2020.6.9)

제1조【시행일】 이 법은 공포 후 6개월이 경과한 날부터 시행한다.(이하 생략)

부 칙 (2020.12.29)

제1조【시행일】 이 법은 공포 후 1년이 경과한 날부터 시행한다.(이하 생략)

부 칙 (2021.4.20)

이 법은 공포 후 3개월이 경과한 날부터 시행한다.

부 칙 (2023.3.14)

제1조【시행일】 이 법은 공포 후 6개월이 경과한 날부터 시행한다.(이하 생략)

부 칙 (2024.2.13)

이 법은 공포 후 6개월이 경과한 날부터 시행한다.

〔별표〕 ➡ 「www.hyeonamsa.com」 참조

감사원법

(1963년 12월 13일
법 률 제1495호)

개정
1970.12.31법 2245호 1973. 1.25법 2446호
1995. 1. 5법 4937호
1999. 1.21법 5681호(국가정보원법)
1999. 8.31법 5998호
1999.12.31법 6101호(기금관리기본법)
2002. 1.19법 6622호(국가공무원)
2004. 3. 5법 7176호
2005. 3.31법 7427호(민법)
2005. 5.26법 7521호
2006.10. 4법 8050호(국가재정법)
2006.12.28법 8132호
2007. 8. 3법 8635호(자본시장금융투자업)
2008. 2.29법 8875호 2009. 1.30법 9399호
2012. 1.17법11206호
2012.12.11법11530호(국가공무원)
2013. 3.23법11690호(정부조직)
2014. 1. 7법12222호
2014.11.19법12844호(정부조직)
2015. 2. 3법13204호 2020.10.20법17560호

제1장 조 직

(2009.1.30 본장개정)

제1절 총 칙

제1조【목적】 이 법은 감사원의 조직, 직무 범위, 감사위원의 임용자격, 감사 대상 기관 및 공무원의 범위와 그 밖에 필요한 사항을 규정함을 목적으로 한다.

제2조【지위】 ① 감사원은 대통령에 소속하되, 직무에 관하여는 독립의 지위를 가진다.

② 감사원 소속 공무원의 임용, 조직 및 예산의 편성에 있어서는 감사원의 독립성이 최대한 존중되어야 한다.(2020.10.20 본항개정)

제3조【구성】 감사원은 감사원장(이하 "원장"이라 한다)을 포함한 7명의 감사위원으로 구성한다.

제4조【원장】 ① 원장은 국회의 동의를 받아 대통령이 임명한다.

② 원장은 감사원을 대표하며 소속 공무원을 지휘하고 감독한다.

③ 원장이 궐위(闕位)되거나 사고(事故)로 인하여 직무를 수행할 수 없을 때에는 감사위원으로 최장기간 재직한 감사위원이 그 권한을 대행한다. 다만, 재직기간이 같은 감사위원이 2명 이상인 경우에는 연장자가 그 권한을 대행한다.(2020.10.20 본항개정)

④ 원장의 자문에 응하게 하기 위하여 감사원에 자문기관을 둘 수 있다.

⑤ 제4항에 따른 자문기관의 구성 및 운영에 관한 사항은 감사원규칙으로 정한다.

제2절 감사위원

제5조【임명 및 보수】 ① 감사위원은 원장의 제청으로 대통령이 임명한다.

② 감사위원은 정무직으로 하고 그 보수는 차관의 보수와 같은 액수로 한다. 다만, 원장인 감사위원의 보수는 국무총리의 보수와 국무위원의 보수의 범위에서 대통령령으로 정한다.

제6조【임기 및 정년】 ① 감사위원의 임기는 4년으로 한다.

② 감사위원의 정년은 65세로 한다. 다만, 원장인 감사위원의 정년은 70세로 한다.

제7조【임용자격】 감사위원은 다음 각 호의 어느 하나에 해당하는 사람 중에서 임명한다.

1. 「국가공무원법」 제2조의2에 따른 고위공무원단(제17조의2에 따른 고위감사공무원단을 포함한다)에 속하는 공무원 또는 3급 이상 공무원으로 8년 이상 재직한 사람
2. 판사·검사·군법무관 또는 변호사로 10년 이상 재직한 사람
3. 공인된 대학에서 부교수 이상으로 8년 이상 재직한 사람
4. 「자본시장과 금융투자업에 관한 법률」 제9조제15항제3호에 따른 주권상장법인 또는 「공공기관의 운영에 관한 법률」 제5조에 따른 공기업이나 이에 상당하다고 인정하여 감사원규칙으로 정하는 기관에서 20년 이상 근무한 사람으로서 임원으로 5년 이상 재직한 사람(2020.10.20 본호개정)

제8조【신분보장】 ① 감사위원은 다음 각 호의 어느 하나에 해당하는 경우가 아니면 본인의 의사에 반하여 면직되지 아니한다.

1. 탄핵결정이나 금고 이상의 형의 선고를 받았을 때
2. 장기(長期)의 심신쇠약으로 직무를 수행할 수 없게 된 때

② 제1항제1호의 경우에는 당연히 퇴직되며, 같은 항 제2호의 경우에는 감사위원회의의 의결을 거쳐 원장의 제청으로 대통령이 퇴직을 명한다.

제9조【겸직 등의 금지】 감사위원은 재직 중 다음 각 호의 어느 하나의 직을 겸하거나 영리를 목적으로 하는 사업을 할 수 없다.

1. 국회 또는 지방의회의 의원의 직
2. 행정부서의 공무원의 직
3. 이 법에 따라 감사의 대상이 되는 단체의 임직원의 직
4. 그 밖에 보수를 받는 직

제10조【정치운동의 금지】 감사위원은 정당에 가입하거나 정치운동에 관여할 수 없다.

제3절 감사위원회의

제11조【의장 및 의결】 ① 감사위원회의는 원장을 포함한 감사위원 전원으로 구성하며, 원장이 의장이 된다.

② 감사위원회의는 재적 감사위원 과반수의 찬성으로 의결한다.

제12조【의결사항】 ① 다음 각 호의 사항은 감사위원회의에서 결정한다.

1. 감사원의 감사정책 및 주요 감사계획에 관한 사항
2. 제21조에 따른 결산의 확인에 관한 사항
3. 제31조에 따른 변상책임의 판정에 관한 사항
4. 제32조에 따른 징계 및 문책 처분의 요구에 관한 사항
5. 제33조에 따른 시정 등의 요구에 관한 사항
6. 제34조에 따른 개선 요구에 관한 사항
7. 제34조의2제1항에 따른 권고 등에 관한 사항
8. 제36조·제38조 및 제39조에 따른 재심의에 관한 사항
9. 제41조에 따른 결산검사보고 및 제42조에 따른 중요 감사 결과 등 보고에 관한 사항(2020.10.20 본호개정)
10. 제46조에 따른 심사청구결정에 관한 사항
11. 제49조에 따른 의견 표시 등에 관한 사항
12. 감사원규칙의 제정 및 개정·폐지에 관한 사항
13. 감사원의 예산 요구 및 결산에 관한 사항

14. 제28조에 따른 감사의 생략에 관한 사항
15. 제50조의2에 따른 감사사무의 대행에 관한 사항
16. 그 밖에 원장이 회의에 부친 사항
② 제1항제5호·제7호·제8호·제10호 및 제11호의 사항 중 경미한 것으로서 감사원규칙으로 정하는 사항은 원장이 처리한다.
제12조의2【분과위원회 등】 ① 감사위원회의에는 분과위원회 및 소위원회를 둘 수 있다.
② 제1항에 따른 분과위원회 및 소위원회의 구성과 운영에 관한 사항은 감사원규칙으로 정한다.
제13조【의안의 작성 등】 ① 사무총장은 원장의 명을 받아 의안(議案)을 작성하고 감사위원회의에 출석하여 의안을 설명하고 의견을 진술하며 회의에 관한 사무를 처리한다.
② 의안과 관계있는 직원은 감사위원회의의 승인을 받아 감사위원회의에 출석하여 의견을 진술할 수 있다.
제13조의2【관계인의 진술권】 감사위원회의는 제12조제1항제3호 및 제8호의 사항을 심의하려는 경우에는 감사원규칙으로 정하는 바에 따라 상대방 및 그 밖의 관계인에게 서면, 전자문서 또는 구술로 의견을 진술할 기회를 주어야 한다.
제14조【증인과 감정인】 ① 감사위원회의는 심의에 필요하다고 인정하면 관계인 또는 증인을 출석시켜 신문(訊問)할 수 있으며, 학식·경험이 있는 자에게 감정(鑑定)을 위촉할 수 있다.
② 제1항의 증인 또는 감정인에 관하여는 「형사소송법」 제1편 제12장 및 제13장을 각각 준용한다. 다만, 같은 법 제151조와 구인(拘引)에 관한 규정은 준용하지 아니한다.
제15조【감사위원의 제척】 ① 감사위원은 다음 각 호의 사항에 관한 심의에 관여할 수 없다.
1. 자기와 관계있는 사항
2. 친족관계가 있거나 또는 이러한 관계가 있었던 사람과 관계있는 사항
3. 감사위원이 해당 안건과 관계있는 사람의 증인 또는 감정인으로 된 사항
4. 감사위원이 감사위원으로 임명되기 전에 조사 또는 검사에 관여한 사항
② 감사위원이 탄핵소추의 의결을 받았거나 형사재판에 계속(係屬)되었을 때에는 그 탄핵의 결정 또는 재판이 확정될 때까지 그 권한 행사가 정지된다.

제4절 사무처

제16조【직무 및 조직】 ① 원장의 지휘·감독하에 회계검사, 감찰, 심사결정 및 감사원에 관한 행정사무를 처리하기 위하여 감사원에 사무처를 둔다.
② 사무처에 실장·국장을 두되 필요한 경우에는 그 밑에 감사원규칙으로 정하는 보조기관을 둘 수 있다. 이 경우 실장·국장의 명칭은 감사원규칙으로 정하는 바에 따라 본부장·단장·부장·팀장 등으로 다르게 정할 수 있으며, 명칭을 다르게 정한 보조기관은 이 법을 적용할 때 실장·국장으로 본다.
③ 제2항에 따른 실장·국장, 그 밖의 보조기관의 설치와 사무분장은 감사원규칙으로 정한다.
④ 원장·사무총장·실장·국장 밑에 정책의 기획, 계획의 입안, 연구·조사, 심사·평가 및 홍보 등을 통하여 그를 보좌하는 보좌기관을 감사원규칙으로 정하는 바에 따라 둘 수 있다.
제16조의2【개방형 직위】 ① 원장은 다음 각 호의 어느 하나의 직위에 대하여는 개방형 직위로 지정하여 운영할 수 있다. 다만, 감사원규칙에 따라 고위감사공무원단에 속하는 공무원으로 임명할 수 있는 직위(실장·국장 밑에 두는 보조기관은 제외한다) 중 「국가공무원법」 제26조의5에 따른 임기제공무원으로도 임명할 수 있는 직위는 개방형 직위로 본다.(2012.12.11 단서개정)
1. 전문성이 특히 요구되어 공직 내부 또는 외부에서 적격자를 임용할 필요가 있는 직위
2. 효율적인 업무수행을 위하여 공직 내부 또는 외부에서 적격자를 임용할 필요가 있는 직위
② 원장은 제1항에 따른 개방형 직위에 대하여는 직위별로 직무의 내용·특성 등을 고려하여 직무수행 요건을 설정하고 그 요건을 갖춘 사람을 임용하거나 임용제청하여야 한다.
③ 개방형 직위를 지정 또는 변경하거나 직위별 직무수행 요건을 설정 또는 변경하려는 경우에는 감사위원회의의 의결을 거쳐야 한다.
④ 개방형 직위의 운영 등에 관하여 필요한 사항은 감사원규칙으로 정한다.
제16조의3【공모 직위】 ① 원장은 업무를 효율적으로 수행하기 위하여 감사원 내부 또는 외부의 공무원 중 적격자를 임용할 필요가 있는 직위는 공모 직위로 지정하여 운영할 수 있다.
② 원장은 제1항에 따른 공모 직위에 대하여는 직위별로 직무의 내용·특성 등을 고려하여 직무수행 요건을 설정하고 그 요건을 갖춘 사람을 임용하거나 임용제청하여야 한다.
③ 공모 직위를 지정 또는 변경하거나 직위별 직무수행 요건을 설정 또는 변경하려는 경우에는 감사위원회의의 의결을 거쳐야 한다.
④ 공모 직위의 운영 등에 관하여 필요한 사항은 감사원규칙으로 정한다.
제17조【직원】 ① 사무처에 사무총장 1명, 사무차장 2명과 그 밖에 필요한 직원을 둔다.
② 직원의 정원은 예산의 범위에서 대통령의 승인을 받아 감사원규칙으로 정한다.
제17조의2【고위감사공무원단의 구성·운영】 ① 고위감사공무원의 인사관리를 효율적으로 함으로써 감사의 전문성과 책임성을 높이기 위하여 고위감사공무원단을 구성한다.
② "고위감사공무원단"이란 다음 각 호의 군(群)을 말한다.
1. 직무의 곤란성과 책임도가 높은 감사원 사무차장·감사교육원장·감사연구원장·실장·국장
2. 제1호에 상당하는 보좌기관
3. 감사원규칙으로 고위감사공무원단에 속하는 공무원으로 임명하도록 정한 직위에 임용되어 재직 중이거나 파견·휴직 등으로 인사관리되고 있는 일반직공무원·별정직공무원
(2012.12.11 본호개정)
③ 원장은 고위감사공무원단에 속하는 공무원의 능력과 자질을 설정하고 이를 기준으로 고위감사공무원단 직위에 임용되려는 공무원을 평가하여 고위감사공무원단 직위에의 신규채용, 승진임용 등 인사관리에 활용할 수 있다.
④ 제2항에 따른 인사관리의 구체적 범위, 제3항에 따른 능력과 자질의 내용, 평가대상자의 범위, 평가방법 및 평가 결과의 활용 등에 관하여 필요한 사항은 감사원규칙으로 정한다.
⑤ 제1항 및 제2항에 따라 구성된 고위감사공무원단에 대하여 이 법에 특별한 규정이 있는 경우를 제외하고는 「국가공무원법」의 고위공무원단 관련 규정을 준용한다. 이 경우 "고위공무원단"은 "고위감사공무원단"으로 본다.
제17조의3【적격심사】 ① 고위감사공무원단에 속하는 일반직공무원은 다음 각 호의 어느 하나에 해당하는 경우에는 고위감사공무원으로서 적격한지 여부를 심사(이하 "적격심사"라 한다)를 받아야 한다.
1. (2020.10.20 삭제)
2. 근무성적평정에서 최하위 등급의 평정을 총 2년 이상 받은 경우(2020.10.20 본호개정)
3. 감사원규칙으로 정하는 정당한 사유 없이 직위를 부여받지 못한 기간이 총 1년이 된 경우(2020.10.20 본호개정)
4. 다음 각 목의 경우에 모두 해당할 경우
가. 근무성적평정에서 최하위 등급의 평정을 1년 이상 받은 경우
나. 감사원규칙으로 정하는 정당한 사유 없이 6개월 이상 직위를 부여받지 못한 경우
(2020.10.20 본호신설)
5. 제3항 단서에 따른 교육훈련 또는 연구과제 등의 평가결과가 미흡한 경우(2020.10.20 본호신설)
② 적격심사는 제1항 각 호의 어느 하나에 해당하게 된 경우부터 6개월 이내에 실시하여야 한다.(2020.10.20 본항개정)
③ 적격심사는 근무성적, 능력 및 자질에 대한 평정에 따르되, 고위감사공무원의 직무를 계속 수행하는 것이 곤란하다고 판

단되는 사람을 부적격자로 결정한다. 다만, 교육훈련 또는 연구과제 등을 통하여 근무성적 및 능력의 향상이 기대되는 사람은 조건부 적격자로 결정할 수 있다.(2020.10.20 본항개정)
④ 제3항 단서에 따른 조건부 적격자의 교육훈련 및 연구과제 등에 관한 평가 방법·절차 등 필요한 사항은 감사원규칙으로 정한다.(2020.10.20 본항신설)
⑤ 적격심사를 위하여 감사원에 고위감사공무원단 적격심사위원회를 둔다.
⑥ 고위감사공무원단 적격심사위원회는 감사원 소속 정무직공무원, 고위감사공무원단에 속하는 공무원, 원장이 위촉하는 외부 인사 등 5명 이상으로 구성하며 위원장은 감사원 소속 정무직공무원 중 원장이 지명한 사람이 된다.(2020.10.20 본항개정)
⑦ 고위감사공무원단 적격심사위원회의 구성·운영 및 적격심사 결과의 활용 등에 관하여 필요한 사항은 감사원규칙으로 정한다.

제18조【직원의 임용】 ① 사무총장, 고위감사공무원단에 속하는 공무원 및 4급 이상의 공무원은 감사위원회의의 의결을 거쳐 원장의 제청으로 대통령이 임용한다. 다만, 전보·파견·휴직·복직 등 감사원규칙으로 정하는 사항에 대해서는 감사위원회의의 의결을 거치지 아니한다.(2020.10.20 본항개정)
② 5급 공무원은 원장의 제청으로 대통령이 임용하며, 6급 이하의 공무원은 원장이 행한다.(2020.10.20 본항개정)
③ 대통령은 제1항 및 제2항에 따른 임용권의 일부를 원장에게 위임할 수 있다. 이 경우 위임의 범위에 대해서는 「국가공무원법」 제32조제3항 및 공무원 임용 관계 법령을 준용한다.
(2020.10.20 본항신설)
④ 감사원 소속 직원의 인사사무감사는 「국가공무원법」 제17조제1항에도 불구하고 원장의 명을 받아 사무총장이 실시하고, 감사 결과는 감사원이 정하는 바에 따라 처리한다.
(2020.10.20 본조제목개정)

제18조의2【징계위원회의 설치 등】 ① 감사원 소속 직원의 징계처분을 의결하기 위하여 감사원에 징계위원회를 두되, 징계위원회의 구성, 종류, 권한, 심의절차, 그 밖에 필요한 사항은 감사원규칙으로 정한다.
② 직원의 징계는 징계위원회의 의결을 거쳐 원장이 한다. 다만, 고위감사공무원단에 속하는 공무원 또는 5급 이상의 직원에 대한 파면 및 해임은 징계위원회의 의결을 거쳐 원장의 제청으로 대통령이 하되, 제18조제3항에 따라 그 권한을 원장에게 위임할 수 있다.(2020.10.20 단서개정)

제19조【사무총장 및 사무차장】 ① 사무총장은 정무직으로, 사무차장은 일반직으로 한다.(2015.2.3 본항개정)
② 사무총장은 원장의 명을 받아 사무처의 사무를 관장하며 소속 직원을 지휘하고 감독한다.
③ 사무차장은 사무총장을 보좌하고 사무총장이 사고로 인하여 직무를 수행할 수 없을 때에는 그 직무를 대행한다.
④ 사무총장의 봉급은 차관의 봉급과 같은 액수로 하고, 사무차장의 봉급은 차관보의 봉급과 같은 액수로 한다.

제5절 감사교육원

제19조의2【직무 및 조직】 ① 감사원 소속 직원 및 이 법에 따른 감사대상 기관의 감사 또는 회계업무 종사자에 대한 교육을 위하여 감사원에 감사교육원을 둔다.
② 감사교육원의 조직과 운영에 필요한 사항은 감사원규칙으로 정한다.

제19조의3【직원】 ① 감사교육원에 교육원장 1명과 그 밖에 필요한 직원을 둔다.
② 교육원장은 고위감사공무원단에 속하는 일반직공무원으로 임명한다.
③ 직원의 정원·임용 등에 관하여는 제16조의2, 제16조의3, 제17조제2항 및 제18조제1항·제2항을 준용한다.(2020.10.20 본항개정)

제6절 감사연구원

제19조의4【직무 및 조직】 ① 감사대상 기관의 주요 정책·사업·기관운영 등의 회계검사, 성과감사 및 직무감찰과 관련된 감사제도 및 방법 등을 연구하고 개발하기 위하여 감사원에 감사연구원을 둔다.
② 감사연구원은 각종 감사제도와 방법에 관한 조사·연구 등 감사 인프라의 구축에 관한 지원을 할 수 있다.
③ 감사연구원의 조직과 운영에 필요한 사항은 감사원규칙으로 정한다.

제19조의5【직원】 ① 감사연구원에 연구원장 1명과 그 밖에 필요한 직원을 둔다.
② 연구원장은 고위감사공무원단에 속하는 일반직공무원으로 임명한다.(2012.12.11 본항개정)
③ 직원의 정원·임용 등에 관하여는 제16조의2, 제16조의3, 제17조제2항 및 제18조제1항·제2항을 준용한다.(2020.10.20 본항개정)

제2장 권 한

(2009.1.30 본장개정)

제1절 총 칙

제20조【임무】 감사원은 국가의 세입·세출의 결산검사를 하고, 이 법 및 다른 법률에서 정하는 회계를 상시 검사·감독하여 그 적정을 기하며, 행정기관 및 공무원의 직무를 감찰하여 행정 운영의 개선과 향상을 기한다.

제2절 결산의 확인 및 회계검사의 범위

제21조【결산의 확인】 감사원은 회계검사의 결과에 따라 국가의 세입·세출의 결산을 확인한다.

제22조【필요적 검사사항】 ① 감사원은 다음 각 호의 사항을 검사한다.
1. 국가의 회계
2. 지방자치단체의 회계
3. 한국은행의 회계와 국가 또는 지방자치단체가 자본금의 2분의 1 이상을 출자한 법인의 회계
4. 다른 법률에 따라 감사원의 회계검사를 받도록 규정된 단체 등의 회계
② 제1항과 제23조에 따른 회계검사에는 수입과 지출, 재산(물품·유가증권·권리 등을 포함한다)의 취득·보관·관리 및 처분 등의 검사를 포함한다.

제23조【선택적 검사사항】 감사원은 필요하다고 인정하거나 국무총리의 요구가 있는 경우에는 다음 각 호의 사항을 검사할 수 있다.
1. 국가기관 또는 지방자치단체 외의 자가 국가 또는 지방자치단체를 위하여 취급하는 국가 또는 지방자치단체의 현금·물품 또는 유가증권의 출납
2. 국가 또는 지방자치단체가 직접 또는 간접으로 보조금·장려금·조성금 및 출연금 등을 교부(交付)하거나 대부금 등 재정 원조를 제공한 자의 회계
3. 제2호에 규정된 자가 그 보조금·장려금·조성금 및 출연금 등을 다시 교부한 자의 회계
4. 국가 또는 지방자치단체가 자본금의 일부를 출자한 자의 회계
5. 제4호 또는 제22조제1항제3호에 규정된 자가 출자한 자의 회계
6. 국가 또는 지방자치단체가 채무를 보증한 자의 회계
7. 「민법」 또는 「상법」 외의 다른 법률에 따라 설립되고 그 임원의 전부 또는 일부나 대표자가 국가 또는 지방자치단체에 의하여 임명되거나 임명 승인되는 단체 등의 회계
8. 국가, 지방자치단체, 제2호부터 제6호까지 또는 제22조제1항제3호·제4호에 규정된 자와 계약을 체결한 자의 그 계약에 관련된 사항에 관한 회계
9. 「국가재정법」 제5조의 적용을 받는 기금을 관리하는 자의 회계
10. 제9호에 따른 자가 그 기금에서 다시 출연 및 보조한 단체 등의 회계

제3절 직무감찰의 범위

제24조【감찰 사항】 ① 감사원은 다음 각 호의 사항을 감찰한다.
1. 「정부조직법」 및 그 밖의 법률에 따라 설치된 행정기관의 사무와 그에 소속한 공무원의 직무
2. 지방자치단체의 사무와 그에 소속한 지방공무원의 직무
3. 제22조제1항제3호 및 제23조제7호에 규정된 자의 사무와 그에 소속한 임원 및 감사원의 검사대상이 되는 회계사무와 직접 또는 간접으로 관련이 있는 직원의 직무
4. 법령에 따라 국가 또는 지방자치단체가 위탁하거나 대행하게 한 사무와 그 밖의 법령에 따라 공무원의 신분을 가지거나 공무원에 준하는 자의 직무

② 제1항제1호의 행정기관에는 군기관과 교육기관을 포함한다. 다만, 군기관에는 소장급 이하의 장교가 지휘하는 전투를 주된 임무로 하는 부대 및 중령급 이하의 장교가 지휘하는 부대는 제외한다.
③ 제1항의 공무원에는 국회·법원 및 헌법재판소에 소속한 공무원은 제외한다.
④ 제1항에 따라 감찰을 하려는 경우 다음 각 호의 어느 하나에 해당하는 사항은 감찰할 수 없다.
1. 국무총리로부터 국가기밀에 속한다는 소명이 있는 사항
2. 국방부장관으로부터 군기밀이거나 작전상 지장이 있다는 소명이 있는 사항

제4절 감사방법

제25조【계산서 등의 제출】 ① 감사원의 회계검사 및 직무감찰(이하 "감사"라 한다)을 받는 자는 감사원규칙으로 정하는 바에 따라 계산서·증거서류·조서 및 그 밖의 자료를 감사원에 제출(「정보통신망 이용촉진 및 정보보호 등에 관한 법률」에 따른 정보통신망을 이용한 제출을 포함한다. 이하 같다)하여야 한다.
② 제1항의 계산서 및 증거서류 등을 제출하기 곤란할 때에는 이를 갈음하여 감사원이 지정하는 다른 자료를 제출할 수 있다.

제26조【서면감사·실지감사】 감사원은 제25조에 따라 제출된 서류에 의하여 상시 서면감사를 하는 외에 필요한 경우에는 직원을 현지에 파견하여 실지감사(實地監査)를 할 수 있다.

제27조【출석답변·자료제출·봉인 등】 ① 감사원은 감사에 필요하면 다음 각 호의 조치를 할 수 있다.
1. 관계자 또는 감사사항과 관련이 있다고 인정된 자의 출석·답변의 요구(「정보통신망 이용촉진 및 정보보호 등에 관한 법률」에 따른 정보통신망을 이용한 요구를 포함한다. 이하 같다)
2. 증명서, 변명서, 그 밖의 관계 문서 및 장부, 물품 등의 제출 요구
3. 창고, 금고, 문서 및 장부, 물품 등의 봉인

② 감사원은 이 법에 따른 회계검사와 감사대상 기관인 금융기관에 대한 감사를 위하여 필요하면 다른 법률의 규정에도 불구하고 인적 사항을 적은 문서(「정보통신망 이용촉진 및 정보보호 등에 관한 법률」에 따른 전자문서를 포함한다. 이하 같다)에 의하여 금융기관의 특정 점포에 금융거래의 내용에 관한 정보 또는 자료의 제출을 요구할 수 있으며, 해당 금융기관에 종사하는 자는 이를 거부하지 못한다.
③ 제1항제3호에 따른 봉인 및 제2항에 따른 금융거래의 내용에 관한 정보 또는 자료의 제출 요구는 감사에 필요한 최소한도에 그쳐야 한다.
④ 제2항 및 제3항에 따라 금융거래의 내용에 관한 정보 또는 자료를 받은 자는 그 정보 또는 자료를 다른 사람에게 제공 또는 누설하거나 해당 목적 외의 용도로 이용하여서는 아니 된다.
⑤ 감사원은 감사를 위하여 제출받은 개인의 신상이나 사생활에 관한 정보 또는 자료를 해당 감사 목적 외의 용도로 이용하여서는 아니 된다. 다만, 본인 또는 자료를 제출한 기관의 장의 동의가 있는 경우에는 그러하지 아니하다.

제28조【감사의 생략】 ① 감사원은 각 중앙관서·지방자치단체 및 「공공기관의 운영에 관한 법률」 제4조에 따른 공공기관(이하 "공공기관"이라 한다)의 장이 실시한 자체감사(自體監査)의 결과를 심사하여 자체감사가 적정하게 수행되고 있다고 인정하면 결산 확인 등에 지장이 없는 범위에서 일부 기관에 대한 감사의 일부 또는 전부를 하지 아니할 수 있다. (2020.10.20 본항개정)
② 감사원은 제1항에 따라 감사를 하지 아니하기로 결정하면 이를 해당 기관의 장에게 통보(「정보통신망 이용촉진 및 정보보호 등에 관한 법률」에 따른 정보통신망을 이용한 통보를 포함한다. 이하 같다)하여야 한다.
③ 감사원은 제1항에 따라 감사를 하지 아니하기로 결정하면 해당 기관의 장에게 자체감사 방법에 관한 의견을 제시할 수 있다.
④ 제1항에 따른 기관의 장은 특별한 사유가 없으면 제3항에 따른 감사원의 의견을 채택하여야 한다.
⑤ 제1항에 따른 기관의 장은 감사원이 정하는 바에 따라 자체감사의 결과를 감사원에 보고(「정보통신망 이용촉진 및 정보보호 등에 관한 법률」에 따른 정보통신망을 이용한 보고를 포함한다. 이하 같다)하여야 한다.
⑥ 감사원은 제1항에 따라 감사를 하지 아니하기로 결정한 기관에 대하여도 특별한 사유가 있으면 직접 감사를 실시하거나 계산서류 등의 제출을 요구할 수 있으며, 자체감사가 적정하게 실시되지 아니하고 있다고 인정할 때에는 제1항의 결정을 취소할 수 있다.

제5절 통보와 협력

제29조【범죄 및 망실·훼손 등의 통보】 ① 제22조 및 제23조에 따라 감사원의 감사를 받는 기관 등의 장은 다음 각 호의 어느 하나의 사항이 있을 때에는 지체 없이 소속 장관 또는 감독기관의 장을 거쳐 그 사실을 감사원에 통보하여야 한다.
1. 회계관계직원 및 제24조에 따라 감사원의 감찰을 받는 자의 직무에 관한 범죄의 사실이 발견되었을 때 및 징계처분이 있는 때
2. 현금·물품·유가증권이나 그 밖의 재산을 망실(亡失) 또는 훼손한 사실이 발견된 때

② 제1항의 통보의 절차 및 범위는 감사원규칙으로 정한다.

제30조【관계 기관의 협조】 감사원은 국가 또는 지방자치단체의 기관, 그 밖의 감사대상 기관의 장에게 감사에 필요한 협조와 지원 및 그 소속 공무원 또는 임직원의 파견을 요구할 수 있다.

제30조의2【자체감사의 지원 등】 ① 감사원은 자체감사업무의 발전과 효율적인 감사업무의 수행을 위하여 필요한 지원을 할 수 있다.
② 중앙행정기관, 지방자치단체(특별시·광역시·특별자치시·도 및 특별자치도만 해당한다) 및 공공기관의 장은 필요한 경우에 감사의 중복을 피하기 위하여 감사계획 등에 관하여 감사원과 협의한다. (2020.10.20 본항개정)
③ 감사원은 감사 결과 제2항에 따른 기관의 감사 책임자가 감사업무를 현저하게 게을리하고 있다고 인정되는 경우에는 해당 임용권자 또는 임용제청권자에게 그 교체를 권고할 수 있다.

제6절 감사 결과의 처리

제31조【변상책임의 판정 등】 ① 감사원은 감사 결과에 따라 따로 법률에서 정하는 바에 따라 회계관계직원 등(제23조제7호에 해당하는 자 중 제22조제1항제3호 및 제4호 또는 제23조제1호부터 제6호까지 및 제8호부터 제10호까지에 해당하지 아니한 자의 소속 직원은 제외한다)에 대한 변상책임의 유무를 심리(審理)하고 판정한다.
② 감사원은 제1항에 따라 변상책임이 있다고 판정하면 변상책임자, 변상액 및 변상의 이유를 분명히 밝힌 변상판정서를 소속 장관(국가기관만 해당한다. 이하 같다), 감독기관의 장(국가기관 외의 경우에만 해당한다. 이하 같다) 또는 해당 기관의 장(소속 장관 또는 감독기관의 장이 없거나 분명하지 아니한 경우에만 해당한다. 이하 같다)에게 송부하여야 한다.

③ 제2항의 변상판정서를 받은 소속 장관, 감독기관의 장 또는 해당 기관의 장은 그 송부를 받은 날부터 20일 이내에 변상판정서를 해당 변상책임자에게 교부하여 감사원이 정한 날까지 변상하게 하여야 한다.
④ 변상책임자가 다음 각 호의 어느 하나에 해당하는 경우에는 변상판정서를 받은 소속 장관, 감독기관의 장 또는 해당 기관의 장은 감사원규칙으로 정하는 바에 따라 공고하여야 하며, 그 공고한 날부터 10일이 지나면 변상판정서가 송달된 것으로 본다.
1. 변상책임자가 판정문서의 수령을 거부하였을 때
2. 변상책임자의 주소 또는 거소가 분명하지 아니하거나 변상책임자가 국내에 있지 아니한 때
⑤ 변상책임자가 감사원이 정한 날까지 변상의 책임을 이행하지 아니하였을 때에는 소속 장관 또는 감독기관의 장은 관계 세무서장 또는 지방자치단체의 장에게 위탁하여 「국세징수법」 또는 「지방세징수법」 중 체납처분의 규정을 준용하여 이를 집행한다.(2020.10.20 본항개정)
⑥ 제5항의 위탁을 받은 세무서장 또는 지방자치단체의 장이 그 사무를 집행할 때에는 제5항의 소속 장관 또는 감독기관의 장의 감독을 받는다.(2020.10.20 본항개정)
⑦ 소속 장관 또는 감독기관의 장이 없거나 분명하지 아니한 경우에는 원장이 제5항에 따른 권한을 행사하며, 제6항에 따른 세무서장 또는 지방자치단체의 장에 대한 감독을 한다.
(2020.10.20 본항개정)
제32조【징계 요구 등】 ① 감사원은 「국가공무원법」과 그 밖의 법령에 규정된 징계 사유에 해당하거나 정당한 사유 없이 이 법에 따른 감사를 거부하거나 자료의 제출을 게을리한 공무원에 대하여 그 소속 장관 또는 임용권자에게 징계를 요구할 수 있다.
② 제1항에 따른 징계 요구 중 파면 요구를 받은 소속 장관 또는 임용권자는 그 요구를 받은 날부터 10일 이내에 해당 징계위원회 또는 인사위원회 등(이하 "징계위원회등"이라 한다)에 그 의결을 요구하여야 하며, 중앙징계위원회의 의결 결과에 관하여는 인사혁신처장이, 그 밖의 징계위원회등의 의결 결과에 관하여는 해당 징계위원회등이 설치된 기관의 장이 그 의결이 있은 날부터 15일 이내에 감사원에 통보하여야 한다.
(2014.11.19 본항개정)
③ 감사원은 제1항에 따라 파면 요구를 한 사항이 파면 의결이 되지 아니한 경우에는 제2항의 통보를 받은 날부터 1개월 이내에 해당 징계위원회등이 설치된 기관의 바로 위 상급기관에 설치된 징계위원회등(바로 위 상급기관에 설치된 징계위원회등이 없는 경우에는 해당 징계위원회등)에 직접 그 심의 또는 재심의를 요구할 수 있다.
④ 제3항의 심의 또는 재심의 요구를 받은 해당 징계위원회등은 그 요구를 받은 날부터 1개월 이내에 심의 또는 재심의 의결을 하고 그 결과를 지체 없이 해당 징계위원회등의 위원장이 감사원에 통보하여야 한다.
⑤ 감사원으로부터 제1항에 따른 파면 요구를 받아 집행한 파면에 대한 소청(訴請) 제기로 소청심사위원회 등에서 심사 결정을 한 경우에는 해당 소청심사위원회의 위원장 등은 그 결정 결과를 그 결정이 있은 날부터 15일 이내에 감사원에 통보하여야 한다.
⑥ 감사원은 제5항의 통보를 받은 날부터 1개월 이내에 그 소청심사위원회 등이 설치된 기관의 장을 거쳐 소청심사위원회 등에 그 재심을 요구할 수 있다.
⑦ 제2항부터 제6항까지의 규정에 따른 기간에는 그 징계 의결이나 소청 결정은 집행이 정지된다.
⑧ 감사원은 법령에서 정하는 징계 규정의 적용을 받지 아니하는 사람으로서 법령 또는 소속 단체 등이 정한 문책 사유에 해당한 사람 또는 정당한 사유 없이 이 법에 따른 감사를 거부하거나 자료의 제출을 게을리한 사람에 대하여 그 감독기관의 장 또는 해당 기관의 장에게 문책을 요구할 수 있다.
⑨ 제8항의 경우에 감사원은 법령 또는 소속 단체 등이 정한 문책에 관한 규정의 적용을 받지 아니하는 단체 등의 임원이나 직원의 비위(非違)가 뚜렷하다고 인정하면 그 임용권자 또는 임용제청권자에게 해임을 요구할 수 있다.
⑩ 제1항 또는 제8항에 따라 징계 요구 또는 문책 요구를 할 때에는 그 종류를 지정할 수 있다. 문책의 종류는 징계의 종류에 준한다.
⑪ 제1항·제8항 또는 제9항에 따라 징계 요구 또는 문책 요구나 해임 요구를 받은 기관의 장은 감사원이 정한 날까지 해당 절차에 따라 처분을 하여야 한다.
제32조의2【징계·문책 사유의 시효 정지 등】 ① 감사원이 조사 중인 특정 사건에 대하여는 제2항에 따른 조사 개시의 통보를 받은 날부터 징계 또는 문책 절차를 진행하지 못한다.
② 감사원은 특정 사건의 조사를 시작한 때와 마친 때에는 10일 이내에 소속 기관의 장에게 해당 사실을 통보하여야 한다.
③ 제1항 및 제2항에 따라 징계 또는 문책 절차를 진행하지 못하여 법령 또는 소속 단체 등이 정한 징계 또는 문책 사유의 시효기간이 끝나거나 그 남은 기간이 1개월 미만인 경우에는 그 시효기간은 제2항에 따른 조사 종료의 통보를 받은 날 또는 제32조제1항 또는 제8항에 따라 징계 또는 문책 요구를 받은 날(제36조제2항에 따라 재심의를 청구하는 경우에는 재심의 결정을 통보받은 날)부터 1개월이 지난 날에 끝나는 것으로 본다.
제33조【시정 등의 요구】 ① 감사원은 감사 결과 위법 또는 부당하다고 인정되는 사실이 있을 때에는 소속 장관, 감독기관의 장 또는 해당 기관의 장에게 시정·주의 등을 요구할 수 있다.
② 제1항의 요구가 있으면 소속 장관, 감독기관의 장 또는 해당 기관의 장은 감사원이 정한 날까지 이를 이행하여야 한다.
제34조【개선 등의 요구】 ① 감사원은 감사 결과 법령상·제도상 또는 행정상 모순이 있거나 그 밖에 개선할 사항이 있다고 인정할 때에는 국무총리, 소속 장관, 감독기관의 장 또는 해당 기관의 장에게 법령 등의 제정·개정 또는 폐지를 위한 조치나 제도상 또는 행정상의 개선을 요구할 수 있다.
② 제1항에 따라 요구를 받은 기관의 장은 그 조치 또는 개선의 결과를 감사원에 통지(「정보통신망 이용촉진 및 정보보호 등에 관한 법률」에 따른 정보통신망을 이용한 통지를 포함한다. 이하 같다)하여야 한다.
제34조의2【권고 등】 ① 감사원은 감사 결과 다음 각 호의 어느 하나에 해당하는 경우에는 소속 장관, 감독기관의 장 또는 해당 기관의 장에게 그 개선 등에 관한 사항을 권고하거나 통보할 수 있다.
1. 제32조, 제33조 및 제34조에 따른 요구를 하는 것이 부적절한 경우
2. 관계 기관의 장이 자율적으로 처리할 필요가 있다고 인정되는 경우
3. 행정운영 등의 경제성·효율성 및 공정성 등을 위하여 필요하다고 인정되는 경우
② 제1항에 따른 권고 또는 통보를 받은 소속 장관, 감독기관의 장 또는 해당 기관의 장은 그 처리 결과를 감사원에 통보하여야 한다.
제34조의3【적극행정에 대한 면책】 ① 감사원 감사를 받는 사람이 불합리한 규제의 개선 등 공공의 이익을 위하여 업무를 적극적으로 처리한 결과에 대하여 그의 행위에 고의나 중대한 과실이 없는 경우에는 이 법에 따른 징계 요구 또는 문책 요구 등 책임을 묻지 아니한다.
② 제1항에 따른 면책의 구체적인 기준, 운영절차, 그 밖에 필요한 사항은 감사원규칙으로 정한다.
(2015.2.3 본조신설)
제35조【고발】 감사원은 감사 결과 범죄 혐의가 있다고 인정할 때에는 이를 수사기관에 고발하여야 한다.

제7절 재심의(再審議)

제36조【재심의 청구】 ① 제31조에 따른 변상 판정에 대하여 위법 또는 부당하다고 인정하는 본인, 소속 장관, 감독기관의 장 또는 해당 기관의 장은 변상판정서가 도달한 날부터 3개월 이내에 감사원에 재심의를 청구할 수 있다.
② 감사원으로부터 제32조, 제33조 및 제34조에 따른 처분을 요구받거나 제34조의2에 따른 권고·통보를 받은 소속 장관, 임용권자나 임용제청권자, 감독기관의 장 또는 해당 기관의 장은 그 처분 요구나 권고·통보가 위법 또는 부당하다고 인정할

때에는 그 처분 요구나 권고·통보를 받은 날부터 1개월 이내에 감사원에 재심의를 청구할 수 있다.(2020.10.20 본항개정)
③ 제1항에 따른 변상 판정에 대한 재심의 청구는 집행정지의 효력이 없다.
제37조【재심의 청구의 방법】 ① 재심의를 청구할 때에는 재심의청구서에 의하여 한다.
② 제1항의 청구서에는 청구의 내용과 그 이유를 명백히 하고 계산서 및 증거서류 등을 첨부하여 감사원에 제출하여야 한다.
제38조【재심의 청구의 처리】 ① 감사원은 재심의 청구가 필요한 요건을 갖추지 못하였을 때에는 이를 각하한다.
② 감사원은 재심의 청구가 이유 없다고 인정하면 이를 기각하고 재심의 청구가 이유 있다고 인정하면 그 처분 요구나 권고·통보를 취소하거나 그 내용을 변경한다.(2020.10.20 본항개정)
③ 감사원이 재심의 청구를 수리(受理)하였을 때에는 특별한 사유가 없으면 수리한 날부터 2개월 이내에 처리하여야 한다.
제39조【직권 재심의】 ① 감사원은 판정을 한 날부터 2년 이내에 계산서 및 증거서류 등의 오류·누락 등으로 그 판정이 위법 또는 부당함을 발견하였을 때에는 이를 직권으로 재심의할 수 있다.
② 감사원은 제32조, 제33조 및 제34조에 따른 처분 요구나 제34조의2에 따른 권고·통보가 위법 또는 부당함을 발견하였을 때에는 이를 직권으로 재심의할 수 있다.(2020.10.20 본항신설)
제40조【재심의의 효력】 ① 청구에 따라 재심의한 사건에 대하여는 또다시 재심의를 청구할 수 없다. 다만, 감사원이 직권으로 재심의한 것에 대하여는 재심의를 청구할 수 있다.
② 감사원의 재심의 판결에 대하여는 감사원을 당사자로 하여 행정소송을 제기할 수 있다. 다만, 그 효력을 정지하는 가처분결정은 할 수 없다.

제8절 감사보고

제41조【검사보고 사항】「헌법」제99조에 따라 작성하는 검사보고에는 다음 각 호의 사항을 적어야 한다.
1. 국가의 세입·세출의 결산의 확인
2. 국가의 세입·세출의 결산금액과 한국은행이 제출하는 결산서의 금액과의 부합 여부
3. 회계검사의 결과 법령 또는 예산에 위배된 사항 및 부당 사항의 유무
4. 예비비의 지출로서 국회의 승인을 받지 아니한 것의 유무
5. 유책(有責) 판정과 그 집행 상황
6. 징계 또는 문책 처분을 요구한 사항 및 그 결과
7. 시정을 요구한 사항 및 그 결과
8. 개선을 요구한 사항 및 그 결과
9. 권고 또는 통보한 사항 및 그 결과
10. 그 밖에 감사원이 필요하다고 인정한 사항

제42조【중요 감사 결과 등 보고】 ① 감사원은 제41조에 따른 결산검사보고를 하며, 그 외에 감사 결과 중요하다고 인정되는 사항에 관하여 대통령에게 보고한다. 감사원의 중요한 처분 요구에 대하여 두 번 이상 독촉을 받고도 이를 집행하지 아니한 사항에 관하여도 또한 같다.
② 제1항에 따른 보고의 대상, 절차, 방법 또는 공개 등에 필요한 사항은 감사원규칙으로 정한다.(2020.10.20 본항신설)
(2020.10.20 본조개정)

제3장 심사청구
(2009.1.30 본장개정)

제43조【심사의 청구】 ① 감사원의 감사를 받는 자의 직무에 관한 처분이나 그 밖에 감사원규칙으로 정하는 행위에 관하여 이해관계가 있는 자는 감사원에 그 심사의 청구를 할 수 있다.(2020.10.20 본항개정)
② 제1항의 심사청구는 감사원규칙으로 정하는 바에 따라 청구의 취지와 이유를 적은 심사청구서로 하되 청구의 원인이 되는 처분이나 그 밖의 행위를 한 기관(이하 "관계기관"이라 한다)의 장을 거쳐 이를 제출하여야 한다.
③ 제2항의 경우에 청구서를 접수한 관계기관의 장이 이를 1개월 이내에 감사원에 송부하지 아니한 경우에는 그 관계기관을 거치지 아니하고 감사원에 직접 심사를 청구할 수 있다.
제44조【제척기간】 ① 이해관계인은 심사청구의 원인이 되는 행위가 있음을 안 날부터 90일 이내에, 그 행위가 있은 날부터 180일 이내에 심사의 청구를 하여야 한다.
② 제1항의 기간은 불변기간(不變期間)으로 한다.
제45조【심사청구의 심리】 심사청구의 심리는 심사청구서와 그 밖에 관계기관이 제출한 문서에 의하여 한다. 다만, 감사원은 필요하다고 인정하면 심사청구자나 관계자에 대하여 자료의 제출 또는 의견의 진술을 요구하거나 필요한 조사를 할 수 있다.
제46조【심사청구에 대한 결정】 ① 감사원은 심사의 청구가 제43조 및 제44조와 감사원규칙으로 정하는 요건과 절차를 갖추지 못한 경우에는 이를 각하한다. 이해관계인이 아닌 자가 제출한 경우에도 또한 같다.
② 감사원은 심리 결과 심사청구의 이유가 있다고 인정하는 경우에는 관계기관의 장에게 시정이나 그 밖에 필요한 조치를 요구하고, 심사청구의 이유가 없다고 인정한 경우에는 이를 기각한다.
③ 제1항 및 제2항의 결정은 특별한 사유가 없으면 그 청구를 접수한 날부터 3개월 이내에 하여야 한다.
④ 제2항의 결정을 하였을 때에는 7일 이내에 심사청구자와 관계기관의 장에게 심사결정서 등본을 첨부하여 통지하여야 한다.
제46조의2【행정소송과의 관계】 청구인은 제43조 및 제46조에 따른 심사청구 및 결정을 거친 행정기관의 장의 처분에 대하여는 해당 처분청을 당사자로 하여 해당 결정의 통지를 받은 날부터 90일 이내에 행정소송을 제기할 수 있다.
제47조【관계기관의 조치】 관계기관의 장은 제46조에 따른 시정이나 그 밖에 필요한 조치를 요구하는 결정의 통지를 받으면 그 결정에 따른 조치를 하여야 한다.
제48조【일사부재리】 제46조에 따른 심사결정이 있은 사항에 대하여는 다시 심사를 청구할 수 없다. 다만, 각하한 사항에 대하여는 그러하지 아니하다.

제4장 보 칙
(2009.1.30 본장개정)

제49조【회계 관계 법령 등에 대한 의견 표시 등】 ① 국가의 각 기관은 다음 각 호의 경우에는 미리 해당 법령안을 감사원에 보내 그 의견을 구하여야 한다.
1. 국가의 회계 관계 법령을 제정하거나 개정·폐지하려는 경우
2. 국가의 현금, 물품 및 유가증권의 출납 부기(簿記)에 관한 법령을 제정하거나 개정·폐지하려는 경우
3. 감사원의 감사를 받도록 하거나 배제·제한하는 등의 감사원의 권한에 관한 법령을 제정하거나 개정·폐지하려는 경우
4. 자체감사 업무에 관한 법령을 제정하거나 개정·폐지하려는 경우

② 감사원의 감사를 받는 회계사무 담당자가 그 직무를 집행하면서 회계 관계 법령의 해석상 의문점에 관하여 감사원에 의견을 구할 경우 감사원은 이에 대하여 해석·답변하여야 한다.
제50조【감사대상 기관 외의 자에 대한 협조 요구】 ① 감사원은 필요한 경우에는 이 법에 따른 감사대상 기관 외의 자에 대하여 자료를 제출하거나 출석하여 답변할 것을 요구할 수 있다.
② 제1항의 요구는 감사에 필요한 최소한도에 그쳐야 한다.
③ 제1항의 요구를 받은 자는 정당한 사유가 없으면 그 요구에 따라야 한다.
제50조의2【감사사무의 대행】 감사원은 필요하다고 인정하면 감사원규칙으로 정하는 바에 따라 일부 감사대상 기관에 대한 감사사무(사실의 조사·확인 및 분석 등의 사무로서 국민의 권리·의무와 직접 관계되지 아니하는 사무로 한정한다) 중 일부를 각 중앙관서, 지방자치단체 및 공공기관의 장에게 대행하게 하고 그 결과를 제출하게 할 수 있다.(2020.10.20 본조개정)
제51조【벌칙】 ① 다음 각 호의 어느 하나에 해당하는 자는 1년 이하의 징역 또는 1천만원 이하의 벌금에 처한다.
(2014.1.7 본문개정)

1. 이 법에 따른 감사를 받는 자로서 감사를 거부하거나 자료 제출 요구에 따르지 아니한 자
2. 이 법에 따른 감사를 방해한 자
3. 제27조제2항 및 제50조에 따른 정보 또는 자료의 제출이나 출석하여 답변할 것을 요구받고도 정당한 사유 없이 이에 따르지 아니한 자

② 제27조제4항을 위반한 자는 3년 이하의 징역 또는 2천만원 이하의 벌금에 처한다.
③ 제2항의 징역과 벌금은 병과(倂科)할 수 있다.

제52조【감사원규칙】 감사원은 감사에 관한 절차, 감사원의 내부 규율과 감사사무 처리에 관한 규칙을 제정할 수 있다.

부 칙 (2015.2.3)

제1조【시행일】 이 법은 공포한 날부터 시행한다. 다만, 제19조제1항의 개정규정은 공포 후 6개월이 경과한 날부터 시행한다.

제2조【공무원의 구분 변경에 따른 경과조치】 제19조제1항의 개정규정 시행 당시 종전의 제19조제1항에 따라 재직 중인 별정직공무원은 같은 개정규정 시행일에 일반직공무원으로 임용된 것으로 본다. 이 경우 임용되는 직군, 직렬, 계급, 직급, 직위 및 근무형태, 인사관리 등에 관한 사항은 감사원규칙으로 정한다.

부 칙 (2020.10.20)

제1조【시행일】 이 법은 공포한 날부터 시행한다.

제2조【재심의 청구에 관한 적용례】 제36조제2항의 개정규정은 이 법 시행 이후 제34조의2에 따라 권고하거나 통보하는 경우부터 적용한다.

제3조【고위감사공무원 적격심사에 관한 특례】 ① 이 법 시행 당시 고위감사공무원단에 속하는 일반직공무원은 제17조의3 제1항의 개정규정에도 불구하고 다음 각 호의 경우에 모두 해당할 때에는 적격심사를 받아야 한다.
1. 근무성적평정에서 최하위 등급의 평정을 1년 이상 받은 경우
2. 감사원규칙으로 정하는 정당한 사유 없이 1년 6개월 이상 직위를 부여받지 못한 경우

② 제1항에도 불구하고 이 법 시행 이후 새로 제17조의3제1항 제4호의 개정규정에 해당하게 될 때에는 적격심사를 받아야 한다.

제4조【고위감사공무원 적격심사에 관한 경과조치】 이 법 시행 당시 고위감사공무원단에 속하는 일반직공무원은 제17조의3 제1항제2호 및 제3호의 개정규정에도 불구하고 종전의 규정에 따른다.

대부업 등의 등록 및 금융이용자 보호에 관한 법률(약칭 : 대부업법)

(2002년 8월 26일
법 률 제6706호)

개정
2005. 3.31법 7428호(채무자회생파산)
2005. 5.31법 7523호
2007.12.21법 8700호
2008. 2.29법 8852호(정부조직)
2008. 2.29법 8863호(금융위원회의설치등에관한법)
2009. 1.21법 9344호
2009. 2. 6법 9418호(채권의공정한추심에관한법)
2009. 4. 1법 9617호(신용정보의이용및보호에관한법)
2010. 1.25법 9970호
2011. 4.12법10580호(부등)
2012.12.11법11544호
2013. 3.23법11690호(정부조직)
2014. 1. 1법12156호
2014. 3.18법12493호
2014.11.19법12844호(정부조직)
2015. 3.11법13216호
2015. 7.24법13445호
2016. 3. 3법14072호
2017. 4.18법14820호
2017. 7.26법14839호(정부조직)
2018.12.24법16089호
2020. 2. 4법16957호(신용정보의이용및보호에관한법)
2020. 3.24법17112호(금융소비자보호에관한법)
2020. 6. 9법17354호(전자서명법)
2020.12.29법17799호(독점)
2022. 1. 4법18713호
2023. 9.14법19700호(행정법제혁신을위한일부개정법령등)
2025. 1.21법20714호→2025년 7월 22일 시행

제1조【목적】 이 법은 대부업·대부중개업의 등록 및 감독에 필요한 사항을 정하고 대부업자와 여신금융기관의 불법적 채권추심행위 및 이자율 등을 규제함으로써 대부업의 건전한 발전을 도모하는 한편, 금융이용자를 보호하고 국민의 경제생활 안정에 이바지함을 목적으로 한다.(2009.1.21 본조개정)

제2조【정의】 이 법에서 사용하는 용어의 뜻은 다음과 같다.
1. "대부업"이란 이익을 얻을 목적으로 계속적이거나 반복적으로 금전을 대부(어음할인·양도담보, 그 밖에 이와 비슷한 방법을 통한 금전의 교부를 포함한다. 이하 "대부"라 한다)하는 것을 업(業)으로 하거나, 이익을 얻을 목적으로 계속적이거나 반복적으로 다음 각 목의 어느 하나에 해당하는 자로부터 대부계약에 따른 채권을 양도받아 이를 추심(이하 "대부채권매입추심"이라 한다)하는 것을 업으로 하는 것을 말한다. 다만, 대부의 성격 등을 고려하여 대통령령으로 정하는 경우는 제외한다.(2025.1.21 본문개정)
  가. 제3조에 따라 대부업의 등록을 한 자(이하 "대부업자"라 한다)
  나. 여신금융기관
2. "대부중개업"이란 이익을 얻을 목적으로 계속적이거나 반복적으로 금전의 대부를 실질적으로 알선하거나 중개하는 것을 업으로 하는 것을 말한다.(2025.1.21 본호개정)
3. "대부중개업자"란 제3조에 따라 대부중개업의 등록을 한 자를 말한다.
4. "여신금융기관"이란 대통령령으로 정하는 법령에 따라 인가 또는 허가 등을 받아 대부업을 하는 금융기관을 말한다.
(2015.7.24 본호개정)
5. "대주주"란 다음 각 목의 어느 하나에 해당하는 주주를 말한다.
  가. 최대주주 : 대부업자 또는 대부중개업자(이하 "대부업자등"이라 한다)의 의결권 있는 발행주식 총수 또는 출자지분을 기준으로 본인 및 그와 대통령령으로 정하는 특수한 관계에 있는 자(이하 "특수관계인"이라 한다)가 누구의 명의로 하든지 자기의 계산으로 소유하는 주식 또는 출자지분을 합하여 그 수가 가장 많은 경우의 그 본인
  나. 주요주주 : 다음의 어느 하나에 해당하는 자
    1) 누구의 명의로 하든지 자기의 계산으로 대부업자등의 의결권 있는 발행주식 총수 또는 출자지분의 100분의 10 이상의 주식 또는 출자지분을 소유하는 자

2) 임원의 임면 등의 방법으로 대부업자등의 주요 경영사항에 대하여 사실상의 영향력을 행사하는 주주 또는 출자자로서 대통령령으로 정하는 자
(2015.7.24 본호신설)
6. "자기자본"이란 납입자본금·자본잉여금 및 이익잉여금 등의 합계액으로서 대통령령으로 정하는 금액을 말한다.
(2015.7.24 본호신설)
7. "불법사금융업자"란 제3조에 따른 대부업의 등록 또는 제3조의2에 따른 등록갱신을 하지 아니하고 사실상 대부업을 영위하는 자를 말한다.(2025.1.21 본호신설)
8. "불법사금융중개업자"란 제3조에 따른 대부중개업의 등록 또는 제3조의2에 따른 등록갱신을 하지 아니하고 사실상 대부중개업을 영위하는 자를 말한다.(2025.1.21 본호신설)
(2009.1.21 본조개정)

판례 피고인이 다수의 연예기획사에 투자금 명목으로 7회에 걸쳐 합계 8억 원의 자금을 융통하여 주고 투자수수료 등을 받은 사안에서, 평소 아무런 친분관계가 없던 연예기획사 관계자들을 소개받아 투자금이라는 명목으로 단기간 동안 사업자금을 융통하여 주면서 그 대가로 투자수수료 명목의 금원을 공제하여 수취하는 한편 사업의 이익이나 손실 발생 여부에 관계없이 확정수익금을 지급받기로 하고, 이를 불이행하는 경우에는 확정수익금을 포함한 미지급금 외에 이에 대한 지연손해금 및 위약금까지 가산하여 지급받기로 한 것은 명칭이나 명목 여하에 상관없이 실질적으로는 일정한 기간 금전을 이용하게 하고 그 대가로 이자를 지급 받는 금전의 대부행위를 하였다고 보아야 한다.
(대판 2012.7.12, 2012도4390)

제3조【등록 등】 ① 대부업 또는 대부중개업(이하 "대부업등"이라 한다)을 하려는 자(여신금융기관은 제외한다)는 영업소별로 해당 영업소를 관할하는 특별시장·광역시장·특별자치시장·도지사 또는 특별자치도지사(이하 "시·도지사"라 한다)에게 등록하여야 한다. 다만, 여신금융기관과 위탁계약 등을 맺고 대부중개업을 하는 자(그 대부중개업을 하는 자가 법인인 경우 그 법인과 직접 위탁계약 등을 맺고 대부를 받으려는 자를 모집하는 개인을 포함하며, 이하 "대출모집인"이라 한다)는 당해 위탁계약 범위 내에서는 그러하지 아니한다.
(2012.12.11 본항개정)
② 제1항에도 불구하고 대부업등을 하려는 자(여신금융기관은 제외한다)로서 다음 각 호의 어느 하나에 해당하는 자는 금융위원회에 등록하여야 한다. 다만, 대출모집인은 해당 위탁계약 범위에서는 그러하지 아니하다.
1. 둘 이상의 특별시·광역시·특별자치시·도·특별자치도(이하 "시·도"라 한다)에서 영업소를 설치하려는 자
2. 대부채권매입추심을 업으로 하려는 자
3. 「독점규제 및 공정거래에 관한 법률」 제31조에 따라 지정된 상호출자제한기업집단에 속하는 자(2020.12.29 본호개정)
4. 최대주주가 여신금융기관인 자
5. 법인으로서 자산규모 100억원을 초과하는 범위에서 대통령령으로 정하는 기준에 해당하는 자
6. 전자적 장치·시스템 등을 통한 대통령령으로 정하는 방식(이하 "대부중개시스템"이라 한다)을 활용하여 대부중개업을 하려는 자(2025.1.21 본호신설)
7. 그 밖에 제1호부터 제5호까지의 규정에 준하는 등 대통령령으로 정하는 자
(2015.7.24 본항신설)
③ 제1항 또는 제2항에 따른 등록을 하려는 자는 다음 각 호의 사항을 적은 신청서와 대통령령으로 정하는 서류를 첨부하여 시·도지사 또는 금융위원회(이하 "시·도지사등"이라 한다)에 제출하여야 한다.(2015.7.24 본문개정)
1. 명칭 또는 성명과 주소
2. 등록신청인이 법인인 경우에는 주주 또는 출자자(대통령령으로 정하는 기준 이하의 주식 또는 출자지분을 소유하는 자는 제외한다)의 명칭 또는 성명, 주소와 그 지분율 및 임원의 성명과 주소(2015.7.24 본호개정)
3. 등록신청인이 영업소의 업무를 총괄하는 사용인(이하 "업무총괄 사용인"이라 한다)을 두는 경우에는 업무총괄 사용인의 성명과 주소(2012.12.11 본호개정)
4. 영업소의 명칭 및 소재지(2015.7.24 본호개정)
4의2. (2015.7.24 삭제)
5. 경영하려는 대부업등의 구체적 내용 및 방법
6. 제9조제2항 또는 제3항에 따른 표시 또는 광고에 사용되는 전화번호(홈페이지가 있으면 그 주소를 포함한다)
7. 자기자본(법인이 아닌 경우에는 순자산액)
8. 제11조의4제2항에 따른 보증금, 보험 또는 공제
(2015.7.24 7호~8호신설)
④ 제3항에 따라 등록신청을 받은 시·도지사등은 신청인이 제3조의5의 요건을 갖춘 경우에는 다음 각 호의 사항을 확인한 후 등록부에 제3항 각 호에 규정된 사항과 등록일자·등록번호를 적고 지체 없이 신청인에게 등록증을 교부하여야 한다.
(2015.7.24 본문개정)
1. 신청서에 적힌 사항이 사실과 부합하는지 여부. 이 경우 신청서에 적힌 사항이 사실과 다르면 30일 이내의 기한을 정하여 등록증 교부 전에 신청인에게 신청서의 수정·보완을 요청할 수 있으며, 그 수정·보완 기간은 처리기간에 산입하지 아니한다.
2. 사용하려는 상호가 해당 시·도 또는 금융위원회에 이미 등록된 상호인지 여부. 이 경우 이미 등록된 상호이면 다른 상호를 사용할 것을 요청할 수 있다.(2015.7.24 전단개정)
3.~4. (2015.7.24 삭제)
⑤ 시·도지사등은 제4항에 따른 등록부를 일반인이 열람할 수 있도록 하여야 한다. 다만, 등록부 중 개인에 관한 사항으로서 공개될 경우 개인의 사생활을 침해할 우려가 있는 것으로 대통령령으로 정하는 사항은 제외한다.(2015.7.24 본문개정)
⑥ 제1항 또는 제2항에 따른 등록의 유효기간은 등록일부터 3년으로 한다.(2015.7.24 본항개정)
⑦ 대부업자등이 제4항 및 제3조의2에 따라 교부받은 등록증을 분실한 경우에는 시·도지사등에게 분실신고를 하고 등록증을 다시 교부받아야 한다.(2015.7.24 본항개정)
⑧ 제1항부터 제7항까지의 규정에 따른 등록 등의 구체적 절차는 대통령령으로 정한다.(2015.7.24 본항개정)
(2009.1.21 본조개정)

제3조의2【등록갱신】 ① 대부업자등이 제3조제6항에 따른 등록유효기간 이후에도 계속하여 대부업등을 하려는 경우에는 시·도지사등에게 유효기간 만료일 3개월 전부터 1개월 전까지 등록갱신을 신청하여야 한다.
② 제1항에 따른 등록갱신신청을 받은 시·도지사등은 신청인이 제3조의5의 요건을 갖춘 경우에는 제3조제4항제1호의 사항을 확인한 후 등록부에 제3조제3항 각 호에 규정된 사항과 등록갱신일자·등록번호를 적고 지체 없이 신청인에게 등록증을 교부하여야 한다.
③ 제1항에 따른 등록갱신과 관련하여 시·도지사등은 유효기간 만료일 3개월 전까지 해당 대부업자등에게 갱신절차와 기간 내에 갱신을 신청하지 아니하면 유효기간이 만료된다는 사실을 알려야 한다.
④ 제1항 및 제2항에 따른 등록갱신의 구체적 절차 등은 대통령령으로 정한다.
(2015.7.24 본조개정)

제3조의3【등록증의 반납 등】 ① 제5조제2항에 따라 폐업하거나 제13조제2항에 따라 등록이 취소된 대부업자등은 지체 없이 시·도지사등에게 등록증을 반납하여야 한다.
② 제13조제1항에 따라 영업정지 명령을 받은 대부업자등은 등록증을 반납하여야 하고, 시·도지사등은 그 영업정지기간 동안 이를 보관하여야 한다.
③ 제1항 및 제2항에 따라 등록증을 반납하여야 하는 대부업자등은등록증을 분실한 경우 제3조제7항에 따라 분실신고를 하여야 한다.
(2015.7.24 본조개정)

제3조의4【대부업등의 교육】 ① 제3조제1항 또는 제2항에 따라 대부업등의 등록을 하려는 자, 제3조의2제1항에 따라 대부업등의 등록갱신을 신청하려는 자 및 제5조제1항에 따라 대표자 또는 업무총괄 사용인에 대한 변경등록을 하려는 자는 미리 대부업등의 준수사항 등에 관한 교육을 받아야 한다. 다만, 대통령령으로 정하는 부득이한 사유로 미리 교육을 받을 수 없는 경우에는 대부업등의 등록, 등록갱신 또는 변경등록 후 대통령령으로 정하는 기간 내에 교육을 받을 수 있다.(2015.7.24 본문개정)

② 제1항에 따른 교육의 실시기관, 대상, 내용, 방법 및 절차 등에 관하여 필요한 사항은 대통령령으로 정한다.
(2009.1.21 본조신설)

제3조의5【등록요건 등】 ① 제3조제1항에 따라 등록하려는 자는 다음 각 호의 요건을 갖추어야 하며 등록기간 중 각 호의 요건을 유지하여야 한다.(2025.1.21 본문개정)

1. 다음 각 목에 따른 금액 이상의 자기자본(법인이 아닌 경우에는 순자산액)을 갖출 것(2025.1.21 본문개정)
 가. 대부중개업만을 하려는 자 : 3천만원 이상으로서 대통령령으로 정하는 금액(2025.1.21 본목신설)
 나. 그 외의 자 : 1억원 이상으로서 대통령령으로 정하는 금액(2025.1.21 본목신설)
2. 제3조의4에 따른 대부업등의 교육을 이수할 것. 다만, 제3조의4제1항 단서에 따라 등록 후 교육을 받는 경우에는 등록 후 교육을 이수할 것
3. 대부업등을 위하여 대통령령으로 정하는 고정사업장, 인력과 전산설비 등을 갖출 것(2025.1.21 본호개정)
4. 대표자, 임원, 업무총괄 사용인이 제4조제1항에 적합할 것
5. 등록신청인이 법인인 경우에는 다음 각 목의 요건을 충족할 것
 가. 최근 5년간 제4조제1항제6호 각 목의 규정을 위반하여 벌금형 이상을 선고받은 사실이 없을 것
 나. 파산선고를 받고 복권되지 아니한 사실이 없을 것
 다. 최근 3년간 제5조제2항에 따라 폐업한 사실이 없을 것(둘 이상의 영업소를 설치한 경우에는 영업소 전부를 폐업한 경우를 말한다)(2025.1.21 본목개정)
 라. 최근 5년간 제13조제2항에 따라 등록취소 처분을 받은 사실이나 제5조제2항에 따라 폐업하지 아니하였다면 등록취소 처분을 받았을 상당한 사유가 없을 것

② 제3조제2항에 따라 등록하려는 자는 다음 각 호의 요건을 갖추어야 하며 등록기간 중 각 호의 요건을 유지하여야 한다.
(2025.1.21 본문개정)

1. 신청인이 법인일 것
2. 다음 각 목에 따른 금액 이상의 자기자본을 갖출 것
 (2025.1.21 본문개정)
 가. 제3조제2항제6호에 따라 등록하려는 자 : 1억원 이상으로서 대통령령으로 정하는 금액
 나. 가목 이외에 대부중개업만을 하려는 자 : 3천만원 이상으로서 대통령령으로 정하는 금액
 다. 그 외의 자 : 3억원 이상으로서 대통령령으로 정하는 금액
 (2025.1.21 가목~다목신설)
3. 제1항제2호, 제3호, 제5호의 요건을 갖출 것
4. 임원, 업무총괄 사용인이 제4조제1항에 적합할 것(2025.1.21 본호개정)
5. 「전기통신사업법」에 따른 전기통신사업자, 「사행산업통합감독위원회법」에 따른 사행산업 등 이해상충 가능성이 있거나 대부업 이용자의 권익 및 신용질서를 저해할 우려가 있는 업종으로서 대통령령으로 정하는 업을 하지 아니할 것
6. 대주주(최대주주가 법인인 경우에는 그 법인의 주요경영사항에 대하여 사실상 영향력을 행사하고 있는 주주로서 대통령령으로 정하는 자를 포함한다)가 대통령령으로 정하는 사회적 신용을 갖출 것
7. 그 밖에 대통령령으로 정하는 사회적 신용을 갖출 것
(2015.7.24 본조신설)

제4조【임원 등의 자격】 ① 다음 각 호의 어느 하나에 해당하는 자는 대부업자등의 대표자, 임원 또는 업무총괄 사용인이 될 수 없다.(2025.1.21 본문개정)

1. 미성년자·피성년후견인 또는 피한정후견인(2015.7.24 본호개정)
2. 파산선고를 받고 복권되지 아니한 자
3. 금고 이상의 실형을 선고받고 그 집행이 끝나거나(집행이 끝난 것으로 보는 경우를 포함한다) 면제된 날부터 5년이 지나지 아니한 자
4. 금고 이상의 형의 집행유예를 선고받고 그 유예기간 중에 있는 자
5. 금고 이상의 형의 선고유예를 받고 그 유예기간 중에 있는 자
6. 다음 각 목의 어느 하나에 해당하는 규정을 위반하여 벌금형을 선고받고 5년이 지나지 아니한 자(2015.7.24 본문개정)
 가. 이 법의 규정
 나. 「형법」 제257조제1항, 제260조제1항, 제276조제1항, 제283조제1항, 제319조, 제350조 또는 제366조(각각 채권추심과 관련된 경우만 해당한다)
 다. 「폭력행위 등 처벌에 관한 법률」의 규정(채권추심과 관련된 경우만 해당한다)
 라. 「신용정보의 이용 및 보호에 관한 법률」 제50조제1항부터 제3항까지의 규정(2015.7.24 본목개정)
 마. 「채권의 공정한 추심에 관한 법률」의 규정(2012.12.11 본목신설)
 바. 「개인정보 보호법」 제71조, 제72조 또는 제73조(2015.7.24 본목신설)

6의2. 제5조제2항에 따라 폐업한 날부터 3년이 지나지 아니한 자(둘 이상의 영업소를 설치한 경우에는 등록된 영업소 전부를 폐업한 경우를 말한다)(2025.1.21 본호개정)

7. 제13조제2항에 따라 등록취소 처분을 받은 후 5년이 지나지 아니한 자 또는 제5조제2항에 따라 폐업하지 아니하였다면 등록취소 처분을 받았을 상당한 사유가 있는 경우에는 폐업 후 5년이 지나지 아니한 자(등록취소 처분을 받은 자 또는 등록취소 처분을 받았을 상당한 사유가 있는 자가 법인인 경우에는 그 취소 사유 또는 등록취소 처분을 받았을 상당한 사유의 발생에 직접 책임이 있는 임원을 포함한다)
8. 대통령령으로 정하는 금융관련 법령(이하 "금융관련법령"이라 한다)을 위반하여 벌금 이상의 형을 선고받고 그 집행이 끝나거나(집행이 끝난 것으로 보는 경우를 포함한다) 집행이 면제된 날부터 5년이 지나지 아니한 자(2025.1.21 본호신설)
9. 금융관련법령에 따라 영업의 허가·인가·등록 등이 취소된 법인 또는 회사의 임직원이었던 자(그 취소사유의 발생에 관하여 직접 또는 이에 상응하는 책임이 있는 자로서 대통령령으로 정하는 자에 한정한다)로서 그 법인 또는 회사에 대한 취소가 있은 날부터 5년이 경과되지 아니한 자(2025.1.21 본호신설)
10. 이 법 또는 금융관련법령에 따라 해임되거나 면직된 날부터 5년이 지나지 아니한 자(2025.1.21 본호신설)
11. 재임 또는 재직 중이었더라면 이 법 또는 금융관련법령에 따라 해임요구 또는 면직요구의 조치를 받았을 것으로 통보된 퇴임한 임원 또는 퇴직한 직원으로서 그 통보된 날부터 5년(통보된 날부터 5년이 퇴임 또는 퇴직한 날부터 7년을 초과하는 경우에는 퇴임 또는 퇴직한 날부터 7년으로 한다)이 경과되지 아니한 자(2025.1.21 본호신설)

② 대부업자등의 대표자 또는 업무총괄 사용인은 다른 대부업자등의 대표자 또는 업무총괄 사용인을 겸할 수 없다.
(2025.1.21 본항개정)
③ 임원 또는 업무총괄 사용인이 된 후에 제1항 각 호 또는 제2항에 해당하게 된 경우에는 그 직을 잃는다.(2025.1.21 본항개정)
(2015.7.24 본조제목개정)
(2009.1.21 본조개정)

제5조【변경등록 등】 ① 대부업자등은 제3조제3항 각 호의 기재사항이 변경된 경우에는 그 사유가 발생한 날부터 15일 이내에 대통령령으로 정하는 바에 따라 변경된 내용을 시·도지사등에게 변경등록하여야 한다. 다만, 대통령령으로 정하는 경미한 사항이 변경된 경우는 제외한다.
② 대부업자등이 폐업할 때에는 대통령령으로 정하는 바에 따라 시·도지사등에게 신고하여야 한다.
③ 제1항 및 제2항에 따른 변경등록 및 폐업신고와 관련한 세부적인 사항은 대통령령으로 정한다.
(2015.7.24 본조개정)

제5조의2【상호 등】 ① 대부업자(대부중개업을 겸영하는 대부업자를 포함한다)는 그 상호 중에 "대부"라는 문자를 사용하여야 한다.
② 대부중개업만을 하는 대부중개업자는 그 상호 중에 "대부중개"라는 문자를 사용하여야 한다.
③ 대부업등 외의 다른 영업을 겸영하는 대부업자등으로서 총영업수익 중 대부업등에서 생기는 영업수익의 비율 등을 고려

하여 대통령령으로 정하는 기준에 해당하는 자는 제1항 및 제2항에도 불구하고 그 상호 중에 "대부" 및 "대부중개"라는 문자를 사용하지 아니할 수 있다.
④ 이 법에 따른 대부업자등이 아닌 자는 그 상호 중에 대부, 대부중개 또는 이와 유사한 상호를 사용하지 못한다.
(2015.7.24 본항신설)
⑤ 누구든지 다음 각 호의 행위를 하여서는 아니 된다.
1. 대부업자등이 타인에게 자기의 명의로 대부업등을 하게 하는 행위
2. 대부업자등의 등록증을 양도·양수·대여·유통하는 행위
(2025.1.21 본항개정)
(2009.1.21 본조개정)
제5조의3 【업무총괄 사용인 등】 ① 대부업자등은 영업소마다 업무총괄 사용인을 두어야 한다. 다만, 등록신청인이 개인인 경우로서 단일 영업소를 두고 있는 경우에는 업무총괄 사용인을 두지 아니할 수 있다.
② 업무총괄 사용인의 업무범위 등에 관한 세부적인 사항은 대통령령으로 정한다.
(2012.12.11 본조신설)
제6조 【대부계약의 체결 등】 ① 대부업자가 그의 거래상대방과 대부계약을 체결하는 경우에는 거래상대방이 본인임을 확인하고 다음 각 호의 사항이 적힌 대부계약서를 거래상대방에게 교부하여야 한다.
1. 대부업자(그 영업소를 포함한다) 및 거래상대방의 명칭 또는 성명 및 주소 또는 소재지
2. 계약일자
3. 대부금액
3의2. 제8조제1항에 따른 최고이자율(2014.1.1 본호신설)
4. 대부이자율(제8조제2항에 따른 이자율의 세부내역 및 연 이자율로 환산한 것을 포함한다)
5. 변제기간 및 변제방법
6. 제5호의 변제방법이 계좌이체 방식인 경우에는 변제를 받기 위한 대부업자 명의의 계좌번호(2010.1.25 본호개정)
7. 해당 거래에 관한 모든 부대비용
8. 손해배상액 또는 강제집행에 관한 약정이 있는 경우에는 그 내용
9. 보증계약을 체결한 경우에는 그 내용
10. 채무의 조기상환수수료율 등 조기상환조건(2017.4.18 본호개정)
11. 연체이자율(2010.1.25 본호신설)
12. 그 밖에 대부업자의 거래상대방을 보호하기 위하여 필요한 사항으로서 대통령령으로 정하는 사항
② 대부업자는 제1항에 따라 대부계약을 체결하는 경우에는 거래상대방에게 제1항 각 호의 사항을 모두 설명하여야 한다.
③ 대부업자가 대부계약과 관련하여 보증계약을 체결하는 경우에는 다음 각 호의 사항이 적힌 보증계약서 및 제1항에 따른 대부계약서 사본을 보증인에게 교부하여야 한다.
1. 대부업자(그 영업소를 포함한다)·주채무자 및 보증인의 명칭 또는 성명 및 주소 또는 소재지
2. 계약일자
3. 보증기간
4. 피보증채무의 금액
5. 보증의 범위
6. 보증인이 주채무자와 연대하여 채무를 부담하는 경우에는 그 내용
7. 그 밖에 보증인을 보호하기 위하여 필요한 사항으로서 대통령령으로 정하는 사항
④ 대부업자는 대부계약과 관련하여 보증계약을 체결하는 경우에는 보증인에게 제3항 각 호의 사항을 모두 설명하여야 한다.
⑤ 대부업자는 제1항에 따른 대부계약을 체결하거나 제3항에 따른 보증계약을 체결한 경우에는 그 계약서와 대통령령으로 정하는 계약관계서류(대부업자의 거래상대방 또는 보증인이 채무를 변제하고 계약서 및 계약관계서류의 반환을 서면으로 요구함에 따라 이를 반환한 경우에는 그 사본 및 반환요구서를 말한다. 이하 같다)를 대부계약 또는 보증계약을 체결한 날부터 채무변제일 이후 2년이 되는 날까지 보관하여야 한다.
⑥ 대부계약 또는 그와 관련된 보증계약을 체결한 자 또는 그 대리인은 대부업자에게 그 계약서와 대통령령으로 정하는 계약관계서류의 열람을 요구하거나 채무 및 보증채무와 관련된 증명서의 발급을 요구할 수 있다. 이 경우 대부업자는 정당한 사유 없이 이를 거부하여서는 아니 된다.(2014.3.18 전단개정)
(2009.1.21 본조개정)
제6조의2 【중요 사항의 자필 기재】 ① 대부업자는 그의 거래상대방과 대부계약을 체결하는 경우에는 다음 각 호의 사항을 그 거래상대방이 자필로 기재하게 하여야 한다.
1. 제6조제1항제3호의 대부금액
2. 제6조제1항제4호의 대부이자율
3. 제6조제1항제5호의 변제기간
4. 그 밖에 대부업자의 거래상대방을 보호하기 위하여 필요한 사항으로서 대통령령으로 정하는 사항
② 대부업자는 대부계약과 관련하여 보증계약을 체결하는 경우에는 다음 각 호의 사항을 그 보증인이 자필로 기재하게 하여야 한다.
1. 제6조제3항제3호의 보증기간
2. 제6조제3항제4호의 피보증채무의 금액
3. 제6조제3항제5호의 보증의 범위
4. 그 밖에 보증인을 보호하기 위하여 필요한 사항으로서 대통령령으로 정하는 사항
③ 대부계약 또는 이와 관련된 보증계약을 체결할 때 다음 각 호의 어느 하나에 해당하는 경우에는 대부업자는 제1항 각 호의 사항 또는 제2항 각 호의 사항을 거래상대방 또는 보증인이 자필로 기재하게 한 것으로 본다.
1. 「전자서명법」 제2조제6호에 따른 인증서(서명자의 실지명의를 확인할 수 있는 것을 말한다)를 이용하여 거래상대방 또는 보증인이 본인인지 여부를 확인하고, 인터넷을 이용하여 제1항 각 호의 사항 또는 제2항 각 호의 사항을 거래상대방 또는 보증인이 직접 입력하게 하는 경우(2020.6.9 본호개정)
2. 그 밖에 거래상대방 또는 보증인이 본인인지 여부 및 제1항 각 호의 사항 또는 제2항 각 호의 사항에 대한 거래상대방 또는 보증인의 동의 의사를 음성 녹음 등 대통령령으로 정하는 방법으로 확인하는 경우
(2009.1.21 본조신설)
제7조 【과잉 대부의 금지】 ① 대부업자는 대부계약을 체결하려는 경우에는 미리 거래상대방으로부터 그 소득·재산 및 부채상황에 관한 것으로서 대통령령으로 정하는 증명서류를 제출받아 그 거래상대방의 소득·재산 및 부채상황을 파악하여야 한다. 다만, 대부금액이 대통령령으로 정하는 금액 이하인 경우에는 그러하지 아니하다.
② 대부업자는 거래상대방의 소득·재산·부채상황·신용 및 변제계획 등을 고려하여 객관적인 변제능력을 초과하는 대부계약을 체결하여서는 아니 된다.
③ 대부업자는 제1항에 따른 서류를 거래상대방의 소득·재산 및 부채상황을 파악하기 위한 용도 외의 목적으로 사용하여서는 아니 된다.
(2009.1.21 본조개정)
제7조의2 【담보제공 확인의무】 대부업자는 대부계약을 체결하고자 하는 자가 제3자의 명의로 된 담보를 제공하는 경우 그 제3자에게 담보제공 여부를 확인하여야 한다.(2010.1.25 본조신설)
제7조의3 【총자산한도】 ① 금융위원회에 등록한 대부업자는 총자산이 자기자본의 10배의 범위에서 대통령령으로 정하는 배수(이하 "총자산한도"라 한다)에 해당하는 금액을 초과해서는 아니 된다.
② 총자산한도의 산정기준 등 세부적인 사항은 대통령령으로 정한다.
(2015.7.24 본조신설)
제8조 【대부업자의 이자율 제한】 ① 대부업자가 개인이나 「중소기업기본법」 제2조제2항에 따른 소기업(小企業)에 해당하는 법인에 대부를 하는 경우 그 이자율은 연 100분의 27.9 이하의 범위에서 대통령령으로 정하는 율을 초과할 수 없다.
② 제1항에 따른 이자율을 산정할 때 사례금, 할인금, 수수료, 공제금, 연체이자, 체당금(替當金) 등 그 명칭이 무엇이든 대부와 관련하여 대부업자가 받는 것은 모두 이자로 본다. 다만, 해

당 거래의 체결과 변제에 관한 부대비용으로서 대통령령으로 정한 사항은 그러하지 아니하다.
③ 대부업자가 개인이나 「중소기업기본법」 제2조제2항에 따른 소기업(小企業)에 해당하는 법인에 대부를 하는 경우 대통령령으로 정하는 율을 초과하여 대부금에 대한 연체이자를 받을 수 없다.(2018.12.24 본항신설)
④ 대부업자가 제1항을 위반하여 대부계약을 체결한 경우 제1항에 따른 이자율을 초과하는 부분에 대한 이자계약은 무효로 한다.
⑤ 채무자가 대부업자에게 제1항과 제3항에 따른 이자율을 초과하는 이자를 지급한 경우 그 초과 지급된 이자 상당금액은 원본(元本)에 충당되고, 원본에 충당되고 남은 금액이 있으면 그 반환을 청구할 수 있다.(2018.12.24 본항개정)
⑥ 대부업자가 선이자를 사전에 공제하는 경우에는 그 공제액을 제외하고 채무자가 실제로 받은 금액을 원본으로 하여 제1항에 따른 이자율을 산정한다.
(2016.3.3 본조신설)

제8조의2【대부계약의 효력】 ① 다음 각 호의 어느 하나에 해당하는 경우 그 대부계약은 무효로 한다. 이 경우 대부업자, 불법사금융업자 또는 여신금융기관(이하 이 조에서 "대부제공자"라 한다)은 제8조, 제11조 및 제15조에도 불구하고 거래상대방에게 그 원본의 반환 및 이자의 변제를 청구하지 못하며, 거래상대방이 대부제공자에게 이미 지급한 원본과 이자가 있으면 이를 반환하여야 한다.
1. 대부계약 과정에서 대부제공자가 다음 각 목의 어느 하나의 행위를 거래상대방에게 하거나 거래상대방이 하도록 요구하는 경우
가. 성적 욕망 또는 수치심을 유발할 수 있는 촬영물·영상물·음성물 또는 그 편집물·합성물·가공물 및 복제물을 요구·수집·제공·유통하는 행위
나. 인신매매, 신체의 상해 또는 포기, 장기기증, 강제취업, 강제노동 등 개인의 신체와 자유를 심각하게 침해하거나 기타 사회질서에 반하는 행위를 요구하는 행위
2. 폭행·협박·체포·감금·위계·위력을 사용하거나 채무자의 궁박, 경솔 또는 무경험을 이용하여 부당하게 체결된 대부계약으로서 대부계약의 내용이 거래상대방에게 현저하게 불리한 경우
3. 대부계약에 「채권의 공정한 추심에 관한 법률」 제8조의3, 제9조, 제10조 및 제12조에 위배되는 내용을 포함한 경우
4. 제6조제1항제4호에 따른 대부이자율이 제8조제1항에 따른 최고이자율의 3배 이상으로서 대통령령으로 정하는 율을 초과하는 내용으로 체결된 경우
② 다음 각 호의 어느 하나에 해당하는 사유가 있는 경우 대부제공자의 거래상대방은 대부계약을 취소할 수 있다.
1. 이 법에 따른 여신금융기관 또는 대부업자등의 자격을 사칭하여 대부계약을 체결한 경우
2. 대부업자 또는 불법사금융업자가 제6조제1항 또는 제3항에 따른 대부계약서 또는 보증계약서를 거래상대방에게 교부하지 아니한 경우. 다만, 다른 법령에 따라 대부계약서 또는 보증계약서의 교부가 면제 또는 대체 가능한 경우는 제외한다.
3. 대부계약서 또는 보증계약서에 제6조의2제1항 각 호 또는 제2항 각 호의 사항이 실제와 달리 허위로 기재된 경우
(2025.1.21 본조신설)

제9조【대부조건의 게시와 광고】 ① 대부업자는 등록증, 대부이자율, 이자계산방법, 변제방법·연체이자율, 그 밖에 대통령령으로 정하는 중요 사항을 일반인이 알 수 있도록 영업소마다 게시하여야 한다.(2012.12.11 본항개정)
② 대부업자가 대부조건 등에 관하여 표시 또는 광고(「표시·광고의 공정화에 관한 법률」에 따른 표시 또는 광고를 말한다. 이하 "광고"라 한다)를 하는 경우에는 다음 각 호의 사항을 포함하여야 한다.
1. 명칭 또는 대표자 성명
2. 대부업 등록번호
3. 대부이자율(연 이자율로 환산한 것을 포함한다) 및 연체이자율
4. 이자 외에 추가비용이 있는 경우 그 내용
5. 채무의 조기상환수수료율 등 조기상환조건(2017.4.18 본호신설)
6. 과도한 채무의 위험성 및 대부계약과 관련된 신용등급 또는 개인신용평점의 하락 가능성을 알리는 경고문구 및 그 밖에 대부업자의 거래상대방을 보호하기 위하여 필요한 사항으로서 대통령령으로 정하는 사항(2020.2.4 본호개정)
③ 대부중개업자가 대부조건 등에 관하여 광고를 하는 경우에는 다음 각 호의 사항을 포함하여야 한다.
1. 명칭 또는 대표자 성명
2. 대부중개업 등록번호
3. 중개를 통하여 대부를 받을 경우 그 대부이자율(연 이자율로 환산한 것을 포함한다) 및 연체이자율
4. 이자 외에 추가비용이 있는 경우 그 내용
5. 채무의 조기상환수수료율 등 조기상환조건(2017.4.18 본호신설)
6. 과도한 채무의 위험성 및 대부계약과 관련된 신용등급 또는 개인신용평점의 하락 가능성을 알리는 경고문구 및 그 밖에 대부중개업자의 거래상대방을 보호하기 위하여 필요한 사항으로서 대통령령으로 정하는 사항(2020.2.4 본호개정)
④ 대부업자등은 제2항 또는 제3항에 따라 광고를 하는 경우에는 일반인이 제2항 각 호의 사항 또는 제3항 각 호의 사항을 쉽게 알 수 있도록 대통령령으로 정하는 방식에 따라 광고의 문안과 표기를 하여야 한다.
⑤ 대부업자등은 다음 각 호에 따른 시간에는 「방송법」 제2조제1호에 따른 방송을 이용한 광고를 하여서는 아니 된다.
1. 평일 : 오전 7시부터 오전 9시까지 및 오후 1시부터 오후 10시까지
2. 토요일과 공휴일 : 오전 7시부터 오후 10시까지
(2015.7.24 본항신설)
(2009.1.21 본조개정)

제9조의2【대부업등에 관한 광고 금지】 ① 대부업자 또는 여신금융기관이 아니면 대부업에 관한 광고를 하여서는 아니 된다.
② 대부중개업자 또는 대출모집인이 아니면 대부중개업에 관한 광고를 하여서는 아니 된다.(2012.12.11 본항개정)
(2009.1.21 본조개정)

제9조의3【허위·과장 광고의 금지 등】 ① 대부업자등은 다음 각 호의 행위를 하여서는 아니 된다.
1. 대부이자율, 대부 또는 대부중개를 받을 수 있는 거래상대방, 대부중개를 통하여 대부할 대부업자, 그 밖에 대부 또는 대부중개의 내용에 관하여 다음 각 목의 방법으로 광고하는 행위
가. 사실과 다르게 광고하거나 사실을 지나치게 부풀리는 방법
나. 사실을 숨기거나 축소하는 방법
다. 비교의 대상 및 기준을 명시하지 아니하거나, 객관적인 근거 없이 자기의 대부 또는 대부중개가 다른 대부업자등의 대부 또는 대부중개보다 유리하다고 주장하는 방법
2. 대부 또는 대부중개를 받을 수 있는 것으로 오인하게 하거나 유인하여 다음 각 목의 방법으로 광고하는 행위
가. 이 법 또는 다른 법률을 위반하는 방법
나. 타인의 재산권을 침해하는 방법
3. 그 밖에 대부업자등의 거래상대방을 보호하거나 불법 거래를 방지하기 위하여 필요한 경우로서 대통령령으로 정하는 광고 행위
② 대부업자등(불법사금융업자·불법사금융중개업자를 포함한다)은 다음 각 호의 표현을 사용하는 광고 행위를 하여서는 아니 된다.
1. 정부기관 및 다른 법률에 따라 허가·인가·등록 등을 받은 금융기관으로 오인될 수 있는 표현
2. 서민 등 금융소외계층을 지원하기 위한 상품으로서 금융위원회가 정하여 고시하는 상품으로 오인될 수 있는 표현
(2025.1.21 본항신설)
③ 시·도지사는 제1항을 위반한 대부업자등에게 제21조에 따라 과태료를 부과한 경우에는 지체 없이 그 내용을 공정거래위원회에 알려야 한다.
(2009.1.21 본조신설)

제9조의4【불법사금융업자로부터의 채권양수·추심 금지 등】 ① 대부업자는 불법사금융업자로부터 대부계약에 따른 채권을 양도받아 이를 추심하는 행위를 하여서는 아니 된다.(2025.1.21 본항개정)
② 대부업자는 불법사금융중개업자로부터 대부중개를 받은 거래상대방에게 대부하여서는 아니 된다.(2025.1.21 본항개정)
③ 대부업자 또는 여신금융기관은 제3조제2항제2호에 따라 등록한 대부업자, 여신금융기관 등 대통령령으로 정한 자가 아닌 자에게 대부계약에 따른 채권을 양도해서는 아니 된다.
(2015.7.24 본항신설)
(2025.1.21 본조제목개정)
제9조의5【고용 제한 등】 ① 대부업자등은 다음 각 호의 어느 하나에 해당하는 자를 고용하여서는 아니 된다.
1. 「폭력행위 등 처벌에 관한 법률」 제4조에 따라 금고 이상의 형을 선고받고 그 집행이 끝나거나(집행이 끝난 것으로 보는 경우를 포함한다) 면제된 날부터 5년이 지나지 아니한 자
2. 제4조제1항제6호 각 목의 어느 하나에 해당하는 규정을 위반하여 다음 각 목의 어느 하나에 해당하는 사람(2015.7.24 본문개정)
가. 금고 이상의 실형을 선고받고 그 집행이 끝나거나(집행이 끝난 것으로 보는 경우를 포함한다) 면제된 날부터 2년이 지나지 아니한 사람
나. 금고 이상의 형의 집행유예 또는 선고유예를 선고받고 그 유예기간 중에 있는 사람
다. 벌금형을 선고받고 2년이 지나지 아니한 사람
3. 다른 대부업자등의 대표자 또는 업무총괄 사용인으로 선임된 자(2025.1.21 본호신설)
② 대부업자등은 제1항 각 호의 어느 하나에 해당하는 사람에게 대부업등의 업무를 위임하거나 대리하게 하여서는 아니 된다.
(2010.1.25 본조신설)
제9조의6【불법 대부행위 등에 사용된 전화번호의 이용중지 등】 ① 시·도지사 등 대통령령으로 정하는 자는 제9조의2제1항 및 제2항을 위반한 광고나 이 법 또는 「채권의 공정한 추심에 관한 법률」에 따른 처벌 대상이 되는 행위(이하 이 조에서 "불법대부행위등"이라 한다)에 이용된 전화번호를 발견 또는 확인한 때에는 과학기술정보통신부장관에게 해당 불법대부행위등에 이용된 전화번호에 대한 전기통신역무 제공의 중지를 요청할 수 있다.(2025.1.21 본항개정)
② 시·도지사등은 제9조제2항부터 제4항까지 또는 제9조의3 제1항을 위반한 광고를 발견한 경우 광고를 한 자에게 기한을 정하여 해당 광고의 중단을 명할 수 있으며, 그 명을 따르지 아니하는 경우에는 과학기술정보통신부장관에게 광고에 사용된 전화번호에 대한 전기통신역무 제공의 중지를 요청할 수 있다.
(2017.7.26 본항개정)
③ 제1항 또는 제2항에 따른 요청으로 전기통신역무 제공이 중지된 이용자는 전기통신역무 제공의 중지를 요청한 기관에 이의신청을 할 수 있다.
④ 누구든지 불법대부행위등에 이용된 전화번호를 확인한 때에는 시·도지사 등 대통령령으로 정하는 자에게 해당 전화번호를 신고할 수 있다.(2025.1.21 본항신설)
⑤ 제1항부터 제4항까지에 따른 전화번호의 확인·신고, 이의신청의 절차 등에 필요한 사항은 대통령령으로 정한다.
(2025.1.21 본항개정)
(2025.1.21 본조제목개정)
(2014.3.18 본조신설)
제9조의7【대부업 이용자 보호기준】 ① 금융위원회에 등록한 대부업자등으로서 대통령령으로 정하는 자산규모 이상인 자는 법령을 지키고 거래상대방을 보호하기 위하여 임직원이 그 직무를 수행할 때 따라야 할 기본적인 절차와 기준(이하 "보호기준"이라 한다)을 정하여야 한다.
② 제1항에 따라 보호기준을 정하는 대부업자등은 보호기준을 지키는지를 점검하고, 보호기준을 위반하는 경우 이를 조사하여 감사(監査)하는 자(이하 "보호감시인"이라 한다)를 1명 이상 두어야 한다.
③ 제1항에 따른 대부업자등은 보호감시인을 임면하려면 이사회의 결의를 거쳐야 한다.
④ 보호감시인은 다음 각 호의 요건을 충족한 자이어야 하며, 보호감시인이 된 후 제2호 또는 제3호의 요건을 충족하지 못한 경우에는 그 직을 상실한다.
1. 다음 각 목의 어느 하나에 해당하는 경력이 있는 자일 것
가. 한국은행 또는 「금융위원회의 설치 등에 관한 법률」 제38조에 따른 검사 대상 기관(이에 상당하는 외국금융기관을 포함한다)에서 10년 이상 근무한 경력이 있는 자
나. 금융 또는 법학 분야의 석사 이상의 학위소지자로서 연구기관 또는 대학에서 연구원 또는 전임강사 이상의 직에서 5년 이상 근무한 경력이 있는 자
다. 변호사 자격을 가진 자로서 해당 자격과 관련된 업무를 합산하여 5년 이상 종사한 경력이 있는 자
라. 기획재정부, 금융위원회, 「금융위원회의 설치 등에 관한 법률」에 따라 설립된 금융감독원(이하 "금융감독원"이라 한다) 또는 같은 법에 따른 증권선물위원회에서 5년 이상 근무한 경력이 있는 자로서 그 기관에서 퇴임하거나 퇴직한 후 5년이 지난 자
마. 그 밖에 대부업 이용자 보호를 위하여 대통령령으로 정하는 자
2. 제4조제1항 각 호의 어느 하나에 해당되지 아니하는 자일 것(2025.1.21 본호개정)
3. 최근 5년간 이 법, 금융관련법령을 위반하여 금융위원회 또는 금융감독원 원장(이하 "금융감독원장"이라 한다)으로부터 주의·경고의 요구 이상에 해당하는 조치를 받은 사실이 없는 자일 것
⑤ 보호기준 및 보호감시인에 관하여 필요한 사항은 대통령령으로 정한다.
(2015.7.24 본조신설)
제9조의8【차별금지】 대부업자는 대부계약을 체결하는 경우에 정당한 사유 없이 성별·학력·장애·사회적 신분 등을 이유로 계약조건에 관하여 거래상대방을 부당하게 차별해서는 아니 된다.(2020.3.24 본조신설)
제9조의9【대부업 이용자의 개인정보 보호】 ① 대부업자는 대부과정에서 수집한 거래상대방의 개인정보를 대부를 제공하기 위한 용도 외의 목적으로 처리하여서는 아니 된다.
② 대부중개업자는 대부중개과정에서 수집한 거래상대방의 개인정보를 대부중개를 하기 위한 용도 외의 목적으로 처리하여서는 아니 된다.
③ 누구든지 대부업 이용자의 정보를 사용 및 관리할 때 범죄에 이용할 목적으로 또는 범죄에 이용될 것을 알면서 대부업 이용자의 개인정보를 제공받거나 제공하는 행위 또는 보관·전달·유통하는 행위를 하여서는 아니 된다.
(2025.1.21 본조신설)
제10조【대주주와의 거래제한 등】 ① 제3조제2항제3호에 따라 등록한 대부업자(이하 "상호출자제한기업집단 대부업자"라 한다)가 그 대주주(최대주주의 특수관계인을 포함한다. 이하 이 조에서 같다)에게 제공할 수 있는 대부, 지급보증 또는 자금 지원적 성격의 유가증권의 매입, 그 밖에 금융거래상의 신용위험이 따르는 대부업자의 직접적·간접적 거래로서 대통령령으로 정하는 것(이하 "신용공여"라 한다)의 합계액은 그 대부업자의 자기자본의 100분의 100을 넘을 수 없으며, 대주주는 그 대부업자로부터 그 한도를 넘겨 신용공여를 받아서는 아니 된다.
② 상호출자제한기업집단 대부업자는 그 대주주에게 대통령령으로 정하는 금액 이상으로 신용공여를 하려는 경우에는 그 사실을 금융위원회에 지체 없이 보고하고, 인터넷 홈페이지 등을 이용하여 공시하여야 한다.
③ 상호출자제한기업집단 대부업자는 추가적인 신용공여를 하지 아니하였음에도 불구하고 자기자본의 변동, 대주주의 변경 등으로 제1항에 따른 한도를 넘게 되는 경우에는 대통령령으로 정하는 기간 이내에 제1항에 따른 한도에 적합하도록 하여야 한다.
④ 제3항에도 불구하고 상호출자제한기업집단 대부업자는 신용공여의 기한 및 규모 등에 따른 부득이한 사유가 있으면 금융위원회의 승인을 받아 그 기간을 연장할 수 있다.

⑤ 제4항에 따른 승인을 받으려는 상호출자제한기업집단 대부업자는 제3항에 따른 기간이 만료되기 3개월 전까지 제1항에 따른 한도에 적합하도록 하기 위한 세부계획서를 금융위원회에 제출하여야 한다.
⑥ 금융위원회는 제5항에 따라 세부계획서를 제출받은 날부터 1개월 이내에 승인 여부를 결정·통보하여야 한다. 다만, 자료 보완 등 필요한 경우에는 그 기간을 연장할 수 있다.
⑦ 여신금융기관이 최대주주인 대부업자는 제1항에도 불구하고 그 대주주에게 신용공여를 할 수 없으며, 대주주는 그 대부업자로부터 신용공여를 받아서는 아니 된다.
⑧ 금융위원회는 대부업자 또는 그 대주주가 제1항부터 제7항까지의 규정을 위반한 혐의가 있다고 인정되는 경우에는 대부업자 또는 그 대주주에게 필요한 자료의 제출을 명할 수 있다.
(2015.7.24 본조신설)

제10조의2【채권추심자의 소속·성명 명시 의무】 대부계약에 따른 채권의 추심을 하는 자는 채무자 또는 그의 관계인에게 그 소속과 성명을 밝혀야 한다.(2009.1.21 본조신설)

제11조【불법사금융업자와의 계약 효력】 ① 불법사금융업자가 대부를 하는 경우 그 대부계약에 따른 이자(제8조제2항에 따라 이자로 보는 것을 포함한다)를 받을 수 없으며, 해당 대부계약의 이자에 관한 약정은 무효로 한다. 이 경우 불법사금융업자에 대해서는 「상법」 제54조 및 제55조를 적용하지 아니한다.
② (2012.12.11 삭제)
(2025.1.21 본조개정)

제11조의2【중개의 제한 등】 ① 대부중개업자는 불법사금융업자에게 대부중개를 하거나 불법사금융업자가 대부중개시스템을 이용하게 하여서는 아니 된다.(2025.1.21 본항개정)
② 대부중개업자 및 대출모집인(이하 "대부중개업자등"이라 한다)과 불법사금융중개업자는 수수료, 사례금, 착수금 등 그 명칭이 무엇이든 대부중개와 관련하여 받는 대가(이하 "중개수수료"라 한다)를 대부를 받는 거래상대방으로부터 받아서는 아니 된다.(2025.1.21 본항개정)
③ 대부업자가 개인이나 대통령령으로 정하는 소규모 법인에 대부하는 경우 대부중개업자등에게 지급하는 중개수수료는 해당 대부금액의 100분의 5의 범위에서 대통령령으로 정하는 율에 해당하는 금액을 초과할 수 없다.(2012.12.11 본항신설)
④ 여신금융기관이 대부중개업자등에게 중개수수료를 지급하는 경우의 중개수수료 상한에 관하여는 제3항을 준용한다.
(2012.12.11 본항신설)
⑤ 금융위원회는 제4항을 위반하여 중개수수료를 지급한 여신금융기관에 대하여 그 시정을 명할 수 있다.(2012.12.11 본항신설)
⑥ 대부중개업자등은 대부업자 또는 여신금융기관으로부터 제3항 및 제4항에 따른 금액을 초과하는 중개수수료를 지급받아서는 아니 된다.(2012.12.11 본항신설)
⑦ 대부중개업자는 대부업 이용자를 보호하기 위하여 대부업 이용 시 유의사항 등을 안내하는 방안을 마련하여야 하며, 구체적인 기준·절차 등은 대통령령으로 정한다.(2025.1.21 본항신설)

제11조의3【대부중개를 위탁한 대부업자 또는 여신금융기관의 배상책임】 ① 대부업자 또는 여신금융기관은 대부중개업자등이 그 위탁받은 대부중개를 하면서 이 법을 위반하여 거래상대방에게 손해를 발생시킨 경우에는 그 손해를 배상할 책임이 있다. 다만, 대부업자 또는 여신금융기관이 대부중개업자등에게 대부중개를 위탁하면서 상당한 주의를 하였고 이들이 대부중개를 하면서 거래상대방에게 손해를 입히는 것을 막기 위하여 노력한 경우에는 그러하지 아니하다.
② 제1항은 해당 대부중개업자등에 대한 대부업자 또는 여신금융기관의 구상권 행사를 방해하지 아니한다.
(2014.1.1 본조신설)

제11조의4【거래상대방에 대한 배상책임】 ① 대부업자등(불법사금융업자·불법사금융중개업자를 포함한다)은 대부업등(사실상 대부업등을 하는 경우를 포함한다)을 하면서 고의 또는 과실로 인한 위법행위로 거래상대방에게 손해를 발생시킨 경우에는 그 손해를 배상할 책임이 있다.(2025.1.21 본항개정)
② 대부업자등은 업무를 개시하기 전에 제1항에 따른 손해배상책임을 보장하기 위하여 대통령령으로 정하는 바에 따라 보증금을 예탁하거나 보험 또는 공제에 가입하여야 한다.
(2015.7.24 본조신설)

제12조【검사 등】 ① 시·도지사등은 대부업자등에게 그 업무 및 업무와 관련된 재산에 관하여 보고하게 하거나, 자료의 제출, 그 밖에 필요한 명령을 할 수 있다.(2015.7.24 본항개정)
② 시·도지사 또는 금융감독원장은 소속 공무원 또는 소속 직원(금융위원회에 등록한 대부업자등에 대한 검사로 한정한다)에게 그 영업소에 출입하여 그 업무 및 업무와 관련된 재산에 관하여 검사하게 할 수 있다.(2015.7.24 본항개정)
③ 시·도지사는 대부업자등에 대한 전문적인 검사가 필요한 경우로서 대통령령으로 정하는 경우에는 제2항에도 불구하고 금융감독원장에게 대부업자등에 대한 검사를 요청할 수 있다.
(2015.7.24 본항개정)
④ (2015.7.24 삭제)
⑤ 금융감독원장은 제2항 및 제3항에 따른 검사에 필요하다고 인정하면 대부업자등에 대하여 업무 및 업무와 관련된 재산에 관한 보고, 자료의 제출, 관계자의 출석 및 의견의 진술을 요구할 수 있다.(2015.7.24 본항개정)
⑥ 제2항 및 제3항에 따라 출입·검사를 하는 자는 그 권한을 표시하는 증표를 지니고 관계인에게 내보여야 한다.(2015.7.24 본항개정)
⑦ 시·도지사등은 제1항부터 제3항까지의 규정에 따른 보고 또는 검사 결과에 따라 필요하면 대부업자등에게 시정명령 등 감독상 필요한 명령을 할 수 있다.(2015.7.24 본항개정)
⑧ 금융감독원장이 제2항에 따른 검사를 한 경우에는 그 보고서를 금융위원회에 제출하여야 한다. 이 경우 이 법 또는 이 법에 따른 명령이나 처분을 위반한 사실이 있을 때에는 그 처리에 관한 의견서를 첨부하여야 한다.(2015.7.24 본항개정)
⑨ 대부업자등은 다음 각 호의 구분에 따른 사항을 적은 보고서를 대통령령으로 정하는 기간마다 대통령령으로 정하는 절차와 방법에 따라 관할 시·도지사등에게 제출하여야 한다.
(2015.7.24 본문개정)
1. 대부업자의 경우
  가. 대부금액
  나. 대부를 받은 거래상대방의 수
  다. 그 밖에 영업소의 업무현황을 파악하기 위하여 필요한 사항으로서 대통령령으로 정하는 사항
2. 대부중개업자의 경우
  가. 대부를 중개한 금액
  나. 대부를 중개한 거래상대방의 수
  다. 그 밖에 영업소의 업무현황을 파악하기 위하여 필요한 사항으로서 대통령령으로 정하는 사항
(2009.1.21 본조개정)

제12조의2【위반행위의 신고 및 수사의뢰 등】 ① 누구든지 불법사금융업자 또는 불법사금융중개업자가 이 법을 위반한 사실을 알게 된 때에는 그 사실을 금융감독원에 신고할 수 있다.
② 금융감독원은 제1항에 따른 신고가 있거나 이 법을 위반한 혐의가 있다고 인정할 때에는 이용자의 피해 확산을 방지하기 위하여 조사·분석 등 필요한 조치를 할 수 있고, 관할 수사기관에 고발 또는 수사의뢰하거나 필요한 정보를 제공할 수 있다.
(2025.1.21 본조신설)

제13조【영업정지 및 등록취소 등】 ① 시·도지사등은 대부업자등이 다음 각 호의 어느 하나에 해당하면 그 대부업자등에게 대통령령으로 정하는 기준에 따라 1년 이내의 기간을 정하여 그 영업의 전부 또는 일부의 정지를 명할 수 있다.(2015.7.24 본문개정)
1. 별표1 각 호의 어느 하나에 해당하는 경우, 「채권의 공정한 추심에 관한 법률」 제5조제1항, 제7조, 제8조, 제8조의2부터 제8조의4까지, 제9조, 제10조제1항 및 제11조부터 제13조까지를 위반한 경우(2025.1.21 본호개정)
2. 해당 대부업자등의 영업소 중 같은 시·도지사에게 등록한 다른 영업소가 영업정지 처분을 받은 경우(2015.7.24 본호개정)

② 시·도지사등은 대부업자등이 다음 각 호의 어느 하나에 해당하면 그 대부업자등의 등록을 취소할 수 있다. 다만, 제1호에 해당하면 등록을 취소하여야 한다.(2015.7.24 본문개정)
1. 속임수나 그 밖의 부정한 방법으로 제3조 또는 제3조의2에 따른 등록 또는 등록갱신을 한 경우
2. 제3조의5제1항제1호·제3호 또는 같은 조 제2항제1호·제2호의 요건을 유지하지 아니한 경우. 다만, 일시적으로 요건을 유지하지 못하는 등 대통령령으로 정하는 경우로서 제12조제7항에 따른 시정명령 등 감독상 필요한 명령을 이행한 경우는 제외한다.(2025.1.21 본호개정)
2의2. 시·도지사에 등록한 대부업자등이 제3조의5제1항제5호가목 또는 나목의 요건을 충족하지 아니한 경우(2015.7.24 본호신설)
2의3. 금융위원회에 등록한 대부업자등이 제3조의5제1항제5호가목, 나목 또는 같은 조 제2항제5호 또는 제6호의 요건을 충족하지 아니한 경우(2015.7.24 본호신설)
2의4. 시·도지사에 등록한 대부업자등의 대표자가 제4조제1항 각 호에 해당하는 경우(2015.7.24 본호신설)
3. 6개월 이상 계속하여 영업실적이 없는 경우
4. 제1항에 따른 영업정지 명령을 위반한 경우
5. 제1항에 따라 영업정지 명령을 받고도 그 영업정지 기간 이내에 영업정지 처분 사유를 시정하지 아니하여 동일한 사유로 제1항에 따른 영업정지 처분을 대통령령으로 정하는 회수 이상 받은 경우
6. 대부업자등의 소재를 확인할 수 없는 경우로서 시·도지사등이 대통령령으로 정하는 바에 따라 소재 확인을 위한 공고를 하고 그 공고일부터 30일이 지날 때까지 그 대부업자등으로부터 통지가 없는 경우(2015.7.24 본호개정)
7. 대부업자등이 제1항제1호에 해당하는 경우로서 대부업자등의 거래상대방의 이익을 크게 해칠 우려가 있는 경우
8. 해당 대부업자등의 영업소 중 같은 시·도지사에게 등록한 다른 영업소가 등록취소 처분을 받은 경우(2015.7.24 본호개정)
③ 시·도지사등은 제2항에 따른 등록취소를 하려면 다음 각 호의 방법에 따른 의견청취 절차를 거쳐야 한다. 다만, 제2항제6호의 경우에는 그러하지 아니하다.(2015.7.24 본문개정)
1. 제2항제1호·제3호·제4호·제5호·제7호 및 제8호의 경우 : 청문
2. 제2항제2호, 제2호의2부터 제2호의4까지의 경우 : 의견제출 기회 부여(2015.7.24 본호개정)
④ 제3항에도 불구하고 다음 각 호의 경우에는 의견청취 절차를 거치지 아니할 수 있다.
1. 제2항제2호, 제2호의2부터 제2호의4까지에 해당함이 재판 등에 따라 객관적으로 증명된 경우(2015.7.24 본호개정)
2. 의견청취가 매우 어렵거나 명백히 불필요하다고 인정되는 상당한 이유가 있는 경우
3. 대부업자등이 의견청취 절차를 거치지 아니하여도 좋다는 의사를 명백히 표시하는 경우
⑤ 시·도지사등은 대부업자등에게 제1항 또는 제2항에 따른 영업정지 또는 등록취소 처분을 하는 경우에는 그 사실을 전산정보처리조직 등을 통하여 다른 시·도지사등에게 지체 없이 알려야 한다.(2015.7.24 본항개정)
⑥ 시·도지사등은 대부업자등 또는 그 임직원이 제1항제1호의 어느 하나에 해당하는 경우에는 다음 각 호의 어느 하나에 해당하는 조치를 할 수 있다.(2025.1.21 본문개정)
1. 대부업자등에 대한 주의·경고 또는 그 임직원에 대한 주의·경고·문책의 요구
2. 임원의 해임 권고 또는 직무정지(2017.4.18 본호개정)
3. 직원의 면직 요구
(2015.7.24 본항신설)
⑦ 시·도지사등은 퇴임·퇴직한 대부업자등의 임직원이 재임·재직 중이었더라면 제6항 각 호에 해당하는 조치를 받았을 것으로 인정되는 경우에는 그 조치의 내용을 해당 대부업자등에게 통보할 수 있다.(2022.1.4 본항개정)
⑧ 제7항에 따른 통보를 받은 대부업자등은 이를 퇴임·퇴직한 해당 임직원에게 통보하고, 그 내용을 기록·유지하여야 한다.
(2017.4.18 본항신설)
(2015.7.24 본조제목개정)
(2009.1.21 본조개정)

제14조【등록취소 등에 따른 거래의 종결】 다음 각 호의 어느 하나에 해당하는 대부업자등(대부업자등이 개인인 경우에는 그 상속인을 포함한다)은 그 대부업자등이 체결한 대부계약에 따른 거래를 종결하는 범위에서 대부업자등으로 본다.
1. 제3조제6항에 따른 등록의 유효기간이 만료된 경우
(2015.7.24 본호개정)
2. 제5조제2항에 따라 폐업신고를 한 경우
3. 제13조제2항에 따라 등록취소 처분을 받은 경우
(2009.1.21 본조개정)

제14조의2【과징금】 ① 금융위원회는 대부업자 또는 그 대주주(최대주주의 특수관계인을 포함한다. 이하 이 조에서 같다)가 다음 각 호의 어느 하나에 해당할 때에는 다음 각 호의 구분에 따라 과징금을 부과할 수 있다.
1. 대부업자
가. 상호출자제한기업집단 대부업자가 제10조제1항에 따른 신용공여의 한도를 초과하여 신용공여를 한 경우 : 초과한 신용공여 금액 이하
나. 여신금융기관이 최대주주인 대부업자가 제10조제7항을 위반하여 신용공여를 한 경우 : 신용공여 금액 이하
(2017.4.18 가목~나목개정)
2. 대주주
가. 상호출자제한기업집단에 속하는 대주주가 제10조제1항에 따른 신용공여의 한도를 초과하여 신용공여를 받은 경우 : 초과한 신용공여 금액 이하
나. 대부업자의 최대주주인 여신금융기관이 제10조제7항을 위반하여 신용공여를 받은 경우 : 신용공여 금액 이하
(2017.4.18 가목~나목개정)
② 금융위원회는 과징금을 부과받은 자(이하 "과징금납부의무자"라 한다)가 납부기한 내에 과징금을 납부하지 아니한 때에는 납부기한의 다음 날부터 납부한 날의 전 날까지의 기간에 대하여 대통령령으로 정하는 가산금을 징수할 수 있다. 이 경우 가산금을 징수하는 기간은 60개월을 초과하지 못한다.
(2017.4.18 후단신설)
③ 금융위원회는 과징금납부의무자가 그 기한까지 납부하지 아니하면 국세 체납처분의 예에 따라 이를 징수할 수 있다.
④ 금융위원회는 대통령령으로 정하는 바에 따라 과징금의 징수 및 체납처분에 관한 업무를 국세청장에게 위탁할 수 있다.
⑤ 과징금 부과기준 및 금액, 징수, 그 밖에 필요한 사항은 대통령령으로 정한다.
(2015.7.24 본조신설)

제14조의3 (2023.9.14 삭제)

제14조의4【과징금의 납부기한 연기 및 분할 납부】 ① 금융위원회는 과징금납부의무자에 대하여 「행정기본법」 제29조 단서에 따라 과징금 납부기한을 연기하거나 과징금을 분할 납부하게 할 수 있으며, 이 경우 필요하다고 인정하면 담보를 제공하게 할 수 있다.
② 과징금납부의무자는 제1항에 따라 과징금의 납부기한을 연기받거나 분할 납부를 하려는 경우에는 그 납부기한의 10일 전까지 금융위원회에 신청하여야 한다.
③ 금융위원회는 제1항에 따라 과징금 납부기한이 연기되거나 분할 납부가 허용된 과징금납부의무자가 다음 각 호의 어느 하나에 해당하게 된 때에는 그 납부기한의 연기 또는 분할 납부 결정을 취소하고 과징금을 일시에 징수할 수 있다.
1. 분할 납부하기로 한 과징금을 그 납부기한까지 내지 아니한 경우
2. 담보 제공 요구에 따르지 아니하거나 제공된 담보의 가치를 훼손하는 행위를 한 경우
3. 강제집행, 경매의 개시, 파산선고, 법인의 해산, 국세 강제징수 또는 지방세 체납처분 등의 사유로 과징금의 전부 또는 나머지를 징수할 수 없다고 인정되는 경우

4. 「행정기본법」 제29조 각 호의 사유가 해소되어 과징금을 한꺼번에 납부할 수 있다고 인정되는 경우
5. 그 밖에 제1호부터 제4호까지에 준하는 사유가 있는 경우
④ 제1항부터 제3항까지에서 규정한 사항 외에 과징금의 납부기한 연기 또는 분할 납부 등에 관하여 필요한 사항은 대통령령으로 정한다.
(2023.9.14 본조개정)
제14조의5【과징금 환급가산금】 ① 금융위원회는 과징금납부의무자가 이의신청의 재결 또는 법원의 판결 등의 사유로 과징금을 환급하는 경우에는 과징금을 납부한 날부터 환급한 날까지의 기간에 대하여 대통령령으로 정하는 바에 따라 환급가산금을 지급하여야 한다.
② 제1항에도 불구하고 법원의 판결에 의하여 과징금 부과처분이 취소되어 그 판결이유에 따라 새로운 과징금을 부과하는 경우에는 당초 납부한 과징금에서 새로 부과하기로 결정한 과징금을 공제한 나머지 금액에 대해서만 환급가산금을 계산하여 지급한다.
(2015.7.24 본조신설)
제15조【여신금융기관의 이자율의 제한】 ① 여신금융기관은 연 100분의 27.9 이하의 범위에서 대통령령으로 정하는 율을 초과하여 대부금에 대한 이자를 받을 수 없다.(2016.3.3 본항신설)
② 제1항에 따른 이자율을 산정할 때에는 제8조제2항을 준용한다.(2016.3.3 본항신설)
③ 여신금융기관은 대부자금의 조달비용, 연체금의 관리비용, 연체금액, 연체기간, 금융업의 특성 등을 고려하여 대통령령으로 정하는 율을 초과하여 대부금에 대한 연체이자를 받을 수 없다.
④ 금융위원회는 제1항 및 제3항을 위반하여 이자 및 연체이자를 받는 여신금융기관에 대하여 그 시정을 명할 수 있다.
⑤ 여신금융기관이 제1항 및 제3항에 따른 기준을 초과하여 이자 또는 연체이자를 받은 경우 그 이자계약의 효력 등에 관하여는 제8조제4항부터 제6항까지의 규정을 준용한다.
(2018.12.24 본항개정)
(2016.3.3 본조제목개정)
(2009.1.21 본조개정)
제15조의2【대부업정책협의회 등의 설치】 ① 대부업등 관련 정책을 종합적인 관점에서 일관성 있게 수립·추진하고, 관계 행정기관 간의 협의가 필요한 사항을 효율적으로 협의·조정하기 위하여 금융위원회에 대부업정책협의회를 둔다.
② 대부업정책협의회는 회의의 효율적 운영을 위하여 대부업정책실무협의회를 둘 수 있다.
③ 대부업등 관련 업무의 효과적 수행과 위법행위의 효과적 예방·단속에 관한 사항을 협의하기 위하여 시·도에 대부업관계기관협의회를 둔다.
④ 제1항에 따른 대부업정책협의회, 제2항에 따른 대부업정책실무협의회 및 제3항에 따른 대부업관계기관협의회의 구성·운영, 그 밖에 필요한 사항은 대통령령으로 정한다.
(2009.1.21 본조신설)
제16조【대부업자의 실태조사 등】 ① 시·도지사는 수시로 대통령령으로 정하는 방법 및 절차에 따라 대부업자등의 영업실태를 조사하여야 하며 그 결과를 매년 행정안전부장관 및 금융위원회에 제출하여야 한다.
② 행정안전부장관과 금융위원회는 시·도지사, 관계 행정기관 또는 공공단체의 장에게 대부업자등의 현황 파악과 제도 조사를 위하여 필요한 자료의 제공을 요청할 수 있다. 이 경우 시·도지사, 관계 행정기관 또는 공공단체의 장은 특별한 사유가 없으면 이에 협조하여야 한다.
③ 행정안전부장관과 금융위원회는 대부업자등의 현황 및 영업실태 조사결과 등을 대통령령으로 정하는 바에 따라 관보 또는 인터넷 홈페이지 등에 게재하여야 한다.
(2017.7.26 본조개정)
제16조의2【행정처분 사실 등의 공개】 ① 시·도지사등은 금융이용자 보호를 위하여 다음 각 호의 어느 하나에 해당하는 자에 대한 행정처분 또는 시정명령 사실을 공개하여야 한다.
(2015.7.24 본문개정)
1. 최근 5년 이내에 제13조에 따른 영업정지 또는 등록취소 처분을 받은 자
2. 최근 5년 이내에 제15조제4항에 따른 시정명령을 받은 자
② 제1항에 따른 공개의 기준, 내용 및 절차 등에 필요한 사항은 대통령령으로 정한다.
(2014.1.1 본조신설)
제17조【등록수수료 등】 ① 제3조에 따른 등록을 하려는 자는 대통령령으로 정하는 바에 따라 수수료를 내야 한다.
② 제12조제2항 및 제3항에 따라 검사를 받는 대부업자등은 대통령령으로 정하는 검사수수료를 시·도지사나 금융감독원장에게 내야 한다.(2015.7.24 본항개정)
(2009.1.21 본조개정)
제18조【분쟁 조정】 ① 시·도지사에게 등록된 대부업자등과 거래상대방 간의 분쟁을 해결하기 위하여 해당 영업소를 관할하는 시·도지사 소속으로 분쟁조정위원회를 둔다.
(2015.7.24 본항개정)
② 시·도지사에게 등록된 대부업자등과 거래상대방은 제1항에 따른 분쟁조정위원회에서 분쟁이 해결되지 아니하는 경우에는 「소비자기본법」 제60조에 따른 소비자분쟁조정위원회에 분쟁 조정을 신청할 수 있다.(2015.7.24 본항개정)
③ 제1항에 따른 분쟁조정위원회의 구성·운영과 분쟁 조정의 절차·방법 등 분쟁 조정에 관하여 필요한 사항은 대통령령으로 정한다.
④ 금융위원회에 등록된 대부업자등과 거래상대방 간의 분쟁조정에 관하여는 「금융소비자 보호에 관한 법률」 제33조부터 제43조까지의 규정을 준용한다.(2020.3.24 본항개정)
(2009.1.21 본조개정)
제18조의2【대부업 및 대부중개업 협회 설립 등】 ① 대부업등의 업무질서를 유지하고, 대부업등의 건전한 발전과 이용자 보호를 위하여 대부업 및 대부중개업 협회(이하 "협회"라 한다)를 설립한다.
② 협회는 법인으로 한다.
③ 협회는 정관으로 정하는 바에 따라 주된 사무소를 두고 필요한 곳에 지회(支會)를 둘 수 있다.(2015.7.24 본항개정)
④ 협회는 대통령령으로 정하는 바에 따라 주된 사무소의 소재지에서 설립등기를 함으로써 성립한다.
⑤ 이 법에 따른 협회가 아닌 자는 대부업 및 대부중개업 협회 또는 이와 비슷한 명칭을 사용하지 못한다.
(2009.1.21 본조신설)
제18조의3【업무】 ① 협회는 다음 각 호의 업무를 한다.
1. 이 법 또는 관계 법령을 준수하도록 하기 위한 회원에 대한 지도와 권고
2. 대부업등의 이용자 보호를 위한 회원에 대한 업무방식 개선·권고
3. 대부업등의 이용자 민원의 상담·처리
4. 그 밖에 협회의 목적을 달성하기 위하여 대통령령으로 정하는 업무
② 협회는 업무에 관한 규정을 제정·변경하거나 폐지한 경우에는 지체 없이 금융위원회에 이를 보고하여야 한다.(2016.3.3 본항신설)
(2009.1.21 본조신설)
제18조의4【정관】 ① 협회의 정관은 창립총회에서 작성한 후 금융위원회의 인가를 받아야 한다. 이를 변경하려는 경우에도 또한 같다.
② 협회의 정관에는 다음 각 호의 사항이 포함되어야 한다.
1. 목적, 명칭 및 주된 사무소의 소재지
2. 임직원에 관한 사항
3. 임원의 선출에 관한 사항
4. 회원의 권리와 의무에 관한 사항
5. 업무와 그 집행에 관한 사항
6. 회비의 분담과 예산 및 회계에 관한 사항
7. 회의에 관한 사항
8. 그 밖에 협회의 운영에 관한 사항
(2009.1.21 본조신설)

제18조의5【가입 등】 ① 대부업자등은 협회에 가입할 수 있다. 다만, 금융위원회에 등록된 대부업자등, 그 밖에 대통령령으로 정하는 자는 협회에 가입하여야 한다.(2015.7.24 단서개정)
② 협회는 대부업자등이 협회에 가입하려는 경우 정당한 사유 없이 그 가입을 거부하거나 가입에 부당한 조건을 부과하여서는 아니 된다.
③ 협회는 회원에게 정관으로 정하는 바에 따라 회비를 징수할 수 있다.
(2009.1.21 본조신설)

제18조의6【「민법」의 준용】 협회에 대하여 이 법에 특별한 규정이 없으면 「민법」 중 사단법인에 관한 규정을 준용한다.
(2009.1.21 본조신설)

제18조의7【업무의 위탁】 ① 이 법에 따른 시·도지사의 업무의 일부는 대통령령으로 정하는 바에 따라 협회에 위탁할 수 있다.
② 이 법에 따른 금융위원회의 업무의 일부는 대통령령으로 정하는 바에 따라 금융감독원장 또는 협회에 위탁할 수 있다.
(2015.7.24 본항신설)
③ 금융감독원장 및 협회는 제1항 및 제2항에 따라 위탁받은 업무의 처리 결과를 매 분기별로 시·도지사등에게 보고하여야 한다.(2015.7.24 본항개정)
(2009.1.21 본조신설)

제18조의8【관계 기관에의 협조 요청】 시·도지사등은 대부업자등의 관리·감독 등을 위하여 관계 기관의 사실 확인이 필요하면 해당 기관에 그 확인을 요청할 수 있다. 이 경우 해당 기관은 특별한 사유가 없으면 사실을 확인하여 통보하여야 한다.
(2015.7.24 전단개정)

제18조의9【협회에 대한 검사】 ① 협회는 그 업무와 재산상황에 관하여 금융감독원장의 검사를 받아야 한다.
② 금융감독원장은 제1항의 검사를 함에 있어서 필요하다고 인정하는 경우에는 협회에 업무 또는 재산에 관한 보고, 자료의 제출, 증인의 출석, 증언 및 의견의 진술을 요구할 수 있다.
③ 제1항에 따라 검사를 하는 자는 그 권한을 표시하는 증표를 지니고 이를 관계자에게 내보여야 한다.
④ 금융감독원장이 제1항에 따른 검사를 한 경우에는 그 보고서를 금융위원회에 제출하여야 한다. 이 경우 이 법 또는 이 법에 따른 명령이나 처분을 위반한 사실이 있는 때에는 그 처리에 관한 의견서를 첨부하여야 한다.
⑤ 금융위원회는 검사의 방법·절차, 검사결과에 대한 조치기준, 그 밖에 검사업무와 관련하여 필요한 사항을 정하여 고시할 수 있다.
(2016.3.3 본조신설)

제18조의10【협회에 대한 조치】 ① 금융위원회는 협회가 별표2 각 호의 어느 하나에 해당하는 경우에는 다음 각 호의 어느 하나에 해당하는 조치를 할 수 있다.
1. 6개월 이내의 업무의 일부의 정지
2. 위법행위의 시정명령
3. 기관경고
4. 기관주의
5. 그 밖에 위법행위를 시정하거나 방지하기 위하여 필요한 조치로서 대통령령으로 정하는 조치
② 금융위원회는 협회의 임원이 별표2 각 호의 어느 하나에 해당하는 경우에는 다음 각 호의 어느 하나에 해당하는 조치를 할 수 있다.
1. 해임요구
2. 6개월 이내의 직무정지
3. 문책경고
4. 주의적 경고
5. 주의
6. 그 밖에 위법행위를 시정하거나 방지하기 위하여 필요한 조치로서 대통령령으로 정하는 조치
③ 금융위원회는 협회의 직원이 별표2 각 호의 어느 하나에 해당하는 경우에는 다음 각 호의 어느 하나에 해당하는 조치를 협회에 요구할 수 있다.
1. 면직
2. 6개월 이내의 정직
3. 감봉
4. 견책
5. 경고
6. 주의
7. 그 밖에 위법행위를 시정하거나 방지하기 위하여 필요한 조치로서 대통령령으로 정하는 조치
④ 금융위원회는 제2항 또는 제3항에 따라 협회의 임직원에 대하여 조치를 하거나 이를 요구하는 경우 그 임직원에 대하여 관리·감독의 책임이 있는 임직원에 대한 조치를 함께 하거나 이를 요구할 수 있다. 다만, 관리·감독의 책임이 있는 자가 그 임직원의 관리·감독에 상당한 주의를 다한 경우에는 조치를 감면할 수 있다.
⑤ 금융위원회는 다음 각 호의 어느 하나에 해당하는 처분 또는 조치를 하고자 하는 경우에는 청문을 하여야 한다.
1. 제18조의4제1항에 따른 협회의 정관에 대한 인가의 취소
2. 제18조의10제2항 또는 제3항에 따른 협회의 임직원에 대한 해임요구 또는 면직요구
(2016.3.3 본조신설)

제18조의11【처분 등의 기록 및 공시 등】 ① 금융위원회는 제18조의10에 따라 처분 또는 조치한 경우에는 그 내용을 기록하고 이를 유지·관리하여야 한다.
② 금융위원회는 협회의 퇴임한 임원 또는 퇴직한 직원이 재임 또는 재직 중이었다면 제18조의10제2항제1호부터 제5호까지 또는 같은 조 제3항제1호부터 제6호까지에 해당하는 조치를 받았을 것으로 인정되는 경우에는 그 받았을 것으로 인정되는 조치의 내용을 금융감독원장으로 하여금 협회에 통보하도록 할 수 있다. 이 경우 통보를 받은 협회는 이를 퇴임·퇴직한 그 임직원에게 통보하여야 한다.
③ 제1항은 협회가 금융위원회의 조치요구에 따라 그 임직원을 조치한 경우 및 제2항에 따라 통보를 받은 경우에 준용한다.
④ 협회 또는 그 임직원(임직원이었던 자를 포함한다)은 금융위원회에 자기에 대한 제18조의10에 따른 처분 또는 조치 여부 및 그 내용을 조회할 수 있다.
⑤ 금융위원회는 제4항의 조회요청을 받은 경우에는 정당한 사유가 없으면 처분 또는 조치 여부 및 그 내용을 그 조회 요청자에게 통보하여야 한다.
⑥~⑦ (2023.9.14 삭제)
(2016.3.3 본조신설)

제18조의12【처분 또는 조치에 대한 이의신청 특례】 ① 제14조의2, 제18조의10제1항, 같은 조 제2항제2호부터 제6호까지 및 같은 조 제4항(제2항제2호부터 제6호까지의 어느 하나에 해당하는 조치에 한정한다)에 따른 처분 또는 조치에 대하여 불복하는 자는 그 처분 또는 조치의 고지를 받은 날부터 30일 이내에 그 사유를 갖추어 금융위원회에 이의신청을 할 수 있다.
② 금융위원회는 제1항에 따른 이의신청을 받으면 그 신청을 받은 날부터 60일 이내에 그 이의신청에 대한 결과를 신청인에게 통지하여야 한다. 다만, 부득이한 사유로 60일 이내에 통지할 수 없는 경우에는 그 기간을 만료일 다음 날부터 기산하여 30일의 범위에서 한 차례 연장할 수 있다.
③ 제1항 및 제2항에서 규정한 사항 외에 처분에 대한 이의신청에 관한 사항은 「행정기본법」 제36조에 따른다.
(2023.9.14 본조신설)

제19조【벌칙】 ① 다음 각 호의 어느 하나에 해당하는 자는 10년 이하의 징역 또는 5억원 이하의 벌금에 처한다.(2025.1.21 본문개정)
1. 제3조 또는 제3조의2를 위반하여 등록 또는 등록갱신을 하지 아니하고 대부업등을 한 자
2. 속임수나 그 밖의 부정한 방법으로 제3조 또는 제3조의2에 따른 등록 또는 등록갱신을 한 자
3. 제9조의2제1항 또는 제2항을 위반하여 대부업 또는 대부중개업 광고를 한 자
4.~5. (2025.1.21 삭제)

② 다음 각 호의 어느 하나에 해당하는 자는 5년 이하의 징역 또는 2억원 이하의 벌금에 처한다.
1. 제5조의2제5항 각 호를 위반하여 타인에게 자기의 명의로 대부업등을 하게 하거나 대부업 등록증을 양도·양수·대여·유통한 자
2. 제8조에 따른 이자율을 초과하여 이자를 받거나 제11조제1항을 위반하여 이자를 받은 자
3. 제9조의3제2항을 위반하여 광고 행위를 한 자
4. 제9조의9제1항 또는 제2항을 위반하여 대부과정 또는 대부중개과정에서 수집한 거래상대방의 개인정보를 정해진 용도 외의 목적으로 처리한 자
5. 제9조의9제3항을 위반하여 대부업 이용자의 개인정보를 제공받거나 제공한 자 또는 보관·전달·유통한 자
(2025.1.21 본항신설)
③ 다음 각 호의 어느 하나에 해당하는 자는 5년 이하의 징역 또는 5천만원 이하의 벌금에 처한다.
1. 제10조제1항 또는 제7항을 위반하여 신용공여를 한 자
2. 제10조제1항 또는 제7항을 위반하여 신용공여를 받은 자
(2025.1.21 본항신설)
④ 다음 각 호의 어느 하나에 해당하는 자는 3년 이하의 징역 또는 3천만원 이하의 벌금에 처한다.
1. 제5조의2제4항을 위반하여 그 상호 중에 대부, 대부중개 또는 이와 유사한 상호를 사용한 자(2015.7.24 본호신설)
1의2. (2025.1.21 삭제)
2. 제7조제3항을 위반하여 서류를 해당 용도 외의 목적으로 사용한 자
3. (2025.1.21 삭제)
4. 제9조의4제1항 또는 제2항을 위반하여 불법사금융업자로부터 대부계약에 따른 채권을 양도받아 이를 추심하는 행위를 한 자 또는 불법사금융중개업자로부터 대부중개를 받은 거래상대방에게 대부행위를 한 자(2025.1.21 본호개정)
5. 제9조의4제3항을 위반하여 대부계약에 따른 채권을 양도한 자(2015.7.24 본호신설)
6. 제11조의2제1항 또는 제2항을 위반하여 대부중개를 하거나 중개수수료를 받은 자
7. 제11조의2제3항에 따른 중개수수료를 초과하여 지급한 자 (2012.12.11 본호신설)
8. 제11조의2제5항에 따른 시정명령을 이행하지 아니한 자 (2012.12.11 본호신설)
9. 제11조의2제6항을 위반하여 중개수수료를 지급받은 자 (2012.12.11 본호신설)
10. 제15조제4항에 따른 시정명령을 이행하지 아니한 자
⑤ 제1항 및 제2항의 징역형과 벌금형은 병과(倂科)할 수 있다.
(2009.1.21 본조개정)

제20조【양벌규정】 법인의 대표자나 법인 또는 개인의 대리인, 사용인, 그 밖의 종업원이 그 법인 또는 개인의 업무에 관하여 제19조의 위반행위를 하면 그 행위자를 벌하는 외에 그 법인 또는 개인에게도 해당 조문의 벌금형을 과(科)한다. 다만, 법인 또는 개인이 그 위반행위를 방지하기 위하여 해당 업무에 관하여 상당한 주의와 감독을 게을리하지 아니한 경우에는 그러하지 아니하다.(2009.1.21 본조개정)

제21조【과태료】 ① 다음 각 호의 어느 하나에 해당하는 자에게는 5천만원 이하의 과태료를 부과한다.(2017.4.18 본문개정)
1. 제5조제1항 또는 제2항을 위반하여 변경등록 또는 폐업신고를 하지 아니한 자
2. 제5조의2제1항 또는 제2항을 위반하여 상호 중에 "대부" 또는 "대부중개"라는 문자를 사용하지 아니한 자
3. 제6조제1항 또는 제3항을 위반하여 계약서를 교부하지 아니한 자 또는 같은 조 제1항 각 호 또는 같은 조 제3항 각 호에서 정한 내용 중 전부 또는 일부가 적혀 있지 아니한 계약서를 교부하거나 같은 조 제1항 각 호 또는 같은 조 제3항 각 호에서 정한 내용 중 전부 또는 일부를 거짓으로 적어 계약서를 교부한 자
4. 제6조제2항 또는 제4항을 위반하여 설명을 하지 아니한 자
5. 제6조의2를 위반하여 거래상대방 또는 보증인이 같은 조 제1항 각 호의 사항 또는 같은 조 제2항 각 호의 사항을 자필로 기재하게 하지 아니한 자
6. 제7조제1항을 위반하여 거래상대방으로부터 소득·재산 및 부채상황에 관한 증명서류를 제출받지 아니한 자
6의2. 제7조의2를 위반하여 제3자에게 담보제공 여부를 확인하지 아니한 자(2010.1.25 본호신설)
7. 제9조제1항을 위반하여 중요 사항을 게시하지 아니한 자
8. 제9조제2항, 제3항 또는 제5항을 위반하여 광고를 한 자 (2015.7.24 본호개정)
9. 제9조의3제1항 각 호의 행위를 한 자
10. 제9조의5제1항 또는 제2항을 위반하여 종업원을 고용하거나 업무를 위임하거나 대리하게 한 자(2010.1.25 본호신설)
10의2. 제10조제2항을 위반하여 보고 또는 공시를 하지 아니한 자(2017.4.18 본호신설)
11. 제12조제2항 및 제3항에 따른 검사에 불응하거나 검사를 방해한 자(2015.7.24 본호개정)
12. 제12조제9항을 위반하여 보고서를 제출하지 아니하거나, 거짓으로 작성하거나, 기재하여야 할 사항의 전부 또는 일부를 기재하지 아니하고 제출한 자
② 다음 각 호의 어느 하나에 해당하는 자에게는 1천만원 이하의 과태료를 부과한다.(2017.4.18 본문개정)
1. 제3조제7항을 위반하여 분실신고를 하지 아니한 자 (2015.7.24 본호개정)
2. 제3조의3제1항 또는 제2항을 위반하여 등록증을 반납하지 아니한 자
3. (2012.12.11 삭제)
4. 제6조제5항을 위반하여 계약서와 계약관계서류의 보관의무를 이행하지 아니한 자
5. 제6조제6항을 위반하여 정당한 사유 없이 계약서 및 계약관계서류의 열람을 거부하거나 관련 증명서의 발급을 거부한 자
6. 제9조제4항을 위반하여 광고의 문안과 표기에 관한 의무를 이행하지 아니한 자
7. (2017.4.18 삭제)
8. 제10조의2를 위반하여 소속과 성명을 밝히지 아니한 자
9. 제12조제1항 또는 제5항에 따른 보고 또는 자료의 제출을 거부하거나 거짓으로 보고 또는 자료를 제출한 자
10. 제18조의2제5항에 따른 대부업 및 대부중개업 협회 또는 이와 비슷한 명칭을 사용한 자
③ 제1항이나 제2항에 따른 과태료는 대통령령으로 정하는 바에 따라 시·도지사등이 부과·징수한다.(2015.7.24 본항개정)
(2009.1.21 본조개정)

부 칙 (2010.1.25)

제1조【시행일】 이 법은 공포 후 3개월이 경과한 날부터 시행한다.

제2조【계약서 등 서류에 관한 적용례】 제6조제1항 및 제7조의2의 개정규정은 이 법 시행 후 최초로 체결한 대부계약부터 적용한다.

제3조【이자율 등의 제한에 관한 적용례】 이 법 시행 전에 성립한 대부계약상의 이자율에 대하여도 이 법 시행일부터 제8조제1항 및 제15조제1항의 개정규정을 적용한다.

제4조【대부업자등에 대한 경과조치】 이 법 시행 당시 종전의 제3조에 따라 대부업등의 등록을 한 자는 그 등록의 유효기간 만료일까지 제3조의 개정규정에 따라 대부업등의 등록을 한 것으로 본다.

제5조【대부업종사자의 결격사유에 관한 경과조치】 이 법 시행 당시 대부업등에 종사하고 있는 자가 이 법 시행전에 발생한 사유로 인하여 제9조의5의 개정규정에 따른 결격사유에 해당하게 된 경우에는 같은 조의 개정규정에도 불구하고 종전의 규정에 따른다.

제6조【행정처분에 관한 경과조치】 이 법 시행 전의 행위에 대한 행정처분은 종전의 규정에 따른다.

부 칙 (2012.12.11)

제1조【시행일】 이 법은 공포 후 6개월이 경과한 날부터 시행한다.

제2조【폐업한 자에 대한 등록 제한에 관한 적용례】 제4조제6호의2의 개정규정은 이 법 시행 후 최초로 신청된 폐업행위부터 적용한다.

제3조【업무총괄 사용인 등에 관한 적용례】 이 법 시행일 당시 대부업등을 영위하는 자에 대하여는 제3조의2에 따른 등록갱신 시점부터 제5조의3의 개정규정을 적용한다.

제4조【대부중개수수료에 관한 적용례】 제11조의2의 개정규정은 이 법 시행 후 대부중개하는 행위부터 적용한다.

제5조【등록의 제한에 관한 경과조치】 이 법 시행 당시 재직중인 임원, 대표자 또는 업무총괄 사용인이 이 법 시행 전에 발생한 사유로 인하여 제4조의 개정규정에 따른 결격사유에 해당하게 된 경우에는 같은 개정규정에도 불구하고 종전의 규정에 따른다.

제6조【행정처분에 관한 경과조치】 이 법 시행 전의 행위에 대하여 행정처분을 하는 경우에는 종전의 규정에 따른다.

제7조【벌칙 및 과태료에 관한 경과조치】 이 법 시행 전의 행위에 대하여 벌칙 및 과태료를 적용할 때에는 종전의 규정에 따른다.

부 칙 (2014.1.1)

제1조【시행일】 이 법은 공포한 날부터 시행한다. 다만, 제6조제1항제3호의2, 제11조의3, 제16조제3항, 제16조의2의 개정규정은 공포 후 3개월이 경과한 날부터 시행한다.

제2조【유효기간 등】 ① 제8조, 제11조제1항, 제15조제1항·제2항의 개정규정은 2015년 12월 31일까지 효력을 가진다.

② 제1항에 따른 유효기간 중 제8조, 제11조제1항, 제15조제1항·제2항의 개정규정을 위반하여 이자를 받은 자에 대하여는 제1항에 따른 유효기간이 만료한 후에도 제15조제4항 및 제19조제2항제3호·제10호를 적용한다.

제3조【초과이자에 관한 적용례】 제8조제4항의 개정규정(제11조제1항 및 제15조제5항에서 준용하는 경우를 포함한다)은 종전의 규정에 따라 이자율을 초과하는 이자를 지급한 경우에도 적용한다.

제4조【대부중개를 위탁한 대부업자 또는 여신금융기관의 배상책임에 관한 적용례】 제11조의3의 개정규정은 같은 개정규정 시행 후 최초로 손해를 발생시킨 분부터 적용한다.

제5조【행정처분 사실 등의 공개에 관한 적용례】 제16조의2의 개정규정은 같은 개정규정 시행 후 최초로 행정처분 또는 시정명령을 받은 분부터 적용한다.

제6조【이자율 제한 등에 관한 특례】 ① 제8조, 제15조제1항·제2항의 개정규정에도 불구하고 같은 개정규정에 따른 대통령령이 시행되기 전까지는 제2항부터 제5항까지의 규정에 따른다.

② 제8조제1항의 개정규정에서 "대통령령으로 정하는 소규모 법인"이란 「중소기업기본법」 제2조제2항에 따른 소기업에 해당하는 법인을 말한다.

③ 제8조제1항의 개정규정에서 "대통령령으로 정하는 율"이란 연 100분의 39(이 법 시행 후 3개월이 경과한 날부터는 연 100분의 34.9)를 말하며, 월 이자율 및 일 이자율은 연 100분의 39(이 법 시행 후 3개월이 경과한 날부터는 연 100분의 34.9)를 단리로 환산한다.

④ 제8조제2항의 개정규정 단서에서 "대통령령으로 정한 사항"이란 다음 각 호의 비용을 말한다.

1. 담보권 설정비용
2. 신용조회비용(「신용정보의 이용 및 보호에 관한 법률」 제4조제1항제1호의 업무를 허가받은 자에게 거래상대방의 신용을 조회하는 경우만 해당한다)

⑤ 제15조제1항의 개정규정에서 "대통령령으로 정하는 율"이란 연 100분의 39(이 법 시행 후 3개월이 경과한 날부터는 연 100분의 34.9)를 말하며, 월 이자율 및 일 이자율은 연 100분의 39(이 법 시행 후 3개월이 경과한 날부터는 연 100분의 34.9)를 단리로 환산한다.

제7조【이자율 제한에 관한 적용례】 ① 제8조, 제11조제1항, 제15조제1항·제2항의 개정규정에 따른 이자율은 이 법 시행 후 최초로 계약을 체결하거나 갱신하는 분부터 적용한다.

② 부칙 제6조제3항 및 제5항 중 연 100분의 34.9의 이자율은 이 법 시행 후 3개월이 경과한 날부터 체결하거나 갱신하는 계약분부터 적용한다.

부 칙 (2015.7.24)

제1조【시행일】 이 법은 공포 후 1년이 경과한 날부터 시행한다. 다만 제9조제5항 및 제21조제1항제8호의 개정규정은 공포 후 1개월이 경과한 날부터 시행하고, 제18조의2제3항의 개정규정은 공포한 날부터 시행한다.

제2조【대부업등 광고에 대한 적용례】 제9조제5항의 개정규정은 같은 개정규정 시행 후 최초로 광고에 관한 계약을 체결하는 분부터 적용한다.

제3조【대부업자등에 대한 경과조치】 이 법 시행 당시 종전의 제3조에 따라 대부업등의 등록을 한 자는 그 등록의 유효기간 만료일까지 제3조의 개정규정에 따라 대부업등의 등록을 한 것으로 본다.

제4조【대부업등의 등록업무 이관 등에 관한 경과조치】 ① 시·도지사는 이 법 시행 후 3개월 이내에 제3조제2항의 개정규정에 따라 금융위원회로 등록기관이 변경되는 대부업자등에 관한 모든 서류 및 그 밖의 자료 등을 금융위원회로 이관하여야 한다.

② 이 법 시행 전에 종전의 제3조의2제1항에 따라 시·도지사에게 등록갱신을 신청한 자로서 이 법 시행 당시 그 갱신절차가 진행 중인 자 중 제3조제2항의 개정규정에 따라 금융위원회로 등록기관이 변경되는 자의 해당 등록갱신 신청은 금융위원회에 한 것으로 본다.

제5조【등록요건 및 임원 등의 자격에 관한 경과조치】 ① 이 법 시행 당시 종전의 규정에 따라 등록한 대부업자등이 이 법 시행 전에 발생한 사유로 인하여 제3조의5의 개정규정에 의한 등록요건에 적합하지 아니하게 된 경우에는 같은 개정규정에도 불구하고 종전의 관련 규정에 따른다.

② 제1항에도 불구하고 이 법 시행 당시 종전의 규정에 따라 등록한 대부업자는 이 법 시행 후 6개월 이내에 제3조의5제1항제1호 또는 제2항제2호의 개정규정에 적합하게 하여야 한다.

③ 시·도지사등은 대부업자가 제2항의 의무를 이행하지 아니한 경우에는 해당 대부업자의 대부업 등록을 취소하여야 한다.

④ 이 법 시행 당시 대부업자등에 재직 중인 임원, 업무총괄 사용인이 이 법 시행 전에 발생한 사유로 인하여 제4조의 개정규정에 따른 임원 등의 결격사유에 해당하게 된 경우에는 같은 개정규정에도 불구하고 종전의 관련 규정에 따른다.

제6조【금치산자 등에 대한 경과조치】 제4조제1항제1호의 개정규정에 따른 피성년후견인 또는 피한정후견인에는 법률 제10429호 민법 일부개정법률 부칙 제2조에 따라 금치산 또는 한정치산 선고의 효력이 유지되는 자를 포함하는 것으로 본다.

제7조【대부업자의 총자산한도 초과에 관한 경과조치】 이 법 시행 당시 제7조의3의 개정규정에 따른 총자산한도에 해당하는 금액을 초과하는 대부업자는 이 법 시행일부터 2년 이내에 같은 개정규정에 적합하도록 하여야 한다.

제8조【고용 제한에 관한 경과조치】 이 법 시행 당시 대부업자등에 고용되어 있는 자가 이 법 시행 전에 발생한 사유로 인하여 제9조의5제1항제2호의 개정규정에 따른 고용 제한 사유에 해당하게 된 경우에는 같은 개정규정에도 불구하고 종전의 규정에 따른다.

제9조【상호출자제한기업집단 대부업자 등의 신용공여에 관한 경과조치】 ① 이 법 시행 당시 제10조제1항의 개정규정에 적합하지 아니한 상호출자제한기업집단 대부업자 및 그 대주주는 이 법 시행일부터 2년 이내에 같은 개정규정에 적합하도록 하여야 한다.

② 이 법 시행 당시 제10조제7항의 개정규정에 적합하지 아니한 여신금융기관이 최대주주인 대부업자 및 그 대주주는 이 법 시행일부터 1년 이내에 같은 개정규정에 적합하도록 하여야 한다.
제10조【대부업자등의 보증금 예탁 등에 관한 경과조치】 이 법 시행 당시 대부업자등 중 제11조의4제2항의 개정규정에 따른 보증금 예탁이나 보험 또는 공제에 가입하지 아니한 자는 이 법 시행일부터 6개월 이내에 같은 개정규정에 따른 보증금 예탁이나 보험 또는 공제에 가입하여야 한다.
제11조【행정처분 기준에 관한 경과조치】 이 법 시행 전의 행위에 대하여 행정처분을 하는 경우에는 종전의 규정에 따른다.
제12조【분쟁 조정에 관한 경과조치】 이 법 시행 당시 종전의 제18조제1항에 따라 분쟁 조정이 신청된 경우에는 같은 조 제4항의 개정규정에도 불구하고 종전의 규정에 따른다.

부　칙 (2016.3.3)

제1조【시행일】 이 법은 공포한 날부터 시행한다. 다만, 법률 제13445호 대부업 등의 등록 및 금융이용자 보호에 관한 법률 일부개정법률 제13조제6항의 개정규정은 2016년 7월 25일부터 시행하고, 제18조의3제2항, 제18조의9부터 제18조의11까지 및 별표2의 개정규정은 공포 후 6개월이 경과한 날부터 시행한다.
제2조 (2018.12.24 삭제)
제3조【초과이자에 관한 적용례】 제8조제4항의 개정규정(제11조제1항의 개정규정 및 제15조제5항에서 준용하는 경우를 포함한다)은 종전의 규정에 따라 이자율을 초과하는 이자를 지급한 경우에도 적용한다.
제4조【이자율 제한에 관한 적용례 등】 ① 제8조, 제11조제1항, 제15조제1항·제2항의 개정규정에 따른 이자율은 이 법 시행 후 최초로 계약을 체결 또는 갱신하거나 연장하는 분부터 적용한다.
② 부칙 제5조제2항 및 제4항 중 연 100분의 27.9의 이자율은 이 법 시행 후 최초로 계약을 체결 또는 갱신하거나 연장하는 분부터 적용한다.
③ 2016년 1월 1일부터 이 법 시행 전에 성립한 계약(그 계약의 갱신이나 연장을 제외한다)의 이자율에 대하여는 이 법 시행일부터 법률 제12156호 대부업 등의 등록 및 금융이용자 보호에 관한 법률 일부개정법률 제8조, 제11조제1항, 제15조제1항·제2항을 적용한다.
제5조【이자율 제한 등에 관한 특례】 ① 제8조, 제15조제1항·제2항의 개정규정에도 불구하고 같은 개정규정에 따른 대통령령이 시행되기 전까지는 제2항부터 제5항까지의 규정에 따른다.
② 제8조제1항의 개정규정에서 "대통령령으로 정하는 율"이란 연 100분의 27.9를 말하며, 월 이자율 및 일 이자율은 연 100분의 27.9를 단리로 환산한다.
③ 제8조제2항 단서의 개정규정에서 "대통령령으로 정한 사항"이란 다음 각 호의 비용을 말한다.
1. 담보권 설정비용
2. 신용조회비용(「신용정보의 이용 및 보호에 관한 법률」 제4조제1항제1호의 업무를 허가받은 자에게 거래상대방의 신용을 조회하는 경우만 해당한다)
④ 제15조제1항의 개정규정에서 "대통령령으로 정하는 율"이란 연 100분의 27.9를 말하며, 월 이자율 및 일 이자율은 연 100분의 27.9를 단리로 환산한다.
⑤ 제15조제2항의 개정규정에 따라 준용되는 제8조제2항 단서의 개정규정에서 "대통령령으로 정하는 사항"이란 다음 각 호의 비용을 말한다.
1. 담보권 설정비용
2. 신용조회비용(「신용정보의 이용 및 보호에 관한 법률」 제4조제1항제1호의 업무를 허가받은 자에게 거래상대방의 신용을 조회하는 경우만 해당한다)
3. 만기가 1년 이상인 대부계약의 대부금액을 조기상환함에 따라 발생하는 비용으로서 조기상환 금액의 100분의 1을 초과하지 아니하는 금액

제6조【행정처분 등에 관한 경과조치】 ① 이 법 시행 전의 행위에 대하여 행정처분을 하는 경우에는 종전의 규정에 따른다.
② 이 법 시행 전의 행위에 대하여 벌칙 및 과태료를 적용할 때에는 종전의 규정에 따른다.

부　칙 (2017.4.18)

제1조【시행일】 이 법은 공포 후 6개월이 경과한 날부터 시행한다.
제2조【대부계약의 체결 등에 관한 적용례】 제6조제1항제10호의 개정규정은 이 법 시행 이후 최초로 대부업자가 그의 거래상대방과 대부계약을 체결하는 경우부터 적용한다.
제3조【대부조건의 게시와 광고에 관한 적용례】 제9조제2항제5호·제6호 및 같은 조 제3항제5호·제6호의 개정규정은 이 법 시행 이후 최초로 대부업자 또는 대부중개업자가 대부조건 등에 관하여 표시 또는 광고하는 경우부터 적용한다.
제4조【퇴임한 임원 등에 대한 조치 내용의 통보에 관한 적용례】 ① 제13조제7항의 개정규정은 이 법 시행 전에 퇴임한 임원 또는 퇴직한 직원에 대해서도 적용한다.
② 제13조제8항의 개정규정은 이 법 시행 이후 최초로 대부업자등이 통보를 받는 경우부터 적용한다.
제5조【가산금 징수기간에 관한 적용례】 제14조의2제2항 후단의 개정규정은 이 법 시행 전의 납부기한 내에 과징금을 납부하지 아니한 경우에도 적용하되, 이 법 시행 당시 가산금 징수기간이 60개월을 초과한 경우에는 이 법 시행 이후의 기간에 대해서는 가산금을 징수하지 아니한다.
제6조【임원의 직무정지 요구에 관한 경과조치】 이 법 시행 전의 위반행위에 대해서는 제13조제6항제2호의 개정규정에도 불구하고 종전의 규정에 따른다.
제7조【과징금에 관한 경과조치】 이 법 시행 전의 위반행위에 대하여 과징금을 부과하는 경우에는 제14조의2제1항의 개정규정에도 불구하고 종전의 규정에 따른다.

부　칙 (2018.12.24)

제1조【시행일】 이 법은 공포한 날부터 시행한다. 다만, 제8조제3항·제5항, 제11조제1항 및 제15조제5항의 개정규정은 공포 후 6개월이 경과한 날부터 시행한다.
제2조【대부업자의 이자율 제한에 관한 적용례】 제8조제3항의 개정규정은 이 법 시행일 이후 최초로 계약을 체결 또는 갱신하거나 연장하는 분부터 적용한다.

부　칙 (2020.2.4)

제1조【시행일】 이 법은 공포 후 6개월이 경과한 날부터 시행한다.(이하 생략)

부　칙 (2020.3.24)

제1조【시행일】 이 법은 공포 후 1년이 경과한 날부터 시행한다.(이하 생략)

부　칙 (2020.6.9)

제1조【시행일】 이 법은 공포 후 6개월이 경과한 날부터 시행한다.(이하 생략)

부　칙 (2020.12.29)

제1조【시행일】 이 법은 공포 후 1년이 경과한 날부터 시행한다.(이하 생략)

부　칙 (2022.1.4)

제1조【시행일】 이 법은 공포 후 6개월이 경과한 날부터 시행한다.

제2조【대부업자등 및 그 임직원에 대한 주의 · 경고 등에 관한 적용례】 제13조제6항 및 제7항의 개정규정은 이 법 시행 후 시 · 도지사에게 등록한 대부업자등 또는 그 임직원이 별표1 각 호의 어느 하나에 해당하게 된 경우부터 적용한다.

부 칙 (2023.9.14)

제1조【시행일】 이 법은 공포한 날부터 시행한다.(이하 생략)

부 칙 (2025.1.21)

제1조【시행일】 이 법은 공포 후 6개월이 경과한 날부터 시행한다.
제2조【등록요건에 관한 적용례】 제3조의5의 개정규정은 이 법 시행 이후 등록을 신청한 경우부터 적용한다.
제3조【불법사금융업자와의 계약 효력에 관한 적용례】 제11조의 개정규정은 이 법 시행 이후 계약을 체결 또는 갱신하는 경우부터 적용한다.
제4조【등록요건에 관한 경과조치】 ① 이 법 시행 당시 종전의 규정에 따라 등록한 대부업자등에 대해서는 제3조 및 제3조의5의 개정규정에 따라 등록한 것으로 본다. 다만, 이 법 시행 이후 2년 이내에 이 법에 따른 요건을 갖추어야 한다.
② 시 · 도지사등은 대부업자등이 제1항 단서의 의무를 이행하지 아니한 경우에는 해당 대부업자등의 등록을 취소하여야 한다.
제5조【임원 등의 자격에 관한 경과조치】 이 법 시행 당시 대부업자등에 재직 중인 대표자, 임원, 업무총괄 사용인이 이 법 시행 전에 발생한 사유로 인하여 제4조 및 제9조의5제1항의 개정규정에 따른 사유에 해당하게 된 경우에는 같은 개정규정에도 불구하고 종전의 규정에 따른다.
제6조【다른 법률의 개정】 ①~③ ※(해당 법령에 가제정리 하였음)

〔별표〕 ➡「www.hyeonamsa.com」 참조

보험업법

(2003년 5월 29일 전개법률 제6891호)

개정
2005. 1.27법 7379호(근로자퇴직급여보장법) <중략>
2015. 3.11법13216호(신용정보의이용및보호에관한법)
2015. 7.24법13446호
2015. 7.31법13453호(금융회사의지배구조에관한법)
2015.12.22법13612호
2015.12.22법13613호(예금자보호법)
2016. 3.29법14124호
2017. 4.18법14821호
2017.10.31법15019호
2017.10.31법15022호(주식회사등의외부감사에관한법)
2018. 2.21법15414호
2018. 4.17법15614호
2018.12.11법15931호
2018.12.31법16185호
2020. 2. 4법16957호(신용정보의이용및보호에관한법)
2020. 3.24법17112호(금융소비자보호에관한법)
2020. 5.19법17292호
2020.12. 8법17636호
2021. 4.20법18121호
2021. 8.17법18435호
2022.12.31법19211호
2023.10.24법19780호→2024년 10월 25일 및 2025년 10월 25일 시행
2024. 2. 6법20242호
2024. 9.20법20436호(상법)

제1장 총 칙

(2010.7.23 본장개정)

제1조【목적】 이 법은 보험업을 경영하는 자의 건전한 경영을 도모하고 보험계약자, 피보험자, 그 밖의 이해관계인의 권익을 보호함으로써 보험업의 건전한 육성과 국민경제의 균형 있는 발전에 기여함을 목적으로 한다.
제2조【정의】 이 법에서 사용하는 용어의 뜻은 다음과 같다.
1. "보험상품"이란 위험보장을 목적으로 우연한 사건 발생에

관하여 금전 및 그 밖의 급여를 지급할 것을 약정하고 대가를 수수(授受)하는 계약(「국민건강보험법」에 따른 건강보험, 「고용보험법」에 따른 고용보험 등 보험계약자의 보호 필요성 및 금융거래 관행 등을 고려하여 대통령령으로 정하는 것은 제외한다)으로서 다음 각 목의 것을 말한다.
가. 생명보험상품 : 위험보장을 목적으로 사람의 생존 또는 사망에 관하여 약정한 금전 및 그 밖의 급여를 지급할 것을 약속하고 대가를 수수하는 계약으로서 대통령령으로 정하는 계약
나. 손해보험상품 : 위험보장을 목적으로 우연한 사건(다목에 따른 질병·상해 및 간병은 제외한다)으로 발생하는 손해(계약상 채무불이행 또는 법령상 의무불이행으로 발생하는 손해를 포함한다)에 관하여 금전 및 그 밖의 급여를 지급할 것을 약속하고 대가를 수수하는 계약으로서 대통령령으로 정하는 계약
다. 제3보험상품 : 위험보장을 목적으로 사람의 질병·상해 또는 이에 따른 간병에 관하여 금전 및 그 밖의 급여를 지급할 것을 약속하고 대가를 수수하는 계약으로서 대통령령으로 정하는 계약
2. "보험업"이란 보험상품의 취급과 관련하여 발생하는 보험의 인수(引受), 보험료 수수 및 보험금 지급 등을 영업으로 하는 것으로서 생명보험업·손해보험업 및 제3보험업을 말한다.
3. "생명보험업"이란 생명보험상품의 취급과 관련하여 발생하는 보험의 인수, 보험료 수수 및 보험금 지급 등을 영업으로 하는 것을 말한다.
4. "손해보험업"이란 손해보험상품의 취급과 관련하여 발생하는 보험의 인수, 보험료 수수 및 보험금 지급 등을 영업으로 하는 것을 말한다.
5. "제3보험업"이란 제3보험상품의 취급과 관련하여 발생하는 보험의 인수, 보험료 수수 및 보험금 지급 등을 영업으로 하는 것을 말한다.
6. "보험회사"란 제4조에 따른 허가를 받아 보험업을 경영하는 자를 말한다.
7. "상호회사"란 보험업을 경영할 목적으로 이 법에 따라 설립된 회사로서 보험계약자를 사원(社員)으로 하는 회사를 말한다.
8. "외국보험회사"란 대한민국 이외의 국가의 법령에 따라 설립되어 대한민국 이외의 국가에서 보험업을 경영하는 자를 말한다.
9. "보험설계사"란 보험회사·보험대리점 또는 보험중개사에 소속되어 보험계약의 체결을 중개하는 자[법인이 아닌 사단(社團)과 재단을 포함한다]로서 제84조에 따라 등록된 자를 말한다.
10. "보험대리점"이란 보험회사를 위하여 보험계약의 체결을 대리하는 자(법인이 아닌 사단과 재단을 포함한다)로서 제87조에 따라 등록된 자를 말한다.
11. "보험중개사"란 독립적으로 보험계약의 체결을 중개하는 자(법인이 아닌 사단과 재단을 포함한다)로서 제89조에 따라 등록된 자를 말한다.
12. "모집"이란 보험계약의 체결을 중개하거나 대리하는 것을 말한다.
13. "신용공여"란 대출 또는 유가증권의 매입(자금 지원적 성격인 것만 해당한다)이나 그 밖에 금융거래상의 신용위험이 따르는 보험회사의 직접적·간접적 거래로서 대통령령으로 정하는 바에 따라 금융위원회가 정하는 거래를 말한다.
14. "총자산"이란 재무상태표에 표시된 자산에서 영업권 등 대통령령으로 정하는 자산을 제외한 것을 말한다.(2022.12.31 본호개정)
15. "자기자본"이란 납입자본금·자본잉여금·이익잉여금, 그 밖에 이에 준하는 것(자본조정은 제외한다)으로서 대통령령으로 정하는 항목의 합계액에서 영업권, 그 밖에 이에 준하는 것으로서 대통령령으로 정하는 항목의 합계액을 뺀 것을 말한다.
16. "동일차주"란 동일한 개인 또는 법인 및 이와 신용위험을 공유하는 자로서 대통령령으로 정하는 자를 말한다.
17. "대주주"란 「금융회사의 지배구조에 관한 법률」 제2조제6호에 따른 주주를 말한다.(2015.7.31 본호개정)
18. "자회사"란 보험회사가 다른 회사(「민법」 또는 특별법에 따른 조합을 포함한다)의 의결권 있는 발행주식(출자지분을 포함한다) 총수의 100분의 15를 초과하여 소유하는 경우의 그 다른 회사를 말한다.
19. "전문보험계약자"란 보험계약에 관한 전문성, 자산규모 등에 비추어 보험계약의 내용을 이해하고 이행할 능력이 있는 자로서 다음 각 목의 어느 하나에 해당하는 자를 말한다. 다만, 전문보험계약자 중 대통령령으로 정하는 자가 일반보험계약자와 같은 대우를 받겠다는 의사를 보험회사에 서면으로 통지하는 경우 보험회사는 정당한 사유가 없으면 이에 동의하여야 하며, 보험회사가 동의한 경우에는 해당 보험계약자는 일반보험계약자로 본다.
가. 국가
나. 한국은행
다. 대통령령으로 정하는 금융기관
라. 주권상장법인
마. 그 밖에 대통령령으로 정하는 자
20. "일반보험계약자"란 전문보험계약자가 아닌 보험계약자를 말한다.

제3조 【보험계약의 체결】 누구든지 보험회사가 아닌 자와 보험계약을 체결하거나 중개 또는 대리하지 못한다. 다만, 대통령령으로 정하는 경우에는 그러하지 아니하다.

제2장 보험업의 허가 등
(2010.7.23 본장개정)

제4조 【보험업의 허가】 ① 보험업을 경영하려는 자는 다음 각 호에서 정하는 보험종목별로 금융위원회의 허가를 받아야 한다.
1. 생명보험업의 보험종목
가. 생명보험
나. 연금보험(퇴직보험을 포함한다)
다. 그 밖에 대통령령으로 정하는 보험종목
2. 손해보험업의 보험종목
가. 화재보험
나. 해상보험(항공·운송보험을 포함한다)
다. 자동차보험
라. 보증보험
마. 재보험(再保險)
바. 그 밖에 대통령령으로 정하는 보험종목
3. 제3보험업의 보험종목
가. 상해보험
나. 질병보험
다. 간병보험
라. 그 밖에 대통령령으로 정하는 보험종목
② 제1항에 따른 허가를 받은 자는 해당 보험종목의 재보험에 대한 허가를 받은 것으로 본다. 다만, 제9조제2항제2호의 보험회사는 그러하지 아니하다.(2020.12.8 단서신설)
③ 생명보험업이나 손해보험업에 해당하는 보험종목의 전부(제1항제2호라목에 따른 보증보험 및 같은 호 마목에 따른 재보험은 제외한다)에 관하여 제1항에 따른 허가를 받은 자는 제3보험업에 해당하는 보험종목에 대한 허가를 받은 것으로 본다.
④ 생명보험업 또는 손해보험업에 해당하는 보험종목의 전부(제1항제2호라목에 따른 보증보험 및 같은 호 마목에 따른 재보험은 제외한다)에 관하여 제1항에 따른 허가를 받은 자는 경제질서의 건전성을 해친 사실이 없으면 해당 생명보험업 또는 손해보험업의 종목으로 신설되는 보험종목에 대한 허가를 받은 것으로 본다.
⑤ 제3보험업에 관하여 제1항에 따른 허가를 받은 자는 제10조제3호에 따른 보험종목을 취급할 수 있다.
⑥ 보험업의 허가를 받을 수 있는 자는 주식회사, 상호회사 및 외국보험회사로 제한하며, 제1항에 따라 허가를 받은 외국보험회사의 국내지점(이하 "외국보험회사국내지점"이라 한다)은 이 법에 따른 보험회사로 본다.

⑦ 금융위원회는 제1항에 따른 허가에 조건을 붙일 수 있다.
⑧ 제7항에 따라 조건이 붙은 보험업 허가를 받은 자는 사정의 변경, 그 밖의 정당한 사유가 있는 경우에는 금융위원회에 그 조건의 취소 또는 변경을 신청할 수 있다. 이 경우 금융위원회는 2개월 이내에 조건의 취소 또는 변경 여부를 결정하고, 그 결과를 지체 없이 신청인에게 문서로 알려야 한다.(2020.12.8 본항신설)

제5조 【허가신청서 등의 제출】 제4조제1항에 따라 허가를 받으려는 자는 신청서에 다음 각 호의 서류를 첨부하여 금융위원회에 제출하여야 한다. 다만, 보험회사가 취급하는 보험종목을 추가하려는 경우에는 제1호의 서류는 제출하지 아니할 수 있다.
1. 정관
2. 업무 시작 후 3년간의 사업계획서(추정재무제표를 포함한다)
3. 경영하려는 보험업의 보험종목별 사업방법서, 보험약관, 보험료 및 해약환급금의 산출방법서(이하 "기초서류"라 한다) 중 대통령령으로 정하는 서류(2022.12.31 본호개정)
4. 제1호부터 제3호까지의 규정에 따른 서류 이외에 대통령령으로 정하는 서류

제6조 【허가의 요건 등】 ① 보험업의 허가를 받으려는 자(외국보험회사 및 제3항에 따라 보험종목을 추가하려는 보험회사는 제외한다)는 다음 각 호의 요건을 갖추어야 한다.
1. 제9조제1항 및 제2항에 따른 자본금 또는 기금을 보유할 것
2. 보험계약자를 보호할 수 있고 그 경영하려는 보험업을 수행하기 위하여 필요한 전문 인력과 전산설비 등 물적(物的) 시설을 충분히 갖추고 있을 것. 이 경우 대통령령으로 정하는 바에 따라 업무의 일부를 외부에 위탁하는 경우에는 그 위탁한 업무와 관련된 전문 인력과 물적 시설을 갖춘 것으로 본다.
3. 사업계획이 타당하고 건전할 것
4. 대주주(최대주주의 특수관계인인 주주를 포함한다. 이하 이 조에서 같다)가 「금융회사의 지배구조에 관한 법률」 제5조제1항 각 호의 어느 하나에 해당하지 아니하고, 충분한 출자능력과 건전한 재무상태를 갖추고 있으며, 건전한 경제질서를 해친 사실이 없을 것(2015.7.31 본호개정)

② 보험업의 허가를 받으려는 외국보험회사는 다음 각 호의 요건을 갖추어야 한다.
1. 제9조제3항에 따른 영업기금을 보유할 것
2. 국내에서 경영하려는 보험업과 같은 보험업을 외국 법령에 따라 경영하고 있을 것
3. 자산상황·재무건전성 및 영업건전성이 국내에서 보험업을 경영하기에 충분하고, 국제적으로 인정받고 있을 것
4. 제1항제2호 및 제3호의 요건을 갖출 것

③ 보험종목을 추가하여 허가를 받으려는 보험회사는 다음 각 호의 요건을 갖추어야 한다.
1. 제1항 또는 제2항의 요건을 충족할 것(다만, 제1항제4호의 허가 요건은 같은 호에도 불구하고 대통령령으로 정하는 완화된 요건을 적용한다)(2020.12.8 본호개정)
2. 대통령령으로 정하는 건전한 재무상태와 사회적 신용을 갖출 것

④ 보험회사는 제1항제2호의 요건을 대통령령으로 정하는 바에 따라 보험업의 허가를 받은 이후에도 계속하여 유지하여야 한다. 다만, 보험회사의 경영건전성을 확보하고 보험가입자 등의 이익을 보호하기 위하여 대통령령으로 정하는 경우로서 금융위원회의 승인을 받은 경우에는 그러하지 아니하다.
⑤~⑦ (2015.7.31 삭제)
⑧ 제1항부터 제4항까지의 규정에 따른 허가, 승인의 세부 요건에 관하여 필요한 사항은 대통령령으로 정한다.
(2015.7.31 본항개정)

제7조 【예비허가】 ① 제4조에 따른 허가(이하 이 조에서 "본허가"라 한다)를 신청하려는 자는 미리 금융위원회에 예비허가를 신청할 수 있다.
② 제1항에 따른 신청을 받은 금융위원회는 2개월 이내에 심사하여 예비허가 여부를 통지하여야 한다. 다만, 총리령으로 정하는 바에 따라 그 기간을 연장할 수 있다.
③ 금융위원회는 제2항에 따른 예비허가에 조건을 붙일 수 있다.
④ 금융위원회는 예비허가를 받은 자가 제3항에 따른 예비허가의 조건을 이행한 후 본허가를 신청하면 허가하여야 한다.
⑤ 예비허가의 기준과 그 밖에 예비허가에 관하여 필요한 사항은 총리령으로 정한다.

제8조 【상호 또는 명칭】 ① 보험회사는 그 상호 또는 명칭 중에 주로 경영하는 보험업의 종류를 표시하여야 한다.
② 보험회사가 아닌 자는 그 상호 또는 명칭 중에 보험회사임을 표시하는 글자를 포함하여서는 아니 된다.

제9조 【자본금 또는 기금】 ① 보험회사는 300억원 이상의 자본금 또는 기금을 납입함으로써 보험업을 시작할 수 있다. 다만, 보험회사가 제4조제1항에 따른 보험종목의 일부만을 취급하려는 경우에는 50억원 이상의 범위에서 대통령령으로 자본금 또는 기금의 액수를 다르게 정할 수 있다.
② 제1항에도 불구하고 모집수단 또는 모집상품의 종류·규모 등이 한정된 보험회사로서 다음 각 호의 어느 하나에 해당하는 보험회사는 다음 각 호의 구분에 따른 금액 이상의 자본금 또는 기금을 납입함으로써 보험업을 시작할 수 있다.
1. 전화·우편·컴퓨터통신 등 통신수단을 이용하여 대통령령으로 정하는 바에 따라 모집을 하는 보험회사(제2호에 따른 소액단기전문보험회사는 제외한다) : 제1항에 따른 자본금 또는 기금의 3분의 2에 상당하는 금액
2. 모집할 수 있는 보험상품의 종류, 보험기간, 보험금의 상한액, 연간 총보험료 상한액 등 대통령령으로 정하는 기준을 충족하는 소액단기전문보험회사 : 10억원 이상의 범위에서 대통령령으로 정하는 금액
(2020.12.8 본항개정)
③ 외국보험회사가 대한민국에서 보험업을 경영하려는 경우에는 대통령령으로 정하는 영업기금을 제1항 또는 제2항의 자본금 또는 기금으로 본다.

제10조 【보험업 겸영의 제한】 보험회사는 생명보험업과 손해보험업을 겸영(兼營)하지 못한다. 다만, 다음 각 호의 어느 하나에 해당하는 보험종목은 그러하지 아니하다.
1. 생명보험의 재보험 및 제3보험의 재보험
2. 다른 법령에 따라 겸영할 수 있는 보험종목으로서 대통령령으로 정하는 보험종목
3. 대통령령으로 정하는 기준에 따라 제3보험의 보험종목에 부가되는 보험

제11조 【보험회사의 겸영업무】 보험회사는 경영건전성을 해치거나 보험계약자 보호 및 건전한 거래질서를 해칠 우려가 없는 금융업무로서 다음 각 호에 규정된 업무를 할 수 있다. 이 경우 보험회사는 제1호 또는 제3호의 업무를 하려면 그 업무를 시작하려는 날의 7일 전까지 금융위원회에 신고하여야 한다.
(2020.12.8 후단개정)
1. 대통령령으로 정하는 금융 관련 법령에서 정하고 있는 금융업무로서 해당 법령에서 보험회사가 할 수 있도록 한 업무
2. 대통령령으로 정하는 금융업으로서 해당 법령에 따라 인가·허가·등록 등이 필요한 금융업무
3. 그 밖에 보험회사의 경영건전성을 해치거나 보험계약자 보호 및 건전한 거래질서를 해칠 우려가 없다고 인정되는 금융업무로서 대통령령으로 정하는 금융업무

제11조의2 【보험회사의 부수업무】 ① 보험회사는 보험업에 부수(附隨)하는 업무를 하려면 그 업무를 하려는 날의 7일 전까지 금융위원회에 신고하여야 한다. 다만, 제5항에 따라 공고된 다른 보험회사의 부수업무(제3항에 따라 제한명령 또는 시정명령을 받은 것은 제외한다)와 같은 부수업무를 하려는 경우에는 신고를 하지 아니하고 그 부수업무를 할 수 있다.
(2020.12.8 단서신설)
② 금융위원회는 제1항 본문에 따른 신고를 받은 경우 그 내용을 검토하여 이 법에 적합하면 신고를 수리하여야 한다.
(2020.12.8 본항신설)
③ 금융위원회는 보험회사가 하는 부수업무가 다음 각 호의 어느 하나에 해당하면 그 부수업무를 하는 것을 제한하거나 시정할 것을 명할 수 있다.(2020.12.8 본문개정)
1. 보험회사의 경영건전성을 해치는 경우
2. 보험계약자 보호에 지장을 가져오는 경우

3. 금융시장의 안정성을 해치는 경우
④ 제3항에 따른 제한명령 또는 시정명령은 그 내용 및 사유가 구체적으로 적힌 문서로 하여야 한다.(2020.12.8 본항개정)
⑤ 금융위원회는 제1항 본문에 따라 신고받은 부수업무 및 제3항에 따라 제한명령 또는 시정명령을 한 부수업무를 대통령령으로 정하는 방법에 따라 인터넷 홈페이지 등에 공고하여야 한다.(2020.12.8 본항개정)
(2010.7.23 본조신설)
제11조의3【겸영업무·부수업무의 회계처리】 보험회사가 제11조 및 제11조의2에 따라 다른 금융업 또는 부수업무를 하는 경우에는 대통령령으로 정하는 바에 따라 그 업무를 보험업과 구분하여 회계처리하여야 한다.(2015.7.24 본조개정)
제12조【외국보험회사 등의 국내사무소 설치 등】 ① 외국보험회사, 외국에서 보험대리 및 보험중개를 업(業)으로 하는 자 또는 그 밖에 외국에서 보험과 관련된 업을 하는 자(이하 "외국보험회사등"이라 한다)는 보험시장에 관한 조사 및 정보의 수집이나 그 밖에 이와 비슷한 업무를 하기 위하여 국내에 사무소(이하 "국내사무소"라 한다)를 설치할 수 있다.
② 외국보험회사등이 제1항에 따라 국내사무소를 설치하는 경우에는 그 설치한 날부터 30일 이내에 금융위원회에 신고하여야 한다.
③ 국내사무소는 다음 각 호의 어느 하나에 해당하는 행위를 하여서는 아니 된다.
1. 보험업을 경영하는 행위
2. 보험계약의 체결을 중개하거나 대리하는 행위
3. 국내 관련 법령에 저촉되는 방법에 의하여 보험시장의 조사 및 정보의 수집을 하는 행위
4. 그 밖에 국내사무소의 설치 목적에 위반되는 행위로서 대통령령으로 정하는 행위
④ 국내사무소는 그 명칭 중에 사무소라는 글자를 포함하여야 한다.
⑤ 금융위원회는 국내사무소가 이 법 또는 이 법에 따른 명령 또는 처분을 위반한 경우에는 6개월 이내의 기간을 정하여 업무의 정지를 명하거나 국내사무소의 폐쇄를 명할 수 있다.

제3장 보험회사
(2010.7.23 본장제목개정)

제1절 임직원

제13조~제17조 (2015.7.31 삭제)

제2절 주식회사
(2010.7.23 본절개정)

제18조【자본감소】 ① 보험회사인 주식회사(이하 "주식회사"라 한다)가 자본감소를 결의한 경우에는 그 결의를 한 날부터 2주 이내에 결의의 요지와 재무상태표를 공고하여야 한다.
(2021.4.20 본항개정)
② 제1항에 따른 자본감소를 결의할 때 대통령령으로 정하는 자본감소를 하려면 미리 금융위원회의 승인을 받아야 한다.
③ 자본감소에 관하여는 제141조제2항·제3항, 제149조 및 제151조제3항을 준용한다.
제19조 (2015.7.31 삭제)
제20조【조직 변경】 ① 주식회사는 그 조직을 변경하여 상호회사로 할 수 있다.
② 제1항에 따른 상호회사는 제9조에도 불구하고 기금의 총액을 300억원 미만으로 하거나 설정하지 아니할 수 있다.
③ 제1항의 경우에는 손실 보전(補塡)에 충당하기 위하여 금융위원회가 필요하다고 인정하는 금액을 준비금으로 적립하여야 한다.
제21조【조직 변경 결의】 ① 주식회사의 조직 변경은 주주총회의 결의를 거쳐야 한다.
② 제1항의 결의는 「상법」 제434조에 따른다.
제22조【조직 변경 결의의 공고와 통지】 ① 주식회사가 조직 변경을 결의한 경우 그 결의를 한 날부터 2주 이내에 결의의 요지와 재무상태표를 공고하고 주주명부에 적힌 질권자(質權者)에게는 개별적으로 알려야 한다.(2021.4.20 본항개정)
② 제1항의 경우에는 제141조제2항·제3항과 「상법」 제232조를 준용한다.
제23조【조직 변경 결의 공고 후의 보험계약】 ① 주식회사는 제22조제1항에 따른 공고를 한 날 이후에 보험계약을 체결하려면 보험계약자가 될 자에게 조직 변경 절차가 진행 중임을 알리고 그 승낙을 받아야 한다.
② 제1항에 따른 승낙을 한 보험계약자는 조직 변경 절차를 진행하는 중에는 보험계약자가 아닌 자로 본다.
제24조【보험계약자 총회의 소집】 ① 제22조제1항의 공고에 대하여 제141조제2항에서 규정하는 기간에 이의를 제출한 보험계약자의 수와 그 보험금이 제141조제3항에서 규정하는 비율을 초과하지 아니하는 경우에는 이사는 「상법」 제232조에 따른 절차가 끝나면 7일 이내에 보험계약자 총회를 소집하여야 한다.
② 제1항의 경우 보험계약자에 대한 통지에 관하여는 「상법」 제353조를 준용한다.
제25조【보험계약자 총회 대행기관】 ① 주식회사는 조직 변경을 결의할 때 보험계약자 총회를 갈음하는 기관에 관한 사항을 정할 수 있다.
② 제1항에 따른 기관에 대하여는 보험계약자 총회에 관한 규정을 준용한다.
③ 제1항에 따른 기관에 관한 사항을 정한 경우에는 그 기관의 구성방법을 제22조제1항에 따른 공고의 내용에 포함하여야 한다.
제26조【보험계약자 총회의 결의방법】 ① 보험계약자 총회는 보험계약자 과반수의 출석과 그 의결권의 4분의 3 이상의 찬성으로 결의한다.
② 보험계약자총회에 관하여는 제55조와 「상법」 제363조제1항·제2항, 제364조, 제367조, 제368조제3항·제4항, 제371조제2항, 제372조, 제373조 및 제376조부터 제381조까지의 규정을 준용한다.
제27조【보험계약자 총회에서의 보고】 주식회사의 이사는 조직 변경에 관한 사항을 보험계약자 총회에 보고하여야 한다.
제28조【보험계약자 총회의 결의 등】 ① 보험계약자 총회는 정관의 변경이나 그 밖에 상호회사의 조직에 필요한 사항을 결의하여야 한다.
② 제21조제1항에 따른 결의는 제1항의 결의로 변경할 수 있다. 이 경우 주식회사의 채권자의 이익을 해치지 못한다.
③ 제2항에 따른 변경으로 주주에게 손해를 입히게 되는 경우에는 주주총회의 동의를 받아야 한다. 이 경우 제21조제2항을 준용한다.
④ 제1항의 결의에 관하여는 「상법」 제316조제2항을 준용한다.
제29조【조직 변경의 등기】 ① 주식회사가 그 조직을 변경한 경우에는 변경한 날부터 2주일 이내에 주된 사무소의 소재지에서 주식회사는 해산의 등기를 하고 상호회사는 제40조제2항에 따른 등기를 하여야 한다.(2024.9.20 본항개정)
② 제1항에 따른 등기의 신청서에는 정관과 다음 각 호의 사항이 적힌 서류를 첨부하여야 한다.
1. 제21조제1항의 결의
2. 제22조제1항의 공고
3. 제28조의 결의 및 동의
4. 제141조제3항의 이의(異義)
5. 「상법」 제232조에 따른 절차를 마쳤음을 증명하는 내용
제30조【조직 변경에 따른 입사】 주식회사의 보험계약자는 조직 변경에 따라 해당 상호회사의 사원이 된다.
제31조【「상법」 등의 준용】 주식회사의 조직 변경에 관하여는 제145조와 「상법」 제40조, 제339조, 제340조제1항·제2항, 제439조제1항, 제445조 및 제446조를 준용한다. 이 경우 「상법」 제446조 중 "제192조"는 "제238조"로 본다.
제32조【보험계약자 등의 우선취득권】 ① 보험계약자나 보험금을 취득할 자는 피보험자를 위하여 적립한 금액을 다른 법

률에 특별한 규정이 없으면 주식회사의 자산에서 우선하여 취득한다.
② 제108조에 따라 특별계정이 설정된 경우에는 제1항은 특별계정과 그 밖의 계정을 구분하여 적용한다.
제33조【예탁자산에 대한 우선변제권】 ① 보험계약자나 보험금을 취득할 자는 피보험자를 위하여 적립한 금액을 주식회사가 이 법에 따른 금융위원회의 명령에 따라 예탁한 자산에서 다른 채권자보다 우선하여 변제를 받을 권리를 가진다.
② 제1항의 경우에는 제32조제2항을 준용한다.

제3절 상호(相互)회사
(2010.7.23 본절제목개정)

제1관 설 립
(2010.7.23 본관개정)

제34조【정관기재사항】 상호회사의 발기인은 정관을 작성하여 다음 각 호의 사항을 적고 기명날인하여야 한다.
1. 취급하려는 보험종목과 사업의 범위
2. 명칭
3. 사무소 소재지
4. 기금의 총액
5. 기금의 각출자가 가질 권리
6. 기금과 설립비용의 상각 방법
7. 잉여금의 분배 방법
8. 회사의 공고 방법
9. 회사 성립 후 양수할 것을 약정한 자산이 있는 경우에는 그 자산의 가격과 양도인의 성명
10. 존립시기 또는 해산사유를 정한 경우에는 그 시기 또는 사유

제35조【명칭】 상호회사는 그 명칭 중에 상호회사라는 글자를 포함하여야 한다.
제36조【기금의 납입】 ① 상호회사의 기금은 금전 이외의 자산으로 납입하지 못한다.
② 기금의 납입에 관하여는 「상법」 제295조제1항, 제305조제1항·제2항 및 제318조를 준용한다.
제37조【사원의 수】 상호회사는 100명 이상의 사원으로써 설립한다.
제38조【입사청약서】 ① 발기인이 아닌 자가 상호회사의 사원이 되려면 입사청약서 2부에 보험의 목적과 보험금액을 적고 기명날인하여야 한다. 다만, 상호회사가 성립한 후 사원이 되려는 자는 그러하지 아니하다.
② 발기인은 제1항에 따른 입사청약서를 다음 각 호의 사항을 포함하여 작성하고, 이를 비치(備置)하여야 한다.
1. 정관의 인증 연월일과 그 인증을 한 공증인의 이름
2. 제34조 각 호의 사항
3. 기금 각출자의 이름·주소와 그 각자가 각출하는 금액
4. 발기인의 이름과 주소
5. 발기인이 보수를 받는 경우에는 그 보수액
6. 설립 시 모집하려는 사원의 수
7. 일정한 시기까지 창립총회가 끝나지 아니하면 입사청약을 취소할 수 있다는 뜻

③ 상호회사 성립 전의 입사청약에 대하여는 「민법」 제107조제1항 단서를 적용하지 아니한다.
제39조【창립총회】 ① 상호회사의 발기인은 상호회사의 기금의 납입이 끝나고 사원의 수가 예정된 수가 되면 그 날부터 7일 이내에 창립총회를 소집하여야 한다.
② 창립총회는 사원 과반수의 출석과 그 의결권의 4분의 3 이상의 찬성으로 결의한다.
③ 상호회사의 창립총회에 관하여는 제55조와 「상법」 제363조제1항·제2항, 제364조, 제368조제3항·제4항, 제371조제2항, 제372조, 제373조 및 제376조부터 제381조까지의 규정을 준용한다.
제40조【설립등기】 ① 상호회사의 설립등기는 창립총회가 끝난 날부터 2주 이내에 하여야 한다.
② 제1항에 따른 설립등기에는 다음 각 호의 사항이 포함되어야 한다.
1. 제34조 각 호의 사항
2. 이사와 감사의 이름 및 주소
3. 대표이사의 이름
4. 여러 명의 대표이사가 공동으로 회사를 대표할 것을 정한 경우에는 그 규정

③ 제1항과 제2항에 따른 설립등기는 이사 및 감사의 공동신청으로 하여야 한다.
제41조【등기부】 관할 등기소에 상호회사 등기부를 비치하여야 한다.
제42조【배상책임】 이사가 다음 각 호의 어느 하나에 해당하는 행위로 상호회사에 손해를 입힌 경우에는 사원총회의 동의가 없으면 그 손해에 대한 배상책임을 면제하지 못한다.
1. 위법한 이익 배당에 관한 의안을 사원총회에 제출하는 행위
2. 다른 이사에게 금전을 대부하는 행위
3. 그 밖의 부당한 거래를 하는 행위

제43조【발기인에 대한 소송】 상호회사의 발기인에 관하여는 「금융회사의 지배구조에 관한 법률」 제33조와 「상법」 제400조를 준용한다.(2015.7.31 본조개정)
제44조【「상법」의 준용】 상호회사에 관하여는 「상법」 제10조부터 제15조까지, 제17조, 제22조, 제23조, 제26조, 제27조, 제29조부터 제33조까지, 제37조, 제39조, 제40조, 제87조부터 제89조까지, 제91조, 제92조, 제171조부터 제173조까지, 제176조, 제177조, 제181조부터 제183조까지, 제288조, 제289조제3항, 제292조, 제310조부터 제316조까지 및 제322조부터 제327조까지의 규정을 준용한다.(2024.9.20 본조개정)
제45조【「비송사건절차법」의 준용】 상호회사에 관하여는 「비송사건절차법」 제72조제1항·제2항, 제73조, 제77조, 제78조, 제80조, 제81조, 제84조, 제85조, 제90조부터 제100조까지, 제117조부터 제121조까지 및 제123조부터 제127조까지의 규정을 준용한다.
제45조의2【「상업등기법」의 준용】 상호회사에 관하여는 「상업등기법」 제3조, 제5조제2항·제3항, 제6조부터 제11조까지, 제14조, 제17조부터 제30조까지, 제53조부터 제55조까지, 제61조제2항, 제66조, 제67조, 제94조, 제95조, 제102조, 제114조부터 제128조까지 및 제131조를 준용한다.(2010.7.23 본조신설)

제2관 사원의 권리와 의무
(2010.7.23 본관제목개정)

제46조【간접책임】 상호회사의 사원은 회사의 채권자에 대하여 직접적인 의무를 지지 아니한다.(2010.7.23 본조개정)
제47조【유한책임】 상호회사의 채무에 관한 사원의 책임은 보험료를 한도로 한다.
제48조【상계의 금지】 상호회사의 사원은 보험료의 납입에 관하여 상계(相計)로써 회사에 대항하지 못한다.(2010.7.23 본조개정)
제49조【보험금액의 삭감】 상호회사는 정관으로 보험금액의 삭감에 관한 사항을 정하여야 한다.(2010.7.23 본조개정)
제50조【생명보험계약 등의 승계】 생명보험 및 제3보험을 목적으로 하는 상호회사의 사원은 회사의 승낙을 받아 타인으로 하여금 그 권리와 의무를 승계하게 할 수 있다.
제51조【손해보험의 목적의 양도】 손해보험을 목적으로 하는 상호회사의 사원이 보험의 목적을 양도한 경우에는 양수인은 회사의 승낙을 받아 양도인의 권리와 의무를 승계할 수 있다.(2010.7.23 본조개정)
제52조【사원명부】 상호회사의 사원명부에는 다음 각 호의 사항을 적어야 한다.
1. 사원의 이름과 주소
2. 각 사원의 보험계약의 종류, 보험금액 및 보험료

(2010.7.23 본조개정)
제53조【통지와 최고】 상호회사의 입사청약서나 사원에 대한 통지 및 최고(催告)에 관하여는 「상법」 제353조를 준용한다. 다만, 보험관계에 속하는 사항의 통지 및 최고에 관하여는 그러하지 아니하다.(2010.7.23 본조개정)

제3관 회사의 기관
(2010.7.23 본관제목개정)

제54조【사원총회 대행기관】 ① 상호회사는 사원총회를 갈음할 기관을 정관으로 정할 수 있다.
② 제1항에 따른 기관에 대하여는 사원총회에 관한 규정을 준용한다.
(2010.7.23 본조개정)
제55조【의결권】 상호회사의 사원은 사원총회에서 각각 1개의 의결권을 가진다. 다만, 정관에 특별한 규정이 있는 경우에는 그러하지 아니하다.
제56조【총회소집청구권】 ① 상호회사의 100분의 5 이상의 사원은 회의의 목적과 그 소집의 이유를 적은 서면을 이사에게 제출하여 사원총회의 소집을 청구할 수 있다. 다만, 이 권리의 행사에 관하여는 정관으로 다른 기준을 정할 수 있다.
② 제1항의 경우에는 「상법」 제366조제2항 및 제3항을 준용한다.
(2010.7.23 본조개정)
제57조【서류의 비치와 열람 등】 ① 상호회사의 이사는 정관과 사원총회 및 이사회의 의사록을 각 사무소에, 사원명부를 주된 사무소에 비치하여야 한다.
② 상호회사의 사원과 채권자는 영업시간 중에는 언제든지 제1항의 서류를 열람하거나 복사할 수 있고, 회사가 정한 비용을 내면 그 등본 또는 초본의 발급을 청구할 수 있다.
(2010.7.23 본조개정)
제58조【상호회사의 소수사원권의 행사】 상호회사에 관하여는 「금융회사의 지배구조에 관한 법률」 제33조를 준용한다. 이 경우 "발행주식 총수"는 "사원 총수"로, "주식을 대통령령으로 정하는 바에 따라 보유한 자"는 "사원"으로 본다.(2015.7.31 전단개정)
제59조【「상법」 등의 준용】 ① 상호회사의 사원총회에 관하여는 「상법」 제362조, 제363조제1항 · 제2항, 제364조, 제365조제1항 · 제3항, 제367조, 제368조제1항 · 제3항 · 제4항, 제371조제2항, 제372조, 제373조 및 제375조부터 제381조까지의 규정을 준용한다.
② 상호회사의 이사에 관하여는 「상법」 제382조, 제383조제2항 · 제3항, 제385조, 제386조, 제388조, 제389조, 제393조, 제395조, 제398조, 제399조제1항, 제401조제1항, 제407조 및 제408조를 준용한다.
③ 상호회사의 감사에 관하여는 「금융회사의 지배구조에 관한 법률」 제33조와 「상법」 제382조, 제385조, 제386조, 제388조, 제394조, 제399조제1항, 제401조제1항, 제407조, 제410조부터 제412조까지, 제412조의2부터 제412조의4까지, 제413조, 제413조의2 및 제414조제3항을 준용한다.(2015.7.31 본항개정)
(2010.7.23 본조개정)

제4관 회사의 계산
(2010.7.23 본관개정)

제60조【손실보전준비금】 ① 상호회사는 손실을 보전하기 위하여 각 사업연도의 잉여금 중에서 준비금을 적립하여야 한다.
② 제1항에 따른 준비금의 총액과 매년 적립할 최저액은 정관으로 정한다.
제61조【기금이자 지급 등의 제한】 ① 상호회사는 손실을 보전하기 전에는 기금이자를 지급하지 못한다.
② 상호회사는 설립비용과 사업비의 전액을 상각(償却)하고 제60조제1항에 따른 준비금을 공제하기 전에는 기금의 상각 또는 잉여금의 분배를 하지 못한다.
③ 상호회사가 제1항 또는 제2항을 위반하여 기금이자의 지급, 기금의 상각 또는 잉여금의 분배를 한 경우에는 회사의 채권자는 이를 반환하게 할 수 있다.
제62조【기금상각적립금】 상호회사가 기금을 상각할 때에는 상각하는 금액과 같은 금액을 적립하여야 한다.
제63조【잉여금의 분배】 상호회사의 잉여금은 정관에 특별한 규정이 없으면 각 사업연도 말 당시 사원에게 분배한다.
제64조【「상법」의 준용】 상호회사의 계산에 관하여는 「상법」 제447조, 제447조의2부터 제447조의4까지, 제448조부터 제450조까지, 제452조 및 제468조를 준용한다.

제5관 정관의 변경
(2010.7.23 본관개정)

제65조【정관의 변경】 ① 상호회사의 정관을 변경하려면 사원총회의 결의를 거쳐야 한다.
② 제1항의 경우에는 제55조와 「상법」 제363조제1항 · 제2항, 제364조, 제368조제3항 · 제4항, 제371조제2항, 제372조, 제373조, 제376조부터 제381조까지 및 제433조제2항을 준용한다.

제6관 사원의 퇴사
(2010.7.23 본관개정)

제66조【퇴사이유】 ① 상호회사의 사원은 다음 각 호의 사유로 퇴사한다.
1. 정관으로 정하는 사유의 발생
2. 보험관계의 소멸
② 상호회사의 사원이 사망한 경우에는 「상법」 제283조를 준용한다.
제67조【환급청구권】 ① 상호회사에서 퇴사한 사원은 정관이나 보험약관으로 정하는 바에 따라 그 권리에 따른 금액의 환급을 청구할 수 있다.
② 퇴사한 사원이 회사에 대하여 부담한 채무가 있는 경우에는 회사는 제1항의 금액에서 그 채무액을 공제할 수 있다.
제68조【환급기한 및 시효】 ① 상호회사에서 퇴사한 사원의 권리에 따른 금액의 환급은 퇴사한 날이 속하는 사업연도가 종료한 날부터 3개월 이내에 하여야 한다.
② 퇴사원의 환급청구권은 제1항의 기간이 지난 후 2년 동안 행사하지 아니하면 시효로 소멸한다.

제7관 해 산
(2010.7.23 본관개정)

제69조【해산의 공고】 ① 상호회사가 해산을 결의한 경우에는 그 결의가 제139조에 따라 인가를 받은 날부터 2주 이내에 결의의 요지와 재무상태표를 공고하여야 한다.(2021.4.20 본항개정)
② 제1항의 경우에는 제141조제2항부터 제4항까지, 제145조 및 제149조를 준용한다.
제70조【「상법」의 준용】 ① 상호회사에 관하여는 「상법」 제174조제3항, 제175조제1항, 제228조, 제232조, 제234조부터 제240조까지, 제522조제1항 · 제2항, 제526조제1항, 제527조제1항 · 제2항, 제528조제1항 및 제529조를 준용한다. 이 경우 「상법」 제528조제1항 중 "제317조"는 "「보험업법」 제40조"로 본다.
② 「상법」 제175조제1항에 따른 선임에 관하여는 제39조제2항을 준용한다.

제8관 청 산
(2010.7.23 본관개정)

제71조【청산】 상호회사가 해산한 경우에는 합병과 파산의 경우가 아니면 이 관의 규정에 따라 청산을 하여야 한다.
제72조【자산 처분의 순위 등】 ① 상호회사의 청산인은 다음 각 호의 순위에 따라 회사자산을 처분하여야 한다.
1. 일반채무의 변제
2. 사원의 보험금액과 제158조제2항에 따라 사원에게 환급할 금액의 지급
3. 기금의 상각
② 제1항에 따른 처분을 한 후 남은 자산은 상호회사의 정관에 특별한 규정이 없으면 잉여금을 분배할 때와 같은 비율로 사원에게 분배하여야 한다.
제73조【「상법」 등의 준용】 상호회사의 청산에 관하여는 제56조, 제57조, 「금융회사의 지배구조에 관한 법률」 제33조와

「상법」 제245조, 제253조부터 제255조까지, 제259조, 제260조 단서, 제264조, 제328조, 제362조, 제367조, 제373조제2항, 제376조, 제377조, 제382조제2항, 제386조, 제388조, 제389조, 제394조, 제398조, 제399조제1항, 제401조제1항, 제407조, 제408조, 제411조, 제412조, 제412조의2부터 제412조의4까지, 제413조, 제414조제3항, 제448조부터 제450조까지, 제531조부터 제537조까지, 제539조제1항, 제540조 및 제541조를 준용한다.
(2015.7.31 본조개정)

제4절 외국보험회사국내지점
(2010.7.23 본절개정)

제74조【외국보험회사국내지점의 허가취소 등】 ① 금융위원회는 외국보험회사의 본점이 다음 각 호의 어느 하나에 해당하게 되면 그 외국보험회사국내지점에 대하여 청문을 거쳐 보험업의 허가를 취소할 수 있다.
1. 합병, 영업양도 등으로 소멸한 경우
2. 위법행위, 불건전한 영업행위 등의 사유로 외국감독기관으로부터 제134조제2항에 따른 처분에 상당하는 조치를 받은 경우
3. 휴업하거나 영업을 중지한 경우

② 금융위원회는 외국보험회사국내지점이 다음 각 호의 어느 하나에 해당하는 사유로 해당 외국보험회사국내지점의 보험업 수행이 어렵다고 인정되면 공익 또는 보험계약자 보호를 위하여 영업정지 또는 그 밖에 필요한 조치를 하거나 청문을 거쳐 보험업의 허가를 취소할 수 있다.
1. 이 법 또는 이 법에 따른 명령이나 처분을 위반한 경우
2. 「금융소비자 보호에 관한 법률」 또는 같은 법에 따른 명령이나 처분을 위반한 경우
3. 외국보험회사의 본점이 그 본국의 법령을 위반한 경우
4. 그 밖에 해당 외국보험회사국내지점의 보험업 수행이 어렵다고 인정되는 경우

(2020.3.24 본항개정)
③ 외국보험회사국내지점은 그 외국보험회사의 본점이 제1항 각 호의 어느 하나에 해당하게 되면 그 사유가 발생한 날부터 7일 이내에 그 사실을 금융위원회에 알려야 한다.

제75조【국내자산 보유의무】 ① 외국보험회사국내지점은 대한민국에서 체결한 보험계약에 관하여 제120조에 따라 적립한 책임준비금 및 비상위험준비금에 상당하는 자산을 대한민국에서 보유하여야 한다.
② 제1항에 따라 대한민국에서 보유하여야 하는 자산의 종류 및 범위 등에 관하여는 대통령령으로 정한다.

제76조【국내 대표자】 ① 외국보험회사국내지점에 관하여는 「상법」 제209조를 준용한다.
② 외국보험회사국내지점의 대표자는 퇴임한 후에도 후임 대표자의 이름 및 주소에 관하여 「상법」 제614조제3항에 따른 등기가 있을 때까지는 계속하여 대표자의 권리와 의무를 가진다.
③ 외국보험회사국내지점의 대표자는 이 법에 따른 보험회사의 임원으로 본다.

제77조【잔무처리자】 ① 제4조에 따라 허가를 받은 외국보험회사의 본점이 보험업을 폐업하거나 해산한 경우 또는 대한민국에서의 보험업을 폐업하거나 그 허가가 취소된 경우에는 금융위원회가 필요하다고 인정하면 잔무(殘務)를 처리할 자를 선임하거나 해임할 수 있다.
② 제1항의 잔무처리자에 관하여는 제76조제1항 및 제157조를 준용한다.
③ 제1항의 경우에는 제160조를 준용한다.

제78조【등기】 ① 상호회사인 외국보험회사(이하 "외국상호회사"라 한다) 국내지점에 관하여는 제41조를 준용한다.
② 외국상호회사 국내지점이 등기를 신청하는 경우에는 그 외국상호회사 국내지점의 대표자는 신청서에 대한민국에서의 주된 영업소와 대표자의 이름 및 주소를 적고 다음 각 호의 서류를 첨부하여야 한다.
1. 대한민국에 주된 영업소가 있다는 것을 인정할 수 있는 서류
2. 대표자의 자격을 인정할 수 있는 서류
3. 회사의 정관이나 그 밖에 회사의 성격을 판단할 수 있는 서류

③ 제2항 각 호의 서류는 해당 외국상호회사 본국의 관할 관청이 증명한 것이어야 한다.

제79조【「상법」의 준용】 ① 외국상호회사 국내지점에 관하여는 「상법」 제1편제3장(제16조는 제외한다), 제22조 · 제23조 및 제24조, 제26조, 제1편제5장 · 제6장, 제2편제5장(제90조는 제외한다) 및 제177조를 준용한다.
② 외국보험회사국내지점이 대한민국에 종된 영업소를 설치하거나 외국보험회사국내지점을 위하여 모집을 하는 자가 영업소를 설치한 경우에는 「상법」 제619조 및 제620조제1항 · 제2항을 준용한다.

제80조【「비송사건절차법」의 준용】 외국상호회사의 국내지점에 관하여는 「비송사건절차법」 제72조제3항, 제101조제2항 및 제128조를 준용한다.

제80조의2【「상업등기법」의 준용】 외국상호회사의 국내지점에 관하여는 「상업등기법」 제3조, 제5조제2항 · 제3항, 제7조부터 제11조까지, 제14조, 제17조부터 제19조까지, 제22조부터 제24조까지, 제26조부터 제30조까지, 제53조, 제55조, 제61조제2항, 제66조, 제67조, 제113조부터 제119조까지, 제121조부터 제128조까지 및 제131조를 준용한다.(2010.7.23 본조신설)

제81조【총회 결의의 의제】 제141조, 제142조, 제144조제1항 및 제146조제2항을 외국보험회사국내지점에 적용할 경우 제141조제1항 중 "제138조에 따른 결의를 한 날"은 "이전계약서를 작성한 날"로, 제142조 및 제144조제1항 중 "주주총회등의 결의가 있었던 때"는 각각 "이전계약서를 작성한 때"로, 제146조제2항 중 "보험계약 이전의 결의를 한 후"는 "이전계약서를 작성한 후"로 본다.

제82조【적용 제외】 ① 외국보험회사국내지점에 관하여는 제8조, 제138조, 제139조 중 해산 및 합병에 관한 부분, 제141조제4항, 제148조, 제149조, 제151조부터 제154조까지, 제156조, 제157조 및 제159조부터 제161조까지의 규정을 적용하지 아니한다.(2015.7.31 본항개정)
② 외국보험회사국내지점에 관하여는 제8장 중 총회의 결의에 관한 규정을 적용하지 아니한다.

제4장 모 집
(2010.7.23 본장개정)

제1절 모집종사자

제83조【모집할 수 있는 자】 ① 모집을 할 수 있는 자는 다음 각 호의 어느 하나에 해당하는 자이어야 한다.
1. 보험설계사
2. 보험대리점
3. 보험중개사
4. 보험회사의 임원(대표이사 · 사외이사 · 감사 및 감사위원은 제외한다. 이하 이 장에서 같다) 또는 직원

② 제91조에 따른 금융기관보험대리점등은 대통령령으로 정하는 바에 따라 그 금융기관 소속 임직원이 아닌 자로 하여금 모집을 하게 하거나, 보험계약 체결과 관련한 상담 또는 소개를 하게 하고 상담 또는 소개의 대가를 지급하여서는 아니 된다.

제84조【보험설계사의 등록】 ① 보험회사 · 보험대리점 및 보험중개사(이하 이 절에서 "보험회사등"이라 한다)는 소속 보험설계사가 되려는 자를 금융위원회에 등록하여야 한다.
② 다음 각 호의 어느 하나에 해당하는 자는 보험설계사가 되지 못한다.
1. 피성년후견인 또는 피한정후견인(2018.4.17 본호개정)
2. 파산선고를 받은 자로서 복권되지 아니한 자
3. 이 법 또는 「금융소비자 보호에 관한 법률」에 따라 벌금 이상의 형을 선고받고 그 집행이 끝나거나(집행이 끝난 것으로 보는 경우를 포함한다) 집행이 면제된 날부터 2년이 지나지 아니한 자(2020.3.24 본호개정)
4. 이 법 또는 「금융소비자 보호에 관한 법률」에 따라 금고 이상의 형의 집행유예를 선고받고 그 유예기간 중에 있는 자(2020.3.24 본호개정)

5. 이 법에 따라 보험설계사·보험대리점 또는 보험중개사의 등록이 취소(제1호 또는 제2호에 해당하여 등록이 취소된 경우는 제외한다)된 후 2년이 지나지 아니한 자(2018.4.17 본호개정)
6. 제5호에도 불구하고 이 법에 따라 보험설계사·보험대리점 또는 보험중개사 등록취소 처분을 2회 이상 받은 경우 최종 등록취소 처분을 받은 날부터 3년이 지나지 아니한 자
7. 이 법 또는 「금융소비자 보호에 관한 법률」에 따라 과태료 또는 과징금 처분을 받고 이를 납부하지 아니하거나 업무정지 및 등록취소 처분을 받은 보험대리점·보험중개사 소속의 임직원이었던 자(처분사유의 발생에 관하여 직접 또는 이에 상응하는 책임이 있는 자로서 대통령령으로 정하는 자만 해당한다)로서 과태료·과징금·업무정지 및 등록취소 처분이 있었던 날부터 2년이 지나지 아니한 자(2020.3.24 본호개정)
8. 영업에 관하여 성년자와 같은 능력을 가지지 아니한 미성년자로서 그 법정대리인이 제1호부터 제7호까지의 규정 중 어느 하나에 해당하는 자
9. 법인 또는 법인이 아닌 사단이나 재단으로서 그 임원이나 관리인 중에 제1호부터 제7호까지의 규정 중 어느 하나에 해당하는 자가 있는 자
10. 이전에 모집과 관련하여 받은 보험료, 대출금 또는 보험금을 다른 용도에 유용(流用)한 후 3년이 지나지 아니한 자
③ 보험설계사의 구분·등록요건·영업기준 및 영업범위 등에 관하여 필요한 사항은 대통령령으로 정한다.

제85조【보험설계사에 의한 모집의 제한】 ① 보험회사등은 다른 보험회사등에 소속된 보험설계사에게 모집을 위탁하지 못한다.
② 보험설계사는 자기가 소속된 보험회사등 이외의 자를 위하여 모집을 하지 못한다.
③ 다음 각 호의 어느 하나에 해당하는 경우에는 제1항 및 제2항을 적용하지 아니한다.
1. 생명보험회사 또는 제3보험업을 전업(專業)으로 하는 보험회사에 소속된 보험설계사가 1개의 손해보험회사를 위하여 모집을 하는 경우
2. 손해보험회사 또는 제3보험업을 전업으로 하는 보험회사에 소속된 보험설계사가 1개의 생명보험회사를 위하여 모집을 하는 경우
3. 생명보험회사나 손해보험회사에 소속된 보험설계사가 1개의 제3보험업을 전업으로 하는 보험회사를 위하여 모집을 하는 경우
④ 제3항을 적용받는 보험회사 및 보험설계사가 모집을 할 때 지켜야 할 사항은 대통령령으로 정한다.

제85조의2【보험설계사 등의 교육】 ① 보험회사등은 대통령령으로 정하는 바에 따라 소속 보험설계사에게 보험계약의 모집에 관한 교육을 하여야 한다.
② 법인이 아닌 보험대리점 및 보험중개사는 대통령령으로 정하는 바에 따라 제1항에 따른 교육을 받아야 한다.
(2010.7.23 본조신설)

제85조의3【보험설계사에 대한 불공정 행위 금지】 ① 보험회사등은 보험설계사에게 보험계약의 모집을 위탁할 때 다음 각 호의 행위를 하여서는 아니 된다.
1. 보험모집 위탁계약서를 교부하지 아니하는 행위
2. 위탁계약서상 계약사항을 이행하지 아니하는 행위
3. 위탁계약서에서 정한 해지요건 외의 사유로 위탁계약을 해지하는 행위(2014.10.15 본호신설)
4. 정당한 사유 없이 보험설계사가 요청한 위탁계약 해지를 거부하는 행위(2014.10.15 본호신설)
5. 위탁계약서에서 정한 위탁업무 외의 업무를 강요하는 행위(2014.10.15 본호신설)
6. 정당한 사유 없이 보험설계사에게 지급되어야 할 수수료의 전부 또는 일부를 지급하지 아니하거나 지연하여 지급하는 행위(2014.10.15 본호신설)
7. 정당한 사유 없이 보험설계사에게 지급한 수수료를 환수하는 행위(2014.10.15 본호신설)
8. 보험설계사에게 보험료 대납(代納)을 강요하는 행위(2014.10.15 본호신설)
9. 그 밖에 대통령령으로 정하는 불공정한 행위
② 제175조에 따른 보험협회(이하 "보험협회"라 한다)는 보험설계사에 대한 보험회사등의 불공정한 모집위탁행위를 막기 위하여 보험회사등이 지켜야 할 규약을 정할 수 있다.
③ 보험협회가 제2항에 따른 규약을 제정·개정 또는 폐지할 때에는 금융위원회가 정하여 고시하는 바에 따라 보험설계사 등 이해관계자의 의견을 수렴하는 절차를 거쳐야 한다.
(2024.2.6 본항신설)
(2010.7.23 본조신설)

제85조의4【고객응대직원에 대한 보호 조치 의무】 ① 보험회사는 고객을 직접 응대하는 직원을 고객의 폭언이나 성희롱, 폭행 등으로부터 보호하기 위하여 다음 각 호의 조치를 하여야 한다.
1. 직원이 요청하는 경우 해당 고객으로부터의 분리 및 업무담당자 교체
2. 직원에 대한 치료 및 상담 지원
3. 고객을 직접 응대하는 직원을 위한 상시적 고충처리 기구 마련. 다만, 「근로자참여 및 협력증진에 관한 법률」 제26조에 따라 고충처리위원을 두는 경우에는 고객을 직접 응대하는 직원을 위한 전담 고충처리위원의 선임 또는 위촉
4. 그 밖에 직원의 보호를 위하여 필요한 법적 조치 등 대통령령으로 정하는 조치
② 직원은 보험회사에 대하여 제1항 각 호의 조치를 요구할 수 있다.
③ 보험회사는 제2항에 따른 직원의 요구를 이유로 직원에게 불이익을 주어서는 아니 된다.
(2016.3.29 본조신설)

제86조【등록의 취소 등】 ① 금융위원회는 보험설계사가 다음 각 호의 어느 하나에 해당하는 경우에는 그 등록을 취소하여야 한다.
1. 제84조제2항 각 호의 어느 하나에 해당하게 된 경우
2. 등록 당시 제84조제2항 각 호의 어느 하나에 해당하는 자이었음이 밝혀진 경우
3. 거짓이나 그 밖의 부정한 방법으로 제84조에 따른 등록을 한 경우
4. 이 법에 따라 업무정지 처분을 2회 이상 받은 경우
② 금융위원회는 보험설계사가 다음 각 호의 어느 하나에 해당하는 경우에는 6개월 이내의 기간을 정하여 그 업무의 정지를 명하거나 그 등록을 취소할 수 있다.
1. 모집에 관한 이 법의 규정을 위반한 경우
2. 보험계약자, 피보험자 또는 보험금을 취득할 자로서 제102조의2를 위반한 경우(2014.1.14 본호신설)
3. 제102조의3을 위반한 경우(2014.1.14 본호신설)
4. 이 법에 따른 명령이나 처분을 위반한 경우
5. 이 법에 따라 과태료 처분을 2회 이상 받은 경우
6. 「금융소비자 보호에 관한 법률」 제51조제1항제3호부터 제5호까지의 어느 하나에 해당하는 경우(2020.3.24 본호신설)
7. 「금융소비자 보호에 관한 법률」 제51조제2항 각 호 외의 부분 본문 중 대통령령으로 정하는 경우(업무의 정지를 명하는 경우로 한정한다)(2020.3.24 본호신설)
③ 금융위원회는 제1항 또는 제2항에 따라 등록을 취소하거나 업무의 정지를 명하려면 보험설계사에 대하여 청문을 하여야 한다.
④ 금융위원회는 보험설계사의 등록을 취소하거나 업무의 정지를 명한 경우에는 지체 없이 그 이유를 적은 문서로 보험설계사 및 해당 보험설계사가 소속된 보험회사등에 그 뜻을 알려야 한다.

제87조【보험대리점의 등록】 ① 보험대리점이 되려는 자는 개인과 법인을 구분하여 대통령령으로 정하는 바에 따라 금융위원회에 등록하여야 한다.
② 다음 각 호의 어느 하나에 해당하는 자는 보험대리점이 되지 못한다.
1. 제84조제2항 각 호의 어느 하나에 해당하는 자
2. 보험설계사 또는 보험중개사로 등록된 자
3. 다른 보험회사등의 임직원
4. 외국의 법령에 따라 제1호에 해당하는 것으로 취급되는 자

5. 그 밖에 경쟁을 실질적으로 제한하는 등 불공정한 모집행위를 할 우려가 있는 자로서 대통령령으로 정하는 자
③ 금융위원회는 제1항에 따른 등록을 한 보험대리점으로 하여금 금융위원회가 지정하는 기관에 영업보증금을 예탁하게 할 수 있다.
④ 보험대리점의 구분, 등록요건, 영업기준 및 영업보증금의 한도액 등에 관하여 필요한 사항은 대통령령으로 정한다.
제87조의2【법인보험대리점 임원의 자격】 ① 다음 각 호의 어느 하나에 해당하는 자는 법인인 보험대리점(이하 "법인보험대리점"이라 한다)의 임원(이사·감사 또는 사실상 이와 동등한 지위에 있는 자로서 대통령령으로 정하는 자를 말한다)이 되지 못한다.
1. 「금융회사의 지배구조에 관한 법률」 제5조제1항제1호·제2호 및 제4호에 해당하는 자(2015.7.31 본호개정)
2. 제84조제2항제5호부터 제7호까지에 해당하는 자
3. 금고 이상의 실형을 선고받고 그 집행이 끝나거나(집행이 끝난 것으로 보는 경우를 포함한다) 집행이 면제된 날부터 3년이 지나지 아니한 자
4. 이 법 또는 「금융소비자 보호에 관한 법률」에 따라 벌금 이상의 형을 선고받고 그 집행이 끝나거나(집행이 끝난 것으로 보는 경우를 포함한다) 집행이 면제된 날부터 3년이 지나지 아니한 자(2020.3.24 본호개정)
② 제1항에 따른 임원의 자격요건에 관하여 구체적인 사항은 대통령령으로 정한다.
(2010.7.23 본조신설)
제87조의3【법인보험대리점의 업무범위 등】 ① 법인보험대리점은 보험계약자 보호 등을 해칠 우려가 없는 업무로서 대통령령으로 정하는 업무 또는 보험계약의 모집 업무 이외의 업무를 하지 못한다.
② 법인보험대리점은 경영현황 등 대통령령으로 정하는 업무상 주요 사항을 대통령령으로 정하는 바에 따라 공시하고 금융위원회에 알려야 한다.
(2010.7.23 본조신설)
제88조【보험대리점의 등록취소 등】 ① 금융위원회는 보험대리점이 다음 각 호의 어느 하나에 해당하는 경우에는 그 등록을 취소하여야 한다.
1. 제87조제2항 각 호의 어느 하나에 해당하게 된 경우
2. 등록 당시 제87조제2항 각 호의 어느 하나에 해당하는 자이었음이 밝혀진 경우
3. 거짓이나 그 밖에 부정한 방법으로 제87조에 따른 등록을 한 경우
4. 제87조의3제1항을 위반한 경우
5. 제101조를 위반한 경우
② 금융위원회는 보험대리점이 다음 각 호의 어느 하나에 해당하는 경우에는 6개월 이내의 기간을 정하여 그 업무의 정지를 명하거나 그 등록을 취소할 수 있다.
1. 모집에 관한 이 법의 규정을 위반한 경우
2. 보험계약자, 피보험자 또는 보험금을 취득할 자로서 제102조의2를 위반한 경우(2014.1.14 본호신설)
3. 제102조의3을 위반한 경우(2014.1.14 본호신설)
4. 이 법에 따른 명령이나 처분을 위반한 경우
5. 「금융소비자 보호에 관한 법률」 제51조제1항제3호부터 제5호까지의 어느 하나에 해당하는 경우(2020.3.24 본호신설)
6. 「금융소비자 보호에 관한 법률」 제51조제2항 각 호 외의 부분 본문 중 대통령령으로 정하는 경우(업무의 정지를 명하는 경우로 한정한다)(2020.3.24 본호신설)
7. 해당 보험대리점 소속 보험설계사가 제1호, 제4호부터 제6호까지에 해당하는 경우(2020.3.24 본호개정)
③ 보험대리점에 관하여는 제86조제3항 및 제4항을 준용한다.
제89조【보험중개사의 등록】 ① 보험중개사가 되려는 자는 개인과 법인을 구분하여 대통령령으로 정하는 바에 따라 금융위원회에 등록하여야 한다.
② 다음 각 호의 어느 하나에 해당하는 자는 보험중개사가 되지 못한다.
1. 제84조제2항 각 호의 어느 하나에 해당하는 자
2. 보험설계사 또는 보험대리점으로 등록된 자
3. 다른 보험회사등의 임직원
4. 제87조제2항제4호 및 제5호에 해당하는 자
5. 부채가 자산을 초과하는 법인
③ 금융위원회는 제1항에 따른 등록을 한 보험중개사가 보험계약 체결 중개와 관련하여 보험계약자에게 입힌 손해의 배상을 보장하기 위하여 보험중개사로 하여금 금융위원회가 지정하는 기관에 영업보증금을 예탁하게 하거나 보험 가입, 그 밖에 필요한 조치를 하게 할 수 있다.
④ 보험중개사의 구분, 등록요건, 영업기준 및 영업보증금의 한도액 등에 관하여 필요한 사항은 대통령령으로 정한다.
제89조의2【법인보험중개사 임원의 자격】 ① 다음 각 호의 어느 하나에 해당하는 자는 법인인 보험중개사(이하 "법인보험중개사"라 한다)의 임원이 되지 못한다.
1. 「금융회사의 지배구조에 관한 법률」 제5조제1항제1호·제2호 및 제4호에 해당하는 자(2015.7.31 본호개정)
2. 제84조제2항제5호부터 제7호까지에 해당하는 자
3. 금고 이상의 실형을 선고받고 그 집행이 끝나거나(집행이 끝난 것으로 보는 경우를 포함한다) 집행이 면제된 날부터 3년이 지나지 아니한 자
4. 이 법 또는 「금융소비자 보호에 관한 법률」에 따라 벌금 이상의 형을 선고받고 그 집행이 끝나거나(집행이 끝난 것으로 보는 경우를 포함한다) 집행이 면제된 날부터 3년이 지나지 아니한 자(2020.3.24 본호개정)
② 제1항에 따른 임원의 자격요건에 관하여 구체적인 사항은 대통령령으로 정한다.
(2010.7.23 본조신설)
제89조의3【법인보험중개사의 업무범위 등】 ① 법인보험중개사는 보험계약자 보호 등을 해칠 우려가 없는 업무로서 대통령령으로 정하는 업무 또는 보험계약의 모집 업무 이외의 업무를 하지 못한다.
② 법인보험중개사는 경영현황 등 대통령령으로 정하는 업무상 주요사항을 대통령령으로 정하는 바에 따라 공시하고 금융위원회에 알려야 한다.
(2010.7.23 본조신설)
제90조【보험중개사의 등록취소 등】 ① 금융위원회는 보험중개사가 다음 각 호의 어느 하나에 해당하는 경우에는 그 등록을 취소하여야 한다.
1. 제89조제2항 각 호의 어느 하나에 해당하게 된 경우. 다만, 같은 항 제5호의 경우 일시적으로 부채가 자산을 초과하는 법인으로서 대통령령으로 정하는 법인인 경우에는 그러하지 아니하다.
2. 등록 당시 제89조제2항 각 호의 어느 하나에 해당하는 자이었음이 밝혀진 경우
3. 거짓이나 그 밖의 부정한 방법으로 제89조에 따른 등록을 한 경우
3의2. 제89조의3제1항을 위반한 경우
4. 제101조를 위반한 경우
② 금융위원회는 보험중개사가 다음 각 호의 어느 하나에 해당하는 경우에는 6개월 이내의 기간을 정하여 그 업무의 정지를 명하거나 그 등록을 취소할 수 있다.
1. 모집에 관한 이 법의 규정을 위반한 경우
2. 보험계약자, 피보험자 또는 보험금을 취득할 자로서 제102조의2를 위반한 경우(2014.1.14 본호신설)
3. 제102조의3을 위반한 경우(2014.1.14 본호신설)
4. 이 법에 따른 명령이나 처분을 위반한 경우
5. 「금융소비자 보호에 관한 법률」 제51조제1항제3호부터 제5호까지의 어느 하나에 해당하는 경우(2020.3.24 본호신설)
6. 「금융소비자 보호에 관한 법률」 제51조제2항 각 호 외의 부분 본문 중 대통령령으로 정하는 경우(업무의 정지를 명하는 경우로 한정한다)(2020.3.24 본호신설)
7. 해당 보험중개사 소속 보험설계사가 제1호, 제4호부터 제6호까지에 해당하는 경우(2020.3.24 본호개정)
③ 보험중개사에 관하여는 제86조제3항 및 제4항을 준용한다.
제91조【금융기관보험대리점 등의 영업기준】 ① 다음 각 호의 어느 하나에 해당하는 기관(이하 "금융기관"이라 한다)은

제87조 또는 제89조에 따라 보험대리점 또는 보험중개사로 등록할 수 있다.
1. 「은행법」에 따라 설립된 은행
2. 「자본시장과 금융투자업에 관한 법률」에 따른 투자매매업자 또는 투자중개업자
3. 「상호저축은행법」에 따른 상호저축은행
4. 그 밖에 다른 법률에 따라 금융업무를 하는 기관으로서 대통령령으로 정하는 기관
② 제1항에 따라 보험대리점 또는 보험중개사로 등록한 금융기관(이하 "금융기관보험대리점등"이라 한다)이 모집할 수 있는 보험상품의 범위는 금융기관에서의 판매 용이성(容易性), 불공정거래 가능성 등을 고려하여 대통령령으로 정한다.
③ 금융기관보험대리점등의 모집방법, 모집에 종사하는 모집인의 수, 영업기준 등과 그 밖에 필요한 사항은 대통령령으로 정한다.
제91조의2【금융기관보험대리점등에 대한 특례】 금융기관보험대리점등에 대하여는 제87조의2제1항 및 제87조의3을 적용하지 아니한다.(2010.7.23 본조신설)
제92조【보험중개사의 의무 등】 ① 보험중개사는 보험계약의 체결을 중개할 때 그 중개와 관련된 내용을 대통령령으로 정하는 바에 따라 장부에 적고 보험계약자에게 알려야 하며, 그 수수료에 관한 사항을 비치하여 보험계약자가 열람할 수 있도록 하여야 한다.
② 보험중개사는 보험회사의 임직원이 될 수 없으며, 보험계약의 체결을 중개하면서 보험회사·보험설계사·보험대리점·보험계리사 및 손해사정사의 업무를 겸할 수 없다.
제93조【신고사항】 ① 보험설계사·보험대리점 또는 보험중개사는 다음 각 호의 어느 하나에 해당하는 경우에는 지체 없이 그 사실을 금융위원회에 신고하여야 한다.
1. 제84조·제87조 및 제89조에 따른 등록을 신청할 때 제출한 서류에 적힌 사항이 변경된 경우
2. 제84조제2항 각 호의 어느 하나에 해당하게 된 경우
3. 모집업무를 폐지한 경우
4. 개인의 경우에는 본인이 사망한 경우
5. 법인의 경우에는 그 법인이 해산한 경우
6. 법인이 아닌 사단 또는 재단의 경우에는 그 단체가 소멸한 경우
7. 보험대리점 또는 보험중개사가 소속 보험설계사와 보험모집에 관한 위탁을 해지한 경우
8. 제85조제3항에 따라 보험설계사가 다른 보험회사를 위하여 모집을 한 경우나, 보험대리점 또는 보험중개사가 생명보험계약의 모집과 손해보험계약의 모집을 겸하게 된 경우
② 제1항제4호의 경우에는 그 상속인, 같은 항 제5호의 경우에는 그 청산인·업무집행임원이었던 자 또는 파산관재인, 같은 항 제6호의 경우에는 그 관리인이었던 자가 각각 제1항의 신고를 하여야 한다.
③ 보험회사는 모집을 위탁한 보험설계사 또는 보험대리점이 제1항 각 호의 어느 하나에 해당하는 사실을 알게 된 경우에는 제1항 및 제2항에도 불구하고 그 사실을 금융위원회에 신고하여야 한다.
④ 보험대리점 및 보험중개사에 관하여는 제3항을 준용한다. 이 경우 "보험설계사 또는 보험대리점"은 "보험설계사"로 본다.
제94조【등록수수료】 제84조·제87조 및 제89조에 따라 보험설계사·보험대리점 또는 보험중개사가 되려는 자가 등록을 신청하는 경우에는 총리령으로 정하는 바에 따라 수수료를 내야 한다.

제2절 모집 관련 준수사항

제95조【보험안내자료】 ① 모집을 위하여 사용하는 보험안내자료(이하 "보험안내자료"라 한다)에는 다음 각 호의 사항을 명백하고 알기 쉽게 적어야 한다.
1. 보험회사의 상호나 명칭 또는 보험설계사·보험대리점 또는 보험중개사의 이름·상호나 명칭
2. 보험 가입에 따른 권리·의무에 관한 주요 사항
3. 보험약관으로 정하는 보장에 관한 사항
3의2. 보험금 지급제한 조건에 관한 사항
4. 해약환급금에 관한 사항
5. 「예금자보호법」에 따른 예금자보호와 관련된 사항
6. 그 밖에 보험계약자를 보호하기 위하여 대통령령으로 정하는 사항
② 보험안내자료에 보험회사의 자산과 부채에 관한 사항을 적는 경우에는 제118조에 따라 금융위원회에 제출한 서류에 적힌 사항과 다른 내용의 것을 적지 못한다.
③ 보험안내자료에는 보험회사의 장래의 이익 배당 또는 잉여금 분배에 대한 예상에 관한 사항을 적지 못한다. 다만, 보험계약자의 이해를 돕기 위하여 금융위원회가 필요하다고 인정하여 정하는 경우에는 그러하지 아니하다.
④ 방송·인터넷 홈페이지 등 그 밖의 방법으로 모집을 위하여 보험회사의 자산 및 부채에 관한 사항과 장래의 이익 배당 또는 잉여금 분배에 대한 예상에 관한 사항을 불특정다수인에게 알리는 경우에는 제2항 및 제3항을 준용한다.
제95조의2【설명의무 등】 ①~② (2020.3.24 삭제)
③ 보험회사는 보험계약의 체결 시부터 보험금 지급 시까지의 주요 과정을 대통령령으로 정하는 바에 따라 일반보험계약자에게 설명하여야 한다. 다만, 일반보험계약자가 설명을 거부하는 경우에는 그러하지 아니하다.
④ 보험회사는 일반보험계약자가 보험금 지급을 요청한 경우에는 대통령령으로 정하는 바에 따라 보험금의 지급절차 및 지급내역 등을 설명하여야 하며, 보험금을 감액하여 지급하거나 지급하지 아니하는 경우에는 그 사유를 설명하여야 한다.
(2010.7.23 본조신설)
제95조의3~제95조의4 (2020.3.24 삭제)
제95조의5【중복계약 체결 확인 의무】 ① 보험회사 또는 보험의 모집에 종사하는 자는 대통령령으로 정하는 보험계약을 모집하기 전에 보험계약자가 되려는 자의 동의를 얻어 모집하고자 하는 보험계약과 동일한 위험을 보장하는 보험계약을 체결하고 있는지를 확인하여야 하며 확인한 내용을 보험계약자가 되려는 자에게 즉시 알려야 한다.
② 제1항의 중복계약 체결의 확인 절차 등에 관하여 필요한 사항은 대통령령으로 정한다.
(2010.7.23 본조신설)
제96조【통신수단을 이용한 모집·철회 및 해지 등 관련 준수사항】 ① 전화·우편·컴퓨터통신 등 통신수단을 이용하여 모집을 하는 자는 제83조에 따라 모집을 할 수 있는 자이어야 하며, 다른 사람의 평온한 생활을 침해하는 방법으로 모집을 하여서는 아니 된다.
② 보험회사는 다음 각 호의 어느 하나에 해당하는 경우 통신수단을 이용할 수 있도록 하여야 한다.
1. 보험계약을 청약한 자가 청약의 내용을 확인·정정 요청하거나 청약을 철회하고자 하는 경우
2. 보험계약자가 체결한 계약의 내용을 확인하고자 하는 경우
3. 보험계약자가 체결한 계약을 해지하고자 하는 경우(보험계약자가 계약을 해지하기 전에 안전성 및 신뢰성이 확보되는 방법을 이용하여 보험계약자 본인임을 확인받은 경우에 한정한다)(2021.8.17 본호개정)
③ 제1항에 따른 통신수단을 이용하여 모집을 하는 방법과 제2항에 따른 통신수단을 이용한 청약 철회 등을 하는 방법에 관하여 필요한 사항은 대통령령으로 정한다.
제97조【보험계약의 체결 또는 모집에 관한 금지행위】 ① 보험계약의 체결 또는 모집에 종사하는 자는 그 체결 또는 모집에 관하여 다음 각 호의 어느 하나에 해당하는 행위를 하여서는 아니 된다.
1.~4. (2020.3.24 삭제)
5. 보험계약자 또는 피보험자로 하여금 이미 성립된 보험계약(이하 이 조에서 "기존보험계약"이라 한다)을 부당하게 소멸시킴으로써 새로운 보험계약(대통령령으로 정하는 바에 따라 기존보험계약과 보장 내용 등이 비슷한 경우만 해당한다. 이하 이 조에서 같다)을 청약하게 하거나 새로운 보험계약을 청약하게 함으로써 기존보험계약을 부당하게 소멸시키거나 그 밖에 부당하게 보험계약을 청약하게 하거나 이러한 것을 권유하는 행위

6. 실제 명의인이 아닌 자의 보험계약을 모집하거나 실제 명의인의 동의가 없는 보험계약을 모집하는 행위
7. 보험계약자 또는 피보험자의 자필서명이 필요한 경우에 보험계약자 또는 피보험자로부터 자필서명을 받지 아니하고 서명을 대신하거나 다른 사람으로 하여금 서명하게 하는 행위
8. 다른 모집 종사자의 명의를 이용하여 보험계약을 모집하는 행위
9. 보험계약자 또는 피보험자와의 금전대차의 관계를 이용하여 보험계약자 또는 피보험자로 하여금 보험계약을 청약하게 하거나 이러한 것을 요구하는 행위
10. 정당한 이유 없이 「장애인차별금지 및 권리구제 등에 관한 법률」 제2조에 따른 장애인의 보험가입을 거부하는 행위
11. 보험계약의 청약철회 또는 계약 해지를 방해하는 행위 (2014.1.14 본호신설)

② (2020.3.24 삭제)

③ 보험계약의 체결 또는 모집에 종사하는 자가 다음 각 호의 어느 하나에 해당하는 행위를 한 경우에는 제1항제5호를 위반하여 기존보험계약을 부당하게 소멸시키거나 소멸하게 하는 행위를 한 것으로 본다.
1. 기존보험계약이 소멸된 날부터 1개월 이내에 새로운 보험계약을 청약하게 하거나 새로운 보험계약을 청약하게 한 날부터 1개월 이내에 기존보험계약을 소멸하게 하는 행위. 다만, 보험계약자가 기존 보험계약 소멸 후 새로운 보험계약 체결 시 손해가 발생할 가능성이 있다는 사실을 알고 있음을 자필로 서명하는 등 대통령령으로 정하는 바에 따라 본인의 의사에 따른 행위임이 명백히 증명되는 경우에는 그러하지 아니하다.
2. 기존보험계약이 소멸된 날부터 6개월 이내에 새로운 보험계약을 청약하게 하거나 새로운 보험계약을 청약하게 한 날부터 6개월 이내에 기존보험계약을 소멸하게 하는 경우로서 해당 보험계약자 또는 피보험자에게 기존보험계약과 새로운 보험계약의 보험기간 및 예정 이자율 등 대통령령으로 정하는 중요한 사항을 비교하여 알리지 아니하는 행위

④ 보험계약자는 보험계약의 체결 또는 모집에 종사하는 자(보험중개사는 제외한다. 이하 이 항에서 같다)가 제1항제5호를 위반하여 기존보험계약을 소멸시키거나 소멸하게 하였을 때에는 그 보험계약의 체결 또는 모집에 종사하는 자가 속하거나 모집을 위탁한 보험회사에 대하여 그 보험계약이 소멸한 날부터 6개월 이내에 소멸된 보험계약의 부활을 청구하고 새로운 보험계약은 취소할 수 있다.

⑤ 제4항에 따라 보험계약의 부활의 청구를 받은 보험회사는 특별한 사유가 없으면 소멸된 보험계약의 부활을 승낙하여야 한다.

⑥ 제4항과 제5항에 따라 보험계약의 부활을 청구하는 절차 및 방법과 그 밖에 보험계약의 부활에 관하여 필요한 사항은 대통령령으로 정한다.

제98조【특별이익의 제공 금지】 보험계약의 체결 또는 모집에 종사하는 자는 그 체결 또는 모집과 관련하여 보험계약자나 피보험자에게 다음 각 호의 어느 하나에 해당하는 특별이익을 제공하거나 제공하기로 약속하여서는 아니 된다.
1. 금품(대통령령으로 정하는 금액을 초과하지 아니하는 금품은 제외한다)
2. 기초서류에서 정한 사유에 근거하지 아니한 보험료의 할인 또는 수수료의 지급
3. 기초서류에서 정한 보험금액보다 많은 보험금액의 지급 약속
4. 보험계약자나 피보험자를 위한 보험료의 대납(2014.10.15 본호개정)
5. 보험계약자나 피보험자가 해당 보험회사로부터 받은 대출금에 대한 이자의 대납
6. 보험료로 받은 수표 또는 어음에 대한 이자 상당액의 대납
7. 「상법」 제682조에 따른 제3자에 대한 청구권 대위행사의 포기

제99조【수수료 지급 등의 금지】 ① 보험회사는 제83조에 따라 모집할 수 있는 자 이외의 자에게 모집을 위탁하거나 모집에 관하여 수수료, 보수, 그 밖의 대가를 지급하지 못한다. 다만, 다음 각 호의 어느 하나에 해당하는 경우에는 그러하지 아니하다.
1. 기초서류에서 정하는 방법에 따른 경우
2. 보험회사가 대한민국 밖에서 외국보험사와 공동으로 원보험계약(原保險契約)을 인수하거나 대한민국 밖에서 외국의 모집조직(외국의 법령에 따라 모집을 할 수 있도록 허용된 경우만 해당한다)을 이용하여 원보험계약 또는 재보험계약을 인수하는 경우
3. 그 밖에 대통령령으로 정하는 경우

② (2020.3.24 삭제)

③ 보험중개사는 대통령령으로 정하는 경우 이외에는 보험계약 체결의 중개와 관련한 수수료나 그 밖의 대가를 보험계약자에게 청구할 수 없다.

제100조【금융기관보험대리점등의 금지행위 등】 ① 금융기관보험대리점등은 모집을 할 때 다음 각 호의 어느 하나에 해당하는 행위를 하여서는 아니 된다.
1. (2020.3.24 삭제)
2. 대출 등 해당 금융기관이 제공하는 용역(이하 이 조에서 "대출등"이라 한다)을 받는 자의 동의를 미리 받지 아니하고 보험료를 대출등의 거래에 포함시키는 행위(2020.3.24 본호개정)
3. 해당 금융기관의 임직원(제83조에 따라 모집할 수 있는 자는 제외한다)에게 모집을 하도록 하거나 이를 용인하는 행위
4. 해당 금융기관의 점포 외의 장소에서 모집을 하는 행위
5. 모집과 관련이 없는 금융거래를 통하여 취득한 개인정보를 미리 그 개인의 동의를 받지 아니하고 모집에 이용하는 행위
6. 그 밖에 제2호부터 제5호까지의 행위와 비슷한 행위로서 대통령령으로 정하는 행위(2020.3.24 본호개정)

② 금융기관보험대리점등은 모집을 할 때 다음 각 호의 사항을 지켜야 한다.
1. 해당 금융기관이 대출등을 받는 자에게 보험계약의 청약을 권유하는 경우 대출등을 받는 자가 그 금융기관이 대리하거나 중개하는 보험계약을 체결하지 아니하더라도 대출등을 받는 데 영향이 없음을 알릴 것
2. 해당 금융기관이 보험회사가 아니라 보험대리점 또는 보험중개사라는 사실과 보험계약의 이행에 따른 지급책임은 보험회사에 있음을 보험계약을 청약하는 자에게 알릴 것
3. 보험을 모집하는 장소와 대출등을 취급하는 장소를 보험계약을 청약하는 자가 쉽게 알 수 있을 정도로 분리할 것
4. 제1호부터 제3호까지의 사항과 비슷한 사항으로서 대통령령으로 정하는 사항

③ 금융기관보험대리점등이나 금융기관보험대리점등이 되려는 자는 보험계약 체결을 대리하거나 중개하는 조건으로 보험회사에 대하여 다음 각 호의 어느 하나의 행위를 하여서는 아니 된다.
1. 해당 금융기관을 계약자로 하는 보험계약의 할인을 요구하거나 그 금융기관에 대한 신용공여, 자금지원 및 보험료 등의 예탁을 요구하는 행위
2. 보험계약 체결을 대리하거나 중개하면서 발생하는 비용 또는 손실을 보험회사에 부당하게 떠넘기는 행위
3. 그 밖에 금융기관의 우월적 지위를 이용하여 부당한 요구 등을 하는 행위로서 대통령령으로 정하는 행위

④ 제3항에 따른 행위의 구체적 기준은 대통령령으로 정하는 바에 따라 금융위원회가 정한다.

제101조【자기계약의 금지】 ① 보험대리점 또는 보험중개사는 자기 또는 자기를 고용하고 있는 자를 보험계약자 또는 피보험자로 하는 보험을 모집하는 것을 주된 목적으로 하지 못한다.

② 보험대리점 또는 보험중개사가 모집한 자기 또는 자기를 고용하고 있는 자를 보험계약자나 피보험자로 하는 보험의 보험료 누계액(累計額)이 그 보험대리점 또는 보험중개사가 모집한 보험의 보험료의 100분의 50을 초과하게 된 경우에는 그 보험대리점 또는 보험중개사는 제1항을 적용할 때 자기 또는 자기를 고용하고 있는 자를 보험계약자 또는 피보험자로 하는 보험을 모집하는 것을 그 주된 목적으로 한 것으로 본다.

제101조의2【「금융소비자 보호에 관한 법률」의 준용】 ① 보험회사 임직원의 설명의무 및 부당권유행위 금지에 관하여는 「금융소비자 보호에 관한 법률」 제19조제1항 · 제2항 및 제21조를 준용한다. 이 경우 "금융상품판매업자등"은 "보험회사 임직원"으로 본다.

② 보험회사 임직원의 광고 관련 준수사항에 관하여는「금융소비자 보호에 관한 법률」제22조제2항부터 제7항의 규정을 준용한다. 이 경우 "금융상품판매업자등"은 "보험회사 임직원"으로 본다.
③ 보험회사 임직원의 제3자에 대한 모집위탁에 관하여는「금융소비자 보호에 관한 법률」제25조제1항 각 호 외의 부분 및 같은 항 제2호를 준용한다. 이 경우 "금융상품판매대리·중개업자는"은 "보험회사 임직원은"으로, "금융상품판매대리·중개업자가 대리·중개하는 업무"는 "보험회사 임직원의 모집업무"로 한다.
(2020.3.24 본조신설)

제3절 보험계약자의 권리

제102조 (2020.3.24 삭제)
제102조의2【보험계약자 등의 의무】 보험계약자, 피보험자, 보험금을 취득할 자, 그 밖에 보험계약에 관하여 이해관계가 있는 자는 보험사기행위를 하여서는 아니 된다.
제102조의3【보험 관계 업무 종사자의 의무】 보험회사의 임직원, 보험설계사, 보험대리점, 보험중개사, 손해사정사, 그 밖에 보험 관계 업무에 종사하는 자는 다음 각 호의 어느 하나에 해당하는 행위를 하여서는 아니 된다.
1. 보험계약자, 피보험자, 보험금을 취득할 자, 그 밖에 보험계약에 관하여 이해가 있는 자로 하여금 고의로 보험사고를 발생시키거나 발생하지 아니한 보험사고를 발생한 것처럼 조작하여 보험금을 수령하도록 하는 행위
2. 보험계약자, 피보험자, 보험금을 취득할 자, 그 밖에 보험계약에 관하여 이해가 있는 자로 하여금 이미 발생한 보험사고의 원인, 시기 또는 내용 등을 조작하거나 피해의 정도를 과장하여 보험금을 수령하도록 하는 행위
(2014.1.14 본조신설)
제102조의4~제102조의5 (2020.3.24 삭제)
제102조의6【실손의료보험계약의 보험금 청구를 위한 서류 전송】 ① 실손의료보험(실제로 부담한 의료비만을 지급하는 제3보험상품을 말한다. 이하 같다)계약의 보험계약자, 피보험자, 보험금을 취득할 자 또는 그 대리인은 보험금을 청구하기 위하여「국민건강보험법」제42조에 따른 요양기관(이하 "요양기관"이라 한다)으로 하여금 진료비 계산서·영수증, 진료비 세부산정내역 등 보험금 청구에 필요한 서류로서 금융위원회가 정하여 고시하는 서류를 보험계약자가 실손의료보험계약을 체결한 보험회사에 전자적 형태로 전송하여 줄 것을 요청할 수 있다.
② 제1항의 요청을 받은 요양기관은「의료법」제21조 및「약사법」제30조에도 불구하고 대통령령으로 정하는 정당한 사유가 없으면 그 요청에 따라야 한다.
③ 제1항 및 제2항에 따른 요청 방법과 절차, 전송방식 등에 관하여 필요한 세부사항은 대통령령으로 정한다.
(2023.10.24 본조신설:「의료법」제3조제2항제1호에 따른 의원급 의료기관과「약사법」제2조제3호에 따른 약국에 대하여는 2025.10.25 시행)
제102조의7【실손의료보험계약의 서류 전송을 위한 전산시스템의 구축·운영 등】 ① 보험회사는 제102조의6제1항에 따른 업무를 수행하기 위하여 필요한 전산시스템을 구축·운영하여야 한다.
② 보험회사는 제1항에 따른 전산시스템의 구축·운영에 관한 업무를 공공성·보안성·전문성 등을 고려하여 대통령령으로 정하는 전송대행기관(이하 "전송대행기관"이라 한다)에 위탁하거나 직접 수행할 수 있다.
③ 제1항 및 제2항에 따른 전산시스템의 구축·운영에 관한 비용은 보험회사가 부담한다.
④ 보험회사(제2항에 따라 업무를 위탁한 경우 전송대행기관을 포함한다)는 요양기관 등과 제1항에 따른 전산시스템의 구축·운영에 관한 사항을 협의하기 위하여 대통령령으로 정하는 바에 따라 위원회를 구성·운영할 수 있다.
⑤ 제2항에 따른 전산시스템의 구축·운영에 관한 업무에 종사하거나 종사한 사람은 그 업무를 수행하는 과정에서 알게 된 정보 또는 자료를 누설하거나 제102조의6제1항에 따른 서류 전송 업무 외의 용도로 사용 또는 보관하여서는 아니 된다.
⑥ 제1항 및 제2항에 따른 전산시스템의 구축·운영, 업무위탁의 범위·방법 및 절차 등에 관하여 필요한 사항은 금융위원회가 정하여 고시한다.
(2023.10.24 본조신설)
제103조【영업보증금에 대한 우선변제권】 보험계약자나 보험금을 취득할 자가 보험중개사의 보험계약체결 중개행위와 관련하여 손해를 입은 경우에는 그 손해액을 제89조제3항에 따른 영업보증금에서 다른 채권자보다 우선하여 변제받을 권리를 가진다.

제5장 자산운용
(2010.7.23 본장개정)

제1절 자산운용의 원칙

제104조【자산운용의 원칙】 ① 보험회사는 그 자산을 운용할 때 안정성·유동성·수익성 및 공익성이 확보되도록 하여야 한다.
② 보험회사는 선량한 관리자의 주의로써 그 자산을 운용하여야 한다.
제105조【금지 또는 제한되는 자산운용】 보험회사는 그 자산을 다음 각 호의 어느 하나에 해당하는 방법으로 운용하여서는 아니 된다.
1. 대통령령으로 정하는 업무용 부동산이 아닌 부동산(저당권 등 담보권의 실행으로 취득하는 부동산은 제외한다)의 소유
2. 제108조제1항제2호에 따라 설정된 특별계정을 통한 부동산의 소유
3. 상품이나 유가증권에 대한 투기를 목적으로 하는 자금의 대출
4. 직접·간접을 불문하고 해당 보험회사의 주식을 사도록 하기 위한 대출
5. 직접·간접을 불문하고 정치자금의 대출
6. 해당 보험회사의 임직원에 대한 대출(보험약관에 따른 대출 및 금융위원회가 정하는 소액대출은 제외한다)
7. 자산운용의 안정성을 크게 해칠 우려가 있는 행위로서 대통령령으로 정하는 행위
제106조【자산운용의 방법 및 비율】 ① 보험회사는 일반계정(제108조제1항제1호 및 제4호의 특별계정을 포함한다. 이하 이 조에서 같다)에 속하는 자산과 제108조제1항제2호에 따른 특별계정(이하 이 조에서 특별계정이라 한다)에 속하는 자산을 운용할 때 다음 각 호의 비율을 초과할 수 없다. 다만, 특별계정의 자산으로서 자산운용의 손실이 일반계정에 영향을 미치는 자산 중 대통령령으로 정하는 자산의 경우에는 일반계정에 포함하여 자산운용비율을 적용한다.(2022.12.31 단서신설)
1. 동일한 개인 또는 법인에 대한 신용공여
   가. 일반계정 : 총자산의 100분의 3
   나. 특별계정 : 각 특별계정 자산의 100분의 5
2. 동일한 법인이 발행한 채권 및 주식 소유의 합계액
   가. 일반계정 : 총자산의 100분의 7
   나. 특별계정 : 각 특별계정 자산의 100분의 10
3. 동일차주에 대한 신용공여 또는 그 동일차주가 발행한 채권 및 주식 소유의 합계액
   가. 일반계정 : 총자산의 100분의 12
   나. 특별계정 : 각 특별계정 자산의 100분의 15
4. 동일한 개인·법인, 동일차주 또는 대주주(그의 특수관계인을 포함한다. 이하 이 절에서 같다)에 대한 총자산의 100분의 1을 초과하는 거액 신용공여의 합계액
   가. 일반계정 : 총자산의 100분의 20
   나. 특별계정 : 각 특별계정 자산의 100분의 20
5. 대주주 및 대통령령으로 정하는 자회사에 대한 신용공여
   가. 일반계정 : 자기자본의 100분의 40(자기자본의 100분의 40에 해당하는 금액이 총자산의 100분의 2에 해당하는 금액보다 큰 경우에는 총자산의 100분의 2)

나. 특별계정 : 각 특별계정 자산의 100분의 2
6. 대주주 및 대통령령으로 정하는 자회사가 발행한 채권 및 주식 소유의 합계액
가. 일반계정 : 자기자본의 100분의 60(자기자본의 100분의 60에 해당하는 금액이 총자산의 100분의 3에 해당하는 금액보다 큰 경우에는 총자산의 100분의 3)
나. 특별계정 : 각 특별계정 자산의 100분의 3
7. 동일한 자회사에 대한 신용공여
가. 일반계정 : 자기자본의 100분의 10
나. 특별계정 : 각 특별계정 자산의 100분의 4
8. 부동산의 소유
가. 일반계정 : 총자산의 100분의 25
나. 특별계정 : 각 특별계정 자산의 100분의 15
9. 「외국환거래법」에 따른 외국환이나 외국부동산의 소유(외화표시 보험에 대하여 지급보험금과 같은 외화로 보유하는 자산의 경우에는 금융위원회가 정하는 바에 따라 책임준비금을 한도로 자산운용비율의 산정 대상에 포함하지 아니한다)
가. 일반계정 : 총자산의 100분의 50(2020.5.19 본목개정)
나. 특별계정 : 각 특별계정 자산의 100분의 50(2020.5.19 본목개정)
10. (2022.12.31 삭제)
② 제1항 각 호에 따른 자산운용비율은 자산운용의 건전성 향상 또는 보험계약자 보호에 필요한 경우에는 대통령령으로 정하는 바에 따라 그 비율의 100분의 50의 범위에서 인하하거나, 발행주체 및 투자수단 등을 구분하여 별도로 정할 수 있다.
③ 제1항에도 불구하고 대통령령으로 정하는 금액 이하의 특별계정에 대하여는 일반계정에 포함하여 자산운용비율을 적용한다.

제107조【자산운용 제한에 대한 예외】 ① 다음 각 호의 어느 하나에 해당하는 경우에는 제106조를 적용하지 아니한다.(2022.12.31 단서삭제)
1. 보험회사의 자산가격의 변동 등 보험회사의 의사와 관계없는 사유로 자산상태가 변동된 경우(2022.12.31 본호개정)
2. 보험회사에 적용되는 회계처리기준(「주식회사 등의 외부감사에 관한 법률」 제5조제1항제1호에 따른 회계처리기준을 말한다)의 변경으로 보험회사의 자산 또는 자기자본 상태가 변동된 경우(2022.12.31 본호신설)
3. 다음 각 목의 어느 하나에 해당하는 경우로서 금융위원회의 승인을 받은 경우
가. 보험회사가 제123조에 따라 재무건전성 기준을 지키기 위하여 필요한 경우
나. 「기업구조조정 촉진법」에 따른 출자전환 또는 채무재조정 등 기업의 구조조정을 지원하기 위하여 필요한 경우
다. 그 밖에 보험계약자의 이익을 보호하기 위하여 필수적인 경우
② 제1항에도 불구하고 제1항제1호 또는 제2호의 사유로 자산운용비율을 초과하게 된 경우에는 해당 보험회사는 그 비율을 초과하게 된 날부터 다음 각 호의 구분에 따른 기간 이내에 제106조에 적합하도록 하여야 한다. 다만, 대통령령으로 정하는 사유에 해당하는 경우에는 금융위원회가 정하는 바에 따라 그 기간을 연장할 수 있다.
1. 제1항제1호의 사유로 자산운용비율을 초과하게 된 경우 : 1년
2. 제1항제2호의 사유로 자산운용비율을 초과하게 된 경우 : 3년
(2022.12.31 본항신설)

제108조【특별계정의 설정·운용】 ① 보험회사는 다음 각 호의 어느 하나에 해당하는 계약에 대하여는 대통령령으로 정하는 바에 따라 그 준비금에 상당하는 자산의 전부 또는 일부를 그 밖의 자산과 구별하여 이용하기 위한 계정(이하 "특별계정"이라 한다)을 각각 설정하여 운용할 수 있다.
1. 「소득세법」 제20조의3제1항제2호 각 목 외의 부분에 따른 연금저축계좌를 설정하는 계약(2020.12.8 본호개정)
2. 「근로자퇴직급여 보장법」 제29조제2항에 따른 보험계약 및 법률 제10967호 근로자퇴직급여 보장법 전부개정법률 부칙 제2조제1항 본문에 따른 퇴직보험계약(2020.12.8 본호개정)
3. 변액보험계약(보험금이 자산운용의 성과에 따라 변동하는 보험계약을 말한다)
4. 그 밖에 금융위원회가 필요하다고 인정하는 보험계약
② 보험회사는 특별계정에 속하는 자산은 다른 특별계정에 속하는 자산 및 그 밖의 자산과 구분하여 회계처리하여야 한다.(2015.7.24 본항개정)
③ 보험회사는 특별계정에 속하는 이익을 그 계정상의 보험계약자에게 분배할 수 있다.
④ 특별계정에 속하는 자산의 운용방법 및 평가, 이익의 분배, 자산운용실적의 비교·공시, 운용전문인력의 확보, 의결권 행사의 제한 등 보험계약자 보호에 필요한 사항은 대통령령으로 정한다.

제109조【다른 회사에 대한 출자 제한】 보험회사는 다른 회사의 의결권 있는 발행주식(출자지분을 포함한다) 총수의 100분의 15를 초과하는 주식을 소유할 수 없다. 다만, 제115조에 따라 금융위원회의 승인(같은 조 제1항 단서에 따라 승인이 의제되거나 같은 조 제2항 및 제3항에 따라 신고 또는 보고하는 경우를 포함한다)을 받은 자회사의 주식은 그러하지 아니하다.(2020.12.8 단서개정)

제110조【자금지원 관련 금지행위】 ① 보험회사는 다른 금융기관(「금융산업의 구조개선에 관한 법률」 제2조제1호에 따른 금융기관을 말한다. 이하 이 조에서 같다) 또는 회사와 다음 각 호의 행위를 하여서는 아니 된다.
1. 제106조와 제108조에 따른 자산운용한도의 제한을 피하기 위하여 다른 금융기관 또는 회사의 의결권 있는 주식을 서로 교차하여 보유하거나 신용공여를 하는 행위
2. 「상법」 제341조와 「자본시장과 금융투자업에 관한 법률」 제165조의3에 따른 자기주식 취득의 제한을 피하기 위한 목적으로 서로 교차하여 주식을 취득하는 행위(2013.4.5 본호개정)
3. 그 밖에 보험계약자의 이익을 크게 해칠 우려가 있는 행위로서 대통령령으로 정하는 행위
② 보험회사는 제1항을 위반하여 취득한 주식에 대하여는 의결권을 행사할 수 없다.
③ 금융위원회는 제1항을 위반하여 주식을 취득하거나 신용공여를 한 보험회사에 대하여 그 주식의 처분 또는 공여한 신용의 회수를 명하는 등 필요한 조치를 할 수 있다.

제110조의2 (2020.3.24 삭제)

제110조의3【금리인하 요구】 ① 보험회사와 신용공여 계약을 체결한 자는 재산 증가나 신용등급 또는 개인신용평점 상승 등 신용상태 개선이 나타났다고 인정되는 경우 보험회사에 금리인하를 요구할 수 있다.(2020.2.4 본항개정)
② 보험회사는 신용공여 계약을 체결하려는 자에게 제1항에 따라 금리인하를 요구할 수 있음을 알려야 한다.
③ 그 밖에 금리인하 요구의 요건 및 절차에 관한 구체적 사항은 대통령령으로 정한다.
(2018.12.11 본조신설)

제111조【대주주와의 거래제한 등】 ① 보험회사는 직접 또는 간접으로 그 보험회사의 대주주(그의 특수관계인인 보험회사의 자회사는 제외한다. 이하 이 항에서 같다)와 다음 각 호의 행위를 하여서는 아니 된다.(2015.7.24 본문개정)
1. 대주주가 다른 회사에 출자하는 것을 지원하기 위한 신용공여
2. 자산을 대통령령으로 정하는 바에 따라 무상으로 양도하거나 일반적인 거래 조건에 비추어 해당 보험회사에 뚜렷하게 불리한 조건으로 자산에 대하여 매매·교환·신용공여 또는 재보험계약을 하는 행위
② 보험회사는 그 보험회사의 대주주에 대하여 대통령령으로 정하는 금액 이상의 신용공여를 하거나 그 보험회사의 대주주가 발행한 채권 또는 주식을 대통령령으로 정하는 금액 이상으로 취득하려는 경우에는 미리 이사회의 의결을 거쳐야 한다. 이 경우 이사회는 재적이사 전원의 찬성으로 의결하여야 한다.
③ 보험회사는 그 보험회사의 대주주와 다음 각 호의 어느 하나에 해당하는 행위를 하였을 때에는 7일 이내에 그 사실을 금융위원회에 보고하고 인터넷 홈페이지 등을 이용하여 공시하여야 한다.
1. 대통령령으로 정하는 금액 이상의 신용공여
2. 해당 보험회사의 대주주가 발행한 채권 또는 주식을 대통령령으로 정하는 금액 이상으로 취득하는 행위

3. 해당 보험회사의 대주주가 발행한 주식에 대한 의결권을 행사하는 행위
④ 보험회사는 해당 보험회사의 대주주에 대한 신용공여나 그 보험회사의 대주주가 발행한 채권 또는 주식의 취득에 관한 사항을 대통령령으로 정하는 바에 따라 분기별로 금융위원회에 보고하고, 인터넷 홈페이지 등을 이용하여 공시하여야 한다.
⑤ 보험회사의 대주주는 해당 보험회사의 이익에 반하여 대주주 개인의 이익을 위하여 다음 각 호의 어느 하나에 해당하는 행위를 하여서는 아니 된다.
1. 부당한 영향력을 행사하기 위하여 해당 보험회사에 대하여 외부에 공개되지 아니한 자료 또는 정보의 제공을 요구하는 행위. 다만, 「금융회사의 지배구조에 관한 법률」 제33조제7항(제58조에 따라 준용되는 경우를 포함한다)에 해당하는 경우는 제외한다.(2015.7.31 단서개정)
2. 경제적 이익 등 반대급부를 제공하는 조건으로 다른 주주 또는 출자자와 담합(談合)하여 해당 보험회사의 인사 또는 경영에 부당한 영향력을 행사하는 행위
3. 제106조제1항제4호 및 제5호에서 정한 비율을 초과하여 보험회사로부터 신용공여를 받는 행위
4. 제106조제1항제6호에서 정한 비율을 초과하여 보험회사에게 대주주의 채권 및 주식을 소유하게 하는 행위
5. 그 밖에 보험회사의 이익에 반하여 대주주 개인의 이익을 위한 행위로서 대통령령으로 정하는 행위
⑥ 금융위원회는 보험회사의 대주주(회사만 해당한다)의 부채가 자산을 초과하는 등 재무구조가 부실하여 보험회사의 경영건전성을 뚜렷하게 해칠 우려가 있는 경우로서 대통령령으로 정하는 경우에는 그 보험회사에 대하여 다음 각 호의 조치를 할 수 있다.
1. 대주주에 대한 신규 신용공여 금지
2. 대주주가 발행한 유가증권의 신규 취득 금지
3. 그 밖에 대주주에 대한 자금지원 성격의 거래제한 등 대통령령으로 정하는 조치

제112조【대주주 등에 대한 자료 제출 요구】 금융위원회는 보험회사 또는 그 대주주가 제106조 및 제111조를 위반한 혐의가 있다고 인정되는 경우에는 보험회사 또는 그 대주주에 대하여 필요한 자료의 제출을 요구할 수 있다.

제113조【타인을 위한 채무보증의 금지】 보험회사는 타인을 위하여 그 소유자산을 담보로 제공하거나 채무보증을 할 수 없다. 다만, 이 법 및 대통령령으로 정하는 바에 따라 채무보증을 할 수 있는 경우에는 그러하지 아니하다.

제114조【자산평가의 방법 등】 보험회사가 취득·처분하는 자산의 평가방법, 채권 발행 또는 자금차입의 제한 등에 관하여 필요한 사항은 대통령령으로 정한다.

제114조의2【사채의 발행 등】 ① 보험회사는 제123조에 따른 재무건전성 기준을 충족시키기 위한 경우 또는 적정한 유동성을 유지하기 위한 경우에는 다음 각 호의 어느 하나에 해당하는 방법으로 사채를 발행하거나 자금을 차입할 수 있다. 다만, 제3호는 「자본시장과 금융투자업에 관한 법률」 제9조제15항제4호에 따른 주권비상장법인인 보험회사(이하 "주권비상장보험회사"라 한다)만이 할 수 있다.
1. 「자본시장과 금융투자업에 관한 법률」 제165조의11제1항에 따른 사채 중 해당 사채의 발행 당시 객관적이고 합리적인 기준에 따라 미리 정하는 사유(이하 "예정사유"라 한다)가 발생하는 경우 그 사채의 상환과 이자지급 의무가 감면된다는 조건이 붙은 사채(이하 "상각형 조건부자본증권"이라 한다)의 발행
2. 「자본시장과 금융투자업에 관한 법률」 제165조의11제1항에 따른 사채 중 해당 사채의 발행 당시 예정사유가 발생하는 경우 보험회사의 주식으로 전환된다는 조건이 붙은 사채(이하 "보험회사주식 전환형 조건부자본증권"이라 한다)의 발행
3. 「상법」 제469조제2항, 제513조 및 제516조의2에 따른 사채와 다른 종류의 사채로서 해당 사채의 발행 당시 예정사유가 발생하는 경우 주권비상장보험회사의 주식으로 전환됨과 동시에 그 전환된 주식이 상장금융지주회사(해당 사채의 발행 당시 주권비상장보험회사의 발행주식 총수를 보유한 「자본시장과 금융투자업에 관한 법률」 제9조제15항제3호에 따른 주권상장법인인 금융지주회사를 말한다. 이하 같다)의 주식과 교환된다는 조건이 붙은 사채(이하 "금융지주회사주식 전환형 조건부자본증권"이라 한다)의 발행
4. 「상법」에 따른 사채의 발행
5. 그 밖에 제1호부터 제4호까지의 방법에 준하는 것으로서 대통령령으로 정하는 사채의 발행 및 자금의 차입
② 제1항에 따른 사채발행 및 자금차입에 관한 조건, 절차 및 제한사항 등에 관하여 필요한 사항은 대통령령으로 정한다.
(2022.12.31 본조신설)

제114조의3【상각형 조건부자본증권 및 보험회사주식 전환형 조건부자본증권의 발행절차 등】 ① 상각형 조건부자본증권의 발행 등에 관하여는 「자본시장과 금융투자업에 관한 법률」 제165조의11제2항 및 제314조제8항을 준용한다.
② 보험회사주식 전환형 조건부자본증권의 발행 등에 관하여는 「자본시장과 금융투자업에 관한 법률」 제165조의6제1항·제2항·제4항, 제165조의9, 제165조의11제2항 및 제314조제8항을 준용한다.
(2022.12.31 본조신설)

제114조의4【금융지주회사주식 전환형 조건부자본증권의 발행절차 등】 ① 주권비상장보험회사가 금융지주회사주식 전환형 조건부자본증권을 발행하려면 주권비상장보험회사 및 상장금융지주회사는 각각의 정관으로 정하는 바에 따라 금융지주회사주식 전환형 조건부자본증권의 총액 등 대통령령으로 정하는 사항을 포함한 주식교환계약서를 작성하여 다음 각 호의 구분에 따른 절차를 거쳐야 한다.
1. 주권비상장보험회사의 경우 : 이사회의 의결
2. 상장금융지주회사의 경우 : 이사회의 의결과 「상법」 제434조에 따른 주주총회의 결의
② 주권비상장보험회사는 금융지주회사주식 전환형 조건부자본증권을 발행하는 경우 「주식·사채 등의 전자등록에 관한 법률」 제2조제2호에 따른 전자등록의 방법으로 발행하여야 한다.
③ 주권비상장보험회사 및 상장금융지주회사는 주권비상장보험회사가 금융지주회사주식 전환형 조건부자본증권을 발행한 경우 「상법」 제476조에 따른 납입이 완료된 날부터 2주일 이내에 각각의 본점 소재지에서 금융지주회사주식 전환형 조건부자본증권의 총액 등 대통령령으로 정하는 사항을 등기하여야 한다.
④ 제1항제2호에 따른 이사회의 의결이 있는 경우 그 의결에 반대하는 상장금융지주회사의 주주가 주주총회 전에 상장금융지주회사에 대하여 서면으로 그 의결에 반대하는 의사를 통지한 경우에는 그 주주총회의 결의일부터 20일 이내에 주식의 종류와 수를 적은 서면으로 상장금융지주회사에 대하여 자기가 소유하고 있는 주식의 매수를 청구할 수 있다. 이 경우 주식의 매수기간 및 매수가액의 결정 등에 관하여는 「상법」 제374조의2제2항부터 제5항까지의 규정을 준용한다.
⑤ 주권비상장보험회사 및 상장금융지주회사는 주권비상장보험회사가 금융지주회사주식 전환형 조건부자본증권을 발행하는 날부터 제6항에 따른 효력발생일과 만기일 중 먼저 도래하는 날까지 전환 및 교환으로 인하여 새로 발행할 주식의 수를 유보하여야 한다.
⑥ 금융지주회사주식 전환형 조건부자본증권의 주권비상장보험회사 주식으로의 전환 및 그 전환된 주식의 상장금융지주회사 주식과의 교환은 예정사유가 발생한 날부터 15영업일 이내에 대통령령으로 정하는 날에 그 효력이 발생한다.
⑦ 「상법」 제355조제1항에도 불구하고 주권비상장보험회사는 제6항에 따른 효력이 발생하는 경우에도 주권을 발행하지 아니할 수 있다.
⑧ 주권비상장보험회사가 금융지주회사주식 전환형 조건부자본증권을 발행한 이후 상장금융지주회사가 주권비상장보험회사를 지배(「금융지주회사법」 제2조제1항제1호에 따른 지배를 말한다)하지 아니하게 된 때에는 그 때까지 발행된 금융지주회사주식 전환형 조건부자본증권 중 예정사유가 발생하지 아니한 금융지주회사주식 전환형 조건부자본증권은 예정사유 및 전환의 조건이 동일한 보험회사주식 전환형 조건부자본증권으로 변경되는 것으로 본다. 다만, 제1항에 따른 주식교환계약서에서 달리 정한 경우에는 그러하지 아니하다.

⑨ 주권비상장보험회사 및 상장금융지주회사는 금융지주회사주식 전환형 조건부자본증권의 변경등기를 다음 각 호의 구분에 따라 각각의 본점 소재지에서 하여야 한다.
1. 제6항에 따른 전환·교환으로 인한 변경등기 : 같은 항에 따른 효력발생일부터 2주일 이내
2. 제8항에 따른 변경으로 인한 변경등기 : 같은 항에 따라 변경되는 날부터 2주일 이내
⑩ 금융지주회사주식 전환형 조건부자본증권의 발행에 관하여는 「상법」 제424조, 제424조의2 및 제429조부터 제432조까지의 규정과 「자본시장과 금융투자업에 관한 법률」 제165조의6제1항·제2항·제4항, 제165조의9 및 제314조제8항을 준용하며, 금융지주회사주식 전환형 조건부자본증권의 주권비상장보험회사 주식으로의 전환 및 그 전환된 주식의 상장금융지주회사 주식과의 교환에 관하여는 「상법」 제339조, 제348조, 제350조제2항, 제360조의4, 제360조의7, 제360조의11, 제360조의12 및 제360조의14를 준용한다.
⑪ 제1항부터 제10항까지에서 규정한 사항 외에 정관에 규정하여야 하는 사항, 예정사유의 구체적인 기준, 그 밖에 금융지주회사주식 전환형 조건부자본증권의 발행 등에 필요한 세부사항은 대통령령으로 정한다.
(2022.12.31 본조신설)

제114조의5【의결권 제한 등】 ① 제114조의2제1항제2호 및 제3호에 따라 보험회사 또는 상장금융지주회사 주식으로 전환되어 「금융회사의 지배구조에 관한 법률」 제2조제6호에 따른 대주주가 되는 자는 같은 법 제31조제2항에 따른 금융위원회의 승인을 받을 때까지는 같은 조 제4항에 따라 그 의결권을 행사하지 못한다.
② 제1항에서 대주주가 되는 자는 주식 전환일로부터 1개월 이내에 「금융회사의 지배구조에 관한 법률」 제31조제2항에 따라 금융위원회에 승인을 신청하여야 한다.
③ 금융위원회는 제1항에 따른 승인을 받지 못하거나, 제2항에 따라 승인을 신청하지 아니한 주식에 대하여 「금융회사의 지배구조에 관한 법률」 제31조에 따라 6개월 이내의 기간을 정하여 처분을 명할 수 있다.
(2022.12.31 본조신설)

제2절 자회사

제115조【자회사의 소유】 ① 보험회사는 다음 각 호의 어느 하나에 해당하는 업무를 주로 하는 회사를 금융위원회의 승인을 받아 자회사로 소유할 수 있다. 다만, 그 주식의 소유에 대하여 금융위원회로부터 승인 등을 받은 경우 또는 금융기관의 설립근거가 되는 법률에 따라 금융위원회로부터 그 주식의 소유에 관한 사항을 요건으로 설립 허가·인가 등을 받은 경우에는 승인을 받은 것으로 본다.(2020.12.8 단서개정)
1. 「금융산업의 구조개선에 관한 법률」 제2조제1호에 따른 금융기관이 경영하는 금융업
2. 「신용정보의 이용 및 보호에 관한 법률」에 따른 신용정보업 및 채권추심업(2020.2.4 본호개정)
3. 보험계약의 유지·해지·변경 또는 부활 등을 관리하는 업무
4. 그 밖에 보험업의 건전성을 저해하지 아니하는 업무로서 대통령령으로 정하는 업무
② 제1항 본문에도 불구하고 보험회사는 보험업의 경영과 밀접한 관련이 있는 업무 등으로서 대통령령으로 정하는 업무를 주로 하는 회사를 미리 금융위원회에 신고하고 자회사로 소유할 수 있다.(2020.12.8 본항신설)
③ 제1항 본문에도 불구하고 보험회사는 자산운용과 밀접한 관련이 있는 업무로서 대통령령으로 정하는 업무를 주로 하는 회사를 금융위원회의 승인을 받지 아니하고 자회사로 소유할 수 있다. 이 경우 보험회사는 대통령령으로 정하는 기간 이내에 금융위원회에 보고하여야 한다.(2020.12.8 본항신설)
④ 제1항제1호에도 불구하고 보험회사의 대주주가 「은행법」 제16조의2제1항에 따른 비금융주력자인 경우에는 그 보험회사는 「은행법」에 따른 은행을 자회사로 소유할 수 없다.
⑤ 보험회사가 소유하고 있는 자회사가 업무를 추가하거나 변경하는 경우에는 제1항부터 제3항까지의 규정을 준용한다.
(2020.12.8 본항개정)
⑥ 금융위원회는 제2항에 따른 신고를 받은 경우(제5항에 따라 준용되는 경우를 포함한다) 그 내용을 검토하여 이 법에 적합하면 신고를 수리하여야 한다.(2020.12.8 본항신설)
⑦ 제1항부터 제3항까지의 규정에 따른 승인, 신고 또는 보고의 요건, 절차 등 필요한 사항은 대통령령으로 정한다.
(2020.12.8 본항개정)

제116조【자회사와의 금지행위】 보험회사는 자회사와 다음 각 호의 행위를 하여서는 아니 된다.
1. 자산을 대통령령으로 정하는 바에 따라 무상으로 양도하거나 일반적인 거래 조건에 비추어 해당 보험회사에 뚜렷하게 불리한 조건으로 매매·교환·신용공여 또는 재보험계약을 하는 행위
2. 자회사가 소유하는 주식을 담보로 하는 신용공여 및 자회사가 다른 회사에 출자하는 것을 지원하기 위한 신용공여
3. 자회사 임직원에 대한 대출(보험약관에 따른 대출과 금융위원회가 정하는 소액대출은 제외한다)

제117조【자회사에 관한 보고의무 등】 ① 보험회사는 자회사를 소유하게 된 날부터 15일 이내에 그 자회사의 정관과 대통령령으로 정하는 서류를 금융위원회에 제출하여야 한다.
② 보험회사는 자회사의 사업연도가 끝난 날부터 3개월 이내에 자회사의 재무상태표와 대통령령으로 정하는 서류를 금융위원회에 제출하여야 한다.(2021.4.20 본항개정)
③ 보험회사의 자회사가 대통령령으로 정하는 자회사인 경우에는 제1항 및 제2항에 따른 제출서류 일부를 대통령령으로 정하는 바에 따라 제출하지 아니할 수 있다.

제6장 계 산
(2010.7.23 본장개정)

제118조【재무제표 등의 제출】 ① 보험회사는 매년 대통령령으로 정하는 날에 그 장부를 폐쇄하여야 하고 장부를 폐쇄한 날부터 3개월 이내에 금융위원회가 정하는 바에 따라 재무제표(부속명세서를 포함한다) 및 사업보고서를 금융위원회에 제출하여야 한다.
② 보험회사는 매월의 업무 내용을 적은 보고서를 다음 달 말일까지 금융위원회가 정하는 바에 따라 금융위원회에 제출하여야 한다.
③ 보험회사는 제1항 및 제2항에 따른 제출서류를 대통령령으로 정하는 바에 따라 전자문서로 제출할 수 있다.

제119조【서류의 비치 등】 보험회사는 제118조제1항에 따른 재무제표 및 사업보고서를 일반인이 열람할 수 있도록 금융위원회에 제출하는 날부터 본점과 지점, 그 밖의 영업소에 비치하거나 전자문서로 제공하여야 한다.

제120조【책임준비금 등의 적립】 ① 보험회사는 결산기마다 보험계약의 종류에 따라 대통령령으로 정하는 책임준비금과 비상위험준비금을 계상(計上)하고 따로 작성한 장부에 각각 기재하여야 한다.
② 제1항에 따른 책임준비금과 비상위험준비금의 계상에 관하여 필요한 사항은 총리령으로 정한다.
③ 금융위원회는 제1항에 따른 책임준비금과 비상위험준비금의 적정한 계상과 관련하여 필요한 경우에는 보험회사의 자산 및 비용, 그 밖에 대통령령으로 정하는 사항에 관한 회계처리기준을 정할 수 있다.

제120조의2【책임준비금의 적정성 검증】 ① 보험회사가 경영하는 보험종목의 특성 또는 보험회사의 총자산 규모 등을 고려하여 대통령령으로 정하는 보험회사는 제128조제2항에 따른 독립계리업자 또는 제176조에 따른 보험요율 산출기관으로부터 제120조제1항에 따라 계상된 책임준비금의 적정성에 대하여 검증을 받아야 한다.
② 제1항에 따른 검증의 구체적인 내용, 절차 및 방법과 그 밖에 검증에 필요한 사항은 대통령령으로 정한다.
(2020.12.8 본조신설)

제121조【배당보험계약의 회계처리 등】 ① 보험회사는 배당보험계약(해당 보험계약으로부터 발생하는 이익의 일부를 보험회사가 보험계약자에게 배당하기로 약정한 보험계약을 말한다. 이하 이 조 및 제121조의2에서 같다)에 대하여는 대통령령

으로 정하는 바에 따라 다른 보험계약과 구분하여 회계처리하여야 한다.(2020.12.8 본항개정)
② 보험회사는 대통령령으로 정하는 바에 따라 배당보험계약의 보험계약자에게 배당을 할 수 있다.
③ 제2항에 따른 보험계약자에 대한 배당기준은 배당보험계약자의 이익과 보험회사의 재무건전성 등을 고려하여 정하여야 한다.
(2015.7.24 본조제목개정)

제121조의2【배당보험계약 이외의 보험계약에 대한 회계처리】 보험회사는 배당보험계약 이외의 보험계약에 대하여 자산의 효율적 관리와 계약자 보호를 위하여 필요한 경우에는 보험계약별로 대통령령으로 정하는 바에 따라 금융위원회의 승인을 받아 자산 또는 손익을 구분하여 회계처리할 수 있다.
(2015.7.24 본조개정)

제122조【재평가적립금의 사용에 관한 특례】 보험회사가 「자산재평가법」에 따른 재평가를 한 경우 그 재평가에 따른 재평가적립금은 같은 법 제28조제2항 각 호에 따른 처분 이외에 금융위원회의 허가를 받아 보험계약자에 대한 배당을 위하여도 처분할 수 있다.

제7장 감 독
(2010.7.23 본장개정)

제123조【재무건전성의 유지】 ① 보험회사는 보험금 지급능력과 경영건전성을 확보하기 위하여 다음 각 호의 사항에 관하여 대통령령으로 정하는 재무건전성 기준을 지켜야 한다.
1. 자본의 적정성에 관한 사항
2. 자산의 건전성에 관한 사항
3. 그 밖에 경영건전성 확보에 필요한 사항
② 금융위원회는 보험회사가 제1항에 따른 기준을 지키지 아니하여 경영건전성을 해칠 우려가 있다고 인정되는 경우에는 대통령령으로 정하는 바에 따라 자본금 또는 기금의 증액명령, 주식 등 위험자산의 소유 제한 등 필요한 조치를 할 수 있다.

제124조【공시 등】 ① 보험회사는 보험계약자를 보호하기 위하여 필요한 사항으로서 대통령령으로 정하는 사항을 금융위원회가 정하는 바에 따라 즉시 공시하여야 한다.
② 보험협회는 보험료·보험금 등 보험계약에 관한 사항으로서 대통령령으로 정하는 사항을 금융위원회가 정하는 바에 따라 보험소비자가 쉽게 알 수 있도록 비교·공시하여야 한다.
(2022.12.31 본항개정)
③ 보험협회가 제2항에 따른 비교·공시를 하는 경우에는 대통령령으로 정하는 바에 따라 보험상품공시위원회를 구성하여야 한다.
④ 보험회사는 제2항에 따른 비교·공시에 필요한 정보를 보험협회에 제공하여야 한다.
⑤ 보험협회 이외의 자가 보험계약에 관한 사항을 비교·공시하는 경우에는 제2항에 따라 금융위원회가 정하는 바에 따라 객관적이고 공정하게 비교·공시하여야 한다.
⑥ 금융위원회는 제2항 및 제5항에 따른 비교·공시가 거짓이거나 사실과 달라 보험계약자 등을 보호할 필요가 있다고 인정되는 경우에는 공시의 중단이나 시정조치 등을 요구할 수 있다.

제125조【상호협정의 인가】 ① 보험회사가 그 업무에 관한 공동행위를 하기 위하여 다른 보험회사와 상호협정을 체결(변경하거나 폐지하려는 경우를 포함한다)하려는 경우에는 대통령령으로 정하는 바에 따라 금융위원회의 인가를 받아야 한다. 다만, 대통령령으로 정하는 경미한 사항을 변경하려는 경우에는 신고로써 갈음할 수 있다.
② 금융위원회는 공익 또는 보험업의 건전한 발전을 위하여 특히 필요하다고 인정되는 경우에는 보험회사에 대하여 제1항에 따른 협정의 체결·변경 또는 폐지를 명하거나 그 협정의 전부 또는 일부에 따를 것을 명할 수 있다.
③ 금융위원회는 제1항 또는 제2항에 따라 상호협정의 체결·변경 또는 폐지의 인가를 하거나 협정에 따를 것을 명하려면 미리 공정거래위원회와 협의하여야 한다. 다만, 대통령령으로 정하는 경미한 사항을 변경하려는 경우에는 그러하지 아니하다.

제126조【정관변경의 보고】 보험회사는 정관을 변경한 경우에는 변경한 날부터 7일 이내에 금융위원회에 알려야 한다.

제127조【기초서류의 작성 및 제출 등】 ① 보험회사는 취급하려는 보험상품에 관한 기초서류를 작성하여야 한다.
② 보험회사는 기초서류를 작성하거나 변경하려는 경우 그 내용이 다음 각 호의 어느 하나에 해당하는 경우에 한정하여 미리 금융위원회에 신고하여야 한다.(2020.12.8 본문개정)
1. 법령의 제정·개정에 따라 새로운 보험상품이 도입되거나 보험상품 가입이 의무가 되는 경우
2. (2020.12.8 삭제)
3. 보험계약자 보호 등을 위하여 대통령령으로 정하는 경우
③ 금융위원회는 보험계약자 보호 등을 위하여 필요하다고 인정되면 보험회사에 대하여 취급하고 있는 보험상품의 기초서류에 관한 자료 제출을 요구할 수 있다.(2020.12.8 본항개정)
④ 금융위원회는 제2항에 따른 신고를 받은 경우 그 내용을 검토하여 이 법에 적합하면 신고를 수리하여야 한다.(2020.12.8 본항신설)
⑤ 제2항 및 제3항에 따른 신고 또는 제출의 절차 및 방법과 그 밖에 필요한 사항은 대통령령으로 정한다.
(2020.12.8 본조제목개정)

제127조의2【기초서류의 변경 권고】 ① 금융위원회는 보험회사가 제127조제2항에 따라 신고한 기초서류의 내용 및 같은 조 제3항에 따라 제출한 기초서류에 관한 자료의 내용이 제128조의3 및 제129조를 위반하는 경우에는 대통령령으로 정하는 바에 따라 기초서류의 변경을 권고할 수 있다.
② 제1항에 따른 변경권고는 그 내용 및 사유가 구체적으로 적힌 문서로 하여야 한다.
(2010.7.23 본조신설)

제127조의3【기초서류 기재사항 준수의무】 보험회사는 기초서류에 기재된 사항을 준수하여야 한다.(2010.7.23 본조신설)

제128조【기초서류에 대한 확인】 ① 금융위원회는 보험회사가 제127조제2항에 따라 기초서류를 신고할 때 필요하면 「금융위원회의 설치 등에 관한 법률」에 따라 설립된 금융감독원(이하 "금융감독원"이라 한다)의 확인을 받도록 할 수 있다.
(2015.7.31 본항개정)
② 금융위원회는 보험회사가 제127조제2항에 따라 기초서류를 신고하는 경우 보험료 및 해약환급금 산출방법서에 대하여 제176조에 따른 보험요율 산출기관 또는 대통령령으로 정하는 보험계리업자(이하 "독립계리업자"라 한다)의 검증확인서를 첨부하도록 할 수 있다.(2022.12.31 본항개정)

제128조의2【기초서류 관리기준】 ① 보험회사는 기초서류를 작성하거나 변경할 때 지켜야 할 절차와 기준(이하 "기초서류관리기준"이라 한다)을 정하고 이를 지켜야 한다.
② 기초서류관리기준에는 다음 각 호의 사항이 포함되어야 한다.
1. 기초서류 작성·변경의 절차 및 기준
2. 기초서류의 적정성에 대한 내부·외부 검증 절차 및 방법
3. 기초서류 작성 오류에 대한 통제 및 수정 방법
4. 기초서류 작성 및 관리과정을 감시·통제·평가하는 방법 및 관련 임직원 또는 제181조제2항에 따른 선임계리사의 역할과 책임
5. 그 밖에 기초서류관리기준의 제정·개정 절차 등 대통령령으로 정하는 사항
③ 보험회사는 기초서류관리기준을 제정·개정하는 경우에는 금융위원회에 보고하여야 하며, 금융위원회는 해당 기준이나 그 운용이 부당하다고 판단되면 기준의 변경 또는 업무의 개선을 명할 수 있다.
④ 제1항부터 제3항까지에 규정한 사항 외에 기초서류관리기준의 작성 및 운용 등에 필요한 사항은 대통령령으로 정한다.
(2010.7.23 본조신설)

제128조의3【기초서류 작성·변경 원칙】 ① 보험회사는 기초서류를 작성·변경할 때 다음 각 호의 사항을 지켜야 한다.
1. 이 법 또는 다른 법령에 위반되는 내용을 포함하지 아니할 것
2. 정당한 사유 없는 보험계약자의 권리 축소 또는 의무 확대 등 보험계약자에게 불리한 내용을 포함하지 아니할 것

3. 그 밖에 보험계약자 보호, 재무건전성 확보 등을 위하여 대통령령으로 정하는 바에 따라 금융위원회가 정하는 기준에 적합할 것
② 보험회사가 기초서류를 작성·변경할 때 그 내용이 제127조제2항 각 호의 어느 하나에 해당하지 아니하면 제1항 각 호의 사항을 지켜 작성·변경한 것으로 추정(推定)한다.
(2010.7.23 본조신설)

제128조의4【보험약관 등의 이해도 평가】 ① 금융위원회는 보험소비자와 보험의 모집에 종사하는 자 등 대통령령으로 정하는 자(이하 이 조에서 "보험소비자등"이라 한다)를 대상으로 다음 각 호의 사항에 대한 이해도를 평가하고 그 결과를 대통령령으로 정하는 바에 따라 공시할 수 있다.
1. 보험약관
2. 보험안내자료 중 금융위원회가 정하여 고시하는 자료
(2020.5.19 1호~2호신설)
② 금융위원회는 제1항에 따른 보험약관과 보험안내자료(이하 이 조에서 "보험약관등"이라 한다)에 대한 보험소비자등의 이해도를 평가하기 위해 평가대행기관을 지정할 수 있다.
③ 제2항에 따라 지정된 평가대행기관은 조사대상 보험약관등에 대하여 보험소비자등의 이해도를 평가하고 그 결과를 금융위원회에 보고하여야 한다.
④ 보험약관등의 이해도 평가에 수반되는 비용의 부담, 평가시기, 평가 방법 등 평가에 관한 사항은 금융위원회가 정한다.
(2020.5.19 본조개정)

제129조【보험요율 산출의 원칙】 보험회사는 보험요율을 산출할 때 객관적이고 합리적인 통계자료를 기초로 대수(大數)의 법칙 및 통계신뢰도를 바탕으로 하여야 하며, 다음 각 호의 사항을 지켜야 한다.
1. 보험요율이 보험금과 그 밖의 급부(給付)에 비하여 지나치게 높지 아니할 것
2. 보험요율이 보험회사의 재무건전성을 크게 해칠 정도로 낮지 아니할 것
3. 보험요율이 보험계약자 간에 부당하게 차별적이지 아니할 것
4. 자동차보험의 보험요율인 경우 보험금과 그 밖의 급부와 비교할 때 공정하고 합리적인 수준일 것(2016.3.29 본호신설)

제130조【보고사항】 보험회사는 다음 각 호의 어느 하나에 해당하는 사유가 발생한 경우에는 그 사유가 발생한 날부터 5일 이내에 금융위원회에 보고하여야 한다.
1. 상호나 명칭을 변경한 경우
2. (2015.7.31 삭제)
3. 본점의 영업을 중지하거나 재개(再開)한 경우
4. 최대주주가 변경된 경우
5. 대주주가 소유하고 있는 주식 총수가 의결권 있는 발행주식 총수의 100분의 1 이상만큼 변동된 경우
6. 그 밖에 해당 보험회사의 업무 수행에 중대한 영향을 미치는 경우로서 대통령령으로 정하는 경우

제131조【금융위원회의 명령권】 ① 금융위원회는 보험회사의 업무운영이 적정하지 아니하거나 자산상황이 불량하여 보험계약자 및 피보험자 등의 권익을 해칠 우려가 있다고 인정되는 경우에는 다음 각 호의 어느 하나에 해당하는 조치를 명할 수 있다.
1. 업무집행방법의 변경
2. 금융위원회가 지정하는 기관에의 자산 예탁
3. 자산의 장부가격 변경
4. 불건전한 자산에 대한 적립금의 보유
5. 가치가 없다고 인정되는 자산의 손실처리
6. 그 밖에 대통령령으로 정하는 필요한 조치
② 금융위원회는 보험회사의 업무 및 자산상황, 그 밖의 사정의 변경으로 공익 또는 보험계약자의 보호와 보험회사의 건전한 경영을 크게 해칠 우려가 있거나 보험회사의 기초서류에 법령을 위반하거나 보험계약자에게 불리한 내용이 있다고 인정되는 경우에는 청문을 거쳐 기초서류의 변경 또는 그 사용의 정지를 명할 수 있다. 다만, 대통령령으로 정하는 경미한 사항에 관하여 기초서류의 변경을 명하는 경우에는 청문을 하지 아니할 수 있다.
③ 금융위원회는 제2항에 따라 기초서류의 변경을 명하는 경우 보험계약자·피보험자 또는 보험금을 취득할 자의 이익을 보호하기 위하여 특히 필요하다고 인정하면 이미 체결된 보험계약에 대하여도 장래에 향하여 그 변경의 효력이 미치게 할 수 있다.
④ 금융위원회는 제3항에도 불구하고 제2항에 따라 변경명령을 받은 기초서류 때문에 보험계약자·피보험자 또는 보험금을 취득할 자가 부당한 불이익을 받을 것이 명백하다고 인정되는 경우에는 이미 체결된 보험계약에 따라 납입된 보험료의 일부를 되돌려주거나 보험금을 증액하도록 할 수 있다.
⑤ 보험회사는 제2항에 따른 명령을 받은 경우에는 대통령령으로 정하는 바에 따라 그 요지를 공고하여야 한다.

제131조의2【보험금 지급불능 등에 대한 조치】 금융위원회는 보험회사의 파산 또는 보험금 지급불능 우려 등 보험계약자의 이익을 크게 해칠 우려가 있다고 인정되는 경우에는 보험계약 체결 제한, 보험금 전부 또는 일부의 지급정지 또는 그 밖에 필요한 조치를 명할 수 있다.(2010.7.23 본조신설)

제132조【준용】 국내사무소·보험대리점 및 보험중개사에 관하여는 제131조제1항을 준용한다. 이 경우 "보험회사"는 "국내사무소"·"보험대리점" 또는 "보험중개사"로 본다.

제133조【자료 제출 및 검사 등】 ① 금융위원회는 공익 또는 보험계약자 등을 보호하기 위하여 보험회사에 이 법에서 정하는 감독업무의 수행과 관련한 주주 현황, 그 밖에 사업에 관한 보고 또는 자료 제출을 명할 수 있다.
② 보험회사는 그 업무 및 자산상황에 관하여 금융감독원의 검사를 받아야 한다.
③ 금융감독원의 원장(이하 "금융감독원장"이라 한다)은 제2항에 따른 검사를 할 때 필요하다고 인정하면 보험회사에 대하여 업무 또는 자산에 관한 보고, 자료의 제출, 관계인의 출석 및 의견의 진술을 요구할 수 있다.(2015.7.31 본항개정)
④ 제2항에 따라 검사를 하는 자는 그 권한을 표시하는 증표를 지니고 이를 관계인에게 내보여야 한다.
⑤ 금융감독원장은 제2항에 따라 검사를 한 경우에는 그 결과에 따라 필요한 조치를 하고, 그 내용을 금융위원회에 보고하여야 한다.
⑥ 금융감독원장은 「주식회사 등의 외부감사에 관한 법률」에 따라 보험회사가 선임한 외부감사인에게 그 보험회사를 감사한 결과 알게 된 정보나 그 밖에 경영건전성과 관련되는 자료의 제출을 요구할 수 있다.(2017.10.31 본항개정)

제134조【보험회사에 대한 제재】 ① 금융위원회는 보험회사(그 소속 임직원을 포함한다)가 이 법 또는 이 법에 따른 규정·명령 또는 지시를 위반하여 보험회사의 건전한 경영을 해치거나 보험계약자, 피보험자, 그 밖의 이해관계인의 권익을 침해할 우려가 있다고 인정되는 경우 또는 「금융회사의 지배구조에 관한 법률」 별표 각 호의 어느 하나에 해당하는 경우(제4호에 해당하는 조치로 한정한다), 「금융소비자 보호에 관한 법률」 제51조제1항제4호, 제5호 또는 같은 조 제2항 각 호 외의 부분 본문 중 대통령령으로 정하는 경우에 해당하는 경우(제4호에 해당하는 조치로 한정한다)에는 금융감독원장의 건의에 따라 다음 각 호의 어느 하나에 해당하는 조치를 하거나 금융감독원장으로 하여금 제1호의 조치를 하게 할 수 있다.
(2020.12.8 본문개정)
1. 보험회사에 대한 주의·경고 또는 그 임직원에 대한 주의·경고·문책의 요구
2. 해당 위반행위에 대한 시정명령
3. 임원(「금융회사의 지배구조에 관한 법률」 제2조제5호에 따른 업무집행책임자는 제외한다. 이하 제135조에서 같다)의 해임권고·직무정지(2017.4.18 본호개정)
4. 6개월 이내의 영업의 일부정지
② 금융위원회는 보험회사가 다음 각 호의 어느 하나에 해당하는 경우에는 6개월 이내의 기간을 정하여 영업 전부의 정지를 명하거나 청문을 거쳐 보험업의 허가를 취소할 수 있다.
1. 거짓이나 그 밖의 부정한 방법으로 보험업의 허가를 받은 경우
2. 허가의 내용 또는 조건을 위반한 경우
3. 영업의 정지기간 중에 영업을 한 경우
4. 제1항제2호에 따른 시정명령을 이행하지 아니한 경우

5. 「금융회사의 지배구조에 관한 법률」 별표 각 호의 어느 하나에 해당하는 경우(영업의 전부정지를 명하는 경우로 한정한다)(2015.7.31 본호신설)
6. 「금융소비자 보호에 관한 법률」 제51조제1항제4호 또는 제5호에 해당하는 경우(2020.3.24 본호신설)
7. 「금융소비자 보호에 관한 법률」 제51조제2항 각 호 외의 부분 본문 중 대통령령으로 정하는 경우(영업 전부의 정지를 명하는 경우로 한정한다)(2020.3.24 본호신설)
③ 금융위원회는 금융감독원장의 건의에 따라 보험회사가 제1항에 따른 조치, 제2항에 따른 영업정지 또는 허가취소 처분을 받은 사실을 대통령령으로 정하는 바에 따라 공표하도록 할 수 있다.

제135조【퇴임한 임원 등에 대한 조치 내용의 통보】 ① 금융위원회(제134조제1항에 따라 조치를 할 수 있는 금융감독원장을 포함한다)는 보험회사의 퇴임한 임원 또는 퇴직한 직원(「금융회사의 지배구조에 관한 법률」 제2조제5호에 따른 업무집행책임자를 포함한다)이 재임 또는 재직 중이었더라면 제134조제1항제1호 및 제3호에 해당하는 조치를 받았을 것으로 인정되는 경우에는 그 조치의 내용을 해당 보험회사의 장에게 통보할 수 있다.
② 제1항에 따른 통보를 받은 보험회사의 장은 이를 퇴임·퇴직한 해당 임직원에게 알리고, 그 내용을 인사기록부에 기록·유지하여야 한다.
(2017.4.18 본조개정)

제136조【준용】 ① 국내사무소·보험대리점 및 보험중개사에 관하여는 제133조 및 제134조를 준용한다. 이 경우 "보험회사"는 각각 "국내사무소"·"보험대리점" 또는 "보험중개사"로 본다.
② 보험업과 밀접하게 관련된 업무로서 대통령령으로 정하는 업무를 하는 자회사에 관하여는 제133조를 준용한다. 이 경우 "보험회사"는 "자회사"로 본다.
③ 보험업과 밀접하게 관련된 업무로서 대통령령으로 정하는 업무를 보험회사로부터 위탁받은 자에 관하여는 제133조를 준용한다. 이 경우 "보험회사"는 "위탁받은 자"로 본다.

제8장 해산·청산
(2010.7.23 본장제목개정)

제1절 해 산
(2010.7.23 본절제목개정)

제137조【해산사유 등】 ① 보험회사는 다음 각 호의 사유로 해산한다.
1. 존립기간의 만료, 그 밖에 정관으로 정하는 사유의 발생
2. 주주총회 또는 사원총회(이하 "주주총회등"이라 한다)의 결의(2015.7.31 본호개정)
3. 회사의 합병
4. 보험계약 전부의 이전
5. 회사의 파산
6. 보험업의 허가취소
7. 해산을 명하는 재판
② 보험회사가 제1항제6호의 사유로 해산하면 금융위원회는 7일 이내에 그 보험회사의 본점 또는 주된 사무소의 소재지의 등기소에 그 등기를 촉탁(囑託)하여야 한다.(2024.9.20 본항개정)
③ 등기소는 제2항의 촉탁을 받으면 7일 이내에 그 등기를 하여야 한다.
(2010.7.23 본조개정)

제138조【해산·합병 등의 결의】 해산·합병과 보험계약의 이전에 관한 결의는 제39조제2항 또는 「상법」 제434조에 따라 하여야 한다.(2010.7.23 본조개정)

제139조【해산·합병 등의 인가】 해산의 결의·합병과 보험계약의 이전은 금융위원회의 인가를 받아야 한다.(2008.2.29 본조개정)

제140조【보험계약 등의 이전】 ① 보험회사는 계약의 방법으로 책임준비금 산출의 기초가 같은 보험계약의 전부를 포괄하여 다른 보험회사에 이전할 수 있다.
② 보험회사는 제1항에 따른 계약에서 회사자산을 이전할 것을 정할 수 있다. 다만, 금융위원회가 그 보험회사의 채권자의 이익을 보호하기 위하여 필요하다고 인정하는 자산은 유보하여야 한다.
(2010.7.23 본조개정)

제141조【보험계약 이전 결의의 공고 및 통지와 이의 제기】 ① 보험계약을 이전하려는 보험회사는 제138조에 따른 결의를 한 날부터 2주 이내에 계약 이전의 요지와 각 보험회사의 재무상태표를 공고하고, 대통령령으로 정하는 방법에 따라 보험계약자에게 통지하여야 한다.(2021.4.20 본항개정)
② 제1항에 따른 공고 및 통지에는 이전될 보험계약의 보험계약자로서 이의가 있는 자는 일정한 기간 동안 이의를 제출할 수 있다는 뜻을 덧붙여야 한다. 다만, 그 기간은 1개월 이상으로 하여야 한다.(2020.12.8 본문개정)
③ 제2항의 기간에 이의를 제기한 보험계약자가 이전될 보험계약자 총수의 10분의 1을 초과하거나 그 보험금액이 이전될 보험금 총액의 10분의 1을 초과하는 경우에는 보험계약을 이전하지 못한다. 제143조에 따라 계약조항의 변경을 정하는 경우에 이의를 제기한 보험계약자로서 그 변경을 받을 자가 변경을 받을 보험계약자 총수의 10분의 1을 초과하거나 그 보험금액이 변경을 받을 보험계약자의 보험금 총액의 10분의 1을 초과하는 경우에도 또한 같다.
④ 상호회사가 제54조제1항의 기관에 의하지 아니하고 보험계약 이전의 결의를 한 경우에는 제2항 및 제3항을 적용하지 아니한다.
(2020.12.8 본조제목개정)
(2010.7.23 본조개정)

제142조【신계약의 금지】 보험계약을 이전하려는 보험회사는 주주총회등의 결의가 있었던 때부터 보험계약을 이전하거나 이전하지 아니하게 될 때까지 그 이전하려는 보험계약과 같은 종류의 보험계약을 하지 못한다. 다만, 보험회사의 부실에 따라 보험계약을 이전하려는 경우가 아닌 경우로서 대통령령으로 정하는 경우에는 그러하지 아니하다.(2020.12.8 단서신설)

제143조【계약조건의 변경】 보험회사는 보험계약의 전부를 이전하는 경우에 이전할 보험계약에 관하여 이전계약의 내용으로 다음 각 호의 사항을 정할 수 있다.
1. 계산의 기초의 변경
2. 보험금액의 삭감과 장래 보험료의 감액
3. 계약조항의 변경
(2010.7.23 본조개정)

제144조【자산 처분의 금지 등】 ① 제143조에 따라 보험금액을 삭감하기로 정하는 경우에는 보험계약을 이전하려는 보험회사는 주주총회등의 결의가 있었던 때부터 보험계약을 이전하거나 이전하지 아니하게 될 때까지 그 자산을 처분하거나 채무를 부담하려는 행위를 하지 못한다. 다만, 보험업을 유지하기 위하여 필요한 비용을 지출하는 경우 또는 자산의 보전이나 그 밖의 특별한 필요에 따라 금융위원회의 허가를 받아 자산을 처분하는 경우에는 그러하지 아니하다.
② 보험계약이 이전된 경우에는 보험계약에 따라 발생한 채권으로서 제1항에 따라 지급이 정지된 것에 관하여 이전계약에서 정한 보험금액 삭감의 비율에 따라 그 금액을 삭감하여 지급하여야 한다.
③ 제143조에 따라 계약조항의 변경을 정하는 경우에 그 변경을 하려는 보험회사에 대하여도 제1항을 적용한다. 다만, 보험계약으로 발생한 채무를 변제하거나 금융위원회의 허가를 받아 그 변경과 관계없는 행위를 하는 경우에는 그러하지 아니하다.
(2010.7.23 본조개정)

제145조【보험계약 이전의 공고】 보험회사는 보험계약을 이전한 경우에는 7일 이내에 그 취지를 공고하여야 한다. 보험계약을 이전하지 아니하게 된 경우에도 또한 같다.(2010.7.23 본조개정)

제146조【권리·의무의 승계】 ① 보험계약을 이전한 보험회사가 그 보험계약에 관하여 가진 권리와 의무는 보험계약을 이전받은 보험회사가 승계한다. 이전계약으로써 이전할 것을 정한 자산에 관하여도 또한 같다.

② 보험계약 이전의 결의를 한 후 이전할 보험계약에 관하여 발생한 수지(收支)나 그 밖에 이전할 보험계약 또는 자산에 관하여 발생한 변경은 이전을 받은 보험회사에 귀속된다.
(2010.7.23 본조개정)

제147조【계약 이전으로 인한 입사】 보험계약이 이전된 경우 이전을 받은 보험회사가 상호회사인 경우에는 그 보험계약자는 그 상호회사에 입사한다.(2010.7.23 본조개정)

제148조【해산 후의 계약 이전 결의】 ① 보험회사는 해산한 후에도 3개월 이내에는 보험계약 이전을 결의할 수 있다.
② 제1항의 경우에는 제158조를 적용하지 아니한다. 다만, 보험계약을 이전하지 아니하게 된 경우에는 그러하지 아니하다.
(2010.7.23 본조개정)

제149조【해산등기의 신청】 보험계약의 이전에 따른 해산등기의 신청서에는 다음 각 호의 모든 서류를 첨부하여야 한다.
1. 이전계약서
2. 각 보험회사 주주총회등의 의사록
3. 제141조의 공고 및 이의에 관한 서류
4. 보험계약 이전의 인가를 증명하는 서류
(2010.7.23 본조개정)

제150조【영업양도·양수의 인가】 보험회사는 그 영업을 양도·양수하려면 금융위원회의 인가를 받아야 한다.
(2010.7.23 본조개정)

제151조【합병 결의의 공고】 ① 보험회사가 합병을 결의한 경우에는 그 결의를 한 날부터 2주 이내에 합병계약의 요지와 각 보험회사의 재무상태표를 공고하여야 한다.(2021.4.20 본항개정)
② 합병의 경우에는 제141조제2항부터 제4항까지, 제145조 및 제149조를 준용한다.
③ 제1항 및 제2항에 따른 합병은 이의를 제기한 보험계약자나 그 밖에 보험계약으로 발생한 권리를 가진 자에 대하여도 그 효력이 미친다.
(2010.7.23 본조개정)

제152조【계약조건의 변경】 ① 보험회사가 합병을 하는 경우에는 합병계약으로써 그 보험계약에 관한 계산의 기초 또는 계약조항의 변경을 정할 수 있다.
② 제1항에 따라 계약조항의 변경을 정하는 경우 그 변경을 하려는 보험회사에 관하여는 제142조 및 제144조제3항을 준용한다.
(2010.7.23 본조개정)

제153조【상호회사의 합병】 ① 상호회사는 다른 보험회사와 합병할 수 있다.
② 제1항의 경우 합병 후 존속하는 보험회사 또는 합병으로 설립되는 보험회사는 상호회사이어야 한다. 다만, 합병하는 보험회사의 한 쪽이 주식회사인 경우에는 합병 후 존속하는 보험회사 또는 합병으로 설립되는 보험회사는 주식회사로 할 수 있다.
③ 상호회사와 주식회사가 합병하는 경우에는 이 법 또는 「상법」의 합병에 관한 규정에 따른다.
④ 합병계약서에 적을 사항이나 그 밖에 합병에 관하여 필요한 사항은 대통령령으로 정한다.
(2010.7.23 본조개정)

제154조【합병의 경우의 사원관계】 ① 제153조에 따른 합병이 있는 경우 합병 후 존속하는 보험회사 또는 합병으로 설립되는 보험회사가 상호회사인 경우에는 합병으로 해산하는 보험회사의 보험계약자는 그 회사에 입사하고, 주식회사인 경우에는 상호회사의 사원은 그 지위를 잃는다. 다만, 보험관계에 속하는 권리와 의무는 합병계약에서 정하는 바에 따라 합병 후 존속하는 주식회사 또는 합병으로 설립된 주식회사가 승계한다.
② 제1항에 따라 합병 후 존속하는 상호회사에 입사할 자는 「상법」 제526조제1항에 따른 사원총회에서 사원과 같은 권리를 가진다. 다만, 합병계약에 따로 정한 것이 있으면 그러하지 아니하다.
③ 합병으로 설립되는 상호회사의 창립총회에 관하여는 제39조제2항·제55조와 「상법」 제311조, 제312조, 제316조제2항, 제363조제1항·제2항, 제364조, 제368조제3항·제4항, 제371조제2항, 제372조, 제373조 및 제376조부터 제381조까지의 규정을 준용한다.
(2010.7.23 본조개정)

제155조【정리계획서의 제출】 보험회사가 그 보험업의 전부 또는 일부를 폐업하려는 경우에는 그 60일 전에 사업 폐업에 따른 정리계획서를 금융위원회에 제출하여야 한다.(2010.7.23 본조개정)

제2절 청 산
(2010.7.23 본절개정)

제156조【청산인】 ① 보험회사가 보험업의 허가취소로 해산한 경우에는 금융위원회가 청산인을 선임한다.
② 「상법」 제193조·제252조 및 제531조제2항에 따른 청산인은 금융위원회가 선임한다. 이 경우 이해관계인의 청구 없이 선임할 수 있다.
③ 제1항과 제2항의 경우에는 「상법」 제255조제2항을 준용한다.
④ 금융위원회는 다음 각 호의 어느 하나에 해당하는 자의 청구에 따라 청산인을 해임할 수 있다.
1. 감사
2. 3개월 전부터 계속하여 자본금의 100분의 5 이상의 주식을 가진 주주
3. 100분의 5 이상의 사원
⑤ 상호회사는 제4항에 따른 청구를 하는 사원에 관하여 정관으로 다른 기준을 정할 수 있다.
⑥ 금융위원회는 중요한 사유가 있으면 제4항의 청구 없이 청산인을 해임할 수 있다.

제157조【청산인의 보수】 제156조에 따라 청산인을 선임하는 경우에는 청산 중인 회사로 하여금 금융위원회가 정하는 보수를 지급하게 할 수 있다.

제158조【해산 후의 보험금 지급】 ① 보험회사는 제137조제1항제2호·제6호 또는 제7호의 사유로 해산한 경우에는 보험금 지급 사유가 해산한 날부터 3개월 이내에 발생한 경우에만 보험금을 지급하여야 한다.
② 보험회사는 제1항의 기간이 지난 후에는 피보험자를 위하여 적립한 금액이나 아직 지나지 아니한 기간에 대한 보험료를 되돌려주어야 한다.

제159조【채권신고기간 내의 변제】 보험회사에 관하여 「상법」 제536조제2항을 적용할 때 "법원"은 "금융위원회"로 본다.

제160조【청산인의 감독】 금융위원회는 청산인을 감독하기 위하여 보험회사의 청산업무와 자산상황을 검사하고, 자산의 공탁을 명하며, 그 밖에 청산의 감독상 필요한 명령을 할 수 있다.

제161조【해산 후의 강제관리】 ① 금융위원회는 해산한 보험회사의 업무 및 자산상황으로 보아 필요하다고 인정하는 경우에는 업무와 자산의 관리를 명할 수 있다.
② 제1항의 명령이 있는 경우에는 제148조제2항을 준용한다.

제9장 관계자에 대한 조사
(2010.7.23 본장개정)

제162조【조사대상 및 방법 등】 ① 금융위원회는 다음 각 호의 어느 하나에 해당하는 경우에는 보험회사, 보험계약자, 피보험자, 보험금을 취득할 자, 그 밖에 보험계약에 관하여 이해관계가 있는 자(이하 이 장에서 "관계자"라 한다)에 대한 조사를 할 수 있다.
1. 이 법 및 이 법에 따른 명령 또는 조치를 위반한 사실이 있는 경우
2. 공익 또는 건전한 보험거래질서의 확립을 위하여 필요한 경우
② 금융위원회는 제1항에 따른 조사를 위하여 필요하다고 인정되는 경우에는 관계자에게 다음 각 호의 사항을 요구할 수 있다.
1. 조사사항에 대한 사실과 상황에 대한 진술서의 제출
2. 조사에 필요한 장부, 서류, 그 밖의 물건의 제출
③ 제1항 및 제2항의 조사에 관하여는 제133조제4항을 준용한다.

④ 금융위원회는 관계자가 제1항에 따른 조사를 방해하거나 제2항에 따라 제출하는 자료를 거짓으로 작성하거나 그 제출을 게을리한 경우에는 관계자가 소속된 단체의 장에게 관계자에 대한 문책 등을 요구할 수 있다.

제163조【보험조사협의회】 ① 제162조제1항에 따른 조사업무를 효율적으로 수행하기 위하여 금융위원회에 보건복지부, 금융감독원, 보험 관련 기관 및 단체 등으로 구성되는 보험조사협의회를 둘 수 있다.

② 제1항에 따른 보험조사협의회의 구성·운영 등에 관하여 필요한 사항은 대통령령으로 정한다.

제164조【조사 관련 정보의 공표】 금융위원회는 관계자에 대한 조사실적, 처리결과, 그 밖에 관계자의 위법행위 예방에 필요한 정보 및 자료를 대통령령으로 정하는 바에 따라 공표할 수 있다.

제10장 손해보험계약의 제3자 보호

(2010.7.23 본장개정)

제165조【제3자의 보험금 지급보장】 손해보험회사는 손해보험계약의 제3자가 보험사고로 입은 손해에 대한 보험금의 지급을 이 장에서 정하는 바에 따라 보장하여야 한다.

제166조【적용범위】 이 장의 규정은 법령에 따라 가입이 강제되는 손해보험계약(자동차보험계약의 경우에는 법령에 따라 가입이 강제되지 아니하는 보험계약을 포함한다. 이하 이 장에서 같다)으로서 대통령령으로 정하는 손해보험계약에만 적용한다. 다만, 대통령령으로 정하는 법인을 계약자로 하는 손해보험계약에는 적용하지 아니한다.

제167조【지급불능의 보고】 ① 손해보험회사는 「예금자보호법」 제2조제8호의 사유로 손해보험계약의 제3자에게 보험금을 지급하지 못하게 된 경우에는 즉시 그 사실을 보험협회 중 손해보험회사로 구성된 협회(이하 "손해보험협회"라 한다)의 장에게 보고하여야 한다.

② 손해보험회사는 「예금자보호법」 제2조제8호나목에 따른 보험업 허가취소 등이 있었던 날부터 3개월 이내에 제3자에게 보험금을 지급하여야 할 사유가 발생하면 즉시 그 사실을 손해보험협회의 장에게 보고하여야 한다.

(2015.12.22 본조개정)

제168조【출연】 ① 손해보험회사는 손해보험계약의 제3자에 대한 보험금의 지급을 보장하기 위하여 수입보험료 및 책임준비금을 고려하여 대통령령으로 정하는 비율을 곱한 금액을 손해보험협회에 출연(出捐)하여야 한다.

② 손해보험회사는 제167조에 따른 지급불능 보고를 한 후 제1항의 출연을 할 수 있다.

③ 제1항과 제2항에 따른 출연금의 납부방법 및 절차에 관하여 필요한 사항은 대통령령으로 정한다.

제169조【보험금의 지급】 ① 손해보험협회의 장은 제167조에 따른 보고를 받으면 금융위원회의 확인을 거쳐 손해보험계약의 제3자에게 대통령령으로 정하는 보험금을 지급하여야 한다.

② 제1항에 따른 보험금의 지급방법 및 절차 등에 관하여 필요한 사항은 대통령령으로 정한다.

제170조【자료 제출 요구】 손해보험협회의 장은 제168조에 따른 출연금을 산정하고 제169조에 따른 보험금을 지급하기 위하여 필요한 범위에서 손해보험회사의 업무 및 자산상황에 관한 자료 제출을 요구할 수 있다.

제171조【자금의 차입】 ① 손해보험협회는 제169조에 따른 보험금의 지급을 위하여 필요한 경우에는 정부, 「예금자보호법」 제3조에 따른 예금보험공사, 그 밖에 대통령령으로 정하는 금융기관으로부터 금융위원회의 승인을 받아 자금을 차입할 수 있다.

② 손해보험회사는 제168조제1항에 따라 그 손해보험회사가 출연하여야 하는 금액의 범위에서 제1항에 따른 손해보험협회의 차입에 대하여 보증할 수 있다.

제172조【출연금 등의 회계처리】 제168조에 따른 출연금 및 제171조에 따른 차입금은 손해보험협회의 일반예산과 구분하여 회계처리하여야 한다.(2015.7.24 본조개정)

제173조【구상권】 손해보험협회는 제169조에 따라 보험금을 지급한 경우에는 해당 손해보험회사에 대하여 구상권을 가진다.

제174조【정산】 손해보험협회는 제168조에 따라 손해보험회사로부터 출연받은 금액으로 제169조에 따른 보험금을 지급하고 남거나 부족한 금액이 있는 경우 또는 제173조에 따른 구상권의 행사로 수입(收入)한 금액이 있는 경우에는 정산하여야 한다.

제11장 보험 관계 단체 등

(2010.7.23 본장개정)

제1절 보험협회 등

제175조【보험협회】 ① 보험회사는 상호 간의 업무질서를 유지하고 보험업의 발전에 기여하기 위하여 보험협회를 설립할 수 있다.

② 보험협회는 법인으로 한다.

③ 보험협회는 정관으로 정하는 바에 따라 다음 각 호의 업무를 한다.

1. 보험회사 간의 건전한 업무질서의 유지
1의2. 제85조의3제2항에 따른 보험회사등이 지켜야 할 규약의 제정·개정
1의3. 대통령령으로 정하는 보험회사 간 분쟁의 자율조정 업무 (2024.2.6 본호신설)
2. 보험상품의 비교·공시 업무
3. 정부로부터 위탁받은 업무
4. 제1호·제1호의2 및 제2호의 업무에 부수하는 업무
5. 그 밖에 대통령령으로 정하는 업무

제176조【보험요율 산출기관】 ① 보험회사는 보험금의 지급에 충당되는 보험료(이하 "순보험료"라 한다)를 결정하기 위한 요율(이하 "순보험요율"이라 한다)을 공정하고 합리적으로 산출하고 보험과 관련된 정보를 효율적으로 관리·이용하기 위하여 금융위원회의 인가를 받아 보험요율 산출기관을 설립할 수 있다.

② 보험요율 산출기관은 법인으로 한다.

③ 보험요율 산출기관은 정관으로 정하는 바에 따라 다음 각 호의 업무를 한다.

1. 순보험요율의 산출·검증 및 제공
2. 보험 관련 정보의 수집·제공 및 통계의 작성
3. 보험에 대한 조사·연구
4. 설립 목적의 범위에서 정부기관, 보험회사, 그 밖의 보험 관계 단체로부터 위탁받은 업무
5. 제1호부터 제3호까지의 업무에 딸린 업무
6. 그 밖에 대통령령으로 정하는 업무

④ 보험요율 산출기관은 보험회사가 적용할 수 있는 순보험요율을 산출하여 금융위원회에 신고할 수 있다. 이 경우 신고를 받은 금융위원회는 그 내용을 검토하여 이 법에 적합하면 신고를 수리하여야 한다.(2020.12.8 후단신설)

⑤ 보험요율 산출기관은 순보험요율 산출 등 이 법에서 정하는 업무 수행을 위하여 보험 관련 통계를 체계적으로 통합·집적(集積)하여야 하며 필요한 경우 보험회사에 자료의 제출을 요청할 수 있다. 이 경우 보험회사는 이에 따라야 한다.

⑥ 보험회사가 제4항에 따라 보험요율 산출기관이 신고한 순보험요율을 적용하는 경우에는 순보험료에 대하여 제127조제2항 및 제3항에 따른 신고 또는 제출을 한 것으로 본다.

(2020.12.8 본항개정)

⑦ 보험회사는 이 법에 따라 금융위원회에 제출하는 기초서류를 보험요율 산출기관으로 하여금 확인하게 할 수 있다.

⑧ 보험요율 산출기관은 그 업무와 관련하여 정관으로 정하는 바에 따라 보험회사로부터 수수료를 받을 수 있다.

⑨ 보험요율 산출기관은 보험계약자의 권익을 보호하기 위하여 필요하다고 인정되는 경우에는 다음 각 호의 어느 하나에 해당하는 자료를 공표할 수 있다.

1. 순보험요율 산출에 관한 자료
2. 보험 관련 각종 조사·연구 및 통계자료

⑩ 보험요율 산출기관은 순보험요율을 산출하기 위하여 필요한 경우 또는 보험회사의 보험금 지급업무에 필요한 경우에는 음주운전 등 교통법규 위반 또는 운전면허(「건설기계관리법」 제26조제1항 본문에 따른 건설기계조종사면허를 포함한다. 이하 제177조에서 같다)의 효력에 관한 개인정보를 보유하고 있는 기관의 장으로부터 그 정보를 제공받아 보험회사가 보험계약자에게 적용할 순보험료의 산출 또는 보험금 지급업무에 이용하게 할 수 있다.(2015.12.22 본항개정)
⑪ 보험요율 산출기관은 순보험요율을 산출하기 위하여 필요하면 질병에 관한 통계를 보유하고 있는 기관의 장으로부터 그 질병에 관한 통계를 제공받아 보험회사로 하여금 보험계약자에게 적용할 순보험료의 산출에 이용하게 할 수 있다.
⑫ 보험요율 산출기관은 이 법 또는 다른 법률에 따라 제공받아 보유하는 개인정보를 다음 각 호의 어느 하나에 해당하는 경우 외에는 타인에게 제공할 수 없다.
1. 보험회사의 순보험료 산출에 필요한 경우
1의2. 제10항에 따른 정보를 제공받은 목적대로 보험회사가 이용하게 하기 위하여 필요한 경우(2014.1.14 본호신설)
2. 「신용정보의 이용 및 보호에 관한 법률」 제33조제1항제2호부터 제5호까지의 어느 하나에서 정하는 사유에 따른 경우(2020.2.4 본호개정)
3. 정부로부터 위탁받은 업무를 하기 위하여 필요한 경우
4. 이 법에서 정하고 있는 보험요율 산출기관의 업무를 하기 위하여 필요한 경우로서 대통령령으로 정하는 경우
⑬ 보험요율 산출기관이 제10항에 따라 제공받는 개인정보와 제11항에 따라 제공받는 질병에 관한 통계 이용의 범위·절차 및 방법 등에 관하여 필요한 사항은 대통령령으로 정한다.
⑭ 보험요율 산출기관이 제12항에 따라 개인정보를 제공하는 절차·방법 등에 관하여 필요한 사항은 대통령령으로 정한다.

제177조 【개인정보이용자의 의무】 제176조제10항에 따라 제공받은 교통법규 위반 또는 운전면허의 효력에 관한 개인정보와 그 밖에 보험계약과 관련하여 보험계약자 등으로부터 제공받은 질병에 관한 개인정보를 이용하여 순보험료의 산출·적용 업무 또는 보험금 지급업무에 종사하거나 종사하였던 자는 그 업무상 알게 된 개인정보를 누설하거나 타인에게 이용하도록 제공하는 등 부당한 목적을 위하여 사용하여서는 아니 된다.(2014.1.14 본조개정)

제178조 【그 밖의 보험 관계 단체】 ① 보험설계사, 보험대리점, 보험중개사, 보험계리사, 손해사정사, 그 밖에 보험 관계 업무에 종사하는 자는 공익이나 보험계약자 및 피보험자 등을 보호하고 모집질서를 유지하기 위하여 각각 단체를 설립할 수 있다.
② 제1항에 따른 보험 관계 단체는 법인으로 한다.
③ 제1항에 따른 보험 관계 단체는 정관으로 정하는 바에 따라 다음 각 호의 업무를 한다.
1. 회원 간의 건전한 업무질서 유지
2. 회원에 대한 연수·교육 업무
3. 정부·금융감독원 또는 보험협회로부터 위탁받은 업무
4. 제1호 및 제2호에 딸린 업무
5. 그 밖에 대통령령으로 정하는 업무

제179조 【감독】 보험협회, 보험요율 산출기관 및 제178조에 따른 보험 관계 단체에 관하여는 제131조제1항·제133조·제134조 및 제135조를 준용한다.

제180조 【「민법」의 준용】 보험협회, 보험요율 산출기관 및 제178조에 따른 보험 관계 단체에 관하여는 이 법 또는 이 법에 따른 명령에 특별한 규정이 없으면 「민법」 중 사단법인에 관한 규정을 준용한다.

제2절 보험계리 및 손해사정

제181조 【보험계리】 ① 보험회사는 보험계리에 관한 업무(기초서류의 내용 및 배당금 계산 등의 정당성 여부를 확인하는 것을 말한다)를 보험계리사를 고용하여 담당하게 하거나, 보험계리를 업으로 하는 자(이하 "보험계리업자"라 한다)에게 위탁하여야 한다.
② 보험회사는 제184조제1항에 따라 보험계리에 관한 업무 전반을 관리하고 이를 검증 및 확인하는 등 보험계리 관련 업무를 총괄하는 보험계리사(이하 "선임계리사"라 한다)를 선임하여야 한다.(2022.12.31 본항개정)
③ 제1항과 제2항에 따른 보험계리사, 선임계리사 또는 보험계리업자의 구체적인 업무범위는 총리령으로 정한다.(2022.12.31 본항개정)

제181조의2 【선임계리사의 임면 등】 ① 보험회사가 선임계리사를 선임하려는 경우에는 이사회의 의결을 거쳐 선임계리사의 선임 후에 금융위원회에 보고하여야 하고, 선임계리사를 해임하려는 경우에는 선임계리사의 해임 전에 이사회의 의결을 거쳐 금융위원회에 신고하여야 한다. 다만, 외국보험회사의 국내지점의 경우에는 이사회의 의결을 거치지 아니할 수 있다.
② 보험회사는 다른 보험회사의 선임계리사를 해당 보험회사의 선임계리사로 선임할 수 없다.
③ 보험회사는 제1항에 따른 선임계리사의 해임 신고를 할 때 그 해임사유를 제출하여야 하며, 금융위원회는 해임사유에 대하여 해당 선임계리사의 의견을 들을 수 있다.
④ 보험회사는 선임계리사가 제192조제1항에 따라 업무정지명령을 받은 경우에는 업무정지 기간 중 그 업무를 대행할 사람을 선임하여 금융위원회에 보고하여야 한다.
⑤ 그 밖에 보험회사의 선임계리사의 임면 등에 관하여 필요한 사항은 총리령으로 정한다.
(2022.12.31 본조신설)

제182조 【보험계리사】 ① 보험계리사가 되려는 자는 금융감독원장이 실시하는 시험에 합격하고 일정 기간의 실무수습을 마친 후 금융위원회에 등록하여야 한다.
② 제1항에 따른 시험 과목 및 시험 면제와 실무수습 기간 등에 관하여 필요한 사항은 총리령으로 정한다.

제183조 【보험계리업】 ① 보험계리를 업으로 하려는 자는 금융위원회에 등록하여야 한다.
② 보험계리를 업으로 하려는 법인은 대통령령으로 정하는 수 이상의 보험계리사를 두어야 한다.
③ 제1항에 따른 등록을 하려는 자는 총리령으로 정하는 수수료를 내야 한다.
④ 그 밖에 보험계리업의 등록 및 영업기준 등에 관하여 필요한 사항은 대통령령으로 정한다.

제184조 【선임계리사의 의무 등】 ① 선임계리사는 기초서류의 내용 및 보험계약에 따른 배당금의 계산 등이 정당한지 여부를 검증하고 확인하여야 한다.
② 선임계리사는 보험회사가 기초서류관리기준을 지키는지를 점검하고 이를 위반하는 경우에는 조사하여 그 결과를 이사회에 보고하여야 하며, 기초서류에 법령을 위반한 내용이 있다고 판단하는 경우에는 금융위원회에 보고하여야 한다.
③ 선임계리사·보험계리사 또는 보험계리업자는 그 업무를 할 때 다음 각 호의 행위를 하여서는 아니 된다.
1. 고의로 진실을 숨기거나 거짓으로 보험계리를 하는 행위
2. 업무상 알게 된 비밀을 누설하는 행위
3. 타인으로 하여금 자기의 명의로 보험계리업무를 하게 하는 행위
4. 그 밖에 공정한 보험계리업무의 수행을 해치는 행위로서 대통령령으로 정하는 행위
④ 보험회사가 선임계리사를 선임한 경우에는 그 선임일이 속한 사업연도의 다음 사업연도부터 연속하는 3개 사업연도가 끝나는 날까지 그 선임계리사를 해임할 수 없다. 다만, 다음 각 호의 어느 하나에 해당하는 경우에는 그러하지 아니하다.
1. 선임계리사가 회사의 기밀을 누설한 경우
2. 선임계리사가 그 업무를 게을리하여 회사에 손해를 발생하게 한 경우
3. 선임계리사가 계리업무와 관련하여 부당한 요구를 하거나 압력을 행사한 경우
4. 제192조에 따른 금융위원회의 해임 요구가 있는 경우
⑤ (2022.12.31 삭제)
⑥ 금융위원회는 선임계리사에게 그 업무범위에 속하는 사항에 관하여 의견을 제출하게 할 수 있다.
⑦ 선임계리사는 다음 각 호의 직무를 담당하여서는 아니 된다.

1. 보험상품 개발 업무(기초서류 등을 검증 및 확인하는 업무는 제외한다)를 직접 수행하는 직무
2. 보험회사의 대표이사, 보험회사의 최고경영자 또는 최고재무관리 책임자의 직무
3. 그 밖에 이해가 상충할 우려가 있거나 선임계리사 업무에 전념하기 어려운 경우로서 대통령령으로 정하는 직무
(2022.12.31 본항신설)

제184조의2【선임계리사의 자격 요건】 ① 제181조의2에 따라 선임계리사가 되려는 사람은 다음 각 호의 요건을 모두 갖추어야 한다.
1. 제182조제1항에 따라 등록된 보험계리사일 것
2. 보험계리업무에 10년 이상 종사한 경력이 있을 것. 이 경우 손해보험회사의 선임계리사가 되려는 사람은 대통령령으로 정하는 보험계리업무에 3년 이상 종사한 경력을 포함하여 보험계리업무에 10년 이상 종사한 경력이 있어야 한다.
3. 최근 5년 이내에 제134조제1항제1호(경고 · 문책만 해당한다) 및 제3호, 제190조 또는 제192조제1항에 따른 조치를 받은 사실이 없을 것

② 보험회사는 선임계리사로 선임된 사람이 선임 당시 제1항에 따른 자격요건을 갖추지 못하였던 것으로 판명되었을 때에는 해임하여야 한다.
(2022.12.31 본조신설)

제184조의3【선임계리사의 권한 및 독립성 보장 등】 ① 선임계리사는 보험회사에 대하여 업무 수행에 필요한 정보나 자료의 제공을 요청할 수 있으며, 보험회사는 정당한 사유 없이 그 요청을 거부해서는 아니 된다.
② 선임계리사는 그 업무 수행과 관련하여 이사회(「상법」 제393조의2에 따른 이사회 내 위원회를 포함한다)에 참석할 수 있다.
③ 선임계리사는 제184조제1항에 따른 업무와 관련된 사항을 검증 · 확인하였을 때에는 그 의견서(이하 "선임계리사검증의견서"라 한다)를 이사회와 감사 또는 감사위원회(이하 이 조에서 "이사회등"이라 한다)에 제출하여야 한다. 다만, 기초서류 등 대통령령이 정하는 사항에 대한 선임계리사검증의견서는 대표이사에게 제출함으로써 이사회등에의 제출을 갈음할 수 있다.
④ 제3항의 보고를 받은 이사회등은 선임계리사검증의견서에 따라 필요한 조치를 하여야 한다. 다만, 선임계리사의 의견이 부적절하다고 판단되는 경우에는 그러하지 아니하다.
⑤ 보험회사는 선임계리사가 그 업무를 원활하게 수행할 수 있도록 선임계리사를 보조하는 인력 및 전산시설 등의 시설을 지원하여야 하며, 그 구체적인 기준은 대통령령으로 정한다.
⑥ 보험회사는 선임계리사에 대하여 직무 수행과 관련한 사유로 부당한 인사상의 불이익을 주어서는 아니 된다.
(2022.12.31 본조신설)

제185조【손해사정】 ① 대통령령으로 정하는 보험회사는 보험사고에 따른 손해액 및 보험금의 사정(이하 "손해사정"이라 한다)에 관한 업무를 직접 수행하거나 손해사정사 또는 손해사정을 업으로 하는 자(이하 "손해사정업자"라 한다)를 선임하여 그 업무를 위탁하여야 한다. 다만, 다음 각 호의 어느 하나에 해당하는 경우에는 그러하지 아니하다.(2024.2.6 본문개정)
1. 보험사고가 외국에서 발생한 경우
2. 보험계약자 등이 금융위원회가 정하는 기준에 따라 손해사정사를 따로 선임한 경우로서 보험회사가 이에 동의한 경우
(2024.2.6 1호~2호신설)

② 보험계약자 등이 손해사정사를 선임하려고 보험회사에 알리는 경우 보험회사는 그 손해사정사가 금융위원회가 정하는 손해사정사 선임에 관한 동의기준을 충족하는 경우에는 이에 동의하여야 한다.(2024.2.6 본항신설)
③ 보험회사는 제1항 본문에 따라 손해사정업무를 직접 수행하는 경우에는 다음 각 호의 사항을 준수하여야 한다.
1. 손해사정사를 고용하여 손해사정업무를 담당하게 할 것
2. 고용한 손해사정사에 대한 평가기준에 보험금 삭감을 유도하는 지표를 사용하지 아니할 것
3. 손해사정서를 작성한 경우에 지체 없이 대통령령으로 정하는 방법에 따라 보험계약자, 피보험자 및 보험금청구권자에게 손해사정서를 내어 주고, 그 중요한 내용을 알려 줄 것
4. 그 밖에 공정한 손해사정을 위하여 필요한 사항으로서 금융위원회가 정하여 고시하는 사항을 준수할 것
(2024.2.6 본항신설)

④ 보험회사는 제1항 본문에 따라 손해사정업무를 위탁하는 경우에는 다음 각 호의 사항을 준수하여야 한다.
1. 손해사정사 또는 손해사정업자 선정기준 등 대통령령으로 정하는 사항을 포함한 업무위탁기준을 마련하고 이를 준수할 것
2. 전체 손해사정업무 중 대통령령으로 정하는 비율을 초과하는 손해사정업무를 자회사인 손해사정업자에게 위탁하는 경우에는 제1호에 따른 선정기준과 그 기준에 따른 선정 결과를 이사회에 보고하고 인터넷홈페이지에 공시할 것
3. 그 밖에 공정한 손해사정을 위하여 필요한 사항으로서 금융위원회가 정하여 고시하는 사항을 준수할 것
(2024.2.6 본항신설)

⑤ 보험회사는 제1항 본문에 따라 손해사정업무를 위탁하는 경우 다음 각 호의 어느 하나에 해당하는 행위를 하여서는 아니 된다.
1. 손해사정 위탁계약서를 교부하지 아니하는 행위
2. 위탁계약서상 계약사항을 이행하지 아니하거나 위탁계약서에서 정한 업무 외의 업무를 강요하는 행위
3. 위탁계약서에서 정한 해지요건 외의 사유로 위탁계약을 해지하는 행위
4. 정당한 사유 없이 손해사정사 또는 손해사정업자가 요청한 위탁계약 해지를 거부하는 행위
5. 손해사정업무를 위탁받은 손해사정사 또는 손해사정업자에게 지급하여야 하는 수수료의 전부 또는 일부를 정당한 사유 없이 지급하지 아니하거나 지연하여 지급하는 행위
6. 정당한 사유 없이 손해사정사 또는 손해사정업자에게 지급한 수수료를 환수하는 행위
7. 손해사정을 보험회사에 유리하게 하도록 손해사정사 또는 손해사정업자에게 강요하는 행위 등 정당한 사유 없이 위탁한 손해사정업무에 개입하는 행위
8. 그 밖에 대통령령으로 정하는 불공정한 행위
(2024.2.6 본항신설)

제186조【손해사정사】 ① 손해사정사가 되려는 자는 금융감독원장이 실시하는 시험에 합격하고 일정 기간의 실무수습을 마친 후 금융위원회에 등록하여야 한다.
② 제1항에 따른 손해사정사의 등록, 시험 과목 및 시험 면제와 실무수습 기간 등에 관하여 필요한 사항은 총리령으로 정한다.
③ 손해사정사는 금융위원회가 정하는 바에 따라 업무와 관련된 보조인을 둘 수 있다.

제186조의2【손해사정사 교육】 ① 보험회사 및 법인인 손해사정업자는 대통령령으로 정하는 바에 따라 소속 손해사정사(제186조제3항에 따른 보조인을 포함한다)에게 손해사정에 관한 교육을 하여야 한다.
② 개인인 손해사정업자(제186조제3항에 따른 보조인을 포함한다)는 대통령령으로 정하는 바에 따라 제1항에 따른 교육을 받아야 한다.
(2024.2.6 본조신설)

제187조【손해사정업】 ① 손해사정을 업으로 하려는 자는 금융위원회에 등록하여야 한다.
② 손해사정을 업으로 하려는 법인은 대통령령으로 정하는 수 이상의 손해사정사를 두어야 한다.
③ 제1항에 따른 등록을 하려는 자는 총리령으로 정하는 수수료를 내야 한다.
④ 제1항에 따라 등록을 한 손해사정업자는 경영현황 등 대통령령으로 정하는 사항을 금융위원회가 정하는 바에 따라 공시하여야 한다.(2024.2.6 본항신설)
⑤ 그 밖에 손해사정업의 등록, 영업기준 및 공시 등에 관하여 필요한 사항은 대통령령으로 정한다.(2024.2.6 본항개정)

제187조의2【유사명칭의 사용금지】 이 법에 따른 손해사정사나 손해사정업자가 아닌 자는 손해사정사, 손해사정업자 또는 이와 유사한 명칭을 사용하지 못한다.(2024.2.6 본조신설)

제188조【손해사정사 등의 업무】 손해사정사 또는 손해사정업자의 업무는 다음 각 호와 같다.

1. 손해 발생 사실의 확인
2. 보험약관 및 관계 법규 적용의 적정성 판단
3. 손해액 및 보험금의 사정
4. 제1호부터 제3호까지의 업무와 관련된 서류의 작성·제출의 대행
5. 제1호부터 제3호까지의 업무 수행과 관련된 보험회사에 대한 의견의 진술

제189조【손해사정사의 의무 등】 ① 보험회사로부터 손해사정업무를 위탁받은 손해사정사 또는 손해사정업자는 손해사정업무를 수행한 후 손해사정서를 작성한 경우에 지체 없이 대통령령으로 정하는 방법에 따라 보험회사, 보험계약자, 피보험자 및 보험금청구권자에게 손해사정서를 내어 주고, 그 중요한 내용을 알려주어야 한다.(2018.2.21 본항개정)

② 보험계약자 등이 선임한 손해사정사 또는 손해사정업자는 손해사정업무를 수행한 후 지체 없이 보험회사 및 보험계약자 등에 대하여 손해사정서를 내어 주고, 그 중요한 내용을 알려주어야 한다.

③ 손해사정사(제186조제3항에 따른 보조인을 포함한다) 또는 손해사정업자는 손해사정업무를 수행할 때 보험계약자, 그 밖의 이해관계자들의 이익을 부당하게 침해하여서는 아니 되며, 다음 각 호의 행위를 하여서는 아니 된다.(2024.2.6 본문개정)
1. 고의로 진실을 숨기거나 거짓으로 손해사정을 하는 행위
1의2. 보험회사 또는 보험계약자 등 어느 일방에 유리하도록 손해사정업무를 수행하는 행위(2024.2.6 본호신설)
2. 업무상 알게 된 보험계약자 등에 관한 개인정보를 누설하는 행위
3. 타인으로 하여금 자기의 명의로 손해사정업무를 하게 하는 행위
4. 정당한 사유 없이 손해사정업무를 지연하거나 충분한 조사를 하지 아니하고 손해액 또는 보험금을 산정하는 행위
5. 보험회사 및 보험계약자 등에 대하여 이미 제출받은 서류와 중복되는 서류나 손해사정과 관련이 없는 서류 또는 정보를 요청함으로써 손해사정을 지연하는 행위(2018.2.21 본호개정)
6. 보험금 지급을 요건으로 합의서를 작성하거나 합의를 요구하는 행위(2018.2.21 본호신설)
7. 그 밖에 공정한 손해사정업무의 수행을 해치는 행위로서 대통령령으로 정하는 행위

제189조의2【손해사정의 표시·광고】 ① 손해사정사 또는 손해사정업자가 아닌 자는 손해사정업무를 수행하는 것으로 오인될 우려가 있는 표시·광고를 하여서는 아니 된다.

② 손해사정사 또는 손해사정업자는 과대, 허위 등의 내용으로 보험계약자 등에게 피해를 줄 우려가 있는 표시·광고를 하여서는 아니 된다.

(2024.2.6 본조신설)

제190조【등록의 취소 등】 보험계리사·선임계리사·보험계리업자·손해사정사 및 손해사정업자에 관하여는 제86조를 준용한다. 이 경우 제86조제1항제3호에서 "제84조"는 각각 "제182조제1항"·"제183조제1항"·"제186조제1항" 또는 "제187조제1항"으로 보고, 제86조제2항제1호에서 "모집"은 보험계리사·선임계리사·보험계리업자의 경우에는 "보험계리"로, 손해사정사·손해사정업자의 경우에는 "손해사정"으로 본다.
(2024.2.6 본조개정)

제191조【손해배상의 보장】 금융위원회는 보험계리업자 또는 손해사정업자가 그 업무를 할 때 고의 또는 과실로 타인에게 손해를 발생하게 한 경우 그 손해의 배상을 보장하기 위하여 보험계리업자 또는 손해사정업자에게 금융위원회가 지정하는 기관에의 자산 예탁, 보험 가입, 그 밖에 필요한 조치를 하게 할 수 있다.

제192조【감독】 ① 금융위원회는 보험계리사·선임계리사·보험계리업자·손해사정사 또는 손해사정업자가 그 직무를 게을리하거나 직무를 수행하면서 부적절한 행위를 하였다고 인정되는 경우에는 6개월 이내의 기간을 정하여 업무의 정지를 명하거나 해임하게 할 수 있다.(2014.10.15 본항개정)

② 보험계리업자 및 손해사정업자에 관하여는 제131조제1항·제133조 및 제134조제1항을 준용한다. 이 경우 "보험회사"는 각각 "보험계리업자", "손해사정업자"로 본다.

제12장 보 칙

(2010.7.23 본장개정)

제193조【공제에 대한 협의】 ① 금융위원회는 법률에 따라 운영되는 공제업과 이 법에 따른 보험업 간의 균형 있는 발전을 위하여 필요하다고 인정하는 경우에는 그 공제업을 운영하는 자에게 기초서류에 해당하는 사항에 관한 협의를 요구하거나 그 공제업 관련 중앙행정기관의 장에게 재무건전성에 관한 사항에 관한 협의를 요구할 수 있다.(2020.12.8 본항개정)

② 제1항의 요구를 받은 자는 정당한 사유가 없으면 그 요구에 따라야 한다.

③ 제1항에 따른 중앙행정기관의 장은 공제업의 재무건전성 유지를 위하여 필요하다고 인정하는 경우에는 공제업을 운영하는 자에 대한 공동검사에 관한 협의를 금융위원회에 요구할 수 있다.(2020.12.8 본항신설)

제194조【업무의 위탁】 ① 다음 각 호의 업무는 보험협회에 위탁한다.
1. 제84조에 따른 보험설계사의 등록업무
2. 제87조에 따른 보험대리점의 등록업무

② 다음 각 호의 업무는 금융감독원장에게 위탁한다.
1. 제89조에 따른 보험중개사의 등록업무
2. 제182조에 따른 보험계리사의 등록업무
3. 제183조에 따른 보험계리를 업으로 하려는 자의 등록업무
4. 제186조에 따른 손해사정사의 등록업무
5. 제187조에 따른 손해사정을 업으로 하려는 자의 등록업무

③ 금융위원회는 이 법에 따른 업무의 일부를 대통령령으로 정하는 바에 따라 금융감독원장에게 위탁할 수 있다.

④ 금융감독원장은 이 법에 따른 업무의 일부를 대통령령으로 정하는 바에 따라 보험협회의 장, 보험요율 산출기관의 장 또는 제178조에 따른 보험 관계 단체의 장, 자격검정 등을 목적으로 설립된 기관에 위탁할 수 있다.

제195조【허가 등의 공고】 ① 금융위원회는 제4조제1항에 따른 허가를 하거나 제74조제1항 또는 제134조제2항에 따라 허가를 취소한 경우에는 지체 없이 그 내용을 관보에 공고하고 인터넷 홈페이지 등을 이용하여 일반인에게 알려야 한다.

② 금융위원회는 다음 각 호의 사항을 인터넷 홈페이지 등을 이용하여 일반인에게 알려야 한다.
1. 제4조에 따라 허가받은 보험회사
2. 제12조에 따라 설치된 국내사무소
3. 제125조에 따라 인가된 상호협정

③ 금융감독원장은 다음 각 호의 사항을 인터넷 홈페이지 등을 이용하여 일반인에게 알려야 한다.
1. 제89조에 따라 등록된 보험중개사
2. 제182조에 따라 등록된 보험계리사 및 제183조에 따라 등록된 보험계리업자
3. 제186조에 따라 등록된 손해사정사 및 제187조에 따라 등록된 손해사정업자

④ 보험협회는 제87조에 따라 등록된 보험대리점을 인터넷 홈페이지 등을 이용하여 일반인에게 알려야 한다.

제196조【과징금】 ① 금융위원회는 보험회사가 제98조, 제99조, 제105조, 제106조, 제110조, 제111조, 제127조, 제127조의3, 제128조의3, 제131조를 위반한 경우에는 다음 각 호의 구분에 따라 과징금을 부과할 수 있다.(2020.3.24 본문개정)
1. (2020.3.24 삭제)
2. 제98조를 위반하여 특별이익을 제공하거나 제공하기로 약속하는 경우 : 특별이익의 제공 대상이 된 해당 보험계약의 연간 수입보험료 이하
3. 제99조제1항을 위반하여 모집을 할 수 있는 자 이외의 자에게 모집을 위탁한 경우 : 해당 보험계약의 수입보험료의 100분의 50 이하
3의2. 제105조제1호를 위반하여 업무용 부동산이 아닌 부동산(저당권 등 담보권의 실행으로 취득하는 부동산은 제외한다)을 소유하는 경우 : 업무용이 아닌 부동산 취득가액의 100분의 30 이하(2017.4.18 본호신설)

4. 제106조제1항제1호부터 제3호까지의 규정에 따른 신용공여 등의 한도를 초과한 경우 : 초과한 신용공여액 등의 100분의 30 이하
5. 제106조제1항제5호에 따른 신용공여의 한도를 초과한 경우 : 초과한 신용공여액 이하
6. 제106조제1항제6호에 따른 채권 또는 주식의 소유한도를 초과한 경우 : 초과 소유한 채권 또는 주식의 장부가액 합계액 이하
6의2. 제110조제1항을 위반하여 자금지원 관련 금지행위를 하는 경우 : 해당 신용공여액 또는 주식의 장부가액 합계액의 100분의 30 이하(2017.4.18 본호신설)
7. 제111조제1항을 위반하여 신용공여를 하거나 자산의 매매 또는 교환 등을 한 경우 : 해당 신용공여액 또는 해당 자산의 장부가액 이하
8. 제127조를 위반한 경우 : 해당 보험계약의 연간 수입보험료의 100분의 50 이하
9. 제127조의3을 위반한 경우 : 해당 보험계약의 연간 수입보험료의 100분의 50 이하
10. 제128조의3을 위반하여 기초서류를 작성·변경한 경우 : 해당 보험계약의 연간 수입보험료의 100분의 50 이하
11. 제131조제2항 및 제4항에 따라 금융위원회로부터 기초서류의 변경·사용중지 명령 또는 보험료환급·보험금증액 명령을 받은 경우 : 해당 보험계약의 연간 수입보험료의 100분의 50 이하

(2017.4.18 본항개정)

② 금융위원회는 보험회사의 소속 임직원 또는 소속 보험설계사가 제95조의2·제96조제1항·제97조제1항을 위반한 경우에는 그 보험회사에 대하여 해당 보험계약의 수입보험료의 100분의 50 이하의 범위에서 과징금을 부과할 수 있다. 다만, 보험회사가 그 위반행위를 막기 위하여 해당 업무에 관하여 상당한 주의와 감독을 게을리하지 아니한 경우에는 그러하지 아니하다.
(2017.4.18 본문개정)

③ 제98조, 제106조제1항제1호부터 제3호까지·제5호·제6호 또는 제111조제1항을 위반한 자에게는 정상(情狀)에 따라 제200조 또는 제202조에 따른 벌칙과 제1항에 따른 과징금을 병과(倂科)할 수 있다.

④ 제1항부터 제3항까지의 규정에 따른 과징금의 부과 및 징수 절차 등에 관하여는 「은행법」 제65조의4부터 제65조의8까지의 규정을 준용한다.

제13장 벌 칙

(2010.7.23 본장개정)

제197조【벌칙】 ① 보험계리사, 손해사정사 또는 상호회사의 발기인, 제70조제1항에서 준용하는 「상법」 제175조제1항에 따른 설립위원·이사·감사, 제59조에서 준용하는 「상법」 제386조제2항 및 제407조제1항에 따른 직무대행자나 지배인, 그 밖에 사업에 관하여 어떠한 종류의 사항이나 특정한 사항을 위임받은 사용인이 그 임무를 위반하여 재산상의 이익을 취득하거나 제3자로 하여금 취득하게 하여 보험회사에 재산상의 손해를 입힌 경우에는 10년 이하의 징역 또는 1억원 이하의 벌금에 처한다.(2017.10.31 본항개정)

② 상호회사의 청산인 또는 제73조에서 준용하는 「상법」 제386조제2항 및 제407조제1항에 따른 직무대행자가 제1항에 열거된 행위를 한 경우에도 제1항과 같다.

제198조【벌칙】 제25조제1항 또는 제54조제1항의 기관을 구성하는 자가 그 임무를 위반하여 재산상의 이익을 취득하거나 제3자로 하여금 취득하게 하여 보험계약자나 사원에게 손해를 입힌 경우에는 7년 이하의 징역 또는 7천만원 이하의 벌금에 처한다.(2017.10.31 본조개정)

제199조【벌칙】 제197조제1항에 열거된 자 또는 상호회사의 검사인이 다음 각 호의 어느 하나에 해당하는 행위를 한 경우에는 7년 이하의 징역 또는 7천만원 이하의 벌금에 처한다.
(2017.10.31 본문개정)
1. 상호회사를 설립하면서 사원의 수, 기금총액의 인수, 기금의 납입 또는 제34조제4호부터 제6호까지 및 제9호와 제38조제2항제3호 및 제5호에 열거된 사항에 관하여 법원 또는 총회에 보고를 부실하게 하거나 사실을 숨긴 경우
2. 명의에 관계없이 보험회사의 계산으로 부정하게 그 주식을 취득하거나 질권의 목적으로 받은 경우
3. 법령 또는 정관을 위반하여 기금의 상각, 기금이자의 지급 또는 이익이나 잉여금의 배당을 한 경우
4. 보험업을 하기 위한 목적 이외의 투기거래를 위하여 보험회사의 자산을 처분한 경우

제200조【벌칙】 다음 각 호의 어느 하나에 해당하는 자는 5년 이하의 징역 또는 5천만원 이하의 벌금에 처한다.
(2017.10.31 본문개정)
1. 제4조제1항을 위반한 자
2. 제106조제1항제4호 및 제5호를 위반하여 신용공여를 한 자
3. 제106조제1항제6호를 위반하여 채권 및 주식을 소유한 자
4. 제111조제1항을 위반하여 같은 항 각 호의 어느 하나에 해당하는 행위를 한 자
5. 제111조제5항을 위반하여 같은 항 각 호의 어느 하나에 해당하는 행위를 한 대주주 또는 그의 특수관계인

제201조【벌칙】 ① 제197조 및 제198조에 열거된 자 또는 상호회사의 검사인이 그 직무에 관하여 부정한 청탁을 받고 재산상의 이익을 수수·요구 또는 약속한 경우에는 5년 이하의 징역 또는 5천만원 이하의 벌금에 처한다.(2017.10.31 본항개정)

② 제1항의 이익을 약속 또는 공여(供與)하거나 공여 의사를 표시한 자도 제1항과 같다.

제202조【벌칙】 다음 각 호의 어느 하나에 해당하는 자는 3년 이하의 징역 또는 3천만원 이하의 벌금에 처한다.
(2017.10.31 본문개정)
1. 제18조제2항을 위반하여 승인을 받지 아니하고 자본감소의 결의를 한 주식회사(2017.4.18 본호신설)
2. 제75조를 위반한 자
3. 제98조에서 규정한 금품 등을 제공(같은 조 제3호의 경우에는 보험금액 지급의 약속을 말한다)한 자 또는 이를 요구하여 수수(收受)한 보험계약자 또는 피보험자
3의2. 제102조의7제5항을 위반하여 업무를 수행하는 과정에서 알게 된 정보 또는 자료를 누설하거나 제102조의6제1항에 따른 서류 전송 업무 외의 용도로 사용 또는 보관한 자
(2023.10.24 본호신설)
4. 제106조제1항제1호부터 제3호까지의 규정을 위반한 자
5. 제177조를 위반한 자
6. 제183조제1항 또는 제187조제1항에 따른 등록을 하지 아니하고 보험계리업 또는 손해사정업을 한 자
7. 거짓이나 그 밖의 부정한 방법으로 제183조제1항 또는 제187조제1항에 따른 등록을 한 자
8. 제189조제3항제2호를 위반한 자(2024.2.6 본호신설)

제203조【벌칙】 ① 다음 각 호의 사항에 관하여 부정한 청탁을 받고 재산상의 이익을 수수·요구 또는 약속한 자는 1년 이하의 징역 또는 1천만원 이하의 벌금에 처한다.
1. 보험계약자총회, 상호회사의 창립총회 또는 사원총회에서의 발언이나 의결권 행사
2. 제3장제2절·제3절 및 제8장제2절에서 규정하는 소(訴)의 제기 또는 자본금의 100분의 5 이상에 상당하는 주주 또는 100분의 5 이상의 사원의 권리의 행사

② 제1항의 이익을 약속 또는 공여하거나 공여 의사를 표시한 자도 제1항과 같다.

제204조【벌칙】 ① 다음 각 호의 어느 하나에 해당하는 자는 1년 이하의 징역 또는 1천만원 이하의 벌금에 처한다.
1. 제8조제2항을 위반한 자
2. 제83조제1항을 위반하여 모집을 한 자
3. 거짓이나 그 밖의 부정한 방법으로 보험설계사·보험대리점 또는 보험중개사의 등록을 한 자
3의2. 제86조제2항(제190조에 따라 준용하는 경우를 포함한다)에 따른 업무정지의 명령을 위반하여 모집, 보험계리업무 또는 손해사정업무를 한 자(2024.2.6 본호신설)
4. 제88조제2항, 제90조제2항에 따른 업무정지의 명령을 위반하여 모집을 한 자(2024.2.6 본호개정)
5. (2017.4.18 삭제)

6. 제150조를 위반한 자
7. 제181조제1항 및 제184조제1항을 위반하여 정당한 사유 없이 확인을 하지 아니하거나 부정한 확인을 한 보험계리사 및 선임계리사
8. 제184조제3항제1호를 위반한 선임계리사 및 보험계리사
9. 제189조제3항제1호를 위반한 손해사정사
② 보험계리사나 손해사정사에게 제1항제7호부터 제9호까지의 규정에 따른 행위를 하게 하거나 이를 방조한 자는 정범에 준하여 처벌한다.

제205조【미수범】 제197조 및 제198조의 미수범은 처벌한다.

제206조【병과】 제197조부터 제205조까지에 규정된 죄를 범한 자에게는 정상에 따라 징역과 벌금을 병과할 수 있다.

제207조【몰수】 제201조 및 제203조의 경우 범인이 수수하였거나 공여하려 한 이익은 몰수한다. 그 전부 또는 일부를 몰수할 수 없는 경우에는 그 가액(價額)을 추징한다.

제208조【양벌규정】 ① 법인(법인이 아닌 사단 또는 재단으로서 대표자 또는 관리인이 있는 것을 포함한다. 이하 이 항에서 같다)의 대표자나 법인 또는 개인의 대리인, 사용인, 그 밖의 종업원이 그 법인 또는 개인의 업무에 관하여 제200조, 제202조 또는 제204조의 어느 하나에 해당하는 위반행위를 하면 그 행위자를 벌하는 외에 그 법인 또는 개인에게도 해당 조문의 벌금형을 과(科)한다. 다만, 법인 또는 개인이 그 위반행위를 방지하기 위하여 해당 업무에 관하여 상당한 주의와 감독을 게을리하지 아니한 경우에는 그러하지 아니하다.
② 제1항에 따라 법인이 아닌 사단 또는 재단에 대하여 벌금형을 과하는 경우에는 그 대표자 또는 관리인이 그 소송행위에 관하여 그 사단 또는 재단을 대표하는 법인을 피고인으로 하는 경우의 형사소송에 관한 법률을 준용한다.

제209조【과태료】 ① 보험회사가 다음 각 호의 어느 하나에 해당하는 경우에는 1억원 이하의 과태료를 부과한다.
(2017.4.18 본문개정)
1. 제10조 또는 제11조를 위반하여 다른 업무 등을 겸영한 경우
1의2. 제11조의2제1항을 위반하여 부수업무를 신고하지 아니한 경우(2017.4.18 본호신설)
2. 제95조를 위반한 경우
3. 제96조를 위반한 경우
4. 보험회사 소속 임직원이 제101조의2제3항을 위반한 경우 해당 보험회사. 다만, 보험회사가 그 위반행위를 방지하기 위하여 해당 업무에 관하여 상당한 주의와 감독을 게을리하지 아니한 경우는 제외한다.(2020.3.24 본문개정)
5. 제106조제1항제7호부터 제9호까지의 규정을 위반한 경우(2022.12.31 본호개정)
6. 제109조를 위반하여 다른 회사의 주식을 소유한 경우
7. (2017.4.18 삭제)
7의2. (2020.3.24 삭제)
7의3. 제111조제2항을 위반하여 이사회의 의결을 거치지 아니한 경우(2017.4.18 본호신설)
7의4. 제111조제3항 또는 제4항에 따른 보고 또는 공시를 하지 아니하거나 거짓으로 보고 또는 공시한 경우(2017.4.18 본호개정)
8. 제113조를 위반한 경우
9. 제116조를 위반한 경우
10. 제118조를 위반하여 재무제표 등을 기한까지 제출하지 아니하거나 사실과 다르게 작성된 재무제표 등을 제출한 경우
10의2. 제120조제1항을 위반하여 책임준비금이나 비상위험준비금을 계상하지 아니하거나 과소·과다하게 계상하는 경우 또는 장부에 기재하지 아니한 경우(2017.4.18 본호신설)
11. 제124조제1항을 위반하여 공시하지 아니한 경우
12. 제124조제4항을 위반하여 정보를 제공하지 아니하거나 부실한 정보를 제공한 경우
13. 제128조의2를 위반한 경우
14. 제131조제1항·제2항 및 제4항에 따른 명령을 위반한 경우
15. 제133조에 따른 검사를 거부·방해 또는 기피한 경우
16. 제181조제2항을 위반하여 선임계리사를 선임하지 아니한 경우(2022.12.31 본호신설)
17. 제181조의2에 따른 선임계리사 선임 및 해임에 관한 절차를 위반한 경우(2022.12.31 본호신설)
18. 제184조의2에 따른 선임계리사의 요건을 충족하지 못한 자를 선임계리사로 선임한 경우(2022.12.31 본호신설)
② 제91조제1항에 따른 금융기관보험대리점등 또는 금융기관보험대리점등이 되려는 자가 제83조제2항 또는 제100조를 위반한 경우에는 1억원 이하의 과태료를 부과한다.(2017.4.18 본항개정)
③ 보험회사가 제95조의5를 위반한 경우에는 5천만원 이하의 과태료를 부과한다.(2020.12.8 본항신설)
④ 보험회사가 다음 각 호의 어느 하나에 해당하는 행위를 한 경우에는 3천만원 이하의 과태료를 부과한다.(2022.12.31 본문개정)
1. 제85조의4를 위반하여 직원의 보호를 위한 조치를 하지 아니하거나 직원에게 불이익을 준 경우(2022.12.31 본호신설)
2. 제184조제7항을 위반하여 같은 항 각 호의 어느 하나에 해당하는 직무를 담당하게 한 경우(2022.12.31 본호신설)
3. 제184조의3제1항, 제5항 또는 제6항을 위반하여 선임계리사의 권한과 업무 수행의 독립성에 관하여 필요한 사항을 이행하지 아니한 경우(2022.12.31 본호신설)
⑤ 제110조의3제2항을 위반하여 신용공여 계약을 체결하려는 자에게 금리인하 요구를 할 수 있음을 알리지 아니한 보험회사에는 2천만원 이하의 과태료를 부과한다.(2020.5.19 본항신설)
⑥ 보험회사의 발기인·설립위원·이사·감사·검사인·청산인, 「상법」 제386조제2항 및 제407조제1항에 따른 직무대행자(제59조 및 제73조에서 준용하는 경우를 포함한다) 또는 지배인이 다음 각 호의 어느 하나에 해당하는 행위를 한 경우에는 2천만원 이하의 과태료를 부과한다.
1. 보험회사가 제10조 또는 제11조를 위반하여 다른 업무 등을 겸영한 경우
2. (2015.7.31 삭제)
3. 제18조를 위반하여 자본감소의 절차를 밟은 경우
4. 관청·총회 또는 제25조제1항 및 제54조제1항의 기관에 보고를 부실하게 하거나 진실을 숨긴 경우
5. 제38조제2항을 위반하여 입사청약서를 작성하지 아니하거나 입사청약서에 적을 사항을 적지 아니하거나 부실하게 적은 경우
6. 정관·사원명부·의사록·자산목록·재무상태표·사업계획서·사무보고서·결산보고서, 제44조에서 준용하는 「상법」 제29조제1항의 장부에 적을 사항을 적지 아니하거나 부실하게 적은 경우(2021.4.20 본호개정)
7. 제57조제1항(제73조에서 준용하는 경우를 포함한다)이나 제64조 및 제73조에서 준용하는 「상법」 제448조제1항을 위반하여 서류를 비치하지 아니한 경우
8. 사원총회 또는 제54조제1항의 기관을 제59조에서 준용하는 「상법」 제364조를 위반하여 소집하거나 정관으로 정한 지역 이외의 지역에서 소집하거나 제59조에서 준용하는 「상법」 제365조제1항을 위반하여 소집하지 아니한 경우
9. 제60조 또는 제62조를 위반하여 준비금을 적립하지 아니하거나 준비금을 사용한 경우
10. 제69조를 위반하여 해산절차를 밟은 경우
11. 제72조 또는 정관을 위반하여 보험회사의 자산을 처분하거나 그 남은 자산을 배분한 경우
12. 제73조에서 준용하는 「상법」 제254조를 위반하여 파산선고의 신청을 게을리한 경우
13. 청산의 종결을 지연시킬 목적으로 제73조에서 준용하는 「상법」 제535조제1항의 기간을 부당하게 정한 경우
14. 제73조에서 준용하는 「상법」 제536조를 위반하여 채무를 변제한 경우
15. 제79조제2항에서 준용하는 「상법」 제619조 또는 제620조를 위반한 경우
16. 제85조제1항을 위반한 경우
17. 보험회사가 제95조를 위반한 경우
18. 보험회사의 임직원이 제95조의2, 제95조의5, 제97조 또는 제101조의2제1항·제2항을 위반한 경우(2020.12.8 본호개정)
19. 보험회사가 제96조를 위반한 경우

20. 제106조제1항제4호 또는 제7호부터 제9호까지의 규정을 위반하여 자산운용을 한 경우(2022.12.31 본호개정)
21. 제109조를 위반하여 다른 회사의 주식을 소유한 경우
22. 제110조를 위반한 경우
22의2. (2020.5.19 삭제)
23. 제113조를 위반한 경우
24. 제116조를 위반한 경우
25. 제118조를 위반하여 재무제표 등의 제출기한을 지키지 아니하거나 사실과 다르게 작성된 재무제표 등을 제출한 경우
26. 제119조를 위반하여 서류의 비치나 열람의 제공을 하지 아니한 경우
27. 제120조제1항을 위반하여 책임준비금 또는 비상위험준비금을 계상하지 아니하거나 장부에 기재하지 아니한 경우
28. 제124조제1항을 위반하여 공시하지 아니한 경우
29. 제124조제4항을 위반하여 정보를 제공하지 아니하거나 부실한 정보를 제공한 경우
30. 제125조를 위반한 경우
31. 제126조를 위반하여 정관변경을 보고하지 아니한 경우
32. 제127조를 위반한 경우
33. 보험회사가 제127조의3을 위반한 경우
34. 보험회사가 제128조의2를 위반한 경우
35. 보험회사가 제128조의3을 위반하여 기초서류를 작성·변경한 경우
36. 제130조를 위반하여 보고하지 아니한 경우
37. 제131조에 따른 명령을 위반한 경우
38. 제133조에 따른 검사를 거부·방해 또는 기피한 경우
39. 금융위원회가 선임한 청산인 또는 법원이 선임한 관리인이나 청산인에게 사무를 인계하지 아니한 경우
40. 제141조를 위반하여 보험계약의 이전절차를 밟은 경우
41. 제142조를 위반하여 보험계약을 하거나 제144조(제152조제2항에서 준용하는 경우를 포함한다)를 위반하여 자산을 처분하거나 채무를 부담할 행위를 한 경우
42. 제151조제1항·제2항, 제153조제3항 또는 제70조제1항에서 준용하는「상법」제232조를 위반하여 합병절차를 밟은 경우
43. 이 법에 따른 등기를 게을리한 경우
44. 이 법 또는 정관에서 정한 보험계리사에 결원이 생긴 경우에 그 선임절차를 게을리한 경우(2015.7.31 본호개정)
⑦ 다음 각 호의 어느 하나에 해당하는 자에게는 1천만원 이하의 과태료를 부과한다.
1. 제3조를 위반한 자
2. 제85조제2항을 위반한 자
2의2. 제85조의3제1항을 위반한 자(2014.10.15 본호신설)
2의3. (2017.4.18 삭제)
2의4. 제87조의3제2항을 위반한 자(2018.12.31 본호신설)
3. 제92조를 위반한 자
4. 제93조에 따른 신고를 게을리한 자
5. 제95조를 위반한 자
6. 제95조의2를 위반한 자
7. 보험대리점·보험중개사 소속 보험설계사가 제95조의2·제96조제1항·제97조제1항 및 제99조제3항을 위반한 경우 해당 보험대리점·보험중개사. 다만, 보험대리점·보험중개사가 그 위반행위를 방지하기 위하여 해당 업무에 관하여 상당한 주의와 감독을 게을리하지 아니한 경우는 제외한다.
(2020.3.24 본문개정)
7의2. 제95조의5를 위반한 자(2020.12.8 본호신설)
8. (2020.3.24 삭제)
9. 제96조제1항을 위반한 자
10. 제97조제1항을 위반한 자
11. 제99조제3항을 위반한 자(2020.3.24 본호개정)
11의2. 제101조의2를 위반한 자(2020.3.24 본호개정)
12. 제112조에 따른 자료 제출을 거부한 자
13. 제124조제5항을 위반하여 비교·공시한 자
14. 제131조제1항을 준용하는 제132조·제179조·제192조제2항, 제133조제1항을 준용하는 제136조·제179조·제192조제2항 및 제192조제1항에 따른 명령을 위반한 자
15. 제133조제3항을 준용하는 제136조·제179조 및 제192조제2항에 따른 검사를 거부·방해 또는 기피한 자
16. 제133조제3항을 준용하는 제136조·제179조·제192조제2항에 따른 요구에 응하지 아니한 자
17. 제162조제2항에 따른 요구를 정당한 사유 없이 거부·방해 또는 기피한 자
18. 제185조제5항을 위반하여 같은 항 각 호의 어느 하나에 해당하는 행위를 한 자(2024.2.6 본호신설)
19. 제189조제1항 및 제2항을 위반한 자(2024.2.6 본호신설)
20. 제189조제3항을 위반하여 같은 항 각 호(제1호 및 제2호를 제외한다)의 어느 하나에 해당하는 행위를 한 자(2024.2.6 본호신설)
21. 제189조의2를 위반하여 손해사정의 표시·광고를 한 자(2024.2.6 본호신설)
⑧ 제187조의2를 위반하여 손해사정사, 손해사정업자 또는 이와 유사한 명칭을 사용한 자에게는 5백만원 이하의 과태료를 부과한다.(2024.2.6 본항신설)
⑨ 제1항부터 제8항까지의 과태료는 대통령령으로 정하는 바에 따라 금융위원회가 부과·징수한다.(2024.2.6 본항개정)
제210조 (2010.7.23 삭제)

부　칙

제1조【시행일】 이 법은 공포후 3월이 경과한 날부터 시행한다. 다만, 제85조제3항 및 제4항의 개정규정은 이 법 시행일부터 5년이 경과한 날부터 시행한다.(2006.8.29 단서개정)
제2조【임원자격에 관한 적용례】 제13조제1항 및 제14조의 개정규정은 이 법 시행후 최초로 선임되는 보험회사의 임원부터 적용한다.
제3조【준법감시인에 관한 적용례】 제17조제3항 및 제4항의 개정규정은 이 법 시행후 최초로 선임되는 보험회사의 준법감시인부터 적용한다.
제4조【제3보험업에 관한 특례】 제2조제4호 및 제10조의 개정규정에 불구하고 생명보험회사는 이 법 시행후 2년까지는 질병·상해 또는 이로 인한 간병에 관하여 손해의 보상을 약속하고 금전을 수수할 수 없다. 다만, 보험계약자로 될 자가 대통령령이 정하는 단체인 경우에는 그러하지 아니하다.
제5조【자본금 또는 기금에 관한 특례】 이 법 시행전에 이미 외국정부와의 협정 등으로 자본금 또는 기금에 관하여 제9조의 개정규정과 다르게 정한 것이 있는 경우에는 그에 의한다.
제6조【사외이사 선임에 관한 특례】 이 법 시행후 최초로 사외이사를 선임하여야 하는 보험회사는 이 법 시행후 최초로 소집되는 정기주주총회등에서 이를 선임하여야 한다. 이 경우 당해 정기주주총회에서 사외이사로 선임된 자는 제15조제2항의 개정규정에 의하여 사외이사후보추천위원회의 추천을 받은 것으로 본다.
제7조【감사위원회 설치에 관한 특례】 이 법 시행후 최초로 감사위원회를 설치하여야 하는 보험회사는 이 법 시행후 최초로 소집되는 정기주주총회등에서 이를 설치하여야 한다.
제8조【대주주가 발행한 채권 또는 주식 소유에 관한 특례】 제106조제1항제6호의 개정규정을 적용함에 있어서 이 법 시행일부터 1년이 경과하는 날까지는 동 개정규정중 "자기자본의 100분의 60(자기자본의 100분의 60에 해당하는 금액이 총자산의 100분의 3에 해당하는 금액보다 클 경우 총자산의 100분의 3)"은 이를 "총자산의 100분의 3"으로 본다.
제9조【비상장주식에 관한 특례 등】 ① 제106조제1항제9호의 개정규정을 적용함에 있어서 이 법 시행일부터 2005년 3월 31일까지는 동 개정규정중 "총자산의 100분의 10"은 이를 "총자산의 100분의 5"로 본다.
② 제1항의 규정에 불구하고 2002년 3월 25일 현재 총자산의 100분의 5를 초과하여 비상장주식을 소유하고 있는 보험회사에 대하여는 2005년 3월 31일까지 종전의 규정을 적용한다. 이 경우 당해 보험회사는 그가 소유하는 비상장주식이 총자산의 100분의 5 이하가 될 때까지 추가로 비상장주식을 취득할 수 없다.

제10조【보험계약자보호예탁금에 대한 경과조치】 금융감독원은 이 법 시행 당시 종전의 규정에 의한 보험계약자보호예탁금을 이 법 시행일부터 1월 이내에 보험회사에 반환하여야 한다.
제11조【보험사업에 대한 경과조치】 이 법 시행 당시 인보험사업 또는 손해보험사업의 영위에 관하여 금융감독위원회의 허가를 받은 자(인보험사업 또는 손해보험사업에 해당하는 보험종목중 일부만의 영위에 관하여 허가를 받은 자를 제외한다)는 이 법에 의한 제3보험업에 해당하는 보험종목에 관하여 제4조제1항의 규정에 의한 허가를 받은 것으로 본다.
제12조【보험사업자에 대한 경과조치】 이 법 시행 당시의 보험사업자(보험사업자로 보는 경우를 포함한다)는 이 법에 의한 보험회사로 본다.
제13조【외국보험사업자에 대한 경과조치】 이 법 시행 당시의 외국보험사업자는 이 법에 의한 외국보험회사로 본다.
제14조【외국보험사업자 등의 국내사무소에 관한 경과조치】 이 법 시행 당시의 외국보험사업자등의 국내사무소는 이 법에 의한 외국보험회사 등의 국내사무소로 본다.
제15조【임원에 대한 경과조치】 이 법 시행 당시 보험사업자의 임원은 이 법에 의한 보험회사의 임원으로 본다.
제16조【사외이사에 대한 경과조치】 이 법 시행 당시 보험사업자의 사외이사는 이 법에 의한 보험회사의 사외이사로 본다.
제17조【임원의 임기에 관한 경과조치】 이 법 시행 당시 재임 중에 있는 보험회사의 이사와 감사의 임기는 그 임기가 종료되는 날까지는 종전의 규정에 의한다.
제18조【감사위원회 설치에 따른 상근감사에 관한 경과조치】 이 법 시행후 최초로 부칙 제7조의 규정에 의하여 감사위원회를 설치하여야 하는 보험회사의 상근감사로 재임하는 자(상근감사가 2인 이상인 경우에는 당해 보험회사의 이사회에서 지명한 상근감사를 말한다)는 부칙 제7조의 규정에 의하여 감사위원회를 설치하여야 하는 정기주주총회일까지 그 임기가 만료되지 아니하고 당해 주주총회에서 해임되지 아니하는 경우 그 임기가 만료될 때까지 당해 보험회사의 감사위원회 위원중 사외이사가 아닌 위원으로 본다. 이 경우 당해 상근감사는 그 임기의 종료시까지 「상법」 제382조제1항의 규정에 따라 주주총회에서 선임된 이사로 본다.
제19조【준법감시인에 대한 경과조치】 이 법 시행 당시 보험사업자의 준법감시인은 이 법에 의한 보험회사의 준법감시인으로 본다.
제20조【보험모집인에 대한 경과조치】 이 법 시행 당시의 보험모집인은 이 법에 의한 보험설계사로 본다.
제21조【보험대리점에 대한 경과조치】 이 법 시행 당시 보험대리점은 이 법에 의한 보험대리점으로 본다.
제22조【보험중개인에 대한 경과조치】 이 법 시행 당시의 보험중개인은 이 법에 의한 보험중개사로 본다.
제23조【자회사에 대한 경과조치】 이 법 시행 당시 종전의 규정에 의하여 승인을 얻은 보험회사의 자회사는 이 법에 의하여 승인을 얻은 자회사로 본다.
제24조【신용공여 등에 대한 경과조치】 ① 이 법 시행 당시 제106조제1항제1호 내지 제3호의 개정규정에 의한 한도를 초과하여 신용공여하거나 채권 및 주식을 소유하고 있는 보험회사는 이 법 시행일부터 3년이 경과하는 날까지 동 개정규정에 적합하도록 하여야 하며, 이를 이행하기 위한 세부계획서를 이 법 시행일부터 1월이 경과하는 날까지 금융감독위원회에 제출하여 승인을 얻어야 한다.
② 이 법 시행 당시 제106조제1항제5호의 개정규정에 의한 한도를 초과하여 신용공여하고 있는 보험회사는 이 법 시행일부터 3년이 경과하는 날까지 동 개정규정에 적합하도록 하여야 하며, 이를 이행하기 위한 세부계획서를 이 법 시행일부터 1월이 경과하는 날까지 금융감독위원회에 제출하여 승인을 얻어야 한다.
③ 이 법 시행 당시 제106조제1항제6호의 개정규정에 의한 한도를 초과하여 채권 또는 주식을 소유하고 있는 보험회사는 이 법 시행일부터 3년이 경과하는 날까지 동 개정규정에 적합하도록 하여야 하며, 이를 이행하기 위한 세부계획서를 이 법 시행일부터 1년이 경과하는 날까지 금융감독위원회에 제출하여 승인을 얻어야 한다.
④ 제2항 및 제3항의 규정에 불구하고 이 법 시행일이 속하는 사업연도의 직전사업연도말 총자산 규모가 대통령령이 정하는 규모에 미달하는 보험회사는 금융감독위원회의 승인을 얻어 이 법 시행일부터 5년이 경과하는 날까지 동 개정규정에 적합하도록 하여야 한다.
제25조【자금지원관련 금지행위에 대한 경과조치】 보험회사가 이 법 시행전의 행위로 인하여 제110조의 개정규정에 위반하게 된 때에는 이 법 시행후 6월 이내에 당해 주식을 처분하거나 공여한 신용을 회수하여야 한다.
제26조【보험계리인에 대한 경과조치】 ① 이 법 시행 당시의 보험계리인은 이 법에 의한 보험계리사로 본다.
② 종전의 규정에 의한 확인업무를 담당하는 보험계리인은 제181조제2항의 개정규정에 의한 선임계리사로 보고, 제184조제3항의 개정규정은 2002년 3월 25일 이후 최초로 선임되는 선임계리사부터 적용한다.
제27조【보험계리업자에 대한 경과조치】 이 법 시행 당시 보험계리업자는 이 법에 의한 보험계리업자로 본다.
제28조【손해사정인에 대한 경과조치】 이 법 시행 당시의 손해사정인은 이 법에 의한 손해사정사로 본다.
제29조【손해사정업자에 대한 경과조치】 이 법 시행 당시 손해사정업자는 이 법에 의한 손해사정업자로 본다.
제30조【보험관계단체에 관한 경과조치】 이 법 시행전에 종전의 규정 또는 「민법」 제32조의 규정에 의하여 설립된 보험에 관한 단체 또는 사단법인은 이 법에 의하여 설립된 것으로 본다.
제31조【벌칙에 관한 경과조치】 이 법 시행전의 행위에 대한 벌칙의 적용에 있어서는 종전의 규정에 의한다.
제32조【일반적 경과조치】 ① 이 법 시행전에 종전의 규정에 의하여 재정경제부장관·금융감독위원회 또는 금융감독원이 행한 허가·인가·승인·명령·처분 그 밖의 행위는 이 법에 의하여 재정경제부장관·금융감독위원회 또는 금융감독원이 행한 행위로 본다.
② 이 법 시행전에 종전의 규정에 의하여 재정경제부장관·금융감독위원회 또는 금융감독원에 대하여 행한 신고·보고 그 밖의 행위는 이 법에 의하여 재정경제부장관·금융감독위원회 또는 금융감독원에 대하여 행한 행위로 본다.
제33조【다른 법률의 개정】 ①~⑧ ※(해당 법령에 가제정리 하였음)
제34조【다른 법령과의 관계】 이 법 시행 당시 다른 법령에서 종전의 「보험업법」의 규정을 인용한 경우에 이 법중 그에 해당하는 규정이 있는 때에는 종전의 규정에 갈음하여 이 법의 해당 조항을 인용한 것으로 본다.

부 칙 (2020.5.19)

제1조【시행일】 이 법은 공포 후 6개월이 경과한 날부터 시행한다.
제2조【자산운용 방법을 위반한 보험회사 등에 대한 조치 등에 관한 경과조치】 이 법 시행 전에 한 위반행위에 대하여 제134조제1항에 따른 조치 및 제135조에 따른 통보 등을 적용하는 경우에는 제106조제1항제9호의 개정규정에도 불구하고 종전의 규정에 따른다.
제3조【다른 법률의 개정】 ※(해당 법령에 가제정리 하였음)

부 칙 (2020.12.8)

제1조【시행일】 이 법은 공포 후 6개월이 경과한 날부터 시행한다. 다만, 제127조 및 제176조의 개정규정은 공포한 날부터 시행한다.
제2조【조건의 취소·변경에 관한 적용례】 제4조제8항의 개정규정은 이 법 시행 전에 조건이 붙은 보험업 허가를 받은 자에 대해서도 적용한다.
제3조【책임준비금의 적정성 검증에 관한 적용례】 제120조의2제1항의 개정규정은 이 법 시행 이후 제120조제1항에 따라 계상되는 책임준비금부터 적용한다.
제4조【보험계약 이전 결의의 통지에 관한 적용례】 제141조제1항의 개정규정은 이 법 시행 이후 제138조에 따라 이전 결의하는 보험계약부터 적용한다.

제5조【자회사 소유 절차 등을 위반한 보험회사 등에 대한 조치 등에 관한 경과조치】 이 법 시행 전에 한 위반행위에 대하여 제134조제1항에 따른 조치, 제135조에 따른 통보 등, 제209조제1항제6호 또는 같은 조 제6항(종전의 제5항)제21호에 따른 과태료를 적용하는 경우에는 제109조 및 제115조의 개정규정에도 불구하고 종전의 규정에 따른다.
제6조【다른 법률의 개정】 ①~④ ※(해당 법령에 가제정리 하였음)

부 칙 (2021.4.20)

이 법은 공포 후 3개월이 경과한 날부터 시행한다.

부 칙 (2021.8.17)

이 법은 공포 후 6개월이 경과한 날부터 시행한다.

부 칙 (2022.12.31)

제1조【시행일】 이 법은 2023년 1월 1일부터 시행한다. 다만, 제106조제1항 단서, 제114조의2부터 제114조의5까지, 제181조, 제181조의2, 제184조, 제184조의2, 제184조의3, 제209조제1항 제16호부터 제18호까지 및 같은 조 제4항의 개정규정은 공포 후 6개월이 경과한 날부터 시행한다.
제2조【다른 법률의 개정】 ①~② ※(해당 법령에 가제정리 하였음)

부 칙 (2023.10.24)

이 법은 공포 후 1년이 경과한 날부터 시행한다. 다만, 제102조의6의 개정규정은 「의료법」 제3조제2항제1호에 따른 의원급 의료기관과 「약사법」 제2조제3호에 따른 약국에 대하여는 공포 후 2년이 경과한 날부터 시행한다.

부 칙 (2024.2.6)

제1조【시행일】 이 법은 공포 후 6개월이 경과한 날부터 시행한다.
제2조【보험협회의 규약에 관한 적용례】 제85조의3제3항의 개정규정은 이 법 시행 이후 보험협회가 같은 조 제2항에 따른 규약을 제정·개정 또는 폐지하는 경우부터 적용한다.

부 칙 (2024.9.20)

제1조【시행일】 이 법은 2025년 1월 31일부터 시행한다. (이하 생략)

공인회계사법

(1997年 1月 13日 全改法律 第5255號)

改正
1997.12.13法 5453號(행정절차)
1998. 1.13法 5505號(금융감독)
1999. 2. 5法 5815號(독점적외)
2000. 1.12法 6107號 2001. 3.28法 6426號
2003.12.11法 6994號 2005. 7.29法 7619號
2005.12.29法 7796號(국가공무원)
2008. 2.29法 8863號(금융위원회의설치등에관한법)
2010. 5.17法10303號(은행법)
2011. 6.30法10812號
2011. 7.21法10866號(고등교육)
2015. 7.24法13444號 2016. 3.29法14119號
2017. 4.18法14815號 2017.10.31法15017號
2017.10.31法15022號(주식회사등의외부감사에관한법)
2018. 2.21法15411號 2018.12.31法16181號
2020. 5.19法17291號
2021. 4.20法18113號(피한정후견인결격조항정비를위한일부개정법률)
2021. 4.20法18114號 2023. 3.21法19257號
2023. 7.11法19535號(행정기관정비일부개정법령등)
2023. 9.14法19700號(행정법제혁신을위한일부개정법령등)
2024. 1.16法20055號

第1章 總 則

第1條【目的】 이 法은 公認會計士制度를 확립함으로써 國民의 權益保護와 企業의 건전한 경영 및 國家經濟의 발전에 이바지함을 目的으로 한다.
第2條【職務範圍】 公認會計士는 他人의 위촉에 의하여 다음 各號의 職務를 행한다.
1. 會計에 관한 監査·鑑定·증명·計算·정리·立案 또는 法人設立등에 관한 會計
2. 稅務代理
3. 第1號 및 第2號에 附帶되는 業務

第3條【資格】 公認會計士試驗에 合格한 者는 公認會計士의 資格이 있다.
第4條【缺格事由】 다음 각 호의 어느 하나에 해당하는 者는 公認會計士가 될 수 없다.(2021.4.20 본문개정)
1. 미성년자 또는 피성년후견인(2021.4.20 본호개정)
2. 禁錮이상의 實刑의 宣告를 받고 그 執行이 종료(執行이 종료된 것으로 보는 경우를 포함한다)되거나 그 執行이 免除된 날부터 5年이 경과되지 아니한 者(2001.3.28 본호개정)
3. 禁錮이상의 刑의 執行猶豫宣告를 받고 그 유예기간이 종료된 날부터 2년이 경과되지 아니한 자(2001.3.28 본호개정)
4. 禁錮이상의 刑의 宣告猶豫를 받고 그 宣告猶豫期間중에 있는 者
5. 破産宣告를 받고 復權되지 아니한 者
6. 彈劾 또는 懲戒處分에 의하여 罷免 또는 解任되거나 이 法 또는 「세무사법」에 의한 懲戒에 의하여 除名 또는 登錄取消된 후 5年이 경과되지 아니한 者(2005.7.29 본호개정)

第2章 試 驗

第5條【公認會計士試驗】 ① 공인회계사시험(이하 "시험"이라 한다)은 금융위원회가 실시하되, 第1次試驗과 第2次試驗으로 이루어진다.(2008.2.29 본항개정)
② 시험의 科目 기타 試驗에 관하여 필요한 사항은 大統領令으로 정한다.(2003.12.11 본항개정)
③ 시험에 응시하고자 하는 자는 다음 각호의 1에 해당하여야 한다.
1. 「고등교육법」 제2조 각호의 규정에 의한 학교, 「평생교육법」 제31조제4항, 제32조제1항 또는 제33조제3항에 따른 학교·사내대학 또는 원격대학 형태의 평생교육시설(이하 "학교"라 한다)에서 일정과목에 대하여 일정 학점 이상을 이수한 자(2023.3.21 본호개정)

2. 「학점인정 등에 관한 법률」의 규정에 의하여 일정 과목에 대하여 일정 학점 이상을 이수한 것으로 학점인정을 받은 자(2005.7.29 본호개정)
3. 「독학에 의한 학위취득에 관한 법률」의 규정에 의하여 일정 과목에 대하여 일정학점 이상을 이수한 것으로 학점인정을 받은 자(2005.7.29 본호개정)
(2003.12.11 본항신설)
④ 제3항의 규정에 의한 과목의 종류·학점의 수·학점인정의 기준 및 응시자격의 소명방법은 대통령령으로 정한다.
(2003.12.11 본항신설)
⑤ 제3항의 규정에 의한 학교의 장 및 학점인정기관의 장은 시험에 응시하고자 하는 자의 응시자격의 유무에 관하여 금융위원회 또는 시험에 응시하고자 하는 자의 확인요청에 응하여야 한다.(2008.2.29 본항개정)

第5條의2【부정행위자에 대한 제재】 ① 금융위원회는 다음 각 호의 어느 하나에 해당하는 사람에 대하여는 해당 시험을 정지시키거나 합격 결정을 취소한다.
1. 부정한 방법으로 시험에 응시한 사람
2. 시험에서 부정한 행위를 한 사람
② 제1항에 따른 처분을 받은 사람은 그 처분이 있은 날부터 5년간 시험에 응시할 수 없다.
(2017.10.31 본조신설)

第6條【試驗의 一部免除】 ① 다음 各號의 1에 해당하는 者에 대하여는 시험중 第1次試驗을 免除한다.(2003.12.11 본문개정)
1. 5급 이상 공무원 또는 고위공무원단에 속하는 일반직공무원으로서 3年 이상 企業會計·會計監査 또는 直接稅 稅務會計에 관한 事務를 담당한 經歷이 있는 者(2005.12.29 본호개정)
2. 대학·전문대학(이에 준하는 학교를 포함한다)의 조교수 이상의 職에서 3年이상 會計學을 敎授한 經歷이 있는 者(2011.7.21 본호개정)
3. 「은행법」 第2條의 規定에 의한 은행 또는 大統領令이 정하는 機關에서 大統領令이 정하는 職級이상의 職에서 5年이상 會計에 관한 事務를 담당한 經歷이 있는 者(2010.5.17 본호개정)
4. 大尉이상의 經理兵科將校로서 5年이상 軍의 經理 또는 會計監査에 관한 事務를 담당한 經歷이 있는 者
5. 第1號 내지 第4號에 規定된 者와 동등이상의 能力이 있다고 인정하여 大統領令으로 정하는 者
② 第1次試驗에 合格한 者에 대하여는 다음 回의 試驗에 한하여 第1次試驗을 免除한다.
③ 다음 각 호의 어느 하나에 해당하는 사람에게는 제1항을 적용하지 아니한다.
1. 탄핵이나 징계처분에 따라 그 직에서 파면되거나 해임된 사람
2. 복무 중 금품 및 향응 수수로 강등 또는 정직에 해당하는 징계처분을 받은 사람
(2015.7.24 본항신설)

第6條의2【공인회계사자격·징계위원회】 ① 공인회계사자격의 취득과 공인회계사의 징계에 관한 다음 각 호의 사항을 심의·의결하기 위하여 금융위원회에 공인회계사자격·징계위원회를 둔다.
1. 공인회계사자격의 취득에 관한 사항
  가. 공인회계사의 시험과목 등 시험에 관한 사항
  나. 시험선발인원의 결정에 관한 사항
  다. 그 밖에 공인회계사자격의 취득에 관한 중요사항
2. 공인회계사의 징계에 관한 사항
② 공인회계사자격·징계위원회는 위원장 1명을 포함한 11명의 위원으로 구성한다.
③ 공인회계사자격·징계위원회의 위원장은 금융위원회 부위원장이 되고, 위원은 다음 각 호의 사람으로 한다.
1. 금융위원회의 3급 이상 공무원 또는 고위공무원단에 속하는 일반직공무원 중에서 금융위원회 위원장이 지명하는 사람 1명
2. 「금융위원회의 설치 등에 관한 법률」에 따른 증권선물위원회(이하 "증권선물위원회"라 한다)의 위원 중에서 증권선물위원회 위원장이 지명하는 사람 1명
3. 「주식회사 등의 외부감사에 관한 법률」에 따라 금융위원회 및 증권선물위원회의 업무를 지원하기 위하여 금융감독원에 둔 회계전문가 1명
4. 공인회계사회 임원 중에서 공인회계사회의 회장이 지명하는 사람 1명
5. 「주식회사 등의 외부감사에 관한 법률」 제5조제4항에 따라 금융위원회로부터 회계처리기준의 제·개정에 관한 업무를 위탁받은 법인 또는 단체의 장이 추천하는 사람 1명
6. 「자본시장과 금융투자업에 관한 법률」 제370조제1항에 따라 금융위원회의 허가를 받아 설립된 한국상장회사협의회의 회장이 추천하는 사람 1명
7. 「상공회의소법」 제34조에 따라 설립된 대한상공회의소의 회장이 추천하는 사람 1명
8. 회계 또는 회계감사 등에 관한 학식과 경험이 풍부한 다음 각 목의 사람 중 금융위원회 위원장이 위촉하는 사람 3명
  가. 공인회계사 자격을 취득한 후 회계 관련 업무에 10년 이상 종사한 경력이 있는 사람
  나. 「고등교육법」 제2조제1호·제2호·제4호 또는 제5호에 따른 학교(이하 이 목에서 "학교"라 한다)에서 회계, 회계감사 또는 관련 법률 분야를 전공하고 졸업한 사람 또는 이와 같은 수준 이상의 학력이 있다고 인정되는 사람으로서 학교나 공인된 연구기관에서 조교수 이상의 직(職) 또는 이에 상당하는 직에 있는 사람
④ 제1항부터 제3항까지에서 규정한 사항 외에 공인회계사자격·징계위원회의 운영 및 그 밖에 필요한 사항은 대통령령으로 정한다.
(2023.7.11 본조개정)

第3章 登錄 및 開業

第7條【登錄】 ① 公認會計士의 資格이 있는 者가 제2조의 규정에 의한 직무를 행하고자 하는 경우(회계법인의 사원 또는 직원이 되고자 하는 경우를 포함한다)에는 大統領令이 정하는 바에 의하여 1년 이상의 實務修習을 받은 후 금융위원회에 登錄하여야 한다. 다만, 第6條第1項 各號의 1에 해당하는 者에 대하여는 實務修習을 免除한다.(2008.2.29 본문개정)
② 금융위원회는 대통령령이 정하는 바에 따라 제1항의 규정에 의한 실무수습에 대한 지원을 할 수 있다.(2008.2.29 본항개정)
③ 第1項의 規定에 의한 登錄을 위한 申請節次·具備書類 기타 필요한 사항은 大統領令으로 정한다.
④ 第1項의 規定에 의한 登錄은 大統領令이 정하는 바에 의하여 이를 更新하게 할 수 있다. 이 경우 更新期間은 3年이상으로 한다.

第8條【登錄拒否】 ① 금융위원회는 第7條第1項의 規定에 의하여 登錄을 申請한 者가 다음 各號의 1에 해당하는 경우에는 그 登錄을 거부하여야 한다.(2008.2.29 본문개정)
1. 第4條 各號의 1에 해당하는 경우
2. 第7條의 規定에 의한 實務修習을 받아야 할 者가 이를 받지 아니한 경우
② 금융위원회는 第1項의 規定에 의하여 登錄을 거부한 때에는 지체없이 그 사유를 명시하여 申請人에게 통지하여야 한다.
(2008.2.29 본항개정)

第9條【登錄取消】 ① 第7條의 規定에 의하여 登錄된 公認會計士가 다음 各號의 1에 해당하는 경우에는 금융위원회는 그 公認會計士의 登錄을 取消한다.(2008.2.29 본문개정)
1. 第4條 各號의 1에 해당하게 된 때
2. 登錄取消의 申請이 있을 때
3. (2001.3.28 삭제)
4. 死亡한 때
② 第8條第2項의 規定은 제1항제1호 및 제2호의 경우에 이를 準用한다.(2001.3.28 본항개정)

第9條의2【결격사유 확인을 위한 범죄경력조회】 ① 금융위원회는 공인회계사(제40조의2제1호에 따른 외국공인회계사를 포함한다. 이하 이 조에서 같다) 등록을 신청한 자 또는 등록된 공인회계사가 제4조에 따른 결격사유에 해당하는지를 확인하

기 위하여 경찰청장에게 「형의 실효 등에 관한 법률」 제6조에 따른 범죄경력조회를 요청할 수 있다.
② 제1항에 따른 범죄경력조회 요청을 받은 경찰청장은 정당한 사유 없이 이를 거부하여서는 아니 된다.
(2024.1.16 본조신설)
第10條 (2001.3.28 삭제)
第11條【유사명칭의 사용금지】 公認會計士가 아닌 者는 公認會計士 또는 이와 유사한 명칭을 사용하지 못한다.

第4章 權利와 義務

第12條【事務所의 開設】 ① 公認會計士는 第2條의 規定에 의한 職務를 행하기 위하여 事務所를 開設할 수 있다.
② 公認會計士는 어떠한 명목으로도 2이상의 事務所를 둘 수 없다.
第13條【事務職員】 ① 公認會計士는 그 職務의 적정한 수행을 보조하기 위한 事務職員(이하 "事務職員"이라 한다)을 둘 수 있다.
② 公認會計士는 事務職員을 指導·監督할 責任이 있다.
第14條 (1999.2.5 삭제)
第15條【공정·誠實義務 등】 ① 公認會計士는 공정하고 성실하게 職務를 행하여야 하며, 그 職務를 행할 때 獨立性을 유지하여야 한다.
② 公認會計士는 그 品位를 損傷하는 행위를 하여서는 아니된다.
③ 公認會計士는 職務를 행할 때 故意로 眞實을 감추거나 허위보고를 하여서는 아니된다.
판례 공인회계사법상 직무를 행할 때 고의로 허위보고를 한다는 의미는 행위자인 공인회계사가 회계에 관한 감사·감정·증명·계산 등의 직무를 수행할 때 사실에 관한 인식이나 판단의 결과를 표현함에 있어 자신의 인식판단이 보고서에 기재된 내용과 불일치하는 것임을 알고서도 내용이 진실 아닌 기재를 한 것을 말한다.
(대판 2012.5.24, 2010도2797)
第16條【會則遵守】 公認會計士는 韓國公認會計士會의 會則을 준수하여야 한다.
第17條 (2001.3.28 삭제)
第18條【帳簿의 비치】 公認會計士는 그 職務에 관하여 帳簿를 작성하고 이를 事務所에 비치하여야 한다.
第19條【損害賠償責任의 보장】 公認會計士(會計法人에 소속된 公認會計士를 제외한다)는 職務를 행함에 있어서 故意 또는 過失로 위촉인(第2條第1號의 規定에 의한 職務를 행하는 경우에는 善意의 第3者를 포함한다)에게 損害를 발생시키는 경우에 위촉인에 대한 損害賠償責任이 보장되도록 大統領令이 정하는 바에 따라 韓國公認會計士會가 會則이 정하는 바에 의하여 운영하는 共濟事業에의 加入 또는 保險加入등 필요한 措置를 하여야 한다.
第20條【秘密嚴守】 公認會計士와 그 事務職員 또는 公認會計士이었거나 그 事務職員이었던 者는 그 職務상 알게 된 秘密을 누설하여서는 아니된다. 다만, 다른 法令에 특별한 規定이 있는 경우에는 그러하지 아니하다.
第21條【職務制限】 ① 公認會計士는 다음 各號의 1에 해당하는 者에 대한 財務諸表(「주식회사 등의 외부감사에 관한 법률」 제2조에 따른 聯結財務諸表를 포함한다. 이하 같다)를 監査하거나 증명하는 職務를 행할 수 없다.(2017.10.31 본문개정)
1. 자기 또는 配偶者가 任員이나 그에 준하는 職位(財務에 관한 事務의 責任있는 擔當者를 포함한다)에 있거나, 過去 1年 이내에 그러한 職位에 있었던 者(會社를 포함한다. 이하 이 條에서 같다)
2. 자기 또는 배우자가 그 직원이거나 과거 1년 이내에 직원이었던 사람(배우자의 경우 재무에 관한 사무를 수행하는 직원으로 한정한다)(2020.5.19 본호개정)
3. 제1호 및 제2호외에 자기 또는 배우자와 뚜렷한 이해관계가 있어서 그 職務를 공정하게 행하는 데 지장이 있다고 인정되어 大統領令으로 정하는 者(2003.12.11 본호개정)
② 공인회계사는 특정 회사(해당 회사가 다른 회사와 「주식회사 등의 외부감사에 관한 법률」 제2조제3호에 따른 지배·종속 관계에 있어 연결재무제표를 작성하는 경우 그 다른 회사를 포함한다)의 재무제표를 감사하거나 증명하는 업무를 수행하는 계약을 체결하고 있는 기간 중에는 해당 회사에 대하여 다음 각 호의 어느 하나에 해당하는 업무를 할 수 없다.
(2017.10.31 본문개정)
1. 회계기록과 재무제표의 작성
2. 내부감사업무의 대행
3. 재무정보체제의 구축 또는 운영
4. 자산·자본, 그 밖의 권리 등(이하 "자산등"이라 한다)을 매도 또는 매수하기 위한 다음 각 목의 업무(부실채권의 회수를 목적으로 대통령령으로 정하는 사항은 제외한다)
(2017.10.31 본문개정)
가. 자산등에 대한 실사·재무보고·가치평가
나. 자산등의 매도·매수거래 또는 계약의 타당성에 대한 의견제시(2017.10.31 본목개정)
5. 인사 및 조직 등에 관한 지원업무(2017.10.31 본호개정)
6. 재무제표에 계상되는 보험충당부채 금액 산출과 관련되는 보험계리업무
7. 민·형사 소송에 대한 자문업무(2017.10.31 본호개정)
8. 자금조달·투자 관련 알선 및 중개업무(2017.10.31 본호신설)
9. 중요한 자산의 처분 및 양도, 지배인의 선임 또는 해임 등 경영에 관한 의사결정으로서 임원이나 이에 준하는 직위의 역할에 해당하는 업무(2017.10.31 본호신설)
10. 그 밖에 재무제표의 감사 또는 증명업무와 이해상충의 소지가 있는 것으로서 대통령령으로 정하는 업무
(2016.3.29 본항개정)
③ 제2항의 공인회계사는 같은 항 각 호의 어느 하나에 해당하는 업무 외의 업무는 내부통제절차 등 대통령령으로 정하는 절차에 따라 할 수 있다.(2016.3.29 본항개정)
판례 감사 대상 회사의 주식을 제3자 명의로 취득한 공인회계사가 그 회사의 재무제표를 감사하는 직무에 착수하였으나 감사보고서를 작성하지 않은 상태에서 그와 상관없이 다른 회계법인이 새로이 감사에 착수하여 회계감사보고서를 작성하였다면 감사 직무에 착수한 공인회계사의 행위가 제1항 제3호의 직무제한규정을 위반한 것으로 볼 수 없다.
(대판 2003.4.8, 2003도382)
第22條【名義貸與 등 금지】 ① 公認會計士는 다른 사람에게 자기의 姓名 또는 商號를 사용하여 第2條의 規定에 의한 職務를 행하게 하거나 그 登錄證을 貸與하여서는 아니된다.
② 누구든지 공인회계사 등록증의 대여 행위를 알선하여서는 아니 된다.(2020.5.19 본항신설)
③ 公認會計士는 係爭權利를 讓受하여서는 아니된다.
④ 公認會計士는 第2條의 職務를 행할 때 부정한 請託을 받고 金品이나 이익을 授受·요구 또는 約束하거나 위촉인이 詐欺 기타 부정한 방법으로 부당한 金錢상의 利得을 얻도록 이에 加擔 또는 相談하여서는 아니된다.
판례 공인회계사법 제22조제1항의 입법 취지 및 위 규정을 위반하여 이루어진 약정의 효력 : 공인회계사법 제22조제1항의 입법 취지는 대외적으로 영향력이 있는 회계 관련 사무를 할 수 있는 사람을 전문성 및 직업적 윤리관을 갖춘 공인회계사 자격을 가진 사람으로 엄격히 제한함으로써 회계 관련 사무에 대한 전문성, 공정성 및 신뢰성을 확보하여 이해관계인의 재산권 등 권익을 보호하고 기업의 건전한 경영을 유도하여 종국적으로 국가 경제의 발전을 도모하려는 데 있다. 이러한 입법 취지에 더하여, 공인회계사가 다른 사람에게 명의를 대여하는 등의 행위는 형사처벌의 대상이 되는 범죄행위에 해당할 뿐 아니라 거기에 따를 수 있는 국민의 재산권과 기업의 건전한 경영 및 국가 경제 발전에 대한 악영향에 비추어 사회통념상 쉽게 용인되기 어렵고, 위반행위에 대하여 단순히 형사처벌을 하는 것만으로는 공인회계사제도를 확립하여 회계 관련 사무의 공정성, 신뢰성을 확보하고 궁극적으로는 기업의 투명성을 제고할 목적으로 제정된 공인회계사법이 실효를 거둘 수 없어 위반행위로 인한 경제적 이익이 귀속되는 것을 근본적으로 방지하여야 할 필요가 있는 점 등을 종합적으로 고려하면, 위 규정은 공인회계사가 아닌 사람이 회계 관련 사무를 행하는 경우에 초래될 국민의 권익보호와 기업의 건전한 경영 및 국가 경제의 발전에 대한 중대한 위험을 방지하기 위한 강행법규에 해당하고, 따라서 이를 위반하여 이루어진 약정은 무효이다.(대판 2015.9.10, 2014다72692)

第5章 會計法人

第23條【설립】 ① 공인회계사는 제2조에 따른 직무를 조직적이고 전문적으로 수행하기 위하여 회계법인을 설립할 수 있다.
② 회계법인의 정관에는 다음 각 호의 사항이 포함되어야 한다.

1. 목적
2. 명칭
3. 주사무소 및 분사무소(分事務所)의 소재지
4. 사원 및 이사의 성명·주민등록번호(외국공인회계사인 사원은 외국인 등록번호) 및 주소
5. 출자 1좌(座)의 금액
6. 각 사원의 출자 좌수
7. 자본금 총액
8. 결손금 보전(補塡)에 관한 사항
9. 사원총회에 관한 사항
10. 대표이사에 관한 사항
11. 업무에 관한 사항
12. 존립 시기나 해산사유를 정한 경우에는 그 시기와 사유

(2011.6.30 본조개정)

第24條【회계법인의 등록】 ① 회계법인이 제2조의 직무를 수행하고자 하는 때에는 대통령령이 정하는 바에 의하여 금융위원회에 등록하여야 한다.(2008.2.29 본항개정)

② 제1항의 규정에 의한 등록을 하고자 하는 회계법인은 다음 각호의 요건을 갖추어야 한다.

1. 제26조 및 제27조제1항의 규정에 적합할 것
2. 등록신청서류의 내용이 이 법 또는 이 법에 의한 명령에 위반되지 아니할 것
3. 등록신청서류에 허위의 기재가 없을 것

③ 금융위원회는 등록신청을 한 자가 제2항의 규정에 의한 요건을 갖추고 있지 아니한 경우에는 등록을 거부할 수 있으며, 등록신청서류에 미비한 사항이 있는 경우에는 기간을 정하여 그 보완을 요청할 수 있다.(2008.2.29 본항개정)

④ 제1항의 규정에 의한 회계법인 등록의 절차·구비서류등에 관하여 필요한 사항은 대통령령으로 정한다.

(2001.3.28 본조개정)

第25條 (2001.3.28 삭제)

第26條【이사 등】 ① 회계법인에는 3명 이상의 공인회계사인 이사를 두어야 한다. 다만, 다음 각 호의 어느 하나에 해당하는 자는 이사가 될 수 없다.

1. 사원이 아닌 자
2. 제48조에 따라 직무정지처분(일부 직무정지처분을 포함한다)을 받은 후 그 직무정지기간 중에 있는 자
3. 제39조에 따라 등록이 취소되거나 업무가 정지된 회계법인의 이사이었던 자(등록취소나 업무정지의 사유가 발생한 때의 이사이었던 자로 한정한다)로서 등록취소 후 3년이 지나지 아니하거나 업무정지기간 중에 있는 자
4. 제40조의2제1호에 따른 외국공인회계사

② 회계법인의 이사와 직원 중 7명 이상은 공인회계사이어야 한다.(2024.1.16 본항개정)

③ 제2항에 해당하는 공인회계사 중 이사가 아닌 공인회계사(이하 "소속공인회계사"라 한다)는 제1항제2호(일부 직무정지처분을 받은 후 그 직무정지기간 중에 있는 자는 제외한다)에 해당하지 아니한 자이어야 한다.(2024.1.16 본항개정)

④ 회계법인에는 총리령으로 정하는 바에 따라 대표이사를 두어야 한다.

⑤ 회계법인의 사원은 공인회계사(해당 회계법인에 고용된 외국공인회계사를 포함한다)이어야 하며, 그 수는 3명 이상이어야 한다.

(2011.6.30 본조개정)

第27條【資本金 등】 ① 會計法人의 資本金은 5억원 이상이어야 한다.(2001.3.28 본항개정)

② 會計法人은 직전 事業年度末 재무상태표의 資産總額에서 負債總額을 差減한 금액이 大統領令이 정하는 금액에 미달하는 경우에는 미달한 금액을 每 事業年度 종료후 6月 이내에 社員의 贈與로 이를 補塡하거나 增資하여야 한다.(2021.4.20 본항개정)

③ 第2項의 規定에 의하여 贈與한 경우에는 이를 특별이익으로 計上한다.

④ 금융위원회는 會計法人이 第2項의 規定에 의한 補塡 또는 增資를 하지 아니한 경우에는 기간을 정하여 이의 補塡 또는 增資를 명할 수 있다.(2008.2.29 본항개정)

第28條【損害賠償準備金】 ① 會計法人은 第2條의 規定에 의한 職務를 행하다가 발생시킨 위촉인(第2條第1號의 規定에 의한 職務를 행하는 경우에는 善意의 第3者를 포함한다)의 損害에 대한 賠償責任(「주식회사 등의 외부감사에 관한 법률」 제31조에 따른 損害賠償責任을 포함한다)을 보장하기 위하여 大統領令이 정하는 바에 따라 每 事業年度마다 損害賠償準備金을 積立하여야 한다.(2017.10.31 본항개정)

② 第1項의 規定에 의한 損害賠償準備金은 금융위원회의 승인 없이는 損害賠償외의 다른 用途에 사용할 수 없다.(2008.2.29 본항개정)

第29條【他法人出資의 제한 등】 ① 會計法人은 自己資本에 大統領令이 정하는 비율을 곱한 금액을 초과하여 他法人에 出資하거나, 他人을 위한 債務保證을 하여서는 아니된다.

② 第1項의 自己資本은 직전 事業年度末 재무상태표의 資産總額에서 負債總額(損害賠償準備金을 제외한다)을 差減한 금액을 말한다.(2021.4.20 본항개정)

第30條【會計處理 등】 ① 會計法人은 이 法에서 특별히 規定하지 아니한 사항에 대하여는 「주식회사 등의 외부감사에 관한 법률」 제5조에 따른 會計處理基準에 따라 會計處理를 하여야 한다.(2017.10.31 본항개정)

② 會計法人은 「주식회사 등의 외부감사에 관한 법률」 제2조 제2호에 따른 財務諸表를 작성하여 每 事業年度 종료후 3月 이내에 금융위원회에 제출하여야 한다.(2017.10.31 본항개정)

③ 금융위원회는 필요하다고 인정하는 경우에는 第2項의 規定에 의한 財務諸表가 적정하게 작성되었는지 여부를 檢査할 수 있다.(2008.2.29 본항개정)

第31條【명칭】 ① 會計法人은 그 명칭중에 會計法人이라는 文字를 사용하여야 한다.

② 會計法人이 아닌 者는 會計法人 또는 이와 유사한 명칭을 사용하지 못한다.

第32條【事務所】 ① 會計法人은 大統領令이 정하는 바에 따라 主事務所외에 分事務所를 둘 수 있다.

② 會計法人의 理事와 所屬公認會計士는 소속된 會計法人외에 따로 事務所를 둘 수 없다.

第33條【職務制限】 ① 會計法人은 다음 各號의 1에 해당하는 者에 대한 財務諸表를 監査하거나 증명하는 職務를 행하지 못한다.

1. 會計法人이 株式을 所有하거나 出資하고 있는 者(會社를 포함한다. 이하 이 條에서 같다)
2. 會計法人의 社員이 제21조제1항 各號의 1에 해당하는 관계가 있는 者(2005.7.29 본호개정)
3. 제1호 및 제2호외에 회계법인이 뚜렷한 이해관계를 가지고 있거나 과거 1년 이내에 그러한 이해관계를 가지고 있었던 것으로 인정되는 자로서 대통령령이 정하는 자(2003.12.11 본호개정)

② 제21조제2항 및 제3항의 규정은 회계법인에 관하여 이를 준용한다.(2003.12.11 본항신설)

第34條【업무의 집행방법】 ① 회계법인은 이사나 소속공인회계사가 아닌 자로 하여금 회계에 관한 감사 또는 증명에 관한 업무를 행하게 하여서는 아니된다.(2024.1.16 본항개정)

② 회계법인은 제1항에 따른 업무를 할 때에는 그 업무를 총괄하고 그에 대한 책임을 지는 이사를 지정하여야 한다.
(2024.1.16 본항신설)

③ 제2항에 따라 지정된 이사는 지정된 업무를 수행할 때 각자 그 회계법인을 대표한다.(2024.1.16 본항신설)

④ 會計法人이 財務諸表에 대하여 監査 또는 증명을 하는 경우에는 第26條第4項의 規定에 의한 代表理事가 당해 文書에 會計法人名義를 표시하고 記名捺印하여야 한다.

(2024.1.16 본조제목개정)

第35條【競業의 금지】 會計法人의 理事 또는 所屬公認會計士는 자기 또는 第3者를 위하여 그 會計法人의 業務範圍에 속하는 業務를 행하거나 다른 會計法人의 理事 또는 所屬公認會計士가 되어서는 아니된다.

第36條【脫退】 社員은 다음 各號의 1에 해당되는 때에는 당연히 脫退된다.

1. 第9條의 規定에 의하여 登錄이 取消된 때

2. 第26條第1項第2號에 해당하게 된 때
3. 定款에 정한 사유가 발생한 때
4. 社會總會의 決議가 있는 때

第37條【解散】 ① 會計法人은 다음 各號의 1의 사유에 의하여 解散된다.
1. 定款에 정한 사유의 발생
2. 社員總會의 決議
3. 合倂
4. 등록의 취소(2001.3.28 본호개정)
5. 破産
6. 法院의 命令 또는 判決

② 회계법인은 제1항제1호 내지 제3호의 사유가 발생한 때에는 그 사실을 금융위원회에 통보하여야 한다.(2008.2.29 본항개정)
③ 會計法人은 第1項의 사유에 의하여 解散하는 경우 第28條第1項의 規定에 의하여 積立한 損害賠償準備金의 금액(解散직전 事業年度末 재무상태표상의 금액을 말한다)에 해당하는 금액을 韓國公認會計士會에 별도로 預置하여야 한다.
(2021.4.20 본항개정)
④ 第3項의 規定에 의한 預置金의 관리 및 운영에 관하여 필요한 사항은 大統領令으로 정한다.

판례 동법에 의하여 설립된 회계법인 사이에 흡수합병이 있는 경우, 피합병회계법인의 권리·의무가 존속회계법인에게 승계되는지 여부 : 회사합병이 있는 경우에는 피합병회사의 권리·의무는 사법상의 관계나 공법상의 관계를 불문하고 그의 성질상 이전을 허용하지 않는 것을 제외하고는 모두 합병으로 인하여 존속한 회사에게 승계되는 것으로 보아야 할 것이고, 공인회계사법에 의하여 설립된 회계법인 간의 흡수합병이라고 하여 이와 달리 볼 것은 아니다.(대판 2004.7.8, 2002두1946)

第37條의2【분할·분할합병】 ① 회계법인은 분할에 의하여 1개 또는 수개의 회계법인을 설립할 수 있다.
② 회계법인은 분할에 의하여 1개 또는 수개의 존립 중의 회계법인과 합병(이하 "분할합병"이라 한다)할 수 있다.
③ 회계법인이 분할 또는 분할합병을 하는 때에는 분할계획서 또는 분할합병계약서를 작성하여 사원총회 결의를 거쳐야 한다.
④ 단순분할신설회계법인, 분할승계회계법인, 분할합병신설회계법인은 분할 또는 분할합병 전의 분할회계법인으로부터 제28조에 따른 손해배상준비금, 「주식회사 등의 외부감사에 관한 법률」 제32조에 따른 손해배상공동기금, 감사계약 등을 분할계획서 또는 분할합병계약서가 정하는 바에 따라서 승계할 수 있다.
⑤ 분할 또는 분할합병으로 인한 회계법인의 설립 및 등록에 관해서는 제23조 및 제24조를 준용한다.
⑥ 회계법인이 제39조제1항에 따라 금융위원회로부터 일정기간을 정하여 업무의 전부 또는 일부의 정지를 받은 경우에는 그 기간 동안 분할 또는 분할합병을 할 수 없다.
⑦ 회계법인의 분할 또는 분할합병에 관하여 「상법」 제234조, 제237조부터 제240조까지, 제443조, 제526조제1항·제2항, 제527조제1항부터제3항까지, 제527조의5제1항·제3항, 제528조제1항, 제529조, 제530조의2부터 제530조의5까지, 제530조의6제1항부터 제3항까지, 제530조의7, 제530조의9제1항, 제530조의10을 준용한다. 이 경우 "회사"는 "회계법인"으로, "주주총회"는 "사원총회"로, "주주"는 "사원"으로, "주식"은 "출자 좌수"로 보고, 사원총회의 결의 등에 관하여 「상법」의 유한회사에 관한 규정에서 달리 정하고 있는 사항은 그 규정을 준용한다.
(2018.12.31 본조신설)

第38條【정관변경의 신고】 제23조제2항의 규정에 의한 정관의 기재사항중 제1호·제7호(자본금감소의 경우에 한한다) 및 제11호의 사항에 대한 변경을 한 때에는 지체없이 이를 금융위원회에 신고하여야 한다.(2008.2.29 본조개정)

第39條【등록취소등】 ① 금융위원회는 會計法人이 다음 各號의 1에 해당하는 경우에는 그 등록을 取消하거나 1年이내의 기간을 정하여 業務의 전부 또는 일부의 정지를 명할 수 있다. 다만, 第1號 내지 第3號에 해당하는 경우에는 그 등록을 取消하여야 한다.(2008.2.29 본문개정)
1. 第26條第1項·第2項 또는 第27條第1項의 規定에 의한 요건에 미달하게 된 會計法人이 3月이내에 이를 補完하지 아니한 경우
2. 허위 기타 부정한 방법에 의하여 第24條第1項의 規定에 의한 등록을 한 경우(2001.3.28 본호개정)
3. 業務停止命令에 위반하여 業務를 행한 경우
4. 第26條第4項, 第27條第2項, 第28條, 第29條, 第30條第1項·第2項, 第31條第1項, 第33條, 第34條 또는 第38條의 規定(第40條의 規定에 의하여 準用되는 제15조제1항·제3항, 제16조, 第18條, 第20條, 第22條의 規定을 포함한다)에 위반한 경우
(2001.3.28 본호개정)
5. 監査 또는 증명에 중대한 錯誤 또는 漏落이 있는 경우
6. 기타 이 法 또는 이 法에 의한 命令에 위반한 경우

② (1997.12.13 삭제)
(2001.3.28 본조제목개정)

第39條의2【청문】 금융위원회는 第39條의 規定에 의하여 會計法人의 등록을 取消하고자 하는 경우에는 청문을 실시하여야 한다.(2008.2.29 본조개정)

第40條【準用規定】 ① 제13조, 第15條第1項·第3項, 제16조, 제18조, 제20조, 제22조 및 제48조제4항의 규정은 그 성질에 반하지 아니하는 한 會計法人에 관하여 이를 準用한다.
② 會計法人에 관하여 이 法에 規定되지 아니한 사항은 「상법」중 有限會社에 관한 規定을 準用한다.
(2005.7.29 본조개정)

第5章의2 외국공인회계사 및 외국회계법인

(2011.6.30 본장신설)

第40條의2【정의】 이 장에서 사용하는 용어의 뜻은 다음과 같다.
1. "외국공인회계사"란 대한민국 외의 국가에서 그 나라의 법령에 따라 업무를 수행하는 데에 필요한 모든 요건을 갖추고 등록한 공인회계사 중 제40조의4제1항에 따라 금융위원회에 등록한 자를 말한다.
2. "외국회계법인"이란 대한민국 외의 국가에서 그 나라의 법령에 따라 설립되고 그 본점 사무소가 그 나라에 있는 회계법인 또는 이에 준하는 단체 중 제40조의7제1항에 따라 등록한 법인 또는 단체를 말한다.
3. "외국회계사무소"란 외국공인회계사 또는 외국회계법인이 제40조의3에 따른 직무를 수행하기 위하여 국내에 개설하는 사무소를 말한다.
4. "원(原)자격국"이란 외국의 공인회계사 또는 외국회계법인이 적법하게 업무를 수행하는 데에 필요한 모든 절차를 마친 국가(외국회계법인의 경우에는 본점 사무소가 설치된 국가를 말한다)를 말한다. 다만, 한 국가 내에서 지역적으로 한정된 자격을 부여하는 여러 개의 주, 성(省), 자치구 등이 있는 경우에는 그 국가의 법률에 따라 그 자격이 통용되는 주, 성, 자치구 등의 전부를 원자격국으로 본다.
5. "조약 등"이란 자유무역협정 등 그 밖의 명칭 여하를 불문하고 대한민국이 외국(국가연합, 경제공동체 등 국가의 연합체를 포함한다)과 각 당사국에서의 공인회계사 사무에 관한 협약을 체결하고 효력이 발생한 일체의 합의를 말한다.

第40條의3【직무 범위】 외국공인회계사 및 외국회계법인은 다른 사람의 위촉을 받아 다음 각 호의 업무를 수행한다.
1. 원자격국의 회계법과 회계기준에 관한 자문
2. 국제적으로 통용되는 국제회계법과 국제회계기준에 관한 자문

第40條의4【외국공인회계사의 등록】 ① 원자격국이 조약 등의 당사국에 해당하는 외국공인회계사가 제40조의3에 따른 직무를 수행하려면 금융위원회에 등록하여야 한다.
② 제1항에 따른 등록을 하려는 자는 대통령령으로 정하는 바에 따라 금융위원회에 등록신청을 하여야 한다.
③ 금융위원회는 제2항의 신청에 대하여 제40조의5에 따른 등록거부 사유가 없으면 지체 없이 이를 외국공인회계사 명부에 등록하고 등록증명서를 발급하여야 한다. 이 경우 원자격국을 외국공인회계사 명부와 등록증명서에 함께 적어야 한다.
④ 제3항에 따른 등록의 유효기간은 5년으로 한다.
⑤ 등록의 갱신신청은 제4항의 유효기간이 끝나는 날의 6개월 전부터 1개월 전까지 하여야 한다.

⑥ 그 밖에 외국공인회계사의 등록 및 등록의 갱신에 필요한 사항은 대통령령으로 정한다.

第40條의5【외국공인회계사의 등록거부】 금융위원회는 제40조의4제2항에 따른 등록신청이나 같은 조 제5항에 따른 등록의 갱신신청을 하려는 자가 다음 각 호의 어느 하나에 해당하면 그 등록 또는 등록의 갱신을 거부할 수 있다. 이 경우 금융위원회는 지체 없이 그 사유를 구체적으로 밝혀 신청인에게 알려야 한다.

1. 제4조의 결격사유에 해당하는 경우(원자격국의 법령에 따라 제4조의 결격사유에 해당하는 경우를 포함한다)
2. 제40조의6에 따른 등록취소 사유가 발견된 경우

第40條의6【외국공인회계사의 등록취소】 금융위원회는 제40조의4제1항에 따라 등록된 외국공인회계사가 다음 각 호의 어느 하나에 해당하는경우 그 등록을 취소하여야 한다.

1. 원자격국에서 공인회계사 등록이 취소되거나 직무정지 또는 이에 준하는 처분을 받은 경우
2. 제9조제1항 각 호의 어느 하나에 해당하는 경우(원자격국의 법령에 따라 제4조의 결격사유에 해당하는 경우를 포함한다)
3. 거짓이나 그 밖의 부정한 방법으로 제40조의4제1항에 따른 등록을 한 경우
4. 제40조의4제4항에 따른 등록의 유효기간이 지난 경우

第40條의7【외국회계법인의 등록】 ① 원자격국이 조약 등의 당사국에 해당하는 외국회계법인이 외국회계사무소를 개설하여 제40조의3에 따른 직무를 수행하려면 금융위원회에 등록하여야 한다.

② 제1항에 따른 등록을 하려는 외국회계법인은 대통령령으로 정하는 바에 따라 금융위원회에 등록신청을 하여야 한다.

③ 금융위원회는 제2항의 신청에 대하여 특별한 사정이 없으면 지체 없이 이를 외국회계법인 명부에 등록하고 등록증명서를 발급하여야 한다. 이 경우 원자격국을 외국회계법인 명부와 등록증명서에 함께 적어야 한다.

④ 그 밖에 외국회계법인의 등록절차·구비서류 등에 필요한 사항은 대통령령으로 정한다.

第40條의8【외국회계법인의 등록취소 등】 금융위원회는 외국회계법인이 다음 각 호의 어느 하나에 해당하는 경우에는 그 등록을 취소하거나 1년 이내의 기간을 정하여 업무의 전부 또는 일부의 정지를 명할 수 있다. 다만, 제1호부터 제7호까지의 어느 하나에 해당하면 그 등록을 취소하여야 하며, 등록취소와 관련된 절차는 제39조의2를 준용한다.

1. 원자격국에서 그 등록이 취소되거나 업무정지 또는 그에 준하는 처분을 받은 경우
2. 업무정지명령을 위반하여 업무를 수행한 경우
3. 제40조의3을 위반하여 직무 범위 외의 업무를 수행한 경우
4. 거짓이나 그 밖의 부정한 방법으로 제40조의7제1항에 따른 등록을 한 경우
5. 제40조의10제1항을 위반하여 제7조제1항에 따라 등록한 공인회계사를 고용한 경우
6. 제40조의10제2항을 위반하여 공인회계사 또는 회계법인과 제40조의3에 따른 직무를 공동으로 수행하거나 그로부터 받은 보수 또는 수익을 분배한 경우
7. 제40조의10제3항을 위반하여 공인회계사 또는 회계법인과 법인 설립, 지분 참여, 경영권 위임이나 그 밖의 방식으로 회계법인을 공동으로 설립하거나 운영한 경우
8. 제40조의11제1항을 위반하여 그 자격을 표시할 때에 원자격국의 명칭이 포함된 명칭을 사용하지 아니한 경우
9. 제40조의11제2항을 위반하여 외국회계사무소를 개설할 때에 원자격국과 사무소의 명칭을 표시하지 아니한 경우
10. 제40조의11제3항을 위반하여 외국회계사무소 내외의 장소에 원자격국을 공시하지 아니한 경우
11. 제40조의11제4항을 위반하여 위촉계약 체결 전에 위촉인에게 원자격국과 업무 범위를 분명히 밝히지 아니한 경우
12. 제40조의11제5항을 위반하여 대표이사가 해당 문서에 원자격국 및 회계법인 명의를 표시하지 아니하거나 기명날인을 하지 아니한 경우
13. 제40조의13제1항을 위반하여 사업연도가 끝난 후 3개월 이내에 영업보고서를 제출하지 아니한 경우
14. 제40조의13제2항을 위반하여 금융위원회의 자료제출 요구에 따르지 아니하는 경우
15. 제40조의18에 따라 준용되는 규정을 위반하는 경우

第40條의9【외국공인회계사의 업무수행 방식】 ① 외국공인회계사는 다음 각 호의 어느 하나의 방식으로만 제40조의3에 따른 직무를 수행할 수 있다.

1. 외국회계사무소를 개설하여 업무를 수행하는 방식
2. 외국공인회계사 또는 외국회계법인에 고용되어 업무를 수행하는 방식
3. 제24조에 따라 등록한 회계법인에 고용되어 업무를 수행하는 방식

② 외국공인회계사는 동시에 둘 이상의 회계법인(외국회계법인을 포함한다) 및 외국공인회계사에 소속 또는 고용되거나 그 직책을 겸임할 수 없다.

第40條의10【고용, 동업 등의 금지】 ① 외국공인회계사 및 외국회계법인은 제7조제1항에 따라 등록한 공인회계사를 고용할 수 없다.

② 외국공인회계사 및 외국회계법인은 공인회계사 또는 회계법인과 공동수임, 그 밖의 어떠한 방식으로도 제40조의3에 따른 직무를 공동으로 수행하거나 그로부터 받은 보수 또는 수익을 분배하여서는 아니 된다.

③ 외국회계법인은 공인회계사 또는 회계법인과 법인 설립, 지분 참여, 경영권 위임, 그 밖의 어떠한 방식으로도 회계법인을 공동으로 설립하거나 운영할 수 없다.

第40條의11【자격의 표시 등】 ① 외국공인회계사 및 외국회계법인은 직무를 수행할 때에 그 자격을 표시할 경우에는 대한민국에서 통용되는 원자격국의 명칭에 이어 "공인회계사" 또는 "회계법인"을 덧붙인 명칭을 사용하여야 한다. 다만, 원자격국이 주, 성, 자치구 등 한 국가 내의 일부 지역인 경우에는 그 지역이 속한 국가의 명칭 다음에 "공인회계사" 또는 "회계법인"을 덧붙인 명칭을 사용할 수 있다.

② 외국공인회계사 및 외국회계법인이 외국회계사무소를 개설하는 경우에는 원자격국과 사무소의 명칭(외국회계법인의 경우 본점 사무소의 명칭을 말한다) 다음에 "회계사무소"를 덧붙인 명칭을 사용하여야 한다.

③ 외국공인회계사 및 외국회계법인은 해당 외국회계사무소 내외의 장소로서 일반에 공시하기 적절하다고 인정되는 곳에 외국공인회계사 또는 외국회계법인 및 그에 소속된 외국공인회계사의 원자격국을 공시하여야 한다.

④ 외국공인회계사 및 외국회계법인은 위촉계약 체결 전에 위촉인에게 원자격국과 업무 범위를 분명히 밝혀야 한다.

⑤ 외국회계법인이 제40조의3에 따른 직무를 수행한 경우에는 대표이사가 해당 문서에 원자격국 및 회계법인명의를 표시하고 기명날인하여야 한다.

第40條의12【회계법인에 대한 출자】 외국공인회계사는 제23조에 따라 설립된 회계법인에 해당 회계법인의 의결권 있는 출자지분 또는 자본금 총액의 100분의 50 미만의 범위에서 출자할 수 있다. 이 경우 외국공인회계사 1명당 출자금은 해당 회계법인의 의결권 있는 출자지분 또는 자본금 총액의 100분의 10 미만이어야 한다.

第40條의13【영업보고서 등 제출】 ① 외국공인회계사 및 외국회계법인은 총리령으로 정하는 영업보고서를 작성하여 매 사업연도가 끝난 후 3개월 이내에 금융위원회에 제출하여야 한다.

② 외국공인회계사 및 외국회계법인은 금융위원회가 이유를 구체적으로 밝혀 요구하면 그 업무의 현황에 관한 자료를 제출하여야 한다.

第40條의14【체류 의무】 ① 외국공인회계사는 최초의 업무개시일부터 1년에 180일 이상 대한민국에 체류하여야 한다.

② 외국공인회계사가 본인 또는 친족의 부상이나 질병, 그 밖의 부득이한 사정으로 외국에 체류한 기간은 대한민국에 체류한 것으로 본다.

第40條의15【구비서류의 제출】 ① 외국공인회계사 및 외국회계법인이 이 법에 따라 제출하는 구비서류는 원본 또는 인증된 사본(寫本)이어야 하고, 한글로 작성되지 아니한 경우에는 공증된 한글 번역본을 첨부하여야 한다.

② 외국공인회계사 및 외국회계법인은 원자격국에서 그 등록이 취소되거나 직무정지 또는 그에 준하는 처분을 받은 경우 지체 없이 금융위원회에 신고하여야 한다.

第40條의16【비밀 엄수】 외국공인회계사와 그 사무직원 또는 외국공인회계사이었거나 그 사무직원이었던 자는 그 직무상 알게 된 비밀을 대한민국 내외를 막론하고 누설하여서는 아니 된다. 다만, 다른 법령에 특별한 규정이 있는 경우에는 그러하지 아니하다.

第40條의17【징계】 ① 금융위원회는 외국공인회계사가 다음 각 호의 어느 하나에 해당하는 경우에는 제48조제2항에서 정하는 징계를 할 수 있다.

1. 제40조의3을 위반하여 직무범위 외의 업무를 수행한 경우
2. 제40조의9제1항에서 정하는 방식을 위반하여 직무를 수행한 경우
3. 제40조의9제2항을 위반하여 동시에 둘 이상의 회계법인(외국회계법인을 포함한다) 및 외국공인회계사에 소속 또는 고용되거나 그 직책을 겸임한 경우
4. 제40조의10제1항을 위반하여 제7조제1항에 따라 등록한 공인회계사를 고용한 경우
5. 제40조의10제2항을 위반하여 공인회계사 또는 회계법인과 제40조의3에 따른 직무를 공동으로 수행하거나 그로부터 받은 보수 또는 수익을 분배한 경우
6. 제40조의11제1항을 위반하여 그 자격을 표시할 때에 원자격국의 명칭이 포함된 명칭을 사용하지 아니한 경우
7. 제40조의11제2항을 위반하여 외국회계사무소를 개설할 때에 원자격국과 사무소의 명칭을 표시하지 아니한 경우
8. 제40조의11제3항을 위반하여 외국회계사무소 내외의 장소에 원자격국을 공시하지 아니한 경우
9. 제40조의11제4항을 위반하여 위촉계약 체결 전에 원자격국과 업무 범위를 위촉인에게 분명히 밝히지 아니한 경우
10. 제40조의12를 위반하여 회계법인에 자본금 총액의 100분의 10 이상을 출자한 경우
11. 제40조의14를 위반하여 1년에 180일 미만을 대한민국에 체류한 경우
12. 제40조의16을 위반하여 직무상 알게 된 비밀을 대한민국 내외에 누설한 경우
13. 외국공인회계사가 제48조제1항제1호·제3호 및 제4호에 해당하는 경우

② 제1항에 따른 징계는 제1항 각 호의 어느 하나에 해당하는 사유가 발생한 날부터 3년이 지나면 할 수 없다.
③ 외국공인회계사의 징계에 관한 사항은 공인회계사 징계절차를 준용한다.

第40條의18【준용규정】 외국공인회계사 및 외국회계법인에 관하여는 제11조부터 제13조까지, 제15조, 제16조, 제18조, 제19조, 제22조, 제24조제2항제3호, 같은 조 제3항, 제28조, 제30조제1항·제3항, 제31조제2항, 제32조, 제35조, 제42조, 제43조제2항, 제45조제1항·제3항, 제48조제3항·제5항 및 제48조의2를 그 성질에 반하지 아니하는 한 준용한다. 이 경우 "공인회계사"는 "외국공인회계사"로, "회계법인"은 "외국회계법인"으로 본다.(2017.10.31 전단개정)

第6章　韓國公認會計士會

第41條【目的 및 設立】 ① 公認會計士의 品位向上과 職務의 개선·발전을 도모하고, 會員의 指導 및 監督에 관한 事務를 행하기 위하여 韓國公認會計士會(이하 "公認會計士會"라 한다)를 둔다.
② 公認會計士會는 法人으로 한다.
③ 公認會計士會는 大統領令이 정하는 바에 따라 會則을 정하여 금융위원회의 認可를 받아 設立하여야 한다.(2008.2.29 본항개정)
④ 公認會計士會는 支會 또는 支部를 둘 수 있다.
⑤ 公認會計士會의 會則改正과 支會 또는 支部의 設置에 관하여는 금융위원회의 승인을 얻어야 한다.(2008.2.29 본항개정)

第42條【入會義務】 제7조제1항 또는 제24조제1항의 規定에 의하여 登錄한 公認會計士 및 會計法人은 公認會計士會에 入會하여야 한다.(2001.3.28 본조개정)

第43條【倫理規程】 ① 公認會計士會는 會員이 職務를 행함에 있어 지켜야 할 職業倫理에 관한 規程을 制定하여야 한다.
② 會員은 職業倫理에 관한 規程을 준수하여야 한다.

第44條【業務의 위촉등】 ① 公共機關은 第2條의 規定에 의한 公認會計士의 職務에 속한 사항에 관하여 公認會計士會에 業務를 위촉하거나 諮問할 수 있다.
② 公認會計士會는 第1項의 規定에 의하여 위촉 또는 諮問의 요청을 받은 경우 그 業務를 會員으로 하여금 행하게 할 수 있다.
③ 公認會計士會는 第1項의 規定에 의하여 위촉 또는 諮問을 요청한 機關에 대하여 필요한 경우 개선을 建議할 수 있다.

第45條【紛爭의 調停】 ① 公認會計士會는 公認會計士(會計法人을 포함한다. 이하 이 條에서 같다) 상호간 또는 公認會計士와 위촉인(第19條 및 第28條第1項의 規定에 의한 善意의 第3者를 포함한다)사이에 職務上 紛爭이 있는 때에는 當事者의 請求에 의하여 이를 調停한다.
② 第1項의 規定에 의한 紛爭의 調停을 위하여 公認會計士會에 紛爭調停委員會를 둔다.
③ 第2項의 規定에 의한 紛爭調停委員會의 구성, 운영 기타 필요한 사항은 大統領令으로 정한다.

第46條【會員에 대한 硏修등】 ① 公認會計士會는 다음 各號의 者에 대하여 硏修를 실시하고 會員의 자체적인 硏修活動을 指導·監督한다.

1. 會員
2. 第7條의 規定에 의하여 公認會計士登錄을 하고자 하는 者
3. 第13條의 規定에 의한 事務職員등

② 第1項의 規定에 의한 硏修를 실시하기 위하여 公認會計士會에 會計硏修院을 둔다.
③ 第1項의 規定에 의한 硏修 및 監督에 관하여 필요한 사항은 公認會計士會가 금융위원회의 승인을 얻어 정한다.(2008.2.29 본항개정)

第47條【監督】 ① 公認會計士會는 금융위원회가 監督한다.(2008.2.29 본항개정)
② 금융위원회는 필요하다고 인정한 때에는 公認會計士會에 대하여 보고서의 제출을 요구하거나 所屬公務員으로 하여금 公認會計士會의 業務狀況과 기타 書類를 檢査하게 할 수 있다.(2008.2.29 본항개정)
③ 第2項의 規定에 의하여 檢査를 하는 公務員은 그 權限을 표시하는 證表를 관계인에게 내보여야 한다.

第7章　懲　戒

第48條【징계】 ① 금융위원회는 공인회계사가 다음 각 호의 어느 하나에 해당하는 경우에는 제6조의2제1항에 따른 공인회계사자격·징계위원회의 의결에 따라 제2항에서 정하는 징계를 할 수 있다.

1. 이 법 또는 이 법에 따른 명령을 위반한 경우
2. 감사 또는 증명에 중대한 착오 또는 누락이 있는 경우
3. 공인회계사회회칙을 위반한 경우
4. 직무의 내외를 불문하고 공인회계사로서의 품위를 손상하는 행위를 한 경우

② 공인회계사에 대한 징계의 종류는 다음 각 호와 같다.

1. 등록취소
2. 2년 이하의 직무정지
3. 1년 이하의 일부직무정지
4. 견책

③ 공인회계사회는 회원인 공인회계사(회계법인의 소속 공인회계사를 포함한다. 이하 이 조에서 같다)가 제1항 각 호의 어느 하나에 해당하는 징계사유가 있다고 인정하는 경우에는 증거서류를 첨부하여 금융위원회에 그 공인회계사의 징계를 요구할 수 있다.
④ 제1항 각 호의 어느 하나에 해당하는 사유가 발생한 날부터 3년이 지난 경우에는 제1항에 따른 징계를 할 수 없다.(2023.7.11 본조개정)

第48條의2【조치 등의 통보 및 공고 등】 ① 금융위원회는 제39조제1항 및 제48조제1항에 따라 조치 또는 징계를 한 때에는 지체 없이 그 사유를 구체적으로 밝혀 해당 회계법인·공인회

계사, 공인회계사회 및 증권선물위원회에 각각 통보하고 그 내용을 관보 또는 인터넷 홈페이지 등에 공고하여야 한다.
② 공인회계사회는 제1항에 따라 통보받은 내용을 공인회계사회가 운영하는 인터넷 홈페이지 등에 3개월 이상 게재하는 방법으로 공개하여야 한다.
③ 공인회계사회는 「주식회사 등의 외부감사에 관한 법률」 제2조제7호에 따른 감사인을 선임하려는 자가 해당 회계법인에 대한 조치 또는 공인회계사의 징계 사실을 알기 위하여 조치 또는 징계 정보의 열람·등사를 신청하는 경우에는 이를 제공하여야 한다.(2017.10.31 본항개정)
④ 제1항부터 제3항까지의 규정에 따른 조치 또는 징계의 공개범위와 시행 방법, 열람·등사의 방법 및 절차 등에 필요한 사항은 대통령령으로 정한다.
(2017.10.31 본조신설)
第49條 (1997.12.13 삭제)

第8章 補 則

第50條【業務의 제한】 제7조 또는 제24조의 규정에 의하여 등록한 공인회계사 또는 會計法人이 아닌 者는 다른 法律에 規定하는 경우를 제외하고는 第2條의 職務를 행하여서는 아니된다.
(2001.3.28 본조개정)
第51條【關係帳簿등의 閱覽】 公認會計士 및 會計法人은 그 職務를 행하는데 있어서 필요한 때에는 關係機關에 대하여 關係 帳簿 및 書類의 閱覽을 申請할 수 있으며 申請을 받은 機關은 정당한 사유없이 이를 거부하여서는 아니된다.
第51條의2【벌칙 적용에서의 공무원 의제】 제6조의2제1항에 따른 공인회계사자격·징계위원회의 위원 중 공무원이 아닌 위원은 「형법」 제127조 및 제129조부터 제132조까지를 적용할 때에는 공무원으로 본다.(2023.7.11 본조신설)
第52條【업무의 위탁】 ① 금융위원회는 제7조부터 제9조까지, 제9조의2, 제30조제2항, 제40조의4제1항부터 제3항까지, 제40조의5, 제40조의6, 제40조의13제1항 및 제48조제1항에 따른 업무의 전부 또는 일부를 대통령령으로 정하는 바에 따라 공인회계사회에 위탁할 수 있다. 이 경우 제48조제1항에 따른 업무를 위탁할 때에는 제6조의2제1항에 따른 공인회계사자격·징계위원회를 갈음하는 의결기구를 지정하여 위탁하여야 한다.
(2024.1.16 전단개정)
② 금융위원회는 시험에 관한 업무의 일부 및 제30조제3항에 따른 권한의 전부 또는 일부를 대통령령으로 정하는 바에 따라 「금융위원회의 설치 등에 관한 법률」에 따라 설립된 금융감독원 원장(이하 "금융감독원장"이라 한다)에게 위탁할 수 있다. 이 경우 제30조제3항에 따른 검사업무를 수행하는 때에는 금융감독원장은 금융위원회가 정하는 바에 따라 검사수수료를 징수할 수 있다.
(2011.6.30 본조개정)

第8章의2 과징금의 부과 및 징수

第52條의2【과징금의 부과】 ① 금융위원회는 회계법인 또는 공인회계사(회계법인에 소속된 공인회계사를 포함한다)가 제39조제1항제5호 또는 제48조제1항제2호에 해당하게 되어 업무정지 또는 직무정지처분을 하여야 하는 경우로서 그 업무정지 또는 직무정지처분이 이해관계인등에게 중대한 영향을 미치거나 공익을 해할 우려가 있는 경우에는 업무정지 또는 직무정지처분에 갈음하여 회계법인에 대하여는 5억원 이하의 과징금을, 공인회계사에 대하여는 1억원 이하의 과징금을 각각 부과할 수 있다.(2008.2.29 본항개정)
② 금융위원회는 제1항의 규정에 의하여 과징금을 부과하는 경우에는 다음 각호의 사항을 참작하여야 한다.
(2008.2.29 본문개정)
1. 위반행위의 내용 및 정도
2. 위반행위의 기간 및 회수
3. 위반행위로 취득한 이익의 규모
③ 금융위원회는 이 법의 규정을 위반한 법인이 합병을 하는 경우 당해 법인이 행한 위반행위는 합병후 존속하거나 합병에 의하여 신설된 법인이 행한 행위로 보아 과징금을 부과·징수할 수 있다.(2008.2.29 본항개정)
④ 금융위원회는 이 법의 규정을 위반한 법인이 분할 또는 분할합병하는 경우 해당 법인이 행한 위반행위는 단순분할신설회계법인, 분할승계회계법인, 분할합병신설회계법인 또는 분할회계법인이 행한 행위로 보아 과징금을 부과·징수할 수 있다.
(2018.12.31 본항신설)
⑤ 과징금을 부과받은 법인이 분할 또는 분할합병하는 경우(부과일에 분할 또는 분할합병하는 경우를 포함한다) 그 과징금은 단순분할신설회계법인, 분할승계회계법인, 분할합병신설회계법인 또는 분할회계법인이 연대하여 납부하여야 한다.
(2018.12.31 본항신설)
⑥ 제1항부터 제5항까지의 규정에 의한 과징금의 부과기준등에 관하여 필요한 사항은 대통령령으로 정한다.(2018.12.31 본항개정)
(2001.3.28 본조신설)
第52條의3【이의신청 특례】 ① 금융위원회는 제52조의2에 따른 과징금 부과처분에 대한 이의신청을 받으면 그 신청을 받은 날부터 30일 이내에 그 이의신청에 대한 결과를 신청인에게 통지하여야 한다. 다만, 부득이한 사유로 30일 이내에 통지할 수 없는 경우에는 그 기간을 만료일 다음 날부터 기산하여 30일의 범위에서 한 차례 연장할 수 있다.
② 제1항에서 규정한 사항 외에 이의신청에 관한 사항은 「행정기본법」 제36조에 따른다.
(2023.9.14 본조개정)
第52條의4【과징금의 납부기한 연기 및 분할 납부】 ① 금융위원회는 과징금을 부과받은 자(이하 "과징금납부의무자"라 한다)에 대하여 「행정기본법」 제29조 단서에 따라 과징금 납부기한을 연기하거나 과징금을 분할 납부하게 할 수 있으며, 이 경우 필요하다고 인정하면 담보를 제공하게 할 수 있다.
② 과징금납부의무자는 제1항에 따라 과징금의 납부기한을 연기받거나 분할 납부를 하려는 경우에는 그 납부기한의 10일 전까지 금융위원회에 신청하여야 한다.
③ 금융위원회는 제1항에 따라 과징금 납부기한이 연기되거나 분할 납부가 허용된 과징금납부의무자가 다음 각 호의 어느 하나에 해당하게 된 때에는 그 납부기한의 연기 또는 분할 납부 결정을 취소하고 과징금을 일시에 징수할 수 있다.
1. 분할 납부하기로 한 과징금을 그 납부기한까지 내지 아니한 경우
2. 담보 제공 요구에 따르지 아니하거나 제공된 담보의 가치를 훼손하는 행위를 한 경우
3. 강제집행, 경매의 개시, 파산선고, 법인의 해산, 국세 강제징수 또는 지방세 체납처분 등의 사유로 과징금의 전부 또는 나머지를 징수할 수 없다고 인정되는 경우
4. 「행정기본법」 제29조 각 호의 사유가 해소되어 과징금을 한꺼번에 납부할 수 있다고 인정되는 경우
5. 그 밖에 제1호부터 제4호까지에 준하는 사유가 있는 경우
④ 제1항부터 제3항까지에서 규정한 사항 외에 과징금의 납부기한 연기, 분할 납부 또는 담보 제공 등에 관하여 필요한 사항은 대통령령으로 정한다.
(2023.9.14 본조개정)
第52條의5【과징금의 징수 및 체납처분】 ① 금융위원회는 과징금납부의무자가 납부기한내에 과징금을 납부하지 아니한 경우에는 납부기한의 다음날부터 납부한 날의 전일까지의 기간에 대하여 대통령령이 정하는 가산금을 징수할 수 있다.
(2008.2.29 본항개정)
② 금융위원회는 과징금납부의무자가 납부기한내에 과징금을 납부하지 아니한 때에는 기간을 정하여 독촉을 하고, 그 지정한 기간내에 과징금 및 제1항의 규정에 의한 가산금을 납부하지 아니한 때에는 국세체납처분의 예에 따라 이를 징수할 수 있다.(2008.2.29 본항개정)
③ 금융위원회는 제1항 및 제2항의 규정에 의한 과징금 및 가산금의 징수 또는 체납처분에 관한 업무를 국세청장에게 위탁할 수 있다.(2008.2.29 본항개정)
④ 제1항 내지 제3항의 규정에 의한 과징금의 징수 및 체납처분에 관한 절차 등에 관하여 필요한 사항은 대통령령으로 정한다.
(2001.3.28 본조신설)

第9章 罰 則

第53條【벌칙】 ① 공인회계사(회계법인의 이사, 소속공인회계사 및 외국공인회계사를 포함한다. 이하 이 조에서 같다)로서 다음 각 호의 어느 하나에 해당하는 자는 5년 이하의 징역 또는 5천만원 이하의 벌금에 처한다.
1. 제22조제4항(제40조의18에서 준용하는 경우를 포함한다)을 위반하여 부정한 청탁을 받고 금품이나 이익을 수수·요구 또는 약속하거나 위촉인이 사기나 그 밖의 부정한 방법으로 부당한 금전상의 이득을 얻도록 가담하거나 상담한 자 (2020.5.19 본호개정)
2. 제28조제2항(제40조의18에서 준용하는 경우를 포함한다)을 위반하여 금융위원회의 승인 없이 손해배상준비금을 손해배상 외의 용도에 사용한 자
② 공인회계사로서 다음 각 호의 어느 하나에 해당하는 자는 3년 이하의 징역 또는 3천만원 이하의 벌금에 처한다.
(2015.7.24 본문개정)
1. 제15조제3항(제40조의18에서 준용하는 경우를 포함한다)을 위반하여 고의로 진실을 감추거나 거짓 보고를 한 자
2. 제20조(제40조에서 준용하는 경우를 포함한다) 또는 제40조의16을 위반하여 직무상 알게 된 비밀을 누설한 자
3. 제40조의10제1항을 위반하여 제7조제1항에 따라 등록한 공인회계사를 고용한 자
4. 제40조의10제2항을 위반하여 공인회계사 또는 회계법인과 제40조의3에 따른 직무를 공동으로 수행하거나 그로부터 받은 보수 또는 수익을 분배한 자
5. 제40조의10제3항을 위반하여 공인회계사 또는 회계법인과 법인 설립, 지분 참여, 경영권 위임이나 그 밖의 방식으로 회계법인을 공동으로 설립하거나 운영한 자
③ 다음 각 호의 어느 하나에 해당하는 자는 1년 이하의 징역 또는 1천만원 이하의 벌금에 처한다.
1. 공인회계사로서 제21조제1항·제2항(제33조제2항에서 준용하는 경우를 포함한다) 또는 제33조제1항을 위반하여 재무제표를 감사하거나 증명하는 직무를 수행한 자
2. 공인회계사로서 제22조제1항(제40조 및 제40조의18에서 준용하는 경우를 포함한다)을 위반하여 다른 사람에게 자기의 성명 또는 상호를 사용하게 하거나 등록증을 빌려준 자
2의2. 제22조제2항(제40조 및 제40조의18에서 준용하는 경우를 포함한다)을 위반하여 공인회계사 등록증의 대여 행위를 알선한 자(2020.5.19 본호신설)
3. 공인회계사로서 제40조의17 또는 제48조에 따른 직무정지 처분을 받고 그 직무정지기간 중에 제2조 또는 제40조의3에 따른 직무를 수행한 자
(2020.5.19 본항개정)
④ 회계법인이 제37조제3항을 위반하여 손해배상준비금에 해당하는 금액을 예치하지 아니하면 그 회계법인의 대표이사를 1년 이하의 징역 또는 1천만원 이하의 벌금에 처한다.
(2015.7.24 본항개정)
⑤ 공인회계사 자격이 있는 자 또는 공인회계사로서 제7조제1항·제4항 또는 제40조의4제1항 및 제5항에 따른 등록이나 등록 갱신을 하지 아니하고 제2조 또는 제40조의3에 따른 직무를 수행한 자는 500만원 이하의 벌금에 처한다.
⑥ 공인회계사로서 다음 각 호의 어느 하나에 해당하는 자는 300만원 이하의 벌금에 처한다.
1. 제12조제2항(제40조의18에서 준용하는 경우를 포함한다)을 위반하여 둘 이상의 사무소를 둔 자
2. 제18조(제40조에서 준용하는 경우를 포함한다)를 위반하여 장부를 작성하지 아니하거나 사무소에 비치하지 아니한 자
3. 제22조제3항(제40조 및 제40조의18에서 준용하는 경우를 포함한다)을 위반하여 계쟁권리를 양수한 자(2020.5.19 본호개정)
4. 제35조(제40조의18에서 준용하는 경우를 포함한다)를 위반하여 경업을 한 자
(2011.6.30 본조개정)

第54條【벌칙】 ① 공인회계사가 아닌 자가 제50조를 위반하여 제2조에 따른 직무를 수행하면 3년 이하의 징역 또는 3천만원 이하의 벌금에 처한다.(2015.7.24 본항개정)
② 공인회계사가 아닌 자로서 다음 각 호의 어느 하나에 해당하는 자는 1년 이하의 징역 또는 1천만원 이하의 벌금에 처한다.(2015.7.24 본문개정)
1. 제11조 또는 제31조제2항(제40조의18에서 준용하는 경우를 포함한다)을 위반하여 공인회계사·회계법인 또는 이와 비슷한 명칭을 사용한 자
2. 공인회계사 또는 회계법인의 감사 또는 증명을 받지 아니하고 이들의 감사 또는 증명을 받았다는 취지로 재무서류의 전부 또는 일부를 공표한 자
3. 제20조 또는 제40조의16을 위반하여 직무상 알게 된 비밀을 누설한 사무직원 또는 사무직원이었던 자
(2011.6.30 본조개정)

第55條【몰수·추징 등】 제53조제1항제1호 및 제3항제2호의 죄를 지은 자 또는 그 사정을 아는 제3자가 받은 금품이나 그 밖의 이익은 몰수한다. 이를 몰수할 수 없을 때에는 그 가액을 추징한다.(2018.2.21 본조신설)

附 則 (2011.6.30)

이 법은 「대한민국과 유럽연합 및 그 회원국 간의 자유무역협정」이 발효하는 날부터 시행한다.<2011.7.1 발효> 다만, 제23조제2항제4호, 제26조제5항 및 제40조의12의 개정규정은 「대한민국과 유럽연합 및 그 회원국 간의 자유무역협정」이 발효한 날부터 5년이 경과한 날부터 시행한다.

附 則 (2015.7.24)

第1條【시행일】 이 법은 공포 후 6개월이 경과한 날부터 시행한다.
第2條【시험의 일부 면제에 관한 적용례】 제6조제3항의 개정규정은 이 법 시행 후 최초로 파면 또는 해임되거나 강등 또는 정직에 해당하는 징계처분을 받은 사람부터 적용한다.

附 則 (2017.4.18)

第1條【시행일】 이 법은 공포한 날부터 시행한다.
第2條【금치산자 등의 결격사유에 관한 경과조치】 제4조제1호의 개정규정에 따른 피성년후견인 또는 피한정후견인에는 법률 제10429호 민법 일부개정법률 부칙 제2조에 따라 금치산 또는 한정치산 선고의 효력이 유지되는 사람을 포함하는 것으로 본다.

附 則 (2017.10.31 法15017號)

第1條【시행일】 이 법은 공포 후 6개월이 경과한 날부터 시행한다.
第2條【조치 또는 징계 정보의 열람·등사 신청에 관한 적용례】 제48조의2제3항의 개정규정은 이 법 시행 전에 이루어진 조치 또는 징계 정보의 열람·등사를 신청하는 경우에도 적용한다.

附 則 (2020.5.19)
(2021.4.20 法18113號)

이 법은 공포한 날부터 시행한다.

附 則 (2021.4.20 法18114號)

이 법은 공포 후 3개월이 경과한 날부터 시행한다.

附 則 (2023.3.21)

第1條【시행일】 이 법은 공포 후 6개월이 경과한 날부터 시행한다.

第2條【시험 응시자격에 관한 적용례】제5조제3항의 개정규정은 이 법 시행 이후 공고하는 시험부터 적용한다.

附 則 (2023.7.11)

第1條【시행일】이 법은 공포 후 6개월이 경과한 날부터 시행한다.

第2條【「공인회계사법」의 개정에 따른 적용례 등】① 「공인회계사법」 제51조의2의 개정규정은 이 법 시행 이후 공인회계사자격·징계위원회에 위촉되는 위원부터 적용한다.

② 이 법 시행 당시 종전의 「공인회계사법」 제48조에 따른 공인회계사징계위원회의 의결 및 그 밖의 행위와 종전의 「공인회계사법」 제48조에 따른 공인회계사징계위원회에 대한 징계요구 및 그 밖에 공인회계사징계위원회에 대한 행위는 「공인회계사법」 제6조의2의 개정규정에 따른 공인회계사자격·징계위원회의 행위 또는 공인회계사자격·징계위원회에 대한 행위로 본다.

③ 이 법 시행 당시 종전의 「공인회계사법」 제52조제1항 후단에 따라 공인회계사징계위원회를 갈음하는 의결기구로 지정된 의결기구는 「공인회계사법」 제52조제1항 후단의 개정규정에 따른 공인회계사자격·징계위원회를 갈음하는 의결기구로 본다.

附 則 (2023.9.14)

第1條【시행일】이 법은 공포한 날부터 시행한다.(이하 생략)

附 則 (2024.1.16)

第1條【시행일】이 법은 공포한 날부터 시행한다.

第2條【다른 법률의 개정】※(해당 법령에 가제정리 하였음)

특허법

(1990년 1월 13일
전개법률 제4207호)

개정

1993. 3. 6법 4541호(정부조직)
2008. 2.29법 8852호(정부조직)
<중략>
2008.12.26법 9249호
2009. 1.30법 9381호
2010. 1.27법 9985호
2010. 2. 4법10012호(전자정부법)
2011. 5.24법10716호
2011.12. 2법11117호
2013. 3.22법11654호
2013. 3.23법11690호(정부조직)
2013. 5.28법11848호(디자인보호)
2013. 7.30법11962호(변리사)
2014. 1.21법12313호
2014. 6.11법12753호
2015. 1.28법13096호
2015. 5.18법13317호
2016. 2.29법14035호
2016. 3.29법14112호
2016.12. 2법14371호
2017. 3.21법14691호
2017.11.28법15093호
2018. 4.17법15582호
2019. 1. 8법16208호
2019.12.10법16804호
2020. 6. 9법17422호
2020.10.20법17536호
2020.12.22법17730호
2021. 4.20법18098호
2021. 8.17법18409호
2021.10.19법18505호
2022.10.18법19007호
2023. 9.14법19714호
2024. 2. 6법20200호(산업재산정보의관리및활용촉진에관한법)
2024. 2.20법20322호
2025. 1.21법20700호→2025년 7월 22일 시행

제1장 총 칙

(2014.6.11 본장개정)

제1조【목적】 이 법은 발명을 보호·장려하고 그 이용을 도모함으로써 기술의 발전을 촉진하여 산업발전에 이바지함을 목적으로 한다.

참조 [보호]헌22

제2조【정의】 이 법에서 사용하는 용어의 뜻은 다음과 같다.

1. "발명"이란 자연법칙을 이용한 기술적 사상의 창작으로서 고도(高度)한 것을 말한다.
2. "특허발명"이란 특허를 받은 발명을 말한다.
3. "실시"란 다음 각 목의 구분에 따른 행위를 말한다.
 가. 물건의 발명인 경우 : 그 물건을 생산·사용·양도·대여·수출 또는 수입하거나 그 물건의 양도 또는 대여의 청약(양도 또는 대여를 위한 전시를 포함한다. 이하 같다)을 하는 행위(2025.1.21 본목개정)
 나. 방법의 발명인 경우 : 그 방법을 사용하는 행위 또는 그 방법의 사용을 청약하는 행위(2019.12.10 본목개정)
 다. 물건을 생산하는 방법의 발명인 경우 : 나목의 행위 외에 그 방법에 의하여 생산한 물건을 사용·양도·대여·수출 또는 수입하거나 그 물건의 양도 또는 대여의 청약을 하는 행위(2025.1.21 본목개정)

참조 [특허발명]29이하, [실시]100이하, [공지 등이 되지 아니한 발명]30

판례 물건을 생산하는 '방법'의 발명인 경우에는 그 방법에 의하여 생산된 물건에까지 특허권의 효력이 미친다 할 것이어서, 특정한 생산방법에 의하여 생산한 물건을 실시발명으로 특정하여 특허권의 보호범위에 속하는지 여부의 확인을 구할 수 있다.(대판 2004.10.14, 2003후2164)

판례 자연법칙을 이용하지 않은 특허출원의 거절 여부 : 동조 제1호는 자연법칙을 이용한 기술적 사상의 창작으로서 고도한 것을 '발명'으로 정의하고 있고, 동규정이 훈시적인 규정에 해당한다고 볼 아무런 근거가 없으므로, 자연법칙을 이용하지 않은 것을 특허출원하였을 때에는 동법 제29조 제1항 본문의 '산업상 이용할 수 있는 발명'의 요건을 충족하지 못함을 이유로 동법 제62조에 따라 그 특허출원이 거절된다.(대판 2003.5.16, 2001후3149)

제3조【미성년자 등의 행위능력】 ① 미성년자·피한정후견인 또는 피성년후견인은 법정대리인에 의하지 아니하면 특허에 관한 출원·청구, 그 밖의 절차(이하 "특허에 관한 절차"라 한다)를 밟을 수 없다. 다만, 미성년자와 피한정후견인이 독립하여 법률행위를 할 수 있는 경우에는 그러하지 아니하다.
② 제1항의 법정대리인은 후견감독인의 동의 없이 제132조의2에 따른 특허취소신청(이하 "특허취소신청"이라 한다)이나 상대방이 청구한 심판 또는 재심에 대한 절차를 밟을 수 있다.
(2016.2.29 본항개정)

참조 영18⑤, [절차]16이하, [미성년자등]민5이하, 민소55, [법정대리인]민소51·56

제4조【법인이 아닌 사단 등】 법인이 아닌 사단 또는 재단으로서 대표자나 관리인이 정하여져 있는 경우에는 그 사단 또는 재단의 이름으로 출원심사의 청구인, 특허취소신청인, 심판의 청구인·피청구인 또는 재심의 청구인·피청구인이 될 수 있다.(2016.2.29 본조개정)

참조 [법인]민31이하

제5조【재외자의 특허관리인】 ① 국내에 주소 또는 영업소가 없는 자(이하 "재외자"라 한다)는 재외자(법인의 경우에는 그 대표자)가 국내에 체류하는 경우를 제외하고는 그 재외자의 특허에 관한 대리인으로서 국내에 주소 또는 영업소가 있는 자(이하 "특허관리인"이라 한다)에 의해서만 특허에 관한 절차를 밟거나 이 법 또는 이 법에 따른 명령에 따라 행정청이 한 처분에 대하여 소(訴)를 제기할 수 있다.
② 특허관리인은 위임된 권한의 범위에서 특허에 관한 모든 절차 및 이 법 또는 이 법에 따른 명령에 따라 행정청이 한 처분에 관한 소송에서 본인을 대리한다.

참조 [재외자]헌2, 재외국민등록법2·3, [국제출원의 경우]206

제6조【대리권의 범위】 국내에 주소 또는 영업소가 있는 자로부터 특허에 관한 절차를 밟을 것을 위임받은 대리인은 특별히 권한을 위임받아야만 다음 각 호의 어느 하나에 해당하는 행위를 할 수 있다. 특허관리인의 경우에도 또한 같다.
1. 특허출원의 변경·포기·취하
2. 특허권의 포기
3. 특허권 존속기간의 연장등록출원의 취하
4. 신청의 취하
5. 청구의 취하
6. 제55조제1항에 따른 우선권 주장 또는 그 취하
7. 제132조의17에 따른 심판청구(2016.2.29 본호개정)
8. 복대리인의 선임

참조 [대리권]민114이하

제7조【대리권의 증명】 특허에 관한 절차를 밟는 자의 대리인(특허관리인을 포함한다. 이하 같다)의 대리권은 서면으로써 증명하여야 한다.

참조 [서류의 원용]규10

제7조의2【행위능력 등의 흠에 대한 추인】 행위능력 또는 법정대리권이 없거나 특허에 관한 절차를 밟는 데 필요한 권한의 위임에 흠이 있는 자가 밟은 절차는 보정(補正)된 당사자나 법정대리인이 추인하면 행위를 한 때로 소급하여 그 효력이 발생한다.

제8조【대리권의 불소멸】 특허에 관한 절차를 밟는 자의 위임을 받은 대리인의 대리권은 다음 각 호의 어느 하나에 해당하는 사유가 있어도 소멸하지 아니한다.
1. 본인의 사망이나 행위능력의 상실
2. 본인인 법인의 합병에 의한 소멸
3. 본인인 수탁자(受託者)의 신탁임무 종료
4. 법정대리인의 사망이나 행위능력의 상실
5. 법정대리인의 대리권 소멸이나 변경

참조 [대리권의 소멸]민127

제9조【개별대리】 특허에 관한 절차를 밟는 자의 대리인이 2인 이상이면 특허청장 또는 특허심판원장에 대하여 각각의 대리인이 본인을 대리한다.

제10조【대리인의 선임 또는 교체 명령 등】 ① 특허청장 또는 제145조제1항에 따라 지정된 심판장(이하 "심판장"이라 한다)은 특허에 관한 절차를 밟는 자가 그 절차를 원활히 수행할 수 없거나 구술심리(口述審理)에서 진술할 능력이 없다고 인정되는 등 그 절차를 밟는 데 적당하지 아니하다고 인정되면 대리인을 선임하여 그 절차를 밟을 것을 명할 수 있다.
② 특허청장 또는 심판장은 특허에 관한 절차를 밟는 자의 대리인이 그 절차를 원활히 수행할 수 없거나 구술심리에서 진술할 능력이 없다고 인정되는 등 그 절차를 밟는 데 적당하지 아니하다고 인정되면 그 대리인을 바꿀 것을 명할 수 있다.
(2019.12.10 본항개정)
③ 특허청장 또는 심판장은 제1항 및 제2항의 경우에 변리사로 하여금 대리하게 할 것을 명할 수 있다.
④ 특허청장 또는 심판장은 제1항 또는 제2항에 따라 대리인의 선임 또는 교체 명령을 한 경우에는 제1항에 따른 특허에 관한 절차를 밟는 자 또는 제2항에 따른 대리인이 그 전에 특허청장 또는 특허심판원장에 대하여 한 특허에 관한 절차의 전부 또는 일부를 무효로 할 수 있다.(2019.12.10 본항개정)
(2019.12.10 본조제목개정)

제11조【복수당사자의 대표】 ① 2인 이상이 특허에 관한 절차를 밟을 때에는 다음 각 호의 어느 하나에 해당하는 사항을 제외하고는 각자가 모두를 대표한다. 다만, 대표자를 선정하여 특허청장 또는 특허심판원장에게 신고하면 그 대표자만이 모두를 대표할 수 있다.
1. 특허출원의 변경·포기·취하
2. 특허권 존속기간의 연장등록출원의 취하
3. 신청의 취하
4. 청구의 취하
5. 제55조제1항에 따른 우선권 주장 또는 그 취하
6. 제132조의17에 따른 심판청구(2016.2.29 본호개정)
② 제1항 단서에 따라 대표자를 선정하여 신고하는 경우에는 대표자로 선임된 사실을 서면으로 증명하여야 한다.

참조 [대표자]규6

제12조【「민사소송법」의 준용】 대리인에 관하여는 이 법에 특별한 규정이 있는 경우를 제외하고는 「민사소송법」 제1편제2장제4절을 준용한다.

제13조【재외자의 재판관할】 재외자의 특허권 또는 특허에 관한 권리에 관하여 특허관리인이 있으면 그 특허관리인의 주소 또는 영업소를, 특허관리인이 없으면 특허청 소재지를 「민사소송법」 제11조에 따른 재산이 있는 곳으로 본다.

참조 [재외자]재외국민등록법2·3

제14조【기간의 계산】 이 법 또는 이 법에 따른 명령에서 정한 기간의 계산은 다음 각 호에 따른다.
1. 기간의 첫날은 계산에 넣지 아니한다. 다만, 그 기간이 오전 0시부터 시작하는 경우에는 계산에 넣는다.
2. 기간을 월 또는 연(年)으로 정한 경우에는 역(曆)에 따라 계산한다.
3. 월 또는 연의 처음부터 기간을 기산(起算)하지 아니하는 경우에는 마지막의 월 또는 연에서 그 기산일에 해당하는 날의 전날로 기간이 만료한다. 다만, 월 또는 연으로 정한 경우에 마지막 월에 해당하는 날이 없으면 그 월의 마지막 날로 기간이 만료한다.
4. 특허에 관한 절차에서 기간의 마지막 날이 공휴일(「근로자의날제정에관한법률」에 따른 근로자의 날 및 토요일을 포함한다)에 해당하면 기간은 그 다음 날로 만료한다.

참조 [기간]민155이하

제15조【기간의 연장 등】 ① 특허청장은 청구에 따라 또는 직권으로 제132조의17에 따른 심판의 청구기간을 30일 이내에서 한 차례만 연장할 수 있다. 다만, 도서·벽지 등 교통이 불편한 지역에 있는 자의 경우에는 산업통상자원부령으로 정하는 바에 따라 그 횟수 및 기간을 추가로 연장할 수 있다.
(2016.2.29 본항개정)

② 특허청장·특허심판원장·심판장 또는 제57조제1항에 따른 심사관(이하 "심사관"이라 한다)은 이 법에 따라 특허에 관한 절차를 밟을 기간을 정한 경우에는 청구에 따라 그 기간을 단축 또는 연장하거나 직권으로 그 기간을 연장할 수 있다. 이 경우 특허청장 등은 그 절차의 이해관계인의 이익이 부당하게 침해되지 아니하도록 단축 또는 연장 여부를 결정하여야 한다.
③ 심판장은 이 법에 따라 특허에 관한 절차를 밟을 기일을 정한 경우에는 청구에 따라 또는 직권으로 그 기일을 변경할 수 있다.

제16조【절차의 무효】 ① 특허청장 또는 특허심판원장은 제46조에 따른 보정명령을 받은 자가 지정된 기간에 그 보정을 하지 아니하면 특허에 관한 절차를 무효로 할 수 있다. 다만, 제82조제2항에 따른 심사청구료를 내지 아니하여 보정명령을 받은 자가 지정된 기간에 그 심사청구료를 내지 아니하면 특허출원서에 첨부한 명세서에 관한 보정을 무효로 할 수 있다.
② 특허청장 또는 특허심판원장은 제1항에 따라 특허에 관한 절차가 무효로 된 경우로서 지정된 기간을 지키지 못한 것이 정당한 사유에 의한 것으로 인정될 때에는 그 사유가 소멸한 날부터 2개월 이내에 보정명령을 받은 자의 청구에 따라 그 무효처분을 취소할 수 있다. 다만, 지정된 기간의 만료일부터 1년이 지났을 때에는 그러하지 아니하다.(2021.10.19 본문개정)
③ 특허청장 또는 특허심판원장은 제1항 본문·단서에 따른 무효처분 또는 제2항 본문에 따른 무효처분의 취소처분을 할 때에는 그 보정명령을 받은 자에게 처분통지서를 송달하여야 한다.

제17조【절차의 추후보완】 특허에 관한 절차를 밟는 자가 책임질 수 없는 사유로 다음 각 호의 어느 하나에 해당하는 기간을 지키지 못한 경우에는 그 사유가 소멸한 날부터 2개월 이내에 지키지 못한 절차를 추후 보완할 수 있다. 다만, 그 기간의 만료일부터 1년이 지났을 때에는 그러하지 아니하다.
(2016.2.29 본문개정)
1. 제132조의17에 따른 심판의 청구기간(2016.2.29 본호개정)
2. 제180조제1항에 따른 재심의 청구기간

제18조【절차의 효력 승계】 특허권 또는 특허에 관한 권리에 관하여 밟은 절차의 효력은 그 특허권 또는 특허에 관한 권리의 승계인에게 미친다.
참조 [특허권의 효력]94

제19조【절차의 속행】 특허청장 또는 심판장은 특허에 관한 절차가 특허청 또는 특허심판원에 계속(係屬) 중일 때 특허권 또는 특허에 관한 권리가 이전되면 그 특허권 또는 특허에 관한 권리의 승계인에 대하여 그 절차를 속행(續行)하게 할 수 있다.

제20조【절차의 중단】 특허에 관한 절차가 다음 각 호의 어느 하나에 해당하는 경우에는 특허청 또는 특허심판원에 계속 중인 절차는 중단된다. 다만, 절차를 밟을 것을 위임받은 대리인이 있는 경우에는 그러하지 아니하다.
1. 당사자가 사망한 경우
2. 당사자인 법인이 합병에 따라 소멸한 경우
3. 당사자가 절차를 밟을 능력을 상실한 경우
4. 당사자의 법정대리인이 사망하거나 그 대리권을 상실한 경우
5. 당사자의 신탁에 의한 수탁자의 임무가 끝난 경우
6. 제11조제1항 각 호 외의 부분 단서에 따른 대표자가 사망하거나 그 자격을 상실한 경우
7. 파산관재인 등 일정한 자격에 따라 자기 이름으로 남을 위하여 당사자가 된 자가 그 자격을 잃거나 사망한 경우

제21조【중단된 절차의 수계】 제20조에 따라 특허청 또는 특허심판원에 계속 중인 절차가 중단된 경우에는 다음 각 호의 구분에 따른 자가 그 절차를 수계(受繼)하여야 한다.
1. 제20조제1호의 경우 : 사망한 당사자의 상속인·상속재산관리인 또는 법률에 따라 절차를 속행할 자. 다만, 상속인은 상속을 포기할 수 있을 때까지 그 절차를 수계하지 못한다.
2. 제20조제2호의 경우 : 합병에 따라 설립되거나 합병 후 존속하는 법인
3. 제20조제3호 및 제4호의 경우 : 절차를 밟을 능력을 회복한 당사자 또는 법정대리인이 된 자
4. 제20조제5호의 경우 : 새로운 수탁자
5. 제20조제6호의 경우 : 새로운 대표자 또는 각 당사자
6. 제20조제7호의 경우 : 같은 자격을 가진 자
참조 [상속인]민1000이하

제22조【수계신청】 ① 제20조에 따라 중단된 절차에 관한 수계신청은 제21조 각 호의 어느 하나에 해당하는 자가 할 수 있다. 이 경우 그 상대방은 특허청장 또는 제143조에 따른 심판관(이하 "심판관"이라 한다)에게 제21조 각 호의 어느 하나에 해당하는 자에 대하여 수계신청할 것을 명하도록 요청할 수 있다.
② 특허청장 또는 심판장은 제20조에 따라 중단된 절차에 관한 수계신청이 있으면 그 사실을 상대방에게 알려야 한다.
③ 특허청장 또는 심판관은 제20조에 따라 중단된 절차에 관한 수계신청에 대하여 직권으로 조사하여 이유 없다고 인정하면 결정으로 기각하여야 한다.
④ 특허청장 또는 심판관은 결정 또는 심결의 등본을 송달한 후에 중단된 절차에 관한 수계신청에 대해서는 수계하게 할 것인지를 결정하여야 한다.
⑤ 특허청장 또는 심판관은 제21조 각 호의 어느 하나에 해당하는 자가 중단된 절차를 수계하지 아니하면 직권으로 기간을 정하여 수계를 명하여야 한다.
⑥ 제5항에 따른 기간에 수계가 없는 경우에는 그 기간이 끝나는 날의 다음 날에 수계가 있는 것으로 본다.
⑦ 특허청장 또는 심판장은 제6항에 따라 수계가 있는 것으로 본 경우에는 그 사실을 당사자에게 알려야 한다.
참조 [심판 및 항고심판]133이하

제23조【절차의 중지】 ① 특허청장 또는 심판관이 천재지변이나 그 밖의 불가피한 사유로 그 직무를 수행할 수 없을 때에는 특허청 또는 특허심판원에 계속 중인 절차는 그 사유가 없어질 때까지 중지된다.
② 당사자에게 일정하지 아니한 기간 동안 특허청 또는 특허심판원에 계속 중인 절차를 속행할 수 없는 장애사유가 생긴 경우에는 특허청장 또는 심판관은 결정으로 장애사유가 해소될 때까지 그 절차의 중지를 명할 수 있다.
③ 특허청장 또는 심판관은 제2항에 따른 결정을 취소할 수 있다.
④ 제1항 또는 제2항에 따른 중지나 제3항에 따른 취소를 하였을 때에는 특허청장 또는 심판장은 그 사실을 각각 당사자에게 알려야 한다.

제24조【중단 또는 중지의 효과】 특허에 관한 절차가 중단되거나 중지된 경우에는 그 기간의 진행은 정지되고, 그 절차의 수계통지를 하거나 그 절차를 속행하였을 때부터 다시 모든 기간이 진행된다.

제25조【외국인의 권리능력】 재외자 중 외국인은 다음 각 호의 어느 하나에 해당하는 경우를 제외하고는 특허권 또는 특허에 관한 권리를 누릴 수 없다.
1. 그 외국인이 속하는 국가에서 대한민국 국민에 대하여 그 국가의 국민과 같은 조건으로 특허권 또는 특허에 관한 권리를 인정하는 경우
2. 대한민국이 그 외국인에 대하여 특허권 또는 특허에 관한 권리를 인정하는 경우에는 그 외국인이 속하는 국가에서 대한민국 국민에 대하여 그 국가의 국민과 같은 조건으로 특허권 또는 특허에 관한 권리를 인정하는 경우
3. 조약 또는 이에 준하는 것(이하 "조약"이라 한다)에 따라 특허권 또는 특허에 관한 권리가 인정되는 경우

제26조 (2011.12.2 삭제)
제27조 (2001.2.3 삭제)

제28조【서류제출의 효력발생시기】 ① 이 법 또는 이 법에 따른 명령에 따라 특허청장 또는 특허심판원장에게 제출하는 출원서, 청구서, 그 밖의 서류(물건을 포함한다. 이하 이 조에서 같다)는 특허청장 또는 특허심판원장에게 도달한 날부터 제출의 효력이 발생한다.
② 제1항의 출원서, 청구서, 그 밖의 서류를 우편으로 특허청장 또는 특허심판원장에게 제출하는 경우에는 다음 각 호의 구분에 따른 날에 특허청장 또는 특허심판원장에게 도달한 것으로 본다. 다만, 특허권 및 특허에 관한 권리의 등록신청서류와 「특허협력조약」 제2조(vii)에 따른 국제출원(이하 "국제출원"이라 한다)에 관한 서류를 우편으로 제출하는 경우에는 그 서류가

특허청장 또는 특허심판원장에게 도달한 날부터 효력이 발생한다.

1. 우편물의 통신일부인(通信日附印)에 표시된 날이 분명한 경우 : 표시된 날
2. 우편물의 통신일부인에 표시된 날이 분명하지 아니한 경우 : 우체국에 제출한 날을 우편물 수령증에 의하여 증명한 날

③ (1998.9.23 삭제)

④ 제1항 및 제2항에서 규정한 사항 외에 우편물의 지연, 우편물의 망실(亡失) 및 우편업무의 중단으로 인한 서류제출에 필요한 사항은 산업통상자원부령으로 정한다.

참조 [의사표시의 효력발생시기]민111

제28조의2【고유번호의 기재】 ① 특허에 관한 절차를 밟는 자 중 산업통상자원부령으로 정하는 자는 특허청장 또는 특허심판원장에게 자신의 고유번호의 부여를 신청하여야 한다.

② 특허청장 또는 특허심판원장은 제1항에 따른 신청을 받으면 신청인에게 고유번호를 부여하고, 그 사실을 알려야 한다.

③ 특허청장 또는 특허심판원장은 특허에 관한 절차를 밟는 자가 제1항에 따라 고유번호를 신청하지 아니하면 그에게 직권으로 고유번호를 부여하고, 그 사실을 알려야 한다.

④ 제2항 또는 제3항에 따라 고유번호를 부여받은 자가 특허에 관한 절차를 밟는 경우에는 산업통상자원부령으로 정하는 서류에 자신의 고유번호를 적어야 한다. 이 경우 이 법 또는 이 법에 따른 명령에도 불구하고 그 서류에 주소(법인인 경우에는 영업소의 소재지를 말한다)를 적지 아니할 수 있다.

⑤ 특허에 관한 절차를 밟는 자의 대리인에 관하여는 제1항부터 제4항까지의 규정을 준용한다.

⑥ 고유번호의 부여 신청, 고유번호의 부여 및 통지, 그 밖에 고유번호에 관하여 필요한 사항은 산업통상자원부령으로 정한다.

제28조의3【전자문서에 의한 특허에 관한 절차의 수행】 ① 특허에 관한 절차를 밟는 자는 이 법에 따라 특허청장 또는 특허심판원장에게 제출하는 특허출원서, 그 밖의 서류를 산업통상자원부령으로 정하는 방식에 따라 전자문서화하고, 이를 정보통신망을 이용하여 제출하거나 이동식 저장장치 등 전자적 기록매체에 수록하여 제출할 수 있다.

② 제1항에 따라 제출된 전자문서는 이 법에 따라 제출된 서류와 같은 효력을 가진다.

③ 제1항에 따라 정보통신망을 이용하여 제출된 전자문서는 그 문서의 제출인이 정보통신망을 통하여 접수번호를 확인할 수 있는 때에 특허청 또는 특허심판원에서 사용하는 접수용 전산정보처리조직의 파일에 기록된 내용으로 접수된 것으로 본다.

④ 제1항에 따라 전자문서로 제출할 수 있는 서류의 종류·제출방법, 그 밖에 전자문서에 의한 서류의 제출에 필요한 사항은 산업통상자원부령으로 정한다.

제28조의4【전자문서 이용신고 및 전자서명】 ① 전자문서로 특허에 관한 절차를 밟으려는 자는 미리 특허청장 또는 특허심판원장에게 전자문서 이용신고를 하여야 하며, 특허청장 또는 특허심판원장에게 제출하는 전자문서에 제출인을 알아볼 수 있도록 전자서명을 하여야 한다.

② 제28조의3에 따라 제출된 전자문서는 제1항에 따른 전자서명을 한 자가 제출한 것으로 본다.

③ 제1항에 따른 전자문서 이용신고 절차, 전자서명 방법 등에 관하여 필요한 사항은 산업통상자원부령으로 정한다.

제28조의5【정보통신망을 이용한 통지 등의 수행】 ① 특허청장·특허심판원장·심판장·심판관 또는 심사관은 제28조의4제1항에 따라 전자문서 이용신고를 한 자에게 서류의 통지 및 송달(이하 "통지등"이라 한다)을 하려는 경우에는 정보통신망을 이용하여 통지등을 할 수 있다.

② 제1항에 따라 정보통신망을 이용하여 한 서류의 통지등은 서면으로 한 것과 같은 효력을 가진다.

③ 제1항에 따른 서류의 통지등은 그 통지등을 받을 자가 자신이 사용하는 전산정보처리조직을 통하여 그 서류를 확인한 때에 특허청 또는 특허심판원에서 사용하는 발송용 전산정보처리조직의 파일에 기록된 내용으로 도달한 것으로 본다.

④ 제1항에 따라 정보통신망을 이용하여 하는 통지등의 종류·방법 등에 관하여 필요한 사항은 산업통상자원부령으로 정한다.

제2장 특허요건 및 특허출원

(2014.6.11 본장제목개정)

제29조【특허요건】 ① 산업상 이용할 수 있는 발명으로서 다음 각 호의 어느 하나에 해당하는 것을 제외하고는 그 발명에 대하여 특허를 받을 수 있다.

1. 특허출원 전에 국내 또는 국외에서 공지(公知)되었거나 공연(公然)히 실시된 발명
2. 특허출원 전에 국내 또는 국외에서 반포된 간행물에 게재되었거나 전기통신회선을 통하여 공중(公衆)이 이용할 수 있는 발명

② 특허출원 전에 그 발명이 속하는 기술분야에서 통상의 지식을 가진 사람이 제1항 각 호의 어느 하나에 해당하는 발명에 의하여 쉽게 발명할 수 있으면 그 발명에 대해서는 제1항에도 불구하고 특허를 받을 수 없다.

③ 특허출원한 발명이 다음 각 호의 요건을 모두 갖춘 다른 특허출원의 출원서에 최초로 첨부된 명세서 또는 도면에 기재된 발명과 동일한 경우에 그 발명은 제1항에도 불구하고 특허를 받을 수 없다. 다만, 그 특허출원의 발명자와 다른 특허출원의 발명자가 같거나 그 특허출원을 출원한 때의 출원인과 다른 특허출원의 출원인이 같은 경우에는 그러하지 아니하다.

1. 그 특허출원일 전에 출원된 특허출원일 것
2. 그 특허출원 후 제64조에 따라 출원공개되거나 제87조제3항에 따라 등록공고된 특허출원일 것

④ 특허출원한 발명이 다음 각 호의 요건을 모두 갖춘 실용신안등록출원의 출원서에 최초로 첨부된 명세서 또는 도면에 기재된 고안(考案)과 동일한 경우에 그 발명은 제1항에도 불구하고 특허를 받을 수 없다. 다만, 그 특허출원의 발명자와 실용신안등록출원의 고안자가 같거나 그 특허출원을 출원한 때의 출원인과 실용신안등록출원의 출원인이 같은 경우에는 그러하지 아니하다.

1. 그 특허출원일 전에 출원된 실용신안등록출원일 것
2. 그 특허출원 후「실용신안법」제15조에 따라 준용되는 이 법 제64조에 따라 출원공개되거나「실용신안법」제21조제3항에 따라 등록공고된 실용신안등록출원일 것

⑤ 제3항을 적용할 때 다른 특허출원이 제199조제2항에 따른 국제특허출원(제214조제4항에 따라 특허출원으로 보는 국제출원을 포함한다)인 경우 제3항 본문 중 "출원서에 최초로 첨부된 명세서 또는 도면"은 "국제출원일까지 제출한 발명의 설명, 청구범위 또는 도면"으로, 같은 항 제2호 중 "출원공개"는 "출원공개 또는「특허협력조약」제21조에 따라 국제공개"로 본다.

⑥ 제4항을 적용할 때 실용신안등록출원이「실용신안법」제34조제2항에 따른 국제실용신안등록출원(같은 법 제40조제4항에 따라 실용신안등록출원으로 보는 국제출원을 포함한다)인 경우 제4항 본문 중 "출원서에 최초로 첨부된 명세서 또는 도면"은 "국제출원일까지 제출한 고안의 설명, 청구범위 또는 도면"으로, 같은 항 제2호 중 "출원공개"는 "출원공개 또는「특허협력조약」제21조에 따라 국제공개"로 본다.

⑦ 제3항 또는 제4항을 적용할 때 제201조제4항에 따라 취하한 것으로 보는 국제특허출원 또는「실용신안법」제35조제4항에 따라 취하한 것으로 보는 국제실용신안등록출원은 다른 특허출원 또는 실용신안등록출원으로 보지 아니한다.

(2014.6.11 본조개정)

참조 [발명]2·30, [특허출원]42이하, [선출원]36·56, [우선권주장]55

판례 제시된 선행문헌을 근거로 발명의 진보성이 부정되는지를 판단하기 위해서는 진보성 부정의 근거가 될 수 있는 일부 기재만이 아니라 선행문헌 전체에 의하여 발명이 속하는 기술분야에서 통상의 지식을 가진 사람(이하 '통상의 기술자'라고 한다)이 합리적으로 인식할 수 있는 사항을 기초로 대비 판단하여야 한다. 그리고 일부 기재 부분과 배치되거나 이를 불확실하게 하는 다른 선행문헌이 제시된 경우에는 그 내용까지도 종합적으로 고려하여 통상의 기술자가 발명을 용이하게 도출할 수 있는지를 판단하여야 한다.
(대판 2016.1.14, 2013후2873,2880)

판례 발명의 진보성 판단에 제공되는 대비 발명은 반드시 그 기술적 구성 전체가 명확하게 표현된 것뿐만 아니라, 미완성 발명 또는 자료의 부족으로 표현이 불충분한 것이라 하더라도 통상의 기술자가 경험칙에 의하여 극히 용이하게 기술내용의 파악이 가능하다면 그 대상이 될 수

있으므로, 비교대상발명이 이 사건 특허발명의 진보성을 부정하는 선행기술이 되지 못한다고 할 수 없고, 갑 제7호증의 논문 기재 내용으로 인하여 비교대상발명을 신뢰할 수 없다고 할 수도 없으므로, 이에 관한 상고이유의 주장은 모두 이유 없다.(대판 2011.1.13, 2009후1972)

판례 특허출원된 발명이 특허법 제29조 제1항, 제2항에서 정한 특허요건, 즉 신규성과 진보성이 있는지를 판단할 때에는, 특허출원된 발명을 같은 조 제1항 각호에서 정한 발명과 대비하는 전제로서 그 발명의 내용이 확정되어야 한다. 따라서 특허청구범위는 특허출원인이 특허발명으로 보호받고자 하는 사항이 기재된 것이므로, 발명의 내용의 확정은 특별한 사정이 없는 한 특허청구범위에 기재된 사항에 의하여야 하고 발명의 상세한 설명이나 도면 등 명세서의 다른 기재에 의하여 특허청구범위를 제한하거나 확장하여 해석하는 것은 허용되지 않으며, 이러한 법리는 특허출원된 발명의 특허청구범위가 통상적인 구조, 방법, 물질 등이 아니라 기능, 효과, 성질 등의 이른바 기능적 표현으로 기재된 경우에도 마찬가지이다. 따라서 특허출원된 발명의 특허청구범위에 기능, 효과, 성질 등에 의하여 발명을 특정하는 기재가 포함되어 있는 경우에는 특허청구범위에 기재된 사항에 의하여 그러한 기능, 효과, 성질 등을 가지는 모든 발명을 의미하는 것으로 해석하는 것이 원칙이나, 다만, 특허청구범위에 기재된 사항은 발명의 상세한 설명이나 도면 등을 참작하여야 그 기술적 의미를 정확하게 이해할 수 있으므로, 특허청구범위에 기재된 용어가 가지는 특별한 의미가 명세서의 발명의 상세한 설명이나 도면에 정의 또는 설명이 되어 있는 등의 다른 사정이 있는 경우에는 그 용어의 일반적인 의미를 기초로 하면서도 그 용어에 의하여 표현하고자 하는 기술적 의의를 고찰한 다음 용어의 의미를 객관적, 합리적으로 해석하여 발명의 내용을 확정하여야 한다.
(대판 2009.7.23, 2007후4977)

판례 어느 특허발명의 특허청구범위에 기재된 청구항이 복수의 구성요소로 되어 있는 경우에는 각 구성요소가 유기적으로 결합한 전체로서의 기술사상이 진보성 판단의 대상이 되는 것이지 각 구성요소가 독립하여 진보성 판단의 대상이 되는 것은 아니므로, 그 특허발명의 진보성 여부를 판단함에 있어서는 청구항에 기재된 복수의 구성을 분해한 후 각각 분해된 개별 구성요소들이 공지된 것인지 여부만을 따져서는 안 되고, 특유의 과제 해결원리에 기초하여 유기적으로 결합된 전체로서의 구성의 곤란성을 따져 보아야 할 것이며, 이 때 결합된 전체 구성으로서의 발명이 갖는 특유한 효과도 함께 고려하여야 한다.
(대판 2007.9.6, 2005후3284)

판례 **성질이나 특성 등에 의하여 물건을 특정하려고 하는 기재를 포함하는 출원발명의 신규성 및 진보성 판단 기준** : 성질이나 특성 등에 의하여 물건을 특정하려고 하는 기재를 포함하는 출원발명의 신규성 및 진보성을 판단함에 있어서 그 출원발명의 특허청구범위에 기재된 성질 또는 특성이 발명의 내용을 한정하는 사항인 이상, 이를 발명의 구성에서 제외하고 간행물에 실린 발명과 대비할 수 없으며, 다만 간행물에 실린 발명에 그것과 기술적인 표현만 달리할 뿐 실질적으로는 동일·유사한 사항이 있는 경우 등과 같은 사정이 있을 때에 그러한 출원발명의 신규성 및 진보성을 부정할 수 있을 뿐이다.
(대판 2004.4.28, 2001후2207)

판례 **선택발명의 특허요건과 그 효과의 입증방법** : 선행 또는 공지의 발명에 구성요건을 상위개념으로 기재하고 있고 위 상위개념에 포함하는 하위개념만을 구성요건 중의 전부나 일부로 하는 이른바 '선택발명'은, 첫째, 선행발명이 선택발명을 구성하는 하위개념을 구체적으로 개시하지 않고 있으면서, 둘째, 선택발명에 포함하는 하위개념들 모두가 선행발명이 갖는 효과와 질적으로 다른 효과를 갖고 있거나 질적인 차이가 없더라도 양적으로 현저한 차이가 있는 경우에 한하여 특허를 받을 수 있고, 이 때 선택발명의 상세한 설명에는 선행발명에 비하여 위와 같은 효과가 있음을 명확히 기재하면 충분하고, 그 효과의 현저함을 구체적으로 확인할 수 있는 비교실험자료까지 기재하여야 하는 것은 아니며, 만일 그 효과가 의심스러울 때에는 출원일 이후에 출원인이 구체적인 비교실험자료를 제출하는 등의 방법으로 그 효과를 구체적으로 주장·입증하면 된다.(대판 2003.4.25, 2001후2740)

판례 특허출원된 발명이 출원일 당시가 아니라 장래에 산업적으로 이용될 가능성이 있다 하더라도 특허법이 요구하는 산업상 이용가능성의 요건을 충족한다고 하는 법리는 해당 발명의 산업적 실시화가 장래에 있어도 좋다는 의미일 뿐 장래 관련 기술의 발전에 따라 기술적으로 보완되어 장래에 비로소 산업상 이용가능성이 생겨나는 경우까지 포함하는 것은 아니다.(대판 2003.3.14, 2001후2801)

판례 **발명의 진보성 유무의 판단 기준** : 동조제1항제2호, 제2항의 각 규정은 특허출원 전에 국내 또는 국외에서 반포된 간행물에 기재된 발명이나, 선행의 공지기술로부터 용이하게 도출될 수 있는 창작일 때에는 신규성이나 진보성을 결여한 것으로 보고 특허를 받을 수 없도록 하려는 취지인 바, 이와 같은 진보성 유무를 가늠하는 창작의 난이도는 그 기술구성의 차이와 작용효과를 고려하여 판단하여야 하는 것이므로, 특허된 기술의 구성이 선행기술과 차이가 있을 뿐 아니라 그 작용효과에 있어서 선행기술에 비하여 현저하게 향상 진보된 것인 때에는, 기술의 진보발전을 도모하는 특허제도의 목적에 비추어 특허발명의 진보성을 인정하여야 하고, 특허발명의 유리한 효과가 상세한 설명에 기재되어 있지 아니하더라도 그 발명이 속하는 기술분야에서 통상의 지식을 가진 자가 상세한 설명의 기재로부터 유리한 효과를 추론할 수 있을 때에는 진보성 판단을 함에 있어서 그 효과도 참작하여야 한다.
(대판 2002.8.23, 2000후3234)

판례 공지라 함은 다수는 아니라도 불특정다수인이 알 수 있는 상태에 있는 것을 말한다.(대판 1963.2.28, 62후14)

판례 개개의 형상·모양·색채의 사용이 공지에 속한다 하더라도 이를 결합함으로써 새로운 장식적 효과를 발휘하였고 그 결합이 상당한 지능적 고안에 속한다고 볼 수 있을 때에는 이를 신규한 고안이라 하여 보호하여야 할 것이다.(대판 1960.10.27, 4292특상7)

제30조【공지 등이 되지 아니한 발명으로 보는 경우】 ① 특허를 받을 수 있는 권리를 가진 자의 발명이 다음 각 호의 어느 하나에 해당하게 된 경우 그 날부터 12개월 이내에 특허출원을 하면 그 특허출원된 발명에 대하여 제29조제1항 또는 제2항을 적용할 때에는 그 발명은 같은 조 제1항 각 호의 어느 하나에 해당하지 아니한 것으로 본다.

1. 특허를 받을 수 있는 권리를 가진 자에 의하여 그 발명이 제29조제1항 각 호의 어느 하나에 해당하게 된 경우. 다만, 조약 또는 법률에 따라 국내 또는 국외에서 출원공개되거나 등록공고된 경우는 제외한다.
2. 특허를 받을 수 있는 권리를 가진 자의 의사에 반하여 그 발명이 제29조제1항 각 호의 어느 하나에 해당하게 된 경우

② 제1항제1호를 적용받으려는 자는 특허출원서에 그 취지를 적어 출원하여야 하고, 이를 증명할 수 있는 서류를 산업통상자원부령으로 정하는 방법에 따라 특허출원일부터 30일 이내에 특허청장에게 제출하여야 한다.

③ 제2항에도 불구하고 산업통상자원부령으로 정하는 보완수수료를 납부한 경우에는 다음 각 호의 어느 하나에 해당하는 기간에 제1항제1호를 적용받으려는 취지를 적은 서류 또는 이를 증명할 수 있는 서류를 제출할 수 있다.

1. 제47조제1항에 따라 보정할 수 있는 기간
2. 제66조에 따른 특허결정 또는 제176조제1항에 따른 특허거절결정 취소심결(특허등록을 결정한 심결에 한정하되, 재심심결을 포함한다)의 등본을 송달받은 날부터 3개월 이내의 기간. 다만, 제79조에 따른 설정등록을 받으려는 날이 3개월보다 짧은 경우에는 그 날까지의 기간

(2015.1.28 본항신설)
(2014.6.11 본조개정)

참조 규20의2, [심사]57이하, [서류의 원용]규10

판례 **구 특허법 제6조 소정의 "공지" 및 "반포된 간행물"의 의미** : 특허를 받을 수 있는 권리를 가진 자가 특허출원 이전에 출원발명을 간행물에 발표한 경우에 구 특허법(1990. 1. 13. 법률 제4207호로 전문개정되기 전의 것) 제7조 제1항 제1호의 신규성 의제 규정이 적용되기 위하여는 우선 위 간행물에의 발표로 인하여 출원발명이 국내에서 공지되었거나 국내 또는 국외에서 반포된 간행물에 기재된 발명으로 되어야 하고, 여기에서 '공지되었다'고 함은 반드시 불특정다수인에게 인식되었을 필요는 없다 하더라도 적어도 불특정다수인이 인식할 수 있는 상태에 놓여져 있음을 의미하며, '반포된 간행물'이라 함은 불특정다수의 일반 공중이 그 기재내용을 인식할 수 있는 상태에 있는 간행물을 말한다.(대판 1996.6.14, 95후19)

제31조 (2006.3.3 삭제)

제32조【특허를 받을 수 없는 발명】 공공의 질서 또는 선량한 풍속에 어긋나거나 공중의 위생을 해칠 우려가 있는 발명에 대해서는 제29조제1항에도 불구하고 특허를 받을 수 없다.
(2014.6.11 본조개정)

참조 [공공의 질서와 선량한 풍속]민103

제33조【특허를 받을 수 있는 자】 ① 발명을 한 사람 또는 그 승계인은 이 법에서 정하는 바에 따라 특허를 받을 수 있는 권리를 가진다. 다만, 특허청 직원 및 특허심판원 직원은 상속이나 유증(遺贈)의 경우를 제외하고는 재직 중 특허를 받을 수 없다.

② 2명 이상이 공동으로 발명한 경우에는 특허를 받을 수 있는 권리를 공유한다.
(2014.6.11 본조개정)

참조 [권리의 이전·승계]37·38

제34조【무권리자의 특허출원과 정당한 권리자의 보호】 발명자가 아닌 자로서 특허를 받을 수 있는 권리의 승계인이 아닌 자(이하 "무권리자"라 한다)가 한 특허출원이 제33조제1항 본문에 따른 특허를 받을 수 있는 권리를 가지지 아니한 사유로 제62조제2호에 해당하여 특허를 받지 못하게 된 경우에는 그 무권리자의 특허출원 후에 한 정당한 권리자의 특허출원은 무권리자가 특허출원한 때에 특허출원한 것으로 본다. 다만, 무권리자가 특허를 받지 못하게 된 날부터 30일이 지난 후에

정당한 권리자가 특허출원을 한 경우에는 그러하지 아니하다.
(2014.6.11 본조개정)

참조 규31, [특허출원]42, [출원공개]64·65, [기간의 계산]14, 민155이하

제35조 【무권리자의 특허와 정당한 권리자의 보호】 제33조 제1항 본문에 따른 특허를 받을 수 있는 권리를 가지지 아니한 사유로 제133조제1항제2호에 해당하여 특허를 무효로 한다는 심결이 확정된 경우에는 그 무권리자의 특허출원 후에 한 정당한 권리자의 특허출원은 무효로 된 그 특허의 출원 시에 특허출원한 것으로 본다. 다만, 심결이 확정된 날부터 30일이 지난 후에 정당한 권리자가 특허출원을 한 경우에는 그러하지 아니하다.(2016.2.29 단서개정)

참조 규31, [특허를 받을 수 있는 자]33, [기간의 계산]14, 민155이하

제36조 【선출원】 ① 동일한 발명에 대하여 다른 날에 둘 이상의 특허출원이 있는 경우에는 먼저 특허출원한 자만이 그 발명에 대하여 특허를 받을 수 있다.
② 동일한 발명에 대하여 같은 날에 둘 이상의 특허출원이 있는 경우에는 특허출원인 간에 협의하여 정한 하나의 특허출원인만이 그 발명에 대하여 특허를 받을 수 있다. 다만, 협의가 성립하지 아니하거나 협의를 할 수 없는 경우에는 어느 특허출원인도 그 발명에 대하여 특허를 받을 수 없다.
③ 특허출원된 발명과 실용신안등록출원된 고안이 동일한 경우 그 특허출원과 실용신안등록출원이 다른 날에 출원된 것이면 제1항을 준용하고, 그 특허출원과 실용신안등록출원이 같은 날에 출원된 것이면 제2항을 준용한다.
④ 특허출원 또는 실용신안등록출원이 다음 각 호의 어느 하나에 해당하는 경우 그 특허출원 또는 실용신안등록출원은 제1항부터 제3항까지의 규정을 적용할 때에는 처음부터 없었던 것으로 본다. 다만, 제2항 단서(제3항에 따라 준용되는 경우를 포함한다)에 해당하여 그 특허출원 또는 실용신안등록출원에 대하여 거절결정이나 거절한다는 취지의 심결이 확정된 경우에는 그러하지 아니하다.
1. 포기, 무효 또는 취하된 경우
2. 거절결정이나 거절한다는 취지의 심결이 확정된 경우
⑤ 발명자 또는 고안자가 아닌 자로서 특허를 받을 수 있는 권리 또는 실용신안등록을 받을 수 있는 권리의 승계인이 아닌 자가 한 특허출원 또는 실용신안등록출원은 제1항부터 제3항까지의 규정을 적용할 때에는 처음부터 없었던 것으로 본다.
⑥ 특허청장은 제2항의 경우에 특허출원인에게 기간을 정하여 협의의 결과를 신고할 것을 명하고, 그 기간에 신고가 없으면 제2항에 따른 협의는 성립되지 아니한 것으로 본다.
(2014.6.11 본조개정)

참조 규34, [출원]42이하

제37조 【특허를 받을 수 있는 권리의 이전 등】 ① 특허를 받을 수 있는 권리는 이전할 수 있다.
② 특허를 받을 수 있는 권리는 질권의 목적으로 할 수 없다.
③ 특허를 받을 수 있는 권리가 공유인 경우에는 각 공유자는 다른 공유자 모두의 동의를 받아야만 그 지분을 양도할 수 있다.
(2014.6.11 본조개정)

참조 [특허를 받을 수 있는 자]33

제38조 【특허를 받을 수 있는 권리의 승계】 ① 특허출원 전에 이루어진 특허를 받을 수 있는 권리의 승계는 그 승계인이 특허출원을 하여야 제3자에게 대항할 수 있다.
② 동일한 자로부터 동일한 특허를 받을 수 있는 권리를 승계한 자가 둘 이상인 경우 그 승계한 권리에 대하여 같은 날에 둘 이상의 특허출원이 있으면 특허출원인 간에 협의하여 정한 자에게만 승계의 효력이 발생한다.
③ 동일한 자로부터 동일한 발명 및 고안에 대한 특허를 받을 수 있는 권리 및 실용신안등록을 받을 수 있는 권리를 승계한 자가 둘 이상인 경우 그 승계한 권리에 대하여 같은 날에 특허출원 및 실용신안등록출원이 있으면 특허출원인 및 실용신안등록출원인 간에 협의하여 정한 자에게만 승계의 효력이 발생한다.
④ 특허출원 후에는 특허를 받을 수 있는 권리의 승계는 상속, 그 밖의 일반승계의 경우를 제외하고는 특허출원인변경신고를 하여야만 그 효력이 발생한다.
⑤ 특허를 받을 수 있는 권리의 상속, 그 밖의 일반승계가 있는 경우에는 승계인은 지체 없이 그 취지를 특허청장에게 신고하여야 한다.
⑥ 동일한 자로부터 동일한 특허를 받을 수 있는 권리를 승계한 자가 둘 이상인 경우 그 승계한 권리에 대하여 같은 날에 둘 이상의 특허출원인변경신고가 있으면 신고를 한 자 간에 협의하여 정한 자에게만 신고의 효력이 발생한다.
⑦ 제2항·제3항 또는 제6항의 경우에는 제36조제6항을 준용한다.
(2014.6.11 본조개정)

참조 규26·27·34, [상속]민1000이하, [실용신안등록출원]실용신안8

제39조~제40조 (2006.3.3 삭제)

제41조 【국방상 필요한 발명 등】 ① 정부는 국방상 필요한 경우 외국에 특허출원하는 것을 금지하거나 발명자·출원인 및 대리인에게 그 특허출원의 발명을 비밀로 취급하도록 명할 수 있다. 다만, 정부의 허가를 받은 경우에는 외국에 특허출원을 할 수 있다.
② 정부는 특허출원된 발명이 국방상 필요한 경우에는 특허를 하지 아니할 수 있으며, 전시·사변 또는 이에 준하는 비상시에 국방상 필요한 경우에는 특허를 받을 수 있는 권리를 수용할 수 있다.
③ 제1항에 따른 외국에의 특허출원 금지 또는 비밀취급에 따른 손실에 대해서는 정부는 정당한 보상금을 지급하여야 한다.
④ 제2항에 따라 특허하지 아니하거나 수용한 경우에는 정부는 정당한 보상금을 지급하여야 한다.
⑤ 제1항에 따른 외국에의 특허출원 금지 또는 비밀취급명령을 위반한 경우에는 그 발명에 대하여 특허를 받을 수 있는 권리를 포기한 것으로 본다.
⑥ 제1항에 따른 외국에의 특허출원 금지 또는 비밀취급명령을 위반한 경우에는 외국에의 특허출원 금지 또는 비밀취급에 따른 손실보상금의 청구권을 포기한 것으로 본다.
⑦ 제1항에 따른 외국에의 특허출원 금지 및 비밀취급의 절차, 제2항부터 제4항까지의 규정에 따른 수용, 보상금 지급의 절차, 그 밖에 필요한 사항은 대통령령으로 정한다.
(2014.6.11 본조개정)

제42조 【특허출원】 ① 특허를 받으려는 자는 다음 각 호의 사항을 적은 특허출원서를 특허청장에게 제출하여야 한다.
1. 특허출원인의 성명 및 주소(법인인 경우에는 그 명칭 및 영업소의 소재지)
2. 특허출원인의 대리인이 있는 경우에는 그 대리인의 성명 및 주소나 영업소의 소재지〔대리인이 특허법인·특허법인(유한)인 경우에는 그 명칭, 사무소의 소재지 및 지정된 변리사의 성명〕
3. 발명의 명칭
4. 발명자의 성명 및 주소
② 제1항에 따른 특허출원서에는 발명의 설명·청구범위를 적은 명세서와 필요한 도면 및 요약서를 첨부하여야 한다.
③ 제2항에 따른 발명의 설명은 다음 각 호의 요건을 모두 충족하여야 한다.
1. 그 발명이 속하는 기술분야에서 통상의 지식을 가진 사람이 그 발명을 쉽게 실시할 수 있도록 명확하고 상세하게 적을 것
2. 그 발명의 배경이 되는 기술을 적을 것
④ 제2항에 따른 청구범위에는 보호받으려는 사항을 적은 항(이하 "청구항"이라 한다)이 하나 이상 있어야 하며, 그 청구항은 다음 각 호의 요건을 모두 충족하여야 한다.
1. 발명의 설명에 의하여 뒷받침될 것
2. 발명이 명확하고 간결하게 적혀 있을 것
⑤ (2014.6.11 삭제)
⑥ 제2항에 따른 청구범위에는 보호받으려는 사항을 명확히 할 수 있도록 발명을 특정하는 데 필요하다고 인정되는 구조·방법·기능·물질 또는 이들의 결합관계 등을 적어야 한다.
⑦ (2014.6.11 삭제)
⑧ 제2항에 따른 청구범위의 기재방법에 관하여 필요한 사항은 대통령령으로 정한다.
⑨ 제2항에 따른 발명의 설명, 도면 및 요약서의 기재방법 등에 관하여 필요한 사항은 산업통상자원부령으로 정한다.
(2014.6.11 본조개정)

참조 영3·5, 규11·21, [특허를 받을 수 있는 자]33, [특허요건]29, [발명]2, [선출원]36, [분할출원]52, [보정]47·51, [권리범위의 확인심판]135, [국제출원]규74이하

판례 특허권의 권리범위 내지 보호범위는 특허출원서에 첨부한 명세서의 특허청구범위에 기재된 사항에 의하여 정하여지는 것이므로, 발명이 특허를 받을 수 없는 사유가 있는지 여부를 판단함에 있어서 특허청구범위의 기재만으로 권리범위가 명백하게 되는 경우에는 특허청구범위의 기재 자체만을 기초로 하여야 할 것이지 발명의 상세한 설명이나 도면 등 다른 기재에 의하여 특허청구범위를 제한 해석하는 것은 허용되지 않는다.(대판 2009.7.9, 2008후3360)

판례 특허권의 권리범위는 특허청구범위에 기재된 사항에 의하여 정해지는 것이어서 특허청구범위의 기재가 명확하게 이해될 수 있는 경우에 출원명세서상 발명의 상세한 설명이나 첨부된 도면 등에 의하여 특허청구범위를 보완하거나 제한하여 해석할 것은 아니지만, 특허청구범위에 기재된 발명은 원래 출원명세서상 발명의 상세한 설명이나 첨부된 도면을 전혀 참작하지 않는다면 그 기술적인 의미가 정확하게 이해될 수 없는 것이므로, 출원발명에 특허를 받을 수 없는 사유가 있는지 여부를 판단함에 있어서 특허청구범위의 해석은 특허청구범위에 기재된 문언의 일반적인 의미를 기초로 하면서 동시에 출원명세서상 발명의 상세한 설명이나 첨부된 도면을 참작하여 객관적·합리적으로 하여야 한다.(대판 2007.9.21, 2005후520)

판례 의약의 용도발명에 있어서 발명의 특허청구범위의 기재 내용 : 의약의 용도발명에 있어서는 특정 물질이 가지고 있는 의약의 용도가 발명의 구성요건에 해당하므로, 발명의 특허청구범위에는 특정 물질의 의약용도를 대상 질병 또는 약효로 명확히 기재하여야 한다.
(대판 2004.12.23, 2003후1550)

판례 심결취소소송의 심리범위 : 거절사정불복심판청구를 기각하는 심결의 취소소송단계에서 특허청은 심결에서 판단되지 않은 것이라고 하더라도 거절사정의 이유와 다른 새로운 거절이유에 해당하지 않는 한 심결의 결론을 정당하게 하는 사유를 주장·입증할 수 있고, 심결취소소송의 법원은 달리 볼 만한 특별한 사정이 없는 한, 제한없이 이를 심리 판단하여 판결의 기초로 삼을 수 있다.(대판 2003.2.26, 2001후1617)

제42조의2【특허출원일 등】 ① 특허출원일은 명세서 및 필요한 도면을 첨부한 특허출원서가 특허청장에게 도달한 날로 한다. 이 경우 명세서에 청구범위는 적지 아니할 수 있으나, 발명의 설명은 적어야 한다.
② 특허출원인은 제1항 후단에 따라 특허출원서에 최초로 첨부한 명세서에 청구범위를 적지 아니한 경우에는 제64조제1항 각 호의 구분에 따른 날부터 1년 2개월이 되는 날까지 명세서에 청구범위를 적는 보정을 하여야 한다. 다만, 본문에 따른 기한 이전에 제60조제3항에 따른 출원심사 청구의 취지를 통지받은 경우에는 그 통지를 받은 날부터 3개월이 되는 날 또는 제64조제1항 각 호의 구분에 따른 날부터 1년 2개월이 되는 날 중 빠른 날까지 보정을 하여야 한다.
③ 특허출원인이 제2항에 따른 보정을 하지 아니한 경우에는 제2항에 따른 기한이 되는 날의 다음 날에 해당 특허출원을 취하한 것으로 본다.
(2014.6.11 본조신설)

제42조의3【외국어특허출원 등】 ① 특허출원인이 명세서 및 도면(도면 중 설명부분에 한정한다. 이하 제2항 및 제5항에서 같다)을 국어가 아닌 산업통상자원부령으로 정하는 언어로 적겠다는 취지를 특허출원을 할 때 특허출원서에 적은 경우에는 그 언어로 적을 수 있다.
② 특허출원인이 특허출원서에 최초로 첨부한 명세서 및 도면을 제1항에 따른 언어로 적은 특허출원(이하 "외국어특허출원"이라 한다)을 한 경우에는 제64조제1항 각 호의 구분에 따른 날부터 1년 2개월이 되는 날까지 그 명세서 및 도면의 국어번역문을 산업통상자원부령으로 정하는 방법에 따라 제출하여야 한다. 다만, 본문에 따른 기한 이전에 제60조제3항에 따른 출원심사 청구의 취지를 통지받은 경우에는 그 통지를 받은 날부터 3개월이 되는 날 또는 제64조제1항 각 호의 구분에 따른 날부터 1년 2개월이 되는 날 중 빠른 날까지 제출하여야 한다.
③ 제2항에 따라 국어번역문을 제출한 특허출원인은 제2항에 따른 기한 이전에 그 국어번역문을 갈음하여 새로운 국어번역문을 제출할 수 있다. 다만, 다음 각 호의 어느 하나에 해당하는 경우에는 그러하지 아니하다.
1. 명세서 또는 도면을 보정(제5항에 따라 보정한 것으로 보는 경우는 제외한다)한 경우
2. 특허출원인이 출원심사의 청구를 한 경우
④ 특허출원인이 제2항에 따른 명세서의 국어번역문을 제출하지 아니한 경우에는 제2항에 따른 기한이 되는 날의 다음 날에 해당 특허출원을 취하한 것으로 본다.
⑤ 특허출원인이 제2항에 따른 국어번역문 또는 제3항 본문에 따른 새로운 국어번역문을 제출한 경우에는 외국어특허출원의 특허출원서에 최초로 첨부한 명세서 및 도면을 그 국어번역문에 따라 보정한 것으로 본다. 다만, 제3항 본문에 따라 새로운 국어번역문을 제출한 경우에는 마지막 국어번역문(이하 이 조 및 제47조제2항 후단에서 "최종 국어번역문"이라 한다) 전에 제출한 국어번역문에 따라 보정한 것으로 보는 모든 보정은 처음부터 없었던 것으로 본다.
⑥ 특허출원인은 제47조제1항에 따라 보정을 할 수 있는 기간에 최종 국어번역문의 잘못된 번역을 산업통상자원부령으로 정하는 방법에 따라 정정할 수 있다. 이 경우 정정된 국어번역문에 관하여는 제5항을 적용하지 아니한다.
⑦ 제6항 전단에 따라 제47조제1항제1호 또는 제2호에 따른 기간에 정정을 하는 경우에는 마지막 정정 전에 한 모든 정정은 처음부터 없었던 것으로 본다.(2016.2.29 본항신설)
(2014.6.11 본조신설)

제43조【요약서】 제42조제2항에 따른 요약서는 기술정보로서의 용도로 사용하여야 하며, 특허발명의 보호범위를 정하는 데에는 사용할 수 없다.(2014.6.11 본조개정)

제44조【공동출원】 특허를 받을 수 있는 권리가 공유인 경우에는 공유자 모두가 공동으로 특허출원을 하여야 한다.
(2014.6.11 본조개정)

참조 [선출원]36·56, [공유]민262

제45조【하나의 특허출원의 범위】 ① 특허출원은 하나의 발명마다 하나의 특허출원으로 한다. 다만, 하나의 총괄적 발명의 개념을 형성하는 일 군(群)의 발명에 대하여 하나의 특허출원으로 할 수 있다.
② 제1항 단서에 따라 일 군의 발명에 대하여 하나의 특허출원으로 할 수 있는 요건은 대통령령으로 정한다.
(2014.6.11 본조개정)

제46조【절차의 보정】 특허청장 또는 특허심판원장은 특허에 관한 절차가 다음 각 호의 어느 하나에 해당하는 경우에는 기간을 정하여 보정을 명하여야 한다. 이 경우 보정명령을 받은 자는 그 기간에 그 보정명령에 대한 의견서를 특허청장 또는 특허심판원장에게 제출할 수 있다.
1. 제3조제1항 또는 제6조를 위반한 경우
2. 이 법 또는 이 법에 따른 명령으로 정하는 방식을 위반한 경우
3. 제82조에 따라 내야 할 수수료를 내지 아니한 경우
(2014.6.11 본조개정)

참조 규13·13의3·16, [절차의 무효]16

제47조【특허출원의 보정】 ① 특허출원인은 제66조에 따른 특허결정의 등본을 송달하기 전까지 특허출원서에 첨부한 명세서 또는 도면을 보정할 수 있다. 다만, 제63조제1항에 따른 거절이유통지(이하 "거절이유통지"라 한다)를 받은 후에는 다음 각 호의 구분에 따른 기간(제3호의 경우에는 그 때)에만 보정할 수 있다.
1. 거절이유통지(거절이유통지에 대한 보정에 따라 발생한 거절이유에 대한 거절이유통지는 제외한다)를 최초로 받거나 제2호의 거절이유통지가 아닌 거절이유통지를 받은 경우 : 해당 거절이유통지에 따른 의견서 제출기간
2. 거절이유통지(제66조의3제2항에 따른 통지를 한 경우에는 그 통지 전의 거절이유통지는 제외한다)에 대한 보정에 따라 발생한 거절이유에 대하여 거절이유통지를 받은 경우 : 해당 거절이유통지에 따른 의견서 제출기간(2016.2.29 본호개정)
3. 제67조의2에 따른 재심사를 청구하는 경우 : 청구할 때
② 제1항에 따른 명세서 또는 도면의 보정은 특허출원서에 최초로 첨부한 명세서 또는 도면에 기재된 사항의 범위에서 하여야 한다. 이 경우, 외국어특허출원에 대한 보정은 최종 국어번역문(제42조의3제6항 전단에 따른 정정이 있는 경우에는 정정된 국어번역문을 말한다) 또는 특허출원서에 최초로 첨부한 도면(도면 중 설명부분은 제외한다)에 기재된 사항의 범위에서도 하여야 한다.
③ 제1항제2호 및 제3호에 따른 보정 중 청구범위에 대한 보정은 다음 각 호의 어느 하나에 해당하는 경우에만 할 수 있다.

1. 청구항을 한정 또는 삭제하거나 청구항에 부가하여 청구범위를 감축하는 경우
2. 잘못 기재된 사항을 정정하는 경우
3. 분명하지 아니하게 기재된 사항을 명확하게 하는 경우
4. 제2항에 따른 범위를 벗어난 보정에 대하여 그 보정 전 청구범위로 되돌아가거나 되돌아가면서 청구범위를 제1호부터 제3호까지의 규정에 따라 보정하는 경우

④ 제1항제1호 또는 제2호에 따른 기간에 보정을 하는 경우에는 각각의 보정절차에서 마지막 보정 전에 한 모든 보정은 취하된 것으로 본다.
⑤ 외국어특허출원인 경우에는 제1항 본문에도 불구하고 제42조의3제2항에 따라 국어번역문을 제출한 경우에만 명세서 또는 도면을 보정할 수 있다.
(2014.6.11 본조개정)

제48조 (2001.2.3 삭제)

제49조 (2006.3.3 삭제)

제50조 (1997.4.10 삭제)

제51조【보정각하】 ① 심사관은 제47조제1항제2호 및 제3호에 따른 보정이 같은 조 제2항 또는 제3항을 위반하거나 그 보정(같은 조 제3항제1호 및 제4호에 따른 보정 중 청구항을 삭제하는 보정은 제외한다)에 따라 새로운 거절이유가 발생한 것으로 인정하면 결정으로 그 보정을 각하하여야 한다. 다만, 다음 각 호의 어느 하나에 해당하는 보정인 경우에는 그러하지 아니하다.(2016.2.29 단서개정)
1. 제66조의2에 따른 직권보정을 하는 경우 : 그 직권보정 전에 한 보정
2. 제66조의3에 따른 직권 재심사를 하는 경우 : 취소된 특허결정 전에 한 보정
3. 제67조의2에 따른 재심사의 청구가 있는 경우 : 그 청구 전에 한 보정

(2016.2.29 1호~3호신설)
② 제1항에 따른 각하결정은 서면으로 하여야 하며, 그 이유를 붙여야 한다.
③ 제1항에 따른 각하결정에 대해서는 불복할 수 없다. 다만, 제132조의17에 따른 특허거절결정에 대한 심판에서 그 각하결정(제66조의3에 따른 직권 재심사를 하는 경우 취소된 특허결정 전에 한 각하결정과 제67조의2에 따른 재심사의 청구가 있는 경우 그 청구 전에 한 각하결정은 제외한다)에 대하여 다투는 경우에는 그러하지 아니하다.(2016.2.29 단서개정)
(2014.6.11 본조개정)

판례 특허출원인이 거절결정에 대하여 불복심판을 청구하면서 명세서 등에 대한 보정서를 제출하고 거기에서 보정의 적법성에 관하여도 이미 주장한 이상, 그러한 당사자의 의사는 보정된 명세서대로의 특허출원에 등록거절사유가 있는지 여부에 관한 판단을 구하는 것이므로, 비록 특허출원인이 심사전치절차에서의 보정각하결정에 대하여 거절결정 불복심판절차에서 별도로 이를 다툰다는 취지의 서면을 제출하지 아니하였다 하더라도 심결이 있을 때까지 달리 보정의사를 철회하였다고 볼 만한 특별한 사정이 없는 한, 보정의 적법성에 대한 판단도 함께 구하는 것으로 보아 특허법 제51조 제3항 단서의 특허거절결정에 대한 심판에서 특허심사관의 보정 각하결정에 대하여 '다투는 경우'에 해당한다.(대판 2007.6.1, 2007후609)

제52조【분할출원】 ① 특허출원인은 둘 이상의 발명을 하나의 특허출원으로 한 경우에는 그 특허출원의 출원서에 최초로 첨부된 명세서 또는 도면에 기재된 사항의 범위에서 다음 각 호의 어느 하나에 해당하는 기간에 그 일부를 하나 이상의 특허출원으로 분할할 수 있다. 다만, 그 특허출원이 외국어특허출원인 경우에는 그 특허출원에 대한 제42조의3제2항에 따른 국어번역문이 제출된 경우에만 분할할 수 있다.
1. 제47조제1항에 따라 보정을 할 수 있는 기간
2. 특허거절결정등본을 송달받은 날부터 3개월(제15조제1항에 따라 제132조의17에 따른 기간이 연장된 경우 그 연장된 기간을 말한다) 이내의 기간(2021.10.19 본호개정)
3. 제66조에 따른 특허결정 또는 제176조제1항에 따른 특허거절결정 취소심결(특허등록을 결정한 심결에 한정하되, 재심심결을 포함한다)의 등본을 송달받은 날부터 3개월 이내의 기간. 다만, 제79조에 따른 설정등록을 받으려는 날이 3개월보다 짧은 경우에는 그 날까지의 기간(2015.1.28 본호신설)

② 제1항에 따라 분할된 특허출원(이하 "분할출원"이라 한다)이 있는 경우 그 분할출원은 특허출원한 때에 출원한 것으로 본다. 다만, 그 분할출원에 대하여 다음 각 호의 규정을 적용할 경우에는 해당 분할출원을 한 때에 출원한 것으로 본다.
1. 분할출원이 제29조제3항에 따른 다른 특허출원 또는 「실용신안법」 제4조제4항에 따른 특허출원에 해당하여 이 법 제29조제3항 또는 「실용신안법」 제4조제4항을 적용하는 경우
2. 제30조제2항을 적용하는 경우
3. 제54조제3항을 적용하는 경우
4. 제55조제2항을 적용하는 경우

③ 제1항에 따라 분할출원을 하려는 자는 분할출원을 할 때에 특허출원서에 그 취지 및 분할의 기초가 된 특허출원의 표시를 하여야 한다.
④ 분할의 기초가 된 특허출원이 제54조 또는 제55조에 따라 우선권을 주장한 특허출원인 경우에는 제1항에 따라 분할출원을 한 때에 그 분할출원에 대해서도 우선권 주장을 한 것으로 보며, 분할의 기초가 된 특허출원에 대하여 제54조제4항에 따라 제출된 서류 또는 서면이 있는 경우에는 분할출원에 대해서도 해당 서류 또는 서면이 제출된 것으로 본다.(2021.10.19 본항신설)
⑤ 제4항에 따라 우선권을 주장한 것으로 보는 분할출원에 관하여는 제54조제7항 또는 제55조제7항에 따른 기한이 지난 후에도 분할출원을 한 날부터 30일 이내에 그 우선권 주장의 전부 또는 일부를 취하할 수 있다.(2021.10.19 본항신설)
⑥ 분할출원의 경우에 제54조에 따른 우선권을 주장하는 자는 같은 조 제4항에 따른 서류를 같은 조 제5항에 따른 기간이 지난 후에도 분할출원을 한 날부터 3개월 이내에 특허청장에게 제출할 수 있다.
⑦ 분할출원이 외국어특허출원인 경우에는 특허출원인은 제42조의3제2항에 따른 국어번역문 또는 같은 조 제3항 본문에 따른 새로운 국어번역문을 같은 조 제2항에 따른 기한이 지난 후에도 분할출원을 한 날부터 30일이 되는 날까지는 제출할 수 있다. 다만, 제42조의3제3항 각 호의 어느 하나에 해당하는 경우에는 새로운 국어번역문을 제출할 수 없다.
⑧ 특허출원서에 최초로 첨부한 명세서에 청구범위를 적지 아니한 분할출원에 관하여는 제42조의2제2항에 따른 기한이 지난 후에도 분할출원을 한 날부터 30일이 되는 날까지는 명세서에 청구범위를 적는 보정을 할 수 있다.
(2014.6.11 본조개정)

참조 [출원]42이하, 규29·38 [기간의 계산]14, 민155이하

판례 원출원 발명과 분할출원 발명의 동일성 판단 기준 : 원출원 중 일부 발명이 실시례 등의 상세한 설명에 기재된 것으로서 원출원 발명과 다른 하나의 발명으로 볼 수 있는 경우에는 그 일부를 분할출원할 수 있으며, 이 경우 그 동일성 여부의 판단은 특허청구범위에 기재된 양 발명의 기술적 구성이 동일한가 여부에 의하여 판단하되 그 효과도 참작하여야 할 것인바, 기술적 구성에 차이가 있더라도 그 차이가 주지 관용기술의 부가, 삭제, 변경 등으로 새로운 효과의 발생이 없는 정도에 불과하다면 양 발명은 서로 동일하다고 하여야 한다.(대판 2004.3.12, 2002후2778)

제52조의2【분리출원】 ① 특허거절결정을 받은 자는 제132조의17에 따른 심판청구가 기각된 경우 그 심결의 등본을 송달받은 날부터 30일(제186조제5항에 따라 심판장이 부가기간을 정한 경우에는 그 기간을 말한다) 이내에 그 특허출원의 출원서에 최초로 첨부된 명세서 또는 도면에 기재된 사항의 범위에서 그 특허출원의 일부를 새로운 특허출원으로 분리할 수 있다. 이 경우 새로운 특허출원의 청구범위에는 다음 각 호의 어느 하나에 해당하는 청구항만을 적을 수 있다.
1. 그 심판청구의 대상이 되는 특허거절결정에서 거절되지 아니한 청구항
2. 거절된 청구항에서 그 특허거절결정의 기초가 된 선택적 기재사항을 삭제한 청구항
3. 제1호 또는 제2호에 따른 청구항을 제47조제3항 각 호(같은 항 제4호는 제외한다)의 어느 하나에 해당하도록 적은 청구항
4. 제1호부터 제3호까지 중 어느 하나의 청구항에서 그 특허출원의 출원서에 최초로 첨부된 명세서 또는 도면에 기재된 사항의 범위를 벗어난 부분을 삭제한 청구항

② 제1항에 따라 분리된 특허출원(이하 "분리출원"이라 한다)에 관하여는 제52조제2항부터 제5항까지의 규정을 준용한다. 이 경우 "분할"은 "분리"로, "분할출원"은 "분리출원"으로 본다.

③ 분리출원을 하는 경우에는 제42조의2제1항 후단 또는 제42조의3제1항에도 불구하고 특허출원서에 최초로 첨부한 명세서에 청구범위를 적지 아니하거나 명세서 및 도면(도면 중 설명부분에 한정한다)을 국어가 아닌 언어로 적을 수 없다.
④ 분리출원은 새로운 분리출원, 분할출원 또는 「실용신안법」 제10조에 따른 변경출원의 기초가 될 수 없다.
(2021.10.19 본조신설)

제53조【변경출원】 ① 실용신안등록출원인은 그 실용신안등록출원의 출원서에 최초로 첨부된 명세서 또는 도면에 기재된 사항의 범위에서 그 실용신안등록출원을 특허출원으로 변경할 수 있다. 다만, 다음 각 호의 어느 하나에 해당하는 경우에는 그러하지 아니하다.

1. 그 실용신안등록출원에 관하여 최초의 거절결정등본을 송달받은 날부터 3개월(「실용신안법」 제3조에 따라 준용되는 이 법 제15조제1항에 따라 제132조의17에 따른 기간이 연장된 경우에는 그 연장된 기간을 말한다)이 지난 경우 (2021.10.19 본호개정)
2. 그 실용신안등록출원이 「실용신안법」 제8조의3제2항에 따른 외국어실용신안등록출원인 경우로서 변경하여 출원할 때 같은 항에 따른 국어번역문이 제출되지 아니한 경우

(2014.6.11 본항개정)
② 제1항에 따라 변경된 특허출원(이하 "변경출원"이라 한다)이 있는 경우에 그 변경출원은 실용신안등록출원을 한 때에 특허출원한 것으로 본다. 다만, 그 변경출원이 다음 각 호의 어느 하나에 해당하는 경우에는 그러하지 아니하다.

1. 제29조제3항에 따른 다른 특허출원 또는 「실용신안법」 제4조제4항에 따른 특허출원에 해당하여 이 법 제29조제3항 또는 「실용신안법」 제4조제4항을 적용하는 경우
2. 제30조제2항을 적용하는 경우
3. 제54조제3항을 적용하는 경우
4. 제55조제2항을 적용하는 경우

(2014.6.11 본항개정)
③ 제1항에 따라 변경출원을 하려는 자는 변경출원을 할 때 특허출원서에 그 취지 및 변경출원의 기초가 된 실용신안등록출원의 표시를 하여야 한다.(2014.6.11 본항개정)
④ 변경출원이 있는 경우에는 그 실용신안등록출원은 취하된 것으로 본다.(2014.6.11 본항개정)
⑤ (2014.6.11 삭제)
⑥ 변경출원의 경우에 제54조에 따른 우선권을 주장하는 자는 같은 조 제4항에 따른 서류를 같은 조 제5항에 따른 기간이 지난 후에도 변경출원을 한 날부터 3개월 이내에 특허청장에게 제출할 수 있다.(2013.3.22 본항개정)
⑦ 특허출원인은 변경출원이 외국어특허출원인 경우에는 제42조의3제2항에 따른 국어번역문 또는 같은 조 제3항 본문에 따른 새로운 국어번역문을 같은 조 제2항에 따른 기한이 지난 후에도 변경출원을 한 날부터 30일이 되는 날까지는 제출할 수 있다. 다만, 제42조의3제3항 각 호의 어느 하나에 해당하는 경우에는 새로운 국어번역문을 제출할 수 없다.(2014.6.11 본항신설)
⑧ 특허출원인은 특허출원서에 최초로 첨부한 명세서에 청구범위를 적지 아니한 변경출원의 경우 제42조의2제2항에 따른 기한이 지난 후에도 변경출원을 한 날부터 30일이 되는 날까지 명세서에 청구범위를 적는 보정을 할 수 있다.(2014.6.11 본항신설)

제54조【조약에 의한 우선권 주장】 ① 조약에 따라 다음 각 호의 어느 하나에 해당하는 경우에는 제29조 및 제36조를 적용할 때에 그 당사국에 출원한 날을 대한민국에 특허출원한 날로 본다.

1. 대한민국 국민에게 특허출원에 대한 우선권을 인정하는 당사국의 국민이 그 당사국 또는 다른 당사국에 특허출원한 후 동일한 발명을 대한민국에 특허출원하여 우선권을 주장하는 경우
2. 대한민국 국민에게 특허출원에 대한 우선권을 인정하는 당사국에 대한민국 국민이 특허출원한 후 동일한 발명을 대한민국에 특허출원하여 우선권을 주장하는 경우

② 제1항에 따라 우선권을 주장하려는 자는 우선권 주장의 기초가 되는 최초의 출원일부터 1년 이내에 특허출원을 하지 아니하면 우선권을 주장할 수 없다.
③ 제1항에 따라 우선권을 주장하려는 자는 특허출원을 할 때 특허출원서에 그 취지, 최초로 출원한 국가명 및 출원의 연월일을 적어야 한다.
④ 제3항에 따라 우선권을 주장한 자는 제1호의 서류 또는 제2호의 서면을 특허청장에게 제출하여야 한다. 다만, 제2호의 서면은 산업통상자원부령으로 정하는 국가의 경우만 해당한다.

1. 최초로 출원한 국가의 정부가 인증하는 서류로서 특허출원의 연월일을 적은 서면, 발명의 명세서 및 도면의 등본
2. 최초로 출원한 국가의 특허출원의 출원번호 및 그 밖에 출원을 확인할 수 있는 정보 등 산업통상자원부령으로 정하는 사항을 적은 서면

⑤ 제4항에 따른 서류 또는 서면은 다음 각 호에 해당하는 날 중 최우선일(最優先日)부터 1년 4개월 이내에 제출하여야 한다.

1. 조약 당사국에 최초로 출원한 출원일
2. 그 특허출원이 제55조제1항에 따른 우선권 주장을 수반하는 경우에는 그 우선권 주장의 기초가 되는 출원의 출원일
3. 그 특허출원이 제3항에 따른 다른 우선권 주장을 수반하는 경우에는 그 우선권 주장의 기초가 되는 출원의 출원일

⑥ 제3항에 따라 우선권을 주장한 자가 제5항의 기간에 제4항에 따른 서류를 제출하지 아니한 경우에는 그 우선권 주장은 효력을 상실한다.
⑦ 제1항에 따라 우선권 주장을 한 자 중 제2항의 요건을 갖춘 자는 제5항에 따른 최우선일부터 1년 4개월 이내에 해당 우선권 주장을 보정하거나 추가할 수 있다.
(2014.6.11 본조개정)

참조 [서류의 원용]규10 · 25, [조약]헌6, [특허출원]42이하

제55조【특허출원 등을 기초로 한 우선권 주장】 ① 특허를 받으려는 자는 자신이 특허나 실용신안등록을 받을 수 있는 권리를 가진 특허출원 또는 실용신안등록출원으로 먼저 한 출원(이하 "선출원"이라 한다)의 출원서에 최초로 첨부된 명세서 또는 도면에 기재된 발명을 기초로 그 특허출원한 발명에 관하여 우선권을 주장할 수 있다. 다만, 다음 각 호의 어느 하나에 해당하는 경우에는 그러하지 아니하다.

1. 그 특허출원이 선출원의 출원일부터 1년이 지난 후에 출원된 경우
2. 선출원이 제52조제2항(「실용신안법」 제11조에 따라 준용되는 경우를 포함한다)에 따른 분할출원 또는 제52조의2제2항(「실용신안법」 제11조에 따라 준용되는 경우를 포함한다)에 따른 분리출원이거나 제53조제2항 또는 「실용신안법」 제10조제2항에 따른 변경출원인 경우(2021.10.19 본호개정)
3. 그 특허출원을 할 때에 선출원이 포기 · 무효 또는 취하된 경우
4. 그 특허출원을 할 때에 선출원이 설정등록되었거나 특허거절결정, 실용신안등록거절결정 또는 거절한다는 취지의 심결이 확정된 경우(2021.10.19 본호개정)

② 제1항에 따른 우선권을 주장하려는 자는 특허출원을 할 때 특허출원서에 그 취지와 선출원의 표시를 하여야 한다.
③ 제1항에 따른 우선권 주장을 수반하는 특허출원된 발명 중 해당 우선권 주장의 기초가 된 선출원의 출원서에 최초로 첨부된 명세서 또는 도면에 기재된 발명과 같은 발명에 관하여 제29조제1항 · 제2항, 같은 조 제3항 본문, 같은 조 제4항 본문, 제30조제1항, 제36조제1항부터 제3항까지, 제96조제1항제3호, 제98조, 제103조, 제105조제1항 · 제2항, 제129조 및 제136조제5항(제132조의3제3항 또는 제133조의2제4항에 따라 준용되는 경우를 포함한다), 「실용신안법」 제7조제3항 · 제4항 및 제25조, 「디자인보호법」 제95조 및 제103조제3항을 적용할 때에는 그 특허출원은 그 선출원을 한 때에 특허출원한 것으로 본다.
(2016.2.29 본항개정)
④ 제1항에 따른 우선권 주장을 수반하는 특허출원의 출원서에 최초로 첨부된 명세서 또는 도면에 기재된 발명 중 해당 우선권 주장의 기초가 된 선출원의 출원서에 최초로 첨부된 명세서 또는 도면에 기재된 발명과 같은 발명은 그 특허출원이 출원공개되거나 특허가 등록공고되었을 때에 해당 우선권 주장의 기초가 된 선출원에 관하여 출원공개가 된 것으로 보고 제29조제3항 본문, 같은 조 제4항 본문 또는 「실용신안법」 제4조제3항 본문 · 제4항 본문을 적용한다.

⑤ 선출원이 다음 각 호의 어느 하나에 해당하면 그 선출원의 출원서에 최초로 첨부된 명세서 또는 도면에 기재된 발명 중 그 선출원에 관하여 우선권 주장의 기초가 된 출원의 출원서에 최초로 첨부된 명세서 또는 도면에 기재된 발명에 대해서는 제3항과 제4항을 적용하지 아니한다.
1. 선출원이 제1항에 따른 우선권 주장을 수반하는 출원인 경우
2. 선출원이 「공업소유권의 보호를 위한 파리 협약」 제4조D(1)에 따른 우선권 주장을 수반하는 출원인 경우
⑥ 제4항을 적용할 때 선출원이 다음 각 호의 어느 하나에 해당하더라도 제29조제7항을 적용하지 아니한다.
1. 선출원이 제201조제4항에 따라 취하한 것으로 보는 국제특허출원인 경우
2. 선출원이 「실용신안법」 제35조제4항에 따라 취하한 것으로 보는 국제실용신안등록출원인 경우
⑦ 제1항에 따른 요건을 갖추어 우선권 주장을 한 자는 선출원일(선출원이 둘 이상인 경우에는 최선출원일을 말한다)부터 1년 4개월 이내에 그 우선권 주장을 보정하거나 추가할 수 있다.
⑧ 제1항에 따른 우선권 주장의 기초가 된 선출원은 제79조에 따른 설정등록을 받을 수 없다. 다만, 해당 선출원을 기초로 한 우선권 주장이 취하된 경우에는 그러하지 아니하다.
(2021.10.19 본항신설)
(2014.6.11 본조개정)
참조 규13 · 19, [실용신안등록출원]실용신안8, [선출원]36 · 56

제56조【선출원의 취하 등】 ① 제55조제1항에 따른 우선권 주장의 기초가 된 선출원은 그 출원일부터 1년 3개월이 지난 때에 취하된 것으로 본다. 다만, 그 선출원이 다음 각 호의 어느 하나에 해당하는 경우에는 그러하지 아니하다.
1. 포기, 무효 또는 취하된 경우
2. 설정등록되었거나 특허거절결정, 실용신안등록거절결정 또는 거절한다는 취지의 심결이 확정된 경우(2021.10.19 본호개정)
3. 해당 선출원을 기초로 한 우선권 주장이 취하된 경우
② 제55조제1항에 따른 우선권 주장을 수반하는 특허출원의 출원인은 선출원의 출원일부터 1년 3개월이 지난 후에는 그 우선권 주장을 취하할 수 없다.
③ 제55조제1항에 따른 우선권 주장을 수반하는 특허출원이 선출원의 출원일부터 1년 3개월 이내에 취하된 때에는 그 우선권 주장도 동시에 취하된 것으로 본다.
(2014.6.11 본조개정)
참조 [선출원]36

제3장 심 사
(2014.6.11 본장제목개정)

제57조【심사관에 의한 심사】 ① 특허청장은 심사관에게 특허출원을 심사하게 한다.
② 심사관의 자격에 관하여 필요한 사항은 대통령령으로 정한다.
(2014.6.11 본조개정)

제58조【전문기관의 등록 등】 ① 특허청장은 출원인이 특허출원할 때 필요하거나 특허출원을 심사(국제출원에 대한 국제조사 및 국제예비심사를 포함한다)할 때에 필요하다고 인정하면 제2항에 따른 전문기관에 미생물의 기탁 · 분양, 선행기술의 조사, 특허분류의 부여, 그 밖에 대통령령으로 정하는 업무를 의뢰할 수 있다.(2016.12.2 본항개정)
② 제1항에 따라 특허청장이 의뢰하는 업무를 수행하려는 자는 특허청장에게 전문기관의 등록을 하여야 한다.(2016.12.2 본항신설)
③ 특허청장은 제1항의 업무를 효과적으로 수행하기 위하여 필요하다고 인정하는 경우에는 대통령령으로 정하는 전담기관으로 하여금 전문기관 업무에 대한 관리 및 평가에 관한 업무를 대행하게 할 수 있다.(2018.4.17 본항신설)
④ 특허청장은 특허출원의 심사에 필요하다고 인정하는 경우에는 관계 행정기관, 해당 기술분야의 전문기관 또는 특허에 관한 지식과 경험이 풍부한 사람에게 협조를 요청하거나 의견을 들을 수 있다. 이 경우 특허청장은 예산의 범위에서 수당 또는 비용을 지급할 수 있다.
⑤ 제2항에 따른 전문기관의 등록기준, 선행기술의 조사 또는 특허분류의 부여 등의 의뢰에 필요한 사항은 대통령령으로 정한다.(2016.12.2 본항개정)
(2016.12.2 본조제목개정)
(2014.6.11 본조개정)

제58조의2【전문기관 등록의 취소 등】 ① 특허청장은 제58조제2항에 따른 전문기관이 제1호에 해당하는 경우에는 전문기관의 등록을 취소하여야 하며, 제2호 또는 제3호에 해당하는 경우에는 그 등록을 취소하거나 6개월 이내의 기간을 정하여 업무의 전부 또는 일부의 정지를 명할 수 있다.(2016.12.2 본문개정)
1. 거짓이나 그 밖의 부정한 방법으로 등록을 한 경우(2016.12.2 본호개정)
2. 제58조제5항에 따른 등록기준에 맞지 아니하게 된 경우(2018.4.17 본호개정)
3. 전문기관의 임직원이 특허출원 중인 발명(국제출원 중인 발명을 포함한다)에 관하여 직무상 알게 된 비밀을 누설하거나 도용한 경우(2016.2.29 본호신설)
② 특허청장은 제1항에 따라 전문기관의 등록을 취소하거나 업무정지를 명하려면 청문을 하여야 한다.(2016.12.2 본항개정)
③ 제1항에 따른 처분의 세부 기준과 절차 등에 관하여 필요한 사항은 산업통상자원부령으로 정한다.
(2016.12.2 본조제목개정)
(2014.6.11 본조개정)

제59조【특허출원심사의 청구】 ① 특허출원에 대하여 심사청구가 있을 때에만 이를 심사한다.
② 누구든지 특허출원에 대하여 특허출원일부터 3년 이내에 특허청장에게 출원심사의 청구를 할 수 있다. 다만, 특허출원인은 다음 각 호의 어느 하나에 해당하는 경우에는 출원심사의 청구를 할 수 없다.(2016.2.29 본문개정)
1. 명세서에 청구범위를 적지 아니한 경우
2. 제42조의3제2항에 따른 국어번역문을 제출하지 아니한 경우(외국어특허출원의 경우로 한정한다)
③ 제34조 및 제35조에 따른 정당한 권리자의 특허출원, 분할출원, 분리출원 또는 변경출원에 관하여는 제2항에 따른 기간이 지난 후에도 정당한 권리자가 특허출원을 한 날, 분할출원을 한 날, 분리출원을 한 날 또는 변경출원을 한 날부터 각각 30일 이내에 출원심사의 청구를 할 수 있다.(2021.10.19 본항개정)
④ 출원심사의 청구는 취하할 수 없다.
⑤ 제2항 또는 제3항에 따라 출원심사의 청구를 할 수 있는 기간에 출원심사의 청구가 없으면 그 특허출원은 취하한 것으로 본다.
(2014.6.11 본조개정)
참조 규38, [기간의 계산]14, 민155이하

제60조【출원심사의 청구절차】 ① 출원심사의 청구를 하려는 자는 다음 각 호의 사항을 적은 출원심사청구서를 특허청장에게 제출하여야 한다.
1. 청구인의 성명 및 주소(법인인 경우에는 그 명칭 및 영업소의 소재지)
2. 출원심사의 청구대상이 되는 특허출원의 표시
② 특허청장은 출원공개 전에 출원심사의 청구가 있으면 출원공개 시에, 출원공개 후에 출원심사의 청구가 있으면 지체 없이 그 취지를 특허공보에 게재하여야 한다.
③ 특허청장은 특허출원인이 아닌 자로부터 출원심사의 청구가 있으면 그 취지를 특허출원인에게 알려야 한다.
(2014.6.11 본조개정)
참조 영19, 규37, [주소]민18 · 36, 국적법5, [출원공개]64 · 65

제61조【우선심사】 특허청장은 다음 각 호의 어느 하나에 해당하는 특허출원에 대해서는 심사관에게 다른 특허출원에 우선하여 심사하게 할 수 있다.
1. 제64조에 따른 출원공개 후 특허출원인이 아닌 자가 업(業)으로서 특허출원된 발명을 실시하고 있다고 인정되는 경우
2. 대통령령으로 정하는 특허출원으로서 긴급하게 처리할 필요가 있다고 인정되는 경우
3. 대통령령으로 정하는 특허출원으로서 재난의 예방 · 대응 · 복구 등에 필요하다고 인정되는 경우(2020.12.22 본호신설)
(2014.6.11 본조개정)

제62조【특허거절결정】 심사관은 특허출원이 다음 각 호의 어느 하나의 거절이유(이하 "거절이유"라 한다)에 해당하는 경우에는 특허거절결정을 하여야 한다.
1. 제25조 · 제29조 · 제32조 · 제36조제1항부터 제3항까지 또는 제44조에 따라 특허를 받을 수 없는 경우
2. 제33조제1항 본문에 따른 특허를 받을 수 있는 권리를 가지지 아니하거나 같은 항 단서에 따라 특허를 받을 수 없는 경우
3. 조약을 위반한 경우
4. 제42조제3항 · 제4항 · 제8항 또는 제45조에 따른 요건을 갖추지 아니한 경우
5. 제47조제2항에 따른 범위를 벗어난 보정인 경우
6. 제52조제1항에 따른 범위를 벗어난 분할출원 또는 제52조의2제1항에 따른 범위를 벗어나는 분리출원인 경우(2021.10.19 본호개정)
7. 제53조제1항에 따른 범위를 벗어난 변경출원인 경우

(2014.6.11 본조개정)

참조 [특허출원]42이하

제63조【거절이유통지】 ① 심사관은 다음 각 호의 어느 하나에 해당하는 경우 특허출원인에게 거절이유를 통지하고, 기간을 정하여 의견서를 제출할 수 있는 기회를 주어야 한다. 다만, 제51조제1항에 따라 각하결정을 하려는 경우에는 그러하지 아니하다.
1. 제62조에 따라 특허거절결정을 하려는 경우
2. 제66조의3제1항에 따른 직권 재심사를 하여 취소된 특허결정 전에 이미 통지한 거절이유로 특허거절결정을 하려는 경우

(2016.2.29 본항개정)

② 심사관은 청구범위에 둘 이상의 청구항이 있는 특허출원에 대하여 제1항 본문에 따라 거절이유를 통지할 때에는 그 통지서에 거절되는 청구항을 명확히 밝히고, 그 청구항에 관한 거절이유를 구체적으로 적어야 한다.

(2014.6.11 본조개정)

참조 영4, 규48, [기간의 계산]14, 민155이하, 규16, [의견서]규41

제63조의2【특허출원에 대한 정보제공】 특허출원에 관하여 누구든지 그 특허출원이 거절이유에 해당하여 특허될 수 없다는 취지의 정보를 증거와 함께 특허청장에게 제공할 수 있다. 다만, 제42조제3항제2호, 같은 조 제8항 및 제45조에 따른 요건을 갖추지 아니한 경우에는 그러하지 아니하다.(2014.6.11 본조개정)

참조 영19, 규45

제63조의3【외국의 심사결과 제출명령】 심사관은 제54조에 따른 우선권 주장을 수반한 특허출원의 심사에 필요한 경우에는 기간을 정하여 그 우선권 주장의 기초가 되는 출원을 한 국가의 심사결과에 대한 자료(그 심사결과가 없는 경우에는 그 취지를 적은 의견서를 말한다)를 산업통상자원부령으로 정하는 방법에 따라 제출할 것을 특허출원인에게 명할 수 있다.
(2016.2.29 본조신설)

제64조【출원공개】 ① 특허청장은 다음 각 호의 구분에 따른 날부터 1년 6개월이 지난 후 또는 그 전이라도 특허출원인이 신청한 경우에는 산업통상자원부령으로 정하는 바에 따라 그 특허출원에 관하여 특허공보에 게재하여 출원공개를 하여야 한다.
1. 제54조제1항에 따른 우선권 주장을 수반하는 특허출원의 경우 : 그 우선권 주장의 기초가 된 출원일
2. 제55조제1항에 따른 우선권 주장을 수반하는 특허출원의 경우 : 선출원의 출원일
3. 제54조제1항 또는 제55조제1항에 따른 둘 이상의 우선권 주장을 수반하는 특허출원의 경우 : 해당 우선권 주장의 기초가 된 출원일 중 최우선일
4. 제1호부터 제3호까지의 어느 하나에 해당하지 아니하는 특허출원의 경우 : 그 특허출원일

② 제1항에도 불구하고 다음 각 호의 어느 하나에 해당하는 경우에는 출원공개를 하지 아니한다.
1. 명세서에 청구범위를 적지 아니한 경우
2. 제42조의3제2항에 따른 국어번역문을 제출하지 아니한 경우(외국어특허출원의 경우로 한정한다)
3. 제87조제3항에 따라 등록공고를 한 특허의 경우

③ 제41조제1항에 따라 비밀취급된 특허출원의 발명에 대해서는 그 발명의 비밀취급이 해제될 때까지 그 특허출원의 출원공개를 보류하여야 하며, 그 발명의 비밀취급이 해제된 경우에는 지체 없이 제1항에 따라 출원공개를 하여야 한다. 다만, 그 특허출원이 설정등록된 경우에는 출원공개를 하지 아니한다.
④ 제1항의 출원공개에 관하여 출원인의 성명 · 주소 및 출원번호 등 특허공보에 게재할 사항은 대통령령으로 정한다.
(2014.6.11 본조개정)

참조 [특허출원]42이하

제65조【출원공개의 효과】 ① 특허출원인은 출원공개가 있은 후 그 특허출원된 발명을 업으로서 실시한 자에게 특허출원된 발명임을 서면으로 경고할 수 있다.
② 특허출원인은 제1항에 따른 경고를 받거나 제64조에 따라 출원공개된 발명임을 알고 그 특허출원된 발명을 업으로 실시한 자에게 그 경고를 받거나 출원공개된 발명임을 알았을 때부터 특허권의 설정등록을 할 때까지의 기간 동안 그 특허발명의 실시에 대하여 합리적으로 받을 수 있는 금액에 상당하는 보상금의 지급을 청구할 수 있다.(2019.1.8 본항개정)
③ 제2항에 따른 청구권은 그 특허출원된 발명에 대한 특허권이 설정등록된 후에만 행사할 수 있다.
④ 제2항에 따른 청구권의 행사는 특허권의 행사에 영향을 미치지 아니한다.
⑤ 제2항에 따른 청구권을 행사하는 경우에는 제127조 · 제129조 · 제132조 및 「민법」 제760조 · 제766조를 준용한다. 이 경우 「민법」 제766조제1항 중 "피해자나 그 법정대리인이 그 손해 및 가해자를 안 날"은 "해당 특허권의 설정등록일"로 본다.
⑥ 제64조에 따른 출원공개 후 다음 각 호의 어느 하나에 해당하는 경우에는 제2항에 따른 청구권은 처음부터 발생하지 아니한 것으로 본다.
1. 특허출원이 포기 · 무효 또는 취하된 경우
2. 특허출원에 대하여 제62조에 따른 특허거절결정이 확정된 경우
3. 제132조의13제1항에 따른 특허취소결정이 확정된 경우(2016.2.29 본호신설)
4. 제133조에 따른 특허를 무효로 한다는 심결(같은 조 제1항제4호에 따른 경우는 제외한다)이 확정된 경우

(2014.6.11 본조개정)

제66조【특허결정】 심사관은 특허출원에 대하여 거절이유를 발견할 수 없으면 특허결정을 하여야 한다.(2014.6.11 본조개정)

제66조의2【직권보정 등】 ① 심사관은 제66조에 따른 특허결정을 할 때에 특허출원서에 첨부된 명세서, 도면 또는 요약서에 적힌 사항이 명백히 잘못된 경우에는 직권으로 보정(이하 "직권보정"이라 한다)할 수 있다. 이 경우 직권보정은 제47조제2항에 따른 범위에서 하여야 한다.(2021.8.17 후단신설)
② 제1항에 따라 심사관이 직권보정을 하려면 제67조제2항에 따른 특허결정의 등본 송달과 함께 그 직권보정 사항을 특허출원인에게 알려야 한다.
③ 특허출원인은 직권보정 사항의 전부 또는 일부를 받아들일 수 없으면 제79조제1항에 따라 특허료를 낼 때까지 그 직권보정 사항에 대한 의견서를 특허청장에게 제출하여야 한다.
④ 특허출원인이 제3항에 따라 의견서를 제출한 경우 해당 직권보정 사항의 전부 또는 일부는 처음부터 없었던 것으로 본다. 이 경우 그 특허결정도 함께 취소된 것으로 본다. 다만, 특허출원서에 첨부된 요약서에 관한 직권보정 사항의 전부 또는 일부만 처음부터 없었던 것으로 보는 경우에는 그러하지 아니하다.(2016.2.29 본항개정)
⑤ (2016.2.29 삭제)
⑥ 직권보정이 제47조제2항에 따른 범위를 벗어나거나 명백히 잘못되지 아니한 사항을 직권보정한 경우 그 직권보정은 처음부터 없었던 것으로 본다.(2021.8.17 본항신설)
(2016.2.29 본조제목개정)
(2014.6.11 본조개정)

제66조의3【특허결정 이후 직권 재심사】 ① 심사관은 특허결정된 특허출원에 관하여 명백한 거절이유를 발견한 경우에는 직권으로 특허결정을 취소하고, 그 특허출원을 다시 심사

(이하 "직권 재심사"라 한다)할 수 있다. 다만, 다음 각 호의 어느 하나에 해당하는 경우에는 그러하지 아니하다.
1. 거절이유가 제42조제3항제2호, 같은 조 제8항 및 제45조에 따른 요건에 관한 것인 경우
2. 그 특허결정에 따라 특허권이 설정등록된 경우
3. 그 특허출원이 취하되거나 포기된 경우
② 제1항에 따라 심사관이 직권 재심사를 하려면 특허결정을 취소한다는 사실을 특허출원인에게 통지하여야 한다.
③ 특허출원인이 제2항에 따른 통지를 받기 전에 그 특허출원이 제1항제2호 또는 제3호에 해당하게 된 경우에는 특허결정의 취소는 처음부터 없었던 것으로 본다.
(2016.2.29 본조신설)
제67조【특허여부결정의 방식】 ① 특허결정 및 특허거절결정(이하 "특허여부결정"이라 한다)은 서면으로 하여야 하며, 그 이유를 붙여야 한다.
② 특허청장은 특허여부결정이 있는 경우에는 그 결정의 등본을 특허출원인에게 송달하여야 한다.
(2014.6.11 본조개정)
제67조의2【재심사의 청구】 ① 특허출원인은 그 특허출원에 관하여 특허결정의 등본을 송달받은 날부터 제79조에 따른 설정등록을 받기 전까지의 기간 또는 특허거절결정등본을 송달받은 날부터 3개월(제15조제1항에 따라 제132조의17에 따른 기간이 연장된 경우 그 연장된 기간을 말한다) 이내에 그 특허출원의 명세서 또는 도면을 보정하여 해당 특허출원에 관한 재심사(이하 "재심사"라 한다)를 청구할 수 있다. 다만, 다음 각 호의 어느 하나에 해당하는 경우에는 그러하지 아니하다.
(2021.10.19 본문개정)
1. 재심사를 청구할 때에 이미 재심사에 따른 특허여부의 결정이 있는 경우
2. 제132조의17에 따른 심판청구가 있는 경우(제176조제1항에 따라 특허거절결정이 취소된 경우는 제외한다)
3. 그 특허출원이 분리출원인 경우
(2021.10.19 1호~3호신설)
② 특허출원인은 제1항에 따른 재심사의 청구와 함께 의견서를 제출할 수 있다.
③ 제1항에 따라 재심사가 청구된 경우 그 특허출원에 대하여 종전에 이루어진 특허결정 또는 특허거절결정은 취소된 것으로 본다. 다만, 재심사의 청구절차가 제16조제1항에 따라 무효로 된 경우에는 그러하지 아니하다.(2021.10.19 본문개정)
④ 제1항에 따른 재심사의 청구는 취하할 수 없다.
(2014.6.11 본조개정)
제67조의3【특허출원의 회복】 ① 특허출원인이 정당한 사유로 다음 각 호의 어느 하나에 해당하는 기간을 지키지 못하여 특허출원이 취하되거나 특허거절결정이 확정된 것으로 인정되는 경우에는 그 사유가 소멸한 날부터 2개월 이내에 출원심사의 청구 또는 재심사의 청구를 할 수 있다. 다만, 그 기간의 만료일부터 1년이 지난 때에는 그러하지 아니하다.(2021.10.19 본문개정)
1. 제59조제2항 또는 제3항에 따라 출원심사의 청구를 할 수 있는 기간
2. 제67조의2제1항에 따라 재심사의 청구를 할 수 있는 기간
② 제1항에 따른 출원심사의 청구 또는 재심사의 청구가 있는 경우에는 제59조제5항에도 불구하고 그 특허출원은 취하되지 아니한 것으로 보거나 특허거절결정이 확정되지 아니한 것으로 본다.
(2013.3.22 본조신설)
제68조【심판규정의 심사에의 준용】 특허출원의 심사에 관하여는 제148조제1호부터 제5호까지 및 제7호를 준용한다.
(2014.6.11 본조개정)
참조 [포기]119, [거절결정]62
제69조~제77조 (2006.3.3 삭제)
제78조【심사 또는 소송절차의 중지】 ① 특허출원의 심사에 필요한 경우에는 특허취소신청에 대한 결정이나 심결이 확정될 때까지 또는 소송절차가 완결될 때까지 그 심사절차를 중지할 수 있다.(2016.2.29 본항개정)
② 법원은 소송에 필요한 경우에는 특허출원에 대한 특허여부결정이 확정될 때까지 그 소송절차를 중지할 수 있다.
③ 제1항 및 제2항에 따른 중지에 대해서는 불복할 수 없다.
(2014.6.11 본조개정)
제78조의2 (2006.3.3 삭제)

제4장 특허료 및 특허등록 등
(2014.6.11 본장개정)

제79조【특허료】 ① 제87조제1항에 따른 특허권의 설정등록을 받으려는 자는 설정등록을 받으려는 날(이하 "설정등록일"이라 한다)부터 3년분의 특허료를 내야 하고, 특허권자는 그 다음 해부터의 특허료를 해당 권리의 설정등록일에 해당하는 날을 기준으로 매년 1년분씩 내야 한다.
② 제1항에도 불구하고 특허권자는 그 다음 해부터의 특허료는 그 납부연도 순서에 따라 수년분 또는 모든 연도분을 함께 낼 수 있다.
③ 제1항 및 제2항에 따른 특허료, 그 납부방법 및 납부기간, 그 밖에 필요한 사항은 산업통상자원부령으로 정한다.
참조 [등록]85 · 87
제80조【이해관계인에 의한 특허료의 납부】 ① 이해관계인은 특허료를 내야 할 자의 의사와 관계없이 특허료를 낼 수 있다.
② 이해관계인은 제1항에 따라 특허료를 낸 경우에는 내야 할 자가 현재 이익을 얻는 한도에서 그 비용의 상환을 청구할 수 있다.
제81조【특허료의 추가납부 등】 ① 특허권의 설정등록을 받으려는 자 또는 특허권자는 제79조제3항에 따른 납부기간이 지난 후에도 6개월 이내(이하 "추가납부기간"이라 한다)에 특허료를 추가로 낼 수 있다.
② 제1항에 따라 특허료를 추가로 낼 때에는 내야 할 특허료의 2배의 범위에서 산업통상자원부령으로 정하는 금액을 납부하여야 한다.
③ 추가납부기간에 특허료를 내지 아니한 경우(추가납부기간이 끝나더라도 제81조의2제2항에 따른 보전기간이 끝나지 아니한 경우에는 그 보전기간에 보전하지 아니한 경우를 말한다)에는 특허권의 설정등록을 받으려는 자의 특허출원은 포기한 것으로 보며, 특허권자의 특허권은 제79조제1항 또는 제2항에 따라 낸 특허료에 해당되는 기간이 끝나는 날의 다음 날로 소급하여 소멸된 것으로 본다.
제81조의2【특허료의 보전】 ① 특허청장은 특허권의 설정등록을 받으려는 자 또는 특허권자가 제79조제3항 또는 제81조제1항에 따른 기간에 특허료의 일부를 내지 아니한 경우에는 특허료의 보전(補塡)을 명하여야 한다.
② 제1항에 따라 보전명령을 받은 자는 그 보전명령을 받은 날부터 1개월 이내(이하 "보전기간"이라 한다)에 특허료를 보전할 수 있다.
③ 제2항에 따라 특허료를 보전하는 자는 내지 아니한 금액의 2배의 범위에서 산업통상자원부령으로 정한 금액을 내야 한다.
제81조의3【특허료의 추가납부 또는 보전에 의한 특허출원과 특허권의 회복 등】 ① 특허권의 설정등록을 받으려는 자 또는 특허권자가 정당한 사유로 추가납부기간에 특허료를 내지 아니하였거나 보전기간에 보전하지 아니한 경우에는 그 사유가 소멸한 날부터 2개월 이내에 그 특허료를 내거나 보전할 수 있다. 다만, 추가납부기간의 만료일 또는 보전기간의 만료일 중 늦은 날부터 1년이 지난 때에는 그러하지 아니하다.
(2021.10.19 본문개정)
② 제1항에 따라 특허료를 내거나 보전한 자는 제81조제3항에도 불구하고 그 특허출원을 포기하지 아니한 것으로 보며, 그 특허권은 계속하여 존속하고 있던 것으로 본다.
③ 추가납부기간에 특허료를 내지 아니하였거나 보전기간에 보전하지 아니하여 특허발명의 특허권이 소멸한 경우 그 특허권자는 추가납부기간 또는 보전기간 만료일부터 3개월 이내에 제79조에 따른 특허료의 2배를 내고, 그 소멸한 권리의 회복을 신청할 수 있다. 이 경우 그 특허권은 계속하여 존속하고 있던 것으로 본다.

④ 제2항 또는 제3항에 따른 특허출원 또는 특허권의 효력은 추가납부기간 또는 보전기간이 지난 날부터 특허료를 내거나 보전한 날까지의 기간(이하 이 조에서 "효력제한기간"이라 한다) 중에 타인이 특허출원된 발명 또는 특허발명을 실시한 행위에 대해서는 그 효력이 미치지 아니한다.
⑤ 효력제한기간 중 국내에서 선의로 제2항 또는 제3항에 따른 특허출원된 발명 또는 특허발명을 업으로 실시하거나 이를 준비하고 있는 자는 그 실시하거나 준비하고 있는 발명 및 사업목적의 범위에서 그 특허출원된 발명 또는 특허발명에 대한 특허권에 대하여 통상실시권을 가진다.
⑥ 제5항에 따라 통상실시권을 가진 자는 특허권자 또는 전용실시권자에게 상당한 대가를 지급하여야 한다.
⑦ 제1항 본문에 따른 납부나 보전 또는 제3항 전단에 따른 신청에 필요한 사항은 산업통상자원부령으로 정한다.

제82조【수수료】 ① 특허에 관한 절차를 밟는 자는 수수료를 내야 한다.
② 특허출원인이 아닌 자가 출원심사의 청구를 한 후 그 특허출원서에 첨부한 명세서를 보정하여 청구범위에 적은 청구항의 수가 증가한 경우에는 그 증가한 청구항에 관하여 내야 할 심사청구료는 특허출원인이 내야 한다.
③ 제1항에 따른 수수료, 그 납부방법 및 납부기간, 그 밖에 필요한 사항은 산업통상자원부령으로 정한다.
참조 [출원인]42, [심사청구]59

제83조【특허료 또는 수수료의 감면】 ① 특허청장은 다음 각 호의 어느 하나에 해당하는 특허료 및 수수료는 제79조 및 제82조에도 불구하고 면제한다.
1. 국가에 속하는 특허출원 또는 특허권에 관한 수수료 또는 특허료
2. 제133조제1항, 제134조제1항·제2항 또는 제137조제1항에 따른 심사관의 무효심판청구에 대한 수수료
② 특허청장은 다음 각 호의 어느 하나에 해당하는 자가 한 특허출원 또는 그 특허출원하여 받은 특허권에 대해서는 제79조 및 제82조에도 불구하고 산업통상자원부령으로 정하는 특허료 및 수수료를 감면할 수 있다.(2021.8.17 본문개정)
1. 「국민기초생활 보장법」에 따른 의료급여 수급자
2. 「재난 및 안전관리 기본법」 제36조에 따른 재난사태 또는 같은 법 제60조에 따른 특별재난지역으로 선포된 지역에 거주하거나 주된 사무소를 두고 있는 자 중 산업통상자원부령으로 정하는 요건을 갖춘 자
3. 그 밖에 산업통상자원부령으로 정하는 자
(2021.8.17 1호~3호신설)
③ 제2항에 따라 특허료 및 수수료를 감면받으려는 자는 산업통상자원부령으로 정하는 서류를 특허청장에게 제출하여야 한다.
④ 특허청장은 제2항에 따른 특허료 및 수수료 감면을 거짓이나 그 밖의 부정한 방법으로 받은 자에 대하여는 산업통상자원부령으로 정하는 바에 따라 감면받은 특허료 및 수수료의 2배액을 징수할 수 있다. 이 경우 그 출원인 또는 특허권자가 하는 특허출원 또는 그 특허출원하여 받은 특허권에 대해서는 산업통상자원부령으로 정하는 기간 동안 제2항을 적용하지 아니한다.(2021.8.17 본항신설)

제84조【특허료 등의 반환】 ① 납부된 특허료 및 수수료는 다음 각 호의 어느 하나에 해당하는 경우에만 납부한 자의 청구에 의하여 반환한다.
1. 잘못 납부된 특허료 및 수수료
2. 제132조의13제1항에 따른 특허취소결정이나 특허를 무효로 한다는 심결이 확정된 해의 다음 해부터의 특허료 해당분
(2016.2.29 본호개정)
3. 특허권의 존속기간의 연장등록을 무효로 한다는 심결이 확정된 해의 다음 해부터의 특허료 해당분
4. 특허출원(분할출원, 분리출원, 변경출원 및 제61조에 따른 우선심사의 신청을 한 특허출원은 제외한다) 후 1개월 이내에 그 특허출원을 취하하거나 포기한 경우에 이미 낸 수수료 중 특허출원료 및 특허출원의 우선권 주장 신청료(2021.10.19 본호개정)
5. 출원심사의 청구를 한 이후 다음 각 목 중 어느 하나가 있기 전까지 특허출원을 취하(제53조제4항 또는 제56조제1항 본문에 따라 취하된 것으로 보는 경우를 포함한다. 이하 이 조에서 같다)하거나 포기한 경우 이미 낸 심사청구료(2021.8.17 본문개정)
가. 제36조제6항에 따른 협의 결과 신고 명령(동일인에 의한 특허출원에 한정한다)
나. (2021.8.17 삭제)
다. 제63조에 따른 거절이유통지
라. 제67조제2항에 따른 특허결정의 등본 송달
(2015.5.18 본호신설)
5의2. 출원심사의 청구를 한 이후 다음 각 목의 어느 하나에 해당하는 기간 내에 특허출원을 취하하거나 포기한 경우 이미 낸 심사청구료의 3분의 1에 해당하는 금액
가. 제5호가목에 따른 신고 명령 후 신고기간 만료 전까지
나. 제5호다목에 따른 거절이유통지(제47조제1항제1호에 해당하는 경우로 한정한다) 후 의견서 제출기간 만료 전까지
(2021.8.17 본호신설)
6. 특허권을 포기한 해의 다음 해부터의 특허료 해당분
7. 제176조제1항에 따라 특허거절결정 또는 특허권의 존속기간의 연장등록거절결정이 취소된 경우(제184조에 따라 재심의 절차에서 준용되는 경우를 포함하되, 심판 또는 재심 중 제170조제1항에 따라 준용되는 제47조제1항제1호 또는 제2호에 따른 보정이 있는 경우는 제외한다)에 이미 낸 수수료 중 심판청구료(재심의 경우에는 재심청구료를 말한다. 이하 이 조에서 같다)
8. 심판청구가 제141조제2항에 따라 결정으로 각하되고 그 결정이 확정된 경우(제184조에 따라 재심의 절차에서 준용되는 경우를 포함한다)에 이미 낸 심판청구료의 2분의 1에 해당하는 금액
9. 심리의 종결을 통지받기 전까지 제155조제1항에 따른 참가신청을 취하한 경우(제184조에 따라 재심의 절차에서 준용되는 경우를 포함한다)에 이미 낸 수수료 중 참가신청료의 2분의 1에 해당하는 금액
10. 제155조제1항에 따른 참가신청이 결정으로 거부된 경우(제184조에 따라 재심의 절차에서 준용되는 경우를 포함한다)에 이미 낸 수수료 중 참가신청료의 2분의 1에 해당하는 금액
11. 심리의 종결을 통지받기 전까지 심판청구를 취하한 경우(제184조에 따라 재심의 절차에서 준용되는 경우를 포함한다)에 이미 낸 수수료 중 심판청구료의 2분의 1에 해당하는 금액
(2016.3.29 6호~11호신설)
② 특허청장 또는 특허심판원장은 납부된 특허료 및 수수료가 제1항 각 호의 어느 하나에 해당하는 경우에는 그 사실을 납부한 자에게 통지하여야 한다.(2016.3.29 본항개정)
③ 제1항에 따른 특허료 및 수수료의 반환청구는 제2항에 따른 통지를 받은 날부터 5년이 지나면 할 수 없다.(2022.10.18 본항개정)

제85조【특허원부】 ① 특허청장은 특허청에 특허원부를 갖추어 두고 다음 각 호의 사항을 등록한다.
1. 특허권의 설정·이전·소멸·회복·처분의 제한 또는 존속기간의 연장
2. 전용실시권 또는 통상실시권의 설정·보존·이전·변경·소멸 또는 처분의 제한
3. 특허권·전용실시권 또는 통상실시권을 목적으로 하는 질권의 설정·이전·변경·소멸 또는 처분의 제한
② 제1항에 따른 특허원부는 그 전부 또는 일부를 전자적 기록매체 등으로 작성할 수 있다.
③ 제1항 및 제2항에서 규정한 사항 외에 등록사항 및 등록절차 등에 관하여 필요한 사항은 대통령령으로 정한다.
④ 특허발명의 명세서 및 도면, 그 밖에 대통령령으로 정하는 서류는 특허원부의 일부로 본다.
참조 [특허료]79, [등록원부]특허권등의등록령9-12, [등록절차]특허권등의등록령3장

제86조【특허증의 발급】 ① 특허청장은 특허권의 설정등록을 한 경우에는 산업통상자원부령으로 정하는 바에 따라 특허권자에게 특허증을 발급하여야 한다.

② 특허청장은 특허증이 특허원부나 그 밖의 서류와 맞지 아니하면 신청에 따라 또는 직권으로 특허증을 회수하여 정정발급하거나 새로운 특허증을 발급하여야 한다.
③ 특허청장은 다음 각 호의 어느 하나에 해당하는 경우에는 결정, 심결 또는 이전등록에 따른 새로운 특허증을 발급하여야 한다.
1. 특허발명의 명세서 또는 도면의 정정을 인정한다는 취지의 결정 또는 심결이 확정된 경우
2. 제99조의2제2항에 따라 특허권이 이전등록된 경우
(2016.2.29 본항개정)

제5장 특허권
(2014.6.11 본장제목개정)

제87조【특허권의 설정등록 및 등록공고】 ① 특허권은 설정등록에 의하여 발생한다.
② 특허청장은 다음 각 호의 어느 하나에 해당하는 경우에는 특허권을 설정하기 위한 등록을 하여야 한다.
1. 제79조제1항에 따라 특허료를 냈을 때
2. 제81조제1항에 따라 특허료를 추가로 냈을 때
3. 제81조의2제2항에 따라 특허료를 보전하였을 때
4. 제81조의3제1항에 따라 특허료를 내거나 보전하였을 때
5. 제83조제1항제1호 및 같은 조 제2항에 따라 그 특허료가 면제되었을 때
③ 특허청장은 제2항에 따라 등록한 경우에는 다음 각 호의 사항을 특허공보에 게재하여 등록공고를 하여야 한다.
1. 특허권자의 성명 및 주소(법인인 경우에는 그 명칭 및 영업소의 소재지를 말한다)
2. 특허출원번호 및 출원연월일
3. 발명자의 성명 및 주소
4. 특허출원서에 첨부된 요약서
5. 특허번호 및 설정등록연월일
6. 등록공고연월일
7. 제63조제1항 각 호 외의 부분 본문에 따라 통지한 거절이유에 선행기술에 관한 정보(선행기술이 적혀 있는 간행물의 명칭과 그 밖에 선행기술에 관한 정보의 소재지를 말한다)가 포함된 경우 그 정보
8. 그 밖에 대통령령으로 정하는 사항
(2016.2.29 본항개정)
④ 비밀취급이 필요한 특허발명에 대해서는 그 발명의 비밀취급이 해제될 때까지 그 특허의 등록공고를 보류하여야 하며, 그 발명의 비밀취급이 해제된 경우에는 지체 없이 제3항에 따라 등록공고를 하여야 한다.
⑤ (2016.2.29 삭제)
(2014.6.11 본조개정)

참조 [특허권의 효력]94-96, [특허권의 수용]106, [특허번호]규12

제88조【특허권의 존속기간】 ① 특허권의 존속기간은 제87조제1항에 따라 특허권을 설정등록한 날부터 특허출원일 후 20년이 되는 날까지로 한다.
② 정당한 권리자의 특허출원이 제34조 또는 제35조에 따라 특허된 경우에는 제1항의 특허권의 존속기간은 무권리자의 특허출원일의 다음 날부터 기산한다.
(2014.6.11 본조개정)

참조 [특허결정]66, [기간의 계산]14, 민155이하

제89조【허가등에 따른 특허권의 존속기간의 연장】 ① 특허발명을 실시하기 위하여 다른 법령에 따라 허가를 받거나 등록등을 하여야 하고, 그 허가 또는 등록 등(이하 "허가등"이라 한다)을 위하여 필요한 유효성·안전성 등의 시험으로 인하여 장기간이 소요되는 대통령령으로 정하는 발명인 경우에는 제88조제1항에도 불구하고 그 실시할 수 없었던 기간에 대하여 5년의 기간까지 그 특허권의 존속기간(제92조의5제2항에 따라 특허권의 존속기간의 연장이 등록된 경우에는 그 연장된 날까지를 말한다)을 한 차례만 연장할 수 있다. 다만, 허가등을 받은 날부터 14년을 초과하여 연장할 수 없다.(2025.1.21 본항개정)
② 제1항을 적용할 때 허가등을 받은 자에게 책임있는 사유로 소요된 기간은 제1항의 "실시할 수 없었던 기간"에 포함되지 아니한다.
(2014.6.11 본조개정)

참조 영7, 규54, [기간의 계산]14, 민155이하

제90조【허가등에 따른 특허권의 존속기간의 연장등록출원】
① 제89조제1항에 따라 특허권의 존속기간의 연장등록출원을 하려는 자(이하 이 조 및 제91조에서 "연장등록출원인"이라 한다)는 다음 각 호의 사항을 적은 특허권의 존속기간의 연장등록출원서를 특허청장에게 제출하여야 한다.
1. 연장등록출원인의 성명 및 주소(법인인 경우에는 그 명칭 및 영업소의 소재지)
2. 연장등록출원인의 대리인이 있는 경우에는 그 대리인의 성명 및 주소나 영업소의 소재지〔대리인이 특허법인·특허법인(유한)인 경우에는 그 명칭, 사무소의 소재지 및 지정된 변리사의 성명〕
3. 연장대상특허권의 특허번호 및 연장대상청구범위의 표시
4. 연장신청의 기간
5. 제89조제1항에 따른 허가등의 내용
6. 산업통상자원부령으로 정하는 연장이유(이를 증명할 수 있는 자료를 첨부하여야 한다)
② 제1항에 따른 특허권의 존속기간의 연장등록출원은 제89조제1항에 따른 허가등을 받은 날부터 3개월 이내에 출원하여야 한다. 다만, 제88조에 따른 특허권의 존속기간의 만료 전 6개월 이후에는 그 특허권의 존속기간의 연장등록출원을 할 수 없다.
③ 특허권이 공유인 경우에는 공유자 모두가 공동으로 특허권의 존속기간의 연장등록출원을 하여야 한다.
④ 제1항에 따른 특허권의 존속기간의 연장등록출원이 있으면 그 존속기간은 연장된 것으로 본다. 다만, 그 출원에 관하여 제91조의 연장등록거절결정이 확정된 경우에는 그러하지 아니하다.
⑤ 특허청장은 제1항에 따른 특허권의 존속기간의 연장등록출원이 있으면 제1항 각 호의 사항을 특허공보에 게재하여야 한다.
⑥ 연장등록출원인은 특허청장이 연장등록여부결정등본을 송달하기 전까지 연장등록출원서에 적혀 있는 사항 중 제1항제3호부터 제6호까지의 사항(제3호 중 연장대상특허권의 특허번호는 제외한다)에 대하여 보정할 수 있다. 다만, 제93조에 따라 준용되는 거절이유통지를 받은 후에는 해당 거절이유통지에 따른 의견서 제출기간에만 보정할 수 있다.
⑦ 하나의 허가등에 대하여 둘 이상의 특허권이 있는 경우에는 연장등록출원인은 그 중 하나의 특허권에 대해서만 존속기간의 연장등록출원을 하여야 하고, 하나의 허가등에 대하여 둘 이상의 특허권에 대한 존속기간의 연장등록출원이 있는 경우에는 어느 특허권의 존속기간도 연장할 수 없다.(2025.1.21 본항신설)
⑧ 특허권의 존속기간의 연장등록출원이 다음 각 호의 어느 하나에 해당하는 경우 그 출원은 제7항을 적용할 때는 처음부터 없었던 것으로 본다.
1. 포기, 무효 또는 취하된 경우
2. 거절결정이나 거절한다는 취지의 심결이 확정된 경우
(2025.1.21 본항신설)
(2014.6.11 본조개정)

참조 규48·52-54, [대리]6이하, 민114이하, [공유]민262, [기간의 계산]14, 민155이하

제91조【허가등에 따른 특허권의 존속기간의 연장등록거절결정】 심사관은 제90조에 따른 특허권의 존속기간의 연장등록출원이 다음 각 호의 어느 하나에 해당하는 경우에는 그 출원에 대하여 연장등록거절결정을 하여야 한다.
1. 그 특허발명의 실시가 제89조제1항에 따른 허가등을 받을 필요가 있는 것으로 인정되지 아니하는 경우
2. 그 특허권자 또는 그 특허권의 전용실시권이나 등록된 통상실시권을 가진 자가 제89조제1항에 따른 허가등을 받지 아니한 경우
3. 연장신청의 기간이 제89조에 따라 인정되는 연장의 기간을 초과하는 경우(2025.1.21 본호개정)

4. 연장등록출원인이 해당 특허권자가 아닌 경우
5. 제90조제3항을 위반하여 연장등록출원을 한 경우
6. 제90조제7항을 위반하여 하나의 허가등에 대하여 둘 이상의 특허권에 대한 존속기간의 연장등록출원을 한 경우 (2025.1.21 본호신설)

(2014.6.11 본조개정)

참조 [실시권]85·94·100~105·107·126, [기간의 계산]14, 민155이하

제92조【허가등에 따른 특허권의 존속기간의 연장등록결정 등】 ① 심사관은 제90조에 따른 특허권의 존속기간의 연장등록출원에 대하여 제91조 각 호의 어느 하나에 해당하는 사유를 발견할 수 없을 때에는 연장등록결정을 하여야 한다.
② 특허청장은 제1항에 따른 연장등록결정을 한 경우에는 특허권의 존속기간의 연장을 특허원부에 등록하여야 한다.
③ 특허청장은 제2항에 따른 등록을 한 경우에는 다음 각 호의 사항을 특허공보에 게재하여야 한다.
1. 특허권자의 성명 및 주소(법인인 경우에는 그 명칭 및 영업소의 소재지)
2. 특허번호
3. 연장등록의 연월일
4. 연장기간
5. 제89조제1항에 따른 허가등의 내용

(2014.6.11 본조개정)

참조 [특허원부]85

제92조의2【등록지연에 따른 특허권의 존속기간의 연장】 ① 특허출원에 대하여 특허출원일부터 4년과 출원심사 청구일부터 3년 중 늦은 날보다 지연되어 특허권의 설정등록이 이루어지는 경우에는 제88조제1항에도 불구하고 그 지연된 기간만큼 해당 특허권의 존속기간을 연장할 수 있다.
② 제1항의 규정을 적용함에 있어서 출원인으로 인하여 지연된 기간은 제1항에 따른 특허권의 존속기간의 연장에서 제외된다. 다만, 출원인으로 인하여 지연된 기간이 겹치는 경우에는 특허권의 존속기간의 연장에서 제외되는 기간은 출원인으로 인하여 실제 지연된 기간을 초과하여서는 아니된다.
③ 제2항에서 "출원인으로 인하여 지연된 기간"에 관한 사항은 대통령령으로 정한다.
④ 제1항에 따라 특허출원일부터 4년을 기산할 때에는 제34조, 제35조, 제52조제2항, 제52조의2제2항, 제53조제2항, 제199조제1항 및 제214조제4항에도 불구하고 다음 각 호에 해당하는 날을 특허출원일로 본다.(2021.10.19 본문개정)
1. 제34조 또는 제35조에 따른 정당한 권리자의 특허출원의 경우에는 정당한 권리자가 출원을 한 날
2. 제52조에 따른 분할출원의 경우에는 분할출원을 한 날
2의2. 제52조의2에 따른 분리출원의 경우에는 분리출원을 한 날 (2021.10.19 본호신설)
3. 제53조에 따른 변경출원의 경우에는 변경출원을 한 날
4. 제199조제1항에 따라 특허출원으로 보는 국제출원의 경우에는 제203조제1항 각 호의 사항을 기재한 서면을 제출한 날
5. 제214조에 따라 특허출원으로 보는 국제출원의 경우에는 국제출원의 출원인이 제214조제1항에 따라 결정을 신청한 날
6. 제1호부터 제5호까지의 규정 중 어느 하나에 해당되지 아니하는 특허출원에 대하여는 그 특허출원일

(2011.12.2 본조신설)

제92조의3【등록지연에 따른 특허권의 존속기간의 연장등록출원】 ① 제92조의2에 따라 특허권의 존속기간의 연장등록출원을 하려는 자(이하 이 조 및 제92조의4에서 "연장등록출원인"이라 한다)는 다음 각 호의 사항을 적은 특허권의 존속기간의 연장등록출원서를 특허청장에게 제출하여야 한다.
1. 연장등록출원인의 성명 및 주소(법인인 경우에는 그 명칭 및 영업소의 소재지)
2. 연장등록출원인의 대리인이 있는 경우에는 그 대리인의 성명 및 주소나 영업소의 소재지〔대리인이 특허법인·특허법인(유한)인 경우에는 그 명칭, 사무소의 소재지 및 지정된 변리사의 성명〕(2013.7.30 본호개정)
3. 연장 대상 특허권의 특허번호
4. 연장신청의 기간
5. 산업통상자원부령이 정하는 연장이유(이를 증명할 수 있는 자료를 첨부하여야 한다)(2013.3.23 본호개정)
② 제1항에 따른 특허권의 존속기간의 연장등록출원은 특허권의 설정등록일부터 3개월 이내에 출원하여야 한다.
③ 특허권이 공유인 경우에는 공유자 전원이 공동으로 특허권의 존속기간의 연장등록출원을 하여야 한다.
④ 연장등록출원인은 심사관이 특허권의 존속기간의 연장등록 여부결정 전까지 연장등록출원서에 기재된 사항 중 제1항제4호 및 제5호의 사항에 대하여 보정할 수 있다. 다만, 제93조에 따라 준용되는 거절이유통지를 받은 후에는 해당 거절이유통지에 따른 의견서 제출기간에만 보정할 수 있다.

(2011.12.2 본조신설)

제92조의4【등록지연에 따른 특허권의 존속기간의 연장등록거절결정】 심사관은 제92조의3에 따른 특허권의 존속기간의 연장등록출원이 다음 각 호의 어느 하나에 해당하는 경우에는 그 출원에 대하여 연장등록거절결정을 하여야 한다.
1. 연장신청의 기간이 제92조의2에 따라 인정되는 연장의 기간을 초과한 경우
2. 연장등록출원인이 해당 특허권자가 아닌 경우
3. 제92조의3제3항을 위반하여 연장등록출원을 한 경우

(2011.12.2 본조신설)

제92조의5【등록지연에 따른 특허권의 존속기간의 연장등록결정 등】 ① 심사관은 제92조의3에 따른 특허권의 존속기간의 연장등록출원에 대하여 제92조의4 각 호의 어느 하나에 해당하는 사유를 발견할 수 없는 경우에는 연장등록결정을 하여야 한다.
② 특허청장은 제1항의 연장등록결정이 있으면 특허권의 존속기간의 연장을 특허원부에 등록하여야 한다.
③ 제2항에 따른 등록이 있으면 다음 각 호의 사항을 특허공보에 게재하여야 한다.
1. 특허권자의 성명 및 주소(법인인 경우에는 그 명칭 및 영업소의 소재지)
2. 특허번호
3. 연장등록 연월일
4. 연장 기간

(2011.12.2 본조신설)

제93조【준용규정】 특허권의 존속기간의 연장등록출원의 심사에 관하여는 제57조제1항, 제63조, 제67조, 제78조제1항·제3항, 제148조제1호부터 제5호까지 및 같은 조 제7호를 준용한다. 이 경우 제78조제1항 중 "특허취소신청에 대한 결정"은 "제92조의4 및 제92조의5에 따른 연장등록거절결정 또는 연장등록결정"으로, "그 심사절차"는 "허가등에 따른 연장등록출원 심사 절차"로 본다.(2025.1.21 본조개정)

참조 [기간의 계산]14, 규48, 민155이하

제94조【특허권의 효력】 ① 특허권자는 업으로서 특허발명을 실시할 권리를 독점한다. 다만, 그 특허권에 관하여 전용실시권을 설정하였을 때에는 제100조제2항에 따라 전용실시권자가 그 특허발명을 실시할 권리를 독점하는 범위에서는 그러하지 아니하다.
② 특허발명의 실시가 제2조제3호나목에 따른 방법의 사용을 청약하는 행위인 경우 특허권의 효력은 그 방법의 사용이 특허권 또는 전용실시권을 침해한다는 것을 알면서 그 방법의 사용을 청약하는 행위에만 미친다.(2019.12.10 본항신설)

(2014.6.11 본조개정)

참조 [설정등록]85·87, 특허권등의등록령38

제95조【허가등에 따른 존속기간이 연장된 경우의 특허권의 효력】 제90조제4항에 따라 특허권의 존속기간이 연장된 특허권의 효력은 그 연장등록의 이유가 된 허가등의 대상물건(그 허가등에 있어 물건에 대하여 특정의 용도가 정하여져 있는 경우에는 그 용도에 사용되는 물건)에 관한 그 특허발명의 실시 행위에만 미친다.(2014.6.11 본조개정)

제96조【특허권의 효력이 미치지 아니하는 범위】 ① 특허권의 효력은 다음 각 호의 어느 하나에 해당하는 사항에는 미치지 아니한다.
1. 연구 또는 시험(「약사법」에 따른 의약품의 품목허가·품목신고 및 「농약관리법」에 따른 농약의 등록을 위한 연구 또는 시험을 포함한다)을 하기 위한 특허발명의 실시

2. 국내를 통과하는데 불과한 선박·항공기·차량 또는 이에 사용되는 기계·기구·장치, 그 밖의 물건
3. 특허출원을 한 때부터 국내에 있는 물건
② 둘 이상의 의약[사람의 질병의 진단·경감·치료·처치(處置) 또는 예방을 위하여 사용되는 물건을 말한다. 이하 같다]이 혼합되어 제조되는 의약의 발명 또는 둘 이상의 의약을 혼합하여 의약을 제조하는 방법의 발명에 관한 특허권의 효력은 「약사법」에 따른 조제행위와 그 조제에 의한 의약에는 미치지 아니한다.
(2014.6.11 본조개정)
참조 [조제]약사23이하
제97조【특허발명의 보호범위】 특허발명의 보호범위는 청구범위에 적혀 있는 사항에 의하여 정하여진다.(2014.6.11 본조개정)
참조 [특허청구범위]42
판례 특허출원인이 특허청 심사관으로부터 기재불비 및 진보성 흠결을 이유로 한 거절이유통지를 받고서 거절결정을 피하기 위하여 원출원의 특허청구범위를 한정하는 보정을 하면서 원출원발명 중 일부를 별개의 발명으로 분할출원한 경우, 이 분할출원된 발명은 특별한 사정이 없는 한 보정된 발명의 보호범위로부터 의식적으로 제외한 것이라고 보아야 한다.(대판 2008.4.10, 2006다35308)
판례 [1] 특허발명의 권리범위를 판단함에 있어서는 특허청구범위에 기재된 용어의 의미가 명료하더라도, 그 용어로부터 기술적 구성의 구체적인 내용을 알 수 없는 경우에는 그 발명의 상세한 설명과 도면의 기재를 참작하여 그 용어가 표현하고 있는 기술적 구성을 확정하여 특허발명의 권리범위를 정하여야 한다.
[2] 특허발명의 특허청구범위에 기재된 '완충기'라는 용어 자체만으로는 기술적 구성의 구체적인 내용을 알 수 없어 그 '발명의 상세한 설명'의 기재를 참작하여 기술적 구성을 확정한 후 특허발명의 권리범위를 판단한다.
(대판 2007.6.14, 2007후883)
제98조【타인의 특허발명 등과의 관계】 특허권자·전용실시권자 또는 통상실시권자는 특허발명이 그 특허발명의 특허출원일 전에 출원된 타인의 특허발명·등록실용신안 또는 등록디자인이나 그 디자인과 유사한 디자인을 이용하거나 특허권이 그 특허발명의 특허출원일 전에 출원된 타인의 디자인권 또는 상표권과 저촉되는 경우에는 그 특허권자·실용신안권자·디자인권자 또는 상표권자의 허락을 받지 아니하고는 자기의 특허발명을 업으로서 실시할 수 없다.(2014.6.11 본조개정)
제99조【특허권의 이전 및 공유 등】 ① 특허권은 이전할 수 있다.
② 특허권이 공유인 경우에는 각 공유자는 다른 공유자 모두의 동의를 받아야만 그 지분을 양도하거나 그 지분을 목적으로 하는 질권을 설정할 수 있다.
③ 특허권이 공유인 경우에는 각 공유자는 계약으로 특별히 약정한 경우를 제외하고는 다른 공유자의 동의를 받지 아니하고 그 특허발명을 자신이 실시할 수 있다.
④ 특허권이 공유인 경우에는 각 공유자는 다른 공유자 모두의 동의를 받아야만 그 특허권에 대하여 전용실시권을 설정하거나 통상실시권을 허락할 수 있다.
(2014.6.11 본조개정)
참조 [공유]민262
제99조의2【특허권의 이전청구】 ① 특허가 제133조제1항제2호 본문에 해당하는 경우에 특허를 받을 수 있는 권리를 가진 자는 법원에 해당 특허권의 이전(특허를 받을 수 있는 권리가 공유인 경우에는 그 지분의 이전을 말한다)을 청구할 수 있다.
② 제1항의 청구에 기초하여 특허권이 이전등록된 경우에는 다음 각 호의 권리는 그 특허권이 설정등록된 날부터 이전등록을 받은 자에게 있는 것으로 본다.
1. 해당 특허권
2. 제65조제2항에 따른 보상금 지급 청구권
3. 제207조제4항에 따른 보상금 지급 청구권
③ 제1항의 청구에 따라 공유인 특허권의 지분을 이전하는 경우에는 제99조제2항에도 불구하고 다른 공유자의 동의를 받지 아니하더라도 그 지분을 이전할 수 있다.
(2016.2.29 본조신설)
제100조【전용실시권】 ① 특허권자는 그 특허권에 대하여 타인에게 전용실시권을 설정할 수 있다.
② 전용실시권을 설정받은 전용실시권자는 그 설정행위로 정한 범위에서 그 특허발명을 업으로서 실시할 권리를 독점한다.
③ 전용실시권자는 다음 각 호의 경우를 제외하고는 특허권자의 동의를 받아야만 전용실시권을 이전할 수 있다.
1. 전용실시권을 실시사업(實施事業)과 함께 이전하는 경우
2. 상속이나 그 밖의 일반승계의 경우
④ 전용실시권자는 특허권자의 동의를 받아야만 그 전용실시권을 목적으로 하는 질권을 설정하거나 통상실시권을 허락할 수 있다.
⑤ 전용실시권에 관하여는 제99조제2항부터 제4항까지의 규정을 준용한다.
(2014.6.11 본조개정)
참조 [상속]민1005이하, [특허권의 수용]106, [실시권설정의 재정]107
제101조【특허권 및 전용실시권의 등록의 효력】 ① 다음 각 호의 어느 하나에 해당하는 사항은 등록하여야만 효력이 발생한다.
1. 특허권의 이전(상속이나 그 밖의 일반승계에 의한 경우는 제외한다), 포기에 의한 소멸 또는 처분의 제한
2. 전용실시권의 설정·이전(상속이나 그 밖의 일반승계에 의한 경우는 제외한다)·변경·소멸(혼동에 의한 경우는 제외한다) 또는 처분의 제한
3. 특허권 또는 전용실시권을 목적으로 하는 질권의 설정·이전(상속이나 그 밖의 일반승계에 의한 경우는 제외한다)·변경·소멸(혼동에 의한 경우는 제외한다) 또는 처분의 제한
② 제1항 각 호에 따른 특허권·전용실시권 및 질권의 상속이나 그 밖의 일반승계의 경우에는 지체 없이 그 취지를 특허청장에게 신고하여야 한다.
(2014.6.11 본조개정)
참조 [질권]민345이하
제102조【통상실시권】 ① 특허권자는 그 특허권에 대하여 타인에게 통상실시권을 허락할 수 있다.
② 통상실시권자는 이 법에 따라 또는 설정행위로 정한 범위에서 특허발명을 업으로서 실시할 수 있는 권리를 가진다.
③ 제107조에 따른 통상실시권은 실시사업과 함께 이전하는 경우에만 이전할 수 있다.
④ 제138조, 「실용신안법」 제32조 또는 「디자인보호법」 제123조에 따른 통상실시권은 그 통상실시권자의 해당 특허권·실용신안권 또는 디자인권과 함께 이전되고, 해당 특허권·실용신안권 또는 디자인권이 소멸되면 함께 소멸된다.
⑤ 제3항 및 제4항에 따른 통상실시권 외의 통상실시권은 실시사업과 함께 이전하는 경우 또는 상속이나 그 밖의 일반승계의 경우를 제외하고는 특허권자(전용실시권에 관한 통상실시권의 경우에는 특허권자 및 전용실시권자)의 동의를 받아야만 이전할 수 있다.
⑥ 제3항 및 제4항에 따른 통상실시권 외의 통상실시권은 특허권자(전용실시권에 관한 통상실시권의 경우에는 특허권자 및 전용실시권자)의 동의를 받아야만 그 통상실시권을 목적으로 하는 질권을 설정할 수 있다.
⑦ 통상실시권에 관하여는 제99조제2항 및 제3항을 준용한다.
(2014.6.11 본조개정)
참조 [설정등록]87, [특허권의 수용]106, [실시권설정의 재정]107
제103조【선사용에 의한 통상실시권】 특허출원 시에 그 특허출원된 발명의 내용을 알지 못하고 그 발명을 하거나 그 발명을 한 사람으로부터 알게 되어 국내에서 그 발명의 실시사업을 하거나 이를 준비하고 있는 자는 그 실시하거나 준비하고 있는 발명 및 사업목적의 범위에서 그 특허출원된 발명의 특허권에 대하여 통상실시권을 가진다.(2014.6.11 본조개정)
제103조의2【특허권의 이전청구에 따른 이전등록 전의 실시에 의한 통상실시권】 ① 다음 각 호의 어느 하나에 해당하는 자가 제99조의2제2항에 따른 특허권의 이전등록이 있기 전에 해당 특허가 제133조제1항제2호 본문에 해당하는 것을 알지 못하고 국내에서 해당 발명의 실시사업을 하거나 이를 준비하고 있는 경우에는 그 실시하거나 준비를 하고 있는 발명 및 사업목적의 범위에서 그 특허권에 대하여 통상실시권을 가진다.
1. 이전등록된 특허의 원(原)특허권자

2. 이전등록된 특허권에 대하여 이전등록 당시에 이미 전용실시권이나 통상실시권 또는 그 전용실시권에 대한 통상실시권을 취득하고 등록을 받은 자. 다만, 제118조제2항에 따른 통상실시권을 취득한 자는 등록을 필요로 하지 아니한다.

② 제1항에 따라 통상실시권을 가진 자는 이전등록된 특허권자에게 상당한 대가를 지급하여야 한다.

(2016.2.29 본조신설)

제104조【무효심판청구 등록 전의 실시에 의한 통상실시권】 ① 다음 각 호의 어느 하나에 해당하는 자가 특허 또는 실용신안등록에 대한 무효심판청구의 등록 전에 자기의 특허발명 또는 등록실용신안이 무효사유에 해당하는 것을 알지 못하고 국내에서 그 발명 또는 고안의 실시사업을 하거나 이를 준비하고 있는 경우에는 그 실시하거나 준비하고 있는 발명 또는 고안 및 사업목적의 범위에서 그 특허권에 대하여 통상실시권을 가지거나 특허나 실용신안등록이 무효로 된 당시에 존재하는 특허권의 전용실시권에 대하여 통상실시권을 가진다.

1. 동일한 발명에 대한 둘 이상의 특허 중 그 하나의 특허를 무효로 한 경우 그 무효로 된 특허의 원특허권자(2016.2.29 본호개정)
2. 특허발명과 등록실용신안이 동일하여 그 실용신안등록을 무효로 한 경우 그 무효로 된 실용신안등록의 원(原)실용신안권자
3. 특허를 무효로 하고 동일한 발명에 관하여 정당한 권리자에게 특허를 한 경우 그 무효로 된 특허의 원특허권자
4. 실용신안등록을 무효로 하고 그 고안과 동일한 발명에 관하여 정당한 권리자에게 특허를 한 경우 그 무효로 된 실용신안의 원실용신안권자
5. 제1호부터 제4호까지의 경우에 있어서 그 무효로 된 특허권 또는 실용신안권에 대하여 무효심판청구 등록 당시에 이미 전용실시권이나 통상실시권 또는 그 전용실시권에 대한 통상실시권을 취득하고 등록을 받은 자. 다만, 제118조제2항에 따른 통상실시권을 취득한 자는 등록을 필요로 하지 아니한다.

② 제1항에 따라 통상실시권을 가진 자는 특허권자 또는 전용실시권자에게 상당한 대가를 지급하여야 한다.

(2014.6.11 본조개정)

참조 [실시권]100이하, [무효심판]133

제105조【디자인권의 존속기간 만료 후의 통상실시권】 ① 특허출원일 전 또는 특허출원일과 같은 날에 출원되어 등록된 디자인권이 그 특허권과 저촉되는 경우 그 디자인권의 존속기간이 만료될 때에는 그 디자인권자는 그 디자인권의 범위에서 그 특허권에 대하여 통상실시권을 가지거나 그 디자인권의 존속기간 만료 당시 존재하는 그 특허권의 전용실시권에 대하여 통상실시권을 가진다.

② 특허출원일 전 또는 특허출원일과 같은 날에 출원되어 등록된 디자인권이 그 특허권과 저촉되는 경우 그 디자인권의 존속기간이 만료될 때에는 다음 각 호의 어느 하나에 해당하는 권리를 가진 자는 원(原)권리의 범위에서 그 특허권에 대하여 통상실시권을 가지거나 그 디자인권의 존속기간 만료 당시 존재하는 그 특허권의 전용실시권에 대하여 통상실시권을 가진다.

1. 그 디자인권의 존속기간 만료 당시 존재하는 그 디자인권에 대한 전용실시권
2. 그 디자인권이나 그 디자인권에 대한 전용실시권에 대하여 「디자인보호법」 제104조제1항에 따라 효력이 발생한 통상실시권

③ 제2항에 따라 통상실시권을 가진 자는 특허권자 또는 전용실시권자에게 상당한 대가를 지급하여야 한다.

(2014.6.11 본조개정)

참조 [기간의 계산]14, 민155이하

제106조【특허권의 수용】 ① 정부는 특허발명이 전시, 사변 또는 이에 준하는 비상시에 국방상 필요한 경우에는 특허권을 수용할 수 있다.

② 특허권이 수용되는 경우에는 그 특허발명에 관한 특허권 외의 권리는 소멸된다.

③ 정부는 제1항에 따라 특허권을 수용하는 경우에는 특허권자, 전용실시권자 또는 통상실시권자에 대하여 정당한 보상금을 지급하여야 한다.

④ 특허권의 수용 및 보상금의 지급에 필요한 사항은 대통령령으로 정한다.

(2014.6.11 본조개정)

제106조의2【정부 등에 의한 특허발명의 실시】 ① 정부는 특허발명이 국가 비상사태, 극도의 긴급상황 또는 공공의 이익을 위하여 비상업적(非商業的)으로 실시할 필요가 있다고 인정하는 경우에는 그 특허발명을 실시하거나 정부 외의 자에게 실시하게 할 수 있다.

② 정부 또는 제1항에 따른 정부 외의 자는 타인의 특허권이 존재한다는 사실을 알았거나 알 수 있을 때에는 제1항에 따른 실시 사실을 특허권자, 전용실시권자 또는 통상실시권자에게 신속하게 알려야 한다.

③ 정부 또는 제1항에 따른 정부 외의 자는 제1항에 따라 특허발명을 실시하는 경우에는 특허권자, 전용실시권자 또는 통상실시권자에게 정당한 보상금을 지급하여야 한다.

④ 특허발명의 실시 및 보상금의 지급에 필요한 사항은 대통령령으로 정한다.

(2014.6.11 본조개정)

제107조【통상실시권 설정의 재정】 ① 특허발명을 실시하려는 자는 특허발명이 다음 각 호의 어느 하나에 해당하고, 그 특허발명의 특허권자 또는 전용실시권자와 합리적인 조건으로 통상실시권 허락에 관한 협의(이하 이 조에서 "협의"라 한다)를 하였으나 합의가 이루어지지 아니하는 경우 또는 협의를 할 수 없는 경우에는 특허청장에게 통상실시권 설정에 관한 재정(裁定)(이하 "재정"이라 한다)을 청구할 수 있다. 다만, 공공의 이익을 위하여 비상업적으로 실시하려는 경우와 제4호에 해당하는 경우에는 협의 없이도 재정을 청구할 수 있다.

1. 특허발명이 천재지변이나 그 밖의 불가항력 또는 대통령령으로 정하는 정당한 이유 없이 계속하여 3년 이상 국내에서 실시되고 있지 아니한 경우
2. 특허발명이 정당한 이유 없이 계속하여 3년 이상 국내에서 상당한 영업적 규모로 실시되고 있지 아니하거나 적당한 정도와 조건으로 국내수요를 충족시키지 못한 경우
3. 특허발명의 실시가 공공의 이익을 위하여 특히 필요한 경우
4. 사법적 절차 또는 행정적 절차에 의하여 불공정거래행위로 판정된 사항을 바로잡기 위하여 특허발명을 실시할 필요가 있는 경우
5. 자국민 다수의 보건을 위협하는 질병을 치료하기 위하여 의약품(의약품 생산에 필요한 유효성분, 의약품 사용에 필요한 진단키트를 포함한다)을 수입하려는 국가(이하 이 조에서 "수입국"이라 한다)에 그 의약품을 수출할 수 있도록 특허발명을 실시할 필요가 있는 경우

② 특허출원일부터 4년이 지나지 아니한 특허발명에 관하여는 제1항제1호 및 제2호를 적용하지 아니한다.

③ 특허청장은 재정을 하는 경우 청구별로 통상실시권 설정의 필요성을 검토하여야 한다.

④ 특허청장은 제1항제1호부터 제3호까지 또는 제5호에 따른 재정을 하는 경우 재정을 받는 자에게 다음 각 호의 조건을 붙여야 한다.

1. 제1항제1호부터 제3호까지의 규정에 따른 재정의 경우에는 통상실시권을 국내수요충족을 위한 공급을 주목적으로 실시할 것
2. 제1항제5호에 따른 재정의 경우에는 생산된 의약품 전량을 수입국에 수출할 것

⑤ 특허청장은 재정을 하는 경우 상당한 대가가 지급될 수 있도록 하여야 한다. 이 경우 제1항제4호 또는 제5호에 따른 재정을 하는 경우에는 다음 각 호의 사항을 대가 결정에 고려할 수 있다.

1. 제1항제4호에 따른 재정의 경우에는 불공정거래행위를 바로잡기 위한 취지
2. 제1항제5호에 따른 재정의 경우에는 그 특허발명을 실시함으로써 발생하는 수입국에서의 경제적 가치

⑥ 반도체 기술에 대해서는 제1항제3호(공공의 이익을 위하여 비상업적으로 실시하는 경우만 해당한다) 또는 제4호의 경우에만 재정을 청구할 수 있다.

⑦ 수입국은 세계무역기구회원국 중 세계무역기구에 다음 각 호의 사항을 통지한 국가 또는 세계무역기구회원국이 아닌 국가 중 대통령령으로 정하는 국가로서 다음 각 호의 사항을 대한민국정부에 통지한 국가의 경우만 해당한다.
1. 수입국이 필요로 하는 의약품의 명칭과 수량
2. 국제연합총회의 결의에 따른 최빈개발도상국이 아닌 경우 해당 의약품의 생산을 위한 제조능력이 없거나 부족하다는 수입국의 확인
3. 수입국에서 해당 의약품이 특허된 경우 강제적인 실시를 허락하였거나 허락할 의사가 있다는 그 국가의 확인
⑧ 제1항제5호에 따른 의약품은 다음 각 호의 어느 하나에 해당하는 것으로 한다.
1. 특허된 의약품
2. 특허된 제조방법으로 생산된 의약품
3. 의약품 생산에 필요한 특허된 유효성분
4. 의약품 사용에 필요한 특허된 진단키트
⑨ 재정을 청구하는 자가 제출하여야 하는 서류, 그 밖에 재정에 관하여 필요한 사항은 대통령령으로 정한다.
(2014.6.11 본조개정)
제108조【답변서의 제출】 특허청장은 재정의 청구가 있으면 그 청구서의 부본(副本)을 그 청구에 관련된 특허권자 · 전용실시권자, 그 밖에 그 특허에 관하여 등록을 한 권리를 가지는 자에게 송달하고, 기간을 정하여 답변서를 제출할 수 있는 기회를 주어야 한다.(2014.6.11 본조개정)
제109조【산업재산권분쟁조정위원회 및 관계 부처의 장의 의견청취】 특허청장은 재정을 할 때 필요하다고 인정하는 경우에는 「발명진흥법」 제41조에 따른 산업재산권분쟁조정위원회(이하 "조정위원회"라 한다) 및 관계 부처의 장의 의견을 들을 수 있고, 관계 행정기관이나 관계인에게 협조를 요청할 수 있다.
(2021.8.17 본조개정)
제110조【재정의 방식 등】 ① 재정은 서면으로 하고, 그 이유를 구체적으로 적어야 한다.
② 제1항에 따른 재정에는 다음 각 호의 사항을 구체적으로 적어야 한다.
1. 통상실시권의 범위 및 기간
2. 대가와 그 지급방법 및 지급시기
3. 제107조제1항제5호에 따른 재정의 경우에는 그 특허발명의 특허권자 · 전용실시권자 또는 통상실시권자(재정에 따른 경우는 제외한다)가 공급하는 의약품과 외관상 구분할 수 있는 포장 · 표시 및 재정에서 정한 사항을 공시할 인터넷 주소
4. 그 밖에 재정을 받은 자가 그 특허발명을 실시할 경우 법령 또는 조약에 따른 내용을 이행하기 위하여 필요한 준수사항
③ 특허청장은 정당한 사유가 있는 경우를 제외하고는 재정청구일부터 6개월 이내에 재정에 관한 결정을 하여야 한다.
④ 제107조제1항제5호에 따른 재정청구가 같은 조 제7항 및 제8항에 해당하고 같은 조 제9항에 따른 서류가 모두 제출된 경우에는 특허청장은 정당한 사유가 있는 경우를 제외하고는 통상실시권 설정의 재정을 하여야 한다.
(2014.6.11 본조개정)
제111조【재정서등본의 송달】 ① 특허청장은 재정을 한 경우에는 당사자 및 그 특허에 관하여 등록을 한 권리를 가지는 자에게 재정서등본을 송달하여야 한다.
② 제1항에 따라 당사자에게 재정서등본이 송달되었을 때에는 재정서에 적혀 있는 바에 따라 당사자 사이에 협의가 이루어진 것으로 본다.
(2014.6.11 본조개정)
제111조의2【재정서의 변경】 ① 재정을 받은 자는 재정서에 적혀 있는 제110조제2항제3호의 사항에 관하여 변경이 필요하면 그 원인을 증명하는 서류를 첨부하여 특허청장에게 변경청구를 할 수 있다.
② 특허청장은 제1항에 따른 청구가 이유있다고 인정되면 재정서에 적혀 있는 사항을 변경할 수 있다. 이 경우 이해관계인의 의견을 들어야 한다.
③ 제2항의 경우에 관하여는 제111조를 준용한다.
(2014.6.11 본조개정)
제112조【대가의 공탁】 제110조제2항제2호에 따른 대가를 지급하여야 하는 자는 다음 각 호의 어느 하나에 해당하는 경우에는 그 대가를 공탁(供託)하여야 한다.
1. 대가를 받을 자가 수령을 거부하거나 수령할 수 없는 경우
2. 대가에 대하여 제190조제1항에 따른 소송이 제기된 경우
3. 해당 특허권 또는 전용실시권을 목적으로 하는 질권이 설정되어 있는 경우. 다만, 질권자의 동의를 받은 경우에는 그러하지 아니하다.
(2014.6.11 본조개정)
참조 [공탁]공탁4
제113조【재정의 실효】 재정을 받은 자가 제110조제2항제2호에 따른 지급시기까지 대가(대가를 정기 또는 분할하여 지급할 경우에는 최초의 지급분)를 지급하지 아니하거나 공탁을 하지 아니한 경우에는 그 재정은 효력을 잃는다.(2014.6.11 본조개정)
제114조【재정의 취소】 ① 특허청장은 재정을 받은 자가 다음 각 호의 어느 하나에 해당하는 경우에는 이해관계인의 신청에 따라 또는 직권으로 그 재정을 취소할 수 있다. 다만, 제2호의 경우에는 재정을 받은 통상실시권자의 정당한 이익이 보호될 수 있는 경우로 한정한다.
1. 재정을 받은 목적에 적합하도록 그 특허발명을 실시하지 아니한 경우
2. 통상실시권을 재정한 사유가 없어지고 그 사유가 다시 발생하지 아니할 것이라고 인정되는 경우
3. 정당한 사유 없이 재정서에 적혀 있는 제110조제2항제3호 또는 제4호의 사항을 위반하였을 경우
② 제1항의 경우에 관하여는 제108조 · 제109조 · 제110조제1항 및 제111조제1항을 준용한다.
③ 제1항에 따라 재정이 취소되면 통상실시권은 그때부터 소멸된다.
(2014.6.11 본조개정)
제115조【재정에 대한 불복이유의 제한】 재정에 대하여 「행정심판법」에 따라 행정심판을 제기하거나 「행정소송법」에 따라 취소소송을 제기하는 경우에는 그 재정으로 정한 대가는 불복이유로 할 수 없다.(2014.6.11 본조개정)
제116조 (2011.12.2 삭제)
제117조 (2001.2.3 삭제)
제118조【통상실시권의 등록의 효력】 ① 통상실시권을 등록한 경우에는 그 등록 후에 특허권 또는 전용실시권을 취득한 자에 대해서도 그 효력이 발생한다.
② 제81조의3제5항, 제103조부터 제105조까지, 제122조, 제182조, 제183조 및 「발명진흥법」 제10조제1항에 따른 통상실시권은 등록이 없더라도 제1항에 따른 효력이 발생한다.
③ 통상실시권의 이전 · 변경 · 소멸 또는 처분의 제한, 통상실시권을 목적으로 하는 질권의 설정 · 이전 · 변경 · 소멸 또는 처분의 제한은 이를 등록하여야만 제3자에게 대항할 수 있다.
(2014.6.11 본조개정)
참조 [등록]85 · 87
제119조【특허권 등의 포기의 제한】 ① 특허권자는 다음 각 호의 모두의 동의를 받아야만 특허권을 포기할 수 있다.
1. 전용실시권자
2. 질권자
3. 제100조제4항에 따른 통상실시권자
4. 제102조제1항에 따른 통상실시권자
5. 「발명진흥법」 제10조제1항에 따른 통상실시권자
② 전용실시권자는 질권자 또는 제100조제4항에 따른 통상실시권자의 동의를 받아야만 전용실시권을 포기할 수 있다.
③ 통상실시권자는 질권자의 동의를 받아야만 통상실시권을 포기할 수 있다.
(2014.6.11 본조개정)
제120조【포기의 효과】 특허권 · 전용실시권 또는 통상실시권을 포기한 때에는 특허권 · 전용실시권 또는 통상실시권은 그때부터 소멸된다.(2014.6.11 본조개정)
제121조【질권】 특허권 · 전용실시권 또는 통상실시권을 목적으로 하는 질권을 설정하였을 때에는 질권자는 계약으로 특별히 정한 경우를 제외하고는 해당 특허발명을 실시할 수 없다.
(2014.6.11 본조개정)
참조 [질권]민345이하

제122조【질권행사 등으로 인한 특허권의 이전에 따른 통상실시권】 특허권자(공유인 특허권을 분할청구한 경우에는 분할청구를 한 공유자를 제외한 나머지 공유자를 말한다)는 특허권을 목적으로 하는 질권설정 또는 공유인 특허권의 분할청구 이전에 그 특허발명을 실시하고 있는 경우에는 그 특허권이 경매 등에 의하여 이전되더라도 그 특허발명에 대하여 통상실시권을 가진다. 이 경우 특허권자는 경매 등에 의하여 특허권을 이전받은 자에게 상당한 대가를 지급하여야 한다.
(2021.10.19 본조개정)

제123조【질권의 물상대위】 질권은 이 법에 따른 보상금이나 특허발명의 실시에 대하여 받을 대가나 물건에 대해서도 행사할 수 있다. 다만, 그 보상금 등의 지급 또는 인도 전에 압류하여야 한다.(2014.6.11 본조개정)

참조 [물상대위]민342

제124조【상속인이 없는 경우 등의 특허권 소멸】 ① 특허권의 상속이 개시된 때 상속인이 없는 경우에는 그 특허권은 소멸된다.
② 청산절차가 진행 중인 법인의 특허권은 법인의 청산종결등기일(청산종결등기가 되었더라도 청산사무가 사실상 끝나지 아니한 경우에는 청산사무가 사실상 끝난 날과 청산종결등기일부터 6개월이 지난 날 중 빠른 날로 한다. 이하 이 항에서 같다)까지 그 특허권의 이전등록을 하지 아니한 경우에는 청산종결등기일의 다음 날에 소멸한다.(2016.2.29 본항신설)
(2016.2.29 본조제목개정)
(2014.6.11 본조개정)

참조 규55, [상속]민1000이하

제125조【특허실시보고】 특허청장은 특허권자·전용실시권자 또는 통상실시권자에게 특허발명의 실시 여부 및 그 규모 등에 관하여 보고하게 할 수 있다.(2014.6.11 본조개정)

제125조의2【대가 및 보상금액에 대한 집행권원】 이 법에 따라 특허청장이 정한 대가와 보상금액에 관하여 확정된 결정은 집행력 있는 집행권원(執行權原)과 같은 효력을 가진다. 이 경우 집행력 있는 정본은 특허청 소속 공무원이 부여한다.
(2014.6.11 본조개정)

제6장 특허권자의 보호
(2014.6.11 본장개정)

제126조【권리침해에 대한 금지청구권 등】 ① 특허권자 또는 전용실시권자는 자기의 권리를 침해한 자 또는 침해할 우려가 있는 자에 대하여 그 침해의 금지 또는 예방을 청구할 수 있다.
② 특허권자 또는 전용실시권자가 제1항에 따른 청구를 할 때에는 침해행위를 조성한 물건(물건을 생산하는 방법의 발명인 경우에는 침해행위로 생긴 물건을 포함한다)의 폐기, 침해행위에 제공된 설비의 제거, 그 밖에 침해의 예방에 필요한 행위를 청구할 수 있다.

참조 [침해죄]225

제126조의2【구체적 행위태양 제시 의무】 ① 특허권 또는 전용실시권 침해소송에서 특허권자 또는 전용실시권자가 주장하는 침해행위의 구체적 행위태양을 부인하는 당사자는 자기의 구체적 행위태양을 제시하여야 한다.
② 법원은 당사자가 제1항에도 불구하고 자기의 구체적 행위태양을 제시할 수 없는 정당한 이유가 있다고 주장하는 경우에는 그 주장의 당부를 판단하기 위하여 그 당사자에게 자료의 제출을 명할 수 있다. 다만, 그 자료의 소지자가 그 자료의 제출을 거절할 정당한 이유가 있으면 그러하지 아니하다.
③ 제2항에 따른 자료제출명령에 관하여는 제132조제2항 및 제3항을 준용한다. 이 경우 제132조제3항 중 "침해의 증명 또는 손해액의 산정에 반드시 필요한 때"를 "구체적 행위태양을 제시할 수 없는 정당한 이유의 유무 판단에 반드시 필요한 때"로 한다.
④ 당사자가 정당한 이유 없이 자기의 구체적 행위태양을 제시하지 않는 경우에는 법원은 특허권자 또는 전용실시권자가 주장하는 침해행위의 구체적 행위태양을 진실한 것으로 인정할 수 있다.
(2019.1.8 본조신설)

제127조【침해로 보는 행위】 다음 각 호의 구분에 따른 행위를 업으로서 하는 경우에는 특허권 또는 전용실시권을 침해한 것으로 본다.
1. 특허가 물건의 발명인 경우 : 그 물건의 생산에만 사용하는 물건을 생산·양도·대여·수출 또는 수입하거나 그 물건의 양도 또는 대여의 청약을 하는 행위
2. 특허가 방법의 발명인 경우 : 그 방법의 실시에만 사용하는 물건을 생산·양도·대여·수출 또는 수입하거나 그 물건의 양도 또는 대여의 청약을 하는 행위

(2025.1.21 1호~2호개정)

판례 간접침해에 관하여 규정하고 있는 특허법 제127조 제1호 규정은 발명의 모든 구성요소를 가진 물건을 실시한 것이 아니고 그 전 단계에 있는 행위를 하였더라도 발명의 모든 구성요소를 가진 물건을 실시하게 될 개연성이 큰 경우에는 장래의 특허권 침해에 대한 권리 구제의 실효성을 높이기 위하여 일정한 요건 아래 이를 특허권의 침해로 간주하더라도 특허권이 부당하게 확장되지 않는다고 본 것이라고 이해된다. 위 조항의 문언과 그 취지에 비추어 볼 때, 여기서 말하는 '생산'이란 발명의 구성요소 일부를 결여한 물건을 사용하여 발명의 모든 구성요소를 가진 물건을 새로 만들어내는 모든 행위를 의미하므로, 공업적 생산에 한하지 않고 가공, 조립 등의 행위도 포함된다. 나아가 '특허 물건의 생산에만 사용하는 물건'에 해당하기 위하여는 사회통념상 통용되고 승인될 수 있는 경제적, 상업적 내지 실용적인 다른 용도가 없어야 하고, 이와 달리 단순히 특허 물건 이외의 물건에 사용될 이론적, 실험적 또는 일시적인 사용가능성이 있는 정도에 불과한 경우에는 간접침해의 성립을 부정할 만한 다른 용도가 있다고 할 수 없다.
(대판 2009.9.10, 2007후3356)

제128조【손해배상청구권 등】 ① 특허권자 또는 전용실시권자는 고의 또는 과실로 자기의 특허권 또는 전용실시권을 침해한 자에 대하여 침해로 인하여 입은 손해의 배상을 청구할 수 있다.(2016.3.29 본항신설)
② 제1항에 따라 손해배상을 청구하는 경우 그 권리를 침해한 자가 그 침해행위를 하게 한 물건을 양도하였을 때에는 다음 각 호에 해당하는 금액의 합계액을 특허권자 또는 전용실시권자가 입은 손해액으로 할 수 있다.
1. 그 물건의 양도수량(특허권자 또는 전용실시권자가 그 침해행위 외의 사유로 판매할 수 없었던 사정이 있는 경우에는 그 침해행위 외의 사유로 판매할 수 없었던 수량을 뺀 수량) 중 특허권자 또는 전용실시권자가 생산할 수 있었던 물건의 수량에서 실제 판매한 물건의 수량을 뺀 수량을 넘지 않는 수량에 특허권자 또는 전용실시권자가 그 침해행위가 없었다면 판매할 수 있었던 물건의 단위수량당 이익액을 곱한 금액
2. 그 물건의 양도수량 중 특허권자 또는 전용실시권자가 생산할 수 있었던 물건의 수량에서 실제 판매한 물건의 수량을 뺀 수량을 넘는 수량 또는 그 침해행위 외의 사유로 판매할 수 없었던 수량이 있는 경우 이들 수량(특허권자 또는 전용실시권자가 그 특허권자의 특허권에 대한 전용실시권의 설정, 통상실시권의 허락 또는 그 전용실시권자의 전용실시권에 대한 통상실시권의 허락을 할 수 있었다고 인정되지 않는 경우에는 해당 수량을 뺀 수량)에 대해서는 특허발명의 실시에 대하여 합리적으로 받을 수 있는 금액

(2020.6.9 본항개정)
③ (2020.6.9 삭제)
④ 제1항에 따라 손해배상을 청구하는 경우 특허권 또는 전용실시권을 침해한 자가 그 침해행위로 인하여 얻은 이익액을 특허권자 또는 전용실시권자가 입은 손해액으로 추정한다.
⑤ 제1항에 따라 손해배상을 청구하는 경우 그 특허발명의 실시에 대하여 합리적으로 받을 수 있는 금액을 특허권자 또는 전용실시권자가 입은 손해액으로 하여 손해배상을 청구할 수 있다.(2019.1.8 본항개정)
⑥ 제5항에도 불구하고 손해액이 같은 항에 따른 금액을 초과하는 경우에는 그 초과액에 대해서도 손해배상을 청구할 수 있다. 이 경우 특허권 또는 전용실시권을 침해한 자에게 고의 또는 중대한 과실이 없을 때에는 법원은 손해배상액을 산정할 때 그 사실을 고려할 수 있다.
⑦ 법원은 특허권 또는 전용실시권의 침해에 관한 소송에서 손해가 발생된 것은 인정되나 그 손해액을 증명하기 위하여 필요한 사실을 증명하는 것이 해당 사실의 성질상 극히 곤란한 경우에는 제2항부터 제6항까지의 규정에도 불구하고 변론 전체

의 취지와 증거조사의 결과에 기초하여 상당한 손해액을 인정할 수 있다.
⑧ 법원은 타인의 특허권 또는 전용실시권을 침해한 행위가 고의적인 것으로 인정되는 경우에는 제1항에도 불구하고 제2항부터 제7항까지의 규정에 따라 손해로 인정된 금액의 5배를 넘지 아니하는 범위에서 배상액을 정할 수 있다.(2024.2.20 본항개정)
⑨ 제8항에 따른 배상액을 판단할 때에는 다음 각 호의 사항을 고려하여야 한다.
1. 침해행위를 한 자의 우월적 지위 여부
2. 고의 또는 손해 발생의 우려를 인식한 정도
3. 침해행위로 인하여 특허권자 및 전용실시권자가 입은 피해규모
4. 침해행위로 인하여 침해한 자가 얻은 경제적 이익
5. 침해행위의 기간·횟수 등
6. 침해행위에 따른 벌금
7. 침해행위를 한 자의 재산상태
8. 침해행위를 한 자의 피해구제 노력의 정도
(2019.1.8 본항신설)
(2016.3.29 본조개정)

판례 특허침해로 인한 손해액의 증명이 어려운 경우 손해액의 산정 방법 : 특허침해로 손해가 발생된 것은 인정되나 그 손해액의 입증이 어려운 경우 특허법 제128조 제5항을 적용하여 상당한 손해액을 결정할 수 있고, 이 경우에는 그 기간 동안의 침해자의 자본, 설비 등을 고려하여 평균적인 제조수량이나 판매수량을 가늠하여 이를 기초로 삼을 수 있다고 할 것이며, 특허침해가 이루어진 기간의 일부에 대해서만 손해액을 입증하기 어려운 경우 반드시 손해액을 입증할 수 있는 기간에 대하여 채택된 손해액 산정 방법이나 그와 유사한 방법으로만 상당한 손해액을 산정하여야만 하는 것은 아니고, 자유로이 합리적인 방법을 채택하여 변론 전체의 취지와 증거조사의 결과에 기초하여 상당한 손해액을 산정할 수 있다.(대판 2006.4.27, 2003다15006)

제128조의2【감정사항 설명의무】 특허권 또는 전용실시권 침해소송에서 법원이 침해로 인한 손해액의 산정을 위하여 감정을 명한 때에는 당사자는 감정인에게 감정에 필요한 사항을 설명하여야 한다.(2016.3.29 본조신설)

제129조【생산방법의 추정】 물건을 생산하는 방법의 발명에 관하여 특허가 된 경우에 그 물건과 동일한 물건은 그 특허된 방법에 의하여 생산된 것으로 추정한다. 다만, 그 물건이 다음 각 호의 어느 하나에 해당하는 경우에는 그러하지 아니하다.
1. 특허출원 전에 국내에서 공지되었거나 공연히 실시된 물건
2. 특허출원 전에 국내 또는 국외에서 반포된 간행물에 게재되었거나 전기통신회선을 통하여 공중이 이용할 수 있는 물건

제130조【과실의 추정】 타인의 특허권 또는 전용실시권을 침해한 자는 그 침해행위에 대하여 과실이 있는 것으로 추정한다.

제131조【특허권자 등의 신용회복】 법원은 고의나 과실로 특허권 또는 전용실시권을 침해함으로써 특허권자 또는 전용실시권자의 업무상 신용을 떨어뜨린 자에 대해서는 특허권자 또는 전용실시권자의 청구에 의하여 손해배상을 갈음하여 또는 손해배상과 함께 특허권자 또는 전용실시권자의 업무상 신용회복을 위하여 필요한 조치를 명할 수 있다.

제132조【자료의 제출】 ① 법원은 특허권 또는 전용실시권 침해소송에서 당사자의 신청에 의하여 상대방 당사자에게 해당 침해의 증명 또는 침해로 인한 손해액의 산정에 필요한 자료의 제출을 명할 수 있다. 다만, 그 자료의 소지자가 그 자료의 제출을 거절할 정당한 이유가 있으면 그러하지 아니하다.
② 법원은 자료의 소지자가 제1항에 따른 제출을 거부할 정당한 이유가 있다고 주장하는 경우에는 그 주장의 당부를 판단하기 위하여 자료의 제시를 명할 수 있다. 이 경우 법원은 그 자료를 다른 사람이 보게 하여서는 아니 된다.(2016.3.29 본항신설)
③ 제1항에 따라 제출되어야 할 자료가 영업비밀(「부정경쟁방지 및 영업비밀보호에 관한 법률」 제2조제2호에 따른 영업비밀을 말한다. 이하 같다)에 해당하나 침해의 증명 또는 손해액의 산정에 반드시 필요한 때에는 제1항 단서에 따른 정당한 이유로 보지 아니한다. 이 경우 법원은 제출명령의 목적 내에서 열람할 수 있는 범위 또는 열람할 수 있는 사람을 지정하여야 한다.(2016.3.29 본항신설)
④ 당사자가 정당한 이유 없이 자료제출명령에 따르지 아니한 때에는 법원은 자료의 기재에 대한 상대방의 주장을 진실한 것으로 인정할 수 있다.(2016.3.29 본항신설)
⑤ 제4항에 해당하는 경우 자료의 제출을 신청한 당사자가 자료의 기재에 관하여 구체적으로 주장하기에 현저히 곤란한 사정이 있고 자료로 증명할 사실을 다른 증거로 증명하는 것을 기대하기도 어려운 때에는 법원은 그 당사자가 자료의 기재에 의하여 증명하고자 하는 사실에 관한 주장을 진실한 것으로 인정할 수 있다.(2016.3.29 본항신설)
(2016.3.29 본조개정)

제6장의2 특허취소신청
(2016.2.29 본장신설)

제132조의2【특허취소신청】 ① 누구든지 특허권의 설정등록일부터 등록공고일 후 6개월이 되는 날까지 그 특허가 다음 각 호의 어느 하나에 해당하는 경우에는 특허심판원장에게 특허취소신청을 할 수 있다. 이 경우 청구범위의 청구항이 둘 이상인 경우에는 청구항마다 특허취소신청을 할 수 있다.
1. 제29조(같은 조 제1항제1호에 해당하는 경우와 같은 호에 해당하는 발명에 의하여 쉽게 발명할 수 있는 경우는 제외한다)에 위반된 경우
2. 제36조제1항부터 제3항까지의 규정에 위반된 경우
② 제1항에도 불구하고 특허공보에 게재된 제87조제3항제7호에 따른 선행기술에 기초한 이유로는 특허취소신청을 할 수 없다.

제132조의3【특허취소신청절차에서의 특허의 정정】 ① 특허취소신청절차가 진행 중인 특허에 대한 특허권자는 제136조 제1항 각 호의 어느 하나에 해당하는 경우에만 제132조의13제2항에 따라 지정된 기간에 특허발명의 명세서 또는 도면에 대하여 정정청구를 할 수 있다.
② 제1항에 따른 정정청구를 하였을 때에는 해당 특허취소신청절차에서 그 정정청구 전에 한 정정청구는 취하된 것으로 본다.
③ 제1항에 따른 정정청구에 관하여는 제136조제3항부터 제6항까지, 제8항, 제10항부터 제13항까지, 제139조제3항 및 제140조제1항·제2항·제5항을 준용한다. 이 경우 제136조제11항 중 "제162조제3항에 따른 심리의 종결이 통지되기 전(같은 조 제4항에 따라 심리가 재개된 경우에는 그 후 다시 같은 조 제3항에 따른 심리의 종결이 통지되기 전)에"는 "제132조의13제2항 또는 제136조제6항에 따라 지정된 기간에"로 본다.
④ 제1항에 따른 정정청구는 다음 각 호의 어느 하나에 해당하는 기간에만 취하할 수 있다.
1. 제1항에 따라 정정을 청구할 수 있도록 지정된 기간과 그 기간의 만료일부터 1개월 이내의 기간
2. 제3항에서 준용하는 제136조제6항에 따라 지정된 기간
⑤ 제3항을 적용할 때 제132조의2에 따라 특허취소신청이 된 청구항을 정정하는 경우에는 제136조제5항을 준용하지 아니한다.

제132조의4【특허취소신청의 방식 등】 ① 특허취소신청을 하려는 자는 다음 각 호의 사항을 적은 특허취소신청서를 특허심판원장에게 제출하여야 한다.
1. 신청인의 성명 및 주소(법인인 경우에는 그 명칭 및 영업소의 소재지)
2. 대리인이 있는 경우에는 그 대리인의 성명 및 주소나 영업소의 소재지〔대리인이 특허법인·특허법인(유한)인 경우에는 그 명칭, 사무소의 소재지 및 지정된 변리사의 성명〕
3. 특허취소신청의 대상이 되는 특허의 표시
4. 특허취소신청의 이유 및 증거의 표시
② 제1항에 따라 제출된 특허취소신청서의 보정은 그 요지를 변경할 수 없다. 다만, 제132조의2제1항에 따른 기간(그 기간 중 제132조의13제2항에 따른 통지가 있는 경우에는 통지한 때까지로 한정한다)에 제1항제4호의 사항을 보정하는 경우에는 그러하지 아니하다.
③ 심판장은 특허취소신청이 있으면 그 신청서의 부본을 특허권자에게 송달하여야 한다.
④ 심판장은 특허취소신청이 있으면 그 사실을 해당 특허권의 전용실시권자나 그 밖에 그 특허에 관하여 등록을 한 권리를 가지는 자에게 알려야 한다.

제132조의5【특허취소신청서 등의 보정·각하】 ① 심판장은 다음 각 호의 어느 하나에 해당하는 경우에는 기간을 정하여 그 보정을 명하여야 한다.

1. 특허취소신청서가 제132조의4제1항(같은 항 제4호는 제외한다)을 위반한 경우
2. 특허취소신청에 관한 절차가 다음 각 목의 어느 하나에 해당하는 경우
가. 제3조제1항 또는 제6조를 위반한 경우
나. 이 법 또는 이 법에 따른 명령으로 정하는 방식을 위반한 경우
다. 제82조에 따라 내야 할 수수료를 내지 아니한 경우
② 심판장은 제1항에 따른 보정명령을 받은 자가 지정된 기간에 보정을 하지 아니하거나 보정한 사항이 제132조의4제2항을 위반한 경우에는 특허취소신청서 또는 해당 절차와 관련된 청구 또는 신청 등을 결정으로 각하하여야 한다.
③ 제2항에 따른 각하결정은 서면으로 하여야 하며, 그 이유를 붙여야 한다.

제132조의6【보정할 수 없는 특허취소신청의 각하결정】 ① 제132조의7제1항에 따른 합의체는 부적법한 특허취소신청으로서 그 흠을 보정할 수 없을 때에는 제132조의4제3항에도 불구하고 특허권자에게 특허취소신청서의 부본을 송달하지 아니하고, 결정으로 그 특허취소신청을 각하할 수 있다.
② 제1항에 따른 각하결정에 대해서는 불복할 수 없다.

제132조의7【특허취소신청의 합의체 등】 ① 특허취소신청은 3명 또는 5명의 심판관으로 구성되는 합의체가 심리하여 결정한다.
② 제1항의 합의체 및 이를 구성하는 심판관에 관하여는 제143조부터 제145조까지, 제146조제2항·제3항, 제148조부터 제153조까지 및 제153조의2를 준용한다. 이 경우 제148조제6호 중 "심결"은 "특허취소결정"으로 본다.

제132조의8【심리의 방식 등】 ① 특허취소신청에 관한 심리는 서면으로 한다.
② 공유인 특허권의 특허권자 중 1인에게 특허취소신청절차의 중단 또는 중지의 원인이 있으면 모두에게 그 효력이 발생한다.

제132조의9【참가】 ① 특허권에 관하여 권리를 가진 자 또는 이해관계를 가진 자는 특허취소신청에 대한 결정이 있을 때까지 특허권자를 보조하기 위하여 그 심리에 참가할 수 있다.
② 제1항의 참가에 관하여는 제155조제4항·제5항 및 제156조를 준용한다.

제132조의10【특허취소신청의 심리에서의 직권심리】 ① 심판관은 특허취소신청에 관하여 특허취소신청인, 특허권자 또는 참가인이 제출하지 아니한 이유에 대해서도 심리할 수 있다.
② 심판관은 특허취소신청에 관하여 특허취소신청인이 신청하지 아니한 청구항에 대해서는 심리할 수 없다.

제132조의11【특허취소신청의 병합 또는 분리】 ① 심판관 합의체는 하나의 특허권에 관한 둘 이상의 특허취소신청에 대해서는 특별한 사정이 있는 경우를 제외하고는 그 심리를 병합하여 결정하여야 한다.
② 심판관 합의체는 특허취소신청의 심리에 필요하다고 인정하는 경우에는 제1항에 따라 병합된 심리를 분리할 수 있다.

제132조의12【특허취소신청의 취하】 ① 특허취소신청은 제132조의14제2항에 따라 결정등본이 송달되기 전까지만 취하할 수 있다. 다만, 제132조의13제2항에 따라 특허권자 및 참가인에게 특허의 취소이유가 통지된 후에는 취하할 수 없다.
② 둘 이상의 청구항에 관하여 특허취소신청이 있는 경우에는 청구항마다 취하할 수 있다.
③ 제1항 또는 제2항에 따른 취하가 있으면 그 특허취소신청 또는 그 청구항에 대한 특허취소신청은 처음부터 없었던 것으로 본다.

제132조의13【특허취소신청에 대한 결정】 ① 심판관 합의체는 특허취소신청이 이유 있다고 인정되는 때에는 그 특허를 취소한다는 취지의 결정(이하 "특허취소결정"이라 한다)을 하여야 한다.
② 심판장은 특허취소결정을 하려는 때에는 특허권자 및 참가인에게 특허의 취소이유를 통지하고 기간을 정하여 의견서를 제출할 기회를 주어야 한다.
③ 특허취소결정이 확정된 때에는 그 특허권은 처음부터 없었던 것으로 본다.
④ 심판관 합의체는 특허취소신청이 제132조의2제1항 각 호의 어느 하나에 해당하지 아니하거나 같은 조 제2항을 위반한 것으로 인정되는 경우에는 결정으로 그 특허취소신청을 기각하여야 한다.
⑤ 제4항에 따른 기각결정에 대해서는 불복할 수 없다.

제132조의14【특허취소신청의 결정 방식】 ① 특허취소신청에 대한 결정은 다음 각 호의 사항을 적은 서면으로 하여야 하며, 결정을 한 심판관은 그 서면에 기명날인하여야 한다.
1. 특허취소신청사건의 번호
2. 특허취소신청인, 특허권자 및 참가인의 성명 및 주소(법인인 경우에는 그 명칭 및 영업소의 소재지)
3. 대리인이 있는 경우에는 그 대리인의 성명 및 주소나 영업소의 소재지[대리인이 특허법인·특허법인(유한)인 경우에는 그 명칭, 사무소의 소재지 및 지정된 변리사의 성명]
4. 결정에 관련된 특허의 표시
5. 결정의 결론 및 이유
6. 결정연월일
② 심판장은 특허취소신청에 대한 결정이 있는 때에는 그 결정의 등본을 특허취소신청인, 특허권자, 참가인 및 그 특허취소신청에 대한 심리에 참가를 신청하였으나 그 신청이 거부된 자에게 송달하여야 한다.

제132조의15【심판규정의 특허취소신청에의 준용】 특허취소신청의 심리·결정에 관하여는 제147조제3항, 제157조, 제158조, 제164조, 제165조제3항부터 제6항까지 및 제166조를 준용한다.

제7장 심 판
(2014.6.11 본장제목개정)

제132조의16【특허심판원】 ① 특허·실용신안에 관한 취소신청, 특허·실용신안·디자인·상표에 관한 심판과 재심 및 이에 관한 조사·연구 사무를 관장하게 하기 위하여 특허청장 소속으로 특허심판원을 둔다.(2016.2.29 본항개정)
② 특허심판원에 원장과 심판관을 둔다.
③ 특허심판원에 제1항에 따른 조사·연구와 그 밖의 사무를 담당하는 인력을 둘 수 있다.(2021.8.17 본항신설)
④ 특허심판원의 조직과 정원 및 운영에 필요한 사항은 대통령령으로 정한다.
(2014.6.11 본조개정)

제132조의17【특허거절결정 등에 대한 심판】 특허거절결정 또는 특허권의 존속기간의 연장등록거절결정을 받은 자가 결정에 불복할 때에는 그 결정등본을 송달받은 날부터 3개월 이내에 심판을 청구할 수 있다.(2021.10.19 본조개정)

제133조【특허의 무효심판】 ① 이해관계인(제2호 본문의 경우에는 특허를 받을 수 있는 권리를 가진 자만 해당한다) 또는 심사관은 특허가 다음 각 호의 어느 하나에 해당하는 경우에는 무효심판을 청구할 수 있다. 이 경우 청구범위의 청구항이 둘 이상인 경우에는 청구항마다 청구할 수 있다.(2016.2.29 본문개정)
1. 제25조, 제29조, 제32조, 제36조제1항부터 제3항까지, 제42조제3항제1호 또는 같은 조 제4항을 위반한 경우
2. 제33조제1항 본문에 따른 특허를 받을 수 있는 권리를 가지지 아니하거나 제44조를 위반한 경우. 다만, 제99조의2제2항에 따라 이전등록된 경우에는 제외한다.(2016.2.29 단서신설)
3. 제33조제1항 단서에 따라 특허를 받을 수 없는 경우
4. 특허된 후 그 특허권자가 제25조에 따라 특허권을 누릴 수 없는 자로 되거나 그 특허가 조약을 위반한 경우
5. 조약을 위반하여 특허를 받을 수 없는 경우
6. 제47조제2항 전단에 따른 범위를 벗어난 보정인 경우
7. 제52조제1항에 따른 범위를 벗어난 분할출원 또는 제52조의2제1항 각 호 외의 부분 전단에 따른 범위를 벗어난 분리출원인 경우(2021.10.19 본호개정)
8. 제53조제1항에 따른 범위를 벗어난 변경출원인 경우
② 제1항에 따른 심판은 특허권이 소멸된 후에도 청구할 수 있다.
③ 특허를 무효로 한다는 심결이 확정된 경우에는 그 특허권은 처음부터 없었던 것으로 본다. 다만, 제1항제4호에 따라 특허

를 무효로 한다는 심결이 확정된 경우에는 특허권은 그 특허가 같은 호에 해당하게 된 때부터 없었던 것으로 본다.
④ 심판장은 제1항에 따른 심판이 청구된 경우에는 그 취지를 해당 특허권의 전용실시권자나 그 밖에 특허에 관하여 등록을 한 권리를 가지는 자에게 알려야 한다.
(2014.6.11 본조개정)

참조 규57, [특허출원]42

판례 제1항에서 이야기하는 이해관계인이란 해당 특허발명의 권리존속으로 인하여 법률상 어떠한 불이익을 받거나 받을 우려가 있어 그 소멸에 관하여 직접적이고도 현실적인 이해관계를 가진 사람을 말한다. 여기에는 해당 특허발명과 같은 종류의 물품을 제조·판매하거나 제조·판매할 사람도 포함된다. 이러한 법리에 의하면 특별한 사정이 없는 한 특허권의 실시권자가 특허권자로부터 권리의 대항을 받거나 받을 염려가 없다는 이유만으로 무효심판을 청구할 수 있는 이해관계가 소멸되었다고 볼 수 없다. 따라서 특허권자로부터 특허권을 실시할 수 있는 권리를 허락받은 실시권자도 특허발명 무효심판을 청구할 수 있는 이해관계인에 해당한다.(대판 2019.2.21, 2017후2819)

판례 특허발명에 대한 무효심결이 확정되기 전이라고 하더라도 특허발명이 진보성이 부정되어 그 특허가 특허무효심판에 의하여 무효로 될 것임이 명백한 경우에는 그 특허권에 기초한 침해금지 또는 손해배상 등의 청구는 특별한 사정이 없는 한 권리남용에 해당하여 허용되지 아니한다고 보아야 하고, 특허권침해소송을 담당하는 법원으로서도 특허권자의 그러한 청구가 권리남용에 해당한다는 항변이 있는 경우 그 당부를 살피기 위한 전제로서 특허발명의 진보성 여부에 대하여 심리·판단할 수 있다고 할 것이다.(대판 2012.1.19, 2010다95390 전원합의체)

판례 특허의 무효심결이 확정되기 이전이라고 하더라도 특허권침해소송을 심리하는 법원은 특허에 무효사유가 있는 것이 명백한지 여부에 대하여 판단할 수 있고, 심리한 결과 당해 특허에 무효사유가 있는 것이 분명한 때에는 그 특허권에 기초한 금지와 손해배상 등의 청구는 특별한 사정이 없는 한 권리남용에 해당하여 허용되지 아니한다.
(대판 2004.10.28, 2000다69194)

제133조의2【특허무효심판절차에서의 특허의 정정】 ① 제133조제1항에 따른 심판의 피청구인은 제136조제1항 각 호의 어느 하나에 해당하는 경우에만 제147조제1항 또는 제159조제1항 후단에 따라 지정된 기간에 특허발명의 명세서 또는 도면에 대하여 정정청구를 할 수 있다. 이 경우 심판장이 제147조제1항에 따라 지정된 기간 후에도 청구인이 증거를 제출하거나 새로운 무효사유를 주장함으로 인하여 정정청구를 허용할 필요가 있다고 인정하는 경우에는 기간을 정하여 정정청구를 하게 할 수 있다.(2016.2.29 후단개정)
② 제1항에 따른 정정청구를 하였을 때에는 해당 무효심판절차에서 그 정정청구 전에 한 정정청구는 취하된 것으로 본다.
③ 심판장은 제1항에 따른 정정청구가 있을 때에는 그 청구서의 부본을 제133조제1항에 따른 심판의 청구인에게 송달하여야 한다.
④ 제1항에 따른 정정청구에 관하여는 제136조제3항부터 제6항까지, 제8항 및 제10항부터 제13항까지, 제139조제3항 및 제140조제1항·제2항·제5항을 준용한다. 이 경우 제136조제11항 중 "제162조제3항에 따른 심리의 종결이 통지되기 전(같은 조 제4항에 따라 심리가 재개된 경우에는 그 후 다시 같은 조 제3항에 따른 심리의 종결이 통지되기 전)에"는 "제133조의2 제1항 또는 제136조제6항에 따라 지정된 기간에"로 본다.
(2016.2.29 본항개정)
⑤ 제1항에 따른 정정청구는 다음 각 호의 어느 하나에 해당하는 기간에만 취하할 수 있다.
1. 제1항에 따라 정정을 청구할 수 있도록 지정된 기간과 그 기간의 만료일부터 1개월 이내의 기간
2. 제4항에서 준용하는 제136조제6항에 따라 지정된 기간
(2016.2.29 본항신설)
⑥ 제4항을 적용할 때 제133조제1항에 따른 특허무효심판이 청구된 청구항을 정정하는 경우에는 제136조제5항을 준용하지 아니한다.(2016.2.29 본항개정)
(2014.6.11 본조개정)

제134조【특허권 존속기간의 연장등록의 무효심판】 ① 이해관계인 또는 심사관은 제92조에 따른 특허권의 존속기간의 연장등록이 다음 각 호의 어느 하나에 해당하는 경우에는 무효심판을 청구할 수 있다.
1. 특허발명을 실시하기 위하여 제89조에 따른 허가등을 받을 필요가 없는 출원에 대하여 연장등록이 된 경우
2. 특허권자 또는 그 특허권의 전용실시권 또는 등록된 통상실시권을 가진 자가 제89조에 따른 허가등을 받지 아니한 출원에 대하여 연장등록이 된 경우
3. 연장등록에 따라 연장된 기간이 제89조에 따라 인정되는 연장의 기간을 초과하는 경우(2025.1.21 본호개정)
4. 해당 특허권자가 아닌 자의 출원에 대하여 연장등록이 된 경우
5. 제90조제3항을 위반한 출원에 대하여 연장등록이 된 경우
6. 제90조제7항을 위반하여 하나의 허가등에 대하여 둘 이상의 특허권의 존속기간이 연장등록된 경우(2025.1.21 본호신설)
② 이해관계인 또는 심사관은 제92조의5에 따른 특허권의 존속기간의 연장등록이 다음 각 호의 어느 하나에 해당하면 무효심판을 청구할 수 있다.
1. 연장등록에 따라 연장된 기간이 제92조의2에 따라 인정되는 연장의 기간을 초과한 경우
2. 해당 특허권자가 아닌 자의 출원에 대하여 연장등록이 된 경우
3. 제92조의3제3항을 위반한 출원에 대하여 연장등록이 된 경우
③ 제1항 및 제2항에 따른 심판의 청구에 관하여는 제133조제2항 및 제4항을 준용한다.
④ 연장등록을 무효로 한다는 심결이 확정된 경우에는 그 연장등록에 따른 존속기간의 연장은 처음부터 없었던 것으로 본다. 다만, 연장등록이 다음 각 호의 어느 하나에 해당하는 경우에는 해당 기간에 대해서만 연장이 없었던 것으로 본다.
1. 연장등록이 제1항제3호에 해당하여 무효로 된 경우 : 제89조에 따라 인정되는 연장의 기간을 초과하여 연장된 기간
(2025.1.21 본호개정)
2. 연장등록이 제2항제1호에 해당하여 무효로 된 경우 : 제92조의2에 따라 인정되는 연장의 기간을 초과하여 연장된 기간
⑤ 연장등록이 제1항제6호에 해당하여 무효로 한다는 심결이 확정된 경우에는 그 특허권의 존속기간의 연장등록출원은 처음부터 없었던 것으로 본다.(2025.1.21 본항신설)
(2014.6.11 본조개정)

참조 규57, [기간의 계산]14, 민155이하, [실시권]100이하

제135조【권리범위 확인심판】 ① 특허권자 또는 전용실시권자는 자신의 특허발명의 보호범위를 확인하기 위하여 특허권의 권리범위 확인심판을 청구할 수 있다.
② 이해관계인은 타인의 특허발명의 보호범위를 확인하기 위하여 특허권의 권리범위 확인심판을 청구할 수 있다.(2016.2.29 본항신설)
③ 제1항 또는 제2항에 따른 특허권의 권리범위 확인심판을 청구하는 경우에 청구범위의 청구항이 둘 이상인 경우에는 청구항마다 청구할 수 있다.
(2016.2.29 본조개정)

판례 특허발명의 권리범위확인심판을 청구함에 있어 심판청구의 대상이 되는 확인대상발명의 특정 정도 : 특허발명의 권리범위확인심판을 청구함에 있어 심판청구의 대상이 되는 확인대상발명은 당해 특허발명과 서로 대비할 수 있을 만큼 구체적으로 특정되어야 하는 것인 바, 그 특정을 위하여 대상물의 구체적인 구성을 전부 기재할 필요는 없다고 하더라도 특허발명의 구성요건에 대응하는 부분의 구체적인 구성을 기재하여야 하며, 그 구체적인 구성의 기재는 특허발명의 구성요건에 대비하여 그 차이점을 판단함에 필요한 정도는 되어야 한다.
(대판 2005.4.29, 2003후656)

판례 특허권의 권리범위를 제한 해석할 수 있는 경우 : 특허권의 권리범위는 특허출원서에 첨부한 명세서의 특허청구범위에 기재된 사항에 의하여 정하여지고, 청구범위의 기재만으로 기술적 범위가 명백한 경우에는 원칙적으로 명세서의 다른 기재에 의하여 청구범위의 기재를 제한 해석할 수 없지만, 청구범위에 포함되는 것으로 문언적으로 해석되는 것 중 일부가 발명의 상세한 설명의 기재에 의하여 뒷받침되고 있지 않거나 출원인이 그 중 일부를 특허권의 권리범위에서 의식적으로 제외하고 있다고 보이는 경우 등과 같이 청구범위를 문언 그대로 해석하는 것이 명세서의 다른 기재에 비추어 보아 명백히 불합리할 때에는, 출원된 기술사상의 내용과 명세서의 다른 기재 및 출원인의 의사와 제3자에 대한 법적 안정성을 두루 참작하여 특허권의 권리범위를 제한 해석하는 것이 가능하다.(대판 2003.7.11, 2001후2856)

제136조【정정심판】 ① 특허권자는 다음 각 호의 어느 하나에 해당하는 경우에는 특허발명의 명세서 또는 도면에 대하여 정정심판을 청구할 수 있다.(2016.2.29 단서삭제)
1. 청구범위를 감축하는 경우

2. 잘못 기재된 사항을 정정하는 경우
3. 분명하지 아니하게 기재된 사항을 명확하게 하는 경우
② 제1항에도 불구하고 다음 각 호의 어느 하나에 해당하는 기간에는 정정심판을 청구할 수 없다.
1. 특허취소신청이 특허심판원에 계속 중인 때부터 그 결정이 확정될 때까지의 기간. 다만, 특허무효심판의 심결 또는 정정의 무효심판의 심결에 대한 소가 특허법원에 계속 중인 경우에는 특허법원에서 변론이 종결(변론 없이 한 판결의 경우에는 판결의 선고를 말한다)된 날까지 정정심판을 청구할 수 있다.
2. 특허무효심판 또는 정정의 무효심판이 특허심판원에 계속 중인 기간
(2016.2.29 본항신설)
③ 제1항에 따른 명세서 또는 도면의 정정은 특허발명의 명세서 또는 도면에 기재된 사항의 범위에서 할 수 있다. 다만, 제1항제2호에 따라 잘못된 기재를 정정하는 경우에는 출원서에 최초로 첨부된 명세서 또는 도면에 기재된 사항의 범위에서 할 수 있다.
④ 제1항에 따른 명세서 또는 도면의 정정은 청구범위를 실질적으로 확장하거나 변경할 수 없다.
⑤ 제1항에 따른 정정 중 같은 항 제1호 또는 제2호에 해당하는 정정은 정정 후의 청구범위에 적혀 있는 사항이 특허출원을 하였을 때에 특허를 받을 수 있는 것이어야 한다.
⑥ 심판관은 제1항에 따른 심판청구가 다음 각 호의 어느 하나에 해당한다고 인정하는 경우에는 청구인에게 그 이유를 통지하고, 기간을 정하여 의견서를 제출할 수 있는 기회를 주어야 한다.
1. 제1항 각 호의 어느 하나에 해당하지 아니한 경우
2. 제3항에 따른 범위를 벗어난 경우(2016.2.29 본호개정)
3. 제4항 또는 제5항을 위반한 경우(2016.2.29 본호개정)
⑦ 제1항에 따른 정정심판은 특허권이 소멸된 후에도 청구할 수 있다. 다만, 특허취소결정이 확정되거나 특허를 무효(제133조제1항제4호에 의한 무효는 제외한다)로 한다는 심결이 확정된 후에는 그러하지 아니하다.(2016.2.29 단서개정)
⑧ 특허권자는 전용실시권자, 질권자와 제100조제4항 · 제102조제1항 및 「발명진흥법」 제10조제1항에 따른 통상실시권을 갖는 자의 동의를 받아야만 제1항에 따른 정정심판을 청구할 수 있다. 다만, 특허권자가 정정심판을 청구하기 위하여 동의를 받아야 하는 자가 무효심판을 청구한 경우에는 그러하지 아니하다.(2016.2.29 단서신설)
⑨ 제1항에 따른 정정심판에는 제147조제1항 · 제2항, 제155조 및 제156조를 적용하지 아니한다.(2016.2.29 본항신설)
⑩ 특허발명의 명세서 또는 도면에 대하여 정정을 한다는 심결이 확정되었을 때에는 그 정정 후의 명세서 또는 도면에 따라 특허출원, 출원공개, 특허결정 또는 심결 및 특허권의 설정등록이 된 것으로 본다.
⑪ 청구인은 제162조제3항에 따른 심리의 종결이 통지되기 전(같은 조 제4항에 따라 심리가 재개된 경우에는 그 후 다시 같은 조 제3항에 따른 심리의 종결이 통지되기 전)에 제140조제5항에 따른 심판청구서에 첨부된 정정한 명세서 또는 도면에 대하여 보정할 수 있다.
⑫ 특허발명의 명세서 또는 도면에 대한 정정을 한다는 심결이 있는 경우 특허심판원장은 그 내용을 특허청장에게 알려야 한다.
⑬ 특허청장은 제12항에 따른 통보가 있으면 이를 특허공보에 게재하여야 한다.(2016.2.29 본항개정)
(2014.6.11 본조개정)

판례 동일한 특허발명에 대하여 특허무효심판과 정정심판이 특허심판원에 동시에 계속 중에 있는 경우, 심리 · 판단의 우선 순위 및 그 판단대상 : 이 경우 정정심판제도의 취지상 정정심판을 특허무효심판에 우선하여 심리 · 판단하는 것이 바람직하나, 그렇다고 하여 반드시 정정심판을 먼저 심리 · 판단하여야 하는 것은 아니고, 또 특허무효심판을 먼저 심리하는 경우에도 그 판단대상은 정정심판청구 전 특허발명이며, 이러한 법리는 특허무효심판과 정정심판의 심결에 대한 취소소송이 특허법원에 동시에 계속되어 있는 경우에도 적용된다고 볼 것이다.(대판 2002.8.23, 2001후713)

제137조 【정정의 무효심판】 ① 이해관계인 또는 심사관은 제132조의3제1항, 제133조의2제1항, 제136조제1항 또는 이 조 제3항에 따른 특허발명의 명세서 또는 도면에 대한 정정이 다음 각 호의 어느 하나의 규정을 위반한 경우에는 정정의 무효심판을 청구할 수 있다.(2016.2.29 본문개정)
1. 제136조제1항 각 호의 어느 하나의 규정
2. 제136조제3항부터 제5항까지의 규정(제132조의3제3항 또는 제133조의2제4항에 따라 준용되는 경우를 포함한다)
(2016.2.29 본호개정)
② 제1항에 따른 심판청구에 관하여는 제133조제2항 및 제4항을 준용한다.
③ 제1항에 따른 무효심판의 피청구인은 제136조제1항 각 호의 어느 하나에 해당하는 경우에만 제147조제1항 또는 제159조제1항 후단에 따라 지정된 기간에 특허발명의 명세서 또는 도면의 정정을 청구할 수 있다. 이 경우 심판장이 제147조제1항에 따라 지정된 기간 후에도 청구인이 증거를 제출하거나 새로운 무효사유를 주장함으로 인하여 정정의 청구를 허용할 필요가 있다고 인정하는 경우에는 기간을 정하여 정정청구를 하게 할 수 있다.(2016.2.29 후단신설)
④ 제3항에 따른 정정청구에 관하여는 제133조의2제2항부터 제5항까지의 규정을 준용한다. 이 경우 제133조의2제3항 중 "제133조제1항"은 "제137조제1항"으로 보고, 같은 조 제4항 후단 중 "제133조의2제1항"을 "제137조제3항"으로 보며, 같은 조 제5항 각 호 외의 부분 및 같은 항 제1호 중 "제1항"을 각각 "제3항"으로 본다.(2016.2.29 본항개정)
⑤ 제1항에 따라 정정을 무효로 한다는 심결이 확정되었을 때에는 그 정정은 처음부터 없었던 것으로 본다.
(2014.6.11 본조개정)

제138조 【통상실시권 허락의 심판】 ① 특허권자, 전용실시권자 또는 통상실시권자는 해당 특허발명이 제98조에 해당하여 실시의 허락을 받으려는 경우에 그 타인이 정당한 이유 없이 허락하지 아니하거나 그 타인의 허락을 받을 수 없을 때에는 자기의 특허발명의 실시에 필요한 범위에서 통상실시권 허락의 심판을 청구할 수 있다.
② 제1항에 따른 청구가 있는 경우에 그 특허발명이 그 특허출원일 전에 출원된 타인의 특허발명 또는 등록실용신안과 비교하여 상당한 경제적 가치가 있는 중요한 기술적 진보를 가져오는 것이 아니면 통상실시권을 허락하여서는 아니 된다.
③ 제1항에 따른 심판에 따라 통상실시권을 허락한 자가 그 통상실시권을 허락받은 자의 특허발명을 실시할 필요가 있는 경우 그 통상실시권을 허락받은 자가 실시를 허락하지 아니하거나 실시의 허락을 받을 수 없을 때에는 통상실시권을 허락받아 실시하려는 특허발명의 범위에서 통상실시권 허락의 심판을 청구할 수 있다.
④ 제1항 및 제3항에 따라 통상실시권을 허락받은 자는 특허권자, 실용신안권자, 디자인권자 또는 그 전용실시권자에게 대가를 지급하여야 한다. 다만, 자기가 책임질 수 없는 사유로 지급할 수 없는 경우에는 그 대가를 공탁하여야 한다.
⑤ 제4항에 따른 통상실시권자는 그 대가를 지급하지 아니하거나 공탁을 하지 아니하면 그 특허발명, 등록실용신안 또는 등록디자인이나 이와 유사한 디자인을 실시할 수 없다.
(2014.6.11 본조개정)

참조 규57, [실시권]100이하, [특허권자]85 · 87, 실용신안32

제139조 【공동심판의 청구 등】 ① 동일한 특허권에 관하여 제133조제1항, 제134조제1항 · 제2항 또는 제137조제1항의 무효심판이나 제135조제1항 · 제2항의 권리범위 확인심판을 청구하는 자가 2인 이상이면 모두가 공동으로 심판을 청구할 수 있다.(2016.2.29 본항개정)
② 공유인 특허권의 특허권자에 대하여 심판을 청구할 때에는 공유자 모두를 피청구인으로 하여야 한다.
③ 특허권 또는 특허를 받을 수 있는 권리의 공유자가 그 공유인 권리에 관하여 심판을 청구할 때에는 공유자 모두가 공동으로 청구하여야 한다.
④ 제1항 또는 제3항에 따른 청구인이나 제2항에 따른 피청구인 중 1인에게 심판절차의 중단 또는 중지의 원인이 있으면 모두에게 그 효력이 발생한다.
(2014.6.11 본조개정)

참조 [공유]44, 민262

제139조의2【국선대리인】 ① 특허심판원장은 산업통상자원부령으로 정하는 요건을 갖춘 심판 당사자의 신청에 따라 대리인(이하 "국선대리인"이라 한다)을 선임하여 줄 수 있다. 다만, 심판청구가 이유 없음이 명백하거나 권리의 남용이라고 인정되는 경우에는 그러하지 아니하다.
② 국선대리인이 선임된 당사자에 대하여 심판절차와 관련된 수수료를 감면할 수 있다.
③ 국선대리인의 신청절차 및 수수료 감면 등 국선대리인 운영에 필요한 사항은 산업통상자원부령으로 정한다.
(2019.1.8 본조신설)

제140조【심판청구방식】 ① 심판을 청구하려는 자는 다음 각 호의 사항을 적은 심판청구서를 특허심판원장에게 제출하여야 한다.
1. 당사자의 성명 및 주소(법인인 경우에는 그 명칭 및 영업소의 소재지)
2. 대리인이 있는 경우에는 그 대리인의 성명 및 주소나 영업소의 소재지〔대리인이 특허법인 · 특허법인(유한)인 경우에는 그 명칭, 사무소의 소재지 및 지정된 변리사의 성명〕
3. 심판사건의 표시
4. 청구의 취지 및 그 이유
② 제1항에 따라 제출된 심판청구서의 보정은 그 요지를 변경할 수 없다. 다만, 다음 각 호의 어느 하나에 해당하는 경우에는 그러하지 아니하다.
1. 제1항제1호에 따른 당사자 중 특허권자의 기재를 바로잡기 위하여 보정(특허권자를 추가하는 것을 포함하되, 청구인이 특허권자인 경우에는 추가되는 특허권자의 동의가 있는 경우로 한정한다)하는 경우
2. 제1항제4호에 따른 청구의 이유를 보정하는 경우
3. 제135조제1항에 따른 권리범위 확인심판에서 심판청구서의 확인대상 발명(청구인이 주장하는 피청구인의 발명을 말한다)의 설명서 또는 도면에 대하여 피청구인이 자신이 실제로 실시하고 있는 발명과 비교하여 다르다고 주장하는 경우에 청구인이 피청구인의 실시 발명과 동일하게 하기 위하여 심판청구서의 확인대상 발명의 설명서 또는 도면을 보정하는 경우(2016.2.29 본호개정)
③ 제135조제1항 · 제2항에 따른 권리범위 확인심판을 청구할 때에는 특허발명과 대비할 수 있는 설명서 및 필요한 도면을 첨부하여야 한다.(2016.2.29 본항개정)
④ 제138조제1항에 따른 통상실시권 허락의 심판의 심판청구서에는 제1항 각 호의 사항 외에 다음 사항을 추가로 적어야 한다.
1. 실시하려는 자기의 특허의 번호 및 명칭
2. 실시되어야 할 타인의 특허발명 · 등록실용신안 또는 등록디자인의 번호 · 명칭 및 특허나 등록 연월일
3. 특허발명 · 등록실용신안 또는 등록디자인의 통상실시권의 범위 · 기간 및 대가
⑤ 제136조제1항에 따른 정정심판을 청구할 때에는 심판청구서에 정정한 명세서 또는 도면을 첨부하여야 한다.
(2014.6.11 본조개정)

참조 [대리인]민114이하

제140조의2【특허거절결정에 대한 심판청구방식】 ① 제132조의17에 따라 특허거절결정에 대한 심판을 청구하려는 자는 제140조제1항에도 불구하고 다음 각 호의 사항을 적은 심판청구서를 특허심판원장에게 제출하여야 한다.(2016.2.29 본문개정)
1. 청구인의 성명 및 주소(법인인 경우에는 그 명칭 및 영업소의 소재지)
2. 대리인이 있는 경우에는 그 대리인의 성명 및 주소나 영업소의 소재지〔대리인이 특허법인 · 특허법인(유한)인 경우에는 그 명칭, 사무소의 소재지 및 지정된 변리사의 성명〕
3. 출원일 및 출원번호
4. 발명의 명칭
5. 특허거절결정일
6. 심판사건의 표시
7. 청구의 취지 및 그 이유
② 제1항에 따라 제출된 심판청구서를 보정하는 경우에는 그 요지를 변경할 수 없다. 다만, 다음 각 호의 어느 하나에 해당하는 경우에는 그러하지 아니하다.
1. 제1항제1호에 따른 청구인의 기재를 바로잡기 위하여 보정(청구인을 추가하는 것을 포함하되, 그 청구인의 동의가 있는 경우로 한정한다)하는 경우
2. 제1항제7호에 따른 청구의 이유를 보정하는 경우
(2014.6.11 본조개정)

제141조【심판청구서 등의 각하】 ① 심판장은 다음 각 호의 어느 하나에 해당하는 경우에는 기간을 정하여 그 보정을 명하여야 한다. 다만, 보정할 사항이 경미하고 명확한 경우에는 직권으로 보정할 수 있다.(2023.9.14 단서신설)
1. 심판청구서가 제140조제1항 및 제3항부터 제5항까지 또는 제140조의2제1항을 위반한 경우
2. 심판에 관한 절차가 다음 각 목의 어느 하나에 해당하는 경우
가. 제3조제1항 또는 제6조를 위반한 경우
나. 제82조에 따라 내야 할 수수료를 내지 아니한 경우
다. 이 법 또는 이 법에 따른 명령으로 정하는 방식을 위반한 경우
② 심판장은 제1항 본문에 따른 보정명령을 받은 자가 지정된 기간에 보정을 하지 아니하거나 보정한 사항이 제140조제2항 또는 제140조의2제2항을 위반한 경우에는 심판청구서 또는 해당 절차와 관련된 청구나 신청 등을 결정으로 각하하여야 한다.(2023.9.14 본항개정)
③ 제2항에 따른 결정은 서면으로 하여야 하며, 그 이유를 붙여야 한다.
④ 심판장은 제1항 단서에 따라 직권보정을 하려면 그 직권보정 사항을 청구인에게 통지하여야 한다.(2023.9.14 본항신설)
⑤ 청구인은 제1항 단서에 따른 직권보정 사항을 받아들일 수 없으면 직권보정 사항의 통지를 받은 날부터 7일 이내에 그 직권보정 사항에 대한 의견서를 심판장에게 제출하여야 한다.(2023.9.14 본항신설)
⑥ 청구인이 제5항에 따라 의견서를 제출한 경우에는 해당 직권보정 사항은 처음부터 없었던 것으로 본다.(2023.9.14 본항신설)
⑦ 제1항 단서에 따른 직권보정이 명백히 잘못된 경우 그 직권보정은 처음부터 없었던 것으로 본다.(2023.9.14 본항신설)
(2016.2.29 본조제목개정)
(2014.6.11 본조개정)

참조 규13의3 · 16, [즉시항고]민소444

제142조【보정할 수 없는 심판청구의 심결각하】 부적법한 심판청구로서 그 흠을 보정할 수 없을 때에는 피청구인에게 답변서 제출의 기회를 주지 아니하고, 심결로써 그 청구를 각하할 수 있다.(2014.6.11 본조개정)

제143조【심판관】 ① 특허심판원장은 심판이 청구되면 심판관에게 심판하게 한다.
② 심판관의 자격은 대통령령으로 정한다.
③ 심판관은 직무상 독립하여 심판한다.
(2014.6.11 본조개정)

제144조【심판관의 지정】 ① 특허심판원장은 각 심판사건에 대하여 제146조에 따른 합의체를 구성할 심판관을 지정하여야 한다.
② 특허심판원장은 제1항의 심판관 중 심판에 관여하는 데 지장이 있는 사람이 있으면 다른 심판관에게 심판하게 할 수 있다.
(2014.6.11 본조개정)

제145조【심판장】 ① 특허심판원장은 제144조제1항에 따라 지정된 심판관 중에서 1명을 심판장으로 지정하여야 한다.
② 심판장은 그 심판사건에 관한 사무를 총괄한다.
(2014.6.11 본조개정)

제146조【심판의 합의체】 ① 심판은 3명 또는 5명의 심판관으로 구성되는 합의체가 한다.
② 제1항의 합의체의 합의는 과반수로 결정한다.
③ 심판의 합의는 공개하지 아니한다.
(2014.6.11 본조개정)

제147조【답변서 제출 등】 ① 심판장은 심판이 청구되면 심판청구서 부본을 피청구인에게 송달하고, 기간을 정하여 답변서를 제출할 수 있는 기회를 주어야 한다.
② 심판장은 제1항의 답변서를 받았을 때에는 그 부본을 청구인에게 송달하여야 한다.
③ 심판장은 심판에 관하여 당사자를 심문할 수 있다.
(2014.6.11 본조개정)

참조 규60, [답변서]민소148

제148조【심판관의 제척】 심판관은 다음 각 호의 어느 하나에 해당하는 경우에는 그 심판에서 제척된다.
1. 심판관 또는 그 배우자이거나 배우자이었던 사람이 사건의 당사자, 참가인 또는 특허취소신청인인 경우(2016.2.29 본호개정)
2. 심판관이 사건의 당사자, 참가인 또는 특허취소신청인의 친족이거나 친족이었던 경우(2016.2.29 본호개정)
3. 심판관이 사건의 당사자, 참가인 또는 특허취소신청인의 법정대리인이거나 법정대리인이었던 경우(2016.2.29 본호개정)
4. 심판관이 사건에 대한 증인, 감정인이거나 감정인이었던 경우
5. 심판관이 사건의 당사자, 참가인 또는 특허취소신청인의 대리인이거나 대리인이었던 경우(2016.2.29 본호개정)
6. 심판관이 사건에 대하여 심사관 또는 심판관으로서 특허여부결정 또는 심결에 관여한 경우
7. 심판관이 사건에 관하여 직접 이해관계를 가진 경우
(2014.6.11 본조개정)

참조 [제척]민소41·42

제149조【제척신청】 제148조에 따른 제척의 원인이 있으면 당사자 또는 참가인은 제척신청을 할 수 있다.(2014.6.11 본조개정)

제150조【심판관의 기피】 ① 심판관에게 공정한 심판을 기대하기 어려운 사정이 있으면 당사자 또는 참가인은 기피신청을 할 수 있다.
② 당사자 또는 참가인은 사건에 대하여 심판관에게 서면 또는 구두로 진술을 한 후에는 기피신청을 할 수 없다. 다만, 기피의 원인이 있는 것을 알지 못한 경우 또는 기피의 원인이 그 후에 발생한 경우에는 그러하지 아니하다.
(2014.6.11 본조개정)

참조 규61, [기피]민소43

제151조【제척 또는 기피의 소명】 ① 제149조 또는 제150조에 따라 제척 또는 기피 신청을 하려는 자는 그 원인을 적은 서면을 특허심판원장에게 제출하여야 한다. 다만, 구술심리를 할 때에는 구술로 할 수 있다.
② 제척 또는 기피의 원인은 신청한 날부터 3일 이내에 소명하여야 한다.
(2014.6.11 본조개정)

제152조【제척 또는 기피 신청에 관한 결정】 ① 제척 또는 기피 신청이 있으면 심판으로 결정하여야 한다.
② 제척 또는 기피 신청의 대상이 된 심판관은 그 제척 또는 기피에 대한 심판에 관여할 수 없다. 다만, 의견을 진술할 수 있다.
③ 제1항에 따른 결정은 서면으로 하여야 하며, 그 이유를 붙여야 한다.
④ 제1항에 따른 결정에 대해서는 불복할 수 없다.
(2014.6.11 본조개정)

제153조【심판절차의 중지】 제척 또는 기피 신청이 있으면 그 신청에 대한 결정이 있을 때까지 심판절차를 중지하여야 한다. 다만, 긴급한 경우에는 그러하지 아니하다.(2014.6.11 본조개정)

참조 [소송절차의 정지]민소48

제153조의2【심판관의 회피】 심판관이 제148조 또는 제150조에 해당하는 경우에는 특허심판원장의 허가를 받아 그 사건에 대한 심판을 회피할 수 있다.(2014.6.11 본조개정)

제154조【심리 등】 ① 심판은 구술심리 또는 서면심리로 한다. 다만, 당사자가 구술심리를 신청하였을 때에는 서면심리만으로 결정할 수 있다고 인정되는 경우 외에는 구술심리를 하여야 한다.
② (2001.2.3 삭제)
③ 구술심리는 공개하여야 한다. 다만, 공공의 질서 또는 선량한 풍속에 어긋날 우려가 있으면 그러하지 아니하다.
④ 심판장은 제1항에 따라 구술심리로 심판을 할 경우에는 그 기일 및 장소를 정하고, 그 취지를 적은 서면을 당사자 및 참가인에게 송달하여야 한다. 다만, 해당 사건의 이전 심리에 출석한 당사자 및 참가인에게 알렸을 때에는 그러하지 아니하다.
⑤ 심판장은 제1항에 따라 구술심리로 심판을 할 경우에는 특허심판원장이 지정한 직원에게 기일마다 심리의 요지와 그 밖에 필요한 사항을 적은 조서를 작성하게 하여야 한다.
⑥ 제5항의 조서에는 심판의 심판장 및 조서를 작성한 직원이 기명날인하여야 한다.
⑦ 제5항의 조서에 관하여는 「민사소송법」 제153조·제154조 및 제156조부터 제160조까지의 규정을 준용한다.
⑧ 심판에 관하여는 「민사소송법」 제143조·제259조·제299조 및 제367조를 준용한다.
⑨ 심판장은 구술심리 중 심판정 내의 질서를 유지한다.
(2014.6.11 본항신설)
(2014.6.11 본조개정)

제154조의2【전문심리위원】 ① 심판장은 직권에 따른 결정으로 전문심리위원을 지정하여 심판절차에 참여하게 할 수 있다.
② 심판장은 제1항에 따라 전문심리위원을 심판절차에 참여시키는 경우 당사자의 의견을 들어 각 사건마다 1명 이상의 전문심리위원을 지정하여야 한다.
③ 전문심리위원에게는 산업통상자원부령으로 정하는 바에 따라 수당을 지급하고, 필요한 경우에는 그 밖의 여비, 일당 및 숙박료를 지급할 수 있다.
④ 전문심리위원의 지정에 관하여 그 밖에 필요한 사항은 산업통상자원부령으로 정한다.
⑤ 제1항에 따른 전문심리위원에 관하여는 「민사소송법」 제164조의2제2항부터 제4항까지 및 제164조의3을 준용한다. 이 경우 "법원"은 "심판장"으로 본다.
⑥ 제1항에 따른 전문심리위원의 제척 및 기피에 관하여는 제148조부터 제152조까지의 규정을 준용한다. 이 경우 "심판관"은 "전문심리위원"으로 본다.
(2021.4.20 본조신설)

제154조의3【참고인 의견서의 제출】 ① 심판장은 산업에 미치는 영향 등을 고려하여 사건 심리에 필요하다고 인정되는 경우 공공단체, 그 밖의 참고인에게 심판사건에 관한 의견서를 제출하게 할 수 있다.
② 국가기관과 지방자치단체는 공익과 관련된 사항에 관하여 특허심판원에 심판사건에 관한 의견서를 제출할 수 있다.
③ 심판장은 제1항 또는 제2항에 따라 참고인이 제출한 의견서에 대하여 당사자에게 구술 또는 서면에 의한 의견진술의 기회를 주어야 한다.
④ 제1항 또는 제2항에 따른 참고인의 선정 및 비용, 준수사항 등 참고인 의견서 제출에 필요한 사항은 산업통상자원부령으로 정한다.
(2023.9.14 본조신설)

제155조【참가】 ① 제139조제1항에 따라 심판을 청구할 수 있는 자는 심리가 종결될 때까지 그 심판에 참가할 수 있다.
② 제1항에 따른 참가인은 피참가인이 그 심판의 청구를 취하한 후에도 심판절차를 속행할 수 있다.
③ 심판의 결과에 대하여 이해관계를 가진 자는 심리가 종결될 때까지 당사자의 어느 한쪽을 보조하기 위하여 그 심판에 참가할 수 있다.
④ 제3항에 따른 참가인은 모든 심판절차를 밟을 수 있다.
⑤ 제1항 또는 제3항에 따른 참가인에게 심판절차의 중단 또는 중지의 원인이 있으면 그 중단 또는 중지는 피참가인에 대해서도 그 효력이 발생한다.
(2014.6.11 본조개정)

제156조【참가의 신청 및 결정】 ① 심판에 참가하려는 자는 참가신청서를 심판장에게 제출하여야 한다.
② 심판장은 참가신청이 있는 경우에는 참가신청서 부본을 당사자 및 다른 참가인에게 송달하고, 기간을 정하여 의견서를 제출할 수 있는 기회를 주어야 한다.

③ 참가신청이 있는 경우에는 심판으로 그 참가 여부를 결정하여야 한다.
④ 제3항에 따른 결정은 서면으로 하여야 하며, 그 이유를 붙여야 한다.
⑤ 제3항에 따른 결정에 대해서는 불복할 수 없다.
(2014.6.11 본조개정)

참조 규62, [소송참가]민소71-86

제157조【증거조사 및 증거보전】 ① 심판에서는 당사자, 참가인 또는 이해관계인의 신청에 의하여 또는 직권으로 증거조사나 증거보전을 할 수 있다.
② 제1항에 따른 증거조사 및 증거보전에 관하여는 「민사소송법」 중 증거조사 및 증거보전에 관한 규정을 준용한다. 다만, 심판관은 다음 각 호의 행위는 하지 못한다.
1. 과태료의 결정
2. 구인(拘引)을 명하는 행위
3. 보증금을 공탁하게 하는 행위
③ 증거보전신청은 심판청구 전에는 특허심판원장에게 하고, 심판계속 중에는 그 사건의 심판장에게 하여야 한다.
④ 특허심판원장은 심판청구 전에 제1항에 따른 증거보전신청이 있으면 그 신청에 관여할 심판관을 지정한다.
⑤ 심판장은 제1항에 따라 직권으로 증거조사나 증거보전을 하였을 때에는 그 결과를 당사자, 참가인 또는 이해관계인에게 통지하고, 기간을 정하여 의견서를 제출할 수 있는 기회를 주어야 한다.
(2014.6.11 본조개정)

참조 규63, [증거보전의 요건]민소375

제158조【심판의 진행】 심판장은 당사자 또는 참가인이 법정기간 또는 지정기간에 절차를 밟지 아니하거나 제154조제4항에 따른 기일에 출석하지 아니하여도 심판을 진행할 수 있다.
(2014.6.11 본조개정)

제158조의2【적시제출주의】 심판절차에서의 주장이나 증거의 제출에 관하여는 「민사소송법」 제146조, 제147조 및 제149조를 준용한다.(2021.8.17 본조신설)

제159조【직권심리】 ① 심판에서는 당사자 또는 참가인이 신청하지 아니한 이유에 대해서도 심리할 수 있다. 이 경우 당사자 및 참가인에게 기간을 정하여 그 이유에 대하여 의견을 진술할 수 있는 기회를 주어야 한다.
② 심판에서는 청구인이 신청하지 아니한 청구의 취지에 대해서는 심리할 수 없다.
(2014.6.11 본조개정)

참조 [기간의 계산]14, 민155이하

제160조【심리·심결의 병합 또는 분리】 심판관은 당사자 양쪽 또는 어느 한쪽이 동일한 둘 이상의 심판에 대하여 심리 또는 심결을 병합하거나 분리할 수 있다.(2014.6.11 본조개정)

제161조【심판청구의 취하】 ① 심판청구는 심결이 확정될 때까지 취하할 수 있다. 다만, 답변서가 제출된 후에는 상대방의 동의를 받아야 한다.
② 둘 이상의 청구항에 관하여 제133조제1항의 무효심판 또는 제135조의 권리범위 확인심판을 청구하였을 때에는 청구항마다 취하할 수 있다.
③ 제1항 또는 제2항에 따른 취하가 있으면 그 심판청구 또는 그 청구항에 대한 심판청구는 처음부터 없었던 것으로 본다.
(2014.6.11 본조개정)

참조 규69

제162조【심결】 ① 심판은 특별한 규정이 있는 경우를 제외하고는 심결로써 종결한다.
② 제1항의 심결은 다음 각 호의 사항을 적은 서면으로 하여야 하며, 심결을 한 심판관은 그 서면에 기명날인하여야 한다.
1. 심판의 번호
2. 당사자 및 참가인의 성명 및 주소(법인인 경우에는 그 명칭 및 영업소의 소재지)
3. 대리인이 있는 경우에는 그 대리인의 성명 및 주소나 영업소의 소재지〔대리인이 특허법인·특허법인(유한)인 경우에는 그 명칭, 사무소의 소재지 및 지정된 변리사의 성명〕
4. 심판사건의 표시
5. 심결의 주문(제138조에 따른 심판의 경우에는 통상실시권의 범위·기간 및 대가를 포함한다)
6. 심결의 이유(청구의 취지 및 그 이유의 요지를 포함한다)
7. 심결연월일
③ 심판장은 사건이 심결을 할 정도로 성숙하였을 때에는 심리의 종결을 당사자 및 참가인에게 통지하여야 한다.
④ 심판장은 필요하다고 인정하면 제3항에 따라 심리종결을 통지한 후에도 당사자 또는 참가인의 신청에 의하여 또는 직권으로 심리를 재개할 수 있다.
⑤ 심결은 제3항에 따른 심리종결통지를 한 날부터 20일 이내에 한다.
⑥ 심판장은 심결 또는 결정이 있으면 그 등본을 당사자, 참가인 및 심판에 참가신청을 하였으나 그 신청이 거부된 자에게 송달하여야 한다.
(2014.6.11 본조개정)

제163조【일사부재리】 이 법에 따른 심판의 심결이 확정되었을 때에는 그 사건에 대해서는 누구든지 동일 사실 및 동일 증거에 의하여 다시 심판을 청구할 수 없다. 다만, 확정된 심결이 각하심결인 경우에는 그러하지 아니하다.(2014.6.11 본조개정)

참조 [일사부재리]헌13

제164조【소송과의 관계】 ① 심판장은 심판에서 필요하면 직권 또는 당사자의 신청에 따라 그 심판사건과 관련되는 특허취소신청에 대한 결정 또는 다른 심판의 심결이 확정되거나 소송절차가 완결될 때까지 그 절차를 중지할 수 있다.(2016.2.29 본항개정)
② 법원은 소송절차에서 필요하면 직권 또는 당사자의 신청에 따라 특허취소신청에 대한 결정이나 특허에 관한 심결이 확정될 때까지 그 소송절차를 중지할 수 있다.(2016.2.29 본항개정)
③ 법원은 특허권 또는 전용실시권의 침해에 관한 소가 제기된 경우에는 그 취지를 특허심판원장에게 통보하여야 한다. 그 소송절차가 끝났을 때에도 또한 같다.
④ 특허심판원장은 제3항에 따른 특허권 또는 전용실시권의 침해에 관한 소에 대응하여 그 특허권에 관한 무효심판 등이 청구된 경우에는 그 취지를 제3항에 해당하는 법원에 통보하여야 한다. 그 심판청구서의 각하결정, 심결 또는 청구의 취하가 있는 경우에도 또한 같다.
(2014.6.11 본조개정)

제164조의2【조정위원회 회부】 ① 심판장은 심판사건을 합리적으로 해결하기 위하여 필요하다고 인정되면 당사자의 동의를 받아 해당 심판사건의 절차를 중지하고 결정으로 해당 사건을 조정위원회에 회부할 수 있다.
② 심판장은 제1항에 따라 조정위원회에 회부한 때에는 해당 심판사건의 기록을 조정위원회에 송부하여야 한다.
③ 심판장은 조정위원회의 조정절차가 조정 불성립으로 종료되면 제1항에 따른 중지 결정을 취소하고 심판을 재개하며, 조정이 성립된 경우에는 해당 심판청구는 취하된 것으로 본다.
(2021.8.17 본조신설)

제165조【심판비용】 ① 제133조제1항, 제134조제1항·제2항, 제135조 및 제137조제1항의 심판비용의 부담은 심판이 심결에 의하여 종결될 때에는 그 심결로써 정하고, 심판이 심결에 의하지 아니하고 종결될 때에는 결정으로써 정하여야 한다.
② 제1항의 심판비용에 관하여는 「민사소송법」 제98조부터 제103조까지, 제107조제1항·제2항, 제108조, 제111조, 제112조 및 제116조를 준용한다.
③ 제132조의17, 제136조 또는 제138조에 따른 심판비용은 청구인이 부담한다.(2016.2.29 본항개정)
④ 제3항에 따라 청구인이 부담하는 비용에 관하여는 「민사소송법」 제102조를 준용한다.
⑤ 심판비용액은 심결 또는 결정이 확정된 후 당사자의 청구에 따라 특허심판원장이 결정한다.
⑥ 심판비용의 범위·금액·납부 및 심판에서 절차상의 행위를 하기 위하여 필요한 비용의 지급에 관하여는 그 성질에 반하지 아니하는 범위에서 「민사소송비용법」 중 해당 규정의 예에 따른다.
⑦ 심판의 대리를 한 변리사에게 당사자가 지급하였거나 지급할 보수는 특허청장이 정하는 금액의 범위에서 심판비용으로

본다. 이 경우 여러 명의 변리사가 심판의 대리를 한 경우라도 1명의 변리사가 심판대리를 한 것으로 본다.
(2014.6.11 본조개정)

제166조【심판비용액 또는 대가에 대한 집행권원】 이 법에 따라 특허심판원장이 정한 심판비용액 또는 심판관이 정한 대가에 관하여 확정된 결정은 집행력 있는 집행권원과 같은 효력을 가진다. 이 경우 집행력 있는 정본은 특허심판원 소속 공무원이 부여한다.(2014.6.11 본조개정)

제167조~제169조 (1995.1.5 삭제)

제170조【심사규정의 특허거절결정에 대한 심판에의 준용】
① 특허거절결정에 대한 심판에 관하여는 제47조제1항제1호·제2호, 같은 조 제4항, 제51조, 제63조, 제63조의2 및 제66조를 준용한다. 이 경우 제51조제1항 본문 중 "제47조제1항제2호 및 제3호에 따른 보정"은 "제47조제1항제2호에 따른 보정(제132조의17의 특허거절결정에 대한 심판청구 전에 한 것은 제외한다)"으로, 제63조의2 본문 중 "특허청장"은 "특허심판원장"으로 본다.(2016.2.29 본항개정)
② 제1항에 따라 준용되는 제63조는 특허거절결정의 이유와 다른 거절이유를 발견한 경우에만 적용한다.
(2014.6.11 본조개정)

제171조【특허거절결정에 대한 심판의 특칙】 특허거절결정 또는 특허권의 존속기간의 연장등록거절결정에 대한 심판에는 제147조제1항·제2항, 제155조 및 제156조를 적용하지 아니한다.(2009.1.30 본조개정)

제172조【심사의 효력】 심사에서 밟은 특허에 관한 절차는 특허거절결정 또는 특허권의 존속기간의 연장등록거절결정에 대한 심판에서도 그 효력이 있다.(2014.6.11 본조개정)

제173조~제175조 (2009.1.30 삭제)

제176조【특허거절결정 등의 취소】 ① 심판관은 제132조의17에 따른 심판이 청구된 경우에 그 청구가 이유 있다고 인정할 때에는 심결로써 특허거절결정 또는 특허권의 존속기간의 연장등록거절결정을 취소하여야 한다.(2016.2.29 본항개정)
② 심판에서 제1항에 따라 특허거절결정 또는 특허권의 존속기간의 연장등록거절결정을 취소할 경우에는 심사에 부칠 것이라는 심결을 할 수 있다.
③ 제1항 및 제2항에 따른 심결에서 취소의 기본이 된 이유는 그 사건에 대하여 심사관을 기속한다.
(2014.6.11 본조개정)

제177조 (1995.1.5 삭제)

제8장 재 심
(2014.6.11 본장개정)

제178조【재심의 청구】 ① 당사자는 확정된 특허취소결정 또는 확정된 심결에 대하여 재심을 청구할 수 있다.(2016.2.29 본항개정)
② 제1항의 재심청구에 관하여는 「민사소송법」 제451조 및 제453조를 준용한다.

제179조【제3자에 의한 재심청구】 ① 심판의 당사자가 공모하여 제3자의 권리나 이익을 사해(詐害)할 목적으로 심결을 하게 하였을 때에는 제3자는 그 확정된 심결에 대하여 재심을 청구할 수 있다.
② 제1항의 재심청구의 경우에는 심판의 당사자를 공동피청구인으로 한다.

제180조【재심청구의 기간】 ① 당사자는 특허취소결정 또는 심결 확정 후 재심사유를 안 날부터 30일 이내에 재심을 청구하여야 한다.(2016.2.29 본항개정)
② 대리권의 흠을 이유로 재심을 청구하는 경우에 제1항의 기간은 청구인 또는 법정대리인이 특허취소결정등본 또는 심결등본의 송달에 의하여 특허취소결정 또는 심결이 있는 것을 안 날의 다음 날부터 기산한다.(2016.2.29 본항개정)
③ 특허취소결정 또는 심결 확정 후 3년이 지나면 재심을 청구할 수 없다.(2016.2.29 본항개정)
④ 재심사유가 특허취소결정 또는 심결 확정 후에 생겼을 때에는 제3항의 기간은 그 사유가 발생한 날의 다음 날부터 기산한다.(2016.2.29 본항개정)
⑤ 제1항 및 제3항은 해당 심결 이전의 확정심결에 저촉된다는 이유로 재심을 청구하는 경우에는 적용하지 아니한다.

참조 [기간의 계산]14, 민155이하

제181조【재심에 의하여 회복된 특허권의 효력 제한】 ① 다음 각 호의 어느 하나에 해당하는 경우에 특허권의 효력은 해당 특허취소결정 또는 심결이 확정된 후 재심청구 등록 전에 선의로 수출 또는 수입하거나 국내에서 생산 또는 취득한 물건에는 미치지 아니한다.(2025.1.21 본문개정)
1. 무효가 된 특허권(존속기간이 연장등록된 특허권을 포함한다)이 재심에 의하여 회복된 경우
2. 특허권의 권리범위에 속하지 아니한다는 심결이 확정된 후 재심에 의하여 그 심결과 상반되는 심결이 확정된 경우
3. 거절한다는 취지의 심결이 있었던 특허출원 또는 특허권의 존속기간의 연장등록출원이 재심에 의하여 특허권의 설정등록 또는 특허권의 존속기간의 연장등록이 된 경우
4. 취소된 특허권이 재심에 의하여 회복된 경우(2016.2.29 본호신설)

② 제1항 각 호의 어느 하나에 해당하는 경우의 특허권의 효력은 다음 각 호의 어느 하나의 행위에 미치지 아니한다.
1. 해당 특허취소결정 또는 심결이 확정된 후 재심청구 등록 전에 한 해당 발명의 선의의 실시(2016.2.29 본호개정)
2. 특허가 물건의 발명인 경우에는 그 물건의 생산에만 사용하는 물건을 해당 특허취소결정 또는 심결이 확정된 후 재심청구 등록 전에 선의로 생산·양도·대여·수출 또는 수입하거나 양도 또는 대여의 청약을 하는 행위(2025.1.21 본호개정)
3. 특허가 방법의 발명인 경우에는 그 방법의 실시에만 사용하는 물건을 해당 특허취소결정 또는 심결이 확정된 후 재심청구 등록 전에 선의로 생산·양도·대여·수출 또는 수입하거나 양도 또는 대여를 청약하는 행위(2025.1.21 본호개정)

참조 [기간의 계산]14, 민155이하

제182조【재심에 의하여 회복한 특허권에 대한 선사용자의 통상실시권】 제181조제1항 각 호의 어느 하나에 해당하는 경우에 해당 특허취소결정 또는 심결이 확정된 후 재심청구 등록 전에 국내에서 선의로 그 발명의 실시사업을 하고 있는 자 또는 그 사업을 준비하고 있는 자는 실시하고 있거나 준비하고 있는 발명 및 사업목적의 범위에서 그 특허권에 관하여 통상실시권을 가진다.(2016.2.29 본조개정)

참조 [통상실시권]102

제183조【재심에 의하여 통상실시권을 상실한 원권리자의 통상실시권】 ① 제138조제1항 또는 제3항에 따라 통상실시권을 허락한다는 심결이 확정된 후 재심에서 그 심결과 상반되는 심결이 확정된 경우에는 재심청구 등록 전에 선의로 국내에서 그 발명의 실시사업을 하고 있는 자 또는 그 사업을 준비하고 있는 자는 원(原)통상실시권의 사업목적 및 발명의 범위에서 그 특허권 또는 재심의 심결이 확정된 당시에 존재하는 전용실시권에 대하여 통상실시권을 가진다.
② 제1항에 따라 통상실시권을 가진 자는 특허권자 또는 전용실시권자에게 상당한 대가를 지급하여야 한다.

제184조【재심에서의 심판규정 등의 준용】 특허취소결정 또는 심판에 대한 재심의 절차에 관하여는 그 성질에 반하지 아니하는 범위에서 특허취소신청 또는 심판의 절차에 관한 규정을 준용한다.(2016.2.29 본조개정)

제185조【「민사소송법」의 준용】 재심청구에 관하여는 「민사소송법」 제459조제1항을 준용한다.

제9장 소 송
(2014.6.11 본장개정)

제186조【심결 등에 대한 소】 ① 특허취소결정 또는 심결에 대한 소 및 특허취소신청서·심판청구서·재심청구서의 각하결정에 대한 소는 특허법원의 전속관할로 한다.(2016.2.29 본항개정)
② 제1항에 따른 소는 다음 각 호의 자만 제기할 수 있다.
1. 당사자
2. 참가인

3. 해당 특허취소신청의 심리, 심판 또는 재심에 참가신청을 하였으나 신청이 거부된 자(2016.2.29 본호개정)
③ 제1항에 따른 소는 심결 또는 결정의 등본을 송달받은 날부터 30일 이내에 제기하여야 한다.
④ 제3항의 기간은 불변기간으로 한다.
⑤ 심판장은 주소 또는 거소가 멀리 떨어진 곳에 있거나 교통이 불편한 지역에 있는 자를 위하여 직권으로 제4항의 불변기간에 대하여 부가기간을 정할 수 있다.
⑥ 특허취소를 신청할 수 있는 사항 또는 심판을 청구할 수 있는 사항에 관한 소는 특허취소결정이나 심결에 대한 것이 아니면 제기할 수 없다.(2016.2.29 본항개정)
⑦ 제162조제2항제5호에 따른 대가의 심결 및 제165조제1항에 따른 심판비용의 심결 또는 결정에 대해서는 독립하여 제1항에 따른 소를 제기할 수 없다.
⑧ 제1항에 따른 특허법원의 판결에 대해서는 대법원에 상고할 수 있다.

제187조【피고적격】 제186조제1항에 따라 소를 제기하는 경우에는 특허청장을 피고로 하여야 한다. 다만, 제133조제1항, 제134조제1항·제2항, 제135조제1항·제2항, 제137조제1항 또는 제138조제1항·제3항에 따른 심판 또는 그 재심의 심결에 대한 소를 제기하는 경우에는 그 청구인 또는 피청구인을 피고로 하여야 한다.(2016.2.29 단서개정)

제188조【소 제기 통지 및 재판서 정본 송부】 ① 법원은 제186조제1항에 따른 소 또는 같은 조 제8항에 따른 상고가 제기되었을 때에는 지체 없이 그 취지를 특허심판원장에게 통지하여야 한다.
② 법원은 제187조 단서에 따른 소에 관하여 소송절차가 완결되었을 때에는 지체 없이 그 사건에 대한 각 심급(審級)의 재판서 정본을 특허심판원장에게 보내야 한다.

제188조의2【기술심리관의 제척·기피·회피】 ①「법원조직법」제54조의2에 따른 기술심리관의 제척·기피에 관하여는 제148조,「민사소송법」제42조부터 제45조까지, 제47조 및 제48조를 준용한다.
② 제1항에 따른 기술심리관에 대한 제척·기피의 재판은 그 소속 법원이 결정으로 하여야 한다.
③ 기술심리관은 제척 또는 기피의 사유가 있다고 인정하면 특허법원장의 허가를 받아 회피할 수 있다.

제189조【심결 또는 결정의 취소】 ① 법원은 제186조제1항에 따라 소가 제기된 경우에 그 청구가 이유 있다고 인정할 때에는 판결로써 해당 심결 또는 결정을 취소하여야 한다.
② 심판관은 제1항에 따라 심결 또는 결정의 취소판결이 확정되었을 때에는 다시 심리를 하여 심결 또는 결정을 하여야 한다.
③ 제1항에 따른 판결에서 취소의 기본이 된 이유는 그 사건에 대하여 특허심판원을 기속한다.

제190조【보상금 또는 대가에 관한 불복의 소】 ① 제41조제3항·제4항, 제106조제3항, 제106조의2제3항, 제110조제2항제2호 및 제138조제4항에 따른 보상금 및 대가에 대하여 심결·결정 또는 재정을 받은 자가 그 보상금 또는 대가에 불복할 때에는 법원에 소송을 제기할 수 있다.
② 제1항에 따른 소송은 심결·결정 또는 재정의 등본을 송달받은 날부터 30일 이내에 제기하여야 한다.
③ 제2항에 따른 기간은 불변기간으로 한다.

제191조【보상금 또는 대가에 관한 소송에서의 피고】 제190조에 따른 소송에서는 다음 각 호의 어느 하나에 해당하는 자를 피고로 하여야 한다.
1. 제41조제3항 및 제4항에 따른 보상금에 대해서는 보상금을 지급하여야 하는 중앙행정기관의 장 또는 출원인
2. 제106조제3항 및 제106조의2제3항에 따른 보상금에 대해서는 보상금을 지급하여야 하는 중앙행정기관의 장, 특허권자, 전용실시권자 또는 통상실시권자
3. 제110조제2항제2호 및 제138조제4항에 따른 대가에 대해서는 통상실시권자·전용실시권자·특허권자·실용신안권자 또는 디자인권자

제191조의2【변리사의 보수와 소송비용】 소송을 대리한 변리사의 보수에 관하여는「민사소송법」제109조를 준용한다. 이 경우 "변호사"는 "변리사"로 본다.

제10장 「특허협력조약」에 따른 국제출원
(2014.6.11 본장개정)

제1절 국제출원절차

제192조【국제출원을 할 수 있는 자】 특허청장에게 국제출원을 할 수 있는 자는 다음 각 호의 어느 하나에 해당하는 자로 한다.
1. 대한민국 국민
2. 국내에 주소 또는 영업소를 가진 외국인
3. 제1호 또는 제2호에 해당하는 자가 아닌 자로서 제1호 또는 제2호에 해당하는 자를 대표자로 하여 국제출원을 하는 자
4. 산업통상자원부령으로 정하는 요건에 해당하는 자

참조 [대한민국 국민]국적법1, 국제사법1, [외국인]국제사법

제193조【국제출원】 ① 국제출원을 하려는 자는 산업통상자원부령으로 정하는 언어로 작성한 출원서와 발명의 설명·청구범위·필요한 도면 및 요약서를 특허청장에게 제출하여야 한다.
② 제1항의 출원서에는 다음 각 호의 사항을 적어야 한다.
1. 해당 출원이「특허협력조약」에 따른 국제출원이라는 표시
2. 해당 출원된 발명의 보호가 필요한「특허협력조약」체약국(締約國)의 지정
3. 제2호에 따라 지정된 체약국(이하 "지정국"이라 한다) 중「특허협력조약」제2조(iv)의 지역특허를 받으려는 경우에는 그 취지
4. 출원인의 성명이나 명칭·주소나 영업소 및 국적
5. 대리인이 있으면 그 대리인의 성명 및 주소나 영업소
6. 발명의 명칭
7. 발명자의 성명 및 주소(지정국의 법령에서 발명자에 관한 사항을 적도록 규정되어 있는 경우만 해당한다)
③ 제1항의 발명의 설명은 그 발명이 속하는 기술분야에서 통상의 지식을 가진 사람이 쉽게 실시할 수 있도록 명확하고 상세하게 적어야 한다.
④ 제1항의 청구범위는 보호를 받으려는 사항을 명확하고 간결하게 적어야 하며, 발명의 설명에 의하여 충분히 뒷받침되어야 한다.
⑤ 제1항부터 제4항까지에서 규정한 사항 외에 국제출원에 관하여 필요한 사항은 산업통상자원부령으로 정한다.

참조 [국제출원의 사용어]규4·91, [대리]민114이하, [주소]민18이하

제194조【국제출원일의 인정 등】 ① 특허청장은 국제출원이 특허청에 도달한 날을「특허협력조약」제11조의 국제출원일(이하 "국제출원일"이라 한다)로 인정하여야 한다. 다만, 다음 각 호의 어느 하나에 해당하는 경우에는 그러하지 아니하다.
1. 출원인이 제192조 각 호의 어느 하나에 해당하지 아니하는 경우
2. 제193조제1항에 따른 언어로 작성되지 아니한 경우
3. 제193조제1항에 따른 발명의 설명 또는 청구범위가 제출되지 아니한 경우
4. 제193조제2항제1호·제2호에 따른 사항 및 출원인의 성명이나 명칭을 적지 아니한 경우
② 특허청장은 국제출원이 제1항 각 호의 어느 하나에 해당하는 경우에는 기간을 정하여 서면으로 절차를 보완할 것을 명하여야 한다.
③ 특허청장은 국제출원이 도면에 관하여 적고 있으나 그 출원에 도면이 포함되어 있지 아니하면 그 취지를 출원인에게 통지하여야 한다.
④ 특허청장은 제2항에 따른 절차의 보완명령을 받은 자가 지정된 기간에 보완을 한 경우에는 그 보완에 관계되는 서면의 도달일을, 제3항에 따른 통지를 받은 자가 산업통상자원부령으로 정하는 기간에 도면을 제출한 경우에는 그 도면의 도달일을 국제출원일로 인정하여야 한다. 다만, 제3항에 따른 통지를 받은 자가 산업통상자원부령으로 정하는 기간에 도면을 제출하지 아니한 경우에는 그 도면에 관한 기재는 없는 것으로 본다.

참조 규90이하, [기간의 계산]14, 민155이하

제195조【보정명령】 특허청장은 국제출원이 다음 각 호의 어느 하나에 해당하는 경우에는 기간을 정하여 보정을 명하여야 한다.
1. 발명의 명칭이 적혀 있지 아니한 경우
2. 요약서가 제출되지 아니한 경우
3. 제3조 또는 제197조제3항을 위반한 경우
4. 산업통상자원부령으로 정하는 방식을 위반한 경우

참조 규101, [요약서]43

제196조【취하된 것으로 보는 국제출원 등】 ① 다음 각 호의 어느 하나에 해당하는 국제출원은 취하된 것으로 본다.
1. 제195조에 따른 보정명령을 받은 자가 지정된 기간에 보정을 하지 아니한 경우
2. 국제출원에 관한 수수료를 산업통상자원부령으로 정하는 기간에 내지 아니하여 「특허협력조약」 제14조(3)(a)에 해당하게 된 경우
3. 제194조에 따라 국제출원일이 인정된 국제출원에 관하여 산업통상자원부령으로 정하는 기간에 그 국제출원이 제194조제1항 각 호의 어느 하나에 해당하는 것이 발견된 경우

② 국제출원에 관하여 내야 할 수수료의 일부를 산업통상자원부령으로 정하는 기간에 내지 아니하여 「특허협력조약」 제14조(3)(b)에 해당하게 된 경우에는 수수료를 내지 아니한 지정국의 지정은 취하된 것으로 본다.
③ 특허청장은 제1항 및 제2항에 따라 국제출원 또는 지정국의 일부가 취하된 것으로 보는 경우에는 그 사실을 출원인에게 알려야 한다.

참조 규106·106의2, [기간의 계산]14, 민155이하

제197조【대표자 등】 ① 2인 이상이 공동으로 국제출원을 하는 경우에 제192조부터 제196조까지 및 제198조에 따른 절차는 출원인의 대표자가 밟을 수 있다.
② 2인 이상이 공동으로 국제출원을 하는 경우에 출원인이 대표자를 정하지 아니한 경우에는 산업통상자원부령으로 정하는 방법에 따라 대표자를 정할 수 있다.
③ 제1항의 절차를 대리인에 의하여 밟으려는 자는 제3조에 따른 법정대리인을 제외하고는 변리사를 대리인으로 하여야 한다.

제198조【수수료】 ① 국제출원을 하려는 자는 수수료를 내야 한다.
② 제1항에 따른 수수료, 그 납부방법 및 납부기간 등에 관하여 필요한 사항은 산업통상자원부령으로 정한다.

제198조의2【국제조사 및 국제예비심사】 ① 특허청은 「특허협력조약」 제2조(xix)의 국제사무국(이하 "국제사무국"이라 한다)과 체결하는 협정에 따라 국제출원에 대한 국제조사기관 및 국제예비심사기관으로서의 업무를 수행한다.
② 제1항에 따른 업무수행에 필요한 사항은 산업통상자원부령으로 정한다.

제2절 국제특허출원에 관한 특례

제199조【국제출원에 의한 특허출원】 ① 「특허협력조약」에 따라 국제출원일이 인정된 국제출원으로서 특허를 받기 위하여 대한민국을 지정국으로 지정한 국제출원은 그 국제출원일에 출원된 특허출원으로 본다.
② 제1항에 따라 특허출원으로 보는 국제출원(이하 "국제특허출원"이라 한다)에 관하여는 제42조의2, 제42조의3 및 제54조를 적용하지 아니한다.

제200조【공지 등이 되지 아니한 발명으로 보는 경우의 특례】 국제특허출원된 발명에 관하여 제30조제1항제1호를 적용받으려는 자는 그 취지를 적은 서면 및 이를 증명할 수 있는 서류를 같은 조 제2항에도 불구하고 산업통상자원부령으로 정하는 기간에 특허청장에게 제출할 수 있다.

제200조의2【국제특허출원의 출원서 등】 ① 국제특허출원의 국제출원일까지 제출된 출원서는 제42조제1항에 따라 제출된 특허출원서로 본다.
② 국제특허출원의 국제출원일까지 제출된 발명의 설명, 청구범위 및 도면은 제42조제2항에 따른 특허출원서에 최초로 첨부된 명세서 및 도면으로 본다.
③ 국제특허출원에 대해서는 다음 각 호의 구분에 따른 요약서 또는 국어번역문을 제42조제2항에 따른 요약서로 본다.
1. 국제특허출원의 요약서를 국어로 적은 경우 : 국제특허출원의 요약서
2. 국제특허출원의 요약서를 외국어로 적은 경우 : 제201조제1항에 따라 제출된 국제특허출원의 요약서의 국어번역문(제201조제3항 본문에 따라 새로운 국어번역문을 제출한 경우에는 마지막에 제출한 국제특허출원의 요약서의 국어번역문을 말한다)

(2014.6.11 본조신설)

제201조【국제특허출원의 국어번역문】 ① 국제특허출원을 외국어로 출원한 출원인은 「특허협력조약」 제2조(xi)의 우선일(이하 "우선일"이라 한다)부터 2년 7개월(이하 "국내서면제출기간"이라 한다) 이내에 다음 각 호의 국어번역문을 특허청장에게 제출하여야 한다. 다만, 국어번역문의 제출기간을 연장하여 달라는 취지를 제203조제1항에 따른 서면에 적어 국내서면제출기간 만료일 전 1개월부터 그 만료일까지 제출한 경우(그 서면을 제출하기 전에 국어번역문을 제출한 경우는 제외한다)에는 국내서면제출기간 만료일부터 1개월이 되는 날까지 국어번역문을 제출할 수 있다.
1. 국제출원일까지 제출한 발명의 설명, 청구범위 및 도면(도면 중 설명부분에 한정한다)의 국어번역문
2. 국제특허출원의 요약서의 국어번역문

② 제1항에도 불구하고 국제특허출원을 외국어로 출원한 출원인이 「특허협력조약」 제19조(1)에 따라 청구범위에 관한 보정을 한 경우에는 국제출원일까지 제출한 청구범위에 대한 국어번역문을 보정 후의 청구범위에 대한 국어번역문으로 대체하여 제출할 수 있다.
③ 제1항에 따라 국어번역문을 제출한 출원인은 국내서면제출기간(제1항 단서에 따라 취지를 적은 서면이 제출된 경우에는 연장된 국어번역문 제출 기간을 말한다. 이하 이 조에서 같다)에 그 국어번역문을 갈음하여 새로운 국어번역문을 제출할 수 있다. 다만, 출원인이 출원심사의 청구를 한 후에는 그러하지 아니하다.
④ 제1항에 따른 출원인이 국내서면제출기간에 제1항에 따른 발명의 설명 및 청구범위의 국어번역문을 제출하지 아니하면 그 국제특허출원을 취하한 것으로 본다.
⑤ 특허출원인이 국내서면제출기간의 만료일(국내서면제출기간에 출원인이 출원심사의 청구를 한 경우에는 그 청구일을 말하며, 이하 "기준일"이라 한다)까지 제1항에 따라 발명의 설명, 청구범위 및 도면(도면 중 설명부분에 한정한다)의 국어번역문(제3항 본문에 따라 새로운 국어번역문을 제출한 경우에는 마지막에 제출한 국어번역문을 말한다. 이하 이 조에서 "최종 국어번역문"이라 한다)을 제출한 경우에는 국제출원일까지 제출한 발명의 설명, 청구범위 및 도면(도면 중 설명부분에 한정한다)을 최종 국어번역문에 따라 국제출원일에 제47조제1항에 따른 보정을 한 것으로 본다.
⑥ 특허출원인은 제47조제1항 및 제208조제1항에 따라 보정을 할 수 있는 기간에 최종 국어번역문의 잘못된 번역을 산업통상자원부령으로 정하는 방법에 따라 정정할 수 있다. 이 경우 정정된 국어번역문에 관하여는 제5항을 적용하지 아니한다.
⑦ 제6항 전단에 따라 제47조제1항제1호 또는 제2호에 따른 기간에 정정을 하는 경우에는 마지막 정정 전에 한 모든 정정은 처음부터 없었던 것으로 본다.(2016.2.29 본항신설)
⑧ 제2항에 따라 보정 후의 청구범위에 대한 국어번역문을 제출하는 경우에는 제204조제1항 및 제2항을 적용하지 아니한다.

제202조【특허출원 등에 의한 우선권 주장의 특례】 ① 국제특허출원에 관하여는 제55조제2항 및 제56조제2항을 적용하지 아니한다.
② 제55조제4항을 적용할 때 우선권 주장을 수반하는 특허출원이 국제특허출원인 경우에는 같은 항 중 "특허출원의 출원서에 최초로 첨부된 명세서 또는 도면"은 "국제출원일까지 제출된 발명의 설명, 청구범위 또는 도면"으로, "출원공개되거나"는 "출원공개 또는 「특허협력조약」 제21조에 따라 국제공개되거나"로 본다. 다만, 그 국제특허출원이 제201조제4항에 따라 취하한 것으로 보는 경우에는 제55조제4항을 적용하지 아니한다.

③ 제55조제1항, 같은 조 제3항부터 제5항까지 및 제56조제1항을 적용할 때 선출원이 국제특허출원 또는 「실용신안법」 제34조제2항에 따른 국제실용신안등록출원인 경우에는 다음 각 호에 따른다.

1. 제55조제1항 각 호 외의 부분 본문, 같은 조 제3항 및 제5항 각 호 외의 부분 중 "출원서에 최초로 첨부된 명세서 또는 도면"은 다음 각 목의 구분에 따른 것으로 본다.
   가. 선출원이 국제특허출원인 경우 : "국제출원일까지 제출된 국제출원의 발명의 설명, 청구범위 또는 도면"
   나. 선출원이 「실용신안법」 제34조제2항에 따른 국제실용신안등록출원인 경우 : "국제출원일까지 제출된 국제출원의 고안의 설명, 청구범위 또는 도면"
2. 제55조제4항 중 "선출원의 출원서에 최초로 첨부된 명세서 또는 도면"은 다음 각 목의 구분에 따른 것으로 보고, "선출원에 관하여 출원공개"는 "선출원에 관하여 출원공개 또는 「특허협력조약」 제21조에 따른 국제공개"로 본다.
   가. 선출원이 국제특허출원인 경우 : "선출원의 국제출원일까지 제출된 국제출원의 발명의 설명, 청구범위 또는 도면"
   나. 선출원이 「실용신안법」 제34조제2항에 따른 국제실용신안등록출원인 경우 : "선출원의 국제출원일까지 제출된 국제출원의 고안의 설명, 청구범위 또는 도면"
3. 제56조제1항 각 호 외의 부분 본문 중 "그 출원일부터 1년 3개월이 지난 때"는 "국제출원일부터 1년 3개월이 지난 때 또는 제201조제5항이나 「실용신안법」 제35조제5항에 따른 기준일 중 늦은 때"로 본다.

④ 제55조제1항, 같은 조 제3항부터 제5항까지 및 제56조제1항을 적용할 때 제55조제1항에 따른 선출원이 제214조제4항 또는 「실용신안법」 제40조제4항에 따라 특허출원 또는 실용신안등록출원으로 되는 국제출원인 경우에는 다음 각 호에 따른다.

1. 제55조제1항 각 호 외의 부분 본문, 같은 조 제3항 및 제5항 각 호 외의 부분 중 "출원서에 최초로 첨부된 명세서 또는 도면"은 다음 각 목의 구분에 따른 것으로 본다.
   가. 선출원이 제214조제4항에 따라 특허출원으로 되는 국제출원인 경우 : "제214조제4항에 따라 국제출원일로 인정할 수 있었던 날의 국제출원의 발명의 설명, 청구범위 또는 도면"
   나. 선출원이 「실용신안법」 제40조제4항에 따라 실용신안등록출원으로 되는 국제출원인 경우 : "「실용신안법」 제40조제4항에 따라 국제출원일로 인정할 수 있었던 날의 국제출원의 고안의 설명, 청구범위 또는 도면"
2. 제55조제4항 중 "선출원의 출원서에 최초로 첨부된 명세서 또는 도면"은 다음 각 목의 구분에 따른 것으로 본다.
   가. 선출원이 제214조제4항에 따라 특허출원으로 되는 국제출원인 경우 : "제214조제4항에 따라 국제출원일로 인정할 수 있었던 날의 선출원의 국제출원의 발명의 설명, 청구범위 또는 도면"
   나. 선출원이 「실용신안법」 제40조제4항에 따라 실용신안등록출원으로 되는 국제출원인 경우 : "「실용신안법」 제40조제4항에 따라 국제출원일로 인정할 수 있었던 날의 선출원의 국제출원의 고안의 설명, 청구범위 또는 도면"
3. 제56조제1항 각 호 외의 부분 본문 중 "그 출원일부터 1년 3개월이 지난 때"는 "제214조제4항 또는 「실용신안법」 제40조제4항에 따라 국제출원일로 인정할 수 있었던 날부터 1년 3개월이 지난 때 또는 제214조제4항이나 「실용신안법」 제40조제4항에 따른 결정을 한 때 중 늦은 때"로 본다.

제203조【서면의 제출】 ① 국제특허출원의 출원인은 국내서면제출기간에 다음 각 호의 사항을 적은 서면을 특허청장에게 제출하여야 한다. 이 경우 국제특허출원을 외국어로 출원한 출원인은 제201조제1항에 따른 국어번역문을 함께 제출하여야 한다.

1. 출원인의 성명 및 주소(법인인 경우에는 그 명칭 및 영업소의 소재지)
2. 출원인의 대리인이 있는 경우에는 그 대리인의 성명 및 주소나 영업소의 소재지〔대리인이 특허법인·특허법인(유한)인 경우에는 그 명칭, 사무소의 소재지 및 지정된 변리사의 성명〕
3. 발명의 명칭
4. 발명자의 성명 및 주소
5. 국제출원일 및 국제출원번호

② 제1항 후단에도 불구하고 제201조제1항 단서에 따라 국어번역문의 제출기간을 연장하여 달라는 취지를 적어 제1항 전단에 따른 서면을 제출하는 경우에는 국어번역문을 함께 제출하지 아니할 수 있다.

③ 특허청장은 다음 각 호의 어느 하나에 해당하는 경우에는 보정기간을 정하여 보정을 명하여야 한다.

1. 제1항 전단에 따른 서면을 국내서면제출기간에 제출하지 아니한 경우
2. 제1항 전단에 따라 제출된 서면이 이 법 또는 이 법에 따른 명령으로 정하는 방식에 위반되는 경우

④ 제3항에 따른 보정명령을 받은 자가 지정된 기간에 보정을 하지 아니하면 특허청장은 해당 국제특허출원을 무효로 할 수 있다.

참조 규108·114, [주소]민18~21

제204조【국제조사보고서를 받은 후의 보정】 ① 국제특허출원의 출원인은 「특허협력조약」 제19조(1)에 따라 국제조사보고서를 받은 후에 국제특허출원의 청구범위에 관하여 보정을 한 경우 기준일까지(기준일이 출원심사의 청구일인 경우 출원심사의 청구를 한 때까지를 말한다. 이하 이 조 및 제205조에서 같다) 다음 각 호의 구분에 따른 서류를 특허청장에게 제출하여야 한다.

1. 외국어로 출원한 국제특허출원인 경우 : 그 보정서의 국어번역문
2. 국어로 출원한 국제특허출원인 경우 : 그 보정서의 사본

② 제1항에 따라 보정서의 국어번역문 또는 사본이 제출되었을 때에는 그 보정서의 국어번역문 또는 사본에 따라 제47조제1항에 따른 청구범위가 보정된 것으로 본다. 다만, 「특허협력조약」 제20조에 따라 기준일까지 그 보정서(국어로 출원한 국제특허출원인 경우에 한정한다)가 특허청에 송달된 경우에는 그 보정서에 따라 보정된 것으로 본다.

③ 국제특허출원의 출원인은 「특허협력조약」 제19조(1)에 따른 설명서를 국제사무국에 제출한 경우 다음 각 호의 구분에 따른 서류를 기준일까지 특허청장에게 제출하여야 한다.

1. 외국어로 출원한 국제특허출원인 경우 : 그 설명서의 국어번역문
2. 국어로 출원한 국제특허출원인 경우 : 그 설명서의 사본

④ 국제특허출원의 출원인이 기준일까지 제1항 또는 제3항에 따른 절차를 밟지 아니하면 「특허협력조약」 제19조(1)에 따른 보정서 또는 설명서는 제출되지 아니한 것으로 본다. 다만, 국어로 출원한 국제특허출원인 경우에 「특허협력조약」 제20조에 따라 기준일까지 그 보정서 또는 그 설명서가 특허청에 송달된 경우에는 그러하지 아니하다.

제205조【국제예비심사보고서 작성 전의 보정】 ① 국제특허출원의 출원인은 「특허협력조약」 제34조(2)(b)에 따라 국제특허출원의 발명의 설명, 청구범위 및 도면에 대하여 보정을 한 경우 기준일까지 다음 각 호의 구분에 따른 서류를 특허청장에게 제출하여야 한다.

1. 외국어로 작성된 보정서인 경우 : 그 보정서의 국어번역문
2. 국어로 작성된 보정서인 경우 : 그 보정서의 사본

② 제1항에 따라 보정서의 국어번역문 또는 사본이 제출되었을 때에는 그 보정서의 국어번역문 또는 사본에 따라 제47조제1항에 따른 명세서 및 도면이 보정된 것으로 본다. 다만, 「특허협력조약」 제36조(3)(a)에 따라 기준일까지 그 보정서(국어로 작성된 보정서의 경우만 해당한다)가 특허청에 송달된 경우에는 그 보정서에 따라 보정된 것으로 본다.

③ 국제특허출원의 출원인이 기준일까지 제1항에 따른 절차를 밟지 아니하면 「특허협력조약」 제34조(2)(b)에 따른 보정서는 제출되지 아니한 것으로 본다. 다만, 「특허협력조약」 제36조(3)(a)에 따라 기준일까지 그 보정서(국어로 작성된 보정서의 경우만 해당한다)가 특허청에 송달된 경우에는 그러하지 아니하다.

제206조【재외자의 특허관리인의 특례】 ① 재외자인 국제특허출원의 출원인은 기준일까지는 제5조제1항에도 불구하고 특허관리인에 의하지 아니하고 특허에 관한 절차를 밟을 수 있다.

② 제201조제1항에 따라 국어번역문을 제출한 재외자는 산업통상자원부령으로 정하는 기간에 특허관리인을 선임하여 특허청장에게 신고하여야 한다.
③ 제2항에 따른 선임신고가 없으면 그 국제특허출원은 취하된 것으로 본다.

제207조【출원공개시기 및 효과의 특례】 ① 국제특허출원의 출원공개에 관하여 제64조제1항을 적용하는 경우에는 "다음 각 호의 구분에 따른 날부터 1년 6개월이 지난 후"는 "국내서면제출기간(제201조제1항 각 호 외의 부분 단서에 따라 국어번역문의 제출기간을 연장해 달라는 취지를 적은 서면이 제출된 경우에는 연장된 국어번역문 제출 기간을 말한다. 이하 이 항에서 같다)이 지난 후(국내서면제출기간에 출원인이 출원심사의 청구를 한 국제특허출원으로서 「특허협력조약」 제21조에 따라 국제공개된 경우에는 우선일부터 1년 6개월이 되는 날 또는 출원심사의 청구일 중 늦은 날이 지난 후)"로 본다.
② 제1항에도 불구하고 국어로 출원한 국제특허출원에 관하여 제1항에 따른 출원공개 전에 이미 「특허협력조약」 제21조에 따라 국제공개가 된 경우에는 그 국제공개가 된 때에 출원공개가 된 것으로 본다.
③ 국제특허출원의 출원인은 국제특허출원에 관하여 출원공개(국어로 출원한 국제특허출원인 경우 「특허협력조약」 제21조에 따른 국제공개를 말한다. 이하 이 조에서 같다)가 있은 후 국제특허출원된 발명을 업으로 실시한 자에게 국제특허출원된 발명인 것을 서면으로 경고할 수 있다.
④ 국제특허출원의 출원인은 제3항에 따른 경고를 받거나 출원공개된 발명임을 알고도 그 국제특허출원된 발명을 업으로서 실시한 자에게 그 경고를 받거나 출원공개된 발명임을 안 때부터 특허권의 설정등록 시까지의 기간 동안 그 특허발명의 실시에 대하여 합리적으로 받을 수 있는 금액에 상당하는 보상금의 지급을 청구할 수 있다. 다만, 그 청구권은 해당 특허출원이 특허권의 설정등록된 후에만 행사할 수 있다.(2019.1.8 본문개정)

제208조【보정의 특례 등】 ① 국제특허출원에 관하여는 다음 각 호의 요건을 모두 갖추지 아니하면 제47조제1항에도 불구하고 보정(제204조제2항 및 제205조제2항에 따른 보정은 제외한다)을 할 수 없다.
1. 제82조제1항에 따른 수수료를 낼 것
2. 제201조제1항에 따른 국어번역문을 제출할 것. 다만, 국어로 출원된 국제특허출원인 경우는 그러하지 아니하다.
3. 기준일(기준일이 출원심사의 청구일인 경우 출원심사를 청구한 때를 말한다)이 지날 것

② (2001.2.3 삭제)
③ 외국어로 출원된 국제특허출원의 보정할 수 있는 범위에 관하여 제47조제2항 전단을 적용할 때에는 "특허출원서에 최초로 첨부한 명세서 또는 도면"은 "국제출원일까지 제출한 발명의 설명, 청구범위 또는 도면"으로 본다.
④ 외국어로 출원된 국제특허출원의 보정할 수 있는 범위에 관하여 제47조제2항 후단을 적용할 때에는 "외국어특허출원"은 "외국어로 출원된 국제특허출원"으로, "최종 국어번역문(제42조의3제6항 전단에 따른 정정이 있는 경우에는 정정된 국어번역문을 말한다) 또는 특허출원서에 최초로 첨부한 도면(도면 중 설명부분은 제외한다)"은 "제201조제5항에 따른 최종 국어번역문(제201조제6항 전단에 따른 정정이 있는 경우에는 정정된 국어번역문을 말한다) 또는 국제출원일까지 제출한 도면(도면 중 설명부분은 제외한다)"으로 본다.(2014.6.11 본항신설)
⑤ (2001.2.3 삭제)

제209조【변경출원시기의 제한】 「실용신안법」 제34조제1항에 따라 국제출원일에 출원된 실용신안등록출원으로 보는 국제출원을 기초로 하여 특허출원으로 변경출원을 하는 경우에는 이 법 제53조제1항에도 불구하고 「실용신안법」 제17조제1항에 따른 수수료를 내고 같은 법 제35조제1항에 따른 국어번역문(국어로 출원된 국제실용신안등록출원의 경우는 제외한다)을 제출한 후(「실용신안법」 제40조제4항에 따라 국제출원일로 인정할 수 있었던 날에 출원된 것으로 보는 국제출원을 기초로 하는 경우에는 같은 항에 따른 결정이 있은 후)에만 변경출원을 할 수 있다.

제210조【출원심사청구시기의 제한】 국제특허출원에 관하여는 제59조제2항에도 불구하고 다음 각 호의 어느 하나에 해당하는 때에만 출원심사의 청구를 할 수 있다.
1. 국제특허출원의 출원인은 제201조제1항에 따라 국어번역문을 제출하고(국어로 출원된 국제특허출원의 경우는 제외한다) 제82조제1항에 따른 수수료를 낸 후
2. 국제특허출원의 출원인이 아닌 자는 국내서면제출기간(제201조제1항 각 호 외의 부분 단서에 따라 국어번역문의 제출기간을 연장하여 달라는 취지를 적은 서면이 제출된 경우에는 연장된 국어번역문 제출 기간을 말한다)이 지난 후

제211조【국제조사보고서 등에 기재된 문헌의 제출명령】 특허청장은 국제특허출원의 출원인에 대하여 기간을 정하여 「특허협력조약」 제18조의 국제조사보고서 또는 같은 조약 제35조의 국제예비심사보고서에 적혀 있는 문헌의 사본을 제출하게 할 수 있다.

제212조 (2006.3.3 삭제)

제213조 (2014.6.11 삭제)

제214조【결정에 의하여 특허출원으로 되는 국제출원】 ① 국제출원의 출원인은 「특허협력조약」 제4조(1)(ii)의 지정국에 대한민국을 포함하는 국제출원(특허출원만 해당한다)이 다음 각 호의 어느 하나에 해당하는 경우 산업통상자원부령으로 정하는 기간에 산업통상자원부령으로 정하는 바에 따라 특허청장에게 같은 조약 제25조(2)(a)에 따른 결정을 하여줄 것을 신청할 수 있다.
1. 「특허협력조약」 제2조(xv)의 수리관청이 그 국제출원에 대하여 같은 조약 제25조(1)(a)에 따른 거부를 한 경우
2. 「특허협력조약」 제2조(xv)의 수리관청이 그 국제출원에 대하여 같은 조약 제25조(1)(a) 또는 (b)에 따른 선언을 한 경우
3. 국제사무국이 그 국제출원에 대하여 같은 조약 제25조(1)(a)에 따른 인정을 한 경우

② 제1항의 신청을 하려는 자는 그 신청 시 발명의 설명, 청구범위 또는 도면(도면 중 설명부분에 한정한다), 그 밖에 산업통상자원부령으로 정하는 국제출원에 관한 서류의 국어번역문을 특허청장에게 제출하여야 한다.
③ 특허청장은 제1항의 신청이 있으면 그 신청에 관한 거부·선언 또는 인정이 「특허협력조약」 및 같은 조약규칙에 따라 정당하게 된 것인지에 관하여 결정을 하여야 한다.
④ 특허청장은 제3항에 따라 그 거부·선언 또는 인정이 「특허협력조약」 및 같은 조약규칙에 따라 정당하게 된 것이 아니라고 결정을 한 경우에는 그 결정에 관한 국제출원은 그 국제출원에 대하여 거부·선언 또는 인정이 없었다면 국제출원일로 인정할 수 있었던 날에 출원된 특허출원으로 본다.
⑤ 특허청장은 제3항에 따른 정당성 여부의 결정을 하는 경우에는 그 결정의 등본을 국제출원의 출원인에게 송달하여야 한다.
⑥ 제4항에 따라 특허출원으로 보는 국제출원에 관하여는 제199조제2항, 제200조, 제200조의2, 제201조제5항부터 제8항까지, 제202조제1항·제2항, 제208조 및 제210조를 준용한다.(2016.2.29 본항개정)
⑦ 제4항에 따라 특허출원으로 보는 국제출원에 관한 출원공개에 관하여는 제64조제1항 중 "다음 각 호의 구분에 따른 날"을 "제201조제1항의 우선일"로 본다.

제11장 보 칙

(2014.6.11 본장개정)

제215조【둘 이상의 청구항이 있는 특허 또는 특허권에 관한 특칙】 둘 이상의 청구항이 있는 특허 또는 특허권에 관하여 제65조제6항, 제84조제1항제2호·제6호, 제85조제1항제1호(소멸의 경우만 해당한다), 제101조제1항제1호, 제104조제1항제1호·제3호·제5호, 제119조제1항, 제132조의13제3항, 제133조제2

항·제3항, 제136조제7항, 제139조제1항, 제181조, 제182조 또는 「실용신안법」 제26조제1항제2호·제4호·제5호를 적용할 때에는 청구항마다 특허가 되거나 특허권이 있는 것으로 본다. (2016.3.29 본조개정)

제215조의2【둘 이상의 청구항이 있는 특허출원의 등록에 관한 특칙】 ① 둘 이상의 청구항이 있는 특허출원에 대한 특허결정을 받은 자가 특허료를 낼 때에는 청구항별로 이를 포기할 수 있다.

② 제1항에 따른 청구항의 포기에 관하여 필요한 사항은 산업통상자원부령으로 정한다.

제216조【서류의 열람 등】 ① 특허출원, 특허취소신청, 심판 등에 관한 증명, 서류의 등본 또는 초본의 발급, 특허원부 및 서류의 열람 또는 복사가 필요한 자는 특허청장 또는 특허심판원장에게 서류의 열람 등의 허가를 신청할 수 있다.

② 특허청장 또는 특허심판원장은 제1항의 신청이 있더라도 다음 각 호의 어느 하나에 해당하는 서류를 비밀로 유지할 필요가 있다고 인정하는 경우에는 그 서류의 열람 또는 복사를 허가하지 아니할 수 있다.

1. 출원공개 또는 설정등록되지 아니한 특허출원(제55조제1항에 따른 우선권 주장을 수반하는 특허출원이 출원공개 또는 설정등록된 경우에는 그 선출원은 제외한다)에 관한 서류
2. 출원공개 또는 설정등록되지 아니한 특허출원의 제132조의17에 따른 특허거절결정에 대한 심판에 관한 서류
3. 공공의 질서 또는 선량한 풍속에 어긋나거나 공중의 위생을 해칠 우려가 있는 서류

(2016.2.29 본조개정)

제217조【특허출원 등에 관한 서류 등의 반출 및 감정 등의 금지】 ① 특허출원·심사·특허취소신청·심판·재심에 관한 서류 또는 특허원부는 다음 각 호의 어느 하나에 해당하는 경우에만 외부로 반출할 수 있다.(2016.2.29 본문개정)

1. 제58조제1항, 제3항 또는 제4항에 따른 선행기술의 조사 등을 위하여 특허출원 또는 심사에 관한 서류를 반출하는 경우 (2018.4.17 본호개정)

1의2. 제164조의2제2항에 따른 조정을 위하여 특허출원·심사·특허취소신청·심판·재심에 관한 서류 또는 특허원부를 반출하는 경우(2021.8.17 본호신설)

2. 「산업재산 정보의 관리 및 활용 촉진에 관한 법률」 제12조제1항에 따른 산업재산문서 전자화업무의 위탁을 위하여 특허출원·심사·특허취소신청·심판·재심에 관한 서류 또는 특허원부를 반출하는 경우(2024.2.6 본호개정)
3. 「전자정부법」 제32조제2항에 따른 온라인 원격근무를 위하여 특허출원·심사·특허취소신청·심판·재심에 관한 서류 또는 특허원부를 반출하는 경우(2016.2.29 본호개정)
4. 외국 특허청 또는 국제기구와의 업무협약을 이행하기 위하여 특허출원 또는 심사에 관한 서류를 반출하는 경우 (2017.11.28 본호신설)

② 특허출원·심사·특허취소신청·심판 또는 재심으로 계속 중인 사건의 내용이나 특허여부결정·심결 또는 결정의 내용에 관하여는 감정·증언하거나 질의에 응답할 수 없다. (2016.2.29 본항개정)

③ 제1항제4호에 따른 반출 요건·절차, 서류의 종류 등에 필요한 사항은 산업통상자원부령으로 정한다.(2017.11.28 본항신설)

제217조의2 (2024.2.6 삭제)

제218조【서류의 송달】 이 법에 규정된 서류의 송달절차 등에 관하여 필요한 사항은 대통령령으로 정한다.

제219조【공시송달】 ① 서류를 송달받을 자의 주소나 영업소가 분명하지 아니하여 송달할 수 없는 경우에는 공시송달(公示送達)을 하여야 한다.

② 공시송달은 서류를 송달받을 자에게 어느 때라도 발급한다는 뜻을 특허공보에 게재하는 것으로 한다.

③ 최초의 공시송달은 특허공보에 게재한 날부터 2주일이 지나면 그 효력이 발생한다. 다만, 같은 당사자에 대한 이후의 공시송달은 특허공보에 게재한 날의 다음 날부터 효력이 발생한다.

판례 출원발명의 공동출원인에 대한 공시송달의 요건 : 공동출원인에 대하여 동조 제1항에 의한 공시송달을 실시하기 위해서는 '공동출원인 전원의 주소 또는 영업소가 불분명하여 송달받을 수 없는 때'에 해당하여야 하고, 이러한 공시송달 요건이 구비되지 않은 상태에서 공동출원인 중 1인에 대하여 이루어진 공시송달은 부적법하고 그 효력이 발생하지 않는다.(대판 2005.5.27, 2003후182)

제220조【재외자에 대한 송달】 ① 재외자로서 특허관리인이 있으면 그 재외자에게 송달할 서류는 특허관리인에게 송달하여야 한다.

② 재외자로서 특허관리인이 없으면 그 재외자에게 송달할 서류는 항공등기우편으로 발송할 수 있다.

③ 제2항에 따라 서류를 항공등기우편으로 발송한 경우에는 그 발송일에 송달된 것으로 본다.

제221조【특허공보】 ① 특허청장은 대통령령으로 정하는 바에 따라 특허공보를 발행하여야 한다.

② 특허공보는 산업통상자원부령으로 정하는 바에 따라 전자적 매체로 발행할 수 있다.

③ 특허청장은 전자적 매체로 특허공보를 발행하는 경우에는 정보통신망을 활용하여 특허공보의 발행사실·주요목록 및 공시송달에 관한 사항을 알려야 한다.

제222조【서류의 제출 등】 특허청장 또는 심사관은 당사자에게 특허취소신청, 심판 또는 재심에 관한 절차 외의 절차를 처리하기 위하여 필요한 서류나 그 밖의 물건의 제출을 명할 수 있다.(2016.2.29 본조개정)

제223조【특허표시 및 특허출원표시】 ① 특허권자, 전용실시권자 또는 통상실시권자는 다음 각 호의 구분에 따른 방법으로 특허표시를 할 수 있다.

1. 물건의 특허발명의 경우 : 그 물건에 "특허"라는 문자와 그 특허번호를 표시(2017.3.21 본호개정)
2. 물건을 생산하는 방법의 특허발명의 경우 : 그 방법에 따라 생산된 물건에 "방법특허"라는 문자와 그 특허번호를 표시 (2017.3.21 본호개정)
3. (2017.3.21 삭제)

② 특허출원인은 다음 각 호의 구분에 따른 방법으로 특허출원의 표시(이하 "특허출원표시"라 한다)를 할 수 있다.

1. 물건의 특허출원의 경우 : 그 물건에 "특허출원(심사중)"이라는 문자와 그 출원번호를 표시
2. 물건을 생산하는 방법의 특허출원의 경우 : 그 방법에 따라 생산된 물건에 "방법특허출원(심사중)"이라는 문자와 그 출원번호를 표시

(2017.3.21 본항개정)

③ 제1항 또는 제2항에 따른 특허표시 또는 특허출원표시를 할 수 없는 물건의 경우에는 그 물건의 용기 또는 포장에 특허표시 또는 특허출원표시를 할 수 있다.(2017.3.21 본항신설)

④ 그 밖에 특허표시 또는 특허출원표시에 필요한 사항은 산업통상자원부령으로 정한다.(2017.3.21 본항신설)

(2017.3.21 본조제목개정)

제224조【허위표시의 금지】 누구든지 다음 각 호의 어느 하나에 해당하는 행위를 하여서는 아니 된다.

1. 특허된 것이 아닌 물건, 특허출원 중이 아닌 물건, 특허된 것이 아닌 방법이나 특허출원 중이 아닌 방법에 의하여 생산한 물건 또는 그 물건의 용기나 포장에 특허표시 또는 특허출원표시를 하거나 이와 혼동하기 쉬운 표시를 하는 행위
2. 제1호의 표시를 한 것을 양도·대여 또는 전시하는 행위
3. 제1호의 물건을 생산·사용·양도 또는 대여하기 위하여 광고·간판 또는 표찰에 그 물건이 특허나 특허출원된 것 또는 특허된 방법이나 특허출원 중인 방법에 따라 생산한 것으로 표시하거나 이와 혼동하기 쉬운 표시를 하는 행위
4. 특허된 것이 아닌 방법이나 특허출원 중이 아닌 방법을 사용·양도 또는 대여하기 위하여 광고·간판 또는 표찰에 그 방법이 특허 또는 특허출원된 것으로 표시하거나 이와 혼동하기 쉬운 표시를 하는 행위

참조 [벌칙]225-232

제224조의2【불복의 제한】 ① 보정각하결정, 특허여부결정, 특허취소결정, 심결이나 특허취소신청서·심판청구서·재심

청구서의 각하결정에 대해서는 다른 법률에 따른 불복을 할 수 없으며, 이 법에 따라 불복할 수 없도록 규정되어 있는 처분에 대해서는 다른 법률에 따라 불복을 할 수 없다.(2016.2.29 본항개정)
② 제1항에 따른 처분 외의 처분의 불복에 대해서는 「행정심판법」 또는 「행정소송법」에 따른다.
제224조의3【비밀유지명령】 ① 법원은 특허권 또는 전용실시권의 침해에 관한 소송에서 그 당사자가 보유한 영업비밀에 대하여 다음 각 호의 사유를 모두 소명한 경우에는 그 당사자의 신청에 따라 결정으로 다른 당사자(법인인 경우에는 그 대표자), 당사자를 위하여 소송을 대리하는 자, 그 밖에 그 소송으로 인하여 영업비밀을 알게 된 자에게 그 영업비밀을 그 소송의 계속적인 수행 외의 목적으로 사용하거나 그 영업비밀에 관계된 이 항에 따른 명령을 받은 자 외의 자에게 공개하지 아니할 것을 명할 수 있다. 다만, 그 신청 시점까지 다른 당사자(법인인 경우에는 그 대표자), 당사자를 위하여 소송을 대리하는 자, 그 밖에 그 소송으로 인하여 영업비밀을 알게 된 자가 제1호에 규정된 준비서면의 열람이나 증거조사 외의 방법으로 그 영업비밀을 이미 취득하고 있는 경우에는 그러하지 아니하다.
(2016.3.29 본문개정)
1. 이미 제출하였거나 제출하여야 할 준비서면, 이미 조사하였거나 조사하여야 할 증거 또는 제132조제3항에 따라 제출하였거나 제출하여야 할 자료에 영업비밀이 포함되어 있다는 것
(2016.3.29 본호개정)
2. 제1호의 영업비밀이 해당 소송 수행 외의 목적으로 사용되거나 공개되면 당사자의 영업에 지장을 줄 우려가 있어 이를 방지하기 위하여 영업비밀의 사용 또는 공개를 제한할 필요가 있다는 것
② 제1항에 따른 명령(이하 "비밀유지명령"이라 한다)의 신청은 다음 각 호의 사항을 적은 서면으로 하여야 한다.
1. 비밀유지명령을 받을 자
2. 비밀유지명령의 대상이 될 영업비밀을 특정하기에 충분한 사실
3. 제1항 각 호의 사유에 해당하는 사실
③ 법원은 비밀유지명령이 결정된 경우에는 그 결정서를 비밀유지명령을 받은 자에게 송달하여야 한다.
④ 비밀유지명령은 제3항의 결정서가 비밀유지명령을 받은 자에게 송달된 때부터 효력이 발생한다.
⑤ 비밀유지명령의 신청을 기각하거나 각하한 재판에 대해서는 즉시항고를 할 수 있다.
제224조의4【비밀유지명령의 취소】 ① 비밀유지명령을 신청한 자 또는 비밀유지명령을 받은 자는 제224조의3제1항에 따른 요건을 갖추지 못하였거나 갖추지 못하게 된 경우 소송기록을 보관하고 있는 법원(소송기록을 보관하고 있는 법원이 없는 경우에는 비밀유지명령을 내린 법원)에 비밀유지명령의 취소를 신청할 수 있다.
② 법원은 비밀유지명령의 취소신청에 대한 재판이 있는 경우에는 그 결정서를 그 신청을 한 자 및 상대방에게 송달하여야 한다.
③ 비밀유지명령의 취소신청에 대한 재판에 대해서는 즉시항고를 할 수 있다.
④ 비밀유지명령을 취소하는 재판은 확정되어야 효력이 발생한다.
⑤ 비밀유지명령을 취소하는 재판을 한 법원은 비밀유지명령의 취소신청을 한 자 또는 상대방 외에 해당 영업비밀에 관한 비밀유지명령을 받은 자가 있는 경우에는 그 자에게 즉시 비밀유지명령의 취소 재판을 한 사실을 알려야 한다.
제224조의5【소송기록 열람 등의 청구 통지 등】 ① 비밀유지명령이 내려진 소송(모든 비밀유지명령이 취소된 소송은 제외한다)에 관한 소송기록에 대하여 「민사소송법」 제163조제1항의 결정이 있었던 경우, 당사자가 같은 항에서 규정하는 비밀 기재부분의 열람 등의 청구를 하였으나 그 청구 절차를 해당 소송에서 비밀유지명령을 받지 아니한 자가 밟은 경우에는 법원서기관, 법원사무관, 법원주사 또는 법원주사보(이하 이 조에서 "법원사무관등"이라 한다)는 「민사소송법」 제163조제1항의 신청을 한 당사자(그 열람 등의 청구를 한 자는 제외한다. 이하 제3항에서 같다)에게 그 청구 직후에 그 열람 등의 청구가 있었다는 사실을 알려야 한다.
② 제1항의 경우에 법원사무관등은 제1항의 청구가 있었던 날부터 2주일이 지날 때까지(그 청구 절차를 밟은 자에 대한 비밀유지명령 신청이 그 기간 내에 이루어진 경우에는 그 신청에 대한 재판이 확정되는 시점까지) 그 청구 절차를 밟은 자에게 제1항의 비밀 기재부분의 열람 등을 하게 하여서는 아니 된다.
③ 제2항은 제1항의 열람 등의 청구를 한 자에게 제1항의 비밀 기재부분의 열람 등을 하게 하는 것에 대하여 「민사소송법」 제163조제1항의 신청을 한 당사자 모두가 동의하는 경우에는 적용되지 아니한다.

제12장 벌 칙
(2014.6.11 본장제목개정)

제225조【침해죄】 ① 특허권 또는 전용실시권을 침해한 자는 7년 이하의 징역 또는 1억원 이하의 벌금에 처한다.
② 제1항의 죄는 피해자의 명시적인 의사에 반하여 공소(公訴)를 제기할 수 없다.(2020.10.20 본항개정)
(2014.6.11 본조개정)
제226조【비밀누설죄 등】 ① 특허청 또는 특허심판원 소속 직원이거나 직원이었던 사람이 특허출원 중인 발명(국제출원 중인 발명을 포함한다)에 관하여 직무상 알게 된 비밀을 누설하거나 도용한 경우에는 5년 이하의 징역 또는 5천만원 이하의 벌금에 처한다.
② 전문심리위원 또는 전문심리위원이었던 자가 그 직무수행 중에 알게 된 다른 사람의 비밀을 누설하는 경우에는 2년 이하의 징역이나 금고 또는 1천만원 이하의 벌금에 처한다.
(2021.4.20 본항신설)
(2014.6.11 본조개정)
제226조의2【전문기관 등의 임직원에 대한 공무원 의제】 ① 제58조제2항에 따른 전문기관 또는 제58조제3항에 따른 전담기관의 임직원이거나 임직원이었던 사람은 제226조제1항을 적용하는 경우에는 특허청 소속 직원 또는 직원이었던 사람으로 본다.(2024.2.6 본항개정)
② 전문심리위원은 「형법」 제129조부터 제132조까지의 규정을 적용할 때에는 공무원으로 본다.(2021.4.20 본항신설)
제227조【위증죄】 ① 이 법에 따라 선서한 증인, 감정인 또는 통역인이 특허심판원에 대하여 거짓으로 진술·감정 또는 통역을 한 경우에는 5년 이하의 징역 또는 5천만원 이하의 벌금에 처한다.(2017.3.21 본항개정)
② 제1항에 따른 죄를 범한 자가 그 사건의 특허취소신청에 대한 결정 또는 심결이 확정되기 전에 자수한 경우에는 그 형을 감경 또는 면제할 수 있다.(2016.2.29 본항개정)
참조 [위증죄]형152이하
제228조【허위표시의 죄】 제224조를 위반한 자는 3년 이하의 징역 또는 3천만원 이하의 벌금에 처한다.(2017.3.21 본조개정)
제229조【거짓행위의 죄】 거짓이나 그 밖의 부정한 행위로 특허, 특허권의 존속기간의 연장등록, 특허취소신청에 대한 결정 또는 심결을 받은 자는 3년 이하의 징역 또는 3천만원 이하의 벌금에 처한다.(2017.3.21 본조개정)
참조 [기간의 계산]14, 민155이하
판례 동조 '사위 기타 부정한 행위로써 특허를 받은 자'라고 함은 정상적인 절차에 의하여서는 특허를 받을 수 없는 경우임에도 불구하고 위계 기타 사회통념상 부정이라고 인정되는 행위로써 그 특허를 받은 자를 가리킨다고 할 것인데, 우선 '특허출원 전에 국내에서 공지되었거나 공연히 실시된 발명'이거나 '특허출원 전에 국내 또는 국외에서 반포된 간행물에 게재된 발명' 등으로서 특허를 받을 수 없는 발명임에도 불구하고 특허출원을 하였다는 사실만으로는 그 '사위 기타 부정한 행위'가 있었다고 볼 수 없다.(대판 2004.2.27, 2003도6283)
제229조의2【비밀유지명령 위반죄】 ① 국내외에서 정당한 사유 없이 제224조의3제1항에 따른 비밀유지명령을 위반한 자는 5년 이하의 징역 또는 5천만원 이하의 벌금에 처한다.
② 제1항의 죄는 비밀유지명령을 신청한 자의 고소가 없으면 공소를 제기할 수 없다.
(2011.12.2 본조신설)

제229조의3【외국에의 특허출원 금지 또는 비밀취급명령 위반죄】 제41조제1항에 따른 외국에의 특허출원 금지 또는 비밀취급명령을 위반한 자는 5년 이하의 징역 또는 5천만원 이하의 벌금에 처한다.(2025.1.21 본조신설)

제230조【양벌규정】 법인의 대표자나 법인 또는 개인의 대리인, 사용인, 그 밖의 종업원이 그 법인 또는 개인의 업무에 관하여 제225조제1항, 제228조, 제229조 또는 제229조의3의 어느 하나에 해당하는 위반행위를 하면 그 행위자를 벌하는 외에 그 법인에는 다음 각 호의 구분에 따른 벌금형을, 그 개인에게는 해당 조문의 벌금형을 과(科)한다. 다만, 법인 또는 개인이 그 위반행위를 방지하기 위하여 해당 업무에 관하여 상당한 주의와 감독을 게을리하지 아니한 경우에는 그러하지 아니하다.(2025.1.21 본문개정)

1. 제225조제1항의 경우 : 3억원 이하의 벌금
2. 제228조 또는 제229조의 경우 : 6천만원 이하의 벌금
3. 제229조의3의 경우 : 1억원 이하의 벌금(2025.1.21 본호신설)

(2014.6.11 본조개정)

제231조【몰수 등】 ① 제225조제1항에 해당하는 침해행위를 조성한 물건 또는 그 침해행위로부터 생긴 물건은 몰수하거나 피해자의 청구에 따라 그 물건을 피해자에게 교부할 것을 선고하여야 한다.

② 피해자는 제1항에 따른 물건을 받은 경우에는 그 물건의 가액을 초과하는 손해액에 대해서만 배상을 청구할 수 있다.(2014.6.11 본조개정)

제232조【과태료】 ① 다음 각 호의 어느 하나에 해당하는 자에게는 50만원 이하의 과태료를 부과한다.

1. 「민사소송법」 제299조제2항 및 같은 법 제367조에 따라 선서를 한 자로서 특허심판원에 대하여 거짓 진술을 한 자
2. 특허심판원으로부터 증거조사 또는 증거보전에 관하여 서류나 그 밖의 물건 제출 또는 제시의 명령을 받은 자로서 정당한 이유 없이 그 명령에 따르지 아니한 자
3. 특허심판원으로부터 증인·감정인 또는 통역인으로 소환된 자로서 정당한 이유 없이 소환에 따르지 아니하거나 선서·진술·증언·감정 또는 통역을 거부한 자

② 제1항에 따른 과태료는 대통령령으로 정하는 바에 따라 특허청장이 부과·징수한다.

(2014.6.11 본조개정)

부 칙 (2016.2.29)

제1조【시행일】 이 법은 공포 후 1년이 경과한 날부터 시행한다.

제2조【국어번역문의 정정에 관한 적용례】 제42조의3제7항 및 제201조제7항(제214조제6항에 따라 준용되는 경우를 포함한다)의 개정규정은 이 법 시행 이후 국어번역문을 정정하는 경우부터 적용한다.

제3조【보정각하에 관한 적용례】 제51조제1항제1호의 개정규정은 이 법 시행 이후 직권보정을 하는 경우부터 적용한다.

제4조【전문기관 지정의 취소 등에 관한 적용례】 제58조의2제1항의 개정규정은 이 법 시행 이후 전문기관의 임직원이 특허출원 중인 발명(국제출원 중인 발명을 포함한다)에 관하여 직무상 알게 된 비밀을 누설하거나 도용한 경우부터 적용한다.

제5조【외국의 심사결과 제출명령에 관한 적용례】 제63조의3의 개정규정은 이 법 시행 전에 출원된 우선권 주장을 수반한 특허출원에 대해서도 적용한다.

제6조【직권 재심사에 관한 적용례】 제66조의3의 개정규정은 이 법 시행 이후 특허결정하는 특허출원부터 적용한다.

제7조【특허권의 등록공고에 관한 적용례】 제87조제3항의 개정규정은 이 법 시행 이후 설정등록된 특허권에 관한 등록공고부터 적용한다.

제8조【특허권의 이전청구에 관한 적용례】 제99조의2의 개정규정은 이 법 시행 이후 설정등록된 무권리자의 특허권부터 적용한다.

제9조【청산절차가 진행 중인 법인의 특허권 소멸에 관한 적용례】 제124조제2항의 개정규정은 이 법 시행 이후 청산종결등기가 된 법인의 특허권부터 적용한다.

제10조【특허취소신청에 관한 적용례】 제6장의2(제132조의2부터 제132조의15까지)의 개정규정은 이 법 시행 이후 설정등록된 특허권부터 적용한다.

제11조【특허무효심판절차에서의 특허의 정정에 관한 적용례】 ① 제133조의2제1항 후단의 개정규정은 이 법 시행 당시 특허무효심판이 계속 중인 특허의 정정에 대해서도 적용한다.

② 다음 각 호의 개정규정은 이 법 시행 이후 특허발명의 명세서 또는 도면에 대하여 정정청구를 하는 경우부터 적용한다.

1. 제133조의2제4항 전단의 개정규정(제136조제8항 단서의 개정규정을 준용하는 부분에 한정한다)
2. 제133조의2제4항 후단의 개정규정(제133조의2제1항에 관한 개정부분에 한정한다)
3. 제133조의2제5항의 개정규정

제12조【정정심판청구의 동의 등에 관한 적용례】 제136조제8항 및 제9항의 개정규정은 이 법 시행 이후 청구되는 정정심판부터 적용한다.

제13조【정정의 무효심판에 관한 적용례】 ① 제137조제3항 후단의 개정규정은 이 법 시행 당시 계속 중인 정정의 무효심판에 대해서도 적용한다.

② 제137조제4항의 개정규정(다음 각 호의 개정규정을 준용하는 부분에 한정한다)은 이 법 시행 이후 특허발명의 명세서 또는 도면에 대하여 정정청구를 하는 경우부터 적용한다.

1. 제133조의2제4항 전단의 개정규정(제136조제8항 단서의 개정규정을 준용하는 부분에 한정한다)
2. 제133조의2제4항 후단의 개정규정(제133조의2제1항에 관한 개정부분에 한정한다)
3. 제133조의2제5항의 개정규정

제14조【심판청구서 등의 각하에 관한 적용례】 제141조제2항의 개정규정은 이 법 시행 이후 청구되는 심판부터 적용한다.

제15조【심사규정의 특허거절결정에 대한 심판에의 준용에 관한 적용례】 제170조제1항(제47조제4항에 관한 개정부분에 한정한다)의 개정규정은 이 법 시행 당시 특허거절결정에 대한 심판이 계속 중인 특허출원의 보정에 대해서도 적용한다.

제16조【특허거절결정 등에 대한 심판의 청구기간 연장 청구에 관한 경과조치】 이 법 시행 전에 종전의 제15조제1항 본문에 따라 특허심판원장에게 특허거절결정 또는 특허권의 존속기간의 연장등록거절결정에 대한 심판의 청구기간 연장을 청구한 자는 제15조제1항 본문의 개정규정에 따라 특허청장에게 청구한 것으로 본다.

제17조【절차의 추후보완에 관한 경과조치】 이 법 시행 당시 종전의 규정에 따라 절차를 추후 보완할 수 있는 기간이 이미 경과된 경우에는 제17조의 개정규정에도 불구하고 종전의 규정에 따른다.

제18조【정당한 권리자의 특허출원일 소급에 관한 경과조치】 이 법 시행 전에 설정등록된 무권리자의 특허권에 관하여는 제35조 단서의 개정규정에도 불구하고 종전의 규정에 따른다.

제19조【특허출원심사 청구기간에 관한 경과조치】 이 법 시행 전에 출원한 특허출원에 관하여는 제59조제2항 본문의 개정규정에도 불구하고 종전의 규정에 따른다.

제20조【직권보정에 관한 경과조치】 이 법 시행 전에 특허출원서에 첨부된 명세서, 도면 또는 요약서에 대하여 직권보정이 이루어진 경우에는 제66조의2의 개정규정에도 불구하고 종전의 규정에 따른다.

제21조【특허무효심판에 관한 경과조치】 이 법 시행 전에 설정등록된 특허권에 관하여는 제133조제1항의 개정규정에도 불구하고 종전의 규정에 따른다.

제22조【서류의 열람 허가에 관한 경과조치】 이 법 시행 전에 출원한 제55조제1항에 따른 우선권 주장의 기초가 된 선출원에 관하여는 제216조제2항의 개정규정에도 불구하고 종전의 규정에 따른다.

제23조【다른 법률의 개정】 ①~② ※(해당 법령에 가제정리 하였음)

부 칙 (2016.3.29)

제1조【시행일】 이 법은 공포 후 3개월이 경과한 날부터 시행한다.
제2조【특허료의 반환에 관한 적용례】 제84조제1항제6호 및 제215조의 개정규정은 이 법 시행 후 최초로 특허권을 포기한 경우부터 적용한다.
제3조【특허거절결정 또는 특허권의 존속기간의 연장등록거절결정이 취소된 경우의 적용례】 제84조제1항제7호의 개정규정은 이 법 시행 후 최초로 특허거절결정 또는 특허권의 존속기간의 연장등록거절결정이 취소된 심판청구(재심청구를 포함한다. 이하 부칙에서 같다)부터 적용한다. 다만, 종전의 「특허법」(법률 제9381호 특허법 일부개정법률로 개정되기 전의 것을 말한다) 제173조제1항에 따라 심판청구를 하고 명세서 또는 도면을 보정하여 특허청장에게 통지한 출원의 심판청구는 적용하지 아니한다.
제4조【심판청구가 결정으로 각하된 경우의 적용례】 제84조제1항제8호의 개정규정은 이 법 시행 후 최초로 각하결정이 확정된 심판청구부터 적용한다.
제5조【참가신청을 취하한 경우의 적용례】 제84조제1항제9호의 개정규정은 이 법 시행 후 최초로 취하한 참가신청부터 적용한다.
제6조【참가신청이 결정으로 거부된 경우의 적용례】 제84조제1항제10호의 개정규정은 이 법 시행 후 최초로 결정으로 거부된 참가신청부터 적용한다.
제7조【심판청구를 취하한 경우의 적용례】 제84조제1항제11호의 개정규정은 이 법 시행 후 최초로 취하한 심판청구부터 적용한다.
제8조【특허권 또는 전용실시권 침해소송에 관한 적용례】 제128조의2, 제132조 및 제224조의3의 개정규정은 이 법 시행 후 최초로 제기되는 소송부터 적용한다.
제9조【종전의 「국민기초생활 보장법」 제5조에 따른 수급권자의 특허출원 또는 특허권에 관한 경과조치】 이 법 시행 전에 한 특허출원 또는 설정등록한 특허권에 관하여는 제83조제2항의 개정규정에도 불구하고 종전의 규정에 따른다.
제10조【다른 법률의 개정】 ※(해당 법령에 가제정리 하였음)

부 칙 (2016.12.2)

제1조【시행일】 이 법은 공포 후 6개월이 경과한 날부터 시행한다.
제2조【등록요건에 관한 경과조치】 이 법 시행 당시 종전의 규정에 따라 지정된 전문기관은 제58조의 개정규정에 따라 등록한 것으로 본다.

부 칙 (2017.3.21)

제1조【시행일】 이 법은 공포 후 6개월이 경과한 날부터 시행한다.
제2조【특허표시에 관한 적용례】 제223조의 개정규정은 이 법 시행 후 최초로 표시하는 것부터 적용한다.

부 칙 (2019.1.8)

제1조【시행일】 이 법은 공포 후 6개월이 경과한 날부터 시행한다.
제2조【구체적 행위태양 제시 의무에 관한 적용례】 제126조의2의 개정규정은 이 법 시행 후 최초로 청구되는 특허권 및 전용실시권 침해소송부터 적용한다.
제3조【손해배상청구권에 관한 적용례】 제128조제8항 및 제9항의 개정규정은 이 법 시행 후 최초로 위반행위가 발생한 경우부터 적용한다.
제4조【다른 법률의 개정】 ※(해당 법령에 가제정리 하였음)

부 칙 (2020.6.9)

제1조【시행일】 이 법은 공포 후 6개월이 경과한 날부터 시행한다.
제2조【손해배상청구권에 관한 적용례】 제128조의 개정규정은 이 법 시행 후 최초로 손해배상이 청구된 경우부터 적용한다.

부 칙 (2020.10.20)

제1조【시행일】 이 법은 공포한 날부터 시행한다.
제2조【공소 제기에 관한 적용례】 제225조제2항의 개정규정은 이 법 시행 후 저지른 범죄부터 적용한다.

부 칙 (2020.12.22)

제1조【시행일】 이 법은 공포 후 6개월이 경과한 날부터 시행한다.
제2조【우선심사에 관한 적용례】 제61조제3호의 개정규정은 이 법 시행 전에 출원된 특허출원에 대해서도 적용한다.

부 칙 (2021.4.20)

제1조【시행일】 이 법은 공포 후 6개월이 경과한 날부터 시행한다.
제2조【적용례】 제154조의2, 제226조 및 제226조의2의 개정규정은 이 법 시행 당시 특허심판원에 계속 중인 심판사건에 대해서도 적용한다.
제3조【다른 법률의 개정】 ※(해당 법령에 가제정리 하였음)

부 칙 (2021.8.17)

제1조【시행일】 이 법은 공포 후 3개월이 경과한 날부터 시행한다. 다만, 제83조 및 제132조의16의 개정규정은 공포 후 6개월이 경과한 날부터 시행한다.
제2조【직권보정에 관한 적용례】 제66조의2제6항의 개정규정은 이 법 시행 이후 설정등록된 특허권부터 적용한다.
제3조【특허료 및 수수료 감면에 관한 적용례】 ① 제83조의 개정규정 중 특허료 감면에 관한 부분은 같은 개정규정 시행 이후 제66조에 따른 특허결정 또는 제176조제1항에 따른 특허거절결정 취소심결(특허등록을 결정한 심결에 한정하되, 재심심결을 포함한다)의 등본을 송달받은 특허출원부터 적용한다.
② 제83조의 개정규정 중 수수료 감면에 관한 부분은 같은 개정규정 시행 이후 제출하는 특허출원부터 적용한다.
제4조【심사청구료 반환에 관한 적용례】 제84조제1항의 개정규정은 이 법 시행 이후 취하하거나 포기한 특허출원부터 적용한다.
제5조【심판사건의 조정위원회 회부에 관한 적용례】 제164조의2의 개정규정은 이 법 시행 당시 심판이 진행 중인 사건에도 적용한다.
제6조【감면액 징수 등에 관한 경과조치】 제83조제4항의 개정규정 시행 전에 거짓이나 그 밖의 부정한 방법으로 특허료 또는 수수료를 감면받은 자에 대해서는 같은 개정규정에도 불구하고 종전의 규정에 따른다.
제7조【다른 법률의 개정】 ※(해당 법령에 가제정리 하였음)

부 칙 (2021.10.19)

제1조【시행일】 이 법은 공포 후 6개월이 경과한 날부터 시행한다.
제2조【절차의 무효에 관한 적용례】 제16조제2항의 개정규정은 이 법 시행 전에 보정명령을 받은 자가 정당한 사유로 보정

기간을 지키지 못하여 특허에 관한 절차가 무효로 된 경우로서 이 법 시행 당시 그 사유가 소멸한 날부터 2개월이 지나지 아니한 경우에도 적용한다.
제3조【분할출원에 관한 적용례】 ① 제52조제1항의 개정규정은 이 법 시행 이후 특허거절결정등본을 송달받은 특허출원을 기초로 한 분할출원부터 적용한다.
② 제52조제4항 및 제5항의 개정규정은 이 법 시행 이후 출원한 분할출원부터 적용한다.
제4조【분리출원에 관한 적용례】 제52조의2의 개정규정은 이 법 시행 이후 특허거절결정에 대한 심판이 청구된 특허출원의 일부를 분리출원하는 것부터 적용한다.
제5조【변경출원에 관한 적용례】 제53조제1항의 개정규정은 이 법 시행 이후 실용신안등록거절결정등본을 송달받은 실용신안등록출원을 기초로 한 변경출원부터 적용한다.
제6조【특허출원 등을 기초로 한 우선권 주장에 관한 적용례】 제55조제1항제4호, 같은 조 제8항 및 제56조제1항제2호의 개정규정은 이 법 시행 이후 제66조에 따른 특허결정,「실용신안법」제15조에 따라 준용되는「특허법」제66조에 따른 실용신안등록결정 또는 제176조제1항에 따른 특허거절결정 취소심결 및「실용신안법」제33조에 따라 준용되는「특허법」제176조제1항에 따른 실용신안등록거절결정의 취소심결(특허등록 및 실용신안등록을 결정한 심결에 한정하되, 재심심결을 포함한다)의 등본을 송달받은 선출원을 기초로 한 우선권 주장부터 적용한다.
제7조【재심사의 청구에 관한 적용례】 제67조의2제1항 및 제3항의 개정규정은 이 법 시행 이후 제62조에 따른 특허거절결정, 제66조에 따른 특허결정 또는 제176조제1항에 따른 특허거절결정 취소심결(특허등록을 결정한 심결에 한정하되, 재심심결을 포함한다)의 등본을 송달받은 특허출원부터 적용한다.
제8조【특허출원의 회복에 관한 적용례】 제67조의3제1항의 개정규정은 이 법 시행 전에 특허출원인이 정당한 사유로 같은 항 각 호의 어느 하나에 해당하는 기간을 지키지 못하여 특허출원이 취하되거나 특허거절결정이 확정된 것으로 인정된 경우로서 그 사유가 소멸한 날부터 2개월이 지나지 아니한 경우에도 적용한다.
제9조【특허료의 추가납부 또는 보전에 의한 특허출원과 특허권의 회복 등에 관한 적용례】 제81조의3제1항의 개정규정은 이 법 시행 전에 특허권의 설정등록을 받으려는 자 또는 특허권자가 정당한 사유로 특허료 납부기간 내에 특허료를 내지 아니하거나 보전기간 내에 보전하지 아니한 경우로서 이 법 시행 당시 그 사유가 소멸한 날부터 2개월이 지나지 아니한 경우에도 적용한다.
제10조【질권행사 등으로 인한 특허권의 이전에 따른 통상실시권에 관한 적용례】 제122조의 개정규정은 이 법 시행 이후 공유인 특허권의 분할을 청구한 경우부터 적용한다.
제11조【특허거절결정 등에 대한 심판에 관한 적용례】 제132조의17의 개정규정은 이 법 시행 이후 특허거절결정등본 또는 특허권의 존속기간의 연장등록거절결정등본을 송달받은 특허출원부터 적용한다.
제12조【다른 법률의 개정】 ※(해당 법령에 가제정리 하였음)
제13조【다른 법률의 개정에 따른 적용례】 부칙 제12조에 따라 개정되는「실용신안법」제10조제1항제1호의 개정규정은 이 법 시행 이후 특허거절결정등본을 송달받은 특허출원을 기초로 한 변경출원부터 적용한다.

부 칙 (2022.10.18)

제1조【시행일】 이 법은 공포한 날부터 시행한다.
제2조【특허료 등의 반환에 관한 적용례】 제84조제3항의 개정규정은 이법 시행 당시 종전의 규정에 따른 반환청구 기간이 경과하지 아니한 특허료와 수수료에 대하여도 적용한다.

부 칙 (2023.9.14)

제1조【시행일】 이 법은 공포 후 6개월이 경과한 날부터 시행한다.
제2조【참고인 의견서의 제출에 관한 적용례】 제154조의3의 개정규정은 이 법 시행 당시 특허심판원에 계속 중인 심판사건에 대하여도 적용한다.

부 칙 (2024.2.6)

제1조【시행일】 이 법은 공포 후 6개월이 경과한 날부터 시행한다.(이하 생략)

부 칙 (2024.2.20)

제1조【시행일】 이 법은 공포 후 6개월이 경과한 날부터 시행한다.
제2조【손해배상책임에 관한 적용례】 제128조제8항의 개정규정은 이 법 시행 이후 발생하는 위반행위부터 적용한다.

부 칙 (2025.1.21)

제1조【시행일】 이 법은 공포 후 6개월이 경과한 날부터 시행한다.
제2조【허가등에 따른 특허권의 존속기간의 연장에 관한 적용례】 제89조제1항, 제90조제7항 · 제8항, 제91조, 제93조 및 제134조제1항 · 제4항 · 제5항의 개정규정은 이 법 시행 이후 허가등을 받은 특허발명의 허가등에 따른 특허권 존속기간의 연장등록출원부터 적용한다.

실용신안법

(2006년 3월 3일 전부개정법률 제7872호)

개정
2007. 1. 3법 8193호
2008. 2.29법 8852호(정부조직)
2008.12.26법 9234호
2009. 1.30법 9371호
2011. 3.30법10502호
2011.12. 2법11114호
2013. 3.22법11653호
2013. 3.23법11690호(정부조직)
2013. 5.28법11848호(디자인보호)
2013. 7.30법11962호(변리사)
2014. 6.11법12752호
2015. 1.28법13088호
2016. 2.29법14034호
2016. 3.29법14112호(특허)
2017. 3.21법14690호
2019. 1. 8법16208호(특허)
2021. 4.20법18098호(특허)
2021. 8.17법18409호(특허)
2021.10.19법18505호(특허)
2022. 6.10법18890호
2023. 9.14법19712호
2024. 2. 6법20200호(산업재산정보의관리및활용촉진에관한법)
2025. 1.21법20698호→2025년 7월 22일 시행

제1장 총 칙

제1조【목적】 이 법은 실용적인 고안을 보호·장려하고 그 이용을 도모함으로써 기술의 발전을 촉진하여 산업발전에 이바지함을 목적으로 한다.

제2조【정의】 이 법에서 사용하는 용어의 뜻은 다음과 같다.
1. "고안"이란 자연법칙을 이용한 기술적 사상의 창작을 말한다.
2. "등록실용신안"이란 실용신안등록을 받은 고안을 말한다.
3. "실시"란 고안에 관한 물품을 생산·사용·양도·대여·수출 또는 수입하거나 그 물품의 양도 또는 대여의 청약(양도 또는 대여를 위한 전시를 포함한다. 이하 같다)을 하는 행위를 말한다.(2025.1.21 본호개정)

(2014.6.11 본조개정)

제3조【「특허법」의 준용】 실용신안에 관하여는 「특허법」 제3조부터 제7조까지, 제7조의2, 제8조부터 제25조까지, 제28조, 제28조의2부터 제28조의5까지의 규정을 준용한다.(2014.6.11 본조개정)

제2장 실용신안등록요건 및 실용신안등록출원

제4조【실용신안등록의 요건】 ① 산업상 이용할 수 있는 물품의 형상·구조 또는 조합에 관한 고안으로서 다음 각 호의 어느 하나에 해당하는 것을 제외하고는 그 고안에 대하여 실용신안등록을 받을 수 있다.
1. 실용신안등록출원 전에 국내 또는 국외에서 공지(公知)되었거나 공연(公然)히 실시된 고안
2. 실용신안등록출원 전에 국내 또는 국외에서 반포된 간행물에 게재되었거나 전기통신회선을 통하여 공중(公衆)이 이용할 수 있는 고안

② 실용신안등록출원 전에 그 고안이 속하는 기술분야에서 통상의 지식을 가진 사람이 제1항 각 호의 어느 하나에 해당하는 고안에 의하여 극히 쉽게 고안할 수 있으면 그 고안에 대해서는 제1항에도 불구하고 실용신안등록을 받을 수 없다.
③ 실용신안등록출원한 고안이 다음 각 호의 요건을 모두 갖춘 다른 실용신안등록출원의 출원서에 최초로 첨부된 명세서 또는 도면에 기재된 고안과 동일한 경우에 그 고안은 제1항에도 불구하고 실용신안등록을 받을 수 없다. 다만, 그 실용신안등록출원의 고안자와 다른 실용신안등록출원의 고안자가 같거나 그 실용신안등록출원을 출원한 때의 출원인과 다른 실용신안등록출원의 출원인이 같은 경우에는 그러하지 아니하다.
1. 그 실용신안등록출원일 전에 출원된 실용신안등록출원일 것
2. 그 실용신안등록출원 후 제15조에 따라 준용되는 「특허법」 제64조에 따라 출원공개되거나 이 법 제21조제3항에 따라 등록공고된 실용신안등록출원일 것

④ 실용신안등록출원한 고안이 다음 각 호의 요건을 모두 갖춘 특허출원의 출원서에 최초로 첨부된 명세서 또는 도면에 기재된 발명과 동일한 경우에 그 고안은 제1항에도 불구하고 실용신안등록을 받을 수 없다. 다만, 그 실용신안등록출원의 고안자와 특허출원의 발명자가 같거나 그 실용신안등록출원을 출원한 때의 출원인과 특허출원의 출원인이 같은 경우에는 그러하지 아니하다.
1. 그 실용신안등록출원일 전에 출원된 특허출원일 것
2. 그 실용신안등록출원 후 「특허법」 제64조에 따라 출원공개되거나 같은 법 제87조제3항에 따라 등록공고된 특허출원일 것

⑤ 제3항을 적용할 때 다른 실용신안등록출원이 제34조제2항에 따른 국제실용신안등록출원(제40조제4항에 따라 실용신안등록출원으로 보는 국제출원을 포함한다)인 경우 제3항 본문 중 "출원서에 최초로 첨부된 명세서 또는 도면"은 "국제출원일까지 제출한 고안의 설명, 청구범위 또는 도면"으로, 같은 항 제2호 중 "출원공개"는 "출원공개 또는 「특허협력조약」 제21조에 따라 국제공개"로 본다.
⑥ 제4항을 적용할 때 특허출원이 「특허법」 제199조제2항에 따른 국제특허출원(같은 법 제214조제4항에 따라 특허출원으로 보는 국제출원을 포함한다)인 경우 제4항 본문 중 "출원서에 최초로 첨부된 명세서 또는 도면"은 "국제출원일까지 제출한 발명의 설명, 청구범위 또는 도면"으로, 같은 항 제2호 중 "출원공개되거나 같은 법"은 "출원공개 또는 「특허협력조약」 제21조에 따라 국제공개되거나 「특허법」"으로 본다.
⑦ 제3항 또는 제4항을 적용할 때 제35조제4항에 따라 취하한 것으로 보는 국제실용신안등록출원 또는 「특허법」 제201조제4항에 따라 취하한 것으로 보는 국제특허출원은 다른 실용신안등록출원 또는 특허출원으로 보지 아니한다.

(2014.6.11 본조개정)

제5조 (2015.1.28 삭제)

제6조【실용신안등록을 받을 수 없는 고안】 다음 각 호의 어느 하나에 해당하는 고안에 대해서는 제4조제1항에도 불구하고 실용신안등록을 받을 수 없다.
1. 국기 또는 훈장과 동일하거나 유사한 고안
2. 공공의 질서 또는 선량한 풍속에 어긋나거나 공중의 위생을 해칠 우려가 있는 고안

(2014.6.11 본조개정)

제7조【선출원】 ① 동일한 고안에 대하여 다른 날에 둘 이상의 실용신안등록출원이 있는 경우에는 먼저 실용신안등록출원한 자만이 그 고안에 대하여 실용신안등록을 받을 수 있다.
② 동일한 고안에 대하여 같은 날에 둘 이상의 실용신안등록출원이 있는 경우에는 실용신안등록출원인 간에 협의하여 정한 하나의 실용신안등록출원인만이 그 고안에 대하여 실용신안등록을 받을 수 있다. 다만, 협의가 성립하지 아니하거나 협의를 할 수 없는 경우에는 어느 실용신안등록출원인도 그 고안에 대하여 실용신안등록을 받을 수 없다.
③ 실용신안등록출원된 고안과 특허출원된 발명이 동일한 경우 그 실용신안등록출원과 특허출원이 다른 날에 출원된 것이면 제1항을 준용하고, 그 실용신안등록출원과 특허출원이 같은 날에 출원된 것이면 제2항을 준용한다.

④ 실용신안등록출원 또는 특허출원이 다음 각 호의 어느 하나에 해당하는 경우 그 실용신안등록출원 또는 특허출원은 제1항부터 제3항까지의 규정을 적용할 때에는 처음부터 없었던 것으로 본다. 다만, 제2항 단서(제3항에 따라 준용되는 경우를 포함한다)에 해당하여 그 실용신안등록출원 또는 특허출원에 대하여 거절결정이나 거절한다는 취지의 심결이 확정된 경우에는 그러하지 아니하다.
1. 포기, 무효 또는 취하된 경우
2. 거절결정이나 거절한다는 취지의 심결이 확정된 경우
⑤ 고안자 또는 발명자가 아닌 자로서 실용신안등록을 받을 수 있는 권리 또는 특허를 받을 수 있는 권리의 승계인이 아닌 자가 한 실용신안등록출원 또는 특허출원은 제1항부터 제3항까지의 규정을 적용할 때에는 처음부터 없었던 것으로 본다.
⑥ 특허청장은 제2항의 경우에 실용신안등록출원인에게 기간을 정하여 협의의 결과를 신고할 것을 명하고, 그 기간에 신고가 없으면 제2항에 따른 협의는 성립되지 아니한 것으로 본다.
(2014.6.11 본조개정)

제8조【실용신안등록출원】 ① 실용신안등록을 받으려는 자는 다음 각 호의 사항을 적은 실용신안등록출원서를 특허청장에게 제출하여야 한다.
1. 실용신안등록출원인의 성명 및 주소(법인인 경우에는 그 명칭 및 영업소의 소재지)
2. 실용신안등록출원인의 대리인이 있는 경우에는 그 대리인의 성명 및 주소나 영업소의 소재지〔대리인이 특허법인·특허법인(유한)인 경우에는 그 명칭, 사무소의 소재지 및 지정된 변리사의 성명〕
3. 고안의 명칭
4. 고안자의 성명 및 주소
② 제1항에 따른 실용신안등록출원서에는 고안의 설명, 청구범위를 적은 명세서와 도면 및 요약서를 첨부하여야 한다.
③ 제2항에 따른 고안의 설명은 다음 각 호의 요건을 모두 충족하여야 한다.
1. 그 고안이 속하는 기술분야에서 통상의 지식을 가진 사람이 그 고안을 쉽게 실시할 수 있도록 명확하고 상세하게 적을 것
2. 그 고안의 배경이 되는 기술을 적을 것
④ 제2항에 따른 청구범위에는 보호받으려는 사항을 적은 항(이하 "청구항"이라 한다)이 하나 이상 있어야 하며, 그 청구항은 다음 각 호의 요건을 모두 충족하여야 한다.
1. 고안의 설명에 의하여 뒷받침될 것
2. 고안이 명확하고 간결하게 적혀 있을 것
⑤ (2014.6.11 삭제)
⑥ 제2항에 따른 청구범위에는 보호받으려는 사항을 명확히 할 수 있도록 고안을 특정하는 데 필요하다고 인정되는 형상·구조 또는 이들의 결합관계 등을 적어야 한다.
⑦ (2014.6.11 삭제)
⑧ 제2항에 따른 청구범위의 기재방법에 관하여 필요한 사항은 대통령령으로 정한다.
⑨ 제2항에 따른 고안의 설명, 도면 및 요약서의 기재방법 등에 관하여 필요한 사항은 산업통상자원부령으로 정한다.
(2014.6.11 본조개정)

제8조의2【실용신안등록출원일 등】 ① 실용신안등록출원일은 명세서 및 도면을 첨부한 실용신안등록출원서가 특허청장에게 도달한 날로 한다. 이 경우 명세서에 청구범위는 적지 아니할 수 있으나, 고안의 설명은 적어야 한다.
② 실용신안등록출원인은 제1항 후단에 따라 실용신안등록출원서에 최초로 첨부한 명세서에 청구범위를 적지 아니한 경우에는 제15조에 따라 준용되는 「특허법」 제64조제1항 각 호의 구분에 따른 날부터 1년 2개월이 되는 날까지 명세서에 청구범위를 적는 보정을 하여야 한다. 다만, 본문에 따른 기한 이전에 제15조에 따라 준용되는 「특허법」 제60조제3항에 따른 출원심사 청구의 취지를 통지받은 경우에는 그 통지를 받은 날부터 3개월이 되는 날 또는 제15조에 따라 준용되는 「특허법」 제64조제1항 각 호의 구분에 따른 날부터 1년 2개월이 되는 날 중 빠른 날까지 보정을 하여야 한다.
③ 실용신안등록출원인이 제2항에 따른 보정을 하지 아니한 경우에는 제2항에 따른 기한이 되는 날의 다음 날에 해당 실용신안등록출원을 취하한 것으로 본다.
(2014.6.11 본조신설)

제8조의3【외국어실용신안등록출원 등】 ① 실용신안등록출원인이 명세서 및 도면(도면 중 설명부분에 한정한다. 이하 제2항 및 제5항에서 같다)을 국어가 아닌 산업통상자원부령으로 정하는 언어로 적겠다는 취지를 실용신안등록출원을 할 때 실용신안등록출원서에 적은 경우에는 그 언어로 적을 수 있다.
② 실용신안등록출원인이 실용신안등록출원서에 최초로 첨부된 명세서 및 도면을 제1항에 따른 언어로 적은 실용신안등록출원(이하 "외국어실용신안등록출원"이라 한다)을 한 경우에는 제15조에 따라 준용되는 「특허법」 제64조제1항 각 호의 구분에 따른 날부터 1년 2개월이 되는 날까지 그 명세서 및 도면의 국어번역문을 산업통상자원부령으로 정하는 방법에 따라 제출하여야 한다. 다만, 본문에 따른 기한 이전에 제15조에 따라 준용되는 「특허법」 제60조제3항에 따른 출원심사 청구의 취지를 통지받은 경우에는 그 통지를 받은 날부터 3개월이 되는 날 또는 제15조에 따라 준용되는 「특허법」 제64조제1항 각 호의 구분에 따른 날부터 1년 2개월이 되는 날 중 빠른 날까지 제출하여야 한다.
③ 제2항에 따라 국어번역문을 제출한 실용신안등록출원인은 제2항에 따른 기한 이전에 그 국어번역문을 갈음하여 새로운 국어번역문을 제출할 수 있다. 다만, 다음 각 호의 어느 하나에 해당하는 경우에는 그러하지 아니하다.
1. 명세서 또는 도면을 보정(제5항에 따라 보정한 것으로 보는 경우는 제외한다)한 경우
2. 실용신안등록출원인이 출원심사의 청구를 한 경우
④ 실용신안등록출원인이 제2항에 따른 명세서의 국어번역문을 제출하지 아니한 경우에는 제2항에 따른 기한이 되는 날의 다음 날에 해당 실용신안등록출원을 취하한 것으로 본다.
⑤ 실용신안등록출원인이 제2항에 따른 국어번역문 또는 제3항 본문에 따른 새로운 국어번역문을 제출한 경우에는 외국어실용신안등록출원의 실용신안등록출원서에 최초로 첨부된 명세서 또는 도면을 그 국어번역문에 따라 보정한 것으로 본다. 다만, 제3항 본문에 따라 새로운 국어번역문을 제출한 경우에는 마지막 국어번역문(이하 이 조에서 "최종 국어번역문"이라 한다) 전에 제출한 국어번역문에 따라 보정한 것으로 보는 모든 보정은 처음부터 없었던 것으로 본다.
⑥ 실용신안등록출원인은 제11조에 따라 준용되는 「특허법」 제47조제1항에 따라 보정을 할 수 있는 기간에 최종 국어번역문의 잘못된 번역을 산업통상자원부령으로 정하는 방법에 따라 정정할 수 있다. 이 경우 정정된 국어번역문에 관하여는 제5항을 적용하지 아니한다.
⑦ 제11조에 따라 준용되는 「특허법」 제47조제1항제1호 또는 제2호에 따른 기간에 정정을 하는 경우에는 마지막 정정 전에 한 모든 정정은 처음부터 없었던 것으로 본다.(2016.2.29 본항신설)
(2014.6.11 본조신설)

제9조【하나의 실용신안등록출원의 범위】 ① 실용신안등록출원은 하나의 고안마다 하나의 실용신안등록출원으로 한다. 다만, 하나의 총괄적 고안의 개념을 형성하는 일 군(群)의 고안에 대하여 하나의 실용신안등록출원으로 할 수 있다.
② 제1항 단서에 따라 일 군의 고안에 대하여 하나의 실용신안등록출원으로 할 수 있는 요건은 대통령령으로 정한다.
(2014.6.11 본조개정)

제10조【변경출원】 ① 특허출원인은 그 특허출원의 출원서에 최초로 첨부된 명세서 또는 도면에 기재된 사항의 범위에서 그 특허출원을 실용신안등록출원으로 변경할 수 있다. 다만, 다음 각 호의 어느 하나에 해당하는 경우에는 그러하지 아니하다.
1. 그 특허출원에 관하여 최초의 거절결정등본을 송달받은 날부터 3개월(「특허법」 제15조제1항에 따라 같은 법 제132조의17에 따른 기간이 연장된 경우에는 그 연장된 기간을 말한다)이 지난 경우(2021.10.19 본호개정)
2. 그 특허출원이 「특허법」 제42조의3제2항에 따른 외국어특허출원인 경우로서 변경하여 출원할 때 같은 항에 따른 국어번역문이 제출되지 아니한 경우
(2014.6.11 본항개정)

② 제1항에 따라 변경된 실용신안등록출원(이하 "변경출원"이라 한다)이 있는 경우에 그 변경출원은 특허출원을 한 때에 실용신안등록출원을 한 것으로 본다. 다만, 그 변경출원이 다음 각 호의 어느 하나에 해당하는 경우에는 그러하지 아니하다.
1. 제4조제3항에 따른 다른 실용신안등록출원 또는 「특허법」 제29조제4항에 따른 실용신안등록출원에 해당하여 이 법 제4조제3항 또는 「특허법」 제29조제4항을 적용하는 경우
2. 제11조에 따라 준용되는 「특허법」 제30조제2항을 적용하는 경우(2015.1.28 본호개정)
3. 제11조에 따라 준용되는 「특허법」 제54조제3항을 적용하는 경우
4. 제11조에 따라 준용되는 「특허법」 제55조제2항을 적용하는 경우
(2014.6.11 본항개정)
③ 제1항에 따라 변경출원을 하려는 자는 변경출원을 할 때 실용신안등록출원서에 그 취지 및 변경출원의 기초가 된 특허출원의 표시를 하여야 한다.(2014.6.11 본항개정)
④ 변경출원이 있는 경우에는 그 특허출원은 취하된 것으로 본다.(2014.6.11 본항개정)
⑤ (2014.6.11 삭제)
⑥ 변경출원의 경우에 「특허법」 제54조에 따른 우선권을 주장하는 자는 같은 조 제4항에 따른 서류를 같은 조 제5항에 따른 기간이 지난 후에도 변경출원을 한 날부터 3개월 이내에 특허청장에게 제출할 수 있다.(2013.3.22 본항개정)
⑦ 실용신안등록출원인은 변경출원이 외국어실용신안등록출원인 경우에는 제8조의3제2항에 따른 국어번역문 또는 같은 조 제3항 본문에 따른 새로운 국어번역문을 같은 조 제2항에 따른 기한이 지난 후에도 변경출원을 한 날부터 30일이 되는 날까지 제출할 수 있다. 다만, 제8조의3제3항 각 호의 어느 하나에 해당하는 경우에는 새로운 국어번역문을 제출할 수 없다.
(2014.6.11 본항신설)
⑧ 실용신안등록출원인은 실용신안등록출원서에 최초로 첨부한 명세서에 청구범위를 적지 아니한 변경출원의 경우 제8조의2제2항에 따른 기한이 지난 후에도 변경출원을 한 날부터 30일이 되는 날까지 명세서에 청구범위를 적는 보정을 할 수 있다.(2014.6.11 본항신설)

제11조 【「특허법」의 준용】 실용신안등록요건 및 실용신안등록출원에 관하여는 「특허법」 제30조, 제33조부터 제35조까지, 제37조, 제38조, 제41조, 제43조, 제44조, 제46조, 제47조, 제51조, 제52조, 제52조의2 및 제54조부터 제56조까지의 규정을 준용한다.(2021.10.19 본조개정)

제3장 심 사

제12조 【실용신안등록출원심사의 청구】 ① 실용신안등록출원에 대하여 심사청구가 있을 때에만 이를 심사한다.
② 누구든지 실용신안등록출원에 대하여 실용신안등록출원일부터 3년 이내에 특허청장에게 출원심사의 청구를 할 수 있다. 다만, 실용신안등록출원인은 다음 각 호의 어느 하나에 해당하는 경우에는 출원심사의 청구를 할 수 없다.
1. 명세서에 청구범위를 적지 아니한 경우
2. 제8조의3제2항에 따른 국어번역문을 제출하지 아니한 경우(외국어실용신안등록출원의 경우로 한정한다)
③ 다음 각 호의 어느 하나에 해당하는 실용신안등록출원에 관하여는 제2항에 따른 기간이 지난 후에도 다음 각 호의 구분에 따른 기간 이내에 출원심사의 청구를 할 수 있다.
1. 변경출원 : 변경출원을 한 날부터 30일
2. 제11조에 따라 준용되는 「특허법」 제34조 및 제35조에 따른 정당한 권리자의 실용신안등록출원 : 정당한 권리자가 실용신안등록출원을 한 날부터 30일
3. 제11조에 따라 준용되는 「특허법」 제52조제2항에 따른 분할출원 : 분할출원을 한 날부터 30일
4. 제11조에 따라 준용되는 「특허법」 제52조의2제2항에 따른 분리출원 : 분리출원을 한 날부터 30일(2021.10.19 본호신설)
④ 출원심사의 청구는 취하할 수 없다.
⑤ 제2항 또는 제3항에 따라 출원심사의 청구를 할 수 있는 기간에 출원심사의 청구가 없으면 그 실용신안등록출원은 취하한 것으로 본다.
(2014.6.11 본조개정)

제13조 【실용신안등록거절결정】 제15조에 따라 준용되는 「특허법」 제57조제1항에 따른 심사관(이하 "심사관"이라 한다)은 실용신안등록출원이 다음 각 호의 어느 하나의 거절이유(이하 "거절이유"라 한다)에 해당하는 경우에는 실용신안등록거절결정을 하여야 한다.
1. 제4조, 제6조, 제7조제1항부터 제3항까지, 제3조에 따라 준용되는 「특허법」 제25조 또는 이 법 제11조에 따라 준용되는 「특허법」 제44조에 따라 실용신안등록을 받을 수 없는 경우
2. 제11조에 따라 준용되는 「특허법」 제33조제1항 본문에 따른 실용신안등록을 받을 수 있는 권리를 가지지 아니하거나 같은 항 단서에 따라 실용신안등록을 받을 수 없는 경우
3. 조약을 위반한 경우
4. 제8조제3항 · 제4항 · 제8항 또는 제9조에 따른 요건을 갖추지 아니한 경우
5. 제10조제1항에 따른 범위를 벗어난 변경출원인 경우
6. 제11조에 따라 준용되는 「특허법」 제47조제2항에 따른 범위를 벗어난 보정인 경우
7. 제11조에 따라 준용되는 「특허법」 제52조제1항에 따른 범위를 벗어난 분할출원인 경우
8. 제11조에 따라 준용되는 「특허법」 제52조의2제1항에 따른 범위를 벗어난 분리출원인 경우(2021.10.19 본호신설)
(2014.6.11 본조개정)

제14조 【거절이유통지】 ① 심사관은 다음 각 호의 어느 하나에 해당하는 경우 실용신안등록출원인에게 거절이유를 통지하고, 기간을 정하여 의견서를 제출할 수 있는 기회를 주어야 한다. 다만, 제11조에 따라 준용되는 「특허법」 제51조제1항에 따라 각하결정을 하려는 경우에는 그러하지 아니하다.
1. 제13조에 따라 실용신안등록거절결정을 하려는 경우
2. 제15조에 따라 준용되는 「특허법」 제66조의3에 따른 직권재심사를 하여 취소된 실용신안등록결정 전에 이미 통지한 거절이유로 실용신안등록거절결정을 하려는 경우
(2016.2.29 본항개정)
② 심사관은 청구범위에 둘 이상의 청구항이 있는 실용신안등록출원에 대하여 제1항 본문에 따라 거절이유를 통지할 때에는 그 통지서에 거절되는 청구항을 명확히 밝히고, 그 청구항에 관한 거절이유를 구체적으로 적어야 한다.
(2014.6.11 본조개정)

제15조 【「특허법」의 준용】 실용신안등록출원의 심사 · 결정에 관하여는 「특허법」 제57조, 제58조, 제58조의2, 제60조, 제61조, 제63조의2, 제63조의3, 제64조부터 제66조까지, 제66조의2, 제66조의3, 제67조, 제67조의2, 제67조의3, 제68조 및 제78조를 준용한다.(2016.2.29 본조개정)

제4장 등록료 및 실용신안등록 등
(2014.6.11 본장개정)

제16조 【등록료】 ① 제21조제1항에 따른 실용신안권의 설정등록을 받으려는 자는 설정등록을 받으려는 날(이하 "설정등록일"이라 한다)부터 3년분의 등록료를 내야 하고, 실용신안권자는 그 다음 해부터의 등록료를 해당 권리의 설정등록일에 해당하는 날을 기준으로 매년 1년분씩 내야 한다.
② 제1항에도 불구하고 실용신안권자는 그 다음 해부터의 등록료는 그 납부연도 순서에 따라 수년분 또는 모든 연도분을 함께 낼 수 있다.
③ 제1항 및 제2항에 따른 등록료, 그 납부방법 및 납부기간, 그 밖에 필요한 사항은 산업통상자원부령으로 정한다.

제17조 【수수료】 ① 실용신안등록에 관한 절차를 밟는 자는 수수료를 내야 한다.
② 실용신안등록출원인이 아닌 자가 출원심사의 청구를 한 후 그 실용신안등록출원서에 첨부한 명세서를 보정하여 청구범위에 적은 청구항의 수가 증가한 경우에는 그 증가한 청구항에 관하여 내야 할 심사청구료는 실용신안등록출원인이 내야 한다.

③ 제1항에 따른 수수료, 그 납부방법 및 납부기간, 그 밖에 필요한 사항은 산업통상자원부령으로 정한다.

제18조～제19조 (2016.2.29 삭제)

제20조【「특허법」의 준용】 등록료 및 실용신안등록에 관하여는 「특허법」 제80조, 제81조, 제81조의2, 제81조의3 및 제83조부터 제86조까지의 규정을 준용한다.(2016.2.29 본조개정)

제5장 실용신안권

제21조【실용신안권의 설정등록 및 등록공고】 ① 실용신안권은 설정등록에 의하여 발생한다.

② 특허청장은 다음 각 호의 어느 하나에 해당할 때에는 실용신안권을 설정하기 위한 등록을 하여야 한다.

1. 제16조제1항에 따른 등록료를 냈을 때
2. 제20조에 따라 준용되는 「특허법」 제81조제1항에 따라 등록료를 추가로 냈을 때
3. 제20조에 따라 준용되는 「특허법」 제81조의2제2항에 따라 등록료를 보전하였을 때
4. 제20조에 따라 준용되는 「특허법」 제81조의3제1항에 따라 등록료를 내거나 보전하였을 때
5. 제20조에 따라 준용되는 「특허법」 제83조제1항제1호 및 같은 조 제2항에 따라 그 등록료가 면제되었을 때

③ 특허청장은 제2항에 따라 등록한 경우에는 다음 각 호의 사항을 실용신안공보에 게재하여 등록공고를 하여야 한다.

1. 실용신안권자의 성명 및 주소(법인인 경우에는 그 명칭 및 영업소의 소재지를 말한다)
2. 실용신안등록출원번호 및 출원연월일
3. 고안자의 성명 및 주소
4. 실용신안등록출원서에 첨부된 요약서
5. 실용신안등록번호 및 설정등록연월일
6. 등록공고연월일
7. 제14조제1항 각 호 외의 부분 본문에 따라 통지한 거절이유에 선행기술에 관한 정보(선행기술이 적혀 있는 간행물의 명칭과 그 밖에 선행기술에 관한 정보의 소재지를 말한다)가 포함된 경우 그 정보
8. 그 밖에 대통령령으로 정하는 사항

(2016.2.29 본항개정)

④ 제3항에도 불구하고 특허청장은 제11조에 따라 준용되는 「특허법」 제41조제1항에 따라 비밀취급이 필요한 등록실용신안에 대해서는 그 고안의 비밀취급이 해제될 때까지 그 실용신안등록의 등록공고를 보류하여야 하며, 그 고안의 비밀취급이 해제된 경우에는 지체 없이 등록공고를 하여야 한다.

⑤ (2016.2.29 삭제)

(2014.6.11 본조개정)

제22조【실용신안권의 존속기간】 ① 실용신안권의 존속기간은 제21조제1항에 따라 실용신안권을 설정등록한 날부터 실용신안등록출원일 후 10년이 되는 날까지로 한다.

② 정당한 권리자의 실용신안등록출원이 제11조에 따라 준용되는 「특허법」 제34조 또는 제35조에 따라 실용신안등록된 경우에는 제1항의 실용신안권의 존속기간은 무권리자의 실용신안등록출원일의 다음 날부터 기산한다.

(2014.6.11 본조개정)

제22조의2【등록지연에 따른 실용신안권의 존속기간의 연장】 ① 실용신안등록출원에 대하여 실용신안등록출원일부터 4년 또는 출원심사의 청구일부터 3년 중 늦은 날보다 지연되어 실용신안권의 설정등록이 이루어지는 경우에는 제22조제1항에도 불구하고 그 지연된 기간만큼 해당 실용신안권의 존속기간을 연장할 수 있다.

② 제1항의 규정을 적용함에 있어서 출원인으로 인하여 지연된 기간은 제1항에 따른 실용신안권의 존속기간의 연장에서 제외된다. 다만, 출원인으로 인하여 지연된 기간이 겹치는 경우에는 실용신안권의 존속기간의 연장에서 제외되는 기간은 출원인으로 인하여 실제 지연된 기간을 초과하여서는 아니된다.

③ 제2항에서 "출원인으로 인하여 지연된 기간"에 관한 사항은 대통령령으로 정한다.

④ 제1항에 따라 실용신안등록출원일부터 4년을 기산할 때에는 제10조제2항, 제34조제1항, 제40조제4항 및 제11조에 따라 준용되는 「특허법」 제34조·제35조·제52조제2항·제52조의2 제2항에도 불구하고 다음 각 호에 해당하는 날을 실용신안등록출원일로 본다.(2021.10.19 본문개정)

1. 제10조에 따른 변경출원의 경우에는 변경출원을 한 날
2. 제11조에 따라 준용되는 「특허법」 제34조 또는 제35조에 따른 정당한 권리자의 실용신안등록출원의 경우에는 정당한 권리자가 출원을 한 날
3. 제11조에 따라 준용되는 「특허법」 제52조에 따른 분할출원의 경우에는 분할출원을 한 날

3의2. 제11조에 따라 준용되는 「특허법」 제52조의2에 따른 분리출원의 경우에는 분리출원을 한 날(2021.10.19 본호신설)

4. 제34조제1항에 따라 실용신안등록출원으로 보는 국제출원의 경우에는 제41조에 따라 준용되는 「특허법」 제203조제1항 각 호의 사항을 기재한 서면을 제출한 날
5. 제40조에 따라 실용신안등록출원으로 보는 국제출원의 경우에는 국제출원의 출원인이 제40조제1항에 따라 결정을 신청한 날
6. 제1호부터 제5호까지의 규정 중 어느 하나에 해당되지 아니하는 실용신안등록출원에 대하여는 그 실용신안등록출원일

(2011.12.2 본조신설)

제22조의3【등록지연에 따른 실용신안권의 존속기간의 연장등록출원】 ① 제22조의2에 따라 실용신안권의 존속기간의 연장등록출원을 하려는 자(이하 이 조 및 제22조의4에서 "연장등록출원인"이라 한다)는 다음 각 호의 사항을 적은 실용신안권의 존속기간의 연장등록출원서를 특허청장에게 제출하여야 한다.

1. 연장등록출원인의 성명 및 주소(법인인 경우에는 그 명칭 및 영업소의 소재지)
2. 연장등록출원인의 대리인이 있는 경우에는 그 대리인의 성명 및 주소나 영업소의 소재지〔대리인이 특허법인·특허법인(유한)인 경우에는 그 명칭, 사무소의 소재지 및 지정된 변리사의 성명〕(2013.7.30 본호개정)
3. 연장대상 실용신안권의 등록번호
4. 연장신청의 기간
5. 산업통상자원부령이 정하는 연장이유(이를 증명할 수 있는 자료를 첨부하여야 한다)(2013.3.23 본호개정)

② 제1항에 따른 실용신안권의 존속기간의 연장등록출원은 실용신안권의 설정등록일부터 3개월 이내에 출원하여야 한다.

③ 실용신안권이 공유인 경우에는 공유자 전원이 공동으로 실용신안권의 존속기간의 연장등록출원을 하여야 한다.

④ 연장등록출원인은 심사관이 실용신안권의 존속기간의 연장등록 여부결정 전까지 연장등록출원서에 기재된 사항 중 제1항제4호 및 제5호의 사항에 대하여 보정할 수 있다. 다만, 제22조의6에 따라 준용되는 거절이유통지를 받은 후에는 해당 거절이유통지에 따른 의견서 제출기간에만 보정할 수 있다.

(2011.12.2 본조신설)

제22조의4【등록지연에 따른 실용신안권의 존속기간의 연장등록거절결정】 심사관은 실용신안권의 존속기간의 연장등록출원이 다음 각 호의 어느 하나에 해당하는 경우에는 그 출원에 대하여 연장등록거절결정을 하여야 한다.

1. 연장신청의 기간이 제22조의2에 따라 인정되는 연장의 기간을 초과한 경우
2. 연장등록출원인이 해당 실용신안권자가 아닌 경우
3. 제22조의3제3항을 위반하여 연장등록출원을 한 경우

(2011.12.2 본조신설)

제22조의5【등록지연에 따른 실용신안권의 존속기간의 연장등록결정 등】 ① 심사관은 실용신안권의 존속기간의 연장등록출원에 대하여 제22조의4 각 호의 어느 하나에 해당하는 사유를 발견할 수 없는 경우에는 연장등록결정을 하여야 한다.

② 특허청장은 제1항의 연장등록결정이 있으면 실용신안권의 존속기간의 연장을 실용신안등록원부에 등록하여야 한다.

③ 제2항에 따른 등록이 있으면 다음 각 호의 사항을 실용신안공보에 게재하여야 한다.

1. 실용신안권자의 성명 및 주소(법인인 경우에는 그 명칭 및 영업소의 소재지)
2. 실용신안권의 등록번호

3. 연장등록 연월일
4. 연장 기간
(2011.12.2 본조신설)

제22조의6【준용규정】 실용신안권의 존속기간의 연장등록출원의 심사에 관하여는 제14조, 「특허법」 제57조제1항 · 제67조 · 제148조제1호부터 제5호까지 및 같은 조 제7호를 준용한다.(2011.12.2 본조신설)

제23조【실용신안권의 효력】 실용신안권자는 업(業)으로서 등록실용신안을 실시할 권리를 독점한다. 다만, 그 실용신안권에 관하여 제28조에 따라 준용되는 「특허법」 제100조제1항에 따라 전용실시권을 설정하였을 때에는 같은 조 제2항에 따라 전용실시권자가 그 등록실용신안을 실시할 권리를 독점하는 범위에서는 그러하지 아니하다.(2014.6.11 본조개정)

제24조【실용신안권의 효력이 미치지 아니하는 범위】 실용신안권의 효력은 다음 각 호의 어느 하나에 해당하는 사항에는 미치지 아니한다.
1. 연구 또는 시험을 하기 위한 등록실용신안의 실시
2. 국내를 통과하는데 불과한 선박 · 항공기 · 차량 또는 이에 사용되는 기계 · 기구 · 장치 그 밖의 물건
3. 실용신안등록출원시부터 국내에 있는 물건

제25조【타인의 등록실용신안 등과의 관계】 실용신안권자 · 전용실시권자 또는 통상실시권자는 등록실용신안이 그 등록실용신안의 실용신안등록출원일 전에 출원된 타인의 등록실용신안 · 특허발명 또는 등록디자인이나 그 디자인과 유사한 디자인을 이용하거나 실용신안권이 그 등록실용신안의 실용신안등록출원일 전에 출원된 타인의 디자인권 또는 상표권과 저촉되는 경우에는 그 실용신안권자 · 특허권자 · 디자인권자 또는 상표권자의 허락을 받지 아니하고는 자기의 등록실용신안을 업으로서 실시할 수 없다.(2014.6.11 본조개정)

제26조【무효심판청구 등록 전의 실시에 의한 통상실시권】 ① 다음 각 호의 어느 하나에 해당하는 자가 실용신안등록 또는 특허에 대한 무효심판청구의 등록 전에 자기의 등록실용신안 또는 특허발명이 무효사유에 해당되는 것을 알지 못하고 국내에서 그 고안 또는 발명의 실시사업을 하거나 이를 준비하고 있는 경우에는 그 실시하거나 준비하고 있는 고안 또는 발명 및 사업목적의 범위에서 그 실용신안권에 대하여 통상실시권을 가지거나 실용신안등록이나 특허가 무효로 된 당시에 존재하는 실용신안권의 전용실시권에 대하여 통상실시권을 가진다.
1. 동일한 고안에 대한 둘 이상의 실용신안등록 중 그 하나의 실용신안등록을 무효로 한 경우 그 무효로 된 실용신안등록의 원(原)실용신안권자
2. 등록실용신안과 특허발명이 동일하여 그 특허를 무효로 한 경우 그 무효로 된 특허의 원(原)특허권자
3. 실용신안등록을 무효로 하고 동일한 고안에 관하여 정당한 권리자에게 실용신안등록을 한 경우 그 무효로 된 실용신안등록의 원실용신안권자
4. 특허를 무효로 하고 그 발명과 동일한 고안에 관하여 정당한 권리자에게 실용신안등록을 한 경우 그 무효로 된 특허의 원특허권자
5. 제1호부터 제4호까지의 경우에 있어서 그 무효로 된 실용신안권 또는 특허권에 대하여 무효심판청구 등록 당시에 이미 전용실시권이나 통상실시권 또는 그 전용실시권에 대한 통상실시권을 취득하고 등록을 받은 자. 다만, 제28조에 따라 준용되는 「특허법」 제118조제2항에 따른 통상실시권을 취득한 자는 등록을 필요로 하지 아니한다.

② 제1항에 따라 통상실시권을 가진 자는 실용신안권자 또는 전용실시권자에게 상당한 대가를 지급하여야 한다.
(2014.6.11 본조개정)

제27조【디자인권의 존속기간 만료 후의 통상실시권】 ① 실용신안등록출원일 전 또는 실용신안등록출원일과 같은 날에 출원되어 등록된 디자인권이 그 실용신안권과 저촉되는 경우 그 디자인권의 존속기간이 만료될 때에는 그 디자인권자는 그 디자인권의 범위에서 그 실용신안권에 대하여 통상실시권을 가지거나 그 디자인권의 존속기간 만료 당시 존재하는 그 실용신안권의 전용실시권에 대하여 통상실시권을 가진다.

② 실용신안등록출원일 전 또는 실용신안등록출원일과 같은 날에 출원되어 등록된 디자인권이 그 실용신안권과 저촉되는 경우 그 디자인권의 존속기간이 만료될 때에는 다음 각 호의 어느 하나의 권리를 가진 자는 원(原)권리의 범위에서 그 실용신안권에 대하여 통상실시권을 가지거나 그 디자인권의 존속기간 만료 당시 존재하는 그 실용신안권의 전용실시권에 대하여 통상실시권을 가진다.
1. 그 디자인권의 존속기간 만료 당시 존재하는 그 디자인권에 대한 전용실시권
2. 그 디자인권이나 그 디자인권에 대한 전용실시권에 대하여 「디자인보호법」 제104조제1항에 따라 효력이 발생한 통상실시권

③ 제2항에 따라 통상실시권을 가진 자는 실용신안권자 또는 전용실시권자에게 상당한 대가를 지급하여야 한다.
(2014.6.11 본조개정)

제28조【「특허법」의 준용】 실용신안권에 관하여는 「특허법」 제97조, 제99조, 제99조의2, 제100조부터 제103조까지, 제103조의2, 제106조, 제106조의2, 제107조부터 제111조까지, 제111조의2, 제112조부터 제115조까지, 제118조부터 제125조까지 및 제125조의2를 준용한다.(2016.2.29 본조개정)

제6장 실용신안권자의 보호

제29조【침해로 보는 행위】 등록실용신안에 관한 물품의 생산에만 사용하는 물건을 업으로서 생산 · 양도 · 대여 · 수출 또는 수입하거나 업으로서 그 물건의 양도 또는 대여의 청약을 하는 행위는 실용신안권 또는 전용실시권을 침해한 것으로 본다.(2025.1.21 본조개정)

제30조【「특허법」의 준용】 실용신안권자의 보호에 관하여는 「특허법」 제126조, 제128조, 제128조의2 및 제130조부터 제132조까지의 규정을 준용한다.(2016.3.29 본조개정)

제6장의2 실용신안등록취소신청
(2016.2.29 본장신설)

제30조의2【실용신안등록취소신청】 ① 누구든지 실용신안권의 설정등록일부터 등록공고일 후 6개월이 되는 날까지 그 실용신안등록이 다음 각 호의 어느 하나에 해당하는 경우에는 특허심판원장에게 실용신안등록취소신청을 할 수 있다. 이 경우 청구범위의 청구항이 둘 이상인 경우에는 청구항마다 실용신안등록취소신청을 할 수 있다.
1. 제4조(같은 조 제1항제1호에 해당하는 경우와 같은 호에 해당하는 고안에 의하여 극히 쉽게 고안할 수 있는 경우는 제외한다)에 위반된 경우
2. 제7조제1항부터 제3항까지의 규정에 위반된 경우

② 제1항에도 불구하고 실용신안공보에 게재된 제21조제3항제7호에 따른 선행기술에 기초한 이유로는 실용신안등록취소신청을 할 수 없다.

제30조의3【「특허법」의 준용】 실용신안등록취소신청의 심리 · 결정 등에 관하여는 「특허법」 제132조의3부터 제132조의15까지의 규정을 준용한다.

제7장 심판 · 재심 및 소송

제31조【실용신안등록의 무효심판】 ① 이해관계인(제5호 본문의 경우에는 실용신안등록을 받을 수 있는 권리를 가진 자만 해당한다) 또는 심사관은 실용신안등록이 다음 각 호의 어느 하나에 해당하는 경우에는 무효심판을 청구할 수 있다. 이 경우 청구범위의 청구항이 둘 이상인 경우에는 청구항마다 청구할 수 있다.(2016.2.29 본문개정)
1. 제4조, 제6조, 제7조제1항부터 제3항까지, 제8조제3항제1호, 같은 조 제4항 또는 제3조에 따라 준용되는 「특허법」 제25조를 위반한 경우
2. 실용신안등록 후 그 실용신안권자가 제3조에 따라 준용되는 「특허법」 제25조에 따라 실용신안권을 누릴 수 없는 자로 되거나 그 실용신안등록이 조약을 위반한 경우

3. 조약을 위반하여 실용신안등록을 받을 수 없는 경우
4. 제10조제1항에 따른 범위를 벗어난 변경출원인 경우
5. 제11조에 따라 준용되는 「특허법」 제33조제1항 본문에 따른 실용신안등록을 받을 수 있는 권리를 가지지 아니하거나 같은 법 제44조를 위반한 경우. 다만, 제28조에 따라 준용되는 「특허법」 제99조의2제2항에 따라 이전등록된 경우에는 제외한다.(2016.2.29 단서신설)
6. 제11조에 따라 준용되는 「특허법」 제33조제1항 단서에 따라 실용신안등록을 받을 수 없는 경우
7. 제11조에 따라 준용되는 「특허법」 제47조제2항 전단에 따른 범위를 벗어난 보정인 경우
8. 제11조에 따라 준용되는 「특허법」 제52조제1항에 따른 범위를 벗어난 분할출원인 경우
9. 제11조에 따라 준용되는 「특허법」 제52조의2제1항 각 호 외의 부분 전단에 따른 범위를 벗어난 분리출원인 경우
(2021.10.19 본호신설)

② 제1항에 따른 심판은 실용신안권이 소멸된 후에도 청구할 수 있다.
③ 실용신안등록을 무효로 한다는 심결이 확정된 경우에는 그 실용신안권은 처음부터 없었던 것으로 본다. 다만, 제1항제2호에 따라 실용신안등록을 무효로 한다는 심결이 확정된 경우에는 실용신안권은 그 실용신안등록이 같은 호에 해당하게 된 때부터 없었던 것으로 본다.
④ 심판장은 제1항에 따른 심판이 청구된 경우에는 그 취지를 해당 실용신안권의 전용실시권자나 그 밖에 실용신안등록에 관하여 등록을 한 권리를 가진 자에게 알려야 한다.
(2014.6.11 본조개정)

제31조의2【실용신안권의 존속기간의 연장등록의 무효심판】 ① 이해관계인 또는 심사관은 제22조의5에 따른 실용신안권의 존속기간의 연장등록이 다음 각 호의 어느 하나에 해당하는 경우에는 무효심판을 청구할 수 있다.
1. 연장등록에 따라 연장된 기간이 제22조의2에 따라 인정되는 연장의 기간을 초과한 경우
2. 해당 실용신안권자가 아닌 자의 출원에 대하여 연장등록이 된 경우
3. 제22조의3제3항을 위반한 출원에 대하여 연장등록이 된 경우

② 제1항의 심판의 청구에 관하여는 제31조제2항 및 제4항을 준용한다.
③ 연장등록을 무효로 한다는 심결이 확정된 경우에는 그 연장등록에 따른 존속기간의 연장은 처음부터 없었던 것으로 본다. 다만, 연장등록이 제1항제1호에 해당되어 무효로 된 경우에는 제22조의2에 따라 인정되는 연장의 기간을 초과하여 연장된 기간에 대하여만 연장이 없었던 것으로 본다.
(2011.12.2 본조신설)

제32조【통상실시권 허락의 심판】 ① 실용신안권자, 전용실시권자 또는 통상실시권자는 해당 등록실용신안이 제25조에 해당하여 실시의 허락을 받으려는 경우에 그 타인이 정당한 이유 없이 허락하지 아니하거나 그 타인의 허락을 받을 수 없을 때에는 자기의 등록실용신안의 실시에 필요한 범위에서 통상실시권 허락의 심판을 청구할 수 있다.
② 제1항에 따른 청구가 있는 경우에 그 등록실용신안이 그 실용신안등록출원일 전에 출원된 타인의 등록실용신안 또는 특허발명과 비교하여 상당한 경제적 가치가 있는 중요한 기술적 진보를 가져오는 것이 아니면 통상실시권을 허락하여서는 아니 된다.
③ 제1항에 따른 심판에 따라 통상실시권을 허락한 자가 그 통상실시권을 허락받는 자의 등록실용신안을 실시할 필요가 있는 경우 그 통상실시권을 허락받은 자가 실시를 허락하지 아니하거나 실시의 허락을 받을 수 없을 때에는 통상실시권을 허락받아 실시하려는 등록실용신안의 범위에서 통상실시권 허락의 심판을 청구할 수 있다.
④ 제1항 및 제3항에 따라 통상실시권을 허락받은 자는 실용신안권자, 특허권자, 디자인권자 또는 그 전용실시권자에게 대가를 지급하여야 한다. 다만, 자기가 책임질 수 없는 사유로 지급할 수 없는 경우에는 그 대가를 공탁하여야 한다.
⑤ 제4항에 따른 통상실시권자는 그 대가를 지급하지 아니하거나 공탁을 하지 아니하면 그 등록실용신안, 특허발명 또는 등록디자인이나 이와 유사한 디자인을 실시할 수 없다.
(2014.6.11 본조개정)

제33조【「특허법」의 준용】 실용신안에 관한 심판·재심 및 소송에 관하여는 「특허법」 제132조의17, 제133조의2, 제135조부터 제137조까지, 제139조, 제139조의2, 제140조, 제140조의2, 제141조부터 제153조까지, 제153조의2, 제154조, 제154조의2, 제154조의3, 제155조부터 제158조까지, 제158조의2, 제159조부터 제164조까지, 제164조의2, 제165조, 제166조, 제170조부터 제172조까지, 제176조, 제178조부터 제188조까지, 제188조의2, 제189조부터 제191조까지 및 제191조의2를 준용한다.
(2023.9.14 본조개정)

제8장 「특허협력조약」에 의한 국제출원
(2014.6.11 본장개정)

제34조【국제출원에 의한 실용신안등록출원】 ① 「특허협력조약」에 따라 국제출원일이 인정된 국제출원으로서 실용신안등록을 받기 위하여 대한민국을 지정국으로 지정한 국제출원은 그 국제출원일에 출원된 실용신안등록출원으로 본다.
② 제1항에 따라 실용신안등록출원으로 보는 국제출원(이하 "국제실용신안등록출원"이라 한다)에 관하여는 제8조의2, 제8조의3 및 제11조에 따라 준용되는 「특허법」 제54조를 적용하지 아니한다.

제34조의2【국제실용신안등록출원의 출원서 등】 ① 국제실용신안등록출원의 국제출원일까지 제출된 출원서는 제8조제1항에 따라 제출된 실용신안등록출원서로 본다.
② 국제실용신안등록출원의 국제출원일까지 제출된 고안의 설명, 청구범위 및 도면은 제8조제2항에 따른 실용신안등록출원서에 최초로 첨부된 명세서 및 도면으로 본다.
③ 국제실용신안등록출원에 대해서는 다음 각 호의 구분에 따른 요약서 또는 국어번역문을 제8조제2항에 따른 요약서로 본다.
1. 국제실용신안등록출원의 요약서를 국어로 적은 경우 : 국제실용신안등록출원의 요약서
2. 국제실용신안등록출원의 요약서를 외국어로 적은 경우 : 제35조제1항에 따라 제출된 국제실용신안등록출원의 요약서의 국어번역문(제35조제3항 본문에 따라 새로운 국어번역문을 제출한 경우에는 마지막에 제출한 국제실용신안등록출원의 요약서의 국어번역문을 말한다)

(2014.6.11 본조신설)

제35조【국제실용신안등록출원의 국어번역문】 ① 국제실용신안등록출원을 외국어로 출원한 출원인은 「특허협력조약」 제2조(xi)의 우선일(이하 "우선일"이라 한다)부터 2년 7개월(이하 "국내서면제출기간"이라 한다) 이내에 다음 각 호의 국어번역문을 특허청장에게 제출하여야 한다. 다만, 국어번역문의 제출기간을 연장하여 달라는 취지를 제41조에 따라 준용되는 「특허법」 제203조제1항에 따른 서면에 적어 국내서면제출기간 만료일 전 1개월부터 그 만료일까지 제출한 경우(그 서면을 제출하기 전에 국어번역문을 제출한 경우는 제외한다)에는 국내서면제출기간 만료일부터 1개월이 되는 날까지 국어번역문을 제출할 수 있다.
1. 국제출원일까지 제출한 고안의 설명, 청구범위 및 도면(도면 중 설명부분에 한정한다)의 국어번역문
2. 국제실용신안등록출원의 요약서의 국어번역문

② 제1항에도 불구하고 국제실용신안등록출원을 외국어로 출원한 출원인이 「특허협력조약」 제19조(1)에 따라 청구범위에 관한 보정을 한 경우에는 국제출원일까지 제출한 청구범위에 대한 국어번역문을 보정 후의 청구범위에 대한 국어번역문으로 대체하여 제출할 수 있다.
③ 제1항에 따라 국어번역문을 제출한 출원인은 국내서면제출기간(제1항 각 호 외의 부분 단서에 따라 취지를 적은 서면이 제출된 경우에는 연장된 국어번역문 제출 기간을 말한다. 이하 이 조에서 같다)에 그 국어번역문을 갈음하여 새로운 국어번역문을 제출할 수 있다. 다만, 출원인이 출원심사의 청구를 한 후에는 그러하지 아니하다.

④ 제1항에 따른 출원인이 국내서면제출기간에 제1항에 따른 고안의 설명 및 청구범위의 국어번역문을 제출하지 아니하면 그 국제실용신안등록출원을 취하한 것으로 본다.
⑤ 실용신안등록출원인이 국내서면제출기간의 만료일(국내서면제출기간에 출원인이 출원심사의 청구를 한 경우에는 그 청구일을 말하며, 이하 "기준일"이라 한다)까지 제1항에 따라 고안의 설명, 청구범위 및 도면(도면 중 설명부분에 한정한다)의 국어번역문(제3항 본문에 따라 새로운 국어번역문을 제출한 경우에는 마지막에 제출한 국어번역문을 말한다. 이하 이 조에서 "최종 국어번역문"이라 한다)을 제출한 경우에는 국제출원일까지 제출한 고안의 설명, 청구범위 및 도면(도면 중 설명부분에 한정한다)을 최종 국어번역문에 따라 국제출원일에 제11조에 따라 준용되는 「특허법」 제47조제1항에 따른 보정을 한 것으로 본다.
⑥ 실용신안등록출원인은 제11조에 따라 준용되는 「특허법」 제47조제1항 및 이 법 제41조에 따라 준용되는 「특허법」 제208조제1항에 따라 보정을 할 수 있는 기간에 최종 국어번역문의 잘못된 번역을 산업통상자원부령으로 정하는 방법에 따라 정정할 수 있다. 이 경우 정정된 국어번역문에 관하여는 제5항을 적용하지 아니한다.
⑦ 제6항 전단에 따라 제11조에서 준용하는 「특허법」 제47조제1항제1호 또는 제2호에 따른 기간에 정정을 하는 경우에는 마지막 정정 전에 한 모든 정정은 처음부터 없었던 것으로 본다. (2016.2.29 본항신설)
⑧ 제2항에 따라 보정 후의 청구범위에 대한 국어번역문을 제출하는 경우에는 제41조에 따라 준용되는 「특허법」 제204조제1항 및 제2항을 적용하지 아니한다.

제36조【도면의 제출】 ① 국제실용신안등록출원의 출원인은 국제출원일에 제출한 국제출원이 도면을 포함하지 아니한 경우에는 기준일까지 도면(도면에 관한 간단한 설명을 포함한다)을 특허청장에게 제출하여야 한다.
② 특허청장은 기준일까지 제1항에 따른 도면의 제출이 없는 경우에는 국제실용신안등록출원의 출원인에게 기간을 정하여 도면의 제출을 명할 수 있다. 기준일까지 제35조제1항 또는 제3항에 따른 도면의 국어번역문의 제출이 없는 경우에도 또한 같다.
③ 특허청장은 제2항에 따른 도면의 제출명령을 받은 자가 그 지정된 기간에 도면을 제출하지 아니한 경우에는 그 국제실용신안등록출원을 무효로 할 수 있다.
④ 출원인이 제1항 또는 제2항에 따라 도면 및 도면의 국어번역문을 제출한 경우에는 그 도면 및 도면의 국어번역문에 따라 제11조에 따라 준용되는 「특허법」 제47조제1항에 따른 보정을 한 것으로 본다. 이 경우 「특허법」 제47조제1항의 보정기간은 도면의 제출에 적용하지 아니한다.

제37조【변경출원시기의 제한】 「특허법」 제199조제1항에 따라 국제출원일에 출원된 특허출원으로 보는 국제출원을 기초로 하여 실용신안등록출원으로 변경출원을 하는 경우에는 이 법 제10조제1항에도 불구하고 「특허법」 제82조제1항에 따른 수수료를 내고, 같은 법 제201조제1항에 따른 국어번역문(국어로 출원된 국제특허출원의 경우는 제외한다)을 제출한 후(「특허법」 제214조제4항에 따라 국제출원일로 인정할 수 있었던 날에 출원된 것으로 보는 국제출원을 기초로 하는 경우에는 같은 항에 따른 결정이 있은 후)에만 변경출원을 할 수 있다.

제38조【출원심사청구시기의 제한】 국제실용신안등록출원에 관하여는 제12조제2항에도 불구하고 다음 각 호의 어느 하나에 해당하는 때에만 출원심사의 청구를 할 수 있다.
1. 국제실용신안등록출원의 출원인이 출원심사의 청구를 하려는 경우는 제35조제1항에 따라 국어번역문을 제출하고(국어로 출원된 국제실용신안등록출원의 경우는 제외한다) 제17조제1항에 따른 수수료를 낸 후
2. 국제실용신안등록출원의 출원인이 아닌 자가 출원심사의 청구를 하려는 경우는 국내서면제출기간(제35조제1항 각 호외의 부분 단서에 따라 국어번역문의 제출기간을 연장하여 달라는 취지를 적은 서면이 제출된 경우에는 연장된 국어번역문 제출 기간을 말한다)이 지난 후

제39조 (2014.6.11 삭제)

제40조【결정에 의하여 실용신안등록출원으로 되는 국제출원】 ① 국제출원의 출원인은 「특허협력조약」 제4조(1)(ii)의 지정국에 대한민국을 포함하는 국제출원(실용신안등록출원만 해당한다)이 다음 각 호의 어느 하나에 해당하는 경우 산업통상자원부령으로 정하는 기간에 산업통상자원부령으로 정하는 바에 따라 특허청장에게 같은 조약 제25조(2)(a)에 따른 결정을 하여줄 것을 신청할 수 있다.
1. 「특허협력조약」 제2조(xv)의 수리관청이 그 국제출원에 대하여 같은 조약 제25조(1)(a)에 따른 거부를 한 경우
2. 「특허협력조약」 제2조(xv)의 수리관청이 그 국제출원에 대하여 같은 조약 제25조(1)(a) 또는 (b)에 따른 선언을 한 경우
3. 「특허협력조약」 제2조(xix)의 국제사무국이 그 국제출원에 대하여 같은 조약 제25조(1)(a)에 따른 인정을 한 경우
② 제1항의 신청을 하려는 자는 그 신청 시 고안의 설명, 청구범위 또는 도면(도면 중 설명부분에 한정한다), 그 밖에 산업통상자원부령으로 정하는 국제출원에 관한 서류의 국어번역문을 특허청장에게 제출하여야 한다.
③ 특허청장은 제1항의 신청이 있으면 그 신청에 관한 거부·선언 또는 인정이 「특허협력조약」 및 같은 조약 규칙에 따라 정당하게 된 것인지에 관하여 결정을 하여야 한다.
④ 특허청장은 제3항에 따라 거부·선언 또는 인정이 「특허협력조약」 및 같은 조약 규칙에 따라 정당하게 된 것이 아니라고 결정을 한 경우에는 그 결정에 관한 국제출원은 그 국제출원에 대하여 거부·선언 또는 인정이 없었다면 국제출원일로 인정할 수 있었던 날에 출원된 실용신안등록출원으로 본다.
⑤ 특허청장은 제3항에 따른 정당성 여부의 결정을 하는 경우에는 그 결정의 등본을 국제출원의 출원인에게 송달하여야 한다.
⑥ 제4항에 따라 실용신안등록출원으로 보는 국제출원에 관하여는 제34조제2항, 제34조의2, 제35조제5항부터 제8항까지, 제38조, 제41조에 따라 준용되는 「특허법」 제200조, 제202조제1항·제2항 및 제208조를 준용한다.(2016.2.29 본항개정)
⑦ 제4항에 따라 실용신안등록출원으로 보는 국제출원에 관한 출원공개에 관하여는 제15조에 따라 준용되는 「특허법」 제64조제1항 중 "다음 각 호의 구분에 따른 날"은 "제35조제1항의 우선일"로 본다.

제41조【「특허법」의 준용】 국제실용신안등록출원에 관하여는 「특허법」 제192조부터 제198조까지, 제198조의2, 제200조, 제202조부터 제208조까지 및 제211조를 준용한다.

제9장 보 칙

제42조【실용신안공보】 ① 특허청장은 대통령령으로 정하는 바에 따라 실용신안공보를 발행하여야 한다.
② 실용신안공보는 산업통상자원부령으로 정하는 바에 따라 전자적 매체로 발행할 수 있다.
③ 특허청장은 전자적 매체로 실용신안공보를 발행하는 경우에는 정보통신망을 활용하여 실용신안공보의 발행사실·주요목록 및 공시송달에 관한 사항을 알려야 한다.
(2014.6.11 본조개정)

제43조【전문기관 등의 임직원에 대한 공무원 의제】 제15조에 따라 준용되는 「특허법」 제58조제1항에 따른 전문기관의 임직원이거나 임직원이었던 사람은 이 법 제46조를 적용하는 경우에는 특허청 소속 직원 또는 직원이었던 사람으로 본다.
(2024.2.6 본조개정)

제44조【「특허법」의 준용】 실용신안에 관하여는 「특허법」 제215조, 제215조의2, 제216조, 제217조, 제218조부터 제220조까지, 제222조부터 제224조까지 및 제224조의2부터 제224조의5까지의 규정을 준용한다.(2024.2.6 본조개정)

제10장 벌 칙

제45조【침해죄】 ① 실용신안권 또는 전용실시권을 침해한 자는 7년 이하의 징역 또는 1억원 이하의 벌금에 처한다.
② 제1항의 죄는 피해자가 명시한 의사에 반하여 공소를 제기할 수 없다.(2022.6.10 본항개정)
(2014.6.11 본조개정)

제46조【비밀누설죄 등】 특허청 또는 특허심판원 소속 직원이거나 직원이었던 사람이 실용신안등록출원 중인 고안(국제출원 중인 고안을 포함한다)에 관하여 직무상 알게 된 비밀을 누설하거나 도용한 경우에는 5년 이하의 징역 또는 5천만원 이하의 벌금에 처한다.(2014.6.11 본조개정)

제47조【위증죄】 ① 제33조 및 「특허법」 제157조제2항에 따라 준용되는 「민사소송법」에 따라 선서한 증인, 감정인 또는 통역인이 특허심판원에 대하여 거짓으로 진술·감정 또는 통역을 한 경우에는 5년 이하의 징역 또는 5천만원 이하의 벌금에 처한다.(2017.3.21 본항개정)

② 제1항에 따른 죄를 범한 자가 그 사건의 실용신안등록취소신청에 대한 결정 또는 심결이 확정되기 전에 자수한 경우에는 그 형을 감경 또는 면제할 수 있다.(2016.2.29 본항개정)

제48조【허위표시의 죄】 제44조에 따라 준용되는 「특허법」 제224조제1호부터 제3호까지의 규정을 위반한 자는 3년 이하의 징역 또는 3천만원 이하의 벌금에 처한다.(2017.3.21 본조개정)

제49조【거짓행위의 죄】 거짓이나 그 밖의 부정한 행위로 실용신안등록, 실용신안권의 존속기간의 연장등록, 실용신안등록취소신청에 대한 결정 또는 심결을 받은 자는 3년 이하의 징역 또는 3천만원 이하의 벌금에 처한다.(2017.3.21 본조개정)

제49조의2【비밀유지명령 위반죄】 ① 국내외에서 정당한 사유 없이 제44조에 따라 준용되는 「특허법」 제224조의3제1항에 따른 비밀유지명령을 위반한 자는 5년 이하의 징역 또는 5천만원 이하의 벌금에 처한다.

② 제1항의 죄는 비밀유지명령을 신청한 자의 고소가 없으면 공소를 제기할 수 없다.

(2011.12.2 본조신설)

제49조의3【외국에의 출원 금지 또는 비밀취급명령 위반죄】 제11조에 따라 준용되는 「특허법」 제41조제1항에 따른 외국에의 출원 금지 또는 비밀취급명령을 위반한 자는 5년 이하의 징역 또는 5천만원 이하의 벌금에 처한다.(2025.1.21 본조신설)

제50조【양벌규정】 법인의 대표자나 법인 또는 개인의 대리인, 사용인, 그 밖의 종업원이 그 법인 또는 개인의 업무에 관하여 제45조제1항, 제48조, 제49조 또는 제49조의3의 어느 하나에 해당하는 위반행위를 하면 그 행위자를 벌하는 외에 그 법인에는 다음 각 호의 구분에 따른 벌금형을, 그 개인에게는 해당 조문의 벌금형을 과(科)한다. 다만, 법인 또는 개인이 그 위반행위를 방지하기 위하여 해당 업무에 관하여 상당한 주의와 감독을 게을리하지 아니한 경우에는 그러하지 아니하다.

(2025.1.21 본문개정)

1. 제45조제1항의 경우 : 3억원 이하의 벌금
2. 제48조 또는 제49조의 경우 : 6천만원 이하의 벌금
3. 제49조의3의 경우 : 1억원 이하의 벌금(2025.1.21 본호신설)

(2014.6.11 본조개정)

제51조【몰수 등】 ① 제45조제1항에 해당하는 침해행위를 조성한 물품 또는 그 침해행위로부터 생긴 물품은 몰수하거나 피해자의 청구에 따라 그 물품을 피해자에게 교부할 것을 선고할 수 있다.

② 피해자는 제1항에 따른 물품을 받은 경우에는 그 물품의 가액을 초과하는 손해액에 대해서만 배상을 청구할 수 있다.

(2014.6.11 본조개정)

제52조【과태료】 ① 다음 각 호의 어느 하나에 해당하는 자에게는 50만원 이하의 과태료를 부과한다.

1. 「민사소송법」 제299조제2항 및 같은 법 제367조에 따라 선서를 한 자로서 특허심판원에 대하여 거짓 진술을 한 자
2. 특허심판원으로부터 증거조사 또는 증거보전에 관하여 서류나 그 밖의 물품 제출 또는 제시의 명령을 받은 자로서 정당한 이유 없이 그 명령에 따르지 아니한 자
3. 특허심판원으로부터 증인·감정인 또는 통역인으로 소환된 자로서 정당한 이유 없이 소환에 따르지 아니하거나 선서·진술·증언·감정 또는 통역을 거부한 자

② 제1항에 따른 과태료는 대통령령으로 정하는 바에 따라 특허청장이 부과·징수한다.

(2014.6.11 본조개정)

부 칙 (2011.12.2)

제1조【시행일】 이 법은 「대한민국과 미합중국 간의 자유무역협정 및 대한민국과 미합중국 간의 자유무역협정에 관한 서한교환」이 발효되는 날부터 시행한다.

<2012.3.15 발효>

제2조【공지 등이 되지 아니한 고안으로 보는 경우에 관한 적용례】 제5조의 개정규정은 이 법 시행 후 최초로 출원하는 실용신안등록출원부터 적용한다.

제3조【등록지연에 따른 실용신안권의 존속기간의 연장 등에 관한 적용례】 제20조에서 준용하는 「특허법」 제83조, 제33조에서 준용하는 「특허법」 제132조의3, 제139조, 제165조, 제176조 및 제187조와 제22조의2부터 제22조의6까지 및 제31조의2의 개정규정은 이 법 시행 후 최초로 출원하는 실용신안등록출원부터 적용한다.

제4조【비밀유지명령 등에 관한 적용례】 제44조의 개정규정에서 준용하는 「특허법」 제224조의3부터 제224조의5까지의 개정규정은 이 법 시행 후 최초로 실용신안권 또는 전용실시권의 침해에 관한 소송이 제기된 것부터 적용한다.

제5조【실용신안권 취소의 폐지에 따른 경과조치】 이 법 시행 전에 종전의 제28조에 따라 준용되는 「특허법」 제116조에 따른 실용신안권의 취소사유가 발생한 것에 대한 실용신안권의 취소에 관하여는 종전의 규정에 따른다.

부 칙 (2014.6.11)

제1조【시행일】 이 법은 2015년 1월 1일부터 시행한다.

제2조【전자문서로 통지 및 송달한 서류의 도달시기에 관한 적용례】 제3조의 개정규정에 따라 준용되는 법률 제12753호 특허법 일부개정법률 제28조의5제3항의 개정규정은 이 법 시행 후 같은 법 제28조의5제1항의 개정규정에 따라 통지 및 송달하는 서류부터 적용한다.

제3조【등록료 미납에 따라 소멸된 실용신안권 회복에 관한 적용례】 제20조의 개정규정에 따라 준용되는 법률 제12753호 특허법 일부개정법률 제81조의3제3항의 개정규정은 같은 개정규정 시행 후 실용신안권의 회복을 신청하는 것부터 적용한다.

제4조【정정심판에 관한 적용례】 제33조에 따라 준용되는 법률 제12753호 특허법 일부개정법률 제136조제1항 단서 및 같은 조 제6항 단서의 개정규정은 이 법 시행 후 청구되는 정정심판부터 적용한다.

제5조【정정의 무효심판에 관한 적용례】 제33조에 따라 준용되는 법률 제12753호 특허법 일부개정법률 제137조제1항 및 같은 조 제4항의 개정규정은 이 법 시행 후 청구되는 정정의 무효심판부터 적용한다.

제6조【심판청구인 보정에 관한 적용례】 제33조에 따라 준용되는 법률 제12753호 특허법 일부개정법률 제140조제2항제1호 및 제140조의2제2항제1호의 개정규정은 이 법 시행 후 청구되는 심판부터 적용한다.

제7조【거절결정불복심판 중 정보제공에 관한 적용례】 제33조에 따라 준용되는 법률 제12753호 특허법 일부개정법률 제170조제1항 전단의 개정규정(같은 법 제63조의2의 개정규정을 준용하는 부분에 한정한다)은 부칙 제8조에도 불구하고 이 법 시행 당시 거절결정불복심판이 계속 중인 실용신안등록출원에 대해서도 적용한다.

제8조【일반적 경과조치】 이 법 시행 전에 출원된 실용신안등록출원, 실용신안등록출원에 대한 심사 및 심판에 대해서는 종전의 규정에 따른다.

제9조【실용신안등록요건 등에 관한 경과조치】 종전의 제4조제3항에 따른 다른 실용신안등록출원 또는 특허출원이 이 법 시행 전에 출원되고, 다른 실용신안등록출원 또는 특허출원의 출원서에 최초로 첨부된 명세서 또는 도면에 기재된 고안 또는 발명과 동일한 고안이 기재된 실용신안등록출원이 이 법 시행 후에 출원된 경우에는 제4조제5항부터 제7항까지의 개정규정에도 불구하고 종전의 제4조제4항에 따른다.

제10조【청구범위 제출유예에 관한 경과조치】 이 법 시행 전에 종전의 제8조제5항에 따라 실용신안등록청구범위를 적지 아니한 명세서를 실용신안등록출원서에 첨부하여 출원한 실용신안등록출원에 대해서는 종전의 규정에 따른다.

제11조【다른 법령과의 관계】 이 법 시행 당시 다른 법령에서 종전의 「실용신안법」의 규정을 인용하고 있는 경우에 이 법 가운데 그에 해당하는 규정이 있으면 종전의 규정을 갈음하여 이 법의 해당 규정을 인용한 것으로 본다.

부 칙 (2016.2.29)

제1조【시행일】 이 법은 공포 후 1년이 경과한 날부터 시행한다.

제2조【국어번역문의 정정에 관한 적용례】 제8조의3제7항 및 제35조제7항(제40조제6항에 따라 준용되는 경우를 포함한다)의 개정규정은 이 법 시행 이후 국어번역문을 정정하는 경우부터 적용한다.

제3조【보정각하에 관한 적용례】 제11조에 따라 준용되는 법률 제14035호 특허법 일부개정법률 제51조제1항제1호의 개정규정은 이 법 시행 이후 직권보정을 하는 경우부터 적용한다.

제4조【전문기관 지정의 취소 등에 관한 적용례】 제15조에 따라 준용되는 법률 제14035호 특허법 일부개정법률 제58조의2제1항의 개정규정은 이 법 시행 이후 전문기관의 임직원이 실용신안등록출원 중인 고안(국제출원 중인 고안을 포함한다)에 관하여 직무상 알게 된 비밀을 누설하거나 도용한 경우부터 적용한다.

제5조【외국의 심사결과 제출명령에 관한 적용례】 제15조의 개정규정에 따라 준용되는 법률 제14035호 특허법 일부개정법률 제63조의3의 개정규정은 이 법 시행 전에 출원된 우선권 주장을 수반한 실용신안등록출원에 대해서도 적용한다.

제6조【직권 재심사에 관한 적용례】 제15조의 개정규정에 따라 준용되는 법률 제14035호 특허법 일부개정법률 제66조의3의 개정규정은 이 법 시행 이후 실용신안등록결정하는 실용신안등록출원부터 적용한다.

제7조【실용신안권의 등록공고에 관한 적용례】 제21조제3항의 개정규정은 이 법 시행 이후 설정등록된 실용신안권에 관한 등록공고부터 적용한다.

제8조【실용신안권의 이전청구에 관한 적용례】 제28조의 개정규정에 따라 준용되는 법률 제14035호 특허법 일부개정법률 제99조의2의 개정규정은 이 법 시행 이후 설정등록된 무권리자의 실용신안권부터 적용한다.

제9조【청산절차가 진행 중인 법인의 실용신안권 소멸에 관한 적용례】 제28조에 따라 준용되는 법률 제14035호 특허법 일부개정법률 제124조제2항의 개정규정은 이 법 시행 이후 청산종결등기가 된 법인의 실용신안권부터 적용한다.

제10조【실용신안등록취소신청에 관한 적용례】 다음 각 호의 개정규정은 이 법 시행 이후 설정등록된 실용신안권부터 적용한다.

1. 제30조의2의 개정규정
2. 제30조의3의 개정규정에 따라 준용되는 법률 제14035호 특허법 일부개정법률 제132조의3부터 제132조의15까지의 개정규정

제11조【실용신안등록무효심판절차에서의 실용신안등록의 정정에 관한 적용례】 ① 제33조에 따라 준용되는 법률 제14035호 특허법 일부개정법률 제133조의2제1항 후단의 개정규정은 이 법 시행 당시 실용신안등록무효심판이 계속 중인 실용신안등록의 정정에 대해서도 적용한다.

② 제33조에 따라 준용되는 다음 각 호의 개정규정은 이 법 시행 이후 등록실용신안의 명세서 또는 도면에 대하여 정정청구를 하는 경우부터 적용한다.

1. 법률 제14035호 특허법 일부개정법률 제133조의2제4항 전단의 개정규정(같은 법 제136조제8항 단서의 개정규정을 준용하는 부분에 한정한다)
2. 법률 제14035호 특허법 일부개정법률 제133조의2제4항 후단의 개정규정(같은 법 제133조의2제1항에 관한 개정부분에 한정한다)
3. 법률 제14035호 특허법 일부개정법률 제133조의2제5항의 개정규정

제12조【정정심판청구의 동의 등에 관한 적용례】 제33조에 따라 준용되는 법률 제14035호 특허법 일부개정법률 제136조제8항 및 제9항의 개정규정은 이 법 시행 이후 청구되는 정정심판부터 적용한다.

제13조【정정의 무효심판에 관한 적용례】 ① 제33조에 따라 준용되는 법률 제14035호 특허법 일부개정법률 제137조제3항 후단의 개정규정은 이 법 시행 당시 계속 중인 정정의 무효심판에 대해서도 적용한다.

② 제33조에 따라 준용되는 법률 제14035호 특허법 일부개정법률 제137조제4항의 개정규정(다음 각 호의 개정규정을 준용하는 부분에 한정한다)은 이 법 시행 이후 등록실용신안의 명세서 또는 도면에 대하여 정정청구를 하는 경우부터 적용한다.

1. 법률 제14035호 특허법 일부개정법률 제133조의2제4항 전단의 개정규정(같은 법 제136조제8항 단서의 개정규정을 준용하는 부분에 한정한다)
2. 법률 제14035호 특허법 일부개정법률 제133조의2제4항 후단의 개정규정(같은 법 제133조의2제1항에 관한 개정부분에 한정한다)
3. 법률 제14035호 특허법 일부개정법률 제133조의2제5항의 개정규정

제14조【심판청구서 등의 각하에 관한 적용례】 제33조에 따라 준용되는 법률 제14035호 특허법 일부개정법률 제141조제2항의 개정규정은 이 법 시행 이후 청구되는 심판부터 적용한다.

제15조【심사규정의 실용신안등록거절결정에 대한 심판에의 준용에 관한 적용례】 제33조에 따라 준용되는 법률 제14035호 특허법 일부개정법률 제170조제1항(같은 법 제47조제4항에 관한 개정부분에 한정한다)의 개정규정은 이 법 시행 당시 실용신안등록거절결정에 대한 심판이 계속 중인 실용신안등록출원의 보정에 대해서도 적용한다.

제16조【실용신안등록거절결정 등에 대한 심판의 청구기간 연장 청구에 관한 경과조치】 이 법 시행 전에 제3조에 따라 준용되는 종전의 「특허법」 제15조제1항 본문에 따라 특허심판원장에게 실용신안등록거절결정 또는 실용신안권의 존속기간의 연장등록거절결정에 대한 심판의 청구기간 연장을 청구한 자는 제3조에 따라 준용되는 법률 제14035호 특허법 일부개정법률 제15조제1항 본문의 개정규정에 따라 특허청장에게 청구한 것으로 본다.

제17조【절차의 추후보완에 관한 경과조치】 이 법 시행 당시 종전의 규정에 따라 절차를 추후 보완할 수 있는 기간이 이미 경과된 경우에는 제3조에 따라 준용되는 법률 제14035호 특허법 일부개정법률 제17조의 개정규정에도 불구하고 종전의 규정에 따른다.

제18조【정당한 권리자의 실용신안등록출원일 소급에 관한 경과조치】 이 법 시행 전에 설정등록된 무권리자의 실용신안권에 관하여는 제11조에 따라 준용되는 법률 제14035호 특허법 일부개정법률 제35조 단서의 개정규정에도 불구하고 종전의 규정에 따른다.

제19조【직권보정에 관한 경과조치】 이 법 시행 전에 실용신안등록출원서에 첨부된 명세서, 도면 또는 요약서에 대하여 직권보정이 이루어진 경우에는 제15조의 개정규정에 따라 준용되는 법률 제14035호 특허법 일부개정법률 제66조의2의 개정규정에도 불구하고 종전의 규정에 따른다.

제20조【실용신안등록의 무효심판에 관한 경과조치】 이 법 시행 전에 설정등록된 실용신안권에 관하여는 제31조제1항의 개정규정에도 불구하고 종전의 규정에 따른다.

제21조【서류의 열람 허가에 관한 경과조치】 이 법 시행 전에 출원한 제11조에 따라 준용되는 법률 제14035호 특허법 일부개정법률 제55조제1항에 따른 우선권 주장의 기초가 된 선출원에 관하여는 제44조에 따라 준용되는 법률 제14035호 특허법 일부개정법률 제216조제2항의 개정규정에도 불구하고 종전의 규정에 따른다.

부　칙 (2021.4.20)

제1조【시행일】 이 법은 공포 후 6개월이 경과한 날부터 시행한다.(이하 생략)

부　칙 (2021.8.17)

제1조【시행일】 이 법은 공포 후 3개월이 경과한 날부터 시행한다.(이하 생략)

부　칙 (2021.10.19)

제1조【시행일】 이 법은 공포 후 6개월이 경과한 날부터 시행한다.(이하 생략)

부　칙 (2022.6.10)

제1조【시행일】 이 법은 공포한 날부터 시행한다.
제2조【소송에 관한 적용례】 제45조제2항의 개정규정은 이 법 시행 이후의 범행부터 적용한다.

부　칙 (2023.9.14)

제1조【시행일】 이 법은 공포 후 6개월이 경과한 날부터 시행한다.
제2조【참고인 의견서의 제출에 관한 적용례】 제33조에서 준용하는 「특허법」 제154조의3의 개정규정은 이 법 시행 당시 특허심판원에 계속 중인 심판사건에 대하여도 적용한다.

부　칙 (2024.2.6)

제1조【시행일】 이 법은 공포 후 6개월이 경과한 날부터 시행한다.(이하 생략)

부　칙 (2025.1.21)

이 법은 공포 후 6개월이 경과한 날부터 시행한다.

디자인보호법

(2013년 5월 28일 전부개정법률 제11848호)

개정
2013. 7.30법11962호(변리사)
2014. 1.21법12288호
2016. 1.27법13840호
2016. 2.29법14032호
2017. 3.21법14686호
2018. 4.17법15579호
2019. 1. 8법16203호
2020.10.20법17526호
2020.12.22법17725호
2021. 4.20법18093호
2021. 8.17법18404호
2021.10.19법18500호
2022. 2. 3법18815호
2022. 6.10법18886호
2022.10.18법18998호
2023. 6.20법19494호
2023. 9.14법19710호
2024. 2. 6법20200호(산업재산정보의관리및활용촉진에관한법)
2025. 1.21법20692호→2025년 7월 22일 시행

제1장 총　칙

제1조【목적】 이 법은 디자인의 보호와 이용을 도모함으로써 디자인의 창작을 장려하여 산업발전에 이바지함을 목적으로 한다.
제2조【정의】 이 법에서 사용하는 용어의 뜻은 다음과 같다.
1. "디자인"이란 물품〔물품의 부분, 글자체 및 화상(畫像)을 포함한다. 이하 같다〕의 형상·모양·색채 또는 이들을 결합한 것으로서 시각을 통하여 미감(美感)을 일으키게 하는 것을 말한다.(2021.4.20 본호개정)
2. "글자체"란 기록이나 표시 또는 인쇄 등에 사용하기 위하여 공통적인 특징을 가진 형태로 만들어진 한 벌의 글자꼴(숫자, 문장부호 및 기호 등의 형태를 포함한다)을 말한다.
2의2. "화상"이란 디지털 기술 또는 전자적 방식으로 표현되는 도형·기호 등〔기기(器機)의 조작에 이용되거나 기능이 발휘되는 것에 한정하고, 화상의 부분을 포함한다〕을 말한다. (2021.4.20 본호신설)
3. "등록디자인"이란 디자인등록을 받은 디자인을 말한다.
4. "디자인등록"이란 디자인심사등록 및 디자인일부심사등록을 말한다.
5. "디자인심사등록"이란 디자인등록출원이 디자인등록요건을 모두 갖추고 있는지를 심사하여 등록하는 것을 말한다.
6. "디자인일부심사등록"이란 디자인등록출원이 디자인등록요건 중 일부만을 갖추고 있는지를 심사하여 등록하는 것을 말한다.
7. "실시"란 다음 각 목의 구분에 따른 행위를 말한다. (2021.4.20 본문개정)
가. 디자인의 대상이 물품(화상은 제외한다)인 경우 그 물품을 생산·사용·양도·대여·수출 또는 수입하거나 그 물품을 양도 또는 대여하기 위하여 청약(양도나 대여를 위한 전시를 포함한다. 이하 같다)하는 행위
나. 디자인의 대상이 화상인 경우 그 화상을 생산·사용 또는 전기통신회선을 통한 방법으로 제공하거나 그 화상을 전기통신회선을 통한 방법으로 제공하기 위하여 청약(전기통신회선을 통한 방법으로 제공하기 위한 전시를 포함한

다. 이하 같다)하는 행위 또는 그 화상을 저장한 매체를 양도·대여·수출·수입하거나 그 화상을 저장한 매체를 양도·대여하기 위하여 청약(양도나 대여를 위한 전시를 포함한다. 이하 같다)하는 행위
(2021.4.20 가목~나목신설)

제3조【디자인등록을 받을 수 있는 자】 ① 디자인을 창작한 사람 또는 그 승계인은 이 법에서 정하는 바에 따라 디자인등록을 받을 수 있는 권리를 가진다. 다만, 특허청 또는 특허심판원 직원은 상속 또는 유증(遺贈)의 경우를 제외하고는 재직 중 디자인등록을 받을 수 없다.
② 2명 이상이 공동으로 디자인을 창작한 경우에는 디자인등록을 받을 수 있는 권리를 공유(共有)한다.

제4조【미성년자 등의 행위능력】 ① 미성년자·피한정후견인 또는 피성년후견인은 법정대리인에 의하지 아니하면 디자인등록에 관한 출원·청구, 그 밖의 절차(이하 "디자인에 관한 절차"라 한다)를 밟을 수 없다. 다만, 미성년자와 피한정후견인이 독립하여 법률행위를 할 수 있는 경우에는 그러하지 아니하다.
② 제1항의 법정대리인은 후견감독인의 동의 없이 상대방이 청구한 디자인일부심사등록 이의신청, 심판 또는 재심에 대한 절차를 밟을 수 있다.

제5조【법인이 아닌 사단 등】 법인이 아닌 사단 또는 재단으로서 대표자 또는 관리인이 정하여져 있는 경우에는 그 사단 또는 재단의 이름으로 디자인일부심사등록 이의신청인, 심판의 청구인·피청구인 또는 재심의 청구인·피청구인이 될 수 있다.

제6조【재외자의 디자인관리인】 ① 국내에 주소 또는 영업소가 없는 자(이하 "재외자"라 한다)는 재외자(법인인 경우에는 그 대표자)가 국내에 체류하는 경우를 제외하고는 그 재외자의 디자인에 관한 대리인으로서 국내에 주소 또는 영업소가 있는 자(이하 "디자인관리인"이라 한다)에 의하지 아니하면 디자인에 관한 절차를 밟거나 이 법 또는 이 법에 따른 명령에 따라 행정청이 한 처분에 대하여 소(訴)를 제기할 수 없다.
② 디자인관리인은 위임된 권한의 범위에서 디자인에 관한 절차 및 이 법 또는 이 법에 따른 명령에 따라 행정청이 한 처분에 관한 소송에서 본인을 대리한다.

제7조【대리권의 범위】 국내에 주소 또는 영업소가 있는 자로부터 디자인에 관한 절차를 밟을 것을 위임받은 대리인(디자인관리인을 포함한다. 이하 같다)은 특별히 권한을 위임받지 아니하면 다음 각 호의 행위를 할 수 없다.
1. 디자인등록출원의 포기·취하, 디자인권의 포기
2. 신청의 취하
3. 청구의 취하
4. 제119조 또는 제120조에 따른 심판청구
5. 복대리인의 선임

제8조【대리권의 증명】 디자인에 관한 절차를 밟는 자의 대리인의 대리권은 서면으로 증명하여야 한다.

제9조【행위능력 등의 흠결에 대한 추인】 행위능력 또는 법정대리권이 없거나 디자인에 관한 절차를 밟는 데에 필요한 권한의 위임에 흠이 있는 자가 밟은 절차는 보정(補正)된 당사자나 법정대리인이 추인하면 행위를 한 때로 소급하여 그 효력이 발생한다.

제10조【대리권의 불소멸】 디자인에 관한 절차를 밟는 자의 위임을 받은 대리인의 대리권은 다음 각 호의 사유가 있어도 소멸하지 아니한다.
1. 본인의 사망이나 행위능력의 상실
2. 본인인 법인의 합병에 의한 소멸
3. 본인인 수탁자의 신탁임무 종료
4. 법정대리인의 사망이나 행위능력의 상실
5. 법정대리인의 대리권 소멸이나 변경

제11조【개별대리】 디자인에 관한 절차를 밟는 자의 대리인이 2인 이상이면 특허청장 또는 특허심판원장에 대하여 각각의 대리인이 본인을 대리한다.

제12조【대리인의 선임 또는 교체 명령 등】 ① 특허청장 또는 제132조에 따라 지정된 심판장(이하 "심판장"이라 한다)은 디자인에 관한 절차를 밟는 자가 그 절차를 원활히 수행할 수 없거나 구술심리에서 진술할 능력이 없다고 인정되는 등 그 절차를 밟는 데에 적당하지 아니하다고 인정하면 대리인이 그 절차를 밟을 것을 명할 수 있다.
② 특허청장 또는 심판장은 디자인에 관한 절차를 밟는 자의 대리인이 그 절차를 원활히 수행할 수 없거나 구술심리에서 진술할 능력이 없다고 인정되는 등 그 절차를 밟는 데에 적당하지 아니하다고 인정하면 그 대리인을 바꿀 것을 명할 수 있다.
③ 특허청장 또는 심판장은 제1항 및 제2항의 경우에 변리사로 하여금 대리하게 할 것을 명할 수 있다.
④ 특허청장 또는 심판장은 제1항 또는 제2항에 따라 대리인의 선임 또는 교체명령을 한 경우에는 제1항에 따른 디자인에 관한 절차를 밟는 자 또는 제2항에 따른 대리인이 그 전에 특허청장 또는 특허심판원장에 대하여 한 디자인에 관한 절차의 전부 또는 일부를 디자인에 관한 절차를 밟는 자의 신청에 따라 무효로 할 수 있다.

제13조【복수당사자의 대표】 ① 2인 이상이 공동으로 디자인에 관한 절차를 밟을 때에는 다음 각 호의 어느 하나에 해당하는 사항을 제외하고는 각자가 모두를 대표한다. 다만, 대표자를 선정하여 특허청장 또는 특허심판원장에게 신고하면 그 대표자가 모두를 대표한다.
1. 디자인등록출원의 포기·취하
2. 신청의 취하
3. 청구의 취하
4. 제52조에 따른 출원공개의 신청
5. 제119조 또는 제120조에 따른 심판청구
② 제1항 단서에 따라 신고하는 경우에는 대표자로 선임된 사실을 서면으로 증명하여야 한다.

제14조【「민사소송법」의 준용】 이 법에서 대리인에 관하여 특별히 규정한 것을 제외하고는 「민사소송법」 제1편제2장제4절을 준용한다.

제15조【재외자의 재판관할】 재외자의 디자인권 또는 디자인에 관한 권리에 관하여 디자인관리인이 있으면 그 디자인관리인의 주소 또는 영업소를, 디자인관리인이 없으면 특허청 소재지를 「민사소송법」 제11조에 따른 재산이 있는 곳으로 본다.

제16조【기간의 계산】 이 법 또는 이 법에 따른 명령에서 정한 기간의 계산은 다음 각 호에 따른다.
1. 기간의 첫날은 계산에 넣지 아니한다. 다만, 그 기간이 오전 0시부터 시작하는 경우에는 그러하지 아니하다.
2. 기간을 월 또는 연으로 정한 경우에는 역(曆)에 따라 계산한다.
3. 월 또는 연의 처음부터 기간을 기산(起算)하지 아니하는 경우에는 마지막 월 또는 연에서 그 기산일에 해당하는 날의 전날로 기간이 만료한다. 다만, 월 또는 연으로 정한 경우에 마지막 월에 해당하는 날이 없으면 그 월의 마지막 날로 기간이 만료한다.
4. 디자인에 관한 절차에서 기간의 마지막 날이 토요일이나 공휴일(「勤勞者의날制定에관한法律」에 따른 근로자의 날을 포함한다)에 해당하면 기간은 그 다음 날로 만료한다.

제17조【기간의 연장 등】 ① 특허청장은 청구에 따라 또는 직권으로 제69조에 따른 디자인일부심사등록 이의신청 이유 등의 보정기간, 제119조 또는 제120조에 따른 심판의 청구기간을 30일 이내에서 한 차례만 연장할 수 있다. 다만, 교통이 불편한 지역에 있는 자의 경우에는 산업통상자원부령으로 정하는 바에 따라 그 횟수 및 기간을 추가로 연장할 수 있다.
(2022.2.3 본문개정)
② 특허청장·특허심판원장·심판장 또는 제58조에 따른 심사관(이하 "심사관"이라 한다)은 이 법에 따라 디자인에 관한 절차를 밟을 기간을 정한 경우에는 청구에 따라 그 기간을 단축 또는 연장하거나 직권으로 그 기간을 연장할 수 있다. 이 경우 특허청장 등은 그 절차의 이해관계인의 이익이 부당하게 침해되지 아니하도록 단축 또는 연장 여부를 결정하여야 한다.
③ 심판장 또는 심사관은 이 법에 따라 디자인에 관한 절차를 밟을 기일을 정한 경우에는 청구에 따라 또는 직권으로 그 기일을 변경할 수 있다.

제18조【절차의 무효】 ① 특허청장 또는 특허심판원장은 제47조에 따른 보정명령을 받은 자가 지정된 기간 내에 그 보정을 하지 아니하면 디자인에 관한 절차를 무효로 할 수 있다.

② 특허청장 또는 특허심판원장은 제1항에 따라 디자인에 관한 절차가 무효로 된 경우에 지정된 기간을 지키지 못한 것이 정당한 사유에 의한 것으로 인정될 때에는 그 사유가 소멸한 날부터 2개월 이내에 보정명령을 받은 자의 청구에 따라 그 무효처분을 취소할 수 있다. 다만, 지정된 기간의 만료일부터 1년이 지났을 때에는 그러하지 아니하다.(2021.10.19 본문개정)
③ 특허청장 또는 특허심판원장은 제1항에 따른 무효처분 또는 제2항 본문에 따른 무효처분의 취소처분을 할 때에는 그 보정명령을 받은 자에게 처분통지서를 송달하여야 한다.
제19조【절차의 추후 보완】 디자인에 관한 절차를 밟은 자가 책임질 수 없는 사유로 다음 각 호에 따른 기간을 지키지 못한 경우에는 그 사유가 소멸한 날부터 2개월 이내에 지키지 못한 절차를 추후 보완할 수 있다. 다만, 그 기간의 만료일부터 1년이 지났을 때에는 그러하지 아니하다.(2016.2.29 본문개정)
1. 제119조 또는 제120조에 따른 심판의 청구기간
2. 제160조에 따른 재심청구의 기간
제20조【절차의 효력 승계】 디자인권 또는 디자인에 관한 권리에 관하여 밟은 절차의 효력은 그 디자인권 또는 디자인에 관한 권리의 승계인에게 미친다.
제21조【절차의 속행】 특허청장 또는 심판장은 디자인에 관한 절차가 특허청 또는 특허심판원에 계속(係屬) 중일 때 디자인권 또는 디자인에 관한 권리가 이전되면 그 디자인권 또는 디자인에 관한 권리의 승계인에 대하여 그 절차를 속행(續行)하게 할 수 있다.
제22조【절차의 중단】 디자인에 관한 절차가 다음 각 호의 어느 하나에 해당하는 경우에는 특허청 또는 특허심판원에 계속 중인 절차는 중단된다. 다만, 절차를 밟을 것을 위임받은 대리인이 있는 경우에는 그러하지 아니하다.
1. 당사자가 사망한 경우
2. 당사자인 법인이 합병에 따라 소멸한 경우
3. 당사자가 절차를 밟을 능력을 상실한 경우
4. 당사자의 법정대리인이 사망하거나 그 대리권을 상실한 경우
5. 당사자의 신탁에 의한 수탁자의 임무가 끝난 경우
6. 제13조제1항 각 호 외의 부분 단서에 따른 대표자가 사망하거나 그 자격을 상실한 경우
7. 파산관재인 등 일정한 자격에 따라 자기 이름으로 다른 사람을 위하여 당사자가 된 자가 그 자격을 상실하거나 사망한 경우
제23조【중단된 절차의 수계】 제22조에 따라 특허청 또는 특허심판원에 계속 중인 절차가 중단된 경우에는 다음 각 호의 구분에 따른 자가 그 절차를 수계(受繼)하여야 한다.
1. 제22조제1호의 경우 : 그 상속인 · 상속재산관리인 또는 법률에 따라 절차를 계속할 자. 다만, 상속인은 상속을 포기할 수 있는 동안에는 그 절차를 수계하지 못한다.
2. 제22조제2호의 경우 : 합병에 따라 설립되거나 합병 후 존속하는 법인
3. 제22조제3호 및 제4호의 경우 : 절차를 밟을 능력을 회복한 당사자 또는 법정대리인이 된 자
4. 제22조제5호의 경우 : 새로운 수탁자
5. 제22조제6호의 경우 : 새로운 대표자 또는 각 당사자
6. 제22조제7호의 경우 : 같은 자격을 가진 자
제24조【수계신청】 ① 제22조에 따라 중단된 절차에 관한 수계신청은 제23조 각 호에 규정된 자가 할 수 있다. 이 경우 그 상대방은 특허청장 또는 제130조에 따른 심판관(이하 "심판관"이라 한다)에게 제23조 각 호에 규정된 자에 대하여 수계신청할 것을 명하도록 요청할 수 있다.
② 특허청장 또는 심판장은 제22조에 따라 중단된 절차에 관한 수계신청이 있을 때에는 그 사실을 상대방에게 알려야 한다.
③ 특허청장 또는 심판관은 제22조에 따라 중단된 절차에 관한 수계신청에 대하여 직권으로 조사하여 이유 없다고 인정하면 결정으로 기각하여야 한다.
④ 특허청장 또는 심판관은 제23조 각 호에 규정된 자가 중단된 절차를 수계하지 아니하면 직권으로 기간을 정하여 수계를 명하여야 한다.
⑤ 제4항에 따라 수계명령을 받은 자가 같은 항에 따른 기간에 수계하지 아니하면 그 기간이 끝나는 날의 다음 날에 수계한 것으로 본다.
⑥ 특허청장 또는 심판장은 제5항에 따라 수계가 있는 것으로 본 경우에는 그 사실을 당사자에게 알려야 한다.
제25조【절차의 중지】 ① 특허청장 또는 심판관이 천재지변이나 그 밖의 불가피한 사유로 그 직무를 수행할 수 없을 때에는 특허청 또는 특허심판원에 계속 중인 절차는 그 사유가 없어질 때까지 중지된다.
② 당사자에게 특허청 또는 특허심판원에 계속 중인 절차를 속행할 수 없는 장애사유가 생긴 경우에는 특허청장 또는 심판관은 결정으로 장애사유가 해소될 때까지 그 절차의 중지를 명할 수 있다.
③ 특허청장 또는 심판관은 제2항에 따른 결정을 취소할 수 있다.
④ 제1항 및 제2항에 따른 중지 또는 제3항에 따른 취소를 하였을 때에는 특허청장 또는 심판장은 그 사실을 각각 당사자에게 알려야 한다.
제26조【중단 또는 중지의 효과】 디자인에 관한 절차가 중단되거나 중지된 경우에는 그 기간의 진행은 정지되고 그 절차의 수계통지를 하거나 그 절차를 속행한 때부터 전체기간이 새로 진행된다.
제27조【외국인의 권리능력】 재외자인 외국인은 다음 각 호의 어느 하나에 해당하는 경우를 제외하고 디자인권 또는 디자인에 관한 권리를 누릴 수 없다.
1. 그 외국인이 속하는 국가에서 대한민국 국민에 대하여 그 국민과 같은 조건으로 디자인권 또는 디자인에 관한 권리를 인정하는 경우
2. 대한민국이 그 외국인에 대하여 디자인권 또는 디자인에 관한 권리를 인정하는 경우에는 그 외국인이 속하는 국가에서 대한민국 국민에 대하여 그 국민과 같은 조건으로 디자인권 또는 디자인에 관한 권리를 인정하는 경우
3. 조약 및 이에 준하는 것(이하 "조약"이라 한다)에 따라 디자인권 또는 디자인에 관한 권리가 인정되는 경우
제28조【서류제출의 효력 발생 시기】 ① 이 법 또는 이 법에 따른 명령에 따라 특허청장 또는 특허심판원장에게 제출하는 출원서 · 청구서, 그 밖의 서류(물건을 포함한다. 이하 이 조에서 같다)는 특허청장 또는 특허심판원장에게 도달한 날부터 그 효력이 발생한다.
② 제1항의 출원서 · 청구서, 그 밖의 서류를 우편으로 특허청장 또는 특허심판원장에게 제출하는 경우에는 다음 각 호의 구분에 따른 날에 특허청장 또는 특허심판원장에게 도달한 것으로 본다. 다만, 디자인권 및 디자인에 관한 권리의 등록신청서류를 우편으로 제출하는 경우에는 그 서류가 특허청장 또는 특허심판원장에게 도달한 날부터 효력이 발생한다.
1. 우편법령에 따른 통신날짜도장에 표시된 날이 분명한 경우 : 표시된 날(2018.4.17 본호개정)
2. 우편법령에 따른 통신날짜도장에 표시된 날이 분명하지 아니한 경우 : 우체국에 제출한 날(우편물 수령증으로 증명한 날을 말한다)(2018.4.17 본호개정)
③ 제1항 및 제2항에서 규정한 사항 외에 우편물의 지연, 우편물의 망실(亡失) 및 우편업무의 중단으로 인한 서류제출에 필요한 사항은 산업통상자원부령으로 정한다.
제29조【고유번호의 기재】 ① 디자인에 관한 절차를 밟는 자는 산업통상자원부령으로 정하는 바에 따라 특허청장 또는 특허심판원장에게 자신의 고유번호의 부여를 신청하여야 한다.
② 특허청장 또는 특허심판원장은 제1항에 따른 신청을 받으면 신청인에게 고유번호를 부여하고 그 사실을 알려야 한다.
③ 특허청장 또는 특허심판원장은 제1항에 따라 고유번호를 신청하지 아니하는 자에게는 직권으로 고유번호를 부여하고 그 사실을 알려야 한다.
④ 제2항 또는 제3항에 따라 고유번호를 부여받은 자가 디자인에 관한 절차를 밟는 경우에는 산업통상자원부령으로 정하는 서류에 자신의 고유번호를 적어야 한다. 이 경우 이 법 또는 이 법에 따른 명령에도 불구하고 그 서류에 주소(법인인 경우에는 영업소의 소재지를 말한다)를 적지 아니할 수 있다.

⑤ 디자인에 관한 절차를 밟는 자의 대리인에 관하여는 제1항부터 제4항까지의 규정을 준용한다.
⑥ 고유번호의 부여 신청, 고유번호의 부여 및 통지, 그 밖에 고유번호에 관하여 필요한 사항은 산업통상자원부령으로 정한다.
제30조【전자문서에 의한 디자인에 관한 절차의 수행】 ① 디자인에 관한 절차를 밟는 자는 이 법에 따라 특허청장 또는 특허심판원장에게 제출하는 디자인등록출원서, 그 밖의 서류를 산업통상자원부령으로 정하는 방식에 따라 전자문서화하고 이를 정보통신망을 이용하여 제출하거나 이동식 저장장치 또는 광디스크 등 전자적 기록매체에 수록하여 제출할 수 있다.
② 제1항에 따라 제출된 전자문서는 이 법에 따라 제출된 서류와 같은 효력을 가진다.
③ 제1항에 따라 정보통신망을 이용하여 제출된 전자문서는 그 문서의 제출인이 정보통신망을 통하여 접수번호를 확인할 수 있는 때에 특허청 또는 특허심판원에서 사용하는 접수용 전산정보처리조직의 파일에 기록된 내용으로 접수된 것으로 본다.
④ 제1항에 따라 전자문서로 제출할 수 있는 서류의 종류·제출방법, 그 밖에 전자문서에 의한 서류의 제출에 필요한 사항은 산업통상자원부령으로 정한다.
제31조【전자문서 이용신고 및 전자서명】 ① 전자문서로 디자인에 관한 절차를 밟으려는 자는 미리 특허청장 또는 특허심판원장에게 전자문서 이용신고를 하여야 하며, 특허청장 또는 특허심판원장에게 제출하는 전자문서에 제출인을 알아볼 수 있도록 전자서명을 하여야 한다.
② 제30조에 따라 제출된 전자문서는 제1항에 따른 전자서명을 한 자가 제출한 것으로 본다.
③ 제1항에 따른 전자문서 이용신고 절차, 전자서명 방법 등에 관하여 필요한 사항은 산업통상자원부령으로 정한다.
제32조【정보통신망을 이용한 통지 등의 수행】 ① 특허청장, 특허심판원장, 심판장, 심판관, 제70조제3항에 따라 지정된 심사장(이하 "심사장"이라 한다) 또는 심사관은 제31조제1항에 따라 전자문서 이용신고를 한 자에게 서류의 통지 및 송달(이하 "통지등"이라 한다)을 하려는 경우에는 정보통신망을 이용하여 할 수 있다.
② 제1항에 따라 정보통신망을 이용하여 한 서류의 통지등은 서면으로 한 것과 같은 효력을 가진다.
③ 제1항에 따른 서류의 통지등은 그 통지등을 받을 자가 자신이 사용하는 전산정보처리조직을 통하여 그 서류를 확인한 때에 특허청 또는 특허심판원에서 사용하는 발송용 전산정보처리조직의 파일에 기록된 내용으로 도달한 것으로 본다.
④ 제1항에 따라 정보통신망을 이용하여 행하는 통지등의 종류·방법 등에 관하여 필요한 사항은 산업통상자원부령으로 정한다.

제2장 디자인등록요건 및 디자인등록출원

제33조【디자인등록의 요건】 ① 공업상 이용할 수 있는 디자인으로서 다음 각 호의 어느 하나에 해당하는 것을 제외하고는 그 디자인에 대하여 디자인등록을 받을 수 있다.
1. 디자인등록출원 전에 국내 또는 국외에서 공지(公知)되었거나 공연(公然)히 실시된 디자인
2. 디자인등록출원 전에 국내 또는 국외에서 반포된 간행물에 게재되었거나 전기통신회선을 통하여 공중(公衆)이 이용할 수 있게 된 디자인
3. 제1호 또는 제2호에 해당하는 디자인과 유사한 디자인
② 디자인등록출원 전에 그 디자인이 속하는 분야에서 통상의 지식을 가진 사람이 다음 각 호의 어느 하나에 따라 쉽게 창작할 수 있는 디자인(제1항 각 호의 어느 하나에 해당하는 디자인은 제외한다)은 제1항에도 불구하고 디자인등록을 받을 수 없다.
1. 제1항제1호·제2호에 해당하는 디자인 또는 이들의 결합
2. 국내 또는 국외에서 널리 알려진 형상·모양·색채 또는 이들의 결합
③ 디자인등록출원한 디자인이 그 출원을 한 후에 제52조, 제56조 또는 제90조제3항에 따라 디자인공보에 게재된 다른 디자인등록출원(그 디자인등록출원일 전에 출원된 것으로 한정한다)의 출원서의 기재사항 및 출원서에 첨부된 도면·사진 또는 견본에 표현된 디자인의 일부와 동일하거나 유사한 경우에 그 디자인은 제1항에도 불구하고 디자인등록을 받을 수 없다. 다만, 그 디자인등록출원의 출원인과 다른 디자인등록출원의 출원인이 같은 경우에는 그러하지 아니하다.
제34조【디자인등록을 받을 수 없는 디자인】 다음 각 호의 어느 하나에 해당하는 디자인에 대하여는 제33조에도 불구하고 디자인등록을 받을 수 없다.
1. 국기, 국장(國章), 군기(軍旗), 훈장, 포장, 기장(記章), 그 밖의 공공기관 등의 표장과 외국의 국기, 국장 또는 국제기관 등의 문자나 표지와 동일하거나 유사한 디자인
2. 디자인이 주는 의미나 내용 등이 일반인의 통상적인 도덕관념이나 선량한 풍속에 어긋나거나 공공질서를 해칠 우려가 있는 디자인
3. 타인의 업무와 관련된 물품과 혼동을 가져올 우려가 있는 디자인
4. 물품의 기능을 확보하는 데에 불가결한 형상만으로 된 디자인
제35조【관련디자인】 ① 디자인권자 또는 디자인등록출원인은 자기의 등록디자인 또는 디자인등록출원한 디자인(이하 "기본디자인"이라 한다)과만 유사한 디자인(이하 "관련디자인"이라 한다)에 대하여는 그 기본디자인의 디자인등록출원일부터 3년 이내에 디자인등록출원된 경우에 한하여 제33조제1항 각 호 및 제46조제1항·제2항에도 불구하고 관련디자인으로 디자인등록을 받을 수 있다. 다만, 해당 관련디자인의 디자인권을 설정등록할 때에 기본디자인의 디자인권이 설정등록되어 있지 아니하거나 기본디자인의 디자인권이 취소, 포기 또는 무효심결 등으로 소멸한 경우에는 그러하지 아니하다.(2023.6.20 본항개정)
② 제1항에 따라 디자인등록을 받은 관련디자인 또는 디자인등록출원된 관련디자인과만 유사한 디자인은 디자인등록을 받을 수 없다.
③ 기본디자인의 디자인권에 제97조에 따른 전용실시권(이하 "전용실시권"이라 한다)이 설정되어 있는 경우에는 그 기본디자인에 관한 관련디자인에 대하여는 제1항에도 불구하고 디자인등록을 받을 수 없다.
④ 제1항에 따라 기본디자인과만 유사한 둘 이상의 관련디자인등록출원이 있는 경우에 이들 디자인 사이에는 제33조제1항 각 호 및 제46조제1항·제2항은 적용하지 아니한다.(2023.6.20 본항신설)
제36조【신규성 상실의 예외】 ① 디자인등록을 받을 수 있는 권리를 가진 자의 디자인이 제33조제1항제1호 또는 제2호에 해당하게 된 경우 그 디자인은 그날부터 12개월 이내에 그 자가 디자인등록출원한 디자인에 대하여 같은 조 제1항 및 제2항을 적용할 때에는 같은 조 제1항제1호 또는 제2호에 해당하지 아니한 것으로 본다. 다만, 그 디자인이 조약이나 법률에 따라 국내 또는 국외에서 출원공개 또는 등록공고된 경우에는 그러하지 아니하다.(2017.3.21 본문개정)
② (2023.6.20 삭제)
제37조【디자인등록출원】 ① 디자인등록을 받으려는 자는 다음 각 호의 사항을 적은 디자인등록출원서를 특허청장에게 제출하여야 한다.
1. 디자인등록출원인의 성명 및 주소(법인인 경우에는 그 명칭 및 영업소의 소재지)
2. 디자인등록출원인의 대리인이 있는 경우에는 그 대리인의 성명 및 주소나 영업소의 소재지〔대리인이 특허법인·특허법인(유한)인 경우에는 그 명칭, 사무소의 소재지 및 지정된 변리사의 성명〕(2013.7.30 본호개정)
3. 디자인의 대상이 되는 물품 및 제40조제2항에 따른 물품류(이하 "물품류"라 한다)
4. 단독의 디자인등록출원 또는 관련디자인의 디자인등록출원(이하 "관련디자인등록출원"이라 한다) 여부
5. 기본디자인의 디자인등록번호 또는 디자인등록출원번호(제35조제1항에 따라 관련디자인으로 디자인등록을 받으려는 경우만 해당한다)
6. 디자인을 창작한 사람의 성명 및 주소
7. 제41조에 따른 복수디자인등록출원 여부

8. 디자인의 수 및 각 디자인의 일련번호(제41조에 따라 복수디자인등록출원을 하는 경우에만 해당한다)
9. 제51조제3항에 규정된 사항(우선권 주장을 하는 경우만 해당한다)
② 제1항에 따른 디자인등록출원서에는 각 디자인에 관한 다음 각 호의 사항을 적은 도면을 첨부하여야 한다.
1. 디자인의 대상이 되는 물품 및 물품류
2. 디자인의 설명 및 창작내용의 요점
3. 디자인의 일련번호(제41조에 따라 복수디자인등록출원을 하는 경우에만 해당한다)
③ 디자인등록출원인은 제2항의 도면을 갈음하여 디자인의 사진 또는 견본을 제출할 수 있다.
④ 디자인일부심사등록출원을 할 수 있는 디자인은 물품류 구분 중 산업통상자원부령으로 정하는 물품으로 한정한다. 이 경우 해당 물품에 대하여는 디자인일부심사등록출원으로만 출원할 수 있다.
⑤ 제1항부터 제4항까지 규정된 것 외에 디자인등록출원에 필요한 사항은 산업통상자원부령으로 정한다.

제38조【디자인등록출원일의 인정 등】 ① 디자인등록출원일은 디자인등록출원서가 특허청장에게 도달한 날로 한다. 다만, 디자인등록출원이 다음 각 호의 어느 하나에 해당하는 경우에는 그러하지 아니하다.
1. 디자인등록을 받으려는 취지가 명확하게 표시되지 아니한 경우
2. 디자인등록출원인의 성명이나 명칭이 적혀 있지 아니하거나 명확하게 적혀있지 아니하여 디자인등록출원인을 특정할 수 없는 경우
3. 도면·사진 또는 견본이 제출되지 아니하거나 도면에 적힌 사항이 선명하지 아니하여 인식할 수 없는 경우
4. 한글로 적혀 있지 아니한 경우
② 특허청장은 디자인등록출원이 제1항 각 호의 어느 하나에 해당하는 경우에는 디자인등록을 받으려는 자에게 상당한 기간을 정하여 보완할 것을 명하여야 한다.
③ 제2항에 따른 보완명령을 받은 자가 디자인등록출원을 보완하는 경우에는 절차보완에 관한 서면(이하 이 조에서 "절차보완서"라 한다)을 제출하여야 한다.
④ 특허청장은 제2항에 따른 보완명령을 받은 자가 지정기간 내에 디자인등록출원을 보완한 경우에는 그 절차보완서가 특허청장에게 도달한 날을 출원일로 본다. 다만, 제41조에 따라 복수디자인등록출원된 디자인 중 일부 디자인에만 보완이 필요한 경우에는 그 일부 디자인에 대한 절차보완서가 특허청장에게 도달한 날을 복수디자인 전체의 출원일로 본다.
⑤ 특허청장은 제2항에 따른 보완명령을 받은 자가 지정기간 내에 보완을 하지 아니한 경우에는 그 디자인등록출원을 부적법한 출원으로 보아 반려할 수 있다. 제41조에 따라 복수디자인등록출원된 디자인 중 일부 디자인만 보완하지 아니한 경우에도 같다.

제39조【공동출원】 디자인등록을 받을 수 있는 권리가 공유인 경우에는 공유자 모두가 공동으로 디자인등록출원을 하여야 한다.(2023.6.20 본조개정)

제40조【1디자인 1디자인등록출원】 ① 디자인등록출원은 1디자인마다 1디자인등록출원으로 한다.
② 디자인등록출원을 하려는 자는 산업통상자원부령으로 정하는 물품류 구분에 따라야 한다.

제41조【복수디자인등록출원】 디자인등록출원을 하려는 자는 제40조제1항에도 불구하고 산업통상자원부령으로 정하는 물품류 구분에서 같은 물품류에 속하는 물품에 대하여는 100 이내의 디자인을 1디자인등록출원(이하 "복수디자인등록출원"이라 한다)으로 할 수 있다. 이 경우 1 디자인마다 분리하여 표현하여야 한다.

제42조【한 벌의 물품의 디자인】 ① 2 이상의 물품이 한 벌의 물품으로 동시에 사용되는 경우 그 한 벌의 물품의 디자인이 한 벌 전체로서 통일성이 있을 때에는 1디자인으로 디자인등록을 받을 수 있다.
② 제1항에 따른 한 벌의 물품의 구분은 산업통상자원부령으로 정한다.

제43조【비밀디자인】 ① 디자인등록출원인은 디자인권의 설정등록일부터 3년 이내의 기간을 정하여 그 디자인을 비밀로 할 것을 청구할 수 있다. 이 경우 복수디자인등록출원된 디자인에 대하여는 출원된 디자인의 전부 또는 일부에 대하여 청구할 수 있다.
② 디자인등록출원인은 디자인등록출원을 한 날부터 최초의 디자인등록료를 내는 날까지 제1항의 청구를 할 수 있다. 다만, 제86조제1항제1호 및 제2항에 따라 그 등록료가 면제된 경우에는 제90조제2항 각 호의 어느 하나에 따라 특허청장이 디자인권을 설정등록할 때까지 할 수 있다.
③ 디자인등록출원인 또는 디자인권자는 제1항에 따라 지정한 기간을 청구에 의하여 단축하거나 연장할 수 있다. 이 경우 그 기간을 연장하는 경우에는 디자인권의 설정등록일부터 3년을 초과할 수 없다.
④ 특허청장은 다음 각 호의 어느 하나에 해당하는 경우에는 비밀디자인의 열람청구에 응하여야 한다.
1. 디자인권자의 동의를 받은 자가 열람청구한 경우
2. 그 비밀디자인과 동일하거나 유사한 디자인에 관한 심사, 디자인일부심사등록 이의신청, 심판, 재심 또는 소송의 당사자나 참가인이 열람청구한 경우
3. 디자인권 침해의 경고를 받은 사실을 소명한 자가 열람청구한 경우
4. 법원 또는 특허심판원이 열람청구한 경우
⑤ 제4항에 따라 비밀디자인을 열람한 자는 그 열람한 내용을 무단으로 촬영·복사 등의 방법으로 취득하거나 알게 된 내용을 누설하여서는 아니 된다.
⑥ 제52조에 따른 출원공개신청을 한 경우에는 제1항에 따른 청구는 철회된 것으로 본다.

제44조【무권리자의 디자인등록출원과 정당한 권리자의 보호】 디자인 창작자가 아닌 자로서 디자인등록을 받을 수 있는 권리의 승계인이 아닌 자(이하 "무권리자"라 한다)가 한 디자인등록출원이 제62조제1항제1호에 해당하여 디자인등록거절결정 또는 거절한다는 취지의 심결이 확정된 경우에는 그 무권리자의 디자인등록출원 후에 한 정당한 권리자의 디자인등록출원은 무권리자가 디자인등록출원한 때에 디자인등록출원한 것으로 본다. 다만, 디자인등록거절결정 또는 거절한다는 취지의 심결이 확정된 날부터 30일이 지난 후에 정당한 권리자가 디자인등록출원을 한 경우에는 그러하지 아니하다.

제45조【무권리자의 디자인등록과 정당한 권리자의 보호】 무권리자라는 사유로 디자인등록에 대한 취소결정 또는 무효심결이 확정된 경우에는 그 디자인등록출원 후에 한 정당한 권리자의 디자인등록출원은 취소 또는 무효로 된 그 등록디자인의 디자인등록출원 시에 디자인등록출원을 한 것으로 본다. 다만, 취소결정 또는 무효심결이 확정된 날부터 30일이 지난 후에 디자인등록출원을 한 경우에는 그러하지 아니하다.

제46조【선출원】 ① 동일하거나 유사한 디자인에 대하여 다른 날에 2 이상의 디자인등록출원이 있는 경우에는 먼저 디자인등록출원한 자만이 그 디자인에 관하여 디자인등록을 받을 수 있다.
② 동일하거나 유사한 디자인에 대하여 같은 날에 2 이상의 디자인등록출원이 있는 경우에는 디자인등록출원인이 협의하여 정한 하나의 디자인등록출원인만이 그 디자인에 대하여 디자인등록을 받을 수 있다. 협의가 성립하지 아니하거나 협의를 할 수 없는 경우에는 어느 디자인등록출원인도 그 디자인에 대하여 디자인등록을 받을 수 없다.
③ 디자인등록출원이 무효·취하·포기되거나 제62조에 따른 디자인등록거절결정 또는 거절한다는 취지의 심결이 확정된 경우 그 디자인등록출원은 제1항 및 제2항을 적용할 때에는 처음부터 없었던 것으로 본다. 다만, 제2항 후단에 해당하여 제62조에 따른 디자인등록거절결정이나 거절한다는 취지의 심결이 확정된 경우에는 그러하지 아니하다.
④ 무권리자가 한 디자인등록출원은 제1항 및 제2항을 적용할 때에는 처음부터 없었던 것으로 본다.
⑤ 특허청장은 제2항의 경우에 디자인등록출원인에게 기간을 정하여 협의의 결과를 신고할 것을 명하고 그 기간 내에 신고가 없으면 제2항에 따른 협의는 성립되지 아니한 것으로 본다.

제47조【절차의 보정】 특허청장 또는 특허심판원장은 디자인에 관한 절차가 다음 각 호의 어느 하나에 해당하는 경우에는 기간을 정하여 디자인에 관한 절차를 밟는 자에게 보정을 명하여야 한다.
1. 제4조제1항 또는 제7조에 위반된 경우
2. 이 법 또는 이 법에 따른 명령에서 정한 방식에 위반된 경우
3. 제85조에 따라 내야 할 수수료를 내지 아니한 경우

제48조【출원의 보정과 요지변경】 ① 디자인등록출원인은 최초의 디자인등록출원의 요지를 변경하지 아니하는 범위에서 디자인등록출원서의 기재사항, 디자인등록출원서에 첨부한 도면, 도면의 기재사항이나 사진 또는 견본을 보정할 수 있다.
② 디자인등록출원인은 관련디자인등록출원을 단독의 디자인등록출원으로, 단독의 디자인등록출원을 관련디자인등록출원으로 변경하는 보정을 할 수 있다.
③ 디자인등록출원인은 디자인일부심사등록출원을 디자인심사등록출원으로, 디자인심사등록출원을 디자인일부심사등록출원으로 변경하는 보정을 할 수 있다.
④ 제1항부터 제3항까지의 규정에 따른 보정은 다음 각 호에서 정한 시기에 할 수 있다.
1. 제62조에 따른 디자인등록거절결정 또는 제65조에 따른 디자인등록결정(이하 "디자인등록여부결정"이라 한다)의 통지서가 발송되기 전까지(2023.6.20 본호개정)
2. 제64조에 따른 재심사 청구기간(2021.10.19 본호개정)
3. 제120조에 따라 디자인등록거절결정에 대한 심판을 청구하는 경우에는 그 청구일부터 30일 이내
⑤ 제1항부터 제3항까지의 규정에 따른 보정이 최초의 디자인등록출원의 요지를 변경하는 것으로 디자인권의 설정등록 후에 인정된 경우에는 그 디자인등록출원은 그 보정서를 제출한 때에 디자인등록출원을 한 것으로 본다.

제49조【보정각하】 ① 심사관은 제48조에 따른 보정이 디자인등록출원의 요지를 변경하는 것일 때에는 결정으로 그 보정을 각하하여야 한다.
② 심사관은 제1항에 따른 각하결정을 한 경우에는 제119조에 따른 보정각하결정에 대한 심판청구기간이 지나기 전까지는 그 디자인등록출원(복수디자인등록출원된 일부 디자인에 대하여 각하결정을 한 경우에는 그 일부 디자인을 말한다)에 대한 디자인등록여부결정을 하여서는 아니 된다.(2021.10.19 본항개정)
③ 심사관은 디자인등록출원인이 제1항에 따른 각하결정에 대하여 제119조에 따라 심판을 청구한 경우에는 그 심결이 확정될 때까지 그 디자인등록출원(복수디자인등록출원된 일부 디자인에 대한 각하결정에 대하여 심판을 청구한 경우에는 그 일부 디자인을 말한다)의 심사를 중지하여야 한다.
④ 제1항에 따른 각하결정은 서면으로 하여야 하며 그 이유를 붙여야 한다.

제50조【출원의 분할】 ① 다음 각 호의 어느 하나에 해당하는 자는 디자인등록출원의 일부를 1 이상의 새로운 디자인등록출원으로 분할하여 디자인등록출원을 할 수 있다.
1. 제40조를 위반하여 2 이상의 디자인을 1디자인등록출원으로 출원한 자
2. 복수디자인등록출원을 한 자
② 제1항에 따라 분할된 디자인등록출원(이하 "분할출원"이라 한다)이 있는 경우 그 분할출원은 최초에 디자인등록출원을 한 때에 출원한 것으로 본다. 다만, 제51조제3항 및 제4항을 적용할 때에는 그러하지 아니하다.(2023.6.20 단서개정)
③ 제1항에 따른 디자인등록출원의 분할은 제48조제4항에 따른 보정을 할 수 있는 기간에 할 수 있다.
④ 분할의 기초가 된 디자인등록출원이 제51조, 제51조의2 또는 제51조의3에 따라 우선권을 주장한 디자인등록출원인 경우에는 제1항에 따라 분할출원을 한 때에 그 분할출원에 대해서도 우선권 주장을 한 것으로 보며, 분할의 기초가 된 디자인등록출원에 대하여 제51조, 제51조의2 또는 제51조의3에 따라 제출된 서류 또는 서면이 있는 경우에는 그 분할출원에 대해서도 해당 서류 또는 서면이 제출된 것으로 본다.(2023.6.20 본항개정)
⑤ 제4항에 따라 제51조, 제51조의2 또는 제51조의3에 따른 우선권 주장을 한 것으로 보는 분할출원에 대해서는 분할출원을 한 날부터 30일 이내에 그 우선권 주장의 전부 또는 일부를 취하할 수 있다.(2023.6.20 본항개정)

제51조【조약에 따른 우선권 주장】 ① 조약에 따라 대한민국 국민에게 출원에 대한 우선권을 인정하는 당사국의 국민이 그 당사국 또는 다른 당사국에 출원한 후 동일한 디자인을 대한민국에 디자인등록출원하여 우선권을 주장하는 경우에는 제33조 및 제46조를 적용할 때 그 당사국 또는 다른 당사국에 출원한 날을 대한민국에 디자인등록출원한 날로 본다. 대한민국 국민이 조약에 따라 대한민국 국민에게 출원에 대한 우선권을 인정하는 당사국에 출원한 후 동일한 디자인을 대한민국에 디자인등록출원한 경우에도 또한 같다.
② 제1항에 따라 우선권을 주장하려는 자는 우선권 주장의 기초가 되는 최초의 출원일부터 6개월 이내에 디자인등록출원을 하지 아니하면 우선권을 주장할 수 없다.
③ 제1항에 따라 우선권을 주장하려는 자는 디자인등록출원 시 디자인등록출원서에 그 취지와 최초로 출원한 국명 및 출원 연월일을 적어야 한다.
④ 제3항에 따라 우선권을 주장한 자는 제1호의 서류 또는 제2호의 서면을 디자인등록출원일부터 3개월 이내에 특허청장에게 제출하여야 한다. 다만, 제2호의 서면은 산업통상자원부령으로 정하는 국가의 경우만 해당한다.(2017.3.21 본문개정)
1. 최초로 출원한 국가의 정부가 인증하는 서류로서 디자인등록출원의 연월일을 적은 서면 및 도면의 등본
2. 최초로 출원한 국가의 디자인등록출원의 출원번호 및 그 밖에 출원을 확인할 수 있는 정보 등 산업통상자원부령으로 정하는 사항을 적은 서면
(2017.3.21 1호~2호신설)
⑤ 제3항에 따라 우선권을 주장한 자가 정당한 사유로 제4항의 기간 내에 같은 항에 규정된 서류 또는 서면을 제출할 수 없었던 경우에는 그 기간의 만료일부터 2개월 이내에 같은 항에 규정된 서류 또는 서면을 특허청장에게 제출할 수 있다.
(2023.6.20 본항신설)
⑥ 제3항에 따라 우선권을 주장한 자가 제4항 또는 제5항의 기간 내에 제4항에 규정된 서류 또는 서면을 제출하지 아니한 경우에는 그 우선권 주장은 효력을 상실한다.(2023.6.20 본항개정)

제51조의2【우선권 주장의 보정 및 추가】 ① 제51조제1항부터 제3항까지에 따라 우선권 주장을 한 자는 디자인등록출원일부터 3개월 이내에 해당 우선권 주장을 보정하거나 추가할 수 있다.
② 제1항에 따라 우선권 주장을 보정하거나 추가한 자에 대하여는 제51조제4항부터 제6항까지를 적용한다.
(2023.6.20 본조신설)

제51조의3【우선권 주장 기간의 연장】 ① 제51조제1항에 따라 우선권을 주장하려는 자가 정당한 사유로 같은 조 제2항의 기간을 지키지 못한 경우에 그 기간의 만료일부터 2개월 이내에 디자인등록출원을 한 때에는 그 디자인등록출원에 대하여 우선권을 주장할 수 있다.
② 제1항에 따라 우선권을 주장한 자에 대하여는 제51조제3항부터 제6항까지를 준용한다.
(2023.6.20 본조신설)

제52조【출원공개】 ① 디자인등록출원인은 산업통상자원부령으로 정하는 바에 따라 자기의 디자인등록출원에 대한 공개를 신청할 수 있다. 이 경우 복수디자인등록출원에 대한 공개는 출원된 디자인의 전부 또는 일부에 대하여 신청할 수 있다.
② 특허청장은 제1항에 따른 공개신청이 있는 경우에는 그 디자인등록출원에 관하여 제212조에 따른 디자인공보(이하 "디자인공보"라 한다)에 게재하여 출원공개를 하여야 한다. 다만, 디자인등록출원된 디자인이 제34조제2호에 해당하는 경우에는 출원공개를 하지 아니할 수 있다.
③ 제1항에 따른 공개신청은 그 디자인등록출원에 대한 최초의 디자인등록여부결정의 등본이 송달된 후에는 할 수 없다.

제53조【출원공개의 효과】 ① 디자인등록출원인은 제52조에 따른 출원공개가 있은 후 그 디자인등록출원된 디자인 또는 이와 유사한 디자인을 업(業)으로서 실시한 자에게 디자인등록출원된 디자인임을 서면으로 경고할 수 있다.

② 디자인등록출원인은 제1항에 따라 경고를 받거나 제52조에 따라 출원공개된 디자인임을 알고 그 디자인등록출원된 디자인 또는 이와 유사한 디자인을 업으로서 실시한 자에게 그 경고를 받거나 제52조에 따라 출원공개된 디자인임을 안 때부터 디자인권의 설정등록 시까지의 기간 동안 그 등록디자인 또는 이와 유사한 디자인의 실시에 대하여 합리적으로 받을 수 있는 금액에 상당하는 보상금의 지급을 청구할 수 있다.(2020.10.20 본항개정)
③ 제2항에 따른 청구권은 그 디자인등록출원된 디자인에 대한 디자인권이 설정등록된 후가 아니면 행사할 수 없다.
④ 제2항에 따른 청구권의 행사는 디자인권의 행사에 영향을 미치지 아니한다.
⑤ 제2항에 따른 청구권을 행사하는 경우에는 제114조, 제118조 또는 「민법」 제760조·제766조를 준용한다. 이 경우 「민법」 제766조제1항 중 "피해자나 그 법정대리인이 그 손해 및 가해자를 안 날"은 "해당 디자인권의 설정등록일"로 본다.
⑥ 디자인등록출원이 제52조에 따라 출원공개된 후 다음 각 호의 어느 하나에 해당하는 경우에는 제2항에 따른 청구권은 처음부터 발생하지 아니한 것으로 본다.
1. 디자인등록출원이 포기·무효 또는 취하된 경우
2. 디자인등록출원에 대하여 제62조에 따른 디자인등록거절결정이 확정된 경우
3. 제73조제3항에 따른 디자인등록취소결정이 확정된 경우
4. 제121조에 따른 디자인등록을 무효로 한다는 심결(제121조제1항제4호에 따른 경우는 제외한다)이 확정된 경우

제54조【디자인등록을 받을 수 있는 권리의 이전 등】 ① 디자인등록을 받을 수 있는 권리는 이전할 수 있다. 다만, 기본디자인등록을 받을 수 있는 권리와 관련디자인등록을 받을 수 있는 권리는 함께 이전하여야 한다.
② 디자인등록을 받을 수 있는 권리는 질권의 목적으로 할 수 없다.
③ 디자인등록을 받을 수 있는 권리가 공유인 경우에는 각 공유자는 다른 공유자 모두의 동의를 받지 아니하면 그 지분을 양도할 수 없다.

제55조【정보 제공】 누구든지 디자인등록출원된 디자인이 제62조제1항 각 호의 어느 하나에 해당되어 디자인등록될 수 없다는 취지의 정보를 증거와 함께 특허청장 또는 특허심판원장에게 제공할 수 있다.

제56조【거절결정된 출원의 공보게재】 특허청장은 제46조제2항 후단에 따라 제62조에 따른 디자인등록거절결정이나 거절한다는 취지의 심결이 확정된 경우에는 그 디자인등록출원에 관한 사항을 디자인공보에 게재하여야 한다. 다만, 디자인등록출원된 디자인이 제34조제2호에 해당하는 경우에는 게재하지 아니할 수 있다.

제57조【디자인등록을 받을 수 있는 권리의 승계】 ① 디자인등록출원 전에 디자인등록을 받을 수 있는 권리의 승계에 대하여는 그 승계인이 디자인등록출원을 하지 아니하면 제3자에게 대항할 수 없다.
② 같은 자로부터 디자인등록을 받을 수 있는 권리를 승계한 자가 2 이상인 경우로서 같은 날에 2 이상의 디자인등록출원이 있을 때에는 디자인등록출원인이 협의하여 정한 자에게만 승계의 효력이 발생한다.
③ 디자인등록출원 후에는 디자인등록을 받을 수 있는 권리의 승계는 상속이나 그 밖의 일반승계의 경우를 제외하고는 디자인등록출원인 변경신고를 하지 아니하면 그 효력이 발생하지 아니한다.
④ 디자인등록을 받을 수 있는 권리의 상속이나 그 밖의 일반승계가 있는 경우에는 승계인은 지체 없이 그 취지를 특허청장에게 신고하여야 한다.
⑤ 같은 자로부터 디자인등록을 받을 수 있는 권리를 승계한 자가 2 이상인 경우로서 같은 날에 2 이상의 디자인등록출원인 변경신고가 있을 때에는 신고를 한 자 간에 협의하여 정한 자에게만 신고의 효력이 발생한다.
⑥ 제2항 및 제5항의 경우에는 제46조제5항을 준용한다.

제3장 심 사

제58조【심사관에 의한 심사】 ① 특허청장은 심사관에게 디자인등록출원 및 디자인일부심사등록 이의신청을 심사하게 한다.
② 심사관의 자격에 관하여 필요한 사항은 대통령령으로 정한다.

제59조【전문기관의 지정 등】 ① 특허청장은 디자인등록출원을 심사할 때에 필요하다고 인정하면 전문기관을 지정하여 선행디자인의 조사, 그 밖에 대통령령으로 정하는 업무를 의뢰할 수 있다.
② 특허청장은 디자인등록출원의 심사에 필요하다고 인정하는 경우에는 관계 행정기관, 해당 디자인 분야의 전문기관 또는 디자인에 관한 지식과 경험이 풍부한 사람에게 협조를 요청하거나 의견을 들을 수 있다. 이 경우 특허청장은 예산의 범위에서 수당 또는 비용을 지급할 수 있다.
③ 제1항에 따른 전문기관의 지정기준, 선행디자인의 조사 등의 의뢰에 필요한 사항은 대통령령으로 정한다.

제60조【전문기관 지정의 취소 등】 ① 특허청장은 제59조제1항에 따른 전문기관이 제1호에 해당하는 경우에는 그 지정을 취소하여야 하며, 제2호에 해당하는 경우에는 그 지정을 취소하거나 6개월 이내의 기간을 정하여 업무의 전부 또는 일부의 정지를 명할 수 있다.
1. 거짓이나 그 밖의 부정한 방법으로 지정을 받은 경우
2. 제59조제3항에 따른 지정기준에 맞지 아니하게 된 경우
② 특허청장은 제1항에 따라 지정을 취소하거나 업무정지를 명하려면 청문을 하여야 한다.
③ 제1항에 따른 처분의 세부 기준과 절차 등에 관하여 필요한 사항은 산업통상자원부령으로 정한다.

제61조【우선심사】 ① 특허청장은 다음 각 호의 어느 하나에 해당하는 디자인등록출원에 대하여는 심사관에게 다른 디자인등록출원에 우선하여 심사하게 할 수 있다.
1. 제52조에 따른 출원공개 후 디자인등록출원인이 아닌 자가 업으로서 디자인등록출원된 디자인을 실시하고 있다고 인정되는 경우
2. 대통령령으로 정하는 디자인등록출원으로서 긴급하게 처리할 필요가 있다고 인정되는 경우
② 특허청장은 복수디자인등록출원에 대하여 제1항에 따라 우선심사를 하는 경우에는 제1항 각 호의 어느 하나에 해당하는 일부 디자인만 우선하여 심사하게 할 수 있다.

제62조【디자인등록거절결정】 ① 심사관은 디자인심사등록출원이 다음 각 호의 어느 하나에 해당하는 경우에는 디자인등록거절결정을 하여야 한다.
1. 제3조제1항 본문에 따른 디자인등록을 받을 수 있는 권리를 가지지 아니하거나 같은 항 단서에 따라 디자인등록을 받을 수 없는 경우
2. 제27조, 제33조부터 제35조까지, 제37조제4항, 제39조부터 제42조까지 및 제46조제1항·제2항에 따라 디자인등록을 받을 수 없는 경우
3. 조약에 위반된 경우
② 심사관은 디자인일부심사등록출원이 다음 각 호의 어느 하나에 해당하는 경우에는 디자인등록거절결정을 하여야 한다.
1. 제3조제1항 본문에 따른 디자인등록을 받을 수 있는 권리를 가지지 아니하거나 같은 항 단서에 따라 디자인등록을 받을 수 없는 경우
2. 제27조, 제33조(제1항 각 호 외의 부분 및 제2항제2호만 해당한다), 제34조, 제37조제4항 및 제39조부터 제42조까지의 규정에 따라 디자인등록을 받을 수 없는 경우
3. 조약에 위반된 경우
③ 심사관은 디자인일부심사등록출원으로서 제35조에 따른 관련디자인등록출원이 제2항 각 호의 어느 하나 또는 다음 각 호의 어느 하나에 해당하는 경우에는 디자인등록거절결정을 하여야 한다.
1. 디자인등록을 받은 관련디자인 또는 디자인등록출원된 관련디자인을 기본디자인으로 표시한 경우

2. 기본디자인의 디자인권이 소멸된 경우
3. 기본디자인의 디자인등록출원이 무효·취하·포기되거나 디자인등록거절결정이 확정된 경우
4. 관련디자인의 디자인등록출원인이 기본디자인의 디자인권자 또는 기본디자인의 디자인등록출원인과 다른 경우
5. 기본디자인과 유사하지 아니한 경우
6. 기본디자인의 디자인등록출원일부터 3년이 지난 후에 디자인등록출원된 경우(2023.6.20 본호개정)
7. 제35조제3항에 따라 디자인등록을 받을 수 없는 경우

④ 심사관은 디자인일부심사등록출원에 관하여 제55조에 따른 정보 및 증거가 제공된 경우에는 제2항에도 불구하고 그 정보 및 증거에 근거하여 디자인등록거절결정을 할 수 있다.

⑤ 복수디자인등록출원에 대하여 제1항부터 제3항까지의 규정에 따라 디자인등록거절결정을 할 경우 일부 디자인에만 거절이유가 있으면 그 일부 디자인에 대하여만 디자인등록거절결정을 할 수 있다.

제63조【거절이유통지】 ① 심사관은 다음 각 호의 어느 하나에 해당하는 경우에는 디자인등록출원인에게 미리 거절이유(제62조제1항부터 제3항까지에 해당하는 이유를 말하며, 이하 "거절이유"라 한다)를 통지하고 기간을 정하여 의견서를 제출할 수 있는 기회를 주어야 한다.(2021.10.19 본문개정)
1. 제62조에 따라 디자인등록거절결정을 하려는 경우
2. 제66조의2제1항에 따른 직권 재심사를 하여 취소된 디자인등록결정 전에 이미 통지한 거절이유로 디자인등록거절결정을 하려는 경우

(2021.10.19 1호~2호신설)

② 복수디자인등록출원된 디자인 중 일부 디자인에 대하여 거절이유가 있는 경우에는 그 디자인의 일련번호, 디자인의 대상이 되는 물품 및 거절이유를 구체적으로 적어야 한다.

제64조【재심사의 청구】 ① 디자인등록출원인은 그 디자인등록출원에 관하여 디자인등록거절결정(재심사에 따른 디자인등록거절결정은 제외한다) 등본을 송달받은 날부터 3개월(제17조제1항에 따라 제120조에 따른 기간이 연장된 경우에는 그 연장된 기간을 말한다) 이내에 제48조제1항부터 제3항까지의 규정에 따른 보정을 하여 디자인등록출원에 대하여 재심사를 청구할 수 있다. 다만, 제120조에 따른 심판청구가 있는 경우에는 그러하지 아니하다.(2021.10.19 본문개정)

② 디자인등록출원인은 제1항에 따른 재심사의 청구와 함께 의견서를 제출할 수 있다.

③ 제1항 본문에 따른 요건을 갖추어 재심사가 청구된 경우 그 디자인등록출원에 대하여 종전에 이루어진 디자인등록거절결정은 취소된 것으로 본다.

④ 제1항에 따른 재심사의 청구는 취하할 수 없다.

제65조【디자인등록결정】 심사관은 디자인등록출원에 대하여 거절이유를 발견할 수 없을 때에는 디자인등록결정을 하여야 한다. 이 경우 복수디자인등록출원된 디자인 중 일부 디자인에 대하여 거절이유를 발견할 수 없을 때에는 그 일부 디자인에 대하여 디자인등록결정을 하여야 한다.

제66조【직권보정】 ① 심사관은 제65조에 따른 디자인등록결정을 할 때에 디자인등록출원서 또는 도면에 적힌 사항이 명백히 잘못된 경우에는 직권으로 보정(이하 "직권보정"이라 한다)을 할 수 있다. 이 경우 직권보정은 제48조제1항에 따른 범위에서 하여야 한다.(2023.6.20 후단신설)

② 제1항에 따라 심사관이 직권보정을 한 경우에는 제67조제2항에 따른 디자인등록결정 등본의 송달과 함께 그 직권보정 사항을 디자인등록출원인에게 알려야 한다.

③ 디자인등록출원인은 직권보정 사항의 전부 또는 일부를 받아들일 수 없는 경우에는 제79조제1항에 따라 디자인등록료를 낼 때까지 그 직권보정 사항에 대한 의견서를 특허청장에게 제출하여야 한다.

④ 디자인등록출원인이 제3항에 따라 의견서를 제출한 경우 해당 직권보정 사항의 전부 또는 일부는 처음부터 없었던 것으로 본다.

⑤ 제4항에 따라 직권보정의 전부 또는 일부가 처음부터 없었던 것으로 보는 경우 심사관은 그 디자인등록결정을 취소하고 처음부터 다시 심사하여야 한다.

⑥ 직권보정이 제48조제1항에 따른 범위를 벗어나거나 명백히 잘못되지 아니한 사항을 직권보정한 경우 그 직권보정은 처음부터 없었던 것으로 본다.(2023.6.20 본항신설)

제66조의2【디자인등록결정 이후의 직권 재심사】 ① 심사관은 디자인등록결정을 한 출원에 대하여 명백한 거절이유를 발견한 경우에는 직권으로 디자인등록결정을 취소하고 그 디자인등록출원을 다시 심사(이하 "직권 재심사"라 한다)할 수 있다. 다만, 다음 각 호의 어느 하나에 해당하는 경우에는 그러하지 아니하다.
1. 거절이유가 제35조제1항, 제37조제4항, 제40조부터 제42조까지에 해당하는 경우
2. 그 디자인등록결정에 따라 디자인권이 설정등록된 경우
3. 그 디자인등록출원이 취하되거나 포기된 경우

② 제1항에 따라 심사관이 직권 재심사를 하려면 디자인등록결정을 취소한다는 사실을 디자인등록출원인에게 통지하여야 한다.

③ 디자인등록출원인이 제2항에 따른 통지를 받기 전에 그 디자인등록출원이 제1항제2호 또는 제3호에 해당하게 된 경우에는 디자인등록결정의 취소는 처음부터 없었던 것으로 본다.

(2021.10.19 본조신설)

제67조【디자인등록여부결정의 방식】 ① 디자인등록여부결정은 서면으로 하여야 하며 그 이유를 붙여야 한다.

② 특허청장은 디자인등록여부결정을 한 경우에는 그 결정의 등본을 디자인등록출원인에게 송달하여야 한다.

제68조【디자인일부심사등록 이의신청】 ① 누구든지 디자인일부심사등록출원에 따라 디자인권이 설정등록된 날부터 디자인일부심사등록 공고일 후 3개월이 되는 날까지 그 디자인일부심사등록이 다음 각 호의 어느 하나에 해당하는 것을 이유로 특허청장에게 디자인일부심사등록 이의신청을 할 수 있다. 이 경우 복수디자인등록출원된 디자인등록에 대하여는 각 디자인마다 디자인일부심사등록 이의신청을 하여야 한다.
1. 제3조제1항 본문에 따른 디자인등록을 받을 수 있는 권리를 가지지 아니하거나 같은 항 단서에 따라 디자인등록을 받을 수 없는 경우
2. 제27조, 제33조부터 제35조까지, 제39조 및 제46조제1항·제2항에 위반된 경우(2023.6.20 본호개정)
3. 조약에 위반된 경우

② 디자인일부심사등록 이의신청을 하는 자(이하 "이의신청인"이라 한다)는 다음 각 호의 사항을 적은 디자인일부심사등록 이의신청서에 필요한 증거를 첨부하여 특허청장에게 제출하여야 한다.
1. 이의신청인의 성명 및 주소(법인인 경우에는 그 명칭 및 영업소의 소재지)
2. 이의신청인의 대리인이 있는 경우에는 그 대리인의 성명 및 주소나 영업소의 소재지〔대리인이 특허법인·특허법인(유한)인 경우에는 그 명칭, 사무소의 소재지 및 지정된 변리사의 성명〕(2013.7.30 본호개정)
3. 디자인일부심사등록 이의신청의 대상이 되는 등록디자인의 표시
4. 디자인일부심사등록 이의신청의 취지
5. 디자인일부심사등록 이의신청의 이유 및 필요한 증거의 표시

③ 심사장은 디자인일부심사등록 이의신청이 있을 때에는 디자인일부심사등록 이의신청서 부본(副本)을 디자인일부심사등록 이의신청의 대상이 된 등록디자인의 디자인권자에게 송달하고 기간을 정하여 답변서를 제출할 기회를 주어야 한다.

④ 디자인일부심사등록 이의신청에 관하여는 제121조제4항을 준용한다.

제69조【디자인일부심사등록 이의신청 이유 등의 보정】 이의신청인은 디자인일부심사등록 이의신청을 한 날부터 30일 이내에 디자인일부심사등록 이의신청서에 적은 이유 또는 증거를 보정할 수 있다.

제70조【심사·결정의 합의체】 ① 디자인일부심사등록 이의신청은 심사관 3명으로 구성되는 심사관합의체에서 심사·결정한다.

② 특허청장은 각 디자인일부심사등록 이의신청에 대하여 심사관합의체를 구성할 심사관을 지정하여야 한다.
③ 특허청장은 제2항에 따라 지정된 심사관 중 1명을 심사장으로 지정하여야 한다.
④ 심사관합의체 및 심사장에 관하여는 제131조제2항, 제132조제2항 및 제133조제2항·제3항을 준용한다.

제71조【디자인일부심사등록 이의신청 심사에서의 직권심사】 ① 디자인일부심사등록 이의신청에 관한 심사를 할 때에는 디자인권자나 이의신청인이 주장하지 아니한 이유에 대하여도 심사할 수 있다. 이 경우 디자인권자나 이의신청인에게 기간을 정하여 그 이유에 관하여 의견을 진술할 수 있는 기회를 주어야 한다.
② 디자인일부심사등록 이의신청에 관한 심사를 할 때에는 이의신청인이 신청하지 아니한 등록디자인에 관하여는 심사할 수 없다.

제72조【디자인일부심사등록 이의신청의 병합 또는 분리】 심사관합의체는 2 이상의 디자인일부심사등록 이의신청을 병합하거나 분리하여 심사·결정할 수 있다.

제73조【디자인일부심사등록 이의신청에 대한 결정】 ① 심사관합의체는 제68조제3항 및 제69조에 따른 기간이 지난 후에 디자인일부심사등록 이의신청에 대한 결정을 하여야 한다.
② 심사장은 이의신청인이 그 이유 및 증거를 제출하지 아니한 경우에는 제68조제3항에도 불구하고 제69조에 따른 기간이 지난 후에 결정으로 디자인일부심사등록 이의신청을 각하할 수 있다.
③ 심사관합의체는 디자인일부심사등록 이의신청이 이유 있다고 인정될 때에는 그 등록디자인을 취소한다는 취지의 결정(이하 "디자인등록취소결정"이라 한다)을 하여야 한다.
④ 디자인등록취소결정이 확정된 때에는 그 디자인권은 처음부터 없었던 것으로 본다.
⑤ 심사관합의체는 디자인일부심사등록 이의신청이 이유 없다고 인정될 때에는 그 이의신청을 기각한다는 취지의 결정(이하 "이의신청기각결정"이라 한다)을 하여야 한다.
⑥ 디자인일부심사등록 이의신청에 대한 각하결정 및 이의신청기각결정에 대하여는 불복할 수 없다.

제74조【디자인일부심사등록 이의신청에 대한 결정방식】 ① 디자인일부심사등록 이의신청에 대한 결정은 다음 각 호의 사항을 적은 서면으로 하여야 하며, 결정을 한 심사관은 그 서면에 기명날인하여야 한다.
1. 디자인일부심사등록 이의신청 사건의 번호
2. 디자인권자와 이의신청인의 성명 및 주소(법인인 경우에는 그 명칭 및 영업소의 소재지)
3. 디자인권자와 이의신청인의 대리인이 있는 경우에는 대리인의 성명 및 주소나 영업소의 소재지〔대리인이 특허법인·특허법인(유한)인 경우에는 그 명칭, 사무소의 소재지 및 지정된 변리사의 성명〕(2013.7.30 본호개정)
4. 결정과 관련된 디자인의 표시
5. 결정의 결론 및 이유
6. 결정연월일

② 심사장은 디자인일부심사등록 이의신청에 대한 결정을 한 경우에는 결정등본을 이의신청인과 디자인권자에게 송달하여야 한다.

제75조【디자인일부심사등록 이의신청의 취하】 ① 디자인일부심사등록 이의신청은 제71조제1항 후단에 따른 의견진술의 통지 또는 제74조제2항에 따른 결정등본이 송달된 후에는 취하할 수 없다.
② 디자인일부심사등록 이의신청을 취하하면 그 이의신청은 처음부터 없었던 것으로 본다.

제76조【심판규정의 심사에의 준용】 디자인등록출원의 심사에 관하여는 제135조(제6호는 제외한다)를 준용한다. 이 경우 "심판"은 "심사"로, "심판관"은 "심사관"으로 본다.

제77조【심사 또는 소송절차의 중지】 ① 심사관은 디자인등록출원의 심사에 필요한 경우에는 심결이 확정될 때까지 또는 소송절차가 완결될 때까지 그 절차를 중지할 수 있다.
② 법원은 필요한 경우에는 디자인등록출원에 대한 결정이 확정될 때까지 그 소송절차를 중지할 수 있다.
③ 제1항 및 제2항에 따른 중지에 대하여는 불복할 수 없다.

제78조【준용규정】 디자인일부심사등록 이의신청에 대한 심사·결정에 관하여는 제77조, 제129조, 제135조(제6호는 제외한다), 제142조제7항, 제145조, 제153조제3항부터 제6항까지 및 제154조를 준용한다.

제4장 등록료 및 디자인등록 등

제79조【디자인등록료】 ① 제90조제1항에 따른 디자인권의 설정등록을 받으려는 자는 설정등록을 받으려는 날부터 3년분의 디자인등록료(이하 "등록료"라 한다)를 내야 하며, 디자인권자는 그 다음 해부터의 등록료를 그 권리의 설정등록일에 해당하는 날을 기준으로 매년 1년분씩 내야 한다.
② 제1항에도 불구하고 디자인권자는 그 다음 해부터의 등록료는 그 납부연도 순서에 따라 수년분 또는 모든 연도분을 함께 낼 수 있다.
③ 제1항 및 제2항에 따른 등록료, 그 납부방법 및 납부기간, 그 밖에 필요한 사항은 산업통상자원부령으로 정한다.

제80조【등록료를 납부할 때의 디자인별 포기】 ① 복수디자인등록출원에 대한 디자인등록결정을 받은 자가 등록료를 낼 때에는 디자인별로 포기할 수 있다.
② 제1항에 따른 디자인의 포기에 필요한 사항은 산업통상자원부령으로 정한다.

제81조【이해관계인의 등록료 납부】 ① 이해관계인은 등록료를 내야 할 자의 의사와 관계없이 등록료를 낼 수 있다.
② 이해관계인이 제1항에 따라 등록료를 낸 경우에는 내야 할 자가 현재 이익을 얻는 한도에서 그 비용의 상환을 청구할 수 있다.

제82조【등록료의 추가납부 등】 ① 디자인권의 설정등록을 받으려는 자 또는 디자인권자는 제79조제3항에 따른 등록료 납부기간이 지난 후에도 6개월 이내(이하 "추가납부기간"이라 한다)에 등록료를 추가납부할 수 있다.
② 제1항에 따라 등록료를 추가납부할 때에는 내야 할 등록료의 2배의 범위에서 산업통상자원부령으로 정하는 금액을 내야 한다.
③ 추가납부기간에 등록료를 내지 아니한 경우(추가납부기간이 끝나더라도 제83조제2항에 따른 보전기간이 끝나지 아니한 경우에는 그 보전기간에 보전하지 아니한 경우를 말한다)에는 디자인권의 설정등록을 받으려는 자의 디자인등록출원은 포기한 것으로 보며, 디자인권자의 디자인권은 제79조제1항 또는 제2항에 따라 낸 등록료에 해당하는 기간이 끝나는 날의 다음 날로 소급하여 소멸된 것으로 본다.

제83조【등록료의 보전】 ① 특허청장은 디자인권의 설정등록을 받으려는 자 또는 디자인권자가 제79조제3항 또는 제82조제1항에 따른 기간 이내에 등록료의 일부를 내지 아니한 경우에는 등록료의 보전(補塡)을 명하여야 한다.
② 제1항에 따라 보전명령을 받은 자는 그 보전명령을 받은 날부터 1개월 이내(이하 "보전기간"이라 한다)에 등록료를 보전할 수 있다.
③ 제2항에 따라 등록료를 보전하는 자는 내지 아니한 금액의 2배의 범위에서 산업통상자원부령으로 정하는 금액을 내야 한다.

제84조【등록료의 추가납부 또는 보전에 의한 디자인등록출원과 디자인권의 회복 등】 ① 디자인권의 설정등록을 받으려는 자 또는 디자인권자가 정당한 사유로 추가납부기간 내에 등록료를 내지 아니하였거나 보전기간 내에 보전하지 아니한 경우에는 그 사유가 종료된 날부터 2개월 이내에 그 등록료를 내거나 보전할 수 있다. 다만, 추가납부기간의 만료일 또는 보전기간의 만료일 중 늦은 날부터 1년이 지났을 때에는 그러하지 아니하다.(2021.10.19 본문개정)
② 제1항에 따라 등록료를 내거나 보전한 자는 제82조제3항에도 불구하고 그 디자인등록출원을 포기하지 아니한 것으로 보며, 그 디자인권은 계속하여 존속하고 있던 것으로 본다.
③ 추가납부기간 내에 등록료를 내지 아니하였거나 보전기간 내에 보전하지 아니하여 등록디자인의 디자인권이 소멸한 경우 그 디자인권자는 추가납부기간 또는 보전기간 만료일부터 3개월 이내에 등록료의 2배를 내고 그 소멸한 권리의 회복을

신청할 수 있다. 이 경우 그 디자인권은 계속하여 존속하고 있던 것으로 본다.(2016.1.27 전단개정)
④ 제2항 또는 제3항에 따른 디자인등록출원 또는 디자인권의 효력은 등록료 추가납부기간이 지난 날부터 등록료를 내거나 보전한 날까지의 기간(이하 "효력제한기간"이라 한다) 중에 다른 사람이 그 디자인 또는 이와 유사한 디자인을 실시한 행위에 대하여는 효력이 미치지 아니한다.
⑤ 효력제한기간 중 국내에서 선의로 제2항 또는 제3항에 따른 디자인등록출원된 디자인, 등록디자인 또는 이와 유사한 디자인을 업으로 실시하거나 이를 준비하고 있는 자는 그 실시하거나 준비하고 있는 디자인 및 사업목적의 범위에서 그 디자인권에 대하여 통상실시권을 가진다.
⑥ 제5항에 따라 통상실시권을 갖는 자는 디자인권자 또는 전용실시권자에게 상당한 대가를 지급하여야 한다.
제85조【수수료】 ① 디자인에 관한 절차를 밟는 자는 수수료를 내야 한다.
② 제1항에 따른 수수료, 그 납부방법 및 납부기간, 그 밖에 필요한 사항은 산업통상자원부령으로 정한다.
제86조【등록료 및 수수료의 감면】 ① 특허청장은 다음 각 호의 어느 하나에 해당하는 등록료 및 수수료는 제79조 및 제85조에도 불구하고 면제한다.
1. 국가에 속하는 디자인등록출원 또는 디자인권에 관한 등록료 및 수수료
2. 제121조제1항에 따라 심사관이 청구한 무효심판에 대한 수수료
② 특허청장은 다음 각 호의 어느 하나에 해당하는 자가 한 디자인등록출원 또는 그 디자인등록출원하여 받은 디자인권에 대하여는 제79조 및 제85조에도 불구하고 산업통상자원부령으로 정하는 등록료 및 수수료를 감면할 수 있다.(2021.8.17 본문개정)
1. 「국민기초생활 보장법」에 따른 의료급여 수급자
2. 「재난 및 안전관리 기본법」 제36조에 따른 재난사태 또는 같은 법 제60조에 따른 특별재난지역으로 선포된 지역에 거주하거나 주된 사무소를 두고 있는 자 중 산업통상자원부령으로 정하는 요건을 갖춘 자
3. 그 밖에 산업통상자원부령으로 정하는 자
(2021.8.17 1호~3호신설)
③ 특허청장은 제2항에 따른 등록료 및 수수료의 감면을 거짓이나 그 밖의 부정한 방법으로 받은 자에 대하여는 산업통상자원부령으로 정하는 바에 따라 감면받은 등록료 및 수수료의 2배액을 징수할 수 있다. 이 경우 그 출원인 또는 디자인권자가 하는 디자인등록출원 또는 그 디자인등록출원을 하여 받은 디자인권에 대하여는 산업통상자원부령으로 정하는 기간 동안 제2항을 적용하지 아니한다.(2021.8.17 본항신설)
④ 제2항에 따라 등록료 및 수수료를 감면받으려는 자는 산업통상자원부령으로 정하는 서류를 특허청장에게 제출하여야 한다.
제87조【등록료 및 수수료의 반환】 ① 납부된 등록료 및 수수료는 다음 각 호의 어느 하나에 해당하는 경우에는 납부한 자의 청구에 의하여 반환한다.
1. 잘못 납부된 등록료 및 수수료
2. 디자인등록취소결정 또는 디자인등록을 무효로 한다는 심결이 확정되거나 디자인권을 포기한 해의 다음 해부터의 등록료 해당분(2016.1.27 본호개정)
3. 디자인등록출원 후 1개월 이내에 그 디자인등록출원을 취하하거나 포기한 경우 이미 낸 수수료 중 디자인등록출원료, 우선권주장 신청료, 비밀디자인 청구료 및 출원공개 신청료. 다만, 다음 각 목의 어느 하나에 해당하는 디자인등록출원의 경우에는 그러하지 아니하다.(2021.8.17 본문개정)
가. 분할출원 또는 분할출원의 기초가 된 디자인등록출원
나. 제61조제1항에 따라 우선심사의 신청을 한 디자인등록출원
다. 심사관이 제63조에 따라 거절이유를 통지하거나 제65조에 따라 디자인등록결정을 한 디자인등록출원
4. 제157조제1항에 따라 보정각하결정, 디자인등록거절결정 또는 디자인등록취소결정이 취소된 경우(제164조에 따라 재심의 절차에서 준용되는 경우를 포함하되, 심판 또는 재심 중 제48조제4항제3호에 따른 보정 또는 제124조제1항에 따라 준용되는 제48조제4항제1호에 따른 보정이 있는 경우는 제외한다)에 이미 낸 수수료 중 심판청구료(재심의 경우에는 재심청구료를 말한다. 이하 이 조에서 같다)
5. 심판청구가 제128조제2항에 따라 결정으로 각하되고 그 결정이 확정된 경우(제164조에 따라 재심의 절차에서 준용되는 경우를 포함한다)에 이미 낸 수수료 중 심판청구료의 2분의 1에 해당하는 금액
6. 심리의 종결을 통지받기 전까지 제143조제1항에 따른 참가신청을 취하한 경우(제164조에 따라 재심의 절차에서 준용되는 경우를 포함한다)에 이미 낸 수수료 중 참가신청료의 2분의 1에 해당하는 금액
7. 제143조제1항에 따른 참가신청이 결정으로 거부된 경우(제164조에 따라 재심의 절차에서 준용되는 경우를 포함한다)에 이미 낸 수수료 중 참가신청료의 2분의 1에 해당하는 금액
8. 심리의 종결을 통지받기 전까지 심판청구를 취하한 경우(제164조에 따라 재심의 절차에서 준용되는 경우를 포함한다)에 이미 낸 수수료 중 심판청구료의 2분의 1에 해당하는 금액
(2016.1.27 4호~8호신설)
② 특허청장 또는 특허심판원장은 납부된 등록료 및 수수료가 제1항 각 호의 어느 하나에 해당하는 경우에는 그 사실을 납부한 자에게 통지하여야 한다.(2016.1.27 본항개정)
③ 제1항에 따른 등록료 및 수수료의 반환청구는 제2항에 따른 통지를 받은 날부터 5년이 지나면 할 수 없다.(2022.10.18 본항개정)
제88조【디자인등록원부】 ① 특허청장은 특허청에 디자인등록원부를 갖추어 두고 다음 각 호의 사항을 등록한다.
1. 디자인권의 설정·이전·소멸·회복 또는 처분의 제한
2. 전용실시권 또는 통상실시권의 설정·보존·이전·변경·소멸 또는 처분의 제한
3. 디자인권·전용실시권 또는 통상실시권을 목적으로 하는 질권의 설정·이전·변경·소멸 또는 처분의 제한
② 제1항에 따른 디자인등록원부는 그 전부 또는 일부를 전자적 기록매체 등으로 작성할 수 있다.
③ 제1항 및 제2항에서 규정한 사항 외에 등록사항 및 등록절차 등에 관하여 필요한 사항은 대통령령으로 정한다.
제89조【디자인등록증의 발급】 ① 특허청장은 디자인권의 설정등록을 하였을 때에는 산업통상자원부령으로 정하는 바에 따라 디자인권자에게 디자인등록증을 발급하여야 한다.
② 특허청장은 디자인등록증이 디자인등록원부나 그 밖의 서류와 맞지 아니할 때에는 신청에 의하여 또는 직권으로 디자인등록증을 회수하여 정정발급하거나 새로운 디자인등록증을 발급하여야 한다.

제5장 디자인권

제90조【디자인권의 설정등록】 ① 디자인권은 설정등록에 의하여 발생한다.
② 특허청장은 다음 각 호의 어느 하나에 해당하는 경우에는 디자인권을 설정하기 위한 등록을 하여야 한다.
1. 제79조제1항에 따라 등록료를 냈을 때
2. 제82조제1항에 따라 등록료를 추가납부하였을 때
3. 제83조제2항에 따라 등록료를 보전하였을 때
4. 제84조제1항에 따라 등록료를 내거나 보전하였을 때
5. 제86조제1항제1호 또는 제2항에 따라 그 등록료가 면제되었을 때
③ 특허청장은 제2항에 따라 등록한 경우에는 디자인권자의 성명·주소 및 디자인등록번호 등 대통령령으로 정하는 사항을 디자인공보에 게재하여 등록공고를 하여야 한다.
제91조【디자인권의 존속기간】 ① 디자인권은 제90조제1항에 따라 설정등록한 날부터 발생하여 디자인등록출원일 후 20년이 되는 날까지 존속한다. 다만, 제35조에 따라 관련디자인으로 등록된 디자인권의 존속기간 만료일은 그 기본디자인의 디자인권 존속기간 만료일로 한다.
② 정당한 권리자의 디자인등록출원이 제44조 및 제45조에 따라 디자인권이 설정등록된 경우에는 제1항의 디자인권 존속기간은 무권리자의 디자인등록출원일 다음 날부터 기산한다.

제92조【디자인권의 효력】 디자인권자는 업으로서 등록디자인 또는 이와 유사한 디자인을 실시할 권리를 독점한다. 다만, 그 디자인권에 관하여 전용실시권을 설정하였을 때에는 제97조제2항에 따라 전용실시권자가 그 등록디자인 또는 이와 유사한 디자인을 실시할 권리를 독점하는 범위에서는 그러하지 아니하다.

제93조【등록디자인의 보호범위】 등록디자인의 보호범위는 디자인등록출원서의 기재사항 및 그 출원서에 첨부된 도면·사진 또는 견본과 도면에 적힌 디자인의 설명에 따라 표현된 디자인에 의하여 정하여진다.

제94조【디자인권의 효력이 미치지 아니하는 범위】 ① 디자인권의 효력은 다음 각 호의 어느 하나에 해당하는 사항에는 미치지 아니한다.

1. 연구 또는 시험을 하기 위한 등록디자인 또는 이와 유사한 디자인의 실시
2. 국내를 통과하는 데에 불과한 선박·항공기·차량 또는 이에 사용되는 기계·기구·장치, 그 밖의 물건
3. 디자인등록출원 시부터 국내에 있던 물건

② 글자체가 디자인권으로 설정등록된 경우 그 디자인권의 효력은 다음 각 호의 어느 하나에 해당하는 경우에는 미치지 아니한다.

1. 타자·조판 또는 인쇄 등의 통상적인 과정에서 글자체를 사용하는 경우
2. 제1호에 따른 글자체의 사용으로 생산된 결과물인 경우

제95조【타인의 등록디자인 등과의 관계】 ① 디자인권자·전용실시권자 또는 통상실시권자는 등록디자인이 그 디자인등록출원일 전에 출원된 타인의 등록디자인 또는 이와 유사한 디자인·특허발명·등록실용신안 또는 등록상표를 이용하거나 디자인권이 그 디자인권의 디자인등록출원일 전에 출원된 타인의 특허권·실용신안권 또는 상표권과 저촉되는 경우에는 그 디자인권자·특허권자·실용신안권자 또는 상표권자의 허락을 받지 아니하거나 제123조에 따르지 아니하고는 자기의 등록디자인을 업으로서 실시할 수 없다.

② 디자인권자·전용실시권자 또는 통상실시권자는 그 등록디자인과 유사한 디자인이 그 디자인등록출원일 전에 출원된 타인의 등록디자인 또는 이와 유사한 디자인·특허발명·등록실용신안 또는 등록상표를 이용하거나 그 디자인권의 등록디자인과 유사한 디자인이 디자인등록출원일 전에 출원된 타인의 디자인권·특허권·실용신안권 또는 상표권과 저촉되는 경우에는 그 디자인권자·특허권자·실용신안권자 또는 상표권자의 허락을 받지 아니하거나 제123조에 따르지 아니하고는 자기의 등록디자인과 유사한 디자인을 업으로서 실시할 수 없다.

③ 디자인권자·전용실시권자 또는 통상실시권자는 등록디자인 또는 이와 유사한 디자인이 그 디자인등록출원일 전에 발생한 타인의 저작물을 이용하거나 그 저작권에 저촉되는 경우에는 저작권자의 허락을 받지 아니하고는 자기의 등록디자인 또는 이와 유사한 디자인을 업으로서 실시할 수 없다.

제96조【디자인권의 이전 및 공유 등】 ① 디자인권은 이전할 수 있다. 다만, 기본디자인의 디자인권과 관련디자인의 디자인권은 같은 자에게 함께 이전하여야 한다.

② 디자인권이 공유인 경우에 각 공유자는 다른 공유자의 동의를 받지 아니하면 그 지분을 이전하거나 그 지분을 목적으로 하는 질권을 설정할 수 없다.

③ 디자인권이 공유인 경우에는 각 공유자는 계약으로 특별히 약정한 경우를 제외하고는 다른 공유자의 동의를 받지 아니하고 그 등록디자인 또는 이와 유사한 디자인을 단독으로 실시할 수 있다.

④ 디자인권이 공유인 경우에는 각 공유자는 다른 공유자의 동의를 받지 아니하면 그 디자인권에 대하여 전용실시권을 설정하거나 통상실시권을 허락할 수 없다.

⑤ 복수디자인등록된 디자인권은 각 디자인권마다 분리하여 이전할 수 있다.

⑥ 기본디자인의 디자인권이 취소, 포기 또는 무효심결 등으로 소멸한 경우 그 기본디자인에 관한 2 이상의 관련디자인의 디자인권을 이전하려면 같은 자에게 함께 이전하여야 한다.

제97조【전용실시권】 ① 디자인권자는 그 디자인권에 대하여 타인에게 전용실시권을 설정할 수 있다. 다만, 기본디자인의 디자인권과 관련디자인의 디자인권에 대한 전용실시권은 같은 자에게 동시에 설정하여야 한다.

② 전용실시권을 설정받은 전용실시권자는 그 설정행위로 정한 범위에서 그 등록디자인 또는 이와 유사한 디자인을 업으로서 실시할 권리를 독점한다.

③ 전용실시권자는 실시사업(實施事業)과 같이 이전하는 경우 또는 상속이나 그 밖의 일반승계의 경우를 제외하고는 디자인권자의 동의를 받지 아니하면 그 전용실시권을 이전할 수 없다.

④ 전용실시권자는 디자인권자의 동의를 받지 아니하면 그 전용실시권을 목적으로 하는 질권을 설정하거나 통상실시권을 허락할 수 없다.

⑤ 전용실시권에 관하여는 제96조제2항부터 제4항까지의 규정을 준용한다.

⑥ 기본디자인의 디자인권이 취소, 포기 또는 무효심결 등으로 소멸한 경우 그 기본디자인에 관한 2 이상의 관련디자인의 전용실시권을 설정하려면 같은 자에게 함께 설정하여야 한다.

제98조【디자인권 및 전용실시권 등록의 효력】 ① 다음 각 호에 해당하는 사항은 등록하지 아니하면 효력이 발생하지 아니한다.

1. 디자인권의 이전(상속이나 그 밖의 일반승계에 의한 경우는 제외한다), 포기에 의한 소멸 또는 처분의 제한
2. 전용실시권의 설정·이전(상속이나 그 밖의 일반승계에 의한 경우는 제외한다)·변경·소멸(혼동에 의한 경우는 제외한다) 또는 처분의 제한
3. 디자인권 또는 전용실시권을 목적으로 하는 질권의 설정·이전(상속이나 그 밖의 일반승계에 의한 경우는 제외한다)·변경·소멸(혼동에 의한 경우는 제외한다) 또는 처분의 제한

② 제1항 각 호에 따른 디자인권·전용실시권 및 질권의 상속이나 그 밖의 일반승계의 경우에는 지체 없이 그 취지를 특허청장에게 신고하여야 한다.

제99조【통상실시권】 ① 디자인권자는 그 디자인권에 대하여 타인에게 통상실시권을 허락할 수 있다.

② 통상실시권자는 이 법에 따라 또는 설정행위로 정한 범위에서 그 등록디자인 또는 이와 유사한 디자인을 업으로서 실시할 수 있는 권리를 가진다.

③ 제123조에 따른 통상실시권은 그 통상실시권자의 해당 디자인권·전용실시권 또는 통상실시권과 함께 이전되고 해당 디자인권·전용실시권 또는 통상실시권이 소멸되면 함께 소멸된다.

④ 제3항 외의 통상실시권은 실시사업과 같이 이전하는 경우 또는 상속이나 그 밖의 일반승계의 경우를 제외하고는 디자인권자(전용실시권자로부터 통상실시권을 허락받은 경우에는 디자인권자 및 전용실시권자)의 동의를 받지 아니하면 이전할 수 없다.

⑤ 제3항 외의 통상실시권은 디자인권자(전용실시권자로부터 통상실시권을 허락받은 경우에는 디자인권자 및 전용실시권자)의 동의를 받지 아니하면 그 통상실시권을 목적으로 하는 질권을 설정할 수 없다.

⑥ 통상실시권에 관하여는 제96조제2항·제3항을 준용한다.

제100조【선사용에 따른 통상실시권】 디자인등록출원 시에 그 디자인등록출원된 디자인의 내용을 알지 못하고 그 디자인을 창작하거나 그 디자인을 창작한 사람으로부터 알게 되어 국내에서 그 등록디자인 또는 이와 유사한 디자인의 실시사업을 하거나 그 사업의 준비를 하고 있는 자는 그 실시 또는 준비를 하고 있는 디자인 및 사업의 목적 범위에서 그 디자인등록출원된 디자인의 디자인권에 대하여 통상실시권을 가진다.

제101조【선출원에 따른 통상실시권】 타인의 디자인권이 설정등록되는 때에 그 디자인등록출원된 디자인의 내용을 알지 못하고 그 디자인을 창작하거나 그 디자인을 창작한 사람으로부터 알게 되어 국내에서 그 디자인 또는 이와 유사한 디자인의 실시사업을 하거나 그 사업의 준비를 하고 있는 자(제100조에 해당하는 자는 제외한다)는 다음 각 호의 요건을 모두 갖춘 경우에 한정하여 그 실시 또는 준비를 하고 있는 디자인 및 사업의 목적 범위에서 그 디자인권에 대하여 통상실시권을 가진다.

1. 타인이 디자인권을 설정등록받기 위하여 디자인등록출원을 한 날 전에 그 디자인 또는 이와 유사한 디자인에 대하여 디자인등록출원을 하였을 것
2. 타인의 디자인권이 설정등록되는 때에 제1호에 따른 디자인등록출원에 관한 디자인의 실시사업을 하거나 그 사업의 준비를 하고 있을 것
3. 제1호 중 먼저 디자인등록출원한 디자인이 제33조제1항 각 호의 어느 하나에 해당하여 디자인등록거절결정이나 거절한다는 취지의 심결이 확정되었을 것

제102조【무효심판청구 등록 전의 실시에 의한 통상실시권】 ① 다음 각 호의 어느 하나에 해당하는 자가 디자인등록에 대한 무효심판청구의 등록 전에 자기의 등록디자인이 무효사유에 해당하는 것을 알지 못하고 국내에서 그 디자인 또는 이와 유사한 디자인의 실시사업을 하거나 그 사업의 준비를 하고 있는 경우에는 그 실시 또는 준비를 하고 있는 디자인 및 사업의 목적 범위에서 그 디자인권에 대하여 통상실시권을 가진다.
1. 동일하거나 유사한 디자인에 대한 2 이상의 등록디자인 중 그 하나의 디자인등록을 무효로 한 경우의 원(原)디자인권자
2. 디자인등록을 무효로 하고 동일하거나 유사한 디자인에 관하여 정당한 권리자에게 디자인등록을 한 경우의 원디자인권자

② 제1항제1호 및 제2호의 경우에 있어서 그 무효로 된 디자인권에 대하여 무효심판청구 등록 당시에 이미 전용실시권이나 통상실시권 또는 그 전용실시권에 대한 통상실시권을 취득한 자로서 다음 각 호의 어느 하나에 해당하는 자는 통상실시권을 가진다.
1. 해당 통상실시권 또는 전용실시권의 등록을 받은 자
2. 제104조제2항에 해당하는 통상실시권을 취득한 자

③ 제1항 및 제2항에 따라 통상실시권을 가지는 자는 디자인권자 또는 전용실시권자에게 상당한 대가를 지급하여야 한다.

제103조【디자인권 등의 존속기간 만료 후의 통상실시권】 ① 등록디자인과 유사한 디자인이 그 디자인등록출원일 전 또는 디자인등록출원일과 같은 날에 출원되어 등록된 디자인권(이하 "원디자인권"이라 한다)과 저촉되는 경우 원디자인권의 존속기간이 만료되는 때에는 원디자인권자는 원디자인권의 범위에서 그 디자인권에 대하여 통상실시권을 가지거나 원디자인권의 존속기간 만료 당시 존재하는 그 디자인권의 전용실시권에 대하여 통상실시권을 가진다.
② 제1항의 경우 원디자인권의 만료 당시 존재하는 원디자인권에 대한 전용실시권자 또는 제104조제1항에 따라 등록된 통상실시권자는 원권리의 범위에서 그 디자인권에 대하여 통상실시권을 가지거나 원디자인권의 존속기간 만료 당시 존재하는 그 디자인권의 전용실시권에 대하여 통상실시권을 가진다.
③ 등록디자인 또는 이와 유사한 디자인이 그 디자인등록출원일 전 또는 디자인등록출원일과 같은 날에 출원되어 등록된 특허권·실용신안권과 저촉되고 그 특허권 또는 실용신안권의 존속기간이 만료되는 경우에 관하여는 제1항 및 제2항을 준용한다.
④ 제2항(제3항에서 준용하는 경우를 포함한다)에 따라 통상실시권을 갖는 자는 그 디자인권자 또는 그 디자인권에 대한 전용실시권자에게 상당한 대가를 지급하여야 한다.

제104조【통상실시권 등록의 효력】 ① 통상실시권을 등록한 경우에는 그 등록 후에 디자인권 또는 전용실시권을 취득한 자에 대하여도 그 효력이 발생한다.
② 제84조제5항, 제100조부터 제103조까지, 제110조, 제162조, 제163조 및 「발명진흥법」 제10조제1항에 따른 통상실시권은 등록이 없더라도 제1항에 따른 효력이 발생한다.
③ 통상실시권의 이전·변경·소멸 또는 처분의 제한, 통상실시권을 목적으로 하는 질권의 설정·이전·변경·소멸 또는 처분의 제한은 등록하지 아니하면 제3자에게 대항할 수 없다.

제105조【디자인권의 포기】 디자인권자는 디자인권을 포기할 수 있다. 이 경우 복수디자인등록된 디자인권은 각 디자인권마다 분리하여 포기할 수 있다.

제106조【디자인권 등의 포기의 제한】 ① 디자인권자는 전용실시권자·질권자 및 제97조제4항·제99조제1항 또는 「발명진흥법」 제10조제1항에 따른 통상실시권자의 동의를 받지 아니하면 디자인권을 포기할 수 없다.
② 전용실시권자는 질권자 및 제97조제4항에 따른 통상실시권자의 동의를 받지 아니하면 전용실시권을 포기할 수 없다.
③ 통상실시권자는 질권자의 동의를 받지 아니하면 통상실시권을 포기할 수 없다.

제107조【포기의 효과】 디자인권·전용실시권 및 통상실시권을 포기하였을 때에는 디자인권·전용실시권 및 통상실시권은 그때부터 효력이 소멸된다.

제108조【질권】 디자인권·전용실시권 또는 통상실시권을 목적으로 하는 질권을 설정하였을 때에는 질권자는 계약으로 특별히 정한 경우를 제외하고는 해당 등록디자인을 실시할 수 없다.

제109조【질권의 물상대위】 질권은 이 법에 따른 보상금이나 등록디자인 실시에 대하여 받을 대가나 물품에 대하여도 행사할 수 있다. 다만, 그 보상금 등의 지급 또는 인도 전에 압류하여야 한다.

제110조【질권행사 등으로 인한 디자인권의 이전에 따른 통상실시권】 디자인권자(공유인 디자인권을 분할청구한 경우에는 분할청구를 한 공유자를 제외한 나머지 공유자를 말한다)는 디자인권을 목적으로 하는 질권설정 또는 공유인 디자인권의 분할청구 전에 그 등록디자인 또는 이와 유사한 디자인을 실시하고 있는 경우에는 그 디자인권이 경매 등에 의하여 이전되더라도 그 디자인권에 대하여 통상실시권을 가진다. 이 경우 디자인권자는 경매 등에 의하여 디자인권을 이전받은 자에게 상당한 대가를 지급하여야 한다.(2021.10.19 본조개정)

제111조【상속인이 없는 경우 등의 디자인권 소멸】 ① 디자인권의 상속이 개시되었으나 상속인이 없는 경우에는 그 디자인권은 소멸된다.
② 청산절차가 진행 중인 법인의 디자인권은 법인의 청산종결등기일(청산종결등기가 되었더라도 청산사무가 사실상 끝나지 아니한 경우에는 청산사무가 사실상 끝난 날과 청산종결등기일부터 6개월이 지난 날 중 빠른 날을 말한다. 이하 이 항에서 같다)까지 그 디자인권의 이전등록을 하지 아니한 경우에는 청산종결등기일의 다음 날에 소멸된다.(2021.10.19 본항신설)
(2021.10.19 본조제목개정)

제112조【대가 및 보상금액에 대한 집행권원】 이 법에 따라 특허청장이 정한 대가와 보상금액에 관하여 확정된 결정은 집행력 있는 집행권원(執行權原)과 같은 효력을 가진다. 이 경우 집행력 있는 정본은 특허청 소속 공무원이 부여한다.

제6장 디자인권자의 보호

제113조【권리침해에 대한 금지청구권 등】 ① 디자인권자 또는 전용실시권자는 자기의 권리를 침해한 자 또는 침해할 우려가 있는 자에 대하여 그 침해의 금지 또는 예방을 청구할 수 있다.
② 제43조제1항에 따라 비밀로 할 것을 청구한 디자인의 디자인권자 및 전용실시권자는 산업통상자원부령으로 정하는 바에 따라 그 디자인에 관한 다음 각 호의 사항에 대하여 특허청장으로부터 증명을 받은 서면을 제시하여 경고한 후가 아니면 제1항에 따른 청구를 할 수 없다.
1. 디자인권자 및 전용실시권자(전용실시권자가 청구하는 경우만 해당한다)의 성명 및 주소(법인인 경우에는 그 명칭 및 주된 사무소의 소재지를 말한다)
2. 디자인등록출원번호 및 출원일
3. 디자인등록번호 및 등록일
4. 디자인등록출원서에 첨부한 도면·사진 또는 견본의 내용

③ 디자인권자 또는 전용실시권자는 제1항에 따른 청구를 할 때에는 침해행위를 조성한 물품의 폐기, 침해행위에 제공된 설비의 제거, 그 밖에 침해의 예방에 필요한 행위를 청구할 수 있다.

제114조【침해로 보는 행위】 등록디자인이나 이와 유사한 디자인에 관한 물품의 생산에만 사용하는 물품을 업으로서 생산·양도·대여·수출 또는 수입하거나 업으로서 그 물품의 양도 또는 대여의 청약을 하는 행위는 그 디자인권 또는 전용실시권을 침해한 것으로 본다.

제115조【손해액의 추정 등】 ① 디자인권자 또는 전용실시권자는 고의나 과실로 인하여 자기의 디자인권 또는 전용실시

권을 침해한 자에 대하여 그 침해에 의하여 자기가 입은 손해의 배상을 청구할 수 있다.(2020.12.22 본항개정)
② 제1항에 따라 손해배상을 청구하는 경우 그 권리를 침해한 자가 그 침해행위를 하게 한 물건을 양도하였을 때에는 다음 각 호에 해당하는 금액의 합계액을 디자인권자 또는 전용실시권자가 입은 손해액으로 할 수 있다.
1. 그 물건의 양도수량(디자인권자 또는 전용실시권자가 그 침해행위 외의 사유로 판매할 수 없었던 사정이 있는 경우에는 그 침해행위 외의 사유로 판매할 수 없었던 수량을 뺀 수량) 중 디자인권자 또는 전용실시권자가 생산할 수 있었던 물건의 수량에서 실제 판매한 물건의 수량을 뺀 수량을 넘지 아니하는 수량에 디자인권자 또는 전용실시권자가 그 침해행위가 없었다면 판매할 수 있었던 물건의 단위수량당 이익액을 곱한 금액
2. 그 물건의 양도수량 중 디자인권자 또는 전용실시권자가 생산할 수 있었던 물건의 수량에서 실제 판매한 물건의 수량을 뺀 수량을 넘는 수량 또는 그 침해행위 외의 사유로 판매할 수 없었던 수량이 있는 경우 이들 수량(디자인권자 또는 전용실시권자가 그 디자인권자의 디자인권에 대한 전용실시권의 설정, 통상실시권의 허락 또는 그 전용실시권자의 전용실시권에 대한 통상실시권의 허락을 할 수 있었다고 인정되지 아니하는 경우에는 해당 수량을 뺀 수량)에 대해서는 디자인등록을 받은 디자인의 실시에 대하여 합리적으로 받을 수 있는 금액
(2020.12.22 본항개정)
③ 디자인권자 또는 전용실시권자가 고의나 과실로 자기의 디자인권 또는 전용실시권을 침해한 자에 대하여 그 침해에 의하여 자기가 입은 손해의 배상을 청구하는 경우 권리를 침해한 자가 그 침해행위로 이익을 얻었을 때에는 그 이익액을 디자인권자 또는 전용실시권자가 받은 손해액으로 추정한다.
④ 디자인권자 또는 전용실시권자가 고의나 과실로 자기의 디자인권 또는 전용실시권을 침해한 자에 대하여 그 침해에 의하여 자기가 입은 손해의 배상을 청구하는 경우 그 등록디자인의 실시에 대하여 합리적으로 받을 수 있는 금액을 디자인권자 또는 전용실시권자가 입은 손해액으로 하여 손해배상을 청구할 수 있다.(2020.10.20 본항개정)
⑤ 제4항에도 불구하고 손해액이 같은 항에 규정된 금액을 초과하는 경우에는 그 초과액에 대하여도 손해배상을 청구할 수 있다. 이 경우 디자인권 또는 전용실시권을 침해한 자에게 고의 또는 중대한 과실이 없을 때에는 법원은 손해배상액을 산정할 때 그 사실을 고려할 수 있다.
⑥ 법원은 디자인권 또는 전용실시권의 침해에 관한 소송에서 손해가 발생한 것은 인정되나 그 손해액을 증명하기 위하여 필요한 사실을 밝히는 것이 사실의 성질상 극히 곤란한 경우에는 제1항부터 제5항까지의 규정에도 불구하고 변론전체의 취지와 증거조사의 결과에 기초하여 상당한 손해액을 인정할 수 있다.
⑦ 법원은 타인의 디자인권 또는 전용실시권을 침해한 행위가 고의적인 것으로 인정되는 경우에는 제1항부터 제6항까지의 규정에 따라 손해로 인정된 금액의 5배를 넘지 아니하는 범위에서 배상액을 정할 수 있다.(2025.1.21 본항개정)
⑧ 제7항에 따른 배상액을 판단할 때에는 다음 각 호의 사항을 고려하여야 한다.
1. 침해행위를 한 자의 우월적 지위 여부
2. 고의 또는 손해 발생의 우려를 인식한 정도
3. 침해행위로 인하여 디자인권자 또는 전용실시권자가 입은 피해규모
4. 침해행위로 인하여 침해한 자가 얻은 경제적 이익
5. 침해행위의 기간 · 횟수 등
6. 침해행위에 따른 벌금
7. 침해행위를 한 자의 재산상태
8. 침해행위를 한 자의 피해구제 노력의 정도
(2020.10.20 본항신설)
제116조【과실의 추정】 ① 타인의 디자인권 또는 전용실시권을 침해한 자는 그 침해행위에 대하여 과실이 있는 것으로 추정한다. 다만, 제43조제1항에 따라 비밀디자인으로 설정등록된 디자인권 또는 전용실시권의 침해에 대하여는 그러하지 아니하다.
② 디자인일부심사등록디자인의 디자인권자 · 전용실시권자 또는 통상실시권자가 그 등록디자인 또는 이와 유사한 디자인과 관련하여 타인의 디자인권 또는 전용실시권을 침해한 경우에는 제1항을 준용한다.
제117조【디자인권자 등의 신용회복】 법원은 고의나 과실로 디자인권 또는 전용실시권을 침해함으로써 디자인권자 또는 전용실시권자의 업무상 신용을 떨어뜨린 자에 대하여는 디자인권자 또는 전용실시권자의 청구에 의하여 손해배상을 갈음하여 또는 손해배상과 함께 디자인권자 또는 전용실시권자의 업무상 신용회복을 위하여 필요한 조치를 명할 수 있다.
제118조【서류의 제출】 법원은 디자인권 또는 전용실시권의 침해에 관한 소송에서 당사자의 신청에 의하여 해당 침해행위로 인한 손해를 계산하는 데에 필요한 서류를 제출하도록 다른 당사자에게 명할 수 있다. 다만, 그 서류의 소지자가 그 서류의 제출을 거절할 정당한 이유가 있을 때에는 그러하지 아니하다.

제7장 심 판

제119조【보정각하결정에 대한 심판】 제49조제1항에 따른 보정각하결정을 받은 자가 그 결정에 불복할 때에는 그 결정등본을 송달받은 날부터 3개월 이내에 심판을 청구할 수 있다.
(2021.10.19 본조개정)
제120조【디자인등록거절결정 또는 디자인등록취소결정에 대한 심판】 디자인등록거절결정 또는 디자인등록취소결정을 받은 자가 불복할 때에는 그 결정등본을 송달받은 날부터 3개월 이내에 심판을 청구할 수 있다.(2021.10.19 본조개정)
제121조【디자인등록의 무효심판】 ① 이해관계인 또는 심사관은 디자인등록이 다음 각 호의 어느 하나에 해당하는 경우에는 무효심판을 청구할 수 있다. 이 경우 제41조에 따라 복수디자인등록출원된 디자인등록에 대하여는 각 디자인마다 청구하여야 한다.
1. 제3조제1항 본문에 따른 디자인등록을 받을 수 있는 권리를 가지지 아니하거나 같은 항 단서에 따라 디자인등록을 받을 수 없는 경우
2. 제27조, 제33조부터 제35조까지, 제39조 및 제46조제1항 · 제2항에 위반된 경우(2023.6.20 본호개정)
3. 조약에 위반된 경우
4. 디자인등록된 후 그 디자인권자가 제27조에 따라 디자인권을 누릴 수 없는 자로 되거나 그 디자인등록이 조약에 위반된 경우
② 제1항에 따른 심판은 디자인권이 소멸된 후에도 청구할 수 있다.
③ 디자인등록을 무효로 한다는 심결이 확정된 때에는 그 디자인권은 처음부터 없었던 것으로 본다. 다만, 제1항제4호에 따라 디자인등록을 무효로 한다는 심결이 확정된 경우에는 디자인권은 그 디자인등록이 같은 호에 해당하게 된 때부터 없었던 것으로 본다.
④ 심판장은 제1항의 심판이 청구된 경우에는 그 취지를 해당 디자인권의 전용실시권자나 그 밖에 디자인에 관한 권리를 등록한 자에게 통지하여야 한다.
제122조【권리범위 확인심판】 디자인권자 · 전용실시권자 또는 이해관계인은 등록디자인의 보호범위를 확인하기 위하여 디자인권의 권리범위 확인심판을 청구할 수 있다. 이 경우 제41조에 따라 복수디자인등록출원된 디자인등록에 대하여는 각 디자인마다 청구하여야 한다.
제123조【통상실시권 허락의 심판】 ① 디자인권자 · 전용실시권자 또는 통상실시권자는 해당 등록디자인 또는 등록디자인과 유사한 디자인이 제95조제1항 또는 제2항에 해당하여 실시의 허락을 받으려는 경우에 그 타인이 정당한 이유 없이 허락하지 아니하거나 그 타인의 허락을 받을 수 없을 때에는 자기의 등록디자인 또는 등록디자인과 유사한 디자인의 실시에 필요한 범위에서 통상실시권 허락의 심판을 청구할 수 있다.
② 제1항에 따른 심판에 따라 통상실시권을 허락한 자가 그 통상실시권을 허락받은 자의 등록디자인 또는 이와 유사한 디자인을 실시할 필요가 있는 경우에 그 통상실시권을 허락받은 자가 실시를 허락하지 아니하거나 실시의 허락을 받을 수 없을

때에는 통상실시권을 허락받아 실시하려는 등록디자인 또는 이와 유사한 디자인의 범위에서 통상실시권 허락의 심판을 청구할 수 있다.
③ 제1항 및 제2항에 따라 통상실시권을 허락받은 자는 특허권자·실용신안권자·디자인권자 또는 그 전용실시권자에게 대가를 지급하여야 한다. 다만, 자기가 책임질 수 없는 사유로 지급할 수 없는 경우에는 그 대가를 공탁하여야 한다.
④ 제3항에 따른 통상실시권자는 그 대가를 지급하지 아니하거나 공탁을 하지 아니하면 그 특허발명·등록실용신안 또는 등록디자인이나 이와 유사한 디자인을 실시할 수 없다.

제124조【심사규정의 디자인등록거절결정에 대한 심판에의 준용】 ① 디자인등록거절결정에 대한 심판에 관하여는 제48조제1항부터 제3항까지, 제48조제4항제1호, 제49조, 제63조 및 제65조를 준용한다. 이 경우 제48조제4항제1호 중 "제62조에 따른 디자인등록거절결정 또는 제65조에 따른 디자인등록결정(이하 "디자인등록여부결정"이라 한다)의 통지서가 발송되기 전까지"는 "거절이유통지에 따른 의견서 제출기간까지"로 보고, 제49조제3항 중 "제119조에 따라 심판을 청구한 경우"는 "제166조제1항에 따라 소를 제기한 경우"로, "그 심결이 확정될 때까지"는 "그 판결이 확정될 때까지"로 본다.
② 제1항에 따라 준용되는 제63조는 디자인등록거절결정의 이유와 다른 거절이유를 심판절차에서 발견한 경우에만 적용한다.

제125조【공동심판의 청구 등】 ① 디자인권 또는 디자인등록을 받을 수 있는 권리의 공유자가 그 공유인 권리에 관하여 심판을 청구할 때에는 공유자 모두가 공동으로 청구하여야 한다.
② 제1항에도 불구하고 같은 디자인권에 관하여 제121조제1항의 디자인등록무효심판 또는 제122조의 권리범위 확인심판을 청구하는 자가 2인 이상이면 각자 또는 모두가 공동으로 심판을 청구할 수 있다.
③ 공유인 디자인권의 디자인권자에 대하여 심판을 청구할 때에는 공유자 모두를 피청구인으로 하여야 한다.
④ 제1항 또는 제2항에 따른 청구인이나 제3항에 따른 피청구인 중 1인에게 심판절차의 중단 또는 중지의 원인이 있으면 모두에게 그 효력이 발생한다.

제125조의2【국선대리인】 ① 특허심판원장은 산업통상자원부령으로 정하는 요건을 갖춘 심판 당사자의 신청에 따라 대리인(이하 "국선대리인"이라 한다)을 선임하여 줄 수 있다. 다만, 심판청구가 이유 없음이 명백하거나 권리의 남용이라고 인정되는 경우에는 그러하지 아니하다.
② 국선대리인이 선임된 당사자에 대하여 심판절차와 관련된 수수료를 감면할 수 있다.
③ 국선대리인의 신청절차 및 수수료 감면 등 국선대리인 운영에 필요한 사항은 산업통상자원부령으로 정한다.
(2019.1.8 본조신설)

제126조【심판청구방식】 ① 제121조부터 제123조까지에 따라 디자인등록의 무효심판, 권리범위 확인심판 또는 통상실시권 허락의 심판을 청구하려는 자는 다음 각 호의 사항을 적은 심판청구서를 특허심판원장에게 제출하여야 한다.
1. 당사자의 성명 및 주소(법인인 경우에는 그 명칭 및 영업소의 소재지)
2. 대리인이 있는 경우에는 그 대리인의 성명 및 주소나 영업소의 소재지〔대리인이 특허법인·특허법인(유한)인 경우에는 그 명칭, 사무소의 소재지 및 지정된 변리사의 성명〕
(2013.7.30 본호개정)
3. 심판사건의 표시
4. 청구의 취지 및 그 이유
② 제1항에 따라 제출된 심판청구서를 보정하는 경우에는 그 요지를 변경할 수 없다. 다만, 다음 각 호의 어느 하나에 해당하는 경우에는 그러하지 아니하다.
1. 제1항제1호에 따른 당사자 중 디자인권자의 기재를 바로잡기 위하여 보정(추가하는 것을 포함한다)하는 경우
2. 제1항제4호에 따른 청구의 이유를 보정하는 경우
3. 디자인권자 또는 전용실시권자가 제122조에 따라 청구한 권리범위 확인심판에서 심판청구서의 확인대상 디자인(청구인이 주장하는 피청구인의 디자인을 말한다)의 도면에 대하여 피청구인이 자신이 실제로 실시하고 있는 디자인과 비교하여 다르다고 주장하는 경우에 청구인이 피청구인의 실시 디자인과 같게 하기 위하여 심판청구서의 확인대상 디자인의 도면을 보정하는 경우
③ 제122조에 따른 권리범위 확인심판을 청구할 때에는 등록디자인과 대비할 수 있는 도면을 첨부하여야 한다.
④ 제123조제1항에 따른 통상실시권 허락의 심판의 청구서에는 제1항 각 호의 사항 외에 다음 각 호의 사항을 추가로 적어야 한다.
1. 실시하려는 자기의 등록디자인의 번호 및 명칭
2. 실시되어야 할 타인의 특허발명·등록실용신안 또는 등록디자인의 번호·명칭 및 특허나 등록의 연월일
3. 특허발명·등록실용신안 또는 등록디자인의 통상실시권의 범위·기간 및 대가

제127조【디자인등록거절결정 등에 대한 심판청구방식】 ① 제119조 또는 제120조에 따라 보정각하결정, 디자인등록거절결정 또는 디자인등록취소결정에 대한 심판을 청구하려는 자는 다음 각 호의 사항을 적은 심판청구서를 특허심판원장에게 제출하여야 하며, 특허심판원장은 제120조에 따른 디자인등록취소결정에 대한 심판이 청구된 경우에는 그 취지를 이의신청인에게 알려야 한다.
1. 청구인의 성명 및 주소(법인인 경우에는 그 명칭 및 영업소의 소재지)
2. 대리인이 있는 경우에는 그 대리인의 성명 및 주소나 영업소의 소재지〔대리인이 특허법인·특허법인(유한)인 경우에는 그 명칭, 사무소의 소재지 및 지정된 변리사의 성명〕
(2013.7.30 본호개정)
3. 출원일과 출원번호(디자인등록취소결정에 대하여 불복하는 경우에는 디자인등록일과 등록번호)
4. 디자인의 대상이 되는 물품 및 물품류
5. 디자인등록거절결정일, 디자인등록취소결정일 또는 보정각하결정일
6. 심판사건의 표시
7. 청구의 취지 및 그 이유
② 제1항에 따라 제출된 심판청구서를 보정하는 경우에는 그 요지를 변경할 수 없다. 다만, 다음 각 호의 어느 하나에 해당하는 경우에는 그러하지 아니하다.
1. 제1항제1호에 따른 청구인의 기재를 바로잡기 위하여 보정(추가하는 것을 포함한다)하는 경우
2. 제1항제7호에 따른 청구의 이유를 보정하는 경우

제128조【심판청구서 등의 각하 등】 ① 심판장은 다음 각 호의 어느 하나에 해당하는 경우에는 기간을 정하여 그 보정을 명하여야 한다. 다만, 보정할 사항이 경미하고 명확한 경우에는 직권으로 보정할 수 있다.(2023.9.14 단서신설)
1. 심판청구서가 제126조제1항·제3항·제4항 또는 제127조제1항에 위반된 경우
2. 심판에 관한 절차가 다음 각 목의 어느 하나에 해당되는 경우
가. 제4조제1항 또는 제7조에 위반된 경우
나. 제85조에 따라 내야 할 수수료를 내지 아니한 경우
다. 이 법 또는 이 법에 따른 명령으로 정하는 방식에 위반된 경우
② 심판장은 제1항 본문에 따른 보정명령을 받은 자가 지정된 기간에 보정을 하지 아니하거나 보정한 사항이 제126조제2항 또는 제127조제2항을 위반한 경우에는 심판청구서 또는 해당 절차와 관련된 청구 등을 결정으로 각하하여야 한다.(2023.9.14 본항개정)
③ 제2항에 따른 결정은 서면으로 하여야 하며 그 이유를 붙여야 한다.
④ 심판장은 제1항 단서에 따라 직권보정을 하려면 그 직권보정 사항을 청구인에게 통지하여야 한다.(2023.9.14 본항신설)
⑤ 청구인은 제1항 단서에 따른 직권보정 사항을 받아들일 수 없으면 직권보정 사항의 통지를 받은 날부터 7일 이내에 그 직권보정 사항에 대한 의견서를 심판장에게 제출하여야 한다.
(2023.9.14 본항신설)
⑥ 청구인이 제5항에 따라 의견서를 제출한 경우에는 해당 직권보정 사항은 처음부터 없었던 것으로 본다.(2023.9.14 본항신설)

⑦ 제1항 단서에 따른 직권보정이 명백히 잘못된 경우 그 직권보정은 처음부터 없었던 것으로 본다.(2023.9.14 본항신설)
(2022.2.3 본조제목개정)

제129조【보정할 수 없는 심판청구의 심결각하】 부적법한 심판청구로서 그 흠을 보정할 수 없을 때에는 피청구인에게 답변서 제출의 기회를 주지 아니하고 심결로써 각하할 수 있다.

제130조【심판관】 ① 특허심판원장은 심판이 청구되면 심판관에게 심판하게 한다.
② 심판관의 자격은 대통령령으로 정한다.
③ 심판관은 직무상 독립하여 심판한다.

제131조【심판관의 지정】 ① 특허심판원장은 각 심판사건에 대하여 제133조에 따른 합의체를 구성할 심판관을 지정하여야 한다.
② 특허심판원장은 제1항의 심판관 중 심판에 관여하는 데에 지장이 있는 사람이 있으면 다른 심판관에게 심판하게 할 수 있다.

제132조【심판장의 지정】 ① 특허심판원장은 제131조제1항에 따라 지정된 심판관 중에서 1명을 심판장으로 지정하여야 한다.
② 심판장은 그 심판사건에 관한 사무를 총괄한다.

제133조【심판의 합의체】 ① 심판은 3명 또는 5명의 심판관으로 구성되는 합의체가 한다.
② 제1항의 합의체의 합의는 과반수로 결정한다.
③ 심판의 합의는 공개하지 아니한다.

제134조【답변서 제출 등】 ① 심판장은 심판이 청구되면 청구서 부본을 피청구인에게 송달하고 기간을 정하여 답변서를 제출할 수 있는 기회를 주어야 한다.
② 심판장은 제1항의 답변서를 받았을 때에는 그 부본을 청구인에게 송달하여야 한다.
③ 심판장은 심판에 관하여 당사자를 심문할 수 있다.

제135조【심판관의 제척】 심판관은 다음 각 호의 어느 하나에 해당하는 경우에는 그 심판 관여로부터 제척된다.
1. 심판관 또는 그 배우자이거나 배우자였던 사람이 사건의 당사자, 참가인 또는 이의신청인인 경우
2. 심판관이 사건의 당사자, 참가인 또는 이의신청인의 친족이거나 친족이었던 경우
3. 심판관이 사건의 당사자, 참가인 또는 이의신청인의 법정대리인이거나 법정대리인이었던 경우
4. 심판관이 사건에 대한 증인, 감정인으로 된 경우 또는 감정인이었던 경우
5. 심판관이 사건의 당사자·참가인 또는 이의신청인의 대리인이거나 대리인이었던 경우
6. 심판관이 사건에 대하여 심사관 또는 심판관으로서 보정각하결정, 디자인등록여부결정, 디자인일부심사등록 이의신청에 대한 결정 또는 심결에 관여한 경우
7. 심판관이 사건에 관하여 직접 이해관계를 가진 경우

제136조【제척신청】 제135조에 따른 제척의 원인이 있으면 당사자 또는 참가인은 제척신청을 할 수 있다.

제137조【심판관의 기피】 ① 심판관에게 공정한 심판을 기대하기 어려운 사정이 있으면 당사자 또는 참가인은 기피신청을 할 수 있다.
② 당사자 또는 참가인은 사건에 대하여 심판관에게 서면 또는 구두로 진술을 한 후에는 기피신청을 할 수 없다. 다만, 기피의 원인이 있는 것을 알지 못한 경우 또는 기피의 원인이 그 후에 발생한 경우에는 그러하지 아니하다.

제138조【제척 또는 기피의 소명】 ① 제136조 및 제137조에 따라 제척 및 기피 신청을 하려는 자는 그 원인을 적은 서면을 특허심판원장에게 제출하여야 한다. 다만, 구술심리를 할 때에는 구술로 할 수 있다.
② 제척 또는 기피의 원인은 신청한 날부터 3일 이내에 소명하여야 한다.

제139조【제척 또는 기피 신청에 관한 결정】 ① 제척 또는 기피 신청이 있으면 심판으로 결정하여야 한다.
② 제척 또는 기피의 신청을 당한 심판관은 그 제척 또는 기피에 대한 심판에 관여할 수 없다. 다만, 의견을 진술할 수 있다.
③ 제1항에 따른 결정은 서면으로 하여야 하며 그 이유를 붙여야 한다.
④ 제1항에 따른 결정에는 불복할 수 없다.

제140조【심판절차의 중지】 제척 또는 기피의 신청이 있으면 그 신청에 대한 결정이 있을 때까지 심판절차를 중지하여야 한다. 다만, 긴급한 경우에는 그러하지 아니하다.

제141조【심판관의 회피】 심판관이 제135조 또는 제137조에 해당하는 경우에는 특허심판원장의 허가를 받아 해당 사건에 대한 심판을 회피할 수 있다.

제142조【심리 등】 ① 심판은 구술심리 또는 서면심리로 한다. 다만, 당사자가 구술심리를 신청하였을 때에는 서면심리만으로 결정할 수 있다고 인정되는 경우 외에는 구술심리를 하여야 한다.
② 구술심리는 공개하여야 한다. 다만, 공공의 질서 또는 선량한 풍속을 문란하게 할 우려가 있으면 그러하지 아니하다.
③ 심판장은 제1항에 따라 구술심리로 심판을 할 경우에는 그 기일 및 장소를 정하고 그 취지를 적은 서면을 당사자 및 참가인에게 송달하여야 한다. 다만, 해당 사건에 출석한 당사자 및 참가인에게 알렸을 때에는 그러하지 아니하다.
④ 심판장은 제1항에 따라 구술심리로 심판을 할 경우에는 특허심판원장이 지정한 직원에게 기일마다 심리의 요지와 그 밖에 필요한 사항을 적은 조서를 작성하게 하여야 한다.
⑤ 제4항의 조서는 심판장 및 조서를 작성한 직원이 기명날인하여야 한다.
⑥ 제4항의 조서에 관하여는 「민사소송법」 제153조·제154조 및 제156조부터 제160조까지의 규정을 준용한다.
⑦ 심판에 관하여는 「민사소송법」 제143조·제259조·제299조 및 제367조를 준용한다.
⑧ 심판장은 구술심리 중 심판정 내의 질서를 유지한다.

제142조의2【참고인 의견서의 제출】 ① 심판장은 산업에 미치는 영향 등을 고려하여 사건 심리에 필요하다고 인정되는 경우 공공단체, 그 밖의 참고인에게 심판사건에 관한 의견서를 제출하게 할 수 있다.
② 국가기관과 지방자치단체는 공익과 관련된 사항에 관하여 특허심판원에 심판사건에 관한 의견서를 제출할 수 있다.
③ 심판장은 제1항 또는 제2항에 따라 참고인이 제출한 의견서에 대하여 당사자에게 구술 또는 서면에 의한 의견진술의 기회를 주어야 한다.
④ 제1항 또는 제2항에 따른 참고인의 선정 및 비용, 준수사항 등 참고인 의견서 제출에 필요한 사항은 산업통상자원부령으로 정한다.
(2023.9.14 본조신설)

제143조【참가】 ① 제125조제2항에 따라 심판을 청구할 수 있는 자는 심리가 종결될 때까지 그 심판에 참가할 수 있다.
② 제1항에 따른 참가인은 피참가인이 그 심판의 청구를 취하한 후에도 심판절차를 속행할 수 있다.
③ 심판의 결과에 대하여 이해관계를 가진 자는 심리가 종결될 때까지 당사자의 어느 한쪽을 보조하기 위하여 그 심판에 참가할 수 있다.
④ 제3항에 따른 참가인은 모든 심판절차를 밟을 수 있다.
⑤ 제1항 또는 제3항에 따른 참가인에게 심판절차의 중단 또는 중지의 원인이 있으면 그 중단 또는 중지는 피참가인에 대하여도 그 효력이 발생한다.

제144조【참가의 신청 및 결정】 ① 심판에 참가하려는 자는 참가신청서를 심판장에게 제출하여야 한다.
② 심판장은 참가신청이 있는 경우에는 참가신청서 부본을 당사자 및 다른 참가인에게 송달하고 기간을 정하여 의견서를 제출할 수 있는 기회를 주어야 한다.
③ 참가신청이 있는 경우에는 심판으로 그 참가 여부를 결정하여야 한다.
④ 제3항에 따른 결정은 서면으로 하여야 하며 그 이유를 붙여야 한다.
⑤ 제3항에 따른 결정에는 불복할 수 없다.

제145조【증거조사 및 증거보전】 ① 심판에서는 당사자, 참가인 또는 이해관계인의 신청에 의하여 또는 직권으로 증거조사나 증거보전을 할 수 있다.
② 제1항에 따른 증거조사 및 증거보전에 관하여는 「민사소송법」 제2편제3장 중 증거조사 및 증거보전에 관한 규정을 준용

한다. 다만, 심판관은 과태료의 결정을 하거나 구인을 명하거나 보증금을 공탁하게 하지 못한다.
③ 증거보전신청은 심판청구 전에는 특허심판원장에게 하고, 심판계속 중에는 그 사건의 심판장에게 하여야 한다.
④ 특허심판원장은 심판청구 전에 제1항에 따른 증거보전신청이 있으면 증거보전신청에 관여할 심판관을 지정한다.
⑤ 심판장은 제1항에 따라 직권으로 증거조사나 증거보전을 하였을 때에는 그 결과를 당사자·참가인 또는 이해관계인에게 송달하고 기간을 정하여 의견서를 제출할 수 있는 기회를 주어야 한다.
제146조【심판의 진행】 심판장은 당사자 또는 참가인이 법정기간 또는 지정기간에 절차를 밟지 아니하거나 제142조제3항에 따른 기일에 출석하지 아니하여도 심판을 진행할 수 있다.
제146조의2【적시제출주의】 심판절차에서의 주장이나 증거의 제출에 관하여는 「민사소송법」 제146조, 제147조 및 제149조를 준용한다.(2021.8.17 본조신설)
제147조【직권심리】 ① 심판에서는 당사자 또는 참가인이 신청하지 아니한 이유에 대하여도 심리할 수 있다. 이 경우 당사자 및 참가인에게 기간을 정하여 그 이유에 대하여 의견을 진술할 기회를 주어야 한다.
② 심판에서는 청구인이 신청하지 아니한 청구의 취지에 대하여는 심리할 수 없다.
제148조【심리·심결의 병합 또는 분리】 심판관은 당사자 양쪽 또는 어느 한쪽이 같은 2 이상의 심판에 대하여 심리 또는 심결을 병합하거나 분리할 수 있다.
제149조【심판청구의 취하】 ① 심판청구는 심결이 확정될 때까지 취하할 수 있다. 다만, 제134조제1항에 따른 답변서가 제출된 후에는 상대방의 동의를 받아야 한다.
② 제1항에 따라 취하를 하였을 때에는 그 심판청구는 처음부터 없었던 것으로 본다.
제150조【심결】 ① 심판은 특별한 규정이 있는 경우를 제외하고는 심결로써 종결한다.
② 제1항의 심결은 다음 각 호의 사항을 적은 서면으로 하여야 하며 심결을 한 심판관은 그 서면에 기명날인하여야 한다.
1. 심판의 번호
2. 당사자 및 참가인의 성명 및 주소(법인인 경우에는 그 명칭 및 영업소의 소재지)
3. 대리인이 있으면 그 대리인의 성명 및 주소나 영업소의 소재지[대리인이 특허법인·특허법인(유한)인 경우에는 그 명칭, 사무소의 소재지 및 지정된 변리사의 성명](2013.7.30 본호개정)
4. 심판사건의 표시
5. 심결의 주문(제123조의 심판의 경우에는 통상실시권의 범위·기간 및 대가를 포함한다)
6. 심결의 이유(청구의 취지 및 그 이유의 요지를 포함한다)
7. 심결연월일
③ 심판장은 사건이 심결을 할 정도로 성숙하였을 때에는 심리의 종결을 당사자 및 참가인에게 알려야 한다.
④ 심판장은 필요하다고 인정하면 제3항에 따라 심리종결을 통지한 후에도 당사자 또는 참가인의 신청에 의하여 또는 직권으로 심리를 재개할 수 있다.
⑤ 심결은 제3항에 따른 심리종결통지를 한 날부터 20일 이내에 한다.
⑥ 심판장은 심결 또는 결정이 있으면 그 등본을 당사자, 참가인 및 심판에 참가신청을 하였으나 그 신청이 거부된 자에게 송달하여야 한다.
제151조【일사부재리】 이 법에 따른 심판의 심결이 확정되었을 때에는 그 사건에 대하여는 누구든지 같은 사실 및 같은 증거에 의하여 다시 심판을 청구할 수 없다. 다만, 확정된 심결이 각하심결인 경우에는 그러하지 아니하다.
제152조【소송과의 관계】 ① 심판장은 심판에서 필요하면 그 심판사건과 관련되는 디자인일부심사등록 이의신청에 대한 결정 또는 다른 심판의 심결이 확정되거나 소송절차가 완결될 때까지 그 절차를 중지할 수 있다.
② 법원은 소송절차에서 필요하면 디자인에 관한 심결이 확정될 때까지 그 소송절차를 중지할 수 있다.
③ 법원은 디자인권 또는 전용실시권의 침해에 관한 소가 제기된 경우에는 그 취지를 특허심판원장에게 통보하여야 한다. 그 소송절차가 끝났을 때에도 또한 같다.
④ 특허심판원장은 제3항에 따른 디자인권 또는 전용실시권의 침해에 관한 소에 대응하여 그 디자인권에 관한 무효심판 등이 청구된 경우에는 그 취지를 제3항에 해당하는 법원에 통보하여야 한다. 그 심판청구의 각하결정, 심결 또는 청구의 취하가 있는 경우에도 또한 같다.
제152조의2【산업재산권분쟁조정위원회 회부】 ① 심판장은 심판사건을 합리적으로 해결하기 위하여 필요하다고 인정되면 당사자의 동의를 받아 해당 심판사건의 절차를 중지하고 결정으로 해당 사건을 「발명진흥법」 제41조에 따른 산업재산권분쟁조정위원회(이하 "조정위원회"라 한다)에 회부할 수 있다.
② 심판장은 제1항에 따라 조정위원회에 회부한 때에는 해당 심판사건의 기록을 조정위원회에 송부하여야 한다.
③ 심판장은 조정위원회의 조정절차가 조정 불성립으로 종료되면 제1항에 따른 중지 결정을 취소하고 심판을 재개하며, 조정이 성립된 경우에는 해당 심판청구는 취하된 것으로 본다.(2021.8.17 본조신설)
제153조【심판비용】 ① 제121조제1항 및 제122조에 따른 심판비용의 부담에 관한 사항은 심판이 심결에 의하여 종결될 때에는 그 심결로써 정하고, 심판이 심결에 의하지 아니하고 종결될 때에는 결정으로써 정하여야 한다.
② 제1항의 심판비용에 관하여는 「민사소송법」 제98조부터 제103조까지, 제107조제1항·제2항, 제108조, 제111조, 제112조 및 제116조를 준용한다.
③ 제119조·제120조 또는 제123조의 심판비용은 청구인 또는 이의신청인이 부담한다.
④ 제3항에 따라 청구인 또는 이의신청인이 부담하는 비용에 관하여는 「민사소송법」 제102조를 준용한다.
⑤ 심판비용액은 심결 또는 결정이 확정된 후 당사자의 청구를 받아 특허심판원장이 결정한다.
⑥ 심판비용의 범위·금액·납부 및 심판에서 절차상의 행위를 하기 위하여 필요한 비용의 지급에 관하여는 그 성질에 반하지 아니하는 범위에서 「민사소송비용법」 중 해당 규정의 예에 따른다.
⑦ 심판의 대리를 한 변리사에게 당사자가 지급하였거나 지급할 보수는 특허청장이 정하는 금액의 범위에서 심판비용으로 본다. 이 경우 여러 명의 변리사가 심판의 대리를 한 경우라도 1명의 변리사가 심판대리를 한 것으로 본다.
제154조【심판비용액 또는 대가에 대한 집행권원】 이 법에 따라 특허심판원장이 정한 심판비용액 또는 심판관이 정한 대가에 관하여 확정된 결정은 집행력 있는 집행권원과 같은 효력을 가진다. 이 경우 집행력 있는 정본은 특허심판원 소속 공무원이 부여한다.
제155조【디자인등록거절결정 등에 대한 심판의 특칙】 제134조제1항·제2항, 제143조 및 제144조는 제119조 또는 제120조에 따른 심판에는 적용하지 아니한다.
제156조【심사 또는 디자인일부심사등록 이의신청 절차의 효력】 심사 또는 디자인일부심사등록 이의신청 절차에서 밟은 디자인에 관한 절차는 디자인등록거절결정 또는 디자인등록취소결정에 대한 심판에서도 그 효력이 있다.
제157조【디자인등록거절결정 등의 취소】 ① 심판관은 제119조 또는 제120조에 따른 심판이 청구된 경우에 그 청구가 이유 있다고 인정할 때에는 심결로써 보정각하결정, 디자인등록거절결정 또는 디자인등록취소결정을 취소하여야 한다.
② 심판에서 보정각하결정, 디자인등록거절결정 또는 디자인등록취소결정을 취소할 경우에는 심사에 부칠 것이라는 심결을 할 수 있다.
③ 제1항 및 제2항에 따른 심결에서 취소의 기본이 된 이유는 그 사건에 대하여 심사관을 기속한다.

제8장 재심 및 소송

제158조【재심의 청구】 ① 당사자는 확정된 심결에 대하여 재심을 청구할 수 있다.

② 제1항의 재심청구에 관하여는 「민사소송법」 제451조 및 제453조를 준용한다.

제159조【사해심결에 대한 불복청구】 ① 심판의 당사자가 공모하여 제3자의 권리 또는 이익을 사해(詐害)할 목적으로 심결을 하게 한 경우에는 제3자는 그 확정된 심결에 대하여 재심을 청구할 수 있다.

② 제1항의 재심청구의 경우에는 심판의 당사자를 공동피청구인으로 한다.

제160조【재심청구의 기간】 ① 당사자는 심결 확정 후 재심 사유를 안 날부터 30일 이내에 재심을 청구하여야 한다.

② 대리권의 흠을 이유로 재심을 청구하는 경우에 제1항의 기간은 청구인 또는 법정대리인이 심결등본의 송달에 의하여 심결이 있은 것을 안 날의 다음 날부터 기산한다.

③ 심결 확정 후 3년이 지나면 재심을 청구할 수 없다.

④ 재심사유가 심결 확정 후에 생겼을 때에는 제3항의 기간은 그 사유가 발생한 날의 다음 날부터 기산한다.

⑤ 제1항 및 제3항은 해당 심결 이전의 확정심결과 저촉한다는 이유로 재심을 청구하는 경우에는 적용하지 아니한다.

제161조【재심에 의하여 회복한 디자인권의 효력 제한】 ① 다음 각 호의 어느 하나에 해당하는 경우에 디자인권의 효력은 해당 심결이 확정된 후 재심청구 등록 전에 선의로 수입 또는 국내에서 생산하거나 취득한 물품에는 미치지 아니한다.

1. 무효가 된 디자인권(디자인등록취소결정에 대한 심판에 의하여 취소가 확정된 디자인권을 포함한다)이 재심에 의하여 회복된 경우
2. 디자인권의 권리범위에 속하지 아니한다는 심결이 확정된 후 재심에 의하여 그 심결과 상반되는 심결이 확정된 경우
3. 거절한다는 취지의 심결이 있었던 디자인등록출원에 대하여 재심에 의하여 디자인권이 설정등록된 경우

② 제1항 각 호에 해당하는 경우의 디자인권의 효력은 다음 각 호의 어느 하나의 행위에 미치지 아니한다.

1. 해당 심결이 확정된 후 재심청구 등록 전에 한 해당 디자인의 선의의 실시
2. 등록디자인과 관련된 물품의 생산에만 사용하는 물품을 해당 심결이 확정된 후 재심청구 등록 전에 선의로 생산·양도·대여·수출 또는 수입하거나 양도 또는 대여의 청약을 하는 행위

제162조【재심에 의하여 회복한 디자인권에 대한 선사용자의 통상실시권】 제161조제1항 각 호의 어느 하나에 해당하는 경우에 해당 심결이 확정된 후 재심청구 등록 전에 국내에서 선의로 그 디자인의 실시사업을 하고 있는 자 또는 그 사업을 준비하고 있는 자는 실시하고 있거나 준비하고 있는 디자인 및 사업의 목적 범위에서 그 디자인권에 관하여 통상실시권을 가진다.

제163조【재심에 의하여 통상실시권을 상실한 원권리자의 통상실시권】 ① 제123조제1항 또는 제2항에 따라 통상실시권을 허락한다는 심결이 확정된 후 재심에서 이에 상반되는 심결이 확정된 경우에는 재심청구 등록 전에 선의로 국내에서 그 디자인의 실시사업을 하고 있는 자 또는 그 사업을 준비하고 있는 자는 원통상실시권의 사업 목적 및 디자인의 범위에서 그 디자인권 또는 재심의 심결이 확정된 당시에 존재하는 전용실시권에 대하여 통상실시권을 가진다.

② 제1항에 따라 통상실시권을 가진 자는 디자인권자 또는 전용실시권자에게 상당한 대가를 지급하여야 한다.

제164조【재심에서의 심판규정의 준용】 재심의 절차에 관하여는 그 성질에 반하지 아니하는 범위에서 심판의 절차에 관한 규정을 준용한다.

제165조【「민사소송법」의 준용】 재심청구에 관하여는 「민사소송법」 제459조제1항을 준용한다.

제166조【심결 등에 대한 소】 ① 심결에 대한 소와 제124조제1항(제164조에서 준용하는 경우를 포함한다)에 따라 준용되는 제49조제1항에 따른 각하결정 및 심판청구나 재심청구의 각하결정에 대한 소는 특허법원의 전속관할로 한다.

② 제1항에 따른 소는 당사자, 참가인 또는 해당 심판이나 재심에 참가신청을 하였으나 그 신청이 거부된 자만 제기할 수 있다.

③ 제1항에 따른 소는 심결 또는 결정의 등본을 송달받은 날부터 30일 이내에 제기하여야 한다.

④ 제3항의 기간은 불변기간으로 한다.

⑤ 심판장은 주소 또는 거소가 멀리 떨어진 곳에 있거나 교통이 불편한 지역에 있는 자를 위하여 직권으로 제3항의 불변기간에 대하여 부가기간을 정할 수 있다.

⑥ 심판을 청구할 수 있는 사항에 관한 소는 심결에 대한 것이 아니면 제기할 수 없다.

⑦ 제150조제2항제5호에 따른 대가의 심결 및 제153조제1항에 따른 심판비용의 심결 또는 결정에 대하여는 독립하여 제1항에 따른 소를 제기할 수 없다.

⑧ 제1항에 따른 특허법원의 판결에 대하여는 대법원에 상고할 수 있다.

제167조【피고적격】 제166조제1항에 따른 소는 특허청장을 피고로 하여 제기하여야 한다. 다만, 제121조제1항, 제122조, 제123조제1항 및 제2항에 따른 심판 또는 그 재심의 심결에 대한 소는 그 청구인 또는 피청구인을 피고로 하여 제기하여야 한다.

제168조【소 제기 통지 및 재판서 정본 송부】 ① 법원은 심결에 대한 소와 제124조제1항(제164조에서 준용하는 경우를 포함한다)에 따라 준용되는 제49조제1항에 따른 각하결정에 대한 소 또는 제166조제8항에 따른 상고가 제기되었을 때에는 지체 없이 그 취지를 특허심판원장에게 통지하여야 한다.

② 법원은 제167조 단서에 따른 소에 관하여 소송절차가 완결되었을 때에는 지체 없이 그 사건에 대한 각 심급의 재판서 정본을 특허심판원장에게 보내야 한다.

제169조【심결 또는 결정의 취소】 ① 법원은 제166조제1항에 따라 소가 제기된 경우에 그 청구가 이유 있다고 인정할 때에는 판결로써 해당 심결 또는 결정을 취소하여야 한다.

② 심판관은 제1항에 따라 심결 또는 결정의 취소판결이 확정되었을 때에는 다시 심리를 하여 심결 또는 결정을 하여야 한다.

③ 제1항에 따른 판결에서 취소의 기본이 된 이유는 그 사건에 대하여 특허심판원을 기속한다.

제170조【대가에 관한 불복의 소】 ① 제123조제3항에 따른 대가에 대하여 심결·결정을 받은 자가 그 대가에 불복할 때에는 법원에 소송을 제기할 수 있다.

② 제1항에 따른 소송은 심결·결정의 등본을 송달받은 날부터 30일 이내에 제기하여야 한다.

③ 제2항에 따른 기간은 불변기간으로 한다.

제171조【대가에 관한 소송의 피고】 제170조에 따른 소송에서 제123조제3항에 따른 대가에 대하여는 통상실시권자·전용실시권자 또는 디자인권자를 피고로 하여야 한다.

제172조【변리사의 보수와 소송비용】 소송을 대리한 변리사의 보수에 관하여는 「민사소송법」 제109조를 준용한다. 이 경우 "변호사"는 "변리사"로 본다.

제9장 「산업디자인의 국제등록에 관한 헤이그 협정」에 따른 국제출원

제1절 특허청을 통한 국제출원

제173조【국제출원】 「산업디자인의 국제등록에 관한 헤이그협정」(1999년 세계지식재산기구에 의하여 제네바 외교회의에서 채택된 조약을 말하며, 이하 "헤이그협정"이라 한다) 제1조(vi)에 따른 국제등록(이하 "국제등록"이라 한다)을 위하여 출원을 하려는 자는 특허청을 통하여 헤이그협정 제1조(vii)에 따른 국제출원(이하 "특허청을 통한 국제출원"이라 한다)을 할 수 있다.

제174조【국제출원을 할 수 있는 자】 특허청을 통한 국제출원을 할 수 있는 자는 다음 각 호의 어느 하나에 해당하여야 한다. 2인 이상이 공동으로 출원하는 경우에는 각자 모두가 다음 각 호의 어느 하나에 해당하여야 한다.

1. 대한민국 국민
2. 대한민국에 주소(법인인 경우에는 영업소를 말한다)가 있는 자
3. 그 밖에 산업통상자원부령으로 정하는 바에 따라 대한민국에 거소가 있는 자

제175조【국제출원의 절차】 ① 특허청을 통한 국제출원을 하려는 자는 산업통상자원부령으로 정하는 방식에 따라 작성된 국제출원서 및 그 출원에 필요한 서류(헤이그협정의 특정체약당사자가 요구하는 서류 등을 말한다)를 특허청장에게 제출하여야 한다.
② 국제출원서에는 다음 각 호의 사항을 적거나 첨부하여야 한다.
1. 헤이그협정 제1조(vii)에 따른 국제출원의 취지
2. 특허청을 통한 국제출원을 하려는 자의 성명 및 주소(법인인 경우에는 그 명칭 및 영업소의 소재지를 말한다). 국제출원을 하려는 자가 2인 이상으로서 그 주소가 서로 다르고 대리인이 없는 경우에는 연락을 받을 주소를 추가로 적어야 한다.
3. 제174조 각 호에 관한 사항
4. 디자인을 보호받으려는 국가(헤이그협정 제1조(xii)에 따른 정부 간 기구를 포함하며, 이하 "지정국"이라 한다)
5. 도면(사진을 포함한다. 이하 같다)
6. 디자인의 대상이 되는 물품 및 물품류
7. 헤이그협정 제5조(1)(vi)에 따른 수수료의 납부방법
8. 그 밖에 산업통상자원부령으로 정하는 사항
③ 특허청을 통한 국제출원을 하려는 자가 헤이그협정 제5조(5)에 따른 공개연기신청을 하려는 경우에는 국제출원서에 도면을 대신하여 산업통상자원부령으로 정하는 바에 따른 견본을 첨부할 수 있다.
④ 특허청을 통한 국제출원을 하려는 자는 지정국이 요구하는 경우에 다음 각 호의 사항을 국제출원서에 포함하여야 한다.
1. 디자인을 창작한 사람의 성명 및 주소
2. 도면 또는 디자인의 특징에 대한 설명
3. 디자인권의 청구범위

제176조【국제출원서 등 서류제출의 효력발생시기】 국제출원서, 그 출원에 필요한 서류 및 제177조제2항에 따른 서류는 특허청장에게 도달한 날부터 그 효력이 발생한다. 우편으로 제출된 경우에도 또한 같다.

제177조【기재사항의 확인 등】 ① 특허청장은 국제출원서가 도달한 날을 국제출원서에 적어 관계 서류와 함께 헤이그협정 제1조(xxviii)에 따른 국제사무국(이하 "국제사무국"이라 한다)에 보내고, 그 국제출원서 사본을 특허청을 통한 국제출원을 한 자(이하 이 조에서 "국제출원인"이라 한다)에게 보내야 한다.
② 제1항에도 불구하고 특허청장은 국제출원서의 기재사항이 다음 각 호의 어느 하나에 해당하는 경우에는 국제출원인에게 상당한 기간을 정하여 보완에 필요한 서류(이하 이 장에서 "대체서류"라 한다)의 제출을 명하여야 한다.
1. 산업통상자원부령으로 정하는 언어로 작성되지 아니한 경우
2. 국제출원의 취지가 명확하게 표시되지 아니한 경우
3. 특허청을 통한 국제출원을 한 자의 성명 또는 명칭이 적혀있지 아니하거나 명확하게 적혀있지 아니하여 국제출원인을 특정할 수 없는 경우
4. 국제출원인(대리인이 디자인에 관한 절차를 밟는 경우에는 그 대리인을 말한다)과 연락을 하기 위한 주소 등이 명확하게 적혀있지 아니한 경우
5. 도면 또는 견본이 없는 경우
6. 지정국 표시가 없는 경우
③ 제2항에 따른 제출명령을 받은 자가 지정기간 내에 대체서류를 제출한 경우에는 그 대체서류가 특허청장에게 도달한 날을 국제출원서가 도달한 날로 본다.

제178조【송달료의 납부】 ① 특허청을 통한 국제출원을 하려는 자는 특허청장이 국제출원서 및 출원에 필요한 서류를 국제사무국으로 보내는 데에 필요한 금액(이하 "송달료"라 한다)을 특허청장에게 내야 한다.
② 송달료, 그 납부방법·납부기간, 그 밖에 필요한 사항은 산업통상자원부령으로 정한다.
③ 특허청장은 특허청을 통한 국제출원을 하려는 자가 송달료를 내지 아니한 경우에는 상당한 기간을 정하여 보정을 명하여야 한다.
④ 특허청장은 제3항에 따른 보정명령을 받은 자가 지정된 기간에 송달료를 내지 아니한 경우에는 해당 절차를 무효로 할 수 있다.

제2절 국제디자인등록출원

제179조【국제디자인등록출원】 ① 헤이그협정 제1조(vi)에 따른 국제등록으로서 대한민국을 지정국으로 지정한 국제등록(이하 "국제디자인등록출원"이라 한다)은 이 법에 따른 디자인등록출원으로 본다.
② 헤이그협정 제10조(2)에 따른 국제등록일은 이 법에 따른 디자인등록출원일로 본다.
③ 국제디자인등록출원에 대하여는 헤이그협정 제1조(viii)에 따른 국제등록부(이하 "국제등록부"라 한다)에 등재된 국제등록명의인의 성명 및 주소(법인인 경우에는 그 명칭 및 영업소의 소재지를 말한다), 도면, 디자인의 대상이 되는 물품, 물품류, 디자인을 창작한 사람의 성명 및 주소, 디자인의 설명은 이 법에 따른 디자인등록출원인의 성명 및 주소(법인인 경우에는 그 명칭 및 영업소의 소재지를 말한다), 도면, 디자인의 대상이 되는 물품, 물품류, 디자인을 창작한 사람의 성명 및 주소, 디자인의 설명으로 본다.

제180조【디자인등록요건의 특례】 제33조제3항을 국제디자인등록출원에 대하여 적용할 때에 "제52조, 제56조 또는 제90조제3항에 따라 디자인공보"는 "헤이그협정 제10조(3)에 따른 국제등록공보, 제56조 또는 제90조제3항에 따라 디자인공보"로 한다.

제181조【디자인등록출원의 특례】 ① 국제디자인등록출원에 대하여 이 법을 적용할 때에 국제등록공개는 제37조제1항에 따른 디자인등록출원서의 제출로 본다.
② 국제디자인등록출원에 대하여 이 법을 적용할 때에 국제등록부에 등재된 사항과 도면은 제37조제1항 및 제2항에 따른 디자인등록출원서의 기재사항과 도면으로 본다.
③ 국제디자인등록출원에 대하여는 제37조제2항제2호 중 창작내용의 요점 및 같은 조 제3항을 적용하지 아니한다.

제182조【출원일 인정 등의 특례】 국제디자인등록출원에 대하여는 제38조를 적용하지 아니한다.

제183조【국제등록의 소멸로 인한 국제디자인등록출원 또는 국제등록디자인권의 취하 등】 ① 헤이그협정 제16조(1)(iv)에 따른 포기 및 같은 협정 제16조(1)(v)에 따른 감축 등 변경사항의 등재에 따라 국제등록의 전부 또는 일부가 소멸된 경우에는 그 소멸된 범위에서 해당 국제디자인등록출원의 전부 또는 일부가 취하된 것으로 보며, 국제등록디자인권(국제디자인등록출원인이 제198조제2항에 따라 국내에서 설정등록을 받은 디자인권을 말한다. 이하 같다)의 전부 또는 일부가 포기된 것으로 본다.
② 제1항에 따른 취하 또는 포기의 효력은 국제등록부에 해당 국제등록의 변경사항이 등재된 날부터 발생한다.

제184조【비밀디자인의 특례】 국제디자인등록출원에 대하여는 제43조를 적용하지 아니한다.

제185조【국제등록공개의 연기가 신청된 국제디자인등록출원의 열람 등】 ① 특허청장은 헤이그협정 제11조에 따라 국제등록공개의 연기가 신청된 국제디자인등록출원에 대하여 다음 각 호의 어느 하나에 해당하는 경우에는 같은 협정 제10조(5)(a)에 따른 비밀사본의 열람청구에 응하여야 한다.
1. 국제디자인등록출원을 한 자(이하 이 절에서 "국제디자인등록출원인"이라 한다)의 자격에 관한 행정적 또는 사법적 절차의 진행을 목적으로 분쟁 당사자가 국제디자인등록출원에 대한 열람청구를 하는 경우
2. 국제등록부에 등재된 국제등록명의인의 동의를 받은 자가 열람청구를 하는 경우
② 제1항에 따라 비밀사본을 열람한 자는 그 열람한 내용을 무단으로 촬영·복사 등의 방법으로 취득하거나 알게 된 내용을 누설·도용하여서는 아니 된다.

제186조【출원보정의 특례】 ① 제48조제1항을 국제디자인등록출원에 대하여 적용할 때에 "도면의 기재사항이나 사진 또는 견본"은 "도면의 기재사항"으로 한다.
② 국제디자인등록출원에 대하여는 제48조제3항을 적용하지 아니한다.

③ 제48조제4항을 국제디자인등록출원에 대하여 적용할 때에 "제1항부터 제3항까지의 규정"은 "제1항 및 제2항"으로 하고, 같은 항 제1호 중 "제62조에 따른 디자인등록거절결정 또는 제65조에 따른 디자인등록결정(이하 "디자인등록여부결정"이라 한다)"은 "헤이그협정 제10조(3)에 따른 국제등록공개가 있은 날부터 디자인등록여부결정"으로 한다.(2023.6.20 본항개정)
④ 제48조제5항을 국제디자인등록출원에 대하여 적용할 때에 "제1항부터 제3항까지의 규정"은 "제1항 및 제2항"으로 한다.
제187조【분할출원의 특례】 ① 제50조제1항을 국제디자인등록출원에 대하여 적용할 때에 "디자인등록출원의 일부"는 "제63조에 따른 거절이유통지를 받은 경우에만 디자인등록출원의 일부"로 한다.
② 제50조제3항을 국제디자인등록출원에 대하여 적용할 때에 "제48조제4항"은 "제186조제3항"으로 한다.
제188조【조약에 따른 우선권 주장의 특례】 제51조제4항을 국제디자인등록출원에 대하여 적용할 때에 "디자인등록출원일"은 "헤이그협정 제10조(3)에 따른 국제등록공개가 있은 날"로 한다.
제189조【출원공개의 특례】 국제디자인등록출원에 대하여는 제52조를 적용하지 아니한다.
제190조【출원공개 효과의 특례】 제53조제1항을 국제디자인등록출원에 대하여 적용할 때 "제52조에 따른 출원공개"는 "헤이그협정 제10조(3)에 따른 국제등록공개"로 하며, 같은 조 제2항 및 제6항을 국제디자인등록출원에 대하여 적용할 때 "제52조에 따라 출원공개된"은 각각 "헤이그협정 제10조(3)에 따라 국제등록공개된"으로 한다.
제191조【디자인등록을 받을 수 있는 권리 승계의 특례】 ① 제57조제3항을 국제디자인등록출원에 대하여 적용할 때에 "상속이나 그 밖의 일반승계의 경우를 제외하고는 디자인등록출원인 변경신고"는 "국제디자인등록출원인이 국제사무국에 명의변경신고"로 한다.
② 국제디자인등록출원에 대하여는 제57조제4항 및 제5항을 적용하지 아니한다.
③ 제57조제6항을 국제디자인등록출원에 대하여 적용할 때에 "제2항 및 제5항"은 "제2항"으로 한다.
제192조【우선심사의 특례】 제61조제1항제1호를 국제디자인등록출원에 대하여 적용할 때에 "제52조에 따른 출원공개"는 "헤이그협정 제10조(3)에 따른 국제등록공개"로 한다.
제193조【거절결정의 특례】 국제디자인등록출원에 대하여는 제62조제1항제2호 중 제37조제4항에 따라 디자인등록을 받을 수 없는 경우는 적용하지 아니한다.
제194조【거절이유통지의 특례】 제63조제1항을 국제디자인등록출원에 대하여 적용할 때에 "디자인등록출원인에게"는 "국제사무국을 통하여 국제디자인등록출원인에게"로 한다.
제195조【직권보정의 특례】 국제디자인등록출원에 대하여는 제66조를 적용하지 아니한다.
제195조의2【디자인등록결정 이후의 직권 재심사의 특례】 국제디자인등록출원에 대해서는 제66조의2를 적용하지 아니한다.(2021.10.19 본조신설)
제196조【등록료 및 수수료의 특례】 ① 국제등록디자인권의 존속기간을 헤이그협정 제17조(2)에 따라 갱신하려는 자 또는 국제디자인등록출원인은 산업통상자원부령으로 정하는 물품 및 물품류에 따라 같은 협정 제7조(1)에 따른 표준지정수수료 또는 같은 협정 제7조(2)에 따른 개별지정수수료를 국제사무국에 내야 한다.
② 제1항에 따른 표준지정수수료 및 개별지정수수료에 관한 사항은 산업통상자원부령으로 정한다.
③ 국제디자인등록출원이나 국제등록디자인권에 대하여는 제79조부터 제84조까지 및 제86조(제1항제2호에 따른 무효심판청구에 대한 수수료는 제외한다)를 적용하지 아니한다.
제197조【등록료 및 수수료 반환의 특례】 제87조를 국제디자인등록출원에 대하여 적용할 때에 같은 조 제1항제3호는 국제디자인등록출원에 대하여는 적용하지 아니한다.
제198조【디자인권 설정등록의 특례】 ① 국제디자인등록출원에 대하여는 제90조제2항을 적용하지 아니한다.
② 특허청장은 국제디자인등록출원에 대하여 제65조에 따른 디자인등록결정이 있는 경우에는 디자인권을 설정하기 위한 등록을 하여야 한다.
제199조【디자인권 존속기간 등의 특례】 ① 국제등록디자인권은 제198조제2항에 따라 국내에서 설정등록된 날부터 발생하여 헤이그협정 제10조(2)에 따른 국제등록일(이하 "국제등록일"이라 한다) 후 5년이 되는 날까지 존속한다. 다만, 국제등록일 후 5년이 되는 날(이하 이 항에서 "국제등록만료일"이라 한다) 이후에 등록결정이 되어 제198조제2항에 따라 국내에서 설정등록된 경우에는 설정등록된 날부터 발생하여 국제등록만료일 후 5년이 되는 날까지 존속한다.
② 제1항에 따른 국제등록디자인권의 존속기간은 헤이그협정 제17조(2)에 따라 5년마다 갱신할 수 있다.
제200조【등록디자인 보호범위의 특례】 제93조를 국제등록디자인권에 대하여 적용할 때에 해당 국제등록디자인권의 보호범위는 다음 각 호의 구분에 따른다.
1. 제48조에 따른 보정이 없는 경우 : 국제등록부에 등재된 사항, 도면 및 디자인의 설명
2. 제48조에 따른 보정이 있는 경우 : 각각 보정된 디자인등록출원서의 기재사항, 도면 및 디자인의 설명
제201조【디자인권 등록효력의 특례】 ① 국제등록디자인권의 이전, 포기에 의한 소멸 또는 존속기간의 갱신은 국제등록부에 등재함으로써 효력이 발생한다. 다만, 특허청장이 국제등록디자인권의 이전이 제96조제1항 단서 또는 같은 조 제2항에 위반되어 효력이 발생하지 아니한다고 국제사무국에 통지한 경우에는 그러하지 아니하다.
② 제98조제1항제1호를 국제등록디자인권에 대하여 적용할 때에 "이전(상속이나 그 밖의 일반승계에 의한 경우는 제외한다), 포기에 의한 소멸 또는 처분의 제한"은 "처분의 제한"으로 한다.
③ 제98조제2항을 국제등록디자인권에 대하여 적용할 때에 "디자인권 · 전용실시권"은 "전용실시권"으로 한다.
제202조【디자인권 포기의 특례】 ① 국제등록디자인권에 대하여는 제106조제1항을 적용하지 아니한다.
② 제107조를 국제등록디자인권에 대하여 적용할 때에 "디자인권 · 전용실시권"은 각각 "전용실시권"으로 한다.
제203조【국제등록부 경정의 효력 등】 ① 헤이그협정 제1조(viii)에 따른 국제등록부의 경정(이하 이 조에서 "경정"이라 한다)이 있는 경우에는 해당 국제디자인등록출원은 경정된 대로 효력을 가진다.
② 경정의 효력은 해당 국제디자인등록출원의 국제등록일로 소급하여 발생한다.
③ 경정이 산업통상자원부령으로 정하는 사항에 관한 것으로서 해당 국제디자인등록출원에 대한 등록여부결정이 있은 후에 통지된 경우에 그 등록여부결정은 없었던 것으로 본다.
제204조【권리침해에 대한 금지청구권 등의 특례】 국제등록디자인권에 대하여는 제113조제2항을 적용하지 아니한다.
제205조【서류의 열람 등의 특례】 제206조제2항을 국제디자인등록출원에 대하여 적용할 때에 "제52조에 따라 출원공개"는 "헤이그협정 제10조(3)에 따라 국제등록공개"로 한다.

제10장 보 칙

제206조【서류의 열람 등】 ① 디자인등록출원 또는 심판 등에 관한 증명, 서류의 등본 또는 초본의 발급, 디자인등록원부 및 서류의 열람 또는 복사가 필요한 자는 특허청장 또는 특허심판원장에게 신청할 수 있다.
② 특허청장 또는 특허심판원장은 제1항의 신청이 있더라도 제52조에 따라 출원공개되지 아니하고 디자인권의 설정등록이 되지 아니한 디자인등록출원에 관한 서류와 공공의 질서 또는 선량한 풍속을 문란하게 할 우려가 있는 것은 허가하지 아니할 수 있다.
제207조【디자인등록출원 · 심사 · 심판 등에 관한 서류의 반출 및 공개금지】 ① 디자인등록출원, 심사, 디자인일부심사등록 이의신청, 심판, 재심에 관한 서류 또는 디자인등록원부는 다음 각 호의 어느 하나에 해당하는 경우를 제외하고는 외부로 반출할 수 없다.

1. 제59조제1항 또는 제2항에 따른 선행디자인의 조사 등을 위하여 디자인등록출원 또는 심사에 관한 서류를 반출하는 경우
1의2. 제152조의2제2항에 따른 조정을 위하여 디자인등록출원, 심사, 디자인일부심사등록 이의신청, 심판, 재심에 관한 서류나 디자인등록원부를 반출하는 경우(2021.8.17 본호신설)
2. 「산업재산 정보의 관리 및 활용 촉진에 관한 법률」 제12조제1항에 따른 산업재산문서 전자화업무의 위탁을 위하여 디자인등록출원, 심사, 디자인일부심사등록 이의신청, 심판, 재심에 관한 서류나 디자인등록원부를 반출하는 경우(2024.2.6 본호개정)
3. 「전자정부법」 제32조제2항에 따른 온라인 원격근무를 위하여 디자인등록출원, 심사, 디자인일부심사등록 이의신청, 심판, 재심에 관한 서류나 디자인등록원부를 반출하는 경우

② 디자인등록출원, 심사, 디자인일부심사등록 이의신청, 심판 또는 재심으로 계속 중인 사건의 내용이나 디자인등록여부결정·심결 또는 결정의 내용에 관하여는 감정·증언하거나 질의에 응답할 수 없다.

제208조 (2024.2.6 삭제)

제209조【서류의 송달】 이 법에 규정된 서류의 송달절차 등에 관한 사항은 대통령령으로 정한다.

제210조【공시송달】 ① 송달을 받을 자의 주소나 영업소가 불분명하여 송달할 수 없을 때에는 공시송달을 하여야 한다.
② 공시송달은 서류를 송달받을 자에게 어느 때라도 교부한다는 뜻을 디자인공보에 게재함으로써 한다.
③ 최초의 공시송달은 디자인공보에 게재한 날부터 2주일이 지나면 그 효력이 발생한다. 다만, 같은 당사자에 대한 이후의 공시송달은 디자인공보에 게재한 날의 다음 날부터 그 효력이 발생한다.

제211조【재외자에 대한 송달】 ① 재외자로서 디자인관리인이 있으면 그 재외자에게 송달할 서류는 디자인관리인에게 송달하여야 한다.
② 재외자로서 디자인관리인이 없으면 그 재외자에게 송달할 서류는 항공등기우편으로 발송할 수 있다.
③ 제2항에 따라 서류를 항공등기우편으로 발송한 경우에는 그 발송을 한 날에 송달된 것으로 본다.

제212조【디자인공보】 ① 특허청장은 디자인공보를 발행하여야 한다.
② 디자인공보는 산업통상자원부령으로 정하는 바에 따라 전자적 매체로 발행할 수 있다.
③ 특허청장은 전자적 매체로 디자인공보를 발행하는 경우에는 정보통신망을 활용하여 디자인공보의 발행사실·주요목록 및 공시송달에 관한 사항을 알려야 한다.
④ 디자인공보에 게재할 사항은 대통령령으로 정한다.

제213조【서류의 제출 등】 특허청장 또는 심사관은 당사자에게 심판 또는 재심에 관한 절차 외의 절차를 처리하기 위하여 필요한 서류, 그 밖의 물건의 제출을 명할 수 있다.

제214조【디자인등록표시】 디자인권자·전용실시권자 또는 통상실시권자는 등록디자인에 관한 물품 또는 그 물품의 용기나 포장 등에 디자인등록의 표시를 할 수 있다.

제215조【허위표시의 금지】 누구든지 다음 각 호의 어느 하나에 해당하는 행위를 하여서는 아니 된다.
1. 디자인등록된 것이 아닌 물품, 디자인등록출원 중이 아닌 물품 또는 그 물품의 용기나 포장에 디자인등록표시 또는 디자인등록출원표시를 하거나 이와 혼동하기 쉬운 표시를 하는 행위
2. 제1호의 표시를 한 것을 양도·대여 또는 전시하는 행위
3. 디자인등록된 것이 아닌 물품, 디자인등록출원 중이 아닌 물품을 생산·사용·양도 또는 대여하기 위하여 광고·간판 또는 표찰에 그 물품이 디자인등록 또는 디자인등록출원된 것으로 표시하거나 이와 혼동하기 쉬운 표시를 하는 행위

제216조【불복의 제한】 ① 보정각하결정, 디자인등록여부결정, 디자인등록취소결정, 심결, 심판청구나 재심청구의 각하결정에 대하여는 다른 법률에 따른 불복을 할 수 없으며, 이 법에 따라 불복할 수 없도록 규정되어 있는 처분에 대하여는 다른 법률에 따른 불복을 할 수 없다.
② 제1항에 따른 처분 외의 처분에 대한 불복에 대하여는 「행정심판법」 또는 「행정소송법」에 따른다.

제217조【비밀유지명령】 ① 법원은 디자인권 또는 전용실시권의 침해에 관한 소송에서 당사자가 보유한 영업비밀(「부정경쟁방지 및 영업비밀보호에 관한 법률」 제2조제2호에 따른 영업비밀을 말한다. 이하 같다)에 대하여 다음 각 호의 사유를 모두 소명한 경우에는 그 당사자의 신청에 의하여 결정으로 다른 당사자(법인인 경우에는 그 대표자), 당사자를 위하여 소송을 대리하는 자, 그 밖에 그 소송으로 인하여 영업비밀을 알게 된 자에게 그 영업비밀을 그 소송의 계속적인 수행 외의 목적으로 사용하거나 그 영업비밀에 관계된 이 항에 따른 명령을 받은 자 외의 자에게 공개하지 아니할 것을 명할 수 있다. 다만, 그 신청 시점까지 다른 당사자(법인인 경우에는 그 대표자), 당사자를 위하여 소송을 대리하는 자, 그 밖에 그 소송으로 인하여 영업비밀을 알게 된 자가 제1호에 규정된 준비서면의 열람이나 증거 조사 외의 방법으로 그 영업비밀을 이미 취득하고 있는 경우에는 그러하지 아니하다.
1. 이미 제출하였거나 제출하여야 할 준비서면 또는 이미 조사하였거나 조사하여야 할 증거에 영업비밀이 포함되어 있다는 것
2. 제1호의 영업비밀이 그 소송 수행 외의 목적으로 사용되거나 공개되면 당사자의 영업에 지장을 줄 우려가 있어 이를 방지하기 위하여 영업비밀의 사용 또는 공개를 제한할 필요가 있다는 것

② 제1항에 따른 명령(이하 "비밀유지명령"이라 한다)의 신청은 다음 각 호의 사항을 적은 서면으로 하여야 한다.
1. 비밀유지명령을 받을 자
2. 비밀유지명령의 대상이 될 영업비밀을 특정하기에 충분한 사실
3. 제1항 각 호의 사유에 해당하는 사실

③ 법원은 비밀유지명령이 결정된 경우에는 그 결정서를 비밀유지명령을 받은 자에게 송달하여야 한다.
④ 비밀유지명령은 제3항의 결정서가 비밀유지명령을 받은 자에게 송달된 때부터 효력이 발생한다.
⑤ 비밀유지명령의 신청을 기각 또는 각하한 재판에 대하여는 즉시항고를 할 수 있다.

제218조【비밀유지명령의 취소】 ① 비밀유지명령을 신청한 자 또는 비밀유지명령을 받은 자는 제217조제1항에 따른 요건을 갖추지 못하였거나 갖추지 못하게 된 경우 소송기록을 보관하고 있는 법원(소송기록을 보관하고 있는 법원이 없는 경우에는 비밀유지명령을 내린 법원)에 비밀유지명령의 취소를 신청할 수 있다.
② 법원은 비밀유지명령의 취소 신청에 대한 재판이 있는 경우에는 그 결정서를 그 신청을 한 자 및 상대방에게 송달하여야 한다.
③ 비밀유지명령의 취소 신청에 대한 재판에 대하여는 즉시항고를 할 수 있다.
④ 비밀유지명령을 취소하는 재판은 확정되어야 그 효력이 발생한다.
⑤ 비밀유지명령을 취소하는 재판을 한 법원은 비밀유지명령의 취소 신청을 한 자 또는 상대방 외에 해당 영업비밀에 관한 비밀유지명령을 받은 자가 있는 경우에는 그 자에게 즉시 비밀유지명령의 취소 재판을 한 사실을 알려야 한다.

제219조【소송기록 열람 등의 청구 통지 등】 ① 비밀유지명령이 내려진 소송(모든 비밀유지명령이 취소된 소송은 제외한다)에 관한 소송기록에 대하여 「민사소송법」 제163조제1항의 결정이 있었던 경우에 당사자가 같은 항에서 규정하는 비밀 기재 부분의 열람 등의 청구를 하였으나 그 청구절차를 해당 소송에서 비밀유지명령을 받지 아니한 자가 밟았을 때에는 법원서기관, 법원사무관, 법원주사 또는 법원주사보(이하 이 조에서 "법원사무관등"이라 한다)는 「민사소송법」 제163조제1항의 신청을 한 당사자(그 열람 등의 청구를 한 자는 제외한다. 이하 제3항에서 같다)에게 그 청구 직후에 그 열람 등의 청구가 있었다는 사실을 알려야 한다.
② 제1항의 경우에 법원사무관등은 제1항의 청구가 있었던 날부터 2주일이 지날 때까지(그 청구절차를 밟은 자에 대한 비밀유지명령신청이 그 기간 내에 이루어진 경우에는 그 신청에 대한 재판이 확정되는 시점까지) 그 청구절차를 밟은 자에게 제1항의 비밀 기재 부분의 열람 등을 하게 하여서는 아니 된다.

③ 제2항은 제1항의 열람 등의 청구를 한 자에게 제1항의 비밀 기재 부분의 열람 등을 하게 하는 것에 대하여 「민사소송법」 제163조제1항의 신청을 한 당사자 모두의 동의가 있는 경우에는 적용되지 아니한다.

제11장 벌 칙

제220조【침해죄】 ① 디자인권 또는 전용실시권을 침해한 자는 7년 이하의 징역 또는 1억원 이하의 벌금에 처한다.
② 제1항의 죄는 피해자가 명시한 의사에 반하여 공소를 제기할 수 없다.(2022.6.10 본항개정)

제221조【위증죄】 ① 이 법에 따라 선서한 증인, 감정인 또는 통역인이 특허심판원에 대하여 거짓의 진술·감정 또는 통역을 한 경우에는 5년 이하의 징역 또는 5천만원 이하의 벌금에 처한다.(2017.3.21 본항개정)
② 제1항에 따른 죄를 범한 자가 그 사건의 디자인등록여부결정, 디자인일부심사등록 이의신청에 대한 결정 또는 심결이 확정되기 전에 자수한 경우에는 그 형을 감경하거나 면제할 수 있다.

제222조【허위표시의 죄】 제215조를 위반한 자는 3년 이하의 징역 또는 3천만원 이하의 벌금에 처한다.(2017.3.21 본조개정)

제223조【거짓행위의 죄】 거짓이나 그 밖의 부정한 행위로써 디자인등록 또는 심결을 받은 자는 3년 이하의 징역 또는 3천만원 이하의 벌금에 처한다.(2017.3.21 본조개정)

제224조【비밀유지명령위반죄】 ① 국내외에서 정당한 사유 없이 제217조제1항에 따른 비밀유지명령을 위반한 자는 5년 이하의 징역 또는 5천만원 이하의 벌금에 처한다.
② 제1항의 죄는 비밀유지명령을 신청한 자의 고소가 없으면 공소를 제기할 수 없다.

제225조【비밀누설죄 등】 ① 특허청 또는 특허심판원 직원이나 그 직원으로 재직하였던 사람이 디자인등록출원 중인 디자인(헤이그협정 제11조에 따라 연기 신청된 국제디자인등록출원 중인 디자인을 포함한다)에 관하여 직무상 알게 된 비밀을 누설하거나 도용한 경우에는 5년 이하의 징역 또는 5천만원 이하의 벌금에 처한다.
② 특허청 또는 특허심판원 직원이나 그 직원으로 재직하였던 사람이 제43조제1항에 따른 비밀디자인에 관하여 직무상 알게 된 비밀을 누설한 경우에는 5년 이하의 징역 또는 5천만원 이하의 벌금에 처한다.
③ 제43조제4항에 따라 비밀디자인을 열람한 자(제43조제4항 제4호에 해당하는 자는 제외한다)가 같은 조 제5항을 위반하여 열람한 내용을 무단으로 촬영·복사 등의 방법으로 취득하거나 알게 된 내용을 누설하는 경우에는 2년 이하의 징역 또는 2천만원 이하의 벌금에 처한다.
④ 제185조제1항에 따라 비밀사본을 열람한 자가 같은 조 제2항을 위반하여 열람한 내용을 무단으로 촬영·복사 등의 방법으로 취득하거나 알게 된 내용을 누설·도용하는 경우에는 2년 이하의 징역 또는 2천만원 이하의 벌금에 처한다.

제226조【전문기관 등의 임직원에 대한 공무원 의제】 제59조제1항에 따른 전문기관의 임직원이나 임직원으로 재직하였던 사람은 제225조를 적용할 때에 특허청 직원 또는 그 직원으로 재직하였던 사람으로 본다.(2024.2.6 본조개정)

제227조【양벌규정】 법인의 대표자나 법인 또는 개인의 대리인, 사용인, 그 밖의 종업원이 그 법인 또는 개인의 업무에 관하여 제220조제1항, 제222조 또는 제223조의 어느 하나에 해당하는 위반행위를 하면 그 행위자를 벌하는 외에 그 법인에는 다음 각 호의 구분에 따른 벌금형을, 그 개인에게는 해당 조문의 벌금형을 과(科)한다. 다만, 법인 또는 개인이 그 위반행위를 방지하기 위하여 해당 업무에 관하여 상당한 주의와 감독을 게을리하지 아니한 경우에는 그러하지 아니하다.
1. 제220조제1항의 경우 : 3억원 이하의 벌금
2. 제222조 또는 제223조의 경우 : 6천만원 이하의 벌금

제228조【몰수 등】 ① 제220조제1항에 해당하는 침해행위를 조성한 물건 또는 그 침해행위로부터 생긴 물건은 몰수하거나 피해자의 청구에 의하여 피해자에게 교부할 것을 선고하여야 한다.
② 피해자는 제1항에 따른 물건을 받은 경우에는 그 물건의 가액을 초과하는 손해액에 대하여만 배상을 청구할 수 있다.

제229조【과태료】 ① 다음 각 호의 어느 하나에 해당하는 자에게는 50만원 이하의 과태료를 부과한다.
1. 제145조에 따라 준용되는 「민사소송법」 제299조제2항 및 제367조에 따라 선서를 한 자로서 특허심판원에 대하여 거짓 진술을 한 자
2. 특허심판원으로부터 증거조사 또는 증거보전에 관하여 서류나 그 밖의 물건 제출 또는 제시의 명령을 받은 자로서 정당한 이유 없이 그 명령에 따르지 아니한 자
3. 특허심판원으로부터 증인, 감정인 또는 통역인으로 출석요구된 사람으로서 정당한 이유 없이 출석요구에 응하지 아니하거나 선서·진술·증언·감정 또는 통역을 거부한 자
② 제1항에 따른 과태료는 대통령령으로 정하는 바에 따라 특허청장이 부과·징수한다.

부 칙

제1조【시행일】 이 법은 2014년 7월 1일부터 시행한다. 다만, 제4조의 개정규정 및 부칙 제11조는 2013년 7월 1일부터 시행하고, 제9장(제173조부터 제205조까지)의 개정규정은 헤이그협정이 대한민국에 대하여 그 효력을 발생하는 날부터 시행한다.<2014.7.1 발효>

제2조【일반적 적용례】 이 법은 이 법 시행 후 출원한 디자인등록출원부터 적용한다.

제3조【확대된 선출원의 예외에 관한 적용례】 제33조제3항 단서의 개정규정은 이 법 시행 후 출원한 디자인등록출원부터 적용한다.

제4조【관련디자인 등록출원에 관한 적용례】 ① 제35조제1항의 개정규정은 이 법 시행 전의 등록디자인 또는 디자인등록출원과만 유사한 디자인으로서 이 법 시행 후 1년 이내에 관련디자인으로 디자인등록출원된 것에 대하여도 적용한다.
② 제35조제3항의 개정규정은 이 법 시행 전에 전용실시권이 설정된 디자인권의 디자인과만 유사한 디자인으로서 이 법 시행 후 관련디자인으로 디자인등록출원된 것에 대하여도 적용한다.

제5조【심판청구에 따른 보정에 관한 적용례】 제48조제4항제3호의 개정규정은 이 법 시행 전에 출원된 디자인등록출원에 대하여 이 법 시행 후에 디자인등록거절결정을 받은 것에 대하여도 적용한다.

제6조【복수디자인등록출원의 보정각하 결정에 따른 심사중지에 관한 적용례】 제49조제3항의 개정규정은 이 법 시행 전에 출원된 복수디자인등록출원으로서 이 법 시행 후 그 일부 디자인에 대하여 보정각하 결정을 한 것에 대하여도 적용한다.

제7조【직권보정에 관한 적용례】 제66조의 개정규정은 이 법 시행 전에 출원된 디자인등록출원으로서 이 법 시행 후에 디자인등록결정을 하는 때에도 적용한다.

제8조【복수디자인에 대한 디자인일부심사등록 이의신청에 관한 적용례】 제68조제1항의 개정규정은 이 법 시행 후 출원한 디자인등록출원부터 적용한다.

제9조【등록료의 추가납부 및 반환 등에 관한 적용례】 제84조제1항 및 제87조제1항제3호의 개정규정은 이 법 시행 후 출원된 디자인등록출원에 대한 것부터 적용한다.

제10조【디자인권의 존속기간에 관한 적용례】 제91조의 개정규정은 이 법 시행 후 출원되어 디자인등록된 디자인권부터 적용한다.

제11조【복수등록디자인의 포기에 관한 적용례】 제105조의 개정규정은 이 법 시행 전에 복수디자인등록된 디자인권에 대하여도 적용한다.

제12조【디자인등록무효심판에 관한 적용례】 제121조제1항의 개정규정은 이 법 시행 후 출원한 디자인등록출원부터 적용한다.

제13조【권리범위 확인심판에 관한 적용례】 제122조의 개정규정은 이 법 시행 후 출원한 디자인등록출원부터 적용한다.

제14조【금치산자 등에 대한 경과조치】 제4조제1항의 개정규정에 따른 피성년후견인 및 피한정후견인에는 법률 제10429

호 민법 일부개정법률 부칙 제2조에 따라 금치산 또는 한정치산 선고의 효력이 유지되는 자를 포함하는 것으로 본다.

제15조【유사디자인에 관한 경과조치】 이 법 시행 당시 종전의 규정에 따라 유사디자인으로 등록출원되거나 등록된 디자인에 대하여는 관련디자인에 관한 제35조, 제37조, 제49조, 제54조, 제62조, 제91조, 제92조, 제96조, 제97조 및 제121조의 개정규정에도 불구하고 종전의 규정에 따른다.

제16조【종전 법률의 개정에 따른 포기·거절결정된 출원의 선출원 불인정에 관한 경과조치】 2007년 7월 1일 전에 디자인등록출원을 한 후 그 출원을 포기하거나 그 출원에 대하여 거절결정 또는 거절한다는 취지의 심결이 확정되는 것에 대하여는 종전의 규정(법률 제8187호 디자인보호법 일부개정법률로 개정되기 전의 법 제16조제3항을 말한다)에 따른다.

제17조【종전 법률의 개정에 따른 거절결정된 출원의 디자인공보 게재에 관한 경과조치】 2007년 7월 1일 전에 디자인등록출원을 한 후 그 출원에 대하여 거절결정 또는 거절한다는 취지의 심결이 확정되는 것에 대하여는 법률 제8187호 디자인보호법 일부개정법률 제23조의6(이 법 제56조의 개정규정에 해당한다)을 적용하지 아니한다.

제18조【종전 법률의 개정에 따른 선출원에 따른 통상실시권에 관한 경과조치】 2007년 7월 1일 전에 출원한 디자인등록출원에 대하여는 선출원에 따른 통상실시권의 요건을 갖춘 경우라도 법률 제8187호 디자인보호법 일부개정법률 제50조의2(이 법 제101조의 개정규정에 해당한다)를 적용하지 아니한다.

제19조【다른 법률의 개정】 ①~③ ※(해당 법령에 가제정리 하였음)

제20조【다른 법령과의 관계】 이 법 시행 당시 다른 법령에서 종전의 「디자인보호법」의 규정을 인용하고 있는 경우에 이 법 가운데 그에 해당하는 규정이 있으면 종전의 규정을 갈음하여 이 법의 해당 규정을 인용한 것으로 본다.

부 칙 (2017.3.21)

제1조【시행일】 이 법은 공포 후 6개월이 경과한 날부터 시행한다.

제2조【일반적 적용례】 제36조, 제48조제4항 및 제51조제4항의 개정규정은 이 법 시행 이후 출원한 디자인등록출원부터 적용한다.

부 칙 (2020.10.20)

제1조【시행일】 이 법은 공포한 날부터 시행한다.

제2조【디자인권 또는 전용실시권 침해소송에 관한 적용례】 제115조제7항 및 제8항의 개정규정은 이 법 시행 후 발생한 위반행위부터 적용한다.

부 칙 (2020.12.22)

제1조【시행일】 이 법은 공포 후 6개월이 경과한 날부터 시행한다.

제2조【손해액의 추정에 관한 적용례】 제115조의 개정규정은 이 법 시행 후 최초로 손해배상이 청구된 경우부터 적용한다.

부 칙 (2021.4.20)

제1조【시행일】 이 법은 공포 후 6개월이 경과한 날부터 시행한다.

제2조【일반적 적용례】 이 법은 이 법 시행 이후 출원한 디자인등록출원부터 적용한다.

부 칙 (2021.8.17)

제1조【시행일】 이 법은 공포 후 3개월이 경과한 날부터 시행한다. 다만, 제86조 및 제87조의 개정규정은 공포 후 6개월이 경과한 날부터 시행한다.

제2조【등록료 및 수수료 감면에 관한 적용례】 ① 제86조의 개정규정 중 등록료 감면에 관한 부분은 같은 개정규정 시행 이후 제65조에 따른 디자인등록결정 또는 제157조제1항에 따른 디자인등록거절결정 취소심결(디자인등록을 결정한 심결에 한정하되, 재심심결을 포함한다)의 등본을 송달받은 디자인등록출원부터 적용한다.

② 제86조의 개정규정 중 수수료 감면에 관한 부분은 같은 개정규정 시행 이후 출원하는 디자인등록출원부터 적용한다.

제3조【등록료 및 수수료의 반환에 관한 적용례】 제87조제1항제3호의 개정규정은 같은 개정규정 시행 이후 취하 또는 포기한 디자인등록출원부터 적용한다.

제4조【심판사건의 조정위원회 회부에 관한 적용례】 제152조의2의 개정규정은 이 법 시행 당시 심판이 진행 중인 사건에도 적용한다.

제5조【감면액 징수 등에 관한 경과조치】 제86조제3항의 개정규정 시행 전에 거짓이나 그 밖의 부정한 방법으로 등록료 또는 수수료를 감면받은 자에 대해서는 같은 개정규정에도 불구하고 종전의 규정에 따른다.

부 칙 (2021.10.19)

제1조【시행일】 이 법은 공포 후 6개월이 경과한 날부터 시행한다.

제2조【절차의 무효에 관한 적용례】 제18조제2항의 개정규정은 이 법 시행 전에 보정명령을 받은 자가 정당한 사유로 보정기간을 지키지 못하여 디자인에 관한 절차가 무효로 된 경우로서 이 법 시행 당시 그 사유가 소멸한 날부터 2개월이 지나지 아니한 경우에 대해서도 적용한다.

제3조【출원의 보정에 관한 적용례】 제48조제4항의 개정규정은 이 법 시행 전에 디자인등록거절결정등본을 송달받은 경우로서 이 법 시행 당시 제64조제1항에 따른 재심사 청구기간이 끝나지 아니한 경우에 대해서도 적용한다.

제4조【보정각하에 관한 적용례】 제49조제2항의 개정규정은 이 법 시행 이후 보정각하결정의 등본을 송달받은 디자인등록출원(복수디자인등록출원된 일부 디자인에 대하여 각하결정을 한 경우에는 그 일부 디자인을 말한다)부터 적용한다.

제5조【출원의 분할에 관한 적용례】 제50조제4항 및 제5항의 개정규정은 이 법 시행 이후 출원한 분할출원부터 적용한다.

제6조【디자인등록결정 이후의 직권 재심사 등에 관한 적용례】 제63조제1항 및 제66조의2의 개정규정은 이 법 시행 이후 출원한 디자인등록출원부터 적용한다.

제7조【재심사의 청구에 관한 적용례】 제64조제1항의 개정규정은 이 법 시행 이후 제62조에 따른 디자인등록거절결정의 등본을 송달받은 디자인등록출원부터 적용한다.

제8조【등록료의 추가납부 또는 보전에 의한 디자인등록출원과 디자인권의 회복 등에 관한 적용례】 제84조제1항의 개정규정은 이 법 시행 전에 출원인 등이 정당한 사유로 등록료 납부기간 내에 등록료를 내지 아니하거나 보전기간 내에 보전하지 아니한 경우로서 이 법 시행 당시 그 사유가 소멸한 날부터 2개월이 지나지 아니한 경우에 대해서도 적용한다.

제9조【질권행사 등으로 인한 디자인권의 이전에 따른 통상실시권에 관한 적용례】 제110조의 개정규정은 이 법 시행 이후 공유인 디자인권의 분할을 청구한 경우부터 적용한다.

제10조【청산절차가 진행 중인 법인의 디자인권 소멸에 관한 적용례】 제111조제2항의 개정규정은 이 법 시행 이후 청산종결등기가 된 법인의 디자인권부터 적용한다.

제11조【보정각하결정에 대한 심판에 관한 적용례】 제119조의 개정규정은 이 법 시행 이후 보정각하결정의 등본을 송달받은 디자인등록출원부터 적용한다.

제12조【디자인등록거절결정 또는 디자인등록취소결정에 대한 심판에 관한 적용례】 제120조의 개정규정은 이 법 시행 이후 거절결정등본을 송달받은 디자인등록출원 또는 등록취소결정의 등본을 송달받은 등록디자인부터 적용한다.

부 칙 (2022.2.3)

제1조【시행일】 이 법은 공포한 날부터 시행한다.

제2조【심판청구서 등의 각하에 관한 적용례】 제128조제2항의 개정규정은 이 법 시행 이후 청구되는 심판부터 적용한다.
제3조【보정각하결정 등에 대한 심판의 청구기간 연장 청구에 관한 경과조치】 이 법 시행 전에 종전의 제17조제1항 본문에 따라 특허심판원장에게 보정각하결정, 디자인등록거절결정 또는 디자인등록취소결정에 대한 심판의 청구기간 연장을 청구한 자는 제17조제1항 본문의 개정규정에 따라 특허청장에게 청구한 것으로 본다.

부 칙 (2022.6.10)

제1조【시행일】 이 법은 공포한 날부터 시행한다.
제2조【소송에 관한 적용례】 제220조제2항의 개정규정은 이 법 시행 이후의 범행부터 적용한다.

부 칙 (2022.10.18)

제1조【시행일】 이 법은 공포한 날부터 시행한다.
제2조【등록료 및 수수료의 반환에 관한 적용례】 제87조제3항의 개정규정은 이 법 시행 당시 종전의 규정에 따른 반환청구 기간이 경과하지 아니한 등록료와 수수료에 대하여도 적용한다.

부 칙 (2023.6.20)

제1조【시행일】 이 법은 공포 후 6개월이 경과한 날부터 시행한다.
제2조【관련디자인 등에 관한 적용례】 제35조제1항 본문 및 제62조제3항의 개정규정은 이 법 시행 이후 관련디자인으로 출원한 디자인등록출원부터 적용하되, 이 법 시행 당시 종전의 규정에 따라 관련디자인으로 디자인등록을 받을 수 있는 기간이 이미 경과된 경우에는 같은 개정규정에도 불구하고 종전의 규정에 따른다.
제3조【신규성 상실의 예외 등에 관한 적용례】 제36조 및 제50조제2항의 개정규정은 이 법 시행 이후 출원한 디자인등록출원부터 적용한다.
제4조【조약에 따른 우선권 주장 등에 관한 적용례】 제50조제4항·제5항, 제51조제5항·제6항, 제51조의2 및 제51조의3의 개정규정은 이 법 시행 이후 출원한 디자인등록출원부터 적용한다.
제5조【직권보정 등에 관한 적용례】 제66조제1항 및 제6항의 개정규정은 이 법 시행 이후 심사관이 한 직권보정부터 적용한다.

부 칙 (2023.9.14)

제1조【시행일】 이 법은 공포 후 6개월이 경과한 날부터 시행한다.
제2조【참고인 의견서의 제출에 관한 적용례】 제142조의2의 개정규정은 이 법 시행 당시 특허심판원에 계속 중인 심판사건에 대하여도 적용한다.

부 칙 (2024.2.6)

제1조【시행일】 이 법은 공포 후 6개월이 경과한 날부터 시행한다.(이하 생략)

부 칙 (2025.1.21)

제1조【시행일】 이 법은 공포 후 6개월이 경과한 날부터 시행한다.
제2조【손해배상책임에 관한 적용례】 제115조제7항의 개정규정은 이 법 시행 이후 발생하는 위반행위부터 적용한다.

상표법

(2016년 2월 29일
전부개정법률 제14033호)

개정
2017. 3.21법14689호
2018. 4.17법15581호
2019. 1. 8법16205호
2019. 4.23법16362호
2020.10.20법17531호
2020.12.22법17728호
2021. 8.17법18406호
2021.10.19법18502호
2021.12. 7법18548호(부정경쟁)
2022. 2. 3법18817호
2022.10.18법18999호
2023. 9.14법19711호
2023.10.31법19809호
2024. 2. 6법20200호(산업재산정보의관리및활용촉진에관한법)
2025. 1.21법20697호→2025년 7월 22일 시행

제1장 총 칙

제1조【목적】 이 법은 상표를 보호함으로써 상표 사용자의 업무상 신용 유지를 도모하여 산업발전에 이바지하고 수요자의 이익을 보호함을 목적으로 한다.
제2조【정의】 ① 이 법에서 사용하는 용어의 뜻은 다음과 같다.
1. "상표"란 자기의 상품(지리적 표시가 사용되는 상품의 경우를 제외하고는 서비스 또는 서비스의 제공에 관련된 물건을 포함한다. 이하 같다)과 타인의 상품을 식별하기 위하여 사용하는 표장(標章)을 말한다.
2. "표장"이란 기호, 문자, 도형, 소리, 냄새, 입체적 형상, 홀로그램·동작 또는 색채 등으로서 그 구성이나 표현방식에 상관없이 상품의 출처(出處)를 나타내기 위하여 사용하는 모든 표시를 말한다.
3. "단체표장"이란 상품을 생산·제조·가공·판매하거나 서비스를 제공하는 자가 공동으로 설립한 법인이 직접 사용하거나 그 소속 단체원에게 사용하게 하기 위한 표장을 말한다.
4. "지리적 표시"란 상품의 특정 품질·명성 또는 그 밖의 특성이 본질적으로 특정지역에서 비롯된 경우에 그 지역에서 생산·제조 또는 가공된 상품임을 나타내는 표시를 말한다.
5. "동음이의어 지리적 표시"란 같은 상품에 대한 지리적 표시가 타인의 지리적 표시와 발음은 같지만 해당 지역이 다른 지리적 표시를 말한다.
6. "지리적 표시 단체표장"이란 지리적 표시를 사용할 수 있는 상품을 생산·제조 또는 가공하는 자가 공동으로 설립한 법인이 직접 사용하거나 그 소속 단체원에게 사용하게 하기 위한 표장을 말한다.
7. "증명표장"이란 상품의 품질, 원산지, 생산방법 또는 그 밖의 특성을 증명하고 관리하는 것을 업(業)으로 하는 자가 타인의 상품에 대하여 그 상품이 품질, 원산지, 생산방법 또는 그 밖의 특성을 충족한다는 것을 증명하는 데 사용하는 표장을 말한다.
8. "지리적 표시 증명표장"이란 지리적 표시를 증명하는 것을 업으로 하는 자가 타인의 상품에 대하여 그 상품이 정해진

지리적 특성을 충족한다는 것을 증명하는 데 사용하는 표장을 말한다.
9. "업무표장"이란 영리를 목적으로 하지 아니하는 업무를 하는 자가 그 업무를 나타내기 위하여 사용하는 표장을 말한다.
10. "등록상표"란 상표등록을 받은 상표를 말한다.
11. "상표의 사용"이란 다음 각 목의 어느 하나에 해당하는 행위를 말한다.
가. 상품 또는 상품의 포장에 상표를 표시하는 행위
나. 상품 또는 상품의 포장에 상표를 표시한 것을 양도·인도하거나 전기통신회선을 통하여 제공하는 행위 또는 이를 목적으로 전시하거나 수출·수입하는 행위(2022.2.3 본목개정)
다. 상품에 관한 광고·정가표(定價表)·거래서류, 그 밖의 수단에 상표를 표시하고 전시하거나 널리 알리는 행위
② 제1항제11호 각 목에 따른 상표를 표시하는 행위에는 다음 각 호의 어느 하나의 방법으로 표시하는 행위가 포함된다.
1. 표장의 형상이나 소리 또는 냄새로 상표를 표시하는 행위
2. 전기통신회선을 통하여 제공되는 정보에 전자적 방법으로 표시하는 행위
③ 단체표장·증명표장 또는 업무표장에 관하여는 이 법에서 특별히 규정한 것을 제외하고는 상표에 관한 규정을 적용한다.
④ 지리적 표시 증명표장에 관하여는 이 법에서 특별히 규정한 것을 제외하고는 지리적 표시 단체표장에 관한 규정을 적용한다.

제3조【상표등록을 받을 수 있는 자】 ① 국내에서 상표를 사용하는 자 또는 사용하려는 자는 자기의 상표를 등록받을 수 있다. 다만, 특허청 직원과 특허심판원 직원은 상속 또는 유증(遺贈)의 경우를 제외하고는 재직 중에 상표를 등록받을 수 없다.
② 상품을 생산·제조·가공·판매하거나 서비스를 제공하는 자가 공동으로 설립한 법인(지리적 표시 단체표장의 경우에는 그 지리적 표시를 사용할 수 있는 상품을 생산·제조 또는 가공하는 자로 구성된 법인으로 한정한다)은 자기의 단체표장을 등록받을 수 있다.(2018.4.17 본항개정)
③ 상품의 품질, 원산지, 생산방법 또는 그 밖의 특성을 증명하고 관리하는 것을 업으로 할 수 있는 자는 타인의 상품에 대하여 그 상품이 정해진 품질, 원산지, 생산방법 또는 그 밖의 특성을 충족하는 것을 증명하는 데 사용하기 위해서만 증명표장을 등록받을 수 있다. 다만, 자기의 영업에 관한 상품에 사용하려는 경우에는 증명표장의 등록을 받을 수 없다.
④ 제3항에도 불구하고 상표·단체표장 또는 업무표장을 출원(出願)하거나 등록을 받은 자는 그 상표 등과 동일·유사한 표장을 증명표장으로 등록받을 수 없다.
⑤ 증명표장을 출원하거나 등록을 받은 자는 그 증명표장과 동일·유사한 표장을 상표·단체표장 또는 업무표장으로 등록을 받을 수 없다.
⑥ 국내에서 영리를 목적으로 하지 아니하는 업무를 하는 자는 자기의 업무표장을 등록받을 수 있다.

제4조【미성년자 등의 행위능력】 ① 미성년자·피한정후견인(상표권 또는 상표에 관한 권리와 관련된 법정대리인이 있는 경우만 해당한다) 또는 피성년후견인은 법정대리인에 의해서만 상표등록에 관한 출원·청구, 그 밖의 절차(이하 "상표에 관한 절차"라 한다)를 밟을 수 있다. 다만, 미성년자 또는 피한정후견인이 독립하여 법률행위를 할 수 있는 경우에는 그러하지 아니하다.
② 제1항의 법정대리인은 후견감독인의 동의 없이 상대방이 청구한 제60조에 따른 상표등록 이의신청(이하 "이의신청"이라 한다)이나 심판 또는 재심에 대한 절차를 밟을 수 있다.

제5조【법인이 아닌 사단 등】 법인이 아닌 사단 또는 재단으로서 대표자 또는 관리인이 정해져 있는 경우에는 그 사단이나 재단의 이름으로 제60조제1항에 따른 상표등록의 이의신청인이나 심판 또는 재심의 당사자가 될 수 있다.

제6조【재외자의 상표관리인】 ① 국내에 주소나 영업소가 없는 자(이하 "재외자"라 한다)는 재외자(법인인 경우에는 그 대표자를 말한다)가 국내에 체류하는 경우를 제외하고는 그 재외자의 상표에 관한 대리인으로서 국내에 주소나 영업소가 있는 자(이하 "상표관리인"이라 한다)에 의해서만 상표에 관한 절차를 밟거나 이 법 또는 이 법에 따른 명령에 따라 행정청이 한 처분에 대하여 소(訴)를 제기할 수 있다.
② 상표관리인은 위임된 권한의 범위에서 상표에 관한 절차 및 이 법 또는 이 법에 따른 명령에 따라 행정청이 한 처분에 관한 소송에서 본인을 대리한다.

제7조【대리권의 범위】 국내에 주소나 영업소가 있는 자로부터 상표에 관한 절차를 밟을 것을 위임받은 대리인(상표관리인을 포함한다. 이하 같다)은 특별히 권한을 위임받지 아니하면 다음 각 호에 해당하는 행위를 할 수 없다.
1. 제36조에 따른 상표등록출원(이하 "상표등록출원"이라 한다)의 포기 또는 취하
2. 제44조에 따른 출원의 변경
3. 다음 각 목의 어느 하나에 해당하는 신청 또는 출원의 취하
가. 제84조에 따른 상표권의 존속기간 갱신등록(이하 "존속기간갱신등록"이라 한다)의 신청(이하 "존속기간갱신등록신청"이라 한다)
나. 제86조제1항에 따라 추가로 지정한 상품의 추가등록출원(이하 "지정상품추가등록출원"이라 한다)
다. 제211조에 따른 상품분류전환 등록(이하 "상품분류전환등록"이라 한다)을 위한 제209조제2항에 따른 신청(이하 "상품분류전환등록신청"이라 한다)
4. 상표권의 포기
5. 신청의 취하
6. 청구의 취하
7. 제115조 또는 제116조에 따른 심판청구
8. 복대리인(復代理人)의 선임

제8조【대리권의 증명】 상표에 관한 절차를 밟는 자의 대리인의 대리권은 서면으로 증명하여야 한다.

제9조【행위능력 등의 흠에 대한 추인】 행위능력 또는 법정대리권이 없거나 상표에 관한 절차를 밟는 데 필요한 권한의 위임에 흠이 있는 자가 밟은 절차는 보정(補正)된 당사자나 법정대리인이 추인(追認)하면 행위를 한 때로 소급하여 그 효력이 발생한다.

제10조【대리권의 불소멸】 상표에 관한 절차를 밟는 자의 위임을 받은 대리인의 대리권은 다음 각 호의 사유가 있어도 소멸하지 아니한다.
1. 본인의 사망이나 행위능력 상실
2. 본인인 법인의 합병에 의한 소멸
3. 본인인 수탁자의 신탁임무 종료
4. 법정대리인의 사망이나 행위능력 상실
5. 법정대리인의 대리권의 소멸이나 변경

제11조【개별대리】 상표에 관한 절차를 밟는 자의 대리인이 2인 이상이면 특허청장 또는 특허심판원장에 대하여 각각의 대리인이 본인을 대리한다.

제12조【대리인의 선임 또는 교체 명령 등】 ① 특허청장 또는 제131조제1항에 따라 지정된 심판장(이하 "심판장"이라 한다)은 상표에 관한 절차를 밟는 자가 그 절차를 원활히 수행할 수 없거나 구술심리에서 진술할 능력이 없다고 인정되는 등 그 절차를 밟는 데 적당하지 아니하다고 인정되면 대리인에 의하여 그 절차를 밟도록 명할 수 있다.
② 특허청장 또는 심판장은 상표에 관한 절차를 밟는 자의 대리인이 그 절차를 원활히 수행할 수 없거나 구술심리에서 진술할 능력이 없다고 인정되는 등 그 절차를 밟는 데 적당하지 아니하다고 인정되면 그 대리인을 바꿀 것을 명할 수 있다.
③ 특허청장 또는 심판장은 제1항 및 제2항의 경우에 변리사에 의하여 대리하게 할 것을 명할 수 있다.
④ 특허청장 또는 심판장은 제1항 또는 제2항에 따라 대리인의 선임 또는 교체 명령을 한 경우에는 제1항에 따라 대리인이 선임되거나 제2항에 따라 대리인이 교체되기 전에 특허청장 또는 특허심판원장에 대하여 상표에 관한 절차를 밟는 자 또는 교체되기 전의 대리인이 한 상표에 관한 절차의 전부 또는 일부를 상표에 관한 절차를 밟는 자의 신청에 따라 무효로 할 수 있다.

제13조【복수당사자의 대표】 ① 2인 이상이 공동으로 상표등록출원 또는 심판청구를 하고 그 출원 또는 심판에 관계된 절차를 밟을 경우에는 다음 각 호의 어느 하나에 해당하는 사항을 제외하고는 각자가 전원을 대표한다. 다만, 대표자를 선정하여 특허청장 또는 특허심판원장에게 신고한 경우에는 그 대표자가 전원을 대표한다.

1. 상표등록출원의 포기 또는 취하
2. 제44조에 따른 출원의 변경
3. 다음 각 목의 어느 하나에 해당하는 신청 또는 출원의 취하
가. 존속기간갱신등록신청
나. 지정상품추가등록출원
다. 상품분류전환등록신청
4. 신청의 취하
5. 청구의 취하
6. 제115조 또는 제116조에 따른 심판청구
② 제1항 각 호 외의 부분 단서에 따라 신고할 경우에는 대표자로 선임된 사실을 서면으로 증명하여야 한다.

제14조【「민사소송법」의 준용】 대리인에 관하여는 이 법에서 특별히 규정한 것을 제외하고는 「민사소송법」 제1편제2장제4절(제87조부터 제97조까지)을 준용한다.

제15조【재외자의 재판관할】 재외자의 상표권 또는 상표에 관한 권리에 관하여 상표관리인이 있으면 그 상표관리인의 주소 또는 영업소를, 상표관리인이 없으면 특허청 소재지를 「민사소송법」 제11조에 따른 재산이 있는 곳으로 본다.

제16조【기간의 계산】 이 법 또는 이 법에 따른 명령으로 정한 기간의 계산은 다음 각 호에 따른다.
1. 기간의 첫날은 계산에 넣지 아니한다. 다만, 그 기간이 오전 0시부터 시작하는 경우에는 그러하지 아니하다.
2. 기간을 월 또는 연으로 정한 경우에는 역(曆)에 따라 계산한다.
3. 월 또는 연의 처음부터 기간을 기산(起算)하지 아니하는 경우에는 마지막 월 또는 연에서 그 기산일에 해당하는 날의 전날로 기간이 만료한다. 다만, 기간을 월 또는 연으로 정한 경우에 마지막 월에 해당 일이 없으면 그 월의 마지막 날로 기간이 만료한다.
4. 상표에 관한 절차에서 기간의 마지막 날이 공휴일(토요일 및 「근로자의 날 제정에 관한 법률」에 따른 근로자의 날을 포함한다)이면 기간은 그 다음 날로 만료한다.

제17조【기간의 연장 등】 ① 특허청장은 당사자의 청구에 의하여 또는 직권으로 다음 각 호의 어느 하나에 해당하는 기간을 30일 이내에서 한 차례 연장할 수 있다. 다만, 도서·벽지 등 교통이 불편한 지역에 있는 자의 경우에는 산업통상자원부령으로 정하는 바에 따라 그 횟수 및 기간을 추가로 연장할 수 있다.
1. 제61조에 따른 이의신청 이유 등의 보정기간
2. 제115조에 따른 보정각하결정에 대한 심판의 청구기간
3. 제116조에 따른 거절결정에 대한 심판의 청구기간
② 특허청장, 특허심판원장, 심판장 또는 제50조에 따른 심사관(이하 "심사관"이라 한다)은 이 법에 따라 상표에 관한 절차를 밟을 기간을 정한 경우에는 상표에 관한 절차를 밟는 자 또는 그 대리인의 청구에 따라 그 기간을 단축 또는 연장하거나 직권으로 그 기간을 연장할 수 있다. 이 경우 특허청장 등은 해당 절차의 이해관계인의 이익이 부당하게 침해되지 아니하도록 단축 또는 연장 여부를 결정하여야 한다.
③ 심판장 또는 심사관은 이 법에 따라 상표에 관한 절차를 밟을 기일을 정하였을 경우에는 상표에 관한 절차를 밟는 자 또는 그 대리인의 청구에 의하여 또는 직권으로 그 기일을 변경할 수 있다.

제18조【절차의 무효】 ① 특허청장 또는 특허심판원장은 제39조(제212조에서 준용하는 경우를 포함한다)에 따른 보정명령을 받은 자가 지정된 기간 내에 그 보정을 하지 아니하면 상표에 관한 절차를 무효로 할 수 있다.
② 특허청장 또는 특허심판원장은 제1항에 따라 상표에 관한 절차를 무효로 하였더라도 지정된 기간을 지키지 못한 것이 정당한 사유에 의한 것으로 인정될 때에는 그 사유가 소멸한 날부터 2개월 이내에 보정명령을 받은 자의 청구에 의하여 그 무효처분을 취소할 수 있다. 다만, 지정된 기간의 만료일부터 1년이 지났을 경우에는 그러하지 아니하다.(2021.10.19 본문개정)
③ 특허청장 또는 특허심판원장은 제1항에 따른 무효처분 또는 제2항 본문에 따른 무효처분의 취소처분을 할 경우에는 그 보정명령을 받은 자에게 처분통지서를 송달하여야 한다.

제19조【절차의 추후 보완】 상표에 관한 절차를 밟는 자가 책임질 수 없는 사유로 다음 각 호의 어느 하나에 해당하는 기간을 지키지 못한 경우에는 그 사유가 소멸한 날부터 2개월 이내에 지키지 못한 절차를 추후 보완할 수 있다. 다만, 그 기간의 만료일부터 1년이 지났을 경우에는 그러하지 아니하다.
1. 제115조에 따른 보정각하결정에 대한 심판의 청구기간
2. 제116조에 따른 거절결정에 대한 심판의 청구기간
3. 제159조제1항에 따른 재심의 청구기간

제20조【절차의 효력 승계】 상표권 또는 상표에 관한 권리에 관하여 밟은 절차의 효력은 그 상표권 또는 상표에 관한 권리의 승계인에게 미친다.

제21조【절차의 속행】 특허청장 또는 심판장은 상표에 관한 절차가 특허청 또는 특허심판원에 계속(繫屬) 중일 때 상표권 또는 상표에 관한 권리가 이전된 경우에는 그 상표권 또는 상표에 관한 권리의 승계인에게 그 절차를 속행(續行)하게 할 수 있다.

제22조【절차의 중단】 상표에 관한 절차가 특허청 또는 특허심판원에 계속 중일 때 다음 각 호의 어느 하나에 해당하는 사유가 발생한 경우에는 그 절차는 중단된다. 다만, 절차를 밟을 것을 위임받은 대리인이 있는 경우에는 그러하지 아니하다.
1. 당사자가 사망한 경우
2. 당사자인 법인이 합병으로 소멸한 경우
3. 당사자가 절차를 밟을 능력을 상실한 경우
4. 당사자의 법정대리인이 사망하거나 그 대리권을 상실한 경우
5. 당사자의 신탁에 의한 수탁자의 임무가 끝난 경우
6. 제13조제1항 각 호 외의 부분 단서에 따른 대표자가 사망하거나 그 자격을 상실한 경우
7. 파산관재인 등 일정한 자격에 의하여 자기 이름으로 다른 사람을 위하여 당사자가 된 자가 그 자격을 상실하거나 사망한 경우

제23조【중단된 절차의 수계】 제22조에 따라 특허청 또는 특허심판원에 계속 중인 절차가 중단된 경우에는 다음 각 호의 구분에 따른 자가 그 절차를 수계(受繼)하여야 한다.
1. 제22조제1호의 경우 : 그 상속인·상속재산관리인 또는 법률에 따라 절차를 계속 진행할 자. 다만, 상속인은 상속을 포기할 수 있는 기간 동안에는 그 절차를 수계하지 못한다.
2. 제22조제2호의 경우 : 합병으로 설립되거나 합병 후 존속하는 법인
3. 제22조제3호 및 제4호의 경우 : 절차를 밟을 능력을 회복한 당사자 또는 법정대리인이 된 자
4. 제22조제5호의 경우 : 새로운 수탁자
5. 제22조제6호의 경우 : 새로운 대표자 또는 각 당사자
6. 제22조제7호의 경우 : 파산관재인 등 일정한 자격을 가진 자

제24조【수계신청】 ① 제22조에 따라 중단된 절차에 관한 수계신청은 제23조 각 호에 따른 자 및 상대방도 할 수 있다.
② 특허청장 또는 심판장은 제22조에 따라 중단된 절차에 관한 수계신청이 있는 경우에는 그 사실을 제23조 각 호에 따른 자 또는 상대방에게 알려야 한다.
③ 특허청장 또는 제129조에 따른 심판관(이하 "심판관"이라 한다)은 제22조에 따라 중단된 절차에 관한 수계신청에 대하여 직권으로 조사하여 이유 없다고 인정할 경우에는 결정으로 기각하여야 한다.
④ 특허청장 또는 심판관은 제23조 각 호에 따른 자가 중단된 절차를 수계하지 아니하면 직권으로 기간을 정하여 수계를 명하여야 한다.
⑤ 제4항에 따라 수계명령을 받은 자가 같은 항에 따른 기간 내에 절차를 수계하지 아니하면 그 기간이 끝나는 날의 다음 날에 수계한 것으로 본다.
⑥ 특허청장 또는 심판장은 제5항에 따라 수계한 것으로 본 경우에는 그 사실을 당사자에게 알려야 한다.

제25조【절차의 중지】 ① 특허청장 또는 심판관이 천재지변이나 그 밖의 불가피한 사유로 그 직무를 수행할 수 없는 경우에는 특허청 또는 특허심판원에 계속 중인 절차는 그 사유가 없어질 때까지 중지된다.
② 당사자에게 특허청 또는 특허심판원에 계속 중인 절차를 속행할 수 없는 장애 사유가 생긴 경우에는 특허청장 또는 심판관은 결정으로 그 절차의 중지를 명할 수 있다.

③ 특허청장 또는 심판관은 제2항에 따른 결정을 취소할 수 있다.
④ 특허청장 또는 심판장은 제1항 및 제2항에 따른 중지 또는 제3항에 따른 취소를 하였을 경우에는 그 사실을 각각 당사자에게 알려야 한다.
제26조【중단 또는 중지의 효과】 상표에 관한 절차가 중단되거나 중지된 경우에는 그 기간의 진행은 정지되고 그 절차의 수계 통지를 하거나 그 절차를 속행한 때부터 전체 기간이 새로 진행된다.
제27조【외국인의 권리능력】 재외자인 외국인은 다음 각 호의 어느 하나에 해당하는 경우를 제외하고는 상표권 또는 상표에 관한 권리를 누릴 수 없다.
1. 그 외국인이 속하는 국가에서 대한민국 국민에 대하여 그 국민과 같은 조건으로 상표권 또는 상표에 관한 권리를 인정하는 경우
2. 대한민국이 그 외국인에 대하여 상표권 또는 상표에 관한 권리를 인정하는 경우에는 그 외국인이 속하는 국가에서 대한민국 국민에 대하여 그 국민과 같은 조건으로 상표권 또는 상표에 관한 권리를 인정하는 경우
3. 조약 및 이에 준하는 것(이하 "조약"이라 한다)에 따라 상표권 또는 상표에 관한 권리를 인정하는 경우

제28조【서류 제출의 효력 발생 시기】 ① 이 법 또는 이 법에 따른 명령에 따라 특허청장 또는 특허심판원장에게 제출하는 출원서·청구서, 그 밖의 서류(물건을 포함한다. 이하 이 조에서 같다)는 특허청장 또는 특허심판원장에게 도달한 날부터 그 효력이 발생한다.
② 제1항의 출원서·청구서, 그 밖의 서류를 우편으로 특허청장 또는 특허심판원장에게 제출하는 경우에는 다음 각 호의 구분에 따른 날에 특허청장 또는 특허심판원장에게 도달한 것으로 본다. 다만, 상표권 및 상표에 관한 권리의 등록신청서류를 우편으로 제출하는 경우에는 그 서류가 특허청장 또는 특허심판원장에게 도달한 날부터 효력이 발생한다.
1. 우편법령에 따른 통신날짜도장에 표시된 날이 분명한 경우 : 표시된 날
2. 우편법령에 따른 통신날짜도장에 표시된 날이 분명하지 아니한 경우 : 우체국에 제출한 날(우편물 수령증에 의하여 증명된 날을 말한다)

③ 제1항 및 제2항에서 규정한 사항 외에 우편물의 지연, 우편물의 분실·도난 및 우편업무의 중단으로 인한 서류 제출에 필요한 사항은 산업통상자원부령으로 정한다.
제29조【고유번호의 기재】 ① 상표에 관한 절차를 밟는 자는 산업통상자원부령으로 정하는 바에 따라 특허청장 또는 특허심판원장에게 자신의 고유번호를 부여하여 줄 것을 신청하여야 한다.
② 특허청장 또는 특허심판원장은 제1항에 따른 신청을 받으면 신청인에게 고유번호를 부여하고 그 사실을 알려야 한다.
③ 특허청장 또는 특허심판원장은 제1항에 따른 고유번호 부여 신청을 하지 아니하는 자에게는 직권으로 고유번호를 부여하고 그 사실을 알려야 한다.
④ 제2항 또는 제3항에 따라 고유번호를 부여받은 자가 상표에 관한 절차를 밟는 경우에는 산업통상자원부령으로 정하는 서류에 자신의 고유번호를 적어야 한다. 이 경우 이 법 또는 이 법에 따른 명령에도 불구하고 해당 서류에 주소(법인인 경우에는 영업소의 소재지를 말한다)를 적지 아니할 수 있다.
⑤ 상표에 관한 절차를 밟는 자의 대리인에 관하여는 제1항부터 제4항까지의 규정을 준용한다.
⑥ 고유번호 부여 신청, 고유번호의 부여 및 통지, 그 밖에 고유번호에 관하여 필요한 사항은 산업통상자원부령으로 정한다.
제30조【전자문서에 의한 상표에 관한 절차의 수행】 ① 상표에 관한 절차를 밟는 자는 이 법에 따라 특허청장 또는 특허심판원장에게 제출하는 상표등록출원서와 그 밖의 서류를 산업통상자원부령으로 정하는 방식에 따라 전자문서화하고, 이를 「정보통신망 이용촉진 및 정보보호 등에 관한 법률」 제2조제1항제1호에 따른 정보통신망(이하 "정보통신망"이라 한다)을 이용하여 제출하거나 이동식 저장매체 등 전자적 기록매체에 수록하여 제출할 수 있다.
② 제1항에 따라 제출된 전자문서는 이 법에 따라 제출된 서류와 같은 효력을 가진다.
③ 제1항에 따라 정보통신망을 이용하여 제출된 전자문서는 그 문서의 제출인이 정보통신망을 통하여 접수번호를 확인할 수 있는 때에 특허청 또는 특허심판원에서 사용하는 접수용 전산정보처리조직의 파일에 기록된 내용으로 접수된 것으로 본다.
④ 제1항에 따라 전자문서로 제출할 수 있는 서류의 종류, 제출 방법과 그 밖에 전자문서에 의한 서류의 제출에 필요한 사항은 산업통상자원부령으로 정한다.
제31조【전자문서 이용신고 및 전자서명】 ① 전자문서로 상표에 관한 절차를 밟으려는 자는 미리 특허청장 또는 특허심판원장에게 전자문서 이용신고를 하여야 하며, 특허청장 또는 특허심판원장에게 제출하는 전자문서에 제출인을 알아볼 수 있도록 전자서명을 하여야 한다.
② 제30조에 따라 제출된 전자문서는 제1항에 따른 전자서명을 한 자가 제출한 것으로 본다.
③ 제1항에 따른 전자문서 이용신고 절차 및 전자서명 방법 등에 관하여 필요한 사항은 산업통상자원부령으로 정한다.
제32조【정보통신망을 이용한 통지 등의 수행】 ① 특허청장, 특허심판원장, 심판장, 심판관, 제62조제3항에 따라 지정된 심사장(이하 "심사장"이라 한다) 또는 심사관은 제31조제1항에 따라 전자문서 이용신고를 한 자에게 서류의 통지 및 송달(이하 이 조에서 "통지등"이라 한다)을 하려는 경우에는 정보통신망을 이용하여 할 수 있다.
② 제1항에 따른 서류의 통지등은 서면으로 한 것과 같은 효력을 가진다.
③ 제1항에 따른 서류의 통지등은 그 통지등을 받는 자가 자신이 사용하는 전산정보처리조직을 통하여 그 서류를 확인한 때에 특허청 또는 특허심판원에서 사용하는 발송용 전산정보처리조직의 파일에 기록된 내용으로 도달한 것으로 본다.
④ 제1항에 따라 정보통신망을 이용하여 하는 통지등의 종류 및 방법 등에 관하여 필요한 사항은 산업통상자원부령으로 정한다.

제2장 상표등록요건 및 상표등록출원

제33조【상표등록의 요건】 ① 다음 각 호의 어느 하나에 해당하는 상표를 제외하고는 상표등록을 받을 수 있다.
1. 그 상품의 보통명칭을 보통으로 사용하는 방법으로 표시한 표장만으로 된 상표
2. 그 상품에 대하여 관용(慣用)하는 상표
3. 그 상품의 산지(産地)·품질·원재료·효능·용도·수량·형상·가격·생산방법·가공방법·사용방법 또는 시기를 보통으로 사용하는 방법으로 표시한 표장만으로 된 상표
4. 현저한 지리적 명칭이나 그 약어(略語) 또는 지도만으로 된 상표
5. 흔히 있는 성(姓) 또는 명칭을 보통으로 사용하는 방법으로 표시한 표장만으로 된 상표
6. 간단하고 흔히 있는 표장만으로 된 상표
7. 제1호부터 제6호까지에 해당하는 상표 외에 수요자가 누구의 업무에 관련된 상품을 표시하는 것인가를 식별할 수 없는 상표

② 제1항제3호부터 제7호까지에 해당하는 상표라도 상표등록출원 전부터 그 상표를 사용한 결과 수요자 간에 특정인의 상품에 관한 출처를 표시하는 것으로 식별할 수 있게 된 경우에는 그 상표를 사용한 상품에 한정하여 상표등록을 받을 수 있다. (2023.10.31 본항개정)
③ 제1항제3호(산지로 한정한다) 또는 제4호에 해당하는 표장이라도 그 표장이 특정 상품에 대한 지리적 표시인 경우에는 그 지리적 표시를 사용한 상품을 지정상품(제38조제1항에 따라 지정한 상품 및 제86조제1항에 따라 추가로 지정한 상품을 말한다. 이하 같다)으로 하여 지리적 표시 단체표장등록을 받을 수 있다.
[판례] 한반도 지도 형상의 상표는 대한민국 지도로 인식되기 쉬워 특정 기업에 독점권을 부여하기 부적합하다. 비록 한반도 지도의 외곽선을 단순화하고 색을 변경했다 하더라도 이는 일반적인 지도 표현 방식의

변형으로 보이며, 일반 소비자들에게 지도로 인식되는 것을 방지하지 못한다. 따라서 한반도 지도만으로 구성된 상표는 식별력을 갖추지 못해 상표등록을 할 수 없다.(대판 2024.10.31, 2023후10453)

제34조【상표등록을 받을 수 없는 상표】 ① 제33조에도 불구하고 다음 각 호의 어느 하나에 해당하는 상표에 대해서는 상표등록을 받을 수 없다.

1. 국가의 국기(國旗) 및 국제기구의 기장(記章) 등으로서 다음 각 목의 어느 하나에 해당하는 상표
 가. 대한민국의 국기, 국장(國章), 군기(軍旗), 훈장, 포장(褒章), 기장, 대한민국이나 공공기관의 감독용 또는 증명용 인장(印章)·기호와 동일·유사한 상표
 나. 「공업소유권의 보호를 위한 파리 협약」(이하 "파리협약"이라 한다) 동맹국, 세계무역기구 회원국 또는 「상표법조약」 체약국(이하 이 항에서 "동맹국등"이라 한다)의 국기와 동일·유사한 상표
 다. 국제적십자, 국제올림픽위원회 또는 저명(著名)한 국제기관의 명칭, 약칭, 표장과 동일·유사한 상표. 다만, 그 기관이 자기의 명칭, 약칭 또는 표장을 상표등록출원한 경우에는 상표등록을 받을 수 있다.
 라. 파리협약 제6조의3에 따라 세계지식재산기구로부터 통지받아 특허청장이 지정한 동맹국등의 문장(紋章), 기(旗), 훈장, 포장 또는 기장이나 동맹국등이 가입한 정부 간 국제기구의 명칭, 약칭, 문장, 기, 훈장, 포장 또는 기장과 동일·유사한 상표. 다만, 그 동맹국등이 가입한 정부 간 국제기구가 자기의 명칭·약칭, 표장을 상표등록출원한 경우에는 상표등록을 받을 수 있다.
 마. 파리협약 제6조의3에 따라 세계지식재산기구로부터 통지받아 특허청장이 지정한 동맹국등이나 그 공공기관의 감독용 또는 증명용 인장·기호와 동일·유사한 상표로서 그 인장 또는 기호가 사용되고 있는 상품과 동일·유사한 상품에 대하여 사용하는 상표
2. 국가·인종·민족·공공단체·종교 또는 저명한 고인(故人)과의 관계를 거짓으로 표시하거나 이들을 비방 또는 모욕하거나 이들에 대한 평판을 나쁘게 할 우려가 있는 상표
3. 국가·공공단체 또는 이들의 기관과 공익법인의 비영리 업무나 공익사업을 표시하는 표장으로서 저명한 것과 동일·유사한 상표. 다만, 그 국가 등이 자기의 표장을 상표등록출원한 경우에는 상표등록을 받을 수 있다.
4. 상표 그 자체 또는 상표가 상품에 사용되는 경우 수요자에게 주는 의미와 내용 등이 일반인의 통상적인 도덕관념인 선량한 풍속에 어긋나는 등 공공의 질서를 해칠 우려가 있는 상표
5. 정부가 개최하거나 정부의 승인을 받아 개최하는 박람회 또는 외국정부가 개최하거나 외국정부의 승인을 받아 개최하는 박람회의 상패·상장 또는 포장과 동일·유사한 표장이 있는 상표. 다만, 그 박람회에서 수상한 자가 그 수상한 상품에 관하여 상표의 일부로서 그 표장을 사용하는 경우에는 상표등록을 받을 수 있다.
6. 저명한 타인의 성명·명칭 또는 상호·초상·서명·인장·아호(雅號)·예명(藝名)·필명(筆名) 또는 이들의 약칭을 포함하는 상표. 다만, 그 타인의 승낙을 받은 경우에는 상표등록을 받을 수 있다.
7. 선출원(先出願)에 의한 타인의 등록상표(등록된 지리적 표시 단체표장은 제외한다)와 동일·유사한 상표로서 그 지정상품과 동일·유사한 상품에 사용하는 상표. 다만, 그 타인으로부터 상표등록에 대한 동의를 받은 경우(동일한 상표로서 그 지정상품과 동일한 상품에 사용하는 상표에 대하여 동의를 받은 경우는 제외한다)에는 상표등록을 받을 수 있다.
(2023.10.31 단서신설)
8. 선출원에 의한 타인의 등록된 지리적 표시 단체표장과 동일·유사한 상표로서 그 지정상품과 동일하다고 인식되어 있는 상품에 사용하는 상표
9. 타인의 상품을 표시하는 것이라고 수요자들에게 널리 인식되어 있는 상표(지리적 표시는 제외한다)와 동일·유사한 상표로서 그 타인의 상품과 동일·유사한 상품에 사용하는 상표
10. 특정 지역의 상품을 표시하는 것이라고 수요자들에게 널리 인식되어 있는 타인의 지리적 표시와 동일·유사한 상표로서 그 지리적 표시를 사용하는 상품과 동일하다고 인정되어 있는 상품에 사용하는 상표
11. 수요자들에게 현저하게 인식되어 있는 타인의 상품이나 영업과 혼동을 일으키게 하거나 그 식별력 또는 명성을 손상시킬 염려가 있는 상표
12. 상품의 품질을 오인하게 하거나 수요자를 기만할 염려가 있는 상표
13. 국내 또는 외국의 수요자들에게 특정인의 상품을 표시하는 것이라고 인식되어 있는 상표(지리적 표시는 제외한다)와 동일·유사한 상표로서 부당한 이익을 얻으려 하거나 그 특정인에게 손해를 입히려고 하는 등 부정한 목적으로 사용하는 상표
14. 국내 또는 외국의 수요자들에게 특정 지역의 상품을 표시하는 것이라고 인식되어 있는 지리적 표시와 동일·유사한 상표로서 부당한 이익을 얻으려 하거나 그 지리적 표시의 정당한 사용자에게 손해를 입히려고 하는 등 부정한 목적으로 사용하는 상표
15. 상표등록을 받으려는 상품 또는 그 상품의 포장의 기능을 확보하는 데 꼭 필요한(서비스의 경우에는 그 이용과 목적에 꼭 필요한 경우를 말한다) 입체적 형상, 색채, 색채의 조합, 소리 또는 냄새만으로 된 상표
16. 세계무역기구 회원국 내의 포도주 또는 증류주의 산지에 관한 지리적 표시로서 구성되거나 그 지리적 표시를 포함하는 상표로서 포도주 또는 증류주에 사용하려는 상표. 다만, 지리적 표시의 정당한 사용자가 해당 상품을 지정상품으로 하여 제36조제5항에 따른 지리적 표시 단체표장등록출원을 한 경우에는 상표등록을 받을 수 있다.
17. 「식물신품종 보호법」 제109조에 따라 등록된 품종명칭과 동일·유사한 상표로서 그 품종명칭과 동일·유사한 상품에 대하여 사용하는 상표
18. 「농수산물 품질관리법」 제32조에 따라 등록된 타인의 지리적 표시와 동일·유사한 상표로서 그 지리적 표시를 사용하는 상품과 동일하다고 인정되는 상품에 사용하는 상표
19. 대한민국이 외국과 양자간(兩者間) 또는 다자간(多者間)으로 체결하여 발효된 자유무역협정에 따라 보호하는 타인의 지리적 표시와 동일·유사한 상표 또는 그 지리적 표시로 구성되거나 그 지리적 표시를 포함하는 상표로서 지리적 표시를 사용하는 상품과 동일하다고 인정되는 상품에 사용하는 상표
20. 동업·고용 등 계약관계나 업무상 거래관계 또는 그 밖의 관계를 통하여 타인이 사용하거나 사용을 준비 중인 상표임을 알면서 그 상표와 동일·유사한 상표를 동일·유사한 상품에 등록출원한 상표
21. 조약당사국에 등록된 상표와 동일·유사한 상표로서 그 등록된 상표에 관한 권리를 가진 자와의 동업·고용 등 계약관계나 업무상 거래관계 또는 그 밖의 관계에 있거나 있었던 자가 그 상표에 관한 권리를 가진 자의 동의를 받지 아니하고 그 상표의 지정상품과 동일·유사한 상품을 지정상품으로 하여 등록출원한 상표

② 제1항은 다음 각 호의 어느 하나에 해당하는 결정(이하 "상표등록여부결정"이라 한다)을 할 때를 기준으로 하여 결정한다. 다만, 제1항제11호·제13호·제14호·제20호 및 제21호의 경우는 상표등록출원을 한 때를 기준으로 하여 결정하되, 상표등록출원인(이하 "출원인"이라 한다)이 제1항의 타인에 해당하는지는 상표등록여부결정을 할 때를 기준으로 하여 결정한다.
(2023.10.31 본문개정)
1. 제54조에 따른 상표등록거절결정
2. 제68조에 따른 상표등록결정

③ 상표권자 또는 그 상표권자의 상표를 사용하는 자는 제119조제1항제1호부터 제3호까지, 제5호, 제5호의2 및 제6호부터 제9호까지의 규정에 해당한다는 이유로 상표등록의 취소심판이 청구되고 그 청구일 이후에 다음 각 호의 어느 하나에 해당하게 된 경우 그 상표와 동일·유사한 상표〔동일·유사한 상품(지리적 표시 단체표장의 경우에는 동일하다고 인정되는 상품을 말한다)을 지정상품으로 하여 다시 등록받으려는 경우로 한정한다〕에 대해서는 그 청구일부터 다음 각 호의 어느 하나

에 해당하게 된 날 이후 3년이 지나기 전에 출원하면 상표등록을 받을 수 없다.(2023.10.31 본문개정)
1. 존속기간이 만료되어 상표권이 소멸한 경우
2. 상표권자가 상표권 또는 지정상품의 일부를 포기한 경우
3. 상표등록 취소의 심결(審決)이 확정된 경우
④ 동음이의어 지리적 표시 단체표장 상호 간에는 제1항제8호 및 제10호를 적용하지 아니한다.

판례 상표법 제34조제1항제11호에서 말하는 '식별력을 손상시킬 염려'란 출처의 오인·혼동 염려가 없더라도 타인의 저명상표가 가지는 특정한 출처와의 단일한 연관 관계, 즉 단일한 출처를 표시하는 기능을 손상시킬 염려를 의미한다. 신약 개발기업 레고켐바이오사이언스(레고켐바이오)가 출원한 상표 '레고켐파마(LEGOCHEMPHARMA)'가 단지 신약 연구·개발의 특징을 나타낼 목적으로 'Lego chemistry'라는 용어의 약칭인 'LEGOCHEM'을 포함하는 등록상표를 출원한 것이라 하더라도 이는 선사용상표이자 세계적으로 유명한 완구회사 레고(LEGO)의 상표인 'LEGO'와 연상 작용을 의도하고 등록상표를 출원했다고 볼 여지가 크고, 등록상표와 선사용상표들 사이에 실제로 연상 작용이 발생할 가능성도 높다고 보인다. 이러한 사정을 종합해 보면, 등록상표가 그 지정상품인 의약품류에 사용될 경우, 저명상표인 선사용상표들이 가지는 단일한 출처를 표시하는 기능이 손상될 염려가 있다.
(대판 2023.11.16, 2020후11943)

판례 A는 채무를 변제하기 위하여 자신이 운영하던 B출판사의 재고도서와 출판권을 채무자 C에게 양도하고 출판사를 폐업하였다. 이후 채무자C가 해당 출판사의 직원 일부를 채용하여 'B'를 상호로 도서를 출판했고, C의 아들이 이를 이어받아 'B출판'이라는 상호로 사업자등록을 하였다. A는 이와 같은 사실을 알고 있으면서도 이후 '도서출판B'라는 명칭으로 직원을 채용하고, 상표 'B'를 출원해 등록하였다. A가 양도계약 등을 통해 C가 해당 표장을 사용하고 있다는 사실을 알면서도 이와 동일 유사한 서비스표를 출원해 등록 받은 것은 신의성실의 원칙에 위반돼 무효이다.(대판 2020.11.5, 2020후10827)

제35조【선출원】 ① 동일·유사한 상품에 사용할 동일·유사한 상표에 대하여 다른 날에 둘 이상의 상표등록출원이 있는 경우에는 먼저 출원한 자만이 그 상표를 등록받을 수 있다.
② 동일·유사한 상품에 사용할 동일·유사한 상표에 대하여 같은 날에 둘 이상의 상표등록출원이 있는 경우에는 출원인의 협의에 의하여 정하여진 하나의 출원인만이 그 상표에 관하여 상표등록을 받을 수 있다. 협의가 성립하지 아니하거나 협의를 할 수 없는 때에는 특허청장이 행하는 추첨에 의하여 결정된 하나의 출원인만이 상표등록을 받을 수 있다.
③ 상표등록출원이 다음 각 호의 어느 하나에 해당되는 경우에는 그 상표등록출원은 제1항 및 제2항을 적용할 때에 처음부터 없었던 것으로 본다.
1. 포기 또는 취하된 경우
2. 무효로 된 경우
3. 제54조에 따른 상표등록거절결정 또는 거절한다는 취지의 심결이 확정된 경우
④ 특허청장은 제2항의 경우에는 출원인에게 기간을 정하여 협의의 결과를 신고할 것을 명하고, 그 기간 내에 신고가 없는 경우에는 제2항에 따른 협의는 성립되지 아니한 것으로 본다.
⑤ 제1항 및 제2항은 다음 각 호의 어느 하나에 해당하는 경우에는 적용하지 아니한다.
1. 동일(동일하다고 인정되는 경우를 포함한다)하지 아니한 상품에 대하여 동일·유사한 표장으로 둘 이상의 지리적 표시 단체표장등록출원 또는 지리적 표시 단체표장등록출원과 상표등록출원이 있는 경우
2. 서로 동음이의어 지리적 표시에 해당하는 표장으로 둘 이상의 지리적 표시 단체표장등록출원이 있는 경우
⑥ 제1항 및 제2항에도 불구하고 먼저 출원한 자 또는 협의·추첨에 의하여 정하여지거나 결정된 출원인으로부터 상표등록에 대한 동의를 받은 경우(동일한 상표로서 그 지정상품과 동일한 상품에 사용하는 상표에 대하여 동의를 받은 경우는 제외한다)에는 나중에 출원한 자 또는 협의·추첨에 의하여 정하여지거나 결정된 출원인이 아닌 출원인도 상표를 등록받을 수 있다.(2023.10.31 본항신설)

제36조【상표등록출원】 ① 상표등록을 받으려는 자는 다음 각 호의 사항을 적은 상표등록출원서를 특허청장에게 제출하여야 한다.
1. 출원인의 성명 및 주소(법인인 경우에는 그 명칭 및 영업소의 소재지를 말한다)
2. 출원인의 대리인이 있는 경우에는 그 대리인의 성명 및 주소나 영업소의 소재지〔대리인이 특허법인·특허법인(유한)인 경우에는 그 명칭, 사무소의 소재지 및 지정된 변리사의 성명을 말한다〕
3. 상표
4. 지정상품 및 산업통상자원부령으로 정하는 상품류(이하 "상품류"라 한다)
5. 제46조제3항에 따른 사항(우선권을 주장하는 경우만 해당한다)
6. 그 밖에 산업통상자원부령으로 정하는 사항
② 상표등록을 받으려는 자는 제1항 각 호의 사항 외에 산업통상자원부령으로 정하는 바에 따라 그 표장에 관한 설명을 상표등록출원서에 적어야 한다.
③ 단체표장등록을 받으려는 자는 제1항 각 호의 사항 외에 대통령령으로 정하는 단체표장의 사용에 관한 사항을 정한 정관을 단체표장등록출원서에 첨부하여야 한다.
④ 증명표장등록을 받으려는 자는 제1항 각 호의 사항 외에 대통령령으로 정하는 증명표장의 사용에 관한 사항을 정한 서류(법인인 경우에는 정관을 말하고, 법인이 아닌 경우에는 규약을 말하며, 이하 "정관 또는 규약"이라 한다)와 증명하려는 상품의 품질, 원산지, 생산방법이나 그 밖의 특성을 증명하고 관리할 수 있음을 증명하는 서류를 증명표장등록출원서에 첨부하여야 한다.
⑤ 지리적 표시 단체표장등록이나 지리적 표시 증명표장등록을 받으려는 자는 제3항 또는 제4항의 서류 외에 대통령령으로 정하는 바에 따라 지리적 표시의 정의에 일치함을 증명할 수 있는 서류를 지리적 표시 단체표장등록출원서 또는 지리적 표시 증명표장등록출원서에 첨부하여야 한다.
⑥ 업무표장등록을 받으려는 자는 제1항 각 호의 사항 외에 그 업무의 경영 사실을 증명하는 서류를 업무표장등록출원서에 첨부하여야 한다.

제37조【상표등록출원일의 인정 등】 ① 상표등록출원일은 상표등록출원에 관한 출원서가 특허청장에게 도달한 날로 한다. 다만, 상표등록출원이 다음 각 호의 어느 하나에 해당하는 경우에는 그러하지 아니하다.
1. 상표등록을 받으려는 취지가 명확하게 표시되지 아니한 경우
2. 출원인의 성명이나 명칭이 적혀 있지 아니하거나 명확하게 적혀 있지 아니하여 출원인을 특정할 수 없는 경우
3. 상표등록출원서에 상표등록을 받으려는 상표가 적혀 있지 아니하거나 적힌 사항이 선명하지 아니하여 상표로 인식할 수 없는 경우
4. 지정상품이 적혀 있지 아니한 경우
5. 한글로 적혀 있지 아니한 경우
② 특허청장은 상표등록출원이 제1항 각 호의 어느 하나에 해당하는 경우에는 상표등록을 받으려는 자에게 적절한 기간을 정하여 보완할 것을 명하여야 한다.
③ 제2항에 따른 보완명령을 받은 자가 상표등록출원을 보완하는 경우에는 절차보완에 관한 서면(이하 이 조에서 "절차보완서"라 한다)을 제출하여야 한다.
④ 특허청장은 제2항에 따른 보완명령을 받은 자가 지정된 기간 내에 상표등록출원을 보완한 경우에는 그 절차보완서가 특허청에 도달한 날을 상표등록출원일로 본다.
⑤ 특허청장은 제2항에 따른 보완명령을 받은 자가 지정된 기간 내에 보완을 하지 아니한 경우에는 그 상표등록출원을 부적합한 출원으로 보아 반려할 수 있다.

제38조【1상표 1출원】 ① 상표등록출원을 하려는 자는 상품류의 구분에 따라 1류 이상의 상품을 지정하여 1상표마다 1출원을 하여야 한다.
② 제1항에 따른 상품류에 속하는 구체적인 상품은 특허청장이 정하여 고시한다.
③ 제1항에 따른 상품류의 구분은 상품의 유사범위를 정하는 것은 아니다.

제39조【절차의 보정】 특허청장 또는 특허심판원장은 상표에 관한 절차가 다음 각 호의 어느 하나에 해당하는 경우에는 산업통상자원부령으로 정하는 바에 따라 기간을 정하여 상표에 관한 절차를 밟는 자에게 보정을 명하여야 한다.

1. 제4조제1항 또는 제7조에 위반된 경우
2. 제78조에 따라 내야 할 수수료를 내지 아니한 경우
3. 이 법 또는 이 법에 따른 명령으로 정한 방식에 위반된 경우

제40조【출원공고결정 전의 보정】 ① 출원인은 다음 각 호의 구분에 따른 때까지는 최초의 상표등록출원의 요지를 변경하지 아니하는 범위에서 상표등록출원서의 기재사항, 상표등록출원에 관한 지정상품 및 상표를 보정할 수 있다.
1. 제55조의2에 따른 재심사를 청구하는 경우 : 재심사의 청구기간(2022.2.3 본호신설)
1의2. 제57조에 따른 출원공고의 결정이 있는 경우 : 출원공고의 때까지
2. 제57조에 따른 출원공고의 결정이 없는 경우 : 제54조에 따른 상표등록거절결정의 때까지
3. 제116조에 따른 거절결정에 대한 심판을 청구하는 경우 : 그 청구일부터 30일 이내
4. 제123조에 따라 거절결정에 대한 심판에서 심사규정이 준용되는 경우 : 제55조제1항·제3항 또는 제87조제2항·제3항에 따른 의견서 제출기간

② 제1항에 따른 보정이 다음 각 호의 어느 하나에 해당하는 경우에는 상표등록출원의 요지를 변경하지 아니하는 것으로 본다.
1. 지정상품의 범위의 감축(減縮)
2. 오기(誤記)의 정정
3. 불명료한 기재의 석명(釋明)
4. 상표의 부기적(附記的)인 부분의 삭제
5. 그 밖에 제36조제2항에 따른 표장에 관한 설명 등 산업통상자원부령으로 정하는 사항

③ 상표권 설정등록이 있은 후에 제1항에 따른 보정이 제2항 각 호의 어느 하나에 해당하지 아니하는 것으로 인정된 경우에는 그 상표등록출원은 그 보정서를 제출한 때에 상표등록출원을 한 것으로 본다.

제41조【출원공고결정 후의 보정】 ① 출원인은 제57조제2항에 따른 출원공고결정 등본의 송달 후에 다음 각 호의 어느 하나에 해당하게 된 경우에는 해당 호에서 정하는 기간 내에 최초의 상표등록출원의 요지를 변경하지 아니하는 범위에서 지정상품 및 상표를 보정할 수 있다.
1. 제54조에 따른 상표등록거절결정 또는 제87조제1항에 따른 지정상품의 추가등록거절결정의 거절이유에 나타난 사항에 대하여 제116조에 따른 심판을 청구한 경우 : 심판청구일부터 30일
2. 제55조제1항 및 제87조제2항에 따른 거절이유의 통지를 받고 그 거절이유에 나타난 사항에 대하여 보정하려는 경우 : 해당 거절이유에 대한 의견서 제출기간
2의2. 제55조의2에 따른 재심사를 청구하는 경우 : 재심사의 청구기간(2022.2.3 본호신설)
3. 이의신청이 있는 경우에 그 이의신청의 이유에 나타난 사항에 대하여 보정하려는 경우 : 제66조제1항에 따른 답변서 제출기간

② 제1항에 따른 보정이 제40조제2항 각 호의 어느 하나에 해당하는 경우에는 상표등록출원의 요지를 변경하지 아니하는 것으로 본다.

③ 상표권 설정등록이 있은 후에 제1항에 따른 보정이 제40조제2항 각 호의 어느 하나에 해당하지 아니하는 것으로 인정된 경우에는 그 상표등록출원은 그 보정을 하지 아니하였던 상표등록출원에 관하여 상표권이 설정등록된 것으로 본다.

제42조【보정의 각하】 ① 심사관은 제40조 및 제41조에 따른 보정이 제40조제2항 각 호의 어느 하나에 해당하지 아니하는 것인 경우에는 결정으로 그 보정을 각하(却下)하여야 한다.

② 심사관은 제1항에 따른 각하결정을 한 경우에는 제115조에 따른 보정각하결정에 대한 심판청구기간이 지나기 전까지는 그 상표등록출원에 대한 상표등록여부결정을 해서는 아니 되며, 출원공고할 것을 결정하기 전에 제1항에 따른 각하결정을 한 경우에는 출원공고결정도 해서는 아니 된다.(2021.10.19 본항개정)

③ 심사관은 출원인이 제1항에 따른 각하결정에 대하여 제115조에 따라 심판을 청구한 경우에는 그 심판의 심결이 확정될 때까지 그 상표등록출원의 심사를 중지하여야 한다.

④ 제1항에 따른 각하결정은 서면으로 하여야 하며, 그 이유를 붙여야 한다.

⑤ 제1항에 따른 각하결정(제41조에 따른 보정에 대한 각하결정으로 한정한다)에 대해서는 불복할 수 없다. 다만, 제116조에 따른 거절결정에 대한 심판을 청구하는 경우에는 그러하지 아니하다.

제43조【수정정관 등의 제출】 ① 단체표장등록을 출원한 출원인은 제36조제3항에 따른 정관을 수정한 경우에는 제40조제1항 각 호 또는 제41조제1항 각 호에서 정한 기간 내에 특허청장에게 수정된 정관을 제출하여야 한다.

② 증명표장등록을 출원한 출원인은 정관 또는 규약을 수정한 경우에는 제40조제1항 각 호 또는 제41조제1항 각 호에서 정한 기간 내에 특허청장에게 수정된 정관 또는 규약을 제출하여야 한다.

제44조【출원의 변경】 ① 다음 각 호의 어느 하나에 해당하는 출원을 한 출원인은 그 출원을 다음 각 호의 어느 하나에 해당하는 다른 출원으로 변경할 수 있다.
1. 상표등록출원
2. 단체표장등록출원(지리적 표시 단체표장등록출원은 제외한다)
3. 증명표장등록출원(지리적 표시 증명표장등록출원은 제외한다)

② 지정상품추가등록출원을 한 출원인은 상표등록출원으로 변경할 수 있다. 다만, 지정상품추가등록출원의 기초가 된 등록상표에 대하여 무효심판 또는 취소심판이 청구되거나 그 등록상표가 무효심판 또는 취소심판 등으로 소멸된 경우에는 그러하지 아니하다.

③ 제1항 및 제2항에 따라 변경된 출원(이하 "변경출원"이라 한다)은 최초의 출원을 한 때에 출원한 것으로 본다. 다만, 제46조제3항·제4항 또는 제47조제2항을 적용할 때에는 변경출원한 때를 기준으로 한다.(2023.10.31 단서개정)

④ 제1항 및 제2항에 따른 출원의 변경은 최초의 출원에 대한 등록여부결정 또는 심결이 확정된 후에는 할 수 없다.

⑤ 변경출원의 기초가 된 출원이 제46조에 따라 우선권을 주장한 출원인 경우에는 제1항 및 제2항에 따라 변경출원을 한 때에 그 변경출원에 우선권 주장을 한 것으로 보며, 변경출원의 기초가 된 출원에 대하여 제46조에 따라 제출된 서류 또는 서면이 있는 경우에는 그 변경출원에 해당 서류 또는 서면이 제출된 것으로 본다.(2023.10.31 본항신설)

⑥ 제5항에 따라 제46조에 따른 우선권 주장을 한 것으로 보는 변경출원에 대해서는 변경출원을 한 날부터 30일 이내에 그 우선권 주장의 전부 또는 일부를 취하할 수 있다.(2023.10.31 본항신설)

⑦ 제47조에 따른 출원 시의 특례에 관하여는 제5항 및 제6항을 준용한다.(2023.10.31 본항신설)

⑧ 변경출원의 경우 최초의 출원은 취하된 것으로 본다.

제45조【출원의 분할】 ① 출원인은 둘 이상의 상품을 지정상품으로 하여 상표등록출원을 한 경우에는 제40조제1항 각 호 및 제41조제1항 각 호에서 정한 기간 내에 둘 이상의 상표등록출원으로 분할할 수 있다.

② 제1항에 따라 분할하는 상표등록출원(이하 "분할출원"이라 한다)이 있는 경우 그 분할출원은 최초에 상표등록출원을 한 때에 출원한 것으로 본다. 다만, 제46조제3항·제4항 또는 제47조제2항을 적용할 때에는 분할출원한 때를 기준으로 한다.(2023.10.31 단서개정)

③ 분할의 기초가 된 상표등록출원이 제46조에 따라 우선권을 주장한 상표등록출원인 경우에는 제1항에 따라 분할출원을 한 때에 그 분할출원에 대해서도 우선권 주장을 한 것으로 보며, 분할의 기초가 된 상표등록출원에 대하여 제46조에 따라 제출된 서류 또는 서면이 있는 경우에는 그 분할출원에 대해서도 해당 서류 또는 서면이 제출된 것으로 본다.(2021.10.19 본항신설)

④ 제3항에 따라 제46조에 따른 우선권 주장을 한 것으로 보는 분할출원에 대해서는 분할출원을 한 날부터 30일 이내에 그 우선권 주장의 전부 또는 일부를 취하할 수 있다.(2021.10.19 본항신설)

⑤ 제47조에 따른 출원 시의 특례에 관하여는 제3항 및 제4항을 준용한다.(2021.10.19 본항신설)

제46조 【조약에 따른 우선권 주장】 ① 조약에 따라 대한민국 국민에게 상표등록출원에 대한 우선권을 인정하는 당사국의 국민이 그 당사국 또는 다른 당사국에 상표등록출원을 한 후 같은 상표를 대한민국에 상표등록출원하여 우선권을 주장하는 경우에는 제35조를 적용할 때 그 당사국에 출원한 날을 대한민국에 상표등록출원한 날로 본다. 대한민국 국민이 조약에 따라 대한민국 국민에게 상표등록출원에 대한 우선권을 인정하는 당사국에 상표등록출원한 후 같은 상표를 대한민국에 상표등록출원한 경우에도 또한 같다.
② 제1항에 따라 우선권을 주장하려는 자는 우선권 주장의 기초가 되는 최초의 출원일부터 6개월 이내에 출원하지 아니하면 우선권을 주장할 수 없다.
③ 제1항에 따라 우선권을 주장하려는 자는 상표등록출원 시 상표등록출원서에 그 취지, 최초로 출원한 국가명 및 출원 연월일을 적어야 한다.
④ 제3항에 따라 우선권을 주장한 자는 최초로 출원한 국가의 정부가 인정하는 상표등록출원의 연월일을 적은 서면, 상표 및 지정상품의 등본을 상표등록출원일부터 3개월 이내에 특허청장에게 제출하여야 한다.
⑤ 제3항에 따라 우선권을 주장한 자가 제4항의 기간 내에 같은 항에 따른 서류를 제출하지 아니한 경우에는 그 우선권 주장은 효력을 상실한다.
제47조 【출원 시의 특례】 ① 상표등록을 받을 수 있는 자가 다음 각 호의 어느 하나에 해당하는 박람회에 출품한 상품에 사용한 상표를 그 출품일부터 6개월 이내에 그 상품을 지정상품으로 하여 상표등록출원을 한 경우에는 그 상표등록출원은 그 출품을 한 때에 출원한 것으로 본다.
1. 정부 또는 지방자치단체가 개최하는 박람회
2. 정부 또는 지방자치단체의 승인을 받은 자가 개최하는 박람회
3. 정부의 승인을 받아 국외에서 개최하는 박람회
4. 조약당사국의 영역(領域)에서 그 정부나 그 정부로부터 승인을 받은 자가 개최하는 국제박람회
② 제1항을 적용받으려는 자는 그 취지를 적은 상표등록출원서를 특허청장에게 제출하고, 이를 증명할 수 있는 서류를 상표등록출원일부터 30일 이내에 특허청장에게 제출하여야 한다.
제48조 【출원의 승계 및 분할이전 등】 ① 상표등록출원의 승계는 상속이나 그 밖의 일반승계의 경우를 제외하고는 출원인 변경신고를 하지 아니하면 그 효력이 발생하지 아니한다.
② 상표등록출원은 그 지정상품마다 분할하여 이전할 수 있다. 이 경우 유사한 지정상품은 함께 이전하여야 한다.
③ 상표등록출원의 상속이나 그 밖의 일반승계가 있는 경우에는 승계인은 지체 없이 그 취지를 특허청장에게 신고하여야 한다.
④ 상표등록출원이 공유인 경우에는 각 공유자는 다른 공유자 전원의 동의를 받지 아니하면 그 지분을 양도할 수 없다.
⑤ 제2항에 따라 분할하여 이전된 상표등록출원은 최초의 상표등록출원을 한 때에 출원한 것으로 본다. 다만, 제46조제1항에 따른 우선권 주장이 있거나 제47조제1항에 따른 출원 시의 특례를 적용하는 경우에는 그러하지 아니하다.
⑥ 다음 각 호의 어느 하나에 해당하는 등록출원은 양도할 수 없다. 다만, 해당 호의 업무와 함께 양도하는 경우에는 양도할 수 있다.
1. 제3조제6항에 따른 업무표장등록출원
2. 제34조제1항제1호다목 단서, 같은 호 라목 단서 및 같은 항 제3호 단서에 따른 상표등록출원
⑦ 단체표장등록출원은 이전할 수 없다. 다만, 법인이 합병하는 경우에는 특허청장의 허가를 받아 이전할 수 있다.
⑧ 증명표장등록출원은 이전할 수 없다. 다만, 해당 증명표장에 대하여 제3조제3항에 따른 증명표장의 등록을 받을 수 있는 자에게 그 업무와 함께 이전하는 경우에는 특허청장의 허가를 받아 이전할 수 있다.
제49조 【정보의 제공】 누구든지 상표등록출원된 상표가 제54조 각 호의 어느 하나에 해당되어 상표등록될 수 없다는 취지의 정보를 증거와 함께 특허청장 또는 특허심판원장에게 제공할 수 있다.

제3장 심 사

제50조 【심사관에 의한 심사】 ① 특허청장은 심사관에게 상표등록출원 및 이의신청을 심사하게 한다.
② 심사관의 자격에 관하여 필요한 사항은 대통령령으로 정한다.
제51조 【상표전문기관의 등록 등】 ① 특허청장은 상표등록출원의 심사에 필요하다고 인정하면 제2항에 따른 전문기관에 다음 각 호의 업무를 의뢰할 수 있다.(2019.1.8 본문개정)
1. 상표검색
2. 상품분류
3. 그 밖에 상표의 사용실태 조사 등 대통령령으로 정하는 업무
② 제1항에 따라 특허청장이 의뢰하는 업무를 수행하려는 자는 특허청장에게 전문기관의 등록을 하여야 한다.(2019.1.8 본항신설)
③ 특허청장은 제1항의 업무를 효과적으로 수행하기 위하여 필요하다고 인정하는 경우에는 대통령령으로 정하는 전담기관으로 하여금 전문기관 업무에 대한 관리 및 평가에 관한 업무를 대행하게 할 수 있다.(2019.1.8 본항신설)
④ 특허청장은 상표등록출원의 심사에 필요하다고 인정하는 경우에는 관계 행정기관이나 상표에 관한 지식과 경험이 풍부한 사람 또는 관계인에게 협조를 요청하거나 의견을 들을 수 있다.
⑤ 특허청장은 「농수산물 품질관리법」에 따른 지리적 표시 등록 대상품목에 대하여 지리적 표시 단체표장이 출원된 경우에는 그 단체표장이 지리적 표시에 해당되는지에 관하여 농림축산식품부장관 또는 해양수산부장관의 의견을 들어야 한다.
⑥ 제2항에 따른 전문기관의 등록기준 및 상표검색 등의 의뢰에 필요한 사항은 대통령령으로 정한다.(2019.1.8 본항개정)
(2019.1.8 본조제목개정)
제52조 【상표전문기관의 등록취소 등】 ① 특허청장은 제51조제2항에 따른 전문기관이 제1호에 해당하는 경우에는 그 등록을 취소하여야 하며, 제2호에 해당하는 경우에는 그 등록을 취소하거나 6개월 이내의 기간을 정하여 업무의 정지를 명할 수 있다.
1. 거짓이나 그 밖의 부정한 방법으로 등록을 한 경우
2. 제51조제6항에 따른 등록기준에 적합하지 아니하게 된 경우
(2019.1.8 본항개정)
② 특허청장은 제1항에 따라 전문기관의 등록을 취소하거나 업무의 정지를 명하려면 청문을 하여야 한다.(2019.1.8 본항개정)
③ 제1항에 따른 행정처분의 기준과 절차 등에 관하여 필요한 사항은 산업통상자원부령으로 정한다.
(2019.1.8 본조제목개정)
제53조 【심사의 순위 및 우선심사】 ① 상표등록출원에 대한 심사의 순위는 출원의 순위에 따른다.
② 특허청장은 다음 각 호의 어느 하나에 해당하는 상표등록출원에 대해서는 제1항에도 불구하고 심사관으로 하여금 다른 상표등록출원보다 우선하여 심사하게 할 수 있다.
1. 상표등록출원 후 출원인이 아닌 자가 상표등록출원된 상표와 동일·유사한 상표를 동일·유사한 지정상품에 정당한 사유 없이 업으로서 사용하고 있다고 인정되는 경우
2. 출원인이 상표등록출원한 상표를 지정상품의 전부에 사용하고 있는 등 대통령령으로 정하는 상표등록출원으로서 긴급한 처리가 필요하다고 인정되는 경우
제54조 【상표등록거절결정】 심사관은 상표등록출원이 다음 각 호의 어느 하나에 해당하는 경우에는 상표등록거절결정을 하여야 한다. 이 경우 상표등록출원의 지정상품 일부가 다음 각 호의 어느 하나에 해당하는 경우에는 그 지정상품에 대하여만 상표등록거절결정을 하여야 한다.(2022.2.3 후단신설)
1. 제2조제1항에 따른 상표, 단체표장, 지리적 표시, 지리적 표시 단체표장, 증명표장, 지리적 표시 증명표장 또는 업무표장의 정의에 맞지 아니하는 경우
2. 조약에 위반된 경우
3. 제3조, 제27조, 제33조부터 제35조까지, 제38조제1항, 제48조제2항 후단, 같은 조 제4항 또는 제6항부터 제8항까지의 규정에 따라 상표등록을 할 수 없는 경우

4. 제3조에 따른 단체표장, 증명표장 및 업무표장의 등록을 받을 수 있는 자에 해당하지 아니한 경우
5. 지리적 표시 단체표장등록출원의 경우에 그 소속 단체원의 가입에 관하여 정관에 의하여 단체의 가입을 금지하거나 정관에 충족하기 어려운 가입조건을 규정하는 등 단체의 가입을 실질적으로 허용하지 아니한 경우
6. 제36조제3항에 따른 정관에 대통령령으로 정하는 단체표장의 사용에 관한 사항의 전부 또는 일부를 적지 아니하였거나 같은 조 제4항에 따른 정관 또는 규약에 대통령령으로 정하는 증명표장의 사용에 관한 사항의 전부 또는 일부를 적지 아니한 경우
7. 증명표장등록출원의 경우에 그 증명표장을 사용할 수 있는 자에 대하여 정당한 사유 없이 정관 또는 규약으로 사용을 허락하지 아니하거나 정관 또는 규약에 충족하기 어려운 사용조건을 규정하는 등 실질적으로 사용을 허락하지 아니한 경우

제55조【거절이유통지】 ① 심사관은 다음 각 호의 어느 하나에 해당하는 경우에는 출원인에게 미리 거절이유(제54조 각 호의 어느 하나에 해당하는 이유를 말하며, 이하 "거절이유"라 한다)를 통지하여야 한다. 이 경우 출원인은 산업통상자원부령으로 정하는 기간 내에 거절이유에 대한 의견서를 제출할 수 있다.(2021.10.19 전단개정)
1. 제54조에 따라 상표등록거절결정을 하려는 경우
2. 제68조의2제1항에 따른 직권 재심사를 하여 취소된 상표등록결정 전에 이미 통지한 거절이유로 상표등록거절결정을 하려는 경우

(2021.10.19 1호~2호신설)
② 심사관은 제1항에 따라 거절이유를 통지하는 경우에 지정상품별로 거절이유와 근거를 구체적으로 적어야 한다.
③ 제1항 후단에 따른 기간 내에 의견서를 제출하지 못한 출원인은 그 기간의 만료일부터 2개월 내에 상표에 관한 절차를 계속 진행할 것을 신청하고, 거절이유에 대한 의견서를 제출할 수 있다.

제55조의2【재심사의 청구】 ① 제54조에 따른 상표등록거절결정을 받은 자는 그 결정 등본을 송달받은 날부터 3개월(제17조제1항에 따라 제116조에 따른 기간이 연장된 경우에는 그 연장된 기간을 말한다) 이내에 지정상품 또는 상표를 보정하여 해당 상표등록출원에 관한 재심사를 청구할 수 있다. 다만, 재심사를 청구할 때 이미 재심사에 따른 거절결정이 있거나 제116조에 따른 심판청구가 있는 경우에는 그러하지 아니하다.
② 출원인은 제1항에 따른 재심사의 청구와 함께 의견서를 제출할 수 있다.
③ 제1항에 따라 재심사가 청구된 경우 그 상표등록출원에 대하여 종전에 이루어진 상표등록거절결정은 취소된 것으로 본다. 다만, 재심사의 청구절차가 제18조제1항에 따라 무효로 된 경우에는 그러하지 아니하다.
④ 제1항에 따른 재심사의 청구는 취하할 수 없다.
(2022.2.3 본조신설)

제56조【서류의 제출 등】 특허청장 또는 심사관은 당사자에게 심판 또는 재심에 관한 절차 외의 절차를 처리하기 위하여 심사에 필요한 서류, 그 밖의 물건의 제출을 요청할 수 있다.

제57조【출원공고】 ① 심사관은 상표등록출원에 대하여 거절이유를 발견할 수 없는 경우(일부 지정상품에 대하여 거절이유가 있는 경우에는 그 지정상품에 대한 거절결정이 확정된 경우를 말한다)에는 출원공고결정을 하여야 한다. 다만, 다음 각 호의 어느 하나에 해당하는 경우에는 출원공고결정을 생략할 수 있다.(2022.2.3 본문개정)
1. 제2항에 따른 출원공고결정의 등본이 출원인에게 송달된 후 그 출원인이 출원공고된 상표등록출원을 제45조에 따라 둘 이상의 상표등록출원으로 분할한 경우로서 그 분할출원에 대하여 거절이유를 발견할 수 없는 경우
2. 제54조에 따른 상표등록거절결정에 대하여 취소의 심결이 있는 경우로서 해당 상표등록출원의 지정상품에 대하여 이미 출원공고된 사실이 있고 다른 거절이유를 발견할 수 없는 경우(2022.2.3 본호개정)

② 특허청장은 제1항 각 호 외의 부분 본문에 따른 결정이 있을 경우에는 그 결정의 등본을 출원인에게 송달하고 그 상표등록출원에 관하여 상표공보에 게재하여 출원공고를 하여야 한다.
③ 특허청장은 제2항에 따라 출원공고를 한 날부터 30일간 상표등록출원 서류 및 그 부속 서류를 특허청에서 일반인이 열람할 수 있게 하여야 한다.(2025.1.21 본항개정)

제58조【손실보상청구권】 ① 출원인은 제57조제2항(제88조제2항 및 제123조제1항에 따라 준용되는 경우를 포함한다)에 따른 출원공고가 있은 후 해당 상표등록출원에 관한 지정상품과 동일·유사한 상품에 대하여 해당 상표등록출원에 관한 상표와 동일·유사한 상표를 사용하는 자에게 서면으로 경고할 수 있다. 다만, 출원인이 해당 상표등록출원의 사본을 제시하는 경우에는 출원공고 전이라도 서면으로 경고할 수 있다.
② 제1항에 따라 경고를 한 출원인은 경고 후 상표권을 설정등록할 때까지의 기간에 발생한 해당 상표의 사용에 관한 업무상 손실에 상당하는 보상금의 지급을 청구할 수 있다.
③ 제2항에 따른 청구권은 해당 상표등록출원에 대한 상표권의 설정등록 전까지는 행사할 수 없다.
④ 제2항에 따른 청구권의 행사는 상표권의 행사에 영향을 미치지 아니한다.
⑤ 제2항에 따른 청구권을 행사하는 경우의 등록상표 보호범위 등에 관하여는 제91조, 제108조, 제113조 및 제114조와 「민법」 제760조 및 제766조를 준용한다. 이 경우 「민법」 제766조제1항 중 "피해자나 그 법정대리인이 그 손해 및 가해자를 안 날"은 "해당 상표권의 설정등록일"로 본다.
⑥ 상표등록출원이 다음 각 호의 어느 하나에 해당하는 경우에는 제2항에 따른 청구권은 처음부터 발생하지 아니한 것으로 본다.
1. 상표등록출원이 포기·취하 또는 무효가 된 경우
2. 상표등록출원에 대한 제54조에 따른 상표등록거절결정이 확정된 경우
3. 제117조에 따라 상표등록을 무효로 한다는 심결(같은 조 제1항제5호부터 제7호까지의 규정에 따른 경우는 제외한다)이 확정된 경우

제59조【직권보정 등】 ① 심사관은 제57조에 따른 출원공고결정을 할 때에 상표등록출원서에 적힌 사항이 명백히 잘못된 경우에는 직권으로 보정(이하 이 조에서 "직권보정"이라 한다)을 할 수 있다. 이 경우 직권보정은 제40조제2항에 따른 범위에서 하여야 한다.(2023.10.31 후단신설)
② 제1항에 따라 심사관이 직권보정을 하려면 제57조제2항에 따른 출원공고결정 등본의 송달과 함께 그 직권보정 사항을 출원인에게 알려야 한다.
③ 출원인은 직권보정 사항의 전부 또는 일부를 받아들일 수 없는 경우에는 제57조제3항에 따른 기간 내에 그 직권보정 사항에 대한 의견서를 특허청장에게 제출하여야 한다.
④ 출원인이 제3항에 따라 의견서를 제출한 경우 해당 직권보정 사항의 전부 또는 일부는 처음부터 없었던 것으로 본다. 이 경우 그 출원공고결정도 함께 취소된 것으로 본다.
⑤ 직권보정이 제40조제2항에 따른 범위를 벗어나거나 명백히 잘못되지 아니한 사항을 직권보정한 경우 그 직권보정은 처음부터 없었던 것으로 본다.(2023.10.31 본항신설)

제60조【이의신청】 ① 출원공고가 있는 경우에는 누구든지 출원공고일부터 30일 이내에 다음 각 호의 어느 하나에 해당한다는 것을 이유로 특허청장에게 이의신청을 할 수 있다.
(2025.1.21 본문개정)
1. 제54조에 따른 상표등록거절결정의 거절이유에 해당한다는 것
2. 제87조제1항에 따른 추가등록거절결정의 거절이유에 해당한다는 것

② 제1항에 따라 이의신청을 하려는 자는 다음 각 호의 사항을 적은 이의신청서에 필요한 증거를 첨부하여 특허청장에게 제출하여야 한다.
1. 신청인의 성명 및 주소(법인인 경우에는 그 명칭 및 영업소의 소재지를 말한다)
2. 신청인의 대리인이 있는 경우에는 그 대리인의 성명 및 주소나 영업소의 소재지[대리인이 특허법인·특허법인(유한)

인 경우에는 그 명칭, 사무소의 소재지 및 지정된 변리사의 성명을 말한다]
3. 이의신청의 대상
4. 이의신청사항
5. 이의신청의 이유 및 필요한 증거의 표시
제61조【이의신청 이유 등의 보정】 제60조제1항에 따른 상표등록의 이의신청인(이하 "이의신청인"이라 한다)은 이의신청기간이 지난 후 30일 이내에 그 이의신청서에 적은 이유와 증거를 보정할 수 있다.
제62조【이의신청에 대한 심사 등】 ① 이의신청은 심사관 3명으로 구성되는 심사관합의체(이하 "심사관합의체"라 한다)에서 심사·결정한다.
② 특허청장은 각각의 이의신청에 대하여 심사관합의체를 구성할 심사관을 지정하여야 한다.
③ 특허청장은 제2항에 따라 지정된 심사관 중 1명을 심사장으로 지정하여야 한다.
④ 심사관합의체 및 심사장에 관하여는 제130조제2항, 제131조제2항 및 제132조제2항·제3항을 준용한다. 이 경우 제130조제2항 중 "특허심판원장"은 "특허청장"으로, "심판관"은 "심사관"으로, "심판"은 "심사"로 보고, 제131조제2항 중 "심판장"은 "심사장"으로, "심판사건"은 "이의신청사건"으로 보며, 제132조제2항 중 "심판관합의체"는 "심사관합의체"로 보고, 같은 조 제3항 중 "심판"은 "심사"로 본다.
제63조【이의신청에 대한 심사의 범위】 심사관합의체는 이의신청에 관하여 출원인이나 이의신청인이 주장하지 아니한 이유에 관하여도 심사할 수 있다. 이 경우 출원인이나 이의신청인에게 기간을 정하여 그 이유에 관하여 의견을 진술할 수 있는 기회를 주어야 한다.
제64조【이의신청의 병합 또는 분리】 심사관합의체는 둘 이상의 이의신청을 병합하거나 분리하여 심사·결정할 수 있다.
제65조【이의신청의 경합】 ① 심사관합의체는 둘 이상의 이의신청이 있는 경우에 그 중 어느 하나의 이의신청에 대하여 심사한 결과 그 이의신청이 이유가 있다고 인정할 때에는 다른 이의신청에 대해서는 결정을 하지 아니할 수 있다.
② 특허청장은 심사관합의체가 제1항에 따라 이의신청에 대하여 결정을 하지 아니한 경우에는 해당 이의신청인에게도 상표등록거절결정 등본을 송달하여야 한다.
제66조【이의신청에 대한 결정】 ① 심사장은 이의신청이 있는 경우에는 이의신청서 부본(副本)을 출원인에게 송달하고 기간을 정하여 답변서 제출의 기회를 주어야 한다.
② 심사관합의체는 제1항 및 제60조제1항에 따른 이의신청기간이 지난 후에 이의신청에 대한 결정을 하여야 한다.
③ 이의신청에 대한 결정은 서면으로 하여야 하며, 그 이유를 붙여야 한다. 이 경우 둘 이상의 지정상품에 대한 결정이유가 다른 경우에는 지정상품마다 그 이유를 붙여야 한다.
④ 심사관합의체는 이의신청인이 제60조제1항에 따른 이의신청기간 내에 그 이유나 증거를 제출하지 아니한 경우에는 제1항에도 불구하고 제61조에 따른 기간이 지난 후 결정으로 이의신청을 각하할 수 있다. 이 경우 그 결정의 등본을 이의신청인에게 송달하여야 한다.
⑤ 특허청장은 제2항에 따른 결정이 있는 경우에는 그 결정의 등본을 출원인 및 이의신청인에게 송달하여야 한다.
⑥ 출원인 및 이의신청인은 제2항 및 제4항에 따른 결정에 대하여 다음 각 호의 구분에 따른 방법으로 불복할 수 있다.
1. 출원인 : 제116조에 따른 심판의 청구
2. 이의신청인 : 제117조에 따른 상표등록 무효심판의 청구
제67조【상표등록 출원공고 후의 직권에 의한 상표등록거절결정】 ① 심사관은 출원공고 후 거절이유를 발견한 경우에는 직권으로 제54조에 따른 상표등록거절결정을 할 수 있다.
② 제1항에 따라 상표등록거절결정을 할 경우에는 이의신청이 있더라도 그 이의신청에 대해서는 결정을 하지 아니한다.
③ 특허청장은 제1항에 따라 심사관이 상표등록거절결정을 한 경우에는 이의신청인에게 상표등록거절결정 등본을 송달하여야 한다.
제68조【상표등록결정】 심사관은 상표등록출원에 대하여 거절이유를 발견할 수 없는 경우(일부 지정상품에 대하여 거절이유가 있는 경우에는 그 지정상품에 대한 거절결정이 확정된 경우를 말한다)에는 상표등록결정을 하여야 한다.(2022.2.3 본조개정)
제68조의2【상표등록결정 이후의 직권 재심사】 ① 심사관은 상표등록결정을 한 출원에 대하여 명백한 거절이유를 발견한 경우에는 직권으로 상표등록결정을 취소하고 그 상표등록출원을 다시 심사(이하 "직권 재심사"라 한다)할 수 있다. 다만, 다음 각 호의 어느 하나에 해당하는 경우에는 그러하지 아니하다.
1. 거절이유가 제38조제1항에 해당하는 경우
2. 그 상표등록결정에 따라 상표권이 설정등록된 경우
3. 그 상표등록출원이 취하되거나 포기된 경우
② 제1항에 따라 심사관이 직권 재심사를 하려면 상표등록결정을 취소한다는 사실을 출원인에게 통지하여야 한다.
③ 출원인이 제2항에 따른 통지를 받기 전에 그 상표등록출원이 제1항제2호 또는 제3호에 해당하게 된 경우에는 상표등록결정의 취소는 처음부터 없었던 것으로 본다.
(2021.10.19 본조신설)
제69조【상표등록여부결정의 방식】 ① 상표등록여부결정은 서면으로 하여야 하며, 그 이유를 붙여야 한다.
② 특허청장은 상표등록여부결정이 있는 경우에는 그 결정의 등본을 출원인에게 송달하여야 한다.
제70조【심사 또는 소송 절차의 중지】 ① 상표등록출원의 심사에서 필요한 경우에는 심결이 확정될 때까지 또는 소송절차가 완결될 때까지 그 상표등록출원의 심사절차를 중지할 수 있다.
② 법원은 소송에서 필요한 경우에는 상표등록여부결정이 확정될 때까지 그 소송절차를 중지할 수 있다.
제71조【심판 규정의 이의신청 심사 및 결정에의 준용】 이의신청에 대한 심사 및 결정에 관하여는 제128조, 제134조제1호부터 제5호까지 및 제7호, 제144조와 「민사소송법」 제143조, 제299조 및 제367조를 준용한다.

제4장 상표등록료 및 상표등록 등

제72조【상표등록료】 ① 다음 각 호의 어느 하나에 해당하는 상표권의 설정등록 등을 받으려는 자는 상표등록료를 내야 한다. 이 경우 제1호 또는 제2호에 해당할 때에는 상표등록료를 2회로 분할하여 낼 수 있다.
1. 제82조에 따른 상표권의 설정등록
2. 존속기간갱신등록
3. 제86조에 따른 지정상품의 추가등록
② 이해관계인은 제1항에 따른 상표등록료를 내야 할 자의 의사와 관계없이 상표등록료를 낼 수 있다.
③ 제1항에 따른 상표등록료, 그 납부방법, 납부기간 및 분할납부 등에 필요한 사항은 산업통상자원부령으로 정한다.
제73조【상표등록료를 납부할 때의 일부 지정상품의 포기】 ① 다음 각 호의 어느 하나에 해당하는 자가 상표등록료(제72조제1항 각 호 외의 부분 후단에 따라 분할납부하는 경우에는 1회차 상표등록료를 말한다)를 낼 때에는 지정상품별로 상표등록을 포기할 수 있다.
1. 둘 이상의 지정상품이 있는 상표등록출원에 대한 상표등록결정을 받은 자
2. 지정상품추가등록출원에 대한 지정상품의 추가등록결정을 받은 자
3. 존속기간갱신등록신청을 한 자
② 제1항에 따른 지정상품의 포기에 필요한 사항은 산업통상자원부령으로 정한다.
제74조【상표등록료의 납부기간 연장】 특허청장은 제72조제3항에 따른 상표등록료의 납부기간을 청구에 의하여 30일을 넘지 아니하는 범위에서 연장할 수 있다.
제75조【상표등록료의 미납으로 인한 출원 또는 신청의 포기】 다음 각 호의 어느 하나에 해당하는 경우에는 상표등록출원, 지정상품추가등록출원 또는 존속기간갱신등록신청을 포기한 것으로 본다.
1. 제72조제3항 또는 제74조에 따른 납부기간에 해당 상표등록료(제72조제1항 각 호 외의 부분 후단에 따라 분할납부하는

경우에는 1회차 상표등록료를 말한다. 이하 이 조에서 같다)를 내지 아니한 경우
2. 제76조제1항에 따라 상표등록료의 보전명령을 받은 경우로서 그 보전기간 내에 보전하지 아니한 경우
3. 제77조제1항에 해당하는 경우로서 그 해당 기간 내에 상표등록료를 내지 아니하거나 보전하지 아니한 경우

제76조 【상표등록료의 보전 등】 ① 특허청장은 상표권의 설정등록, 지정상품의 추가등록, 존속기간갱신등록을 받으려는 자 또는 상표권자가 제72조제3항 또는 제74조에 따른 납부기간 내에 상표등록료의 일부를 내지 아니한 경우에는 상표등록료의 보전(補塡)을 명하여야 한다.
② 제1항에 따라 보전명령을 받은 자는 그 보전명령을 받은 날부터 1개월 이내(이하 "보전기간"이라 한다)에 상표등록료를 보전할 수 있다.
③ 제2항에 따라 상표등록료를 보전하는 자는 내지 아니한 금액의 2배의 범위에서 산업통상자원부령으로 정하는 금액을 내야 한다.

제77조 【상표등록료 납부 또는 보전에 의한 상표등록출원의 회복 등】 ① 다음 각 호의 어느 하나에 해당하는 자가 정당한 사유로 제72조제3항 또는 제74조에 따른 납부기간 내에 상표등록료를 내지 아니하였거나 제76조제2항에 따른 보전기간 내에 보전하지 아니한 경우에는 그 사유가 소멸한 날부터 2개월 이내에 그 상표등록료를 내거나 보전할 수 있다. 다만, 납부기간의 만료일 또는 보전기간의 만료일 중 늦은 날부터 1년이 지났을 경우에는 상표등록료를 내거나 보전할 수 없다. (2021.10.19 본문개정)
1. 상표등록출원의 출원인
2. 지정상품추가등록출원의 출원인
3. 존속기간갱신등록신청의 신청인 또는 상표권자

② 제1항에 따라 상표등록료를 내거나 보전한 자(제72조제1항 각 호 외의 부분 후단에 따라 분할하여 낸 경우에는 1회차 상표등록료를 내거나 보전한 자를 말한다)는 제75조에도 불구하고 그 상표등록출원, 지정상품추가등록출원 또는 존속기간갱신등록신청을 포기하지 아니한 것으로 본다.
③ 제2항에 따라 상표등록출원, 지정상품추가등록출원 또는 상표권(이하 이 조에서 "상표등록출원등"이라 한다)이 회복된 경우에는 그 상표등록출원등의 효력은 제72조제3항 또는 제74조에 따른 납부기간이 지난 후 상표등록출원등이 회복되기 전에 그 상표와 동일·유사한 상표를 그 지정상품과 동일·유사한 상품에 사용한 행위에는 미치지 아니한다.

제78조 【수수료】 ① 상표에 관한 절차를 밟는 자는 수수료를 내야 한다. 다만, 제117조제1항 및 제118조제1항에 따라 심사관이 무효심판을 청구하는 경우에는 수수료를 면제한다.
② 제1항에 따른 수수료, 그 납부방법, 납부기간 등에 관하여 필요한 사항은 산업통상자원부령으로 정한다.
③ 제84조제2항 단서에 따른 기간에 존속기간갱신등록신청을 하려는 자는 제2항에 따른 수수료에 산업통상자원부령으로 정하는 금액을 더하여 내야 한다.

제79조 【상표등록료 및 수수료의 반환】 ① 납부된 상표등록료와 수수료가 다음 각 호의 어느 하나에 해당하는 경우에는 해당 호의 구분에 따른 상표등록료 및 수수료를 납부한 자의 청구에 의하여 반환한다.
1. 잘못 납부된 경우 : 그 잘못 납부된 상표등록료 및 수수료
2. 상표등록출원 후 1개월 이내에 그 상표등록출원을 취하하거나 포기한 경우 : 이미 낸 수수료 중 상표등록출원료 및 우선권 주장 신청료. 다만, 다음 각 목의 어느 하나에 해당하는 경우는 제외한다.
   가. 분할출원, 변경출원, 분할출원 또는 변경출원의 기초가 된 상표등록출원
   나. 제53조에 따른 우선심사의 신청이 있는 출원
   다. 제180조제1항에 따라 이 법에 따른 상표등록출원으로 보는 국제상표등록출원
3. 제156조에 따라 보정각하결정 또는 거절결정이 취소된 경우(제161조에 따라 재심의 절차에서 준용되는 경우를 포함하되, 심판 또는 재심 중 제40조제1항 각 호 및 제41조제1항제1호에 따른 보정이 있는 경우는 제외한다) : 이미 낸 수수료 중 심판청구료(재심의 경우에는 재심청구료를 말한다. 이하 이 조에서 같다)
4. 심판청구가 제127조제2항에 따라 결정으로 각하되고 그 결정이 확정된 경우(제161조에 따라 재심의 절차에서 준용되는 경우를 포함한다) : 이미 낸 수수료 중 심판청구료의 2분의 1에 해당하는 금액
5. 심리의 종결을 통지받기 전까지 제142조제1항에 따른 참가신청을 취하한 경우(제161조에 따라 재심의 절차에서 준용되는 경우를 포함한다) : 이미 낸 수수료 중 참가신청료의 2분의 1에 해당하는 금액
6. 제142조제1항에 따른 참가신청이 결정으로 거부된 경우(제161조에 따라 재심의 절차에서 준용되는 경우를 포함한다) : 이미 낸 수수료 중 참가신청료의 2분의 1에 해당하는 금액
7. 심리의 종결을 통지받기 전까지 심판청구를 취하한 경우(제161조에 따라 재심의 절차에서 준용되는 경우를 포함한다) : 이미 낸 수수료 중 심판청구료의 2분의 1에 해당하는 금액
8. 제84조제2항 본문에 따라 존속기간 만료 전에 존속기간갱신등록신청을 하였으나 존속기간갱신등록의 효력발생일 전에 상표권의 전부 또는 일부가 소멸 또는 포기된 경우 : 이미 낸 상표등록료에서 그 소멸 또는 포기된 상표권을 제외하여 산정한 상표등록료를 뺀 금액(2023.10.31 본호신설)
9. 제72조제1항 후단에 따라 상표등록료를 분할납부한 경우로서 2회차 상표등록료를 납부하였으나 상표권의 설정등록일 또는 존속기간갱신등록일로부터 5년이 되기 전에 상표권의 전부 또는 일부가 소멸 또는 포기된 경우 : 이미 낸 2회차 상표등록료에서 그 소멸 또는 포기된 상표권을 제외하여 산정한 2회차 상표등록료를 뺀 금액(2023.10.31 본호신설)

② 특허청장 또는 특허심판원장은 납부된 상표등록료 및 수수료가 제1항 각 호의 어느 하나에 해당하는 경우에는 그 사실을 납부한 자에게 통지하여야 한다.
③ 제1항에 따른 상표등록료 및 수수료의 반환청구는 제2항에 따른 통지를 받은 날부터 5년이 지나면 할 수 없다.(2022.10.18 본항개정)

제80조 【상표원부】 ① 특허청장은 특허청에 상표원부를 갖추어 두고 다음 각 호의 사항을 등록한다.
1. 상표권의 설정·이전·변경·소멸·회복, 존속기간의 갱신, 제209조에 따른 상품분류전환(이하 "상품분류전환"이라 한다), 지정상품의 추가 또는 처분의 제한
2. 전용사용권 또는 통상사용권의 설정·보존·이전·변경·소멸 또는 처분의 제한
3. 상표권·전용사용권 또는 통상사용권을 목적으로 하는 질권(質權)의 설정·이전·변경·소멸 또는 처분의 제한

② 제1항에 따른 상표원부는 그 전부 또는 일부를 전자적 기록매체 등으로 작성할 수 있다.
③ 제1항 및 제2항에서 규정한 사항 외에 등록사항 및 등록절차 등에 관하여 필요한 사항은 대통령령으로 정한다.

제81조 【상표등록증의 발급】 ① 특허청장은 상표권의 설정등록을 하였을 경우에는 산업통상자원부령으로 정하는 바에 따라 상표권자에게 상표등록증을 발급하여야 한다.
② 특허청장은 상표등록증이 상표원부나 그 밖의 서류와 맞지 아니할 경우에는 신청에 의하여 또는 직권으로 상표등록증을 회수하여 정정발급하거나 새로운 상표등록증을 발급하여야 한다.

제5장 상표권

제82조 【상표권의 설정등록】 ① 상표권은 설정등록에 의하여 발생한다.
② 특허청장은 다음 각 호의 어느 하나에 해당하는 경우에는 상표권을 설정하기 위한 등록을 하여야 한다.
1. 제72조제3항 또는 제74조에 따라 상표등록료(제72조제1항 각 호 외의 부분 후단에 따라 분할납부하는 경우에는 1회차 상표등록료를 말하며, 이하 이 항에서 같다)를 낸 경우
2. 제76조제2항에 따라 상표등록료를 보전하였을 경우
3. 제77조제1항에 따라 상표등록료를 내거나 보전하였을 경우

③ 특허청장은 제2항에 따라 등록한 경우에는 상표권자의 성명·주소 및 상표등록번호 등 대통령령으로 정하는 사항을 상표공보에 게재하여 등록공고를 하여야 한다.

제83조【상표권의 존속기간】 ① 상표권의 존속기간은 제82조제1항에 따라 설정등록이 있는 날부터 10년으로 한다.

② 상표권의 존속기간은 존속기간갱신등록신청에 의하여 10년씩 갱신할 수 있다.

③ 제1항 및 제2항에도 불구하고 다음 각 호의 어느 하나에 해당하는 경우에는 상표권의 설정등록일 또는 존속기간갱신등록일부터 5년이 지나면 상표권이 소멸한다.

1. 제72조제3항 또는 제74조에 따른 납부기간 내에 상표등록료(제72조제1항 각 호 외의 부분 후단에 따라 상표등록료를 분할납부하는 경우로서 2회차 상표등록료를 말한다. 이하 이 항에서 같다)를 내지 아니한 경우
2. 제76조제1항에 따라 상표등록료의 보전을 명한 경우로서 그 보전기간 내에 보전하지 아니한 경우
3. 제77조제1항에 해당하는 경우로서 그 해당 기간 내에 상표등록료를 내지 아니하거나 보전하지 아니한 경우

제84조【존속기간갱신등록신청】 ① 제83조제2항에 따라 존속기간갱신등록신청을 하고자 하는 상표권자(상표권이 공유인 경우 각 공유자도 상표권자로 본다. 이하 이 조에서 같다)는 다음 각 호의 사항을 적은 존속기간갱신등록신청서를 특허청장에게 제출하여야 한다.(2023.10.31 본문개정)

1. 상표권자의 성명 및 주소(법인인 경우에는 그 명칭 및 영업소의 소재지를 말한다)(2023.10.31 본호개정)
2. 대리인이 있는 경우에는 그 대리인의 성명 및 주소나 영업소의 소재지〔대리인이 특허법인·특허법인(유한)인 경우에는 그 명칭, 사무소의 소재지 및 지정된 변리사의 성명을 말한다〕(2023.10.31 본호신설)
3. 등록상표의 등록번호
4. 지정상품 및 상품류(2023.10.31 본호신설)

② 존속기간갱신등록신청서는 상표권의 존속기간 만료 전 1년 이내에 제출하여야 한다. 다만, 이 기간에 존속기간갱신등록신청을 하지 아니한 상표권자는 상표권의 존속기간이 끝난 후 6개월 이내에 할 수 있다.(2023.10.31 단서개정)

③ (2019.4.23 삭제)

④ 제1항 및 제2항에서 규정한 사항 외에 존속기간갱신등록신청에 필요한 사항은 산업통상자원부령으로 정한다.(2019.4.23 본항개정)

제85조【존속기간갱신등록신청 등의 효력】 ① 제84조제2항에 따른 기간에 존속기간갱신등록신청을 하면 상표권의 존속기간이 갱신된 것으로 본다.

② 존속기간갱신등록은 원등록(原登錄)의 효력이 끝나는 날의 다음 날부터 효력이 발생한다.

제86조【지정상품추가등록출원】 ① 상표권자 또는 출원인은 등록상표 또는 상표등록출원의 지정상품을 추가하여 상표등록을 받을 수 있다. 이 경우 추가등록된 지정상품에 대한 상표권의 존속기간 만료일은 그 등록상표권의 존속기간 만료일로 한다.

② 제1항에 따라 지정상품의 추가등록을 받으려는 자는 다음 각 호의 사항을 적은 지정상품의 추가등록출원서를 특허청장에게 제출하여야 한다.

1. 제36조제1항제1호·제2호·제5호 및 제6호의 사항
2. 상표등록번호 또는 상표등록출원번호
3. 추가로 지정할 상품 및 그 상품류

제87조【지정상품의 추가등록거절결정 및 거절이유통지】 ① 심사관은 지정상품추가등록출원이 다음 각 호의 어느 하나에 해당하는 경우에는 그 지정상품의 추가등록거절결정을 하여야 한다. 이 경우 지정상품추가등록출원의 지정상품 일부가 다음 각 호의 어느 하나에 해당하는 경우에는 그 지정상품에 대하여만 지정상품의 추가등록거절결정을 하여야 한다.(2022.2.3 후단신설)

1. 제54조 각 호의 어느 하나에 해당할 경우
2. 지정상품의 추가등록출원인이 해당 상표권자 또는 출원인이 아닌 경우
3. 등록상표의 상표권 또는 상표등록출원이 다음 각 목의 어느 하나에 해당하게 된 경우
   가. 상표권의 소멸
   나. 상표등록출원의 포기, 취하 또는 무효
   다. 상표등록출원에 대한 제54조에 따른 상표등록거절결정의 확정

② 심사관은 다음 각 호의 어느 하나에 해당하는 경우에는 출원인에게 거절이유를 통지하여야 한다. 이 경우 출원인은 산업통상자원부령으로 정하는 기간 내에 거절이유에 대한 의견서를 제출할 수 있다.

1. 제1항에 따라 지정상품의 추가등록거절결정을 하려는 경우(2021.10.19 본호신설)
2. 제88조제2항에 따라 준용되는 제68조의2제1항에 따른 직권재심사를 하여 취소된 지정상품의 추가등록결정 전에 이미 통지한 거절이유로 지정상품의 추가등록거절결정을 하려는 경우(2021.10.19 본호신설)

(2021.10.19 본항개정)

③ 제2항 후단에 따른 기간 내에 의견서를 제출하지 아니한 출원인은 그 기간의 만료일부터 2개월 이내에 지정상품의 추가등록에 관한 절차를 계속 진행할 것을 신청하고, 그 기간 내에 거절이유에 대한 의견서를 제출할 수 있다.

④ 심사관은 제2항에 따라 거절이유를 통지하는 경우 지정상품별로 거절이유와 근거를 구체적으로 적어야 한다.(2022.2.3 본항신설)

제88조【존속기간갱신등록신청 절차 등에 관한 준용】 ① 존속기간갱신등록신청 절차의 보정에 관하여는 제39조를 준용한다.

② 지정상품추가등록출원에 관하여는 제37조, 제38조제1항, 제39조부터 제43조까지, 제46조, 제47조, 제50조, 제53조, 제55조의2, 제57조부터 제68조까지, 제68조의2, 제69조, 제70조, 제128조, 제134조제1호부터 제5호까지 및 제7호, 제144조, 「민사소송법」 제143조, 제299조 및 제367조를 준용한다.(2022.2.3 본항개정)

제89조【상표권의 효력】 상표권자는 지정상품에 관하여 그 등록상표를 사용할 권리를 독점한다. 다만, 그 상표권에 관하여 전용사용권을 설정한 때에는 제95조제3항에 따라 전용사용권자가 등록상표를 사용할 권리를 독점하는 범위에서는 그러하지 아니하다.

제90조【상표권의 효력이 미치지 아니하는 범위】 ① 상표권(지리적 표시 단체표장권은 제외한다)은 다음 각 호의 어느 하나에 해당하는 경우에는 그 효력이 미치지 아니한다.

1. 자기의 성명·명칭 또는 상호·초상·서명·인장 또는 저명한 아호·예명·필명과 이들의 저명한 약칭을 상거래 관행에 따라 사용하는 상표
2. 등록상표의 지정상품과 동일·유사한 상품의 보통명칭·산지·품질·원재료·효능·용도·수량·형상·가격 또는 생산방법·가공방법·사용방법 및 시기를 보통으로 사용하는 방법으로 표시하는 상표
3. 입체적 형상으로 된 등록상표의 경우에는 그 입체적 형상이 누구의 업무에 관련된 상품을 표시하는 것인지 식별할 수 없는 경우에 등록상표의 지정상품과 동일·유사한 상품에 사용하는 등록상표의 입체적 형상과 동일·유사한 형상으로 된 상표
4. 등록상표의 지정상품과 동일·유사한 상품에 대하여 관용하는 상표와 현저한 지리적 명칭 및 그 약어 또는 지도로 된 상표
5. 등록상표의 지정상품 또는 그 지정상품 포장의 기능을 확보하는 데 불가결한 형상, 색채, 색채의 조합, 소리 또는 냄새로 된 상표

② 지리적 표시 단체표장권은 다음 각 호의 어느 하나에 해당하는 경우에는 그 효력이 미치지 아니한다.

1. 제1항제1호·제2호(산지에 해당하는 경우는 제외한다) 또는 제5호에 해당하는 상표
2. 지리적 표시 등록단체표장의 지정상품과 동일하다고 인정되어 있는 상품에 대하여 관용하는 상표
3. 지리적 표시 등록단체표장의 지정상품과 동일하다고 인정되어 있는 상품에 사용하는 지리적 표시로서 해당 지역에서 그 상품을 생산·제조 또는 가공하는 것을 업으로 영위하는 자가 사용하는 지리적 표시 또는 동음이의어 지리적 표시

4. 선출원에 의한 등록상표가 지리적 표시 등록단체표장과 동일·유사한 지리적 표시를 포함하고 있는 경우에 상표권자, 전용사용권자 또는 통상사용권자가 지정상품에 사용하는 등록상표

③ 제1항제1호는 상표권의 설정등록이 있은 후에 부정경쟁의 목적으로 자기의 성명·명칭 또는 상호·초상·서명·인장 또는 저명한 아호·예명·필명과 이들의 저명한 약칭을 사용하는 경우에는 적용하지 아니한다.

제91조【등록상표 등의 보호범위】 ① 등록상표의 보호범위는 상표등록출원서에 적은 상표 및 기재사항에 따라 정해진다.

② 지정상품의 보호범위는 상표등록출원서 또는 상품분류전환등록신청서에 기재된 상품에 따라 정해진다.

제92조【타인의 디자인권 등과의 관계】 ① 상표권자·전용사용권자 또는 통상사용권자는 그 등록상표를 사용할 경우에 그 사용상태에 따라 그 상표등록출원일 전에 출원된 타인의 특허권·실용신안권·디자인권 또는 그 상표등록출원일 전에 발생한 타인의 저작권과 저촉되는 경우에는 지정상품 중 저촉되는 지정상품에 대한 상표의 사용은 특허권자·실용신안권자·디자인권자 또는 저작권자의 동의를 받지 아니하고는 그 등록상표를 사용할 수 없다.

② 상표권자·전용사용권자 또는 통상사용권자는 그 등록상표의 사용이 「부정경쟁방지 및 영업비밀보호에 관한 법률」 제2조제1호파목에 따른 부정경쟁행위에 해당하는 경우에는 같은 목에 따른 타인의 동의를 받지 아니하고는 그 등록상표를 사용할 수 없다.(2021.12.7 본항개정)

제93조【상표권 등의 이전 및 공유】 ① 상표권은 그 지정상품마다 분할하여 이전할 수 있다. 이 경우 유사한 지정상품은 함께 이전하여야 한다.

② 상표권이 공유인 경우에는 각 공유자는 다른 공유자 모두의 동의를 받지 아니하면 그 지분을 양도하거나 그 지분을 목적으로 하는 질권을 설정할 수 없다.

③ 상표권이 공유인 경우에는 각 공유자는 다른 공유자 모두의 동의를 받지 아니하면 그 상표권에 대하여 전용사용권 또는 통상사용권을 설정할 수 없다.

④ 업무표장권은 양도할 수 없다. 다만, 그 업무와 함께 양도하는 경우에는 그러하지 아니하다.

⑤ 제34조제1항제1호다목 단서, 같은 호 라목 단서 또는 같은 항 제3호 단서에 따라 등록된 상표권은 이전할 수 없다. 다만, 제34조제1항제1호다목·라목 또는 같은 항 제3호의 명칭, 약칭 또는 표장과 관련된 업무와 함께 양도하는 경우에는 그러하지 아니하다.

⑥ 단체표장권은 이전할 수 없다. 다만, 법인의 합병의 경우에는 특허청장의 허가를 받아 이전할 수 있다.

⑦ 증명표장권은 이전할 수 없다. 다만, 해당 증명표장에 대하여 제3조제3항에 따라 등록받을 수 있는 자에게 그 업무와 함께 이전할 경우에는 특허청장의 허가를 받아 이전할 수 있다.

⑧ 업무표장권, 제34조제1항제1호다목 단서, 같은 호 라목 단서 또는 같은 항 제3호 단서에 따른 상표권, 단체표장권 또는 증명표장권을 목적으로 하는 질권은 설정할 수 없다.

제94조【상표권의 분할】 ① 상표권의 지정상품이 둘 이상인 경우에는 그 상표권을 지정상품별로 분할할 수 있다.

② 제1항에 따른 분할은 제117조제1항에 따른 무효심판이 청구된 경우에는 심결이 확정되기까지는 상표권이 소멸된 후에도 할 수 있다.

제95조【전용사용권】 ① 상표권자는 그 상표권에 관하여 타인에게 전용사용권을 설정할 수 있다.

② 업무표장권, 단체표장권 또는 증명표장권에 관하여는 전용사용권을 설정할 수 없다.

③ 제1항에 따른 전용사용권의 설정을 받은 전용사용권자는 그 설정행위로 정한 범위에서 지정상품에 관하여 등록상표를 사용할 권리를 독점한다.

④ 전용사용권자는 그 상품에 자기의 성명 또는 명칭을 표시하여야 한다.

⑤ 전용사용권자는 상속이나 그 밖의 일반승계의 경우를 제외하고는 상표권자의 동의를 받지 아니하면 그 전용사용권을 이전할 수 없다.

⑥ 전용사용권자는 상표권자의 동의를 받지 아니하면 그 전용사용권을 목적으로 하는 질권을 설정하거나 통상사용권을 설정할 수 없다.

⑦ 전용사용권의 이전 및 공유에 관하여는 제93조제2항 및 제3항을 준용한다.

제96조【상표권 등의 등록의 효력】 ① 다음 각 호에 해당하는 사항은 등록하지 아니하면 그 효력이 발생하지 아니한다.

1. 상표권의 이전(상속이나 그 밖의 일반승계에 의한 경우는 제외한다)·변경·포기에 의한 소멸, 존속기간의 갱신, 상품분류전환, 지정상품의 추가 또는 처분의 제한
2. 상표권을 목적으로 하는 질권의 설정·이전(상속이나 그 밖의 일반승계에 의한 경우는 제외한다)·변경·소멸(권리의 혼동에 의한 경우는 제외한다) 또는 처분의 제한

② 제1항 각 호에 따른 상표권 및 질권의 상속이나 그 밖의 일반승계의 경우에는 지체 없이 그 취지를 특허청장에게 신고하여야 한다.

제97조【통상사용권】 ① 상표권자는 그 상표권에 관하여 타인에게 통상사용권을 설정할 수 있다.

② 제1항에 따른 통상사용권의 설정을 받은 통상사용권자는 그 설정행위로 정한 범위에서 지정상품에 관하여 등록상표를 사용할 권리를 가진다.

③ 통상사용권은 상속이나 그 밖의 일반승계의 경우를 제외하고는 상표권자(전용사용권에 관한 통상사용권의 경우에는 상표권자 및 전용사용권자를 말한다)의 동의를 받지 아니하면 이전할 수 없다.

④ 통상사용권은 상표권자(전용사용권에 관한 통상사용권의 경우에는 상표권자 및 전용사용권자를 말한다)의 동의를 받지 아니하면 그 통상사용권을 목적으로 하는 질권을 설정할 수 없다.

⑤ 통상사용권의 공유 및 설정의 제한 등에 관하여는 제93조제2항 및 제95조제2항·제4항을 준용한다.

판례 온라인몰 시계판매업체의 실질적 대표자인 피고인이, 상표권자인 갑 주식회사가 을 주식회사에 갑 회사와 합의된 매장에서 판매하는 경우에는 상표를 사용할 수 있는 조건으로 통상사용권을 부여한 'M'자 문양의 브랜드가 부착된 시계를 위 약정에 위반하여 을 회사로부터 납품받아 갑 회사와 합의되지 않은 온라인몰이나 오픈마켓 등에서 판매함으로써 갑 회사의 상표권을 침해하였다는 내용으로 기소된 사안에서, 을 회사가 피고인에게 상품을 공급함으로써 해당 상품에 대한 상표권은 그 목적을 달성한 것으로서 소진되고, 그로써 상표권의 효력은 해당 상품을 사용, 양도 또는 대여한 행위 등에는 미치지 않는다. (대판 2020.1.30, 2018도14446)

제98조【특허권 등의 존속기간 만료 후 상표를 사용하는 권리】 ① 상표등록출원일 전 또는 상표등록출원일과 동일한 날에 출원되어 등록된 특허권이 그 상표권과 저촉되는 경우 그 특허권의 존속기간이 만료되는 때에는 그 원특허권자는 원특허권의 범위에서 그 등록상표의 지정상품과 동일·유사한 상품에 대하여 그 등록상표와 동일·유사한 상표를 사용할 권리를 가진다. 다만, 부정경쟁의 목적으로 그 상표를 사용하는 경우에는 그러하지 아니하다.

② 상표등록출원일 전 또는 상표등록출원일과 동일한 날에 출원되어 등록된 특허권이 그 상표권과 저촉되는 경우 그 특허권의 존속기간이 만료되는 때에는 그 만료되는 당시에 존재하는 특허권에 대한 전용실시권 또는 그 특허권이나 전용실시권에 대한 「특허법」 제118조제1항의 효력을 가지는 통상실시권을 가진 자는 원권리의 범위에서 그 등록상표의 지정상품과 동일·유사한 상품에 대하여 그 등록상표와 동일·유사한 상표를 사용할 권리를 가진다. 다만, 부정경쟁의 목적으로 그 상표를 사용하는 경우에는 그러하지 아니하다.

③ 제2항에 따라 상표를 사용할 권리를 가진 자는 상표권자 또는 전용사용권자에게 상당한 대가를 지급하여야 한다.

④ 해당 상표권자 또는 전용사용권자는 제1항 또는 제2항에 따라 상표를 사용할 권리를 가진 자에게 그 자의 업무에 관한 상품과 자기의 업무에 관한 상품 간에 혼동을 방지하는 데 필요한 표시를 하도록 청구할 수 있다.

⑤ 제1항 및 제2항에 따른 상표를 사용할 권리를 이전(상속이나 그 밖의 일반승계에 의한 경우는 제외한다)하려는 경우에는 상표권자 또는 전용사용권자의 동의를 받아야 한다.

⑥ 상표등록출원일 전 또는 상표등록출원일과 동일한 날에 출원되어 등록된 실용신안권 또는 디자인권이 그 상표권과 저촉되는 경우로서 그 실용신안권 또는 디자인권의 존속기간이 만료되는 경우에는 제1항부터 제5항까지의 규정을 준용한다.

제99조【선사용에 따른 상표를 계속 사용할 권리】 ① 타인의 등록상표와 동일·유사한 상표를 그 지정상품과 동일·유사한 상품에 사용하는 자로서 다음 각 호의 요건을 모두 갖춘 자(그 지위를 승계한 자를 포함한다)는 해당 상표를 그 사용하는 상품에 대하여 계속하여 사용할 권리를 가진다.

1. 부정경쟁의 목적이 없이 타인의 상표등록출원 전부터 국내에서 계속하여 사용하고 있을 것
2. 제1호에 따라 상표를 사용한 결과 타인의 상표등록출원 시에 국내 수요자 간에 그 상표가 특정인의 상품을 표시하는 것이라고 인식되어 있을 것

② 자기의 성명·상호 등 인격의 동일성을 표시하는 수단을 상거래 관행에 따라 상표로 사용하는 자로서 제1항제1호의 요건을 갖춘 자는 해당 상표를 그 사용하는 상품에 대하여 계속 사용할 권리를 가진다.

③ 상표권자나 전용사용권자는 제1항에 따라 상표를 사용할 권리를 가지는 자에게 그 자의 상품과 자기의 상품 간에 출처의 오인이나 혼동을 방지하는 데 필요한 표시를 할 것을 청구할 수 있다.

제100조【전용사용권·통상사용권 등의 등록의 효력】 ① 다음 각 호에 해당하는 사항은 등록하지 아니하면 제3자에게 대항할 수 없다.

1. 전용사용권 또는 통상사용권의 설정·이전(상속이나 그 밖의 일반승계에 의한 경우는 제외한다)·변경·포기에 의한 소멸 또는 처분의 제한
2. 전용사용권 또는 통상사용권을 목적으로 하는 질권의 설정·이전(상속이나 그 밖의 일반승계에 의한 경우는 제외한다)·변경·포기에 의한 소멸 또는 처분의 제한

② 전용사용권 또는 통상사용권을 등록한 경우에는 그 등록 후에 상표권 또는 전용사용권을 취득한 자에 대해서도 그 효력이 발생한다.

③ 제1항 각 호에 따른 전용사용권·통상사용권 및 질권의 상속이나 그 밖의 일반승계의 경우에는 지체 없이 그 취지를 특허청장에게 신고하여야 한다.

제101조【상표권의 포기】 상표권자는 상표권에 관하여 지정상품마다 포기할 수 있다.

제102조【상표권 등의 포기의 제한】 ① 상표권자는 전용사용권자·통상사용권자 또는 질권자의 동의를 받지 아니하면 상표권을 포기할 수 없다.

② 전용사용권자는 제95조제6항에 따른 질권자 또는 통상사용권자의 동의를 받지 아니하면 전용사용권을 포기할 수 없다.

③ 통상사용권자는 제97조제4항에 따른 질권자의 동의를 받지 아니하면 통상사용권을 포기할 수 없다.

제103조【포기의 효과】 상표권·전용사용권·통상사용권 및 질권을 포기하였을 경우에는 상표권·전용사용권·통상사용권 및 질권은 그때부터 소멸된다.

제104조【질권】 상표권·전용사용권 또는 통상사용권을 목적으로 하는 질권을 설정하였을 경우에는 질권자는 해당 등록상표를 사용할 수 없다.

제104조의2【질권행사 등으로 인한 상표권의 이전에 따른 통상사용권】 상표권자(공유인 상표권을 분할청구한 경우에는 분할청구를 한 공유자를 제외한 나머지 공유자를 말한다)는 상표권을 목적으로 하는 질권설정 또는 공유인 상표권의 분할청구 전에 지정상품에 관하여 그 등록상표를 사용하고 있는 경우에는 그 상표권이 경매 등에 의하여 이전되더라도 그 상표권에 대하여 지정상품 중 사용하고 있는 상품에 한정하여 통상사용권을 가진다. 이 경우 상표권자는 경매 등에 의하여 상표권을 이전받은 자에게 상당한 대가를 지급하여야 한다. (2021.10.19 본조신설)

제105조【질권의 물상대위】 질권은 이 법에 따른 상표권의 사용에 대하여 받을 대가나 물건에 대해서도 행사할 수 있다. 다만, 그 지급 또는 인도 전에 그 대가나 물건을 압류하여야 한다.

제106조【상표권의 소멸】 ① 상표권자가 사망한 날부터 3년 이내에 상속인이 그 상표권의 이전등록을 하지 아니한 경우에는 상표권자가 사망한 날부터 3년이 되는 날의 다음 날에 상표권이 소멸된다.

② 상표권의 상속이 개시된 때 상속인이 없는 경우에는 그 상표권은 소멸된다.(2023.10.31 본항신설)

③ 청산절차가 진행 중인 법인의 상표권은 법인의 청산종결등기일(청산종결등기가 되었더라도 청산사무가 사실상 끝나지 아니한 경우에는 청산사무가 사실상 끝난 날과 청산종결등기일부터 6개월이 지난 날 중 빠른 날로 한다. 이하 이 항에서 같다)까지 그 상표권의 이전등록을 하지 아니한 경우에는 청산종결등기일의 다음 날에 소멸된다.

제6장 상표권자의 보호

제107조【권리침해에 대한 금지청구권 등】 ① 상표권자 또는 전용사용권자는 자기의 권리를 침해한 자 또는 침해할 우려가 있는 자에 대하여 그 침해의 금지 또는 예방을 청구할 수 있다.

② 상표권자 또는 전용사용권자가 제1항에 따른 청구를 할 경우에는 침해행위를 조성한 물건의 폐기, 침해행위에 제공된 설비의 제거나 그 밖에 필요한 조치를 청구할 수 있다.

③ 제1항에 따른 침해의 금지 또는 예방을 청구하는 소가 제기된 경우 법원은 원고 또는 고소인(이 법에 따른 공소가 제기된 경우만 해당한다)의 신청에 의하여 임시로 침해행위의 금지, 침해행위에 사용된 물건 등의 압류나 그 밖에 필요한 조치를 명할 수 있다. 이 경우 법원은 원고 또는 고소인에게 담보를 제공하게 할 수 있다.

제108조【침해로 보는 행위】 ① 다음 각 호의 어느 하나에 해당하는 행위는 상표권(지리적 표시 단체표장권은 제외한다) 또는 전용사용권을 침해한 것으로 본다.

1. 타인의 등록상표와 동일한 상표를 그 지정상품과 유사한 상품에 사용하거나 타인의 등록상표와 유사한 상표를 그 지정상품과 동일·유사한 상품에 사용하는 행위
2. 타인의 등록상표와 동일·유사한 상표를 그 지정상품과 동일·유사한 상품에 사용하거나 사용하게 할 목적으로 교부·판매·위조·모조 또는 소지하는 행위
3. 타인의 등록상표를 위조 또는 모조하거나 위조 또는 모조하게 할 목적으로 그 용구를 제작·교부·판매 또는 소지하는 행위
4. 타인의 등록상표 또는 이와 유사한 상표가 표시된 지정상품과 동일·유사한 상품을 양도 또는 인도하기 위하여 소지하는 행위

② 다음 각 호의 어느 하나에 해당하는 행위는 지리적 표시 단체표장권을 침해한 것으로 본다.

1. 타인의 지리적 표시 등록단체표장과 유사한 상표(동음이의어 지리적 표시는 제외한다. 이하 이 항에서 같다)를 그 지정상품과 동일하다고 인정되는 상품에 사용하는 행위
2. 타인의 지리적 표시 등록단체표장과 동일·유사한 상표를 그 지정상품과 동일하다고 인정되는 상품에 사용하거나 사용하게 할 목적으로 교부·판매·위조·모조 또는 소지하는 행위
3. 타인의 지리적 표시 등록단체표장을 위조 또는 모조하거나 위조 또는 모조하게 할 목적으로 그 용구를 제작·교부·판매 또는 소지하는 행위
4. 타인의 지리적 표시 등록단체표장과 동일·유사한 상표가 표시된 지정상품과 동일하다고 인정되는 상품을 양도 또는 인도하기 위하여 소지하는 행위

제109조【손해배상의 청구】 상표권자 또는 전용사용권자는 자기의 상표권 또는 전용사용권을 고의 또는 과실로 침해한 자에 대하여 그 침해에 의하여 자기가 받은 손해의 배상을 청구할 수 있다.

제110조【손해액의 추정 등】 ① 제109조에 따른 손해배상을 청구하는 경우 그 권리를 침해한 자가 그 침해행위를 하게 한 상품을 양도하였을 때에는 다음 각 호에 해당하는 금액의 합계액을 상표권자 또는 전용사용권자가 입은 손해액으로 할 수 있다.(2020.12.22 본문개정)

1. 그 상품의 양도수량(상표권자 또는 전용사용권자가 그 침해행위 외의 사유로 판매할 수 없었던 사정이 있는 경우에는 그 침해행위 외의 사유로 판매할 수 없었던 수량을 뺀 수량) 중 상표권자 또는 전용사용권자가 생산할 수 있었던 상품의 수량에서 실제 판매한 상품의 수량을 뺀 수량을 넘지 아니하는 수량에 상표권자 또는 전용사용권자가 그 침해행위가 없었다면 판매할 수 있었던 상품의 단위수량당 이익액을 곱한 금액(2020.12.22 본호신설)
2. 그 상품의 양도수량 중 상표권자 또는 전용사용권자가 생산할 수 있었던 상품의 수량에서 실제 판매한 상품의 수량을 뺀 수량을 넘는 수량 또는 그 침해행위 외의 사유로 판매할 수 없었던 수량이 있는 경우 이들 수량(상표권자 또는 전용사용권자가 그 상표권자의 상표권에 대한 전용사용권의 설정, 통상사용권의 허락 또는 그 전용사용권자의 전용사용권에 대한 통상사용권의 허락을 할 수 있었다고 인정되지 아니하는 경우에는 해당 수량을 뺀 수량)에 대해서는 상표등록을 받은 상표의 사용에 대하여 합리적으로 받을 수 있는 금액(2020.12.22 본호신설)

② (2020.12.22 삭제)
③ 제109조에 따른 손해배상을 청구하는 경우 권리를 침해한 자가 그 침해행위에 의하여 이익을 받은 경우에는 그 이익액을 상표권자 또는 전용사용권자가 받은 손해액으로 추정한다.
④ 제109조에 따른 손해배상을 청구하는 경우 그 등록상표의 사용에 대하여 합리적으로 받을 수 있는 금액에 상당하는 금액을 상표권자 또는 전용사용권자가 받은 손해액으로 하여 그 손해배상을 청구할 수 있다.(2020.10.20 본항개정)
⑤ 제4항에도 불구하고 손해액이 같은 항에 규정된 금액을 초과하는 경우에는 그 초과액에 대해서도 손해배상을 청구할 수 있다. 이 경우 상표권 또는 전용사용권을 침해한 자에게 고의 또는 중대한 과실이 없을 때에는 법원은 손해배상액을 산정할 때 그 사실을 고려할 수 있다.
⑥ 법원은 상표권 또는 전용사용권의 침해행위에 관한 소송에서 손해가 발생한 것은 인정되나 그 손해액을 증명하기 위하여 필요한 사실을 밝히는 것이 사실의 성질상 극히 곤란한 경우에는 제1항부터 제5항까지의 규정에도 불구하고 변론전체의 취지와 증거조사의 결과에 기초하여 상당한 손해액을 인정할 수 있다.
⑦ 법원은 고의적으로 상표권자 또는 전용사용권자의 등록상표와 동일·유사한 상표를 그 지정상품과 동일·유사한 상품에 사용하여 상표권 또는 전용사용권을 침해한 자에 대하여 제109조에도 불구하고 제1항부터 제6항까지의 규정에 따라 손해로 인정된 금액의 5배를 넘지 아니하는 범위에서 배상액을 정할 수 있다.(2025.1.21 본항개정)
⑧ 제7항에 따른 배상액을 판단할 때에는 다음 각 호의 사항을 고려하여야 한다.
1. 침해행위로 인하여 해당 상표의 식별력 또는 명성이 손상된 정도
2. 고의 또는 손해 발생의 우려를 인식한 정도
3. 침해행위로 인하여 상표권자 또는 전용사용권자가 입은 피해규모
4. 침해행위로 인하여 침해한 자가 얻은 경제적 이익
5. 침해행위의 기간·횟수 등
6. 침해행위에 따른 벌금
7. 침해행위를 한 자의 재산상태
8. 침해행위를 한 자의 피해구제 노력의 정도

(2020.10.20 본항신설)

제111조【법정손해배상의 청구】 ① 상표권자 또는 전용사용권자는 자기가 사용하고 있는 등록상표와 같거나 동일성이 있는 상표를 그 지정상품과 같거나 동일성이 있는 상품에 사용하여 자기의 상표권 또는 전용사용권을 고의나 과실로 침해한 자에 대하여 제109조에 따른 손해배상을 청구하는 대신 1억원(고의적으로 침해한 경우에는 3억원) 이하의 범위에서 상당한 금액을 손해액으로 하여 배상을 청구할 수 있다. 이 경우 법원은 변론전체의 취지와 증거조사의 결과를 고려하여 상당한 손해액을 인정할 수 있다.(2020.10.20 전단개정)
② 제1항 전단에 해당하는 침해행위에 대하여 제109조에 따라 손해배상을 청구한 상표권자 또는 전용사용권자는 법원이 변론을 종결할 때까지 그 청구를 제1항에 따른 청구로 변경할 수 있다.

제112조【고의의 추정】 제222조에 따라 등록상표임을 표시한 타인의 상표권 또는 전용사용권을 침해한 자는 그 침해행위에 대하여 그 상표가 이미 등록된 사실을 알았던 것으로 추정한다.

제113조【상표권자 등의 신용회복】 법원은 고의나 과실로 상표권 또는 전용사용권을 침해함으로써 상표권자 또는 전용사용권자의 업무상 신용을 떨어뜨린 자에 대해서는 상표권자 또는 전용사용권자의 청구에 의하여 손해배상을 갈음하거나 손해배상과 함께 상표권자 또는 전용사용권자의 업무상 신용회복을 위하여 필요한 조치를 명할 수 있다.

제114조【서류의 제출】 법원은 상표권 또는 전용사용권의 침해에 관한 소송에서 당사자의 신청에 의하여 다른 당사자에 대하여 해당 침해행위로 인한 손해를 계산하는 데에 필요한 서류의 제출을 명할 수 있다. 다만, 그 서류의 소지자가 그 서류의 제출을 거절할 정당한 이유가 있는 경우에는 그러하지 아니하다.

제7장 심 판

제115조【보정각하결정에 대한 심판】 제42조제1항에 따른 보정각하결정을 받은 자가 그 결정에 불복할 경우에는 그 결정등본을 송달받은 날부터 3개월 이내에 심판을 청구할 수 있다.(2021.10.19 본조개정)

제116조【거절결정에 대한 심판】 제54조에 따른 상표등록거절결정, 지정상품추가등록 거절결정 또는 상품분류전환등록 거절결정(이하 "거절결정"이라 한다)을 받은 자가 불복하는 경우에는 그 거절결정의 등본을 송달받은 날부터 3개월 이내에 거절결정된 지정상품의 전부 또는 일부에 관하여 심판을 청구할 수 있다.(2022.2.3 본조개정)

제117조【상표등록의 무효심판】 ① 이해관계인 또는 심사관은 상표등록 또는 지정상품의 추가등록이 다음 각 호의 어느 하나에 해당하는 경우에는 무효심판을 청구할 수 있다. 이 경우 등록상표의 지정상품이 둘 이상인 경우에는 지정상품마다 청구할 수 있다.
1. 상표등록 또는 지정상품의 추가등록이 제3조, 제27조, 제33조부터 제35조까지, 제48조제2항 후단, 같은 조 제4항 및 제6항부터 제8항까지, 제54조제1호·제2호 및 제4호부터 제7호까지의 규정에 위반된 경우
2. 상표등록 또는 지정상품의 추가등록이 그 상표등록출원에 의하여 발생한 권리를 승계하지 아니한 자가 한 것인 경우
3. 지정상품의 추가등록이 제87조제1항제3호에 위반된 경우
4. 상표등록 또는 지정상품의 추가등록이 조약에 위반된 경우
5. 상표등록된 후 그 상표권자가 제27조에 따라 상표권을 누릴 수 없는 자로 되거나 그 등록상표가 조약에 위반된 경우
6. 상표등록된 후 그 등록상표가 제33조제1항 각 호의 어느 하나에 해당하게 된 경우(같은 조 제2항에 해당하게 된 경우는 제외한다)
7. 제82조에 따라 지리적 표시 단체표장등록이 된 후 그 등록단체표장을 구성하는 지리적 표시가 원산지 국가에서 보호가 중단되거나 사용되지 아니하게 된 경우

② 제1항에 따른 무효심판은 상표권이 소멸된 후에도 청구할 수 있다.
③ 상표등록을 무효로 한다는 심결이 확정된 경우에는 그 상표권은 처음부터 없었던 것으로 본다. 다만, 제1항제5호부터 제7호까지의 규정에 따라 상표등록을 무효로 한다는 심결이 확정된 경우에는 상표권은 그 등록상표가 같은 호에 해당하게 된 때부터 없었던 것으로 본다.
④ 제3항 단서를 적용하는 경우에 등록상표가 제1항제5호부터 제7호까지의 규정에 해당하게 된 때를 특정할 수 없는 경우에는 해당 상표권은 제1항에 따른 무효심판이 청구되어 그 청구 내용이 등록원부에 공시(公示)된 때부터 없었던 것으로 본다.
⑤ 심판장은 제1항의 무효심판이 청구된 경우에는 그 취지를 해당 상표권의 전용사용권자와 그 밖에 상표에 관한 권리를 등록한 자에게 통지하여야 한다.

제118조【존속기간갱신등록의 무효심판】 ① 이해관계인 또는 심사관은 존속기간갱신등록이 다음 각 호의 어느 하나에 해당하는 경우에는 무효심판을 청구할 수 있다. 이 경우 갱신등록된 등록상표의 지정상품이 둘 이상인 경우에는 지정상품마다 청구할 수 있다.

1. 존속기간갱신등록이 제84조제2항에 위반된 경우
2. 해당 상표권자(상표권이 공유인 경우 각 공유자도 상표권자로 본다)가 아닌 자가 존속기간갱신등록신청을 한 경우
(2019.4.23 본호개정)

② 제1항에 따른 무효심판은 상표권이 소멸된 후에도 청구할 수 있다.

③ 존속기간갱신등록을 무효로 한다는 심결이 확정된 경우에는 그 존속기간갱신등록은 처음부터 없었던 것으로 본다.

④ 심판장은 제1항의 심판이 청구된 경우에는 그 취지를 해당 상표권의 전용사용권자와 그 밖에 상표에 관한 권리를 등록한 자에게 통지하여야 한다.

제119조【상표등록의 취소심판】 ① 등록상표가 다음 각 호의 어느 하나에 해당하는 경우에는 그 상표등록의 취소심판을 청구할 수 있다.

1. 상표권자가 고의로 지정상품에 등록상표와 유사한 상표를 사용하거나 지정상품과 유사한 상품에 등록상표 또는 이와 유사한 상표를 사용함으로써 수요자에게 상품의 품질을 오인하게 하거나 타인의 업무와 관련된 상품과 혼동을 불러일으키게 한 경우
2. 전용사용권자 또는 통상사용권자가 지정상품 또는 이와 유사한 상품에 등록상표 또는 이와 유사한 상표를 사용함으로써 수요자에게 상품의 품질을 오인하게 하거나 타인의 업무와 관련된 상품과의 혼동을 불러일으키게 한 경우. 다만, 상표권자가 상당한 주의를 한 경우는 제외한다.
3. 상표권자·전용사용권자 또는 통상사용권자 중 어느 누구도 정당한 이유 없이 등록상표를 그 지정상품에 대하여 취소심판청구일 전 계속하여 3년 이상 국내에서 사용하고 있지 아니한 경우
4. 제93조제1항 후단, 같은 조 제2항 및 같은 조 제4항부터 제7항까지의 규정에 위반된 경우
5. 상표권의 이전으로 유사한 등록상표가 각각 다른 상표권자에게 속하게 되고 그 중 1인이 자기의 등록상표의 지정상품과 동일·유사한 상품에 부정경쟁을 목적으로 자기의 등록상표를 사용함으로써 수요자에게 상품의 품질을 오인하게 하거나 타인의 업무와 관련된 상품과 혼동을 불러일으키게 한 경우

5의2. 제34조제1항제7호 단서 또는 제35조제6항에 따라 등록된 상표의 권리자 또는 그 상표등록에 대한 동의를 한 자 중 1인이 자기의 등록상표의 지정상품과 동일·유사한 상품에 부정경쟁을 목적으로 자기의 등록상표를 사용함으로써 수요자에게 상품의 품질을 오인하게 하거나 타인의 업무와 관련된 상품과 혼동을 불러일으키게 한 경우(2023.10.31 본호신설)

6. 제92조제2항에 해당하는 상표가 등록된 경우에 그 상표에 관한 권리를 가진 자가 해당 상표등록일부터 5년 이내에 취소심판을 청구한 경우
7. 단체표장과 관련하여 다음 각 목의 어느 하나에 해당하는 경우
   가. 소속 단체원이 그 단체의 정관을 위반하여 단체표장을 타인에게 사용하게 한 경우나 소속 단체원이 그 단체의 정관을 위반하여 단체표장을 사용함으로써 수요자에게 상품의 품질 또는 지리적 출처를 오인하게 하거나 타인의 업무와 관련된 상품과 혼동을 불러일으키게 한 경우. 다만, 단체표장권자가 소속 단체원의 감독에 상당한 주의를 한 경우는 제외한다.
   나. 단체표장의 설정등록 후 제36조제3항에 따른 정관을 변경함으로써 수요자에게 상품의 품질을 오인하게 하거나 타인의 업무와 관련된 상품과 혼동을 불러일으키게 할 염려가 있는 경우
   다. 제3자가 단체표장을 사용하여 수요자에게 상품의 품질이나 지리적 출처를 오인하게 하거나 타인의 업무와 관련된 상품과 혼동을 불러일으키게 하였음에도 단체표장권자가 고의로 적절한 조치를 하지 아니한 경우
8. 지리적 표시 단체표장과 관련하여 다음 각 목의 어느 하나에 해당하는 경우
   가. 지리적 표시 단체표장등록출원의 경우에 그 소속 단체원의 가입에 관하여 정관에 의하여 단체의 가입을 금지하거나 정관에 충족하기 어려운 가입조건을 규정하는 등 단체의 가입을 실질적으로 허용하지 아니하거나 그 지리적 표시를 사용할 수 없는 자에게 단체의 가입을 허용한 경우
   나. 지리적 표시 단체표장권자나 그 소속 단체원이 제223조를 위반하여 단체표장을 사용함으로써 수요자에게 상품의 품질을 오인하게 하거나 지리적 출처에 대한 혼동을 불러일으키게 한 경우
9. 증명표장과 관련하여 다음 각 목의 어느 하나에 해당하는 경우
   가. 증명표장권자가 제36조제4항에 따라 제출된 정관 또는 규약을 위반하여 증명표장의 사용을 허락한 경우
   나. 증명표장권자가 제3조제3항 단서를 위반하여 증명표장을 자기의 상품에 대하여 사용하는 경우
   다. 증명표장의 사용허락을 받은 자가 정관 또는 규약을 위반하여 타인에게 사용하게 한 경우 또는 사용을 허락받은 자가 정관 또는 규약을 위반하여 증명표장을 사용함으로써 수요자에게 상품의 품질, 원산지, 생산방법이나 그 밖의 특성에 관하여 혼동을 불러일으키게 한 경우. 다만, 증명표장권자가 사용을 허락받은 자에 대한 감독에 상당한 주의를 한 경우는 제외한다.
   라. 증명표장권자가 증명표장의 사용허락을 받지 아니한 제3자가 증명표장을 사용하여 수요자에게 상품의 품질, 원산지, 생산방법이나 그 밖의 상품의 특성에 관한 혼동을 불러일으키게 하였음을 알면서도 적절한 조치를 하지 아니한 경우
   마. 증명표장권자가 그 증명표장을 사용할 수 있는 자에 대하여 정당한 사유 없이 정관 또는 규약으로 사용을 허락하지 아니하거나 정관 또는 규약에 충족하기 어려운 사용조건을 규정하는 등 실질적으로 사용을 허락하지 아니한 경우

② 제1항제3호에 해당하는 것을 사유로 취소심판을 청구하는 경우 등록상표의 지정상품이 둘 이상 있는 경우에는 일부 지정상품에 관하여 취소심판을 청구할 수 있다.

③ 제1항제3호에 해당하는 것을 사유로 취소심판이 청구된 경우에는 피청구인이 해당 등록상표를 취소심판청구에 관계되는 지정상품 중 하나 이상에 대하여 그 심판청구일 전 3년 이내에 국내에서 정당하게 사용하였음을 증명하지 아니하면 상표권자는 취소심판청구와 관계되는 지정상품에 관한 상표등록의 취소를 면할 수 없다. 다만, 피청구인이 사용하지 아니한 것에 대한 정당한 이유를 증명한 경우에는 그러하지 아니하다.

④ 제1항(같은 항 제4호 및 제6호는 제외한다)에 해당하는 것을 사유로 취소심판을 청구한 후 그 심판청구사유에 해당하는 사실이 없어진 경우에도 취소사유에 영향이 미치지 아니한다.

⑤ 제1항에 따른 취소심판은 누구든지 청구할 수 있다. 다만, 제1항제4호 및 제6호에 해당하는 것을 사유로 하는 심판은 이해관계인만이 청구할 수 있다.

⑥ 상표등록을 취소한다는 심결이 확정되었을 경우에는 그 상표권은 그때부터 소멸된다. 다만, 제1항제3호에 해당하는 것을 사유로 취소한다는 심결이 확정된 경우에는 그 심판청구일에 소멸하는 것으로 본다.

⑦ 심판장은 제1항의 심판이 청구된 경우에는 그 취지를 해당 상표권의 전용사용권자와 그 밖에 상표에 관한 권리를 등록한 자에게 통지하여야 한다.

제120조【전용사용권 또는 통상사용권 등록의 취소심판】 ① 전용사용권자 또는 통상사용권자가 제119조제1항제2호에 해당하는 행위를 한 경우에는 그 전용사용권 또는 통상사용권 등록의 취소심판을 청구할 수 있다.

② 제1항에 따라 전용사용권 또는 통상사용권 등록의 취소심판을 청구한 후 그 심판청구사유에 해당하는 사실이 없어진 경우에도 취소 사유에 영향이 미치지 아니한다.

③ 제1항에 따른 전용사용권 또는 통상사용권의 취소심판은 누구든지 청구할 수 있다.

④ 전용사용권 또는 통상사용권 등록을 취소한다는 심결이 확정되었을 경우에는 그 전용사용권 또는 통상사용권은 그 때부터 소멸된다.
⑤ 심판장은 제1항의 심판이 청구되었을 경우에는 그 취지를 해당 전용사용권의 통상사용권자와 그 밖에 전용사용권에 관하여 등록을 한 권리자 또는 해당 통상사용권에 관하여 등록을 한 권리자에게 알려야 한다.

제121조【권리범위 확인심판】 상표권자, 전용사용권자 또는 이해관계인은 등록상표의 권리범위를 확인하기 위하여 상표권의 권리범위 확인심판을 청구할 수 있다. 이 경우 등록상표의 지정상품이 둘 이상 있는 경우에는 지정상품마다 청구할 수 있다.

제122조【제척기간】 ① 제34조제1항제6호부터 제10호까지 및 제16호, 제35조, 제118조제1항제1호 및 제214조제1항제3호에 해당하는 것을 사유로 하는 상표등록의 무효심판, 존속기간갱신등록의 무효심판 또는 상품분류전환등록의 무효심판은 상표등록일, 존속기간갱신등록일 또는 상품분류전환등록일부터 5년이 지난 후에는 청구할 수 없다.
② 제119조제1항제1호 · 제2호 · 제5호 · 제5호의2, 제7호부터 제9호까지 및 제120조제1항에 해당하는 것을 사유로 하는 상표등록의 취소심판 및 전용사용권 또는 통상사용권 등록의 취소심판은 취소사유에 해당하는 사실이 없어진 날부터 3년이 지난 후에는 청구할 수 없다.(2023.10.31 본항개정)

제123조【심사규정의 상표등록거절결정에 대한 심판에 관한 준용】 ① 제54조에 따른 상표등록거절결정에 대한 심판에 관하여는 제41조, 제42조, 제45조, 제55조, 제57조부터 제68조까지, 제87조제2항 · 제3항 및 제210조제2항 · 제3항을 준용한다. 이 경우 그 상표등록출원 또는 지정상품추가등록출원에 대하여 이미 출원공고가 있는 경우에는 제57조는 준용하지 아니한다.
② 제1항에 따라 제42조를 준용하는 경우에는 제42조제3항 중 "제115조에 따라 심판을 청구한 경우"는 "제162조제1항에 따라 소를 제기한 경우"로, "그 심판의 심결이 확정될 때까지"는 "그 판결이 확정될 때까지"로 본다.
③ 제1항에 따라 준용되는 제42조제4항 · 제5항, 제55조, 제87조제2항 · 제3항 및 제210조제2항 · 제3항을 적용할 때에는 해당 상표등록거절결정의 이유와 다른 거절이유를 발견한 경우에도 준용한다.

제124조【공동심판의 청구 등】 ① 같은 상표권에 대하여 다음 각 호의 어느 하나에 해당하는 심판을 청구하는 자가 2인 이상이면 각자 또는 그 모두가 공동으로 심판을 청구할 수 있다.
1. 제117조제1항 또는 제118조제1항에 따른 상표등록 또는 존속기간갱신등록의 무효심판
2. 제119조제1항에 따른 상표등록의 취소심판
3. 제120조제1항에 따른 전용사용권 또는 통상사용권 등록의 취소심판
4. 제121조에 따른 권리범위 확인심판
5. 제214조제1항에 따른 상품분류전환등록의 무효심판

② 공유인 상표권의 상표권자에 대하여 심판을 청구할 경우에는 공유자 모두를 피청구인으로 청구하여야 한다.
③ 제1항에도 불구하고 상표권 또는 상표등록을 받을 수 있는 권리의 공유자가 그 공유인 권리에 관하여 심판을 청구할 경우에는 공유자 모두가 공동으로 청구하여야 한다.
④ 제1항 또는 제3항에 따른 청구인이나 제2항에 따른 피청구인 중 1인에게 심판절차의 중단 또는 중지의 원인이 있을 경우에는 모두에 대하여 그 효력이 발생한다.

제124조의2【국선대리인】 ① 특허심판원장은 산업통상자원부령으로 정하는 요건을 갖춘 심판 당사자의 신청에 따라 대리인(이하 "국선대리인"이라 한다)을 선임하여 줄 수 있다. 다만, 심판청구가 이유 없음이 명백하거나 권리의 남용이라고 인정되는 경우에는 그러하지 아니하다.
② 국선대리인이 선임된 당사자에 대하여 심판절차와 관련된 수수료를 감면할 수 있다.
③ 국선대리인의 신청절차 및 수수료 감면 등 국선대리인 운영에 필요한 사항은 산업통상자원부령으로 정한다.
(2019.1.8 본조신설)

제125조【상표등록의 무효심판 등에 대한 심판청구방식】 ① 제117조부터 제121조까지의 규정에 따른 심판을 청구하려는 자는 다음 각 호의 사항을 적은 심판청구서를 특허심판원장에게 제출하여야 한다.
1. 당사자의 성명 및 주소(법인인 경우에는 그 명칭 및 영업소의 소재지를 말한다)
2. 당사자의 대리인이 있는 경우에는 그 대리인의 성명 및 주소나 영업소의 소재지〔대리인이 특허법인 · 특허법인(유한)인 경우에는 그 명칭, 사무소의 소재지 및 지정된 변리사의 성명을 말한다〕
3. 심판사건의 표시
4. 청구의 취지 및 그 이유

② 제1항에 따라 제출된 심판청구서를 보정하는 경우에는 요지를 변경할 수 없다. 다만, 다음 각 호의 어느 하나에 해당하는 경우에는 그러하지 아니하다.
1. 제1항제1호에 따른 당사자 중 상표권자의 기재사항을 바로잡기 위하여 보정(추가하는 것을 포함한다)하는 경우
2. 제1항제4호에 따른 청구의 이유를 보정하는 경우
3. 상표권자 또는 전용사용권자가 제121조에 따라 청구한 권리범위 확인심판에서 심판청구서의 확인대상 상표 및 상표가 사용되고 있는 상품(청구인이 주장하는 피청구인의 상표와 그 사용상품을 말한다)에 대하여 피청구인이 자신이 실제로 사용하고 있는 상표 및 그 사용상품과 비교하여 다르다고 주장하는 경우에 청구인이 피청구인의 사용 상표 및 그 상품과 같게 하기 위하여 심판청구서의 확인대상 상표 및 사용상품을 보정하는 경우

③ 제121조에 따른 권리범위 확인심판을 청구할 경우에는 등록상표와 대비할 수 있는 상표견본 및 그 사용상품목록을 첨부하여야 한다.

제126조【보정각하결정 등에 대한 심판청구방식】 ① 제115조에 따른 보정각하결정에 대한 심판 또는 제116조에 따른 거절결정에 대한 심판을 청구하려는 자는 다음 각 호의 사항을 적은 심판청구서를 특허심판원장에게 제출하여야 한다.
1. 청구인의 성명 및 주소(법인인 경우에는 그 명칭 및 영업소의 소재지를 말한다)
2. 청구인의 대리인이 있는 경우에는 그 대리인의 성명 및 주소나 영업소의 소재지〔대리인이 특허법인 · 특허법인(유한)인 경우에는 그 명칭, 사무소의 소재지 및 지정된 변리사의 성명을 말한다〕
3. 출원일 및 출원번호
4. 지정상품 및 그 상품류
5. 심사관의 거절결정일 또는 보정각하결정일
6. 심판사건의 표시
7. 청구의 취지 및 그 이유

② 제1항에 따라 제출된 심판청구서를 보정하는 경우 그 요지를 변경할 수 없다. 다만, 다음 각 호의 어느 하나에 해당하는 경우에는 그러하지 아니하다.
1. 제1항제1호에 따른 청구인의 기재사항을 바로잡기 위하여 보정(추가하는 것을 포함한다)하는 경우
2. 제1항제7호에 따른 청구의 이유를 보정하는 경우

③ 특허심판원장은 제116조에 따른 거절결정에 대한 심판이 청구된 경우 그 거절결정이 이의신청에 의한 것일 경우에는 그 취지를 이의신청인에게 알려야 한다.

제127조【심판청구서 등의 각하】 ① 심판장은 다음 각 호의 어느 하나에 해당하는 경우에는 기간을 정하여 그 보정을 명하여야 한다. 다만, 보정할 사항이 경미하고 명확한 경우에는 직권으로 보정할 수 있다.(2023.9.14 단서신설)
1. 심판청구서가 제125조제1항 · 제3항 또는 제126조제1항에 위반된 경우
2. 심판에 관한 절차가 다음 각 목의 어느 하나에 해당되는 경우
   가. 제4조제1항 또는 제7조에 위반된 경우
   나. 제78조에 따라 내야 할 수수료를 내지 아니한 경우
   다. 이 법 또는 이 법에 따른 명령으로 정하는 방식에 위반된 경우

② 심판장은 제1항 본문에 따른 보정명령을 받은 자가 지정된 기간 내에 보정을 하지 아니하거나 보정한 사항이 제125조제2

항 또는 제126조제2항을 위반한 경우에는 심판청구서 또는 해당 절차와 관련된 청구 등을 결정으로 각하하여야 한다.
(2023.9.14 본항개정)
③ 제2항에 따른 결정은 서면으로 하여야 하며, 그 이유를 붙여야 한다.
④ 심판장은 제1항 단서에 따라 직권보정을 하려면 그 직권보정 사항을 청구인에게 통지하여야 한다.(2023.9.14 본항신설)
⑤ 청구인은 제1항 단서에 따른 직권보정 사항을 받아들일 수 없으면 직권보정 사항의 통지를 받은 날부터 7일 이내에 그 직권보정 사항에 대한 의견서를 심판장에게 제출하여야 한다.
(2023.9.14 본항신설)
⑥ 청구인이 제5항에 따라 의견서를 제출한 경우에는 해당 직권보정 사항은 처음부터 없었던 것으로 본다.(2023.9.14 본항신설)
⑦ 제1항 단서에 따른 직권보정이 명백히 잘못된 경우 그 직권보정은 처음부터 없었던 것으로 본다.(2023.9.14 본항신설)
제128조【보정할 수 없는 심판청구의 심결 각하】 부적법한 심판청구로서 그 흠을 보정할 수 없는 경우에는 제133조제1항에도 불구하고 피청구인에게 답변서 제출의 기회를 주지 아니하고 심결로써 그 청구를 각하할 수 있다.
제129조【심판관】 ① 특허심판원장은 심판청구가 있으면 심판관에게 심판하게 한다.
② 심판관의 자격은 대통령령으로 정한다.
③ 심판관은 직무상 독립하여 심판한다.
제130조【심판관의 지정】 ① 특허심판원장은 각 심판사건에 대하여 제132조에 따른 합의체(이하 "심판관합의체"라 한다)를 구성할 심판관을 지정하여야 한다.
② 특허심판원장은 제1항의 심판관 중 심판에 관여하는 데에 지장이 있는 사람이 있으면 다른 심판관에게 심판을 하게 할 수 있다.
제131조【심판장】 ① 특허심판원장은 제130조제1항에 따라 지정된 심판관 중에서 1명을 심판장으로 지정하여야 한다.
② 심판장은 그 심판사건에 관한 사무를 총괄한다.
제132조【심판의 합의체】 ① 심판은 3명 또는 5명의 심판관으로 구성되는 심판관합의체가 한다.
② 제1항에 따른 심판관합의체의 합의는 과반수로 결정한다.
③ 심판의 합의는 공개하지 아니한다.
제133조【답변서 제출 등】 ① 심판장은 심판이 청구되면 청구서 부본을 피청구인에게 송달하고 기간을 정하여 답변서를 제출할 수 있는 기회를 주어야 한다.
② 심판장은 제1항의 답변서를 수리(受理)하였을 경우에는 그 부본을 청구인에게 송달하여야 한다.
③ 심판장은 심판에 관하여 당사자를 심문할 수 있다.
제134조【심판관의 제척】 심판관은 다음 각 호의 어느 하나에 해당하는 경우에는 그 심판에서 제척된다.
1. 심판관 또는 그 배우자나 배우자였던 사람이 사건의 당사자, 참가인 또는 이의신청인인 경우
2. 심판관이 사건의 당사자, 참가인 또는 이의신청인의 친족이거나 친족이었던 경우
3. 심판관이 사건의 당사자, 참가인 또는 이의신청인의 법정대리인이거나 법정대리인이었던 경우
4. 심판관이 사건에 대한 증인, 감정인이 된 경우 또는 감정인이었던 경우
5. 심판관이 사건의 당사자, 참가인 또는 이의신청인의 대리인이거나 대리인이었던 경우
6. 심판관이 사건에 대하여 심사관 또는 심판관으로서 상표등록여부결정이나 이의신청에 대한 결정 또는 심결에 관여한 경우
7. 심판관이 사건에 관하여 직접 이해관계를 가진 경우

제135조【제척신청】 제134조에 따른 제척의 원인이 있으면 당사자 또는 참가인은 제척신청을 할 수 있다.
제136조【심판관의 기피】 ① 심판관에게 공정한 심판을 기대하기 어려운 사정이 있으면 당사자 또는 참가인은 기피신청을 할 수 있다.
② 당사자 또는 참가인은 사건에 대하여 심판관에게 서면 또는 말로 진술을 한 후에는 기피신청을 할 수 없다. 다만, 기피의 원인이 있는 것을 알지 못한 경우 또는 기피의 원인이 그 후에 발생한 경우에는 그러하지 아니하다.
제137조【제척 또는 기피의 소명】 ① 제135조 및 제136조에 따라 제척 또는 기피 신청을 하려는 자는 그 원인을 적은 서면을 특허심판원장에게 제출하여야 한다. 다만, 구술심리를 할 경우에는 말로 할 수 있다.
② 제척 또는 기피의 원인은 신청한 날부터 3일 이내에 소명(疎明)하여야 한다.
제138조【제척 또는 기피 신청에 관한 결정】 ① 제척 또는 기피 신청이 있으면 심판으로 결정하여야 한다.
② 제척 또는 기피 신청의 대상이 된 심판관은 그 제척 또는 기피에 대한 심판에 관여할 수 없다. 다만, 의견을 진술할 수 있다.
③ 제1항에 따른 결정은 서면으로 하여야 하며, 그 이유를 붙여야 한다.
④ 제1항에 따른 결정에는 불복할 수 없다.
제139조【심판절차의 중지】 제척 또는 기피의 신청이 있으면 그 신청에 대한 결정이 있을 때까지 심판절차를 중지하여야 한다. 다만, 대통령령으로 정하는 긴급한 사유가 있는 경우에는 그러하지 아니하다.
제140조【심판관의 회피】 심판관이 제134조 또는 제136조에 해당하는 경우에는 특허심판원장의 허가를 받아 해당 사건에 대한 심판을 회피할 수 있다.
제141조【심리 등】 ① 심판은 구술심리 또는 서면심리로 한다. 다만, 당사자가 구술심리를 신청한 경우에는 서면심리만으로 결정할 수 있다고 인정되는 경우 외에는 구술심리를 하여야 한다.
② 구술심리는 공개하여야 한다. 다만, 공공의 질서 또는 선량한 풍속을 어지럽힐 우려가 있는 경우에는 그러하지 아니하다.
③ 심판장은 제1항에 따라 구술심리에 의한 심판을 할 경우에는 그 기일 및 장소를 정하고 그 취지를 적은 서면을 당사자와 참가인에게 송달하여야 한다. 다만, 해당 사건에 출석한 당사자 및 참가인에게 알린 경우에는 그러하지 아니하다.
④ 심판장은 제1항에 따라 구술심리에 의한 심판을 할 경우에는 특허심판원장이 지정한 직원에게 기일마다 심리의 요지와 그 밖에 필요한 사항을 적은 조서를 작성하게 하여야 한다.
⑤ 제4항에 따른 조서에는 심판의 심판장 및 조서를 작성한 직원이 기명날인하여야 한다.
⑥ 제4항에 따른 조서에 관하여는 「민사소송법」 제153조, 제154조 및 제156조부터 제160조까지의 규정을 준용한다.
⑦ 심판에 관하여는 「민사소송법」 제143조, 제259조, 제299조 및 제367조를 준용한다.
⑧ 심판장은 구술심리 중 심판정 내의 질서를 유지한다.
제141조의2【참고인 의견서의 제출】 ① 심판장은 산업에 미치는 영향 등을 고려하여 사건 심리에 필요하다고 인정되는 경우 공공단체, 그 밖의 참고인에게 심판사건에 관한 의견서를 제출하게 할 수 있다.
② 국가기관과 지방자치단체는 공익과 관련된 사항에 관하여 특허심판원에 심판사건에 관한 의견서를 제출할 수 있다.
③ 심판장은 제1항 또는 제2항에 따라 참고인이 제출한 의견서에 대하여 당사자에게 구술 또는 서면에 의한 의견진술의 기회를 주어야 한다.
④ 제1항 또는 제2항에 따른 참고인의 선정 및 비용, 준수사항 등 참고인 의견서 제출에 필요한 사항은 산업통상자원부령으로 정한다.
(2023.9.14 본조신설)
제142조【참가】 ① 제124조제1항에 따라 심판을 청구할 수 있는 자는 심리가 종결될 때까지 그 심판에 참가할 수 있다.
② 제1항에 따른 참가인은 피참가인이 그 심판의 청구를 취하한 후에도 심판절차를 속행할 수 있다.
③ 심판의 결과에 대하여 이해관계를 가진 자는 심리가 종결될 때까지 당사자의 어느 한쪽을 보조하기 위하여 그 심판에 참가할 수 있다.
④ 제3항에 따른 참가인은 모든 심판절차를 밟을 수 있다.
⑤ 제1항 또는 제3항에 따른 참가인에게 심판절차의 중단 또는 중지의 원인이 있으면 그 중단 또는 중지는 피참가인에 대해서도 그 효력이 발생한다.

제143조【참가의 신청 및 결정】 ① 심판에 참가하려는 자는 참가신청서를 심판장에게 제출하여야 한다.
② 심판장은 참가신청을 받은 경우에는 참가신청서 부본을 당사자와 다른 참가인에게 송달하고 기간을 정하여 의견서를 제출할 수 있는 기회를 주어야 한다.
③ 참가신청이 있는 경우에는 심판에 의하여 그 참가 여부를 결정하여야 한다.
④ 제3항에 따른 결정은 서면으로 하여야 하며, 그 이유를 붙여야 한다.
⑤ 제3항에 따른 결정에 대해서는 불복할 수 없다.

제144조【증거조사 및 증거보전】 ① 심판관은 당사자, 참가인 또는 이해관계인의 신청에 의하여 또는 직권으로 증거조사나 증거보전을 할 수 있다.
② 제1항에 따른 증거조사 및 증거보전에 관하여는 「민사소송법」 중 증거조사 및 증거보전에 관한 규정을 준용한다. 다만, 심판관은 과태료를 결정하거나 구인(拘引)을 명하거나 보증금을 공탁하게 하지 못한다.
③ 제1항에 따른 증거보전 신청은 심판청구 전에는 특허심판원장에게 하고, 심판계속 중에는 그 사건의 심판장에게 하여야 한다.
④ 특허심판원장은 심판청구 전에 제1항에 따른 증거보전 신청이 있으면 그 신청에 관여할 심판관을 지정한다.
⑤ 심판장은 제1항에 따라 직권으로 증거조사나 증거보전을 하였을 경우에는 그 결과를 당사자, 참가인 또는 이해관계인에게 송달하고 기간을 정하여 의견서를 제출할 수 있는 기회를 주어야 한다.

제145조【심판의 진행】 심판장은 당사자 또는 참가인이 법정기간 또는 지정기간 내에 절차를 밟지 아니하거나 제141조제3항에 따른 기일에 출석하지 아니하여도 심판을 진행할 수 있다.

제145조의2【적시제출주의】 심판절차에서의 주장이나 증거의 제출에 관하여는 「민사소송법」 제146조, 제147조 및 제149조를 준용한다.(2021.8.17 본조신설)

제146조【직권심리】 ① 심판관은 당사자 또는 참가인이 신청하지 아니한 이유에 대해서도 심리할 수 있다. 이 경우 기간을 정하여 당사자와 참가인에게 그 이유에 대하여 의견을 진술할 수 있는 기회를 주어야 한다.
② 심판관은 청구인이 신청하지 아니한 청구의 취지에 대해서는 심리할 수 없다.

제147조【심리 · 심결의 병합 또는 분리】 심판관합의체는 당사자 양쪽 또는 어느 한 쪽이 같은 둘 이상의 심판에 대하여 심리 또는 심결을 병합하거나 분리할 수 있다.

제148조【심판청구의 취하】 ① 심판청구는 심결이 확정될 때까지 취하할 수 있다. 다만, 제133조제1항에 따른 답변서가 제출된 경우에는 상대방의 동의를 받아야 한다.
② 둘 이상의 지정상품에 관하여 제116조에 따른 거절결정에 대한 심판이나 제117조제1항, 제118조제1항 또는 제214조제1항에 따른 무효심판이 청구되었을 경우에는 지정상품마다 심판청구를 취하할 수 있다.(2022.2.3 본항개정)
③ 제1항 또는 제2항에 따라 심판청구가 취하되었을 경우에는 그 심판청구 또는 그 지정상품에 대한 심판청구는 처음부터 없었던 것으로 본다.

제149조【심결】 ① 심판은 특별한 규정이 있는 경우를 제외하고는 심결로써 종결한다.
② 제1항에 따른 심결은 다음 각 호의 사항을 적은 서면으로 하여야 하며, 심결을 한 심판관은 그 서면에 기명날인하여야 한다.
1. 심판의 번호
2. 당사자와 참가인의 성명 및 주소(법인인 경우에는 그 명칭 및 영업소의 소재지를 말한다)
3. 당사자와 참가인의 대리인이 있는 경우에는 그 대리인의 성명 및 주소나 영업소의 소재지〔대리인이 특허법인 · 특허법인(유한)인 경우에는 그 명칭, 사무소의 소재지 및 지정된 변리사의 성명을 말한다〕
4. 심판사건의 표시
5. 심결의 주문(主文)
6. 심결의 이유(청구의 취지와 그 이유의 요지를 포함한다)
7. 심결 연월일

③ 심판장은 사건이 심결을 할 정도로 성숙하였을 때에는 심리의 종결을 당사자와 참가인에게 알려야 한다.
④ 심판장은 필요하다고 인정하면 제3항에 따라 심리 종결을 통지한 후에도 당사자 또는 참가인의 신청에 의하여 또는 직권으로 심리를 재개할 수 있다.
⑤ 심결은 제3항에 따른 심리 종결 통지를 한 날부터 20일 이내에 한다.
⑥ 심판장은 심결 또는 결정이 있으면 그 등본을 당사자, 참가인 및 심판에 참가신청을 하였으나 그 신청이 거부된 자에게 송달하여야 한다.

제150조【일사부재리】 이 법에 따른 심판의 심결이 확정되었을 경우에는 그 사건에 대해서는 누구든지 같은 사실 및 같은 증거에 의하여 다시 심판을 청구할 수 없다. 다만, 확정된 심결이 각하심결인 경우에는 그러하지 아니하다.

제151조【소송과의 관계】 ① 심판장은 심판에서 필요하면 직권 또는 당사자의 신청에 따라 그 심판사건과 관련되는 다른 심판의 심결이 확정되거나 소송절차가 완결될 때까지 그 절차를 중지할 수 있다.
② 법원은 소송절차에서 필요하면 직권 또는 당사자의 신청에 따라 상표에 관한 심결이 확정될 때까지 그 소송절차를 중지할 수 있다.
③ 법원은 상표권 또는 전용사용권의 침해에 관한 소가 제기된 경우에는 그 취지를 특허심판원장에게 통보하여야 한다. 그 소송절차가 끝난 경우에도 또한 같다.
④ 특허심판원장은 제3항에 따른 상표권 또는 전용사용권의 침해에 관한 소에 대응하여 그 상표권에 관한 무효심판 등이 청구된 경우에는 그 취지를 같은 항에 따른 법원에 통보하여야 한다. 그 심판청구서의 각하결정, 심결 또는 청구의 취하가 있는 경우에도 또한 같다.

제151조의2【산업재산권분쟁조정위원회 회부】 ① 심판장은 심판사건을 합리적으로 해결하기 위하여 필요하다고 인정되면 당사자의 동의를 받아 해당 심판사건의 절차를 중지하고 결정으로 해당 사건을 「발명진흥법」 제41조에 따른 산업재산권분쟁조정위원회(이하 "조정위원회"라 한다)에 회부할 수 있다.
② 심판장은 제1항에 따라 조정위원회에 회부한 때에는 해당 심판사건의 기록을 조정위원회에 송부하여야 한다.
③ 심판장은 조정위원회의 조정절차가 조정 불성립으로 종료되면 제1항에 따른 중지 결정을 취소하고 심판을 재개하며, 조정이 성립된 경우에는 해당 심판청구는 취하된 것으로 본다.
(2021.8.17 본조신설)

제152조【심판비용】 ① 제117조제1항, 제118조제1항, 제119조제1항, 제120조제1항, 제121조 및 제214조제1항에 따른 심판비용의 부담에 관하여는 심판이 심결에 의하여 종결될 경우에는 그 심결로써 정하고, 심판이 심결에 의하지 아니하고 종결될 경우에는 결정으로써 정하여야 한다.
② 제1항에 따른 심판비용에 관하여는 「민사소송법」 제98조부터 제103조까지, 제107조제1항 · 제2항, 제108조, 제111조, 제112조 및 제116조를 준용한다.
③ 제115조 또는 제116조에 따른 심판비용은 청구인이 부담한다.
④ 제3항에 따라 청구인이 부담하는 비용에 관하여는 「민사소송법」 제102조를 준용한다.
⑤ 심판비용의 금액은 심결 또는 결정이 확정된 후 당사자의 청구에 의하여 특허심판원장이 결정한다.
⑥ 심판비용의 범위 · 금액 · 납부 및 심판에서 절차상의 행위를 하기 위하여 필요한 비용의 지급에 관하여는 그 성질에 반하지 아니하는 범위에서 「민사소송비용법」 중 해당 규정의 예에 따른다.
⑦ 심판절차를 대리한 변리사에게 당사자가 지급하였거나 지급할 보수는 특허청장이 정하는 금액의 범위에서 심판비용으로 본다. 이 경우 여러 명의 변리사가 심판절차를 대리하였더라도 1명의 변리사가 심판대리를 한 것으로 본다.

제153조【심판비용의 금액에 대한 집행권원】 이 법에 따라 특허심판원장이 정한 심판비용의 금액에 관하여 확정된 결정은 집행력 있는 집행권원(執行權原)과 같은 효력을 가진다. 이 경우 집행력 있는 정본은 특허심판원 소속 공무원이 부여한다.

제154조【보정각하결정 및 거절결정에 대한 심판의 특칙】 제133조제1항·제2항, 제142조 및 제143조는 제115조에 따른 보정각하결정 및 제116조에 따른 거절결정에 대한 심판에는 적용하지 아니한다.

제155조【심사 또는 이의신청 절차의 효력】 심사 또는 이의신청에서 밟은 상표에 관한 절차는 다음 각 호의 어느 하나에 해당하는 거절결정에 대한 심판에서도 그 효력이 있다.

1. 제54조에 따른 상표등록거절결정
2. 존속기간갱신등록신청의 거절결정
3. 지정상품추가등록출원의 거절결정
4. 상품분류전환등록의 거절결정

제156조【보정각하결정 등의 취소】 ① 심판관합의체는 제115조에 따른 보정각하결정에 대한 심판 또는 제116조에 따른 거절결정에 대한 심판이 청구된 경우에 그 청구가 이유 있다고 인정하는 경우에는 심결로써 보정각하결정 또는 거절결정을 취소하여야 한다.

② 제1항에 따라 심판에서 보정각하결정 또는 거절결정을 취소하는 경우에는 심사에 부칠 것이라는 심결을 할 수 있다.

③ 제1항 및 제2항에 따른 심결에서 취소의 기본이 된 이유는 그 사건에 대하여 심사관을 기속(羈束)한다.

제8장 재심 및 소송

제157조【재심의 청구】 ① 당사자는 확정된 심결에 대하여 재심을 청구할 수 있다.

② 제1항의 재심청구에 관하여는 「민사소송법」 제451조, 제453조 및 제459조제1항을 준용한다.

제158조【사해심결에 대한 불복청구】 ① 심판의 당사자가 공모(共謀)하여 속임수를 써서 제3자의 권리 또는 이익에 손해를 입힐 목적으로 심결을 하게 하였을 경우에는 제3자는 그 확정된 심결에 대하여 재심을 청구할 수 있다.

② 제1항에 따른 재심청구의 경우에는 심판의 당사자를 공동피청구인으로 한다.

제159조【재심의 청구기간】 ① 당사자는 심결 확정 후 재심 사유를 안 날부터 30일 이내에 재심을 청구하여야 한다.

② 대리권의 흠을 이유로 하여 재심을 청구하는 경우에 제1항의 기간은 청구인 또는 법정대리인이 심결 등본의 송달에 의하여 심결이 있은 것을 안 날의 다음 날부터 기산한다.

③ 심결 확정 후 3년이 지나면 재심을 청구할 수 없다.

④ 재심 사유가 심결 확정 후에 생겼을 경우에는 제3항의 기간은 그 사유가 발생한 날의 다음 날부터 기산한다.

⑤ 제1항 및 제3항은 해당 심결 이전의 확정심결에 저촉된다는 이유로 재심을 청구하는 경우에는 적용하지 아니한다.

제160조【재심에 의하여 회복한 상표권의 효력 제한】 다음 각 호의 어느 하나에 해당하는 경우 상표권의 효력은 해당 심결이 확정된 후 그 회복된 상표권의 등록 전에 선의(善意)로 해당 등록상표와 같은 상표를 그 지정상품과 같은 상품에 사용한 행위, 제108조제1항 각 호의 어느 하나 또는 같은 조 제2항 각 호의 어느 하나에 해당하는 행위에는 미치지 아니한다.

1. 상표등록 또는 존속기간갱신등록이 무효로 된 후 재심에 의하여 그 효력이 회복된 경우
2. 상표등록이 취소된 후 재심에 의하여 그 효력이 회복된 경우
3. 상표권의 권리범위에 속하지 아니한다는 심결이 확정된 후 재심에 의하여 이와 상반되는 심결이 확정된 경우

제161조【재심에서의 심판 절차 규정의 준용】 심판에 대한 재심의 절차에 관하여는 그 성질에 반하지 아니하는 범위에서 심판의 절차에 관한 규정을 준용한다.

제162조【심결 등에 대한 소】 ① 심결에 대한 소와 제123조제1항(제161조에서 준용하는 경우를 포함한다)에 따라 준용되는 제42조제1항에 따른 보정각하결정 및 심판청구서나 재심청구서의 각하결정에 대한 소는 특허법원의 전속관할로 한다.

② 제1항에 따른 소는 당사자, 참가인 또는 해당 심판이나 재심에 참가신청을 하였으나 그 신청이 거부된 자만 제기할 수 있다.

③ 제1항에 따른 소는 심결 또는 결정의 등본을 송달받은 날부터 30일 이내에 제기하여야 한다.

④ 제3항의 기간은 불변기간(不變期間)으로 한다. 다만, 심판장은 도서·벽지 등 교통이 불편한 지역에 있는 자를 위하여 산업통상자원부령으로 정하는 바에 따라 직권으로 불변기간에 대하여 부가기간(附加期間)을 정할 수 있다.

⑤ 심판을 청구할 수 있는 사항에 관한 소는 심결에 대한 것이 아니면 제기할 수 없다.

⑥ 제152조제1항에 따른 심판비용의 심결 또는 결정에 대해서는 독립하여 제1항에 따른 소를 제기할 수 없다.

⑦ 제1항에 따른 특허법원의 판결에 대해서는 대법원에 상고할 수 있다.

제163조【피고적격】 제162조제1항에 따른 소는 특허청장을 피고로 하여 제기하여야 한다. 다만, 제117조제1항, 제118조제1항, 제119조제1항·제2항, 제120조제1항, 제121조 및 제214조제1항에 따른 심판 또는 그 재심의 심결에 대한 소는 그 청구인 또는 피청구인을 피고로 하여 제기하여야 한다.

제164조【소 제기 통지 및 재판서 정본 송부】 ① 법원은 제162조제1항에 따른 소 제기 또는 같은 조 제7항에 따른 상고가 있는 경우에는 지체 없이 그 취지를 특허심판원장에게 통지하여야 한다.

② 법원은 제163조 단서에 따른 소에 관하여 소송절차가 완결되었을 경우에는 지체 없이 그 사건에 대한 각 심급(審級)의 재판서 정본을 특허심판원장에게 송부하여야 한다.

제165조【심결 또는 결정의 취소】 ① 법원은 제162조제1항에 따라 소가 제기된 경우에 그 청구가 이유 있다고 인정할 경우에는 판결로써 해당 심결 또는 결정을 취소하여야 한다.

② 심판관은 제1항에 따라 심결 또는 결정의 취소판결이 확정되었을 경우에는 다시 심리를 하여 심결 또는 결정을 하여야 한다.

③ 제1항에 따른 판결에서 취소의 기본이 된 이유는 그 사건에 대하여 특허심판원을 기속한다.

제166조【변리사의 보수와 소송비용】 소송을 대리한 변리사의 보수에 관하여는 「민사소송법」 제109조를 준용한다. 이 경우 "변호사"는 "변리사"로 본다.

제9장 「표장의 국제등록에 관한 마드리드협정에 대한 의정서」에 따른 국제출원

제1절 국제출원 등

제167조【국제출원】 「표장의 국제등록에 관한 마드리드협정에 대한 의정서」(이하 "마드리드 의정서"라 한다) 제2조(1)에 따른 국제등록(이하 "국제등록"이라 한다)을 받으려는 자는 다음 각 호의 어느 하나에 해당하는 상표등록출원 또는 상표등록을 기초로 하여 특허청장에게 국제출원을 하여야 한다.

1. 본인의 상표등록출원
2. 본인의 상표등록
3. 본인의 상표등록출원 및 본인의 상표등록

제168조【국제출원인의 자격】 ① 특허청장에게 국제출원을 할 수 있는 자는 다음 각 호의 어느 하나에 해당하는 자로 한다.

1. 대한민국 국민
2. 대한민국에 주소(법인인 경우에는 영업소의 소재지를 말한다)를 가진 자

② 2인 이상이 공동으로 국제출원을 하려는 경우 출원인은 다음 각 호의 요건을 모두 충족하여야 한다.

1. 공동으로 국제출원을 하려는 자가 각각 제1항 각 호의 어느 하나에 해당할 것
2. 제169조제2항제4호에 따른 기초출원을 공동으로 하였거나 기초등록에 관한 상표권을 공유하고 있을 것

제169조【국제출원의 절차】 ① 국제출원을 하려는 자는 산업통상자원부령으로 정하는 언어로 작성한 국제출원서(이하 "국제출원서"라 한다) 및 국제출원에 필요한 서류를 특허청장에게 제출하여야 한다.

② 국제출원서에는 다음 각 호의 사항을 적어야 한다.

1. 출원인의 성명 및 주소(법인인 경우에는 그 명칭 및 영업소의 소재지를 말한다)
2. 제168조에 따른 국제출원인 자격에 관한 사항

3. 상표를 보호받으려는 국가(정부 간 기구를 포함하며, 이하 "지정국"이라 한다)
4. 마드리드 의정서 제2조(1)에 따른 기초출원(이하 "기초출원"이라 한다)의 출원일 및 출원번호 또는 마드리드 의정서 제2조(1)에 따른 기초등록(이하 "기초등록"이라 한다)의 등록일 및 등록번호
5. 국제등록을 받으려는 상표
6. 국제등록을 받으려는 상품과 그 상품류
7. 그 밖에 산업통상자원부령으로 정하는 사항

제170조【국제출원서 등 서류제출의 효력발생 시기】 국제출원서와 그 출원에 필요한 서류는 특허청장에게 도달한 날부터 그 효력이 발생한다. 우편으로 제출된 경우에도 또한 같다.

제171조【기재사항의 심사 등】 ① 특허청장은 국제출원서의 기재사항이 기초출원 또는 기초등록의 기재사항과 합치하는 경우에는 그 사실을 인정한다는 뜻과 국제출원서가 특허청에 도달한 날을 국제출원서에 적어야 한다.
② 특허청장은 제1항에 따라 도달일 등을 적은 후에는 즉시 국제출원서 및 국제출원에 필요한 서류를 마드리드 의정서 제2조(1)에 따른 국제사무국(이하 "국제사무국"이라 한다)에 보내고, 그 국제출원서의 사본을 해당 출원인에게 보내야 한다.

제172조【사후지정】 ① 국제등록의 명의인(이하 "국제등록명의인"이라 한다)은 국제등록된 지정국을 추가로 지정(이하 "사후지정"이라 한다)하려는 경우에는 산업통상자원부령으로 정하는 바에 따라 특허청장에게 사후지정을 신청할 수 있다.
② 제1항을 적용하는 경우 국제등록명의인은 국제등록된 지정상품의 전부 또는 일부에 대하여 사후지정을 할 수 있다.

제173조【존속기간의 갱신】 ① 국제등록명의인은 국제등록의 존속기간을 10년씩 갱신할 수 있다.
② 제1항에 따라 국제등록의 존속기간을 갱신하려는 자는 산업통상자원부령으로 정하는 바에 따라 특허청장에게 국제등록 존속기간의 갱신을 신청할 수 있다.

제174조【국제등록의 명의변경】 ① 국제등록명의인이나 그 승계인은 지정상품 또는 지정국의 전부 또는 일부에 대하여 국제등록의 명의를 변경할 수 있다.
② 제1항에 따라 국제등록의 명의를 변경하려는 자는 산업통상자원부령으로 정하는 바에 따라 특허청장에게 국제등록 명의변경등록을 신청할 수 있다.

제175조【수수료의 납부】 ① 다음 각 호의 어느 하나에 해당하는 자는 수수료를 특허청장에게 내야 한다.
1. 국제출원을 하려는 자
2. 사후지정을 신청하려는 자
3. 제173조에 따라 국제등록 존속기간의 갱신을 신청하려는 자
4. 제174조에 따라 국제등록 명의변경등록을 신청하려는 자

② 제1항에 따른 수수료, 그 납부방법 및 납부기간 등에 관하여 필요한 사항은 산업통상자원부령으로 정한다.

제176조【수수료 미납에 대한 보정】 특허청장은 제175조제1항 각 호의 어느 하나에 해당하는 자가 수수료를 내지 아니하는 경우에는 산업통상자원부령으로 정하는 바에 따라 기간을 정하여 보정을 명할 수 있다.

제177조【절차의 무효】 특허청장은 제176조에 따라 보정명령을 받은 자가 지정된 기간 내에 그 수수료를 내지 아니하는 경우에는 해당 절차를 무효로 할 수 있다.

제178조【국제등록 사항의 변경등록 등】 국제등록 사항의 변경등록 신청과 그 밖에 국제출원에 관하여 필요한 사항은 산업통상자원부령으로 정한다.

제179조【업무표장에 대한 적용 제외】 업무표장에 관하여는 제167조부터 제178조까지의 규정을 적용하지 아니한다.

제2절 국제상표등록출원에 관한 특례

제180조【국제상표등록출원】 ① 마드리드 의정서에 따라 국제등록된 국제출원으로서 대한민국을 지정국으로 지정(사후지정을 포함한다)한 국제출원은 이 법에 따른 상표등록출원으로 본다.
② 제1항을 적용하는 경우 마드리드 의정서 제3조(4)에 따른 국제등록일(이하 "국제등록일"이라 한다)은 이 법에 따른 상표등록출원일로 본다. 다만, 대한민국을 사후지정한 국제출원의 경우에는 그 사후지정이 국제등록부[마드리드 의정서 제2조(1)에 따른 국제등록부를 말하며, 이하 "국제상표등록부"라 한다]에 등록된 날(이하 "사후지정일"이라 한다)을 이 법에 따른 상표등록출원일로 본다.
③ 제1항에 따라 이 법에 따른 상표등록출원으로 보는 국제출원(이하 "국제상표등록출원"이라 한다)에 대해서는 국제상표등록부에 등록된 국제등록명의인의 성명 및 주소(법인인 경우에는 그 명칭 및 영업소의 소재지를 말한다), 상표, 지정상품 및 그 상품류는 이 법에 따른 출원인의 성명 및 주소(법인인 경우에는 그 명칭 및 영업소의 소재지를 말한다), 상표, 지정상품 및 그 상품류로 본다.

제181조【업무표장의 특례】 국제상표등록출원에 대해서는 업무표장에 관한 규정을 적용하지 아니한다.

제182조【국제상표등록출원의 특례】 ① 국제상표등록출원에 대하여 이 법을 적용할 경우에는 국제상표등록부에 등록된 우선권 주장의 취지, 최초로 출원한 국가명 및 출원 연월일은 상표등록출원서에 적힌 우선권 주장의 취지, 최초로 출원한 국가명 및 출원의 연월일로 본다.
② 국제상표등록출원에 대하여 이 법을 적용할 경우에는 국제상표등록부에 등록된 상표의 취지는 상표등록출원서에 기재된 해당 상표의 취지로 본다.
③ 단체표장등록을 받으려는 자는 제36조제1항·제3항에 따른 서류 및 정관을, 증명표장의 등록을 받으려는 자는 같은 조 제1항·제4항에 따른 서류를 산업통상자원부령으로 정하는 기간 내에 특허청장에게 제출하여야 한다. 이 경우 지리적 표시 단체표장을 등록받으려는 자는 그 취지를 적은 서류와 제2조제1항제4호에 따른 지리적 표시의 정의에 합치함을 입증할 수 있는 대통령령으로 정하는 서류를 함께 제출하여야 한다.

제183조【국내등록상표가 있는 경우의 국제상표등록출원의 효과】 ① 대한민국에 설정등록된 상표(국제상표등록출원에 따른 등록상표는 제외하며, 이하 이 조에서 "국내등록상표"라 한다)의 상표권자가 국제상표등록출원을 하는 경우에 다음 각 호의 요건을 모두 갖추었을 때에는 그 국제상표등록출원은 지정상품이 중복되는 범위에서 해당 국내등록상표에 관한 상표등록출원의 출원일에 출원된 것으로 본다.
1. 국제상표등록출원에 따라 국제상표등록부에 등록된 상표(이하 이 항에서 "국제등록상표"라 한다)와 국내등록상표가 동일할 것
2. 국제등록상표에 관한 국제등록명의인과 국내등록상표의 상표권자가 동일할 것
3. (2023.10.31 삭제)
4. 마드리드 의정서 제3조의3에 따른 영역확장의 효력이 국내등록상표의 상표등록일 후에 발생할 것

② 제1항에 따른 국내등록상표에 관한 상표등록출원에 대하여 조약에 따른 우선권이 인정되는 경우에는 그 우선권이 같은 항에 따른 국제상표등록출원에도 인정된다.
③ 국내등록상표의 상표권이 다음 각 호의 어느 하나에 해당하는 사유로 취소되거나 소멸되는 경우에는 그 취소되거나 소멸된 상표권의 지정상품과 동일한 범위에서 제1항 및 제2항에 따른 해당 국제상표등록출원에 대한 효과는 인정되지 아니한다.
1. 제119조제1항 각 호(제4호는 제외한다)에 해당한다는 사유로 상표등록을 취소한다는 심결이 확정된 경우
2. 제119조제1항 각 호(제4호는 제외한다)에 해당한다는 사유로 상표등록의 취소심판이 청구되고, 그 청구일 이후에 존속기간의 만료로 상표권이 소멸하거나 상표권 또는 지정상품의 일부를 포기한 경우

④ 마드리드 의정서 제4조의2(2)에 따른 신청을 하려는 자는 다음 각 호의 사항을 적은 신청서를 특허청장에게 제출하여야 한다.
1. 국제등록명의인의 성명 및 주소(법인인 경우에는 그 명칭 및 영업소의 소재지를 말한다)
2. 국제등록번호
3. 관련 국내등록상표 번호
4. 중복되는 지정상품
5. 그 밖에 산업통상자원부령으로 정하는 사항

⑤ 심사관은 제4항에 따른 신청이 있는 경우에는 해당 국제상표등록출원에 대하여 제1항부터 제3항까지의 규정에 따른 효과의 인정 여부를 신청인에게 알려야 한다.

제184조【출원의 승계 및 분할이전 등의 특례】 ① 국제상표등록출원에 대하여 제48조제1항을 적용할 경우 "상속이나 그 밖의 일반승계의 경우를 제외하고는 출원인 변경신고를"은 "출원인이 국제사무국에 명의변경 신고를"로 본다.

② 국제등록 명의의 변경에 따라 국제등록 지정상품의 전부 또는 일부가 분할되어 이전된 경우에는 국제상표등록출원은 변경된 국제등록명의인에 의하여 각각 출원된 것으로 본다.

③ 국제상표등록출원에 대해서는 제48조제3항을 적용하지 아니한다.

제185조【보정의 특례】 ① 국제상표등록출원에 대하여 제40조제1항 각 호 외의 부분을 적용할 경우 "상표등록출원서의 기재사항, 상표등록출원에 관한 지정상품 및 상표를"은 "제55조제1항에 따른 거절이유의 통지를 받은 경우에 한정하여 그 상표등록출원에 관한 지정상품을"로 본다.

② 국제상표등록출원에 대해서는 제40조제1항제1호, 같은 조 제2항제4호 및 제41조제1항제2호의2를 적용하지 아니한다.(2022.2.3 본항개정)

③ 국제상표등록출원에 대하여 제40조제3항을 적용할 경우 "제1항에 따른 보정이 제2항 각 호"는 "지정상품의 보정이 제2항 각 호(같은 항 제4호는 제외한다)"로 보고, 제41조제3항을 적용할 경우 "제1항에 따른 보정이 제40조제2항 각 호"는 "지정상품의 보정이 제40조제2항 각 호(같은 항 제4호는 제외한다)"로 본다.

④ 국제상표등록출원에 대하여 제41조제1항을 적용할 경우 "지정상품 및 상표를"은 "지정상품을"로 본다.

제186조【출원 변경의 특례】 국제상표등록출원에 대해서는 제44조제1항부터 제7항까지의 규정을 적용하지 아니한다.(2023.10.31 본조개정)

제187조【출원 분할의 특례】 국제상표등록출원에 대해서는 제45조제4항을 적용하지 아니한다.(2023.10.31 본조개정)

제188조【파리협약에 따른 우선권 주장의 특례】 국제상표등록출원을 하려는 자가 파리협약에 따른 우선권 주장을 하는 경우에는 제46조제4항 및 제5항을 적용하지 아니한다.

제189조【출원 시 및 우선심사의 특례】 ① 국제상표등록출원에 대하여 제47조제2항을 적용할 경우 "그 취지를 적은 상표등록출원서를 특허청장에게 제출하고, 이를 증명할 수 있는 서류를 상표등록출원일부터 30일 이내에"는 "그 취지를 적은 서면 및 이를 증명할 수 있는 서류를 산업통상자원부령으로 정하는 기간 내에"로 본다.

② 국제상표등록출원에 대해서는 제53조제2항을 적용하지 아니한다.

제190조【거절이유 통지의 특례】 ① 국제상표등록출원에 대하여 제55조제1항 전단을 적용할 경우 "출원인에게"는 "국제사무국을 통하여 출원인에게"로 본다.

② 국제상표등록출원에 대해서는 제55조제3항을 적용하지 아니한다.

제191조【출원공고의 특례】 국제상표등록출원에 대하여 제57조제1항 각 호 외의 부분 본문을 적용할 경우 "거절이유를 발견할 수 없는 경우(일부 지정상품에 대하여 거절이유가 있는 경우에는 그 지정상품에 대한 거절결정이 확정된 경우를 말한다)에는"은 "산업통상자원부령으로 정하는 기간 내에 거절이유를 발견할 수 없는 경우(일부 지정상품에 대하여 거절이유가 있는 경우에는 그 지정상품에 대한 거절결정이 확정된 경우를 말한다)에는"으로 본다.(2022.2.3 본조개정)

제192조【손실보상청구권의 특례】 국제상표등록출원에 대하여 제58조제1항 단서를 적용할 경우 "해당 상표등록출원의 사본"은 "해당 국제출원의 사본"으로 본다.

제193조【상표등록결정 및 직권에 의한 보정 등의 특례】 ① 국제상표등록출원에 대하여 제68조를 적용할 경우 "거절이유를 발견할 수 없는 경우(일부 지정상품에 대하여 거절이유가 있는 경우에는 그 지정상품에 대한 거절결정이 확정된 경우를 말한다)에는"은 "산업통상자원부령으로 정하는 기간 내에 거절이유를 발견할 수 없는 경우(일부 지정상품에 대하여 거절이유가 있는 경우에는 그 지정상품에 대한 거절결정이 확정된 경우를 말한다)에는"으로 본다.(2022.2.3 본항개정)

② 국제상표등록출원에 대해서는 제59조를 적용하지 아니한다.

③ 국제상표등록출원에 대해서는 제68조의2를 적용하지 아니한다.(2021.10.19 본항신설)

(2021.10.19 본조제목개정)

제193조의2【재심사 청구의 특례】 국제상표등록출원에 대해서는 제55조의2를 적용하지 아니한다.(2022.2.3 본조신설)

제193조의3【상표등록여부결정의 방식에 관한 특례】 국제상표등록출원에 대하여 제69조제2항을 적용할 경우 "상표등록여부결정"은 "상표등록여부결정(제54조 각 호 외의 부분 후단에 해당하는 경우에는 제외한다)"으로, "출원인에게"는 "국제사무국을 통하여 출원인에게"로 본다.(2023.10.31 본조신설)

제194조【상표등록료 등의 특례】 ① 국제상표등록출원을 하려는 자 또는 제197조에 따라 설정등록을 받은 상표권(이하 "국제등록기초상표권"이라 한다)의 존속기간을 갱신하려는 자는 마드리드 의정서 제8조(7)(a)에 따른 개별수수료를 국제사무국에 내야 한다.

② 제1항에 따른 개별수수료에 관하여 필요한 사항은 산업통상자원부령으로 정한다.

③ 국제상표등록출원 또는 국제등록기초상표권에 대해서는 제72조부터 제77조까지의 규정을 적용하지 아니한다.

제195조【상표등록료 등의 반환의 특례】 국제상표등록출원에 대하여 제79조제1항 각 호 외의 부분을 적용할 경우 "납부된 상표등록료와 수수료"는 "이미 낸 수수료"로, "상표등록료 및 수수료"를 "수수료"로 보고, 같은 항 제1호 및 같은 조 제2항·제3항을 적용할 경우 "상표등록료 및 수수료"는 각각 "수수료"로 본다.

제196조【상표원부에의 등록의 특례】 ① 국제등록기초상표권에 대하여 제80조제1항제1호를 적용할 경우 "상표권의 설정·이전·변경·소멸·회복, 존속기간의 갱신, 상품분류전환, 지정상품의 추가 또는 처분의 제한"은 "상표권의 설정 또는 처분의 제한"으로 본다.

② 국제등록기초상표권의 이전, 변경, 소멸 또는 존속기간의 갱신은 국제상표등록부에 등록된 바에 따른다.

제197조【상표권 설정등록의 특례】 국제상표등록출원에 대하여 제82조제2항 각 호 외의 부분을 적용할 경우 "다음 각 호의 어느 하나에 해당하는 경우에는"은 "상표등록결정이 있는 경우"로 본다.

제198조【상표권 존속기간 등의 특례】 ① 국제등록기초상표권의 존속기간은 제197조에 따른 상표권의 설정등록이 있은 날부터 국제등록일 후 10년이 되는 날까지로 한다.

② 국제등록기초상표권의 존속기간은 국제등록의 존속기간의 갱신에 의하여 10년씩 갱신할 수 있다.

③ 제2항에 따라 국제등록기초상표권의 존속기간이 갱신된 경우에는 그 국제등록기초상표권의 존속기간은 그 존속기간의 만료 시에 갱신된 것으로 본다.

④ 국제등록기초상표권에 대해서는 제83조부터 제85조까지, 제88조제1항 및 제209조부터 제213조까지의 규정을 적용하지 아니한다.

제199조【지정상품추가등록출원의 특례】 국제상표등록출원 또는 국제등록기초상표권에 대해서는 제86조, 제87조 및 제88조제2항을 적용하지 아니한다.

제200조 (2023.10.31 삭제)

제201조【상표권등록 효력의 특례】 ① 국제등록기초상표권의 이전·변경·포기에 의한 소멸 또는 존속기간의 갱신은 국제상표등록부에 등록하지 아니하면 그 효력이 발생하지 아니한다.

② 국제등록기초상표권에 대해서는 제96조제1항제1호(처분의 제한에 관한 부분은 제외한다)를 적용하지 아니한다.

③ 국제등록기초상표권에 대하여 제96조제2항을 적용할 경우 "상표권 및 질권"은 "질권"으로 본다.

제202조【국제등록 소멸의 효과】 ① 국제상표등록출원의 기초가 되는 국제등록의 전부 또는 일부가 소멸된 경우에는 그 소멸된 범위에서 해당 국제상표등록출원은 지정상품의 전부 또는 일부에 대하여 취하된 것으로 본다.

② 국제등록기초상표권의 기초가 되는 국제등록의 전부 또는 일부가 소멸된 경우에는 그 소멸된 범위에서 해당 상표권은 지정상품의 전부 또는 일부에 대하여 소멸된 것으로 본다.
③ 제1항 및 제2항에 따른 취하 또는 소멸의 효과는 국제상표등록부상 해당 국제등록이 소멸된 날부터 발생한다.
제203조【상표권 포기의 특례】 ① 국제등록기초상표권에 대해서는 제102조제1항을 적용하지 아니한다.
② 국제등록기초상표권에 대하여 제103조를 적용할 경우 "상표권·전용사용권"은 "전용사용권"으로 본다.
제204조【존속기간갱신등록의 무효심판 등의 특례】 국제등록기초상표권에 대해서는 제118조 또는 제214조를 적용하지 아니한다.

제3절 상표등록출원의 특례

제205조【국제등록 소멸 후의 상표등록출원의 특례】 ① 대한민국을 지정국으로 지정(사후지정을 포함한다)한 국제등록의 대상인 상표가 지정상품의 전부 또는 일부에 관하여 마드리드 의정서 제6조(4)에 따라 그 국제등록이 소멸된 경우에는 그 국제등록의 명의인은 그 상품의 전부 또는 일부에 관하여 특허청장에게 상표등록출원을 할 수 있다.
② 제1항에 따른 상표등록출원이 다음 각 호의 요건을 모두 갖춘 경우에는 국제등록일(사후지정의 경우에는 사후지정일을 말한다)에 출원된 것으로 본다.
1. 제1항에 따른 상표등록출원이 같은 항에 따른 국제등록 소멸일부터 3개월 이내에 출원될 것
2. 제1항에 따른 상표등록출원의 지정상품이 같은 항에 따른 국제등록의 지정상품에 모두 포함될 것
3. 상표등록을 받으려는 상표가 소멸된 국제등록의 대상인 상표와 동일할 것
③ 제1항에 따른 국제등록에 관한 국제상표등록출원에 대하여 조약에 따른 우선권이 인정되는 경우에는 그 우선권이 같은 항에 따른 상표등록출원에도 인정된다.
제206조【마드리드 의정서 폐기 후의 상표등록출원의 특례】 ① 대한민국을 지정국으로 지정(사후지정을 포함한다)한 국제등록의 명의인이 마드리드 의정서 제15조(5)(b)에 따라 출원인 자격을 잃게 되었을 경우에는 해당 국제등록의 명의인은 국제등록된 지정상품의 전부 또는 일부에 관하여 특허청장에게 상표등록출원을 할 수 있다.
② 제1항에 따른 상표등록출원에 관하여는 제205조제2항 및 제3항을 준용한다. 이 경우 제205조제2항제1호 중 "같은 항에 따른 국제등록 소멸일부터 3개월 이내"는 "마드리드 의정서 제15조(3)에 따라 폐기의 효력이 발생한 날부터 2년 이내"로 본다.
제207조【심사의 특례】 다음 각 호의 어느 하나에 해당하는 상표등록출원(이하 "재출원"이라 한다)이 제197조에 따라 설정등록되었던 등록상표에 관한 것인 경우 해당 본인의 상표등록출원에 대해서는 제54조, 제55조, 제57조 및 제60조부터 제67조까지의 규정을 적용하지 아니한다. 다만, 제54조제2호에 해당하는 경우에는 그러하지 아니하다.
1. 제205조제2항 각 호의 요건을 모두 갖추어 같은 조 제1항에 따라 하는 상표등록출원
2. 제206조제2항에 따라 준용되는 제205조제2항 각 호의 요건을 모두 갖추어 제206조제1항에 따라 하는 상표등록출원
제208조【제척기간의 특례】 재출원에 따라 해당 상표가 설정등록된 경우로서 종전의 국제등록기초상표권에 대한 제122조제1항의 제척기간이 지났을 경우에는 재출원에 따라 설정등록된 상표에 대하여 무효심판을 청구할 수 없다.

제10장 상품분류전환의 등록

제209조【상품분류전환등록의 신청】 ① 종전의 법(법률 제5355호 상표법중개정법률로 개정되기 전의 것을 말한다) 제10조제1항에 따른 통상산업부령으로 정하는 상품류의 구분에 따라 상품을 지정하여 상표권의 설정등록, 지정상품의 추가등록 또는 존속기간갱신등록을 받은 상표권자는 해당 지정상품을 상품류의 구분에 따라 전환하여 등록을 받아야 한다. 다만, 법률 제5355호 상표법중개정법률 제10조제1항에 따른 통상산업부령으로 정하는 상품류의 구분에 따라 상품을 지정하여 존속기간갱신등록을 받은 자는 그러하지 아니하다.
② 제1항에 따른 상품분류전환등록을 받으려는 자는 다음 각 호의 사항을 적은 상품분류전환등록신청서를 특허청장에게 제출하여야 한다.
1. 신청인의 성명 및 주소(법인인 경우에는 그 명칭 및 영업소의 소재지를 말한다)
2. 신청인의 대리인이 있는 경우에는 그 대리인의 성명 및 주소나 영업소의 소재지[대리인이 특허법인·특허법인(유한)인 경우에는 그 명칭, 사무소의 소재지 및 지정된 변리사의 성명을 말한다]
3. 등록상표의 등록번호
4. 전환하여 등록받으려는 지정상품 및 그 상품류
③ 상품분류전환등록신청은 상표권의 존속기간이 만료되기 1년 전부터 존속기간이 만료된 후 6개월 이내의 기간에 하여야 한다.
④ 상표권이 공유인 경우에는 공유자 전원이 공동으로 상품분류전환등록을 신청하여야 한다.
제210조【상품분류전환등록의 거절결정 및 거절이유의 통지】 ① 심사관은 상품분류전환등록신청이 다음 각 호의 어느 하나에 해당하는 경우에는 그 신청에 대하여 상품분류전환등록거절결정을 하여야 한다.
1. 상품분류전환등록신청의 지정상품을 해당 등록상표의 지정상품이 아닌 상품으로 하거나 지정상품의 범위를 실질적으로 확장한 경우
2. 상품분류전환등록신청의 지정상품이 상품류 구분과 일치하지 아니하는 경우
3. 상품분류전환등록을 신청한 자가 해당 등록상표의 상표권자가 아닌 경우
4. 제209조에 따른 상품분류전환등록신청의 요건을 갖추지 못한 경우
5. 상표권이 소멸하거나 존속기간갱신등록신청을 포기·취하하거나 존속기간갱신등록신청이 무효로 된 경우
② 심사관은 다음 각 호의 어느 하나에 해당하는 경우에는 신청인에게 거절이유를 통지하여야 한다. 이 경우 신청인은 산업통상자원부령으로 정하는 기간 내에 거절이유에 대한 의견서를 제출할 수 있다.(2021.10.19 전단개정)
1. 제1항에 따라 상품분류전환등록거절결정을 하려는 경우 (2021.10.19 본호신설)
2. 제212조에 따라 준용되는 제68조의2제1항에 따른 직권 재심사를 하여 취소된 상품분류전환등록결정 전에 이미 통지한 거절이유로 상품분류전환등록거절결정을 하려는 경우 (2021.10.19 본호신설)
③ 제2항 후단에 따른 기간 내에 의견서를 제출하지 아니한 신청인은 그 기간이 만료된 후 2개월 이내에 상품분류전환등록에 관한 절차를 계속 진행할 것을 신청하고, 그 기간 내에 거절이유에 대한 의견서를 제출할 수 있다.
④ 심사관은 제2항에 따라 거절이유를 통지하는 경우 지정상품별로 거절이유와 근거를 구체적으로 적어야 한다.(2022.2.3 본항신설)
제211조【상품분류전환등록】 특허청장은 제212조에 따라 준용되는 제68조에 따른 상표등록결정이 있는 경우에는 지정상품의 분류를 전환하여 등록하여야 한다.
제212조【상품분류전환등록신청에 관한 준용】 상품분류전환등록신청에 관하여는 제38조제1항, 제39조, 제40조, 제41조제3항, 제42조, 제50조, 제55조의2, 제68조, 제68조의2, 제69조, 제70조, 제134조제1호부터 제5호까지 및 제7호를 준용한다. (2022.2.3 본조개정)
제213조【상품분류전환등록이 없는 경우 등의 상표권의 소멸】 ① 다음 각 호의 어느 하나에 해당하는 경우 상품분류전환등록의 대상이 되는 지정상품에 관한 상표권은 제209조제3항에 따른 상품분류전환등록신청기간의 만료일이 속하는 존속기간의 만료일 다음 날에 소멸한다.
1. 상품분류전환등록을 받아야 하는 자가 제209조제3항에 따른 기간 내에 상품분류전환등록을 신청하지 아니하는 경우

2. 상품분류전환등록신청이 취하된 경우
3. 제18조제1항에 따라 상품분류전환에 관한 절차가 무효로 된 경우
4. 상품분류전환등록거절결정이 확정된 경우
5. 제214조에 따라 상품분류전환등록을 무효로 한다는 심결이 확정된 경우
② 상품분류전환등록의 대상이 되는 지정상품으로서 제209조제2항에 따른 상품분류전환등록신청서에 적지 아니한 지정상품에 관한 상표권은 상품분류전환등록신청서에 적은 지정상품이 제211조에 따라 전환등록되는 날에 소멸한다. 다만, 상품분류전환등록이 상표권의 존속기간만료일 이전에 이루어지는 경우에는 상표권의 존속기간만료일의 다음 날에 소멸한다.
제214조【상품분류전환등록의 무효심판】 ① 이해관계인 또는 심사관은 상품분류전환등록이 다음 각 호의 어느 하나에 해당하는 경우에는 무효심판을 청구할 수 있다. 이 경우 상품분류전환등록에 관한 지정상품이 둘 이상 있는 경우에는 지정상품마다 청구할 수 있다.
1. 상품분류전환등록이 해당 등록상표의 지정상품이 아닌 상품으로 되거나 지정상품의 범위가 실질적으로 확장된 경우
2. 상품분류전환등록이 해당 등록상표의 상표권자가 아닌 자의 신청에 의하여 이루어진 경우
3. 상품분류전환등록이 제209조제3항에 위반되는 경우
② 상품분류전환등록의 무효심판에 관하여는 제117조제2항 및 제5항을 준용한다.
③ 상품분류전환등록을 무효로 한다는 심결이 확정된 경우에는 해당 상품분류전환등록은 처음부터 없었던 것으로 본다.

제11장 보 칙

제215조【서류의 열람 등】 상표등록출원 및 심판에 관한 증명, 서류의 등본 또는 초본의 발급, 상표원부 및 서류의 열람 또는 복사를 원하는 자는 특허청장 또는 특허심판원장에게 서류의 열람 등의 허가를 신청할 수 있다.
제216조【상표등록출원·심사·심판 등에 관한 서류의 반출과 공개 금지】 ① 상표등록출원, 심사, 이의신청, 심판 또는 재심에 관한 서류나 상표원부는 다음 각 호의 어느 하나에 해당하는 경우를 제외하고는 외부로 반출할 수 없다.
1. 제51조제1항 및 제3항부터 제5항까지의 규정에 따른 상표검색 등을 위하여 상표등록출원, 지리적 표시 단체표장등록출원, 심사 또는 이의신청에 관한 서류를 반출하는 경우
(2019.1.8 본호개정)
1의2. 제151조의2제2항에 따른 조정을 위하여 상표등록출원, 심사, 이의신청, 심판 또는 재심에 관한 서류나 상표원부를 반출하는 경우(2021.8.17 본호신설)
2. 「산업재산 정보의 관리 및 활용 촉진에 관한 법률」 제12조제1항에 따른 산업재산문서 전자화업무의 위탁을 위하여 상표등록출원, 심사, 이의신청, 심판 또는 재심에 관한 서류나 상표원부를 반출하는 경우(2024.2.6 본호개정)
3. 「전자정부법」 제32조제3항에 따른 온라인 원격근무를 위하여 상표등록출원, 심사, 이의신청, 심판 또는 재심에 관한 서류나 상표원부를 반출하는 경우
② 상표등록출원, 심사, 이의신청, 심판 또는 재심으로 계속 중인 사건의 내용이나 상표등록여부결정, 심결 또는 결정의 내용에 관하여는 감정·증언을 하거나 질의에 응답할 수 없다.
제217조 (2024.2.6 삭제)
제218조【서류의 송달】 이 법에 규정된 서류의 송달절차 등에 관하여 필요한 사항은 대통령령으로 정한다.
제219조【공시송달】 ① 송달을 받을 자의 주소나 영업소가 불분명하여 송달할 수 없을 경우에는 공시송달을 하여야 한다.
② 공시송달은 서류를 송달받을 자에게 어느 때라도 교부한다는 뜻을 상표공보에 게재함으로써 한다.
③ 최초의 공시송달은 상표공보에 게재한 날부터 2주일이 지나면 그 효력이 발생한다. 다만, 그 이후의 같은 당사자에 대한 공시송달은 상표공보에 게재한 날의 다음 날부터 그 효력이 발생한다.
제220조【재외자에 대한 송달】 ① 재외자로서 상표관리인이 있으면 그 재외자에게 송달할 서류는 상표관리인에게 송달하여야 한다. 다만, 다음 각 호의 경우에는 그러하지 아니하다.
(2023.10.31 단서개정)
1. 심사관이 제190조에 따라 국제사무국을 통하여 국제상표등록출원인에게 거절이유를 통지하는 경우
2. 심사관이 제193조의3에 따라 국제사무국을 통하여 국제상표등록출원인에게 상표등록여부결정의 등본을 송달하는 경우
(2023.10.31 1호~2호신설)
② 재외자로서 상표관리인이 없으면 그 재외자에게 송달할 서류는 항공등기우편으로 발송할 수 있다.
③ 제1항제2호에 따라 상표등록여부결정의 등본을 국제사무국에 발송하였거나 제2항에 따라 서류를 항공등기우편으로 발송하였을 경우에는 발송을 한 날에 송달된 것으로 본다.
(2023.10.31 본항개정)
제221조【상표공보】 ① 특허청장은 상표공보를 발행하여야 한다.
② 상표공보는 산업통상자원부령으로 정하는 바에 따라 전자적 매체로 발행할 수 있다.
③ 특허청장은 전자적 매체로 상표공보를 발행하는 경우에는 정보통신망을 활용하여 상표공보의 발행 사실, 주요 목록 및 공시송달에 관한 사항을 알려야 한다.
④ 상표공보에 게재할 사항은 대통령령으로 정한다.
제222조【등록상표의 표시】 상표권자·전용사용권자 또는 통상사용권자는 등록상표를 사용할 때에 해당 상표가 등록상표임을 표시할 수 있다.
제223조【동음이의어 지리적 표시 등록단체표장의 표시】 둘 이상의 지리적 표시 등록단체표장이 서로 동음이의어 지리적 표시에 해당하는 경우 각 단체표장권자와 그 소속 단체원은 지리적 출처에 대하여 수요자가 혼동하지 아니하도록 하는 표시를 등록단체표장과 함께 사용하여야 한다.
제224조【거짓 표시의 금지】 ① 누구든지 다음 각 호의 어느 하나에 해당하는 행위를 해서는 아니 된다.
1. 등록을 하지 아니한 상표 또는 상표등록출원을 하지 아니한 상표를 등록상표 또는 등록출원상표인 것같이 상품에 표시하는 행위
2. 등록을 하지 아니한 상표 또는 상표등록출원을 하지 아니한 상표를 등록상표 또는 등록출원상표인 것같이 영업용 광고, 간판, 표찰, 상품의 포장 또는 그 밖의 영업용 거래 서류 등에 표시하는 행위
3. 지정상품 외의 상품에 대하여 등록상표를 사용하는 경우에 그 상표에 상표등록 표시 또는 이와 혼동하기 쉬운 표시를 하는 행위
② 제1항제1호 및 제2호에 따른 상표를 표시하는 행위에는 상품, 상품의 포장, 광고, 간판 또는 표찰을 표장의 형상으로 하는 것을 포함한다.
제225조【등록상표와 유사한 상표 등에 대한 특칙】 ① 제89조, 제92조, 제95조제3항, 제97조제2항, 제104조, 제110조제4항, 제119조제1항제3호 및 같은 조 제3항, 제160조, 제222조 및 제224조에 따른 "등록상표"에는 그 등록상표와 유사한 상표로서 색채를 등록상표와 동일하게 하면 등록상표와 같은 상표라고 인정되는 상표가 포함되는 것으로 한다.
② 제108조제1항제1호 및 제119조제1항제1호에 따른 "등록상표와 유사한 상표"에는 그 등록상표와 유사한 상표로서 색채를 등록상표와 동일하게 하면 등록상표와 같은 상표라고 인정되는 상표가 포함되지 아니하는 것으로 한다.
③ 제108조제2항제1호에 따른 "타인의 지리적 표시 등록단체표장과 유사한 상표"에는 그 등록단체표장과 유사한 상표로서 색채를 등록단체표장과 동일하게 하면 등록단체표장과 같은 상표라고 인정되는 상표가 포함되지 아니하는 것으로 한다.
④ 제1항부터 제3항까지의 규정은 색채나 색채의 조합만으로 된 등록상표의 경우에는 적용하지 아니한다.
제226조【불복의 제한】 ① 보정각하결정, 상표등록여부결정, 심결, 심판청구나 재심청구의 각하결정에 대해서는 다른 법률에 따른 불복을 할 수 없으며, 이 법에 따라 불복할 수 없도록

규정되어 있는 처분에 대해서는 다른 법률에 따른 불복을 할 수 없다.
② 제1항에 따른 처분 외의 처분에 대한 불복에 대해서는 「행정심판법」 또는 「행정소송법」에 따른다.
제227조【비밀유지명령】 ① 법원은 상표권 또는 전용사용권의 침해에 관한 소송에서 어느 한쪽 당사자가 보유한 영업비밀(「부정경쟁방지 및 영업비밀보호에 관한 법률」 제2조제2호에 따른 영업비밀을 말하며, 이하 같다)에 대하여 다음 각 호의 사유를 모두 소명한 경우에는 그 당사자의 신청에 의하여 결정으로 다른 당사자(법인인 경우에는 그 대표자를 말한다), 당사자를 위하여 소송을 대리하는 자, 그 밖에 그 소송으로 인하여 영업비밀을 알게 된 자에게 그 영업비밀을 그 소송의 계속적인 수행 외의 목적으로 사용하거나 그 영업비밀에 관계된 이 항에 따른 명령을 받은 자 외의 자에게 공개하지 아니할 것을 명할 수 있다. 다만, 그 신청 시점까지 다른 당사자(법인인 경우에는 그 대표자를 말한다), 당사자를 위하여 소송을 대리하는 자, 그 밖에 그 소송으로 인하여 영업비밀을 알게 된 자가 제1호에 따른 준비서면의 열람이나 증거조사 외의 방법으로 그 영업비밀을 이미 취득하고 있는 경우에는 그러하지 아니하다.
1. 이미 제출하였거나 제출하여야 할 준비서면 또는 이미 조사하였거나 조사하여야 할 증거에 영업비밀이 포함되어 있다는 것
2. 제1호에 따른 영업비밀이 해당 소송 수행 외의 목적으로 사용되거나 공개되면 당사자의 영업에 지장을 줄 우려가 있어 이를 방지하기 위하여 영업비밀의 사용 또는 공개를 제한할 필요가 있다는 것
② 제1항에 따른 명령(이하 "비밀유지명령"이라 한다)의 신청은 다음 각 호의 사항을 적은 서면으로 하여야 한다.
1. 비밀유지명령을 받을 자
2. 비밀유지명령의 대상이 될 영업비밀을 특정하기에 충분한 사실
3. 제1항 각 호의 사유에 해당하는 사실
③ 법원은 비밀유지명령이 결정된 경우에는 그 결정서를 비밀유지명령을 받은 자에게 송달하여야 한다.
④ 비밀유지명령은 제3항에 따른 결정서가 비밀유지명령을 받은 자에게 송달된 때부터 효력이 발생한다.
⑤ 비밀유지명령의 신청을 기각하거나 각하한 재판에 대해서는 즉시항고를 할 수 있다.
제228조【비밀유지명령의 취소】 ① 비밀유지명령을 신청한 자 또는 비밀유지명령을 받은 자는 제227조제1항에 따른 요건을 갖추지 못하였거나 갖추지 못하게 된 경우 소송기록을 보관하고 있는 법원(소송기록을 보관하고 있는 법원이 없는 경우에는 비밀유지명령을 내린 법원을 말한다)에 비밀유지명령의 취소를 신청할 수 있다.
② 법원은 비밀유지명령의 취소 신청에 대한 재판이 있는 경우에는 그 결정서를 그 신청을 한 자 및 상대방에게 송달하여야 한다.
③ 비밀유지명령의 취소 신청에 대한 재판에 대해서는 즉시항고를 할 수 있다.
④ 비밀유지명령을 취소하는 재판은 확정되어야 그 효력이 발생한다.
⑤ 비밀유지명령을 취소하는 재판을 한 법원은 비밀유지명령의 취소 신청을 한 자 또는 상대방 외에 해당 영업비밀에 관한 비밀유지명령을 받은 자가 있는 경우에는 그 자에게 즉시 비밀유지명령의 취소 재판을 한 사실을 알려야 한다.
제229조【소송기록 열람 등의 청구 통지 등】 ① 비밀유지명령이 내려진 소송(모든 비밀유지명령이 취소된 소송은 제외한다)에 관한 소송기록에 대하여 「민사소송법」 제163조제1항에 따른 열람 등의 제한 결정이 있는 경우로서, 그 소송에서 비밀유지명령을 받지 아니한 자가 열람 등이 가능한 당사자를 위하여 그 비밀 기재 부분의 열람 등의 청구절차를 밟은 경우에는 법원서기관, 법원사무관, 법원주사 또는 법원주사보(이하 이 조에서 "법원사무관등"이라 한다)는 「민사소송법」 제163조제1항에 따라 열람 등의 제한 신청을 한 당사자(그 열람 등의 청구를 한 자는 제외하며, 이하 제3항에서 같다)에게 그 청구 직후에 그 열람 등의 청구가 있었다는 사실을 알려야 한다.
② 제1항의 경우에 법원사무관등은 제1항에 따른 청구가 있었던 날부터 2주일이 지날 때까지 그 청구절차를 밟은 자에게 같은 항에 따른 비밀 기재 부분의 열람 등을 하게 해서는 아니 된다. 이 경우 그 청구절차를 밟은 자에 대한 비밀유지명령 신청이 그 기간 내에 이루어진 경우에는 그 신청에 대한 재판이 확정되는 시점까지 그 청구절차를 밟은 자에게 제1항에 따른 비밀 기재 부분의 열람 등을 하게 해서는 아니 된다.
③ 제2항은 제1항에 따라 열람 등의 청구를 한 자에게 제1항에 따른 비밀 기재 부분의 열람 등을 하게 하는 것에 대하여 「민사소송법」 제163조제1항에 따라 열람 등의 제한 신청을 한 당사자 모두의 동의가 있는 경우에는 적용되지 아니한다.

제12장 벌 칙

제230조【침해죄】 상표권 또는 전용사용권의 침해행위를 한 자는 7년 이하의 징역 또는 1억원 이하의 벌금에 처한다.
제231조【비밀유지명령 위반죄】 ① 국내외에서 정당한 사유 없이 비밀유지명령을 위반한 자는 5년 이하의 징역 또는 5천만원 이하의 벌금에 처한다.
② 제1항의 죄에 대해서는 비밀유지명령을 신청한 자의 고소가 있어야 공소를 제기할 수 있다.
제232조【위증죄】 ① 이 법에 따라 선서한 증인, 감정인 또는 통역인이 특허심판원에 대하여 거짓의 진술·감정 또는 통역을 하였을 경우에는 5년 이하의 징역 또는 5천만원 이하의 벌금에 처한다.(2017.3.21 본항개정)
② 제1항에 따른 죄를 범한 자가 그 사건의 상표등록여부결정 또는 심결의 확정 전에 자수하였을 경우에는 그 형을 감경하거나 면제할 수 있다.
제233조【거짓 표시의 죄】 제224조를 위반한 자는 3년 이하의 징역 또는 3천만원 이하의 벌금에 처한다.(2017.3.21 본조개정)
제234조【거짓 행위의 죄】 거짓이나 그 밖의 부정한 행위를 하여 상표등록, 지정상품의 추가등록, 존속기간갱신등록, 상품분류전환등록 또는 심결을 받은 자는 3년 이하의 징역 또는 3천만원 이하의 벌금에 처한다.(2017.3.21 본조개정)
제235조【양벌규정】 법인의 대표자나 법인 또는 개인의 대리인, 사용인, 그 밖의 종업원이 그 법인 또는 개인의 업무에 관하여 제230조, 제233조 또는 제234조의 위반행위를 하면 그 행위자를 벌하는 외에 그 법인에는 다음 각 호의 구분에 따른 벌금형을 과(科)하고, 그 개인에게는 해당 조문의 벌금형을 과한다. 다만, 법인 또는 개인이 그 위반행위를 방지하기 위하여 해당 업무에 관하여 상당한 주의와 감독을 게을리하지 아니한 경우에는 그러하지 아니하다.
1. 제230조를 위반한 경우 : 3억원 이하의 벌금
2. 제233조 또는 제234조를 위반한 경우 : 6천만원 이하의 벌금
제236조【몰수】 ① 제230조에 따른 상표권 또는 전용사용권의 침해행위에 제공되거나 그 침해행위로 인하여 생긴 상표·포장 또는 상품(이하 이 항에서 "침해물"이라 한다)과 그 침해물 제작에 주로 사용하기 위하여 제공된 제작 용구 또는 재료는 몰수한다.
② 제1항에도 불구하고 상품이 그 기능 및 외관을 해치지 아니하고 상표 또는 포장과 쉽게 분리될 수 있는 경우에는 그 상품은 몰수하지 아니할 수 있다.
제237조【과태료】 ① 다음 각 호의 어느 하나에 해당하는 자에게는 50만원 이하의 과태료를 부과한다.
1. 제141조제7항에 따라 준용되는 「민사소송법」 제299조제2항 또는 제367조에 따라 선서를 한 사람으로서 특허심판원에 대하여 거짓 진술을 한 사람
2. 특허심판원으로부터 증거조사 또는 증거보전에 관하여 서류나 그 밖의 물건의 제출 또는 제시 명령을 받은 자로서 정당한 이유 없이 그 명령에 따르지 아니한 자
3. 특허심판원으로부터 증인, 감정인 또는 통역인으로 출석이 요구된 사람으로서 정당한 이유 없이 출석요구에 응하지 아니하거나 선서·진술·증언·감정 또는 통역을 거부한 사람
② 제1항에 따른 과태료는 대통령령으로 정하는 바에 따라 특허청장이 부과·징수한다.

부 칙

제1조【시행일】 이 법은 공포 후 6개월이 경과한 날부터 시행한다.

제2조【일반적 적용례】 ① 이 법은 이 법 시행 이후 출원한 상표등록출원부터 적용한다.

② 이 법 중 심판청구에 관한 개정규정은 이 법 시행 이후 심판청구한 경우부터 적용한다. 다만, 제79조제1항 및 제2항의 개정규정은 법률 제13848호 상표법 일부개정법률의 시행일인 2016년 4월 28일 이후에 보정각하결정 또는 거절결정이 취소되거나 취하된 심판청구, 각하결정이 확정된 심판청구, 참가신청이 취하되거나 거부된 심판청구에 대해서도 적용한다.

제3조【절차의 무효에 관한 적용례】 제18조제2항 본문의 개정규정은 이 법 시행 전에 보정명령을 받은 자가 책임질 수 없는 사유로 보정기간을 지키지 못하여 상표에 관한 절차가 무효로 된 경우로서 이 법 시행 당시 그 사유가 소멸한 날부터 2개월이 지나지 아니한 경우에도 적용한다.

제4조【상표등록을 받을 수 없는 상표에 관한 적용례】 제34조제1항의 개정규정(같은 항 제21호의 개정규정은 제외한다)은 이 법 시행 전에 출원된 상표등록출원으로서 이 법 시행 이후 상표등록결정을 하는 경우에도 적용한다.

제5조【출원공고결정 전 보정에 관한 적용례】 제40조제1항의 개정규정은 이 법 시행 전에 출원된 상표등록출원의 경우에도 적용한다.

제6조【상표등록료 납부 또는 보전에 의한 상표등록출원의 회복 등에 관한 적용례】 ① 제77조제1항 각 호 외의 부분 본문의 개정규정은 이 법 시행 전에 출원인 등이 책임질 수 없는 사유로 상표등록료 납부기간 내에 상표등록료를 내지 아니하거나 보전기간 내에 보전하지 아니한 경우로서 이 법 시행 당시 그 사유가 소멸한 날부터 2개월이 지나지 아니한 경우에도 적용한다.

② 제77조제1항 각 호 외의 부분 단서의 개정규정은 이 법 시행 전에 출원인 등이 책임질 수 없는 사유로 상표등록료 납부기간 내에 상표등록료를 내지 아니하거나 보전기간 내에 보전하지 아니한 경우로서 이 법 시행 당시 그 납부기간의 만료일 또는 보전기간의 만료일 중 늦은 날부터 1년이 지나지 아니한 경우에도 적용한다.

제7조【상표권 설정등록의 공고에 관한 적용례】 제82조제3항의 개정규정은 이 법 시행 이후 상표권의 설정등록을 하는 경우부터 적용한다.

제8조【심판청구서 등의 각하에 관한 적용례】 제127조제2항의 개정규정은 이 법 시행 이후 청구되는 심판부터 적용한다.

제9조【일반적 경과조치】 이 법 시행 전에 종전의 규정에 따라 출원된 상표등록출원에 대해서는 종전의 규정에 따른다.

제10조【서비스표에 관한 경과조치】 이 법 시행 당시 종전의 규정에 따라 서비스표로 등록출원되었거나 등록된 경우에 대해서는 제2조제3항, 제3조제4항 및 제44조제1항의 개정규정에도 불구하고 종전의 규정에 따른다.

제11조【금치산자 등에 대한 경과조치】 제4조제1항의 개정규정에 따른 피성년후견인 및 피한정후견인에는 법률 제10429호 민법 일부개정법률 부칙 제2조에 따라 금치산 또는 한정치산 선고의 효력이 유지되는 자가 포함되는 것으로 본다.

제12조【상표등록출원서 제출에 관한 경과조치】 이 법 시행 당시 종전의 규정에 따라 유구분(類區分)을 기재하여 제출된 상표등록출원서는 제36조제1항의 개정규정에 따라 제출된 상표등록출원서로 본다.

제13조【수정정관 등의 제출에 관한 경과조치】 이 법 시행 전에 정관 또는 규약을 수정한 경우에 대해서는 제43조의 개정규정에도 불구하고 종전의 규정에 따른다.

제14조【전문조사기관에 대한 경과조치】 이 법 시행 당시 종전의 규정에 따라 지정된 전문조사기관은 제51조의 개정규정에 따라 지정된 전문기관으로 본다.

제15조【상표등록거절결정 및 거절이유 통지의 사유 등에 관한 경과조치】 ① 이 법 시행 당시 조약당사국에 등록된 상표 또는 이와 유사한 상표로서 그 등록된 상표에 관한 권리를 가진 자의 대리인이나 대표자 또는 상표등록출원일 전 1년 이내에 대리인이나 대표자였던 자가 그 상품에 관한 권리를 가진 자의 동의를 받지 아니하는 등 정당한 이유 없이 그 상표의 지정상품과 동일·유사한 상품을 지정상품으로 상표등록출원한 상표(이하 이 조에서 "해당 상표"이라 한다)에 해당한다는 이유로 등록거절결정 또는 거절이유 통지를 받은 경우에 대해서는 제54조의 개정규정에도 불구하고 종전의 규정에 따른다.

② 이 법 시행 당시 해당 상표가 상표등록된 경우로서 조약당사국에 등록된 상표에 관한 권리를 가진 자가 종전의 규정에 따라 해당 상표의 등록일부터 5년 이내에 취소심판을 청구한 경우에는 제119조제1항의 개정규정에도 불구하고 종전의 규정에 따른다.

제16조【직권보정에 관한 경과조치】 이 법 시행 전에 상표등록출원서에 대하여 직권보정이 이루어진 경우에는 제59조의 개정규정에도 불구하고 종전의 규정에 따른다.

제17조【종전 법률의 개정에 따른 사용권의 효력에 관한 경과조치】 법률 제4210호 상표법개정법률(이하 이 조에서 "같은 법"이라 한다)의 시행일인 1990년 9월 1일 전에 같은 법으로 개정되기 전의 규정(이하 이 조에서 "종전의 규정"이라 한다)에 따라 등록된 사용권의 효력은 종전의 규정에 따른다.

제18조【다른 법률의 개정】 ①~④ ※(해당 법령에 가제정리 하였음)

제19조【다른 법령과의 관계】 이 법 시행 당시 다른 법령에서 종전의 「상표법」의 규정을 인용하고 있는 경우에 이 법 가운데 그에 해당하는 규정이 있을 때에는 종전의 규정을 갈음하여 이 법의 해당 규정을 인용한 것으로 본다.

부 칙 (2019.1.8)

제1조【시행일】 이 법은 공포 후 6개월이 경과한 날부터 시행한다.

제2조【전문기관에 관한 경과조치】 이 법 시행 당시 종전의 규정에 따라 지정된 전문기관은 제51조의 개정규정에 따라 등록한 것으로 본다.

부 칙 (2020.10.20)

제1조【시행일】 이 법은 공포한 날부터 시행한다.

제2조【상표권 또는 전용사용권 침해소송에 관한 적용례】 제110조제7항·제8항 및 제111조의 개정규정은 이 법 시행 후 발생한 위반행위부터 적용한다.

부 칙 (2020.12.22)

제1조【시행일】 이 법은 공포 후 6개월이 경과한 날부터 시행한다.

제2조【손해액의 추정에 관한 적용례】 제110조의 개정규정은 이 법 시행 후 최초로 손해배상이 청구된 경우부터 적용한다.

부 칙 (2021.8.17)

제1조【시행일】 이 법은 공포 후 3개월이 경과한 날부터 시행한다.

제2조【심판사건의 조정위원회 회부에 관한 적용례】 제151조의2의 개정규정은 이 법 시행 당시 심판이 진행 중인 사건에도 적용한다.

부 칙 (2021.10.19)

제1조【시행일】 이 법은 공포 후 6개월이 경과한 날부터 시행한다.

제2조【절차의 무효에 관한 적용례】 제18조제2항의 개정규정은 이 법 시행 전에 보정명령을 받은 자가 정당한 사유로 보정기간을 지키지 못하여 상표에 관한 절차가 무효로 된 경우로서 이 법 시행 당시 그 사유가 소멸한 날부터 2개월이 지나지 아니한 경우에 대해서도 적용한다.

제3조【보정의 각하에 관한 적용례】 제42조제2항의 개정규정은 이 법 시행 이후 보정각하결정의 등본을 송달받은 상표등록출원, 지정상품추가등록출원 또는 상품분류전환등록의 신청부터 적용한다.
제4조【출원의 분할에 관한 적용례】 제45조제3항부터 제5항까지의 개정규정은 이 법 시행 이후 출원한 분할출원부터 적용한다.
제5조【상표등록결정 이후의 직권 재심사에 관한 적용례】 제55조제1항, 제68조의2, 제87조제2항, 제88조제2항, 제210조제2항 및 제212조의 개정규정은 이 법 시행 이후 출원한 상표등록출원, 지정상품추가등록출원 또는 상품분류전환등록의 신청부터 적용한다.
제6조【상표등록료 납부 또는 보전에 의한 상표등록출원의 회복 등에 관한 적용례】 제77조제1항의 개정규정은 이 법 시행 전에 출원인 등이 정당한 사유로 상표등록료 납부기간 내에 상표등록료를 내지 아니하거나 보전기간 내에 보전하지 아니한 경우로서 이 법 시행 당시 그 사유가 소멸한 날부터 2개월이 지나지 아니한 경우에도 적용한다.
제7조【질권행사 등으로 인한 상표권의 이전에 따른 통상사용권에 관한 적용례】 제104조의2의 개정규정은 이 법 시행 이후 상표권을 목적으로 질권이 설정되거나 공유인 상표권의 분할을 청구한 경우부터 적용한다.
제8조【보정각하결정에 대한 심판에 관한 적용례】 제115조의 개정규정은 이 법 시행 이후 보정각하결정의 등본을 송달받은 상표등록출원, 지정상품추가등록출원 또는 상품분류전환등록의 신청부터 적용한다.
제9조【거절결정에 대한 심판에 관한 적용례】 제116조의 개정규정은 이 법 시행 이후 거절결정의 등본을 송달받은 상표등록출원, 지정상품추가등록출원 또는 상품분류전환등록의 신청부터 적용한다.

부 칙 (2022.2.3)

제1조【시행일】 이 법은 공포 후 1년이 경과한 날부터 시행한다. 다만, 제2조제1항제11호나목의 개정규정은 공포 후 6개월이 경과한 날부터 시행한다.
제2조【재심사의 청구 등에 관한 적용례】 제40조제1항, 제41조제1항, 제55조의2, 제88조제2항 및 제212조의 개정규정은 이 법 시행 이후 출원하는 상표등록출원, 지정상품추가등록출원 또는 상품분류전환등록의 신청부터 적용한다.
제3조【상표등록거절결정 등에 관한 적용례】 제54조, 제57조제1항, 제68조, 제87조제1항, 제116조, 제148조제2항, 제191조 및 제193조제1항의 개정규정은 이 법 시행 이후 출원하는 상표등록출원 또는 지정상품추가등록출원부터 적용한다.

부 칙 (2022.10.18)

제1조【시행일】 이 법은 공포한 날부터 시행한다.
제2조【상표등록료 및 수수료의 반환에 관한 적용례】 제79조제3항의 개정규정은 이 법 시행 당시 종전의 규정에 따른 반환청구 기간이 경과하지 아니한 상표등록료와 수수료에 대하여도 적용한다.

부 칙 (2023.9.14)

제1조【시행일】 이 법은 공포 후 6개월이 경과한 날부터 시행한다.
제2조【참고인 의견서의 제출에 관한 적용례】 제141조의2의 개정규정은 이 법 시행 당시 특허심판원에 계속 중인 심판사건에 대하여도 적용한다.

부 칙 (2023.10.31)

제1조【시행일】 이 법은 공포 후 6개월이 경과한 날부터 시행한다.
제2조【상표등록을 받을 수 없는 상표의 예외에 관한 적용례】 제34조제1항제7호 단서 및 제35조제6항의 개정규정은 이 법 시행 전에 출원된 상표등록출원, 변경출원, 분할출원 및 지정상품추가등록출원으로서 이 법 시행 이후 상표등록여부결정을 하는 경우에도 적용한다.
제3조【상표등록을 받을 수 없는 상표에 관한 적용례】 제34조제3항의 개정규정은 이 법 시행 전에 출원된 상표등록출원으로서 이 법 시행 이후 상표등록여부결정을 하는 경우에도 적용한다.
제4조【출원의 변경에 관한 적용례】 제44조제5항부터 제7항까지의 개정규정은 이 법 시행 이후 출원한 변경출원부터 적용한다.
제5조【직권보정에 관한 적용례】 제59조제5항의 개정규정은 이 법 시행 이후 출원공고된 상표등록출원 및 지정상품추가등록출원부터 적용한다.
제6조【상표등록료의 반환에 관한 적용례】 제79조제1항제8호 및 제9호의 개정규정은 이 법 시행 이후 상표권의 전부 또는 일부가 소멸 또는 포기된 경우부터 적용한다.
제7조【상표등록여부결정의 방식에 관한 특례 등의 적용례】 제193조의3 및 제220조의 개정규정은 이 법 시행 이후 상표등록여부결정을 하는 국제상표등록출원부터 적용한다.

부 칙 (2024.2.6)

제1조【시행일】 이 법은 공포 후 6개월이 경과한 날부터 시행한다.(이하 생략)

부 칙 (2025.1.21)

제1조【시행일】 이 법은 공포 후 6개월이 경과한 날부터 시행한다.
제2조【손해배상책임에 관한 적용례】 제110조제7항의 개정규정은 이 법 시행 이후 발생하는 위반행위부터 적용한다.
제3조【상표등록출원 서류 및 부속 서류 열람 기간에 관한 경과조치】 이 법 시행 당시 이미 출원공고된 상표등록출원에 대한 서류 및 부속 서류 열람은 제57조제3항의 개정규정에도 불구하고 종전의 규정에 따른다.
제4조【이의신청 기간에 관한 경과조치】 이 법 시행 당시 이미 출원공고된 상표등록출원에 대한 이의신청은 제60조제1항의 개정규정에도 불구하고 종전의 규정에 따른다.

부정경쟁방지 및 영업비밀보호에 관한 법률(약칭 : 부정경쟁방지법)

(1986년 12월 31일 전개법률 제3897호)

개정
1991.12.31법 4478호
2009. 3.25법 9537호
2011. 6.30법10810호
2013. 7.30법11963호
2016. 1.27법13844호
2016. 2.29법14033호(상표)
2017. 1.17법14530호
2017. 7.26법14839호(정부조직)
2018. 4.17법15580호
2020.10.20법17529호
2021.12. 7법18548호
2024. 2.20법20321호
<중략>
2009.12.30법 9895호
2011.12. 2법11112호
2015. 1.28법13081호
2019. 1. 8법16204호
2020.12.22법17727호
2023. 3.28법19289호

제1장 총 칙

(2007.12.21 본장개정)

제1조【목적】 이 법은 국내에 널리 알려진 타인의 상표·상호(商號) 등을 부정하게 사용하는 등의 부정경쟁행위와 타인의 영업비밀을 침해하는 행위를 방지하여 건전한 거래질서를 유지함을 목적으로 한다.

제2조【정의】 이 법에서 사용하는 용어의 뜻은 다음과 같다.

1. "부정경쟁행위"란 다음 각 목의 어느 하나에 해당하는 행위를 말한다.

가. 다음의 어느 하나에 해당하는 정당한 사유 없이 국내에 널리 인식된 타인의 성명, 상호, 상표, 상품의 용기·포장, 그 밖에 타인의 상품임을 표시한 표지(標識)(이하 이 목에서 "타인의 상품표지"라 한다)와 동일하거나 유사한 것을 사용하거나 이러한 것을 사용한 상품을 판매·반포(頒布) 또는 수입·수출하여 타인의 상품과 혼동하게 하는 행위(2023.3.28 본문개정)

1) 타인의 상품표지가 국내에 널리 인식되기 전부터 그 타인의 상품표지와 동일하거나 유사한 표지를 부정한 목적 없이 계속 사용하는 경우(2023.3.28 신설)

2) 1)에 해당하는 자의 승계인으로서 부정한 목적 없이 계속 사용하는 경우(2023.3.28 신설)

나. 다음의 어느 하나에 해당하는 정당한 사유 없이 국내에 널리 인식된 타인의 성명, 상호, 표장(標章), 그 밖에 타인의 영업임을 표시하는 표지(상품 판매·서비스 제공방법 또는 간판·외관·실내장식 등 영업제공 장소의 전체적인 외관을 포함하며, 이하 이 목에서 "타인의 영업표지"라 한다)와 동일하거나 유사한 것을 사용하여 타인의 영업상의 시설 또는 활동과 혼동하게 하는 행위(2023.3.28 본문개정)

1) 타인의 영업표지가 국내에 널리 인식되기 전부터 그 타인의 영업표지와 동일하거나 유사한 표지를 부정한 목적 없이 계속 사용하는 경우(2023.3.28 신설)

2) 1)에 해당하는 자의 승계인으로서 부정한 목적 없이 계속 사용하는 경우(2023.3.28 신설)

다. 가목 또는 나목의 혼동하게 하는 행위 외에 다음의 어느 하나에 해당하는 정당한 사유 없이 국내에 널리 인식된 타인의 성명, 상호, 상표, 상품의 용기·포장, 그 밖에 타인의 상품 또는 영업임을 표시한 표지(타인의 영업임을 표시하는 표지에 관하여는 상품 판매·서비스 제공방법 또는 간판·외관·실내장식 등 영업제공 장소의 전체적인 외관을 포함한다. 이하 이 목에서 같다)와 동일하거나 유사한 것을 사용하거나 이러한 것을 사용한 상품을 판매·반포 또는 수입·수출하여 타인의 표지의 식별력이나 명성을 손상하는 행위(2023.3.28 본문개정)

1) 타인의 성명, 상호, 상표, 상품의 용기·포장, 그 밖에 타인의 상품 또는 영업임을 표시한 표지가 국내에 널리 인식되기 전부터 그 타인의 표지와 동일하거나 유사한 표지를 부정한 목적 없이 계속 사용하는 경우(2023.3.28 신설)

2) 1)에 해당하는 자의 승계인으로서 부정한 목적 없이 계속 사용하는 경우(2023.3.28 신설)

3) 그 밖에 비상업적 사용 등 대통령령으로 정하는 정당한 사유에 해당하는 경우(2023.3.28 신설)

라. 상품이나 그 광고에 의하여 또는 공중이 알 수 있는 방법으로 거래상의 서류 또는 통신에 거짓의 원산지의 표지를 하거나 이러한 표지를 한 상품을 판매·반포 또는 수입·수출하여 원산지를 오인(誤認)하게 하는 행위

마. 상품이나 그 광고에 의하여 또는 공중이 알 수 있는 방법으로 거래상의 서류 또는 통신에 그 상품이 생산·제조 또는 가공된 지역 외의 곳에서 생산 또는 가공된 듯이 오인하게 하는 표지를 하거나 이러한 표지를 한 상품을 판매·반포 또는 수입·수출하는 행위

바. 타인의 상품을 사칭(詐稱)하거나 상품 또는 그 광고에 상품의 품질, 내용, 제조방법, 용도 또는 수량을 오인하게 하는 선전 또는 표지를 하거나 이러한 방법이나 표지로써 상품을 판매·반포 또는 수입·수출하는 행위

사. 다음의 어느 하나의 나라에 등록된 상표 또는 이와 유사한 상표에 관한 권리를 가진 자의 대리인이나 대표자 또는 그 행위일 전 1년 이내에 대리인이나 대표자이었던 자가 정당한 사유 없이 해당 상표를 그 상표의 지정상품과 동일하거나 유사한 상품에 사용하거나 그 상표를 사용한 상품을 판매·반포 또는 수입·수출하는 행위(2011.12.2 본문개정)

(1) 「공업소유권의 보호를 위한 파리협약」(이하 "파리 협약"이라 한다) 당사국

(2) 세계무역기구 회원국

(3) 「상표법 조약」의 체약국(締約國)

아. 정당한 권원이 없는 자가 다음의 어느 하나의 목적으로 국내에 널리 인식된 타인의 성명, 상호, 상표, 그 밖의 표지와 동일하거나 유사한 도메인이름을 등록·보유·이전 또는 사용하는 행위

(1) 상표 등 표지에 대하여 정당한 권원이 있는 자 또는 제3자에게 판매하거나 대여할 목적

(2) 정당한 권원이 있는 자의 도메인이름의 등록 및 사용을 방해할 목적

(3) 그 밖에 상업적 이익을 얻을 목적

자. 타인이 제작한 상품의 형태(형상·모양·색채·광택 또는 이들을 결합한 것을 말하며, 시제품 또는 상품소개서상의 형태를 포함한다. 이하 같다)를 모방한 상품을 양도·대여 또는 이를 위한 전시를 하거나 수입·수출하는 행위. 다만, 다음의 어느 하나에 해당하는 행위는 제외한다.

(1) 상품의 시제품 제작 등 상품의 형태가 갖추어진 날부터 3년이 지난 상품의 형태를 모방한 상품을 양도·대여 또는 이를 위한 전시를 하거나 수입·수출 하는 행위

(2) 타인이 제작한 상품과 동종의 상품(동종의 상품이 없는 경우에는 그 상품과 기능 및 효용이 동일하거나 유사한 상품을 말한다)이 통상적으로 가지는 형태를 모방한 상품을 양도·대여 또는 이를 위한 전시를 하거나 수입·수출하는 행위

차. 사업제안, 입찰, 공모 등 거래교섭 또는 거래과정에서 경제적 가치를 가지는 타인의 기술적 또는 영업상의 아이디어가 포함된 정보를 그 제공목적에 위반하여 자신 또는 제3자의 영업상 이익을 위하여 부정하게 사용하거나 타인에게 제공하여 사용하게 하는 행위. 다만, 아이디어를 제공받은 자가 제공받을 당시 이미 그 아이디어를 알고 있었거나 그 아이디어가 동종 업계에서 널리 알려진 경우에는 그러하지 아니하다.(2018.4.17 본목신설)

카. 데이터(「데이터 산업진흥 및 이용촉진에 관한 기본법」 제2조제1호에 따른 데이터 중 업(業)으로서 특정인 또는 특정 다수에게 제공되는 것으로, 전자적 방법으로 상당량 축적·관리되는 기술상 또는 영업상의 정보(제2호에 따른 영

업비밀은 제외한다)를 말한다. 이하 같다]를 부정하게 사용하는 행위로서 다음의 어느 하나에 해당하는 행위
(2024.2.20 본문개정)
1) 접근권한이 없는 자가 절취·기망·부정접속 또는 그 밖의 부정한 수단으로 데이터를 취득하거나 그 취득한 데이터를 사용·공개하는 행위
2) 데이터 보유자와의 계약관계 등에 따라 데이터에 접근권한이 있는 자가 부정한 이익을 얻거나 데이터 보유자에게 손해를 입힐 목적으로 그 데이터를 사용·공개하거나 제3자에게 제공하는 행위
3) 1) 또는 2)가 개입된 사실을 알고 데이터를 취득하거나 그 취득한 데이터를 사용·공개하는 행위
4) 정당한 권한 없이 데이터의 보호를 위하여 적용한 기술적 보호조치를 회피·제거 또는 변경(이하 "무력화"라 한다)하는 것을 주된 목적으로 하는 기술·서비스·장치 또는 그 장치의 부품을 제공·수입·수출·제조·양도·대여 또는 전송하거나 이를 양도·대여하기 위하여 전시하는 행위. 다만, 기술적 보호조치의 연구·개발을 위하여 기술적 보호조치를 무력화하는 장치 또는 그 부품을 제조하는 경우에는 그러하지 아니하다.
(2021.12.7 본목신설)
타. 국내에 널리 인식되고 경제적 가치를 가지는 타인의 성명, 초상, 음성, 서명 등 그 타인을 식별할 수 있는 표지를 공정한 상거래 관행이나 경쟁질서에 반하는 방법으로 자신의 영업을 위하여 무단으로 사용함으로써 타인의 경제적 이익을 침해하는 행위(2021.12.7 본목신설)
파. 그 밖에 타인의 상당한 투자나 노력으로 만들어진 성과 등을 공정한 상거래 관행이나 경쟁질서에 반하는 방법으로 자신의 영업을 위하여 무단으로 사용함으로써 타인의 경제적 이익을 침해하는 행위(2013.7.30 본목신설)
2. "영업비밀"이란 공공연히 알려져 있지 아니하고 독립된 경제적 가치를 가지는 것으로서, 비밀로 관리된 생산방법, 판매방법, 그 밖에 영업활동에 유용한 기술상 또는 경영상의 정보를 말한다.(2019.1.8 본호개정)
3. "영업비밀 침해행위"란 다음 각 목의 어느 하나에 해당하는 행위를 말한다.
가. 절취(竊取), 기망(欺罔), 협박, 그 밖의 부정한 수단으로 영업비밀을 취득하는 행위(이하 "부정취득행위"라 한다) 또는 그 취득한 영업비밀을 사용하거나 공개(비밀을 유지하면서 특정인에게 알리는 것을 포함한다. 이하 같다)하는 행위
나. 영업비밀에 대하여 부정취득행위가 개입된 사실을 알거나 중대한 과실로 알지 못하고 그 영업비밀을 취득하는 행위 또는 그 취득한 영업비밀을 사용하거나 공개하는 행위
다. 영업비밀을 취득한 후에 그 영업비밀에 대하여 부정취득행위가 개입된 사실을 알거나 중대한 과실로 알지 못하고 그 영업비밀을 사용하거나 공개하는 행위
라. 계약관계 등에 따라 영업비밀을 비밀로서 유지하여야 할 의무가 있는 자가 부정한 이익을 얻거나 그 영업비밀의 보유자에게 손해를 입힐 목적으로 그 영업비밀을 사용하거나 공개하는 행위
마. 영업비밀이 라목에 따라 공개된 사실 또는 그러한 공개행위가 개입된 사실을 알거나 중대한 과실로 알지 못하고 그 영업비밀을 취득하는 행위 또는 그 취득한 영업비밀을 사용하거나 공개하는 행위
바. 영업비밀을 취득한 후에 그 영업비밀이 라목에 따라 공개된 사실 또는 그러한 공개행위가 개입된 사실을 알거나 중대한 과실로 알지 못하고 그 영업비밀을 사용하거나 공개하는 행위
4. "도메인이름"이란 인터넷상의 숫자로 된 주소에 해당하는 숫자·문자·기호 또는 이들의 결합을 말한다.

판례 투명한 컵 또는 콘에 담긴 소프트 아이스크림 위에 벌집채꿀(벌집 그대로의 상태인 꿀)을 올린 모습을 한 갑 주식회사의 제품이 부정경쟁방지 및 영업비밀보호에 관한 법률(이하 '부정경쟁방지법'이라고 한다) 제2조 제1호 (자)목에 의한 보호대상인지 문제 된 사안에서, 매장 직원이 고객에게서 주문을 받고 즉석에서 만들어 판매하는 제조·판매방식의 특성상 갑 회사의 제품은 개별 제품마다 상품형태가 달라져서 일정한 상품형태를 항상 가지고 있다고 보기 어렵고, '휘감아 올린 소프트 아이스크림 위에 입체 또는 직육면체 모양의 벌집채꿀을 얹은 형태'는 상품의 형태 그 자체가 아니라 개별 제품들의 추상적 특징에 불과하거나 소프트 아이스크림과 토핑으로서의 벌집채꿀을 조합하는 제품의 결합방식 또는 판매방식에 관한 아이디어가 공통된 것에 불과할 뿐이므로, 갑 회사의 제품이 부정경쟁방지법 제2조 제1호 (자)목에 의한 보호대상이 될 수 없다.(대판 2016.10.27, 2015다240454)

판례 뮤지컬은 각본·악곡·가사·안무·무대미술 등이 결합되어 음악과 춤이 극의 구성·전개에 긴밀하게 짜 맞추어진 연극저작물의 일종으로서, 제목은 특별한 사정이 없는 한 해당 뮤지컬의 창작물로서의 명칭 또는 내용을 함축적으로 나타내는 것에 그치고 그 자체가 바로 상품이나 영업의 출처를 표시하는 기능을 가진다고 보기는 어렵다. 그러나 뮤지컬은 제작·공연 등의 영업에 이용되는 저작물이므로, 동일한 제목으로 동일한 각본·악곡·가사·안무·무대미술 등이 이용된 뮤지컬 공연이 회를 거듭하여 계속적으로 이루어지거나 동일한 제목이 이용된 후속 시리즈 뮤지컬이 제작·공연된 경우에는, 공연 기간과 횟수, 관람객의 규모, 광고·홍보의 정도 등 구체적·개별적 사정에 비추어 뮤지컬의 제목이 거래자 또는 수요자에게 해당 뮤지컬의 공연이 갖는 차별적 특징을 표상함으로써 구체적으로 누구인지는 알 수 없다고 하더라도 특정인의 뮤지컬 제작·공연 등의 영업임을 연상시킬 정도로 현저하게 개별화되기에 이르렀다고 보인다면, 뮤지컬의 제목은 단순히 창작물의 내용을 표시하는 명칭에 머무르지 않고 부정경쟁방지 및 영업비밀보호에 관한 법률 제2조 제1호 (나)목에서 정하는 '타인의 영업임을 표시한 표지'에 해당한다.(대판 2015.1.29, 2012다13507)

판례 부정한 이익을 얻거나 기업에 손해를 가할 목적으로 영업비밀을 제3자에게 누설하였거나 이를 사용하였는지 여부가 문제되는 부정경쟁방지 및 영업비밀보호에 관한 법률 위반 사건의 공소사실에 '영업비밀'이라고 주장된 정보가 상세하게 기재되어 있지 않다고 하더라도, 다른 정보와 구별될 수 있고 그와 함께 적시된 다른 사항들에 의하여 어떤 내용에 관한 정보인지 알 수 있으며, 또한 피고인의 방어권 행사에도 지장이 없다면, 그 공소제기의 효력에는 영향이 없다.
(대판 2009.7.9, 2006도7916)

판례 "타인의 영업상의 시설 또는 활동과 혼동을 하게 한다"는 것은 영업표지 자체가 동일하다고 오인하게 하는 경우뿐만 아니라 국내에 널리 인식된 타인의 영업표지와 동일 또는 유사한 표지를 사용함으로써 일반수요자나 거래자로 하여금 당해 영업표지의 주체와 동일·유사한 표지의 사용자 간에 자본, 조직 등에 밀접한 관계가 있다고 잘못 믿게 하는 경우도 포함한다. 그리고 그와 같이 타인의 영업표지와 혼동을 하게 하는 행위에 해당하는지 여부는 영업표지의 주지성, 식별력의 정도, 표지의 유사 정도, 영업 실태, 고객층의 중복 등으로 인한 경업·경합관계의 존부 그리고 모방자의 악의(사용의도) 유무 등을 종합하여 판단하여야 한다.(대판 2009.4.23, 2007다4899)

판례 상품의 형태는 디자인권이나 특허권 등에 의하여 보호되지 않는 한 원칙적으로 이를 모방하여 제작하는 것이 허용되며, 다만 예외적으로 어떤 상품의 형태가 2차적으로 상품출처표시기능을 획득하고 나아가 주지성까지 획득하는 경우에는 부정경쟁방지 및 영업비밀보호에 관한 법률 제2조 제1호 (가)목 소정의 "기타 타인의 상품임을 표시한 표지"에 해당하여 같은 법에 의한 보호를 받을 수 있다. 그리고 이 때 상품의 형태가 출처표시기능을 가지고 아울러 주지성을 획득하기 위해서는, 상품의 형태가 다른 유사상품과 비교하여, 수요자의 감각에 강하게 호소하는 독특한 디자인적 특징을 가지고 있어야 하고, 일반수요자가 일견하여 특정의 영업주체의 상품이라는 것을 인식할 수 있는 정도의 식별력을 갖추고 있어야 하며, 나아가 당해 상품의 형태가 장기간에 걸쳐 특정의 영업주체의 상품으로 계속적·독점적·배타적으로 사용되거나, 또는 단기간이라도 강력한 선전·광고가 이루어짐으로써 그 상품형태가 갖는 차별적 특징이 거래자 또는 일반수요자에게 특정 출처의 상품임을 연상시킬 정도로 현저하게 개별화된 정도에 이르러야 한다.
(대판 2007.7.13, 2006도1157)

판례 상품표지의 유사 여부에 대한 판단 방법 : 영업비밀보호에 관한 법률 제2조 제1호 (가)목 소정의 상품표지의 유사 여부는 동종의 상품에 사용되는 두 개의 상품표지를 외관, 호칭, 관념 등의 점에서 전체적·객관적·이격적으로 관찰하여 구체적인 거래실정상 일반 수요자나 거래자가 상품표지에 대하여 느끼는 인식을 기준으로 하여 그 상품의 출처에 대한 오인·혼동의 우려가 있는지의 여부에 의하여 판별되어야 한다.(대판 2006.1.26, 2003도3906)

판례 상품의 생산, 제조, 가공 지역의 오인을 일으키게 하는 표지의 의미 : '상품의 생산, 제조, 가공 지역의 오인을 일으킨다' 함은 거래 상대방이 실제로 오인에 이를 것을 요하는 것이 아니라 일반적인 거래자 즉 평균인의 주의력을 기준으로 거래관념상 사실과 다르게 이해될 위험성이 있음을 뜻하며, 이러한 오인을 일으키는 표지에는 직접적으로 상품에 관하여 허위 표시를 하는 것은 물론, 간접적으로 상품에 관하여 위와 같은 오인을 일으킬만한 암시적인 표시를 하는 것도 포함된다. 따라서 '초당'이란 이름은 바닷물을 직접 간수로 사용하여 특별한 맛을 지닌 두부를 생산하는 지역의 명칭에 해당한다.
(대판 2006.1.26, 2004도5124)

판례 캐릭터가 상품화되어 '국내에 널리 인식된 타인의 상품임을 표시한 표지'가 되기 위한 요건 : 캐릭터가 상품화되어 부정경쟁방지및영업비밀보호에관한법률 제2조 제1호 (가)목에 해당되기 위해서는 캐릭터 자체가 국내에 널리 알려져 있는 것만으로는 부족하고, 그 캐릭터에 대한 상품화 사업이 이루어지고 이에 대한 지속적인 선전, 광고 및 품질

관리 등으로 그 캐릭터가 이를 상품화할 수 있는 권리를 가진 자의 상품표지이거나 위 상품화권자와 그로부터 상품화 계약에 따라 캐릭터사용허락을 받은 사용권자 및 재사용권자 등 그 캐릭터에 관한 상품화 사업을 영위하는 집단(group)의 상품표지로서 수요자들에게 널리 인식되어 있을 것을 요한다.(대판 2005.4.29, 2005도70)

판례 동조 제2호에 정한 영업비밀의 내용 중 '공연히 알려져 있지 아니하고'의 의미 : 여기서 '공연히 알려져 있지 아니하고'라 함은 그 정보가 간행물 등의 매체에 실리는 등 불특정 다수인에게 알려져 있지 않기 때문에 보유자를 통하지 아니하고는 그 정보를 통상 입수할 수 없는 것을 말하고, 보유자가 비밀로서 관리하고 있다고 하더라도 당해 정보의 내용이 이미 일반적으로 알려져 있을 때에는 영업비밀이라고 할 수 없다.(대판 2004.9.23, 2002다60610)

판례 도메인 이름의 상품출처표시 기능을 부정한 예 : 도메인 이름은 원래 인터넷상에 서로 연결되어 존재하는 컴퓨터 및 통신장비가 인식하도록 만들어진 인터넷 프로토콜 주소(IP 주소)를 사람들이 인식·기억하기 쉽도록 숫자·문자·기호 또는 이들을 결합하여 만든 것으로, 상품이나 영업의 표지로서 사용할 목적으로 한 것이 아니었으므로, 특정한 도메인 이름으로 웹사이트를 개설하여 제품을 판매하는 영업을 하면서 그 웹사이트에서 취급하는 제품에 독자적인 상표를 부착·사용하고 있는 경우에는 특단의 사정이 없는 한 그 도메인 이름이 일반인들을 그 도메인 이름으로 운영하는 웹사이트로 유인하는 역할을 한다고 하더라도, 도메인 이름 자체가 곧바로 상품의 출처표시로서 기능한다고 할 수는 없다.(대판 2004.5.14, 2002다13782)

판례 상품의 형태나 모양이 '타인의 상품임을 표시한 표지'에 해당하기 위한 요건 : 일반적으로 상품의 형태나 모양은 상품의 출처를 표시하는 기능을 가진 것은 아니지만, 상품에 독특한 개성을 부여하는 수단으로 사용되고 장기간 계속적·독점적·배타적으로 사용되거나 지속적인 선전광고 등에 의하여 그것이 갖는 차별적 특징이 거래자 또는 수요자에게 특정한 출처의 상품임을 연상시킬 정도로 현저하게 개별화되기에 이른 경우에는 '타인의 상품임을 표시한 표지(標識)'에 해당된다.(대판 2002.2.8, 2000다67839)

판례 가짜 상표가 새겨진 상품들을 고객들에게 계속 판매하도록 방치한 것은 작위에 의하여 점주의 상표법위반 및 부정경쟁방지법위반 행위의 실행을 용이하게 하는 경우와 동등한 형법적 가치가 있는 것으로 볼 수 있으므로, 백화점 직원인 피고인은 부작위에 의하여 공동피고인인 점주의 상표법위반 및 부정경쟁방지법위반 행위를 방조하였다고 인정할 수 있다.(대판 1997.3.14, 96도1639)

판례 '부정한 수단'이라 함은 절취·기망·협박 등 형법상의 범죄를 구성하는 행위뿐만 아니라 비밀유지의무의 위반 또는 그 위반의 유인(誘引) 등 건전한 거래질서의 유지 내지 공정한 경쟁의 이념에 비추어 위에 열거된 행위에 준하는 선량한 풍속 기타 사회질서에 반하는 일체의 행위나 수단을 말한다.(대판 1996.12.23, 96다16605)

판례 '계약관계 등에 의하여 영업비밀로서 유지할 의무'라 함은 계약관계 존속 중은 물론 종료 후라도 또한 반드시 명시적으로 계약에 의하여 비밀유지의무를 부담하기로 약정한 경우뿐만 아니라 인적 신뢰관계의 특성 등에 비추어 신의칙상 또는 묵시적으로 그러한 의무를 부담하기로 약정하였다고 보아야 할 경우를 포함한다.
(대판 1996.12.23, 96다16605)

제2조의2【기본계획의 수립】 ① 특허청장은 부정경쟁방지 및 영업비밀보호(이하 "부정경쟁방지등"이라 한다)를 위하여 5년마다 관계 중앙행정기관의 장과 협의를 거쳐 부정경쟁방지등에 관한 기본계획(이하 "기본계획"이라 한다)을 세워야 한다.
② 기본계획에는 다음 각 호의 사항이 포함되어야 한다.
1. 부정경쟁방지등을 위한 기본목표 및 추진방향
2. 이전의 부정경쟁방지등에 관한 기본계획의 분석평가
3. 부정경쟁방지등과 관련된 국내외 여건 변화 및 전망
4. 부정경쟁방지등과 관련된 분쟁현황 및 대응
5. 부정경쟁방지등과 관련된 제도 및 법령의 개선
6. 부정경쟁방지등과 관련된 국가·지방자치단체 및 민간의 협력사항
7. 부정경쟁방지등과 관련된 국제협력
8. 그 밖에 부정경쟁방지등을 위하여 필요한 사항
③ 특허청장은 기본계획을 세우기 위하여 필요하다고 인정하는 경우에는 관계 중앙행정기관의 장에게 필요한 자료의 제출을 요청할 수 있다. 이 경우 자료의 제출을 요청받은 관계 중앙행정기관의 장은 특별한 사정이 없으면 요청에 따라야 한다.
④ 특허청장은 기본계획을 관계 중앙행정기관의 장과 특별시장·광역시장·특별자치시장·도지사·특별자치도지사(이하 "시·도지사"라 한다)에게 알려야 한다.
(2020.10.20 본조신설)

제2조의3【시행계획의 수립 등】 ① 특허청장은 기본계획을 실천하기 위한 세부계획(이하 "시행계획"이라 한다)을 매년 수립·시행하여야 한다.
② 특허청장은 시행계획의 수립·시행과 관련하여 필요한 경우 국가기관, 지방자치단체, 「공공기관의 운영에 관한 법률」에 따른 공공기관, 그 밖에 법률에 따라 설립된 특수법인 등 관련 기관의 장에게 협조를 요청할 수 있다.
(2020.10.20 본조신설)

제2조의4【실태조사】 ① 특허청장은 기본계획 및 시행계획의 수립·시행을 위한 기초자료를 확보하기 위하여 실태조사를 매년 실시하여야 한다. 다만, 특허청장이 필요하다고 인정하는 경우에는 수시로 실태조사를 할 수 있다.
② 특허청장은 관계 중앙행정기관의 장과 「기술의 이전 및 사업화 촉진에 관한 법률」에 따른 공공연구기관의 장에게 제1항에 따른 실태조사에 필요한 자료의 제출을 요청할 수 있다. 이 경우 자료 제출을 요청받은 기관의 장은 기업의 경영·영업상 비밀의 유지 등 대통령령으로 정하는 특별한 사유가 있는 경우를 제외하고는 이에 협조하여야 한다.
③ 제1항에 따른 실태조사를 하는 경우 실태조사에서의 구체적인 자료 작성의 범위 등에 관하여는 대통령령으로 정한다.
(2020.10.20 본조신설)

제2조의5【부정경쟁방지 및 영업비밀보호 사업】 특허청장은 부정경쟁행위의 방지 및 영업비밀보호를 위하여 연구·교육·홍보 등 기반구축, 부정경쟁방지를 위한 정보관리시스템 구축 및 운영, 그 밖에 대통령령으로 정하는 사업을 할 수 있다.
(2020.10.20 본조개정)

제2장 부정경쟁행위의 금지 등
(2007.12.21 본장개정)

제3조【국기·국장 등의 사용 금지】 ① 파리협약 당사국, 세계무역기구 회원국 또는 「상표법 조약」 체약국의 국기·국장(國章), 그 밖의 휘장이나 국제기구의 표지와 동일하거나 유사한 것은 상표로 사용할 수 없다. 다만, 해당 국가 또는 국제기구의 허락을 받은 경우에는 그러하지 아니하다.
② 파리협약 당사국, 세계무역기구 회원국 또는 「상표법 조약」 체약국 정부의 감독용 또는 증명용 표지와 동일하거나 유사한 것은 상표로 사용할 수 없다. 다만, 해당 정부의 허락을 받은 경우에는 그러하지 아니하다.

제3조의2【자유무역협정에 따라 보호하는 지리적 표시의 사용금지 등】 ① 정당한 권원이 없는 자는 대한민국이 외국과 양자간(兩者間) 또는 다자간(多者間)으로 체결하여 발효된 자유무역협정에 따라 보호하는 지리적 표시(이하 이 조에서 "지리적 표시"라 한다)에 대하여는 제2조제1호라목 및 마목의 부정경쟁행위 이외에도 지리적 표시에 나타난 장소를 원산지로 하지 아니하는 상품(지리적 표시를 사용하는 상품과 동일하거나 동일하다고 인식되는 상품으로 한정한다)에 관하여 다음 각 호의 행위를 할 수 없다.
1. 진정한 원산지 표시 이외에 별도로 지리적 표시를 사용하는 행위
2. 지리적 표시를 번역 또는 음역하여 사용하는 행위
3. "종류", "유형", "양식" 또는 "모조품" 등의 표현을 수반하여 지리적 표시를 사용하는 행위
② 정당한 권원이 없는 자는 다음 각 호의 행위를 할 수 없다.
1. 제1항 각 호에 해당하는 방식으로 지리적 표시를 사용한 상품을 양도·인도 또는 이를 위하여 전시하거나 수입·수출하는 행위
2. 제2조제1호라목 또는 마목에 해당하는 방식으로 지리적 표시를 사용한 상품을 인도하거나 이를 위하여 전시하는 행위
③ 제1항 각 호에 해당하는 방식으로 상표를 사용하는 자로서 다음 각 호의 요건을 모두 갖춘 자는 제1항에도 불구하고 해당 상표를 그 사용하는 상품에 계속 사용할 수 있다.
1. 국내에서 지리적 표시의 보호개시일 이전부터 해당 상표를 사용하고 있을 것
2. 제1호에 따라 상표를 사용한 결과 해당 지리적 표시의 보호개시일에 국내 수요자 간에 그 상표가 특정인의 상품을 표시하는 것이라고 인식되어 있을 것
(2011.6.30 본조신설)

제3조의3 【오인 · 혼동방지청구】 제2조제1호가목 또는 나목의 타인은 다음 각 호의 어느 하나에 해당하는 자에게 그의 상품 또는 영업과 자기의 상품 또는 영업 간에 출처의 오인이나 혼동을 방지하는 데 필요한 표시를 할 것을 청구할 수 있다.
1. 제2조제1호가목1) 또는 2)에 해당하는 자
2. 제2조제1호나목1) 또는 2)에 해당하는 자
(2023.3.28 본조신설)

제4조 【부정경쟁행위 등의 금지청구권 등】 ① 부정경쟁행위나 제3조의2제1항 또는 제2항을 위반하는 행위로 자신의 영업상의 이익이 침해되거나 침해될 우려가 있는 자는 부정경쟁행위나 제3조의2제1항 또는 제2항을 위반하는 행위를 하거나 하려는 자에 대하여 법원에 그 행위의 금지 또는 예방을 청구할 수 있다.(2011.6.30 본항개정)
② 제1항에 따른 청구를 할 때에는 다음 각 호의 조치를 함께 청구할 수 있다.
1. 부정경쟁행위나 제3조의2제1항 또는 제2항을 위반하는 행위를 조성한 물건의 폐기
2. 부정경쟁행위나 제3조의2제1항 또는 제2항을 위반하는 행위에 제공된 설비의 제거
3. 부정경쟁행위나 제3조의2제1항 또는 제2항을 위반하는 행위의 대상이 된 도메인이름의 등록말소
4. 그 밖에 부정경쟁행위나 제3조의2제1항 또는 제2항을 위반하는 행위의 금지 또는 예방을 위하여 필요한 조치
(2011.6.30 1호~4호개정)
③ 제1항에 따라 제2조제1호차목의 부정경쟁행위의 금지 또는 예방을 청구할 수 있는 권리는 그 부정경쟁행위가 계속되는 경우에 영업상의 이익이 침해되거나 침해될 우려가 있는 자가 그 부정경쟁행위에 의하여 영업상의 이익이 침해되거나 침해될 우려가 있다는 사실 및 그 부정경쟁행위를 한 자를 안 날부터 3년간 행사하지 아니하면 시효의 완성으로 소멸한다. 그 부정경쟁행위가 시작된 날부터 10년이 지난 때에도 또한 같다.
(2023.3.28 본항신설)
(2011.6.30 본조제목개정)

판례 삼성전자에 납품하는 휴대전화용 방수 점착제를 생산하는 협력업체에 근무하던 사람이 재직 당시 자신의 휴대전화로 해당 제품의 제조방법을 찍어뒀다가 이직한 회사에서 활용했다면 영업비밀 누설행위로 봐야 한다. 각 제조방법은 해당 근로자가 전 직장에 근무하던 시기에 비밀정보로 고지되어 비밀유지의무가 부과되었다. 그 의무는 퇴직 후에도 상당한 기간 동안 유지된다. 해당 제조방법이 전 직장의 영업비밀에 해당한다면 퇴직한 이후에는 해당 회사의 허락 없이 제조방법을 사용하거나 누설하는 것이 허용되지 않는다는 사정을 미필적이나마 인식했다고 보아야 한다.(대판 2024.5.30, 2022도14320)

제5조 【부정경쟁행위 등에 대한 손해배상책임】 고의 또는 과실에 의한 부정경쟁행위나 제3조의2제1항 또는 제2항을 위반한 행위(제2조제1호다목의 경우에는 고의에 의한 부정경쟁행위만을 말한다)로 타인의 영업상 이익을 침해하여 손해를 입힌 자는 그 손해를 배상할 책임을 진다.(2011.6.30 본조개정)

제6조 【부정경쟁행위 등으로 실추된 신용의 회복】 법원은 고의 또는 과실에 의한 부정경쟁행위나 제3조의2제1항 또는 제2항을 위반한 행위(제2조제1호다목의 경우에는 고의에 의한 부정경쟁행위만을 말한다)로 타인의 영업상의 신용을 실추시킨 자에게는 부정경쟁행위나 제3조의2제1항 또는 제2항을 위반한 행위로 인하여 자신의 영업상의 이익이 침해된 자의 청구에 의하여 제5조에 따른 손해배상을 갈음하거나 손해배상과 함께 영업상의 신용을 회복하는 데에 필요한 조치를 명할 수 있다.
(2011.6.30 본조개정)

제7조 【부정경쟁행위 등의 조사 등】 ① 특허청장, 시 · 도지사 또는 시장 · 군수 · 구청장(자치구의 구청장을 말한다. 이하 같다)은 제2조제1호(아목과 파목은 제외한다)의 부정경쟁행위나 제3조, 제3조의2제1항 또는 제2항을 위반한 행위를 확인하기 위하여 필요한 경우로서 다른 방법으로는 그 행위 여부를 확인하기 곤란한 경우에는 관계 공무원에게 영업시설 또는 제조시설에 출입하여 관계 자료나 제품 등을 조사하게 하거나 조사에 필요한 최소분량의 제품을 수거하여 검사하게 할 수 있다.
(2023.3.28 본항개정)
② 특허청장, 시 · 도지사 또는 시장 · 군수 · 구청장이 제1항에 따른 조사를 할 때에는 「행정조사기본법」 제15조에 따라 그 조사가 중복되지 아니하도록 하여야 한다.(2011.6.30 본항신설)
③ 특허청장, 시 · 도지사 또는 시장 · 군수 · 구청장은 제1항에 따른 조사 진행 중에 조사대상자에 대하여 조사대상과 동일한 사안으로 「발명진흥법」 제43조에 따른 분쟁의 조정(이하 "분쟁조정"이라 한다)이 계속 중인 사실을 알게 된 경우, 양 당사자의 의사를 고려하여 그 조사를 중지할 수 있다.(2020.10.20 본항신설)
④ 특허청장, 시 · 도지사 또는 시장 · 군수 · 구청장은 분쟁조정이 성립된 경우에는 그 조사를 종결할 수 있다.(2020.10.20 본항신설)
⑤ 제1항에 따라 조사 등을 하는 공무원은 그 권한을 표시하는 증표를 지니고 이를 관계인에게 내보여야 한다.
⑥ 그 밖에 부정경쟁행위 등의 조사절차 등에 관하여 필요한 사항은 대통령령으로 정한다.(2020.10.20 본항신설)
(2011.6.30 본조제목개정)

제7조의2 【자료열람요구 등】 ① 제7조에 따른 조사의 양 당사자 또는 대리인 등 대통령령으로 정하는 자는 특허청장, 시 · 도지사 또는 시장 · 군수 · 구청장에게 제7조에 따른 조사와 관련된 자료의 열람 또는 복사를 요구할 수 있다. 이 경우 특허청장, 시 · 도지사 또는 시장 · 군수 · 구청장은 다음 각 호의 어느 하나에 해당하는 자료를 제외하고는 이에 따라야 한다.
1. 제2조제2호에 따른 영업비밀
2. 그 밖에 다른 법률에 따른 비공개자료
② 제1항에 따른 열람 또는 복사의 절차, 방법 및 그 밖에 필요한 사항은 대통령령으로 정한다.
(2024.2.20 본조신설)

제8조 【위반행위의 시정권고 등】 ① 특허청장은 제2조제1호(아목과 파목은 제외한다)의 부정경쟁행위나 제3조, 제3조의2제1항 또는 제2항을 위반한 행위가 있다고 인정되면 그 위반행위를 한 자에게 30일 이내의 기간을 정하여 위반행위의 중지, 표지 등의 제거나 수정, 향후 재발 방지, 그 밖에 시정에 필요한 사항을 권고하거나 시정을 명할 수 있다.(2024.2.20 본항신설)
② 특허청장은 위반행위를 한 자가 제1항에 따른 시정권고나 시정명령을 이행하지 아니한 때에는 위반행위의 내용 및 시정권고나 시정명령 사실 등을 공표할 수 있다.
③ 제1항에 따른 시정권고나 시정명령 및 제2항에 따른 공표의 절차 및 방법 등에 관하여 필요한 사항은 대통령령으로 정한다.
④ 시 · 도지사 또는 시장 · 군수 · 구청장은 제2조제1호(아목과 파목은 제외한다)의 부정경쟁행위나 제3조, 제3조의2제1항 또는 제2항을 위반한 행위가 있다고 인정되면 그 위반행위를 한 자에게 30일 이내의 기간을 정하여 위반행위의 중지, 표지 등의 제거나 수정, 향후 재발 방지, 그 밖에 시정에 필요한 권고를 할 수 있으며, 위반행위를 한 자가 시정권고를 이행하지 아니한 때에는 위반행위의 내용 및 시정권고 사실 등을 공표할 수 있다. 이 경우 시정권고 또는 공표의 절차 및 방법 등에 관하여는 제3항을 준용한다.
⑤ 시 · 도지사 또는 시장 · 군수 · 구청장은 위반행위를 한 자가 제4항에 따른 시정권고를 이행하지 아니한 때에는 특허청장에게 제1항에 따른 시정명령을 하여줄 것을 요청할 수 있다.
(2024.2.20 본항신설)
(2024.2.20 본조개정)

제9조 【의견청취】 특허청장, 시 · 도지사 또는 시장 · 군수 · 구청장은 제8조에 따른 시정권고, 시정명령 및 공표를 하기 위하여 필요하다고 인정하면 대통령령으로 정하는 바에 따라 당사자 · 이해관계인 또는 참고인의 의견을 들어야 한다.
(2024.2.20 본조개정)

제3장 영업비밀의 보호
(2007.12.21 본장개정)

제9조의2 【영업비밀 원본 증명】 ① 영업비밀 보유자는 영업비밀이 포함된 전자문서의 원본 여부를 증명받기 위하여 제9조의3에 따른 영업비밀 원본증명기관에 그 전자문서로부터 추

출된 고유의 식별값[이하 "전자지문"(電子指紋)이라 한다]을 등록할 수 있다.
② 제9조의3에 따른 영업비밀 원본증명기관은 제1항에 따라 등록된 전자지문과 영업비밀 보유자가 보관하고 있는 전자문서로부터 추출된 전자지문이 같은 경우에는 그 전자문서가 전자지문으로 등록된 원본임을 증명하는 증명서(이하 "원본증명서"라 한다)를 발급할 수 있다.
③ 제2항에 따라 원본증명서를 발급받은 자는 제1항에 따른 전자지문의 등록 당시에 해당 전자문서의 기재 내용대로 정보를 보유한 것으로 추정한다.(2015.1.28 본항신설)
(2013.7.30 본조신설)

제9조의3【원본증명기관의 지정 등】 ① 특허청장은 전자지문을 이용하여 영업비밀이 포함된 전자문서의 원본 여부를 증명하는 업무(이하 "원본증명업무"라 한다)에 관하여 전문성이 있는 자를 중소벤처기업부장관과 협의하여 영업비밀 원본증명기관(이하 "원본증명기관"이라 한다)으로 지정할 수 있다.
(2017.7.26 본항개정)
② 원본증명기관으로 지정을 받으려는 자는 대통령령으로 정하는 전문인력과 설비 등의 요건을 갖추어 특허청장에게 지정을 신청하여야 한다.
③ 특허청장은 원본증명기관에 대하여 원본증명업무를 수행하는 데 필요한 비용의 전부 또는 일부를 보조할 수 있다.
④ 원본증명기관은 원본증명업무의 안전성과 신뢰성을 확보하기 위하여 다음 각 호에 관하여 대통령령으로 정하는 사항을 지켜야 한다.
1. 전자지문의 추출·등록 및 보관
2. 영업비밀 원본 증명 및 원본증명서의 발급
3. 원본증명업무에 필요한 전문인력의 관리 및 설비의 보호
4. 그 밖에 원본증명업무의 운영·관리 등
⑤ 원본증명기관 지정의 기준 및 절차에 필요한 사항은 대통령령으로 정한다.
(2013.7.30 본조신설)

제9조의4【원본증명기관에 대한 시정명령 등】 ① 특허청장은 원본증명기관이 다음 각 호의 어느 하나에 해당하는 경우에는 6개월 이내의 기간을 정하여 그 시정을 명할 수 있다.
1. 원본증명기관으로 지정을 받은 후 제9조의3제2항에 따른 요건에 맞지 아니하게 된 경우
2. 제9조의3제4항에 따라 대통령령으로 정하는 사항을 지키지 아니한 경우
② 특허청장은 원본증명기관이 제9조의3제3항에 따른 보조금을 다른 목적으로 사용한 경우에는 기간을 정하여 그 반환을 명하여야 한다.(2023.3.28 본항개정)
③ 특허청장은 원본증명기관이 다음 각 호의 어느 하나에 해당하는 경우에는 그 지정을 취소하거나 6개월 이내의 기간을 정하여 원본증명업무의 전부 또는 일부의 정지를 명할 수 있다. 다만, 제1호 또는 제2호에 해당하는 경우에는 그 지정을 취소하여야 한다.
1. 거짓이나 그 밖의 부정한 방법으로 지정을 받은 경우
2. 원본증명업무의 전부 또는 일부의 정지명령을 받은 자가 그 명령을 위반하여 원본증명업무를 한 경우
3. 정당한 이유 없이 원본증명기관으로 지정받은 날부터 6개월 이내에 원본증명업무를 시작하지 아니하거나 6개월 이상 계속하여 원본증명업무를 중단한 경우
4. 제1항에 따른 시정명령을 정당한 이유 없이 이행하지 아니한 경우
5. 제2항에 따른 보조금 반환명령을 이행하지 아니한 경우
④ 제3항에 따라 지정이 취소된 원본증명기관은 지정이 취소된 날부터 3개월 이내에 등록된 전자지문이나 그 밖에 전자지문의 등록에 관한 기록 등 원본증명업무에 관한 기록을 특허청장이 지정하는 다른 원본증명기관에 인계하여야 한다. 다만, 다른 원본증명기관이 인수를 거부하는 등 부득이한 사유로 원본증명업무에 관한 기록을 인계할 수 없는 경우에는 그 사실을 특허청장에게 지체 없이 알려야 한다.
⑤ 특허청장은 제3항에 따라 지정이 취소된 원본증명기관이 제4항을 위반하여 원본증명업무에 관한 기록을 인계하지 아니하거나 그 기록을 인계할 수 없는 사실을 알리지 아니한 경우에는 6개월 이내의 기간을 정하여 그 시정을 명할 수 있다.
⑥ 제3항에 따른 처분의 세부 기준 및 절차, 제4항에 따른 인계·인수에 필요한 사항은 대통령령으로 정한다.
(2013.7.30 본조신설)

제9조의5【과징금】 ① 특허청장은 제9조의4제3항에 따라 업무정지를 명하여야 하는 경우로서 그 업무정지가 원본증명기관을 이용하는 자에게 심한 불편을 주거나 공익을 해칠 우려가 있는 경우에는 업무정지명령을 갈음하여 1억원 이하의 과징금을 부과할 수 있다.
② 특허청장은 제1항에 따라 과징금 부과처분을 받은 자가 기한 내에 과징금을 납부하지 아니하는 경우에는 국세 체납처분의 예에 따라 징수한다.
③ 제1항에 따라 과징금을 부과하는 위반행위의 종류·정도 등에 따른 과징금의 금액 및 산정방법, 그 밖에 필요한 사항은 대통령령으로 정한다.
(2013.7.30 본조신설)

제9조의6【청문】 특허청장은 제9조의4제3항에 따라 지정을 취소하거나 업무정지를 명하려면 청문을 하여야 한다.
(2013.7.30 본조신설)

제9조의7【비밀유지 등】 ① 누구든지 원본증명기관에 등록된 전자지문이나 그 밖의 관련 정보를 없애거나 훼손·변경·위조 또는 유출하여서는 아니 된다.
② 원본증명기관의 임직원이거나 임직원이었던 사람은 직무상 알게 된 비밀을 누설하여서는 아니 된다.
(2013.7.30 본조신설)

제9조의8【영업비밀 훼손 등의 금지】 누구든지 정당한 권한 없이 또는 허용된 권한을 넘어 타인의 영업비밀을 훼손·멸실·변경하여서는 아니 된다.(2024.2.20 본조신설)

제10조【영업비밀 침해행위에 대한 금지청구권 등】 ① 영업비밀의 보유자는 영업비밀 침해행위를 하거나 하려는 자에 대하여 그 행위에 의하여 영업상의 이익이 침해되거나 침해될 우려가 있는 경우에는 법원에 그 행위의 금지 또는 예방을 청구할 수 있다.
② 영업비밀 보유자가 제1항에 따른 청구를 할 때에는 침해행위를 조성한 물건의 폐기, 침해행위에 제공된 설비의 제거, 그 밖에 침해행위의 금지 또는 예방을 위하여 필요한 조치를 함께 청구할 수 있다.

판례 근로자가 전직한 회사에서 영업비밀과 관련된 업무에 종사하는 것을 금지하지 않고서는 회사의 영업비밀을 보호할 수 없다고 인정되는 경우에는 구체적인 전직금지약정이 없다고 하더라도 동조 제1항에 의한 침해행위의 금지 또는 예방 및 이를 위하여 필요한 조치 중의 한 가지로서 근로자로 하여금 전직한 회사에서 영업비밀과 관련된 업무에 종사하는 것을 금지하도록 하는 조치를 취할 수 있다.
(대결 2003.7.16, 2002마4380)

판례 [1] 타 회사에 스카우트되어 전 직장에서 취득한 영업비밀이 담긴 노트를 이용하여 영업비밀 침해행위를 하고 있다면 그 노트는 부정경쟁방지법 제10조제2항 소정의 '침해행위를 조성한 물건'에 해당하며, 영업비밀 침해행위가 계속될 염려가 있다면 그 노트에 대한 폐기를 명할 수 있다.
[2] 영업비밀의 '침해행위를 조성한 물건'에 대한 폐기는 그 현존 여부를 밝힌 다음 그 소유자나 처분권한이 있는 자에게 명하여야 한다.
(대판 1996.12.23, 96다16605)

제11조【영업비밀 침해에 대한 손해배상책임】 고의 또는 과실에 의한 영업비밀 침해행위로 영업비밀 보유자의 영업상 이익을 침해하여 손해를 입힌 자는 그 손해를 배상할 책임을 진다.

제12조【영업비밀 보유자의 신용회복】 법원은 고의 또는 과실에 의한 영업비밀 침해행위로 영업비밀 보유자의 영업상의 신용을 실추시킨 자에게는 영업비밀 보유자의 청구에 의하여 제11조에 따른 손해배상을 갈음하거나 손해배상과 함께 영업상의 신용을 회복하는 데에 필요한 조치를 명할 수 있다.

제13조【영업비밀 침해 선의자에 관한 특례】 ① 거래에 의하여 영업비밀을 정당하게 취득한 자가 그 거래에 의하여 허용된 범위에서 그 영업비밀을 사용하거나 공개하는 행위에 대하여는 제10조부터 제12조까지의 규정을 적용하지 아니한다.

② 제1항에서 "영업비밀을 정당하게 취득한 자"란 제2조제3호 다목 또는 바목에서 영업비밀을 취득할 당시에 그 영업비밀이 부정하게 공개된 사실 또는 영업비밀의 부정취득행위나 부정공개행위가 개입된 사실을 중대한 과실 없이 알지 못하고 그 영업비밀을 취득한 자를 말한다.
(2023.3.28 본조제목개정)

제14조【영업비밀 침해행위 금지청구권 등에 관한 시효】 제10조제1항에 따라 영업비밀 침해행위의 금지 또는 예방을 청구할 수 있는 권리는 영업비밀 침해행위가 계속되는 경우에 영업비밀 보유자가 그 침해행위에 의하여 영업상의 이익이 침해되거나 침해될 우려가 있다는 사실 및 침해행위자를 안 날부터 3년간 행사하지 아니하면 시효(時效)로 소멸한다. 그 침해행위가 시작된 날부터 10년이 지난 때에도 또한 같다.
(2023.3.28 본조제목개정)

제4장 보 칙
(2007.12.21 본장개정)

제14조의2【손해액의 추정 등】 ① 부정경쟁행위, 제3조의2제1항이나 제2항을 위반한 행위 또는 영업비밀 침해행위로 영업상의 이익을 침해당한 자가 제5조 또는 제11조에 따른 손해배상을 청구하는 경우 영업상의 이익을 침해한 자가 그 부정경쟁행위, 제3조의2제1항이나 제2항을 위반한 행위 또는 영업비밀 침해행위(이하 이 항에서 "부정경쟁행위등침해행위"라 한다)를 하게 한 물건을 양도하였을 때에는 다음 각 호에 해당하는 금액의 합계액을 손해액으로 할 수 있다.
1. 그 물건의 양도수량(영업상의 이익을 침해당한 자가 그 부정경쟁행위등침해행위 외의 사유로 판매할 수 없었던 사정이 있는 경우에는 그 부정경쟁행위등침해행위 외의 사유로 판매할 수 없었던 수량을 뺀 수량) 중 영업상의 이익을 침해당한 자가 생산할 수 있었던 물건의 수량에서 실제 판매한 물건의 수량을 뺀 수량을 넘지 아니하는 수량에 영업상의 이익을 침해당한 자가 그 부정경쟁행위등침해행위가 없었다면 판매할 수 있었던 물건의 단위수량당 이익액을 곱한 금액
2. 그 물건의 양도수량 중 영업상의 이익을 침해당한 자가 생산할 수 있었던 물건의 수량에서 실제 판매한 물건의 수량을 뺀 수량을 넘는 수량 또는 그 부정경쟁행위등침해행위 외의 사유로 판매할 수 없었던 수량이 있는 경우 이들 수량에 대해서는 영업상의 이익을 침해당한 자가 부정경쟁행위등침해행위가 없었으면 합리적으로 받을 수 있는 금액
(2020.12.22 본항개정)
② 부정경쟁행위, 제3조의2제1항이나 제2항을 위반한 행위 또는 영업비밀 침해행위로 영업상의 이익을 침해당한 자가 제5조 또는 제11조에 따른 손해배상을 청구하는 경우 영업상의 이익을 침해한 자가 그 침해행위에 의하여 이익을 받은 것이 있으면 그 이익액을 영업상의 이익을 침해당한 자의 손해액으로 추정한다.(2011.6.30 본항개정)
③ 부정경쟁행위, 제3조의2제1항이나 제2항을 위반한 행위 또는 영업비밀 침해행위로 영업상의 이익을 침해당한 자는 제5조 또는 제11조에 따른 손해배상을 청구하는 경우 부정경쟁행위 또는 제3조의2제1항이나 제2항을 위반한 행위의 대상이 된 상품 등에 사용된 상표 등 표지의 사용 또는 영업비밀 침해행위의 대상이 된 영업비밀의 사용에 대하여 통상 받을 수 있는 금액에 상당하는 금액을 자기의 손해액으로 하여 손해배상을 청구할 수 있다.(2011.6.30 본항개정)
④ 부정경쟁행위, 제3조의2제1항이나 제2항을 위반한 행위 또는 영업비밀 침해행위로 인한 손해액이 제3항에 따른 금액을 초과하면 그 초과액에 대하여도 손해배상을 청구할 수 있다. 이 경우 그 영업상의 이익을 침해한 자에게 고의 또는 중대한 과실이 없으면 법원은 손해배상 금액을 산정할 때 이를 고려할 수 있다.(2011.6.30 전단개정)
⑤ 법원은 부정경쟁행위, 제3조의2제1항이나 제2항을 위반한 행위 또는 영업비밀 침해행위에 관한 소송에서 손해가 발생된 것은 인정되나 그 손해액을 입증하기 위하여 필요한 사실을 입증하는 것이 해당 사실의 성질상 극히 곤란한 경우에는 제1항부터 제4항까지의 규정에도 불구하고 변론 전체의 취지와 증거조사의 결과에 기초하여 상당한 손해액을 인정할 수 있다.
(2011.6.30 본항개정)
⑥ 법원은 제2조제1호차목의 행위 및 영업비밀 침해행위가 고의적인 것으로 인정되는 경우에는 제5조 또는 제11조에도 불구하고 제1항부터 제5항까지의 규정에 따라 손해로 인정된 금액의 5배를 넘지 아니하는 범위에서 배상액을 정할 수 있다.
(2024.2.20 본항개정)
⑦ 제6항에 따른 배상액을 판단할 때에는 다음 각 호의 사항을 고려하여야 한다.
1. 침해행위를 한 자의 우월적 지위 여부
2. 고의 또는 손해 발생의 우려를 인식한 정도
3. 침해행위로 인하여 영업비밀 보유자가 입은 피해규모
4. 침해행위로 인하여 침해한 자가 얻은 경제적 이익
5. 침해행위의 기간·횟수 등
6. 침해행위에 따른 벌금
7. 침해행위를 한 자의 재산상태
8. 침해행위를 한 자의 피해구제 노력의 정도
(2019.1.8 본항신설)

제14조의3【자료의 제출】 법원은 부정경쟁행위, 제3조의2제1항이나 제2항을 위반한 행위 또는 영업비밀 침해행위로 인한 영업상 이익의 침해에 관한 소송에서 당사자의 신청에 의하여 상대방 당사자에 대하여 해당 침해행위로 인한 손해액을 산정하는 데에 필요한 자료의 제출을 명할 수 있다. 다만, 그 자료의 소지자가 자료의 제출을 거절할 정당한 이유가 있는 경우에는 그러하지 아니하다.(2011.6.30 본문개정)

제14조의4【비밀유지명령】 ① 법원은 부정경쟁행위, 제3조의2제1항이나 제2항을 위반한 행위 또는 영업비밀 침해행위로 인한 영업상 이익의 침해에 관한 소송에서 그 당사자가 보유한 영업비밀에 대하여 다음 각 호의 사유를 모두 소명한 경우에는 그 당사자의 신청에 따라 결정으로 다른 당사자(법인인 경우에는 그 대표자), 당사자를 위하여 소송을 대리하는 자, 그 밖에 해당 소송으로 인하여 영업비밀을 알게 된 자에게 그 영업비밀을 해당 소송의 계속적인 수행 외의 목적으로 사용하거나 그 영업비밀에 관계된 이 항에 따른 명령을 받은 자 외의 자에게 공개하지 아니할 것을 명할 수 있다. 다만, 그 신청 시점까지 다른 당사자(법인인 경우에는 그 대표자), 당사자를 위하여 소송을 대리하는 자, 그 밖에 해당 소송으로 인하여 영업비밀을 알게 된 자가 제1호에 규정된 준비서면의 열람이나 증거 조사 외의 방법으로 그 영업비밀을 이미 취득하고 있는 경우에는 그러하지 아니하다.
1. 이미 제출하였거나 제출하여야 할 준비서면 또는 이미 조사하였거나 조사하여야 할 증거 또는 제14조의7에 따라 송부된 조사기록에 영업비밀이 포함되어 있다는 것(2024.2.20 본호개정)
2. 제1호의 영업비밀이 해당 소송 수행 외의 목적으로 사용되거나 공개되면 당사자의 영업에 지장을 줄 우려가 있어 이를 방지하기 위하여 영업비밀의 사용 또는 공개를 제한할 필요가 있다는 것
② 제1항에 따른 명령(이하 "비밀유지명령"이라 한다)의 신청은 다음 각 호의 사항을 적은 서면으로 하여야 한다.
1. 비밀유지명령을 받을 자
2. 비밀유지명령의 대상이 될 영업비밀을 특정하기에 충분한 사실
3. 제1항 각 호의 사유에 해당하는 사실
③ 법원은 비밀유지명령이 결정된 경우에는 그 결정서를 비밀유지명령을 받은 자에게 송달하여야 한다.
④ 비밀유지명령은 제3항의 결정서가 비밀유지명령을 받은 자에게 송달된 때부터 효력이 발생한다.
⑤ 비밀유지명령의 신청을 기각 또는 각하한 재판에 대하여는 즉시항고를 할 수 있다.
(2011.12.2 본조신설)

제14조의5【비밀유지명령의 취소】 ① 비밀유지명령을 신청한 자 또는 비밀유지명령을 받은 자는 제14조의4제1항에 따른 요건을 갖추지 못하였거나 갖추지 못하게 된 경우 소송기록을 보관하고 있는 법원(소송기록을 보관하고 있는 법원이 없는 경우에는 비밀유지명령을 내린 법원)에 비밀유지명령의 취소를 신청할 수 있다.
② 법원은 비밀유지명령의 취소 신청에 대한 재판이 있는 경우에는 그 결정서를 그 신청을 한 자 및 상대방에게 송달하여야 한다.
③ 비밀유지명령의 취소 신청에 대한 재판에 대하여는 즉시항고를 할 수 있다.
④ 비밀유지명령을 취소하는 재판은 확정되어야 그 효력이 발생한다.
⑤ 비밀유지명령을 취소하는 재판을 한 법원은 비밀유지명령의 취소 신청을 한 자 또는 상대방 외에 해당 영업비밀에 관한 비밀유지명령을 받은 자가 있는 경우에는 그 자에게 즉시 비밀유지명령의 취소 재판을 한 사실을 알려야 한다.
(2011.12.2 본조신설)

제14조의6【소송기록 열람 등의 청구 통지 등】 ① 비밀유지명령이 내려진 소송(모든 비밀유지명령이 취소된 소송은 제외한다)에 관한 소송기록에 대하여 「민사소송법」 제163조제1항의 결정이 있었던 경우, 당사자가 같은 항에서 규정하는 비밀기재 부분의 열람 등의 청구를 하였으나 그 청구절차를 해당 소송에서 비밀유지명령을 받지 아니한 자가 밟은 경우에는 법원서기관, 법원사무관, 법원주사 또는 법원주사보(이하 이 조에서 "법원사무관등"이라 한다)는 「민사소송법」 제163조제1항의 신청을 한 당사자(그 열람 등의 청구를 한 자는 제외한다. 이하 제3항에서 같다)에게 그 청구 직후에 그 열람 등의 청구가 있었다는 사실을 알려야 한다.
② 제1항의 경우에 법원사무관등은 제1항의 청구가 있었던 날부터 2주일이 지날 때까지(그 청구절차를 행한 자에 대한 비밀유지명령신청이 그 기간 내에 행하여진 경우에는 그 신청에 대한 재판이 확정되는 시점까지) 그 청구절차를 행한 자에게 제1항의 비밀 기재 부분의 열람 등을 하게 하여서는 아니 된다.
③ 제2항은 제1항의 열람 등의 청구를 한 자에게 제1항의 비밀 기재 부분의 열람 등을 하게 하는 것에 대하여 「민사소송법」 제163조제1항의 신청을 한 당사자 모두의 동의가 있는 경우에는 적용되지 아니한다.
(2011.12.2 본조신설)

제14조의7【기록의 송부 등】 ① 법원은 다음 각 호의 어느 하나에 해당하는 소가 제기된 경우로서 필요하다고 인정하는 때에는 특허청장, 시·도지사 또는 시장·군수·구청장에게 제7조에 따른 부정경쟁행위 등의 조사기록(사건관계인, 참고인 또는 감정인에 대한 심문조서 및 속기록 기타 재판상 증거가 되는 일체의 것을 포함한다)의 송부를 요구할 수 있다. 이 경우 조사기록의 송부를 요구받은 특허청장, 시·도지사 또는 시장·군수·구청장은 정당한 이유가 없으면 이에 따라야 한다.
1. 제4조에 따른 부정경쟁행위 등의 금지 또는 예방 청구의 소
2. 제5조에 따른 손해배상 청구의 소
② 특허청장, 시·도지사 또는 시장·군수·구청장은 제1항에 따라 법원에 조사기록을 송부하는 경우 해당 조사기록에 관한 당사자(이하 "조사기록당사자"라 한다)의 성명, 주소, 전화번호(휴대전화 번호를 포함한다), 그 밖에 법원이 제5항에 따른 고지를 하는 데 필요한 정보를 함께 제공하여야 한다.
③ 특허청장, 시·도지사 또는 시장·군수·구청장은 제1항에 따라 법원에 조사기록을 송부하였을 때에는 조사기록당사자에게 법원의 요구에 따라 조사기록을 송부한 사실 및 송부한 조사기록의 목록을 통지하여야 한다.
④ 조사기록당사자 또는 그 대리인은 제1항에 따라 송부된 조사기록에 영업비밀이 포함되어 있는 경우에는 법원에 열람 범위 또는 열람할 수 있는 사람의 지정을 신청할 수 있다. 이 경우 법원은 기록송부 요구의 목적 내에서 열람할 수 있는 범위 또는 열람할 수 있는 사람을 지정할 수 있다.
⑤ 법원은 제4항에 따라 조사기록당사자 또는 그 대리인이 열람 범위 또는 열람할 수 있는 사람의 지정을 신청하기 전에 상대방 당사자 또는 그 대리인으로부터 제1항에 따라 송부된 조사기록에 대한 열람·복사의 신청을 받은 경우에는 특허청장, 시·도지사 또는 시장·군수·구청장이 제2항에 따라 특정한 조사기록당사자에게 상대방 당사자 또는 그 대리인의 열람·복사 신청 사실 및 제4항에 따라 열람 범위 또는 열람할 수 있는 사람의 지정을 신청할 수 있음을 고지하여야 한다. 이 경우 법원은 조사기록당사자가 열람 범위 또는 열람할 수 있는 사람의 지정을 신청할 수 있는 기간을 정할 수 있다.
⑥ 법원은 제5항 후단의 기간에는 제1항에 따라 송부된 조사기록을 다른 사람이 열람·복사하게 하여서는 아니 된다.
⑦ 제5항에 따른 고지를 받은 조사기록당사자가 같은 항 후단의 기간에 제4항에 따른 신청을 하지 아니하는 경우 법원은 제5항 본문에 따른 상대방 당사자 또는 그 대리인의 열람·복사 신청을 인용할 수 있다.
⑧ 제1항, 제2항 및 제4항부터 제7항까지에 따른 절차, 방법 및 그 밖에 필요한 사항은 대법원규칙으로 정한다.
(2024.2.20 본조개정)

제15조【다른 법률과의 관계】 ① 「특허법」, 「실용신안법」, 「디자인보호법」, 「상표법」, 「농수산물 품질관리법」, 「저작권법」 또는 「개인정보 보호법」에 제2조부터 제6조까지 및 제18조제4항과 다른 규정이 있으면 그 법에 따른다.
② 「독점규제 및 공정거래에 관한 법률」, 「표시·광고의 공정화에 관한 법률」, 「하도급거래 공정화에 관한 법률」 또는 「형법」 중 국기·국장에 관한 규정에 제2조제1호라목부터 바목까지, 차목부터 파목까지, 제3조, 제3조의2, 제3조의3, 제4조부터 제7조까지, 제7조의2, 제8조, 제18조제4항 및 제20조와 다른 규정이 있으면 그 법에 따른다.
(2024.2.20 본조개정)

제16조【신고포상금 지급】 ① 특허청장은 제2조제1호가목에 따른 부정경쟁행위(「상표법」 제2조제1항제10호에 따른 등록상표에 관한 것으로 한정한다)를 한 자를 신고한 자에게 예산의 범위에서 신고포상금을 지급할 수 있다.(2016.2.29 본항개정)
② 제1항에 따른 신고포상금 지급의 기준·방법 및 절차에 필요한 사항은 대통령령으로 정한다.
(2013.7.30 본조신설)

제17조【업무의 위탁 등】 ① (2011.6.30 삭제)
② 특허청장은 제2조의5에 따른 연구·교육·홍보 등 기반구축 및 정보관리시스템의 구축·운영에 관한 업무를 대통령령으로 정하는 산업재산권 보호 또는 부정경쟁방지 업무와 관련된 법인이나 단체(이하 이 조에서 "전문단체"라 한다)에 위탁할 수 있다.(2020.10.20 본항개정)
③ 특허청장, 시·도지사 또는 시장·군수·구청장은 제7조나 제8조에 따른 업무를 수행하기 위하여 필요한 경우에 전문단체의 지원을 받을 수 있다.(2011.6.30 본항개정)
④ 제3항에 따른 지원업무에 종사하는 자에 관하여는 제7조제5항을 준용한다.(2020.10.20 본항개정)
⑤ 특허청장은 예산의 범위에서 제2항에 따른 위탁업무 및 제3항에 따른 지원업무에 사용되는 비용의 전부 또는 일부를 지원할 수 있다.(2009.3.25 본항신설)
(2011.6.30 본조제목개정)

제17조의2 (2023.3.28 삭제)

제17조의3【벌칙 적용에서의 공무원 의제】 제17조제3항에 따른 지원업무에 종사하는 자는 「형법」 제127조 및 제129조부터 제132조까지의 규정에 따른 벌칙의 적용에서는 공무원으로 본다.(2009.3.25 본조신설)

제18조【벌칙】 ① 영업비밀을 외국에서 사용하거나 외국에서 사용될 것임을 알면서도 다음 각 호의 어느 하나에 해당하는 행위를 한 자는 15년 이하의 징역 또는 15억원 이하의 벌금에 처한다. 다만, 벌금형에 처하는 경우 위반행위로 인한 재산상 이득액의 10배에 해당하는 금액이 15억원을 초과하면 그 재산상 이득액의 2배 이상 10배 이하의 벌금에 처한다.

1. 부정한 이익을 얻거나 영업비밀 보유자에 손해를 입힐 목적으로 한 다음 각 목의 어느 하나에 해당하는 행위
가. 영업비밀을 취득·사용하거나 제3자에게 누설하는 행위
나. 영업비밀을 지정된 장소 밖으로 무단으로 유출하는 행위
다. 영업비밀 보유자로부터 영업비밀을 삭제하거나 반환할 것을 요구받고도 이를 계속 보유하는 행위
2. 절취·기망·협박, 그 밖의 부정한 수단으로 영업비밀을 취득하는 행위
3. 제1호 또는 제2호에 해당하는 행위가 개입된 사실을 알면서도 그 영업비밀을 취득하거나 사용(제13조제1항에 따라 허용된 범위에서의 사용은 제외한다)하는 행위
(2019.1.8 본항개정)
② 제1항 각 호의 어느 하나에 해당하는 행위를 한 자는 10년 이하의 징역 또는 5억원 이하의 벌금에 처한다. 다만, 벌금형에 처하는 경우 위반행위로 인한 재산상 이득액의 10배에 해당하는 금액이 5억원을 초과하면 그 재산상 이득액의 2배 이상 10배 이하의 벌금에 처한다.(2019.1.8 본항개정)
③ 부정한 이익을 얻거나 영업비밀 보유자에게 손해를 입힐 목적으로 제9조의8을 위반하여 타인의 영업비밀을 훼손·멸실·변경한 자는 10년 이하의 징역 또는 5억원 이하의 벌금에 처한다.(2024.2.20 본항신설)
④ 다음 각 호의 어느 하나에 해당하는 자는 3년 이하의 징역 또는 3천만원 이하의 벌금에 처한다.
1. 제2조제1호(아목, 차목, 카목1)부터 3)까지, 타목 및 파목은 제외한다)에 따른 부정경쟁행위를 한 자(2021.12.7 본호개정)
2. 제3조를 위반하여 다음 각 목의 어느 하나에 해당하는 휘장 또는 표지와 동일하거나 유사한 것을 상표로 사용한 자
가. 파리협약 당사국, 세계무역기구 회원국 또는 「상표법 조약」 체약국의 국기·국장, 그 밖의 휘장
나. 국제기구의 표지
다. 파리협약 당사국, 세계무역기구 회원국 또는 「상표법 조약」 체약국 정부의 감독용·증명용 표지
⑤ 다음 각 호의 어느 하나에 해당하는 자는 1년 이하의 징역 또는 1천만원 이하의 벌금에 처한다.
1. 제9조의7제1항을 위반하여 원본증명기관에 등록된 전자지문이나 그 밖의 관련 정보를 없애거나 훼손·변경·위조 또는 유출한 자
2. 제9조의7제2항을 위반하여 직무상 알게 된 비밀을 누설한 사람
(2013.7.30 본항신설)
⑥ 제1항과 제2항의 징역과 벌금은 병과(倂科)할 수 있다.
판례 영업비밀의 취득이란 사회 통념상 영업비밀을 자신의 것으로 만들어 이를 사용할 수 있는 상태에 이른 경우를 말하는바, 기업의 직원으로서 영업비밀을 인지하여 이를 사용할 수 있는 자는 이미 당해 영업비밀을 취득하였다고 보아야 하므로 그러한 자가 당해 영업비밀을 단순히 기업의 외부로 무단 반출한 행위는 업무상 배임죄에 해당할 수 있음은 별론으로 하고, 위 조항 소정의 영업비밀의 취득에는 해당하지 않는다.(대판 2008.4.10, 2008도679)
제18조의2【미수】 제18조제1항 및 제2항의 미수범은 처벌한다.
제18조의3【예비·음모】 ① 제18조제1항의 죄를 범할 목적으로 예비 또는 음모한 자는 3년 이하의 징역 또는 3천만원 이하의 벌금에 처한다.
② 제18조제2항의 죄를 범할 목적으로 예비 또는 음모한 자는 2년 이하의 징역 또는 2천만원 이하의 벌금에 처한다.
(2019.1.8 본조개정)
제18조의4【비밀유지명령 위반죄】 ① 국내외에서 정당한 사유 없이 제14조의4제1항에 따른 비밀유지명령을 위반한 자는 5년 이하의 징역 또는 5천만원 이하의 벌금에 처한다.
② 제1항의 죄는 비밀유지명령을 신청한 자의 고소가 없으면 공소를 제기할 수 없다.
(2011.12.2 본조신설)
제18조의5【몰수】 제18조제1항 각 호 또는 같은 조 제4항 각 호의 어느 하나에 해당하는 행위를 조성한 물건 또는 그 행위로부터 생긴 물건은 몰수한다.(2024.2.20 본조신설)
제19조【양벌규정】 법인의 대표자나 법인 또는 개인의 대리인, 사용인, 그 밖의 종업원이 그 법인 또는 개인의 업무에 관하여 제18조제1항부터 제5항까지의 어느 하나에 해당하는 위반행위를 하면 그 행위자를 벌하는 외에 그 법인에게는 해당 조문에 규정된 벌금형의 3배 이하의 벌금형을, 그 개인에게는 해당 조문의 벌금형을 과(科)한다. 다만, 법인 또는 개인이 그 위반행위를 방지하기 위하여 해당 업무에 관하여 상당한 주의와 감독을 게을리하지 아니한 경우에는 그러하지 아니하다.
(2024.2.20 본문개정)
제19조의2【공소시효에 관한 특례】 제19조에 따른 행위자가 제18조제1항 또는 제2항의 적용을 받는 경우에는 제19조에 따른 법인에 대한 공소시효는 10년이 지나면 완성된다.(2024.2.20 본조신설)
제20조【과태료】 ① 다음 각 호의 어느 하나에 해당하는 자에게는 2천만원 이하의 과태료를 부과한다.
1. 제7조제1항에 따른 관계 공무원의 조사나 수거를 거부·방해 또는 기피한 자
1의2. 제8조제1항에 따른 시정명령을 정당한 사유 없이 이행하지 아니한 자(2024.2.20 본호신설)
2. 제9조의4제5항을 위반하여 시정명령을 이행하지 아니한 자
(2013.7.30 본항개정)
② 제1항에 따른 과태료는 대통령령으로 정하는 바에 따라 특허청장, 시·도지사 또는 시장·군수·구청장이 부과·징수한다.(2011.6.30 본항개정)
③~⑤ (2009.12.30 삭제)

부 칙 (2011.6.30)

이 법은 공포 후 3개월이 경과한 날부터 시행한다. 다만, 제3조의2 및 제4조부터 제6조까지, 제7조제1항 중 "제3조의2제1항 또는 제2항" 부분, 제8조 중 "제3조의2제1항 또는 제2항" 부분, 제14조의2, 제14조의3, 제15조의 개정규정은 「대한민국과 유럽연합 및 그 회원국 간의 자유무역협정」이 발효하는 날부터 시행한다.<2011.7.1 발효>

부 칙 (2011.12.2)

이 법은 「대한민국과 미합중국 간의 자유무역협정 및 대한민국과 미합중국 간의 자유무역협정에 관한 서한교환」이 발효되는 날부터 시행한다.<2012.3.15 발효>

부 칙 (2019.1.8)

제1조【시행일】 이 법은 공포 후 6개월이 경과한 날부터 시행한다.
제2조【손해배상에 관한 적용례】 제14조의2제6항 및 제7항의 개정규정은 이 법 시행 후 영업비밀 침해행위가 시작되는 경우부터 적용한다.

부 칙 (2020.10.20)

제1조【시행일】 이 법은 공포 후 6개월이 경과한 날부터 시행한다.
제2조【손해배상에 관한 적용례】 제14조의2의 개정규정은 이 법 시행 이후 제2조제1호차목에 해당하는 행위가 발생하는 경우부터 적용한다.

부 칙 (2020.12.22)

제1조【시행일】 이 법은 공포 후 6개월이 경과한 날부터 시행한다.
제2조【손해액의 추정에 관한 적용례】 제14조의2제1항의 개정규정은 이 법 시행 후 최초로 손해배상이 청구된 경우부터 적용한다.

부 칙 (2021.12.7)

제1조【시행일】 이 법은 2022년 4월 20일부터 시행한다. 다만, 제2조제1호타목의 개정규정 및 제15조제2항 · 제18조제3항제1호의 개정규정 중 제2조제1호타목에 관한 부분은 공포 후 6개월이 경과한 날부터 시행한다.
제2조【다른 법률의 개정】 ※(해당 법령에 가제정리 하였음)

부 칙 (2023.3.28)

제1조【시행일】 이 법은 공포 후 6개월이 경과한 날부터 시행한다.
제2조【이 법 시행 전의 부정경쟁행위에 관한 경과조치】 제2조제1호가목 및 나목의 개정규정에도 불구하고 이 법 시행 전에 행하여진 부정경쟁행위에 대하여는 종전의 규정에 따른다.
제3조【부정경쟁행위에 대한 금지 · 예방청구권의 시효에 관한 경과조치】 이 법 시행 전에 행하여진 제2조제1호차목의 부정경쟁행위에 대하여 금지 또는 예방을 청구할 수 있는 권리의 시효에 관하여는 제4조제3항의 개정규정에도 불구하고 종전의 규정에 따른다.

부 칙 (2024.2.20)

제1조【시행일】 이 법은 공포 후 6개월이 경과한 날부터 시행한다.
제2조【손해배상책임에 관한 적용례】 제14조의2제6항의 개정규정은 이 법 시행 이후 발생하는 위반행위부터 적용한다.
제3조【몰수에 관한 적용례】 제18조의5의 개정규정은 이 법 시행 이후 발생한 범죄행위부터 적용한다.
제4조【공소시효에 관한 경과조치】 이 법 시행 전에 범한 죄에 대하여는 제19조의2의 개정규정에도 불구하고 종전의 규정에 따른다.

정보통신망 이용촉진 및 정보보호 등에 관한 법률

(약칭 : 정보통신망법)

(2001년 1월 16일 전개법률 제6360호)

개정
2001.12.31법 6585호(전자서명법) <중략>
2011. 3.29법10465호(개인정보보호법)
2011. 4. 5법10560호
2011. 9.15법11048호(청소년보호법)
2012. 2.17법11322호
2013. 3.23법11690호(정부조직)
2014. 5.28법12681호
2014.11.19법12844호(정부조직)
2015. 1.20법13014호
2015. 3.27법13280호
2015. 6.22법13343호(정보보호산업의진흥에관한법)
2015. 6.22법13344호
2015.12. 1법13520호
2016. 3.22법14080호
2017. 3.14법14580호
2017. 7.26법14839호(정부조직)
2018. 6.12법15628호
2018. 9.18법15751호
2018.12.24법16019호(전기통신사업법)
2018.12.24법16021호
2019.12.10법16825호
2020. 2. 4법16955호
2020. 6. 9법17344호(지능정보화기본법)
2020. 6. 9법17347호(법률용어정비)
2020. 6. 9법17348호(소프트웨어진흥법)
2020. 6. 9법17354호(전자서명법)
2020. 6. 9법17358호
2021. 6. 8법18201호
2022. 6.10법18871호
2023. 1. 3법19154호
2024. 1.23법20069호
2024. 2.13법20260호
2024.12. 3법20534호
2025. 1.21법20678호→2025년 7월 22일 시행

제1장 총 칙

제1조【목적】 이 법은 정보통신망의 이용을 촉진하고 정보통신서비스를 이용하는 자를 보호함과 아울러 정보통신망을 건전하고 안전하게 이용할 수 있는 환경을 조성하여 국민생활의 향상과 공공복리의 증진에 이바지함을 목적으로 한다. (2020.2.4 본조개정)
제2조【정의】 ① 이 법에서 사용하는 용어의 뜻은 다음과 같다.(2008.6.13 본문개정)
1. "정보통신망"이란 「전기통신사업법」 제2조제2호에 따른 전기통신설비를 이용하거나 전기통신설비와 컴퓨터 및 컴퓨터의 이용기술을 활용하여 정보를 수집 · 가공 · 저장 · 검색 · 송신 또는 수신하는 정보통신체제를 말한다.(2010.3.22 본호개정)
2. "정보통신서비스"란 「전기통신사업법」 제2조제6호에 따른 전기통신역무와 이를 이용하여 정보를 제공하거나 정보의 제공을 매개하는 것을 말한다.(2010.3.22 본호개정)
3. "정보통신서비스 제공자"란 「전기통신사업법」 제2조제8호에 따른 전기통신사업자와 영리를 목적으로 전기통신사업자의 전기통신역무를 이용하여 정보를 제공하거나 정보의 제공을 매개하는 자를 말한다.(2010.3.22 본호개정)
4. "이용자"란 정보통신서비스 제공자가 제공하는 정보통신서비스를 이용하는 자를 말한다.(2008.6.13 본호개정)

5. "전자문서"란 컴퓨터 등 정보처리능력을 가진 장치에 의하여 전자적인 형태로 작성되어 송수신되거나 저장된 문서형식의 자료로서 표준화된 것을 말한다.(2008.6.13 본호개정)
6. (2020.2.4 삭제)
7. "침해사고"란 다음 각 목의 방법으로 정보통신망 또는 이와 관련된 정보시스템을 공격하는 행위로 인하여 발생한 사태를 말한다.
가. 해킹, 컴퓨터바이러스, 논리폭탄, 메일폭탄, 서비스거부 또는 고출력 전자기파 등의 방법
나. 정보통신망의 정상적인 보호·인증 절차를 우회하여 정보통신망에 접근할 수 있도록 하는 프로그램이나 기술적 장치 등을 정보통신망 또는 이와 관련된 정보시스템에 설치하는 방법
(2020.6.9 본호개정)
8. (2015.6.22 삭제)
9. "게시판"이란 그 명칭과 관계없이 정보통신망을 이용하여 일반에게 공개할 목적으로 부호·문자·음성·음향·화상·동영상 등의 정보를 이용자가 게재할 수 있는 컴퓨터 프로그램이나 기술적 장치를 말한다.(2008.6.13 본호개정)
10. "통신과금서비스"란 정보통신서비스로서 다음 각 목의 업무를 말한다.
가. 타인이 판매·제공하는 재화 또는 용역(이하 "재화등"이라 한다)의 대가를 자신이 제공하는 전기통신역무의 요금과 함께 청구·징수하는 업무
나. 타인이 판매·제공하는 재화등의 대가가 가목의 업무를 제공하는 자의 전기통신역무의 요금과 함께 청구·징수되도록 거래정보를 전자적으로 송수신하는 것 또는 그 대가의 정산을 대행하거나 매개하는 업무
11. "통신과금서비스제공자"란 제53조에 따라 등록을 하고 통신과금서비스를 제공하는 자를 말한다.
12. "통신과금서비스이용자"란 통신과금서비스제공자로부터 통신과금서비스를 이용하여 재화등을 구입·이용하는 자를 말한다.
(2007.12.21 10호~12호신설)
13. "전자적 전송매체"란 정보통신망을 통하여 부호·문자·음성·화상 또는 영상 등을 수신자에게 전자문서 등의 전자적 형태로 전송하는 매체를 말한다.(2014.5.28 본호신설)
② 이 법에서 사용하는 용어의 뜻은 제1항에서 정하는 것 외에는 「지능정보화 기본법」에서 정하는 바에 따른다.(2020.6.9 본항개정)

판례 온라인 게임 서비스 제공자가 이용자의 실명정보 확인의무를 위반하였는지 여부의 판단 방법 : 온라인 게임 서비스 제공자가 자신이 제공하는 게임 서비스에 명의도용자가 회원으로 가입하는 것을 허용하고 이를 방치하였을 때 피모용자들에 대해 불법행위로 인한 손해배상책임을 지게 하기 위해서, 실명정보의 확인의무를 부담하는 온라인 서비스 제공자가 이러한 확인의무를 위반함으로써 부당하게 가입한 온라인 회원이 게임서비스를 이용하는 것을 방치한 경우여야 한다. 온라인 서비스 제공자가 실명정보의 확인의무를 위반하였는지는 온라인 게임 서비스의 제공이 인터넷을 통해 수시로 또한 대규모로 이루어지는 비대면 거래로서 서비스 제공자의 입장에서는 이용자 각각의 서비스 이용 실태를 개별적으로 파악하여 그 중 명의도용에 의한 회원가입 내지 이용행위인지 여부를 식별해 내는 것이 용이하지 않다는 점을 고려하여 볼 때, 관련 인터넷 기술의 발전 수준, 해당 게임의 특성, 운영 주체로서의 서비스 제공자의 영리적 성격·규모, 기술적 수단의 도입에 따른 일반 이용자에 대한 이익과 불이익 및 이에 따른 경제적 비용, 명의도용행위로 인한 피해의 정도, 가해자와 피해자의 관계 등을 종합하여 판단하여야 한다.(대판 2009.5.14, 2008다75676,75683)

제3조【정보통신서비스 제공자 및 이용자의 책무】 ① 정보통신서비스 제공자는 이용자를 보호하고 건전하고 안전한 정보통신서비스를 제공하여 이용자의 권익보호와 정보이용능력의 향상에 이바지하여야 한다.(2020.2.4 본항개정)
② 이용자는 건전한 정보사회가 정착되도록 노력하여야 한다.
③ 정부는 정보통신서비스 제공자단체 또는 이용자단체의 정보보호 및 정보통신망에서의 청소년 보호 등을 위한 활동을 지원할 수 있다.(2020.2.4 본항개정)
(2008.6.13 본조개정)

제4조【정보통신망 이용촉진 및 정보보호등에 관한 시책의 마련】 ① 과학기술정보통신부장관 또는 방송통신위원회는 정보통신망의 이용촉진 및 안정적 관리·운영과 이용자 보호 등(이하 "정보통신망 이용촉진 및 정보보호등"이라 한다)을 통하여 정보사회의 기반을 조성하기 위한 시책을 마련하여야 한다.
(2020.2.4 본항개정)
② 제1항에 따른 시책에는 다음 각 호의 사항이 포함되어야 한다.
1. 정보통신망에 관련된 기술의 개발·보급
2. 정보통신망의 표준화
3. 정보내용물 및 제11조에 따른 정보통신망 응용서비스의 개발 등 정보통신망의 이용 활성화
4. 정보통신망을 이용한 정보의 공동활용 촉진
5. 인터넷 이용의 활성화
6.~6의2. (2020.2.4 삭제)
7. 정보통신망에서의 청소년 보호
7의2. 정보통신망을 통하여 유통되는 정보 중 인공지능 기술을 이용하여 만든 거짓의 음향·화상 또는 영상 등의 정보를 식별하는 기술의 개발·보급(2020.6.9 본호신설)
8. 정보통신망의 안전성 및 신뢰성 제고
9. 그 밖에 정보통신망 이용촉진 및 정보보호등을 위하여 필요한 사항
③ 과학기술정보통신부장관 또는 방송통신위원회는 제1항에 따른 시책을 마련할 때에는 「지능정보화 기본법」 제6조에 따른 지능정보사회 종합계획과 연계되도록 하여야 한다.
(2020.6.9 본항개정)
(2008.6.13 본조개정)

제4조의2【합성영상등으로 인한 피해 예방을 위한 시책】 ① 과학기술정보통신부장관과 방송통신위원회는 인공지능 기술을 이용하여 사람의 얼굴·신체 또는 음성을 대상으로 한 촬영물·영상물 또는 음성물을 대상자의 의사에 반하여 편집·합성 또는 가공한 정보(이하 이 조에서 "합성영상등"이라 한다)의 무분별한 유통으로 인한 성범죄, 명예훼손 또는 사기 등의 피해를 예방하기 위하여 시책을 마련하여야 한다.
② 제1항에 따른 시책에는 다음 각 호의 사항이 포함되어야 한다.
1. 합성영상등으로 인한 피해 실태 파악
2. 합성영상등의 유통 실태 파악
3. 합성영상등 관련 국내외 기술 동향 파악
4. 합성영상등의 무분별한 유통 방지를 위한 기술 개발의 촉진
5. 합성영상등의 무분별한 유통 방지 및 피해 예방을 위한 교육·홍보
6. 그 밖에 합성영상등의 무분별한 유통 방지 및 피해 예방에 필요한 사항
(2024.12.3 본조신설)

제5조【다른 법률과의 관계】 정보통신망 이용촉진 및 정보보호등에 관하여는 다른 법률에서 특별히 규정된 경우 외에는 이 법으로 정하는 바에 따른다. 다만, 제7장의 통신과금서비스에 관하여 이 법과 「전자금융거래법」의 적용이 경합하는 때에는 이 법을 우선 적용한다.(2020.2.4 단서개정)

제5조의2【국외행위에 대한 적용】 이 법은 국외에서 이루어진 행위라도 국내 시장 또는 이용자에게 영향을 미치는 경우에는 적용한다.(2020.6.9 본조신설)

제2장 정보통신망의 이용촉진
(2008.6.13 본장개정)

제6조【기술개발의 추진 등】 ① 과학기술정보통신부장관은 정보통신망과 관련된 기술 및 기기의 개발을 효율적으로 추진하기 위하여 대통령령으로 정하는 바에 따라 관련 연구기관으로 하여금 연구개발·기술협력·기술이전 또는 기술지도 등의 사업을 하게 할 수 있다.(2017.7.26 본항개정)
② 정부는 제1항에 따라 연구개발 등의 사업을 하는 연구기관에는 그 사업에 드는 비용의 전부 또는 일부를 지원할 수 있다.
③ 제2항에 따른 비용의 지급 및 관리 등에 필요한 사항은 대통령령으로 정한다.

제7조【기술관련 정보의 관리 및 보급】 ① 과학기술정보통신부장관은 정보통신망과 관련된 기술 및 기기에 관한 정보(이하 이 조에서 "기술관련 정보"라 한다)를 체계적이고 종합적으로 관리하여야 한다.(2017.7.26 본항개정)

② 과학기술정보통신부장관은 기술관련 정보를 체계적이고 종합적으로 관리하기 위하여 필요하면 관계 행정기관 및 국공립 연구기관 등에 대하여 기술관련 정보와 관련된 자료를 요구할 수 있다. 이 경우 요구를 받은 기관의 장은 특별한 사유가 없으면 그 요구에 따라야 한다.(2017.7.26 전단개정)
③ 과학기술정보통신부장관은 기술관련 정보를 신속하고 편리하게 이용할 수 있도록 그 보급을 위한 사업을 하여야 한다.(2017.7.26 본항개정)
④ 제3항에 따라 보급하려는 정보통신망과 관련된 기술 및 기기의 범위에 관하여 필요한 사항은 대통령령으로 정한다.

제8조 【정보통신망의 표준화 및 인증】 ① 과학기술정보통신부장관은 정보통신망의 이용을 촉진하기 위하여 정보통신망에 관한 표준을 정하여 고시하고, 정보통신서비스 제공자 또는 정보통신망과 관련된 제품을 제조하거나 공급하는 자에게 그 표준을 사용하도록 권고할 수 있다. 다만, 「산업표준화법」 제12조에 따른 한국산업표준이 제정되어 있는 사항에 대하여는 그 표준에 따른다.(2017.7.26 본문개정)
② 제1항에 따라 고시된 표준에 적합한 정보통신과 관련된 제품을 제조하거나 공급하는 자는 제9조제1항에 따른 인증기관의 인증을 받아 그 제품이 표준에 적합한 것임을 나타내는 표시를 할 수 있다.
③ 제1항 단서에 해당하는 경우로서 「산업표준화법」 제15조에 따라 인증을 받은 경우에는 제2항에 따른 인증을 받은 것으로 본다.
④ 제2항에 따른 인증을 받은 자가 아니면 그 제품이 표준에 적합한 것임을 나타내는 표시를 하거나 이와 비슷한 표시를 하여서는 아니 되며, 이와 비슷한 표시를 한 제품을 판매하거나 판매할 목적으로 진열하여서는 아니 된다.
⑤ 과학기술정보통신부장관은 제4항을 위반하여 제품을 판매하거나 판매할 목적으로 진열한 자에게 그 제품을 수거·반품하도록 하거나 인증을 받아 그 표시를 하도록 하는 등 필요한 시정조치를 명할 수 있다.(2017.7.26 본항개정)
⑥ 제1항부터 제3항까지의 규정에 따른 표준화의 대상·방법·절차 및 인증표시, 제5항에 따른 수거·반품·시정 등에 필요한 사항은 과학기술정보통신부령으로 정한다.(2017.7.26 본항개정)

제9조 【인증기관의 지정 등】 ① 과학기술정보통신부장관은 정보통신망과 관련된 제품을 제조하거나 공급하는 자의 제품이 제8조제1항 본문에 따라 고시된 표준에 적합한 제품임을 인증하는 기관(이하 "인증기관"이라 한다)을 지정할 수 있다.(2017.7.26 본항개정)
② 과학기술정보통신부장관은 인증기관이 다음 각 호의 어느 하나에 해당하면 그 지정을 취소하거나 6개월 이내의 기간을 정하여 업무의 정지를 명할 수 있다. 다만, 제1호에 해당하는 경우에는 그 지정을 취소하여야 한다.(2017.7.26 본문개정)
1. 속임수나 그 밖의 부정한 방법으로 지정을 받은 경우
2. 정당한 사유 없이 1년 이상 계속하여 인증업무를 하지 아니한 경우
3. 제3항에 따른 지정기준에 미달한 경우

③ 제1항 및 제2항에 따른 인증기관의 지정기준·지정절차, 지정취소·업무정지의 기준 등에 필요한 사항은 과학기술정보통신부령으로 정한다.(2017.7.26 본항개정)

제10조 【정보내용물의 개발 지원】 정부는 국가경쟁력을 확보하거나 공익을 증진하기 위하여 정보통신망을 통하여 유통되는 정보내용물을 개발하는 자에게 재정 및 기술 등 필요한 지원을 할 수 있다.

제11조 【정보통신망 응용서비스의 개발 촉진 등】 ① 정부는 국가기관·지방자치단체 및 공공기관이 정보통신망을 활용하여 업무를 효율화·자동화·고도화하는 응용서비스(이하 "정보통신망 응용서비스"라 한다)를 개발·운영하는 경우 그 기관에 재정 및 기술 등 필요한 지원을 할 수 있다.
② 정부는 민간부문에 의한 정보통신망 응용서비스의 개발을 촉진하기 위하여 재정 및 기술 등 필요한 지원을 할 수 있으며, 정보통신망 응용서비스의 개발에 필요한 기술인력을 양성하기 위하여 다음 각 호의 시책을 마련하여야 한다.
1. 각급 학교나 그 밖의 교육기관에서 시행하는 인터넷 교육에 대한 지원
2. 국민에 대한 인터넷 교육의 확대
3. 정보통신망 기술인력 양성사업에 대한 지원
4. 정보통신망 전문기술인력 양성기관의 설립·지원
5. 정보통신망 이용 교육프로그램의 개발 및 보급 지원
6. 정보통신망 관련 기술자격제도의 정착 및 전문기술인력 수급 지원
7. 그 밖에 정보통신망 관련 기술인력의 양성에 필요한 사항

제12조 【정보의 공동활용체제 구축】 ① 정부는 정보통신망을 효율적으로 활용하기 위하여 정보통신망 상호 간의 연계 운영 및 표준화 등 정보의 공동활용체제 구축을 권장할 수 있다.
② 정부는 제1항에 따른 정보의 공동활용체제를 구축하는 자에게 재정 및 기술 등 필요한 지원을 할 수 있다.
③ 제1항과 제2항에 따른 권장 및 지원에 필요한 사항은 대통령령으로 정한다.

제13조 【정보통신망의 이용촉진 등에 관한 사업】 ① 과학기술정보통신부장관은 공공, 지역, 산업, 생활 및 사회적 복지 등 각 분야의 정보통신망의 이용촉진과 정보격차의 해소를 위하여 관련 기술·기기 및 응용서비스의 효율적인 활용·보급을 촉진하기 위한 사업을 대통령령으로 정하는 바에 따라 실시할 수 있다.(2017.7.26 본항개정)
② 정부는 제1항에 따른 사업에 참여하는 자에게 재정 및 기술 등 필요한 지원을 할 수 있다.

제14조 【인터넷 이용의 확산】 정부는 인터넷 이용이 확산될 수 있도록 공공 및 민간의 인터넷 이용시설의 효율적 활용을 유도하고 인터넷 관련 교육 및 홍보 등의 인터넷 이용기반을 확충하며, 지역별·성별·연령별 인터넷 이용격차를 해소하기 위한 시책을 마련하고 추진하여야 한다.

제15조 【인터넷 서비스의 품질 개선】 ① 과학기술정보통신부장관은 인터넷 서비스 이용자의 권익을 보호하고 인터넷 서비스의 품질 향상 및 안정적 제공을 보장하기 위한 시책을 마련하여야 한다.(2017.7.26 본항개정)
② 과학기술정보통신부장관은 제1항에 따른 시책을 추진하기 위하여 필요하면 정보통신서비스 제공자단체 및 이용자단체 등의 의견을 들어 인터넷 서비스 품질의 측정·평가에 관한 기준을 정하여 고시할 수 있다.(2017.7.26 본항개정)
③ 정보통신서비스 제공자는 제2항에 따른 기준에 따라 자율적으로 인터넷 서비스의 품질 현황을 평가하여 그 결과를 이용자에게 알려줄 수 있다.

제16조~제17조 (2004.1.29 삭제)

제3장 전자문서중계자를 통한 전자문서의 활용

제18조~제21조 (2015.6.22 삭제)

제4장 정보통신서비스의 안전한 이용환경 조성
(2020.2.4 본장제목개정)

제22조 (2020.2.4 삭제)

제22조의2 【접근권한에 대한 동의】 ① 정보통신서비스 제공자는 해당 서비스를 제공하기 위하여 이용자의 이동통신단말장치 내에 저장되어 있는 정보 및 이동통신단말장치에 설치된 기능에 대하여 접근할 수 있는 권한(이하 "접근권한"이라 한다)이 필요한 경우 다음 각 호의 사항을 이용자가 명확하게 인지할 수 있도록 알리고 이용자의 동의를 받아야 한다.
1. 해당 서비스를 제공하기 위하여 반드시 필요한 접근권한인 경우
   가. 접근권한이 필요한 정보 및 기능의 항목
   나. 접근권한이 필요한 이유
2. 해당 서비스를 제공하기 위하여 반드시 필요한 접근권한이 아닌 경우
   가. 접근권한이 필요한 정보 및 기능의 항목
   나. 접근권한이 필요한 이유
   다. 접근권한 허용에 대하여 동의하지 아니할 수 있다는 사실

② 정보통신서비스 제공자는 해당 서비스를 제공하기 위하여 반드시 필요하지 아니한 접근권한을 설정하는 데 이용자가 동의하지 아니한다는 이유로 이용자에게 해당 서비스의 제공을 거부하여서는 아니 된다.

③ 이동통신단말장치의 기본 운영체제(이동통신단말장치에서 소프트웨어를 실행할 수 있는 기반 환경을 말한다)를 제작하여 공급하는 자와 이동통신단말장치 제조업자 및 이동통신단말장치의 소프트웨어를 제작하여 공급하는 자는 정보통신서비스 제공자가 이동통신단말장치 내에 저장되어 있는 정보 및 이동통신단말장치에 설치된 기능에 접근하려는 경우 접근권한에 대한 이용자의 동의 및 철회방법을 마련하는 등 이용자 정보 보호에 필요한 조치를 하여야 한다.
④ 방송통신위원회는 해당 서비스의 접근권한의 설정이 제1항부터 제3항까지의 규정에 따라 이루어졌는지 여부에 대하여 실태조사를 실시할 수 있다.(2018.6.12 본항신설)
⑤ 제1항에 따른 접근권한의 범위 및 동의의 방법, 제3항에 따른 이용자 정보 보호를 위하여 필요한 조치 및 그 밖에 필요한 사항은 대통령령으로 정한다.
(2016.3.22 본조신설)
제23조 (2020.2.4 삭제)
제23조의2 【주민등록번호의 사용 제한】 ① 정보통신서비스 제공자는 다음 각 호의 어느 하나에 해당하는 경우를 제외하고는 이용자의 주민등록번호를 수집·이용할 수 없다.
1. 제23조의3에 따라 본인확인기관으로 지정받은 경우
2. (2020.2.4 삭제)
3. 「전기통신사업법」 제38조제1항에 따라 기간통신사업자로부터 이동통신서비스 등을 제공받아 재판매하는 전기통신사업자가 제23조의3에 따라 본인확인기관으로 지정받은 이동통신사업자의 본인확인업무 수행과 관련하여 이용자의 주민등록번호를 수집·이용하는 경우(2020.2.4 본호개정)
② 제1항제3호에 따라 주민등록번호를 수집·이용할 수 있는 경우에도 이용자의 주민등록번호를 사용하지 아니하고 본인을 확인하는 방법(이하 "대체수단"이라 한다)을 제공하여야 한다.
(2020.2.4 본항개정)
(2012.2.17 본조개정)
제23조의3 【본인확인기관의 지정 등】 ① 방송통신위원회는 다음 각 호의 사항을 심사하여 대체수단의 개발·제공·관리 업무(이하 "본인확인업무"라 한다)를 안전하고 신뢰성 있게 수행할 능력이 있다고 인정되는 자를 본인확인기관으로 지정할 수 있다.
1. 본인확인업무의 안전성 확보를 위한 물리적·기술적·관리적 조치계획
2. 본인확인업무의 수행을 위한 기술적·재정적 능력
3. 본인확인업무 관련 설비규모의 적정성
② 본인확인기관이 본인확인업무의 전부 또는 일부를 휴지하고자 하는 때에는 휴지기간을 정하여 휴지하고자 하는 날의 30일 전까지 이를 이용자에게 통보하고 방송통신위원회에 신고하여야 한다. 이 경우 휴지기간은 6개월을 초과할 수 없다.
③ 본인확인기관이 본인확인업무를 폐지하고자 하는 때에는 폐지하고자 하는 날의 60일 전까지 이를 이용자에게 통보하고 방송통신위원회에 신고하여야 한다.
④ 제1항부터 제3항까지의 규정에 따른 심사사항별 세부 심사기준·지정절차 및 휴지·폐지 등에 관하여 필요한 사항은 대통령령으로 정한다.
(2011.4.5 본조신설)
제23조의4 【본인확인업무의 정지 및 지정취소】 ① 방송통신위원회는 본인확인기관이 다음 각 호의 어느 하나에 해당하는 때에는 6개월 이내의 기간을 정하여 본인확인업무의 전부 또는 일부의 정지를 명하거나 지정을 취소할 수 있다. 다만, 제1호 또는 제2호에 해당하는 때에는 그 지정을 취소하여야 한다.
1. 거짓이나 그 밖의 부정한 방법으로 본인확인기관의 지정을 받은 경우
2. 본인확인업무의 정지명령을 받은 자가 그 명령을 위반하여 업무를 정지하지 아니한 경우
3. 지정받은 날부터 6개월 이내에 본인확인업무를 개시하지 아니하거나 6개월 이상 계속하여 본인확인업무를 휴지한 경우
4. 제23조의3제4항에 따른 지정기준에 적합하지 아니하게 된 경우
② 제1항에 따른 처분의 기준, 절차 및 그 밖에 필요한 사항은 대통령령으로 정한다.
(2011.4.5 본조신설)
제23조의5 【연계정보의 생성·처리 등】 ① 본인확인기관은 다음 각 호의 어느 하나에 해당하는 경우를 제외하고는 정보통신서비스 제공자의 서비스 연계를 위하여 이용자의 주민등록번호를 비가역적으로 암호화한 정보(이하 "연계정보"라 한다)를 생성 또는 제공·이용·대조·연계 등 그 밖에 이와 유사한 행위(이하 "처리"라 한다)를 할 수 없다.
1. 이용자가 입력한 정보를 이용하여 이용자를 안전하게 식별·인증하기 위한 서비스를 제공하는 경우
2. 「개인정보 보호법」 제24조에 따른 고유식별정보(이하 이 조에서 "고유식별정보"라 한다)를 보유한 행정기관 및 공공기관(이하 "행정기관등"이라 한다)이 연계정보를 활용하여 「전자정부법」 제2조제5호에 따른 전자정부서비스를 제공하기 위한 경우로서 다음 각 목의 어느 하나에 해당하는 경우
가. 「전자정부법」 제2조제4호에 따른 중앙사무관장기관의 장이 행정기관등의 이용자 식별을 통합적으로 지원하기 위하여 연계정보 생성·처리를 요청한 경우
나. 행정기관등이 고유식별정보 처리 목적 범위에서 불가피하게 이용자의 동의를 받지 아니하고 연계정보 생성·처리를 요청한 경우
3. 고유식별정보를 보유한 자가 「개인정보 보호법」 제35조의2에 따른 개인정보 전송의무를 수행하기 위하여 개인정보 전송을 요구한 정보주체의 연계정보 생성·처리를 요청한 경우 (법률 제19234호 개인정보 보호법 공포 후 1년이 경과한 날부터 공포 후 2년이 넘지 아니하는 범위에서 대통령령으로 정하는 날 시행)
4. 「개인정보 보호법」 제24조의2제1항 각 호에 따라 주민등록번호 처리가 허용된 경우로서 이용자의 동의를 받지 아니하고 연계정보 생성·처리가 불가피한 대통령령으로 정하는 정보통신서비스를 제공하기 위하여 본인확인기관과 해당 정보통신서비스 제공자가 함께 방송통신위원회의 승인을 받은 경우
② 방송통신위원회는 제1항제4호에 따라 연계정보의 생성·처리를 승인하려는 경우 다음 각 호의 사항을 종합적으로 심사하여야 한다.
1. 제공 서비스 구현의 적절성 및 혁신성
2. 연계정보 생성·처리 절차의 적절성
3. 연계정보 생성·처리의 안전성 확보를 위한 물리적·기술적·관리적 조치 계획
4. 이용자 권리 보호 방안의 적절성
5. 관련 시장과 이용자 편익에 미치는 영향 및 효과
③ 방송통신위원회는 다음 각 호의 어느 하나에 해당하는 경우에 제1항제4호에 따른 연계정보 생성·처리 승인을 취소할 수 있다. 다만, 제1호에 해당하는 경우에는 그 승인을 취소하여야 한다.
1. 거짓이나 그 밖의 부정한 방법으로 제1항제4호에 따른 연계정보 생성·처리 승인을 받은 경우
2. 제2항 각 호에 따른 심사사항에 부적합하게 된 경우
3. 제23조의6제1항에 따른 물리적·기술적·관리적 조치 의무를 위반한 경우
4. 개인정보 보호 관련 법령을 위반하고 그 위반사유가 중대한 경우
④ 제1항 각 호에 따른 서비스를 위하여 본인확인기관으로부터 연계정보를 제공받은 자(이하 "연계정보 이용기관"이라 한다)는 제공받은 목적 범위에서 연계정보를 처리할 수 있다. 다만, 정보주체에게 별도로 동의받은 경우에는 동의받은 목적 범위에서 연계정보를 처리할 수 있다.
⑤ 제1항부터 제4항까지에 따른 연계정보 생성·처리 승인 절차, 승인 심사사항별 세부심사기준, 승인취소 처분의 기준 등에 관하여 필요한 사항은 대통령령으로 정한다.
(2024.1.23 본조신설)
제23조의6 【연계정보의 안전조치 의무 등】 ① 본인확인기관이 연계정보를 생성·처리하는 경우 「개인정보 보호법」 제29조에 따른 조치 외에 연계정보 생성·처리의 안전성 확보를 위한 물리적·기술적·관리적 조치를 하여야 한다.
② 연계정보 이용기관은 제23조의5제1항 각 호에 따른 서비스

를 제공하는 경우 「개인정보 보호법」 제29조에 따른 조치 외에 연계정보를 주민등록번호와 분리하여 보관·관리하고 연계정보가 분실·도난·유출·위조·변조 또는 훼손되지 아니하도록 조치(이하 "안전조치"라 한다)하여야 한다.
③ 방송통신위원회는 생성·처리하는 연계정보의 규모, 매출액 등이 대통령령으로 정하는 기준에 해당하는 본인확인기관의 물리적·기술적·관리적 조치 및 연계정보 이용기관의 안전조치에 대한 운영·관리 실태를 점검할 수 있다.
④ 방송통신위원회는 제3항에 따른 점검에 관한 업무를 대통령령으로 정하는 전문기관에 위탁할 수 있다.
⑤ 제1항에 따른 물리적·기술적·관리적 조치와 제2항에 따른 안전조치에 관하여 필요한 사항은 대통령령으로 정한다.
(2024.1.23 본조신설)
제24조~제32조의4 (2020.2.4 삭제)
제32조의5【국내대리인의 지정】 ① 국내에 주소 또는 영업소가 없는 정보통신서비스 제공자등으로서 이용자 수, 매출액 등을 고려하여 대통령령으로 정하는 기준에 해당하는 자는 다음 각 호의 사항을 대리하는 자(이하 "국내대리인"이라 한다)를 서면으로 지정하여야 한다.
1.~2. (2020.2.4 삭제)
3. 제64조제1항에 따른 관계 물품·서류 등의 제출
② 국내대리인은 국내에 주소 또는 영업소가 있는 자로 한다.
③ 제1항에 따라 국내대리인을 지정한 때에는 다음 각 호의 사항 모두를 인터넷 사이트 등에 공개하여야 한다.(2020.2.4 본문개정)
1. 국내대리인의 성명(법인의 경우에는 그 명칭 및 대표자의 성명을 말한다)
2. 국내대리인의 주소(법인의 경우에는 영업소 소재지를 말한다), 전화번호 및 전자우편 주소
④ 국내대리인이 제1항 각 호와 관련하여 이 법을 위반한 경우에는 정보통신서비스 제공자등이 그 행위를 한 것으로 본다.
(2018.9.18 본조신설)
제33조~제40조 (2011.3.29 삭제)

제5장 정보통신망에서의 이용자 보호 등
(2008.6.13 본장개정)

제41조【청소년 보호를 위한 시책의 마련 등】 ① 방송통신위원회는 정보통신망을 통하여 유통되는 음란·폭력정보 등 청소년에게 해로운 정보(이하 "청소년유해정보"라 한다)로부터 청소년을 보호하기 위하여 다음 각 호의 시책을 마련하여야 한다.
1. 내용 선별 소프트웨어의 개발 및 보급
2. 청소년 보호를 위한 기술의 개발 및 보급
3. 청소년 보호를 위한 교육 및 홍보
4. 그 밖에 청소년 보호를 위하여 대통령령으로 정하는 사항
② 방송통신위원회는 제1항에 따른 시책을 추진할 때에는 「방송통신위원회의 설치 및 운영에 관한 법률」 제18조에 따른 방송통신심의위원회(이하 "심의위원회"라 한다), 정보통신서비스 제공자단체·이용자단체, 그 밖의 관련 전문기관이 실시하는 청소년 보호를 위한 활동을 지원할 수 있다.
제42조【청소년유해매체물의 표시】 전기통신사업자의 전기통신역무를 이용하여 일반에게 공개를 목적으로 정보를 제공하는 자(이하 "정보제공자"라 한다) 중 「청소년 보호법」 제2조제2호마목에 따른 매체물로서 같은 법 제2조제3호에 따른 청소년유해매체물을 제공하려는 자는 대통령령으로 정하는 표시방법에 따라 그 정보가 청소년유해매체물임을 표시하여야 한다.
(2011.9.15 본조개정)
제42조의2【청소년유해매체물의 광고금지】 누구든지 「청소년 보호법」 제2조제2호마목에 따른 매체물로서 같은 법 제2조제3호에 따른 청소년유해매체물을 광고하는 내용의 정보를 정보통신망을 이용하여 부호·문자·음성·음향·화상 또는 영상 등의 형태로 같은 법 제2조제1호에 따른 청소년에게 전송하거나 청소년 접근을 제한하는 조치 없이 공개적으로 전시하여서는 아니 된다.(2011.9.15 본조개정)
제42조의3【청소년 보호 책임자의 지정 등】 ① 정보통신서비스 제공자 중 일일 평균 이용자의 수, 매출액 등이 대통령령으로 정하는 기준에 해당하는 자는 정보통신망의 청소년유해정보로부터 청소년을 보호하기 위하여 청소년 보호 책임자를 지정하여야 한다.
② 청소년 보호 책임자는 해당 사업자의 임원 또는 청소년 보호와 관련된 업무를 담당하는 부서의 장에 해당하는 지위에 있는 자 중에서 지정한다.
③ 청소년 보호 책임자는 정보통신망의 청소년유해정보를 차단·관리하고, 청소년유해정보로부터의 청소년 보호계획을 수립하는 등 청소년 보호업무를 하여야 한다.
④ 제1항에 따른 청소년 보호 책임자의 지정에 필요한 사항은 대통령령으로 정한다.
제43조【영상 또는 음향정보 제공사업자의 보관의무】 ① 「청소년 보호법」 제2조제2호마목에 따른 매체물로서 같은 법 제2조제3호에 따른 청소년유해매체물을 이용자의 컴퓨터에 저장 또는 기록되지 아니하는 방식으로 제공하는 것을 영업으로 하는 정보제공자 중 대통령령으로 정하는 자는 해당 정보를 보관하여야 한다.(2011.9.15 본항개정)
② 제1항에 따른 정보제공자가 해당 정보를 보관하여야 할 기간은 대통령령으로 정한다.
제44조【정보통신망에서의 권리보호】 ① 이용자는 사생활 침해 또는 명예훼손 등 타인의 권리를 침해하는 정보를 정보통신망에 유통시켜서는 아니 된다.
② 정보통신서비스 제공자는 자신이 운영·관리하는 정보통신망에 제1항에 따른 정보가 유통되지 아니하도록 노력하여야 한다.
③ 방송통신위원회는 정보통신망에 유통되는 정보로 인한 사생활 침해 또는 명예훼손 등 타인에 대한 권리침해를 방지하기 위하여 기술개발·교육·홍보 등에 대한 시책을 마련하고 이를 정보통신서비스 제공자에게 권고할 수 있다.(2014.5.28 본항개정)
제44조의2【정보의 삭제요청 등】 ① 정보통신망을 통하여 일반에게 공개를 목적으로 제공된 정보로 사생활 침해나 명예훼손 등 타인의 권리가 침해된 경우 그 침해를 받은 자는 해당 정보를 처리한 정보통신서비스 제공자에게 침해사실을 소명하여 그 정보의 삭제 또는 반박내용의 게재(이하 "삭제등"이라 한다)를 요청할 수 있다. 이 경우 삭제등을 요청하는 자(이하 이 조에서 "신청인"이라 한다)는 문자메시지, 전자우편 등 그 처리 경과 및 결과를 통지받을 수단을 지정할 수 있으며, 해당 정보를 게재한 자(이하 이 조에서 "정보게재자"라 한다)는 문자메시지, 전자우편 등 제2항에 따른 조치 사실을 통지받을 수단을 미리 지정할 수 있다.(2023.1.3 후단신설)
② 정보통신서비스 제공자는 제1항에 따른 해당 정보의 삭제등을 요청받으면 지체 없이 삭제·임시조치 등의 필요한 조치를 하고 즉시 신청인 및 정보게재자에게 알려야 한다. 이 경우 정보통신서비스 제공자는 필요한 조치를 한 사실을 해당 게시판에 공시하는 등의 방법으로 이용자가 알 수 있도록 하여야 한다.
③ 정보통신서비스 제공자는 자신이 운영·관리하는 정보통신망에 제42조에 따른 표시방법을 지키지 아니하는 청소년유해매체물이 게재되어 있거나 제42조의2에 따른 청소년 접근을 제한하는 조치 없이 청소년유해매체물을 광고하는 내용이 전시되어 있는 경우에는 지체 없이 그 내용을 삭제하여야 한다.
④ 정보통신서비스 제공자는 제1항에 따른 정보의 삭제요청에도 불구하고 권리의 침해 여부를 판단하기 어렵거나 이해당사자 간에 다툼이 예상되는 경우에는 해당 정보에 대한 접근을 임시적으로 차단하는 조치(이하 "임시조치"라 한다)를 할 수 있다. 이 경우 임시조치의 기간은 30일 이내로 한다.
⑤ 정보통신서비스 제공자는 필요한 조치에 관한 내용·절차 등을 미리 약관에 구체적으로 밝혀야 한다.
⑥ 정보통신서비스 제공자는 자신이 운영·관리하는 정보통신망에 유통되는 정보에 대하여 제2항에 따른 필요한 조치를 하면 이로 인한 배상책임을 줄이거나 면제받을 수 있다.
제44조의3【임의의 임시조치】 ① 정보통신서비스 제공자는 자신이 운영·관리하는 정보통신망에 유통되는 정보가 사생활 침해 또는 명예훼손 등 타인의 권리를 침해한다고 인정되면 임의로 임시조치를 할 수 있다.

② 제1항에 따른 임시조치에 관하여는 제44조의2제2항 후단, 제4항 후단 및 제5항을 준용한다.

제44조의4【자율규제】 ① 정보통신서비스 제공자단체는 이용자를 보호하고 안전하며 신뢰할 수 있는 정보통신서비스를 제공하기 위하여 정보통신서비스 제공자 행동강령을 정하여 시행할 수 있다.

② 정보통신서비스 제공자단체는 다음 각 호의 어느 하나에 해당하는 정보가 정보통신망에 유통되지 아니하도록 모니터링 등 자율규제 가이드라인을 정하여 시행할 수 있다.

1. 청소년유해정보
2. 제44조의7에 따른 불법정보

(2018.12.24 본항신설)

③ 정부는 제2항 각 호의 어느 하나에 해당하는 정보의 효과적인 유통 방지를 위하여 필요한 경우 정보통신서비스 제공자단체에 자율규제 가이드라인의 개선·보완을 권고할 수 있다.
(2024.12.3 본항신설)

④ 정부는 제1항 및 제2항에 따른 정보통신서비스 제공자단체의 자율규제를 위한 활동을 지원할 수 있다.(2018.12.24 본항신설)

제44조의5【게시판 이용자의 본인 확인】 ① 다음 각 호의 어느 하나에 해당하는 자가 게시판을 설치·운영하려면 그 게시판 이용자의 본인 확인을 위한 방법 및 절차의 마련 등 대통령령으로 정하는 필요한 조치(이하 "본인확인조치"라 한다)를 하여야 한다.

1. 국가기관, 지방자치단체, 「공공기관의 운영에 관한 법률」 제5조제3항에 따른 공기업·준정부기관 및 「지방공기업법」에 따른 지방공사·지방공단(이하 "공공기관등"이라 한다)
2. (2014.5.28 삭제)

② (2014.5.28 삭제)

③ 정부는 제1항에 따른 본인 확인을 위하여 안전하고 신뢰할 수 있는 시스템을 개발하기 위한 시책을 마련하여야 한다.

④ 공공기관등이 선량한 관리자의 주의로써 제1항에 따른 본인확인조치를 한 경우에는 이용자의 명의가 제3자에 의하여 부정사용됨에 따라 발생한 손해에 대한 배상책임을 줄이거나 면제받을 수 있다.(2014.5.28 본항개정)

제44조의6【이용자 정보의 제공청구】 ① 특정한 이용자에 의한 정보의 게재나 유통으로 사생활 침해 또는 명예훼손 등 권리를 침해당하였다고 주장하는 자는 민·형사상의 소를 제기하기 위하여 침해사실을 소명하여 제44조의10에 따른 명예훼손 분쟁조정부에 해당 정보통신서비스 제공자가 보유하고 있는 해당 이용자의 정보(민·형사상의 소를 제기하기 위한 성명·주소 등 대통령령으로 정하는 최소한의 정보를 말한다)를 제공하도록 청구할 수 있다.

② 명예훼손 분쟁조정부는 제1항에 따른 청구를 받으면 해당 이용자와 연락할 수 없는 등의 특별한 사정이 있는 경우 외에는 그 이용자의 의견을 들어 정보제공 여부를 결정하여야 한다.

③ 제1항에 따라 해당 이용자의 정보를 제공받은 자는 해당 이용자의 정보를 민·형사상의 소를 제기하기 위한 목적 외의 목적으로 사용하여서는 아니 된다.

④ 그 밖의 이용자 정보 제공청구의 내용과 절차에 필요한 사항은 대통령령으로 정한다.

제44조의7【불법정보의 유통금지 등】 ① 누구든지 정보통신망을 통하여 다음 각 호의 어느 하나에 해당하는 정보를 유통하여서는 아니 된다.

1. 음란한 부호·문언·음향·화상 또는 영상을 배포·판매·임대하거나 공공연하게 전시하는 내용의 정보
2. 사람을 비방할 목적으로 공공연하게 사실이나 거짓의 사실을 드러내어 타인의 명예를 훼손하는 내용의 정보
3. 공포심이나 불안감을 유발하는 부호·문언·음향·화상 또는 영상을 반복적으로 상대방에게 도달하도록 하는 내용의 정보
4. 정당한 사유 없이 정보통신시스템, 데이터 또는 프로그램 등을 훼손·멸실·변경·위조하거나 그 운용을 방해하는 내용의 정보
5. 「청소년 보호법」에 따른 청소년유해매체물로서 상대방의 연령 확인, 표시의무 등 법령에 따른 의무를 이행하지 아니하고 영리를 목적으로 제공하는 내용의 정보(2011.9.15 본호개정)
6. 법령에 따라 금지되는 사행행위에 해당하는 내용의 정보

6의2. 이 법 또는 개인정보 보호에 관한 법령을 위반하여 개인정보를 거래하는 내용의 정보(2016.3.22 본호신설)

6의3. 총포·화약류(생명·신체에 위해를 끼칠 수 있는 폭발력을 가진 물건을 포함한다)를 제조할 수 있는 방법이나 설계도 등의 정보(2018.6.12 본호신설)

6의4. 「마약류 관리에 관한 법률」에서 금지하는 마약류의 사용, 제조, 매매 또는 매매의 알선 등에 해당하는 내용의 정보(2025.1.21 본호신설)

7. 법령에 따라 분류된 비밀 등 국가기밀을 누설하는 내용의 정보
8. 「국가보안법」에서 금지하는 행위를 수행하는 내용의 정보
9. 그 밖에 범죄를 목적으로 하거나 교사(敎唆) 또는 방조하는 내용의 정보

② 방송통신위원회는 제1항제1호부터 제6호까지, 제6호의2부터 제6호의4까지의 정보에 대하여는 심의위원회의 심의를 거쳐 정보통신서비스 제공자 또는 게시판 관리·운영자로 하여금 그 처리를 거부·정지 또는 제한하도록 명할 수 있다. 다만, 제1항제2호 및 제3호에 따른 정보의 경우에는 해당 정보로 인하여 피해를 받은 자가 구체적으로 밝힌 의사에 반하여 그 처리의 거부·정지 또는 제한을 명할 수 없다.(2025.1.21 본문개정)

③ 방송통신위원회는 제1항제7호부터 제9호까지의 정보가 다음 각 호의 모두에 해당하는 경우에는 정보통신서비스 제공자 또는 게시판 관리·운영자에게 해당 정보의 처리를 거부·정지 또는 제한하도록 명하여야 한다.(2016.3.22 본문개정)

1. 관계 중앙행정기관의 장의 요청[제1항제9호의 정보 중 「성폭력범죄의 처벌 등에 관한 특례법」 제14조 및 제14조의2에 따른 촬영물·편집물·합성물·가공물 또는 복제물(복제물의 복제물을 포함한다)과 「아동·청소년의 성보호에 관한 법률 제2조제5호에 따른 아동·청소년성착취물에 대하여는 수사기관의 장의 요청을 포함한다]이 있었을 것(2024.12.3 본호개정)
2. 제1호의 요청을 받은 날부터 7일 이내에 심의위원회의 심의를 거친 후 「방송통신위원회의 설치 및 운영에 관한 법률」 제21조제4호에 따른 시정 요구를 하였을 것
3. 정보통신서비스 제공자나 게시판 관리·운영자가 시정 요구에 따르지 아니하였을 것

④ 방송통신위원회는 제2항 및 제3항에 따른 명령의 대상이 되는 정보통신서비스 제공자, 게시판 관리·운영자 또는 해당 이용자에게 미리 의견제출의 기회를 주어야 한다. 다만, 다음 각 호의 어느 하나에 해당하는 경우에는 의견제출의 기회를 주지 아니할 수 있다.

1. 공공의 안전 또는 복리를 위하여 긴급히 처분을 할 필요가 있는 경우
2. 의견청취가 뚜렷이 곤란하거나 명백히 불필요한 경우로서 대통령령으로 정하는 경우
3. 의견제출의 기회를 포기한다는 뜻을 명백히 표시한 경우

⑤ 국내에 데이터를 임시적으로 저장하는 서버를 설치·운영하는 정보통신서비스 제공자 중 사업의 종류 및 규모 등이 대통령령으로 정하는 기준에 해당하는 자는 제1항 각 호에 해당하는 정보의 유통을 방지하기 위하여 다음 각 호의 기술적·관리적 조치를 하여야 한다.

1. 제2항 및 제3항에 따른 심의위원회의 심의를 거친 제1항 각 호의 정보가 서버에 저장되어 있는지 식별하여 신속하게 접근을 제한하는 조치
2. 제1호에 따라 식별한 정보의 게재자에게 해당 정보의 유통금지를 요청하는 조치
3. 제1호에 따른 조치의 운영·관리 실태를 시스템에 자동으로 기록되도록 하고, 이를 대통령령으로 정하는 기간 동안 보관하는 조치
4. 그 밖에 제1항 각 호에 해당하는 정보의 유통을 방지하기 위하여 필요한 대통령령으로 정하는 조치

(2024.1.23 본항신설)

제44조의8【대화형정보통신서비스에서의 아동 보호】 정보통신서비스 제공자는 만 14세 미만의 아동에게 문자·음성을 이용하여 사람과 대화하는 방식으로 정보를 처리하는 시스템을

기반으로 하는 정보통신서비스를 제공하는 경우에는 그 아동에게 부적절한 내용의 정보가 제공되지 아니하도록 노력하여야 한다.(2018.12.24 본조신설)

제44조의9【불법촬영물등 유통방지 책임자】 ① 정보통신서비스 제공자 중 일일 평균 이용자의 수, 매출액, 사업의 종류 등이 대통령령으로 정하는 기준에 해당하는 자는 자신이 운영·관리하는 정보통신망을 통하여 일반에게 공개되어 유통되는 정보 중 다음 각 호의 정보(이하 "불법촬영물등"이라 한다)의 유통을 방지하기 위한 책임자(이하 "불법촬영물등 유통방지 책임자"라 한다)를 지정하여야 한다.

1. 「성폭력범죄의 처벌 등에 관한 특례법」 제14조에 따른 촬영물 또는 복제물(복제물의 복제물을 포함한다)
2. 「성폭력범죄의 처벌 등에 관한 특례법」 제14조의2에 따른 편집물·합성물·가공물 또는 복제물(복제물의 복제물을 포함한다)
3. 「아동·청소년의 성보호에 관한 법률」 제2조제5호에 따른 아동·청소년성착취물

② 불법촬영물등 유통방지 책임자는 「전기통신사업법」 제22조의5제1항에 따른 불법촬영물등의 삭제·접속차단 등 유통방지에 필요한 조치 업무를 수행한다.

③ 불법촬영물등 유통방지 책임자의 수 및 자격요건, 불법촬영물등 유통방지 책임자에 대한 교육 등에 관하여 필요한 사항은 대통령령으로 정한다.

(2020.6.9 본조신설)

제44조의10【명예훼손 분쟁조정부】 ① 심의위원회는 정보통신망을 통하여 유통되는 정보 중 사생활의 침해 또는 명예훼손 등 타인의 권리를 침해하는 정보와 관련된 분쟁의 조정업무를 효율적으로 수행하기 위하여 5명 이하의 위원으로 구성된 명예훼손 분쟁조정부를 두되, 그중 1명 이상은 변호사의 자격이 있는 사람으로 한다.(2020.6.9 본항개정)

② 명예훼손 분쟁조정부의 위원은 심의위원회의 위원장이 심의위원회의 동의를 받아 위촉한다.

③ 명예훼손 분쟁조정부의 분쟁조정절차 등에 관하여는 제33조의2제2항, 제35조부터 제39조까지의 규정을 준용한다. 이 경우 "분쟁조정위원회"는 "심의위원회"로, "개인정보와 관련한 분쟁"은 "정보통신망을 통하여 유통되는 정보 중 사생활의 침해 또는 명예훼손 등 타인의 권리를 침해하는 정보와 관련된 분쟁"으로 본다.

④ 명예훼손 분쟁조정부의 설치·운영 및 분쟁조정 등에 관하여 그 밖의 필요한 사항은 대통령령으로 정한다.

제6장 정보통신망의 안정성 확보 등

(2008.6.13 본장개정)

제45조【정보통신망의 안정성 확보 등】 ① 다음 각 호의 어느 하나에 해당하는 자는 정보통신서비스의 제공에 사용되는 정보통신망의 안정성 및 정보의 신뢰성을 확보하기 위한 보호조치를 하여야 한다.(2020.6.9 본문개정)

1. 정보통신서비스 제공자(2020.6.9 본호신설)
2. 정보통신망에 연결되어 정보를 송·수신할 수 있는 기기·설비·장비 중 대통령령으로 정하는 기기·설비·장비(이하 "정보통신망연결기기등"이라 한다)를 제조하거나 수입하는 자(2020.6.9 본호신설)

② 과학기술정보통신부장관은 제1항에 따른 보호조치의 구체적 내용을 정한 정보보호조치에 관한 지침(이하 "정보보호지침"이라 한다)을 정하여 고시하고 제1항 각 호의 어느 하나에 해당하는 자에게 이를 지키도록 권고할 수 있다.(2020.6.9 본항개정)

③ 정보보호지침에는 다음 각 호의 사항이 포함되어야 한다.

1. 정당한 권한이 없는 자가 정보통신망에 접근·침입하는 것을 방지하거나 대응하기 위한 정보보호시스템의 설치·운영 등 기술적·물리적 보호조치
2. 정보의 불법 유출·위조·변조·삭제 등을 방지하기 위한 기술적 보호조치(2016.3.22 본호개정)
3. 정보통신망의 지속적인 이용이 가능한 상태를 확보하기 위한 기술적·물리적 보호조치
4. 정보통신망의 안정 및 정보보호를 위한 인력·조직·경비의 확보 및 관련 계획수립 등 관리적 보호조치
5. 정보통신망연결기기등의 정보보호를 위한 기술적 보호조치(2020.6.9 본호신설)

④ 과학기술정보통신부장관은 관계 중앙행정기관의 장에게 소관 분야의 정보통신망연결기기등과 관련된 시험·검사·인증 등의 기준에 정보보호지침의 내용을 반영할 것을 요청할 수 있다.(2020.6.9 본항신설)

제45조의2【정보보호 사전점검】 ① 정보통신서비스 제공자는 새로이 정보통신망을 구축하거나 정보통신서비스를 제공하고자 하는 때에는 그 계획 또는 설계에 정보보호에 관한 사항을 고려하여야 한다.

② 과학기술정보통신부장관은 다음 각 호의 어느 하나에 해당하는 정보통신서비스 또는 전기통신사업을 시행하고자 하는 자에게 대통령령으로 정하는 정보보호 사전점검기준에 따라 보호조치를 하도록 권고할 수 있다.

1. 이 법 또는 다른 법령에 따라 과학기술정보통신부장관의 인가·허가를 받거나 등록·신고를 하도록 되어 있는 사업으로서 대통령령으로 정하는 정보통신서비스 또는 전기통신사업
2. 과학기술정보통신부장관이 사업비의 전부 또는 일부를 지원하는 사업으로서 대통령령으로 정하는 정보통신서비스 또는 전기통신사업

(2017.7.26 본항개정)

③ 제2항에 따른 정보보호 사전점검의 기준·방법·절차·수수료 등 필요한 사항은 대통령령으로 정한다.

(2012.2.17 본조신설)

제45조의3【정보보호 최고책임자의 지정 등】 ① 정보통신서비스 제공자는 정보통신시스템 등에 대한 보안 및 정보의 안전한 관리를 위하여 대통령령으로 정하는 기준에 해당하는 임직원을 정보보호 최고책임자로 지정하고 과학기술정보통신부장관에게 신고하여야 한다. 다만, 자산총액, 매출액 등이 대통령령으로 정하는 기준에 해당하는 정보통신서비스 제공자의 경우에는 정보보호 최고책임자를 신고하지 아니할 수 있다.

(2021.6.8 본항개정)

② 제1항에 따른 신고의 방법 및 절차 등에 대해서는 대통령령으로 정한다.(2014.5.28 본항신설)

③ 제1항 본문에 따라 지정 및 신고된 정보보호 최고책임자(자산총액, 매출액 등 대통령령으로 정하는 기준에 해당하는 정보통신서비스 제공자의 경우로 한정한다)는 제4항의 업무 외의 다른 업무를 겸직할 수 없다.(2018.6.12 본항신설)

④ 정보보호 최고책임자의 업무는 다음 각 호와 같다.

1. 정보보호 최고책임자는 다음 각 목의 업무를 총괄한다.
   가. 정보보호 계획의 수립·시행 및 개선
   나. 정보보호 실태와 관행의 정기적인 감사 및 개선
   다. 정보보호 위험의 식별 평가 및 정보보호 대책 마련
   라. 정보보호 교육과 모의 훈련 계획의 수립 및 시행
2. 정보보호 최고책임자는 다음 각 목의 업무를 겸할 수 있다.
   가. 「정보보호산업의 진흥에 관한 법률」 제13조에 따른 정보보호 공시에 관한 업무
   나. 「정보통신기반 보호법」 제5조제5항에 따른 정보보호책임자의 업무
   다. 「전자금융거래법」 제21조의2제4항에 따른 정보보호최고책임자의 업무
   라. 「개인정보 보호법」 제31조제2항에 따른 개인정보 보호책임자의 업무
   마. 그 밖에 이 법 또는 관계 법령에 따라 정보보호를 위하여 필요한 조치의 이행

(2021.6.8 본항개정)

⑤ 정보통신서비스 제공자는 침해사고에 대한 공동 예방 및 대응, 필요한 정보의 교류, 그 밖에 대통령령으로 정하는 공동의 사업을 수행하기 위하여 제1항에 따른 정보보호 최고책임자를 구성원으로 하는 정보보호 최고책임자 협의회를 구성·운영할 수 있다.

⑥ 정부는 제5항에 따른 정보보호 최고책임자 협의회의 활동에 필요한 경비의 전부 또는 일부를 지원할 수 있다.(2018.6.12 본항개정)

⑦ 정보보호 최고책임자의 자격요건 등에 필요한 사항은 대통령령으로 정한다.(2018.6.12 본항신설)
(2012.2.17 본조신설)

제46조【집적된 정보통신시설의 보호】 ① 다음 각 호의 어느 하나에 해당하는 정보통신서비스 제공자 중 정보통신시설의 규모 등이 대통령령으로 정하는 기준에 해당하는 자(이하 "집적정보통신시설 사업자등"이라 한다)는 정보통신시설을 안정적으로 운영하기 위하여 대통령령으로 정하는 바에 따른 보호조치를 하여야 한다.(2023.1.3 본문개정)
1. 타인의 정보통신서비스 제공을 위하여 집적된 정보통신시설을 운영·관리하는 자(이하 "집적정보통신시설 사업자"라 한다)
2. 자신의 정보통신서비스 제공을 위하여 직접 집적된 정보통신시설을 운영·관리하는 자

(2023.1.3 1호~2호신설)
② 집적정보통신시설 사업자는 집적된 정보통신시설의 멸실, 훼손, 그 밖의 운영장애로 발생한 피해를 보상하기 위하여 대통령령으로 정하는 바에 따라 보험에 가입하여야 한다.
③ 과학기술정보통신부장관은 정기적으로 제1항에 따른 보호조치의 이행 여부를 점검하고, 보완이 필요한 사항에 대하여 집적정보통신시설 사업자등에게 시정을 명할 수 있다. 다만, 집적정보통신시설 사업자등에 대하여 「방송통신발전 기본법」 제36조의2제2항에 따른 점검을 실시한 사항의 경우에는 제1항에 따른 보호조치의 이행 여부 점검 사항에서 제외한다.
(2023.1.3 본항신설)
④ 과학기술정보통신부장관은 집적정보통신시설 사업자등에 해당하는지 여부의 확인 및 제3항에 따른 점검을 위하여 제1항 각 호의 어느 하나에 해당하는 정보통신서비스 제공자, 관계 중앙행정기관의 장, 지방자치단체의 장 및 「공공기관의 운영에 관한 법률」 제4조에 따라 공공기관으로 지정된 기관의 장에게 자료의 제출을 요구할 수 있다. 이 경우 자료제출 요구를 받은 자는 정당한 사유가 없으면 그 요구에 따라야 하며, 자료제출 요구의 절차·방법 등에 관하여는 제64조제6항 및 제9항부터 제11항까지를 준용한다.(2023.1.3 본항신설)
⑤ 제4항에 따라 제출받은 자료의 보호 및 폐기에 관하여는 제64조의2를 준용한다.(2023.1.3 본항신설)
⑥ 집적정보통신시설 사업자등은 재난이나 재해 및 그 밖의 물리적·기능적 결함 등으로 인하여 대통령령으로 정하는 기간 동안 정보통신서비스 제공의 중단이 발생한 때에는 그 중단 현황, 발생원인, 응급조치 및 복구대책을 지체 없이 과학기술정보통신부장관에게 보고하여야 한다. 이 경우 과학기술정보통신부장관은 집적된 정보통신시설의 복구 및 보호에 필요한 기술적 지원을 할 수 있다.(2023.1.3 본항신설)
⑦ 집적정보통신시설 사업자가 제공하는 집적된 정보통신시설을 임차한 정보통신서비스 제공자는 집적정보통신시설 사업자의 제1항에 따른 보호조치의 이행 등에 적극 협조하여야 하며, 제1항에 따른 보호조치에 필요한 설비를 직접 설치·운영하거나 출입 통제를 하는 등 임차시설을 배타적으로 운영·관리하는 경우에는 대통령령으로 정하는 바에 따라 보호조치의 이행, 재난 등으로 인한 서비스 중단 시 보고 등의 조치를 하여야 한다.(2023.1.3 본항신설)
⑧ 과학기술정보통신부장관은 제3항에 따른 점검과 제6항에 따른 기술적 지원에 관한 업무를 대통령령으로 정하는 전문기관에 위탁할 수 있다.(2023.1.3 본항신설)
⑨ 제3항에 따른 점검의 주기 및 방법, 제6항에 따른 보고의 방법, 그 밖에 필요한 사항은 대통령령으로 정한다.(2023.1.3 본항신설)

제46조의2【집적정보통신시설 사업자의 긴급대응】 ① 집적정보통신시설 사업자는 다음 각 호의 어느 하나에 해당하는 경우에는 이용약관으로 정하는 바에 따라 해당 서비스의 전부 또는 일부의 제공을 중단할 수 있다.
1. 집적정보통신시설을 이용하는 자(이하 "시설이용자"라 한다)의 정보시스템에서 발생한 이상현상으로 다른 시설이용자의 정보통신망 또는 집적된 정보통신시설의 정보통신망에 심각한 장애를 발생시킬 우려가 있다고 판단되는 경우
2. 외부에서 발생한 침해사고로 집적된 정보통신시설에 심각한 장애가 발생할 우려가 있다고 판단되는 경우
3. 중대한 침해사고가 발생하여 과학기술정보통신부장관이나 한국인터넷진흥원이 요청하는 경우(2017.7.26 본호개정)

② 집적정보통신시설 사업자는 제1항에 따라 해당 서비스의 제공을 중단하는 경우에는 중단사유, 발생일시, 기간 및 내용 등을 구체적으로 밝혀 시설이용자에게 즉시 알려야 한다.
③ 집적정보통신시설 사업자는 중단사유가 없어지면 즉시 해당 서비스의 제공을 재개하여야 한다.

제46조의3 (2012.2.17 삭제)

제47조【정보보호 관리체계의 인증】 ① 과학기술정보통신부장관은 정보통신망의 안정성·신뢰성 확보를 위하여 관리적·기술적·물리적 보호조치를 포함한 종합적 관리체계(이하 "정보보호 관리체계"라 한다)를 수립·운영하고 있는 자에 대하여 제4항에 따른 기준에 적합한지에 관하여 인증을 할 수 있다.
(2017.7.26 본항개정)
② 「전기통신사업법」 제2조제8호에 따른 전기통신사업자와 전기통신사업자의 전기통신역무를 이용하여 정보를 제공하거나 정보의 제공을 매개하는 자로서 다음 각 호의 어느 하나에 해당하는 자는 제1항에 따른 인증을 받아야 한다.(2015.12.1 본문개정)
1. 「전기통신사업법」 제6조제1항에 따른 등록을 한 자로서 대통령령으로 정하는 바에 따라 정보통신망서비스를 제공하는 자(이하 "주요정보통신서비스 제공자"라 한다)(2020.6.9 본호개정)
2. 집적정보통신시설 사업자
3. 전년도 매출액 또는 세입 등이 1,500억원 이상이거나 정보통신서비스 부문 전년도 매출액이 100억원 이상 또는 전년도 일일평균 이용자수 100만명 이상으로서, 대통령령으로 정하는 기준에 해당하는 자(2024.1.23 본호개정)

(2012.2.17 본항신설)
③ 과학기술정보통신부장관은 제2항에 따라 인증을 받아야 하는 자가 과학기술정보통신부령으로 정하는 바에 따라 국제표준 정보보호 인증을 받거나 정보보호 조치를 취한 경우에는 제1항에 따른 인증 심사의 일부를 생략할 수 있다. 이 경우 인증 심사의 세부 생략 범위에 대해서는 과학기술정보통신부장관이 정하여 고시한다.(2017.7.26 본항개정)
④ 과학기술정보통신부장관은 제1항에 따른 정보보호 관리체계 인증을 위하여 관리적·기술적·물리적 보호대책을 포함한 인증기준 등 그 밖에 필요한 사항을 정하여 고시할 수 있다.
(2017.7.26 본항개정)
⑤ 제1항에 따른 정보보호 관리체계 인증의 유효기간은 3년으로 한다. 다만, 제47조의5제1항에 따라 정보보호 관리등급을 받은 경우 그 유효기간 동안 제1항의 인증을 받은 것으로 본다.
(2012.2.17 본항신설)
⑥ 과학기술정보통신부장관은 한국인터넷진흥원 또는 과학기술정보통신부장관이 지정한 기관(이하 "정보보호 관리체계 인증기관"이라 한다)으로 하여금 제1항 및 제2항에 따른 인증에 관한 업무로서 다음 각 호의 업무를 수행하게 할 수 있다.
(2017.7.26 본문개정)
1. 인증 신청인이 수립한 정보보호 관리체계가 제4항에 따른 인증기준에 적합한지 여부를 확인하기 위한 심사(이하 "인증심사"라 한다)
2. 인증심사 결과의 심의
3. 인증서 발급·관리
4. 인증의 사후관리
5. 정보보호 관리체계 인증심사원의 양성 및 자격관리
6. 그 밖에 정보보호 관리체계 인증에 관한 업무

(2015.12.1 1호~6호신설)
⑦ 과학기술정보통신부장관은 인증에 관한 업무를 효율적으로 수행하기 위하여 필요한 경우 인증심사 업무를 수행하는 기관(이하 "정보보호 관리체계 심사기관"이라 한다)을 지정할 수 있다.(2017.7.26 본항개정)
⑧ 한국인터넷진흥원, 정보보호 관리체계 인증기관 및 정보보호 관리체계 심사기관은 정보보호 관리체계의 실효성 제고를 위하여 연 1회 이상 사후관리를 실시하고 그 결과를 과학기술정보통신부장관에게 통보하여야 한다.(2017.7.26 본항개정)

⑨ 제1항 및 제2항에 따라 정보보호 관리체계의 인증을 받은 자는 대통령령으로 정하는 바에 따라 인증의 내용을 표시하거나 홍보할 수 있다.(2012.2.17 본항개정)
⑩ 과학기술정보통신부장관은 다음 각 호의 어느 하나에 해당하는 사유를 발견한 경우에는 인증을 취소할 수 있다. 다만, 제1호에 해당하는 경우에는 인증을 취소하여야 한다.(2017.7.26 본문개정)
1. 거짓이나 그 밖의 부정한 방법으로 정보보호 관리체계 인증을 받은 경우
2. 제4항에 따른 인증기준에 미달하게 된 경우
3. 제8항에 따른 사후관리를 거부 또는 방해한 경우
(2015.12.1 2호~3호개정)
(2012.2.17 본항신설)
⑪ 제1항 및 제2항에 따른 인증의 방법·절차·범위·수수료, 제8항에 따른 사후관리의 방법·절차, 제10항에 따른 인증취소의 방법·절차, 그 밖에 필요한 사항은 대통령령으로 정한다.(2015.12.1 본항개정)
⑫ 정보보호 관리체계 인증기관 및 정보보호 관리체계 심사기관 지정의 기준·절차·유효기간 등에 필요한 사항은 대통령령으로 정한다.(2015.12.1 본항개정)
제47조의2【정보보호 관리체계 인증기관 및 정보보호 관리체계 심사기관의 지정취소 등】 ① 과학기술정보통신부장관은 제47조에 따라 정보보호 관리체계 인증기관 또는 정보보호 관리체계 심사기관으로 지정받은 법인 또는 단체가 다음 각 호의 어느 하나에 해당하면 그 지정을 취소하거나 1년 이내의 기간을 정하여 해당 업무의 전부 또는 일부의 정지를 명할 수 있다. 다만, 제1호나 제2호에 해당하는 경우에는 그 지정을 취소하여야 한다.(2017.7.26 본문개정)
1. 거짓이나 그 밖의 부정한 방법으로 정보보호 관리체계 인증기관 또는 정보보호 관리체계 심사기관의 지정을 받은 경우
2. 업무정지기간 중에 인증 또는 인증심사를 한 경우
3. 정당한 사유 없이 인증 또는 인증심사를 하지 아니한 경우
4. 제47조제11항을 위반하여 인증 또는 인증심사를 한 경우
5. 제47조제12항에 따른 지정기준에 적합하지 아니하게 된 경우
(2015.12.1 본항개정)
② 제1항에 따른 지정취소 및 업무정지 등에 필요한 사항은 대통령령으로 정한다.
(2015.12.1 본조제목개정)
제47조의3 (2020.2.4 삭제)
제47조의4【이용자의 정보보호】 ① 정부는 이용자의 정보보호에 필요한 기준을 정하여 이용자에게 권고하고, 침해사고의 예방 및 확산 방지를 위하여 취약점 점검, 기술 지원 등 필요한 조치를 할 수 있다.
② 정부는 제1항에 따른 조치에 관한 업무를 한국인터넷진흥원 또는 대통령령으로 정하는 전문기관에 위탁할 수 있다.
(2020.6.9 본항신설)
③ 주요정보통신서비스 제공자는 정보통신망에 중대한 침해사고가 발생하여 자신의 서비스를 이용하는 이용자의 정보시스템 또는 정보통신망 등에 심각한 장애가 발생할 가능성이 있으면 이용약관으로 정하는 바에 따라 그 이용자에게 보호조치를 취하도록 요청하고, 이를 이행하지 아니하는 경우에는 해당 정보통신망으로의 접속을 일시적으로 제한할 수 있다.
④「소프트웨어 진흥법」 제2조에 따른 소프트웨어사업자는 보안에 관한 취약점을 보완하는 프로그램을 제작하였을 때에는 한국인터넷진흥원에 알려야 하고, 그 소프트웨어 사용자에게는 제작한 날부터 1개월 이내에 2회 이상 알려야 한다.
(2020.6.9 본항개정)
⑤ 제3항에 따른 보호조치의 요청 등에 관하여 이용약관으로 정하여야 하는 구체적인 사항은 대통령령으로 정한다.
(2020.6.9 본항개정)
제47조의5【정보보호 관리등급 부여】 ① 제47조에 따라 정보보호 관리체계 인증을 받은 자는 기업의 통합적 정보보호 관리수준을 제고하고 이용자로부터 정보보호 서비스에 대한 신뢰를 확보하기 위하여 과학기술정보통신부장관으로부터 정보보호 관리등급을 받을 수 있다.(2017.7.26 본항개정)
② 과학기술정보통신부장관은 한국인터넷진흥원으로 하여금 제1항에 따른 등급 부여에 관한 업무를 수행하게 할 수 있다.
(2017.7.26 본항개정)
③ 제1항에 따라 정보보호 관리등급을 받은 자는 대통령령으로 정하는 바에 따라 해당 등급의 내용을 표시하거나 홍보에 활용할 수 있다.
④ 과학기술정보통신부장관은 다음 각 호의 어느 하나에 해당하는 사유를 발견한 경우에는 부여한 등급을 취소할 수 있다. 다만, 제1호에 해당하는 경우에는 부여한 등급을 취소하여야 한다.(2017.7.26 본문개정)
1. 거짓이나 그 밖의 부정한 방법으로 정보보호 관리등급을 받은 경우
2. 제5항에 따른 등급기준에 미달하게 된 경우
⑤ 제1항에 따른 등급 부여의 심사기준 및 등급 부여의 방법·절차·수수료, 등급의 유효기간, 제4항에 따른 등급취소의 방법·절차, 그 밖에 필요한 사항은 대통령령으로 정한다.
(2012.2.17 본조신설)
제47조의6【정보보호 취약점 신고자에 대한 포상】 ① 정부는 침해사고의 예방 및 피해 확산 방지를 위하여 정보통신서비스, 정보통신망연결기기등 또는 소프트웨어의 보안에 관한 취약점(이하 "정보보호 취약점"이라 한다)을 신고한 자에게 예산의 범위에서 포상금을 지급할 수 있다.
② 제1항에 따른 포상금의 지급 대상·기준 및 절차 등은 대통령령으로 정한다.
③ 정부는 제1항에 따른 포상금 지급에 관한 업무를 한국인터넷진흥원에 위탁할 수 있다.
(2022.6.10 본조신설)
제47조의7【정보보호 관리체계 인증의 특례】 ① 과학기술정보통신부장관은 제47조제1항 및 제2항에 따른 인증을 받으려는 자 중 다음 각 호의 어느 하나에 해당하는 자에 대하여 제47조에 따른 인증기준 및 절차 등을 완화하여 적용할 수 있다.
1.「중소기업기본법」 제2조제2항에 따른 소기업
2. 그 밖에 정보통신서비스의 규모 및 특성 등에 따라 대통령령으로 정하는 기준에 해당하는 자
② 과학기술정보통신부장관은 정보통신망의 안정성·신뢰성 확보를 위하여 제1항에 관련된 비용 및 기술 등 필요한 지원을 할 수 있다.
③ 과학기술정보통신부장관은 제1항에 따른 인증기준 및 절차 등 그 밖에 필요한 사항을 정하여 고시할 수 있다.
(2024.1.23 본조신설)
제48조【정보통신망 침해행위 등의 금지】 ① 누구든지 정당한 접근권한 없이 또는 허용된 접근권한을 넘어 정보통신망에 침입하여서는 아니 된다.
② 누구든지 정당한 사유 없이 정보통신시스템, 데이터 또는 프로그램 등을 훼손·멸실·변경·위조하거나 그 운용을 방해할 수 있는 프로그램(이하 "악성프로그램"이라 한다)을 전달 또는 유포하여서는 아니 된다.
③ 누구든지 정보통신망의 안정적 운영을 방해할 목적으로 대량의 신호 또는 데이터를 보내거나 부정한 명령을 처리하도록 하는 등의 방법으로 정보통신망에 장애가 발생하게 하여서는 아니 된다.
④ 누구든지 정당한 사유 없이 정보통신망의 정상적인 보호·인증 절차를 우회하여 정보통신망에 접근할 수 있도록 하는 프로그램이나 기술적 장치 등을 정보통신망 또는 이와 관련된 정보시스템에 설치하거나 이를 전달·유포하여서는 아니 된다.
(2024.1.23 본항신설)
판례 A는 회사 다면평가 열람용 인터넷 주소 일부 숫자를 바꿔 넣는 방법으로 다른 임직원의 평가 결과를 일일이 열어 보고 그 화면을 캡처하여 타인에게 전송하였다. 이 사건에서 정보통신망에 접근권한을 부여하거나 허용되는 범위를 설정하는 주체는 서비스제공자이다. 서비스제공자가 해당 임직원들에게 본인의 다면평가 결과가 게시된 인터넷 페이지의 주소만을 개별적으로 전달했다 하더라도 아무런 보호조치 없이 다면평가 결과가 게시된 인터넷 주소를 입력하는 방법만으로도 결과를 열람할 수 있도록 한 이상, 인터넷 페이지 접근권한을 임직원 본인으로 제한했다고 보기 어렵다. A는 인터넷 주소 일부를 변경해 입력한 것 외에 별도로 부정한 수단 또는 방법으로 볼 만한 행위를 하지 않았으므로 다면평가 결과를 부정한 수단 또는 방법으로 취득하거나 누설했다고 할 수 없다.(대판 2023.10.26, 2023도1086)

판례 악성 프로그램의 판단 기준 : 다른 사람에게 쪽지를 대량 발송하거나, 반복적으로 같은 내용의 글을 포털사이트 등에 올리는 기능을 담은 프로그램 등을 개발하여 판매한 사건에 대하여, 이와 같은 프로그램은 인터넷 커뮤니티 등에 업체나 상품 등을 광고하는데 사용하기 위한 것으로, 기본적으로 일반 사용자가 직접 작업하는 것과 동일한 경로와 방법으로 작업을 수행한다. 또한 이와 같은 프로그램을 이용하여 포털사이트 서버가 다운되는 등의 장애가 발생한다고 볼만한 증거도 없다. 어떤 프로그램이 악성 프로그램인지 판단할 때는 그 용도 및 기술적 구성, 작동 방식, 정보통신시스템 등에 미치는 영향, 프로그램 설치에 대한 운용자의 동의 여부 등을 종합적으로 고려해야 한다. 따라서 이와 같은 프로그램은 악성 프로그램으로 볼 수 없다.
(대판 2019.12.12, 2017도16520)

제48조의2【침해사고의 대응 등】 ① 과학기술정보통신부장관은 침해사고에 적절히 대응하기 위하여 다음 각 호의 업무를 수행하고, 필요하면 업무의 전부 또는 일부를 한국인터넷진흥원이 수행하도록 할 수 있다.(2017.7.26 본문개정)

1. 침해사고에 관한 정보의 수집·전파
2. 침해사고의 예보·경보
3. 침해사고에 대한 긴급조치
4. 그 밖에 대통령령으로 정하는 침해사고 대응조치

② 다음 각 호의 어느 하나에 해당하는 자는 대통령령으로 정하는 바에 따라 침해사고의 유형별 통계, 해당 정보통신망의 소통량 통계 및 접속경로별 이용 통계 등 침해사고 관련 정보를 과학기술정보통신부장관이나 한국인터넷진흥원에 제공하여야 한다.(2017.7.26 본문개정)

1. 주요정보통신서비스 제공자
2. 집적정보통신시설 사업자
3. 그 밖에 정보통신망을 운영하는 자로서 대통령령으로 정하는 자

③ 한국인터넷진흥원은 제2항에 따른 정보를 분석하여 과학기술정보통신부장관에게 보고하여야 한다.(2017.7.26 본항개정)

④ 과학기술정보통신부장관은 제2항에 따라 정보를 제공하여야 하는 사업자가 정당한 사유 없이 정보의 제공을 거부하거나 거짓 정보를 제공하면 상당한 기간을 정하여 그 사업자에게 시정을 명할 수 있다.(2017.7.26 본항개정)

⑤ 과학기술정보통신부장관이나 한국인터넷진흥원은 제2항에 따라 제공받은 정보를 침해사고의 대응을 위하여 필요한 범위에서만 정당하게 사용하여야 한다.(2017.7.26 본항개정)

⑥ 과학기술정보통신부장관이나 한국인터넷진흥원은 침해사고의 대응을 위하여 필요하면 제2항 각 호의 어느 하나에 해당하는 자에게 인력지원을 요청할 수 있다.(2017.7.26 본항개정)

제48조의3【침해사고의 신고 등】 ① 정보통신서비스 제공자는 침해사고가 발생하면 즉시 그 사실을 과학기술정보통신부장관이나 한국인터넷진흥원에 신고하여야 한다. 이 경우 정보통신서비스 제공자가 이미 다른 법률에 따른 침해사고 통지 또는 신고를 했으면 전단에 따른 신고를 한 것으로 본다.
(2022.6.10 본문개정)

1.~2. (2022.6.10 삭제)

② 과학기술정보통신부장관이나 한국인터넷진흥원은 제1항에 따라 침해사고의 신고를 받거나 침해사고를 알게 되면 제48조의2제1항 각 호에 따른 필요한 조치를 하여야 한다.(2017.7.26 본항개정)

③ 제1항 후단에 따라 침해사고의 통지 또는 신고를 받은 관계기관의 장은 이와 관련된 정보를 과학기술정보통신부장관 또는 한국인터넷진흥원에 지체 없이 공유하여야 한다.(2022.6.10 본항신설)

④ 제1항에 따른 신고의 시기, 방법 및 절차 등에 관하여 필요한 사항은 대통령령으로 정한다.(2024.2.13 본항신설)

제48조의4【침해사고의 원인 분석 등】 ① 정보통신서비스 제공자 등 정보통신망을 운영하는 자는 침해사고가 발생하면 침해사고의 원인을 분석하고 그 결과에 따라 피해의 확산 방지를 위하여 사고대응, 복구 및 재발 방지에 필요한 조치를 하여야 한다.(2022.6.10 본항개정)

② 과학기술정보통신부장관은 정보통신서비스 제공자의 정보통신망에 침해사고가 발생하면 그 침해사고의 원인을 분석하고 피해 확산 방지, 사고대응, 복구 및 재발 방지를 위한 대책을 마련하여 해당 정보통신서비스 제공자(공공기관등은 제외한다)에게 필요한 조치를 이행하도록 명령할 수 있다.
(2024.2.13 본항개정)

③ 과학기술정보통신부장관은 제2항에 따른 조치의 이행 여부를 점검하고, 보완이 필요한 사항에 대하여 해당 정보통신서비스 제공자에게 시정을 명할 수 있다.(2024.2.13 본항신설)

④ 과학기술정보통신부장관은 정보통신서비스 제공자의 정보통신망에 중대한 침해사고가 발생한 경우 제2항에 따른 원인 분석 및 대책 마련을 위하여 필요하면 정보보호에 전문성을 갖춘 민·관합동조사단을 구성하여 그 침해사고의 원인 분석을 할 수 있다.(2022.6.10 본항개정)

⑤ 과학기술정보통신부장관은 제2항에 따른 침해사고의 원인 분석 및 대책 마련을 위하여 필요하면 정보통신서비스 제공자에게 정보통신망의 접속기록 등 관련 자료의 보전을 명할 수 있다.(2022.6.10 본항개정)

⑥ 과학기술정보통신부장관은 제2항에 따른 침해사고의 원인 분석 및 대책 마련을 하기 위하여 필요하면 정보통신서비스 제공자에게 침해사고 관련 자료의 제출을 요구할 수 있으며, 중대한 침해사고의 경우 소속 공무원 또는 제4항에 따른 민·관합동조사단에게 관계인의 사업장에 출입하여 침해사고 원인을 조사하도록 할 수 있다. 다만, 「통신비밀보호법」 제2조제11호에 따른 통신사실확인자료에 해당하는 자료의 제출은 같은 법으로 정하는 바에 따른다.(2024.2.13 본문개정)

⑦ 과학기술정보통신부장관이나 민·관합동조사단은 제6항에 따라 제출받은 자료와 조사를 통하여 알게 된 정보를 침해사고의 원인 분석 및 대책 마련 외의 목적으로는 사용하지 못하며, 원인 분석이 끝난 후에는 즉시 파기하여야 한다.(2024.2.13 본항개정)

⑧ 제3항에 따른 점검의 방법·절차, 제4항에 따른 민·관합동조사단의 구성·운영, 제6항에 따라 제출된 자료의 보호 및 조사의 방법·절차 등에 필요한 사항은 대통령령으로 정한다.
(2024.2.13 본항개정)

제48조의5【정보통신망연결기기등 관련 침해사고의 대응 등】 ① 과학기술정보통신부장관은 정보통신망연결기기등과 관련된 침해사고가 발생하면 관계 중앙행정기관의 장과 협력하여 해당 침해사고의 원인을 분석할 수 있다.

② 과학기술정보통신부장관은 정보통신망연결기기등과 관련된 침해사고가 발생하여 국민의 생명·신체 또는 재산에 위험을 초래할 가능성이 있는 경우 관계 중앙행정기관의 장에게 다음 각 호의 조치를 하도록 요청할 수 있다.

1. 제47조의4제1항에 따른 취약점 점검, 기술 지원 등의 조치
2. 피해 확산을 방지하기 위하여 필요한 조치
3. 그 밖에 정보통신망연결기기등의 정보보호를 위한 제도의 개선

③ 과학기술정보통신부장관은 정보통신망연결기기등과 관련된 침해사고가 발생한 경우 해당 정보통신망연결기기등을 제조하거나 수입한 자에게 제품 취약점 개선 등 침해사고의 확대 또는 재발을 방지하기 위한 조치를 할 것을 권고할 수 있다.

④ 과학기술정보통신부장관은 대통령령으로 정하는 전문기관이 다음 각 호의 사업을 수행하는 데 필요한 비용을 지원할 수 있다.

1. 정보통신망연결기기등과 관련된 정보보호지침 마련을 위한 연구
2. 정보통신망연결기기등과 관련된 시험·검사·인증 등의 기준 개선 연구

(2020.6.9 본조신설)

제48조의6【정보통신망연결기기등에 관한 인증】 ① 과학기술정보통신부장관은 제4항에 따른 인증시험대행기관의 시험 결과 정보통신망연결기기등이 제2항에 따른 인증기준에 적합한 경우 정보보호인증을 할 수 있다.

② 과학기술정보통신부장관은 제1항에 따른 정보보호인증(이하 "정보보호인증"이라 한다)을 위하여 정보통신망의 안정성 및 정보의 신뢰성 확보 등에 관한 인증기준을 정하여 고시할 수 있다.

③ 과학기술정보통신부장관은 정보보호인증을 받은 자가 다음 각 호의 어느 하나에 해당하는 경우에는 그 정보보호인증을 취소할 수 있다. 다만, 제1호에 해당하는 경우에는 그 정보보호인증을 취소하여야 한다.

1. 거짓이나 그 밖의 부정한 방법으로 정보보호인증을 받은 경우
2. 제2항에 따른 인증기준에 미달하게 된 경우
④ 과학기술정보통신부장관은 정보통신망연결기기등이 제2항에 따른 인증기준에 적합한지 여부를 확인하는 시험을 효율적으로 수행하기 위하여 필요한 경우에는 대통령령으로 정하는 지정기준을 충족하는 기관을 인증시험대행기관으로 지정할 수 있다.
⑤ 과학기술정보통신부장관은 제4항에 따라 지정된 인증시험대행기관(이하 "인증시험대행기관"이라 한다)이 다음 각 호의 어느 하나에 해당하면 인증시험대행기관의 지정을 취소할 수 있다. 다만, 제1호에 해당하는 경우에는 그 지정을 취소하여야 한다.
1. 거짓이나 그 밖의 부정한 방법으로 지정을 받은 경우
2. 제4항에 따른 지정기준에 미달하게 된 경우
⑥ 과학기술정보통신부장관은 정보보호인증 및 정보보호인증 취소에 관한 업무를 한국인터넷진흥원에 위탁할 수 있다.
⑦ 정보보호인증·정보보호인증 취소의 절차 및 인증시험대행기관의 지정·지정취소의 절차 등에 관하여 필요한 사항은 대통령령으로 정한다.
(2020.6.9 본조신설)

제49조【비밀 등의 보호】 누구든지 정보통신망에 의하여 처리·보관 또는 전송되는 타인의 정보를 훼손하거나 타인의 비밀을 침해·도용 또는 누설하여서는 아니 된다.

제49조의2【속이는 행위에 의한 정보의 수집금지 등】 ① 누구든지 정보통신망을 통하여 속이는 행위로 다른 사람의 정보를 수집하거나 다른 사람이 정보를 제공하도록 유인하여서는 아니 된다.
② 정보통신서비스 제공자는 제1항을 위반한 사실을 발견하면 즉시 과학기술정보통신부장관 또는 한국인터넷진흥원에 신고하여야 한다.(2020.2.4 본항개정)
③ 과학기술정보통신부장관 또는 한국인터넷진흥원은 제2항에 따른 신고를 받거나 제1항을 위반한 사실을 알게 되면 다음 각 호의 필요한 조치를 하여야 한다.(2020.2.4 본문개정)
1. 위반 사실에 관한 정보의 수집·전파
2. 유사 피해에 대한 예보·경보
3. 정보통신서비스 제공자에게 다음 각 목의 사항 중 전부 또는 일부를 요청하는 등 피해 예방 및 피해 확산을 방지하기 위한 긴급조치(2022.6.10 본문개정)
가. 접속경로의 차단
나. 제1항의 위반행위에 이용된 전화번호에 대한 정보통신서비스의 제공 중지
다. 이용자에게 제1항의 위반행위에 노출되었다는 사실의 통지
(2022.6.10 가목~다목신설)
④ 과학기술정보통신부장관은 제3항제3호의 조치를 취하기 위하여 정보통신서비스 제공자에게 정보통신서비스 제공자 간 정보통신망을 통하여 속이는 행위에 대한 정보 공유 등 필요한 조치를 취하도록 명할 수 있다.(2020.2.4 본항개정)
⑤ 제3항제3호에 따른 요청을 받은 정보통신서비스 제공자는 이용약관으로 정하는 바에 따라 해당 조치를 할 수 있다.
(2022.6.10 본항신설)
⑥ 제5항에 따른 이용약관으로 정하여야 하는 구체적인 사항은 대통령령으로 정한다.(2022.6.10 본항신설)
(2020.2.4 본조제목개정)

제49조의3【속이는 행위에 사용된 전화번호의 전기통신역무 제공의 중지 등】 ① 경찰청장·검찰총장·금융감독원장 등 대통령령으로 정하는 자는 제49조의2제1항에 따른 속이는 행위에 이용된 전화번호를 확인한 때에는 과학기술정보통신부장관에게 해당 전화번호에 대한 전기통신역무 제공의 중지를 요청할 수 있다.
② 제1항에 따른 요청으로 전기통신역무 제공이 중지된 이용자는 전기통신역무 제공의 중지를 요청한 기관에 이의신청을 할 수 있다.
③ 제2항에 따른 이의신청의 절차 등에 필요한 사항은 대통령령으로 정한다.
(2022.6.10 본조신설)

제50조【영리목적의 광고성 정보 전송 제한】 ① 누구든지 전자적 전송매체를 이용하여 영리목적의 광고성 정보를 전송하려면 그 수신자의 명시적인 사전 동의를 받아야 한다. 다만, 다음 각 호의 어느 하나에 해당하는 경우에는 사전 동의를 받지 아니한다.
1. 재화등의 거래관계를 통하여 수신자로부터 직접 연락처를 수집한 자가 대통령령으로 정한 기간 이내에 자신이 처리하고 수신자와 거래한 것과 같은 종류의 재화등에 대한 영리목적의 광고성 정보를 전송하려는 경우(2020.6.9 본호개정)
2. 「방문판매 등에 관한 법률」에 따른 전화권유판매자가 육성으로 수신자에게 개인정보의 수집출처를 고지하고 전화권유를 하는 경우(2016.3.22 본호개정)
② 전자적 전송매체를 이용하여 영리목적의 광고성 정보를 전송하려는 자는 제1항에도 불구하고 수신자가 수신거부의사를 표시하거나 사전 동의를 철회한 경우에는 영리목적의 광고성 정보를 전송하여서는 아니 된다.
③ 오후 9시부터 그 다음 날 오전 8시까지의 시간에 전자적 전송매체를 이용하여 영리목적의 광고성 정보를 전송하려는 자는 제1항에도 불구하고 그 수신자로부터 별도의 사전 동의를 받아야 한다. 다만, 대통령령으로 정하는 매체의 경우에는 그러하지 아니하다.
④ 전자적 전송매체를 이용하여 영리목적의 광고성 정보를 전송하는 자는 대통령령으로 정하는 바에 따라 다음 각 호의 사항 등을 광고성 정보에 구체적으로 밝혀야 한다.
1. 전송자의 명칭 및 연락처
2. 수신의 거부 또는 수신동의의 철회 의사표시를 쉽게 할 수 있는 조치 및 방법에 관한 사항
⑤ 전자적 전송매체를 이용하여 영리목적의 광고성 정보를 전송하는 자는 다음 각 호의 어느 하나에 해당하는 행위를 하여서는 아니 된다.
1. 광고성 정보 수신자의 수신거부 또는 수신동의의 철회를 회피·방해하는 행위
2. 숫자·부호 또는 문자를 조합하여 전화번호·전자우편주소 등 수신자의 연락처를 자동으로 만들어 내는 행위
3. 영리목적의 광고성 정보를 전송할 목적으로 전화번호 또는 전자우편주소를 자동으로 등록하는 행위
4. 광고성 정보 전송자의 신원이나 광고 전송 출처를 감추기 위한 각종 행위
5. 영리목적의 광고성 정보를 전송할 목적으로 수신자를 기망하여 회신을 유도하는 각종 행위
(2024.1.23 본항개정)
⑥ 전자적 전송매체를 이용하여 영리목적의 광고성 정보를 전송하는 자는 수신자가 수신거부나 수신동의의 철회를 할 때 발생하는 전화요금 등의 금전적 비용을 수신자가 부담하지 아니하도록 대통령령으로 정하는 바에 따라 필요한 조치를 하여야 한다.
⑦ 전자적 전송매체를 이용하여 영리목적의 광고성 정보를 전송하려는 자는 수신자가 제1항 및 제3항에 따른 수신동의, 제2항에 따른 수신거부 또는 수신동의 철회에 관한 의사를 표시할 때에는 해당 수신자에게 대통령령으로 정하는 바에 따라 수신동의, 수신거부 또는 수신동의 철회에 대한 처리 결과를 알려야 한다.(2024.1.23 본항개정)
⑧ 제1항 또는 제3항에 따라 수신동의를 받은 자는 대통령령으로 정하는 바에 따라 정기적으로 광고성 정보 수신자의 수신동의 여부를 확인하여야 한다.
(2014.5.28 본조개정)

제50조의2 (2014.5.28 삭제)

제50조의3【영리목적의 광고성 정보 전송의 위탁 등】 ① 영리목적의 광고성 정보의 전송을 타인에게 위탁한 자는 그 업무를 위탁받은 자가 제50조를 위반하지 아니하도록 관리·감독하여야 한다.(2014.5.28 본항개정)
② 제1항에 따라 영리목적의 광고성 정보의 전송을 위탁받은 자는 그 업무와 관련한 법을 위반하여 발생한 손해의 배상책임에서 정보 전송을 위탁한 자의 소속 직원으로 본다.(2020.6.9 본항개정)

제50조의4【정보 전송 역무 제공 등의 제한】 ① 정보통신서비스 제공자는 다음 각 호의 어느 하나에 해당하는 경우에 해당 역무의 제공을 거부하는 조치를 할 수 있다.
1. 광고성 정보의 전송 또는 수신으로 역무의 제공에 장애가 일어나거나 일어날 우려가 있는 경우
2. 이용자가 광고성 정보의 수신을 원하지 아니하는 경우
3. (2014.5.28 삭제)
② 정보통신서비스 제공자는 제1항 또는 제4항에 따른 거부조치를 하려면 해당 역무 제공의 거부에 관한 사항을 그 역무의 이용자와 체결하는 정보통신서비스 이용계약의 내용에 포함하여야 한다.(2014.5.28 본항개정)
③ 정보통신서비스 제공자는 제1항 또는 제4항에 따른 거부조치 사실을 그 역무를 제공받는 이용자 등 이해관계인에게 알려야 한다. 다만, 미리 알리는 것이 곤란한 경우에는 거부조치를 한 후 지체 없이 알려야 한다.(2014.5.28 본문개정)
④ 정보통신서비스 제공자는 이용계약을 통하여 해당 정보통신서비스 제공자가 이용자에게 제공하는 서비스가 제50조 또는 제50조의8을 위반하여 영리목적의 광고성 정보전송에 이용되고 있는 경우 해당 역무의 제공을 거부하거나 정보통신망이나 서비스의 취약점을 개선하는 등 필요한 조치를 강구하여야 한다.(2014.5.28 본항신설)

제50조의5【영리목적의 광고성 프로그램 등의 설치】 정보통신서비스 제공자는 영리목적의 광고성 정보가 보이도록 하거나 개인정보를 수집하는 프로그램을 이용자의 컴퓨터나 그 밖에 대통령령으로 정하는 정보처리장치에 설치하려면 이용자의 동의를 받아야 한다. 이 경우 해당 프로그램의 용도와 삭제방법을 고지하여야 한다.

제50조의6【영리목적의 광고성 정보 전송차단 소프트웨어의 보급 등】 ① 방송통신위원회는 수신자가 제50조를 위반하여 전송되는 영리목적의 광고성 정보를 편리하게 차단하거나 신고할 수 있는 소프트웨어나 컴퓨터프로그램을 개발하여 보급할 수 있다.
② 방송통신위원회는 제1항에 따른 전송차단, 신고 소프트웨어 또는 컴퓨터프로그램의 개발과 보급을 촉진하기 위하여 관련 공공기관 · 법인 · 단체 등에 필요한 지원을 할 수 있다.
③ 방송통신위원회는 정보통신서비스 제공자의 전기통신역무가 제50조를 위반하여 발송되는 영리목적의 광고성 정보 전송에 이용되면 수신자 보호를 위하여 기술개발 · 교육 · 홍보 등 필요한 조치를 할 것을 정보통신서비스 제공자에게 권고할 수 있다.
④ 제1항에 따른 개발 · 보급의 방법과 제2항에 따른 지원에 필요한 사항은 대통령령으로 정한다.

제50조의7【영리목적의 광고성 정보 게시의 제한】 ① 누구든지 영리목적의 광고성 정보를 인터넷 홈페이지에 게시하려면 인터넷 홈페이지 운영자 또는 관리자의 사전 동의를 받아야 한다. 다만, 별도의 권한 없이 누구든지 쉽게 접근하여 글을 게시할 수 있는 게시판의 경우에는 사전 동의를 받지 아니한다.
② 영리목적의 광고성 정보를 게시하려는 자는 제1항에도 불구하고 인터넷 홈페이지 운영자 또는 관리자가 명시적으로 게시 거부의사를 표시하거나 사전 동의를 철회한 경우에는 영리목적의 광고성 정보를 게시하여서는 아니 된다.
③ 인터넷 홈페이지 운영자 또는 관리자는 제1항 또는 제2항을 위반하여 게시된 영리목적의 광고성 정보를 삭제하는 등의 조치를 할 수 있다.
(2014.5.28 본조개정)

제50조의8【불법행위를 위한 광고성 정보 전송금지】 누구든지 정보통신망을 이용하여 이 법 또는 다른 법률에서 이용, 판매, 제공, 유통, 그 밖에 이와 유사한 행위를 금지하는 재화 또는 서비스에 대한 광고성 정보를 전송하여서는 아니 된다.
(2024.1.23 본조개정)

제51조【중요 정보의 국외유출 제한 등】 ① 정부는 국내의 산업 · 경제 및 과학기술 등에 관한 중요 정보가 정보통신망을 통하여 국외로 유출되는 것을 방지하기 위하여 정보통신서비스 제공자 또는 이용자에게 필요한 조치를 하도록 할 수 있다.
② 제1항에 따른 중요 정보의 범위는 다음 각 호와 같다.
1. 국가안전보장과 관련된 보안정보 및 주요 정책에 관한 정보
2. 국내에서 개발된 첨단과학 기술 또는 기기의 내용에 관한 정보
③ 정부는 제2항 각 호에 따른 정보를 처리하는 정보통신서비스 제공자에게 다음 각 호의 조치를 하도록 할 수 있다.
(2016.3.22 본문개정)
1. 정보통신망의 부당한 이용을 방지할 수 있는 제도적 · 기술적 장치의 설정
2. 정보의 불법파괴 또는 불법조작을 방지할 수 있는 제도적 · 기술적 조치
3. 정보통신서비스 제공자가 처리 중 알게 된 중요 정보의 유출을 방지할 수 있는 조치(2016.3.22 본호개정)

제52조【한국인터넷진흥원】 ① 정부는 정보통신망의 고도화(정보통신망의 구축 · 개선 및 관리에 관한 사항은 제외한다)와 안전한 이용 촉진 및 방송통신과 관련한 국제협력 · 국외진출 지원을 효율적으로 추진하기 위하여 한국인터넷진흥원(이하 "인터넷진흥원"이라 한다)을 설립한다.(2020.6.9 본항개정)
② 인터넷진흥원은 법인으로 한다.
③ 인터넷진흥원은 다음 각 호의 사업을 한다.
1. 정보통신망의 이용 및 보호, 방송통신과 관련한 국제협력 · 국외진출 등을 위한 법 · 정책 및 제도의 조사 · 연구
2. 정보통신망의 이용 및 보호와 관련한 통계의 조사 · 분석
3. 정보통신망의 이용에 따른 역기능 분석 및 대책 연구
4. 정보통신망의 이용 및 보호를 위한 홍보 및 교육 · 훈련
5. 정보통신망의 정보보호 및 인터넷주소자원 관련 기술 개발 및 표준화
6. 정보보호산업 정책 지원 및 관련 기술 개발과 인력양성(2015.6.22 본호개정)
7. 정보보호 관리체계의 인증, 정보보호시스템 평가 · 인증, 정보통신망연결기기등의 정보보호인증, 소프트웨어 개발보안 진단 등 정보보호 인증 · 평가 등의 실시 및 지원(2022.6.10 본호개정)
8. 「개인정보 보호법」에 따른 개인정보보호를 위한 대책의 연구 및 보호기술의 개발 · 보급 지원(2020.2.4 본호개정)
9. 「개인정보 보호법」에 따른 개인정보침해 신고센터의 운영(2020.2.4 본호개정)
10. 광고성 정보 전송 및 인터넷광고와 관련한 고충의 상담 · 처리
11. 정보통신망 침해사고의 처리 · 원인분석 · 대응체계 운영 및 정보보호 최고책임자를 통한 예방 · 대응 · 협력 활동(2021.6.8 본호개정)
12. 「전자서명법」 제21조에 따른 전자서명인증 정책의 지원(2020.6.9 본호개정)
13. 인터넷의 효율적 운영과 이용활성화를 위한 지원
14. 인터넷 이용자의 저장 정보 보호 지원
15. 인터넷 관련 서비스정책 지원
16. 인터넷상에서의 이용자 보호 및 건전 정보 유통 확산 지원
17. 「인터넷주소자원에 관한 법률」에 따른 인터넷주소자원의 관리에 관한 업무
18. 「인터넷주소자원에 관한 법률」 제16조에 따른 인터넷주소분쟁조정위원회의 운영 지원
19. 「정보보호산업의 진흥에 관한 법률」 제25조제7항에 따른 조정위원회의 운영지원(2015.6.22 본호신설)
20. 방송통신과 관련한 국제협력 · 국외진출 및 국외홍보 지원
21. 본인확인업무 및 연계정보 생성 · 처리 관련 정책의 지원(2024.1.23 본호신설)
22. 제1호부터 제21호까지의 사업에 부수되는 사업(2024.1.23 본호개정)
23. 그 밖에 이 법 또는 다른 법령에 따라 인터넷진흥원의 업무로 정하거나 위탁한 사업이나 과학기술정보통신부장관 · 행정안전부장관 · 방송통신위원회 또는 다른 행정기관의 장으로부터 위탁받은 사업(2017.7.26 본호개정)
④ 인터넷진흥원이 사업을 수행하는 데 필요한 경비는 다음 각 호의 재원으로 충당한다.
1. 정부의 출연금
2. 제3항 각 호의 사업수행에 따른 수입금
3. 그 밖에 인터넷진흥원의 운영에 따른 수입금
(2016.3.22 본항개정)

⑤ 인터넷진흥원에 관하여 이 법에서 정하지 아니한 사항에 대하여는 「민법」의 재단법인에 관한 규정을 준용한다.
⑥ 인터넷진흥원이 아닌 자는 한국인터넷진흥원의 명칭을 사용하지 못한다.
⑦ 인터넷진흥원의 운영 및 업무수행에 필요한 사항은 대통령령으로 정한다.
(2009.4.22 본조개정)

제7장 통신과금서비스

(2007.12.21 본장신설)

제53조【통신과금서비스제공자의 등록 등】 ① 통신과금서비스를 제공하려는 자는 대통령령으로 정하는 바에 따라 다음 각 호의 사항을 갖추어 과학기술정보통신부장관에게 등록하여야 한다.(2017.7.26 본문개정)
1. 재무건전성
2. 통신과금서비스이용자보호계획
3. 업무를 수행할 수 있는 인력과 물적 설비
4. 사업계획서

② 제1항에 따라 등록할 수 있는 자는 「상법」 제170조에 따른 회사 또는 「민법」 제32조에 따른 법인으로서 자본금·출자총액 또는 기본재산이 5억원 이상의 범위에서 대통령령으로 정하는 금액 이상이어야 한다.
③ 통신과금서비스제공자는 「전기통신사업법」 제22조에도 불구하고 부가통신사업자의 신고를 하지 아니할 수 있다.
(2010.3.22 본항개정)
④ 「전기통신사업법」 제23조부터 제26조까지의 규정은 통신과금서비스제공자의 등록사항의 변경, 사업의 양도·양수 또는 합병·상속, 사업의 승계, 사업의 휴업·폐업·해산 등에 준용한다. 이 경우 "별정통신사업자"는 "통신과금서비스제공자"로 보고, "별정통신사업"은 "통신과금서비스제공업"으로 본다.
(2020.6.9 전단개정)
⑤ 제1항에 따른 등록의 세부요건, 절차, 그 밖에 필요한 사항은 대통령령으로 정한다.

제54조【등록의 결격사유】 다음 각 호의 어느 하나에 해당하는 자는 제53조에 따른 등록을 할 수 없다.
1. 제53조제4항에 따라 사업을 폐업한 날부터 1년이 지나지 아니한 법인 및 그 사업이 폐업될 당시 그 법인의 대주주(대통령령으로 정하는 출자자를 말한다. 이하 같다)이었던 자로서 그 폐업일부터 1년이 지나지 아니한 자(2020.6.9 본호개정)
2. 제55조제1항에 따라 등록이 취소된 날부터 3년이 지나지 아니한 법인 및 그 취소 당시 그 법인의 대주주이었던 자로서 그 취소가 된 날부터 3년이 지나지 아니한 자
3. 「채무자 회생 및 파산에 관한 법률」에 따른 회생절차 중에 있는 법인 및 그 법인의 대주주
4. 금융거래 등 상거래를 할 때 약정한 기일 내에 채무를 변제하지 아니한 자로서 과학기술정보통신부장관이 정하는 자
(2020.6.9 본호개정)
5. 제1호부터 제4호까지의 규정에 해당하는 자가 대주주인 법인

제55조【등록의 취소명령】 ① 과학기술정보통신부장관은 통신과금서비스제공자가 거짓이나 그 밖의 부정한 방법으로 등록을 한 때에는 등록을 취소하여야 한다.(2017.7.26 본항개정)
② 제1항에 따른 처분의 절차, 그 밖에 필요한 사항은 대통령령으로 정한다.
(2015.6.22 본조개정)

제56조【약관의 신고 등】 ① 통신과금서비스제공자는 통신과금서비스에 관한 약관을 정하여 과학기술정보통신부장관에게 신고(변경신고를 포함한다)하여야 한다.
② 과학기술정보통신부장관은 제1항에 따른 약관이 통신과금서비스이용자의 이익을 침해할 우려가 있다고 판단되는 경우에는 통신과금서비스제공자에게 약관의 변경을 권고할 수 있다.
(2017.7.26 본조개정)

제57조【통신과금서비스의 안전성 확보 등】 ① 통신과금서비스제공자는 통신과금서비스가 안전하게 제공될 수 있도록 선량한 관리자로서의 주의의무를 다하여야 한다.(2014.5.28 본항개정)
② 통신과금서비스제공자는 통신과금서비스를 통한 거래의 안전성과 신뢰성을 확보하기 위하여 대통령령으로 정하는 바에 따라 업무처리지침의 제정 및 회계처리 구분 등의 관리적 조치와 정보보호시스템 구축 등의 기술적 조치를 하여야 한다.

제58조【통신과금서비스이용자의 권리 등】 ① 통신과금서비스제공자는 재화등의 판매·제공의 대가가 발생한 때 및 대가를 청구할 때에 통신과금서비스이용자에게 다음 각 호의 사항을 고지하여야 한다.(2014.5.28 본문개정)
1. 통신과금서비스 이용일시
2. 통신과금서비스를 통한 구매·이용의 거래 상대방(통신과금서비스를 이용하여 그 대가를 받고 재화 또는 용역을 판매·제공하는 자를 말한다. 이하 "거래 상대방"이라 한다)의 상호와 연락처
3. 통신과금서비스를 통한 구매·이용 금액과 그 명세
4. 이의신청 방법 및 연락처

(2011.4.5 1호~4호신설)
② 통신과금서비스제공자는 통신과금서비스이용자가 구매·이용 내역을 확인할 수 있는 방법을 제공하여야 하며, 통신과금서비스이용자가 구매·이용 내역에 관한 서면(전자문서를 포함한다. 이하 같다)을 요청하는 경우에는 그 요청을 받은 날부터 2주 이내에 이를 제공하여야 한다.
③ 통신과금서비스이용자는 통신과금서비스가 자신의 의사에 반하여 제공되었음을 안 때에는 통신과금서비스제공자에게 이에 대한 정정을 요구할 수 있으며(통신과금서비스이용자의 고의 또는 중과실이 있는 경우는 제외한다), 통신과금서비스제공자는 이용자의 정정요구가 이유 있을 경우 판매자에 대한 이용대금의 지급을 유보하고 그 정정 요구를 받은 날부터 2주 이내에 처리 결과를 알려 주어야 한다.(2014.5.28 본항개정)
④ 통신과금서비스제공자는 통신과금서비스에 관한 기록을 5년 이내의 범위에서 대통령령으로 정하는 기간 동안 보존하여야 한다.
⑤ 통신과금서비스제공자(제2조제1항제10호가목의 업무를 제공하는 자)는 통신과금서비스를 제공하거나 이용한도액을 증액할 경우에는 미리 해당 통신과금서비스이용자의 동의를 받아야 한다.(2014.5.28 본항신설)
⑥ 통신과금서비스제공자(제2조제1항제10호가목의 업무를 제공하는 자)는 약관을 변경하는 때에는 변경되는 약관의 시행일 1개월 전에 이용자에게 통지하여야 한다. 이 경우 변경되는 약관에 대하여 이의가 있는 이용자는 통신과금서비스에 관한 계약을 해지할 수 있다.(2014.5.28 본항신설)
⑦ 제2항에 따라 통신과금서비스제공자가 제공하여야 하는 구매·이용내역의 대상기간, 종류 및 범위, 제4항에 따라 통신과금서비스제공자가 보존하여야 하는 기록의 종류 및 보존방법, 제6항에 따른 약관변경에 관한 통지의 방법 및 이의기간·절차 등 계약해지에 필요한 사항은 대통령령으로 정한다.
(2014.5.28 본항개정)
⑧ 제5항에 따른 동의의 방법 등에 필요한 사항은 과학기술정보통신부장관이 정하여 고시한다.(2017.7.26 본항개정)
⑨ 과학기술정보통신부장관은 통신과금서비스가 통신과금서비스이용자의 의사에 반하여 제공되지 아니하도록 결제방식 등에 관한 세부적인 사항을 정하여 고시할 수 있다.(2017.7.26 본항개정)

제58조의2【구매자정보 제공 요청 등】 ① 통신과금서비스이용자는 자신의 의사에 따라 통신과금서비스가 제공되었는지 여부를 확인하기 위하여 필요한 경우에는 거래 상대방에게 재화등을 구매·이용한 자의 이름과 생년월일에 대한 정보(이하 "구매자정보"라 한다)의 제공을 요청할 수 있다. 이 경우 구매자정보 제공 요청을 받은 거래 상대방은 정당한 사유가 없으면 그 요청을 받은 날부터 3일 이내에 이를 제공하여야 한다.
② 제1항에 따라 구매자정보를 제공받은 통신과금서비스이용자는 해당 정보를 본인 여부를 확인하거나 고소·고발을 위하여 수사기관에 제출하기 위한 목적으로만 사용하여야 한다.
③ 그 밖에 구매자정보 제공 요청의 내용과 절차 등에 필요한 사항은 대통령령으로 정한다.
(2018.6.12 본조신설)

제59조【분쟁 조정 및 해결 등】 ① 통신과금서비스제공자는 통신과금서비스에 대한 이용자의 권익을 보호하기 위하여 자율적인 분쟁 조정 및 해결 등을 시행하는 기관 또는 단체를 설치·운영할 수 있다.(2020.6.9 본항개정)

② 제1항에 따른 분쟁 조정 및 해결 등을 시행하는 기관 또는 단체는 분쟁 조정 및 해결 등을 위하여 필요하다고 인정하는 경우 통신과금서비스이용자의 동의를 받아 구매자정보 제공 요청을 대행할 수 있다. 이 경우 구매자정보 제공 요청 등에 대하여는 제58조의2를 준용한다.(2018.6.12 본항신설)

③ 통신과금서비스제공자는 대통령령으로 정하는 바에 따라 통신과금서비스와 관련한 통신과금서비스이용자의 이의신청 및 권리구제를 위한 절차를 마련하여야 하고, 통신과금서비스 계약을 체결하는 경우 이를 이용약관에 명시하여야 한다.
(2014.5.28 본항개정)
(2018.6.12 본조제목개정)

제60조【손해배상 등】 ① 통신과금서비스제공자는 통신과금서비스의 제공과 관련하여 통신과금서비스이용자에게 손해가 발생한 경우에 그 손해를 배상하여야 한다. 다만, 그 손해의 발생이 통신과금서비스이용자의 고의 또는 중과실로 인한 경우에는 그러하지 아니하다.(2020.6.9 본문개정)

② 제1항에 따라 손해배상을 하는 경우에는 손해배상을 받을 자와 협의하여야 한다.(2020.6.9 본항개정)

③ 제2항에 따른 손해배상에 관한 협의가 성립되지 아니하거나 협의를 할 수 없는 경우에는 당사자는 방송통신위원회에 재정을 신청할 수 있다.(2008.2.29 본항개정)

제61조【통신과금서비스의 이용제한】 과학기술정보통신부장관은 통신과금서비스제공자에게 다음 각 호의 어느 하나에 해당하는 자에 대한 서비스의 제공을 거부, 정지 또는 제한하도록 명할 수 있다.(2017.7.26 본문개정)

1. 「청소년 보호법」 제16조를 위반하여 청소년유해매체물을 청소년에게 판매·대여·제공하는 자(2011.9.15 본호개정)
2. 다음 각 목의 어느 하나에 해당하는 수단을 이용하여 통신과금서비스이용자로 하여금 재화등을 구매·이용하게 함으로써 통신과금서비스이용자의 이익을 현저하게 저해하는 자
   가. 제50조를 위반한 영리목적의 광고성 정보 전송
   나. 통신과금서비스이용자에 대한 기망 또는 부당한 유인
3. 이 법 또는 다른 법률에서 금지하는 재화등을 판매·제공하는 자

제8장 국제협력

(2008.6.13 본장개정)

제62조【국제협력】 정부는 다음 각 호의 사항을 추진할 때 다른 국가 또는 국제기구와 상호 협력하여야 한다.

1. (2020.2.4 삭제)
2. 정보통신망에서의 청소년 보호를 위한 업무
3. 정보통신망의 안전성을 침해하는 행위를 방지하기 위한 업무
4. 그 밖에 정보통신서비스의 건전하고 안전한 이용에 관한 업무

제63조~제63조의2 (2020.2.4 삭제)

제9장 보 칙

(2008.6.13 본장개정)

제64조【자료의 제출 등】 ① 과학기술정보통신부장관 또는 방송통신위원회는 다음 각 호의 어느 하나에 해당하는 경우에는 정보통신서비스 제공자(국내대리인을 포함한다. 이하 이 조에서 같다)에게 관계 물품·서류 등을 제출하게 할 수 있다.
(2020.2.4 본문개정)

1. 이 법에 위반되는 사항을 발견하거나 혐의가 있음을 알게 된 경우
2. 이 법의 위반에 대한 신고를 받거나 민원이 접수된 경우

2의2. 이용자 정보의 안전성과 신뢰성 확보를 현저히 해치는 사건·사고 등이 발생하였거나 발생할 가능성이 있는 경우
(2012.2.17 본호신설)

3. 그 밖에 이용자 보호를 위하여 필요한 경우로서 대통령령으로 정하는 경우

② 방송통신위원회는 이 법을 위반하여 영리목적의 광고성 정보를 전송한 자에게 다음 각 호의 조치를 하기 위하여 정보통신서비스 제공자에게 해당 광고성 정보 전송자의 성명·주소·주민등록번호·이용기간 등에 대한 자료의 열람이나 제출을 요청할 수 있다.(2020.2.4 본문개정)

1. 제4항에 따른 시정조치
2. 제76조에 따른 과태료 부과
3. 그 밖에 이에 준하는 조치

③ 과학기술정보통신부장관 또는 방송통신위원회는 정보통신서비스 제공자가 제1항 및 제2항에 따른 자료를 제출하지 아니하거나 이 법을 위반한 사실이 있다고 인정되면 소속 공무원에게 정보통신서비스 제공자, 해당 법 위반 사실과 관련한 관계인의 사업장에 출입하여 업무상황, 장부 또는 서류 등을 검사하도록 할 수 있다.(2020.2.4 본항개정)

④ 과학기술정보통신부장관 또는 방송통신위원회는 이 법을 위반한 정보통신서비스 제공자에게 해당 위반행위의 중지나 시정을 위하여 필요한 시정조치를 명할 수 있고, 시정조치의 명령을 받은 정보통신서비스 제공자에게 시정조치의 명령을 받은 사실을 공표하도록 할 수 있다. 이 경우 공표의 방법·기준 및 절차 등에 필요한 사항은 대통령령으로 정한다.(2020.2.4 전단개정)

⑤ 과학기술정보통신부장관 또는 방송통신위원회는 제4항에 따라 필요한 시정조치를 명한 경우에는 시정조치를 명한 사실을 공개할 수 있다. 이 경우 공개의 방법·기준 및 절차 등에 필요한 사항은 대통령령으로 정한다.(2017.7.26 전단개정)

⑥ 과학기술정보통신부장관 또는 방송통신위원회가 제1항 및 제2항에 따라 자료 등의 제출 또는 열람을 요구할 때에는 요구사유, 법적 근거, 제출시한 또는 열람일시, 제출·열람할 자료의 내용 등을 구체적으로 밝혀 서면(전자문서를 포함한다)으로 알려야 한다.(2017.7.26 본항개정)

⑦ 제3항에 따른 검사를 하는 경우에는 검사 시작 7일 전까지 검사일시, 검사이유 및 검사내용 등에 대한 검사계획을 해당 정보통신서비스 제공자에게 알려야 한다. 다만, 긴급한 경우나 사전통지를 하면 증거인멸 등으로 검사목적을 달성할 수 없다고 인정하는 경우에는 그 검사계획을 알리지 아니한다.
(2020.2.4 본문개정)

⑧ 제3항에 따라 검사를 하는 공무원은 그 권한을 표시하는 증표를 지니고 이를 관계인에게 내보여야 하며, 출입할 때 성명·출입시간·출입목적 등이 표시된 문서를 관계인에게 내주어야 한다.

⑨ 과학기술정보통신부장관 또는 방송통신위원회는 제1항부터 제3항까지의 규정에 따라 자료 등을 제출받거나 열람 또는 검사한 경우에는 그 결과(조사 결과 시정조치명령 등의 처분을 하려는 경우에는 그 처분의 내용을 포함한다)를 해당 정보통신서비스 제공자에게 서면으로 알려야 한다.(2020.2.4 본항개정)

⑩ 과학기술정보통신부장관 또는 방송통신위원회는 제1항부터 제4항까지의 규정에 따른 자료의 제출 요구 및 검사 등을 위하여 인터넷진흥원의 장에게 기술적 자문을 하거나 그 밖에 필요한 지원을 요청할 수 있다.(2017.7.26 본항개정)

⑪ 제1항부터 제3항까지의 규정에 따른 자료 등의 제출 요구, 열람 및 검사 등은 이 법의 시행을 위하여 필요한 최소한의 범위에서 하여야 하며 다른 목적을 위하여 남용하여서는 아니 된다.

제64조의2【자료 등의 보호 및 폐기】 ① 과학기술정보통신부장관 또는 방송통신위원회는 정보통신서비스 제공자로부터 제64조에 따라 제출되거나 수집된 서류·자료 등에 대한 보호요구를 받으면 이를 제3자에게 제공하거나 일반에게 공개하여서는 아니 된다.(2020.2.4 본항개정)

② 과학기술정보통신부장관 또는 방송통신위원회는 정보통신망을 통하여 자료의 제출 등을 받은 경우나 수집한 자료 등을 전자화한 경우에는 개인정보·영업비밀 등이 유출되지 아니하도록 제도적·기술적 보안조치를 하여야 한다.(2017.7.26 본항개정)

③ 과학기술정보통신부장관 또는 방송통신위원회는 다른 법률에 특별한 규정이 있는 경우 외에 다음 각 호의 어느 하나

에 해당하는 사유가 발생하면 제64조에 따라 제출되거나 수집된 서류·자료 등을 즉시 폐기하여야 한다. 제65조에 따라 과학기술정보통신부장관 또는 방송통신위원회의 권한의 전부 또는 일부를 위임 또는 위탁받은 자도 또한 같다.(2017.7.26 본문개정)

1. 제64조에 따른 자료제출 요구, 출입검사, 시정명령 등의 목적이 달성된 경우
2. 제64조제4항에 따른 시정조치명령에 불복하여 행정심판이 청구되거나 행정소송이 제기된 경우에는 해당 행정쟁송절차가 끝난 경우
3. 제76조제4항에 따른 과태료 처분이 있고 이에 대한 이의제기가 없는 경우에는 같은 조 제5항에 따른 이의제기기간이 끝난 경우
4. 제76조제4항에 따른 과태료 처분에 대하여 이의제기가 있는 경우에는 해당 관할 법원에 의한 비송사건절차가 끝난 경우

제64조의3 (2020.2.4 삭제)

제64조의4【청문】 과학기술정보통신부장관 또는 방송통신위원회는 다음 각 호의 어느 하나에 해당하는 경우에는 청문을 하여야 한다.(2017.7.26 본문개정)

1. 제9조제2항에 따라 인증기관의 지정을 취소하려는 경우
2. 제23조의4제1항에 따라 본인확인기관의 지정을 취소하려는 경우
3. 제47조제10항에 따라 정보보호 관리체계 인증을 취소하려는 경우(2020.2.4 본호개정)
4. 제47조의2제1항에 따라 정보보호 관리체계 인증기관의 지정을 취소하려는 경우(2020.2.4 본호개정)
5. 제47조의5제4항에 따라 정보보호 관리등급을 취소하려는 경우

5의2. 제48조의6제3항에 따라 정보보호인증을 취소하려는 경우(2020.6.9 본호신설)

5의3. 제48조의6제5항에 따라 인증시험대행기관의 지정을 취소하려는 경우(2020.6.9 본호신설)

6. 제55조제1항에 따라 등록을 취소하려는 경우

(2015.12.1 본조신설)

제64조의5【투명성 보고서 제출의무 등】 ① 정보통신서비스 제공자 중 일일 평균 이용자의 수, 매출액, 사업의 종류 등이 대통령령으로 정하는 기준에 해당하는 자는 매년 자신이 제공하는 정보통신서비스를 통하여 유통되는 불법촬영물등의 처리에 관하여 다음 각 호의 사항을 포함한 보고서(이하 "투명성 보고서"라 한다)를 작성하여 다음해 1월 31일까지 방송통신위원회에 제출하여야 한다.

1. 정보통신서비스 제공자가 불법촬영물등의 유통 방지를 위하여 기울인 일반적인 노력에 관한 사항
2. 「전기통신사업법」 제22조의5제1항에 따른 불법촬영물등의 신고, 삭제요청 등의 횟수, 내용, 처리기준, 검토결과 및 처리결과에 관한 사항
3. 「전기통신사업법」 제22조의5제1항에 따른 불법촬영물등의 삭제·접속차단 등 유통방지에 필요한 절차의 마련 및 운영에 관한 사항
4. 불법촬영물등 유통방지 책임자의 배치에 관한 사항
5. 불법촬영물등 유통방지를 위한 내부 교육의 실시와 지원에 관한 사항

② 방송통신위원회는 투명성 보고서를 자신이 운영·관리하는 정보통신망을 통하여 공개하여야 한다.

③ 방송통신위원회는 투명성 보고서의 사실을 확인하거나 제출된 자료의 진위를 확인하기 위하여 정보통신서비스제공자에게 자료의 제출을 요구할 수 있다.

(2020.6.9 본조신설)

제65조【권한의 위임·위탁】 ① 이 법에 따른 과학기술정보통신부장관 또는 방송통신위원회의 권한은 대통령령으로 정하는 바에 따라 그 일부를 소속 기관의 장 또는 지방우정청장에게 위임·위탁할 수 있다.(2020.2.4 본항개정)

② 과학기술정보통신부장관은 제13조에 따른 정보통신망의 이용촉진 등에 관한 사업을 대통령령으로 정하는 바에 따라 「지능정보화 기본법」 제12조에 따른 한국지능정보사회진흥원에 위탁할 수 있다.(2020.6.9 본항개정)

③ 과학기술정보통신부장관 또는 방송통신위원회는 제64조제1항 및 제2항에 따른 자료의 제출 요구 및 검사에 관한 업무를 대통령령으로 정하는 바에 따라 인터넷진흥원에 위탁할 수 있다.(2017.7.26 본항개정)

④ 제3항에 따른 인터넷진흥원의 직원에게는 제64조제8항을 준용한다.(2009.4.22 본항개정)

제65조의2 (2005.12.30 삭제)

제66조【비밀유지 등】 다음 각 호의 어느 하나에 해당하는 업무에 종사하는 사람 또는 종사하였던 사람은 그 직무상 알게 된 비밀을 타인에게 누설하거나 직무 외의 목적으로 사용하여서는 아니 된다. 다만, 다른 법률에 특별한 규정이 있는 경우에는 그러하지 아니하다.(2020.6.9 본문개정)

1. (2011.3.29 삭제)
2. 제47조에 따른 정보보호 관리체계 인증 업무

2의2. (2020.2.4 삭제)

3. 제52조제3항제4호에 따른 정보보호시스템의 평가 업무
4. (2012.2.17 삭제)
5. 제44조의10에 따른 명예훼손 분쟁조정부의 분쟁조정 업무

제67조 (2020.2.4 삭제)

제68조 (2010.3.22 삭제)

제68조의2 (2015.6.22 삭제)

제69조【벌칙 적용 시의 공무원 의제】 과학기술정보통신부장관 또는 방송통신위원회가 제65조제2항 및 제3항에 따라 위탁한 업무에 종사하는 한국정보화진흥원과 인터넷진흥원의 임직원은 「형법」 제129조부터 제132조까지의 규정에 따른 벌칙을 적용할 때에는 공무원으로 본다.(2017.7.26 본조개정)

제69조의2 (2020.2.4 삭제)

제10장 벌 칙

(2008.6.13 본장개정)

제70조【벌칙】 ① 사람을 비방할 목적으로 정보통신망을 통하여 공공연하게 사실을 드러내어 다른 사람의 명예를 훼손한 자는 3년 이하의 징역 또는 3천만원 이하의 벌금에 처한다.(2014.5.28 본항개정)

② 사람을 비방할 목적으로 정보통신망을 통하여 공공연하게 거짓의 사실을 드러내어 다른 사람의 명예를 훼손한 자는 7년 이하의 징역, 10년 이하의 자격정지 또는 5천만원 이하의 벌금에 처한다.

③ 제1항과 제2항의 죄는 피해자가 구체적으로 밝힌 의사에 반하여 공소를 제기할 수 없다.

제70조의2【벌칙】 제48조제2항을 위반하여 악성프로그램을 전달 또는 유포하는 자는 7년 이하의 징역 또는 7천만원 이하의 벌금에 처한다.(2016.3.22 본조신설)

제71조【벌칙】 ① 다음 각 호의 어느 하나에 해당하는 자는 5년 이하의 징역 또는 5천만원 이하의 벌금에 처한다.

1.~8. (2020.2.4 삭제)

9. 제23조의5제1항을 위반하여 연계정보를 생성·처리한 자(2024.1.23 본호신설)
10. 제23조의5제4항에 따른 목적 범위를 넘어서 연계정보를 처리한 자(2024.1.23 본호신설)
11. 제48조제1항을 위반하여 정보통신망에 침입한 자(2016.3.22 본호개정)
12. 제48조제3항을 위반하여 정보통신망에 장애가 발생하게 한 자
13. 제48조제4항을 위반하여 프로그램이나 기술적 장치 등을 정보통신망 또는 이와 관련된 정보시스템에 설치하거나 이를 전달·유포한 자(2024.1.23 본호신설)
14. 제49조를 위반하여 타인의 정보를 훼손하거나 타인의 비밀을 침해·도용 또는 누설한 자

② 제1항제11호의 미수범은 처벌한다.(2024.1.23 본항개정)

제72조【벌칙】 ① 다음 각 호의 어느 하나에 해당하는 자는 3년 이하의 징역 또는 3천만원 이하의 벌금에 처한다.

1. (2016.3.22 삭제)

1의2. 제42조의2를 위반하여 청소년유해매체물을 광고하는 내

용의 정보를 청소년에게 전송하거나 청소년 접근을 제한하는 조치 없이 공개적으로 전시한 자(2024.1.23 본호신설)
2. 제49조의2제1항을 위반하여 다른 사람의 정보를 수집한 자(2020.2.4 본호개정)
2의2. 제50조의8을 위반하여 광고성 정보를 전송한 자(2024.1.23 본호개정)
3. 제53조제1항에 따른 등록을 하지 아니하고 그 업무를 수행한 자
4. 다음 각 목의 어느 하나에 해당하는 행위를 통하여 자금을 융통하여 준 자 또는 이를 알선·중개·권유·광고한 자(2015.1.20 본문개정)
가. 재화등의 판매·제공을 가장하거나 실제 매출금액을 초과하여 통신과금서비스에 의한 거래를 하거나 이를 대행하게 하는 행위
나. 통신과금서비스이용자로 하여금 통신과금서비스에 의하여 재화등을 구매·이용하도록 한 후 통신과금서비스이용자가 구매·이용한 재화등을 할인하여 매입하는 행위
5. 제66조를 위반하여 직무상 알게 된 비밀을 타인에게 누설하거나 직무 외의 목적으로 사용한 자
② (2016.3.22 삭제)

제73조【벌칙】 다음 각 호의 어느 하나에 해당하는 자는 2년 이하의 징역 또는 2천만원 이하의 벌금에 처한다.(2014.5.28 본문개정)
1.~1의2. (2020.2.4 삭제)
2. 제42조를 위반하여 청소년유해매체물임을 표시하지 아니하고 영리를 목적으로 제공한 자
3. (2024.1.23 삭제)
4. 제44조의6제3항을 위반하여 이용자의 정보를 민·형사상의 소를 제기하는 것 외의 목적으로 사용한 자
5. 제44조의7제2항 및 제3항에 따른 방송통신위원회의 명령을 이행하지 아니한 자
6. 제48조의4제5항에 따른 명령을 위반하여 관련 자료를 보전하지 아니한 자(2024.2.13 본호개정)
7. 제49조의2제1항을 위반하여 정보의 제공을 유인한 자(2020.2.4 본호개정)
7의2. 제58조의2(제59조제2항에 따라 준용되는 경우를 포함한다)를 위반하여 제공받은 정보를 본인 여부를 확인하거나 고소·고발을 위하여 수사기관에 제출하기 위한 목적 외의 용도로 사용한 자(2018.6.12 본호신설)
8. 제61조에 따른 명령을 이행하지 아니한 자

제74조【벌칙】 ① 다음 각 호의 어느 하나에 해당하는 자는 1년 이하의 징역 또는 1천만원 이하의 벌금에 처한다.
1. 제8조제4항을 위반하여 비슷한 표시를 한 제품을 표시·판매 또는 판매할 목적으로 진열한 자
2. 제44조의7제1항제1호를 위반하여 음란한 부호·문언·음향·화상 또는 영상을 배포·판매·임대하거나 공공연하게 전시한 자
3. 제44조의7제1항제3호를 위반하여 공포심이나 불안감을 유발하는 부호·문언·음향·화상 또는 영상을 반복적으로 상대방에게 도달하게 한 자
4. 제50조제5항을 위반하여 조치를 한 자(2014.5.28 본호개정)
5. (2014.5.28 삭제)
6. (2024.1.23 삭제)
7. 제53조제4항을 위반하여 등록사항의 변경등록 또는 사업의 양도·양수 또는 합병·상속의 신고를 하지 아니한 자(2012.2.17 본호개정)
② 제1항제3호의 죄는 피해자가 구체적으로 밝힌 의사에 반하여 공소를 제기할 수 없다.

제75조【양벌규정】 법인의 대표자나 법인 또는 개인의 대리인, 사용인, 그 밖의 종업원이 그 법인 또는 개인의 업무에 관하여 제71조부터 제73조까지 또는 제74조제1항의 어느 하나에 해당하는 위반행위를 하면 그 행위자를 벌하는 외에 그 법인 또는 개인에게도 해당 조문의 벌금형을 과(科)한다. 다만, 법인 또는 개인이 그 위반행위를 방지하기 위하여 해당 업무에 관하여 상당한 주의와 감독을 게을리하지 아니한 경우에는 그러하지 아니하다.(2010.3.17 본조개정)

제75조의2【몰수·추징】 제72조제1항제2호 및 제73조제7호의 어느 하나에 해당하는 죄를 지은 자가 해당 위반행위와 관련하여 취득한 금품이나 그 밖의 이익은 몰수할 수 있으며, 이를 몰수할 수 없을 때에는 그 가액을 추징할 수 있다. 이 경우 몰수 또는 추징은 다른 벌칙에 부가하여 과할 수 있다.(2020.2.4 전단개정)

제76조【과태료】 ① 다음 각 호의 어느 하나에 해당하는 자와 제7호부터 제11호까지의 경우에 해당하는 행위를 하도록 한 자에게는 3천만원 이하의 과태료를 부과한다.
1. 제22조의2제2항을 위반하여 서비스의 제공을 거부한 자(2020.2.4 본호개정)
1의2. 제22조의2제3항을 위반하여 접근권한에 대한 이용자의 동의 및 철회방법을 마련하는 등 이용자 정보 보호를 위하여 필요한 조치를 하지 아니한 자(2020.2.4 본호개정)
2. 제23조의2제1항을 위반하여 주민등록번호를 수집·이용하거나 같은 조 제2항에 따른 필요한 조치를 하지 아니한 자(2020.2.4 본호개정)
2의2.~2의4. (2020.2.4 삭제)
2의5. 제23조의6제1항에 따른 물리적·기술적·관리적 조치를 하지 아니한 자(2024.1.23 본호신설)
2의6. 제23조의6제2항에 따른 안전조치를 하지 아니한 자(2024.1.23 본호신설)
3.~5의2. (2020.2.4 삭제)
6. (2014.5.28 삭제)
6의2. 제45조의3제1항을 위반하여 대통령령으로 정하는 기준에 해당하는 임직원을 정보보호 최고책임자로 지정하지 아니하거나 정보보호 최고책임자의 지정을 신고하지 아니한 자(2021.6.8 본호개정)
6의3. 제45조의3제3항을 위반하여 정보보호 최고책임자로 하여금 같은 조 제4항의 업무 외의 다른 업무를 겸직하게 한 자(2021.6.8 본호신설)
6의4. 제46조제3항에 따른 시정명령을 이행하지 아니한 자(2023.1.3 본호신설)
6의5. 제47조제2항을 위반하여 정보보호 관리체계 인증을 받지 아니한 자(2015.12.1 본호신설)
6의6. 제48조의3제1항을 위반하여 침해사고의 신고를 하지 아니한 자(2024.2.13 본호신설)
6의7. 제48조의4제3항에 따른 시정명령을 이행하지 아니한 자(2024.2.13 본호신설)
7. 제50조제1항부터 제3항까지의 규정을 위반하여 영리 목적의 광고성 정보를 전송한 자
8. 제50조제4항을 위반하여 광고성 정보를 전송할 때 밝혀야 하는 사항을 밝히지 아니하거나 거짓으로 밝힌 자(2014.5.28 본호개정)
9. 제50조제6항을 위반하여 비용을 수신자에게 부담하도록 한 자(2014.5.28 본호개정)
9의2. 제50조제8항을 위반하여 수신동의 여부를 확인하지 아니한 자(2014.5.28 본호신설)
9의3. 제50조의4제4항을 위반하여 필요한 조치를 하지 아니한 자(2024.1.23 본호신설)
10. 제50조의5를 위반하여 이용자의 동의를 받지 아니하고 프로그램을 설치한 자
11. 제50조의7제1항 또는 제2항을 위반하여 인터넷 홈페이지에 영리목적의 광고성 정보를 게시한 자(2014.5.28 본호개정)
11의2. (2020.2.4 삭제)
12. 이 법을 위반하여 제64조제4항에 따라 과학기술정보통신부장관 또는 방송통신위원회로부터 받은 시정조치 명령을 이행하지 아니한 자(2017.7.26 본호개정)
② 다음 각 호의 어느 하나에 해당하는 자에게는 2천만원 이하의 과태료를 부과한다.
1.~4. (2020.2.4 삭제)
4의2. 제46조제2항을 위반하여 보험에 가입하지 아니한 자(2020.2.4 본호개정)
4의3. 제32조의5제1항을 위반하여 국내대리인을 지정하지 아니한 자(2018.9.18 본호신설)

4의4. 제44조의9제1항을 위반하여 불법촬영물등 유통방지 책임자를 지정하지 아니한 자(2020.6.9 본호신설)
5. (2020.2.4 삭제)
③ 다음 각 호의 어느 하나에 해당하는 자에게는 1천만원 이하의 과태료를 부과한다.
1.~2. (2015.6.22 삭제)
2의2. 제23조의3제1항을 위반하여 본인확인기관의 지정을 받지 아니하고 본인확인업무를 한 자
2의3. 제23조의3제2항에 따른 본인확인업무의 휴지 또는 같은 조 제3항에 따른 본인확인업무의 폐지 사실을 이용자에게 통보하지 아니하거나 방송통신위원회에 신고하지 아니한 자
2의4. 제23조의4제1항에 따른 본인확인업무의 정지 및 지정취소 처분에도 불구하고 본인확인업무를 계속한 자
(2011.4.5 2호의2~2호의4신설)
2의5. (2020.2.4 삭제)
3. 제42조의3제1항을 위반하여 청소년 보호 책임자를 지정하지 아니한 자
4. 제43조를 위반하여 정보를 보관하지 아니한 자
4의2. 제44조의7제5항을 위반하여 기술적·관리적 조치를 하지 아니한 자(2024.1.23 본호신설)
4의3. 제46조제4항에 따른 자료의 제출요구에 정당한 사유 없이 따르지 아니한 자. 다만, 관계 중앙행정기관(그 소속기관을 포함한다)의 장은 제외한다.(2023.1.3 본호신설)
4의4. 제46조제6항을 위반하여 보고를 하지 아니하거나 거짓으로 보고한 자(2023.1.3 본호신설)
5. (2018.6.12 삭제)
6. (2015.12.1 삭제)
7. 제47조제9항을 위반하여 인증받은 내용을 거짓으로 홍보한 자(2020.2.4 본호개정)
8.~9. (2012.2.17 삭제)
10. 제47조의4제4항을 위반하여 소프트웨어 사용자에게 알리지 아니한 자(2020.6.9 본호개정)
11. 제48조의2제4항에 따른 시정명령을 이행하지 아니한 자
11의2. (2024.2.13 삭제)
11의3. 제48조의4제6항에 따른 자료를 제출하지 아니하거나 거짓으로 제출한 자(2024.2.13 본호개정)
12. 제48조의4제6항에 따른 사업장 출입 및 조사를 방해하거나 거부 또는 기피한 자(2024.2.13 본호개정)
12의2. 제49조의2제4항을 위반하여 과학기술정보통신부장관 또는 방송통신위원회의 명령을 이행하지 아니한 자
(2017.7.26 본호개정)
12의3. 제50조제7항을 위반하여 수신동의, 수신거부 또는 수신동의 철회에 대한 처리 결과를 알리지 아니한 자(2014.5.28 본호신설)
12의4. (2024.1.23 삭제)
13. 제52조제6항을 위반하여 한국인터넷진흥원의 명칭을 사용한 자(2009.4.22 본호개정)
14. 제53조제4항을 위반하여 사업의 휴업·폐업·해산의 신고를 아니한 자(2020.6.9 본호개정)
15. 제56조제1항을 위반하여 약관을 신고하지 아니한 자
16. 제57조제2항을 위반하여 관리적 조치 또는 기술적 조치를 하지 아니한 자
17. 제58조제1항을 위반하여 통신과금서비스 이용일시 등을 통신과금서비스이용자에게 고지하지 아니한 자(2011.4.5 본호개정)
18. 제58조제2항을 위반하여 통신과금서비스이용자가 구매·이용 내역을 확인할 수 있는 방법을 제공하지 아니하거나 통신과금서비스이용자의 제공 요청에 따르지 아니한 자
(2020.6.9 본호개정)
19. 제58조제3항을 위반하여 통신과금서비스이용자로부터 받은 통신과금에 대한 정정요구가 이유 있음에도 결제대금의 지급을 유보하지 아니하거나 통신과금서비스이용자의 요청에 대한 처리 결과를 통신과금서비스이용자에게 알려 주지 아니한 자(2014.5.28 본호개정)
20. 제58조제4항을 위반하여 통신과금서비스에 관한 기록을 보존하지 아니한 자
20의2. 제58조제5항을 위반하여 통신과금서비스이용자의 동의를 받지 아니하고 통신과금서비스를 제공하거나 이용한도액을 증액한 자(2014.5.28 본호신설)
20의3. 제58조제6항을 위반하여 통신과금서비스 약관의 변경에 관한 통지를 하지 아니한 자(2014.5.28 본호신설)
20의4. 제58조의2(제59조제2항에 따라 준용되는 경우를 포함한다)를 위반하여 통신과금서비스이용자의 정보 제공 요청에 따르지 아니한 자(2018.6.12 본호신설)
21. 제59조제3항을 위반하여 통신과금서비스이용자의 이의신청 및 권리구제를 위한 절차를 마련하지 아니하거나 통신과금서비스 계약 시 이를 명시하지 아니한 자(2018.6.12 본호개정)
22. 제64조제1항에 따른 관계 물품·서류 등을 제출하지 아니하거나 거짓으로 제출한 자
23. 제64조제2항에 따른 자료의 열람·제출요청에 따르지 아니한 자
24. 제64조제3항에 따른 출입·검사를 거부·방해 또는 기피한 자
25. 제64조의5제1항을 위반하여 투명성 보고서를 제출하지 아니한 자(2020.6.9 본호신설)
④ 제1항부터 제3항까지의 과태료는 대통령령으로 정하는 바에 따라 과학기술정보통신부장관 또는 방송통신위원회가 부과·징수한다.(2017.7.26 본항개정)
⑤~⑦ (2017.3.14 삭제)

부 칙 (2015.12.1)

제1조【시행일】 이 법은 공포 후 6개월이 경과한 날부터 시행한다. 다만, 제29조제2항 및 제3항의 개정규정은 공포한 날부터 시행한다.
제2조【개인정보의 파기 등에 관한 적용례】 제29조제2항 및 제3항의 개정규정은 같은 개정규정 시행 전에 수집하거나 제공받은 개인정보에 대해서도 적용한다.
제3조【정보보호 관리체계 인증 심사 생략에 관한 적용례】 제47조제3항의 개정규정은 이 법 시행 전에 정보보호 관리체계에 대한 인증을 신청하여 그 절차가 진행 중인 자에 대해서도 적용한다.
제4조【정보보호 관리체계의 인증에 관한 경과조치】 정보보호 관리체계의 인증을 받지 아니한 자는 이 법 시행 후 6개월 이내에 제47조제2항의 개정규정에 따라 인증을 받아야 한다.
제5조【과태료에 관한 경과조치】 이 법 시행 전의 위반행위에 대하여 과태료를 적용할 때에는 종전의 규정에 따른다.

부 칙 (2016.3.22)

제1조【시행일】 이 법은 공포 후 6개월이 경과한 날부터 시행한다. 다만, 제22조의2, 제76조제1항제1호 및 제1호의2의 개정규정은 공포 후 1년이 경과한 날부터, 제32조제2항·제3항 및 제32조의2제3항의 개정규정은 2016년 7월 25일부터, 제52조제4항의 개정규정은 공포한 날부터 시행한다.
제2조【손해배상에 관한 적용례】 제32조제2항·제3항 및 제32조의2제3항의 개정규정은 같은 개정규정 시행 후에 분실·도난·유출·위조·변조 또는 훼손된 개인정보에 관한 손해배상 청구분부터 적용한다.
제3조【위반행위에 노출된 사실 안내에 관한 경과조치】 정보통신서비스 제공자는 이 법 공포 후 6개월 이내에 제49조의2제3항의 개정규정에 따라 이용자에게 안내메시지를 보낼 수 있는 설비를 구축하여야 한다.
제4조【벌칙에 관한 경과조치】 이 법 시행 전의 행위에 대하여 벌칙을 적용할 때에는 종전의 규정에 따른다.
제5조【다른 법률의 개정】 ※(해당 법령에 가제정리 하였음)

부 칙 (2019.12.10)

제1조【시행일】 이 법은 공포 후 6개월이 경과한 날부터 시행한다.

제2조【환급가산금에 관한 적용례】 제64조의3제7항 및 제8항의 개정규정은 이 법 시행 후 법원의 판결 등의 사유로 과징금을 환급하는 경우부터 적용한다.

부 칙 (2021.6.8)
(2022.6.10)
(2023.1.3)

이 법은 공포 후 6개월이 경과한 날부터 시행한다.

부 칙 (2024.1.23)

제1조【시행일】 이 법은 공포 후 6개월이 경과한 날부터 시행한다. 다만, 제48조제4항 및 제71조제1항제13호의 개정규정은 공포한 날부터 시행하고, 제23조의5제1항제3호의 개정규정은 법률 제19234호 개인정보 보호법 일부개정법률 부칙 제1조제2호에 따른 시행일부터 시행한다.
제2조【정보보호 관리체계 인증의 특례에 관한 적용례】 제47조의7제1항 및 제3항의 개정규정은 이 법 시행 이후 제47조제1항 및 제2항에 따른 인증을 받으려는 자부터 적용한다.
제3조【연계정보 생성·처리의 승인에 관한 경과조치】 이 법 시행 당시 종전의 「정보통신 진흥 및 융합 활성화 등에 관한 특별법」 제37조 등 다른 법령에 따라 연계정보 생성·처리 관련 임시허가 또는 그와 유사한 특례 지정 등을 받은 본인확인기관과 정보통신서비스 제공자는 제23조의5제1항제4호의 개정규정에도 불구하고 이 법 시행일부터 1년까지는 같은 개정규정에 따른 방송통신위원회의 승인을 받지 아니하고 연계정보를 생성·처리할 수 있다.

부 칙 (2024.2.13)
(2024.12.3)
(2025.1.21)

이 법은 공포 후 6개월이 경과한 날부터 시행한다.

전자상거래 등에서의 소비자 보호에 관한 법률(약칭 : 전자상거래법)

(2002년 3월 30일
법 률 제6687호)

개정
2004.12.31법 7315호(독점)
2005. 1.27법 7344호(신용정보의이용및보호에관한법)
2005. 3.31법 7487호 2007. 7.19법 8538호
2007. 8. 3법 8635호(자본시장금융투자업)
2010. 3.22법10172호
2010. 5.17법10303호(은행법)
2012. 2.17법11326호
2012. 6. 1법11461호(전자문서및전자거래기본법)
2013. 5.28법11841호 2016. 3.29법14142호
2017.11.28법15141호 2018. 6.12법15698호
2020.12.29법17799호(독점)
2023. 3.21법19255호
2024. 2. 6법20239호(독점)
2024. 2.13법20302호

제1장 총 칙
(2012.2.17 본장개정)

제1조【목적】 이 법은 전자상거래 및 통신판매 등에 의한 재화 또는 용역의 공정한 거래에 관한 사항을 규정함으로써 소비자의 권익을 보호하고 시장의 신뢰도를 높여 국민경제의 건전한 발전에 이바지함을 목적으로 한다.
제2조【정의】 이 법에서 사용하는 용어의 뜻은 다음과 같다.
1. "전자상거래"란 전자거래(「전자문서 및 전자거래 기본법」 제2조제5호에 따른 전자거래를 말한다. 이하 같다)의 방법으로 상행위(商行爲)를 하는 것을 말한다.(2012.6.1 본호개정)
2. "통신판매"란 우편·전기통신, 그 밖에 총리령으로 정하는 방법으로 재화 또는 용역(일정한 시설을 이용하거나 용역을 제공받을 수 있는 권리를 포함한다. 이하 같다)의 판매에 관한 정보를 제공하고 소비자의 청약을 받아 재화 또는 용역(이하 "재화등"이라 한다)을 판매하는 것을 말한다. 다만, 「방문판매 등에 관한 법률」 제2조제3호에 따른 전화권유판매는 통신판매의 범위에서 제외한다.
3. "통신판매업자"란 통신판매를 업(業)으로 하는 자 또는 그와의 약정에 따라 통신판매업무를 수행하는 자를 말한다.
4. "통신판매중개"란 사이버몰(컴퓨터 등과 정보통신설비를 이용하여 재화등을 거래할 수 있도록 설정된 가상의 영업장을 말한다. 이하 같다)의 이용을 허락하거나 그 밖에 총리령으로 정하는 방법으로 거래 당사자 간의 통신판매를 알선하는 행위를 말한다.
5. "소비자"란 다음 각 목의 어느 하나에 해당하는 자를 말한다.
가. 사업자가 제공하는 재화등을 소비생활을 위하여 사용(이용을 포함한다. 이하 같다)하는 자
나. 가목 외의 자로서 사실상 가목의 자와 같은 지위 및 거래조건으로 거래하는 자 등 대통령령으로 정하는 자
6. "사업자"란 물품을 제조(가공 또는 포장을 포함한다. 이하 같다)·수입·판매하거나 용역을 제공하는 자를 말한다.

제3조【적용 제외】 ① 이 법의 규정은 사업자(「방문판매 등에 관한 법률」 제2조제6호의 다단계판매원은 제외한다. 이하 이 항에서 같다)가 상행위를 목적으로 구입하는 거래에는 적용하지 아니한다. 다만, 사업자라 하더라도 사실상 소비자와 같은 지위에서 다른 소비자와 같은 거래조건으로 거래하는 경우에는 그러하지 아니하다.
② 제13조제2항에 따른 계약내용에 관한 서면(전자문서를 포함한다. 이하 같다)의 교부의무에 관한 규정은 다음 각 호의 거래에는 적용하지 아니한다. 다만, 제1호의 경우에는 총리령으로 정하는 바에 따라 계약내용에 관한 서면의 내용이나 교부의 방법을 다르게 할 수 있다.
1. 소비자가 이미 잘 알고 있는 약관 또는 정형화된 거래방법에 따라 수시로 거래하는 경우로서 총리령으로 정하는 거래

2. 다른 법률(「민법」 및 「방문판매 등에 관한 법률」은 제외한다)에 이 법의 규정과 다른 방법으로 하는 계약서 교부의무 등이 규정되어 있는 거래
③ 통신판매업자가 아닌 자 사이의 통신판매중개를 하는 통신판매업자에 대하여는 제13조부터 제15조까지, 제17조부터 제19조까지의 규정을 적용하지 아니한다.
④ 「자본시장과 금융투자업에 관한 법률」의 투자매매업자·투자중개업자가 하는 증권거래, 대통령령으로 정하는 금융회사등이 하는 금융상품거래 및 일상 생활용품, 음식료 등을 인접지역에 판매하기 위한 거래에 대하여는 제12조부터 제15조까지, 제17조부터 제20조까지 및 제20조의2를 적용하지 아니한다.
제4조【다른 법률과의 관계】 전자상거래 또는 통신판매에서의 소비자보호에 관하여 이 법과 다른 법률이 경합하는 경우에는 이 법을 우선 적용한다. 다만, 다른 법률을 적용하는 것이 소비자에게 유리한 경우에는 그 법을 적용한다.

제2장 전자상거래 및 통신판매
(2012.2.17 본장개정)

제5조【전자문서의 활용】 ① 「전자문서 및 전자거래 기본법」 제6조제2항제2호에도 불구하고 사업자가 소비자와 미리 전자문서로 거래할 것을 약정하여 지정한 주소(「전자문서 및 전자거래 기본법」 제2조제2호의 정보처리시스템을 말한다)로 전자문서(「전자문서 및 전자거래 기본법」 제2조제1호에 따른 전자문서를 말한다. 이하 같다)를 송신하지 아니한 경우에는 그 사업자는 해당 전자문서에 의한 권리를 주장할 수 없다. 다만, 긴급한 경우, 소비자도 이미 전자문서로 거래할 것을 예정하고 있는 경우, 소비자가 전자문서를 출력한 경우 등 대통령령으로 정하는 경우에는 그러하지 아니하다.(2012.6.1 본문개정)
② 사업자는 전자서명(「전자서명법」 제2조제2호에 따른 전자서명을 말한다. 이하 같다)을 한 전자문서를 사용하려면 대통령령으로 정하는 바에 따라 그 전자문서의 효력, 수령 절차 및 방법 등을 소비자에게 고지하여야 한다.
③ 사업자는 전자문서를 사용할 때 소비자에게 특정한 전자서명 방법을 이용하도록 강요(특수한 표준 등을 이용함으로써 사실상 특정한 전자서명 방법의 이용이 강제되는 경우를 포함한다)하여서는 아니 되고, 소비자가 선택한 전자서명 방법의 사용을 부당하게 제한하여서는 아니 된다.
④ 전자상거래를 하는 사업자는 소비자의 회원 가입, 계약의 청약, 소비자 관련 정보의 제공 등을 전자문서를 통하여 할 수 있도록 하는 경우에는 회원탈퇴, 청약의 철회, 계약의 해지·해제·변경, 정보의 제공 및 이용에 관한 동의의 철회 등도 전자문서를 통하여 할 수 있도록 하여야 한다.
⑤ 전자상거래를 하는 사업자는 소비자가 재화등의 거래와 관련한 확인·증명을 전자문서로 제공하여 줄 것을 요청한 경우 이에 따라야 한다.
⑥ 전자상거래를 하는 사업자가 전자문서로 제공하기 어려운 기술적 이유나 보안상 이유가 명백하여 이를 소비자에게 미리 고지한 경우에는 제4항과 제5항을 적용하지 아니한다.
⑦ 전자상거래를 하는 사업자가 제4항과 제5항에 따른 의무를 이행할 때 해당 사이버몰의 구축 및 운영과 관련된 사업자들은 그 의무 이행에 필요한 조치를 하는 등 협력하여야 한다.
제6조【거래기록의 보존 등】 ① 사업자는 전자상거래 및 통신판매에서의 표시·광고, 계약내용 및 그 이행 등 거래에 관한 기록을 상당한 기간 보존하여야 한다. 이 경우 소비자가 쉽게 거래기록을 열람·보존할 수 있는 방법을 제공하여야 한다.
② 제1항에 따라 사업자가 보존하여야 할 거래기록 및 그와 관련된 개인정보(성명·주소·전자우편주소 등 거래의 주체를 식별할 수 있는 정보로 한정한다)는 소비자가 개인정보의 이용에 관한 동의를 철회하는 경우에도 「정보통신망 이용촉진 및 정보보호 등에 관한 법률」 등 대통령령으로 정하는 개인정보보호와 관련된 법률의 규정에도 불구하고 이를 보존할 수 있다.(2016.3.29 본항개정)
③ 제1항에 따라 사업자가 보존하는 거래기록의 대상·범위·기간 및 소비자에게 제공하는 열람·보존의 방법 등에 관하여 필요한 사항은 대통령령으로 정한다.
제7조【조작 실수 등의 방지】 사업자는 전자상거래에서 소비자의 조작 실수 등으로 인한 의사표시의 착오 등으로 발생하는 피해를 예방할 수 있도록 거래 대금이 부과되는 시점이나 청약 전에 그 내용을 확인하거나 바로잡는 데에 필요한 절차를 마련하여야 한다.
제8조【전자적 대금지급의 신뢰 확보】 ① 사업자가 대통령령으로 정하는 전자적 수단에 의한 거래대금의 지급(이하 "전자적 대금지급"이라 한다)방법을 이용하는 경우 사업자와 전자결제수단 발행자, 전자결제서비스 제공자 등 대통령령으로 정하는 전자적 대금지급 관련자(이하 "전자결제업자등"이라 한다)는 관련 정보의 보안 유지에 필요한 조치를 하여야 한다.
② 사업자와 전자결제업자등은 전자적 대금지급이 이루어지는 경우 소비자의 청약의사가 진정한 의사 표시에 의한 것인지를 확인하기 위하여 다음 각 호의 사항에 대해 명확히 고지하고, 고지한 사항에 대한 소비자의 확인절차를 대통령령으로 정하는 바에 따라 마련하여야 한다.
1. 재화등의 내용 및 종류
2. 재화등의 가격
3. 용역의 제공기간
③ 사업자와 전자결제업자등은 전자적 대금지급이 이루어진 경우에는 전자문서의 송신 등 총리령으로 정하는 방법으로 소비자에게 그 사실을 알리고, 언제든지 소비자가 전자적 대금지급과 관련한 자료를 열람할 수 있게 하여야 한다.
④ 사이버몰에서 사용되는 전자적 대금지급 방법으로서 재화등을 구입·이용하기 위하여 미리 대가를 지불하는 방식의 결제수단의 발행자는 총리령으로 정하는 바에 따라 그 결제수단의 신뢰도 확인과 관련된 사항, 사용상의 제한이나 그 밖의 주의 사항 등을 표시하거나 고지하여야 한다.
⑤ 사업자와 소비자 사이에 전자적 대금지급과 관련하여 다툼이 있는 경우 전자결제업자등은 대금지급 관련 정보의 열람을 허용하는 등 대통령령으로 정하는 바에 따라 그 분쟁의 해결에 협조하여야 한다.
제9조【배송사업자 등의 협력】 ① 전자상거래나 통신판매에 따라 재화등을 배송〔「정보통신망 이용촉진 및 정보보호 등에 관한 법률」 제2조제1항제1호의 정보통신망(이하 "정보통신망"이라 한다)을 통한 전송을 포함한다〕하는 사업자는 배송 사고나 배송 장애 등으로 분쟁이 발생하는 경우에는 대통령령으로 정하는 바에 따라 그 분쟁의 해결에 협조하여야 한다.
② 호스팅서비스(사업자가 전자상거래를 할 수 있도록 사이버몰 구축 및 서버 관리 등을 해주는 서비스를 말한다. 이하 이 조에서 같다)를 제공하는 자는 사업자와 호스팅서비스에 관한 이용계약을 체결하는 경우 사업자의 신원을 확인하기 위한 조치를 취하여야 한다.
③ 사업자와 소비자 사이에 분쟁이 발생하는 경우 호스팅서비스를 제공하는 자는 다음 각 호의 어느 하나에 해당하는 자의 요청에 따라 사업자의 신원정보 등 대통령령으로 정하는 자료를 제공함으로써 그 분쟁의 해결에 협조하여야 한다.
1. 분쟁의 당사자인 소비자(소비자가 소송을 제기하는 경우에 한정한다)(2016.3.29 본호개정)
2. 공정거래위원회(2016.3.29 본호개정)
3. 특별시장·광역시장·특별자치시장·도지사·특별자치도지사(이하 "시·도지사"라 한다) 또는 시장·군수·구청장(자치구의 구청장을 말한다. 이하 같다)(2016.3.29 본호개정)
4. 수사기관(2016.3.29 본호개정)
5. 그 밖에 분쟁해결을 위하여 필요하다고 인정되어 대통령령으로 정한 자
제9조의2【전자게시판서비스 제공자의 책임】 ① 「정보통신망 이용촉진 및 정보보호 등에 관한 법률」 제2조제1항제9호의 게시판을 운영하는 같은 항 제3호의 정보통신서비스 제공자(이하 "전자게시판서비스 제공자"라 한다)는 해당 게시판을 이용하여 통신판매 또는 통신판매중개가 이루어지는 경우 이로 인한 소비자피해가 발생하지 아니하도록 다음 각 호의 사항을 이행하여야 한다.
1. 게시판을 이용하여 통신판매 또는 통신판매중개를 업으로 하는 자(이하 "게시판 이용 통신판매업자등"이라 한다)가 이 법에 따른 의무를 준수하도록 안내하고 권고할 것

2. 게시판 이용 통신판매업자등과 소비자 사이에 이 법과 관련하여 분쟁이 발생한 경우 소비자의 요청에 따라 제33조에 따른 소비자피해 분쟁조정기구에 소비자의 피해구제신청을 대행하는 장치를 마련하고 대통령령으로 정하는 바에 따라 운영할 것
3. 그 밖에 소비자피해를 방지하기 위하여 필요한 사항으로서 대통령령으로 정하는 사항
② 전자게시판서비스 제공자는 게시판 이용 통신판매업자등에 대하여 제13조제1항제1호 및 제2호의 신원정보를 확인하기 위한 조치를 취하여야 한다.
③ 전자게시판서비스 제공자는 게시판 이용 통신판매업자등과 소비자 사이에 분쟁이 발생하는 경우 다음 각 호의 어느 하나에 해당하는 자의 요청에 따라 제2항에 따른 신원 확인 조치를 통하여 얻은 게시판 이용 통신판매업자등의 신원정보를 제공하여 그 분쟁의 해결에 협조하여야 한다.
1. 제33조에 따른 소비자피해 분쟁조정기구
2. 공정거래위원회
3. 시·도지사 또는 시장·군수·구청장
(2016.3.29 본조신설)

제10조【사이버몰의 운영】 ① 전자상거래를 하는 사이버몰의 운영자는 소비자가 사업자의 신원 등을 쉽게 알 수 있도록 다음 각 호의 사항을 총리령으로 정하는 바에 따라 표시하여야 한다.
1. 상호 및 대표자 성명
2. 영업소가 있는 곳의 주소(소비자의 불만을 처리할 수 있는 곳의 주소를 포함한다)
3. 전화번호·전자우편주소
4. 사업자등록번호
5. 사이버몰의 이용약관
6. 그 밖에 소비자보호를 위하여 필요한 사항으로서 대통령령으로 정하는 사항
② 제1항에 따른 사이버몰의 운영자는 그 사이버몰에서 이 법을 위반한 행위가 이루어지는 경우 운영자가 조치하여야 할 부분이 있으면 시정에 필요한 조치에 협력하여야 한다.

제11조【소비자에 관한 정보의 이용 등】 ① 사업자는 전자상거래 또는 통신판매를 위하여 소비자에 관한 정보를 수집하거나 이용(제3자에게 제공하는 경우를 포함한다. 이하 같다)할 때는 「정보통신망 이용촉진 및 정보보호 등에 관한 법률」 등 관계 규정에 따라 이를 공정하게 수집하거나 이용하여야 한다.
② 사업자는 재화등을 거래함에 있어서 소비자에 관한 정보가 도용되어 해당 소비자에게 재산상의 손해가 발생하였거나 발생할 우려가 있는 특별한 사유가 있는 경우에는 본인 확인이나 피해의 회복 등 대통령령으로 정하는 필요한 조치를 취하여야 한다.

제12조【통신판매업자의 신고 등】 ① 통신판매업자는 대통령령으로 정하는 바에 따라 다음 각 호의 사항을 공정거래위원회 또는 특별자치시장·특별자치도지사·시장·군수·구청장에게 신고하여야 한다. 다만, 통신판매의 거래횟수, 거래규모 등이 공정거래위원회가 고시로 정하는 기준 이하인 경우에는 그러하지 아니하다.(2016.3.29 본문개정)
1. 상호(법인인 경우에는 대표자의 성명 및 주민등록번호를 포함한다), 주소, 전화번호
2. 전자우편주소, 인터넷도메인 이름, 호스트서버의 소재지
3. 그 밖에 사업자의 신원 확인을 위하여 필요한 사항으로서 대통령령으로 정하는 사항
② 통신판매업자가 제1항에 따라 신고한 사항을 변경하려면 대통령령으로 정하는 바에 따라 신고하여야 한다.
③ 제1항에 따라 신고한 통신판매업자는 그 영업을 휴업 또는 폐업하거나 휴업한 후 영업을 다시 시작할 때에는 대통령령으로 정하는 바에 따라 신고하여야 한다.
④ 공정거래위원회는 제1항에 따라 신고한 통신판매업자의 정보를 대통령령으로 정하는 바에 따라 공개할 수 있다.

제13조【신원 및 거래조건에 대한 정보의 제공】 ① 통신판매업자가 재화등의 거래에 관한 청약을 받을 목적으로 표시·광고를 할 때에는 그 표시·광고에 다음 각 호의 사항을 포함하여야 한다.
1. 상호 및 대표자 성명
2. 주소·전화번호·전자우편주소
3. 제12조에 따라 공정거래위원회 또는 특별자치시장·특별자치도지사·시장·군수·구청장에게 한 신고의 신고번호와 그 신고를 받은 기관의 이름 등 신고를 확인할 수 있는 사항
(2016.3.29 본호개정)
② 통신판매업자는 소비자가 계약체결 전에 재화등에 대한 거래조건을 정확하게 이해하고 실수나 착오 없이 거래할 수 있도록 다음 각 호의 사항을 적절한 방법으로 표시·광고하거나 고지하여야 하며, 계약이 체결되면 계약자에게 다음 각 호의 사항이 기재된 계약내용에 관한 서면을 재화등을 공급할 때까지 교부하여야 한다. 다만, 계약자의 권리를 침해하지 아니하는 범위에서 대통령령으로 정하는 사유가 있는 경우에는 계약자를 갈음하여 재화등을 공급받는 자에게 계약내용에 관한 서면을 교부할 수 있다.
1. 재화등의 공급자 및 판매자의 상호, 대표자의 성명·주소 및 전화번호 등
2. 재화등의 명칭·종류 및 내용
2의2. 재화등의 정보에 관한 사항. 이 경우 제품에 표시된 기재로 계약내용에 관한 서면에의 기재를 갈음할 수 있다.
3. 재화등의 가격(가격이 결정되어 있지 아니한 경우에는 가격을 결정하는 구체적인 방법)과 그 지급방법 및 지급시기
4. 재화등의 공급방법 및 공급시기
5. 청약의 철회 및 계약의 해제(이하 "청약철회등"이라 한다)의 기한·행사방법 및 효과에 관한 사항(청약철회등의 권리를 행사하는 데에 필요한 서식을 포함한다)
6. 재화등의 교환·반품·보증과 그 대금 환불 및 환불의 지연에 따른 배상금 지급의 조건·절차
7. 전자매체로 공급할 수 있는 재화등의 전송·설치 등을 할 때 필요한 기술적 사항
8. 소비자피해보상의 처리, 재화등에 대한 불만 처리 및 소비자와 사업자 사이의 분쟁 처리에 관한 사항
9. 거래에 관한 약관(그 약관의 내용을 확인할 수 있는 방법을 포함한다)
10. 소비자가 구매의 안전을 위하여 원하는 경우에는 재화등을 공급받을 때까지 대통령령으로 정하는 제3자에게 그 재화등의 결제대금을 예치하는 것(이하 "결제대금예치"라 한다)의 이용을 선택할 수 있다는 사항 또는 통신판매업자의 제24조제1항에 따른 소비자피해보상보험계약등의 체결을 선택할 수 있다는 사항(제15조제1항에 따른 선지급식 통신판매의 경우에만 해당하며, 제24조제3항에 각 호의 어느 하나에 해당하는 거래를 하는 경우는 제외한다)
11. 그 밖에 소비자의 구매 여부 판단에 영향을 주는 거래조건 또는 소비자피해의 구제에 필요한 사항으로서 대통령령으로 정하는 사항
③ 통신판매업자는 미성년자와 재화등의 거래에 관한 계약을 체결할 때에는 법정대리인이 그 계약에 동의하지 아니하면 미성년자 본인 또는 법정대리인이 그 계약을 취소할 수 있다는 내용을 미성년자에게 고지하여야 한다.
④ 공정거래위원회는 제1항 및 제2항에 따른 통신판매업자의 상호 등에 관한 사항, 재화등의 정보에 관한 사항과 거래조건에 대한 표시·광고 및 고지의 내용과 방법을 정하여 고시할 수 있다. 이 경우 거래방법이나 재화등의 특성을 고려하여 그 표시·광고 및 고지의 내용과 방법을 다르게 정할 수 있다.
⑤ 통신판매업자는 제2항에 따라 소비자에게 표시·광고하거나 고지한 거래조건을 신의를 지켜 성실하게 이행하여야 한다.
⑥ 통신판매업자는 재화등의 정기결제 대금이 증액되거나 재화등이 무상으로 공급된 후 유료 정기결제로 전환되는 경우에는 그 증액 또는 전환이 이루어지기 전 대통령령으로 정하는 기간 내에 그 증액 또는 전환의 일시, 변동 전후의 가격 및 결제방법에 대하여 소비자의 동의를 받고, 증액 또는 전환을 취소하거나 해지하기 위한 조건·방법과 그 효과를 소비자에게 고지하여야 한다.(2024.2.13 본항신설)

제14조【청약확인 등】 ① 통신판매업자는 소비자로부터 재화등의 거래에 관한 청약을 받으면 청약 의사표시의 수신 확인 및 판매 가능 여부에 관한 정보를 소비자에게 신속하게 알려야 한다.

② 통신판매업자는 계약체결 전에 소비자가 청약내용을 확인하고, 정정하거나 취소할 수 있도록 적절한 절차를 갖추어야 한다.

제15조【재화등의 공급 등】 ① 통신판매업자는 소비자가 청약을 한 날부터 7일 이내에 재화등의 공급에 필요한 조치를 하여야 하고, 소비자가 재화등을 공급받기 전에 미리 재화등의 대금을 전부 또는 일부 지급하는 통신판매(이하 "선지급식 통신판매"라 한다)의 경우에는 소비자가 그 대금을 전부 또는 일부 지급한 날부터 3영업일 이내에 재화등의 공급을 위하여 필요한 조치를 하여야 한다. 다만, 소비자와 통신판매업자 간에 재화등의 공급시기에 관하여 따로 약정한 것이 있는 경우에는 그러하지 아니하다.

② 통신판매업자는 청약을 받은 재화등을 공급하기 곤란하다는 것을 알았을 때에는 지체 없이 그 사유를 소비자에게 알려야 하고, 선지급식 통신판매의 경우에는 소비자가 그 대금의 전부 또는 일부를 지급한 날부터 3영업일 이내에 환급하거나 환급에 필요한 조치를 하여야 한다.

③ 통신판매업자는 소비자가 재화등의 공급 절차 및 진행 상황을 확인할 수 있도록 적절한 조치를 하여야 한다. 이 경우 공정거래위원회는 그 조치에 필요한 사항을 정하여 고시할 수 있다.

④ 제2항에 따라 선지급식 통신판매에서 재화등의 대금을 환급하거나 환급에 필요한 조치를 하여야 하는 경우에는 제18조제1항부터 제5항까지의 규정을 준용한다.

제16조 (2005.3.31 삭제)

제17조【청약철회등】 ① 통신판매업자와 재화등의 구매에 관한 계약을 체결한 소비자는 다음 각 호의 기간(거래당사자가 다음 각 호의 기간보다 긴 기간으로 약정한 경우에는 그 기간을 말한다) 이내에 해당 계약에 관한 청약철회등을 할 수 있다.

1. 제13조제2항에 따른 계약내용에 관한 서면을 받은 날부터 7일. 다만, 그 서면을 받은 때보다 재화등의 공급이 늦게 이루어진 경우에는 재화등을 공급받거나 재화등의 공급이 시작된 날부터 7일
2. 제13조제2항에 따른 계약내용에 관한 서면을 받지 아니한 경우, 통신판매업자의 주소 등이 적혀 있지 아니한 서면을 받은 경우 또는 통신판매업자의 주소 변경 등의 사유로 제1호의 기간에 청약철회등을 할 수 없는 경우에는 통신판매업자의 주소를 안 날 또는 알 수 있었던 날부터 7일
3. 제21조제1항제1호 또는 제2호의 청약철회등에 대한 방해 행위가 있는 경우에는 그 방해 행위가 종료한 날부터 7일 (2016.3.29 본호신설)

② 소비자는 다음 각 호의 어느 하나에 해당하는 경우에는 통신판매업자의 의사에 반하여 제1항에 따른 청약철회등을 할 수 없다. 다만, 통신판매업자가 제6항에 따른 조치를 하지 아니하는 경우에는 제2호부터 제5호까지의 규정에 해당하는 경우에도 청약철회등을 할 수 있다.(2016.3.29 단서개정)

1. 소비자에게 책임이 있는 사유로 재화등이 멸실되거나 훼손된 경우. 다만, 재화등의 내용을 확인하기 위하여 포장 등을 훼손한 경우는 제외한다.
2. 소비자의 사용 또는 일부 소비로 재화등의 가치가 현저히 감소한 경우
3. 시간이 지나 다시 판매하기 곤란할 정도로 재화등의 가치가 현저히 감소한 경우
4. 복제가 가능한 재화등의 포장을 훼손한 경우
5. 용역 또는 「문화산업진흥 기본법」 제2조제5호의 디지털콘텐츠의 제공이 개시된 경우. 다만, 가분적 용역 또는 가분적 디지털콘텐츠로 구성된 계약의 경우에는 제공이 개시되지 아니한 부분에 대하여는 그러하지 아니하다.(2016.3.29 본호신설)
6. 그 밖에 거래의 안전을 위하여 대통령령으로 정하는 경우

③ 소비자는 제1항 및 제2항에도 불구하고 재화등의 내용이 표시·광고의 내용과 다르거나 계약내용과 다르게 이행된 경우에는 그 재화등을 공급받은 날부터 3개월 이내, 그 사실을 안 날 또는 알 수 있었던 날부터 30일 이내에 청약철회등을 할 수 있다.

④ 제1항 또는 제3항에 따른 청약철회등을 서면으로 하는 경우에는 그 의사표시가 적힌 서면을 발송한 날에 그 효력이 발생한다.

⑤ 제1항부터 제3항까지의 규정을 적용할 때 재화등의 훼손에 대하여 소비자의 책임이 있는지 여부, 재화등의 구매에 관한 계약이 체결된 사실 및 그 시기, 재화등의 공급사실 및 그 시기 등에 관하여 다툼이 있는 경우에는 통신판매업자가 이를 증명하여야 한다.

⑥ 통신판매업자는 제2항제2호부터 제5호까지의 규정에 따라 청약철회등이 불가능한 재화등의 경우에는 그 사실을 재화등의 포장이나 그 밖에 소비자가 쉽게 알 수 있는 곳에 명확하게 표시하거나 시험 사용 상품을 제공하는 등의 방법으로 청약철회등의 권리 행사가 방해받지 아니하도록 조치하여야 한다. 다만, 제2항제5호 중 디지털콘텐츠에 대하여 소비자가 청약철회등을 할 수 없는 경우에는 청약철회등이 불가능하다는 사실의 표시와 함께 대통령령으로 정하는 바에 따라 시험 사용 상품을 제공하는 등의 방법으로 청약철회등의 권리 행사가 방해받지 아니하도록 하여야 한다.(2016.3.29 본항개정)

제18조【청약철회등의 효과】 ① 소비자는 제17조제1항 또는 제3항에 따라 청약철회등을 한 경우에는 이미 공급받은 재화등을 반환하여야 한다. 다만, 이미 공급받은 재화등이 용역 또는 디지털콘텐츠인 경우에는 그러하지 아니하다.(2016.3.29 단서신설)

② 통신판매업자(소비자로부터 재화등의 대금을 받은 자 또는 소비자와 통신판매에 관한 계약을 체결한 자를 포함한다. 이하 제2항부터 제10항까지의 규정에서 같다)는 다음 각 호의 어느 하나에 해당하는 날부터 3영업일 이내에 이미 지급받은 재화등의 대금을 환급하여야 한다. 이 경우 통신판매업자가 소비자에게 재화등의 대금 환급을 지연한 때에는 그 지연기간에 대하여 연 100분의 40 이내의 범위에서 「은행법」에 따른 은행이 적용하는 연체금리 등 경제사정을 고려하여 대통령령으로 정하는 이율을 곱하여 산정한 지연이자(이하 "지연배상금"이라 한다)를 지급하여야 한다.(2016.3.29 전단개정)

1. 통신판매업자가 재화를 공급한 경우에는 제1항 본문에 따라 재화를 반환받은 날
2. 통신판매업자가 용역 또는 디지털콘텐츠를 공급한 경우에는 제17조제1항 또는 제3항에 따라 청약철회등을 한 날
3. 통신판매업자가 재화등을 공급하지 아니한 경우에는 제17조제1항 또는 제3항에 따라 청약철회등을 한 날

(2016.3.29 1호~3호신설)

③ 통신판매업자는 제1항 및 제2항에 따라 재화등의 대금을 환급할 때 소비자가 「여신전문금융업법」 제2조제3호에 따른 신용카드나 그 밖에 대통령령으로 정하는 결제수단으로 재화등의 대금을 지급한 경우에는 지체 없이 해당 결제수단을 제공한 사업자(이하 "결제업자"라 한다)에게 재화등의 대금 청구를 정지하거나 취소하도록 요청하여야 한다. 다만, 통신판매업자가 결제업자로부터 해당 재화등의 대금을 이미 받은 때에는 지체 없이 그 대금을 결제업자에게 환급하고, 그 사실을 소비자에게 알려야 한다.

④ 제3항 단서에 따라 통신판매업자로부터 재화등의 대금을 환급받은 결제업자는 그 환급받은 금액을 지체 없이 소비자에게 환급하거나 환급에 필요한 조치를 하여야 한다.

⑤ 제3항 단서에 해당하는 통신판매업자 중 환급을 지연하여 소비자가 대금을 결제하게 한 통신판매업자는 그 지연기간에 대한 지연배상금을 소비자에게 지급하여야 한다.

⑥ 소비자는 통신판매업자가 제3항 단서에도 불구하고 정당한 사유 없이 결제업자에게 대금을 환급하지 아니하는 경우에는 결제업자에게 그 통신판매업자에 대한 다른 채무와 통신판매업자로부터 환급받을 금액을 상계(相計)할 것을 요청할 수 있다. 이 경우 결제업자는 대통령령으로 정하는 바에 따라 그 통신판매업자에 대한 다른 채무와 상계할 수 있다.

⑦ 소비자는 결제업자가 제6항에 따른 상계를 정당한 사유 없이 게을리한 경우에는 결제업자에 대하여 대금의 결제를 거부할 수 있다. 이 경우 통신판매업자와 결제업자는 그 결제 거부를 이유로 그 소비자를 약정한 기일까지 채무를 변제하지 아니한 자로 처리하는 등 소비자에게 불이익을 주는 행위를 하여서는 아니 된다.

⑧ 제1항의 경우 통신판매업자는 이미 재화등이 일부 사용되거나 일부 소비된 경우에는 그 재화등의 일부 사용 또는 일부

소비에 의하여 소비자가 얻은 이익 또는 그 재화등의 공급에 든 비용에 상당하는 금액으로서 대통령령으로 정하는 범위의 금액을 소비자에게 청구할 수 있다.
⑨ 제17조제1항에 따른 청약철회등의 경우 공급받은 재화등의 반환에 필요한 비용은 소비자가 부담하며, 통신판매업자는 소비자에게 청약철회등을 이유로 위약금이나 손해배상을 청구할 수 없다.
⑩ 제17조제3항에 따른 청약철회등의 경우 재화등의 반환에 필요한 비용은 통신판매업자가 부담한다.
⑪ 통신판매업자, 재화등의 대금을 받은 자 또는 소비자와 통신판매에 관한 계약을 체결한 자가 동일인이 아닌 경우에 이들은 제17조제1항 및 제3항에 의한 청약철회등에 의한 제1항부터 제7항까지의 규정에 따른 재화등의 대금 환급과 관련한 의무의 이행에 대하여 연대하여 책임을 진다.

제19조【손해배상청구금액의 제한 등】 ① 소비자에게 책임이 있는 사유로 재화등의 판매에 관한 계약이 해제된 경우 통신판매업자가 소비자에게 청구하는 손해배상액은 다음 각 호의 구분에 따라 정한 금액에 대금미납에 따른 지연배상금을 더한 금액을 초과할 수 없다.
1. 공급한 재화등이 반환된 경우 : 다음 각 목의 금액 중 큰 금액
  가. 반환된 재화등의 통상 사용료 또는 그 사용으로 통상 얻을 수 있는 이익에 해당하는 금액
  나. 반환된 재화등의 판매가액(販賣價額)에서 그 재화등이 반환된 당시의 가액을 뺀 금액
2. 공급한 재화등이 반환되지 아니한 경우 : 그 재화등의 판매가액에 해당하는 금액
② 공정거래위원회는 통신판매업자와 소비자 간의 손해배상청구에 따른 분쟁의 원활한 해결을 위하여 필요하면 제1항에 따른 손해배상액을 산정하기 위한 기준을 정하여 고시할 수 있다.

제20조【통신판매중개자의 의무와 책임】 ① 통신판매중개를 하는 자(이하 "통신판매중개자"라 한다)는 자신이 통신판매의 당사자가 아니라는 사실을 소비자가 쉽게 알 수 있도록 총리령으로 정하는 방법으로 미리 고지하여야 한다.(2016.3.29 본항개정)
② 통신판매중개를 업으로 하는 자(이하 "통신판매중개업자"라 한다)는 통신판매중개를 의뢰한 자(이하 "통신판매중개의뢰자"라 한다)가 사업자인 경우에는 그 성명(사업자가 법인인 경우에는 그 명칭과 대표자의 성명)·주소·전화번호 등 대통령령으로 정하는 사항을 확인하여 청약이 이루어지기 전까지 소비자에게 제공하여야 하고, 통신판매중개의뢰자가 사업자가 아닌 경우에는 그 성명·전화번호 등 대통령령으로 정하는 사항을 확인하여 거래의 당사자들에게 상대방에 관한 정보를 열람할 수 있는 방법을 제공하여야 한다.(2016.3.29 본항개정)
③ 통신판매중개자는 사이버몰 등을 이용함으로써 발생하는 불만이나 분쟁의 해결을 위하여 그 원인 및 피해의 파악 등 필요한 조치를 신속히 시행하여야 한다. 이 경우 필요한 조치의 구체적인 내용과 방법 등은 대통령령으로 정한다.
(2016.3.29 본조제목개정)

제20조의2【통신판매중개자 및 통신판매중개의뢰자의 책임】
① 통신판매중개자는 제20조제1항의 고지를 하지 아니한 경우 통신판매중개의뢰자의 고의 또는 과실로 소비자에게 발생한 재산상 손해에 대하여 통신판매중개의뢰자와 연대하여 배상할 책임을 진다.
② 통신판매중개자는 제20조제2항에 따라 소비자에게 정보 또는 정보를 열람할 수 있는 방법을 제공하지 아니하거나 제공한 정보가 사실과 달라 소비자에게 발생한 재산상 손해에 대하여 통신판매중개의뢰자와 연대하여 배상할 책임을 진다. 다만, 소비자에게 피해가 가지 아니하도록 상당한 주의를 기울인 경우에는 그러하지 아니하다.
③ 제20조제1항에 따른 고지에도 불구하고 통신판매업자인 통신판매중개자는 제12조부터 제15조까지, 제17조 및 제18조에 따른 통신판매업자의 책임을 면하지 못한다. 다만, 통신판매업자의 의뢰를 받아 통신판매를 중개하는 경우 통신판매중개의뢰자가 책임을 지는 것으로 약정하여 소비자에게 고지한 부분에 대하여는 통신판매중개의뢰자가 책임을 진다.
④ 통신판매중개의뢰자(사업자의 경우에 한정한다)는 통신판매중개자의 고의 또는 과실로 소비자에게 발생한 재산상 손해에 대하여 통신판매중개자의 행위라는 이유로 면책되지 아니한다. 다만, 소비자에게 피해가 가지 아니하도록 상당한 주의를 기울인 경우에는 그러하지 아니하다.
(2012.2.17 본조신설)

제20조의3【통신판매의 중요한 일부 업무를 수행하는 통신판매중개업자의 책임】 통신판매에 관한 거래과정에서 다음 각 호의 업무를 수행하는 통신판매중개업자는 통신판매업자가 해당 각 호의 각 목에 따른 의무를 이행하지 아니하는 경우에는 이를 대신하여 이행하여야 한다. 이 경우 제7조 및 제8조의 "사업자"와 제13조제2항제5호 및 제14조제1항의 "통신판매업자"는 "통신판매중개업자"로 본다.
1. 통신판매중개업자가 청약의 접수를 받는 경우
  가. 제13조제2항제5호에 따른 정보의 제공
  나. 제14조제1항에 따른 청약의 확인
  다. 그 밖에 소비자피해를 방지하기 위하여 필요한 사항으로서 대통령령으로 정하는 사항
2. 통신판매중개업자가 재화등의 대금을 지급받는 경우
  가. 제7조에 따른 조작 실수 등의 방지
  나. 제8조에 따른 전자적 대금지급의 신뢰 확보
  다. 그 밖에 소비자피해를 방지하기 위하여 필요한 사항으로서 대통령령으로 정하는 사항
(2016.3.29 본조신설)

제21조【금지행위】 ① 전자상거래를 하는 사업자 또는 통신판매업자는 다음 각 호의 어느 하나에 해당하는 행위를 하여서는 아니 된다.
1. 거짓 또는 과장된 사실을 알리거나 기만적 방법을 사용하여 소비자를 유인 또는 소비자와 거래하거나 청약철회등 또는 계약의 해지를 방해하는 행위
2. 청약철회등을 방해할 목적으로 주소, 전화번호, 인터넷도메인 이름 등을 변경하거나 폐지하는 행위
3. 분쟁이나 불만처리에 필요한 인력 또는 설비의 부족을 상당기간 방치하여 소비자에게 피해를 주는 행위
4. 소비자의 청약이 없음에도 불구하고 일방적으로 재화등을 공급하고 그 대금을 청구하거나 재화등의 공급 없이 대금을 청구하는 행위
5. 소비자가 재화를 구매하거나 용역을 제공받을 의사가 없음을 밝혔음에도 불구하고 전화, 팩스, 컴퓨터통신 또는 전자우편 등을 통하여 재화를 구매하거나 용역을 제공받도록 강요하는 행위
6. 본인의 허락을 받지 아니하거나 허락받은 범위를 넘어 소비자에 관한 정보를 이용하는 행위. 다만, 다음 각 목의 어느 하나에 해당하는 경우는 제외한다.
  가. 재화등의 배송 등 소비자와의 계약을 이행하기 위하여 불가피한 경우로서 대통령령으로 정하는 경우
  나. 재화등의 거래에 따른 대금정산을 위하여 필요한 경우
  다. 도용방지를 위하여 본인 확인에 필요한 경우로서 대통령령으로 정하는 경우
  라. 법률의 규정 또는 법률에 따라 필요한 불가피한 사유가 있는 경우
7. 소비자의 동의를 받지 아니하거나 총리령으로 정하는 방법에 따라 쉽고 명확하게 소비자에게 설명·고지하지 아니하고 컴퓨터프로그램 등이 설치되게 하는 행위
② 공정거래위원회는 이 법 위반행위를 방지하고 소비자피해를 예방하기 위하여 전자상거래를 하는 사업자 또는 통신판매업자가 준수하여야 할 기준을 정하여 고시할 수 있다.

제21조의2【온라인 인터페이스 운영에 있어서 금지되는 행위】 ① 전자상거래를 하는 사업자 또는 통신판매업자는 온라인 인터페이스(웹사이트 또는 모바일 앱 등의 소프트웨어로서 소비자와 사업자 사이의 매개체를 말한다. 이하 같다)를 운영하는 경우 다음 각 호의 어느 하나에 해당하는 행위를 하여서는 아니 된다.
1. 사이버몰을 통하여 소비자에게 재화등의 가격을 알리는 표시·광고의 첫 화면에서 소비자가 그 재화등을 구매·이용하기 위하여 필수적으로 지급하여야 하는 총금액(재화등의

가격 외에 재화등의 제공을 위하여 필수적으로 수반되는 비용까지 포함한 것을 말한다. 이하 같다) 중 일부 금액만을 표시·광고하는 방법으로 소비자를 유인하거나 소비자와 거래하는 행위. 다만, 총금액을 표시·광고할 수 없는 정당한 사유가 있고 그 사유를 총리령으로 정하는 바에 따라 소비자에게 알린 경우는 제외한다.
2. 재화등의 구매·이용, 회원가입, 계약체결 등이 진행되는 중에 소비자에게 다른 재화등의 구매·이용, 회원가입, 계약체결 등에 관한 청약의사가 있는지 여부를 묻는 선택항목을 제공하는 경우 소비자가 직접 청약의사 여부를 선택하기 전에 미리 청약의사가 있다는 표시를 하여 선택항목을 제공하는 방법으로 소비자의 다른 재화등의 거래에 관한 청약을 유인하는 행위
3. 소비자에게 재화등의 구매·이용, 회원가입, 계약체결 또는 구매취소, 회원탈퇴, 계약해지(이하 "구매등"이라 한다)에 관한 선택항목을 제시하는 경우 그 선택항목들 사이에 크기·모양·색깔 등 시각적으로 현저한 차이를 두어 표시하는 행위로서 다음 각 목의 어느 하나에 해당하는 경우
가. 소비자가 특정 항목만을 선택할 수 있는 것처럼 잘못 알게 할 우려가 있는 행위
나. 소비자가 구매등을 하기 위한 조건으로서 특정 항목을 반드시 선택하여야만 하는 것으로 잘못 알게 할 우려가 있는 행위
4. 정당한 사유 없이 다음 각 목의 어느 하나에 해당하는 방법으로 소비자의 구매취소, 회원탈퇴, 계약해지 등을 방해하는 행위
가. 재화등의 구매, 회원가입, 계약체결 등의 절차보다 그 취소, 탈퇴, 해지 등의 절차를 복잡하게 설계하는 방법
나. 재화등의 구매, 회원가입, 계약체결 등의 방법과는 다른 방법으로만 그 취소, 탈퇴, 해지 등을 할 수 있도록 제한하는 방법
5. 소비자가 이미 선택·결정한 내용에 관하여 그 선택·결정을 변경할 것을 팝업창 등을 통하여 반복적으로 요구하는 방법으로 소비자의 자유로운 의사결정을 방해하는 행위. 다만, 그 선택·결정의 변경을 요구할 때 소비자가 대통령령으로 정하는 기간 이상 동안 그러한 요구를 받지 아니하도록 선택할 수 있게 한 경우는 제외한다.

② 공정거래위원회는 제1항에 해당하는 행위의 예방 및 소비자보호를 위하여 사업자의 자율적 준수를 유도하기 위한 지침을 관련 분야의 거래당사자, 기관 및 단체의 의견을 들어 정할 수 있다.
(2024.2.13 본조신설)

제21조의3【온라인 인터페이스 관련 자율규약】 사업자 및 사업자단체는 제21조의2제1항 각 호를 위반하는 행위를 예방하기 위하여 자율적으로 규약을 정할 수 있다.(2024.2.13 본조신설)

제22조【휴업기간 등에서의 청약철회등의 업무처리 등】 ① 통신판매업자는 휴업기간이나 영업정지기간에도 제17조제1항 및 제3항에 따른 청약철회등의 업무와 제18조제1항부터 제5항까지의 규정에 따른 청약철회등에 따른 대금 환급과 관련된 업무를 계속하여야 한다.
② 통신판매업자가 폐업신고를 하지 아니한 상태에서 파산선고를 받는 등 실질적으로 영업을 할 수 없는 것으로 판단되는 경우에는 제12조제1항에 따른 신고를 받은 공정거래위원회 또는 특별자치시장·특별자치도지사·시장·군수·구청장은 직권으로 신고사항을 말소할 수 있다.(2016.3.29 본항개정)

제3장 소비자 권익의 보호
(2012.2.17 본장개정)

제23조【전자상거래 등에서의 소비자보호지침의 제정 등】
① 공정거래위원회는 전자상거래 또는 통신판매에서의 건전한 거래질서의 확립 및 소비자보호를 위하여 사업자의 자율적 준수를 유도하기 위한 지침(이하 "소비자보호지침"이라 한다)을 관련 분야의 거래당사자, 기관 및 단체의 의견을 들어 정할 수 있다.
② 사업자는 그가 사용하는 약관이 소비자보호지침의 내용보다 소비자에게 불리한 경우에는 소비자보호지침과 다르게 정한 약관의 내용을 소비자가 알기 쉽게 표시하거나 고지하여야 한다.

제24조【소비자피해보상보험계약등】 ① 공정거래위원회는 전자상거래 또는 통신판매에서 소비자를 보호하기 위하여 관련 사업자에게 다음 각 호의 어느 하나에 해당하는 계약(이하 "소비자피해보상보험계약등"이라 한다)을 체결하도록 권장할 수 있다. 다만, 제8조제4항에 따른 결제수단의 발행자는 소비자피해보상보험계약등을 체결하여야 한다.
1. 「보험업법」에 따른 보험계약
2. 소비자피해보상금의 지급을 확보하기 위한 「금융위원회의 설치 등에 관한 법률」 제38조에 따른 기관과의 채무지급보증계약
3. 제10항에 따라 설립된 공제조합과의 공제계약

② 통신판매업자는 제1항에도 불구하고 선지급식 통신판매를 할 때 소비자가 제13조제2항제10호에 따른 결제대금예치의 이용 또는 통신판매업자의 소비자피해보상보험계약등의 체결을 선택한 경우에는 소비자가 결제대금예치를 이용하도록 하거나 소비자피해보상보험계약등을 체결하여야 한다.
③ 제2항은 소비자가 다음 각 호의 어느 하나에 해당하는 거래를 하는 경우에는 적용하지 아니한다.
1. (2013.5.28 삭제)
2. 「여신전문금융업법」 제2조제3호에 따른 신용카드로 재화등의 대금을 지급하는 거래. 이 경우 소비자가 재화등을 배송받지 못한 때에는 「여신전문금융업법」 제2조제2호의2에 따른 신용카드업자는 구매대금 결제 취소 등 소비자피해의 예방 및 회복을 위하여 협력하여야 한다.
3. 정보통신망으로 전송되거나 제13조제2항제10호에 따른 제3자가 배송을 확인할 수 없는 재화등을 구매하는 거래
4. 일정기간에 걸쳐 분할되어 공급되는 재화등을 구매하는 거래
5. 다른 법률에 따라 소비자의 구매안전이 충분히 갖추어진 경우 또는 제1호부터 제4호까지의 규정과 유사한 사유로 결제대금예치 또는 소비자피해보상보험계약등의 체결이 필요하지 아니하거나 곤란하다고 공정거래위원회가 정하여 고시하는 거래

④ 제2항에 따른 결제대금예치의 이용 또는 소비자피해보상보험계약등의 체결에 필요한 사항은 대통령령으로 정한다.
⑤ 소비자피해보상보험계약등은 이 법 위반행위로 인한 소비자피해를 보상하거나 제8조제4항에 따른 결제수단 발행자의 신뢰성을 확보하기에 적절한 수준이어야 하며, 그 구체적인 기준은 대통령령으로 정한다.
⑥ 소비자피해보상보험계약등에 따라 소비자피해보상금을 지급할 의무가 있는 자는 그 지급 사유가 발생하면 지체 없이 소비자피해보상금을 지급하여야 하고, 이를 지연한 경우에는 지연배상금을 지급하여야 한다.
⑦ 소비자피해보상보험계약등을 체결하려는 사업자는 소비자피해보상보험계약등을 체결하기 위하여 매출액 등의 자료를 제출할 때 거짓 자료를 제출하여서는 아니 된다.
⑧ 소비자피해보상보험계약등을 체결한 사업자는 그 사실을 나타내는 표지를 사용할 수 있으나, 소비자피해보상보험계약등을 체결하지 아니한 사업자는 그 표지를 사용하거나 이와 유사한 표지를 제작 또는 사용하여서는 아니 된다.
⑨ 제2항에 따른 결제대금예치의 이용에 관하여는 제8항을 준용한다.
⑩ 전자상거래를 하는 사업자 또는 통신판매업자는 제1항에 따른 소비자보호를 위하여 공제조합을 설립할 수 있다. 이 경우 공제조합의 설립 및 운영에 관하여는 「방문판매 등에 관한 법률」 제38조를 준용하되, 같은 조 제1항 중 "제5조제1항에 따라 신고하거나 제13조제1항 또는 제29조제3항에 따라 등록한 사업자"는 "전자상거래를 하는 사업자 또는 통신판매업자"로, "제37조제1항제3호"는 "「전자상거래 등에서의 소비자보호에 관한 법률」 제24조제1항제3호"로 보고, 같은 조 제9항 및 제10항 중 "이 법"은 각각 "「전자상거래 등에서의 소비자보호에 관한 법률」"로 본다.

제24조의2【구매권유광고 시 준수사항 등】 ① 전자상거래를 하는 사업자 또는 통신판매업자가 전화, 팩스, 컴퓨터통신 또는 전자우편 등을 이용하여 재화를 구매하거나 용역을 제공받도록 권유하는 행위(이하 "구매권유광고"라 한다)를 할 때에는 이 법과 「정보통신망 이용촉진 및 정보보호 등에 관한 법률」 등 관계 법률의 규정을 준수하여야 한다.
② 공정거래위원회는 제1항을 위반하여 구매권유광고를 한 전자상거래를 하는 사업자 또는 통신판매업자에 대한 시정조치를 하기 위하여 방송통신위원회 등 관련 기관에 위반자의 신원정보를 요청할 수 있다. 이 경우 신원정보의 요청은 공정거래위원회가 위반자의 신원정보를 확보하기 곤란한 경우로 한정하며, 방송통신위원회 등 관련 기관은 「정보통신망 이용촉진 및 정보보호 등에 관한 법률」 제64조의2제1항에도 불구하고 공정거래위원회에 위반자의 신원정보를 제공할 수 있다.
제25조【전자상거래소비자단체 등의 지원】 공정거래위원회는 전자상거래 및 통신판매에서 공정거래질서를 확립하고 소비자의 권익을 보호하기 위한 사업을 시행하는 기관 또는 단체에 예산의 범위에서 필요한 지원 등을 할 수 있다.

제4장 조사 및 감독

(2012.2.17 본장개정)

제26조【위반행위의 조사 등】 ① 공정거래위원회, 시·도지사 또는 시장·군수·구청장은 이 법을 위반한 사실이 있다고 인정할 때에는 직권으로 필요한 조사를 할 수 있다.
② 시·도지사 또는 시장·군수·구청장이 제1항에 따른 조사를 하려면 미리 시·도지사는 공정거래위원회에, 시장·군수·구청장은 공정거래위원회 및 시·도지사에게 통보하여야 하며, 공정거래위원회는 조사 등이 중복될 우려가 있는 경우에는 시·도지사 또는 시장·군수·구청장에게 조사의 중지를 요청할 수 있다. 이 경우 중지 요청을 받은 시·도지사 또는 시장·군수·구청장은 상당한 이유가 없으면 그 조사를 중지하여야 한다.
③ 공정거래위원회, 시·도지사 또는 시장·군수·구청장은 제1항 또는 제2항에 따라 조사를 한 경우에는 그 결과(조사결과 시정조치명령 등의 처분을 하려는 경우에는 그 처분의 내용을 포함한다)를 해당 사건의 당사자에게 서면으로 알려야 한다.
④ 누구든지 이 법의 규정에 위반되는 사실이 있다고 인정할 때에는 그 사실을 공정거래위원회, 시·도지사 또는 시장·군수·구청장에게 신고할 수 있다.
⑤ 공정거래위원회는 이 법을 위반하는 행위가 끝난 날부터 5년이 지난 경우에는 그 위반행위에 대하여 제32조에 따른 시정조치를 명하지 아니하거나 제34조에 따른 과징금을 부과하지 아니한다. 다만, 다음 각 호의 어느 하나에 해당하는 경우에는 그러하지 아니하다.(2018.6.12 단서개정)
1. 제33조제1항에 따른 소비자피해 분쟁조정기구의 권고안이나 조정안을 당사자가 수락하고도 이를 이행하지 아니하는 경우(2018.6.12 본호신설)
2. 법원의 판결에 따라 시정조치 또는 과징금 부과처분이 취소된 경우로서 그 판결이유에 따라 새로운 처분을 하는 경우 (2018.6.12 본호신설)

⑥ 공정거래위원회는 제1항의 조사를 위하여 「소비자기본법」 제33조에 따른 한국소비자원과 합동으로 조사반을 구성할 수 있다. 이 경우 조사반의 구성과 조사에 관한 구체적인 방법과 절차, 그 밖에 필요한 사항은 대통령령으로 정한다.
⑦ 공정거래위원회는 제6항의 조사활동에 참여하는 한국소비자원의 임직원에게 예산의 범위에서 수당이나 여비를 지급할 수 있다.
제27조【공개정보 검색 등】 ① 공정거래위원회, 시·도지사 또는 시장·군수·구청장은 전자상거래 및 통신판매의 공정거래질서를 확립하고 소비자피해를 예방하기 위하여 필요하면 전자적인 방법 등을 이용하여 사업자나 전자상거래 또는 통신판매에서의 소비자보호 관련 법인·단체가 정보통신망에 공개한 공개정보를 검색할 수 있다.
② 사업자 또는 관련 법인·단체는 제1항에 따른 공정거래위원회, 시·도지사 또는 시장·군수·구청장의 정보검색을 정당한 사유 없이 거부하거나 방해하여서는 아니 된다.
③ 공정거래위원회, 시·도지사 또는 시장·군수·구청장은 소비자피해에 관한 정보를 효율적으로 수집하고 이용하기 위하여 필요하면 대통령령으로 정하는 바에 따라 전자상거래나 통신판매에서의 소비자보호 관련 업무를 수행하는 기관(「공공기관의 운영에 관한 법률」 제4조에 따른 공공기관으로 한정한다. 이하 이 조에서 같다)이나 법인·단체에 관련 자료를 제출하거나 공유하도록 요구할 수 있다.
④ 제3항에 따라 공정거래위원회, 시·도지사 또는 시장·군수·구청장으로부터 자료 요구를 받은 기관이나 법인·단체는 정당한 사유가 없으면 자료 제출이나 자료 공유를 거부하여서는 아니 된다.
(2023.3.21 본조개정)
제28조【위법행위 등에 대한 정보공개】 공정거래위원회는 전자상거래 및 통신판매의 공정거래질서를 확립하고 소비자피해를 예방하기 위하여 제27조제1항에 따라 검색된 정보 중 사업자가 이 법을 위반한 행위나 그 밖에 소비자피해의 예방을 위하여 필요한 관련 정보를 대통령령으로 정하는 바에 따라 공개할 수 있다.
제29조【평가·인증 사업의 공정화】 ① 전자상거래 및 통신판매의 공정화와 소비자보호를 위하여 관련 사업자의 평가·인증 등의 업무를 수행하는 자(이하 "평가·인증 사업자"라 한다)는 그 명칭에 관계없이 대통령령으로 정하는 바에 따라 그 평가·인증에 관한 기준, 방법 등을 공시하고, 그에 따라 공정하게 평가·인증하여야 한다.
② 제1항에 따른 평가·인증의 기준 및 방법은 사업자가 거래의 공정화와 소비자보호를 위하여 한 노력과 그 성과에 관한 정보를 전달하는 데에 적절한 것이어야 한다.
③ 공정거래위원회는 평가·인증 사업자에게 운용 상황 등에 관한 자료를 제출하게 할 수 있다.
제30조【보고 및 감독】 ① 제31조에 따라 시정권고를 하는 경우에는 시·도지사는 공정거래위원회에, 시장·군수·구청장은 공정거래위원회 및 시·도지사에게 대통령령으로 정하는 바에 따라 그 결과를 보고하여야 한다.
② 공정거래위원회는 이 법을 효율적으로 시행하기 위하여 필요하다고 인정할 때에는 그 소관 사항에 관하여 시·도지사 또는 시장·군수·구청장에게 조사·확인 또는 자료 제출을 요구하거나 그 밖에 시정에 필요한 조치를 할 것을 요구할 수 있다. 이 경우 해당 시·도지사 또는 시장·군수·구청장은 특별한 사유가 없으면 그 요구에 따라야 한다.

제5장 시정조치 및 과징금 부과

(2012.2.17 본장개정)

제31조【위반행위의 시정권고】 ① 공정거래위원회, 시·도지사 또는 시장·군수·구청장은 사업자가 이 법을 위반하는 행위를 하거나 이 법에 따른 의무를 이행하지 아니한 경우에는 제32조의 시정조치를 명하기 전에 그 사업자가 그 위반행위를 중지하거나 이 법에 규정된 의무 또는 제32조에 따른 시정을 위하여 필요한 조치를 이행하도록 시정방안을 정하여 해당 사업자에게 이에 따를 것을 권고할 수 있다. 이 경우 그 사업자가 권고를 수락하면 제3항에 따라 시정조치를 명한 것으로 본다는 뜻을 함께 알려야 한다.
② 제1항에 따라 시정권고를 받은 사업자는 그 통지를 받은 날부터 10일 이내에 그 권고의 수락 여부를 그 권고를 한 행정청에 알려야 한다.
③ 제1항에 따라 시정권고를 받은 자가 그 권고를 수락하면 제32조에 따른 시정조치를 명한 것으로 본다.
제32조【시정조치 등】 ① 공정거래위원회는 사업자가 다음 각 호의 어느 하나에 해당하는 행위를 하거나 이 법에 따른 의무를 이행하지 아니하는 경우에는 해당 사업자에게 그 시정조치를 명할 수 있다.
1. 제5조제2항부터 제5항까지, 제6조제1항, 제7조, 제8조, 제9조, 제9조의2, 제10조, 제11조, 제12조제1항부터 제3항까지,

제13조제1항부터 제3항까지 및 제5항 · 제6항, 제14조, 제15조, 제18조, 제19조제1항, 제20조, 제20조의2, 제20조의3, 제22조제1항, 제23조제2항, 제24조제1항 · 제2항 및 제5항부터 제9항까지, 제27조제2항, 제29조제1항 및 제2항, 제32조의2제2항을 위반하는 행위(2024.2.13 본호개정)
2. 제21조제1항 각 호의 금지행위 중 어느 하나에 해당하는 행위
3. 제21조의2제1항 각 호의 금지행위 중 어느 하나에 해당하는 행위(2024.2.13 본호신설)

② 제1항에 따른 시정조치는 다음 각 호의 어느 하나에 해당하는 조치를 말한다.
1. 해당 위반행위의 중지
2. 이 법에 규정된 의무의 이행
3. 시정조치를 받은 사실의 공표
4. 소비자피해 예방 및 구제에 필요한 조치
5. 그 밖에 위반행위의 시정을 위하여 필요한 조치

③ 제2항제3호에 따른 시정조치를 받은 사실의 공표에 필요한 사항과 같은 항 제4호에 따른 소비자피해 예방 및 구제에 필요한 조치의 구체적인 내용은 대통령령으로 정한다.

④ 공정거래위원회는 다음 각 호의 어느 하나에 해당하는 경우에는 대통령령으로 정하는 바에 따라 1년 이내의 기간을 정하여 그 영업의 전부 또는 일부의 정지를 명할 수 있다.
1. 제1항에 따른 시정조치명령에도 불구하고 위반행위가 대통령령으로 정하는 기준 이상으로 반복되는 경우(2018.6.12 본호개정)
2. 시정조치명령에 따른 이행을 하지 아니한 경우
3. 시정조치만으로는 소비자피해의 방지가 어렵거나 소비자에 대한 피해보상이 불가능하다고 판단되는 경우(2016.3.29 본호개정)

제32조의2【임시중지명령】 ① 공정거래위원회는 전자상거래를 하는 사업자 또는 통신판매업자의 전자상거래 또는 통신판매가 다음 각 호에 모두 해당하는 경우에는 전자상거래를 하는 사업자 또는 통신판매업자에 대하여 전자상거래 또는 통신판매의 전부 또는 일부를 대통령령으로 정하는 바에 따라 일시 중지할 것을 명할 수 있다.
1. 전자상거래 또는 통신판매가 제21조제1항제1호에 해당하는 것이 명백한 경우
2. 전자상거래 또는 통신판매로 인하여 소비자에게 재산상 손해가 발생하였고, 다수의 소비자에게 회복하기 어려운 손해가 확산될 우려가 있어 이를 예방할 긴급한 필요성이 인정되는 경우

② 공정거래위원회는 제1항에 따라 전자상거래 또는 통신판매의 전부 또는 일부를 일시 중지하기 위하여 필요한 경우 호스팅서비스를 제공하는 자, 통신판매중개자, 전자게시판서비스 제공자 등에게 해당 역무제공의 중단 등 대통령령으로 정하는 조치를 취할 것을 요청할 수 있으며, 그 요청을 받은 사업자는 정당한 사유가 없으면 이에 따라야 한다.

③ 「소비자기본법」 제29조에 따라 등록한 소비자단체나 그 밖에 대통령령으로 정하는 기관 · 단체는 전자상거래를 하는 사업자 또는 통신판매업자가 제1항의 경우에 해당한다고 인정될 때에는 서면(전자문서를 포함한다)으로 공정거래위원회에 그 전자상거래 또는 통신판매의 전부 또는 일부에 대하여 일시 중지를 명하도록 요청할 수 있다.

④ 제1항에 따른 명령에 불복하는 자는 그 명령을 받은 날부터 7일 이내에 공정거래위원회에 이의를 제기할 수 있다.

⑤ 공정거래위원회는 제1항에 따른 명령을 받은 자가 제4항에 따라 이의를 제기하였을 때에는 지체 없이 서울고등법원에 그 사실을 통보하여야 하며, 통보를 받은 서울고등법원은 「비송사건절차법」에 따라 재판을 한다.

⑥ 제5항에 따른 재판을 할 때에는 「비송사건절차법」 제15조를 적용하지 아니한다.

(2016.3.29 본조신설)

제33조【소비자피해 분쟁조정의 요청】 ① 공정거래위원회, 시 · 도지사 또는 시장 · 군수 · 구청장은 전자상거래 또는 통신판매에서의 이 법 위반행위와 관련하여 소비자의 피해구제신청이 있는 경우에는 제31조에 따른 시정권고 또는 제32조에 따른 시정조치 등을 하기 전에 전자상거래 또는 통신판매에서의 소비자보호 관련 업무를 수행하는 기관이나 단체 등 대통령령으로 정하는 소비자피해 분쟁조정기구(이하 "소비자피해 분쟁조정기구"라 한다)에 조정을 의뢰할 수 있다.

② 공정거래위원회, 시 · 도지사 또는 시장 · 군수 · 구청장은 소비자피해 분쟁조정기구의 권고안 또는 조정안을 당사자가 수락하고 이행한 경우에는 제32조에 따른 시정조치를 하지 아니한다는 뜻을 당사자에게 알려야 한다.

③ 소비자피해 분쟁조정기구의 권고안 또는 조정안을 당사자가 수락하고 이행한 경우에는 대통령령으로 정하는 바에 따라 제32조에 따른 시정조치를 하지 아니한다.

④ 공정거래위원회는 제1항에 따라 분쟁조정을 의뢰하는 경우에는 예산의 범위에서 그 분쟁조정에 필요한 예산을 지원할 수 있다.

⑤ 소비자피해 분쟁조정기구는 분쟁의 조정이 이루어진 경우에는 그 결과를, 조정이 이루어지지 아니한 경우에는 그 경위를 지체 없이 조정을 의뢰한 공정거래위원회, 시 · 도지사 또는 시장 · 군수 · 구청장에게 보고하여야 한다.

제34조【과징금】 ① 공정거래위원회는 제32조제4항에 따른 영업정지가 소비자 등에게 심한 불편을 줄 우려가 있다고 인정하는 경우에는 그 영업의 전부 또는 일부의 정지를 갈음하여 해당 사업자에게 대통령령으로 정하는 위반행위 관련 매출액을 초과하지 아니하는 범위에서 과징금을 부과할 수 있다. 이 경우 관련 매출액이 없거나 그 매출액을 산정할 수 없는 경우 등에는 5천만원을 초과하지 아니하는 범위에서 과징금을 부과할 수 있다.

② 공정거래위원회는 제1항에 따라 그 영업의 전부 또는 일부의 정지를 갈음하여 과징금을 부과할 수 있는 판단 기준을 정하여 고시할 수 있다.

③ 공정거래위원회는 제1항에 따른 과징금을 부과할 때 다음 각 호의 사항을 고려하여야 한다.
1. 위반행위로 인한 소비자피해의 정도
2. 소비자피해에 대한 사업자의 보상노력 정도
3. 위반행위로 취득한 이익의 규모
4. 위반행위의 내용 · 기간 및 횟수 등

④ 공정거래위원회는 이 법을 위반한 사업자인 회사가 합병한 경우에는 그 회사가 한 위반행위를 합병 후 존속하거나 합병으로 설립된 회사가 한 행위로 보아 과징금을 부과 · 징수할 수 있다.

⑤ (2018.6.12 삭제)

제6장 보 칙

(2012.2.17 본장개정)

제35조【소비자에게 불리한 계약의 금지】 제17조부터 제19조까지의 규정을 위반한 약정으로서 소비자에게 불리한 것은 효력이 없다.

제36조【전속관할】 통신판매업자와의 거래에 관련된 소(訴)는 소 제기 당시 소비자의 주소를 관할하는 지방법원의 전속관할로 하고, 주소가 없는 경우에는 거소(居所)를 관할하는 지방법원의 전속관할로 한다. 다만, 소 제기 당시 소비자의 주소 또는 거소가 분명하지 아니한 경우에는 그러하지 아니하다.

제37조【사업자단체의 등록】 ① 전자상거래와 통신판매업의 건전한 발전과 소비자에 대한 신뢰도의 제고, 그 밖에 공동 이익의 증진을 위하여 설립된 사업자단체는 대통령령으로 정하는 바에 따라 공정거래위원회에 등록할 수 있다.

② 제1항에 따른 등록의 요건 · 방법 및 절차 등에 관하여 필요한 사항은 대통령령으로 정한다.

제38조【권한의 위임 · 위탁】 ① 이 법에 따른 공정거래위원회의 권한은 대통령령으로 정하는 바에 따라 그 일부를 소속기관의 장 또는 시 · 도지사에게 위임하거나 다른 행정기관의 장에게 위탁할 수 있다.

② 이 법에 따른 시 · 도지사의 권한은 대통령령으로 정하는 바에 따라 그 일부를 시장 · 군수 · 구청장에게 위임할 수 있다.

③ 공정거래위원회는 이 법을 효율적으로 집행하기 위하여 필요한 경우에는 사무의 일부를 제37조제1항에 따라 등록된 사업자단체에 위탁할 수 있다.

④ 공정거래위원회는 제3항에 따라 사무의 일부를 사업자단체에 위탁하는 경우에는 예산의 범위에서 그 위탁사무의 수행에 필요한 비용의 전부 또는 일부를 지원할 수 있다.
⑤ 제26조제6항 및 이 조 제3항에 따라 사무를 위탁받아 해당 업무를 수행하거나 수행하였던 자에 대하여는 「형법」 제127조, 제129조부터 제132조까지의 규정에 따른 벌칙을 적용할 때에는 공무원으로 본다.

제39조 【「독점규제 및 공정거래에 관한 법률」의 준용】 ① 이 법에 따른 공정거래위원회의 심의 · 의결에 관하여는 「독점규제 및 공정거래에 관한 법률」 제64조부터 제68조까지 및 제93조를 준용한다.
② 이 법 위반행위에 대한 공정거래위원회, 시 · 도지사 또는 시장 · 군수 · 구청장의 조사 등에 관하여는 「독점규제 및 공정거래에 관한 법률」 제81조제1항 · 제2항 · 제3항 · 제6항 및 제9항을 준용한다.
③ 이 법에 따른 공정거래위원회의 처분 및 제38조에 따라 위임된 시 · 도지사의 처분에 대한 이의신청, 시정조치명령의 집행정지, 소의 제기 및 불복의 소의 전속관할에 관하여는 「독점규제 및 공정거래에 관한 법률」 제96조, 제97조, 제98조의2 및 제99조부터 제101조까지를 준용한다.(2024.2.6 본항개정)
④ 이 법에 따른 과징금의 부과 · 징수에 관하여는 「독점규제 및 공정거래에 관한 법률」 제103조부터 제107조까지의 규정을 준용한다.
⑤ 이 법에 따른 직무에 종사하거나 종사하였던 공정거래위원회의 위원 또는 공무원에 대하여는 「독점규제 및 공정거래에 관한 법률」 제119조를 준용한다.
(2020.12.29 본조개정)

제7장 벌 칙

제40조 【벌칙】 다음 각 호의 어느 하나에 해당하는 자는 3년 이하의 징역 또는 1억원 이하의 벌금에 처한다.(2016.3.29 본문개정)
1. 제26조제1항에 따른 조사 시 폭언 · 폭행, 고의적인 현장진입 저지 · 지연 등을 통하여 조사를 거부 · 방해 또는 기피한 자
2. 제32조제1항에 따른 시정조치명령에 따르지 아니한 자
3. 제32조제4항에 따른 영업의 정지 명령을 위반하여 영업을 계속한 자

(2016.3.29 1호~3호신설)

제41조 (2016.3.29 삭제)

제42조 【벌칙】 다음 각 호의 어느 하나에 해당하는 자는 3천만원 이하의 벌금에 처한다.
1. 제12조제1항에 따른 신고를 하지 아니하거나 거짓으로 신고한 자
2. 제24조제8항 및 제9항을 위반하여 소비자피해보상보험계약등을 체결하는 사실 또는 결제대금예치를 이용하도록 하는 사실을 나타내는 표지를 사용하거나 이와 유사한 표지를 제작하거나 사용한 자

(2012.2.17 본조개정)

제43조 【벌칙】 다음 각 호의 어느 하나에 해당하는 자는 1천만원 이하의 벌금에 처한다.
1. 제13조제1항에 따른 사업자의 신원정보에 관하여 거짓 정보를 제공한 자
2. 제13조제2항에 따른 거래조건에 관하여 거짓 정보를 제공한 자

(2012.2.17 본조개정)

제44조 【양벌규정】 법인의 대표자나 법인 또는 개인의 대리인, 사용인, 그 밖의 종업원이 그 법인 또는 개인의 업무에 관하여 제40조부터 제43조까지의 어느 하나에 해당하는 위반행위를 하면 그 행위자를 벌하는 외에 그 법인 또는 개인에게도 해당 조문의 벌금형을 과(科)한다. 다만, 법인 또는 개인이 그 위반행위를 방지하기 위하여 해당 업무에 관하여 상당한 주의와 감독을 게을리하지 아니한 경우에는 그러하지 아니하다.
(2010.3.22 본조개정)

제45조 【과태료】 ① 제32조의2제1항을 위반하여 영업을 계속한 자에게는 1억원 이하의 과태료를 부과한다.(2016.3.29 본항신설)
② 사업자 또는 사업자단체가 제1호 또는 제2호의 어느 하나에 해당하는 경우에는 3천만원 이하, 제3호에 해당하는 경우에는 5천만원 이하의 과태료를 부과하고, 사업자 또는 사업자단체의 임원 또는 종업원, 그 밖의 이해관계인이 제1호 또는 제2호의 어느 하나에 해당하는 경우에는 500만원 이하, 제3호에 해당하는 경우에는 1천만원 이하의 과태료를 부과한다.
1. 제39조제2항에 따라 준용되는 「독점규제 및 공정거래에 관한 법률」 제81조제1항제1호에 따른 출석처분을 받은 당사자 중 정당한 사유 없이 출석하지 아니한 자
2. 제39조제2항에 따라 준용되는 「독점규제 및 공정거래에 관한 법률」 제81조제1항제3호 또는 같은 조 제6항에 따른 보고를 하지 아니하거나 필요한 자료나 물건을 제출하지 아니하거나 거짓으로 보고하거나 거짓 자료나 물건을 제출한 자
3. 제39조제2항에 따라 준용되는 「독점규제 및 공정거래에 관한 법률」 제81조제2항 및 제3항에 따른 조사를 거부 · 방해 또는 기피한 자

(2020.12.29 1호~3호개정)
(2018.6.12 본항신설)
③ 다음 각 호의 어느 하나에 해당하는 자에게는 1천만원 이하의 과태료를 부과한다.
1. 제9조의2제1항을 위반하여 소비자피해방지를 위한 사항을 이행하지 아니한 자(2016.3.29 본호신설)
2. 제21조제1항제1호부터 제5호까지의 금지행위 중 어느 하나에 해당하는 행위를 한 자
3. 제8조제4항에 따른 결제수단의 발행자로서 제24조제1항 각 호 외의 부분 단서를 위반하여 소비자피해보상보험계약등을 체결하지 아니한 자
4. 제15조제1항에 따른 선지급식 통신판매업자로서 제24조제2항을 위반한 자
5. 제8조제4항에 따른 결제수단의 발행자로서 제24조제7항을 위반하여 거짓 자료를 제출하고 소비자피해보상보험계약등을 체결한 자
6. 제15조제1항에 따른 선지급식 통신판매업자로서 제24조제7항을 위반하여 거짓 자료를 제출하고 소비자피해보상보험계약등을 체결한 자
7. 제32조의2제2항을 위반하여 공정거래위원회의 요청을 따르지 아니한 자(2016.3.29 본호신설)

8.~10. (2018.6.12 삭제)
④ 다음 각 호의 어느 하나에 해당하는 자에게는 500만원 이하의 과태료를 부과한다.
1. 제6조를 위반하여 거래기록을 보존하지 아니하거나 소비자에게 거래기록을 열람 · 보존할 수 있는 방법을 제공하지 아니한 자
2. 제10조제1항 또는 제13조제1항에 따른 사업자의 신원정보를 표시하지 아니한 자
3. 제12조제2항 및 제3항에 따른 신고를 하지 아니한 자
4. 제13조제2항을 위반하여 표시 · 광고하거나 고지를 하지 아니하거나 계약내용에 관한 서면을 계약자에게 교부하지 아니한 자
5. 제13조제3항을 위반하여 재화등의 거래에 관한 계약을 취소할 수 있다는 내용을 거래 상대방인 미성년자에게 고지하지 아니한 자

5의2. 제13조제6항을 위반하여 소비자의 동의를 받지 아니하거나 소비자에게 고지하지 아니한 자(2024.2.13 본호신설)

6. 제20조의3제1호가목을 위반하여 제13조제2항제5호에 관한 정보의 제공을 하지 아니한 자(2016.3.29 본호신설)
7. 제21조의2제1항 각 호의 금지행위 중 어느 하나에 해당하는 행위를 한 자(2024.2.13 본호신설)

⑤ 제39조제1항에 따라 준용되는 「독점규제 및 공정거래에 관한 법률」 제66조를 위반하여 질서유지의 명령을 따르지 아니한 자에게는 100만원 이하의 과태료를 부과한다.(2020.12.29 본항개정)

⑥ 제1항부터 제4항까지에 따른 과태료는 공정거래위원회, 시·도지사 또는 시장·군수·구청장이 부과·징수한다. (2018.6.12 본항개정)
⑦ 제5항에 따른 과태료는 공정거래위원회가 부과·징수한다.(2018.6.12 본항신설)
⑧ 제1항부터 제5항까지에 따른 과태료의 부과기준은 대통령령으로 정한다.(2018.6.12 본항신설)
(2012.2.17 본조개정)

제46조【과태료에 관한 규정 적용의 특례】 제45조의 과태료에 관한 규정을 적용할 때 제34조에 따라 과징금을 부과한 행위에 대해서는 과태료를 부과할 수 없다.
(2017.11.28 본조신설)

부 칙 (2023.3.21)

이 법은 공포 후 1년이 경과한 날부터 시행한다.

부 칙 (2024.2.6)

제1조【시행일】 이 법은 공포 후 6개월이 경과한 날부터 시행한다.(이하 생략)

부 칙 (2024.2.13)

제1조【시행일】 이 법은 공포 후 1년이 경과한 날부터 시행한다. 다만, 제21조의2제2항 및 제21조의3의 개정규정은 공포한 날부터 시행한다.

제2조【정기결제 대금의 증액 또는 유료 전환 시 소비자 동의 등에 관한 적용례】 제13조제6항의 개정규정은 이 법 시행 후 재화등의 정기결제 대금이 증액되거나 재화등이 무상으로 공급된 후 유료 정기결제로 전환이 이루어지는 경우부터 적용한다.

통신비밀보호법

(1993年 12月 27日 法 律 第4650號)

改正
1997.12.13法 5454號(정부부처명)
2002. 1.26法 6626號(민사소송법)
2004. 1.29法 7138號
2005. 3.31法 7428號(채무자회생파산)
2005. 5.26法 7503號
2007.12.21法 8728號(형의집행수용자)
2007.12.21法 8733號(군사기지및군사시설보호법)
2008. 2.29法 8867號(방송통신위원회의설치및운영에관한법)
2009. 5.28法 9752號
2009.11. 2法 9819號(군에서의형의집행및군수용자의처우에관한법)
2013. 3.23法11690號(정부조직)
2013. 4. 5法11731號(형법)
2014. 1.14法12229號
2015. 1. 6法12960號(총포·도검·화약류등의안전관리에관한법)
2015.12.22法13591號
2016. 1. 6法13717號(특정범죄가중)
2016. 1. 6法13719號(형법)
2016. 1. 6法13722號(군사법원)
2016. 3. 3法14071號(국민보호와공공안전을위한테러방지법)
2017. 7.26法14839號(정부조직)
2018. 3.20法15493號
2020. 3.24法17090號
2020. 3.24法17125號(법원조직)
2020. 6. 9法17347號(법률용어정비)
2021. 1. 5法17831號
2021. 9.24法18465號(군사법원)
2021.10.19法18483號
2024. 1.23法20072號
2025. 1.31法20735號→2025년 8월 1일 시행

<중략>
2005. 1.27法 7371號
2014.10.15法12764號
2019.12.31法16849號
2021. 3.16法17935號
2022.12.27法19103號

第1條【目的】 이 法은 通信 및 對話의 秘密과 자유에 대한 제한은 그 대상을 한정하고 엄격한 法的 節次를 거치도록 함으로써 通信秘密을 보호하고 通信의 자유를 신장함을 目的으로 한다.

第2條【定義】 이 法에서 사용하는 用語의 定義는 다음과 같다.
1. "通信"이라 함은 郵便物 및 電氣通信을 말한다.
2. "郵便物"이라 함은 郵便法에 의한 通常郵便物과 小包郵便物을 말한다.
3. "電氣通信"이라 함은 전화·전자우편·회원제정보서비스·모사전송·무선호출 등과 같이 유선·無線·光線 및 기타의 電磁的 방식에 의하여 모든 종류의 音響·文言·符號 또는 影像을 送信하거나 受信하는 것을 말한다.(2001.12.29 본호개정)
4. "當事者"라 함은 郵便物의 發送人과 受取人, 電氣通信의 送信人과 受信人을 말한다.
5. "內國人"이라 함은 大韓民國의 統治權이 사실상 행사되고 있는 地域에 住所 또는 居所를 두고 있는 大韓民國 國民을 말한다.
6. "檢閱"이라 함은 郵便物에 대하여 當事者의 同意없이 이를 開封하거나 기타의 방법으로 그 내용을 知得 또는 採錄하거나 留置하는 것을 말한다.
7. "監聽"이라 함은 電氣通信에 대하여 當事者의 同意없이 電子裝置·機械裝置등을 사용하여 通信의 音響·文言·符號·影像을 聽取·共讀하여 그 내용을 知得 또는 採錄하거나 電氣通信의 送·受信을 방해하는 것을 말한다.
8. "監聽設備"라 함은 對話 또는 電氣通信의 監聽에 사용될 수 있는 電子裝置·機械裝置 기타 設備를 말한다. 다만, 電氣通信 器機·機具 또는 그 部品으로서 일반적으로 사용되는 것 및 聽覺矯正을 위한 補聽器 또는 이와 유사한 용도로 일반적으로 사용되는 것 중에서, 大統領令이 정하는 것은 제외한다.
8의2. "불법감청설비탐지"라 함은 이 법의 규정에 의하지 아니하고 행하는 감청 또는 대화의 청취에 사용되는 설비를 탐지하는 것을 말한다.(2004.1.29 본호신설)
9. "전자우편"이라 함은 컴퓨터 통신망을 통해서 메시지를 전송하는 것 또는 전송된 메시지를 말한다.(2001.12.29 본호신설)

10. "회원제정보서비스"라 함은 특정의 회원이나 계약자에게 제공하는 정보서비스 또는 그와 같은 네트워크의 방식을 말한다.(2001.12.29 본호신설)
11. "통신사실확인자료"라 함은 다음 각목의 어느 하나에 해당하는 전기통신사실에 관한 자료를 말한다.
가. 가입자의 전기통신일시
나. 전기통신개시·종료시간
다. 발·착신 통신번호 등 상대방의 가입자번호
라. 사용도수
마. 컴퓨터통신 또는 인터넷의 사용자가 전기통신역무를 이용한 사실에 관한 컴퓨터통신 또는 인터넷의 로그기록자료
바. 정보통신망에 접속된 정보통신기기의 위치를 확인할 수 있는 발신기지국의 위치추적자료
사. 컴퓨터통신 또는 인터넷의 사용자가 정보통신망에 접속하기 위하여 사용하는 정보통신기기의 위치를 확인할 수 있는 접속지의 추적자료(2005.1.27 본목개정)
12. "단말기기 고유번호"라 함은 이동통신사업자와 이용계약이 체결된 개인의 이동전화 단말기기에 부여된 전자적 고유번호를 말한다.(2004.1.29 본호신설)

第3條【通信 및 對話秘密의 보호】 ① 누구든지 이 法과 刑事訴訟法 또는 軍事法院法의 規定에 의하지 아니하고는 우편물의 검열·전기통신의 감청 또는 통신사실확인자료의 제공을 하거나 公開되지 아니한 他人간의 對話를 녹음 또는 聽取하지 못한다. 다만, 다음 各號의 경우에는 당해 法律이 정하는 바에 의한다.(2001.12.29 본문개정)
1. 還付郵便物 등의 處理 : 郵便法 第28條·第32條·第35條·第36條 등의 規定에 의하여 爆發物 등 郵便禁制品이 들어 있다고 의심되는 小包郵便物(이와 유사한 郵便物을 포함한다)을 개피하는 경우, 受取人에게 配達할 수 없거나 受取人이 受領을 거부한 郵便物을 發送人에게 환부하는 경우, 發送人의 住所·姓名이 漏落된 郵便物로서 受取人이 受取를 거부하여 환부하는 때에 그 住所·姓名을 알기 위하여 개피하는 경우 또는 유가물이 든 還付不能郵便物을 처리하는 경우
2. 輸出入郵便物에 대한 檢査 : 관세법 제256조·제257조 등의 規定에 의한 信書외의 郵便物에 대한 通關檢査節次 (2000.12.29 본호개정)
3. 拘束 또는 服役 중인 사람에 대한 通信 : 刑事訴訟法 第91條, 軍事法院法 第131條, 「형의 집행 및 수용자의 처우에 관한 법률」 제41조·제43조·제44조 및 「군에서의 형의 집행 및 군수용자의 처우에 관한 법률」 제42조·제44조 및 제45조에 따른 拘束 또는 服役 중인 사람에 대한 通信의 관리 (2009.11.2 본호개정)
4. 파산선고를 받은 자에 대한 通信 : 「채무자 회생 및 파산에 관한 법률」 제484조의 規定에 의하여 파산선고를 받은 자에게 보내온 通信을 破産管財人이 受領하는 경우(2005.3.31 본호개정)
5. 混信除去 등을 위한 電波監視 : 電波法 제49조 내지 제51조의 規定에 의한 混信除去 등 電波秩序維持를 위한 電波監視의 경우(2004.1.29 본호개정)

② 우편물의 검열 또는 전기통신의 감청(이하 "통신제한조치"라 한다)은 범죄수사 또는 국가안전보장을 위하여 보충적인 수단으로 이용되어야 하며, 국민의 통신비밀에 대한 침해가 최소한에 그치도록 노력하여야 한다.(2001.12.29 본항신설)
③ 누구든지 단말기기 고유번호를 제공하거나 제공받아서는 아니된다. 다만, 이동전화단말기 제조업체 또는 이동통신사업자가 단말기의 개통처리 및 수리 등 정당한 업무의 이행을 위하여 제공하거나 제공받는 경우에는 그러하지 아니하다. (2004.1.29 본항신설)

판례 귀로 들을 수 있는 '가청거리' 내에서 타인 간 대화를 녹음한 경우 : 공개되지 않은 타인 간의 대화를 녹음 또는 청취하지 못하도록 한 것은 대화에 원래부터 참여하지 않는 제3자가 대화를 하는 타인 간의 발언을 녹음하거나 청취해서는 안 된다는 취지이다. 따라서 대화에 원래부터 참여하지 않는 제3자가 일반 공중이 알 수 있도록 공개되지 않은 타인 간의 발언을 녹음하거나 전자장치나 기계적 수단을 이용해 청취하는 것은 특별한 사정이 없는 한 통신비밀보호법 제3조제1항에 위반된다.(대판 2022.8.31, 2020도1007)

판례 통신비밀보호법에서 보호하는 타인 간의 '대화'는 원칙적으로 현장에 있는 당사자들이 육성으로 말을 주고받는 의사소통행위를 가리킨다. 따라서 사람의 육성이 아닌 사물에서 발생하는 음향은 타인 간의 '대화'에 해당하지 않는다. 또한 사람의 목소리라고 하더라도 상대방에게 의사를 전달하는 말이 아닌 단순한 비명이나 탄식 등은 타인과 의사소통을 하기 위한 것이 아니라면 특별한 사정이 없는 한 타인 간의 '대화'에 해당한다고 볼 수 없다.(대판 2017.3.15, 2016도19843)

판례 통신비밀보호법에서는 그 규율의 대상을 통신과 대화로 분류하고 그 중 통신을 다시 우편물과 전기통신으로 나눈 다음, 제2조 제3호에서 '전기통신'을 '유선·무선·광선 및 기타의 전자적 방식에 의하여 모든 종류의 음향·문언·부호 또는 영상을 송신하거나 수신하는 것'으로 규정하고 있는바, 무전기와 같은 무선전화기를 이용한 통화가 동법에서 규정하고 있는 전기통신에 해당함은 전화통화의 성질 및 위 규정 내용에 비추어 명백하므로 이를 동조 제1항 '타인간의 대화'에 포함된다고 할 수 없다.(대판 2003.11.13, 2001도6213)

第4條【不法檢閱에 의한 郵便物의 내용과 不法監聽에 의한 電氣通信內容의 증거사용 금지】 第3條의 規定에 위반하여, 不法檢閱에 의하여 취득한 郵便物이나 그 내용 및 不法監聽에 의하여 知得 또는 採錄된 電氣通信의 내용은 裁判 또는 懲戒節次에서 증거로 사용할 수 없다.

第5條【犯罪搜査를 위한 通信制限措置의 許可要件】 ① 통신제한조치는 다음 各號의 犯罪를 計劃 또는 實行하고 있거나 實行하였다고 의심할 만한 충분한 이유가 있고 다른 방법으로는 그 犯罪의 實行을 저지하거나 犯人의 逮捕 또는 증거의 蒐集이 어려운 경우에 한하여 許可할 수 있다.(2001.12.29 본문개정)
1. 刑法 제2편중 제1장 내란의 죄, 제2장 외환의 죄중 제92조 내지 제101조의 죄, 제4장 국교에 관한 죄중 제107조, 제108조, 제111조 내지 제113조의 죄, 제5장 공안을 해하는 죄중 제114조, 제115조의 죄, 제6장 폭발물에 관한 죄, 제7장 공무원의 직무에 관한 죄중 제127조, 제129조 내지 제133조의 죄, 제9장 도주와 범인은닉의 죄, 제13장 방화와 실화의 죄중 제164조 내지 제167조·제172조 내지 제173조·제174조 및 제175조의 죄, 제17장 아편에 관한 죄, 제18장 통화에 관한 죄, 제19장 유가증권, 우표와 인지에 관한 죄중 제214조 내지 제217조, 제223조(제214조 내지 제217조의 미수범에 한한다) 및 제224조(제214조 및 제215조의 예비·음모에 한한다), 제24장 살인의 죄, 제29장 체포와 감금의 죄, 제30장 협박의 죄중 제283조제1항, 제284조, 제285조(제283조제1항, 제284조의 상습범에 한한다), 제286조〔제283조제1항, 제284조, 제285조(제283조제1항, 제284조의 상습범에 한한다)의 미수범에 한한다〕의 죄, 제31장 약취(略取), 유인(誘引) 및 인신매매의 죄, 제32장 강간과 추행의 죄중 제297조 내지 제301조의2, 제305조의 죄, 제34장 신용, 업무와 경매에 관한 죄중 제315조의 죄, 제37장 권리행사를 방해하는 죄중 제324조의2 내지 제324조의4·제324조의5(제324조의2 내지 제324조의4의 미수범에 한한다)의 죄, 제38장 절도와 강도의 죄중 제329조 내지 제331조, 제332조(제329조 내지 제331조의 상습범에 한한다), 제333조 내지 제341조, 제342조〔제329조 내지 제331조, 제332조(제329조 내지 제331조의 상습범에 한한다), 제333조 내지 제341조의 미수범에 한한다〕의 죄, 제39장 사기와 공갈의 죄 중 제350조, 제350조의2, 제351조(제350조, 제350조의2의 상습범에 한정한다), 제352조(제350조, 제350조의2의 미수범에 한정한다)의 죄, 제41장 장물에 관한 죄 중 제363조의 죄(2016.1.6 본호개정)
2. 軍刑法 第2編중 第1章 叛亂의 罪, 第2章 利敵의 罪, 第3章 指揮權 濫用의 罪, 第4章 指揮官의 降服과 逃避의 罪, 第5章 守所離脫의 罪, 第7章 軍務怠慢의 罪중 第42條의 罪, 第8章 抗命의 罪, 第9章 暴行·脅迫·傷害와 殺人의 罪, 第11章 軍用物에 關한 罪, 第12章 違令의 罪중 第78條·第80條·第81條의 罪
3. 國家保安法에 規定된 犯罪
4. 軍事機密保護法에 規定된 犯罪
5. 「군사기지 및 군사시설 보호법」에 規定된 犯罪(2007.12.21 본호개정)
6. 麻藥類管理에관한法律에 규정된 범죄중 제58조 내지 제62조의 죄(2001.12.29 본호개정)
7. 暴力行爲等處罰에關한法律에 규정된 범죄중 제4조 및 제5조의 죄(2001.12.29 본호신설)

8. 「총포·도검·화약류 등의 안전관리에 관한 법률」에 규정된 범죄중 제70조 및 제71조제1호 내지 제3호의 죄(2015.1.6 본호개정)
9. 「특정범죄 가중처벌 등에 관한 법률」에 규정된 범죄중 제2조 내지 제8조, 제11조, 제12조의 죄(2016.1.6 본호개정)
10. 特定經濟犯罪加重處罰등에관한法律에 규정된 범죄중 제3조 내지 제9조의 죄(2001.12.29 본호개정)
11. 第1號와 第2號의 罪에 대한 加重處罰을 規定하는 法律에 위반하는 犯罪
12. 「국제상거래에 있어서 외국공무원에 대한 뇌물방지법」에 규정된 범죄 중 제3조 및 제4조의 죄(2019.12.31 본호신설)

② 通信制限措置는 第1項의 요건에 해당하는 者가 發送·受取하거나 送·受信하는 특정한 郵便物이나 電氣通信 또는 그 該當者가 일정한 기간에 걸쳐 發送·受取하거나 送·受信하는 郵便物이나 電氣通信을 對象으로 許可될 수 있다.

판례 수사기관의 인터넷회선 감청은 해당 인터넷회선을 통하여 흐르는 불특정 다수인의 모든 정보가 패킷 형태로 수집되어 일단 수사기관에 그대로 전송되는 형식을 취하고 있다. 그 결과 피의자 내지 피내사자의 통신자료뿐만 아니라 동일한 인터넷회선을 이용하는 불특정 다수인의 통신자료까지 수사기관에 모두 수집·저장되므로 다른 통신제한조치에 비하여 감청 집행을 통해 수사기관이 취득하는 자료가 비교할 수 없을 정도로 매우 방대하며, 이를 통해 개인의 사생활의 비밀과 자유가 제한된다. 따라서 '인터넷회선을 통하여 송·수신하는 전기통신'에 관한 부분은 헌법에 합치되지 아니한다.
(헌재결 2018.8.30, 2016헌마263)

第6條【범죄수사를 위한 통신제한조치의 허가절차】 ① 檢事(군검사를 포함한다. 이하 같다)는 第5條第1項의 요건이 구비된 경우에는 法院(軍事法院을 포함한다. 이하 같다)에 대하여 각 被疑者별 또는 각 被內查者별로 통신제한조치를 許可하여 줄 것을 請求할 수 있다.(2016.1.6 본항개정)

② 司法警察官(軍司法警察官을 포함한다. 이하 같다)은 第5條第1項의 요건이 구비된 경우에는 檢事에 대하여 각 被疑者별 또는 각 被內查者별로 통신제한조치에 대한 許可를 申請하고, 檢事는 法院에 대하여 그 許可를 請求할 수 있다.(2001.12.29 본항개정)

③ 제1항 및 제2항의 통신제한조치 청구사건의 관할법원은 그 통신제한조치를 받을 통신당사자의 쌍방 또는 일방의 주소지·소재지, 범죄지 또는 통신당사자와 공범관계에 있는 자의 주소지·소재지를 관할하는 지방법원 또는 지원(군사법원을 포함한다)으로 한다.(2021.9.24 본항개정)

④ 第1項 및 第2項의 通信制限措置請求는 필요한 通信制限措置의 종류·그 目的·대상·범위·기간·집행장소·방법 및 당해 通信制限措置가 第5條第1項의 許可要件을 충족하는 사유등의 請求理由를 기재한 書面(이하 "請求書"라 한다)으로 하여야 하며, 請求理由에 대한 疏明資料를 첨부하여야 한다. 이 경우 동일한 범죄사실에 대하여 그 被疑者 또는 被內查者에 대하여 통신제한조치의 허가를 청구하였거나 허가받은 사실이 있는 때에는 다시 통신제한조치를 청구하는 취지 및 이유를 기재하여야 한다.(2001.12.29 본항개정)

⑤ 법원은 청구가 이유 있다고 인정하는 경우에는 각 피의자별 또는 각 피내사자별로 통신제한조치를 허가하고, 이를 증명하는 서류(이하 "허가서"라 한다)를 청구인에게 발부한다.
(2001.12.29 본항개정)

⑥ 제5항의 허가서에는 통신제한조치의 종류·그 목적·대상·범위·기간 및 집행장소와 방법을 특정하여 기재하여야 한다.
(2001.12.29 본항개정)

⑦ 통신제한조치의 기간은 2개월을 초과하지 못하고, 그 기간 중 통신제한조치의 목적이 달성되었을 경우에는 즉시 종료하여야 한다. 다만, 제5조제1항의 허가요건이 존속하는 경우에는 소명자료를 첨부하여 제1항 또는 제2항에 따라 2개월의 범위에서 통신제한조치기간의 연장을 청구할 수 있다.(2019.12.31 본항개정)

⑧ 검사 또는 사법경찰관이 제7항 단서에 따라 통신제한조치의 연장을 청구하는 경우에 통신제한조치의 총 연장기간은 1년을 초과할 수 없다. 다만, 다음 각 호의 어느 하나에 해당하는 범죄의 경우에는 통신제한조치의 총 연장기간이 3년을 초과할 수 없다.
1. 「형법」 제2편 중 제1장 내란의 죄, 제2장 외환의 죄 중 제92조부터 제101조까지의 죄, 제4장 국교에 관한 죄 중 제107조, 제108조, 제111조부터 제113조까지의 죄, 제5장 공안을 해하는 죄 중 제114조, 제115조의 죄 및 제6장 폭발물에 관한 죄
2. 「군형법」 제2편 중 제1장 반란의 죄, 제2장 이적의 죄, 제11장 군용물에 관한 죄 및 제12장 위령의 죄 중 제78조·제80조·제81조의 죄
3. 「국가보안법」에 규정된 죄
4. 「군사기밀보호법」에 규정된 죄
5. 「군사기지 및 군사시설보호법」에 규정된 죄
(2019.12.31 본항신설)

⑨ 법원은 제1항·제2항 및 제7항 단서에 따른 청구가 이유없다고 인정하는 경우에는 청구를 기각하고 이를 청구인에게 통지한다.(2019.12.31 본항개정)
(2019.12.31 본조제목개정)

第7條【국가안보를 위한 통신제한조치】 ① 大統領令이 정하는 情報搜查機關의 長(이하 "情報搜查機關의 長"이라 한다)은 국가안전보장에 상당한 위험이 예상되는 경우 또는 「국민보호와 공공안전을 위한 테러방지법」 제2조제6호의 대테러활동에 필요한 경우에 한하여 그 위해를 방지하기 위하여 이에 관한 情報蒐集이 특히 필요한 때에는 다음 各號의 구분에 따라 通信制限措置를 할 수 있다.(2016.3.3 본문개정)
1. 通信의 一方 또는 雙方當事者가 內國人인 때에는 高等法院 수석판사의 許可를 받아야 한다. 다만, 軍用電氣通信法 제2조의 규정에 의한 군용전기통신(작전수행을 위한 전기통신에 한한다)에 대하여는 그러하지 아니하다.(2020.3.24 본문개정)
2. 大韓民國에 敵對하는 國家, 反國家活動의 혐의가 있는 外國의 機關·團體와 外國人, 大韓民國의 統治權이 사실상 미치지 아니하는 韓半島내의 集團이나 外國에 소재하는 그 傘下團體의 構成員의 통신인 때 및 제1항제1호 단서의 경우에는 서면으로 大統領의 승인을 얻어야 한다.
(2001.12.29 본항개정)

② 제1항의 규정에 의한 통신제한조치의 기간은 4월을 초과하지 못하고, 그 기간중 통신제한조치의 목적이 달성되었을 경우에는 즉시 종료하여야 하되, 제1항의 요건이 존속하는 경우에는 소명자료를 첨부하여 고등법원 수석판사의 허가 또는 대통령의 승인을 얻어 4월의 범위 이내에서 통신제한조치의 기간을 연장할 수 있다. 다만, 제1항제1호 단서의 규정에 의한 통신제한조치는 전시·사변 또는 이에 준하는 국가비상사태에 있어서 적과 교전상태에 있는 때에는 작전이 종료될 때까지 대통령의 승인을 얻지 아니하고 기간을 연장할 수 있다.(2020.3.24 본문개정)

③ 제1항제1호에 따른 허가에 관하여는 제6조제2항, 제4항부터 제6항까지 및 제9항을 준용한다. 이 경우 "사법경찰관(군사법경찰관을 포함한다. 이하 같다)"은 "정보수사기관의 장"으로, "법원"은 "고등법원 수석판사"로, "제5조제1항"은 "제7조제1항제1호 본문"으로, 제6조제2항 및 제5항 중 "각 피의자별 또는 각 피내사자별로 통신제한조치"는 각각 "통신제한조치"로 본다.(2020.3.24 후단개정)

④ 第1項第2號의 規定에 의한 大統領의 승인에 관한 節次등 필요한 사항은 大統領令으로 정한다.
(2019.12.31 본조제목개정)

第8條【긴급통신제한조치】 ① 검사, 사법경찰관 또는 정보수사기관의 장은 국가안보를 위협하는 음모행위, 직접적인 사망이나 심각한 상해의 위험을 야기할 수 있는 범죄 또는 조직범죄등 중대한 범죄의 계획이나 실행 등 긴박한 상황에 있고 제5조제1항 또는 제7조제1항제1호의 규정에 의한 요건을 구비한 자에 대하여 제6조 또는 제7조제1항 및 제3항의 규정에 의한 절차를 거칠 수 없는 긴급한 사유가 있는 때에는 법원의 허가없이 통신제한조치를 할 수 있다.

② 검사, 사법경찰관 또는 정보수사기관의 장은 제1항에 따른 통신제한조치(이하 "긴급통신제한조치"라 한다)의 집행에 착수한 후 지체 없이 제6조(제7조제3항에서 준용하는 경우를 포함한다)에 따라 법원에 허가청구를 하여야 한다.(2022.12.27 본항개정)

③ 사법경찰관이 긴급통신제한조치를 할 경우에는 미리 검사의 지휘를 받아야 한다. 다만, 특히 급속을 요하여 미리 지휘를 받을 수 없는 사유가 있는 경우에는 긴급통신제한조치의 집행착수후 지체없이 검사의 승인을 얻어야 한다.
④ 검사, 사법경찰관 또는 정보수사기관의 장이 긴급통신제한조치를 하고자 하는 경우에는 반드시 긴급검열서 또는 긴급감청서(이하 "긴급감청서등"이라 한다)에 의하여야 하며 소속기관에 긴급통신제한조치대장을 비치하여야 한다.
⑤ 검사, 사법경찰관 또는 정보수사기관의 장은 긴급통신제한조치의 집행에 착수한 때부터 36시간 이내에 법원의 허가를 받지 못한 경우에는 해당 조치를 즉시 중지하고 해당 조치로 취득한 자료를 폐기하여야 한다.(2022.12.27 본항개정)
⑥ 검사, 사법경찰관 또는 정보수사기관의 장은 제5항에 따라 긴급통신제한조치로 취득한 자료를 폐기한 경우 폐기이유 · 폐기범위 · 폐기일시 등을 기재한 자료폐기결과보고서를 작성하여 폐기일부터 7일 이내에 제2항에 따라 허가청구를 한 법원에 송부하고, 그 부본(副本)을 피의자의 수사기록 또는 피내사자의 내사사건기록에 첨부하여야 한다.(2022.12.27 본항개정)
⑦ (2022.12.27 삭제)
⑧ 정보수사기관의 장은 국가안보를 위협하는 음모행위, 직접적인 사망이나 심각한 상해의 위험을 야기할 수 있는 범죄 또는 조직범죄등 중대한 범죄의 계획이나 실행등 긴박한 상황에 있고 제7조제1항제2호에 해당하는 자에 대하여 대통령의 승인을 얻을 시간적 여유가 없거나 통신제한조치를 긴급히 실시하지 아니하면 국가안전보장에 대한 위해를 초래할 수 있다고 판단되는 때에는 소속 장관(국가정보원장을 포함한다)의 승인을 얻어 통신제한조치를 할 수 있다.
⑨ 정보수사기관의 장은 제8항에 따른 통신제한조치의 집행에 착수한 후 지체 없이 제7조에 따라 대통령의 승인을 얻어야 한다.(2022.12.27 본항개정)
⑩ 정보수사기관의 장은 제8항에 따른 통신제한조치의 집행에 착수한 때부터 36시간 이내에 대통령의 승인을 얻지 못한 경우에는 해당 조치를 즉시 중지하고 해당 조치로 취득한 자료를 폐기하여야 한다.(2022.12.27 본항신설)
(2001.12.29 본조개정)

第9條【通信制限措置의 執行】 ① 第6條 내지 第8條의 通信制限措置는 이를 請求 또는 申請한 檢事 · 司法警察官 또는 情報搜査機關의 長이 執行한다. 이 경우 遞信官署 기타 관련기관등(이하 "통신기관등"이라 한다)에 그 執行을 위탁하거나 집행에 관한 협조를 요청할 수 있다.(2001.12.29 후단개정)
② 통신제한조치의 집행을 위탁하거나 집행에 관한 협조를 요청하는 자는 통신기관등에 통신제한조치허가서(제7조제1항제2호의 경우에는 대통령의 승인서를 말한다. 이하 이 조, 제16조제2항제1호 및 제17조제1항제1호 · 제3호에서 같다) 또는 긴급감청서등의 표지의 사본을 교부하여야 하며, 이를 위탁받거나 이에 관한 협조요청을 받은 자는 통신제한조치허가서 또는 긴급감청서등의 표지 사본을 대통령령이 정하는 기간동안 보존하여야 한다.(2001.12.29 본항개정)
③ 통신제한조치를 집행하는 자와 이를 위탁받거나 이에 관한 협조요청을 받은 자는 당해 통신제한조치를 청구한 목적과 그 집행 또는 협조일시 및 대상을 기재한 대장을 대통령령이 정하는 기간동안 비치하여야 한다.(2001.12.29 본항신설)
④ 통신기관등은 통신제한조치허가서 또는 긴급감청서등에 기재된 통신제한조치 대상자의 전화번호등이 사실과 일치하지 않을 경우에는 그 집행을 거부할 수 있으며, 어떠한 경우에도 전기통신에 사용되는 비밀번호를 누설할 수 없다.(2001.12.29 본항신설)

第9條의2【통신제한조치의 집행에 관한 통지】 ① 검사는 제6조제1항 및 제8조제1항에 따라 통신제한조치를 집행한 사건에 관하여 공소를 제기하거나, 공소의 제기 또는 입건을 하지 아니하는 처분(기소중지결정, 참고인중지결정을 제외한다)을 한 때에는 그 처분을 한 날부터 30일 이내에 우편물 검열의 경우에는 그 대상자에게, 감청의 경우에는 그 대상이 된 전기통신의 가입자에게 통신제한조치를 집행한 사실과 집행기관 및 그 기간 등을 서면으로 통지하여야 한다. 다만, 고위공직자범죄수사처(이하 "수사처"라 한다)검사는 「고위공직자범죄수사처 설치 및 운영에 관한 법률」 제26조제1항에 따라 서울중앙지방검찰청 소속 검사에게 관계 서류와 증거물을 송부한 사건에 관하여 이를 처리하는 검사로부터 공소를 제기하거나 제기하지 아니하는 처분(기소중지결정, 참고인중지결정은 제외한다)의 통보를 받은 경우에도 그 통보를 받은 날부터 30일 이내에 서면으로 통지하여야 한다.(2021.1.5 본항개정)
② 사법경찰관은 제6조제1항 및 제8조제1항에 따라 통신제한조치를 집행한 사건에 관하여 검사로부터 공소를 제기하거나 제기하지 아니하는 처분(기소중지 또는 참고인중지 결정은 제외한다)의 통보를 받거나 검찰송치를 하지 아니하는 처분(수사중지 결정은 제외한다) 또는 내사사건에 관하여 입건하지 아니하는 처분을 한 때에는 그 날부터 30일 이내에 우편물 검열의 경우에는 그 대상자에게, 감청의 경우에는 그 대상이 된 전기통신의 가입자에게 통신제한조치를 집행한 사실과 집행기관 및 그 기간 등을 서면으로 통지하여야 한다.(2021.3.16 본항개정)
③ 정보수사기관의 장은 제7조제1항제1호 본문 및 제8조제1항의 규정에 의한 통신제한조치를 종료한 날부터 30일 이내에 우편물 검열의 경우에는 그 대상자에게, 감청의 경우에는 그 대상이 된 전기통신의 가입자에게 통신제한조치를 집행한 사실과 집행기관 및 그 기간 등을 서면으로 통지하여야 한다.
④ 제1항 내지 제3항의 규정에 불구하고 다음 각호의 1에 해당하는 사유가 있는 때에는 그 사유가 해소될 때까지 통지를 유예할 수 있다.
1. 통신제한조치를 통지할 경우 국가의 안전보장 · 공공의 안녕질서를 위태롭게 할 현저한 우려가 있는 때
2. 통신제한조치를 통지할 경우 사람의 생명 · 신체에 중대한 위험을 초래할 염려가 현저한 때
⑤ 검사 또는 사법경찰관은 제4항에 따라 통지를 유예하려는 경우에는 소명자료를 첨부하여 미리 관할지방검찰청검사장의 승인을 받아야 한다. 다만, 수사처검사가 제4항에 따라 통지를 유예하려는 경우에는 소명자료를 첨부하여 미리 수사처장의 승인을 받아야 하고, 군검사 및 군사법경찰관이 제4항에 따라 통지를 유예하려는 경우에는 소명자료를 첨부하여 미리 관할 보통검찰부장의 승인을 받아야 한다.(2021.1.5 본항개정)
⑥ 검사, 사법경찰관 또는 정보수사기관의 장은 제4항 각호의 사유가 해소된 때에는 그 사유가 해소된 날부터 30일 이내에 제1항 내지 제3항의 규정에 의한 통지를 하여야 한다.
(2001.12.29 본조신설)

第9條의3【압수 · 수색 · 검증의 집행에 관한 통지】 ① 검사는 송 · 수신이 완료된 전기통신에 대하여 압수 · 수색 · 검증을 집행한 경우 그 사건에 관하여 공소를 제기하거나 공소의 제기 또는 입건을 하지 아니하는 처분(기소중지결정, 참고인중지결정을 제외한다)을 한 때에는 그 처분을 한 날부터 30일 이내에 수사대상이 된 가입자에게 압수 · 수색 · 검증을 집행한 사실을 서면으로 통지하여야 한다. 다만, 수사처검사는 「고위공직자범죄수사처 설치 및 운영에 관한 법률」 제26조제1항에 따라 서울중앙지방검찰청 소속 검사에게 관계 서류와 증거물을 송부한 사건에 관하여 이를 처리하는 검사로부터 공소를 제기하거나 제기하지 아니하는 처분(기소중지결정, 참고인중지결정은 제외한다)의 통보를 받은 경우에도 그 통보를 받은 날부터 30일 이내에 서면으로 통지하여야 한다.
② 사법경찰관은 송 · 수신이 완료된 전기통신에 대하여 압수 · 수색 · 검증을 집행한 경우 그 사건에 관하여 검사로부터 공소를 제기하거나 제기하지 아니하는 처분(기소중지 또는 참고인중지 결정은 제외한다)의 통보를 받거나 검찰송치를 하지 아니하는 처분(수사중지 결정은 제외한다) 또는 내사사건에 관하여 입건하지 아니하는 처분을 한 때에는 그 날부터 30일 이내에 수사대상이 된 가입자에게 압수 · 수색 · 검증을 집행한 사실을 서면으로 통지하여야 한다.(2021.3.16 본항개정)
(2021.1.5 본조개정)

第10條【감청설비에 대한 인가 및 인가의 취소 등】 ① 監聽設備를 製造 · 輸入 · 販賣 · 配布 · 소지 · 사용하거나 이를 위한 廣告를 하고자 하는 者는 과학기술정보통신부장관의 認可를 받아야 한다. 다만, 國家機關의 경우에는 그러하지 아니하다.(2017.7.26 본문개정)

② (2004.1.29 삭제)
③ 과학기술정보통신부장관은 第1項의 認可를 하는 경우에는 認可申請者, 認可年月日, 認可된 監聽設備의 종류와 數量 등 필요한 사항을 臺帳에 기재하여 비치하여야 한다.(2017.7.26 본항개정)
④ 第1項의 認可를 받아 監聽設備를 製造·輸入·販賣·配布·소지 또는 사용하는 者는 認可年月日, 認可된 監聽設備의 종류와 數量, 備置場所 등 필요한 사항을 臺帳에 기재하여 비치하여야 한다. 다만, 地方自治團體의 備品으로서 그 職務遂行에 제공되는 監聽設備는 該當 機關의 備品臺帳에 기재한다.
⑤ 과학기술정보통신부장관은 제1항에 따른 인가를 받은 자가 다음 각 호의 어느 하나에 해당하게 된 경우에는 그 인가를 취소하고, 그 뜻을 서면으로 알려야 한다.
1. 거짓이나 그 밖의 부정한 방법으로 인가받은 것이 판명된 경우
2. 제4항을 위반한 경우
(2025.1.31 본항신설)
⑥ 그 밖에 인가 및 인가의 취소에 필요한 사항은 대통령령으로 정한다.(2025.1.31 본항개정)
(2025.1.31 본조제목개정)

第10條의2【국가기관 감청설비의 신고】 ① 국가기관(정보수사기관은 제외한다)이 감청설비를 도입하는 때에는 매 반기별로 그 제원 및 성능 등 대통령령으로 정하는 사항을 과학기술정보통신부장관에게 신고하여야 한다.
② 정보수사기관이 감청설비를 도입하는 때에는 매 반기별로 그 제원 및 성능 등 대통령령으로 정하는 사항을 국회정보위원회에 통보하여야 한다.
(2020.6.9 본조개정)

第10條의3【불법감청설비탐지업의 등록 등】 ① 영리를 목적으로 불법감청설비탐지업을 하고자 하는 자는 대통령령으로 정하는 바에 의하여 과학기술정보통신부장관에게 등록을 하여야 한다.
② 제1항에 따른 등록은 법인만이 할 수 있다.
③ 제1항에 따른 등록을 하고자 하는 자는 대통령령으로 정하는 이용자보호계획·사업계획·기술·재정능력·탐지장비 그 밖에 필요한 사항을 갖추어야 한다.
④ 제1항에 따른 등록의 변경요건 및 절차, 등록한 사업의 양도·양수·승계·휴업·폐업 및 그 신고, 등록업무의 위임 등에 관하여 필요한 사항은 대통령령으로 정한다.
(2020.6.9 본조개정)

第10條의4【불법감청설비탐지업자의 결격사유】 법인의 대표자가 다음 각 호의 어느 하나에 해당하는 경우에는 제10조의3에 따른 등록을 할 수 없다.(2015.12.22 본문개정)
1. 피성년후견인 또는 피한정후견인(2014.10.15 본호개정)
2. 파산선고를 받은 자로서 복권되지 아니한 자(2005.3.31 본호개정)
3. 금고 이상의 실형을 선고받고 그 집행이 종료(집행이 종료된 것으로 보는 경우를 포함한다)되거나 집행이 면제된 날부터 3년이 지나지 아니한 자(2021.10.19 본호개정)
4. 금고 이상의 형의 집행유예를 선고받고 그 유예기간 중에 있는 자(2020.6.9 본호개정)
5. 법원의 판결 또는 다른 법률에 의하여 자격이 상실 또는 정지된 자
6. 제10조의5에 따라 등록이 취소(제10조의4제1호 또는 제2호에 해당하여 등록이 취소된 경우는 제외한다)된 법인의 취소당시 대표자로서 그 등록이 취소된 날부터 2년이 지나지 아니한 자(2020.6.9 본호개정)
(2004.1.29 본조신설)

第10條의5【등록의 취소】 과학기술정보통신부장관은 불법감청설비탐지업을 등록한 자가 다음 각 호의 어느 하나에 해당하는 경우에는 그 등록을 취소하거나 6개월 이내의 기간을 정하여 그 영업의 정지를 명할 수 있다. 다만, 제1호 또는 제2호에 해당하는 경우에는 그 등록을 취소하여야 한다.(2020.6.9 본문개정)
1. 거짓이나 그 밖의 부정한 방법으로 등록 또는 변경등록을 한 경우(2020.6.9 본호개정)
2. 제10조의4에 따른 결격사유에 해당하게 된 경우(2020.6.9 본호개정)
3. 영업행위와 관련하여 알게된 비밀을 다른 사람에게 누설한 경우
4. 불법감청설비탐지업 등록증을 다른 사람에게 대여한 경우
5. 영업행위와 관련하여 고의 또는 중대한 과실로 다른 사람에게 중대한 손해를 입힌 경우
6. 다른 법률의 규정에 의하여 국가 또는 지방자치단체로부터 등록취소의 요구가 있는 경우
(2004.1.29 본조신설)

第11條【비밀준수의 의무】 ① 통신제한조치의 허가·집행·통보 및 각종 서류작성 등에 관여한 공무원 또는 그 직에 있었던 자는 직무상 알게 된 통신제한조치에 관한 사항을 외부에 공개하거나 누설하여서는 아니된다.
② 통신제한조치에 관여한 통신기관의 직원 또는 그 직에 있었던 자는 통신제한조치에 관한 사항을 외부에 공개하거나 누설하여서는 아니된다.
③ 제1항 및 제2항에 규정된 자 외에 누구든지 이 법에 따른 통신제한조치로 알게 된 내용을 이 법에 따라 사용하는 경우 외에는 이를 외부에 공개하거나 누설하여서는 아니 된다.
(2018.3.20 본항개정)
④ 법원에서의 통신제한조치의 허가절차·허가여부·허가내용 등의 비밀유지에 관하여 필요한 사항은 대법원규칙으로 정한다.
(2001.12.29 본조개정)

第12條【通信制限措置로 취득한 資料의 사용제한】 第9條의 規定에 의한 通信制限措置의 執行으로 인하여 취득된 郵便物 또는 그 내용과 電氣通信의 내용은 다음 各號의 경우외에는 사용할 수 없다.
1. 通信制限措置의 目的이 된 第5條第1項에 規定된 犯罪나 이와 관련되는 犯罪를 搜査·訴追하거나 그 犯罪를 豫防하기 위하여 사용하는 경우
2. 第1號의 犯罪로 인한 懲戒節次에 사용하는 경우
3. 通信의 當事者가 제기하는 損害賠償訴訟에서 사용하는 경우
4. 기타 다른 法律의 規定에 의하여 사용하는 경우

第12條의2【범죄수사를 위하여 인터넷 회선에 대한 통신제한조치로 취득한 자료의 관리】 ① 검사는 인터넷 회선을 통하여 송신·수신하는 전기통신을 대상으로 제6조 또는 제8조(제5조제1항의 요건에 해당하는 사람에 대한 긴급통신제한조치에 한정한다)에 따른 통신제한조치를 집행한 경우 그 전기통신을 제12조제1호에 따라 사용하거나 사용을 위하여 보관(이하 이 조에서 "보관등"이라 한다)하고자 하는 때에는 집행종료일부터 14일 이내에 보관등이 필요한 전기통신을 선별하여 통신제한조치를 허가한 법원에 보관등의 승인을 청구하여야 한다.
② 사법경찰관은 인터넷 회선을 통하여 송신·수신하는 전기통신을 대상으로 제6조 또는 제8조(제5조제1항의 요건에 해당하는 사람에 대한 긴급통신제한조치에 한정한다)에 따른 통신제한조치를 집행한 경우 그 전기통신의 보관등을 하고자 하는 때에는 집행종료일부터 14일 이내에 보관등이 필요한 전기통신을 선별하여 검사에게 보관등의 승인을 신청하고, 검사는 신청일부터 7일 이내에 통신제한조치를 허가한 법원에 그 승인을 청구할 수 있다.
③ 제1항 및 제2항에 따른 승인청구는 통신제한조치의 집행 경위, 취득한 결과의 요지, 보관등이 필요한 이유를 기재한 서면으로 하여야 하며, 다음 각 호의 서류를 첨부하여야 한다.
1. 청구이유에 대한 소명자료
2. 보관등이 필요한 전기통신의 목록
3. 보관등이 필요한 전기통신. 다만, 일정 용량의 파일 단위로 분할하는 등 적절한 방법으로 정보저장매체에 저장·봉인하여 제출하여야 한다.
④ 법원은 청구가 이유 있다고 인정하는 경우에는 보관등을 승인하고 이를 증명하는 서류(이하 이 조에서 "승인서"라 한다)를 발부하며, 청구가 이유 없다고 인정하는 경우에는 청구를 기각하고 이를 청구인에게 통지한다.
⑤ 검사 또는 사법경찰관은 제1항에 따른 청구나 제2항에 따른 신청을 하지 아니하는 경우에는 집행종료일부터 14일(검사가

사법경찰관의 신청을 기각한 경우에는 그 날부터 7일) 이내에 통신제한조치로 취득한 전기통신을 폐기하여야 하고, 법원에 승인청구를 한 경우(취득한 전기통신의 일부에 대해서만 청구한 경우를 포함한다)에는 제4항에 따라 법원으로부터 승인서를 발부받거나 청구기각의 통지를 받은 날부터 7일 이내에 승인을 받지 못한 전기통신을 폐기하여야 한다.
⑥ 검사 또는 사법경찰관은 제5항에 따라 통신제한조치로 취득한 전기통신을 폐기한 때에는 폐기의 이유와 범위 및 일시 등을 기재한 폐기결과보고서를 작성하여 피의자의 수사기록 또는 피내사자의 내사사건기록에 첨부하고, 폐기일부터 7일 이내에 통신제한조치를 허가한 법원에 송부하여야 한다.
(2020.3.24 본조신설)

第13條【범죄수사를 위한 통신사실 확인자료제공의 절차】 ① 검사 또는 사법경찰관은 수사 또는 형의 집행을 위하여 필요한 경우 전기통신사업법에 의한 전기통신사업자(이하 "전기통신사업자"라 한다)에게 통신사실 확인자료의 열람이나 제출(이하 "통신사실 확인자료제공"이라 한다)을 요청할 수 있다.
② 검사 또는 사법경찰관은 제1항에도 불구하고 수사를 위하여 통신사실확인자료 중 다음 각 호의 어느 하나에 해당하는 자료가 필요한 경우에는 다른 방법으로는 범죄의 실행을 저지하기 어렵거나 범인의 발견·확보 또는 증거의 수집·보전이 어려운 경우에만 전기통신사업자에게 해당 자료의 열람이나 제출을 요청할 수 있다. 다만, 제5조제1항 각 호의 어느 하나에 해당하는 범죄 또는 전기통신을 수단으로 하는 범죄에 대한 통신사실확인자료가 필요한 경우에는 제1항에 따라 열람이나 제출을 요청할 수 있다.
1. 제2조제11호바목·사목 중 실시간 추적자료
2. 특정한 기지국에 대한 통신사실확인자료
(2019.12.31 본항신설)
③ 제1항 및 제2항에 따라 통신사실 확인자료제공을 요청하는 경우에는 요청사유, 해당 가입자와의 연관성 및 필요한 자료의 범위를 기록한 서면으로 관할 지방법원(군사법원을 포함한다. 이하 같다) 또는 지원의 허가를 받아야 한다. 다만, 관할 지방법원 또는 지원의 허가를 받을 수 없는 긴급한 사유가 있는 때에는 통신사실 확인자료제공을 요청한 후 지체 없이 그 허가를 받아 전기통신사업자에게 송부하여야 한다.(2021.9.24 본문개정)
④ 제3항 단서에 따라 긴급한 사유로 통신사실확인자료를 제공받았으나 지방법원 또는 지원의 허가를 받지 못한 경우에는 지체 없이 제공받은 통신사실확인자료를 폐기하여야 한다.
(2019.12.31 본항개정)
⑤ 검사 또는 사법경찰관은 제3항에 따라 통신사실 확인자료제공을 받은 때에는 해당 통신사실 확인자료제공요청사실 등 필요한 사항을 기재한 대장과 통신사실 확인자료제공요청서 등 관련자료를 소속기관에 비치하여야 한다.(2019.12.31 본항개정)
⑥ 지방법원 또는 지원은 제3항에 따라 통신사실 확인자료제공 요청허가청구를 받은 현황, 이를 허가한 현황 및 관련된 자료를 보존하여야 한다.(2019.12.31 본항개정)
⑦ 전기통신사업자는 검사, 사법경찰관 또는 정보수사기관의 장에게 통신사실 확인자료를 제공한 때에는 자료제공현황 등을 연 2회 과학기술정보통신부장관에게 보고하고, 해당 통신사실 확인자료제공사실등 필요한 사항을 기재한 대장과 통신사실 확인자료제공요청서 등 관련자료를 통신사실 확인자료를 제공한 날부터 7년간 비치하여야 한다.(2019.12.31 본항개정)
⑧ 과학기술정보통신부장관은 전기통신사업자가 제7항에 따라 보고한 내용의 사실여부 및 비치하여야 하는 대장 등 관련자료의 관리실태를 점검할 수 있다.(2019.12.31 본항개정)
⑨ 이 조에서 규정된 사항 외에 범죄수사를 위한 통신사실 확인자료제공과 관련된 사항에 관하여는 제6조(제7항 및 제8항은 제외한다)를 준용한다.(2019.12.31 본항개정)
(2005.5.26 본조제목개정)
(2001.12.29 본조신설)

第13條의2【법원에의 통신사실 확인자료제공】 법원은 재판상 필요한 경우에는 민사소송법 제294조 또는 형사소송법 제272조의 규정에 의하여 전기통신사업자에게 통신사실 확인자료제공을 요청할 수 있다.(2002.1.26 본조개정)

第13條의3【범죄수사를 위한 통신사실 확인자료제공의 통지】 ① 검사 또는 사법경찰관은 제13조에 따라 통신사실 확인자료제공을 받은 사건에 관하여 다음 각 호의 구분에 따라 정한 기간 내에 통신사실 확인자료제공을 받은 사실과 제공요청기관 및 그 기간 등을 통신사실 확인자료제공의 대상이 된 당사자에게 서면으로 통지하여야 한다.
1. 공소를 제기하거나, 공소제기·검찰송치를 하지 아니하는 처분(기소중지·참고인중지 또는 수사중지 결정은 제외한다) 또는 입건을 하지 아니하는 처분을 한 경우 : 그 처분을 한 날부터 30일 이내. 다만, 다음 각 목의 어느 하나에 해당하는 경우 그 통보를 받은 날부터 30일 이내
가. 수사처검사가 「고위공직자범죄수사처 설치 및 운영에 관한 법률」 제26조제1항에 따라 서울중앙지방검찰청 소속 검사에게 관계 서류와 증거물을 송부한 사건에 관하여 이를 처리하는 검사로부터 공소를 제기하거나 제기하지 아니하는 처분(기소중지 또는 참고인중지 결정은 제외한다)의 통보를 받은 경우
나. 사법경찰관이 「형사소송법」 제245조의5제1호에 따라 검사에게 송치한 사건으로서 검사로부터 공소를 제기하거나 제기하지 아니하는 처분(기소중지 또는 참고인중지 결정은 제외한다)의 통보를 받은 경우
2. 기소중지·참고인중지 또는 수사중지 결정을 한 경우 : 그 결정을 한 날부터 1년(제6조제8항 각 호의 어느 하나에 해당하는 범죄인 경우에는 3년)이 경과한 때부터 30일 이내. 다만, 다음 각 목의 어느 하나에 해당하는 경우 그 통보를 받은 날로부터 1년(제6조제8항 각 호의 어느 하나에 해당하는 범죄인 경우에는 3년)이 경과한 때부터 30일 이내
가. 수사처검사가 「고위공직자범죄수사처 설치 및 운영에 관한 법률」 제26조제1항에 따라 서울중앙지방검찰청 소속 검사에게 관계 서류와 증거물을 송부한 사건에 관하여 이를 처리하는 검사로부터 기소중지 또는 참고인중지 결정의 통보를 받은 경우
나. 사법경찰관이 「형사소송법」 제245조의5제1호에 따라 검사에게 송치한 사건으로서 검사로부터 기소중지 또는 참고인중지 결정의 통보를 받은 경우
(2021.3.16 1호~2호개정)
3. 수사가 진행 중인 경우 : 통신사실 확인자료제공을 받은 날부터 1년(제6조제8항 각 호의 어느 하나에 해당하는 범죄인 경우에는 3년)이 경과한 때부터 30일 이내
② 제1항제2호 및 제3호에도 불구하고 다음 각 호의 어느 하나에 해당하는 사유가 있는 경우에는 그 사유가 해소될 때까지 같은 항에 따른 통지를 유예할 수 있다.
1. 국가의 안전보장, 공공의 안녕질서를 위태롭게 할 우려가 있는 경우
2. 피해자 또는 그 밖의 사건관계인의 생명이나 신체의 안전을 위협할 우려가 있는 경우
3. 증거인멸, 도주, 증인 위협 등 공정한 사법절차의 진행을 방해할 우려가 있는 경우
4. 피의자, 피해자 또는 그 밖의 사건관계인의 명예나 사생활을 침해할 우려가 있는 경우
(2019.12.31 본항신설)
③ 검사 또는 사법경찰관은 제2항에 따라 통지를 유예하려는 경우에는 소명자료를 첨부하여 미리 관할 지방검찰청 검사장의 승인을 받아야 한다. 다만, 수사처검사가 제2항에 따라 통지를 유예하려는 경우에는 소명자료를 첨부하여 미리 수사처장의 승인을 받아야 한다.(2021.1.5 단서신설)
④ 검사 또는 사법경찰관은 제2항 각 호의 사유가 해소된 때에는 그 날부터 30일 이내에 제1항에 따른 통지를 하여야 한다.
(2019.12.31 본항신설)
⑤ 제1항 또는 제4항에 따라 검사 또는 사법경찰관으로부터 통신사실 확인자료제공을 받은 사실 등을 통지받은 당사자는 해당 통신사실 확인자료제공을 요청한 사유를 알려주도록 서면으로 신청할 수 있다.(2019.12.31 본항신설)
⑥ 제5항에 따른 신청을 받은 검사 또는 사법경찰관은 제2항 각 호의 어느 하나에 해당하는 경우를 제외하고는 그 신청을 받은 날부터 30일 이내에 해당 통신사실 확인자료제공 요청의 사유를 서면으로 통지하여야 한다.(2019.12.31 본항신설)

⑦ 제1항부터 제5항까지에서 규정한 사항 외에 통신사실 확인자료제공을 받은 사실 등에 관하여는 제9조의2(제3항은 제외한다)의 규정을 준용한다.
(2019.12.31 본조개정)
第13條의4【국가안보를 위한 통신사실 확인자료제공의 절차 등】 ① 정보수사기관의 장은 국가안전보장에 대한 위해를 방지하기 위하여 정보수집이 필요한 경우 전기통신사업자에게 통신사실 확인자료제공을 요청할 수 있다.
② 제7조 내지 제9조 및 제9조의2제3항·제4항·제6항의 규정은 제1항의 규정에 의한 통신사실 확인자료제공의 절차 등에 관하여 이를 준용한다. 이 경우 "통신제한조치"는 "통신사실 확인자료제공 요청"으로 본다.
③ 통신사실확인자료의 폐기 및 관련 자료의 비치에 관하여는 제13조제4항 및 제5항을 준용한다.(2019.12.31 본항개정)
(2005.5.26 본조신설)
第13條의5【비밀준수의무 및 자료의 사용 제한】 제11조 및 제12조의 규정은 제13조의 규정에 의한 통신사실 확인자료제공 및 제13조의4의 규정에 의한 통신사실 확인자료제공에 따른 비밀준수의무 및 통신사실확인자료의 사용제한에 관하여 이를 각각 준용한다.(2005.5.26 본조신설)
第14條【他人의 對話秘密 침해금지】 ① 누구든지 公開되지 아니한 他人간의 대화를 녹음하거나 電子裝置 또는 機械的 수단을 이용하여 聽取할 수 없다.
② 제4조 내지 제8조, 제9조제1항 전단 및 제3항, 제9조의2, 제11조제1항·제3항·제4항 및 제12조의 規定은 第1項의 規定에 의한 錄音 또는 聽取에 관하여 이를 적용한다.(2001.12.29 본항개정)
第15條【국회의 통제】 ① 국회의 상임위원회와 국정감사 및 조사를 위한 위원회는 필요한 경우 특정한 통신제한조치 등에 대하여는 법원행정처장, 통신제한조치를 청구하거나 신청한 기관의 장 또는 이를 집행한 기관의 장에 대하여, 감청설비에 대한 인가 또는 신고내역에 관하여는 과학기술정보통신부장관에게 보고를 요구할 수 있다.(2017.7.26 본항개정)
② 국회의 상임위원회와 국정감사 및 조사를 위한 위원회는 그 의결로 수사관서의 감청장비보유현황, 감청집행기관 또는 감청협조기관의 교환실 등 필요한 장소에 대하여 현장검증이나 조사를 실시할 수 있다. 이 경우 현장검증이나 조사에 참여한 자는 그로 인하여 알게 된 비밀을 정당한 사유없이 누설하여서는 아니된다.
③ 제2항의 규정에 의한 현장검증이나 조사는 개인의 사생활을 침해하거나 계속중인 재판 또는 수사 중인 사건의 소추에 관여할 목적으로 행사되어서는 아니된다.
④ 통신제한조치를 집행하거나 위탁받은 기관 또는 이에 협조한 기관의 중앙행정기관의 장은 국회의 상임위원회와 국정감사 및 조사를 위한 위원회의 요구가 있는 경우 대통령령이 정하는 바에 따라 제5조 내지 제10조와 관련한 통신제한조치보고서를 국회에 제출하여야 한다. 다만, 정보수사기관의 장은 국회정보위원회에 제출하여야 한다.
(2001.12.29 본조개정)
第15條의2【전기통신사업자의 협조의무】 ① 전기통신사업자는 검사·사법경찰관 또는 정보수사기관의 장이 이 법에 따라 집행하는 통신제한조치 및 통신사실 확인자료제공의 요청에 협조하여야 한다.
② 제1항의 규정에 따라 통신제한조치의 집행을 위하여 전기통신사업자가 협조할 사항, 통신사실확인자료의 보관기간 그 밖에 전기통신사업자의 협조에 관하여 필요한 사항은 대통령령으로 정한다.
(2005.5.26 본조신설)
第15條의3【시정명령】 과학기술정보통신부장관은 제13조제7항을 위반하여 통신사실확인자료제공 현황등을 과학기술정보통신부장관에게 보고하지 아니하였거나 관련자료를 비치하지 아니한 자에게는 기간을 정하여 그 시정을 명할 수 있다.
(2024.1.23 본조신설)
第15條의4【이행강제금】 ① 과학기술정보통신부장관은 제15조의3에 따라 시정명령을 받은 후 그 정한 기간 이내에 명령을 이행하지 아니하는 자에게는 1천만원 이하의 이행강제금을 부과할 수 있다.
② 제1항에 따른 이행강제금의 납부기한은 특별한 사유가 있는 경우를 제외하고는 시정명령에서 정한 이행기간 종료일 다음 날부터 30일 이내로 한다.
③ 과학기술정보통신부장관은 제1항에 따른 이행강제금을 부과하기 전에 이행강제금을 부과·징수한다는 것을 미리 문서로 알려 주어야 한다.
④ 과학기술정보통신부장관은 제1항에 따른 이행강제금을 부과하는 경우 이행강제금의 금액, 부과사유, 납부기한, 수납기관, 이의제기 방법 등을 밝힌 문서로 하여야 한다.
⑤ 과학기술정보통신부장관은 제1항에 따른 이행강제금을 최초의 시정명령이 있었던 날을 기준으로 하여 1년에 2회 이내의 범위에서 그 시정명령이 이행될 때까지 반복하여 부과·징수할 수 있다.
⑥ 과학기술정보통신부장관은 제15조의3에 따라 시정명령을 받은 자가 이를 이행하면 새로운 이행강제금의 부과를 즉시 중지하되, 이미 부과된 이행강제금은 징수하여야 한다.
⑦ 과학기술정보통신부장관은 제1항에 따라 이행강제금 부과처분을 받은 자가 이행강제금을 기한까지 납부하지 아니하면 국세강제징수의 예에 따라 징수한다.
⑧ 제1항에 따른 이행강제금의 부과 및 징수절차 등 필요한 사항은 대통령령으로 정한다.
(2024.1.23 본조신설)
第16條【벌칙】 ① 다음 각 호의 어느 하나에 해당하는 자는 1년 이상 10년 이하의 징역과 5년 이하의 자격정지에 처한다.
(2018.3.20 본문개정)
1. 제3조의 규정에 위반하여 우편물의 검열 또는 전기통신의 감청을 하거나 공개되지 아니한 타인간의 대화를 녹음 또는 청취한 자
2. 제1호에 따라 알게 된 통신 또는 대화의 내용을 공개하거나 누설한 자(2018.3.20 본호개정)
② 다음 각호의 1에 해당하는 자는 10년 이하의 징역에 처한다.
1. 제9조제2항의 규정에 위반하여 통신제한조치허가서 또는 긴급감청서 등의 표지의 사본을 교부하지 아니하고 통신제한조치의 집행을 위탁하거나 집행에 관한 협조를 요청한 자 또는 통신제한조치허가서 또는 긴급감청서 등의 표지의 사본을 교부받지 아니하고 위탁받은 통신제한조치를 집행하거나 통신제한조치의 집행에 관하여 협조한 자
2. 제11조제1항(제14조제2항의 규정에 의하여 적용하는 경우 및 제13조의5의 규정에 의하여 준용되는 경우를 포함한다)의 규정에 위반한 자(2005.5.26 본호개정)
③ 제11조제2항(제13조의5의 규정에 의하여 준용되는 경우를 포함한다)의 규정에 위반한 자는 7년 이하의 징역에 처한다.
(2005.5.26 본항개정)
④ 제11조제3항(제14조제2항의 규정에 의하여 적용하는 경우 및 제13조의5의 규정에 의하여 준용되는 경우를 포함한다)의 규정에 위반한 자는 5년 이하의 징역에 처한다.(2005.5.26 본항개정)
(2001.12.29 본조개정)
第17條【벌칙】 ① 다음 각 호의 어느 하나에 해당하는 자는 5년 이하의 징역 또는 3천만원 이하의 벌금에 처한다.
(2018.3.20 본문개정)
1. 제9조제2항의 규정에 위반하여 통신제한조치허가서 또는 긴급감청서 등의 표지의 사본을 보존하지 아니한 자
2. 제9조제3항(제14조제2항의 규정에 의하여 적용하는 경우를 포함한다)의 규정에 위반하여 대장을 비치하지 아니한 자
3. 제9조제4항의 규정에 위반하여 통신제한조치허가서 또는 긴급감청서 등에 기재된 통신제한조치 대상자의 전화번호 등을 확인하지 아니하거나 전기통신에 사용되는 비밀번호를 누설한 자
4. 제10조제1항의 규정에 위반하여 인가를 받지 아니하고 감청설비를 제조·수입·판매·배포·소지·사용하거나 이를 위한 광고를 한 자
5. (2024.1.23 삭제)

5의2. 제10조의3제1항의 규정에 의한 등록을 하지 아니하거나 거짓으로 등록하여 불법감청설비탐지업을 한 자(2004.1.29 본호신설)
6. (2018.3.20 삭제)
② 다음 각 호의 어느 하나에 해당하는 자는 3년 이하의 징역 또는 1천만원 이하의 벌금에 처한다.(2019.12.31 본문개정)
1. 제3조제3항의 규정을 위반하여 단말기기 고유번호를 제공하거나 제공받은 자(2004.1.29 본호신설)
2. 제8조제5항을 위반하여 긴급통신제한조치를 즉시 중지하지 아니한 자(2022.12.27 본호개정)
2의2. 제8조제10항을 위반하여 같은 조 제8항에 따른 통신제한조치를 즉시 중지하지 아니한 자(2022.12.27 본호신설)
3. 제9조의2(제14조제2항의 규정에 의하여 적용하는 경우를 포함한다)의 규정에 위반하여 통신제한조치의 집행에 관한 통지를 하지 아니한 자
4. 제15조의3을 위반하여 정해진 기간 내 시정명령을 이행하지 아니한 자(2024.1.23 본호개정)
5. 제10조제3항 또는 제4항을 위반하여 감청설비의 인가대장을 작성 또는 비치하지 아니한 자(2024.1.23 본호신설)
(2001.12.29 본조개정)
第18條【未遂犯】 第16條 및 第17條에 規定된 罪의 未遂犯은 處罰한다.

附 則 (2019.12.31)

第1條【시행일】 이 법은 공포한 날부터 시행한다.
第2條【통신제한조치 연장에 관한 적용례】 제6조제7항 단서 및 같은 조 제8항의 개정규정은 이 법 시행 이후 통신제한조치 연장의 허가를 청구하는 경우부터 적용한다.
第3條【통신사실 확인자료제공 및 제공 사실의 통지 등에 관한 적용례】 제13조제2항 및 제13조의3제1항부터 제6항까지의 개정규정은 이 법 시행 이후 통신사실 확인자료제공을 요청하는 경우부터 적용한다.

附 則 (2020.3.24 법17090호)

第1條【시행일】 이 법은 공포한 날부터 시행한다.
第2條【범죄수사를 위하여 인터넷 회선에 대한 통신제한조치로 취득한 자료의 관리에 관한 적용례】 제12조의2의 개정규정은 이 법 시행 이후 인터넷 회선을 통하여 송신·수신하는 전기통신에 대하여 통신제한조치를 청구하는 경우부터 적용한다.

附 則 (2020.3.24 법17125호)

第1條【시행일】 이 법은 2021년 2월 9일부터 시행한다.(이하 생략)

附 則 (2020.6.9)
(2021.1.5)

이 법은 공포한 날부터 시행한다.

附 則 (2021.3.16)

第1條【시행일】 이 법은 공포한 날부터 시행한다.
第2條【적용례】 제9조의2제2항, 제9조의3제2항 및 제13조의3제1항의 개정규정은 이 법 시행 전 사법경찰관이 검찰송치를 하지 아니하는 처분을 하였거나 수사중지 결정을 한 경우에도 적용한다.

附 則 (2021.9.24)

第1條【시행일】 이 법은 2022년 7월 1일부터 시행한다.(이하 생략)

附 則 (2021.10.19)

第1條【시행일】 이 법은 공포 후 1년이 경과한 날부터 시행한다.
第2條【불법감청설비탐지업자의 결격사유에 관한 경과조치】 이 법 시행 전에 종전의 규정에 따라 불법감청설비탐지업을 등록한 자는 제10조의4제3호의 개정규정에도 불구하고 종전의 규정에 따른다.

附 則 (2022.12.27)

第1條【시행일】 이 법은 공포한 날부터 시행한다.
第2條【법원의 허가를 받지 못한 긴급통신제한조치로 취득한 자료의 폐기 등에 관한 적용례】 제8조제5항, 제6항 및 제10항의 개정규정 중 긴급통신제한조치(같은 조 제8항에 따른 통신제한조치를 포함한다. 이하 이 조에서 같다)로 취득한 자료의 폐기에 관한 부분은 이 법 시행 이후 긴급통신제한조치의 집행에 착수하는 경우부터 적용한다.
第3條【긴급통신제한조치통보서의 작성·송부 등에 관한 경과조치】 이 법 시행 전에 집행에 착수하여 36시간 이내에 종료된 긴급통신제한조치에 대한 긴급통신제한조치통보서의 작성·송부 등에 관하여는 제8조제5항부터 제7항까지의 개정규정에도 불구하고 종전의 규정에 따른다.

附 則 (2024.1.23)

第1條【시행일】 이 법은 공포 후 6개월이 경과한 날부터 시행한다.
第2條【벌칙에 관한 경과조치】 이 법 시행 전에 제13조제7항을 위반하여 통신사실확인자료제공 현황등을 과학기술정보통신부장관에게 보고하지 아니하였거나 관련 자료를 비치하지 아니한 자에 대하여 벌칙을 적용할 때에는 종전의 규정에 따른다.

附 則 (2025.1.31)

이 법은 공포 후 6개월이 경과한 날부터 시행한다.

稅法編

新羅 興輪寺址出土 숫막새(紋樣)

국세기본법

(1974년 12월 21일
법 률 제2679호)

개정
1976.12.22법 2925호 <중략>
2009. 2. 6법 9412호
2010. 1. 1법 9911호→시행일 부칙 참조. 2028년 1월 1일 시행하는 부분은 추후 수록
2010. 1.25법 9968호(행정심판)
2010. 3.31법10219호(지방세기본법)
2010.12.27법10405호
2011. 4.12법10580호(부등)
2011. 5. 2법10621호
2011.12.31법11124호
2012. 6. 1법11461호(전자문서및전자거래기본법)
2013. 1. 1법11604호
2013. 5.28법11845호(자본시장금융투자업)
2013. 6. 7법11873호(부가세)
2014. 1. 1법12162호
2014.12.23법12848호
2015.12.15법13552호
2016.12.20법14382호
2017.12.19법15220호
2018.12.31법16097호→시행일 부칙 참조. 2028년 1월 1일 시행하는 부분은 추후 수록
2019.12.31법16841호→2020년 1월 1일 시행하는 부분은 가제수록 하였고 2028년 1월 1일 시행하는 부분은 추후 수록
2020. 6. 9법17339호(법률용어정비)
2020. 6. 9법17354호(전자서명법)
2020.12.22법17650호→2021년 1월 1일 시행하는 부분은 가제수록 하였고 2028년 1월 1일 시행하는 부분은 추후 수록
2020.12.22법17651호(국제조세조정에관한법)
2020.12.29법17758호(국세징수)
2021.11.23법18521호(세무사법)
2021.12.21법18586호
2022.12.31법19189호
2023.12.31법19926호
2024.12.31법20611호

제1장 총 칙
(2010.1.1 본장제목개정)

제1절 통 칙
(2010.1.1 본절개정)

제1조【목적】 이 법은 국세에 관한 기본적이고 공통적인 사항과 납세자의 권리·의무 및 권리구제에 관한 사항을 규정함으로써 국세에 관한 법률관계를 명확하게 하고, 과세(課稅)를 공정하게 하며, 국민의 납세의무의 원활한 이행에 이바지함을 목적으로 한다.(2016.12.20 본조개정)

제2조【정의】 이 법에서 사용하는 용어의 뜻은 다음과 같다.
1. "국세"(國稅)란 국가가 부과하는 조세 중 다음 각 목의 것을 말한다.
   가. 소득세
   나. 법인세
   다. 상속세와 증여세
   라. 종합부동산세
   마. 부가가치세
   바. 개별소비세
   사. 교통·에너지·환경세
   아. 주세(酒稅)
   자. 인지세(印紙稅)
   차. 증권거래세
   카. 교육세
   타. 농어촌특별세
   (2011.12.31 본호개정)
2. "세법"(稅法)이란 국세의 종목과 세율을 정하고 있는 법률과 「국세징수법」, 「조세특례제한법」, 「국제조세조정에 관한 법률」, 「조세범 처벌법」 및 「조세범 처벌절차법」을 말한다.
3. "원천징수"(源泉徵收)란 세법에 따라 원천징수의무자가 국세(이와 관계되는 가산세는 제외한다)를 징수하는 것을 말한다.(2020.6.9 본호개정)
4. "가산세"(加算稅)란 이 법 및 세법에서 규정하는 의무의 성실한 이행을 확보하기 위하여 세법에 따라 산출한 세액에 가산하여 징수하는 금액을 말한다.(2018.12.31 본호개정)
5. (2018.12.31 삭제)
6. "강제징수비"(强制徵收費)란 「국세징수법」 중 강제징수에 관한 규정에 따른 재산의 압류, 보관, 운반과 매각에 든 비용(매각을 대행시키는 경우 그 수수료를 포함한다)을 말한다.(2020.12.22 본호개정)
7. "지방세"(地方稅)란 「지방세기본법」에서 규정하는 세목을 말한다.(2013.1.1 본호개정)
8. "공과금"(公課金)이란 「국세징수법」에서 규정하는 강제징수의 예에 따라 징수할 수 있는 채권 중 국세, 관세, 임시수입부가세, 지방세와 이와 관계되는 강제징수비를 제외한 것을 말한다.(2020.12.22 본호개정)
9. "납세의무자"란 세법에 따라 국세를 납부할 의무(국세를 징수하여 납부할 의무는 제외한다)가 있는 자를 말한다.
10. "납세자"란 납세의무자(연대납세의무자와 납세자를 갈음하여 납부할 의무가 생긴 경우의 제2차 납세의무자 및 보증인을 포함한다)와 세법에 따라 국세를 징수하여 납부할 의무를 지는 자를 말한다.
11. "제2차 납세의무자"란 납세자가 납세의무를 이행할 수 없는 경우에 납세자를 갈음하여 납세의무를 지는 자를 말한다.
12. "보증인"이란 납세자의 국세 또는 강제징수비의 납부를 보증한 자를 말한다.(2020.12.22 본호개정)
13. "과세기간"이란 세법에 따라 국세의 과세표준 계산의 기초가 되는 기간을 말한다.
14. "과세표준"(課稅標準)이란 세법에 따라 직접적으로 세액산출의 기초가 되는 과세대상의 수량 또는 가액(價額)을 말한다.(2011.12.31 본호개정)
15. "과세표준신고서"란 국세의 과세표준과 국세의 납부 또는 환급에 필요한 사항을 적은 신고서를 말한다.
15의2. "과세표준수정신고서"란 당초에 제출한 과세표준신고서의 기재사항을 수정하는 신고서를 말한다.
16. "법정신고기한"이란 세법에 따라 과세표준신고서를 제출할 기한을 말한다.
17. "세무공무원"이란 다음 각 목의 사람을 말한다.
   가. 국세청장, 지방국세청장, 세무서장 또는 그 소속 공무원
   나. 세법에 따라 국세에 관한 사무를 세관장(稅關長)이 관장하는 경우의 그 세관장 또는 그 소속 공무원
   다. (2011.12.31 삭제)
18. "정보통신망"이란 「전기통신기본법」 제2조제2호에 따른 전기통신설비를 활용하거나 전기통신설비와 컴퓨터 및 컴퓨터의 이용기술을 활용하여 정보를 수집, 가공, 저장, 검색, 송신 또는 수신하는 정보통신체계를 말한다.
19. "전자신고"란 과세표준신고서 등 이 법 또는 세법에 따른 신고 관련 서류를 국세청장이 정하여 고시하는 정보통신망(이하 "국세정보통신망"이라 한다)을 이용하여 신고하는 것을 말한다.
20. "특수관계인"이란 본인과 다음 각 목의 어느 하나에 해당하는 관계에 있는 자를 말한다. 이 경우 이 법 및 세법을 적용할 때 본인도 그 특수관계인의 특수관계인으로 본다.
   가. 혈족·인척 등 대통령령으로 정하는 친족관계
   나. 임원·사용인 등 대통령령으로 정하는 경제적 연관관계
   다. 주주·출자자 등 대통령령으로 정하는 경영지배관계
   (2011.12.31 본호신설)
21. "세무조사"란 국세의 과세표준과 세액을 결정 또는 경정하기 위하여 질문을 하거나 해당 장부·서류 또는 그 밖의 물건(이하 "장부등"이라 한다)을 검사·조사하거나 그 제출을 명하는 활동을 말한다.(2018.12.31 본호신설)

제3조【세법 등과의 관계】 ① 국세에 관하여 세법에 별도의 규정이 있는 경우를 제외하고는 이 법에서 정하는 바에 따른다.(2019.12.31 본항개정)
② 「관세법」과 「수출용 원재료에 대한 관세 등 환급에 관한 특례법」에서 세관장이 부과·징수하는 국세에 관하여 이 법에 대한 특례규정을 두고 있는 경우에는 「관세법」과 「수출용 원재료에 대한 관세 등 환급에 관한 특례법」에서 정하는 바에 따른다.
(2014.1.1 본조개정)

세법

제2절 기간과 기한
(2010.1.1 본절개정)

제4조 【기간의 계산】 이 법 또는 세법에서 규정하는 기간의 계산은 이 법 또는 그 세법에 특별한 규정이 있는 것을 제외하고는 「민법」에 따른다.

제5조 【기한의 특례】 ① 이 법 또는 세법에서 규정하는 신고, 신청, 청구, 그 밖에 서류의 제출, 통지, 납부 또는 징수에 관한 기한이 다음 각 호의 어느 하나에 해당하는 경우에는 그 다음 날을 기한으로 한다.(2022.12.31 본문개정)
1. 토요일 및 일요일
2. 「공휴일에 관한 법률」에 따른 공휴일 및 대체공휴일
3. 「근로자의 날 제정에 관한 법률」에 따른 근로자의 날
(2022.12.31 1호~3호신설)
② (2006.4.28 삭제)
③ 이 법 또는 세법에서 규정하는 신고기한 만료일 또는 납부기한 만료일에 국세정보통신망이 대통령령으로 정하는 장애로 가동이 정지되어 전자신고나 전자납부(이 법 또는 세법에 따라 납부할 국세를 정보통신망을 이용하여 납부하는 것을 말한다)를 할 수 없는 경우에는 그 장애가 복구되어 신고 또는 납부할 수 있게 된 날의 다음날을 기한으로 한다.(2019.12.31 본항개정)

제5조의2 【우편신고 및 전자신고】 ① 우편으로 과세표준신고서, 과세표준수정신고서, 경정청구서 또는 과세표준신고·과세표준수정신고·경정청구와 관련된 서류를 제출한 경우 「우편법」에 따른 우편날짜도장이 찍힌 날(우편날짜도장이 찍히지 아니하였거나 분명하지 아니한 경우에는 통상 걸리는 배송일수를 기준으로 발송한 날로 인정되는 날)에 신고되거나 청구된 것으로 본다.(2019.12.31 본항개정)
② 제1항의 신고서 등을 국세정보통신망을 이용하여 제출하는 경우에는 해당 신고서 등이 국세청장에게 전송된 때에 신고되거나 청구된 것으로 본다.(2019.12.31 본항개정)
③ 제2항에 따라 전자신고 또는 전자청구된 경우 과세표준신고 또는 과세표준수정신고와 관련된 서류 중 대통령령으로 정하는 서류에 대해서는 대통령령으로 정하는 바에 따라 10일의 범위에서 제출기한을 연장할 수 있다.(2019.12.31 본항개정)
④ 전자신고에 의한 과세표준 등의 신고 절차 등에 관한 세부적인 사항은 기획재정부령으로 정한다.

제6조 【천재 등으로 인한 기한의 연장】 관할 세무서장은 천재지변이나 그 밖에 대통령령으로 정하는 사유로 이 법 또는 세법에서 규정하는 신고, 신청, 청구, 그 밖에 서류의 제출 또는 통지를 정하여진 기한까지 할 수 없다고 인정하는 경우나 납세자가 기한 연장을 신청한 경우에는 대통령령으로 정하는 바에 따라 그 기한을 연장할 수 있다.(2020.12.22 본조개정)

제6조의2~제7조 (2020.12.22 삭제)

제3절 서류의 송달
(2010.1.1 본절개정)

제8조 【서류의 송달】 ① 이 법 또는 세법에서 규정하는 서류는 그 명의인(그 서류에 수신인으로 지정되어 있는 자를 말한다. 이하 같다)의 주소, 거소(居所), 영업소 또는 사무소〔정보통신망을 이용한 송달(이하 "전자송달"이라 한다)인 경우에는 명의인의 전자우편주소(국세정보통신망에 저장하는 경우에는 명의인의 사용자확인기호를 이용하여 접근할 수 있는 곳을 말한다)를 말하며, 이하 "주소 또는 영업소"라 한다〕에 송달한다.
② 연대납세의무자에게 서류를 송달할 때에는 그 대표자를 명의인으로 하며, 대표자가 없을 때에는 연대납세의무자 중 국세를 징수하기에 유리한 자를 명의인으로 한다. 다만, 납부의 고지와 독촉에 관한 서류는 연대납세의무자 모두에게 각각 송달하여야 한다.
(2020.12.29 단서개정)
③ 상속이 개시된 경우 상속재산관리인이 있을 때에는 그 상속재산관리인의 주소 또는 영업소에 송달한다.
④ 납세관리인이 있을 때에는 납부의 고지와 독촉에 관한 서류는 그 납세관리인의 주소 또는 영업소에 송달한다.(2020.12.29 본항개정)
⑤ 제1항에도 불구하고 송달받아야 할 사람이 교정시설 또는 국가경찰관서의 유치장에 체포·구속 또는 유치(留置)된 사실이 확인된 경우에는 해당 교정시설의 장 또는 국가경찰관서의 장에게 송달한다.(2018.12.31 본항신설)

제9조 【송달받을 장소의 신고】 제8조에 따른 서류의 송달을 받을 자가 주소 또는 영업소 중에서 송달받을 장소를 대통령령으로 정하는 바에 따라 정부에 신고한 경우에는 그 신고된 장소에 송달하여야 한다. 이를 변경한 경우에도 또한 같다.

제10조 【서류 송달의 방법】 ① 제8조에 따른 서류 송달은 교부, 우편 또는 전자송달의 방법으로 한다.
② 납부의 고지·독촉·강제징수 또는 세법에 따른 정부의 명령과 관계되는 서류의 송달을 우편으로 할 때에는 등기우편으로 하여야 한다. 다만, 「소득세법」 제65조제1항에 따른 중간예납세액의 납부고지서, 「부가가치세법」 제48조제3항에 따라 징수하기 위한 납부고지서 및 제22조제2항 각 호의 국세에 대한 과세표준신고서를 법정신고기한까지 제출하였으나 과세표준신고액에 상당하는 세액의 전부 또는 일부를 납부하지 아니하여 발급하는 납부고지서로서 대통령령으로 정하는 금액 미만에 해당하는 납부고지서는 일반우편으로 송달할 수 있다.
(2020.12.29 본항개정)
③ 교부에 의한 서류 송달은 해당 행정기관의 소속 공무원이 서류를 송달할 장소에서 송달받아야 할 자에게 서류를 교부하는 방법으로 한다. 다만, 송달을 받아야 할 자가 송달받기를 거부하지 아니하면 다른 장소에서 교부할 수 있다.
④ 제2항과 제3항의 경우에 송달할 장소에서 서류를 송달받아야 할 자를 만나지 못하였을 때에는 그 사용인이나 그 밖의 종업원 또는 동거인으로서 사리를 판별할 수 있는 사람에게 서류를 송달할 수 있으며, 서류를 송달받아야 할 자 또는 그 사용인이나 그 밖의 종업원 또는 동거인으로서 사리를 판별할 수 있는 사람이 정당한 사유 없이 서류 수령을 거부할 때에는 송달할 장소에 서류를 둘 수 있다.
⑤ 제1항부터 제4항까지의 규정에 따라 서류를 송달하는 경우에 송달받아야 할 자가 주소 또는 영업소를 이전하였을 때에는 주민등록표 등으로 이를 확인하고 이전한 장소에 송달하여야 한다.
⑥ 서류를 교부하였을 때에는 송달서에 수령인이 서명 또는 날인하게 하여야 한다. 이 경우 수령인이 서명 또는 날인을 거부하면 그 사실을 송달서에 적어야 한다.
⑦ 일반우편으로 서류를 송달하였을 때에는 해당 행정기관의 장은 다음 각 호의 사항을 확인할 수 있는 기록을 작성하여 갖춰 두어야 한다.
1. 서류의 명칭
2. 송달을 받아야 할 자의 성명
3. 송달 장소
4. 발송연월일
5. 서류의 주요 내용
⑧ 전자송달은 대통령령으로 정하는 바에 따라 서류를 송달받아야 할 자가 신청한 경우에만 한다. 다만, 납부고지서가 송달되기 전에 대통령령으로 정하는 바에 따라 납세자가 이 법 또는 세법에서 정하는 바에 따라 세액을 자진납부한 경우 납부한 세액에 대해서는 자진납부한 시점에 전자송달을 신청한 것으로 본다.(2020.12.29 단서개정)
⑨ 납세자가 3회 연속하여 전자송달(국세정보통신망에 송달된 경우에 한정한다)된 서류를 열람하지 아니하는 경우에는 대통령령으로 정하는 바에 따라 전자송달의 신청을 철회한 것으로 본다. 다만, 납세자가 전자송달된 납부고지서 또는 독촉장에 따른 세액을 그 납부기한까지 전액 납부한 경우에는 그러하지 아니하다.(2024.12.31 본항개정)
⑩ 제8항에도 불구하고 국세정보통신망의 장애로 전자송달을 할 수 없는 경우나 그 밖에 대통령령으로 정하는 사유가 있는 경우에는 교부 또는 우편의 방법으로 송달할 수 있다.
⑪ 제8항에 따라 전자송달을 할 수 있는 서류의 구체적인 범위 및 송달 방법 등에 관하여 필요한 사항은 대통령령으로 정한다.

제11조【공시송달】 ① 서류를 송달받아야 할 자가 다음 각 호의 어느 하나에 해당하는 경우에는 서류의 주요 내용을 공고한 날부터 14일이 지나면 제8조에 따른 서류 송달이 된 것으로 본다.
1. 주소 또는 영업소가 국외에 있고 송달하기 곤란한 경우
2. 주소 또는 영업소가 분명하지 아니한 경우
3. 제10조제4항에서 규정한 자가 송달할 장소에 없는 경우로서 등기우편으로 송달하였으나 수취인 부재로 반송되는 경우 등 대통령령으로 정하는 경우

② 제1항에 따른 공고는 다음 각 호의 어느 하나에 게시하거나 게재하여야 한다. 이 경우 국세정보통신망을 이용하여 공시송달을 할 때에는 다른 공시송달 방법과 함께 하여야 한다.
1. 국세정보통신망
2. 세무서의 게시판이나 그 밖의 적절한 장소
3. 해당 서류의 송달 장소를 관할하는 특별자치시·특별자치도·시·군·구(자치구를 말한다. 이하 같다)의 홈페이지, 게시판이나 그 밖의 적절한 장소(2013.1.1 본호개정)
4. 관보 또는 일간신문

제12조【송달의 효력 발생】 제8조에 따라 송달하는 서류는 송달받아야 할 자에게 도달한 때부터 효력이 발생한다. 다만, 전자송달의 경우에는 송달받을 자가 지정한 전자우편주소에 입력된 때(국세정보통신망에 저장하는 경우에는 저장된 때)에 그 송달을 받아야 할 자에게 도달한 것으로 본다.

제4절 인　격
(2010.1.1 본절개정)

제13조【법인으로 보는 단체 등】 ① 법인(「법인세법」 제2조제1호에 따른 내국법인 및 같은 조 제3호에 따른 외국법인을 말한다. 이하 같다)이 아닌 사단, 재단, 그 밖의 단체(이하 "법인 아닌 단체"라 한다) 중 다음 각 호의 어느 하나에 해당하는 것으로서 수익을 구성원에게 분배하지 아니하는 것은 법인으로 보아 이 법과 세법을 적용한다.(2018.12.31 본문개정)
1. 주무관청의 허가 또는 인가를 받아 설립되거나 법령에 따라 주무관청에 등록한 사단, 재단, 그 밖의 단체로서 등기되지 아니한 것
2. 공익을 목적으로 출연(出捐)된 기본재산이 있는 재단으로서 등기되지 아니한 것

② 제1항에 따라 법인으로 보는 사단, 재단, 그 밖의 단체 외의 법인 아닌 단체 중 다음 각 호의 요건을 모두 갖춘 것으로서 대표자나 관리인이 관할 세무서장에게 신청하여 승인을 받은 것도 법인으로 보아 이 법과 세법을 적용한다. 이 경우 해당 사단, 재단, 그 밖의 단체의 계속성과 동질성이 유지되는 것으로 본다.(2010.12.27 전단개정)
1. 사단, 재단, 그 밖의 단체의 조직과 운영에 관한 규정(規程)을 가지고 대표자나 관리인을 선임하고 있을 것
2. 사단, 재단, 그 밖의 단체 자신의 계산과 명의로 수익과 재산을 독립적으로 소유·관리할 것
3. 사단, 재단, 그 밖의 단체의 수익을 구성원에게 분배하지 아니할 것

③ 제2항에 따라 법인으로 보는 법인 아닌 단체는 그 신청에 대하여 관할 세무서장의 승인을 받은 날이 속하는 과세기간과 그 과세기간이 끝난 날부터 3년이 되는 날이 속하는 과세기간까지는 「소득세법」에 따른 거주자 또는 비거주자로 변경할 수 없다. 다만, 제2항 각 호의 요건을 갖추지 못하게 되어 승인취소를 받는 경우에는 그러하지 아니하다.(2011.12.31 본문개정)
④ 제1항과 제2항에 따라 법인으로 보는 법인 아닌 단체(이하 "법인으로 보는 단체"라 한다)의 국세에 관한 의무는 그 대표자나 관리인이 이행하여야 한다.(2010.12.27 본항개정)
⑤ 법인으로 보는 단체는 국세에 관한 의무 이행을 위하여 대표자나 관리인을 선임하거나 변경한 경우에는 대통령령으로 정하는 바에 따라 관할 세무서장에게 신고하여야 한다.
⑥ 법인으로 보는 단체가 제5항에 따른 신고를 하지 아니한 경우에는 관할 세무서장은 그 단체의 구성원 또는 관계인 중 1명을 국세에 관한 의무를 이행하는 사람으로 지정할 수 있다.
⑦ 법인으로 보는 단체의 신청·승인과 납세번호 등의 부여 및 승인취소에 필요한 사항은 대통령령으로 정한다.
⑧ 세법에서 규정하는 납세의무에도 불구하고 전환 국립대학 법인(「고등교육법」 제3조에 따른 국립대학 법인 중 같은 법 제3조, 제18조 및 제19조에 따른 국립학교 또는 공립학교로 운영되다가 법인별 설립근거가 되는 법률에 따라 국립대학 법인으로 전환된 법인을 말한다. 이하 이 항에서 같다)에 대한 국세의 납세의무(국세를 징수하여 납부할 의무는 제외한다. 이하 이 항에서 같다)를 적용할 때에는 전환 국립대학 법인을 별도의 법인으로 보지 아니하고 국립대학 법인으로 전환되기 전의 국립학교 또는 공립학교로 본다. 다만, 전환 국립대학 법인이 해당 법인의 설립근거가 되는 법률에 따른 교육·연구 활동에 지장이 없는 범위 외의 수익사업을 하는 경우의 납세의무에 대해서는 그러하지 아니하다.(2019.12.31 본항신설)
(2019.12.31 본조제목개정)

제2장 국세 부과와 세법 적용
(2010.1.1 본장제목개정)

제1절 국세 부과의 원칙
(2010.1.1 본절개정)

제14조【실질과세】 ① 과세의 대상이 되는 소득, 수익, 재산, 행위 또는 거래의 귀속이 명의(名義)일 뿐이고 사실상 귀속되는 자가 따로 있을 때에는 사실상 귀속되는 자를 납세의무자로 하여 세법을 적용한다.
② 세법 중 과세표준의 계산에 관한 규정은 소득, 수익, 재산, 행위 또는 거래의 명칭이나 형식과 관계없이 그 실질 내용에 따라 적용한다.(2020.6.9 본항개정)
③ 제3자를 통한 간접적인 방법이나 둘 이상의 행위 또는 거래를 거치는 방법으로 이 법 또는 세법의 혜택을 부당하게 받기 위한 것으로 인정되는 경우에는 그 경제적 실질 내용에 따라 당사자가 직접 거래를 한 것으로 보거나 연속된 하나의 행위 또는 거래를 한 것으로 보아 이 법 또는 세법을 적용한다.
판례 실제사업자가 따로 있는데도 과세관청이 사업명의자에게 과세처분을 한 경우에는, 사업명의자와 과세관청 사이에 과세처분에 따라 세액을 납부하는 법률관계가 성립된다. 이는 실제사업자와 과세관청 사이의 법률관계와는 별도의 법률관계로서, 사업명의자에 대한 과세처분에 대하여 실제사업자가 사업명의자 명의로 직접 납부행위를 하였거나 납부자금을 부담하였다고 하더라도 납부의 법률효과는 과세처분의 상대방인 사업명의자에게 귀속될 뿐이며, 실제사업자와 과세관청의 법률관계에서 실제사업자가 세액을 납부한 효과가 발생된다고 할 수 없다. 따라서 사업명의자에게 과세처분이 이루어져 사업명의자 명의로 세액이 납부되었으나 과세처분이 무효이거나 취소되어 과오납부액이 발생한 경우에, 사업명의자 명의로 납부된 세액의 환급청구권자는 사업명의자와 과세관청 사이의 법률관계에 관한 직접 당사자로서 세액 납부의 법률효과가 귀속되는 사업명의자로 보아야 한다.
(대판 2015.8.27, 2013다212639)

제15조【신의·성실】 납세자가 그 의무를 이행할 때에는 신의에 따라 성실하게 하여야 한다. 세무공무원이 직무를 수행할 때에도 또한 같다.

제16조【근거과세】 ① 납세의무자가 세법에 따라 장부를 갖추어 기록하고 있는 경우에는 해당 국세 과세표준의 조사와 결정은 그 장부와 이와 관계되는 증거자료에 의하여야 한다.
(2020.6.9 본항개정)
② 제1항에 따라 국세를 조사·결정할 때 장부의 기록 내용이 사실과 다르거나 장부의 기록에 누락된 것이 있을 때에는 그 부분에 대해서만 정부가 조사한 사실에 따라 결정할 수 있다.
③ 정부는 제2항에 따라 장부의 기록 내용과 다른 사실 또는 장부 기록에 누락된 것을 조사하여 결정하였을 때에는 정부가 조사한 사실과 결정의 근거를 결정서에 적어야 한다.
④ 행정기관의 장은 해당 납세의무자 또는 그 대리인이 요구하면 제3항의 결정서를 열람 또는 복사하게 하거나 그 등본 또는 초본이 원본과 일치함을 확인하여야 한다.
⑤ 제4항의 요구는 구술(口述)로 한다. 다만, 해당 행정기관의 장이 필요하다고 인정할 때에는 열람하거나 복사한 사람의 서명을 요구할 수 있다.

판례 조세부과처분 취소소송에서 과세요건사실에 대한 증명책임은 과세관청에 있으므로, 납세의무자의 금융기관 계좌에 입금된 금액이 매출이나 수입에 해당하고, 그것이 신고에서 누락된 금액이라는 과세요건사실은 과세관청이 증명하여야 하는 것이 원칙이다. 다만 납세의무자의 금융기관 계좌에 입금된 금액이 매출이나 수입에 해당한다는 것은 구체적인 소송과정에서 경험칙에 비추어 이를 추정할 수 있는 사실을 밝히거나 이를 인정할 만한 간접적인 사실을 밝히는 방법으로도 증명할 수 있고, 이는 납세의무자가 차명계좌를 이용한 경우에도 마찬가지이다. 이때 그와 같이 추정할 수 있는지 여부는 해당 금융기관 계좌가 과세대상 매출이나 수입에 관한 주된 입금·관리계좌로 사용되었는지, 입금 일자나 상대방 및 금액 등에 비추어 매출이나 수입에 해당하는 외형을 가지고 있는지, 그 계좌의 거래 중에서 매출이나 수입 관련 거래가 차지하는 비중, 반대로 매출이나 수입이 아닌 다른 용도의 자금이 혼입될 가능성 및 그 정도 등 해당 금융기관 계좌에 입금된 금액에 관한 여러 사정을 종합하여 판단하여야 한다.
(대판 2017.6.29, 2016두1035)

제17조 【조세감면의 사후관리】 ① 정부는 국세를 감면한 경우에 그 감면의 취지를 성취하거나 국가정책을 수행하기 위하여 필요하다고 인정하면 세법에서 정하는 바에 따라 감면한 세액에 상당하는 자금 또는 자산의 운용 범위를 정할 수 있다.
② 제1항에 따른 운용 범위를 벗어난 자금 또는 자산에 상당하는 감면세액은 세법에서 정하는 바에 따라 감면을 취소하고 징수할 수 있다.

제2절 세법 적용의 원칙
(2010.1.1 본절개정)

제18조 【세법 해석의 기준 및 소급과세의 금지】 ① 세법을 해석·적용할 때에는 과세의 형평(衡平)과 해당 조항의 합목적성에 비추어 납세자의 재산권이 부당하게 침해되지 아니하도록 하여야 한다.
② 국세를 납부할 의무(세법에 징수의무자가 따로 규정되어 있는 국세의 경우에는 이를 징수하여 납부할 의무. 이하 같다)가 성립한 소득, 수익, 재산, 행위 또는 거래에 대해서는 그 성립 후의 새로운 세법에 따라 소급하여 과세하지 아니한다.
③ 세법의 해석이나 국세행정의 관행이 일반적으로 납세자에게 받아들여진 후에는 그 해석이나 관행에 의한 행위 또는 계산은 정당한 것으로 보며, 새로운 해석이나 관행에 의하여 소급하여 과세되지 아니한다.
④ (1993.12.31 삭제)
⑤ 세법 외의 법률 중 국세의 부과·징수·감면 또는 그 절차에 관하여 규정하고 있는 조항은 제1항부터 제3항까지의 규정을 적용할 때에는 세법으로 본다.

판례 조세법률주의의 원칙상 과세요건이거나 비과세요건 또는 조세감면요건을 막론하고 조세법규의 해석은 특별한 사정이 없는 한 법문대로 해석하여야 할 것이고 합리적 이유 없이 확장해석하거나 유추해석하는 것은 허용되지 아니하고, 특히 감면요건 규정 가운데 명백히 특혜규정이라고 볼 수 있는 것은 엄격하게 해석하는 것이 조세공평의 원칙에 부합한다.(대판 2011.1.27, 2010도1191)

제18조의2 【국세예규심사위원회】 ① 다음 각 호의 사항을 심의하기 위하여 기획재정부에 국세예규심사위원회를 둔다.
1. 제18조제1항부터 제3항까지의 기준에 맞는 세법의 해석 및 이와 관련되는 이 법의 해석에 관한 사항(2017.12.19 본호개정)
2. 「관세법」 제5조제1항 및 제2항의 기준에 맞는 「관세법」의 해석 및 이와 관련되는 「자유무역협정의 이행을 위한 관세법의 특례에 관한 법률」 및 「수출용 원재료에 대한 관세 등 환급에 관한 특례법」의 해석에 관한 사항(2017.12.19 본호개정)
(2011.12.31 본항개정)
② 국세예규심사위원회의 위원은 공정한 심의를 기대하기 어려운 사정이 있다고 인정될 때에는 대통령령으로 정하는 바에 따라 위원회 회의에서 제척(除斥)되거나 회피(回避)하여야 한다.(2014.12.23 본항신설)
③ 제1항에 따른 국세예규심사위원회의 설치·구성 및 운영방법, 세법 해석에 관한 질의회신의 처리 절차 및 방법 등에 관하여 필요한 사항은 대통령령으로 정한다.

제19조 【세무공무원의 재량의 한계】 세무공무원이 재량으로 직무를 수행할 때에는 과세의 형평과 해당 세법의 목적에 비추어 일반적으로 적당하다고 인정되는 한계를 엄수하여야 한다.

제20조 【기업회계의 존중】 세무공무원이 국세의 과세표준을 조사·결정할 때에는 해당 납세의무자가 계속하여 적용하고 있는 기업회계의 기준 또는 관행으로서 일반적으로 공정·타당하다고 인정되는 것은 존중하여야 한다. 다만, 세법에 특별한 규정이 있는 것은 그러하지 아니하다.

제3절 중장기 조세정책운용계획
(2014.1.1 본절신설)

제20조의2 【중장기 조세정책운용계획의 수립 등】 ① 기획재정부장관은 효율적인 조세정책의 수립과 조세부담의 형평성 제고를 위하여 매년 해당 연도부터 5개 연도 이상의 기간에 대한 중장기 조세정책운용계획(이하 이 조에서 "중장기 조세정책운용계획"이라 한다)을 수립하여야 한다. 이 경우 중장기 조세정책운용계획은 「국가재정법」 제7조에 따른 국가재정운용계획과 연계되어야 한다.
② 중장기 조세정책운용계획에는 다음 각 호의 사항이 포함되어야 한다.
1. 조세정책의 기본방향과 목표
2. 주요 세목별 조세정책 방향
3. 비과세·감면 제도 운용 방향
4. 조세부담 수준
5. 그 밖에 대통령령으로 정하는 사항
③ 기획재정부장관은 중장기 조세정책운용계획을 수립할 때에는 관계 중앙관서의 장과 협의하여야 한다.
④ 기획재정부장관은 수립한 중장기 조세정책운용계획을 국회 소관 상임위원회에 보고하여야 한다.
⑤ 제1항부터 제4항까지 규정된 사항 외에 중장기 조세정책운용계획의 수립에 관하여 필요한 사항은 대통령령으로 정한다.

제3장 납세의무
(2010.1.1 본장제목개정)

제1절 납세의무의 성립과 확정

제21조 【납세의무의 성립시기】 ① 국세를 납부할 의무는 이 법 및 세법에서 정하는 과세요건이 충족되면 성립한다.
(2020.6.9 본항개정)
② 제1항에 따른 국세를 납부할 의무의 성립시기는 다음 각 호의 구분에 따른다.
1. 소득세·법인세 : 과세기간이 끝나는 때. 다만, 청산소득에 대한 법인세는 그 법인이 해산을 하는 때를 말한다.
2. 상속세 : 상속이 개시되는 때
3. 증여세 : 증여에 의하여 재산을 취득하는 때
4. 부가가치세 : 과세기간이 끝나는 때. 다만, 수입재화의 경우에는 세관장에게 수입신고를 하는 때를 말한다.
5. 개별소비세·주세 및 교통·에너지·환경세 : 과세물품을 제조장으로부터 반출하거나 판매장에서 판매하는 때, 과세장소에 입장하거나 과세유흥장소에서 유흥음식행위를 하는 때 또는 과세영업장소에서 영업행위를 하는 때. 다만, 수입물품의 경우에는 세관장에게 수입신고를 하는 때를 말한다.
6. 인지세 : 과세문서를 작성한 때
7. 증권거래세 : 해당 매매거래가 확정되는 때
8. 교육세 : 다음 각 목의 구분에 따른 시기
가. 국세에 부과되는 교육세 : 해당 국세의 납세의무가 성립하는 때
나. 금융·보험업자의 수익금액에 부과되는 교육세 : 과세기간이 끝나는 때
9. 농어촌특별세 : 「농어촌특별세법」 제2조제2항에 따른 본세의 납세의무가 성립하는 때
10. 종합부동산세 : 과세기준일
11. 가산세 : 다음 각 목의 구분에 따른 시기. 다만, 나목과 다목의 경우 제39조를 적용할 때에는 이 법 및 세법에 따른 납부기한(이하 "법정납부기한"이라 한다)이 경과하는 때로 한다.

세법

가. 제47조의2에 따른 무신고가산세 및 제47조의3에 따른 과소신고 · 초과환급신고가산세 : 법정신고기한이 경과하는 때
나. 제47조의4제1항제1호 · 제2호에 따른 납부지연가산세 및 제47조의5제1항제2호에 따른 원천징수 등 납부지연가산세 : 법정납부기한 경과 후 1일마다 그 날이 경과하는 때 (2020.12.22 본목개정)
다. 제47조의4제1항제3호에 따른 납부지연가산세 : 납부고지서에 따른 납부기한이 경과하는 때(2020.12.29 본목개정)
라. 제47조의5제1항제1호에 따른 원천징수 등 납부지연가산세 : 법정납부기한이 경과하는 때(2020.12.22 본목개정)
마. 그 밖의 가산세 : 가산할 국세의 납세의무가 성립하는 때

(2019.12.31 본호개정)

③ 다음 각 호의 국세를 납부할 의무의 성립시기는 제2항에도 불구하고 다음 각 호의 구분에 따른다.

1. 원천징수하는 소득세 · 법인세 : 소득금액 또는 수입금액을 지급하는 때
2. 납세조합이 징수하는 소득세 또는 예정신고납부하는 소득세 : 과세표준이 되는 금액이 발생한 달의 말일
3. 중간예납하는 소득세 · 법인세 또는 예정신고기간 · 예정부과기간에 대한 부가가치세 : 중간예납기간 또는 예정신고기간 · 예정부과기간이 끝나는 때
4. 수시부과(隨時賦課)하여 징수하는 국세 : 수시부과할 사유가 발생한 때

(2018.12.31 본조개정)

판례 과세관청이 상여로 소득처분을 한 사외유출된 익금가산액 귀속자의 종합소득세(근로소득세) 납세의무의 성립시기 : 소득의 귀속자의 종합소득세(근로소득세) 납세의무는 제1항제1호가 정하는 바에 따라 당해 소득이 귀속된 과세기간이 종료하는 때에 성립한다.
(대판 2006.7.27, 2004두9944)

제22조 【납세의무의 확정】 ① 국세는 이 법 및 세법에서 정하는 절차에 따라 그 세액이 확정된다.(2020.6.9 본항개정)

② 다음 각 호의 국세는 납세의무자가 과세표준과 세액을 정부에 신고했을 때에 확정된다. 다만, 납세의무자가 과세표준과 세액의 신고를 하지 아니하거나 신고한 과세표준과 세액이 세법에서 정하는 바와 맞지 아니한 경우에는 정부가 과세표준과 세액을 결정하거나 경정하는 때에 그 결정 또는 경정에 따라 확정된다.(2020.6.9 단서개정)

1. 소득세
2. 법인세
3. 부가가치세
4. 개별소비세
5. 주세
6. 증권거래세
7. 교육세
8. 교통 · 에너지 · 환경세
9. 종합부동산세(납세의무자가 「종합부동산세법」 제16조제3항에 따라 과세표준과 세액을 정부에 신고하는 경우에 한정한다)

(2018.12.31 본항신설)

③ 제2항 각 호 외의 국세는 해당 국세의 과세표준과 세액을 정부가 결정하는 때에 확정된다.(2018.12.31 본항신설)

④ 다음 각 호의 국세는 제1항부터 제3항까지의 규정에도 불구하고 납세의무가 성립하는 때에 특별한 절차 없이 그 세액이 확정된다.(2018.12.31 본문개정)

1. 인지세
2. 원천징수하는 소득세 또는 법인세
3. 납세조합이 징수하는 소득세
4. 중간예납하는 법인세(세법에 따라 정부가 조사 · 결정하는 경우는 제외한다)
5. 제47조의4에 따른 납부지연가산세 및 제47조의5에 따른 원천징수 등 납부지연가산세(납부고지서에 따른 납부기한 후의 가산세로 한정한다)(2020.12.29 본호개정)

(2010.1.1 본조개정)

제22조의2 【수정신고의 효력】 ① 제22조제2항 각 호에 따른 국세의 수정신고(과세표준신고서를 법정신고기한까지 제출한 자의 수정신고로 한정한다)는 당초의 신고에 따라 확정된 과세표준과 세액을 증액하여 확정하는 효력을 가진다.
(2019.12.31 본항개정)

② 제1항에 따른 국세의 수정신고는 당초 신고에 따라 확정된 세액에 관한 이 법 또는 세법에서 규정하는 권리 · 의무관계에 영향을 미치지 아니한다.

(2018.12.31 본조신설)

제22조의3 【경정 등의 효력】 ① 세법에 따라 당초 확정된 세액을 증가시키는 경정(更正)은 당초 확정된 세액에 관한 이 법 또는 세법에서 규정하는 권리 · 의무관계에 영향을 미치지 아니한다.

② 세법에 따라 당초 확정된 세액을 감소시키는 경정은 그 경정으로 감소되는 세액 외의 세액에 관한 이 법 또는 세법에서 규정하는 권리 · 의무관계에 영향을 미치지 아니한다.

(2010.1.1 본조개정)

제2절 납세의무의 승계
(2010.1.1 본절개정)

제23조 【법인의 합병으로 인한 납세의무의 승계】 법인이 합병한 경우 합병 후 존속하는 법인 또는 합병으로 설립된 법인은 합병으로 소멸된 법인에 부과되거나 그 법인이 납부할 국세 및 강제징수비를 납부할 의무를 진다.(2020.12.22 본조개정)

제24조 【상속으로 인한 납세의무의 승계】 ① 상속이 개시된 때에 그 상속인[「민법」 제1000조, 제1001조, 제1003조 및 제1004조에 따른 상속인을 말하고, 「상속세 및 증여세법」 제2조제5호에 따른 수유자(受遺者)를 포함한다. 이하 이 조에서 같다] 또는 「민법」 제1053조에 규정된 상속재산관리인은 피상속인에게 부과되거나 그 피상속인이 납부할 국세 및 강제징수비를 상속으로 받은 재산의 한도에서 납부할 의무를 진다.
(2020.12.22 본항개정)

② 제1항에 따른 납세의무 승계를 피하면서 재산을 상속받기 위하여 피상속인이 상속인을 수익자로 하는 보험계약을 체결하고 피상속인의 사망으로 상속인이 보험금(「상속세 및 증여세법」 제8조에 따른 보험금을 말한다. 이하 이 조에서 같다)을 받은 경우에는 다음 각 호의 구분에 따른 금액을 상속인이 상속받은 재산으로 보아 제1항을 적용한다.(2024.12.31 본문개정)

1. 「민법」 제1019조제1항에 따라 상속을 한정승인 또는 포기한 상속인이 보험금을 받은 경우 : 상속인이 받은 보험금 전액
(2024.12.31 본호신설)
2. 피상속인이 국세 또는 강제징수비를 체납한 상태에서 해당 보험의 보험료를 납입한 경우로서 상속인(「민법」 제1019조제1항에 따라 상속을 한정승인 또는 포기한 상속인은 제외한다)이 보험금을 받은 경우 : 다음의 계산식에 따라 계산한 금액

$$\text{상속받은 재산으로 보는 보험금} = A \times \frac{B}{C}$$

A : 상속인이 받은 보험금
B : 피상속인이 최초로 보험료를 납입한 날부터 마지막으로 보험료를 납입한 날까지의 기간 중 국세를 체납한 일수
C : 피상속인이 최초로 보험료를 납입한 날부터 마지막으로 보험료를 납입한 날까지의 일수

(2024.12.31 본호신설)

③ 제1항의 경우에 상속인이 2명 이상일 때에는 각 상속인은 피상속인에게 부과되거나 그 피상속인이 납부할 국세 및 강제징수비를 「민법」 제1009조 · 제1010조 · 제1012조 및 제1013조에 따른 상속분(다음 각 호의 어느 하나에 해당하는 경우에는 대통령령으로 정하는 비율로 한다)에 따라 나누어 계산한 국세 및 강제징수비를 상속으로 받은 재산의 한도에서 연대하여 납부할 의무를 진다. 이 경우 각 상속인은 그들 중에서 피상속인의 국세 및 강제징수비를 납부할 대표자를 정하여 대통령령으로 정하는 바에 따라 관할 세무서장에게 신고하여야 한다.
(2021.12.21 전단개정)

1. 상속인 중 수유자가 있는 경우
2. 상속인 중 「민법」 제1019조제1항에 따라 상속을 포기한 사람이 있는 경우

3. 상속인 중 「민법」 제1112조에 따른 유류분을 받은 사람이 있는 경우
4. 상속으로 받은 재산에 보험금이 포함되어 있는 경우
(2021.12.21 1호~4호신설)
④ 제1항의 경우에 상속인이 있는지 분명하지 아니할 때에는 상속인에게 하여야 할 납부의 고지·독촉이나 그 밖에 필요한 사항은 상속재산관리인에게 하여야 한다.(2020.12.29 본항개정)
⑤ 제1항의 경우에 상속인이 있는지 분명하지 아니하고 상속재산관리인도 없을 때에는 세무서장은 상속개시지를 관할하는 법원에 상속재산관리인의 선임을 청구할 수 있다.
⑥ 피상속인에게 한 처분 또는 절차는 제1항에 따라 상속으로 인한 납세의무를 승계하는 상속인이나 상속재산관리인에 대해서도 효력이 있다.

제3절 연대납세의무
(2010.1.1 본절개정)

제25조 【연대납세의무】 ① 공유물(共有物), 공동사업 또는 그 공동사업에 속하는 재산과 관계되는 국세 및 강제징수비는 공유자 또는 공동사업자가 연대하여 납부할 의무를 진다.
(2020.12.22 본항개정)
② 법인이 분할되거나 분할합병된 후 분할되는 법인(이하 이 조에서 "분할법인"이라 한다)이 존속하는 경우 다음 각 호의 법인은 분할등기일 이전에 분할법인에 부과되거나 납세의무가 성립한 국세 및 강제징수비에 대하여 분할로 승계된 재산가액을 한도로 연대하여 납부할 의무가 있다.(2020.12.22 본문개정)
1. 분할법인
2. 분할 또는 분할합병으로 설립되는 법인(이하 이 조에서 "분할신설법인"이라 한다)
3. 분할법인의 일부가 다른 법인과 합병하는 경우 그 합병의 상대방인 다른 법인(이하 이 조에서 "분할합병의 상대방 법인"이라 한다)
③ 법인이 분할 또는 분할합병한 후 소멸하는 경우 다음 각 호의 법인은 분할법인에 부과되거나 분할법인이 납부하여야 할 국세 및 강제징수비에 대하여 분할로 승계된 재산가액을 한도로 연대하여 납부할 의무가 있다.(2020.12.22 본문개정)
1. 분할신설법인
2. 분할합병의 상대방 법인
④ 법인이 「채무자 회생 및 파산에 관한 법률」 제215조에 따라 신회사를 설립하는 경우 기존의 법인에 부과되거나 납세의무가 성립한 국세 및 강제징수비는 신회사가 연대하여 납부할 의무를 진다.(2020.12.22 본항개정)
(2018.12.31 본조개정)
제25조의2 【연대납세의무에 관한 「민법」의 준용】 이 법 또는 세법에 따라 국세 및 강제징수비를 연대하여 납부할 의무에 관하여는 「민법」 제413조부터 제416조까지, 제419조, 제421조, 제423조 및 제425조부터 제427조까지의 규정을 준용한다.
(2020.12.22 본조개정)

제4절 납부의무의 소멸
(2010.1.1 본절개정)

제26조 【납부의무의 소멸】 국세 및 강제징수비를 납부할 의무는 다음 각 호의 어느 하나에 해당하는 때에 소멸한다.
(2020.12.22 본문개정)
1. 납부·충당되거나 부과가 취소된 때
2. 제26조의2에 따라 국세를 부과할 수 있는 기간에 국세가 부과되지 아니하고 그 기간이 끝난 때
3. 제27조에 따라 국세징수권의 소멸시효가 완성된 때
제26조의2 【국세의 부과제척기간】 ① 국세를 부과할 수 있는 기간(이하 "부과제척기간"이라 한다)은 국세를 부과할 수 있는 날부터 5년으로 한다. 다만, 역외거래[「국제조세조정에 관한 법률」 제2조제1항제1호에 따른 국제거래(이하 "국제거래"라 한다) 및 거래 당사자 양쪽이 거주자(내국법인과 외국법인의 국내사업장을 포함한다)인 거래로서 국외에 있는 자산의 매매·임대차, 국외에서 제공하는 용역과 관련된 거래를 말한다. 이하 같다]의 경우에는 국세를 부과할 수 있는 날부터 7년으로 한다.(2019.12.31 본항개정)
② 제1항에도 불구하고 다음 각 호의 어느 하나에 해당하는 경우에는 다음 각 호의 구분에 따른 기간을 부과제척기간으로 한다.
1. 납세자가 법정신고기한까지 과세표준신고서를 제출하지 아니한 경우 : 해당 국세를 부과할 수 있는 날부터 7년(역외거래의 경우 10년)
2. 납세자가 대통령령으로 정하는 사기나 그 밖의 부정한 행위(이하 "부정행위"라 한다)로 국세를 포탈(逋脫)하거나 환급·공제를 받은 경우 : 그 국세를 부과할 수 있는 날부터 10년(역외거래에서 발생한 부정행위로 국세를 포탈하거나 환급·공제받은 경우에는 15년). 이 경우 부정행위로 포탈하거나 환급·공제받은 국세가 법인세이면 이와 관련하여 「법인세법」 제67조에 따라 처분된 금액에 대한 소득세 또는 법인세에 대해서도 또한 같다.
3. 납세자가 부정행위를 하여 다음 각 목에 따른 가산세 부과대상이 되는 경우 : 해당 가산세를 부과할 수 있는 날부터 10년
가. 「소득세법」 제81조의10제1항제4호
나. 「법인세법」 제75조의8제1항제4호
다. 「부가가치세법」 제60조제2항제2호, 같은 조 제3항 및 제4항
(2019.12.31 본항신설)
③ 제1항 및 제2항제1호의 기간이 끝난 날이 속하는 과세기간 이후의 과세기간에 다음 각 호의 금액(이하 이 항에서 "이월결손금등"이라 한다)을 공제하는 경우 해당 이월결손금등이 발생한 과세기간의 소득세 또는 법인세의 부과제척기간은 제1항 및 제2항제1호에도 불구하고 이월결손금등을 공제한 과세기간의 법정신고기한으로부터 1년으로 한다.(2023.12.31 본문개정)
1. 「소득세법」 제45조제3항, 「법인세법」 제13조제1항제1호, 제76조의13제1항제1호 또는 제91조제1항제1호에 따른 이월결손금(2024.12.31 본호신설)
2. 「조세특례제한법」 제144조제1항에 따라 이월된 세액공제액
(2024.12.31 본호신설)
④ 제1항 및 제2항에도 불구하고 상속세·증여세의 부과제척기간은 국세를 부과할 수 있는 날부터 10년으로 하고, 다음 각 호의 어느 하나에 해당하는 경우에는 15년으로 한다. 부담부증여에 따라 증여세와 함께 「소득세법」 제88조제1호 각 목 외의 부분 후단에 따른 소득세가 과세되는 경우에 그 소득세의 부과제척기간도 또한 같다.
1. 납세자가 부정행위로 상속세·증여세를 포탈하거나 환급·공제받은 경우
2. 「상속세 및 증여세법」 제67조 및 제68조에 따른 신고서를 제출하지 아니한 경우
3. 「상속세 및 증여세법」 제67조 및 제68조에 따라 신고서를 제출한 자가 대통령령으로 정하는 거짓신고 또는 누락신고를 한 경우(그 거짓신고 또는 누락신고를 한 부분만 해당한다)
(2019.12.31 본항개정)
⑤ 납세자가 부정행위로 상속세·증여세(제7호의 경우에는 해당 명의신탁과 관련한 국세를 포함한다)를 포탈하는 경우로서 다음 각 호의 어느 하나에 해당하는 경우 과세관청은 제4항에도 불구하고 해당 재산의 상속 또는 증여가 있음을 안 날부터 1년 이내에 상속세 및 증여세를 부과할 수 있다. 다만, 상속인이나 증여자 및 수증자(受贈者)가 사망한 경우와 포탈세액 산출의 기준이 되는 재산가액(다음 각 호의 어느 하나에 해당하는 재산의 가액을 합친 것을 말한다)이 50억원 이하인 경우에는 그러하지 아니하다.(2019.12.31 본문개정)
1. 제3자의 명의로 되어 있는 피상속인 또는 증여자의 재산을 상속인이나 수증자가 취득한 경우(2019.12.31 본호개정)
2. 계약에 따라 피상속인이 취득할 재산이 계약이행기간에 상속이 개시됨으로써 등기·등록 또는 명의개서가 이루어지지 아니하고 상속인이 취득한 경우
3. 국외에 있는 상속재산이나 증여재산을 상속인이나 수증자가 취득한 경우

4. 등기 · 등록 또는 명의개서가 필요하지 아니한 유가증권, 서화(書畵), 골동품 등 상속재산 또는 증여재산을 상속인이나 수증자가 취득한 경우
5. 수증자의 명의로 되어 있는 증여자의 「금융실명거래 및 비밀보장에 관한 법률」 제2조제2호에 따른 금융자산을 수증자가 보유하고 있거나 사용 · 수익한 경우(2013.1.1 본호신설)
6. 「상속세 및 증여세법」 제3조제2호에 따른 비거주자인 피상속인의 국내재산을 상속인이 취득한 경우(2016.12.20 본호신설)
7. 「상속세 및 증여세법」 제45조의2에 따른 명의신탁재산의 증여의제에 해당하는 경우(2019.12.31 본호신설)
8. 상속재산 또는 증여재산인 「특정 금융거래정보의 보고 및 이용 등에 관한 법률」에 따른 가상자산을 같은 법에 따른 가상자산사업자(같은 법 제7조에 따라 신고가 수리된 자로 한정한다)를 통하지 아니하고 상속인이나 수증자가 취득한 경우(2022.12.31 본호신설)

⑥ 제1항부터 제5항까지의 규정에도 불구하고 지방국세청장 또는 세무서장은 다음 각 호의 구분에 따른 기간이 지나기 전까지 경정이나 그 밖에 필요한 처분을 할 수 있다.(2019.12.31 본문개정)
1. 제7장에 따른 이의신청, 심사청구, 심판청구, 「감사원법」에 따른 심사청구 또는 「행정소송법」에 따른 소송에 대한 결정이나 판결이 확정된 경우 : 결정 또는 판결이 확정된 날부터 1년
1의2. 제1호의 결정이나 판결이 확정됨에 따라 그 결정 또는 판결의 대상이 된 과세표준 또는 세액과 연동된 다른 세목(같은 과세기간으로 한정한다)이나 연동된 다른 과세기간(같은 세목으로 한정한다)의 과세표준 또는 세액의 조정이 필요한 경우 : 제1호의 결정 또는 판결이 확정된 날부터 1년(2022.12.31 본호개정)
1의3. 「형사소송법」에 따른 소송에 대한 판결이 확정되어 「소득세법」 제21조제1항제23호 또는 제24호의 소득이 발생한 것으로 확인된 경우 : 판결이 확정된 날부터 1년(2021.12.21 본호신설)
2. 조세조약에 부합하지 아니하는 과세의 원인이 되는 조치가 있는 경우 그 조치가 있음을 안 날부터 3년 이내(조세조약에서 따로 규정하는 경우에는 그에 따른다)에 그 조세조약의 규정에 따른 상호합의가 신청된 것으로서 그에 대하여 상호합의가 이루어진 경우 : 상호합의 절차의 종료일부터 1년
3. 제45조의2제1항 · 제2항 · 제5항 및 제6항 또는 「국제조세조정에 관한 법률」 제19조제1항 및 제33조제2항에 따른 경정청구 또는 같은 법 제20조제2항에 따른 조정권고가 있는 경우 : 경정청구일 또는 조정권고일부터 2개월(2022.12.31 본호개정)
4. 제3호에 따른 경정청구 또는 조정권고가 있는 경우 그 경정청구 또는 조정권고의 대상이 된 과세표준 또는 세액과 연동된 다른 과세기간의 과세표준 또는 세액의 조정이 필요한 경우 : 제3호에 따른 경정청구일 또는 조정권고일부터 2개월(2017.12.19 본호신설)
5. 최초의 신고 · 결정 또는 경정에서 과세표준 및 세액의 계산근거가 된 거래 또는 행위 등이 그 거래 · 행위 등과 관련된 소송에 대한 판결(판결과 같은 효력을 가지는 화해나 그 밖의 행위를 포함한다. 이하 이 호에서 같다)에 의하여 다른 것으로 확정된 경우 : 판결이 확정된 날부터 1년(2017.12.19 본호신설)
6. 역외거래와 관련하여 제1항 및 제2항에 따른 기간이 지나기 전에 「국제조세조정에 관한 법률」 제36조제1항에 따라 조세의 부과와 징수에 필요한 조세정보(이하 이 호에서 "조세정보"라 한다)를 외국의 권한 있는 당국에 요청하여 조세정보를 요청한 날부터 2년이 지나기 전까지 조세정보를 받은 경우 : 조세정보를 받은 날부터 1년(2024.12.31 본호개정)
7. 「국제조세조정에 관한 법률」 제69조제2항에 따른 국가별 실효세율이 변경된 경우 : 국가별 실효세율의 변경이 있음을 안 날부터 1년(2023.12.31 본호신설)
(2016.12.20 본항개정)

⑦ 제1항부터 제5항까지의 규정에도 불구하고 제6항제1호의 결정 또는 판결에 의하여 다음 각 호의 어느 하나에 해당하게 된 경우에는 당초의 부과처분을 취소하고 그 결정 또는 판결이 확정된 날부터 1년 이내에 다음 각 호의 구분에 따른 자에게 경정이나 그 밖에 필요한 처분을 할 수 있다.
1. 명의대여 사실이 확인된 경우 : 실제로 사업을 경영한 자
2. 과세의 대상이 되는 재산의 귀속이 명의일 뿐이고 사실상 귀속되는 자가 따로 있다는 사실이 확인된 경우 : 재산의 사실상 귀속자(2022.12.31 본호신설)
3. 「소득세법」 제119조 및 「법인세법」 제93조에 따른 국내원천소득의 실질귀속자(이하 이 항에서 "국내원천소득의 실질귀속자"라 한다)가 확인된 경우 : 국내원천소득의 실질귀속자 또는 「소득세법」 제156조 및 「법인세법」 제98조에 따른 원천징수의무자
(2019.12.31 본항신설)

⑧ 제1항부터 제5항까지의 규정에도 불구하고 국세의 부과제척기간에 관하여 조세의 이중과세를 방지하기 위하여 체결한 조약(이하 "조세조약"이라 한다)에 따라 상호합의 절차가 진행 중인 경우에는 「국제조세조정에 관한 법률」 제51조에서 정하는 바에 따른다.(2020.12.22 본항개정)

⑨ 제1항부터 제4항까지의 규정에 따른 국세를 부과할 수 있는 날은 대통령령으로 정한다.(2019.12.31 본항개정)
(2019.12.31 본조제목개정)

제27조 【국세징수권의 소멸시효】 ① 국세의 징수를 목적으로 하는 국가의 권리(이하 이 조에서 "국세징수권"이라 한다)는 이를 행사할 수 있는 때부터 다음 각 호의 구분에 따른 기간 동안 행사하지 아니하면 소멸시효가 완성된다. 이 경우 다음 각 호의 국세의 금액은 가산세를 제외한 금액으로 한다.(2019.12.31 본문개정)
1. 5억원 이상의 국세 : 10년(2013.1.1 본호신설)
2. 제1호 외의 국세 : 5년(2013.1.1 본호신설)

② 제1항의 소멸시효에 관하여는 이 법 또는 세법에 특별한 규정이 있는 것을 제외하고는 「민법」에 따른다.

③ 제1항에 따른 국세징수권을 행사할 수 있는 때는 다음 각 호의 날을 말한다.
1. 과세표준과 세액의 신고에 의하여 납세의무가 확정되는 국세의 경우 신고한 세액에 대해서는 그 법정 신고납부기한의 다음 날
2. 과세표준과 세액을 정부가 결정, 경정 또는 수시부과결정하는 경우 납부고지한 세액에 대해서는 그 고지에 따른 납부기한의 다음 날(2020.12.29 본호개정)
(2019.12.31 본항개정)

④ 제3항에도 불구하고 다음 각 호의 날은 제1항에 따른 국세징수권을 행사할 수 있는 때로 본다.
1. 원천징수의무자 또는 납세조합으로부터 징수하는 국세의 경우 납부고지한 원천징수세액 또는 납세조합징수세액에 대해서는 그 고지에 따른 납부기한의 다음 날(2020.12.29 본호개정)
2. 인지세의 경우 납부고지한 인지세액에 대해서는 그 고지에 따른 납부기한의 다음 날(2020.12.29 본호개정)
3. 제3항제1호의 법정 신고납부기한이 연장되는 경우 그 연장된 기한의 다음 날
(2019.12.31 본항신설)

제28조 【소멸시효의 중단과 정지】 ① 제27조에 따른 소멸시효는 다음 각 호의 사유로 중단된다.
1. 납부고지(2020.12.29 본호개정)
2. 독촉(2020.12.29 본호개정)
3. 교부청구
4. 압류(「국세징수법」 제57조제1항제5호 및 제6호의 사유로 압류를 즉시 해제하는 경우는 제외한다)(2023.12.31 본호개정)

② 제1항에 따라 중단된 소멸시효는 다음 각 호의 기간이 지난 때부터 새로 진행한다.
1. 고지한 납부기간
2. 독촉에 의한 납부기간(2020.12.29 본호개정)
3. 교부청구 중의 기간
4. 압류해제까지의 기간

③ 제27조에 따른 소멸시효는 다음 각 호의 어느 하나에 해당하는 기간에는 진행되지 아니한다.
1. 세법에 따른 분납기간

2. 세법에 따른 납부고지의 유예, 지정납부기한 · 독촉장에서 정하는 기한의 연장, 징수 유예기간
3. 세법에 따른 압류 · 매각의 유예기간
(2020.12.29 2호~3호개정)
4. 세법에 따른 연부연납(年賦延納)기간
5. 세무공무원이 「국세징수법」 제25조에 따른 사해행위(詐害行爲) 취소소송이나 「민법」 제404조에 따른 채권자대위 소송을 제기하여 그 소송이 진행 중인 기간(2020.12.29 본호개정)
6. 체납자가 국외에 6개월 이상 계속 체류하는 경우 해당 국외 체류 기간(2017.12.19 본호신설)
④ 제3항에 따른 사해행위 취소소송 또는 채권자대위 소송의 제기로 인한 시효정지의 효력은 소송이 각하 · 기각 또는 취하된 경우에는 효력이 없다.

제5절 납세담보

제29조~제34조 (2020.12.22 삭제)

제4장 국세와 일반채권의 관계

(2010.1.1 본장개정)

제1절 국세의 우선권

제35조 【국세의 우선】 ① 국세 및 강제징수비는 다른 공과금이나 그 밖의 채권에 우선하여 징수한다. 다만, 다음 각 호의 어느 하나에 해당하는 공과금이나 그 밖의 채권에 대해서는 그러하지 아니하다.(2020.12.22 본문개정)
1. 지방세나 공과금의 체납처분 또는 강제징수를 할 때 그 체납처분 또는 강제징수 금액 중에서 국세 및 강제징수비를 징수하는 경우의 그 지방세나 공과금의 체납처분비 또는 강제징수비(2020.12.22 본호개정)
2. 강제집행 · 경매 또는 파산 절차에 따라 재산을 매각할 때 그 매각금액 중에서 국세 및 강제징수비를 징수하는 경우의 그 강제집행, 경매 또는 파산 절차에 든 비용(2020.12.22 본호개정)
3. 제2항에 따른 법정기일 전에 다음 각 목의 어느 하나에 해당하는 권리가 설정된 재산이 국세의 강제징수 또는 경매 절차 등을 통하여 매각(제3호의2에 해당하는 재산의 매각은 제외한다)되어 그 매각금액에서 국세를 징수하는 경우 그 권리에 의하여 담보된 채권 또는 임대차보증금반환채권. 이 경우 다음 각 목에 해당하는 권리가 설정된 사실은 대통령령으로 정하는 방법으로 증명한다.(2023.12.31 전단개정)
가. 전세권, 질권 또는 저당권
나. 「주택임대차보호법」 제3조의2제2항 또는 「상가건물 임대차보호법」 제5조제2항에 따라 대항요건과 확정일자를 갖춘 임차권
다. 납세의무자를 등기의무자로 하고 채무불이행을 정지조건으로 하는 대물변제(代物辨濟)의 예약에 따라 채권 담보의 목적으로 가등기(가등록을 포함한다. 이하 같다)를 마친 가등기 담보권
3의2. 제3호 각 목의 어느 하나에 해당하는 권리(이하 이 호에서 "전세권등"이라 한다)가 설정된 재산이 양도, 상속 또는 증여된 후 해당 재산이 국세의 강제징수 또는 경매 절차 등을 통하여 매각되어 그 매각금액에서 국세를 징수하는 경우 해당 재산에 설정된 전세권등에 의하여 담보된 채권 또는 임대차보증금반환채권. 다만, 해당 재산의 직전 보유자가 전세권등의 설정 당시 체납하고 있었던 국세 등을 고려하여 대통령령으로 정하는 방법에 따라 계산한 금액의 범위에서는 국세(제2항에 따른 법정기일이 전세권등의 설정일보다 빠른 국세로 한정한다)를 우선하여 징수한다.(2023.12.31 본호개정)
4. 「주택임대차보호법」 제8조 또는 「상가건물 임대차보호법」 제14조가 적용되는 임대차관계에 있는 주택 또는 건물을 매각할 때 그 매각금액 중에서 국세를 징수하는 경우 임대차에 관한 보증금 중 일정 금액으로서 「주택임대차보호법」 제8조 또는 「상가건물 임대차보호법」 제14조에 따라 임차인이 우선하여 변제받을 수 있는 금액에 관한 채권
5. 사용자의 재산을 매각하거나 추심(推尋)할 때 그 매각금액 또는 추심금액 중에서 국세를 징수하는 경우에 「근로기준법」 제38조 또는 「근로자퇴직급여 보장법」 제12조에 따라 국세에 우선하여 변제되는 임금, 퇴직금, 재해보상금, 그 밖에 근로관계로 인한 채권
② 이 조에서 "법정기일"이란 다음 각 호의 어느 하나에 해당하는 기일을 말한다.
1. 과세표준과 세액의 신고에 따라 납세의무가 확정되는 국세〔중간예납하는 법인세와 예정신고납부하는 부가가치세 및 소득세(「소득세법」 제105조에 따라 신고하는 경우로 한정한다)를 포함한다〕의 경우 신고한 해당 세액 : 그 신고일
2. 과세표준과 세액을 정부가 결정 · 경정 또는 수시부과 결정을 하는 경우 고지한 해당 세액(제47조의4에 따른 납부지연가산세 중 납부고지서에 따른 납부기한 후의 납부지연가산세와 제47조의5에 따른 원천징수 등 납부지연가산세 중 납부고지서에 따른 납부기한 후의 원천징수 등 납부지연가산세를 포함한다) : 그 납부고지서의 발송일(2020.12.29 본호개정)
3. 인지세와 원천징수의무자나 납세조합으로부터 징수하는 소득세 · 법인세 및 농어촌특별세 : 그 납세의무의 확정일
4. 제2차 납세의무자(보증인을 포함한다)의 재산에서 징수하는 국세 : 「국세징수법」 제7조에 따른 납부고지서의 발송일
(2020.12.29 본호개정)
5. 제42조에 따른 양도담보재산에서 징수하는 국세 : 「국세징수법」 제7조에 따른 납부고지서의 발송일(2020.12.29 본호개정)
6. 「국세징수법」 제31조제2항에 따라 납세자의 재산을 압류한 경우에 그 압류와 관련하여 확정된 국세 : 그 압류등기일 또는 등록일(2020.12.29 본호개정)
7. 「부가가치세법」 제3조의2에 따라 신탁재산에서 징수하는 부가가치세등 : 같은 법 제52조의2제1항에 따른 납부고지서의 발송일(2020.12.29 본호개정)
8. 「종합부동산세법」 제7조의2 및 제12조의2에 따라 신탁재산에서 징수하는 종합부동산세등 : 같은 법 제16조의2제1항에 따른 납부고지서의 발송일(2020.12.22 본호신설)
③ 제1항제3호에도 불구하고 해당 재산에 대하여 부과된 상속세, 증여세 및 종합부동산세는 같은 호에 따른 채권 또는 임대차보증금반환채권보다 우선하며, 제1항제3호의2에도 불구하고 해당 재산에 대하여 부과된 종합부동산세는 같은 호에 따른 채권 또는 임대차보증금반환채권보다 우선한다.(2022.12.31 본항개정)
④ 법정기일 후에 제1항제3호다목의 가등기를 마친 사실이 대통령령으로 정하는 바에 따라 증명되는 재산을 매각하여 그 매각금액에서 국세를 징수하는 경우 그 재산을 압류한 날 이후에 그 가등기에 따른 본등기가 이루어지더라도 그 국세는 그 가등기에 의해 담보된 채권보다 우선한다.
⑤ 세무서장은 제1항제3호다목의 가등기가 설정된 재산을 압류하거나 공매(公賣)할 때에는 그 사실을 가등기권리자에게 지체 없이 통지하여야 한다.
⑥ 세무서장은 납세자가 제3자와 짜고 거짓으로 재산에 다음 각 호의 어느 하나에 해당하는 계약을 하고 그 등기 또는 등록을 하거나 「주택임대차보호법」 제3조의2제2항 또는 「상가건물 임대차보호법」 제5조제2항에 따른 대항요건과 확정일자를 갖춘 임대차 계약을 체결함으로써 그 재산의 매각금액으로 국세를 징수하기가 곤란하다고 인정할 때에는 그 행위의 취소를 법원에 청구할 수 있다. 이 경우 납세자가 국세의 법정기일 전 1년 내에 특수관계인 중 대통령령으로 정하는 자와 전세권 · 질권 또는 저당권 설정계약, 임대차 계약, 가등기 설정계약 또는 양도담보 설정계약을 한 경우에는 짜고 한 거짓 계약으로 추정한다.
1. 제1항제3호가목에 따른 전세권 · 질권 또는 저당권의 설정계약
2. 제1항제3호나목에 따른 임대차 계약
3. 제1항제3호다목에 따른 가등기 설정계약
4. 제42조제3항에 따른 양도담보 설정계약(2020.12.22 본호개정)
⑦ 제3항에도 불구하고 「주택임대차보호법」 제3조의2제2항에 따라 대항요건과 확정일자를 갖춘 임차권에 의하여 담보된 임대차보증금반환채권 또는 같은 법 제2조에 따른 주거용 건물

세법

에 설정된 전세권에 의하여 담보된 채권(이하 이 항에서 "임대차보증금반환채권등"이라 한다)은 해당 임차권 또는 전세권이 설정된 재산이 국세의 강제징수 또는 경매 절차 등을 통하여 매각되어 그 매각금액에서 국세를 징수하는 경우 그 확정일자 또는 설정일보다 법정기일이 늦은 해당 재산에 대하여 부과된 상속세, 증여세 및 종합부동산세의 우선 징수 순서에 대신하여 변제될 수 있다. 이 경우 대신 변제되는 금액은 우선 징수할 수 있었던 해당 재산에 대하여 부과된 상속세, 증여세 및 종합부동산세의 징수액에 한정하며, 임대차보증금반환채권등보다 우선 변제되는 저당권 등의 변제액과 제3항에 따라 해당 재산에 대하여 부과된 상속세, 증여세 및 종합부동산세를 우선 징수하는 경우에 배분받을 수 있었던 임대차보증금반환채권등의 변제액에는 영향을 미치지 아니한다.(2023.12.31 전단개정)
(2019.12.31 본조개정)

제35조의2 (1993.12.31 삭제)

제36조【압류에 의한 우선】 ① 국세 강제징수에 따라 납세자의 재산을 압류한 경우에 다른 국세 및 강제징수비 또는 지방세의 교부청구(「국세징수법」 제61조 또는 「지방세징수법」 제67조에 따라 참가압류를 한 경우를 포함한다. 이하 이 조에서 같다)가 있으면 압류와 관계되는 국세 및 강제징수비는 교부청구된 다른 국세 및 강제징수비 또는 지방세보다 우선하여 징수한다.(2020.12.29 본항개정)

② 지방세 체납처분에 의하여 납세자의 재산을 압류한 경우에 국세 및 강제징수비의 교부청구가 있으면 교부청구된 국세 및 강제징수비는 압류에 관계되는 지방세의 다음 순위로 징수한다.
(2020.12.22 본조개정)

제37조【담보 있는 국세의 우선】 납세담보물을 매각하였을 때에는 제36조에도 불구하고 그 국세 및 강제징수비는 매각대금 중에서 다른 국세 및 강제징수비와 지방세에 우선하여 징수한다.(2020.12.22 본조개정)

제2절 제2차 납세의무

제38조【청산인 등의 제2차 납세의무】 ① 법인이 해산하여 청산하는 경우에 그 법인에 부과되거나 그 법인이 납부할 국세 및 강제징수비를 납부하지 아니하고 해산에 의한 잔여재산을 분배하거나 인도하였을 때에 그 법인에 대하여 강제징수를 하여도 징수할 금액에 미치지 못하는 경우에는 청산인 또는 잔여재산을 분배받거나 인도받은 자는 그 부족한 금액에 대하여 제2차 납세의무를 진다.(2020.12.22 본항개정)

② 제1항에 따른 제2차 납세의무의 한도는 다음 각 호의 구분에 따른다.
1. 청산인 : 분배하거나 인도한 재산의 가액
2. 잔여재산을 분배받거나 인도받은 자 : 각자가 받은 재산의 가액

(2019.12.31 본조개정)

제39조【출자자의 제2차 납세의무】 법인(대통령령으로 정하는 증권시장에 주권이 상장된 법인은 제외한다. 이하 이 조에서 같다)의 재산으로 그 법인에 부과되거나 그 법인이 납부할 국세 및 강제징수비에 충당하여도 부족한 경우에는 그 국세의 납세의무 성립일 현재 다음 각 호의 어느 하나에 해당하는 자는 그 부족한 금액에 대하여 제2차 납세의무를 진다. 다만, 제2호에 따른 과점주주 또는 제3호에 따른 과점조합원의 경우에는 그 부족한 금액을 그 법인의 발행주식 총수(의결권이 없는 주식은 제외한다. 이하 이 조에서 같다) 또는 출자총액으로 나눈 금액에 해당 과점주주 또는 과점조합원이 실질적으로 권리를 행사하는 주식 수(의결권이 없는 주식은 제외한다) 또는 출자액을 곱하여 산출한 금액을 한도로 한다.(2024.12.31 단서개정)
1. 무한책임사원으로서 다음 각 목의 어느 하나에 해당하는 사원
   가. 합명회사의 사원
   나. 합자회사의 무한책임사원
2. 주주 또는 다음 각 목의 어느 하나에 해당하는 사원 1명과 그의 특수관계인 중 대통령령으로 정하는 자로서 그들의 소유주식 합계 또는 출자액 합계가 해당 법인의 발행 주식 총수 또는 출자총액의 100분의 50을 초과하면서 그 법인의 경영에 대하여 지배적인 영향력을 행사하는 자들(이하 "과점주주"라 한다)
   가. 합자회사의 유한책임사원
   나. 유한책임회사의 사원
   다. 유한회사의 사원
3. 「농어업경영체 육성 및 지원에 관한 법률」 제16조에 따른 영농조합법인 또는 영어조합법인의 조합원 1명과 그의 특수관계인 중 대통령령으로 정하는 자로서 그들의 출자액의 합계가 해당 조합의 출자총액의 100분의 50을 초과하는 자들(이하 "과점조합원"이라 한다). 다만, 조합원 간에 손익분배비율을 정한 경우로서 그 손익분배비율이 출자액의 비율과 다른 경우에는 조합원 1명과 그의 특수관계인 중 대통령령으로 정하는 자로서 그들의 손익분배비율의 합계가 100분의 50을 초과하는 자들을 과점조합원으로 한다.(2024.12.31 본호신설)

(2020.12.22 본조개정)

판례 과점주주의 제2차 납세의무는 사법상 주주 유한책임의 원칙에 대한 중대한 예외로서 본래의 납세의무자가 아닌 제3자에게 보충적인 납세의무를 부과하는 것이기 때문에 그 적용 요건을 엄격하게 해석하여야 한다. 그런데 국세기본법에서는 법인에 대한 제2차 납세의무자로 과점주주만을 규정하고 있을 뿐 그 법인의 과점주주인 법인(이하 '1차 과점주주'라 한다)이 제2차 납세의무자로서 체납한 국세 등에 대하여 1차 과점주주의 과점주주(이하 '2차 과점주주'라 한다)가 또다시 제2차 납세의무를 진다고 규정하지 않고 있다. 따라서 2차 과점주주가 단지 1차 과점주주의 과점주주라는 사정만으로 1차 과점주주를 넘어 2차 과점주주에까지 보충적 납세의무를 확장하여서는 안된다.
(대판 2019.5.16, 2018두36110)

판례 100분의 50을 초과하는 주식에 관한 권리 행사에 해당하기 위해서는 현실적으로 주주권을 행사한 실적은 없더라도 적어도 납세의무 성립일 당시 소유하고 있는 주식에 관하여 주주권을 행사할 수 있는 지위에는 있어야 한다. 따라서 납세의무 성립일 당시 주주권을 행사할 가능성이 없었던 경우에는 위 규정에 의한 제2차 납세의무를 지지 않는다고 할 것이다.(대판 2012.12.26, 2011두9287)

제40조【법인의 제2차 납세의무】 ① 국세(둘 이상의 국세의 경우에는 납부기한이 뒤에 오는 국세)의 납부기간 만료일 현재 법인의 무한책임사원 또는 과점주주(이하 "출자자"라 한다)의 재산(그 법인의 발행주식 또는 출자지분은 제외한다)으로 그 출자자가 납부할 국세 및 강제징수비에 충당하여도 부족한 경우에는 그 법인은 다음 각 호의 어느 하나에 해당하는 경우에만 그 부족한 금액에 대하여 제2차 납세의무를 진다.
(2020.12.22 본문개정)
1. 정부가 출자자의 소유주식 또는 출자지분을 재공매(再公賣)하거나 수의계약으로 매각하려 하여도 매수희망자가 없는 경우
2. 그 법인이 외국법인인 경우로서 출자자의 소유주식 또는 출자지분이 외국에 있는 재산에 해당하여 「국세징수법」에 따른 압류 등 강제징수가 제한되는 경우(2022.12.31 본호신설)
3. 법률 또는 그 법인의 정관에 의하여 출자자의 소유주식 또는 출자지분의 양도가 제한된 경우(「국세징수법」 제66조제5항에 따라 공매할 수 없는 경우는 제외한다)(2022.12.31 본호개정)

② 제1항에 따른 법인의 제2차 납세의무는 다음 계산식에 따라 계산한 금액을 한도로 한다.

$$\text{한도액} = (A - B) \times \frac{C}{D}$$

A : 법인의 자산총액
B : 법인의 부채총액
C : 출자자의 소유주식 금액 또는 출자액
D : 발행주식 총액 또는 출자총액

(2019.12.31 본항개정)

판례 '법률에 의하여 출자자의 소유주식 등의 양도가 제한된 경우'의 의미 : 출자자의 소유주식 등이 외국법인이 발행한 주식 등으로서 해당 외국법인의 본점 또는 주사무소 소재지국에 있는 재산에 해당하여 국세징수법에 따른 압류 등 체납처분절차가 제한된다고 하더라도, 이러한 사유는 이 사건 조항에서 말하는 '법률에 의하여 출자자의 소유주식 등의 양도가 제한된 경우'라고 할 수 없다.
(대판 2020.9.24, 2016두38112)

제41조【사업양수인의 제2차 납세의무】 ① 사업이 양도·양수된 경우에 양도일 이전에 양도인의 납세의무가 확정된 그 사업에 관한 국세 및 강제징수비를 양도인의 재산으로 충당하여

도 부족할 때에는 대통령령으로 정하는 사업의 양수인은 그 부족한 금액에 대하여 양수한 재산의 가액을 한도로 제2차 납세의무를 진다.(2020.12.22 본항개정)
② 제1항에 규정된 양수한 재산의 가액은 대통령령으로 정한다.

제3절 물적납세 의무

제42조 【양도담보권자의 물적납세 의무】 ① 납세자가 국세 및 강제징수비를 체납한 경우에 그 납세자에게 양도담보재산이 있을 때에는 그 납세자의 다른 재산에 대하여 강제징수를 하여도 징수할 금액에 미치지 못하는 경우에만 「국세징수법」에서 정하는 바에 따라 그 양도담보재산으로써 납세자의 국세 및 강제징수비를 징수할 수 있다. 다만, 그 국세의 법정기일 전에 담보의 목적이 된 양도담보재산에 대해서는 그러하지 아니하다.
② 「국세징수법」 제7조제1항에 따라 양도담보권자에게 납부고지가 있은 후 납세자가 양도에 의하여 실질적으로 담보된 채무를 불이행하여 해당 재산이 양도담보권자에게 확정적으로 귀속되고 양도담보권이 소멸하는 경우에는 납부고지 당시의 양도담보재산이 계속하여 양도담보재산으로서 존속하는 것으로 본다.(2020.12.22 본항신설)
③ 제1항 및 제2항에서 "양도담보재산"이란 당사자 간의 계약에 의하여 납세자가 그 재산을 양도하였을 때에 실질적으로 양도인에 대한 채권담보의 목적이 된 재산을 말한다.
(2020.12.22 본조개정)

제5장 과 세

(2010.1.1 본장제목개정)

제1절 관할 관청

(2010.1.1 본절개정)

제43조 【과세표준신고의 관할】 ① 과세표준신고서는 신고 당시 해당 국세의 납세지를 관할하는 세무서장에게 제출하여야 한다. 다만, 전자신고를 하는 경우에는 지방국세청장이나 국세청장에게 제출할 수 있다.
② 과세표준신고서가 제1항의 세무서장 외의 세무서장에게 제출된 경우에도 그 신고의 효력에는 영향이 없다.
제44조 【결정 또는 경정결정의 관할】 국세의 과세표준과 세액의 결정 또는 경정결정은 그 처분 당시 그 국세의 납세지를 관할하는 세무서장이 한다.

제2절 수정신고와 경정 등의 청구

(2010.1.1 본절개정)

제45조 【수정신고】 ① 과세표준신고서를 법정신고기한까지 제출한 자(「소득세법」 제73조제1항제1호부터 제7호까지의 어느 하나에 해당하는 자를 포함한다) 및 제45조의3제1항에 따른 기한후과세표준신고서를 제출한 자는 다음 각 호의 어느 하나에 해당할 때에는 관할 세무서장이 각 세법에 따라 해당 국세의 과세표준과 세액을 결정 또는 경정하여 통지하기 전으로서 제26조의2제1항부터 제4항까지의 규정에 따른 기간이 끝나기 전까지 과세표준수정신고서를 제출할 수 있다.(2019.12.31 본문개정)
1. 과세표준신고서 또는 기한후과세표준신고서에 기재된 과세표준 및 세액이 세법에 따라 신고하여야 할 과세표준 및 세액에 미치지 못할 때
2. 과세표준신고서 또는 기한후과세표준신고서에 기재된 결손금액 또는 환급세액이 세법에 따라 신고하여야 할 결손금액이나 환급세액을 초과할 때
(2019.12.31 1호~2호개정)
3. 제1호 및 제2호 외에 원천징수의무자의 정산 과정에서의 누락, 세무조정 과정에서의 누락 등 대통령령으로 정하는 사유로 불완전한 신고를 하였을 때(제45조의2에 따라 경정 등의 청구를 할 수 있는 경우는 제외한다)
② (1994.12.22 삭제)
③ 과세표준수정신고서의 기재사항 및 신고 절차에 관한 사항은 대통령령으로 정한다.
제45조의2 【경정 등의 청구】 ① 과세표준신고서를 법정신고기한까지 제출한 자 및 제45조의3제1항에 따른 기한후과세표준신고서를 제출한 자는 다음 각 호의 어느 하나에 해당할 때에는 최초신고 및 수정신고한 국세의 과세표준 및 세액의 결정 또는 경정을 법정신고기한이 지난 후 5년 이내에 관할 세무서장에게 청구할 수 있다. 다만, 결정 또는 경정으로 인하여 증가된 과세표준 및 세액에 대하여는 해당 처분이 있음을 안 날(처분의 통지를 받은 때에는 그 받은 날)부터 3개월 이내(법정신고기한이 지난 후 5년 이내로 한정한다)에 경정을 청구할 수 있다.(2024.12.31 단서개정)
1. 과세표준신고서 또는 기한후과세표준신고서에 기재된 과세표준 및 세액(각 세법에 따라 결정 또는 경정이 있는 경우에는 해당 결정 또는 경정 후의 과세표준 및 세액을 말한다)이 세법에 따라 신고하여야 할 과세표준 및 세액을 초과할 때
2. 과세표준신고서 또는 기한후과세표준신고서에 기재된 결손금액, 세액공제액 또는 환급세액(각 세법에 따라 결정 또는 경정이 있는 경우에는 해당 결정 또는 경정 후의 결손금액, 세액공제액 또는 환급세액을 말한다)이 세법에 따라 신고하여야 할 결손금액, 세액공제 또는 환급세액에 미치지 못할 때(2024.12.31 본호개정)
(2019.12.31 본항개정)
② 과세표준신고서를 법정신고기한까지 제출한 자 또는 국세의 과세표준 및 세액의 결정을 받은 자는 다음 각 호의 어느 하나에 해당하는 사유가 발생하였을 때에는 제1항에서 규정하는 기간에도 불구하고 그 사유가 발생한 것을 안 날부터 3개월 이내에 결정 또는 경정을 청구할 수 있다.(2015.12.15 본문개정)
1. 최초의 신고·결정 또는 경정에서 과세표준 및 세액의 계산 근거가 된 거래 또는 행위 등이 그에 관한 제7장에 따른 심사청구, 심판청구, 「감사원법」에 따른 심사청구에 대한 결정이나 소송에 대한 판결(판결과 같은 효력을 가지는 화해나 그 밖의 행위를 포함한다)에 의하여 다른 것으로 확정되었을 때
(2022.12.31 본호개정)
2. 소득이나 그 밖의 과세물건의 귀속을 제3자에게로 변경시키는 결정 또는 경정이 있을 때
3. 조세조약에 따른 상호합의가 최초의 신고·결정 또는 경정의 내용과 다르게 이루어졌을 때
4. 결정 또는 경정으로 인하여 그 결정 또는 경정의 대상이 된 과세표준 및 세액과 연동된 다른 세목(같은 과세기간으로 한정한다)이나 연동된 다른 과세기간(같은 세목으로 한정한다)의 과세표준 또는 세액이 세법에 따라 신고하여야 할 과세표준 또는 세액을 초과할 때(2022.12.31 본호개정)
5. 제1호부터 제4호까지와 유사한 사유로서 대통령령으로 정하는 사유가 해당 국세의 법정신고기한이 지난 후에 발생하였을 때
③ 제1항과 제2항에 따라 결정 또는 경정의 청구를 받은 세무서장은 그 청구를 받은 날부터 2개월 이내에 과세표준 및 세액을 결정 또는 경정하거나 결정 또는 경정하여야 할 이유가 없다는 뜻을 그 청구를 한 자에게 통지하여야 한다. 다만, 청구를 한 자가 2개월 이내에 아무런 통지(제4항에 따른 통지를 제외한다. 이하 이 항에서 같다)를 받지 못한 경우에는 통지를 받기 전이라도 그 2개월이 되는 날의 다음 날부터 제7장에 따른 이의신청, 심사청구, 심판청구 또는 「감사원법」에 따른 심사청구를 할 수 있다.(2020.12.22 단서개정)
④ 제1항과 제2항에 따라 청구를 받은 세무서장은 제3항 본문에 따른 기간 내에 과세표준 및 세액의 결정 또는 경정이 곤란한 경우에는 청구를 한 자에게 관련 진행상황 및 제3항 단서에 따라 제7장에 따른 이의신청, 심사청구, 심판청구 또는 「감사원법」에 따른 심사청구를 할 수 있다는 사실을 통지하여야 한다.(2020.12.22 본항신설)
⑤ 「소득세법」 제73조제1항 각 호에 해당하는 소득이 있는 자, 「소득세법」 제119조제1호·제2호, 제4호부터 제8호까지, 제8호의2 및 제10호부터 제12호까지의 규정에 해당하는 소득이 있는 자 또는 「법인세법」 제93조제1호·제2호, 제4호부터 제6호까지 및 제8호부터 제10호까지의 규정에 해당하는 국내 원

세법

천소득이 있는 자(이하 이 항 및 제52조에서 "원천징수대상자"라 한다)의 경우에는 제1항부터 제4항까지의 규정을 준용한다. 이 경우 제1항 각 호 외의 부분 본문 중 "과세표준신고서를 법정신고기한까지 제출한 자 및 제45조의3제1항에 따른 기한후과세표준신고서를 제출한 자" 및 제2항 각 호 외의 부분 중 "과세표준신고서를 법정신고기한까지 제출한 자 또는 국세의 과세표준 및 세액의 결정을 받은 자"는 "연말정산 또는 원천징수하여 소득세 또는 법인세를 납부하고 「소득세법」 제164조, 제164조의2 및 「법인세법」 제120조, 제120조의2에 따라 지급명세서를 제출기한까지 제출한 원천징수의무자 또는 원천징수대상자(「소득세법」 제1조의2제1항제2호에 따른 비거주자 및 「법인세법」 제2조제3호에 따른 외국법인은 제외한다. 다만, 원천징수의무자의 폐업 등 대통령령으로 정하는 사유가 발생하여 원천징수의무자가 경정을 청구하기 어렵다고 인정되는 경우에는 그러하지 아니하다)"로, 제1항 각 호 외의 부분 본문 · 단서 및 제2항제5호 중 "법정신고기한이 지난 후"는 "연말정산세액 또는 원천징수세액의 납부기한이 지난 후"로, 제1항제1호 중 "과세표준신고서 또는 기한후과세표준신고서에 기재된 과세표준 및 세액"은 "원천징수영수증에 기재된 과세표준 및 세액"으로, 제1항제2호 중 "과세표준신고서 또는 기한후과세표준신고서에 기재된 결손금액 또는 환급세액"은 "원천징수영수증에 기재된 환급세액"으로 본다.(2022.12.31 본문개정)
1.~3. (2019.12.31 삭제)
⑥ 「종합부동산세법」 제7조 및 제12조에 따른 납세의무자로서 종합부동산세를 부과 · 고지받은 자의 경우에는 제1항부터 제4항까지의 규정을 준용한다. 이 경우 제1항 각 호 외의 부분 본문 중 "과세표준신고서를 법정신고기한까지 제출한 자 및 제45조의3제1항에 따른 기한후과세표준신고서를 제출한 자" 및 제2항 각 호 외의 부분 중 "과세표준신고서를 법정신고기한까지 제출한 자 또는 국세의 과세표준 및 세액의 결정을 받은 자"는 "과세기준일이 속한 연도에 종합부동산세를 부과 · 고지받은 자"로, 제1항 각 호 외의 부분 본문 · 단서 및 제2항제5호 중 "법정신고기한이 지난 후"는 "종합부동산세의 납부기한이 지난 후"로, 제1항제1호 중 "과세표준신고서 또는 기한후과세표준신고서에 기재된 과세표준 및 세액"은 "납부고지서에 기재된 과세표준 및 세액"으로 본다.(2022.12.31 본항신설)
⑦ 결정 또는 경정의 청구 및 통지 절차에 관하여 필요한 사항은 대통령령으로 정한다.

제45조의3 【기한 후 신고】 ① 법정신고기한까지 과세표준신고서를 제출하지 아니한 자는 관할 세무서장이 세법에 따라 해당 국세의 과세표준과 세액(이 법 및 세법에 따른 가산세를 포함한다. 이하 이 조에서 같다)을 결정하여 통지하기 전까지 기한후과세표준신고서를 제출할 수 있다.(2016.12.20 단서삭제)
② 제1항에 따라 기한후과세표준신고서를 제출한 자로서 세법에 따라 납부하여야 할 세액이 있는 자는 그 세액을 납부하여야 한다.(2014.12.23 본항개정)
③ 제1항에 따라 기한후과세표준신고서를 제출하거나 제45조제1항에 따라 기한후과세표준신고서를 제출한 자가 과세표준수정신고서를 제출한 경우 관할 세무서장은 세법에 따라 신고일부터 3개월 이내에 해당 국세의 과세표준과 세액을 결정 또는 경정하여 신고인에게 통지하여야 한다. 다만, 그 과세표준과 세액을 조사할 때 조사 등에 장기간이 걸리는 등 부득이한 사유로 신고일부터 3개월 이내에 결정 또는 경정할 수 없는 경우에는 그 사유를 신고인에게 통지하여야 한다.(2019.12.31 본항개정)
④ 기한후과세표준신고서의 기재사항 및 신고 절차 등에 관하여 필요한 사항은 대통령령으로 정한다.

제46조 【추가자진납부】 ① 세법에 따라 과세표준신고액에 상당하는 세액을 자진납부하는 국세에 관하여 제45조에 규정된 과세표준수정신고서를 제출하는 납세자는 이미 납부한 세액이 과세표준수정신고액에 상당하는 세액에 미치지 못할 때에는 그 부족한 금액과 이 법 또는 세법에서 정하는 가산세를 추가하여 납부하여야 한다.(2014.12.23 본항개정)
② (2014.12.23 삭제)
③ 과세표준신고서를 법정신고기한까지 제출하였으나 과세표준신고액에 상당하는 세액의 전부 또는 일부를 납부하지 아니한 자는 그 세액과 이 법 또는 세법에서 정하는 가산세를 세무서장이 고지하기 전에 납부할 수 있다.

제46조의2 (2020.12.22 삭제)

제3절 가산세의 부과와 감면
(2010.1.1 본절개정)

제47조 【가산세 부과】 ① 정부는 세법에서 규정한 의무를 위반한 자에게 이 법 또는 세법에서 정하는 바에 따라 가산세를 부과할 수 있다.
② 가산세는 해당 의무가 규정된 세법의 해당 국세의 세목(稅目)으로 한다. 다만, 해당 국세를 감면하는 경우에는 가산세는 그 감면대상에 포함시키지 아니하는 것으로 한다.
③ 가산세는 납부할 세액에 가산하거나 환급받을 세액에서 공제한다.(2011.12.31 본항신설)

제47조의2 【무신고가산세】 ① 납세의무자가 법정신고기한까지 세법에 따른 국세의 과세표준 신고(예정신고 및 중간신고를 포함하며, 「교육세법」 제9조에 따른 신고 중 금융 · 보험업자가 아닌 자의 신고와 「농어촌특별세법」 및 「종합부동산세법」에 따른 신고는 제외한다)를 하지 아니한 경우에는 그 신고로 납부하여야 할 세액(이 법 및 세법에 따른 가산세와 세법에 따라 가산하여 납부하여야 할 이자 상당 가산액이 있는 경우 그 금액은 제외하며, 이하 "무신고납부세액"이라 한다)에 다음 각 호의 구분에 따른 비율을 곱한 금액을 가산세로 한다.
1. 부정행위로 법정신고기한까지 세법에 따른 국세의 과세표준 신고를 하지 아니한 경우 : 100분의 40(역외거래에서 발생한 부정행위인 경우에는 100분의 60)(2019.12.31 본호개정)
2. 제1호 외의 경우 : 100분의 20
(2016.12.20 본항개정)
② 제1항에도 불구하고 다음 각 호의 어느 하나에 해당하는 경우에는 해당 호에 따른 금액을 가산세로 한다.
1. 「소득세법」 제70조 및 제124조 또는 「법인세법」 제60조, 제76조의17 및 제97조에 따른 신고를 하지 아니한 자가 「소득세법」 제160조제3항에 따른 복식부기의무자(이하 "복식부기의무자"라 한다) 또는 법인인 경우 : 다음 각 목의 구분에 따른 금액과 제1항 각 호의 구분에 따른 금액 중 큰 금액
가. 제1항제1호의 경우 : 다음 구분에 따른 수입금액(이하 이 조에서 "수입금액"이라 한다)에 1만분의 14를 곱한 금액(2019.12.31 본문개정)
1) 개인 : 「소득세법」 제24조부터 제26조까지 및 제122조에 따라 계산한 사업소득에 대한 해당 개인의 총수입금액(2019.12.31 신설)
2) 법인 : 「법인세법」 제60조, 제76조의17, 제97조에 따라 법인세 과세표준 및 세액 신고서에 적어야 할 해당 법인의 수입금액(2019.12.31 신설)
나. 제1항제2호의 경우 : 수입금액에 1만분의 7을 곱한 금액
2. 「부가가치세법」에 따른 사업자가 같은 법 제48조제1항, 제49조제1항 및 제67조에 따른 신고를 하지 아니한 경우로서 같은 법 또는 「조세특례제한법」에 따른 영세율이 적용되는 과세표준(이하 "영세율과세표준"이라 한다)이 있는 경우 : 제1항 각 호의 구분에 따른 금액에 영세율과세표준의 1천분의 5에 상당하는 금액을 더한 금액
(2016.12.20 본항개정)
③ 제1항 및 제2항에도 불구하고 다음 각 호의 어느 하나에 해당하는 경우에는 제1항 및 제2항을 적용하지 아니한다.
1. (2020.12.22 삭제)
2. 「부가가치세법」 제69조에 따라 납부의무가 면제되는 경우(2013.6.7 본호개정)
④ 제1항 또는 제2항을 적용할 때 「부가가치세법」 제45조제3항 단서에 따른 대손세액에 상당하는 부분에 대해서는 제1항 또는 제2항에 따른 가산세를 적용하지 아니한다.(2013.6.7 본항개정)
⑤ 제1항 또는 제2항을 적용할 때 예정신고 및 중간신고와 관련하여 이 조 또는 제47조의3에 따라 가산세가 부과되는 부분에 대해서는 확정신고와 관련하여 제1항 또는 제2항에 따른 가산세를 적용하지 아니한다.

⑥ 제1항 또는 제2항을 적용할 때 「소득세법」 제81조의5, 제115조 또는 「법인세법」 제75조의3이 동시에 적용되는 경우에는 그 중 가산세액이 큰 가산세만 적용하고, 가산세액이 같은 경우에는 제1항 또는 제2항의 가산세만 적용한다.(2019.12.31 본항개정)

⑦ 제1항부터 제6항까지에서 규정한 사항 외에 가산세 부과에 필요한 사항은 대통령령으로 정한다.(2019.12.31 본항개정)

(2011.12.31 본조개정)

제47조의3 【과소신고 · 초과환급신고가산세】 ① 납세의무자가 법정신고기한까지 세법에 따른 국세의 과세표준 신고(예정신고 및 중간신고를 포함하며, 「교육세법」 제9조에 따른 신고 중 금융 · 보험업자가 아닌 자의 신고와 「농어촌특별세법」에 따른 신고는 제외한다)를 한 경우로서 납부할 세액을 신고하여야 할 세액보다 적게 신고(이하 이 조 및 제48조에서 "과소신고"라 한다)하거나 환급받을 세액을 신고하여야 할 금액보다 많이 신고(이하 이 조 및 제48조에서 "초과신고"라 한다)한 경우에는 과소신고한 납부세액과 초과신고한 환급세액을 합한 금액(이 법 및 세법에 따른 가산세와 세법에 따라 가산하여 납부하여야 할 이자 상당 가산액이 있는 경우 그 금액은 제외하며, 이하 "과소신고납부세액등"이라 한다)에 다음 각 호의 구분에 따른 산출방법을 적용한 금액을 가산세로 한다.

(2017.12.19 본문개정)

1. 부정행위로 과소신고하거나 초과신고한 경우 : 다음 각 목의 금액을 합한 금액
   가. 부정행위로 인한 과소신고납부세액등의 100분의 40(역외거래에서 발생한 부정행위로 인한 경우에는 100분의 60)에 상당하는 금액(2019.12.31 본목개정)
   나. 과소신고납부세액등에서 부정행위로 인한 과소신고납부세액등을 뺀 금액의 100분의 10에 상당하는 금액
2. 제1호 외의 경우 : 과소신고납부세액등의 100분의 10에 상당하는 금액

(2016.12.20 본항개정)

② 제1항에도 불구하고 다음 각 호의 어느 하나에 해당하는 경우에는 해당 호에 따른 금액을 가산세로 한다.

1. 부정행위로 「소득세법」 제70조 및 제124조 또는 「법인세법」 제60조, 제76조의17 및 제97조에 따른 신고를 과소신고한 자가 복식부기의무자 또는 법인인 경우 : 다음 각 목의 금액 중 큰 금액에 제1항제1호나목에 따른 금액을 더한 금액
   가. 제1항제1호가목에 따른 금액
   나. 부정행위로 과소신고된 과세표준관련 수입금액에 1만분의 14를 곱하여 계산한 금액
2. 「부가가치세법」에 따른 사업자가 같은 법 제48조제1항 · 제4항, 제49조제1항, 제66조 및 제67조에 따른 신고를 한 경우로서 영세율과세표준을 과소신고하거나 신고하지 아니한 경우 : 제1항 각 호의 구분에 따른 금액에 그 과소신고되거나 무신고된 영세율과세표준의 1천분의 5에 상당하는 금액을 더한 금액

(2016.12.20 1호~2호개정)

③ 제1항 및 제2항은 「부가가치세법」에 따른 사업자가 아닌 자가 환급세액을 신고한 경우에도 적용한다.

④ 제1항 또는 제2항을 적용할 때 다음 각 호의 어느 하나에 해당하는 경우에는 이와 관련하여 과소신고하거나 초과신고한 부분에 대해서는 제1항 또는 제2항의 가산세를 적용하지 아니한다.

1. 다음 각 목의 어느 하나에 해당하는 사유로 상속세 · 증여세 과세표준을 과소신고한 경우
   가. 신고 당시 소유권에 대한 소송 등의 사유로 상속재산 또는 증여재산으로 확정되지 아니하였던 경우
   나. 「상속세 및 증여세법」 제18조, 제18조의2, 제18조의3, 제19조부터 제23조까지, 제23조의2, 제24조, 제53조, 제53조의2 및 제54조에 따른 공제의 적용에 착오가 있었던 경우 (2023.12.31 본목개정)
   다. 「상속세 및 증여세법」 제60조제2항 · 제3항 및 제66조에 따라 평가한 가액으로 과세표준을 결정한 경우(부정행위로 상속세 및 증여세의 과세표준을 과소신고한 경우는 제외한다)(2022.12.31 본목개정)
   라. 「법인세법」 제66조에 따라 법인세 과세표준 및 세액의 결정 · 경정으로 「상속세 및 증여세법」 제45조의3부터 제45조의5까지의 규정에 따른 증여의제이익이 변경되는 경우(부정행위로 인하여 법인세의 과세표준 및 세액을 결정 · 경정하는 경우는 제외한다)(2015.12.15 본목개정)

1의2. 「상속세 및 증여세법」 제60조제2항 · 제3항 및 제66조에 따라 평가한 가액으로 「소득세법」 제88조제1호 각 목 외의 부분 후단에 따른 부담부증여 시 양도로 보는 부분에 대한 양도소득세 과세표준을 결정 · 경정한 경우(부정행위로 양도소득세의 과세표준을 과소신고한 경우는 제외한다) (2023.12.31 본호신설)

2. 「부가가치세법」 제45조제3항 단서가 적용되는 경우 (2013.6.7 본호개정)
3. 제1호라목에 해당하는 사유로 「소득세법」 제88조제2호에 따른 주식등의 취득가액이 감소된 경우(2017.12.19 본호신설)
4. 「조세특례제한법」 제24조에 따라 세액공제를 받은 후 대통령령으로 정하는 부득이한 사유로 해당 세액공제 요건을 충족하지 못하게 된 경우(2023.12.31 본호신설)

⑤ (2014.12.23 삭제)

⑥ 이 조에 따른 가산세의 부과에 대해서는 제47조의2제5항 및 제6항을 준용한다.(2020.12.22 본항개정)

⑦ 부정행위로 인한 과소신고납부세액등의 계산과 그 밖에 가산세의 부과에 필요한 사항은 대통령령으로 정한다.(2014.12.23 본항개정)

(2011.12.31 본조개정)

판례 납세자의 대리인이나 사용인, 그 밖의 종업원(이하 '사용인 등'이라 한다)의 부정한 행위가 납세자 본인의 이익이나 의사에 반하여 자기 또는 제3자의 이익을 도모할 목적으로 납세자를 피해자로 하는 사기, 배임 등 범행의 일환으로 행하여지고, 거래 상대방이 이에 가담하는 등으로 인하여 납세자가 이들의 부정한 행위를 쉽게 인식하거나 예상할 수 없었던 특별한 사정이 있는 경우라면, 사용인 등의 부정한 행위로 납세자의 과세표준이 결과적으로 과소신고되었을지라도 이들의 배임적 부정행위로 인한 과소신고를 '납세자가 부당한 방법으로 과소신고한 경우'에 포함된다고 볼 수 없다.(대판 2021.2.18, 2017두38959)

제47조의4 【납부지연가산세】 ① 납세의무자(연대납세의무자, 납세자를 갈음하여 납부할 의무가 생긴 제2차 납세의무자 및 보증인을 포함한다)가 법정납부기한까지 국세(「인지세법」 제8조제1항에 따른 인지세는 제외한다)의 납부(중간예납 · 예정신고납부 · 중간신고납부를 포함한다)를 하지 아니하거나 납부하여야 할 세액보다 적게 납부(이하 "과소납부"라 한다)하거나 환급받아야 할 세액보다 많이 환급(이하 "초과환급"이라 한다)받은 경우에는 다음 각 호의 금액을 합한 금액을 가산세로 한다.(2019.12.31 본문개정)

1. 납부하지 아니한 세액 또는 과소납부분 세액(세법에 따라 가산하여 납부하여야 할 이자 상당 가산액이 있는 경우에는 그 금액을 더한다) × 법정납부기한의 다음 날부터 납부일까지의 기간(납부고지일부터 납부고지서에 따른 납부기한까지의 기간은 제외한다) × 금융회사 등이 연체대출금에 대하여 적용하는 이자율 등을 고려하여 대통령령으로 정하는 이자율
2. 초과환급받은 세액(세법에 따라 가산하여 납부하여야 할 이자상당가산액이 있는 경우에는 그 금액을 더한다) × 환급받은 날의 다음 날부터 납부일까지의 기간(납부고지일부터 납부고지서에 따른 납부기한까지의 기간은 제외한다) × 금융회사 등이 연체대출금에 대하여 적용하는 이자율 등을 고려하여 대통령령으로 정하는 이자율
3. 법정납부기한까지 납부하여야 할 세액(세법에 따라 가산하여 납부하여야 할 이자 상당 가산액이 있는 경우에는 그 금액을 더한다) 중 납부고지서에 따른 납부기한까지 납부하지 아니한 세액 또는 과소납부분 세액 × 100분의 3(국세를 납세고지서에 따른 납부기한까지 완납하지 아니한 경우에 한정한다)

(2020.12.29 1호~3호개정)

② 제1항은 「부가가치세법」에 따른 사업자가 아닌 자가 부가가치세액을 환급받은 경우에도 적용한다.

③ 다음 각 호의 어느 하나에 해당하는 경우에는 제1항제1호 및 제2호의 가산세(법정납부기한의 다음 날부터 납부고지일까지의 기간에 한정한다)를 적용하지 아니한다.(2020.12.29 본문개정)

세법

1. 「부가가치세법」에 따른 사업자가 같은 법에 따른 납부기한까지 어느 사업장에 대한 부가가치세를 다른 사업장에 대한 부가가치세에 더하여 신고납부한 경우
2. 「부가가치세법」 제45조제3항 단서에 따른 대손세액에 상당하는 부분
(2014.12.23 1호~2호신설)
3. (2020.12.22 삭제)
4. 「법인세법」 제66조에 따라 법인세 과세표준 및 세액의 결정·경정으로 「상속세 및 증여세법」 제45조의3부터 제45조의5까지의 규정에 따른 증여의제이익이 변경되는 경우(부정행위로 인하여 법인세의 과세표준 및 세액을 결정·경정하는 경우는 제외한다)(2015.12.15 본호개정)
5. 제4호에 해당하는 사유로 「소득세법」 제88조제2호에 따른 주식등의 취득가액이 감소된 경우(2017.12.19 본호신설)
6. 「상속세 및 증여세법」 제67조 또는 제68조에 따라 상속세 또는 증여세를 신고한 자가 같은 법 제70조에 따라 법정신고기한까지 상속세 또는 증여세를 납부한 경우로서 법정신고기한 이후 대통령령으로 정하는 방법에 따라 상속재산 또는 증여재산을 평가하여 과세표준과 세액을 결정·경정한 경우(2020.12.22 본호신설)
7. 「소득세법」 제88조제1호 각 목 외의 부분 후단에 따른 부담부증여 시 양도로 보는 부분에 대하여 같은 법 제105조 또는 제110조에 따라 양도소득세 과세표준을 신고한 자가 같은 법 제106조 또는 제111조에 따라 법정신고기한까지 양도소득세를 납부한 경우로서 법정신고기한 이후 대통령령으로 정하는 방법에 따라 부담부증여 재산을 평가하여 양도소득세의 과세표준과 세액을 결정·경정한 경우(2023.12.31 본호신설)

④ 제47조의5에 따른 가산세가 부과되는 부분에 대해서는 국세의 납부와 관련하여 제1항에 따른 가산세를 부과하지 아니한다.(2018.12.31 본항개정)

⑤ 중간예납, 예정신고납부 및 중간신고납부와 관련하여 제1항에 따른 가산세가 부과되는 부분에 대해서는 확정신고납부와 관련하여 제1항에 따른 가산세를 부과하지 아니한다.
(2018.12.31 본항개정)

⑥ 국세(소득세, 법인세 및 부가가치세만 해당한다)를 과세기간을 잘못 적용하여 신고납부한 경우에는 제1항을 적용할 때 실제 신고납부한 날에 실제 신고납부한 금액의 범위에서 당초 신고납부하였어야 할 과세기간에 대한 국세를 자진납부한 것으로 본다. 다만, 해당 국세의 신고가 제47조의2에 따른 신고 중 부정행위로 무신고한 경우 또는 제47조의3에 따른 신고 중 부정행위로 과소신고·초과신고 한 경우에는 그러하지 아니하다.(2016.12.20 단서개정)

⑦ 제1항을 적용할 때 납부고지서에 따른 납부기한의 다음 날부터 납부일까지의 기간(「국세징수법」 제13조에 따라 지정납부기한과 독촉장에서 정하는 기한을 연장한 경우에는 그 연장기간은 제외한다)이 5년을 초과하는 경우에는 그 기간은 5년으로 한다.(2020.12.29 본항개정)

⑧ 체납된 국세의 납부고지서별·세목별 세액이 150만원 미만인 경우에는 제1항제1호 및 제2호의 가산세를 적용하지 아니한다.(2021.12.21 본항개정)

⑨ 「인지세법」 제8조제1항에 따른 인지세(같은 법 제3조제1항제1호의 문서 중 부동산의 소유권 이전에 관한 증서에 대한 인지세는 제외한다)의 납부를 하지 아니하거나 과소납부한 경우에는 납부하지 아니한 세액 또는 과소납부분 세액의 100분의 300에 상당하는 금액을 가산세로 한다. 다만, 다음 각 호의 어느 하나에 해당하는 경우(과세표준과 세액을 경정할 것을 미리 알고 납부하는 경우는 제외한다)에는 해당 호에 따른 금액을 가산세로 한다.(2022.12.31 본문개정)
1. 「인지세법」에 따른 법정납부기한이 지난 후 3개월 이내에 납부한 경우 : 납부하지 아니한 세액 또는 과소납부분 세액의 100분의 100
2. 「인지세법」에 따른 법정납부기한이 지난 후 3개월 초과 6개월 이내에 납부한 경우 : 납부하지 아니한 세액 또는 과소납부분 세액의 100분의 200
(2020.12.22 1호~2호신설)
(2011.12.31 본조개정)

제47조의5【원천징수 등 납부지연가산세】 ① 국세를 징수하여 납부할 의무를 지는 자가 징수하여야 할 세액(제2항제2호의 경우에는 징수한 세액)을 법정납부기한까지 납부하지 아니하거나 과소납부한 경우에는 납부하지 아니한 세액 또는 과소납부분 세액의 100분의 50(제1호의 금액과 제2호 중 법정납부기한의 다음 날부터 납부고지일까지의 기간에 해당하는 금액을 합한 금액은 100분의 10)에 상당하는 금액을 한도로 하여 다음 각 호의 금액을 합한 금액을 가산세로 한다.(2020.12.29 본문개정)
1. 납부하지 아니한 세액 또는 과소납부분 세액의 100분의 3에 상당하는 금액
2. 납부하지 아니한 세액 또는 과소납부분 세액 × 법정납부기한의 다음 날부터 납부일까지의 기간(납부고지일부터 납부고지서에 따른 납부기한까지의 기간은 제외한다) × 금융회사 등이 연체대출금에 대하여 적용하는 이자율 등을 고려하여 대통령령으로 정하는 이자율(2020.12.29 본호개정)

② 제1항에서 "국세를 징수하여 납부할 의무"란 다음 각 호의 어느 하나에 해당하는 의무를 말한다.
1. 「소득세법」 또는 「법인세법」에 따라 소득세 또는 법인세를 원천징수하여 납부할 의무
2. 「소득세법」 제149조에 따른 납세조합이 같은 법 제150조부터 제152조까지의 규정에 따라 소득세를 징수하여 납부할 의무
3. 「부가가치세법」 제52조에 따라 용역등을 공급받는 자가 부가가치세를 징수하여 납부할 의무(2013.6.7 본호개정)

③ 제1항에도 불구하고 다음 각 호의 어느 하나에 해당하는 경우에는 제1항을 적용하지 아니한다.
1. 「소득세법」에 따라 소득세를 원천징수하여야 할 자가 우리나라에 주둔하는 미군인 경우
2. 「소득세법」에 따라 소득세를 원천징수하여야 할 자가 같은 법 제20조의3제1항제1호 또는 같은 법 제22조제1항제1호의 소득을 지급하는 경우(2013.1.1 본호개정)
3. 「소득세법」 또는 「법인세법」에 따라 소득세 또는 법인세를 원천징수하여야 할 자가 국가, 지방자치단체 또는 지방자치단체조합인 경우(「소득세법」 제128조의2에 해당하는 경우는 제외한다)

④ 제1항을 적용할 때 납부고지서에 따른 납부기한의 다음 날부터 납부일까지의 기간(「국세징수법」 제13조에 따라 지정납부기한과 독촉장에서 정하는 기한을 연장한 경우에는 그 연장기간은 제외한다)이 5년을 초과하는 경우에는 그 기간은 5년으로 한다.(2020.12.29 본항개정)

⑤ 체납된 국세의 납부고지서별·세목별 세액이 150만원 미만인 경우에는 제1항제2호의 가산세를 적용하지 아니한다.
(2021.12.21 본항개정)

⑥ (2024.12.31 삭제)
(2020.12.22 본조제목개정)
(2011.12.31 본조개정)

제48조【가산세 감면 등】 ① 정부는 이 법 또는 세법에 따라 가산세를 부과하는 경우 그 부과의 원인이 되는 사유가 다음 각 호의 어느 하나에 해당하는 경우에는 해당 가산세를 부과하지 아니한다.
1. 제6조에 따른 기한 연장 사유에 해당하는 경우(2020.12.22 본호개정)
2. 납세자가 의무를 이행하지 아니한 데에 정당한 사유가 있는 경우
3. 그 밖에 제1호 및 제2호와 유사한 경우로서 대통령령으로 정하는 경우
(2018.12.31 본항개정)

② 정부는 다음 각 호의 어느 하나에 해당하는 경우에는 이 법 또는 세법에 따른 해당 가산세액에서 다음 각 호에서 정하는 금액을 감면한다.
1. 과세표준신고서를 법정신고기한까지 제출한 자가 법정신고기한이 지난 후 제45조에 따라 수정신고한 경우(제47조의3에 따른 가산세만 해당하며, 과세표준과 세액을 경정할 것을 미리 알고 과세표준수정신고서를 제출한 경우는 제외한다)에는 다음 각 목의 구분에 따른 금액

세법

가. 법정신고기한이 지난 후 1개월 이내에 수정신고한 경우 : 해당 가산세액의 100분의 90에 상당하는 금액
나. 법정신고기한이 지난 후 1개월 초과 3개월 이내에 수정신고한 경우 : 해당 가산세액의 100분의 75에 상당하는 금액
다. 법정신고기한이 지난 후 3개월 초과 6개월 이내에 수정신고한 경우 : 해당 가산세액의 100분의 50에 상당하는 금액(2019.12.31 본목신설)
라. 법정신고기한이 지난 후 6개월 초과 1년 이내에 수정신고한 경우 : 해당 가산세액의 100분의 30에 상당하는 금액(2019.12.31 본목신설)
마. 법정신고기한이 지난 후 1년 초과 1년 6개월 이내에 수정신고한 경우 : 해당 가산세액의 100분의 20에 상당하는 금액(2019.12.31 본목신설)
바. 법정신고기한이 지난 후 1년 6개월 초과 2년 이내에 수정신고한 경우 : 해당 가산세액의 100분의 10에 상당하는 금액

(2019.12.31 본호개정)

2. 과세표준신고서를 법정신고기한까지 제출하지 아니한 자가 법정신고기한이 지난 후 제45조의3에 따라 기한 후 신고를 한 경우(제47조의2에 따른 가산세만 해당하며, 과세표준과 세액을 결정할 것을 미리 알고 기한후과세표준신고서를 제출한 경우는 제외한다)에는 다음 각 목의 구분에 따른 금액(2019.12.31 본문개정)
가. 법정신고기한이 지난 후 1개월 이내에 기한 후 신고를 한 경우 : 해당 가산세액의 100분의 50에 상당하는 금액
나. 법정신고기한이 지난 후 1개월 초과 3개월 이내에 기한 후 신고를 한 경우 : 해당 가산세액의 100분의 30에 상당하는 금액(2019.12.31 본목신설)
다. 법정신고기한이 지난 후 3개월 초과 6개월 이내에 기한 후 신고를 한 경우 : 해당 가산세액의 100분의 20에 상당하는 금액(2019.12.31 본목개정)

(2014.12.23 본호개정)

3. 다음 각 목의 어느 하나에 해당하는 경우에는 해당 가산세액의 100분의 50에 상당하는 금액
가. 제81조의15에 따른 과세전적부심사 결정·통지기간에 그 결과를 통지하지 아니한 경우(결정·통지가 지연됨으로써 해당 기간에 부과되는 제47조의4에 따른 가산세만 해당한다)(2011.12.31 본목개정)
나. 세법에 따른 제출, 신고, 가입, 등록, 개설(이하 이 목에서 "제출등"이라 한다)의 기한이 지난 후 1개월 이내에 해당 세법에 따른 제출등의 의무를 이행하는 경우(제출등의 의무위반에 대하여 세법에 따라 부과되는 가산세만 해당한다)
다. 제1호라목부터 바목까지의 규정에도 불구하고 세법에 따른 예정신고기한 및 중간신고기한까지 예정신고 및 중간신고를 하였으나 과소신고하거나 초과신고한 경우로서 확정신고기한까지 과세표준을 수정하여 신고한 경우(해당 기간에 부과되는 제47조의3에 따른 가산세만 해당하며, 과세표준과 세액을 경정할 것을 미리 알고 과세표준신고를 하는 경우는 제외한다)(2019.12.31 본목개정)
라. 제2호에도 불구하고 세법에 따른 예정신고기한 및 중간신고기한까지 예정신고 및 중간신고를 하지 아니하였으나 확정신고기한까지 과세표준신고를 한 경우(해당 기간에 부과되는 제47조의2에 따른 가산세만 해당하며, 과세표준과 세액을 결정할 것을 미리 알고 과세표준신고를 하는 경우는 제외한다)(2017.12.19 본목신설)

(2010.12.27 본항개정)

③ 제1항이나 제2항에 따른 가산세 감면 등을 받으려는 자는 대통령령으로 정하는 바에 따라 감면 등을 신청할 수 있다.

제49조【가산세 한도】 ① 다음 각 호의 어느 하나에 해당하는 가산세에 대해서는 그 의무위반의 종류별로 각각 5천만원(「중소기업기본법」 제2조제1항에 따른 중소기업이 아닌 기업은 1억원)을 한도로 한다. 다만, 해당 의무를 고의적으로 위반한 경우에는 그러하지 아니하다.(2010.12.27 본문개정)

1. 「소득세법」 제81조, 제81조의3, 제81조의6, 제81조의7, 제81조의10, 제81조의11 및 제81조의13에 따른 가산세(2019.12.31 본호개정)
2. 「법인세법」 제75조의2, 제75조의4, 제75조의5, 제75조의7, 제75조의8(같은 조 제1항제4호에 따른 가산세는 같은 호 가목에 해당하는 가산세 중 계산서의 발급시기가 지난 후 해당 재화 또는 용역의 공급시기가 속하는 사업연도 말의 다음 달 25일까지 계산서를 발급한 경우에 부과되는 가산세만 해당한다) 및 제75조의9에 따른 가산세(2023.12.31 본호개정)
3. 「부가가치세법」 제60조제1항(같은 법 제68조제2항에서 준용되는 경우를 포함한다), 같은 조 제2항제1호·제3호부터 제5호까지 및 같은 조 제5항부터 제8항까지의 규정에 따른 가산세(2013.6.7 본호개정)
4. 「상속세 및 증여세법」 제78조제3항·제5항(같은 법 제50조제1항 및 제2항에 따른 의무를 위반한 경우만 해당한다)·제12항·제13항 및 제14항에 따른 가산세(2020.12.22 본호개정)
5. 「조세특례제한법」 제30조의5제5항 및 제90조의2제1항에 따른 가산세

② 제1항을 적용하는 경우 의무위반의 구분, 가산세 한도의 적용기간 및 적용 방법, 그 밖에 필요한 사항은 대통령령으로 정한다.

제50조 (1994.12.22 삭제)

제6장 국세환급금과 국세환급가산금

(2010.1.1 본장개정)

제51조【국세환급금의 충당과 환급】 ① 세무서장은 납세의무자가 국세 및 강제징수비로서 납부한 금액 중 잘못 납부하거나 초과하여 납부한 금액이 있거나 세법에 따라 환급하여야 할 환급세액(세법에 따라 환급세액에서 공제하여야 할 세액이 있을 때에는 공제한 후에 남은 금액을 말한다)이 있을 때에는 즉시 그 잘못 납부한 금액, 초과하여 납부한 금액 또는 환급세액을 국세환급금으로 결정하여야 한다. 이 경우 착오납부·이중납부로 인한 환급청구는 대통령령으로 정하는 바에 따른다.(2020.12.22 전단개정)

② 세무서장은 국세환급금으로 결정한 금액을 대통령령으로 정하는 바에 따라 다음 각 호의 국세 및 강제징수비에 충당하여야 한다. 다만, 제1호(「국세징수법」 제9조에 따른 납부기한 전 징수 사유에 해당하는 경우는 제외한다) 및 제3호의 국세에의 충당은 납세자가 그 충당에 동의하는 경우에만 한다.(2020.12.29 단서개정)

1. 납부고지에 의하여 납부하는 국세(2020.12.29 본호개정)
2. 체납된 국세 및 강제징수비(다른 세무서에 체납된 국세 및 강제징수비를 포함한다)(2020.12.22 본호개정)
3. 세법에 따라 자진납부하는 국세

③ 제2항제2호에의 충당이 있는 경우 체납된 국세 및 강제징수비와 국세환급금은 체납된 국세의 법정납부기한과 대통령령으로 정하는 국세환급금 발생일 중 늦은 때로 소급하여 대등액에 관하여 소멸한 것으로 본다.(2020.12.22 본항개정)

④ 납세자가 세법에 따라 환급받을 환급세액이 있는 경우에는 그 환급세액을 제2항제1호 및 제3호의 국세에 충당할 것을 청구할 수 있다. 이 경우 충당된 세액의 충당청구를 한 날에 해당 국세를 납부한 것으로 본다.

⑤ 원천징수의무자가 원천징수하여 납부한 세액에서 환급받을 환급세액이 있는 경우 그 환급액은 그 원천징수의무자가 원천징수하여 납부하여야 할 세액에 충당(다른 세목의 원천징수세액에의 충당은 「소득세법」에 따른 원천징수이행상황신고서에 그 충당·조정명세를 적어 신고한 경우에만 할 수 있다)하고 남은 금액을 환급한다. 다만, 그 원천징수의무자가 그 환급액을 즉시 환급해 줄 것을 요구하는 경우나 원천징수하여 납부하여야 할 세액이 없는 경우에는 즉시 환급한다.

⑥ 국세환급금 중 제2항에 따라 충당한 후 남은 금액은 국세환급금의 결정을 한 날부터 30일 내에 대통령령으로 정하는 바에 따라 납세자에게 지급하여야 한다.

⑦ 제6항에 따라 국세환급금을 환급할 때에는 대통령령으로 정하는 바에 따라 한국은행이 세무서장의 소관 수입금 중에서 지급한다.(2010.12.27 본항개정)

⑧ 제6항에도 불구하고 국세환급금 중 제2항에 따라 충당한 후 남은 금액이 20만원 이하이고, 지급결정을 한 날부터 1년 이내

에 환급이 이루어지지 아니하는 경우에는 대통령령으로 정하는 바에 따라 같은 항 제1호의 국세에 충당할 수 있다. 이 경우 제2항 단서의 동의가 있는 것으로 본다.(2024.12.31 전단개정)
⑨ 세무서장이 국세환급금의 결정이 취소됨에 따라 이미 충당되거나 지급된 금액의 반환을 청구하는 경우에는 「국세징수법」의 고지·독촉 및 강제징수의 규정을 준용한다.(2020.12.22 본항개정)
⑩ 제1항에도 불구하고 제47조의4제6항 본문에 해당하는 경우에는 제1항을 적용하지 아니한다.(2016.12.20 본항개정)
⑪ 과세의 대상이 되는 소득, 수익, 재산, 행위 또는 거래의 귀속이 명의일 뿐이고 사실상 귀속되는 자(이하 이 항에서 "실질귀속자"라 한다)가 따로 있어 명의대여자에 대한 과세를 취소하고 실질귀속자를 납세의무자로 하여 과세하는 경우 명의대여자 대신 실질귀속자가 납부한 것으로 확인된 금액은 실질귀속자의 기납부세액으로 먼저 공제하고 남은 금액이 있는 경우에는 실질귀속자에게 환급한다.(2019.12.31 본항신설)

제51조의2【물납재산의 환급】 ① 납세자가 「상속세 및 증여세법」 제73조에 따라 상속세를 물납(物納)한 후 그 부과의 전부 또는 일부를 취소하거나 감액하는 경정 결정에 따라 환급하는 경우에는 해당 물납재산으로 환급하여야 한다. 이 경우 제52조에 따른 국세환급가산금은 지급하지 아니한다.
② 제1항에도 불구하고 그 물납재산이 매각되었거나 다른 용도로 사용되고 있는 경우 등 대통령령으로 정하는 경우에는 제51조에 따라 금전으로 환급하여야 한다.
③ 물납재산의 환급 순서, 물납재산을 수납할 때부터 환급할 때까지의 관리비용 부담 주체 등 물납재산의 환급에 관한 세부적인 사항은 대통령령으로 정한다.
(2016.12.20 본조개정)

제52조【국세환급가산금】 ① 세무서장은 국세환급금을 제51조에 따라 충당하거나 지급할 때에는 대통령령으로 정하는 국세환급가산금 기산일부터 충당하는 날 또는 지급결정을 하는 날까지의 기간과 금융회사 등의 예금이자율 등을 고려하여 대통령령으로 정하는 이자율에 따라 계산한 금액(이하 "국세환급가산금"이라 한다)을 국세환급금에 가산하여야 한다.
② 제51조제8항에 따라 국세에 충당하는 경우 국세환급가산금은 지급결정을 한 날까지 가산한다.(2017.12.19 본항신설)
③ 제1항 및 제2항에도 불구하고 다음 각 호의 어느 하나에 해당하는 사유 없이 대통령령으로 정하는 고충민원의 처리에 따라 국세환급금을 충당하거나 지급하는 경우에는 국세환급가산금을 가산하지 아니한다.
1. 제45조의2에 따른 경정 등의 청구
2. 제7장에 따른 이의신청, 심사청구, 심판청구, 「감사원법」에 따른 심사청구 또는 「행정소송법」에 따른 소송에 대한 결정이나 판결
(2020.12.22 본항신설)
(2011.12.31 본조개정)

제53조【국세환급금에 관한 권리의 양도와 충당】 ① 납세자는 국세환급금에 관한 권리를 대통령령으로 정하는 바에 따라 타인에게 양도할 수 있다.
② 세무서장은 국세환급금에 관한 권리의 양도 요구가 있는 경우에 양도인 또는 양수인이 납부할 국세 및 강제징수비가 있으면 그 국세 및 강제징수비에 충당하고, 남은 금액에 대해서는 양도의 요구에 지체 없이 따라야 한다.(2020.12.22 본항개정)
(2019.12.31 본조제목개정)

제54조【국세환급금의 소멸시효】 ① 납세자의 국세환급금과 국세환급가산금에 관한 권리는 행사할 수 있는 때부터 5년간 행사하지 아니하면 소멸시효가 완성된다.
② 제1항의 소멸시효에 관하여는 이 법 또는 세법에 특별한 규정이 있는 것을 제외하고는 「민법」에 따른다. 이 경우 국세환급금과 국세환급가산금을 과세처분의 취소 또는 무효확인청구의 소 등 행정소송으로 청구한 경우 시효의 중단에 관하여 「민법」 제168조제1호에 따른 청구를 한 것으로 본다.(2014.12.23 후단신설)
③ 제1항의 소멸시효는 세무서장이 납세자의 환급청구를 촉구하기 위하여 납세자에게 하는 환급청구의 안내·통지 등으로 인하여 중단되지 아니한다.(2016.12.20 본항신설)

제7장 심사와 심판
(2010.1.1 본장제목개정)

제1절 통 칙
(2010.1.1 본절개정)

제55조【불복】 ① 이 법 또는 세법에 따른 처분으로서 위법 또는 부당한 처분을 받거나 필요한 처분을 받지 못함으로 인하여 권리나 이익을 침해당한 자는 이 장의 규정에 따라 그 처분의 취소 또는 변경을 청구하거나 필요한 처분을 청구할 수 있다. 다만, 다음 각 호의 처분에 대해서는 그러하지 아니하다.
(2016.12.20 단서신설)
1. 「조세범 처벌절차법」에 따른 통고처분
2. 「감사원법」에 따라 심사청구를 한 처분이나 그 심사청구에 대한 처분
(2016.12.20 1호~2호신설)
3. 이 법 및 세법에 따른 과태료 부과처분(2019.12.31 본호신설)
② 이 법 또는 세법에 따른 처분에 의하여 권리나 이익을 침해당하게 될 이해관계인으로서 다음 각 호의 어느 하나에 해당하는 자는 위법 또는 부당한 처분을 받은 자의 처분에 대하여 이 장의 규정에 따라 그 처분의 취소 또는 변경을 청구하거나 그 밖에 필요한 처분을 청구할 수 있다.
1. 제2차 납세의무자로서 납부고지서를 받은 자
2. 제42조에 따라 물적납세 의무를 지는 자로서 납부고지서를 받은 자
2의2. 「부가가치세법」 제3조의2에 따라 물적납세의무를 지는 자로서 같은 법 제52조의2제1항에 따른 납부고지서를 받은 자
(2020.12.29 1호~2호의2개정)
2의3. 「종합부동산세법」 제7조의2 및 제12조의2에 따라 물적납세의무를 지는 자로서 같은 법 제16조의2제1항에 따른 납부고지서를 받은 자(2020.12.22 본호신설)
3. 보증인
4. 그 밖에 대통령령으로 정하는 자
③ 제1항과 제2항에 따른 처분이 국세청장이 조사·결정 또는 처리하거나 하였어야 할 것인 경우를 제외하고는 그 처분에 대하여 심사청구 또는 심판청구에 앞서 이 장의 규정에 따른 이의신청을 할 수 있다.
④ (1999.8.31 삭제)
⑤ 이 장의 규정에 따른 심사청구 또는 심판청구에 대한 처분에 대해서는 이의신청, 심사청구 또는 심판청구를 제기할 수 없다. 다만, 제65조제1항제3호 단서(제80조의2에서 준용하는 경우를 포함한다)의 재조사 결정에 따른 처분청의 처분에 대해서는 해당 재조사 결정을 한 재결청에 대하여 심사청구 또는 심판청구를 제기할 수 있다.(2022.12.31 단서개정)
⑥ 이 장의 규정에 따른 이의신청에 대한 처분과 제65조제1항제3호 단서(제66조제6항에서 준용하는 경우를 말한다)의 재조사 결정에 따른 처분청의 처분에 대해서는 이의신청을 할 수 없다.(2016.12.20 본항신설)
⑦~⑧ (2010.1.1 삭제)
⑨ 동일한 처분에 대해서는 심사청구와 심판청구를 중복하여 제기할 수 없다.

제55조의2【국제거래가격에 대한 과세의 조정절차 등 진행 시 기간 계산의 특례】 「국제조세조정에 관한 법률」 제20조에 따른 국제거래가격에 대한 과세의 조정절차 및 조세조약에 따른 상호합의절차 진행 시 기간 계산의 특례는 「국제조세조정에 관한 법률」 제20조제4항 및 제50조에서 정하는 바에 따른다.(2020.12.22 본조개정)

제56조【다른 법률과의 관계】 ① 제55조에 규정된 처분에 대해서는 「행정심판법」의 규정을 적용하지 아니한다. 다만, 심사청구 또는 심판청구에 관하여는 「행정심판법」 제15조, 제16조, 제20조부터 제22조까지, 제29조, 제36조제1항, 제39조, 제40조, 제42조 및 제51조를 준용하며, 이 경우 "위원회"는 "국세심사위원회", "조세심판관회의" 또는 "조세심판관합동회의"로 본다.
(2013.1.1 단서개정)

② 제55조에 규정된 위법한 처분에 대한 행정소송은 「행정소송법」 제18조제1항 본문, 제2항 및 제3항에도 불구하고 이 법에 따른 심사청구 또는 심판청구와 그에 대한 결정을 거치지 아니하면 제기할 수 없다. 다만, 심사청구 또는 심판청구에 대한 제65조제1항제3호 단서(제80조의2에서 준용하는 경우를 포함한다)의 재조사 결정에 따른 처분청의 처분에 대한 행정소송은 그러하지 아니하다.(2022.12.31 단서개정)
③ 제2항 본문에 따른 행정소송은 「행정소송법」 제20조에도 불구하고 심사청구 또는 심판청구에 대한 결정의 통지를 받은 날부터 90일 이내에 제기하여야 한다. 다만, 제65조제2항 또는 제80조의2에 따른 결정기간에 결정의 통지를 받지 못한 경우에는 결정의 통지를 받기 전이라도 그 결정기간이 지난 날부터 행정소송을 제기할 수 있다.(2022.12.31 단서개정)
④ 제2항 단서에 따른 행정소송은 「행정소송법」 제20조에도 불구하고 다음 각 호의 기간 내에 제기하여야 한다.
1. 이 법에 따른 심사청구 또는 심판청구를 거치지 아니하고 제기하는 경우 : 재조사 후 행한 처분청의 처분의 결과 통지를 받은 날부터 90일 이내. 다만, 제65조제5항(제80조의2에서 준용하는 경우를 포함한다)에 따른 처분기간(제65조제5항 후단에 따라 조사를 연기하거나 조사기간을 연장하거나 조사를 중지한 경우에는 해당 기간을 포함한다. 이하 이 호에서 같다)에 처분청의 처분 결과 통지를 받지 못하는 경우에는 그 처분기간이 지난 날부터 행정소송을 제기할 수 있다. (2022.12.31 단서개정)
2. 이 법에 따른 심사청구 또는 심판청구를 거쳐 제기하는 경우 : 재조사 후 행한 처분청의 처분에 대하여 제기한 심사청구 또는 심판청구에 대한 결정의 통지를 받은 날부터 90일 이내. 다만, 제65조제2항(제80조의2에서 준용하는 경우를 포함한다)에 따른 결정기간에 결정의 통지를 받지 못하는 경우에는 그 결정기간이 지난 날부터 행정소송을 제기할 수 있다. (2022.12.31 단서개정)
(2016.12.20 본항신설)
⑤ 제55조제1항제2호의 심사청구를 거친 경우에는 이 법에 따른 심사청구 또는 심판청구를 거친 것으로 보고 제2항을 준용한다.(2017.12.19 본항개정)
⑥ 제3항의 기간은 불변기간(不變期間)으로 한다.
제57조 【심사청구 등이 집행에 미치는 효력】 ① 이의신청, 심사청구 또는 심판청구는 세법에 특별한 규정이 있는 것을 제외하고는 해당 처분의 집행에 효력을 미치지 아니한다. 다만, 해당 재결청(裁決廳)이 처분의 집행 또는 절차의 속행 때문에 이의신청인, 심사청구인 또는 심판청구인에게 중대한 손해가 생기는 것을 예방할 필요성이 긴급하다고 인정할 때에는 처분의 집행 또는 절차 속행의 전부 또는 일부의 정지(이하 "집행정지"라 한다)를 결정할 수 있다.(2018.12.31 단서개정)
② 재결청은 집행정지 또는 집행정지의 취소에 관하여 심리·결정하면 지체 없이 당사자에게 통지하여야 한다.(2018.12.31 본항신설)
제58조 【관계 서류의 열람 및 의견진술권】 이의신청인, 심사청구인, 심판청구인 또는 처분청(처분청의 경우 심판청구에 한정한다)은 그 신청 또는 청구에 관계되는 서류를 열람할 수 있으며 대통령령으로 정하는 바에 따라 해당 재결청에 의견을 진술할 수 있다.(2014.12.23 본조개정)
제59조 【대리인】 ① 이의신청인, 심사청구인 또는 심판청구인과 처분청은 변호사, 세무사 또는 「세무사법」에 따른 세무사등록부 또는 공인회계사 세무대리업무등록부에 등록한 공인회계사를 대리인으로 선임할 수 있다.(2021.11.23 본항개정)
② 이의신청인, 심사청구인 또는 심판청구인은 신청 또는 청구의 대상이 제78조제1항 단서에 따른 소액인 경우에는 그 배우자, 4촌 이내의 혈족 또는 그 배우자의 4촌 이내의 혈족을 대리인으로 선임할 수 있다.(2010.12.27 본항신설)
③ 대리인의 권한은 서면으로 증명하여야 한다.
④ 대리인은 본인을 위하여 그 신청 또는 청구에 관한 모든 행위를 할 수 있다. 다만, 그 신청 또는 청구의 취하는 특별한 위임을 받은 경우에만 할 수 있다.
⑤ 대리인을 해임하였을 때에는 그 사실을 서면으로 해당 재결청에 신고하여야 한다.
제59조의2 【국선대리인】 ① 이의신청인, 심사청구인, 심판청구인 및 과세전적부심사 청구인(이하 이 조에서 "이의신청인등"이라 한다)은 재결청(제81조의15에 따른 과세전적부심사의 경우에는 같은 조 제2항 각 호에 따른 통지를 한 세무서장이나 지방국세청장을 말한다. 이하 이 조에서 같다)에 다음 각 호의 요건을 모두 갖추어 대통령령으로 정하는 바에 따라 변호사, 세무사 또는 「세무사법」에 따른 세무사등록부 또는 공인회계사 세무대리업무등록부에 등록한 공인회계사를 대리인(이하 "국선대리인"이라 한다)으로 선정하여 줄 것을 신청할 수 있다. (2021.11.23 본문개정)
1. 이의신청인등이 다음 각 목의 어느 하나에 해당할 것
가. 개인인 경우 : 「소득세법」 제14조제2항에 따른 종합소득금액과 소유 재산의 가액이 각각 대통령령으로 정하는 금액 이하일 것
나. 법인인 경우 : 수입금액과 자산가액(「법인세법」 제43조의 기업회계기준에 따라 계산한 매출액과 자산을 말한다)이 각각 대통령령으로 정하는 금액 이하일 것
(2023.12.31 본호개정)
2. (2023.12.31 삭제)
3. 대통령령으로 정하는 금액 이하인 신청 또는 청구일 것
4. 상속세, 증여세 및 종합부동산세가 아닌 세목에 대한 신청 또는 청구일 것
② 재결청은 제1항에 따른 신청이 제1항 각 호의 요건을 모두 충족하는 경우 지체 없이 국선대리인을 선정하고, 신청을 받은 날부터 5일 이내에 그 결과를 이의신청인등과 국선대리인에게 각각 통지하여야 한다.
③ 국선대리인의 권한에 관하여는 대리인에 관한 제59조제4항을 준용한다.
④ 국선대리인의 자격, 관리 등 국선대리인 제도의 운영에 필요한 사항은 대통령령으로 정한다.
(2014.12.23 본조신설)
제60조 【불복 방법의 통지】 ① 이의신청, 심사청구 또는 심판청구의 재결청은 결정서에 그 결정서를 받은 날부터 90일 이내에 이의신청인은 심사청구 또는 심판청구를, 심사청구인 또는 심판청구인은 행정소송을 제기할 수 있다는 내용을 적어야 한다.
② 이의신청, 심사청구 또는 심판청구의 재결청은 그 신청 또는 청구에 대한 결정기간이 지나도 결정을 하지 못하였을 때에는 이의신청인은 심사청구 또는 심판청구를, 심사청구인 또는 심판청구인은 행정소송 제기를 결정의 통지를 받기 전이라도 그 결정기간이 지난 날부터 할 수 있다는 내용을 서면으로 지체 없이 그 신청인 또는 청구인에게 통지하여야 한다.
제60조의2 【정보통신망을 이용한 불복청구】 ① 이의신청인, 심사청구인 또는 심판청구인은 국세청장 또는 조세심판원장이 운영하는 정보통신망을 이용하여 이의신청서, 심사청구서 또는 심판청구서를 제출할 수 있다.
② 제1항에 따라 이의신청서, 심사청구서 또는 심판청구서를 제출하는 경우에는 국세청장 또는 조세심판원장에게 이의신청서, 심사청구서 또는 심판청구서가 전송된 때에 이 법에 따라 제출된 것으로 본다.
(2018.12.31 본조신설)

제2절 심 사

(2010.1.1 본절제목개정)

제61조 【청구기간】 ① 심사청구는 해당 처분이 있음을 안 날(처분의 통지를 받은 때에는 그 받은 날)부터 90일 이내에 제기하여야 한다.
② 이의신청을 거친 후 심사청구를 하려면 이의신청에 대한 결정의 통지를 받은 날부터 90일 이내에 제기하여야 한다. 다만, 다음 각 호의 어느 하나에 해당하는 경우에는 해당 호에서 정하는 날부터 90일 이내에 심사청구를 할 수 있다.(2022.12.31 단서개정)
1. 제66조제7항에 따른 결정기간 내에 결정의 통지를 받지 못한 경우 : 그 결정기간이 지난 날

세법

2. 이의신청에 대한 재조사 결정이 있은 후 제66조제6항에 따라 준용되는 제65조제5항 전단에 따른 처분기간 내에 처분 결과의 통지를 받지 못한 경우 : 그 처분기간이 지난 날
(2022.12.31 1호~2호신설)
③ 제1항과 제2항 본문의 기한까지 우편으로 제출(제5조의2에서 정한 날을 기준으로 한다)한 심사청구서가 청구기간을 지나서 도달한 경우에는 그 기간의 만료일에 적법한 청구를 한 것으로 본다.
④ 심사청구인이 제6조에 따른 사유로 제1항에서 정한 기간에 심사청구를 할 수 없을 때에는 그 사유가 소멸한 날부터 14일 이내에 심사청구를 할 수 있다. 이 경우 심사청구인은 그 기간에 심사청구를 할 수 없었던 사유, 그 사유가 발생한 날과 소멸한 날, 그 밖에 필요한 사항을 기재한 문서를 함께 제출하여야 한다.(2020.12.22 전단개정)
(2010.1.1 본조개정)

제62조 【청구 절차】 ① 심사청구는 대통령령으로 정하는 바에 따라 불복의 사유를 갖추어 해당 처분을 하였거나 하였어야 할 세무서장을 거쳐 국세청장에게 하여야 한다.
② 제61조에 따른 심사청구기간을 계산할 때에는 제1항에 따라 세무서장에게 해당 청구서가 제출된 때에 심사청구를 한 것으로 한다. 해당 청구서가 제1항의 세무서장 외의 세무서장, 지방국세청장 또는 국세청장에게 제출된 때에도 또한 같다.
③ 제1항에 따라 해당 청구서를 받은 세무서장은 이를 받은 날부터 7일 이내에 그 청구서에 처분의 근거·이유, 처분의 이유가 된 사실 등이 구체적으로 기재된 의견서를 첨부하여 국세청장에게 송부하여야 한다. 다만, 다음 각 호의 어느 하나에 해당하는 심사 청구의 경우에는 그 지방국세청장의 의견서를 첨부하여야 한다.(2015.12.15 본문개정)
1. 해당 심사청구의 대상이 된 처분이 지방국세청장이 조사·결정 또는 처리하였거나 하였어야 할 것인 경우
2. 지방국세청장에게 이의신청을 한 자가 이의신청에 대한 결정에 이의가 있거나 그 결정을 받지 못한 경우
④ 제3항의 의견서가 제출되면 국세청장은 지체 없이 해당 의견서를 심사청구인에게 송부하여야 한다.(2015.12.15 본항신설)
(2010.1.1 본조개정)

제63조 【청구서의 보정】 ① 국세청장은 심사청구의 내용이나 절차가 이 법 또는 세법에 적합하지 아니하나 보정(補正)할 수 있다고 인정되면 20일 이내의 기간을 정하여 보정할 것을 요구할 수 있다. 다만, 보정할 사항이 경미한 경우에는 직권으로 보정할 수 있다.
② 제1항의 요구를 받은 심사청구인은 보정할 사항을 서면으로 작성하여 국세청장에게 제출하거나, 국세청에 출석하여 보정할 사항을 말하고 그 말한 내용을 국세청 소속 공무원이 기록한 서면에 서명 또는 날인함으로써 보정할 수 있다.
(2018.12.31 본항개정)
③ 제1항의 보정기간은 제61조에 규정된 심사청구기간에 산입하지 아니한다.
(2010.1.1 본조개정)

제63조의2 【증거서류 또는 증거물】 ① 심사청구인은 제62조제4항에 따라 송부받은 의견서에 대하여 항변하기 위하여 국세청장에게 증거서류나 증거물을 제출할 수 있다.
② 심사청구인은 국세청장이 제1항에 따른 증거서류나 증거물에 대하여 기한을 정하여 제출할 것을 요구하는 경우 그 기한까지 해당 증거서류 또는 증거물을 제출하여야 한다.
③ 국세청장은 제1항 및 제2항에 따라 증거서류가 제출되면 증거서류의 부본(副本)을 지체 없이 해당 세무서장 및 지방국세청장에게 송부하여야 한다.
(2017.12.19 본조신설)

제64조 【결정 절차】 ① 국세청장은 심사청구를 받으면 국세심사위원회의 의결에 따라 결정을 하여야 한다. 다만, 심사청구기간이 지난 후에 제기된 심사청구 등 대통령령으로 정하는 사유에 해당하는 경우에는 그러하지 아니하다.(2019.12.31 본문개정)
② 국세청장은 제1항에 따른 국세심사위원회 의결이 법령에 명백히 위반된다고 판단하는 경우 구체적인 사유를 적어 서면으로 국세심사위원회로 하여금 한 차례에 한정하여 다시 심의할 것을 요청할 수 있다.(2019.12.31 본항신설)
③ 국세심사위원회의 회의는 공개하지 아니한다. 다만, 국세심사위원회 위원장이 필요하다고 인정할 때에는 공개할 수 있다.
(2010.1.1 본조개정)

제65조 【결정】 ① 심사청구에 대한 결정은 다음 각 호의 규정에 따라 하여야 한다.
1. 심사청구가 다음 각 목의 어느 하나에 해당하는 경우에는 그 청구를 각하하는 결정을 한다.
가. 심판청구를 제기한 후 심사청구를 제기(같은 날 제기한 경우도 포함한다)한 경우
나. 제61조에서 규정한 청구기간이 지난 후에 청구된 경우
다. 심사청구 후 제63조제1항에 규정된 보정기간에 필요한 보정을 하지 아니한 경우
라. 심사청구가 적법하지 아니한 경우
마. 가목부터 라목까지의 규정에 따른 경우와 유사한 경우로서 대통령령으로 정하는 경우
(2016.12.20 본호개정)
2. 심사청구가 이유 없다고 인정될 때에는 그 청구를 기각하는 결정을 한다.
3. 심사청구가 이유 있다고 인정될 때에는 그 청구의 대상이 된 처분의 취소·경정 결정을 하거나 필요한 처분의 결정을 한다. 다만, 취소·경정 또는 필요한 처분을 하기 위하여 사실관계 확인 등 추가적으로 조사가 필요한 경우에는 처분청으로 하여금 이를 재조사하여 그 결과에 따라 취소·경정하거나 필요한 처분을 하도록 하는 재조사 결정을 할 수 있다.
(2016.12.20 단서신설)
② 제1항의 결정은 심사청구를 받은 날부터 90일 이내에 하여야 한다.
③ 제1항의 결정을 하였을 때에는 제2항의 결정기간 내에 그 이유를 기재한 결정서로 심사청구인에게 통지하여야 한다.
④ 제63조제1항에 규정된 보정기간은 제2항의 결정기간에 산입하지 아니한다.
⑤ 제1항제3호 단서에 따른 재조사 결정이 있는 경우 처분청은 재조사 결정일로부터 60일 이내에 결정서 주문에 기재된 범위에 한정하여 조사하고, 그 결과에 따라 취소·경정하거나 필요한 처분을 하여야 한다. 이 경우 처분청은 제81조의7 및 제81조의8에 따라 조사를 연기하거나 조사기간을 연장하거나 조사를 중지할 수 있다.(2016.12.20 본항신설)
⑥ 처분청은 제1항제3호 단서 및 제5항 전단에도 불구하고 재조사 결과 심사청구인의 주장과 재조사 과정에서 확인한 사실관계가 다른 경우 등 대통령령으로 정하는 경우에는 해당 심사청구의 대상이 된 당초의 처분을 취소·경정하지 아니할 수 있다.(2022.12.31 본항신설)
⑦ 제1항제3호 단서, 제5항 및 제6항에서 규정한 사항 외에 재조사 결정에 필요한 사항은 대통령령으로 정한다.(2022.12.31 본항개정)
(2010.1.1 본조개정)

제65조의2 【결정의 경정】 ① 심사청구에 대한 결정에 잘못된 기재, 계산착오, 그 밖에 이와 비슷한 잘못이 있는 것이 명백할 때에는 국세청장은 직권으로 또는 심사청구인의 신청에 의하여 경정할 수 있다.
② 제1항에 따른 경정의 세부적인 절차는 대통령령으로 정한다.
(2010.1.1 본조개정)

제65조의3 【불고불리·불이익변경 금지】 ① 국세청장은 제65조에 따른 결정을 할 때 심사청구를 한 처분 외의 처분에 대해서는 그 처분의 전부 또는 일부를 취소 또는 변경하거나 새로운 처분의 결정을 하지 못한다.
② 국세청장은 제65조에 따른 결정을 할 때 심사청구를 한 처분보다 청구인에게 불리한 결정을 하지 못한다.
(2018.12.31 본조신설)

제66조 【이의신청】 ① 이의신청은 대통령령으로 정하는 바에 따라 불복의 사유를 갖추어 해당 처분을 하였거나 하였어야 할 세무서장에게 하거나 세무서장을 거쳐 관할 지방국세청장에게 하여야 한다. 다만, 다음 각 호의 경우에는 관할 지방국세

청장에게 하여야 하며, 세무서장에게 한 이의신청은 관할 지방국세청장에게 한 것으로 본다.(2019.12.31 단서개정)
1. 지방국세청장의 조사에 따라 과세처분을 한 경우
2. 세무서장에게 제81조의15에 따른 과세전적부심사를 청구한 경우
② 세무서장은 이의신청의 대상이 된 처분이 지방국세청장이 조사·결정 또는 처리하였거나 하였어야 할 것인 경우에는 이의신청을 받은 날부터 7일 이내에 해당 신청서에 의견서를 첨부하여 해당 지방국세청장에게 송부하고 그 사실을 이의신청인에게 통지하여야 한다.
③ 제1항에 따라 지방국세청장에게 하는 이의신청을 받은 세무서장은 이의신청을 받은 날부터 7일 이내에 해당 신청서에 의견서를 첨부하여 지방국세청장에게 송부하여야 한다.
④ 제1항 및 제2항에 따라 이의신청을 받은 세무서장과 지방국세청장은 각각 국세심사위원회의 심의를 거쳐 결정하여야 한다.
⑤ (2008.12.26 삭제)
⑥ 이의신청에 관하여는 제61조제1항·제3항 및 제4항, 제62조제2항, 제63조, 제63조의2, 제64조제1항 단서 및 같은 조 제3항, 제65조제1항 및 제3항부터 제7항까지, 제65조의2 및 제65조의3을 준용한다.(2022.12.31 본항개정)
⑦ 제6항에서 준용하는 제65조제1항의 결정은 이의신청을 받은 날부터 30일 이내에 하여야 한다. 다만, 이의신청인이 제8항에 따라 송부받은 의견서에 대하여 이 항 본문에 따른 결정기간 내에 항변하는 경우에는 이의신청을 받은 날부터 60일 이내에 하여야 한다.(2016.12.20 본항신설)
⑧ 제1항의 신청서를 받은 세무서장 또는 제1항부터 제3항까지의 신청서 또는 의견서를 받은 지방국세청장은 지체 없이 이의신청의 대상이 된 처분에 대한 의견서를 이의신청인에게 송부하여야 한다. 이 경우 의견서에는 처분의 근거·이유, 처분의 이유가 된 사실 등이 구체적으로 기재되어야 한다.
(2015.12.15 본항신설)
(2010.1.1 본조개정)

제66조의2 【국세심사위원회】 ① 제64조에 따른 심사청구, 제66조에 따른 이의신청 및 제81조의15에 따른 과세전적부심사청구사항을 심의 및 의결(제64조에 따른 심사청구에 한정한다)하기 위하여 세무서, 지방국세청 및 국세청에 각각 국세심사위원회를 둔다.(2019.12.31 본항개정)
② 국세심사위원회의 위원 중 공무원이 아닌 위원은 법률 또는 회계에 관한 학식과 경험이 풍부한 사람(국세청에 두는 국세심사위원회의 위원 중 공무원이 아닌 위원의 경우에는 대통령령으로 정하는 자격을 갖춘 사람) 중에서 다음 각 호의 구분에 따른 사람이 된다.(2019.12.31 본문개정)
1. 세무서에 두는 국세심사위원회 : 지방국세청장이 위촉하는 사람
2. 지방국세청 및 국세청에 두는 국세심사위원회 : 국세청장이 위촉하는 사람
(2017.12.19 본항신설)
③ 국세심사위원회의 위원 중 공무원이 아닌 위원은 「형법」 제127조 및 제129조부터 제132조까지의 규정을 적용할 때에는 공무원으로 본다.(2017.12.19 본항신설)
④ 국세심사위원회의 위원은 공정한 심의를 기대하기 어려운 사정이 있다고 인정될 때에는 대통령령으로 정하는 바에 따라 위원회 회의에서 제척되거나 회피하여야 한다.(2014.12.23 본항신설)
⑤ 국세심사위원회의 조직과 운영, 각 위원회별 심의사항과 그 밖에 필요한 사항은 대통령령으로 정한다.
(2008.12.26 본조신설)

제3절 심 판
(2010.1.1 본절개정)

제67조 【조세심판원】 ① 심판청구에 대한 결정을 하기 위하여 국무총리 소속으로 조세심판원을 둔다.
② 조세심판원은 그 권한에 속하는 사무를 독립적으로 수행한다.
③ 조세심판원에 원장과 조세심판관을 두되, 원장과 원장이 아닌 상임조세심판관은 고위공무원단에 속하는 일반직공무원 중에서 국무총리의 제청으로 대통령이 임명하고, 비상임조세심판관은 대통령령으로 정하는 바에 따라 위촉한다. 이 경우 원장이 아닌 상임조세심판관(경력직공무원으로서 전보 또는 승진의 방법으로 임용되는 상임조세심판관은 제외한다)은 임기제공무원으로 임용한다.(2014.12.23 본항개정)
④ 조세심판관은 조세·법률·회계분야에 관한 전문지식과 경험을 갖춘 사람으로서 대통령령으로 정하는 자격을 가진 사람이어야 한다.
⑤ 상임조세심판관의 임기는 3년으로 하며, 한 차례만 중임할 수 있다.(2023.12.31 본항신설)
⑥ 비상임조세심판관의 임기는 3년으로 하며, 한 차례만 연임할 수 있다.(2023.12.31 본항신설)
⑦ 조세심판관이 다음 각 호의 어느 하나에 해당하는 경우를 제외하고는 그 의사에 반하여 임명을 철회하거나 해촉할 수 없다.
1. 심신쇠약 등으로 장기간 직무를 수행할 수 없게 된 경우
2. 직무와 관련된 비위사실이 있는 경우
3. 직무태만, 품위손상이나 그 밖의 사유로 조세심판관으로서 적합하지 아니하다고 인정되는 경우
4. 제73조제1항 각 호의 어느 하나에 해당하는데도 불구하고 회피하지 아니한 경우
(2023.12.31 본항개정)
⑧ 원장인 조세심판관에 대해서는 제5항 및 제7항을 적용하지 아니한다.(2023.12.31 본항개정)
⑨ 조세심판관 중 공무원이 아닌 사람은 「형법」 제127조 및 제129조부터 제132조까지의 규정을 적용할 때에는 공무원으로 본다.(2017.12.19 본항신설)
⑩ 조세심판원에 심판청구사건에 대한 조사사무를 담당하는 심판조사관 및 이를 보조하는 직원을 두며 그 자격은 대통령령으로 정한다.(2010.12.27 본항개정)
⑪ 조세심판원의 정원, 조직, 운영, 그 밖에 필요한 사항은 대통령령으로 정한다.

제68조 【청구기간】 ① 심판청구는 해당 처분이 있음을 안 날(처분의 통지를 받은 때에는 그 받은 날)부터 90일 이내에 제기하여야 한다.
② 이의신청을 거친 후 심판청구를 하는 경우의 청구기간에 관하여는 제61조제2항을 준용한다.

제69조 【청구 절차】 ① 심판청구를 하려는 자는 대통령령으로 정하는 바에 따라 불복의 사유 등이 기재된 심판청구서를 그 처분을 하였거나 하였어야 할 세무서장이나 조세심판원장에게 제출하여야 한다. 이 경우 심판청구서를 받은 세무서장은 이를 지체 없이 조세심판원장에게 송부하여야 한다.
② 제68조에 따른 심판청구기간을 계산할 때에는 심판청구서가 제1항 전단에 따른 세무서장 외의 세무서장, 지방국세청장 또는 국세청장에게 제출된 경우에도 심판청구를 한 것으로 본다. 이 경우 심판청구서를 받은 세무서장, 지방국세청장 또는 국세청장은 이를 지체 없이 조세심판원장에게 송부하여야 한다.
③ 조세심판원장은 제1항 전단 또는 제2항 후단에 따라 심판청구서를 받은 경우에는 지체 없이 그 부본을 그 처분을 하였거나 하였어야 할 세무서장에게 송부하여야 한다.(2018.12.31 본항신설)
④ 제1항 전단에 따라 심판청구서를 받거나 제3항에 따라 심판청구서의 부본을 받은 세무서장은 이를 받은 날부터 10일 이내에 그 심판청구서에 대한 답변서를 조세심판원장에게 제출하여야 한다. 다만, 제55조제3항 및 제62조제3항 단서에 해당하는 처분의 경우에는 국세청장 또는 지방국세청장의 답변서를 첨부하여야 한다.
⑤ 제4항의 답변서에는 이의신청에 대한 결정서(이의신청에 대한 결정을 한 경우에만 해당한다), 처분의 근거·이유 및 처분의 이유가 된 사실을 증명할 서류, 청구인이 제출한 증거서류 및 증거물, 그 밖의 심리자료 전부를 첨부하여야 한다.
(2020.6.9 본항개정)
⑥ 제4항의 답변서가 제출되면 조세심판원장은 지체 없이 그 부본(副本)을 해당 심판청구인에게 송부하여야 한다.

⑦ 조세심판원장은 제4항 본문에 따른 기한까지 세무서장이 답변서를 제출하지 아니하는 경우에는 기한을 정하여 답변서 제출을 촉구할 수 있다.(2018.12.31 본항신설)
⑧ 조세심판원장은 세무서장이 제7항에 따른 기한까지 답변서를 제출하지 아니하는 경우에는 제56조제1항 단서에 따른 증거조사 등을 통하여 심리절차를 진행하도록 할 수 있다.
(2018.12.31 본항신설)
(2018.12.31 본조개정)
제70조 (1999.8.31 삭제)
제71조【증거서류 또는 증거물】 ① 심판청구인은 제69조제6항에 따라 송부받은 답변서에 대하여 항변하기 위하여 조세심판원장에게 증거서류나 증거물을 제출할 수 있다.(2018.12.31 본항개정)
② 조세심판원장이 심판청구인에게 제1항의 증거서류나 증거물을 기한을 정하여 제출할 것을 요구하면 심판청구인은 그 기한까지 제출하여야 한다.
③ 제1항에 따라 증거서류가 제출되면 조세심판원장은 증거서류의 부본을 지체 없이 피청구인에게 송부하여야 한다.
제72조【조세심판관회의】 ① 조세심판원장은 심판청구를 받으면 이에 관한 조사와 심리(審理)를 담당할 주심조세심판관 1명과 배석조세심판관 2명 이상을 지정하여 조세심판관회의를 구성하게 한다.
② 제1항의 조세심판관회의는 주심조세심판관이 그 의장이 되며, 의장은 그 심판사건에 관한 사무를 총괄한다. 다만, 주심조세심판관이 부득이한 사유로 직무를 수행할 수 없을 때에는 조세심판원장이 배석조세심판관 중에서 그 직무를 대행할 사람을 지정한다.
③ 조세심판관회의는 담당 조세심판관 3분의 2 이상의 출석으로 개의(開議)하고, 출석조세심판관 과반수의 찬성으로 의결한다.
④ 조세심판관회의는 공개하지 아니한다. 다만, 조세심판관회의 의장이 필요하다고 인정할 때에는 공개할 수 있다.
⑤ 조세심판관회의의 운영과 그 밖에 필요한 사항은 대통령령으로 정한다.
제73조【조세심판관의 제척과 회피】 ① 조세심판관은 다음 각 호의 어느 하나에 해당하는 경우에는 심판관여로부터 제척된다.(2014.12.23 본문개정)
1. 심판청구인 또는 제59조에 따른 대리인인 경우(대리인이었던 경우를 포함한다)
2. 제1호에 규정된 사람의 친족이거나 친족이었던 경우
3. 제1호에 규정된 사람의 사용인이거나 사용인이었던 경우(심판청구일을 기준으로 최근 5년 이내에 사용인이었던 경우로 한정한다)(2022.12.31 본호개정)
4. 불복의 대상이 되는 처분이나 처분에 대한 이의신청에 관하여 증언 또는 감정을 한 경우
5. 심판청구일 전 최근 5년 이내에 불복의 대상이 되는 처분, 처분에 대한 이의신청 또는 그 기초가 되는 세무조사(「조세범 처벌절차법」에 따른 조세범칙조사를 포함한다)에 관여하였던 경우(2018.12.31 본호개정)
6. 제4호 또는 제5호에 해당하는 법인 또는 단체에 속하거나 심판청구일 전 최근 5년 이내에 속하였던 경우(2014.12.23 본호신설)
7. 그 밖에 심판청구인 또는 그 대리인의 업무에 관여하거나 관여하였던 경우
② 조세심판관은 제1항 각 호의 어느 하나에 해당하는 경우에는 제72조제1항에 따른 주심조세심판관 또는 배석조세심판관의 지정에서 회피하여야 한다.(2014.12.23 본항개정)
(2010.12.27 본조개정)
제74조【담당 조세심판관의 기피】 ① 담당 조세심판관에게 공정한 심판을 기대하기 어려운 사정이 있다고 인정될 때에는 심판청구인은 그 조세심판관의 기피(忌避)를 신청할 수 있다.
② 제1항의 기피 신청은 대통령령으로 정하는 바에 따라 조세심판원장에게 하여야 한다.
③ 조세심판원장은 기피 신청이 이유 있다고 인정할 때에는 기피 신청을 승인하여야 한다.
제74조의2【심판조사관의 제척 · 회피 및 기피】 심판에 관여하는 심판조사관에 대하여도 제73조 및 제74조를 준용한다.
(2010.12.27 본조신설)
제75조【사건의 병합과 분리】 담당 조세심판관은 필요하다고 인정하면 여러 개의 심판사항을 병합하거나 병합된 심판사항을 여러 개의 심판사항으로 분리할 수 있다.
제76조【질문검사권】 ① 담당 조세심판관은 심판청구에 관한 조사와 심리를 위하여 필요하면 직권으로 또는 심판청구인의 신청에 의하여 다음 각 호의 행위를 할 수 있다.
1. 심판청구인, 처분청(심판청구사건의 쟁점 거래사실과 직접 관계있는 자를 관할하는 세무서장 또는 지방국세청장을 포함한다), 관계인 또는 참고인에 대한 질문(2019.12.31 본호개정)
2. 제1호에 열거한 자의 장부, 서류, 그 밖의 물건의 제출 요구
3. 제1호에 열거한 자의 장부, 서류, 그 밖의 물건의 검사 또는 감정기관에 대한 감정 의뢰
② 담당 조세심판관 외의 조세심판원 소속 공무원은 조세심판원장의 명에 따라 제1항제1호 및 제3호의 행위를 할 수 있다.
③ 조세심판관이나 그 밖의 조세심판원 소속 공무원이 제1항제1호 및 제3호의 행위를 할 때에는 그 신분을 표시하는 증표를 지니고 관계자에게 보여야 한다.
④ 담당 조세심판관은 심판청구인이 제1항 각 호의 행위 또는 제71조제2항의 요구를 정당한 사유 없이 따르지 아니하여 해당 심판청구의 전부 또는 일부에 대하여 심판하는 것이 현저히 곤란하다고 인정할 때에는 그 부분에 관한 심판청구인의 주장을 인용(認容)하지 아니할 수 있다.(2020.6.9 본항개정)
제77조【사실 판단】 조세심판관은 심판청구에 관한 조사 및 심리의 결과와 과세의 형평을 고려하여 자유심증(自由心證)으로 사실을 판단한다.
제78조【결정 절차】 ① 조세심판원장이 심판청구를 받았을 때에는 조세심판관회의가 심리를 거쳐 결정한다. 다만, 심판청구의 대상이 대통령령으로 정하는 금액에 미치지 못하는 소액이거나 경미한 것인 경우나 청구기간이 지난 후에 심판청구를 받은 경우에는 조세심판관회의의 심리를 거치지 아니하고 주심조세심판관이 심리하여 결정할 수 있다.
② 조세심판원장과 상임조세심판관 모두로 구성된 회의가 대통령령으로 정하는 방법에 따라 제1항에 따른 조세심판관회의의 의결이 다음 각 호의 어느 하나에 해당한다고 의결하는 경우에는 조세심판관합동회의가 심리를 거쳐 결정한다.
(2019.12.31 본문개정)
1. 해당 심판청구사건에 관하여 세법의 해석이 쟁점이 되는 경우로서 이에 관하여 종전의 조세심판원 결정이 없는 경우
2. 종전에 조세심판원에서 한 세법의 해석 · 적용을 변경하는 경우
3. 조세심판관회의 간에 결정의 일관성을 유지하기 위한 경우
4. 그 밖에 국세행정이나 납세자의 권리 · 의무에 중대한 영향을 미칠 것으로 예상되는 등 대통령령으로 정하는 경우
(2016.12.20 본항개정)
③ 제2항의 조세심판관합동회의는 조세심판원장과 조세심판원장이 회의마다 지정하는 12명 이상 20명 이내의 상임조세심판관 및 비상임조세심판관으로 구성하되, 상임조세심판관과 같은 수 이상의 비상임조세심판관이 포함되어야 한다.
(2023.12.31 본항개정)
④ 제2항의 조세심판관합동회의에 관하여는 제72조제2항부터 제4항까지의 규정을 준용한다. 이 경우 같은 조 제2항 중 "주심조세심판관"은 "조세심판원장"으로, "조세심판관회의"는 "조세심판관합동회의"로 본다.
⑤ 심판결정은 문서로 하여야 하고, 그 결정서에는 주문(主文)과 이유를 적고 심리에 참석한 조세심판관의 성명을 밝혀 해당 심판청구인과 세무서장에게 송달하여야 한다.
⑥ 조세심판관합동회의의 운영, 결정서의 송달 등에 필요한 사항은 대통령령으로 정한다.
제79조【불고불리, 불이익변경금지】 ① 조세심판관회의 또는 조세심판관합동회의는 제80조의2에서 준용하는 제65조에 따른 결정을 할 때 심판청구를 한 처분 외의 처분에 대해서는 그 처분의 전부 또는 일부를 취소 또는 변경하거나 새로운 처분의 결정을 하지 못한다.

또는 조세심판관합동회의는 제80조의2에
5조에 따른 결정을 할 때 심판청구를 한 처
에게 불리한 결정을 하지 못한다.
조개정)
의 효력】 ① 제80조의2에서 준용하는 제65조에
계 행정청을 기속(羈束)한다.(2022.12.31 본항
개한 결정이 있으면 해당 행정청은 결정의 취지
필요한 처분을 하여야 한다.
사청구에 관한 규정의 준용】 심판청구에 관하
항·제4항, 제63조, 제65조(제1항제1호가목 중
판청구를 같은 날 제기한 경우는 제외한다) 및
용한다. 이 경우 제63조제1항 중 "20일 이내의
기간"으로 본다.(2016.12.20 전단개정)
소송 제기사건의 통지】 국세청장, 지방국세청
제7장에 따른 심판청구를 거쳐 「행정소송법」
송이 제기된 사건에 대하여 그 내용이나 결과
정하는 사항을 반기마다 그 다음 달 15일까지
에게 알려야 한다.(2022.12.31 본조신설)

2 납세자의 권리

(2010.1.1 본장제목개정)

조의2【납세자권리헌장의 제정 및 교부】 ① 국세청장은 1조의3부터 제81조의16까지, 제81조의18 및 제81조의19에 정된 사항과 그 밖에 납세자의 권리보호에 관한 사항을 포함하는 납세자권리헌장을 제정하여 고시하여야 한다.(2017.12.19 본항개정)

② 세무공무원은 다음 각 호의 어느 하나에 해당하는 경우에는 제1항에 따른 납세자권리헌장의 내용이 수록된 문서를 납세자에게 내주어야 한다.

1. 세무조사(「조세범 처벌절차법」에 따른 조세범칙조사를 포함한다. 이하 이 조에서 같다)를 하는 경우(2018.12.31 본호개정)
2. (2011.12.31 삭제)
3. 사업자등록증을 발급하는 경우
4. 그 밖에 대통령령으로 정하는 경우

③ 세무공무원은 세무조사를 시작할 때 조사원증을 납세자 또는 관련인에게 제시한 후 납세자권리헌장을 교부하고 그 요지를 직접 낭독해 주어야 하며, 조사사유, 조사기간, 제81조의18 제1항에 따른 납세자보호위원회에 대한 심의 요청사항·절차 및 권리구제 절차 등을 설명하여야 한다.(2017.12.19 본항개정)
(2010.1.1 본조개정)

제81조의3【납세자의 성실성 추정】 세무공무원은 납세자가 제81조의6제3항 각 호의 어느 하나에 해당하는 경우를 제외하고는 납세자가 성실하며 납세자가 제출한 신고서 등이 진실한 것으로 추정하여야 한다.(2014.1.1 본조개정)

제81조의4【세무조사권 남용 금지】 ① 세무공무원은 적정하고 공평한 과세를 실현하기 위하여 필요한 최소한의 범위에서 세무조사(「조세범 처벌절차법」에 따른 조세범칙조사를 포함한다. 이하 이 조에서 같다)를 하여야 하며, 다른 목적 등을 위하여 조사권을 남용해서는 아니 된다.(2018.12.31 본항개정)

② 세무공무원은 다음 각 호의 어느 하나에 해당하는 경우가 아니면 같은 세목 및 같은 과세기간에 대하여 재조사를 할 수 없다.

1. 조세탈루의 혐의를 인정할 만한 명백한 자료가 있는 경우
2. 거래상대방에 대한 조사가 필요한 경우
3. 2개 이상의 과세기간과 관련하여 잘못이 있는 경우 (2013.1.1 본호개정)
4. 제65조제1항제3호 단서(제66조제6항과 제80조의2에서 준용하는 경우를 포함한다) 또는 제81조의15제5항제2호 단서에 따른 재조사 결정에 따라 조사를 하는 경우(결정서 주문에 기재된 범위의 조사에 한정한다)(2022.12.31 본호개정)
5. 납세자가 세무공무원에게 직무와 관련하여 금품을 제공하거나 금품제공을 알선한 경우(2015.12.15 본호신설)
6. 제81조의11제3항에 따른 부분조사를 실시한 후 해당 조사에 포함되지 아니한 부분에 대하여 조사하는 경우(2017.12.19 본호신설)
7. 그 밖에 제1호부터 제6호까지와 유사한 경우로서 대통령령으로 정하는 경우(2017.12.19 본호개정)

③ 세무공무원은 세무조사를 하기 위하여 필요한 최소한의 범위에서 장부등의 제출을 요구하여야 하며, 조사대상 세목 및 과세기간의 과세표준과 세액의 계산과 관련 없는 장부등의 제출을 요구해서는 아니 된다.(2017.12.19 본항신설)

④ 누구든지 세무공무원으로 하여금 법령을 위반하게 하거나 지위 또는 권한을 남용하게 하는 등 공정한 세무조사를 저해하는 행위를 하여서는 아니 된다.(2014.1.1 본항신설)
(2010.1.1 본조개정)

판례 탈세제보를 받은 세무공무원이 먼저 현장조사(1차 조사)를 하고 그 결과 매출을 누락했다고 보아 세무조사(2차 조사)를 한 후 부가가치세를 부과한 사안에서 현지 확인 형식의 1차 조사를 재조사가 금지되는 '세무조사'로 보아야 할 것인지에 대해, 조사행위가 실질적으로 과세표준과 세액을 결정 또는 경정하기 위한 것으로서 납세자 등을 직접 접촉하여 상당한 시일에 걸쳐 질문하거나 일정한 기간 동안의 장부·서류·물건 등을 검사·조사하는 경우에는 특별한 사정이 없는 한 재조사가 금지되는 '세무조사'로 보아야 한다.
(대판 2017.3.16, 2014두8360)

제81조의5【세무조사 시 조력을 받을 권리】 납세자는 세무조사(「조세범 처벌절차법」에 따른 조세범칙조사를 포함한다)를 받는 경우에 변호사, 공인회계사, 세무사로 하여금 조사에 참여하게 하거나 의견을 진술하게 할 수 있다.(2018.12.31 본조개정)

제81조의6【세무조사 관할 및 대상자 선정】 ① 세무조사는 납세지 관할 세무서장 또는 지방국세청장이 수행한다. 다만, 납세자의 주된 사업장 등이 납세지와 관할을 달리하거나 납세지 관할 세무서장 또는 지방국세청장이 세무조사를 수행하는 것이 부적절한 경우 등 대통령령으로 정하는 사유에 해당하는 경우에는 국세청장(같은 지방국세청 소관 세무서 관할 조정의 경우에는 지방국세청장)이 그 관할을 조정할 수 있다.
(2014.1.1 본항신설)

② 세무공무원은 다음 각 호의 어느 하나에 해당하는 경우에 정기적으로 신고의 적정성을 검증하기 위하여 대상을 선정(이하 "정기선정"이라 한다)하여 세무조사를 할 수 있다. 이 경우 세무공무원은 객관적 기준에 따라 공정하게 그 대상을 선정하여야 한다.

1. 국세청장이 납세자의 신고 내용에 대하여 과세자료, 세무정보 및 「주식회사의 외부감사에 관한 법률」에 따른 감사의견, 외부감사 실시내용 등 회계성실도 자료 등을 고려하여 정기적으로 성실도를 분석한 결과 불성실 혐의가 있다고 인정하는 경우(2017.12.19 본호개정)
2. 최근 4과세기간 이상 같은 세목의 세무조사를 받지 아니한 납세자에 대하여 업종, 규모, 경제력 집중 등을 고려하여 대통령령으로 정하는 바에 따라 신고 내용이 적정한지를 검증할 필요가 있는 경우(2014.1.1 본호개정)
3. 무작위추출방식으로 표본조사를 하려는 경우

③ 세무공무원은 제2항에 따른 정기선정에 의한 조사 외에 다음 각 호의 어느 하나에 해당하는 경우에는 세무조사를 할 수 있다.(2014.1.1 본문개정)

1. 납세자가 세법에서 정하는 신고, 성실신고확인서의 제출, 세금계산서 또는 계산서의 작성·교부·제출, 지급명세서의 작성·제출 등의 납세협력의무를 이행하지 아니한 경우 (2011.5.2 본호개정)
2. 무자료거래, 위장·가공거래 등 거래 내용이 사실과 다른 혐의가 있는 경우
3. 납세자에 대한 구체적인 탈세 제보가 있는 경우
4. 신고 내용에 탈루나 오류의 혐의를 인정할 만한 명백한 자료가 있는 경우
5. 납세자가 세무공무원에게 직무와 관련하여 금품을 제공하거나 금품제공을 알선한 경우(2015.12.15 본호신설)

④ 세무공무원은 과세관청의 조사결정에 의하여 과세표준과 세액이 확정되는 세목의 경우 과세표준과 세액을 결정하기 위하여 세무조사를 할 수 있다.

⑤ 세무공무원은 다음 각 호의 요건을 모두 충족하는 자에 대해서는 제2항에 따른 세무조사를 하지 아니할 수 있다. 다만, 객관적인 증거자료에 의하여 과소신고한 것이 명백한 경우에는 그러하지 아니하다.(2014.1.1 본문개정)

1. 업종별 수입금액이 대통령령으로 정하는 금액 이하인 사업자
2. 장부 기록 등이 대통령령으로 정하는 요건을 충족하는 사업자

(2014.1.1 본조제목개정)
(2010.1.1 본조개정)

제81조의7【세무조사의 통지와 연기신청 등】 ① 세무공무원은 세무조사를 하는 경우에는 조사를 받을 납세자(납세자가 제82조에 따라 납세관리인을 정하여 관할 세무서장에게 신고한 경우에는 납세관리인을 말한다. 이하 이 조에서 같다)에게 조사를 시작하기 20일〔제65조제1항제3호 단서(제66조제6항과 제80조의2에서 준용하는 경우를 포함한다) 또는 제81조의15제5항제2호 단서에 따른 재조사 결정으로 재조사를 하는 경우에는 7일〕 전에 조사대상 세목, 조사기간 및 조사 사유, 그 밖에 대통령령으로 정하는 사항을 통지(이하 이 조에서 "사전통지"라 한다)하여야 한다. 다만, 사전통지를 하면 증거인멸 등으로 조사 목적을 달성할 수 없다고 인정되는 경우에는 그러하지 아니하다.(2024.12.31 본문개정)

② 사전통지를 받은 납세자가 천재지변이나 그 밖에 대통령령으로 정하는 사유로 조사를 받기 곤란한 경우에는 대통령령으로 정하는 바에 따라 관할 세무관서의 장에게 조사를 연기해 줄 것을 신청할 수 있다.(2017.12.19 본항개정)

③ 제2항에 따라 연기신청을 받은 관할 세무관서의 장은 연기신청 승인 여부를 결정하고 그 결과(연기 결정 시 연기한 기간을 포함한다)를 조사 개시 전까지 통지하여야 한다.(2021.12.21 본항개정)

④ 관할 세무관서의 장은 다음 각 호의 어느 하나에 해당하는 사유가 있는 경우에는 제3항에 따라 연기한 기간이 만료되기 전에 조사를 개시할 수 있다.

1. 제2항에 따른 연기 사유가 소멸한 경우
2. 조세채권을 확보하기 위하여 조사를 긴급히 개시할 필요가 있다고 인정되는 경우

(2021.12.21 본항신설)

⑤ 관할 세무관서의 장은 제4항제1호의 사유로 조사를 개시하려는 경우에는 조사를 개시하기 5일 전까지 조사를 받을 납세자에게 연기 사유가 소멸한 사실과 조사기간을 통지하여야 한다.(2021.12.21 본항신설)

⑥ 세무공무원은 제1항 단서에 따라 사전통지를 하지 아니하고 조사를 개시하거나 제4항제2호의 사유로 조사를 개시할 때 다음 각 호의 구분에 따른 사항이 포함된 세무조사통지서를 세무조사를 받을 납세자에게 교부하여야 한다. 다만, 폐업 등 대통령령으로 정하는 경우에는 그러하지 아니하다.

1. 제1항 단서에 따라 사전통지를 하지 아니하고 조사를 개시하는 경우 : 사전통지 사항, 사전통지를 하지 아니한 사유, 그 밖에 세무조사의 개시와 관련된 사항으로서 대통령령으로 정하는 사항
2. 제4항제2호의 사유로 조사를 개시하는 경우 : 조사를 긴급히 개시하여야 하는 사유

(2021.12.21 본항개정)
(2021.12.21 본조제목개정)

제81조의8【세무조사 기간】 ① 세무공무원은 조사대상 세목·업종·규모, 조사 난이도 등을 고려하여 세무조사 기간이 최소한이 되도록 하여야 한다. 다만, 다음 각 호의 어느 하나에 해당하는 경우에는 세무조사 기간을 연장할 수 있다.

1. 납세자가 장부·서류 등을 은닉하거나 제출을 지연하거나 거부하는 등 조사를 기피하는 행위가 명백한 경우
2. 거래처 조사, 거래처 현지확인 또는 금융거래 현지확인이 필요한 경우
3. 세금탈루 혐의가 포착되거나 조사 과정에서 「조세범 처벌절차법」에 따른 조세범칙조사를 개시하는 경우(2018.12.31 본호개정)
4. 천재지변이나 노동쟁의로 조사가 중단되는
5. 제81조의16제2항에 따른 납세자보호관 또는 조에서 "납세자보호관등"이라 한다)이 세금탈 하여 추가적인 사실 확인이 필요하다고 인정하 (2014.1.1 본호개정)
6. 세무조사 대상자가 세금탈루혐의에 대한 해명 세무조사 기간의 연장을 신청한 경우로서 납세 이 이를 인정하는 경우(2014.1.1 본호신설)

② 세무공무원은 제1항에 따라 세무조사 기간을 정할 사대상 과세기간 중 연간 수입금액 또는 양도가액이 과세기간의 연간 수입금액 또는 양도가액이 100억원 납세자에 대한 세무조사 기간은 20일 이내로 한다.(201 항신설)

③ 제2항에 따라 기간을 정한 세무조사를 제1항 단서에 연장하는 경우로서 최초로 연장하는 경우에는 관할 세무 의 장의 승인을 받아야 하고, 2회 이후 연장의 경우에는 상급 세무관서의 장의 승인을 받아 각각 20일 이내에서 연장 수 있다. 다만, 다음 각 호에 해당하는 경우에는 제2항의 세 조사 기간의 제한 및 이 항 본문의 세무조사 연장기간의 제한 을 받지 아니한다.(2014.1.1 단서개정)

1. 무자료거래, 위장·가공거래 등 거래 내용이 사실과 다른 혐의가 있어 실제 거래 내용에 대한 조사가 필요한 경우 (2014.1.1 본호신설)
2. 역외거래를 이용하여 세금을 탈루(脫漏)하거나 국내 탈루소득을 해외로 변칙유출한 혐의로 조사하는 경우(2019.12.31 본호개정)
3. 명의위장, 이중장부의 작성, 차명계좌의 이용, 현금거래의 누락 등의 방법을 통하여 세금을 탈루한 혐의로 조사하는 경우 (2014.1.1 본호신설)
4. 거짓계약서 작성, 미등기양도 등을 이용한 부동산 투기 등을 통하여 세금을 탈루한 혐의로 조사하는 경우(2014.1.1 본호신설)
5. 상속세·증여세 조사, 주식변동 조사, 범칙사건 조사 및 출자·거래관계에 있는 관련자에 대하여 동시조사를 하는 경우(2014.1.1 본호신설)

④ 세무공무원은 납세자가 자료의 제출을 지연하는 등 대통령령으로 정하는 사유로 세무조사를 진행하기 어려운 경우에는 세무조사를 중지할 수 있다. 이 경우 그 중지기간은 제1항부터 제3항까지의 세무조사 기간 및 세무조사 연장기간에 산입하지 아니한다.(2010.1.1 본항신설)

⑤ 세무공무원은 제4항에 따른 세무조사의 중지기간 중에는 납세자에 대하여 국세의 과세표준과 세액을 결정 또는 경정하기 위한 질문을 하거나 장부등의 검사·조사 또는 그 제출을 요구할 수 없다.(2017.12.19 본항신설)

⑥ 세무공무원은 제4항에 따라 세무조사를 중지한 경우에는 그 중지사유가 소멸하게 되면 즉시 조사를 재개하여야 한다. 다만, 조세채권의 확보 등 긴급히 조사를 재개하여야 할 필요가 있는 경우에는 세무조사를 재개할 수 있다.(2010.1.1 본항신설)

⑦ 세무공무원은 제1항 단서에 따라 세무조사 기간을 연장하는 경우에는 그 사유와 기간을 납세자에게 문서로 통지하여야 하고, 제4항 및 제6항에 따라 세무조사를 중지 또는 재개하는 경우에는 그 사유를 문서로 통지하여야 한다.(2017.12.19 본항개정)

⑧ 세무공무원은 세무조사 기간을 단축하기 위하여 노력하여야 하며, 장부기록 및 회계처리의 투명성 등 납세성실도를 검토하여 더 이상 조사할 사항이 없다고 판단될 때에는 조사기간 종료 전이라도 조사를 조기에 종결할 수 있다.(2014.1.1 본항신설)
(2010.1.1 본조개정)

제81조의9【세무조사 범위 확대의 제한】 ① 세무공무원은 구체적인 세금탈루 혐의가 여러 과세기간 또는 다른 세목까지 관련되는 것으로 확인되는 경우 등 대통령령으로 정하는 경우를 제외하고는 조사진행 중 세무조사의 범위를 확대할 수 없다.

② 세무공무원은 제1항에 따라 세무조사의 범위를 확대하는 경우에는 그 사유와 범위를 납세자에게 문서로 통지하여야 한다.
(2010.1.1 본조신설)

제81조의10 【장부등의 보관 금지】 ① 세무공무원은 세무조사(「조세범 처벌절차법」에 따른 조세범칙조사를 포함한다. 이하 이 조에서 같다)의 목적으로 납세자의 장부등을 세무관서에 임의로 보관할 수 없다.(2018.12.31 본항개정)
② 제1항에도 불구하고 세무공무원은 제81조의6제3항 각 호의 어느 하나의 사유에 해당하는 경우에는 조사 목적에 필요한 최소한의 범위에서 납세자, 소지자 또는 보관자 등 정당한 권한이 있는 자가 임의로 제출한 장부등을 납세자의 동의를 받아 세무관서에 일시 보관할 수 있다.
③ 세무공무원은 제2항에 따라 납세자의 장부등을 세무관서에 일시 보관하려는 경우 납세자로부터 일시 보관 동의서를 받아야 하며, 일시 보관증을 교부하여야 한다.
④ 세무공무원은 제2항에 따라 일시 보관하고 있는 장부등에 대하여 납세자가 반환을 요청한 경우에는 그 반환을 요청한 날부터 14일 이내에 장부등을 반환하여야 한다. 다만, 조사 목적을 달성하기 위하여 필요한 경우에는 제81조의18제1항에 따른 납세자보호위원회의 심의를 거쳐 한 차례만 14일 이내의 범위에서 보관 기간을 연장할 수 있다.
⑤ 제4항에도 불구하고 세무공무원은 납세자가 제2항에 따라 일시 보관하고 있는 장부등의 반환을 요청한 경우로서 세무조사에 지장이 없다고 판단될 때에는 요청한 장부등을 즉시 반환하여야 한다.
⑥ 제4항 및 제5항에 따라 납세자에게 장부등을 반환하는 경우 세무공무원은 장부등의 사본을 보관할 수 있고, 그 사본이 원본과 다름없다는 사실을 확인하는 납세자의 서명 또는 날인을 요구할 수 있다.
⑦ 제1항부터 제6항까지에서 규정한 사항 외에 장부등의 일시 보관 방법 및 절차 등에 관하여 필요한 사항은 대통령령으로 정한다.
(2017.12.19 본조개정)

제81조의11 【통합조사의 원칙】 ① 세무조사는 납세자의 사업과 관련하여 세법에 따라 신고·납부의무가 있는 세목을 통합하여 실시하는 것을 원칙으로 한다.(2017.12.19 본항개정)
② 제1항에도 불구하고 다음 각 호의 어느 하나에 해당하는 경우에는 특정한 세목만을 조사할 수 있다.
1. 세목의 특성, 납세자의 신고유형, 사업규모 또는 세금탈루 혐의 등을 고려하여 특정 세목만을 조사할 필요가 있는 경우
2. 조세채권의 확보 등을 위하여 특정 세목만을 긴급히 조사할 필요가 있는 경우
3. 그 밖에 세무조사의 효율성 및 납세자의 편의 등을 고려하여 특정 세목만을 조사할 필요가 있는 경우로서 대통령령으로 정하는 경우
(2017.12.19 본항신설)
③ 제1항 및 제2항에도 불구하고 다음 각 호의 어느 하나에 해당하는 경우에는 해당 호의 사항에 대한 확인을 위하여 필요한 부분에 한정한 조사(이하 "부분조사"라 한다)를 실시할 수 있다.
1. 제45조의2제3항, 「소득세법」 제156조의2제5항 및 제156조의6제5항, 「법인세법」 제98조의4제5항 및 제98조의6제5항에 따른 경정 등의 청구에 대한 처리 또는 제51조제1항에 따른 국세환급금의 결정을 위하여 확인이 필요한 경우(2018.12.31 본호개정)
2. 제65조제1항제3호 단서(제66조제6항 및 제80조의2에서 준용하는 경우를 포함한다) 또는 제81조의15제5항제2호 단서에 따른 재조사 결정에 따라 사실관계의 확인 등이 필요한 경우(2022.12.31 본호개정)
3. 거래상대방에 대한 세무조사 중에 거래 일부의 확인이 필요한 경우
4. 납세자에 대한 구체적인 탈세 제보가 있는 경우로서 해당 탈세 혐의에 대한 확인이 필요한 경우
5. 명의위장, 차명계좌의 이용을 통하여 세금을 탈루한 혐의에 대한 확인이 필요한 경우
6. 그 밖에 세무조사의 효율성 및 납세자의 편의 등을 고려하여 특정 사업장, 특정 항목 또는 특정 거래에 대한 확인이 필요한 경우로서 대통령령으로 정하는 경우
(2017.12.19 본항신설)
④ 제3항제3호부터 제6호까지에 해당하는 사유로 인한 부분조사는 같은 세목 및 같은 과세기간에 대하여 2회를 초과하여 실시할 수 없다.(2017.12.19 본항신설)

제81조의12 【세무조사의 결과 통지】 ① 세무공무원은 세무조사를 마쳤을 때에는 그 조사를 마친 날부터 20일(제11조제1항 각 호의 어느 하나에 해당하는 경우에는 40일) 이내에 다음 각 호의 사항이 포함된 조사결과를 납세자에게 설명하고, 이를 서면으로 통지하여야 한다. 다만, 납세관리인을 정하지 아니하고 국내에 주소 또는 거소를 두지 아니한 경우 등 대통령령으로 정하는 경우에는 그러하지 아니하다.(2018.12.31 단서개정)
1. 세무조사 내용
2. 결정 또는 경정할 과세표준, 세액 및 산출근거
3. 그 밖에 대통령령으로 정하는 사항
(2017.12.19 1호~3호신설)
② 제1항에도 불구하고 세무공무원은 다음 각 호의 어느 하나에 해당하는 사유로 제1항에 따른 기간 이내에 조사결과를 통지할 수 없는 부분이 있는 경우에는 납세자가 동의하는 경우에 한정하여 조사결과를 통지할 수 없는 부분을 제외한 조사결과를 납세자에게 설명하고, 이를 서면으로 통지할 수 있다.
1. 「국제조세조정에 관한 법률」 및 조세조약에 따른 국외자료의 수집·제출 또는 상호합의절차 개시에 따라 외국 과세기관과의 협의가 진행 중인 경우
2. 해당 세무조사와 관련하여 세법의 해석 또는 사실관계 확정을 위하여 기획재정부장관 또는 국세청장에 대한 질의 절차가 진행 중인 경우
(2019.12.31 본항신설)
③ 상호합의절차 종료, 세법의 해석 또는 사실관계 확정을 위한 질의에 대한 회신 등 제2항 각 호에 해당하는 사유가 해소된 때에는 그 사유가 해소된 날부터 20일(제11조제1항 각 호의 어느 하나에 해당하는 경우에는 40일) 이내에 제2항에 따라 통지한 부분 외에 대한 조사결과를 납세자에게 설명하고, 이를 서면으로 통지하여야 한다.(2019.12.31 본항신설)

제81조의13 【비밀 유지】 ① 세무공무원은 납세자가 세법에서 정한 납세의무를 이행하기 위하여 제출한 자료나 국세의 부과·징수를 위하여 업무상 취득한 자료 등(이하 "과세정보"라 한다)을 타인에게 제공 또는 누설하거나 목적 외의 용도로 사용해서는 아니 된다. 다만, 다음 각 호의 어느 하나에 해당하는 경우에는 그 사용 목적에 맞는 범위에서 납세자의 과세정보를 제공할 수 있다.
1. 국가행정기관, 지방자치단체 등이 법률에서 정하는 조세, 과징금의 부과·징수 등을 위하여 사용할 목적으로 과세정보를 요구하는 경우(2019.12.31 본호개정)
2. 국가기관이 조세쟁송이나 조세범 소추(訴追)를 위하여 과세정보를 요구하는 경우
3. 법원의 제출명령 또는 법관이 발부한 영장에 의하여 과세정보를 요구하는 경우
4. 세무공무원 간에 국세의 부과·징수 또는 질문·검사에 필요한 과세정보를 요구하는 경우
5. 통계청장이 국가통계작성 목적으로 과세정보를 요구하는 경우
6. 「사회보장기본법」 제3조제2호에 따른 사회보험의 운영을 목적으로 설립된 기관이 관계 법률에 따른 소관 업무를 수행하기 위하여 과세정보를 요구하는 경우
7. 국가행정기관, 지방자치단체 또는 「공공기관의 운영에 관한 법률」에 따른 공공기관이 급부·지원 등을 위한 자격의 조사·심사 등에 필요한 과세정보를 당사자의 동의를 받아 요구하는 경우
(2014.1.1 6호~7호신설)
8. 「국정감사 및 조사에 관한 법률」 제3조에 따른 조사위원회가 국정조사의 목적을 달성하기 위하여 조사위원회의 의결로 비공개회의에 과세정보의 제공을 요청하는 경우
(2017.12.19 본호신설)
9. 다른 법률의 규정에 따라 과세정보를 요구하는 경우
② 제1항제1호·제2호 및 제5호부터 제9호까지의 규정에 따라 과세정보의 제공을 요구하는 자는 납세자의 인적사항, 과세정

보의 사용목적, 요구하는 과세정보의 내용 및 기간 등을 기재한 문서로 해당 세무관서의 장에게 요구하여야 한다.
(2023.12.31 본항개정)
③ 세무공무원은 제1항 및 제2항을 위반하여 과세정보의 제공을 요구받으면 그 요구를 거부하여야 한다.
④ 제1항에 따라 과세정보를 알게 된 사람은 이를 타인에게 제공 또는 누설하거나 그 목적 외의 용도로 사용해서는 아니 된다.
⑤ 이 조에 따라 과세정보를 제공받아 알게 된 사람 중 공무원이 아닌 사람은 「형법」이나 그 밖의 법률에 따른 벌칙을 적용할 때에는 공무원으로 본다.
⑥ 제1항 단서에 따라 과세정보를 제공받은 자는 과세정보의 유출을 방지하기 위한 시스템의 구축 등 대통령령으로 정하는 바에 따라 과세정보의 안전성 확보를 위한 조치를 하여야 한다.(2019.12.31 본항신설)
(2010.1.1 본조개정)

제81조의14【납세자의 권리 행사에 필요한 정보의 제공】 ① 납세자 본인의 권리 행사에 필요한 정보를 납세자(세무사 등 납세자로부터 세무업무를 위임받은 자를 포함한다)가 요구하는 경우 세무공무원은 신속하게 정보를 제공하여야 한다.
② 제1항에 따라 제공하는 정보의 범위와 수임대상자 등 필요한 사항은 대통령령으로 정한다.
(2014.12.23 본조개정)

제81조의15【과세전적부심사】 ① 세무서장 또는 지방국세청장은 다음 각 호의 어느 하나에 해당하는 경우에는 미리 납세자에게 그 내용을 서면으로 통지(이하 이 조에서 "과세예고통지"라 한다)하여야 한다.
1. 세무서 또는 지방국세청에 대한 지방국세청장 또는 국세청장의 업무감사 결과(현지에서 시정조치하는 경우를 포함한다)에 따라 세무서장 또는 지방국세청장이 과세하는 경우
2. 세무조사에서 확인된 것으로 조사대상자 외의 자에 대한 과세자료 및 현지 확인조사에 따라 세무서장 또는 지방국세청장이 과세하는 경우
3. 납부고지하려는 세액이 100만원 이상인 경우. 다만, 다음 각 목의 경우는 제외한다.(2024.12.31 단서개정)
가. 「감사원법」 제33조에 따른 시정요구에 따라 세무서장 또는 지방국세청장이 과세처분하는 경우로서 시정요구 전에 과세처분 대상자가 감사원의 지적사항에 대한 소명안내를 받은 경우(2024.12.31 본목신설)
나. 제45조의3제1항에 따른 기한후과세표준신고서를 제출한 자가 납부하여야 할 세액을 납부하지 아니하거나 과소납부한 경우로서 세무서장 또는 지방국세청장이 해당 기한후과세표준신고서에 기재된 과세표준 및 세액과 동일하게 과세표준 및 세액을 결정하는 경우(2024.12.31 본목신설)
(2018.12.31 본항신설)
② 다음 각 호의 어느 하나에 해당하는 통지를 받은 자는 통지를 받은 날부터 30일 이내에 통지를 한 세무서장이나 지방국세청장에게 통지 내용의 적법성에 관한 심사[이하 이 조에서 "과세전적부심사"(課稅前適否審査)라 한다]를 청구할 수 있다. 다만, 법령과 관련하여 국세청장의 유권해석을 변경하여야 하거나 새로운 해석이 필요한 경우 등 대통령령으로 정하는 사항에 대해서는 국세청장에게 청구할 수 있다.
1. 제81조의12에 따른 세무조사 결과에 대한 서면통지
2. 제1항 각 호에 따른 과세예고통지(2018.12.31 본호개정)
③ 다음 각 호의 어느 하나에 해당하는 경우에는 제2항을 적용하지 아니한다.(2018.12.31 본문개정)
1. 「국세징수법」 제9조에 규정된 납부기한 전 징수의 사유가 있거나 세법에서 규정하는 수시부과의 사유가 있는 경우
(2020.12.29 본호개정)
2. 「조세범 처벌법」 위반으로 고발 또는 통고처분하는 경우. 다만, 고발 또는 통고처분과 관련 없는 세목 또는 세액에 대해서는 그러하지 아니하다.(2023.12.31 단서신설)
3. 세무조사 결과 통지 및 과세예고통지를 하는 날부터 국세부과 제척기간의 만료일까지의 기간이 3개월 이하인 경우
(2018.12.31 본호개정)
4. 그 밖에 대통령령으로 정하는 경우
④ 과세전적부심사 청구를 받은 세무서장, 지방국세청장 또는 국세청장은 각각 국세심사위원회의 심사를 거쳐 결정을 하고 그 결과를 청구를 받은 날부터 30일 이내에 청구인에게 통지하여야 한다.
⑤ 과세전적부심사 청구에 대한 결정은 다음 각 호의 구분에 따른다.
1. 청구가 이유 없다고 인정되는 경우 : 채택하지 아니한다는 결정
2. 청구가 이유 있다고 인정되는 경우 : 채택하거나 일부 채택하는 결정. 다만, 구체적인 채택의 범위를 정하기 위하여 사실관계 확인 등 추가적으로 조사가 필요한 경우에는 제2항 각 호의 통지를 한 세무서장이나 지방국세청장으로 하여금 이를 재조사하여 그 결과에 따라 당초 통지 내용을 수정하여 통지하도록 하는 재조사 결정을 할 수 있다.(2018.12.31 단서개정)
3. 청구가 다음 각 목의 어느 하나에 해당하는 경우 : 심사하지 아니한다는 결정
가. 제2항에 따른 청구기간이 지난 후에 청구된 경우
나. 과세전적부심사 청구 후 제6항에 따라 준용되는 제63조 제1항에 따른 보정기간에 필요한 보정을 하지 아니한 경우
다. 그 밖에 청구가 적법하지 아니한 경우
(2023.12.31 본호개정)
⑥ 과세전적부심사에 관하여는 제58조, 제59조, 제60조의2, 제61조제3항, 제62조제2항, 제63조, 제64조제1항 단서, 제64조제3항 및 제65조제4항부터 제7항까지의 규정을 준용한다.
(2022.12.31 본항개정)
⑦ 과세전적부심사에 관하여는 「행정심판법」 제15조 · 제16조 · 제20조부터 제22조까지 · 제29조 · 제36조제1항 · 제39조 · 제40조 및 제42조를 준용한다. 이 경우 "심판청구"는 "과세전적부심사 청구"로, "제7조제6항 또는 제8조제7항에 따른 의결"은 "제4항에 따른 과세전적부심사 청구에 대한 결정"으로, "위원회"는 "국세심사위원회"로 본다.(2015.12.15 본항개정)
⑧ 제2항 각 호의 어느 하나에 해당하는 통지를 받은 자는 과세전적부심사를 청구하지 아니하고 통지를 한 세무서장이나 지방국세청장에게 통지받은 내용의 전부 또는 일부에 대하여 과세표준 및 세액을 조기에 결정하거나 경정결정해 줄 것을 신청할 수 있다. 이 경우 해당 세무서장이나 지방국세청장은 신청받은 내용대로 즉시 결정이나 경정결정을 하여야 한다.
(2018.12.31 전단개정)
⑨ 과세전적부심사의 신청, 방법, 그 밖에 필요한 사항은 대통령령으로 정한다.
(2010.1.1 본조개정)

제81조의16【국세청장의 납세자 권리보호】 ① 국세청장은 직무를 수행할 때에 납세자의 권리가 보호되고 실현될 수 있도록 성실하게 노력하여야 한다.(2020.6.9 본항개정)
② 납세자의 권리보호를 위하여 국세청에 납세자 권리보호업무를 총괄하는 납세자보호관을 두고, 세무서 및 지방국세청에 납세자 권리보호업무를 수행하는 담당관을 각각 1인을 둔다.
③ 국세청장은 제2항에 따른 납세자보호관을 개방형직위로 운영하고 납세자보호관 및 담당관이 업무를 수행할 때에 독립성이 보장될 수 있도록 하여야 한다. 이 경우 납세자보호관은 조세 · 법률 · 회계 분야의 전문지식과 경험을 갖춘 사람으로서 다음 각 호의 어느 하나에 해당하지 아니하는 사람을 대상으로 공개모집한다.(2020.6.9 전단개정)
1. 세무공무원
2. 세무공무원으로 퇴직한 지 3년이 지나지 아니한 사람
(2017.12.19 1호~2호신설)
④ 국세청장은 납세자 권리보호업무의 추진실적 등의 자료를 제85조의6제2항에 따라 일반 국민에게 정기적으로 공개하여야 한다.(2016.12.20 본항신설)
⑤ 납세자보호관 및 담당관의 자격 · 직무 · 권한 등 납세자보호관 제도의 운영에 필요한 사항은 대통령령으로 정한다.
(2010.1.1 본조신설)

제81조의17【납세자의 협력의무】 납세자는 세무공무원의 적법한 질문 · 조사, 제출명령에 대하여 성실하게 협력하여야 한다.(2014.1.1 본조신설)

제81조의18 【납세자보호위원회】 ① 납세자 권리보호에 관한 사항을 심의하기 위하여 세무서, 지방국세청 및 국세청에 납세자보호위원회(이하 "납세자보호위원회"라 한다)를 둔다.
(2017.12.19 본항개정)
② 제1항에 따라 세무서에 두는 납세자보호위원회(이하 "세무서 납세자보호위원회"라 한다) 및 지방국세청에 두는 납세자보호위원회(이하 "지방국세청 납세자보호위원회"라 한다)는 다음 각 호의 사항을 심의한다.
1. 세무조사의 대상이 되는 과세기간 중 연간 수입금액 또는 양도가액이 가장 큰 과세기간의 연간 수입금액 또는 양도가액이 100억원 미만(부가가치세에 대한 세무조사의 경우 1과세기간 공급가액의 합계액이 50억원 미만)인 납세자(이하 이 조에서 "중소규모납세자"라 한다) 외의 납세자에 대한 세무조사(「조세범 처벌절차법」 제2조제3호에 따른 "조세범칙조사"는 제외한다. 이하 이 조에서 같다) 기간의 연장. 다만, 제81조의8제1항제6호에 따라 조사대상자가 해명 등을 위하여 연장을 신청한 경우는 제외한다.
2. 중소규모납세자 이외의 납세자에 대한 세무조사 범위의 확대
3. 제81조의8제3항에 따른 세무조사 기간 연장 및 세무조사 범위 확대에 대한 중소규모납세자의 세무조사 일시중지 및 중지 요청
4. 위법·부당한 세무조사 및 세무조사 중 세무공무원의 위법·부당한 행위에 대한 납세자의 세무조사 일시중지 및 중지 요청
5. 제81조의10제4항 단서에 따른 장부등의 일시 보관 기간 연장
6. 그 밖에 납세자의 권리보호를 위하여 납세자보호담당관이 심의가 필요하다고 인정하는 안건
(2017.12.19 본항개정)
③ 제1항에 따라 국세청에 두는 납세자보호위원회(이하 "국세청 납세자보호위원회"라 한다)는 다음 각 호의 사항을 심의한다.
1. 제2항제1호부터 제4호까지의 사항에 대하여 세무서 납세자보호위원회 또는 지방국세청 납세자보호위원회의 심의를 거친 세무서장 또는 지방국세청장의 결정에 대한 납세자의 취소 또는 변경 요청
2. 그 밖에 납세자의 권리보호를 위한 국세행정의 제도 및 절차 개선 등으로서 납세자보호위원회의 위원장 또는 납세자보호관이 심의가 필요하다고 인정하는 사항(2019.12.31 본호개정)
(2017.12.19 본항개정)
④ 납세자보호위원회는 위원장 1명을 포함한 18명 이내의 위원으로 구성한다.(2017.12.19 본항신설)
⑤ 납세자보호위원회의 위원장은 다음 각 호의 구분에 따른 사람이 된다.
1. 세무서 납세자보호위원회 : 공무원이 아닌 사람 중에서 세무서장의 추천을 받아 지방국세청장이 위촉하는 사람
2. 지방국세청 납세자보호위원회 : 공무원이 아닌 사람 중에서 지방국세청장의 추천을 받아 국세청장이 위촉하는 사람
3. 국세청 납세자보호위원회 : 공무원이 아닌 사람 중에서 기획재정부장관의 추천을 받아 국세청장이 위촉하는 사람
(2017.12.19 본항신설)
⑥ 납세자보호위원회의 위원은 세무 분야에 전문적인 학식과 경험이 풍부한 사람과 관계 공무원 중에서 국세청장(세무서 납세자보호위원회의 위원은 지방국세청장)이 임명 또는 위촉한다.(2017.12.19 본항개정)
⑦ 납세자보호위원회의 위원은 업무 중 알게 된 과세정보를 타인에게 제공 또는 누설하거나 목적 외의 용도로 사용해서는 아니 된다.
⑧ 납세자보호위원회의 위원은 공정한 심의를 기대하기 어려운 사정이 있다고 인정될 때에는 대통령령으로 정하는 바에 따라 위원회 회의에서 제척되거나 회피하여야 한다.(2014.12.23 본항신설)
⑨ 납세자보호위원회의 위원 중 공무원이 아닌 사람은 「형법」 제127조 및 제129조부터 제132조까지의 규정을 적용할 때에는 공무원으로 본다.(2017.12.19 본항신설)
⑩ 납세자보호위원회의 구성 및 운영 등에 관하여 필요한 사항은 대통령령으로 정한다.
⑪ 납세자보호관은 납세자보호위원회의 의결사항에 대한 이행 여부 등을 감독한다.
(2014.1.1 본조신설)

제81조의19 【납세자보호위원회에 대한 납세자의 심의 요청 및 결과 통지 등】 ① 납세자는 세무조사 기간이 끝나는 날까지 세무서장 또는 지방국세청장에게 제81조의18제2항제3호 또는 제4호에 해당하는 사항에 대한 심의를 요청할 수 있다.
② 세무서장 또는 지방국세청장은 제81조의18제2항제1호부터 제5호까지의 사항에 대하여 세무서 납세자보호위원회 또는 지방국세청 납세자보호위원회의 심의를 거쳐 결정을 하고, 납세자에게 그 결과를 통지하여야 한다. 이 경우 제81조의18제2항제3호 또는 제4호에 대한 결과는 제1항에 따른 요청을 받은 날부터 20일 이내에 통지하여야 한다.
③ 납세자는 제2항에 따라 통지를 받은 날부터 7일 이내에 제81조의18제2항제1호부터 제4호까지의 사항으로서 세무서 납세자보호위원회 또는 지방국세청 납세자보호위원회의 심의를 거친 세무서장 또는 지방국세청장의 결정에 대하여 국세청장에게 취소 또는 변경을 요청할 수 있다.
④ 제3항에 따른 납세자의 요청을 받은 국세청장은 국세청 납세자보호위원회의 심의를 거쳐 세무서장 및 지방국세청장의 결정을 취소하거나 변경할 수 있다. 이 경우 국세청장은 요청받은 날부터 20일 이내에 그 결과를 납세자에게 통지하여야 한다.
⑤ 제81조의16제2항에 따른 납세자보호관 또는 담당관은 납세자가 제1항 또는 제3항에 따른 요청을 하는 경우에는 납세자보호위원회의 심의 전까지 세무공무원에게 세무조사의 일시중지 등을 요구할 수 있다. 다만, 납세자가 세무조사를 기피하려는 것이 명백한 경우 등 대통령령으로 정하는 경우에는 그러하지 아니하다.
⑥ 납세자보호위원회는 제81조의18제2항제3호 또는 제4호에 따른 요청이 있는 경우 그 의결로 세무조사의 일시중지 및 중지를 세무공무원에게 요구할 수 있다. 이 경우 납세자보호위원회는 정당한 사유 없이 위원회의 요구에 따르지 아니하는 세무공무원에 대하여 국세청장에게 징계를 건의할 수 있다.
⑦ 제1항 및 제3항에 따른 요청을 한 납세자는 대통령령으로 정하는 바에 따라 세무서장, 지방국세청장 또는 국세청장에게 의견을 진술할 수 있다.
⑧ 제1항부터 제7항까지에서 규정한 사항 외에 납세자보호위원회에 대한 납세자의 심의 요청 및 결과 통지 등에 필요한 사항은 대통령령으로 정한다.
(2017.12.19 본조신설)

제8장 보 칙

(2010.1.1 본장개정)

제82조 【납세관리인】 ① 납세자가 국내에 주소 또는 거소를 두지 아니하거나 국외로 주소 또는 거소를 이전할 때에는 국세에 관한 사항을 처리하기 위하여 납세관리인을 정하여야 한다.
② 납세자는 국세에 관한 사항을 처리하게 하기 위하여 변호사, 세무사 또는 「세무사법」에 따른 세무사등록부 또는 공인회계사 세무대리업무등록부에 등록한 공인회계사를 납세관리인으로 둘 수 있다.(2021.11.23 본항개정)
③ 제1항과 제2항에 따라 납세관리인을 정한 납세자는 대통령령으로 정하는 바에 따라 관할 세무서장에게 신고하여야 한다. 납세관리인을 변경하거나 해임할 때에도 또한 같다.
④ 관할 세무서장은 납세자가 제3항에 따른 신고를 하지 아니할 때에는 납세자의 재산이나 사업의 관리인을 납세관리인으로 정할 수 있다.
⑤ 세무서장이나 지방국세청장은 「상속세 및 증여세법」에 따라 상속세를 부과할 때에 납세관리인이 있는 경우를 제외하고 상속인이 확정되지 아니하였거나 상속인이 상속재산을 처분할 권한이 없는 경우에는 특별한 규정이 없으면 추정상속인, 유언집행자 또는 상속재산관리인에 대하여 「상속세 및 증여세법」 중 상속인 또는 수유자(受遺者)에 관한 규정을 적용할 수 있다.

⑥ 비거주자인 상속인이 금융회사 등에 상속재산의 지급·명의개서 또는 명의변경을 청구하려면 제1항에 따라 납세관리인을 정하여 납세지 관할 세무서장에게 신고하고, 그 사실에 관한 확인서를 발급받아 금융회사 등에 제출하여야 한다.

제83조【고지금액의 최저한도】 고지할 국세(인지세는 제외한다) 및 강제징수비를 합친 금액이 대통령령으로 정하는 금액 미만일 때에는 그 금액은 없는 것으로 본다.(2020.12.22 본조개정)

제84조【국세행정에 대한 협조】 ① 세무공무원은 직무를 집행할 때 필요하면 국가기관, 지방자치단체 또는 그 소속 공무원에게 협조를 요청할 수 있다.

② 제1항의 요청을 받은 자는 정당한 사유가 없으면 협조하여야 한다.

③ 정부는 납세지도(納稅指導)를 담당하는 단체에 그 납세지도 경비의 전부 또는 일부를 대통령령으로 정하는 바에 따라 교부금으로 지급할 수 있다.

제84조의2【포상금의 지급】 ① 국세청장은 다음 각 호의 어느 하나에 해당하는 자에게는 20억원(제1호에 해당하는 자에게는 40억원으로 하고, 제2호에 해당하는 자에게는 30억원으로 한다)의 범위에서 포상금을 지급할 수 있다. 다만, 탈루세액, 부당하게 환급·공제받은 세액, 은닉재산의 신고를 통하여 징수된 금액 또는 해외금융계좌 신고의무 불이행에 따른 과태료가 대통령령으로 정하는 금액 미만인 경우 또는 공무원이 그 직무와 관련하여 자료를 제공하거나 은닉재산을 신고한 경우에는 포상금을 지급하지 아니한다.(2021.12.21 본문개정)

1. 조세를 탈루한 자에 대한 탈루세액 또는 부당하게 환급·공제받은 세액을 산정하는 데 중요한 자료를 제공한 자(2011.12.31 본호개정)
2. 체납자의 은닉재산을 신고한 자
3. 다음 각 목의 어느 하나에 해당하는 경우로서 해당 각 목의 행위를 한 신용카드가맹점(「여신전문금융업법」에 따른 신용카드가맹점으로서 「소득세법」 제162조의2제1항 및 「법인세법」 제117조제1항에 따라 가입한 신용카드가맹점을 말한다)을 신고한 자. 다만, 신용카드(신용카드와 유사한 것으로서 대통령령으로 정하는 것을 포함한다. 이하 이 조에서 같다) 결제 대상 거래금액이 5천원 미만인 경우는 제외한다.
   가. 신용카드로 결제할 것을 요청하였으나 이를 거부하는 경우
   나. 신용카드매출전표(신용카드매출전표와 유사한 것으로서 대통령령으로 정하는 것을 포함한다)를 사실과 다르게 발급하는 경우로서 대통령령으로 정하는 경우
4. 다음 각 목의 어느 하나에 해당하는 경우로서 해당 각 목의 행위를 한 현금영수증가맹점(「조세특례제한법」 제126조의3제1항에 따른 현금영수증가맹점을 말한다)을 신고한 자. 다만, 「조세특례제한법」 제126조의3제4항에 따른 현금영수증(이하 "현금영수증"이라 한다) 발급 대상 거래금액이 5천원 미만인 경우는 제외한다.
   가. 현금영수증의 발급을 거부하는 경우
   나. 현금영수증을 사실과 다르게 발급하는 경우로서 대통령령으로 정하는 경우

4의2. 「소득세법」 제162조의3제4항 또는 「법인세법」 제117조의2제4항에 따른 현금영수증 발급의무를 위반한 자를 신고한 자(2014.12.23 본호신설)

5. 타인의 명의를 사용하여 사업을 경영하는 자를 신고한 자
6. 「국제조세조정에 관한 법률」 제53조에 따른 해외금융계좌 신고의무 위반행위를 적발하는 데 중요한 자료를 제공한 자(2020.12.22 본호개정)
7. 타인 명의로 되어 있는 다음 각 목의 어느 하나에 해당하는 사업자의 「금융실명거래 및 비밀보장에 관한 법률」 제2조제2호에 따른 금융자산을 신고한 자
   가. 법인
   나. 복식부기의무자(2016.12.20 본목개정)

(2013.1.1 본호신설)

② 제1항제1호 및 제6호에 따른 중요한 자료는 다음 각 호의 구분에 따른 것으로 한다.

1. 제1항제1호의 경우 : 다음 각 목의 어느 하나에 해당하는 것
   가. 조세탈루 또는 부당하게 환급·공제받은 내용을 확인할 수 있는 거래처, 거래일 또는 거래기간, 거래품목, 거래수량 및 금액 등 구체적 사실이 기재된 자료 또는 장부[자료 또는 장부 제출 당시에 세무조사(「조세범 처벌절차법」에 따른 조세범칙조사를 포함한다)가 진행 중인 것은 제외한다. 이하 이 조에서 "자료"라 한다](2018.12.31 본목개정)
   나. 가목에 해당하는 자료의 소재를 확인할 수 있는 구체적인 정보
   다. 그 밖에 조세탈루 또는 부당하게 환급·공제받은 수법, 내용, 규모 등의 정황으로 보아 중요한 자료로 인정할 만한 자료로서 대통령령으로 정하는 자료
2. 제1항제6호의 경우 : 「국제조세조정에 관한 법률」 제52조제3호에 따른 해외금융계좌정보를 제공함으로써 같은 법 제62조에 따른 과태료 부과 또는 「조세범 처벌법」 제16조에 따른 처벌의 근거로 활용할 수 있는 자료(2020.12.22 본호개정)

(2011.12.31 본항개정)

③ 제1항제2호에서 "은닉재산"이란 체납자가 은닉한 현금, 예금, 주식, 그 밖에 재산적 가치가 있는 유형·무형의 재산을 말한다. 다만, 다음 각 호의 어느 하나에 해당하는 재산은 제외한다.

1. 「국세징수법」 제25조에 따른 사해행위(詐害行爲) 취소소송의 대상이 되어 있는 재산(2020.12.29 본호개정)
2. 세무공무원이 은닉사실을 알고 조사 또는 강제징수 절차를 시작한 재산(2020.12.22 본호개정)
3. 그 밖에 체납자의 은닉재산을 신고받을 필요가 없다고 인정되는 재산으로서 대통령령으로 정하는 것

④ 제1항 각 호에 따른 자료 제공 또는 신고는 문서, 팩스, 전화자동응답시스템 또는 인터넷 홈페이지를 통하여 하여야 한다. 이 경우 다음 각 호의 요건을 모두 갖추어야 한다.(2015.12.15 본문개정)

1. 본인의 성명과 주소를 적거나 진술할 것(2015.12.15 본호신설)
2. 서명[「전자서명법」 제2조제2호에 따른 전자서명(서명자의 실지명의를 확인할 수 있는 것을 말한다)을 포함한다], 날인 또는 그 밖에 본인임을 확인할 수 있는 인증을 할 것(2020.6.9 본호개정)
3. 객관적으로 확인되는 증거자료 등을 제출할 것(2015.12.15 본호신설)

⑤ 제1항에 따른 포상금 지급과 관련된 업무를 담당하는 공무원은 신고자 또는 자료 제공자의 신원 등 신고 또는 제보와 관련된 사항을 그 목적 외의 용도로 사용하거나 타인에게 제공 또는 누설해서는 아니 된다.

⑥ 제1항에 따른 포상금의 지급기준, 지급 방법 및 신고기간과 제4항에 따른 신고의 방법 및 증거자료 제출 등에 관하여 필요한 사항은 대통령령으로 정한다.(2015.12.15 본항개정)

제85조【과세자료의 제출과 그 수집에 대한 협조】 ① 세법에 따라 과세자료를 제출할 의무가 있는 자는 과세자료를 성실하게 작성하여 정해진 기한까지 소관 세무서장에게 제출하여야 한다. 다만, 국세정보통신망을 이용하여 제출하는 경우에는 지방국세청장이나 국세청장에게 제출할 수 있다.

② 국가기관, 지방자치단체, 금융회사 등 또는 전자계산·정보처리시설을 보유한 자는 과세와 관계되는 자료 또는 통계를 수집하거나 작성하였을 때에는 국세청장에게 통보하여야 한다.(2020.6.9 본항개정)

제85조의2【지급명세서 자료의 이용】 「금융실명거래 및 비밀보장에 관한 법률」 제4조제4항에도 불구하고 세무서장(지방국세청장, 국세청장을 포함한다)은 「소득세법」 제164조 및 「법인세법」 제120조에 따라 제출받은 이자소득 또는 배당소득에 대한 지급명세서를 다음 각 호의 어느 하나에 해당하는 용도에 이용할 수 있다.

1. 상속·증여 재산의 확인
2. 조세탈루의 혐의를 인정할 만한 명백한 자료의 확인
3. 「조세특례제한법」 제100조의3에 따른 근로장려금 신청자격의 확인

제85조의3【장부 등의 비치와 보존】 ① 납세자는 각 세법에서 규정하는 바에 따라 모든 거래에 관한 장부 및 증거서류를 성실하게 작성하여 갖춰 두어야 한다. 이 경우 장부 및 증거서류 중 「국제조세조정에 관한 법률」 제16조제4항에 따라 과세당국이 납세의무자에게 제출하도록 요구할 수 있는 자료의 경우에는 「소득세법」 제6조 또는 「법인세법」 제9조에 따른 납세지(「소득세법」 제9조 또는 「법인세법」 제10조에 따라 국세청장이나 관할지방국세청장이 지정하는 납세지를 포함한다)에 갖춰 두어야 한다.(2022.12.31 후단신설)

② 제1항에 따른 장부 및 증거서류는 그 거래사실이 속하는 과세기간에 대한 해당 국세의 법정신고기한이 지난 날부터 5년간(역외거래의 경우 7년간) 보존하여야 한다. 다만, 제26조의2제3항에 해당하는 경우에는 같은 항에서 규정한 날까지 보존하여야 한다.(2022.12.31 본문개정)

③ 납세자는 제1항에 따른 장부와 증거서류의 전부 또는 일부를 전산조직을 이용하여 작성할 수 있다. 이 경우 그 처리과정 등을 대통령령으로 정하는 기준에 따라 자기테이프, 디스켓 또는 그 밖의 정보보존 장치에 보존하여야 한다.

④ 제1항을 적용하는 경우 「전자문서 및 전자거래 기본법」 제5조제2항에 따른 전자화문서로 변환하여 같은 법 제31조의2에 따른 공인전자문서센터에 보관한 경우에는 제1항에 따라 장부 및 증거서류를 갖춘 것으로 본다. 다만, 계약서 등 위조·변조하기 쉬운 장부 및 증거서류로서 대통령령으로 정하는 것은 그러하지 아니하다.(2012.6.1 본문개정)

제85조의4【서류접수증 발급】 ① 납세자 또는 세법에 따라 과세자료를 제출할 의무가 있는 자(이하 "납세자등"이라 한다)로부터 과세표준신고서, 과세표준수정신고서, 경정청구서 또는 과세표준신고·과세표준수정신고·경정청구와 관련된 서류 및 그 밖에 대통령령으로 정하는 서류를 받는 경우에는 세무공무원은 납세자등에게 접수증을 발급하여야 한다. 다만, 우편신고 등 대통령령으로 정하는 경우에는 접수증을 발급하지 아니할 수 있다.

② 납세자등으로부터 제1항의 신고서 등을 국세정보통신망을 통해 받은 경우에는 그 접수사실을 전자적 형태로 통보할 수 있다.

제85조의5【불성실기부금수령단체 등의 명단 공개】 ① 국세청장은 제81조의13과 「국제조세조정에 관한 법률」 제57조에도 불구하고 다음 각 호의 어느 하나에 해당하는 자의 인적사항 등을 공개할 수 있다. 다만, 체납된 국세가 이의신청·심사청구 등 불복청구 중에 있거나 그 밖에 대통령령으로 정하는 사유가 있는 경우에는 그러하지 아니하다.(2020.12.22 본문개정)

1. (2020.12.22 삭제)
2. 대통령령으로 정하는 불성실기부금수령단체(이하 이 조에서 "불성실기부금수령단체"라 한다)의 인적사항, 국세추징명세 등
3. 「조세범 처벌법」 제3조제1항, 제4조 및 제5조에 따른 범죄로 유죄판결이 확정된 자로서 「조세범 처벌법」 제3조제1항에 따른 포탈세액 등이 연간 2억원 이상인 자(이하 "조세포탈범"이라 한다)의 인적사항, 포탈세액 등(2016.12.20 본호개정)
4. 「국제조세조정에 관한 법률」 제53조제1항에 따른 계좌신고의무자로서 신고기한 내에 신고하지 아니한 금액이나 과소신고한 금액이 50억원을 초과하는 자(이하 이 조에서 "해외금융계좌신고의무위반자"라 한다)의 인적사항, 신고의무 위반금액 등(2021.12.21 본호개정)
5. 「특정범죄 가중처벌 등에 관한 법률」 제8조의2에 따른 범죄로 유죄판결이 확정된 사람(이하 "세금계산서발급의무등위반자"라 한다)의 인적사항, 부정 기재한 공급가액 등의 합계액 등(2021.12.21 본호신설)

② 제1항에 따른 불성실기부금수령단체, 조세포탈범, 해외금융계좌신고의무위반자 또는 세금계산서발급의무등위반자의 인적사항, 국세추징명세, 포탈세액, 신고의무 위반금액, 부정 기재한 공급가액 등의 합계액 등에 대한 공개 여부를 심의하고 「국세징수법」 제115조제1항제3호에 따른 체납자에 대한 감치 필요성 여부를 의결하기 위하여 국세청에 국세정보위원회(이하 이 조에서 "위원회"라 한다)를 둔다.(2021.12.21 본항개정)

③ 위원회의 위원은 공정한 심의를 기대하기 어려운 사정이 있다고 인정될 때에는 대통령령으로 정하는 바에 따라 위원회 회의에서 제척되거나 회피하여야 한다.(2019.12.31 본항개정)

④ 국세청장은 위원회의 심의를 거친 공개 대상자에게 불성실기부금수령단체 또는 해외금융계좌신고의무위반자 명단 공개 대상자임을 통지하여 소명 기회를 주어야 하며, 통지일부터 6개월이 지난 후 위원회로 하여금 기부금영수증 발급명세의 작성·보관 의무 이행 또는 해외금융계좌의 신고의무 이행 등을 고려하여 불성실기부금수령단체 또는 해외금융계좌신고의무위반자 명단 공개 여부를 재심의하게 한 후 공개대상자를 선정한다.(2021.12.21 본항개정)

⑤ 제1항에 따른 공개는 관보에 게재하거나 국세정보통신망 또는 관할세무서 게시판에 게시하는 방법으로 한다.

⑥ 제1항부터 제4항까지의 규정에 따른 불성실기부금수령단체, 조세포탈범, 해외금융계좌신고의무위반자 또는 세금계산서발급의무등위반자 명단 공개와 관련하여 필요한 사항 및 위원회의 구성·운영 등에 필요한 사항은 대통령령으로 정한다.(2021.12.21 본항개정)

(2020.12.22 본조제목개정)

제85조의6【통계자료의 작성 및 공개 등】 ① 국세청장은 조세정책의 수립 및 평가 등에 활용하기 위하여 과세정보를 분석·가공한 통계자료(이하 "통계자료"라 한다)를 작성·관리하여야 한다. 이 경우 통계자료는 납세자의 과세정보를 직접적 방법 또는 간접적인 방법으로 확인할 수 없도록 작성되어야 한다.(2015.12.15 전단개정)

② 세원의 투명성, 국민의 알권리 보장 및 국세행정의 신뢰증진을 위하여 국세청장은 통계자료를 제85조의5제2항에 따른 국세정보위원회의 심의를 거쳐 일반 국민에게 정기적으로 공개하여야 한다.(2019.12.31 본항개정)

③ 국세청장은 제2항에 따라 국세정보를 공개하기 위하여 예산의 범위 안에서 국세정보시스템을 구축·운용할 수 있다.(2014.1.1 본항신설)

④ 국세청장은 다음 각 호의 경우에 그 목적의 범위에서 통계자료를 제공하여야 하고 제공한 통계자료의 사본을 기획재정부장관에게 송부하여야 한다.

1. 국회 소관 상임위원회가 의결로 세법의 제정법률안·개정법률안, 세입예산안의 심사 및 국정감사, 그 밖의 의정활동에 필요한 통계자료를 요구하는 경우(2020.6.9 본호개정)
2. 국회예산정책처장이 의장의 허가를 받아 세법의 제정법률안·개정법률안에 대한 세수추계 또는 세입예산안의 분석을 위하여 필요한 통계자료를 요구하는 경우

⑤ 국세청장은 제81조의13제1항 각 호 외의 부분 본문에도 불구하고 국회 소관 상임위원회가 의결로 국세의 부과·징수·감면 등에 관한 자료를 요구하는 경우에는 그 사용목적에 맞는 범위에서 과세정보를 납세자 개인정보를 직접적인 방법 또는 간접적인 방법으로 확인할 수 없도록 가공하여 제공하여야 한다.(2020.12.22 본항개정)

⑥ 국세청장은 「정부출연연구기관 등의 설립·운영 및 육성에 관한 법률」 제8조제1항에 따라 설립된 연구기관의 장이 조세정책의 연구를 목적으로 통계자료를 요구하는 경우 그 사용 목적에 맞는 범위안에서 제공할 수 있다. 이 경우 통계자료의 범위, 제공 절차, 비밀유지 등에 관하여 필요한 사항은 대통령령으로 정한다.(2017.12.19 전단개정)

⑦ 국세청장은 다음 각 호의 어느 하나에 해당하는 자가 조세정책의 평가 및 연구 등에 활용하기 위하여 통계자료 작성에 사용된 기초자료(이하 "기초자료"라 한다)를 직접 분석하기를 원하는 경우 제81조의13제1항 각 호 외의 부분 본문에도 불구하고 국세청 내에 설치된 대통령령으로 정하는 시설 내에서 기초자료를 그 사용목적에 맞는 범위에서 제공할 수 있다. 이 경우 기초자료는 개별 납세자의 과세정보를 직접적 또는 간접적 방법으로 확인할 수 없는 상태로 제공하여야 한다.

1. 국회의원(2021.12.21 본호신설)
2. 「국회법」에 따른 국회사무총장·국회도서관장·국회예산정책처장·국회입법조사처장 및 「국회미래연구원법」에 따른 국회미래연구원장
3. 「정부조직법」 제2조에 따른 중앙행정기관의 장

4. 「지방자치법」 제2조에 따른 지방자치단체의 장
5. 그 밖에 「정부출연연구기관 등의 설립·운영 및 육성에 관한 법률」 제2조에 따른 정부출연연구기관의 장 등 대통령령으로 정하는 자
(2019.12.31 본항신설)
⑧ 국세청장은 조세정책의 평가 및 연구를 목적으로 기초자료를 이용하려는 자가 소득세 관련 기초자료의 일부의 제공을 요구하는 경우에는 제7항 및 제81조의13제1항 각 호 외의 부분 본문에도 불구하고 소득세 관련 기초자료의 일부를 검증된 통계작성기법을 적용하여 표본 형태로 처리한 기초자료(이하 "표본자료"라 한다)를 대통령령으로 정하는 방법에 따라 제공할 수 있다. 이 경우 표본자료는 그 사용 목적에 맞는 범위에서 개별 납세자의 과세정보를 직접적 또는 간접적 방법으로 확인할 수 없는 상태로 가공하여 제공하여야 한다.(2020.12.22 본항신설)
⑨ 제4항 및 제6항에 따라 제공되거나 송부된 통계자료(제2항에 따라 공개된 것은 제외한다), 제7항에 따라 제공된 기초자료 및 제8항에 따라 제공된 표본자료를 알게 된 자는 그 통계자료, 기초자료 및 표본자료를 목적 외의 용도로 사용해서는 아니 된다.(2020.12.22 본항개정)
⑩ 제4항에 따른 통계자료, 제7항에 따른 기초자료 및 제8항에 따른 표본자료의 제공 절차 등에 관하여 필요한 사항은 대통령령으로 정한다.(2020.12.22 본항개정)
(2019.12.31 본조제목개정)

제86조 【가족관계등록 전산정보의 공동이용】 국세청장, 지방국세청장, 세무서장 및 조세심판원장은 심사·심판 및 과세전적부심사 업무를 처리할 때 제56조제1항 단서 및 제81조의15제7항에 따라 「행정심판법」 제16조에 따른 청구인 지위 승계의 신고 또는 허가 업무를 처리하기 위하여 「전자정부법」에 따라 「가족관계의 등록 등에 관한 법률」 제11조제4항에 따른 전산정보자료를 공동이용(「개인정보 보호법」 제2조제2호에 따른 처리를 포함한다)할 수 있다.(2018.12.31 본조개정)

제87조 【금품 수수 및 공여에 대한 징계 등】 ① 세무공무원이 그 직무와 관련하여 금품을 수수(收受)하였을 때에는 「국가공무원법」 제82조에 따른 징계절차에서 그 금품 수수액의 5배 이내의 징계부가금 부과 의결을 징계위원회에 요구하여야 한다.
② 징계대상 세무공무원이 제1항에 따른 징계부가금 부과 의결 전후에 금품 수수를 이유로 다른 법률에 따라 형사처벌을 받거나 변상책임 등을 이행한 경우(몰수나 추징을 당한 경우를 포함한다)에는 징계위원회에 감경된 징계부가금 부과 의결 또는 징계부가금 감면을 요구하여야 한다.
③ 제1항 및 제2항에 따른 징계부가금 부과 의결의 요구(감면요구를 포함한다)는 5급 이상 공무원 및 고위공무원단에 속하는 일반직공무원은 국세청장(세법에 따라 국세에 관한 사무를 세관장이 관장하는 경우에는 관세청장)이, 6급 이하의 공무원은 소속 기관의 장 또는 소속 상급기관의 장이 한다.
④ 제1항에 따라 징계부가금 부과처분을 받은 세무공무원이 납부기간 내에 그 부가금을 납부하지 아니한 때에는 징계권자는 국세강제징수의 예에 따라 징수할 수 있다.(2020.12.22 본항개정)
(2018.12.31 본조신설)

제9장 벌 칙
(2018.12.31 본장신설)

제88조 【직무집행 거부 등에 대한 과태료】 ① 관할 세무서장은 세법의 질문·조사권 규정에 따른 세무공무원의 질문에 대하여 거짓으로 진술하거나 그 직무집행을 거부 또는 기피한 자에게 5천만원 이하의 과태료를 부과·징수한다.(2022.12.31 본항개정)
② 제1항에 따른 과태료의 부과기준은 대통령령으로 정한다.(2021.12.21 본항신설)

제89조 【금품 수수 및 공여에 대한 과태료】 ① 관할 세무서장 또는 세관장은 세무공무원에게 금품을 공여한 자에게 그 금품 상당액의 2배 이상 5배 이하의 과태료를 부과·징수한다. 다만, 「형법」 등 다른 법률에 따라 형사처벌을 받은 경우에는 과태료를 부과하지 아니하고, 과태료를 부과한 후 형사처벌을 받은 경우에는 과태료 부과를 취소한다.
② 제1항 본문에 따른 과태료의 부과기준은 대통령령으로 정한다.(2021.12.21 본항신설)

제90조 【비밀유지 의무 위반에 대한 과태료】 ① 국세청장은 제81조의13제1항에 따라 알게 된 과세정보를 타인에게 제공 또는 누설하거나 그 목적 외의 용도로 사용한 자에게 2천만원 이하의 과태료를 부과·징수한다. 다만, 「형법」 등 다른 법률에 따라 형사처벌을 받은 경우에는 과태료를 부과하지 아니하고, 과태료를 부과한 후 형사처벌을 받은 경우에는 과태료 부과를 취소한다.
② 제1항 본문에 따른 과태료의 부과기준은 대통령령으로 정한다.(2021.12.21 본항신설)
(2019.12.31 본조신설)

부 칙 (2017.12.19)

제1조 【시행일】 이 법은 2018년 1월 1일부터 시행한다. 다만, 제81조의12, 제81조의18 및 제81조의19의 개정규정은 2018년 4월 1일부터 시행하고, 제46조의2의 개정규정은 2019년 1월 1일부터 시행한다.

제2조 【국세부과의 제척기간에 관한 적용례 등】 ① 제26조의2제2항제4호 및 제5호의 개정규정은 이 법 시행 이후 제26조의2제2항제3호에 따른 경정청구 또는 조정권고가 있거나 판결이 확정되는 경우부터 적용한다.
② 이 법 시행 전에 제26조의2제1항에 따라 제척기간이 만료된 경우에는 제26조의2제2항제4호 및 제5호의 개정규정에도 불구하고 종전의 규정에 따른다.

제3조 【소멸시효에 관한 적용례】 제28조제3항의 개정규정은 이 법 시행 이후 신고 또는 고지하는 분부터 적용한다.

제4조 【무신고가산세, 과소신고·초과환급신고가산세 및 납부불성실·환급불성실가산세에 관한 적용례】 ① 제47조의2제6항의 개정규정은 이 법 시행 이후 개시하는 과세기간 분부터 적용한다.
② 제47조의3제1항 각 호 외의 부분의 개정규정은 이 법 시행 이후 납세의무가 성립하는 분부터 적용한다.
③ 제47조의3제4항제3호 및 제47조의4제3항제5호의 개정규정은 이 법 시행 이후 양도소득세를 수정신고하거나 결정 또는 경정하는 분부터 적용한다.

제5조 【가산세 감면 등에 관한 적용례】 제48조제2항제3호다목 및 라목의 개정규정은 이 법 시행 이후 도래하는 확정신고기한까지 신고하거나 수정하여 신고하는 분부터 적용한다.

제6조 【국세환급금 충당에 관한 적용례】 제51조제8항의 개정규정은 이 법 시행 이후 최초로 지급결정하는 국세환급금을 충당하는 분부터 적용한다.

제7조 【세무조사에 관한 적용례】 제81조의2제1항·제3항, 제81조의4제2항제6호, 제81조의7제1항·제4항, 제81조의10, 제81조의11제2항부터 제4항까지의 개정규정은 이 법 시행 이후 개시하는 세무조사부터 적용한다.
② 제81조의4제3항 및 제81조의8제5항의 개정규정은 이 법 시행 당시 진행 중인 세무조사에 대해서도 적용한다.
③ 제81조의12의 개정규정은 2018년 4월 1일 현재 진행 중인 세무조사에 대해서도 적용한다.

제8조 【납세자보호위원회에 대한 적용례】 제81조의18제2항·제3항 및 제81조의19의 개정규정은 2018년 4월 1일 이후 납세자보호위원회에 심의를 요청한 경우부터 적용한다.

제9조 【포상금 지급에 관한 적용례】 제84조의2제1항의 개정규정은 이 법 시행 이후 자료를 제공하는 경우부터 적용한다.

부 칙 (2018.12.31)

제1조 【시행일】 이 법은 2019년 1월 1일부터 시행한다. 다만, 제2조제4호·제5호·제8호·제12호, 제5조제3항, 제23조, 제24조제1항·제3항, 제25조제1항·제4항, 제25조제2항·제3항(가산금과 관련된 개정사항에 한정한다), 제25조의2, 제26조, 제32조부터 제34조까지, 제35조제1항·제2항, 제35조제4항(가산금

과 관련된 개정사항에 한정한다), 제36조부터 제42조까지, 제47조의4, 제51조 및 제83조의 개정규정은 2020년 1월 1일(「농어촌특별세법」 제5조제1항제1호 · 제6호 및 제7호에 따른 취득세 · 등록면허세 또는 레저세를 본세로 하는 농어촌특별세에 대한 제47조의4의 개정규정은 2022년 2월 3일)부터 시행하고, 법률 제9911호 국세기본법 일부개정법률 제21조의 개정규정은 법률 제9346호 교통 · 에너지 · 환경세법 폐지법률의 시행일부터 시행한다.(2019.12.31 단서개정)

제2조【서류의 송달에 관한 적용례】 제8조제5항의 개정규정은 이 법 시행 이후 송달하는 서류분부터 적용한다.

제3조【연대납세의무에 관한 적용례】 ① 제25조제2항 및 제3항의 개정규정은 이 법 시행 이후 분할 또는 분할합병하는 분부터 적용한다.

② 제25조제2항 및 제3항의 개정규정을 적용할 때 2019년 1월 1일부터 2019년 12월 31일까지는 같은 항의 "국세 및 체납처분비"는 "국세 · 가산금 및 체납처분비"로 본다.

제4조【국세 부과의 제척기간에 관한 적용례】 ① 제26조의2제2항제6호의 개정규정은 이 법 시행 이후 조세정보를 외국의 권한 있는 당국에 요청하는 분부터 적용한다.

② 제26조의2제5항의 개정규정은 이 법 시행 이후 결정 또는 판결이 확정된 경우(이 법 시행 전에 종전의 제26조의2제1항에 따라 제척기간이 만료된 경우는 제외한다)부터 적용한다.

제5조【국세의 우선에 관한 적용례】 제35조제4항의 개정규정은 이 법 시행 이후 「주택임대차보호법」 제3조의2제2항 또는 「상가건물 임대차보호법」 제5조제2항에 따른 대항요건과 확정일자를 갖춘 임대차계약을 체결하는 분부터 적용한다.

제6조【경정 등의 청구에 관한 적용례】 제45조의2제4항의 개정규정은 이법 시행 이후 경정 등을 청구하는 분부터 적용한다.

제7조【기한 후 신고에 관한 적용례】 제45조의3제3항의 개정규정은 이 법 시행 이후 기한 후 신고를 하는 분부터 적용한다.

제8조【심판청구 절차에 관한 적용례】 제69조제7항 및 제8항의 개정규정은 이 법 시행 당시 심판청구 절차가 진행 중인 경우에 대해서도 적용한다.

제9조【통합조사의 원칙에 관한 적용례】 제81조의11제3항제1호의 개정규정은 이 법 시행 이후 경정을 청구받은 분부터 적용한다.

제10조【국세 부과의 제척기간에 관한 경과조치】 이 법 시행 전에 납세의무가 성립한 분에 대해서는 제26조의2제1항의 개정규정에도 불구하고 종전의 규정에 따른다.

제11조【납부지연가산세에 관한 경과조치】 부칙 제1조 단서에 따른 시행일 전에 납세의무가 성립된 분에 대해서는 제2조제4호 · 제5호 · 제8호 · 제12호, 제5조제3항, 제23조, 제24조제1항 · 제3항, 제25조제1항 · 제4항, 제25조제2항 · 제3항(가산금과 관련된 개정사항에 한정한다), 제25조의2, 제26조, 제32조부터 제34조까지, 제35조제1항 · 제2항, 제35조제4항(가산금과 관련된 개정사항에 한정한다), 제36조부터 제42조까지, 제47조의4, 제51조 및 제83조의 개정규정에도 불구하고 종전의 규정에 따른다. 이 경우 부칙 제1조 단서에 따른 시행일 전에 종전의 제38조부터 제41조까지의 규정에 따른 주된 납세자의 납세의무가 성립한 경우의 제2차 납세의무자에 대해서도 제47조의4의 개정규정에도 불구하고 종전의 규정에 따른다.(2019.12.31 후단신설)

부 칙 (2019.12.31)

제1조【시행일】 이 법은 2020년 1월 1일부터 시행한다. 다만, 법률 제9911호 국세기본법 일부개정법률 제21조제2항제11호의 개정규정은 법률 제9346호 교통 · 에너지 · 환경세법 폐지법률의 시행일부터 시행한다.

제2조【서류 송달의 방법에 관한 적용례】 제10조제2항의 개정규정은 이 법 시행 이후 납세고지서를 발급하는 분부터 적용한다.

제3조【국립대학 법인의 납세의무에 대한 적용례】 ① 제13조제8항의 개정규정은 이 법 시행 전에 전환된 국립대학 법인에 대해서도 적용한다.

② 제13조제8항의 개정규정은 이 법 시행 이후 성립하는 납세의무부터 적용한다.

제4조【국세징수권의 소멸시효에 관한 적용례】 제27조제1항의 개정규정은 이 법 시행 이후 신고 또는 고지하는 분부터 적용한다.

제5조【기한 후 신고한 자에 대한 수정신고 및 경정 등의 청구에 관한 적용례】 제45조제1항 및 제45조의2제1항 · 제4항(기한후과세표준신고서와 관련된 개정사항에 한정한다)의 개정규정은 이 법 시행 전에 기한후과세표준신고서를 제출하고 이 법 시행 이후 과세표준수정신고서를 제출하거나 국세의 과세표준 및 세액의 결정 또는 경정을 청구하는 경우에도 적용한다.

제6조【경정 등의 청구에 관한 적용례】 제45조의2제4항 각 호 외의 부분 전단의 개정규정은 이 법 시행 이후 경정 등을 청구하는 분부터 적용한다.

제7조【무신고 및 과소신고 · 초과환급신고 가산세에 관한 적용례】 제47조의2제1항제1호 및 제47조의3제1항제1호가목의 개정규정은 이 법 시행 이후 거래하는 분부터 적용한다.

제8조【가산세 감면 등에 관한 적용례】 제48조제2항의 개정규정은 이 법 시행 전에 법정신고기한이 만료된 경우로서 이 법 시행 이후 최초로 수정신고하거나 기한 후 신고하는 분에 대해서도 적용한다.

제9조【국세환급금의 충당과 환급에 관한 적용례】 제51조제11항의 개정규정은 이 법 시행 이후 국세를 환급하는 분부터 적용한다.

제10조【국선대리인에 관한 적용례】 제59조의2제1항의 개정규정은 이 법 시행 이후 과세전적부심사를 청구하는 경우부터 적용한다.

제11조【심사청구 결정 절차에 관한 적용례】 제64조제1항 및 제2항의 개정규정은 이 법 시행 이후 국세청장에게 심사청구를 하는 경우부터 적용한다.

제12조【국세심사위원회 위원 자격에 관한 적용례】 제66조의2제2항의 개정규정은 이 법 시행 이후 공무원이 아닌 위원을 위촉하는 경우부터 적용한다.

제13조【조세심판관의 질문검사권에 관한 적용례】 제76조제1항제1호의 개정규정은 이 법 시행 전에 심판청구된 경우에도 적용한다.

제14조【세무조사 기간 및 결과 통지에 관한 적용례】 제81조의8제3항제2호 및 제81조의12제2항 · 제3항의 개정규정은 이 법 시행 이후 세무조사에 착수하는 경우부터 적용한다.

제15조【비밀 유지에 관한 적용례】 제81조의13제1항제1호의 개정규정은 이 법 시행 이후 과세정보를 요구하는 분부터 적용한다.

제16조【가산세 납세의무 성립시기에 관한 경과조치】 이 법 시행 전에 가산세와 관련된 국세의 납세의무가 성립한 분에 대해서는 제21조제2항제11호의 개정규정에도 불구하고 종전의 규정에 따른다.

제17조【납세의무의 확정에 관한 경과조치】 이 법 시행 전에 납세의무가 성립한 분에 대해서는 제22조제4항제5호의 개정규정에도 불구하고 종전의 규정에 따른다.

제18조【국세 부과제척기간에 관한 경과조치】 이 법 시행 전에 종전의 제26조의2제1항제4호에 따라 부과제척기간이 만료된 경우에는 제26조의2제5항의 개정규정에도 불구하고 종전의 규정에 따른다.

제19조【경정 등의 청구에 관한 경과조치】 이 법 시행 전에 지급한 소득분에 대해서는 제45조의2제4항 후단의 개정규정(비거주자 및 외국법인의 경정청구와 관련된 개정사항에 한정한다)에도 불구하고 종전의 규정에 따른다.

제20조【납부지연가산세에 관한 경과조치】 이 법 시행 전에 납세의무가 성립된 분에 대해서는 법률 제16097호 국세기본법 일부개정법률 제47조의4제1항 및 제8항의 개정규정에도 불구하고 종전의 규정에 따른다.

제21조【원천징수납부 등 불성실가산세에 관한 경과조치】 이 법 시행 전에 납세의무가 성립된 분에 대해서는 제47조의5제1항, 제4항 및 제5항의 개정규정에도 불구하고 종전의 규정에 따른다. 이 법 시행 전에 종전의 제38조부터 제41조까지의

규정에 따른 주된 납세자의 납세의무가 성립한 경우의 제2차 납세의무자에 대해서도 또한 같다.
제22조【가산세 감면 등에 관한 경과조치】 이 법 시행 전에 수정신고하거나 기한 후 신고한 분에 대해서는 제48조제2항의 개정규정에도 불구하고 종전의 규정에 따른다. 이 법 시행 전에 수정신고하거나 기한 후 신고한 분에 대하여 이 법 시행 이후 다시 수정신고하거나 기한 후 신고하는 분에 대해서도 또한 같다.
제23조【이의신청에 관한 경과조치】 이 법 시행 전에 종전의 제66조제1항제2호에 따라 한 이의신청에 관하여는 제66조제1항의 개정규정에도 불구하고 종전의 규정에 따른다.
제24조【다른 법률의 개정】 ※(해당 법령에 가제정리 하였음)

부 칙 (2020.6.9 법17339호)

이 법은 공포한 날부터 시행한다.(이하 생략)

부 칙 (2020.6.9 법17354호)

제1조【시행일】 이 법은 공포 후 6개월이 경과한 날부터 시행한다.(이하 생략)

부 칙 (2020.12.22 법17650호)

제1조【시행일】 이 법은 2021년 1월 1일부터 시행한다. 다만, 법률 제9911호 국세기본법 일부개정법률 제21조제2항제11호 나목 및 라목의 개정규정은 법률 제9346호 교통·에너지·환경세법 폐지법률의 시행일부터 시행한다.
제2조【출자자의 제2차 납세의무에 관한 적용례】 제39조의 개정규정은 이 법 시행 이후 법인의 납세의무가 성립하는 분부터 적용한다.
제3조【경정 등의 청구에 관한 적용례】 제45조의2제4항의 개정규정은 이 법 시행 이후 결정 또는 경정을 청구하는 분부터 적용한다.
제4조【간편사업자의 부가가치세 납부 관련 무신고가산세, 과소신고·초과환급신고가산세 및 납부지연가산세에 대한 적용례】 제47조의2제3항제1호, 제47조의3제6항 및 제47조의4제3항제3호의 개정규정은 이 법 시행 이후 용역을 공급하는 분부터 적용한다.
제5조【납부지연가산세에 관한 적용례】 ① 제47조의4제3항제6호의 개정규정은 이 법 시행 이후 결정 또는 경정하는 분부터 적용한다.
② 제47조의4제9항의 개정규정은 이 법 시행 이후 과세문서를 작성하는 분부터 적용한다.
제6조【가산세 한도에 관한 적용례】 제49조제1항제4호의 개정규정은 이 법 시행 이후 가산세를 부과하는 분부터 적용한다.
제7조【국세환급가산금에 관한 적용례】 제52조제3항의 개정규정은 이 법 시행 이후 국세를 환급하는 분부터 적용한다.

부 칙 (2020.12.22 법17651호)
(2020.12.29)

제1조【시행일】 이 법은 2021년 1월 1일부터 시행한다.(이하 생략)

부 칙 (2021.11.23)

제1조【시행일】 이 법은 공포한 날부터 시행한다.(이하 생략)

부 칙 (2021.12.21)

제1조【시행일】 이 법은 2022년 1월 1일부터 시행한다.
제2조【상속으로 인한 납세의무의 승계에 관한 적용례】 제24조제3항의 개정규정은 이 법 시행 이후 상속이 개시되는 경우부터 적용한다.
제3조【국세의 부과제척기간에 관한 적용례】 ① 제26조의2제6항제1호의2의 개정규정은 이 법 시행 이후 제7장에 따른 이의신청, 심사청구, 심판청구, 「감사원법」에 따른 심사청구 또는 「행정소송법」에 따른 소송에 대한 결정이나 판결이 확정되는 경우(이 법 시행 전에 종전의 제26조의2에 따라 부과제척기간이 만료된 경우는 제외한다)부터 적용한다.
② 제26조의2제6항제1호의3의 개정규정은 이 법 시행 이후 「형사소송법」에 따른 소송에 대한 판결이 확정되는 경우(이 법 시행 전에 종전의 제26조의2에 따라 부과제척기간이 만료된 경우는 제외한다)부터 적용한다.
제4조【포상금의 지급에 관한 적용례】 제84조의2제1항의 개정규정은 이 법 시행 이후 체납자의 은닉재산을 신고하는 경우부터 적용한다.
제5조【명단 공개에 관한 적용례】 제85조의5제1항의 개정규정은 이 법 시행 이후 유죄판결이 확정되는 사람부터 적용한다.
제6조【통계자료의 작성 및 공개 등에 관한 적용례】 제85조의6제7항의 개정규정은 이 법 시행 이후 자료를 제공하는 경우부터 적용한다.
제7조【납부지연가산세에 관한 경과조치】 이 법 시행 전에 납부고지서별·세목별 세액이 100만원 이상 150만원 미만인 국세를 체납하여 그 미납기간에 대하여 납세의무가 성립한 납부지연가산세의 부과에 관하여는 제47조의4제8항 또는 제47조의5제5항의 개정규정에도 불구하고 종전의 규정에 따른다.

부 칙 (2022.12.31)

제1조【시행일】 이 법은 2023년 1월 1일부터 시행한다. 다만, 제35조의 개정규정은 2023년 4월 1일부터 시행하고, 제47조의5제6항의 개정규정은 2025년 1월 1일부터 시행한다.
제2조【국세의 부과제척기간에 관한 적용례】 ① 제26조의2제5항제8호의 개정규정은 이 법 시행 이후 상속이 개시되거나 증여를 받는 경우부터 적용한다.
② 제26조의2제7항제2호의 개정규정은 이 법 시행 이후 제7장에 따른 이의신청, 심사청구, 심판청구, 「감사원법」에 따른 심사청구 또는 「행정소송법」에 따른 소송에 대한 결정이나 판결이 확정되어 재산의 사실상 귀속자가 따로 있다는 사실이 확인되는 경우(이 법 시행 전에 종전의 제26조의2에 따라 부과제척기간이 만료된 경우는 제외한다)부터 적용한다.
제3조【국세의 우선에 관한 적용례】 제35조의 개정규정은 같은 개정규정 시행 이후 「국세징수법」 제84조에 따른 매각결정 또는 「민사집행법」 제128조에 따른 매각허가 결정을 하는 경우부터 적용한다.
제4조【법인의 제2차 납세의무에 관한 적용례】 제40조제1항제2호의 개정규정은 이 법 시행 이후 출자자의 납세의무가 성립하는 경우부터 적용한다.
제5조【경정 등의 청구에 관한 적용례】 ① 제45조의2제2항제1호의 개정규정(같은 조 제5항의 규정 및 제6항의 개정규정에 따라 준용되는 경우를 포함한다)은 이 법 시행 이후 제7장에 따른 심사청구, 심판청구, 「감사원법」에 따른 심사청구에 대한 결정이 확정되는 경우부터 적용한다.
② 제45조의2제2항제4호의 개정규정(같은 조 제5항의 규정 및 제6항의 개정규정에 따라 준용되는 경우를 포함한다)은 이 법 시행 이후 과세표준 또는 세액이 결정 또는 경정되는 경우부터 적용한다.
③ 제45조의2제6항의 개정규정은 다음 각 호의 구분에 따른 경우부터 적용한다.
1. 제45조의2제1항이 준용되는 경우 : 이 법 시행 전에 종합부동산세 납세의무가 성립한 자로서 이 법 시행 당시 종합부동산세 납부기한이 지난 날부터 5년이 경과하지 아니한 경우
2. 제45조의2제2항이 준용되는 경우 : 이 법 시행 당시 종합부동산세 납부기한이 지난 날부터 5년이 경과하지 아니한 경우로서 이 법 시행 이후 같은 항 각 호의 어느 하나에 해당하는 사유가 발생하는 경우

제6조【과소신고 · 초과환급신고가산세에 관한 적용례】 제47조의3제4항제1호다목의 개정규정은 이 법 시행 이후 상속이 개시되거나 증여를 받는 경우부터 적용한다.
제7조【인지세의 납부지연가산세에 관한 적용례】 제47조의4제9항의 개정규정은 이 법 시행 이후 부동산의 소유권 이전에 관한 증서를 작성하는 경우부터 적용한다.
제8조【이의신청 재조사 결정 후 심사 · 심판 청구기간에 관한 적용례】 제61조제2항제2호의 개정규정(제68조제2항에 따라 준용되는 경우를 포함한다)은 이 법 시행 전에 이의신청을 제기한 경우로서 이 법 시행 당시 같은 개정규정에 따른 청구기간이 경과하지 아니한 경우에도 적용한다.
제9조【조세심판관의 제척과 회피에 관한 적용례】 제73조제1항제3호의 개정규정은 이 법 시행 전에 제기된 심판청구에 대하여 이 법 시행 이후 심판관을 지정하는 경우에도 적용한다.
제10조【장부 등의 비치와 보존에 관한 적용례】 ① 제85조의3제1항 후단의 개정규정은 이 법 시행 이후 「국제조세조정에 관한 법률」에 따른 국제거래를 하거나 같은 법 제9조에 따른 원가 등의 분담에 대한 약정을 체결하는 경우부터 적용한다.
② 제85조의3제2항 본문의 개정규정은 이 법 시행 당시 역외거래 관련 장부 등에 대한 종전의 규정에 따른 보존기간이 경과하지 아니한 경우에도 적용한다.

부　칙 (2023.12.31)

제1조【시행일】 이 법은 2024년 1월 1일부터 시행한다. 다만, 제59조의2제1항의 개정규정은 2024년 4월 1일부터 시행한다.
제2조【과소신고 · 초과환급신고가산세의 적용 제외에 관한 적용례】 ① 제47조의3제4항제1호의2의 개정규정은 이 법 시행 이후 양도소득세 과세표준을 결정 또는 경정하는 경우부터 적용한다.
② 제47조의3제4항제4호의 개정규정은 이 법 시행 이후 소득세 또는 법인세 과세표준을 신고하는 경우부터 적용한다.
제3조【납부지연가산세의 적용 제외에 관한 적용례】 제47조의4제3항제7호의 개정규정은 이 법 시행 이후 양도소득세의 과세표준과 세액을 결정 또는 경정하는 경우부터 적용한다.
제4조【가산세 한도의 적용 범위 확대에 관한 적용례】 제49조제1항제2호의 개정규정은 이 법 시행 이후 가산세를 부과하는 경우부터 적용한다.
제5조【국선대리인의 신청 자격 확대에 관한 적용례】 제59조의2제1항의 개정규정은 2024년 4월 1일 이후 국선대리인의 선정을 신청하는 경우부터 적용한다.
제6조【비상임조세심판관의 연임에 관한 적용례】 ① 제67조제6항의 개정규정은 이 법 시행 전에 위촉되어 이 법 시행 당시 그 임기가 만료되지 아니한 비상임조세심판관에 대해서도 적용한다.
② 제1항에 따라 제67조제6항의 개정규정을 적용할 때 이 법 시행 전에 한 차례 연임되어 임기 중에 있는 비상임조세심판관은 그 임기 만료 후에는 연임할 수 없고, 그 밖의 비상임조세심판관은 그 임기 만료 후 한 차례만 연임할 수 있다.
제7조【조세심판관의 임명 철회 또는 해촉 사유 확대에 관한 적용례】 제67조제7항의 개정규정은 이 법 시행 이후 임명 철회 또는 해촉 사유에 해당하게 되는 사람부터 적용한다.
제8조【조세심판관합동회의의 구성에 관한 적용례】 제78조제3항의 개정규정은 이 법 시행 이후 조세심판관합동회의를 구성하는 경우부터 적용한다.

부　칙 (2024.12.31)

제1조【시행일】 이 법은 2025년 1월 1일부터 시행한다.
제2조【상속으로 인한 납세의무의 승계에 관한 적용례】 제24조제2항의 개정규정은 이 법 시행 이후 상속이 개시되는 경우부터 적용한다.
제3조【이월세액공제 부과제척기간 특례에 관한 적용례】 제26조의2제3항의 개정규정은 이 법 시행 이후 개시하는 과세기간에 세액공제액이 발생하는 경우부터 적용한다.
제4조【역외거래 관련 국세 부과제척기간에 관한 적용례】 제26조의2제6항제6호의 개정규정은 이 법 시행 이후 발생하는 역외거래에 대한 조세정보를 외국의 권한 있는 당국에 요청하는 경우부터 적용한다.
제5조【출자자의 제2차 납세의무에 관한 적용례】 제39조 각 호 외의 부분 단서 및 같은 조 제3호의 개정규정은 이 법 시행 이후 법인의 납세의무가 성립하는 경우부터 적용한다.
제6조【경정 등의 청구에 관한 적용례 등】 ① 제45조의2제1항 각 호 외의 부분 단서의 개정규정은 이 법 시행 당시 처분이 있음을 안 날부터 3개월이 지나지 아니한 경우에도 적용한다.
② 제45조의2제1항제2호의 개정규정은 이 법 시행 이후 결정 또는 경정을 청구하는 경우부터 적용한다.
③ 「조세특례제한법」 제144조제1항, 「법인세법」 제57조제2항 본문 및 「소득세법」 제57조제2항 본문에 따라 이월하여 공제받는 세액공제액이 제45조의2제1항제2호의 개정규정에 해당하여 결정 또는 경정을 청구하는 경우에는 같은 항 각 호 외의 부분 본문에 따른 청구기간이 지난 경우에도 2025년 12월 31일까지 관할 세무서장에게 결정 또는 경정을 청구할 수 있다.
제7조【국세환급금의 국세 충당에 관한 적용례】 제51조제8항의 개정규정은 이 법 시행 이후 같은 조 제2항제1호의 국세에 충당하는 경우부터 적용한다.
제8조【세무조사의 통지에 관한 적용례】 제81조의7제1항 본문의 개정규정은 이 법 시행 이후 세무조사를 사전통지하는 경우부터 적용한다.
제9조【과세예고통지에 관한 적용례】 제81조의15제1항제3호의 개정규정은 이 법 시행 이후 납부고지하는 경우부터 적용한다.
제10조【전자송달 신청 철회에 관한 경과조치】 이 법 시행 전에 납세자가 2회 연속하여 전자송달된 서류를 열람하지 아니한 경우에는 제10조제9항의 개정규정에도 불구하고 종전의 규정에 따른다.

조세범 처벌법

(2010년 1월 1일 전부개정법률 제9919호)

개정
2012. 1.26법11210호
2013. 1. 1법11613호
2013. 6. 7법11873호(부가세)
2014. 1. 1법12172호
2015.12.29법13627호
2016. 3. 2법14049호
2018.12.31법16108호
2020.12.22법17651호(국제조세조정에관한법)
2020.12.29법17758호(국세징수)
2020.12.29법17761호(주류면허등에관한법)

제1조【목적】 이 법은 세법을 위반한 자에 대한 형벌에 관한 사항을 규정하여 세법의 실효성을 높이고 국민의 건전한 납세의식을 확립함을 목적으로 한다.(2018.12.31 본조개정)

제2조【정의】 이 법에서 "조세"란 관세를 제외한 국세를 말한다.

제3조【조세 포탈 등】 ① 사기나 그 밖의 부정한 행위로써 조세를 포탈하거나 조세의 환급·공제를 받은 자는 2년 이하의 징역 또는 포탈세액, 환급·공제받은 세액(이하 "포탈세액등"이라 한다)의 2배 이하에 상당하는 벌금에 처한다. 다만, 다음 각 호의 어느 하나에 해당하는 경우에는 3년 이하의 징역 또는 포탈세액등의 3배 이하에 상당하는 벌금에 처한다.

1. 포탈세액등이 3억원 이상이고, 그 포탈세액등이 신고·납부하여야 할 세액(납세의무자의 신고에 따라 정부가 부과·징수하는 조세의 경우에는 결정·고지하여야 할 세액을 말한다)의 100분의 30 이상인 경우
2. 포탈세액등이 5억원 이상인 경우

② 제1항의 죄를 범한 자에 대해서는 정상(情狀)에 따라 징역형과 벌금형을 병과할 수 있다.

③ 제1항의 죄를 범한 자가 포탈세액등에 대하여 「국세기본법」 제45조에 따라 법정신고기한이 지난 후 2년 이내에 수정신고를 하거나 같은 법 제45조의3에 따라 법정신고기한이 지난 후 6개월 이내에 기한 후 신고를 하였을 때에는 형을 감경할 수 있다.

④ 제1항의 죄를 상습적으로 범한 자는 형의 2분의 1을 가중한다.

⑤ 제1항에서 규정하는 범칙행위의 기수(既遂) 시기는 다음의 각 호의 구분에 따른다.

1. 납세의무자의 신고에 의하여 정부가 부과·징수하는 조세 : 해당 세목의 과세표준을 정부가 결정하거나 조사결정한 후 그 납부기한이 지난 때. 다만, 납세의무자가 조세를 포탈할 목적으로 세법에 따른 과세표준을 신고하지 아니함으로써 해당 세목의 과세표준을 정부가 결정하거나 조사결정할 수 없는 경우에는 해당 세목의 과세표준의 신고기한이 지난 때로 한다.
2. 제1호에 해당하지 아니하는 조세 : 그 신고·납부기한이 지난 때

⑥ 제1항에서 "사기나 그 밖의 부정한 행위"란 다음 각 호의 어느 하나에 해당하는 행위로서 조세의 부과와 징수를 불가능하게 하거나 현저히 곤란하게 하는 적극적 행위를 말한다.

1. 이중장부의 작성 등 장부의 거짓 기장
2. 거짓 증빙 또는 거짓 문서의 작성 및 수취
3. 장부와 기록의 파기
4. 재산의 은닉, 소득·수익·행위·거래의 조작 또는 은폐
5. 고의적으로 장부를 작성하지 아니하거나 비치하지 아니하는 행위 또는 계산서, 세금계산서 또는 계산서합계표, 세금계산서합계표의 조작
6. 「조세특례제한법」 제5조의2제1호에 따른 전사적 기업자원 관리설비의 조작 또는 전자세금계산서의 조작(2015.12.29 본호개정)
7. 그 밖에 위계(僞計)에 의한 행위 또는 부정한 행위

판례 조세포탈죄에서 '사기 기타 부정한 행위'란, 조세의 포탈을 가능하게 하는 행위로서 사회통념상 부정이라고 인정되는 행위, 즉 조세의 부과와 징수를 불가능하게 하거나 현저히 곤란하게 하는 위계 기타 부정한 적극적 행위를 말한다. 따라서 다른 행위를 수반함이 없이 단순히 세법상의 신고를 하지 아니하거나 허위의 신고를 하는 데 그치는 것은 이에 해당하지 않지만, 과세대상의 미신고나 과소신고와 아울러 수입이나 매출 등을 고의로 장부에 기재하지 않는 행위 등 적극적 은닉의도가 나타나는 사정이 덧붙여진 경우에는 조세의 부과와 징수를 불능 또는 현저히 곤란하게 만든 것으로 인정할 수 있다. 이때 적극적 은닉의도가 객관적으로 드러난 것으로 볼 수 있는지 여부는 수입이나 매출 등을 기재한 기본 장부를 허위로 작성하였는지 여부뿐만 아니라, 당해 조세의 확정방식이 신고납세방식인지 부과과세방식인지, 미신고나 허위신고 등에 이른 경위 및 사실과 상위한 정도, 허위신고의 경우 허위 사항의 구체적 내용 및 사실과 다르게 가장한 방식, 허위 내용의 첨부서류를 제출한 경우에는 그 서류가 과세표준 산정과 관련하여 가지는 기능 등 제반 사정을 종합하여 사회통념상 부정이라고 인정될 수 있는지에 따라 판단하여야 한다.(대판 2014.2.21, 2013도13829)

제4조【면세유의 부정 유통】 ① 「조세특례제한법」 제106조의2 제1항제1호에 따른 석유류를 같은 호에서 정한 용도 외의 다른 용도로 사용·판매하여 조세를 포탈하거나 조세의 환급·공제를 받은 석유판매업자(같은 조 제2항에 따른 석유판매업자를 말한다)는 3년 이하의 징역 또는 포탈세액등의 5배 이하의 벌금에 처한다.

② 「개별소비세법」 제18조제1항제11호 및 「교통·에너지·환경세법」 제15조제1항제3호에 따른 외국항행선박 또는 원양어업선박에 사용할 목적으로 개별소비세 및 교통·에너지·환경세를 면제받는 석유류를 외국항행선박 또는 원양어업선박 외의 용도로 반출하여 조세를 포탈하거나, 외국항행선박 또는 원양어업선박 외의 용도로 사용된 석유류에 대하여 외국항행선박 또는 원양어업선박에 사용한 것으로 환급·공제받은 자는 3년 이하의 징역 또는 포탈세액등의 5배 이하의 벌금에 처한다.

제4조의2【면세유류 구입카드등의 부정 발급】 「조세특례제한법」 제106조의2제11항제1호의 행위를 한 자는 3년 이하의 징역 또는 3천만원 이하의 벌금에 처한다.(2014.1.1 본조신설)

제5조【가짜석유제품의 제조 또는 판매】 「석유 및 석유대체연료 사업법」 제2조제10호에 따른 가짜석유제품을 제조 또는 판매하여 조세를 포탈한 자는 5년 이하의 징역 또는 포탈한 세액의 5배 이하의 벌금에 처한다.(2013.1.1 본조개정)

제6조【무면허 주류의 제조 및 판매】 「주류 면허 등에 관한 법률」에 따른 면허를 받지 아니하고 주류, 밑술·술덧을 제조(개인의 자가소비를 위한 제조는 제외한다)하거나 판매한 자는 3년 이하의 징역 또는 3천만원(해당 주세 상당액의 3배의 금액이 3천만원을 초과할 때에는 그 주세 상당액의 3배의 금액) 이하의 벌금에 처한다. 이 경우 밑술과 술덧은 탁주로 본다.(2020.12.29 전단개정)

제7조【체납처분 면탈】 ① 납세의무자 또는 납세의무자의 재산을 점유하는 자가 체납처분의 집행을 면탈하거나 면탈하게 할 목적으로 그 재산을 은닉·탈루하거나 거짓 계약을 하였을 때에는 3년 이하의 징역 또는 3천만원 이하의 벌금에 처한다.

② 「형사소송법」 제130조제1항에 따른 압수물건의 보관자 또는 「국세징수법」 제49조제1항에 따른 압류물건의 보관자가 그 보관한 물건을 은닉·탈루하거나 손괴 또는 소비하였을 때에도 제1항과 같다.(2020.12.29 본항개정)

③ 제1항과 제2항의 사정을 알고도 제1항과 제2항의 행위를 방조하거나 거짓 계약을 승낙한 자는 2년 이하의 징역 또는 2천만원 이하의 벌금에 처한다.

제8조【장부의 소각·파기 등】 조세를 포탈하기 위한 증거인멸의 목적으로 세법에서 비치하도록 하는 장부 또는 증빙서류(「국세기본법」 제85조의3제3항에 따른 전산조직을 이용하여 작성한 장부 또는 증빙서류를 포함한다)를 해당 국세의 법정신고기한이 지난 날부터 5년 이내에 소각·파기 또는 은닉한 자는 2년 이하의 징역 또는 2천만원 이하의 벌금에 처한다.

제9조【성실신고 방해 행위】 ① 납세의무자를 대리하여 세무신고를 하는 자가 조세의 부과 또는 징수를 면하게 하기 위하여 타인의 조세에 관하여 거짓으로 신고를 하였을 때에는 2년 이하의 징역 또는 2천만원 이하의 벌금에 처한다.

② 납세의무자로 하여금 과세표준의 신고(신고의 수정을 포함한다. 이하 "신고"라 한다)를 하지 아니하게 하거나 거짓으로 신고하게 한 자 또는 조세의 징수나 납부를 하지 않을 것을 선동하거나 교사한 자는 1년 이하의 징역 또는 1천만원 이하의 벌금에 처한다.

판례 세무사로부터 명의를 대여받아 납세의무자를 대리하여 세무신고를 하는 자가 이 과정에서 납세의무자에게 조세의 부과 또는 징수를 면하도록 하기 위하여 거짓으로 신고한 경우, 비록 피고인이 관련 법령에 따라 세무 대리를 할 수 있는 자격과 요건을 갖추지는 않았지만,

세무사 명의를 빌려 납세의무자의 세무신고를 대리하면서 조세를 포탈하기 위하여 거짓으로 신고한 사실이 인정되는 이상, 거짓신고행위에 대하여는 이 사건 처벌조항을 적용하여야 한다.
(대판 2019.11.14, 2019도9269)

제10조【세금계산서의 발급의무 위반 등】 ① 다음 각 호의 어느 하나에 해당하는 행위를 한 자는 1년 이하의 징역 또는 공급가액에 부가가치세의 세율을 적용하여 계산한 세액의 2배 이하에 상당하는 벌금에 처한다.
1. 「부가가치세법」에 따라 세금계산서(전자세금계산서를 포함한다. 이하 이 조에서 같다)를 발급하여야 할 자가 세금계산서를 발급하지 아니하거나 거짓으로 기재하여 발급한 행위
2. 「소득세법」 또는 「법인세법」에 따라 계산서(전자계산서를 포함한다. 이하 이 조에서 같다)를 발급하여야 할 자가 계산서를 발급하지 아니하거나 거짓으로 기재하여 발급한 행위
3. 「부가가치세법」에 따라 매출처별 세금계산서합계표를 제출하여야 할 자가 매출처별 세금계산서합계표를 거짓으로 기재하여 제출한 행위(2018.12.31 본호신설)
4. 「소득세법」 또는 「법인세법」에 따라 매출처별 계산서합계표를 제출하여야 할 자가 매출처별 계산서합계표를 거짓으로 기재하여 제출한 행위(2018.12.31 본호신설)

(2018.12.31 본항개정)
② 다음 각 호의 어느 하나에 해당하는 행위를 한 자는 1년 이하의 징역 또는 공급가액에 부가가치세의 세율을 적용하여 계산한 세액의 2배 이하에 상당하는 벌금에 처한다.
1. 「부가가치세법」에 따라 세금계산서를 발급받아야 할 자가 통정하여 세금계산서를 발급받지 아니하거나 거짓으로 기재한 세금계산서를 발급받은 행위
2. 「소득세법」 또는 「법인세법」에 따라 계산서를 발급받아야 할 자가 통정하여 계산서를 발급받지 아니하거나 거짓으로 기재한 계산서를 발급받은 행위
3. 「부가가치세법」에 따라 매입처별 세금계산서합계표를 제출하여야 할 자가 통정하여 매입처별 세금계산서합계표를 거짓으로 기재하여 제출한 행위(2018.12.31 본호신설)
4. 「소득세법」 또는 「법인세법」에 따라 매입처별 계산서합계표를 제출하여야 할 자가 통정하여 매입처별 계산서합계표를 거짓으로 기재하여 제출한 행위(2018.12.31 본호신설)

(2018.12.31 본항개정)
③ 재화 또는 용역을 공급하지 아니하거나 공급받지 아니하고 다음 각 호의 어느 하나에 해당하는 행위를 한 자는 3년 이하의 징역 또는 공급가액에 부가가치세의 세율을 적용하여 계산한 세액의 3배 이하에 상당하는 벌금에 처한다.(2018.12.31 본문개정)
1. 「부가가치세법」에 따른 세금계산서를 발급하거나 발급받은 행위
2. 「소득세법」 및 「법인세법」에 따른 계산서를 발급하거나 발급받은 행위
3. 「부가가치세법」에 따른 매출·매입처별 세금계산서합계표를 거짓으로 기재하여 제출한 행위(2018.12.31 본호개정)
4. 「소득세법」 및 「법인세법」에 따른 매출·매입처별계산서합계표를 거짓으로 기재하여 제출한 행위(2018.12.31 본호개정)

④ 제3항의 행위를 알선하거나 중개한 자도 제3항과 같은 형에 처한다. 이 경우 세무를 대리하는 세무사·공인회계사 및 변호사가 제3항의 행위를 알선하거나 중개한 때에는 「세무사법」 제22조제2항에도 불구하고 해당 형의 2분의 1을 가중한다.
⑤ 제3항의 죄를 범한 자에 대해서는 정상(情狀)에 따라 징역형과 벌금형을 병과할 수 있다.

제11조【명의대여행위 등】 ① 조세의 회피 또는 강제집행의 면탈을 목적으로 타인의 성명을 사용하여 사업자등록을 하거나 타인 명의의 사업자등록을 이용하여 사업을 영위한 자는 2년 이하의 징역 또는 2천만원 이하의 벌금에 처한다.
② 조세의 회피 또는 강제집행의 면탈을 목적으로 자신의 성명을 사용하여 타인에게 사업자등록을 할 것을 허락하거나 자신 명의의 사업자등록을 타인이 이용하여 사업을 영위하도록 허락한 자는 1년 이하의 징역 또는 1천만원 이하의 벌금에 처한다.
(2015.12.29 본조개정)

제12조【납세증명표지의 불법사용 등】 다음 각 호의 어느 하나에 해당하는 자는 2년 이하의 징역 또는 2천만원 이하의 벌금에 처한다.
1. 「주류 면허 등에 관한 법률」 제22조에 따른 납세증명표지(이하 이 조에서 "납세증명표지"라 한다)를 재사용하거나 정부의 승인을 받지 아니하고 이를 타인에게 양도한 자
(2020.12.29 본호개정)
2. 납세증명표지를 위조하거나 변조한 자
3. 위조하거나 변조한 납세증명표지를 소지 또는 사용하거나 타인에게 교부한 자
4. 「인지세법」 제8조제1항 본문에 따라 첨부한 종이문서용 전자수입인지를 재사용한 자(2018.12.31 본호개정)

제13조【원천징수의무자의 처벌】 ① 조세의 원천징수의무자가 정당한 사유 없이 그 세금을 징수하지 아니하였을 때에는 1천만원 이하의 벌금에 처한다.
② 조세의 원천징수의무자가 정당한 사유 없이 징수한 세금을 납부하지 아니하였을 때에는 2년 이하의 징역 또는 2천만원 이하의 벌금에 처한다.

제14조【거짓으로 기재한 근로소득 원천징수영수증의 발급 등】 ① 타인이 근로장려금(「조세특례제한법」 제2장제10절의2에 따른 근로장려금을 말한다)을 거짓으로 신청할 수 있도록 근로를 제공받지 아니하고 다음 각 호의 어느 하나에 해당하는 행위를 한 자는 2년 이하의 징역 또는 그 원천징수영수증 및 지급명세서에 기재된 총급여·총지급액의 100분의 20 이하에 상당하는 벌금에 처한다.(2018.12.31 본문개정)
1. 근로소득 원천징수영수증을 거짓으로 기재하여 타인에게 발급한 행위
2. 근로소득 지급명세서를 거짓으로 기재하여 세무서에 제출한 행위

② 제1항의 행위를 알선하거나 중개한 자도 제1항과 같은 형에 처한다.

제15조【해외금융계좌정보의 비밀유지 의무 등의 위반】 ① 「국제조세조정에 관한 법률」 제38조제2항부터 제4항까지 및 제57조를 위반한 사람은 5년 이하의 징역 또는 3천만원 이하의 벌금에 처한다.(2020.12.22 본항개정)
② 제1항의 죄를 범한 자에 대해서는 정상(情狀)에 따라 징역형과 벌금형을 병과할 수 있다.
(2018.12.31 본조개정)

제16조【해외금융계좌 신고의무 불이행】 ① 「국제조세조정에 관한 법률」 제53조제1항에 따른 계좌신고의무자로서 신고기한 내에 신고하지 아니한 금액이나 과소 신고한 금액(이하 이 항에서 "신고의무 위반금액"이라 한다)이 50억원을 초과하는 경우에는 2년 이하의 징역 또는 신고의무 위반금액의 100분의 13 이상 100분의 20 이하에 상당하는 벌금에 처한다. 다만, 정당한 사유가 있는 경우에는 그러하지 아니하다.(2020.12.22 본문개정)
② 제1항의 죄를 범한 자에 대해서는 정상에 따라 징역형과 벌금형을 병과할 수 있다.
(2018.12.31 본조개정)

제17조 (2018.12.31 삭제)

제18조【양벌 규정】 법인(「국세기본법」 제13조에 따른 법인으로 보는 단체를 포함한다. 이하 같다)의 대표자, 법인 또는 개인의 대리인, 사용인, 그 밖의 종업원이 그 법인 또는 개인의 업무에 관하여 이 법에서 규정하는 범칙행위(「국제조세조정에 관한 법률」 제57조를 위반한 행위는 제외한다)를 하면 그 행위자를 벌할 뿐만 아니라 그 법인 또는 개인에게도 해당 조문의 벌금형을 과(科)한다. 다만, 법인 또는 개인이 그 위반행위를 방지하기 위하여 해당 업무에 관하여 상당한 주의와 감독을 게을리하지 아니한 경우에는 그러하지 아니하다.(2020.12.22 본문개정)

제19조 (2018.12.31 삭제)

제20조【「형법」 적용의 일부 배제】 제3조부터 제6조까지, 제10조, 제12조부터 제14조까지의 범칙행위를 한 자에 대해서는 「형법」 제38조제1항제2호 중 벌금경합에 관한 제한가중규정을 적용하지 아니한다.

제21조【고발】 이 법에 따른 범칙행위에 대해서는 국세청장, 지방국세청장 또는 세무서장의 고발이 없으면 검사는 공소를 제기할 수 없다.

제22조【공소시효 기간】 제3조부터 제14조까지에 규정된 범칙행위의 공소시효는 7년이 지나면 완성된다. 다만, 제18조에 따른 행위자가 「특정범죄가중처벌 등에 관한 법률」 제8조의

적용을 받는 경우에는 제18조에 따른 법인에 대한 공소시효는 10년이 지나면 완성된다.(2015.12.29 본문개정)

부 칙

제1조【시행일】 이 법은 공포한 날부터 시행한다. 다만, 제15조의 개정규정은 2010년 4월 1일부터 시행한다.
제2조【벌칙에 관한 경과조치】 이 법 시행 전의 행위에 대한 벌칙의 적용은 종전의 규정에 따른다.
제3조【공소시효에 관한 경과조치】 이 법 시행 전에 범한 죄의 공소시효에 관하여는 제22조의 개정규정에도 불구하고 종전의 규정에 따른다.
제4조【다른 법률의 개정】 ①~③ ※(해당 법령에 가제정리 하였음)
제5조【다른 법령과의 관계】 이 법 시행 당시 다른 법령에서 종전의 「조세범 처벌법」의 규정을 인용한 경우 이 법 중 그에 해당하는 규정이 있는 때에는 종전의 규정을 갈음하여 이 법의 해당 규정을 인용한 것으로 본다.

부 칙 (2012.1.26)

제1조【시행일】 이 법은 공포한 날부터 시행한다.
제2조【금품 수수 및 공여에 관한 적용례】 제16조제5항의 개정규정은 이 법 시행 후 최초로 금품을 공여한 행위부터 적용한다.

부 칙 (2014.1.1)

제1조【시행일】 이 법은 2014년 1월 1일부터 시행한다.
제2조【벌칙에 관한 경과조치】 이 법 시행 전의 행위에 대하여 벌칙 규정을 적용할 때에는 종전의 규정에 따른다.
제3조【과태료에 관한 경과조치】 이 법 시행 전의 행위에 대하여 과태료 규정을 적용할 때에는 종전의 규정에 따른다.

부 칙 (2015.12.29)

제1조【시행일】 이 법은 공포한 날부터 시행한다.
제2조【공소시효에 관한 경과조치】 이 법 시행 전에 범한 죄의 공소시효에 관하여는 제22조의 개정규정에도 불구하고 종전의 규정에 따른다.

부 칙 (2016.3.2)

제1조【시행일】 이 법은 공포한 날부터 시행한다.
제2조【과태료 및 자진 신고 등에 관한 적용례】 제15조제2항의 개정규정은 이 법 시행 후 최초로 재화 또는 용역을 공급하는 분부터 적용한다.

부 칙 (2018.12.31)

제1조【시행일】 이 법은 2019년 1월 1일부터 시행한다.
제2조【과태료 및 몰취 등에 관한 경과조치】 이 법 시행 전의 행위에 대하여 과태료, 징계부가금 및 몰취의 규정을 적용할 때에는 종전의 규정에 따른다.
제3조【다른 법률의 개정】 ※(해당 법령에 가제정리 하였음)
제4조【다른 법령과의 관계】 이 법 시행 당시 다른 법령에서 종전의 「조세범 처벌법」의 규정을 인용한 경우 이 법 중 그에 해당하는 규정이 있는 때에는 종전의 규정을 갈음하여 이 법의 해당 규정을 인용한 것으로 본다.

부 칙 (2020.12.22)
(2020.12.29 법17758호)
(2020.12.29 법17761호)

제1조【시행일】 이 법은 2021년 1월 1일부터 시행한다.(이하 생략)

법인세법

(1998년 12월 28일
전개법률 제5581호)

개정
1999.12.28법 6047호
<중략>
2010.12.30법10423호→시행일 부칙 참조. 2028년 1월 1일 시행하는 부분은 추후 수록
2011. 7.25법10898호(보조금관리에관한법)
2011. 7.25법10907호(산업교육진흥및산학연협력촉진에관한법)
2011.12.31법11128호
2013. 1. 1법11603호(교통 · 에너지 · 환경세법)
2013. 1. 1법11607호
2013. 6. 7법11873호(부가세)
2014. 1. 1법12153호(지방세)
2014. 1. 1법12166호
2014. 3.18법12420호(공익신탁법)
2014.12.23법12850호
2015. 3.27법13230호(울산과학기술원법)
2015. 7.24법13426호(제주자치법)
2015. 7.24법13448호(자본시장금융투자업)
2015. 8.28법13499호(민간임대주택에관한특별법)
2015.12.15법13550호(교통 · 에너지 · 환경세법)
2015.12.15법13555호 2016.12.20법14386호
2017.10.31법15022호(주식회사등의외부감사에관한법)
2017.12.19법15222호 2018.12.24법16008호
2018.12.31법16096호(교통 · 에너지 · 환경세법)
2019.12.31법16833호 2020. 8.18법17476호
2020.12.22법17652호→시행일 부칙 참조. 2027년 1월 1일 시행하는 부분은 추후 수록
2020.12.29법17758호(국세징수)
2020.12.29법17799호(독점)
2021. 3.16법17924호
2021. 8.17법18425호(국민평생직업능력개발법)
2021.11.23법18521호(세무사법)
2021.12.21법18584호(교통 · 에너지 · 환경세법)
2021.12.21법18590호
2022.12.31법19193호→시행일 부칙 참조
2023.12.31법19930호
2024.12.31법20609호(교통 · 에너지 · 환경세법)
2024.12.31법20613호→시행일 부칙 참조. 2026년 1월 1일 시행하는 부분은 추후 수록

제1장 총 칙

(2010.12.30 본장개정)

제1조【목적】 이 법은 법인세의 과세 요건과 절차를 규정함으로써 법인세를 공정하게 과세하고, 납세의무의 적절한 이행을 확보하며, 재정수입의 원활한 조달에 이바지함을 목적으로 한다.(2018.12.24 본조신설)

제2조【정의】 이 법에서 사용하는 용어의 뜻은 다음과 같다.
1. "내국법인"이란 본점, 주사무소 또는 사업의 실질적 관리장소가 국내에 있는 법인을 말한다.(2018.12.24 본호개정)
2. "비영리내국법인"이란 내국법인 중 다음 각 목의 어느 하나에 해당하는 법인을 말한다.
가. 「민법」 제32조에 따라 설립된 법인
나. 「사립학교법」이나 그 밖의 특별법에 따라 설립된 법인으로서 「민법」 제32조에 규정된 목적과 유사한 목적을 가진 법인(대통령령으로 정하는 조합법인 등이 아닌 법인으로서 그 주주(株主)·사원 또는 출자자(出資者)에게 이익을 배당할 수 있는 법인은 제외한다)
다. 「국세기본법」 제13조제4항에 따른 법인으로 보는 단체(이하 "법인으로 보는 단체"라 한다)
3. "외국법인"이란 본점 또는 주사무소가 외국에 있는 단체(사업의 실질적 관리장소가 국내에 있지 아니하는 경우만 해당한다)로서 대통령령으로 정하는 기준에 해당하는 법인을 말한다.(2018.12.24 본호개정)
4. "비영리외국법인"이란 외국법인 중 외국의 정부·지방자치단체 및 영리를 목적으로 하지 아니하는 법인(법인으로 보는 단체를 포함한다)을 말한다.
5. "사업연도"란 법인의 소득을 계산하는 1회계기간을 말한다.
6. "연결납세방식"이란 둘 이상의 내국법인을 하나의 과세표준과 세액을 계산하는 단위로 하여 제2장의3에 따라 법인세를 신고·납부하는 방식을 말한다.
7. "연결법인"이란 연결납세방식을 적용받는 내국법인을 말한다.
8. "연결집단"이란 연결법인 전체를 말한다.
9. "연결모법인"(連結母法人)이란 연결집단 중 다른 연결법인을 연결지배하는 연결법인을 말한다.(2022.12.31 본호개정)
10. "연결자법인"(連結子法人)이란 연결모법인의 연결지배를 받는 연결법인을 말한다.(2022.12.31 본호개정)
10의2. "연결지배"란 내국법인이 다른 내국법인의 발행주식총수 또는 출자총액의 100분의 90 이상을 보유하고 있는 경우를 말한다. 이 경우 그 보유비율은 다음 각 목에서 정하는 바에 따라 계산한다.
가. 의결권 없는 주식 또는 출자지분을 포함할 것
나. 「상법」 또는 「자본시장과 금융투자업에 관한 법률」에 따라 보유하는 자기주식은 제외할 것
다. 「근로복지기본법」에 따른 우리사주조합을 통하여 근로자가 취득한 주식 및 그 밖에 대통령령으로 정하는 주식으로서 발행주식총수의 100분의 5 이내의 주식은 해당 법인이 보유한 것으로 볼 것
라. 다른 내국법인을 통하여 또 다른 내국법인의 주식 또는 출자지분을 간접적으로 보유하는 경우로서 대통령령으로 정하는 경우에는 대통령령으로 정하는 바에 따라 합산할 것
(2022.12.31 본호신설)
11. "연결사업연도"란 연결집단의 소득을 계산하는 1회계기간을 말한다.
12. "특수관계인"이란 법인과 경제적 연관관계 또는 경영지배관계 등 대통령령으로 정하는 관계에 있는 자를 말한다. 이 경우 본인도 그 특수관계인의 특수관계인으로 본다.
13. "합병법인"이란 합병에 따라 설립되거나 합병 후 존속하는 법인을 말한다.
14. "피합병법인"이란 합병에 따라 소멸하는 법인을 말한다.
15. "분할법인"이란 분할(분할합병을 포함한다. 이하 같다)에 따라 분할되는 법인을 말한다.
16. "분할신설법인"이란 분할에 따라 설립되는 법인을 말한다.
(2018.12.24 12호~16호신설)

제3조【납세의무자】 ① 다음 각 호의 법인은 이 법에 따라 그 소득에 대한 법인세를 납부할 의무가 있다.
1. 내국법인
2. 국내원천소득(國內源泉所得)이 있는 외국법인

② 내국법인 중 국가와 지방자치단체(지방자치단체조합을 포함한다. 이하 같다)는 그 소득에 대한 법인세를 납부할 의무가 없다.(2018.12.24 본항개정)

③ 연결법인은 제76조의14제1항에 따른 각 연결사업연도의 소득에 대한 법인세(각 연결법인의 제55조의2에 따른 토지등 양도소득에 대한 법인세 및 「조세특례제한법」 제100조의32에 따른 투자·상생협력 촉진을 위한 과세특례를 적용하여 계산한 법인세를 포함한다)를 연대하여 납부할 의무가 있다.
(2018.12.24 본항개정)

④ 이 법에 따라 법인세를 원천징수하는 자는 해당 법인세를 납부할 의무가 있다.(2018.12.24 본항개정)
(2018.12.24 본조제목개정)

제4조【과세소득의 범위】 ① 내국법인에 법인세가 과세되는 소득은 다음 각 호의 소득으로 한다. 다만, 비영리내국법인의 경우에는 제1호와 제3호의 소득으로 한정한다.
1. 각 사업연도의 소득
2. 청산소득(清算所得)
3. 제55조의2에 따른 토지등 양도소득

② 제1항제1호를 적용할 때 연결법인의 각 사업연도의 소득은 제76조의14제1항의 각 연결사업연도의 소득으로 한다.

③ 제1항제1호를 적용할 때 비영리내국법인의 각 사업연도의 소득은 다음 각 호의 사업 또는 수입(이하 "수익사업"이라 한다)에서 생기는 소득으로 한정한다.
1. 제조업, 건설업, 도매 및 소매업 등 「통계법」 제22조에 따라 통계청장이 작성·고시하는 한국표준산업분류에 따른 사업으로서 대통령령으로 정하는 것
2. 「소득세법」 제16조제1항에 따른 이자소득
3. 「소득세법」 제17조제1항에 따른 배당소득
4. 주식·신주인수권 또는 출자지분의 양도로 인한 수입
5. 유형자산 및 무형자산의 처분으로 인한 수입. 다만, 고유목적사업에 직접 사용하는 자산의 처분으로 인한 대통령령으로 정하는 수입은 제외한다.
6. 「소득세법」 제94조제1항제2호 및 제4호에 따른 자산의 양도로 인한 수입
7. 그 밖에 대가(對價)를 얻는 계속적 행위로 인한 수입으로서 대통령령으로 정하는 것

④ 외국법인에 법인세가 과세되는 소득은 다음 각 호의 소득으로 한다.
1. 각 사업연도의 국내원천소득
2. 제95조의2에 따른 토지등 양도소득

⑤ 제4항제1호를 적용할 때 비영리외국법인의 각 사업연도의 국내원천소득은 수익사업에서 생기는 소득으로 한정한다.
(2018.12.24 본조개정)

제5조【신탁소득】 ① 신탁재산에 귀속되는 소득에 대해서는 그 신탁의 이익을 받을 수익자가 그 신탁재산을 가진 것으로 보고 이 법을 적용한다.(2020.12.22 본항개정)

② 제1항에도 불구하고 다음 각 호의 어느 하나에 해당하는 신탁으로서 대통령령으로 정하는 요건을 충족하는 신탁(「자본시장과 금융투자업에 관한 법률」 제9조제18항제1호에 따른 투자신탁 및 「소득세법」 제17조제1항제5호의3에 따른 수익증권이 발행된 신탁은 제외한다)의 경우에는 신탁재산에 귀속되는 소득에 대하여 그 신탁의 수탁자〔내국법인 또는 「소득세법」에

따른 거주자(이하 "거주자"라 한다)인 경우에 한정한다]가 법인세를 납부할 의무가 있다. 이 경우 신탁재산별로 각각을 하나의 내국법인으로 본다.(2024.12.31 전단개정)
1. 「신탁법」 제3조제1항 각 호 외의 부분 단서에 따른 목적신탁
2. 「신탁법」 제78조제2항에 따른 수익증권발행신탁
3. 「신탁법」 제114조제1항에 따른 유한책임신탁
4. 그 밖에 제1호부터 제3호까지의 규정에 따른 신탁과 유사한 신탁으로서 대통령령으로 정하는 신탁
(2020.12.22 본항신설)
③ 제1항 및 제2항에도 불구하고 위탁자가 신탁재산을 실질적으로 통제하는 등 대통령령으로 정하는 요건을 충족하는 신탁의 경우에는 신탁재산에 귀속되는 소득에 대하여 그 신탁의 위탁자가 법인세를 납부할 의무가 있다.(2023.12.31 본항개정)
④ 「자본시장과 금융투자업에 관한 법률」의 적용을 받는 법인의 신탁재산(같은 법 제251조제1항에 따른 보험회사의 특별계정은 제외한다. 이하 같다)에 귀속되는 수입과 지출은 그 법인에 귀속되는 수입과 지출로 보지 아니한다.

제6조【사업연도】 ① 사업연도는 법령이나 법인의 정관(定款) 등에서 정하는 1회계기간으로 한다. 다만, 그 기간은 1년을 초과하지 못한다.
② 법령이나 정관 등에 사업연도에 관한 규정이 없는 내국법인은 따로 사업연도를 정하여 제109조제1항에 따른 법인 설립신고 또는 제111조에 따른 사업자등록과 함께 납세지 관할 세무서장(제12조에 따른 세무서장을 말한다. 이하 같다)에게 사업연도를 신고하여야 한다.
③ 제94조에 따른 국내사업장(이하 "국내사업장"이라 한다)이 있는 외국법인으로서 법령이나 정관 등에 사업연도에 관한 규정이 없는 법인은 따로 사업연도를 정하여 제109조제2항에 따른 국내사업장 설치신고 또는 제111조에 따른 사업자등록과 함께 납세지 관할 세무서장에게 사업연도를 신고하여야 한다.
④ 국내사업장이 없는 외국법인으로서 제93조제3호 또는 제7호에 따른 소득이 있는 법인은 따로 사업연도를 정하여 그 소득이 최초로 발생하게 된 날부터 1개월 이내에 납세지 관할 세무서장에게 사업연도를 신고하여야 한다.
⑤ 제2항부터 제4항까지의 규정에 따른 신고를 하여야 할 법인이 그 신고를 하지 아니하는 경우에는 매년 1월 1일부터 12월 31일까지를 그 법인의 사업연도로 한다.
⑥ 제1항부터 제5항까지의 규정을 적용할 때 법인의 최초 사업연도의 개시일 등에 관하여 필요한 사항은 대통령령으로 정한다.

제7조【사업연도의 변경】 ① 사업연도를 변경하려는 법인은 그 법인의 직전 사업연도 종료일부터 3개월 이내에 대통령령으로 정하는 바에 따라 납세지 관할 세무서장에게 이를 신고하여야 한다.
② 법인이 제1항에 따른 신고를 기한까지 하지 아니한 경우에는 그 법인의 사업연도는 변경되지 아니한 것으로 본다. 다만, 법령에 따라 사업연도가 정하여지는 법인의 경우 관련 법령의 개정에 따라 사업연도가 변경된 경우에는 제1항에 따른 신고를 하지 아니한 경우에도 그 법령의 개정 내용과 같이 사업연도가 변경된 것으로 본다.
③ 제1항 및 제2항 단서에 따라 사업연도가 변경된 경우에는 종전의 사업연도 개시일부터 변경된 사업연도 개시일 전날까지의 기간을 1사업연도로 한다. 다만, 그 기간이 1개월 미만인 경우에는 변경된 사업연도에 그 기간을 포함한다.

제8조【사업연도의 의제】 ① 내국법인이 사업연도 중에 해산(합병 또는 분할에 따른 해산과 제78조 각 호에 따른 조직변경은 제외한다)한 경우에는 다음 각 호의 기간을 각각 1사업연도로 본다.
1. 그 사업연도 개시일부터 해산등기일(파산으로 인하여 해산한 경우에는 파산등기일을 말하며, 법인으로 보는 단체의 경우에는 해산일을 말한다. 이하 같다)까지의 기간
2. 해산등기일 다음 날부터 그 사업연도 종료일까지의 기간
② 내국법인이 사업연도 중에 합병 또는 분할에 따라 해산한 경우에는 그 사업연도 개시일부터 합병등기일 또는 분할등기일까지의 기간을 그 해산한 법인의 1사업연도로 본다.
③ 내국법인이 사업연도 중에 제78조 각 호에 따른 조직변경을 한 경우에는 조직변경 전의 사업연도가 계속되는 것으로 본다.(2018.12.24 본항신설)
④ 청산 중인 내국법인의 사업연도는 다음 각 호의 구분에 따른 기간을 각각 1사업연도로 본다.
1. 잔여재산가액이 사업연도 중에 확정된 경우 : 그 사업연도 개시일부터 잔여재산가액 확정일까지의 기간
2. 「상법」 제229조, 제285조, 제287조의40, 제519조 또는 제610조에 따라 사업을 계속하는 경우 : 다음 각 목의 기간
가. 그 사업연도 개시일부터 계속등기일(계속등기를 하지 아니한 경우에는 사실상의 사업 계속일을 말한다. 이하 같다)까지의 기간
나. 계속등기일 다음 날부터 그 사업연도 종료일까지의 기간
⑤ 내국법인이 사업연도 중에 연결납세방식을 적용받는 경우에는 그 사업연도 개시일부터 연결사업연도 개시일 전날까지의 기간을 1사업연도로 본다.
⑥ 국내사업장이 있는 외국법인이 사업연도 중에 그 국내사업장을 가지지 아니하게 된 경우에는 그 사업연도 개시일부터 그 사업장을 가지지 아니하게 된 날까지의 기간을 1사업연도로 본다. 다만, 국내에 다른 사업장을 계속하여 가지고 있는 경우에는 그러하지 아니하다.
⑦ 국내사업장이 없는 외국법인이 사업연도 중에 제93조제3호에 따른 국내원천 부동산소득 또는 같은 조 제7호에 따른 국내원천 부동산등양도소득이 발생하지 아니하게 되어 납세지 관할 세무서장에게 그 사실을 신고한 경우에는 그 사업연도 개시일부터 신고일까지의 기간을 1사업연도로 본다.
(2018.12.24 본조개정)

제9조【납세지】 ① 내국법인의 법인세 납세지는 그 법인의 등기부에 따른 본점이나 주사무소의 소재지(국내에 본점 또는 주사무소가 있지 아니하는 경우에는 사업을 실질적으로 관리하는 장소의 소재지)로 한다. 다만, 법인으로 보는 단체의 경우에는 대통령령으로 정하는 장소로 한다.
② 외국법인의 법인세 납세지는 국내사업장의 소재지로 한다. 다만, 국내사업장이 없는 외국법인으로서 제93조제3호 또는 제7호에 따른 소득이 있는 외국법인의 경우에는 각각 그 자산의 소재지로 한다.
③ 제2항의 경우 둘 이상의 국내사업장이 있는 외국법인에 대하여는 대통령령으로 정하는 주된 사업장의 소재지를 납세지로 하고, 둘 이상의 자산이 있는 법인에 대하여는 대통령령으로 정하는 장소를 납세지로 한다.
④ 제73조, 제73조의2, 제98조, 제98조의3, 제98조의5, 제98조의6 또는 제98조의8에 따라 원천징수한 법인세의 납세지는 대통령령으로 정하는 해당 원천징수의무자의 소재지로 한다. 다만, 제98조 및 제98조의3에 따른 원천징수의무자가 국내에 그 소재지를 가지지 아니하는 경우에는 대통령령으로 정하는 장소로 한다.(2023.12.31 본문개정)

제10조【납세지의 지정】 ① 관할지방국세청장(제12조에 따른 지방국세청장을 말한다. 이하 같다)이나 국세청장은 제9조에 따른 납세지가 그 법인의 납세지로 적당하지 아니하다고 인정되는 경우로서 대통령령으로 정하는 경우에는 같은 조에도 불구하고 그 납세지를 지정할 수 있다.
② 관할지방국세청장이나 국세청장은 제1항에 따라 납세지를 지정한 경우에는 대통령령으로 정하는 바에 따라 해당 법인에 이를 알려야 한다.

제11조【납세지의 변경】 ① 법인은 납세지가 변경된 경우에는 그 변경된 날부터 15일 이내에 대통령령으로 정하는 바에 따라 변경 후의 납세지 관할 세무서장에게 이를 신고하여야 한다. 이 경우 납세지가 변경된 법인이 「부가가치세법」 제8조에 따라 그 변경된 사실을 신고한 경우에는 납세지 변경신고를 한 것으로 본다.(2013.6.7 후단개정)
② 제1항에 따른 신고를 하지 아니한 경우에는 종전의 납세지를 그 법인의 납세지로 한다.
③ 외국법인이 제9조제2항에 해당하는 납세지를 국내에 가지지 아니하게 된 경우에는 그 사실을 납세지 관할 세무서장에게 신고하여야 한다.

제12조【과세 관할】 법인세는 제9조부터 제11조까지의 규정에 따른 납세지를 관할하는 세무서장 또는 지방국세청장이 과세한다.

제2장 내국법인의 각 사업연도의 소득에 대한 법인세

(2010.12.30 본장개정)

제1절 과세표준과 그 계산

제1관 통 칙

제13조【과세표준】 ① 내국법인의 각 사업연도의 소득에 대한 법인세의 과세표준은 각 사업연도의 소득의 범위에서 다음 각 호의 금액과 소득을 차례로 공제한 금액으로 한다. 다만, 제1호의 금액에 대한 공제는 각 사업연도 소득의 100분의 80[「조세특례제한법」 제6조제1항에 따른 중소기업(이하 "중소기업"이라 한다)과 회생계획을 이행 중인 기업 등 대통령령으로 정하는 법인의 경우는 100분의 100]을 한도로 한다.(2022.12.31 단서개정)

1. 제14조제3항의 이월결손금 중 다음 각 목의 요건을 모두 갖춘 금액
  가. 각 사업연도의 개시일 전 15년 이내에 개시한 사업연도에서 발생한 결손금일 것(2020.12.22 본목개정)
  나. 제60조에 따라 신고하거나 제66조에 따라 결정·경정되거나 「국세기본법」 제45조에 따라 수정신고한 과세표준에 포함된 결손금일 것
2. 이 법과 다른 법률에 따른 비과세소득
3. 이 법과 다른 법률에 따른 소득공제액

② 제1항의 과세표준을 계산할 때 다음 각 호의 금액은 해당 사업연도의 다음 사업연도 이후로 이월하여 공제할 수 없다.

1. 해당 사업연도의 과세표준을 계산할 때 공제되지 아니한 비과세소득 및 소득공제액
2. 「조세특례제한법」 제132조에 따른 최저한세의 적용으로 인하여 공제되지 아니한 소득공제액

(2018.12.24 본조개정)

제14조【각 사업연도의 소득】 ① 내국법인의 각 사업연도의 소득은 그 사업연도에 속하는 익금(益金)의 총액에서 그 사업연도에 속하는 손금(損金)의 총액을 뺀 금액으로 한다.(2018.12.24 본항개정)

② 내국법인의 각 사업연도의 결손금은 그 사업연도에 속하는 손금의 총액이 그 사업연도에 속하는 익금의 총액을 초과하는 경우에 그 초과하는 금액으로 한다.

③ 내국법인의 이월결손금은 각 사업연도의 개시일 전 발생한 각 사업연도의 결손금으로서 그 후의 각 사업연도의 과세표준을 계산할 때 공제되지 아니한 금액으로 한다.(2018.12.24 본항신설)

판례 특정 사업연도의 법인세를 포탈하였다고 하기 위해서는 당해 사업연도의 익금 누락 또는 가공손금의 계상 등을 통하여 그 사업연도의 과세소득의 감소가 있는 경우여야 하며, 한편 채무의 면제 또는 소멸로 인한 수익 즉 채무면제익은 그 채무면제가 있었던 날 또는 소멸시효가 완성된 날이 속하는 사업연도에 귀속한다고 할 것이다.(대판 2006.6.29, 2004도817)

제2관 익금의 계산

제15조【익금의 범위】 ① 익금은 자본 또는 출자의 납입 및 이 법에서 규정하는 것은 제외하고 해당 법인의 순자산(純資産)을 증가시키는 거래로 인하여 발생하는 이익 또는 수입[이하 "수익"(收益)이라 한다]의 금액으로 한다.(2018.12.24 본항개정)

② 다음 각 호의 금액은 익금으로 본다.

1. 특수관계인인 개인으로부터 유가증권을 제52조제2항에 따른 시가보다 낮은 가액으로 매입하는 경우 시가와 그 매입가액의 차액에 상당하는 금액(2018.12.24 본호개정)
2. 제57조제4항에 따른 외국법인세액으로서 대통령령으로 정하는 바에 따라 계산하여 같은 조 제1항에 따른 세액공제의 대상이 되는 금액(2020.12.22 본호개정)
3. 「조세특례제한법」 제100조의18제1항에 따라 배분받은 소득금액

③ 수익의 범위 및 구분 등에 필요한 사항은 대통령령으로 정한다.(2018.12.24 본항개정)

제16조【배당금 또는 분배금의 의제】 ① 다음 각 호의 금액은 다른 법인의 주주 또는 출자자(이하 "주주등"이라 한다)인 내국법인의 각 사업연도의 소득금액을 계산할 때 그 다른 법인으로부터 이익을 배당받았거나 잉여금을 분배받은 금액으로 본다.(2018.12.24 본문개정)

1. 주식의 소각, 자본의 감소, 사원의 퇴사·탈퇴 또는 출자의 감소로 인하여 주주등인 내국법인이 취득하는 금전과 그 밖의 재산가액의 합계액이 해당 주식 또는 출자지분(이하 "주식등"이라 한다)을 취득하기 위하여 사용한 금액을 초과하는 금액(2018.12.24 본호개정)
2. 법인의 잉여금의 전부 또는 일부를 자본이나 출자에 전입(轉入)함으로써 주주등인 내국법인이 취득하는 주식등의 가액. 다만, 다음 각 목의 어느 하나에 해당하는 금액을 자본에 전입하는 경우는 제외한다.(2018.12.24 본문개정)
  가. 「상법」 제459조제1항에 따른 자본준비금으로서 대통령령으로 정하는 것(2011.12.31 본목개정)
  나. 「자산재평가법」에 따른 재평가적립금(같은 법 제13조제1항제1호에 따른 토지의 재평가차액에 상당하는 금액은 제외한다)
3. 법인이 자기주식 또는 자기출자지분을 보유한 상태에서 제2호 각 목에 따른 자본전입을 함에 따라 그 법인 외의 주주등인 내국법인의 지분 비율이 증가한 경우 증가한 지분 비율에 상당하는 주식등의 가액(2018.12.24 본호개정)
4. 해산한 법인의 주주등(법인으로 보는 단체의 구성원을 포함한다)인 내국법인이 법인의 해산으로 인한 잔여재산의 분배로서 취득하는 금전과 그 밖의 재산의 가액이 그 주식등을 취득하기 위하여 사용한 금액을 초과하는 금액(2018.12.24 본호개정)
5. 피합병법인의 주주등인 내국법인이 취득하는 합병대가가 그 피합병법인의 주식등을 취득하기 위하여 사용한 금액을 초과하는 금액(2018.12.24 본호개정)
6. 분할법인 또는 소멸한 분할합병의 상대방 법인의 주주인 내국법인이 취득하는 분할대가가 그 분할법인 또는 소멸한 분할합병의 상대방 법인의 주식(분할법인이 존속하는 경우에는 소각 등에 의하여 감소된 주식만 해당한다)을 취득하기 위하여 사용한 금액을 초과하는 금액(2018.12.24 본호개정)

② 제1항제5호 및 제6호, 제44조 및 제46조에서 합병대가와 분할대가는 다음 각 호의 금액을 말한다.

1. 합병대가 : 합병법인으로부터 합병으로 인하여 취득하는 합병법인(합병등기일 현재 합병법인의 발행주식총수 또는 출자총액을 소유하고 있는 내국법인을 포함한다)의 주식등의 가액과 금전 또는 그 밖의 재산가액의 합계액
2. 분할대가 : 분할신설법인 또는 분할합병의 상대방 법인으로부터 분할로 인하여 취득하는 분할신설법인 또는 분할합병의 상대방 법인(분할등기일 현재 분할합병의 상대방 법인의 발행주식총수 또는 출자총액을 소유하고 있는 내국법인을 포함한다)의 주식의 가액과 금전 또는 그 밖의 재산가액의 합계액

(2018.12.24 본항신설)

③ 제1항을 적용할 때 이익의 배당 또는 잉여금의 분배 시기, 주식등 재산가액의 평가 등에 필요한 사항은 대통령령으로 정한다.(2018.12.24 본항개정)

제17조【자본거래로 인한 수익의 익금불산입】 ① 다음 각 호의 금액은 내국법인의 각 사업연도의 소득금액을 계산할 때 익금에 산입(算入)하지 아니한다.(2018.12.24 본문개정)

1. 주식발행액면초과액 : 액면금액 이상으로 주식을 발행한 경우 그 액면금액을 초과한 금액(무액면주식의 경우에는 발행가액 중 자본금으로 계상한 금액을 초과하는 금액을 말한다). 다만, 채무의 출자전환으로 주식등을 발행하는 경우에는 그

주식등의 제52조제2항에 따른 시가를 초과하여 발행된 금액은 제외한다.
2. 주식의 포괄적 교환차익 : 「상법」 제360조의2에 따른 주식의 포괄적 교환을 한 경우로서 같은 법 제360조의7에 따른 자본금 증가의 한도액이 완전모회사의 증가한 자본금을 초과한 경우의 그 초과액
3. 주식의 포괄적 이전차익(移轉差益) : 「상법」 제360조의15에 따른 주식의 포괄적 이전을 한 경우로서 같은 법 제360조의18에 따른 자본금의 한도액이 설립된 완전모회사의 자본금을 초과한 경우의 그 초과액
4. 감자차익(減資差益) : 자본감소의 경우로서 그 감소액이 주식의 소각, 주금(株金)의 반환에 든 금액과 결손의 보전(補塡)에 충당한 금액을 초과한 경우의 그 초과금액
5. 합병차익 : 「상법」 제174조에 따른 합병의 경우로서 소멸된 회사로부터 승계한 재산의 가액이 그 회사로부터 승계한 채무액, 그 회사의 주주에게 지급한 금액과 합병 후 존속하는 회사의 자본금증가액 또는 합병에 따라 설립된 회사의 자본금을 초과한 경우의 그 초과금액. 다만, 소멸된 회사로부터 승계한 재산가액이 그 회사로부터 승계한 채무액, 그 회사의 주주에게 지급한 금액과 주식가액을 초과하는 경우로서 이 법에서 익금으로 규정한 금액은 제외한다.(2015.12.15 단서신설)
6. 분할차익 : 「상법」 제530조의2에 따른 분할 또는 분할합병으로 설립된 회사 또는 존속하는 회사에 출자된 재산의 가액이 출자한 회사로부터 승계한 채무액, 출자한 회사의 주주에게 지급한 금액과 설립된 회사의 자본금 또는 존속하는 회사의 자본금증가액을 초과한 경우의 그 초과금액. 다만, 분할 또는 분할합병으로 설립된 회사 또는 존속하는 회사에 출자된 재산의 가액이 출자한 회사로부터 승계한 채무액, 출자한 회사의 주주에게 지급한 금액과 주식가액을 초과하는 경우로서 이 법에서 익금으로 규정한 금액은 제외한다.
(2015.12.15 단서신설)
(2013.1.1 본항개정)
② 제1항제1호 단서에 따른 초과금액 중 제18조제6호를 적용받지 아니한 대통령령으로 정하는 금액은 해당 사업연도의 익금에 산입하지 아니하고 그 이후의 각 사업연도에 발생한 결손금의 보전(補塡)에 충당할 수 있다.

제18조【평가이익 등의 익금불산입】 다음 각 호의 금액은 내국법인의 각 사업연도의 소득금액을 계산할 때 익금에 산입하지 아니한다.(2018.12.24 본문개정)
1. 자산의 평가이익. 다만, 제42조제1항 각 호에 따른 평가로 인하여 발생하는 평가이익은 제외한다.
2. 각 사업연도의 소득으로 이미 과세된 소득(이 법과 다른 법률에 따라 비과세되거나 면제되는 소득을 포함한다)
(2018.12.24 본호개정)
3. 제21조제1호에 따라 손금에 산입하지 아니한 법인세 또는 법인지방소득세를 환급받았거나 환급받을 금액을 다른 세액에 충당한 금액(2014.1.1 본호개정)
4. 국세 또는 지방세의 과오납금(過誤納金)의 환급금에 대한 이자
5. 부가가치세의 매출세액
6. 무상(無償)으로 받은 자산의 가액(제36조에 따른 국고보조금등은 제외한다)과 채무의 면제 또는 소멸로 인한 부채(負債)의 감소액 중 대통령령으로 정하는 이월결손금을 보전하는 데에 충당한 금액(2019.12.31 본호개정)
7. 연결자법인 또는 연결모법인으로부터 제76조의19제2항 또는 제3항에 따라 지급받았거나 지급받을 금액(2022.12.31 본호개정)
8. 「상법」 제461조의2에 따라 자본준비금을 감액하여 받는 배당금액(내국법인이 보유한 주식의 장부가액을 한도로 한다). 다만, 다음 각 목의 어느 하나에 해당하는 자본준비금을 감액하여 받는 배당금액은 제외한다.(2023.12.31 단서개정)
가. 제16조제1항제2호가목에 해당하지 아니하는 자본준비금
나. 제44조제2항 또는 제3항의 적격합병에 따른 제17조제1항제5호의 합병차익 중 피합병법인의 제16조제1항제2호나목에 따른 재평가적립금에 상당하는 금액(대통령령으로 정하는 금액을 한도로 한다)
다. 제46조제2항의 적격분할에 따른 제17조제1항제6호의 분할차익 중 분할법인의 제16조제1항제2호나목에 따른 재평가적립금에 상당하는 금액(대통령령으로 정하는 금액을 한도로 한다)
(2023.12.31 가목~다목신설)

제18조의2【내국법인 수입배당금액의 익금불산입】 ① 내국법인(제29조에 따라 고유목적사업준비금을 손금에 산입하는 비영리내국법인은 제외한다. 이하 이 조에서 같다)이 해당 법인이 출자한 다른 내국법인(이하 이 조에서 "피출자법인"이라 한다)으로부터 받은 이익의 배당금 또는 잉여금의 분배금과 제16조에 따라 배당금 또는 분배금으로 보는 금액(이하 이 조 및 제76조의14에서 "수입배당금액"이라 한다) 중 제1호의 금액에서 제2호의 금액을 뺀 금액은 각 사업연도의 소득금액을 계산할 때 익금에 산입하지 아니한다. 이 경우 그 금액이 0보다 작은 경우에는 없는 것으로 본다.(2022.12.31 전단개정)
1. 피출자법인별로 수입배당금액에 다음 표의 구분에 따른 익금불산입률을 곱한 금액의 합계액

피출자법인에 대한 출자비율	익금불산입률
50퍼센트 이상	100퍼센트
20퍼센트 이상 50퍼센트 미만	80퍼센트
20퍼센트 미만	30퍼센트

(2022.12.31 본호개정)
2. 내국법인이 각 사업연도에 지급한 차입금의 이자가 있는 경우에는 차입금의 이자 중 제1호에 따른 익금불산입률 및 피출자법인에 출자한 금액이 내국법인의 자산총액에서 차지하는 비율 등을 고려하여 대통령령으로 정하는 바에 따라 계산한 금액
② 제1항은 다음 각 호의 어느 하나에 해당하는 수입배당금액에 대해서는 적용하지 아니한다.
1. 배당기준일 전 3개월 이내에 취득한 주식등을 보유함으로써 발생하는 수입배당금액
2. (2022.12.31 삭제)
3. 제51조의2 또는 「조세특례제한법」 제104조의31에 따라 지급한 배당에 대하여 소득공제를 적용받는 법인으로부터 받은 수입배당금액(2020.12.22 본호개정)
4. 이 법과 「조세특례제한법」에 따라 법인세를 비과세·면제·감면받는 법인(대통령령으로 정하는 법인으로 한정한다)으로부터 받은 수입배당금액
5. 제75조의14에 따라 지급한 배당에 대하여 소득공제를 적용받는 법인과세 신탁재산으로부터 받은 수입배당금액
(2020.12.22 본호신설)
6. 「자산재평가법」 제28조제2항을 위반하여 이 법 제16조제1항제2호나목에 따른 재평가적립금을 감액하여 지급받은 수입배당금액
7. 제18조제8호나목 및 다목에 해당하는 자본준비금을 감액하여 지급받은 수입배당금액
8. 자본의 감소로 주주등인 내국법인이 취득한 재산가액이 당초 주식등의 취득가액을 초과하는 금액 등 피출자법인의 소득에 법인세가 과세되지 아니한 수입배당금액으로서 대통령령으로 정하는 수입배당금액
(2023.12.31 6호~8호신설)
③ 제1항과 제2항을 적용할 때 내국법인의 피출자법인에 대한 출자비율의 계산방법, 익금불산입액의 계산, 차입금 및 차입금 이자의 범위, 수입배당금액 명세서의 제출 등에 필요한 사항은 대통령령으로 정한다.
(2018.12.24 본조개정)

제18조의3 (2022.12.31 삭제)

제18조의4【외국자회사 수입배당금액의 익금불산입】 ① 내국법인(제57조의2제1항에 따른 간접투자회사등은 제외한다)이 해당 법인이 출자한 외국자회사〔내국법인이 의결권 있는 발행주식총수 또는 출자총액의 100분의 10(「조세특례제한법」 제22조에 따른 해외자원개발사업을 하는 외국법인의 경우에는 100분의 5) 이상을 출자하고 있는 외국법인으로서 대통령령으

로 정하는 요건을 갖춘 법인을 말한다. 이하 이 조 및 제41조에서 같다〕로부터 받은 이익의 배당금 또는 잉여금의 분배금과 제16조에 따라 배당금 또는 분배금으로 보는 금액(이하 이 조에서 "수입배당금액"이라 한다)의 100분의 95에 해당하는 금액은 각 사업연도의 소득금액을 계산할 때 익금에 산입하지 아니한다.
② 내국법인이 해당 법인이 출자한 외국법인(외국자회사는 제외한다)으로부터 자본준비금을 감액하여 받는 배당으로서 제18조제8호에 따른 익금에 산입되지 아니하는 배당에 준하는 성격의 수입배당금액을 받는 경우 그 금액의 100분의 95에 해당하는 금액은 각 사업연도의 소득금액을 계산할 때 익금에 산입하지 아니한다.
③「국제조세조정에 관한 법률」 제27조제1항 및 제29조제1항·제2항에 따라 특정외국법인의 유보소득에 대하여 내국법인이 배당받은 것으로 보는 금액 및 해당 유보소득이 실제 배당된 경우의 수입배당금액에 대해서는 제1항을 적용하지 아니한다.
④ 제1항에도 불구하고 다음 각 호의 어느 하나에 해당하는 금액은 각 사업연도의 소득금액을 계산할 때 익금에 산입한다.
1.「국제조세조정에 관한 법률」 제27조제1항 각 호의 요건을 모두 충족하는 특정외국법인으로부터 받은 수입배당금액으로서 대통령령으로 정하는 수입배당금액
2. 혼성금융상품(자본 및 부채의 성격을 동시에 가지고 있는 금융상품으로서 대통령령으로 정하는 금융상품을 말한다)의 거래에 따라 내국법인이 지급받는 수입배당금액
3. 제1호 및 제2호와 유사한 것으로서 대통령령으로 정하는 수입배당금액
⑤ 제1항을 적용받으려는 내국법인은 외국자회사 수입배당금액 명세서를 납세지 관할 세무서장에게 제출하여야 한다.
⑥ 제1항부터 제5항까지의 규정을 적용할 때 내국법인의 외국자회사에 대한 출자비율의 계산방법, 익금불산입액의 계산방법, 외국자회사 수입배당금액 명세서의 제출 등에 필요한 사항은 대통령령으로 정한다.
(2022.12.31 본조신설)

제3관 손금의 계산

제19조【손금의 범위】 ① 손금은 자본 또는 출자의 환급, 잉여금의 처분 및 이 법에서 규정하는 것은 제외하고 해당 법인의 순자산을 감소시키는 거래로 인하여 발생하는 손실 또는 비용〔이하 "손비"(損費)라 한다〕의 금액으로 한다.
② 손비는 이 법 및 다른 법률에서 달리 정하고 있는 것을 제외하고는 그 법인의 사업과 관련하여 발생하거나 지출된 손실 또는 비용으로서 일반적으로 인정되는 통상적인 것이거나 수익과 직접 관련된 것으로 한다.
③「조세특례제한법」 제100조의18제1항에 따라 분배받은 결손금은 손금으로 본다.
④ 손비의 범위 및 구분 등에 필요한 사항은 대통령령으로 정한다.
(2018.12.24 본조개정)

제19조의2【대손금의 손금불산입】 ① 내국법인이 보유하고 있는 채권 중 채무자의 파산 등 대통령령으로 정하는 사유로 회수할 수 없는 채권의 금액〔이하 "대손금"(貸損金)이라 한다〕은 대통령령으로 정하는 사업연도의 소득금액을 계산할 때 손금에 산입한다.(2018.12.24 본항개정)
② 제1항은 다음 각 호의 어느 하나에 해당하는 채권에는 적용하지 아니한다.
1. 채무보증(「독점규제 및 공정거래에 관한 법률」 제24조 각 호의 어느 하나에 해당하는 채무보증 등 대통령령으로 정하는 채무보증은 제외한다)으로 인하여 발생한 구상채권(求償債權)(2020.12.29 본호개정)
2. 제28조제1항제4호나목에 해당하는 가지급금(假支給金) 등. 이 경우 특수관계인에 대한 판단은 대여시점을 기준으로 한다.(2020.12.22 후단신설)
(2018.12.24 본항개정)
③ 제1항에 따라 손금에 산입한 대손금 중 회수한 금액은 그 회수한 날이 속하는 사업연도의 소득금액을 계산할 때 익금에 산입한다.
④ 제1항을 적용하려는 내국법인은 대통령령으로 정하는 바에 따라 대손금 명세서를 납세지 관할 세무서장에게 제출하여야 한다.(2018.12.24 본항개정)
⑤ 대손금의 범위와 처리 등에 필요한 사항은 대통령령으로 정한다.(2018.12.24 본항개정)

제20조【자본거래 등으로 인한 손비의 손금불산입】 다음 각 호의 금액은 내국법인의 각 사업연도의 소득금액을 계산할 때 손금에 산입하지 아니한다.
1. 결산을 확정할 때 잉여금의 처분을 손비로 계상한 금액
2. 주식할인발행차금 : 「상법」 제417조에 따라 액면미달의 가액으로 신주를 발행하는 경우 그 미달하는 금액과 신주발행비의 합계액
(2018.12.24 본조개정)

제21조【세금과 공과금의 손금불산입】 다음 각 호의 세금과 공과금은 내국법인의 각 사업연도의 소득금액을 계산할 때 손금에 산입하지 아니한다.
1. 각 사업연도에 납부하였거나 납부할 법인세(제18조의4에 따른 익금불산입의 적용 대상이 되는 수입배당금액에 대하여 외국에 납부한 세액과 제57조에 따라 세액공제를 적용하는 경우의 외국법인세액을 포함한다) 또는 법인지방소득세와 각 세법에 규정된 의무 불이행으로 인하여 납부하였거나 납부할 세액(가산세를 포함한다) 및 부가가치세의 매입세액(부가가치세가 면제되거나 그 밖에 대통령령으로 정하는 경우의 세액은 제외한다)(2022.12.31 본호개정)
2. 판매하지 아니한 제품에 대한 반출필의 개별소비세, 주세 또는 교통·에너지·환경세의 미납액. 다만, 제품가격에 그 세액상당액을 가산한 경우에는 예외로 한다.
3. 벌금, 과료(통고처분에 따른 벌금 또는 과료에 상당하는 금액을 포함한다), 과태료(과료와 과태금을 포함한다), 가산금 및 강제징수비(2020.12.29 본호개정)
4. 법령에 따라 의무적으로 납부하는 것이 아닌 공과금
5. 법령에 따른 의무의 불이행 또는 금지·제한 등의 위반을 이유로 부과되는 공과금(2024.12.31 본호개정)
6. 연결모법인 또는 연결자법인에 제76조의19제2항 또는 제3항에 따라 지급하였거나 지급할 금액(2022.12.31 본호개정)

제21조의2【징벌적 목적의 손해배상금 등에 대한 손금불산입】 내국법인이 지급한 손해배상금 중 실제 발생한 손해를 초과하여 지급하는 금액으로서 대통령령으로 정하는 금액은 내국법인의 각 사업연도의 소득금액을 계산할 때 손금에 산입하지 아니한다.(2017.12.19 본조신설)

제22조【자산의 평가손실의 손금불산입】 내국법인이 보유하는 자산의 평가손실은 각 사업연도의 소득금액을 계산할 때 손금에 산입하지 아니한다. 다만, 제42조제2항 및 제3항에 따른 평가로 인하여 발생하는 평가손실은 손금에 산입한다.
(2018.12.24 단서개정)

제23조【감가상각비의 손금불산입】 ① 내국법인이 각 사업연도의 결산을 확정할 때 토지를 제외한 건물, 기계 및 장치, 특허권 등 대통령령으로 정하는 유형자산 및 무형자산(이하 이 조에서 "감가상각자산"이라 한다)에 대한 감가상각비를 손비로 계상한 경우에는 대통령령으로 정하는 바에 따라 계산한 금액(이하 이 조에서 "상각범위액"이라 한다)의 범위에서 그 계상한 감가상각비를 해당 사업연도의 소득금액을 계산할 때 손금에 산입하고, 그 계상한 금액 중 상각범위액을 초과하는 금액은 손금에 산입하지 아니한다.(2018.12.24 본항개정)
② 제1항에도 불구하고 「주식회사 등의 외부감사에 관한 법률」 제5조제1항제1호에 따른 회계처리기준(이하 "한국채택국제회계기준"이라 한다)을 적용하는 내국법인이 보유한 감가상각자산 중 유형자산과 대통령령으로 정하는 무형자산의 감가상각비는 개별 자산별로 다음 각 호의 구분에 따른 금액이 제1항에 따라 손금에 산입한 금액보다 큰 경우 그 차액의 범위에서 추가로 손금에 산입할 수 있다.(2018.12.24 본문개정)
1. 2013년 12월 31일 이전 취득분 : 한국채택국제회계기준을 적용하지 아니하고 종전의 방식에 따라 감가상각비를 손비

로 계상한 경우 제1항에 따라 손금에 산입할 감가상각비 상당액(이하 이 조에서 "종전감가상각비"라 한다)(2018.12.24 본호개정)

2. 2014년 1월 1일 이후 취득분 : 기획재정부령으로 정하는 기준내용연수를 적용하여 계산한 감가상각비 상당액(이하 이 조에서 "기준감가상각비"라 한다)

③ 제1항에도 불구하고 내국법인이 이 법과 다른 법률에 따라 법인세를 면제받거나 감면받은 경우에는 해당 사업연도의 소득금액을 계산할 때 대통령령으로 정하는 바에 따라 감가상각비를 손금에 산입하여야 한다.(2018.12.24 본항개정)

④ 제1항을 적용할 때 내국법인이 다음 각 호의 어느 하나에 해당하는 금액을 손비로 계상한 경우에는 해당 사업연도의 소득금액을 계산할 때 감가상각비로 계상한 것으로 보아 상각범위액을 계산한다.

1. 감가상각자산을 취득하기 위하여 지출한 금액
2. 감가상각자산에 대한 대통령령으로 정하는 자본적 지출에 해당하는 금액

(2018.12.24 본항신설)

⑤ 제1항에 따라 상각범위액을 초과하여 손금에 산입하지 아니한 금액은 그 후의 사업연도에 대통령령으로 정하는 방법에 따라 손금에 산입한다.(2018.12.24 본항신설)

⑥ 제1항부터 제5항까지의 규정에 따라 감가상각비를 손금에 산입한 내국법인은 대통령령으로 정하는 바에 따라 감가상각비에 관한 명세서를 납세지 관할 세무서장에게 제출하여야 한다.(2018.12.24 본항개정)

⑦ 제1항부터 제5항까지의 규정을 적용할 때 감가상각비의 손금산입방법, 한국채택국제회계기준 적용 시기의 결정, 종전감가상각비 및 기준감가상각비의 계산, 감가상각방법의 변경, 내용연수의 특례 및 변경, 중고자산 등의 상각범위액 계산특례, 즉시 상각할 수 있는 자산의 범위 등에 필요한 사항은 대통령령으로 정한다.(2018.12.24 본항개정)

판례 토지의 이용 편의를 위하여 당해 토지에 이르는 진입도로를 개설하여 국가 또는 지방자치단체에 이를 무상으로 공여한 경우, 그 도로로 된 토지의 가액 및 도로개설비용은 당해 토지의 가치를 현실적으로 증가시키는 데 소요된 것으로서 당해 토지에 대한 자본적 지출에 해당한다고 할 것이고, 그 소요비용이 특정사업의 면허 또는 사업의 개시 등과 관련하여 지출된 것이라고 하여 달리 볼 것은 아니다.
(대판 2008.4.11, 2006두5502)

제24조【기부금의 손금불산입】 ① 이 조에서 "기부금"이란 내국법인이 사업과 직접적인 관계없이 무상으로 지출하는 금액(대통령령으로 정하는 거래를 통하여 실질적으로 증여한 것으로 인정되는 금액을 포함한다)을 말한다.(2018.12.24 본항개정)

② 내국법인이 각 사업연도에 지출한 기부금 및 제5항에 따라 이월된 기부금 중 제1호에 따른 특례기부금은 제2호에 따라 산출한 손금산입한도액 내에서 해당 사업연도의 소득금액을 계산할 때 손금에 산입하되, 손금산입한도액을 초과하는 금액은 손금에 산입하지 아니한다.(2022.12.31 본문개정)

1. 특례기부금 : 다음 각 목의 어느 하나에 해당하는 기부금(2022.12.31 본문개정)
   가. 국가나 지방자치단체에 무상으로 기증하는 금품의 가액. 다만, 「기부금품의 모집 및 사용에 관한 법률」의 적용을 받는 기부금품은 같은 법 제5조제2항에 따라 접수하는 것만 해당한다.
   나. 국방헌금과 국군장병 위문금품의 가액
   다. 천재지변으로 생기는 이재민을 위한 구호금품의 가액
   라. 다음의 기관(병원은 제외한다)에 시설비·교육비·장학금 또는 연구비로 지출하는 기부금
      1) 「사립학교법」에 따른 사립학교
      2) 비영리 교육재단(국립·공립·사립학교의 시설비, 교육비, 장학금 또는 연구비 지급을 목적으로 설립된 비영리 재단법인으로 한정한다)
      3) 「국민 평생 직업능력 개발법」에 따른 기능대학(2021.8.17 개정)
      4) 「평생교육법」에 따른 전공대학의 명칭을 사용할 수 있는 평생교육시설 및 원격대학 형태의 평생교육시설
      5) 「경제자유구역 및 제주국제자유도시의 외국교육기관 설립·운영에 관한 특별법」에 따라 설립된 외국교육기관 및 「제주특별자치도 설치 및 국제자유도시 조성을 위한 특별법」에 따라 설립된 비영리법인이 운영하는 국제학교
      6) 「산업교육진흥 및 산학연협력촉진에 관한 법률」에 따른 산학협력단
      7) 「한국과학기술원법」에 따른 한국과학기술원, 「광주과학기술원법」에 따른 광주과학기술원, 「대구경북과학기술원법」에 따른 대구경북과학기술원, 「울산과학기술원법」에 따른 울산과학기술원 및 「한국에너지공과대학교법」에 따른 한국에너지공과대학교(2021.12.21 개정)
      8) 「국립대학법인 서울대학교 설립·운영에 관한 법률」에 따른 국립대학법인 서울대학교, 「국립대학법인 인천대학교 설립·운영에 관한 법률」에 따른 국립대학법인 인천대학교 및 이와 유사한 학교로서 대통령령으로 정하는 학교
      9) 「재외국민의 교육지원 등에 관한 법률」에 따른 한국학교(대통령령으로 정하는 요건을 충족하는 학교만 해당한다)로서 대통령령으로 정하는 바에 따라 기획재정부장관이 지정·고시하는 학교
      10) 「한국장학재단 설립 등에 관한 법률」에 따른 한국장학재단(2022.12.31 신설)
   마. 다음의 병원 등에 시설비·교육비 또는 연구비로 지출하는 기부금(2024.12.31 본문개정)
      1) 「국립대학병원 설치법」에 따른 국립대학병원
      2) 「국립대학치과병원 설치법」에 따른 국립대학치과병원
      3) 「서울대학교병원 설치법」에 따른 서울대학교병원
      4) 「서울대학교치과병원 설치법」에 따른 서울대학교치과병원
      5) 「사립학교법」에 따른 사립학교가 운영하는 병원
      6) 「암관리법」에 따른 국립암센터
      7) 「지방의료원의 설립 및 운영에 관한 법률」에 따른 지방의료원
      8) 「국립중앙의료원의 설립 및 운영에 관한 법률」에 따른 국립중앙의료원
      9) 「대한적십자사 조직법」에 따른 대한적십자사가 운영하는 병원
      10) 「한국보훈복지의료공단법」에 따른 한국보훈복지의료공단이 운영하는 병원
      11) 「방사선 및 방사성동위원소 이용진흥법」에 따른 한국원자력의학원
      12) 「국민건강보험법」에 따른 국민건강보험공단이 운영하는 병원
      13) 「산업재해보상보험법」 제43조제1항제1호에 따른 의료기관
      14) 1)부터 13)까지의 병원이 설립한 「보건의료기술 진흥법」 제28조의2제1항에 따른 의료기술협력단(2024.12.31 신설)
   바. 사회복지사업, 그 밖의 사회복지활동의 지원에 필요한 재원을 모집·배분하는 것을 주된 목적으로 하는 비영리법인(대통령령으로 정하는 요건을 충족하는 법인만 해당한다)으로서 대통령령으로 정하는 바에 따라 기획재정부장관이 지정·고시하는 법인에 지출하는 기부금
2. 손금산입한도액 : 다음 계산식에 따라 산출한 금액

[기준소득금액(제44조, 제46조 및 제46조의5에 따른 양도손익은 제외하고 제1호에 따른 특례기부금과 제3항제1호에 따른 일반기부금을 손금에 산입하기 전의 해당 사업연도의 소득금액을 말한다. 이하 이 조에서 같다) − 제13조제1항제1호에 따른 결손금(제13조제1항 각 호 외의 부분 단서에 따라 각 사업연도 소득의 80퍼센트를 한도로 이월결손금 공제를 적용받는 법인은 기준소득금액의 80퍼센트를 한도로 한다)] × 50퍼센트

(2022.12.31 본호개정)
(2020.12.22 본항개정)

③ 내국법인이 각 사업연도에 지출한 기부금 및 제5항에 따라 이월된 기부금 중 제1호에 따른 일반기부금은 제2호에 따라 산

출한 손금산입한도액 내에서 해당 사업연도의 소득금액을 계산할 때 손금에 산입하되, 손금산입한도액을 초과하는 금액은 손금에 산입하지 아니한다.
1. 일반기부금 : 사회복지 · 문화 · 예술 · 교육 · 종교 · 자선 · 학술 등 공익성을 고려하여 대통령령으로 정하는 기부금(제2항제1호에 따른 기부금은 제외한다. 이하 이 조에서 같다)
2. 손금산입한도액 : 다음 계산식에 따라 산출한 금액

[기준소득금액 － 제13조제1항제1호에 따른 결손금(제13조제1항 각 호 외의 부분 단서에 따라 각 사업연도 소득의 80퍼센트를 한도로 이월결손금 공제를 적용받는 법인은 기준소득금액의 80퍼센트를 한도로 한다) － 제2항에 따른 손금산입액(제5항에 따라 이월하여 손금에 산입한 금액을 포함한다)] × 10퍼센트(사업연도 종료일 현재 「사회적기업 육성법」 제2조제1호에 따른 사회적기업은 20퍼센트로 한다)

(2022.12.31 본항개정)
④ 제2항제1호 및 제3항제1호 외의 기부금은 해당 사업연도의 소득금액을 계산할 때 손금에 산입하지 아니한다.(2020.12.22 본항개정)
⑤ 내국법인이 각 사업연도에 지출하는 기부금 중 제2항 및 제3항에 따라 기부금의 손금산입한도액을 초과하여 손금에 산입하지 아니한 금액은 해당 사업연도의 다음 사업연도 개시일부터 10년 이내에 끝나는 각 사업연도로 이월하여 그 이월된 사업연도의 소득금액을 계산할 때 제2항제2호 및 제3항제2호에 따른 기부금 각각의 손금산입한도액의 범위에서 손금에 산입한다.(2020.12.22 본항개정)
⑥ 제2항 및 제3항에 따라 손금에 산입하는 경우에는 제5항에 따라 이월된 금액을 해당 사업연도에 지출한 기부금보다 먼저 손금에 산입한다. 이 경우 이월된 금액은 먼저 발생한 이월금액부터 손금에 산입한다.(2020.12.22 본항개정)

제25조【기업업무추진비의 손금불산입】 ① 이 조에서 "기업업무추진비"란 접대, 교제, 사례 또는 그 밖에 어떠한 명목이든 상관없이 이와 유사한 목적으로 지출한 비용으로서 내국법인이 직접 또는 간접적으로 업무와 관련이 있는 자와 업무를 원활하게 진행하기 위하여 지출한 금액을 말한다.(2022.12.31 본항개정)
② 내국법인이 한 차례의 접대에 지출한 기업업무추진비 중 대통령령으로 정하는 금액을 초과하는 기업업무추진비로서 다음 각 호의 어느 하나에 해당하지 아니하는 것은 각 사업연도의 소득금액을 계산할 때 손금에 산입하지 아니한다. 다만, 지출사실이 객관적으로 명백한 경우로서 다음 각 호의 어느 하나에 해당하는 기업업무추진비라는 증거자료를 구비하기 어려운 국외지역에서의 지출 및 농어민에 대한 지출 등 대통령령으로 정하는 지출은 그러하지 아니하다.(2022.12.31 본문개정)
1. 다음 각 목의 어느 하나에 해당하는 것(이하 "신용카드등"이라 한다)을 사용하여 지출하는 기업업무추진비(2022.12.31 본문개정)
가. 「여신전문금융업법」에 따른 신용카드(신용카드와 유사한 것으로서 대통령령으로 정하는 것을 포함한다. 이하 제117조에서 같다)
나. 「조세특례제한법」 제126조의2제1항제2호에 따른 현금영수증(이하 "현금영수증"이라 한다)(2018.12.24 본목개정)
2. 제121조 및 「소득세법」 제163조에 따른 계산서 또는 「부가가치세법」 제32조 및 제35조에 따른 세금계산서를 발급받아 지출하는 기업업무추진비(2022.12.31 본호개정)
3. 제121조의2에 따른 매입자발행계산서 또는 「부가가치세법」 제34조의2제2항에 따른 매입자발행세금계산서를 발행하여 지출하는 기업업무추진비(2022.12.31 본호개정)
4. 대통령령으로 정하는 원천징수영수증을 발행하여 지출하는 기업업무추진비(2022.12.31 본호개정)
③ 제2항제1호를 적용할 때 재화 또는 용역을 공급하는 신용카드등의 가맹점이 아닌 다른 가맹점의 명의로 작성된 매출전표 등을 발급받은 경우 해당 지출금액은 같은 항 같은 호에 따른 기업업무추진비로 보지 아니한다.(2022.12.31 본항개정)
④ 내국법인이 각 사업연도에 지출한 기업업무추진비(제2항에 따라 손금에 산입하지 아니하는 금액은 제외한다)로서 다음 각 호의 금액의 합계액을 초과하는 금액은 해당 사업연도의 소득금액을 계산할 때 손금에 산입하지 아니한다.(2022.12.31 본문개정)
1. 기본한도 : 다음 계산식에 따라 계산한 금액

$기본한도금액 = A \times B \times \frac{1}{12}$
A : 1천200만원(중소기업의 경우에는 3천600만원)
B : 해당 사업연도의 개월 수[이 경우 개월 수는 역(曆)에 따라 계산하되, 1개월 미만의 일수는 1개월로 한다]

(2019.12.31 본호개정)
2. 수입금액별 한도 : 해당 사업연도의 수입금액(대통령령으로 정하는 수입금액만 해당한다)에 다음 표에 규정된 비율을 적용하여 산출한 금액. 다만, 특수관계인과의 거래에서 발생한 수입금액에 대해서는 그 수입금액에 다음 표에 규정된 비율을 적용하여 산출한 금액의 100분의 10에 상당하는 금액으로 한다.

수입금액	비 율
가. 100억원 이하	0.3퍼센트
나. 100억원 초과 500억원 이하	3천만원 + (수입금액 － 100억원) × 0.2퍼센트
다. 500억원 초과	1억1천만원 + (수입금액 － 500억원) × 0.03퍼센트

(2019.12.31 본호개정)
⑤ 제4항을 적용할 때 부동산임대업을 주된 사업으로 하는 등 대통령령으로 정하는 요건에 해당하는 내국법인의 경우에는 같은 항 각 호의 금액의 합계액의 100분의 50을 초과하는 금액은 해당 사업연도의 소득금액을 계산할 때 손금에 산입하지 아니한다.(2018.12.24 본항신설)
⑥ 기업업무추진비의 범위 및 가액의 계산, 지출증명 보관 등에 필요한 사항은 대통령령으로 정한다.(2022.12.31 본항개정)
(2022.12.31 본조제목개정)

제26조【과다경비 등의 손금불산입】 다음 각 호의 손비 중 대통령령으로 정하는 바에 따라 과다하거나 부당하다고 인정하는 금액은 내국법인의 각 사업연도의 소득금액을 계산할 때 손금에 산입하지 아니한다.
1. 인건비
2. 복리후생비
3. 여비(旅費) 및 교육 · 훈련비
4. 법인이 그 법인 외의 자와 동일한 조직 또는 사업 등을 공동으로 운영하거나 경영함에 따라 발생되거나 지출된 손비
5. 제1호부터 제4호까지에 규정된 것 외에 법인의 업무와 직접 관련이 적다고 인정되는 경비로서 대통령령으로 정하는 것

제27조【업무와 관련 없는 비용의 손금불산입】 내국법인이 지출한 비용 중 다음 각 호의 금액은 각 사업연도의 소득금액을 계산할 때 손금에 산입하지 아니한다.(2018.12.24 본문개정)
1. 해당 법인의 업무와 직접 관련이 없다고 인정되는 자산으로서 대통령령으로 정하는 자산을 취득 · 관리함으로써 생기는 비용 등 대통령령으로 정하는 금액
2. 제1호 외에 해당 법인의 업무와 직접 관련이 없다고 인정되는 지출금액으로서 대통령령으로 정하는 금액(2018.12.24 본호개정)

제27조의2【업무용승용차 관련비용의 손금불산입 등 특례】
① 「개별소비세법」 제1조제2항제3호에 해당하는 승용자동차(운수업, 자동차판매업 등에서 사업에 직접 사용하는 승용자동차로서 대통령령으로 정하는 것과 연구개발을 목적으로 사용하는 승용자동차로서 대통령령으로 정하는 것은 제외하며, 이하 이 조 및 제74조의2에서 "업무용승용차"라 한다)에 대한 감가상각비는 각 사업연도의 소득금액을 계산할 때 대통령령으로 정하는 바에 따라 손금에 산입하여야 한다.(2021.12.21 본항개정)
② 내국법인이 업무용승용차를 취득하거나 임차함에 따라 해당 사업연도에 발생하는 감가상각비, 임차료, 유류비 등 대통령령으로 정하는 비용(이하 이 조 및 제74조의2에서 "업무용승용차 관련비용"이라 한다) 중 대통령령으로 정하는 업무용 사

용금액(이하 이 조에서 "업무사용금액"이라 한다)에 해당하지 아니하는 금액은 해당 사업연도의 소득금액을 계산할 때 손금에 산입하지 아니한다.(2021.12.21 본항개정)
③ 제2항을 적용할 때 업무사용금액 중 다음 각 호의 구분에 해당하는 비용이 해당 사업연도에 각각 800만원(해당 사업연도가 1년 미만인 경우 800만원에 해당 사업연도의 월수를 곱하고 이를 12로 나누어 산출한 금액을 말하고, 사업연도 중 일부 기간 동안 보유하거나 임차한 경우에는 800만원에 해당 보유기간 또는 임차기간 월수를 곱하고 이를 사업연도 월수로 나누어 산출한 금액을 말한다)을 초과하는 경우 그 초과하는 금액(이하 이 조에서 "감가상각비 한도초과액"이라 한다)은 해당 사업연도의 손금에 산입하지 아니하고 대통령령으로 정하는 방법에 따라 이월하여 손금에 산입한다.(2017.12.19 본문개정)
1. 업무용승용차별 감가상각비
2. 업무용승용차별 임차료 중 대통령령으로 정하는 감가상각비 상당액
④ 업무용승용차를 처분하여 발생하는 손실로서 업무용승용차별로 800만원(해당 사업연도가 1년 미만인 경우 800만원에 해당 사업연도의 월수를 곱하고 이를 12로 나누어 산출한 금액을 말한다)을 초과하는 금액은 대통령령으로 정하는 방법에 따라 이월하여 손금에 산입한다.(2018.12.24 본항개정)
⑤ 제3항과 제4항을 적용할 때 부동산임대업을 주된 사업으로 하는 등 대통령령으로 정하는 요건에 해당하는 내국법인의 경우에는 "800만원"을 각각 "400만원"으로 한다.(2016.12.20 본항신설)
⑥ 제1항부터 제5항까지에 따라 업무용승용차 관련비용 등을 손금에 산입한 법인은 대통령령으로 정하는 바에 따라 업무용승용차 관련비용 등에 관한 명세서를 납세지 관할 세무서장에게 제출하여야 한다.(2016.12.20 본항개정)
⑦ 업무사용금액의 계산방법, 감가상각비 한도초과액의 계산 및 이월방법과 그 밖에 필요한 사항은 대통령령으로 정한다.(2015.12.15 본조신설)

제28조【지급이자의 손금불산입】 ① 다음 각 호의 차입금의 이자는 내국법인의 각 사업연도의 소득금액을 계산할 때 손금에 산입하지 아니한다.
1. 대통령령으로 정하는 채권자가 불분명한 사채의 이자(2018.12.24 본호개정)
2. 「소득세법」 제16조제1항제1호·제2호·제5호 및 제8호에 따른 채권·증권의 이자·할인액 또는 차익 중 그 지급받은 자가 불분명한 것으로서 대통령령으로 정하는 것(2018.12.24 본호개정)
3. 대통령령으로 정하는 건설자금에 충당한 차입금의 이자
4. 다음 각 목의 어느 하나에 해당하는 자산을 취득하거나 보유하고 있는 내국법인이 각 사업연도에 지급한 차입금의 이자 중 대통령령으로 정하는 바에 따라 계산한 금액(차입금 중 해당 자산가액에 상당하는 금액의 이자를 한도로 한다)
  가. 제27조제1호에 해당하는 자산
  나. 특수관계인에게 해당 법인의 업무와 관련 없이 지급한 가지급금 등으로서 대통령령으로 정하는 것(2018.12.24 본목개정)
② 건설자금에 충당한 차입금의 이자에서 제1항제3호에 따른 이자를 뺀 금액으로서 대통령령으로 정하는 금액은 내국법인의 각 사업연도의 소득금액을 계산할 때 손금에 산입하지 아니할 수 있다.(2018.12.24 본항개정)
③ 제1항 각 호에 따른 차입금의 이자의 손금불산입에 관한 규정이 동시에 적용되는 경우에는 대통령령으로 정하는 순위에 따라 적용한다.(2018.12.24 본항개정)
④ 제1항에 따른 차입금 및 차입금의 이자의 범위와 계산 등에 필요한 사항은 대통령령으로 정한다.(2018.12.24 본항개정)

제4관 준비금 및 충당금의 손금산입

제29조【비영리내국법인의 고유목적사업준비금의 손금산입】
① 비영리내국법인(법인으로 보는 단체의 경우에는 대통령령으로 정하는 단체만 해당한다. 이하 이 조에서 같다)이 각 사업연도의 결산을 확정할 때 그 법인의 고유목적사업이나 제24조제3항제1호에 따른 일반기부금(이하 이 조에서 "고유목적사업등"이라 한다)에 지출하기 위하여 고유목적사업준비금을 손비로 계상한 경우에는 다음 각 호의 구분에 따른 금액의 합계액(제2호에 따른 수익사업에서 결손금이 발생한 경우에는 제1호 각 목의 금액의 합계액에서 그 결손금 상당액을 차감한 금액을 말한다)의 범위에서 그 계상한 고유목적사업준비금을 해당 사업연도의 소득금액을 계산할 때 손금에 산입한다.(2022.12.31 본문개정)
1. 다음 각 목의 금액
  가. 「소득세법」 제16조제1항 각 호(같은 항 제11호에 따른 비영업대금의 이익은 제외한다)에 따른 이자소득의 금액
  나. 「소득세법」 제17조제1항 각 호에 따른 배당소득의 금액. 다만, 「상속세 및 증여세법」 제16조 또는 제48조에 따라 상속세 과세가액 또는 증여세 과세가액에 산입되거나 증여세가 부과되는 주식등으로부터 발생한 배당소득의 금액은 제외한다.
  다. 특별법에 따라 설립된 비영리내국법인이 해당 법률에 따른 복지사업으로서 그 회원이나 조합원에게 대출한 융자금에서 발생한 이자금액
2. 그 밖의 수익사업에서 발생한 소득에 100분의 50(「공익법인의 설립·운영에 관한 법률」에 따라 설립된 법인으로서 고유목적사업등에 대한 지출액 중 100분의 50 이상의 금액을 장학금으로 지출하는 법인의 경우에는 100분의 80)을 곱하여 산출한 금액
(2018.12.24 본항개정)
② 제1항을 적용할 때 「주식회사 등의 외부감사에 관한 법률」 제2조제7호 및 제9조에 따른 감사인의 회계감사를 받는 비영리내국법인이 고유목적사업준비금을 제60조제2항제2호에 따른 세무조정계산서에 계상하고 그 금액 상당액을 해당 사업연도의 이익처분을 할 때 고유목적사업준비금으로 적립한 경우에는 그 금액을 결산을 확정할 때 손비로 계상한 것으로 본다.(2018.12.24 본항신설)
③ 제1항에 따라 고유목적사업준비금을 손금에 산입한 비영리내국법인이 고유목적사업등에 지출한 금액이 있는 경우에는 그 금액을 먼저 계상한 사업연도의 고유목적사업준비금부터 차례로 상계(相計)하여야 한다. 이 경우 고유목적사업등에 지출한 금액이 직전 사업연도 종료일 현재의 고유목적사업준비금의 잔액을 초과한 경우 초과하는 금액은 그 사업연도에 계상할 고유목적사업준비금에서 지출한 것으로 본다.(2018.12.24 본항개정)
④ 제1항에 따라 고유목적사업준비금을 손금에 산입한 비영리내국법인이 사업에 관한 모든 권리와 의무를 다른 비영리내국법인에 포괄적으로 양도하고 해산하는 경우에는 해산등기일 현재의 고유목적사업준비금 잔액은 그 다른 비영리내국법인이 승계할 수 있다.(2018.12.24 본항개정)
⑤ 제1항에 따라 손금에 산입한 고유목적사업준비금의 잔액이 있는 비영리내국법인이 다음 각 호의 어느 하나에 해당하게 된 경우 그 잔액(제5호의 경우에는 고유목적사업등이 아닌 용도에 사용한 금액을 말하며, 이하 이 조에서 같다)은 해당 사유가 발생한 날이 속하는 사업연도의 소득금액을 계산할 때 익금에 산입한다.(2022.12.31 본문개정)
1. 해산한 경우(제4항에 따라 고유목적사업준비금을 승계한 경우는 제외한다)(2018.12.24 본호개정)
2. 고유목적사업을 전부 폐지한 경우
3. 법인으로 보는 단체가 「국세기본법」 제13조제3항에 따라 승인이 취소되거나 거주자로 변경된 경우(2018.12.24 본호개정)
4. 고유목적사업준비금을 손금에 산입한 사업연도의 종료일 이후 5년이 되는 날까지 고유목적사업등에 사용하지 아니한 경우(5년 내에 사용하지 아니한 잔액으로 한정한다)(2018.12.24 본호개정)
5. 고유목적사업준비금을 고유목적사업등이 아닌 용도에 사용한 경우(2022.12.31 본호신설)
⑥ 제1항에 따라 손금에 산입한 고유목적사업준비금의 잔액이 있는 비영리내국법인은 고유목적사업준비금을 손금에 산입한 사업연도의 종료일 이후 5년 이내에 그 잔액 중 일부를 감소시

켜 익금에 산입할 수 있다. 이 경우 먼저 손금에 산입한 사업연도의 잔액부터 차례로 감소시킨 것으로 본다.(2018.12.24 본항신설)
⑦ 제5항제4호·제5호 및 제6항에 따라 고유목적사업준비금의 잔액을 익금에 산입하는 경우에는 대통령령으로 정하는 바에 따라 계산한 이자상당액을 해당 사업연도의 법인세에 더하여 납부하여야 한다.(2022.12.31 본항개정)
⑧ 제1항은 이 법이나 다른 법률에 따라 감면 등을 적용받는 경우 등 대통령령으로 정하는 경우에는 적용하지 아니한다.
(2018.12.24 본항개정)
⑨ 제1항을 적용하려는 비영리내국법인은 대통령령으로 정하는 바에 따라 해당 준비금의 계상 및 지출에 관한 명세서를 비치·보관하고 이를 납세지 관할 세무서장에게 제출하여야 한다.
(2018.12.24 본항개정)
⑩ 제1항부터 제5항까지의 규정에 따른 고유목적사업의 범위 및 승계, 수익사업에서 발생한 소득의 계산 등에 필요한 사항은 대통령령으로 정한다.(2018.12.24 본항개정)
(2018.12.24 본조제목개정)

제30조【책임준비금의 손금산입】 ① 보험사업을 하는 내국법인(「보험업법」에 따른 보험회사는 제외한다)이 각 사업연도의 결산을 확정할 때 「수산업협동조합법」 등 보험사업 관련 법률에 따른 책임준비금(이하 이 조에서 "책임준비금"이라 한다)을 손비로 계상한 경우에는 대통령령으로 정하는 바에 따라 계산한 금액의 범위에서 그 계상한 책임준비금을 해당 사업연도의 소득금액을 계산할 때 손금에 산입한다.(2022.12.31 본항개정)
② 제1항에 따라 손금에 산입한 책임준비금은 대통령령으로 정하는 바에 따라 다음 사업연도 또는 손금에 산입한 날이 속하는 사업연도의 종료일 이후 3년이 되는 날(3년이 되기 전에 해산 등 대통령령으로 정하는 사유가 발생하는 경우에는 해당 사유가 발생한 날)이 속하는 사업연도의 소득금액을 계산할 때 익금에 산입한다.
③ 제2항에 따라 책임준비금을 손금에 산입한 날이 속하는 사업연도의 종료일 이후 3년이 되는 날이 속하는 사업연도에 책임준비금을 익금에 산입하는 경우 대통령령으로 정하는 바에 따라 계산한 이자상당액을 해당 사업연도의 법인세에 더하여 납부하여야 한다.(2018.12.24 본항개정)
④ 제1항을 적용하려는 내국법인은 대통령령으로 정하는 바에 따라 책임준비금에 관한 명세서를 납세지 관할 세무서장에게 제출하여야 한다.(2018.12.24 본항개정)
(2018.12.24 본조제목개정)

제31조【비상위험준비금의 손금산입】 ① 보험사업을 하는 내국법인이 각 사업연도의 결산을 확정할 때 「보험업법」이나 그 밖의 법률에 따른 비상위험준비금(이하 이 조에서 "비상위험준비금"이라 한다)을 손비로 계상한 경우에는 대통령령으로 정하는 바에 따라 계산한 금액의 범위에서 그 계상한 비상위험준비금을 해당 사업연도의 소득금액을 계산할 때 손금에 산입한다.
② 제1항을 적용할 때 한국채택국제회계기준을 적용하는 내국법인이 비상위험준비금을 제60조제2항제2호에 따른 세무조정계산서에 계상하고 그 금액 상당액을 해당 사업연도의 이익처분을 할 때 비상위험준비금으로 적립한 경우에는 대통령령으로 정하는 바에 따라 계산한 금액의 범위에서 그 금액을 결산을 확정할 때 손비로 계상한 것으로 본다.
③ 제1항을 적용하려는 내국법인은 대통령령으로 정하는 바에 따라 비상위험준비금에 관한 명세서를 납세지 관할 세무서장에게 제출하여야 한다.
④ 제1항 및 제2항에 따른 비상위험준비금의 처리에 필요한 사항은 대통령령으로 정한다.
(2018.12.24 본조신설)

제32조【해약환급금준비금의 손금산입】 ① 「보험업법」에 따른 보험회사(이하 "보험회사"라 한다)가 해당 사업연도의 이익처분을 할 때 해약환급금준비금(보험회사가 보험계약의 해약 등에 대비하여 적립하는 금액으로서 대통령령으로 정하는 바에 따라 계산한 금액을 말한다. 이하 이 조에서 같다)을 적립하고, 그 적립한 금액의 범위에서 제60조제2항제2호에 따른 세무조정계산서에 계상을 한 경우에는 그 계상한 금액을 결산을 확정할 때 손비로 계상한 것으로 보아 해당 사업연도의 소득금액을 계산할 때 손금에 산입한다.(2024.12.31 본항개정)
② 제1항을 적용받으려는 보험회사는 대통령령으로 정하는 바에 따라 해약환급금준비금에 관한 명세서를 납세지 관할 세무서장에게 제출하여야 한다.
③ 제1항에 따른 해약환급금준비금의 손금산입 및 그 금액의 처리에 필요한 사항은 대통령령으로 정한다.
(2022.12.31 본조신설)

제33조【퇴직급여충당금의 손금산입】 ① 내국법인이 각 사업연도의 결산을 확정할 때 임원이나 직원의 퇴직급여에 충당하기 위하여 퇴직급여충당금을 손비로 계상한 경우에는 대통령령으로 정하는 바에 따라 계산한 금액의 범위에서 그 계상한 퇴직급여충당금을 해당 사업연도의 소득금액을 계산할 때 손금에 산입한다.(2018.12.24 본항개정)
② 제1항에 따라 퇴직급여충당금을 손금에 산입한 내국법인이 임원이나 직원에게 퇴직금을 지급하는 경우에는 그 퇴직급여충당금에서 먼저 지급한 것으로 본다.(2018.12.24 본항개정)
③ 제1항에 따라 퇴직급여충당금을 손금에 산입한 내국법인이 합병하거나 분할하는 경우 그 법인의 합병등기일 또는 분할등기일 현재의 해당 퇴직급여충당금 중 합병법인·분할신설법인 또는 분할합병의 상대방 법인(이하 "합병법인등"이라 한다)이 승계받은 금액은 그 합병법인등이 합병등기일 또는 분할등기일에 가지고 있는 퇴직급여충당금으로 본다.(2018.12.24 본항개정)
④ 사업자가 그 사업을 내국법인에게 포괄적으로 양도하는 경우에 관하여는 제3항을 준용한다.
⑤ 제1항을 적용하려는 내국법인은 대통령령으로 정하는 바에 따라 퇴직급여충당금에 관한 명세서를 납세지 관할 세무서장에게 제출하여야 한다.(2018.12.24 본항개정)
⑥ 제1항부터 제4항까지의 규정에 따른 퇴직급여충당금의 처리에 필요한 사항은 대통령령으로 정한다.

제34조【대손충당금의 손금산입】 ① 내국법인이 각 사업연도의 결산을 확정할 때 외상매출금, 대여금 및 그 밖에 이에 준하는 채권의 대손(貸損)에 충당하기 위하여 대손충당금을 손비로 계상한 경우에는 대통령령으로 정하는 바에 따라 계산한 금액의 범위에서 그 계상한 대손충당금을 해당 사업연도의 소득금액을 계산할 때 손금에 산입한다.(2018.12.24 본항개정)
② 제1항은 제19조의2제2항 각 호의 어느 하나에 해당하는 채권에는 적용하지 아니한다.
③ 제1항에 따라 대손충당금을 손금에 산입한 내국법인은 대손금이 발생한 경우 그 대손금을 대손충당금과 먼저 상계하여야 하고, 상계하고 남은 대손충당금의 금액은 다음 사업연도의 소득금액을 계산할 때 익금에 산입한다.(2018.12.24 본항개정)
④ 제1항에 따라 대손충당금을 손금에 산입한 내국법인이 합병하거나 분할하는 경우 그 법인의 합병등기일 또는 분할등기일 현재의 해당 대손충당금 중 합병법인등이 승계(해당 대손충당금에 대응하는 채권이 함께 승계되는 경우만 해당한다)받은 금액은 그 합병법인등이 합병등기일 또는 분할등기일에 가지고 있는 대손충당금으로 본다.(2018.12.24 본항개정)
⑤ 제1항을 적용하려는 내국법인은 대통령령으로 정하는 바에 따라 대손충당금 명세서를 납세지 관할 세무서장에게 제출하여야 한다.(2018.12.24 본항개정)
⑥ 제1항에 따른 외상매출금, 대여금 및 그 밖에 이에 준하는 채권의 범위와 대손충당금 처리에 필요한 사항은 대통령령으로 정한다.(2018.12.24 본항개정)

제35조【구상채권상각충당금의 손금산입】 ① 법률에 따라 신용보증사업을 하는 내국법인 중 대통령령으로 정하는 법인이 각 사업연도의 결산을 확정할 때 구상채권상각충당금(求償債權償却充當金)을 손비로 계상한 경우에는 대통령령으로 정하는 바에 따라 계산한 금액의 범위에서 그 계상한 구상채권상각충당금을 해당 사업연도의 소득금액을 계산할 때 손금에 산입한다.(2018.12.24 본항개정)
② 제1항을 적용할 때 한국채택국제회계기준을 적용하는 법인 중 대통령령으로 정하는 법인이 구상채권상각충당금을 제60조제2항제2호에 따른 세무조정계산서에 계상하고 그 금액 상당액을 해당 사업연도의 이익처분을 할 때 구상채권상각충당금

으로 적립한 경우에는 대통령령으로 정하는 바에 따라 계산한 금액의 범위에서 그 금액을 결산을 확정할 때 손비로 계상한 것으로 본다.(2018.12.24 본항개정)
③ 제1항에 따라 구상채권상각충당금을 손금에 산입한 내국법인은 신용보증사업으로 인하여 발생한 구상채권 중 대통령령으로 정하는 대손금이 발생한 경우 그 대손금을 구상채권상각충당금과 먼저 상계하고, 상계하고 남은 구상채권상각충당금의 금액은 다음 사업연도의 소득금액을 계산할 때 익금에 산입한다.
④ 제1항을 적용하려는 내국법인은 대통령령으로 정하는 바에 따라 구상채권상각충당금에 관한 명세서를 납세지 관할 세무서장에게 제출하여야 한다.(2018.12.24 본항개정)
⑤ 제1항에 따른 구상채권상각충당금의 처리에 필요한 사항은 대통령령으로 정한다.

제36조【국고보조금등으로 취득한 사업용자산가액의 손금산입】 ① 내국법인이 「보조금 관리에 관한 법률」, 「지방재정법」, 그 밖에 대통령령으로 정하는 법률에 따라 보조금 등(이하 이 조에서 "국고보조금등"이라 한다)을 지급받아 그 지급받은 날이 속하는 사업연도의 종료일까지 대통령령으로 정하는 사업용자산(이하 이 조에서 "사업용자산"이라 한다)을 취득하거나 개량하는 데에 사용한 경우 또는 사업용자산을 취득하거나 개량하고 이에 대한 국고보조금등을 사후에 지급받은 경우에는 해당 사업용자산의 가액 중 그 사업용자산의 취득 또는 개량에 사용된 국고보조금등 상당액을 대통령령으로 정하는 바에 따라 그 사업연도의 소득금액을 계산할 때 손금에 산입할 수 있다.(2018.12.24 본항개정)
② 국고보조금등을 지급받은 날이 속하는 사업연도의 종료일까지 사업용자산을 취득하거나 개량하지 아니한 내국법인이 그 사업연도의 다음 사업연도 개시일부터 1년 이내에 사업용자산을 취득하거나 개량하려는 경우에는 취득 또는 개량에 사용하려는 국고보조금등의 금액을 제1항을 준용하여 손금에 산입할 수 있다. 이 경우 허가 또는 인가의 지연 등 대통령령으로 정하는 사유로 국고보조금등을 기한 내에 사용하지 못한 경우에는 해당 사유가 끝나는 날이 속하는 사업연도의 종료일을 그 기한으로 본다.
③ 제2항에 따라 국고보조금등 상당액을 손금에 산입한 내국법인이 손금에 산입한 금액을 기한 내에 사업용자산의 취득 또는 개량에 사용하지 아니하거나 사용하기 전에 폐업 또는 해산하는 경우 그 사용하지 아니한 금액은 해당 사유가 발생한 날이 속하는 사업연도의 소득금액을 계산할 때 익금에 산입한다. 다만, 합병하거나 분할하는 경우로서 합병법인등이 그 금액을 승계한 경우는 제외하며, 이 경우 그 금액은 합병법인등이 제2항에 따라 손금에 산입한 것으로 본다.
④ 제1항을 적용할 때 내국법인이 국고보조금등을 금전 외의 자산으로 받아 사업에 사용한 경우에는 사업용자산의 취득 또는 개량에 사용된 것으로 본다.
⑤ 제1항과 제2항을 적용하려는 내국법인은 대통령령으로 정하는 바에 따라 국고보조금등과 국고보조금등으로 취득한 사업용자산의 명세서(제2항의 경우에는 국고보조금등의 사용계획서)를 납세지 관할 세무서장에게 제출하여야 한다.
(2018.12.24 본항개정)
⑥ 제1항부터 제3항까지의 규정을 적용할 때 손금산입액 및 익금산입액의 계산과 그 산입방법 등에 관하여 필요한 사항은 대통령령으로 정한다.

제37조【공사부담금으로 취득한 사업용자산가액의 손금산입】 ① 다음 각 호의 어느 하나에 해당하는 사업을 하는 내국법인이 그 사업에 필요한 시설을 하기 위하여 해당 시설의 수요자 또는 편익을 받는 자로부터 그 시설을 구성하는 토지 등 유형자산 및 무형자산(이하 이 조에서 "사업용자산"이라 한다)을 제공받은 경우 또는 금전 등(이하 이 조에서 "공사부담금"이라 한다)을 제공받아 그 제공받은 날이 속하는 사업연도의 종료일까지 사업용자산의 취득에 사용하거나 사업용자산을 취득하고 이에 대한 공사부담금을 사후에 제공받은 경우에는 해당 사업용자산의 가액(공사부담금을 제공받은 경우에는 그 사업용자산의 취득에 사용된 공사부담금 상당액)을 대통령령으로 정하는 바에 따라 그 사업연도의 소득금액을 계산할 때 손금에 산입할 수 있다.(2018.12.24 본문개정)
1. 「전기사업법」에 따른 전기사업
2. 「도시가스사업법」에 따른 도시가스사업
3. 「액화석유가스의 안전관리 및 사업법」에 따른 액화석유가스 충전사업, 액화석유가스 집단공급사업 및 액화석유가스 판매사업
4. 「집단에너지사업법」 제2조제2호에 따른 집단에너지공급사업
5. 제1호부터 제4호까지의 사업과 유사한 사업으로서 대통령령으로 정하는 것
② 공사부담금으로 사업용자산을 취득하는 경우의 손금산입 등에 관하여는 제36조제2항 및 제3항을 준용한다.(2018.12.24 본항개정)
③ 제1항과 제2항을 적용하려는 내국법인은 대통령령으로 정하는 바에 따라 그 제공받은 사업용자산 및 공사부담금과 공사부담금으로 취득한 사업용자산의 명세서(제2항의 경우에는 공사부담금의 사용계획서)를 납세지 관할 세무서장에게 제출하여야 한다.(2018.12.24 본항개정)
④ 제1항과 제2항을 적용할 때 손금산입액 및 익금산입액의 계산과 그 산입방법 등에 관하여 필요한 사항은 대통령령으로 정한다.
(2018.12.24 본조제목개정)

제38조【보험차익으로 취득한 자산가액의 손금산입】 ① 내국법인이 유형자산(이하 이 조에서 "보험대상자산"이라 한다)의 멸실(滅失)이나 손괴(損壞)로 인하여 보험금을 지급받아 그 지급받은 날이 속하는 사업연도의 종료일까지 멸실한 보험대상자산과 같은 종류의 자산을 대체 취득하거나 손괴된 보험대상자산을 개량(그 취득한 자산의 개량을 포함한다)하는 경우에는 해당 자산의 가액 중 그 자산의 취득 또는 개량에 사용된 보험차익 상당액을 대통령령으로 정하는 바에 따라 그 사업연도의 소득금액을 계산할 때 손금에 산입할 수 있다.(2018.12.24 본항개정)
② 보험차익으로 자산을 취득하거나 개량하는 경우의 손금산입 등에 관하여는 제36조제2항 및 제3항을 준용한다. 이 경우 제36조제2항 중 "1년"은 "2년"으로 본다.(2018.12.24 전단개정)
③ 제1항과 제2항을 적용하려는 내국법인은 대통령령으로 정하는 바에 따라 그 지급받은 보험금과 보험금으로 취득하거나 개량한 자산의 명세서(제2항의 경우에는 보험차익의 사용계획서)를 납세지 관할 세무서장에게 제출하여야 한다.(2018.12.24 본항개정)
④ 제1항과 제2항을 적용할 때 손금산입액 및 익금산입액의 계산과 그 산입방법 등에 관하여 필요한 사항은 대통령령으로 정한다.
(2018.12.24 본조제목개정)

제39조 (2001.12.31 삭제)

제5관 손익의 귀속시기 등

제40조【손익의 귀속사업연도】 ① 내국법인의 각 사업연도의 익금과 손금의 귀속사업연도는 그 익금과 손금이 확정된 날이 속하는 사업연도로 한다.
② 제1항에 따른 익금과 손금의 귀속사업연도의 범위 등에 관하여 필요한 사항은 대통령령으로 정한다.

판례 법인세법 제40조 제1항은 "내국법인의 각 사업연도의 익금과 손금의 귀속사업연도는 그 익금과 손금이 확정된 날이 속하는 사업연도로 한다."고 규정하고 있는데, 익금이 확정되었다고 하기 위해서는 소득의 원인이 되는 권리가 실현가능성에서 상당히 높은 정도로 성숙되어야 하고, 이런 정도에 이르지 아니하고 단지 성립한 것에 불과한 단계에서는 익금이 확정되었다고 할 수 없으며, 여기서 소득의 원인이 되는 권리가 실현가능성에서 상당히 높은 정도로 성숙되었는지는 일률적으로 말할 수 없고 개개의 구체적인 권리의 성질과 내용 및 법률상·사실상의 여러 사정을 종합적으로 고려하여 결정하여야 한다.
(대판 2011.9.29, 2009두11157)

제41조【자산의 취득가액】 ① 내국법인이 매입·제작·교환 및 증여 등에 의하여 취득한 자산의 취득가액은 다음 각 호의 구분에 따른 금액으로 한다.
1. 타인으로부터 매입한 자산(대통령령으로 정하는 금융자산은 제외한다) : 매입가액에 부대비용을 더한 금액

1의2. 내국법인이 외국자회사를 인수하여 취득한 주식등으로서 대통령령으로 정하는 주식등 : 제18조의4에 따라 익금불산입된 수입배당금액, 인수 시점의 외국자회사의 이익잉여금 등을 고려하여 대통령령으로 정하는 금액(2022.12.31 본호신설)
2. 자기가 제조·생산 또는 건설하거나 그 밖에 이에 준하는 방법으로 취득한 자산 : 제작원가(制作原價)에 부대비용을 더한 금액
3. 그 밖의 자산 : 취득 당시의 대통령령으로 정하는 금액
(2018.12.24 본항개정)
② 제1항에 따른 매입가액 및 부대비용의 범위 등 자산의 취득가액의 계산에 필요한 사항은 대통령령으로 정한다.

제42조【자산·부채의 평가】 ① 내국법인이 보유하는 자산과 부채의 장부가액을 증액 또는 감액(감가상각은 제외하며, 이하 이 조에서 "평가"라 한다)한 경우에는 그 평가일이 속하는 사업연도와 그 후의 각 사업연도의 소득금액을 계산할 때 그 자산과 부채의 장부가액은 평가 전의 가액으로 한다. 다만, 다음 각 호의 어느 하나에 해당하는 경우에는 그러하지 아니하다.(2018.12.24 본문개정)
1. 「보험업법」이나 그 밖의 법률에 따른 유형자산 및 무형자산 등의 평가(장부가액을 증액한 경우만 해당한다)(2018.12.24 본호개정)
2. 재고자산(在庫資産) 등 대통령령으로 정하는 자산과 부채의 평가
② 제1항제2호에 따른 자산과 부채는 그 자산 및 부채별로 대통령령으로 정하는 방법에 따라 평가하여야 한다.
③ 제1항과 제2항에도 불구하고 다음 각 호의 어느 하나에 해당하는 자산은 대통령령으로 정하는 방법에 따라 그 장부가액을 감액할 수 있다.(2018.12.24 본문개정)
1. 재고자산으로서 파손·부패 등의 사유로 정상가격으로 판매할 수 없는 것
2. 유형자산으로서 천재지변·화재 등 대통령령으로 정하는 사유로 파손되거나 멸실된 것(2018.12.24 본호개정)
3. 대통령령으로 정하는 주식등으로서 해당 주식등의 발행법인이 다음 각 목의 어느 하나에 해당하는 것
가. 부도가 발생한 경우
나. 「채무자 회생 및 파산에 관한 법률」에 따른 회생계획인가의 결정을 받은 경우
다. 「기업구조조정 촉진법」에 따른 부실징후기업이 된 경우
라. 파산한 경우
(2018.12.24 본호개정)
4. (2018.12.24 삭제)
④ 제2항과 제3항에 따라 자산과 부채를 평가한 내국법인은 대통령령으로 정하는 바에 따라 그 자산과 부채의 평가에 관한 명세서를 납세지 관할 세무서장에게 제출하여야 한다.
(2018.12.24 본항개정)
⑤ 제2항과 제3항에 따라 자산과 부채를 평가함에 따라 발생하는 평가이익이나 평가손실의 처리 등에 필요한 사항은 대통령령으로 정한다.(2018.12.24 본항개정)

제42조의2【한국채택국제회계기준 적용 내국법인에 대한 재고자산평가차익 익금불산입】 ① 내국법인이 한국채택국제회계기준을 최초로 적용하는 사업연도에 재고자산평가방법을 대통령령으로 정하는 후입선출법에서 대통령령으로 정하는 다른 재고자산평가방법으로 납세지 관할 세무서장에게 변경신고한 경우에는 해당 사업연도의 소득금액을 계산할 때 제1호의 금액에서 제2호의 금액을 뺀 금액(이하 이 조에서 "재고자산평가차익"이라 한다)을 익금에 산입하지 아니할 수 있다. 이 경우 재고자산평가차익은 한국채택국제회계기준을 최초로 적용하는 사업연도의 다음 사업연도 개시일부터 5년간 균등하게 나누어 익금에 산입한다.
1. 한국채택국제회계기준을 최초로 적용하는 사업연도의 기초 재고자산 평가액
2. 한국채택국제회계기준을 최초로 적용하기 직전 사업연도의 기말 재고자산 평가액
② 제1항 각 호 외의 부분 전단에 따라 재고자산평가차익을 익금에 산입하지 아니한 내국법인이 해산(제44조제2항 및 제3항에 따른 적격합병 또는 제46조제2항에 따른 적격분할로 인한 해산은 제외한다)하는 경우에는 제1항 각 호 외의 부분 후단에 따라 익금에 산입하고 남은 금액을 해산등기일이 속하는 사업연도의 소득금액을 계산할 때 익금에 산입한다.
③ 재고자산평가방법의 변경신고 절차, 익금불산입의 신청, 익금산입의 방법과 그 밖에 재고자산평가차익 익금불산입에 관한 사항은 대통령령으로 정한다.
(2018.12.24 본조개정)

제42조의3【한국채택국제회계기준 적용 보험회사에 대한 소득금액 계산의 특례】 ① 보험회사가 보험업에 대한 한국채택국제회계기준으로서 대통령령으로 정하는 회계기준(이하 이 조에서 "보험계약국제회계기준"이라 한다)을 최초로 적용하는 경우에는 보험계약국제회계기준을 최초로 적용하는 사업연도(이하 이 조에서 "최초적용사업연도"라 한다)의 직전 사업연도에 손금에 산입한 책임준비금(「보험업법」에 따른 책임준비금을 말한다. 이하 이 조에서 같다)에 대통령령으로 정하는 계산식을 적용하여 산출한 금액을 최초적용사업연도의 소득금액을 계산할 때 익금에 산입한다.
② 보험회사는 최초적용사업연도의 개시일 현재 「보험업법」 제120조제3항의 회계처리기준에 따라 계상한 책임준비금에 대통령령으로 정하는 계산식을 적용하여 산출한 금액을 해당 사업연도의 소득금액을 계산할 때 손금에 산입한다.
③ 보험회사는 제1항에도 불구하고 제1항에 따른 금액에서 제2항에 따른 금액을 뺀 금액에 대통령령으로 정하는 계산식을 적용하여 산출한 금액(금액이 양수인 경우로 한정하며, 이하 이 조에서 "전환이익"이라 한다)을 최초적용사업연도와 그 다음 3개 사업연도의 소득금액을 계산할 때 익금에 산입하지 아니할 수 있다. 이 경우 전환이익은 최초적용사업연도의 다음 4번째 사업연도 개시일부터 3년간 균등하게 나누어 익금에 산입한다.
④ 보험회사가 제3항에 따른 기간 중에 해산(제44조제2항 및 제3항에 따른 적격합병 또는 제46조제2항에 따른 적격분할로 인한 해산은 제외한다)하는 경우 익금에 산입되지 아니한 전환이익이 있으면 이를 해산등기일이 속하는 사업연도의 소득금액을 계산할 때 익금에 산입한다.
⑤ 제3항을 적용받는 보험회사에 대해서는 같은 항에 따른 기간에 관계없이 제32조를 적용하지 아니한다.
⑥ 전환이익의 익금불산입 및 균등분할 익금 산입의 신청, 그 밖에 필요한 사항은 대통령령으로 정한다.
(2022.12.31 본조신설)

제43조【기업회계기준과 관행의 적용】 내국법인의 각 사업연도의 소득금액을 계산할 때 그 법인이 익금과 손금의 귀속사업연도와 자산·부채의 취득 및 평가에 관하여 일반적으로 공정·타당하다고 인정되는 기업회계기준을 적용하거나 관행(慣行)을 계속 적용하여 온 경우에는 이 법 및 「조세특례제한법」에서 달리 규정하고 있는 경우를 제외하고는 그 기업회계기준 또는 관행에 따른다.(2018.12.24 본조개정)

제6관 합병 및 분할 등에 관한 특례

제44조【합병 시 피합병법인에 대한 과세】 ① 피합병법인이 합병으로 해산하는 경우에는 그 법인의 자산을 합병법인에 양도한 것으로 본다. 이 경우 그 양도에 따라 발생하는 양도손익(제1호의 가액에서 제2호의 가액을 뺀 금액을 말한다. 이하 이 조 및 제44조의3에서 같다)은 피합병법인이 합병등기일이 속하는 사업연도의 소득금액을 계산할 때 익금 또는 손금에 산입한다.
1. 피합병법인이 합병법인으로부터 받은 양도가액
2. 피합병법인의 합병등기일 현재의 자산의 장부가액 총액에서 부채의 장부가액 총액을 뺀 가액(이하 이 관에서 "순자산 장부가액"이라 한다)
② 제1항을 적용할 때 다음 각 호의 요건을 모두 갖춘 합병(이하 "적격합병"이라 한다)의 경우에는 제1항제1호의 가액을 피합병법인의 합병등기일 현재의 순자산 장부가액으로 보아 양도손익이 없는 것으로 할 수 있다. 다만, 대통령령으로 정하는 부득이한 사유가 있는 경우에는 제2호·제3호 또는 제4호의

요건을 갖추지 못한 경우에도 적격합병으로 보아 대통령령으로 정하는 바에 따라 양도손익이 없는 것으로 할 수 있다.
(2018.12.24 본문개정)
1. 합병등기일 현재 1년 이상 사업을 계속하던 내국법인 간의 합병일 것. 다만, 다른 법인과 합병하는 것을 유일한 목적으로 하는 법인으로서 대통령령으로 정하는 법인의 경우는 본문의 요건을 갖춘 것으로 본다.(2021.12.21 단서개정)
2. 피합병법인의 주주등이 합병으로 인하여 받은 합병대가의 총합계액 중 합병법인의 주식등의 가액이 100분의 80 이상이거나 합병법인의 모회사(합병등기일 현재 합병법인의 발행주식총수 또는 출자총액을 소유하고 있는 내국법인을 말한다)의 주식등의 가액이 100분의 80 이상인 경우로서 그 주식등이 대통령령으로 정하는 바에 따라 배정되고, 대통령령으로 정하는 피합병법인의 주주등이 합병등기일이 속하는 사업연도의 종료일까지 그 주식등을 보유할 것(2018.12.24 본호개정)
3. 합병법인이 합병등기일이 속하는 사업연도의 종료일까지 피합병법인으로부터 승계받은 사업을 계속할 것. 다만, 피합병법인이 다른 법인과 합병하는 것을 유일한 목적으로 하는 법인으로서 대통령령으로 정하는 법인인 경우에는 본문의 요건을 갖춘 것으로 본다.(2021.12.21 본호개정)
4. 합병등기일 1개월 전 당시 피합병법인에 종사하는 대통령령으로 정하는 근로자 중 합병법인이 승계한 근로자의 비율이 100분의 80 이상이고, 합병등기일이 속하는 사업연도의 종료일까지 그 비율을 유지할 것(2017.12.19 본호신설)

③ 다음 각 호의 어느 하나에 해당하는 경우에는 제2항에도 불구하고 적격합병으로 보아 양도손익이 없는 것으로 할 수 있다.(2018.12.24 본문개정)
1. 내국법인이 발행주식총수 또는 출자총액을 소유하고 있는 다른 법인을 합병하거나 그 다른 법인에 합병되는 경우
2. 동일한 내국법인이 발행주식총수 또는 출자총액을 소유하고 있는 서로 다른 법인 간에 합병하는 경우
(2016.12.20 1호~2호신설)

④ 제1항부터 제3항까지의 규정에 따른 양도가액 및 순자산 장부가액의 계산, 합병대가의 총합계액의 계산, 승계받은 사업의 계속 여부에 관한 판정기준 등에 관하여 필요한 사항은 대통령령으로 정한다.

제44조의2【합병 시 합병법인에 대한 과세】 ① 합병법인이 합병으로 피합병법인의 자산을 승계한 경우에는 그 자산을 피합병법인으로부터 합병등기일 현재의 시가(제52조제2항에 따른 시가를 말한다. 이하 이 관에서 같다)로 양도받은 것으로 본다. 이 경우 피합병법인의 각 사업연도의 소득금액 및 과세표준을 계산할 때 익금 또는 손금에 산입하거나 산입하지 아니한 금액, 그 밖의 자산·부채 등은 대통령령으로 정하는 것만 합병법인이 승계할 수 있다.

② 합병법인은 제1항에 따라 피합병법인의 자산을 시가로 양도받은 것으로 보는 경우로서 피합병법인에 지급한 양도가액이 피합병법인의 합병등기일 현재의 자산총액에서 부채총액을 뺀 금액(이하 이 관에서 "순자산시가"라 한다)보다 적은 경우에는 그 차액을 제60조제2항제2호에 따른 세무조정계산서에 계상하고 합병등기일부터 5년간 균등하게 나누어 익금에 산입한다.

③ 합병법인은 제1항에 따라 피합병법인의 자산을 시가로 양도받은 것으로 보는 경우에 피합병법인에 지급한 양도가액이 합병등기일 현재의 순자산시가를 초과하는 경우로서 대통령령으로 정하는 경우에는 그 차액을 제60조제2항제2호에 따른 세무조정계산서에 계상하고 합병등기일부터 5년간 균등하게 나누어 손금에 산입한다.

④ 제1항부터 제3항까지의 규정에 따른 익금산입액 및 손금산입액의 계산과 그 산입방법 등에 관하여 필요한 사항은 대통령령으로 정한다.
(2018.12.24 본조제목개정)

제44조의3【적격합병 시 합병법인에 대한 과세특례】 ① 적격합병을 한 합병법인은 제44조의2에도 불구하고 피합병법인의 자산을 장부가액으로 양도받은 것으로 한다. 이 경우 장부가액과 제44조의2제1항에 따른 시가와의 차액을 대통령령으로 정하는 바에 따라 자산별로 계상하여야 한다.(2018.12.24 전단개정)

② 적격합병을 한 합병법인은 피합병법인의 합병등기일 현재의 제13조제1항제1호의 결손금과 피합병법인이 각 사업연도의 소득금액 및 과세표준을 계산할 때 익금 또는 손금에 산입하거나 산입하지 아니한 금액, 그 밖의 자산·부채 및 제59조에 따른 감면·세액공제 등을 대통령령으로 정하는 바에 따라 승계한다.(2018.12.24 본항개정)

③ 적격합병(제44조제3항에 따라 적격합병으로 보는 경우는 제외한다)을 한 합병법인은 3년 이내의 범위에서 대통령령으로 정하는 기간에 다음 각 호의 어느 하나에 해당하는 사유가 발생하는 경우에는 그 사유가 발생한 날이 속하는 사업연도의 소득금액을 계산할 때 양도받은 자산의 장부가액과 제44조의2제1항에 따른 시가와의 차액(시가가 장부가액보다 큰 경우만 해당한다. 이하 제4항에서 같다), 승계받은 결손금 중 공제한 금액 등을 대통령령으로 정하는 바에 따라 익금에 산입하고, 제2항에 따라 피합병법인으로부터 승계받아 공제한 감면·세액공제액 등을 대통령령으로 정하는 바에 따라 해당 사업연도의 법인세에 더하여 납부한 후 해당 사업연도부터 감면 또는 세액공제를 적용하지 아니한다. 다만, 대통령령으로 정하는 부득이한 사유가 있는 경우에는 그러하지 아니하다.(2018.12.24 본문개정)
1. 합병법인이 피합병법인으로부터 승계받은 사업을 폐지하는 경우
2. 대통령령으로 정하는 피합병법인의 주주등이 합병법인으로부터 받은 주식등을 처분하는 경우
3. 각 사업연도 종료일 현재 합병법인에 종사하는 대통령령으로 정하는 근로자(이하 이 호에서 "근로자"라 한다) 수가 합병등기일 1개월 전 당시 피합병법인과 합병법인에 각각 종사하는 근로자 수의 합의 100분의 80 미만으로 하락하는 경우
(2017.12.19 본호신설)

④ 제3항에 따라 양수한 자산의 장부가액과 제44조의2제1항에 따른 시가와의 차액 등을 익금에 산입한 합병법인은 피합병법인에 지급한 양도가액과 피합병법인의 합병등기일 현재의 순자산시가와의 차액을 제3항 각 호의 사유가 발생한 날부터 합병등기일 이후 5년이 되는 날까지 대통령령으로 정하는 바에 따라 익금 또는 손금에 산입한다.(2018.12.24 본항개정)

⑤ 제1항을 적용받는 합병법인은 대통령령으로 정하는 바에 따라 합병으로 양도받은 자산에 관한 명세서를 납세지 관할 세무서장에게 제출하여야 한다.

⑥ 제1항부터 제4항까지의 규정에 따른 승계받은 사업의 폐지에 관한 판정기준, 익금산입액 및 손금산입액의 계산과 그 산입방법 등에 관하여 필요한 사항은 대통령령으로 정한다.
(2018.12.24 본항개정)
(2018.12.24 본조제목개정)

제45조【합병 시 이월결손금 등 공제 제한】 ① 합병법인의 합병등기일 현재 제13조제1항제1호에 따른 결손금 중 제44조의3제2항에 따라 합병법인이 승계한 결손금을 제외한 금액은 합병법인의 각 사업연도의 과세표준을 계산할 때 피합병법인으로부터 승계받은 사업에서 발생한 소득금액[제113조제3항 단서에 해당되어 회계를 구분하여 기록하지 아니한 경우에는 그 소득금액을 대통령령으로 정하는 자산가액 비율로 안분계산(按分計算)한 금액으로 한다. 이하 이 조에서 같다]의 범위에서는 공제하지 아니한다.(2020.12.22 본항개정)

② 제44조의3제2항에 따라 합병법인이 승계한 피합병법인의 결손금은 피합병법인으로부터 승계받은 사업에서 발생한 소득금액의 범위에서 합병법인의 각 사업연도의 과세표준을 계산할 때 공제한다.

③ 적격합병을 한 합병법인은 합병법인과 피합병법인이 합병 전 보유하던 자산의 처분손실(합병등기일 현재 해당 자산의 제52조제2항에 따른 시가가 장부가액보다 낮은 경우로서 그 차액을 한도로 하며, 합병등기일 이후 5년 이내에 끝나는 사업연도에 발생한 것만 해당한다)을 각각 합병 전 해당 법인의 사업에서 발생한 소득금액(해당 처분손실을 공제하기 전 소득금액을 말한다)의 범위에서 해당 사업연도의 소득금액을 계산할 때 손금에 산입한다. 이 경우 손금에 산입하지 아니한 처분손실은 자산 처분 시 각각 합병 전 해당 법인의 사업에서 발생한 결손금으로 보아 제1항 및 제2항을 적용한다.(2016.12.20 전단개정)

④ 제44조의3제2항에 따라 합병법인이 승계한 피합병법인의 감면 또는 세액공제는 피합병법인으로부터 승계받은 사업에서 발생한 소득금액 또는 이에 해당하는 법인세액의 범위에서 대통령령으로 정하는 바에 따라 이를 적용한다.
⑤ 제1항과 제2항에 따른 합병법인의 합병등기일 현재 결손금과 합병법인이 승계한 피합병법인의 결손금에 대한 공제는 제13조제1항 각 호 외의 부분 단서에도 불구하고 다음 각 호의 구분에 따른 소득금액의 100분의 80(중소기업과 회생계획을 이행 중인 기업 등 대통령령으로 정하는 법인의 경우는 100분의 100)을 한도로 한다.(2022.12.31 본문개정)
1. 합병법인의 합병등기일 현재 결손금의 경우 : 합병법인의 소득금액에서 피합병법인으로부터 승계받은 사업에서 발생한 소득금액을 차감한 금액
2. 합병법인이 승계한 피합병법인의 결손금의 경우 : 피합병법인으로부터 승계받은 사업에서 발생한 소득금액
(2019.12.31 본항신설)
⑥ 합병법인의 합병등기일 현재 제24조제2항제1호 및 제3항제1호에 따른 기부금 중 같은 조 제5항에 따라 이월된 금액으로서 그 후의 각 사업연도의 소득금액을 계산할 때 손금에 산입하지 아니한 금액(이하 이 조에서 "기부금한도초과액"이라 한다) 중 제44조의3제2항에 따라 합병법인이 승계한 기부금한도초과액을 제외한 금액은 합병법인의 각 사업연도의 소득금액을 계산할 때 합병 전 합병법인의 사업에서 발생한 소득금액을 기준으로 제24조제2항제2호 및 제3항제2호에 따른 기부금 각각의 손금산입한도액의 범위에서 손금에 산입한다.(2020.12.22 본항신설)
⑦ 피합병법인의 합병등기일 현재 기부금한도초과액으로서 제44조의3제2항에 따라 합병법인이 승계한 금액은 합병법인의 각 사업연도의 소득금액을 계산할 때 피합병법인으로부터 승계받은 사업에서 발생한 소득금액을 기준으로 제24조제2항제2호 및 제3항제2호에 따른 기부금 각각의 손금산입한도액의 범위에서 손금에 산입한다.(2020.12.22 본항신설)
⑧ 제1항부터 제7항까지의 규정에 따른 각 사업연도의 과세표준을 계산할 때 공제하는 결손금의 계산, 양도받은 자산의 처분손실 손금산입, 승계받은 기부금한도초과액 손금산입, 승계받은 사업에서 발생하는 소득금액에 해당하는 법인세액의 계산 등에 필요한 사항은 대통령령으로 정한다.(2020.12.22 본항개정)

제46조【분할 시 분할법인등에 대한 과세】 ① 내국법인이 분할로 해산하는 경우〔물적분할(物的分割)은 제외한다. 이하 이 조 및 제46조의2부터 제46조의4까지에서 같다〕에는 그 법인의 자산을 분할신설법인 또는 분할합병의 상대방 법인(이하 "분할신설법인등"이라 한다)에 양도한 것으로 본다. 이 경우 그 양도에 따라 발생하는 양도손익(제1호의 가액에서 제2호의 가액을 뺀 금액을 말한다. 이하 이 조 및 제46조의3에서 같다)은 분할법인 또는 소멸한 분할합병의 상대방 법인(이하 "분할법인등"이라 한다)이 분할등기일이 속하는 사업연도의 소득금액을 계산할 때 익금 또는 손금에 산입한다.(2011.12.31 전단개정)
1. 분할법인등이 분할신설법인등으로부터 받은 양도가액
2. 분할법인등의 분할등기일 현재의 순자산 장부가액
② 제1항을 적용할 때 다음 각 호의 요건을 모두 갖춘 분할(이하 "적격분할"이라 한다)의 경우에는 제1항제1호의 가액을 분할법인등의 분할등기일 현재의 순자산 장부가액으로 보아 양도손익이 없는 것으로 할 수 있다. 다만, 대통령령으로 정하는 부득이한 사유가 있는 경우에는 제2호·제3호 또는 제4호의 요건을 갖추지 못한 경우에도 적격분할로 보아 대통령령으로 정하는 바에 따라 양도손익이 없는 것으로 할 수 있다.
(2018.12.24 본문개정)
1. 분할등기일 현재 5년 이상 사업을 계속하던 내국법인이 다음 각 목의 요건을 모두 갖추어 분할하는 경우일 것(분할합병의 경우에는 소멸한 분할합병의 상대방법인 및 분할합병의 상대방법인이 분할등기일 현재 1년 이상 사업을 계속하던 내국법인일 것)(2011.12.31 본문개정)
가. 분리하여 사업이 가능한 독립된 사업부문을 분할하는 것일 것
나. 분할하는 사업부문의 자산 및 부채가 포괄적으로 승계될 것. 다만, 공동으로 사용하던 자산, 채무자의 변경이 불가능한 부채 등 분할하기 어려운 자산과 부채 등으로서 대통령령으로 정하는 것은 제외한다.
다. 분할법인등만의 출자에 의하여 분할하는 것일 것
(2011.12.31 가목~다목신설)
2. 분할법인등의 주주가 분할신설법인등으로부터 받은 분할대가의 전액이 주식인 경우(분할합병의 경우에는 분할대가의 100분의 80 이상이 분할신설법인등의 주식인 경우 또는 분할대가의 100분의 80 이상이 분할합병의 상대방 법인의 발행주식총수 또는 출자총액을 소유하고 있는 내국법인의 주식인 경우를 말한다)로서 그 주식이 분할법인등의 주주가 소유하던 주식의 비율 등을 고려하여 대통령령으로 정하는 바에 따라 배정되고, 대통령령으로 정하는 분할법인등의 주주가 분할등기일이 속하는 사업연도의 종료일까지 그 주식을 보유할 것(2024.12.31 본호개정)
3. 분할신설법인등이 분할등기일이 속하는 사업연도의 종료일까지 분할법인등으로부터 승계받은 사업을 계속할 것
4. 분할등기일 1개월 전 당시 분할하는 사업부문에 종사하는 대통령령으로 정하는 근로자 중 분할신설법인등이 승계한 근로자의 비율이 100분의 80 이상이고, 분할등기일이 속하는 사업연도의 종료일까지 그 비율을 유지할 것(2017.12.19 본호신설)
③ 제2항에도 불구하고 부동산임대업을 주업으로 하는 사업부문 등 대통령령으로 정하는 사업부문을 분할하는 경우에는 적격분할로 보지 아니한다.(2020.12.22 본항신설)
④ 제1항과 제2항에 따른 양도가액 및 순자산 장부가액의 계산, 분리하여 사업이 가능한 독립된 사업부문 여부에 관한 판정기준, 분할대가의 계산, 승계받은 사업의 계속 여부에 관한 판정기준 등에 관하여 필요한 사항은 대통령령으로 정한다.
(2014.1.1 본항개정)

제46조의2【분할 시 분할신설법인등에 대한 과세】 ① 분할신설법인등이 분할로 분할법인등의 자산을 승계한 경우에는 그 자산을 분할법인등으로부터 분할등기일 현재의 시가로 양도받은 것으로 본다. 이 경우 분할법인등의 각 사업연도의 소득금액 및 과세표준을 계산할 때 익금 또는 손금에 산입하거나 산입하지 아니한 금액, 그 밖의 자산·부채 등은 대통령령으로 정하는 것만 분할신설법인등이 승계할 수 있다.
② 분할신설법인등은 제1항에 따라 분할법인등의 자산을 시가로 양도받은 것으로 보는 경우로서 분할법인등에 지급한 양도가액이 분할법인등의 분할등기일 현재의 순자산시가보다 적은 경우에는 그 차액을 제60조제2항제2호에 따른 세무조정계산서에 계상하고 분할등기일부터 5년간 균등하게 나누어 익금에 산입한다.
③ 분할신설법인등은 제1항에 따라 분할법인등의 자산을 시가로 양도받은 것으로 보는 경우에 분할법인등에 지급한 양도가액이 분할등기일 현재의 순자산시가를 초과하는 경우로서 대통령령으로 정하는 경우에는 그 차액을 제60조제2항제2호에 따른 세무조정계산서에 계상하고 분할등기일부터 5년간 균등하게 나누어 손금에 산입한다.
④ 제1항부터 제3항까지의 규정에 따른 익금산입액 및 손금산입액의 계산과 그 산입방법 등에 관하여 필요한 사항은 대통령령으로 정한다.
(2018.12.24 본조제목개정)

제46조의3【적격분할 시 분할신설법인등에 대한 과세특례】
① 적격분할을 한 분할신설법인등은 제46조의2에도 불구하고 분할법인등의 자산을 장부가액으로 양도받은 것으로 한다. 이 경우 장부가액과 제46조의2제1항에 따른 시가와의 차액을 대통령령으로 정하는 바에 따라 자산별로 계상하여야 한다.
(2018.12.24 전단개정)
② 적격분할을 한 분할신설법인등은 분할법인등의 분할등기일 현재 제13조제1항제1호의 결손금과 분할법인등이 각 사업연도의 소득금액 및 과세표준을 계산할 때 익금 또는 손금에 산입하거나 산입하지 아니한 금액, 그 밖의 자산·부채 및 제59조에 따른 감면·세액공제 등을 대통령령으로 정하는 바에 따라 승계한다.(2018.12.24 본항개정)

③ 적격분할을 한 분할신설법인등은 3년 이내의 범위에서 대통령령으로 정하는 기간에 다음 각 호의 어느 하나에 해당하는 사유가 발생하는 경우에는 그 사유가 발생한 날이 속하는 사업연도의 소득금액을 계산할 때 양도받은 자산의 장부가액과 제46조의2제1항에 따른 시가와의 차액(시가가 장부가액보다 큰 경우만 해당한다. 이하 제4항에서 같다), 승계받은 결손금 중 공제한 금액 등을 대통령령으로 정하는 바에 따라 익금에 산입하고, 제2항에 따라 분할법인등으로부터 승계받아 공제한 감면·세액공제액 등을 대통령령으로 정하는 바에 따라 해당 사업연도의 법인세에 더하여 납부한 후 해당 사업연도부터 감면·세액공제를 적용하지 아니한다. 다만, 대통령령으로 정하는 부득이한 사유가 있는 경우에는 그러하지 아니하다. (2018.12.24 본문개정)
1. 분할신설법인등이 분할법인등으로부터 승계받은 사업을 폐지하는 경우
2. 대통령령으로 정하는 분할법인등의 주주가 분할신설법인등으로부터 받은 주식을 처분하는 경우
3. 각 사업연도 종료일 현재 분할신설법인에 종사하는 대통령령으로 정하는 근로자(이하 이 호에서 "근로자"라 한다) 수가 분할등기일 1개월 전 당시 분할하는 사업부문에 종사하는 근로자 수의 100분의 80 미만으로 하락하는 경우. 다만, 분할합병의 경우에는 다음 각 목의 어느 하나에 해당하는 경우를 말한다.
가. 각 사업연도 종료일 현재 분할합병의 상대방법인에 종사하는 근로자 수가 분할등기일 1개월 전 당시 분할하는 사업부문과 분할합병의 상대방법인에 각각 종사하는 근로자 수의 합의 100분의 80 미만으로 하락하는 경우
나. 각 사업연도 종료일 현재 분할신설법인에 종사하는 근로자 수가 분할등기일 1개월 전 당시 분할하는 사업부문과 소멸한 분할합병의 상대방법인에 각각 종사하는 근로자 수의 합의 100분의 80 미만으로 하락하는 경우
(2017.12.19 본호신설)
④ 분할신설법인등은 제3항에 따라 양도받은 자산의 장부가액과 제46조의2제1항에 따른 시가와의 차액 등을 익금에 산입한 경우에는 분할신설법인등이 분할법인등에 지급한 양도가액과 분할법인등의 분할등기일 현재의 순자산시가와의 차액을 제3항 각 호의 사유가 발생한 날부터 분할등기일 이후 5년이 되는 날까지 대통령령으로 정하는 바에 따라 익금 또는 손금에 산입한다.
⑤ 제1항을 적용받는 분할신설법인등은 대통령령으로 정하는 바에 따라 분할로 양도받은 자산에 관한 명세서를 납세지 관할 세무서장에게 제출하여야 한다.
⑥ 제1항부터 제4항까지의 규정에 따른 승계받은 사업의 폐지에 관한 판정기준, 익금산입액 및 손금산입액의 계산과 그 산입방법 등에 관하여 필요한 사항은 대통령령으로 정한다.
(2018.12.24 본조제목개정)

제46조의4【분할 시 이월결손금 등 공제 제한】 ① 분할합병의 상대방법인의 분할등기일 현재 제13조제1항제1호의 결손금 중 제46조의3제2항에 따라 분할신설법인등이 승계한 결손금을 제외한 금액은 분할합병의 상대방법인의 각 사업연도의 과세표준을 계산할 때 분할법인으로부터 승계받은 사업에서 발생한 소득금액(제113조제4항 단서에 해당되어 회계를 구분하여 기록하지 아니한 경우에는 그 소득금액을 대통령령으로 정하는 자산가액 비율로 안분계산한 금액으로 한다. 이하 이 조에서 같다)의 범위에서는 공제하지 아니한다.(2020.12.22 본항개정)
② 제46조의3제2항에 따라 분할신설법인등이 승계한 분할법인등의 결손금은 분할법인등으로부터 승계받은 사업에서 발생한 소득금액의 범위에서 분할신설법인등의 각 사업연도의 과세표준을 계산할 때 공제한다.
③ 제46조제2항에 따라 양도손익이 없는 것으로 한 분할합병(이하 "적격분할합병"이라 한다)을 한 분할신설법인등은 분할법인과 분할합병의 상대방법인이 분할합병 전 보유하던 자산의 처분손실(분할등기일 현재 해당 자산의 제52조제2항에 따른 시가가 장부가액보다 낮은 경우로서 그 차액을 한도로 하며, 분할등기일 이후 5년 이내에 끝나는 사업연도에 발생한 것만 해당한다)을 각각 분할합병 전 해당 법인의 사업에서 발생한 소득금액(해당 처분손실을 공제하기 전 소득금액을 말한다)의 범위에서 해당 사업연도의 소득금액을 계산할 때 손금에 산입한다. 이 경우 손금에 산입하지 아니한 처분손실은 자산 처분 시 각각 분할합병 전 해당 법인의 사업에서 발생한 결손금으로 보아 제1항 및 제2항을 적용한다.(2016.12.20 전단개정)
④ 제46조의3제2항에 따라 분할신설법인등이 승계한 분할법인등의 감면 또는 세액공제는 분할법인등으로부터 승계받은 사업에서 발생한 소득금액 또는 이에 해당하는 법인세액의 범위에서 대통령령으로 정하는 바에 따라 이를 적용한다.
⑤ 제1항과 제2항에 따른 분할합병의 상대방법인의 분할등기일 현재 결손금과 분할신설법인등이 승계한 분할법인등의 결손금에 대한 공제는 제13조제1항 각 호 외의 부분 단서에도 불구하고 다음 각 호의 구분에 따른 소득금액의 100분의 80(중소기업과 회생계획을 이행 중인 기업 등 대통령령으로 정하는 법인의 경우는 100분의 100)을 한도로 한다.(2022.12.31 본문개정)
1. 분할합병의 상대방법인의 분할등기일 현재 결손금의 경우 : 분할합병의 상대방법인의 소득금액에서 분할법인으로부터 승계받은 사업에서 발생한 소득금액을 차감한 금액
2. 분할신설법인등이 승계한 분할법인등의 결손금의 경우 : 분할법인등으로부터 승계받은 사업에서 발생한 소득금액
(2019.12.31 본항신설)
⑥ 분할합병의 상대방법인의 분할등기일 현재 제24조제2항제1호 및 제3항제1호에 따른 기부금 중 같은 조 제5항에 따라 이월된 금액으로서 그 후의 각 사업연도의 소득금액을 계산할 때 손금에 산입하지 아니한 금액(이하 이 조에서 "기부금한도초과액"이라 한다) 중 제46조의3제2항에 따라 분할신설법인등이 승계한 기부금한도초과액을 제외한 금액은 분할신설법인등의 각 사업연도의 소득금액을 계산할 때 분할합병 전 분할합병의 상대방법인의 사업에서 발생한 소득금액을 기준으로 제24조제2항제2호 및 제3항제2호에 따른 기부금 각각의 손금산입한도액의 범위에서 손금에 산입한다.(2020.12.22 본항신설)
⑦ 분할법인등의 분할등기일 현재 기부금한도초과액으로서 제46조의3제2항에 따라 분할신설법인등이 승계한 금액은 분할신설법인등의 각 사업연도의 소득금액을 계산할 때 분할법인등으로부터 승계받은 사업에서 발생한 소득금액을 기준으로 제24조제2항제2호 및 제3항제2호에 따른 기부금 각각의 손금산입한도액의 범위에서 손금에 산입한다.(2020.12.22 본항신설)
⑧ 제1항부터 제7항까지의 규정에 따른 각 사업연도의 과세표준을 계산할 때 공제하는 결손금의 계산, 양도받은 자산의 처분손실 손금산입, 승계받은 기부금한도초과액 손금산입, 승계받은 사업에서 발생하는 소득금액에 해당하는 법인세액의 계산 등에 필요한 사항은 대통령령으로 정한다.(2020.12.22 본항개정)

제46조의5【분할 후 분할법인이 존속하는 경우의 과세특례】
① 내국법인이 분할(물적분할은 제외한다)한 후 존속하는 경우 분할한 사업부문의 자산을 분할신설법인등에 양도함으로써 발생하는 양도손익(제1호의 가액에서 제2호의 가액을 뺀 금액을 말한다. 이하 이 조에서 같다)은 분할법인이 분할등기일이 속하는 사업연도의 소득금액을 계산할 때 익금 또는 손금에 산입한다.
1. 분할법인이 분할신설법인등으로부터 받은 양도가액
2. 분할법인의 분할한 사업부문의 분할등기일 현재의 순자산 장부가액
② 제1항에 따른 양도손익의 계산에 관하여는 제46조제2항부터 제4항까지의 규정을 준용한다.(2020.12.22 본항개정)
③ 분할신설법인등에 대한 과세에 관하여는 제46조의2, 제46조의3 및 제46조의4를 준용한다. 다만, 분할법인의 결손금은 승계하지 아니한다.

제47조【물적분할 시 분할법인에 대한 과세특례】 ① 분할법인이 물적분할에 의하여 분할신설법인의 주식등을 취득한 경우로서 제46조제2항 및 제3항에 따른 적격분할의 요건(같은 조 제2항제2호의 경우에는 분할대가의 전액이 주식등인 경우로 한정한다)을 갖춘 경우 그 주식등의 가액 중 물적분할로 인하여 발생한 자산의 양도차익에 상당하는 금액은 대통령령으로 정하는 바에 따라 분할등기일이 속하는 사업연도의 소득금

액을 계산할 때 손금에 산입할 수 있다. 다만, 대통령령으로 정하는 부득이한 사유가 있는 경우에는 제46조제2항제2호·제3호 또는 제4호의 요건을 갖추지 못한 경우에도 자산의 양도차익에 상당하는 금액을 대통령령으로 정하는 바에 따라 손금에 산입할 수 있다.(2022.12.31 본문개정)

② 분할법인이 제1항에 따라 손금에 산입한 양도차익에 상당하는 금액은 다음 각 호의 어느 하나에 해당하는 사유가 발생하는 사업연도에 해당 주식등과 자산의 처분비율을 고려하여 대통령령으로 정하는 금액만큼 익금에 산입한다. 다만, 분할신설법인이 적격합병되거나 적격분할하는 등 대통령령으로 정하는 부득이한 사유가 있는 경우에는 그러하지 아니하다.
(2013.1.1 단서신설)

1. 분할법인이 분할신설법인으로부터 받은 주식등을 처분하는 경우
2. 분할신설법인이 분할법인으로부터 승계받은 대통령령으로 정하는 자산을 처분하는 경우. 이 경우 분할신설법인은 그 자산의 처분 사실을 처분일부터 1개월 이내에 분할법인에 알려야 한다.

(2011.12.31 본항개정)

③ 제1항에 따라 양도차익 상당액을 손금에 산입한 분할법인은 분할등기일부터 3년의 범위에서 대통령령으로 정하는 기간 이내에 다음 각 호의 어느 하나에 해당하는 사유가 발생하는 경우에는 제1항에 따라 손금에 산입한 금액 중 제2항에 따라 익금에 산입하고 남은 금액을 그 사유가 발생한 날이 속하는 사업연도의 소득금액을 계산할 때 익금에 산입한다. 다만, 대통령령으로 정하는 부득이한 사유가 있는 경우에는 그러하지 아니하다.(2016.12.20 본문개정)

1. 분할신설법인이 분할법인으로부터 승계받은 사업을 폐지하는 경우(2016.12.20 본호개정)
2. 분할법인이 분할신설법인의 발행주식총수 또는 출자총액의 100분의 50 미만으로 주식등을 보유하게 되는 경우(2014.1.1 본호개정)
3. 각 사업연도 종료일 현재 분할신설법인에 종사하는 대통령령으로 정하는 근로자(이하 이 호에서 "근로자"라 한다) 수가 분할등기일 1개월 전 당시 분할하는 사업부문에 종사하는 근로자 수의 100분의 80 미만으로 하락하는 경우(2017.12.19 본호신설)

④ 분할법인은 제1항에 따라 양도차익에 상당하는 금액을 손금에 산입한 경우 분할법인이 각 사업연도의 소득금액 및 과세표준을 계산할 때 익금 또는 손금에 산입하거나 산입하지 아니한 금액, 그 밖의 자산·부채 및 제59조에 따른 감면·세액공제 등을 대통령령으로 정하는 바에 따라 분할신설법인에 승계한다.(2017.12.19 본항개정)

⑤ 제4항에 따라 분할신설법인이 승계한 분할법인의 감면·세액공제는 분할법인으로부터 승계받은 사업에서 발생한 소득금액 또는 이에 해당하는 법인세액의 범위에서 대통령령으로 정하는 바에 따라 이를 적용한다.(2017.12.19 본항신설)

⑥ 제1항을 적용받으려는 분할법인은 대통령령으로 정하는 바에 따라 분할로 인하여 발생한 자산의 양도차익에 관한 명세서를 납세지 관할 세무서장에게 제출하여야 한다.

⑦ 제1항부터 제5항까지의 규정에 따른 양도차익의 계산, 승계받은 사업의 폐지에 관한 판정기준, 손금산입액 및 익금산입액의 계산과 그 산입방법 등에 관하여 필요한 사항은 대통령령으로 정한다.(2017.12.19 본항개정)

제47조의2 【현물출자 시 과세특례】 ① 내국법인(이하 이 조에서 "출자법인"이라 한다)이 다음 각 호의 요건을 갖춘 현물출자를 하는 경우 그 현물출자로 취득한 현물출자를 받은 내국법인(이하 이 조에서 "피출자법인"이라 한다)의 주식가액 중 현물출자로 발생한 자산의 양도차익에 상당하는 금액은 대통령령으로 정하는 바에 따라 현물출자일이 속하는 사업연도의 소득금액을 계산할 때 손금에 산입할 수 있다. 다만, 대통령령으로 정하는 부득이한 사유가 있는 경우에는 제2호 또는 제4호의 요건을 갖추지 못한 경우에도 자산의 양도차익에 상당하는 금액을 대통령령으로 정하는 바에 따라 손금에 산입할 수 있다.

1. 출자법인이 현물출자일 현재 5년 이상 사업을 계속한 법인일 것
2. 피출자법인이 그 현물출자일이 속하는 사업연도의 종료일까지 출자법인이 현물출자한 자산으로 영위하던 사업을 계속할 것(2017.12.19 본호개정)
3. 다른 내국인 또는 외국인과 공동으로 출자하는 경우 공동으로 출자한 자가 출자법인의 특수관계인이 아닐 것(2018.12.24 본호개정)
4. 출자법인 및 제3호에 따라 출자법인과 공동으로 출자한 자(이하 이 조에서 "출자법인등"이라 한다)가 현물출자일 다음 날 현재 피출자법인의 발행주식총수 또는 출자총액의 100분의 80 이상의 주식등을 보유하고, 현물출자일이 속하는 사업연도의 종료일까지 그 주식등을 보유할 것
(2011.12.31 본호개정)
5. (2017.12.19 삭제)

② 출자법인이 제1항에 따라 손금에 산입한 양도차익에 상당하는 금액은 다음 각 호의 어느 하나에 해당하는 사유가 발생하는 사업연도에 해당 주식등과 자산의 처분비율을 고려하여 대통령령으로 정하는 금액만큼 익금에 산입한다. 다만, 피출자법인이 적격합병되거나 적격분할하는 등 대통령령으로 정하는 부득이한 사유가 있는 경우에는 그러하지 아니하다.(2013.1.1 단서신설)

1. 출자법인이 피출자법인으로부터 받은 주식등을 처분하는 경우
2. 피출자법인이 출자법인등으로부터 승계받은 대통령령으로 정하는 자산을 처분하는 경우. 이 경우 피출자법인은 그 자산의 처분 사실을 처분일부터 1개월 이내에 출자법인에 알려야 한다.

(2011.12.31 본항개정)

③ 제1항에 따라 양도차익 상당액을 손금에 산입한 출자법인은 현물출자일부터 3년의 범위에서 대통령령으로 정하는 기간 이내에 다음 각 호의 어느 하나에 해당하는 사유가 발생하는 경우에는 제1항에 따라 손금에 산입한 금액 중 제2항에 따라 익금에 산입하고 남은 금액을 그 사유가 발생한 날이 속하는 사업연도의 소득금액을 계산할 때 익금에 산입한다. 다만, 대통령령으로 정하는 부득이한 사유가 있는 경우에는 그러하지 아니하다.(2016.12.20 본문개정)

1. 피출자법인이 출자법인이 현물출자한 자산으로 영위하던 사업을 폐지하는 경우(2017.12.19 본호개정)
2. 출자법인등이 피출자법인의 발행주식총수 또는 출자총액의 100분의 50 미만으로 주식등을 보유하게 되는 경우

(2011.12.31 본항개정)

④ 제1항부터 제3항까지의 규정에 따른 손금산입 대상 양도차익의 계산, 출자법인이 현물출자한 자산으로 영위하던 사업의 계속 및 폐지에 관한 판정기준, 익금산입액의 계산 및 그 산입방법, 현물출자 명세서 제출 등에 관하여 필요한 사항은 대통령령으로 정한다.(2017.12.19 본항개정)

제48조~제49조 (2009.12.31 삭제)

제50조 【교환으로 인한 자산양도차익 상당액의 손금산입】 ① 대통령령으로 정하는 사업을 하는 내국법인이 2년 이상 그 사업에 직접 사용하던 자산으로서 대통령령으로 정하는 자산(이하 이 조에서 "사업용자산"이라 한다)을 특수관계인 외의 다른 내국법인이 2년 이상 그 사업에 직접 사용하던 동일한 종류의 사업용자산(이하 이 조에서 "교환취득자산"이라 한다)과 교환(대통령령으로 정하는 여러 법인 간의 교환을 포함한다)하는 경우 그 교환취득자산의 가액 중 교환으로 발생한 사업용자산의 양도차익 상당액은 대통령령으로 정하는 바에 따라 해당 사업연도의 소득금액을 계산할 때 손금에 산입할 수 있다.
(2018.12.24 본항개정)

② 제1항은 내국법인이 교환취득자산을 교환일이 속하는 사업연도의 종료일까지 그 내국법인의 사업에 사용하는 경우에만 적용한다.

③ 제1항을 적용받으려는 내국법인은 대통령령으로 정하는 바에 따라 자산 교환에 관한 명세서를 납세지 관할 세무서장에게 제출하여야 한다.

④ 제1항을 적용할 때 손금산입액 및 그 금액의 익금산입 방법 등에 관하여 필요한 사항은 대통령령으로 정한다.

제50조의2【사업양수 시 이월결손금 공제 제한】 내국법인이 다른 내국법인의 사업을 양수하는 경우로서 대통령령으로 정하는 경우에는 사업양수일 현재 제13조제1항제1호에 해당하는 결손금은 사업을 양수한 내국법인의 각 사업연도의 과세표준을 계산할 때 양수한 사업부문에서 발생한 소득금액(제113조제7항 단서에 해당되어 회계를 구분하여 기록하지 아니한 경우에는 그 소득금액을 대통령령으로 정하는 자산가액 비율로 안분계산한 금액으로 한다)의 범위에서는 공제하지 아니한다.
(2021.12.21 본조신설)

제7관 비과세 및 소득공제

제51조【비과세소득】 내국법인의 각 사업연도 소득 중 「공익신탁법」에 따른 공익신탁의 신탁재산에서 생기는 소득에 대하여는 각 사업연도의 소득에 대한 법인세를 과세하지 아니한다.
(2014.3.18 본조개정)

제51조의2【유동화전문회사 등에 대한 소득공제】 ① 다음 각 호의 어느 하나에 해당하는 내국법인이 대통령령으로 정하는 배당가능이익(이하 이 조에서 "배당가능이익"이라 한다)의 100분의 90 이상을 배당한 경우 그 금액(이하 이 조에서 "배당금액"이라 한다)은 해당 배당을 결의한 잉여금 처분의 대상이 되는 사업연도의 소득금액에서 공제한다.(2022.12.31 본문개정)
1. 「자산유동화에 관한 법률」에 따른 유동화전문회사
2. 「자본시장과 금융투자업에 관한 법률」에 따른 투자회사, 투자목적회사, 투자유한회사, 투자합자회사(같은 법 제9조제19항제1호의 기관전용 사모집합투자기구는 제외한다) 및 투자유한책임회사(2021.12.21 본호개정)
3. 「기업구조조정투자회사법」에 따른 기업구조조정투자회사
4. 「부동산투자회사법」에 따른 기업구조조정 부동산투자회사 및 위탁관리 부동산투자회사
5. 「선박투자회사법」에 따른 선박투자회사
6. 「민간임대주택에 관한 특별법」 또는 「공공주택 특별법」에 따른 특수 목적 법인 등으로서 대통령령으로 정하는 법인
(2015.8.28 본호개정)
7. 「문화산업진흥 기본법」에 따른 문화산업전문회사
8. 「해외자원개발 사업법」에 따른 해외자원개발투자회사
9. (2020.12.22 삭제)

② 다음 각 호의 어느 하나에 해당하는 경우에는 제1항을 적용하지 아니한다.
1. 배당을 받은 주주등에 대하여 이 법 또는 「조세특례제한법」에 따라 그 배당에 대한 소득세 또는 법인세가 비과세되는 경우. 다만, 배당을 받은 주주등이 「조세특례제한법」 제100조의15에 따라 동업기업과세특례를 적용받는 동업기업인 경우로서 그 동업자들(그 동업자들의 전부 또는 일부가 같은 조 제3항에 따른 상위 동업기업에 해당하는 경우에는 그 상위 동업기업에 출자한 동업자들을 말한다)에 대하여 같은 법 제100조의18에 따라 배분받은 배당에 해당하는 소득에 대한 소득세 또는 법인세가 전부 과세되는 경우는 제외한다.
(2023.12.31 단서개정)
2. 배당을 지급하는 내국법인이 주주등의 수 등을 고려하여 대통령령으로 정하는 기준에 해당하는 법인인 경우

③ 제1항을 적용받으려는 자는 대통령령으로 정하는 바에 따라 소득공제신청을 하여야 한다.

④ 제1항을 적용할 때 배당금액이 해당 사업연도의 소득금액에서 제13조제1항제1호에 따른 이월결손금(이하 이 조에서 "이월결손금"이라 한다)을 뺀 금액을 최초로 초과하는 경우에는 그 초과하는 금액을 해당 사업연도의 다음 사업연도 개시일부터 5년 이내에 끝나는 각 사업연도로 이월하여 그 이월된 사업연도의 소득금액에서 공제할 수 있다. 다만, 내국법인이 이월된 사업연도에 배당가능이익의 100분의 90 이상을 배당하지 아니하는 경우에는 그 이월된 금액을 공제하지 아니한다.
(2024.12.31 본항개정)

⑤ 제4항 본문에 따라 최초로 이월된 사업연도 이후 사업연도의 배당금액이 해당 사업연도의 소득금액에서 이월결손금과 해당 사업연도로 이월된 금액을 순서대로 뺀 금액(해당 금액이 0보다 작은 경우에는 0으로 한다)을 초과하는 경우에는 그 초과하는 금액을 해당 사업연도의 다음 사업연도 개시일부터 5년 이내에 끝나는 각 사업연도로 이월하여 그 이월된 사업연도의 소득금액에서 공제할 수 있다. 다만, 내국법인이 이월된 사업연도에 배당가능이익의 100분의 90 이상을 배당하지 아니하는 경우에는 그 이월된 금액을 공제하지 아니한다.
(2024.12.31 본항신설)

⑥ 제4항 본문 및 제5항 본문에 따라 이월된 금액(이하 이 조에서 "이월공제배당금액"이라 한다)을 해당 사업연도의 소득금액에서 공제하는 경우에는 다음 각 호의 방법에 따라 공제한다.
1. 이월공제배당금액을 해당 사업연도의 배당금액보다 먼저 공제할 것
2. 이월공제배당금액이 둘 이상인 경우에는 먼저 발생한 이월공제배당금액부터 공제할 것
(2024.12.31 본항개정)

제8관 소득금액 계산의 특례

제52조【부당행위계산의 부인】 ① 납세지 관할 세무서장 또는 관할지방국세청장은 내국법인의 행위 또는 소득금액의 계산이 특수관계인과의 거래로 인하여 그 법인의 소득에 대한 조세의 부담을 부당하게 감소시킨 것으로 인정되는 경우에는 그 법인의 행위 또는 소득금액의 계산(이하 "부당행위계산"이라 한다)과 관계없이 그 법인의 각 사업연도의 소득금액을 계산한다.

② 제1항을 적용할 때에는 건전한 사회 통념 및 상거래 관행과 특수관계인이 아닌 자 간의 정상적인 거래에서 적용되거나 적용될 것으로 판단되는 가격(요율·이자율·임대료 및 교환 비율과 그 밖에 이에 준하는 것을 포함하며, 이하 "시가"라 한다)을 기준으로 한다.

③ 내국법인은 대통령령으로 정하는 바에 따라 각 사업연도에 특수관계인과 거래한 내용에 관한 명세서를 납세지 관할 세무서장에게 제출하여야 한다.

④ 제1항부터 제3항까지의 규정을 적용할 때 부당행위계산의 유형 및 시가의 산정 등에 필요한 사항은 대통령령으로 정한다.
(2018.12.24 본조개정)

제53조【외국법인 등과의 거래에 대한 소득금액 계산의 특례】 ① 납세지 관할 세무서장 또는 관할지방국세청장은 우리나라가 조세의 이중과세 방지를 위하여 체결한 조약(이하 "조세조약"이라 한다)의 상대국과 그 조세조약의 상호합의 규정에 따라 내국법인이 국외에 있는 지점·비거주자 또는 외국법인과 한 거래의 거래금액에 대하여 권한이 있는 당국 간에 합의를 하는 경우에는 그 합의에 따라 그 법인의 각 사업연도의 소득금액을 조정하여 계산할 수 있다.

② 제1항을 적용할 때 내국법인의 소득금액 조정의 신청 및 그 절차 등 조정에 관하여 필요한 사항은 대통령령으로 정한다.

제53조의2【기능통화 도입기업의 과세표준 계산특례】 ① 기업회계기준에 따라 원화 외의 통화를 기능통화로 채택하여 재무제표를 작성하는 내국법인의 과세표준 계산은 다음 각 호의 구분에 따른 방법(이하 이 조에서 "과세표준계산방법"이라 한다) 중 납세지 관할 세무서장에게 신고한 방법에 따른다. 다만, 최초로 제2호 또는 제3호의 과세표준계산방법을 신고하여 적용하기 이전 사업연도의 소득에 대한 과세표준을 계산할 때에는 제1호의 과세표준계산방법을 적용하여야 하며, 같은 연결집단에 속하는 연결법인은 같은 과세표준계산방법을 신고하여 적용하여야 한다.
1. 원화 외의 기능통화를 채택하지 아니하였을 경우에 작성하여야 할 재무제표를 기준으로 과세표준을 계산하는 방법
2. 기능통화로 표시된 재무제표를 기준으로 과세표준을 계산한 후 이를 원화로 환산하는 방법
3. 재무상태표 항목은 사업연도종료일 현재의 환율, 포괄손익계산서(포괄손익계산서가 없는 경우에는 손익계산서를 말한다. 이하 같다) 항목은 해당 거래일 현재의 환율(대통령령으로 정하는 항목의 경우에는 해당 사업연도 평균환율로 한다)을 적용하여 원화로 환산한 재무제표를 기준으로 과세표준을 계산하는 방법

② 제1항제2호 또는 제3호에 해당하는 과세표준계산방법을 신고하여 적용하는 법인은 기능통화의 변경, 과세표준계산방법이 서로 다른 법인 간 합병 등 대통령령으로 정하는 사유가 발생한 경우 외에는 과세표준계산방법을 변경할 수 없다.
③ 제1항제2호 또는 제3호의 과세표준계산방법을 적용하는 법인이 기능통화를 변경하는 경우에는 기능통화를 변경하는 사업연도의 소득금액을 계산할 때 개별 자산·부채별로 제1호의 금액에서 제2호의 금액을 뺀 금액을 익금에 산입하고 그 상당액을 대통령령으로 정하는 바에 따라 일시상각충당금 또는 압축기장충당금으로 계상하여 손금에 산입한다.
1. 변경 후 기능통화로 표시된 해당 사업연도의 개시일 현재 해당 자산·부채의 장부가액
2. 변경 전 기능통화로 표시된 직전 사업연도의 종료일 현재 자산·부채의 장부가액에 해당 자산·부채의 취득일 또는 발생일의 환율을 적용하여 변경 후 기능통화로 표시한 금액
④ 법인이 제1항제2호 또는 제3호의 과세표준계산방법을 최초로 사용하는 경우에 관하여는 제3항을 준용한다. 이 경우 변경 전 기능통화는 원화로 본다.
⑤ 제1항부터 제4항까지의 규정을 적용할 때 환율의 적용, 과세표준계산방법의 신고 및 변경, 손금산입 금액의 처리, 각 과세표준계산방법을 선택한 법인의 과세표준 신고, 그 밖에 과세표준계산방법의 적용 등에 필요한 사항은 대통령령으로 정한다.
(2010.12.30 본조신설)

제53조의3【해외사업장의 과세표준 계산특례】 ① 내국법인의 해외사업장의 과세표준 계산은 다음 각 호의 방법(이하 이 조에서 "과세표준계산방법"이라 한다) 중 납세지 관할 세무서장에게 신고한 방법에 따른다. 다만, 최초로 제2호 또는 제3호의 과세표준계산방법을 신고하여 적용하기 이전 사업연도의 소득에 대한 과세표준을 계산할 때에는 제1호의 과세표준계산방법을 적용하여야 한다.
1. 해외사업장 재무제표를 원화 외의 기능통화를 채택하지 아니하였을 경우에 작성하여야 할 재무제표로 재작성하여 본점의 재무제표와 합산한 후 합산한 재무제표를 기준으로 과세표준을 계산하는 방법
2. 해외사업장의 기능통화로 표시된 해외사업장 재무제표를 기준으로 과세표준을 계산한 후 이를 원화로 환산하여 본점의 과세표준과 합산하는 방법
3. 해외사업장의 재무제표에 대하여 재무상태표 항목은 사업연도종료일 현재의 환율을, 포괄손익계산서 항목은 대통령령으로 정하는 환율을 각각 적용하여 원화로 환산하고 본점 재무제표와 합산한 후 합산한 재무제표를 기준으로 과세표준을 계산하는 방법
② 제1항제2호 또는 제3호에 해당하는 과세표준계산방법을 신고하여 적용하는 법인은 과세표준계산방법이 서로 다른 법인 간 합병 등 대통령령으로 정하는 사유가 발생한 경우 외에는 과세표준계산방법을 변경할 수 없다.
③ 제1항 및 제2항을 적용할 때 환율의 적용, 과세표준계산방법의 신고 및 변경, 각 과세표준계산방법을 선택한 법인의 과세표준 신고, 그 밖에 과세표준계산방법의 적용 등에 필요한 사항은 대통령령으로 정한다.
(2010.12.30 본조신설)

제54조【소득금액 계산에 관한 세부 규정】 이 법에 규정된 것 외에 내국법인의 각 사업연도의 소득금액 계산에 필요한 사항은 대통령령으로 정한다.

제2절 세액의 계산

제55조【세율】 ① 내국법인의 각 사업연도의 소득에 대한 법인세는 제13조에 따른 과세표준에 다음 각 호의 구분에 따른 세율을 적용하여 계산한 금액(제55조의2에 따른 토지등 양도소득에 대한 법인세액 및 「조세특례제한법」 제100조의32에 따른 투자·상생협력 촉진을 위한 과세특례를 적용하여 계산한 법인세액이 있으면 이를 합한 금액으로 한다. 이하 "산출세액"이라 한다)을 그 세액으로 한다.
1. 내국법인의 경우(제60조의2제1항제1호에 해당하는 내국법인의 경우는 제외한다)

과세표준	세율
2억원 이하	과세표준의 100분의 9
2억원 초과 200억원 이하	1천800만원 + (2억원을 초과하는 금액의 100분의 19)
200억원 초과 3천억원 이하	37억8천만원 + (200억원을 초과하는 금액의 100분의 21)
3천억원 초과	625억8천만원 + (3천억원을 초과하는 금액의 100분의 24)

2. 제60조의2제1항제1호에 해당하는 내국법인의 경우

과세표준	세율
200억원 이하	과세표준의 100분의 19
200억원 초과 3천억원 이하	38억원 + (200억원을 초과하는 금액의 100분의 21)
3천억원 초과	626억원 + (3천억원을 초과하는 금액의 100분의 24)

(2024.12.31 본항개정)
② 사업연도가 1년 미만인 내국법인의 각 사업연도의 소득에 대한 법인세는 그 사업연도의 제13조를 적용하여 계산한 금액을 그 사업연도의 월수로 나눈 금액에 12를 곱하여 산출한 금액을 그 사업연도의 과세표준으로 하여 제1항에 따라 계산한 세액에 그 사업연도의 월수를 12로 나눈 수를 곱하여 산출한 세액을 그 세액으로 한다. 이 경우 월수의 계산은 대통령령으로 정하는 방법으로 한다.

제55조의2【토지등 양도소득에 대한 과세특례】 ① 내국법인이 다음 각 호의 어느 하나에 해당하는 토지, 건물(건물에 부속된 시설물과 구축물을 포함한다), 주택을 취득하기 위한 권리로서 「소득세법」 제88조제9호에 따른 조합원입주권 및 같은 조 제10호에 따른 분양권(이하 이 조 및 제95조의2에서 "토지등"이라 한다)을 양도한 경우에는 해당 각 호에 따라 계산한 세액을 토지등 양도소득에 대한 법인세로 하여 제13조에 따른 과세표준에 제55조에 따른 세율을 적용하여 계산한 법인세액에 추가하여 납부하여야 한다. 이 경우 하나의 자산이 다음 각 호의 규정 중 둘 이상에 해당할 때에는 그 중 가장 높은 세액을 적용한다.(2020.8.18 전단개정)
1. 다음 각 목의 어느 하나에 해당하는 부동산을 2012년 12월 31일까지 양도한 경우에는 그 양도소득에 100분의 10을 곱하여 산출한 세액
  가. 「소득세법」 제104조의2제2항에 따른 지정지역에 있는 부동산으로서 제2호에 따른 주택(이에 부수되는 토지를 포함한다. 이하 이 항에서 같다)
  나. 「소득세법」 제104조의2제2항에 따른 지정지역에 있는 부동산으로서 제3호에 따른 비사업용 토지
  다. 그 밖에 부동산가격이 급등하거나 급등할 우려가 있어 부동산가격의 안정을 위하여 필요한 경우에 대통령령으로 정하는 부동산
2. 대통령령으로 정하는 주택(이에 부수되는 토지를 포함한다) 및 주거용 건축물로서 상시 주거용으로 사용하지 아니하고 휴양·피서·위락 등의 용도로 사용하는 건축물(이하 이 조에서 "별장"이라 한다)을 양도한 경우에는 토지등의 양도소득에 100분의 20(미등기 토지등의 양도소득에 대하여는 100분의 40)을 곱하여 산출한 세액. 다만, 「지방자치법」 제3조제3항 및 제4항에 따른 읍 또는 면에 있으면서 대통령령으로 정하는 범위 및 기준에 해당하는 농어촌주택(그 부속토지를 포함한다)은 제외한다.(2020.8.18 본문개정)
3. 비사업용 토지를 양도한 경우에는 토지등의 양도소득에 100분의 10(미등기 토지등의 양도소득에 대하여는 100분의 40)을 곱하여 산출한 세액(2014.1.1 본호개정)
4. 주택을 취득하기 위한 권리로서 「소득세법」 제88조제9호에 따른 조합원입주권 및 같은 조 제10호에 따른 분양권을 양도한 경우에는 토지등의 양도소득에 100분의 20을 곱하여 산출한 세액(2020.8.18 본호신설)
② 제1항제3호에서 "비사업용 토지"란 토지를 소유하는 기간 중 대통령령으로 정하는 기간 동안 다음 각 호의 어느 하나에 해당하는 토지를 말한다.

1. 논밭 및 과수원(이하 이 조에서 "농지"라 한다)으로서 다음 각 목의 어느 하나에 해당하는 것
가. 농업을 주된 사업으로 하지 아니하는 법인이 소유하는 토지. 다만, 「농지법」이나 그 밖의 법률에 따라 소유할 수 있는 농지로서 대통령령으로 정하는 농지는 제외한다.
나. 특별시, 광역시(광역시에 있는 군 지역은 제외한다. 이하 이 항에서 같다), 특별자치시(특별자치시에 있는 읍·면지역은 제외한다. 이하 이 항에서 같다), 특별자치도(「제주특별자치도 설치 및 국제자유도시 조성을 위한 특별법」 제10조제2항에 따라 설치된 행정시의 읍·면지역은 제외한다. 이하 이 항에서 같다) 및 시 지역[「지방자치법」 제3조제4항에 따른 도농(都農) 복합형태의 시의 읍·면 지역은 제외한다. 이하 이 항에서 같다] 중 「국토의 계획 및 이용에 관한 법률」 제6조제1호에 따른 도시지역(대통령령으로 정하는 지역은 제외한다. 이하 이 목에서 같다)에 있는 농지. 다만, 특별시, 광역시, 특별자치시, 특별자치도 및 시 지역의 도시지역에 편입된 날부터 대통령령으로 정하는 기간이 지나지 아니한 농지는 제외한다.(2015.7.24 본문개정)
2. 임야. 다만, 다음 각 목의 어느 하나에 해당하는 것은 제외한다.
가. 「산림자원의 조성 및 관리에 관한 법률」에 따라 지정된 채종림(採種林)·시험림, 「산림보호법」 제7조에 따른 산림보호구역, 그 밖에 공익상 필요하거나 산림의 보호·육성을 위하여 필요한 임야로서 대통령령으로 정하는 것
나. 임업을 주된 사업으로 하는 법인이나 「산림자원의 조성 및 관리에 관한 법률」에 따른 독림가(篤林家)인 법인이 소유하는 임야로서 대통령령으로 정하는 것
다. 토지의 소유자·소재지·이용상황·보유기간 및 면적 등을 고려하여 법인의 업무와 직접 관련이 있다고 인정할 만한 상당한 이유가 있는 임야로서 대통령령으로 정하는 것
3. 다음 각 목의 어느 하나에 해당하는 목장용지. 다만, 토지의 소유자·소재지·이용상황·보유기간 및 면적 등을 고려하여 법인의 업무와 직접 관련이 있다고 인정할 만한 상당한 이유가 있는 목장용지로서 대통령령으로 정하는 것은 제외한다.
가. 축산업을 주된 사업으로 하는 법인이 소유하는 목장용지로서 대통령령으로 정하는 축산용 토지의 기준면적을 초과하거나 특별시, 광역시, 특별자치시, 특별자치도 및 시 지역의 도시지역(대통령령으로 정하는 지역은 제외한다. 이하 이 목에서 같다)에 있는 목장용지(도시지역에 편입된 날부터 대통령령으로 정하는 기간이 지나지 아니한 경우는 제외한다)(2013.1.1 본목개정)
나. 축산업을 주된 사업으로 하지 아니하는 법인이 소유하는 목장용지
4. 농지, 임야 및 목장용지 외의 토지 중 다음 각 목을 제외한 토지
가. 「지방세법」이나 관계 법률에 따라 재산세가 비과세되거나 면제되는 토지
나. 「지방세법」 제106조제1항제2호 및 제3호에 따른 재산세 별도합산과세대상 또는 분리과세대상이 되는 토지
다. 토지의 이용상황, 관계 법률의 의무이행 여부 및 수입금액 등을 고려하여 법인의 업무와 직접 관련이 있다고 인정할 만한 상당한 이유가 있는 토지로서 대통령령으로 정하는 것
5. 「지방세법」 제106조제2항에 따른 주택 부속토지 중 주택이 정착된 면적에 지역별로 대통령령으로 정하는 배율을 곱하여 산정한 면적을 초과하는 토지
6. 별장의 부속토지. 다만, 별장에 부속된 토지의 경계가 명확하지 아니한 경우에는 그 건축물 바닥면적의 10배에 해당하는 토지를 부속토지로 본다.(2014.12.23 본호개정)
7. 그 밖에 제1호부터 제6호까지에 규정된 토지와 유사한 토지로서 법인의 업무와 직접 관련이 없다고 인정할 만한 상당한 이유가 있는 대통령령으로 정하는 토지
③ 제1항제3호를 적용할 때 토지를 취득한 후 법령에 따라 사용이 금지되거나 그 밖에 대통령령으로 정하는 부득이한 사유가 있어 비사업용 토지에 해당하는 경우에는 대통령령으로 정하는 바에 따라 비사업용 토지로 보지 아니할 수 있다.
④ 다음 각 호의 어느 하나에 해당하는 토지등 양도소득에 대하여는 제1항을 적용하지 아니한다. 다만, 미등기 토지등에 대한 토지등 양도소득에 대하여는 그러하지 아니하다.
1. 파산선고에 의한 토지등의 처분으로 인하여 발생하는 소득
2. 법인이 직접 경작하던 농지로서 대통령령으로 정하는 경우에 해당하는 농지의 교환 또는 분할·통합으로 인하여 발생하는 소득
3. 「도시 및 주거환경정비법」이나 그 밖의 법률에 따른 환지(換地) 처분 등 대통령령으로 정하는 사유로 발생하는 소득
⑤ 제1항 및 제4항에서 "미등기 토지등"이란 토지등을 취득한 법인이 그 취득에 관한 등기를 하지 아니하고 양도하는 토지등을 말한다. 다만, 장기할부 조건으로 취득한 토지등으로서 그 계약조건에 의하여 양도 당시 그 토지등의 취득등기가 불가능한 토지등이나 그 밖에 대통령령으로 정하는 토지등은 제외한다.
⑥ 토지등 양도소득은 토지등의 양도금액에서 양도 당시의 장부가액을 뺀 금액으로 한다. 다만, 비영리 내국법인이 1990년 12월 31일 이전에 취득한 토지등 양도소득은 양도금액에서 장부가액과 1991년 1월 1일 현재 「상속세 및 증여세법」 제60조와 같은 법 제61조제1항에 따라 평가한 가액 중 큰 가액을 뺀 금액으로 할 수 있다.(2014.12.23 단서신설)
⑦ 제1항부터 제6항까지의 규정을 적용할 때 농지·임야·목장용지의 범위, 주된 사업의 판정기준, 해당 사업연도에 토지등의 양도에 따른 손실이 있는 경우 등의 양도소득 계산방법, 토지등의 양도에 따른 손익의 귀속사업연도 등에 관하여 필요한 사항은 대통령령으로 정한다.
⑧ 토지등을 2012년 12월 31일까지 양도함으로써 발생하는 소득에 대하여는 제1항제2호 및 제3호를 적용하지 아니한다.

제56조 (2018.12.24 삭제)

제57조【외국 납부 세액공제 등】 ① 내국법인의 각 사업연도의 소득에 대한 과세표준에 국외원천소득이 포함되어 있는 경우로서 그 국외원천소득에 대하여 대통령령으로 정하는 외국법인세액(이하 이 조 및 제73조에서 "외국법인세액"이라 한다)을 납부하였거나 납부할 것이 있는 경우에는 다음 계산식에 따른 금액(이하 이 조에서 "공제한도금액"이라 한다) 내에서 외국법인세액을 해당 사업연도의 산출세액에서 공제할 수 있다.(2022.12.31 후단삭제)

$$\text{공제한도금액} = A \times \frac{B}{C}$$

A : 해당 사업연도의 산출세액(제55조의2에 따른 토지등 양도소득에 대한 법인세액 및 「조세특례제한법」 제100조의32에 따른 투자·상생협력 촉진을 위한 과세특례를 적용하여 계산한 법인세액은 제외한다)
B : 국외원천소득(「조세특례제한법」이나 그 밖의 법률에 따라 세액감면 또는 면제를 적용받는 경우에는 세액감면 또는 면제 대상 국외원천소득에 세액감면 또는 면제 비율을 곱한 금액은 제외한다)
C : 해당 사업연도의 소득에 대한 과세표준

1.~3. (2022.12.31 삭제)
② 제1항을 적용할 때 외국정부에 납부하였거나 납부할 외국법인세액이 해당 사업연도의 공제한도금액을 초과하는 경우 그 초과하는 금액은 해당 사업연도의 다음 사업연도 개시일부터 10년 이내에 끝나는 각 사업연도(이하 이 조에서 "이월공제기간"이라 한다)로 이월하여 그 이월된 사업연도의 공제한도금액 내에서 공제받을 수 있다. 다만, 외국정부에 납부하였거나 납부할 외국법인세액을 이월공제기간 내에 공제받지 못한 경우 그 공제받지 못한 외국법인세액은 제21조제1호에도 불구하고 이월공제기간의 종료일 다음 날이 속하는 사업연도의 소득금액을 계산할 때 손금에 산입할 수 있다.(2020.12.22 본항개정)
③ 국외원천소득이 있는 내국법인이 조세조약의 상대국에서 해당 국외원천소득에 대하여 법인세를 감면받은 세액 상당액은 그 조세조약으로 정하는 범위에서 제1항에 따른 세액공제의 대상이 되는 외국법인세액으로 본다.(2020.12.22 본항개정)
④ 내국법인의 각 사업연도의 소득금액에 외국자회사로부터 받는 이익의 배당이나 잉여금의 분배액(이하 이 조에서 "수입배당금액"이라 한다)이 포함되어 있는 경우 그 외국자회사의

소득에 대하여 부과된 외국법인세액 중 그 수입배당금액에 대응하는 것으로서 대통령령으로 정하는 바에 따라 계산한 금액은 제1항에 따른 세액공제되는 외국법인세액으로 본다.(2020.12.22 본항개정)

⑤ 제4항에서 "외국자회사"란 내국법인이 의결권 있는 발행주식총수 또는 출자총액의 100분의 10(「조세특례제한법」 제22조에 따른 해외자원개발사업을 하는 외국법인의 경우에는 100분의 5를 말한다) 이상을 출자하고 있는 외국법인으로서 대통령령으로 정하는 요건을 갖춘 법인을 말한다.(2022.12.31 본항개정)

⑥ 내국법인의 각 사업연도의 소득금액에 외국법인으로부터 받는 수입배당금액이 포함되어 있는 경우로서 그 외국법인의 소득에 대하여 해당 외국법인이 아니라 출자자인 내국법인이 직접 납세의무를 부담하는 등 대통령령으로 정하는 요건을 갖춘 경우에는 그 외국법인의 소득에 대하여 출자자인 내국법인에게 부과된 외국법인세액 중 해당 수입배당금액에 대응하는 것으로서 대통령령으로 정하는 바에 따라 계산한 금액은 제1항에 따른 세액공제의 대상이 되는 외국법인세액으로 본다.(2020.12.22 본항개정)

⑦ 제18조의4에 따른 익금불산입의 적용대상이 되는 수입배당금액에 대해서는 제1항부터 제6항까지의 규정을 적용하지 아니한다.(2022.12.31 본항신설)

⑧ 제1항부터 제6항까지의 규정에 따른 국외원천소득의 계산방법, 세액공제 또는 손금산입에 필요한 사항은 대통령령으로 정한다.(2013.1.1 본항개정)

제57조의2 【간접투자회사 등으로부터 지급받은 소득에 대한 외국 납부세액공제 특례】 ① 내국법인의 각 사업연도의 과세표준에 다음 각 호의 요건을 갖춘 소득이 합산되어 있는 경우에는 제2항제2호에 따른 금액을 해당 사업연도의 산출세액에서 공제할 수 있다.

1. 다음 각 목의 어느 하나에 해당하는 것(이하 이 조에서 "간접투자회사등"이라 한다)으로부터 지급받은 소득일 것
   가. 「자본시장과 금융투자업에 관한 법률」에 따른 투자회사, 투자목적회사, 투자유한회사, 투자합자회사(같은 법 제9조제19항제1호의 기관전용 사모집합투자기구는 제외한다), 투자유한책임회사, 투자신탁, 투자합자조합 및 투자익명조합
   나. 「부동산투자회사법」에 따른 기업구조조정 부동산투자회사 및 위탁관리 부동산투자회사
   다. 제5조제2항에 따라 내국법인으로 보는 신탁재산
2. 간접투자회사등이 내국법인에 지급한 소득에 대하여 제57조제1항 및 제6항에 따른 외국법인세액(간접투자회사등이 다른 간접투자회사등이 발행하는 증권을 취득하는 구조로 투자한 경우로서 그 다른 간접투자회사등이 납부한 같은 규정에 따른 외국법인세액이 있는 경우 해당 세액을 포함하며, 이하 이 조 및 제73조에서 "간접투자외국법인세액"이라 한다)을 납부하였을 것

② 제1항을 적용할 때 내국법인이 간접투자회사등으로부터 지급받은 소득과 해당 사업연도의 산출세액에서 공제하는 금액은 다음 각 호의 금액으로 한다.

1. 간접투자회사등으로부터 지급받은 소득 : 「자본시장과 금융투자업에 관한 법률」 제238조제6항에 따른 기준가격(간접투자외국법인세액이 차감된 가격을 말하며, 이하 이 조 및 제73조에서 "세후기준가격"이라 한다)을 기준으로 계산된 금액. 다만, 증권시장에 상장된 간접투자회사등의 증권의 매도에 따라 간접투자회사등으로부터 지급받은 소득은 대통령령으로 정하는 바에 따라 계산한 금액으로 한다.
2. 산출세액에서 공제하는 금액 : 간접투자외국법인세액을 세후기준가격을 고려하여 대통령령으로 정하는 바에 따라 계산한 금액

③ 제1항에 따라 산출세액에서 공제할 수 있는 금액은 다음 계산식에 따른 금액(이하 이 항에서 "공제한도금액"이라 한다)을 한도로 한다. 이 경우 제2항제2호의 금액이 해당 사업연도의 공제한도금액을 초과하는 경우 그 초과하는 금액은 해당 사업연도의 다음 사업연도 개시일부터 10년 이내에 끝나는 각 사업연도로 이월하여 그 이월된 사업연도의 공제한도금액 내에서 공제할 수 있다.

$$\text{공제한도금액} = A \times \frac{B}{C}$$

A : 해당 사업연도의 산출세액(제55조의2에 따른 토지등 양도소득에 대한 법인세액 및 「조세특례제한법」 제100조의32에 따른 투자·상생협력 촉진을 위한 과세특례를 적용하여 계산한 법인세액은 제외한다)
B : 간접투자회사등으로부터 지급받은 소득(해당 소득에 대하여 간접투자외국법인세액이 납부된 경우로 한정한다)의 합계액
C : 해당 사업연도의 소득에 대한 과세표준

④ 제1항부터 제3항까지의 규정에 따른 간접투자회사등으로부터 지급받은 소득의 계산방법, 그 밖에 세액공제에 필요한 사항은 대통령령으로 정한다.
(2022.12.31 본조신설)

제58조 【재해손실에 대한 세액공제】 ① 내국법인이 각 사업연도 중 천재지변이나 그 밖의 재해(이하 "재해"라 한다)로 인하여 대통령령으로 정하는 자산총액(이하 이 조에서 "자산총액"이라 한다)의 100분의 20 이상을 상실하여 납세가 곤란하다고 인정되는 경우에는 다음 각 호의 법인세액에 그 상실된 자산의 가액이 상실 전의 자산총액에서 차지하는 비율을 곱하여 계산한 금액(상실된 자산의 가액을 한도로 한다)을 그 세액에서 공제한다. 이 경우 자산의 가액에는 토지의 가액을 포함하지 아니한다.

1. 재해 발생일 현재 부과되지 아니한 법인세와 부과된 법인세로서 미납된 법인세(2020.12.22 본호개정)
2. 재해 발생일이 속하는 사업연도의 소득에 대한 법인세

② 제1항에 따른 세액공제를 받으려는 내국법인은 대통령령으로 정하는 바에 따라 납세지 관할 세무서장에게 신청하여야 한다.

③ 납세지 관할 세무서장은 제2항에 따라 제1항제1호의 법인세(신고기한이 지나지 아니한 것은 제외한다)에 대한 공제신청을 받으면 그 공제세액을 결정하여 해당 법인에 알려야 한다.

④ 제1항부터 제3항까지의 규정을 적용할 때 자산 상실 비율의 계산 등 재해손실 세액공제에 필요한 사항은 대통령령으로 정한다.

제58조의2 (2010.1.1 삭제)

제58조의3 【사실과 다른 회계처리로 인한 경정에 따른 세액공제】 ① 내국법인이 다음 각 호의 요건을 모두 충족하는 사실과 다른 회계처리를 하여 과세표준 및 세액을 과다하게 계상함으로써 「국세기본법」 제45조의2에 따라 경정을 청구하여 경정을 받은 경우에는 과다 납부한 세액을 환급하지 아니하고 그 경정일이 속하는 사업연도부터 각 사업연도의 법인세액에서 과다 납부한 세액을 공제한다. 이 경우 각 사업연도별로 공제하는 금액은 과다 납부한 세액의 100분의 20을 한도로 하고, 공제 후 남아 있는 과다 납부한 세액은 이후 사업연도에 이월하여 공제한다.

1. 「자본시장과 금융투자업에 관한 법률」 제159조에 따른 사업보고서 및 「주식회사 등의 외부감사에 관한 법률」 제23조에 따른 감사보고서를 제출할 때 수익 또는 자산을 과다 계상하거나 손비 또는 부채를 과소 계상할 것(2017.10.31 본호개정)
2. 내국법인, 감사인 또는 그에 소속된 공인회계사가 대통령령으로 정하는 경고·주의 등의 조치를 받을 것

② 제1항을 적용할 때 내국법인이 해당 사실과 다른 회계처리와 관련하여 그 경정일이 속하는 사업연도 이전의 사업연도에 「국세기본법」 제45조에 따른 수정신고를 하여 납부할 세액이 있는 경우에는 그 납부할 세액에서 제1항에 따른 과다 납부한 세액을 과다 납부한 세액의 100분의 20을 한도로 먼저 공제하여야 한다.

③ 제1항 및 제2항에 따라 과다 납부한 세액을 공제받은 내국법인으로서 과다 납부한 세액이 남아있는 내국법인이 해산하는 경우에는 다음 각 호에 따른다.

1. 합병 또는 분할에 따라 해산하는 경우 : 합병법인 또는 분할신설법인(분할합병의 상대방 법인을 포함한다)이 남아 있는 과다 납부한 세액을 승계하여 제1항에 따라 세액공제한다.
2. 제1호 외의 방법에 따라 해산하는 경우 : 납세지 관할 세무서장 또는 관할지방국세청장은 남아있는 과다 납부한 세액

에서 제77조에 따른 청산소득에 대한 법인세 납부세액을 빼고 남은 금액을 즉시 환급하여야 한다.
(2016.12.20 본항신설)
④ 제1항부터 제3항까지의 규정에 따른 세액공제와 관련한 구체적인 방법, 절차 및 공제 후 남아 있는 과다 납부한 세액의 이월공제 방법 등은 대통령령으로 정한다.
(2016.12.20 본조개정)

제59조【감면 및 세액공제액의 계산】 ① 이 법 및 다른 법률을 적용할 때 법인세의 감면에 관한 규정과 세액공제에 관한 규정이 동시에 적용되는 경우에 그 적용순위는 별도의 규정이 있는 경우 외에는 다음 각 호에 따른다. 이 경우 제1호와 제2호의 금액을 합한 금액이 법인이 납부할 법인세액(제55조의2에 따른 토지등 양도소득에 대한 법인세액, 「조세특례제한법」 제100조의32에 따른 투자·상생협력 촉진을 위한 과세특례를 적용하여 계산한 법인세액 및 가산세는 제외한다)을 초과하는 경우에는 그 초과하는 금액은 없는 것으로 본다.
(2018.12.24 후단개정)
1. 각 사업연도의 소득에 대한 세액 감면(면제를 포함한다)
2. 이월공제(移越控除)가 인정되지 아니하는 세액공제
3. 이월공제가 인정되는 세액공제. 이 경우 해당 사업연도 중에 발생한 세액공제액과 이월된 미공제액이 함께 있을 때에는 이월된 미공제액을 먼저 공제한다.
4. 제58조의3에 따른 세액공제. 이 경우 해당 세액공제액과 이월된 미공제액이 함께 있을 때에는 이월된 미공제액을 먼저 공제한다.

② 제1항제1호에 따른 세액 감면 또는 면제를 하는 경우 그 감면 또는 면제되는 세액은 별도의 규정이 있는 경우를 제외하고는 산출세액(제55조의2에 따른 토지등 양도소득에 대한 법인세액 및 「조세특례제한법」 제100조의32에 따른 투자·상생협력 촉진을 위한 과세특례를 적용하여 계산한 법인세액은 제외한다)에 그 감면 또는 면제되는 소득이 제13조에 따른 과세표준에서 차지하는 비율(100분의 100을 초과하는 경우에는 100분의 100)을 곱하여 산출한 금액(감면의 경우에는 그 금액에 해당 감면율을 곱하여 산출한 금액)으로 한다.(2018.12.24 본항개정)

제3절 신고 및 납부

제60조【과세표준 등의 신고】 ① 납세의무가 있는 내국법인은 각 사업연도의 종료일이 속하는 달의 말일부터 3개월(제60조의2제1항 본문에 따라 내국법인이 성실신고확인서를 제출하는 경우에는 4개월로 한다) 이내에 대통령령으로 정하는 바에 따라 그 사업연도의 소득에 대한 법인세의 과세표준과 세액을 납세지 관할 세무서장에게 신고하여야 한다.(2018.12.24 본항개정)
② 제1항에 따른 신고를 할 때에는 그 신고서에 다음 각 호의 서류를 첨부하여야 한다.
1. 기업회계기준을 준용하여 작성한 개별 내국법인의 재무상태표·포괄손익계산서 및 이익잉여금처분계산서(또는 결손금처리계산서)
2. 대통령령으로 정하는 바에 따라 작성한 세무조정계산서(이하 "세무조정계산서"라 한다)
3. 그 밖에 대통령령으로 정하는 서류

③ 제1항은 내국법인으로서 각 사업연도의 소득금액이 없거나 결손금이 있는 법인의 경우에도 적용한다.
④ 내국법인이 합병 또는 분할로 해산하는 경우에 제1항에 따른 신고를 할 때에는 그 신고서에 다음 각 호의 서류를 첨부하여야 한다.
1. 합병등기일 또는 분할등기일 현재의 피합병법인·분할법인 또는 소멸한 분할합병의 상대방법인의 재무상태표와 합병법인등이 그 합병 또는 분할에 따라 승계한 자산 및 부채의 명세서
2. 그 밖에 대통령령으로 정하는 서류

⑤ 제1항에 따른 신고를 할 때 그 신고서에 제2항제1호 및 제2호의 서류를 첨부하지 아니하는 경우 이 법에 따른 신고로 보지 아니한다. 다만, 제4조제3항제1호 및 제7호에 따른 수익사업을 하지 아니하는 비영리내국법인은 그러하지 아니하다.
(2018.12.24 본항개정)
⑥ 납세지 관할 세무서장 및 관할지방국세청장은 제1항과 제2항에 따라 제출된 신고서 또는 그 밖의 서류에 미비한 점이 있거나 오류가 있을 때에는 보정할 것을 요구할 수 있다.
⑦ 제1항에도 불구하고 「주식회사 등의 외부감사에 관한 법률」 제4조에 따라 감사인(監査人)에 의한 감사를 받아야 하는 내국법인이 해당 사업연도의 감사가 종결되지 아니하여 결산이 확정되지 아니하였다는 사유로 대통령령으로 정하는 바에 따라 신고기한의 연장을 신청한 경우에는 그 신고기한을 1개월의 범위에서 연장할 수 있다.(2017.10.31 본항개정)
⑧ 제7항에 따라 신고기한이 연장된 내국법인이 세액을 납부할 때에는 기한 연장일수에 금융회사 등의 이자율을 고려하여 대통령령으로 정하는 이자율을 적용하여 계산한 금액을 가산하여 납부하여야 한다. 이 경우 기한 연장일수는 제1항에 따른 신고기한의 다음 날부터 신고 및 납부가 이루어진 날(연장기한까지 신고납부가 이루어진 경우만 해당한다) 또는 연장된 날까지의 일수로 한다.
⑨ 기업회계와 세무회계의 정확한 조정 또는 성실한 납세를 위하여 필요하다고 인정하여 대통령령으로 정하는 내국법인의 경우 세무조정계산서는 다음 각 호의 어느 하나에 해당하는 자로서 대통령령으로 정하는 조정반에 소속된 자가 작성하여야 한다.
1. 「세무사법」에 따른 세무사등록부에 등록한 세무사
2. 「세무사법」에 따른 세무사등록부 또는 공인회계사 세무대리업무등록부에 등록한 공인회계사
3. 「세무사법」에 따른 세무사등록부 또는 변호사 세무대리업무등록부에 등록한 변호사

(2021.11.23 2호~3호개정)
(2015.12.15 본항신설)

제60조의2【성실신고확인서 제출】 ① 다음 각 호의 어느 하나에 해당하는 내국법인은 성실한 납세를 위하여 제60조에 따라 법인세의 과세표준과 세액을 신고할 때 같은 조 제2항 각 호의 서류에 더하여 제112조 및 제116조에 따라 비치·기록된 장부와 증명서류에 의하여 계산한 과세표준금액의 적정성을 세무사 등 대통령령으로 정하는 자가 대통령령으로 정하는 바에 따라 확인하고 작성한 확인서(이하 "성실신고확인서"라 한다)를 납세지 관할 세무서장에게 제출하여야 한다. 다만, 「주식회사 등의 외부감사에 관한 법률」 제4조에 따라 감사인에 의한 감사를 받은 내국법인은 이를 제출하지 아니할 수 있다.
(2018.12.24 단서개정)
1. 부동산임대업을 주된 사업으로 하는 등 대통령령으로 정하는 요건에 해당하는 내국법인
2. 「소득세법」 제70조의2제1항에 따른 성실신고확인대상사업자가 사업용자산을 현물출자하는 등 대통령령으로 정하는 방법에 따라 내국법인으로 전환한 경우 그 내국법인(사업연도 종료일 현재 법인으로 전환한 후 3년 이내의 내국법인으로 한정한다)(2018.12.24 본호개정)
3. 제2호에 따라 전환한 내국법인이 그 전환에 따라 경영하던 사업을 같은 호에서 정하는 방법으로 인수한 다른 내국법인(같은 호에 따른 전환일부터 3년 이내인 경우로서 그 다른 내국법인의 사업연도 종료일 현재 인수한 사업을 계속 경영하고 있는 경우로 한정한다)(2021.12.21 본호신설)

② 납세지 관할 세무서장은 제1항에 따라 제출된 성실신고확인서에 미비한 사항 또는 오류가 있을 때에는 보정할 것을 요구할 수 있다.
③ 제1항 및 제2항에서 정한 사항 외에 성실신고확인서의 제출 등에 필요한 사항은 대통령령으로 정한다.(2018.12.24 본항개정)
(2017.12.19 본조신설)

제61조【준비금의 손금산입 특례】 ① 내국법인이 「조세특례제한법」에 따른 준비금을 세무조정계산서에 계상하고 그 금액 상당액을 해당 사업연도의 이익처분을 할 때 그 준비금으로 적립한 경우에는 그 금액을 결산을 확정할 때 손비로 계상한 것으로 보아 해당 사업연도의 소득금액을 계산할 때 손금에 산입한다.

② 제1항에 따른 준비금의 손금산입 및 그 금액의 처리에 필요한 사항은 대통령령으로 정한다.
(2018.12.24 본조개정)

제62조【비영리내국법인의 이자소득에 대한 신고 특례】 ① 비영리내국법인은 제4조제3항제2호에 따른 이자소득(「소득세법」 제16조제1항제11호의 비영업대금의 이익은 제외하고, 투자신탁의 이익을 포함하며, 이하 이 조에서 "이자소득"이라 한다)으로서 제73조 및 제73조의2에 따라 원천징수된 이자소득에 대하여는 제60조제1항에도 불구하고 과세표준 신고를 하지 아니할 수 있다. 이 경우 과세표준 신고를 하지 아니한 이자소득은 각 사업연도의 소득금액을 계산할 때 포함하지 아니한다.
(2018.12.24 본항개정)
② 제1항에 따른 비영리내국법인의 이자소득에 대한 법인세의 과세표준 신고와 징수에 필요한 사항은 대통령령으로 정한다.
(2018.12.24 본조제목개정)

제62조의2【비영리내국법인의 자산양도소득에 대한 신고 특례】 ① 비영리내국법인(제4조제3항제1호에 따른 수익사업을 하는 비영리내국법인은 제외한다. 이하 이 조에서 같다)이 제4조제3항제4호부터 제6호까지의 수입으로서 다음 각 호의 어느 하나에 해당하는 자산의 양도로 인하여 발생하는 소득(이하 이 조에서 "자산양도소득"이라 한다)이 있는 경우에는 제60조제1항에도 불구하고 과세표준 신고를 하지 아니할 수 있다. 이 경우 과세표준 신고를 하지 아니한 자산양도소득은 각 사업연도의 소득금액을 계산할 때 포함하지 아니한다.(2018.12.24 본문개정)
1. 「소득세법」 제94조제1항제3호에 따른 주식등과 대통령령으로 정하는 주식등(2024.12.31 본호신설)
2. 토지 또는 건물(건물에 부속된 시설물과 구축물을 포함한다)
3. 「소득세법」 제94조제1항제2호 및 제4호의 자산

② 제1항에 따라 과세표준의 신고를 하지 아니한 자산양도소득에 대하여는 「소득세법」 제92조를 준용하여 계산한 과세표준에 같은 법 제104조제1항 각 호의 세율을 적용하여 계산한 금액을 법인세로 납부하여야 한다. 이 경우 같은 법 제104조제4항에 따라 가중된 세율을 적용하는 경우에는 제55조의2를 적용하지 아니한다.
③ 제2항을 적용할 때 「소득세법」 제92조를 준용하여 계산한 과세표준은 자산의 양도로 인하여 발생한 총수입금액(이하 이 조에서 "양도가액"이라 한다)에서 필요경비를 공제하고, 공제한 후의 금액(이하 "양도차익"이라 한다)에서 「소득세법」 제95조제2항 및 제103조에 따른 금액을 공제하여 계산한다.
④ 제3항에 따른 양도가액, 필요경비 및 양도차익의 계산에 관하여는 「소득세법」 제96조부터 제98조까지 및 제100조를 준용한다. 다만, 「상속세 및 증여세법」에 따라 상속세 과세가액 또는 증여세 과세가액에 산입되지 아니한 재산을 출연(出捐)받은 비영리내국법인이 대통령령으로 정하는 자산을 양도하는 경우에는 그 자산을 출연한 출연자의 취득가액을 그 법인의 취득가액으로 하며, 「국세기본법」 제13조제2항에 따른 법인으로 보는 단체의 경우에는 같은 항에 따라 승인을 받기 전의 당초 취득한 가액을 취득가액으로 한다.
⑤ 자산양도소득에 대한 과세표준의 계산에 관하여는 「소득세법」 제101조 및 제102조를 준용하고, 자산양도소득에 대한 세액계산에 관하여는 같은 법 제92조를 준용한다.(2023.12.31 본항개정)
⑥ 제2항에 따른 법인세의 과세표준에 대한 신고·납부·결정·경정 및 징수에 관하여는 자산 양도일이 속하는 각 사업연도의 소득에 대한 법인세의 과세표준의 신고·납부·결정·경정 및 징수에 관한 규정을 준용하되, 그 밖의 법인세액에 합산하여 신고·납부·결정·경정 및 징수한다. 이 경우 제75조의3을 준용한다.(2018.12.24 후단개정)
⑦ 제2항에 따라 계산한 법인세는 「소득세법」 제105조부터 제107조까지의 규정을 준용하여 양도소득과세표준 예정신고 및 자진납부를 하여야 한다. 이 경우 「소득세법」 제112조를 준용한다.(2015.12.15 후단개정)
⑧ 비영리내국법인이 제7항에 따른 양도소득과세표준 예정신고를 한 경우에는 제6항에 따른 과세표준에 대한 신고를 한 것으로 본다. 다만, 「소득세법」 제110조제4항 단서에 해당하는 경우에는 제6항에 따른 과세표준에 대한 신고를 하여야 한다.
⑨ 제1항부터 제8항까지의 규정에 따른 자산양도소득에 대한 특례의 적용방법 등에 관하여 필요한 사항은 대통령령으로 정한다.
(2018.12.24 본조제목개정)

제63조【중간예납 의무】 ① 사업연도의 기간이 6개월을 초과하는 내국법인은 각 사업연도(합병이나 분할에 의하지 아니하고 새로 설립된 법인의 최초 사업연도는 제외한다) 중 중간예납기간(中間豫納期間)에 대한 법인세액(이하 "중간예납세액"이라 한다)을 납부할 의무가 있다. 다만, 다음 각 호의 어느 하나에 해당하는 법인은 중간예납세액을 납부할 의무가 없다.
1. 다음 각 목의 어느 하나에 해당하는 법인
  가. 「고등교육법」 제3조에 따른 사립학교를 경영하는 학교법인
  나. 「국립대학법인 서울대학교 설립·운영에 관한 법률」에 따른 국립대학법인 서울대학교
  다. 「국립대학법인 인천대학교 설립·운영에 관한 법률」에 따른 국립대학법인 인천대학교
  라. 「산업교육진흥 및 산학연협력촉진에 관한 법률」에 따른 산학협력단
  마. 「초·중등교육법」 제3조제3호에 따른 사립학교를 경영하는 학교법인(2020.12.22 본목신설)
2. 직전 사업연도의 중소기업으로서 제63조의2제1항제1호의 계산식에 따라 계산한 금액이 50만원 미만인 내국법인
(2022.12.31 본호개정)

② 제1항의 중간예납기간은 해당 사업연도의 개시일부터 6개월이 되는 날까지로 한다.
③ 내국법인은 중간예납기간이 지난 날부터 2개월 이내에 중간예납세액을 대통령령으로 정하는 바에 따라 납세지 관할 세무서, 한국은행(그 대리점을 포함한다) 또는 체신관서(이하 "납세지 관할 세무서등"이라 한다)에 납부하여야 한다.
④ 내국법인이 납부할 중간예납세액이 1천만원을 초과하는 경우에는 제64조제2항을 준용하여 분납할 수 있다.
(2018.12.24 본조개정)

제63조의2【중간예납세액의 계산】 ① 중간예납세액은 다음 각 호의 어느 하나의 방법을 선택하여 계산한다. 다만, 직전 사업연도 종료일 현재 「독점규제 및 공정거래에 관한 법률」 제31조제1항에 따른 공시대상기업집단에 속하는 내국법인(업종별 매출액 등을 고려하여 대통령령으로 정하는 법인은 제외한다)은 제2호의 방법에 따라 중간예납세액을 계산한다.(2024.12.31 단서신설)
1. 직전 사업연도의 산출세액을 기준으로 하는 방법

$$\text{중간예납세액} = (A - B - C - D) \times \frac{6}{E}$$

A : 해당 사업연도의 직전 사업연도에 대한 법인세로서 확정된 산출세액(가산세를 포함하고, 제55조의2에 따른 토지등 양도소득에 대한 법인세액 및 「조세특례제한법」 제100조의32에 따른 투자·상생협력 촉진을 위한 과세특례를 적용하여 계산한 법인세액은 제외한다. 이하 이 조에서 같다)
B : 해당 사업연도의 직전 사업연도에 감면된 법인세액(소득에서 공제되는 금액은 제외한다)
C : 해당 사업연도의 직전 사업연도에 법인세로서 납부한 원천징수세액
D : 해당 사업연도의 직전 사업연도에 법인세로서 납부한 수시부과세액
E : 직전 사업연도 개월 수. 이 경우 개월 수는 역에 따라 계산하되, 1개월 미만의 일수는 1개월로 한다.

2. 해당 중간예납기간의 법인세액을 기준으로 하는 방법

$$\text{중간예납세액} = (A - B - C - D)$$

A : 해당 중간예납기간을 1사업연도로 보고 제2장제1절에 따라 계산한 과세표준에 제55조를 적용하여 산출한 법인세액
B : 해당 중간예납기간에 감면된 법인세액(소득에서 공제되는 금액은 제외한다)
C : 해당 중간예납기간에 법인세로서 납부한 원천징수세액
D : 해당 중간예납기간에 법인세로서 부과한 수시부과세액

(2019.12.31 본호개정)

② 제1항 본문에도 불구하고 다음 각 호의 어느 하나에 해당하는 경우에는 해당 각 호의 구분에 따라 중간예납세액을 계산한다.(2024.12.31 본문개정)
1. 제63조제3항에 따른 중간예납의 납부기한까지 중간예납세액을 납부하지 아니한 경우(제1항 각 호 외의 부분 단서 또는 이 항 제2호 각 목에 해당하는 경우는 제외한다) : 제1항제1호에 따른 방법(2024.12.31 본호개정)
2. 다음 각 목의 어느 하나에 해당하는 경우 : 제1항제2호에 따른 방법
가. 직전 사업연도의 법인세로서 확정된 산출세액(가산세는 제외한다)이 없는 경우(제51조의2제1항 각 호 또는 「조세특례제한법」 제104조의31제1항의 법인의 경우는 제외한다)(2020.12.22 본목개정)
나. 해당 중간예납기간 만료일까지 직전 사업연도의 법인세액이 확정되지 아니한 경우
다. 분할신설법인 또는 분할합병의 상대방 법인의 분할 후 최초의 사업연도인 경우
라. 합병법인 또는 피합병법인이 합병 당시 제1항 각 호 외의 부분 단서에 따른 내국법인에 해당하는 경우로서 해당 합병법인의 합병 후 최초의 사업연도인 경우(2024.12.31 본목신설)
③ 합병법인이 합병 후 최초의 사업연도에 제1항제1호에 따라 중간예납세액을 납부하는 경우에는 다음 각 호의 구분에 따른 사업연도를 모두 제1항제1호에 따른 직전 사업연도로 본다.
1. 합병법인의 직전 사업연도
2. 각 피합병법인의 합병등기일이 속하는 사업연도의 직전 사업연도
④ 제76조의9, 제76조의10 및 제76조의12에 따라 연결납세방식을 적용하지 아니하게 된 법인이 연결납세방식을 적용하지 아니하는 최초의 사업연도에 제1항제1호에 따라 중간예납세액을 납부하는 경우에는 직전 연결사업연도의 제76조의15제4항에 따른 연결법인별 산출세액을 제1항제1호에 따른 계산식의 직전 사업연도에 대한 법인세로서 확정된 산출세액으로 본다.
⑤ 납세지 관할 세무서장은 중간예납기간 중 휴업 등의 사유로 수입금액이 없는 법인에 대하여 그 사실이 확인된 경우에는 해당 중간예납기간에 대한 법인세를 징수하지 아니한다.
(2018.12.24 본조신설)
제64조【납부】 ① 내국법인은 각 사업연도의 소득에 대한 법인세 산출세액에서 다음 각 호의 법인세액(가산세는 제외한다)을 공제한 금액을 각 사업연도의 소득에 대한 법인세로서 제60조에 따른 신고기한까지 납세지 관할 세무서등에 납부하여야 한다.
1. 해당 사업연도의 감면세액·세액공제액(2018.12.24 본호개정)
2. 제63조의2에 따른 해당 사업연도의 중간예납세액(2018.12.24 본호개정)
3. 제69조에 따른 해당 사업연도의 수시부과세액
4. 제73조 및 제73조의2에 따라 해당 사업연도에 원천징수된 세액(2018.12.24 본호개정)
② 내국법인이 제1항에 따라 납부할 세액이 1천만원을 초과하는 경우에는 대통령령으로 정하는 바에 따라 납부할 세액의 일부를 납부기한이 지난 날부터 1개월(중소기업의 경우에는 2개월) 이내에 분납할 수 있다.(2018.12.24 본항개정)
제65조 (2015.12.15 삭제)

제4절 결정·경정 및 징수

제1관 과세표준의 결정 및 경정

제66조【결정 및 경정】 ① 납세지 관할 세무서장 또는 관할지방국세청장은 내국법인이 제60조에 따른 신고를 하지 아니한 경우에는 그 법인의 각 사업연도의 소득에 대한 법인세의 과세표준과 세액을 결정한다.
② 납세지 관할 세무서장 또는 관할지방국세청장은 제60조에 따른 신고를 한 내국법인이 다음 각 호의 어느 하나에 해당하는 경우에는 그 법인의 각 사업연도의 소득에 대한 법인세의 과세표준과 세액을 경정한다.
1. 신고 내용에 오류 또는 누락이 있는 경우
2. 제120조 또는 제120조의2에 따른 지급명세서, 제121조에 따른 매출·매입처별 계산서합계표의 전부 또는 일부를 제출하지 아니한 경우
3. 다음 각 목의 어느 하나에 해당하는 경우로서 시설 규모나 영업 현황으로 보아 신고 내용이 불성실하다고 판단되는 경우
가. 제117조제1항에 따른 신용카드가맹점 가입 요건에 해당하는 법인이 정당한 사유 없이 「여신전문금융업법」에 따른 신용카드가맹점(법인만 해당한다. 이하 "신용카드가맹점"이라 한다)으로 가입하지 아니한 경우
나. 신용카드가맹점이 정당한 사유 없이 제117조제2항을 위반하여 신용카드에 의한 거래를 거부하거나 신용카드 매출전표를 사실과 다르게 발급한 경우
다. 제117조의2제1항에 따라 현금영수증가맹점으로 가입하여야 하는 법인 및 「부가가치세법」 제46조제4항에 따라 현금영수증가맹점 가입 대상자로 지정받은 법인이 정당한 사유 없이 「조세특례제한법」 제126조의3에 따른 현금영수증가맹점(이하 "현금영수증가맹점"이라 한다)으로 가입하지 아니한 경우(2013.6.7 본목개정)
라. 현금영수증가맹점이 정당한 사유 없이 현금영수증 발급을 거부하거나 사실과 다르게 발급한 경우
4. (2016.12.20 삭제)
③ 납세지 관할 세무서장 또는 관할지방국세청장은 제1항과 제2항에 따라 법인세의 과세표준과 세액을 결정 또는 경정하는 경우에는 장부나 그 밖의 증명서류를 근거로 하여야 한다. 다만, 대통령령으로 정하는 사유로 장부나 그 밖의 증명서류에 의하여 소득금액을 계산할 수 없는 경우에는 대통령령으로 정하는 바에 따라 추계(推計)할 수 있다.
④ 납세지 관할 세무서장 또는 관할지방국세청장은 법인세의 과세표준과 세액을 결정 또는 경정한 후 그 결정 또는 경정에 오류나 누락이 있는 것을 발견한 경우에는 즉시 이를 다시 경정한다.
제67조【소득처분】 다음 각 호의 법인세 과세표준의 신고·결정 또는 경정이 있는 때 익금에 산입하거나 손금에 산입하지 아니한 금액은 그 귀속자 등에게 상여(賞與)·배당·기타사외유출(其他社外流出)·사내유보(社內留保) 등 대통령령으로 정하는 바에 따라 처분한다.
1. 제60조에 따른 신고
2. 제66조 또는 제69조에 따른 결정 또는 경정
3. 「국세기본법」 제45조에 따른 수정신고
(2018.12.24 본조개정)
판례 법인의 실질적 경영자인 대표이사 등이 법인의 자금을 유용하는 행위는 특별한 사정이 없는 한 애당초 회수를 전제로 하여 이루어진 것이 아니어서 그 금액에 대한 지출 자체로서 이미 사외유출에 해당한다. 여기서 그 유용 당시부터 회수를 전제하지 않은 것으로 볼 수 없는 특별한 사정에 관하여는 횡령의 주체인 대표이사 등의 법인 내에서의 실질적인 지위 및 법인에 대한 지배 정도, 횡령행위에 이르게 된 경위 및 횡령 이후의 법인의 조치 등을 통하여 그 대표이사 등의 의사를 법인의 의사와 동일시하거나 대표이사 등과 법인의 경제적 이해관계가 사실상 일치하는 것으로 보기 어려운 경우인지 여부 등 제반 사정을 종합하여 개별적·구체적으로 판단하여야 하며, 이러한 특별한 사정은 이를 주장하는 법인이 입증하여야 한다.(대판 2013.2.28, 2012두23822)
판례 소득처분에 따른 소득금액변동통지가 항고소송의 대상이 되는 조세행정처분인지 여부 : 과세관청의 소득처분과 그에 따른 소득금액변동통지는 원천징수의무자인 법인의 납세의무에 직접 영향을 미치는 과세관청의 행위로서, 항고소송의 대상이 되는 조세행정처분이라고 봄이 상당하다.(대판 2006.4.20, 2002두1878 전원합의체)
제68조【추계에 의한 과세표준 및 세액계산의 특례】 제66조제3항 단서에 따라 법인세의 과세표준과 세액을 추계하는 경우에는 제13조제1항제1호, 제18조의4 및 제57조를 적용하지 아니한다. 다만, 천재지변 등으로 장부나 그 밖의 증명서류가 멸실되어 대통령령으로 정하는 바에 따라 추계하는 경우에는 그러하지 아니하다.(2023.12.31 본문개정)
제69조【수시부과 결정】 ① 납세지 관할 세무서장 또는 관할지방국세청장은 내국법인이 그 사업연도 중에 대통령령으로 정하는 사유(이하 이 조에서 "수시부과사유"라 한다)로 법인세를 포탈(逋脫)할 우려가 있다고 인정되는 경우에는 수시로 그 법인에 대한 법인세를 부과(이하 "수시부과"라 한다)할 수 있

다. 이 경우에도 각 사업연도의 소득에 대하여 제60조에 따른 신고를 하여야 한다.
② 제1항은 그 사업연도 개시일부터 수시부과사유가 발생한 날까지를 수시부과기간으로 하여 적용한다. 다만, 직전 사업연도에 대한 제60조에 따른 과세표준 등의 신고기한 이전에 수시부과사유가 발생한 경우(직전 사업연도에 대한 과세표준신고를 한 경우는 제외한다)에는 직전 사업연도 개시일부터 수시부과사유가 발생한 날까지를 수시부과기간으로 한다.
③ 제1항에 따른 수시부과에 필요한 사항은 대통령령으로 정한다.

제70조【과세표준과 세액의 통지】 납세지 관할 세무서장 또는 관할지방국세청장은 제53조 또는 제66조에 따라 내국법인의 각 사업연도의 소득에 대한 법인세의 과세표준과 세액을 결정 또는 경정한 경우에는 대통령령으로 정하는 바에 따라 이를 그 내국법인에 알려야 한다.

제2관 세액의 징수 및 환급 등

제71조【징수 및 환급】 ① 납세지 관할 세무서장은 내국법인이 제64조에 따라 각 사업연도의 소득에 대한 법인세로서 납부하여야 할 세액의 전부 또는 일부를 납부하지 아니하면 그 미납된 법인세액을 「국세징수법」에 따라 징수하여야 한다.
(2013.1.1 본항개정)
② 납세지 관할 세무서장은 내국법인이 제63조 및 제63조의2에 따라 납부하여야 할 중간예납세액의 전부 또는 일부를 납부하지 아니하면 그 미납된 중간예납세액을 「국세징수법」에 따라 징수하여야 한다. 다만, 중간예납세액을 납부하지 아니한 법인이 제63조의2제2항제2호에 해당하는 경우에는 중간예납세액을 결정하여 「국세징수법」에 따라 징수하여야 한다.
(2018.12.24 본항개정)
③ 납세지 관할 세무서장은 제73조 및 제73조의2에 따른 원천징수의무자가 그 징수하여야 할 세액을 징수하지 아니하였거나 징수한 세액을 기한까지 납부하지 아니하면 지체 없이 원천징수의무자로부터 그 원천징수의무자가 원천징수하여 납부하여야 할 세액에 상당하는 금액에 「국세기본법」 제47조의5제1항에 따른 가산세액을 더한 금액을 법인세로서 징수하여야 한다. 다만, 원천징수의무자가 원천징수를 하지 아니한 경우로서 납세의무자가 그 법인세액을 이미 납부한 경우에는 원천징수의무자에게 그 가산세만 징수한다.(2018.12.24 본문개정)
④ 납세지 관할 세무서장은 제63조, 제63조의2, 제69조, 제73조 또는 제73조의2에 따라 중간예납·수시부과 또는 원천징수한 법인세액이 각 사업연도의 소득에 대한 법인세액(가산세를 포함한다)을 초과하는 경우 그 초과하는 금액은 「국세기본법」 제51조에 따라 환급하거나 다른 국세 및 강제징수비에 충당하여야 한다.(2020.12.22 본항개정)

제72조【중소기업의 결손금 소급공제에 따른 환급】 ① 중소기업에 해당하는 내국법인은 각 사업연도에 결손금이 발생한 경우 대통령령으로 정하는 직전 사업연도의 법인세액(이하 이 조에서 "직전 사업연도의 법인세액"이라 한다)을 한도로 제1호의 금액에서 제2호의 금액을 차감한 금액을 환급 신청할 수 있다.
1. 직전 사업연도의 법인세 산출세액(제55조의2에 따른 토지등 양도소득에 대한 법인세액은 제외한다)
2. 직전 사업연도의 과세표준에서 소급공제를 받으려는 해당 사업연도의 결손금 상당액을 차감한 금액에 직전 사업연도의 제55조제1항에 따른 세율을 적용하여 계산한 금액
(2018.12.24 본항개정)
② 제1항에 따라 법인세액을 환급받으려는 내국법인은 제60조에 따른 신고기한까지 대통령령으로 정하는 바에 따라 납세지 관할 세무서장에게 신청하여야 한다.
③ 납세지 관할 세무서장은 제2항에 따른 신청을 받으면 지체 없이 환급세액을 결정하여 「국세기본법」 제51조 및 제52조에 따라 환급하여야 한다.
④ 제1항부터 제3항까지의 규정은 해당 내국법인이 제60조에 따른 신고기한 내에 결손금이 발생한 사업연도와 그 직전 사업연도의 소득에 대한 법인세의 과세표준 및 세액을 각각 신고한 경우에만 적용한다.
⑤ 납세지 관할 세무서장은 다음 각 호의 어느 하나에 해당되는 경우에는 환급세액(제1호 및 제2호의 경우에는 과다하게 환급한 세액 상당액)에 대통령령으로 정하는 바에 따라 계산한 이자상당액을 더한 금액을 해당 결손금이 발생한 사업연도의 법인세로서 징수한다.
1. 제3항에 따라 법인세를 환급한 후 결손금이 발생한 사업연도에 대한 법인세 과세표준과 세액을 제66조에 따라 경정함으로써 결손금이 감소된 경우
2. 결손금이 발생한 사업연도의 직전 사업연도에 대한 법인세 과세표준과 세액을 제66조에 따라 경정함으로써 환급세액이 감소된 경우
3. 중소기업에 해당하지 아니하는 내국법인이 법인세를 환급받은 경우
(2018.12.24 본항개정)
⑥ 납세지 관할 세무서장은 제3항에 따른 환급세액(이하 이 항에서 "당초 환급세액"이라 한다)을 결정한 후 당초 환급세액 계산의 기초가 된 직전 사업연도의 법인세액 또는 과세표준이 달라진 경우에는 즉시 당초 환급세액을 경정하여 추가로 환급하거나 과다하게 환급한 세액 상당액을 징수하여야 한다.
(2018.12.24 본항신설)
⑦ 제1항부터 제6항까지의 규정을 적용할 때 결손금 소급공제에 따른 환급세액의 계산 등에 필요한 사항은 대통령령으로 정한다.(2018.12.24 본항개정)
(2018.12.24 본조제목개정)
판례 결손금 소급공제에 의하여 법인세를 환급받은 법인이 후에 결손금 소급공제 대상 법인이 아닌 것으로 밝혀졌다 하더라도, 그와 같은 경우가 법인세법 제72조제5항의 '결손금이 발생한 사업연도에 대한 법인세의 과세표준과 세액을 경정함으로써 결손금이 감소된 경우'에 해당하지 않음은 규정의 문언상 명백하므로, 그에 해당하는 경우의 환급세액 징수와 계산에 관한 같은 법 시행령 제110조제5항의 규정이 적용될 여지가 없다. 또한 같은 법 시행령 제110조제2항의 규정에 의하면, '직전 사업연도의 과세표준'이란 소급공제 결손금액을 차감하기 전의 과세표준을 말하므로, 같은 법 시행령 제110조제6항에서 정한 '직전 사업연도의 법인세액 또는 과세표준 금액이 달라진 경우'에도 해당하지 않는다.(대판 2007.4.26, 2005두13506)

제72조의2 (2016.12.20 삭제)

제73조【내국법인의 이자소득 등에 대한 원천징수】 ① 내국법인(대통령령으로 정하는 금융회사 등의 대통령령으로 정하는 소득은 제외한다)에 다음 각 호의 금액을 지급하는 자(이하 이 조에서 "원천징수의무자"라 한다)는 그 지급하는 금액에 100분의 14의 세율을 적용하여 계산한 금액에 상당하는 법인세(1천원 이상인 경우만 해당한다)를 원천징수하여 그 징수일이 속하는 달의 다음 달 10일까지 납세지 관할 세무서등에 납부하여야 한다. 다만, 「소득세법」 제16조제1항제11호의 비영업대금의 이익에 대해서는 100분의 25의 세율을 적용하되, 「온라인투자연계금융업 및 이용자 보호에 관한 법률」에 따라 금융위원회에 등록한 온라인투자연계금융업자를 통하여 지급받는 이자소득에 대해서는 100분의 14의 세율을 적용한다.
(2022.12.31 본문개정)
1. 「소득세법」 제16조제1항에 따른 이자소득의 금액(금융보험업을 하는 법인의 수입금액을 포함한다)
2. 「소득세법」 제17조제1항제5호에 따른 집합투자기구로부터의 이익 중 「자본시장과 금융투자업에 관한 법률」에 따른 투자신탁의 이익(이하 "투자신탁이익"이라 한다)의 금액
(2021.12.21 본호개정)
(2018.12.24 본항개정)
② 제1항을 적용할 때 투자신탁이익에 대하여 간접투자외국법인세액이 납부되어 있는 경우에는 제1호의 금액을 한도로 제1호의 금액에서 제2호의 금액을 뺀 금액을 원천징수한다.
1. 투자신탁이익(세후기준가격을 기준으로 계산된 금액을 말한다)에 대한 원천징수세액
2. 간접투자외국법인세액을 세후기준가격을 고려하여 대통령령으로 정하는 바에 따라 계산한 금액
(2022.12.31 본항신설)
③ 제2항을 적용할 때 같은 항 제2호의 금액이 같은 항 제1호의 금액을 초과하는 경우에는 해당 간접투자외국법인세액의

납부일부터 10년이 지난 날이 속하는 연도의 12월 31일까지의 기간 중에 투자신탁이익을 지급받는 때에 해당 투자신탁이익에 대한 원천징수세액을 한도로 공제할 수 있다.(2022.12.31 본항신설)
④ 제1항 또는 제2항에도 불구하고 법인세가 부과되지 아니하거나 면제되는 소득 등 대통령령으로 정하는 소득에 대해서는 법인세를 원천징수하지 아니한다.(2022.12.31 본항개정)
⑤ 제1항 또는 제2항을 적용할 때 같은 항 각 호의 소득금액이 「자본시장과 금융투자업에 관한 법률」에 따른 투자신탁재산에 귀속되는 시점에는 해당 소득금액이 지급되지 아니한 것으로 보아 원천징수하지 아니한다.(2022.12.31 본항개정)
⑥ 제1항 또는 제2항을 적용할 때 원천징수의무자를 대리하거나 그 위임을 받은 자의 행위는 수권(授權) 또는 위임의 범위에서 본인 또는 위임인의 행위로 본다.(2022.12.31 본항개정)
⑦ 제1항 또는 제2항을 적용할 때 대통령령으로 정하는 금융회사 등이 내국법인(거주자를 포함한다. 이하 이 항에서 같다)이 발행한 어음이나 채무증서를 인수·매매·중개 또는 대리하는 경우에는 금융회사 등과 그 내국법인 간에 대리 또는 위임의 관계가 있는 것으로 본다.(2022.12.31 본항개정)
⑧ 제1항 또는 제2항을 적용할 때 외국법인이 발행한 채권 또는 증권에서 발생하는 제1항 각 호의 소득을 내국법인에 지급하는 경우에는 국내에서 그 지급을 대리하거나 그 지급권한을 위임받거나 위탁받은 자가 그 소득에 대한 법인세를 원천징수하여야 한다.(2022.12.31 본항개정)
⑨ 상시 고용인원수 및 업종 등을 고려하여 대통령령으로 정하는 원천징수의무자는 제1항 및 제2항에도 불구하고 원천징수한 법인세를 대통령령으로 정하는 바에 따라 그 징수일이 속하는 반기(半期)의 마지막 달의 다음 달 10일까지 납부할 수 있다.(2022.12.31 본항개정)
⑩ 제1항부터 제9항까지의 규정을 적용할 때 이자소득의 지급시기, 법인세 원천징수대상소득의 범위 및 금액의 계산, 원천징수세액의 계산 및 납부와 원천징수의무자의 범위 등에 관하여 필요한 사항은 대통령령으로 정한다.(2022.12.31 본항개정)
(2018.12.24 본조제목개정)

제73조의2 【내국법인의 채권등의 보유기간 이자상당액에 대한 원천징수】 ① 내국법인이 「소득세법」 제46조제1항에 따른 채권등 또는 투자신탁의 수익증권(이하 "원천징수대상채권등"이라 한다)을 타인에게 매도(중개·알선과 그 밖에 대통령령으로 정하는 경우를 포함하되, 환매조건부 채권매매 등 대통령령으로 정하는 경우는 제외한다. 이하 이 조, 제74조 및 제75조의18에서 같다)하는 경우 그 내국법인은 대통령령으로 정하는 바에 따라 계산한 해당 원천징수대상채권등의 보유기간에 따른 이자, 할인액 및 투자신탁이익(이하 이 조 및 제98조의3에서 "이자등"이라 한다)의 금액에 100분의 14의 세율을 적용하여 계산한 금액에 상당하는 법인세(1천원 이상인 경우만 해당한다)를 원천징수하여 그 징수일이 속하는 달의 다음 달 10일까지 납세지 관할 세무서등에 납부하여야 한다. 이 경우 해당 내국법인을 원천징수의무자로 보아 이 법을 적용한다.
(2021.12.21 전단개정)
② 제1항에도 불구하고 법인세가 부과되지 아니하거나 면제되는 소득 등 대통령령으로 정하는 소득에 대해서는 법인세를 원천징수하지 아니한다.
③ 제1항을 적용할 때 다음 각 호의 법인에 원천징수대상채권등을 매도하는 경우로서 당사자 간의 약정이 있을 때에는 그 약정에 따라 원천징수의무자를 대리하거나 그 위임을 받은 자의 행위는 수권 또는 위임의 범위에서 본인 또는 위임인의 행위로 본다.
1. 대통령령으로 정하는 금융회사 등
2. 「자본시장과 금융투자업에 관한 법률」에 따른 집합투자업자
④ 제1항을 적용할 때 「자본시장과 금융투자업에 관한 법률」에 따른 신탁재산에 속한 원천징수대상채권등을 매도하는 경우 같은 법에 따른 신탁업자와 다음 각 호의 구분에 따른 자 간에 대리 또는 위임의 관계가 있는 것으로 본다.(2020.12.22 본문개정)
1. 제5조제1항에 따른 신탁재산 : 해당 신탁재산의 수익자 (2020.12.22 본호신설)
2. 제5조제3항에 따른 신탁재산 : 해당 신탁재산의 위탁자 (2020.12.22 본호신설)
⑤ 원천징수의무의 위임·대리 및 납부에 관하여는 제73조제4항부터 제7항까지의 규정을 준용한다.
⑥ 제1항부터 제4항까지의 규정을 적용할 때 원천징수대상채권등의 보유기간의 계산 등에 필요한 사항은 대통령령으로 정한다.
(2018.12.24 본조신설)

제74조 【원천징수영수증의 발급】 ① 제73조 및 제73조의2에 따라 원천징수의무자가 납세의무자로부터 법인세를 원천징수한 경우에는 그 납세의무자에게 대통령령으로 정하는 바에 따라 원천징수영수증을 발급하여야 한다.(2018.12.24 본항개정)
② 제1항을 적용할 때 제73조의2에 따라 원천징수대상채권등의 매도에 따른 이자상당액에 대한 원천징수의무자가 납세의무자로서 납부한 법인세액에 대하여는 해당 법인을 납세의무자로 본다.(2018.12.24 본항개정)
③ 제1항에 따른 원천징수영수증 발급에 필요한 사항은 대통령령으로 정한다.

제74조의2 【업무용승용차 관련비용 명세서 제출 불성실 가산세】 ① 제27조의2제1항부터 제5항까지의 규정에 따라 업무용승용차 관련비용 등을 손금에 산입한 내국법인이 같은 조 제6항에 따른 업무용승용차 관련비용 등에 관한 명세서(이하 이 항에서 "명세서"라 한다)를 제출하지 아니하거나 사실과 다르게 제출한 경우에는 다음 각 호의 구분에 따른 금액을 가산세로 해당 사업연도의 법인세액에 더하여 납부하여야 한다.
1. 명세서를 제출하지 아니한 경우 : 해당 내국법인이 제60조에 따른 신고를 할 때 업무용승용차 관련비용 등으로 손금에 산입한 금액의 100분의 1
2. 명세서를 사실과 다르게 제출한 경우 : 해당 내국법인이 제60조에 따른 신고를 할 때 업무용승용차 관련비용 등으로 손금에 산입한 금액 중 해당 명세서에 사실과 다르게 적은 금액의 100분의 1
② 제1항에 따른 가산세는 산출세액이 없는 경우에도 적용한다.
(2021.12.21 본조신설)

제75조 【성실신고확인서 제출 불성실 가산세】 ① 제60조의2제1항에 따른 성실신고 확인대상인 내국법인이 각 사업연도의 종료일이 속하는 달의 말일부터 4개월 이내에 성실신고확인서를 납세지 관할 세무서장에게 제출하지 아니한 경우에는 다음 각 호의 금액 중 큰 금액을 가산세로 해당 사업연도의 법인세액에 더하여 납부하여야 한다.(2021.12.21 본문개정)
1. 법인세 산출세액(제55조의2에 따른 토지등 양도소득에 대한 법인세액 및 「조세특례제한법」 제100조의32에 따른 투자·상생협력 촉진을 위한 과세특례를 적용하여 계산한 법인세액은 제외한다. 이하 이 조, 제75조의2부터 제75조의9까지의 규정에서 같다)의 100분의 5(2021.12.21 본호신설)
2. 수입금액의 1만분의 2(2021.12.21 본호신설)
② 제1항을 적용할 때 제66조에 따른 경정으로 산출세액이 0보다 크게 된 경우에는 경정된 산출세액을 기준으로 가산세를 계산한다.
③ 제1항에 따른 가산세는 산출세액이 없는 경우에도 적용한다.
(2021.12.21 본항신설)
(2018.12.24 본조개정)

제75조의2 【주주등의 명세서 등 제출 불성실 가산세】 ① 제109조제1항 또는 제111조제1항 후단에 따라 주주등의 명세서(이하 이 항에서 "명세서"라 한다)를 제출하여야 하는 내국법인이 다음 각 호의 어느 하나에 해당하는 경우에는 해당 주주등이 보유한 주식등의 액면금액(무액면주식인 경우에는 그 주식을 발행한 법인의 자본금을 발행주식 총수로 나누어 계산한 금액을 말한다. 이하 이 조에서 같다) 또는 출자가액의 1천분의 5를 가산세로 설립일이 속하는 사업연도의 법인세액에 더하여 납부하여야 한다.
1. 명세서를 제출하지 아니한 경우
2. 명세서에 주주등의 명세의 전부 또는 일부를 누락하여 제출한 경우
3. 제출한 명세서가 대통령령으로 정하는 불분명한 경우에 해당하는 경우

② 제119조에 따라 주식등변동상황명세서(이하 이 항에서 "명세서"라 한다)를 제출하여야 하는 내국법인이 다음 각 호의 어느 하나에 해당하는 경우에는 그 주식등의 액면금액 또는 출자가액의 100분의 1을 가산세로 해당 사업연도의 법인세액에 더하여 납부하여야 한다.
1. 명세서를 제출하지 아니한 경우
2. 명세서에 주식등의 변동사항을 누락하여 제출한 경우
3. 제출한 명세서가 대통령령으로 정하는 불분명한 경우에 해당하는 경우
③ 제1항 및 제2항에 따른 가산세는 산출세액이 없는 경우에도 적용한다.
(2018.12.24 본조신설)

제75조의3【장부의 기록 · 보관 불성실 가산세】 ① 내국법인(비영리내국법인과 이 법 또는 다른 법률에 따라 법인세가 비과세되거나 전액 면제되는 소득만 있는 법인은 제외한다)이 제112조에 따른 장부의 비치 · 기장 의무를 이행하지 아니한 경우에는 다음 각 호의 금액 중 큰 금액을 가산세로 해당 사업연도의 법인세액에 더하여 납부하여야 한다.
1. 산출세액의 100분의 20
2. 수입금액의 1만분의 7
② 제1항에 따른 가산세는 산출세액이 없는 경우에도 적용한다.
(2018.12.24 본조신설)

제75조의4【기부금영수증 발급 · 작성 · 보관 불성실 가산세】
① 기부금영수증을 발급하는 내국법인이 다음 각 호의 어느 하나에 해당하는 경우에는 다음 각 호의 구분에 따른 금액을 가산세로 해당 사업연도의 법인세액에 더하여 납부하여야 한다.
1. 기부금영수증을 사실과 다르게 적어 발급(기부금액 또는 기부자의 인적사항 등 주요사항을 적지 아니하고 발급하는 경우를 포함한다. 이하 이 조에서 같다)한 경우
가. 기부금액을 사실과 다르게 적어 발급한 경우 : 사실과 다르게 발급된 금액〔영수증에 실제 적힌 금액(영수증에 금액이 적혀 있지 아니한 경우에는 기부금영수증을 발급받은 자가 기부금을 손금 또는 필요경비에 산입하거나 기부금세액공제를 받은 해당 금액으로 한다)과 건별로 발급하여야 할 금액과의 차액을 말한다〕의 100분의 5(2019.12.31 본목개정)
나. 기부자의 인적사항 등을 사실과 다르게 적어 발급하는 등 가목 외의 경우 : 영수증에 적힌 금액의 100분의 5 (2019.12.31 본목개정)
2. 기부자별 발급명세를 제112조의2제1항에 따라 작성 · 보관하지 아니한 경우 : 작성 · 보관하지 아니한 금액의 1천분의 2
② 제1항 및 제112조의2에서 "기부금영수증"이란 다음 각 호의 어느 하나에 해당하는 영수증을 말하며, 대통령령으로 정하는 전자적 방법으로 발급한 기부금영수증(이하 "전자기부금영수증"이라 한다)을 포함한다.(2020.12.22 본문개정)
1. 제24조에 따라 기부금을 손금에 산입하기 위하여 필요한 영수증
2. 「소득세법」 제34조 및 제59조의4제4항에 따라 기부금을 필요경비에 산입하거나 기부금세액공제를 받기 위하여 필요한 영수증
③ 「상속세 및 증여세법」 제78조제3항에 따라 보고서 제출의무를 이행하지 아니하거나 같은 조 제5항에 따라 출연받은 재산에 대한 장부의 작성 · 비치 의무를 이행하지 아니하여 가산세가 부과되는 경우에는 제1항제2호의 가산세를 적용하지 아니한다.
④ 제1항에 따른 가산세는 산출세액이 없는 경우에도 적용한다.
(2018.12.24 본조신설)

제75조의5【증명서류 수취 불성실 가산세】 ① 내국법인(대통령령으로 정하는 법인은 제외한다)이 사업과 관련하여 대통령령으로 정하는 사업자로부터 재화 또는 용역을 공급받고 제116조제2항 각 호의 어느 하나에 따른 증명서류를 받지 아니하거나 사실과 다른 증명서류를 받은 경우에는 그 받지 아니하거나 사실과 다르게 받은 금액으로 손금에 산입하는 것이 인정되는 금액(건별로 받아야 할 금액과의 차액을 말한다)의 100분의 2를 가산세로 해당 사업연도의 법인세액에 더하여 납부하여야 한다.(2019.12.31 본항개정)
② 다음 각 호의 어느 하나에 해당하는 경우는 제1항의 가산세를 적용하지 아니한다.
1. 제25조제2항에 따른 기업업무추진비로서 손금불산입된 경우(2022.12.31 본호개정)
2. 제116조제2항 각 호 외의 부분 단서에 해당하는 경우
③ 제1항에 따른 가산세는 산출세액이 없는 경우에도 적용한다.
(2018.12.24 본조신설)

제75조의6【신용카드 및 현금영수증 발급 불성실 가산세】
① 제117조에 따른 신용카드가맹점으로 가입한 내국법인이 신용카드에 의한 거래를 거부하거나 신용카드 매출전표를 사실과 다르게 발급하여 같은 조 제4항 후단에 따라 납세지 관할 세무서장으로부터 통보받은 경우에는 통보받은 건별 거부 금액 또는 신용카드 매출전표를 사실과 다르게 발급한 금액(건별로 발급하여야 할 금액과의 차액을 말한다)의 100분의 5(건별로 계산한 금액이 5천원 미만이면 5천원으로 한다)를 가산세로 해당 사업연도의 법인세액에 더하여 납부하여야 한다.
② 내국법인이 다음 각 호의 어느 하나에 해당하는 경우에는 다음 각 호의 구분에 따른 금액을 가산세로 해당 사업연도의 법인세액에 더하여 납부하여야 한다.
1. 제117조의2제1항을 위반하여 현금영수증가맹점으로 가입하지 아니하거나 그 가입기한이 지나서 가입한 경우 : 가입하지 아니한 사업연도의 수입금액(둘 이상의 업종을 하는 법인인 경우에는 대통령령으로 정하는 업종에서 발생한 수입금액만 해당하며, 세금계산서 발급분 등 대통령령으로 정하는 수입금액은 제외한다)의 100분의 1에 가입하지 아니한 기간을 고려하여 대통령령으로 정하는 바에 따라 계산한 비율을 곱한 금액
2. 제117조의2제3항을 위반하여 현금영수증 발급을 거부하거나 사실과 다르게 발급하여 같은 조 제6항 후단에 따라 납세지 관할 세무서장으로부터 통보받은 경우(현금영수증의 발급대상 금액이 건당 5천원 이상인 경우만 해당하며, 제3호에 해당하는 경우는 제외한다) : 통보받은 건별 발급 거부 금액 또는 사실과 다르게 발급한 금액(건별로 발급하여야 할 금액과의 차액을 말한다)의 100분의 5(건별로 계산한 금액이 5천원 미만이면 5천원으로 한다)
3. 제117조의2제4항을 위반하여 현금영수증을 발급하지 아니한 경우(「국민건강보험법」에 따른 보험급여의 대상인 경우 등 대통령령으로 정하는 경우는 제외한다) : 미발급금액의 100분의 20(착오나 누락으로 인하여 거래대금을 받은 날부터 10일 이내에 관할 세무서에 자진 신고하거나 현금영수증을 자진 발급한 경우에는 100분의 10으로 한다)(2021.12.21 본호개정)
③ 제1항 및 제2항에 따른 가산세는 산출세액이 없는 경우에도 적용한다.
(2018.12.24 본조신설)

제75조의7【지급명세서 등 제출 불성실 가산세】 ① 제120조, 제120조의2 또는 「소득세법」 제164조, 제164조의2에 따른 지급명세서(이하 이 조에서 "지급명세서"라 한다)나 같은 법 제164조의3에 따른 간이지급명세서(이하 이 조에서 "간이지급명세서"라 한다)를 제출하여야 할 자가 다음 각 호의 어느 하나에 해당하는 경우에는 각 호에서 정하는 금액을 가산세로 해당 사업연도의 법인세액에 더하여 납부하여야 한다.
(2022.12.31 본문개정)
1. 지급명세서 또는 간이지급명세서(이하 이 조에서 "지급명세서등"이라 한다)를 기한까지 제출하지 아니한 경우 : 다음 각 목의 구분에 따른 금액(2022.12.31 본문개정)
가. 지급명세서의 경우 : 제출하지 아니한 분의 지급금액의 100분의 1(제출기한이 지난 후 3개월 이내에 제출하는 경우에는 지급금액의 1천분의 5로 한다). 다만, 「소득세법」 제164조제1항 각 호 외의 부분 단서에 따른 일용근로자의 근로소득(이하 이 조에서 "일용근로소득"이라 한다)에 대한 지급명세서의 경우에는 제출하지 아니한 분의 지급금액의 1만분의 25(제출기한이 지난 후 1개월 이내에 제출하는 경우에는 지급금액의 10만분의 125)로 한다.

나. 간이지급명세서의 경우 : 제출하지 아니한 분의 지급금액의 1만분의 25(제출기한이 지난 후 1개월 이내에 제출하는 경우에는 지급금액의 10만분의 125로 한다)
(2022.12.31 본목개정)

2. 제출된 지급명세서등이 대통령령으로 정하는 불분명한 경우에 해당하거나 제출된 지급명세서등에 기재된 지급금액이 사실과 다른 경우 : 다음 각 목의 구분에 따른 금액
(2022.12.31 본문개정)

가. 지급명세서의 경우 : 불분명하거나 사실과 다른 분의 지급금액의 100분의 1. 다만, 일용근로소득에 대한 지급명세서의 경우에는 불분명하거나 사실과 다른 분의 지급금액의 1만분의 25로 한다.

나. 간이지급명세서의 경우 : 불분명하거나 사실과 다른 분의 지급금액의 1만분의 25
(2021.3.16 본항개정 : 2022.12.31 법19193호 개정 부분 중 「소득세법」 제164조의3제1항제1호의 소득에 대한 간이지급명세서를 제출하지 아니한 경우는 2026.1.1 시행)

② 제1항제1호에도 불구하고 「소득세법」 제128조제2항에 따라 원천징수세액을 반기별로 납부하는 원천징수의무자가 2021년 7월 1일부터 2022년 6월 30일까지 일용근로소득 또는 같은 법 제164조의3제1항제2호의 소득을 지급하는 경우로서 다음 각 호의 어느 하나에 해당하는 경우에는 제1항제1호의 가산세는 부과하지 아니한다.

1. 일용근로소득에 대한 지급명세서를 그 소득 지급일(「소득세법」 제135조를 적용받는 소득에 대해서는 해당 소득에 대한 과세기간 종료일을 말한다)이 속하는 분기의 마지막 달의 다음 달 말일(휴업, 폐업 또는 해산한 경우에는 휴업일, 폐업일 또는 해산일이 속하는 분기의 마지막 달의 다음 달 말일)까지 제출하는 경우
2. 「소득세법」 제164조의3제1항제2호의 소득에 대한 간이지급명세서를 그 소득 지급일(같은 법 제144조의5를 적용받는 소득에 대해서는 해당 소득에 대한 과세기간 종료일을 말한다)이 속하는 반기의 마지막 달의 다음 달 말일(휴업, 폐업 또는 해산한 경우에는 휴업일, 폐업일 또는 해산일이 속하는 반기의 마지막 달의 다음 달 말일)까지 제출하는 경우

(2021.3.16 본항신설)

③ 제1항제1호나목에도 불구하고 다음 각 호에 해당하는 경우에는 제1항제1호나목의 가산세는 부과하지 아니한다.

1. 2026년 1월 1일부터 2026년 12월 31일(「소득세법」 제128조제2항에 따라 원천징수세액을 반기별로 납부하는 원천징수의무자의 경우에는 2027년 12월 31일)까지 「소득세법」 제164조의3제1항제1호의 소득을 지급하는 경우로서 해당 소득에 대한 간이지급명세서를 그 소득 지급일(「소득세법」 제135조를 적용받는 소득에 대해서는 해당 소득에 대한 과세기간 종료일을 말한다)이 속하는 반기의 마지막 달의 다음 달 말일(휴업, 폐업 또는 해산한 경우에는 휴업일, 폐업일 또는 해산일이 속하는 반기의 마지막 달의 다음 달 말일)까지 제출하는 경우(2023.12.31 본호개정 : 「소득세법」 제164조의3제1항제1호의 소득에 관한 부분은 2026.1.1 시행)
2. 2024년 1월 1일부터 2024년 12월 31일까지 「소득세법」 제164조의3제1항제3호의 소득을 지급하는 경우로서 해당 소득에 대한 지급명세서를 그 소득 지급일이 속하는 과세연도의 다음 연도 2월 말일(휴업, 폐업 또는 해산한 경우에는 휴업일, 폐업일 또는 해산일이 속하는 달의 다음다음 달 말일)까지 제출하는 경우

(2022.12.31 본항신설)

④ 제1항제2호에도 불구하고 일용근로소득 또는 「소득세법」 제164조의3제1항 각 호의 소득에 대하여 제출한 지급명세서등이 제1항제2호 각 목 외의 부분에 해당하는 경우로서 지급명세서등에 기재된 각각의 총지급금액에서 제1항제2호 각 목 외의 부분에 해당하는 분의 지급금액이 차지하는 비율이 대통령령으로 정하는 비율 이하인 경우에는 제1항제2호의 가산세는 부과하지 아니한다.(2022.12.31 본항개정 : 「소득세법」 제164조의3제1항제1호의 소득에 관한 부분은 2026.1.1 시행)

⑤ 제1항을 적용할 때 「소득세법」 제164조의3제1항제2호(같은 법 제73조제1항제4호에 따라 대통령령으로 정하는 사업소득은 제외한다) 또는 제3호의 소득에 대한 지급명세서등의 제출의무가 있는 자에 대하여 제1항제1호가목의 가산세가 부과되는 부분에 대해서는 같은 호 나목의 가산세를 부과하지 아니하고, 같은 항 제2호가목의 가산세가 부과되는 부분에 대해서는 같은 호 나목의 가산세를 부과하지 아니한다.(2022.12.31 본항신설)

⑥ 제1항에 따른 가산세는 산출세액이 없는 경우에도 적용한다.

⑦ 제1항을 적용할 때 법인이 합병·분할 또는 해산하는 경우 지급금액에 관하여 필요한 사항은 대통령령으로 정한다.

(2021.3.16 본조제목개정)

(2018.12.24 본조신설)

제75조의8【계산서 등 제출 불성실 가산세】 ① 내국법인(대통령령으로 정하는 법인은 제외한다)이 다음 각 호의 어느 하나에 해당하는 경우에는 다음 각 호의 구분에 따른 금액을 가산세로 해당 사업연도의 법인세액에 더하여 납부하여야 한다.

1. 제120조의3제1항에 따라 매입처별 세금계산서합계표를 같은 조에 따른 기한까지 제출하지 아니한 경우 또는 제출하였더라도 그 매입처별 세금계산서합계표에 대통령령으로 정하는 적어야 할 사항의 전부 또는 일부를 적지 아니하거나 사실과 다르게 적은 경우(제4호가 적용되는 분은 제외한다) : 공급가액의 1천분의 5
2. 제121조제1항 또는 제2항에 따라 발급한 계산서에 대통령령으로 정하는 적어야 할 사항의 전부 또는 일부를 적지 아니하거나 사실과 다르게 적은 경우(제3호가 적용되는 분은 제외한다) : 공급가액의 100분의 1
3. 제121조제5항에 따라 매출·매입처별 계산서합계표를 같은 조에 따른 기한까지 제출하지 아니한 경우 또는 제출하였더라도 그 합계표에 대통령령으로 정하는 적어야 할 사항의 전부 또는 일부를 적지 아니하거나 사실과 다르게 적은 경우(제4호가 적용되는 분은 제외한다) : 공급가액의 1천분의 5
4. 다음 각 목의 어느 하나에 해당하는 경우 : 공급가액의 100분의 2(가목을 적용할 때 제121조제1항 후단에 따른 전자계산서를 발급하지 아니하였으나 전자계산서 외의 계산서를 발급한 경우와 같은 조 제8항에 따른 계산서의 발급시기가 지난 후 해당 재화 또는 용역의 공급시기가 속하는 사업연도 말의 다음 달 25일까지 같은 조 제1항 또는 제2항에 따른 계산서를 발급한 경우는 100분의 1로 한다)
   가. 재화 또는 용역을 공급한 자가 제121조제1항 또는 제2항에 따른 계산서를 같은 조 제8항에 따른 발급시기에 발급하지 아니한 경우
   나. 재화 또는 용역을 공급하지 아니하고 제116조제2항제1호에 따른 신용카드 매출전표, 같은 항 제2호에 따른 현금영수증 및 제121조제1항 또는 제2항에 따른 계산서(이하 이 호에서 "계산서등"이라 한다)를 발급한 경우
   다. 재화 또는 용역을 공급받지 아니하고 계산서등을 발급받은 경우
   라. 재화 또는 용역을 공급하고 실제로 재화 또는 용역을 공급하는 법인이 아닌 법인의 명의로 계산서등을 발급한 경우
   마. 재화 또는 용역을 공급받고 실제로 재화 또는 용역을 공급하는 자가 아닌 자의 명의로 계산서등을 발급받은 경우
5. 제121조제7항에 따른 기한이 지난 후 재화 또는 용역의 공급시기가 속하는 사업연도 말의 다음 달 25일까지 국세청장에게 전자계산서 발급명세를 전송하는 경우(제4호가 적용되는 분은 제외한다) : 공급가액의 1천분의 3(2016년 12월 31일 이전에 재화 또는 용역을 공급한 분에 대해서는 1천분의 1)
(2019.12.31 본호개정)
6. 제121조제7항에 따른 기한이 지난 후 재화 또는 용역의 공급시기가 속하는 사업연도 말의 다음 달 25일까지 국세청장에게 전자계산서 발급명세를 전송하지 아니한 경우(제4호가 적용되는 분은 제외한다) : 공급가액의 1천분의 5(2016년 12월 31일 이전에 재화 또는 용역을 공급한 분에 대해서는 1천분의 3)(2019.12.31 본호개정)

② 제75조의5 또는 「부가가치세법」 제60조제2항 · 제3항 및 제5항부터 제7항까지의 규정에 따른 가산세를 적용받는 부분은 제1항 각 호의 가산세를 적용하지 아니한다.
③ 제1항에 따른 가산세는 산출세액이 없는 경우에도 적용한다. (2018.12.24 본조신설)

제75조의9【특정외국법인의 유보소득 계산 명세서 제출 불성실 가산세】 ① 「국제조세조정에 관한 법률」 제34조제3호에 따른 특정외국법인의 유보소득 계산 명세서(이하 이 항에서 "명세서"라 한다)를 같은 조에 따라 제출하여야 하는 내국법인이 다음 각 호의 어느 하나에 해당하는 경우에는 해당 특정외국법인의 배당 가능한 유보소득금액의 1천분의 5를 가산세로 해당 사업연도의 법인세액에 더하여 납부하여야 한다. (2020.12.22 본문개정)
1. 제출기한까지 명세서를 제출하지 아니한 경우
2. 제출한 명세서의 전부 또는 일부를 적지 아니하는 등 제출한 명세서가 대통령령으로 정하는 불분명한 경우에 해당하는 경우
② 제1항에 따른 가산세는 산출세액이 없는 경우에도 적용한다. (2018.12.24 본조신설)

제2장의2 법인과세 신탁재산의 각 사업연도의 소득에 대한 법인세 과세특례

(2020.12.22 본장신설)

제1절 통 칙

제75조의10【적용 관계】 제5조제2항에 따라 내국법인으로 보는 신탁재산(이하 "법인과세 신탁재산"이라 한다) 및 이에 귀속되는 소득에 대하여 법인세를 납부하는 신탁의 수탁자(이하 "법인과세 수탁자"라 한다)에 대해서는 이 장의 규정을 제1장 및 제2장의 규정에 우선하여 적용한다.

제75조의11【신탁재산에 대한 법인세 과세방식의 적용】 ① 법인과세 수탁자는 법인과세 신탁재산에 귀속되는 소득에 대하여 그 밖의 소득과 구분하여 법인세를 납부하여야 한다.
② 재산의 처분 등에 따라 법인과세 수탁자가 법인과세 신탁재산의 재산으로 그 법인과세 신탁재산에 부과되거나 그 법인과세 신탁재산이 납부할 법인세 및 강제징수비를 충당하여도 부족한 경우에는 그 신탁의 수익자(「신탁법」 제101조에 따라 신탁이 종료되어 신탁재산이 귀속되는 자를 포함한다)는 분배받은 재산가액 및 이익을 한도로 그 부족한 금액에 대하여 제2차 납세의무를 진다.
③ 법인과세 신탁재산이 그 이익을 수익자에게 분배하는 경우에는 배당으로 본다.
④ 신탁계약의 변경 등으로 법인과세 신탁재산이 제5조제2항에 따른 신탁에 해당하지 아니하게 되는 경우에는 그 사유가 발생한 날이 속하는 사업연도분부터 제5조제2항을 적용하지 아니한다.
⑤ 제1항부터 제4항까지의 규정에 따른 신탁재산의 법인세 과세방식의 적용 등에 필요한 사항은 대통령령으로 정한다.

제75조의12【법인과세 신탁재산의 설립 및 해산 등】 ① 법인과세 신탁재산은 「신탁법」 제3조에 따라 그 신탁이 설정된 날에 설립된 것으로 본다.
② 법인과세 신탁재산은 「신탁법」 제98조부터 제100조까지의 규정에 따라 그 신탁이 종료된 날(신탁이 종료된 날이 분명하지 아니한 경우에는 「부가가치세법」 제5조제3항에 따른 폐업일을 말한다)에 해산된 것으로 본다.
③ 법인과세 수탁자는 법인과세 신탁재산에 대한 사업연도를 따로 정하여 제109조에 따른 법인 설립신고 또는 제111조에 따른 사업자등록과 함께 납세지 관할 세무서장에게 사업연도를 신고하여야 한다. 이 경우 사업연도의 기간은 1년을 초과하지 못한다.
④ 법인과세 신탁재산의 법인세 납세지는 그 법인과세 수탁자의 납세지로 한다.
⑤ 제1항부터 제4항까지의 규정을 적용할 때 법인과세 신탁재산의 최초 사업연도의 개시일, 납세지의 지정과 그 밖에 필요한 사항은 대통령령으로 정한다.

제75조의13【공동수탁자가 있는 법인과세 신탁재산에 대한 적용】 ① 하나의 법인과세 신탁재산에 「신탁법」 제50조에 따라 둘 이상의 수탁자가 있는 경우에는 제109조 또는 제109조의2에 따라 수탁자 중 신탁사무를 주로 처리하는 수탁자(이하 "대표수탁자"라 한다)로 신고한 자가 법인과세 신탁재산에 귀속되는 소득에 대하여 법인세를 납부하여야 한다.
② 제1항에 따른 대표수탁자 외의 수탁자는 법인과세 신탁재산에 관계되는 법인세에 대하여 연대하여 납부할 의무가 있다.

제2절 과세표준과 그 계산

제75조의14【법인과세 신탁재산에 대한 소득공제】 ① 법인과세 신탁재산이 수익자에게 배당한 경우에는 그 금액을 해당 배당을 결의한 잉여금 처분의 대상이 되는 사업연도의 소득금액에서 공제한다.
② 배당을 받은 법인과세 신탁재산의 수익자에 대하여 이 법 또는 「조세특례제한법」에 따라 그 배당에 대한 소득세 또는 법인세가 비과세되는 경우에는 제1항을 적용하지 아니한다. 다만, 배당을 받은 수익자가 「조세특례제한법」 제100조의15에 따라 동업기업과세특례를 적용받는 동업기업인 경우로서 그 동업자들(그 동업자들의 전부 또는 일부가 같은 조 제3항에 따른 상위 동업기업에 해당하는 경우에는 그 상위 동업기업에 출자한 동업자들을 말한다)에 대하여 같은 법 제100조의18에 따라 배분받은 배당에 해당하는 소득에 대한 소득세 또는 법인세가 전부 과세되는 경우에는 제1항을 적용한다.(2023.12.31 단서개정)
③ 제1항을 적용받으려는 법인과세 신탁재산의 수탁자는 대통령령으로 정하는 바에 따라 소득공제 신청을 하여야 한다.

제75조의15【신탁의 합병 및 분할】 ① 법인과세 신탁재산에 대한 「신탁법」 제90조에 따른 신탁의 합병은 법인의 합병으로 보아 이 법을 적용한다. 이 경우 신탁이 합병되기 전의 법인과세 신탁재산은 피합병법인으로 보고, 신탁이 합병된 후의 법인과세 신탁재산은 합병법인으로 본다.
② 법인과세 신탁재산에 대한 「신탁법」 제94조에 따른 신탁의 분할(분할합병을 포함한다)은 법인의 분할로 보아 이 법을 적용한다. 이 경우 신탁의 분할에 따라 새로운 신탁으로 이전하는 법인과세 신탁재산은 분할법인등으로 보고, 신탁의 분할에 따라 그 법인과세 신탁재산을 이전받은 법인과세 신탁재산은 분할신설법인등으로 본다.
③ 제1항 및 제2항에 따른 신탁의 합병 및 분할과 관련하여 필요한 사항은 대통령령으로 정한다.

제75조의16【법인과세 신탁재산의 소득금액 계산】 ① 수탁자의 변경에 따라 법인과세 신탁재산의 수탁자가 그 법인과세 신탁재산에 대한 자산과 부채를 변경되는 수탁자에게 이전하는 경우 그 자산과 부채의 이전가액을 수탁자 변경일 현재의 장부가액으로 보아 이전에 따른 손익은 없는 것으로 한다.
② 제1항에 따른 수탁자의 변경이 있는 경우 변경된 수탁자의 각 사업연도의 소득금액의 계산 등에 필요한 사항은 대통령령으로 정한다.

제3절 신고 · 납부 및 징수

제75조의17【법인과세 신탁재산의 신고 및 납부】 법인과세 신탁재산에 대해서는 제60조의2 및 제63조를 적용하지 아니한다.

제75조의18【법인과세 신탁재산의 원천징수】 ① 제73조제1항에도 불구하고 법인과세 신탁재산이 대통령령으로 정하는 소득을 지급받고, 법인과세 신탁재산의 수탁자가 대통령령으로 정하는 금융회사 등에 해당하는 경우에는 원천징수하지 아니한다.
② 제73조의2제1항을 적용하는 경우에는 법인과세 신탁재산에 속한 원천징수대상채권등을 매도하는 경우 법인과세 수탁자를 원천징수의무자로 본다.

제76조 (2018.12.24 삭제)

제76조의2～제76조의7 (2010.12.30 삭제)

제2장의3 각 연결사업연도의 소득에 대한 법인세
(2010.12.30 본장개정)

제1절 통 칙

제76조의8 【연결납세방식의 적용 등】 ① 다른 내국법인을 연결지배하는 내국법인〔비영리법인 등 대통령령으로 정하는 법인은 제외하며, 이하 이 항에서 "연결가능모법인"이라 한다〕과 그 다른 내국법인〔청산 중인 법인 등 대통령령으로 정하는 법인은 제외한다. 이하 이 장에서 "연결가능자법인"이라 한다〕은 대통령령으로 정하는 바에 따라 연결가능모법인의 납세지 관할지방국세청장의 승인을 받아 연결납세방식을 적용할 수 있다. 이 경우 연결가능자법인이 둘 이상일 때에는 해당 법인 모두가 연결납세방식을 적용하여야 한다.(2022.12.31 본항개정)
② 제1항에 따라 연결납세방식을 적용받는 각 연결법인의 사업연도는 연결사업연도와 일치하여야 한다. 이 경우 연결사업연도의 기간은 1년을 초과하지 못하며, 연결사업연도의 변경에 관하여는 제7조를 준용한다.
③ 제2항을 적용할 때 사업연도(이하 제76조의9 및 제76조의10에서 "본래사업연도"라 한다)가 법령 등에 규정되어 연결사업연도와 일치시킬 수 없는 연결가능자법인으로서 대통령령으로 정하는 요건을 갖춘 내국법인인 경우에는 연결사업연도를 해당 내국법인의 사업연도로 보아 연결납세방식을 적용할 수 있다.(2022.12.31 본항개정)
④ 연결법인의 납세지는 제9조제1항에도 불구하고 연결모법인의 납세지로 한다.
⑤ (2022.12.31 삭제)
⑥ 다음 각 호의 어느 하나에 해당하는 합병, 분할 또는 주식의 포괄적 교환·이전의 경우에는 그 합병일, 분할일 또는 교환·이전일이 속하는 연결사업연도에 한정하여 제2항, 제76조의11 제1항 및 제76조의12제1항에도 불구하고 대통령령으로 정하는 바에 따라 연결납세방식을 적용할 수 있다.
1. 제1항에 따라 연결납세방식을 적용받는 연결모법인 간의 적격합병(2011.12.31 본호개정)
2. 제1항에 따라 연결납세방식을 적용받는 연결모법인 간의 주식의 포괄적 교환·이전(「조세특례제한법」 제38조에 따라 과세이연을 받는 경우만 해당한다)
3. 제1항에 따라 연결납세방식을 적용받는 연결모법인의 적격분할(2011.12.31 본호개정)

제76조의9 【연결납세방식의 취소】 ① 연결모법인의 납세지 관할지방국세청장은 다음 각 호의 어느 하나에 해당하는 경우에는 대통령령으로 정하는 바에 따라 연결납세방식의 적용 승인을 취소할 수 있다.(2013.1.1 본문개정)
1. 연결법인의 사업연도가 연결사업연도와 일치하지 아니하는 경우
2. 연결모법인이 연결지배하지 아니하는 내국법인에 대하여 연결납세방식을 적용하는 경우(2022.12.31 본호개정)
3. 연결모법인의 연결가능자법인에 대하여 연결납세방식을 적용하지 아니하는 경우(2022.12.31 본호개정)
4. 제66조제3항 단서에 따른 사유로 장부나 그 밖의 증명서류에 의하여 연결법인의 소득금액을 계산할 수 없는 경우
5. 연결법인에 제69조제1항에 따른 수시부과사유가 있는 경우
6. 연결모법인이 다른 내국법인(비영리내국법인은 제외한다)의 연결지배를 받는 경우(2022.12.31 본호개정)
② 연결납세방식을 적용받은 각 연결법인은 연결납세방식을 적용받은 연결사업연도와 그 다음 연결사업연도의 개시일부터 4년 이내에 끝나는 연결사업연도 중에 제1항에 따라 연결납세방식의 적용 승인이 취소된 경우 다음 각 호의 구분에 따라 소득금액이나 결손금을 연결납세방식의 적용 승인이 취소된 사업연도의 익금 또는 손금에 각각 산입하여야 한다. 다만, 대통령령으로 정하는 부득이한 사유가 있는 경우에는 그러하지 아니하다.
1. 연결사업연도 동안 제76조의14제1항에 따라 다른 연결법인의 결손금과 합한 해당 법인의 소득금액 : 익금에 산입
2. 연결사업연도 동안 제76조의14제1항에 따라 다른 연결법인의 소득금액과 합한 해당 법인의 결손금 : 손금에 산입(2015.12.15 본항신설)
③ 제1항에 따라 연결납세방식의 적용 승인이 취소된 연결법인은 취소된 날이 속하는 사업연도와 그 다음 사업연도의 개시일부터 4년 이내에 끝나는 사업연도까지는 연결납세방식의 적용 당시와 동일한 법인을 연결모법인으로 하여 연결납세방식을 적용받을 수 없다.
④ 제1항에 따라 연결납세방식의 적용 승인이 취소된 경우 제76조의13제1항제1호의 금액 중 각 연결법인에 귀속하는 금액으로서 대통령령으로 정하는 금액은 해당 연결법인의 제13조제1항제1호의 결손금으로 본다.(2018.12.24 본항개정)
⑤ 제1항에 따라 연결납세방식의 적용 승인이 취소된 경우 제76조의18에 따라 납부한 연결중간예납세액 중 같은 조 제4항의 연결법인별 중간예납세액은 제64조제1항을 적용할 때에 같은 항 제2호의 중간예납세액으로 본다.
⑥ 제76조의8제3항에 따라 연결납세방식을 적용받은 연결법인이 제1항에 따라 연결납세방식의 적용 승인이 취소된 경우 취소된 날이 속하는 연결사업연도의 개시일부터 그 연결사업연도의 종료일까지의 기간과 취소된 날이 속하는 연결사업연도 종료일의 다음 날부터 본래사업연도 개시일 전날까지의 기간을 각각 1사업연도로 본다.

제76조의10 【연결납세방식의 포기】 ① 연결납세방식의 적용을 포기하려는 연결법인은 연결납세방식을 적용하지 아니하려는 사업연도 개시일 전 3개월이 되는 날까지 대통령령으로 정하는 바에 따라 연결모법인의 납세지 관할지방국세청장에게 신고하여야 한다. 다만, 연결납세방식을 최초로 적용받은 연결사업연도와 그 다음 연결사업연도의 개시일부터 4년 이내에 끝나는 연결사업연도까지는 연결납세방식의 적용을 포기할 수 없다.(2013.1.1 본문개정)
② 제1항에 따라 연결납세방식의 적용을 포기하는 경우에는 제76조의9제3항 및 제4항을 준용한다. 이 경우 제76조의9제3항 중 "취소된 날이 속하는 사업연도"는 "연결납세방식이 적용되지 아니하는 최초의 사업연도"로 본다.(2015.12.15 본항개정)
③ 제76조의8제3항에 따라 연결납세방식을 적용받은 연결법인이 제1항에 따라 연결납세방식의 적용을 포기하는 경우 제1항에 따라 연결모법인의 납세지 관할지방국세청장에게 신고한 날이 속하는 연결사업연도의 종료일 다음 날부터 본래사업연도 개시일 전날까지의 기간을 1사업연도로 본다.(2013.1.1 본항개정)

제76조의11 【연결자법인의 추가】 ① 연결모법인이 새로 다른 내국법인을 연결지배하게 된 경우에는 연결지배가 성립한 날이 속하는 연결사업연도의 다음 연결사업연도부터 해당 내국법인은 연결납세방식을 적용하여야 한다.(2022.12.31 본항개정)
② 법인의 설립등기일부터 연결모법인이 연결지배하는 내국법인은 제1항에도 불구하고 설립등기일이 속하는 사업연도부터 연결납세방식을 적용하여야 한다.(2022.12.31 본항개정)
③ 연결모법인은 제1항 및 제2항에 따라 연결자법인이 변경된 경우에는 변경일 이후 중간예납기간 종료일과 사업연도 종료일 중 먼저 도래하는 날부터 1개월 이내에 대통령령으로 정하는 바에 따라 납세지 관할지방국세청장에게 신고하여야 한다.(2014.1.1 본항개정)

제76조의12 【연결자법인의 배제】 ① 연결모법인의 연결지배를 받지 아니하게 되거나 해산한 연결자법인은 해당 사유가 발생한 날이 속하는 연결사업연도의 개시일부터 연결납세방식을 적용하지 아니한다. 다만, 연결자법인이 다른 연결법인에 흡수합병되어 해산하는 경우에는 해산등기일이 속하는 연결사업연도에 연결납세방식을 적용할 수 있다.(2022.12.31 본문개정)
② 연결납세방식을 적용받은 연결사업연도와 그 다음 연결사업연도의 개시일부터 4년 이내에 끝나는 연결사업연도 중에 제1항 본문에 따라 연결납세방식을 적용하지 아니하는 경우 다음 각 호의 구분에 따라 소득금액 또는 결손금을 해당 사유가 발생한 날이 속하는 사업연도의 익금 또는 손금에 각각 산입하여야 한다. 다만, 대통령령으로 정하는 부득이한 사유가 있는 경우에는 그러하지 아니하다.

1. 연결사업연도 동안 제76조의14제1항에 따라 다른 연결법인의 결손금과 합한 연결배제법인(제1항 본문에 따라 연결납세방식을 적용하지 아니하게 된 개별법인을 말한다. 이하 이 조에서 같다)의 소득금액 : 연결배제법인의 익금에 산입
2. 연결사업연도 동안 제76조의14제1항에 따라 다른 연결법인의 소득금액과 합한 연결배제법인의 결손금 : 연결배제법인의 손금에 산입
3. 연결사업연도 동안 제76조의14제1항에 따라 연결배제법인의 결손금과 합한 해당 법인의 소득금액 : 해당 법인의 익금에 산입
4. 연결사업연도 동안 제76조의14제1항에 따라 연결배제법인의 소득금액과 합한 해당 법인의 결손금 : 해당 법인의 손금에 산입

(2015.12.15 본항개정)

③ 제1항 본문에 따라 연결납세방식을 적용하지 아니하는 경우에는 제76조의9제3항부터 제6항까지의 규정을 준용한다.
(2015.12.15 본항신설)

④ 제1항에 따라 연결자법인이 변경된 경우 그 변경사유가 발생한 날부터 1개월 이내에 대통령령으로 정하는 바에 따라 납세지 관할지방국세청장에게 신고하여야 한다.(2023.12.31 본항개정)

제2절 과세표준과 그 계산

제76조의13 【연결과세표준】 ① 각 연결사업연도의 소득에 대한 과세표준은 각 연결사업연도 소득의 범위에서 다음 각 호에 따른 금액을 차례로 공제한 금액으로 한다. 다만, 제1호의 금액에 대한 공제는 제3항제1호에 따른 연결소득 개별귀속액의 100분의 80(중소기업과 회생계획을 이행 중인 기업 등 대통령령으로 정하는 연결법인의 경우는 100분의 100)을 한도로 한다.(2022.12.31 단서개정)

1. 각 연결사업연도의 개시일 전 15년 이내에 개시한 연결사업연도의 결손금(연결법인의 연결납세방식의 적용 전에 발생한 결손금을 포함한다)으로서 그 후의 각 연결사업연도(사업연도를 포함한다)의 과세표준을 계산할 때 공제되지 아니한 금액(2020.12.22 본호개정)
2. 이 법과 「조세특례제한법」에 따른 각 연결법인의 비과세소득의 합계액(2018.12.24 본호개정)
3. 이 법과 「조세특례제한법」에 따른 각 연결법인의 소득공제액의 합계액(2018.12.24 본호개정)

② 제1항제1호에서 "연결사업연도의 결손금"이란 제76조의14제1항에 따른 각 연결사업연도의 소득이 0보다 적은 경우 해당 금액으로서 제60조에 따라 신고하거나 제66조에 따라 결정·경정되거나, 「국세기본법」 제45조에 따라 수정신고한 과세표준에 포함된 결손금과 제76조의14제2항 각 호 외의 부분 후단에 따라 해당 연결사업연도의 소득금액을 계산할 때 손금에 산입하지 아니하는 처분손실을 말한다.

③ 제1항제1호에 따라 결손금을 공제하는 경우 다음 각 호의 결손금은 해당 각 호의 금액을 한도로 공제한다.

1. 연결법인의 연결납세방식의 적용 전에 발생한 결손금 : 각 연결사업연도의 소득 중 해당 연결법인에 귀속되는 소득으로서 대통령령으로 정하는 소득금액(이하 이 조에서 "연결소득 개별귀속액"이라 한다)
2. 연결모법인이 적격합병에 따라 피합병법인의 자산을 양도받는 경우 합병등기일 현재 피합병법인(합병등기일 현재 연결법인이 아닌 법인만 해당한다)의 제13조제1항제1호의 결손금 : 연결모법인의 연결소득 개별귀속액 중 피합병법인으로부터 승계받은 사업에서 발생한 소득(2018.12.24 본호개정)
3. 연결모법인이 적격분할합병에 따라 소멸한 분할법인의 자산을 양도받는 경우 분할등기일 현재 소멸한 분할법인의 제13조제1항제1호의 결손금 중 연결모법인이 승계받은 사업에 귀속하는 금액 : 연결모법인의 연결소득 개별귀속액 중 소멸한 분할법인으로부터 승계받은 사업에서 발생한 소득
(2018.12.24 본호개정)

④ 제1항에 따른 결손금, 비과세소득, 소득공제액의 공제 등에 필요한 사항은 대통령령으로 정한다.
(2018.12.24 본조제목개정)

제76조의14 【각 연결사업연도의 소득】 ① 각 연결사업연도의 소득은 각 연결법인별로 다음 각 호의 순서에 따라 계산한 소득 또는 결손금을 합한 금액으로 한다.

1. 연결법인별 각 사업연도의 소득의 계산 : 제14조에 따라 각 연결법인의 각 사업연도의 소득 또는 결손금을 계산
2. 다음 각 목에 따른 연결법인별 연결 조정항목의 제거
   가. 수입배당금액의 익금불산입 조정 : 제18조의2에 따라 익금에 산입하지 아니한 각 연결법인의 수입배당금액 상당액을 익금에 산입(2022.12.31 본목개정)
   나. 기부금과 기업업무추진비의 손금불산입 조정 : 제24조 및 제25조에 따라 손금산입한도를 초과하여 손금에 산입하지 아니한 기부금 및 기업업무추진비 상당액을 손금에 산입(2022.12.31 본목개정)

   (2018.12.24 본호개정)
3. 다음 각 목에 따른 연결법인 간 거래손익의 조정
   가. 수입배당금액의 조정 : 다른 연결법인으로부터 받은 수입배당금액 상당액을 익금에 불산입
   나. 기업업무추진비의 조정 : 다른 연결법인에 지급한 기업업무추진비 상당액을 손금에 불산입(2022.12.31 본목개정)
   다. 대손충당금의 조정 : 다른 연결법인에 대한 채권에 대하여 설정한 제34조에 따른 대손충당금 상당액을 손금에 불산입
   라. 자산양도손익의 조정 : 유형자산 및 무형자산 등 대통령령으로 정하는 자산을 다른 연결법인에 양도함에 따라 발생하는 손익을 대통령령으로 정하는 바에 따라 익금 또는 손금에 불산입

   (2018.12.24 본호개정)
4. 연결 조정항목의 연결법인별 배분 : 연결집단을 하나의 내국법인으로 보아 제18조의2, 제24조 및 제25조를 준용하여 익금 또는 손금에 산입하지 아니하는 금액을 계산한 후 해당 금액 중 대통령령으로 정하는 바에 따라 계산한 금액을 각 연결법인별로 익금 또는 손금에 불산입(2022.12.31 본호개정)

② 다음 각 호의 어느 하나에 해당하는 처분손실은 해당 호에 따른 금액을 한도로 해당 연결사업연도의 소득금액을 계산할 때 손금에 산입한다. 이 경우 한도를 초과하여 손금에 산입하지 아니한 처분손실은 제76조의13제1항제1호의 결손금으로 보고 해당 호에 따른 금액을 한도로 이후 연결사업연도의 과세표준에서 공제한다.(2018.12.24 본문개정)

1. 내국법인이 다른 내국법인의 연결가능자법인이 된(설립등기일부터 연결가능자법인이 된 경우는 제외한다) 이후 연결납세방식을 적용한 경우 연결납세방식을 적용한 사업연도와 그 다음 사업연도의 개시일부터 4년 이내에 끝나는 연결사업연도에 발생한 자산(연결납세방식을 적용하기 전 취득한 자산으로 한정한다)의 처분손실 : 다음 각 목의 구분에 따른 금액(해당 처분손실을 공제하기 전 귀속액을 말하되, 이 항 각 호 외의 부분 후단을 적용할 때에는 그러하지 아니하다)
   (2022.12.31 본문개정)
   가. 연결모법인의 자산처분 손실의 경우 해당 연결모법인의 연결소득개별귀속액(2015.12.15 본목신설)
   나. 연결자법인의 자산처분 손실의 경우 해당 연결자법인의 연결소득개별귀속액(2015.12.15 본목신설)
2. 연결모법인이 다른 내국법인(합병등기일 현재 연결법인이 아닌 법인으로 한정한다)을 적격합병(연결모법인을 분할합병의 상대방 법인으로 하여 적격분할합병하는 경우를 포함한다)하는 경우 합병등기일 이후 5년 이내에 끝나는 연결사업연도에 발생한 합병 전 연결모법인 및 연결자법인(이하 이 항에서 "기존연결법인"이라 한다)과 피합병법인(분할법인을 포함한다. 이하 이 조에서 같다)이 합병 전 각각 보유하던 자산의 처분손실(합병등기일 현재 해당 자산의 시가가 장부가액보다 낮은 경우로서 그 차액을 한도로 한다) : 다음 각 목의 구분에 따른 소득금액(해당 처분손실을 공제하기 전 소득금액을 말하되, 이 항 각 호 외의 부분 후단을 적용할 때에는 그러하지 아니하다)(2018.12.24 본문개정)

가. 기존연결법인의 자산처분 손실의 경우 기존연결법인의 소득금액(연결모법인의 연결소득개별귀속액 중 합병 전 연결모법인의 사업에서 발생한 소득금액 및 연결자법인의 연결소득개별귀속액을 말한다)(2018.12.24 본목개정)
나. 피합병법인이 합병 전 보유하던 자산의 처분손실의 경우 연결모법인의 연결소득개별귀속액 중 피합병법인으로부터 승계받은 사업에서 발생한 소득금액(2015.12.15 본목신설)
③ 제1항에 따른 각 연결사업연도의 결손금 중 각 연결법인별 배분액, 연결집단을 하나의 내국법인으로 보아 제18조의2 및 제25조를 준용하여 익금이나 손금에 산입하지 아니하는 금액의 계산 및 제2항에 따른 처분손실의 손금산입 등에 필요한 사항은 대통령령으로 정한다.(2018.12.24 본항개정)

제3절 세액의 계산

제76조의15【연결산출세액】 ① 각 연결사업연도의 소득에 대한 법인세는 제76조의13에 따른 과세표준에 제55조제1항의 세율을 적용하여 계산한 금액(이하 이 장에서 "연결산출세액"이라 한다)으로 한다.
② 연결법인이 제55조의2의 토지등을 양도한 경우(해당 토지등을 다른 연결법인이 양수하여 제76조의14제1항제3호가 적용되는 경우를 포함한다) 또는 「조세특례제한법」 제100조의32제2항에 따른 미환류소득(제76조의14에 따른 연결법인 간 거래손익의 조정 등을 하지 아니하고 계산한 소득으로서 대통령령으로 정하는 금액을 말한다)이 있는 경우에는 제55조의2에 따른 토지등 양도소득에 대한 법인세액 및 「조세특례제한법」 제100조의32에 따른 투자·상생협력 촉진을 위한 과세특례를 적용하여 계산한 법인세액을 제1항에 따라 계산한 금액에 합산한 금액을 연결산출세액으로 한다.(2018.12.24 본항개정)
③ 각 연결사업연도의 소득에 대한 법인세를 계산하는 경우에는 제55조제2항을 준용한다.
④ 연결산출세액 중 각 연결법인에 귀속되는 금액(이하 이 장에서 "연결법인별 산출세액"이라 한다)의 계산방법은 대통령령으로 정한다.
제76조의16【연결법인의 세액감면 및 세액공제 등】 ① 연결산출세액에서 공제하는 연결법인의 감면세액과 세액공제액은 각 연결법인별로 계산한 감면세액과 세액공제액의 합계액으로 한다.(2018.12.24 본항개정)
② 제1항을 적용할 때 각 연결법인의 감면세액과 세액공제액은 각 연결법인별 산출세액을 제55조의 산출세액으로 보아 이 법 및 「조세특례제한법」에 따른 세액감면과 세액공제를 적용하여 계산한 금액으로 하며, 연결집단을 하나의 내국법인으로 보아 「조세특례제한법」 제132조제1항을 적용한다.(2018.12.24 본항개정)
③ 세액감면과 세액공제의 적용순서는 제59조제1항을 준용하며, 연결법인의 적격합병과 적격분할에 따른 세액감면과 세액공제의 승계는 제44조의3제2항, 제46조의3제2항 및 제59조제1항을 준용한다.(2018.12.24 본항신설)
④ 각 연결법인의 감면세액을 계산할 때 세액을 감면 또는 면제하는 경우 감면 또는 면제되는 세액의 계산 등에 필요한 사항은 대통령령으로 정한다.
(2018.12.24 본조제목개정)

제4절 신고 및 납부

제76조의17【연결과세표준 등의 신고】 ① 연결모법인은 각 연결사업연도의 종료일이 속하는 달의 말일부터 4개월 이내에 연결사업연도의 소득에 대통령령으로 정하는 바에 따라 해당 연결사업연도의 소득에 대한 법인세의 과세표준과 세액을 납세지 관할 세무서장에게 신고하여야 한다. 다만, 「주식회사 등의 외부감사에 관한 법률」 제4조에 따라 감사인에 의한 감사를 받아야 하는 연결모법인 또는 연결자법인이 해당 사업연도의 감사가 종결되지 아니하여 결산이 확정되지 아니하였다는 사유로 대통령령으로 정하는 바에 따라 신고기한의 연장을 신청한 경우에는 그 신고기한을 1개월의 범위에서 연장할 수 있다.(2017.10.31 단서개정)
② 제1항에 따라 신고를 할 때에는 그 신고서에 다음 각 호의 서류를 첨부하여야 한다.
1. 대통령령으로 정하는 바에 따라 작성한 연결소득금액 조정명세서
2. 각 연결법인의 제60조제2항제1호부터 제3호까지의 서류
3. 연결법인 간 출자 현황 및 거래명세 등 대통령령으로 정하는 서류
③ 제1항에 따른 신고를 할 때 제2항제1호 및 제2호의 서류를 첨부하지 아니하면 이 법에 따른 신고로 보지 아니한다.
④ 연결모법인의 과세표준 등의 신고에 관하여는 제60조제3항, 제6항, 제8항 및 제9항을 준용한다.(2015.12.15 본항개정)
⑤ 연결모법인은 제119조제1항에도 불구하고 제1항에 따른 신고기한까지 제119조제1항에 따른 주식등변동상황명세서(연결자법인의 주식등의 변동사항을 포함한다)를 제출할 수 있다.
제76조의18【연결중간예납】 ① 연결사업연도가 6개월을 초과하는 연결모법인은 각 연결사업연도 개시일부터 6개월이 되는 날까지를 중간예납기간으로 하여 다음 각 호의 어느 하나에 해당하는 방법을 선택하여 계산한 금액(이하 이 장에서 "연결중간예납세액"이라 한다)을 중간예납기간이 지난 날부터 2개월 이내에 납세지 관할 세무서등에 납부하여야 한다. 다만, 연결모법인 또는 연결자법인이 직전 연결사업연도 종료일 현재 「독점규제 및 공정거래에 관한 법률」 제31조제1항에 따른 공시대상기업집단에 속하는 내국법인(업종별 매출액 등을 고려하여 대통령령으로 정하는 법인은 제외한다)에 해당하는 경우에는 제2호의 방법에 따라 계산한 연결중간예납세액을 납세지 관할 세무서등에 납부하여야 한다.(2024.12.31 단서신설)
1. 직전 연결사업연도의 산출세액을 기준으로 하는 방법

$$연결중간예납세액 = (A - B - C) \times \frac{6}{D}$$

A : 해당 연결사업연도의 직전 연결사업연도에 대한 법인세로서 확정된 연결산출세액(가산세를 포함하고, 제55조의2에 따른 토지등 양도소득에 대한 법인세액 및 「조세특례제한법」 제100조의32에 따른 투자·상생협력 촉진을 위한 과세특례를 적용하여 계산한 법인세액은 제외한다)
B : 해당 연결사업연도의 직전 연결사업연도에 감면된 법인세액(소득에서 공제되는 금액은 제외한다)
C : 해당 연결사업연도의 직전 연결사업연도에 각 연결법인이 법인세로서 납부한 원천징수세액의 합계액
D : 직전 연결사업연도의 개월 수. 이 경우 개월 수는 역에 따라 계산하되, 1개월 미만의 일수는 1개월로 한다.

2. 해당 중간예납기간의 법인세액을 기준으로 하는 방법

$$연결중간예납세액 = (A - B - C)$$

A : 해당 중간예납기간을 1연결사업연도로 보고 제76조의15를 적용하여 산출한 법인세액
B : 해당 중간예납기간에 감면된 법인세액(소득에서 공제되는 금액은 제외한다)
C : 해당 중간예납기간에 각 연결법인이 법인세로서 납부한 원천징수세액의 합계액

② 제1항 본문에도 불구하고 다음 각 호의 어느 하나에 해당하는 경우에는 해당 각 호의 구분에 따라 연결중간예납세액을 계산한다.
1. 제1항 각 호 외의 부분 본문에 따른 연결중간예납의 납부기한까지 연결중간예납세액을 납부하지 아니한 경우(제1항 각 호 외의 부분 단서 또는 이 항 제2호 각 목에 해당하는 경우는 제외한다) : 제1항제1호에 따른 방법
2. 다음 각 목의 어느 하나에 해당하는 경우 : 제1항제2호에 따른 방법
가. 직전 연결사업연도의 법인세로서 확정된 연결산출세액(가산세는 제외한다)이 없는 경우
나. 해당 중간예납기간 만료일까지 직전 연결사업연도의 연결산출세액이 확정되지 아니한 경우
(2024.12.31 본항개정)
③ 제1항 및 제2항을 적용할 때 연결납세방식을 처음으로 적용하는 경우에는 각 연결법인의 제63조의2에 따른 중간예납세액의 합계액을 연결중간예납세액으로 하고, 제76조의11제1항에 따라 연결법인이 추가된 경우에는 제1항 및 제2항에 따른 연결

중간예납세액과 추가된 연결법인의 제63조의2에 따른 중간예납세액의 합계액을 연결중간예납세액으로 한다.
④ 제1항 및 제2항을 적용할 때 연결법인이 중간예납기간이 지나기 전에 연결가능자법인에 해당하지 아니하게 되거나 해산(제76조의12제1항 단서에 따라 연결납세방식을 적용하는 경우는 제외한다)한 경우 연결모법인은 해당 연결법인의 중간예납세액 귀속분으로서 대통령령으로 정하는 금액(이하 이 장에서 "연결법인별 중간예납세액"이라 한다)을 빼고 납부할 수 있다.
(2022.12.31 본항개정)
⑤ 연결중간예납세액의 납부에 관하여는 제63조의2제5항 및 제64조제2항을 준용한다.
(2018.12.24 본조개정)

제76조의19 【연결법인세액의 납부 및 정산】 ① 연결모법인은 연결산출세액에서 다음 각 호의 법인세액(가산세는 제외한다)을 공제한 금액을 각 연결사업연도의 소득에 대한 법인세로서 제76조의17제1항의 신고기한까지 납세지 관할 세무서등에 납부하여야 한다.
1. 해당 연결사업연도의 감면세액·세액공제액(2018.12.24 본호개정)
2. 제76조의18에 따른 해당 연결사업연도의 연결중간예납세액
3. 제73조 및 제73조의2에 따라 해당 연결사업연도의 각 연결법인의 원천징수된 세액의 합계액(2018.12.24 본호개정)

② 연결자법인은 제1항의 기한까지 연결법인별 산출세액에서 다음 각 호의 금액을 뺀 금액에 제75조 및 제75조의2부터 제75조의9까지의 규정을 준용하여 계산한 금액을 가산하여 연결모법인에 지급하여야 한다.(2018.12.24 본문개정)
1. 해당 연결사업연도의 해당 법인의 감면세액
2. 해당 연결사업연도의 연결법인별 중간예납세액
3. 제73조 및 제73조의2에 따라 해당 연결사업연도의 해당 법인의 원천징수된 세액(2018.12.24 본호개정)

③ 제2항에 따라 계산한 금액이 음의 수인 경우 연결모법인은 음의 부호를 뗀 금액을 제1항의 기한까지 연결자법인에 지급하여야 한다.(2022.12.31 본항신설)
④ 제1항을 적용하는 경우에는 제64조제2항을 준용한다.
(2015.12.15 본항개정)
⑤ 연결산출세액이 없는 경우로서 다음 각 호에 해당하는 경우에는 결손금 이전에 따른 손익을 정산한 금액(이하 이 항에서 "정산금"이라 한다)을 해당 호에서 정하는 바에 따라 연결법인별로 배분하여야 한다.
1. 다음 각 목의 어느 하나에 해당하는 연결자법인이 있는 경우 : 해당 연결자법인이 대통령령으로 정하는 바에 따라 계산한 정산금을 제1항의 기한까지 연결모법인에 지급
 가. 연결자법인의 해당 연결사업연도 소득금액에 제76조의14 제1항에 따라 다른 연결법인의 결손금이 합하여진 경우
 나. 연결자법인의 연결소득 개별귀속액에서 다른 연결법인의 제76조의13제1항제1호에 따른 결손금이 공제된 경우
2. 다음 각 목의 어느 하나에 해당하는 연결자법인이 있는 경우 : 연결모법인이 대통령령으로 정하는 바에 따라 계산한 정산금을 제1항의 기한까지 해당 연결자법인에 지급
 가. 연결자법인의 해당 연결사업연도 결손금이 제76조의14 제1항에 따라 다른 연결법인의 소득금액에 합하여진 경우
 나. 연결자법인의 제76조의13제1항제1호에 따른 결손금이 다른 연결법인의 연결소득 개별귀속액에서 공제된 경우
(2023.12.31 본항신설)
(2023.12.31 본조제목개정)

제5절 결정·경정 및 징수 등

제76조의20 【연결법인세액의 결정·경정 및 징수 등】 각 연결사업연도의 소득에 대한 법인세의 결정·경정·징수 및 환급에 관하여는 제66조(제3항 단서는 제외한다), 제67조, 제70조, 제71조, 제73조, 제73조의2 및 제74조를 준용한다.
(2018.12.24 본조개정)

제76조의21 【연결법인의 가산세】 연결모법인은 각 연결법인별로 제75조 및 제75조의2부터 제75조의9까지의 규정을 준용하여 계산한 금액의 합계액을 각 연결사업연도의 소득에 대한 법인세액에 더하여 납부하여야 한다.(2018.12.24 본조개정)

제76조의22 【연결법인에 대한 중소기업 등 관련 규정의 적용】 ① 각 연결사업연도의 소득에 대한 법인세액을 계산할 때 연결집단을 하나의 내국법인으로 보아 그 연결집단이 이 법 및 「조세특례제한법」에 따른 중소기업 또는 중견기업에 해당하는 경우에는 다음 각 호의 구분에 따라 이 법 및 「조세특례제한법」에 따른 중소기업 또는 중견기업에 관한 규정을 적용한다.
1. 연결집단이 중소기업에 해당하는 경우 : 다음 각 목의 구분에 따른 규정을 적용
 가. 중소기업에 해당하는 연결법인 : 중소기업에 관한 규정을 적용
 나. 중견기업에 해당하는 연결법인 : 중견기업에 관한 규정을 적용
2. 연결집단이 중견기업에 해당하는 경우 : 중소기업에 해당하는 연결법인과 중견기업에 해당하는 연결법인에 각각 중견기업에 관한 규정을 적용

② 연결납세방식을 적용하는 최초의 연결사업연도의 직전 사업연도 당시 중소기업에 해당하는 법인이 연결납세방식을 적용함에 따라 중소기업에 관한 규정을 적용받지 못하게 되는 경우에는 제1항에도 불구하고 연결납세방식을 적용하는 최초의 연결사업연도와 그 다음 연결사업연도의 개시일부터 5년 이내에 끝나는 연결사업연도까지는 중소기업에 관한 규정을 적용한다.
(2024.12.31 본조개정)

제3장 내국법인의 청산소득에 대한 법인세
(2010.12.30 본장개정)

제1절 과세표준과 그 계산

제77조 【과세표준】 내국법인의 청산소득에 대한 법인세의 과세표준은 제79조에 따른 청산소득 금액으로 한다.

제78조 【법인의 조직변경으로 인한 청산소득에 대한 과세특례】 내국법인이 다음 각 호의 어느 하나에 해당하면 청산소득에 대한 법인세를 과세하지 아니한다.
1. 「상법」의 규정에 따라 조직변경하는 경우
2. 특별법에 따라 설립된 법인이 그 특별법의 개정이나 폐지로 인하여 「상법」에 따른 회사로 조직변경하는 경우
3. 그 밖의 법률에 따라 내국법인이 조직변경하는 경우로서 대통령령으로 정하는 경우

제79조 【해산에 의한 청산소득 금액의 계산】 ① 내국법인이 해산(합병이나 분할에 의한 해산은 제외한다)한 경우 그 청산소득(이하 "해산에 의한 청산소득"이라 한다)의 금액은 그 법인의 해산에 의한 잔여재산의 가액에서 해산등기일 현재의 자본금 또는 출자금과 잉여금의 합계액(이하 "자기자본의 총액"이라 한다)을 공제한 금액으로 한다.
② 해산으로 인하여 청산 중인 내국법인이 그 해산에 의한 잔여재산의 일부를 주주등에게 분배한 후 「상법」 제229조, 제285조, 제287조의40, 제519조 또는 제610조에 따라 사업을 계속하는 경우에는 그 해산등기일부터 계속등기일까지의 사이에 분배한 잔여재산의 분배액의 총합계액에서 해산등기일 현재의 자기자본의 총액을 공제한 금액을 그 법인의 해산에 의한 청산소득의 금액으로 한다.(2015.12.15 본항개정)
③ 내국법인의 해산에 의한 청산소득의 금액을 계산할 때 그 청산기간에 「국세기본법」에 따라 환급되는 법인세액이 있는 경우 이에 상당하는 금액은 그 법인의 해산등기일 현재의 자기자본의 총액에 가산한다.
④ 내국법인의 해산에 의한 청산소득 금액을 계산할 때 해산등기일 현재 그 내국법인에 대통령령으로 정하는 이월결손금이 있는 경우에는 그 이월결손금은 그날 현재의 그 법인의 자기자본의 총액에서 그에 상당하는 금액과 상계하여야 한다. 다만, 상계하는 이월결손금의 금액은 자기자본의 총액 중 잉여금의 금액을 초과하지 못하며, 초과하는 이월결손금이 있는 경우에는 그 이월결손금은 없는 것으로 본다.
⑤ 제4항에 따라 청산소득 금액을 계산할 때 해산등기일 전 2년 이내에 자본금 또는 출자금에 전입한 잉여금이 있는 경우

에는 해당 금액을 자본금 또는 출자금에 전입하지 아니한 것으로 보아 같은 항을 적용한다.(2011.12.31 본항신설)
⑥ 내국법인의 해산에 의한 청산소득의 금액을 계산할 때 그 청산기간에 생기는 각 사업연도의 소득금액이 있는 경우에는 그 법인의 해당 각 사업연도의 소득금액에 산입한다.
⑦ 제1항에 따른 청산소득의 금액과 제6항에 따른 청산기간에 생기는 각 사업연도의 소득금액을 계산할 때에는 제1항부터 제6항까지에서 규정하는 것을 제외하고는 제14조부터 제18조까지, 제18조의2, 제18조의4, 제19조, 제19조의2, 제20조부터 제31조까지, 제33조부터 제38조까지, 제40조부터 제42조까지, 제42조의2, 제43조, 제44조, 제44조의2, 제44조의3, 제45조, 제46조, 제46조의2부터 제46조의5까지, 제47조, 제47조의2, 제50조, 제51조, 제51조의2, 제52조, 제53조, 제53조의2, 제53조의3, 제54조 및 「조세특례제한법」 제104조의31을 준용한다.
(2022.12.31 본항개정)
⑧ 제1항부터 제7항까지의 규정을 적용할 때 잔여재산가액의 계산 등에 필요한 사항은 대통령령으로 정한다.(2011.12.31 본항개정)
제80조~제81조 (2009.12.31 삭제)
제82조 【청산소득 금액의 계산에 관한 세부 규정】 이 법에 규정된 것 외에 내국법인의 청산소득 금액의 계산에 필요한 사항은 대통령령으로 정한다.

제2절 세액의 계산

제83조 【세율】 내국법인의 청산소득에 대한 법인세는 제77조에 따른 과세표준에 제55조제1항에 따른 세율을 적용하여 계산한 금액을 그 세액으로 한다.

제3절 신고 및 납부

제84조 【확정신고】 ① 청산소득에 대한 법인세의 납부의무가 있는 내국법인은 대통령령으로 정하는 바에 따라 다음 각 호의 기한까지 청산소득에 대한 법인세의 과세표준과 세액을 납세지 관할 세무서장에게 신고하여야 한다.
1. 제79조제1항에 해당하는 경우 : 대통령령으로 정하는 잔여재산가액확정일이 속하는 달의 말일부터 3개월 이내
2. 제79조제2항에 해당하는 경우 : 계속등기일이 속하는 달의 말일부터 3개월 이내
② 제1항에 따른 신고를 할 때에는 그 신고서에 다음 각 호의 서류를 첨부하여야 한다.
1. 제1항제1호 및 제2호의 경우에는 잔여재산가액 확정일 또는 계속등기일 현재의 그 해산한 법인의 재무상태표
2. 그 밖에 대통령령으로 정하는 서류
③ 제1항과 제2항은 청산소득의 금액이 없는 경우에도 적용한다.
제85조 【중간신고】 ① 내국법인(제51조의2제1항 각 호 또는 「조세특례제한법」 제104조의31제1항의 법인은 제외한다)이 다음 각 호의 어느 하나에 해당하면 그 각 호에서 정한 날이 속하는 달의 말일부터 1개월 이내에 대통령령으로 정하는 바에 따라 이를 납세지 관할 세무서장에게 신고하여야 한다. 다만, 「국유재산법」 제80조에 규정된 청산절차에 따라 청산하는 법인의 경우에는 제2호는 적용하지 아니한다.(2020.12.22 본문개정)
1. 해산에 의한 잔여재산가액이 확정되기 전에 그 일부를 주주등에게 분배한 경우 : 그 분배한 날
2. 해산등기일부터 1년이 되는 날까지 잔여재산가액이 확정되지 아니한 경우 : 그 1년이 되는 날
② 제1항에 따른 신고를 할 때에는 그 신고서에 해산등기일 및 그 분배한 날 또는 해산등기일부터 1년이 되는 날 현재의 재무상태표와 그 밖에 대통령령으로 정하는 서류를 각각 첨부하여야 한다.
제86조 【납부】 ① 제79조제1항 또는 제2항에 해당하는 내국법인으로서 제84조에 따른 확정신고를 한 법인은 그 해산으로 인한 청산소득의 금액에 제83조를 적용하여 계산한 세액에서 제3항 또는 제4항에 따라 납부한 세액의 합계액을 공제한 금액을 법인세로서 신고기한까지 납세지 관할 세무서등에 납부하여야 한다.
② (2009.12.31 삭제)
③ 제85조제1항제1호에 따른 신고의무가 있는 내국법인으로서 그 분배하는 잔여재산의 가액(전에 분배한 잔여재산의 가액이 있을 때에는 그 합계액)이 그 해산등기일 현재의 자기자본의 총액을 초과하는 경우에는 그 초과하는 금액에 제83조를 적용하여 계산한 세액(전에 잔여재산의 일부를 분배함으로써 납부한 법인세액이 있는 경우에는 그 세액의 합계액을 공제한 금액)을 그 신고기한까지 납세지 관할 세무서등에 납부하여야 한다.
④ 제85조제1항제2호에 따른 신고의무가 있는 내국법인으로서 해산등기일부터 1년이 되는 날 현재 대통령령으로 정하는 잔여재산가액 예정액이 그 해산등기일 현재의 자기자본의 총액을 초과하는 경우에는 그 초과하는 금액에 제83조를 적용하여 계산한 세액을 그 신고기한까지 납세지 관할 세무서등에 납부하여야 한다.

제4절 결정 · 경정 및 징수

제87조 【결정 및 경정】 ① 납세지 관할 세무서장 또는 관할지방국세청장은 내국법인이 제84조 및 제85조에 따른 신고를 하지 아니한 경우에는 그 법인의 청산소득에 대한 법인세의 과세표준과 세액을 결정한다.
② 납세지 관할 세무서장 또는 관할지방국세청장은 제84조 및 제85조에 따른 신고를 한 내국법인이 그 신고한 내용에 오류 또는 누락이 있는 경우에는 그 법인의 청산소득에 대한 법인세의 과세표준과 세액을 경정한다.
③ 납세지 관할 세무서장 또는 관할지방국세청장은 청산소득에 대한 법인세의 과세표준과 세액을 결정하거나 경정한 후 그 결정이나 경정에 오류 또는 탈루가 있는 것을 발견한 경우에는 즉시 이를 다시 경정한다.
④ 제1항과 제2항에 따른 결정이나 경정의 경우에는 제66조제3항을 준용한다.
제88조 【과세표준과 세액의 통지】 납세지 관할 세무서장 또는 관할지방국세청장은 제87조에 따라 내국법인의 청산소득에 대한 법인세의 과세표준과 세액을 결정하거나 경정한 경우에는 이를 그 법인이나 청산인에게 알려야 한다. 다만, 그 법인이나 청산인에게 알릴 수 없는 경우에는 공시(公示)로써 이를 갈음할 수 있다.
제89조 【징수】 ① 납세지 관할 세무서장은 내국법인이 제86조에 따라 납부하여야 할 청산소득에 대한 법인세의 전부 또는 일부를 납부하지 아니하면 그 미납된 법인세액을 「국세징수법」에 따라 징수하여야 한다.(2013.1.1 본항개정)
② 납세지 관할 세무서장은 제86조에 따라 납부하였거나 제1항에 따라 징수한 법인세액이 제87조에 따라 납세지 관할 세무서장 또는 관할지방국세청장이 결정하거나 경정한 법인세액보다 적으면 그 부족한 금액에 상당하는 법인세를 징수하여야 한다.
제90조 【청산소득에 대한 납부지연가산세의 적용 제외】 청산소득에 대한 법인세를 징수할 때에는 「국세기본법」 제47조의4제1항제1호(납부고지서에 따른 납부기한의 다음 날부터 부과되는 분에 한정한다) 및 제3호와 같은 조 제7항을 적용하지 아니한다.(2020.12.22 본조개정)

제4장 외국법인의 각 사업연도의 소득에 대한 법인세
(2010.12.30 본장개정)

제1절 외국법인의 과세에 관한 통칙
(2018.12.24 본절제목개정)

제91조 【과세표준】 ① 국내사업장을 가진 외국법인과 제93조제3호에 따른 국내원천 부동산소득이 있는 외국법인의 각 사업연도의 소득에 대한 법인세의 과세표준은 국내원천소득의 총합계액(제98조제1항, 제98조의3, 제98조의5 또는 제98조의6에 따라 원천징수되는 국내원천소득 금액은 제외한다)에서 다

음 각 호에 따른 금액을 차례로 공제한 금액으로 한다. 다만, 제1호의 금액에 대한 공제는 각 사업연도 소득의 100분의 80을 한도로 한다.(2022.12.31 단서개정)
1. 제13조제1항제1호에 해당하는 결손금(국내에서 발생한 결손금만 해당한다)(2018.12.24 본호개정)
2. 이 법과 다른 법률에 따른 비과세소득
3. 선박이나 항공기의 외국 항행(航行)으로 인하여 발생하는 소득. 다만, 그 외국법인의 본점 또는 주사무소가 있는 해당 국가가 우리나라의 법인이 운용하는 선박이나 항공기에 대하여 동일한 면제를 하는 경우만 해당한다.

② 제1항에 해당하지 아니하는 외국법인의 경우에는 제93조 각 호의 구분에 따른 각 국내원천소득의 금액을 그 법인의 각 사업연도의 소득에 대한 법인세의 과세표준으로 한다.

③ 제1항에 해당하는 외국법인의 국내원천소득으로서 제98조제1항, 제98조의3, 제98조의5 또는 제98조의6에 따라 원천징수되는 소득에 대한 법인세의 과세표준은 제93조 각 호의 구분에 따른 각 국내원천소득의 금액으로 한다.(2011.12.31 본항개정)

④ 제1항제3호는 국내사업장을 가지고 있지 아니하는 외국법인에 대하여도 적용한다.

⑤ 제1항의 과세표준을 계산할 때 같은 항 제1호에 따른 이월결손금은 먼저 발생한 사업연도의 결손금부터 차례로 공제하고, 해당 사업연도에 공제되지 아니한 비과세소득은 해당 사업연도의 다음 사업연도 이후로 이월하여 공제할 수 없다.(2018.12.24 본항신설)

제92조【국내원천소득 금액의 계산】 ① 제91조제1항에 해당하는 외국법인의 각 사업연도의 국내원천소득의 총합계액은 해당 사업연도에 속하는 익금의 총액에서 해당 사업연도에 속하는 손금의 총액을 뺀 금액으로 하며, 각 사업연도의 소득금액의 계산에 관하여는 대통령령으로 정하는 바에 따라 제14조부터 제18조까지, 제18조의2, 제19조, 제19조의2, 제20조부터 제31조까지, 제33조부터 제38조까지, 제40조부터 제42조까지, 제42조의2, 제43조, 제44조, 제44조의2, 제44조의3, 제45조, 제46조, 제46조의2부터 제46조의5까지, 제47조, 제47조의2, 제50조, 제51조, 제52조, 제53조, 제53조의2 및 제54조와 「조세특례제한법」 제138조를 준용한다. 다만, 제44조의3, 제45조, 제46조의3 및 제46조의4를 준용할 때 합병법인 및 분할신설법인등은 피합병법인 및 분할법인등의 결손금을 승계하지 아니하는 것으로 보아 각각의 규정을 준용한다.(2019.12.31 본문개정)

② 제91조제2항 및 제3항에 따른 외국법인의 각 사업연도의 국내원천소득(제93조제7호에 따른 국내원천 부동산등양도소득은 제외한다)의 금액은 다음 각 호의 금액으로 한다.(2018.12.24 본문개정)
1. 제93조제1호부터 제6호까지 및 제8호부터 제10호까지의 국내원천소득의 경우에는 같은 조 각 호(제7호는 제외한다)의 소득별 수입금액으로 한다. 다만, 제93조제9호에 따른 국내원천소득의 경우에는 그 수입금액에서 대통령령으로 정하는 바에 따라 확인된 해당 유가증권의 취득가액 및 양도비용을 공제하여 계산한 금액으로 할 수 있다.
2. 국내사업장이 없는 외국법인으로서 제93조제9호에 따른 국내원천 유가증권양도소득이 다음 각 목의 요건을 모두 갖춘 경우에는 제1호에도 불구하고 대통령령으로 정하는 정상가격(이하 이 호에서 "정상가격"이라 한다)을 해당 수입금액으로 한다.
  가. 국내사업장이 없는 외국법인과 대통령령으로 정하는 특수관계가 있는 외국법인(비거주자를 포함한다) 간의 거래일 것
  나. 가목의 거래에 의한 거래가격이 정상가격보다 낮은 경우로서 대통령령으로 정하는 경우일 것
(2018.12.24 본호개정)

③ 제91조제2항에 따른 외국법인의 각 사업연도의 국내원천소득의 금액 중 제93조제7호에 따른 국내원천 부동산등양도소득 금액은 그 소득을 발생시키는 자산(이하 이 조에서 "토지등"이라 한다)의 양도가액에서 다음 각 호의 금액을 뺀 금액으로 한다.(2018.12.24 본문개정)
1. 취득가액. 다만, 「상속세 및 증여세법」에 따라 상속세 과세가액 또는 증여세 과세가액에 산입되지 아니한 재산을 출연받은 외국법인이 대통령령으로 정하는 토지등을 양도하는 경우에는 그 토지등을 출연한 출연자의 취득가액을 그 외국법인의 취득가액으로 한다.
2. 토지등을 양도하기 위하여 직접 지출한 비용

④ 제3항을 적용할 때 취득가액과 양도가액은 실지 거래가액으로 하되, 실지 거래가액이 불분명한 경우에는 「소득세법」 제99조·제100조 및 제114조제7항을 준용하여 계산한 가액으로 한다.(2018.12.24 본항개정)

⑤ 제3항을 적용할 때 해당 자산의 양도시기 및 취득시기에 관하여는 「소득세법」 제98조를 준용한다.

⑥ 제3항에 따른 국내원천 부동산등양도소득의 부당행위계산에 관하여는 「소득세법」 제101조를 준용한다. 이 경우 "특수관계인"은 "「법인세법」 제2조제12호에 따른 특수관계인"으로 본다.(2018.12.24 본항개정)

⑦ 외국법인의 국내사업장과 관련된 각 사업연도의 소득금액을 계산할 때 국외의 본점 및 다른 지점의 손비 배분 등에 필요한 사항은 대통령령으로 정한다.(2018.12.24 본항신설)

제93조【외국법인의 국내원천소득】 외국법인의 국내원천소득은 다음 각 호와 같이 구분한다.(2019.12.31 본문개정)
1. 국내원천 이자소득 : 다음 각 목의 어느 하나에 해당하는 소득으로서 「소득세법」 제16조제1항에 따른 이자소득(같은 항 제7호의 소득은 제외한다)과 그 밖의 대금의 이자 및 신탁의 이익. 다만, 거주자 또는 내국법인의 국외사업장을 위하여 그 국외사업장이 직접 차용한 차입금의 이자는 제외한다.(2024.12.31 본문개정)
  가. 국가, 지방자치단체, 거주자, 내국법인 또는 외국법인의 국내사업장이나 「소득세법」 제120조에 따른 비거주자의 국내사업장으로부터 지급받는 소득
  나. 외국법인 또는 비거주자로부터 지급받는 소득으로서 그 소득을 지급하는 외국법인 또는 비거주자의 국내사업장과 실질적으로 관련하여 그 국내사업장의 소득금액을 계산할 때 필요경비 또는 손금에 산입되는 것
2. 국내원천 배당소득 : 내국법인 또는 법인으로 보는 단체나 그 밖에 국내에 소재하는 자로부터 지급받는 다음 각 목의 소득(2020.12.22 본문개정)
  가. (2024.12.31 삭제)
  나. 「소득세법」 제17조제1항에 따른 배당소득(같은 항 제6호에 따른 소득은 제외한다)(2020.12.22 본목신설)
  다.~라. (2024.12.31 삭제)
  마. 「국제조세조정에 관한 법률」 제13조 또는 제22조에 따라 배당으로 처분된 금액(2020.12.22 본목신설)
3. 국내원천 부동산소득 : 국내에 있는 부동산 또는 부동산상의 권리와 국내에서 취득한 광업권, 조광권(租鑛權), 흙·모래·돌의 채취에 관한 권리 또는 지하수의 개발·이용권의 양도·임대 또는 그 밖의 운영으로 인하여 발생하는 소득. 다만, 제7호에 따른 양도소득은 제외한다.(2018.12.24 본문개정)
4. 국내원천 선박등임대소득 : 거주자, 내국법인 또는 외국법인의 국내사업장이나 「소득세법」 제120조에 따른 비거주자의 국내사업장에 선박, 항공기, 등록된 자동차나 건설기계 또는 산업상·상업상·과학상의 기계·설비·장치, 그 밖에 대통령령으로 정하는 용구(用具)를 임대함으로써 발생하는 소득(2018.12.24 본호개정)
5. 국내원천 사업소득 : 외국법인이 경영하는 사업에서 발생하는 소득(조세조약에 따라 국내원천사업소득으로 과세할 수 있는 소득을 포함한다)으로서 대통령령으로 정하는 소득. 다만, 제6호에 따른 국내원천 인적용역(人的用役)소득은 제외한다.(2018.12.24 본호개정)
6. 국내원천 인적용역소득 : 국내에서 대통령령으로 정하는 인적용역을 제공함으로써 발생하는 소득(국외에서 제공하는 인적용역 중 대통령령으로 정하는 인적용역을 제공함으로써 발생하는 소득이 조세조약에 따라 국내에서 발생하는 것으로 간주되는 소득을 포함한다). 이 경우 그 인적용역을 제공받는 자가 인적용역의 제공과 관련하여 항공료 등 대통령령으로 정하는 비용을 부담하는 경우에는 그 비용을 제외한 금액을 말한다.(2018.12.24 전단개정)

7. 국내원천 부동산등양도소득 : 국내에 있는 다음 각 목의 어느 하나에 해당하는 자산·권리를 양도함으로써 발생하는 소득(2018.12.24 본문개정)
가. 「소득세법」 제94조제1항제1호·제2호 및 제4호가목·나목에 따른 자산·권리
나. 내국법인의 주식등(주식등을 기초로 하여 발행한 예탁증서 및 신주인수권을 포함한다. 이하 이 장에서 같다) 중 양도일이 속하는 사업연도 개시일 현재의 그 법인의 자산총액 중 다음의 가액의 합계액이 100분의 50 이상인 법인의 주식등(이하 이 조에서 "부동산주식등"이라 한다)으로서 「자본시장과 금융투자업에 관한 법률」에 따른 증권시장에 상장되지 아니한 주식등. 이 경우 조세조약의 해석·적용과 관련하여 그 조세조약 상대국과 상호합의에 따라 우리나라에 과세권한이 있는 것으로 인정되는 부동산주식등도 전단의 부동산주식등에 포함한다.(2019.12.31 후단신설)
1) 「소득세법」 제94조제1항제1호 및 제2호의 자산가액(2015.12.15 신설)
2) 내국법인이 보유한 다른 부동산 과다보유 법인의 주식가액에 그 다른 법인의 부동산 보유비율을 곱하여 산출한 가액. 이 경우 부동산 과다보유 법인의 판정 및 부동산 보유비율의 계산방법은 대통령령으로 정한다.(2015.12.15 신설)
8. 국내원천 사용료소득 : 다음 각 목의 어느 하나에 해당하는 권리·자산 또는 정보(이하 이 호에서 "권리등"이라 한다)를 국내에서 사용하거나 그 대가를 국내에서 지급하는 경우 그 대가 및 그 권리등을 양도함으로써 발생하는 소득. 이 경우 제4호에 따른 산업상·상업상·과학상의 기계·설비·장치 등을 임대함으로써 발생하는 소득을 조세조약에서 사용료소득으로 구분하는 경우 그 사용대가를 포함한다.(2020.12.22 후단신설)
가. 학술 또는 예술상의 저작물(영화필름을 포함한다)의 저작권, 특허권, 상표권, 디자인, 모형, 도면, 비밀스러운 공식 또는 공정(工程), 라디오·텔레비전방송용 필름 및 테이프, 그 밖에 이와 유사한 자산이나 권리
나. 산업상·상업상·과학상의 지식·경험에 관한 정보 또는 노하우
다. 사용지(使用地)를 기준으로 국내원천소득 해당 여부를 규정하는 조세조약(이하 이 조에서 "사용지 기준 조세조약"이라 한다)에서 사용료의 정의에 포함되는 그 밖에 이와 유사한 재산 또는 권리[특허권, 실용신안권, 상표권, 디자인권 등 그 행사에 등록이 필요한 권리(이하 이 조에서 "특허권등"이라 한다)가 국내에서 등록되지 아니하였으나 그에 포함된 제조방법·기술·정보 등이 국내에서의 제조·생산과 관련되는 등 국내에서 사실상 실시되거나 사용되는 것을 말한다](2019.12.31 본목신설)
9. 국내원천 유가증권양도소득 : 다음 각 목의 어느 하나에 해당하는 주식등(「자본시장과 금융투자업에 관한 법률」에 따른 증권시장에 상장된 부동산주식등을 포함한다) 또는 그 밖의 유가증권(「자본시장과 금융투자업에 관한 법률」 제4조에 따른 증권을 포함한다. 이하 같다)을 양도함으로써 발생하는 소득으로서 대통령령으로 정하는 소득(2018.12.24 본문개정)
가. 내국법인이 발행한 주식등과 그 밖의 유가증권
나. 외국법인이 발행한 주식등(「자본시장과 금융투자업에 관한 법률」에 따른 증권시장에 상장된 것으로 한정한다)(2018.12.24 본목개정)
다. 외국법인의 국내사업장이 발행한 그 밖의 유가증권(2018.12.24 본목신설)
10. 국내원천 기타소득 : 제1호부터 제9호까지의 규정에 따른 소득 외의 소득으로서 다음 각 목의 어느 하나에 해당하는 소득(2018.12.24 본문개정)
가. 국내에 있는 부동산 및 그 밖의 자산이나 국내에서 경영하는 사업과 관련하여 받은 보험금·보상금 또는 손해배상금
나. 국내에서 지급하는 위약금이나 배상금으로서 대통령령으로 정하는 소득
다. 국내에 있는 자산을 증여받아 생기는 소득
라. 국내에서 지급하는 상금·현상금·포상금, 그 밖에 이에 준하는 소득
마. 국내에서 발견된 매장물로 인한 소득
바. 국내법에 따른 면허·허가, 그 밖에 이와 유사한 처분에 의하여 설정된 권리와 부동산 외의 국내자산을 양도함으로써 생기는 소득
사. 국내에서 발행된 복권·경품권, 그 밖의 추첨권에 의하여 받는 당첨금품과 승마투표권·승자투표권·소싸움경기투표권·체육진흥투표권의 구매자가 받는 환급금
아. 제67조에 따라 기타소득으로 처분된 금액
자. 대통령령으로 정하는 특수관계인(이하 제98조에서 "국외특수관계인"이라 한다)이 보유하고 있는 내국법인의 주식등이 대통령령으로 정하는 자본거래로 인하여 그 가치가 증가함으로써 발생하는 소득(2011.12.31 본목개정)
차. 사용지 기준 조세조약 상대국의 법인이 소유한 특허권등으로서 국내에서 등록되지 아니하고 국외에서 등록된 특허권등을 침해하여 발생하는 손해에 대하여 국내에서 지급하는 손해배상금·보상금·화해금·일실이익 또는 그 밖에 이와 유사한 소득. 이 경우 해당 특허권등에 포함된 제조방법·기술·정보 등이 국내에서의 제조·생산과 관련되는 등 국내에서 사실상 실시되거나 사용되는 것과 관련되어 지급하는 소득으로 한정한다.(2019.12.31 본목신설)
카. 가목부터 차목까지의 소득 외에 국내에서 하는 사업이나 국내에서 제공하는 인적용역 또는 국내에 있는 자산과 관련하여 제공받은 경제적 이익으로 생긴 소득(국가 또는 특별법에 따라 설립된 금융회사 등이 발행한 외화표시채권을 상환함으로써 받은 금액이 그 외화표시채권의 발행가액을 초과하는 경우에는 그 차액을 포함하지 아니한다) 또는 이와 유사한 소득으로서 대통령령으로 정하는 소득(2019.12.31 본목개정)
(2015.12.15 본조제목개정)

제93조의2 【국외투자기구에 대한 실질귀속자 특례】 ① 외국법인이 국외투자기구(투자권유를 하여 모은 금전 등을 재산적 가치가 있는 투자대상자산의 취득, 처분 또는 그 밖의 방법으로 운용하고 그 결과를 투자자에게 배분하여 귀속시키는 투자행위를 하는 기구로서 국외에서 설립된 기구를 말한다. 이하 같다)를 통하여 제93조에 따른 국내원천소득을 지급받는 경우에는 그 외국법인을 국내원천소득의 실질귀속자(그 국내원천소득과 관련하여 법적 또는 경제적 위험을 부담하고 그 소득을 처분할 수 있는 권리를 가지는 등 그 소득에 대한 소유권을 실질적으로 보유하고 있는 자를 말한다. 이하 같다)로 본다. 다만, 국외투자기구가 다음 각 호의 어느 하나에 해당하는 경우(「소득세법」 제2조제3항에 따른 법인으로 보는 단체 외의 법인 아닌 단체인 국외투자기구는 이 항 제2호 및 제3호에 해당하는 경우로 한정한다)에는 그 국외투자기구를 국내원천소득의 실질귀속자로 본다.
1. 다음 각 목의 요건을 모두 갖추고 있는 경우
가. 조세조약에 따라 그 설립된 국가에서 납세의무를 부담하는 자에 해당할 것
나. 국내원천소득에 대하여 조세조약이 정하는 비과세·면제 또는 제한세율(조세조약에 따라 체약상대국의 거주자 또는 법인에 과세할 수 있는 최고세율을 말한다. 이하 같다)을 적용받을 수 있는 요건을 갖추고 있을 것
(2021.12.21 본호개정)
2. 제1호에 해당하지 아니하는 국외투자기구가 조세조약에서 국내원천소득의 수익적 소유자로 취급되는 것으로 규정되고 국내원천소득에 대하여 조세조약이 정하는 비과세·면제 또는 제한세율을 적용받을 수 있는 요건을 갖추고 있는 경우(2021.12.21 본호개정)
3. 제1호 및 제2호에 해당하지 아니하는 국외투자기구가 그 국외투자기구에 투자한 투자자를 입증하지 못하는 경우(투자자가 둘 이상인 경우로서 투자자 중 일부만 입증하는 경우에는 입증하지 못하는 부분으로 한정한다)

…투자기구를 국내원천소득의 실
…국외투자기구에 대하여 조세조
…한세율을 적용하지 아니한다.

② 제1항제3호에 해당하는 국… 질귀속자로 보는 경우… 약에 따른 비과세…
(2021.12.21 본…
(2018.12.24 호…

제93조의2【…채등 이자·양도소득에 대한 과세 특례】 …에 따른 원천징수의 대상이 되는 외 …소득에 대해서는 제3조제1항제 …과세하지 아니한다.
…이자소득 중 「국채법」 제5조제1항 …「한국은행 통화안정증권법」에 따른 …정하는 채권(이하 이 조에서 …령령으로 정하는 소득
…에서 …증권양도소득 중 국채등의 양 …

…하지 아니하는 국채등에는 대 …하여 국세청장의 승인을 받은 외 …금융회사등"이라 한다)을 통하 …등을 포함한다. 이 경우 적격외 …국금융회사등(이하 … 및 승인 취소의 기준·절차 등 …령령으로 정한다.
…여 취득·보유·양… 통하여 제1항 각 호의 소득을 …국금융회사등의 …제1항에도 불구하고 해당 국외투 …에 관하여 필요… 실질귀속자로 본다.(2024.12.31 …
③ 외국법인이 … 지급받는 경우 … 적용받으려는 외국법인(제3항에 따 …자기구를 포함한다. 이하 이 조에 …본항신설) …사등은 대통령령으로 정하는 바
④ 제1항 … 장에게 비과세 적용 신청을 하여야 …라 실질 …
…를 통하여 지급받는 제1항 각 호 …에 … 및 제73조의2를 적용하지 아니하 …령령으로 정하는 바에 따라 직접 신 …12.31 본문개정)

… 적용받지 못한 외국법인 또는 적격 … 적용을 받으려는 경우에는 외국법 …또는 제1항 각 호의 소득을 지급하는 …장에게 경정을 청구할 수 있다.

… 청구의 기한 및 방법·절차 등에 관하여 …부터 제7항까지를 준용한다. 이 경우 제98 …중 "제3항에 따라 비과세 또는 면제"는 "제93 …라 비과세"로, "실질귀속자가 비과세 또는 면 …법인 또는 적격외국금융회사등이 비과세"로, "실질 …는 소득지급자가 제3항"은 "외국법인, 적격외국금융 …는 제1항 각 호의 소득을 지급하는 자가 제98조제1 … 본다.(2024.12.31 본항신설)

…조【외국법인의 국내사업장】 ① 외국법인이 국내에 사…의 전부 또는 일부를 수행하는 고정된 장소를 가지고 있는 경우에는 국내사업장이 있는 것으로 한다.
② 제1항에 따른 국내사업장에는 다음 각 호의 어느 하나에 해당하는 장소를 포함하는 것으로 한다.
1. 지점, 사무소 또는 영업소
2. 상점, 그 밖의 고정된 판매장소
3. 작업장, 공장 또는 창고
4. 6개월을 초과하여 존속하는 건축 장소, 건설·조립·설치공사의 현장 또는 이와 관련되는 감독 활동을 수행하는 장소
5. 고용인을 통하여 용역을 제공하는 경우로서 다음 각 목의 어느 하나에 해당되는 장소
  가. 용역의 제공이 계속되는 12개월 중 총 6개월을 초과하는 기간 동안 용역이 수행되는 장소
  나. 용역의 제공이 계속되는 12개월 중 총 6개월을 초과하지 아니하는 경우로서 유사한 종류의 용역이 2년 이상 계속적·반복적으로 수행되는 장소
6. 광산·채석장 또는 해저천연자원이나 그 밖의 천연자원의 탐사 및 채취 장소[국제법에 따라 우리나라가 영해 밖에서 주권을 행사하는 지역으로서 우리나라의 연안에 인접한 해저지역의 해상(海床)과 하층토(下層土)에 있는 것을 포함한다]
③ 외국법인이 제1항에 따른 고정된 장소를 가지고 있지 아니한 경우에도 다음 각 호의 어느 하나에 해당하는 자 또는 이에 준하는 자로서 대통령령으로 정하는 자를 두고 사업을 경영하는 경우에는 그 자의 사업장 소재지(사업장이 없는 경우에는 주소지로 하고, 주소지가 없는 경우에는 거소지로 한다)에 국내사업장을 둔 것으로 본다.(2018.12.24 본문개정)
1. 국내에서 그 외국법인을 위하여 다음 각 목의 어느 하나에 해당하는 계약(이하 이 항에서 "외국법인 명의 계약등"이라 한다)을 체결할 권한을 가지고 그 권한을 반복적으로 행사하는 자
  가. 외국법인 명의의 계약
  나. 외국법인이 소유하는 자산의 소유권 이전 또는 소유권이나 사용권을 갖는 자산의 사용권 허락을 위한 계약
  다. 외국법인의 용역제공을 위한 계약
2. 국내에서 그 외국법인을 위하여 외국법인 명의 계약등을 체결할 권한을 가지고 있지 아니하더라도 계약을 체결하는 과정에서 중요한 역할(외국법인이 계약의 중요사항을 변경하지 아니하고 계약을 체결하는 경우로 한정한다)을 반복적으로 수행하는 자
(2018.12.24 1호~2호신설)
④ 다음 각 호의 장소(이하 이 조에서 "특정 활동 장소"라 한다)가 외국법인의 사업 수행상 예비적 또는 보조적인 성격을 가진 활동을 하기 위하여 사용되는 경우에는 제1항에 따른 국내사업장에 포함되지 아니한다.(2019.12.31 본문개정)
1. 외국법인이 자산의 단순한 구입만을 위하여 사용하는 일정한 장소
2. 외국법인이 판매를 목적으로 하지 아니하는 자산의 저장이나 보관만을 위하여 사용하는 일정한 장소
3. 외국법인이 광고, 선전, 정보의 수집 및 제공, 시장조사, 그 밖에 이와 유사한 활동만을 위하여 사용하는 일정한 장소
(2018.12.24 본호개정)
4. 외국법인이 자기의 자산을 타인으로 하여금 가공하게 할 목적으로만 사용하는 일정한 장소
⑤ 제4항에도 불구하고 특정 활동 장소가 다음 각 호의 어느 하나에 해당하는 경우에는 제1항에 따른 국내사업장에 포함한다.
1. 외국법인 또는 대통령령으로 정하는 특수관계가 있는 외국법인(비거주자를 포함한다. 이하 이 항에서 "특수관계가 있는 자"라 한다)이 특정 활동 장소와 같은 장소 또는 국내의 다른 장소에서 사업을 수행하고 다음 각 목의 요건을 모두 충족하는 경우
  가. 특정 활동 장소와 같은 장소 또는 국내의 다른 장소에 해당 외국법인 또는 특수관계가 있는 자의 국내사업장이 존재할 것
  나. 특정 활동 장소에서 수행하는 활동과 기목의 국내사업장에서 수행하는 활동이 상호 보완적일 것
2. 외국법인 또는 특수관계가 있는 자가 특정 활동 장소와 같은 장소 또는 국내의 다른 장소에서 상호 보완적인 활동을 수행하고 각각의 활동을 결합한 전체적인 활동이 외국법인 또는 특수관계가 있는 자의 사업 활동에 비추어 예비적 또는 보조적인 성격을 가진 활동에 해당하지 아니하는 경우
(2019.12.31 본호개정)
(2018.12.24 본항신설)

판례 미합중국 법률에 따라 설립된 미합중국법인으로서 법인세법 제94조에 따른 국내사업장을 가지고 있지 않은 A회사는 대한민국에서 신용카드업을 영위하는 회원사로부터 발급사분담금과 발급사일일분담금을 지급받아 왔다. 회원사는 위 분담금들이 법인세법 제93조제9호가목에서 국내원천소득으로 정한 상표권 사용의 대가에 해당함을 전제로 위 분담금들에 대한 법인세를 원천징수하여 관할 세무서장에게 납부하였다. 그러자 A회사가 위 분담금들이 사업소득에 해당하여 국내원천소득이 아니라는 이유로 위 법인세의 환급을 구하는 경정청구를 하였으나, 관할 세무서장이 이를 거부하였다. 이 사안에서 발급사분담금은 상표권 사용의 대가로, 발급사일일분담금은 포괄적 역무제공의 대가로 볼 여지가 충분하여 사업소득으로 보아야 한다.
(대판 2022.7.28, 2019두52706)

제94조의2【외국법인연락사무소 자료 제출】 ① 외국법인이 국내에서 수익을 발생시키는 영업활동을 영위하지 아니하고 업무연락, 시장조사 등 대통령령으로 정하는 비영업적 기능만을 수행하는 사무소(제94조에 따른 국내사업장에 해당하지 아니하는 것을 말하며, 이하 이 조에서 "외국법인연락사무소"라 한다)를 국내에 두고 있는 경우에는 대통령령으로 정하는 현황 자료를 그 다음 연도 2월 10일까지 대통령령으로 정하는 바에 따라 외국법인연락사무소 소재지 관할 세무서장에게 제출하여야 한다.

② 외국법인연락사무소는 제121조제5항 본문에 따라 발급받은 계산서의 매입처별합계표를 외국법인연락사무소 소재지 관할 세무서장에게 제출하여야 한다.(2022.12.31 본항신설)

③ 제2항에 따른 계산서의 매입처별합계표 제출에 관하여는 제121조제5항, 제6항 및 제8항을 준용한다.(2022.12.31 본항신설)

(2022.12.31 본조제목개정)

(2021.12.21 본조신설)

제2절 세액의 계산

제95조【세율】 제91조제1항에 따른 외국법인과 같은 조 제2항 및 제3항에 따른 외국법인으로서 제93조제7호에 따른 국내원천 부동산등양도소득이 있는 외국법인의 각 사업연도의 소득에 대한 법인세는 제91조에 따른 과세표준의 금액에 제55조를 적용하여 계산한 금액(제95조의2에 따른 토지등의 양도소득에 대한 법인세액이 있는 경우에는 이를 합한 금액으로 한다)으로 한다.(2018.12.24 본조개정)

제95조의2【외국법인의 토지등 양도소득에 대한 과세특례】 제91조제1항에 따른 외국법인 및 같은 조 제2항에 따른 외국법인의 토지등의 양도소득에 대한 법인세의 납부에 관하여는 제55조의2를 준용한다. 이 경우 제91조제2항에 따른 외국법인의 토지등 양도소득은 제92조제3항을 준용하여 계산한 금액으로 한다.

제96조【외국법인의 국내사업장에 대한 과세특례】 ① 외국법인(비영리외국법인은 제외한다)의 국내사업장은 우리나라와 그 외국법인의 본점 또는 주사무소가 있는 해당 국가(이하 이 조에서 "거주지국"이라 한다)와 체결한 조세조약에 따라 제2항에 따른 과세대상 소득금액(우리나라와 그 외국법인의 거주지국과 체결한 조세조약에서 이윤의 송금액에 대하여 과세할 수 있도록 규정하고 있는 경우에는 대통령령으로 정하는 송금액으로 한다)에 제3항에 따른 세율을 적용하여 계산한 세액을 제95조에 따른 법인세에 추가하여 납부하여야 한다. 다만, 그 외국법인의 거주지국이 그 국가에 있는 우리나라의 법인의 국외사업장에 대하여 추가하여 과세하지 아니하는 경우에는 그러하지 아니하다.

② 제1항의 과세대상 소득금액은 해당 국내사업장의 각 사업연도의 소득금액에서 다음 각 호의 금액을 뺀 금액으로 한다.

1. 제95조에 따른 법인세에 가목의 금액을 빼고 나목의 금액을 더한 금액
   가. 제97조제1항에 따라 준용되는 제57조제1항에 따른 외국납부세액공제, 제58조에 따른 재해손실에 대한 세액공제와 다른 법률에 따른 감면세액·세액공제액(2020.12.22 본목개정)
   나. 제75조, 제75조의2부터 제75조의9까지 및 「국세기본법」 제47조의2부터 제47조의5까지의 규정에 따른 가산세와 이 법 또는 「조세특례제한법」에 따른 추가 납부세액
   (2018.12.24 본목개정)
2. 법인지방소득세(2014.1.1 본호개정)
3. 해당 국내사업장이 사업을 위하여 재투자할 것으로 인정되는 금액 등 대통령령으로 정하는 금액
4. 「국제조세조정에 관한 법률」 제22조에 따라 손금에 산입되지 아니한 금액(2020.12.22 본호개정)

③ 제1항에서 적용되는 세율은 제98조제1항제2호에 따른 세율로 하되, 우리나라와 해당 외국법인의 거주지국이 체결한 조세조약으로 세율을 따로 정하는 경우에는 그 조약에 따른다.
(2018.12.24 본항개정)

제3절 신고·납부·결정·

제97조【신고·납부·결정·경정 및
에 해당하는 외국법인과 같은 조 제2항
외국법인으로서 제93조제7호에 따른 국내
소득이 있는 외국법인(이하 이 항에서 "외국법
의 각 사업연도의 소득에 대한 법인세의 신고
경정 및 징수에 대하여는 이 절에서 규정하는 것을
다음 각 호의 구분에 따른 규정을 준용한다. 이 경우
준용할 때 외국법인등의 각 사업연도 소득에 대한 법인
표준에 제98조제1항제5호 또는 ... 제8항에 따라
수된 소득이 포함되어 있는 경우 ... 원천징수세액을
조제1항제4호에 따라 공제되는 ... 본다.(2020.12.22 본
문개정)

1. 세액공제와 세액감면의 경우 : 제1항 제2항, 제58조,
   제58조의3 및 제59조
2. 신고와 납부의 경우 : 제60조(같은 ... 제1호에 따른 이
   익잉여금처분계산서 또는 결손금 ... 제외한다),
   제62조 및 제64조
3. 중간예납의 경우 : 제63조 및 제63
4. 과세표준의 결정과 경정의 경우 : 제
5. 세액의 징수와 환급의 경우 : 제71조
6. 원천징수의 경우 : 제73조, 제73조의2
7. 가산세의 경우 : 제75조 및 제75조의2까지

(2018.12.24 1호~7호신설)

② 제1항에 따라 각 사업연도의 소득에 대한
준을 신고하여야 할 외국법인이 대통령령으
그 신고기한까지 신고서를 제출할 수 없는
도 불구하고 대통령령으로 정하는 바에 따라
서장 또는 관할지방국세청장의 승인을 받아 그
장할 수 있다.

③ 제2항에 따라 신고기한의 연장승인을 받은
고세액을 납부할 때에는 기한 연장일수에 금융회
율을 고려하여 대통령령으로 정하는 이율을 적용
금액을 가산하여 납부하여야 한다.

④ 제3항에 따라 가산할 금액을 계산할 때의 기한
제60조에 따른 신고기한의 다음 날부터 연장승인을
지의 일수로 한다. 다만, 연장승인 기한에 신고 및 납부
어진 경우에는 그 날까지의 일수로 한다.

⑤ 제98조, 제98조의3, 제98조의5 또는 제98조의6에 따른
징수세액이 1천원 미만인 경우에는 해당 법인세를 징수
아니한다.(2013.1.1 본항신설)

제98조【외국법인에 대한 원천징수 또는 징수의 특례】 ① 외국법인에 대하여 제93조제1호·제2호 및 제4호부터 제10호까지의 규정에 따른 국내원천소득으로서 국내사업장과 실질적으로 관련되지 아니하거나 그 국내사업장에 귀속되지 아니하는 소득의 금액(국내사업장이 없는 외국법인에 지급하는 금액을 포함한다)을 지급하는 자(제93조제7호에 따른 국내원천 부동산등양도소득의 금액을 지급하는 거주자 및 비거주자는 제외한다)는 제97조에도 불구하고 그 지급을 할 때에 다음 각 호의 구분에 따른 금액을 해당 법인의 각 사업연도의 소득에 대한 법인세로서 원천징수하여 그 원천징수한 날이 속하는 달의 다음 달 10일까지 대통령령으로 정하는 바에 따라 납세지 관할 세무서등에 납부하여야 한다.

1. 제93조제1호에 따른 국내원천 이자소득 : 다음 각 목의 구분에 따른 금액
   가. 국가·지방자치단체 및 내국법인이 발행하는 채권에서 발생하는 이자소득 : 지급금액의 100분의 14
   나. 가목 외의 이자소득 : 지급금액의 100분의 20
2. 제93조제2호에 따른 국내원천 배당소득 : 지급금액의 100분의 20
3. 제93조제4호에 따른 국내원천 선박등임대소득 및 같은 조 제5호에 따른 국내원천 사업소득(조세조약에 따라 국내원천 사업소득으로 과세할 수 있는 소득은 제외한다) : 지급금액의 100분의 2

4. 제93조제6호에 따른 국내원천 인적용역소득 : 지급금액의 100분의 20. 다만, 국외에서 제공하는 인적용역 중 대통령령으로 정하는 인적용역을 제공함으로써 발생하는 소득이 조세조약에 따라 국내에서 발생하는 것으로 보는 소득에 대해서는 그 지급금액의 100분의 3으로 한다.
5. 제93조제7호에 따른 국내원천 부동산등양도소득 : 지급금액의 100분의 10. 다만, 양도한 자산의 취득가액 및 양도비용이 확인되는 경우에는 그 지급금액의 100분의 10에 상당하는 금액과 그 자산의 양도차익의 100분의 20에 상당하는 금액 중 적은 금액으로 한다.
6. 제93조제8호에 따른 국내원천 사용료소득 : 지급금액의 100분의 20
7. 제93조제9호에 따른 국내원천 유가증권양도소득 : 지급금액(제92조제2항제2호에 해당하는 경우에는 같은 호의 "정상가격"을 말한다. 이하 이 호에서 같다)의 100분의 10. 다만, 제92조제2항제1호 단서에 따라 해당 유가증권의 취득가액 및 양도비용이 확인되는 경우에는 그 지급금액의 100분의 10에 상당하는 금액과 같은 호 단서에 따라 계산한 금액의 100분의 20에 상당하는 금액 중 적은 금액으로 한다.
8. 제93조제10호에 따른 국내원천 기타소득: 지급금액(같은 호 다목의 소득에 대해서는 대통령령으로 정하는 금액)의 100분의 20. 다만, 제93조제10호차목의 소득에 대해서는 그 지급금액의 100분의 15로 한다.(2019.12.31 본호개정)

② (2022.12.31 삭제)

③ (2011.12.31 삭제)

④ 납세지 관할 세무서장은 원천징수의무자가 제1항 및 제5항부터 제12항까지의 규정에 따라 외국법인의 각 사업연도의 소득에 대한 법인세로서 원천징수하여야 할 금액을 원천징수하지 아니하였거나 원천징수한 금액을 제1항에 따른 기한까지 납부하지 아니하면 지체 없이 국세징수의 예에 따라 원천징수의무자로부터 그 징수하는 금액에 「국세기본법」 제47조의5제1항에 따른 금액을 가산하여 법인세로 징수하여야 한다.
(2011.12.31 본항개정)

⑤ 국내사업장을 가지고 있지 아니한 외국법인에 외국 차관자금으로서 제93조제1호·제5호·제6호 및 제8호에 따른 국내원천소득의 금액을 지급하는 자는 해당 계약조건에 따라 그 소득금액을 자기가 직접 지급하지 아니하는 경우에도 그 계약상의 지급조건에 따라 그 소득금액이 지급될 때마다 제1항에 따른 원천징수를 하여야 한다.

⑥ 외국을 항행하는 선박이나 항공기를 운영하는 외국법인의 국내대리점으로서 제94조제3항에 해당하지 아니하는 자가 그 외국법인에 외국을 항행하는 선박이나 항공기의 항행에서 생기는 소득을 지급할 때에는 제1항에 따라 그 외국법인의 국내원천소득 금액에 대하여 원천징수하여야 한다.

⑦ 제93조제9호에 따른 유가증권을 「자본시장과 금융투자업에 관한 법률」에 따른 투자매매업자 또는 투자중개업자를 통하여 양도하는 경우에는 그 투자매매업자 또는 투자중개업자가 제1항에 따라 원천징수를 하여야 한다. 다만, 「자본시장과 금융투자업에 관한 법률」에 따라 주식을 상장하는 경우로서 이미 발행된 주식을 양도하는 경우에는 그 주식을 발행한 법인이 원천징수하여야 한다.

⑧ 외국법인에 건축, 건설, 기계장치 등의 설치·조립, 그 밖의 작업이나 그 작업의 지휘·감독 등에 관한 용역을 제공함으로써 발생하는 국내원천소득 또는 제93조제6호에 따라 인적용역을 제공함에 따른 국내원천소득(조세조약에서 사업소득으로 구분하는 경우를 포함한다)의 금액을 지급하는 자는 그 소득이 국내사업장에 귀속되는 경우에도 제1항에 따른 원천징수를 하여야 한다. 다만, 그 국내사업장이 제111조에 따라 사업자등록을 한 경우는 제외한다.(2014.1.1 본문개정)

⑨ 제1항에 따른 국내원천소득이 국외에서 지급되는 경우 그 지급자가 국내에 주소, 거소, 본점, 주사무소 또는 국내사업장(「소득세법」 제120조에 따른 국내사업장을 포함한다)을 둔 경우에는 그 지급자가 그 국내원천소득 금액을 국내에서 지급하는 것으로 보아 제1항을 적용한다.

⑩ 외국법인이 「민사집행법」에 따른 경매 또는 「국세징수법」에 따른 공매로 인하여 제93조에 따른 국내원천소득을 지급받는 경우에는 해당 경매대금을 배당하거나 공매대금을 배분하는 자가 해당 외국법인에 실제로 지급하는 금액의 범위에서 제1항에 따라 원천징수를 하여야 한다.(2014.1.1 본항개정)

⑪ 제1항 및 제5항부터 제10항까지의 규정에 따른 원천징수의무자를 대리하거나 그 위임을 받은 자의 행위는 수권 또는 위임의 범위에서 본인 또는 위임인의 행위로 보아 제1항 및 제5항부터 제10항까지의 규정을 적용한다.

⑫ 금융회사 등이 내국인이 발행한 어음이나 채무증서를 인수·매매·중개 또는 대리하는 경우에는 그 금융회사 등과 해당 내국인 간에 대리 또는 위임의 관계가 있는 것으로 보아 제11항을 적용한다.

⑬ 원천징수의무자가 제1항 및 제5항부터 제12항까지의 규정에 따라 법인세를 원천징수할 때에는 대통령령으로 정하는 바에 따라 그 지급금액과 그 밖에 필요한 사항을 적은 원천징수영수증을 그 지급받는 자에게 발급하여야 한다.

⑭ 제93조제10호자목에 따른 국내원천소득은 주식등을 발행한 내국법인이 그 주식등을 보유하고 있는 국외특수관계인으로부터 대통령령으로 정하는 시기에 원천징수하여야 한다.
(2011.12.31 본항개정)

⑮ 제14항에 따른 원천징수의 구체적인 방법은 대통령령으로 정한다.

제98조의2【외국법인의 유가증권 양도소득 등에 대한 신고·납부 등의 특례】 ① 국내사업장이 없는 외국법인은 동일한 내국법인의 주식 또는 출자증권을 동일한 사업연도(그 주식 또는 출자증권을 발행한 내국법인의 사업연도를 말한다. 이하 이 조에서 같다)에 2회 이상 양도함으로써 조세조약에서 정한 과세기준을 충족하게 된 경우에는 양도 당시 원천징수되지 아니한 소득(이하 이 조에서 "소득"이라 한다)에 대한 원천징수세액 상당액을 양도일이 속하는 사업연도의 종료일부터 3개월 이내에 대통령령으로 정하는 바에 따라 납세지 관할 세무서장에게 신고·납부하여야 한다.

② 제1항은 국내사업장이 있는 외국법인의 소득으로서 그 국내사업장과 실질적으로 관련되지 아니하거나 그 국내사업장에 귀속되지 아니한 소득에 대하여도 준용한다.

③ 국내사업장이 없는 외국법인은 주식·출자증권 또는 그 밖의 유가증권(이하 이 항에서 "주식등"이라 한다)을 국내사업장이 없는 비거주자나 외국법인에 양도하는 경우로서 대통령령으로 정하는 경우에는 그 양도로 인하여 발생하는 소득에 대하여 제98조제1항제7호에 따른 비율을 곱하여 산출한 금액을 지급받은 날이 속하는 달의 다음다음 달 10일까지 대통령령으로 정하는 바에 따라 납세지 관할 세무서장에게 신고·납부하여야 한다. 다만, 주식등의 양도에 따른 소득의 금액을 지급하는 자가 제98조에 따라 해당 주식등의 양도로 발생한 국내원천소득에 대한 법인세를 원천징수하여 납부한 경우에는 그러하지 아니하다.(2018.12.24 본문개정)

④ 국내사업장이 없는 외국법인이 국내에 있는 자산을 국내사업장이 없는 비거주자나 외국법인으로부터 증여받아 제93조제10호다목에 따른 소득이 발생하는 경우에는 제98조제1항제8호에 따른 금액을 증여받는 날이 속하는 달의 말일부터 3개월 이내에 대통령령으로 정하는 바에 따라 납세지 관할 세무서장에게 신고·납부하여야 한다. 다만, 국내에 있는 자산을 증여하는 자가 제98조에 따라 국내원천소득에 대한 법인세를 원천징수하여 납부한 경우에는 그러하지 아니하다.(2018.12.24 본문개정)

⑤ 납세지 관할 세무서장은 외국법인이 제1항부터 제4항까지의 규정에 따른 신고·납부를 하지 아니하거나 신고하여야 할 과세표준보다 낮게 신고한 경우 또는 납부하여야 할 세액보다 적게 납부한 경우에는 제66조를 준용하여 징수하여야 한다.
(2011.12.31 본항개정)
(2011.12.31 본조제목개정)

제98조의3【외국법인의 원천징수대상채권등에 대한 원천징수의 특례】 ① 외국법인(제98조제1항을 적용받는 외국법인을 말한다. 이하 이 조에서 같다)에게 원천징수대상채권등의 이자등을 지급하는 자 또는 원천징수대상채권등의 이자등을 지급받기 전에 외국법인으로부터 원천징수대상채권등을 매수(중

개·알선, 그 밖에 대통령령으로 정하는 경우를 포함하되, 환매조건부 채권매매 거래 등 대통령령으로 정하는 경우는 제외한다. 이하 이 조에서 같다)하는 자는 그 외국법인의 보유기간을 고려하여 대통령령으로 정하는 바에 따라 원천징수하여야 한다.
② (2004.12.31 삭제)
③ 제1항에 따른 원천징수를 하여야 할 자를 대리하거나 그 위임을 받는 자의 행위는 수권 또는 위임의 범위에서 본인이나 위임인의 행위로 보아 제1항을 적용한다.
④ 금융회사 등이 내국인이나 외국법인이 발행한 원천징수대상채권등을 인수·매매·중개 또는 대리하는 경우에는 그 금융회사 등과 제1항의 원천징수의무자 및 원천징수대상채권등을 매도하는 외국법인 간에 대리 또는 위임의 관계가 있는 것으로 보아 제3항을 적용한다.
⑤ 제1항부터 제4항까지의 규정을 적용할 때 원천징수세액의 납부기한, 가산세의 납부 및 징수에 관하여는 제98조제1항부터 제3항까지의 규정을 준용한다.
⑥ 제1항을 적용할 때 이자소득의 지급시기, 원천징수대상채권등의 보유기간의 계산, 원천징수세액의 계산 및 납부와 원천징수의무자의 범위, 원천징수영수증의 발급 등에 관하여 필요한 사항은 대통령령으로 정한다.
제98조의4【외국법인에 대한 조세조약상 비과세 또는 면제 적용 신청】 ① 제93조에 따른 국내원천소득(같은 조 제5호에 따른 국내원천 사업소득 및 같은 조 제6호에 따른 국내원천 인적용역소득은 제외한다)의 실질귀속자인 외국법인이 조세조약에 따라 비과세 또는 면제를 적용받으려는 경우에는 대통령령으로 정하는 바에 따라 비과세·면제신청서 및 국내원천소득의 실질귀속자임을 증명하는 서류(이하 이 조에서 "신청서등"이라 한다)를 국내원천소득을 지급하는 자(이하 이 조에서 "소득지급자"라 한다)에게 제출하고 해당 소득지급자는 그 신청서등을 납세지 관할 세무서장에게 제출하여야 한다. 이 경우 제93조의2제1항제1호에 해당하여 국외투자기구를 국내원천소득의 실질귀속자로 보는 경우에는 그 국외투자기구에 투자한 투자자의 국가별 현황 등이 포함된 국외투자기구 신고서를 함께 제출하여야 한다.(2022.12.31 전단개정)
② 제1항을 적용할 때 해당 국내원천소득이 국외투자기구를 통하여 지급되는 경우에는 그 국외투자기구가 대통령령으로 정하는 바에 따라 실질귀속자로부터 신청서등을 제출받아 이를 그 명세가 포함된 국외투자기구 신고서와 함께 소득지급자에게 제출하고 해당 소득지급자는 그 신고서와 신청서등을 납세지 관할 세무서장에게 제출하여야 한다.(2022.12.31 본항개정)
③ 제1항 또는 제2항에 따라 실질귀속자 또는 국외투자기구로부터 신청서등을 제출받은 소득지급자는 제출된 신청서등에 누락된 사항이나 미비한 사항이 있으면 보완을 요구할 수 있으며, 실질귀속자 또는 국외투자기구로부터 신청서등 또는 국외투자기구 신고서를 제출받지 못하거나 제출된 서류를 통해서는 실질귀속자를 파악할 수 없는 등 대통령령으로 정하는 사유에 해당하는 경우에는 비과세 또는 면제를 적용하지 아니하고 제98조제1항 각 호의 금액을 원천징수하여야 한다.(2022.12.31 본항개정)
④ 제1항 또는 제2항에 따라 신청서등을 제출받은 납세지 관할 세무서장은 비과세 또는 면제요건 충족 여부를 검토한 결과 비과세·면제 요건이 충족되지 아니하거나 해당 신청서의 내용이 사실과 다르다고 인정되는 경우에는 제98조제4항에 따라 같은 항에 따른 세액을 소득지급자로부터 징수하여야 한다. 이 경우 신청서등에 기재된 내용만으로는 비과세·면제 요건의 충족 여부를 판단할 수 없는 경우에는 상당한 기한을 정하여 소득지급자에게 관련 서류의 보완을 요구할 수 있다.
(2022.12.31 본항신설)
⑤ 제3항에 따라 비과세 또는 면제를 적용받지 못한 실질귀속자가 비과세 또는 면제를 적용받으려는 경우에는 실질귀속자 또는 소득지급자가 제3항에 따라 세액이 원천징수된 날이 속하는 달의 다음 달 11일부터 5년 이내에 대통령령으로 정하는 바에 따라 소득지급자의 납세지 관할 세무서장에게 경정을 청구할 수 있다. 다만, 「국세기본법」 제45조의2제2항 각 호의 어느 하나에 해당하는 사유가 발생하였을 때에는 본문에도 불구하고 그 사유가 발생한 것을 안 날부터 3개월 이내에 경정을 청구할 수 있다.(2023.12.31 본문개정)
⑥ 제5항에 따라 경정을 청구받은 세무서장은 청구를 받은 날부터 6개월 이내에 과세표준과 세액을 경정하거나 경정하여야 할 이유가 없다는 뜻을 청구인에게 알려야 한다.(2022.12.31 본항개정)
⑦ 제1항부터 제6항까지에서 규정된 사항 외에 신청서등 및 국외투자기구 신고서 등 관련 서류의 제출 방법·절차, 제출된 서류의 보관의무, 경정청구의 방법·절차 등 비과세 또는 면제의 적용에 필요한 사항은 대통령령으로 정한다.(2022.12.31 본항개정)
제98조의5【특정지역 외국법인에 대한 원천징수절차 특례】 ① 제98조, 제98조의2부터 제98조의4까지 및 제98조의6에 따른 원천징수의무자는 기획재정부장관이 고시하는 국가나 지역에 있는 외국법인의 국내원천소득 중 제93조제1호, 제2호, 같은 조 제7호나목, 같은 조 제8호 또는 제9호에 따른 소득에 대하여 각 사업연도의 소득에 대한 법인세로서 원천징수하는 경우에는 제98조의4 및 조세조약에 따른 비과세·면제 또는 제한세율 규정에도 불구하고 제98조제1항 각 호에서 규정하는 세율을 우선 적용하여 원천징수하여야 한다. 다만, 대통령령으로 정하는 바에 따라 조세조약에 따른 비과세·면제 또는 제한세율을 적용받을 수 있음을 국세청장이 미리 승인한 경우에는 그러하지 아니하다.(2011.12.31 본문개정)
② 제1항에 따른 국내원천소득을 실질적으로 귀속받는 법인(그 대리인 또는 「국세기본법」 제82조에 따른 납세관리인을 포함한다)이 그 소득에 대하여 조세조약에 따른 비과세·면제 또는 제한세율의 적용을 받으려는 경우에는 제1항에 따라 세액이 원천징수된 날이 속하는 달의 다음 달 11일부터 5년 이내에 대통령령으로 정하는 바에 따라 원천징수의무자의 납세지 관할 세무서장에게 경정을 청구할 수 있다. 다만, 「국세기본법」 제45조의2제2항 각 호의 어느 하나에 해당하는 사유가 발생하였을 때에는 본문에도 불구하고 그 사유가 발생한 것을 안 날부터 3개월 이내에 경정을 청구할 수 있다.(2023.12.31 본문개정)
③ 제2항에 따라 경정을 청구받은 세무서장은 그 청구를 받은 날부터 6개월 이내에 과세표준과 세액을 경정하거나 경정하여야 할 이유가 없다는 뜻을 그 청구를 한 자에게 알려야 한다.
(2018.12.24 본조제목개정)
제98조의6【외국법인에 대한 조세조약상 제한세율 적용을 위한 원천징수 절차 특례】 ① 제93조에 따른 국내원천소득의 실질귀속자인 외국법인이 조세조약에 따른 제한세율을 적용받으려는 경우에는 대통령령으로 정하는 바에 따라 제한세율 적용신청서 및 국내원천소득의 실질귀속자임을 증명하는 서류(이하 이 조에서 "신청서등"이라 한다)를 제98조제1항에 따른 원천징수의무자(이하 이 조에서 "원천징수의무자"라 한다)에게 제출하여야 한다. 이 경우 제93조의2제1항제1호에 해당하여 국외투자기구를 국내원천소득의 실질귀속자로 보는 경우에는 그 국외투자기구에 투자한 투자자의 국가별 현황 등이 포함된 국외투자기구 신고서를 함께 제출하여야 한다.(2022.12.31 전단개정)
② 제1항을 적용할 때 해당 국내원천소득이 국외투자기구를 통하여 지급되는 경우에는 그 국외투자기구가 대통령령으로 정하는 바에 따라 실질귀속자로부터 신청서등을 제출받아 이를 그 명세가 포함된 국외투자기구 신고서와 함께 원천징수의무자에게 제출하여야 한다.(2022.12.31 본항개정)
③ 제1항 또는 제2항에 따라 실질귀속자 또는 국외투자기구로부터 신청서등을 제출받은 원천징수의무자는 제출된 신청서등에 누락된 사항이나 미비한 사항이 있으면 보완을 요구할 수 있으며, 실질귀속자 또는 국외투자기구로부터 신청서등 또는 국외투자기구 신고서를 제출받지 못하거나 제출된 서류를 통해서는 실질귀속자를 파악할 수 없는 등 대통령령으로 정하는 사유에 해당하는 경우에는 제한세율을 적용하지 아니하고 제98조제1항 각 호의 금액을 원천징수하여야 한다.(2022.12.31 본항개정)
④ 제1항 및 제2항에 따라 적용받은 제한세율에 오류가 있거나 제3항에 따라 제한세율을 적용받지 못한 실질귀속자가 제한세율을 적용받으려는 경우에는 실질귀속자 또는 원천징수의무자

가 제3항에 따라 세액이 원천징수된 날이 속하는 달의 다음 달 11일부터 5년 이내에 대통령령으로 정하는 바에 따라 원천징수의무자의 납세지 관할 세무서장에게 경정을 청구할 수 있다. 다만, 「국세기본법」 제45조의2제2항 각 호의 어느 하나에 해당하는 사유가 발생하였을 때에는 본문에도 불구하고 그 사유가 발생한 것을 안 날부터 3개월 이내에 경정을 청구할 수 있다. (2023.12.31 본문개정)

⑤ 제4항에 따라 경정을 청구받은 세무서장은 청구를 받은 날부터 6개월 이내에 과세표준과 세액을 경정하거나 경정하여야 할 이유가 없다는 뜻을 청구인에게 알려야 한다.

⑥ 제1항부터 제5항까지에서 규정된 사항 외에 신청서등 및 국외투자기구 신고서 등 관련 서류의 제출 방법·절차, 제출된 서류의 보관의무, 경정청구 방법·절차 등 제한세율 적용에 필요한 사항은 대통령령으로 정한다.(2022.12.31 본항개정)

(2011.12.31 본조신설)

판례 외국법인인 국외투자기구가 제98조의6제4항에 따른 경정청구권자에 해당할 수 있는지 여부 : 국외투자기구의 경우에도 설립된 국가의 법에 따라 법인격이 부여되거나 구성원과 독립해 직접 권리·의무의 주체가 되는 경우에는 법인세법상 외국법인에 해당할 수 있고, 국내원천소득과 관련하여 법적 또는 경제적 위험을 부담하고 그 소득을 처분할 수 있는 권리를 가지는 등 소득에 대한 소유권을 실질적으로 보유하는 경우에는 해당 국내원천소득이 외국법인인 국외투자기구에게 실질적으로 귀속된다고 볼 수 있다. 법인세법 제98조의6제2항·제3항에서 국외투자기구와 실질귀속자를 구별하고 있다고 하더라도 이는 국외투자기구가 아닌 개별투자자들이 제한세율을 적용받기 위한 절차를 정한 규정일 뿐이며 위 규정을 근거로 국외투자기구에게 경정청구권이 인정되지 않는다고 볼 수 없다.(대판 2022.10.27, 2020두47397)

제98조의7【이자·배당 및 사용료에 대한 세율의 적용 특례】 ① 조세조약의 규정상 외국법인의 국내원천소득 중 이자, 배당 또는 사용료소득에 대해서는 제한세율과 다음 각 호의 어느 하나에 규정된 세율 중 낮은 세율을 적용한다.

1. 조세조약의 대상 조세에 지방소득세가 포함되지 아니하는 경우 : 제98조제1항제1호, 제2호 및 제6호에서 규정하는 세율
2. 조세조약의 대상 조세에 지방소득세가 포함되는 경우 : 제98조제1항제1호, 제2호 및 제6호에서 규정하는 세율에 「지방세법」 제103조의52제1항의 원천징수하는 법인세의 100분의 10을 반영한 세율

② 제1항에도 불구하고 제98조의5제1항에 해당하는 경우에는 같은 항에 따라 원천징수한다. 이 경우 같은 조 제3항에 따라 과세표준과 세액을 경정하는 경우에는 제한세율과 제1항 각 호에서 규정한 세율 중 낮은 세율을 적용한다.

(2020.12.22 본조신설)

제98조의8【외국인 통합계좌를 통하여 지급받는 국내원천소득에 대한 원천징수 특례】 ① 외국법인 또는 국외투자기구가 외국인 통합계좌(「자본시장과 금융투자업에 관한 법률」 제12조제2항제1호나목에 따른 외국 금융투자업자가 다른 외국 투자자의 주식 매매거래를 일괄하여 주문·결제하기 위하여 자기 명의로 개설한 계좌를 말한다. 이하 같다)를 통하여 제93조에 따른 국내원천소득을 지급받는 경우 해당 국내원천소득을 외국인 통합계좌를 통하여 지급하는 자는 외국인 통합계좌의 명의인에게 그 소득금액을 지급할 때 제98조제1항 각 호의 구분에 따른 금액을 법인세로 원천징수하여야 한다.

② 제1항에 따라 소득을 지급받은 외국법인 또는 국외투자기구는 조세조약상 비과세·면제 또는 제한세율을 적용받으려는 경우에는 납세지 관할 세무서장에게 경정을 청구할 수 있다.

③ 외국법인 또는 국외투자기구가 제2항에 따라 경정을 청구하는 경우 경정청구의 기한 및 방법·절차 등에 관하여는 제98조의4제5항부터 제7항까지 및 제98조의6제4항부터 제6항까지를 준용한다. 이 경우 제98조의4제5항 본문 중 "실질귀속자가" 및 "실질귀속자 또는 소득지급자가"와 제98조의6제4항 본문 중 "실질귀속자가" 및 "실질귀속자 또는 원천징수의무자가"는 각각 "외국법인 또는 국외투자기구가"로 본다.

(2023.12.31 본조신설)

제99조【외국법인의 국내원천 인적용역소득에 대한 신고·납부 특례】 ① 제93조제6호에 따른 국내원천 인적용역소득이 제98조제1항제4호의 세율로 원천징수되는 외국법인은 국내용역 제공기간(용역 제공기간이 불분명할 때에는 입국일부터 출국일까지의 기간)에 발생한 제93조제6호에 따른 국내원천 인적용역소득에서 그 소득과 관련되는 것으로 입증된 비용을 뺀 금액(이하 이 조에서 "과세표준"이라 한다)을 용역 제공기간 종료일부터 3개월 이내에 대통령령으로 정하는 바에 따라 원천징수의무자의 납세지 관할 세무서장에게 신고·납부할 수 있다.(2018.12.24 본항개정)

② 제1항을 적용할 때 과세표준에 제98조제1항제4호에 따라 원천징수된 소득이 포함되어 있으면 원천징수세액은 이미 납부한 세액으로 공제한다.(2018.12.24 본항개정)

③ 제1항에 따라 신고·납부하는 경우 세액의 계산방법·세율·신고·납부·결정·경정 및 징수방법에 관하여는 제95조 및 제97조를 준용한다.

(2018.12.24 본조제목개정)

제5장 토지등 양도에 대한 특별부가세

제100조~제108조 (2001.12.31 삭제)

제6장 보 칙

(2010.12.30 본장개정)

제109조【법인의 설립 또는 설치신고】 ① 내국법인은 그 설립등기일(사업의 실질적 관리장소를 두게 되는 경우에는 그 실질적 관리장소를 두게 된 날을 말하며, 법인과세 신탁재산의 경우에는 설립일을 말한다)부터 2개월 이내에 다음 각 호의 사항을 적은 법인 설립신고서에 대통령령으로 정하는 주주등의 명세서와 사업자등록 서류 등을 첨부하여 납세지 관할 세무서장에게 신고하여야 한다. 이 경우 제111조에 따른 사업자등록을 한 때에는 법인 설립신고를 한 것으로 본다.(2020.12.22 전단개정)

1. 법인의 명칭과 대표자의 성명〔법인과세 신탁재산의 경우에는 법인과세 수탁자(둘 이상의 수탁자가 있는 경우 대표수탁자 및 그 외의 모든 수탁자를 말한다)의 명칭과 대표자의 성명을 말한다〕(2020.12.22 본호개정)
2. 본점이나 주사무소 또는 사업의 실질적 관리장소의 소재지(법인과세 신탁재산의 경우 법인과세 수탁자의 본점이나 주사무소 또는 사업의 실질적 관리장소의 소재지를 말한다) (2020.12.22 본호개정)
3. 사업 목적
4. 설립일

② 외국법인이 국내사업장을 가지게 되었을 때에는 그 날부터 2개월 이내에 다음 각 호의 사항을 적은 국내사업장 설치신고서에 국내사업장을 가지게 된 날 현재의 재무상태표와 그 밖에 대통령령으로 정하는 서류를 첨부하여 납세지 관할 세무서장에게 신고하여야 한다. 이 경우 제94조제3항에 따른 사업장을 가지게 된 외국법인은 국내사업장 설치신고서만 제출할 수 있다.

1. 법인의 명칭과 대표자의 성명
2. 본점 또는 주사무소의 소재지
3. 국내에서 수행하는 사업이나 국내에 있는 자산의 경영 또는 관리책임자의 성명
4. 국내사업의 목적 및 종류와 국내자산의 종류 및 소재지
5. 국내사업을 시작하거나 국내자산을 가지게 된 날

③ 내국법인과 외국법인은 제1항과 제2항에 따라 신고한 신고서 및 그 첨부서류의 내용이 변경된 경우에는 그 변경사항이 발생한 날부터 15일 이내에 그 변경된 사항을 납세지 관할 세무서장에게 신고하여야 한다.

④ 제93조제3호에 따른 국내원천 부동산소득이 있는 외국법인의 신고에 관하여는 제2항을 준용한다.(2018.12.24 본항개정)

제109조의2【법인과세 신탁재산의 수탁자 변경신고】 ① 법인과세 신탁재산에 새로운 수탁자(이하 "신수탁자"라 한다)가 선임된 경우 신수탁자는 선임일 이후 2개월 이내에 다음 각 호의 사항을 적은 신고서에 신수탁자로 선임된 사실을 증명하는 서류 등을 첨부하여 납세지 관할 세무서장에게 신고하여야 한다.

1. 신수탁자의 명칭과 대표자의 성명
2. 법인과세 신탁재산의 명칭

3. 신수탁자의 본점이나 주사무소 또는 사업의 실질적 관리장소의 소재지
4. 신수탁자에게 신탁사무를 승계한 새로운 수탁자가 선임되기 전의 수탁자(이하 "전수탁자"라 한다)의 명칭
5. 신수탁자 선임일
6. 신수탁자 선임사유

② 법인과세 신탁재산에 대하여 전수탁자의 임무가 종료된 경우 그 임무의 종료에 따라 신탁사무를 승계한 신수탁자는 승계일 이후 2개월 이내에 다음 각 호의 사항을 적은 신고서에 전수탁자의 임무가 종료된 사실을 증명하는 서류 등을 첨부하여 납세지 관할 세무서장에게 신고하여야 한다.
1. 전수탁자의 명칭과 대표자의 성명
2. 법인과세 신탁재산의 명칭
3. 전수탁자의 본점이나 주사무소 또는 사업의 실질적 관리장소의 소재지
4. 신탁사무를 승계받은 신수탁자의 명칭
5. 신탁사무 승계일
6. 전수탁자 종료사유

③ 둘 이상의 수탁자가 있는 법인과세 신탁재산의 대표수탁자가 변경되는 경우 그 변경 전의 대표수탁자와 변경 후의 대표수탁자는 각각 변경일 이후 2개월 이내에 다음 각 호의 사항을 적은 신고서에 변경사실을 증명하는 서류 등을 첨부하여 납세지 관할 세무서장에게 신고하여야 한다.
1. 변경 전 또는 변경 후의 대표수탁자의 명칭과 대표자의 성명
2. 법인과세 신탁재산의 명칭
3. 변경 전 또는 변경 후의 대표수탁자의 본점이나 주사무소 또는 사업의 실질적 관리장소의 소재지
4. 대표수탁자 변경일
5. 대표수탁자 변경사유

(2020.12.22 본조신설)

제110조【비영리법인의 수익사업 개시신고】 비영리내국법인과 비영리외국법인(국내사업장을 가지고 있는 외국법인만 해당한다)이 새로 수익사업(제4조제3항제1호 및 제7호에 따른 수익사업만 해당한다)을 시작한 경우에는 그 개시일부터 2개월 이내에 다음 각 호의 사항을 적은 신고서에 그 사업개시일 현재의 그 수익사업과 관련된 재무상태표와 그 밖에 대통령령으로 정하는 서류를 첨부하여 납세지 관할 세무서장에게 신고하여야 한다.(2018.12.24 본문개정)
1. 법인의 명칭
2. 본점이나 주사무소 또는 사업의 실질적 관리장소의 소재지
3. 대표자의 성명과 경영 또는 관리책임자의 성명
4. 고유목적사업
5. 수익사업의 종류
6. 수익사업 개시일
7. 수익사업의 사업장

제111조【사업자등록】 ① 신규로 사업을 시작하는 법인은 대통령령으로 정하는 바에 따라 납세지 관할 세무서장에게 등록하여야 한다. 이 경우 내국법인이 제109조제1항에 따른 법인설립신고를 하기 전에 등록하는 때에는 같은 항에 따른 주주등의 명세서를 제출하여야 한다.(2013.1.1 후단신설)

② 「부가가치세법」에 따라 사업자등록을 한 사업자는 그 사업에 관하여 제1항에 따른 등록을 한 것으로 본다.

③ 「부가가치세법」에 따라 법인과세 수탁자로서 사업자등록을 한 경우에는 그 법인과세 신탁재산에 관하여 제1항에 따른 등록을 한 것으로 본다.(2020.12.22 본항신설)

④ 이 법에 따라 사업자등록을 하는 법인에 관하여는 「부가가치세법」 제8조를 준용한다.(2013.6.7 본항개정)

⑤ 제109조에 따른 법인 설립신고를 한 경우에는 사업자등록 신청을 한 것으로 본다.

제112조【장부의 비치·기장】 납세의무가 있는 법인은 장부를 갖추어 두고 복식부기 방식으로 장부를 기장하여야 하며, 장부와 관계있는 중요한 증명서류를 비치·보존하여야 한다. 다만, 비영리법인은 제4조제3항제1호 및 제7호의 수익사업(비영리외국법인의 경우 해당 수익사업 중 국내원천소득이 발생하는 경우만 해당한다)을 하는 경우로 한정한다.(2018.12.24 단서개정)

제112조의2【기부금영수증 발급명세의 작성·보관 의무 등】 ① 기부금영수증을 발급하는 법인은 대통령령으로 정하는 기부자별 발급명세를 작성하여 발급한 날부터 5년간 보관하여야 한다. 다만, 전자기부금영수증을 발급한 경우에는 그러하지 아니하다.

② 기부금영수증을 발급하는 법인은 제1항에 따라 보관하고 있는 기부자별 발급명세를 국세청장, 지방국세청장 또는 납세지 관할 세무서장이 요청하는 경우 이를 제출하여야 한다. 다만, 전자기부금영수증을 발급한 경우에는 그러하지 아니하다.

③ 기부금영수증을 발급하는 법인은 해당 사업연도의 기부금영수증 총 발급 건수 및 금액 등이 적힌 기획재정부령으로 정하는 기부금영수증 발급합계표를 해당 사업연도의 종료일이 속하는 달의 말일부터 6개월 이내에 관할 세무서장에게 제출하여야 한다. 다만, 전자기부금영수증을 발급한 경우에는 그러하지 아니하다.(2021.12.21 본문개정)

④ 기부금영수증을 발급하는 법인은 해당 사업연도의 직전 사업연도에 받은 기부금에 대하여 발급한 기부금영수증 금액의 총합계액이 3억원 이상의 금액으로서 대통령령으로 정하는 금액을 초과하는 경우에는 해당 사업연도에 받은 기부금에 대하여 그 기부금을 받은 날이 속하는 연도의 다음 연도 1월 10일까지 전자기부금영수증을 발급하여야 한다.(2024.12.31 본항신설)

(2020.12.22 본조개정)

제113조【구분경리】 ① 비영리법인이 수익사업을 하는 경우에는 자산·부채 및 손익을 그 수익사업에 속하는 것과 수익사업이 아닌 그 밖의 사업에 속하는 것을 각각 다른 회계로 구분하여 기록하여야 한다.

② 「자본시장과 금융투자업에 관한 법률」의 적용을 받는 법인은 각 사업연도의 소득금액을 계산할 때 신탁재산에 귀속되는 소득과 그 밖의 소득을 각각 다른 회계로 구분하여 기록하여야 한다.

③ 다른 내국법인을 합병하는 법인은 다음 각 호의 구분에 따른 기간 동안 자산·부채 및 손익을 피합병법인으로부터 승계받은 사업에 속하는 것과 그 밖의 사업에 속하는 것을 각각 다른 회계로 구분하여 기록하여야 한다. 다만, 중소기업 간 또는 동일사업을 하는 법인 간에 합병하는 경우에는 회계를 구분하여 기록하지 아니할 수 있다.(2018.12.24 단서개정)
1. 합병등기일 현재 제13조제1항제1호의 결손금이 있는 경우 또는 제45조제2항에 따라 피합병법인의 이월결손금을 공제받으려는 경우 : 그 결손금 또는 이월결손금을 공제받는 기간(2018.12.24 본호개정)
2. 그 밖의 경우 : 합병 후 5년간

④ 내국법인이 분할합병하는 경우 분할신설법인등은 다음 각 호의 구분에 따른 기간 동안 자산·부채 및 손익을 분할법인등으로부터 승계받은 사업에 속하는 것과 그 밖의 사업에 속하는 것을 각각 별개의 회계로 구분하여 기록하여야 한다. 다만, 중소기업 간 또는 동일사업을 하는 법인 간에 분할합병하는 경우에는 회계를 구분하여 기록하지 아니할 수 있다.(2018.12.24 단서개정)
1. 제46조의4제2항에 따라 분할법인등의 이월결손금을 공제받으려는 경우 : 그 이월결손금을 공제받는 기간
2. 그 밖의 경우 : 분할 후 5년간

⑤ 연결모법인이 다른 내국법인(합병등기일 현재 연결법인이 아닌 경우만 해당한다)을 합병(연결모법인을 분할합병의 상대방 법인으로 하는 분할합병을 포함한다. 이하 이 항에서 같다)한 경우에는 다음 각 호의 구분에 따른 기간 동안 자산·부채 및 손익을 피합병법인(분할법인을 포함한다)으로부터 승계받은 사업에 속하는 것과 그 밖의 사업에 속하는 것을 각각 별개의 회계로 구분하여 기록하여야 한다. 다만, 중소기업 간 또는 동일사업을 하는 법인 간에 합병하는 경우에는 회계를 구분하여 기록하지 아니할 수 있다.(2023.12.31 본문개정)
1. 합병등기일 현재 제76조의13제1항제1호의 결손금이 있는 경우 또는 제76조의13제3항제2호에 따라 피합병법인의 이월결손금을 공제받으려는 경우 : 그 결손금 또는 이월결손금을 공제받는 기간
2. 그 밖의 경우 : 합병 후 5년간

(2013.1.1 본항개정)

⑥ 법인과세 수탁자는 법인과세 신탁재산별로 신탁재산에 귀속되는 소득을 각각 다른 회계로 구분하여 기록하여야 한다. (2020.12.22 본항신설)
⑦ 제50조의2에 해당하는 다른 내국법인의 사업을 양수하는 내국법인은 사업양수일 현재 제13조제1항제1호에 해당하는 결손금이 있는 경우 그 결손금을 공제받는 기간 동안 자산·부채 및 손익을 양도법인으로부터 양수한 사업에 속하는 것과 그 밖의 사업에 속하는 것을 각각 다른 회계로 구분하여 기록하여야 한다. 다만, 중소기업 간 또는 동일사업을 하는 법인 간에 사업을 양수하는 경우에는 회계를 구분하여 기록하지 아니할 수 있다.(2021.12.21 본항신설)
⑧ 제1항부터 제7항까지의 규정에 따른 구분경리의 방법, 동일사업을 하는 법인의 판정, 그 밖에 필요한 사항은 대통령령으로 정한다.(2021.12.21 본항개정)

제114조 (2001.12.31 삭제)

제115조 (2008.12.26 삭제)

제116조 【지출증명서류의 수취 및 보관】 ① 법인은 각 사업연도에 그 사업과 관련된 모든 거래에 관한 증명서류를 작성하거나 받아서 제60조에 따른 신고기한이 지난 날부터 5년간 보관하여야 한다. 다만, 제13조제1항제1호에 따라 각 사업연도 개시일 전 5년이 되는 날 이전에 개시한 사업연도에서 발생한 결손금을 각 사업연도의 소득에서 공제하려는 법인은 해당 결손금이 발생한 사업연도의 증명서류를 공제되는 소득의 귀속사업연도의 제60조에 따른 신고기한부터 1년이 되는 날까지 보관하여야 한다.(2018.12.24 단서개정)
② 제1항의 경우에 법인이 대통령령으로 정하는 사업자로부터 재화나 용역을 공급받고 그 대가를 지급하는 경우에는 다음 각 호의 어느 하나에 해당하는 증명서류를 받아 보관하여야 한다. 다만, 대통령령으로 정하는 경우에는 그러하지 아니하다.
1. 「여신전문금융업법」에 따른 신용카드 매출전표(신용카드와 유사한 것으로서 대통령령으로 정하는 것을 사용하여 거래하는 경우에는 그 증명서류를 포함한다. 이하 제117조에서 같다)
2. 현금영수증
3. 「부가가치세법」 제32조에 따른 세금계산서(2013.6.7 본호개정)
4. 제121조 및 「소득세법」 제163조에 따른 계산서
③ 제2항을 적용할 때 법인이 다음 각 호의 어느 하나에 해당하는 경우에는 제2항에 따른 증명서류의 수취·보관 의무를 이행한 것으로 본다.
1. 제2항제3호의 세금계산서를 발급받지 못하여 「부가가치세법」 제34조의2제2항에 따른 매입자발행세금계산서를 발행하여 보관한 경우
2. 제2항제4호의 계산서를 발급받지 못하여 제121조의2에 따른 매입자발행계산서를 발행하여 보관한 경우
(2022.12.31 본항개정)
④ 제1항부터 제3항까지의 규정을 적용할 때 증명서류의 수취·보관 등에 필요한 사항은 대통령령으로 정한다.

제117조 【신용카드가맹점 가입·발급 의무 등】 ① 국세청장은 주로 사업자가 아닌 소비자에게 재화나 용역을 공급하는 법인으로서 업종 등을 고려하여 대통령령으로 정하는 요건에 해당하는 법인에 대하여 납세관리를 위하여 필요하다고 인정되면 신용카드가맹점으로 가입하도록 지도할 수 있다.
② 신용카드가맹점(제1항에 따른 요건에 해당하여 가맹한 사업자를 말하며, 이하 이 조, 제66조제2항제3호 및 제75조의6에서 같다)은 사업과 관련하여 신용카드에 의한 거래를 이유로 재화나 용역을 공급하고 그 사실과 다르게 신용카드 매출전표를 발급하여서는 아니 된다. 다만, 대규모점포 등 대통령령으로 정하는 사업자가 판매시점정보관리시스템을 설치·운영하는 등 대통령령으로 정하는 방법으로 다른 사업자의 매출과 합산하여 신용카드 매출전표를 발급하는 경우에는 사실과 다르게 발급한 것으로 보지 아니한다.(2018.12.24 본문개정)
③ 신용카드가맹점으로부터 신용카드에 의한 거래가 거부되거나 신용카드 매출전표를 사실과 다르게 발급받은 자는 그 거래 내용을 국세청장, 지방국세청장 또는 세무서장에게 신고할 수 있다.
④ 제3항에 따라 신고를 받은 자는 신용카드가맹점의 납세지 관할 세무서장에게 이를 통보하여야 한다. 이 경우 납세지 관할 세무서장은 해당 사업연도의 신고금액을 해당 신용카드가맹점에 통보하여야 한다.
⑤ 국세청장은 신용카드에 의한 거래를 거부하거나 신용카드 매출전표를 사실과 다르게 발급한 신용카드가맹점에 대하여 그 시정에 필요한 명령을 할 수 있다.(2018.12.24 본항개정)
⑥ 신용카드가맹점 가입을 위한 행정지도, 신용카드에 의한 거래의 거부 및 사실과 다른 신용카드 매출전표 발급의 신고·통보방법, 그 밖에 필요한 사항은 대통령령으로 정한다.

제117조의2 【현금영수증가맹점 가입·발급 의무 등】 ① 주로 사업자가 아닌 소비자에게 재화나 용역을 공급하는 사업자로서 업종 등을 고려하여 대통령령으로 정하는 요건에 해당하는 법인은 그 요건에 해당하는 날이 속하는 달의 말일부터 3개월 이내에 현금영수증가맹점으로 가입하여야 한다.(2015.12.15 본항개정)
② 제1항에 따라 현금영수증가맹점으로 가입한 법인은 국세청장이 정하는 바에 따라 현금영수증가맹점을 나타내는 표지를 게시하여야 한다.
③ 현금영수증가맹점은 사업과 관련하여 재화나 용역을 공급하고, 그 상대방이 대금을 현금으로 지급한 후 현금영수증 발급을 요청하는 경우에는 이를 거부하거나 사실과 다르게 발급하여서는 아니 된다. 다만, 현금영수증 발급이 곤란한 경우로서 대통령령으로 정하는 사유에 해당하는 경우에는 현금영수증을 발급하지 아니할 수 있고, 대규모점포 등 대통령령으로 정하는 사업자가 판매시점 정보관리시스템을 설치·운영하는 등 대통령령으로 정하는 방법으로 다른 사업자의 매출과 합산하여 현금영수증을 발급하는 경우에는 사실과 다르게 발급한 것으로 보지 아니한다.(2011.12.31 단서개정)
④ 대통령령으로 정하는 업종을 경영하는 내국법인이 건당 거래금액(부가가치세액을 포함한다)이 10만원 이상인 재화 또는 용역을 공급하고 그 대금을 현금으로 받은 경우에는 제3항에도 불구하고 상대방이 현금영수증 발급을 요청하지 아니하더라도 대통령령으로 정하는 바에 따라 현금영수증을 발급하여야 한다. 다만, 제111조, 「소득세법」 제168조 또는 「부가가치세법」 제8조에 따라 사업자등록을 한 자에게 재화나 용역을 공급하고 제121조, 「소득세법」 제163조 또는 「부가가치세법」 제32조에 따라 계산서·세금계산서를 발급한 경우에는 현금영수증을 발급하지 아니할 수 있다.(2014.1.1 본문개정)
⑤ 현금영수증가맹점 또는 제4항에 따라 현금영수증을 발급하여야 하는 내국법인이 제3항 또는 제4항을 위반하여 현금영수증을 발급하지 아니하거나 사실과 다른 현금영수증을 발급한 경우에는 그 상대방은 그 현금거래 내용을 국세청장, 지방국세청장 또는 세무서장에게 신고할 수 있다.(2018.12.24 본항개정)
⑥ 제5항에 따라 신고를 받은 자는 현금영수증가맹점의 납세지 관할 세무서장에게 이를 통보하여야 한다. 이 경우 납세지 관할 세무서장은 해당 사업연도의 신고금액을 해당 현금영수증가맹점에 통보하여야 한다.
⑦ 현금영수증가맹점으로 가입한 법인은 그로부터 재화 또는 용역을 공급받은 상대방이 현금영수증의 발급을 요청하지 아니하는 경우에도 대통령령으로 정하는 바에 따라 현금영수증을 발급할 수 있다.(2011.12.31 본항신설)
⑧ 국세청장은 현금영수증가맹점으로 가입한 법인에게 현금영수증 발급 요령, 현금영수증가맹점 표지 게시방법 등 현금영수증가맹점으로 가입한 법인이 준수하여야 할 사항과 관련하여 필요한 명령을 할 수 있다.(2011.12.31 본항개정)
⑨ 현금영수증가맹점 가입 및 탈퇴, 발급대상 금액, 현금영수증의 발급거부 및 사실과 다른 발급의 신고·통보방법, 그 밖에 필요한 사항은 대통령령으로 정한다.

제118조 【주주명부 등의 작성·비치】 내국법인(비영리내국법인은 제외한다)은 주주나 사원(유한회사의 사원을 말한다. 이하 이 조에서 같다)의 성명·주소 및 주민등록번호(법인인 주주나 사원은 법인명과 법인 본점 소재지 및 사업자등록번호) 등 대통령령으로 정하는 사항이 적힌 주주명부나 사원명부를 작성하여 갖추어 두어야 한다.

제119조【주식등변동상황명세서의 제출】 ① 사업연도 중에 주식등의 변동사항이 있는 법인(대통령령으로 정하는 조합법인 등은 제외한다)은 제60조에 따른 신고기한까지 대통령령으로 정하는 바에 따라 주식등변동상황명세서를 납세지 관할 세무서장에게 제출하여야 한다.
② 다음 각 호의 어느 하나에 해당하는 주식등에 대하여는 제1항을 적용하지 아니한다.
1. 주권상장법인으로서 대통령령으로 정하는 법인 : 지배주주(그 특수관계인을 포함한다) 외의 주주등이 소유하는 주식등 (2011.12.31 본호개정)
2. 제1호 외의 법인 : 해당 법인의 소액주주가 소유하는 주식등
③ 제2항에 따른 지배주주 및 소액주주의 범위, 그 밖에 필요한 사항은 대통령령으로 정한다.

제120조【지급명세서의 제출의무】 ① 내국법인에 「소득세법」 제127조제1항제1호 또는 제2호의 소득을 지급하는 자(제73조제4항부터 제6항까지 및 제73조의2에 따라 원천징수를 하여야 하는 자를 포함한다)는 대통령령으로 정하는 바에 따라 납세지 관할 세무서장에게 지급명세서를 제출하여야 한다. 이 경우 「자본시장과 금융투자업에 관한 법률」의 적용을 받는 법인의 신탁재산에 귀속되는 소득은 제5조제4항에도 불구하고 그 법인에 소득이 지급된 것으로 보아 해당 소득을 지급하는 자는 지급명세서를 제출하여야 한다.(2020.12.22 후단개정)
② 제1항에 따른 지급명세서의 제출에 관하여는 「소득세법」 제164조를 준용한다.

제120조의2【외국법인의 국내원천소득 등에 대한 지급명세서 제출의무의 특례】 ① 제93조에 따른 국내원천소득을 외국법인에 지급하는 자(「자본시장과 금융투자업에 관한 법률」에 따라 주식을 상장하는 경우로서 상장 전 이미 발행된 주식을 양도하는 경우에는 그 주식을 발행한 법인을 말한다)는 지급명세서를 납세지 관할 세무서장에게 그 지급일이 속하는 연도의 다음 연도 2월 말일(휴업하거나 폐업한 경우에는 휴업일 또는 폐업일이 속하는 달의 다음다음 달 말일)까지 제출하여야 한다. 다만, 제98조의4에 따라 비과세 또는 면제대상임이 확인되는 소득 등 대통령령으로 정하는 소득을 지급하는 경우에는 그러하지 아니하다.(2020.12.22 본문개정)
② 제1항에 따른 지급명세서의 제출에 관하여는 「소득세법」 제164조를 준용한다.

제120조의3【매입처별 세금계산서합계표의 제출】 ① 「부가가치세법」 및 「조세특례제한법」에 따라 부가가치세가 면제되는 사업을 하는 법인은 재화나 용역을 공급받고 「부가가치세법」 제32조제1항 · 제7항 및 제35조제1항에 따라 세금계산서를 발급받은 경우에는 대통령령으로 정하는 기한까지 매입처별 세금계산서합계표(「부가가치세법」 제54조에 따른 매입처별 세금계산서합계표를 말한다. 이하 같다)를 납세지 관할 세무서장에게 제출하여야 한다. 다만, 「부가가치세법」 제54조제5항에 따라 제출한 경우에는 그러하지 아니하다.(2013.6.7 본항개정)
② 매입처별 세금계산서합계표의 제출 등에 필요한 사항은 대통령령으로 정한다.

제120조의4【가상자산 거래내역 등의 제출】 ① 「가상자산 이용자 보호 등에 관한 법률」에 따른 가상자산사업자는 가상자산 거래내역 등 법인세 부과에 필요한 자료를 대통령령으로 정하는 바에 따라 거래가 발생한 날이 속하는 분기 또는 연도의 종료일의 다음다음 달 말일까지 납세지 관할 세무서장, 지방국세청장 또는 국세청장에게 제출하여야 한다.(2024.12.31 본항개정)
② 국세청장은 제1항에 따른 가상자산사업자가 가상자산 거래내역 등 법인세 부과에 필요한 자료를 제출하지 아니한 경우에는 그 시정에 필요한 명령을 할 수 있다.(2024.12.31 본항신설 : 2026.1.1 시행)

제121조【계산서의 작성 · 발급 등】 ① 법인이 재화나 용역을 공급하면 대통령령으로 정하는 바에 따라 계산서나 영수증(이하 "계산서등"이라 한다)을 작성하여 공급받는 자에게 발급하여야 한다. 이 경우 계산서는 대통령령으로 정하는 전자적 방법으로 작성한 계산서(이하 "전자계산서"라 한다)를 발급하여야 한다.(2014.12.23 후단신설)
② 「부가가치세법」 제26조제1항제1호에 따라 부가가치세가 면제되는 농산물 · 축산물 · 수산물과 임산물의 위탁판매 또는 대리인에 의한 판매의 경우에는 수탁자(受託者)나 대리인이 재화를 공급한 것으로 보아 계산서등을 작성하여 그 재화를 공급받는 자에게 발급하여야 한다. 다만, 제1항에 따라 대통령령으로 정하는 바에 따라 계산서등을 발급하는 경우에는 그러하지 아니하다.(2013.6.7 본문개정)
③ 세관장은 수입되는 재화에 대하여 재화를 수입하는 법인에 대통령령으로 정하는 바에 따라 계산서를 발급하여야 한다.
④ 부동산을 매각하는 경우 등 계산서등을 발급하는 것이 적합하지 아니하다고 인정되어 대통령령으로 정하는 경우에는 제1항부터 제3항까지의 규정을 적용하지 아니한다.
⑤ 법인은 제1항부터 제3항까지의 규정에 따라 발급하였거나 발급받은 계산서의 매출 · 매입처별합계표(이하 "매출 · 매입처별 계산서합계표"라 한다)를 대통령령으로 정하는 기한까지 납세지 관할 세무서장에게 제출하여야 한다. 다만, 다음 각 호의 어느 하나에 해당하는 계산서의 합계표는 제출하지 아니할 수 있다.(2014.12.23 단서개정)
1. 제3항에 따라 계산서를 발급받은 법인은 그 계산서의 매입처별 합계표
2. 제1항 후단에 따라 전자계산서를 발급하거나 발급받고 제7항에 따라 전자계산서 발급명세를 국세청장에게 전송한 경우에는 매출 · 매입처별 계산서합계표
(2014.12.23 1호~2호신설)
⑥ 「부가가치세법」에 따라 세금계산서 또는 영수증을 작성 · 발급하였거나 매출 · 매입처별 세금계산서합계표를 제출한 분(分)에 대하여는 제1항부터 제3항까지 및 제5항에 따라 계산서등을 작성 · 발급하였거나 매출 · 매입처별 계산서합계표를 제출한 것으로 본다.
⑦ 제1항 후단에 따라 전자계산서를 발급하였을 때에는 대통령령으로 정하는 기한까지 대통령령으로 정하는 전자계산서 발급명세를 국세청장에게 전송하여야 한다.(2014.12.23 본항신설)
⑧ 계산서등의 작성 · 발급 및 매출 · 매입처별 계산서합계표의 제출에 필요한 사항은 대통령령으로 정한다.

제121조의2【매입자발행계산서】 ① 제121조 또는 「소득세법」 제163조에도 불구하고 사업과 관련하여 법인 또는 「소득세법」 제168조에 따라 사업자등록을 한 사업자(이하 이 항에서 "사업자"라 한다)로부터 재화 또는 용역을 공급받은 법인이 재화 또는 용역을 공급한 법인 또는 사업자의 부도 · 폐업, 공급 계약의 해제 · 변경 또는 그 밖에 대통령령으로 정하는 사유로 계산서를 발급받지 못한 경우에는 납세지 관할 세무서장의 확인을 받아 계산서(이하 "매입자발행계산서"라 한다)를 발행할 수 있다.
② 매입자발행계산서의 발급 대상 · 방법, 그 밖에 필요한 사항은 대통령령으로 정한다.
(2022.12.31 본조신설)

제121조의3 (2018.12.24 삭제)

제121조의4 (2020.12.22 삭제)

제122조【질문 · 조사】 법인세에 관한 사무에 종사하는 공무원은 그 직무수행에 필요한 경우에는 다음 각 호의 어느 하나에 해당하는 자에 대하여 질문하거나 해당 장부 · 서류 또는 그 밖의 물건을 조사하거나 그 제출을 명할 수 있다. 이 경우 직무상 필요한 범위 외에 다른 목적 등을 위하여 그 권한을 남용해서는 아니 된다.(2018.12.24 후단신설)
1. 납세의무자 또는 납세의무가 있다고 인정되는 자
2. 원천징수의무자
3. 지급명세서 제출의무자 및 매출 · 매입처별 계산서합계표 제출의무자
4. 제109조제2항제3호에 따른 경영 또는 관리책임자
5. 제1호에 해당하는 자와 거래가 있다고 인정되는 자
6. 납세의무자가 조직한 동업조합과 이에 준하는 단체
7. 기부금영수증을 발급한 법인

제122조의2【등록전산정보자료의 요청】 국세청장은 특수관계인 및 대통령령으로 정하는 지배주주등의 판단을 위하여 필요한 경우에는 법원행정처장에게 「가족관계의 등록 등에 관한

법률」 제11조제4항에 따른 등록전산정보자료를 요청할 수 있다. 이 경우 요청을 받은 법원행정처장은 특별한 사유가 없으면 이에 협조하여야 한다.(2018.12.24 본조신설)

제7장 벌 칙

(2018.12.24 본장신설)

제123조 (2020.12.22 삭제)

제124조【명령사항위반에 대한 과태료】 납세지 관할 세무서장은 다음 각 호의 어느 하나에 해당하는 명령사항을 위반한 법인에 2천만원 이하의 과태료를 부과·징수한다.

1. 제117조제5항에 따른 신용카드가맹점에 대한 명령
2. 제117조의2제8항에 따른 현금영수증가맹점에 대한 명령

부 칙 (2010.12.30)

제1조【시행일】 이 법은 2011년 1월 1일부터 시행한다. 다만, 제23조(제1항은 제외한다), 제28조제2항, 제41조제1항제1호, 제53조의2, 제53조의3, 제60조제2항·제4항 및 제96조제1항 단서의 개정규정은 공포한 날부터 시행하고, 제73조제1항제2호, 같은 조 제8항·제9항, 제74조제2항 및 제98조의3제1항·제4항·제6항의 개정규정은 2011년 4월 1일부터 시행하며, 제24조제2항·제3항 및 제112조의2제1항의 개정규정은 2011년 7월 1일부터 시행하고, 제21조제2호의 개정규정은 2028년 1월 1일부터 시행한다.(2024.12.31 단서개정)

제2조【일반적 적용례】 이 법은 이 법 시행 후 최초로 개시하는 사업연도 분부터 적용한다.

제3조【감가상각비의 손금불산입에 관한 적용례】 제23조(제1항은 제외한다)의 개정규정은 부칙 제1조 단서에 따른 제23조(제1항은 제외한다)의 개정규정의 시행일이 속하는 사업연도 분부터 적용한다.

제4조【지정기부금 소득공제 한도 확대에 관한 적용례】 제24조제1항의 개정규정은 이 법 시행 후 최초로 지출하는 기부금부터 적용한다.

제5조【법정기부금 대상 정비에 관한 적용례】 제24조제2항·제3항 및 제112조의2제1항의 개정규정은 부칙 제1조 단서에 따른 제24조제2항·제3항 및 제112조의2제1항의 개정규정 시행 후 최초로 지출하는 기부금부터 적용한다.

제6조【지급이자의 손금불산입에 관한 적용례】 제28조제2항의 개정규정은 부칙 제1조 단서에 따른 제28조제2항의 개정규정의 시행일이 속하는 사업연도 분부터 적용한다.

제7조【고유목적사업준비금에 관한 적용례】 제29조제3항·제4항·제8항의 개정규정은 이 법 시행 후 최초로 해산등기하는 분부터 적용한다.

제8조【국고보조금등에 관한 적용례】 제36조제1항의 개정규정은 이 법 시행 후 자산을 취득하거나 개량하는 분부터 적용한다.

제9조【자산의 취득가액에 관한 적용례】 제41조제1항제1호의 개정규정은 이 법 시행 당시 국제회계기준을 적용하는 법인의 경우에는 부칙 제1조 단서에 따른 제41조제1항제1호의 개정규정의 시행일이 속하는 사업연도 분부터 적용하고, 그 밖의 법인의 경우에는 2011년 1월 1일 이후 최초로 개시하는 사업연도 분부터 적용한다.

제10조【기업인수목적회사가 합병 시 과세특례 요건 완화에 대한 적용례】 제44조제2항제1호 단서의 개정규정은 이 법 시행 후 최초로 합병하는 분부터 적용한다.

제11조【기능통화 도입기업의 과세표준 계산 특례에 관한 적용례】 제53조의2의 개정규정은 부칙 제1조 단서에 따른 제53조의2의 개정규정의 시행일이 속하는 사업연도 분부터 적용한다.

제12조【해외사업장의 과세표준 계산 특례에 관한 적용례】 제53조의3의 개정규정은 이 법 시행 당시 국제회계기준을 적용하는 법인의 경우에는 부칙 제1조 단서에 따른 제53조의3의 개정규정의 시행일이 속하는 사업연도 분부터 적용하고, 그 밖의 법인의 경우에는 2011년 1월 1일 이후 최초로 개시하는 사업연도 분부터 적용한다.

제13조【토지등 양도소득에 대한 과세특례에 관한 적용례】 제55조의2제1항제1호 및 제8항의 개정규정은 2011년 1월 1일 이후 최초로 양도하는 분부터 적용한다.

제14조【과세표준 등의 신고에 관한 적용례】 제60조제2항·제4항의 개정규정은 부칙 제1조 단서에 따른 제60조제2항·제4항의 개정규정의 시행일이 속하는 사업연도 분부터 적용한다.

제15조【채권등의 중도매도 시 원천징수에 관한 적용례】 제73조제1항제2호, 같은 조 제8항·제9항, 제74조제2항 및 제98조의3제1항·제4항·제6항의 개정규정은 부칙 제1조 단서에 따른 제73조제1항제2호, 같은 조 제8항·제9항, 제74조제2항 및 제98조의3제1항·제4항·제6항의 개정규정 시행 후 최초로 매도하는 분부터 적용한다.

제16조【연결과세표준 신고 시 첨부서류에 관한 적용례】 제76조의17제2항의 개정규정은 이 법 시행 후 최초로 신고하는 분부터 적용한다.

제17조【청산소득 확정신고 및 중간신고에 대한 적용례】 제84조제1항 및 제85조제1항의 개정규정은 이 법 시행 후 최초로 해산등기하는 분부터 적용한다.

제18조【외국법인의 국내사업장에 관한 적용례】 제96조제1항 단서의 개정규정은 부칙 제1조 단서에 따른 제96조제1항 단서의 개정규정의 시행일이 속하는 사업연도 분부터 적용한다.

제19조【외국법인에 대한 원천징수 또는 징수의 특례에 관한 적용례】 제98조제10항의 개정규정은 이 법 시행 후 최초로 자산을 양도하는 분부터 적용한다.

제20조【외국법인의 국채등 이자·양도소득에 대한 과세특례 등에 관한 적용례 및 경과조치】 ① 제93조의2 및 제98조제2항의 개정규정은 이 법 시행 후 최초로 소득이 발생하는 분부터 적용한다.

② 2010년 11월 12일 이전에 취득한 국채등에서 발생하는 소득에 관하여는 제93조의2 및 제98조제2항의 개정규정에도 불구하고 종전의 규정에 따른다.

제21조【성실중소법인의 각 사업연도의 소득에 대한 법인세에 관한 경과조치】 이 법 시행 전에 종전의 제76조의2제2항에 따라 성실중소법인으로 승인받은 법인의 경우에는 2013년 12월 31일이 속하는 사업연도까지 각 사업연도 소득에 대한 법인세의 과세표준 및 세액을 종전의 제76조의2부터 제76조의7까지의 규정에 따른 성실납세방식으로 계산하여 신고·납부할 수 있다.

부 칙 (2017.12.19)

제1조【시행일】 이 법은 2018년 1월 1일부터 시행한다.

제2조【일반적 적용례】 이 법은 이 법 시행 이후 개시하는 사업연도분부터 적용한다.

제3조【기부금의 손금불산입에 관한 적용례】 제24조제2항의 개정규정은 이 법 시행일 이후 최초로 지출하는 기부금부터 적용한다.

제4조【업무용승용차 관련비용의 손금불산입 등 특례에 관한 적용례】 제27조의2제3항의 개정규정은 이 법 시행 이후 과세표준을 신고하는 분부터 적용한다.

제5조【합병·분할 시 고용승계 요건 추가에 관한 적용례】 제44조제2항, 제44조의3제3항제3호, 제46조제2항, 제46조의3제3항제3호, 제47조제1항 및 같은 조 제3항제3호의 개정규정은 이 법 시행 이후 합병 또는 분할하는 분부터 적용한다.

제6조【적격물적분할 시 감면·세액공제 승계에 관한 적용례】 제47조제4항 및 제5항의 개정규정은 이 법 시행 이후 물적분할하는 분부터 적용한다.

제7조【적격현물출자 요건에서 독립된 사업부문 승계 요건 폐지에 관한 적용례】 제47조의2제1항제5호의 개정규정은 이 법 시행 이후 현물출자하는 분부터 적용한다.

제8조【가산세에 관한 적용례】 제76조제9항제4호의 개정규정은 이 법 시행 이후 공급하는 재화 또는 용역에 대하여 계산서를 발급하는 경우부터 적용한다.

제9조【기부금의 손금불산입에 관한 경과조치】 제24조제2항제7호 및 같은 조 제3항의 개정규정에도 불구하고 이 법 시행일 이전에 종전의 규정에 따라 지정된 기관에 지출하는 기부금

에 대해서는 제24조제2항제7호 및 같은 조 제3항에 따른 지정기간까지는 법정기부금으로 본다.
제10조【다른 법률의 개정】 ※(해당 법령에 가제정리 하였음)

부 칙 (2018.12.24)

제1조【시행일】 이 법은 2019년 1월 1일부터 시행한다. 다만, 제93조의2, 제98조의4제1항 후단, 제98조의4제2항, 제98조의6제1항 후단, 제98조의6제2항, 제121조의3제2항 · 제3항(같은 조 제2항 관련 부분만 해당한다) 및 제123조제2항의 개정규정은 2020년 1월 1일부터 시행한다.
제2조【일반적 적용례】 이 법은 이 법 시행 이후 개시하는 사업연도분부터 적용한다.
제3조【지주회사 수입배당금액의 익금불산입 특례에 관한 적용례】 제18조의3제1항의 개정규정은 이 법 시행 이후 배당받는 분부터 적용한다.
제4조【기부금의 손금불산입에 관한 적용례】 ① 제24조제2항 및 같은 조 제3항제4호마목의 개정규정은 이 법 시행 이후 과세표준을 신고하는 분부터 적용한다.
② 제24조제5항의 개정규정은 이 법 시행 이후 과세표준을 신고하는 분부터 적용하되, 2013년 1월 1일 이후 개시한 사업연도에 지출한 기부금에 대해서도 적용한다.
제5조【성실신고확인서 제출 불성실 가산세에 관한 적용례】 제75조제1항의 개정규정은 이 법 시행 이후 성실신고확인서의 제출기한이 도래하는 분부터 적용한다.
제6조【현금영수증 발급 불성실 가산세에 관한 적용례】 ① 제75조의6제2항제1호의 개정규정은 이 법 시행 이후 제117조의2제1항의 요건에 해당하게 된 경우부터 적용한다.
② 제75조의6제2항제2호 및 제3호의 개정규정은 이 법 시행 이후 현금영수증 발급의무를 위반하는 분부터 적용한다.
제7조【근로소득간이지급명세서 제출 불성실 가산세에 관한 적용례】 제75조의7제1항제1호나목 및 같은 항 제2호나목의 개정규정은 이 법 시행 이후 「소득세법」 제164조의3에 따라 근로소득간이지급명세서를 제출하여야 하거나 제출하는 분부터 적용한다.
제8조【계산서 등 제출 불성실 가산세에 관한 적용례】 ① 제75조의8제1항제2호, 같은 항 제4호가목, 같은 항 제5호 및 제6호의 개정규정은 이 법 시행 이후 재화 또는 용역을 공급하는 분부터 적용한다.
② 제75조의8제1항제4호나목부터 마목까지의 개정규정은 이 법 시행 이후 신용카드 매출전표, 현금영수증 또는 계산서를 발급 또는 수취하는 분부터 적용한다.
제9조【연결모법인의 합병 및 분할 시 이월결손금 등 공제 제한에 관한 적용례】 제76조의14제2항제2호의 개정규정은 이 법 시행 이후 과세표준을 신고하는 분부터 적용한다.
제10조【해외현지법인 등에 대한 자료제출 의무 등에 관한 적용례】 ① 제121조의2제1항 및 제4항의 개정규정은 2019년 1월 1일 이후 개시하는 사업연도에 대한 자료를 제출하는 분부터 적용한다.
② 제121조의4의 개정규정은 2019년 1월 1일 이후 해외부동산등 또는 해외직접투자를 받은 외국법인의 주식등을 취득한 경우로서 2019년 1월 1일 이후 개시하는 사업연도에 대한 자료제출 의무를 불이행하는 분부터 적용한다.
③ 제123조제1항 및 제3항의 개정규정은 2019년 1월 1일 이후 개시하는 사업연도에 대한 자료제출 의무 불이행 분부터 적용한다.
④ 제123조제2항의 개정규정은 2020년 1월 1일 이후 개시하는 사업연도에 대한 자료제출 의무 불이행 분부터 적용한다.
제11조【해외부동산등에 대한 자료제출 의무 불이행 과태료에 관한 특례】 제121조의2제1항의 개정규정(해외부동산등의 물건별 처분가액이 2억원 이상인 내국법인에 대한 자료제출 의무를 부여한 부분으로 한정한다)에도 불구하고 2019년 1월 1일부터 2019년 12월 31일까지의 기간 동안 해외부동산등을 처분한 내국법인에 대해서는 제121조의3제2항(법률 제16008호로 개정되기 전의 것을 말한다)에 따른 과태료를 부과하지 아니한다.(2019.12.31 본조개정)
제12조【기업의 미환류소득에 대한 법인세에 관한 경과조치】 종전의 제56조에 따라 차기환류적립금을 적립하거나 미환류소득 또는 초과환류액을 산정할 때 자산에 대한 투자 합계액을 공제하고 그 자산을 처분한 내국법인 등에 관하여는 종전의 제56조에 따른다.
제13조【현금영수증 발급 불성실 가산세에 관한 경과조치】 이 법 시행 전에 제117조의2제1항의 요건에 해당하게 된 법인에 대해서는 제75조의6제2항제1호의 개정규정에도 불구하고 종전의 규정에 따른다.
제14조【해외부동산등에 대한 자료제출 의무 및 과태료에 관한 경과조치】 제121조의2제1항 및 제123조제2항의 개정규정에도 불구하고 2019년 1월 1일 이후 개시하는 사업연도 전의 사업연도(이하 이 조에서 "종전사업연도"라 한다)에 취득한 해외부동산등에 대해서는 종전의 제121조의2제1항 및 종전의 제121조의3제2항에 따른다. 이 경우 종전의 제121조의2제1항에 따라 제출하여야 하는 자료는 종전사업연도 분에 해당하는 자료로 한정한다.
제15조【다른 법률의 개정】 ①~⑥ ※(해당 법령에 가제정리 하였음)

부 칙 (2019.12.31)

제1조【시행일】 이 법은 2020년 1월 1일부터 시행한다.
제2조【일반적 적용례】 이 법은 이 법 시행 이후 개시하는 사업연도 분부터 적용한다.
제3조【수입배당금액의 익금불산입에 관한 적용례】 제18조의2제1항제1호 및 제18조의3제1항제1호의 개정규정은 이 법 시행 이후 배당받는 분부터 적용한다.
제4조【기부금의 손금불산입에 관한 적용례】 제24조제2항 · 제5항 및 제6항의 개정규정은 이 법 시행 이후 과세표준을 신고하는 분부터 적용하되, 과세표준 신고 시 이월공제가 가능한 기부금에 대해서도 적용한다.
제5조【업무용승용차 관련비용의 손금불산입 등 특례에 관한 적용례】 제27조의2제2항의 개정규정은 이 법 시행 이후 과세표준을 신고하는 분부터 적용한다.
제6조【계산서 등 제출 불성실 가산세에 관한 적용례】 제75조의8제1항제5호 및 제6호의 개정규정은 이 법 시행일이 속하는 사업연도의 직전 사업연도(이하 "이전 사업연도"라 한다)에 재화 또는 용역을 공급하고 제121조제7항에 따라 전자계산서 발급명세를 국세청장에게 전송하여야 하는 경우로서 이 법 시행 당시 이전 사업연도 말의 다음 달 11일이 경과하지 아니한 경우에도 적용한다.
제7조【국내원천소득 금액의 계산에 관한 적용례】 제92조제1항의 개정규정은 이 법 시행 이후 과세표준을 신고하는 분부터 적용한다.
제8조【외국법인의 국내원천소득에 관한 적용례】 제93조제8호 및 같은 조 제10호차목 · 카목의 개정규정은 이 법 시행 이후 지급하는 소득분부터 적용한다.
제9조【외국법인에 대한 원천징수 또는 징수의 특례에 관한 적용례】 제98조제1항제8호의 개정규정은 이 법 시행 이후 지급하는 소득분부터 적용한다.
제10조【원천징수대상 외국법인의 경정청구에 관한 적용례】 제98조의4제4항, 제98조의5제2항 및 제98조의6제4항의 개정규정은 이 법 시행 이후 지급하는 소득분부터 적용한다.
제11조【평가이익 등의 익금불산입에 관한 경과조치】 2010년 1월 1일 전에 개시한 사업연도에서 발생한 결손금에 대해서는 제18조제6호의 개정규정에도 불구하고 종전의 규정에 따른다.
제12조【기부금영수증 발급 · 작성 · 보관 불성실 가산세에 관한 경과조치】 이 법 시행 전에 기부금영수증을 발급한 분에 대해서는 제75조의4제1항제1호가목 및 나목의 개정규정에도 불구하고 종전의 규정에 따른다.
제13조【계산서 등 제출 불성실 가산세에 관한 경과조치】 이 법 시행 전에 재화 또는 용역을 공급하여 제121조제7항에 따라 전자계산서 발급명세를 국세청장에게 전송하여야 하는 경우(부칙 제6조에 해당하는 경우는 제외한다)에는 제75조의8

제1항제5호 및 제6호의 개정규정에도 불구하고 종전의 규정에 따른다.

제14조【외국법인의 국내원천소득에 관한 경과조치】 이 법 시행 전에 지급한 소득분에 대해서는 제93조제8호 및 같은 조 제10호차목·카목의 개정규정에도 불구하고 종전의 규정에 따른다.

부　칙 (2020.8.18)

제1조【시행일】 이 법은 2021년 1월 1일부터 시행한다.

제2조【토지등 양도소득에 대한 과세특례에 관한 적용례】 제55조의2제1항의 개정규정은 이 법 시행 이후 양도하는 분부터 적용한다.

부　칙 (2020.12.22)

제1조【시행일】 이 법은 2021년 1월 1일부터 시행한다. 다만, 제75조의4제2항 및 제112조의2의 개정규정은 2021년 7월 1일부터 시행하고, 제92조제2항, 제93조제10호카목·타목 및 제98조의 개정규정은 2027년 1월 1일부터 시행하며, 제93조제1호 및 같은 조 제2호가목·다목·라목의 개정규정은 2025년 1월 1일부터 시행한다.(2024.12.31 단서개정)

제2조【일반적 적용례】 이 법은 이 법 시행 이후 개시하는 사업연도분부터 적용한다.

제3조【법인과세 신탁재산 소득의 법인세 과세 등에 관한 적용례】 ① 제5조제2항·제3항, 제18조의2제2항제5호, 제18조의3제2항제4호, 제57조의2제1항, 제73조의2제4항, 제75조의10부터 제75조의14까지, 제75조의16부터 제75조의18까지, 제109조제1항, 제109조의2, 제111조제3항 및 제113조제6항·제7항의 개정규정은 이 법 시행 이후 신탁계약을 체결하는 분부터 적용한다.
② 제75조의15의 개정규정은 이 법 시행 이후 신탁을 합병 또는 분할하는 분부터 적용한다.

제4조【이월결손금 공제에 관한 적용례】 제13조제1항제1호가목 및 제76조의13제1항제1호의 개정규정은 2020년 1월 1일 이후 개시하는 사업연도에 발생한 결손금부터 적용한다.

제5조【대손금의 손금불산입에 관한 적용례】 제19조의2제2항제2호의 개정규정은 이 법 시행 이후 대여하는 분부터 적용한다.

제6조【기부금의 손금불산입에 관한 적용례】 제24조제2항제2호 및 제3항제2호의 개정규정은 이 법 시행 이후 개시하는 사업연도에 기부금을 지출하는 분부터 적용한다.

제7조【합병·분할 시 이월결손금 등 공제 제한에 관한 적용례】 제45조제6항부터 제8항까지 및 제46조의4제6항부터 제8항까지의 개정규정은 이 법 시행 이후 합병 또는 분할하는 분부터 적용한다.

제8조【외국 납부 세액공제 등에 관한 적용례】 외국정부에 납부하였거나 납부할 외국법인세액이 공제한도를 초과하여 이 법 시행 이후 개시하는 사업연도의 직전 사업연도까지 공제되지 아니하고 남아있는 금액에 대해서는 이 법 시행 이후 개시하는 사업연도에 대한 과세표준 및 세액을 계산할 때 제57조제2항의 개정규정을 적용한다.

제9조【기부금영수증 발급명세의 작성·보관 의무 등에 관한 적용례】 제75의4제2항 및 제112조의2의 개정규정은 2021년 7월 1일 이후 전자기부금영수증을 발급하는 분부터 적용한다.

제10조【지급명세서 제출 불성실 가산세에 관한 적용례】 ① 제75조의7제1항 각 호 외의 부분의 개정규정은 이 법 시행 이후 지급명세서 제출의무가 발생하는 분부터 적용한다.
② 75조의7제1항제1호나목 및 제2호나목의 개정규정은 이 법 시행 이후 신고, 결정 또는 경정하는 분부터 적용한다.

제11조【외국법인의 국내원천소득에 관한 적용례】 ① 제92조제2항제1호나목 및 제93조제10호카목의 개정규정은 2027년 1월 1일 이후 가상자산을 양도·대여·인출하는 분부터 적용한다.(2024.12.31 본항개정)
② 제93조제1호 및 같은 조 제2호가목·다목·라목의 개정규정은 2025년 1월 1일 이후 발생하는 소득분부터 적용한다. (2022.12.31 본조개정)

제12조【이자·배당 및 사용에 대한 세율의 적용 특례에 관한 적용례】 제93조제8호 각 목 외의 부분 후단 및 제98조의7의 개정규정(산업상·상업상·과학상의 기계·설비·장치 등을 임대함으로써 발생하는 소득이 조세조약에서 사용료소득으로 구분되어 그 사용대가가 사용료소득에 포함되는 것에 관한 부분에 한정한다)은 2013년 1월 1일 이후 지급하는 소득분부터 적용한다.

제13조【외국법인의 국내원천소득에 대한 원천징수의 특례에 관한 적용례】 제98조제1항제8호나목 및 같은 조 제13항·제16항·제17항의 개정규정은 2027년 1월 1일 이후 발생하는 가상자산소득분부터 적용한다.(2024.12.31 본조개정)

제14조【외국법인의 국내원천소득에 대한 지급명세서 제출 의무에 관한 적용례】 제120조의2제1항의 개정규정은 이 법 시행 이후 양도대가를 지급하는 분부터 적용한다.

제15조【이월결손금 공제에 관한 경과조치】 2020년 1월 1일 전에 개시한 사업연도에 발생한 결손금에 대해서는 제13조제1항제1호가목 및 제76조의13제1항제1호의 개정규정에도 불구하고 종전의 규정에 따른다.

제16조【기부금 손금불산입에 관한 경과조치】 이 법 시행 전에 개시한 사업연도에 기부금을 지출한 분에 대해서는 제24조제2항제2호 및 제3항제2호의 개정규정에도 불구하고 종전의 규정에 따른다.

제17조【합병·분할 시 이월결손금 등 공제 제한에 관한 경과조치】 이 법 시행 전에 합병 또는 분할한 분에 대해서는 제45조제6항부터 제8항까지 및 제46조의4제6항부터 제8항까지의 개정규정에도 불구하고 종전의 규정에 따른다.

제18조【유동화전문회사 등에 대한 소득공제에 관한 경과조치】 이 법 시행 전에 개시한 사업연도분에 대해서는 제51조의2제1항제9호의 개정규정에도 불구하고 종전의 규정에 따른다.

제19조【외국 납부 세액공제 등에 관한 경과조치】 이 법 시행 전의 사업연도분에 대해서는 제57조의 개정규정(손금산입방법을 삭제하는 것과 관련된 부분에 한정한다)에도 불구하고 종전의 규정에 따른다.

제20조【재해손실에 대한 세액공제 등에 관한 경과조치】 2020년 1월 1일 전에 납세의무가 성립된 분에 대해서는 제58조제1항제1호 및 제71조제4항의 개정규정에도 불구하고 종전의 규정에 따른다.

제21조【해외현지법인 등의 자료제출 의무 불이행 등에 대한 과태료에 관한 경과조치】 이 법 시행 전 의무를 위반한 행위에 대하여 과태료 규정을 적용할 때에는 제123조의 개정규정에도 불구하고 종전의 규정에 따른다.

부　칙 (2020.12.29 법17758호)

제1조【시행일】 이 법은 2021년 1월 1일부터 시행한다.(이하 생략)

부　칙 (2020.12.29 법17799호)

제1조【시행일】 이 법은 공포 후 1년이 경과한 날부터 시행한다.(이하 생략)

부　칙 (2021.3.16)

제1조【시행일】 이 법은 2021년 7월 1일부터 시행한다.

제2조【지급명세서 등 제출불성실 가산세에 관한 적용례】 제75조의7제1항부터 제3항까지의 개정규정은 이 법 시행 이후 지급하는 소득분에 대하여 「소득세법」 제164조제1항 각 호 외의 부분 단서 또는 제164조의3제1항제2호에 따라 지급명세서 또는 간이지급명세서를 제출하여야 하거나 제출하는 경우부터 적용한다.

제3조【지급명세서 등 제출불성실 가산세에 관한 경과조치】 이 법 시행 전에 종전의 제75조의7제1항에 따라 부과하였거나 부과하여야 할 가산세에 대해서는 제75조의7제1항의 개정규정에도 불구하고 종전의 규정에 따른다.

부 칙 (2021.8.17)

제1조【시행일】 이 법은 공포 후 6개월이 경과한 날부터 시행한다.(이하 생략)

부 칙 (2021.11.23)

제1조【시행일】 이 법은 공포한 날부터 시행한다.(이하 생략)

부 칙 (2021.12.21 법18584호)

제1조【시행일】 이 법은 2022년 1월 1일부터 시행한다.(이하 생략)

부 칙 (2021.12.21 법18590호)

제1조【시행일】 이 법은 2022년 1월 1일부터 시행한다. 다만, 제57조제1항, 제57조의2, 제62조의2제1항제1호 및 제73조제1항의 개정규정은 2025년 1월 1일부터 시행한다.(2022.12.31 단서개정)

제2조【기부금의 손금불산입에 관한 적용례】 제24조제2항제1호라목7)의 개정규정은 2021년 5월 2일 이후 지출한 기부금에 대해서도 적용한다.

제3조【적격합병 요건에 관한 적용례】 제44조제2항제3호의 개정규정은 이 법 시행 이후 합병하는 경우부터 적용한다.

제4조【사업양수 시 이월결손금 공제 제한 등에 관한 적용례】 제50조의2 및 제113조제7항의 개정규정은 이 법 시행 이후 사업 양도·양수 계약을 체결하는 경우부터 적용한다.

제5조【배당소득금액 공제 대상에서 제외되는 기관전용 사모집합투자기구에 관한 적용례 등】 ① 제51조의2제1항제2호의 개정규정은 이 법 시행 이후 과세표준을 신고하는 경우부터 적용한다.

② 이 법 시행 당시 법률 제18128호 자본시장과 금융투자업에 관한 법률 일부개정법률 부칙 제8조제1항부터 제4항까지에 따라 기관전용 사모집합투자기구, 기업재무안정 사모집합투자기구 및 창업·벤처전문 사모집합투자기구로 보아 존속하는 종전의 경영참여형 사모집합투자기구에 대해서는 제51조의2제1항제2호의 개정규정에도 불구하고 종전의 규정에 따른다.

제6조【외국납부세액 공제 및 환급 특례 등에 관한 적용례 등】 ① 제57조제1항 후단 및 제73조제1항 각 호 외의 부분 후단의 개정규정은 2025년 1월 1일 이후 발생하는 소득분에 대하여 외국법인세액을 공제하거나 원천징수하는 경우부터 적용한다.(2022.12.31 본항개정)

② 2025년 1월 1일 전에 발생한 소득분에 대하여 그 소득이 발생한 사업연도의 과세표준을 신고하는 경우 외국납부세액 공제 및 환급에 관하여는 제57조의2의 개정규정에도 불구하고 종전의 규정에 따른다.(2022.12.31 본항개정)

③ 제2항에 따라 2021년 10월 21일부터 2022년 12월 31일까지의 기간 동안 발생한 소득분에 대하여 종전의 제57조의2를 적용하는 경우 같은 조 제1항 중 "경영참여형 사모집합투자기구"는 "기관전용 사모집합투자기구 또는 법률 제18128호 자본시장과 금융투자업에 관한 법률 일부개정법률 부칙 제8조제1항부터 제4항까지에 따라 기관전용 사모집합투자기구, 기업재무안정 사모집합투자기구, 창업·벤처전문 사모집합투자기구로 보는 사모집합투자기구"로 본다.

제7조【성실신고확인서 제출에 관한 적용례】 제60조의2제1항제3호의 개정규정은 이 법 시행 이후 사업을 인수하는 경우부터 적용한다.

제8조【업무용승용차 관련비용 명세서 제출 불성실 가산세에 관한 적용례】 제74조의2의 개정규정은 이 법 시행 이후 개시하는 사업연도에 업무용승용차 관련비용 등을 손금에 산입하는 경우부터 적용한다.

제9조【외국법인연락사무소 현황 자료 제출에 관한 적용례】 제94조의2의 개정규정은 이 법 시행 이후 개시하는 사업연도에 대한 현황 자료를 제출하는 경우부터 적용한다.

제10조【비영리내국법인의 자산양도소득에 대한 신고 특례에 관한 경과조치】 2025년 1월 1일 전에 주식등을 양도하는 경우에는 제62조의2제1항제1호의 개정규정에도 불구하고 종전의 규정에 따른다.(2022.12.31 본조개정)

제11조【성실신고확인서 제출 불성실 가산세에 관한 경과조치】 이 법 시행 전에 개시한 사업연도에 대하여 이 법 시행 이후에 납부하는 성실신고확인서 제출 불성실 가산세에 관하여는 제75조제1항 및 제3항의 개정규정에도 불구하고 종전의 규정에 따른다.

제12조【현금영수증 발급 불성실 가산세에 관한 경과조치】 이 법 시행 전에 세무서에 자진 신고하거나 현금영수증을 자진 발급한 경우에 대해서는 제75조의6제2항제3호의 개정규정에도 불구하고 종전의 규정에 따른다.

제13조【실질귀속자로 보는 국외투자기구의 요건 변경에 따른 경과조치】 이 법 시행 전에 지급받은 국내원천소득에 대한 실질귀속자 판단에 관하여는 제93조의2제1항제1호 및 제2호의 개정규정에도 불구하고 종전의 규정에 따른다.

부 칙 (2022.12.31)

제1조【시행일】 이 법은 2023년 1월 1일부터 시행한다. 다만, 다음 각 호의 개정규정은 해당 호에서 정하는 날부터 시행한다.

1. 제2조제9호·제10호·제10호의2, 제18조제7호, 제21조제6호, 제25조(같은 조 제2항제3호 중 "매입자발행계산서"의 개정부분은 제외한다), 제75조의5제2항제1호, 제75조의7제1항(「소득세법」 제164조의3제1항제1호의 소득에 대한 간이지급명세서를 제출하지 아니한 경우는 제외한다), 같은 조 제3항제2호, 같은 조 제4항(「소득세법」 제164조의3제1항제1호의 소득에 관한 부분은 제외한다)의 개정규정, 같은 조 제5항의 개정규정 중 "제3호의 소득"을 개정하는 부분, 제76조의8, 제76조의9, 제76조의11, 제76조의12, 제76조의14(같은 조 제1항제2호가목 및 같은 항 제4호는 제외한다), 제76조의18 및 제76조의19의 개정규정 : 2024년 1월 1일(2023.12.31 본호개정)
2. 법률 제17652호 법인세법 일부개정법률 제93조제2호다목의 개정규정, 법률 제18590호 법인세법 일부개정법률 제57조제1항 후단 및 같은 항 제1호부터 제3호까지, 제57조의2, 제73조제1항 각 호 외의 부분 후단의 개정규정 및 제73조제2항부터 제10항까지의 개정규정 : 2025년 1월 1일
3. 제25조제2항제3호의 개정규정 중 "매입자발행계산서"의 개정부분, 제116조제3항 및 제121조의2의 개정규정 : 2023년 7월 1일
4. 제75조의7제1항(「소득세법」 제164조의3제1항제1호의 소득에 대한 간이지급명세서를 제출하지 아니한 경우로 한정한다), 같은 조 제3항제1호, 같은 조 제4항(「소득세법」 제164조의3제1항제1호의 소득에 관한 부분으로 한정한다)의 개정규정 : 2026년 1월 1일(2023.12.31 본호신설)

제2조【일반적 적용례】 이 법은 이 법 시행 이후 개시하는 사업연도부터 적용한다.

제3조【자본준비금의 배당금액에 대한 익금불산입에 관한 적용례】 제18조제8호 본문의 개정규정은 이 법 시행 이후 받는 배당금액부터 적용한다.

제4조【외국자회사 수입배당금액에 관한 적용례】 제18조의4(제79조의 개정규정에 따라 준용되는 경우를 포함한다), 제21조제1호 및 제57조제5항·제7항의 개정규정은 이 법 시행 이후 외국자회사로부터 수입배당금액을 받는 경우부터 적용한다.

제5조【매입자발행계산서 발급 등에 관한 적용례】 제25조제2항제3호(매입자발행계산서에 관한 부분으로 한정한다) 및 제121조의2의 개정규정은 2023년 7월 1일 이후 재화 또는 용역을 공급하거나 공급받는 경우부터 적용한다.

제6조【해약환급금준비금 손금산입 등 보험회사 과세에 대한 적용시기 특례】 보험회사가 2022년 12월 31일이 속하는 사업연도에 제42조의3제1항에 따른 보험계약국제회계기준을 적용하고 제32조의 해약환급금준비금을 적립한 경우 해당 보험회사에 대해서는 제30조제1항, 제32조 및 제42조의3의 개정규정은 이 법 시행일 이후 신고하는 분부터 적용한다.

관한 적용례】 제41조제1항제1호의2 … 이후 외국자회사를 인수하는 경우부

… 등에 대한 소득공제에 관한 적용례】 … 은 이 법 시행 이후 배당을 결의하는 경

… 사등의 외국납부세액공제 특례 등에 관한 … 제18590호 법인세법 일부개정법률 제57조 … 항 제1호부터 제3호까지, 제57조의2, 제73조 … 부분 후단의 개정규정 및 제73조제2항 · 제3 … 2025년 1월 1일 이후 지급받는 소득에 대하여 … 공제하거나 원천징수하는 경우부터 적용한다.
… 1일 전에 발생한 소득에 대한 해당 사업연도의 … 신고하는 경우 외국납부세액 공제 및 환급에 관하 … 제18590호 법인세법 일부개정법률 제57조의2의 개 … 불구하고 종전의 규정(법률 제18590호 법인세법 … 법률로 개정되기 전의 것을 말한다)에 따른다.

… 【이자소득의 원천징수세율에 관한 적용례】 제73조제 … 개정규정은 이 법 시행 이후 온라인투자연계금융업자를 통하여 지급받는 이자소득부터 적용한다.

제11조【지급명세서 등 제출 불성실 가산세에 관한 적용례 등】 ① 제75조의7제1항(「소득세법」 제164조의3제1항제1호의 소득에 대한 간이지급명세서를 제출하지 아니한 경우는 제외한다), 같은 조 제3항제2호, 같은 조 제4항(「소득세법」 제164조의3제1항제1호의 소득에 관한 부분은 제외한다) 및 같은 조 제5항(「소득세법」 제164조의3제1항제3호의 소득에 관한 부분으로 한정한다)의 개정규정은 2024년 1월 1일 이후 지급하는 소득에 대하여 지급명세서등을 제출하여야 하거나 제출하는 경우부터 적용한다.(2023.12.31 본항개정)
② 제75조의7제1항제1호(「소득세법」 제164조의3제1항제1호의 소득에 대한 간이지급명세서를 제출하지 아니한 경우로 한정한다), 같은 조 제3항제1호, 같은 조 제4항(「소득세법」 제164조의3제1항제1호의 소득에 관한 부분으로 한정한다)의 개정규정은 2026년 1월 1일 이후 지급하는 소득에 대하여 지급명세서등을 제출하여야 하거나 제출하는 경우부터 적용한다.
(2023.12.31 본항신설)
③ 제75조의7제5항(「소득세법」 제164조의3제1항제2호의 소득에 관한 부분으로 한정한다)의 개정규정은 2023년 1월 1일 이후 지급하는 소득에 대하여 지급명세서등을 제출하여야 하거나 제출하는 경우부터 적용한다.
④ 2026년 1월 1일 전에 지급한 「소득세법」 제164조의3제1항제1호의 소득에 대한 간이지급명세서의 지연 제출에 따른 가산세에 관하여는 제75조의7제1항제1호나목 및 같은 조 제4항의 개정규정에도 불구하고 종전의 규정에 따른다.(2023.12.31 본항개정)

제12조【외국법인의 국채등 이자 · 양도소득에 대한 과세특례에 관한 적용례】 제93조의3의 개정규정은 이 법 시행 이후 이자를 지급하거나 국채등을 양도하는 경우부터 적용한다.

제13조【외국법인연락사무소 자료 제출에 관한 적용례】 제94조의2제2항 및 제3항의 개정규정은 이 법 시행 이후 재화 또는 용역을 공급받는 경우부터 적용한다.

제14조【외국법인의 국내원천소득 비과세 또는 면제 등의 적용 신청에 관한 적용례】 제98조의4 및 제98조의6의 개정규정은 이 법 시행 이후 조세조약에 따른 비과세, 면제 또는 제한세율의 적용을 신청하는 경우부터 적용한다.

제15조【가상자산 거래내역 등의 제출 의무에 관한 적용례】 제120조의4의 개정규정은 2023년 1월 1일 이후 가상자산을 양도 · 대여하는 경우부터 적용한다.

제15조의2【연결납세방식의 포기 등에 관한 특례】 ① 2024년 1월 1일 당시 종전의 제2조제10호에 따른 연결자법인 외에 다른 내국법인을 제2조제10호의2의 개정규정에 따라 연결지배하고 있는 연결모법인이 2024년 1월 1일 이후 개시하는 사업연도부터 연결납세방식을 적용하지 아니하려는 경우에는 제76조의10제1항 본문을 적용할 때 "사업연도 개시일 전 3개월이 되는 날"을 "2024년 1월 1일 이후 개시하는 사업연도 개시일 이후 2개월이 되는 날"로 보며, 같은 항 단서는 적용하지 아니한다.
② 제1항에 따른 연결모법인이 같은 항에 따른 신고기한 내에 연결납세방식 적용 포기 신고를 하지 아니한 경우에는 제76조의11제1항 및 제2항의 개정규정에도 불구하고 2024년 1월 1일이 속하는 사업연도부터 연결납세방식을 적용하여야 한다. 이 경우 제76조의11제3항을 적용할 때 "변경일"은 "2024년 1월 1일 이후 개시하는 사업연도 개시일 이후 2개월이 되는 날"로 본다.
(2023.12.31 본조신설)

제16조【내국법인 수입배당금액의 익금불산입률에 관한 경과조치】 ① 내국법인의 사업연도가 이 법 시행 전에 개시하여 이 법 시행 이후 종료하는 경우 이 법 시행 전에 받은 수입배당금액의 익금불산입률에 관하여는 제18조의2 및 제18조의3의 개정규정에도 불구하고 종전의 규정에 따르고, 이 법 시행 이후 받는 수입배당금액의 익금불산입률에 관하여는 제18조의2의 개정규정에 따른다.
② 내국법인이 2023년 12월 31일까지 받는 수입배당금액에 대해서는 제18조의3의 개정규정에도 불구하고 종전의 규정에 따른 익금불산입률을 적용할 수 있다.

제17조【접대비 명칭의 변경에 관한 경과조치】 2024년 1월 1일 전에 지출한 접대비는 제25조의 개정규정에 따른 기업업무추진비로 본다.

제18조【세율에 관한 경과조치】 이 법 시행 전에 개시한 사업연도의 소득에 대한 법인세의 세율은 제55조제1항의 개정규정에도 불구하고 종전의 규정에 따른다.

제19조【외국 납부 세액 공제에 관한 경과조치】 이 법 시행 전에 외국자회사로부터 받은 수입배당금액에 대한 외국법인세액(제57조제2항에 따라 이월된 금액을 포함한다)의 공제에 관하여는 제57조제5항 및 제7항의 개정규정에도 불구하고 종전의 규정에 따른다.

제20조【외국법인에 대한 원천징수 또는 징수의 특례에 관한 경과조치】 이 법 시행 전에 이자를 지급하거나 국채등을 양도한 경우에는 제98조제2항의 개정규정에도 불구하고 종전의 규정에 따른다.

부 칙 (2023.12.31)

제1조【시행일】 이 법은 2024년 1월 1일부터 시행한다.

제2조【자본준비금 감액 배당금액의 익금산입에 관한 적용례】 제18조제8호의 개정규정은 이 법 시행 이후 자본준비금을 감액하여 받는 배당금액부터 적용한다.

제3조【내국법인 수입배당금액의 익금산입에 관한 적용례】 제18조의2제2항제6호부터 제8호까지의 개정규정은 이 법 시행 이후 다른 내국법인으로부터 받는 수입배당금액부터 적용한다.

제4조【유동화전문회사 등에 대한 소득공제에 관한 적용례】 제51조의2제2항제1호 단서 및 제75조의14제2항 단서의 개정규정은 2023년 12월 31일이 속하는 사업연도부터 적용한다.

제5조【추계에 의한 과세표준 및 세액계산의 특례에 관한 적용례】 제68조 본문의 개정규정은 이 법 시행 이후 개시하는 사업연도의 과세표준 및 세액을 추계하는 경우부터 적용한다.

제6조【연결법인별 배분금액의 정산에 관한 적용례】 제76조의19제5항의 개정규정은 이 법 시행 이후 개시하는 사업연도부터 적용한다.

제7조【조세조약상 비과세 · 면제 또는 제한세율의 적용을 위한 경정청구기간에 관한 적용례】 제98조의4제5항 본문, 제98조의5제2항 본문 및 제98조의6제4항 본문의 개정규정은 이 법 시행 당시 각각 같은 개정규정에 따른 경정청구기간이 만료되지 아니한 경우에도 적용한다.

제8조【외국인 통합계좌 원천징수 특례에 관한 적용례】 제98조의8의 개정규정은 이 법 시행 이후 외국인 통합계좌의 명의인에게 국내원천소득을 지급하는 경우부터 적용한다.

제9조【신탁소득에 대한 법인세 과세에 관한 경과조치】 이 법 시행 전에 신탁재산에 귀속된 소득에 대해서는 제5조제2항 및 제3항의 개정규정에도 불구하고 종전의 규정에 따른다.

제10조【연결자법인 변경신고기간에 관한 경과조치】 이 법 시행 전에 연결자법인 변경 사유가 발생한 경우의 신고기간에 관하여는 제76조의12제4항의 개정규정에도 불구하고 종전의 규정에 따른다.

부　칙 (2024.12.31 법20609호)

제1조 【시행일】 이 법은 2025년 1월 1일부터 시행한다.(이하 생략)

부　칙 (2024.12.31 법20613호)

제1조 【시행일】 이 법은 2025년 1월 1일부터 시행한다. 다만, 다음 각 호의 개정규정은 해당 호에서 정하는 날부터 시행한다.
1. 제98조의4제1항 전단, 제120조의4제2항 및 제124조제3호의 개정규정 : 2026년 1월 1일
2. 제5조제2항 각 호 외의 부분 전단의 개정규정 : 2025년 7월 1일

제2조 【신탁소득에 대한 법인세 과세에 관한 적용례】 제5조제2항 각 호 외의 부분 전단의 개정규정은 2025년 7월 1일이 속하는 사업연도에 신탁재산에 귀속되는 소득부터 적용한다.
제3조 【기부금의 손금불산입에 관한 적용례】 제24조제2항제1호마목의 개정규정은 이 법 시행 이후 과세표준을 신고하는 경우부터 적용한다.
제4조 【분할 시 분할법인등에 대한 과세에 관한 적용례】 제46조제2항제2호의 개정규정은 이 법 시행 이후 내국법인이 분할하는 경우부터 적용한다.
제5조 【세율에 관한 적용례】 제55조제1항의 개정규정은 이 법 시행 이후 개시하는 사업연도의 소득에 대한 법인세액을 계산하는 경우부터 적용한다.
제6조 【중간예납세액 및 연결중간예납세액의 계산에 관한 적용례】 제63조의2제1항 각 호 외의 부분 단서, 같은 조 제2항, 제76조의18제1항 각 호 외의 부분 단서 및 같은 조 제2항의 개정규정은 이 법 시행 이후 개시하는 사업연도 또는 연결사업연도의 소득에 대한 중간예납세액 또는 연결중간예납세액을 계산하는 경우부터 적용한다.
제7조 【연결법인에 대한 중소기업 관련 규정 등의 적용에 관한 적용례】 제76조의22의 개정규정은 이 법 시행 이후 개시하는 연결사업연도의 소득에 대한 법인세액을 계산하는 경우부터 적용한다.
제8조 【외국법인의 국채등 이자·양도소득 과세특례에 관한 적용례】 ① 제93조의3제3항부터 제5항까지의 개정규정은 이 법 시행 이후 소득을 지급받는 경우부터 적용한다.
② 제93조의3제6항 및 제7항의 개정규정은 이 법 시행 이후 경정을 청구하는 경우부터 적용한다.
제9조 【전자기부금영수증 발급의무에 관한 적용례】 제112조의2제4항의 개정규정은 이 법 시행 이후 기부금을 받는 경우부터 적용한다.
제10조 【외국법인에 대한 조세조약상 비과세 또는 면제 적용 신청에 관한 경과조치】 제98조의4제1항 전단의 개정규정에 따른 시행 전에 발생한 국내원천 인적용역소득에 관하여는 같은 개정규정에도 불구하고 종전의 규정에 따른다.
제11조 【가상자산 거래내역 제출에 관한 경과조치 등】 ① 이 법 시행 전에 발생한 가상자산의 거래에 관하여는 제120조의4제1항의 개정규정에도 불구하고 종전의 규정에 따른다.
② 제120조의4제2항의 개정규정은 2026년 1월 1일 이후 발생하는 거래에 관하여 가상자산사업자가 자료를 제출하지 아니하는 경우부터 적용한다.

부가가치세법

(2013년 … 7일
전부개정 , … 1873호)

개정
2013. 7.26법11944호　　201…
2014. 1. 1법12167호　　2014.
2015. 8.11법13474호(공동주택관리법)
2015.12.15법13556호　　…3호
2016. 1.19법13805호(주택법)
2016.12.20법14387호　　2017.12.19…
2018.12.24법16008호(법인세법)
2018.12.31법16101호　　2019.12.31법1…
2020.12.22법17653호
2020.12.29법17758호(국세징수)
2021.12. 8법18577호　　2022.12.31법1919…
2023.12.31법19931호　　2024.12.31법20614

제1장　총　칙

제1조 【목적】 이 법은 부가가치세의 과세(課稅) 요건 및 절차를 규정함으로써 부가가치세의 공정한 과세, 납세의무의 적정한 이행 확보 및 재정수입의 원활한 조달에 이바지함을 목적으로 한다.
제2조 【정의】 이 법에서 사용하는 용어의 뜻은 다음과 같다.
1. "재화"란 재산 가치가 있는 물건 및 권리를 말한다. 물건과 권리의 범위에 관하여 필요한 사항은 대통령령으로 정한다.
2. "용역"이란 재화 외에 재산 가치가 있는 모든 역무(役務)와 그 밖의 행위를 말한다. 용역의 범위에 관하여 필요한 사항은 대통령령으로 정한다.
3. "사업자"란 사업 목적이 영리이든 비영리이든 관계없이 사업상 독립적으로 재화 또는 용역을 공급하는 자를 말한다.
4. "간이과세자"(簡易課稅者)란 제61조제1항에 따라 직전 연도의 재화와 용역의 공급에 대한 대가(부가가치세가 포함된 대가를 말한다. 이하 "공급대가"라 한다)의 합계액이 대통령령으로 정하는 금액에 미달하는 사업자로서, 제7장에 따라 간편한 절차로 부가가치세를 신고·납부하는 개인사업자를 말한다.(2020.12.22 본호개정)
5. "일반과세자"란 간이과세자가 아닌 사업자를 말한다.
6. "과세사업"이란 부가가치세가 과세되는 재화 또는 용역을 공급하는 사업을 말한다.
7. "면세사업"이란 부가가치세가 면제되는 재화 또는 용역을 공급하는 사업을 말한다.
8. "비거주자"란 「소득세법」 제1조의2제1항제2호에 따른 비거주자를 말한다.
9. "외국법인"이란 「법인세법」 제2조제3호에 따른 외국법인을 말한다.(2018.12.24 본호개정)

제3조 【납세의무자】 ① 다음 각 호의 어느 하나에 해당하는 자로서 개인, 법인(국가·지방자치단체와 지방자치단체조합을 포함한다), 법인격이 없는 사단·재단 또는 그 밖의 단체는 이 법에 따라 부가가치세를 납부할 의무가 있다.
1. 사업자
2. 재화를 수입하는 자

② 제1항에도 불구하고 대통령령으로 정하는 신탁재산(이하 "신탁재산"이라 한다)과 관련된 재화 또는 용역을 공급하는 때에는 「신탁법」 제2조에 따른 수탁자(이하 이 조, 제3조의2, 제8조, 제10조제9항제4호, 제29조제4항, 제52조의2 및 제58조의2에서 "수탁자"라 한다)가 신탁재산별로 각각 별도의 납세의무자로서 부가가치세를 납부할 의무가 있다.(2021.12.8 본항개정)
③ 제1항 및 제2항에도 불구하고 다음 각 호의 어느 하나에 해당하는 경우에는 「신탁법」 제2조에 따른 위탁자(이하 이 조, 제3조의2, 제10조제8항, 같은 조 제9항제4호, 제29조제4항 및 제52조의2에서 "위탁자"라 한다)가 부가가치세를 납부할 의무가 있다.(2021.12.8 본문개정)
1. 신탁재산과 관련된 재화 또는 용역을 위탁자 명의로 공급하는 경우
2. 위탁자가 신탁재산을 실질적으로 지배·통제하는 경우로서 대통령령으로 정하는 경우

탁설정의 내용, 수탁자의 임무 및 신
와여 대통령령으로 정하는 경우

가 납세의무자가 되는 신탁재산에 둘
동수탁자"라 한다)가 있는 경우 공동수
연대하여 납부할 의무가 있다. 이 경우
무를 주로 처리하는 수탁자(이하 "대표
가가치세를 신고 · 납부하여야 한다.

지에서 규정한 사항 외에 신탁 관련 납세
한 사항은 대통령령으로 정한다.
설)

관련 제2차 납세의무 및 물적납세의무】 ①
수탁자가 납부하여야 하는 다음 각 호의 어
는 부가가치세 또는 강제징수비(이하 "부가가
)를 신탁재산으로 충당하여도 부족한 경우에
익자(「신탁법」 제101조에 따라 신탁이 종료되
귀속되는 자를 포함한다)는 지급받은 수익과 귀
가액을 합한 금액을 한도로 하여 그 부족한 금액
여 납부할 의무(이하 "제2차 납세의무"라 한다)를 진다.
신탁 설정일 이후에 「국세기본법」 제35조제2항에 따른 법정기일이 도래하는 부가가치세로서 해당 신탁재산과 관련하여 발생한 것
2. 제1호의 금액에 대한 강제징수 과정에서 발생한 강제징수비

② 제3조제3항에 따라 부가가치세를 납부하여야 하는 위탁자가 제1항 각 호의 어느 하나에 해당하는 부가가치세등을 체납한 경우로서 그 위탁자의 다른 재산에 대하여 강제징수를 하여도 징수할 금액에 미치지 못할 때에는 해당 신탁재산의 수탁자는 그 신탁재산으로써 이 법에 따라 위탁자의 부가가치세등을 납부할 의무(이하 "물적납세의무"라 한다)가 있다.

③ 제1항 및 제2항에서 정한 사항 외에 제2차 납세의무 및 물적납세의무의 적용에 필요한 사항은 대통령령으로 정한다.
(2020.12.22 본조개정)

제4조【과세대상】 부가가치세는 다음 각 호의 거래에 대하여 과세한다.
1. 사업자가 행하는 재화 또는 용역의 공급
2. 재화의 수입

제5조【과세기간】 ① 사업자에 대한 부가가치세의 과세기간은 다음 각 호와 같다.
1. 간이과세자 : 1월 1일부터 12월 31일까지
2. 일반과세자

구분	과세기간
제1기	1월 1일부터 6월 30일까지
제2기	7월 1일부터 12월 31일까지

② 신규로 사업을 시작하는 자에 대한 최초의 과세기간은 사업개시일부터 그 날이 속하는 과세기간의 종료일까지로 한다. 다만, 제8조제1항 단서에 따라 사업개시일 이전에 사업자등록을 신청한 경우에는 그 신청한 날부터 그 신청일이 속하는 과세기간의 종료일까지로 한다.

③ 사업자가 폐업하는 경우의 과세기간은 폐업일이 속하는 과세기간의 개시일부터 폐업일까지로 한다. 이 경우 폐업일의 기준은 대통령령으로 정한다.

④ 제1항제1호에도 불구하고 제62조제1항 및 제2항에 따라 간이과세자에 관한 규정이 적용되거나 적용되지 아니하게 되어 일반과세자가 간이과세자로 변경되거나 간이과세자가 일반과세자로 변경되는 경우 그 변경되는 해에 간이과세자에 관한 규정이 적용되는 기간의 부가가치세의 과세기간은 다음 각 호의 구분에 따른 기간으로 한다.
1. 일반과세자가 간이과세자로 변경되는 경우 : 그 변경 이후 7월 1일부터 12월 31일까지
2. 간이과세자가 일반과세자로 변경되는 경우 : 그 변경 이전 1월 1일부터 6월 30일까지

(2014.1.1 본항신설)

⑤ 간이과세자가 제70조에 따라 간이과세자에 관한 규정의 적용을 포기함으로써 일반과세자로 되는 경우 다음 각 호의 기간을 각각 하나의 과세기간으로 한다. 이 경우 제1호의 기간은 간이과세자의 과세기간으로, 제2호의 기간은 일반과세자의 과세기간으로 한다.
1. 제70조제1항에 따른 간이과세의 적용 포기의 신고일이 속하는 과세기간의 개시일부터 그 신고일이 속하는 달의 마지막 날까지의 기간
2. 제1호에 따른 신고일이 속하는 달의 다음 달 1일부터 그 날이 속하는 과세기간의 종료일까지의 기간

제6조【납세지】 ① 사업자의 부가가치세 납세지는 각 사업장의 소재지로 한다.

② 제1항에 따른 사업장은 사업자가 사업을 하기 위하여 거래의 전부 또는 일부를 하는 고정된 장소로 하며, 사업장의 범위에 관하여 필요한 사항은 대통령령으로 정한다.

③ 사업자가 제2항에 따른 사업장을 두지 아니하면 사업자의 주소 또는 거소(居所)를 사업장으로 한다.

④ 제1항에도 불구하고 제8조제3항 후단에 따른 사업자 단위 과세 사업자는 각 사업장을 대신하여 그 사업자의 본점 또는 주사무소의 소재지를 부가가치세 납세지로 한다.

⑤ 다음 각 호의 장소는 사업장으로 보지 아니한다.
1. 재화를 보관하고 관리할 수 있는 시설만 갖춘 장소로서 대통령령으로 정하는 바에 따라 하치장(荷置場)으로 신고된 장소
2. 각종 경기대회나 박람회 등 행사가 개최되는 장소에 개설한 임시사업장으로서 대통령령으로 정하는 바에 따라 신고된 장소

⑥ 재화를 수입하는 자의 부가가치세 납세지는 「관세법」에 따라 수입을 신고하는 세관의 소재지로 한다.

제7조【과세 관할】 ① 사업자에 대한 부가가치세는 제6조제1항부터 제5항까지의 규정에 따른 납세지를 관할하는 세무서장 또는 지방국세청장이 과세한다.

② 재화를 수입하는 자에 대한 부가가치세는 제6조제6항에 따른 납세지를 관할하는 세관장이 과세한다.

제8조【사업자등록】 ① 사업자는 사업장마다 대통령령으로 정하는 바에 따라 사업 개시일부터 20일 이내에 사업장 관할 세무서장에게 사업자등록을 신청하여야 한다. 다만, 신규로 사업을 시작하려는 자는 사업 개시일 이전이라도 사업자등록을 신청할 수 있다.

② 사업자는 제1항에 따른 사업자등록의 신청을 사업장 관할 세무서장이 아닌 다른 세무서장에게도 할 수 있다. 이 경우 사업장 관할 세무서장에게 사업자등록을 신청한 것으로 본다.

③ 제1항에도 불구하고 사업장이 둘 이상인 사업자(사업장이 하나이나 추가로 사업장을 개설하려는 사업자를 포함한다)는 사업자 단위로 해당 사업자의 본점 또는 주사무소 관할 세무서장에게 등록을 신청할 수 있다. 이 경우 등록한 사업자를 사업자 단위 과세 사업자라 한다.(2018.12.31 전단개정)

④ 제1항에 따라 사업장 단위로 등록한 사업자가 제3항에 따라 사업자 단위 과세 사업자로 변경하려면 사업자 단위 과세 사업자로 적용받으려는 과세기간 개시 20일 전까지 사업자의 본점 또는 주사무소 관할 세무서장에게 변경등록을 신청하여야 한다. 사업자 단위 과세 사업자가 사업장 단위로 등록을 하려는 경우에도 또한 같다.

⑤ 제4항 전단에도 불구하고 사업장이 하나인 사업자가 추가로 사업장을 개설하면서 추가 사업장의 사업 개시일이 속하는 과세기간부터 사업자 단위 과세 사업자로 적용받으려는 경우에는 추가 사업장의 사업 개시일부터 20일 이내(추가 사업장의 사업 개시일이 속하는 과세기간 이내로 한정한다)에 사업자의 본점 또는 주사무소 관할 세무서장에게 변경등록을 신청하여야 한다.(2018.12.31 본항신설)

⑥ 제3조제2항에 따라 수탁자가 납세의무자가 되는 경우 수탁자(공동수탁자가 있는 경우 대표수탁자를 말한다)는 해당 신탁재산을 사업장으로 보아 대통령령으로 정하는 바에 따라 제1항에 따른 사업자등록을 신청하여야 한다.(2020.12.22 본항신설)

⑦ 제1항부터 제6항까지의 규정에 따라 신청을 받은 사업장 관할 세무서장(제3항부터 제5항까지의 규정에서는 본점 또는 주사무소 관할 세무서장을 말한다. 이하 이 조에서 같다)은 사업자등록을 하고, 대통령령으로 정하는 바에 따라 등록된 사업자

에게 등록번호가 부여된 등록증(이하 "사업자등록증"이라 한다)을 발급하여야 한다.(2020.12.22 본항개정)
⑧ 제7항에 따라 등록한 사업자는 휴업 또는 폐업을 하거나 등록사항이 변경되면 대통령령으로 정하는 바에 따라 지체 없이 사업장 관할 세무서장에게 신고하여야 한다. 제1항 단서에 따라 등록을 신청한 자가 사실상 사업을 시작하지 아니하게 되는 경우에도 또한 같다.(2020.12.22 전단개정)
⑨ 사업장 관할 세무서장은 제7항에 따라 등록된 사업자가 다음 각 호의 어느 하나에 해당하면 지체 없이 사업자등록을 말소하여야 한다.(2020.12.22 본문개정)
1. 폐업(사실상 폐업한 경우로서 대통령령으로 정하는 경우를 포함한다)한 경우(2023.12.31 본호개정)
2. 제1항 단서에 따라 등록신청을 하고 사실상 사업을 시작하지 아니하게 되는 경우로서 대통령령으로 정하는 경우(2023.12.31 본호개정)
⑩ 사업장 관할 세무서장은 필요하다고 인정하면 대통령령으로 정하는 바에 따라 사업자등록증을 갱신하여 발급할 수 있다.
⑪ 개별소비세 또는 교통·에너지·환경세의 납세의무가 있는 사업자가 「개별소비세법」 또는 「교통·에너지·환경세법」에 따라 다음 각 호의 구분에 따른 신고를 한 경우에는 해당 각 호의 구분에 따른 등록신청 또는 신고를 한 것으로 본다.
1. 「개별소비세법」 제21조제1항 전단 또는 「교통·에너지·환경세법」 제18조제1항 전단에 따른 개업 신고를 한 경우 : 제1항 및 제2항에 따른 사업자 등록의 신청
2. 「개별소비세법」 제21조제1항 후단 또는 「교통·에너지·환경세법」 제18조제1항 후단에 따른 휴업·폐업·변경 신고를 한 경우 : 제8항에 따른 해당 휴업·폐업 신고 또는 등록사항 변경 신고(2020.12.22 본호개정)
3. 「개별소비세법」 제21조제2항 및 제3항 또는 「교통·에너지·환경세법」 제18조제3항 및 제4항에 따른 사업자단위과세사업자 신고를 한 경우 : 제3항에 따른 사업자 단위 과세 사업자 등록 신청 또는 제4항에 따른 사업자 단위 과세 사업자 변경등록 신청
4. 「개별소비세법」 제21조제4항 및 제5항 또는 「교통·에너지·환경세법」 제18조제2항에 따른 양수, 상속, 합병 신고를 한 경우 : 제8항에 따른 등록사항 변경 신고(2020.12.22 본호개정)
(2014.12.23 본항개정)
⑫ 제1항부터 제11항까지에서 규정한 사항 외에 사업자등록, 사업자등록증 발급, 등록사항의 변경 및 등록의 말소 등에 필요한 사항은 대통령령으로 정한다.(2020.12.22 본항개정)

제2장 과세거래

제1절 과세대상 거래

제9조【재화의 공급】 ① 재화의 공급은 계약상 또는 법률상의 모든 원인에 따라 재화를 인도(引渡)하거나 양도(讓渡)하는 것으로 한다.
② 제1항에 따른 재화의 공급의 범위에 관하여 필요한 사항은 대통령령으로 정한다.
제10조【재화 공급의 특례】 ① 사업자가 자기의 과세사업과 관련하여 생산하거나 취득한 재화로서 다음 각 호의 어느 하나에 해당하는 재화(이하 이 조에서 "자기생산·취득재화"라 한다)를 자기의 면세사업 및 부가가치세가 과세되지 아니하는 재화 또는 용역을 공급하는 사업(이하 "면세사업등"이라 한다)을 위하여 직접 사용하거나 소비하는 것은 재화의 공급으로 본다.(2023.12.31 본문개정)
1. 제38조에 따른 매입세액, 그 밖에 이 법 및 다른 법률에 따른 매입세액이 공제된 재화
2. 제9항제2호에 따른 사업양도로 취득한 재화로서 사업양도자가 제38조에 따른 매입세액, 그 밖에 이 법 및 다른 법률에 따른 매입세액을 공제받은 재화(2018.12.31 본호개정)
3. 제21조제2항제3호에 따른 수출에 해당하여 영(零) 퍼센트의 세율을 적용받는 재화(2018.12.31 본호신설)
② 다음 각 호의 어느 하나에 해당하는
사용 또는 소비는 재화의 공급으로 본
1. 사업자가 자기생산·취득재화를 제39
매입세액이 매출세액에서 공제되지 아니하
제1조제2항제3호에 따른 자동차로 사용 또
자동차의 유지를 위하여 사용 또는 소비하
2. 운수업, 자동차 판매업 등 대통령령으로 정하
을 경영하는 사업자가 자기생산·취득재화 중
법」 제1조제2항제3호에 따른 자동차와 그 자동
위한 재화를 해당 업종에 직접 영업으로 사용하지
다른 용도로 사용하는 것
(2014.1.1 본항개정)
③ 사업장이 둘 이상인 사업자가 자기의 사업과 관련하여
또는 취득한 재화를 판매할 목적으로 자기의 다른 사업장
출하는 것은 재화의 공급으로 본다. 다만, 다음 각 호의 어
하나에 해당하는 경우는 재화의 공급으로 보지 아니한다.
1. 사업자가 제8조제3항 후단에 따른 사업자 단위 과세 사업자로 적용을 받는 과세기간에 자기의 다른 사업장에 반출하는 경우
2. 사업자가 제51조에 따라 주사업장 총괄 납부의 적용을 받는 과세기간에 자기의 다른 사업장에 반출하는 경우. 다만, 제32조에 따른 세금계산서를 발급하고 제48조 또는 제49조에 따라 관할 세무서장에게 신고한 경우는 제외한다.
④ 사업자가 자기생산·취득재화를 사업과 직접적인 관계없이 자기의 개인적인 목적이나 그 밖의 다른 목적을 위하여 사용·소비하거나 그 사용인 또는 그 밖의 자가 사용·소비하는 것으로서 사업자가 그 대가를 받지 아니하거나 시가보다 낮은 대가를 받는 경우는 재화의 공급으로 본다. 이 경우 사업자가 실비변상적이거나 복리후생적인 목적으로 그 사용인에게 대가를 받지 아니하거나 시가보다 낮은 대가를 받고 제공하는 것으로서 대통령령으로 정하는 경우는 재화의 공급으로 보지 아니한다.(2018.12.31 후단신설)
⑤ 사업자가 자기생산·취득재화를 자기의 고객이나 불특정 다수에게 증여하는 경우(증여하는 재화의 대가가 주된 거래인 재화의 공급에 대한 대가에 포함되는 경우는 제외한다)는 재화의 공급으로 본다. 다만, 사업자가 사업을 위하여 증여하는 것으로서 대통령령으로 정하는 것은 재화의 공급으로 보지 아니한다.
⑥ 사업자가 폐업할 때 자기생산·취득재화 중 남아 있는 재화는 자기에게 공급하는 것으로 본다. 제8조제1항 단서에 따라 사업 개시일 이전에 사업자등록을 신청한 자가 사실상 사업을 시작하지 아니하게 되는 경우에도 또한 같다.
⑦ 위탁매매 또는 대리인에 의한 매매를 할 때에는 위탁자 또는 본인이 직접 재화를 공급하거나 공급받은 것으로 본다. 다만, 위탁자 또는 본인을 알 수 없는 경우로서 대통령령으로 정하는 경우에는 수탁자 또는 대리인에게 재화를 공급하거나 수탁자 또는 대리인으로부터 재화를 공급받은 것으로 본다.
⑧ 「신탁법」 제10조에 따라 위탁자의 지위가 이전되는 경우에는 기존 위탁자가 새로운 위탁자에게 신탁재산을 공급한 것으로 본다. 다만, 신탁재산에 대한 실질적인 소유권의 변동이 있다고 보기 어려운 경우로서 대통령령으로 정하는 경우에는 신탁재산의 공급으로 보지 아니한다.(2021.12.8 본항신설)
⑨ 다음 각 호의 어느 하나에 해당하는 것은 재화의 공급으로 보지 아니한다.
1. 재화를 담보로 제공하는 것으로서 대통령령으로 정하는 것
2. 사업을 양도하는 것으로서 대통령령으로 정하는 것. 다만, 제52조제4항에 따라 그 사업을 양수받는 자가 대가를 지급하는 때에 그 대가를 받은 자로부터 부가가치세를 징수하여 납부한 경우는 제외한다.(2014.1.1 단서신설)
3. 법률에 따라 조세를 물납(物納)하는 것으로서 대통령령으로 정하는 것
4. 신탁재산의 소유권 이전으로서 다음 각 목의 어느 하나에 해당하는 것
가. 위탁자로부터 수탁자에게 신탁재산을 이전하는 경우
나. 신탁의 종료로 인하여 수탁자로부터 위탁자에게 신탁재산을 이전하는 경우

새로운 수탁자에게 신탁재산을 이전

)

지에서 규정된 사항 외에 재화 공급의 특
사항은 대통령령으로 정한다.(2017.12.19

공급】 ① 용역의 공급은 계약상 또는 법률상
르는 것으로서 다음 각 호의 어느 하나에 해당

는 것
재화를 사용하게 하는 것
역의 공급의 범위에 관하여 필요한 사항은
다.

급의 특례】 ① 사업자가 자신의 용역을 자기
대가를 받지 아니하고 공급함으로써 다른 사
평이 침해되는 경우에는 자기에게 용역을 공
으로 본다. 이 경우 그 용역의 범위는 대통령령으로

대가를 받지 아니하고 타인에게 용역을 공급하는
사업자 공급으로 보지 아니한다. 다만, 사업자가 대통령
것으로 정하는 특수관계인(이하 "특수관계인"이라 한다)에게
부동산의 임대용역 등 대통령령으로 정하는 용역을 공
는 것은 용역의 공급으로 본다.
고용관계에 따라 근로를 제공하는 것은 용역의 공급으로 보
지 아니한다.

④ 제1항부터 제3항까지에서 규정된 사항 외에 용역의 공급에 관하여 필요한 사항은 대통령령으로 정한다.

제13조【재화의 수입】 재화의 수입은 다음 각 호의 어느 하나에 해당하는 물품을 국내에 반입하는 것〔대통령령으로 정하는 보세구역(이하 이 조에서 "보세구역"이라 한다)을 거치는 것은 보세구역에서 반입하는 것을 말한다〕으로 한다.

1. 외국으로부터 국내에 도착한 물품〔외국 선박에 의하여 공해(公海)에서 채집되거나 잡힌 수산물을 포함한다〕으로서 수입신고가 수리(受理)되기 전의 것
2. 수출신고가 수리된 물품〔수출신고가 수리된 물품으로서 선적(船積)되지 아니한 물품을 보세구역에서 반입하는 경우는 제외한다〕

제14조【부수 재화 및 부수 용역의 공급】 ① 주된 재화 또는 용역의 공급에 부수되어 공급되는 것으로서 다음 각 호의 어느 하나에 해당하는 재화 또는 용역의 공급은 주된 재화 또는 용역의 공급에 포함되는 것으로 본다.

1. 해당 대가가 주된 재화 또는 용역의 공급에 대한 대가에 통상적으로 포함되어 공급되는 재화 또는 용역
2. 거래의 관행으로 보아 통상적으로 주된 재화 또는 용역의 공급에 부수하여 공급되는 것으로 인정되는 재화 또는 용역

② 주된 사업에 부수되는 다음 각 호의 어느 하나에 해당하는 재화 또는 용역의 공급은 별도의 공급으로 보되, 과세 및 면세 여부 등은 주된 사업의 과세 및 면세 여부 등을 따른다.

1. 주된 사업과 관련하여 우연히 또는 일시적으로 공급되는 재화 또는 용역
2. 주된 사업과 관련하여 주된 재화의 생산 과정이나 용역의 제공 과정에서 필연적으로 생기는 재화

제2절 공급시기와 공급장소

제15조【재화의 공급시기】 ① 재화가 공급되는 시기는 다음 각 호의 구분에 따른 때로 한다. 이 경우 구체적인 거래 형태에 따른 재화의 공급시기에 관하여 필요한 사항은 대통령령으로 정한다.

1. 재화의 이동이 필요한 경우 : 재화가 인도되는 때
2. 재화의 이동이 필요하지 아니한 경우 : 재화가 이용가능하게 되는 때
3. 제1호와 제2호를 적용할 수 없는 경우 : 재화의 공급이 확정되는 때

② 제1항에도 불구하고 할부 또는 조건부로 재화를 공급하는 경우 등의 재화의 공급시기는 대통령령으로 정한다.

제16조【용역의 공급시기】 ① 용역이 공급되는 시기는 다음 각 호의 어느 하나에 해당하는 때로 한다.

1. 역무의 제공이 완료되는 때
2. 시설물, 권리 등 재화가 사용되는 때

② 제1항에도 불구하고 할부 또는 조건부로 용역을 공급하는 경우 등의 용역의 공급시기는 대통령령으로 정한다.

제17조【재화 및 용역의 공급시기의 특례】 ① 사업자가 제15조 또는 제16조에 따른 재화 또는 용역의 공급시기(이하 이 조에서 "재화 또는 용역의 공급시기"라 한다)가 되기 전에 재화 또는 용역에 대한 대가의 전부 또는 일부를 받고, 그 받은 대가에 대하여 제32조에 따른 세금계산서 또는 제36조에 따른 영수증을 발급하면 그 세금계산서 등을 발급하는 때를 각각 그 재화 또는 용역의 공급시기로 본다.(2017.12.19 본항개정)

② 사업자가 재화 또는 용역의 공급시기가 되기 전에 제32조에 따른 세금계산서를 발급하고 그 세금계산서 발급일부터 7일 이내에 대가를 받으면 해당 세금계산서를 발급한 때를 재화 또는 용역의 공급시기로 본다.

③ 제2항에도 불구하고 다음 각 호의 어느 하나에 해당하는 경우에는 재화 또는 용역을 공급하는 사업자가 그 재화 또는 용역의 공급시기가 되기 전에 제32조에 따른 세금계산서를 발급하고 그 세금계산서 발급일부터 7일이 지난 후 대가를 받더라도 해당 세금계산서를 발급한 때를 재화 또는 용역의 공급시기로 본다.(2021.12.8 본문개정)

1. 거래 당사자 간의 계약서·약정서 등에 대금 청구시기(세금계산서 발급일을 말한다)와 지급시기를 따로 적고, 대금 청구시기와 지급시기 사이의 기간이 30일 이내인 경우
2. 재화 또는 용역의 공급시기가 세금계산서 발급일이 속하는 과세기간 내(공급받는 자가 제59조제2항에 따라 조기환급을 받은 경우에는 세금계산서 발급일부터 30일 이내)에 도래하는 경우(2021.12.8 본호개정)

(2018.12.31 본항개정)

④ 사업자가 할부로 재화 또는 용역을 공급하는 경우 등으로서 대통령령으로 정하는 경우의 공급시기가 되기 전에 제32조에 따른 세금계산서 또는 제36조에 따른 영수증을 발급하는 경우에는 그 발급한 때를 각각 그 재화 또는 용역의 공급시기로 본다.

제18조【재화의 수입시기】 재화의 수입시기는 「관세법」에 따른 수입신고가 수리된 때로 한다.

제19조【재화의 공급장소】 ① 재화가 공급되는 장소는 다음 각 호의 구분에 따른 곳으로 한다.

1. 재화의 이동이 필요한 경우 : 재화의 이동이 시작되는 장소
2. 재화의 이동이 필요하지 아니한 경우 : 재화가 공급되는 시기에 재화가 있는 장소

② 제1항에서 규정한 사항 외의 재화가 공급되는 장소에 관하여 필요한 사항은 대통령령으로 정한다.

제20조【용역의 공급장소】 ① 용역이 공급되는 장소는 다음 각 호의 어느 하나에 해당하는 곳으로 한다.

1. 역무가 제공되거나 시설물, 권리 등 재화가 사용되는 장소
2. 국내 및 국외에 걸쳐 용역이 제공되는 국제운송의 경우 사업자가 비거주자 또는 외국법인이면 여객이 탑승하거나 화물이 적재되는 장소
3. 제53조의2제1항에 따른 전자적 용역의 경우 용역을 공급받는 자의 사업장 소재지, 주소지 또는 거소지(2020.12.22 본호신설)

② 제1항에서 규정한 사항 외의 용역이 공급되는 장소에 관하여 필요한 사항은 대통령령으로 정한다.

제3장 영세율과 면세

제1절 영세율의 적용

제21조【재화의 수출】 ① 재화의 공급이 수출에 해당하면 그 재화의 공급에 대하여는 30조에도 불구하고 영(零) 퍼센트의 세율(이하 "영세율"이라 한다)을 적용한다.

② 제1항에 따른 수출은 다음 각 호의 것으로 한다.

1. 내국물품(대한민국 선박에 의하여 채집되거나 잡힌 수산물을 포함한다)을 외국으로 반출하는 것
2. 중계무역 방식의 거래 등 대통령령으로 정하는 것으로서 국내 사업장에서 계약과 대가 수령 등 거래가 이루어지는 것
3. 기획재정부령으로 정하는 내국신용장 또는 구매확인서에 의하여 재화〔금지금(金地金)은 제외한다〕를 공급하는 것 등으로서 대통령령으로 정하는 것

제22조【용역의 국외공급】 국외에서 공급하는 용역에 대하여는 제30조에도 불구하고 영세율을 적용한다.

제23조【외국항행용역의 공급】 ① 선박 또는 항공기에 의한 외국항행용역의 공급에 대하여는 제30조에도 불구하고 영세율을 적용한다.
② 제1항에 따른 외국항행용역은 선박 또는 항공기에 의하여 여객이나 화물을 국내에서 국외로, 국외에서 국내로 또는 국외에서 국외로 수송하는 것을 말하며, 외국항행사업자가 자기의 사업에 부수하여 공급하는 재화 또는 용역으로서 대통령령으로 정하는 것을 포함한다.
③ 제1항에 따른 외국항행용역의 범위에 관하여 필요한 사항은 대통령령으로 정한다.

제24조【외화 획득 재화 또는 용역의 공급 등】 ① 제21조부터 제23조까지의 규정에 따른 재화 또는 용역의 공급 외에 외화를 획득하기 위한 재화 또는 용역의 공급으로서 다음 각 호의 어느 하나에 해당하는 경우에는 제30조에도 불구하고 영세율을 적용한다.
1. 우리나라에 상주하는 외교공관, 영사기관(명예영사관원을 장으로 하는 영사기관은 제외한다), 국제연합과 이에 준하는 국제기구(우리나라가 당사국인 조약과 그 밖의 국내법령에 따라 특권과 면제를 부여받을 수 있는 경우만 해당한다) 등(이하 이 조에서 "외교공관등"이라 한다)에 재화 또는 용역을 공급하는 경우
2. 외교공관등의 소속 직원으로서 해당 국가로부터 공무원 신분을 부여받은 자 또는 외교부장관으로부터 이에 준하는 신분임을 확인받은 자 중 내국인이 아닌 자에게 대통령령으로 정하는 방법에 따라 재화 또는 용역을 공급하는 경우
3. 그 밖에 외화를 획득하는 재화 또는 용역의 공급으로서 대통령령으로 정하는 경우
② 제1항에 따른 외화 획득의 증명에 필요한 사항은 대통령령으로 정한다.

제25조【영세율에 대한 상호주의 적용】 ① 제21조부터 제24조까지의 규정을 적용할 때 사업자가 비거주자 또는 외국법인이면 그 해당 국가에서 대한민국의 거주자(「소득세법」 제1조의2제1항제1호의 거주자를 말한다. 이하 같다) 또는 내국법인(「법인세법」 제2조제1호에 따른 내국법인을 말한다)에 대하여 동일하게 면세하는 경우에만 영세율을 적용한다.(2018.12.24 본항개정)
② 사업자가 제24조제1항제2호에 따라 재화 또는 용역을 공급하는 경우에는 해당 외국에서 대한민국의 외교공관 및 영사기관 등의 직원에게 공급하는 재화 또는 용역에 대하여 동일하게 면세하는 경우에만 영세율을 적용한다.
③ 제1항 및 제2항에서 "동일하게 면세하는 경우"는 해당 외국의 조세로서 우리나라의 부가가치세 또는 이와 유사한 성질의 조세를 면세하는 경우와 그 외국에 우리나라의 부가가치세 또는 이와 유사한 성질의 조세가 없는 경우로 한다.

제2절 면 세

제26조【재화 또는 용역의 공급에 대한 면세】 ① 다음 각 호의 재화 또는 용역의 공급에 대하여는 부가가치세를 면제한다.
1. 가공되지 아니한 식료품〔식용(食用)으로 제공되는 농산물, 축산물, 수산물과 임산물을 포함한다〕 및 우리나라에서 생산되어 식용으로 제공되지 아니하는 농산물, 축산물, 수산물과 임산물로서 대통령령으로 정하는 것
2. 수돗물
3. 연탄과 무연탄
4. 여성용 생리 처리 위생용품
5. 의료보건 용역(수의사의 용역을 포함한다 … 으로 정하는 것과 혈액(치료 · 예방 · 진단 … 동물의 혈액을 포함한다)(2024.12.31 본호개정)
6. 교육 용역으로서 대통령령으로 정하는 것
7. 여객운송 용역. 다만, 다음 각 목의 어느 하나에 … 객운송 용역으로서 대통령령으로 정하는 것은 제… (2018.12.31 단서개정)
가. 항공기, 고속버스, 전세버스, 택시, 특수자동차, … (特種船舶) 또는 고속철도에 의한 여객운송 용역 (2018.12.31 본목신설)
나. 삭도, 유람선 등 관광 또는 유흥 목적의 운송수단에 … 여객운송 용역(2018.12.31 본목신설)
8. 도서(도서대여 및 실내 도서열람 용역을 포함한다), 신문, … 지, 관보(官報), 「뉴스통신 진흥에 관한 법률」에 따른 뉴스… 신 및 방송으로서 대통령령으로 정하는 것… 광고는 … 외한다.(2022.12.31 본문개정)
9. 우표(수집용 우표는 제외한다), 인지(印紙), 증지(證紙), 복… 권 및 공중전화
10. 「담배사업법」 제2조에 따른 담배로서 다음 각 … 하나에 해당하는 것
가. 「담배사업법」 제18조제1항에 따른 판매가격이 대통령령으로 정하는 금액 이하인 것
나. 「담배사업법」 제19조에 따른 특수용담배로서 대통령령으로 정하는 것
11. 금융 · 보험 용역으로서 대통령령으로 정하는 것
12. 주택과 이에 부수되는 토지의 임대 용역으로서 대통령령으로 정하는 것
13. 「공동주택관리법」 제18조제2항에 따른 관리규약에 따라 같은 법 제2조제1항제10호에 따른 관리주체 또는 같은 법 제2조제1항제8호에 따른 입주자대표회의가 제공하는 「주택법」 제2조제14호에 따른 복리시설인 공동주택 어린이집의 임대 용역(2016.1.19 본호개정)
14. 토지
15. 저술가 · 작곡가나 그 밖의 자가 직업상 제공하는 인적(人的) 용역으로서 대통령령으로 정하는 것
16. 예술창작품, 예술행사, 문화행사 또는 아마추어 운동경기로서 대통령령으로 정하는 것
17. 도서관, 과학관, 박물관, 미술관, 동물원, 식물원, 그 밖에 대통령령으로 정하는 곳에 입장하게 하는 것
18. 종교, 자선, 학술, 구호(救護), 그 밖의 공익을 목적으로 하는 단체가 공급하는 재화 또는 용역으로서 대통령령으로 정하는 것
19. 국가, 지방자치단체 또는 지방자치단체조합이 공급하는 재화 또는 용역으로서 대통령령으로 정하는 것
20. 국가, 지방자치단체, 지방자치단체조합 또는 대통령령으로 정하는 공익단체에 무상(無償)으로 공급하는 재화 또는 용역
② 제1항에 따라 면세되는 재화 또는 용역의 공급에 통상적으로 부수되는 재화 또는 용역의 공급은 그 면세되는 재화 또는 용역의 공급에 포함되는 것으로 본다.

제27조【재화의 수입에 대한 면세】 다음 각 호에 해당하는 재화의 수입에 대하여는 부가가치세를 면제한다.
1. 가공되지 아니한 식료품(식용으로 제공되는 농산물, 축산물, 수산물 및 임산물을 포함한다)으로서 대통령령으로 정하는 것
2. 도서, 신문 및 잡지로서 대통령령으로 정하는 것
3. 학술연구단체, 교육기관, 「한국교육방송공사법」에 따른 한국교육방송공사 또는 문화단체가 과학용 · 교육용 · 문화용으로 수입하는 재화로서 대통령령으로 정하는 것
4. 종교의식, 자선, 구호, 그 밖의 공익을 목적으로 외국으로부터 종교단체 · 자선단체 또는 구호단체에 기증되는 재화로서 대통령령으로 정하는 것
5. 외국으로부터 국가, 지방자치단체 또는 지방자치단체조합에 기증되는 재화
6. 거주자가 받는 소액물품으로서 관세가 면제되는 재화

7. 이사, 이민 또는 상속으로 인하여 수입하는 재화로서 관세가 면제되거나 「관세법」 제81조제1항에 따른 간이세율이 적용되는 재화
8. 여행자의 휴대품, 별송(別送) 물품 및 우송(郵送) 물품으로서 관세가 면제되거나 「관세법」 제81조제1항에 따른 간이세율이 적용되는 재화
9. 수입하는 상품의 견본과 광고용 물품으로서 관세가 면제되는 재화
10. 국내에서 열리는 박람회, 전시회, 품평회, 영화제 또는 이와 유사한 행사에 출품하기 위하여 무상으로 수입하는 물품으로서 관세가 면제되는 재화
11. 조약·국제법규 또는 국제관습에 따라 관세가 면제되는 재화로서 대통령령으로 정하는 것
12. 수출된 후 다시 수입하는 재화로서 관세가 감면되는 것 중 대통령령으로 정하는 것. 다만, 관세가 경감(輕減)되는 경우에는 경감되는 비율만큼만 면제한다.
13. 다시 수출하는 조건으로 일시 수입하는 재화로서 관세가 감면되는 것 중 대통령령으로 정하는 것. 다만, 관세가 경감되는 경우에는 경감되는 비율만큼만 면제한다.
14. 제26조제1항제10호에 따른 담배
15. 제6호부터 제13호까지의 규정에 따른 재화 외에 관세가 무세(無稅)이거나 감면되는 재화로서 대통령령으로 정하는 것. 다만, 관세가 경감되는 경우에는 경감되는 비율만큼만 면제한다.

제28조【면세의 포기】 ① 사업자는 제26조 또는 「조세특례제한법」 제106조 등에 따라 부가가치세가 면제되는 재화 또는 용역의 공급으로서 다음 각 호에 해당하는 것에 대하여는 대통령령으로 정하는 바에 따라 면세의 포기를 신고하여 부가가치세의 면제를 받지 아니할 수 있다.
1. 제21조부터 제24조까지의 규정에 따라 영세율의 적용 대상이 되는 것
2. 제26조제1항제12호·제15호 및 제18호에 따른 재화 또는 용역의 공급

② 제1항에 따라 면세의 포기를 신고한 사업자는 신고한 날부터 3년간 부가가치세를 면제받지 못한다.
③ 제1항에 따라 면세의 포기를 신고한 사업자가 제2항의 기간이 지난 뒤 부가가치세를 면제받으려면 대통령령으로 정하는 바에 따라 면세적용신고서를 제출하여야 하며, 면세적용신고서를 제출하지 아니하면 계속하여 면세를 포기한 것으로 본다.
④ 제1항에 따른 면세의 포기 절차에 관하여 필요한 사항은 대통령령으로 정한다.

제4장 과세표준과 세액의 계산

제1절 과세표준과 세율

제29조【과세표준】 ① 재화 또는 용역의 공급에 대한 부가가치세의 과세표준은 해당 과세기간에 공급한 재화 또는 용역의 공급가액을 합한 금액으로 한다.
② 재화의 수입에 대한 부가가치세의 과세표준은 그 재화에 대한 관세의 과세가격과 관세, 개별소비세, 주세, 교육세, 농어촌특별세 및 교통·에너지·환경세를 합한 금액으로 한다.
③ 제1항의 공급가액은 다음 각 호의 가액을 말한다. 이 경우 대금, 요금, 수수료, 그 밖에 어떤 명목이든 상관없이 재화 또는 용역을 공급받는 자로부터 받는 금전적 가치 있는 모든 것을 포함하되, 부가가치세는 포함하지 아니한다.
1. 금전으로 대가를 받는 경우 : 그 대가. 다만, 그 대가를 외국통화나 그 밖의 외국환으로 받은 경우에는 대통령령으로 정한 바에 따라 환산한 가액
2. 금전 외의 대가를 받는 경우 : 자기가 공급한 재화 또는 용역의 시가
3. 폐업하는 경우 : 폐업 시 남아 있는 재화의 시가
4. 제10조제1항·제2항·제4항·제5항 및 제12조제1항에 따라 재화 또는 용역을 공급한 것으로 보는 경우 : 자기가 공급한 재화 또는 용역의 시가
5. 제10조제3항에 따라 재화를 공급하는 것으로 보는 경우 : 해당 재화의 취득가액 등을 기준으로 대통령령으로 정하는 가액
6. 외상거래, 할부거래, 대통령령으로 정하는 마일리지 등으로 대금의 전부 또는 일부를 결제하는 거래 등 그 밖의 방법으로 재화 또는 용역을 공급하는 경우 : 공급 형태 등을 고려하여 대통령령으로 정하는 가액(2017.12.19 본호개정)

④ 제3항에도 불구하고 특수관계인에 대한 재화 또는 용역(수탁자가 위탁자의 특수관계인에게 공급하는 신탁재산과 관련된 재화 또는 용역을 포함한다)의 공급이 다음 각 호의 어느 하나에 해당하는 경우로서 조세의 부담을 부당하게 감소시킬 것으로 인정되는 경우에는 공급한 재화 또는 용역의 시가를 공급가액으로 본다.(2021.12.8 본문개정)
1. 재화의 공급에 대하여 부당하게 낮은 대가를 받거나 아무런 대가를 받지 아니한 경우
2. 용역의 공급에 대하여 부당하게 낮은 대가를 받는 경우
3. 용역의 공급에 대하여 대가를 받지 아니하는 경우로서 제12조제2항 단서가 적용되는 경우

⑤ 다음 각 호의 금액은 공급가액에 포함하지 아니한다.
1. 재화나 용역을 공급할 때 그 품질이나 수량, 인도조건 또는 공급대가의 결제방법이나 그 밖의 공급조건에 따라 통상의 대가에서 일정액을 직접 깎아 주는 금액
2. 환입된 재화의 가액
3. 공급받는 자에게 도달하기 전에 파손되거나 훼손되거나 멸실한 재화의 가액
4. 재화 또는 용역의 공급과 직접 관련되지 아니하는 국고보조금과 공공보조금
5. 공급에 대한 대가의 지급이 지체되었음을 이유로 받는 연체이자
6. 공급에 대한 대가를 약정기일 전에 받았다는 이유로 사업자가 당초의 공급가액에서 할인해 준 금액

⑥ 사업자가 재화 또는 용역을 공급받는 자에게 지급하는 장려금이나 이와 유사한 금액 및 제45조제1항에 따른 대손금액(貸損金額)은 과세표준에서 공제하지 아니한다.
⑦ 사업자가 재화 또는 용역을 공급하고 그 대가로 받은 금액에 부가가치세가 포함되어 있는지가 분명하지 아니한 경우에는 그 대가로 받은 금액에 110분의 100을 곱한 금액을 공급가액으로 한다.
⑧ 사업자가 과세사업과 면세사업등에 공통적으로 사용된 재화를 공급하는 경우에는 대통령령으로 정하는 바에 따라 계산한 금액을 공급가액으로 한다.(2023.12.31 본항개정)
⑨ 사업자가 토지와 그 토지에 정착된 건물 또는 구축물 등을 함께 공급하는 경우에는 건물 또는 구축물 등의 실지거래가액을 공급가액으로 한다. 다만, 다음 각 호의 어느 하나에 해당하는 경우에는 대통령령으로 정하는 바에 따라 안분계산한 금액을 공급가액으로 한다.(2018.12.31 단서개정)
1. 실지거래가액 중 토지의 가액과 건물 또는 구축물 등의 가액의 구분이 불분명한 경우(2018.12.31 본호신설)
2. 사업자가 실지거래가액으로 구분한 토지와 건물 또는 구축물 등의 가액이 대통령령으로 정하는 바에 따라 안분계산한 금액과 100분의 30 이상 차이가 있는 경우. 다만, 다른 법령에서 정하는 바에 따라 가액을 구분한 경우 등 대통령령으로 정하는 사유에 해당하는 경우는 제외한다.(2021.12.8 본호개정)

⑩ 사업자가 다음 각 호의 어느 하나에 해당하는 부동산 임대용역을 공급하는 경우의 공급가액은 대통령령으로 정하는 바에 따라 계산한 금액으로 한다.
1. 사업자가 부동산 임대용역을 공급하고 전세금 또는 임대보증금을 받는 경우
2. 과세되는 부동산 임대용역과 면세되는 주택 임대용역을 함께 공급하여 그 임대구분과 임대료 등의 구분이 불분명한 경우
3. 사업자가 둘 이상의 과세기간에 걸쳐 부동산 임대용역을 공급하고 그 대가를 선불 또는 후불로 받는 경우

⑪ 제10조제1항·제2항 및 제4항부터 제6항까지의 규정에 따라 재화의 공급으로 보는 재화가 대통령령으로 정하는 감가상각자산(이하 "감가상각자산"이라 한다)인 경우에는 제3항제3호 및 제4호에도 불구하고 대통령령으로 정하는 바에 따라 계산한 금액을 공급가액으로 한다.

⑫ 시가와 그 밖에 공급가액 및 과세표준의 계산에 필요한 사항은 대통령령으로 정한다.

판례 GS홈쇼핑과 제휴사는 업무 제휴 계약에 따라 제휴사 회원인 고객이 이 사건 쇼핑몰 등 제휴사의 가맹점에서 재화나 용역을 구입하는 1차 거래 시 고객에게 포인트를 적립해 주고, 2차 거래 시 적립된 포인트를 사용해 결제 대금을 할인받을 수 있도록 했다. 이때 GS홈쇼핑이 제휴사로부터 지급받는 제휴사 포인트 사용액(정산금)은 결국 GS홈쇼핑을 포함한 제휴관계에 있는 사업자들이 고객과의 1차 거래에서 공급대가로 받았던 금전의 일부여서, 이를 다시 2차 거래의 공급가액에 포함시키게 되면 사업자들 전체를 놓고 볼 때 실제로 받은 금전보다 공급가액 합계액이 더 커지게 되어 실질과세원칙상 부당한 결과가 발생하게 된다. 따라서 고객이 GS홈쇼핑에서 제휴사 포인트로 구매한 금액은 부가가치세법상 에누리액에 해당되어 부가가치세를 부과해선 안 된다.(대판 2023.6.1, 2019두58766)

판례 이동통신사업자가 대리점을 통해 자사가 제공하는 이동통신용역을 일정 기간 이용하기로 약정하는 이용자에게 단말기 구입 보조금을 지원한 경우, 해당 보조금이 이동통신사업자가 제공하는 이동통신용역과 구분되어 단말기 구입을 위해 지급되었다면 이동통신용역의 공급가액에서 직접 공제된 것이 아니므로 이에 대한 에누리액에 해당하지 않는다. 따라서 이동통신사업자가 이용자에게 제공한 단말기 구입 보조금은 부과가치세 공제 대상이 아니다.(대판 2022.8.31, 2017두53170)

제30조【세율】 부가가치세의 세율은 10퍼센트로 한다.

제2절　거래징수와 세금계산서

제31조【거래징수】 사업자가 재화 또는 용역을 공급하는 경우에는 제29조제1항에 따른 공급가액에 제30조에 따른 세율을 적용하여 계산한 부가가치세를 재화 또는 용역을 공급받는 자로부터 징수하여야 한다.

제32조【세금계산서 등】 ① 사업자가 재화 또는 용역을 공급(부가가치세가 면제되는 재화 또는 용역의 공급은 제외한다)하는 경우에는 다음 각 호의 사항을 적은 계산서(이하 "세금계산서"라 한다)를 그 공급을 받는 자에게 발급하여야 한다.
1. 공급하는 사업자의 등록번호와 성명 또는 명칭
2. 공급받는 자의 등록번호. 다만, 공급받는 자가 사업자가 아니거나 등록한 사업자가 아닌 경우에는 대통령령으로 정하는 고유번호 또는 공급받는 자의 주민등록번호
3. 공급가액과 부가가치세액
4. 작성 연월일
5. 그 밖에 대통령령으로 정하는 사항

② 법인사업자와 대통령령으로 정하는 개인사업자는 제1항에 따라 세금계산서를 발급하려면 대통령령으로 정하는 전자적 방법으로 세금계산서(이하 "전자세금계산서"라 한다)를 발급하여야 한다.
③ 제2항에 따라 전자세금계산서를 발급하였을 때에는 대통령령으로 정하는 기한까지 대통령령으로 정하는 전자세금계산서 발급명세를 국세청장에게 전송하여야 한다.
④ 제2항에도 불구하고 「전기사업법」 제2조제2호에 따른 전기사업자가 산업용 전력을 공급하는 경우 등 대통령령으로 정하는 경우 해당 사업자는 대통령령으로 정하는 바에 따라 전자세금계산서임을 적은 계산서를 발급하고 전자세금계산서 파일을 국세청장에게 전송할 수 있다. 이 경우 제2항에 따라 전자세금계산서를 발급하고 제3항에 따른 발급명세를 전송한 것으로 본다.
⑤ 전자세금계산서를 발급하여야 하는 사업자가 아닌 사업자도 제2항 및 제3항에 따라 전자세금계산서를 발급하고 전자세금계산서 발급명세를 전송할 수 있다.
⑥ 위탁판매 또는 대리인에 의한 판매 등 대통령령으로 정하는 경우에는 제1항에도 불구하고 해당 재화 또는 용역을 공급하는 자이거나 공급받는 자가 아닌 경우에도 대통령령으로 정하는 바에 따라 세금계산서 또는 전자세금계산서를 발급하거나 발급받을 수 있다.
⑦ 세금계산서 또는 전자세금계산서의 기재사항을 착오로 잘못 적거나 세금계산서 또는 전자세금계산서를 발급한 후 그 기재사항에 관하여 대통령령으로 정하는 사유가 발생하면 대통령령으로 정하는 바에 따라 수정한 세금계산서(이하 "수정세금계산서"라 한다) 또는 수정한 전자세금계산서(이하 "수정전자세금계산서"라 한다)를 발급할 수 있다.
⑧ 세금계산서, 전자세금계산서, 수정세금계산서 및 수정전자세금계산서의 작성과 발급에 필요한 사항은 대통령령으로 정한다.

판례 등록하지 않은 사업자는 부가가치세법에 의한 세금계산서를 발급하여 교부할 수 있는 방법이 없는 것이 사실이고, 부가가치세법에도 등록하지 않은 사업자의 세금계산서 발급 절차나 방법이 규정되어 있지 않다. 그러나 사업자등록 여부나 사업 목적의 영리성과 상관없이 독립적으로 재화 또는 용역을 공급하는 자는 부가가치세법상의 사업자에 해당하고 따라서 세금계산서를 작성하여 발급하여야 한다. (대판 2019.7.24, 2018도16168)

제33조【세금계산서 발급의무의 면제 등】 ① 제32조에도 불구하고 세금계산서(전자세금계산서를 포함한다. 이하 같다)를 발급하기 어렵거나 세금계산서의 발급이 불필요한 경우 등 대통령령으로 정하는 경우에는 세금계산서를 발급하지 아니할 수 있다.
② 제32조에도 불구하고 대통령령으로 정하는 사업자가 제46조제1항에 따른 신용카드매출전표등을 발급한 경우에는 세금계산서를 발급하지 아니한다.

제34조【세금계산서 발급시기】 ① 세금계산서는 사업자가 제15조 및 제16조에 따른 재화 또는 용역의 공급시기에 재화 또는 용역을 공급받는 자에게 발급하여야 한다.
② 제1항에도 불구하고 사업자는 제15조 또는 제16조에 따른 재화 또는 용역의 공급시기가 되기 전 제17조에 따른 때에 세금계산서를 발급할 수 있다.
③ 제1항에도 불구하고 다음 각 호의 어느 하나에 해당하는 경우에는 재화 또는 용역의 공급일이 속하는 달의 다음 달 10일(그 날이 공휴일 또는 토요일인 경우에는 바로 다음 영업일을 말한다)까지 세금계산서를 발급할 수 있다.
1. 거래처별로 달의 1일부터 말일까지의 공급가액을 합하여 해당 달의 말일을 작성 연월일로 하여 세금계산서를 발급하는 경우(2023.12.31 본호개정)
2. 거래처별로 달의 1일부터 말일까지의 기간 이내에서 사업자가 임의로 정한 기간의 공급가액을 합하여 그 기간의 종료일을 작성 연월일로 하여 세금계산서를 발급하는 경우 (2023.12.31 본호개정)
3. 관계 증명서류 등에 따라 실제거래사실이 확인되는 경우로서 해당 거래일을 작성 연월일로 하여 세금계산서를 발급하는 경우

제34조의2【매입자발행세금계산서에 따른 매입세액 공제 특례】 ① 제32조에도 불구하고 납세의무자로 등록한 사업자로서 대통령령으로 정하는 사업자(이하 이 항에서 "사업자"라 한다)가 재화 또는 용역을 공급하고 제34조에 따른 세금계산서 발급시기에 세금계산서를 발급하지 아니한 경우(사업자의 부도·폐업, 공급 계약의 해제·변경 또는 그 밖에 대통령령으로 정하는 사유가 발생한 경우로서 사업자가 수정세금계산서 또는 수정전자세금계산서를 발급하지 아니한 경우를 포함한다) 그 재화 또는 용역을 공급받은 자는 대통령령으로 정하는 바에 따라 관할 세무서장의 확인을 받아 세금계산서를 발행할 수 있다. (2021.12.8 본항개정)
② 제1항에 따른 세금계산서(이하 "매입자발행세금계산서"라 한다)에 기재된 부가가치세액은 대통령령으로 정하는 바에 따라 제37조, 제38조 및 제63조제3항에 따른 공제를 받을 수 있는 매입세액으로 본다.
③ 제1항 및 제2항에서 정한 사항 외에 매입자발행세금계산서의 발급 대상 및 방법, 그 밖에 필요한 사항은 대통령령으로 정한다.
(2016.12.20 본조신설)

제35조【수입세금계산서】 ① 세관장은 수입되는 재화에 대하여 부가가치세를 징수할 때(제50조의2에 따라 부가가치세의 납부가 유예되는 때를 포함한다)에는 수입된 재화에 대한 세금계산서(이하 "수입세금계산서"라 한다)를 대통령령으로 정하는 바에 따라 수입하는 자에게 발급하여야 한다.(2015.12.15 본항개정)
② 세관장은 다음 각 호의 어느 하나에 해당하는 경우에는 수입하는 자에게 대통령령으로 정하는 바에 따라 수정한 수입세금계산서(이하 "수정수입세금계산서"라 한다)를 발급하여야 한다.

國際編

高麗 銅鏡(紋樣)

1. 「관세법」에 따라 세관장이 과세표준 또는 세액을 결정 또는 경정하기 전에 수입하는 자가 대통령령으로 정하는 바에 따라 수정신고 등을 하는 경우(제3호에 따라 수정신고하는 경우는 제외한다)(2022.12.31 본호개정)
2. 「관세법」에 따라 세관장이 과세표준 또는 세액을 결정 또는 경정하는 경우(수입하는 자가 해당 재화의 수입과 관련하여 다음 각 목의 어느 하나에 해당하지 아니하는 경우로 한정한다)
   가. 「관세법」 제270조(제271조제2항에 따른 미수범의 경우를 포함한다), 제270조의2 또는 제276조를 위반하여 고발되거나 같은 법 제311조에 따라 통고처분을 받은 경우
   나. 「관세법」 제42조제2항에 따른 부정한 행위 또는 「자유무역협정의 이행을 위한 관세법의 특례에 관한 법률」 제36조제1항제1호 단서에 따른 부정한 행위로 관세의 과세표준 또는 세액을 과소신고한 경우(2023.12.31 본목개정)
   다. 수입자가 과세표준 또는 세액을 신고하면서 관세조사 등을 통하여 이미 통지받은 오류를 다음 신고 시에도 반복하는 등 대통령령으로 정하는 중대한 잘못이 있는 경우
(2022.12.31 본호개정)
3. 수입하는 자가 세관공무원의 관세조사 등 대통령령으로 정하는 행위가 발생하여 과세표준 또는 세액이 결정 또는 경정될 것을 미리 알고 그 결정ㆍ경정 전에 「관세법」에 따라 수정신고하는 경우(해당 재화의 수입과 관련하여 제2호 각 목의 어느 하나에 해당하지 아니하는 경우로 한정한다)
(2022.12.31 본호신설)

③ 세관장은 제2항제2호 또는 제3호의 결정ㆍ경정 또는 수정신고에 따라 수정수입세금계산서를 발급한 후 수입하는 자가 제2항제2호 각 목의 어느 하나에 해당하는 사실을 알게 된 경우에는 이미 발급한 수정수입세금계산서를 그 수정 전으로 되돌리는 내용의 수정수입세금계산서를 발급하여야 한다.
(2022.12.31 본항신설)

④ 세관장은 제2항제2호가목에 해당하여 같은 항 제2호 또는 제3호에 따라 수정수입세금계산서를 발급하지 아니하였거나 제3항에 따라 수정수입세금계산서를 다시 발급한 이후에 수입하는 자가 무죄 취지의 불기소 처분이나 무죄 확정판결을 받은 경우에는 당초 세관장이 결정 또는 경정한 내용이나 수입하는 자가 수정신고한 내용으로 수정수입세금계산서를 발급하여야 한다.(2022.12.31 본항신설)

⑤ 수입하는 자는 제2항 또는 제4항에도 불구하고 세관장이 수정수입세금계산서를 발급하지 아니하는 경우 「국세기본법」 제26조의2제1항이나 같은 조 제6항제1호에 따른 기간 내에 대통령령으로 정하는 바에 따라 세관장에게 수정수입세금계산서의 발급을 신청할 수 있다.(2022.12.31 본항개정)

⑥ 제2항부터 제4항까지의 규정에 따라 수정수입세금계산서를 발급한 세관장은 제54조를 준용하여 작성한 수정된 매출처별 세금계산서합계표를 해당 세관 소재지를 관할하는 세무서장에게 제출하여야 한다.(2022.12.31 본항개정)

⑦ 제1항부터 제6항까지에서 규정한 사항 외에 수입세금계산서 또는 수정수입세금계산서의 작성과 발급 등에 필요한 사항은 대통령령으로 정한다.(2022.12.31 본항개정)
(2013.7.26 본조개정)

제36조 【영수증 등】 ① 제32조에도 불구하고 다음 각 호의 어느 하나에 해당하는 자가 재화 또는 용역을 공급(부가가치세가 면제되는 재화 또는 용역의 공급은 제외한다)하는 경우에는 제15조 및 제16조에 따른 재화 또는 용역의 공급시기에 대통령령으로 정하는 바에 따라 그 공급을 받은 자에게 세금계산서를 발급하는 대신 영수증을 발급하여야 한다.
1. 주로 사업자가 아닌 자에게 재화 또는 용역을 공급하는 사업자로서 대통령령으로 정하는 사업자
2. 간이과세자 중 다음 각 목의 어느 하나에 해당하는 자
   가. 직전 연도의 공급대가의 합계액(직전 과세기간에 신규로 사업을 시작한 개인사업자의 경우 제61조제2항에 따라 환산한 금액)이 4천800만원 미만인 자
   나. 신규로 사업을 시작하는 개인사업자로서 제61조제4항에 따라 간이과세자로 하는 최초의 과세기간 중에 있는 자
(2020.12.22 1호~2호개정)

② 제32조에도 불구하고 「전기사업법」 제2조제2호에 따른 전기사업자가 산업용이 아닌 전력을 공급하는 경우 등 대통령령으로 정하는 경우 해당 사업자는 영수증을 발급할 수 있다. 이 경우 해당 사업자가 영수증을 발급하지 아니하면 세금계산서를 발급하여야 한다.

③ 제1항 및 제2항에도 불구하고 재화 또는 용역을 공급받는 자가 사업자등록증을 제시하고 세금계산서의 발급을 요구하는 경우로서 대통령령으로 정하는 경우에는 세금계산서를 발급하여야 한다.

④ 제1항 및 제2항에도 불구하고 영수증을 발급하는 사업자는 금전등록기를 설치하여 영수증을 대신하여 공급대가를 적은 계산서를 발급할 수 있다. 이 경우 사업자가 계산서를 발급하고 해당 감사테이프를 보관한 경우에는 제1항에 따른 영수증을 발급하고 제71조에 따른 장부의 작성을 이행한 것으로 보며, 현금수입을 기준으로 부가가치세를 부과할 수 있다.
(2020.12.22 본항개정)

⑤ 제46조제1항에 따른 신용카드매출전표등은 제1항에 따른 영수증으로 본다.

⑥ 영수증 및 계산서의 기재사항 및 작성 등에 필요한 사항은 대통령령으로 정한다.

제36조의2 【간이과세자의 영수증 발급 적용기간】 ① 제36조제1항제2호가목에 따라 영수증 발급에 관한 규정이 적용되거나 적용되지 아니하게 되는 기간은 해의 1월 1일부터 12월 31일까지의 공급대가의 합계액(신규로 사업을 시작한 개인사업자의 경우 제61조제2항에 따라 환산한 금액)이 4천800만원에 미달하거나 그 이상이 되는 해의 다음 해의 7월 1일부터 그 다음 해의 6월 30일까지로 한다.(2023.12.31 본항개정)

② 제36조제1항제2호나목에 따라 영수증 발급에 관한 규정이 적용되는 기간은 사업 개시일부터 사업을 시작한 해의 다음 해의 6월 30일까지로 한다.

③ 제1항 및 제2항에서 규정한 영수증 발급 적용기간에 관하여 필요한 사항은 대통령령으로 정한다.
(2020.12.22 본조신설)

제3절 납부세액 등

제37조 【납부세액 등의 계산】 ① 매출세액은 제29조에 따른 과세표준에 제30조의 세율을 적용하여 계산한 금액으로 한다.

② 납부세액은 제1항에 따른 매출세액(제45조제1항에 따른 대손세액을 뺀 금액으로 한다)에서 제38조에 따른 매입세액, 그 밖에 이 법 및 다른 법률에 따라 공제되는 매입세액을 뺀 금액으로 한다. 이 경우 매출세액을 초과하는 부분의 매입세액은 환급세액으로 한다.

③ 제2항에 따른 납부세액을 기준으로 사업자가 최종 납부하거나 환급받을 세액은 다음 계산식에 따라 계산한다.

납부하거나 환급받을 세액 = A − B + C
A : 제2항에 따른 납부세액 또는 환급세액
B : 제46조, 제47조 및 그 밖에 이 법 및 다른 법률에서 정하는 공제세액
C : 제60조 및 「국세기본법」 제47조의2부터 제47조의5까지의 규정에 따른 가산세

제38조 【공제하는 매입세액】 ① 매출세액에서 공제하는 매입세액은 다음 각 호의 금액을 말한다.
1. 사업자가 자기의 사업을 위하여 사용하였거나 사용할 목적으로 공급받은 재화 또는 용역에 대한 부가가치세액(제52조제4항에 따라 납부한 부가가치세액을 포함한다)(2014.1.1 본호개정)
2. 사업자가 자기의 사업을 위하여 사용하였거나 사용할 목적으로 수입하는 재화의 수입에 대한 부가가치세액

② 제1항제1호에 따른 매입세액은 재화 또는 용역을 공급받는 시기가 속하는 과세기간의 매출세액에서 공제한다.

③ 제1항제2호에 따른 매입세액은 재화의 수입시기가 속하는 과세기간의 매출세액에서 공제한다.

제39조 【공제하지 아니하는 매입세액】 ① 제38조에도 불구하고 다음 각 호의 매입세액은 매출세액에서 공제하지 아니한다.

1. 제54조제1항 및 제3항에 따라 매입처별 세금계산서합계표를 제출하지 아니한 경우의 매입세액 또는 제출한 매입처별 세금계산서합계표의 기재사항 중 거래처별 등록번호 또는 공급가액의 전부 또는 일부가 적히지 아니하였거나 사실과 다르게 적힌 경우 그 기재사항이 적히지 아니한 부분 또는 사실과 다르게 적힌 부분의 매입세액. 다만, 대통령령으로 정하는 경우의 매입세액은 제외한다.
2. 세금계산서 또는 수입세금계산서를 발급받지 아니한 경우 또는 발급받은 세금계산서 또는 수입세금계산서에 제32조제1항제1호부터 제4호까지의 규정에 따른 기재사항(이하 "필요적 기재사항"이라 한다)의 전부 또는 일부가 적히지 아니하였거나 사실과 다르게 적힌 경우의 매입세액(공급가액이 사실과 다르게 적힌 경우에는 실제 공급가액과 사실과 다르게 적힌 금액의 차액에 해당하는 세액을 말한다). 다만, 대통령령으로 정하는 경우의 매입세액은 제외한다.(2019.12.31 본문개정)
3. (2014.1.1 삭제)
4. 사업과 직접 관련이 없는 지출로서 대통령령으로 정하는 것에 대한 매입세액
5. 「개별소비세법」 제1조제2항제3호에 따른 자동차(운수업, 자동차판매업 등 대통령령으로 정하는 업종에 직접 영업으로 사용되는 것은 제외한다)의 구입과 임차 및 유지에 관한 매입세액
6. 기업업무추진비 및 이와 유사한 비용으로서 대통령령으로 정하는 비용의 지출에 관련된 매입세액(2022.12.31 본호개정)
7. 면세사업등에 관련된 매입세액(면세사업등을 위한 투자에 관련된 매입세액을 포함한다)과 대통령령으로 정하는 토지에 관련된 매입세액
8. 제8조에 따른 사업자등록을 신청하기 전의 매입세액. 다만, 공급시기가 속하는 과세기간이 끝난 후 20일 이내에 등록을 신청한 경우 등록신청일부터 공급시기가 속하는 과세기간 기산일(제5조제1항에 따른 과세기간의 기산일을 말한다)까지 역산한 기간 내의 것은 제외한다.(2017.12.19 단서개정)

② 제1항에 따라 공제되지 아니하는 매입세액의 범위에 관하여 필요한 사항은 대통령령으로 정한다.

제40조【공통매입세액의 안분】 사업자가 과세사업과 면세사업등을 겸영(兼營)하는 경우에 과세사업과 면세사업등에 관련된 매입세액의 계산은 실지귀속(實地歸屬)에 따라 하되, 실지귀속을 구분할 수 없는 매입세액(이하 "공통매입세액"이라 한다)은 총공급가액에 대한 면세공급가액의 비율 등 대통령령으로 정하는 기준(이하 "공통매입세액 안분기준"이라 한다)을 적용하여 대통령령으로 정하는 바에 따라 안분(按分)하여 계산한다.

제41조【공통매입세액 재계산】 감가상각자산에 대하여 공통매입세액의 안분계산에 따라 매입세액이 공제된 후 공통매입세액 안분기준에 따른 비율과 감가상각자산의 취득일이 속하는 과세기간(그 후의 과세기간에 재계산한 때는 그 재계산한 과세기간)에 적용되었던 공통매입세액 안분기준에 따른 비율이 5퍼센트 이상 차이가 나면 대통령령으로 정하는 바에 따라 납부세액 또는 환급세액을 다시 계산하여 제49조에 따른 해당 과세기간의 확정신고와 함께 관할 세무서장에게 신고·납부하여야 한다.

제42조【면세농산물등 의제매입세액 공제특례】 ① 사업자가 제26조제1항제1호 또는 제27조제1호에 따라 부가가치세를 면제받아 공급받거나 수입한 농산물·축산물·수산물 또는 임산물(이하 "면세농산물등"이라 한다)을 원재료로 하여 제조·가공한 재화 또는 창출한 용역의 공급에 대하여 부가가치세가 과세되는 경우(제28조에 따라 면세를 포기하고 영세율을 적용받는 경우는 제외한다)에는 면세농산물등을 공급받거나 수입할 때 매입세액이 있는 것으로 보아 면세농산물등의 가액(대통령령으로 정하는 금액을 한도로 한다)에 다음 표의 구분에 따른 율을 곱하여 계산한 금액을 매입세액으로 공제할 수 있다.

구분		율
1. 음식점업	가. 「개별소비세법」 제1조제4항에 따른 과세유흥장소의 경영자	102분의 2
	나. 가목 외의 음식점을 경영하는 사업자 중 개인사업자	108분의 8 (과세표준 2억원 이하인 경우에는 2026년 12월 31일까지 109분의 9)
	다. 가목 및 나목 외의 사업자	106분의 6
2. 제조업	가. 과자점업, 도정업, 제분업 및 떡류 제조업 중 떡방앗간을 경영하는 개인사업자	106분의 6
	나. 가목 외의 제조업을 경영하는 사업자 중 「조세특례제한법」 제6조제1항에 따른 중소기업 및 개인사업자	104분의 4
	다. 가목 및 나목 외의 사업자	102분의 2
3. 제1호 및 제2호 외의 사업		102분의 2

(2023.12.31 본항개정)

② 제1항을 적용받으려는 사업자는 제48조 및 제49조에 따른 신고와 함께 대통령령으로 정하는 바에 따라 면세농산물등을 공급받은 사실을 증명하는 서류를 납세지 관할 세무서장에게 제출하여야 한다.(2019.12.31 본항개정)

③ 제1항 및 제2항에서 규정한 사항 외에 면세농산물의 범위 등 면세농산물등의 의제매입세액공제액 계산에 필요한 사항은 대통령령으로 정한다.(2017.12.19 본항신설)

제43조【면세사업등을 위한 감가상각자산의 과세사업 전환 시 매입세액공제 특례】 사업자는 제39조제1항제7호에 따라 매입세액이 공제되지 아니한 면세사업등을 위한 감가상각자산을 과세사업에 사용하거나 소비하는 경우 대통령령으로 정하는 바에 따라 계산한 금액을 그 과세사업에 사용하거나 소비하는 날이 속하는 과세기간의 매입세액으로 공제할 수 있다.

제44조【일반과세자로 변경 시 재고품등에 대한 매입세액 공제특례】 ① 간이과세자가 일반과세자로 변경되면 그 변경 당시의 재고품, 건설 중인 자산 및 감가상각자산(이하 이 조에서 "재고품등"이라 한다)에 대하여 대통령령으로 정하는 바에 따라 계산한 금액을 매입세액으로 공제할 수 있다.

② 재고품등의 범위, 그 적용시기 등 재고품등의 매입세액의 공제에 필요한 사항은 대통령령으로 정한다.

제45조【대손세액의 공제특례】 ① 사업자는 부가가치세가 과세되는 재화 또는 용역을 공급하고 외상매출금이나 그 밖의 매출채권(부가가치세를 포함한 것을 말한다)의 전부 또는 일부가 공급을 받은 자의 파산·강제집행이나 그 밖에 대통령령으로 정하는 사유로 대손되어 회수할 수 없는 경우에는 다음의 계산식에 따라 계산한 금액(이하 "대손세액"이라 한다)을 그 대손이 확정된 날이 속하는 과세기간의 매출세액에서 뺄 수 있다. 다만, 그 사업자가 대손되어 회수할 수 없는 금액(이하 "대손금액"이라 한다)의 전부 또는 일부를 회수한 경우에는 회수한 대손금액에 관련된 대손세액을 회수한 날이 속하는 과세기간의 매출세액에 더한다.

대손세액 = 대손금액 × 110분의 10

② 제1항을 적용받고자 하는 사업자는 제49조에 따른 신고와 함께 대통령령으로 정하는 바에 따라 대손금액이 발생한 사실을 증명하는 서류를 제출하여야 한다.(2019.12.31 본항개정)

③ 제1항 및 제2항을 적용할 때 재화 또는 용역을 공급받은 사업자가 대손세액에 해당하는 금액의 전부 또는 일부를 제38조에 따라 매입세액으로 공제받은 경우로서 그 사업자가 폐업하기 전에 재화 또는 용역을 공급하는 자가 제1항에 따른 대손세액공제를 받은 경우에는 그 재화 또는 용역을 공급받은 사업자는 관련 대손세액에 해당하는 금액을 대손이 확정된 날이 속하는 과세기간에 자신의 매입세액에서 뺀다. 다만, 그 공급을 받은 사업자가 대손세액에 해당하는 금액을 빼지 아니한 경우에는 대통령령으로 정하는 바에 따라 그 사업자의 관할 세무서장이 빼야 할 매입세액을 결정 또는 경정(更正)하여야 한다.

④ 제3항에 따라 매입세액에서 대손세액에 해당하는 금액을 뺀(관할 세무서장이 결정 또는 경정한 경우를 포함한다) 해당 사업자가 대손금액의 전부 또는 일부를 변제한 경우에는 대통령령으로 정하는 바에 따라 변제한 대손금액에 관련된 대손세액에 해당하는 금액을 변제한 날이 속하는 과세기간의 매입세액에 더한다.
⑤ 제1항부터 제3항까지에서 규정한 사항 외에 대손세액 공제의 범위 및 절차에 관하여 필요한 사항은 대통령령으로 정한다.

제4절 세액공제

제46조【신용카드 등의 사용에 따른 세액공제 등】 ① 제1호에 해당하는 사업자가 부가가치세가 과세되는 재화 또는 용역을 공급하고 제34조제1항에 따른 세금계산서의 발급시기에 제2호에 해당하는 거래증빙서류(이하 이 조에서 "신용카드매출전표등"이라 한다)를 발급하거나 대통령령으로 정하는 전자적 결제수단에 의하여 대금을 결제받는 경우에는 제3호에 따른 금액을 납부세액에서 공제한다.
1. 사업자 : 다음 각 목의 어느 하나에 해당하는 사업자
 가. 주로 사업자가 아닌 자에게 재화 또는 용역을 공급하는 사업으로서 대통령령으로 정하는 사업을 하는 사업자(법인사업자와 직전 연도의 재화 또는 용역의 공급가액의 합계액이 대통령령으로 정하는 금액을 초과하는 개인사업자는 제외한다)
 나. 제36조제1항제2호에 해당하는 간이과세자
(2020.12.22 가목~나목개정)
2. 거래증빙서류 : 다음 각 목의 어느 하나에 해당하는 서류
 가. 「여신전문금융업법」에 따른 신용카드매출전표
 나. 「조세특례제한법」 제126조의3에 따른 현금영수증
 다. 그 밖에 이와 유사한 것으로 대통령령으로 정하는 것
3. 공제금액(연간 500만원을 한도로 하되, 2026년 12월 31일까지는 연간 1천만원을 한도로 한다) : 발급금액 또는 결제금액의 1퍼센트(2026년 12월 31일까지는 1.3퍼센트로 한다)
(2023.12.31 본문개정)
 가.~나. (2020.12.22 삭제)
(2019.12.31 본항개정)
② 제1항을 적용할 때 공제받는 금액이 그 금액을 차감하기 전의 납부할 세액〔제37조제2항에 따른 납부세액에서 이 법, 「국세기본법」 및 「조세특례제한법」에 따라 빼거나 더할 세액(제60조 및 「국세기본법」 제47조의2부터 제47조의4까지의 규정에 따른 가산세는 제외한다)을 빼거나 더하여 계산한 세액을 말하며, 그 계산한 세액이 "0"보다 작으면 "0"으로 본다〕을 초과하면 그 초과하는 부분은 없는 것으로 본다.
③ 사업자가 대통령령으로 정하는 사업자로부터 재화 또는 용역을 공급받고 부가가치세액이 별도로 구분되는 신용카드매출전표등을 발급받은 경우로서 다음 각 호의 요건을 모두 충족하는 경우 그 부가가치세액은 제38조제1항 또는 제63조제3항에 따라 공제할 수 있는 매입세액으로 본다.(2020.12.22 본문개정)
1. 대통령령으로 정하는 신용카드매출전표등 수령명세서를 제출할 것
2. 신용카드매출전표등을 제71조제3항을 준용하여 보관할 것. 이 경우 대통령령으로 정하는 방법으로 증명 자료를 보관하는 경우에는 신용카드매출전표등을 보관하는 것으로 본다.
3. 간이과세자가 제36조의2제1항 및 제2항에 따라 영수증을 발급하여야 하는 기간에 발급한 신용카드매출전표등이 아닐 것
(2020.12.22 본호신설)
④ 국세청장은 주로 사업자가 아닌 소비자에게 재화 또는 용역을 공급하는 사업자로서 대통령령으로 정하는 자에 대하여 납세관리에 필요하다고 인정하면 「여신전문금융업법」에 따른 신용카드가맹점 가입 대상자 또는 「조세특례제한법」 제126조의3에 따른 현금영수증가맹점 가입 대상자로 지정하여 신용카드가맹점 또는 현금영수증가맹점으로 가입하도록 지도할 수 있다.
⑤ 제1항부터 제4항까지에서 규정한 사항 외에 신용카드매출전표등에 따른 세액공제의 범위, 신용카드가맹점 가입 대상자 또는 현금영수증가맹점 가입 대상자의 지정 및 그 밖에 필요한 사항은 대통령령으로 정한다.

제47조【전자세금계산서 발급 전송에 대한 세액공제 특례】 ① 재화 및 용역의 공급가액 등을 고려하여 대통령령으로 정하는 개인사업자가 전자세금계산서를 2027년 12월 31일까지 발급(전자세금계산서 발급명세를 제32조제3항에 따른 기한까지 국세청장에게 전송한 경우로 한정한다)하는 경우에는 전자세금계산서 발급 건수 등을 고려하여 대통령령으로 정하는 금액을 해당 과세기간의 부가가치세 납부세액에서 공제할 수 있다. 이 경우 공제한도는 연간 100만원으로 한다.(2024.12.31 전단개정)
② 제1항을 적용할 때 공제받는 금액이 그 금액을 차감하기 전의 납부할 세액〔제37조제2항에 따른 납부세액에서 이 법, 「국세기본법」 및 「조세특례제한법」에 따라 빼거나 더할 세액(제60조 및 「국세기본법」 제47조의2부터 제47조의4까지의 규정에 따른 가산세는 제외한다)을 빼거나 더하여 계산한 세액을 말하며, 그 계산한 세액이 0보다 작으면 0으로 본다〕을 초과하면 그 초과하는 부분은 없는 것으로 본다.(2021.12.8 본항신설)
③ 제1항에 따른 세액공제를 적용받으려는 개인사업자는 제48조 및 제49조에 따라 신고할 때 기획재정부령으로 정하는 전자세금계산서 발급세액공제신고서를 납세지 관할 세무서장에게 제출하여야 한다.
(2014.1.1 본조개정)

제5장 신고와 납부 등

제1절 신고와 납부

제48조【예정신고와 납부】 ① 사업자는 각 과세기간 중 다음 표에 따른 기간(이하 "예정신고기간"이라 한다)이 끝난 후 25일 이내에 대통령령으로 정하는 바에 따라 각 예정신고기간에 대한 과세표준과 납부세액 또는 환급세액을 납세지 관할 세무서장에게 신고하여야 한다. 다만, 신규로 사업을 시작하거나 시작하려는 자에 대한 최초의 예정신고기간은 사업 개시일(제8조제1항 단서에 따라 사업 개시일 이전에 사업자등록을 신청한 경우에는 그 신청일을 말한다)부터 그 날이 속하는 예정신고기간의 종료일까지로 한다.

구분	예정신고기간
제1기	1월 1일부터 3월 31일까지
제2기	7월 1일부터 9월 30일까지

② 사업자는 제1항에 따른 신고(이하 "예정신고"라 한다)를 할 때 그 예정신고기간의 납부세액(해당 예정신고기간에 대하여 제57조의2에 따라 수시부과한 세액은 공제한다)을 부가가치세 예정신고서와 함께 각 납세지 관할 세무서장(제51조의 경우에는 주된 사업장의 관할 세무서장을 말한다)에게 납부하거나 「국세징수법」에 따른 납부서를 작성하여 한국은행(그 대리점을 포함한다) 또는 체신관서(이하 "한국은행등"이라 한다)에 납부하여야 한다.(2024.12.31 본항개정)
③ 납세지 관할 세무서장은 제1항 및 제2항에도 불구하고 개인사업자와 대통령령으로 정하는 법인사업자에 대하여는 각 예정신고기간마다 직전(直前) 과세기간에 대한 납부세액(제46조제1항, 제47조제1항 또는 「조세특례제한법」 제104조의8제2항, 제106조의7제1항에 따라 납부세액에서 공제하거나 경감한 세액 및 제57조의2에 따라 수시부과한 세액이 있는 경우에는 그 세액을 뺀 금액으로 하고, 제57조에 따른 결정 또는 경정과 「국세기본법」 제45조 및 제45조의2에 따른 수정신고 및 경정청구에 따른 결정이 있는 경우에는 그 내용이 반영된 금액으로 한다)의 50퍼센트(1천원 미만인 단수가 있을 때에는 그 단수금액은 버린다)로 결정하여 대통령령으로 정하는 바에 따라 해당 예정신고기간이 끝난 후 25일까지 징수한다. 다만, 다음 각 호의 어느 하나에 해당하는 경우에는 징수하지 아니한다.
(2024.12.31 본문개정)
1. 징수하여야 할 금액이 50만원 미만인 경우
2. 간이과세자에서 해당 과세기간 개시일 현재 일반과세자로 변경된 경우
3. 「국세징수법」 제13조제1항 각 호의 어느 하나에 해당하는 사유로 관할 세무서장이 징수하여야 할 금액을 사업자가 납부할 수 없다고 인정되는 경우
(2021.12.8 1호~3호신설)

④ 제3항에도 불구하고 휴업 또는 사업 부진으로 인하여 사업실적이 악화된 경우 등 대통령령으로 정하는 사유가 있는 사업자는 제1항에 따라 예정신고를 하고 제2항에 따라 예정신고기간의 납부세액(해당 예정신고기간에 대하여 제57조의2에 따라 수시부과한 세액은 공제한다)을 납부할 수 있다. 이 경우 제3항 본문에 따른 결정은 없었던 것으로 본다.(2024.12.31 전단개정)

제49조【확정신고와 납부】 ① 사업자는 각 과세기간에 대한 과세표준과 납부세액 또는 환급세액을 그 과세기간이 끝난 후 25일(폐업하는 경우 제5조제3항에 따른 폐업일이 속한 달의 다음 달 25일) 이내에 대통령령으로 정하는 바에 따라 납세지 관할 세무서장에게 신고하여야 한다. 다만, 제48조제1항 및 제4항에 따라 예정신고를 한 사업자 또는 제59조제2항에 따라 조기에 환급을 받기 위하여 신고한 사업자는 이미 신고한 과세표준과 납부한 납부세액 또는 환급받은 환급세액은 신고하지 아니한다.

② 사업자는 제1항에 따른 신고(이하 "확정신고"라 한다)를 할 때 다음 각 호의 금액을 확정신고 시의 납부세액에서 빼고 부가가치세 확정신고서와 함께 각 납세지 관할 세무서장(제51조의 경우에는 주된 사업장 소재지의 관할 세무서장을 말한다)에게 납부하거나 「국세징수법」에 따른 납부서를 작성하여 한국은행등에 납부하여야 한다.

1. 제59조제2항에 따라 조기 환급을 받을 환급세액 중 환급되지 아니한 세액
2. 제48조제3항 본문에 따라 징수되는 금액
3. 제57조의2에 따라 수시부과한 세액(2024.12.31 본호신설)

제50조【재화의 수입에 대한 신고·납부】 제3조제1항제2호의 납세의무자가 재화의 수입에 대하여 「관세법」에 따라 관세를 세관장에게 신고하고 납부하는 경우에는 재화의 수입에 대한 부가가치세를 함께 신고하고 납부하여야 한다.(2020.12.22 본조개정)

제50조의2【재화의 수입에 대한 부가가치세 납부의 유예】 ① 세관장은 매출액에서 수출액이 차지하는 비율 등 대통령령으로 정하는 요건을 충족하는 중소·중견사업자(이하 이 조에서 "중소·중견사업자"라 한다)가 물품을 제조·가공하기 위한 원재료 등 대통령령으로 정하는 재화의 수입에 대하여 부가가치세의 납부유예를 미리 신청하는 경우에는 제50조에도 불구하고 해당 재화를 수입할 때 부가가치세의 납부를 유예할 수 있다.(2016.12.20 본항개정)

② 제1항에 따라 납부를 유예받은 중소·중견사업자는 납세지 관할 세무서장에게 제48조에 따른 예정신고 또는 제49조에 따른 확정신고 등을 할 때 대통령령으로 정하는 바에 따라 그 납부가 유예된 세액을 정산하거나 납부하여야 한다. 이 경우 납세지 관할 세무서장에게 납부한 세액은 세관장에게 납부한 것으로 본다.(2016.12.20 전단개정)

③ 세관장은 제1항에 따라 부가가치세의 납부가 유예된 중소·중견사업자가 국세를 체납하는 등 대통령령으로 정하는 사유에 해당하는 경우에는 그 납부의 유예를 취소할 수 있다. 이 경우 세관장은 해당 중소·중견사업자에게 그 취소 사실을 통지하여야 한다.(2016.12.20 본항개정)

④ 제1항부터 제3항까지의 규정에 따른 납부유예의 신청 절차, 납부유예 기간 및 그 밖에 납부유예에 필요한 사항은 대통령령으로 정한다.

(2015.12.15 본조신설)

제51조【주사업장 총괄 납부】 ① 사업장이 둘 이상인 사업자(사업장이 하나이나 추가로 사업장을 개설하려는 사업자를 포함한다)가 대통령령으로 정하는 바에 따라 주된 사업장의 관할 세무서장에게 주사업장 총괄 납부를 신청한 경우에는 대통령령으로 정하는 바에 따라 납부할 세액을 주된 사업장에서 총괄하여 납부할 수 있다.(2018.12.31 본항개정)

② 주사업장 총괄 납부의 변경 및 적용 제외 등에 필요한 사항은 대통령령으로 정한다.

제52조【대리납부】 ① 다음 각 호의 어느 하나에 해당하는 자(이하 이 조, 제53조, 제53조의2 및 제60조제1항에서 "국외사업자"라 한다)로부터 국내에서 용역 또는 권리(이하 이 조 및 제53조에서 "용역등"이라 한다)를 공급(국내에 반입하는 것으로서 제50조에 따라 관세와 함께 부가가치세를 신고·납부하여야 하는 재화의 수입에 해당하지 아니하는 경우를 포함한다. 이하 이 조 및 제53조에서 같다)받는 자(공급받은 그 용역등을 과세사업에 제공하는 경우는 제외하되, 제39조에 따라 매입세액이 공제되지 아니하는 용역등을 공급받는 경우는 포함한다)는 그 대가를 지급하는 때에 그 대가를 받은 자로부터 부가가치세를 징수하여야 한다.(2023.12.31 본문개정)

1. 「소득세법」 제120조 또는 「법인세법」 제94조에 따른 국내사업장(이하 이 조에서 "국내사업장"이라 한다)이 없는 비거주자 또는 외국법인
2. 국내사업장이 있는 비거주자 또는 외국법인(비거주자 또는 외국법인의 국내사업장과 관련없이 용역등을 공급하는 경우로서 대통령령으로 정하는 경우만 해당한다)

② 제1항에 따라 부가가치세를 징수한 자는 대통령령으로 정하는 바에 따라 부가가치세 대리납부신고서를 제출하고, 제48조제2항 및 제49조제2항을 준용하여 부가가치세를 납부하여야 한다.

③ 제1항과 제2항을 적용할 때 공급받은 용역등을 과세사업과 면세사업등에 공통으로 사용하여 그 실지귀속을 구분할 수 없는 경우의 안분계산방법 등에 관하여 필요한 사항은 대통령령으로 정한다.

④ 제10조제9항제2호 본문에 따른 사업의 양도(이에 해당하는지 여부가 분명하지 아니한 경우를 포함한다)에 따라 그 사업을 양수받는 자는 그 대가를 지급하는 때에 같은 호 본문 및 제31조에도 불구하고 그 대가를 받은 자로부터 부가가치세를 징수하여 그 대가를 지급하는 날이 속하는 달의 다음 달 25일까지 제49조제2항을 준용하여 대통령령으로 정하는 바에 따라 사업장 관할 세무서장에게 납부할 수 있다.(2018.12.31 본항개정)

제52조의2【신탁 관련 제2차 납세의무 등에 대한 납부 특례】 ① 제3조제2항에 따라 부가가치세를 납부하여야 하는 수탁자의 관할 세무서장은 제3조의2제1항에 따른 제2차 납세의무자로부터 수탁자의 부가가치세등을 징수하려면 다음 각 호의 사항을 적은 납부고지서를 제2차 납세의무자에게 발급하여야 한다. 이 경우 수탁자의 관할 세무서장은 제2차 납세의무자의 관할 세무서장과 수탁자에게 그 사실을 통지하여야 한다.

1. 징수하려는 부가가치세등의 과세기간, 세액 및 그 산출근거
2. 납부하여야 할 기한 및 납부장소
3. 제2차 납세의무자로부터 징수할 금액 및 그 산출 근거
4. 그 밖에 부가가치세등의 징수를 위하여 필요한 사항

(2020.12.22 본항신설)

② 제3조제3항에 따라 부가가치세를 납부하여야 하는 위탁자의 관할 세무서장은 제3조의2제2항에 따라 수탁자로부터 위탁자의 부가가치세등을 징수하려면 다음 각 호의 사항을 적은 납부고지서를 수탁자에게 발급하여야 한다. 이 경우 수탁자의 관할 세무서장과 위탁자에게 그 사실을 통지하여야 한다.

1. 부가가치세등의 과세기간, 세액 및 그 산출 근거
2. 납부하여야 할 기한 및 납부장소
3. 그 밖에 부가가치세등의 징수를 위하여 필요한 사항

③ 제2항에 따른 고지가 있은 후 납세의무자인 위탁자가 신탁의 이익을 받을 권리를 포기 또는 이전하거나 신탁재산을 양도하는 등의 경우에도 제2항에 따라 고지된 부분에 대한 납세의무에는 영향을 미치지 아니한다.

④ 신탁재산의 수탁자가 변경되는 경우에 새로운 수탁자는 제2항에 따라 이전의 수탁자에게 고지된 납세의무를 승계한다.

⑤ 제2항에 따른 납세의무자인 위탁자의 관할 세무서장은 최초의 수탁자에 대한 신탁 설정일을 기준으로 제3조의2제2항에 따라 그 신탁재산에 대한 현재 수탁자에게 위탁자의 부가가치세등을 징수할 수 있다.

⑥ 신탁재산에 대하여 「국세징수법」에 따라 강제징수를 하는 경우 「국세기본법」 제35조제1항에도 불구하고 수탁자는 「신탁법」 제48조제1항에 따른 신탁재산의 보존 및 개량을 위하여 지출한 필요비 또는 유익비의 우선변제를 받을 권리가 있다. (2020.12.29 본항개정)

⑦ 제1항부터 제6항까지에서 규정한 사항 외에 제2차 납세의무 및 물적납세의무의 납부 등에 필요한 사항은 대통령령으로 정한다.

(2020.12.22 본조개정)

제53조【국외사업자의 용역등 공급에 관한 특례】 ① 국외사업자가 제8조에 따른 사업자등록의 대상으로서 다음 각 호의 어느 하나에 해당하는 자(이하 "위탁매매인등"이라 한다)를 통하여 국내에서 용역등을 공급하는 경우에는 해당 위탁매매인등이 해당 용역등을 공급한 것으로 본다.(2020.12.22 본문개정)
1. 위탁매매인(2016.12.20 본호신설)
2. 준위탁매매인(2016.12.20 본호신설)
3. 대리인(2016.12.20 본호신설)
4. 중개인(구매자로부터 거래대금을 수취하여 판매자에게 지급하는 경우에 한정한다)(2016.12.20 본호신설)

② 국외사업자로부터 권리를 공급받는 경우에는 제19조제1항에도 불구하고 공급받는 자의 국내에 있는 사업장의 소재지 또는 주소지를 해당 권리가 공급되는 장소로 본다.(2020.12.22 본항개정)

제53조의2【전자적 용역을 공급하는 국외사업자의 사업자등록 및 납부 등에 관한 특례】 ① 국외사업자가 정보통신망(「정보통신망 이용촉진 및 정보보호 등에 관한 법률」 제2조제1항제1호에 따른 정보통신망을 말한다. 이하 이 조에서 같다)을 통하여 이동통신단말장치 또는 컴퓨터 등으로 공급하는 용역으로서 다음 각 호의 어느 하나에 해당하는 용역(이하 "전자적 용역"이라 한다)을 국내에 제공하는 경우[제8조, 「소득세법」 제168조제1항 또는 「법인세법」 제111조제1항에 따라 사업자등록을 한 자(이하 이 조에서 "등록사업자"라 한다)의 과세사업 또는 면세사업에 대하여 용역을 공급하는 경우는 제외한다]에는 사업의 개시일부터 20일 이내에 대통령령으로 정하는 간편한 방법으로 사업자등록(이하 "간편사업자등록"이라 한다)을 하여야 한다.(2021.12.8 본문개정)
1. 게임·음성·동영상 파일 또는 소프트웨어 등 대통령령으로 정하는 용역
2. 광고를 게재하는 용역
3. 「클라우드컴퓨팅 발전 및 이용자 보호에 관한 법률」 제2조제3호에 따른 클라우드컴퓨팅서비스
4. 재화 또는 용역을 중개하는 용역으로서 대통령령으로 정하는 용역
5. 그 밖에 제1호부터 제4호까지와 유사한 용역으로서 대통령령으로 정하는 용역

(2018.12.31 1호~5호신설)

② 국외사업자가 다음 각 호의 어느 하나에 해당하는 제3자(제52조제1항 각 호의 어느 하나에 해당하는 비거주자 또는 외국법인을 포함한다)를 통하여 국내에 전자적 용역을 공급하는 경우(등록사업자의 과세사업 또는 면세사업에 대하여 용역을 공급하는 경우나 국외사업자의 용역등 공급 특례에 관한 제53조가 적용되는 경우는 제외한다)에는 그 제3자가 해당 전자적 용역을 공급한 것으로 보며, 그 제3자는 사업의 개시일부터 20일 이내에 간편사업자등록을 하여야 한다.(2021.12.8 본문개정)
1. 정보통신망 등을 이용하여 전자적 용역의 거래가 가능하도록 오픈마켓이나 그와 유사한 것을 운영하고 관련 서비스를 제공하는 자
2. 전자적 용역의 거래에서 중개에 관한 행위 등을 하는 자로서 구매자로부터 거래대금을 수취하여 판매자에게 지급하는 자
3. 그 밖에 제1호 및 제2호와 유사하게 전자적 용역의 거래에 관여하는 자로서 대통령령으로 정하는 자

③ (2020.12.22 삭제)

④ 제52조에도 불구하고 간편사업자등록을 한 자는 대통령령으로 정하는 방법으로 제48조제1항·제2항 및 제49조에 따른 신고 및 납부를 하여야 한다.

⑤ 간편사업자등록을 한 자는 해당 전자적 용역의 공급과 관련하여 제38조 및 제39조에 따라 공제되는 매입세액 외에는 매출세액 또는 납부세액에서 공제하지 아니한다.

⑥ 간편사업자등록을 한 자는 전자적 용역의 공급에 대한 거래명세(등록사업자의 과세사업 또는 면세사업에 대하여 용역을 공급하는 경우의 거래명세를 포함한다)를 그 거래사실이 속하는 과세기간에 대한 확정신고 기한이 지난 후 5년간 보관하여야 한다. 이 경우 거래명세에 포함되어야 할 구체적인 내용은 대통령령으로 정한다.(2021.12.8 본항신설)

⑦ 국세청장은 부가가치세 신고의 적정성을 확인하기 위하여 간편사업자등록을 한 자에게 기획재정부령으로 정하는 전자적 용역 거래명세서(이하 이 조에서 "전자적 용역 거래명세서"라 한다)를 제출할 것을 요구할 수 있다.(2021.12.8 본항신설)

⑧ 간편사업자등록을 한 자는 제7항에 따른 요구를 받은 날부터 60일 이내에 전자적 용역 거래명세서를 국세청장에게 제출하여야 한다.(2021.12.8 본항신설)

⑨ 국세청장은 제1항 또는 제2항에 따라 간편사업자등록을 한 자가 국내에서 폐업한 경우(사실상 폐업한 경우로서 대통령령으로 정하는 경우를 포함한다) 간편사업자등록을 말소할 수 있다.(2021.12.8 본항신설)

⑩ 간편사업자등록을 한 자의 납세지, 전자적 용역의 공급시기와 간편사업자등록 등에 관하여 그 밖에 필요한 사항은 대통령령으로 정한다.

(2020.12.22 본조제목개정)
(2014.12.23 본조신설)

제2절 제출서류 등

제54조【세금계산서합계표의 제출】 ① 사업자는 세금계산서 또는 수입세금계산서를 발급하였거나 발급받은 경우에는 다음 각 호의 사항을 적은 매출처별 세금계산서합계표와 매입처별 세금계산서합계표(이하 "매출·매입처별 세금계산서합계표"라 한다)를 해당 예정신고 또는 확정신고(제48조제3항 본문이 적용되는 경우는 해당 과세기간의 확정신고를 말한다)를 할 때 함께 제출하여야 한다.
1. 공급하는 사업자 및 공급받는 사업자의 등록번호와 성명 또는 명칭
2. 거래기간
3. 작성 연월일
4. 거래기간의 공급가액의 합계액 및 세액의 합계액
5. 그 밖에 대통령령으로 정하는 사항

② 제32조제2항 또는 제5항에 따라 전자세금계산서를 발급하거나 발급받고 제32조제3항 및 제5항에 따른 전자세금계산서 발급명세를 해당 재화 또는 용역의 공급시기가 속하는 과세기간(예정신고의 경우에는 예정신고기간) 마지막 날의 다음 달 11일까지 국세청장에게 전송한 경우에는 제1항에도 불구하고 해당 예정신고 또는 확정신고(제48조제3항 본문이 적용되는 경우에는 해당 과세기간의 확정신고) 시 매출·매입처별 세금계산서합계표를 제출하지 아니할 수 있다.

③ 제48조제1항 및 제4항에 따라 예정신고를 하는 사업자가 각 예정신고와 함께 매출·매입처별 세금계산서합계표를 제출하지 못하는 경우에는 해당 예정신고기간이 속하는 과세기간의 확정신고를 할 때 함께 제출할 수 있다.

④ 수입세금계산서를 발급한 세관장은 제1항과 제2항을 준용하여 매출처별 세금계산서합계표를 해당 세관 소재지를 관할하는 세무서장에게 제출하여야 한다.

⑤ 세금계산서를 발급받은 국가, 지방자치단체, 지방자치단체조합, 그 밖에 대통령령으로 정하는 자는 매입처별 세금계산서합계표를 해당 과세기간이 끝난 후 25일 이내에 납세지 관할 세무서장에게 제출하여야 한다.

⑥ 제1항부터 제5항까지에서 규정한 사항 외에 매출·매입처별 세금계산서합계표의 작성과 제출에 필요한 사항은 대통령령으로 정한다.

제55조【현금매출명세서 등의 제출】 ① 다음 각 호의 사업 중 해당 업종의 특성 및 세원관리(稅源管理)를 고려하여 대통령령으로 정하는 사업을 하는 사업자는 예정신고 또는 확정신고를 할 때 기획재정부령으로 정하는 현금매출명세서를 함께 제출하여야 한다.
1. 부동산업
2. 전문서비스업, 과학서비스업 및 기술서비스업
3. 보건업
4. 그 밖의 개인서비스업

② 부동산임대업자는 기획재정부령으로 정하는 부동산임대공급가액명세서를 예정신고 또는 확정신고를 할 때 함께 제출하여야 한다.(2014.1.1 본항개정)

③ 현금매출명세서 및 부동산임대공급가액명세서의 작성과 제출 등에 필요한 사항은 대통령령으로 정한다.

제56조 【영세율 첨부서류의 제출】 ① 제21조부터 제24조까지의 규정에 따라 영세율이 적용되는 재화 또는 용역을 공급하는 사업자는 제48조제1항 · 제4항 및 제49조에 따라 예정신고 및 확정신고를 할 때 예정신고서 및 확정신고서에 수출실적명세서 등 대통령령으로 정하는 서류를 첨부하여 제출하여야 한다.

② 제1항에 따른 서류를 첨부하지 아니한 부분에 대하여는 제48조제1항 · 제4항 및 제49조에 따른 예정신고 및 확정신고로 보지 아니한다.

③ 제1항에 따른 서류의 작성과 제출 등에 필요한 사항은 대통령령으로 정한다.

제6장 결정 · 경정 · 징수와 환급

제1절 결정 등

제57조 【결정과 경정】 ① 납세지 관할 세무서장, 납세지 관할 지방국세청장 또는 국세청장(이하 이 조 및 제57조의2에서 "납세지 관할 세무서장등"이라 한다)은 사업자가 다음 각 호의 어느 하나에 해당하는 경우에만 해당 예정신고기간 및 과세기간에 대한 부가가치세의 과세표준과 납부세액 또는 환급세액을 조사하여 결정 또는 경정한다.(2024.12.31 본문개정)

1. 예정신고 또는 확정신고를 하지 아니한 경우
2. 예정신고 또는 확정신고를 한 내용에 오류가 있거나 내용이 누락된 경우
3. 확정신고를 할 때 매출처별 세금계산서합계표 또는 매입처별 세금계산서합계표를 제출하지 아니하거나 제출한 매출처별 세금계산서합계표 또는 매입처별 세금계산서합계표에 기재사항의 전부 또는 일부가 적혀 있지 아니하거나 사실과 다르게 적혀 있는 경우
4. 그 밖에 대통령령으로 정하는 사유로 부가가치세를 포탈(逋脫)할 우려가 있는 경우

② 납세지 관할 세무서장등은 제1항에 따라 각 예정신고기간 및 과세기간에 대한 과세표준과 납부세액 또는 환급세액을 조사하여 결정 또는 경정하는 경우에는 세금계산서, 수입세금계산서, 장부 또는 그 밖의 증명 자료를 근거로 하여야 한다. 다만, 다음 각 호의 어느 하나에 해당하면 대통령령으로 정하는 바에 따라 추계(推計)할 수 있다.

1. 과세표준을 계산할 때 필요한 세금계산서, 수입세금계산서, 장부 또는 그 밖의 증명 자료가 없거나 그 중요한 부분이 갖추어지지 아니한 경우
2. 세금계산서, 수입세금계산서, 장부 또는 그 밖의 증명 자료의 내용이 시설규모, 종업원 수와 원자재 · 상품 · 제품 또는 각종 요금의 시가에 비추어 거짓임이 명백한 경우
3. 세금계산서, 수입세금계산서, 장부 또는 그 밖의 증명 자료의 내용이 원자재 사용량, 동력(動力) 사용량이나 그 밖의 조업 상황에 비추어 거짓임이 명백한 경우

③ 납세지 관할 세무서장등은 제1항 및 제2항에 따라 결정하거나 경정한 과세표준과 납부세액 또는 환급세액에 오류가 있거나 누락된 내용이 발견되면 즉시 다시 경정한다.

제57조의2 【수시부과의 결정】 ① 납세지 관할 세무서장등은 사업자가 과세기간 중에 다음 각 호의 어느 하나에 해당하는 경우에는 수시로 그 사업자에 대한 부가가치세를 부과(이하 "수시부과"라 한다)할 수 있다. 이 경우 제57조제2항 및 제3항을 준용한다.

1. 제60조제3항 각 호의 어느 하나에 해당하는 경우
2. 그 밖에 대통령령으로 정하는 사유로 부가가치세를 포탈할 우려가 있는 경우

② 제1항은 해당 과세기간의 개시일부터 같은 항 각 호의 사유가 발생한 날까지를 수시부과기간으로 하여 적용한다. 이 경우 같은 항 각 호의 사유가 제49조에 따른 확정신고기한 이전에 발생한 경우로서 사업자가 직전 과세기간에 대하여 확정신고를 하지 아니한 경우에는 직전 과세기간을 수시부과기간에 포함한다.

③ 수시부과의 절차와 그 밖에 필요한 사항은 대통령령으로 정한다.
(2024.12.31 본조신설)

제58조 【징수】 ① 납세지 관할 세무서장은 사업자가 다음 각 호의 어느 하나에 해당하는 경우에는 다음 각 호의 구분에 따른 세액을 「국세징수법」에 따라 징수한다.

1. 예정신고 또는 확정신고를 할 때에 신고한 납부세액을 납부하지 아니하거나 납부하여야 할 세액보다 적게 납부한 경우 : 그 미납부세액
2. 제57조에 따라 결정 또는 경정을 한 경우 : 추가로 납부하여야 할 세액
3. 제57조의2에 따라 수시부과한 경우 : 수시부과한 세액

(2024.12.31 본항개정)

② 재화의 수입에 대한 부가가치세는 세관장이 「관세법」에 따라 징수한다.

제58조의2 【신탁재산에 대한 강제징수의 특례】 제3조제2항에 따라 수탁자가 납부하여야 하는 부가가치세가 체납된 경우에는 「국세징수법」 제31조에도 불구하고 해당 신탁재산에 대해서만 강제징수를 할 수 있다.(2020.12.22 본조신설)

제59조 【환급】 ① 납세지 관할 세무서장은 각 과세기간별로 그 과세기간에 대한 환급세액을 확정신고한 사업자에게 그 확정신고기한이 지난 후 30일 이내(제2항 각 호의 어느 하나에 해당하는 경우에는 15일 이내)에 대통령령으로 정하는 바에 따라 환급하여야 한다.

② 제1항에도 불구하고 납세지 관할 세무서장은 다음 각 호의 어느 하나에 해당하여 환급을 신고한 사업자에게 대통령령으로 정하는 바에 따라 환급세액을 조기에 환급할 수 있다.

1. 사업자가 제21조부터 제24조까지의 규정에 따른 영세율을 적용받는 경우
2. 사업자가 대통령령으로 정하는 사업 설비를 신설 · 취득 · 확장 또는 증축하는 경우
3. 사업자가 대통령령으로 정하는 재무구조개선계획을 이행 중인 경우(2016.12.20 본호신설)

제2절 가산세

제60조 【가산세】 ① 사업자 또는 국외사업자가 다음 각 호의 어느 하나에 해당하면 각 호에 따른 금액을 납부세액에 더하거나 환급세액에서 뺀다.(2023.12.31 본문개정)

1. 제8조제1항 본문에 따른 기한까지 등록을 신청하지 아니한 경우에는 사업 개시일부터 등록을 신청한 날의 직전일까지의 공급가액 합계액의 1퍼센트(2016.12.20 본호개정)

1의2. 제53조의2제1항 및 제2항에 따른 기한까지 등록을 하지 아니한 경우에는 사업 개시일부터 등록한 날의 직전일까지의 공급가액 합계액의 1퍼센트(2023.12.31 본호신설)

2. 대통령령으로 정하는 타인의 명의로 제8조에 따른 사업자등록을 하거나 그 타인 명의의 제8조에 따른 사업자등록을 이용하여 사업을 하는 것으로 확인되는 경우 그 타인 명의의 사업 개시일부터 실제 사업을 하는 것으로 확인되는 날의 직전일까지의 공급가액 합계액의 2퍼센트(2024.12.31 본호개정)

② 사업자가 다음 각 호의 어느 하나에 해당하면 각 호에 따른 금액을 납부세액에 더하거나 환급세액에서 뺀다. 이 경우 제1호 또는 제2호가 적용되는 부분은 제3호부터 제5호까지를 적용하지 아니하고, 제5호가 적용되는 부분은 제3호 및 제4호를 적용하지 아니한다.

1. 제34조에 따른 세금계산서의 발급시기가 지난 후 해당 재화 또는 용역의 공급시기가 속하는 과세기간에 대한 확정신고 기한까지 세금계산서를 발급하는 경우 그 공급가액의 1퍼센트(2016.12.20 본호개정)
2. 제34조에 따른 세금계산서의 발급시기가 지난 후 해당 재화 또는 용역의 공급시기가 속하는 과세기간에 대한 확정신고기한까지 세금계산서를 발급하지 아니한 경우 그 공급가액의 2퍼센트. 다만, 다음 각 목의 어느 하나에 해당하는 경우에는 그 공급가액의 1퍼센트로 한다.(2019.12.31 단서개정)
   가. 제32조제2항에 따라 전자세금계산서를 발급하여야 할 의무가 있는 자가 전자세금계산서를 발급하지 아니하고 제34

조에 따른 세금계산서의 발급시기에 전자세금계산서 외의 세금계산서를 발급한 경우(2019.12.31 본목신설)
나. 둘 이상의 사업장을 가진 사업자가 재화 또는 용역을 공급한 사업장 명의로 세금계산서를 발급하지 아니하고 제34조에 따른 세금계산서의 발급시기에 자신의 다른 사업장 명의로 세금계산서를 발급한 경우(2019.12.31 본목신설)
3. 제32조제3항에 따른 기한이 지난 후 재화 또는 용역의 공급시기가 속하는 과세기간에 대한 확정신고기한까지 국세청장에게 전자세금계산서 발급명세를 전송하는 경우 그 공급가액의 0.3퍼센트(2018.12.31 본호개정)
4. 제32조제3항에 따른 기한이 지난 후 재화 또는 용역의 공급시기가 속하는 과세기간에 대한 확정신고기한까지 국세청장에게 전자세금계산서 발급명세를 전송하지 아니한 경우 그 공급가액의 0.5퍼센트(2018.12.31 본호개정)
5. 세금계산서의 필요적 기재사항의 전부 또는 일부가 착오 또는 과실로 적혀 있지 아니하거나 사실과 다른 경우 그 공급가액의 1퍼센트. 다만, 대통령령으로 정하는 바에 따라 거래사실이 확인되는 경우는 제외한다.(2016.12.20 본호개정)
③ 사업자가 다음 각 호의 어느 하나에 해당하는 경우에는 해당 각 호에 따른 금액을 납부세액에 더하거나 환급세액에서 뺀다.
1. 재화 또는 용역을 공급하지 아니하고 세금계산서 또는 제46조제3항에 따른 신용카드매출전표등(이하 "세금계산서등"이라 한다)을 발급한 경우 : 그 세금계산서등에 적힌 공급가액의 3퍼센트(2019.12.31 본호개정)
2. 재화 또는 용역을 공급받지 아니하고 세금계산서등을 발급받은 경우 : 그 세금계산서등에 적힌 공급가액의 3퍼센트(2019.12.31 본호개정)
3. 재화 또는 용역을 공급하고 실제로 재화 또는 용역을 공급하는 자가 아닌 자 또는 실제로 재화 또는 용역을 공급받는 자가 아닌 자의 명의로 세금계산서등을 발급한 경우 : 그 공급가액의 2퍼센트
4. 재화 또는 용역을 공급받고 실제로 재화 또는 용역을 공급하는 자가 아닌 자의 명의로 세금계산서등을 발급받은 경우 : 그 공급가액의 2퍼센트
5. 재화 또는 용역을 공급하고 세금계산서등의 공급가액을 과다하게 기재한 경우 : 실제보다 과다하게 기재한 부분에 대한 공급가액의 2퍼센트(2017.12.19 본호신설)
6. 재화 또는 용역을 공급받고 제5호가 적용되는 세금계산서등을 발급받은 경우 : 실제보다 과다하게 기재된 부분에 대한 공급가액의 2퍼센트(2017.12.19 본호신설)
(2017.12.19 본항개정)
④ 사업자가 아닌 자가 재화 또는 용역을 공급하지 아니하고 세금계산서를 발급하거나 재화 또는 용역을 공급받지 아니하고 세금계산서를 발급받으면 사업자로 보고 그 세금계산서에 적힌 공급가액의 3퍼센트를 그 세금계산서를 발급하거나 발급받은 자에게 납세지 관할 세무서장이 가산세로 징수한다. 이 경우 제37조제2항에 따른 납부세액은 0으로 본다.(2023.12.31 전단개정)
⑤ 사업자가 다음 각 호의 어느 하나에 해당하는 경우에는 각 호의 구분에 따른 금액을 납부세액에 더하거나 환급세액에서 뺀다.
1. 제46조제3항에 따라 발급받은 신용카드매출전표등을 제48조제1항·제4항 또는 제49조제1항에 따라 예정신고 또는 확정신고를 할 때 제출하여 매입세액을 공제받지 아니하고 대통령령으로 정하는 사유로 매입세액을 공제받은 경우 : 그 공급가액의 0.5퍼센트
2. 매입세액을 공제받기 위하여 제46조제3항제1호에 따라 제출한 신용카드매출전표등 수령명세서에 공급가액을 과다하게 적은 경우 : 실제보다 과다하게 적은 공급가액(착오로 기재된 경우로서 신용카드매출전표등에 따라 거래사실이 확인되는 부분의 공급가액은 제외한다)의 0.5퍼센트
(2021.12.8 본항개정)
⑥ 사업자가 다음 각 호의 어느 하나에 해당하면 각 호에 따른 금액을 납부세액에 더하거나 환급세액에서 뺀다. 다만, 제54조제1항에 따라 제출한 매출처별 세금계산서합계표의 기재사항이 착오로 적힌 경우로서 사업자가 발급한 세금계산서에 따라 거래사실이 확인되는 부분의 공급가액에 대하여는 그러하지 아니하다.
1. 제54조제1항 및 제3항에 따른 매출처별 세금계산서합계표를 제출하지 아니한 경우에는 매출처별 세금계산서합계표를 제출하지 아니한 부분에 대한 공급가액의 0.5퍼센트(2016.12.20 본호개정)
2. 제54조제1항 및 제3항에 따라 제출한 매출처별 세금계산서합계표의 기재사항 중 거래처별 등록번호 또는 공급가액의 전부 또는 일부가 적혀 있지 아니하거나 사실과 다르게 적혀 있는 경우에는 매출처별 세금계산서합계표의 기재사항이 적혀 있지 아니하거나 사실과 다르게 적혀 있는 부분에 대한 공급가액의 0.5퍼센트(2016.12.20 본호개정)
3. 제54조제3항에 따라 예정신고를 할 때 제출하지 못하여 해당 예정신고기간이 속하는 과세기간에 확정신고를 할 때 매출처별 세금계산서합계표를 제출하는 경우로서 제2호에 해당하지 아니하는 경우에는 그 공급가액의 0.3퍼센트(2016.12.20 본호개정)
⑦ 사업자가 다음 각 호의 어느 하나에 해당하면 각 호에 따른 금액을 납부세액에 더하거나 환급세액에서 뺀다. 다만, 매입처별 세금계산서합계표의 기재사항이 착오로 적힌 경우로서 사업자가 수령한 세금계산서 또는 수입세금계산서에 따라 거래사실이 확인되는 부분의 공급가액에 대하여는 그러하지 아니하다.
1. 제39조제1항제2호 단서에 따라 매입세액을 공제받는 경우로서 대통령령으로 정하는 경우에는 매입처별 세금계산서합계표에 따르지 아니하고 세금계산서 또는 수입세금계산서에 따라 공제받은 매입세액에 해당하는 공급가액의 0.5퍼센트
2. 제54조제1항 및 제3항에 따른 매입처별 세금계산서합계표를 제출하지 아니한 경우 또는 제출한 매입처별 세금계산서합계표의 기재사항 중 거래처별 등록번호 또는 공급가액의 전부 또는 일부가 적혀 있지 아니하거나 사실과 다르게 적혀 있는 경우에는 매입처별 세금계산서합계표에 따르지 아니하고 세금계산서 또는 수입세금계산서에 따라 공제받은 매입세액에 해당하는 공급가액의 0.5퍼센트. 다만, 대통령령으로 정하는 경우는 제외한다.
3. 제54조제1항 및 제3항에 따라 제출한 매입처별 세금계산서합계표의 기재사항 중 공급가액을 사실과 다르게 과다하게 적어 신고한 경우에는 제출한 매입처별 세금계산서합계표의 기재사항 중 사실과 다르게 과다하게 적어 신고한 공급가액의 0.5퍼센트
(2016.12.20 1호~3호개정)
⑧ 사업자가 제55조제1항에 따른 현금매출명세서 또는 같은 조 제2항에 따른 부동산임대공급가액명세서를 제출하지 아니하거나 제출한 수입금액(현금매출명세서의 경우에는 현금매출을 말한다. 이하 이 항에서 같다)이 사실과 다르게 적혀 있으면 제출하지 아니한 부분의 수입금액 또는 제출한 수입금액과 실제 수입금액과의 차액의 1퍼센트를 납부세액에 더하거나 환급세액에서 뺀다.(2016.12.20 본항개정)
⑨ 제1항부터 제7항까지를 적용할 때에 제1항부터 제3항까지의 규정이 적용되는 부분에는 다음 각 호의 구분에 따른 규정을 각각 적용하지 아니한다.(2018.12.31 본문개정)
1. 제1항이 적용되는 부분 : 제2항(제2호는 제외한다)·제5항 및 제6항
2. 제2항(제2호는 제외한다)이 적용되는 부분 : 제6항(2018.12.31 본호개정)
3. 제2항제2호 또는 제3항이 적용되는 부분 : 제1항·제6항 및 제7항
4. 제3항제3호가 적용되는 부분 : 제2항제2호 본문(2017.12.19 본호신설)
5. 제3항제5호가 적용되는 부분 : 제2항제5호 본문(2019.12.31 본호신설)
(2014.12.23 본항개정)
⑩ 「법인세법」 제75조의6제2항제3호 또는 「소득세법」 제81조의9제2항제3호의 가산세를 적용받는 부분은 제2항제2호 및 제6항제2호의 가산세를 적용하지 아니한다.(2019.12.31 본항개정)

판례 역삼 본점과 용인 소재 물류센터의 각 사업장을 보유한 A사가 B사와 물류대행서비스 계약을 체결하고 역삼 본점에서 용역을 공급받았다면 '공급받는 자'를 용인사업장으로 해서 작성된 세금계산서는 '사실과 다른 세금계산서'에 해당하므로, 이 세금계산서로 매입세액을 공제해 부가가치세 확정신고 및 환급신고를 한 사업장에 과세관청이 세금계산서불성실가산세 등을 부과한 것은 적법하다.
(대판 2021.10.28, 2021두39447)

제7장 간이과세

제61조【간이과세의 적용 범위】 ① 직전 연도의 공급대가의 합계액이 8천만원부터 8천만원의 130퍼센트에 해당하는 금액까지의 범위에서 대통령령으로 정하는 금액에 미달하는 개인사업자는 이 법에서 달리 정하고 있는 경우를 제외하고는 제4장부터 제6장까지의 규정에도 불구하고 이 장의 규정을 적용받는다. 다만, 다음 각 호의 어느 하나에 해당하는 사업자는 간이과세자로 보지 아니한다.(2020.12.22 본문개정)
1. 간이과세가 적용되지 아니하는 다른 사업장을 보유하고 있는 사업자
2. 업종, 규모, 지역 등을 고려하여 대통령령으로 정하는 사업자
3. 부동산임대업 또는 「개별소비세법」 제1조제4항에 따른 과세유흥장소(이하 "과세유흥장소"라 한다)를 경영하는 사업자로서 해당 업종의 직전 연도의 공급대가의 합계액이 4천800만원 이상인 사업자
4. 둘 이상의 사업장이 있는 사업자로서 그 둘 이상의 사업장의 직전 연도의 공급대가의 합계액이 제1항 각 호 외의 부분 본문에 따른 금액 이상인 사업자. 다만, 부동산임대업 또는 과세유흥장소에 해당하는 사업장을 둘 이상 경영하고 있는 사업자의 경우 그 둘 이상의 사업장의 직전 연도의 공급대가(하나의 사업장에서 둘 이상의 사업을 겸영하는 사업자의 경우 부동산임대업 또는 과세유흥장소의 공급대가만을 말한다)의 합계액이 4천800만원 이상인 사업자로 한다.

(2020.12.22 3호~4호신설)

② 직전 과세기간에 신규로 사업을 시작한 개인사업자에 대하여는 그 사업 개시일부터 그 과세기간 종료일까지의 공급대가를 합한 금액을 12개월로 환산한 금액을 기준으로 하여 제1항을 적용한다. 이 경우 1개월 미만의 끝수가 있으면 1개월로 한다.
③ 신규로 사업을 시작하는 개인사업자는 사업을 시작한 날이 속하는 연도의 공급대가의 합계액이 제1항 및 제2항에 따른 금액에 미달될 것으로 예상되면 제8조제1항 또는 제3항에 따른 등록을 신청할 때 대통령령으로 정하는 바에 따라 납세지 관할 세무서장에게 간이과세의 적용 여부를 함께 신고하여야 한다.
④ 제3항에 따른 신고를 한 개인사업자는 최초의 과세기간에는 간이과세자로 한다. 다만, 제1항 단서에 해당하는 사업자인 경우는 그러하지 아니하다.(2014.1.1 본문개정)
⑤ 제8조제1항 또는 제3항에 따른 등록을 하지 아니한 개인사업자로서 사업을 시작한 날이 속하는 연도의 공급대가의 합계액이 제1항 및 제2항에 따른 금액에 미달하면 최초의 과세기간에는 간이과세자로 한다. 다만, 제1항 단서에 해당하는 사업자는 그러하지 아니하다.
⑥ 제68조제1항에 따라 결정 또는 경정한 공급대가의 합계액이 제1항 및 제2항에 따른 금액 이상인 개인사업자는 그 결정 또는 경정한 날이 속하는 과세기간까지 간이과세자로 본다.

제62조【간이과세와 일반과세의 적용기간】 ① 제61조에 따라 간이과세자에 관한 규정이 적용되거나 적용되지 아니하게 되는 기간은 해의 1월 1일부터 12월 31일까지의 공급대가의 합계액이 대통령령으로 정하는 금액에 미달하거나 그 이상이 되는 해의 다음 해의 7월 1일부터 그 다음 해의 6월 30일까지로 한다.(2023.12.31 본항개정)
② 제1항에도 불구하고 신규로 사업을 개시한 사업자의 경우 제61조에 따라 간이과세자에 관한 규정이 적용되거나 적용되지 아니하게 되는 기간은 최초로 사업을 개시한 해의 다음 해의 7월 1일부터 그 다음 해의 6월 30일까지로 한다.(2014.1.1 본항개정)
③ 간이과세 및 일반과세의 적용시기에 관하여 필요한 사항은 대통령령으로 정한다.
(2014.1.1 본조제목개정)

제63조【간이과세자의 과세표준과 세액】 ① 간이과세자의 과세표준은 해당 과세기간(제66조제2항 또는 제3항에 따라 신고하고 납부하는 경우에는 같은 조 제1항에 따른 예정부과기간을 말한다. 이하 이 조에서 같다)의 공급대가의 합계액으로 한다.
(2020.12.22 본항개정)
② 간이과세자의 납부세액은 다음의 계산식에 따라 계산한 금액으로 한다. 이 경우 둘 이상의 업종을 겸영하는 간이과세자의 경우에는 각각의 업종별로 계산한 금액의 합계액을 납부세액으로 한다.

납부세액 = 제1항에 따른 과세표준 × 직전 3년간 신고된 업종별 평균 부가가치율 등을 고려하여 5퍼센트에서 50퍼센트의 범위에서 대통령령으로 정하는 해당 업종의 부가가치율 × 10퍼센트

③ 간이과세자가 다른 사업자로부터 세금계산서등을 발급받아 대통령령으로 정하는 바에 따라 제54조제1항에 따른 매입처별 세금계산서합계표 또는 대통령령으로 정하는 신용카드매출전표등 수령명세서를 납세지 관할 세무서장에게 제출하는 경우에는 다음 각 호에 따라 계산한 금액을 과세기간에 대한 납부세액에서 공제한다. 다만, 제39조에 따라 공제되지 아니하는 매입세액은 그러하지 아니하다.
1. 해당 과세기간에 세금계산서등을 발급받은 재화와 용역의 공급대가에 0.5퍼센트를 곱한 금액(2020.12.22 본호개정)
2. (2020.12.22 삭제)
3. 간이과세자가 과세사업과 면세사업등을 겸영하는 경우에는 대통령령으로 정하는 바에 따라 계산한 금액

④ 간이과세자(제36조제1항제2호 각 목의 어느 하나에 해당하는 간이과세자는 제외한다)가 전자세금계산서를 2027년 12월 31일까지 발급(전자세금계산서 발급명세를 제32조제3항에 따른 기한까지 국세청장에게 전송한 경우로 한정한다)하고 기획재정부령으로 정하는 전자세금계산서 발급세액공제신고서를 납세지 관할 세무서장에게 제출한 경우의 해당 과세기간에 대한 부가가치세액 공제에 관하여는 제47조제1항을 준용한다.
(2024.12.31 본항개정)
⑤ 간이과세자에 대한 과세표준의 계산은 제29조를 준용한다.
⑥ 간이과세자의 경우 제3항, 제4항 및 제46조제1항에 따라 공제하는 금액의 합계액이 각 과세기간의 납부세액을 초과하는 경우에는 그 초과하는 부분은 없는 것으로 본다.(2022.12.31 본항개정)
⑦ 제68조제1항에 따라 결정 또는 경정하거나 「국세기본법」 제45조에 따라 수정신고한 간이과세자의 해당 연도의 공급대가의 합계액이 제61조제1항에 따른 금액 이상인 경우 대통령령으로 정하는 과세기간의 납부세액은 제2항에도 불구하고 제37조를 준용하여 계산한 금액으로 한다. 이 경우 공급가액은 공급대가에 110분의 100을 곱한 금액으로 하고, 매입세액을 계산할 때에는 세금계산서등을 받은 부분에 대하여 제3항에 따라 공제받은 세액은 매입세액으로 공제하지 아니한다.

판례 부가가치세 부담에 관한 약정이 '부가가치세 별도'의 형식으로 이루어진 경우에 사업자가 공급을 받는 자에게 청구할 수 있는 구체적인 부가가치세 상당액은 거래당사자 사이에 명시적 또는 묵시적 형태의 약정이나 거래관행이 존재하는 때에는 그에 따른 금액을 의미하고, 그러한 약정이나 거래관행이 존재하지 않는 때에는 해당 거래에 적용되는 부가가치세법령에 따라 계산한 금액을 의미한다. 따라서 간이과세 사업자의 경우 상대방과 명시적 약정이나 거래 관행이 없었다면 '부가가치세 별도'라는 약정이 있다는 사정만으로 상대방에게 부가가치세로 대금의 10%를 청구할 수 없다.(대판 2024.3.12, 2023다290485)

제64조【간이과세자로 변경되는 경우의 재고품 등 매입세액 가산】 일반과세자가 간이과세자로 변경되면 변경 당시의 재고품, 건설 중인 자산 및 감가상각자산(제38조부터 제43조까지의 규정에 따라 공제받은 경우만 해당하되, 제10조제9항제2호에 따른 사업양도에 의하여 사업양수자가 양수한 자산으로서 사업양도자가 매입세액을 공제받은 재화를 포함한다)에 대하여 대통령령으로 정하는 바에 따라 계산한 금액을 제63조제2항에 따른 납부세액에 더하여야 한다.(2017.12.19 본조개정)

제65조 (2020.12.22 삭제)

제66조【예정부과와 납부】 ① 사업장 관할세무서장은 제67조에도 불구하고 간이과세자에 대하여 직전 과세기간에 대한 납부세액(제46조제1항, 제63조제3항·제4항 또는 「조세특례제한법」 제104조의8제2항에 따라 납부세액에서 공제하거나 경감

한 세액 및 제68조제2항에 따라 수시부과한 세액이 있는 경우에는 그 세액을 뺀 금액으로 하고, 제68조제1항에 따른 결정 또는 경정과 「국세기본법」 제45조 및 제45조의2에 따른 수정신고 및 경정청구에 따른 결정이 있는 경우에는 그 내용이 반영된 금액으로 한다)의 50퍼센트(직전 과세기간이 제5조제4항제1호의 과세기간에 해당하는 경우에는 직전 과세기간에 대한 납부세액의 전액을 말하며, 1천원 미만의 단수가 있을 때에는 그 단수금액은 버린다)를 1월 1일부터 6월 30일(이하 이 조에서 "예정부과기간"이라 한다)까지의 납부세액으로 결정하여 대통령령으로 정하는 바에 따라 예정부과기간이 끝난 후 25일 이내(이하 "예정부과기한"이라 한다)까지 징수한다. 다만, 다음 각 호의 어느 하나에 해당하는 경우에는 징수하지 아니한다. (2024.12.31 본문개정)
1. 징수하여야 할 금액이 50만원 미만인 경우
2. 제5조제4항제2호의 과세기간이 적용되는 간이과세자의 경우
3. 「국세징수법」 제13조제1항 각 호의 어느 하나에 해당하는 사유로 관할 세무서장이 징수하여야 할 금액을 간이과세자가 납부할 수 없다고 인정되는 경우

(2021.12.8 1호~3호신설)

② 제1항에도 불구하고 대통령령으로 정하는 간이과세자는 예정부과기간의 과세표준과 납부세액을 예정부과기한까지 사업장 관할 세무서장에게 신고할 수 있다.

③ 제1항에도 불구하고 제32조 또는 제36조제3항에 따라 예정부과기간에 세금계산서를 발급한 간이과세자는 예정부과기간의 과세표준과 납부세액을 예정부과기한까지 사업장 관할 세무서장에게 신고하여야 한다.(2020.12.22 본항신설)

④ 제1항 본문에 따른 결정이 있는 경우 간이과세자가 제2항 또는 제3항에 따라 신고를 한 경우에는 그 결정이 없었던 것으로 본다.(2020.12.22 본항개정)

⑤ 제2항 또는 제3항에 따라 신고하는 간이과세자는 예정부과기간의 납부세액을 대통령령으로 정하는 바에 따라 사업장 관할 세무서장에게 납부하여야 한다.(2020.12.22 본항개정)

⑥ 제2항 또는 제3항에 따라 신고하는 간이과세자는 대통령령으로 정하는 바에 따라 매출·매입처별 세금계산서합계표를 제2항 또는 제3항에 따른 신고를 할 때 제출하여야 한다. 다만, 매출·매입처별 세금계산서합계표를 제2항 또는 제3항에 따른 신고를 할 때 제출하지 못하는 경우에는 제67조제1항에 따른 신고를 할 때 이를 제출할 수 있다.(2020.12.22 본항개정)

제67조【간이과세자의 신고와 납부】 ① 간이과세자는 과세기간의 과세표준과 납부세액을 그 과세기간이 끝난 후 25일(폐업하는 경우 제5조제3항에 따른 폐업일이 속한 달의 다음 달 25일) 이내에 대통령령으로 정하는 바에 따라 납세지 관할 세무서장에게 확정신고를 하고 납세지 관할 세무서장 또는 한국은행등에 납부하여야 한다.

② 제1항에 따라 부가가치세를 납부하는 경우 제66조제1항 본문, 같은 조 제5항 및 제68조제2항에 따라 납부한 세액은 공제하고 납부한다.(2024.12.31 본항개정)

③ 간이과세자는 대통령령으로 정하는 바에 따라 매출·매입처별 세금계산서합계표를 제1항에 따른 해당 신고를 할 때 함께 제출하여야 한다.(2020.12.22 본항개정)

제68조【간이과세자에 대한 결정·경정과 징수】 ① 간이과세자에 대한 과세표준과 납부세액의 결정 또는 경정에 관하여는 제57조를 준용한다.

② 간이과세자에 대한 수시부과의 결정에 관하여는 제57조의2를 준용한다.(2024.12.31 본항신설)

③ (2020.12.22 삭제)

④ 간이과세자에 대한 부가가치세의 징수에 관하여는 제58조를 준용한다.

제68조의2【간이과세자에 대한 가산세】 ① 간이과세자에 대한 가산세 부과에 관하여는 제60조제1항, 제2항 및 제3항제1호·제3호·제5호를 준용한다. 이 경우 제60조제1항 각 호 중 "공급가액"은 "공급대가"로, "1퍼센트"는 "0.5퍼센트"로, "2퍼센트"는 "1퍼센트"로 본다.(2024.12.31 후단개정)

② 간이과세자가 다음 각 호의 어느 하나에 해당하는 경우 다음 각 호의 구분에 따른 금액을 납부세액에 더하거나 환급세액에서 뺀다.
1. 제32조에 따라 세금계산서를 발급하여야 하는 사업자로부터 재화 또는 용역을 공급받고 세금계산서를 발급받지 아니한 경우(제36조의2제1항 및 제2항에 따라 영수증을 발급하여야 하는 기간에 세금계산서를 발급받지 아니한 경우는 제외한다) : 그 공급대가의 0.5퍼센트
2. 세금계산서등을 발급받고 제63조제3항에 따라 공제받지 아니한 경우로서 제57조제1항에 따른 해당 결정 또는 경정 기관의 확인을 거쳐 제63조제7항 전단에 따라 납부세액을 계산할 때 매입세액으로 공제받는 경우 : 그 공급가액의 0.5퍼센트(2022.12.31 본호개정)

③ 간이과세자가 다음 각 호의 어느 하나에 해당하는 경우 다음 각 호의 구분에 따른 금액을 납부세액에 더하거나 환급세액에서 뺀다. 다만, 제66조제6항 또는 제67조제3항에 따라 제출한 매출처별 세금계산서합계표의 기재사항이 착오로 적힌 경우로서 사업자가 발급한 세금계산서에 따라 거래사실이 확인되는 부분의 공급가액에 대해서는 그러하지 아니하다.
1. 제66조제6항 또는 제67조제3항에 따라 매출처별 세금계산서합계표를 제출하지 아니한 경우 : 매출처별 세금계산서합계표를 제출하지 아니한 부분에 대한 공급가액의 0.5퍼센트
2. 제66조제6항 또는 제67조제3항에 따라 제출한 매출처별 세금계산서합계표의 기재사항 중 거래처별 등록번호 또는 공급가액의 전부 또는 일부가 적혀 있지 아니하거나 사실과 다르게 적혀 있는 경우 : 매출처별 세금계산서합계표의 기재사항이 적혀 있지 아니하거나 사실과 다르게 적혀 있는 부분에 대한 공급가액의 0.5퍼센트
3. 제66조제6항 단서에 따라 신고를 할 때 제출하지 못하여 해당 예정부과기간이 속하는 과세기간에 확정신고를 할 때 매출처별 세금계산서합계표를 제출하는 경우로서 제2호에 해당하지 아니하는 경우 : 그 공급가액의 0.3퍼센트

④ 제1항부터 제3항까지를 적용할 때에 제1항에 따라 준용을 하는 부분에 대해서는 다음 각 호의 구분에 따른 규정을 각각 적용하지 아니한다.
1. 제60조제1항이 준용되는 부분 : 제60조제2항(제2호는 제외한다), 이 조 제2항제2호 및 제3항
2. 제60조제2항(제2호는 제외한다)이 준용되는 부분 : 이 조 제3항
3. 제60조제2항제2호 또는 제3항제1호·제3호·제5호가 준용되는 부분 : 제60조제1항 및 이 조 제3항
4. 제60조제3항제3호가 준용되는 부분 : 제60조제2항제2호 본문
5. 제60조제3항제5호가 준용되는 부분 : 제60조제2항제5호 본문

⑤ 「소득세법」 제81조의9제2항제3호의 가산세를 적용받는 부분에 대해서는 제60조제2항제2호 및 이 조 제3항제2호의 가산세를 적용하지 아니한다.

(2020.12.22 본조신설)

제69조【간이과세자에 대한 납부의무의 면제】 ① 간이과세자의 해당 과세기간에 대한 공급대가의 합계액이 4천800만원 미만이면 제66조 및 제67조에도 불구하고 제63조제2항에 따른 납부의무를 면제한다. 다만, 제64조에 따라 납부세액에 더하여야 할 세액은 그러하지 아니하다.(2020.12.22 본문개정)

② 제1항에 따라 납부할 의무를 면제하는 경우에 대하여는 제60조제1항을 적용하지 아니한다. 다만, 제8조제1항에 따른 기한까지 사업자등록을 신청하지 아니한 경우(대통령령으로 정하는 고정 사업장이 없는 경우는 제외한다)에는 제60조제1항제1호를 적용하되, 제60조제1항제1호 중 "1퍼센트"를 "0.5퍼센트와 5만원 중 큰 금액"으로 한다.(2016.12.20 단서개정)

③ 제1항을 적용할 때 다음 각 호의 경우에는 같은 호의 공급대가의 합계액을 12개월로 환산한 금액을 기준으로 한다. 이 경우 1개월 미만의 끝수가 있으면 1개월로 한다.
1. 해당 과세기간에 신규로 사업을 시작한 간이과세자는 그 사업 개시일부터 그 과세기간 종료일까지의 공급대가의 합계액
2. 휴업자·폐업자 및 과세기간 중 과세유형을 전환한 간이과세자는 그 과세기간 개시일부터 휴업일·폐업일 및 과세유형 전환일까지의 공급대가의 합계액
3. 제5조제4항 각 호에 따른 과세기간의 적용을 받는 간이과세자는 해당 과세기간의 공급대가의 합계액(2014.1.1 본호신설)

④ 제1항에 따라 납부의무가 면제되는 사업자가 자진 납부한 사실이 확인되면 납세지 관할 세무서장은 납부한 금액을 환급하여야 한다.

제70조【간이과세의 포기 및 재적용】 ① 간이과세자 또는 제62조에 따라 간이과세자에 관한 규정을 적용받게 되는 일반과세자가 간이과세자에 관한 규정의 적용을 포기하고 일반과세자에 관한 규정을 적용받으려는 경우에는 제61조제1항에도 불구하고 제4장부터 제6장까지의 규정을 적용받을 수 있다. 이 경우 적용받으려는 달의 전달의 마지막 날까지 대통령령으로 정하는 바에 따라 납세지 관할 세무서장에게 신고하여야 한다.

② 신규로 사업을 시작하는 개인사업자가 제8조제1항 또는 제3항에 따른 사업자등록을 신청할 때 대통령령으로 정하는 바에 따라 납세지 관할 세무서장에게 간이과세자에 관한 규정의 적용을 포기하고 일반과세자에 관한 규정을 적용받으려고 신고한 경우에는 제61조제1항에도 불구하고 제4장부터 제6장까지의 규정을 적용받을 수 있다.(2014.1.1 본항신설)

③ 제1항과 제2항에 따라 신고한 개인사업자는 다음 각 호의 구분에 따른 날부터 3년이 되는 날이 속하는 과세기간까지는 간이과세자에 관한 규정을 적용받지 못한다.

1. 제1항에 따라 신고한 경우 : 일반과세자에 관한 규정을 적용받으려는 달의 1일(2014.1.1 본호신설)
2. 제2항에 따라 신고한 경우 : 사업 개시일이 속하는 달의 1일(2014.1.1 본호신설)

④ 제3항에도 불구하고 제1항 및 제2항에 따라 신고한 개인사업자 중 직전 연도의 공급대가의 합계액이 4천8백만원 이상 제61조제1항 각 호 외의 부분 본문에 따른 금액 미만인 개인사업자 등 대통령령으로 정하는 개인사업자는 제3항에 따른 과세기간 이전이라도 간이과세자에 관한 규정을 적용받을 수 있다.(2023.12.31 본항신설)

⑤ 제4항에 따라 간이과세자에 관한 규정을 적용받으려는 개인사업자는 적용받으려는 과세기간 개시 10일 전까지 대통령령으로 정하는 바에 따라 납세지 관할 세무서장에게 신고하여야 한다.(2023.12.31 본항신설)

(2023.12.31 본조제목개정)

(2014.1.1 본조개정)

제8장 보 칙

제71조【장부의 작성·보관】 ① 사업자는 자기의 납부세액 또는 환급세액과 관계되는 모든 거래사실을 대통령령으로 정하는 바에 따라 장부에 기록하여 사업장에 갖추어 두어야 한다.

② 사업자가 부가가치세가 과세되는 재화 또는 용역의 공급과 함께 부가가치세가 면제되는 재화 또는 용역을 공급하거나 제42조제1항을 적용받는 경우에는 과세되는 공급과 면세되는 공급 및 면세농산물등을 공급받은 사실을 각각 구분하여 장부에 기록하여야 한다.

③ 사업자는 제1항 및 제2항에 따라 기록한 장부와 제32조, 제35조 및 제36조에 따라 발급하거나 발급받은 세금계산서, 수입세금계산서 또는 영수증을 그 거래사실이 속하는 과세기간에 대한 확정신고 기한 후 5년간 보존하여야 한다. 다만, 제32조에 따라 전자세금계산서를 발급한 사업자가 국세청장에게 전자세금계산서 발급명세를 전송한 경우에는 그러하지 아니하다.

④ 사업자가 「법인세법」 제112조 및 「소득세법」 제160조에 따라 장부기록의무를 이행한 경우에는 제1항에 따른 장부기록의무를 이행한 것으로 본다.

제72조【부가가치세의 세액 등에 관한 특례】 ① 제37조 및 제63조에도 불구하고 납부세액에서 이 법 및 다른 법률에서 규정하고 있는 부가가치세의 감면세액 및 공제세액을 빼고 가산세를 더한 세액의 1천분의 747을 부가가치세로, 1천분의 253을 지방소비세로 한다.(2021.12.8 본항개정)

② 부가가치세와 「지방세법」에 따른 지방소비세를 신고·납부·경정 및 환급할 경우에는 부가가치세와 지방소비세를 합한 금액을 신고·납부·경정 및 환급한다.

제73조【납세관리인】 ① 개인사업자가 다음 각 호의 어느 하나에 해당하는 경우에는 부가가치세에 관한 신고·납부·환급, 그 밖에 필요한 사항을 처리하는 납세관리인을 정하여야 한다.

1. 사업자가 사업장에 통상적으로 머무르지 아니하는 경우
2. 사업자가 6개월 이상 국외에 체류하려는 경우

② 사업자는 제1항의 경우 외에도 부가가치세에 관한 신고·납부·환급, 그 밖에 필요한 사항을 처리하게 하기 위하여 대통령령으로 정하는 자를 납세관리인으로 정할 수 있다.

③ 제1항과 제2항에 따라 납세관리인을 정한 사업자는 대통령령으로 정하는 바에 따라 납세지 관할 세무서장에게 신고하여야 한다. 이를 변경한 경우에도 또한 같다.

제74조【질문·조사】 ① 부가가치세에 관한 사무에 종사하는 공무원은 부가가치세에 관한 업무를 위하여 필요하면 납세의무자, 납세의무자와 거래를 하는 자, 납세의무자가 가입한 동업조합 또는 이에 준하는 단체에 부가가치세와 관계되는 사항을 질문하거나 그 장부·서류나 그 밖의 물건을 조사할 수 있다.

② 납세지 관할 세무서장은 부가가치세의 납세보전 또는 조사를 위하여 납세의무자에게 장부·서류 또는 그 밖의 물건을 제출하게 하거나 그 밖에 필요한 사항을 명할 수 있다.

③ 부가가치세에 관한 사무에 종사하는 공무원이 제1항에 따른 질문 또는 조사를 할 때에는 그 권한을 표시하는 조사원증을 지니고 이를 관계인에게 보여주어야 한다.

④ 제1항 또는 제2항을 적용하는 경우 부가가치세에 관한 사무에 종사하는 공무원은 직무상 필요한 범위 외에 다른 목적 등을 위하여 그 권한을 남용해서는 아니 된다.(2018.12.31 본항신설)

제75조【자료제출】 ① 다음 각 호의 어느 하나에 해당하는 자는 재화 또는 용역의 공급과 관련하여 국내에서 판매 또는 결제를 대행하거나 중개하는 경우 대통령령으로 정하는 바에 따라 관련 명세를 매 분기 말일의 다음 달 15일까지 국세청장, 납세지 관할 지방국세청장 또는 납세지 관할 세무서장에게 제출하여야 한다.(2022.12.31 본문개정)

1. 「전기통신사업법」 제5조에 따른 부가통신사업자로서 「전자상거래 등에서의 소비자보호에 관한 법률」 제2조제3호에 따른 통신판매업자의 판매를 대행 또는 중개하는 자
2. 「여신전문금융업법」 제2조제5호나목에 따른 결제대행업체
3. 「전자금융거래법」 제2조제4호에 따른 전자금융업자
4. 「외국환거래법」 제8조제4항에 따른 전문외국환업무취급업자
5. 그 밖에 제1호부터 제4호까지의 사업자와 유사한 사업을 수행하는 자로서 대통령령으로 정하는 자

② 국세청장, 납세지 관할 지방국세청장 또는 납세지 관할 세무서장은 제1항에 따라 관련 명세를 제출하여야 하는 자가 관련 명세를 제출하지 아니하거나 사실과 다르게 제출한 경우 그 시정에 필요한 사항을 명할 수 있다.(2022.12.31 본항신설)

(2017.12.19 본조신설)

제9장 벌 칙

(2018.12.31 본장신설)

제76조【과태료】 ① 국세청장, 납세지 관할 지방국세청장 또는 납세지 관할 세무서장은 다음 각 호의 어느 하나에 해당하는 자에게 2천만원 이하의 과태료를 부과한다.

1. 제74조제2항에 따른 납세보전 또는 조사를 위한 명령을 위반한 자
2. 제75조제2항에 따른 시정 명령을 위반한 자

(2022.12.31 본항개정)

② 제1항에 따른 과태료의 부과기준에 대해서는 대통령령으로 정한다.(2021.12.8 본항신설)

부 칙 (2016.12.20)

제1조【시행일】 이 법은 2017년 1월 1일부터 시행한다.

제2조【일반적 적용례】 이 법은 이 법 시행 이후 재화나 용역을 공급하거나 공급받는 분 또는 재화를 수입신고하는 분부터 적용한다.

제3조【재화의 수입에 대한 부가가치세 납부유예에 관한 적용례】 제50조의2의 개정규정은 이 법 시행 이후 납부유예를 신청하여 납부를 유예받은 중견사업자가 2017년 4월 1일 이후 재화를 수입신고하는 분부터 적용한다.

제4조【대리납부에 관한 경과조치】 이 법 시행 전에 사업을 양수받은 경우에는 제52조제4항의 개정규정에도 불구하고 종전의 규정에 따른다.
제5조【가산세에 관한 경과조치】 이 법 시행 전에 재화나 용역을 공급하거나 공급받는 분 또는 재화를 수입신고하는 분에 대해서는 제60조제2항 · 제6항 및 제7항의 개정규정에도 불구하고 종전의 규정에 따른다.

부 칙 (2017.12.19)

제1조【시행일】 이 법은 2018년 1월 1일부터 시행한다.
제2조【일반적 적용례】 이 법은 이 법 시행 이후 재화나 용역을 공급하거나 공급받는 분 또는 재화를 수입신고하는 분부터 적용한다.
제3조【재화의 공급으로 보지 아니하는 신탁재산의 이전에 관한 적용례】 제10조제9항제4호의 개정규정은 이 법 시행 이후 신탁재산을 이전하는 경우부터 적용한다.
제4조【수입세금계산서에 관한 적용례】 제35조제2항 및 제3항의 개정규정은 이 법 시행 이후 세관장이 결정 또는 경정하거나 수입하는 자가 수정신고하는 분부터 적용한다.
제5조【대리납부에 관한 적용례】 제52조제4항의 개정규정은 이 법 시행 이후 제10조제9항제2호 본문에 따라 사업을 양도하는 경우부터 적용한다.
제6조【가산세에 관한 경과조치】 이 법 시행 전에 재화나 용역을 공급하거나 공급받는 분 또는 재화를 수입신고하는 분에 대해서는 제60조제3항 및 같은 조 제9항제4호의 개정규정에도 불구하고 종전의 규정에 따른다.

부 칙 (2018.12.31)

제1조【시행일】 이 법은 2019년 1월 1일부터 시행한다. 다만, 제53조의2제1항의 개정규정은 2019년 7월 1일부터 시행한다.
제2조【일반적 적용례】 이 법은 이 법 시행 이후 재화나 용역을 공급하거나 공급받는 분 또는 재화를 수입신고하는 분부터 적용한다.
제3조【재화 공급의 특례에 관한 적용례】 제10조제1항제3호의 개정규정은 이 법 시행 이후 재화를 사용하거나 소비하는 분부터 적용한다.
제4조【신용카드 등 사용에 따른 세액공제에 관한 적용례】 제46조제1항의 개정규정은 이 법 시행 이후 신고하는 분부터 적용한다.
제5조【예정고지 · 부과와 납부 면제에 관한 적용례】 제48조제3항 단서 및 제66조제1항 단서의 개정규정은 이 법 시행 이후 결정하는 분부터 적용한다.
제6조【간이과세자에 대한 납부의무의 면제에 관한 적용례】 제69조제1항의 개정규정은 이 법 시행 이후 신고하는 분부터 적용한다.
제7조【부가가치세 세액에 관한 적용례】 제72조제1항의 개정규정은 이 법 시행 이후 최초로 납부 또는 환급하는 분부터 적용한다.
제8조【대리납부 기한에 관한 경과조치】 제52조제4항의 개정규정에도 불구하고 이 법 시행 전에 제10조제9항제2호 본문에 따른 사업의 양도(이에 해당하는지 여부가 분명하지 아니한 경우를 포함한다)에 따라 그 사업을 양수받은 자에 대해서는 종전의 규정에 따른다.
제9조【전자적 용역을 공급하는 국외사업자의 사업 개시에 관한 경과조치】 제53조의2제1항제2호부터 제5호까지의 개정규정에 따른 전자적 용역을 공급하는 자(이 법 시행 전에 같은 조 제3항에 따라 간편사업자등록을 한 자는 제외한다)의 사업 개시일이 2019년 6월 30일 이전인 경우에는 2019년 7월 1일을 사업 개시일로 보아 제53조의2제3항을 적용한다.
제10조【가산세에 관한 경과조치】 ① 이 법 시행 전에 재화나 용역을 공급하는 분에 대해서는 제60조제2항제3호 및 제4호의 개정규정에도 불구하고 종전의 규정에 따른다.
② 이 법 시행 전에 재화나 용역을 공급받는 분에 대해서는 제60조제5항의 개정규정에도 불구하고 종전의 규정에 따른다.
제11조【다른 법률의 개정】 ①~⑭ ※(해당 법령에 가제정리 하였음)

부 칙 (2019.12.31)

제1조【시행일】 이 법은 2020년 1월 1일부터 시행한다. 다만, 제48조제3항의 개정규정 및 같은 조 제4항의 개정규정은 2021년 1월 1일부터 시행한다.
제2조【일반적 적용례】 이 법은 이 법 시행 이후 재화나 용역을 공급하거나 공급받는 분 또는 재화를 수입신고하는 분부터 적용한다.
제3조【재화의 공급의 특례에 관한 적용례】 제10조제8항의 개정규정은 이 법 시행 이후 신탁재산을 수탁자 명의로 매매하는 분부터 적용한다.
제4조【면세농산물등 의제매입세액 공제특례에 관한 적용례】 제42조제1항의 개정규정은 이 법 시행 이후 개시하는 과세기간부터 적용한다.
제5조【예정고지 · 부과에 관한 적용례】 제48조제3항의 개정규정은 2021년 1월 1일 이후 결정하는 분부터 적용한다.
제6조【부가가치세 세액에 관한 적용례】 제72조제1항의 개정규정은 이 법 시행 이후 최초로 납부 또는 환급하는 분부터 적용한다.
제7조【가산세에 관한 경과조치】 이 법 시행 전에 재화나 용역을 공급하거나 공급받는 분에 대해서는 제60조제2항제2호나목의 개정규정에도 불구하고 종전의 규정에 따른다.

부 칙 (2020.12.22)

제1조【시행일】 이 법은 2021년 1월 1일부터 시행한다. 다만, 제36조제1항 · 제4항, 제36조의2, 제46조제1항 · 제3항, 제63조제1항 · 제3항 · 제5항, 제65조, 제66조제1항 · 제3항부터 제6항까지, 제67조제2항 · 제3항, 제68조제2항 및 제68조의2제1항 · 제2항제1호 · 제3항부터 제5항까지의 개정규정은 2021년 7월 1일부터 시행하고, 제3조, 제3조의2, 제8조제6항부터 제12항까지, 제10조제8항, 제50조, 제52조의2 및 제58조의2의 개정규정은 2022년 1월 1일부터 시행한다.
제2조【일반적 적용례】 이 법은 이 법 시행 이후 재화나 용역을 공급하거나 공급받는 분 또는 재화를 수입신고하는 분부터 적용한다.
제3조【신탁 관련 제2차 납세의무에 관한 적용례】 제3조의2제1항의 개정규정은 2022년 1월 1일 이후 납세의무가 성립하는 분부터 적용한다.
제4조【간이과세자에 대한 가산세에 관한 적용례】 제68조제3항 및 제68조의2제2항제2호의 개정규정은 이 법 시행 이후 결정 또는 경정하는 분부터 적용한다.
제5조【종전 신탁의 납세의무자에 관한 특례】 2022년 1월 1일 전에 설정한 신탁의 경우 다음 각 호의 구분에 따른 자를 제3조제2항 및 제3항의 개정규정에 따른 납세의무자로 본다.
1. 다음 각 목의 처분을 하는 경우 : 수탁자
  가. 수탁자가 위탁자로부터 「자본시장과 금융투자업에 관한 법률」 제103조제1항제5호 또는 제6호의 재산을 위탁자의 채무이행을 담보하기 위하여 수탁으로 운용하는 내용으로 체결되는 신탁계약을 체결한 경우로서 그 채무이행을 위하여 신탁재산을 처분하는 경우
  나. 수탁자가 「도시 및 주거환경정비법」 제27조제1항 또는 「빈집 및 소규모주택 정비에 관한 특례법」 제19조제1항에 따라 지정개발자로서 재개발사업 · 재건축사업 또는 가로주택정비사업 · 소규모재건축사업을 시행하는 과정에서 신탁재산을 처분하는 경우
2. 제1호 외의 경우 : 위탁자
제6조【물적납세의무 관련 가산금에 관한 경과조치】 2020년 1월 1일 전에 납세의무가 성립된 분에 대해서는 제3조의2제2항의 개정규정에도 불구하고 종전의 규정에 따른다.
제7조【간이과세자의 영수증 발급 대상에 관한 경과조치】 2021년 7월 1일 전에 재화 또는 용역을 공급한 분에 대해서는 제36조제1항의 개정규정에도 불구하고 종전의 규정에 따른다.

제8조【신용카드 등의 사용에 따른 세액공제 등에 관한 경과조치】 2021년 7월 1일 전에 재화 또는 용역을 공급한 분에 대해서는 제46조제1항의 개정규정에도 불구하고 종전의 규정에 따른다.

제9조【간이과세의 적용 범위에 관한 경과조치】 이 법 시행 전에 개시된 과세기간에 대해서는 제61조제1항의 개정규정에도 불구하고 종전의 규정에 따른다.

제10조【간이과세자의 과세표준과 세액에 관한 경과조치】 2021년 7월 1일 전에 재화 또는 용역을 공급받은 분 또는 수입신고한 분에 대해서는 제63조제1항ㆍ제3항 및 제5항의 개정규정에도 불구하고 종전의 규정에 따른다.

제11조【간이과세자의 의제매입세액 공제에 관한 경과조치】 2021년 7월 1일 전에 재화 또는 용역을 공급받은 분 또는 수입신고한 분에 대해서는 제65조 및 제66조제1항의 개정규정에도 불구하고 종전의 규정에 따른다.

제12조【간이과세자에 대한 가산세에 관한 경과조치】 2021년 7월 1일 전에 재화나 용역을 공급하거나 공급받은 분에 대해서는 제68조제2항 및 제68조의2(같은 조 제2항제2호는 제외한다)의 개정규정에도 불구하고 종전의 제68조제2항에 따른다.

제13조【간이과세자에 대한 납부의무의 면제에 관한 경과조치】 이 법 시행 전에 개시된 과세기간에 대해서는 제69조제1항의 개정규정에도 불구하고 종전의 규정에 따른다.

제14조【다른 법률의 개정】 ①~⑬ ※(해당 법령에 가제정리 하였음)

부 칙 (2020.12.29)

제1조【시행일】 이 법은 2021년 1월 1일부터 시행한다.(이하 생략)

부 칙 (2021.12.8)

제1조【시행일】 이 법은 2022년 1월 1일부터 시행한다. 다만, 제47조 및 제53조의2제6항부터 제8항까지의 개정규정은 2022년 7월 1일부터 시행한다.

제2조【일반적 적용례】 이 법은 이 법 시행 이후 재화나 용역을 공급하거나 공급받는 경우 또는 재화를 수입신고하는 경우부터 적용한다.

제3조【전자세금계산서 발급 전송에 대한 세액공제 특례에 관한 적용례】 제47조의 개정규정은 2022년 7월 1일 이후 공급하는 재화 또는 용역에 대한 전자세금계산서를 발급하는 경우부터 적용한다.

제4조【부가가치세 세액에 관한 적용례】 제72조제1항의 개정규정은 이 법 시행 이후 최초로 납부 또는 환급하는 분부터 적용한다.

제5조【부가가치세의 세액 등에 관한 특례에 관한 특례】 제72조제1항의 개정규정에도 불구하고 2022년 1월 1일부터 2022년 12월 31일까지의 기간 동안 부가가치세의 납부세액에서 이 법 및 다른 법률에서 규정하고 있는 부가가치세의 감면세액 및 공제세액을 빼고 가산세를 더한 세액의 1천분의 763을 부가가치세로, 1천분의 237을 지방소비세로 한다.

제6조【재화 및 용역의 공급시기의 특례에 관한 경과조치】 이 법 시행 전에 재화 또는 용역을 공급한 경우의 공급시기에 관하여는 제17조제3항제2호의 개정규정에도 불구하고 종전의 규정에 따른다.

제7조【토지와 건물 등을 함께 공급하는 경우의 공급가액에 관한 경과조치】 이 법 시행 전에 토지와 건물 등을 함께 공급한 경우의 공급가액에 관하여는 제29조제9항제2호의 개정규정에도 불구하고 종전의 규정에 따른다.

제8조【자료제출에 관한 경과조치】 이 법 시행 전에 국내에서 판매 또는 결제를 대행하거나 중개한 경우에 대한 관련 명세의 제출 시기에 관하여는 제75조의 개정규정에도 불구하고 종전의 규정에 따른다.

부 칙 (2022.12.31)

제1조【시행일】 이 법은 2023년 1월 1일부터 시행한다. 다만, 다음 각 호의 개정규정은 해당 호에서 정한 날부터 시행한다.

1. 제63조제4항부터 제7항까지, 제66조제1항, 제68조의2제2항제2호, 제75조제1항ㆍ제2항 및 제76조제1항의 개정규정 : 2023년 7월 1일
2. 제39조제1항제6호의 개정규정 : 2024년 1월 1일

제2조【실내 도서열람 용역의 공급에 대한 면세에 관한 적용례】 제26조제1항제8호의 개정규정은 이 법 시행 이후 용역을 공급하는 경우부터 적용한다.

제3조【간이과세자의 전자세금계산서 발급에 대한 세액공제에 관한 적용례】 제63조제4항의 개정규정은 2023년 7월 1일 이후 공급하는 재화 또는 용역에 대한 전자세금계산서를 발급하는 경우부터 적용한다.

제4조【자료제출 및 시정 명령에 관한 적용례】 제75조제1항 및 제2항의 개정규정은 2023년 7월 1일 이후 국내에서 판매 또는 결제를 대행하거나 중개하는 경우부터 적용한다.

제5조【수정수입세금계산서의 발급에 관한 경과조치】 이 법 시행 전에 세관장이 결정 또는 경정하였거나 수입하는 자가 수정신고한 경우에 대한 수정수입세금계산서의 발급에 관하여는 제35조제2항의 개정규정에도 불구하고 종전의 규정에 따른다.

제6조【접대비 명칭의 변경에 관한 경과조치】 2024년 1월 1일 전에 지출한 접대비는 제39조제1항제6호의 개정규정에 따른 기업업무추진비로 본다.

부 칙 (2023.12.31)

제1조【시행일】 이 법은 2024년 1월 1일부터 시행한다. 다만, 제70조제4항 및 제5항의 개정규정은 2024년 7월 1일부터 시행한다.

제2조【간편사업자등록 지연 가산세에 관한 적용례】 제60조제1항제1호의2의 개정규정은 제53조의2제1항 및 제2항에 따른 간편사업자등록을 하지 아니한 사업자 또는 국외사업자가 2024년 1월 1일 이후 재화나 용역을 공급하는 경우부터 적용한다.

제3조【간이과세의 재적용에 관한 적용례】 제70조제4항 및 제5항의 개정규정은 부칙 제1조 단서에 따른 시행일 이후 간이과세자에 관한 규정을 다시 적용받기 위하여 신고하는 경우부터 적용한다.

부 칙 (2024.12.31)

제1조【시행일】 이 법은 2025년 1월 1일부터 시행한다.

제2조【동물의 혈액에 대한 면세에 관한 적용례】 제26조제1항제5호의 개정규정은 이 법 시행 이후 재화를 공급하는 경우부터 적용한다.

제3조【수시부과의 결정에 관한 적용례】 제57조의2(제68조제2항의 개정규정에서 준용하는 경우를 포함한다)의 개정규정은 이 법 시행 이후 제57조의2제1항 각 호의 사유가 발생하는 경우부터 적용한다.

제4조【가산세에 관한 경과조치】 이 법 시행 전에 재화 또는 용역을 공급한 경우에 대해서는 제60조제1항제2호 및 제68조의2제1항의 개정규정에도 불구하고 종전의 규정에 따른다.

소득세법

(1994년 12월 22일
전개법률 제4803호)

개정
1995.12.29법 5031호 <중략>
2015. 1. 6법12989호(주택도시기금법)
2015. 3.10법13206호 2015. 5.13법13282호
2015. 7.24법13426호(제주자치법)
2015.12.15법13558호
2016. 1.19법13796호(부동산가격공시에관한법)
2016. 1.19법13797호(부동산거래신고등에관한법)
2016.12.20법14389호
2016.12.27법14474호(지방세기본법)
2017. 2. 8법14569호(빈집및소규모주택정비에관한특례법)
2017.12.19법15225호
2018. 3.20법15522호(공무원재해보상법)
2018.12.31법16104호
2019. 8.27법16568호(양식산업발전법)
2019.12.10법16761호(군인재해보상법)
2019.12.31법16834호
2020. 6. 9법17339호(법률용어정비)
2020. 8.18법17477호
2020.12.29법17757호→시행일 부칙 참조. 2027년 1월 1일 시행하는 부분은 추후 수록
2020.12.29법17758호(국세징수)
2021. 3.16법17925호 2021. 8.10법18370호
2021. 8.17법18425호(국민평생직업능력개발법)
2021.11.23법18521호(세무사법)
2021.12. 8법18578호 2022. 8.12법18975호
2022.12.31법19196호→시행일 부칙 참조
2023. 7.18법19563호(가상자산이용자보호등에관한법)
2023. 8. 8법19590호(문화유산)
2023.12.31법19933호→시행일 부칙 참조
2024.12.31법20615호→시행일 부칙 참조. 2027년 1월 1일 및 2028년 1월 1일 시행하는 부분은 추후 수록

제1장 총 칙

(2009.12.31 본장개정)

제1조【목적】 이 법은 개인의 소득에 대하여 소득의 성격과 납세자의 부담능력 등에 따라 적정하게 과세함으로써 조세부담의 형평을 도모하고 재정수입의 원활한 조달에 이바지함을 목적으로 한다.(2009.12.31 본조신설)

제1조의2【정의】 ① 이 법에서 사용하는 용어의 뜻은 다음과 같다.
1. "거주자"란 국내에 주소를 두거나 183일 이상의 거소(居所)를 둔 개인을 말한다.(2014.12.23 본호개정)
2. "비거주자"란 거주자가 아닌 개인을 말한다.
3. "내국법인"이란 「법인세법」 제2조제1호에 따른 내국법인을 말한다.(2018.12.31 본호개정)
4. "외국법인"이란 「법인세법」 제2조제3호에 따른 외국법인을 말한다.(2018.12.31 본호개정)
5. "사업자"란 사업소득이 있는 거주자를 말한다.
② 제1항에 따른 주소·거소와 거주자·비거주자의 구분은 대통령령으로 정한다.
(2009.12.31 본조신설)

제2조【납세의무】 ① 다음 각 호의 어느 하나에 해당하는 개인은 이 법에 따라 각자의 소득에 대한 소득세를 납부할 의무를 진다.
1. 거주자
2. 비거주자로서 국내원천소득(國內源泉所得)이 있는 개인
② 다음 각 호의 어느 하나에 해당하는 자는 이 법에 따라 원천징수한 소득세를 납부할 의무를 진다.
1. 거주자
2. 비거주자
3. 내국법인
4. 외국법인의 국내지점 또는 국내영업소(출장소, 그 밖에 이에 준하는 것을 포함한다. 이하 같다)
5. 그 밖에 이 법에서 정하는 원천징수의무자
③ 「국세기본법」 제13조제1항에 따른 법인 아닌 단체 중 같은 조 제4항에 따른 법인으로 보는 단체(이하 "법인으로 보는 단체"라 한다) 외의 법인 아닌 단체는 국내에 주사무소 또는 사업의 실질적 관리장소를 둔 경우에는 1거주자로, 그 밖의 경우

에는 1비거주자로 보아 이 법을 적용한다. 다만, 다음 각 호의 어느 하나에 해당하는 경우에는 소득구분에 따라 해당 단체의 각 구성원별로 이 법 또는 「법인세법」에 따라 소득에 대한 소득세 또는 법인세〔해당 구성원이 「법인세법」에 따른 법인(법인으로 보는 단체를 포함한다)인 경우로 한정한다. 이하 이 조에서 같다〕를 납부할 의무를 진다.(2018.12.31 본문개정)
1. 구성원 간 이익의 분배비율이 정하여져 있고 해당 구성원별로 이익의 분배비율이 확인되는 경우
2. 구성원 간 이익의 분배비율이 정하여져 있지 아니하나 사실상 구성원별로 이익이 분배되는 것으로 확인되는 경우

(2018.12.31 1호~2호신설)

④ 제3항에도 불구하고 해당 단체의 전체 구성원 중 일부 구성원의 분배비율만 확인되거나 일부 구성원에게만 이익이 분배되는 것으로 확인되는 경우에는 다음 각 호의 구분에 따라 소득세 또는 법인세를 납부할 의무를 진다.
1. 확인되는 부분 : 해당 구성원별로 소득세 또는 법인세에 대한 납세의무 부담
2. 확인되지 아니하는 부분 : 해당 단체를 1거주자 또는 1비거주자로 보아 소득세에 대한 납세의무 부담

(2018.12.31 본항신설)

⑤ 제3항 및 제4항에도 불구하고 법인으로 보는 단체 외의 법인 아닌 단체에 해당하는 국외투자기구(투자권유를 하여 모은 금전 등을 가지고 재산적 가치가 있는 투자대상자산을 취득, 처분하거나 그 밖의 방법으로 운용하고 그 결과를 투자자에게 배분하여 귀속시키는 투자행위를 하는 기구로서 국외에서 설립된 기구를 말한다. 이하 같다)를 제119조의2제1항제2호에 따라 국내원천소득의 실질귀속자로 보는 경우 그 국외투자기구는 1비거주자로서 소득세를 납부할 의무를 진다.(2018.12.31 본항신설)

제2조의2【납세의무의 범위】 ① 제43조에 따라 공동사업에 관한 소득금액을 계산하는 경우에는 해당 공동사업자별로 납세의무를 진다. 다만, 제43조제3항에 따른 주된 공동사업자(이하 이 항에서 "주된 공동사업자"라 한다)에게 합산과세되는 경우 그 합산과세되는 소득금액에 대해서는 주된 공동사업자의 특수관계인은 같은 조 제2항에 따른 손익분배비율에 해당하는 그의 소득금액을 한도로 주된 공동사업자와 연대하여 납세의무를 진다.(2013.1.1 본문개정)

② 제44조에 따라 피상속인의 소득금액에 대해서 과세하는 경우에는 그 상속인이 납세의무를 진다.

③ 제101조제2항에 따라 증여자가 자산을 직접 양도한 것으로 보는 경우 그 양도소득에 대해서는 증여자와 증여받은 자가 연대하여 납세의무를 진다.

④ 제127조에 따라 원천징수되는 소득으로서 제14조제3항 또는 다른 법률에 따라 제14조제2항에 따른 종합소득과세표준에 합산되지 아니하는 소득이 있는 자는 그 원천징수되는 소득세에 대해서 납세의무를 진다.

⑤ 공동으로 소유한 자산에 대한 양도소득금액을 계산하는 경우에는 해당 자산을 공동으로 소유하는 각 거주자가 납세의무를 진다.(2017.12.19 본항신설)

제2조의3【신탁재산 귀속 소득에 대한 납세의무의 범위】 ① 신탁재산에 귀속되는 소득은 그 신탁의 이익을 받을 수익자(수익자가 사망하는 경우에는 그 상속인)에게 귀속되는 것으로 본다.

② 제1항에도 불구하고 위탁자가 신탁재산을 실질적으로 통제하는 등 대통령령으로 정하는 요건을 충족하는 신탁의 경우에는 그 신탁재산에 귀속되는 소득은 위탁자에게 귀속되는 것으로 본다.(2023.12.31 본항개정)

(2020.12.29 본조신설)

제3조【과세소득의 범위】 ① 거주자에게는 이 법에서 규정하는 모든 소득에 대해서 과세한다. 다만, 해당 과세기간 종료일 10년 전부터 국내에 주소나 거소를 둔 기간의 합계가 5년 이하인 외국인 거주자에게는 과세대상 소득 중 국외에서 발생한 소득의 경우 국내에서 지급되거나 국내로 송금된 소득에 대해서만 과세한다.

② 비거주자에게는 제119조에 따른 국내원천소득에 대해서만 과세한다.

③ 제1항 및 제2항을 적용하는 경우 「조세특례제한법」 제100조의14제2호의 동업자에게는 같은 법 제100조의18제1항에 따라 배분받은 소득 및 같은 법 제100조의22제1항에 따라 분배받은 자산의 시가 중 분배일의 지분가액을 초과하여 발생하는 소득에 대하여 과세한다.

제4조【소득의 구분】 ① 거주자의 소득은 다음 각 호와 같이 구분한다.
1. 종합소득
   이 법에 따라 과세되는 모든 소득에서 제2호 및 제3호에 따른 소득을 제외한 소득으로서 다음 각 목의 소득을 합산한 것
   (2024.12.31 본문개정)
   가. 이자소득
   나. 배당소득
   다. 사업소득
   라. 근로소득
   마. 연금소득
   바. 기타소득
2. 퇴직소득(2013.1.1 본호개정)

2의2. (2024.12.31 삭제)

3. 양도소득(2013.1.1 본호개정)

② 제1항에 따른 소득을 구분할 때 다음 각 호의 신탁을 제외한 신탁의 이익은 「신탁법」 제2조에 따라 수탁자에게 이전되거나 그 밖에 처분된 재산권에서 발생하는 소득의 내용별로 구분한다.(2020.12.29 본문개정)
1. 「법인세법」 제5조제2항에 따라 신탁재산에 귀속되는 소득에 대하여 그 신탁의 수탁자가 법인세를 납부하는 신탁
   (2020.12.29 본호신설)
2. 「자본시장과 금융투자업에 관한 법률」 제9조제18항제1호에 따른 투자신탁(제17조제1항제5호에 따른 집합투자기구로 한정한다)(2024.12.31 본호개정)
3. 「자본시장과 금융투자업에 관한 법률」 제251조제1항에 따른 집합투자업겸영보험회사의 특별계정(2020.12.29 본호신설)
4. 제17조제1항제5호의3에 따른 수익증권이 발행된 신탁
   (2024.12.31 본호신설)

③ 비거주자의 소득은 제119조에 따라 구분한다.

제5조【과세기간】 ① 소득세의 과세기간은 1월 1일부터 12월 31일까지 1년으로 한다.

② 거주자가 사망한 경우의 과세기간은 1월 1일부터 사망한 날까지로 한다.

③ 거주자가 주소 또는 거소를 국외로 이전(이하 "출국"이라 한다)하여 비거주자가 되는 경우의 과세기간은 1월 1일부터 출국한 날까지로 한다.

제6조【납세지】 ① 거주자의 소득세 납세지는 그 주소지로 한다. 다만, 주소지가 없는 경우에는 그 거소지로 한다.

② 비거주자의 소득세 납세지는 제120조에 따른 국내사업장(이하 "국내사업장"이라 한다)의 소재지로 한다. 다만, 국내사업장이 둘 이상 있는 경우에는 주된 국내사업장의 소재지로 하고, 국내사업장이 없는 경우에는 국내원천소득이 발생하는 장소로 한다.(2013.1.1 본항개정)

③ 납세지가 불분명한 경우에는 대통령령으로 정하는 바에 따라 납세지를 결정한다.

제7조【원천징수 등의 경우의 납세지】 ① 원천징수하는 소득세의 납세지는 다음 각 호에 따른다.
1. 원천징수하는 자가 거주자인 경우 : 그 거주자의 주된 사업장 소재지. 다만, 주된 사업장 외의 사업장에서 원천징수를 하는 경우에는 그 사업장의 소재지, 사업장이 없는 경우에는 그 거주자의 주소지 또는 거소지로 한다.
2. 원천징수하는 자가 비거주자인 경우 : 그 비거주자의 주된 국내사업장 소재지. 다만, 주된 국내사업장 외의 국내사업장에서 원천징수를 하는 경우에는 그 국내사업장의 소재지, 국내사업장이 없는 경우에는 그 비거주자의 거류지(居留地) 또는 체류지로 한다.
3. 원천징수하는 자가 법인인 경우 : 그 법인의 본점 또는 주사무소의 소재지
4. 원천징수하는 자가 법인인 경우로서 그 법인의 지점, 영업소, 그 밖의 사업장이 독립채산제(獨立採算制)에 따라 독자적으로 회계사무를 처리하는 경우 : 제3호에도 불구하고 그

사업장의 소재지(그 사업장의 소재지가 국외에 있는 경우는 제외한다). 다만, 대통령령으로 정하는 경우에는 그 법인의 본점 또는 주사무소의 소재지를 소득세 원천징수세액의 납세지로 할 수 있다.

5. 제156조, 제156조의3부터 제156조의6까지 및 제156조의9에 따른 원천징수의무자가 제1호부터 제4호까지의 규정에서 정하는 납세지를 가지지 아니한 경우 : 대통령령으로 정하는 장소(2023.12.31 본호개정)

② 납세조합이 제150조에 따라 징수하는 소득세의 납세지는 그 납세조합의 소재지로 한다.

제8조【상속 등의 경우의 납세지】 ① 거주자 또는 비거주자가 사망하여 그 상속인이 피상속인에 대한 소득세의 납세의무자가 된 경우 그 소득세의 납세지는 그 피상속인·상속인 또는 납세관리인의 주소지나 거소지 중 상속인 또는 납세관리인이 대통령령으로 정하는 바에 따라 그 관할 세무서장에게 납세지로서 신고하는 장소로 한다.

② 비거주자가 납세관리인을 둔 경우 그 비거주자의 소득세 납세지는 그 국내사업장의 소재지 또는 그 납세관리인의 주소지나 거소지 중 납세관리인이 대통령령으로 정하는 바에 따라 그 관할 세무서장에게 납세지로서 신고하는 장소로 한다.

③ 제1항 또는 제2항에 따른 신고가 있는 때에는 그때부터 그 신고한 장소를 거주자 또는 비거주자의 소득세 납세지로 한다.

④ 제1항이나 제2항에 따른 신고가 없는 경우의 거주자 또는 비거주자의 소득세 납세지는 제6조와 제7조에 따른다.

⑤ 국내에 주소가 없는 공무원 등 대통령령으로 정하는 사람의 소득세 납세지는 대통령령으로 정하는 장소로 한다.(2019.12.31 본항개정)

제9조【납세지의 지정】 ① 국세청장 또는 관할 지방국세청장은 다음 각 호의 어느 하나에 해당하는 경우에는 제6조부터 제8조까지의 규정에도 불구하고 대통령령으로 정하는 바에 따라 납세지를 따로 지정할 수 있다.

1. 사업소득이 있는 거주자가 사업장 소재지를 납세지로 신청한 경우
2. 제1호 외의 거주자 또는 비거주자로서 제6조부터 제8조까지의 규정에 따른 납세지가 납세의무자의 소득 상황으로 보아 부적당하거나 납세의무를 이행하기에 불편하다고 인정되는 경우

② 제1항에 따라 납세지를 지정하거나 같은 항 제1호의 신청이 있는 경우로서 사업장 소재지를 납세지로 지정하는 것이 세무관리상 부적절하다고 인정되어 그 신청대로 납세지 지정을 하지 아니한 경우에는 국세청장 또는 관할 지방국세청장은 그 뜻을 납세의무자 또는 그 상속인, 납세관리인이나 납세조합에 서면으로 각각 통지하여야 한다.

③ 제1항에서 규정한 납세지의 지정 사유가 소멸한 경우 국세청장 또는 관할 지방국세청장은 납세지의 지정을 취소하여야 한다.

④ 제1항에 따른 납세지의 지정이 취소된 경우에도 그 취소 전에 한 소득세에 관한 신고, 신청, 청구, 납부, 그 밖의 행위의 효력에는 영향을 미치지 아니한다.

제10조【납세지의 변경신고】 거주자나 비거주자는 제6조부터 제9조까지의 규정에 따른 납세지가 변경된 경우 변경된 날부터 15일 이내에 대통령령으로 정하는 바에 따라 그 변경 후의 납세지 관할 세무서장에게 신고하여야 한다.

제11조【과세 관할】 소득세는 제6조부터 제10조까지의 규정에 따른 납세지를 관할하는 세무서장 또는 지방국세청장이 과세한다.

제2장 거주자의 종합소득 및 퇴직소득에 대한 납세의무

(2009.12.31 본장제목개정)

제1절 비과세

(2009.12.31 본절개정)

제12조【비과세소득】 다음 각 호의 소득에 대해서는 소득세를 과세하지 아니한다.

1. 「공익신탁법」에 따른 공익신탁의 이익(2014.3.18 본호개정)
2. 사업소득 중 다음 각 목의 어느 하나에 해당하는 소득
가. 논·밭을 작물 생산에 이용하게 함으로써 발생하는 소득
나. 1개의 주택을 소유하는 자의 주택임대소득(제99조에 따른 기준시가가 12억원을 초과하는 주택 및 국외에 소재하는 주택의 임대소득은 제외한다) 또는 해당 과세기간에 대통령령으로 정하는 총수입금액의 합계액이 2천만원 이하인 자의 주택임대소득(2018년 12월 31일 이전에 끝나는 과세기간까지 발생하는 소득으로 한정한다). 이 경우 주택 수의 계산 및 주택임대소득의 산정 등 필요한 사항은 대통령령으로 정한다.(2022.12.31 전단개정)
다. 대통령령으로 정하는 농어가부업소득(2018.12.31 본목개정)
라. 대통령령으로 정하는 전통주의 제조에서 발생하는 소득
마. 조림기간 5년 이상인 임지(林地)의 임목(林木)의 벌채 또는 양도로 발생하는 소득으로서 연 600만원 이하의 금액. 이 경우 조림기간 및 세액의 계산 등 필요한 사항은 대통령령으로 정한다.
바. 대통령령으로 정하는 작물재배업에서 발생하는 소득(2014.1.1 본목신설)
사. 대통령령으로 정하는 어로어업 또는 양식어업에서 발생하는 소득(2023.12.31 본목개정)
3. 근로소득과 퇴직소득 중 다음 각 목의 어느 하나에 해당하는 소득
가. 대통령령으로 정하는 복무 중인 병(兵)이 받는 급여
나. 법률에 따라 동원된 사람이 그 동원 직장에서 받는 급여
다. 「산업재해보상보험법」에 따라 수급권자가 받는 요양급여, 휴업급여, 장해급여, 간병급여, 유족급여, 유족특별급여, 장해특별급여, 장의비 또는 근로의 제공으로 인한 부상·질병·사망과 관련하여 근로자나 그 유족이 받는 배상·보상 또는 위자(慰藉)의 성질이 있는 급여
라. 「근로기준법」 또는 「선원법」에 따라 근로자·선원 및 그 유족이 받는 요양보상금, 휴업보상금, 상병보상금(傷病補償金), 일시보상금, 장해보상금, 유족보상금, 행방불명보상금, 소지품 유실보상금, 장의비 및 장제비
마. 「고용보험법」에 따라 받는 실업급여, 육아휴직 급여, 육아기 근로시간 단축 급여, 출산전후휴가 급여등, 「제대군인 지원에 관한 법률」에 따라 받는 전직지원금, 「국가공무원법」·「지방공무원법」에 따른 공무원 또는 「사립학교교직원 연금법」·「별정우체국법」을 적용받는 사람이 관련 법령에 따라 받는 육아휴직수당(「사립학교법」 제70조의2에 따라 임명된 사무직원이 학교의 정관 또는 규칙에 따라 지급받는 육아휴직수당으로서 대통령령으로 정하는 금액 이하의 것을 포함한다)(2023.12.31 본목개정)
바. 「국민연금법」에 따라 받는 반환일시금(사망으로 받는 것만 해당한다) 및 사망일시금
사. 「공무원연금법」, 「공무원 재해보상법」, 「군인연금법」, 「군인 재해보상법」, 「사립학교교직원 연금법」 또는 「별정우체국법」에 따라 받는 공무상요양비·요양급여·장해일시금·비공무상 장해일시금·비직무상 장해일시금·장애보상금·사망조위금·사망보상금·유족일시금·퇴직유족일시금·유족연금일시금·퇴직유족연금일시금·퇴역유족연금일시금·순직유족연금일시금·유족연금부가금·퇴직유족연금부가금·퇴역유족연금부가금·유족연금특별부가금·퇴직유족연금특별부가금·퇴역유족연금특별부가금·순직유족보상금·직무상유족보상금·위험직무순직유족보상금·재해부조금·재난부조금 또는 신체·정신상의 장해·질병으로 인한 휴직기간에 받는 급여(2019.12.10 본목개정)
아. 대통령령으로 정하는 학자금
자. 대통령령으로 정하는 실비변상적(實費辨償的) 성질의 급여
차. 외국정부(외국의 지방자치단체와 연방국가인 외국의 지방정부를 포함한다. 이하 같다) 또는 대통령령으로 정하는 국제기관에서 근무하는 사람으로서 대통령령으로 정하는 사람이 받는 급여. 다만, 그 외국정부가 그 나라에서 근무

하는 우리나라 공무원의 급여에 대하여 소득세를 과세하지 아니하는 경우만 해당한다.
카. 「국가유공자 등 예우 및 지원에 관한 법률」 또는 「보훈보상대상자 지원에 관한 법률」에 따라 받는 보훈급여금·학습보조비(2011.9.15 본목개정)
타. 「전직대통령 예우에 관한 법률」에 따라 받는 연금
파. 작전임무를 수행하기 위하여 외국에 주둔 중인 군인·군무원이 받는 급여
하. 종군한 군인·군무원이 전사(전상으로 인한 사망을 포함한다. 이하 같다)한 경우 그 전사한 날이 속하는 과세기간의 급여
거. 국외 또는 「남북교류협력에 관한 법률」에 따른 북한지역에서 근로를 제공하고 받는 대통령령으로 정하는 급여
너. 「국민건강보험법」, 「고용보험법」 또는 「노인장기요양보험법」에 따라 국가, 지방자치단체 또는 사용자가 부담하는 보험료(2013.1.1 본목개정)
더. 생산직 및 그 관련 직에 종사하는 근로자로서 급여 수준 및 직종 등을 고려하여 대통령령으로 정하는 근로자가 대통령령으로 정하는 연장근로·야간근로 또는 휴일근로를 하여 받는 급여
러. 근로자가 사내급식이나 이와 유사한 방법으로 제공받는 식사 기타 음식물 또는 근로자(식사 기타 음식물을 제공받지 아니하는 자에 한정한다)가 받는 월 20만원 이하의 식사대(2022.8.12 본목개정)
머. 근로자 또는 그 배우자의 출산이나 자녀의 보육과 관련하여 사용자로부터 지급받는 다음의 급여
1) 근로자(사용자와 대통령령으로 정하는 특수관계에 있는 자는 제외한다) 또는 그 배우자의 출산과 관련하여 자녀의 출생일 이후 2년 이내에 사용자로부터 대통령령으로 정하는 바에 따라 최대 두 차례에 걸쳐 지급받는 급여(2021년 1월 1일 이후 출생한 자녀에 대하여 2024년 1월 1일부터 2024년 12월 31일 사이에 지급받은 급여를 포함한다) 전액
2) 근로자 또는 그 배우자의 해당 과세기간 개시일을 기준으로 6세 이하(6세가 되는 날과 그 이전 기간을 말한다. 이하 이 조 및 제59조의4에서 같다)인 자녀의 보육과 관련하여 사용자로부터 지급받는 급여로서 월 20만원 이내의 금액
(2024.12.31 본목개정)
버. 「국군포로의 송환 및 대우 등에 관한 법률」에 따른 국군포로가 받는 보수 및 퇴직일시금
서. 「교육기본법」 제28조제1항에 따라 받는 장학금 중 대학생이 근로를 대가로 지급받는 장학금(「고등교육법」 제2조제1호부터 제4호까지의 규정에 따른 대학에 재학하는 대학생에 한정한다)(2020.6.9 본목개정)
어. 「발명진흥법」 제2조제2호에 따른 직무발명으로 받는 다음의 보상금(이하 "직무발명보상금"이라 한다)으로서 대통령령으로 정하는 금액
1) 「발명진흥법」 제2조제2호에 따른 종업원등(이하 이 조, 제20조 및 제21조에서 "종업원등"이라 한다)이 같은 호에 따른 사용자등(이하 이 조에서 "사용자등"이라 한다)으로부터 받는 보상금. 다만, 보상금을 지급한 사용자등과 대통령령으로 정하는 특수관계에 있는 자가 받는 보상금은 제외한다.(2023.12.31 개정)
2) 대학의 교직원 또는 대학과 고용관계가 있는 학생이 소속 대학에 설치된 「산업교육진흥 및 산학연협력촉진에 관한 법률」 제25조에 따른 산학협력단(이하 이 조에서 "산학협력단"이라 한다)으로부터 같은 법 제32조제1항제4호에 따라 받는 보상금(2018.12.31 개정)
(2016.12.20 본목신설)
저. 대통령령으로 정하는 복리후생적 성질의 급여(2020.12.29 본목신설)
처. 제20조제1항제6호에 따른 소득 중 다음의 요건을 모두 충족하는 소득으로서 대통령령으로 정하는 금액 이하의 금액
1) 임원 또는 종업원(이하 이 조, 제20조 및 제164조의5에서 "임원등"이라 한다) 본인이 소비하는 것을 목적으로 제공받거나 지원을 받아 구입한 재화 또는 용역으로서 대통령령으로 정하는 기간 동안 재판매가 허용되지 아니할 것
2) 해당 재화 또는 용역의 제공과 관련하여 모든 임원등에게 공통으로 적용되는 기준이 있을 것
(2024.12.31 본목신설)
4. 연금소득 중 다음 각 목의 어느 하나에 해당하는 소득
가. 「국민연금법」, 「공무원연금법」 또는 「공무원 재해보상법」, 「군인연금법」 또는 「군인 재해보상법」, 「사립학교교직원연금법」, 「별정우체국법」 또는 「국민연금과 직역연금의 연계에 관한 법률」(이하 "공적연금 관련법"이라 한다)에 따라 받는 유족연금·퇴직유족연금·퇴역유족연금·장해유족연금·상이유족연금·순직유족연금·직무상유족연금·위험직무순직유족연금, 장애연금, 장해연금·비공무상 장해연금·비직무상 장해연금, 상이연금(傷痍年金), 연계노령유족연금 또는 연계퇴직유족연금(2019.12.10 본목개정)
나. (2013.1.1 삭제)
다. 「산업재해보상보험법」에 따라 받는 각종 연금
라. 「국군포로의 송환 및 대우 등에 관한 법률」에 따른 국군포로가 받는 연금
마. (2013.1.1 삭제)
5. 기타소득 중 다음 각 목의 어느 하나에 해당하는 소득
가. 「국가유공자 등 예우 및 지원에 관한 법률」 또는 「보훈보상대상자 지원에 관한 법률」에 따라 받는 보훈급여금·학습보조비 및 「북한이탈주민의 보호 및 정착지원에 관한 법률」에 따라 받는 정착금·보로금(報勞金)과 그 밖의 금품(2011.9.15 본목개정)
나. 「국가보안법」에 따라 받는 상금과 보로금
다. 「상훈법」에 따른 훈장과 관련하여 받는 부상(副賞)이나 그 밖에 대통령령으로 정하는 상금과 부상
라. 종업원등 또는 대학의 교직원이 퇴직한 후에 사용자등 또는 산학협력단으로부터 지급받거나 대학의 학생이 소속 대학에 설치된 산학협력단으로부터 받는 직무발명보상금으로서 대통령령으로 정하는 금액. 다만, 직무발명보상금을 지급한 사용자등 또는 산학협력단과 대통령령으로 정하는 특수관계에 있는 자가 받는 직무발명보상금은 제외한다.
(2023.12.31 본목개정)
마. 「국군포로의 송환 및 대우 등에 관한 법률」에 따라 국군포로가 받는 위로지원금과 그 밖의 금품(2013.3.22 본목개정)
바. 「문화유산의 보존 및 활용에 관한 법률」에 따라 국가지정문화유산으로 지정된 서화·골동품의 양도로 발생하는 소득(2023.8.8 본목개정)
사. 서화·골동품을 박물관 또는 미술관에 양도함으로써 발생하는 소득
아. 제21조제1항제26호에 따른 종교인소득 중 다음의 어느 하나에 해당하는 소득
1) 「통계법」 제22조에 따라 통계청장이 고시하는 한국표준직업분류에 따른 종교관련종사자(이하 "종교관련종사자"라 한다)가 받는 대통령령으로 정하는 학자금
2) 종교관련종사자가 받는 대통령령으로 정하는 식사 또는 식사대
3) 종교관련종사자가 받는 대통령령으로 정하는 실비변상적 성질의 지급액
4) 종교관련종사자 또는 그 배우자의 출산이나 6세 이하(해당 과세기간 개시일을 기준으로 판단한다) 자녀의 보육과 관련하여 종교단체로부터 받는 금액으로서 월 20만원 이내의 금액(2023.12.31 개정)
5) 종교관련종사자가 기획재정부령으로 정하는 사택을 제공받아 얻는 이익
(2015.12.15 본목신설)
자. 법령·조례에 따른 위원회 등의 보수를 받지 아니하는 위원(학술원 및 예술원의 회원을 포함한다) 등이 받는 수당(2020.12.29 본목신설)

제13조 (2009.12.31 삭제)

제2절 과세표준과 세액의 계산
(2009.12.31 본절제목개정)

제1관 세액계산 통칙
(2009.12.31 본관개정)

제14조【과세표준의 계산】 ① 거주자의 종합소득 및 퇴직소득에 대한 과세표준은 각각 구분하여 계산한다.
② 종합소득에 대한 과세표준(이하 "종합소득과세표준"이라 한다)은 제16조, 제17조, 제19조, 제20조, 제20조의3, 제21조, 제24조부터 제26조까지, 제27조부터 제29조까지, 제31조부터 제35조까지, 제37조, 제39조, 제41조부터 제46조까지, 제46조의2, 제47조 및 제47조의2에 따라 계산한 이자소득금액, 배당소득금액, 사업소득금액, 근로소득금액, 연금소득금액 및 기타소득금액의 합계액(이하 "종합소득금액"이라 한다)에서 제50조, 제51조, 제51조의3, 제51조의4 및 제52조에 따른 공제(이하 "종합소득공제"라 한다)를 적용한 금액으로 한다.(2014.1.1 본항개정)
③ 다음 각 호에 따른 소득의 금액은 종합소득과세표준을 계산할 때 합산하지 아니한다.
1. 「조세특례제한법」 또는 이 법 제12조에 따라 과세되지 아니하는 소득
2. 대통령령으로 정하는 일용근로자(이하 "일용근로자"라 한다)의 근로소득
3. 제129조제2항의 세율에 따라 원천징수하는 이자소득 및 배당소득과 제16조제1항제10호에 따른 직장공제회 초과반환금
(2017.12.19 본호개정)
4. 법인으로 보는 단체 외의 단체 중 수익을 구성원에게 배분하지 아니하는 단체로서 단체명을 표기하여 금융거래를 하는 단체가 「금융실명거래 및 비밀보장에 관한 법률」 제2조제1호 각 목의 어느 하나에 해당하는 금융회사등(이하 "금융회사등"이라 한다)으로부터 받는 이자소득 및 배당소득
(2011.7.14 본호개정)
5. 「조세특례제한법」에 따라 분리과세되는 소득
6. 제3호부터 제5호까지의 규정 외의 이자소득과 배당소득(제17조제1항제8호에 따른 배당소득은 제외한다)으로서 그 소득의 합계액이 2천만원(이하 "이자소득등의 종합과세기준금액"이라 한다) 이하이면서 제127조에 따라 원천징수된 소득
(2013.1.1 본호개정)
7. 해당 과세기간에 대통령령으로 정하는 총수입금액의 합계액이 2천만원 이하인 자의 주택임대소득(이하 "분리과세 주택임대소득"이라 한다). 이 경우 주택임대소득의 산정 등에 필요한 사항은 대통령령으로 정한다.(2014.12.23 본호신설)
8. 다음 각 목에 해당하는 기타소득(이하 "분리과세기타소득"이라 한다)
가. 제21조제1항제1호부터 제8호까지, 제8호의2, 제9호부터 제20호까지, 제22호, 제22호의2 및 제26호에 따른 기타소득(라목 및 마목의 소득은 제외한다)으로서 같은 조 제3항에 따른 기타소득금액이 300만원 이하이면서 제127조에 따라 원천징수(제127조제1항제6호나목에 해당하여 원천징수되지 아니하는 경우를 포함한다)된 소득. 다만, 해당 소득이 있는 거주자가 종합소득과세표준을 계산할 때 그 소득을 합산하려는 경우 그 소득은 분리과세기타소득에서 제외한다.
(2020.12.29 본문개정)
나. 제21조제1항제21호에 따른 연금외수령한 기타소득
(2014.12.23 본목개정)
다. 제21조제1항제27호 및 같은 조 제2항에 따른 기타소득
(2020.12.29 본목개정 : 제21조제1항제27호에 관한 부분은 2027.1.1 시행)
라. 제21조제1항제2호에 따른 기타소득 중 「복권 및 복권기금법」 제2조에 따른 복권 당첨금
마. 그 밖에 제21조제1항에 따른 기타소득 중 라목과 유사한 소득으로서 대통령령으로 정하는 기타소득
(2013.1.1 본호개정)
9. 제20조의3제1항제2호 및 제3호에 따른 연금소득 중 다음 각 목에 해당하는 연금소득(다목의 소득이 있는 거주자가 종합소득 과세표준을 계산할 때 이를 합산하려는 경우는 제외하며, 이하 "분리과세연금소득"이라 한다)(2014.12.23 본문개정)
가. 제20조의3제1항제2호가목에 따라 퇴직소득을 연금수령하는 연금소득(2014.12.23 본목신설)
나. 제20조의3제1항제2호나목 및 다목의 금액을 의료목적, 천재지변이나 그 밖에 부득이한 사유 등 대통령령으로 정하는 요건을 갖추어 인출하는 연금소득(2014.12.23 본목신설)
다. 가목 및 나목 외의 연금소득의 합계액이 연 1천500만원 이하인 경우 그 연금소득(2023.12.31 본목개정)
10. (2013.1.1 삭제)
④ 제3항제6호에 따른 이자소득등의 종합과세기준금액을 계산할 때 배당소득에는 제17조제3항 각 호 외의 부분 단서에 따라 더하는 금액을 포함하지 아니한다.
⑤ 제3항제3호부터 제6호까지의 규정에 해당되는 소득 중 이자소득은 "분리과세이자소득"이라 하고, 배당소득은 "분리과세배당소득"이라 한다.
⑥ 퇴직소득에 대한 과세표준(이하 "퇴직소득과세표준"이라 한다)은 제22조에 따른 퇴직소득금액에 제48조에 따른 퇴직소득공제를 적용한 금액으로 한다.

제15조【세액 계산의 순서】 거주자의 종합소득 및 퇴직소득에 대한 소득세는 이 법에 특별한 규정이 있는 경우를 제외하고는 다음 각 호에 따라 계산한다.
1. 제14조에 따라 계산한 각 과세표준에 제55조제1항에 따른 세율(이하 "기본세율"이라 한다)을 적용하여 제55조에 따른 종합소득 산출세액과 퇴직소득 산출세액을 각각 계산한다.
2. 제1호에 따라 계산한 각 산출세액에서 제56조, 제56조의2, 제57조, 제57조의2, 제58조, 제59조 및 제59조의2부터 제59조의4까지의 규정에 따른 세액공제를 적용하여 종합소득 결정세액과 퇴직소득 결정세액을 각각 계산한다. 이 경우 제56조에 따른 배당세액공제가 있을 때에는 산출세액에서 배당세액공제를 한 금액과 제62조제2호에 따른 금액을 비교하여 큰 금액에서 제56조의2, 제57조, 제57조의2, 제58조, 제59조 및 제59조의2부터 제59조의4까지의 규정에 따른 세액공제를 한 금액을 세액으로 하고, 제59조의5에 따라 감면되는 세액이 있을 때에는 이를 공제하여 결정세액을 각각 계산한다.
(2022.12.31 본호개정)
3. 제2호에 따라 계산한 결정세액에 제81조 및 제81조의2부터 제81조의13까지의 규정과 「국세기본법」 제47조의2부터 제47조의4까지의 규정에 따라 가산세를 더하여 종합소득 총결정세액과 퇴직소득 총결정세액을 각각 계산한다.(2019.12.31 본호개정)

제2관 소득의 종류와 금액
(2009.12.31 본관개정)

제16조【이자소득】 ① 이자소득은 해당 과세기간에 발생한 다음 각 호의 소득으로 한다.
1. 국가나 지방자치단체가 발행한 채권 또는 증권의 이자와 할인액
2. 내국법인이 발행한 채권 또는 증권의 이자와 할인액
2의2. (2024.12.31 삭제)
3. 국내에서 받는 예금(적금·부금·예탁금 및 우편대체를 포함한다. 이하 같다)의 이자
4. 「상호저축은행법」에 따른 신용계(信用契) 또는 신용부금으로 인한 이익(2010.3.22 본호개정)
5. 외국법인의 국내지점 또는 국내영업소에서 발행한 채권 또는 증권의 이자와 할인액
6. 외국법인이 발행한 채권 또는 증권의 이자와 할인액
7. 국외에서 받는 예금의 이자
8. 대통령령으로 정하는 채권 또는 증권의 환매조건부 매매차익
9. 대통령령으로 정하는 저축성보험의 보험차익. 다만, 다음 각 목의 어느 하나에 해당하는 보험의 보험차익은 제외한다.

가. 최초로 보험료를 납입한 날부터 만기일 또는 중도해지일까지의 기간이 10년 이상으로서 대통령령으로 정하는 요건을 갖춘 보험
나. 대통령령으로 정하는 요건을 갖춘 종신형 연금보험
(2016.12.20 본호개정)
10. 대통령령으로 정하는 직장공제회 초과반환금
11. 비영업대금(非營業貸金)의 이익
12. 제1호부터 제11호까지의 소득과 유사한 소득으로서 금전 사용에 따른 대가로서의 성격이 있는 것(2024.12.31 본호개정)
13. 제1호부터 제12호까지의 규정 중 어느 하나에 해당하는 소득을 발생시키는 거래 또는 행위와 「자본시장과 금융투자업에 관한 법률」 제5조에 따른 파생상품(이하 "파생상품"이라 한다)이 대통령령으로 정하는 바에 따라 결합된 경우 해당 파생상품의 거래 또는 행위로부터의 이익(2024.12.31 본호개정)
② 이자소득금액은 해당 과세기간의 총수입금액으로 한다.
③ 제1항 각 호에 따른 이자소득 및 제2항에 따른 이자소득금액의 범위에 관하여 필요한 사항은 대통령령으로 정한다.
제17조【배당소득】 ① 배당소득은 해당 과세기간에 발생한 다음 각 호의 소득으로 한다.
1. 내국법인으로부터 받는 이익이나 잉여금의 배당 또는 분배금(2012.1.1 본호개정)
2. 법인으로 보는 단체로부터 받는 배당금 또는 분배금
2의2. 「법인세법」 제5조제2항에 따라 내국법인으로 보는 신탁재산(이하 "법인과세 신탁재산"이라 한다)으로부터 받는 배당금 또는 분배금(2020.12.29 본호신설)
3. 의제배당(擬制配當)
4. 「법인세법」에 따라 배당으로 처분된 금액
5. 국내 또는 국외에서 받는 대통령령으로 정하는 집합투자기구로부터의 이익(2022.12.31 단서삭제)
5의2. 국내 또는 국외에서 받는 대통령령으로 정하는 파생결합증권 또는 파생결합사채로부터의 이익(2024.12.31 본호신설)
5의3. 금전이 아닌 재산의 신탁계약에 의한 수익권이 표시된 수익증권으로서 대통령령으로 정하는 수익증권으로부터의 이익(2024.12.31 본호신설)
5의4. 「자본시장과 금융투자업에 관한 법률」 제4조제6항에 따른 투자계약증권으로서 대통령령으로 정하는 투자계약증권으로부터의 이익(2024.12.31 본호신설)
6. 외국법인으로부터 받는 이익이나 잉여금의 배당 또는 분배금(2012.1.1 본호개정)
7. 「국제조세조정에 관한 법률」 제27조에 따라 배당받은 것으로 간주된 금액(2020.12.29 본호개정)
8. 제43조에 따른 공동사업에서 발생한 소득금액 중 같은 조 제1항에 따른 출자공동사업자의 손익분배비율에 해당하는 금액
9. 제1호, 제2호, 제2호의2, 제3호부터 제5호까지, 제5호의2부터 제5호의4까지, 제6호 및 제7호에 따른 소득과 유사한 소득으로서 수익분배의 성격이 있는 것(2024.12.31 본호개정)
10. 제1호, 제2호, 제2호의2, 제3호부터 제5호까지, 제5호의2부터 제5호의4까지 및 제6호부터 제9호까지 중 어느 하나에 해당하는 소득을 발생시키는 거래 또는 행위와 파생상품이 대통령령으로 정하는 바에 따라 결합된 경우 해당 파생상품의 거래 또는 행위로부터의 이익(2024.12.31 본호개정)
② 제1항제3호에 따른 의제배당이란 다음 각 호의 금액을 말하며, 이를 해당 주주, 사원, 그 밖의 출자자에게 배당한 것으로 본다.
1. 주식의 소각이나 자본의 감소로 인하여 주주가 취득하는 금전, 그 밖의 재산의 가액(價額) 또는 퇴사·탈퇴나 출자의 감소로 인하여 사원이나 출자자가 취득하는 금전, 그 밖의 재산의 가액이 주주·사원이나 출자자가 그 주식 또는 출자지분을 취득하기 위하여 사용한 금액을 초과하는 금액
(2024.12.31 본호개정)
2. 법인의 잉여금의 전부 또는 일부를 자본 또는 출자에 전입함으로써 취득하는 주식 또는 출자지분의 가액. 다만, 다음 각 목의 어느 하나에 해당하는 금액을 자본에 전입하는 경우는 제외한다.(2024.12.31 본문개정)
가. 「상법」 제459조제1항에 따른 자본준비금으로서 대통령령으로 정하는 것(2012.1.1 본목개정)
나. 「자산재평가법」에 따른 재평가적립금(같은 법 제13조제1항제1호에 따른 토지의 재평가차액에 상당하는 금액은 제외한다)
3. 해산한 법인(법인으로 보는 단체를 포함한다)의 주주·사원·출자자 또는 구성원이 그 법인의 해산으로 인한 잔여재산의 분배로 취득하는 금전이나 그 밖의 재산의 가액이 해당 주식·출자지분 또는 자본을 취득하기 위하여 사용된 금액을 초과하는 금액. 다만, 내국법인이 조직변경하는 경우로서 다음 각 목의 어느 하나에 해당하는 경우는 제외한다.
(2024.12.31 본문개정)
가. 「상법」에 따라 조직변경하는 경우
나. 특별법에 따라 설립된 법인이 해당 특별법의 개정 또는 폐지에 따라 「상법」에 따른 회사로 조직변경하는 경우
다. 그 밖의 법률에 따라 내국법인이 조직변경하는 경우로서 대통령령으로 정하는 경우
4. 합병으로 소멸한 법인의 주주·사원 또는 출자자가 합병 후 존속하는 법인 또는 합병으로 설립된 법인으로부터 그 합병으로 취득하는 주식 또는 출자지분의 가액과 금전 또는 그 밖의 재산가액의 합계액이 그 합병으로 소멸한 법인의 주식 또는 출자지분을 취득하기 위하여 사용한 금액을 초과하는 금액(2024.12.31 본호개정)
5. 법인이 자기주식 또는 자기출자지분을 보유한 상태에서 제2호 각 목에 따른 자본전입을 함에 따라 그 법인 외의 주주 등의 지분비율이 증가한 경우 증가한 지분비율에 상당하는 주식 등의 가액
6. 법인이 분할하는 경우 분할되는 법인(이하 "분할법인"이라 한다) 또는 소멸한 분할합병의 상대방 법인의 주주가 분할로 설립되는 법인 또는 분할합병의 상대방 법인으로부터 분할로 취득하는 주식의 가액과 금전, 그 밖의 재산가액의 합계액(이하 "분할대가"라 한다)이 그 분할법인 또는 소멸한 분할합병의 상대방 법인의 주식(분할법인이 존속하는 경우에는 소각 등으로 감소된 주식에 한정한다)을 취득하기 위하여 사용한 금액을 초과하는 금액
③ 배당소득금액은 해당 과세기간의 총수입금액으로 한다. 다만, 제1항제1호, 제2호, 제3호 및 제4호에 따른 배당소득 중 다음 각 호의 어느 하나에 해당하는 배당을 제외한 분(分)과 제1항제5호에 따른 배당소득 중 대통령령으로 정하는 배당소득에 대해서는 해당 과세기간의 총수입금액에 그 배당소득의 100분의 10에 해당하는 금액을 더한 금액으로 한다.(2023.12.31 단서개정)
1. 제2항제1호에 따른 의제배당(법인의 소득에 법인세가 과세되지 아니한 배당으로서 자본의 감소로 인한 경우로 한정한다)
(2024.12.31 본호신설)
2. 제2항제2호가목에 따른 자기주식 또는 자기출자지분의 소각이익의 자본전입으로 인한 의제배당
3. 제2항제2호나목에 따른 토지의 재평가차액의 자본전입으로 인한 의제배당
4. 제2항제5호에 따른 의제배당
5. 「조세특례제한법」 제132조에 따른 최저한세액(最低限稅額)이 적용되지 아니하는 법인세의 비과세·면제·감면 또는 소득공제(「조세특례제한법」 외의 법률에 따른 비과세·면제·감면 또는 소득공제를 포함한다)를 받은 법인 중 대통령령으로 정하는 법인으로부터 받은 배당소득이 있는 경우에는 그 배당소득의 금액에 대통령령으로 정하는 율을 곱하여 산출한 금액
6. 「자산재평가법」 제28조제2항을 위반하여 이 조 제2항제2호나목에 따른 재평가적립금을 감액하여 받은 배당(2024.12.31 본호신설)
7. 「법인세법」 제18조제8호나목 및 다목에 해당하는 자본준비금을 감액하여 받은 배당(2024.12.31 본호신설)
④ 제2항제1호·제3호·제4호 및 제6호를 적용할 때 주식 또는 출자지분을 취득하기 위하여 사용한 금액이 불분명한 경우에는 그 주식 또는 출자지분의 액면가액(무액면주식의 경우에는 해당 주식의 취득일 당시 해당 주식을 발행하는 법인의 자본금을 발행주식총수로 나누어 계산한 금액을 말한다. 이하 같다) 또는 출자금액을 그 주식 또는 출자지분의 취득에 사용한 금액으로 본다.(2024.12.31 본항개정)

⑤ 제2항을 적용할 때 주식, 출자지분 및 그 밖의 재산의 취득가액과 해당 주식, 출자지분 및 그 밖의 재산을 취득하기 위하여 사용한 금액의 계산 등에 필요한 사항은 대통령령으로 정한다.(2024.12.31 본항개정)
⑥ 제1항 각 호에 따른 배당소득 및 제3항에 따른 배당소득금액의 범위에 관하여 필요한 사항은 대통령령으로 정한다.

제18조 (2009.12.31 삭제)

제19조 【사업소득】 ① 사업소득은 해당 과세기간에 발생한 다음 각 호의 소득으로 한다. 다만, 제21조제1항제8호의2에 따른 기타소득으로 원천징수하거나 과세표준확정신고를 한 경우에는 그러하지 아니하다.(2018.12.31 단서신설)
1. 농업(작물재배업 중 곡물 및 기타 식량작물 재배업은 제외한다. 이하 같다) · 임업 및 어업에서 발생하는 소득(2014.1.1 본호개정)
2. 광업에서 발생하는 소득
3. 제조업에서 발생하는 소득
4. 전기, 가스, 증기 및 공기조절공급업에서 발생하는 소득(2018.12.31 본호개정)
5. 수도, 하수 및 폐기물 처리, 원료 재생업에서 발생하는 소득(2018.12.31 본호개정)
6. 건설업에서 발생하는 소득
7. 도매 및 소매업에서 발생하는 소득
8. 운수 및 창고업에서 발생하는 소득(2018.12.31 본호개정)
9. 숙박 및 음식점업에서 발생하는 소득
10. 정보통신업에서 발생하는 소득(2018.12.31 본호개정)
11. 금융 및 보험업에서 발생하는 소득
12. 부동산업에서 발생하는 소득. 다만, 「공익사업을 위한 토지 등의 취득 및 보상에 관한 법률」 제4조에 따른 공익사업과 관련하여 지역권 · 지상권(지하 또는 공중에 설정된 권리를 포함한다)을 설정하거나 대여함으로써 발생하는 소득은 제외한다.(2018.12.31 본문개정)
13. 전문, 과학 및 기술서비스업(대통령령으로 정하는 연구개발업은 제외한다)에서 발생하는 소득(2018.12.31 본호개정)
14. 사업시설관리, 사업 지원 및 임대 서비스업에서 발생하는 소득(2018.12.31 본호개정)
15. 교육서비스업(대통령령으로 정하는 교육기관은 제외한다)에서 발생하는 소득(2018.12.31 본호개정)
16. 보건업 및 사회복지서비스업(대통령령으로 정하는 사회복지사업은 제외한다)에서 발생하는 소득(2018.12.31 본호개정)
17. 예술, 스포츠 및 여가 관련 서비스업에서 발생하는 소득
18. 협회 및 단체(대통령령으로 정하는 협회 및 단체는 제외한다), 수리 및 기타 개인서비스업에서 발생하는 소득(2018.12.31 본호개정)
19. 가구내 고용활동에서 발생하는 소득
20. 제160조제3항에 따른 복식부기의무자가 차량 및 운반구 등 대통령령으로 정하는 사업용 유형자산을 양도함으로써 발생하는 소득. 다만, 제94조제1항제1호에 따른 양도소득에 해당하는 경우는 제외한다.(2019.12.31 본문개정)
21. 제1호부터 제20호까지의 규정에 따른 소득과 유사한 소득으로서 영리를 목적으로 자기의 계산과 책임 하에 계속적 · 반복적으로 행하는 활동을 통하여 얻는 소득(2017.12.19 본호개정)

② 사업소득금액은 해당 과세기간의 총수입금액에서 이에 사용된 필요경비를 공제한 금액으로 하며, 필요경비가 총수입금액을 초과하는 경우 그 초과하는 금액을 "결손금"이라 한다.
③ 제1항 각 호에 따른 사업의 범위에 관하여는 이 법에 특별한 규정이 있는 경우 외에는 「통계법」 제22조에 따라 통계청장이 고시하는 한국표준산업분류에 따르고, 그 밖의 사업소득의 범위에 관하여 필요한 사항은 대통령령으로 정한다.

판례 부동산의 양도로 인한 소득이 소득세법상의 사업소득인지 혹은 양도소득인지의 여부의 판단 기준 : 부동산의 양도로 인한 소득이 소득세법상 사업소득인지 혹은 양도소득인지는 양도인의 부동산 취득 및 보유현황, 조성의 유무, 양도의 규모, 횟수, 태양, 상대방 등에 비추어 그 양도가 수익을 목적으로 하고 있는지 여부와 사업활동으로 볼 수 있을 정도의 계속성과 반복성이 있는지 등을 고려하여 사회통념에 따라 판단하여야 하고, 그 판단을 할 때에 있어서는 단지 당해 양도 부동산에 대한 것뿐만 아니라, 양도인이 보유하는 부동산 전반에 걸쳐 당해 양도가 행하여진 시기의 전후를 통한 모든 사정을 참작하여야 한다.(대판 2010.7.22, 2008두21768)

제20조 【근로소득】 ① 근로소득은 해당 과세기간에 발생한 다음 각 호의 소득으로 한다.
1. 근로를 제공함으로써 받는 봉급 · 급료 · 보수 · 세비 · 임금 · 상여 · 수당과 이와 유사한 성질의 급여
2. 법인의 주주총회 · 사원총회 또는 이에 준하는 의결기관의 결의에 따라 상여로 받는 소득
3. 「법인세법」에 따라 상여로 처분된 금액
4. 퇴직함으로써 받는 소득으로서 퇴직소득에 속하지 아니하는 소득
5. 종업원등 또는 대학의 교직원이 지급받는 직무발명보상금(제21조제1항제22호의2에 따른 직무발명보상금은 제외한다)(2016.12.20 본호신설)
6. 사업자나 법인이 생산 · 공급하는 재화 또는 용역을 그 사업자나 법인(「독점규제 및 공정거래에 관한 법률」에 따른 계열회사를 포함한다)의 사업장에 종사하는 임원등에게 대통령령으로 정하는 바에 따라 시가보다 낮은 가격으로 제공하거나 구입할 수 있도록 지원함으로써 해당 임원등이 얻는 이익(2024.12.31 본호신설)

② 근로소득금액은 제1항 각 호의 소득의 금액의 합계액(비과세소득의 금액은 제외하며, 이하 "총급여액"이라 한다)에서 제47조에 따른 근로소득공제를 적용한 금액으로 한다.
③ 근로소득의 범위에 관하여 필요한 사항은 대통령령으로 정한다.

제20조의2 (2006.12.30 삭제)

제20조의3 【연금소득】 ① 연금소득은 해당 과세기간에 발생한 다음 각 호의 소득으로 한다.
1. 공적연금 관련법에 따라 받는 각종 연금(이하 "공적연금소득"이라 한다)
2. 다음 각 목에 해당하는 금액을 그 소득의 성격에도 불구하고 연금계좌["연금저축"의 명칭으로 설정하는 대통령령으로 정하는 계좌(이하 "연금저축계좌"라 한다) 또는 퇴직연금을 지급받기 위하여 설정하는 대통령령으로 정하는 계좌(이하 "퇴직연금계좌"라 한다)를 말한다. 이하 같다]에서 대통령령으로 정하는 연금형태 등으로 인출(이하 "연금수령"이라 하며, 연금수령 외의 인출은 "연금외수령"이라 한다)하는 경우의 그 연금(2014.12.23 본문개정)
   가. 제146조제2항에 따라 원천징수되지 아니한 퇴직소득
   나. 제59조의3에 따라 세액공제를 받은 연금계좌 납입액(2023.12.31 본목개정)
   다. 연금계좌의 운용실적에 따라 증가된 금액
   라. 그 밖에 연금계좌에 이체 또는 입금되어 해당 금액에 대한 소득세가 이연(移延)된 소득으로서 대통령령으로 정하는 소득
3. 제2호에 따른 소득과 유사하고 연금 형태로 받는 것으로서 대통령령으로 정하는 소득

(2013.1.1 본항개정)
② 공적연금소득은 2002년 1월 1일 이후에 납입된 연금 기여금 및 사용자 부담금(국가 또는 지방자치단체의 부담금을 포함한다. 이하 같다)을 기초로 하거나 2002년 1월 1일 이후 근로의 제공을 기초로 하여 받는 연금소득으로 한다.(2013.1.1 본항개정)
③ 연금소득금액은 제1항 각 호에 따른 소득의 금액의 합계액(제2항에 따라 연금소득에서 제외되는 소득과 비과세소득의 금액은 제외하며, 이하 "총연금액"이라 한다)에서 제47조의2에 따른 연금소득공제를 적용한 금액으로 한다.
④ 연금소득의 범위 및 계산방법과 그 밖에 필요한 사항은 대통령령으로 정한다.

제21조 【기타소득】 ① 기타소득은 이자소득 · 배당소득 · 사업소득 · 근로소득 · 연금소득 · 퇴직소득 및 양도소득 외의 소득으로서 다음 각 호에서 규정하는 것으로 한다.(2024.12.31 본문개정)
1. 상금, 현상금, 포상금, 보로금 또는 이에 준하는 금품
2. 복권, 경품권, 그 밖의 추첨권에 당첨되어 받는 금품
3. 「사행행위 등 규제 및 처벌특례법」에서 규정하는 행위(적법 또는 불법 여부는 고려하지 아니한다)에 참가하여 얻은 재산상의 이익(2012.1.1 본호개정)
4. 「한국마사회법」에 따른 승마투표권, 「경륜 · 경정법」에 따른 승자투표권, 「전통소싸움경기에 관한 법률」에 따른 소싸움경

기투표권 및 「국민체육진흥법」에 따른 체육진흥투표권의 구매자가 받는 환급금(발생 원인이 되는 행위의 적법 또는 불법 여부는 고려하지 아니한다)(2012.1.1 본호개정)
5. 저작자 또는 실연자(實演者)·음반제작자·방송사업자 외의 자가 저작권 또는 저작인접권의 양도 또는 사용의 대가로 받는 금품
6. 다음 각 목의 자산 또는 권리의 양도·대여 또는 사용의 대가로 받는 금품
가. 영화필름
나. 라디오·텔레비전방송용 테이프 또는 필름
다. 그 밖에 가목 및 나목과 유사한 것으로서 대통령령으로 정하는 것
7. 광업권·어업권·양식업권·산업재산권·산업정보, 산업상 비밀, 상표권·영업권(대통령령으로 정하는 점포 임차권을 포함한다), 토사석(土砂石)의 채취허가에 따른 권리, 지하수의 개발·이용권, 그 밖에 이와 유사한 자산이나 권리를 양도하거나 대여하고 그 대가로 받는 금품(2019.8.27 본호개정)
8. 물품(유가증권을 포함한다) 또는 장소를 일시적으로 대여하고 사용료로서 받는 금품(2010.12.27 본호개정)
8의2. 「전자상거래 등에서의 소비자보호에 관한 법률」에 따라 통신판매중개를 하는 자를 통하여 물품 또는 장소를 대여하고 대통령령으로 정하는 규모 이하의 사용료로서 받은 금품(2018.12.31 본호신설)
9. 「공익사업을 위한 토지 등의 취득 및 보상에 관한 법률」 제4조에 따른 공익사업과 관련하여 지역권·지상권(지하 또는 공중에 설정된 권리를 포함한다)을 설정하거나 대여함으로써 발생하는 소득(2017.12.19 본호개정)
10. 계약의 위약 또는 해약으로 인하여 받는 소득으로서 다음 각 목의 어느 하나에 해당하는 것(2014.12.23 본문개정)
가. 위약금
나. 배상금
다. 부당이득 반환 시 지급받는 이자
(2014.12.23 가목~다목신설)
11. 유실물의 습득 또는 매장물의 발견으로 인하여 보상금을 받거나 새로 소유권을 취득하는 경우 그 보상금 또는 자산
12. 소유자가 없는 물건의 점유로 소유권을 취득하는 자산
13. 거주자·비거주자 또는 법인의 대통령령으로 정하는 특수관계인이 그 특수관계로 인하여 그 거주자·비거주자 또는 법인으로부터 받는 경제적 이익으로서 급여·배당 또는 증여로 보지 아니하는 금품(2012.1.1 본호개정)
14. 슬롯머신(비디오게임을 포함한다) 및 투전기(投錢機), 그 밖에 이와 유사한 기구(이하 "슬롯머신등"이라 한다)를 이용하는 행위에 참가하여 받는 당첨금품·배당금품 또는 이에 준하는 금품(이하 "당첨금품등"이라 한다)
15. 문예·학술·미술·음악 또는 사진에 속하는 창작품(「신문 등의 진흥에 관한 법률」에 따른 신문 및 「잡지 등 정기간행물의 진흥에 관한 법률」에 따른 정기간행물에 게재하는 삽화 및 만화와 우리나라의 창작품 또는 고전을 외국어로 번역하거나 국역하는 것을 포함한다)에 대한 원작자로서 받는 소득으로서 다음 각 목의 어느 하나에 해당하는 것
가. 원고료
나. 저작권사용료인 인세(印稅)
다. 미술·음악 또는 사진에 속하는 창작품에 대하여 받는 대가
16. 재산권에 관한 알선 수수료
17. 사례금
18. 대통령령으로 정하는 소기업·소상공인 공제부금의 해지일시금
19. 다음 각 목의 어느 하나에 해당하는 인적용역(제15호부터 제17호까지의 규정을 적용받는 용역은 제외한다)을 일시적으로 제공하고 받는 대가
가. 고용관계 없이 다수인에게 강연을 하고 강연료 등 대가를 받는 용역
나. 라디오·텔레비전방송 등을 통하여 해설·계몽 또는 연기의 심사 등을 하고 보수 또는 이와 유사한 성질의 대가를 받는 용역
다. 변호사, 공인회계사, 세무사, 건축사, 측량사, 변리사, 그 밖에 전문적 지식 또는 특별한 기능을 가진 자가 그 지식 또는 기능을 활용하여 보수 또는 그 밖의 대가를 받고 제공하는 용역
라. 그 밖에 고용관계 없이 수당 또는 이와 유사한 성질의 대가를 받고 제공하는 용역
20. 「법인세법」 제67조에 따라 기타소득으로 처분된 소득
21. 제20조의3제1항제2호나목 및 다목의 금액을 그 소득의 성격에도 불구하고 연금외수령한 소득(2013.1.1 본호개정)
22. 퇴직 전에 부여받은 주식매수선택권을 퇴직 후에 행사하거나 고용관계 없이 주식매수선택권을 부여받아 이를 행사함으로써 얻는 이익
22의2. 종업원등 또는 대학의 교직원이 퇴직한 후에 지급받는 직무발명보상금(2016.12.20 본호신설)
23. 뇌물
24. 알선수재 및 배임수재에 의하여 받는 금품
25. (2020.12.29 삭제)
26. 종교관련종사자가 종교의식을 집행하는 등 종교관련종사자로서의 활동과 관련하여 대통령령으로 정하는 종교단체로부터 받은 소득(이하 "종교인소득"이라 한다)(2015.12.15 본호신설)
② 제1항 및 제19조제1항제21호에도 불구하고 대통령령으로 정하는 서화(書畵)·골동품의 양도로 발생하는 소득(사업장을 갖추는 등 대통령령으로 정하는 경우에 발생하는 소득은 제외한다)은 기타소득으로 한다.(2020.12.29 본항신설)
③ 기타소득금액은 해당 과세기간의 총수입금액에서 이에 사용된 필요경비를 공제한 금액으로 한다.
④ 제1항제26호에 따른 종교인소득에 대하여 제20조제1항에 따른 근로소득으로 원천징수하거나 과세표준확정신고를 한 경우에는 해당 소득을 근로소득으로 본다.(2015.12.15 본항신설)
⑤ 기타소득의 구체적 범위 및 계산방법과 그 밖에 필요한 사항은 대통령령으로 정한다.

제22조 【퇴직소득】 ① 퇴직소득은 해당 과세기간에 발생한 다음 각 호의 소득으로 한다.
1. 공적연금 관련법에 따라 받는 일시금
2. 사용자 부담금을 기초로 하여 현실적인 퇴직을 원인으로 지급받는 소득
3. 그 밖에 제1호 및 제2호와 유사한 소득으로서 대통령령으로 정하는 소득
(2013.1.1 본항개정)
② 제1항제1호에 따른 퇴직소득은 2002년 1월 1일 이후에 납입된 연금 기여금 및 사용자 부담금을 기초로 하거나 2002년 1월 1일 이후 근로의 제공을 기초로 하여 받은 일시금으로 한다.(2013.1.1 본항개정)
③ 퇴직소득금액은 제1항 각 호에 따른 소득의 금액의 합계액(비과세소득의 금액은 제외한다)으로 한다. 다만, 대통령령으로 정하는 임원의 퇴직소득금액(제1항제1호의 금액은 제외하며, 2011년 12월 31일에 퇴직하였다고 가정할 때 지급받을 대통령령으로 정하는 퇴직소득금액이 있는 경우에는 그 금액을 뺀 금액을 말한다)이 다음 계산식에 따라 계산한 금액을 초과하는 경우에는 제1항에도 불구하고 그 초과하는 금액은 근로소득으로 본다.

2019년 12월 31일부터 소급하여 3년(2012년 1월 1일부터 2019년 12월 31일까지의 근무기간이 3년 미만인 경우에는 해당 근무기간으로 한다) 동안 지급받은 총급여의 연평균환산액 ×

$$\frac{1}{10} \times \frac{\text{2012년 1월 1일부터 2019년 12월 31일까지의 근무기간}}{12} \times 3 +$$

퇴직한 날부터 소급하여 3년(2020년 1월 1일부터 퇴직한 날까지의 근무기간이 3년 미만인 경우에는 해당 근무기간으로 한다) 동안 지급받은 총급여의 연평균환산액 ×

$$\frac{1}{10} \times \frac{\text{2020년 1월 1일 이후의 근무기간}}{12} \times 2$$

(2019.12.31 본항개정)

④ 제3항 단서와 그 계산식을 적용할 때 근무기간과 총급여는 다음 각 호의 방법으로 산정한다.
1. 근무기간 : 개월 수로 계산한다. 이 경우 1개월 미만의 기간이 있는 경우에는 이를 1개월로 본다.
2. 총급여 : 봉급·상여 등 제20조제1항제1호 및 제2호에 따른 근로소득(제12조에 따른 비과세소득은 제외한다)을 합산한다.
(2014.12.23 본항개정)
⑤ (2013.1.1 삭제)
⑥ 퇴직소득의 범위 및 계산방법과 그 밖에 필요한 사항은 대통령령으로 정한다.
제23조 (2006.12.30 삭제)

제3절 소득금액의 계산
(2009.12.31 본절제목개정)

제1관 총수입금액
(2009.12.31 본관개정)

제24조【총수입금액의 계산】 ① 거주자의 각 소득에 대한 총수입금액(총급여액과 총연금액을 포함한다. 이하 같다)은 해당 과세기간에 수입하였거나 수입할 금액의 합계액으로 한다.
② 제1항의 경우 금전 외의 것을 수입할 때에는 그 수입금액을 그 거래 당시의 가액에 의하여 계산한다.
③ 총수입금액을 계산할 때 수입하였거나 수입할 금액의 범위와 계산에 관하여 필요한 사항은 대통령령으로 정한다.
제25조【총수입금액 계산의 특례】 ① 거주자가 부동산 또는 그 부동산상의 권리 등을 대여하고 보증금·전세금 또는 이와 유사한 성질의 금액(이하 이 항에서 "보증금등"이라 한다)을 받은 경우에는 대통령령으로 정하는 바에 따라 계산한 금액을 사업소득금액을 계산할 때에 총수입금액에 산입(算入)한다. 다만, 주택[주거의 용도로만 쓰이는 면적이 1호(戶) 또는 1세대당 40제곱미터 이하인 주택으로서 해당 과세기간의 기준시가가 2억원 이하인 주택은 2026년 12월 31일까지는 주택 수에 포함하지 아니한다]을 대여하고 보증금등을 받은 경우에는 다음 각 호의 어느 하나에 해당하는 경우를 말하며, 주택 수의 계산 그밖에 필요한 사항은 대통령령으로 정한다.(2023.12.31 단서개정)
1. 3주택 이상을 소유하고 해당 주택의 보증금등의 합계액이 3억원을 초과하는 경우(2023.12.31 본호신설)
2. 2주택(해당 과세기간의 기준시가가 12억원 이하인 주택은 주택 수에 포함하지 아니한다)을 소유하고 해당 주택의 보증금등의 합계액이 3억원 이상의 금액으로서 대통령령으로 정하는 금액을 초과하는 경우(2023.12.31 본호신설 : 2026.1.1 시행)

② 거주자가 재고자산(在庫資産) 또는 임목을 가사용으로 소비하거나 종업원 또는 타인에게 지급한 경우에도 이를 소비하거나 지급하였을 때의 가액에 해당하는 금액은 그 소비하거나 지급한 날이 속하는 과세기간의 사업소득금액 또는 기타소득금액을 계산할 때 총수입금액에 산입한다.
③ (2017.12.19 삭제)
제26조【총수입금액 불산입】 ① 거주자가 소득세 또는 개인지방소득세를 환급받았거나 환급받을 금액 중 다른 세액에 충당한 금액은 해당 과세기간의 소득금액을 계산할 때 총수입금액에 산입하지 아니한다.(2014.1.1 본항개정)
② 거주자가 무상(無償)으로 받은 자산의 가액(제160조에 따른 복식부기의무자가 제32조에 따른 국고보조금 등 국가, 지방자치단체 또는 공공기관으로부터 무상으로 지급받은 대통령령으로 정하는 금액은 제외한다)과 채무의 면제 또는 소멸로 인한 부채의 감소액 중 제45조제3항에 따른 이월결손금의 보전(補塡)에 충당된 금액은 해당 과세기간의 소득금액을 계산할 때 총수입금액에 산입하지 아니한다.(2019.12.31 본항개정)
③ 거주자의 사업소득금액을 계산할 때 이전 과세기간으로부터 이월된 소득금액은 해당 과세기간의 소득금액을 계산할 때 총수입금액에 산입하지 아니한다.
④ 농업, 임업, 어업, 광업 또는 제조업을 경영하는 거주자가 자기가 채굴, 포획, 양식, 수확 또는 채취한 농산물, 포획물, 축산물, 임산물, 수산물, 광산물, 토사석이나 자기가 생산한 제품을 자기가 생산하는 다른 제품의 원재료 또는 제조용 연료로 사용한 경우 그 사용된 부분에 상당하는 금액은 해당 과세기간의 소득금액을 계산할 때 총수입금액에 산입하지 아니한다.
⑤ 건설업을 경영하는 거주자가 자기가 생산한 물품을 자기가 도급받은 건설공사의 자재로 사용한 경우 그 사용된 부분에 상당하는 금액은 해당 과세기간의 소득금액을 계산할 때 총수입금액에 산입하지 아니한다.
⑥ 전기·가스·증기 및 수도사업을 경영하는 거주자가 자기가 생산한 전력·가스·증기 또는 수돗물을 자기가 경영하는 다른 사업의 동력·연료 또는 용수로 사용한 경우 그 사용한 부분에 상당하는 금액은 해당 과세기간의 소득금액을 계산할 때 총수입금액에 산입하지 아니한다.
⑦ 개별소비세 및 주세의 납세의무자인 거주자가 자기의 총수입금액으로 수입하였거나 수입할 금액에 따라 납부하였거나 납부할 개별소비세 및 주세는 해당 과세기간의 소득금액을 계산할 때 총수입금액에 산입하지 아니한다. 다만, 원재료, 연료, 그 밖의 물품을 매입·수입 또는 사용함에 따라 부담하는 세액은 그러하지 아니하다.
⑧ 「국세기본법」 제52조에 따른 국세환급가산금, 「지방세기본법」 제62조에 따른 지방세환급가산금, 그 밖의 과오납금(過誤納金)의 환급금에 대한 이자는 해당 과세기간의 소득금액을 계산할 때 총수입금액에 산입하지 아니한다.(2016.12.27 본항개정)
⑨ 부가가치세의 매출세액은 해당 과세기간의 소득금액을 계산할 때 총수입금액에 산입하지 아니한다.
⑩ 「조세특례제한법」 제106조의2제2항에 따라 석유판매업자가 환급받은 세액은 해당 과세기간의 소득금액을 계산할 때 총수입금액에 산입하지 아니한다.

제2관 필요경비
(2009.12.31 본관개정)

제27조【사업소득의 필요경비의 계산】 ① 사업소득금액을 계산할 때 필요경비에 산입할 금액은 해당 과세기간의 총수입금액에 대응하는 비용으로서 일반적으로 용인되는 통상적인 것의 합계액으로 한다.(2010.12.27 본항개정)
② 해당 과세기간 전의 총수입금액에 대응하는 비용으로서 그 과세기간에 확정된 것에 대해서는 그 과세기간 전에 필요경비로 계상하지 아니한 것만 그 과세기간의 필요경비로 본다.
③ 필요경비의 계산에 필요한 사항은 대통령령으로 정한다.
(2010.12.27 본조제목개정)
제28조【대손충당금의 필요경비 계산】 ① 사업자가 외상매출금, 미수금, 그 밖에 이에 준하는 채권에 대한 대손충당금을 필요경비로 계상한 경우에는 대통령령으로 정하는 범위에서 이를 해당 과세기간의 소득금액을 계산할 때 필요경비에 산입한다.
② 제1항에 따라 필요경비에 산입한 대손충당금의 잔액은 다음 과세기간의 소득금액을 계산할 때 총수입금액에 산입한다.
③ 대손충당금의 처리에 필요한 사항은 대통령령으로 정한다.
제29조【퇴직급여충당금의 필요경비 계산】 ① 사업자가 종업원의 퇴직급여에 충당하기 위하여 퇴직급여충당금을 필요경비로 계상한 경우에는 대통령령으로 정하는 범위에서 이를 해당 과세기간의 소득금액을 계산할 때 필요경비에 산입한다.
② 퇴직급여충당금의 처리에 필요한 사항은 대통령령으로 정한다.
제30조 (1998.4.10 삭제)
제31조【보험차익으로 취득한 자산가액의 필요경비 계산】
① 사업자가 유형자산의 멸실 또는 파손으로 인하여 보험금을 지급받아 그 멸실한 유형자산을 대체하여 같은 종류의 자산을 취득하거나 대체 취득한 자산 또는 그 파손된 유형자산을 개량한 경우에는 해당 자산의 가액 중 그 자산의 취득 또는 개량에 사용된 보험차익 상당액을 대통령령으로 정하는 바에 따라 보험금을 받은 날이 속하는 과세기간의 소득금액을 계산할 때 필요경비에 산입할 수 있다.(2019.12.31 본항개정)

② 보험금을 받은 날이 속하는 과세기간에 제1항에 따라 해당 자산을 취득하거나 개량할 수 없는 경우에는 그 과세기간의 다음 과세기간 개시일부터 2년 이내에 그 자산을 취득 또는 개량하는 것에만 제1항을 준용한다.
③ 제2항에 따라 보험차익 상당액을 필요경비에 산입하려는 자는 그 받은 보험금의 사용계획서를 대통령령으로 정하는 바에 따라 납세지 관할 세무서장에게 제출하여야 한다.
(2019.12.31 본항개정)
④ 제2항에 따라 보험차익 상당액을 필요경비에 산입한 자가 다음 각 호의 어느 하나에 해당하면 그 보험차익 상당액을 해당 사유가 발생한 과세기간의 총수입금액에 산입한다.
(2019.12.31 본문개정)
1. 보험차익 상당액을 제1항의 자산의 취득 또는 개량을 위하여 그 기한까지 사용하지 아니한 경우(2019.12.31 본호개정)
2. 제2항의 기간에 해당 사업을 폐업한 경우
(2019.12.31 본조제목개정)

제32조【국고보조금으로 취득한 사업용 자산가액의 필요경비 계산】 ① 사업자가 사업용 자산을 취득하거나 개량할 목적으로 「보조금 관리에 관한 법률」에 따른 보조금(이하 "국고보조금"이라 한다)을 받아 그 목적에 지출한 경우 또는 사업용 자산을 취득하거나 개량하고 이에 대한 국고보조금을 사후에 지급받은 경우에는 해당 사업용 자산의 취득 또는 개량에 사용된 국고보조금에 상당하는 금액은 대통령령으로 정하는 바에 따라 그 국고보조금을 받은 날이 속하는 과세기간의 소득금액을 계산할 때 필요경비에 산입할 수 있다.(2011.7.25 본항개정)
② 국고보조금을 받은 날이 속하는 과세기간에 제1항의 사업용 자산을 취득하거나 개량할 수 없는 경우에는 그 과세기간의 다음 과세기간 종료일까지 이를 취득하거나 개량하는 것만 제1항을 준용한다. 이 경우 공사의 허가나 인가의 지연 등 대통령령으로 정하는 부득이한 사유로 국고보조금을 기한까지 사용하지 못한 경우에는 해당 사유가 없어진 날이 속하는 과세기간의 종료일을 그 기한으로 한다.
③ 제2항에 따라 국고보조금을 필요경비에 산입하려는 자는 그 국고보조금의 사용계획서를 대통령령으로 정하는 바에 따라 납세지 관할 세무서장에게 제출하여야 한다.
④ 제1항이나 제2항에 따라 국고보조금을 필요경비에 산입한 자가 다음 각 호의 어느 하나에 해당하면 그 국고보조금 상당액을 해당 사유가 발생한 과세기간의 총수입금액에 산입한다.
1. 국고보조금을 제1항의 사업용 자산의 취득 또는 개량을 위하여 그 기한까지 사용하지 아니한 경우
2. 제2항의 기한까지 해당 사업을 폐업한 경우

제33조【필요경비 불산입】 ① 거주자가 해당 과세기간에 지급하였거나 지급할 금액 중 다음 각 호에 해당하는 것은 사업소득금액을 계산할 때 필요경비에 산입하지 아니한다.
(2010.12.27 본문개정)
1. 소득세(제57조 및 제57조의2에 따라 세액공제를 적용하는 경우의 외국소득세액을 포함한다)와 개인지방소득세
(2022.12.31 본호개정)
2. 벌금·과료(통고처분에 따른 벌금 또는 과료에 해당하는 금액을 포함한다)와 과태료
3. 「국세징수법」이나 그 밖에 조세에 관한 법률에 따른 가산금과 강제징수비(2020.12.29 본호개정)
4. 조세에 관한 법률에 따른 징수의무의 불이행으로 인하여 납부하였거나 납부할 세액(가산세액을 포함한다)
5. 대통령령으로 정하는 가사(家事)의 경비와 이에 관련되는 경비
6. 각 과세기간에 계상한 감가상각자산의 감가상각비로서 대통령령으로 정하는 바에 따라 계산한 금액을 초과하는 금액
7. 제39조제3항 단서 및 같은 조 제4항 각 호에 따른 자산을 제외한 자산의 평가차손
8. 반출하였으나 판매하지 아니한 제품에 대한 개별소비세 또는 주세의 미납액. 다만, 제품가액에 그 세액 상당액을 더한 경우는 제외한다.
9. 부가가치세의 매입세액. 다만, 부가가치세가 면제되거나 그 밖에 대통령령으로 정하는 경우의 세액과 부가가치세 간이과세자가 납부한 부가가치세액은 제외한다.
10. 차입금 중 대통령령으로 정하는 건설자금에 충당한 금액의 이자
11. 대통령령으로 정하는 채권자가 불분명한 차입금의 이자
(2018.12.31 본호개정)
12. 법령에 따라 의무적으로 납부하는 것이 아닌 공과금이나 법령에 따른 의무의 불이행 또는 금지·제한 등의 위반을 이유로 부과되는 공과금(2024.12.31 본호개정)
13. 각 과세기간에 지출한 경비 중 대통령령으로 정하는 바에 따라 직접 그 업무와 관련이 없다고 인정되는 금액
14. 선급비용(先給費用)
15. 업무와 관련하여 고의 또는 중대한 과실로 타인의 권리를 침해한 경우에 지급되는 손해배상금
② 제1항제5호·제10호·제11호 및 제13호가 동시에 적용되는 경우에는 대통령령으로 정하는 순서에 따라 적용한다.
③ 제1항에 따른 필요경비 불산입에 관하여 필요한 사항은 대통령령으로 정한다.

제33조의2【업무용승용차 관련 비용 등의 필요경비 불산입 특례】 ① 제160조제3항에 따른 복식부기의무자가 해당 과세기간에 업무에 사용한 「개별소비세법」 제1조제2항제3호에 해당하는 승용자동차(운수업, 자동차판매업 등에서 사업에 직접 사용하는 승용자동차로서 대통령령으로 정하는 것은 제외하며, 이하 이 조 및 제81조의14에서 "업무용승용차"라 한다)를 취득하거나 임차하여 해당 과세기간에 필요경비로 계상하거나 지출한 감가상각비, 임차료, 유류비 등 대통령령으로 정하는 비용(이하 이 조 및 제81조의14에서 "업무용승용차 관련 비용"이라 한다) 중 대통령령으로 정하는 업무용 사용금액(이하 이 조에서 "업무사용금액"이라 한다)에 해당하지 아니하는 금액은 해당 과세기간의 사업소득금액을 계산할 때 필요경비에 산입하지 아니한다.(2021.12.8 본항개정)
② 제1항을 적용할 때 업무사용금액 중 다음 각 호의 구분에 해당하는 비용이 해당 과세기간에 각각 800만원(해당 과세기간이 1년 미만이거나 과세기간 중 일부 기간 동안 보유하거나 임차한 경우에는 800만원에 해당 보유기간 또는 임차기간 월수를 곱하고 이를 12로 나누어 산출한 금액을 말한다)을 초과하는 경우 그 초과하는 금액(이하 이 조에서 "감가상각비 한도초과액"이라 한다)은 해당 과세기간의 필요경비에 산입하지 아니하고 대통령령으로 정하는 방법에 따라 이월하여 필요경비에 산입한다.(2017.12.19 본문개정)
1. 업무용승용차별 연간 감가상각비
2. 업무용승용차별 연간 임차료 중 대통령령으로 정하는 감가상각비 상당액
③ 제160조제3항에 따른 복식부기의무자가 업무용승용차를 처분하여 발생하는 손실로서 업무용승용차별로 8백만원을 초과하는 금액은 대통령령으로 정하는 이월 등의 방법에 따라 필요경비에 산입한다.
④ 제1항부터 제3항까지에 따라 업무용승용차 관련 비용 등을 필요경비에 산입한 제160조제3항에 따른 복식부기의무자는 대통령령으로 정하는 바에 따라 업무용승용차 관련 비용 등에 관한 명세서를 납세지 관할세무서장에게 제출하여야 한다.
⑤ 업무사용금액의 계산방법, 감가상각비 한도초과액 이월방법과 그 밖에 필요한 사항은 대통령령으로 정한다.
(2015.12.15 본조신설)

제34조【기부금의 필요경비 불산입】 ① 이 조에서 "기부금"이란 사업자가 사업과 직접적인 관계없이 무상으로 지출하는 금액(대통령령으로 정하는 거래를 통하여 실질적으로 증여한 것으로 인정되는 금액을 포함한다)을 말한다.(2018.12.31 본항신설)
② 사업자가 해당 과세기간에 지출한 기부금 및 제5항에 따라 이월된 기부금 중 제1호에 따른 특례기부금은 제2호에 따라 산출한 필요경비 산입한도액 내에서 해당 과세기간의 사업소득금액을 계산할 때 필요경비에 산입하고, 필요경비 산입한도액을 초과하는 금액은 필요경비에 산입하지 아니한다.
(2022.12.31 본문개정)
1. 특례기부금 : 다음 각 목의 어느 하나에 해당하는 기부금
(2022.12.31 본문개정)
가. 「법인세법」 제24조제2항제1호에 따른 기부금

나. 「재난 및 안전관리 기본법」에 따른 특별재난지역을 복구하기 위하여 자원봉사를 한 경우 그 용역의 가액. 이 경우 용역의 가액산정방법 등에 관하여 필요한 사항은 대통령령으로 정한다.
2. 필요경비 산입한도액 : 다음 계산식에 따라 계산한 금액

필요경비 산입한도액 = A − B
A : 기부금을 필요경비에 산입하기 전의 해당 과세기간의 소득금액(이하 이 조에서 "기준소득금액"이라 한다)
B : 제45조에 따른 이월결손금(이하 이 조에서 "이월결손금"이라 한다)

(2020.12.29 본항개정)
③ 사업자가 해당 과세기간에 지출한 기부금 및 제5항에 따라 이월된 기부금 중 제1호에 따른 일반기부금은 제2호에 따라 산출한 필요경비 산입한도액 내에서 해당 과세기간의 사업소득금액을 계산할 때 필요경비에 산입하고, 필요경비 산입한도액을 초과하는 금액은 필요경비에 산입하지 아니한다.
(2022.12.31 본문개정)
1. 일반기부금 : 사회복지 · 문화 · 예술 · 교육 · 종교 · 자선 · 학술 등 공익성을 고려하여 대통령령으로 정하는 기부금(제2항제1호에 따른 기부금은 제외한다)(2022.12.31 본호개정)
2. 필요경비 산입한도액 : 다음 각 목의 구분에 따라 계산한 금액
가. 종교단체에 기부한 금액이 있는 경우

필요경비 산입한도액 = 〔{A − (B + C)} × 100분의 10〕 + 〔{A − (B + C)} × 100분의 20과 종교단체 외에 기부한 금액 중 적은 금액〕
A : 기준소득금액
B : 제2항에 따라 필요경비에 산입하는 기부금
C : 이월결손금

나. 종교단체에 기부한 금액이 없는 경우

필요경비 산입한도액 = 〔A − (B + C)〕 × 100분의 30
A : 기준소득금액
B : 제2항에 따라 필요경비에 산입하는 기부금
C : 이월결손금

(2020.12.29 본항개정)
④ 제2항제1호 및 제3항제1호 외의 기부금은 해당 과세기간의 사업소득금액을 계산할 때 필요경비에 산입하지 아니한다.
(2020.12.29 본항개정)
⑤ 사업자가 해당 과세기간에 지출하는 기부금 중 제2항제2호 및 제3항제2호에 따른 필요경비 산입한도액을 초과하여 필요경비에 산입하지 아니한 특례기부금 및 일반기부금의 금액(제59조의4제4항에 따라 종합소득세 신고 시 세액공제를 적용받은 기부금의 금액은 제외한다)은 대통령령으로 정하는 바에 따라 해당 과세기간의 다음 과세기간 개시일부터 10년 이내에 끝나는 각 과세기간에 이월하여 필요경비에 산입할 수 있다.
(2022.12.31 본항개정)
⑥ 제2항 및 제3항을 적용할 때 제50조제1항제2호 및 제3호에 해당하는 사람(나이의 제한을 받지 아니하며, 다른 거주자의 기본공제를 적용받은 사람은 제외한다)이 지급한 기부금은 해당 사업자의 기부금에 포함한다.(2020.12.29 본항개정)
⑦ 제1항부터 제6항까지에서 규정한 사항 외에 기부금의 계산, 제출서류, 기부금을 받는 단체의 관리 등 기부금의 필요경비 불산입에 관하여 필요한 사항은 대통령령으로 정한다.
(2020.12.29 본항개정)

제35조【기업업무추진비의 필요경비 불산입】 ① 이 조에서 "기업업무추진비"란 접대, 교제, 사례 또는 그 밖에 어떠한 명목이든 상관없이 이와 유사한 목적으로 지출한 비용으로서 사업자가 직접적 또는 간접적으로 업무와 관련이 있는 자와 업무를 원활하게 진행하기 위하여 지출한 금액(사업자가 종업원이 조직한 조합 또는 단체에 지출한 복지시설비 중 대통령령으로 정하는 것을 포함한다)을 말한다.(2022.12.31 본항개정)
② 사업자가 한 차례의 접대에 지출한 기업업무추진비 중 대통령령으로 정하는 금액을 초과하는 기업업무추진비로서 다음 각 호의 어느 하나에 해당하지 아니하는 것은 각 과세기간의 소득금액을 계산할 때 필요경비에 산입하지 아니한다. 다만, 지출사실이 객관적으로 명백한 경우로서 다음 각 호의 어느 하나에 해당하는 기업업무추진비라는 증거자료를 구비하기 어려운 국외지역에서의 지출 및 농어민에 대한 지출로서 대통령령으로 정하는 지출은 그러하지 아니하다.(2022.12.31 본문개정)
1. 다음 각 목의 어느 하나에 해당하는 것(이하 이 조에서 "신용카드등"이라 한다)을 사용하여 지출하는 기업업무추진비
(2022.12.31 본문개정)
가. 「여신전문금융업법」에 따른 신용카드(신용카드와 유사한 것으로서 대통령령으로 정하는 것을 포함한다. 이하 같다)
나. 제160조의2제2항제4호에 따른 현금영수증
2. 제163조 및 「법인세법」 제121조에 따른 계산서 또는 「부가가치세법」 제32조 및 제35조에 따른 세금계산서를 발급받아 지출하는 기업업무추진비(2022.12.31 본호개정)
3. 제163조의3에 따른 매입자발행계산서 및 「부가가치세법」 제34조의2제2항에 따른 매입자발행세금계산서를 발행하여 지출하는 기업업무추진비(2022.12.31 본호개정)
4. 대통령령으로 정하는 원천징수영수증을 발행하여 지출하는 기업업무추진비(2022.12.31 본호개정)
③ 사업자가 해당 과세기간에 지출한 기업업무추진비(제2항에 따라 필요경비에 산입하지 아니하는 금액은 제외한다)로서 다음 각 호의 금액의 합계액을 초과하는 금액은 그 과세기간의 소득금액을 계산할 때 필요경비에 산입하지 아니한다.
(2022.12.31 본문개정)
1. 기본한도 : 다음 계산식에 따라 계산한 금액

기본한도금액 = $A \times B \times \frac{1}{12}$
A : 1천200만원(「조세특례제한법」 제6조제1항에 따른 중소기업의 경우에는 3천600만원)
B : 해당 과세기간의 개월 수〔개월 수는 역(曆)에 따라 계산하되, 1개월 미만의 일수는 1개월로 한다〕

(2020.12.29 본호개정)
2. 수입금액별 한도 : 해당 사업에 대한 해당 과세기간의 수입금액(대통령령으로 정하는 수입금액만 해당한다) 합계액에 다음 표에 규정된 적용률을 적용하여 산출한 금액. 다만, 대통령령으로 정하는 특수관계인과의 거래에서 발생한 수입금액에 대해서는 다음 표에 규정된 적용률을 적용하여 산출한 금액의 100분의 10에 해당하는 금액으로 한다.

수입금액	적용률
가. 100억원 이하	1만분의 30
나. 100억원 초과 500억원 이하	3천만원 + 〔(수입금액 − 100억원) × 1만분의 20〕
다. 500억원 초과	1억1천만원 + 〔(수입금액 − 500억원) × 1만분의 3〕

(2019.12.31 본호개정)
④ 제2항제1호를 적용할 때 재화 또는 용역을 공급하는 신용카드등의 가맹점이 아닌 다른 가맹점의 명의로 작성된 매출전표 등을 발급받은 경우에는 그 지출금액은 제2항제1호에 따른 기업업무추진비로 보지 아니한다.(2022.12.31 본항개정)
⑤ 기업업무추진비의 범위 및 계산, 지출증명 보관 등에 필요한 사항은 대통령령으로 정한다.(2022.12.31 본항개정)
(2022.12.31 본조제목개정)

제36조 (1998.12.28 삭제)

제37조【기타소득의 필요경비 계산】 ① 기타소득금액을 계산할 때 필요경비에 산입할 금액은 다음 각 호에 따른다.
1. 제21조제1항제4호에 따른 승마투표권, 승자투표권, 소싸움경기투표권, 체육진흥투표권의 구매자가 받는 환급금에 대하여는 그 구매자가 구입한 적중된 투표권의 단위투표금액을 필요경비로 한다.
2. 제21조제1항제14호의 당첨금품등에 대하여는 그 당첨금품등의 당첨 당시에 슬롯머신등에 투입한 금액을 필요경비로 한다.

② 다음 각 호의 경우 외에는 해당 과세기간의 총수입금액에 대응하는 비용으로서 일반적으로 용인되는 통상적인 것의 합계액을 필요경비에 산입한다.
1. 제1항이 적용되는 경우
2. 광업권의 양도대가로 받는 금품의 필요경비 계산 등 대통령령으로 정하는 경우
③ 해당 과세기간 전의 총수입금액에 대응하는 비용으로서 그 과세기간에 확정된 것에 대하여는 그 과세기간 전에 필요경비로 계상하지 아니한 것만 그 과세기간의 필요경비로 본다.
④ 기타소득금액을 계산할 때 필요경비에 산입하지 아니하는 금액에 관하여는 제33조를 준용한다.
(2010.12.27 본조개정)
제38조 (2006.12.30 삭제)

제3관 귀속연도 및 취득가액 등
(2009.12.31 본관제목삽입)

제39조【총수입금액 및 필요경비의 귀속연도 등】 ① 거주자의 각 과세기간 총수입금액 및 필요경비의 귀속연도는 총수입금액과 필요경비가 확정된 날이 속하는 과세기간으로 한다.
② 거주자가 매입·제작 등으로 취득한 자산의 취득가액은 그 자산의 매입가액이나 제작원가에 부대비용을 더한 금액으로 한다.
③ 거주자가 보유하는 자산 및 부채의 장부가액을 증액 또는 감액(감가상각은 제외한다. 이하 이 조에서 "평가"라 한다)한 경우 그 평가일이 속하는 과세기간 및 그 후의 과세기간의 소득금액을 계산할 때 해당 자산 및 부채의 장부가액은 평가하기 전의 가액으로 한다. 다만, 재고자산과 대통령령으로 정하는 유가증권은 각 자산별로 대통령령으로 정하는 방법에 따라 평가한 가액을 장부가액으로 한다.(2018.12.31 단서개정)
④ 제3항에도 불구하고 다음 각 호의 어느 하나에 해당하는 자산은 대통령령으로 정하는 방법에 따라 그 장부가액을 감액할 수 있다.(2019.12.31 본문개정)
1. 파손·부패 등으로 정상가격에 판매할 수 없는 재고자산
2. 천재지변이나 그 밖에 대통령령으로 정하는 사유로 파손 또는 멸실된 유형자산(2019.12.31 본호개정)
⑤ 거주자가 각 과세기간의 소득금액을 계산할 때 총수입금액 및 필요경비의 귀속연도와 자산·부채의 취득 및 평가에 대하여 일반적으로 공정·타당하다고 인정되는 기업회계의 기준을 적용하거나 관행을 계속 적용하여 온 경우에는 이 법 및 「조세특례제한법」에서 달리 규정하고 있는 경우 외에는 그 기업회계의 기준 또는 관행에 따른다.
⑥ 제1항의 총수입금액과 필요경비의 귀속연도, 제2항에 따른 취득가액의 계산, 제3항 및 제4항에 따른 자산·부채의 평가에 관하여 필요한 사항은 대통령령으로 정한다.
(2009.12.31 본조개정)
판례 선이자를 공제하고 금전을 대여한 후 그 이자소득에 대한 과세표준확정신고 또는 과세표준과 세액의 결정·경정 전에 그 원리금 채권을 회수할 수 없는 일정한 회수불능사유가 발생하여 그때까지 회수한 전체 금액이 원금에 미달하는 경우, 그와 같은 회수불능사유가 발생하기 전의 과세연도에 실제로 회수한 이자소득이 있다고 하더라도 이는 이자소득세의 과세대상이 될 수 없다.(대판 2012.6.28, 2010두9433)
제40조 (2009.12.31 삭제)

제4관 소득금액 계산의 특례
(2009.12.31 본관개정)

제41조【부당행위계산】 ① 납세지 관할 세무서장 또는 지방국세청장은 배당소득(제17조제1항제8호에 따른 배당소득만 해당한다), 사업소득 또는 기타소득이 있는 거주자의 행위 또는 계산이 그 거주자와 특수관계인과의 거래로 인하여 그 소득에 대한 조세 부담을 부당하게 감소시킨 것으로 인정되는 경우에는 그 거주자의 행위 또는 계산과 관계없이 해당 과세기간의 소득금액을 계산할 수 있다.
② 제1항에 따른 특수관계인의 범위와 그 밖에 부당행위계산에 관하여 필요한 사항은 대통령령으로 정한다.
(2012.1.1 본조개정)

제42조【비거주자 등과의 거래에 대한 소득금액 계산의 특례】 ① 우리나라가 조세의 이중과세 방지를 위하여 체결한 조약(이하 "조세조약"이라 한다)의 상대국과 그 조세조약의 상호 합의 규정에 따라 거주자가 국외에 있는 비거주자 또는 외국법인과 거래한 그 금액에 대하여 권한 있는 당국 간에 합의를 하는 경우에는 그 합의에 따라 납세지 관할 세무서장 또는 지방국세청장은 그 거주자의 각 과세기간의 소득금액을 조정하여 계산할 수 있다.
② 제1항에 따른 거주자의 소득금액 조정의 신청에 관한 사항과 그 밖에 조정에 필요한 사항은 대통령령으로 정한다.
제43조【공동사업에 대한 소득금액 계산의 특례】 ① 사업소득이 발생하는 사업을 공동으로 경영하고 그 손익을 분배하는 공동사업〔경영에 참여하지 아니하고 출자만 하는 대통령령으로 정하는 출자공동사업자(이하 "출자공동사업자"라 한다)가 있는 공동사업을 포함한다〕의 경우에는 해당 사업을 경영하는 장소(이하 "공동사업장"이라 한다)를 1거주자로 보아 공동사업장별로 그 소득금액을 계산한다.
② 제1항에 따라 공동사업에서 발생한 소득금액은 해당 공동사업을 경영하는 각 거주자(출자공동사업자를 포함한다. 이하 "공동사업자"라 한다) 간에 약정된 손익분배비율(약정된 손익분배비율이 없는 경우에는 지분비율을 말한다. 이하 "손익분배비율"이라 한다)에 의하여 분배되었거나 분배될 소득금액에 따라 각 공동사업자별로 분배한다.
③ 거주자 1인과 그의 대통령령으로 정하는 특수관계인이 공동사업자에 포함되어 있는 경우로서 손익분배비율을 거짓으로 정하는 등 대통령령으로 정하는 사유가 있는 경우에는 제2항에도 불구하고 그 특수관계인의 소득금액은 그 손익분배비율이 큰 공동사업자(손익분배비율이 같은 경우에는 대통령령으로 정하는 자로 한다. 이하 "주된 공동사업자"라 한다)의 소득금액으로 본다.(2012.1.1 본항개정)
제44조【상속의 경우의 소득금액의 구분 계산】 ① 피상속인의 소득금액에 대한 소득세로서 상속인에게 과세할 것과 상속인의 소득금액에 대한 소득세는 구분하여 계산하여야 한다.
② 연금계좌의 가입자가 사망하였으나 그 배우자가 연금외수령 없이 해당 연금계좌를 상속으로 승계하는 경우에는 제1항에도 불구하고 해당 연금계좌에 있는 피상속인의 소득금액은 상속인의 소득금액으로 보아 소득세를 계산한다.(2013.1.1 본항신설)
③ 제2항에 따른 연금계좌의 승계방법 및 절차 등에 관하여 필요한 사항은 대통령령으로 정한다.(2013.1.1 본항신설)
제45조【결손금 및 이월결손금의 공제】 ① 사업자가 비치·기록한 장부에 의하여 해당 과세기간의 사업소득금액을 계산할 때 발생한 결손금은 그 과세기간의 종합소득과세표준을 계산할 때 근로소득금액·연금소득금액·기타소득금액·이자소득금액·배당소득금액에서 순서대로 공제한다.
② 제1항에도 불구하고 다음 각 호의 어느 하나에 해당하는 사업(이하 "부동산임대업"이라 한다)에서 발생한 결손금은 종합소득 과세표준을 계산할 때 공제하지 아니한다. 다만, 주거용 건물 임대업의 경우에는 그러하지 아니하다.(2014.12.23 단서신설)
1. 부동산 또는 부동산상의 권리를 대여하는 사업(2017.12.19 단서삭제)
2. 공장재단 또는 광업재단을 대여하는 사업
3. 채굴에 관한 권리를 대여하는 사업으로서 대통령령으로 정하는 사업
③ 부동산임대업에서 발생한 결손금과 제1항 및 제2항 단서에 따라 공제하고 남은 결손금(이하 "이월결손금"이라 한다)은 해당 이월결손금이 발생한 과세기간의 종료일부터 15년 이내에 끝나는 과세기간의 소득금액을 계산할 때 먼저 발생한 과세기간의 이월결손금부터 순서대로 다음 각 호의 구분에 따라 공제한다. 다만, 「국세기본법」 제26조의2에 따른 국세부과의 제척기간이 지난 후에 그 제척기간 이전 과세기간의 이월결손금이 확인된 경우 그 이월결손금은 공제하지 아니한다.(2020.12.29 본문개정)

1. 제1항 및 제2항 단서에 따라 공제하고 남은 이월결손금은 사업소득금액, 근로소득금액, 연금소득금액, 기타소득금액, 이자소득금액 및 배당소득금액에서 순서대로 공제한다. (2014.12.23 본호개정)
2. 부동산임대업에서 발생한 이월결손금은 부동산임대업의 소득금액에서 공제한다.

④ 제3항은 해당 과세기간의 소득금액에 대해서 추계신고(제160조 및 제161조에 따라 비치·기록한 장부와 증명서류에 의하지 아니한 신고를 말한다. 이하 같다)를 하거나 제80조제3항 단서에 따라 추계조사결정하는 경우에는 적용하지 아니한다. 다만, 천재지변이나 그 밖의 불가항력으로 장부나 그 밖의 증명서류가 멸실되어 추계신고를 하거나 추계조사결정을 하는 경우에는 그러하지 아니하다.

⑤ 제1항과 제3항에 따라 결손금 및 이월결손금을 공제할 때 제62조에 따라 세액 계산을 하는 경우 제14조에 따라 종합과세되는 배당소득 또는 이자소득이 있으면 그 배당소득 또는 이자소득 중 원천징수세율을 적용받는 부분은 결손금 또는 이월결손금의 공제대상에서 제외하며, 그 배당소득 또는 이자소득 중 기본세율을 적용받는 부분에 대해서는 사업자가 그 소득금액의 범위에서 공제 여부 및 공제금액을 결정할 수 있다.

⑥ 제1항과 제2항에 따라 결손금 및 이월결손금을 공제할 때 해당 과세기간에 결손금이 발생하고 이월결손금이 있는 경우에는 그 과세기간의 결손금을 먼저 소득금액에서 공제한다.

제46조【채권 등에 대한 소득금액의 계산 특례】 ① 거주자가 제16조제1항제1호·제2호·제5호 및 제6호에 해당하는 채권 또는 증권과 타인에게 양도가 가능한 증권으로서 대통령령으로 정하는 것(이하 이 조, 제133조의2 및 제156조의3에서 "채권등"이라 한다)의 발행법인으로부터 해당 채권등에서 발생하는 이자 또는 할인액(이하 이 조, 제133조의2 및 제156조의3에서 "이자등"이라 한다)을 지급〔전환사채의 주식전환, 교환사채의 주식교환 및 신주인수권부사채의 신주인수권행사(신주 발행대금을 해당 신주인수권부사채로 납입하는 경우만 해당한다) 및 「자본시장과 금융투자업에 관한 법률」 제4조제7항제3호·제3호의2 및 제3호의3에 해당하는 채권등이 주식으로 전환·상환되는 경우를 포함한다. 이하 같다〕받거나 해당 채권등을 매도(증여·변제 및 출자 등으로 채권등의 소유권 또는 이자소득의 수급권의 변동이 있는 경우와 매도를 위탁하거나 중개 또는 알선시키는 경우를 포함하되, 환매조건부채권매매거래 등 대통령령으로 정하는 경우는 제외한다. 이하 제133조의2에서 같다)하는 경우에는 거주자에게 그 보유기간별로 귀속되는 이자등 상당액을 해당 거주자의 제16조에 따른 이자소득으로 보아 소득금액을 계산한다.(2024.12.31 본항개정)

② 제1항을 적용할 때 해당 거주자가 해당 채권등을 보유한 기간을 대통령령으로 정하는 바에 따라 입증하지 못하는 경우에는 제133조의2제1항에 따른 원천징수기간의 이자등 상당액이 해당 거주자에게 귀속되는 것으로 보아 소득금액을 계산한다. (2010.12.27 본항개정)

③ 제1항 및 제2항에 따른 이자등 상당액의 계산방법과 그 밖에 필요한 사항은 대통령령으로 정한다.

제46조의2【중도 해지로 인한 이자소득금액 계산의 특례】 종합소득과세표준 확정신고 후 예금 또는 신탁계약의 중도 해지로 이미 지난 과세기간에 속하는 이자소득금액이 감액된 경우 그 중도 해지일이 속하는 과세기간의 종합소득금액에 포함된 이자소득금액에서 그 감액된 이자소득금액을 뺄 수 있다. 다만, 「국세기본법」 제45조의2에 따라 과세표준 및 세액의 경정(更正)을 청구한 경우에는 그러하지 아니하다.

제5관 근로소득공제·연금소득공제 및 퇴직소득공제 (2009.12.31 본관개정)

제47조【근로소득공제】 ① 근로소득이 있는 거주자에 대해서는 해당 과세기간에 받는 총급여액에서 다음의 금액을 공제한다. 다만, 공제액이 2천만원을 초과하는 경우에는 2천만원을 공제한다.

총급여액	공제액
500만원 이하	총 급여액의 100분의 70
500만원 초과 1천 500만원 이하	350만원 + (500만원을 초과하는 금액의 100분의 40)
1천 500만원 초과 4천 500만원 이하	750만원 + (1천 500만원을 초과하는 금액의 100분의 15)
4천 500만원 초과 1억원 이하	1천 200만원 + (4천 500만원을 초과하는 금액의 100분의 5)
1억원 초과	1천 475만원 + (1억원을 초과하는 금액의 100분의 2)

(2019.12.31 단서신설)

② 일용근로자에 대한 공제액은 제1항에도 불구하고 1일 15만원으로 한다.(2018.12.31 본항개정)

③ 근로소득이 있는 거주자의 해당 과세기간의 총급여액이 제1항 또는 제2항의 공제액에 미달하는 경우에는 그 총급여액을 공제액으로 한다.

④ 제1항부터 제3항까지의 규정에 따른 공제를 "근로소득공제"라 한다.

⑤ 제1항의 경우에 2인 이상으로부터 근로소득을 받는 사람(일용근로자는 제외한다)에 대하여는 그 근로소득의 합계액을 총급여액으로 하여 제1항에 따라 계산한 근로소득공제액을 총급여액에서 공제한다.(2010.12.27 본항개정)

⑥ (2010.12.27 삭제)

제47조의2【연금소득공제】 ① 연금소득이 있는 거주자에 대해서는 해당 과세기간에 받은 총연금액(분리과세연금소득은 제외하며, 이하 이 항에서 같다)에서 다음 표에 규정된 금액을 공제한다. 다만, 공제액이 900만원을 초과하는 경우에는 900만원을 공제한다.

총연금액	공제액
350만원 이하	총연금액
350만원 초과 700만원 이하	350만원 + (350만원을 초과하는 금액의 100분의 40)
700만원 초과 1400만원 이하	490만원 + (700만원을 초과하는 금액의 100분의 20)
1400만원 초과	630만원 + (1400만원을 초과하는 금액의 100분의 10)

(2013.1.1 본문개정)

② 제1항에 따른 공제를 "연금소득공제"라 한다.

제48조【퇴직소득공제】 ① 퇴직소득이 있는 거주자에 대해서는 해당 과세기간의 퇴직소득금액에서 제1호의 구분에 따른 금액을 공제하고, 그 금액을 근속연수(1년 미만의 기간이 있는 경우에는 이를 1년으로 보며, 제22조제1항제1호의 경우에는 대통령령으로 정하는 방법에 따라 계산한 연수를 말한다. 이하 같다)로 나누고 12를 곱한 후의 금액(이하 이 항에서 "환산급여"라 한다)에서 제2호의 구분에 따른 금액을 공제한다.

1. 근속연수에 따라 정한 다음의 금액

근속연수	공제액
5년 이하	100만원 × 근속연수
5년 초과 10년 이하	500만원 + 200만원 × (근속연수 - 5년)
10년 초과 20년 이하	1천500만원 + 250만원 × (근속연수 - 10년)
20년 초과	4천만원 + 300만원 × (근속연수 - 20년)

(2022.12.31 본호개정)

2. 환산급여에 따라 정한 다음의 금액

환산급여	공제액
8백만원 이하	환산급여의 100퍼센트
8백만원 초과 7천만원 이하	8백만원 + (8백만원 초과분의 60퍼센트)
7천만원 초과 1억원 이하	4천520만원 + (7천만원 초과분의 55퍼센트)

1억원 초과 3억원 이하	6천170만원 + (1억원 초과분의 45퍼센트)
3억원 초과	1억5천170만원 + (3억원 초과분의 35퍼센트)

(2014.12.23 본항개정)
② 해당 과세기간의 퇴직소득금액이 제1항제1호에 따른 공제금액에 미달하는 경우에는 그 퇴직소득금액을 공제액으로 한다. (2014.12.23 본항개정)
③ 제1항과 제2항에 따른 공제를 "퇴직소득공제"라 한다.
④ 퇴직소득공제의 계산 방법에 관하여 필요한 사항은 대통령령으로 정한다.(2013.1.1 본항개정)
⑤ (2013.1.1 삭제)
제49조 (2006.12.30 삭제)

제6관 종합소득공제
(2009.12.31 본관개정)

제50조 【기본공제】 ① 종합소득이 있는 거주자(자연인만 해당한다)에 대해서는 다음 각 호의 어느 하나에 해당하는 사람의 수에 1명당 연 150만원을 곱하여 계산한 금액을 그 거주자의 해당 과세기간의 종합소득금액에서 공제한다.
1. 해당 거주자
2. 거주자의 배우자로서 해당 과세기간의 소득금액이 없거나 해당 과세기간의 소득금액 합계액이 100만원 이하인 사람(총급여액 500만원 이하의 근로소득만 있는 배우자를 포함한다) (2015.12.15 본호개정)
3. 거주자(그 배우자를 포함한다. 이하 이 호에서 같다)와 생계를 같이 하는 다음 각 목의 어느 하나에 해당하는 부양가족(제51조제1항제2호의 장애인에 해당되는 경우에는 나이의 제한을 받지 아니한다)으로서 해당 과세기간의 소득금액 합계액이 100만원 이하인 사람(총급여액 500만원 이하의 근로소득만 있는 부양가족을 포함한다)(2015.12.15 본문개정)
가. 거주자의 직계존속(직계존속이 재혼한 경우에는 그 배우자로서 대통령령으로 정하는 사람을 포함한다)으로서 60세 이상인 사람
나. 거주자의 직계비속으로서 대통령령으로 정하는 사람과 대통령령으로 정하는 동거 입양자(이하 "입양자"라 한다)로서 20세 이하(20세가 되는 날과 그 이전 기간을 말한다. 이하 이 조에서 같다)인 사람. 이 경우 해당 직계비속 또는 입양자와 그 배우자가 모두 제51조제1항제2호에 따른 장애인에 해당하는 경우에는 그 배우자를 포함한다.(2024.12.31 전단개정)
다. 거주자의 형제자매로서 20세 이하 또는 60세 이상인 사람
라. 「국민기초생활 보장법」에 따른 수급권자 중 대통령령으로 정하는 사람
마. 「아동복지법」에 따른 가정위탁을 받아 양육하는 아동으로서 대통령령으로 정하는 사람(이하 "위탁아동"이라 한다)
② 제1항에 따른 공제를 "기본공제"라 한다.
③ 거주자의 배우자 또는 부양가족이 다른 거주자의 부양가족에 해당되는 경우에는 대통령령으로 정하는 바에 따라 이를 어느 한 거주자의 종합소득금액에서 공제한다.
제51조 【추가공제】 ① 제50조에 따른 기본공제대상이 되는 사람(이하 "기본공제대상자"라 한다)이 다음 각 호의 어느 하나에 해당하는 경우에는 거주자의 해당 과세기간 종합소득금액에서 기본공제 외에 각 호별로 정해진 금액을 추가로 공제한다. 다만, 제3호와 제6호에 모두 해당되는 경우에는 제6호를 적용한다.(2013.1.1 단서신설)
1. 70세 이상인 사람(이하 "경로우대자"라 한다)의 경우 1명당 연 100만원
2. 대통령령으로 정하는 장애인(이하 "장애인"이라 한다)인 경우 1명당 연 200만원
3. 해당 거주자(해당 과세기간에 종합소득과세표준을 계산할 때 합산하는 종합소득금액이 3천만원 이하인 거주자로 한정한다)가 배우자가 없는 여성으로서 제50조제1항제3호에 따른 부양가족이 있는 세대주이거나 배우자가 있는 여성인 경우 연 50만원(2014.1.1 본호개정)
4.~5. (2014.1.1 삭제)
6. 해당 거주자가 배우자가 없는 사람으로서 기본공제대상자인 직계비속 또는 입양자가 있는 경우 연 100만원(2013.1.1 본호신설)
② 제1항에 따른 공제를 "추가공제"라 한다.
③ 기본공제와 추가공제를 "인적공제"라 한다.(2014.1.1 본항신설)
④ 인적공제의 합계액이 종합소득금액을 초과하는 경우 그 초과하는 공제액은 없는 것으로 한다.(2014.1.1 본항신설)
제51조의2 (2014.1.1 삭제)
제51조의3 【연금보험료공제】 ① 종합소득이 있는 거주자가 공적연금 관련법에 따른 기여금 또는 개인부담금(이하 "연금보험료"라 한다)을 납입한 경우에는 해당 과세기간의 종합소득금액에서 그 과세기간에 납입한 연금보험료를 공제한다. (2014.1.1 본문개정)
1.~2. (2014.1.1 삭제)
② 제1항에 따른 공제를 "연금보험료공제"라 한다.
③ 다음 각 호에 해당하는 공제를 모두 합한 금액이 종합소득금액을 초과하는 경우 그 초과하는 금액을 한도로 연금보험료공제를 받지 아니한 것으로 본다.
1. 제51조제3항에 따른 인적공제
2. 이 조에 따른 연금보험료공제
3. 제51조의4에 따른 주택담보노후연금 이자비용공제
4. 제52조에 따른 특별소득공제
5. 「조세특례제한법」에 따른 소득공제
(2014.12.23 본항개정)
④ (2006.12.30 삭제)
⑤ (2014.1.1 삭제)
제51조의4 【주택담보노후연금 이자비용공제】 ① 연금소득이 있는 거주자가 대통령령으로 정하는 요건에 해당하는 주택담보노후연금을 받은 경우에는 그 받은 연금에 대해서 해당 과세기간에 발생한 이자비용 상당액을 해당 과세기간 연금소득금액에서 공제(이하 "주택담보노후연금 이자비용공제"라 한다)한다. 이 경우 공제할 이자 상당액이 200만원을 초과하는 경우에는 200만원을 공제하고, 연금소득금액을 초과하는 경우 그 초과금액은 없는 것으로 한다.
② 주택담보노후연금 이자비용공제는 해당 거주자가 신청한 경우에 적용한다.
③ 주택담보노후연금 이자비용공제의 신청, 이자 상당액의 확인방법, 그 밖에 필요한 사항은 대통령령으로 정한다.
제52조 【특별소득공제】 ① 근로소득이 있는 거주자(일용근로자는 제외한다. 이하 이 조에서 같다)가 해당 과세기간에 「국민건강보험법」, 「고용보험법」 또는 「노인장기요양보험법」에 따라 근로자가 부담하는 보험료를 지급한 경우 그 금액을 해당 과세기간의 근로소득금액에서 공제한다.(2014.1.1 본문개정)
1.~2. (2014.1.1 삭제)
②~③ (2014.1.1 삭제)
④ 과세기간 종료일 현재 주택을 소유하지 아니한 대통령령으로 정하는 세대(이하 이 항 및 제5항에서 "세대"라 한다)의 세대주(세대주가 이 항, 제5항 및 「조세특례제한법」 제87조제2항에 따른 공제를 받지 아니하는 경우에는 세대의 구성원을 말하며, 대통령령으로 정하는 외국인을 포함한다)로서 근로소득이 있는 거주자가 대통령령으로 정하는 일정 규모 이하의 주택(주거에 사용하는 오피스텔과 주택 및 오피스텔에 딸린 토지를 포함하며, 그 딸린 토지가 건물이 정착된 면적에 지역별로 대통령령으로 정하는 배율을 곱하여 산정한 면적을 초과하는 경우 해당 주택 및 오피스텔은 제외한다)을 임차하기 위하여 대통령령으로 정하는 주택임차자금 차입금의 원리금 상환액을 지급하는 경우에는 그 금액의 100분의 40에 해당하는 금액을 해당 과세기간의 근로소득금액에서 공제한다. 다만, 그 공제하는 금액과 「조세특례제한법」 제87조제2항에 따른 금액의 합계액이 연 400만원을 초과하는 경우 그 초과하는 금액(이하 이 항에서 "한도초과금액"이라 한다)은 없는 것으로 한다. (2022.12.31 본문개정)
1.~2. (2014.12.23 삭제)

⑤ 근로소득이 있는 거주자로서 주택을 소유하지 아니하거나 1주택을 보유한 세대의 세대주(세대주가 이 항, 제4항 및 「조세특례제한법」 제87조제2항에 따른 공제를 받지 아니하는 경우에는 세대의 구성원 중 근로소득이 있는 자를 말하며, 대통령령으로 정하는 외국인을 포함한다)가 취득 당시 제99조제1항에 따른 주택의 기준시가가 6억원 이하인 주택을 취득하기 위하여 그 주택에 저당권을 설정하고 금융회사등 또는 「주택도시기금법」에 따른 주택도시기금으로부터 차입한 대통령령으로 정하는 장기주택저당차입금(주택을 취득함으로써 승계받은 장기주택저당차입금을 포함하며, 이하 이 항 및 제6항에서 "장기주택저당차입금"이라 한다)의 이자를 지급하였을 때에는 해당 과세기간에 지급한 이자 상환액을 다음 각 호의 기준에 따라 그 과세기간의 근로소득금액에서 공제한다. 다만, 그 공제하는 금액과 제4항 및 「조세특례제한법」 제87조제2항에 따른 주택청약종합저축 등에 대한 소득공제 금액의 합계액이 연 800만원(차입금의 상환기간이 15년 이상인 장기주택저당차입금에 대하여 적용하며, 이하 이 항 및 제6항에서 "공제한도"라 한다)을 초과하는 경우 그 초과하는 금액은 없는 것으로 한다.(2023.12.31 본문개정)

1. 세대주 여부의 판정은 과세기간 종료일 현재의 상황에 따른다.
2. 세대 구성원이 보유한 주택을 포함하여 과세기간 종료일 현재 2주택 이상을 보유한 경우에는 적용하지 아니한다.
(2014.1.1 본호개정)
3. 세대주에 대해서는 실제 거주 여부와 관계없이 적용하고, 세대주가 아닌 거주자에 대해서는 실제 거주하는 경우만 적용한다.
4. 무주택자인 세대주가 「주택법」에 따른 사업계획의 승인을 받아 건설되는 주택(「주택법」에 따른 주택조합 및 「도시 및 주거환경정비법」에 따른 정비사업조합의 조합원이 취득하는 주택 또는 그 조합을 통하여 취득하는 주택을 포함한다. 이하 이 호에서 같다)을 취득할 수 있는 권리(이하 이 호에서 "주택분양권"이라 한다)로서 대통령령으로 정하는 가격이 6억원 이하인 권리를 취득하고 그 주택을 취득하기 위하여 그 주택의 완공 시 장기주택저당차입금으로 전환할 것을 조건으로 금융회사 등 또는 「주택도시기금법」에 따른 주택도시기금으로부터 차입(그 주택의 완공 전에 해당 차입금의 차입조건을 그 주택 완공 시 장기주택저당차입금으로 전환할 것을 조건으로 변경하는 경우를 포함한다)한 경우에는 그 차입일(차입조건을 새로 변경한 경우에는 그 변경일을 말한다)부터 그 주택의 소유권보존등기일까지 그 차입금을 장기주택저당차입금으로 본다. 다만, 거주자가 주택분양권을 둘 이상 보유하게 된 경우에는 그 보유기간이 속하는 과세기간에는 적용하지 아니한다.(2023.12.31 본문개정)
5. 주택에 대한 「부동산 가격공시에 관한 법률」에 따른 개별주택가격 및 공동주택가격이 공시되기 전에 차입한 경우에는 차입일 이후 같은 법에 따라 최초로 공시된 가격을 해당 주택의 기준시가로 본다.(2016.1.19 본호개정)

⑥ 제5항 단서에도 불구하고 장기주택저당차입금이 다음 각 호의 어느 하나에 해당하는 경우에는 연 800만원 대신 그 해당 각 호의 금액을 공제한도로 하여 제5항 본문을 적용한다.

1. 차입금의 상환기간이 15년 이상인 장기주택저당차입금의 이자를 대통령령으로 정하는 고정금리 방식(이하 이 항에서 "고정금리"라 한다)으로 지급하고, 그 차입금을 대통령령으로 정하는 비거치식 분할상환 방식(이하 이 항에서 "비거치식 분할상환"이라 한다)으로 상환하는 경우 : 2천만원
2. 차입금의 상환기간이 15년 이상인 장기주택저당차입금의 이자를 고정금리로 지급하거나 그 차입금을 비거치식 분할상환으로 상환하는 경우 : 1천800만원
3. 차입금의 상환기간이 10년 이상인 장기주택저당차입금의 이자를 고정금리로 지급하거나 그 차입금을 비거치식 분할상환으로 상환하는 경우 : 600만원

(2023.12.31 본항개정)

⑦ (2014.1.1 삭제)

⑧ 제1항·제4항 및 제5항에 따른 공제는 해당 거주자가 대통령령으로 정하는 바에 따라 신청한 경우에 적용하며, 공제액이 그 거주자의 해당 과세기간의 합산과세되는 종합소득금액을 초과하는 경우 그 초과하는 금액은 없는 것으로 한다.(2014.1.1 본문개정)

1.~2. (2014.1.1 삭제)

⑨ (2014.1.1 삭제)

⑩ 제1항·제4항·제5항 및 제8항에 따른 공제를 "특별소득공제"라 한다.(2014.1.1 본항개정)

⑪ 특별소득공제에 관하여 그 밖에 필요한 사항은 대통령령으로 정한다.(2014.1.1 본항개정)

(2014.1.1 본조제목개정)

제53조【생계를 같이 하는 부양가족의 범위와 그 판정시기】 ① 제50조에 규정된 생계를 같이 하는 부양가족은 주민등록표의 동거가족으로서 해당 거주자의 주소 또는 거소에서 현실적으로 생계를 같이 하는 사람으로 한다. 다만, 직계비속·입양자의 경우에는 그러하지 아니하다.

② 거주자 또는 동거가족(직계비속·입양자는 제외한다)이 취학·질병의 요양, 근무상 또는 사업상의 형편 등으로 본래의 주소 또는 거소에서 일시 퇴거한 경우에도 대통령령으로 정하는 사유에 해당할 때에는 제1항의 생계를 같이 하는 사람으로 본다.

③ 거주자의 부양가족 중 거주자(그 배우자를 포함한다)의 직계존속이 주거 형편에 따라 별거하고 있는 경우에는 제1항에도 불구하고 제50조에서 규정하는 생계를 같이 하는 사람으로 본다.

④ 제50조, 제51조 및 제59조의2에 따른 공제대상 배우자, 공제대상 부양가족, 공제대상 장애인 또는 공제대상 경로우대자에 해당하는지 여부의 판정은 해당 과세기간의 과세기간 종료일 현재의 상황에 따른다. 다만, 과세기간 종료일 전에 사망한 사람 또는 장애가 치유된 사람에 대해서는 사망일 전날 또는 치유일 전날의 상황에 따른다.(2014.1.1 본문개정)

⑤ 제50조제1항제3호 및 제59조의2에 따라 적용대상 나이가 정해진 경우에는 제4항 본문에도 불구하고 해당 과세기간의 과세기간 중에 해당 나이에 해당되는 날이 있는 경우에 공제대상자로 본다.(2014.1.1 본항개정)

제54조【종합소득공제 등의 배제】 ① 분리과세이자소득, 분리과세배당소득, 분리과세연금소득과 분리과세기타소득만이 있는 자에 대해서는 종합소득공제를 적용하지 아니한다.
(2013.1.1 본항개정)

② 제70조제1항, 제70조의2제2항 또는 제74조에 따라 과세표준확정신고를 하여야 할 자가 제70조제4항제1호에 따른 서류를 제출하지 아니한 경우에는 기본공제 중 거주자 본인에 대한 분(分)과 제59조의4제9항에 따른 표준세액공제만을 공제한다. 다만, 과세표준확정신고 여부와 관계없이 그 서류를 나중에 제출한 경우에는 그러하지 아니하다.(2014.1.1 본문개정)

③ 제82조에 따른 수시부과 결정의 경우에는 기본공제 중 거주자 본인에 대한 분(分)만을 공제한다.

(2014.1.1 본조제목개정)

제54조의2【공동사업에 대한 소득공제 등 특례】 제51조의3 또는 「조세특례제한법」에 따른 소득공제를 적용하거나 제59조의3에 따른 세액공제를 적용하는 경우 제43조제3항에 따라 소득금액이 주된 공동사업자의 소득금액에 합산과세되는 특수관계인이 지출·납입·투자·출자 등을 한 금액이 있으면 주된 공동사업자의 소득에 합산과세되는 소득금액의 한도에서 주된 공동사업자가 지출·납입·투자·출자 등을 한 금액으로 보아 주된 공동사업자의 합산과세되는 종합소득금액 또는 종합소득산출세액을 계산할 때에 소득공제 또는 세액공제를 받을 수 있다.(2014.1.1 본조개정)

제4절 세액의 계산

(2009.12.31 본절제목개정)

제1관 세 율

제55조【세율】 ① 거주자의 종합소득에 대한 소득세는 해당 연도의 종합소득과세표준에 다음의 세율을 적용하여 계산한 금액(이하 "종합소득산출세액"이라 한다)을 그 세액으로 한다.

종합소득과세표준	세 율
1,400만원 이하	과세표준의 6퍼센트
1,400만원 초과 5,000만원 이하	84만원 + (1,400만원을 초과하는 금액의 15퍼센트)
5,000만원 초과 8,800만원 이하	624만원 + (5,000만원을 초과하는 금액의 24퍼센트)
8,800만원 초과 1억5천만원 이하	1,536만원 + (8,800만원을 초과하는 금액의 35퍼센트)
1억5천만원 초과 3억원 이하	3,706만원 + (1억5천만원을 초과하는 금액의 38퍼센트)
3억원 초과 5억원 이하	9,406만원 + (3억원을 초과하는 금액의 40퍼센트)
5억원 초과 10억원 이하	1억7,406만원 + (5억원을 초과하는 금액의 42퍼센트)
10억원 초과	3억8,406만원 + (10억원을 초과하는 금액의 45퍼센트)

(2022.12.31 본항개정)
② 거주자의 퇴직소득에 대한 소득세는 다음 각 호의 순서에 따라 계산한 금액(이하 "퇴직소득 산출세액"이라 한다)으로 한다.
1. 해당 과세기간의 퇴직소득과세표준에 제1항의 세율을 적용하여 계산한 금액(2014.12.23 본호개정)
2. 제1호의 금액을 12로 나눈 금액에 근속연수를 곱한 금액(2014.12.23 본호개정)
3. (2014.12.23 삭제)
(2013.1.1 본항개정)

제2관 세액공제
(2009.12.31 본관개정)

제56조【배당세액공제】 ① 거주자의 종합소득금액에 제17조제3항 각 호 외의 부분 단서가 적용되는 배당소득금액이 합산되어 있는 경우에는 같은 항 각 호 외의 부분 단서에 따라 해당 과세기간의 총수입금액에 더한 금액에 해당하는 금액을 종합소득 산출세액에서 공제한다.
② 제1항에 따른 공제를 "배당세액공제"라 한다.
③ (2003.12.30 삭제)
④ 제1항을 적용할 때 배당세액공제의 대상이 되는 배당소득금액은 제14조제2항의 종합소득과세표준에 포함된 배당소득금액으로서 이자소득등의 종합과세기준금액을 초과하는 것으로 한다.
⑤ (2006.12.30 삭제)
⑥ 배당세액공제액의 계산 등에 필요한 사항은 대통령령으로 정한다.
제56조의2【기장세액공제】 ① 제160조제3항에 따른 간편장부대상자가 제70조 또는 제74조에 따른 과세표준확정신고를 할 때 복식부기에 따라 기장(記帳)하여 소득금액을 계산하고 제70조제4항제3호에 따른 서류를 제출하는 경우에는 해당 장부에 의하여 계산한 사업소득금액이 종합소득금액에서 차지하는 비율을 종합소득 산출세액에 곱하여 계산한 금액의 100분의 20에 해당하는 금액을 종합소득 산출세액에서 공제한다. 다만, 공제세액이 100만원을 초과하는 경우에는 100만원을 공제한다.
② 다음 각 호의 어느 하나에 해당하는 경우에는 제1항에 따른 공제[이하 "기장세액공제"(記帳稅額控除)라 한다]를 적용하지 아니한다.
1. 비치·기록한 장부에 의하여 신고하여야 할 소득금액의 100분의 20 이상을 누락하여 신고한 경우
2. 기장세액공제와 관련된 장부 및 증명서류를 해당 과세표준확정신고기간 종료일부터 5년간 보관하지 아니한 경우. 다만, 천재지변 등 대통령령으로 정하는 부득이한 사유에 해당하는 경우에는 그러하지 아니하다.
③ 기장세액공제에 관하여 필요한 사항은 대통령령으로 정한다.
제56조의3【전자계산서 발급 전송에 대한 세액공제】 ① 총수입금액 등을 고려하여 대통령령으로 정하는 사업자가 제163조제1항 후단에 따른 전자계산서를 2027년 12월 31일까지 발급(제163조제8항에 따라 전자계산서 발급명세를 국세청장에게 전송하는 경우로 한정한다)하는 경우에는 전자계산서 발급 건수 등을 고려하여 대통령령으로 정하는 금액을 해당 과세기간의 사업소득에 대한 종합소득산출세액에서 공제할 수 있다. 이 경우 공제한도는 연간 100만원으로 한다.(2024.12.31 전단개정)
② 제1항에 따른 세액공제를 적용받으려는 사업자는 제70조 또는 제74조에 따른 과세표준확정신고를 할 때 기획재정부령으로 정하는 전자계산서 발급 세액공제신고서를 납세지 관할 세무서장에게 제출하여야 한다.
(2014.12.23 본조신설)
제57조【외국납부세액공제】 ① 거주자의 종합소득금액 또는 퇴직소득금액에 국외원천소득이 합산되어 있는 경우로서 그 국외원천소득에 대하여 외국에서 대통령령으로 정하는 외국소득세액(이하 이 조에서 "외국소득세액"이라 한다)을 납부하였거나 납부할 것이 있을 때에는 다음 계산식에 따라 계산한 금액(이하 이 조에서 "공제한도금액"이라 한다) 내에서 외국소득세액을 해당 과세기간의 종합소득산출세액 또는 퇴직소득 산출세액에서 공제할 수 있다.

$$공제한도금액 = A \times \frac{B}{C}$$

A : 제55조에 따라 계산한 해당 과세기간의 종합소득산출세액 또는 퇴직소득 산출세액
B : 국외원천소득(「조세특례제한법」이나 그 밖의 법률에 따라 세액감면 또는 면제를 적용받는 경우에는 세액감면 또는 면제 대상 국외원천소득에 세액감면 또는 면제 비율을 곱한 금액은 제외한다)
C : 해당 과세기간의 종합소득금액 또는 퇴직소득금액

(2020.12.29 본항개정)
② 제1항(외국소득세액을 종합소득산출세액에서 공제하는 경우만 해당한다)을 적용할 때 외국정부에 납부하였거나 납부할 외국소득세액이 해당 과세기간의 공제한도금액을 초과하는 경우 그 초과하는 금액은 해당 과세기간의 다음 과세기간 개시일부터 10년 이내에 끝나는 과세기간(이하 이 조에서 "이월공제기간"이라 한다)으로 이월하여 그 이월된 과세기간의 공제한도금액 내에서 공제받을 수 있다. 다만, 외국정부에 납부하였거나 납부할 외국소득세액을 이월공제기간 내에 공제받지 못한 경우 그 공제받지 못한 외국소득세액은 제33조제1항제1호에도 불구하고 이월공제기간의 종료일 다음 날이 속하는 과세기간의 소득금액을 계산할 때 필요경비에 산입할 수 있다.
(2022.12.31 본문개정)
③ 국외원천소득이 있는 거주자가 조세조약의 상대국에서 그 국외원천소득에 대하여 소득세를 감면받은 세액의 상당액은 그 조세조약에서 정하는 범위에서 제1항에 따른 세액공제의 대상이 되는 외국소득세액으로 본다.(2020.12.29 본항개정)
④ 거주자의 종합소득금액 또는 퇴직소득금액에 외국법인으로부터 받는 이익의 배당이나 잉여금의 분배액(이하 이 항에서 "수입배당금액"이라 한다)이 포함되어 있는 경우로서 그 외국법인의 소득에 대하여 해당 외국법인이 아니라 출자자인 거주자가 직접 납세의무를 부담하는 등 대통령령으로 정하는 요건을 갖춘 경우에는 그 외국법인의 소득에 대하여 출자자인 거주자에게 부과된 외국소득세액 중 해당 수입배당금액에 대응하는 것으로서 대통령령으로 정하는 바에 따라 계산한 금액은 제1항에 따른 세액공제의 대상이 되는 외국소득세액으로 본다.
(2020.12.29 본항개정)
⑤ 제1항부터 제4항까지의 규정에 따른 국외원천소득의 계산방법, 세액공제 또는 필요경비산입에 필요한 사항은 대통령령으로 정한다.(2013.1.1 본항개정)
제57조의2【간접투자회사등으로부터 지급받은 소득에 대한 외국납부세액공제 특례】 ① 거주자의 종합소득금액에 다음 각 호의 요건을 갖춘 소득이 합산되어 있는 경우에는 제2항제2호에 따른 금액을 해당 과세기간의 종합소득산출세액에서 공제할 수 있다.
1. 다음 각 목의 어느 하나에 해당하는 것(이하 이 조 및 제129조에서 "간접투자회사등"이라 한다)으로부터 지급받은 소득일 것
가. 「자본시장과 금융투자업에 관한 법률」에 따른 투자회사, 투자목적회사, 투자유한회사, 투자합자회사(같은 법 제9조

제19항제1호의 기관전용 사모집합투자기구는 제외한다), 투자유한책임회사, 투자신탁, 투자합자조합 및 투자익명조합
나. 「부동산투자회사법」에 따른 기업구조조정 부동산투자회사 및 위탁관리 부동산투자회사
다. 「법인세법」 제5조제2항에 따라 내국법인으로 보는 신탁재산
2. 간접투자회사등이 거주자에게 지급한 소득에 대하여 「법인세법」 제57조제1항 및 제6항에 따른 외국법인세액(간접투자회사등이 다른 간접투자회사등이 발행하는 증권을 취득하는 구조로 투자한 경우로서 그 다른 간접투자회사등이 납부한 같은 규정에 따른 외국법인세액이 있는 경우 해당 세액을 포함하며, 이하 이 조 및 제129조에서 "간접투자외국법인세액"이라 한다)을 납부하였을 것
② 제1항을 적용할 때 거주자가 간접투자회사등으로부터 지급받은 소득과 종합소득산출세액에서 공제되는 금액은 다음 각 호의 금액으로 한다.
1. 간접투자회사등으로부터 지급받은 소득 : 「자본시장과 금융투자업에 관한 법률」 제238조제6항에 따른 기준가격(간접투자외국법인세액이 차감된 가격을 말하며, 이하 이 조 및 제129조에서 "세후기준가격"이라 한다)을 기준으로 계산된 금액. 다만, 「자본시장과 금융투자업에 관한 법률」에 따른 증권시장(이하 "증권시장"이라 한다)에 상장된 간접투자회사등의 증권의 매도에 따라 간접투자회사등으로부터 지급받은 소득은 대통령령으로 정하는 바에 따라 계산한 금액으로 한다. (2024.12.31 단서개정)
2. 종합소득산출세액에서 공제하는 금액 : 간접투자외국법인세액을 세후기준가격을 고려하여 대통령령으로 정하는 바에 따라 계산한 금액
③ 제1항에 따라 종합소득산출세액에서 공제할 수 있는 금액은 다음 계산식에 따른 금액(이하 이 항에서 "공제한도금액"이라 한다)을 한도로 한다. 이 경우 제2항제2호의 금액이 해당 과세기간의 공제한도금액을 초과하는 경우 그 초과하는 금액은 해당 과세기간의 다음 과세기간 개시일부터 10년 이내에 끝나는 과세기간으로 이월하여 그 이월된 과세기간의 공제한도금액 내에서 공제할 수 있다.

$$공제한도금액 = A \times \frac{B}{C}$$

A : 제55조에 따라 계산한 해당 과세기간의 종합소득산출세액
B : 간접투자회사등으로부터 지급받은 소득(해당 소득에 대하여 간접투자외국법인세액이 납부된 경우로 한정한다)의 합계액
C : 해당 과세기간의 종합소득금액

④ 제1항부터 제3항까지의 규정에 따른 간접투자회사등으로부터 지급받은 소득의 계산방법, 그 밖에 세액공제에 필요한 사항은 대통령령으로 정한다.
(2022.12.31 본조신설)

제58조【재해손실세액공제】 ① 사업자가 해당 과세기간에 천재지변이나 그 밖의 재해(이하 "재해"라 한다)로 대통령령으로 정하는 자산총액(이하 이 항에서 "자산총액"이라 한다)의 100분의 20 이상에 해당하는 자산을 상실하여 납세가 곤란하다고 인정되는 경우에는 다음 각 호의 소득세액(사업소득에 대한 소득세액을 말한다. 이하 이 조에서 같다)에 그 상실된 가액이 상실 전의 자산총액에서 차지하는 비율(이하 이 조에서 "자산상실비율"이라 한다)을 곱하여 계산한 금액(상실된 자산의 가액을 한도로 한다)을 그 세액에서 공제한다. 이 경우 자산의 가액에는 토지의 가액을 포함하지 아니한다.
1. 재해 발생일 현재 부과되지 아니한 소득세와 부과된 소득세로서 미납된 소득세액(2020.12.29 본호개정)
2. 재해 발생일이 속하는 과세기간의 소득에 대한 소득세액
② 제1항의 경우에 제56조, 제56조의2, 제57조 및 제57조의2에 따라 공제할 세액이 있을 때에는 이를 공제한 후의 세액을 소득세액으로 하여 제1항을 적용한다.(2022.12.31 본항개정)
③ 제1항에 따른 공제를 "재해손실세액공제"라 한다.
④ 재해손실세액공제를 적용받으려는 자는 대통령령으로 정하는 바에 따라 관할 세무서장에게 신청할 수 있다.
⑤ 관할 세무서장이 제4항의 신청을 받았을 때에는 그 공제할 세액을 결정하여 신청인에게 알려야 한다.
⑥ 제4항의 신청이 없는 경우에도 제1항을 적용한다.
⑦ 집단적으로 재해가 발생한 경우에는 대통령령으로 정하는 바에 따라 관할 세무서장이 조사결정한 자산상실비율에 따라 제1항을 적용한다.
⑧ 재해손실세액공제에 관하여 필요한 사항은 대통령령으로 정한다.

제59조【근로소득세액공제】 ① 근로소득이 있는 거주자에 대해서는 그 근로소득에 대한 종합소득산출세액에서 다음의 금액을 공제한다.

근로소득에 대한 종합소득 산출세액	공제액
130만원 이하	산출세액의 100분의 55
130만원 초과	71만5천원 + (130만원을 초과하는 금액의 100분의 30)

(2015.5.13 본항개정)
② 제1항에도 불구하고 공제세액이 다음 각 호의 구분에 따른 금액을 초과하는 경우에 그 초과하는 금액은 없는 것으로 한다.
1. 총급여액이 3천 300만원 이하인 경우 : 74만원(2015.5.13 본호개정)
2. 총급여액이 3천 300만원 초과 7천만원 이하인 경우 : 74만원 − [(총급여액 − 3천 300만원) × 8/1000]. 다만, 위 금액이 66만원보다 적은 경우에는 66만원으로 한다.(2015.5.13 본호개정)
3. 총급여액이 7천만원 초과 1억2천만원 이하인 경우 : 66만원 − [(총급여액 − 7천만원) × 1/2]. 다만, 위 금액이 50만원보다 적은 경우에는 50만원으로 한다.(2022.12.31 본문개정)
4. 총급여액이 1억2천만원을 초과하는 경우 : 50만원 − [(총급여액 − 1억2천만원) × 1/2]. 다만, 위 금액이 20만원보다 적은 경우에는 20만원으로 한다.(2022.12.31 본호신설)
(2014.1.1 본항신설)
③ 일용근로자의 근로소득에 대해서 제134조제3항에 따른 원천징수를 하는 경우에는 해당 근로소득에 대한 산출세액의 100분의 55에 해당하는 금액을 그 산출세액에서 공제한다.
(2012.1.1 본조개정)

제59조의2【자녀세액공제】 ① 종합소득이 있는 거주자의 기본공제대상자에 해당하는 자녀(입양자 및 위탁아동을 포함하며, 이하 이 조에서 "공제대상자녀"라 한다) 및 손자녀로서 8세 이상의 사람에 대해서는 다음 각 호의 구분에 따른 금액을 종합소득산출세액에서 공제한다.(2023.12.31 본문개정)
1. 1명인 경우 : 연 25만원(2024.12.31 본호개정)
2. 2명인 경우 : 연 55만원(2024.12.31 본호개정)
3. 3명 이상인 경우 : 연 55만원과 2명을 초과하는 1명당 연 40만원을 합한 금액(2024.12.31 본호개정)
② (2017.12.19 삭제)
③ 해당 과세기간에 출산하거나 입양 신고한 공제대상자녀가 있는 경우 다음 각 호의 구분에 따른 금액을 종합소득산출세액에서 공제한다.(2016.12.20 본문개정)
1. 출산하거나 입양 신고한 공제대상자녀가 첫째인 경우 : 연 30만원(2016.12.20 본호신설)
2. 출산하거나 입양 신고한 공제대상자녀가 둘째인 경우 : 연 50만원(2016.12.20 본호신설)
3. 출산하거나 입양 신고한 공제대상자녀가 셋째 이상인 경우 : 연 70만원(2016.12.20 본호신설)
④ 제1항 및 제3항에 따른 공제를 "자녀세액공제"라 한다.
(2017.12.19 본항개정)
(2014.1.1 본조신설)

제59조의3【연금계좌세액공제】 ① 종합소득이 있는 거주자가 연금계좌에 납입한 금액 중 다음 각 호에 해당하는 금액을 제외한 금액(이하 "연금계좌 납입액"이라 한다)의 100분의 12[해당 과세기간에 종합소득과세표준을 계산할 때 합산하는 종합소득금액이 4천 500만원 이하(근로소득만 있는 경우에는 총급여액 5천 500만원 이하)인 거주자에 대해서는 100분의 15]에 해당하는 금액을 해당 과세기간의 종합소득산출세액에서 공제한다. 다만, 연금계좌 중 연금저축계좌에 납입한 금액이 연 600만원을 초과하는 경우에는 그 초과하는 금액은 없는 것으로 하고, 연금저축계좌에 납입한 금액 중 600만원 이내의 금

액과 퇴직연금계좌에 납입한 금액을 합한 금액이 연 900만원을 초과하는 경우에는 그 초과하는 금액은 없는 것으로 한다.(2022.12.31 본문개정)

1. 제146조제2항에 따라 소득세가 원천징수되지 아니한 퇴직소득 등 과세가 이연된 소득
2. 연금계좌에서 다른 연금계좌로 계약을 이전함으로써 납입되는 금액

② 제1항에 따른 공제를 "연금계좌세액공제"라 한다.

③ 「조세특례제한법」 제91조의18에 따른 개인종합자산관리계좌의 계약기간이 만료되고 해당 계좌 잔액의 전부 또는 일부를 대통령령으로 정하는 방법으로 연금계좌로 납입한 경우 그 납입한 금액(이하 이 조에서 "전환금액"이라 한다)을 납입한 날이 속하는 과세기간의 연금계좌 납입액에 포함한다.(2019.12.31 본항신설)

④ 전환금액이 있는 경우에는 제1항 각 호 외의 부분 단서에도 불구하고 같은 항을 적용할 때 전환금액의 100분의 10 또는 300만원(직전 과세기간과 해당 과세기간에 걸쳐 납입한 경우에는 300만원에서 직전 과세기간에 적용된 금액을 차감한 금액으로 한다) 중 적은 금액과 제1항 각 호 외의 부분 단서에 따라 연금계좌에 납입한 금액으로 하는 금액을 합한 금액을 초과하는 금액은 없는 것으로 한다.(2019.12.31 본항신설)

⑤ 제1항부터 제4항까지의 규정에 따른 연금계좌세액공제의 계산방법, 신청 절차 등에 관하여 필요한 사항은 대통령령으로 정한다.(2019.12.31 본항개정)

(2014.1.1 본조신설)

제59조의4【특별세액공제】 ① 근로소득이 있는 거주자(일용근로자는 제외한다. 이하 이 조에서 같다)가 해당 과세기간에 만기에 환급되는 금액이 납입보험료를 초과하지 아니하는 보험의 보험계약에 따라 지급하는 다음 각 호의 보험료를 지급한 경우 그 금액의 100분의 12(제1호의 경우에는 100분의 15)에 해당하는 금액을 해당 과세기간의 종합소득산출세액에서 공제한다. 다만, 다음 각 호의 보험료별로 그 합계액이 각각 연 100만원을 초과하는 경우 그 초과하는 금액은 각각 없는 것으로 한다.(2015.5.13 본문개정)

1. 기본공제대상자 중 장애인을 피보험자 또는 수익자로 하는 장애인전용보험으로서 대통령령으로 정하는 장애인전용보장성보험료
2. 기본공제대상자를 피보험자로 하는 대통령령으로 정하는 보험료(제1호에 따른 장애인전용보장성보험료는 제외한다)

② 근로소득이 있는 거주자가 기본공제대상자(나이 및 소득의 제한을 받지 아니한다)를 위하여 해당 과세기간에 대통령령으로 정하는 의료비를 지급한 경우 다음 각 호의 금액의 100분의 15(제3호의 경우에는 100분의 20, 제4호의 경우에는 100분의 30)에 해당하는 금액을 해당 과세기간의 종합소득산출세액에서 공제한다.(2021.12.8 본문개정)

1. 기본공제대상자를 위하여 지급한 의료비(제2호부터 제4호까지의 의료비는 제외한다)로서 총급여액에 100분의 3을 곱하여 계산한 금액을 초과하는 금액. 다만, 그 금액이 연 700만원을 초과하는 경우에는 연 700만원으로 한다.(2021.12.8 본문개정)
2. 다음 각 목의 어느 하나에 해당하는 사람을 위하여 지급한 의료비. 다만, 제1호의 의료비가 총급여액에 100분의 3을 곱하여 계산한 금액에 미달하는 경우에는 그 미달하는 금액을 뺀다.(2017.12.19 본문개정)
   가. 해당 거주자(2017.12.19 본목신설)
   나. 과세기간 개시일 현재 6세 이하인 사람(2023.12.31 본목신설)
   다. 과세기간 종료일 현재 65세 이상인 사람
   라. 장애인
   마. 대통령령으로 정하는 중증질환자, 희귀난치성질환자 또는 결핵환자
   (2017.12.19 다목~마목신설)
3. 대통령령으로 정하는 미숙아 및 선천성이상아를 위하여 지급한 의료비. 다만, 제1호 및 제2호의 의료비 합계액이 총급여액에 100분의 3을 곱하여 계산한 금액에 미달하는 경우에는 그 미달하는 금액을 뺀다.(2021.12.8 본문개정)
4. 대통령령으로 정하는 난임시술(이하 이 호에서 "난임시술"이라 한다)을 위하여 지출한 비용(난임시술과 관련하여 처방을 받은 「약사법」 제2조에 따른 의약품 구입비용을 포함한다). 다만, 제1호부터 제3호까지의 의료비 합계액이 총급여액에 100분의 3을 곱하여 계산한 금액에 미달하는 경우에는 그 미달하는 금액을 뺀다.(2021.12.8 본호신설)

③ 근로소득이 있는 거주자가 그 거주자와 기본공제대상자(나이의 제한을 받지 아니하되, 제3호나목의 기관에 대해서는 과세기간 종료일 현재 18세 미만인 사람만 해당한다)를 위하여 해당 과세기간에 대통령령으로 정하는 교육비를 지급한 경우 다음 각 호의 금액의 100분의 15에 해당하는 금액을 해당 과세기간의 종합소득 산출세액에서 공제한다. 다만, 소득세 또는 증여세가 비과세되는 대통령령으로 정하는 교육비는 공제하지 아니한다.

1. 기본공제대상자인 배우자·직계비속·형제자매·입양자 및 위탁아동(이하 이 호에서 "직계비속등"이라 한다)을 위하여 지급한 다음 각 목의 교육비를 합산한 금액. 다만, 대학원에 지급하거나 직계비속등이 제2호라목에 따른 학자금 대출을 받아 지급하는 교육비는 제외하며, 대학생인 경우에는 1명당 연 900만원, 초등학교 취학 전 아동과 초·중·고등학생인 경우에는 1명당 연 300만원을 한도로 한다.(2016.12.20 본문개정)
   가. 「유아교육법」, 「초·중등교육법」, 「고등교육법」 및 특별법에 따른 학교에 지급하거나 「고등교육법」 제34조제3항의 시험 응시를 위하여 지급한 교육비(2022.12.31 본목개정)
   나. 다음의 평생교육시설 또는 과정을 위하여 지급한 교육비
      1) 「평생교육법」 제31조제2항에 따라 고등학교졸업 이하의 학력이 인정되는 학교형태의 평생교육시설, 같은 조 제4항에 따라 전공대학의 명칭을 사용할 수 있는 평생교육시설(이하 "전공대학"이라 한다)과 같은 법 제33조에 따른 원격대학 형태의 평생교육시설(이하 "원격대학"이라 한다)
      2) 「학점인정 등에 관한 법률」 제3조 및 「독학에 의한 학위취득에 관한 법률」 제5조제1항에 따른 과정 중 대통령령으로 정하는 교육과정(이하 각각의 교육과정을 이 항에서 "학위취득과정"이라 한다)
   (2014.12.23 본목개정)
   다. 대통령령으로 정하는 국외교육기관(국외교육기관의 학생을 위하여 교육비를 지급하는 거주자가 국내에서 근무하는 경우에는 대통령령으로 정하는 학생만 해당한다)에 지급한 교육비
   라. 초등학교 취학 전 아동을 위하여 「영유아보육법」에 따른 어린이집, 「학원의 설립·운영 및 과외교습에 관한 법률」에 따른 학원 또는 대통령령으로 정하는 체육시설에 지급한 교육비(학원 및 체육시설에 지급하는 비용의 경우에는 대통령령으로 정하는 금액만 해당한다)
2. 해당 거주자를 위하여 지급한 다음 각 목의 교육비를 합산한 금액
   가. 제1호가목부터 다목까지의 규정에 해당하는 교육비
   나. 대학(전공대학, 원격대학 및 학위취득과정을 포함한다) 또는 대학원의 1학기 이상에 해당하는 교육과정과 「고등교육법」 제36조에 따른 시간제 과정에 지급하는 교육비
   다. 「국민 평생 직업능력 개발법」 제2조에 따른 직업능력개발훈련시설에서 실시하는 직업능력개발훈련을 위하여 지급한 수강료. 다만, 대통령령으로 정하는 지원금 등을 받는 경우에는 이를 뺀 금액으로 한다.(2021.8.17 본문개정)
   라. 대통령령으로 정하는 학자금 대출의 원리금 상환에 지출한 교육비. 다만, 대출금의 상환 연체로 인하여 추가로 지급하는 금액 등 대통령령으로 정하는 지급액은 제외한다.(2016.12.20 본목신설)
3. 기본공제대상자인 장애인(소득의 제한을 받지 아니한다)을 위하여 다음 각 목의 어느 하나에 해당하는 자에게 지급하는 대통령령으로 정하는 특수교육비
   가. 대통령령으로 정하는 사회복지시설 및 비영리법인
   나. 장애인의 기능향상과 행동발달을 위한 발달재활서비스를 제공하는 대통령령으로 정하는 기관

다. 가목의 시설 또는 법인과 유사한 것으로서 외국에 있는 시설 또는 법인
④ 거주자(사업소득만 있는 자는 제외하되, 제73조제1항제4호에 따른 자 등 대통령령으로 정하는 자는 포함한다)가 해당 과세기간에 지급한 기부금〔제50조제1항제2호 및 제3호에 해당하는 사람(나이의 제한을 받지 아니하며, 다른 거주자의 기본공제를 적용받은 사람은 제외한다)이 지급한 기부금을 포함한다〕이 있는 경우 다음 각 호의 기부금을 합한 금액에서 사업소득금액을 계산할 때 필요경비에 산입한 기부금을 뺀 금액의 100분의 15(해당 금액이 1천만원을 초과하는 경우 그 초과분에 대해서는 100분의 30)에 해당하는 금액(이하 제61조제2항에서 "기부금 세액공제액"이라 한다)을 해당 과세기간의 합산과세되는 종합소득산출세액(필요경비에 산입한 기부금이 있는 경우 사업소득에 대한 산출세액은 제외한다)에서 공제한다. 이 경우 제1호의 기부금과 제2호의 기부금이 함께 있으면 제1호의 기부금을 먼저 공제하되, 2013년 12월 31일 이전에 지급한 기부금을 2014년 1월 1일 이후에 개시하는 과세기간에 이월하여 소득공제하는 경우에는 해당 과세기간에 지급한 기부금보다 먼저 공제한다.(2018.12.31 전단개정)
1. 제34조제2항제1호의 특례기부금(2022.12.31 본호개정)
2. 제34조제3항제1호의 일반기부금. 이 경우 한도액은 다음 각 목의 구분에 따른다.(2022.12.31 전단개정)
가. 종교단체에 기부한 금액이 있는 경우
한도액 = 〔종합소득금액(제62조에 따른 원천징수세율을 적용받는 이자소득 및 배당소득은 제외한다)에서 제1호에 따른 기부금을 뺀 금액을 말하며, 이하 이 항에서 "소득금액"이라 한다〕 × 100분의 10 + 〔소득금액의 100분의 20과 종교단체 외에 기부한 금액 중 적은 금액〕
(2020.12.29 본목개정)
나. 가목 외의 경우
한도액 = 소득금액의 100분의 30
⑤ 제1항부터 제3항까지의 규정을 적용할 때 과세기간 종료일 이전에 혼인·이혼·별거·취업 등의 사유로 기본공제대상자에 해당되지 아니하게 되는 종전의 배우자·부양가족·장애인 또는 과세기간 종료일 현재 65세 이상인 사람을 위하여 이미 지급한 금액이 있는 경우에는 그 사유가 발생한 날까지 지급한 금액에 제1항부터 제3항까지의 규정에 따른 율을 적용한 금액을 해당 과세기간의 종합소득산출세액에서 공제한다.
⑥ 제1항부터 제4항까지의 규정에 따른 공제는 해당 거주자가 대통령령으로 정하는 바에 따라 신청한 경우에 적용한다.
⑦ 국세청장은 제3항제2호라목에 따른 교육비가 세액공제 대상에 해당하는지 여부를 확인하기 위하여 「한국장학재단 설립 등에 관한 법률」 제6조에 따른 한국장학재단 등 학자금 대출·상환업무를 수행하는 대통령령으로 정하는 기관(이하 이 항에서 "한국장학재단등"이라 한다)에 학자금대출 및 원리금 상환내역 등 대통령령으로 정하는 자료의 제공을 요청할 수 있다. 이 경우 요청을 받은 한국장학재단등은 특별한 사유가 없으면 그 요청에 따라야 한다.(2016.12.20 본항신설)
⑧ 제4항에도 불구하고 2024년 1월 1일부터 2024년 12월 31일까지 지급한 기부금을 해당 과세기간의 합산과세되는 종합소득산출세액(필요경비에 산입한 기부금이 있는 경우 사업소득에 대한 산출세액은 제외한다)에서 공제하는 경우에는 같은 항에 따른 세액공제액 외에 같은 항 각 호의 기부금을 합한 금액에서 사업소득금액을 계산할 때 필요경비에 산입한 기부금을 뺀 금액이 3천만원을 초과하는 경우 그 초과분에 대해서는 100분의 10에 해당하는 금액을 추가로 공제한다.(2023.12.31 본항개정)
⑨ 거주자가 다음 각 호의 어느 하나에 해당하는 경우 다음 각 호의 구분에 따른 금액을 종합소득산출세액에서 공제(이하 "표준세액공제"라 한다)한다.
1. 근로소득이 있는 거주자로서 제6항, 제52조제8항 및 「조세특례제한법」 제95조의2제2항에 따른 소득공제나 세액공제 신청을 하지 아니한 경우 : 연 13만원
2. 종합소득이 있는 거주자(근로소득이 있는 자는 제외한다)로서 「조세특례제한법」 제122조의3에 따른 세액공제 신청을 하지 아니한 경우 : 다음 각 목의 구분에 따른 금액
가. 제160조의5제3항에 따른 사업용계좌의 신고 등 대통령령으로 정하는 요건에 해당하는 사업자(이하 "성실사업자"라 한다)의 경우 : 연 12만원
나. 가목 외의 경우 : 연 7만원
(2020.12.29 본항개정)
⑩ 제1항부터 제9항까지의 규정에 따른 공제를 "특별세액공제"라 한다.
⑪ 특별세액공제에 관하여 그밖에 필요한 사항은 대통령령으로 정한다.
(2014.1.1 본조신설)

제59조의5【세액의 감면】 ① 종합소득금액 중 다음 각 호의 어느 하나의 소득이 있을 때에는 종합소득 산출세액에서 그 세액에 해당 근로소득금액 또는 사업소득금액이 종합소득금액에서 차지하는 비율을 곱하여 계산한 금액 상당액을 감면한다.
1. 정부 간의 협약에 따라 우리나라에 파견된 외국인이 그 양쪽 또는 한쪽 당사국의 정부로부터 받는 급여
2. 거주자 중 대한민국의 국적을 가지지 아니한 자가 대통령령으로 정하는 선박과 항공기의 외국항행사업으로부터 얻는 소득. 다만, 그 거주자의 국적지국(國籍地國)에서 대한민국 국민이 운용하는 선박과 항공기에 대해서도 동일한 면제를 하는 경우만 해당한다.(2013.1.1 본호개정)
② 이 법 외의 법률에 따라 소득세가 감면되는 경우에도 그 법률에 특별한 규정이 있는 경우 외에는 제1항을 준용하여 계산한 소득세를 감면한다.
(2009.12.31 본조신설)

제60조【세액감면 및 세액공제 시 적용순위 등】 ① 조세에 관한 법률을 적용할 때 소득세의 감면에 관한 규정과 세액공제에 관한 규정이 동시에 적용되는 경우 그 적용순위는 다음 각 호의 순서로 한다.
1. 해당 과세기간의 소득에 대한 소득세의 감면
2. 이월공제가 인정되지 아니하는 세액공제
3. 이월공제가 인정되는 세액공제. 이 경우 해당 과세기간 중에 발생한 세액공제액과 이전 과세기간에서 이월된 미공제액이 함께 있을 때에는 이월된 미공제액을 먼저 공제한다.
②~③ (2014.12.23 삭제)

제61조【세액감면액 및 세액공제액의 산출세액 초과 시의 적용방법 등】 ① 제59조의4제1항부터 제3항까지 및 「조세특례제한법」 제95조의2의 규정에 따른 세액공제액의 합계액이 그 거주자의 해당 과세기간의 대통령령으로 정하는 근로소득에 대한 종합소득산출세액을 초과하는 경우 그 초과하는 금액은 없는 것으로 한다.
② 제59조의2에 따른 자녀세액공제액, 제59조의3에 따른 연금계좌세액공제액, 제59조의4에 따른 특별세액공제액, 「조세특례제한법」 제58조, 같은 법 제76조 및 같은 법 제88조의4제13항에 따른 세액공제액의 합계액이 그 거주자의 해당 과세기간의 합산과세되는 종합소득산출세액(제62조에 따라 원천징수세율을 적용받는 이자소득 및 배당소득에 대한 대통령령으로 정하는 산출세액은 제외하며, 이하 이 조에서 "공제기준산출세액"이라 한다)을 초과하는 경우 그 초과하는 금액은 없는 것으로 한다. 다만, 그 초과한 금액에 기부금 세액공제액이 포함되어 있는 경우 해당 기부금과 제59조의4제4항제2호에 따라 한도액을 초과하여 공제받지 못한 기부금은 해당 과세기간의 다음 과세기간의 개시일부터 10년 이내에 끝나는 각 과세기간에 이월하여 제59조의4제4항에 따른 율을 적용한 기부금 세액공제액을 계산하여 그 금액을 공제기준산출세액에서 공제한다.
(2024.12.31 본문개정)
③ 이 법 또는 「조세특례제한법」에 따른 감면액 및 세액공제액의 합계액이 해당 과세기간의 합산과세되는 종합소득산출세액을 초과하는 경우 그 초과하는 금액은 없는 것으로 보고, 그 초과하는 금액을 한도로 연금계좌세액공제를 받지 아니한 것으로 본다. 다만, 제58조에 따른 재해손실세액공제액이 종합소득산출세액에서 다른 세액감면액 및 세액공제액을 뺀 후 가산세를 더한 금액을 초과하는 경우 그 초과하는 금액은 없는 것으로 본다.
(2014.12.23 본조신설)

第5절 세액 계산의 특례
(2009.12.31 본절개정)

第62조【이자소득 등에 대한 종합과세 시 세액 계산의 특례】 거주자의 종합소득과세표준에 포함된 이자소득과 배당소득(이하 이 조에서 "이자소득등"이라 한다)이 이자소득등의 종합과세기준금액(이하 이 조에서 "종합과세기준금액"이라 한다)을 초과하는 경우에는 그 거주자의 종합소득 산출세액은 다음 각 호의 금액 중 큰 금액으로 하고, 종합과세기준금액을 초과하지 아니하는 경우에는 제2호의 금액으로 한다. 이 경우 제17조제1항제8호에 따른 배당소득이 있을 때에는 그 배당소득금액은 이자소득등으로 보지 아니한다.(2016.12.20 전단개정)

1. 다음 각 목의 세액을 더한 금액
  가. 이자소득등의 금액 중 종합과세기준금액을 초과하는 금액과 이자소득등을 제외한 다른 종합소득금액을 더한 금액에 대한 산출세액
  나. 종합과세기준금액에 제129조제1항제1호라목의 세율을 적용하여 계산한 세액(2018.12.31 단서삭제)
2. 다음 각 목의 세액을 더한 금액(2014.12.23 본문개정)
  가. 이자소득등에 대하여 제129조제1항제1호 및 제2호의 세율을 적용하여 계산한 세액. 다만, 다음의 어느 하나에 해당하는 소득에 대해서는 그 구분에 따른 세율을 적용한다.
    1) (2018.12.31 삭제)
    2) 제127조에 따라 원천징수되지 아니하는 이자소득등 중 제16조제1항제11호의 소득 : 제129조제1항제1호나목의 세율
    3) 제127조에 따라 원천징수되지 아니하는 이자소득등 중 제16조제1항제11호의 소득을 제외한 이자소득등 : 제129조제1항제1호라목의 세율
  (2016.12.20 본목개정)
  나. 이자소득등을 제외한 다른 종합소득금액에 대한 산출세액. 다만, 그 세액이 제17조제1항제8호에 따른 배당소득에 대하여 제129조제1항제1호라목의 세율을 적용하여 계산한 세액과 이자소득등 및 제17조제1항제8호에 따른 배당소득을 제외한 다른 종합소득금액에 대한 산출세액을 합산한 금액(이하 이 목에서 "종합소득 비교세액"이라 한다)에 미달하는 경우 종합소득 비교세액으로 한다.

第63조【직장공제회 초과반환금에 대한 세액 계산의 특례】 ① 제16조제1항제10호에 따른 직장공제회 초과반환금(이하 이 조에서 "직장공제회 초과반환금"이라 한다)에 대해서는 그 금액에서 다음 각 호의 금액을 순서대로 공제한 금액을 납입연수(1년 미만인 경우에는 1년으로 한다. 이하 같다)로 나눈 금액에 기본세율을 적용하여 계산한 세액에 납입연수를 곱한 금액을 그 산출세액으로 한다.

1. 직장공제회 초과반환금의 100분의 40에 해당하는 금액
(2010.12.27 본호개정)
2. 납입연수에 따라 정한 다음의 금액

<납입연수>	<공제액>
5년 이하	30만원 × 납입연수
5년 초과 10년 이하	150만원 + 50만원 × (납입연수 − 5년)
10년 초과 20년 이하	400만원 + 80만원 × (납입연수 − 10년)
20년 초과	1천200만원 + 120만원 × (납입연수 − 20)

② 직장공제회 초과반환금을 분할하여 지급받는 경우 세액의 계산 방법 등 필요한 사항은 대통령령으로 정한다.(2014.12.23 본항신설)

第64조【부동산매매업자에 대한 세액 계산의 특례】 ① 대통령령으로 정하는 부동산매매업(이하 "부동산매매업"이라 한다)을 경영하는 거주자(이하 "부동산매매업자"라 한다)로서 종합소득금액에 제104조제1항제1호(분양권에 한정한다) · 제8호 · 제10호 또는 같은 조 제7항 각 호의 어느 하나에 해당하는 자산의 매매차익(이하 이 조에서 "주택등매매차익"이라 한다)이 있는 자의 종합소득 산출세액은 다음 각 호의 세액 중 많은 것으로 한다.(2020.12.29 본문개정)

1. 종합소득 산출세액
2. 다음 각 목에 따른 세액의 합계액
  가. 주택등매매차익에 제104조에 따른 세율을 적용하여 산출한 세액의 합계액
  나. 종합소득과세표준에서 주택등매매차익의 해당 과세기간 합계액을 공제한 금액을 과세표준으로 하고 이에 제55조에 따른 세율을 적용하여 산출한 세액

② 부동산매매업자에 대한 주택등매매차익의 계산과 그 밖에 종합소득 산출세액의 계산에 필요한 사항은 대통령령으로 정한다.

第64조의2【주택임대소득에 대한 세액 계산의 특례】 ① 분리과세 주택임대소득이 있는 거주자의 종합소득 결정세액은 다음 각 호의 세액 중 하나를 선택하여 적용한다.

1. 제14조제3항제7호를 적용하기 전의 종합소득 결정세액
2. 다음 각 목의 세액을 더한 금액
  가. 분리과세 주택임대소득에 대한 사업소득금액에 100분의 14를 곱하여 산출한 금액. 다만, 「조세특례제한법」 제96조제1항에 해당하는 거주자가 같은 항에 따른 임대주택을 임대하는 경우에는 해당 임대사업에서 발생한 분리과세 주택임대소득에 대한 사업소득금액에 100분의 14를 곱하여 산출한 금액에서 같은 항에 따라 감면받는 세액을 차감한 금액으로 한다.
  나. 가목 외의 종합소득 결정세액

② 제1항제2호가목에 따른 분리과세 주택임대소득에 대한 사업소득금액은 총수입금액에서 필요경비(총수입금액의 100분의 50으로 한다)를 차감한 금액으로 하되, 분리과세 주택임대소득을 제외한 해당 과세기간의 종합소득금액이 2천만원 이하인 경우에는 추가로 200만원을 차감한 금액으로 한다. 다만, 대통령령으로 정하는 임대주택(이하 이 조에서 "임대주택"이라 한다)을 임대하는 경우에는 해당 임대사업에서 발생한 사업소득금액은 총수입금액에서 필요경비(총수입금액의 100분의 60으로 한다)를 차감한 금액으로 하되, 분리과세 주택임대소득을 제외한 해당 과세기간의 종합소득금액이 2천만원 이하인 경우에는 추가로 400만원을 차감한 금액으로 한다.

③ 다음 각 호의 어느 하나에 해당하는 경우에는 그 사유가 발생한 날이 속하는 과세연도의 과세표준신고를 할 때 다음 각 호의 구분에 따른 금액을 소득세로 납부하여야 한다. 다만, 「민간임대주택에 관한 특별법」 제6조제1항제11호에 해당하여 등록이 말소되는 경우 등 대통령령으로 정하는 경우에는 그러하지 아니하다.

1. 제1항제2호가목 단서에 따라 세액을 감면받은 사업자가 해당 임대주택을 4년(「민간임대주택에 관한 특별법」 제2조제4호에 따른 공공지원민간임대주택 또는 같은 법 제2조제5호에 따른 장기일반민간임대주택의 경우에는 10년) 이상 임대하지 아니하는 경우 : 제1항제2호가목 단서에 따라 감면받은 세액
2. 제2항 단서를 적용하여 세액을 계산한 사업자가 해당 임대주택을 10년 이상 임대하지 아니하는 경우 : 제2항 단서를 적용하지 아니하고 계산한 세액과 당초 신고한 세액과의 차액
(2020.12.29 본항개정)

④ 제3항 각 호에 따라 소득세액을 납부하는 경우에는 「조세특례제한법」 제63조제3항의 이자 상당 가산액에 관한 규정을 준용한다. 다만, 대통령령으로 정하는 부득이한 사유가 있는 경우에는 그러하지 아니하다.(2023.12.31 본문개정)

⑤ 분리과세 주택임대소득에 대한 종합소득 결정세액의 계산 및 임대주택 유형에 따른 사업소득금액의 산출방법 등에 필요한 사항은 대통령령으로 정한다.
(2018.12.31 본조개정)

第64조의3【분리과세기타소득에 대한 세액 계산의 특례】 제14조에 따라 종합소득과세표준을 계산할 때 제127조제1항제6호나목의 소득을 합산하지 아니하는 경우 그 합산하지 아니하는 기타소득에 대한 결정세액은 해당 기타소득금액에 제129조제1항제6호라목의 세율을 적용하여 계산한 금액으로 한다.
(2019.12.31 본조신설)

第64조의4【연금소득에 대한 세액 계산의 특례】 제20조의3 제1항제2호 및 제3호에 따른 연금소득 중 분리과세연금소득

외의 연금소득이 있는 거주자의 종합소득 결정세액은 다음 각 호의 세액 중 하나를 선택하여 적용한다.
1. 종합소득 결정세액
2. 다음 각 목의 세액을 더한 금액
가. 제20조의3제1항제2호 및 제3호에 따른 연금소득 중 분리과세연금소득 외의 연금소득에 100분의 15를 곱하여 산출한 금액
나. 가목 외의 종합소득 결정세액
(2022.12.31 본조신설)

제6절 중간예납·예정신고 및 세액 납부
(2009.12.31 본절개정)

제1관 중간예납

제65조【중간예납】 ① 납세지 관할 세무서장은 종합소득이 있는 거주자(대통령령으로 정하는 소득만이 있는 자와 해당 과세기간의 개시일 현재 사업자가 아닌 자로서 그 과세기간 중 신규로 사업을 시작한 자는 제외한다. 이하 이 조에서 같다)에 대하여 1월 1일부터 6월 30일까지의 기간을 중간예납기간으로 하여 직전 과세기간의 종합소득에 대한 소득세로서 납부하였거나 납부하여야 할 세액(이하 "중간예납기준액"이라 한다)의 2분의 1에 해당하는 금액(이하 "중간예납세액"이라 하고, 1천원 미만의 단수가 있을 때에는 그 단수금액은 버린다)을 납부하여야 할 세액으로 결정하여 11월 30일까지 그 세액을 징수하여야 한다. 이 경우 납세지 관할 세무서장은 중간예납세액을 납부하여야 할 거주자에게 11월 1일부터 11월 15일까지의 기간에 중간예납세액의 납부고지서를 발급하여야 한다.
(2020.12.29 후단개정)
② 제1항에 따라 고지된 중간예납세액을 납부하여야 할 거주자가 11월 30일까지 그 세액의 전부 또는 일부를 납부하지 아니한 경우에는 납부하지 아니한 세액 중 제77조에 따라 분할납부할 수 있는 세액에 대해서는 납부의 고지가 없었던 것으로 보며, 납세지 관할 세무서장은 해당 과세기간의 다음 연도 1월 1일부터 1월 15일까지의 기간에 그 분할납부할 수 있는 세액을 납부할 세액으로 하는 납부고지서를 발급하여야 한다.
(2020.12.29 본항개정)
③ 종합소득이 있는 거주자가 중간예납기간의 종료일 현재 그 중간예납기간 종료일까지의 종합소득금액에 대한 소득세액(이하 "중간예납추계액"이라 한다)이 중간예납기준액의 100분의 30에 미달하는 경우에는 11월 1일부터 11월 30일까지의 기간에 대통령령으로 정하는 바에 따라 중간예납추계액을 중간예납세액으로 하여 납세지 관할 세무서장에게 신고할 수 있다.
④ 제3항에 따라 종합소득이 있는 거주자가 신고를 한 경우에는 제1항에 따른 중간예납세액의 결정은 없었던 것으로 본다.
⑤ 중간예납기준액이 없는 거주자 중 제160조제3항에 따른 복식부기의무자가 해당 과세기간의 중간예납기간 중 사업소득이 있는 경우에는 11월 1일부터 11월 30일까지의 기간에 대통령령으로 정하는 바에 따라 중간예납추계액을 중간예납세액으로 하여 납세지 관할 세무서장에게 신고하여야 한다.(2018.12.31 본항개정)
⑥ 제3항이나 제5항에 따라 신고한 거주자는 신고와 함께 그 중간예납세액을 11월 30일까지 납세지 관할 세무서, 한국은행(그 대리점을 포함한다. 이하 같다) 또는 체신관서에 납부하여야 한다.
⑦ 제1항에 따른 중간예납기준액은 다음 각 호의 세액의 합계액에서 제85조에 따른 환급세액(「국세기본법」 제45조의2에 따라 경정청구에 의한 결정이 있는 경우에는 그 내용이 반영된 금액을 포함한다)을 공제한 금액으로 한다.
1. 직전 과세기간의 중간예납세액
2. 제76조에 따른 확정신고납부세액
3. 제85조에 따른 추가납부세액(가산세액을 포함한다)
4. 「국세기본법」 제45조의3에 따른 기한후신고납부세액(가산세액을 포함한다) 및 같은 법 제46조에 따른 추가자진납부세액(가산세액을 포함한다)

⑧ 제3항에 따른 중간예납추계액은 다음 각 호의 계산식 순서에 따라 계산한다.
1. 종합소득과세표준 = (중간예납기간의 종합소득금액 × 2) − 이월결손금 − 종합소득공제
2. 종합소득 산출세액 = 종합소득 과세표준 × 기본세율
3. 중간예납추계액 = $\left(\dfrac{\text{종합소득 산출세액}}{2}\right)$ − (중간예납기간 종료일까지의 종합소득에 대한 감면세액·세액공제액, 토지등 매매차익 예정신고 산출세액, 수시부과세액 및 원천징수세액)
⑨ 납세지 관할 세무서장은 제3항 또는 제5항에 따라 신고를 한 자의 신고 내용에 탈루 또는 오류가 있거나, 제5항에 따라 신고를 하여야 할 자가 신고를 하지 아니한 경우에는 중간예납세액을 경정하거나 결정할 수 있다. 이 경우 경정하거나 결정할 세액은 제8항에 따른 중간예납추계액의 계산방법을 준용하여 산출한 금액으로 한다.
⑩ 제69조에 따라 부동산매매업자가 중간예납기간 중에 매도한 토지 또는 건물에 대하여 토지등 매매차익 예정신고·납부를 한 경우에는 제1항에 따른 중간예납기준액의 2분의 1에 해당하는 금액에서 그 신고·납부한 금액을 뺀 금액을 중간예납세액으로 한다. 이 경우 토지등 매매차익예정신고·납부세액이 중간예납기준액의 2분의 1을 초과하는 경우에는 중간예납세액이 없는 것으로 한다.
⑪ 납세지 관할 세무서장은 내우외환등의 사유로 긴급한 재정상의 수요가 있다고 국세청장이 인정할 때에는 제1항부터 제5항까지의 규정에도 불구하고 대통령령으로 정하는 바에 따라 다음 각 호의 금액을 초과하지 아니하는 범위에서 해당 과세기간의 중간예납세액을 결정할 수 있다.
1. 제1항에 따라 중간예납을 하는 경우에는 중간예납기준액
2. 제3항 및 제5항에 따라 중간예납을 하는 경우에는 제8항에 따른 중간예납추계액에 2를 곱한 금액
제66조~제67조 (2000.12.29 삭제)
제68조【납세조합원의 중간예납 특례】 납세조합이 중간예납기간 중 제150조에 따라 그 조합원의 해당 소득에 대한 소득세를 매월 징수하여 납부한 경우에는 그 소득에 대한 중간예납을 하지 아니한다.

제2관 토지 등 매매차익 예정신고와 납부

제69조【부동산매매업자의 토지등 매매차익예정신고와 납부】 ① 부동산매매업자는 토지 또는 건물(이하 "토지등"이라 한다)의 매매차익과 그 세액을 매매일이 속하는 달의 말일부터 2개월이 되는 날까지 대통령령으로 정하는 바에 따라 납세지 관할 세무서장에게 신고하여야 한다. 토지등의 매매차익이 없거나 매매차손이 발생하였을 때에도 또한 같다.
② 제1항에 따른 신고를 "토지등 매매차익예정신고"라 한다.
③ 부동산매매업자의 토지등의 매매차익에 대한 산출세액은 그 매매가액에서 제97조를 준용하여 계산한 필요경비를 공제한 금액에 제104조에서 규정하는 세율을 곱하여 계산한 금액으로 한다. 다만, 토지등의 보유기간이 2년 미만인 경우에는 제104조제1항제2호 및 제3호에도 불구하고 같은 항 제1호에 따른 세율을 곱하여 계산한 금액으로 한다.(2014.1.1 본문개정)
④ 부동산매매업자는 제3항에 따른 산출세액을 제1항에 따른 매매차익예정신고 기한까지 대통령령으로 정하는 바에 따라 납세지 관할 세무서, 한국은행 또는 체신관서에 납부하여야 한다.
(2013.1.1 본항신설)
⑤ 토지등의 매매차익에 대한 산출세액의 계산, 결정·경정 및 환산취득가액(실지거래가액·매매사례가액 또는 감정가액을 대통령령으로 정하는 방법에 따라 환산한 가액을 말한다. 이하 제97조제1항·제2항, 제100조제1항, 제114조제7항 및 제114조의2에서 같다) 적용에 따른 가산세에 관하여는 제107조제2항, 제114조 및 제114조의2를 준용한다.(2020.12.29 본항개정)
⑥ 토지등의 매매차익과 그 세액의 계산 등에 관하여 필요한 사항은 대통령령으로 정한다.(2013.1.1 본항개정)

第7절 과세표준의 확정신고와 납부
(2009.12.31 본절개정)

第70조【종합소득과세표준 확정신고】 ① 해당 과세기간의 종합소득금액이 있는 거주자(종합소득과세표준이 없거나 결손금이 있는 거주자를 포함한다)는 그 종합소득 과세표준을 그 과세기간의 다음 연도 5월 1일부터 5월 31일까지 대통령령으로 정하는 바에 따라 납세지 관할 세무서장에게 신고하여야 한다.
(2010.12.27 본항개정)
② 해당 과세기간에 분리과세 주택임대소득 및 제127조제1항제6호나목의 소득이 있는 경우에도 제1항을 적용한다.
(2019.12.31 본항개정)
③ 제1항에 따른 신고를 "종합소득 과세표준확정신고"라 한다.
④ 종합소득 과세표준확정신고를 할 때에는 그 신고서에 다음 각 호의 서류를 첨부하여 납세지 관할 세무서장에게 제출하여야 한다. 이 경우 제160조제3항에 따른 복식부기의무자가 제3호에 따른 서류를 제출하지 아니한 경우에는 종합소득 과세표준확정신고를 하지 아니한 것으로 본다.
1. 인적공제, 연금보험료공제, 주택담보노후연금 이자비용공제, 특별소득공제, 자녀세액공제, 연금계좌세액공제 및 특별세액공제 대상임을 증명하는 서류로서 대통령령으로 정하는 것(2014.1.1 본호개정)
2. 종합소득금액 계산의 기초가 된 총수입금액과 필요경비의 계산에 필요한 서류로서 대통령령으로 정하는 것
3. 사업소득금액을 제160조 및 제161조에 따라 비치·기록된 장부와 증명서류에 의하여 계산한 경우에는 기업회계기준을 준용하여 작성한 재무상태표·손익계산서와 그 부속서류, 합계잔액시산표(合計殘額試算表) 및 대통령령으로 정하는 바에 따라 작성한 조정계산서. 다만, 제160조제2항에 따라 기장(記帳)을 한 사업자의 경우에는 기획재정부령으로 정하는 간편장부소득금액 계산서(2012.1.1 단서개정)
4. 제28조부터 제32조까지의 규정에 따라 필요경비를 산입한 경우에는 그 명세서
5. 사업자(대통령령으로 정하는 소규모사업자는 제외한다)가 사업과 관련하여 다른 사업자(법인을 포함한다)로부터 재화 또는 용역을 공급받고 제160조의2제2항 각 호의 어느 하나에 해당하는 증명서류 외의 것으로 증명을 받은 경우에는 대통령령으로 정하는 영수증 수취명세서(이하 "영수증 수취명세서"라 한다)
6. 사업소득금액을 제160조 및 제161조에 따라 비치·기록한 장부와 증명서류에 의하여 계산하지 아니한 경우에는 기획재정부령으로 정하는 추계소득금액 계산서(2012.1.1 본호개정)
⑤ 납세지 관할 세무서장은 제4항에 따라 제출된 신고서나 그 밖의 서류에 미비한 사항 또는 오류가 있을 때에는 그 보정을 요구할 수 있다.
⑥ 소득금액의 계산을 위한 세무조정을 정확히 하기 위하여 필요하다고 인정하여 제160조제3항에 따른 복식부기의무자로서 대통령령으로 정하는 사업자의 경우 제4항제3호에 따른 조정계산서는 다음 각 호의 어느 하나에 해당하는 자로서 대통령령으로 정하는 조정반에 소속된 자가 작성하여야 한다.
1. 「세무사법」에 따른 세무사등록부에 등록한 세무사
2. 「세무사법」에 따른 세무사등록부 또는 공인회계사 세무대리업무등록부에 등록한 공인회계사
3. 「세무사법」에 따른 세무사등록부 또는 변호사 세무대리업무등록부에 등록한 변호사
(2021.11.23 2호~3호개정)
(2015.12.15 본항신설)

第70조의2【성실신고확인서 제출】 ① 성실한 납세를 위하여 필요하다고 인정되어 수입금액이 업종별로 대통령령으로 정하는 일정 규모 이상의 사업자(이하 "성실신고확인대상사업자"라 한다)는 제70조에 따른 종합소득과세표준 확정신고를 할 때에 같은 조 제4항 각 호의 서류에 더하여 제160조 및 제161조에 따라 비치·기록된 장부와 증명서류에 의하여 계산한 사업소득금액의 적정성을 세무사 등 대통령령으로 정하는 자가 대통령령으로 정하는 바에 따라 확인하고 작성한 확인서(이하 "성실신고확인서"라 한다)를 납세지 관할 세무서장에게 제출하여야 한다.
② 제1항에 따라 성실신고확인대상사업자가 성실신고확인서를 제출하는 경우에는 제70조제1항에도 불구하고 종합소득과세표준 확정신고를 그 과세기간의 다음 연도 5월 1일부터 6월 30일까지 하여야 한다.(2013.1.1 본항개정)
③ 납세지 관할 세무서장은 제1항에 따라 제출된 성실신고확인서에 미비한 사항 또는 오류가 있을 때에는 그 보정을 요구할 수 있다.
(2011.5.2 본조신설)

第71조【퇴직소득과세표준 확정신고】 ① 해당 과세기간의 퇴직소득금액이 있는 거주자는 그 퇴직소득과세표준을 그 과세기간의 다음 연도 5월 1일부터 5월 31일까지 대통령령으로 정하는 바에 따라 납세지 관할 세무서장에게 신고하여야 한다.
② 제1항은 해당 과세기간의 퇴직소득 과세표준이 없을 때에도 적용한다. 다만, 제146조부터 제148조까지의 규정에 따라 소득세를 납부한 자에 대해서는 그러하지 아니하다.
③ 제1항에 따른 신고를 "퇴직소득 과세표준확정신고"라 한다.

第72조 (2006.12.30 삭제)

第73조【과세표준확정신고의 예외】 ① 다음 각 호의 어느 하나에 해당하는 거주자는 제70조 및 제71조에도 불구하고 해당 소득에 대하여 과세표준확정신고를 하지 아니할 수 있다.
1. 근로소득만 있는 자
2. 퇴직소득만 있는 자
3. 공적연금소득만 있는 자(2013.1.1 본호개정)
4. 제127조에 따라 원천징수되는 사업소득으로서 대통령령으로 정하는 사업소득만 있는 자
4의2. 제127조제1항제6호에 따라 원천징수되는 기타소득으로서 종교인소득만 있는 자(2015.12.15 본호신설)
5. 제1호 및 제2호의 소득만 있는 자
6. 제2호 및 제3호의 소득만 있는 자
7. 제2호 및 제4호의 소득만 있는 자
7의2. 제2호 및 제4호의2의 소득만 있는 자(2015.12.15 본호신설)
8. 분리과세이자소득, 분리과세배당소득, 분리과세연금소득 및 분리과세기타소득(제127조에 따라 원천징수되지 아니하는 소득은 제외한다. 이하 이 항에서 같다)만 있는 자(2019.12.31 본호개정)
9. 제1호부터 제4호까지, 제4호의2, 제5호부터 제7호까지 및 제7호의2에 해당하는 사람으로서 분리과세이자소득, 분리과세배당소득, 분리과세연금소득 및 분리과세기타소득이 있는 자
(2015.12.15 본호개정)
② 2명 이상으로부터 받는 다음 각 호의 어느 하나에 해당하는 소득이 있는 자(일용근로자는 제외한다)에 대해서는 제1항을 적용하지 아니한다. 다만, 제137조의2, 제138조, 제144조의2제5항 또는 제145조의3에 따른 연말정산 및 제148조제1항에 따라 소득세를 납부함으로써 제76조제2항에 따른 확정신고납부를 할 세액이 없는 자에 대하여는 그러하지 아니하다.(2015.12.15 본문개정)
1. 근로소득(2015.12.15 본호신설)
2. 공적연금소득(2015.12.15 본호신설)
3. 퇴직소득(2015.12.15 본호신설)
4. 종교인소득(2015.12.15 본호신설)
5. 제1항제4호에 따른 소득(2015.12.15 본호신설)
③ 제127조제1항제4호 각 목의 근로소득 또는 같은 항 제7호 단서에 해당하는 퇴직소득이 있는 자에게는 제1항을 적용하지 아니한다. 다만, 제152조제2항에 따라 제137조, 제137조의2 및 제138조의 예에 따른 원천징수에 의하여 소득세를 납부한 자에 대해서는 그러하지 아니하다.(2013.1.1 단서개정)
④ 제2항 각 호에 해당하는 소득(근로소득 중 일용근로소득은 제외한다)이 있는 자에 대하여 제127조에 따른 원천징수의무를 부담하는 자가 제137조, 제137조의2, 제138조, 제143조의4, 제144조의2, 제145조의3 또는 제146조에 따라 소득세를 원천징수하지 아니한 때에는 제1항을 적용하지 아니한다.
(2015.12.15 본항개정)
⑤ 제82조에 따른 수시부과 후 추가로 발생한 소득이 없을 경우에는 과세표준확정신고를 하지 아니할 수 있다.

제74조【과세표준확정신고의 특례】 ① 거주자가 사망한 경우 그 상속인은 그 상속 개시일이 속하는 달의 말일부터 6개월이 되는 날(이 기간 중 상속인이 출국하는 경우에는 출국일 전날)까지 사망일이 속하는 과세기간에 대한 그 거주자의 과세표준을 대통령령으로 정하는 바에 따라 신고하여야 한다. 다만, 제44조제2항에 따라 상속인이 승계한 연금계좌의 소득금액에 대해서는 그러하지 아니하다.(2013.1.1 단서신설)

② 1월 1일과 5월 31일 사이에 사망한 거주자가 사망일이 속하는 과세기간의 직전 과세기간에 대한 과세표준확정신고를 하지 아니한 경우에는 제1항을 준용한다.

③ 제1항과 제2항은 해당 상속인이 과세표준확정신고를 정해진 기간에 하지 아니하고 사망한 경우에 준용한다.

④ 과세표준확정신고를 하여야 할 거주자가 출국하는 경우에는 출국일이 속하는 과세기간의 과세표준을 출국일 전날까지 신고하여야 한다.

⑤ 거주자가 1월 1일과 5월 31일 사이에 출국하는 경우 출국일이 속하는 과세기간의 직전 과세기간에 대한 과세표준확정신고에 관하여는 제4항을 준용한다.

⑥ 제1항부터 제5항까지의 규정에 따른 과세표준확정신고의 특례에 관하여는 제70조제4항 및 제5항을 준용한다.

제75조【세액감면 신청】 ① 제59조의5제1항에 따라 소득세를 감면받으려는 거주자는 제69조, 제70조, 제70조의2 또는 제74조에 따른 신고와 함께 대통령령으로 정하는 바에 따라 납세지 관할 세무서장에게 신청하여야 한다.

② 제59조의5제1항제1호에 따라 근로소득에 대한 감면을 받으려는 자는 대통령령으로 정하는 바에 따라 관할 세무서장에게 신청하여야 한다.

(2014.1.1 본조개정)

제76조【확정신고납부】 ① 거주자는 해당 과세기간의 과세표준에 대한 종합소득 산출세액 또는 퇴직소득 산출세액에서 감면세액과 세액공제액을 공제한 금액을 제70조, 제70조의2, 제71조 및 제74조에 따른 과세표준확정신고기한까지 대통령령으로 정하는 바에 따라 납세지 관할 세무서, 한국은행 또는 체신관서에 납부하여야 한다.(2013.1.1 본항개정)

② 제1항에 따른 납부를 이 장에서 "확정신고납부"라 한다.
(2020.12.29 본항개정)

③ 확정신고납부를 할 때에는 다음 각 호의 세액을 공제하여 납부한다.

1. 제65조에 따른 중간예납세액
2. 제69조에 따른 토지등 매매차익예정신고 산출세액 또는 그 결정·경정한 세액
3. 제82조에 따른 수시부과세액
4. 제127조에 따른 원천징수세액(제133조의2제1항에 따른 채권등의 이자등 상당액에 대한 원천징수세액은 제46조제1항에 따른 해당 거주자의 보유기간의 이자등 상당액에 대한 세액으로 한정한다)(2010.12.27 본호개정)
5. 제150조에 따른 납세조합의 징수세액과 그 공제액

제77조【분할납부】 거주자로서 제65조·제69조 또는 제76조에 따라 납부할 세액이 각각 1천만원을 초과하는 자는 대통령령으로 정하는 바에 따라 그 납부할 세액의 일부를 납부기한이 지난 후 2개월 이내에 분할납부할 수 있다.

제8절 사업장 현황신고와 확인
(2009.12.31 본절개정)

제78조【사업장 현황신고】 ① 사업자(해당 과세기간 중 사업을 폐업 또는 휴업한 사업자를 포함한다)는 대통령령으로 정하는 바에 따라 해당 사업장의 현황을 해당 과세기간의 다음 연도 2월 10일까지 사업장 소재지 관할 세무서장에게 신고(이하 "사업장 현황신고"라 한다)하여야 한다. 다만, 다음 각 호의 어느 하나에 해당하는 경우에는 사업장 현황신고를 한 것으로 본다.(2014.12.23 단서개정)

1. 사업자가 사망하거나 출국함에 따라 제74조가 적용되는 경우
2. 「부가가치세법」 제2조제3호에 따른 사업자가 같은 법 제48조·제49조·제66조 또는 제67조에 따라 신고한 경우. 다만, 사업자가 「부가가치세법」상 과세사업과 면세사업등을 겸영(兼營)하여 면세사업 수입금액 등을 신고하는 경우에는 그 면세사업등에 대하여 사업장 현황신고를 한 것으로 본다.
(2014.12.23 단서신설)

② 제1항에 따라 사업장 현황신고를 하여야 하는 사업자는 다음 각 호의 사항이 포함된 신고서를 제출하여야 한다.

1. 사업자 인적 사항
2. 업종별 수입금액 명세
3. (2018.12.31 삭제)
4. 그 밖에 대통령령으로 정하는 사항

③ 제1항에도 불구하고 납세조합에 가입하여 수입금액을 신고하는 자 등 대통령령으로 정하는 사업자는 사업장 현황신고를 하지 아니할 수 있다.(2018.12.31 본항신설)

제79조【사업장 현황의 조사·확인】 제78조에 따른 사업장 현황신고를 받은 사업장 소재지 관할 세무서장 또는 지방국세청장은 대통령령으로 정하는 바에 따라 그 사업장의 현황을 조사·확인하거나 이에 관한 장부·서류·물건 등의 제출 또는 그 밖에 필요한 사항을 명할 수 있다.

제9절 결정·경정과 징수 및 환급
(2009.12.31 본절개정)

제1관 과세표준의 결정 및 경정

제80조【결정과 경정】 ① 납세지 관할 세무서장 또는 지방국세청장은 제70조, 제70조의2, 제71조 및 제74조에 따른 과세표준확정신고를 하여야 할 자가 그 신고를 하지 아니한 경우에는 해당 거주자의 해당 과세기간 과세표준과 세액을 결정한다.
(2013.1.1 본항개정)

② 납세지 관할 세무서장 또는 지방국세청장은 제70조, 제70조의2, 제71조 및 제74조에 따른 과세표준확정신고를 한 자(제2호 및 제3호의 경우에는 제73조에 따라 과세표준확정신고를 하지 아니한 자를 포함한다)가 다음 각 호의 어느 하나에 해당하는 경우에는 해당 과세기간의 과세표준과 세액을 경정한다.
(2013.1.1 본문개정)

1. 신고 내용에 탈루 또는 오류가 있는 경우
2. 제137조, 제137조의2, 제138조, 제143조의4, 제144조의2, 제145조의3 또는 제146조에 따라 소득세를 원천징수한 내용에 탈루 또는 오류가 있는 경우로서 원천징수의무자의 폐업·행방불명 등으로 원천징수의무자로부터 징수하기 어렵거나 근로소득자의 퇴사로 원천징수의무자의 원천징수 이행이 어렵다고 인정되는 경우(2015.12.15 본호개정)
3. 제140조에 따른 근로소득자 소득·세액 공제신고서를 제출한 자가 사실과 다르게 기재된 영수증을 받는 등 대통령령으로 정하는 부당한 방법으로 종합소득공제 및 세액공제를 받은 경우로서 원천징수의무자가 부당공제 여부를 확인하기 어렵다고 인정되는 경우(2014.1.1 본호개정)
4. 제163조제5항에 따른 매출·매입처별 계산서합계표 또는 제164조·제164조의2에 따른 지급명세서의 전부 또는 일부를 제출하지 아니한 경우
5. 다음 각 목의 어느 하나에 해당하는 경우로서 시설 규모나 영업 상황으로 보아 신고 내용이 불성실하다고 판단되는 경우
   가. 제160조의5제1항에 따라 사업용계좌를 이용하여야 할 사업자가 이를 이행하지 아니한 경우
   나. 제160조의5제3항에 따라 사업용계좌를 신고하여야 할 사업자가 이를 이행하지 아니한 경우(2010.12.27 본목개정)
   다. 제162조의2제1항에 따른 신용카드가맹점 가입 요건에 해당하는 사업자가 정당한 사유 없이 「여신전문금융업법」에 따른 신용카드가맹점으로 가입하지 아니한 경우
   라. 제162조의2제2항에 따른 신용카드가맹점 가입 요건에 해당하여 가맹한 신용카드가맹점이 정당한 사유 없이 같은 조 제2항을 위반하여 신용카드에 의한 거래를 거부하거나 신용카드매출전표를 사실과 다르게 발급한 경우
   마. 제162조의3제1항에 따른 요건에 해당하는 사업자가 정당한 사유 없이 현금영수증가맹점으로 가입하지 아니한 경우
   바. 제162조의3제1항에 따라 현금영수증가맹점으로 가입한 사업자가 정당한 사유 없이 같은 조 제3항 또는 제4항을 위

반하여 현금영수증을 발급하지 아니하거나 사실과 다르게 발급한 경우

③ 납세지 관할 세무서장 또는 지방국세청장은 제1항과 제2항에 따라 해당 과세기간의 과세표준과 세액을 결정 또는 경정하는 경우에는 장부나 그 밖의 증명서류를 근거로 하여야 한다. 다만, 대통령령으로 정하는 사유로 장부나 그 밖의 증명서류에 의하여 소득금액을 계산할 수 없는 경우에는 대통령령으로 정하는 바에 따라 소득금액을 추계조사결정할 수 있다.

④ 납세지 관할 세무서장 또는 지방국세청장은 과세표준과 세액을 결정 또는 경정한 후 그 결정 또는 경정에 탈루 또는 오류가 있는 것이 발견된 경우에는 즉시 그 과세표준과 세액을 다시 경정한다.

제81조【영수증 수취명세서 제출·작성 불성실 가산세】 ① 사업자(대통령령으로 정하는 소규모사업자 및 대통령령으로 정하는 바에 따라 소득금액이 추계되는 자는 제외한다)가 다음 각 호의 어느 하나에 해당하는 경우에는 그 제출하지 아니한 분의 지급금액 또는 불분명한 분의 지급금액의 100분의 1을 가산세로 해당 과세기간의 종합소득 결정세액에 더하여 납부하여야 한다.

1. 영수증 수취명세서를 과세표준확정신고기한까지 제출하지 아니한 경우
2. 제출한 영수증 수취명세서가 불분명하다고 인정되는 경우로서 대통령령으로 정하는 경우

② 제1항에 따른 가산세는 종합소득산출세액이 없는 경우에도 적용한다.

(2019.12.31 본조개정)

제81조의2【성실신고확인서 제출 불성실 가산세】 ① 성실신고확인대상사업자가 제70조의2제2항에 따라 그 과세기간의 다음 연도 6월 30일까지 성실신고확인서를 납세지 관할 세무서장에게 제출하지 아니한 경우에는 다음 각 호의 금액 중 큰 금액을 가산세로 해당 과세기간의 종합소득 결정세액에 더하여 납부하여야 한다.

1. 다음 계산식에 따라 계산한 금액(사업소득금액이 종합소득금액에서 차지하는 비율이 1보다 큰 경우에는 1로, 0보다 작은 경우에는 0으로 한다)

$$가산세 = A \times \frac{B}{C} \times 100분의\ 5$$

A : 종합소득산출세액
B : 사업소득금액
C : 종합소득금액

2. 해당 과세기간 사업소득의 총수입금액에 1만분의 2를 곱한 금액

(2021.12.8 본항개정)

② 제1항을 적용할 때 제80조에 따른 경정으로 종합소득산출세액이 0보다 크게 된 경우에는 경정된 종합소득산출세액을 기준으로 가산세를 계산한다.

③ 제1항에 따른 가산세는 종합소득산출세액이 없는 경우에도 적용한다.(2021.12.8 본항신설)

(2019.12.31 본조신설)

제81조의3【사업장 현황신고 불성실 가산세】 ① 사업자(주로 사업자가 아닌 소비자에게 재화 또는 용역을 공급하는 사업자로서 대통령령으로 정하는 사업자만 해당한다)가 다음 각 호의 어느 하나에 해당하는 경우에는 그 신고하지 아니한 수입금액 또는 미달하게 신고한 수입금액의 1천분의 5를 가산세로 해당 과세기간의 종합소득 결정세액에 더하여 납부하여야 한다.

1. 사업장 현황신고를 하지 아니한 경우
2. 제78조제2항에 따라 신고하여야 할 수입금액(같은 조 제1항 제2호 단서에 따라 사업장 현황신고를 한 것으로 보는 경우에는 면세사업등 수입금액)보다 미달하게 신고한 경우

② 제1항에 따른 가산세는 종합소득산출세액이 없는 경우에도 적용한다.

(2019.12.31 본조신설)

제81조의4【공동사업장 등록·신고 불성실 가산세】 ① 공동사업장에 관한 사업자등록 및 신고와 관련하여 다음 각 호의 어느 하나에 해당하는 경우에는 다음 각 호의 구분에 따른 금액을 가산세로 해당 과세기간의 종합소득 결정세액에 더하여 납부하여야 한다.

1. 공동사업자가 제87조제3항에 따라 사업자등록을 하지 아니하거나 공동사업자가 아닌 자가 공동사업자로 거짓으로 등록한 경우 : 등록하지 아니하거나 거짓 등록에 해당하는 각 과세기간 총수입금액의 1천분의 5
2. 공동사업자가 제87조제4항 또는 제5항에 따라 신고하여야 할 내용을 신고하지 아니하거나 거짓으로 신고한 경우로서 대통령령으로 정하는 경우 : 신고하지 아니하거나 거짓 신고에 해당하는 각 과세기간 총수입금액의 1천분의 1

② 제1항에 따른 가산세는 종합소득산출세액이 없는 경우에도 적용한다.

(2019.12.31 본조신설)

제81조의5【장부의 기록·보관 불성실 가산세】 사업자(대통령령으로 정하는 소규모사업자는 제외한다)가 제160조 또는 제161조에 따른 장부를 비치·기록하지 아니하였거나 비치·기록한 장부에 따른 소득금액이 기장하여야 할 금액에 미달한 경우에는 다음 계산식에 따라 계산한 금액을 가산세로 해당 과세기간의 종합소득 결정세액에 더하여 납부하여야 한다. 이 경우 기장하지 아니한 소득금액 또는 기장하여야 할 금액에 미달한 소득금액이 종합소득금액에서 차지하는 비율이 1보다 큰 경우에는 1로, 0보다 작은 경우에는 0으로 한다.

$$가산세 = A \times \frac{B}{C} \times 100분의\ 20$$

A : 종합소득산출세액
B : 기장하지 아니한 소득금액 또는 기장하여야 할 금액에 미달한 소득금액
C : 종합소득금액

(2019.12.31 본조신설)

제81조의6【증명서류 수취 불성실 가산세】 ① 사업자(대통령령으로 정하는 소규모사업자 및 대통령령으로 정하는 바에 따라 소득금액이 추계되는 자는 제외한다)가 사업과 관련하여 다른 사업자(법인을 포함한다)로부터 재화 또는 용역을 공급받고 제160조의2제2항 각 호의 어느 하나에 따른 증명서류를 받지 아니하거나 사실과 다른 증명서류를 받은 경우에는 그 받지 아니하거나 사실과 다르게 받은 금액으로 필요경비에 산입하는 것이 인정되는 금액(건별로 받아야 할 금액과의 차액을 말한다)의 100분의 2를 가산세로 해당 과세기간의 종합소득 결정세액에 더하여 납부하여야 한다. 다만, 제160조의2제2항 각 호 외의 부분 단서가 적용되는 부분은 그러하지 아니하다.

② 제1항에 따른 가산세는 종합소득산출세액이 없는 경우에도 적용한다.

(2019.12.31 본조신설)

제81조의7【기부금영수증 발급·작성·보관 불성실 가산세】 ① 제34조 및 「법인세법」 제24조에 따라 기부금을 필요경비 또는 손금에 산입하거나, 제59조의4제4항에 따라 기부금세액공제를 받기 위하여 필요한 기부금영수증〔「법인세법」 제75조의4제2항에 따른 전자기부금영수증(이하 "전자기부금영수증"이라 한다)을 포함한다. 이하 "기부금영수증"이라 한다〕을 발급하는 거주자 또는 비거주자가 다음 각 호의 어느 하나에 해당하는 경우에는 다음 각 호의 구분에 따른 금액을 가산세로 해당 과세기간의 종합소득 결정세액에 더하여 납부하여야 한다.

(2020.12.29 본문개정)

1. 기부금영수증을 사실과 다르게 적어 발급(기부금액 또는 기부자의 인적사항 등 주요 사항을 적지 아니하고 발급하는 경우를 포함한다. 이하 이 호에서 같다)한 경우
   가. 기부금액을 사실과 다르게 적어 발급한 경우 : 사실과 다르게 발급한 금액〔기부금영수증에 실제 적힌 금액(기부금영수증에 금액이 적혀 있지 아니한 경우에는 기부금영수증을 발급받은 자가 기부금을 필요경비에 산입하거나 기부금세액공제를 받은 해당 금액으로 한다)과 건별로 발급하여야 할 금액과의 차액을 말한다〕의 100분의 5
   나. 기부자의 인적사항 등을 사실과 다르게 적어 발급하는 등 가목 외의 경우 : 기부금영수증에 적힌 금액의 100분의 5

2. 기부자별 발급명세를 제160조의3제1항에 따라 작성·보관하지 아니한 경우 : 그 작성·보관하지 아니한 금액의 1천분의 2
② 「상속세 및 증여세법」 제78조제3항에 따라 보고서 제출의무를 이행하지 아니하거나 같은 조 제5항제2호에 따라 출연받은 재산에 대한 장부의 작성·비치의무를 이행하지 아니하여 가산세가 부과되는 경우에는 제1항제2호의 가산세를 적용하지 아니한다.
③ 제1항에 따른 가산세는 종합소득산출세액이 없는 경우에도 적용한다.
(2019.12.31 본조신설)

제81조의8 【사업용계좌 신고·사용 불성실 가산세】 ① 사업자가 다음 각 호의 어느 하나에 해당하는 경우에는 다음 각 호의 구분에 따른 금액을 가산세로 해당 과세기간의 종합소득 결정세액에 더하여 납부하여야 한다.
1. 제160조의5제1항 각 호의 어느 하나에 해당하는 경우로서 사업용계좌를 사용하지 아니한 경우 : 사업용계좌를 사용하지 아니한 금액의 1천분의 2
2. 제160조의5제3항에 따라 사업용계좌를 신고하지 아니한 경우(사업장별 신고를 하지 아니하고 이미 신고한 다른 사업장의 사업용계좌를 사용한 경우는 제외한다) : 다음 각 목의 금액 중 큰 금액
가. 다음 계산식에 따라 계산한 금액

$$가산세 = A \times \frac{B}{C} \times 1천분의\ 2$$

A : 해당 과세기간의 수입금액
B : 미신고기간(과세기간 중 사업용계좌를 신고하지 아니한 기간으로서 신고기한의 다음 날부터 신고일 전날까지의 일수를 말하며, 미신고기간이 2개 이상의 과세기간에 걸쳐 있으면 각 과세기간별로 미신고기간을 적용한다)
C : 365(윤년에는 366으로 한다)

나. 제160조의5제1항 각 호에 따른 거래금액의 합계액의 1천분의 2
② 제1항에 따른 가산세는 종합소득산출세액이 없는 경우에도 적용한다.
(2019.12.31 본조신설)

제81조의9 【신용카드 및 현금영수증 발급 불성실 가산세】
① 제162조의2제2항에 따른 신용카드가맹점이 신용카드에 의한 거래를 거부하거나 신용카드매출전표를 사실과 다르게 발급하여 같은 조 제4항 후단에 따라 납세지 관할 세무서장으로부터 통보받은 경우에는 통보받은 건별 거부 금액 또는 신용카드매출전표를 사실과 다르게 발급한 금액(건별로 발급하여야 할 금액과의 차액을 말한다)의 100분의 5(건별로 계산한 금액이 5천원 미만이면 5천원으로 한다)를 가산세로 해당 과세기간의 종합소득 결정세액에 더하여 납부하여야 한다.
② 사업자가 다음 각 호의 어느 하나에 해당하는 경우에는 다음 각 호의 구분에 따른 금액을 가산세로 해당 과세기간의 종합소득 결정세액에 더하여 납부하여야 한다.
1. 제162조의3제1항을 위반하여 현금영수증가맹점으로 가입하지 아니하거나 그 가입기한이 지나서 가입한 경우 : 다음 계산식에 따라 계산한 금액

$$가산세 = A \times \frac{B}{C} \times 100분의\ 1$$

A : 해당 과세기간의 수입금액(현금영수증가맹점 가입대상인 업종의 수입금액만 해당하며, 제163조에 따른 계산서 및 「부가가치세법」 제32조에 따른 세금계산서 발급분 등 대통령령으로 정하는 수입금액은 제외한다)
B : 미가입기간(제162조의3제1항에 따른 가입기한의 다음 날부터 가입일 전날까지의 일수를 말하며, 미가입기간이 2개 이상의 과세기간에 걸쳐 있으면 각 과세기간별로 미가입기간을 적용한다)
C : 365(윤년에는 366으로 한다)

2. 제162조의3제3항을 위반하여 현금영수증 발급을 거부하거나 사실과 다르게 발급하여 같은 조 제6항 후단에 따라 납세지 관할 세무서장으로부터 신고금액을 통보받은 경우(현금영수증의 발급대상 금액이 건당 5천원 이상인 경우만 해당하며, 제3호에 해당하는 경우는 제외한다) : 통보받은 건별 발급 거부 금액 또는 사실과 다르게 발급한 금액(건별로 발급하여야 할 금액과의 차액을 말한다)의 100분의 5(건별로 계산한 금액이 5천원 미만이면 5천원으로 한다)
3. 제162조의3제4항을 위반하여 현금영수증을 발급하지 아니한 경우(「국민건강보험법」에 따른 보험급여의 대상인 경우 등 대통령령으로 정하는 경우는 제외한다) : 미발급금액의 100분의 20(착오나 누락으로 인하여 거래대금을 받은 날부터 10일 이내에 관할 세무서에 자진 신고하거나 현금영수증을 자진 발급한 경우에는 100분의 10으로 한다)(2021.12.8 본호개정)
③ 제1항 및 제2항에 따른 가산세는 종합소득산출세액이 없는 경우에도 적용한다.
(2019.12.31 본조신설)

제81조의10 【계산서 등 제출 불성실 가산세】 ① 사업자(대통령령으로 정하는 소규모사업자는 제외한다)가 다음 각 호의 어느 하나에 해당하는 경우에는 다음 각 호의 구분에 따른 금액을 가산세로 해당 과세기간의 종합소득 결정세액에 더하여 납부하여야 한다.
1. 제163조제1항 또는 제2항에 따라 발급한 계산서(같은 조 제1항 후단에 따른 전자계산서를 포함한다. 이하 이 조에서 같다)에 대통령령으로 정하는 기재 사항의 전부 또는 일부가 기재되지 아니하거나 사실과 다르게 기재된 경우(제2호가 적용되는 분은 제외한다) : 공급가액의 100분의 1
2. 제163조제5항에 따른 매출·매입처별 계산서합계표(이하 이 호에서 "계산서합계표"라 한다)의 제출과 관련하여 다음 각 목의 어느 하나에 해당하는 경우(제4호가 적용되는 분의 매출가액 또는 매입가액은 제외한다) : 다음 각 목의 구분에 따른 금액
가. 계산서합계표를 제163조제5항에 따라 제출하지 아니한 경우 : 공급가액의 1천분의 5(제출기한이 지난 후 1개월 이내에 제출하는 경우에는 공급가액의 1천분의 3으로 한다)
나. 제출한 계산서합계표에 대통령령으로 정하는 기재하여야 할 사항의 전부 또는 일부가 기재되지 아니하거나 사실과 다르게 기재된 경우(계산서합계표의 기재 사항이 착오로 기재된 경우로서 대통령령으로 정하는 바에 따라 거래사실이 확인되는 분의 매출가액 또는 매입가액은 제외한다) : 공급가액의 1천분의 5
3. 「부가가치세법」 제54조에 따른 매입처별 세금계산서합계표(이하 "매입처별 세금계산서합계표"라 한다)의 제출과 관련하여 다음 각 목의 어느 하나에 해당하는 경우(제4호가 적용되는 분의 매입가액은 제외한다) : 다음 각 목의 구분에 따른 금액
가. 매입처별 세금계산서합계표를 제163조의2제1항에 따라 제출하지 아니한 경우 : 공급가액의 1천분의 5(제출기한이 지난 후 1개월 이내에 제출하는 경우에는 공급가액의 1천분의 3으로 한다)
나. 매입처별 세금계산서합계표를 제출한 경우로서 그 매입처별 세금계산서합계표에 기재하여야 할 사항의 전부 또는 일부가 기재되지 아니하거나 사실과 다르게 기재된 경우(매입처별 세금계산서합계표의 기재사항이 착오로 기재된 경우로서 대통령령으로 정하는 바에 따라 거래사실이 확인되는 분의 매입가액은 제외한다) : 공급가액의 1천분의 5
4. 다음 각 목의 어느 하나에 해당하는 경우 : 공급가액의 100분의 2(가목을 적용할 때 제163조제1항에 따라 전자계산서를 발급하여야 하는 자가 전자계산서 외의 계산서를 발급한 경우와 같은 조 제7항에 따른 계산서의 발급시기가 지난 후 해당 재화 또는 용역의 공급시기가 속하는 과세기간의 다음 연도 1월 25일까지 같은 조 제1항 또는 제2항에 따른 계산서를 발급한 경우에는 100분의 1로 한다)
가. 제163조제1항 또는 제2항에 따른 계산서를 같은 조 제7항에 따른 발급시기에 발급하지 아니한 경우
나. 재화 또는 용역을 공급하지 아니하고 제163조제1항 또는 제2항에 따른 계산서, 제160조의2제2항제3호에 따른 신용카드매출전표 또는 같은 항 제4호에 따른 현금영수증(이하 이 호에서 "계산서등"이라 한다)을 발급한 경우
다. 재화 또는 용역을 공급받지 아니하고 계산서등을 발급받은 경우

라. 재화 또는 용역을 공급하고 실제로 재화 또는 용역을 공급하는 자가 아닌 자의 명의로 계산서등을 발급한 경우
마. 재화 또는 용역을 공급받고 실제로 재화 또는 용역을 공급하는 자가 아닌 자의 명의로 계산서등을 발급받은 경우
5. 제163조제8항에 따른 기한이 지난 후 재화 또는 용역의 공급시기가 속하는 과세기간 말의 다음 달 25일까지 국세청장에게 전자계산서 발급명세를 전송하는 경우(제4호가 적용되는 분은 제외한다) : 공급가액의 1천분의 3(제163조제1항제1호에 따른 사업자가 2016년 12월 31일 이전에 재화 또는 용역을 공급한 분과 같은 항 제2호에 따른 사업자가 2018년 12월 31일 이전에 재화 또는 용역을 공급한 분에 대해서는 각각 1천분의 1로 한다)
6. 제163조제8항에 따른 기한이 지난 후 재화 또는 용역의 공급시기가 속하는 과세기간 말의 다음 달 25일까지 국세청장에게 전자계산서 발급명세를 전송하지 아니한 경우(제4호가 적용되는 분은 제외한다) : 공급가액의 1천분의 5(제163조제1항제1호에 따른 사업자가 2016년 12월 31일 이전에 재화 또는 용역을 공급한 분과 같은 항 제2호에 따른 사업자가 2018년 12월 31일 이전에 재화 또는 용역을 공급한 분에 대해서는 각각 1천분의 3으로 한다)

② 사업자가 아닌 자가 재화 또는 용역을 공급하지 아니하고 계산서를 발급하거나 재화 또는 용역을 공급받지 아니하고 계산서를 발급받은 경우 그 계산서를 발급하거나 발급받은 자를 사업자로 보고 그 계산서에 적힌 공급가액의 100분의 2를 그 계산서를 발급하거나 발급받은 자에게 사업자등록증을 발급한 세무서장이 가산세로 징수한다. 이 경우 그 계산서를 발급하거나 발급받은 자의 사업소득에 대한 제15조에 따른 종합소득산출세액은 0으로 본다.

③ 제1항 및 제2항의 가산세는 종합소득산출세액이 없는 경우에도 적용한다.

④ 제1항 및 제2항의 가산세는 다음 각 호의 구분에 따라 가산세가 부과되는 부분에 대해서는 적용하지 아니한다.
1. 제1항의 가산세를 적용하지 아니하는 경우 : 제81조의6 또는 「부가가치세법」 제60조제2항 · 제3항 · 제5항 · 제6항에 따라 가산세가 부과되는 부분
2. 제2항의 가산세를 적용하지 아니하는 경우 : 「부가가치세법」 제60조제4항에 따라 가산세가 부과되는 부분

(2019.12.31 본조신설)

제81조의11 【지급명세서 등 제출 불성실 가산세】 ① 제164조 · 제164조의2 또는 「법인세법」 제120조 · 제120조의2에 따른 지급명세서(이하 이 조에서 "지급명세서"라 한다)나 이 법 제164조의3에 따른 간이지급명세서(이하 이 조에서 "간이지급명세서"라 한다)를 제출하여야 할 자가 다음 각 호의 어느 하나에 해당하는 경우에는 각 호에서 정하는 금액을 가산세로 해당 과세기간의 종합소득 결정세액에 더하여 납부하여야 한다. 다만, 「조세특례제한법」 제90조의2에 따라 가산세가 부과되는 분에 대해서는 그러하지 아니하다.(2022.12.31 본문개정)
1. 지급명세서 또는 간이지급명세서(이하 이 조에서 "지급명세서등"이라 한다)를 기한까지 제출하지 아니한 경우 : 다음 각 목의 구분에 따른 금액
   가. 지급명세서의 경우 : 제출하지 아니한 분의 지급금액의 100분의 1(제출기한이 지난 후 3개월 이내에 제출하는 경우에는 지급금액의 1천분의 5로 한다). 다만, 제164조제1항 각 호 외의 부분 단서에 따른 일용근로자의 근로소득(이하 이 조에서 "일용근로소득"이라 한다)에 대한 지급명세서의 경우에는 제출하지 아니한 분의 지급금액의 1만분의 25(제출기한이 지난 후 1개월 이내에 제출하는 경우에는 지급금액의 10만분의 125)로 한다.
   나. 간이지급명세서의 경우 : 제출하지 아니한 분의 지급금액의 1만분의 25(제출기한이 지난 후 1개월 이내에 제출하는 경우에는 지급금액의 10만분의 125로 한다)(2022.12.31 본목개정 : 제164조의3제1항제1호의 소득에 대한 간이지급명세서를 제출하지 아니한 경우는 2026.1.1 시행)
2. 제출된 지급명세서등이 대통령령으로 정하는 불분명한 경우에 해당하거나 제출된 지급명세서등에 기재된 지급금액이 사실과 다른 경우 : 다음 각 목의 구분에 따른 금액
   가. 지급명세서의 경우 : 불분명하거나 사실과 다른 분의 지급금액의 100분의 1. 다만, 일용근로소득에 대한 지급명세서의 경우에는 불분명하거나 사실과 다른 분의 지급금액의 1만분의 25로 한다.
   나. 간이지급명세서의 경우 : 불분명하거나 사실과 다른 분의 지급금액의 1만분의 25

(2021.3.16 본항개정)

② 제1항제1호에도 불구하고 제128조제2항에 따라 원천징수세액을 반기별로 납부하는 원천징수의무자가 2021년 7월 1일부터 2022년 6월 30일까지 일용근로소득 또는 제164조의3제1항제2호의 소득을 지급하는 경우로서 다음 각 호의 어느 하나에 해당하는 경우에는 제1항제1호의 가산세는 부과하지 아니한다.
1. 일용근로소득에 대한 지급명세서를 그 소득 지급일(제135조를 적용받는 소득에 대해서는 해당 소득에 대한 과세기간 종료일을 말한다)이 속하는 분기의 마지막 달의 다음 달 말일(휴업, 폐업 또는 해산한 경우에는 휴업일, 폐업일 또는 해산일이 속하는 분기의 마지막 달의 다음 달 말일)까지 제출하는 경우
2. 제164조의3제1항제2호의 소득에 대한 간이지급명세서를 그 소득 지급일(제144조의5를 적용받는 소득에 대해서는 해당 소득에 대한 과세기간 종료일을 말한다)이 속하는 반기의 마지막 달의 다음 달 말일(휴업, 폐업 또는 해산한 경우에는 휴업일, 폐업일 또는 해산일이 속하는 반기의 마지막 달의 다음 달 말일)까지 제출하는 경우

(2021.3.16 본항신설)

③ 제1항제1호나목에도 불구하고 다음 각 호에 해당하는 경우에는 제1항제1호나목의 가산세는 부과하지 아니한다.
1. 2026년 1월 1일부터 2026년 12월 31일(제128조제2항에 따라 원천징수세액을 반기별로 납부하는 원천징수의무자의 경우에는 2027년 12월 31일)까지 제164조의3제1항제1호의 소득을 지급하는 경우로서 해당 소득에 대한 간이지급명세서를 그 소득 지급일(제135조를 적용받는 소득에 대해서는 해당 소득에 대한 과세연도 종료일을 말한다)이 속하는 반기의 마지막 달의 다음 달 말일(휴업, 폐업 또는 해산한 경우에는 휴업일, 폐업일 또는 해산일이 속하는 반기의 마지막 달의 다음 달 말일)까지 제출하는 경우(2023.12.31 본호개정 : 2026.1.1 시행)
2. 2024년 1월 1일부터 2024년 12월 31일까지 제164조의3제1항제3호의 소득을 지급하는 경우로서 해당 소득에 대한 지급명세서를 그 소득 지급일이 속하는 과세연도의 다음 연도의 2월 말일(휴업, 폐업 또는 해산한 경우에는 휴업일, 폐업일 또는 해산일이 속하는 달의 다음다음 달 말일)까지 제출하는 경우

(2022.12.31 본항신설)

④ 제1항제2호에도 불구하고 일용근로소득 또는 제164조의3제1항 각 호의 소득에 대하여 제출된 지급명세서등이 제1항제2호 각 목 외의 부분에 해당하는 경우로서 지급명세서등에 기재된 각각의 총지급금액에서 제1항제2호 각 목 외의 부분에 해당하는 분의 지급금액이 차지하는 비율이 대통령령으로 정하는 비율 이하인 경우에는 제1항제2호의 가산세는 부과하지 아니한다.(2022.12.31 본항개정 : 제164조의3제1항제1호의 소득에 관한 부분은 2026.1.1 시행)

⑤ 제1항을 적용할 때 제164조의3제1항제2호(제73조제1항제4호에 따라 대통령령으로 정하는 사업소득은 제외한다) 또는 제3호의 소득에 대한 지급명세서등의 제출의무가 있는 자에 대하여 제1항제1호가목의 가산세가 부과되는 부분에 대해서는 같은 호 나목의 가산세를 부과하지 아니하고, 제1항제2호가목의 가산세가 부과되는 부분에 대해서는 같은 호 나목의 가산세를 부과하지 아니한다.(2022.12.31 본항신설)

⑥ 제1항에 따른 가산세는 종합소득산출세액이 없는 경우에도 적용한다.

(2021.3.16 본조제목개정)
(2019.12.31 본조신설)

제81조의12 【주택임대사업자 미등록 가산세】 ① 주택임대소득이 있는 사업자가 제168조제1항 및 제3항에 따라 「부가가치세법」 제8조제1항 본문에 따른 기한까지 등록을 신청하지

아니한 경우에는 사업 개시일부터 등록을 신청한 날의 직전일까지의 주택임대수입금액의 1천분의 2를 가산세로 해당 과세기간의 종합소득 결정세액에 더하여 납부하여야 한다.
② 제1항에 따른 가산세는 종합소득산출세액이 없는 경우에도 적용한다.
(2019.12.31 본조신설)

제81조의13【특정외국법인의 유보소득 계산 명세서 제출 불성실 가산세】 ①「국제조세조정에 관한 법률」 제34조제3호에 따른 특정외국법인의 유보소득 계산 명세서(이하 이 항에서 "명세서"라 한다)를 같은 조에 따라 제출하여야 하는 거주자가 다음 각 호의 어느 하나에 해당하는 경우에는 해당 특정외국법인의 배당 가능한 유보소득금액의 1천분의 5를 가산세로 해당 과세기간의 종합소득 결정세액에 더하여 납부하여야 한다.
(2020.12.29 본문개정)
1. 제출기한까지 명세서를 제출하지 아니한 경우
2. 제출한 명세서의 전부 또는 일부를 적지 아니하는 등 제출한 명세서가 대통령령으로 정하는 불분명한 경우에 해당하는 경우

② 제1항에 따른 가산세는 종합소득산출세액이 없는 경우에도 적용한다.
(2019.12.31 본조신설)

제81조의14【업무용승용차 관련 비용 명세서 제출 불성실 가산세】 ① 제33조의2제1항부터 제3항까지의 규정에 따라 업무용승용차 관련 비용 등을 필요경비에 산입한 복식부기의무자가 같은 조 제4항에 따른 업무용승용차 관련 비용 등에 관한 명세서(이하 이 항에서 "명세서"라 한다)를 제출하지 아니하거나 사실과 다르게 제출한 경우에는 다음 각 호의 구분에 따른 금액을 가산세로 해당 과세기간의 종합소득 결정세액에 더하여 납부하여야 한다.
1. 명세서를 제출하지 아니한 경우 : 해당 복식부기의무자가 제70조 및 제70조의2에 따른 신고를 할 때 업무용승용차 관련 비용 등으로 필요경비에 산입한 금액의 100분의 1
2. 명세서를 사실과 다르게 제출한 경우 : 해당 복식부기의무자가 제70조 및 제70조의2에 따른 신고를 할 때 업무용승용차 관련 비용 등으로 필요경비에 산입한 금액 중 해당 명세서에 사실과 다르게 적은 금액의 100분의 1

② 제1항에 따른 가산세는 종합소득산출세액이 없는 경우에도 적용한다.
(2021.12.8 본조신설)

제82조【수시부과 결정】 ① 납세지 관할 세무서장 또는 지방국세청장은 거주자가 과세기간 중에 다음 각 호의 어느 하나에 해당하면 수시로 그 거주자에 대한 소득세를 부과(이하 "수시부과"라 한다)할 수 있다.
1. 사업부진이나 그 밖의 사유로 장기간 휴업 또는 폐업 상태에 있는 때로서 소득세를 포탈(逋脫)할 우려가 있다고 인정되는 경우
2. 그 밖에 조세를 포탈할 우려가 있다고 인정되는 상당한 이유가 있는 경우

② 제1항은 해당 과세기간의 사업 개시일부터 제1항 각 호의 사유가 발생한 날까지를 수시부과기간으로 하여 적용한다. 이 경우 제1항 각 호의 사유가 제70조 또는 제70조의2에 따른 확정신고기한 이전에 발생한 경우로서 납세자가 직전 과세기간에 대하여 과세표준확정신고를 하지 아니한 경우에는 직전 과세기간을 수시부과기간에 포함한다.(2013.1.1 후단개정)
③ 제1항과 제2항에 따라 수시부과한 경우 해당 세액 및 수입금액에 대해서는 「국세기본법」 제47조의2 및 제47조의3을 적용하지 아니한다.
④ 관할세무서장 또는 지방국세청장은 주소·거소 또는 사업장의 이동이 빈번하다고 인정되는 지역의 납세의무가 있는 자에 대해서는 제1항과 제2항을 준용하여 대통령령으로 정하는 바에 따라 수시부과할 수 있다.
⑤ 수시부과 절차와 그 밖에 필요한 사항은 대통령령으로 정한다.

제83조【과세표준과 세액의 통지】 납세지 관할 세무서장 또는 지방국세청장은 제80조에 따라 거주자의 과세표준과 세액을 결정 또는 경정한 경우에는 그 내용을 해당 거주자 또는 상속인에게 대통령령으로 정하는 바에 따라 서면으로 통지하여야 한다. 다만, 제42조에 따라 과세표준과 세액의 결정 또는 경정을 한 경우에는 지체 없이 통지하여야 한다.

제84조【기타소득의 과세최저한】 기타소득이 다음 각 호의 어느 하나에 해당하면 그 소득에 대한 소득세를 과세하지 아니한다.
1. 제21조제1항제4호에 따른 환급금으로서 건별로 승마투표권, 승자투표권, 소싸움경기투표권, 체육진흥투표권의 권면에 표시된 금액의 합계액이 10만원 이하이고 다음 각 목의 어느 하나에 해당하는 경우
   가. 적중한 개별투표당 환급금이 10만원 이하인 경우
   나. 단위투표금액당 환급금이 단위투표금액의 100배 이하이면서 적중한 개별투표당 환급금이 200만원 이하인 경우
   (2015.12.15 본호개정)
2. 제14조제3항제8호라목에 따른 복권 당첨금(복권당첨금을 복권 및 복권 기금법령에 따라 분할하여 지급받는 경우에는 분할하여 지급받는 금액의 합계액을 말한다) 또는 제21조제1항제14호에 따른 당첨금품등이 건별로 200만원 이하인 경우
   (2022.12.31 본호개정)
3. 그 밖의 기타소득금액(제21조제1항제21호의 기타소득금액은 제외한다)이 건별로 5만원 이하인 경우(2014.12.23 본호개정)

제2관 세액의 징수와 환급

제85조【징수와 환급】 ① 납세지 관할 세무서장은 거주자가 다음 각 호의 어느 하나에 해당하면 그 미납된 부분의 소득세액을 「국세징수법」에 따라 징수한다.(2013.1.1 본문개정)
1. 제65조제6항에 따라 중간예납세액을 신고·납부하여야 할 자가 그 세액의 전부 또는 일부를 납부하지 아니한 경우
2. 제76조에 따라 해당 과세기간의 소득세로 납부하여야 할 세액의 전부 또는 일부를 납부하지 아니한 경우

② 납세지 관할 세무서장은 제1항 또는 제76조에 따라 징수하거나 납부된 거주자의 해당 과세기간 소득세액이 제80조에 따라 납세지 관할 세무서장 또는 지방국세청장이 결정 또는 경정한 소득세액에 미달할 때에는 그 미달하는 세액을 징수한다. 제65조에 따른 중간예납세액의 경우에도 또한 같다.
③ 납세지 관할 세무서장은 원천징수의무자가 징수하였거나 징수하여야 할 세액을 그 기한까지 납부하지 아니하였거나 미달하게 납부한 경우에는 그 징수하여야 할 세액에 「국세기본법」 제47조의5제1항에 따른 가산세액을 더한 금액을 그 세액으로 하여 그 원천징수의무자로부터 징수하여야 한다. 다만, 원천징수의무자가 원천징수를 하지 아니한 경우로서 다음 각 호의 어느 하나에 해당하는 경우에는 「국세기본법」 제47조의5제1항에 따른 가산세액만을 징수한다.(2013.1.1 본문개정)
1. 납세의무자가 신고·납부한 과세표준금액에 원천징수하지 아니한 원천징수대상 소득금액이 이미 산입된 경우
2. 원천징수하지 아니한 원천징수대상 소득금액에 대해서 납세의무자의 관할 세무서장이 제80조 및 제114조에 따라 그 납세의무자에게 직접 소득세를 부과·징수하는 경우

④ 납세지 관할 세무서장은 제65조·제69조·제82조·제127조 및 제150조에 따라 중간예납, 토지등 매매차익예정신고납부, 수시부과 및 원천징수한 세액이 제15조제3호에 따른 종합소득 총결정세액과 퇴직소득 총결정세액의 합계액을 각각 초과하는 경우에는 그 초과하는 세액은 환급하거나 다른 국세 및 강제징수비에 충당하여야 한다.(2020.12.29 본항개정)
⑤ 납세조합 관할 세무서장은 납세조합이 그 조합원에 대한 해당 소득세를 매월 징수하여 기한까지 납부하지 아니하였거나 미달하게 납부하였을 때에는 그 징수하여야 할 세액에 「국세기본법」 제47조의5제1항에 따른 가산세액을 더한 금액을 세액으로 하여 해당 납세조합으로부터 징수하여야 한다.(2012.1.1 본항신설)

제85조의2【중소기업의 결손금소급공제에 따른 환급】 ①「조세특례제한법」 제6조제1항에 따른 중소기업을 경영하는 거주자가 그 중소기업의 사업소득금액을 계산할 때 제45조제3항에서 규정하는 해당 과세기간의 이월결손금(부동산임대업에서

발생한 이월결손금은 제외한다. 이하 이 조에서 같다)이 발생한 경우에는 직전 과세기간의 그 중소기업의 사업소득에 부과된 종합소득 결정세액을 한도로 하여 대통령령으로 정하는 바에 따라 계산한 금액(이하 "결손금 소급공제세액"이라 한다)을 환급신청할 수 있다. 이 경우 소급공제한 이월결손금에 대해서 제45조제3항을 적용할 때에는 그 이월결손금을 공제받은 금액으로 본다.(2020.12.29 전단개정)
② 결손금 소급공제세액을 환급받으려는 자는 제70조, 제70조의2 또는 제74조에 따른 과세표준확정신고기한까지 대통령령으로 정하는 바에 따라 납세지 관할 세무서장에게 환급을 신청하여야 한다.(2013.1.1 본항개정)
③ 납세지 관할 세무서장이 제2항에 따라 소득세의 환급신청을 받은 경우에는 지체 없이 환급세액을 결정하여 「국세기본법」 제51조 및 제52조에 따라 환급하여야 한다.
④ 제1항부터 제3항까지의 규정은 해당 거주자가 제70조, 제70조의2 또는 제74조에 따른 신고기한까지 결손금이 발생한 과세기간과 그 직전 과세기간의 소득에 대한 소득세의 과세표준 및 세액을 각각 신고한 경우에만 적용한다.(2013.1.1 본항개정)
⑤ 납세지 관할 세무서장은 제3항에 따라 소득세를 환급받은 자가 다음 각 호의 어느 하나에 해당하는 경우에는 그 환급세액(제1호 및 제2호의 경우에는 과다하게 환급된 세액 상당액을 말한다)과 그에 대한 이자상당액을 대통령령으로 정하는 바에 따라 그 이월결손금이 발생한 과세기간의 소득세로서 징수한다.(2019.12.31 본문개정)
1. 결손금이 발생한 과세기간에 대한 소득세의 과세표준과 세액을 경정함으로써 이월결손금이 감소된 경우
2. 결손금이 발생한 과세기간의 직전 과세기간에 대한 종합소득과세표준과 세액을 경정함으로써 환급세액이 감소된 경우 (2013.1.1 본호신설)
3. 제1항에 따른 중소기업 요건을 갖추지 아니하고 환급을 받은 경우
(2012.1.1 본항개정)
⑥ 결손금의 소급공제에 의한 환급세액의 계산 및 신청 절차와 그 밖에 필요한 사항은 대통령령으로 정한다.
(2019.12.31 본조제목개정)

제86조【소액 부징수】 다음 각 호의 어느 하나에 해당하는 경우에는 해당 소득세를 징수하지 아니한다.
1. 제127조제1항 각 호의 소득(같은 항 제1호의 이자소득과 같은 항 제3호의 원천징수대상 사업소득 중 대통령령으로 정하는 사업소득은 제외한다)에 대한 원천징수세액이 1천원 미만인 경우(2023.12.31 본호개정)
2. 제150조에 따른 납세조합의 징수세액이 1천원 미만인 경우
3. (2013.1.1 삭제)
4. 제65조에 따른 중간예납세액이 50만원 미만인 경우 (2021.12.8 본호개정)
(2014.1.1 본조제목개정)

제10절 공동사업장에 대한 특례
(2009.12.31 본절개정)

제87조【공동사업장에 대한 특례】 ① 공동사업장에서 발생한 소득금액에 대하여 원천징수된 세액은 각 공동사업자의 손익분배비율에 따라 배분한다.
② 제81조, 제81조의3, 제81조의4, 제81조의6 및 제81조의8부터 제81조의11까지의 규정과 「국세기본법」 제47조의5에 따른 가산세로서 공동사업장에 관련되는 세액은 각 공동사업자의 손익분배비율에 따라 배분한다.(2019.12.31 본항개정)
③ 공동사업장에 대해서는 그 공동사업장을 1사업자로 보아 제160조제1항 및 제168조를 적용한다.
④ 공동사업자가 그 공동사업장에 관한 제168조제1항 및 제2항에 따른 사업자등록을 할 때에는 대통령령으로 정하는 바에 따라 공동사업자(출자공동사업자 해당 여부에 관한 사항을 포함한다), 약정한 손익분배비율, 대표공동사업자, 지분·출자명세, 그 밖에 필요한 사항을 사업장 소재지 관할 세무서장에게 신고하여야 한다.
⑤ 제4항에 따라 신고한 내용에 변동사항이 발생한 경우 대표공동사업자는 대통령령으로 정하는 바에 따라 그 변동 내용을 해당 사업장 소재지 관할 세무서장에게 신고하여야 한다.
⑥ 공동사업장에 대한 소득금액의 신고, 결정, 경정 또는 조사 등에 필요한 사항은 대통령령으로 정한다.

제2장의2 거주자의 금융투자소득에 대한 납세의무

제87조의2~제87조의27 (2024.12.31 삭제)

제3장 거주자의 양도소득에 대한 납세의무
(2009.12.31 본장개정)

제1절 양도의 정의

제88조【정의】 이 장에서 사용하는 용어의 뜻은 다음과 같다.
1. "양도"란 자산에 대한 등기 또는 등록과 관계없이 매도, 교환, 법인에 대한 현물출자 등을 통하여 그 자산을 유상으로 사실상 이전하는 것을 말한다. 이 경우 대통령령으로 정하는 부담부증여 시 수증자가 부담하는 채무액에 해당하는 부분은 양도로 보며, 다음 각 목의 어느 하나에 해당하는 경우에는 양도로 보지 아니한다.(2020.12.29 본문개정)
   가. 「도시개발법」이나 그 밖의 법률에 따른 환지처분으로 지목 또는 지번이 변경되거나 보류지(保留地)로 충당되는 경우
   나. 토지의 경계를 변경하기 위하여 「공간정보의 구축 및 관리 등에 관한 법률」 제79조에 따른 토지의 분할 등 대통령령으로 정하는 방법과 절차로 하는 토지 교환의 경우
   다. 위탁자와 수탁자 간 신임관계에 기하여 위탁자의 자산에 신탁이 설정되고 그 신탁재산의 소유권이 수탁자에게 이전된 경우로서 위탁자가 신탁 설정을 해지하거나 신탁의 수익자를 변경할 수 있는 등 신탁재산을 실질적으로 지배하고 소유하는 것으로 볼 수 있는 경우(2020.12.29 본목신설)
2. "주식등"이란 주식 또는 출자지분을 말하며, 신주인수권과 대통령령으로 정하는 증권예탁증권을 포함한다.(2024.12.31 본호개정)
3. "주권상장법인"이란 「자본시장과 금융투자업에 관한 법률」 제9조제15항제3호에 따른 주권상장법인을 말한다. (2024.12.31 본호신설)
4. "주권비상장법인"이란 제3호에 따른 주권상장법인이 아닌 법인을 말한다.(2024.12.31 본호신설)
5. "실지거래가액"이란 자산의 양도 또는 취득 당시에 양도자와 양수자가 실제로 거래한 가액으로서 해당 자산의 양도 또는 취득과 대가관계에 있는 금전과 그 밖의 재산가액을 말한다.
6. "1세대"란 거주자 및 그 배우자(법률상 이혼을 하였으나 생계를 같이 하는 등 사실상 이혼한 것으로 보기 어려운 관계에 있는 사람을 포함한다. 이하 이 호에서 같다)가 그들과 같은 주소 또는 거소에서 생계를 같이 하는 자[거주자 및 그 배우자의 직계존비속(그 배우자를 포함한다) 및 형제자매를 말하며, 취학, 질병의 요양, 근무상 또는 사업상의 형편으로 본래의 주소 또는 거소에서 일시 퇴거한 사람을 포함한다]와 함께 구성하는 가족단위를 말한다. 다만, 대통령령으로 정하는 경우에는 배우자가 없어도 1세대로 본다.(2018.12.31 본문개정)
7. "주택"이란 허가 여부나 공부(公簿)상의 용도구분과 관계없이 세대의 구성원이 독립된 주거생활을 할 수 있는 구조로서 대통령령으로 정하는 구조를 갖추어 사실상 주거용으로 사용하는 건물을 말한다. 이 경우 그 용도가 분명하지 아니하면 공부상의 용도에 따른다.(2023.12.31 전단개정)
8. "농지"란 논밭이나 과수원으로서 지적공부(地籍公簿)의 지목과 관계없이 실제로 경작에 사용되는 토지를 말한다. 이 경우 농지의 경영에 직접 필요한 농막, 퇴비사, 양수장, 지소(池沼), 농도(農道) 및 수로(水路) 등에 사용되는 토지를 포함한다.
9. "조합원입주권"이란 「도시 및 주거환경정비법」 제74조에 따른 관리처분계획의 인가 및 「빈집 및 소규모주택 정비에 관한 특례법」 제29조에 따른 사업시행계획인가로 인하여 취득

한 입주자로 선정된 지위를 말한다. 이 경우 「도시 및 주거환경정비법」에 따른 재건축사업 또는 재개발사업, 「빈집 및 소규모주택 정비에 관한 특례법」에 따른 자율주택정비사업, 가로주택정비사업, 소규모재건축사업 또는 소규모재개발사업을 시행하는 정비사업조합의 조합원(같은 법 제22조에 따라 주민합의체를 구성하는 경우에는 같은 법 제2조제6호의 토지등소유자를 말한다)으로서 취득한 것(그 조합원으로부터 취득한 것을 포함한다)으로 한정하며, 이에 딸린 토지를 포함한다.(2021.12.8 후단개정)

10. "분양권"이란 「주택법」 등 대통령령으로 정하는 법률에 따른 주택에 대한 공급계약을 통하여 주택을 공급받는 자로 선정된 지위(해당 지위를 매매 또는 증여 등의 방법으로 취득한 것을 포함한다)를 말한다.(2020.8.18 본호신설)

(2016.12.20 본조개정)

제2절 양도소득에 대한 비과세 및 감면

제89조【비과세 양도소득】 ① 다음 각 호의 소득에 대해서는 양도소득에 대한 소득세(이하 "양도소득세"라 한다)를 과세하지 아니한다.

1. 파산선고에 의한 처분으로 발생하는 소득
2. 대통령령으로 정하는 경우에 해당하는 농지의 교환 또는 분합(分合)으로 발생하는 소득
3. 다음 각 목의 어느 하나에 해당하는 주택(주택 및 이에 딸린 토지의 양도 당시 실지거래가액의 합계액이 12억원을 초과하는 고가주택은 제외한다)과 이에 딸린 토지로서 건물이 정착된 면적에 지역별로 대통령령으로 정하는 배율을 곱하여 산정한 면적 이내의 토지(이하 이 조에서 "주택부수토지"라 한다)의 양도로 발생하는 소득(2021.12.8 본문개정)
   가. 1세대가 1주택을 보유하는 경우로서 대통령령으로 정하는 요건을 충족하는 주택(2016.12.20 본목개정)
   나. 1세대가 1주택을 양도하기 전에 다른 주택을 대체취득하거나 상속, 동거봉양, 혼인 등으로 인하여 2주택 이상을 보유하는 경우로서 대통령령으로 정하는 주택(2014.1.1 본목신설)
4. 조합원입주권을 1개 보유한 1세대[「도시 및 주거환경정비법」 제74조에 따른 관리처분계획의 인가일 및 「빈집 및 소규모주택 정비에 관한 특례법」 제29조에 따른 사업시행계획인가일(인가일 전에 기존주택이 철거되는 때에는 기존주택의 철거일) 현재 제3호가목에 해당하는 기존주택을 소유하는 세대]가 다음 각 목의 어느 하나의 요건을 충족하여 양도하는 경우 해당 조합원입주권을 양도하여 발생하는 소득. 다만, 해당 조합원입주권의 양도 당시 실지거래가액이 12억원을 초과하는 경우에는 양도소득세를 과세한다.
   가. 양도일 현재 다른 주택 또는 분양권을 보유하지 아니할 것
   나. 양도일 현재 1조합원입주권 외에 1주택을 보유한 경우(분양권을 보유하지 아니하는 경우로 한정한다)로서 해당 1주택을 취득한 날부터 3년 이내에 해당 조합원입주권을 양도할 것(3년 이내에 양도하지 못하는 경우로서 대통령령으로 정하는 사유에 해당하는 경우를 포함한다)
   (2021.12.8 본호개정)
5. 「지적재조사에 관한 특별법」 제18조에 따른 경계의 확정으로 지적공부상의 면적이 감소되어 같은 법 제20조에 따라 지급받는 조정금(2018.12.31 본호신설)

② 1세대가 주택(주택부수토지를 포함한다. 이하 이 조에서 같다)과 조합원입주권 또는 분양권을 보유하다가 그 주택을 양도하는 경우에는 제1항에도 불구하고 같은 항 제3호를 적용하지 아니한다. 다만, 「도시 및 주거환경정비법」에 따른 재건축사업 또는 재개발사업, 「빈집 및 소규모주택 정비에 관한 특례법」에 따른 자율주택정비사업, 가로주택정비사업, 소규모재건축사업 또는 소규모재개발사업의 시행기간 중 거주를 위하여 주택을 취득하는 경우나 그 밖의 부득이한 사유로서 대통령령으로 정하는 경우에는 그러하지 아니하다.(2021.12.8 단서개정)

③ 실지거래가액의 계산 및 그 밖에 필요한 사항은 대통령령으로 정한다.(2021.12.8 본항신설)

제90조【양도소득세액의 감면】 ① 제95조에 따른 양도소득금액에 이 법 또는 다른 조세에 관한 법률에 따른 감면대상 양도소득금액이 있을 때에는 다음 계산식에 따라 계산한 양도소득세 감면액을 양도소득 산출세액에서 감면한다.

$$\text{양도소득세 감면액} = A \times \frac{(B - C)}{D} \times E$$

A : 제104조에 따른 양도소득 산출세액
B : 감면대상 양도소득금액
C : 제103조제2항에 따른 양도소득 기본공제
D : 제92조에 따른 양도소득 과세표준
E : 이 법 또는 다른 조세에 관한 법률에서 정한 감면율

(2016.12.20 본항개정)

② 제1항에도 불구하고 「조세특례제한법」에서 양도소득세의 감면을 양도소득금액에서 감면대상 양도소득금액을 차감하는 방식으로 규정하는 경우에는 제95조에 따른 양도소득금액에서 감면대상 양도소득금액을 차감한 후 양도소득과세표준을 계산하는 방식으로 양도소득세를 감면한다.(2013.1.1 본항신설)

제91조【양도소득세 비과세 또는 감면의 배제 등】 ① 제104조제3항에서 규정하는 미등기양도자산에 대하여는 이 법 또는 이 법 외의 법률 중 양도소득에 대한 소득세의 비과세에 관한 규정을 적용하지 아니한다.

② 제94조제1항제1호 및 제2호의 자산을 매매하는 거래당사자가 매매계약서의 거래가액을 실지거래가액과 다르게 적은 경우에는 해당 자산에 대하여 이 법 또는 이 법 외의 법률에 따른 양도소득세의 비과세 또는 감면에 관한 규정을 적용할 때 비과세 또는 감면받았거나 받을 세액에서 다음 각 호의 구분에 따른 금액을 뺀다.

1. 이 법 또는 이 법 외의 법률에 따라 양도소득세의 비과세에 관한 규정을 적용받을 경우 : 비과세에 관한 규정을 적용하지 아니하였을 경우의 제104조제1항에 따른 양도소득 산출세액과 매매계약서의 거래가액과 실지거래가액과의 차액 중 적은 금액
2. 이 법 또는 이 법 외의 법률에 따라 양도소득세의 감면에 관한 규정을 적용받았거나 받을 경우 : 감면에 관한 규정을 적용받았거나 받을 경우의 해당 감면세액과 매매계약서의 거래가액과 실지거래가액과의 차액 중 적은 금액

(2010.12.27 본조개정)

제3절 양도소득과세표준과 세액의 계산

제92조【양도소득과세표준과 세액의 계산】 ① 거주자의 양도소득에 대한 과세표준(이하 "양도소득과세표준"이라 한다)은 종합소득 및 퇴직소득에 대한 과세표준과 구분하여 계산한다.(2024.12.31 본항개정)

② 양도소득과세표준은 다음 각 호의 순서에 따라 계산한다.

1. 양도차익 : 제94조에 따른 양도소득의 총수입금액(이하 "양도가액"이라 한다)에서 제97조에 따른 필요경비를 공제하여 계산
2. 양도소득금액 : 제1호의 양도차익(이하 "양도차익"이라 한다)에서 제95조에 따른 장기보유 특별공제액을 공제하여 계산
3. 양도소득과세표준 : 제2호의 양도소득금액에서 제103조에 따른 양도소득 기본공제액을 공제하여 계산

③ 양도소득세액은 이 법에 특별한 규정이 있는 경우를 제외하고는 다음 각 호의 순서에 따라 계산한다.

1. 양도소득 산출세액 : 제2항에 따라 계산한 양도소득과세표준에 제104조에 따른 세율을 적용하여 계산
2. 양도소득 결정세액 : 제1호의 양도소득 산출세액에서 제90조에 따라 감면되는 세액이 있을 때에는 이를 공제하여 계산
3. 양도소득 총결정세액 : 제2호의 양도소득 결정세액에 제114조의2, 제115조 및 「국세기본법」 제47조의2부터 제47조의4까지에 따른 가산세를 더하여 계산

(2023.12.31 본조개정)

제93조 (2023.12.31 삭제)

제4절 양도소득금액의 계산

제94조 【양도소득의 범위】 ① 양도소득은 해당 과세기간에 발생한 다음 각 호의 소득으로 한다.

1. 토지[「공간정보의 구축 및 관리 등에 관한 법률」에 따라 지적공부(地籍公簿)에 등록하여야 할 지목에 해당하는 것을 말한다] 또는 건물(건물에 부속된 시설물과 구축물을 포함한다)의 양도로 발생하는 소득(2014.6.3 본호개정)
2. 다음 각 목의 어느 하나에 해당하는 부동산에 관한 권리의 양도로 발생하는 소득
   가. 부동산을 취득할 수 있는 권리(건물이 완성되는 때에 그 건물과 이에 딸린 토지를 취득할 수 있는 권리를 포함한다)
   나. 지상권
   다. 전세권과 등기된 부동산임차권
3. 다음 각 목의 어느 하나에 해당하는 주식등의 양도로 발생하는 소득
   가. 주권상장법인의 주식등으로서 다음의 어느 하나에 해당하는 주식등
      1) 소유주식의 비율·시가총액 등을 고려하여 대통령령으로 정하는 주권상장법인의 대주주가 양도하는 주식등
      2) 1)에 따른 대주주에 해당하지 아니하는 자가 증권시장에서의 거래에 의하지 아니하고 양도하는 주식등. 다만, 「상법」 제360조의2 및 제360조의15에 따른 주식의 포괄적 교환·이전 또는 같은 법 제360조의5 및 제360조의22에 따른 주식의 포괄적 교환·이전에 대한 주식매수청구권 행사로 양도하는 주식등은 제외한다.
   나. 주권비상장법인의 주식등. 다만, 소유주식의 비율·시가총액 등을 고려하여 대통령령으로 정하는 주권비상장법인의 대주주에 해당하지 아니하는 자가 「자본시장과 금융투자업에 관한 법률」 제283조에 따라 설립된 한국금융투자협회가 행하는 같은 법 제286조제1항제5호에 따른 장외매매거래에 의하여 양도하는 대통령령으로 정하는 중소기업(이하 이 장에서 "중소기업"이라 한다) 및 대통령령으로 정하는 중견기업의 주식등은 제외한다.
   다. 외국법인이 발행하였거나 외국에 있는 시장에 상장된 주식등으로서 대통령령으로 정하는 것
   (2024.12.31 본호신설)
4. 다음 각 목의 어느 하나에 해당하는 자산(이하 이 장에서 "기타자산"이라 한다)의 양도로 발생하는 소득
   가. 사업에 사용하는 제1호 및 제2호의 자산과 함께 양도하는 영업권(영업권을 별도로 평가하지 아니하였으나 사회통념상 자산에 포함되어 함께 양도된 것으로 인정되는 영업권과 행정관청으로부터 인가·허가·면허 등을 받음으로써 얻는 경제적 이익을 포함한다)(2019.12.31 본목개정)
   나. 이용권·회원권, 그 밖에 그 명칭과 관계없이 시설물을 배타적으로 이용하거나 일반이용자보다 유리한 조건으로 이용할 수 있도록 약정한 단체의 구성원이 된 자에게 부여되는 시설물 이용권(법인의 주식등을 소유하는 것만으로 시설물을 배타적으로 이용하거나 일반이용자보다 유리한 조건으로 시설물 이용권을 부여받게 되는 경우 그 주식등을 포함한다)
   다. 법인의 자산총액 중 다음의 합계액이 차지하는 비율이 100분의 50 이상인 법인의 과점주주(소유 주식등의 비율을 고려하여 대통령령으로 정하는 주주를 말하며, 이하 이 장에서 "과점주주"라 한다)가 그 법인의 주식등의 100분의 50 이상을 해당 과점주주 외의 자에게 양도하는 경우(과점주주가 다른 과점주주에게 양도한 후 양수한 과점주주가 과점주주 외의 자에게 다시 양도하는 경우로서 대통령령으로 정하는 경우를 포함한다)에 해당 주식등(2018.12.31 본문개정)
      1) 제1호 및 제2호에 따른 자산(이하 이 조에서 "부동산등"이라 한다)의 가액
      2) 해당 법인이 직접 또는 간접으로 보유한 다른 법인의 주식가액에 그 다른 법인의 부동산등 보유비율을 곱하여 산출한 가액. 이 경우 다른 법인의 범위 및 부동산등 보유비율의 계산방법 등은 대통령령으로 정한다.(2019.12.31 전단개정)
   (2016.12.20 본목개정)
   라. 대통령령으로 정하는 사업을 하는 법인으로서 자산총액 중 다목1) 및 2)의 합계액이 차지하는 비율이 100분의 80 이상인 법인의 주식등(2016.12.20 본목신설)
   마. 제1호의 자산과 함께 양도하는 「개발제한구역의 지정 및 관리에 관한 특별조치법」 제12조제1항제2호 및 제3호의2에 따른 이축을 할 수 있는 권리(이하 "이축권"이라 한다). 다만, 해당 이축권 가액을 대통령령으로 정하는 방법에 따라 별도로 평가하여 신고하는 경우는 제외한다.(2019.12.31 본목신설)
5. 파생상품, 파생결합증권 등 대통령령으로 정하는 금융투자상품(이하 "파생상품등"이라 한다)의 거래 또는 행위로 발생하는 소득(제16조제1항제13호 및 제17조제1항제10호에 따른 파생상품의 거래 또는 행위로부터의 이익은 제외한다)(2024.12.31 본호신설)
6. 신탁의 이익을 받을 권리(「자본시장과 금융투자업에 관한 법률」 제110조에 따른 수익증권 및 같은 법 제189조에 따른 투자신탁의 수익권 등 대통령령으로 정하는 수익권은 제외하며, 이하 "신탁 수익권"이라 한다)의 양도로 발생하는 소득. 다만, 신탁 수익권의 양도를 통하여 신탁재산에 대한 지배·통제권이 사실상 이전되는 경우는 신탁재산 자체의 양도로 본다.(2020.12.29 본호신설)

② 제1항제3호 및 제4호에 모두 해당되는 경우에는 제4호를 적용한다.(2024.12.31 본항개정)

제95조 【양도소득금액과 장기보유 특별공제액】 ① 양도소득금액은 양도차익에서 장기보유 특별공제액을 공제한 금액으로 한다.(2023.12.31 본항개정)

② 제1항에서 "장기보유 특별공제액"이란 제94조제1항제1호에 따른 자산(제104조제3항에 따른 미등기양도자산과 같은 조 제7항 각 호에 따른 자산은 제외한다)으로서 보유기간이 3년 이상인 것 및 제94조제1항제2호가목에 따른 자산 중 조합원입주권(조합원으로부터 취득한 것은 제외한다)에 대하여 그 자산의 양도차익(조합원입주권을 양도하는 경우에는 「도시 및 주거환경정비법」 제74조에 따른 관리처분계획 인가 및 「빈집 및 소규모주택 정비에 관한 특례법」 제29조에 따른 사업시행계획인가 전 토지분 또는 건물분의 양도차익으로 한정한다)에 다음 표1에 따른 보유기간별 공제율을 곱하여 계산한 금액을 말한다. 다만, 대통령령으로 정하는 1세대 1주택(이에 딸린 토지를 포함한다)에 해당하는 자산의 경우에는 그 자산의 양도차익에 다음 표2에 따른 보유기간별 공제율을 곱하여 계산한 금액과 같은 표에 따른 거주기간별 공제율을 곱하여 계산한 금액을 합산한 것을 말한다.

표1

보유기간	공제율
3년 이상 4년 미만	100분의 6
4년 이상 5년 미만	100분의 8
5년 이상 6년 미만	100분의 10
6년 이상 7년 미만	100분의 12
7년 이상 8년 미만	100분의 14
8년 이상 9년 미만	100분의 16
9년 이상 10년 미만	100분의 18
10년 이상 11년 미만	100분의 20
11년 이상 12년 미만	100분의 22
12년 이상 13년 미만	100분의 24
13년 이상 14년 미만	100분의 26
14년 이상 15년 미만	100분의 28
15년 이상	100분의 30

표2

보유기간	공제율	거주기간	공제율
3년 이상 4년 미만	100분의 12	2년 이상 3년 미만 (보유기간 3년 이상에 한정함)	100분의 8
		3년 이상 4년 미만	100분의 12
4년 이상 5년 미만	100분의 16	4년 이상 5년 미만	100분의 16
5년 이상 6년 미만	100분의 20	5년 이상 6년 미만	100분의 20
6년 이상 7년 미만	100분의 24	6년 이상 7년 미만	100분의 24
7년 이상 8년 미만	100분의 28	7년 이상 8년 미만	100분의 28
8년 이상 9년 미만	100분의 32	8년 이상 9년 미만	100분의 32
9년 이상 10년 미만	100분의 36	9년 이상 10년 미만	100분의 36
10년 이상	100분의 40	10년 이상	100분의 40

(2023.12.31 단서개정)

③ 제89조제1항제3호에 따라 양도소득의 비과세대상에서 제외되는 고가주택(이에 딸린 토지를 포함한다) 및 같은 항 제4호 각 목 외의 부분 단서에 따라 양도소득의 비과세대상에서 제외되는 조합원입주권에 해당하는 자산의 양도차익 및 장기보유특별공제액은 제1항에도 불구하고 대통령령으로 정하는 바에 따라 계산한 금액으로 한다.(2019.12.31 본항개정)

④ 제2항에서 규정하는 자산의 보유기간은 그 자산의 취득일부터 양도일까지로 한다. 다만, 제97조의2제1항의 경우에는 증여한 배우자 또는 직계존비속이 해당 자산을 취득한 날부터 기산(起算)하고, 같은 조 제4항제1호에 따른 가업상속공제가 적용된 비율에 해당하는 자산의 경우에는 피상속인이 해당 자산을 취득한 날부터 기산한다.(2016.12.20 단서개정)

⑤ 제2항 단서에도 불구하고 주택이 아닌 건물을 사실상 주거용으로 사용하거나 공부상의 용도를 주택으로 변경하는 경우로서 그 자산이 대통령령으로 정하는 1세대 1주택(이에 딸린 토지를 포함한다)에 해당하는 자산인 경우 장기보유 특별공제액은 그 자산의 양도차익에 제1호에 따른 보유기간별 공제율을 곱하여 계산한 금액과 제2호에 따른 거주기간별 공제율을 곱하여 계산한 금액을 합산한 것을 말한다.

1. 보유기간별 공제율 : 다음 계산식에 따라 계산한 공제율. 다만, 다음 계산식에 따라 계산한 공제율이 100분의 40보다 큰 경우에는 100분의 40으로 한다.

주택이 아닌 건물로 보유한 기간에 해당하는 제2항 표1에 따른 보유기간별 공제율 + 주택으로 보유한 기간에 해당하는 제2항 표2에 따른 보유기간별 공제율

2. 거주기간별 공제율 : 다음 계산식에 따라 계산한 공제율

주택으로 보유한 기간 중 거주한 기간에 해당하는 제2항 표2에 따른 거주기간별 공제율

(2023.12.31 본항신설)

⑥ 제5항제1호 및 제2호에 따른 주택으로 보유한 기간은 해당 자산을 사실상 주거용으로 사용한 날부터 기산한다. 다만, 사실상 주거용으로 사용한 날이 분명하지 아니한 경우에는 그 자산의 공부상 용도를 주택으로 변경한 날부터 기산한다. (2023.12.31 본항신설)

⑦ 양도소득금액의 계산에 필요한 사항은 대통령령으로 정한다.

판례 양도소득금액의 계산을 위한 양도가액은 양도재산의 객관적인 가액을 가리키는 것이 아니고, 구체적인 경우에 현실의 수입금액을 가리키는 것이다. 따라서 주식을 매매계약에 의하여 양도한 경우 당초 약정된 매매대금을 어떤 사정으로 일부 감액하기로 하였다면, 양도재산인 주식의 양도로 발생하는 양도소득의 총수입금액, 즉 양도가액은 당초의 약정대금이 아니라 감액된 대금으로 보아야 한다. (대판 2018.6.15, 2015두36003)

제96조【양도가액】 ① 제94조제1항 각 호에 따른 자산의 양도가액은 그 자산의 양도 당시의 양도자와 양수자 간에 실지거래가액에 따른다.

② (2016.12.20 삭제)

③ 제1항을 적용할 때 거주자가 제94조제1항 각 호의 자산을 양도하는 경우로서 다음 각 호의 어느 하나에 해당하는 경우에는 그 가액을 해당 자산의 양도 당시의 실지거래가액으로 본다.

1. 「법인세법」 제2조제12호에 따른 특수관계인에 해당하는 법인(외국법인을 포함하며, 이하 이 항에서 "특수관계법인"이라 한다)에 양도한 경우로서 같은 법 제67조에 따라 해당 거주자의 상여·배당 등으로 처분된 금액이 있는 경우에는 같은 법 제52조에 따른 시가(2018.12.31 본호개정)
2. 특수관계법인 외의 자에게 자산을 시가보다 높은 가격으로 양도한 경우로서 「상속세 및 증여세법」 제35조에 따라 해당 거주자의 증여재산가액으로 하는 금액이 있는 경우에는 그 양도가액에서 증여재산가액을 뺀 금액

④ (2016.12.20 삭제)

(2016.12.20 본조개정)

제97조【양도소득의 필요경비 계산】 ① 거주자의 양도차익을 계산할 때 양도가액에서 공제할 필요경비는 다음 각 호에서 규정하는 것으로 한다.

1. 취득가액(「지적재조사에 관한 특별법」 제18조에 따른 경계의 확정으로 지적공부상의 면적이 증가되어 같은 법 제20조에 따라 징수한 조정금은 제외한다). 다만, 가목의 실지거래가액을 확인할 수 없는 경우에 한정하여 나목의 금액을 적용한다.(2020.6.9 단서개정)
   가. 제94조제1항 각 호의 자산 취득에 든 실지거래가액 (2016.12.20 단서삭제)
   나. 대통령령으로 정하는 매매사례가액, 감정가액 또는 환산취득가액을 순차적으로 적용한 금액(2019.12.31 본목개정)
2. 자본적지출액 등으로서 대통령령으로 정하는 것
3. 양도비 등으로서 대통령령으로 정하는 것

② 제1항에 따른 양도소득의 필요경비는 다음 각 호에 따라 계산한다.(2010.12.27 본문개정)

1. 취득가액을 실지거래가액에 의하는 경우의 필요경비는 다음 각 목의 금액에 제1항제2호 및 제3호의 금액을 더한 금액으로 한다.(2010.12.27 본문개정)
   가. 제1항제1호가목에 따르는 경우에는 해당 실지거래가액 (2017.12.19 본목개정)
   나. 제1항제1호나목 및 제114조제7항에 따라 환산취득가액에 의하여 취득 당시의 실지거래가액을 계산하는 경우로서 법률 제4803호 소득세법개정법률 부칙 제8조에 따라 취득한 것으로 보는 날(이하 이 목에서 "의제취득일"이라 한다) 전에 취득한 자산(상속 또는 증여받은 자산을 포함한다)의 취득가액을 취득 당시의 실지거래가액과 그 가액에 취득일부터 의제취득일의 전날까지의 보유기간의 생산자물가상승률을 곱하여 계산한 금액을 합산한 가액에 의하는 경우에는 그 합산한 가액(2019.12.31 본목개정)
   다. 제7항 각 호 외의 부분 본문에 의하는 경우에는 해당 실지거래가액
2. 그 밖의 경우의 필요경비는 제1항제1호나목(제1호나목이 적용되는 경우는 제외한다), 제7항(제1호다목이 적용되는 경우는 제외한다) 또는 제114조제7항(제1호나목이 적용되는 경우는 제외한다)의 금액에 자산별로 대통령령으로 정하는 금액을 더한 금액. 다만, 제1항제1호나목에 따라 취득가액을 환산취득가액으로 하는 경우로서 가목의 금액이 나목의 금액보다 적은 경우에는 나목의 금액을 필요경비로 할 수 있다. (2019.12.31 단서개정)
   가. 제1항제1호나목에 따른 환산취득가액과 본문 중 대통령령으로 정하는 금액의 합계액(2019.12.31 본목개정)
   나. 제1항제2호 및 제3호에 따른 금액의 합계액(2010.12.27 본목신설)

③ 제2항에 따라 필요경비를 계산할 때 양도자산 보유기간에 그 자산에 대한 감가상각비로서 각 과세기간의 사업소득금액을 계산하는 경우 필요경비에 산입하였거나 산입할 금액이 있

을 때에는 이를 제1항의 금액에서 공제한 금액을 그 취득가액으로 한다.(2010.12.27 본항개정)
④ (2014.1.1 삭제)
⑤ 취득에 든 실지거래가액의 범위 등 필요경비의 계산에 필요한 사항은 대통령령으로 정한다.(2014.1.1 본항개정)
⑥ (2014.1.1 삭제)
⑦ 제1항제1호가목을 적용할 때 제94조제1항제1호 및 제2호에 따른 자산을 양도한 거주자가 그 자산 취득 당시 대통령령으로 정하는 방법으로 실지거래가액을 확인한 사실이 있는 경우에는 이를 그 거주자의 취득 당시의 실지거래가액으로 본다. 다만, 다음 각 호의 어느 하나에 해당하는 경우에는 그러하지 아니하다.(2017.12.19 본문개정)
1. 해당 자산에 대한 전 소유자의 양도가액이 제114조에 따라 경정되는 경우
2. 전 소유자의 해당 자산에 대한 양도소득세가 비과세되는 경우로서 실지거래가액보다 높은 가액으로 거래한 것으로 확인한 경우

제97조의2【양도소득의 필요경비 계산 특례】 ① 거주자가 양도일부터 소급하여 10년(제94조제1항제3호에 따른 자산의 경우에는 1년) 이내에 그 배우자(양도 당시 혼인관계가 소멸된 경우를 포함하되, 사망으로 혼인관계가 소멸된 경우는 제외한다. 이하 이 항에서 같다) 또는 직계존비속으로부터 증여받은 제94조제1항제1호 및 제3호에 따른 자산이나 그 밖에 대통령령으로 정하는 자산의 양도차익을 계산할 때 양도가액에서 공제할 필요경비는 제97조제2항에 따르되, 다음 각 호의 기준을 적용한다.(2024.12.31 본문개정)
1. 취득가액은 거주자의 배우자 또는 직계존비속이 해당 자산을 취득할 당시의 제97조제1항제1호에 따른 금액으로 한다.
2. 제97조제1항제2호에 따른 필요경비에는 거주자의 배우자 또는 직계존비속이 해당 자산에 대하여 지출한 같은 호에 따른 금액을 포함한다.
3. 거주자가 해당 자산에 대하여 납부하였거나 납부할 증여세 상당액이 있는 경우 필요경비에 산입한다.
(2023.12.31 본항개정)
② 다음 각 호의 어느 하나에 해당하는 경우에는 제1항을 적용하지 아니한다.
1. 사업인정고시일부터 소급하여 2년 이전에 증여받은 경우로서 「공익사업을 위한 토지 등의 취득 및 보상에 관한 법률」이나 그 밖의 법률에 따라 협의매수 또는 수용된 경우
2. 제1항을 적용할 경우 제89조제1항제3호 각 목의 주택〔같은 호에 따라 양도소득의 비과세대상에서 제외되는 고가주택(이에 딸린 토지를 포함한다)을 포함한다〕의 양도에 해당하게 되는 경우(2015.12.15 본호개정)
3. 제1항을 적용하여 계산한 양도소득 결정세액이 제1항을 적용하지 아니하고 계산한 양도소득 결정세액보다 적은 경우(2016.12.20 본호신설)
③ 제1항에서 규정하는 연수는 등기부에 기재된 소유기간에 따른다.
④ 「상속세 및 증여세법」 제18조의2제1항에 따른 공제(이하 이 항에서 "가업상속공제"라 한다)가 적용된 자산의 양도차익을 계산할 때 양도가액에서 공제할 필요경비는 제97조제2항에 따른다. 다만, 취득가액은 다음 각 호의 금액을 합한 금액으로 한다.(2022.12.31 본문개정)
1. 피상속인의 취득가액(제97조제1항제1호에 따른 금액) × 해당 자산가액 중 가업상속공제가 적용된 비율(이하 이 조에서 "가업상속공제적용률"이라 한다)(2017.12.19 본호개정)
2. 상속개시일 현재 해당 자산가액 × (1 - 가업상속공제적용률)
⑤ 제1항부터 제4항까지의 규정을 적용할 때 증여세 상당액의 계산과 가업상속공제적용률의 계산방법 등 필요경비의 계산에 필요한 사항은 대통령령으로 정한다.
(2014.1.1 본조신설)

제98조【양도 또는 취득의 시기】 자산의 양도차익을 계산할 때 그 취득시기 및 양도시기는 대금을 청산한 날이 분명하지 아니한 경우 등 대통령령으로 정하는 경우를 제외하고는 해당 자산의 대금을 청산한 날로 한다. 이 경우 자산의 대금에는 해당 자산의 양도에 대한 양도소득세 및 양도소득세의 부가세액을 양수자가 부담하기로 약정한 경우에는 해당 양도소득세 및 양도소득세의 부가세액은 제외한다.(2010.12.27 본조개정)

제99조【기준시가의 산정】 ① 제100조 및 제114조제7항에 따른 기준시가는 다음 각 호에서 정하는 바에 따른다.(2016.12.20 본문개정)
1. 제94조제1항제1호에 따른 토지 또는 건물
가. 토지
「부동산 가격공시에 관한 법률」에 따른 개별공시지가(이하 "개별공시지가"라 한다). 다만, 개별공시지가가 없는 토지의 가액은 납세지 관할 세무서장이 인근 유사토지의 개별공시지가를 고려하여 대통령령으로 정하는 방법에 따라 평가한 금액으로 하고, 지가(地價)가 급등하는 지역으로서 대통령령으로 정하는 지역의 경우에는 배율방법에 따라 평가한 가액으로 한다.
(2016.1.19 본문개정)
나. 건물
건물(다목 및 라목에 해당하는 건물은 제외한다)의 신축가격, 구조, 용도, 위치, 신축연도 등을 고려하여 매년 1회 이상 국세청장이 산정·고시하는 가액
다. 오피스텔 및 상업용 건물
건물에 딸린 토지를 공유로 하고 건물을 구분소유하는 것으로서 건물의 용도·면적 및 구분소유하는 건물의 수(數) 등을 고려하여 대통령령으로 정하는 오피스텔(이에 딸린 토지를 포함한다) 및 상업용 건물(이에 딸린 토지를 포함한다)에 대해서는 건물의 종류, 규모, 거래상황, 위치 등을 고려하여 매년 1회 이상 국세청장이 토지와 건물에 대하여 일괄하여 산정·고시하는 가액
(2019.12.31 본목개정)
라. 주택
「부동산 가격공시에 관한 법률」에 따른 개별주택가격 및 공동주택가격. 다만, 공동주택가격의 경우에 같은 법 제18조제1항 단서에 따라 국세청장이 결정·고시한 공동주택가격이 있을 때에는 그 가격에 따르고, 개별주택가격 및 공동주택가격이 없는 주택의 가격은 납세지 관할 세무서장이 인근 유사주택의 개별주택가격 및 공동주택가격을 고려하여 대통령령으로 정하는 방법에 따라 평가한 금액으로 한다.
(2019.12.31 단서개정)
2. 제94조제1항제2호에 따른 부동산에 관한 권리
가. 부동산을 취득할 수 있는 권리
양도자산의 종류, 규모, 거래상황 등을 고려하여 대통령령으로 정하는 방법에 따라 평가한 가액
나. 지상권·전세권 및 등기된 부동산임차권
권리의 남은 기간, 성질, 내용 및 거래상황 등을 고려하여 대통령령으로 정하는 방법에 따라 평가한 가액
3. 제94조제1항제3호가목에 따른 주식등(대통령령으로 정하는 주권상장법인의 주식등은 대통령령으로 정하는 것만 해당한다)
「상속세 및 증여세법」 제63조제1항제1호가목을 준용하여 평가한 가액. 이 경우 "평가기준일 이전·이후 각 2개월"은 "양도일·취득일 이전 1개월"로 본다.
4. 제3호에 따른 대통령령으로 정하는 주권상장법인의 주식등 중 제3호에 해당하지 아니하는 것과 제94조제1항제3호나목에 따른 주식등
「상속세 및 증여세법」 제63조제1항제1호나목을 준용하여 평가한 가액. 이 경우 평가기준시기 및 평가액은 대통령령으로 정하는 바에 따르되, 장부 분실 등으로 취득 당시의 기준시가를 확인할 수 없는 경우에는 액면가액을 취득 당시의 기준시가로 한다.
5. 제94조제1항제3호에 따른 신주인수권
양도자산의 종류, 규모, 거래상황 등을 고려하여 대통령령으로 정하는 방법에 따라 평가한 가액
(2024.12.31 3호~5호신설)
6. 제94조제1항제4호에 따른 기타자산
양도자산의 종류, 규모, 거래상황 등을 고려하여 대통령령으로 정하는 방법에 따라 평가한 가액

7. 제94조제1항제5호에 따른 파생상품등
파생상품등의 종류, 규모, 거래상황 등을 고려하여 대통령령으로 정하는 방법에 따라 평가한 가액
(2024.12.31 본호신설)
8. 제94조제1항제6호에 따른 신탁 수익권 : 「상속세 및 증여세법」 제65조제1항을 준용하여 평가한 가액. 이 경우 평가기준시기 및 평가액은 대통령령으로 정하는 바에 따른다.
(2020.12.29 본호신설)
② 제1항제1호가목 단서에서 "배율방법"이란 양도·취득 당시의 개별공시지가에 대통령령으로 정하는 배율을 곱하여 계산한 금액에 따라 평가하는 방법을 말한다.
③ 다음 각 호의 기준시가 산정에 필요한 사항은 건물의 종류, 거래상황, 기준시가 고시여부 등을 고려하여 대통령령으로 정한다.(2019.12.31 본문개정)
1. 제1항에 따라 산정한 양도 당시의 기준시가와 취득 당시의 기준시가가 같은 경우 양도 당시의 기준시가
2. 「부동산 가격공시에 관한 법률」에 따라 개별공시지가, 개별주택가격 또는 공동주택가격이 공시 또는 고시되기 전에 취득한 토지 및 주택의 취득 당시의 기준시가(2016.1.19 본호개정)
3. 제1항제1호나목에 따른 기준시가가 고시되기 전에 취득한 건물의 취득 당시의 기준시가
4. 제1항제1호다목 또는 같은 호 라목 단서에 따른 기준시가가 고시되기 전에 취득한 오피스텔(이에 딸린 토지를 포함한다), 상업용 건물(이에 딸린 토지를 포함한다) 또는 공동주택의 취득 당시의 기준시가(2019.12.31 본호신설)
④ 제1항제1호다목에 따라 국세청장이 기준시가를 산정하였을 때에는 이를 고시하기 전에 인터넷을 통한 게시 등 기획재정부령으로 정하는 방법에 따라 공고하여 20일 이상 소유자나 그 밖의 이해관계인의 의견을 들어야 한다.
⑤ 국세청장은 제4항에 따라 소유자나 그 밖의 이해관계인으로부터 의견을 제출받았을 때에는 의견 제출기간이 끝난 날부터 30일 이내에 그 처리 결과를 알려야 한다.
⑥ 제4항에 따른 공고에는 기준시가 열람부의 열람 장소, 의견제출기간 등 대통령령으로 정하는 사항이 포함되어야 한다.

제99조의2【기준시가의 재산정 및 고시 신청】 ① 제99조제1항제1호다목에 따라 고시한 기준시가에 이의가 있는 소유자나 그 밖의 이해관계인은 기준시가 고시일부터 30일 이내에 서면으로 국세청장에게 재산정 및 고시를 신청할 수 있다.
② 국세청장은 제1항에 따른 신청기간이 끝난 날부터 30일 이내에 그 처리 결과를 신청인에게 서면으로 알려야 한다. 이 경우 국세청장은 신청 내용이 타당하다고 인정될 때에는 제99조제1항제1호다목에 따라 기준시가를 다시 산정하여 고시하여야 한다.
③ 국세청장은 기준시가 산정·고시가 잘못되었거나 오기 또는 그 밖에 대통령령으로 정하는 명백한 오류를 발견한 경우에는 지체 없이 다시 산정하여 고시하여야 한다.
④ 재산정, 고시 신청 및 처리 절차 등에 관하여 필요한 사항은 대통령령으로 정한다.

제100조【양도차익의 산정】 ① 양도차익을 계산할 때 양도가액을 실지거래가액(제96조제3항에 따른 가액 및 제114조제7항에 따라 매매사례가액·감정가액이 적용되는 경우 그 매매사례가액·감정가액 등을 포함한다)에 따를 때에는 취득가액도 실지거래가액(제97조제7항에 따른 가액 및 제114조제7항에 따라 매매사례가액·감정가액·환산취득가액이 적용되는 경우 그 매매사례가액·감정가액·환산취득가액 등을 포함한다)에 따르고, 양도가액을 기준시가에 따를 때에는 취득가액도 기준시가에 따른다.(2019.12.31 본항개정)
② 제1항을 적용할 때 양도가액 또는 취득가액을 실지거래가액에 따라 산정하는 경우로서 토지와 건물 등을 함께 취득하거나 양도한 경우에는 이를 각각 구분하여 기장하되 토지와 건물 등의 가액 구분이 불분명할 때에는 취득 또는 양도 당시의 기준시가 등을 고려하여 대통령령으로 정하는 바에 따라 안분계산(按分計算)한다. 이 경우 공통되는 취득가액과 양도비용은 해당 자산의 가액에 비례하여 안분계산한다.
③ 제2항을 적용할 때 토지와 건물 등을 함께 취득하거나 양도한 경우로서 그 토지와 건물 등을 구분 기장한 가액이 같은 항에 따라 안분계산한 가액과 100분의 30 이상 차이가 있는 경우에는 토지와 건물 등의 가액 구분이 불분명한 때로 본다. 다만, 다른 법령에서 정하는 바에 따라 가액을 구분한 경우 등 대통령령으로 정하는 사유에 해당하는 경우는 제외한다.
(2024.12.31 단서신설)
④ 양도차익을 산정하는 데에 필요한 사항은 대통령령으로 정한다.

제101조【양도소득의 부당행위계산】 ① 납세지 관할 세무서장 또는 지방국세청장은 양도소득이 있는 거주자의 행위 또는 계산이 그 거주자의 특수관계인과의 거래로 인하여 그 소득에 대한 조세 부담을 부당하게 감소시킨 것으로 인정되는 경우에는 그 거주자의 행위 또는 계산과 관계없이 해당 과세기간의 소득금액을 계산할 수 있다.(2012.1.1 본항개정)
② 거주자가 제1항에서 규정하는 특수관계인(제97조의2제1항을 적용받는 배우자 및 직계존비속의 경우는 제외한다)에게 자산을 증여한 후 그 자산을 증여받은 자가 그 증여일부터 10년 이내에 다시 타인에게 양도한 경우로서 제1호에 따른 세액이 제2호에 따른 세액보다 적은 경우에는 증여자가 그 자산을 직접 양도한 것으로 본다. 다만, 양도소득이 해당 수증자에게 실질적으로 귀속된 경우에는 그러하지 아니하다.(2022.12.31 본문개정)
1. 증여받은 자의 증여세(「상속세 및 증여세법」에 따른 산출세액에서 공제·감면세액을 뺀 세액을 말한다)와 양도소득세(이 법에 따른 산출세액에서 공제·감면세액을 뺀 결정세액을 말한다. 이하 제2호에서 같다)를 합한 세액
2. 증여자가 직접 양도하는 경우로 보아 계산한 양도소득세
③ 제2항에 따라 증여자에게 양도소득세가 과세되는 경우에는 당초 증여받은 자산에 대해서는 「상속세 및 증여세법」의 규정에도 불구하고 증여세를 부과하지 아니한다.
④ 제2항에 따른 연수의 계산에 관하여는 제97조의2제3항을 준용한다.(2014.1.1 본항개정)
⑤ 제1항에 따른 특수관계인의 범위와 그 밖에 부당행위계산에 필요한 사항은 대통령령으로 정한다.(2012.1.1 본항개정)

판례 법 시행령 제167조제4항에서 부당행위계산 부인 대상인 저가양도의 기준으로 규정하고 있는 '시가'는 원칙적으로 정상적인 거래에 의하여 형성된 객관적인 교환가격을 의미하지만, 이는 객관적이고 합리적인 방법으로 평가한 가액도 포함하는 개념으로서 공신력 있는 감정기관의 감정가격도 시가로 볼 수 있고, 그 가액이 소급감정에 의한 것이라 하여도 달라지지 않는다.(대판 2012.6.14, 2010두28328)

제102조【양도소득금액의 구분 계산 등】 ① 양도소득금액은 다음 각 호의 소득별로 구분하여 계산한다. 이 경우 소득금액을 계산할 때 발생하는 결손금은 다른 호의 소득금액과 합산하지 아니한다.
1. 제94조제1항제1호·제2호 및 제4호에 따른 소득
2. 제94조제1항제3호에 따른 소득(2024.12.31 본호신설)
3. 제94조제1항제5호에 따른 소득(2024.12.31 본호신설)
4. 제94조제1항제6호에 따른 소득(2020.12.29 본호신설)
② 제1항에 따라 양도소득금액을 계산할 때 양도차손이 발생한 자산이 있는 경우에는 제1항 각 호별로 해당 자산 외의 다른 자산에서 발생한 양도소득금액에서 그 양도차손을 공제한다. 이 경우 공제방법은 양도소득금액의 세율 등을 고려하여 대통령령으로 정한다.

제5절 양도소득 기본공제

제103조【양도소득 기본공제】 ① 양도소득이 있는 거주자에 대해서는 다음 각 호의 소득별로 해당 과세기간의 양도소득금액에서 각각 연 250만원을 공제한다.
1. 제94조제1항제1호·제2호 및 제4호에 따른 소득. 다만, 제104조제3항에 따른 미등기양도자산의 양도소득금액에 대해서는 그러하지 아니하다.
2. 제94조제1항제3호에 따른 소득(2024.12.31 본호신설)
3. 제94조제1항제5호에 따른 소득(2024.12.31 본호신설)
4. 제94조제1항제6호에 따른 소득(2020.12.29 본호신설)
② 제1항을 적용할 때 제95조에 따른 양도소득금액에 이 법 또는 「조세특례제한법」이나 그 밖의 법률에 따른 감면소득금액이 있는 경우에는 그 감면소득금액 외의 양도소득금액에서 먼저 공제하고, 감면소득금액 외의 양도소득금액 중에서는 해당 과세기간에 먼저 양도한 자산의 양도소득금액에서부터 순서대로 공제한다.
③ 제1항에 따른 공제를 "양도소득 기본공제"라 한다.

제6절　양도소득에 대한 세액의 계산

제104조【양도소득세의 세율】 ① 거주자의 양도소득세는 해당 과세기간의 양도소득과세표준에 다음 각 호의 세율을 적용하여 계산한 금액(이하 "양도소득 산출세액"이라 한다)을 그 세액으로 한다. 이 경우 하나의 자산이 다음 각 호에 따른 세율 중 둘 이상에 해당할 때에는 해당 세율을 적용하여 계산한 양도소득 산출세액 중 큰 것을 그 세액으로 한다.(2016.12.20 후단개정)

1. 제94조제1항제1호 · 제2호 및 제4호에 따른 자산
   제55조제1항에 따른 세율(분양권의 경우에는 양도소득 과세표준의 100분의 60)
2. 제94조제1항제1호 및 제2호에서 규정하는 자산으로서 그 보유기간이 1년 이상 2년 미만인 것
   양도소득 과세표준의 100분의 40[주택(이에 딸린 토지로서 대통령령으로 정하는 토지를 포함한다. 이하 이 항에서 같다), 조합원입주권 및 분양권의 경우에는 100분의 60]
3. 제94조제1항제1호 및 제2호에 따른 자산으로서 그 보유기간이 1년 미만인 것
   양도소득 과세표준의 100분의 50(주택, 조합원입주권 및 분양권의 경우에는 100분의 70)

(2020.8.18 1호~3호개정)

4. (2020.8.18 삭제)
5.~7. (2014.1.1 삭제)
8. 제104조의3에 따른 비사업용 토지

양도소득과세표준	세 율
1,400만원 이하	16퍼센트
1,400만원 초과 5,000만원 이하	224만원 + (1,400만원 초과액 × 25퍼센트)
5,000만원 초과 8,800만원 이하	1,124만원 + (5,000만원 초과액 × 34퍼센트)
8,800만원 초과 1억5천만원 이하	2,416만원 + (8,800만원 초과액 × 45퍼센트)
1억5천만원 초과 3억원 이하	5,206만원 + (1억5천만원 초과액 × 48퍼센트)
3억원 초과 5억원 이하	1억2,406만원 + (3억원 초과액 × 50퍼센트)
5억원 초과 10억원 이하	2억2,406만원 + (5억원 초과액 × 52퍼센트)
10억원 초과	4억8,406만원 + (10억원 초과액 × 55퍼센트)

(2022.12.31 본호개정)

9. 제94조제1항제4호다목 및 라목에 따른 자산 중 제104조의3에 따른 비사업용 토지의 보유 현황을 고려하여 대통령령으로 정하는 자산

양도소득과세표준	세 율
1,400만원 이하	16퍼센트
1,400만원 초과 5,000만원 이하	224만원 + (1,400만원 초과액 × 25퍼센트)
5,000만원 초과 8,800만원 이하	1,124만원 + (5,000만원 초과액 × 34퍼센트)
8,800만원 초과 1억5천만원 이하	2,416만원 + (8,800만원 초과액 × 45퍼센트)
1억5천만원 초과 3억원 이하	5,206만원 + (1억5천만원 초과액 × 48퍼센트)
3억원 초과 5억원 이하	1억2,406만원 + (3억원 초과액 × 50퍼센트)
5억원 초과 10억원 이하	2억2,406만원 + (5억원 초과액 × 52퍼센트)
10억원 초과	4억8,406만원 + (10억원 초과액 × 55퍼센트)

(2022.12.31 본호개정)

10. 미등기양도자산
    양도소득 과세표준의 100분의 70
11. 제94조제1항제3호가목 및 나목에 따른 자산
    가. 소유주식의 비율 · 시가총액 등을 고려하여 대통령령으로 정하는 대주주(이하 이 장에서 "대주주"라 한다)가 양도하는 주식등
      1) 1년 미만 보유한 주식등으로서 중소기업 외의 법인의 주식등 : 양도소득과세표준의 100분의 30
      2) 1)에 해당하지 아니하는 주식등

양도소득과세표준	세 율
3억원 이하	20퍼센트
3억원 초과	6천만원 + (3억원 초과액 × 25퍼센트)

    나. 대주주가 아닌 자가 양도하는 주식등
      1) 중소기업의 주식등 : 양도소득과세표준의 100분의 10
      2) 1)에 해당하지 아니하는 주식등: 양도소득과세표준의 100분의 20
    (2024.12.31 본호신설)
12. 제94조제1항제3호다목에 따른 자산
    가. 중소기업의 주식등
      양도소득과세표준의 100분의 10
    나. 그 밖의 주식등
      양도소득과세표준의 100분의 20
    (2024.12.31 본호신설)
13. 제94조제1항제5호에 따른 파생상품등
    양도소득과세표준의 100분의 20
    (2024.12.31 본호신설)
14. 제94조제1항제6호에 따른 신탁 수익권

양도소득과세표준	세 율
3억원 이하	20퍼센트
3억원 초과	6천만원 + (3억원 초과액 × 25퍼센트)

(2020.12.29 본호신설)

② 제1항제2호 · 제3호 및 제11호가목의 보유기간은 해당 자산의 취득일부터 양도일까지로 한다. 다만, 다음 각 호의 어느 하나에 해당하는 경우에는 각각 그 정한 날을 그 자산의 취득일로 본다.(2024.12.31 본문개정)

1. 상속받은 자산은 피상속인이 그 자산을 취득한 날
2. 제97조의2제1항에 해당하는 자산은 증여자가 그 자산을 취득한 날(2014.1.1 본호개정)
3. 법인의 합병 · 분할[물적분할(物的分割)은 제외한다]로 인하여 합병법인, 분할신설법인 또는 분할 · 합병의 상대방 법인으로부터 새로 주식등을 취득한 경우에는 피합병법인, 분할법인 또는 소멸한 분할 · 합병의 상대방 법인의 주식등을 취득한 날

③ 제1항제10호에서 "미등기양도자산"이란 제94조제1항제1호 및 제2호에서 규정하는 자산을 취득한 자가 그 자산 취득에 관한 등기를 하지 아니하고 양도하는 것을 말한다. 다만, 대통령령으로 정하는 자산은 제외한다.

④ 다음 각 호의 어느 하나에 해당하는 부동산을 양도하는 경우 제55조제1항[제3호(같은 호 단서에 해당하는 경우를 포함한다)의 경우에는 제1항제8호]에 따른 세율에 100분의 10을 더한 세율을 적용한다. 이 경우 해당 부동산 보유기간이 2년 미만인 경우에는 제55조제1항[제3호(같은 호 단서에 해당하는 경우를 포함한다)의 경우에는 제1항제8호]에 따른 세율에 100분의 10을 더한 세율을 적용하여 계산한 양도소득 산출세액과 제1항제2호 또는 제3호의 세율을 적용하여 계산한 양도소득 산출세액 중 큰 세액을 양도소득 산출세액으로 한다.(2019.12.31 본문개정)

1.~2. (2017.12.19 삭제)
3. 제104조의2제2항에 따른 지정지역에 있는 부동산으로서 제104조의3에 따른 비사업용 토지. 다만, 지정지역의 공고가 있은 날 이전에 토지를 양도하기 위하여 매매계약을 체결하고 계약금을 지급받은 사실이 증빙서류에 의하여 확인되는 경우는 제외한다.(2019.12.31 단서신설)

4. 그 밖에 부동산 가격이 급등하였거나 급등할 우려가 있어 부동산 가격의 안정을 위하여 필요한 경우에 대통령령으로 정하는 부동산

⑤ 해당 과세기간에 제94조제1항제1호·제2호 및 제4호에서 규정한 자산을 둘 이상 양도하는 경우 양도소득 산출세액은 다음 각 호의 금액 중 큰 것(이 법 또는 다른 조세에 관한 법률에 따른 양도소득세 감면액이 있는 경우에는 해당 감면세액을 차감한 세액이 더 큰 경우의 산출세액을 말한다)으로 한다. 이 경우 제2호의 금액을 계산할 때 제1항제8호 및 제9호의 자산은 동일한 자산으로 보고, 한 필지의 토지가 제104조의3에 따른 비사업용 토지와 그 외의 토지로 구분되는 경우에는 각각을 별개의 자산으로 보아 양도소득 산출세액을 계산한다. (2019.12.31 전단개정)

1. 해당 과세기간의 양도소득과세표준 합계액에 대하여 제55조제1항에 따른 세율을 적용하여 계산한 양도소득 산출세액
2. 제1항부터 제4항까지 및 제7항의 규정에 따라 계산한 자산별 양도소득 산출세액 합계액. 다만, 둘 이상의 자산에 대하여 제1항 각 호, 제4항 각 호 및 제7항 각 호에 따른 세율 중 동일한 호의 세율이 적용되고, 그 적용세율이 둘 이상인 경우 해당 자산에 대해서는 각 자산의 양도소득과세표준을 합산한 것에 대하여 제1항·제4항 또는 제7항의 각 해당 호별 세율을 적용하여 산출한 세액 중에서 큰 산출세액의 합계액으로 한다.(2018.12.31 단서신설)

(2014.12.23 본항신설)

⑥ 제1항제13호에 따른 세율은 자본시장 육성 등을 위하여 필요한 경우 그 세율의 100분의 75의 범위에서 대통령령으로 정하는 바에 따라 인하할 수 있다.(2024.12.31 본항신설)

⑦ 다음 각 호의 어느 하나에 해당하는 주택(이에 딸린 토지를 포함한다. 이하 이 항에서 같다)을 양도하는 경우 제55조제1항에 따른 세율에 100분의 20(제3호 및 제4호의 경우 100분의 30)을 더한 세율을 적용한다. 이 경우 해당 주택 보유기간이 2년 미만인 경우에는 제55조제1항에 따른 세율에 100분의 20(제3호 및 제4호의 경우 100분의 30)을 더한 세율을 적용하여 계산한 양도소득 산출세액과 제1항제2호 또는 제3호의 세율을 적용하여 계산한 양도소득 산출세액 중 큰 세액을 양도소득 산출세액으로 한다.(2020.8.18 본문개정)

1. 「주택법」 제63조의2제1항제1호에 따른 조정대상지역(이하 이 조에서 "조정대상지역"이라 한다)에 있는 주택으로서 대통령령으로 정하는 1세대 2주택에 해당하는 주택(2020.8.18 본호개정)
2. 조정대상지역에 있는 주택으로서 1세대가 1주택과 조합원입주권 또는 분양권을 1개 보유한 경우의 해당 주택. 다만, 대통령령으로 정하는 장기임대주택 등은 제외한다. (2020.8.18 본문개정)
3. 조정대상지역에 있는 주택으로서 대통령령으로 정하는 1세대 3주택 이상에 해당하는 주택
4. 조정대상지역에 있는 주택으로서 1세대가 주택과 조합원입주권 또는 분양권을 보유한 경우로서 그 수의 합이 3 이상인 경우 해당 주택. 다만, 대통령령으로 정하는 장기임대주택 등은 제외한다.(2020.8.18 본문개정)

(2017.12.19 본항신설)

⑧ 그 밖에 양도소득 산출세액의 계산에 필요한 사항은 대통령령으로 정한다.

제104조의2 【지정지역의 운영】 ① 기획재정부장관은 해당 지역의 부동산 가격 상승률이 전국 소비자물가 상승률보다 높은 지역으로서 전국 부동산 가격 상승률 등을 고려할 때 그 지역의 부동산 가격이 급등하였거나 급등할 우려가 있는 경우에는 대통령령으로 정하는 기준 및 방법에 따라 그 지역을 지정지역으로 지정할 수 있다.

② 제104조제4항제3호에서 "지정지역에 있는 부동산"이란 제1항에 따른 지정지역에 있는 부동산 중 대통령령으로 정하는 부동산을 말한다.(2017.12.19 본항개정)

③ 제1항에 따른 지정지역의 지정과 해제, 그 밖에 필요한 사항을 심의하기 위하여 기획재정부에 부동산 가격안정 심의위원회를 둔다.

④ 제1항에 따른 지정지역 해제의 기준 및 방법과 부동산 가격안정 심의위원회의 구성 및 운용 등에 필요한 사항은 대통령령으로 정한다.

제104조의3 【비사업용 토지의 범위】 ① 제104조제1항제8호에서 "비사업용 토지"란 해당 토지를 소유하는 기간 중 대통령령으로 정하는 기간 동안 다음 각 호의 어느 하나에 해당하는 토지를 말한다.(2016.12.20 본문개정)

1. 농지로서 다음 각 목의 어느 하나에 해당하는 것(2016.12.20 본문개정)
   가. 대통령령으로 정하는 바에 따라 소유자가 농지 소재지에 거주하지 아니하거나 자기가 경작하지 아니하는 농지. 다만, 「농지법」이나 그 밖의 법률에 따라 소유할 수 있는 농지로서 대통령령으로 정하는 경우는 제외한다.
   나. 특별시·광역시(광역시에 있는 군은 제외한다. 이하 이 항에서 같다)·특별자치시(특별자치시에 있는 읍·면지역은 제외한다. 이하 이 항에서 같다)·특별자치도(「제주특별자치도 설치 및 국제자유도시 조성을 위한 특별법」 제10조제2항에 따라 설치된 행정시의 읍·면지역은 제외한다. 이하 이 항에서 같다) 및 시지역(「지방자치법」 제3조제4항에 따른 도농 복합형태인 시의 읍·면지역은 제외한다. 이하 이 항에서 같다) 중 「국토의 계획 및 이용에 관한 법률」에 따른 도시지역(대통령령으로 정하는 지역은 제외한다. 이하 이 호에서 같다)에 있는 농지. 다만, 대통령령으로 정하는 바에 따라 소유자가 농지 소재지에 거주하며 스스로 경작하던 농지로서 특별시·광역시·특별자치시·특별자치도 및 시지역의 도시지역에 편입된 날부터 대통령령으로 정하는 기간이 지나지 아니한 농지는 제외한다.(2015.7.24 본문개정)
2. 임야. 다만, 다음 각 목의 어느 하나에 해당하는 것은 제외한다.
   가. 「산림자원의 조성 및 관리에 관한 법률」에 따라 지정된 산림유전자원보호림, 보안림(保安林), 채종림(採種林), 시험림(試驗林), 그 밖에 공익을 위하여 필요하거나 산림의 보호·육성을 위하여 필요한 임야로서 대통령령으로 정하는 것
   나. 대통령령으로 정하는 바에 따라 임야 소재지에 거주하는 자가 소유한 임야
   다. 토지의 소유자, 소재지, 이용 상황, 보유기간 및 면적 등을 고려하여 거주 또는 사업과 직접 관련이 있다고 인정할 만한 상당한 이유가 있는 임야로서 대통령령으로 정하는 것
3. 목장용지로서 다음 각 목의 어느 하나에 해당하는 것. 다만, 토지의 소유자, 소재지, 이용 상황, 보유기간 및 면적 등을 고려하여 거주 또는 사업과 직접 관련이 있다고 인정할 만한 상당한 이유가 있는 목장용지로서 대통령령으로 정하는 것은 제외한다.
   가. 축산업을 경영하는 자가 소유하는 목장용지로서 대통령령으로 정하는 축산용 토지의 기준면적을 초과하거나 특별시·광역시·특별자치시·특별자치도 및 시지역의 도시지역(대통령령으로 정하는 지역은 제외한다. 이하 이 호에서 같다)에 있는 것(도시지역에 편입된 날부터 대통령령으로 정하는 기간이 지나지 아니한 경우는 제외한다).(2013.1.1 본목개정)
   나. 축산업을 경영하지 아니하는 자가 소유하는 토지
4. 농지, 임야 및 목장용지 외의 토지 중 다음 각 목을 제외한 토지
   가. 「지방세법」 또는 관계 법률에 따라 재산세가 비과세되거나 면제되는 토지
   나. 「지방세법」 제106조제1항제2호 및 제3호에 따른재산세 별도합산과세대상 또는 분리과세대상이 되는 토지 (2010.3.31 본목개정)
   다. 토지의 이용 상황, 관계 법률의 의무 이행 여부 및 수입금액 등을 고려하여 거주 또는 사업과 직접 관련이 있다고 인정할 만한 상당한 이유가 있는 토지로서 대통령령으로 정하는 것
5. 「지방세법」 제106조제2항에 따른 주택부속토지 중 주택이 정착된 면적에 지역별로 대통령령으로 정하는 배율을 곱하여 산정한 면적을 초과하는 토지(2010.3.31 본호개정)

6. 주거용 건축물로서 상시주거용으로 사용하지 아니하고 휴양, 피서, 위락 등의 용도로 사용하는 건축물(이하 이 호에서 "별장"이라 한다)의 부속토지. 다만, 「지방자치법」 제3조제3항 및 제4항에 따른 읍 또는 면에 소재하고 대통령령으로 정하는 범위와 기준에 해당하는 농어촌주택의 부속토지는 제외하며, 별장에 부속된 토지의 경계가 명확하지 아니한 경우에는 그 건축물 바닥면적의 10배에 해당하는 토지를 부속토지로 본다.(2014.12.23 본호개정)
7. 그 밖에 제1호부터 제6호까지와 유사한 토지로서 거주자의 거주 또는 사업과 직접 관련이 없다고 인정할 만한 상당한 이유가 있는 대통령령으로 정하는 토지

② 제1항을 적용할 때 토지 취득 후 법률에 따른 사용 금지나 그 밖에 대통령령으로 정하는 부득이한 사유가 있어 그 토지가 제1항 각 호의 어느 하나에 해당하는 경우에는 대통령령으로 정하는 바에 따라 그 토지를 비사업용 토지로 보지 아니할 수 있다.

③ 제1항과 제2항을 적용할 때 농지·임야·목장용지의 범위 등에 관하여 필요한 사항은 대통령령으로 정한다.

제7절 양도소득과세표준의 예정신고와 납부

제105조【양도소득과세표준 예정신고】 ① 제94조제1항 각 호(같은 항 제3호다목 및 같은 항 제5호는 제외한다)에서 규정하는 자산을 양도한 거주자는 제92조제2항에 따라 계산한 양도소득과세표준을 다음 각 호의 구분에 따른 기간에 대통령령으로 정하는 바에 따라 납세지 관할 세무서장에게 신고하여야 한다.(2024.12.31 본문개정)

1. 제94조제1항제1호·제2호·제4호 및 제6호에 따른 자산을 양도한 경우에는 그 양도일이 속하는 달의 말일부터 2개월. 다만, 「부동산 거래신고 등에 관한 법률」 제10조제1항에 따른 토지거래계약에 관한 허가구역에 있는 토지를 양도할 때 토지거래계약허가를 받기 전에 대금을 청산한 경우에는 그 허가일(토지거래계약허가를 받기 전에 허가구역의 지정이 해제된 경우에는 그 해제일을 말한다)이 속하는 달의 말일부터 2개월로 한다.(2020.12.29 본문개정)
2. 제94조제1항제3호가목 및 나목에 따른 자산을 양도한 경우에는 그 양도일이 속하는 반기의 말일부터 2개월(2024.12.31 본호신설)
3. 제1호 및 제2호에도 불구하고 제88조제1호 각 목 외의 부분 후단에 따른 부담부증여의 채무액에 해당하는 부분으로서 양도로 보는 경우에는 그 양도일이 속하는 달의 말일부터 3개월(2016.12.20 본호신설)

② 제1항에 따른 양도소득 과세표준의 신고를 예정신고라 한다.

③ 제1항은 양도차익이 없거나 양도차손이 발생한 경우에도 적용한다.

제106조【예정신고납부】 ① 거주자가 예정신고를 할 때에는 제107조에 따라 계산한 산출세액에서 「조세특례제한법」이나 그 밖의 법률에 따른 감면세액을 뺀 세액을 대통령령으로 정하는 바에 따라 납세지 관할 세무서, 한국은행 또는 체신관서에 납부하여야 한다.

② 제1항에 따른 납부를 이 장에서 "예정신고납부"라 한다.(2020.12.29 본항개정)

③ 예정신고납부를 하는 경우 제82조 및 제118조에 따른 수시부과세액이 있을 때에는 이를 공제하여 납부한다.

제107조【예정신고 산출세액의 계산】 ① 거주자가 예정신고를 할 때 예정신고 산출세액은 다음 계산식에 따라 계산한다.

예정신고 산출세액 = (A − B − C) × D
A : 양도차익 B : 장기보유 특별공제 C : 양도소득 기본공제 D : 제104조제1항에 따른 세율

② 해당 과세기간에 누진세율 적용대상 자산에 대한 예정신고를 2회 이상 하는 경우로서 거주자가 이미 신고한 양도소득금액과 합산하여 신고하려는 경우에는 다음 각 호의 구분에 따른 금액을 제2회 이후 신고하는 예정신고 산출세액으로 한다.

1. 제104조제1항제1호에 따른 세율 적용대상 자산의 경우 : 다음의 계산식에 따른 금액

예정신고 산출세액 = 〔(A + B − C) × D〕 − E
A : 이미 신고한 자산의 양도소득금액 B : 2회 이후 신고하는 자산의 양도소득금액 C : 양도소득 기본공제 D : 제104조제1항제1호에 따른 세율 E : 이미 신고한 예정신고 산출세액

2. 제104조제1항제8호 또는 제9호에 따른 세율 적용대상 자산의 경우 : 다음의 계산식에 따른 금액

예정신고 산출세액 = 〔(A + B − C) × D〕 − E
A : 이미 신고한 자산의 양도소득금액 B : 2회 이후 신고하는 자산의 양도소득금액 C : 양도소득 기본공제 D : 제104조제1항제8호 또는 제9호에 따른 세율 E : 이미 신고한 예정신고 산출세액

3. 제104조제1항제11호가목2)에 따른 세율 적용대상 자산의 경우 : 다음의 계산식에 따른 금액

예정신고 산출세액 = 〔(A + B − C) × D〕 − E
A : 이미 신고한 자산의 양도소득금액 B : 2회 이후 신고하는 자산의 양도소득금액 C : 양도소득 기본공제 D : 제104조제1항제11호가목2)에 따른 세율 E : 이미 신고한 예정신고 산출세액

(2024.12.31 본호신설)

4. 제104조제1항제14호에 따른 세율 적용대상 자산의 경우 : 다음의 계산식에 따른 금액

예정신고 산출세액 = 〔(A + B − C) × D〕 − E
A : 이미 신고한 자산의 양도소득금액 B : 2회 이후 신고하는 자산의 양도소득금액 C : 양도소득 기본공제 D : 제104조제1항제14호에 따른 세율 E : 이미 신고한 예정신고 산출세액

(2020.12.29 본호신설)

(2016.12.20 본조개정)

제108조【재외국민과 외국인의 부동산등양도신고확인서의 제출】 「재외동포의 출입국과 법적지위에 관한 법률」 제2조제1호에 따른 재외국민과 「출입국관리법」 제2조제2호에 따른 외국인이 제94조제1항제1호의 자산을 양도하고 그 소유권을 이전하기 위하여 등기관서의 장에게 등기를 신청할 때에는 대통령령으로 정하는 바에 따라 부동산등양도신고확인서를 제출하여야 한다.(2019.12.31 본조신설)

제109조 (1999.12.28 삭제)

제8절 양도소득과세표준의 확정신고와 납부

제110조【양도소득과세표준 확정신고】 ① 해당 과세기간의 양도소득금액이 있는 거주자는 그 양도소득 과세표준을 그 과세기간의 다음 연도 5월 1일부터 5월 31일까지〔제105조제1항제1호 단서에 해당하는 경우에는 토지거래계약에 관한 허가일(토지거래계약허가를 받기 전에 허가구역의 지정이 해제된 경우에는 그 해제일을 말한다)이 속하는 과세기간의 다음 연도 5월 1일부터 5월 31일까지〕 대통령령으로 정하는 바에 따라 납세지 관할 세무서장에게 신고하여야 한다.(2017.12.19 본항개정)

② 제1항은 해당 과세기간의 과세표준이 없거나 결손금액이 있는 경우에도 적용한다.

③ 제1항에 따른 양도소득 과세표준의 신고를 확정신고라 한다.

④ 예정신고를 한 자는 제1항에도 불구하고 해당 소득에 대한 확정신고를 하지 아니할 수 있다. 다만, 해당 과세기간에 누진세율 적용대상 자산에 대한 예정신고를 2회 이상 하는 경우 등으로서 대통령령으로 정하는 경우에는 그러하지 아니하다.

⑤ 확정신고를 하는 경우 그 신고서에 양도소득금액 계산의 기초가 된 양도가액과 필요경비 계산에 필요한 서류로서 대통령령으로 정하는 것을 납세지 관할 세무서장에게 제출하여야 한다.

⑥ 납세지 관할 세무서장은 제5항에 따라 제출된 신고서나 그 밖의 서류에 미비한 사항 또는 오류가 있는 경우에는 그 보정을 요구할 수 있다.

제111조【확정신고납부】 ① 거주자는 해당 과세기간의 과세표준에 대한 양도소득 산출세액에서 감면세액과 세액공제액을 공제한 금액을 제110조제1항(제118조에 따라 준용되는 제74조제1항부터 제4항까지의 규정을 포함한다)에 따른 확정신고기한까지 대통령령으로 정하는 바에 따라 납세지 관할 세무서, 한국은행 또는 체신관서에 납부하여야 한다.
② 제1항에 따른 납부를 이 장에서 "확정신고납부"라 한다.
(2020.12.29 본항개정)
③ 확정신고납부를 하는 경우 제107조에 따른 예정신고 산출세액, 제114조에 따라 결정·경정한 세액 또는 제82조·제118조에 따른 수시부과세액이 있을 때에는 이를 공제하여 납부한다.

제112조【양도소득세의 분할납부】 거주자로서 제106조 또는 제111조에 따라 납부할 세액이 각각 1천만원을 초과하는 자는 대통령령으로 정하는 바에 따라 그 납부할 세액의 일부를 납부기한이 지난 후 2개월 이내에 분할납부할 수 있다.

제112조의2 (2015.12.15 삭제)

제9절 양도소득에 대한 결정·경정과 징수 및 환급

제113조 (1999.12.28 삭제)

제114조【양도소득과세표준과 세액의 결정·경정 및 통지】 ① 납세지 관할 세무서장 또는 지방국세청장은 제105조에 따라 예정신고를 하여야 할 자 또는 제110조에 따라 확정신고를 하여야 할 자가 그 신고를 하지 아니한 경우에는 해당 거주자의 양도소득과세표준과 세액을 결정한다.
② 납세지 관할 세무서장 또는 지방국세청장은 제105조에 따라 예정신고를 한 자 또는 제110조에 따라 확정신고를 한 자의 신고 내용에 탈루 또는 오류가 있는 경우에는 양도소득과세표준과 세액을 경정한다.
③ 납세지 관할 세무서장 또는 지방국세청장은 양도소득 과세표준과 세액을 결정 또는 경정한 후 그 결정 또는 경정에 탈루 또는 오류가 있는 것이 발견된 경우에는 즉시 다시 경정한다.
④ 납세지 관할 세무서장 또는 지방국세청장은 제1항부터 제3항까지의 규정에 따라 양도소득 과세표준과 세액을 결정 또는 경정하는 경우에는 제96조, 제97조 및 제97조의2에 따른 가액에 따라야 한다.(2014.1.1 본항개정)
⑤ 제94조제1항제1호에 따른 자산의 양도로 양도가액 및 취득가액을 실지거래가액에 따라 양도소득 과세표준 예정신고 또는 확정신고를 하여야 할 자(이하 이 항에서 "신고의무자"라 한다)가 그 신고를 하지 아니한 경우로서 양도소득 과세표준과 세액 또는 신고의무자의 실지거래가액 소명(疏明) 여부 등을 고려하여 대통령령으로 정하는 경우에 해당할 때에는 납세지 관할 세무서장 또는 지방국세청장은 제4항에도 불구하고 「부동산등기법」 제68조에 따라 등기부에 기재된 거래가액(이하 이 항에서 "등기부 기재가액"이라 한다)을 실지거래가액으로 추정하여 양도소득 과세표준과 세액을 결정할 수 있다. 다만, 납세지 관할 세무서장 또는 지방국세청장이 등기부 기재가액이 실지거래가액과 차이가 있음을 확인한 경우에는 그러하지 아니하다.(2012.1.1 본문개정)
⑥ 제4항을 적용할 때 양도가액 및 취득가액을 실지거래가액에 따라 양도소득 과세표준 예정신고 또는 확정신고를 한 경우로서 그 신고가액이 사실과 달라 납세지 관할 세무서장 또는 지방국세청장이 실지거래가액을 확인한 경우에는 그 확인된 가액을 양도가액 또는 취득가액으로 하여 양도소득 과세표준과 세액을 경정한다.
⑦ 제4항부터 제6항까지의 규정을 적용할 때 양도가액 또는 취득가액을 실지거래가액에 따라 정하는 경우로서 대통령령으로 정하는 사유로 장부나 그 밖의 증명서류에 의하여 해당 자산의 양도 당시 또는 취득 당시의 실지거래가액을 인정 또는 확인할 수 없는 경우에는 대통령령으로 정하는 바에 따라 양도가액 또는 취득가액을 매매사례가액, 감정가액, 환산취득가액 또는 기준시가 등에 따라 추계조사하여 결정 또는 경정할 수 있다.
(2020.12.29 본항개정)
⑧ 납세지 관할 세무서장 또는 지방국세청장은 제1항부터 제7항까지의 규정에 따라 거주자의 양도소득 과세표준과 세액을 결정 또는 경정하였을 때에는 이를 그 거주자에게 대통령령으로 정하는 바에 따라 서면으로 알려야 한다.
⑨ 납세지 관할 세무서장 또는 지방국세청장은 제1항부터 제3항까지의 규정을 적용할 때 제94조제1항제3호 및 제4호에 따른 주식등의 양도차익에 대한 신고 내용의 탈루 또는 오류, 그 밖에 거래명세의 적정성을 확인할 필요가 있는 경우에는 「금융실명거래 및 비밀보장에 관한 법률」 등 다른 법률의 규정에도 불구하고 대통령령으로 정하는 바에 따라 「자본시장과 금융투자업에 관한 법률」에 따른 투자매매업자 또는 투자중개업자 및 그 주식등의 주권 또는 출자증권을 발행한 법인에 이를 조회할 수 있다.(2024.12.31 본항개정)

제114조의2【감정가액 또는 환산취득가액 적용에 따른 가산세】 ① 거주자가 건물을 신축 또는 증축(증축의 경우 바닥면적 합계가 85제곱미터를 초과하는 경우에 한정한다)하고 그 건물의 취득일 또는 증축일부터 5년 이내에 해당 건물을 양도하는 경우로서 제97조제1항제1호나목에 따른 감정가액 또는 환산취득가액을 그 취득가액으로 하는 경우에는 해당 건물의 감정가액(증축의 경우 증축한 부분에 한정한다) 또는 환산취득가액(증축의 경우 증축한 부분에 한정한다)의 100분의 5에 해당하는 금액을 제92조제3항제2호에 따른 양도소득 결정세액에 더한다.
② 제1항은 제92조제3항제1호에 따른 양도소득 산출세액이 없는 경우에도 적용한다.
(2023.12.31 본조개정)

제115조【주식등에 대한 장부의 비치·기록의무 및 기장 불성실가산세】 ① 법인(중소기업을 포함한다)의 대주주가 양도하는 주식등에 대하여는 대통령령으로 정하는 바에 따라 종목별로 구분하여 거래일자별 거래명세 등을 장부에 기록·관리하여야 하며 그 증명서류 등을 갖추어 두어야 한다. 다만, 「자본시장과 금융투자업에 관한 법률」에 따른 투자매매업자 또는 투자중개업자가 발행한 거래명세서를 갖추어 둔 경우에는 장부를 비치·기록한 것으로 본다.
② 제1항에 따라 법인의 대주주가 양도하는 주식등에 대하여 거래명세 등을 기장하지 아니하였거나 누락하였을 때에는 기장을 하지 아니한 소득금액 또는 누락한 소득금액이 양도소득금액에서 차지하는 비율을 산출세액에 곱하여 계산한 금액의 100분의 10에 해당하는 금액(이하 이 조에서 "기장 불성실가산세"라 한다)을 산출세액에 더한다. 다만, 산출세액이 없을 때에는 그 거래금액의 1만분의 7에 해당하는 금액을 기장 불성실가산세로 한다.
(2024.12.31 본조신설)

제115조의2【신탁 수익자명부 변동상황명세서의 제출】 신탁의 수탁자는 제94조제1항제6호에 따른 신탁 수익권에 대하여 신탁이 설정된 경우와 수익권의 양도 등으로 인하여 신탁 수익자의 변동사항이 있는 경우 대통령령으로 정하는 바에 따라 수익자명부 변동상황명세서를 작성·보관하여야 하며, 신탁 설정 또는 수익자 변동이 발생한 과세기간의 다음 연도 5월 1일부터 5월 31일(법인과세 신탁재산의 수탁자의 경우에는 「법인세법」 제60조에 따른 신고기한을 말한다)까지 수익자명부 변동상황명세서를 납세지 관할 세무서장에게 제출하여야 한다.
(2020.12.29 본조신설)

제116조【양도소득세의 징수】 ① 납세지 관할 세무서장은 거주자가 제111조에 따라 해당 과세기간의 양도소득세로 납부하여야 할 세액의 전부 또는 일부를 납부하지 아니한 경우에는 그 미납된 부분의 양도소득세액을 「국세징수법」에 따라 징수한다. 제106조에 따른 예정신고납부세액의 경우에도 또한 같다.(2013.1.1 전단개정)
② 납세지 관할 세무서장은 제114조에 따라 양도소득과세표준과 세액을 결정 또는 경정한 경우 제92조제3항제3호에 따른 양도소득 총결정세액이 다음 각 호의 금액의 합계액을 초과할 때에는 그 초과하는 세액(이하 "추가납부세액"이라 한다)을 해당 거주자에게 알린 날부터 30일 이내에 징수한다.(2023.12.31 본문개정)
1. 제106조에 따른 예정신고납부세액과 제111조에 따른 확정신고납부세액
2. 제1항에 따라 징수하는 세액

3. 제82조 및 제118조에 따른 수시부과세액
4. 제156조제1항제5호에 따라 원천징수한 세액(2018.12.31 본호개정)

제117조【양도소득세의 환급】 납세지 관할 세무서장은 과세기간별로 제116조제2항 각 호의 금액의 합계액이 제92조제3항제3호에 따른 양도소득 총결정세액을 초과할 때에는 그 초과하는 세액을 환급하거나 다른 국세 및 강제징수비에 충당하여야 한다.(2023.12.31 본조개정)

제118조【준용규정】 ① 양도소득세에 관하여는 제24조·제27조·제33조·제39조·제43조·제44조·제46조·제74조·제75조 및 제82조를 준용한다.
② 다음 각 호의 소득에 대한 양도소득세액의 계산에 관하여는 제118조의2부터 제118조의4까지 및 제118조의6을 준용한다.
1. 제94조제1항제3호다목에 따른 자산의 양도로 발생하는 소득
2. 제94조제1항제5호에 따른 소득 중 「자본시장과 금융투자업에 관한 법률」 제5조제2항제2호에 따른 해외 파생상품시장에서 거래되는 파생상품의 양도로 발생하는 소득
(2024.12.31 본항신설)
(2020.12.29 본조개정)

제10절 국외자산 양도에 대한 양도소득세

제118조의2【국외자산 양도소득의 범위】 거주자(해당 자산의 양도일까지 계속 5년 이상 국내에 주소 또는 거소를 둔 자만 해당한다)의 국외에 있는 자산의 양도에 대한 양도소득은 해당 과세기간에 국외에 있는 자산을 양도함으로써 발생하는 다음 각 호의 소득으로 한다. 다만, 다음 각 호에 따른 소득이 국외에서 외화를 차입하여 취득한 자산을 양도하여 발생하는 소득으로서 환율변동으로 인하여 외화차입금으로부터 발생하는 환차익을 포함하고 있는 경우에는 해당 환차익을 양도소득의 범위에서 제외한다.(2015.12.15 단서신설)
1. 토지 또는 건물의 양도로 발생하는 소득
2. 다음 각 목의 어느 하나에 해당하는 부동산에 관한 권리의 양도로 발생하는 소득
가. 부동산을 취득할 수 있는 권리(건물이 완성되는 때에 그 건물과 이에 딸린 토지를 취득할 수 있는 권리를 포함한다)
나. 지상권
다. 전세권과 부동산임차권
(2016.12.20 본호개정)
3. (2019.12.31 삭제)
4. (2017.12.19 삭제)
5. 그 밖에 제94조제1항제4호에 따른 기타자산 등 대통령령으로 정하는 자산의 양도로 발생하는 소득(2015.12.15 본호개정)
(2019.12.31 본조제목개정)

제118조의3【국외자산의 양도가액】 ① 제118조의2에 따른 자산(이하 이 절에서 "국외자산"이라 한다)의 양도가액은 그 자산의 양도 당시의 실지거래가액으로 한다. 다만, 양도 당시의 실지거래가액을 확인할 수 없는 경우에는 양도자산이 소재하는 국가의 양도 당시 현황을 반영한 시가에 따르되, 시가를 산정하기 어려울 때에는 그 자산의 종류, 규모, 거래상황 등을 고려하여 대통령령으로 정하는 방법에 따른다.
② 제1항에 따른 시가의 산정에 관한 사항과 그 밖에 필요한 사항은 대통령령으로 정한다.
(2019.12.31 본조제목개정)

제118조의4【국외자산 양도소득의 필요경비 계산】 ① 국외자산의 양도에 대한 양도차익을 계산할 때 양도가액에서 공제하는 필요경비는 다음 각 호의 금액을 합한 것으로 한다.
1. 취득가액
해당 자산의 취득에 든 실지거래가액. 다만, 취득 당시의 실지거래가액을 확인할 수 없는 경우에는 양도자산이 소재하는 국가의 취득 당시의 현황을 반영한 시가에 따르되, 시가를 산정하기 어려울 때에는 그 자산의 종류, 규모, 거래상황 등을 고려하여 대통령령으로 정하는 방법에 따라 취득가액을 산정한다.
2. 대통령령으로 정하는 자본적지출액
3. 대통령령으로 정하는 양도비
② 제1항에 따른 양도차익의 외화 환산, 취득에 드는 실지거래가액, 시가의 산정 등 필요경비의 계산에 필요한 사항은 대통령령으로 정한다.
(2019.12.31 본조제목개정)

제118조의5【국외자산 양도소득세의 세율】 ① 국외자산의 양도소득에 대한 소득세는 해당 과세기간의 양도소득과세표준에 제55조제1항에 따른 세율을 적용하여 계산한 금액을 그 세액으로 한다.
1.~2. (2019.12.31 삭제)
3. (2017.12.19 삭제)
② 제1항에 따른 세율의 조정에 관하여는 제104조제4항을 준용한다.
(2019.12.31 본조개정)

제118조의6【국외자산 양도소득에 대한 외국납부세액의 공제】 ① 국외자산의 양도소득에 대하여 해당 외국에서 과세를 하는 경우로서 그 양도소득에 대하여 대통령령으로 정하는 국외자산 양도소득에 대한 세액(이하 이 항에서 "국외자산 양도소득세액"이라 한다)을 납부하였거나 납부할 것이 있을 때에는 다음 각 호의 방법 중 하나를 선택하여 적용할 수 있다.
1. 외국납부세액의 세액공제방법 : 다음 계산식에 따라 계산한 금액을 한도로 국외자산 양도소득세액을 해당 과세기간의 양도소득 산출세액에서 공제하는 방법

$$공제한도금액 = A \times \frac{B}{C}$$

A : 제118조의5에 따라 계산한 해당 과세기간의 국외자산에 대한 양도소득 산출세액
B : 해당 국외자산 양도소득금액
C : 해당 과세기간의 국외자산에 대한 양도소득금액

2. 외국납부세액의 필요경비 산입방법 : 국외자산 양도소득에 대하여 납부하였거나 납부할 국외자산 양도소득세액을 해당 과세기간의 필요경비에 산입하는 방법
(2019.12.31 본항개정)
② 제1항의 세액공제 및 필요경비산입에 필요한 사항은 대통령령으로 정한다.
(2019.12.31 본조제목개정)

제118조의7【국외자산 양도소득 기본공제】 ① 국외자산의 양도에 대한 양도소득이 있는 거주자에 대해서는 해당 과세기간의 양도소득금액에서 연 250만원을 공제한다.(2019.12.31 본문개정)
1.~2. (2019.12.31 삭제)
3. (2017.12.19 삭제)
② 제1항을 적용할 때 해당 과세기간의 양도소득금액에 이 법 또는 「조세특례제한법」이나 그 밖의 법률에 따른 감면소득금액이 있는 경우에는 감면소득금액 외의 양도소득금액에서 먼저 공제하고, 감면소득금액 외의 양도소득금액 중에서는 해당 과세기간에 먼저 양도하는 자산의 양도소득금액에서부터 순서대로 공제한다.
(2019.12.31 본조제목개정)

제118조의8【국외자산 양도에 대한 준용규정】 국외자산의 양도에 대한 양도소득세의 과세에 관하여는 제89조, 제90조, 제92조, 제95조, 제97조제3항, 제98조, 제100조, 제101조, 제105조부터 제107조까지, 제110조부터 제112조까지, 제114조, 제114조의2 및 제115조부터 제118조까지를 준용한다. 다만, 제95조에 따른 장기보유 특별공제액은 공제하지 아니한다.
(2024.12.31 본문개정)

제11절 거주자의 출국 시 국내 주식 등에 대한 과세 특례
(2024.12.31 본절신설)

제118조의9【거주자의 출국 시 납세의무】 ① 다음 각 호의 요건을 모두 갖추어 출국하는 거주자(이하 "국외전출자"라 한다)는 제88조제1호에도 불구하고 출국 당시 소유한 제94조제1항제3호가목 및 나목, 같은 항 제4호다목 및 라목에 해당하는 주식등을 출국일에 양도한 것으로 보아 양도소득에 대하여 소득세를 납부할 의무가 있다.

1. 출국일 10년 전부터 출국일까지의 기간 중 국내에 주소나 거소를 둔 기간의 합계가 5년 이상일 것
2. 출국일이 속하는 연도의 직전 연도 종료일 현재 소유하고 있는 주식등의 비율·시가총액 등을 고려하여 대통령령으로 정하는 대주주에 해당할 것

② 국외전출자의 범위 및 그 밖에 필요한 사항은 대통령령으로 정한다.

제118조의10【국외전출자 국내주식등에 대한 과세표준의 계산】 ① 제118조의9제1항에 따른 주식등(이하 "국외전출자 국내주식등"이라 한다)의 양도가액은 출국일 당시의 시가로 한다. 다만, 시가를 산정하기 어려울 때에는 그 규모 및 거래상황 등을 고려하여 대통령령으로 정하는 방법에 따른다.

② 제1항에 따른 양도가액에서 공제할 필요경비는 제97조에 따라 계산한다.

③ 양도소득금액은 제1항에 따른 양도가액에서 제2항에 따른 필요경비를 공제한 금액으로 한다.

④ 양도소득과세표준은 제3항에 따른 양도소득금액에서 연 250만원을 공제한 금액으로 한다.

⑤ 제4항에 따른 양도소득과세표준은 종합소득, 퇴직소득 및 제92조제2항에 따른 양도소득과세표준과 구분하여 계산한다.

⑥ 제1항에 따른 시가의 산정 및 그 밖에 필요한 사항은 대통령령으로 정한다.

제118조의11【국외전출자 국내주식등에 대한 세율과 산출세액】 국외전출자의 양도소득세는 제118조의10제4항에 따른 양도소득과세표준에 다음의 계산식에 따라 계산한 금액을 그 세액(이하 이 절에서 "산출세액"이라 한다)으로 한다.

양도소득과세표준	세 율
3억원 이하	20퍼센트
3억원 초과	6천만원 + (3억원 초과액 × 25퍼센트)

제118조의12【조정공제】 ① 국외전출자가 출국한 후 국외전출자 국내주식등을 실제 양도한 경우로서 실제 양도가액이 제118조의10제1항에 따른 양도가액보다 낮은 때에는 다음의 계산식에 따라 계산한 세액(이하 이 절에서 "조정공제액"이라 한다)을 산출세액에서 공제한다.

〔제118조의10제1항에 따른 양도가액 - 실제 양도가액〕 × 제118조의11에 따른 세율

② 제1항에 따른 공제에 필요한 사항은 대통령령으로 정한다.

제118조의13【국외전출자 국내주식등에 대한 외국납부세액의 공제】 ① 국외전출자가 출국한 후 국외전출자 국내주식등을 실제로 양도하여 해당 자산의 양도소득에 대하여 외국정부에 세액을 납부하였거나 납부할 것이 있는 때에는 산출세액에서 조정공제액을 공제한 금액을 한도로 다음의 계산식에 따라 계산한 외국납부세액을 산출세액에서 공제한다.

해당 자산의 양도소득에 대하여 외국정부에 납부한 세액 × 〔제118조의10제1항에 따른 양도가액(제118조의12제1항에 해당하는 경우에는 실제 양도가액) - 제118조의10제2항에 따른 필요경비〕 ÷ (실제 양도가액 - 제118조의10제2항에 따른 필요경비)

② 다음 각 호의 어느 하나에 해당하는 경우에는 제1항에 따른 공제를 적용하지 아니한다.
1. 외국정부가 산출세액에 대하여 외국납부세액공제를 허용하는 경우
2. 외국정부가 국외전출자 국내주식등의 취득가액을 제118조의10제1항에 따른 양도가액으로 조정하여 주는 경우

③ 제1항에 따른 공제에 필요한 사항은 대통령령으로 정한다.

제118조의14【비거주자의 국내원천소득 세액공제】 ① 국외전출자가 출국한 후 국외전출자 국내주식등을 실제로 양도하여 제119조제11호에 따른 비거주자의 국내원천소득으로 국내에서 과세되는 경우에는 산출세액에서 조정공제액을 공제한 금액을 한도로 제156조제1항제7호에 따른 금액을 산출세액에서 공제한다.

② 제1항에 따른 공제를 하는 경우에는 제118조의13제1항에 따른 외국납부세액의 공제를 적용하지 아니한다.

③ 제1항에 따른 공제에 필요한 사항은 대통령령으로 정한다.

제118조의15【국외전출자 국내주식등에 대한 신고·납부 및 가산세 등】 ① 국외전출자는 국외전출자 국내주식등의 양도소득에 대한 납세관리인과 국외전출자 국내주식등의 보유현황을 출국일 전날까지 납세지 관할 세무서장에게 신고하여야 한다. 이 경우 국외전출자 국내주식등의 보유현황은 신고일의 전날을 기준으로 작성한다.

② 국외전출자는 제118조의10제4항에 따른 양도소득과세표준을 출국일이 속하는 달의 말일부터 3개월 이내(제1항에 따라 납세관리인을 신고한 경우에는 제110조제1항에 따른 양도소득과세표준 확정신고 기간 내)에 대통령령으로 정하는 바에 따라 납세지 관할 세무서장에게 신고하여야 한다.

③ 국외전출자가 제2항에 따라 양도소득과세표준을 신고할 때에는 산출세액에서 이 법 또는 다른 조세에 관한 법률에 따른 감면세액과 세액공제액을 공제한 금액을 대통령령으로 정하는 바에 따라 납세지 관할 세무서, 한국은행 또는 체신관서에 납부하여야 한다.

④ 국외전출자가 제1항에 따라 출국일 전날까지 국외전출자 국내주식등의 보유현황을 신고하지 아니하거나 누락하여 신고한 경우에는 다음 각 호의 구분에 따른 금액의 100분의 2에 상당하는 금액을 산출세액에 더한다.
1. 출국일 전날까지 국외전출자 국내주식등의 보유현황을 신고하지 아니한 경우 : 출국일 전날의 국외전출자 국내주식등의 액면금액(무액면주식인 경우에는 그 주식을 발행한 법인의 자본금을 발행주식총수로 나누어 계산한 금액을 말한다. 이하 이 조에서 같다) 또는 출자가액
2. 국내주식등의 보유현황을 누락하여 신고한 경우 : 신고일의 전날을 기준으로 신고를 누락한 국외전출자 국내주식등의 액면금액 또는 출자가액

⑤ 제118조의12제1항에 따른 조정공제, 제118조의13제1항에 따른 외국납부세액공제 및 제118조의14제1항에 따른 비거주자의 국내원천소득 세액공제를 적용받으려는 자는 국외전출자 국내주식등을 실제 양도한 날부터 2년 이내에 대통령령으로 정하는 바에 따라 납세지 관할 세무서장에게 경정을 청구할 수 있다.

⑥ 제1항부터 제5항까지에서 규정한 사항 외에 국외전출자 국내주식등에 대한 양도소득세의 신고 및 납부 등에 필요한 사항은 대통령령으로 정한다.

제118조의16【납부유예】 ① 국외전출자는 납세담보를 제공하거나 납세관리인을 두는 등 대통령령으로 정하는 요건을 충족하는 경우에는 제118조의15제3항에도 불구하고 출국일부터 국외전출자 국내주식등을 실제로 양도할 때까지 납세지 관할 세무서장에게 양도소득세 납부의 유예를 신청하여 납부를 유예받을 수 있다.

② 제1항에 따라 납부를 유예받은 국외전출자는 출국일부터 5년(국외전출자의 국외유학 등 대통령령으로 정하는 사유에 해당하는 경우에는 10년으로 한다. 이하 이 절에서 같다) 이내에 국외전출자 국내주식등을 양도하지 아니한 경우에는 출국일부터 5년이 되는 날이 속하는 달의 말일부터 3개월 이내에 국외전출자 국내주식등에 대한 양도소득세를 납부하여야 한다.

③ 제1항에 따라 납부를 유예받은 국외전출자는 국외전출자 국내주식등을 실제 양도한 경우 양도일이 속하는 달의 말일부터 3개월 이내에 국외전출자 국내주식등에 대한 양도소득세를 납부하여야 한다.

④ 제1항에 따라 납부를 유예받은 국외전출자는 제2항 및 제3항에 따라 국외전출자 국내주식등에 대한 양도소득세를 납부할 때 대통령령으로 정하는 바에 따라 납부유예를 받은 기간에 대한 이자상당액을 가산하여 납부하여야 한다.

⑤ 국외전출자 국내주식등에 대한 양도소득세의 납부유예에 필요한 사항은 대통령령으로 정한다.

제118조의17【재전입 등에 따른 환급 등】 ① 국외전출자(제3호의 경우에는 상속인을 말한다)는 다음 각 호의 어느 하나에 해당하는 사유가 발생한 경우 그 사유가 발생한 날부터 1년 이내에 납세지 관할 세무서장에게 제118조의15에 따라 납부한 세액의 환급을 신청하거나 제118조의16에 따라 납부유예 중인 세액의 취소를 신청하여야 한다.
1. 국외전출자가 출국일부터 5년 이내에 국외전출자 국내주식등을 양도하지 아니하고 국내에 다시 입국하여 거주자가 되는 경우
2. 국외전출자가 출국일부터 5년 이내에 국외전출자 국내주식등을 거주자에게 증여한 경우

3. 국외전출자의 상속인이 국외전출자의 출국일부터 5년 이내에 국외전출자 국내주식등을 상속받은 경우
② 납세지 관할 세무서장은 제1항에 따른 신청을 받은 경우 지체 없이 국외전출자가 납부한 세액을 환급하거나 납부유예 중인 세액을 취소하여야 한다.
③ 제1항에 해당하여 국외전출자가 납부한 세액을 환급하는 경우 제118조의15제4항에 따라 산출세액에 더하여진 금액은 환급하지 아니한다.
④ 제1항제2호 또는 제3호에 해당하여 국외전출자가 납부한 세액을 환급하는 경우에는 「국세기본법」 제52조에도 불구하고 국세환급금에 국세환급가산금을 가산하지 아니한다.

제118조의18【국외전출자 국내주식등에 대한 준용규정 등】
① 국외전출자 국내주식등에 대한 양도소득세에 관하여는 제90조, 제92조제3항, 제102조제2항, 제114조, 제116조 및 제117조를 준용한다.
② 국외전출자 국내주식등에 대한 양도소득세의 부과와 그 밖에 필요한 사항은 대통령령으로 정한다.

제4장 비거주자의 납세의무
(2009.12.31 본장개정)

제1절 비거주자에 대한 세액 계산 통칙

제119조【비거주자의 국내원천소득】 비거주자의 국내원천소득은 다음 각 호와 같이 구분한다.
1. 국내원천 이자소득 : 다음 각 목의 어느 하나에 해당하는 소득으로서 제16조제1항에서 규정하는 이자(같은 항 제7호의 소득은 제외한다). 다만, 거주자 또는 내국법인의 국외사업장을 위하여 그 국외사업장이 직접 차용한 차입금의 이자는 제외한다.(2024.12.31 본문개정)
   가. 국가, 지방자치단체(지방자치단체조합을 포함한다. 이하 제156조제1항제1호가목에서 같다), 거주자, 내국법인, 「법인세법」 제94조에서 규정하는 외국법인의 국내사업장 또는 제120조에서 규정하는 비거주자의 국내사업장으로부터 받는 소득(2018.12.31 본목개정)
   나. 외국법인 또는 비거주자로부터 받는 소득으로서 그 소득을 지급하는 외국법인 또는 비거주자의 국내사업장과 실질적으로 관련하여 그 국내사업장의 소득금액을 계산할 때 손금 또는 필요경비에 산입되는 것
2. 국내원천 배당소득 : 내국법인 또는 법인으로 보는 단체나 그 밖의 국내에 소재하는 자로부터 받는 다음 각 목의 소득(2020.12.29 본문개정)
   가. (2024.12.31 삭제)
   나. 제17조제1항에 따른 배당소득(같은 항 제6호에 따른 소득은 제외한다)(2020.12.29 본목신설)
   다.~라. (2024.12.31 삭제)
   마. 「국제조세조정에 관한 법률」 제13조 또는 제22조에 따라 배당으로 처분된 금액(2020.12.29 본목신설)
3. 국내원천 부동산소득 : 국내에 있는 부동산 또는 부동산상의 권리와 국내에서 취득한 광업권, 조광권, 지하수의 개발·이용권, 어업권, 토사석 채취에 관한 권리의 양도·임대, 그 밖에 운영으로 인하여 발생하는 소득. 다만, 제9호에 따른 국내원천 부동산등양도소득은 제외한다.(2018.12.31 본호개정)
4. 국내원천 선박등임대소득 : 거주자·내국법인 또는 「법인세법」 제94조에서 규정하는 외국법인의 국내사업장이나 제120조에서 규정하는 비거주자의 국내사업장에 선박, 항공기, 등록된 자동차·건설기계 또는 산업상·상업상·과학상의 기계·설비·장치, 그 밖에 대통령령으로 정하는 용구를 임대함으로써 발생하는 소득(2018.12.31 본호개정)
5. 국내원천 사업소득 : 비거주자가 경영하는 사업에서 발생하는 소득(조세조약에 따라 국내원천사업소득으로 과세할 수 있는 소득을 포함한다)으로서 대통령령으로 정하는 소득. 다만, 제6호에 따른 국내원천 인적용역소득은 제외한다.
(2018.12.31 본호개정)
6. 국내원천 인적용역소득 : 국내에서 대통령령으로 정하는 인적용역을 제공함으로써 발생하는 소득(국외에서 제공하는 인적용역 중 대통령령으로 정하는 용역을 제공함으로써 발생하는 소득이 조세조약에 따라 국내에서 발생하는 것으로 간주되는 경우 그 소득을 포함한다). 이 경우 그 인적용역을 제공받는 자가 인적용역 제공과 관련하여 항공료 등 대통령령으로 정하는 비용을 부담하는 경우에는 그 비용을 제외한 금액을 말한다.(2018.12.31 전단개정)
7. 국내원천 근로소득 : 국내에서 제공하는 근로와 대통령령으로 정하는 근로의 대가로서 받는 소득(2018.12.31 본호개정)
8. 국내원천 퇴직소득 : 국내에서 제공하는 근로의 대가로 받는 퇴직소득(2018.12.31 본호개정)
8의2. 국내원천 연금소득 : 국내에서 지급받는 제20조의3제1항 각 호에 따른 연금소득(2018.12.31 본호개정)
9. 국내원천 부동산등양도소득 : 국내에 있는 다음 각 목의 어느 하나에 해당하는 자산·권리를 양도함으로써 발생하는 소득(2018.12.31 본문개정)
   가. 제94조제1항제1호·제2호 및 같은 항 제4호가목·나목에 따른 자산 또는 권리
   나. 내국법인의 주식 또는 출자지분(주식·출자지분을 기초로 하여 발행한 예탁증서 및 신주인수권을 포함한다. 이하 이 장에서 같다) 중 양도일이 속하는 사업연도 개시일 현재 그 법인의 자산총액 중 다음의 가액의 합계액이 100분의 50 이상인 법인의 주식 또는 출자지분(이하 이 조에서 "부동산주식등"이라 한다)으로서 증권시장에 상장되지 아니한 주식 또는 출자지분. 이 경우 조세조약의 해석·적용과 관련하여 그 조세조약 상대국과 상호합의에 따라 우리나라에 과세권한이 있는 것으로 인정되는 부동산주식등도 전단의 부동산주식등에 포함한다.(2019.12.31 본문개정)
      1) 제94조제1항제1호 및 제2호의 자산가액
      2) 내국법인이 보유한 다른 부동산 과다보유 법인의 주식가액에 그 다른 법인의 부동산 보유비율을 곱하여 산출한 가액. 이 경우 부동산 과다보유 법인의 판정 및 부동산 보유비율의 계산방법은 대통령령으로 정한다.
   (2015.12.15 1)~2)신설)
10. 국내원천 사용료소득 : 다음 각 목의 어느 하나에 해당하는 권리·자산 또는 정보(이하 이 호에서 "권리등"이라 한다)를 국내에서 사용하거나 그 대가를 국내에서 지급하는 경우의 그 대가 및 그 권리등의 양도로 발생하는 소득. 이 경우 제4호에 따른 산업상·상업상·과학상의 기계·설비·장치 등을 임대함으로써 발생하는 소득을 조세조약에서 사용료소득으로 구분하는 경우 그 사용대가를 포함한다.(2020.12.29 후단신설)
   가. 학술 또는 예술과 관련된 저작물(영화필름을 포함한다)의 저작권, 특허권, 상표권, 디자인, 모형, 도면, 비밀의 공식(公式) 또는 공정(工程), 라디오·텔레비전방송용 필름·테이프, 그 밖에 이와 유사한 자산이나 권리
   나. 산업·상업 또는 과학과 관련된 지식·경험에 관한 정보 또는 노하우
   다. 사용지(使用地)를 기준으로 국내원천소득 해당 여부를 규정하는 조세조약(이하 이 조에서 "사용지 기준 조세조약"이라 한다)에서 사용료의 정의에 포함되는 그 밖에 이와 유사한 재산 또는 권리〔특허권, 실용신안권, 상표권, 디자인권 등 그 행사에 등록이 필요한 권리(이하 이 조에서 "특허권등"이라 한다)가 국내에서 등록되지 아니하였으나 그에 포함된 제조방법·기술·정보 등이 국내에서의 제조·생산과 관련되는 등 국내에서 사실상 실시되거나 사용되는 것을 말한다〕(2019.10.12.31 본목신설)
11. 국내원천 유가증권양도소득 : 다음 각 목의 어느 하나에 해당하는 주식·출자지분(증권시장에 상장된 부동산주식등을 포함한다) 또는 그 밖의 유가증권(「자본시장과 금융투자업에 관한 법률」 제4조에 따른 증권을 포함한다. 이하 같다)의 양도로 발생하는 소득으로서 대통령령으로 정하는 소득
(2018.12.31 본문개정)
   가. 내국법인이 발행한 주식 또는 출자지분과 그 밖의 유가증권
   나. 외국법인이 발행한 주식 또는 출자지분(증권시장에 상장된 것만 해당한다)(2018.12.31 본목개정)
   다. 외국법인의 국내사업장이 발행한 그 밖의 유가증권
   (2018.12.31 본목신설)

12. 국내원천 기타소득 : 제1호부터 제8호까지, 제8호의2, 제9호부터 제11호까지의 규정에 따른 소득 외의 소득으로서 다음 각 목의 어느 하나에 해당하는 소득(2018.12.31 본문개정)
가. 국내에 있는 부동산 및 그 밖의 자산 또는 국내에서 경영하는 사업과 관련하여 받은 보험금, 보상금 또는 손해배상금
나. 국내에서 지급하는 위약금 또는 배상금으로서 대통령령으로 정하는 소득
다. 국내에서 지급하는 상금, 현상금, 포상금이나 그 밖에 이에 준하는 소득. 다만, 제12조제5호다목에서 규정하는 상금·부상은 제외한다.
라. 국내에서 발견된 매장물로 인한 소득
마. 국내법에 따른 면허·허가 또는 그 밖에 이와 유사한 처분에 따라 설정된 권리와 그 밖에 부동산 외의 국내자산을 양도함으로써 생기는 소득
바. 국내에서 발행된 복권, 경품권 또는 그 밖의 추첨권에 당첨되어 받는 당첨금품과 승마투표권, 승자투표권, 소싸움경기투표권, 체육진흥투표권의 구매자가 받는 환급금
사. 슬롯머신등을 이용하는 행위에 참가하여 받는 당첨금품등
아. 「법인세법」 제67조에 따라 기타소득으로 처분된 금액(2010.12.27 본목개정)
자. 대통령령으로 정하는 특수관계에 있는 비거주자(이하 제156조에서 "국외특수관계인"이라 한다)가 보유하고 있는 내국법인의 주식 또는 출자지분이 대통령령으로 정하는 자본거래로 인하여 그 가치가 증가함으로써 발생하는 소득(2012.1.1 본목개정)
차. 국내의 연금계좌에서 연금외수령하는 금액으로서 제21조제1항제21호의 소득(2013.1.1 본목신설)
카. 사용지 기준 조세조약 상대국의 거주자가 소유한 특허권등으로서 국내에서 등록되지 아니하고 국외에서 등록된 특허권등을 침해하여 발생하는 손해에 대하여 국내에서 지급하는 손해배상금·보상금·화해금·일실이익 또는 그 밖에 이와 유사한 소득. 이 경우 해당 특허권등에 포함된 제조방법·기술·정보 등이 국내에서의 제조·생산과 관련되는 등 국내에서 사실상 실시되거나 사용되는 것과 관련되어 지급하는 소득으로 한정한다.(2019.12.31 본목신설)
타. 가목부터 카목까지의 규정 외에 국내에서 하는 사업이나 국내에서 제공하는 인적용역 또는 국내에 있는 자산과 관련하여 받은 경제적 이익으로 인한 소득(국가 또는 특별한 법률에 따라 설립된 금융회사등이 발행한 외화표시채권의 상환에 따라 받은 금액이 그 외화표시채권의 발행가액을 초과하는 경우에는 그 차액을 포함하지 아니한다) 또는 이와 유사한 소득으로서 대통령령으로 정하는 소득(2019.12.31 본목개정)

제119조의2 【국외투자기구에 대한 실질귀속자 특례】 ① 비거주자가 국외투자기구를 통하여 제119조에 따른 국내원천소득을 지급받는 경우에는 그 국외투자기구를 통하여 국내원천소득을 지급받는 비거주자를 국내원천소득의 실질귀속자(그 국내원천소득과 관련하여 법적 또는 경제적 위험을 부담하고 그 소득을 처분할 수 있는 권리를 가지는 등 해당 소득에 대한 소유권을 실질적으로 보유하고 있는 자를 말한다. 이하 같다)로 본다. 다만, 국외투자기구가 다음 각 호의 어느 하나에 해당하는 경우(제2조제3항에 따른 법인으로 보는 단체 외의 법인 아닌 단체인 국외투자기구는 이 항 제2호 또는 제3호에 해당하는 경우로 한정한다)에는 그 국외투자기구를 국내원천소득의 실질귀속자로 본다.
1. 다음 각 목의 요건을 모두 갖추고 있는 경우
가. 조세조약에 따라 그 설립된 국가에서 납세의무를 부담하는 자에 해당할 것
나. 국내원천소득에 대하여 조세조약이 정하는 비과세·면제 또는 제한세율(조세조약에 따라 체약상대국의 거주자 또는 법인에 과세할 수 있는 최고세율을 말한다. 이하 같다)을 적용받을 수 있는 요건을 갖추고 있을 것
(2021.12.8 본호개정)
2. 제1호에 해당하지 아니하는 국외투자기구가 조세조약에서 국내원천소득의 수익적 소유자로 취급되는 것으로 규정되고 국내원천소득에 대하여 조세조약이 정하는 비과세·면제 또는 제한세율을 적용받을 수 있는 요건을 갖추고 있는 경우(2021.12.8 본호개정)
3. 제1호 또는 제2호에 해당하지 아니하는 국외투자기구가 그 국외투자기구에 투자한 투자자를 입증하지 못하는 경우(투자자가 둘 이상인 경우로서 투자자 중 일부만 입증하는 경우에는 입증하지 못하는 부분으로 한정한다)
② 제1항제3호에 해당하여 국외투자기구를 국내원천소득의 실질귀속자로 보는 경우에는 그 국외투자기구에 대하여 조세조약에 따른 비과세·면제 및 제한세율을 적용하지 아니한다.(2021.12.8 본항개정)
(2018.12.31 본조신설)

제119조의3 【비거주자의 국채등 이자·양도소득에 대한 과세특례 등】 ① 제156조제1항에 따른 원천징수의 대상이 되는 비거주자의 소득 중 다음 각 호의 소득에 대해서는 제3조제2항에도 불구하고 소득세를 과세하지 아니한다.
1. 제119조제1호의 국내원천 이자소득 중 「국채법」 제5조제1항에 따라 발행하는 국채, 「한국은행 통화안정증권법」에 따른 통화안정증권 및 대통령령으로 정하는 채권(이하 이 조에서 "국채등"이라 한다)에서 발생하는 소득
2. 제119조제11호의 국내원천 유가증권양도소득 중 국채등의 양도로 발생하는 소득
② 제1항에 따라 소득세를 과세하지 아니하는 국채등에는 대통령령으로 정하는 요건을 갖추어 국세청장의 승인을 받은 외국금융회사 등(이하 "적격외국금융회사등"이라 한다)을 통하여 취득·보유·양도하는 국채등을 포함한다. 이 경우 적격외국금융회사등의 준수사항, 승인 및 승인 취소의 기준·절차 등에 관하여 필요한 사항은 대통령령으로 정한다.
③ 비거주자가 국외투자기구를 통하여 제1항 각 호의 소득을 지급받는 경우에는 제119조의2제1항에도 불구하고 해당 국외투자기구를 제1항 각 호의 소득의 실질귀속자로 본다.(2024.12.31 본항신설)
④ 제1항에 따른 비과세를 적용받으려는 비거주자(제3항에 따라 실질귀속자로 보는 국외투자기구를 포함한다. 이하 이 조에서 같다) 또는 적격외국금융회사등은 대통령령으로 정하는 바에 따라 납세지 관할 세무서장에게 비과세 적용 신청을 하여야 한다.(2024.12.31 본항개정)
⑤ 거주자가 국외투자기구를 통하여 지급받는 제1항 각 호의 소득에 대해서는 제127조를 적용하지 아니하며, 해당 거주자가 대통령령으로 정하는 바에 따라 직접 신고·납부하여야 한다.(2024.12.31 본문개정)
1.~2. (2024.12.31 삭제)
⑥ 제1항에 따른 비과세를 적용받지 못한 비거주자 또는 적격외국금융회사등이 비과세 적용을 받으려는 경우에는 비거주자, 적격외국금융회사등 또는 제1항 각 호의 소득을 지급하는 자가 납세지 관할 세무서장에게 경정을 청구할 수 있다.(2024.12.31 본항신설)
⑦ 제6항에 따른 경정청구의 기한 및 방법·절차 등에 관하여는 제156조의2제5항부터 제7항까지를 준용한다. 이 경우 제156조의2제5항 본문 중 "제3항에 따라 비과세 또는 면제"는 "제119조의3제1항에 따라 비과세"로, "실질귀속자가 비과세 또는 면제"는 "비거주자 또는 적격외국금융회사등이 비과세"로, "실질귀속자 또는 소득지급자가 제3항"은 "비거주자, 적격외국금융회사등 또는 제1항 각 호의 소득을 지급하는 자가 제156조제1항"으로 본다.(2024.12.31 본항신설)
(2022.12.31 본조신설)

제120조 【비거주자의 국내사업장】 ① 비거주자가 국내에 사업의 전부 또는 일부를 수행하는 고정된 장소를 가지고 있는 경우에는 국내사업장이 있는 것으로 한다.(2013.1.1 본항개정)
② 제1항에서 규정하는 국내사업장에는 다음 각 호의 어느 하나에 해당하는 장소를 포함하는 것으로 한다.
1. 지점, 사무소 또는 영업소
2. 상점이나 그 밖의 고정된 판매장소
3. 작업장, 공장 또는 창고
4. 6개월을 초과하여 존속하는 건축 장소, 건설·조립·설치공사의 현장 또는 이와 관련된 감독을 하는 장소

5. 고용인을 통하여 용역을 제공하는 장소로서 다음 각 목의 어느 하나에 해당하는 장소
가. 용역이 계속 제공되는 12개월 중 합계 6개월을 초과하는 기간 동안 용역이 수행되는 장소
나. 용역이 계속 제공되는 12개월 중 합계 6개월을 초과하지 아니하는 경우로서 유사한 종류의 용역이 2년 이상 계속적·반복적으로 수행되는 장소
6. 광산·채석장 또는 해저천연자원이나 그 밖의 천연자원의 탐사 장소 및 채취 장소[국제법에 따라 우리나라가 영해 밖에서 주권을 행사하는 지역으로서 우리나라의 연안에 인접한 해저지역의 해상과 하층토(下層土)에 있는 것을 포함한다]
③ 비거주자가 제1항에 따른 고정된 장소를 가지고 있지 아니한 경우에도 다음 각 호의 어느 하나에 해당하는 자 또는 이에 준하는 자로서 대통령령으로 정하는 자를 두고 사업을 경영하는 경우에는 그 자의 사업장 소재지(사업장이 없는 경우에는 주소지, 주소지가 없는 경우에는 거소지로 한다)에 국내사업장을 둔 것으로 본다.(2018.12.31 본문개정)
1. 국내에서 그 비거주자를 위하여 다음 각 목의 어느 하나에 해당하는 계약(이하 이 항에서 "비거주자 명의 계약등"이라 한다)을 체결할 권한을 가지고 그 권한을 반복적으로 행사하는 자
가. 비거주자 명의의 계약
나. 비거주자가 소유하는 자산의 소유권 이전 또는 소유권이나 사용권을 갖는 자산의 사용권 허락을 위한 계약
다. 비거주자의 용역제공을 위한 계약
2. 국내에서 그 비거주자를 위하여 비거주자 명의 계약등을 체결할 권한을 가지고 있지 아니하더라도 계약을 체결하는 과정에서 중요한 역할(비거주자가 계약의 중요사항을 변경하지 아니하고 계약을 체결하는 경우로 한정한다)을 반복적으로 수행하는 자
(2018.12.31 1호~2호신설)
④ 다음 각 호의 장소(이하 이 조에서 "특정 활동 장소"라 한다)가 비거주자의 사업 수행상 예비적 또는 보조적인 성격을 가진 활동을 하기 위하여 사용되는 경우에는 제1항에 따른 국내사업장에 포함되지 아니한다.(2019.12.31 본문개정)
1. 비거주자가 단순히 자산의 구입만을 위하여 사용하는 일정한 장소
2. 비거주자가 판매를 목적으로 하지 아니하는 자산의 저장 또는 보관만을 위하여 사용하는 일정한 장소
3. 비거주자가 광고·선전·정보의 수집·제공 및 시장조사를 하거나 그 밖에 이와 유사한 활동만을 위하여 사용하는 일정한 장소(2018.12.31 본호개정)
4. 비거주자가 자기의 자산을 타인으로 하여금 가공만 하게 하기 위하여 사용하는 일정한 장소
⑤ 제4항에도 불구하고 특정 활동 장소가 다음 각 호의 어느 하나에 해당하는 경우에는 제1항에 따른 국내사업장에 포함한다.
1. 비거주자 또는 대통령령으로 정하는 특수관계인(이하 이 항에서 "특수관계인"이라 한다)이 특정 활동 장소와 같은 장소 또는 국내의 다른 장소에서 사업을 수행하고 다음 각 목의 요건을 모두 충족하는 경우
가. 특정 활동 장소와 같은 장소 또는 국내의 다른 장소에 해당 비거주자 또는 특수관계인의 국내사업장이 존재할 것
나. 특정 활동 장소에서 수행하는 활동과 가목의 국내사업장에서 수행하는 활동이 상호 보완적일 것
2. 비거주자 또는 특수관계인이 특정 활동 장소와 같은 장소 또는 국내의 다른 장소에서 상호 보완적인 활동을 수행하고 각각의 활동을 결합한 전체적인 활동이 비거주자 또는 특수관계인의 사업 활동에 비추어 예비적 또는 보조적인 성격을 가진 활동에 해당하지 아니하는 경우(2019.12.31 본호개정)
(2018.12.31 본항신설)
제121조 【비거주자에 대한 과세방법】 ① 비거주자에 대하여 과세하는 소득세는 해당 국내원천소득을 종합하여 과세하는 경우와 분류하여 과세하는 경우 및 그 국내원천소득을 분리하여 과세하는 경우로 구분하여 계산한다.
② 국내사업장이 있는 비거주자와 제119조제3호에 따른 국내원천 부동산소득이 있는 비거주자에 대해서는 제119조제1호부터 제7호까지, 제8호의2 및 제10호부터 제12호까지의 소득(제156조제1항 및 제156조의3부터 제156조의6까지의 규정에 따라 원천징수되는 소득은 제외한다)을 종합하여 과세하고, 제119조제8호에 따른 국내원천 퇴직소득 및 같은 조 제9호에 따른 국내원천 부동산등양도소득이 있는 비거주자에 대해서는 거주자와 같은 방법으로 분류하여 과세한다. 다만, 제119조제9호에 따른 국내원천 부동산등양도소득이 있는 비거주자로서 대통령령으로 정하는 비거주자에게 과세할 경우에 제89조제1항제3호·제4호 및 제95조제2항 표 외의 부분 단서는 적용하지 아니한다.(2019.12.31 단서개정)
③ 국내사업장이 없는 비거주자에 대해서는 제119조 각 호(제8호 및 제9호는 제외한다)의 소득별로 분리하여 과세한다.
④ 국내사업장이 있는 비거주자의 국내원천소득으로서 제156조제1항 및 제156조의3부터 제156조의6까지의 규정에 따라 원천징수되는 소득에 대해서는 제119조 각 호(제8호 및 제9호는 제외한다)의 소득별로 분리하여 과세한다.
⑤ 제3항 및 제4항에 따라 과세되는 경우로서 원천징수되는 소득 중 제119조제6호에 따른 국내원천 인적용역소득이 있는 비거주자가 제70조를 준용하여 종합소득과세표준 확정신고를 하는 경우에는 제119조 각 호(제8호 및 제9호는 제외한다)의 소득에 대하여 종합하여 과세할 수 있다.(2018.12.31 본항개정)
⑥ 국내사업장이 있는 비거주자가 공동으로 사업을 경영하고 그 손익을 분배하는 공동사업의 경우 원천징수된 세액의 배분 등에 관하여는 제87조를 준용한다.(2013.1.1 본항신설)
(2013.1.1 본조개정)

제2절 비거주자에 대한 종합과세

제122조 【비거주자 종합과세 시 과세표준과 세액의 계산】 ① 제121조제2항 또는 제5항에서 규정하는 비거주자의 소득에 대한 소득세의 과세표준과 세액의 계산에 관하여는 이 법 중 거주자에 대한 소득세의 과세표준과 세액의 계산에 관한 규정을 준용한다. 다만, 제51조제3항에 따른 인적공제 중 비거주자 본인 외의 자에 대한 공제와 제52조에 따른 특별소득공제, 제59조의2에 따른 자녀세액공제 및 제59조의4에 따른 특별세액공제는 하지 아니한다.(2014.1.1 단서개정)
② 제1항을 적용할 때 필요경비의 계산, 이자소득 또는 배당소득의 계산 등 종합과세 시 과세표준과 세액의 계산 방법에 필요한 사항은 대통령령으로 정한다.(2018.12.31 본항신설)
제123조 (2013.1.1 삭제)
제124조 【비거주자의 신고와 납부】 ① 제122조에 따라 소득세의 과세표준과 세액을 계산하는 비거주자의 신고와 납부(중간예납을 포함한다)에 관하여는 이 법 중 거주자의 신고와 납부에 관한 규정을 준용한다. 다만, 제76조를 준용할 때 제122조에 따른 비거주자의 과세표준에 제156조제7항에 따라 원천징수된 소득의 금액이 포함되어 있는 경우에는 그 원천징수세액은 제76조제3항제4호에 따라 공제되는 세액으로 본다.
(2013.1.1 단서개정)
② 법인으로 보는 단체 외의 법인 아닌 단체 중 제2조제3항 각 호 외의 부분 단서 또는 같은 조 제4항제1호에 따라 단체의 구성원별로 납세의무를 부담하는 단체의 비거주자인 구성원(이하 이 항에서 "비거주자구성원"이라 한다)이 국내원천소득(비거주자구성원의 국내원천소득이 해당 단체의 구성원으로서 얻은 소득만 있는 경우로 한정한다)에 대하여 제121조제5항에 따라 종합소득 과세표준확정신고를 하는 경우로서 다음 각 호의 요건을 모두 갖춘 경우에는 해당 단체의 거주자인 구성원 1인(이하 이 항에서 "대표신고자"라 한다)이 제1호에 따라 동의한 비거주자구성원을 대신하여 대통령령으로 정하는 바에 따라 비거주자구성원의 종합소득과세표준을 일괄 신고할 수 있다.
1. 비거주자구성원의 전부 또는 일부가 대표신고자가 자신의 종합소득과세표준을 대신 신고하는 것에 동의할 것
2. 비거주자구성원이 자신이 거주자인 국가에서 부여한 「국제조세조정에 관한 법률」 제36조제7항에 따른 납세자번호를 대표신고자에게 제출할 것
(2021.12.8 본항신설)

제125조【비거주자에 대한 과세표준 및 세액의 결정과 징수】 비거주자의 국내원천소득을 종합하여 과세하는 경우에 이에 관한 결정 및 경정과 징수 및 환급에 관하여는 이 법 중 거주자에 대한 소득세의 결정 및 경정과 징수 및 환급에 관한 규정을 준용한다. 이 경우 제76조를 준용할 때 제122조에 따른 비거주자의 과세표준에 제156조제7항에 따라 원천징수된 소득의 금액이 포함되어 있는 경우에는 그 원천징수세액은 제76조제3항제4호에 따라 공제되는 세액으로 본다.(2013.1.1 단서개정)

제3절 비거주자에 대한 분리과세

제126조【비거주자 분리과세 시 과세표준과 세액의 계산 등】 ① 제121조제3항 및 제4항에 따른 비거주자의 국내원천소득(제119조제7호에 따른 국내원천 근로소득 및 같은 조 제8호의2에 따른 국내원천 연금소득은 제외한다)에 대한 과세표준은 그 지급받는 해당 국내원천소득별 수입금액에 따라 계산한다. 다만, 다음 각 호의 소득에 대한 과세표준의 계산은 같은 호에서 정하는 바에 따라 그 수입금액에서 필요경비 등을 공제한 금액으로 할 수 있다.

1. 제119조제11호에 따른 국내원천 유가증권양도소득에 대해서는 그 수입금액에서 대통령령으로 정하는 바에 따라 확인된 해당 유가증권의 취득가액 및 양도비용을 공제하여 계산한 금액
2. 제119조제12호에 따른 국내원천 기타소득 중 대통령령으로 정하는 상금·부상 등에 대해서는 그 수입금액에서 대통령령으로 정하는 금액을 공제하여 계산한 금액

(2018.12.31 본항개정)

② 제1항의 국내원천소득에 대한 세액은 같은 항에서 규정하는 과세표준에 제156조제1항 각 호의 세율을 곱하여 계산한 금액으로 한다.

③ 제121조제3항 또는 제4항의 적용을 받는 비거주자가 제59조의5제1항 각 호에서 규정하는 소득이 있는 경우에는 감면의 신청이 없을 때에도 그 소득에 대한 소득세를 감면한다.
(2014.1.1 본항개정)

④ 제156조 및 제156조의3부터 제156조의6까지의 규정에 따른 원천징수에 대하여는 제85조제3항 및 제86조제1호를 준용한다.
(2013.1.1 본항신설)

⑤ 제121조제3항 또는 제4항의 적용을 받는 비거주자의 국내원천소득 중 제119조제7호에 따른 국내원천 근로소득 및 같은 조 제8호의2에 따른 국내원천 연금소득의 과세표준과 세액의 계산, 신고와 납부, 결정·경정 및 징수와 환급에 대해서는 이 법 중 거주자에 대한 소득세의 과세표준과 세액의 계산 등에 관한 규정을 준용한다. 다만, 제51조제3항에 따른 인적공제 중 비거주자 본인 외의 자에 대한 공제와 제52조에 따른 특별소득공제, 제59조의2에 따른 자녀세액공제 및 제59조의4에 따른 특별세액공제는 하지 아니하고, 제156조의5에 따른 원천징수에 의하여 소득세를 납부한 비거주자에 대해서는 제73조제1항을 준용한다.(2018.12.31 본문개정)

⑥ 국내사업장이 없는 비거주자로서 제119조제11호에 따른 국내원천 유가증권양도소득이 다음 각 호의 요건을 모두 갖춘 경우에는 제1항에도 불구하고 대통령령으로 정하는 정상가격(이하 이 항에서 "정상가격"이라 한다)을 그 수입금액으로 한다.

1. 국내사업장이 없는 비거주자와 대통령령으로 정하는 특수관계가 있는 비거주자(외국법인을 포함한다) 간의 거래일 것
2. 제1호의 거래에 의한 거래가격이 정상가격에 미달하는 경우로서 대통령령으로 정하는 경우일 것

(2018.12.31 본항개정)
(2013.1.1 본조제목개정)

제126조의2【비거주자의 유가증권 양도소득에 대한 신고·납부 등의 특례】 ① 국내사업장이 없는 비거주자가 동일한 내국법인의 주식 또는 출자지분을 같은 사업과세기간(해당 주식 또는 출자지분을 발행한 내국법인의 사업과세기간을 말한다)에 2회 이상 양도함으로써 조세조약에서 정한 과세기준을 충족하게 된 경우에는 양도 당시 원천징수되지 아니한 소득에 대한 원천징수세액 상당액을 양도일이 속하는 사업연도의 종료일부터 3개월 이내에 대통령령으로 정하는 바에 따라 납세지 관할 세무서장에게 신고·납부하여야 한다.

② 국내사업장이 있는 비거주자의 양도 당시 원천징수되지 아니한 소득으로서 그 국내사업장과 실질적으로 관련되지 아니하거나 그 국내사업장에 귀속되지 아니한 소득에 대해서도 제1항을 준용한다.

③ 국내사업장이 없는 비거주자가 대통령령으로 정하는 주식·출자지분이나 그 밖의 유가증권(이하 이 항에서 "주식등"이라 한다)을 국내사업장이 없는 비거주자 또는 외국법인에 양도하는 경우에는 그 양도로 발생하는 소득금액에 제156조제1항제7호의 비율을 곱한 금액을 지급받은 날이 속하는 달의 다음다음 달 10일까지 대통령령으로 정하는 바에 따라 납세지 관할 세무서장에게 신고·납부하여야 한다. 다만, 주식등의 양도에 따른 소득을 지급하는 자가 제156조에 따라 해당 비거주자의 주식등 국내원천소득에 대한 소득세를 원천징수하여 납부한 경우에는 그러하지 아니하다.(2018.12.31 본문개정)

④ 납세지 관할 세무서장은 비거주자가 제1항부터 제3항까지의 규정에 따른 신고·납부를 하지 아니하거나 신고하여야 할 과세표준에 미달하게 신고한 경우 또는 납부하여야 할 세액에 미달하게 납부한 경우에는 제80조를 준용하여 징수하여야 한다.

제4절 거주자의 출국 시 국내 주식 등에 관한 과세 특례

제126조의3~제126조의12 (2024.12.31 삭제)

제5장 원천징수
(2009.12.31 본장개정)

제1절 원천징수

제1관 원천징수의무자와 징수·납부

제127조【원천징수의무】 ① 국내에서 거주자나 비거주자에게 다음 각 호의 어느 하나에 해당하는 소득을 지급하는 자(제3호의 소득을 지급하는 자의 경우에는 사업자 등 대통령령으로 정하는 자로 한정한다)는 이 절의 규정에 따라 그 거주자나 비거주자에 대한 소득세를 원천징수하여야 한다.(2024.12.31 본문개정)

1. 이자소득
2. 배당소득
3. 대통령령으로 정하는 사업소득(이하 "원천징수대상 사업소득"이라 한다)
4. 근로소득. 다만, 다음 각 목의 어느 하나에 해당하는 소득은 제외한다.
   가. 외국기관 또는 우리나라에 주둔하는 국제연합군(미군은 제외한다)으로부터 받는 근로소득
   나. 국외에 있는 비거주자 또는 외국법인(국내지점 또는 국내영업소는 제외한다)으로부터 받는 근로소득. 다만, 다음의 어느 하나에 해당하는 소득은 제외한다.(2015.12.15 단서개정)
      1) 제120조제1항 및 제2항에 따른 비거주자의 국내사업장과 「법인세법」 제94조제1항 및 제2항에 따른 외국법인의 국내사업장의 국내원천소득금액을 계산할 때 필요경비 또는 손금으로 계상되는 소득(2015.12.15 신설)
      2) 국외에 있는 외국법인(국내지점 또는 국내영업소는 제외한다)으로부터 받는 근로소득 중 제156조의7에 따라 소득세가 원천징수되는 파견근로자의 소득(2015.12.15 신설)
5. 연금소득
6. 기타소득. 다만, 다음 각 목의 어느 하나에 해당하는 소득은 제외한다.
   가. 제8호에 따른 소득
   나. 제21조제1항제10호에 따른 위약금·배상금(계약금이 위약금·배상금으로 대체되는 경우만 해당한다)
   다. 제21조제1항제23호 또는 제24호에 따른 소득
7. 퇴직소득. 다만, 제4호 각 목의 어느 하나에 해당하는 근로소득이 있는 사람이 퇴직함으로써 받는 소득은 제외한다.
8. 대통령령으로 정하는 봉사료
9. (2024.12.31 삭제)

② 제1항에 따른 원천징수를 하여야 할 자(제1항제3호에 따른 소득의 경우에는 사업자 등 대통령령으로 정하는 자로 한정한다)를 대리하거나 그 위임을 받은 자의 행위는 수권(授權) 또는 위임의 범위에서 본인 또는 위임인의 행위로 보아 제1항을 적용한다.(2010.12.27 본항개정)

③ 금융회사등이 내국인이 발행한 어음, 채무증서, 주식 또는 집합투자증권(이하 이 조에서 "어음등"이라 한다)을 인수·매매·중개 또는 대리하는 경우에는 그 금융회사등과 해당 어음등을 발행한 자 간에 대리 또는 위임의 관계가 있는 것으로 보아 제2항을 적용한다.(2010.12.27 본항개정)

④ 「자본시장과 금융투자업에 관한 법률」에 따른 신탁업자가 신탁재산을 운용하거나 보관·관리하는 경우에는 해당 신탁업자와 해당 신탁재산에 귀속되는 소득을 지급하는 자 간에 원천징수의무의 대리 또는 위임의 관계가 있는 것으로 보아 제2항을 적용한다.(2010.12.27 본항개정)

⑤ 외국법인이 발행한 채권 또는 증권에서 발생하는 제1항제1호 및 제2호의 소득을 거주자에게 지급하는 경우에는 국내에서 그 지급을 대리하거나 그 지급 권한을 위임 또는 위탁받은 자가 그 소득에 대한 소득세를 원천징수하여야 한다.
(2010.12.27 본항개정)

⑥ 사업자(법인을 포함한다. 이하 이 항에서 같다)가 음식·숙박용역이나 서비스용역을 공급하고 그 대가를 받을 때 제1항제8호에 따른 봉사료를 함께 받아 해당 소득자에게 지급하는 경우에는 그 사업자가 그 봉사료에 대한 소득세를 원천징수하여야 한다.(2010.12.27 본항개정)

⑦ 제1항부터 제6항까지의 규정에 따라 원천징수를 하여야 할 자를 "원천징수의무자"라 한다.(2024.12.31 본항개정)

⑧ 원천징수의무자의 범위 등 그 밖에 필요한 사항은 대통령령으로 정한다.(2013.1.1 본항신설)

제128조【원천징수세액의 납부】 ① 원천징수의무자는 원천징수한 소득세를 그 징수일이 속하는 달의 다음 달 10일까지 대통령령으로 정하는 바에 따라 원천징수 관할 세무서, 한국은행 또는 체신관서에 납부하여야 한다.(2024.12.31 본항개정)

② 상시고용인원 수 및 업종 등을 고려하여 대통령령으로 정하는 원천징수의무자는 제1항에도 불구하고 다음 각 호의 원천징수세액 외의 원천징수세액을 그 징수일이 속하는 반기의 마지막 달의 다음 달 10일까지 납부할 수 있다.(2024.12.31 본문개정)

1. 「법인세법」 제67조에 따라 처분된 상여·배당 및 기타소득에 대한 원천징수세액
2. 「국제조세조정에 관한 법률」 제13조 또는 제22조에 따라 처분된 배당소득에 대한 원천징수세액(2020.12.29 본호개정)
3. 제156의5제1항 및 제2항에 따른 원천징수세액

(2010.12.27 본항개정)

제128조의2【원천징수 납부지연가산세 특례】 원천징수의무자 또는 제156조 및 제156조의3부터 제156조의6까지의 규정에 따라 원천징수하여야 할 자가 국가·지방자치단체 또는 지방자치단체조합(이하 이 조에서 "국가등"이라 한다)인 경우로서 국가등으로부터 근로소득을 받는 사람이 제140조제1항에 따른 근로소득자 소득·세액 공제신고서를 사실과 다르게 기재하여 부당하게 소득공제 또는 세액공제를 받아 국가등이 원천징수하여야 할 세액을 정해진 기간에 납부하지 아니하거나 미달하게 납부한 경우에는 국가등은 징수하여야 할 세액에 「국세기본법」 제47조의5제1항에 따른 가산세액을 더한 금액을 그 근로소득자로부터 징수하여 납부하여야 한다.
(2020.12.29 본조제목개정)
(2014.1.1 본조개정)

제129조【원천징수세율】 ① 원천징수의무자가 제127조제1항 각 호에 따른 소득을 지급하여 소득세를 원천징수할 때 적용하는 세율(이하 "원천징수세율"이라 한다)은 다음 각 호의 구분에 따른다.

1. 이자소득에 대해서는 다음에 규정하는 세율
   가. (2017.12.19 삭제)
   나. 비영업대금의 이익에 대해서는 100분의 25. 다만, 「온라인투자연계금융업 및 이용자 보호에 관한 법률」에 따라 금융위원회에 등록한 온라인투자연계금융업자를 통하여 지급받는 이자소득에 대해서는 100분의 14로 한다.
   (2020.12.29 단서개정)
   다. 제16조제1항제10호에 따른 직장공제회 초과반환금에 대해서는 기본세율
   라. 그 밖의 이자소득에 대해서는 100분의 14
2. 배당소득에 대해서는 다음에 규정하는 세율
   가. 제17조제1항제8호에 따른 출자공동사업자의 배당소득에 대해서는 100분의 25
   나. 그 밖의 배당소득에 대해서는 100분의 14
3. 원천징수대상 사업소득에 대해서는 100분의 3. 다만, 외국인 직업운동가가 한국표준산업분류에 따른 스포츠 클럽 운영업 중 프로스포츠구단과의 계약에 따라 용역을 제공하고 받는 소득에 대해서는 100분의 20으로 한다.(2024.12.31 단서개정)
4. 근로소득에 대해서는 기본세율. 다만, 일용근로자의 근로소득에 대해서는 100분의 6으로 한다.(2010.12.27 단서개정)
5. 공적연금소득에 대해서는 기본세율(2013.1.1 본호개정)

5의2. 제20조의3제1항제2호나목 및 다목에 따른 연금계좌 납입액이나 운용실적에 따라 증가된 금액을 연금수령한 연금소득에 대해서는 다음 각 목의 구분에 따른 세율. 이 경우 각 목의 요건을 동시에 충족하는 때에는 낮은 세율을 적용한다.
(2014.12.23 전단개정)
   가. 연금소득자의 나이에 따른 다음의 세율

나이(연금수령일 현재)		세율
	70세 미만	100분의 5
70세 이상	80세 미만	100분의 4
80세 이상		100분의 3

   (2014.12.23 본목개정)
   나. (2014.12.23 삭제)
   다. 사망할 때까지 연금수령하는 대통령령으로 정하는 종신계약에 따라 받는 연금소득에 대해서는 100분의 4
   (2013.1.1 본호신설)

5의3. 제20조의3제1항제2호가목에 따라 퇴직소득을 연금수령하는 연금소득에 대해서는 다음 각 목의 구분에 따른 세율. 이 경우 연금 실제 수령연차 및 연금외수령 원천징수세율의 구체적인 내용은 대통령령으로 정한다.
   가. 연금 실제 수령연차가 10년 이하인 경우 : 연금외수령 원천징수세율의 100분의 70
   나. 연금 실제 수령연차가 10년을 초과하는 경우 : 연금외수령 원천징수세율의 100분의 60
   (2019.12.31 본호개정)

6. 기타소득에 대해서는 다음에 규정하는 세율. 다만, 제8호를 적용받는 경우는 제외한다.(2014.1.1 본문개정)
   가. 제14조제3항제8호라목 및 마목에 해당하는 소득금액이 3억원을 초과하는 경우 그 초과하는 분에 대해서는 100분의 30(2014.12.23 본목개정)
   나. 제21조제1항제18호 및 제21호에 따른 기타소득에 대해서는 100분의 15(2017.12.19 본목개정)
   다. (2014.12.23 삭제)
   라. 그 밖의 기타소득에 대해서는 100분의 20
   (2013.1.1 본목신설)
7. 퇴직소득에 대해서는 기본세율
8. 대통령령으로 정하는 봉사료에 대해서는 100분의 5
9. (2024.12.31 삭제)

② 제1항에도 불구하고 다음 각 호의 이자소득 및 배당소득에 대해서는 다음 각 호에서 정하는 세율을 원천징수세율로 한다.

1. 「민사집행법」 제113조 및 같은 법 제142조에 따라 법원에 납부한 보증금 및 경락대금에서 발생하는 이자소득에 대해서는 100분의 14
2. 대통령령으로 정하는 실지명의가 확인되지 아니하는 소득에 대해서는 100분의 45. 다만, 「금융실명거래 및 비밀보장에 관한 법률」 제5조가 적용되는 경우에는 같은 조에서 정한 세율로 한다.(2022.12.31 본문개정)

③ 매월분의 근로소득과 공적연금소득에 대한 원천징수세율을 적용할 때에는 제1항제4호 및 제5호에도 불구하고 대통령령으로 정하는 근로소득 간이세액표(이하 "근로소득 간이세액표"

라 한다) 및 연금소득 간이세액표(이하 "연금소득 간이세액표"라 한다)를 적용한다.(2013.1.1 본항개정)
④ 제1항에 따라 원천징수세액을 계산할 때 제127조제1항제1호 및 제2호의 소득에 대해서 외국에서 대통령령으로 정하는 외국소득세액을 납부한 경우에는 제1항에 따라 계산한 원천징수세액에서 그 외국소득세액을 뺀 금액을 원천징수세액으로 한다. 이 경우 외국소득세액이 제1항에 따라 계산한 원천징수세액을 초과하는 경우에는 그 초과하는 금액은 없는 것으로 한다.
(2024.12.31 전단개정)
1.~3. (2022.12.31 삭제)
⑤ 제1항에 따라 원천징수세액을 계산할 때 제57조의2제1항 각 호의 요건을 갖춘 제127조제1항제2호의 소득에 대해서는 제1호의 금액에서 제2호의 금액을 뺀 금액을 원천징수세액으로 한다.(2024.12.31 본문개정)
1. 간접투자회사등으로부터 지급받은 소득(제57조의2제2항제1호에 따른 금액을 말한다. 이하 이 조에서 같다)에 제1항에 따른 세율을 곱하여 계산한 금액
2. 간접투자외국법인세액을 세후기준가격을 고려하여 대통령령으로 정하는 바에 따라 계산한 금액
(2022.12.31 본항개정)
⑥ 제5항을 적용할 때 같은 항 제2호의 금액은 제57조의2제1항 각 호의 요건을 갖춘 제127조제1항제2호의 소득에 제1항제2호나목의 세율을 곱하여 계산한 금액(이하 이 조에서 "공제한도금액"이라 한다)을 한도로 한다.(2024.12.31 본항개정)
⑦ 제5항을 적용할 때 같은 항 제2호의 금액이 공제한도금액을 초과하는 경우 그 초과하는 금액은 해당 간접투자외국법인세액을 납부한 날부터 10년이 지난 날이 속하는 연도의 12월 31일까지의 기간 중에 해당 간접투자회사등으로부터 소득을 지급받는 때에 해당 소득에 대한 공제한도금액 내에서 공제할 수 있다. 다만, 간접투자회사등이 발행한 증권의 전부 환매 또는 전부 양도에 따른 소득에 대한 제5항제2호의 금액이 공제한도금액을 초과하는 경우 그 초과하는 금액은 없는 것으로 한다.
(2022.12.31 본항신설)
⑧ 제5항부터 제7항까지에서 규정한 사항 외에 간접투자회사등으로부터 지급받은 소득에 대한 원천징수에 관하여 필요한 사항은 대통령령으로 정한다.(2022.12.31 본항신설)

제2관 이자소득 또는 배당소득에 대한 원천징수
(2010.12.27 본관제목개정)

제130조【이자소득 또는 배당소득에 대한 원천징수시기 및 방법】 원천징수의무자가 이자소득 또는 배당소득을 지급할 때에는 그 지급금액에 원천징수세율을 적용하여 계산한 소득세를 원천징수한다.(2010.12.27 본조제목개정)
제131조【이자소득 또는 배당소득 원천징수시기에 대한 특례】 ① 법인이 이익 또는 잉여금의 처분에 따른 배당 또는 분배금을 그 처분을 결정한 날부터 3개월이 되는 날까지 지급하지 아니한 경우에는 그 3개월이 되는 날에 그 배당소득을 지급한 것으로 보아 소득세를 원천징수한다. 다만, 11월 1일부터 12월 31일까지의 사이에 결정된 처분에 따라 다음 연도 2월 말일까지 배당소득을 지급하지 아니한 경우에는 그 처분을 결정한 날이 속하는 과세기간의 다음 연도 2월 말일에 그 배당소득을 지급한 것으로 보아 소득세를 원천징수한다.
② 「법인세법」 제67조에 따라 처분되는 배당에 대하여는 다음 각 호의 어느 하나에 해당하는 날에 그 배당소득을 지급한 것으로 보아 소득세를 원천징수한다.
1. 법인세 과세표준을 결정 또는 경정하는 경우 : 대통령령으로 정하는 소득금액변동통지서를 받은 날
2. 법인세 과세표준을 신고하는 경우 : 그 신고일 또는 수정신고일
③ 제1항 및 제2항 외에 이자소득 또는 배당소득을 지급하는 때와 다른 때에 그 소득을 지급한 것으로 보아 소득세를 원천징수하는 경우에 관하여는 대통령령으로 정한다.
(2010.12.27 본조개정)
제132조 (2010.12.27 삭제)

제133조【이자소득등에 대한 원천징수영수증의 발급】 ① 국내에서 이자소득 또는 배당소득을 지급하는 원천징수의무자는 이를 지급할 때 소득을 받는 자에게 그 이자소득 또는 배당소득의 금액과 그 밖에 필요한 사항을 적은 기획재정부령으로 정하는 원천징수영수증을 발급하여야 한다. 다만, 원천징수의무자가 지급한 날이 속하는 과세기간의 다음 연도 3월 31일까지 이자소득 또는 배당소득을 받는 자에게 그 이자소득 또는 배당소득의 금액과 그 밖에 필요한 사항을 대통령령으로 정하는 바에 따라 통지하는 경우에는 해당 원천징수영수증을 발급한 것으로 본다.(2020.6.9 단서개정)
② 제1항에 따른 원천징수의무자는 이자소득 또는 배당소득의 지급금액이 대통령령으로 정하는 금액 이하인 경우에는 제1항에 따른 원천징수영수증을 발급하지 아니할 수 있다. 다만, 제133조의2제1항에 따라 원천징수영수증을 발급하는 경우와 이자소득 또는 배당소득을 받는 자가 원천징수영수증의 발급을 요구하는 경우에는 제1항에 따라 원천징수영수증을 발급하거나 통지하여야 한다.
제133조의2【채권 등에 대한 원천징수 특례】 ① 거주자 또는 비거주자가 채권등의 발행법인으로부터 이자등을 지급받거나 해당 채권등을 발행법인 또는 대통령령으로 정하는 법인(이하 이 항에서 "발행법인등"이라 한다)에게 매도하는 경우 그 채권등의 발행일 또는 직전 원천징수일을 시기(始期)로 하고, 이자등의 지급일 등 또는 채권등의 매도일 등을 종기(終期)로 하여 대통령령으로 정하는 기간계산방법에 따른 원천징수기간의 이자등 상당액을 제16조에 따른 이자소득으로 보고, 해당 채권등의 발행법인등을 원천징수의무자로 하며, 이자등의 지급일 등 또는 채권등의 매도일 등 대통령령으로 정하는 날을 원천징수 하는 때로 하여 제127조부터 제133조까지, 제164조 및 제164조의2의 규정을 적용한다.(2013.1.1 본항개정)
② 제1항에 따른 이자등 상당액의 계산방법과 제46조제1항에 따른 환매조건부채권매매거래 등의 경우의 원천징수에 관하여 필요한 사항은 대통령령으로 정한다.
(2009.12.31 본조신설)

제3관 근로소득에 대한 원천징수

제134조【근로소득에 대한 원천징수시기 및 방법】 ① 원천징수의무자가 매월분의 근로소득을 지급할 때에는 근로소득 간이세액표에 따라 소득세를 원천징수한다.
② 원천징수의무자는 다음 각 호의 어느 하나에 해당할 때에는 제137조, 제137조의2 또는 제138조에 따라 소득세를 원천징수하며, 제1호의 경우 다음 연도 2월분의 근로소득에 대해서는 제1항에서 규정하는 바에 따라 소득세를 원천징수한다.
(2010.12.27 본문개정)
1. 해당 과세기간의 다음 연도 2월분 근로소득을 지급할 때(2월분의 근로소득을 2월 말일까지 지급하지 아니하거나 2월분의 근로소득이 없는 경우에는 2월 말일로 한다. 이하 같다)
2. 퇴직자가 퇴직하는 달의 근로소득을 지급할 때
③ 원천징수의무자가 일용근로자의 근로소득을 지급할 때에는 그 근로소득에 근로소득공제를 적용한 금액에 원천징수세율을 적용하여 계산한 산출세액에서 근로소득세액공제를 적용한 소득세를 원천징수한다.
④ (2010.12.27 삭제)
⑤ 근로소득자의 근무지가 변경됨에 따라 월급여액(月給與額)이 같은 고용주에 의하여 분할지급되는 경우의 소득세는 변경된 근무지에서 그 월급여액 전액에 대하여 제1항부터 제3항까지의 규정을 적용하여 원천징수하여야 한다.(2010.12.27 본항개정)
(2010.12.27 본조제목개정)
제135조【근로소득 원천징수시기에 대한 특례】 ① 근로소득을 지급하여야 할 원천징수의무자가 1월부터 11월까지의 근로소득을 해당 과세기간의 12월 31일까지 지급하지 아니한 경우에는 그 근로소득을 12월 31일에 지급한 것으로 보아 소득세를 원천징수한다.
② 원천징수의무자가 12월분의 근로소득을 다음 연도 2월 말일까지 지급하지 아니한 경우에는 그 근로소득을 다음 연도 2월 말일에 지급한 것으로 보아 소득세를 원천징수한다.

③ 법인이 이익 또는 잉여금의 처분에 따라 지급하여야 할 상여를 그 처분을 결정한 날부터 3개월이 되는 날까지 지급하지 아니한 경우에는 그 3개월이 되는 날에 그 상여를 지급한 것으로 보아 소득세를 원천징수한다. 다만, 그 처분이 11월 1일부터 12월 31일까지의 사이에 결정된 경우에 다음 연도 2월 말일까지 그 상여를 지급하지 아니한 경우에는 그 상여를 다음 연도 2월 말일에 지급한 것으로 보아 소득세를 원천징수한다.
④ 「법인세법」 제67조에 따라 처분되는 상여에 대한 소득세의 원천징수시기에 관하여는 제131조제2항을 준용한다.
(2010.12.27 본조개정)

제136조【상여 등에 대한 징수세액】 ① 원천징수의무자가 근로소득에 해당하는 상여 또는 상여의 성질이 있는 급여(이하 "상여등"이라 한다)를 지급할 때에 원천징수하는 소득세는 다음 각 호의 구분에 따라 계산한다. 종합소득공제를 적용함으로써 근로소득에 대한 소득세가 과세되지 아니한 사람이 받는 상여등에 대해서도 또한 같다.
1. 지급대상기간이 있는 상여등
그 상여등의 금액을 지급대상기간의 월수로 나누어 계산한 금액과 그 지급대상기간의 상여등 외의 월평균 급여액을 합산한 금액에 대하여 간이세액표에 따라 계산한 금액을 지급대상기간의 월수로 곱하여 계산한 금액에서 그 지급대상기간의 근로소득에 대해서 이미 원천징수하여 납부한 세액(가산세액은 제외한다)을 공제한 것을 그 세액으로 한다.
2. 지급대상기간이 없는 상여등
그 상여등을 받은 과세기간의 1월 1일부터 그 상여등의 지급일이 속하는 달까지를 지급대상기간으로 하여 제1호에 따라 계산한 것을 그 세액으로 한다. 이 경우 그 과세기간에 2회 이상의 상여등을 받았을 때에는 직전에 상여등을 받은 날이 속하는 달의 다음 달부터 그 후에 상여등을 받은 날이 속하는 달까지를 지급대상기간으로 하여 세액을 계산한다.
3. 제1호와 제2호를 계산할 때 지급대상기간이 1년을 초과하는 경우에는 1년으로 보고 1개월 미만의 끝수가 있는 경우에는 1개월로 본다.
② 원천징수의무자가 잉여금 처분에 따른 상여등을 지급할 때에 원천징수하는 소득세는 대통령령으로 정하는 바에 따라 계산한다.
③ 상여등에 대한 징수세액을 계산할 때 지급대상기간의 적용방법과 그 밖에 필요한 사항은 대통령령으로 정한다.

제137조【근로소득세액의 연말정산】 ① 원천징수의무자는 해당 과세기간의 다음 연도 2월분의 근로소득 또는 퇴직자의 퇴직하는 달의 근로소득을 지급할 때에는 다음 각 호의 순서에 따라 계산한 소득세(이하 이 조에서 "추가 납부세액"이라 한다)를 원천징수한다.(2015.3.10 본문개정)
1. 근로소득자의 해당 과세기간(퇴직자의 경우 퇴직하는 날까지의 기간을 말한다. 이하 이 조에서 같다)의 근로소득금액에 그 근로소득자가 제140조에 따라 신고한 내용에 따라 종합소득공제를 적용하여 종합소득과세표준을 계산
2. 제1호의 종합소득과세표준에 기본세율을 적용하여 종합소득산출세액을 계산
3. 제2호의 종합소득산출세액에서 해당 과세기간에 제134조제1항에 따라 원천징수한 세액, 외국납부세액공제, 근로소득세액공제, 자녀세액공제, 연금계좌세액공제 및 특별세액공제에 따른 공제세액을 공제하여 소득세를 계산(2014.1.1 본호개정)
② 제1항제3호에서 해당 과세기간에 제134조제1항에 따라 원천징수한 세액, 외국납부세액공제, 근로소득세액공제, 자녀세액공제, 연금계좌세액공제 및 특별세액공제에 따른 공제세액의 합계액이 종합소득산출세액을 초과하는 경우에는 그 초과액을 그 근로소득자에게 대통령령으로 정하는 바에 따라 환급하여야 한다.(2014.1.1 본항개정)
③ 원천징수의무자가 제140조에 따른 신고를 하지 아니한 근로소득자에 대하여 제1항을 적용하여 추가 납부세액을 원천징수할 때에는 기본공제 중 그 근로소득자 본인에 대한 분과 표준세액공제만을 적용한다.(2015.3.10 본항개정)
④ 제1항에도 불구하고 추가 납부세액이 10만원을 초과하는 경우 원천징수의무자는 해당 과세기간의 다음 연도 2월분부터 4월분의 근로소득을 지급할 때까지 추가 납부세액을 나누어 원천징수할 수 있다.(2015.3.10 본항신설)
(2010.12.27 본조개정)

제137조의2【2인 이상으로부터 근로소득을 받는 사람에 대한 근로소득세액의 연말정산】 ① 2인 이상으로부터 근로소득을 받는 사람(일용근로자는 제외한다)이 대통령령으로 정하는 바에 따라 주된 근무지와 종된 근무지를 정하고 종된 근무지의 원천징수의무자로부터 제143조제2항에 따른 근로소득 원천징수영수증을 발급받아 해당 과세기간의 다음 연도 2월분의 근로소득을 받기 전에 주된 근무지의 원천징수의무자에게 제출하는 경우 주된 근무지의 원천징수의무자는 주된 근무지의 근로소득과 종된 근무지의 근로소득을 더한 금액에 대하여 제137조에 따라 소득세를 원천징수한다.
② 제1항에 따라 근로소득 원천징수영수증을 발급하는 종된 근무지의 원천징수의무자는 해당 근무지에서 지급하는 해당 과세기간의 근로소득금액에 기본세율을 적용하여 계산한 종합소득산출세액에서 제134조제1항에 따라 원천징수한 세액을 공제한 금액을 원천징수한다.
③ 제150조제3항에 따라 납세조합에 의하여 소득세가 징수된 제127조제1항제4호 각 목에 따른 근로소득과 다른 근로소득이 함께 있는 사람(일용근로자는 제외한다)에 대한 근로소득세액의 연말정산에 관하여는 제1항 및 제2항을 준용한다.
(2010.12.27 본조신설)

제138조【재취직자에 대한 근로소득세액의 연말정산】 ① 해당 과세기간 중도에 퇴직하고 새로운 근무지에 취직한 근로소득자가 종전 근무지에서 해당 과세기간의 1월부터 퇴직한 날이 속하는 달까지 받은 근로소득을 포함하여 제140조제1항에 따라 근로소득자 소득·세액 공제신고서를 제출하는 경우 원천징수의무자는 그 근로소득자가 종전 근무지에서 받은 근로소득과 새로운 근무지에서 받은 근로소득을 더한 금액에 대하여 제137조에 따라 소득세를 원천징수한다.(2014.1.1 본항개정)
② 해당 과세기간 중도에 퇴직한 근로소득자로서 제137조에 따라 소득세를 납부한 후 다시 취직하고 그 과세기간의 중도에 또다시 퇴직한 자에 대한 소득세의 원천징수에 관하여는 제1항을 준용한다.

제139조【징수 부족액의 이월징수】 제137조, 제137조의2 또는 제138조에 따른 원천징수를 하는 경우 징수하여야 할 소득세가 지급할 근로소득의 금액을 초과할 경우(그 다음 달에 지급할 근로소득이 없는 경우는 제외한다)에는 그 초과하는 세액은 그 다음 달의 근로소득을 지급할 때에 징수한다.
(2010.12.27 본조개정)

제140조【근로소득자의 소득공제 등 신고】 ① 제137조에 따라 연말정산을 할 때 해당 근로소득자가 종합소득공제 및 세액공제를 적용받으려는 경우에는 해당 과세기간의 다음 연도 2월분의 근로소득을 받기 전(퇴직한 경우에는 퇴직한 날이 속하는 달의 근로소득을 받기 전)에 원천징수의무자에게 해당 공제 사유를 표시하는 신고서(이하 "근로소득자 소득·세액 공제신고서"라 한다)를 대통령령으로 정하는 바에 따라 제출하여야 한다.(2014.1.1 본항개정)
② 근로소득자 소득·세액 공제신고서를 받은 주된 근무지의 원천징수의무자는 그 신고 사항을 대통령령으로 정하는 바에 따라 원천징수 관할 세무서장에게 신고하고 종된 근무지의 원천징수의무자에게 통보하여야 한다.(2014.1.1 본항개정)
③ 일용근로자에 대해서는 제1항과 제2항을 적용하지 아니한다.
④ (2010.12.27 삭제)
(2014.1.1 본조제목개정)

제141조~제142조 (2010.12.27 삭제)

제143조【근로소득에 대한 원천징수영수증의 발급】 ① 근로소득을 지급하는 원천징수의무자는 해당 과세기간의 다음 연도 2월 말일까지 그 근로소득의 금액과 그 밖에 필요한 사항을 적은 기획재정부령으로 정하는 원천징수영수증을 근로소득자에게 발급하여야 한다. 다만, 해당 과세기간 중도에 퇴직한 사람에게는 퇴직한 날이 속하는 달의 근로소득의 지급일이 속하는 달의 다음 달 말일까지 발급하여야 하며, 일용근로자에 대하여는 근로소득의 지급일이 속하는 달의 다음 달 말일까지 발급하여야 한다.(2022.12.31 단서개정)

② 제1항에도 불구하고 2인 이상으로부터 근로소득을 받는 사람(일용근로자는 제외한다)이 제137조의2에 따른 연말정산을 적용받기 위하여 제1항에 따른 원천징수영수증의 발급을 종된 근무지의 원천징수의무자에게 요청한 경우 그 종된 근무지의 원천징수의무자는 이를 지체 없이 발급하여야 한다.
(2010.12.27 본조개정)

제3관의2 연금소득에 대한 원천징수

제143조의2【연금소득에 대한 원천징수시기 및 방법】 ① 원천징수의무자가 공적연금소득을 지급할 때에는 연금소득 간이세액표에 따라 소득세를 원천징수한다.
② 원천징수의무자가 제20조의3제1항제2호 및 제3호의 연금소득을 지급할 때에는 그 지급금액에 제129조제1항제5호의2에 따른 원천징수세율을 적용하여 계산한 소득세를 원천징수한다.
③ 원천징수의무자가 해당 과세기간의 다음 연도 1월분 공적연금소득을 지급할 때에는 제143조의4에 따라 소득세를 원천징수한다. 이 경우 다음 연도 1월분의 공적연금소득에 대해서는 제1항에 따라 소득세를 원천징수한다.
(2013.1.1 본조개정)
제143조의3 (2001.12.31 삭제)
제143조의4【공적연금소득세액의 연말정산】 ① 공적연금소득에 대한 원천징수의무자가 해당 과세기간의 다음 연도 1월분의 공적연금소득을 지급할 때에는 연금소득자의 해당 과세기간 연금소득금액에 그 연금소득자가 제143조의6에 따라 신고한 내용에 따라 인적공제를 적용한 금액을 종합소득과세표준으로 하고, 그 금액에 기본세율을 적용하여 종합소득산출세액을 계산한 후 그 세액에서 자녀세액공제와 표준세액공제를 적용한 세액에서 그 과세기간에 이미 원천징수하여 납부한 소득세를 공제하고 남은 금액을 원천징수한다.(2014.1.1 본항개정)
② 제1항의 경우 해당 과세기간에 이미 원천징수하여 납부한 소득세, 자녀세액공제 및 표준세액공제에 따른 공제세액의 합계액이 해당 종합소득산출세액을 초과할 때에는 그 초과액은 해당 연금소득자에게 대통령령으로 정하는 바에 따라 환급하여야 한다.(2014.1.1 본항개정)
③ 원천징수의무자가 제143조의6에 따른 신고를 하지 아니한 연금소득자에 대해서 제1항을 적용하여 소득세를 원천징수할 때에는 그 연금소득자 본인에 대한 기본공제와 표준세액공제만을 적용한다.(2014.1.1 본항개정)
④ 공적연금소득을 받는 사람이 해당 과세기간 중에 사망한 경우 원천징수의무자는 그 사망일이 속하는 달의 다음다음 달 말일까지 제1항부터 제3항까지의 규정을 준용하여 그 사망자의 공적연금소득에 대한 연말정산을 하여야 한다.(2013.1.1 본항개정)
⑤ (2013.1.1 삭제)
(2013.1.1 본조제목개정)
제143조의5【징수 부족액의 이월징수】 제143조의4에 따른 원천징수를 하는 경우 징수하여야 할 소득세가 지급할 공적연금소득을 초과할 때에는 그 초과하는 세액은 그 다음 달의 공적연금소득을 지급할 때에 징수한다.(2013.1.1 본조개정)
제143조의6【연금소득자의 소득공제 등 신고】 ① 공적연금소득을 지급받으려는 사람은 공적연금소득을 최초로 지급받기 전에 기획재정부령으로 정하는 연금소득자 소득·세액 공제신고서(이하 "연금소득자 소득·세액 공제신고서"라 한다)를 원천징수의무자에게 제출하여야 한다.
② 공적연금소득을 받는 사람이 자신의 배우자 또는 부양가족에 대한 인적공제와 자녀세액공제를 적용받으려는 경우에는 해당 연도 12월 31일까지 원천징수의무자에게 연금소득자 소득·세액 공제신고서를 대통령령으로 정하는 바에 따라 제출하여야 한다. 다만, 해당 과세기간에 제1항에 따라 연금소득자 소득·세액 공제신고서를 제출한 경우로서 공제대상 배우자 또는 부양가족이 변동되지 아니한 경우에는 연금소득자 소득·세액 공제신고서를 제출하지 아니할 수 있으며, 연금소득자가 해당 과세기간에 사망한 경우에는 상속인이 그 사망일이 속하는 달의 다음 달 말일까지 연금소득자 소득·세액 공제신고서를 제출하여야 한다.
③ 연금소득자 소득·세액 공제신고서를 받은 원천징수의무자는 그 신고 사항을 대통령령으로 정하는 바에 따라 원천징수 관할 세무서장에게 신고하여야 한다.
④ (2010.12.27 삭제)
(2014.1.1 본조개정)
제143조의7【연금소득에 대한 원천징수영수증의 발급】 원천징수의무자는 연금소득을 지급할 때 그 연금소득의 금액과 그 밖에 필요한 사항을 적은 기획재정부령으로 정하는 원천징수영수증을 연금소득자에게 발급하여야 한다. 다만, 원천징수의무자가 연금소득을 지급한 날이 속하는 과세기간의 다음 연도 2월 말일(해당 과세기간 중도에 사망한 사람에 대해서는 그 사망일이 속하는 달의 다음다음 달 말일)까지 연금소득을 받는 자에게 그 연금소득의 금액과 그 밖에 필요한 사항을 대통령령으로 정하는 내용과 방법에 따라 통지하는 경우에는 해당 원천징수영수증을 발급한 것으로 본다.(2014.12.23 본문개정)
1.~2. (2014.12.23 삭제)

제4관 사업소득에 대한 원천징수

제144조【사업소득에 대한 원천징수시기와 방법 및 원천징수영수증의 발급】 ① 원천징수의무자가 원천징수대상 사업소득을 지급할 때에는 그 지급금액에 원천징수세율을 적용하여 계산한 소득세를 원천징수하고, 그 사업소득의 금액과 그 밖에 필요한 사항을 적은 기획재정부령으로 정하는 원천징수영수증을 사업소득자에게 발급하여야 한다.(2010.12.27 본항개정)
② 원천징수의무자가 대통령령으로 정하는 봉사료를 지급할 때에는 제1항을 준용한다.
(2010.12.27 본조제목개정)
제144조의2【과세표준확정신고 예외 사업소득세액의 연말정산】 ① 제73조제1항제4호에 따른 사업소득(이하 "연말정산 사업소득"이라 한다)을 지급하는 원천징수의무자는 해당 과세기간의 다음 연도 2월분의 사업소득을 지급할 때(2월분의 사업소득을 2월 말일까지 지급하지 아니하거나 2월분의 사업소득이 없는 경우에는 2월 말일로 한다. 이하 이 조에서 같다) 또는 해당 사업자와의 거래계약을 해지하는 달의 사업소득을 지급할 때에 해당 과세기간의 사업소득금액에 대통령령으로 정하는 율을 곱하여 계산한 금액에 그 사업자가 제144조의3에 따라 신고한 내용에 따라 종합소득공제를 적용한 금액을 종합소득과세표준으로 하여 종합소득산출세액을 계산하고, 그 산출세액에서 이 법 및 「조세특례제한법」에 따른 세액공제를 적용한 후 해당 과세기간에 이미 원천징수하여 납부한 소득세를 공제하고 남은 금액을 원천징수한다.(2010.12.27 본항개정)
② 제1항의 경우 징수하여야 할 소득세가 지급할 사업소득의 금액을 초과할 때(그 다음 달에 지급할 사업소득이 없는 경우는 제외한다)에는 그 초과하는 세액은 그 다음 달의 사업소득을 지급할 때에 징수한다.(2010.12.27 본항개정)
③ 제1항의 경우 해당 과세기간에 이미 원천징수하여 납부한 소득세가 해당 종합소득 산출세액에서 세액공제를 한 금액을 초과할 때에는 그 초과액은 해당 사업자에게 대통령령으로 정하는 바에 따라 환급하여야 한다.
④ 원천징수의무자가 제144조의3에 따른 신고를 하지 아니한 사업자에 대해서 제1항을 적용하여 원천징수할 때에는 기본공제 중 그 사업자 본인에 대한 분과 표준세액공제만을 적용한다.
(2014.1.1 본항개정)
⑤ 2인 이상으로부터 연말정산 사업소득을 지급받는 자와 해당 과세기간의 중도에 새로운 계약체결에 따라 연말정산 사업소득을 지급받는 자에 대한 사업소득세액의 연말정산에 관하여는 제137조의2 및 제138조를 준용한다.(2010.12.27 본항신설)
제144조의3【연말정산 사업소득자의 소득공제 등 신고】 제144조의2에 따라 연말정산을 할 때 해당 사업자가 종합소득공제, 자녀세액공제, 연금계좌세액공제 및 특별세액공제를 적용받으려는 경우에는 해당 과세기간의 다음 연도 2월분의 사업소득을 받기 전(해당 원천징수의무자와의 거래계약을 해지한 경우에는 해지한 달의 사업소득을 받기 전을 말한다)에 원천징수의무자에게 대통령령으로 정하는 바에 따라 연말정산 사업소득자 소득·세액 공제신고서를 제출하여야 한다.
(2014.1.1 본조개정)

제144조의4【연말정산 사업소득에 대한 원천징수영수증의 발급】 연말정산 사업소득을 지급하는 원천징수의무자는 연말정산일이 속하는 달의 다음 달 말일까지 그 사업소득의 금액과 그 밖에 필요한 사항을 적은 기획재정부령으로 정하는 원천징수영수증을 해당 사업자에게 발급하여야 한다.(2010.12.27 본조개정)

제144조의5【연말정산 사업소득의 원천징수시기에 대한 특례】 ① 연말정산 사업소득을 지급하여야 할 원천징수의무자가 1월부터 11월까지의 사업소득을 해당 과세기간의 12월 31일까지 지급하지 아니한 경우에는 12월 31일에 그 사업소득을 지급한 것으로 보아 소득세를 원천징수한다.
② 원천징수의무자가 12월분의 연말정산 사업소득을 다음 연도 2월 말일까지 지급하지 아니한 경우에는 다음 연도 2월 말일에 그 사업소득을 지급한 것으로 보아 소득세를 원천징수한다.
(2010.12.27 본조신설)

제5관 기타소득에 대한 원천징수

제145조【기타소득에 대한 원천징수시기와 방법 및 원천징수영수증의 발급】 ① 원천징수의무자가 기타소득을 지급할 때에는 그 기타소득금액에 원천징수세율을 적용하여 계산한 소득세를 원천징수한다.
② 기타소득을 지급하는 원천징수의무자는 이를 지급할 때에 그 기타소득의 금액과 그 밖에 필요한 사항을 적은 기획재정부령으로 정하는 원천징수영수증을 그 소득을 받는 사람에게 발급하여야 한다. 다만, 제21조제1항제15호가목 및 제19호가목·나목에 해당하는 기타소득으로서 대통령령으로 정하는 금액 이하를 지급할 때에는 지급받는 자가 원천징수영수증의 발급을 요구하는 경우 외에는 발급하지 아니할 수 있다.(2010.12.27 본문개정)
(2010.12.27 본조제목개정)

제145조의2【기타소득 원천징수시기에 대한 특례】 「법인세법」 제67조에 따라 처분되는 기타소득에 대한 소득세의 원천징수시기에 관하여는 제131조제2항을 준용한다.(2010.12.27 본조신설)

제145조의3【종교인소득에 대한 연말정산 등】 ① 종교인소득을 지급하고 그 소득세를 원천징수하는 자는 해당 과세기간의 다음 연도 2월분의 종교인소득을 지급할 때(2월분의 종교인소득을 2월 말일까지 지급하지 아니하거나 2월분의 종교인소득이 없는 경우에는 2월 말일로 한다. 이하 이 조에서 같다) 또는 해당 종교관련종사자와의 소속관계가 종료되는 달의 종교인소득을 지급할 때 해당 과세기간의 종교인소득에 대하여 대통령령으로 정하는 방법에 따라 계산한 금액을 원천징수한다.
② 종교인소득에 대한 제1항에 따른 연말정산, 소득공제 등의 신고, 원천징수영수증의 발급 또는 원천징수 시기에 관하여는 제144조의2(같은 조 제1항은 제외한다)부터 제144조의5까지의 규정을 준용한다. 이 경우 "사업소득"은 "종교인소득"으로, "사업자" 또는 "사업소득자"는 "종교관련종사자"로, "거래계약"은 "소속관계"로, "해지"는 "종료"로 본다.
(2015.12.15 본조신설)

제6관 퇴직소득에 대한 원천징수

제146조【퇴직소득에 대한 원천징수시기와 방법 및 원천징수영수증의 발급 등】 ① 원천징수의무자가 퇴직소득을 지급할 때에는 그 퇴직소득과세표준에 원천징수세율을 적용하여 계산한 소득세를 징수한다.
② 거주자의 퇴직소득이 다음 각 호의 어느 하나에 해당하는 경우에는 제1항에도 불구하고 해당 퇴직소득에 대한 소득세를 연금외수령하기 전까지 원천징수하지 아니한다. 이 경우 제1항에 따라 소득세가 이미 원천징수된 경우 해당 거주자는 원천징수세액에 대한 환급을 신청할 수 있다.
1. 퇴직일 현재 연금계좌에 있거나 연금계좌로 지급되는 경우
2. 퇴직하여 지급받은 날부터 60일 이내에 연금계좌에 입금되는 경우(2014.1.1 본호개정)
③ 퇴직소득을 지급하는 자는 그 지급일이 속하는 달의 다음 달 말일까지 그 퇴직소득의 금액과 그 밖에 필요한 사항을 적은 기획재정부령으로 정하는 원천징수영수증을 퇴직소득을 지급받는 사람에게 발급하여야 한다. 다만, 제2항에 따라 퇴직소득에 대한 소득세를 원천징수하지 아니한 때에는 그 사유를 함께 적어 발급하여야 한다.
④ 퇴직소득의 원천징수 방법과 환급절차 등에 관하여 필요한 사항은 대통령령으로 정한다.
(2013.1.1 본조개정)

제146조의2【소득이연퇴직소득의 소득발생과 소득세의 징수이연 특례】 ① 2012년 12월 31일 이전에 퇴직하여 지급받은 퇴직소득을 퇴직연금계좌에 이체 또는 입금함에 따라 그 퇴직연금계좌에서 가입자가 실제로 지급받을 때까지 소득이 발생하지 아니한 것으로 보는 금액(운용실적에 따라 추가로 지급받는 금액이 있는 경우 그 금액을 포함하며, 이하 "소득이연퇴직소득"이라 한다)이 2014년 12월 31일에 퇴직연금계좌에 있는 경우 2014년 12월 31일에 해당 소득이연퇴직소득 전액을 퇴직소득으로 지급받아 즉시 해당 퇴직연금계좌에 다시 납입한 것으로 본다.
② 제1항에 따라 지급받아 다시 납입한 것으로 보는 퇴직소득에 대한 소득세는 제146조제2항 전단에 따라 원천징수되지 아니한 것으로 본다.
(2014.12.23 본조신설)

제147조【퇴직소득 원천징수시기에 대한 특례】 ① 퇴직소득을 지급하여야 할 원천징수의무자가 1월부터 11월까지의 사이에 퇴직한 사람의 퇴직소득을 해당 과세기간의 12월 31일까지 지급하지 아니한 경우에는 그 퇴직소득을 12월 31일에 지급한 것으로 보아 소득세를 원천징수한다.(2010.12.27 본항개정)
② 원천징수의무자가 12월에 퇴직한 사람의 퇴직소득을 다음 연도 2월 말일까지 지급하지 아니한 경우에는 그 퇴직소득을 다음 연도 2월 말일에 지급한 것으로 보아 소득세를 원천징수한다.(2010.12.27 본항개정)
③ (2013.1.1 삭제)
④ 제22조제1항제1호에 따른 퇴직소득에 대해서는 제1항 및 제2항을 적용하지 아니한다.(2013.1.1 본항개정)
(2010.12.27 본조제목개정)

제148조【퇴직소득에 대한 세액정산 등】 ① 퇴직자가 퇴직소득을 지급받을 때 이미 지급받은 다음 각 호의 퇴직소득에 대한 원천징수영수증을 원천징수의무자에게 제출하는 경우 원천징수의무자는 퇴직자에게 이미 지급된 퇴직소득과 자기가 지급할 퇴직소득을 합계한 금액에 대하여 정산한 소득세를 원천징수하여야 한다.
1. 해당 과세기간에 이미 지급받은 퇴직소득
2. 대통령령으로 정하는 근로계약에서 이미 지급받은 퇴직소득
② 2012년 12월 31일 이전에 퇴직하여 지급받은 퇴직소득을 퇴직연금계좌에 이체 또는 입금하여 퇴직일에 퇴직소득이 발생하지 아니한 경우 제146조의2에도 불구하고 해당 퇴직일에 해당 퇴직소득이 발생하였다고 보아 해당 퇴직소득을 제1항제2호의 이미 지급받은 퇴직소득으로 보고 제1항을 적용할 수 있다.(2014.12.23 본항신설)
③ 퇴직소득세액의 정산 방법 및 절차 등에 관하여 필요한 사항은 대통령령으로 정한다.
(2014.12.23 본조제목개정)
(2013.1.1 본조개정)

제7관 금융투자소득에 대한 원천징수

제148조의2~제148조의3 (2024.12.31 삭제)

제2절 납세조합의 원천징수

제149조【납세조합의 조직】 다음 각 호의 어느 하나에 해당하는 거주자는 대통령령으로 정하는 바에 따라 납세조합을 조직할 수 있다.
1. 제127조제1항제4호 각 목의 어느 하나에 해당하는 근로소득이 있는 자
2. 대통령령으로 정하는 사업자

제150조【납세조합의 징수의무】 ① 제149조에 따른 납세조합은 그 조합원의 제127조제1항제4호 각 목의 어느 하나에 해당하는 근로소득 또는 사업소득에 대한 소득세를 매월 징수하여야 한다.
② 제149조제2호에 따른 사업자가 조직한 납세조합이 2024년 12월 31일 이전에 그 조합원에 대한 매월분의 소득세를 제1항에 따라 징수할 때에는 그 세액의 100분의 5에 해당하는 금액을 공제하고 징수한다.(2021.12.8 본항개정)
③ 제149조제1호에 따른 자가 조직한 납세조합이 2027년 12월 31일 이전에 그 조합원에 대한 매월분의 소득세를 제1항에 따라 징수할 때에는 그 세액의 100분의 3에 해당하는 금액을 공제하고 징수한다. 다만, 제149조제1호에 따른 자가 제70조에 따라 종합소득 과세표준확정신고를 하거나 제137조, 제137조의2 및 제138조의 예에 따라 연말정산을 하는 경우에는 해당 납세조합에 의하여 원천징수된 근로소득에 대한 종합소득산출세액의 100분의 3에 해당하는 금액을 공제한 것을 세액으로 납부하거나 징수한다.(2024.12.31 본항개정)
④ 제2항 또는 제3항에 따라 공제하는 금액은 연 100만원(해당 과세기간이 1년 미만이거나 해당 과세기간의 근로제공기간이 1년 미만인 경우에는 100만원에 해당 과세기간의 월수 또는 근로제공 월수를 곱하고 이를 12로 나누어 산출한 금액을 말한다)을 한도로 한다.(2021.12.8 본항신설)
⑤ 제2항과 제3항에 따른 공제를 "납세조합공제"라 한다.
⑥ 제1항에 따른 소득세의 징수에 관하여 필요한 사항은 대통령령으로 정한다.

제151조【납세조합 징수세액의 납부】 납세조합은 제150조에 따라 징수한 매월분의 소득세를 징수일이 속하는 달의 다음 달 10일까지 대통령령으로 정하는 바에 따라 납세조합 관할 세무서, 한국은행 또는 체신관서에 납부하여야 한다.

제152조【납세조합의 징수방법】 ① 제150조제2항에 따른 납세조합은 같은 조 제1항에 따라 소득세를 징수할 때 대통령령으로 정하는 바에 따라 계산한 각 조합원의 매월분 소득에 12를 곱한 금액에 종합소득공제를 적용한 금액에 기본세율을 적용하여 계산한 세액의 12분의 1을 매월분의 소득세로 하여 세액공제와 납세조합공제를 적용한 금액을 징수한다. 이 경우에 1개월 미만의 끝수가 있을 때에는 1개월로 본다.
② 제150조제3항에 따른 납세조합은 같은 조 제1항에 따라 소득세를 징수할 때 그 조합원의 매월분의 소득에 대해서는 제127조에 따른 근로소득에 대한 원천징수의 예에 따르되, 제134조에 따른 근로소득 간이세액표에 따라 계산한 소득세에서 납세조합공제를 적용한 금액을 징수한다.

제153조【납세조합의 납세관리】 ① 납세조합은 그 조합원의 소득세에 관한 신고·납부 및 환급에 관한 사항을 관리하는 납세관리인이 될 수 있다.
② 제1항에 따라 납세조합이 그 조합원의 납세관리인이 되려는 경우에는 대통령령으로 정하는 바에 따라 납세조합 관할 세무서장에게 신고하여야 한다.

제3절 원천징수의 특례

제154조【원천징수의 면제】 원천징수의무자가 제127조제1항 각 호의 소득으로서 소득세가 과세되지 아니하거나 면제되는 소득을 지급할 때에는 소득세를 원천징수하지 아니한다.

제155조【원천징수의 배제】 제127조제1항 각 호의 소득으로서 발생 후 지급되지 아니함으로써 소득세가 원천징수되지 아니한 소득이 종합소득에 합산되어 종합소득에 대한 소득세가 과세된 경우에 그 소득을 지급할 때에는 소득세를 원천징수하지 아니한다.

제155조의2【특정금전신탁 등의 원천징수의 특례】 제4조제2항 각 호를 제외한 신탁의 경우에는 제130조에도 불구하고 제127조제2항에 따라 원천징수를 대리하거나 위임을 받은 자가 제127조제1항제1호 및 제2호의 소득이 신탁에 귀속된 날부터 3개월 이내의 특정일(동일 귀속연도 이내로 한정한다)에 그 소득에 대한 소득세를 원천징수하여야 한다.(2024.12.31 본조개정)

제155조의3【집합투자기구의 원천징수 특례】 제127조제1항 각 호에 따른 소득금액이 「자본시장과 금융투자업에 관한 법률」에 따른 집합투자재산에 귀속되는 시점에는 그 소득금액이 지급된 것으로 보지 아니한다.

제155조의4【상여처분의 원천징수 특례】 ① 법인이 「채무자 회생 및 파산에 관한 법률」에 따른 회생절차에 따라 특수관계인이 아닌 다른 법인에 합병되는 등 지배주주가 변경(이하 이 조에서 "인수"라 한다)된 이후 회생절차 개시 전에 발생한 사유로 인수된 법인의 대표자 등에 대하여 「법인세법」 제67조에 따라 상여로 처분되는 대통령령으로 정하는 소득에 대해서는 제127조에도 불구하고 소득세를 원천징수하지 아니한다.
② 상여처분의 원천징수 특례에 관하여 그 밖에 필요한 사항은 대통령령으로 정한다.
(2014.1.1 본조신설)

제155조의5【서화·골동품 양도로 발생하는 소득의 원천징수 특례】 제21조제2항에 따른 서화·골동품의 양도로 발생하는 소득에 대하여 원천징수의무자가 대통령령으로 정하는 사유로 제127조제1항에 따른 원천징수를 하기 곤란하여 원천징수를 하지 못하는 경우에는 서화·골동품의 양도로 발생하는 소득을 지급받는 자를 제127조제1항에 따른 원천징수의무자로 보아 이 법을 적용한다.(2020.12.29 본조개정)

제155조의6【종교인소득에 대한 원천징수 예외】 종교인소득(제21조제4항에 해당하는 경우를 포함한다)을 지급하는 자는 제127조, 제134조부터 제143조, 제145조 및 제145조의3에 따른 소득세의 원천징수를 하지 아니할 수 있다. 이 경우 종교인소득을 지급받은 자는 제70조에 따라 종합소득과세표준을 신고하여야 한다.(2020.12.29 전단개정)

제155조의7【비실명자산소득에 대한 원천징수 특례】 ① 제127조에 따른 원천징수의무자가 「금융실명거래 및 비밀보장에 관한 법률」 제5조에 따른 차등과세가 적용되는 이자 및 배당소득에 대하여 고의 또는 중대한 과실 없이 같은 조에서 정한 세율이 아닌 제129조제1항제1호라목 또는 같은 항 제2호나목에 따른 세율로 원천징수한 경우에는 해당 계좌의 실질 소유자가 제127조제1항에도 불구하고 소득세 원천징수 부족액(「국세기본법」 제47조의5제1항에 따른 가산세를 포함한다. 이하 이 조에서 같다)을 납부하여야 한다.
② 제1항에 따른 소득세 원천징수 부족액에 관하여는 해당 계좌의 실질 소유자를 원천징수의무자로 본다.
(2018.12.31 본조신설)

제156조【비거주자의 국내원천소득에 대한 원천징수의 특례】
① 제119조제1호·제2호·제4호부터 제6호까지 및 제9호부터 제12호까지의 규정에 따른 국내원천소득으로서 국내사업장과 실질적으로 관련되지 아니하거나 그 국내사업장에 귀속되지 아니한 소득의 금액(국내사업장이 없는 비거주자에게 지급하는 금액을 포함한다)을 비거주자에게 지급하는 자(제119조제9호에 따른 국내원천 부동산등양도소득을 지급하는 거주자 및 비거주자는 제외한다)는 제127조에도 불구하고 그 소득을 지급할 때에 다음 각 호의 금액을 그 비거주자의 국내원천소득에 대한 소득세로서 원천징수하여 그 원천징수한 날이 속하는 달의 다음 달 10일까지 대통령령으로 정하는 바에 따라 원천징수 관할 세무서, 한국은행 또는 체신관서에 납부하여야 한다.
1. 제119조제1호에 따른 국내원천 이자소득 : 다음 각 목의 구분에 따른 금액
  가. 국가·지방자치단체 및 내국법인이 발행하는 채권에서 발생하는 이자소득 : 지급금액의 100분의 14
  나. 가목 외의 이자소득 : 지급금액의 100분의 20
2. 제119조제2호에 따른 국내원천 배당소득 : 지급금액의 100분의 20
3. 제119조제4호에 따른 국내원천 선박등임대소득 및 같은 조 제5호(조세조약에 따라 국내원천 사업소득으로 과세할 수 있는 소득은 제외한다)에 따른 국내원천 사업소득 : 지급금액의 100분의 2
4. 제119조제6호에 따른 국내원천 인적용역소득 : 지급금액의 100분의 20. 다만, 국외에서 제공하는 인적용역 중 대통령령으로 정하는 용역을 제공함으로써 발생하는 소득이 조세조약에 따라 국내에서 발생하는 것으로 보는 소득에 대해서는 그 지급금액의 100분의 3으로 한다.

5. 제119조제9호에 따른 국내원천 부동산등양도소득 : 지급금액의 100분의 10. 다만, 양도한 자산의 취득가액 및 양도비용이 확인되는 경우에는 그 지급금액의 100분의 10에 해당하는 금액과 그 자산의 양도차익의 100분의 20에 해당하는 금액 중 적은 금액으로 한다.
6. 제119조제10호에 따른 국내원천 사용료소득 : 지급금액의 100분의 20
7. 제119조제11호에 따른 국내원천 유가증권양도소득 : 지급금액(제126조제6항에 해당하는 경우에는 같은 항의 정상가격을 말한다. 이하 이 호에서 같다)의 100분의 10. 다만, 제126조제1항제1호에 따라 해당 유가증권의 취득가액 및 양도비용이 확인되는 경우에는 그 지급금액의 100분의 10에 해당하는 금액과 같은 호에 따라 계산한 금액의 100분의 20에 해당하는 금액 중 적은 금액으로 한다.
8. 제119조제12호에 따른 국내원천 기타소득 : 지급금액(제126조제1항제2호에 따른 상금·부상 등에 대해서는 같은 호에 따라 계산한 금액으로 한다)의 100분의 20. 다만, 같은 호 카목의 소득에 대해서는 그 지급금액의 100분의 15로 한다. (2019.12.31 본호개정)

(2018.12.31 본항개정)

② (2022.12.31 삭제)

③ 제1항에서 규정하는 국내원천소득이 국외에서 지급되는 경우에 그 지급자가 국내에 주소, 거소, 본점, 주사무소 또는 국내사업장(「법인세법」 제94조에 규정된 국내사업장을 포함한다)을 둔 경우에는 그 지급자가 해당 국내원천소득을 국내에서 지급하는 것으로 보고 제1항을 적용한다.

④ 국내사업장이 없는 비거주자에게 외국차관자금으로 제119조제1호·제5호·제6호 및 제10호의 국내원천소득을 지급하는 자는 해당 계약조건에 따라 그 소득을 자기가 직접 지급하지 아니하는 경우에도 그 계약상의 지급 조건에 따라 그 소득이 지급될 때마다 제1항에 따른 원천징수를 하여야 한다. (2013.1.1 본항개정)

⑤ 외국을 항행하는 선박이나 항공기를 운영하는 비거주자의 국내대리점으로서 제120조제3항에 해당하지 아니하는 자가 그 비거주자에게 그 선박이나 항공기가 외국을 항행하여 생기는 소득을 지급할 때에는 제1항에 따라 그 비거주자의 국내원천소득의 금액에 대하여 원천징수를 하여야 한다.

⑥ 제119조제11호에 따른 유가증권을 「자본시장과 금융투자업에 관한 법률」에 따른 투자매매업자 또는 투자중개업자를 통하여 양도하는 경우에는 그 투자매매업자 또는 투자중개업자가 제1항에 따라 원천징수를 하여야 한다. 다만, 「자본시장과 금융투자업에 관한 법률」에 따라 주식을 상장하는 경우로서 이미 발행된 주식을 양도하는 경우에는 그 주식을 발행한 법인이 원천징수하여야 한다.

⑦ 건축·건설, 기계장치 등의 설치·조립, 그 밖의 작업이나 그 작업의 지휘·감독 등에 관한 용역의 제공으로 발생하는 국내원천소득 또는 제119조제6호에 따라 인적용역을 제공함에 따른 국내원천소득(조세조약에서 사업소득으로 구분하는 경우를 포함한다)을 비거주자에게 지급하는 자는 비거주자가 국내사업장을 가지고 있는 경우에도 제1항에 따른 원천징수를 하여야 한다. 다만, 그 비거주자가 제168조에 따라 사업자등록을 한 경우는 제외한다.(2014.1.1 본문개정)

⑧ 제119조제12호바목(승마투표권, 승자투표권, 소싸움경기투표권, 체육진흥투표권의 환급금만 해당한다) 및 사목의 소득에 대하여 제1항을 적용할 때에는 제84조를 준용한다.

⑨ 비거주자가 「민사집행법」에 따른 경매 또는 「국세징수법」에 따른 공매로 인하여 제119조에 따른 국내원천소득을 지급받는 경우에는 해당 경매대금을 배당하거나 공매대금을 배분하는 자가 해당 비거주자에게 실제로 지급하는 금액의 범위에서 제1항에 따라 원천징수를 하여야 한다.(2014.1.1 본항개정)

⑩ 제1항부터 제9항까지의 규정에 따른 원천징수의무자를 대리하거나 그 위임을 받은 자의 행위는 수권(授權) 또는 위임의 범위에서 본인 또는 위임인의 행위로 보아 제1항부터 제9항까지의 규정을 적용한다.(2010.12.27 본항신설)

⑪ 금융회사등이 내국인이 발행한 어음, 채무증서, 주식 또는 집합투자증권을 인수·매매·중개 또는 대리하는 경우에는 그 금융회사등과 해당 내국인 간에 대리 또는 위임의 관계가 있는 것으로 보아 제10항을 적용한다.(2010.12.27 본항신설)

⑫ 제1항부터 제11항까지의 규정에 따른 원천징수의무자는 원천징수를 할 때에 그 국내원천소득의 금액과 그 밖에 필요한 사항을 적은 기획재정부령으로 정하는 원천징수영수증을 그 국내원천소득을 받는 자에게 발급하여야 한다.(2010.12.27 본항개정)

⑬ 제119조제12호자목에 따른 국내원천소득은 주식 또는 출자지분을 발행한 내국법인이 그 주식 또는 출자지분을 보유하고 있는 국외특수관계인으로부터 대통령령으로 정하는 시기에 원천징수를 하여야 한다.(2012.1.1 본항개정)

⑭ 제13항에 따른 원천징수의 구체적인 방법에 관하여는 대통령령으로 정한다.

⑮ 제1항을 적용할 때 제119조제9호에 따른 국내원천 부동산등양도소득이 있는 비거주자가 대통령령으로 정하는 바에 따라 그 소득에 대한 소득세를 미리 납부하였거나 그 소득이 비과세 또는 과세미달되는 것임을 증명하는 경우에는 그 소득에 대하여 소득세를 원천징수하지 아니한다.(2018.12.31 본항개정)

제156조의2【비거주자에 대한 조세조약상 비과세 또는 면제 적용 신청】 ① 제119조에 따른 국내원천소득(같은 조 제5호에 따른 국내원천 사업소득 및 같은 조 제6호에 따른 국내원천 인적용역소득은 제외한다)의 실질귀속자인 비거주자가 조세조약에 따라 비과세 또는 면제를 적용받으려는 경우에는 대통령령으로 정하는 바에 따라 비과세·면제신청서 및 국내원천소득의 실질귀속자임을 증명하는 서류(이하 이 조에서 "신청서등"이라 한다)를 국내원천소득을 지급하는 자(이하 이 조에서 "소득지급자"라 한다)에게 제출하고, 해당 소득지급자는 그 신청서등을 납세지 관할 세무서장에게 제출하여야 한다. (2022.12.31 본항개정)

① 제119조에 따른 국내원천소득(같은 조 제5호에 따른 국내원천 사업소득은 제외한다)의 실질귀속자인 비거주자가 조세조약에 따라 비과세 또는 면제를 적용받으려는 경우에는 대통령령으로 정하는 바에 따라 비과세·면제신청서 및 국내원천소득의 실질귀속자임을 증명하는 서류(이하 이 조에서 "신청서등"이라 한다)를 국내원천소득을 지급하는 자(이하 이 조에서 "소득지급자"라 한다)에게 제출하고, 해당 소득지급자는 그 신청서등을 납세지 관할 세무서장에게 제출하여야 한다. (2024.12.31 본항개정 : 2026.1.1 시행)

② 제1항을 적용할 때 해당 국내원천소득이 국외투자기구를 통하여 지급되는 경우에는 그 국외투자기구가 대통령령으로 정하는 바에 따라 실질귀속자로부터 신청서등을 제출받아 이를 그 명세가 포함된 국외투자기구 신고서와 함께 소득지급자에게 제출하고 해당 소득지급자는 그 신고서와 신청서등을 납세지 관할 세무서장에게 제출하여야 한다.(2022.12.31 본항개정)

③ 제1항 또는 제2항에 따라 실질귀속자 또는 국외투자기구로부터 신청서등을 제출받은 소득지급자는 제출된 신청서등에 누락된 사항이나 미비한 사항이 있으면 보완을 요구할 수 있으며, 실질귀속자 또는 국외투자기구로부터 신청서등 또는 국외투자기구 신고서를 제출받지 못하거나 제출된 서류를 통해서는 실질귀속자를 파악할 수 없는 등 대통령령으로 정하는 사유에 해당하는 경우에는 비과세 또는 면제를 적용하지 아니하고 제156조제1항 각 호의 금액을 원천징수하여야 한다. (2022.12.31 본항개정)

④ 제1항 또는 제2항에 따라 신청서등을 제출받은 납세지 관할 세무서장은 비과세 또는 면제요건 충족 여부를 검토한 결과 비과세·면제 요건이 충족되지 아니하거나 해당 신청서의 내용이 사실과 다르다고 인정되는 경우에는 제126조제4항에 따라 준용되는 제85조제3항에 따라 같은 규정에 따른 세액을 소득지급자로부터 징수하여야 한다. 이 경우 신청서등에 기재된 내용만으로는 비과세·면제 요건의 충족 여부를 판단할 수 없는 경우에는 상당한 기한을 정하여 소득지급자에게 관련 서류의 보완을 요구할 수 있다.(2022.12.31 본항신설)

⑤ 제3항에 따라 비과세 또는 면제를 적용받지 못한 실질귀속자가 비과세 또는 면제를 적용받으려는 경우에는 실질귀속자 또는 소득지급자가 제3항에 따라 세액이 원천징수된 날이 속

하는 달의 다음 달 11일부터 5년 이내에 대통령령으로 정하는 바에 따라 소득지급자의 납세지 관할 세무서장에게 경정을 청구할 수 있다. 다만, 「국세기본법」 제45조의2제2항 각 호의 어느 하나에 해당하는 사유가 발생하였을 때에는 본문에도 불구하고 그 사유가 발생한 것을 안 날부터 3개월 이내에 경정을 청구할 수 있다.(2023.12.31 본문개정)
⑥ 제5항에 따라 경정을 청구받은 세무서장은 청구를 받은 날부터 6개월 이내에 과세표준과 세액을 경정하거나 경정하여야 할 이유가 없다는 뜻을 청구인에게 알려야 한다.(2022.12.31 본항개정)
⑦ 제1항부터 제6항까지에서 규정된 사항 외에 신청서등 및 국외투자기구 신고서 등 관련 서류의 제출 방법·절차, 제출된 서류의 보관의무와 경정청구의 방법·절차 등 비과세·면제의 적용에 필요한 사항은 대통령령으로 정한다.(2022.12.31 본항개정)

제156조의3【비거주자의 채권등에 대한 원천징수의 특례】 제156조제1항을 적용받는 비거주자에게 채권등의 이자등을 지급하는 자 또는 해당 비거주자로부터 채권등을 매수(증여·변제 및 출자 등으로 채권등의 소유권 또는 이자소득의 수급권의 변동이 있는 경우와 매도를 위탁받거나 중개·알선하는 경우를 포함하되, 환매조건부채권매매거래 등 대통령령으로 정하는 경우는 제외한다)하는 자는 그 비거주자의 보유기간을 고려하여 대통령령으로 정하는 바에 따라 원천징수를 하여야 한다.(2013.1.1 본조개정)

제156조의4【특정지역 비거주자에 대한 원천징수 절차 특례】 ① 제156조, 제156조의3 및 제156조의6에 따른 원천징수의무자는 기획재정부장관이 고시하는 국가 또는 지역에 소재하는 비거주자의 국내원천소득 중 제119조제1호, 제2호, 같은 조 제9호나목, 같은 조 제10호 또는 제11호에 따른 소득에 대하여 소득세로서 원천징수하는 경우에는 제156조의2 및 조세조약에 따른 비과세·면제 또는 제한세율에 관한 규정에도 불구하고 제156조제1항 각 호에 따른 세율을 우선 적용하여 원천징수하여야 한다. 다만, 대통령령으로 정하는 바에 따라 조세조약에 따른 비과세·면제 또는 제한세율에 관한 규정을 적용받을 수 있음을 국세청장이 사전 승인하는 경우에는 그러하지 아니하다.(2012.1.1 본문개정)
② 제1항에서 규정한 국내원천소득을 실질적으로 귀속받는 자(그 대리인 또는 「국세기본법」 제82조에 따른 납세관리인을 포함한다)가 그 소득에 대하여 조세조약에 따른 비과세·면제 또는 제한세율에 관한 규정을 적용받으려는 경우에는 제1항에 따라 세액이 원천징수된 날이 속하는 달의 다음 달 11일부터 5년 이내에 대통령령으로 정하는 바에 따라 원천징수의무자의 납세지 관할 세무서장에게 경정을 청구할 수 있다. 다만, 「국세기본법」 제45조의2제2항 각 호의 어느 하나에 해당하는 사유가 발생하였을 때에는 본문에도 불구하고 그 사유가 발생한 것을 안 날부터 3개월 이내에 경정을 청구할 수 있다.(2023.12.31 본문개정)
③ 제2항에 따른 경정의 청구를 받은 세무서장은 그 청구를 받은 날부터 6개월 이내에 과세표준과 세액을 경정하거나 경정하여야 할 이유가 없다는 뜻을 그 청구를 한 자에게 알려야 한다.(2018.12.31 본조제목개정)

제156조의5【비거주 연예인 등의 용역 제공과 관련된 원천징수 절차 특례】 ① 비거주자인 연예인 또는 운동가 등 대통령령으로 정하는 자(이하 이 조에서 "비거주 연예인등"이라 한다)가 국내에서 제공한 용역(제119조제6호·제7호 및 제12호를 포함한다. 이하 이 조에서 같다)과 관련하여 지급받는 보수 또는 대가에 대해서 조세조약에 따라 국내사업장이 없거나 국내사업장에 귀속되지 아니하는 등의 이유로 과세되지 아니하는 외국법인(이하 이 조에서 "비과세 외국연예등법인"이라 한다)에 비거주 연예인등이 국내에서 제공한 용역과 관련하여 보수 또는 대가를 지급하는 자는 조세조약에도 불구하고 그 지급하는 금액의 100분의 20의 금액을 원천징수하여 그 원천징수한 날이 속하는 달의 다음 달 10일까지 대통령령으로 정하는 바에 따라 원천징수 관할 세무서, 한국은행 또는 체신관서에 납부하여야 한다.(2018.12.31 본항개정)
② 제156조제1항에도 불구하고 비과세 외국연예등법인은 비거주 연예인등의 용역 제공과 관련하여 보수 또는 대가를 지급할 때 그 지급금액의 100분의 20의 금액을 지급받는 자의 국내원천소득에 대한 소득세로서 원천징수하여 그 원천징수한 날이 속하는 달의 다음 달 10일까지 대통령령으로 정하는 바에 따라 원천징수 관할 세무서, 한국은행 또는 체신관서에 납부하여야 한다. 이 경우 비거주 연예인등이 국내에서 제공한 용역과 관련하여 비과세 외국연예등법인에 대가를 지급하는 자가 제1항에 따라 원천징수하여 납부한 경우에는 그 납부한 금액의 범위에서 그 소득세를 납부한 것으로 본다.
③ 제1항에 따라 원천징수하여 납부한 금액이 제2항에 따라 원천징수하여 납부한 금액보다 큰 경우 그 차액에 대하여 비과세 외국연예등법인은 대통령령으로 정하는 바에 따라 관할 세무서장에게 환급을 신청할 수 있다.

제156조의6【비거주자에 대한 조세조약상 제한세율 적용을 위한 원천징수 절차 특례】 ① 제119조에 따른 국내원천소득의 실질귀속자인 비거주자가 조세조약에 따른 제한세율을 적용받으려는 경우에는 대통령령으로 정하는 바에 따라 제한세율 적용신청서 및 국내원천소득의 실질귀속자임을 증명하는 서류(이하 이 조에서 "신청서등"이라 한다)를 제156조제1항에 따른 원천징수의무자(이하 이 조에서 "원천징수의무자"라 한다)에게 제출하여야 한다.(2022.12.31 본항개정)
② 제1항을 적용할 때 해당 국내원천소득이 국외투자기구를 통하여 지급되는 경우에는 그 국외투자기구가 대통령령으로 정하는 바에 따라 실질귀속자로부터 신청서등을 제출받아 이를 그 명세가 포함된 국외투자기구 신고서와 함께 원천징수의무자에게 제출하여야 한다.(2022.12.31 본항개정)
③ 제1항 또는 제2항에 따라 실질귀속자 또는 국외투자기구로부터 신청서등을 제출받은 원천징수의무자는 제출된 신청서등에 누락된 사항이나 미비한 사항이 있으면 보완을 요구할 수 있으며, 실질귀속자 또는 국외투자기구로부터 신청서등 또는 국외투자기구 신고서를 제출받지 못하거나 제출된 서류를 통해서는 실질귀속자를 파악할 수 없는 등 대통령령으로 정하는 사유에 해당하는 경우에는 제한세율을 적용하지 아니하고 제156조제1항 각 호의 금액을 원천징수하여야 한다.(2022.12.31 본항개정)
④ 제1항 및 제2항에 따라 적용받은 제한세율에 오류가 있거나 제3항에 따라 제한세율을 적용받지 못한 실질귀속자가 제한세율을 적용받으려는 경우에는 실질귀속자 또는 원천징수의무자가 제3항에 따라 세액이 원천징수된 날이 속하는 달의 다음 달 11일부터 5년 이내에 대통령령으로 정하는 바에 따라 원천징수의무자의 납세지 관할 세무서장에게 경정을 청구할 수 있다. 다만, 「국세기본법」 제45조의2제2항 각 호의 어느 하나에 해당하는 사유가 발생하였을 때에는 본문에도 불구하고 그 사유가 발생한 것을 안 날부터 3개월 이내에 경정을 청구할 수 있다.(2023.12.31 본문개정)
⑤ 제4항에 따라 경정을 청구받은 세무서장은 청구를 받은 날부터 6개월 이내에 과세표준과 세액을 경정하거나 경정하여야 할 이유가 없다는 뜻을 청구인에게 알려야 한다.
⑥ 제1항부터 제5항까지에서 규정된 사항 외에 신청서등 및 국외투자기구 신고서 등 관련 서류의 제출 방법·절차, 제출된 서류의 보관의무, 경정청구 방법·절차 등 제한세율 적용에 필요한 사항은 대통령령으로 정한다.(2022.12.31 본항개정)
(2012.1.1 본조신설)

제156조의7【외국법인 소속 파견근로자의 소득에 대한 원천징수 특례】 ① 내국법인과 체결한 근로자파견계약에 따라 근로자를 파견하는 국외에 있는 외국법인(국내지점 또는 국내영업소는 제외하며, 이하 이 조에서 "파견외국법인"이라 한다)의 소속 근로자(이하 이 조에서 "파견근로자"라 한다)를 사용하는 내국법인(이하 "사용내국법인"이라 한다)은 제134조제1항에도 불구하고 파견근로자가 국내에서 제공한 근로의 대가를 파견외국법인에 지급하는 때에 그 지급하는 금액(파견근로자가 파견외국법인으로부터 지급받는 금액을 대통령령으로 정하는 바에 따라 사용내국법인이 확인한 경우에는 그 확인된 금액을 말한다)에 「조세특례제한법」 제18조의2제2항에 따른 세율을 적용하여 계산한 금액을 소득세로 원천징수하여 그 원천징수하는 날이 속하는 달의 다음 달 10일까지 대통령령으로 정하는 바에 따라 원천징수 관할 세무서, 한국은행 또는 체신관서에 납부하여야 한다.(2021.12.8 본항개정)

② 파견외국법인은 제1항에 따른 파견근로자에게 해당 과세기간의 다음 연도 2월분의 근로소득을 지급할 때에 제137조에 따라 해당 과세기간의 근로소득에 대한 소득세를 원천징수하여야 한다. 이 경우 파견근로자에 대한 해당 과세기간의 과세표준과 세액의 계산, 과세표준 확정신고와 납부, 결정·경정 및 징수·환급에 대해서는 이 법에 따른 거주자 및 비거주자에 대한 관련 규정을 준용한다.
③ 제2항을 적용할 때 사용내국법인은 파견외국법인을 대리하여 원천징수할 수 있다.
④ 제1항부터 제3항까지를 적용할 때 파견근로자에 대하여 원천징수를 하는 사용내국법인 및 파견근로자의 범위, 원천징수·환급신청 등과 관련 서류의 제출 방법 및 절차 등에 관하여 필요한 사항은 대통령령으로 정한다.
(2015.12.15 본조신설)

제156조의8 【이자·배당 및 사용료에 대한 세율의 적용 특례】 ① 조세조약의 규정상 비거주자의 국내원천소득 중 이자, 배당 또는 사용료소득에 대해서는 제한세율과 다음 각 호의 어느 하나에 규정된 세율 중 낮은 세율을 적용한다.
1. 조세조약의 대상 조세에 지방소득세가 포함되지 아니하는 경우에는 제156조제1항제1호, 제2호 및 제6호에서 규정하는 세율
2. 조세조약의 대상 조세에 지방소득세가 포함되는 경우에는 제156조제1항제1호, 제2호 및 제6호에서 규정하는 세율에 「지방세법」 제103조의18제1항의 원천징수하는 소득세의 100분의 10을 반영한 세율

② 제1항에도 불구하고 제156조의4제1항에 해당하는 경우에는 제156조의4제1항에 따라 원천징수한다. 이 경우 제156조의4제3항에 따라 과세표준과 세액을 경정하는 경우에는 제한세율과 제1항 각 호의 어느 하나에 규정된 세율 중 낮은 세율을 적용한다.
(2020.12.29 본조신설)

제156조의9 【외국인 통합계좌를 통하여 지급받는 국내원천소득에 대한 원천징수 특례】 ① 비거주자가 외국인 통합계좌(「자본시장과 금융투자업에 관한 법률」 제12조제2항제1호나목에 따른 외국 금융투자업자가 다른 외국 투자자의 주식 매매거래를 일괄하여 주문·결제하기 위하여 자기 명의로 개설한 계좌를 말한다. 이하 같다)를 통하여 제119조에 따른 국내원천소득을 지급받는 경우 해당 국내원천소득을 외국인 통합계좌를 통하여 지급하는 자는 외국인 통합계좌의 명의인에게 그 소득금액을 지급할 때 제156조제1항 각 호에 따른 금액을 소득세로 원천징수하여야 한다.
② 제1항에 따라 소득을 지급받은 비거주자는 조세조약상 비과세·면제 및 제한세율을 적용받으려는 경우에는 납세지 관할 세무서장에게 경정을 청구할 수 있다.
③ 비거주자가 제2항에 따라 경정을 청구하는 경우 경정청구의 기한 및 방법·절차 등에 관하여는 제156조의2제5항부터 제7항까지 및 제156조의6제4항부터 제6항까지를 준용한다. 이 경우 제156조의2제5항 본문 중 "실질귀속자가" 및 "실질귀속자 또는 소득지급자가"와 제156조의6제4항 본문 중 "실질귀속자가" 및 "실질귀속자 또는 원천징수의무자가"는 각각 "비거주자가"로 본다.
(2023.12.31 본조신설)

제157조 【원천징수의 승계】 ① 법인이 해산한 경우에 원천징수를 하여야 할 소득세를 징수하지 아니하였거나 징수한 소득세를 납부하지 아니하고 잔여재산을 분배하였을 때에는 청산인은 그 분배액을 한도로 하여 분배를 받은 자와 연대하여 납세의무를 진다.
② 법인이 합병한 경우에 합병 후 존속하는 법인이나 합병으로 설립된 법인은, 합병으로 소멸된 법인이 원천징수를 하여야 할 소득세를 납부하지 아니하면 그 소득세에 대한 납세의무를 진다.

제4절 원천징수납부 불성실가산세

제158조~제159조 (2012.1.1 삭제)

제6장 보 칙

(2009.12.31 본장개정)

제160조 【장부의 비치·기록】 ① 사업자(국내사업장이 있거나 제119조제3호에 따른 소득이 있는 비거주자를 포함한다. 이하 같다)는 소득금액을 계산할 수 있도록 증명서류 등을 갖춰 놓고 그 사업에 관한 모든 거래 사실이 객관적으로 파악될 수 있도록 복식부기에 따라 장부에 기록·관리하여야 한다.
(2013.1.1 본항개정)
② 업종·규모 등을 고려하여 대통령령으로 정하는 업종별 일정 규모 미만의 사업자가 대통령령으로 정하는 간편장부(이하 "간편장부"라 한다)를 갖춰 놓고 그 사업에 관한 거래 사실을 성실히 기재한 경우에는 제1항에 따른 장부를 비치·기록한 것으로 본다.
③ 제2항에 따른 대통령령으로 정하는 업종별 일정 규모 미만의 사업자는 "간편장부대상자"라 하고, 간편장부대상자 외의 사업자는 "복식부기의무자"라 한다.
④ 제1항이나 제2항의 경우에 사업소득에 부동산임대업에서 발생한 소득이 포함되어 있는 사업자는 그 소득별로 구분하여 회계처리하여야 한다. 이 경우에 소득별로 구분할 수 없는 공통수입금액과 그 공통수입금액에 대응하는 공통경비는 각 총수입금액에 비례하여 그 금액을 나누어 장부에 기록한다.
⑤ 둘 이상의 사업장을 가진 사업자가 이 법 또는 「조세특례제한법」에 따라 사업장별로 감면을 달리 적용받는 경우에는 사업장별 거래 내용이 구분될 수 있도록 장부에 기록하여야 한다.
(2010.12.27 본항개정)
⑥ (2010.12.27 삭제)
⑦ 제1항부터 제5항까지의 규정에 따른 장부·증명서류의 기록·비치에 필요한 사항은 대통령령으로 정한다.

제160조의2 【경비 등의 지출증명 수취 및 보관】 ① 거주자 또는 제121조제2항 및 제5항에 따른 비거주자가 사업소득금액 또는 기타소득금액을 계산할 때 제27조 또는 제37조에 따라 필요경비를 계산하려는 경우에는 그 비용의 지출에 대한 증명서류를 받아 이를 확정신고기간 종료일부터 5년간 보관하여야 한다. 다만, 각 과세기간의 개시일 5년 전에 발생한 결손금을 공제받은 자는 해당 결손금이 발생한 과세기간의 증명서류를 공제받은 과세기간의 다음다음 연도 5월 31일까지 보관하여야 한다.(2013.1.1 본문개정)
② 제1항의 경우 사업소득이 있는 자가 사업과 관련하여 사업자(법인을 포함한다)로부터 재화 또는 용역을 공급받고 그 대가를 지출하는 경우에는 다음 각 호의 어느 하나에 해당하는 증명서류를 받아야 한다. 다만, 대통령령으로 정하는 경우에는 그러하지 아니하다.
1. 제163조 및 「법인세법」 제121조에 따른 계산서
2. 「부가가치세법」 제32조에 따른 세금계산서(2013.6.7 본호개정)
3. 「여신전문금융업법」에 따른 신용카드매출전표(신용카드와 유사한 것으로서 대통령령으로 정하는 것을 사용하여 거래하는 경우 그 증명서류를 포함한다)
4. 제162조의3제1항에 따라 현금영수증가맹점으로 가입한 사업자가 재화나 용역을 공급하고 그 대금을 현금으로 받은 경우 그 재화나 용역을 공급받는 자에게 현금영수증 발급장치에 의하여 발급하는 것으로서 거래일시·금액 등 결제내역이 기재된 영수증(이하 "현금영수증"이라 한다)

③ 제2항을 적용할 때 사업자가 다음 각 호에 해당하는 경우에는 같은 항에 따른 증명서류의 수취·보관의무를 이행한 것으로 본다.
1. 제2항제1호의 계산서를 발급받지 못하여 제163조의3에 따른 매입자발행계산서를 발행하여 보관한 경우
2. 제2항제2호의 세금계산서를 발급받지 못하여 「부가가치세법」 제34조의2제2항에 따른 매입자발행세금계산서를 발행하여 보관한 경우
(2022.12.31 본항개정)
④ 제1항부터 제3항까지의 규정을 적용할 때 비용 지출에 대한 증명서류의 수취·보관에 관한 사항과 그 밖에 필요한 사항은 대통령령으로 정한다.

제160조의3【기부금영수증 발급명세의 작성·보관의무 등】 ① 기부금영수증을 발급하는 거주자 또는 비거주자(이하 이 조에서 "기부금 영수증을 발급하는 자"로 한다)는 대통령령으로 정하는 기부자별 발급명세를 작성하여 발급한 날부터 5년간 보관하여야 한다. 다만, 전자기부금영수증을 발급한 경우에는 그러하지 아니하다.
② 기부금영수증을 발급하는 자는 제1항에 따라 보관하고 있는 기부자별 발급명세를 국세청장, 지방국세청장 또는 관할 세무서장이 요청하는 경우 제출하여야 한다. 다만, 전자기부금영수증을 발급한 경우에는 그러하지 아니하다.
③ 기부금영수증을 발급하는 자는 해당 과세기간의 기부금영수증 총 발급 건수 및 금액 등을 기재한 기부금영수증 발급합계표를 해당 과세기간의 다음 연도 6월 30일까지 제168조제5항에 따른 관할 세무서장에게 제출하여야 한다. 다만, 전자기부금영수증을 발급한 경우에는 그러하지 아니하다.(2023.12.31 본문개정)
④ 기부금영수증을 발급하는 자는 해당 과세기간의 직전 과세기간에 받은 기부금에 대하여 발급한 기부금영수증 금액의 총합계액이 3억원 이상의 금액으로서 대통령령으로 정하는 금액을 초과하는 경우에는 해당 과세기간에 받은 기부금에 대하여 그 기부금을 받은 날이 속하는 연도의 다음 연도 1월 10일까지 전자기부금영수증을 발급하여야 한다.(2024.12.31 본항신설)
(2020.12.29 본조개정)

제160조의4【금융회사등의 증명서 발급명세의 작성·보관의무 등】 ① 금융회사등은 이 법 또는 「조세특례제한법」에 따른 소득공제에 필요한 증명서를 발급하는 경우 대통령령으로 정하는 개인별 발급명세를 작성하여 발급한 날부터 5년간 보관하여야 한다.
② 금융회사등은 제1항에 따라 보관하고 있는 개인별 발급명세를 국세청장이 요청하는 경우 제출하여야 한다.
(2013.1.1 본조개정)

제160조의5【사업용계좌의 신고·사용의무 등】 ① 복식부기의무자는 사업과 관련하여 재화 또는 용역을 공급받거나 공급하는 거래의 경우로서 다음 각 호의 어느 하나에 해당하는 때에는 대통령령으로 정하는 사업용계좌(이하 "사업용계좌"라 한다)를 사용하여야 한다.
1. 거래의 대금을 금융회사등을 통하여 결제하거나 결제받는 경우
2. 인건비 및 임차료를 지급하거나 지급받는 경우. 다만, 인건비를 지급하거나 지급받는 거래 중에서 거래 상대방의 사정으로 사업용계좌를 사용하기 어려운 것으로서 대통령령으로 정하는 거래는 제외한다.
② (2008.12.26 삭제)
③ 복식부기의무자는 복식부기의무자에 해당하는 과세기간의 개시일(사업 개시와 동시에 복식부기의무자에 해당되는 경우에는 다음 과세기간 개시일)부터 6개월 이내에 사업용계좌를 해당 사업자의 사업장 관할 세무서장 또는 납세지 관할 세무서장에게 신고하여야 한다. 다만, 사업용계좌가 이미 신고되어 있는 경우에는 그러하지 아니하다.(2014.12.23 본문개정)
④ 복식부기의무자는 사업용계좌를 변경하거나 추가하는 경우 제70조 및 제70조의2에 따른 확정신고기한까지 이를 신고하여야 한다.(2013.1.1 본문개정)
1.~2. (2012.1.1 삭제)
⑤ 사업용계좌의 신고·변경·추가와 그 신고방법, 사업용계좌를 사용하여야 하는 거래의 범위 및 명세서 작성 등에 필요한 사항은 대통령령으로 정한다.(2010.12.27 본항개정)
(2010.12.27 본조제목개정)

제161조【구분 기장】 제59조의5제1항제2호에 따라 소득세를 감면받으려는 자는 그 감면소득과 그 밖의 소득을 구분하여 장부에 기록하여야 한다.(2014.1.1 본조개정)

제162조【금전등록기의 설치·사용】 ① 사업자로서 대통령령으로 정하는 자가 금전등록기를 설치·사용한 경우에 총수입금액은 제24조제1항에도 불구하고 해당 과세기간에 수입한 금액의 합계액에 따라 계산할 수 있다.
② 금전등록기의 설치·사용에 필요한 사항은 대통령령으로 정한다.

제162조의2【신용카드가맹점 가입·발급의무 등】 ① 국세청장은 주로 사업자가 아닌 소비자에게 재화 또는 용역을 공급하는 사업자로서 업종·규모 등을 고려하여 대통령령으로 정하는 요건에 해당하는 사업자에 대해서 납세관리를 위하여 필요하다고 인정되는 경우 「여신전문금융업법」 제2조에 따른 신용카드가맹점으로 가입하도록 지도할 수 있다.
② 신용카드가맹점(제1항에 따른 요건에 해당하여 가맹한 사업자를 말한다. 이하 이 조에서 같다)은 사업과 관련하여 재화 또는 용역을 공급하고 그 상대방이 대금을 제35조제2항제1호가목에 따른 신용카드로 결제하려는 경우 이를 거부하거나 제160조의2제2항제3호에 따른 신용카드매출전표(이하 이 조에서 "신용카드매출전표"라 한다)를 사실과 다르게 발급해서는 아니 된다. 다만, 「유통산업발전법」 제2조제3호에 따른 대규모점포나 「체육시설의 설치·이용에 관한 법률」 제2조제1호에 따른 체육시설(이하 이 항에서 "대규모점포등"이라 한다)을 운영하는 자가 해당 대규모점포등 내의 다른 사업자의 매출액을 합산하여 신용카드매출전표를 발급하는 경우(대규모점포등을 운영하는 자가 「유통산업발전법」 제2조제12호에 따른 판매시점정보관리시스템의 설비를 운용하는 경우로서 사업자 간 사전 약정을 맺은 경우만 해당한다)에는 신용카드매출전표를 사실과 다르게 발급한 것으로 보지 아니한다.(2016.12.20 단서개정)
③ 신용카드가맹점으로부터 신용카드에 의한 거래를 거부당하거나 사실과 다른 신용카드매출전표를 받은 자는 그 거래 내용을 국세청장·지방국세청장 또는 세무서장에게 신고할 수 있다.
④ 제3항에 따라 신고를 받은 국세청장·지방국세청장 또는 세무서장은 신용카드가맹점의 납세지 관할 세무서장에게 이를 통보하여야 한다. 이 경우 납세지 관할 세무서장은 해당 과세기간의 신고금액을 해당 신용카드가맹점에 통보하여야 한다.
⑤ 국세청장은 신용카드에 의한 거래를 거부하거나 신용카드매출전표를 사실과 다르게 발급한 신용카드가맹점에 대해서 그 시정에 필요한 사항을 명할 수 있다.
⑥ 신용카드가맹점 가입을 위한 행정지도, 신용카드에 의한 거래거부 및 사실과 다른 신용카드매출전표 발급의 신고·통보방법, 그 밖에 필요한 사항은 대통령령으로 정한다.

제162조의3【현금영수증가맹점 가입·발급의무 등】 ① 주로 사업자가 아닌 소비자에게 재화 또는 용역을 공급하는 사업자로서 업종·규모 등을 고려하여 대통령령으로 정하는 요건에 해당하는 사업자는 그 요건에 해당하는 날부터 60일(수입금액 등 대통령령으로 정하는 요건에 해당하는 사업자의 경우 그 요건에 해당하는 날이 속하는 달의 말일부터 3개월) 이내에 신용카드단말기 등에 현금영수증 발급장치를 설치함으로써 현금영수증가맹점으로 가입하여야 한다.(2019.12.31 본항개정)
② 제1항에 따라 현금영수증가맹점으로 가입한 사업자는 국세청장이 정하는 바에 따라 현금영수증가맹점을 나타내는 표지를 게시하여야 한다.
③ 현금영수증가맹점으로 가입한 사업자는 사업과 관련하여 재화 또는 용역을 공급하고 그 상대방이 대금을 현금으로 지급한 후 현금영수증의 발급을 요청하는 경우에는 그 발급을 거부하거나 사실과 다르게 발급해서는 아니 된다.
④ 제1항에 따라 현금영수증가맹점으로 가입하여야 하는 사업자 중 대통령령으로 정하는 업종을 영위하는 사업자는 건당 거래금액(부가가치세액을 포함한다)이 10만원 이상인 재화 또는 용역을 공급하고 그 대금을 현금으로 받은 경우에는 제3항에도 불구하고 상대방이 현금영수증 발급을 요청하지 아니하더라도 대통령령으로 정하는 바에 따라 현금영수증을 발급하여야 한다. 다만, 제168조, 「법인세법」 제111조 또는 「부가가치세법」 제8조에 따라 사업자등록을 한 자에게 재화 또는 용역을 공급하고 제163조, 「법인세법」 제121조 또는 「부가가치세법」 제32조에 따라 계산서 또는 세금계산서를 교부한 경우에는 현금영수증을 발급하지 아니할 수 있다.(2014.1.1 본문개정)
⑤ 제3항에 따라 현금영수증가맹점으로 가입한 사업자 또는 제4항에 따라 현금영수증을 발급하여야 하는 사업자가 현금영수증을 발급하지 아니하거나 사실과 다른 현금영수증을 발급한 때에는 그 상대방은 그 현금거래 내용을 국세청장·지방국세청장 또는 세무서장에게 신고할 수 있다.(2017.12.19 본항개정)

⑥ 제5항에 따라 신고를 받은 국세청장·지방국세청장 또는 세무서장은 해당 사업자의 납세지 관할 세무서장에게 이를 통보하여야 한다. 이 경우 납세지 관할 세무서장은 해당 과세기간의 신고금액을 해당 사업자에게 통보하여야 한다.
⑦ 현금영수증가맹점으로 가입한 사업자는 그로부터 재화 또는 용역을 공급받은 상대방이 현금영수증의 발급을 요청하지 아니하는 경우에도 대통령령으로 정하는 바에 따라 현금영수증을 발급할 수 있다.(2012.1.1 본항신설)
⑧ 국세청장은 현금영수증가맹점으로 가입한 사업자에게 현금영수증 발급 요령, 현금영수증가맹점 표지 게시방법 등 현금영수증가맹점으로 가입한 사업자가 준수하여야 할 사항과 관련하여 필요한 명령을 할 수 있다.(2012.1.1 본항개정)
⑨ 현금영수증가맹점 가입 및 탈퇴, 발급대상 금액, 현금영수증의 미발급 및 사실과 다른 발급의 신고·통보방법, 그 밖에 필요한 사항은 대통령령으로 정한다.

제163조【계산서의 작성·발급 등】 ① 제168조에 따라 사업자등록을 한 사업자가 재화 또는 용역을 공급하는 경우에는 대통령령으로 정하는 바에 따라 계산서 또는 영수증(이하 "계산서등"이라 한다)을 작성하여 재화 또는 용역을 공급받는 자에게 발급하여야 한다. 이 경우 다음 각 호의 어느 하나에 해당하는 사업자가 계산서를 발급할 때에는 대통령령으로 정하는 전자적 방법으로 작성한 계산서(이 법에서 "전자계산서"라 한다)를 발급하여야 한다.(2014.12.23 후단신설)
1. 「부가가치세법」 제32조제2항에 따른 전자세금계산서를 발급하여야 하는 사업자(2014.12.23 본호신설)
2. 제1호 외의 사업자로서 총수입금액등을 고려하여 대통령령으로 정하는 사업자(2014.12.23 본호신설)

②「부가가치세법」 제26조제1항제1호에 따라 부가가치세가 면제되는 농산물·축산물·수산물·임산물의 위탁판매의 경우나 대리인에 의한 판매의 경우에는 수탁자 또는 대리인이 재화를 공급한 것으로 보아 계산서등을 작성하여 해당 재화를 공급받는 자에게 발급하여야 한다. 다만, 제1항에 따라 대통령령으로 정하는 바에 따라 계산서등을 발급하는 경우에는 그러하지 아니하다.(2013.6.7 본문개정)
③ 수입하는 재화에 대해서는 세관장이 대통령령으로 정하는 바에 따라 계산서를 수입자에게 발급하여야 한다.
④ 부동산을 매각하는 경우 등 계산서등을 발급하는 것이 적합하지 아니하다고 인정되어 대통령령으로 정하는 경우에는 제1항부터 제3항까지의 규정을 적용하지 아니한다.
⑤ 사업자는 제1항부터 제3항까지의 규정에 따라 발급하였거나 발급받은 계산서의 매출·매입처별 합계표(이하 "매출·매입처별 계산서합계표"라 한다)를 대통령령으로 정하는 기한까지 사업장 소재지 관할 세무서장에게 제출하여야 한다. 다만, 다음 각 호의 어느 하나에 해당하는 계산서의 합계표는 제출하지 아니할 수 있다.(2014.12.23 단서개정)
1. 제3항에 따라 계산서를 발급받은 수입자는 그 계산서의 매입처별 합계표
2. 전자계산서를 발급하거나 발급받고 전자계산서 발급명세를 제8항 및 제9항에 따라 국세청장에게 전송한 경우에는 매출·매입처별 계산서합계표

(2014.12.23 1호~2호신설)
⑥「부가가치세법」에 따라 세금계산서 또는 영수증을 작성·발급하였거나 매출·매입처별 세금계산서합계표를 제출한 분에 대해서는 제1항부터 제3항까지 및 제5항에 따라 계산서등을 작성·발급하였거나 매출·매입처별 계산서합계표를 제출한 것으로 본다.
⑦ 계산서등의 작성·발급 및 매출·매입처별 계산서합계표의 제출에 필요한 사항은 대통령령으로 정한다.
⑧ 제1항 후단에 따라 전자계산서를 발급하였을 때에는 대통령령으로 정하는 기한까지 대통령령으로 정하는 전자계산서 발급명세를 국세청장에게 전송하여야 한다.(2014.12.23 본항신설)
⑨ 전자계산서를 발급하여야 하는 사업자가 아닌 사업자도 제1항 후단에 따라 전자계산서를 발급하고, 제8항에 따라 전자계산서 발급명세를 국세청장에게 전송할 수 있다.(2014.12.23 본항신설)

제163조의2【매입처별 세금계산서합계표의 제출】 ① 제78조제1항에 따라 사업장 현황신고를 하여야 하는 사업자 또는 제78조제1항제1호에 따라 제74조가 적용되는 경우의 그 상속인이나 출국하는 거주자 또는 제121조제2항 및 제5항에 따른 비거주자는 제78조제1항에 따라 사업장 현황신고를 하여야 하는 사업자 또는 제78조제1항제1호에 따른 사업자가 재화 또는 용역을 공급받고 「부가가치세법」 제32조제1항·제7항 및 제35조제1항에 따라 세금계산서를 발급받은 경우에는 제78조에 따른 사업장 현황신고기한(제78조제1항제1호에 따라 제74조가 적용되는 경우에는 같은 조에 따른 과세표준확정신고기한을 말한다)까지 매입처별 세금계산서합계표를 사업장 소재지 관할 세무서장에게 제출하여야 한다. 다만, 「부가가치세법」 제54조제5항에 따라 제출한 경우에는 그러하지 아니하다.(2013.6.7 본항개정)
② 매입처별 세금계산서합계표의 제출 등에 필요한 사항은 대통령령으로 정한다.

제163조의3【매입자발행계산서】 ① 제163조 또는 「법인세법」 제121조에도 불구하고 제168조에 따라 사업자등록을 한 사업자 또는 법인으로부터 재화 또는 용역을 공급받은 거주자가 사업자 또는 법인의 부도·폐업, 공급 계약의 해제·변경 또는 그 밖에 대통령령으로 정하는 사유로 계산서를 발급받지 못한 경우 납세지 관할 세무서장의 확인을 받아 계산서(이하 "매입자발행계산서"라 한다)를 발행할 수 있다.
② 매입자발행계산서의 발급 대상·방법, 그 밖에 필요한 사항은 대통령령으로 정한다.
(2022.12.31 본조신설)

제164조【지급명세서의 제출】 ① 제2조에 따라 소득세 납세의무가 있는 개인에게 다음 각 호의 어느 하나에 해당하는 소득을 국내에서 지급하는 자(법인, 제127조제5항에 따라 소득의 지급을 대리하거나 그 지급 권한을 위임 또는 위탁받은 자 및 제150조에 따른 납세조합, 제7조 또는 「법인세법」 제9조에 따라 원천징수세액의 납세지를 본점 또는 주사무소의 소재지로 하는 자와 「부가가치세법」 제8조제3항 후단에 따른 사업자 단위 과세사업자를 포함한다)는 대통령령으로 정하는 바에 따라 지급명세서를 그 지급일(제131조, 제135조, 제144조의5 또는 제147조를 적용받는 소득에 대해서는 해당 소득에 대한 과세기간 종료일을 말한다. 이하 이 항에서 같다)이 속하는 과세기간의 다음 연도 2월 말일(제3호에 따른 사업소득과 제4호에 따른 근로소득 또는 퇴직소득, 제6호에 따른 기타소득 중 종교인소득 및 제7호에 따른 봉사료의 경우에는 다음 연도 3월 10일, 휴업, 폐업 또는 해산한 경우에는 휴업일, 폐업일 또는 해산일이 속하는 달의 다음다음 달 말일)까지 원천징수 관할 세무서장, 지방국세청장 또는 국세청장에게 제출하여야 한다. 다만, 제4호의 근로소득 중 대통령령으로 정하는 일용근로자의 근로소득의 경우에는 그 지급일이 속하는 달의 다음 달 말일(휴업, 폐업 또는 해산한 경우에는 휴업일, 폐업일 또는 해산일이 속하는 달의 다음 달 말일)까지 지급명세서를 제출하여야 한다.(2024.12.31 본문개정)
1. 이자소득
2. 배당소득
3. 원천징수대상 사업소득
4. 근로소득 또는 퇴직소득
5. 연금소득
6. 기타소득(제7호에 따른 봉사료는 제외한다)
7. 대통령령으로 정하는 봉사료
8. 대통령령으로 정하는 장기저축성보험의 보험차익
9. (2024.12.31 삭제)

② 제1항 각 호의 소득 중 대통령령으로 정하는 소득에 대해서는 제1항을 적용하지 아니할 수 있다.
③ 제1항에 따라 지급명세서를 제출하여야 하는 자는 지급명세서의 기재 사항을 「국세기본법」 제2조제18호에 따른 정보통신망에 의하여 제출하거나 디스켓 등 전자적 정보저장매체로 제출하여야 한다. 이 경우 제1항 각 호의 소득 중 대통령령으로 정하는 소득을 지급하는 자는 「조세특례제한법」 제126조의3에 따른 현금영수증 발급장치 등 대통령령으로 정하는 방법을 통하여 제출할 수 있다.

④ 국세청장은 제3항에도 불구하고 대통령령으로 정하는 바에 따라 일정 업종 또는 일정 규모 이하에 해당되는 자에게는 지급명세서를 문서로 제출하게 할 수 있다.
⑤ 원천징수의무자가 원천징수를 하여 대통령령으로 정하는 바에 따라 제출한 원천징수 관련 서류 중 지급명세서에 해당하는 것이 있으면 그 제출한 부분에 대하여 지급명세서를 제출한 것으로 본다.
⑥ 제163조제5항에 따라 사업장 소재지 관할 세무서장에게 제출한 매출·매입처별 계산서합계표(제163조제8항 또는 제9항에 따라 전자계산서 발급명세를 국세청장에게 전송한 경우를 포함한다)와 「부가가치세법」에 따라 사업장 소재지 관할 세무서장에게 제출한 매출·매입처별 세금계산서합계표(「부가가치세법」 제32조제3항 또는 제5항에 따라 전자세금계산서 발급명세를 국세청장에게 전송한 경우를 포함한다) 중 지급명세서에 해당하는 것이 있으면 그 제출한 부분에 대하여 지급명세서를 제출한 것으로 본다.(2017.12.19 본항개정)
⑦ 제164조의3제1항제2호(제73조제1항제4호에 따라 대통령령으로 정하는 사업소득은 제외한다) 또는 제3호의 소득에 대한 간이지급명세서를 제출한 경우에는 그 제출한 부분에 대하여 지급명세서를 제출한 것으로 본다.(2022.12.31 본항신설)
⑧ 원천징수 관할 세무서장, 지방국세청장 또는 국세청장은 필요하다고 인정할 때에는 지급명세서의 제출을 요구할 수 있다.
⑨ 제1항에 따른 지급자를 대리하거나 그 위임을 받은 자의 행위는 수권 또는 위임의 범위에서 본인 또는 위임인의 행위로 보고 제1항을 적용한다.
⑩ 국세청장은 제1항제6호에 따른 기타소득 중 대통령령으로 정하는 기타소득에 대한 지급명세서를 받은 경우에는 대통령령으로 정하는 바에 따라 「국세기본법」 제2조제19호에 따른 국세정보통신망을 이용하여 그 명세서를 해당 기타소득의 납세의무자에게 제공하여야 한다.
⑪ 제1항부터 제10항까지의 규정에 따른 지급명세서의 제출에 필요한 사항은 대통령령으로 정한다.
(2022.12.31 본항개정)

제164조의2【비거주자의 국내원천소득 등에 대한 지급명세서 제출의무 특례】 ① 제119조에 따른 국내원천소득을 비거주자에게 지급하는 자(「자본시장과 금융투자업에 관한 법률」에 따라 주식을 상장하는 경우로서 상장 전 이미 발행된 주식을 양도하는 경우에는 그 주식을 발행한 법인을 말한다)는 지급명세서를 납세지 관할 세무서장에게 그 지급일이 속하는 과세기간의 다음 연도 2월 말일(제119조제7호 또는 제8호에 따른 소득의 경우에는 다음 연도 3월 10일, 휴업 또는 폐업한 경우에는 휴업일 또는 폐업일이 속하는 달의 다음다음 달 말일)까지 이를 제출하여야 한다. 다만, 제156조의2에 따라 비과세·면제대상임이 확인되는 소득 등 대통령령으로 정하는 소득을 지급하는 경우에는 그러하지 아니한다.(2020.12.29 본문개정)
② 제1항에 따른 지급명세서의 제출에 관하여는 제164조를 준용한다.

제164조의3【간이지급명세서의 제출】 ① 제2조에 따라 소득세 납세의무가 있는 개인에게 다음 각 호의 어느 하나에 해당하는 소득을 국내에서 지급하는 자(법인, 제127조제5항에 따라 소득의 지급을 대리하거나 그 지급 권한을 위임 또는 위탁받은 자 및 제150조에 따른 납세조합, 제7조 또는 「법인세법」 제9조에 따라 원천징수세액의 납세지를 본점 또는 주사무소의 소재지로 하는 자와 「부가가치세법」 제8조제3항 후단에 따른 사업자 단위 과세 사업자를 포함하고, 휴업, 폐업 또는 해산을 이유로 간이지급명세서 제출기한까지 지급명세서를 제출한 자는 제외한다)는 대통령령으로 정하는 바에 따라 간이지급명세서를 그 소득 지급일(제135조 또는 제144조의5를 적용받는 소득에 대해서는 해당 소득에 대한 과세기간 종료일을 말한다)이 속하는 달의 다음 달 말일(휴업, 폐업 또는 해산한 경우에는 휴업일, 폐업일 또는 해산일이 속하는 달의 다음 달 말일)까지 원천징수 관할 세무서장, 지방국세청장 또는 국세청장에게 제출하여야 한다.
1. 일용근로자가 아닌 근로자에게 지급하는 근로소득
2. 원천징수대상 사업소득
3. 제21조제1항제19호에 해당하는 기타소득(2022.12.31 본호신설)
(2022.12.31 본항개정 : "제1호의 소득" 부분은 2026.1.1 시행)
② 제1항에 따라 간이지급명세서를 제출하여야 하는 자는 간이지급명세서의 기재 사항을 「국세기본법」 제2조제18호에 따른 정보통신망을 통하여 제출하거나 디스켓 등 전자적 정보저장매체로 제출하여야 한다. 이 경우 제1항 각 호의 소득 중 대통령령으로 정하는 소득을 지급하는 자는 「조세특례제한법」 제126조의3에 따른 현금영수증 발급장치 등 대통령령으로 정하는 방법을 통하여 제출할 수 있다.
③ 국세청장은 제2항에도 불구하고 대통령령으로 정하는 바에 따라 일정 업종 또는 일정 규모 이하에 해당되는 자에게는 간이지급명세서를 문서로 제출하게 할 수 있다.
④ 원천징수 관할 세무서장, 지방국세청장 또는 국세청장은 필요하다고 인정할 때에는 간이지급명세서의 제출을 요구할 수 있다.
⑤ 제1항부터 제4항까지의 규정에 따른 간이지급명세서의 제출에 필요한 사항은 대통령령으로 정한다.
(2021.3.16 본조개정)

제164조의4【가상자산 거래내역 등의 제출】 ① 「가상자산 이용자 보호 등에 관한 법률」에 따른 가상자산사업자는 가상자산 거래내역 등 소득세 부과에 필요한 자료를 대통령령으로 정하는 바에 따라 거래가 발생한 날이 속하는 분기 또는 연도의 종료일의 다음다음 달 말일까지 납세지 관할 세무서장, 지방국세청장 또는 국세청장에게 제출하여야 한다.
(2024.12.31 본항개정 : 2027.1.1 시행)
② 국세청장은 제1항에 따른 가상자산사업자가 가상자산 거래내역 등 소득세 부과에 필요한 자료를 제출하지 아니한 경우에는 그 시정에 필요한 명령을 할 수 있다.(2024.12.31 본항신설 : 2028.1.1 시행)

제164조의5【국외 주식매수선택권등 거래명세서의 제출】
① 내국법인 또는 「법인세법」 제94조에 따른 외국법인의 국내사업장을 둔 외국법인은 제1호의 자에게 제2호의 사유가 발생하면 그 사유가 발생한 과세기간의 다음 연도 3월 10일(휴업, 폐업 또는 해산한 경우에는 휴업일, 폐업일 또는 해산일이 속하는 달의 다음다음 달 말일)까지 제3호의 서류를 납세지 관할 세무서장에게 제출하여야 한다.
1. 해당 내국법인 또는 외국법인의 국내사업장에 종사하는 다음 각 목에 해당하는 임원등(임원등이었던 자를 포함한다. 이하 이 조에서 같다)(2024.12.31 본문개정)
  가. 거주자
  나. 비거주자[제2호가목의 주식매수선택권 또는 같은 호 나목의 주식기준보상(이하 이 조에서 "주식매수선택권등"이라 한다)으로부터 발생하는 소득의 전부 또는 일부가 제119조에 따른 국내원천소득에 해당하는 사람으로 한정한다]
2. 임원등이 다음 각 목의 어느 하나에 해당하게 된 경우
  가. 대통령령으로 정하는 국외 지배주주인 외국법인으로부터 부여받은 주식매수선택권(이와 유사한 것으로서 주식을 미리 정한 가액으로 인수 또는 매수할 수 있는 권리를 포함한다)을 행사한 경우
  나. 가목의 외국법인으로부터 주식기준보상(주식이나 주식가치에 상당하는 금전으로 지급받는 상여금으로서 대통령령으로 정하는 것을 말한다)을 지급받은 경우
3. 임원등의 인적사항과 주식매수선택권등의 부여·행사 또는 지급 내역 등을 적은 기획재정부령으로 정하는 주식매수선택권등 거래명세서
② 납세지 관할 세무서장은 내국법인 또는 국내사업장을 둔 외국법인이 제1항제3호의 주식매수선택권등 거래명세서를 제출하지 아니하거나 거짓으로 제출한 경우 해당 서류의 제출이나 보완을 요구할 수 있다.
③ 제2항에 따라 주식매수선택권등 거래명세서의 제출 또는 보완을 요구받은 자는 그 요구를 받은 날부터 60일 이내에 해당 서류를 제출하여야 한다.
(2023.12.31 본조신설)

제165조【소득공제 및 세액공제 증명서류의 제출 및 행정지도】 ① 이 법 또는 「조세특례제한법」에 따른 소득공제 및 세액공제 중 대통령령으로 정하는 소득공제 및 세액공제를 받기 위하여 필요한 증명서류(이하 "소득공제 및 세액공제 증명서류"라 한다)를 발급하는 자(보험·공제 계약에 따라 실제 부담한 의료비를 실손의료보험금으로 지급한 경우에는 그 실손의료보험금을 지급한 보험회사 등 대통령령으로 정하는 자를 포함한다)는 정보통신망의 활용 등 대통령령으로 정하는 바에 따라 국세청장에게 소득공제 및 세액공제 증명서류를 제출하여야 한다. 다만, 소득공제 및 세액공제 증명서류를 발급받는 자가 서류 제출을 거부하는 등 대통령령으로 정하는 경우에는 그러하지 아니하다.(2020.12.29 본문개정)
② 제1항에 따라 소득공제 및 세액공제 증명서류를 받은 자는 이를 타인에게 제공하거나, 과세목적 외의 용도로 사용하거나, 그 내용을 누설해서는 아니 된다.(2014.1.1 본항개정)
③ 제1항에 따라 소득공제 및 세액공제 증명서류를 받아 그 내용을 알게 된 자 중 공무원이 아닌 자는 「형법」이나 그 밖의 법률에 따른 벌칙을 적용할 때 공무원으로 본다.(2014.1.1 본항개정)
④ 국세청장은 소득공제 및 세액공제 증명서류를 발급하는 자에 대해서 그 서류를 국세청장에게 제출하도록 지도할 수 있다.(2014.1.1 본항개정)
⑤ 제4항에 따른 지도에 필요한 사항은 대통령령으로 정한다.
⑥ 국세청장은 기본공제대상자로부터 소득공제 및 세액공제 증명서류의 정보 제공에 대해서 서면 등 대통령령으로 정하는 방법으로 동의를 받은 경우 제50조제1항에 따른 종합소득이 있는 거주자에게 그 부양가족에 대한 해당 정보를 제공할 수 있다.(2014.1.1 본항개정)
(2014.1.1 본조제목개정)
제165조의2 (2020.12.29 삭제)
제165조의3 (2018.12.31 삭제)
제165조의4 (2020.12.29 삭제)
제166조【주민등록 전산정보자료 등의 이용】 소득세의 과세업무 및 징수업무의 원활한 수행을 위하여 「주민등록법」에 따른 주민등록 전산정보자료 및 「가족관계의 등록 등에 관한 법률」에 따른 등록전산정보자료의 이용에 필요한 사항은 대통령령으로 정한다.(2010.12.27 본조개정)
제167조【주민등록표 등본 등의 제출】 ① 납세지 관할 세무서장은 거주자가 과세표준확정신고를 한 경우에는 주민등록표 등본(주민등록표 등본에 의하여 가족관계가 확인되지 아니하는 경우에는 가족관계 기록 사항에 관한 증명서를 말하며, 이하 "주민등록표 등본등"이라 한다)에 의하여 배우자, 공제대상 부양가족, 공제대상 장애인 또는 공제대상 경로우대자에 해당하는 지를 전산으로 확인하여야 한다. 다만, 납세지 관할 세무서장의 전산 확인에 동의하지 아니하는 거주자는 과세표준확정신고서에 주민등록표 등본등을 첨부하여 제출하되, 이전에 주민등록표 등본등을 제출한 경우로서 공제대상 배우자, 공제대상 부양가족, 공제대상 장애인 또는 공제대상 경로우대자가 변동되지 아니한 경우에는 주민등록표 등본등을 제출하지 아니한다.
② 비거주자가 과세표준확정신고를 할 때에는 대통령령으로 정하는 바에 따라 그 외국인등록표 등본 또는 이에 준하는 서류를 납세지 관할 세무서장에게 제출하여야 한다.
제168조【사업자등록 및 고유번호의 부여】 ① 새로 사업을 시작하는 사업자는 대통령령으로 정하는 바에 따라 사업장 소재지 관할 세무서장에게 등록하여야 한다.(2018.12.31 본항개정)
② 「부가가치세법」에 따라 사업자등록을 한 사업자는 해당 사업에 관하여 제1항에 따른 등록을 한 것으로 본다.
③ 이 법에 따라 사업자등록을 하는 사업자에 대해서는 「부가가치세법」 제8조를 준용한다.(2013.6.7 본항개정)
④ (1996.12.30 삭제)
⑤ 사업장 소재지나 법인으로 보는 단체 외의 사단·재단 또는 그 밖의 단체의 소재지 관할 세무서장은 다음 각 호의 어느 하나에 해당하는 자에게 대통령령으로 정하는 바에 따라 고유번호를 매길 수 있다.
1. 종합소득이 있는 자로서 사업자가 아닌 자
2. 「비영리민간단체 지원법」에 따라 등록된 단체 등 과세자료의 효율적 처리 및 소득공제 사후 검증 등을 위하여 필요하다고 인정되는 자

제169조【교부금의 지급】 국세청장은 제150조에 따라 근로소득에 대한 소득세를 징수하여 납부한 자에게 대통령령으로 정하는 바에 따라 교부금을 지급하여야 한다.(2024.12.31 본조개정)
제170조【질문·조사】 ① 소득세에 관한 사무에 종사하는 공무원은 그 직무 수행을 위하여 필요한 경우에는 다음 각 호의 어느 하나에 해당하는 자에 대하여 질문을 하거나 해당 장부·서류 또는 그 밖의 물건을 조사하거나 그 제출을 명할 수 있다. 다만, 제21조제1항제26호에 따른 종교인소득(제21조제4항에 해당하는 경우를 포함한다)에 대해서는 종교단체의 장부·서류 또는 그 밖의 물건 중에서 종교인소득과 관련된 부분에 한정하여 조사하거나 그 제출을 명할 수 있다.(2020.12.29 단서개정)
1. 납세의무자 또는 납세의무가 있다고 인정되는 자
2. 원천징수의무자
3. 납세조합
4. 지급명세서 제출의무자
5. 제156조 및 제156조의3부터 제156조의6까지의 규정에 따른 원천징수의무자(2012.1.1 본호개정)
6. 「국세기본법」 제82조에 따른 납세관리인
7. 제1호에서 규정하는 자와 거래가 있다고 인정되는 자
8. 납세의무자가 조직한 동업조합과 이에 준하는 단체
9. 기부금영수증을 발급하는 자
② 제1항을 적용하는 경우 소득세에 관한 사무에 종사하는 공무원은 직무를 위하여 필요한 범위 외에 다른 목적 등을 위하여 그 권한을 남용해서는 아니 된다.(2020.6.9 본항개정)
제171조【자문】 세무서장·지방국세청장 또는 국세청장은 소득세에 관한 신고·결정·경정 또는 조사를 할 때 필요하면 사업자로 조직된 동업조합과 이에 준하는 단체 또는 해당 사업에 관한 사정에 정통(精通)한 자에게 소득세에 관한 사항을 자문할 수 있다.
제172조【매각·등기·등록관계 서류 등의 열람 등】 관할 세무서장, 관할 지방국세청장 또는 그 위임을 받은 세무공무원이 개인의 재산 상태와 소득을 파악하기 위하여 다음 각 호의 자료에 대한 관계 서류의 열람 또는 복사를 요청하는 경우 관계 기관은 정당한 사유가 없으면 이에 따라야 한다.
1. 주택, 토지, 공장재단, 광업재단, 선박, 항공기, 건설기계 및 자동차 등의 매각·등기·등록자료
2. 「국민기초생활 보장법」에 따른 수급자 등의 소득·재산 및 급여 자료
3. 「국민연금법」에 따른 가입자 등의 소득·재산 및 급여 자료
4. 「국민건강보험법」에 따른 가입자 등의 소득·재산 및 요양급여비용 자료
5. 「고용보험법」에 따른 피보험자 등의 임금 및 급여 자료
6. 「산업재해보상보험법」에 따른 수급권자 등의 임금 및 급여 자료
7. 제1호부터 제6호까지의 자료와 유사한 것으로서 대통령령으로 정하는 자료
제173조【용역제공자에 관한 과세자료의 제출】 ① 제2조에 따라 소득세 납세의무가 있는 개인으로서 한국표준산업분류에 따른 대리운전, 소포배달 등 대통령령으로 정하는 용역을 제공하는 자(이하 이 항에서 "용역제공자"라 한다)에게 용역 제공과 관련된 사업장을 제공하는 자 등 대통령령으로 정하는 자는 용역제공자에 관한 과세자료를 수입금액 또는 소득금액이 발생하는 달의 다음 달 말일까지 사업장 소재지 관할 세무서장, 지방국세청장 또는 국세청장에게 제출하여야 한다.
② 국세청장은 제1항에 따라 과세자료를 제출하여야 할 자가 과세자료를 제출하지 아니하거나 사실과 다르게 제출한 경우 그 시정에 필요한 사항을 명할 수 있다.
③ 국가 및 지방자치단체는 제1항에 따라 과세자료를 제출하여야 할 자가 과세자료를 성실하게 제출하는 경우 필요한 행정적·재정적 지원을 할 수 있다.(2021.8.10 본항신설)

④ 제1항에 따른 과세자료의 작성방법 및 제3항에 따른 행정적·재정적 지원 등에 관하여 필요한 사항은 대통령령으로 정한다.
(2021.8.10 본조개정)
제174조【손해보험금 지급자료 제출】「보험업법」에 따른 손해보험회사(이하 이 조에서 "손해보험회사"라 한다)는 소송 결과에 따라 보험금을 지급한 경우에는 대통령령으로 정하는 바에 따라 해당 손해보험금 지급자료를 지급일이 속하는 과세기간의 다음 연도 2월 말일까지 손해보험회사의 관할 세무서장에게 제출하여야 한다.
제174조의2【파생상품 또는 주식의 거래내역 등 제출】「자본시장과 금융투자업에 관한 법률」 제8조제1항에 따른 금융투자업자는 다음 각 호의 어느 하나에 해당하는 자료를 대통령령으로 정하는 바에 따라 거래 또는 행위가 발생한 날이 속하는 분기의 종료일의 다음 달 말일까지 관할 세무서장에게 제출하여야 한다. 다만, 제3호에 해당하는 자료는 국세청장이 요청한 날이 속하는 달의 말일부터 2개월이 되는 날까지 국세청장에게 제출하여야 한다.
1. 파생상품등의 거래내역 등 양도소득세 부과에 필요한 자료
2. 「자본시장과 금융투자업에 관한 법률」 제286조에 따른 장외매매거래의 방법으로 주식의 매매를 중개하는 경우 그 거래내역 등 양도소득세 부과에 필요한 자료
3. 양도소득세의 부과에 필요한 제94조제1항제3호가목1)에 해당하는 주식등의 거래내역 등으로서 대통령령으로 정하는 바에 따라 국세청장이 요청하는 자료
(2024.12.31 본조개정)
제174조의3 (2020.12.29 삭제)
제175조【표본조사 등】 ① 납세지 관할 세무서장 또는 지방국세청장은 제34조에 따라 기부금을 필요경비에 산입하거나 제59조의4제4항에 따라 기부금세액공제를 받은 거주자 또는 제121조제2항 및 제5항에 따른 비거주자 중 대통령령으로 정하는 자(이하 이 조에서 "기부금공제자"라 한다)에 대해서 필요경비산입 또는 세액공제의 적정성을 검증하기 위하여 해당 과세기간 종료일부터 2년 이내에 표본조사를 하여야 한다.
(2014.1.1 본항개정)
② 표본조사는 기부금공제자 중 대통령령으로 정하는 비율에 해당하는 인원에 대하여 실시한다.
③ 표본조사의 방법 및 절차 등에 관하여 필요한 사항은 대통령령으로 정한다.

제7장 벌 칙
(2018.12.31 본장신설)

제176조 (2020.12.29 삭제)
제177조【명령사항 위반에 대한 과태료】 관할 세무서장은 다음 각 호의 어느 하나에 해당하는 명령사항을 위반한 사업자(제3호의 경우에는 법인을 포함한다)에게 2천만원 이하의 과태료를 부과·징수한다.(2021.12.8 본문개정)
1. 제162조의2제5항에 따른 신용카드가맹점에 대한 명령
2. 제162조의3제8항에 따른 현금영수증가맹점에 대한 명령
3. 제173조제2항에 따른 과세자료를 제출하여야 할 자에 대한 명령(2021.8.10 본호신설)

부 칙 (2017.12.19)

제1조【시행일】 이 법은 2018년 1월 1일부터 시행한다. 다만, 다음 각 호의 개정규정은 각 호의 구분에 따른 날부터 시행한다.
1. 제64조제1항(제104조제7항 각 호의 어느 하나에 해당하는 세율을 적용받는 자산에 한정한다), 제95조제2항 각 표 외의 부분 본문, 제104조제4항제1호 및 제2호, 같은 조 제5항제2호, 같은 조 제7항·제8항 및 제104조의2제2항의 개정규정 : 2018년 4월 1일
2. 제156조의7제1항의 개정규정 : 2018년 7월 1일
3. 제59조의2제1항 및 제95조제2항 표1의 개정규정 : 2019년 1월 1일(2018.12.31 본호개정)
4. 제104조제1항제11호가목2)(제94조제1항제3호나목에 따른 중소기업의 주식등에 한정한다)의 개정규정 : 2020년 1월 1일 (2018.12.31 본호신설)
제2조【일반적 적용례】 ① 이 법은 이 법 시행 이후 발생하는 소득분부터 적용한다.
② 이 법 중 양도소득에 관한 개정규정은 이 법 시행 이후 양도하는 자산으로부터 발생하는 소득분부터 적용한다.
제3조【배당소득의 범위에 관한 적용례】 제17조제1항제5호의2의 개정규정은 이 법 시행 이후 지급받는 분부터 적용한다.
제4조【업무용승용차 관련 비용 등의 필요경비 불산입 특례에 관한 적용례】 제33조의2제2항의 개정규정은 이 법 시행 이후 종합소득과세표준을 확정신고하는 분부터 적용한다.
제5조【특별세액공제에 관한 적용례】 제59조의4제2항제2호의 개정규정은 이 법 시행 이후 의료비를 지출하는 경우부터 적용한다.
제6조【계산서 및 영수증에 관련된 가산세에 관한 적용례】 제81조제3항제4호의 개정규정은 이 법 시행 이후 공급하는 재화 또는 용역에 대하여 계산서를 발급하거나 신용카드매출전표 또는 현금영수증을 발급 또는 수취하는 분부터 적용한다.
제7조【토지거래허가구역 내 토지의 거래 시 양도소득세 신고기한에 관한 적용례】 제105조제1항제1호 단서 및 제110조제1항의 개정규정은 이 법 시행 이후 토지거래허가구역의 지정이 해제되는 경우부터 적용한다.
제8조【국외 파생상품등의 양도소득의 범위 등에 관한 적용례】 제118조제2항, 제118조의2제4호, 제118조의5제1항제3호, 같은 조 제2항, 제118조의7제1항제3호 및 제118조의8 본문의 개정규정은 이 법 시행 이후 확정신고하는 분부터 적용한다.
제9조【국외전출자의 납부유예에 관한 적용례】 제118조의16제3항·제4항 및 제118조의17제1항제1호의 개정규정은 이 법 시행 이후 거주자가 출국하는 경우부터 적용한다.
제10조【원천징수세율에 관한 적용례】 ① 제129조제1항제6호나목의 개정규정은 이 법 시행 이후 공제계약이 해지되는 경우부터 적용한다.
② 제129조제2항제2호의 개정규정은 이 법 시행 이후 원천징수의무자가 소득을 지급하는 분부터 적용한다.
제11조【외국법인 소속 파견근로자의 소득에 대한 원천징수의 특례에 관한 적용례】 제156조의7제1항의 개정규정은 2018년 7월 1일 이후 사용내국법인이 파견외국법인에 지급하는 분부터 적용한다.
제12조【지급명세서의 제출에 관한 적용례】 제164조제6항의 개정규정은 이 법 시행 이후 전자계산서 발급명세 또는 전자세금계산서 발급명세를 전송하는 분부터 적용한다.
제13조【해외현지법인 등에 대한 자료제출에 관한 적용례】 제165조의2제1항의 개정규정은 이 법 시행 이후 과세표준을 신고하는 경우부터 적용한다.
제14조【원천징수세율에 관한 경과조치】 이 법 시행 전에 발행된 장기채권의 이자와 할인액에 대해서는 제14조제3항제3호 및 제129조제1항제1호가목의 개정규정에도 불구하고 종전의 규정에 따른다.

부 칙 (2018.12.31)

제1조【시행일】 이 법은 2019년 1월 1일부터 시행한다. 다만, 제2조, 제81조제15항, 제118조의11(제94조제1항제3호나목에 따른 중소기업의 주식등에 한정한다), 제119조의2, 제129조제1항제1호나목, 제156조의2제2항, 제156조의6제2항, 제165조의3제2항·제3항(같은 조 제2항 관련 부분만 해당한다) 및 제176조제2항의 개정규정은 2020년 1월 1일부터 시행한다.
제2조【일반적 적용례】 ① 이 법은 이 법 시행 이후 발생하는 소득분부터 적용한다.
② 이 법 중 양도소득세에 관한 개정규정은 이 법 시행 후 양도하는 분부터 적용한다.
제3조【기부금 이월공제 등에 관한 적용례】 제34조제4항 및 제61조제2항의 개정규정은 이 법 시행 이후 과세표준을 신고하거나 연말정산하는 분부터 적용하되, 2013년 1월 1일 이후 지출한 기부금에 대해서도 적용한다.

제4조【접대비의 필요경비 불산입에 관한 적용례】 제35조제3항제1호의 개정규정은 이 법 시행 이후 지출하는 분부터 적용한다.
제5조【장기주택저당차입금 이자 지급액 소득공제에 관한 적용례】 제52조제5항의 개정규정은 이 법 시행 이후 장기주택저당차입금을 차입하는 분부터 적용한다.
제6조【중간예납 신고에 관한 적용례】 제65조제5항의 개정규정은 이 법 시행 이후 신고하는 분부터 적용한다.
제7조【사업장 현황신고에 관한 적용례】 제78조제2항제3호의 개정규정은 이 법 시행 이후 신고하는 분부터 적용한다.
제8조【가산세에 관한 적용례】 ① 제81조제1항의 개정규정은 이 법 시행 이후 제164조의3의 개정규정에 따라 근로소득간이지급명세서를 제출하여야 하거나 제출하는 분부터 적용한다.
② 제81조제3항제5호 및 제6호의 개정규정은 이 법 시행 이후 재화 또는 용역을 공급하는 분부터 적용한다.
③ 제81조제9항 단서의 개정규정은 이 법 시행 이후 신고, 결정 또는 경정하는 분부터 적용한다.
④ 제81조제11항제1호의 개정규정은 이 법 시행 이후 제162조의3제1항의 요건에 해당하게 된 경우부터 적용한다.
⑤ 제81조제11항제2호 및 제3호의 개정규정은 이 법 시행 이후 현금영수증 발급의무를 위반하는 분부터 적용한다.
⑥ 제81조제15항의 개정규정은 2020년 1월 1일 이후 주택임대사업을 시작하는 사업자부터 적용한다. 이 경우 2019년 12월 31일 이전에 주택임대사업을 개시한 경우에는 2020년 1월 1일을 사업개시일로 보아 제81조제15항의 개정규정을 적용한다.
제9조【지적공부상의 면적이 감소하여 조정금을 지급받은 경우에 관한 적용례】 제89조제1항제5호의 개정규정은 2012년 3월 17일 이후 발생한 분부터 적용한다.
제10조【기타자산 주식 양도 시 누진세율 적용범위 확대에 관한 적용례】 제94조제1항제4호다목의 개정규정은 이 법 시행 이후 과점주주 간 양도하는 분부터 적용한다.
제11조【지적공부상의 면적이 증가하여 징수한 조정금을 취득가액에서 제외하는 것에 관한 적용례】 제97조제1항제1호의 개정규정은 이 법 시행 이후 양도하는 분부터 적용한다.
제12조【조정대상 지역 내 주택의 입주자로 선정된 지위 양도 시 양도소득세 중과 적용배제에 관한 적용례】 제104조제1항제4호의 개정규정은 2018년 8월 28일 이후에 양도하는 분부터 적용한다.
제13조【거주자의 출국 시 국내주식등에 대한 양도소득세 특례에 관한 적용례】 ① 제118조의9제1항, 제118조의11, 제118조의15제1항 · 제2항 및 제4항의 개정규정은 이 법 시행 이후 거주자가 출국하는 경우부터 적용한다.
② 제118조의15제5항의 개정규정은 이 법 시행 이후 국외전출자 국내주식등을 양도하는 분부터 적용한다.
제14조【원천징수 세율에 관한 적용례】 ① 제129조제1항제1호나목의 개정규정은 2020년 1월 1일 이후 소득을 지급하는 분부터 적용한다.
② 제129조제1항제3호 및 제2항제2호의 개정규정은 이 법 시행 이후 소득을 지급하는 분부터 적용한다.
제15조【납세조합의 조합원에 대한 소득세 징수에 관한 적용례】 제150조제2항 및 제3항의 개정규정은 이 법 시행 이후 납세조합의 조합원에 대한 소득세를 징수하는 분부터 적용한다.
제16조【비실명자산소득에 대한 원천징수 특례에 관한 적용례】 제155조의7의 개정규정은 이 법 시행 이후 소득을 지급하는 분부터 적용한다.
제17조【해외현지법인 등에 대한 자료제출 의무 등에 관한 적용례】 ① 제165조의2제1항 및 제4항의 개정규정은 2019년 1월 1일 이후 개시하는 과세기간에 대한 자료를 제출하는 분부터 적용한다.
② 제165조의4의 개정규정은 거주자가 2019년 1월 1일 이후 해외부동산등을 취득하거나 해외직접투자를 받은 법인의 주식 또는 출자지분을 취득한 경우로서 2019년 1월 1일 이후 개시하는 과세기간에 대한 자료 제출 의무를 불이행하는 분부터 적용한다.
③ 제176조제1항 및 제3항의 개정규정은 2019년 1월 1일 이후 개시하는 과세기간에 대한 자료제출 의무를 불이행하는 분부터 적용한다.
④ 제176조제2항의 개정규정은 2020년 1월 1일 이후 개시하는 과세기간에 대한 자료제출 의무를 불이행하는 분부터 적용한다.
제18조【실손의료보험금 지급자료 제출에 관한 적용례】 제174조의3의 개정규정은 이 법 시행 이후 실손의료보험금을 지급하는 분부터 적용한다.
제19조【해외부동산등에 대한 자료제출 의무 불이행 과태료에 관한 특례】 제165조의2제1항의 개정규정(해외부동산등의 물건별 처분가액이 2억원 이상인 거주자에 대한 자료제출 의무를 부여한 부분으로 한정한다)에도 불구하고 2019년 1월 1일부터 2019년 12월 31일까지의 기간 동안 해외부동산등을 처분한 거주자에 대해서는 제165조의3제2항(법률 제16104호로 개정되기 전의 것을 말한다)에 따른 과태료를 부과하지 아니한다.(2019.12.31 본조개정)
제20조【주택임대사업자 사업자등록에 관한 특례】 이 법 시행 전에 주택임대사업을 개시하였으나 제12조제2호나목에 따른 해당 과세기간에 대통령령으로 정하는 총수입금액의 합계액이 2천만원 이하인 자(종전의 제168조에 따라 사업자등록을 한 자는 제외한다)는 2019년 12월 31일까지 제168조제1항의 개정규정에 따라 사업자등록을 하여야 한다.
제21조【현금영수증가맹점 미가입 가산세에 관한 경과조치】 이 법 시행 전에 제162조의3제1항의 요건에 해당하게 된 사업자에 대해서는 제81조제11항제1호의 개정규정에도 불구하고 종전의 규정에 따른다.
제22조【해외부동산등에 대한 자료제출 의무 불이행 과태료에 관한 경과조치】 제165조의2제1항 및 제176조제2항의 개정규정에도 불구하고 2019년 1월 1일 이후 개시하는 과세기간 전의 과세기간(이하 이 조에서 "종전 과세기간"이라 한다)에 취득한 해외부동산등에 대해서는 종전의 제165조의2제1항 및 종전의 제165조의3제2항에 따른다. 이 경우 종전의 제165조의2제1항에 따라 제출하여야 하는 자료는 종전 과세기간 분에 해당하는 자료로 한정한다.

부 칙 (2019.12.31)

제1조【시행일】 이 법은 2020년 1월 1일부터 시행한다. 다만, 제94조제1항제4호다목 및 제108조의 개정규정은 2020년 7월 1일부터 시행한다.
제2조【일반적 적용례】 ① 이 법은 이 법 시행 이후 발생하는 소득분부터 적용한다.
② 이 법 중 양도소득세에 관한 개정규정은 이 법 시행 이후 양도하는 분부터 적용한다.
제3조【임원의 퇴직소득금액 한도에 관한 적용례】 제22조제3항의 개정규정은 이 법 시행 이후 퇴직하여 지급받는 소득분부터 적용한다.
제4조【접대비의 필요경비 불산입에 관한 적용례】 제35조제3항의 개정규정은 이 법 시행 이후 지출하는 분부터 적용한다.
제5조【연금계좌세액공제에 관한 적용례】 제59조의3제3항부터 제5항까지의 개정규정은 이 법 시행 이후 연금계좌에 납입하는 분부터 적용한다.
제6조【기부금영수증 발급 · 작성 · 보관 불성실 가산세에 관한 적용례】 제81조의7제1항의 개정규정은 이 법 시행일이 속하는 과세기간에 기부금영수증을 발급하는 분부터 적용한다.
제7조【계산서 등 제출 불성실 가산세에 관한 적용례】 ① 제81조의10제1항 각 호 외의 부분의 개정규정은 제160조제3항에 따른 복식부기의무자가 아닌 사업자의 경우 2021년 1월 1일 이후 재화나 용역을 공급하는 분 및 재화나 용역을 공급하지 아니하고 계산서등을 발급하거나 재화나 용역을 공급받지 아니하고 계산서등을 발급받는 분부터 적용한다.
② 제81조의10제1항제5호 및 제6호의 개정규정은 이 법 시행일이 속하는 과세기간의 직전 과세기간에 재화 또는 용역을 공급하고 제163조제8항에 따라 전자계산서 발급명세를 전송하여야 하는 경우에도 적용한다.

③ 제81조의10제2항 및 같은 조 제4항제2호의 개정규정은 같은 조 제2항의 개정규정을 적용받는 자가 2021년 1월 1일 이후 재화나 용역을 공급하지 아니하고 계산서를 발급하거나 재화나 용역을 공급받지 아니하고 계산서를 발급받는 분부터 적용한다.
제8조【지정지역 공고일 이전 양도한 토지에 대한 양도소득세 중과 배제에 관한 적용례】 제104조제4항의 개정규정은 이 법 시행 이후 토지를 양도하기 위하여 매매계약을 체결하고 계약금을 지급하는 분부터 적용한다.
제9조【재외국민과 외국인의 부동산등양도신고확인서의 제출에 관한 적용례】 제108조의 개정규정은 부칙 제1조 단서에 따른 시행일 이후 부동산의 소유권을 이전하기 위하여 등기관서의 장에게 소유권 이전 등기를 신청하는 분부터 적용한다.
제10조【비거주자의 국내원천소득에 관한 적용례】 제119조제10호 및 같은 조 제12호카목·타목의 개정규정은 이 법 시행 이후 지급하는 소득분부터 적용한다.
제11조【비거주자의 국내원천소득에 대한 원천징수의 특례에 관한 적용례】 제156조제1항제8호의 개정규정은 이 법 시행 이후 지급하는 소득분부터 적용한다.
제12조【원천징수대상 비거주자의 경정청구에 관한 적용례】 제156조의2제4항, 제156조의4제2항 및 제156조의6제4항의 개정규정은 이 법 시행 이후 지급하는 소득분부터 적용한다.
제13조【지급명세서·근로소득간이지급명세서의 제출에 관한 적용례】 ① 제164조제1항 각 호 외의 부분 단서의 개정규정은 이 법 시행 전에 일용근로자의 근로소득을 지급하거나 휴업, 폐업 또는 해산한 경우로서 이 법 시행 이후 지급명세서를 제출하여야 하는 경우에도 적용한다.
② 제164조의3제1항 각 호 외의 부분의 개정규정은 이 법 시행 전에 종전의 같은 항 각 호의 어느 하나에 해당하는 소득을 지급하거나 휴업, 폐업 또는 해산한 경우로서 이 법 시행 이후 근로소득간이지급명세서를 제출하여야 하는 경우에도 적용한다.
제14조【임원의 퇴직소득금액 한도에 관한 경과조치】 이 법 시행 전에 퇴직한 자의 퇴직소득이 이 법 시행 이후 지급되는 경우 해당 퇴직소득에 대해서는 제22조제3항의 개정규정에도 불구하고 종전의 규정에 따른다.
제15조【총수입금액 불산입에 관한 경과조치】 2010년 1월 1일 전에 개시한 과세기간에 발생한 결손금에 대해서는 제26조제2항의 개정규정에도 불구하고 종전의 규정에 따른다.
제16조【기부금영수증 발급·작성·보관 불성실 가산세에 관한 경과조치】 이 법 시행 전에 발급된 기부금영수증에 대해서는 제81조의7제1항의 개정규정에도 불구하고 종전의 규정에 따른다.
제17조【계산서 등 제출 불성실 가산세에 관한 경과조치】 이 법 시행 전에 재화 또는 용역을 공급하고 제163조제8항에 따라 전자계산서 발급명세를 국세청장에게 전송하여야 하는 경우(부칙 제7조제2항에 해당하는 경우는 제외한다)에는 제81조의10제1항제5호 및 제6호의 개정규정에도 불구하고 종전의 규정에 따른다.
제18조【국외 주식등의 양도소득의 범위 등에 관한 경과조치】 이 법 시행 전에 국외자산 중 주식등을 양도한 경우에는 제94조제1항제3호, 제104조제1항·제6항, 제105조제1항, 제118조제2항제1호, 제118조의2제3호, 제118조의5, 제118조의7 및 제118조의8의 개정규정에도 불구하고 종전의 규정에 따른다.
제19조【이축권을 부동산과 함께 양도하는 경우에 관한 경과조치】 이 법 시행 이전에 매매계약을 체결하고 계약금을 지급받은 사실이 증빙서류에 의하여 확인되는 경우에는 제94조제1항제4호마목의 개정규정에도 불구하고 종전의 규정에 따른다.
제20조【감정가액 또는 환산취득가액 적용에 따른 가산세에 관한 경과조치】 이 법 시행 이전에 매매계약을 체결하고 계약금을 지급받은 사실이 증빙서류에 의하여 확인되는 경우에는 제114조의2제1항의 개정규정에도 불구하고 종전의 규정에 따른다.
제21조【비거주자의 국내원천소득에 관한 경과조치】 이 법 시행 전에 지급한 소득분에 대해서는 제119조제10호 및 같은 조 제12호카목·타목의 개정규정에도 불구하고 종전의 규정에 따른다.
제22조【원천징수세율에 관한 경과조치】 이 법 시행 전에 연금을 지급받은 분에 대해서는 제129조제1항제5호의3의 개정규정에도 불구하고 종전의 규정에 따른다.
제23조【현금영수증가맹점 가입기한에 관한 경과조치】 이 법 시행 전에 현금영수증가맹점 가입요건에 해당한 사업자의 경우에는 제162조의3제1항의 개정규정에도 불구하고 종전의 규정에 따른다.

부 칙 (2020.6.9)

이 법은 공포한 날부터 시행한다.(이하 생략)

부 칙 (2020.8.18)

제1조【시행일】 이 법은 2021년 1월 1일부터 시행한다. 다만, 제104조제1항제1호부터 제4호까지 및 같은 조 제7항 각 호 외의 부분의 개정규정은 2021년 6월 1일부터 시행한다.
제2조【일반적 적용례】 이 법 중 양도소득세에 관한 개정규정은 이 법 시행 이후 양도하는 분부터 적용한다.
제3조【양도소득세의 세율에 관한 적용례】 제104조제1항제1호부터 제4호까지 및 같은 조 제7항 각 호 외의 부분의 개정규정은 2021년 6월 1일 이후 양도하는 분부터 적용한다.
제4조【주택과 조합원입주권 또는 분양권을 보유한 자의 1세대 1주택 양도소득세 비과세 및 조정대상지역 내 주택에 대한 양도소득세의 세율에 관한 적용례】 제89조제2항 본문, 제104조제7항제2호 및 제4호의 개정규정은 2021년 1월 1일 이후 공급계약, 매매 또는 증여 등의 방법으로 취득한 분양권부터 적용한다.

부 칙 (2020.12.29 법17757호)

제1조【시행일】 이 법은 2021년 1월 1일부터 시행한다. 다만, 다음 각 호의 개정규정은 각 호의 구분에 따른 날부터 시행한다.
1. 제4조제1항제1호·제2호의2, 제16조제1항제2호의2·제12호·제13호, 제17조제1항제5호·제5호의2·제9호·제10호, 제21조제1항 각 호 외의 부분, 제46조제1항(제16조제1항제2호의2에 관한 부분에 한정한다), 제87조의2부터 제87조의27까지, 제88조제2호부터 제4호까지, 제92조제1항, 제93조제3호, 제94조제1항제3호·제5호, 제94조제2항, 제99조제1항제3호부터 제5호까지 및 제7호, 제102조제1항제2호·제3호, 제103조제1항제2호·제3호, 제104조제1항제11호부터 제13호까지, 제104조제2항 및 제6항, 제105조제1항 각 호 외의 부분 및 같은 항 제2호, 제107조제2항제3호, 제114조제9항, 제115조, 제118조, 제118조의8, 제118조의9부터 제118조의18까지, 제119조제1호 및 제2호가목·다목·라목, 제126조의3부터 제126조의12까지, 제127조제1항 각 호 외의 부분 및 같은 항 제9호, 제127조제7항·제8항, 제128조제1항 및 같은 조제2항 각 호 외의 부분, 제129조제1항제9호, 제148조의2, 제148조의3, 제155조의2제2호, 제164조제1항 및 제174조의2의 개정규정 : 2025년 1월 1일(2022.12.31 본호개정)
2. 제14조제3항제8호다목(제21조제1항제27호에 관한 부분에 한정한다), 제21조제1항제27호, 제37조제1항제3호 및 같은 조 제5항·제6항, 제64조의3제2항, 제70조제2항, 제84조제3호·제4호, 제119조제12호타목·파목, 제126조제1항제3호, 제127조제1항제6호다목, 제156조제1항제8호, 제156조제12항·제16항·제17항 및 제164조의4의 개정규정 : 2027년 1월 1일(2024.12.31 본호개정)
3. 제64조제1항 각 호 외의 부분의 개정규정 : 2021년 6월 1일
4. 제81조의7제1항 및 제160조의3의 개정규정 : 2021년 7월 1일
제2조【일반적 적용례】 ① 이 법은 이 법 시행 이후 발생하는 소득분부터 적용한다.
② 제1항에도 불구하고 이 법 중 양도소득세에 관한 개정규정은 이 법 시행 이후 양도하는 분부터 적용한다.
제3조【신탁소득에 관한 적용례】 제2조의3, 제4조제2항제1호 및 제17조제1항제2호의2의 개정규정은 이 법 시행 이후 신탁계약을 체결하는 분부터 적용한다.

제4조【금융투자소득 등에 관한 적용례】 제4조제1항제1호ㆍ제2호의2, 제16조제1항제2호의2ㆍ제12호ㆍ제13호, 제17조제1항제5호 단서, 제21조제1항 각 호 외의 부분, 제87조의2부터 제87조의27까지, 제127조제1항 각 호 외의 부분 및 같은 항 제9호, 제127조제7항ㆍ제8항, 제128조제1항 및 같은 조 제2항 각 호 외의 부분, 제129조제1항제9호, 제148조의2, 제148조의3 및 제155조의2제2호의 개정규정은 2025년 1월 1일 이후 발생하는 소득분부터 적용한다.(2022.12.31 본조개정)

제5조【가상자산 과세에 관한 적용례】 ① 제14조제3항제8호다목(제21조제1항제27호에 관한 부분에 한정한다), 제21조제1항제27호, 제37조제1항제3호 및 같은 조 제5항ㆍ제6항, 제64조의3제2항, 제70조제2항, 제84조제3호 및 제164조의4의 개정규정은 2027년 1월 1일이후 가상자산을 양도ㆍ대여하는 분부터 적용한다.

② 제127조제1항제6호다목의 개정규정은 2027년 1월 1일 이후 발생하는 가상자산소득분부터 적용한다.

(2024.12.31 본조개정)

제6조【서화ㆍ골동품 양도로 발생하는 소득에 관한 적용례】 제21조제2항 및 제155조의5의 개정규정은 이 법 시행 이후 양도하는 분부터 적용한다.

제7조【이월결손금 공제에 관한 적용례】 제45조제3항 각 호 외의 부분 본문의 개정규정은 2020년 1월 1일 이후 개시한 과세기간에 발생한 결손금부터 적용한다.

제8조【채권 등에 대한 소득금액의 계산 특례에 관한 적용례】 제46조제1항의 개정규정(제16조제1항제2호의2에 관한 부분에 한정한다)은 2025년 1월 1일 이후 채권등에서 이자등을 지급받거나 채권등을 매도하는 분부터 적용한다.(2022.12.31 본조개정)

제9조【주택임차자금 차입금 소득공제에 관한 적용례】 제52조제4항의 개정규정은 이 법 시행 이후 원리금 상환액을 지급하는 분부터 적용한다.

제10조【장기주택저당차입금 이자 지급액 소득공제에 관한 적용례】 ① 제52조제5항 각 호 외의 부분 본문의 개정규정은 이 법 시행 이후 장기주택저당차입금의 이자를 지급하는 분부터 적용한다.

② 제52조제5항제4호 본문의 개정규정은 이 법 시행 이후 차입하는 분부터 적용한다.

제11조【외국납부세액공제에 관한 적용례】 외국정부에 납부하였거나 납부할 외국소득세액이 공제한도를 초과하여 이 법 시행 이후 개시하는 과세기간 직전까지 공제되지 아니하고 남아있는 금액에 대해서는 이 법 시행 이후 개시하는 과세기간에 대한 과세표준 및 세액을 계산할 때 제57조제2항의 개정규정을 적용한다.

제12조【부동산매매업자 세액계산 특례에 관한 적용례】 제64조제1항 각 호 외의 부분의 개정규정은 2021년 6월 1일 이후 양도하는 분부터 적용한다.

제13조【주택임대소득에 대한 세액 계산의 특례에 관한 적용례】 ① 제64조의2제3항 각 호 외의 부분 단서의 개정규정은 2020년 8월 18일 이후 등록이 말소되는 분부터 적용한다.

② 제64조의2제3항제1호 및 제2호의 개정규정은 2020년 8월 18일 이후 「민간임대주택에 관한 특별법」 제5조에 따라 등록을 신청하는 민간임대주택부터 적용한다.

제14조【기부금영수증 발급명세의 작성ㆍ보관 의무 등에 관한 적용례】 제81조의7제1항 및 제160조의3의 개정규정은 2021년 7월 1일 이후 전자기부금영수증을 발급하는 분부터 적용한다.

제15조【근로소득간이지급명세서 제출 불성실 가산세에 관한 적용례】 제81조의11의 개정규정은 이 법 시행 이후 신고, 결정 또는 경정하는 분부터 적용한다.

제16조【주식 등의 양도소득에 관한 적용례】 제88조제2호 및 제92조제1항의 개정규정은 2025년 1월 1일 이후 양도하는 분부터 적용한다.(2022.12.31 본조개정)

제17조【신탁 수익권 양도소득에 관한 적용례】 제94조제1항제6호, 제99조제1항제8호, 제102조제1항제4호, 제103조제1항제4호, 제104조제1항제14호, 제105조제1항제1호 및 제107조제2항제4호의 개정규정은 이 법 시행 이후 신탁 수익권을 양도하는 분부터 적용한다.

제18조【신탁 수익자명부 변동상황명세서의 제출에 관한 적용례】 제115조의2의 개정규정은 이 법 시행 이후 신탁을 설정하거나 수익자 변동이 발생되는 경우부터 적용한다.

제19조【국외전출세에 관한 적용례】 제126조의3부터 제126조의12까지의 개정규정은 2025년 1월 1일 이후 거주자가 출국하는 분부터 적용한다.(2022.12.31 본조개정)

제20조【비거주자의 국내원천소득에 관한 적용례】 ① 제119조제1호 및 같은 조 제2호가목ㆍ다목ㆍ라목의 개정규정은 2025년 1월 1일 이후 발생하는 소득분부터 적용한다.

② 제119조제12호타목 및 제126조제1항제3호의 개정규정은 2027년 1월 1일 이후 가상자산을 양도ㆍ대여ㆍ인출하는 분부터 적용한다.(2024.12.31 본항개정)

(2022.12.31 본조개정)

제21조【이자ㆍ배당 및 사용료에 대한 세율의 적용 특례에 관한 적용례】 제119조제10호 각 목 외의 부분 후단 및 제156조의8의 개정규정(산업상ㆍ상업상ㆍ과학상의 기계ㆍ설비ㆍ장치 등을 임대함으로써 발생하는 소득이 조세조약에서 사용료소득으로 구분되어 그 사용대가가 사용료소득에 포함되는 것에 관한 부분에 한정한다)은 2013년 1월 1일 이후 지급하는 소득분부터 적용한다.

제22조【비거주자의 국내원천소득에 대한 원천징수의 특례에 관한 적용례】 제156조제1항제8호나목 및 같은 조 제12항ㆍ제16항ㆍ제17항의 개정규정은 2027년 1월 1일 이후 발생하는 가상자산소득분부터 적용한다.(2024.12.31 본조개정)

제23조【지급명세서 제출에 관한 적용례】 제164조제1항의 개정규정은 2025년 1월 1일 이후 소득을 지급하는 분부터 적용한다.(2022.12.31 본조개정)

제24조【비거주자의 국내원천소득에 대한 지급명세서 제출의무에 관한 적용례】 제164조의2제1항의 개정규정은 이 법 시행 이후 양도대가를 지급하는 분부터 적용한다.

제25조【실손의료보험금 지급자료 제출에 관한 적용례】 제165조제1항 본문의 개정규정은 이 법 시행 전의 과세기간에 대한 실손의료보험금 지급자료를 이 법 시행 이후 제출하는 경우에도 적용한다.

제26조【금융투자상품의 거래내역 보관 및 제출에 관한 적용례】 제174조의2의 개정규정은 2025년 1월 1일 이후 거래 또는 행위가 발생하는 분부터 적용한다.(2022.12.31 본조개정)

제27조【신탁소득에 관한 경과조치】 이 법 시행 전에 신탁계약을 체결한 분에 대해서는 제2조의2제6항의 개정규정에도 불구하고 종전의 규정에 따른다.

제28조【서화ㆍ골동품 양도로 발생하는 소득에 관한 경과조치】 이 법 시행 전에 양도한 분에 대해서는 제14조제3항제8호다목(제21조제2항에 관한 부분에 한정한다), 제21조제1항제25호 및 제155조의5의 개정규정에도 불구하고 종전의 규정에 따른다.

제29조【금융투자소득 등에 관한 경과조치】 2025년 1월 1일 전에 발생한 소득분에 대해서는 제17조제1항제5호 단서 및 같은 항 제5호의2ㆍ제9호ㆍ제10호의 개정규정에도 불구하고 종전의 규정에 따른다.(2022.12.31 본조개정)

제30조【이월결손금 공제에 관한 경과조치】 2020년 1월 1일 전에 개시한 과세기간에 발생한 결손금은 제45조제3항 각 호 외의 부분의 개정규정에도 불구하고 종전의 규정에 따른다.

제31조【채권 등에 대한 소득금액의 계산 특례에 관한 경과조치】 2025년 1월 1일 전에 채권등에서 이자등을 지급받거나 매도한 분에 대해서는 제46조제1항의 개정규정(제16조제1항제2호의2에 관한 부분에 한정한다)에도 불구하고 종전의 규정에 따른다.(2022.12.31 본조개정)

제32조【장기주택저당차입금 이자 지급액 소득공제에 관한 경과조치】 이 법 시행 전에 차입한 분에 대해서는 제52조제5항제4호 본문의 개정규정에도 불구하고 종전의 규정에 따른다.

제33조【종합소득에 대한 소득세의 세율에 관한 경과조치】 이 법 시행 전에 발생한 소득분에 대해서는 제55조제1항의 개정규정에도 불구하고 종전의 규정에 따른다.

제34조【외국납부세액공제에 관한 경과조치】 이 법 시행 전의 과세기간 분에 대해서는 제57조의 개정규정(필요경비산입

방법을 삭제하는 것과 관련된 부분에 한정한다)에도 불구하고 종전의 규정에 따른다.

제35조【가산금에 대한 용어 정비에 관한 경과조치】 2020년 1월 1일 전에 납세의무가 성립된 분에 대해서는 제58조제1항제1호, 제85조제4항 및 제117조의 개정규정에도 불구하고 종전의 규정에 따른다.

제36조【주택임대소득에 대한 세액 계산의 특례에 관한 경과조치】 2020년 8월 18일 전에 「민간임대주택에 관한 특별법」 제5조에 따라 등록을 신청한 민간임대주택의 경우에는 제64조의2제3항제1호 및 제2호의 개정규정에도 불구하고 종전의 규정에 따른다.

제37조【주식 및 파생상품 등의 양도소득에 관한 경과조치】 2025년 1월 1일 전에 양도한 분에 대해서는 제88조제2호부터 제4호까지, 제93조제3호, 제94조제1항제3호·제5호, 제94조제2항, 제99조제1항제3호부터 제5호까지 및 제7호, 제102조제1항제2호·제3호, 제103조제1항제2호·제3호, 제104조제1항제11호부터 제13호까지, 제104조제2항·제6항, 제105조제1항 각 호 외의 부분 및 같은 항 제2호, 제107조제2항제3호, 제114조제9항, 제115조, 제118조 및 제118조의8의 개정규정에도 불구하고 종전의 규정에 따른다.(2022.12.31 본조개정)

제38조【양도소득세의 세율에 관한 경과조치】 이 법 시행 전에 양도한 분에 대해서는 제104조제1항제8호 및 제9호의 개정규정에도 불구하고 종전의 규정에 따른다.

제39조【국외전출세에 관한 경과조치】 2025년 1월 1일 전에 거주자가 출국한 분에 대해서는 제118조의9부터 제118조의18까지의 개정규정에도 불구하고 종전의 규정에 따른다.
(2022.12.31 본조개정)

제40조【금융투자상품의 거래내역 보관 및 제출에 관한 경과조치】 2025년 1월 1일 전에 거래 또는 행위가 발생한 분에 대해서는 제174조의2의 개정규정에도 불구하고 종전의 규정에 따른다.(2022.12.31 본조개정)

제41조【해외현지법인 등의 자료제출 의무 불이행 등에 대한 과태료에 관한 경과조치】 이 법 시행 전의 의무를 위반한 행위에 대하여 과태료 규정을 적용할 때에는 제176조의 개정규정에도 불구하고 종전의 규정에 따른다.

제42조【다른 법률의 개정】 ※(해당 법령에 가제정리 하였음)

부 칙 (2020.12.29 법17758호)

제1조【시행일】 이 법은 2021년 1월 1일부터 시행한다.(이하 생략)

부 칙 (2021.3.16)

제1조【시행일】 이 법은 2021년 7월 1일부터 시행한다. 다만, 법률 제17757호 소득세법 일부개정법률 제164조제1항 각 호 외의 부분 단서의 개정규정은 2025년 1월 1일부터 시행한다.
(2022.12.31 단서개정)

제2조【지급명세서 등 제출 불성실 가산세에 관한 적용례】 제81조의11제1항부터 제3항까지의 개정규정은 이 법 시행 이후 지급하는 소득분에 대하여 제164조제1항 각 호 외의 부분 단서 또는 제164조의3제1항제2호의 개정규정에 따라 지급명세서 또는 간이지급명세서를 제출하여야 하거나 제출하는 경우부터 적용한다.

제3조【지급명세서·간이지급명세서의 제출에 관한 적용례】 제164조제1항 각 호 외의 부분 단서 및 제164조의3제1항제2호의 개정규정은 이 법 시행 이후 지급하는 소득분부터 적용한다.

제4조【지급명세서 등 제출 불성실 가산세에 관한 경과조치】 이 법 시행 전에 종전의 제81조의11제1항에 따라 부과하였거나 부과하여야 할 가산세에 대해서는 제81조의11제1항의 개정규정에도 불구하고 종전의 규정에 따른다.

제5조【지급명세서·간이지급명세서의 제출에 관한 경과조치】 이 법 시행 전에 지급한 소득분에 대해서는 제164조제1항 각 호 외의 부분 단서 및 제164조의3제1항제2호의 개정규정에도 불구하고 종전의 규정에 따른다.

부 칙 (2021.8.10)

제1조【시행일】 이 법은 공포 후 3개월이 경과한 날부터 시행한다. 다만, 제173조제2항 및 제177조제3호의 개정규정은 2022년 1월 1일부터 시행한다.

제2조【용역제공자에 관한 과세자료의 제출에 관한 적용례】 ① 제173조제1항의 개정규정은 이 법 시행 이후 수입금액 또는 소득금액이 발생하는 경우부터 적용한다.
② 제173조제2항의 개정규정은 이 법 시행 이후 수입금액 또는 소득금액이 발생하는 용역에 대한 과세자료를 제출하여야 하거나 제출하는 경우부터 적용한다.

제3조【명령사항 위반에 대한 과태료에 관한 적용례】 제177조제3호의 개정규정은 이 법 시행 이후 제173조제2항에 따른 명령사항을 위반하는 경우부터 적용한다.

제4조【용역제공자에 관한 과세자료의 제출에 관한 경과조치】 이 법 시행 전에 수입금액 또는 소득금액이 발생하는 용역에 대해서는 제173조제1항의 개정규정에도 불구하고 종전의 규정에 따른다.

부 칙 (2021.8.17)

제1조【시행일】 이 법은 공포 후 6개월이 경과한 날부터 시행한다.(이하 생략)

부 칙 (2021.11.23)

제1조【시행일】 이 법은 공포한 날부터 시행한다.(이하 생략)

부 칙 (2021.12.8)

제1조【시행일】 이 법은 2022년 1월 1일부터 시행한다. 다만, 다음 각 호의 개정규정은 각 호의 구분에 따른 날부터 시행한다.
1. 제129조제4항·제5항의 개정규정, 법률 제17757호 소득세법 일부개정법률 제87조의4제2항부터 제4항까지, 제87조의23제3항, 제87조의27제1항, 제88조제2호, 제126조의11제3항·제4항, 제155조의2제2호 및 제174조의2의 개정규정 : 2025년 1월 1일(2022.12.31 본호개정)
2. 제56조의3제1항의 개정규정 : 2022년 7월 1일
3. 제89조제1항제3호 및 같은 항 제4호 각 목 외의 부분 단서의 개정규정 : 공포한 날

제2조【전자계산서 발급에 대한 세액공제에 관한 적용례】 제56조의3제1항의 개정규정은 2022년 7월 1일 이후 공급하는 재화 또는 용역에 대한 전자계산서를 발급하는 경우부터 적용한다.

제3조【의료비의 특별세액공제에 관한 적용례】 제59조의4제2항의 개정규정은 이 법 시행 이후 의료비를 지출하는 경우부터 적용한다.

제4조【기부금의 특별세액공제에 관한 적용례】 제59조의4제8항의 개정규정은 이 법 시행 이후 과세표준을 신고하거나 소득세를 결정하거나 연말정산하는 분부터 적용한다.

제5조【업무용승용차 관련 비용 명세서 제출 불성실 가산세에 관한 적용례】 제81조의14의 개정규정은 이 법 시행일이 속하는 과세기간에 업무용승용차 관련 비용 등을 필요경비에 산입하는 경우부터 적용한다.

제6조【금융투자소득에 관한 적용례 등】 ① 법률 제17757호 소득세법 일부개정법률 제87조의4제2항제1호나목 및 같은 조 제3항, 제87조의23제3항, 제87조의27제1항 및 제155조의2제2호의 개정규정은 2025년 1월 1일 이후 발생하는 소득분부터 적용한다.
② 법률 제17757호 소득세법 일부개정법률 제88조제2호의 개정규정은 2025년 1월 1일 이후 양도하는 경우부터 적용한다.
③ 법률 제17757호 소득세법 일부개정법률 제174조의2제1항(거래내역 등의 자료에 관한 부분으로 한정한다)의 개정규정은 2025년 1월 1일 이후 발생하는 거래 또는 행위부터 적용한다.

④ 법률 제17757호 소득세법 일부개정법률 제174조의2제1항(보유내역 자료에 관한 부분으로 한정한다)의 개정규정은 2025년 1월 1일 이후 자료 제출기한이 도래하는 경우부터 적용한다.
⑤ 2025년 1월 1일 전에 발생한 거래 또는 행위에 대하여 거래·행위 내역을 제출하는 경우에는 법률 제17757호 소득세법 일부개정법률 제174조의2의 개정규정에도 불구하고 종전의 규정(법률 제17757호 소득세법 일부개정법률로 개정되기 전의 것을 말한다)에 따른다.
(2022.12.31 본조개정)
제7조【비과세 양도소득 등에 관한 적용례 등】 ① 제88조제9호 후단 및 제89조제2항 단서의 개정규정은 이 법 시행 이후 취득하는 조합원입주권부터 적용한다.
② 이 법 시행 전에 취득한 종전의 제88조제9호에 따른 조합원입주권의 양도소득 비과세 요건에 관하여는 제89조제1항제4호 가목 및 나목의 개정규정에도 불구하고 종전의 규정에 따른다.
③ 이 법 시행 이후 취득하는 조합원입주권의 양도소득 비과세 요건과 관련하여 제89조제1항제4호가목 및 나목의 개정규정을 적용하는 경우 2022년 1월 1일 이후에 취득한 분양권을 대상으로 한다.
④ 제89조제1항제3호의 개정규정은 같은 개정규정의 시행일 이후 양도하는 주택부터 적용한다.
⑤ 제89조제1항제4호 각 목 외의 부분 단서의 개정규정은 같은 개정규정의 시행일 이후 양도하는 조합원입주권부터 적용한다.
제8조【비거주자의 종합소득 과세표준확정신고에 관한 적용례】 제124조제2항의 개정규정은 이 법 시행 이후 종합소득 과세표준확정신고를 하는 경우부터 적용한다.
제9조【원천징수세율에 관한 적용례】 제129조제4항 및 제5항의 개정규정은 2025년 1월 1일 이후 발생하여 지급하는 소득에 대하여 원천징수세액을 계산하는 경우부터 적용한다.
(2022.12.31 본조개정)
제10조【납세조합공제 한도에 관한 적용례】 제150조제4항의 개정규정은 이 법 시행 이후 발생하는 소득에 대하여 소득세에서 공제되는 금액을 계산하는 경우부터 적용한다.
제11조【성실신고확인서 제출 불성실 가산세에 관한 경과조치】 이 법 시행 전의 과세기간에 대하여 성실신고확인서 제출 불성실 가산세를 납부하는 경우의 가산세에 관하여는 제81조의2제1항 및 제3항의 개정규정에도 불구하고 종전의 규정에 따른다.
제12조【현금영수증 발급 불성실 가산세에 관한 경과조치】 이 법 시행 전에 세무서에 자진 신고하거나 현금영수증을 자진 발급한 경우에 대해서는 제81조의9제2항제3호의 개정규정에도 불구하고 종전의 규정에 따른다.
제13조【실질귀속자로 보는 국외투자기구의 요건 변경에 따른 경과조치】 이 법 시행 전에 지급받은 국내원천소득에 대한 실질귀속자 판단에 관하여는 제119조의2제1항제1호 및 제2호의 개정규정에도 불구하고 종전의 규정에 따른다.

부 칙 (2022.8.12)

제1조【시행일】 이 법은 2023년 1월 1일부터 시행한다.
제2조【비과세소득에 관한 적용례】 제12조제3호러목의 개정규정은 이 법 시행 이후 받는 식사 기타 음식물 또는 식사대부터 적용한다.

부 칙 (2022.12.31)

제1조【시행일】 이 법은 2023년 1월 1일부터 시행한다. 다만, 다음 각 호의 개정규정은 해당 호에서 정한 날부터 시행한다.
1. 법률 제17757호 소득세법 일부개정법률 제17조제1항제5호, 제37조제5항, 제87조의2제3호, 제87조의6제1항제4호, 제87조의12제4항, 제87조의13제3항, 제87조의14조제1항·제3항, 제87조의18제1항제1호다목·라목, 제87조의21제1항제3호 및 같은 조 제2항, 제87조의27제2항, 제119조제2호다목, 제128조제1항 및 제148조의2제2항의 개정규정 : 2025년 1월 1일
2. 제15조제2호, 제33조제1항제1호, 제57조의2, 제58조제2항의 개정규정, 법률 제17757호 소득세법 일부개정법률 제87조의27제1항의 개정규정, 법률 제18578호 소득세법 일부개정법률 제129조제4항부터 제8항까지의 개정규정 : 2025년 1월 1일
3. 제35조제1항부터 제5항까지(같은 조 제2항제3호 중 "매입자발행계산서"의 개정부분은 제외한다), 제81조의11제1항제1호나목(제164조의3제1항제1호의 소득에 대한 간이지급명세서를 제출하지 아니한 경우는 제외한다), 같은 조 제3항제2호, 같은 조 제4항(제164조의3제1항제1호의 소득에 관한 부분은 제외한다), 같은 조 제5항의 개정규정 중 제164조의3제1항제3호의 소득에 대한 개정부분, 제164조제7항의 개정규정 중 "제3호의 소득"의 개정부분, 제164조의3제1항의 개정규정("제1호의 소득"의 개정부분은 제외한다) : 2024년 1월 1일 (2023.12.31 본호개정)
4. 제35조제2항제3호의 개정규정 중 "매입자발행계산서"의 개정부분, 제160조의2제3항 및 제163조의3의 개정규정 : 2023년 7월 1일
5. 제81조의11제1항제1호나목(제164조의3제1항제1호의 소득에 대한 간이지급명세서를 제출하지 아니한 경우로 한정한다), 같은 조 제3항제1호, 같은 조 제4항(제164조의3제1항제1호의 소득에 관한 부분으로 한정한다), 제164조의3제1항 중 "제1호의 소득"의 개정부분 : 2026년 1월 1일(2023.12.31 본호신설)

제2조【일반적 적용례】 이 법은 부칙 제1조에 따른 각 해당 규정의 시행일 이후 소득이 발생하는 경우부터 적용한다.
제3조【특별소득공제에 관한 적용례 등】 제52조제4항 단서의 개정규정은 2022년 과세기간의 근로소득에 대하여 이 법 시행 이후 종합소득과세표준을 신고하거나 소득세를 결정하거나 연말정산하는 경우부터 적용한다.
제4조【간접투자회사등으로부터 지급받은 소득에 대한 외국납부세액공제 특례 등에 관한 적용례】 제57조의2(법률 제17757호 소득세법 일부개정법률 제87조의27제1항의 개정규정에 따라 준용되는 경우를 포함한다), 법률 제18578호 소득세법 일부개정법률 제129조제4항부터 제8항까지의 개정규정은 2025년 1월 1일 이후 지급받는 소득에 대하여 과세표준을 신고하거나 원천징수하는 경우부터 적용한다.
제5조【교육비의 특별세액공제에 관한 적용례】 제59조의4제3항제1호가목의 개정규정은 이 법 시행 이후 교육비를 지급하는 경우부터 적용한다.
제6조【지급명세서등 제출 및 불성실 가산세에 관한 적용례 등】 ① 제81조의11제1항제1호나목(제164조의3제1항제1호의 소득에 대한 간이지급명세서를 제출하지 아니한 경우는 제외한다), 같은 조 제3항제2호, 같은 조 제4항(제164조의3제1항제1호의 소득에 관한 부분은 제외한다), 같은 조 제5항(제164조의3제1항제3호의 소득에 관한 부분으로 한정한다), 제164조제7항(제164조의3제1항제3호의 소득에 관한 부분으로 한정한다) 및 제164조의3제1항("제1호의 소득"의 개정부분은 제외한다)의 개정규정은 2024년 1월 1일 이후 지급하는 소득에 대하여 지급명세서등을 제출하여야 하거나 제출하는 경우부터 적용한다.
(2023.12.31 본항개정)
② 제81조의11제1항제1호나목(제164조의3제1항제1호의 소득에 대한 간이지급명세서를 제출하지 아니한 경우로 한정한다), 같은 조 제3항제1호, 같은 조 제4항(제164조의3제1항제1호의 소득에 관한 부분으로 한정한다) 및 제164조의3제1항("제1호의 소득"의 개정부분으로 한정한다)의 개정규정은 2026년 1월 1일 이후 지급하는 소득에 대하여 지급명세서등을 제출하여야 하거나 제출하는 경우부터 적용한다.(2023.12.31 본항신설)
③ 제81조의11제5항 및 제164조제7항의 개정규정(각각 제164조의3제1항제2호의 소득에 관한 부분으로 한정한다)은 2023년 1월 1일 이후 지급하는 소득에 대하여 지급명세서등을 제출하여야 하거나 제출하는 경우부터 적용한다.
④ 2026년 1월 1일 전에 지급한 제164조의3제1항제1호의 소득에 대한 간이지급명세서의 지연 제출에 따른 가산세에 관하여는 제81조의11제1항제1호나목 및 같은 조 제4항의 개정규정에도 불구하고 종전의 규정에 따른다.(2023.12.31 본항개정)

⑤ 2026년 1월 1일 전에 지급한 제164조의3제1항제1호의 소득에 대한 간이지급명세서의 제출 기한에 관하여는 제164조의3제1항 각 호 외의 부분 및 같은 항 제1호의 개정규정에도 불구하고 종전의 규정에 따른다.(2023.12.31 본항개정)

제7조【복권 당첨금 과세최저한에 관한 적용례】 제84조제2호의 개정규정은 이 법 시행 이후 복권 당첨금을 지급받는 경우부터 적용한다.

제8조【비거주자의 국채등 이자·양도소득에 대한 과세특례 등에 관한 적용례】 제119조의3의 개정규정은 이 법 시행 이후 이자를 지급하거나 국채등을 양도하는 경우부터 적용한다.

제9조【비거주자의 국내원천소득 비과세등의 신청에 관한 적용례】 제156조의2 및 제156조의6의 개정규정은 2023년 1월 1일 이후 비과세, 면제 또는 제한세율 적용을 신청하는 경우부터 적용한다.

제10조【매입자발행계산서 발급에 관한 적용례】 제163조의3의 개정규정은 2023년 7월 1일 이후 재화 또는 용역을 공급받는 경우부터 적용한다.

제11조【주택임대소득 비과세기준 변경에 관한 경과조치】 이 법 시행 전에 발생한 주택임대소득의 비과세기준에 관하여는 제12조제2호나목의 개정규정에도 불구하고 종전의 규정에 따른다.

제12조【접대비의 명칭변경에 관한 경과조치】 2024년 1월 1일 전에 지출한 접대비는 제35조의 개정규정에 따른 기업업무추진비로 본다.

제13조【퇴직소득공제에 관한 경과조치】 이 법 시행 전에 퇴직한 거주자의 퇴직소득에 대한 근속연수에 따른 공제에 관하여는 제48조제1항제1호의 개정규정에도 불구하고 종전의 규정에 따른다.

제14조【종합소득세의 세율에 관한 경과조치】 이 법 시행 전에 개시한 과세기간에 대한 소득세의 계산(제55조제2항, 제64조제1항제2호나목, 제104조제1항제1호, 같은 조 제4항, 같은 조 제5항제1호, 같은 조 제7항 및 제118조의5에 따라 종합소득세율이 적용되는 경우를 포함한다)에 적용되는 세율에 관하여는 제55조제1항의 개정규정에도 불구하고 종전의 규정에 따른다.

제15조【근로소득세액공제에 관한 경과조치】 이 법 시행 전에 개시한 과세기간의 종합소득산출세액에 대한 근로소득세액공제의 한도에 관하여는 제59조제2항의 개정규정에도 불구하고 종전의 규정에 따른다.

제16조【자녀세액공제에 관한 경과조치】 이 법 시행 전에 개시한 과세기간의 종합소득산출세액에 대한 자녀세액공제의 연령기준에 관하여는 제59조의2제1항의 개정규정에도 불구하고 종전의 규정에 따른다.

제17조【연금계좌세액공제에 관한 경과조치】 이 법 시행 전에 개시한 과세기간의 종합소득산출세액에 대한 연금계좌세액공제의 기준에 관하여는 제59조의3제1항의 개정규정에도 불구하고 종전의 규정에 따른다.

제18조【양도소득의 필요경비 계산 및 부당행위계산에 관한 경과조치】 이 법 시행 전에 증여받은 자산을 이 법 시행 이후 양도하는 경우의 필요경비 계산 및 부당행위계산에 관하여는 제97조의2제1항 전단 및 제101조제2항 각 호 외의 부분 본문의 개정규정(법률 제17757호 소득세법 일부개정법률 제87조의27제2항의 개정규정에 따라 준용되는 경우를 포함한다)에도 불구하고 종전의 규정에 따른다.

제19조【양도소득세 세율에 관한 경과조치】 이 법 시행 전에 양도한 경우의 양도소득세 세율에 관하여는 제104조제1항제8호 및 제9호의 개정규정에도 불구하고 종전의 규정에 따른다.

제20조【원천징수세율에 관한 경과조치】 이 법 시행 전에 지급한 이자소득 및 배당소득으로서 실지명의가 확인되지 아니한 소득에 대한 원천징수세율에 관하여는 제129조제2항제2호의 개정규정에도 불구하고 종전의 규정에 따른다.

제21조【근로소득에 대한 원천징수영수증의 발급 시기에 관한 경과조치】 이 법 시행 전에 지급한 근로소득에 대한 원천징수영수증의 발급 시기에 관하여는 제143조제1항 단서의 개정규정에도 불구하고 종전의 규정에 따른다.

제22조【비거주자 국내원천소득에 대한 원천징수의 특례에 관한 경과조치】 이 법 시행 전에 이자를 지급하거나 국채등을 양도한 경우에는 제156조제2항의 개정규정에도 불구하고 종전의 규정에 따른다.

제23조【다른 법률의 개정】 ※(해당 법령에 가제정리 하였음)

부 칙 (2023.7.18)

제1조【시행일】 이 법은 2025년 1월 1일부터 시행한다.(이하 생략)

부 칙 (2023.8.8)

제1조【시행일】 이 법은 2024년 5월 17일부터 시행한다.(이하 생략)

부 칙 (2023.12.31)

제1조【시행일】 이 법은 2024년 1월 1일부터 시행한다. 다만, 다음 각 호의 개정규정은 해당 호에서 정하는 날부터 시행한다.
1. 제25조제1항제2호의 개정규정 : 2026년 1월 1일
2. 제86조제1호의 개정규정 : 2024년 7월 1일
3. 제95조제5항 및 제6항의 개정규정 : 2025년 1월 1일

제2조【비과세소득에 관한 적용례 등】 ① 제12조제2호사목의 개정규정은 이 법 시행 이후 발생하는 소득분부터 적용한다.
② 제12조제3호마목, 같은 호 어목1) 단서 및 같은 조 제5호라목 단서의 개정규정은 이 법 시행 이후 소득을 지급받는 경우부터 적용한다.
③ 이 법 시행 전에 지급받은 출산·보육과 관련한 소득의 비과세 한도에 관하여는 제12조제3호머목 및 같은 조 제5호아목4)의 개정규정에도 불구하고 종전의 규정에 따른다.

제3조【자녀세액공제에 관한 적용례】 ① 제59조의2제1항 각 호 외의 부분의 개정규정은 이 법 시행 이후 종합소득과세표준을 신고하거나 소득세를 결정하거나 연말정산하는 경우부터 적용한다.
② 제59조의2제1항제2호 및 제3호의 개정규정은 이 법 시행일이 속하는 과세기간분부터 적용한다.

제4조【의료비 세액공제에 관한 적용례】 제59조의4제2항제2호나목의 개정규정은 이 법 시행 이후 의료비를 지급하는 경우부터 적용한다.

제5조【이자 상당 가산액의 계산에 관한 적용례】 제64조의2제4항 본문의 개정규정은 이 법 시행 이후의 기간에 대하여 이자 상당 가산액을 계산하는 경우부터 적용한다.

제6조【소액 부징수의 예외에 관한 적용례】 제86조제1호의 개정규정은 2024년 7월 1일 이후 지급하는 소득에 대하여 원천징수하는 경우부터 적용한다.

제7조【장기보유 특별공제액의 계산에 관한 적용례】 제95조제5항 및 제6항의 개정규정은 2025년 1월 1일 이후 자산을 양도하는 경우부터 적용한다.

제8조【양도소득의 필요경비 계산 특례에 관한 적용례】 제97조의2제1항의 개정규정은 이 법 시행 이후 자산을 양도하는 경우부터 적용한다.

제9조【조세조약상 비과세·면제 또는 제한세율의 적용을 위한 경정청구기간에 관한 적용례】 제156조의2제5항 본문, 제156조의4제2항 본문 및 제156조의6제4항 본문의 개정규정은 이 법 시행 당시 각각 같은 개정규정에 따른 경정청구기간이 만료되지 아니한 경우에도 적용한다.

제10조【외국인 통합계좌 원천징수 특례에 관한 적용례】 제156조의9의 개정규정은 이 법 시행 이후 외국인 통합계좌의 명의인에게 국내원천소득을 지급하는 경우부터 적용한다.

제11조【국외 주식매수선택권등 거래명세서 제출에 관한 적용례】 제164조의5의 개정규정은 이 법 시행 이후 임원등이 주식매수선택권을 행사하거나 주식기준보상을 지급받는 경우부터 적용한다.

제12조【신탁소득에 대한 소득세 과세에 관한 경과조치】 이 법 시행 전에 신탁재산에 귀속된 소득에 대해서는 제2조의3제2항의 개정규정에도 불구하고 종전의 규정에 따른다.

제13조【분리과세 기준금액 상향에 관한 경과조치】 이 법 시행 전에 지급받은 연금소득의 분리과세 기준금액에 관하여는 제14조제3항제9호다목의 개정규정에도 불구하고 종전의 규정에 따른다.

제14조【배당가산율 인하에 관한 경과조치】 이 법 시행 전에 지급받은 배당소득의 소득금액 계산에 관하여는 제17조제3항 각 호 외의 부분 단서의 개정규정에도 불구하고 종전의 규정에 따른다.

제15조【주택의 보증금등에 대한 총수입금액 계산의 특례에 관한 경과조치】 이 법 시행 전에 개시한 과세기간의 총수입금액 계산에 관하여는 제25조제1항제2호의 개정규정에도 불구하고 종전의 규정에 따른다.

제16조【장기주택저당차입금 이자 상환액의 소득공제에 관한 경과조치 등】 ① 이 법 시행 전에 취득한 주택 및 주택분양권에 대한 장기주택저당차입금 이자 상환액의 소득공제 대상 주택 및 주택분양권의 범위에 관하여는 제52조제5항 각 호 외의 부분 본문 및 같은 항 제4호 본문의 개정규정에도 불구하고 종전의 규정에 따른다.

② 이 법 시행 전에 차입한 장기주택저당차입금의 이자 상환액에 대한 소득공제 한도에 관하여는 다음 각 호의 구분에 따른다.

1. 이 법 시행 전에 지급한 이자 상환액의 경우 : 제52조제5항 각 호 외의 부분 단서 및 같은 조 제6항의 개정규정에도 불구하고 종전의 규정에 따른다.
2. 이 법 시행 이후 지급하는 이자 상환액의 경우 : 제52조제5항 각 호 외의 부분 단서 및 같은 조 제6항의 개정규정을 적용한다. 다만, 2012년 1월 1일 전에 차입한 장기주택저당차입금의 이자 상환액에 대하여 제52조제5항 각 호 외의 부분 단서 및 같은 조 제6항의 개정규정을 적용하는 것이 법률 제11146호 소득세법 일부개정법률 부칙 제17조에 따라 종전의 제52조제5항 각 호 외의 부분 단서를 적용하는 것보다 납세자에게 불리하게 되는 경우에는 같은 종전의 규정에 따른다.

부 칙 (2024.12.31)

제1조【시행일】 이 법은 2025년 1월 1일부터 시행한다. 다만, 다음 각 호의 개정규정은 해당 호에서 정하는 날부터 시행한다.

1. 제4조제2항제4호, 제17조제1항제5호의3·제5호의4의 개정규정, 법률 제17757호 소득세법 일부개정법률 제17조제1항제9호·제10호(같은 항 제5호의3 및 제5호의4에 관한 부분으로 한정한다)의 개정규정 : 2025년 7월 1일
2. 법률 제17757호 소득세법 일부개정법률 제37조제1항제3호, 같은 조 제5항·제6항·제7항 및 제164조의4제1항의 개정규정 : 2027년 1월 1일
3. 제156조의2제1항의 개정규정 : 2026년 1월 1일
4. 법률 제17757호 소득세법 일부개정법률 제164조의4제2항의 개정규정, 제177조의 개정규정 : 2028년 1월 1일

제2조【신탁소득에 관한 적용례】 제4조제2항제4호 및 제17조제1항제5호의3·제5호의4의 개정규정, 법률 제17757호 소득세법 일부개정법률 제17조제1항제9호·제10호(같은 항 제5호의3 및 제5호의4에 관한 부분으로 한정한다)의 개정규정은 2025년 7월 1일 이후 지급받는 소득분부터 적용한다.

제3조【기업의 출산지원금 비과세에 관한 적용례】 제12조제3호머목1)의 개정규정은 이 법 시행 이후 종합소득과세표준 확정신고를 하거나 연말정산하는 경우부터 적용한다.

제4조【임원등에 대한 할인금액 비과세에 관한 적용례】 제12조제3호처목 및 제20조제1항제6호의 개정규정은 이 법 시행 이후 발생하는 소득분부터 적용한다.

제5조【배당소득의 가산 적용에서 제외되는 소득의 범위에 관한 적용례】 제17조제3항제1호·제6호 및 제7호의 개정규정은 이 법 시행 이후 자본의 감소 또는 재평가적립금·자본준비금의 감액으로 취득하거나 지급받는 소득분부터 적용한다.

제6조【가상자산 취득가액 산정방식에 관한 적용례】 법률 제17757호 소득세법 일부개정법률 제37조제6항의 개정규정은 2027년 1월 1일 이후 가상자산을 양도하는 경우부터 적용한다.

제7조【자녀세액공제에 관한 적용례】 제59조의2제1항제1호부터 제3호까지의 개정규정은 이 법 시행일이 속하는 과세기간분부터 적용한다.

제8조【양도소득의 필요경비 계산 특례에 관한 적용례】 제97조의2제1항 각 호 외의 부분의 개정규정은 이 법 시행 이후 증여받는 자산부터 적용한다.

제9조【양도차익의 산정에 관한 적용례】 제100조제3항 단서의 개정규정은 이 법 시행 이후 양도하는 경우부터 적용한다.

제10조【비거주자의 국채 등 이자·양도소득 과세특례에 관한 적용례】 ① 제119조의3제3항부터 제5항까지의 개정규정은 이 법 시행 이후 소득을 지급받는 경우부터 적용한다.

② 제119조의3제6항 및 제7항의 개정규정은 이 법 시행 이후 경정을 청구하는 경우부터 적용한다.

제11조【전자기부금영수증 발급의무에 관한 적용례】 제160조의3제4항의 개정규정은 이 법 시행 이후 기부금을 받는 경우부터 적용한다.

제12조【가상자산 거래내역 제출에 관한 적용례】 법률 제17757호 소득세법 일부개정법률 제164조의4제2항의 개정규정은 2028년 1월 1일 이후 발생하는 거래에 관하여 자료를 제출하지 아니하는 경우부터 적용한다.

제13조【원천징수세율에 관한 경과조치】 이 법 시행 전에 지급한 소득의 원천징수에 관하여는 제129조제1항제3호의 개정규정에도 불구하고 종전의 규정에 따른다.

제14조【납세조합 세액공제 및 교부금의 지급에 관한 경과조치】 ① 이 법 시행 전에 발생한 소득에 대한 세액공제에 관하여는 제150조제3항의 개정규정에도 불구하고 종전의 규정에 따른다.

② 이 법 시행 전에 발생한 소득에 대하여 소득세를 징수하여 납부한 자에게 지급하는 교부금에 관하여는 제169조의 개정규정에도 불구하고 종전의 규정에 따른다.

제15조【비거주자에 대한 조세조약상 비과세 또는 면제 적용 신청에 관한 경과조치】 제156조의2제1항의 개정규정 시행 전에 발생한 국내원천 인적용역소득에 관하여는 같은 개정규정에도 불구하고 종전의 규정에 따른다.

제16조【다른 법률의 개정】 ①~② ※(해당 법령에 가제정리 하였음)

국제연합(UN)헌장

(1991년 9월 24일
조 약 제1059호)

1945. 6.26(샌프란시스코에서 작성)
1991. 9.18(대한민국에 대하여 발효)

우리 연합국 국민들은 우리 일생 중 두 번이나 말할 수 없는 슬픔을 인류에게 가져온 전쟁의 재앙으로부터 다음 세대를 구하고, 기본적 인권, 인간의 존엄 및 가치, 남녀 및 대소 각국의 평등권에 대한 신념을 재확인하며, 정의와 조약 및 그 밖의 국제법의 연원으로부터 발생하는 의무에 대한 존중이 유지될 수 있는 조건을 확립하면서, 더 많은 자유 속에서 사회적 진보와 생활수준의 향상을 촉진하기로 결정하였다. 그리고 이러한 목적을 위하여 관용을 실천하고 선량한 이웃으로서 상호간 평화롭게 같이 생활하고, 국제 평화와 안보를 유지하기 위하여 우리의 힘을 합하며, 공동이익을 위한 경우 이외에는 무력을 사용하지 않음을 원칙의 수락과 방법의 도입을 통하여 보장하고, 모든 국민의 경제적 및 사회적 발전을 촉진하기 위하여 국제기관을 이용하기로 결정하면서, 이러한 목표를 달성하기 위하여 우리의 노력을 결집하기로 결의하였다. 따라서, 우리 각 정부는 샌프란시스코에 모인, 유효하고 정식으로 인정된 전권위임장을 제시한 대표를 통하여, 이 「국제연합헌장」에 합의하고, 국제연합이라는 국제기구를 이에 설립한다.

제1장 목적과 원칙

제1조 국제연합의 목적은 다음과 같다.
1. 국제 평화와 안보를 유지하고, 이를 위하여 평화에 대한 위협을 예방하고 제거하며 침략행위 또는 그 밖의 평화의 파괴를 진압하기 위한 효과적인 집단조치를 취하고, 평화의 파괴에 이를 수 있는 국제 분쟁이나 사태를 평화적 수단으로 그리고 정의와 국제법 원칙에 합치되도록 조정 또는 해결한다.
2. 사람들의 평등권 및 자결의 원칙에 대한 존중에 기초하여 국가 간의 우호관계를 발전시키며, 세계 평화를 강화하기 위한 그 밖의 적절한 조치를 취한다.
3. 경제적, 사회적, 문화적 또는 인도적 성격의 국제 문제를 해결하고 또한 인종, 성별, 언어 또는 종교에 따른 차별 없이 모든 사람의 인권 및 기본적 자유에 대한 존중을 촉진하고 장려함에 있어서 국제 협력을 달성한다. 그리고
4. 이러한 공동 목적을 달성함에 있어서 각국의 행동을 조화시키는 중심이 된다.

제2조 국제연합과 그 회원국은 제1조에 명시된 목적을 추구함에 있어서 다음의 원칙에 따라 행동한다.
1. 국제연합은 모든 회원국의 주권평등 원칙에 기초한다.
2. 모든 회원국은 회원국 지위에서 발생하는 권리와 이익을 그들 모두에게 보장하기 위하여 이 헌장에 따라 자국이 부담하는 의무를 신의에 좇아 성실하게 이행한다.
3. 모든 회원국은 자국의 국제 분쟁을 국제 평화와 안보 그리고 정의를 위태롭게 하지 않는 방식으로 평화적 수단에 의하여 해결한다.
4. 모든 회원국은 자국의 국제 관계에 있어서 어떠한 국가의 영역 보전 또는 정치적 독립에 반하거나 국제연합의 목적에 부합하지 않는 그 밖의 어떠한 방식의 무력 위협이나 행사도 삼간다.
5. 모든 회원국은 국제연합이 이 헌장에 따라 취하는 어떠한 조치에서도 국제연합에 모든 지원을 제공하며, 국제연합이 예방 또는 강제 조치를 취하는 대상인 어떠한 국가에도 지원을 삼간다.
6. 국제연합은, 국제 평화와 안보를 유지하는 데 필요한 한, 국제연합 회원국이 아닌 국가가 이러한 원칙에 따라 행동하도록 보장한다.
7. 이 헌장의 어떠한 규정도 본질상 어떤 국가의 국내 관할권 안에 있는 사안에 간섭할 권한을 국제연합에 부여하지 않으며, 그러한 사안을 이 헌장에 따른 해결에 맡기도록 회원국에 요구하지도 않는다. 다만, 이 원칙은 제7장에 따른 강제조치의 적용에 영향을 미치지 않는다.

제2장 회원국 지위

제3조 국제연합의 원회원국은, 샌프란시스코에서 국제기구에 관한 연합국 회의에 참가한 국가 또는 1942년 1월 1일 연합국 선언에 이미 서명한 국가로서, 이 헌장에 서명하고 제110조에 따라 이를 비준한 국가이다.

제4조 1. 국제연합의 회원국 지위는 이 헌장에 규정된 의무를 수락하고, 이러한 의무를 이행할 능력과 의사가 있다고 국제연합이 판단하는 그 밖의 모든 평화애호국에 개방된다.
2. 그러한 국가의 국제연합 회원국으로의 가입은 안전보장이사회의 권고에 따라 총회의 결정으로 이루어진다.

제5조 안전보장이사회가 예방 또는 강제 조치를 취하는 대상인 국제연합 회원국은 안전보장이사회의 권고에 따라 총회에 의하여 회원국으로서의 권리와 특권의 행사가 정지될 수 있다. 이러한 권리와 특권의 행사는 안전보장이사회에 의하여 회복될 수 있다.

제6조 이 헌장에 규정된 원칙을 지속적으로 위반하는 국제연합 회원국은 안전보장이사회의 권고에 따라 총회에 의하여 국제연합에서 제명될 수 있다.

제3장 기 관

제7조 1. 국제연합의 주요기관으로 총회, 안전보장이사회, 경제사회이사회, 신탁통치이사회, 국제사법재판소 및 사무국이 설치된다.
2. 필요하다고 인정되는 보조기관은 이 헌장에 따라 설치될 수 있다.

제8조 국제연합은 그 주요기관과 보조기관에서 남성과 여성이 어떠한 자격으로든 평등한 조건으로 참여하는 데 제한을 두지 않는다.

제4장 총 회

【구성】

제9조 1. 총회는 모든 국제연합 회원국으로 구성된다.
2. 각 회원국은 총회에 5인 이하의 대표를 둔다.

【임무와 권한】

제10조 총회는 이 헌장의 범위 안에 있거나 이 헌장에 규정된 어떠한 기관의 권한 및 임무에 관한 어떠한 문제나 사안도 토의할 수 있으며, 제12조에 규정된 경우를 제외하고는 그러한 문제나 사안에 관하여 국제연합 회원국이나 안전보장이사회 또는 이 양자에게 권고할 수 있다.

제11조 1. 총회는 군비축소와 군비규제를 규율하는 원칙을 포함하여 국제 평화와 안보를 유지함에 있어서 협력의 일반원칙을 심의하고, 그러한 원칙과 관련하여 회원국이나 안전보장이사회 또는 이 양자에게 권고할 수 있다.
2. 총회는 국제연합 회원국이나 안전보장이사회 또는 제35조제2항에 따라 국제연합 회원국이 아닌 국가가 총회에 회부한 국제 평화와 안보의 유지에 관한 어떠한 문제도 토의할 수 있으며, 제12조에 규정된 경우를 제외하고는 그러한 문제와 관련하여 1개 이상의 관계국이나 안전보장이사회 또는 이 양자에게 권고할 수 있다. 조치를 필요로 하는 그러한 문제는 토의 전이나 후에 총회에 의하여 안전보장이사회에 회부된다.
3. 총회는 국제 평화와 안보를 위태롭게 할 가능성이 큰 사태에 대하여 안전보장이사회의 주의를 환기할 수 있다.
4. 이 조에 규정된 총회의 권한은 제10조의 일반적 범위를 제한하지 않는다.

제12조 1. 안전보장이사회가 어떠한 분쟁 또는 사태와 관련하여 이 헌장에서 자신에게 부여된 임무를 수행하고 있는 동안, 총회는 안전보장이사회가 요청하지 않는 한 그 분쟁 또는 사태에 관하여 어떠한 권고도 하지 않는다.
2. 사무총장은 안전보장이사회가 다루고 있는 국제 평화와 안보의 유지에 관한 어떠한 사안도 안전보장이사회의 동의를 얻어 매 회기 총회에 통보하며, 안전보장이사회가 그러한 사안을 다루기를 중지하는 즉시, 사무총장은 총회에 이를 통보하고, 총회가 회기 중이 아니라면 국제연합 회원국에 마찬가지로 통보한다.

제13조 1. 총회는 다음의 목적을 위하여 연구를 개시하고 권고한다.
가. 정치 분야에서 국제 협력을 촉진하고, 국제법의 점진적 발달 및 그 성문화를 장려한다.
나. 경제, 사회, 문화, 교육 및 보건 분야에서 국제 협력을 촉진하며, 인종, 성별, 언어 또는 종교에 따른 차별 없이 모든 사람을 위하여 인권과 기본적 자유의 실현을 지원한다.
2. 위 제1항나호에 규정된 사안에 관한 총회의 추가 책임, 임무 및 권한은 제9장과 제10장에 규정된다.

제14조 제12조의 규정을 따른다는 조건으로, 총회는 국제연합의 목적과 원칙을 규정한 이 헌장 규정을 위반하여 초래되는 사태를 포함하여 일반 복지나 국가 간 우호관계를 손상할 가능성이 크다고 인정되는 어떠한 사태에 대해서도 그 원인과 관계없이 평화적 조정을 위한 조치를 권고할 수 있다.

제15조 1. 총회는 안전보장이사회로부터 연례보고와 특별보고를 받아 심의한다. 이 보고는 안전보장이사회가 국제 평화와 안보를 유지하기 위하여 결정하였거나 취한 조치의 설명을 포함한다.
2. 총회는 국제연합의 다른 기관으로부터 보고를 받아 심의한다.

제16조 총회는 전략지역으로 지정되지 않은 지역에 관한 신탁통치협정의 승인을 포함하여 제12장과 제13장에 따라 자신에게 부여된 국제신탁통치제도에 관한 임무를 수행한다.

제17조 1. 총회는 국제연합의 예산을 심의하고 승인한다.
2. 국제연합의 경비는 총회의 배정에 따라 회원국이 부담한다.
3. 총회는 제57조에 규정된 전문기구와의 모든 재정약정 및 예산약정을 심의하고 승인하며, 해당 전문기구에 권고할 목적으로 그 기구의 행정 예산을 검토한다.

【표결】

제18조 1. 총회의 각 구성국은 1개의 투표권을 가진다.
2. 중요 문제에 관한 총회의 결정은 출석하여 투표하는 구성국 3분의 2의 다수로 한다. 이러한 문제는 국제 평화와 안보의 유지에 관한 권고, 안전보장이사회 비상임이사국 선출, 경제사회이사회 이사국 선출, 제86조제1항다호에 따른 신탁통치이사회 이사국 선출, 신규 회원국의 국제연합 가입, 회원국으로서의 권리 및 특권 정지, 회원국 제명, 신탁통치제도 운영에 관한 문제 및 예산 문제를 포함한다.
3. 3분의 2의 다수로 결정될 문제의 추가 범주 결정을 포함하여 그 밖의 문제에 관한 결정은 출석하여 투표하는 구성국 과반수로 한다.

제19조 국제연합에 대한 자국의 재정 분담금 지불을 연체한 회원국은, 그 연체금액이 직전 만 2년간 그 나라가 지불하였어야 할 분담금액과 같거나 이를 초과하는 경우, 총회에서 투표권을 갖지 못한다. 다만, 지불의 불이행이 그 회원국이 제어할 수 없는 사정 때문이라고 인정되는 경우, 총회는 그 회원국의 투표를 허용할 수 있다.

【절차】

제20조 총회는 연례정기회기 및 필요한 경우 특별회기에 모인다. 특별회기는 안전보장이사회의 요청 또는 국제연합 회원국 과반수의 요청에 따라 사무총장이 소집한다.

제21조 총회는 자체 의사규칙을 채택한다. 총회는 매 회기에 의장을 선출한다.

제22조 총회는 자신의 임무 수행에 필요하다고 인정되는 보조기관을 설치할 수 있다.

제5장 안전보장이사회

【구성】

제23조 1. 안전보장이사회는 15개 국제연합 회원국으로 구성된다. 중화민국, 프랑스, 소비에트사회주의공화국연방, 영국 및 미합중국은 안전보장이사회의 상임이사국이다. 총회는 먼저 국제 평화와 안보의 유지 및 국제연합의 그 밖의 목적에 대한 국제연합 회원국의 공헌과 공평한 지리적 배분을 특별히 고려하여 그 외 10개의 국제연합 회원국을 안전보장이사회 비상임이사국으로 선출한다.
2. 안전보장이사회 비상임이사국은 2년 임기로 선출된다. 안전보장이사회 이사국이 11개국에서 15개국으로 증가된 후 최초의 비상임이사국 선거에서는, 추가된 4개 이사국 중 2개 이사국은 1년 임기로 선출된다. 퇴임이사국은 연이어 재선될 자격을 갖지 않는다.
3. 안전보장이사회의 각 이사국은 1인의 대표를 둔다.

【임무와 권한】

제24조 1. 국제연합의 신속하고 효과적인 조치를 보장하기 위하여, 국제연합 회원국은 국제 평화와 안보의 유지를 위한 일차 책임을 안전보장이사회에 부여하며, 안전보장이사회가 그 책임하에 의무를 이행함에 있어서 회원국을 대신하여 행동함에 동의한다.
2. 이러한 의무를 이행함에 있어서 안전보장이사회는 국제연합의 목적과 원칙에 따라 활동한다. 이러한 의무를 이행하기 위하여 안전보장이사회에 부여된 구체적 권한은 제6장, 제7장, 제8장 및 제12장에 규정된다.
3. 안전보장이사회는 총회의 심의를 위하여 연례보고 및 필요한 경우 특별보고를 총회에 제출한다.

제25조 국제연합 회원국은 안전보장이사회의 결정을 이 헌장에 따라 수락하고 이행하기로 합의한다.

제26조 세계의 인적 및 경제적 자원의 군비전용을 최소화하면서 국제 평화와 안보의 확립 및 유지를 촉진하기 위하여, 안전보장이사회는 군비규제체제의 확립을 위하여 국제연합 회원국에 제출되는 계획을 제47조에 규정된 군사참모위원회의 지원을 받아 작성할 책임을 진다.

【표결】

제27조 1. 안전보장이사회의 각 이사국은 1개의 투표권을 가진다.
2. 절차 사안에 관한 안전보장이사회의 결정은 9개 이사국의 찬성 투표로 한다.
3. 그 밖의 모든 사안에 관한 안전보장이사회의 결정은 상임이사국의 동의 투표를 포함한 9개 이사국의 찬성 투표로 한다. 다만, 분쟁당사자는 제6장과 제52조제3항에 따른 결정에서는 투표에 기권한다.

【절차】

제28조 1. 안전보장이사회는 계속적으로 임무를 수행할 수 있도록 조직된다. 이를 위하여 안전보장이사회의 각 이사국은 국제연합 소재지에 항상 대표를 둔다.
2. 안전보장이사회는 정기회의를 개최하며, 각 이사국이 희망하는 경우 이 회의에서 각료 또는 특별히 지명된 다른 대표가 대표할 수 있다.
3. 안전보장이사회는 국제연합 소재지 외에 자신의 업무를 가장 용이하게 하리라고 판단하는 장소에서 회의를 개최할 수 있다.

제29조 안전보장이사회는 자신의 임무 수행에 필요하다고 인정되는 보조기관을 설치할 수 있다.

제30조 안전보장이사회는 의장선출방식을 포함한 자체 의사규칙을 채택한다.

제31조 안전보장이사회 이사국이 아닌 어떠한 국제연합 회원국도 안전보장이사회가 그 회원국의 이해에 특히 영향이 있다고 볼 때에는 언제든지 안전보장이사회에 회부된 어떠한 문제의 토의에도 투표권 없이 참가할 수 있다.

제32조 안전보장이사회 이사국이 아닌 국제연합 회원국 또는 국제연합 회원국이 아닌 어떠한 국가도 안전보장이사회에서 심의 중인 분쟁의 당사자인 경우에는 이 분쟁에 관한 토의에 투표권 없이 참가하도록 초청된다. 안전보장이사회는 국제연합 회원국이 아닌 국가의 참가에 공정하다고 인정되는 조건을 정한다.

제6장 분쟁의 평화적 해결

제33조 1. 어떠한 분쟁이든 지속되어 국제 평화와 안보의 유지가 위태롭게 될 가능성이 큰 경우, 분쟁당사자는 우선 교섭, 심사, 중개, 조정(調停), 중재, 사법적 해결, 지역 기구나 조직의 이용 또는 당사자가 선택하는 다른 평화적 수단에 의한 해결을 추구한다.
2. 안전보장이사회는 필요하다고 인정하는 경우 당사자에게 분쟁을 그러한 수단으로 해결하도록 요청한다.

제34조 안전보장이사회는 어떠한 분쟁 또는 국제적 마찰로 이어질 수 있거나 분쟁을 발생시킬 수 있는 어떠한 사태에 관하여도 그 분쟁 또는 사태의 지속으로 인해 국제 평화와 안보의 유지가 위태롭게 될 가능성이 큰지 여부를 결정하기 위하여 조사할 수 있다.

제35조 1. 국제연합 회원국은 어떠한 분쟁 또는 제34조에 규정된 성격의 어떠한 사태에 대하여도 안전보장이사회 또는 총회의 주의를 환기할 수 있다.

2. 국제연합 회원국이 아닌 국가는 자국이 당사자인 어떠한 분쟁에 대하여도, 이 헌장에 규정된 평화적 해결 의무를 해당 분쟁에 관하여 미리 수락하는 경우, 안전보장이사회 또는 총회의 주의를 환기할 수 있다.

3. 이 조에 따라 주의가 환기된 사안에 관한 총회의 절차는 제11조 및 제12조의 규정을 따르게 된다.

제36조 1. 안전보장이사회는 제33조에 규정된 성격의 분쟁 또는 유사한 성격의 사태의 어떠한 단계에서도 적절한 조정 절차나 방법을 권고할 수 있다.

2. 안전보장이사회는 당사자가 이미 채택한 모든 분쟁해결절차를 고려하여야 한다.

3. 안전보장이사회는, 이 조에 따른 권고를 함에 있어서, 일반적으로 법적 분쟁이 「국제사법재판소규정」 조항에 따라 당사자에 의하여 그 재판소에 회부되어야 한다는 점도 고려하여야 한다.

제37조 1. 제33조에 규정된 성격의 분쟁당사자는, 그 조에 제시된 수단으로 분쟁을 해결하지 못하는 경우, 이를 안전보장이사회에 회부한다.

2. 안전보장이사회는, 분쟁의 지속으로 인해 국제 평화와 안보의 유지가 위태롭게 될 가능성이 실제로 크다고 인정하는 경우, 제36조에 따른 조치를 취할지 또는 적절하다고 보는 해결조건을 권고할지 결정한다.

제38조 제33조부터 제37조까지의 규정에 영향을 미치지 않으면서, 안전보장이사회는 분쟁의 모든 당사자가 요청하는 경우 분쟁의 평화적 해결을 위하여 그 당사자에게 권고할 수 있다.

제7장 평화에 대한 위협, 평화의 파괴 및 침략행위에 관한 조치

제39조 안전보장이사회는 평화에 대한 위협, 평화의 파괴 또는 침략행위의 존재를 결정하고, 국제 평화와 안보를 유지하거나 이를 회복하기 위하여 권고하거나, 제41조 및 제42조에 따라 어떠한 조치를 취할지 결정한다.

제40조 안전보장이사회는 사태의 악화를 방지하기 위하여 제39조에 규정된 권고를 하거나 조치를 결정하기 전에 필요하거나 바람직하다고 인정되는 잠정조치에 따르도록 관계 당사자에게 요청할 수 있다. 이 잠정조치는 관계 당사자의 권리, 청구권 또는 지위에 영향을 미치지 않는다. 안전보장이사회는 그러한 잠정조치의 불이행을 적절히 고려한다.

제41조 안전보장이사회는 자신의 결정을 시행하기 위하여 병력 사용을 수반하지 않는 어떠한 조치를 취할지 결정할 수 있으며, 국제연합 회원국이 그러한 조치를 적용하도록 요청할 수 있다. 이 조치는 경제관계와 철도, 항해, 항공, 우편, 전신, 무선통신 및 그 밖의 교통통신수단의 전부 또는 일부의 중단 그리고 외교관계 단절을 포함할 수 있다.

제42조 안전보장이사회는 제41조에 규정된 조치가 불충분하거나 불충분한 것으로 판명되었다고 보는 경우, 국제 평화와 안보의 유지 또는 회복에 필요한 공군, 해군 또는 육군에 의한 조치를 취할 수 있다. 그러한 조치는 국제연합 회원국의 공군, 해군 또는 육군에 의한 무력시위, 봉쇄 및 그 밖의 작전을 포함할 수 있다.

제43조 1. 모든 국제연합 회원국은 국제 평화와 안보 유지에 공헌하기 위하여 안전보장이사회의 요청에 의하여 그리고 단수 또는 복수의 특별협정에 따라, 국제 평화와 안보의 유지 목적상 필요한 병력, 지원 및 통과권을 포함한 편의를 안전보장이사회에 제공하기로 약속한다.

2. 그러한 협정은 병력의 수 및 유형, 그 준비태세 정도 및 일반적 배치와 제공될 편의 및 지원의 성격을 규율한다.

3. 그 협정은 안전보장이사회의 발의로 가능한 한 신속히 교섭되어야 한다. 이 협정은 안전보장이사회와 회원국 간 또는 안전보장이사회와 회원국 집단 간에 체결되며, 서명국 각자의 헌법절차에 따라 서명국의 비준 대상이 된다.

제44조 안전보장이사회는 무력을 사용하기로 결정한 경우 안전보장이사회에서 대표되지 않는 회원국에 제43조에 따라 부과된 의무의 이행을 위한 병력 제공을 요청하기 전에, 그 회원국이 희망한다면, 그 회원국 병력 중 파견부대의 사용에 관한 안전보장이사회의 결정에 그 회원국이 참여하도록 초청한다.

제45조 국제연합이 긴급한 군사조치를 취할 수 있도록, 회원국은 국제 공동강제조치에 즉시 이용할 수 있는 국내 공군파견부대를 유지한다. 이러한 파견부대의 전력 및 준비태세 정도와 공동조치계획은 제43조에 규정된 단수 또는 복수의 특별협정에 규정된 범위 안에서 군사참모위원회의 지원을 받아 안전보장이사회가 결정한다.

제46조 병력사용계획은 군사참모위원회의 지원을 받아 안전보장이사회가 작성한다.

제47조 1. 국제 평화와 안보의 유지를 위한 안전보장이사회의 군사소요, 안전보장이사회의 재량에 맡겨진 병력의 사용 및 지휘, 군비규제 그리고 가능한 군비축소에 관한 모든 문제에 관하여 안전보장이사회를 자문하고 지원하기 위하여 군사참모위원회를 설치한다.

2. 군사참모위원회는 안전보장이사회 상임이사국의 참모총장 또는 그 대표로 구성된다. 이 위원회에서 상임위원으로 대표되지 않는 국제연합 회원국은 위원회 책임의 효과적인 수행을 위하여 위원회 업무에 그 회원국의 참여가 필요한 경우 위원회의 초청을 받아 위원회에 관여할 수 있다.

3. 군사참모위원회는 안전보장이사회 산하에서 안전보장이사회의 재량에 맡겨진 병력의 전략 지시에 대하여 책임을 진다. 그러한 병력의 지휘에 관한 문제는 추후 해결한다.

4. 군사참모위원회는 안전보장이사회의 허가를 얻어 적절한 지역 기구와 협의한 후 지역소위원회를 설치할 수 있다.

제48조 1. 국제 평화와 안보의 유지를 위한 안전보장이사회의 결정을 이행하는 데 필요한 조치는 안전보장이사회가 정하는 바에 따라 국제연합 회원국 전부 또는 일부에 의하여 취하여진다.

2. 그러한 결정은 국제연합 회원국에 의하여 직접, 그리고 국제연합 회원국이 구성국인 적절한 국제기구에서 이들 회원국의 조치를 통하여 이행된다.

제49조 국제연합 회원국은 안전보장이사회가 결정한 조치를 이행함에 있어서 상호원조를 제공하는 데에 참여한다.

제50조 안전보장이사회가 어느 국가에 대하여 예방 또는 강제조치를 취하는 경우, 자국이 그 조치의 이행으로부터 발생하는 특별한 경제적 문제에 직면하고 있음을 알게 된 그 밖의 모든 국가는 국제연합 회원국 여부를 불문하고 그 문제의 해결에 관하여 안전보장이사회와 협의할 권리를 가진다.

제51조 국제연합 회원국에 대하여 무력공격이 발생한 경우, 이 헌장의 어떠한 규정도 안전보장이사회가 국제 평화와 안보를 유지하기 위하여 필요한 조치를 취할 때까지 개별적 또는 집단적 자위의 고유한 권리를 침해하지 않는다. 자위권을 행사함에 있어서 회원국이 취한 조치는 즉시 안전보장이사회에 보고되며, 이 조치는 이 헌장상 안전보장이사회가 국제 평화와 안보의 유지 또는 회복을 위하여 필요하다고 인정하는 조치를 언제든지 취할 안전보장이사회의 권한과 책임에 어떠한 영향도 미치지 않는다.

제8장 지역 조직

제52조 1. 이 헌장의 어떠한 규정도 국제 평화와 안보의 유지에 관한 사안으로서 지역적 조치에 적합한 사안을 처리하기 위한 지역 조직 또는 지역 기구의 존재를 배제하지 않는다. 다만, 이 조직 또는 기구 및 그 활동이 국제연합의 목적과 원칙에 부합되어야 한다.

2. 그러한 조직에 가입하거나 그러한 기구를 구성하는 국제연합 회원국은 지역 분쟁을 안전보장이사회에 회부하기 전에 그 지역 조직 또는 지역 기구를 통하여 그 분쟁이 평화적으로 해결되도록 모든 노력을 다한다.

3. 안전보장이사회는 관계국의 발의나 안전보장이사회의 회부에 의하여 그러한 지역 조직 또는 지역 기구를 통한 지역 분쟁의 평화적 해결의 진전을 장려한다.

4. 이 조는 제34조 및 제35조의 적용을 결코 침해하지 않는다.

제53조 1. 안전보장이사회는 그 권한에 속하는 강제조치를 위하여 적절한 경우에는 지역 조직 또는 기구를 이용한다. 다만, 안전보장이사회의 허가 없이는 어떠한 강제조치도 지역 조직 또는 지역 기구에 의하여 취하여지지 않는다. 그러나 이 조 제2항에 정의된 적국에 대한 조치로서 제107조에 따라 규정되거나 적국의 침략정책 재개에 대비하는 지역 약정에서 규정된 것은, 관계 정부의 요청에 따라 국제연합이 그 적국에 의한 추가 침략을 방지할 책임을 질 때까지는 예외로 한다.

2. 이 조 제1항에서 사용된 적국이라는 용어는 제2차 세계대전 중 이 헌장 서명국의 적이었던 어떠한 국가에도 적용된다.

제54조 안전보장이사회는 국제 평화와 안보의 유지를 위하여 지역 조직하에서 또는 지역 기구에 의하여 착수되었거나 계획되고 있는 활동에 대하여 항상 충분한 정보를 제공받도록 한다.

제9장 경제적 및 사회적 국제 협력

제55조 사람의 평등권 및 자결 원칙의 존중에 기초한 국가 간의 평화롭고 우호적인 관계에 필요한 안정과 복지의 여건을 조성하기 위하여, 국제연합은 다음을 촉진한다.
가. 보다 높은 생활수준, 완전고용 그리고 경제적 및 사회적 진보와 발전의 여건
나. 국제 경제, 사회, 보건 및 관련 문제의 해결 그리고 국제 문화 및 교육 협력, 그리고
다. 인종, 성별, 언어 또는 종교에 따른 차별 없이 모든 사람을 위한 인권 및 기본적 자유의 보편적 존중과 준수
제56조 모든 회원국은 제55조에 규정된 목적의 달성을 위하여 국제연합과 협력하여 합동 및 개별 조치를 취하기로 약속한다.
제57조 1. 각종 전문기구는 정부간 협정에 의하여 설치되고 경제, 사회, 문화, 교육, 보건 및 관련 분야에서 그 기구의 기본 문서에 정의된 광범위한 국제 책임을 지며, 제63조의 규정에 따라 국제연합과 관계를 맺게 된다.
2. 이와 같이 국제연합과 관계를 맺은 기구는 이하 전문기구라 한다.
제58조 국제연합은 전문기구의 정책과 활동을 조정하기 위하여 권고한다.
제59조 국제연합은 적절한 경우 제55조에 규정된 목적 달성에 필요한 새로운 전문기구를 창설하기 위하여 관계국 간의 교섭을 발의한다.
제60조 이 장에서 규정된 국제연합의 임무를 수행할 책임은 총회와 총회의 권한하에 경제사회이사회에 부과되며, 경제사회이사회는 이 목적을 위하여 제10장에 규정된 권한을 가진다.

제10장 경제사회이사회

【구성】
제61조 1. 경제사회이사회는 총회가 선출한 54개 국제연합 회원국으로 구성된다.
2. 제3항의 규정에 따른다는 조건으로, 경제사회이사회의 18개 이사국은 3년 임기로 매년 선출된다. 퇴임 이사국은 연이어 재선될 자격이 있다.
3. 경제사회이사회 이사국이 27개국에서 54개국으로 증가된 후 최초 선거에서는, 그 해 말 임기가 종료되는 9개 이사국 자리에 선출되는 이사국에 더하여, 27개 이사국이 추가로 선출된다. 총회가 정한 약정에 따라 이러한 27개 추가 이사국 중 9개 이사국의 임기는 1년 후 종료되고, 다른 9개 이사국의 임기는 2년 후 종료된다.
4. 경제사회이사회의 각 이사국은 1인의 대표를 둔다.
【임무와 권한】
제62조 1. 경제사회이사회는 국제 경제, 사회, 문화, 교육, 보건 및 관련 사안에 관한 연구 및 보고를 하거나 발의할 수 있으며, 그러한 사안에 관하여 총회, 국제연합 회원국 및 관계 전문기구에 권고할 수 있다.
2. 경제사회이사회는 모든 사람을 위한 인권 및 기본적 자유의 존중과 준수를 촉진하기 위하여 권고할 수 있다.
3. 경제사회이사회는 자신의 권한에 속하는 사안에 관하여 총회에 제출하기 위한 협약안을 작성할 수 있다.
4. 경제사회이사회는 국제연합이 정한 규칙에 따라 자신의 권한에 속하는 사안에 관하여 국제회의를 소집할 수 있다.
제63조 1. 경제사회이사회는 제57조에 규정된 어떠한 기구와도 그 기구가 국제연합과 관계를 맺는 조건을 정하는 협정을 체결할 수 있다. 그러한 협정은 총회의 승인을 받아야 한다.
2. 경제사회이사회는 전문기구와의 협의 및 전문기구에 대한 권고와 총회 및 국제연합 회원국에 대한 권고를 통하여 전문기구의 활동을 조정할 수 있다.
제64조 1. 경제사회이사회는 전문기구로부터 정기보고를 받기 위한 적절한 조치를 취할 수 있다. 경제사회이사회는 자체 권고와 자신의 권한에 속하는 사안에 관한 총회의 권고를 실시하기 위하여 취하여진 조치에 관한 보고를 받기 위하여 국제연합 회원국 및 전문기구와 약정을 맺을 수 있다.
2. 경제사회이사회는 이러한 보고에 관한 자신의 의견을 총회에 전달할 수 있다.
제65조 경제사회이사회는 안전보장이사회에 정보를 제공할 수 있으며, 안전보장이사회의 요청이 있을 시 이를 지원한다.
제66조 1. 경제사회이사회는 총회 권고의 이행과 관련하여 자신의 권한에 속하는 임무를 수행한다.
2. 경제사회이사회는 국제연합 회원국의 요청이 있을 때와 전문기구의 요청이 있을 때에는 총회의 승인을 얻어 용역을 수행할 수 있다.
3. 경제사회이사회는 이 헌장의 다른 곳에 규정되어 있거나 총회가 경제사회이사회에 부여한 그 밖의 임무를 수행한다.
【표결】
제67조 1. 경제사회이사회의 각 이사국은 1개의 투표권을 가진다.
2. 경제사회이사회의 결정은 출석하여 투표하는 이사국의 과반수에 의한다.
【절차】
제68조 경제사회이사회는 경제 및 사회 분야의 위원회, 인권 신장을 위한 위원회 및 자신의 임무수행에 필요한 다른 위원회를 설치한다.
제69조 경제사회이사회는 어떠한 국제연합 회원국이라도 그 회원국과 특히 관계있는 사안에 관한 심의에 투표권 없이 참가하도록 초청한다.
제70조 경제사회이사회는 전문기구 대표가 경제사회이사회 심의와 경제사회이사회가 설치한 위원회의 심의에 투표권 없이 참가하기 위한 약정과 경제사회이사회의 대표가 전문기구 심의에 참가하기 위한 약정을 맺을 수 있다.
제71조 경제사회이사회는 자신의 권한 내 사안과 관련이 있는 비정부기구와의 협의를 위하여 적절한 약정을 맺을 수 있다. 그러한 약정은 국제기구와 맺을 수 있으며, 적절한 경우에는 관련 국제연합 회원국과의 협의 후 국내 기구와 맺을 수 있다.
제72조 1. 경제사회이사회는 의장 선출방식을 포함한 자체 의사규칙을 채택한다.
2. 경제사회이사회는 그 규칙에 따라 필요한 때에 회합하며, 해당 규칙은 이사국 과반수의 요청에 따라 회의 소집 규정을 포함한다.

제11장 비자치지역에 관한 선언

제73조 주민이 아직 완전한 수준의 자치를 획득하지 못한 지역의 시정(施政)을 책임지거나 그 책임을 맡은 국제연합 회원국은 그 지역주민의 이익이 가장 중요하다는 원칙을 승인하고, 그 지역주민의 복지를 이 헌장에 따라 확립된 국제 평화와 안보 체제 안에서 최대한으로 증진시킬 의무와 이를 위한 다음의 의무를 신성한 신탁으로 수락한다.
가. 해당 주민의 문화를 적절히 존중함과 아울러 그들의 정치, 경제, 사회 및 교육 발전, 공정한 대우, 그리고 학대로부터의 보호를 보장한다.
나. 각 지역 및 그 주민의 특수사정과 그들의 서로 다른 발전단계에 따라 자치를 발달시키고, 주민의 정치적 열망을 적절히 고려하며, 주민의 자유로운 정치제도의 점진적 발전을 위하여 그들을 지원한다.
다. 국제 평화와 안보를 증진한다.
라. 이 조에 규정된 사회적, 경제적 및 과학적 목적을 실질적으로 달성하기 위하여 건설적인 발전조치를 촉진하고, 연구를 장려하며, 상호 간 그리고 적절한 경우 전문 국제단체와 협력한다. 그리고
마. 안전보장과 헌법상 고려가 필요한 제한을 따른다는 조건으로, 제12장과 제13장이 적용되는 지역 이외에 위 회원국이 각각 책임을 지는 지역의 경제, 사회 및 교육 여건에 관한 기술적 성격의 통계와 그 밖의 정보를 사무총장에게 참고용으로 정기적으로 송부한다.
제74조 국제연합 회원국은 이 장이 적용되는 지역에 관한 자국의 정책이 그들의 본국 지역에 관한 정책과 마찬가지로, 세계 다른 지역의 이익과 복지가 적절히 고려되는 가운데, 사회, 경제 및 상업 사안에서 선린의 일반원칙에 기초하여야 한다는 점에도 동의한다.

제12장 국제신탁통치제도

제75조 국제연합은 후속 개별 협정에 따라 이 제도하에 둘 수 있는 지역의 시정 및 감독을 위하여 자신의 권한하에 국제신탁통치제도를 수립한다. 이 지역은 이하 신탁통치지역이라 한다.

제76조 신탁통치제도의 기본 목적은 이 헌장 제1조에 규정된 국제연합의 목적에 따라 다음과 같다.

가. 국제 평화와 안보를 증진한다.

나. 신탁통치지역 주민의 정치, 경제, 사회 및 교육 발전을 촉진하고, 각 지역과 그 주민의 특수사정 및 해당 주민이 자유롭게 표명한 소망에 적합하도록, 그리고 각 신탁통치협정 조항에 규정된 바에 따라 자치 또는 독립을 향한 주민의 점진적 발전을 촉진한다.

다. 인종, 성별, 언어 또는 종교에 따른 차별 없이 모든 사람을 위한 인권과 기본적 자유에 대한 존중을 장려하고, 전 세계 사람들의 상호의존 인식을 고취한다. 그리고

라. 위 목적의 달성에 영향을 미치지 않고 제80조의 규정을 따르는 조건으로, 모든 국제연합 회원국 및 그 국민을 위하여 사회, 경제 및 상업 사안에서 평등한 대우를 보장하고, 그 국민을 위한 사법집행에 있어서 평등한 대우도 보장한다.

제77조 1. 신탁통치제도는 신탁통치협정에 따라 이 제도하에 둘 수 있는 다음과 같은 범주의 지역에 적용된다.

가. 현재 위임통치하에 있는 지역

나. 제2차 세계대전의 결과로 적국으로부터 분리될 수 있는 지역, 그리고

다. 시정에 책임을 지는 국가가 자발적으로 이 제도하에 두는 지역

2. 위 범주 안의 어떠한 지역을 어떠한 조건으로 신탁통치제도하에 둘지는 후속 협정에서 정한다.

제78조 국제연합 회원국 간 관계는 주권평등원칙의 존중에 기초하므로 신탁통치제도는 국제연합 회원국이 된 지역에는 적용되지 않는다.

제79조 어떠한 변경 또는 개정을 포함하여 신탁통치제도하에 놓이게 되는 각 지역에 대한 신탁통치 조건은, 국제연합 회원국의 위임통치하에 있는 지역의 경우 수임국을 포함하여 직접 관계된 국가들에 의하여 합의되며, 이는 제83조 및 제85조에 규정된 바에 따라 승인된다.

제80조 1. 제77조, 제79조 및 제81조에 따라 체결되어 각 지역을 신탁통치제도하에 두는 개별 신탁통치협정에서 합의되는 경우를 제외하고, 그러한 협정이 체결될 때까지, 이 헌장의 규정은 그 자체만으로 어느 국가나 주민의 어떠한 권리, 또는 국제연합 회원국이 각자 당사자인 기존 국제 문서의 조항을 어떠한 방식으로도 변경하는 것으로 해석되지 않는다.

2. 이 조 제1항은 제77조에 규정된 바에 따라 위임통치지역과 그 밖의 지역을 신탁통치제도하에 두기 위한 협정의 교섭 및 체결의 지체나 연기를 위한 근거가 되는 것으로 해석되지 않는다.

제81조 신탁통치협정은 각 경우마다 신탁통치지역의 시정 조건을 포함하며, 신탁통치지역의 시정을 행할 당국을 지정한다. 그러한 당국은 이하 "시정당국"이라 하며, 1개 이상의 국가 또는 국제연합 자신이 될 수 있다.

제82조 어떠한 신탁통치협정에서도 제43조에 따라 체결되는 특별협정에 영향을 미치지 않고, 협정이 적용되는 신탁통치지역의 일부 또는 전부를 포함하는 1개 이상의 전략지역이 지정될 수 있다.

제83조 1. 신탁통치협정의 조항과 이의 변경 또는 개정의 승인을 포함하여 전략지역에 관한 국제연합의 모든 임무는 안전보장이사회가 수행한다.

2. 제76조에 규정된 기본 목적은 각 전략지역 주민에게 적용된다.

3. 신탁통치협정의 규정을 따른다는 조건으로, 안전보장에 대한 고려에 영향을 미치지 않고, 안전보장이사회는 전략지역에서의 정치, 경제, 사회 및 교육 사안에 관한 신탁통치제도에 따른 국제연합의 임무를 수행하기 위하여 신탁통치이사회의 지원을 활용한다.

제84조 신탁통치지역이 국제 평화와 안보의 유지에 있어서 그 역할을 하도록 보장하는 것은 시정당국의 의무이다. 이를 위하여 시정당국은 지역 방위와 신탁통치지역에서의 법과 질서의 유지를 위해서 뿐만 아니라 이 점에 관하여 시정당국이 안전보장이사회에 대하여 약속한 의무를 이행함에 있어서 신탁통치지역의 의용군, 편의 및 지원을 이용할 수 있다.

제85조 1. 신탁통치협정의 조항과 이의 변경 또는 개정의 승인을 포함하여 전략지역으로 지정되지 않은 모든 지역에 대한 신탁통치협정과 관련된 국제연합의 임무는 총회가 수행한다.

2. 총회의 권한하에 운영되는 신탁통치이사회는 이러한 임무 수행에 있어서 총회를 지원한다.

제13장 신탁통치이사회

【구성】

제86조 1. 신탁통치이사회는 다음의 국제연합 회원국으로 구성된다.

가. 신탁통치지역을 시정하는 회원국

나. 신탁통치지역을 시정하지 않으나 제23조에 국명이 명시된 회원국, 그리고

다. 총회가 3년 임기로 선출한 그 밖의 회원국으로, 그 수는 신탁통치이사회의 이사국 총수가 신탁통치지역을 시정하는 국제연합 회원국과 시정하지 않는 회원국 간에 동일하게 나누어지는 데 필요한 수로 한다.

2. 신탁통치이사회의 각 이사국은 이사회에서 자국을 대표하도록 특별한 자격을 갖춘 1인을 지명한다.

【임무와 권한】

제87조 총회와 그 권한하에 있는 신탁통치이사회는 그 임무를 수행함에 있어서 다음을 할 수 있다.

가. 시정당국이 제출하는 보고서를 심의한다.

나. 청원을 수리하고, 시정당국과 협의하여 이를 심사한다.

다. 시정당국과 합의된 시기에 각 신탁통치지역을 정기적으로 방문한다. 그리고

라. 신탁통치협정의 조항에 합치되게 이러한 조치 및 그 밖의 조치를 취한다.

제88조 신탁통치이사회는 각 신탁통치지역 주민의 정치, 경제, 사회 및 교육 발전에 관한 질문서를 작성하며, 총회의 권한 안에 있는 각 신탁통치지역의 시정당국은 그러한 질문서에 기초하여 총회에 매년 보고한다.

【표결】

제89조 1. 신탁통치이사회의 각 이사국은 1개의 투표권을 가진다.

2. 신탁통치이사회의 결정은 출석하여 투표하는 이사국의 과반수로 한다.

【절차】

제90조 1. 신탁통치이사회는 의장 선출방식을 포함한 자체 의사규칙을 채택한다.

2. 신탁통치이사회는 그 규칙에 따라 필요한 경우 회합하며, 그 규칙은 이사국 과반수의 요청에 따라 회의 소집 규정을 포함한다.

제91조 신탁통치이사회는 적절한 경우 경제사회이사회와 전문기구가 각기 관련된 사안에 관하여 이들의 지원을 활용한다.

제14장 국제사법재판소

제92조 국제사법재판소는 국제연합의 주요 사법기관이다. 재판소는 부속된 규정에 따라 임무를 수행하고, 이 규정은 「상설국제사법재판소규정」에 기초하며, 이 헌장의 불가분의 일부를 이룬다.

제93조 1. 모든 국제연합 회원국은 「국제사법재판소규정」의 당연 당사자이다.

2. 국제연합 회원국이 아닌 국가는 안전보장이사회의 권고에 의하여 총회가 각 경우마다 결정하는 조건에 따라 「국제사법재판소규정」의 당사자가 될 수 있다.

제94조 1. 국제연합의 각 회원국은 자국이 당사자가 되는 어떠한 사건에서도 국제사법재판소의 결정에 따르기로 약속한다.

2. 사건의 당사자가 재판소가 내린 판결에 따라 자국에 부과된 의무를 이행하지 않는 경우, 타방 당사자는 안전보장이사회에 이를 회부할 수 있으며, 안전보장이사회는 필요하다고 인정하는 경우 판결의 이행을 위하여 권고를 하거나 취하여야 할 조치를 결정할 수 있다.

제95조 이 헌장의 어떠한 규정도 국제연합 회원국이 그들 간의 분쟁 해결을 이미 존재하거나 장래에 체결되는 협정에 따라 다른 법원에 의뢰하는 것을 방해하지 않는다.

제96조 1. 총회 또는 안전보장이사회는 어떠한 법적 문제에 관하여도 권고적 의견의 제공을 국제사법재판소에 요청할 수 있다.
2. 총회가 언제든지 그러한 권한을 부여할 수 있는 국제연합의 다른 기관과 전문기구도 자신의 활동범위 안에서 발생하는 법적 문제에 관하여 재판소의 권고적 의견을 요청할 수 있다.

제15장 사무국

제97조 사무국은 사무총장과 국제연합이 필요로 하는 직원으로 구성된다. 사무총장은 안전보장이사회의 권고에 따라 총회가 임명한다. 사무총장은 국제연합의 최고관리책임자이다.
제98조 사무총장은 총회, 안전보장이사회, 경제사회이사회 및 신탁통치이사회의 모든 회의에서 사무총장의 자격으로 활동하며, 이러한 기관이 그에게 위임한 다른 임무를 수행한다. 사무총장은 국제연합의 업무에 관하여 총회에 매년 보고한다.
제99조 사무총장은 국제 평화와 안보의 유지를 위협할 수 있다고 판단하는 어떠한 사안에 대하여도 안전보장이사회의 주의를 환기할 수 있다.
제100조 1. 사무총장과 직원은 그들의 직무수행에 있어서 국제연합 외에 어떠한 정부 또는 그 밖의 당국으로부터도 지시를 구하거나 받지 않는다. 사무총장과 직원은 국제연합에 대하여만 책임을 지는 국제공무원으로서의 지위를 손상시킬 수 있는 어떠한 행동도 삼간다.
2. 각 국제연합 회원국은 사무총장 및 직원의 책임이 전적으로 국제적 성격임을 존중하고, 그들이 책임을 수행할 때 그들에게 영향력을 행사하지 않을 것을 약속한다.
제101조 1. 직원은 총회가 정한 규칙에 따라 사무총장이 임명한다.
2. 경제사회이사회, 신탁통치이사회 그리고 필요한 경우 국제연합의 다른 기관에 적절한 직원이 상임으로 배속된다. 이 직원은 사무국의 일부를 구성한다.
3. 직원 고용과 근무조건 결정에 있어서 가장 중요한 고려사항은 최고 수준의 능률, 능력 및 성실성을 확보할 필요성이다. 가능한 한 광범위한 지리적 기초에 근거한 직원 채용의 중요성을 적절히 고려한다.

제16장 보 칙

제102조 1. 이 헌장이 발효한 후 국제연합 회원국이 체결하는 모든 조약과 모든 국제협정은 가능한 한 신속히 사무국에 등록되고 사무국에 의하여 공표된다.
2. 이 조 제1항의 규정에 따라 등록되지 않은 그러한 모든 조약 또는 국제협정의 당사자는 국제연합의 어떠한 기관에 대하여도 그 조약 또는 협정을 원용할 수 없다.
제103조 국제연합 회원국의 헌장상 의무와 그 밖의 국제협정상 의무가 상충되는 경우에는 이 헌장상 의무가 우선한다.
제104조 국제연합은 각 회원국의 영역에서 자신의 임무 수행과 목적 달성을 위하여 필요한 법적 능력을 향유한다.
제105조 1. 국제연합은 자신의 목적 달성에 필요한 특권과 면제를 각 회원국의 영역에서 향유한다.
2. 국제연합 회원국의 대표와 국제연합의 직원은 국제연합과 관련된 그들의 임무를 독립적으로 수행하기 위하여 필요한 특권과 면제를 마찬가지로 향유한다.
3. 총회는 이 조 제1항과 제2항의 적용세칙을 결정하기 위한 권고를 하거나 이 목적을 위하여 국제연합 회원국에 협약을 제안할 수 있다.

제17장 과도적 안전보장조치

제106조 안전보장이사회가 제42조상 자신의 책임수행을 개시할 수 있다고 판단하는 경우 제43조에 규정된 특별협정이 발효할 때까지, 1943년 10월 30일 모스크바에서 서명된 4개국 선언의 당사자와 프랑스는 그 선언 제5항의 규정에 따라 국제 평화와 안보의 유지를 위하여 필요한 합동조치를 국제연합을 대신하여 취하기 위하여 상호간 그리고 필요한 경우 그 밖의 국제연합 회원국과 협의한다.
제107조 이 헌장의 어떠한 규정도 제2차 세계대전 중 이 헌장 서명국의 적이었던 국가에 관한 조치로서, 그러한 조치에 대하여 책임을 지는 정부가 그 전쟁의 결과로서 취하였거나 허가한 것을 무효로 하거나 배제하지 않는다.

제18장 개 정

제108조 이 헌장의 개정은 총회 구성국 3분의 2의 투표로 채택되고, 안전보장이사회의 모든 상임이사국을 포함한 국제연합 회원국 3분의 2가 그들 각자의 헌법 절차에 따라 비준하였을 때, 모든 국제연합 회원국에 대하여 발효한다.
제109조 1. 이 헌장을 재심의하기 위한 국제연합 회원국 전체 회의는 총회 구성국 3분의 2의 투표와 안전보장이사회 9개 이사국의 투표로 정해지는 일자 및 장소에서 개최된다. 각 국제연합 회원국은 이 회의에서 1개의 투표권을 가진다.
2. 이 회의의 3분의 2 투표로 권고된 이 헌장의 어떠한 변경도 안전보장이사회의 모든 상임이사국을 포함한 국제연합 회원국 3분의 2가 그들 각자의 헌법 절차에 따라 비준할 때 발효한다.
3. 그러한 회의가 이 헌장의 발효 후 제10차 총회 연례회기 전까지 개최되지 않는 경우, 그 회의를 소집하는 제안이 총회 해당 회기 의제에 포함되어야 하며, 회의는 총회 구성국 과반수의 투표와 안전보장이사회 7개 이사국의 투표로 결정되는 경우에 개최된다.

제19장 비준과 서명

제110조 1. 이 헌장은 서명국에 의하여 각국의 헌법 절차에 따라 비준된다.
2. 비준서는 미합중국 정부에 기탁되며, 그 정부는 각 기탁을 모든 서명국에 통보하고, 국제연합 사무총장이 임명된 경우 사무총장에게도 이를 통보한다.
3. 이 헌장은 중화민국, 프랑스, 소비에트사회주의공화국연방, 영국 및 미합중국과 다른 서명국의 과반수가 비준서를 기탁한 때에 발효한다. 비준서 기탁 의정서는 발효 시 미합중국 정부가 작성하여 그 등본을 모든 서명국에 송부한다.
4. 이 헌장이 발효한 후 이를 비준하는 헌장의 서명국은 각국의 비준서 기탁일에 국제연합의 원회원국이 된다.
제111조 중국어, 프랑스어, 러시아어, 영어 및 스페인어본이 동등하게 정본인 이 헌장은 미합중국 정부의 문서보관소에 기탁된다. 그 정부는 이 헌장의 정식 인증등본을 다른 서명국 정부에 송부한다.

이상의 증거로서, 연합국 정부의 대표들은 이 헌장에 서명하였다.

1945년 6월 26일 샌프란시스코에서 작성하였다.

국제노동기구(ILO)헌장

(1991년 12월 9일
조 약 제1066호)

1991.12. 9(수락서 기탁일)
1991.12. 9(대한민국에 대하여 발효)
1997. 6.19(제네바에서 개정 채택)
2015.10. 8(대한민국에 대하여 발효 ; 외교부고시 제882호)

전 문

세계의 항구적 평화는 사회정의에 기초함으로써만 확립될 수 있으며,

세계의 평화와 화합이 위협을 받을만큼 커다란 불안을 가져오고 수많은 사람들에게 불의·고난 및 궁핍등을 주는 근로조건이 존재하며,

이러한 조건은, 1일 및 1주당 최장근로시간의 설정을 포함한 근로시간의 규정, 노동력의 공급조절, 실업의 예방, 적정생활급의 지급, 직업상 발생하는 질병·질환 및 상해로부터 근로자의 보호, 아동·청소년 및 여성의 보호, 고령 및 상해에 대한 급부, 자기 나라외의 다른 나라에서 고용된 근로자의 권익보호, 동등한 가치의 근로에 대한 동일 보수 원칙의 인정, 결사의 자유 원칙의 인정, 직업교육 및 기술교육의 실시와 다른 조치들을 통하여, 시급히 개선되는 것이 요구되며,

또한 어느 나라가 인도적인 근로조건을 채택하지 아니하는 것은 다른 나라들이 근로조건을 개선하려는 데 장애가 되므로,

체약당사국들은 정의 및 인도주의와 세계의 항구적 평화를 확보하고자 하는 염원에서 이 전문에 규정된 목표를 달성하기 위하여 다음의 국제노동기구헌장에 동의한다.

제1장 조 직

제1조 1. 이 헌장의 전문과 1944년 5월 10일 필라델피아에서 채택되어 이 헌장에 부속된 국제노동기구의 목적에 관한 선언에 규정된 목표를 달성하기 위하여 이에 상설기구를 설립한다.

2. 국제노동기구의 회원국은 1945년 11월 1일 이 기구의 회원국이었던 국가와 제3항 및 제4항의 규정에 따라 회원국이 되는 다른 국가들이다.

3. 국제연합의 원회원국 및 국제연합헌장의 규정에 따라 총회의 결정으로 국제연합회원국으로 가입된 국가는 국제노동사무국장에게 국제노동기구헌장 의무의 공식수락을 통보함으로써 국제노동기구의 회원국이 될 수 있다.

4. 또한 국제노동기구총회는 출석하여 투표한 정부 대표의 3분의 2를 포함하여 회기참석 대표 3분의 2의 찬성투표로 이 기구의 회원국으로 가입을 승인할 수 있다. 이러한 승인은 새로운 회원국 정부가 국제노동사무국장에게 이 기구 헌장 의무의 공식수락을 통보함으로써 발효한다.

5. 국제노동기구의 어느 회원국도 국제노동사무국장에게 탈퇴의사를 통고하지 아니하면 이 기구로부터 탈퇴할 수 없다. 이러한 통고는 회원국이 그 당시에 회원국의 지위로부터 발생하는 모든 재정적 의무의 이행을 조건으로 사무국장이 통고를 접수한 날부터 2년후에 발효한다. 회원국이 국제 노동협약을 비준하였을 경우, 탈퇴는 협약에 따라 발생하거나 또는 협약과 관계되는 모든 의무의 협약에 규정된 기간동안 계속적 효력에 영향을 미치지 아니한다.

6. 어느 국가의 이 기구 회원자격이 종료되었을 경우, 그 국가의 회원국으로의 재가입은 경우에 따라 제3항 또는 제4항의 규정에 의하여 규율된다.

제2조 상설기구는 다음과 같이 구성된다.
(가) 회원국대표 총회
(나) 제7조에 따라 구성되는 이사회
(다) 이사회의 통제를 받는 국제노동사무국

제3조 1. 회원국대표 총회 회의는 필요에 따라 수시로 개최하며, 최소한 매년 1회 개최한다. 총회는 각 회원국 대표 4인으로 구성되며, 그 중 2인은 정부의 대표로, 나머지 2인은 각 회원국의 사용자 및 근로자를 각각 대표하는 자로 한다.

2. 각 대표는 고문을 대동할 수 있으며, 고문은 회의의제 중 각 항목에 대하여 2인을 초과할 수 없다. 여성에게 특별히 영향을 미치는 문제가 총회에서 심의될 때에는 고문중 최소한 1인은 여성이어야 한다.

3. 비본토지역의 국제관계를 책임지고 있는 각 회원국은 대표 각자에 대한 고문으로 다음과 같은 자를 추가로 임명할 수 있다.
(가) 그 지역의 자치권한내 사항에 관하여 지역대표로 회원국이 지명한 자
(나) 비자치지역 관련사항에 관하여 자기 나라 대표에게 조언하기 위하여 회원국이 지명한 자

4. 2 또는 그 이상 회원국의 공동통치하에 있는 지역의 경우에도, 이들 회원국대표에게 조언할 수 있는 자를 지명할 수 있다.

5. 회원국은 자기 나라에서 사용자 또는 근로자를 가장 효과적으로 대표하는 산업단체가 존재하는 경우, 경우에 따라 이러한 산업단체와 합의하여 선정한 비정부대표 및 고문을 지명한다.

6. 고문은 발언하지 못하며, 투표할 수 없다. 다만, 그가 수행하는 대표의 요청과 총회의장이 특별히 허가하는 경우에는 발언한다.

7. 대표는 의장에 대한 서면통고로 자신의 고문중 1인을 자신의 대리인으로 임명할 수 있으며, 고문은 대리인으로 행동하는 동안 발언 및 투표가 허용된다.

8. 각 회원국정부는 대표 및 고문의 명단을 국제노동사무국에 통보한다.

9. 대표 및 고문의 신임장은 총회의 심사를 받는다. 총회는 이 조에 따르지 않고 지명된 것으로 보이는 대표 또는 고문의 승인을 출석대표 3분의 2 투표에 의하여 거부할 수 있다.

제4조 1. 각 대표는 총회에서 심의하는 모든 사항에 관하여 개별적으로 투표할 권한이 있다.

2. 회원국이 지명할 권한이 있는 비정부대표 2인중 1인을 지명하지 아니할 경우, 나머지 비정부대표는 총회에 출석하고 발언하는 것은 허용되나 투표는 허용되지 아니한다.

3. 제3조에 따라 총회가 회원국 대표의 승인을 거부할 경우 그 대표는 지명되지 아니한 것으로 보고 이 조의 규정을 적용한다.

제5조 총회 회의는 이전의 회의에서 총회의 결정에 따라 이사회가 정하는 장소에서 개최된다.

제6조 국제노동사무국 소재지의 변경은 출석 대표 3분의 2의 다수결로 총회가 결정한다.

제7조 1. 이사회는 다음 56인으로 구성된다.
정부를 대표하는 28인,
사용자를 대표하는 14인,
근로자를 대표하는 14인.

2. 정부를 대표하는 28인중 10인은 주요산업국가인 회원국이 임명하며, 18인은 앞의 10개 회원국 대표를 제외한 총회 참석 정부대표가 선정한 회원국이 임명한다.

3. 이사회는 필요에 따라 회원국중 어느 나라가 주요산업국가인지를 결정하고, 이사회가 결정하기 전에 공정한 위원회가 주요산업국가 선정에 관련된 모든 문제를 심의하도록 보장하는 규칙을 정한다. 어느 나라가 주요산업국가인지에 관한 이사회의 선언에 대하여 회원국이 제기한 모든 이의는 총회가 결정한다. 그러나 총회에 제기된 이의는 총회가 이의에 관하여 결정할 때까지 선언의 적용을 정지시키지 아니한다.

4. 사용자를 대표하는 자 및 근로자를 대표하는 자는 총회 사용자 대표 및 근로자 대표에 의하여 각각 선출된다.

5. 이사회의 임기는 3년이다. 이사회의 선거가 어떠한 이유로 이 기간 만료시에 행하여지지 아니할 경우 이사회는 선거가 실시될 때까지 직무를 계속한다.

6. 결원의 보충 방법, 대리인의 임명 방법 및 이와 유사한 문제는 총회의 승인을 조건으로 이사회가 결정할 수 있다.

7. 이사회는 그 구성원중에서 의장 1인 및 부의장 2인을 선출한다. 이들중 1인은 정부를 대표하는 자, 1인은 사용자를 대표하는 자, 1인은 근로자를 대표하는 자로 한다.

8. 이사회는 스스로 의사규칙을 제정하고 회의일정을 정한다. 특별회의는 이사회에서 최소한 16인이상의 대표가 서면으로 요청하는 경우 개최된다.

제8조 1. 국제노동사무국에는 사무국장을 둔다. 사무국장은 이사회에 의하여 임명되고, 이사회의 지시를 받아 국제노동사무국의 효율적인 운영 및 그에게 부여되는 다른 임무에 대하여 책임을 진다.

2. 사무국장 또는 그의 대리인은 이사회의 모든 회의에 참석한다.

제9조 1. 사무국장은 이사회가 승인한 규칙에 따라 국제노동사무국의 직원을 임명한다.

2. 사무국장은 사무국 업무의 효율성을 적절히 고려하여 가능한 한 국적이 다른 자를 선발한다.

3. 직원중 약간 명은 여성이어야 한다.

4. 사무국장 및 직원의 책임은 성질상 전적으로 국제적인 것이다. 사무국장 및 직원은 그 임무를 수행함에 있어서 이 기구외의 어떠한 정부나 다른 기구로부터 지시를 받으려 하거나 또는 받아서도 아니된다. 그들은 이 기구에 대하여만 책임을 지는 국제공무원으로서의 지위를 손상할 우려가 있는 어떠한 행동도 삼가한다.

5. 회원국은 사무국장 및 직원의 책임이 전적으로 국제적 성질의 것임을 존중하고, 그들이 책임을 수행함에 있어서 그들에 대한 영향력을 추구하지 아니한다.

제10조 1. 국제노동사무국의 임무는 근로생활 및 근로조건의 국제적 조정에 관련되는 모든 사항에 관한 정보의 수집 및 배포, 특히 국제협약을 체결할 목적으로 총회에 회부 예정인 사항의 검토, 그리고 총회 또는 이사회가 명하는 특별조사 실시를 포함한다.

2. 사무국은 이사회의 지시에 따라 다음 사항을 행한다.

(가) 총회 회의 의제의 각종 항목에 관한 문서의 준비

(나) 총회의 결정에 기초한 법령의 작성과 행정관행 및 감독제도의 개선과 관련, 정부의 요청에 따라 사무국의 권한안에서 정부에 대한 적절한 모든 지원의 제공

(다) 협약의 실효적인 준수와 관련하여 이 헌장의 규정에 따라 사무국에 요구되는 직무의 수행

(라) 이사회가 적절하다고 보는 언어로 국제적 관심의 대상인 산업 및 고용문제 취급 출판물의 편집 및 발간

3. 일반적으로 사무국은 총회 또는 이사회가 부여하는 다른 권한과 임무를 가진다.

제11조 산업 및 고용문제를 담당하는 회원국의 정부기관은 국제노동사무국의 이사회에 나와 있는 자기 나라 정부대표를 통하여, 또는 자기 나라 정부대표가 없는 경우에는 정부가 이 목적을 위하여 지명한 다른 유자격 공무원을 통하여 사무국장과 직접 접촉할 수 있다.

제12조 1. 국제노동기구는 공공국제전문기구의 활동을 조정하는 일반국제기구 및 해당분야의 공공국제전문기구와 이 헌장 조항의 범위안에서 협력한다.

2. 국제노동기구는 공공국제기구의 대표가 투표권 없이 국제노동기구의 심의과정에 참여하도록 적절한 조치를 취할 수 있다.

3. 국제노동기구는 사용자 · 근로자 · 농업종사자 및 협동조합원의 국제기구를 포함하여 승인된 비정부간 국제기구들과 바람직한 협의를 위하여 적절한 조치를 취할 수 있다.

제13조 1. 국제노동기구는 재정 및 예산에 관한 적절한 약정을 국제연합과 체결할 수 있다.

2. 약정이 체결되기까지 또는 약정이 발효되지 아니한 경우에는 다음과 같이 한다.

(가) 회원국은 자기 나라 대표 및 고문 그리고 경우에 따라 총회 또는 이사회 회의에 참가하는 자기 나라 대표의 여비 및 체재비를 지급한다.

(나) 국제노동사무국 및 총회 또는 이사회 회의의 다른 모든 경비는 국제노동사무국장이 국제노동기구의 일반기금으로부터 지불한다.

(다) 국제노동기구 예산의 승인과 분담금의 할당 및 징수를 위한 약정은 출석대표 3분의 2의 다수결로 총회에서 결정되며, 정부대표위원회에 의한 예산 및 회원국간 경비할당 조치의 승인에 관하여 규정한다.

3. 국제노동기구의 경비는 제1항 또는 제2항 (다)호에 의하여 발효중인 약정에 따라 회원국이 부담한다.

4. 이 기구에 대한 재정분담금의 지불을 연체하고 있는 회원국은 연체액이 지난 만 2년동안 그 나라가 지불하여야 할 분담금의 금액과 동액이거나 또는 이를 초과하는 경우, 총회 · 이사회 · 위원회에서 또는 이사회 이사의 선거에서 투표권이 없다. 다만, 지불 불이행이 회원국의 불가피한 사정 때문인 것으로 확인되는 경우에는 출석 대표 3분의 2의 다수결로 총회는 그 회원국에게 투표를 허가할 수 있다.

5. 국제노동사무국장은 국제노동기구 기금의 적정한 지출에 관하여 이사회에 책임을 진다.

제2장 절 차

제14조 1. 총회의 모든 회의의제는 회원국 정부 또는 제3조의 목적을 위하여 인정된 대표단체 또는 공공국제기구의 의제에 대한 모든 제안을 고려하여 이사회가 정한다.

2. 이사회는 총회가 협약 또는 권고를 채택하기 전에 준비회의 또는 다른 방법으로 관련 회원국의 철저한 기술적 준비와 적절한 협의를 보장하기 위한 규칙을 정한다.

제15조 1. 사무국장은 총회의 사무총장으로서 행동하며, 의제를 총회 회의 4월전에 회원국에게 그리고 비정부대표에게는 회원국을 통하여 송부한다.

2. 의제의 각 항목에 관한 보고서는 회원국이 총회 회의 전에 충분히 심의할 기간을 두고 회원국에 도달되도록 발송한다. 이사회는 이 규정을 적용하기 위한 규칙을 정한다.

제16조 1. 회원국 정부는 어느 항목의 의제 포함에 대하여도 정식으로 이의를 제기할 수 있다. 그러한 이의제기의 이유는 사무국장에게 제출되는 설명서에 기재되며, 사무국장은 이를 모든 회원국에게 회람한다.

2. 이의가 제기된 항목은 총회가 출석 대표 3분의 2의 다수결로 그 항목심의에 찬성하는 경우 의제에서 제외되지 아니한다.

3. 총회가 출석 대표 3분의 2의 투표로 어느 사안을 총회에서 심의 하기로(제2항에 의한 경우와는 달리) 결정하는 경우 그 사안은 차기 회의의 의제에 포함된다.

제17조 1. 총회는 의장 1인 및 부의장 3인을 선거한다. 부의장 중 1인은 정부대표, 1인은 사용자대표, 1인은 근로자대표로 한다. 총회는 의사규칙을 제정하며, 특정 사항에 관하여 심의 · 보고하는 위원회를 설치할 수 있다.

2. 이 헌장에 달리 명시적으로 규정되어 있거나, 총회에 권한을 부여하는 협약 또는 다른 문서의 조항 또는 제13조에 따라 채택된 재정 및 예산약정의 조항에 의한 경우를 제외하고는, 모든 사항은 출석대표의 단순과반수 투표로 결정한다.

3. 표결은 총 투표수가 총회 참석 대표 수의 과반수에 미달하면 무효이다.

제18조 총회는 총회가 임명하는 위원회에 투표권이 없는 기술전문가를 추가할 수 있다.

제19조 1. 총회가 의제중 어떤 항목에 관하여 제안을 채택하기로 결정한 경우, 총회는 이 제안이 (가) 국제협약 형식을 취할 것인지, 또는 (나) 취급된 사안이나 사안의 일부가 결정 당시 협약으로서는 적절치 아니하다고 인정되는 경우, 그 상황에 적합한 권고 형식을 취할 것인지를 결정한다.

2. 위 두가지 경우에 있어서, 총회가 협약 또는 권고를 채택하기 위하여는 최종 표결시 출석 대표 3분의 2의 다수결을 요한다.

3. 일반적으로 적용되는 협약 또는 권고 작성시 총회는 기후조건 · 산업단체의 불완전한 발달 또는 특별한 사정때문에 산업조건이 실질적으로 다른 나라에 대하여 적절한 고려를 하며, 또한 그러한 나라의 사정에 따라 필요하다고 인정되는 수정안을 제의한다.

4. 협약 또는 권고의 등본 2통은 총회의장 및 사무국장의 서명에 의하여 정본으로 인증된다. 이 등본 중 1통은 국제노동사무국의 문서보존소에 기탁되며, 다른 1통은 국제연합사무총장에게 기탁된다. 사무국장은 협약 또는 권고의 인증등본을 각 회원국에 송부한다.

5. 협약의 경우에는 다음과 같이 한다.

(가) 협약은 비준을 위하여 모든 회원국에 통보된다.

(나) 회원국은 총회 회기 종료 후 늦어도 1년이내에 또는 예외적인 사정 때문에 1년이내에 불가능한 경우에는 가능한 한 빨리, 그러나 어떠한 경우에도 총회 회기 종료 18월이내에 입법 또는 다른 조치를 위하여 그 사항을 관장하는 권한있는 기관에 협약을 제출한다.

(다) 회원국은 협약을 위의 권한있는 기관에 제출하기 위하여 이 조에 따라 취한 조치, 권한이 있는 것으로 인정되는 기관에 관한 상세한 설명 및 그 기관의 조치를 국제노동사무국장에게 통지한다.

(라) 회원국이 그 사항을 관장하는 권한있는 기관의 동의를 얻는 경우 그 회원국은 협약의 공식 비준을 사무국장에게 통보하고, 협약 규정을 시행하기 위하여 필요한 조치를 취한다.

(마) 회원국이 그 사항을 관장하는 권한있는 기관의 동의를 얻

국제

지 못하는 경우, 그 회원국은 협약이 취급하고 있는 사항에 관하여 자기 나라 법률 및 관행의 입장을 이사회가 요구하는 적당한 기간마다 국제노동사무국장에게 보고하는 것외에는 어떠한 추가 의무도 지지 아니한다. 이 보고에는 입법 · 행정조치 · 단체협약 또는 다른 방법으로 협약의 규정이 시행되어 왔거나 또는 시행될 범위를 적시하고, 또한 협약의 비준을 방해하거나 지연시키는 어려운 사정을 기술한다.

6. 권고의 경우에는 다음과 같이 한다.

(가) 권고는 국내입법 또는 다른 방법으로 시행되도록 심의를 위하여 모든 회원국에 통보된다.

(나) 회원국은 총회 회기 종료 후 늦어도 1년이내에 또는 예외적인 사정때문에 1년이내에 불가능한 경우에는 가능한 한 빨리, 그러나 어떠한 경우에도 총회 회기 종료 후 18월이내에 입법 또는 다른 조치를 위하여 그 사항을 관장하는 권한있는 기관에 권고를 제출한다.

(다) 회원국은 권고를 위의 권한있는 기관에 제출하기 위하여 이 조에 따라 취한 조치, 권한이 있는 것으로 인정되는 기관에 관한 상세한 설명 및 그 기관의 조치를 국제노동사무국장에게 통지한다.

(라) 권고를 위의 권한있는 기관에 제출하는 것을 별도로 하고, 회원국은 권고가 취급하고 있는 사항에 관하여 자기 나라 법률 및 관행의 입장을 이사회가 요구하는 적당한 기간마다 국제 노동사무국장에게 보고하는 것외에는 어떠한 추가 의무도 지지 아니한다. 이 보고에는 권고의 규정이 시행되어 왔거나 또는 시행될 범위 및 이 규정을 채택하거나 적용함에 있어서 필요하다고 인정된 또는 인정될 수 있는 수정사항을 적시한다.

7. 연방국가의 경우에는 다음 규정을 적용한다.

(가) 연방정부가 헌법제도상 연방의 조치가 적절하다고 인정하는 협약 및 권고에 관하여, 연방국가의 의무는 연방국가가 아닌 회원국의 의무와 동일하다.

(나) 연방정부가 헌법제도상 전체적으로나 부분적으로 연방에 의한 조치보다는 구성 주 · 도 또는 현에 의한 조치가 오히려 적절하다고 인정하는 협약 및 권고에 관하여, 연방정부는 다음과 같이 조치한다.

(1) 연방헌법 및 관련 주 · 도 또는 현의 헌법에 따라, 입법 또는 다른 조치를 위하여, 총회 회기 종료 후 18월이내에 협약 및 권고를 연방 · 주 · 도 또는 현의 적절한 기관에 회부하기 위하여 유효한 조치를 취한다.

(2) 관련 주 · 도 또는 현 정부의 동의를 조건으로 협약 및 권고의 규정을 시행하기 위하여 연방국가안에서 조정된 조치를 촉진할 목적으로 연방의 기관과 주 · 도 또는 현의 기관간에 정기적 협의를 주선한다.

(3) 협약 및 권고를 연방 · 주 · 도 또는 현의 적절한 기관에 제출하기 위하여 이 조에 따라 취한 조치, 적절하다고 인정되는 기관에 관한 상세한 설명 및 그 기관의 조치를 국제노동사무국장에게 통지한다.

(4) 연방정부가 비준하지 아니한 협약에 관하여 연방 및 구성 주 · 도 또는 현의 협약과 관련된 법률 및 관행의 입장을 이사회가 요구하는 적절한 기간마다 국제노동사무국장에게 보고한다. 이 보고에는 입법 · 행정조치 · 단체협약 또는 다른 방법에 의하여 협약의 규정이 시행되어 왔거나 또는 시행될 범위를 적시한다.

(5) 각 권고에 관하여, 연방 및 구성 주 · 도 또는 현의 권고와 관련된 법률 및 관행의 입장을 이사회가 요구하는 적절한 기간마다 국제노동사무국장에게 보고한다. 이 보고에는 권고의 규정이 시행되어 왔거나 시행될 범위 및 이 규정을 채택하거나 적용함에 있어서 필요하다고 인정된 또는 인정될 수 있는 수정사항을 적시한다.

8. 어떠한 경우에도, 총회에 의한 협약이나 권고의 채택 또는 회원국에 의한 협약의 비준이 협약 또는 권고에 규정된 조건보다도 관련 근로자에게 보다 유리한 조건을 보장하고 있는 법률 · 판정 · 관습 또는 협정에 영향을 주는 것으로 인정되지 아니한다.

제20조 비준된 어떠한 협약도 국제연합헌장 제102조의 규정에 따른 등록을 위하여 국제노동사무국장이 국제연합사무총장에게 통보한다. 그러나 협약은 비준하는 회원국만을 구속한다.

제21조 1. 최종심의를 위하여 총회에 제출된 협약이 출석대표 3분의 2의 지지투표를 확보하지 못하는 경우에도, 회원국간에 그 협약에 합의하는 것은 회원국의 권리에 속한다.

2. 위와 같이 합의된 협약은 관련정부에 의하여 국제노동사무국장 및 국제연합헌장 제102조의 규정에 따른 등록을 위하여 국제연합사무총장에게 통보된다.

제22조 회원국은 자기 나라가 당사국으로 되어있는 협약의 규정을 시행하기 위하여 취한 조치에 관하여 국제노동사무국에 연례보고를 하는 것에 동의한다. 이 보고서는 이사회가 요청하는 양식에 따라 작성되며 이사회가 요청하는 특정사항을 포함한다.

제23조 1. 사무국장은 제19조 및 제22조에 따라 회원국이 통보한 자료와 보고서의 개요를 총회의 다음 회의에 제출한다.

2. 회원국은 제3조의 목적을 위하여 승인된 대표단체에게 제19조 및 제22조에 따라 사무국장에게 통보된 자료와 보고서의 사본을 송부한다.

제24조 어느 회원국이 관할권의 범위안에서 자기나라가 당사국으로 되어 있는 협약의 실효적인 준수를 어느 면에서 보장하지 아니한다고 사용자 또는 근로자의 산업단체가 국제노동사무국에 진정한 경우에, 이사회는 이 진정을 진정의 대상이 된 정부에 통보하고, 이 사항에 관하여 적절한 해명을 하도록 그 정부에 권유할 수 있다.

제25조 이사회는 해당 정부로부터 합당한 기간내에 해명을 통보받지 못하거나 이사회가 접수한 해명이 만족스럽지 아니하다고 판단하는 경우에 진정 및 진정에 대한 해명이 있을 때에는 그 해명을 공표할 권리를 가진다.

제26조 1. 어느 회원국도 다른 회원국이 두 나라에 의해 비준된 협약의 실효적인 준수를 보장하지 아니한다고 인정하는 경우에 위의 조항에 따라 국제노동사무국에 이의를 제기할 권리를 가진다.

2. 이사회는 적절한 경우에 다음에 규정되어 있는 심사위원회에 이의를 회부하기 전에 제24조에 따라 해당 정부와 의견을 교환할 수 있다.

3. 이사회가 이의를 해당 정부에 통보할 필요가 없다고 생각하거나 또는 통보를 하여도 만족스러운 회답을 합당한 기간안에 접수하지 못하는 경우에, 이사회는 그 이의를 심의하고 이에 관하여 보고할 심사위원회를 설치할 수 있다.

4. 이사회는 스스로의 발의나 총회 대표로부터의 이의 접수에 관하여 동일한 절차를 채택할 수 있다.

5. 이사회가 제25조 또는 제26조로부터 발생하는 사항을 심의하고 있을 경우, 해당 정부는 이사회에 자신의 대표가 없는 경우에 그 사항의 심의중 이사회의 의사진행에 참여할 대표의 파견권을 가진다. 그 사항의 심의 일정은 해당 정부에 적절히 통고된다.

제27조 회원국은 제26조에 따라 심사위원회에 이의가 회부되는 경우에, 자기 나라가 이의에 직접적으로 관련이 없더라도 그 이의의 사안과 관련된 자기 나라 소유의 모든 자료를 심사위원회가 이용하도록 제공하는 데 동의한다.

제28조 심사위원회는 이의를 충분히 심의한 후, 당사자간의 쟁점 확인과 관련된 모든 사실 조사 결과를 수록하고, 또한 이의를 해결하기 위하여 취할 조치 및 조치 시행 기한에 관하여 적절한 권고사항을 포함한 보고서를 준비한다.

제29조 1. 국제노동사무국장은 심사위원회의 보고서를 이사회 및 이의와 관련된 정부에 송부하고, 보고서가 공표되도록 한다.

2. 이들 정부는 심사위원회의 보고서에 포함된 권고사항 수락여부 및 수락하지 아니하는 경우 국제사법재판소에 이의 회부 여부를 3월이내에 국제노동사무국장에게 통지한다.

제30조 회원국이 어느 협약 또는 권고에 대하여 제19조제5항(나)호, 제6항(나)호 또는 제7항(나)호(1)이 요구하는 조치를 취하지 아니하는 경우에, 다른 회원국은 이를 이사회에 회부할 권한이 있다. 이사회는 이러한 조치의 불이행을 확인하는 경우에 이를 총회에 보고한다.

제31조 제29조에 따라 국제사법재판소에 회부된 이의 또는 사항에 관한 재판소의 판결은 최종적이다.

제32조 국제사법재판소는 심사위원회의 조사결과 또는 권고사항을 확인 · 변경 또는 파기할 수 있다.

제33조 회원국이 심사위원회의 보고서 또는 국제사법재판소의 판결에 포함된 권고사항을 지정 기간안에 이행하지 아니하는 경우에, 이사회는 그 이행을 보장하기 위하여 현명하고 합당한 조치를 총회에 권고할 수 있다.

제34조 정부는 심사위원회의 권고사항 또는 국제사법재판소 판결의 권고사항을 이행하지 아니하는 경우 그 이행을 위하여

필요한 조치를 취하였음을 언제든지 이사회에 통지할 수 있으며, 스스로의 주장을 확인할 심사위원회의 구성을 이사회에 요청할 수 있다. 이 경우에 제27조·제28조·제29조·제31조 및 제32조의 규정을 적용하며, 심사위원회의 보고서 또는 국제사법재판소의 판결이 권고사항 불이행 정부에게 유리한 경우에는 이사회는 제33조에 따라 취한 조치의 중지를 즉시 권고한다.

제3장 일반규정

제35조 1. 회원국은 이 헌장의 규정에 따라 비준한 협약을 자기 나라가 시정권자인 신탁통치지역을 포함하여 국제관계에 책임을 지는 비본토지역에 대하여 적용한다. 다만, 협약의 사안이 그 지역의 자치권한안에 속하는 경우, 또는 협약이 현지 사정 때문에 적용될 수 없거나 또는 현지 사정에 적응을 위하여 협약에 대한 수정이 필요한 경우에는 예외로 한다.

2. 협약을 비준한 회원국은 비준 후 가능한 한 빨리 다음의 제4항 및 제5항에 규정된 지역외의 다른 지역에 대하여 적용될 협약의 범위와 협약이 규정한 특정사항이 기재된 선언을 국제노동사무국장에게 통보한다.

3. 제2항에 의하여 선언을 통보한 회원국은 과거 선언의 조항을 변경하고, 그 지역에 관하여 현재의 입장을 기술한 추가 선언을 협약의 조항에 따라 수시로 통보할 수 있다.

4. 협약의 사안이 비본토지역의 자치권한 안에 속하는 경우, 그 지역의 국제관계에 책임을 지는 회원국은 지역정부가 입법 또는 다른 조치를 취하도록 가능한 한 빨리 협약을 지역정부에 통고한다. 그 후 회원국은 비본토지역을 대리하여 협약의무 수락선언을 지역정부와 합의하여 국제노동사무국장에게 통보할 수 있다.

5. 협약의무 수락선언은 다음의 회원국 또는 국제기구에 의하여 국제노동사무국장에게 통보될 수 있다.

(가) 국제노동기구의 2 또는 그 이상의 회원국의 공동통치하에 있는 지역에 관하여는 이들 회원국

(나) 국제연합헌장 등에 의하여 국제기구가 시정을 책임지는 지역에 관하여는 그 국제기구

6. 제4항 또는 제5항에 의한 협약의무 수락은 관련지역을 대리하여 협약 조항에 규정된 의무의 수락 및 비준된 협약에 적용되는 헌장상 의무의 수락을 포함한다. 수락선언에는 협약을 현지 사정에 적응시키기 위하여 필요한 협약 규정의 수정을 명기할 수 있다.

7. 제4항 또는 제5항에 의하여 선언을 통보한 회원국 또는 국제기구는 협약의 조항에 따라 과거 선언의 조항을 변경하거나 또는 관련지역을 대리하여 협약의무 수락을 종료하는 추가 선언을 수시로 통보할 수 있다.

8. 제4항 또는 제5항과 관련된 지역을 대리하여 협약의 의무가 수락되지 아니할 때는, 관련 회원국 또는 국제기구는 협약이 취급하고 있는 사항에 관하여 그 지역의 법률 및 관행의 입장을 국제노동사무국장에게 보고한다. 이 보고에는 입법·행정조치·단체협약 또는 다른 방법으로 협약의 규정이 시행되어 왔거나 또는 시행될 범위를 적시하고 또한 협약 수락을 방해하거나 지연시키는 어려운 사정을 기술한다.

제36조 출석대표 3분의 2의 다수결로 총회가 채택한 이 헌장의 개정은 헌장 제7조제3항의 규정에 따라 주요산업국가로서 이사회에 진출하여 있는 10개 회원국 중 5개국을 포함하여 회원국 3분의 2가 비준하거나 수락할 때에 발효한다.

제37조 1. 헌장의 해석 또는 회원국이 헌장의 규정에 따라 앞으로 체결할 협약의 해석과 관련된 문제나 분쟁은 결정을 위하여 국제사법재판소에 회부된다.

2. 제1항의 규정에 불구하고, 이사회는 이사회에 의하여 또는 협약의 조항에 따라 회부되는 협약 해석과 관련된 분쟁이나 문제를 신속히 해결하기 위하여 재판소의 설치를 규정하는 규칙을 제정하고, 이를 승인받기 위하여 총회에 제출할 수 있다. 국제사법재판소의 판결이나 권고적 의견은 적용이 가능할 경우 이 항에 따라 설치되는 모든 재판소를 구속한다. 이러한 재판소가 행한 재정은 회원국에 회람되며, 이에 관한 회원국의 의견서는 총회에 제출된다.

제38조 1. 국제노동기구는 이 기구의 목적을 달성하기 위하여 필요한 지역회의를 소집하고 지역사무소를 설립할 수 있다.

2. 지역회의의 권한, 임무 및 절차는 이사회가 작성하여 총회가 인준한 규칙에 따라 규율된다.

제4장 잡 칙

제39조 국제노동기구는 완전한 법인격을 가지며, 특히 다음과 같은 권리능력을 가진다.

(가) 계약체결

(나) 부동산 및 동산의 취득 및 처분

(다) 소송의 제기

제40조 1. 국제노동기구는 회원국의 영토안에서 목적 달성에 필요한 특권 및 면제를 향유한다.

2. 총회대표·이사회 이사·사무국장 및 사무국 직원도 이 기구와 관련된 임무를 독자적으로 수행하기 위하여 필요한 특권 및 면제를 향유한다.

3. 이러한 특권 및 면제는 이 기구가 회원국의 수락을 위하여 작성하는 별도의 협정으로 정한다.

부 속 서

국제노동기구의 목적에 관한 선언

국제노동기구총회는 「필라델피아」 제26차회기 회의에서 1944년 5월 10일 국제노동기구의 목적과 회원국의 정책 기조가 될 원칙에 관한 선언을 이에 채택한다.

1. 총회는 국제노동기구가 기초하고 있는 기본원칙과 특히 다음 사항을 재확인한다.

(가) 근로는 상품이 아니다.

(나) 표현 및 결사의 자유는 지속적인 발전에 필수적이다.

(다) 일부 지역의 빈곤은 모든 지역의 번영에 위험을 준다.

(라) 결핍과의 전쟁은 각국안에서는 불굴의 의지로, 국제적으로는 정부대표와 동등한 지위를 향유하는 근로자 및 사용자 대표가 일반복지 증진을 위한 자유 토론과 민주적 결정에 정부대표와 함께 참여하도록 지속적이고 조화된 노력을 기울여 수행할 것을 요구한다.

2. 항구적 평화는 사회정의에 기초함으로써만 확립될 수 있다는 국제노동기구헌장 선언은 경험상 그 진실성이 충분히 증명되었다고 믿고, 총회는 다음 사항을 확인한다.

(가) 모든 인간은 인종·신조 또는 성에 관계없이 자유 및 존엄과 경제적 안정 및 기회균등의 조건하에 물질적 복지와 정신적 발전을 추구할 권리를 가진다.

(나) 이러한 것을 가능하게 하는 조건의 달성은 국가적 및 국제적 정책의 중심목적이어야 한다.

(다) 모든 국내적 및 국제적 정책과 조치, 특히 경제적·재정적 성격의 정책과 조치는 이러한 관점에서 평가되어야 하며, 또한 근본목표 달성을 방해하지 아니하고 증진시킬 수 있는 경우에만 채택되어야 한다.

(라) 이 근본목표에 비추어 모든 국제적 경제·재정정책 및 조치를 검토하고 심의하는 것이 국제노동기구의 책무이다.

(마) 국제노동기구에게 맡겨진 임무를 수행함에 있어서 이 기구는 관련된 모든 경제적·재정적 요소를 고려한 후, 그 결정 및 권고 사항에 적절하다고 인정되는 어떠한 규정도 포함시킬 수 있다.

3. 총회는 전 세계 국가에게 다음 사항의 달성계획을 촉진하여야 하는 국제노동기구의 엄숙한 의무를 승인한다.

(가) 완전고용 및 생활수준의 향상

(나) 근로자가 기술 및 기능을 최대한도로 발휘하여 만족을 누릴 수 있고, 일반복지에 최대한으로 공헌할 수 있는 직업에 근로자의 고용

(다) 이러한 목적달성의 방편으로서 그리고 모든 관련자에 대한 적절한 보장하에, 훈련을 위한 시설제공과 고용 및 정착목적의 이민을 포함한 노동의 이동

(라) 모든 사람에게 발전과실의 공정분배를 보장하기 위한 임금 및 소득, 근로시간 및 다른 근로조건에 관한 정책, 또한 최저 생활급에 의한 보호를 요하는 자 및 모든 피고용자에 대한 최저생활급 지급

(마) 단체교섭권의 실효적인 인정, 생산능률의 지속적 향상을 위한 경영자 및 근로자간의 협력, 사회적·경제적 조치의 준비 및 적용에 관한 근로자와 사용자간의 협력
(바) 보호를 요하는 모든 사람에 대하여 기본소득과 이들에게 종합의료를 제공하는 사회보장조치의 확대
(사) 모든 직업에 있어서 근로자의 생명 및 건강의 적절한 보호
(아) 아동의 복지제공 및 모성의 보호
(자) 적절한 영양·주거 및 휴식·문화시설의 제공
(차) 교육 및 직업에 있어서 기회균등의 보장

4. 이 선언에 규정된 목표달성에 필요한 세계 생산자원의 보다 완전하고 광범한 이용은 생산 및 소비의 증대·격심한 경제변동의 회피·세계 저개발지역의 경제적 및 사회적 발전의 촉진·1차산품에 대한 보다 안정된 국제가격의 확보 및 국제교역량의 고도의 지속적 증대조치를 포함하는 실효적인 국제적·국내적 조치를 통하여 보장될 수 있음을 확신하고, 총회는 국제노동기구가 이 위대한 사업과 모든 사람의 건강·교육 및 복지의 증진에 관한 책임의 일부를 맡은 국제기구와 충분히 협력할 것임을 서약한다.

5. 총회는 이 선언에 규정된 원칙이 전 세계의 모든 민족에게 충분히 적용될 수 있으며, 또한 그 적용방식은 각 민족이 도달한 사회적 및 경제적 발달의 단계를 충분히 고려하여 결정되어야 함과 동시에 이미 자립을 달성한 민족 뿐만 아니라 여전히 종속적인 민족에 대하여도 그 원칙을 점진적으로 적용하는 것이 문명세계 전체의 관심사임을 확인한다.

세계인권선언

(1948년 12월 10일 제3회 국제연합총회에서 채택)

인류 가족 모든 구성원의 고유한 존엄성과 평등하고 양도할 수 없는 권리를 인정하는 것이 세계의 자유, 정의, 평화의 기초가 됨을 인정하며, 인권에 대한 무시와 경멸은 인류의 양심을 짓밟는 야만적 행위를 결과하였으며, 인류가 언론의 자유, 신념의 자유, 공포와 궁핍으로부터의 자유를 향유하는 세계의 도래가 일반인의 지고한 열망으로 천명되었으며, 사람들이 폭정과 억압에 대항하는 마지막 수단으로서 반란에 호소하도록 강요받지 않으려면, 인권이 법에 의한 지배에 의하여 보호 되어야 함이 필수적이며, 국가간의 친선관계의 발전을 촉진시키는 것이 긴요하며, 국제연합의 여러 국민들은 그 헌장에서 기본적 인권과, 인간의 존엄과 가치, 남녀의 동등한 권리에 대한 신념을 재확인하였으며, 더욱 폭넓은 자유 속에서 사회적 진보와 생활수준의 개선을 촉진할 것을 다짐하였으며, 회원국들은 국제연합과 협력하여 인권과 기본적 자유에 대한 보편적 존중과 준수의 증진을 달성할 것을 서약하였으며, 이들 권리와 자유에 대한 공통의 이해가 이러한 서약의 이행을 위하여 가장 중요하므로, 따라서 이제 국제연합 총회는 모든 개인과 사회의 각 기관은 세계인권선언을 항상 마음속에 간직한 채, 교육과 학업을 통하여 이러한 권리와 자유에 대한 존중을 신장시키기 위하여 노력하고, 점진적인 국내적 및 국제적 조치를 통하여 회원국 국민 및 회원국 관할하의 영토의 국민들 양자 모두에게 권리와 자유의 보편적이고 효과적인 인정과 준수를 보장하기 위하여 힘쓰도록, 모든 국민들과 국가에 대한 공통의 기준으로서 본 세계인권선언을 선포한다.

제1조 모든 사람은 태어날 때부터 자유롭고, 존엄성과 권리에 있어서 평등하다. 사람은 이성과 양심을 부여받았으며 서로에게 형제의 정신으로 대하여야 한다.
제2조 모든 사람은 인종, 피부색, 성, 언어, 종교, 정치적 또는 그 밖의 견해, 민족적 또는 사회적 출신, 재산, 출생, 기타의 지위 등에 따른 어떠한 종류의 구별도 없이, 이 선언에 제시된 모든 권리와 자유를 누릴 자격이 있다.
나아가 개인이 속한 나라나 영역이 독립국이든 신탁통치지역이든, 비자치지역이든 또는 그 밖의 다른 주권상의 제한을 받고 있는 지역이든, 그 나라나 영역의 정치적, 사법적, 국제적 지위를 근거로 차별이 행하여져서는 아니된다.
제3조 모든 사람은 생명권과 신체의 자유와 안전을 누릴 권리가 있다.
제4조 어느 누구도 노예나 예속상태에 놓여지지 아니한다. 모든 형태의 노예제도 및 노예매매는 금지된다.
제5조 어느 누구도 고문이나, 잔혹하거나, 비인도적이거나, 모욕적인 취급 또는 형벌을 받지 아니한다.
제6조 모든 사람은 어디에서나 법 앞에 인간으로서 인정받을 권리를 가진다.
제7조 모든 사람은 법 앞에 평등하고, 어떠한 차별도 없이 법의 평등한 보호를 받을 권리를 가진다. 모든 사람은 이 선언을 위반하는 어떠한 차별에 대하여도, 또한 어떠한 차별의 선동에 대하여도 평등한 보호를 받을 권리를 가진다.
제8조 모든 사람은 헌법 또는 법률이 부여하는 기본권을 침해하는 행위에 대하여 담당 국가법원에 의하여 효과적인 구제를 받을 권리를 가진다.
제9조 어느 누구도 자의적인 체포, 구금 또는 추방을 당하지 아니한다.
제10조 모든 사람은 자신의 권리와 의무, 그리고 자신에 대한 형사상의 혐의를 결정함에 있어서, 독립적이고 편견 없는 법정에서 공정하고도 공개적인 심문을 전적으로 평등하게 받을 권리를 가진다.
제11조 1. 형사범죄로 소추당한 모든 사람은 자신의 변호를 위하여 필요한 모든 장치를 갖춘 공개된 재판에서 법률에 따라 유죄로 입증될 때까지 무죄로 추정받을 권리를 가진다.
2. 어느 누구도 행위시의 국내법 또는 국제법상으로 범죄를 구

국제

성하지 아니하는 작위 또는 부작위를 이유로 유죄로 되지 아니한다. 또한 범죄가 행하여진 때에 적용될 수 있는 형벌보다 무거운 형벌이 부과되지 아니한다.

제12조 어느 누구도 자신의 사생활, 가정, 주거 또는 통신에 대하여 자의적인 간섭을 받지 않으며, 자신의 명예와 신용에 대하여 공격을 받지 아니한다. 모든 사람은 그러한 간섭과 공격에 대하여 법률의 보호를 받을 권리를 가진다.

제13조 1. 모든 사람은 각국의 영역 내에서 이전과 거주의 자유에 관한 권리를 가진다.

2. 모든 사람은 자국을 포함한 어떤 나라로부터도 출국할 권리가 있으며, 또한 자국으로 돌아올 권리를 가진다.

제14조 1. 모든 사람은 박해를 피하여 타국에서 피난처를 구하고 비호를 향유할 권리를 가진다.

2. 이 권리는 비정치적인 범죄 또는 국제연합의 목적과 원칙에 반하는 행위만으로 인하여 제기된 소추의 경우에는 활용될 수 없다.

제15조 1. 모든 사람은 국적을 가질 권리를 가진다.

2. 어느 누구도 자의적으로 자신의 국적을 박탈당하거나 그의 국적을 바꿀 권리를 부인당하지 아니한다.

제16조 1. 성년에 이른 남녀는 인종, 국적 또는 종교에 따른 어떠한 제한도 받지 않고 혼인하여 가정을 이룰 권리를 가진다. 이들은 혼인 기간 중 및 그 해소시 혼인에 관하여 동등한 권리를 가진다.

2. 결혼은 양당사자의 자유롭고도 완전한 합의에 의하여만 성립된다.

3. 가정은 사회의 자연적이며 기초적인 구성단위이며, 사회와 국가의 보호를 받을 권리를 가진다.

제17조 1. 모든 사람은 단독으로는 물론 타인과 공동으로 자신의 재산을 소유할 권리를 가진다.

2. 어느 누구도 자신의 재산을 자의적으로 박탈당하지 아니한다.

제18조 모든 사람은 사상, 양심 및 종교의 자유에 대한 권리를 가진다. 이러한 권리는 자신의 종교 또는 신념을 바꿀 자유와 선교, 행사, 예배, 의식에 있어서 단독으로 또는 다른 사람과 공동으로, 공적으로 또는 사적으로 자신의 종교나 신념을 표명하는 자유를 포함한다.

제19조 모든 사람은 의견과 표현의 자유에 관한 권리를 가진다. 이 권리는 간섭받지 않고 의견을 가질 자유와 모든 매체를 통하여 국경에 관계없이 정보와 사상을 추구하고, 접수하고, 전달하는 자유를 포함한다.

제20조 1. 모든 사람은 평화적 집회와 결사의 자유에 관한 권리를 가진다.

2. 어느 누구도 어떤 결사에 소속될 것을 강요받지 아니한다.

제21조 1. 모든 사람은 직접 또는 자유롭게 선출된 대표를 통하여 자국의 통치에 참여할 권리를 가진다.

2. 모든 사람은 자국의 공무에 취임할 동등한 권리를 가진다.

3. 국민의 의사는 정부의 권위의 기초가 된다. 이 의사는 보통 및 평등 선거권에 의거하며, 또한 비밀투표 또는 이와 동등한 자유로운 투표 절차에 따라 실시되는 정기적이고 진정한 선거를 통하여 표현된다.

제22조 모든 사람은 사회의 일원으로서 사회보장제도에 관한 권리를 가지며, 국가적 노력과 국제적 협력을 통하여 그리고 각국의 조직과 자원에 따라 자신의 존엄성과 인격의 자유로운 발전을 위하여 불가결한 경제적, 사회적 및 문화적 권리의 실현에 관한 권리를 가진다.

제23조 1. 모든 사람은 근로의 권리, 자유로운 직업 선택권, 공정하고 유리한 근로조건에 관한 권리 및 실업으로부터 보호받을 권리를 가진다.

2. 모든 사람은 어떠한 차별도 받지 않고 동등한 노동에 대하여 동등한 보수를 받을 권리를 가진다.

3. 모든 근로자는 자신과 가족에게 인간적 존엄에 합당한 생활을 보장하여 주며, 필요할 경우 다른 사회적 보호의 수단에 의하여 보완되는, 정당하고 유리한 보수를 받을 권리를 가진다.

4. 모든 사람은 자신의 이익을 보호하기 위하여 노동조합을 결성하고, 가입할 권리를 가진다.

제24조 모든 사람은 근로시간의 합리적 제한과 정기적인 유급휴일을 포함한 휴식과 여가에 관한 권리를 가진다.

제25조 1. 모든 사람은 식량, 의복, 주택, 의료, 필수적인 사회역무를 포함하여 자신과 가족의 건강과 안녕에 적합한 생활수준을 누릴 권리를 가지며, 실업, 질병, 불구, 배우자와의 사별, 노령, 그 밖의 자신이 통제할 수 없는 상황에서의 다른 생계 결핍의 경우 사회보장을 누릴 권리를 가진다.

2. 모자는 특별한 보살핌과 도움을 받을 권리를 가진다. 모든 어린이는 부모의 혼인 여부에 관계없이 동등한 사회적 보호를 향유한다.

제26조 1. 모든 사람은 교육을 받을 권리를 가진다. 교육은 최소한 초등기초단계에서는 무상이어야 한다. 초등교육은 의무적이어야 한다. 기술교육과 직업교육은 일반적으로 이용할수 있어야 하며, 고등교육도 능력에 따라 모든 사람에게 평등하게 개방되어야 한다.

2. 교육은 인격의 완전한 발전과 인권 및 기본적 자유에 대한 존중의 강화를 목표로 하여야 한다. 교육은 모든 국가들과 인종적 또는 종교적 집단간에 있어서 이해, 관용 및 친선을 증진시키고 평화를 유지하기 위한 국제연합의 활동을 촉진시켜야 한다.

3. 부모는 자녀에게 제공되는 교육의 종류를 선택함에 있어서 우선권을 가진다.

제27조 1. 모든 사람은 공동체의 문화생활에 자유롭게 참여하고, 예술을 감상하며, 과학의 진보와 그 혜택을 향유할 권리를 가진다.

2. 모든 사람은 자신이 창조한 모든 과학적, 문학적, 예술적 창작물에서 생기는 정신적, 물질적 이익을 보호받을 권리를 가진다.

제28조 모든 사람은 이 선언에 제시된 권리와 자유가 완전히 실현될 수 있는 사회적 및 국제적질서에 대한 권리를 가진다.

제29조 1. 모든 사람은 그 안에서만 자신의 인격을 자유롭고 완전하게 발전시킬 수 있는 공동체에 대하여 의무를 부담한다.

2. 모든 사람은 자신의 권리와 자유를 행사함에 있어서, 타인의 권리와 자유에 대한 적절한 인정과 존중을 보장하고, 민주사회에서의 도덕심, 공공질서, 일반의 복지를 위하여 정당한 필요를 충족시키기 위한 목적에서만 법률에 규정된 제한을 받는다.

3. 이러한 권리와 자유는 어떤 경우에도 국제연합의 목적과 원칙에 반하여 행사될 수 없다.

제30조 이 선언의 그 어떠한 조항도 특정 국가, 집단 또는 개인이 이 선언에 규정된 어떠한 권리와 자유를 파괴할 목적의 활동에 종사하거나, 또는 그와 같은 행위를 행할 어떠한 권리도 가지는 것으로 해석되지 아니한다.

경제적, 사회적 및 문화적 권리에 관한 국제규약(A규약)

(1990년 6월 13일
조 약 제1006호)

1966.12.16(국제연합 총회에서 채택)
1990. 7.10(대한민국에 대하여 발효)

이 규약의 당사국은, 국제연합헌장에 선언된 원칙에 따라 인류사회의 모든 구성원의 고유의 존엄성 및 평등하고 양도할 수 없는 권리를 인정하는 것이 세계의 자유, 정의 및 평화의 기초가 됨을 고려하고, 이러한 권리는 인간의 고유한 존엄성으로부터 유래함을 인정하며, 세계인권선언에 따라 공포와 결핍으로부터의 자유를 향유하는 자유 인간의 이상은 모든 사람이 자신의 시민적, 정치적 권리 뿐만 아니라 경제적, 사회적 및 문화적 권리를 향유할 수 있는 여건이 조성되는 경우에만 성취될 수 있음을 인정하며, 인권과 자유에 대한 보편적 존중과 준수를 촉진시킬 국제연합헌장상의 국가의 의무를 고려하며, 타 개인과 자기가 속한 사회에 대한 의무를 지고 있는 개인은, 이 규약에서 인정된 권리의 증진과 준수를 위하여 노력하여야 할 책임이 있음을 인식하여, 다음 조문들에 합의한다.

〈제1부〉

제1조 1. 모든 사람은 자결권을 가진다. 이 권리에 기초하여 모든 사람은 그들의 정치적 지위를 자유로이 결정하고, 또한 그들의 경제적, 사회적 및 문화적 발전을 자유로이 추구한다.
2. 모든 사람은, 호혜의 원칙에 입각한 국제경제협력으로부터 발생하는 의무 및 국제법상의 의무에 위반하지 아니하는 한, 그들 자신의 목적을 위하여 그들의 천연의 부와 자원을 자유로이 처분할 수 있다. 어떠한 경우에도 사람은 그들의 생존수단을 박탈 당하지 아니한다.
3. 비자치지역 및 신탁통치지역의 행정책임을 맡고 있는 국가들을 포함하여 이 규약의 당사국은 국제연합헌장의 규정에 따라 자결권의 실현을 촉진하고 동 권리를 존중하여야 한다.

〈제2부〉

제2조 1. 이 규약의 각 당사국은 특히 입법조치의 채택을 포함한 모든 적절한 수단에 의하여 이 규약에서 인정된 권리의 완전한 실현을 점진적으로 달성하기 위하여, 개별적으로 또한 특히 경제적, 기술적인 국제지원과 국제협력을 통하여, 자국의 가용 자원이 허용하는 최대한도까지 조치를 취할 것을 약속한다.
2. 이 규약의 당사국은 이 규약에서 선언된 권리들이 인종, 피부색, 성, 언어, 종교, 정치적 또는 기타의 의견, 민족적 또는 사회적 출신, 재산, 출생 또는 기타의 신분등에 의한 어떠한 종류의 차별도 없이 행사되도록 보장할 것을 약속한다.
3. 개발도상국은, 인권과 국가 경제를 충분히 고려하여 이 규약에서 인정된 경제적 권리를 어느정도까지 자국의 국민이 아닌 자에게 보장할 것인가를 결정할 수 있다.

제3조 이 규약의 당사국은 이 규약에 규정된 모든 경제적, 사회적 및 문화적 권리를 향유함에 있어서 남녀에게 동등한 권리를 확보할 것을 약속한다.

제4조 이 규약의 당사국은, 국가가 이 규약에 따라 부여하는 권리를 향유함에 있어서, 그러한 권리의 본질과 양립할 수 있는 한도 내에서, 또한 오직 민주 사회에서의 공공복리증진의 목적으로 반드시 법률에 의하여 정하여지는 제한에 의해서만, 그러한 권리를 제한할 수 있음을 인정한다.

제5조 1. 이 규약의 어떠한 규정도 국가, 집단 또는 개인이 이 규약에서 인정되는 권리 및 자유를 파괴하거나, 또는 이 규약에서 규정된 제한의 범위를 넘어 제한하는 것을 목적으로 하는 활동에 종사하거나 또는 그와 같은 것을 목적으로 하는 행위를 행할 권리를 가지는 것으로 해석되지 아니한다.
2. 이 규약의 어떠한 당사국에서 법률, 협정, 규칙 또는 관습에 의하여 인정되거나 또는 현존하고 있는 기본적 인권에 대하여는, 이 규약이 그러한 권리를 인정하지 아니하거나 또는 그 인정의 범위가 보다 협소하다는 것을 구실로 동 권리를 제한하거나 또는 훼손하는 것이 허용되지 아니한다.

〈제3부〉

제6조 1. 이 규약의 당사국은, 모든 사람이 자유로이 선택하거나 수락하는 노동에 의하여 생계를 영위할 권리를 포함하는 근로의 권리를 인정하며, 동 권리를 보호하기 위하여 적절한 조치를 취한다.
2. 이 규약의 당사국이 근로권의 완전한 실현을 달성하기 위하여 취하는 제반조치에는 개인에게 기본적인 정치적, 경제적 자유를 보장하는 조건하에서 착실한 경제적, 사회적, 문화적 발전과 생산적인 완전고용을 달성하기 위한 기술 및 직업의 지도, 훈련계획, 정책 및 기술이 포함되어야 한다.

제7조 이 규약의 당사국은 특히 다음 사항이 확보되는 공정하고 유리한 근로조건을 모든 사람이 향유할 권리를 가지는 것을 인정한다.
(a) 모든 근로자에게 최소한 다음의 것을 제공하는 보수
(i) 공정한 임금과 어떠한 종류의 차별도 없는 동등한 가치의 노동에 대한 동등한 보수, 특히 여성에게 대하여는 동등한 노동에 대한 동등한 보수와 함께 남성이 향유하는 것보다 열등하지 아니한 근로조건의 보장
(ii) 이 규약의 규정에 따른 자신과 그 가족의 품위 있는 생활
(b) 안전하고 건강한 근로조건
(c) 연공서열 및 능력이외의 다른 고려에 의하지 아니하고, 모든 사람이 자기의 직장에서 적절한 상위직으로 승진할 수 있는 동등한 기회
(d) 휴식, 여가 및 근로시간의 합리적 제한, 공휴일에 대한 보수와 정기적인 유급휴일

제8조 1. 이 규약의 당사국은 다음의 권리를 확보할 것을 약속한다.
(a) 모든 사람은 그의 경제적, 사회적 이익을 증진하고 보호하기 위하여 관계단체의 규칙에만 따를 것을 조건으로 노동조합을 결성하고, 그가 선택한 노동조합에 가입하는 권리. 그러한 권리의 행사에 대하여는 법률로 정하여진 것 이외의 또한 국가안보 또는 공공질서를 위하여 또는 타인의 권리와 자유를 보호하기 위하여 민주 사회에서 필요한 것 이외의 어떠한 제한도 과할 수 없다.
(b) 노동조합이 전국적인 연합 또는 총연합을 설립하는 권리 및 총연합이 국제노동조합조직을 결성하거나 또는 가입하는 권리
(c) 노동조합은 법률로 정하여진 것 이외의 또한 국가안보, 공공질서를 위하거나 또는 타인의 권리와 자유를 보호하기 위하여 민주사회에서 필요한 제한이외의 어떠한 제한도 받지 아니하고 자유로이 활동할 권리
(d) 특정국가의 법률에 따라 행사될 것을 조건으로 파업을 할 수 있는 권리
2. 이 조는 군인, 경찰 구성원 또는 행정관리가 전기한 권리들을 행사하는 것에 대하여 합법적인 제한을 부과하는 것을 방해하지 아니한다.
3. 이 조의 어떠한 규정도 결사의 자유 및 단결권의 보호에 관한 1948년의 국제노동기구협약의 당사국이 동 협약에 규정된 보장을 저해하려는 입법조치를 취하도록 하거나, 또는 이를 저해하려는 방법으로 법률을 적용할 것을 허용하지 아니한다.

제9조 이 규약의 당사국은 모든 사람이 사회보험을 포함한 사회보장에 대한 권리를 가지는 것을 인정한다.

제10조 이 규약의 당사국은 다음 사항을 인정한다.
1. 사회의 자연적이고 기초적인 단위인 가정에 대하여는, 특히 가정의 성립을 위하여 그리고 가정이 부양 어린이의 양육과 교육에 책임을 맡고 있는 동안에는 가능한 한 광범위한 보호와 지원이 부여된다. 혼인은 혼인의사를 가진 양 당사자의 자유로운 동의하에 성립된다.
2. 임산부에게는 분만 전후의 적당한 기간동안 특별한 보호가 부여된다. 동 기간중의 근로 임산부에게는 유급휴가 또는 적당한 사회보장의 혜택이 있는 휴가가 부여된다.
3. 가문 또는 기타 조건에 의한 어떠한 차별도 없이, 모든 어린이와 연소자를 위하여 특별한 보호와 원조의 조치가 취하여 진다. 어린이와 연소자는 경제적, 사회적 착취로부터 보호된다. 어린이와 연소자를 도덕 또는 건강에 유해하거나 또는 생명에 위험하거나 또는 정상적 발육을 저해할 우려가 있는 노동에 고용하는 것은 법률에 의하여 처벌할 수 있다. 당사국은 또한 연령제한을 정하여 그 연령에 달하지 않은 어린이에 대한 유급노동에의 고용이 법률로 금지되고 처벌될 수 있도록 한다.

국제

제11조 1. 이 규약의 당사국은 모든 사람이 적당한 식량, 의복 및 주택을 포함하여 자기자신과 가정을 위한 적당한 생활수준을 누릴 권리와 생활조건을 지속적으로 개선할 권리를 가지는 것을 인정한다. 당사국은 그러한 취지에서 자유로운 동의에 입각한 국제적 협력의 본질적인 중요성을 인정하고, 그 권리의 실현을 확보하기 위한 적당한 조치를 취한다.

2. 이 규약의 당사국은 기아로부터의 해방이라는 모든 사람의 기본적인 권리를 인정하고, 개별적으로 또는 국제협력을 통하여 아래 사항을 위하여 구체적 계획을 포함하는 필요한 조치를 취한다.

(a) 과학·기술 지식을 충분히 활용하고, 영양에 관한 원칙에 대한 지식을 보급하고, 천연자원을 가장 효율적으로 개발하고 이용할 수 있도록 농지제도를 발전시키거나 개혁함으로써 식량의 생산, 보존 및 분배의 방법을 개선할 것.

(b) 식량수입국 및 식량수출국 쌍방의 문제를 고려하여 필요에 따라 세계식량공급의 공평한 분배를 확보할 것.

제12조 1. 이 규약의 당사국은 모든 사람이 도달 가능한 최고 수준의 신체적·정신적 건강을 향유할 권리를 가지는 것을 인정한다.

2. 이 규약당사국이 동 권리의 완전한 실현을 달성하기 위하여 취할 조치에는 다음 사항을 위하여 필요한 조치가 포함된다.

(a) 사산율과 유아사망율의 감소 및 어린이의 건강한 발육

(b) 환경 및 산업위생의 모든 부문의 개선

(c) 전염병, 풍토병, 직업병 및 기타 질병의 예방, 치료 및 통제

(d) 질병 발생시 모든 사람에게 의료와 간호를 확보할 여건의 조성

제13조 1. 이 규약의 당사국은 모든 사람이 교육에 대한 권리를 가지는 것을 인정한다. 당사국은 교육이 인격과 인격의 존엄성에 대한 의식이 완전히 발전되는 방향으로 나아가야 하며, 교육이 인권과 기본적 자유를 더욱 존중하여야 한다는 것에 동의한다. 당사국은 나아가서 교육에 의하여 모든 사람이 자유사회에 효율적으로 참여하며, 민족간에 있어서나 모든 인종적, 종족적 또는 종교적 집단간에 있어서 이해, 관용 및 친선을 증진시키고, 평화유지를 위한 국제연합의 활동을 증진시킬 수 있도록 하는 것에 동의한다.

2. 이 규약의 당사국은 동 권리의 완전한 실현을 달성하기 위하여 다음 사항을 인정한다.

(a) 초등교육은 모든 사람에게 무상 의무교육으로 실시된다.

(b) 기술 및 직업 중등교육을 포함하여 여러가지 형태의 중등교육은, 모든 적당한 수단에 의하여, 특히 무상교육의 점진적 도입에 의하여 모든 사람이 일반적으로 이용할 수 있도록 하고, 또한 모든 사람에게 개방된다.

(c) 고등교육은, 모든 적당한 수단에 의하여, 특히 무상교육의 점진적 도입에 의하여, 능력에 기초하여 모든 사람에게 동등하게 개방된다.

(d) 기본교육은 초등교육을 받지 못하였거나 또는 초등교육의 전기간을 이수하지 못한 사람들을 위하여 가능한 한 장려되고 강화된다.

(e) 모든 단계에 있어서 학교제도의 발전이 적극적으로 추구되고, 적당한 연구·장학제도가 수립되며, 교직원의 물질적 처우는 계속적으로 개선된다.

3. 이 규약의 당사국은 부모 또는 경우에 따라서 법정후견인이 그들 자녀를 위하여 공공기관에 의하여 설립된 학교 이외의 학교로서 국가가 정하거나 승인하는 최소한도의 교육수준에 부합하는 학교를 선택하는 자유 및 그들의 신념에 따라 자녀의 종교적, 도덕적 교육을 확보할 수 있는 자유를 존중할 것을 약속한다.

4. 이 조의 어떠한 부분도 항상 이 조 제1항에 규정된 원칙을 준수하고, 그 교육기관에서의 교육이 국가가 결정하는 최소한의 기준에 일치한다는 요건하에서, 개인과 단체가 교육기관을 설립, 운영할 수 있는 자유를 간섭하는 것으로 해석되지 아니한다.

제14조 이 규약의 당사국이 되는 때 그 본토나 자국 관할내에 있는 기타 영토에서 무상으로 초등의무교육을 확보할 수 없는 각 당사국은 계획상에 정해질 합리적인 연한이내에 모든 사람에 대한 무상의무교육 원칙을 점진적으로 시행하기 위한 세부 실천계획을 2년이내에 입안, 채택할 것을 약속한다.

제15조 1. 이 규약의 당사국은 모든 사람의 다음 권리를 인정한다.

(a) 문화생활에 참여할 권리

(b) 과학의 진보 및 응용으로부터 이익을 향유할 권리

(c) 자기가 저작한 모든 과학적, 문학적 또는 예술적 창작품으로부터 생기는 정신적, 물질적 이익의 보호로부터 이익을 받을 권리

2. 이 규약의 당사국이 그러한 권리의 완전한 실현을 달성하기 위하여 취하는 조치에는 과학과 문화의 보존, 발전 및 보급에 필요한 제반조치가 포함된다.

3. 이 규약의 당사국은 과학적 연구와 창조적 활동에 필수불가결한 자유를 존중할 것을 약속한다.

4. 이 규약의 당사국은 국제적 접촉의 장려와 발전 및 과학과 문화분야에서의 협력으로부터 이익이 초래됨을 인정한다.

〈제4부〉

제16조 1. 이 규약의 당사국은 규약에서 인정된 권리의 준수를 실현하기 위하여 취한 조치와 성취된 진전 사항에 관한 보고서를 이 부의 규정에 따라 제출할 것을 약속한다.

2. (a) 모든 보고서는 국제연합사무총장에게 제출된다. 사무총장은 이 규약의 규정에 따라, 경제사회이사회가 심의할 수 있도록 보고서 사본을 동 이사회에 송부한다.

(b) 국제연합사무총장은 이 규약의 당사국으로서 국제연합전문기구의 회원국인 국가가 제출한 보고서 또는 보고서 내용의 일부가 전문기구의 창설규정에 따라 동 전문기구의 책임에 속하는 문제와 관계가 있는 경우, 동 보고서 사본 또는 그 내용중의 관련 부분의 사본을 동 전문기구에 송부한다.

제17조 1. 이 규약의 당사국은 경제사회이사회가 규약당사국 및 관련 전문기구와 협의한후, 이 규약의 발효 후 1년 이내에 수립하는 계획에 따라, 자국의 보고서를 각 단계별로 제출한다.

2. 동 보고서는 이 규약상의 의무의 이행정도에 영향을 미치는 요소 및 장애를 지적할 수 있다.

3. 이 규약의 당사국이 이미 국제연합 또는 전문기구에 관련 정보를 제출한 경우에는, 동일한 정보를 다시 작성하지 않고 동 정보에 대한 정확한 언급으로서 족하다.

제18조 경제사회이사회는 인권과 기본적 자유의 분야에서의 국제연합헌장상의 책임에 따라, 전문기구가 동기구의 활동영역에 속하는 이 규약 규정의 준수를 달성하기 위하여 성취된 진전사항을 이사회에 보고하는 것과 관련하여, 당해 전문기구와 협정을 체결할 수 있다. 그러한 보고서에는 전문기구의 권한있는 기관이 채택한 규정의 행에 관한 결정 및 권고의 상세를 포함할 수 있다.

제19조 경제사회이사회는 제16조 및 제17조에 따라 각국이 제출하는 인권에 관한 보고서 및 제18조에 따라 전문기구가 제출하는 인권에 관한 보고서중 국제연합 인권위원회의 검토, 일반적 권고, 또는 정보를 위하여 적당한 보고서를 인권위원회에 송부할 수 있다.

제20조 이 규약의 당사국과 관련 전문기구는 제19조에 의한 일반적 권고에 대한 의견 또는 국제연합인권위원회의 보고서 또는 보고서에서 언급된 어떠한 문서에서도 그와 같은 일반적 권고에 대하여 언급하고 있는 부분에 관한 의견을 경제사회이사회에 제출할 수 있다.

제21조 경제사회이사회는 일반적 성격의 권고를 포함하는 보고서와 이 규약에서 인정된 권리의 일반적 준수를 달성하기 위하여 취한 조치 및 성취된 진전사항에 관하여 이 규약의 당사국 및 전문기구로부터 입수한 정보의 개요를 수시로 총회에 제출할 수 있다.

제22조 경제사회이사회는 이 규약의 제4부에서 언급된 보고서에서 생기는 문제로서, 국제연합의 타기관, 그 보조기관 및 기술원조의 제공에 관여하는 전문기구가 각기 그 권한내에서 이 규약의 효과적, 점진적 실시에 기여할 수 있는 국제적 조치의 타당성을 결정하는 데 도움이 될 수 있는 문제에 대하여 그들의 주의를 환기시킬 수 있다.

제23조 이 규약의 당사국은 이 규약에서 인정된 권리의 실현을 위한 국제적 조치에는 협약의 체결, 권고의 채택, 기술원조의 제공 및 관계정부와 협력하여 조직된 협의와 연구를 목적으로 하는 지역별 회의 및 기술적 회의의 개최와 같은 방안이 포함된다는 것에 동의한다.

제24조 이 규약의 어떠한 규정도 이 규약에서 취급되는 문제에 관하여 국제연합의 여러기관과 전문기구의 책임을 각각 명시하고 있는 국제연합헌장 및 전문기구헌장의 규정을 침해하는 것으로 해석되지 아니한다.

제25조 이 규약의 어떠한 규정도 모든 사람이 그들의 천연적 부와 자원을 충분히, 자유로이 향유하고, 이용할 수 있는 고유의 권리를 침해하는 것으로 해석되지 아니한다.

〈제5부〉

제26조 1. 이 규약은 국제연합의 모든 회원국, 전문기구의 모든 회원국, 국제사법재판소 규정의 모든 당사국 또한 국제연합총회가 이 규약에 가입하도록 초청한 기타 모든 국가들의 서명을 위하여 개방된다.

2. 이 규약은 비준되어야 한다. 비준서는 국제연합사무총장에게 기탁된다.

3. 이 규약은 이 조 제1항에서 언급된 모든 국가들의 가입을 위하여 개방된다.

4. 가입은 가입서를 국제연합사무총장에게 기탁함으로써 이루어진다.

5. 국제연합사무총장은 이 규약에 서명 또는 가입한 모든 국가들에게 각 비준서 또는 가입서의 기탁을 통보한다.

제27조 1. 이 규약은 35번째의 비준서 또는 가입서가 국제연합사무총장에게 기탁된 날로부터 3개월 후에 발효한다.

2. 35번째 비준서 또는 가입서의 기탁후에 이 규약을 비준하거나 또는 이 규약에 가입하는 국가에 대하여는, 이 규약은 그 국가의 비준서 또는 가입서가 기탁된 날로부터 3개월 후에 발효한다.

제28조 이 규약의 규정은 어떠한 제한이나 예외없이 연방국가의 모든 지역에 적용된다.

제29조 1. 이 규약의 당사국은 개정안을 제안하고 이를 국제연합사무총장에게 제출할 수 있다. 사무총장은 개정안을 접수하는 대로, 각 당사국에게 동 제안을 심의하고 표결에 회부하기 위한 당사국회의 개최에 찬성하는지에 관한 의견을 사무총장에게 통보하여 줄 것을 요청하는 것과 함께, 개정안을 이 규약의 각 당사국에게 송부한다. 당사국중 최소 3분의 1이 당사국회의 개최에 찬성하는 경우, 사무총장은 국제연합의 주관하에 동 회의를 소집한다. 동 회의에 출석하고 표결한 당사국의 과반수에 의하여 채택된 개정안은 그 승인을 위하여 국제연합총회에 제출된다.

2. 개정안은 국제연합총회의 승인을 얻고, 각기 자국의 헌법절차에 따라 이 규약당사국의 3분의 2의 다수가 수락하는 때 발효한다.

3. 개정안은 발효시 이를 수락한 당사국을 구속하며, 여타 당사국은 계속하여 이 규약의 규정 및 이미 수락한 그 이전의 모든 개정에 의하여 구속된다.

제30조 제26조제5항에 의한 통보에 관계없이, 국제연합사무총장은 동조제1항에서 언급된 모든 국가에 다음을 통보한다.

(a) 제26조에 의한 서명, 비준 및 가입

(b) 제27조에 의한 이 규약의 발효일자 및 제29조에 의한 모든 개정의 발효일자

제31조 1. 이 규약은 중국어, 영어, 불어, 러시아어 및 서반아어본이 동등히 정본이며, 국제연합 문서보존소에 기탁된다.

2. 국제연합사무총장은 제26조에서 언급된 모든 국가들에게 이 규약의 인증등본을 송부한다.

이상의 증거로, 하기 서명자들은 각자의 정부에 의하여 정당히 권한을 위임받아 일천구백육십육년 십이월 십구일 뉴욕에서 서명을 위하여 개방된 이 규약에 서명하였다.

시민적 및 정치적 권리에 관한 국제규약(B규약)

(1990년 6월 13일 / 조 약 제1007호)

1966.12.16(국제연합 총회에서 채택)
1966.12.19(뉴욕에서 서명)
1990. 7.10(대한민국에 대하여 발효)
1991. 3.15조약1042호(규약 제23조제4항 유보철회)
1993. 1.21조약1122호(규약 제14조제7항 유보철회)
2007. 3.29조약1840호(규약 제14조제5항 유보철회)

이 규약의 당사국은, 국제연합헌장에 선언된 원칙에 따라 인류사회의 모든 구성원의 고유의 존엄성 및 평등하고 양도할 수 없는 권리를 인정하는 것이 세계의 자유, 정의 및 평화의 기초가 됨을 고려하고, 이러한 권리는 인간의 고유한 존엄성으로부터 유래함을 인정하며, 세계인권선언에 따라 시민적, 정치적 자유 및 공포와 결핍으로부터의 자유를 향유하는 자유인간의 이상은 모든 사람이 자신의 경제적, 사회적 및 문화적 권리뿐만 아니라 시민적 및 정치적 권리를 향유할 수 있는 여건이 조성되는 경우에만 성취될 수 있음을 인정하며, 인권과 자유에 대한 보편적 존중과 준수를 촉진시킬 국제연합헌장상의 국가의 의무를 고려하며, 타 개인과 자기가 속한 사회에 대한 의무를 지고 있는 개인은, 이 규약에서 인정된 권리의 증진과 준수를 위하여 노력하여야 할 책임이 있음을 인식하여, 다음의 조문들에 합의한다.

〈제1부〉

제1조 1. 모든 사람은 자결권을 가진다. 이 권리에 기초하여 모든 사람은 그들의 정치적 지위를 자유로이 결정하고, 또한 그들의 경제적, 사회적 및 문화적 발전을 자유로이 추구한다.

2. 모든 사람은, 호혜의 원칙에 입각한 국제적 경제협력으로부터 발생하는 의무 및 국제법상의 의무에 위반하지 아니하는 한, 그들 자신의 목적을 위하여 그들의 천연의 부와 자원을 자유로이 처분할 수 있다. 어떠한 경우에도 사람은 그들의 생존수단을 박탈당하지 아니한다.

3. 비자치지역 및 신탁통치지역의 행정책임을 맡고 있는 국가들을 포함하여 이 규약의 당사국은 국제연합헌장의 규정에 따라 자결권의 실현을 촉진하고 동 권리를 존중하여야 한다.

〈제2부〉

제2조 1. 이 규약의 각 당사국은 자국의 영토내에 있으며, 그 관할권하에 있는 모든 개인에 대하여 인종, 피부색, 성, 언어, 종교, 정치적 또는 기타의 의견, 민족적 또는 사회적 출신, 재산, 출생 또는 기타의 신분 등에 의한 어떠한 종류의 차별도 없이 이 규약에서 인정되는 권리들을 존중하고 확보할 것을 약속한다.

2. 이 규약의 각 당사국은 현행의 입법조치 또는 기타 조치에 의하여 아직 규정되어 있지 아니한 경우, 이 규약에서 인정되는 권리들을 실현하기 위하여 필요한 입법조치 또는 기타 조치를 취하기 위하여 자국의 헌법상의 절차 및 이 규약의 규정에 따라 필요한 조치를 취할 것을 약속한다.

3. 이 규약의 각 당사국은 다음의 조치를 취할 것을 약속한다.

(a) 이 규약에서 인정되는 권리 또는 자유를 침해당한 사람에 대하여, 그러한 침해가 공무집행중인 자에 의하여 자행된 것이라 할지라도 효과적인 구제조치를 받도록 확보할 것.

(b) 그러한 구제조치를 청구하는 개인에 대하여, 권한있는 사법, 행정 또는 입법 당국 또는 당해 국가의 법률제도가 정하는 기타 권한있는 당국에 의하여 그 권리가 결정될 것을 확보하고, 또한 사법적 구제조치의 가능성을 발전시킬 것.

(c) 그러한 구제조치가 허용되는 경우, 권한있는 당국이 이를 집행할 것을 확보할 것.

제3조 이 규약의 당사국은 이 규약에서 규정된 모든 시민적 및 정치적 권리를 향유함에 있어서 남녀에게 동등한 권리를 확보할 것을 약속한다.

제4조 1. 국민의 생존을 위협하는 공공의 비상사태의 경우에 있어서 그러한 비상사태의 존재가 공식으로 선포되어 있을 때에는 이 규약의 당사국은 당해 사태의 긴급성에 의하여 엄격히 요구되는 한도내에서 이 규약상의 의무를 위반하는 조치를 취

할 수 있다. 다만, 그러한 조치는 당해국의 국제법상의 여타 의무에 저촉되어서는 아니되며, 또한 인종, 피부색, 성, 언어, 종교 또는 사회적 출신만을 이유로 하는 차별을 포함하여서는 아니된다.

2. 전항의 규정은 제6조, 제7조, 제8조(제1항 및 제2항), 제11조, 제15조, 제16조 및 제18조에 대한 위반을 허용하지 아니한다.

3. 의무를 위반하는 조치를 취할 권리를 행사하는 이 규약의 당사국은, 위반하는 규정 및 위반하게 된 이유를, 국제연합사무총장을 통하여 이 규약의 타 당사국들에게 즉시 통지한다. 또한 당사국은 그러한 위반이 종료되는 날에 동일한 경로를 통하여 그 내용을 통지한다.

제5조 1. 이 규약의 어떠한 규정도 국가, 집단 또는 개인이 이 규약에서 인정되는 권리 및 자유를 파괴하거나, 또는 이 규약에서 규정된 제한의 범위를 넘어 제한하는 것을 목적으로 하는 활동에 종사하거나 또는 그와같은 것을 목적으로 하는 행위를 행할 권리를 가지는 것으로 해석되지 아니한다.

2. 이 규약의 어떠한 당사국에서 법률, 협정, 규칙 또는 관습에 의하여 인정되거나 또는 현존하고 있는 기본적 인권에 대하여는, 이 규약이 그러한 권리를 인정하지 아니하거나 또는 그 인정의 범위가 보다 협소하다는 것을 구실로 동 권리를 제한하거나 또는 훼손하여서는 아니된다.

〈제3부〉

제6조 1. 모든 인간은 고유한 생명권을 가진다. 이 권리는 법률에 의하여 보호된다. 어느 누구도 자의적으로 자신의 생명을 박탈당하지 아니한다.

2. 사형을 폐지하지 아니하고 있는 국가에 있어서 사형은 범죄 당시의 현행법에 따라서 또한 이 규약의 규정과 집단살해죄의 방지 및 처벌에 관한 협약에 저촉되지 아니하는 법률에 의하여 가장 중한 범죄에 대해서만 선고될 수 있다. 이 형벌은 권한있는 법원이 내린 최종판결에 의하여서만 집행될 수 있다.

3. 생명의 박탈이 집단살해죄를 구성하는 경우에는 이 조의 어떠한 규정도 이 규약의 당사국이 집단살해죄의 방지 및 처벌에 관한 협약의 규정에 따라 지고 있는 의무를 어떠한 방법으로도 위반하는 것을 허용하는 것은 아니라고 이해한다.

4. 사형을 선고받은 사람은 누구나 사면 또는 감형을 청구할 권리를 가진다. 사형선고에 대한 일반사면, 특별사면 또는 감형은 모든 경우에 부여될 수 있다.

5. 사형선고는 18세미만의 자가 범한 범죄에 대하여 과하여져서는 아니되며, 또한 임산부에 대하여 집행되어서는 아니된다.

6. 이 규약의 어떠한 규정도 이 규약의 당사국에 의하여 사형의 폐지를 지연시키거나 또는 방해하기 위하여 원용되어서는 아니된다.

제7조 어느 누구도 고문 또는 잔혹한, 비인도적인 또는 굴욕적인 취급 또는 형벌을 받지 아니한다. 특히 누구든지 자신의 자유로운 동의없이 의학적 또는 과학적 실험을 받지 아니한다.

제8조 1. 어느 누구도 노예상태에 놓여지지 아니한다. 모든 형태의 노예제도 및 노예매매는 금지된다.

2. 어느 누구도 예속상태에 놓여지지 아니한다.

3. (a) 어느 누구도 강제노동을 하도록 요구되지 아니한다.

(b) 제3항 "(a)"의 규정은 범죄에 대한 형벌로 중노동을 수반한 구금형을 부과할 수 있는 국가에서, 권한있는 법원에 의하여 그러한 형의 선고에 따른 중노동을 시키는 것을 금지하는 것으로 해석되지 아니한다.

(c) 이 항의 적용상 "강제노동"이라는 용어는 다음 사항을 포함하지 아니한다.

(i) "(b)"에서 언급되지 아니한 작업 또는 역무로서 법원의 합법적 명령에 의하여 억류되어 있는 자 또는 그러한 억류로부터 조건부 석방중에 있는 자에게 통상적으로 요구되는 것

(ii) 군사적 성격의 역무 및 양심적 병역거부가 인정되고 있는 국가에 있어서는 양심적 병역거부자에게 법률에 의하여 요구되는 국민적 역무

(iii) 공동사회의 존립 또는 복지를 위협하는 긴급사태 또는 재난시에 요구되는 역무

(iv) 시민으로서 통상적인 의무를 구성하는 작업 또는 역무

제9조 1. 모든 사람은 신체의 자유와 안전에 대한 권리를 가진다. 누구든지 자의적으로 체포되거나 또는 억류되지 아니한다. 어느 누구도 법률로 정한 이유 및 절차에 따르지 아니하고는 그 자유를 박탈당하지 아니한다.

2. 체포된 사람은 누구든지 체포시에 체포이유를 통고받으며, 또한 그에 대한 피의 사실을 신속히 통고받는다.

3. 형사상의 죄의 혐의로 체포되거나 또는 억류된 사람은 법관 또는 법률에 의하여 사법권을 행사할 권한을 부여받은 기타 관헌에게 신속히 회부되어야 하며, 또한 그는 합리적인 기간내에 재판을 받거나 또는 석방될 권리를 가진다. 재판에 회부되는 사람을 억류하는 것이 일반적인 원칙이 되어서는 아니되며, 석방은 재판 기타 사법적 절차의 모든 단계에서 출두 및 필요한 경우 판결의 집행을 위하여 출두할 것이라는 보증을 조건으로 이루어질 수 있다.

4. 체포 또는 억류에 의하여 자유를 박탈당한 사람은 누구든지, 법원이 그의 억류의 합법성을 지체없이 결정하고, 그의 억류가 합법적이 아닌 경우에는 그의 석방을 명령할 수 있도록 하기 위하여, 법원에 절차를 취할 권리를 가진다.

5. 불법적인 체포 또는 억류의 희생이 된 사람은 누구든지 보상을 받을 권리를 가진다.

제10조 1. 자유를 박탈당한 모든 사람은 인도적으로 또한 인간의 고유한 존엄성을 존중하여 취급된다.

2. (a) 피고인은 예외적인 사정이 있는 경우를 제외하고는 기결수와 격리되며, 또한 유죄의 판결을 받고 있지 아니한 자로서의 지위에 상응하는 별도의 취급을 받는다.

(b) 미성년 피고인은 성인과 격리되며 또한 가능한 한 신속히 재판에 회부된다.

3. 교도소 수감제도는 재소자들의 교정과 사회복귀를 기본적인 목적으로 하는 처우를 포함한다. 미성년 범죄자는 성인과 격리되며 또한 그들의 연령 및 법적 지위에 상응하는 대우가 부여된다.

제11조 어느 누구도 계약상 의무의 이행불능만을 이유로 구금되지 아니한다.

제12조 1. 합법적으로 어느 국가의 영역내에 있는 모든 사람은, 그 영역내에서 이동의 자유 및 거주의 자유에 관한 권리를 가진다.

2. 모든 사람은 자국을 포함하여 어떠한 나라로부터도 자유로이 퇴거할 수 있다.

3. 상기 권리는 법률에 의하여 규정되고, 국가안보, 공공질서, 공중보건 또는 도덕 또는 타인의 권리와 자유를 보호하기 위하여 필요하고, 또한 이 규약에서 인정되는 기타 권리와 양립되는 것을 제외하고는 어떠한 제한도 받지 아니한다.

4. 어느 누구도 자국에 돌아올 권리를 자의적으로 박탈당하지 아니한다.

제13조 합법적으로 이 규약의 당사국의 영역내에 있는 외국인은, 법률에 따라 이루어진 결정에 의하여서만 그 영역으로부터 추방될 수 있으며, 또한 국가안보상 불가피하게 달리 요구되는 경우를 제외하고는 자기의 추방에 반대하는 이유를 제시할 수 있고 또한 권한있는 당국 또는 동 당국에 의하여 특별히 지명된 자에 의하여 자기의 사안이 심사되는 것이 인정되며, 또한 이를 위하여 그 당국 또는 사람앞에서 다른 사람이 그를 대리하는 것이 인정된다.

제14조 1. 모든 사람은 재판에 있어서 평등하다. 모든 사람은 그에 대한 형사상의 죄의 결정 또는 민사상의 권리 및 의무의 다툼에 관한 결정을 위하여 법률에 의하여 설치된 권한있는 독립적이고 공평한 법원에 의한 공정한 공개심리를 받을 권리를 가진다. 보도기관 및 공중에 대하여서는, 민주 사회에 있어서 도덕, 공공질서 또는 국가안보를 이유로 하거나 또는 당사자들의 사생활의 이익을 위하여 필요한 경우, 또는 공개가 사법상 이익을 해할 특별한 사정이 있는 경우 법원의 견해로 엄격히 필요하다고 판단되는 한도에서 재판의 전부 또는 일부를 공개하지 않을 수 있다. 다만, 형사소송 기타 소송에서 선고되는 판결은 미성년자의 이익을 위하여 필요한 경우 또는 당해 절차가 혼인관계의 분쟁이나 아동의 후견문제에 관한 경우를 제외하고는 공개된다.

2. 모든 형사피의자는 법률에 따라 유죄가 입증될 때까지 무죄로 추정받을 권리를 가진다.

3. 모든 사람은 그에 대한 형사상의 죄를 결정함에 있어서 적어도 다음과 같은 보장을 완전 평등하게 받을 권리를 가진다.

(a) 그에 대한 죄의 성질 및 이유에 관하여 그가 이해하는 언어로 신속하고 상세하게 통고받을 것

(b) 변호의 준비를 위하여 충분한 시간과 편의를 가질 것과 본인이 선임한 변호인과 연락을 취할 것

국제

(c) 부당하게 지체됨이 없이 재판을 받을 것
(d) 본인의 출석하에 재판을 받으며, 또한 직접 또는 본인이 선임하는 자의 법적 조력을 통하여 변호할 것. 만약 법적 조력을 받지 못하는 경우 변호인의 조력을 받을 권리에 대하여 통지를 받을 것. 사법상의 이익을 위하여 필요한 경우 및 충분한 지불수단을 가지고 있지 못하는 경우 본인이 그 비용을 부담하지 아니하고 법적 조력이 그에게 주어지도록 할 것
(e) 자기에게 불리한 증인을 신문하거나 또는 신문받도록 할 것과 자기에게 불리한 증인과 동일한 조건으로 자기를 위한 증인을 출석시키도록 하고 또한 신문받도록 할 것
(f) 법정에서 사용되는 언어를 이해하지 못하거나 또는 말할 수 없는 경우에는 무료로 통역의 조력을 받을 것
(g) 자기에게 불리한 진술 또는 유죄의 자백을 강요 당하지 아니할 것
4. 미성년자의 경우에는 그 절차가 그들의 연령을 고려하고 또한 그들의 갱생을 촉진하고자 하는 요망을 고려한 것이어야 한다.
5. 유죄판결을 받은 모든 사람은 법률에 따라 그 판결 및 형벌에 대하여 상급 법원에서 재심을 받을 권리를 가진다.
6. 어떤 사람이 확정판결에 의하여 유죄판결을 받았거나, 그후 새로운 사실 또는 새로 발견된 사실에 의하여 오심이 있었음을 결정적으로 입증함으로써 그에 대한 유죄판결이 파기되었거나 또는 사면을 받았을 경우에는 유죄판결의 결과 형벌을 받은 자는 법률에 따라 보상을 받는다. 다만, 그 알지 못한 사실이 적시에 밝혀지지 않은 것이 전체적으로 또는 부분적으로 그에게 책임이 있었다는 것이 증명된 경우에는 그러하지 아니한다.
7. 어느 누구도 각국의 법률 및 형사절차에 따라 이미 확정적으로 유죄 또는 무죄선고를 받은 행위에 관하여서는 다시 재판 또는 처벌을 받지 아니한다.

제15조 1. 어느 누구도 행위시의 국내법 또는 국제법에 의하여 범죄를 구성하지 아니하는 작위 또는 부작위를 이유로 유죄로 되지 아니한다. 또한 어느 누구도 범죄가 행하여진 때에 적용될 수 있는 형벌보다도 중한 형벌을 받지 아니한다. 범죄인은 범죄가 행하여진 후에 보다 가벼운 형을 부과하도록 하는 규정이 법률에 정해진 경우에는 그 혜택을 받는다.
2. 이 조의 어떠한 규정도 국제사회에 의하여 인정된 법의 일반원칙에 따라 그 행위시에 범죄를 구성하는 작위 또는 부작위를 이유로 당해인을 재판하고 처벌하는 것을 방해하지 아니한다.

제16조 모든 사람은 어디에서나 법앞에 인간으로서 인정받을 권리를 가진다.

제17조 1. 어느 누구도 그의 사생활, 가정, 주거 또는 통신에 대하여 자의적이거나 불법적인 간섭을 받거나 또는 그의 명예와 신용에 대한 불법적인 비난을 받지 아니한다.
2. 모든 사람은 그러한 간섭 또는 비난에 대하여 법의 보호를 받을 권리를 가진다.

제18조 1. 모든 사람은 사상, 양심 및 종교의 자유에 대한 권리를 가진다. 이러한 권리는 스스로 선택하는 종교나 신념을 가지거나 받아들일 자유와 단독으로 또는 다른 사람과 공동으로, 공적 또는 사적으로 예배, 의식, 행사 및 선교에 의하여 그의 종교나 신념을 표명하는 자유를 포함한다.
2. 어느 누구도 스스로 선택하는 종교나 신념을 가지거나 받아들일 자유를 침해하게 될 강제를 받지 아니한다.
3. 자신의 종교나 신념을 표명하는 자유는, 법률에 규정되고 공공의 안전, 질서, 공중보건, 도덕 또는 타인의 기본적 권리 및 자유를 보호하기 위하여 필요한 경우에만 제한받을 수 있다.
4. 이 규약의 당사국은 부모 또는 경우에 따라 법정 후견인이 그들의 신념에 따라 자녀의 종교적, 도덕적 교육을 확보할 자유를 존중할 것을 약속한다.

제19조 1. 모든 사람은 간섭받지 아니하고 의견을 가질 권리를 가진다.
2. 모든 사람은 표현의 자유에 대한 권리를 가진다. 이 권리는 구두, 서면 또는 인쇄, 예술의 형태 또는 스스로 선택하는 기타의 방법을 통하여 국경에 관계없이 모든 종류의 정보와 사상을 추구하고 접수하며 전달하는 자유를 포함한다.
3. 이 조 제2항에 규정된 권리의 행사에는 특별한 의무와 책임이 따른다. 따라서 그러한 권리의 행사는 일정한 제한을 받을 수 있다. 다만, 그 제한은 법률에 의하여 규정되고 또한 다음 사항을 위하여 필요한 경우에만 한정된다.
(a) 타인의 권리 또는 신용의 존중
(b) 국가안보 또는 공공질서 또는 공중보건 또는 도덕의 보호

제20조 1. 전쟁을 위한 어떠한 선전도 법률에 의하여 금지된다.
2. 차별, 적의 또는 폭력의 선동이 될 민족적, 인종적 또는 종교적 증오의 고취는 법률에 의하여 금지된다.

제21조 평화적인 집회의 권리가 인정된다. 이 권리의 행사에 대하여는 법률에 따라 부과되고, 또한 국가안보 또는 공공의 안전, 공공질서, 공중보건 또는 도덕의 보호 또는 타인의 권리 및 자유의 보호를 위하여 민주사회에서 필요한 것 이외의 어떠한 제한도 과하여져서는 아니된다.

제22조 1. 모든 사람은 자기의 이익을 보호하기 위하여 노동조합을 결성하고 이에 가입하는 권리를 포함하여 다른 사람과의 결사의 자유에 대한 권리를 갖는다.
2. 이 권리의 행사에 대하여는 법률에 의하여 규정되고, 국가안보 또는 공공의 안전, 공공질서, 공중보건 또는 도덕의 보호 또는 타인의 권리 및 자유의 보호를 위하여 민주사회에서 필요한 것 이외의 어떠한 제한도 과하여져서는 아니된다. 이 조는 군대와 경찰의 구성원이 이 권리를 행사하는 데 대하여 합법적인 제한을 부과하는 것을 방해하지 아니한다.
3. 이 조의 어떠한 규정도 결사의 자유 및 단결권의 보호에 관한 1948년의 국제노동기구협약의 당사국이 동 협약에 규정하는 보장을 저해하려는 입법조치를 취하도록 하거나 또는 이를 저해하려는 방법으로 법률을 적용할 것을 허용하는 것은 아니다.

제23조 1. 가정은 사회의 자연적이며 기초적인 단위이고, 사회와 국가의 보호를 받을 권리를 가진다.
2. 혼인적령의 남녀가 혼인을 하고, 가정을 구성할 권리가 인정된다.
3. 혼인은 양당사자의 자유롭고 완전한 합의없이는 성립되지 아니한다.
4. 이 협약의 당사국은 혼인기간중 및 혼인해소시에 혼인에 대한 배우자의 권리 및 책임의 평등을 확보하기 위하여 적절한 조치를 취한다. 혼인해소의 경우에는 자녀에 대한 필요한 보호를 위한 조치를 취한다.

제24조 1. 모든 어린이는 인종, 피부색, 성, 언어, 종교, 민족적 또는 사회적 출신, 재산 또는 출생에 관하여 어떠한 차별도 받지 아니하고 자신의 가족, 사회 및 국가에 대하여 미성년자로서의 지위로 인하여 요구되는 보호조치를 받을 권리를 가진다.
2. 모든 어린이는 출생후 즉시 등록되고, 성명을 가진다.
3. 모든 어린이는 국적을 취득할 권리를 가진다.

제25조 모든 시민은 제2조에 규정하는 어떠한 차별이나 또는 불합리한 제한도 받지 아니하고 다음의 권리 및 기회를 가진다.
(a) 직접 또는 자유로이 선출한 대표자를 통하여 정치에 참여하는 것.
(b) 보통, 평등 선거권에 따라 비밀투표에 의하여 행하여 지고, 선거인의 의사의 자유로운 표명을 보장하는 진정한 정기적 선거에서 투표하거나 피선되는 것.
(c) 일반적인 평등 조건하에 자국의 공무에 취임하는 것.

제26조 모든 사람은 법앞에 평등하고 어떠한 차별도 없이 법의 평등한 보호를 받을 권리를 가진다. 이를 위하여 법률은 모든 차별을 금지하고, 인종, 피부색, 성, 언어, 종교, 정치적, 또는 기타의 의견, 민족적 또는 사회적 출신, 재산, 출생 또는 기타의 신분 등의 어떠한 이유에 의한 차별에 대하여도 평등하고 효과적인 보호를 모든 사람에게 보장한다.

제27조 종족적, 종교적 또는 언어적 소수민족이 존재하는 국가에 있어서는 그러한 소수민족에 속하는 사람들에게 그 집단의 다른 구성원들과 함께 그들 자신의 문화를 향유하고, 그들 자신의 종교를 표명하고 실행하거나 또는 그들 자신의 언어를 사용할 권리가 부인되지 아니한다.

〈제4부〉

제28조 1. 인권이사회(이하 이 규약에서 이사회라 한다)를 설치한다. 이사회는 18인의 위원으로 구성되며 이하에 규정된 임무를 행한다.
2. 이사회는 고매한 인격을 가지고 인권분야에서 능력이 인정된 이 규약의 당사국의 국민들로 구성하고, 법률적 경험을 가진 약간명의 인사의 참여가 유익할 것이라는 점을 고려한다.
3. 이사회의 위원은 개인적 자격으로 선출되고, 직무를 수행한다.

제29조 1. 이사회의 위원은 제28조에 규정된 자격을 가지고 이 규약의 당사국에 의하여 선거를 위하여 지명된 자의 명단중에서 비밀투표에 의하여 선출된다.

2. 이 규약의 각 당사국은 2인이하의 자를 지명할 수 있다. 이러한 자는 지명하는 국가의 국민이어야 한다.
3. 동일인이 재지명받을 수 있다.

제30조 1. 최초의 선거는 이 규약의 발효일로부터 6개월 이내에 실시된다.
2. 국제연합사무총장은, 제34조에 따라 선언된 결원의 보충선거를 제외하고는, 이사회의 구성을 위한 각 선거일의 최소 4개월 전에, 이 규약당사국이 3개월 이내에 위원회의 위원후보 지명을 제출하도록 하기 위하여 당사국에 서면 초청장을 발송한다.
3. 국제연합사무총장은, 이와 같이 지명된 후보들을 지명국 이름의 명시와 함께 알파벳 순으로 명단을 작성하여 늦어도 선거일 1개월 전에 동 명단을 이 규약당사국에게 송부한다.
4. 이사회 위원의 선거는 국제연합사무총장이 국제연합 본부에서 소집한 이 규약당사국회합에서 실시된다. 이 회합은 이 규약당사국의 3분의 2를 정족수로 하고, 출석하여 투표하는 당사국 대표의 최대다수표 및 절대다수표를 획득하는 후보가 위원으로 선출된다.

제31조 1. 이사회는 동일국가의 국민을 2인이상 포함할 수 없다.
2. 이사회의 선거에 있어서는 위원의 공평한 지리적 안배와 상이한 문명형태 및 주요한 법률체계가 대표되도록 고려한다.

제32조 1. 이사회의 위원은 4년 임기로 선출된다. 모든 위원은 재지명된 경우에 재선될 수 있다. 다만, 최초의 선거에서 선출된 위원 중 9인의 임기는 2년후에 종료된다. 이들 9인 위원의 명단은 최초 선거후 즉시 제30조제4항에 언급된 회합의 의장에 의하여 추첨으로 선정된다.
2. 임기 만료시의 선거는 이 규약 제4부의 전기 조문들의 규정에 따라 실시된다.

제33조 1. 이사회의 어느 한 위원이 그의 임무를 수행할 수 없는 것이 일시적 성격의 결석이 아닌 다른 이유로 인한 것이라고 다른 위원 전원이 생각할 경우, 이사회의 의장은 국제연합사무총장에게 이를 통보하며, 사무총장은 이때 동 위원의 궐석을 선언한다.
2. 이사회의 위원이 사망 또는 사임한 경우, 의장은 국제연합사무총장에게 이를 즉시 통보하여야 하며, 사무총장은 사망일 또는 사임의 효력발생일로부터 그 좌석의 궐석을 선언한다.

제34조 1. 제33조에 의해 궐석이 선언되고, 교체될 궐석위원의 잔여임기가 궐석 선언일로부터 6개월 이내에 종료되지 아니할 때에는, 국제연합사무총장은 이 규약의 각 당사국에게 이를 통보하며, 각 당사국은 궐석을 충원하기 위하여 제29조에 따라서 2개월 이내에 후보자의 지명서를 제출할 수 있다.
2. 국제연합사무총장은 이와 같이 지명된 후보들의 명단을 알파벳순으로 작성, 이를 이 규약의 당사국에게 송부한다. 보궐선거는 이 규약 제4부의 관계규정에 따라 실시된다.
3. 제33조에 따라 선언되는 궐석을 충원하기 위하여 선출되는 위원은 동조의 규정에 따라 궐석위원의 잔여임기 동안 재직한다.

제35조 이사회의 위원들은 국제연합총회가 이사회의 책임의 중요성을 고려하여 결정하게 될 조건에 따라, 국제연합의 재원에서 동 총회의 승인을 얻어 보수를 받는다.

제36조 국제연합사무총장은 이 규정상 이사회의 효과적인 기능수행을 위하여 필요한 직원과 편의를 제공한다.

제37조 1. 국제연합사무총장은 이사회의 최초 회의를 국제연합본부에서 소집한다.
2. 최초회의 이후에는, 이사회는 이사회의 절차규칙이 정하는 시기에 회합한다.
3. 이사회는 통상 국제연합본부나 제네바 소재 국제연합사무소에서 회합을 가진다.

제38조 이사회의 각 위원은 취임에 앞서 이사회의 공개석상에서 자기의 직무를 공평하고 양심적으로 수행할 것을 엄숙히 선언한다.

제39조 1. 이사회는 임기 2년의 임원을 선출한다. 임원은 재선될 수 있다.
2. 이사회는 자체의 절차규칙을 제정하며 이 규칙은 특히 다음 사항을 규정한다.
(a) 의사정족수는 위원 12인으로 한다.
(b) 이사회의 의결은 출석위원 과반수의 투표로 한다.

제40조 1. 이 규약의 당사국은 규약에서 인정된 권리를 실현하기 위하여 취한 조치와 그러한 권리를 향유함에 있어서 성취된 진전사항에 관한 보고서를 다음과 같이 제출할 것을 약속한다.
(a) 관계당사국에 대하여는 이 규약의 발효후 1년 이내
(b) 그 이후에는 이사회가 요청하는 때
2. 모든 보고서는 국제연합사무총장에게 제출되며 사무총장은 이를 이사회가 심의할 수 있도록 이사회에 송부한다. 동 보고서에는 이 규약의 이행에 영향을 미치는 요소와 장애가 있을 경우, 이를 기재한다.
3. 국제연합사무총장은 이사회와의 협의후 해당전문기구에 그 전문기구의 권한의 분야에 속하는 보고서 관련 부분의 사본을 송부한다.
4. 이사회는 이 규약의 당사국에 의하여 제출된 보고서를 검토한다. 이사회는 이사회 자체의 보고서와 이사회가 적당하다고 간주하는 일반적 의견을 당사국에게 송부한다. 이사회는 또한 이 규약의 당사국으로부터 접수한 보고서 사본과 함께 동 일반적 의견을 경제사회이사회에 제출할 수 있다.
5. 이 규약의 당사국은 본조제4항에 따라 표명된 의견에 대한 견해를 이사회에 제출할 수 있다.

제41조 1. 이 규약의 당사국은 타 당사국이 이 규약상의 의무를 이행하지 아니하고 있다고 주장하는 일 당사국의 통보를 접수, 심리하는 이사회의 권한을 인정한다는 것을 이 조에 의하여 언제든지 선언할 수 있다. 이 조의 통보는 이 규약의 당사국중 자국에 대한 이사회의 그러한 권한의 인정을 선언한 당사국에 의하여 제출될 경우에만 접수, 심리될 수 있다. 이사회는 그러한 선언을 행하지 아니한 당사국에 관한 통보는 접수하지 아니한다. 이 조에 따라 접수된 통보는 다음의 절차에 따라 처리된다.
(a) 이 규약의 당사국은 타 당사국이 이 규약의 규정을 이행하고 있지 아니하다고 생각할 경우에는, 서면통보에 의하여 이 문제에 관하여 그 당사국의 주의를 환기시킬 수 있다. 통보를 접수한 국가는 통보를 접수한 후 3개월 이내에 당해문제를 해명하는 설명서 또는 기타 진술을 서면으로 통보한 국가에 송부한다. 그러한 해명서에는 가능하고 적절한 범위내에서, 동 국가가 당해문제와 관련하여 이미 취하였든가, 현재 취하고 있든가 또는 취할 국내절차와 구제수단에 관한 언급이 포함된다.
(b) 통보를 접수한 국가가 최초의 통보를 접수한 후 6개월 이내에 당해문제가 관련당사국 쌍방에게 만족스럽게 조정되지 아니할 경우에는, 양 당사국중 일방에 의한 이사회와 타 당사국에 대한 통고로 당해문제를 이사회에 회부할 권리를 가진다.
(c) 이사회는, 이사회에 회부된 문제의 처리에 있어서, 일반적으로 승인된 국제법의 원칙에 따라 모든 가능한 국내적 구제절차가 원용되고 완료되었음을 확인한 다음에만 그 문제를 처리한다. 다만, 구제수단의 적용이 부당하게 지연되고 있을 경우에는 그러하지 아니한다.
(d) 이사회가 이 조에 의한 통보를 심사할 경우에는 비공개 토의를 가진다.
(e) "(c)"의 규정에 따를 것을 조건으로, 이사회는 이 규약에서 인정된 인권과 기본적 자유에 대한 존중의 기초위에서 문제를 우호적으로 해결하기 위하여 관계당사국에게 주선을 제공한다.
(f) 이사회는 회부받은 어떠한 문제에 관하여도 "(b)"에 언급된 관계당사국들에게 모든 관련정보를 제출할 것을 요청할 수 있다.
(g) "(b)"에서 언급된 관계당사국은 당해문제가 이사회에서 심의되고 있는 동안 자국의 대표를 참석시키고 구두 또는 서면으로 의견을 제출할 권리를 가진다.
(h) 이사회는 "(b)"에 의한 통보의 접수일로부터 12개월 이내에 보고서를 제출한다.
(i) "(e)"의 규정에 따라 해결에 도달한 경우에는 이사회는 보고서를 사실과 도달된 해결에 관한 간략한 설명에만 국한시킨다.
(ii) "(e)"의 규정에 따라 해결에 도달하지 못한 경우에는 이사회는 보고서를 사실에 관한 간략한 설명에만 국한시키고 관계당사국이 제출한 서면 의견과 구두 의견의 기록을 동 보고서에 첨부시킨다. 모든 경우에 보고서는 관계당사국에 통보된다.
2. 이 조의 제규정은 이 규약의 10개 당사국이 이 조 제1항에 따른 선언을 하였을 때 발효된다. 당사국은 동 선언문을 국제연합사무총장에게 기탁하며, 사무총장은 선언문의 사본을 타 당사국에 송부한다. 이와 같은 선언은 사무총장에 대한 통고에 의하여 언제든지 철회될 수 있다. 이 철회는 이 조에 의하여 이미 송부된 통보에 따른 어떠한 문제의 심의도 방해하지 아니한다. 어떠한 당사국에 의한 추후의 통보는 사무총장이 선언 철회의 통

고를 접수한 후에는 관계당사국이 새로운 선언을 하지 아니하는 한 접수되지 아니한다.

제42조 1. (a) 제41조에 따라 이사회에 회부된 문제가 관계당사국들에 만족스럽게 타결되지 못하는 경우에는 이사회는 관계당사국의 사전 동의를 얻어 특별조정위원회(이하 조정위원회라 한다)를 임명할 수 있다. 조정위원회는 이 규약의 존중에 기초하여 당해문제를 우호적으로 해결하기 위하여 관계당사국에게 주선을 제공한다.

(b) 조정위원회는 관계당사국에게 모두 수락될 수 있는 5인의 위원으로 구성된다. 관계당사국이 3개월 이내에 조정위원회의 전부 또는 일부의 구성에 관하여 합의에 이르지 못하는 경우에는, 합의를 보지 못하는 조정위원회의 위원은 비밀투표에 의하여 인권이사회 위원중에서 인권이사회 위원 3분의 2의 다수결 투표로 선출된다.

2. 조정위원회의 위원은 개인자격으로 직무를 수행한다. 동 위원은 관계당사국, 이 규약의 비당사국 또는 제41조에 의한 선언을 행하지 아니한 당사국의 국민이어서는 아니된다.

3. 조정위원회는 자체의 의장을 선출하고 또한 자체의 절차규칙을 채택한다.

4. 조정위원회의 회의는 통상 국제연합본부 또는 제네바 소재 국제연합사무소에서 개최된다. 그러나, 동 회의는 조정위원회가 국제연합사무총장 및 관계당사국과 협의하여 결정하는 기타 편리한 장소에서도 개최될 수 있다.

5. 제36조에 따라 설치된 사무국은 이 조에서 임명된 조정위원회에 대하여도 역무를 제공한다.

6. 이사회가 접수하여 정리한 정보는 조정위원회가 이용할 수 있으며, 조정위원회는 관계당사국에게 기타 관련자료의 제출을 요구할 수 있다.

7. 조정위원회는 문제를 충분히 검토한 후, 또는 당해문제를 접수한 후, 어떠한 경우에도 12개월 이내에, 관계당사국에 통보하기 위하여 인권이사회의 위원장에게 보고서를 제출한다.

(a) 조정위원회가 12개월 이내에 당해문제에 대한 심의를 종료할 수 없을 경우, 조정위원회는 보고서를 당해문제의 심의현황에 관한 간략한 설명에 국한시킨다.

(b) 조정위원회가 이 규약에서 인정된 인권의 존중에 기초하여 당해문제에 대한 우호적인 해결에 도달한 경우, 조정위원회는 보고서를 사실과 도달한 해결에 관한 간략한 설명에 국한시킨다.

(c) 조정위원회가 "(b)"의 규정에 의한 해결에 도달하지 못한 경우, 조정위원회의 보고서는 관계당국간의 쟁점에 관계되는 모든 사실문제에 대한 자체의 조사결과 및 문제의 우호적인 해결 가능성에 관한 견해를 기술한다. 동 보고서는 또한 관계당사국이 제출한 서면 의견 및 구두의견의 기록을 포함한다.

(d) "(c)"에 의하여 조정위원회의 보고서가 제출되는 경우, 관계당사국은 동 보고서의 접수로부터 3개월 이내에 인권이사회의 위원장에게 조정위원회의 보고서 내용의 수락여부를 통고한다.

8. 이 조의 규정은 제41조에 의한 이사회의 책임을 침해하지 아니한다.

9. 관계당사국은 국제연합사무총장이 제출하는 견적에 따라 조정위원회의 모든 경비를 균등히 분담한다.

10. 국제연합사무총장은 필요한 경우, 이 조 제9항에 의하여 관계당사국이 분담금을 납입하기 전에 조정위원회의 위원의 경비를 지급할 수 있는 권한을 가진다.

제43조 이사회의 위원과 제42조에 의하여 임명되는 특별조정위원회의 위원은 국제연합의 특권 및 면제에 관한 협약의 관계조항에 규정된 바에 따라 국제연합을 위한 직무를 행하는 전문가로서의 편의, 특권 및 면제를 향유한다.

제44조 이 규약의 이행에 관한 규정은 국제연합과 그 전문기구의 설립헌장 및 협약에 의하여 또는 헌장 및 협약 하에서의 인권분야에 규정된 절차의 적용을 방해하지 아니하고, 이 규약당사국이 당사국간에 발효중인 일반적인 또는 특별한 국제협정에 따라 분쟁의 해결을 위하여 다른 절차를 이용하는 것을 방해하지 아니한다.

제45조 이사회는 그 활동에 관한 연례보고서를 경제사회이사회를 통하여 국제연합총회에 제출한다.

〈제5부〉

제46조 이 규약의 어떠한 규정도 이 규약에서 취급되는 문제에 관하여 국제연합의 여러 기관과 전문기구의 책임을 각각 명시하고 있는 국제연합헌장 및 전문기구헌장의 규정을 침해하는 것으로 해석되지 아니한다.

제47조 이 규약의 어떠한 규정도 모든 사람이 그들의 천연적 부와 자원을 충분히 자유로이 향유하고, 이용할 수 있는 고유의 권리를 침해하는 것으로 해석되지 아니한다.

〈제6부〉

제48조 1. 이 규약은 국제연합의 모든 회원국, 전문기구의 모든 회원국, 국제사법재판소 규정의 모든 당사국 또한 국제연합총회가 이 규약에 가입하도록 초청한 기타 모든 국가들의 서명을 위하여 개방된다.

2. 이 규약은 비준되어야 한다. 비준서는 국제연합사무총장에게 기탁된다.

3. 이 규약은 이 조 제1항에서 언급된 모든 국가들의 가입을 위하여 개방된다.

4. 가입은 가입서를 국제연합사무총장에게 기탁함으로써 이루어진다.

5. 국제연합사무총장은 이 규약에 서명 또는 가입한 모든 국가들에게 각 비준서 또는 가입서의 기탁을 통보한다.

제49조 1. 이 규약은 35번째의 비준서 또는 가입서가 국제연합사무총장에게 기탁되는 날로부터 3개월 후에 발효한다.

2. 35번째의 비준서 또는 가입서의 기탁후에 이 규약을 비준하거나 또는 이 조약에 가입하는 국가에 대하여는, 이 규약은 그 국가의 비준서 또는 가입서가 기탁된 날로부터 3개월 후에 발효한다.

제50조 이 규약의 규정은 어떠한 제한이나 예외없이 연방국가의 모든 지역에 적용된다.

제51조 1. 이 규약의 당사국은 개정안을 제안하고 이를 국제연합사무총장에게 제출할 수 있다. 사무총장은 개정안을 접수하는대로, 각 당사국에게 동 제안을 심의하고 표결에 회부하기 위한 당사국회의 개최에 찬성하는지에 관한 의견을 사무총장에게 통보하여 줄 것을 요청하는 것과 함께, 개정안을 이 규약의 각 당사국에게 송부한다. 당사국 중 최소 3분의 1이 당사국회의 개최에 찬성하는 경우, 사무총장은 국제연합의 주관하에 동 회의를 소집한다. 동 회의에 출석하고 표결한 당사국의 과반수에 의하여 채택된 개정안은 그 승인을 위하여 국제연합총회에 제출된다.

2. 개정안은 국제연합총회의 승인을 얻고, 각기 자국의 헌법상 절차에 따라 이 규약당사국의 3분의 2의 다수가 수락하는 때 발효한다.

3. 개정안은 발효시 이를 수락한 당사국을 구속하고, 여타 당사국은 계속하여 이 규약의 규정 및 이미 수락한 그 이전의 모든 개정에 의하여 구속된다.

제52조 제48조제5항에 의한 통보에 관계없이, 국제연합사무총장은 동조제1항에서 언급된 모든 국가에 다음을 통보한다.

(a) 제48조에 의한 서명, 비준 및 가입

(b) 제49조에 의한 이 규약의 발효일자 및 제51조에 의한 모든 개정의 발효일자

제53조 1. 이 규약은 중국어, 영어, 불어, 러시아어 및 서반아어본이 동등히 정본이며 국제연합 문서보존소에 기탁된다.

2. 국제연합사무총장은 제48조에서 언급된 모든 국가들에게 이 규약의 인증등본을 송부한다.

이상의 증거로, 하기서명자들은 각자의 정부에 의하여 정당히 권한을 위임받아 일천구백육십육년 십이월 십구일 뉴욕에서 서명을 위하여 개방된 이 규약에 서명하였다.

유보선언

대한민국 정부는 동 규약을 심의한 후, 동 규약의 제14조5항, 제14조7항, 제22조 및 제23조4항의 규정이 대한민국 헌법을 포함한 관련 국내법 규정에 일치되도록 적용될 것임과 동 규약 제41조상의 인권이사회의 권한을 인정함을 선언하며, 이에 동규약에 가입한다.

유보철회

상기 유보선언에 대해 대한민국은 동 규약 제23조 제4항을 1991년 3월 15일 유보철회하였으며(조약 제1042호), 제14조 제7항에 대해 1993년 1월 21일 유보철회하였음(조약 제1122호). 제14조 제5항에 대해 2007년 3월 29일 유보철회하였음(조약 제1840호).

大韓民國과美合衆國間의相互防衛條約

(1954年 11月 18日 條約 第34號)

1953.10. 1(워싱턴에서 서명)
1954.11.18(발효)

本 條約의 當事國은,

모든 國民과 모든 政府가 平和的으로 生活하고저 하는 希望을 再確認하며 또한 太平洋 地域에 있어서의 平和機構를 鞏固히 할 것을 希望하고, 當事國中 어느 1國이 太平洋 地域에 있어서 孤立하여 있다는 幻覺을 어떠한 潛在的侵略者도 가지지 않도록 外部로부터의 武力攻擊에 대하여 自身을 防衛하고저 하는 共通의 決意를 公公然히 또한 正式으로 宣言할 것을 希望하고 또한 太平洋 地域에 있어서 더욱 包括的이고 效果的인 地域的 安全保障組織이 발달될 때까지 平和와 安全을 유지하고저 集團的 防衛를 위한 努力을 鞏固히 할 것을 希望하여 다음과 같이 同意한다.

第1條 當事國은 關聯될지도 모르는 어떠한 國際的 紛爭이라도 國際的 平和와 安全과 正義를 危殆롭게 하지 않는 方法으로 平和的 手段에 의하여 解決하고 또한 國際關係에 있어서 國際聯合의 目的이나 當事國이 國際聯合에 대하여 負擔한 義務에 背馳되는 方法으로 武力으로 威脅하거나 武力을 行使함을 삼가할 것을 約束한다.

第2條 當事國中 어느 1國의 政治的 獨立 또는 安全이 外部로부터의 武力攻擊에 의하여 威脅을 받고 있다고 어느 當事國이든지 認定할 때에는 언제든지 當事國은 서로 協議한다.

當事國은 單獨的으로나 共同으로나 自助와 相互援助에 의하여 武力攻擊을 阻止하기 위한 適切한 手段을 持續하며 强化시킬 것이며 本 條約을 이행하고 그 目的을 推進할 適切한 措置를 協議와 合議下에 취할 것이다.

第3條 各 當事國은 他 當事國의 行政 支配下에 있는 領土와 各 當事國이 他 當事國의 行政 支配下에 合法的으로 들어갔다고 認定하는 今後의 領土에 있어서 他 當事國에 대한 太平洋 地域에 있어서의 武力攻擊을 自國의 平和와 安全을 危殆롭게 하는 것이라고 認定하고 共通한 危險에 對處하기 위하여 各自의 憲法上의 手續에 따라 行動할 것을 宣言한다.

第4條 相互的 合意에 의하여 美合衆國의 陸軍·海軍과 空軍을 大韓民國의 領土內와 그 附近에 配備하는 權利를 大韓民國은 이를 許與하고 美合衆國은 이를 受諾한다.

第5條 本 條約은 大韓民國과 美合衆國에 의하여 各自의 憲法上의 手續에 따라 批准되어야 하며 그 批准書가 兩國에 의하여 「와싱톤」에서 交換되었을 때에 效力을 발생한다.

第6條 本 條約은 無期限으로 有效하다.

어느 當事國이든지 他 當事國에 通告한 후 1年後에 本 條約을 終止시킬 수 있다.

이상의 證據로서 下記 全權委員은 本 條約에 署名한다.

本 條約은 1953年 10月 1日에 「와싱톤」에서 韓國文과 英文으로 두벌로 作成됨

대한민국을 위해서 변영태

미합중국을 위해서 존 포스터 델레스

韓·美行政協定

本協定
合意議事錄
諒解覺書

次 例

大韓民國과아메리카合衆國間의相互防衛條約第4條에依한施設과區域및大韓民國에서의合衆國軍隊의地位에關한協定

同協定의合意議事錄

대한민국과 아메리카합중국간의 상호방위조약 제4조에 의한 시설과 구역 및 대한민국에서의 합중국군대의지위에 관한 협정과 관련 합의의사록에 관한 양해사항

환경보호에 관한 특별양해각서

한국인 고용원의 우선고용 및 가족 구성원의 취업에 관한 양해각서

大韓民國과아메리카合衆國間의相互防衛條約第4條에의한施設과區域및大韓民國에서의合衆國軍隊의地位에관한協定(SOFA)

(1967年 2月 9日
條 約 第232號)

改正
1991. 2. 8條約1038號　　　2001. 3.29條約1553號

아메리카合衆國은 1950年 6月 25日, 1950年 6月 27日 및 1950年 7月 7日의 國際聯合 安全保障理事會의 諸 決議와 1953年 10月 1日에 署名된 大韓民國과아메리카合衆國間의相互防衛條約 第4條에 따라, 大韓民國의 領域안 및 그 附近에 同 軍隊를 配置하였음에 비추어,

大韓民國과 아메리카合衆國은 兩 國家間의 緊密한 相互 利益의 紐帶를 鞏固히 하기 위하여, 施設과 區域 및 大韓民國에서의 合衆國 軍隊의 地位에 관한 本 協定을 아래와 같이 締結하였다.

第1條【定義】 本 協定에 있어서,
(가) "合衆國 軍隊의 構成員"이라 함은 大韓民國의 領域안에 있는 아메리카合衆國의 陸軍, 海軍 또는 空軍에 屬하는 人員으로서 現役에 服務하고 있는 者를 말한다. 다만, 合衆國 大使館에 附屬된 合衆國 軍隊의 人員과 改正된 1950年 1月 26日字 軍事顧問團協定에 그 身分이 規定된 人員은 除外한다.
(나) "軍屬"이라 함은 合衆國의 國籍을 가진 民間人으로서 大韓民國에 있는 合衆國 軍隊에 雇傭되거나 同 軍隊에 勤務하거나 또는 同伴하는 者를 말하나, 通常的으로 大韓民國에 居住하는 者, 또는 第15條第1項에 規定된 者는 除外한다. 本 協定의 適用에 관한 限 大韓民國 및 合衆國의 二重 國籍者로서 合衆國에 의하여 大韓民國에 들어온 者는 合衆國 國民으로 看做한다.
(다) "家族"이라 함은 다음의 者를 말한다.
(1) 配偶者 및 21歲未滿의 子女
(2) 父母 및 21歲以上의 子女 또는 기타 親戚으로서 그 生計費의 半額以上을 合衆國 軍隊의 構成員 또는 軍屬에 依存하는 者

第2條【施設과 區域－供與와 返還】
1. (가) 合衆國은 相互防衛條約 第4條에 따라 大韓民國안의 施設과 區域의 使用을 供與받는다. 個個의 施設과 區域에 관한 諸協定은 本 協定 第28條에 規定된 合同委員會를 통하여 兩 政府가 이를 締結하여야 한다. "施設과 區域"은 所在의 如何를 不問하고, 그 施設과 區域의 運營에 使用되는 現存의 設備, 備品 및 定着物을 包含한다.
(나) 本 協定의 效力發生時에 合衆國 軍隊가 使用하고 있는 施設과 區域 및 合衆國 軍隊가 이러한 施設과 區域을 再使用할 때에 合衆國 軍隊가 이를 再使用한다는 留保權을 가진 채 大韓民國에 返還한 施設과 區域은 前記 (가)項에 따라 兩 政府間에 合意된 施設과 區域으로 看做한다. 合衆國 軍隊가 使用하고 있거나 再使用權을 가지고 있는 施設과 區域에 관한 記錄은 本 協定의 效力發生 後에도 合同委員會를 통하여 이를 保存한다.
2. 大韓民國 政府와 合衆國 政府는 어느 一方政府의 要請이 있을 때에는 이러한 協定을 再檢討하여야 하며 또한 이러한 施設과 區域이나 그 一部를 大韓民國에 返還하여야 할 것인지의 與否 또는 새로이 施設과 區域을 提供하여야 할 것인지의 與否에 대하여 合意할 수 있다.
3. 合衆國이 使用하는 施設과 區域은 本 協定의 目的을 위하여 必要가 없게 되는 때에는 언제든지 合同委員會를 통하여 合意되는 條件에 따라 大韓民國에 返還되어야 하며, 合衆國은 그와 같이 返還한다는 見地에서 同 施設과 區域의 必要性을 繼續 檢討할 것에 同意한다.
4. (가) 施設과 區域이 一時的으로 使用되지 않고 또한 大韓民國 政府가 이러한 通告를 받을 때에는 大韓民國 政府는 暫定的으로 이러한 施設과 區域을 使用할 수 있거나 또는 大韓民國 國民으로 하여금 使用시킬 수 있다. 다만, 이러한 使用은 合衆國 軍隊에 의한 同 施設과 區域의 正常的인 使用目的에 有害하지 않을 것이라는 것이 合同委員會에 의하여 兩 政府間에 合意되는 경우에 한한다.
(나) 合衆國 軍隊가 一定한 期間에 한하여 使用할 施設과 區域에 관하여는 合同委員會는 이러한 施設과 區域에 관한 協定중에 本 協定의 規定이 適用되지 아니하는 限度를 明記하여야 한다.

第3條【施設과 區域－保安 措置】
1. 合衆國은 施設과 區域안에서 이러한 施設과 區域의 設定, 運營, 警護 및 管理에 必要한 모든 措置를 取할 수 있다. 大韓民國 政府는 合衆國 軍隊의 支援, 警護 및 管理를 위하여 同 施設과 區域에의 合衆國 軍隊의 出入의 便宜를 圖謀하기 위하여 合衆國 軍隊의 要請과 合同委員會를 통한 兩 政府間의 協議에 따라 同 施設과 區域에 隣接한 또는 그 周邊의 土地, 領海 및 領空에 대하여 關係法令의 範圍內에서 必要한 措置를 取하여야 한다. 合衆國은 또한 合同委員會를 통한 兩 政府間의 協議에 따라 前記의 目的上 必要한 措置를 取할 수 있다.
2. (가) 合衆國은 大韓民國의 領域으로의, 領域으로부터의 또는 領域안의 航海, 航空, 通信 및 陸上 交通을 不必要하게 妨害하는 方法으로 第1項에 規定된 措置를 取하지 아니할 것에 同意한다.
(나) 電磁波 放射裝置用「라디오」周波數 또는 이에 類似한 事項을 包含한 電氣通信에 관한 모든 問題는 兩 政府의 指定 通信當局間의 約定에 따라 最大의 調整과 協力의 精神으로 迅速히 繼續 解決하여야 한다.
(다) 大韓民國 政府는 關係 法令과 協定의 範圍內에서 電磁波放射에 敏感한 장치, 電氣通信 裝置 또는 合衆國 軍隊가 必要로 하는 기타 장치에 대한 妨害를 防止하거나 除去시키기 위한 모든 合理的인 措置를 取하여야 한다.
3. 合衆國 軍隊가 使用하고 있는 施設과 區域에서의 運營은 公共 安全을 適切히 考慮하여 遂行되어야 한다.

第4條【施設과 區域－施設의 返還】
1. 合衆國 政府는 本 協定의 終了時나 그 以前에 大韓民國 政府에 施設과 區域을 返還할 때에 이들 施設과 區域이 合衆國 軍隊에 提供되었던 當時의 狀態로 同 施設과 區域을 原狀回復하여야 할 義務를 지지 아니하며, 또한 이러한 原狀回復 代身으로 大韓民國 政府에 補償하여야 할 義務도 지지 아니한다.
2. 大韓民國 政府는 本 協定의 終了時나 그 以前의 施設과 區域의 返還에 있어서, 同 施設과 區域에 加하여진 어떠한 改良에 대하여 또는 施設과 區域에 殘有한 建物 및 工作物에 대하여 合衆國 政府에 어떠한 補償도 行할 義務를 지지 아니한다.
3. 前2項의 規定은 合衆國 政府가 大韓民國 政府와의 特別한 約定에 依據하여 行할 수 있는 建設工事에는 適用되지 아니한다.

第5條【施設과 區域－經費와 維持】
1. 合衆國은 第2項에 規定된 바에 따라 大韓民國이 負擔하는 經費를 除外하고는 本 協定의 有效期間동안 大韓民國에 負擔을 課하지 아니하고 合衆國 軍隊의 維持에 따르는 모든 經費를 負擔하기로 合意한다.
2. 大韓民國은 合衆國에 負擔을 課하지 아니하고 本 協定의 有效期間동안 第2條 및 第3條에 規定된 飛行場과 港口에 있는 施設과 區域처럼 共同으로 使用하는 施設과 區域을 包含한 모든 施設, 區域 및 通行權을 提供하고, 相當한 경우에는 그들의 所有者와 提供者에게 補償하기로 合意한다. 大韓民國 政府는 이러한 施設과 區域에 대한 合衆國 政府의 使用을 保障하고, 또한 合衆國 政府 및 그 機關과 職員이 이러한 使用과 關聯하여 提起할 수 있는 第三者의 請求權으로부터 害를 받지 아니하도록 한다.

第6條【公益事業과 用役】
1. 合衆國 軍隊는 大韓民國 政府 또는 그 地方行政機關이 所有, 管理 또는 規制하는 모든 公益事業과 用役을 利用한다. "公益事業과 用役"이라 함은 輸送과 通信의 施設 및 機關, 電氣,「까스」, 水道,「스팀」, 電熱, 電燈, 動力 및 下水 汚物 處理를 包含하되, 이것에만 限定하는 것은 아니다. 本項에 規定된 公益事業과 用役의 利用은 合衆國이 軍用 交通施設, 通信, 動力 및 合衆國 軍隊의 運營에 必要한 其他 公益事業과 用役을 運營하는 權利를 侵害하는 것은 아니다. 前記 權利는 大韓民國 政府에 의한 同 政府의 公益事業과 用役의 運營과 合致하지 아니하는 方法으로 行使되어서는 아니된다.
2. 合衆國에 의한 이러한 公益事業과 用役의 利用은 어느 他利用者에게 附與된 것보다 不利하지 아니한 優先權, 條件 및 使用料나 料金에 따라야 한다.

第7條【接受國 法令의 尊重】 合衆國 軍隊의 構成員, 軍屬과 第15條에 따라 大韓民國에 居住하고 있는 者 및 그들의 家族은 大韓民國안에 있어서 大韓民國의 法令을 尊重하여야 하고, 또한

本 協定의 精神에 違背되는 어떠한 活動 特히 政治的 活動을 하지 아니하는 義務를 진다.

第8條【出入國】

1. 本條의 規定에 따를 것을 條件으로 合衆國은 合衆國 軍隊의 構成員, 軍屬 및 그들의 家族인 者를 大韓民國에 入國시킬 수 있다. 大韓民國 政府는 兩 政府間에 合意될 節次에 따라 入國者와 出國者의 數 및 種別을 定期的으로 通告받는다.

2. 合衆國 軍隊의 構成員은 旅券 및 査證에 관한 大韓民國 法令의 適用으로부터 免除된다. 合衆國 軍隊의 構成員, 軍屬 및 그들의 家族은 外國人의 登錄 및 管理에 관한 大韓民國 法令의 適用으로부터 免除된다. 그러나, 大韓民國 領域 안에서 永久的인 居所 또는 住所를 要求할 權利를 取得하는 것으로 認定되지 아니한다.

3. 合衆國 軍隊의 構成員은 大韓民國에 入國하거나 大韓民國으로부터 出國함에 있어서 다음 文書를 所持하여야 한다.

(가) 姓名, 生年月日, 階級과 軍番 및 軍의 區分을 記載하고 寫眞을 添附한 身分證明書 및

(나) 個人 또는 集團이 合衆國 軍隊의 構成員으로서 가지는 地位 및 命令받은 旅行을 證明하는 個別的 또는 集團的 旅行의 命令書

合衆國 軍隊의 構成員은 大韓民國에 있는 동안 그들의 身分을 證明하기 위하여 前記 身分證明書를 所持하여야 하며, 同 身分證明書는 大韓民國의 關係當局이 要求하면 이를 提示하여야 한다.

4. 軍屬, 그들의 家族 및 合衆國 軍隊의 構成員의 家族은 合衆國 當局이 發給한 適切한 文書를 所持하여, 大韓民國에 入國하거나 出國함에 있어서 또한 大韓民國에 滯留할 동안 그들의 身分이 大韓民國 當局에 의하여 確認되도록 하여야 한다.

5. 本條第1項에 따라 大韓民國에 入國한 者가 그 身分의 變更으로 인하여 前記 入國의 資格을 가지지 못하게 된 경우에는 合衆國 當局은 大韓民國 當局에 이를 通告하여야 하며, 또한 그 者가 大韓民國으로부터 退去할 것을 大韓民國 當局이 要請한 경우에는 大韓民國 政府의 負擔에 의하지 아니하고 相當한 期間內에 大韓民國으로부터 輸送하는 것을 保障하여야 한다.

6. 大韓民國 政府가 合衆國 軍隊의 構成員 또는 軍屬을 그 領域으로부터 移送시킬 것을 要請하거나 合衆國 軍隊의 前 構成員 또는 前 軍屬에 대하여 또는 이러한 軍隊 構成員, 軍屬, 前 構成員 또는 前 軍屬들의 家族에 대하여 追放 命令을 한 경우에는, 合衆國 當局은 그 者를 自國의 領域안에 받아들이거나 그러하지 아니하면 그 者를 大韓民國 領域 밖으로 내보내는 責任을 진다. 本項의 規定은 大韓民國의 國民이 아닌 合衆國 軍隊의 構成員이나 軍屬의 資格으로 또는 그러한 者가 될 目的으로 大韓民國에 入國한 者 및 이러한 者의 家族에 대하여서만 適用한다.

第9條【通關과 關稅】

1. 合衆國 軍隊의 構成員, 軍屬 및 그들의 家族은 本 協定에서 規定된 경우를 除外하고는 大韓民國 稅關當局이 執行하고 있는 法令에 따라야 한다.

2. 合衆國 軍隊(同 軍隊의 公認 調達機關과 第13條에 規定된 非歲出資金機關을 包含한다)가 合衆國 軍隊의 公用을 위하거나 또는 合衆國 軍隊, 軍屬 및 그들의 家族의 使用을 위하여 輸入하는 모든 資材, 需用品 및 備品과, 合衆國 軍隊가 專用할 資材, 需用品 및 備品 또는 合衆國 軍隊가 使用하는 物品이나 施設에 最終的으로 合體될 資材, 需用品 및 備品은 大韓民國에의 搬入이 許容된다. 이러한 搬入에는 關稅 및 其他의 課徵金이 賦課되지 아니한다. 前記의 資材, 需用品 및 備品은 合衆國 軍隊(同 軍隊의 公認 調達機關과 第13條에 規定된 非歲出資金機關을 包含한다)가 輸入한 것이라는 뜻의 適當한 證明書를 必要로 하거나, 또는 合衆國 軍隊가 專用할 資材, 需用品 및 備品 또는 同 軍隊가 使用하는 物品이나 施設에 最終的으로 合體될 資材, 需用品 및 備品에 있어서는 合衆國 軍隊가 前記의 目的을 위하여 受領할 뜻의 適當한 證明書를 必要로 한다. 本項에서 規定된 免除는 合衆國 軍隊가 同 軍隊로부터 軍需支援을 받는 統合司令部 傘下 駐韓 外國軍隊의 使用을 위하여 輸入한 資材, 需用品 및 備品에도 適用한다.

3. 合衆國 軍隊의 構成員, 軍屬 및 그들의 家族에게 託送되고 또한 이러한 者들의 私用에 提供되는 財産에는 關稅 및 其他의 課徵金을 賦課한다. 다만, 다음의 경우에는 關稅 및 기타의 課徵金을 賦課하지 아니한다.

(가) 合衆國 軍隊의 構成員이나 軍屬이 大韓民國에서 勤務하기 위하여 最初로 到着한 때에, 또한 그들의 家族이 이러한 軍隊의 構成員이나 軍屬과 同居하기 위하여 最初로 到着한 때에 私用을 위하여 輸入한 家具, 家庭用品 및 個人用品

(나) 合衆國 軍隊의 構成員이나 軍屬이 自己 또는 그들의 家族의 私用을 위하여 輸入하는 車輛과 附屬品

(다) 合衆國 軍隊의 構成員, 軍屬 및 그들의 家族의 私用을 위하여 合衆國안에서 通常的으로 購入되는 種類의 合理的인 量의 個人用品 및 家庭用品으로서 合衆國 軍事 郵便局을 통하여 大韓民國에 郵送되는 것

4. 第2項 및 第3項에서 許容한 免除는 物品 輸入의 경우에만 適用되며, 또한 當該 物品의 搬入時에 關稅와 內國消費稅가 이미 徵收된 物品을 購入하는 경우에는 稅關當局이 徵收한 關稅와 內國消費稅를 還拂하는 것으로 解釋되지 아니한다.

5. 稅關檢査는 다음의 경우에는 이를 行하지 아니한다.

(가) 休暇命令이 아닌 命令에 따라 大韓民國에 入國하거나 大韓民國으로부터 出國하는 合衆國 軍隊의 構成員

(나) 公用의 封印이 있는 公文書 및 公用의 郵便 封印이 있고 合衆國 軍事 郵便 經路에 있는 第1種 書狀

(다) 合衆國 軍隊에 託送된 軍事貨物

6. 關稅의 免除를 받고 大韓民國에 輸入된 物品은 大韓民國 當局과 合衆國 當局이 相互 合意하는 條件에 따라 處分을 認定하는 경우를 除外하고는 關稅의 免除로 當該 物品을 輸入하는 權利를 가지지 아니하는 者에 대하여 大韓民國안에서 이를 處分하여서는 아니된다.

7. 第2項 및 第3項에 依據하여 關稅 및 기타의 課徵金의 免除를 받고 大韓民國에 輸入된 物品은 關稅 및 기타의 課徵金의 免除를 받고 이를 再輸出할 수 있다.

8. 合衆國 軍隊는 大韓民國 當局과 協力하여 本條의 規定에 따라 合衆國 軍隊, 同 軍隊의 構成員, 軍屬 및 그들의 家族에게 賦與된 特權의 濫用을 防止하기 위하여 必要한 措置를 取하여야 한다.

9. (가) 大韓民國 當局과 合衆國 軍隊는 大韓民國 政府의 稅關當局이 執行하는 法令에 違反하는 行爲를 防止하기 위하여 調査의 實施 및 證據의 蒐集에 있어서 相互 協助하여야 한다.

(나) 合衆國 軍隊는 大韓民國 政府의 稅關當局에 의하여 또는 이에 代身하여 행하여지는 押留될 物品을 引渡하도록 確保하기 위하여 그의 權限內의 모든 援助를 提供하여야 한다.

(다) 合衆國 軍隊는 合衆國 軍隊의 構成員이나 軍屬 또는 그들의 家族이 納付할 關稅, 租稅 및 罰金의 納付를 確保하기 위하여 그의 權限內의 모든 援助를 提供하여야 한다.

(라) 合衆國 軍隊當局은 稅關檢査의 目的으로 軍事上 統制하는 埠頭와 飛行場에 派遣된 稅關 職員에게 가능한 모든 援助를 提供하여야 한다.

(마) 合衆國 軍隊에 屬하는 車輛 및 物品으로서 大韓民國 政府의 關稅 또는 財務에 관한 法令에 違反하는 行爲에 관련하여 大韓民國 政府의 稅關當局이 押留한 것은, 關係 部隊當局에 引渡하여야 한다.

第10條【船舶과 航空機의 寄着】

1. 合衆國에 의하여, 合衆國을 위하여 또는 合衆國의 管理下에서 公用을 위하여 運航되는 合衆國 및 外國의 船舶과 航空機는 大韓民國의 어떠한 港口 또는 飛行場에도 入港料 또는 着陸料를 負擔하지 아니하고 出入할 수 있다. 本 協定에 의한 免除가 賦與되지 아니한 貨物 또는 旅客이 이러한 船舶 또는 航空機에 의하여 運送될 때에는 大韓民國의 關係當局에 그 뜻을 通告하여야 하며, 그 貨物 또는 旅客의 大韓民國에의 出入國은 大韓民國의 法令에 따라야 한다.

2. 第1項에 規定된 船舶과 航空機, 機甲 車輛을 包含한 合衆國 政府 所有의 車輛 및 合衆國 軍隊의 構成員, 軍屬 및 그들의 家族은 合衆國 軍隊가 使用하고 있는 施設과 區域에 出入하고, 이들 施設과 區域間을 移動하고, 또한 이러한 施設과 區域 및 大韓民國의 港口 또는 飛行場間을 移動할 수 있다. 合衆國의 軍用 車輛의 施設과 區域에의 出入 및 이들 施設과 區域間의 移動에는 道路使用料 및 기타의 課徵金을 課하지 아니한다.

3. 第1項에 規定된 船舶이 大韓民國 港口에 入港하는 경우 通常的인 狀態下에서는 大韓民國의 關係當局에 대하여 適切한 通告를 하여야 한다. 이러한 船舶은 强制導船이 免除되나, 導船士를 使用하는 경우에는 適切한 率의 導船料를 支給하여야 한다.

第11條【氣象業務】

大韓民國 政府는 兩國 政府의 關係當局間의 約定에 따라 다음의 氣象業務를 合衆國 軍隊에 提供함을 約束한다.

(가) 船舶에 의한 觀測을 包含한 地上 및 海上에서의 氣象觀測

(나) 定期的 槪況과 可能하다면 過去의 資料도 包含한 氣象資料

(다) 氣象 情報를 報道하는 電氣通信業務
(라) 地震 觀測의 資料

第12條【航空 交通 管制 및 運航 補助 施設】

1. 모든 民間 및 軍用 航空 交通 管制는 緊密한 協調를 통하여 發達을 이룩하여야 하며 또한 本 協定의 運營上 必要한 範圍까지 統合되어야 한다. 이러한 協調 및 統合을 이룩하는 데 必要한 節次 및 이에 대한 追後의 變更은 兩 政府의 關係當局間에 成立되는 約定에 의하여 設定된다.

2. 合衆國은 大韓民國 全域과 그 領海에 船舶 및 航空機의 運航 補助施設(所要되는 바에 따라 視覺型과 電子型)을 設置, 建立 및 維持할 權限을 가진다. 이러한 運航 補助施設은 大韓民國에서 使用되고 있는 體制에 大體로 合致하여야 한다. 運航 補助施設을 設置한 大韓民國 및 合衆國의 當局은 同 補助施設의 位置와 特徵을 適切히 相互 通告하여야 하며, 또한 이들 補助施設을 變更하거나 附加的인 運航 補助施設을 設置하기에 앞서 가능한 한 事前 通告를 하여야 한다.

第13條【非歲出資金機關】

1. (가) 合衆國 軍 當局이 公認하고 規制하는 軍 販賣店, 食堂, 社交「클럽」, 劇場, 新聞 및 기타 非歲出資金機關은 合衆國 軍隊의 構成員, 軍屬 및 그들의 家族의 利用을 위하여 合衆國 軍隊가 設置할 수 있다. 이러한 諸 機關은 本 協定에 달리 規定하는 경우를 제외하고는 大韓民國의 規制, 免許, 手數料, 租稅 또는 이에 類似한 管理를 받지 아니한다.
(나) 合衆國 軍 當局이 公認하고 規制하는 新聞이 一般 大衆에 販賣되는 때에는 그 配布에 관한 한 大韓民國의 規制, 免許, 手數料, 租稅 또는 이에 類似한 管理를 받는다.

2. 이러한 諸 機關에 의한 商品 및 用役의 販賣에는 本條 第1項 (나)에 規定된 바를 除外하고는 大韓民國의 租稅를 賦課하지 아니하나, 이러한 諸 機關에 의한 商品 및 需用品의 大韓民國안에서의 購入에는 兩 政府間에 달리 合意하지 아니하는 한 이러한 商品 및 需用品의 다른 購入者가 賦課받는 大韓民國의 租稅를 賦課한다.

3. 이러한 諸 機關이 販賣하는 物品은 大韓民國 및 合衆國의 當局이 相互 合意하는 條件에 따라 處分을 인정하는 경우를 除外하고는 이러한 諸 機關으로부터의 購入이 認定되지 아니한 者에 대하여 大韓民國안에서 이를 處分하여서는 아니된다.

4. 本條에 規定된 諸 機關은, 合同委員會에서의 兩 政府 代表間의 協議를 통하여 大韓民國 租稅當局에 大韓民國 稅法이 要求하는 情報를 提供하여야 한다.

第14條【課稅】

1. 合衆國 軍隊는 그가 大韓民國안에서 保有, 使用 또는 移轉하는 財産에 대하여 租稅 또는 이에 類似한 課徵金을 賦課받지 아니한다.

2. 合衆國 軍隊의 構成員, 軍屬 및 그들의 家族은 이들이 第13條에 規定된 諸 機關을 包含한 合衆國 軍隊에서 勤務하거나 雇傭된 結果로 取得한 所得에 대하여 大韓民國 政府 또는 大韓民國에 있는 기타 課稅機關에 대하여 어떠한 大韓民國의 租稅도 納付할 義務를 負擔하지 아니한다. 合衆國 軍隊의 構成員, 軍屬 또는 그들의 家族이라는 理由만으로써 大韓民國에 滯留하는 者는 大韓民國밖에서의 源泉으로부터 發生한 所得에 대하여, 大韓民國 政府 또는 大韓民國에 있는 어느 課稅機關에 대하여서도 어떠한 大韓民國의 租稅도 이를 納付할 義務를 負擔하지 아니하며, 또한 이러한 者가 大韓民國에 滯留하는 期間은 大韓民國 租稅의 賦課上 大韓民國에 居所나 住所를 가지는 期間으로 看做되지 아니한다. 本條의 規定은 이러한 者에 대하여 本項 첫段에서 規定하고 있는 源泉 이외의 大韓民國의 源泉에서 發生한 所得에 대하여, 大韓民國 租稅의 納付義務를 免除하지 아니하며, 또한 合衆國의 所得稅 때문에 大韓民國에 住所가 있다고 申立하는 合衆國 市民에 대하여는 所得에 대한 大韓民國 租稅의 納付를 免除하지 아니한다.

3. 合衆國 軍隊의 構成員, 軍屬 및 그들의 家族은 그들이 단지 一時的으로 大韓民國에 滯留한 것에 起因하여 大韓民國에 所在하는 動産 또는 無體財産權의 保有, 使用 및 이들 相互間의 移轉 또는 死亡에 의한 移轉에 대하여는 大韓民國에서의 課稅로부터 免除받는다. 다만, 이러한 免除는 大韓民國안에서 投資를 위하거나【事業을 행하기 위하여 保有한 財産 또는 大韓民國에서 登錄된 어떠한 無體財産權에도 適用되지 아니한다.

第15條【招請 契約者】

1. (가) 合衆國의 法律에 따라 組織된 法人,
(나) 通常的으로 合衆國에 居住하는 그의 雇傭員 및
(다) 前記한 者의 家族을 包含하여 合衆國 軍隊 또는 同 軍隊로부터 軍需支援을 받는 統合司令部 傘下 駐韓外國軍隊를 위한 合衆國과의 契約 履行만을 위하여 大韓民國에 滯留하고 또한 合衆國 政府가 下記 第2項의 規定에 따라 指定한 者는 本條에 規定된 경우를 除外하고는 大韓民國의 法令에 따라야 한다.

2. 前記 第1項에 規定된 指定은 大韓民國 政府와의 協議에 의하여 이루어져야 하고 또한 安全上의 考慮, 關係業者의 技術上의 適格要件, 合衆國의 標準에 合致하는 資材 또는 用役의 缺如 또는 合衆國의 法令上의 制限때문에 公開競爭入札을 實施할 수 없는 경우에만 행하여져야 한다. 그 指定은 다음의 경우에는 合衆國 政府는 이를 撤回하여야 한다.
(가) 合衆國 軍隊 또는 同 軍隊로부터 軍需支援을 받는 統合司令部 傘下 駐韓外國軍隊를 위한 合衆國과의 契約이 終了되는 때
(나) 이러한 者가 合衆國 軍隊 또는 同 軍隊로부터 軍需支援을 받는 統合司令部 傘下 駐韓外國軍隊關係의 事業活動 이외의 事業活動에 從事하고 있는 事實이 立證되는 때
(다) 이러한 者가 大韓民國에서 違法한 活動에 從事하는 事實이 立證되는 때

3. 이러한 者는 그의 身分에 관한 合衆國 關係當局의 證明이 있는 때에는 本 協定上의 다음의 利益이 賦與된다.
(가) 第10條第2項에 規定된 出入 및 移動
(나) 第8條의 規定에 따른 大韓民國에의 入國
(다) 合衆國 軍隊의 構成員, 軍屬 및 그들의 家族에 대하여 第9條第3項에 規定된 關稅 및 기타 課徵金의 免除
(라) 合衆國 政府에 의하여 認定되는 때에는 第13條에 規定된 機關의 用役 利用
(마) 合衆國 軍隊의 構成員, 軍屬 및 그들의 家族에 대하여 第18條第2項에 規定된 것
(바) 合衆國 政府에 의하여 認定되는 때에는 第19條에 規定된 바에 따른 軍票의 使用
(사) 第20條에 規定된 郵便施設의 利用
(아) 公益事業과 用役에 관하여, 第6條에 의하여 合衆國 軍隊에 賦與되는 優先權, 條件, 使用料나 料金에 따르는 公益事業과 用役의 利用
(자) 雇傭條件 및 事業과 法人의 免許와 登錄에 관한 大韓民國 法令의 適用으로부터의 免除

4. 이러한 者의 到着, 出發 및 大韓民國에 있는 동안의 居所는 合衆國 軍隊가 大韓民國 當局에 이를 隨時로 通告하여야 한다.

5. 이러한 者가 第1項에 規定된 契約 履行만을 위하여 保有하고 使用하며 또는 移轉하는 減價 消却 資産(家屋을 除外한다)에 대하여는 合衆國 軍隊의 權限있는 代表의 證明이 있는 때에는 大韓民國의 租稅 및 이에 類似한 課徵金을 賦課하지 아니한다.

6. 이러한 者는 合衆國 軍隊의 權限있는 代表의 證明이 있는 때에는 그들이 단지 一時的으로 大韓民國에 滯留한 것에 起因하여 大韓民國에 所在하는 動産 또는 無體財産權의 保有, 使用, 死亡에 의한 移轉 또는 本 協定에 따라 免稅받는 權利를 가지는 個人 또는 機關에의 移轉에 대하여 大韓民國에서의 課稅로부터 免除된다. 다만, 이러한 免除는 大韓民國안에서 投資를 위하거나 기타의 事業을 行하기 위하여 保有한 財産 또는 大韓民國에서 登錄된 어떠한 無體財産權에도 適用되지 아니한다.

7. 이러한 者는, 本 協定에 規定된 어느 것의 施設이나 區域의 建設, 維持 또는 運營에 관한 合衆國 政府와의 契約에 의하여 發生하는 所得에 대하여, 大韓民國 政府 또는 大韓民國에 있는 기타의 課稅機關에 所得稅 또는 法人稅를 納付할 義務를 지지 아니한다. 이러한 合衆國과의 契約의 履行과 關聯하여, 大韓民國에 滯留하는 者는 大韓民國밖의 源泉으로부터 發生하는 所得에 대하여 大韓民國 政府 또는 大韓民國에 있는 課稅機關에 어떠한 大韓民國 租稅도 納付할 義務를 지지 아니하며, 또한 이러한 者가 大韓民國에 滯留하는 期間은 大韓民國 租稅의 賦課上 大韓民國에 居所나 住所를 가지는 期間으로 看做되지 아니한다. 本項의 規定은 이러한 者에 대하여 本項의 첫段에 規定된 源泉 以外의 大韓民國의 源泉으로부터 發生하는 所得에 대하여 所得稅 또는 法人稅의 納付를 免除하는 것이 아니며, 또한 合衆國의 所得稅 때문에 大韓民國에 居所가 있다고 申立하는 者에 대하여는 大韓民國의 租稅 納付를 免除하지 아니한다.

8. 大韓民國 當局은 大韓民國안에서 發生한 犯罪로서 大韓民國 法令에 의하여 處罰할 수 있는 犯罪에 관하여 이러한 者에 대하여 裁判權을 行使할 權利를 가진다. 大韓民國의 防衛에 있어서의 이러한 者의 役割을 認定하여 그들은 第22條第5項, 第7項(나), 第

9項 및 同 關係 合意議事錄의 規定에 따라야 한다. 大韓民國 當局이 裁判權을 行使하지 아니하기로 決定하는 경우에는 大韓民國 當局은 早速히 合衆國 軍 當局에 通告하여야 한다. 合衆國 軍 當局은 이러한 通告를 接受하면 合衆國 法令에 의하여 賦與된 바에 따라 前記의 者에 대하여 裁判權을 行使할 權利를 가진다.

第16條【現地調達】

1. 合衆國은 本 協定의 目的을 위하거나 本 協定에서 認定되는 바에 따라 大韓民國안에서 供給 또는 提供될 資材, 需用品, 備品 및 用役(建築工事를 包含한다)의 調達을 위하여 契約者, 供給者 또는 用役을 提供하는 者의 選擇에 관하여 制限을 받지 아니하고 契約할 수 있다. 이러한 資材, 需用品, 備品 및 用役은 兩 政府의 關係當局間에 合意되는 바에 따라 大韓民國 政府를 통하여 調達될 수 있다.

2. 合衆國 軍隊의 維持를 위하여 現地에서 供給될 必要가 있는 資材, 需用品, 備品 및 用役으로서 그 調達이 大韓民國의 經濟에 惡影響을 미칠 憂慮가 있는 것은 大韓民國의 關係當局과의 調整下에, 또한 要望되는 경우에는 大韓民國의 關係當局을 통하거나 그 援助를 얻어 調達되어야 한다.

3. 公認 調達機關을 包含한 合衆國 軍隊가 大韓民國안에서 公用을 위하여 調達하는 資材, 需用品, 備品 및 用役 또는 合衆國 軍隊의 最終 消費使用을 위하여 調達하는 資材, 需用品, 備品 및 用役은 同 合衆國 軍隊가 事前에 適切한 證明書를 提示하면, 다음의 大韓民國 租稅가 免除된다.

(가) 物品稅
(나) 通行稅
(다) 石油類稅
(라) 電氣「까스」稅
(마) 營業稅

兩國 政府는 本條에 明示하지 아니한 大韓民國의 現在 또는 將來의 租稅로서 合衆國 軍隊에 의하여 調達되거나 最終的으로 使用되기 위한 資材, 需用品, 備品 및 用役의 總 購入價格의 相當한 部分 및 容易하게 判別할 수 있는 部分을 이루는 것이라고 認定되는 것에 관하여, 本條의 目的에 合致하는 免稅 또는 減稅를 認定하기 위한 節次에 관하여 合意한다.

4. 合衆國 軍隊의 構成員, 軍屬 및 그들의 家族은 本條를 理由로 하여 大韓民國안에서 賦課할 수 있는 物品 및 用役의 個人的 購入에 대하여 租稅 또는 이에 類似한 公課金의 免除를 享有하는 것은 아니다.

5. 第3項에 規定된 租稅의 免除를 받아 大韓民國에서 購入한 物品은 大韓民國 當局과 合衆國 當局이 相互間에 合意하는 條件에 따라 處分을 認定하는 경우를 除外하고는 當該 物品을 免稅로 購入하는 權利를 가지지 아니하는 者에 대하여 大韓民國 안에서 이를 處分하여서는 아니된다.

第17條【勞務】

1. 本條에 있어서

(가) "雇傭主"라 함은 合衆國 軍隊(非歲出資金機關을 包含한다) 및 第15條第1項에 規定된 者를 말한다.

(나) "雇傭員"이라 함은 雇傭主가 雇傭한 軍屬이나 第15條에 規定된 契約者의 雇傭員이 아닌 民間人을 말한다. 다만, (1) 韓國勞務團(「케이·에스·씨」)의 構成員 및 (2) 合衆國 軍隊의 構成員, 軍屬 또는 그들의 家族의 個人이 雇傭한 家事 使用人은 除外된다. 이러한 雇傭員은 大韓民國 國民이어야 한다.

2. 雇傭主는 그들의 人員을 募集하고 雇傭하며 管理할 수 있다. 大韓民國 政府의 募集事務機關은 可能한 限 利用된다. 雇傭主가 雇傭員을 直接 募集하는 경우에는 雇傭主는 勞動行政上 必要한 適切한 情報를 大韓民國 勞動廳에 提供한다.

3. 本條의 規定과 合衆國 軍隊의 軍事上 必要에 背馳되지 아니하는 限度內에서 合衆國 軍隊가 그들의 雇傭員을 위하여 設定한 雇傭條件, 補償 및 勞使關係는 大韓民國의 勞動法令의 諸 規定에 따라야 한다.

4. (가) 雇傭主와 雇傭員이나 承認된 雇傭員 團體間의 爭議로서, 合衆國 軍隊의 不平處理 또는 勞動關係 節次를 통하여 解決될 수 없는 것은 大韓民國 勞動法令중 團體行動에 관한 規定을 考慮하여 다음과 같이 解決되어야 한다.

(1) 爭議는 調整을 위하여 大韓民國 勞動廳에 回附되어야 한다.

(2) 그 爭議가 前記 (1)에 規定된 節次에 의하여 解決되지 아니한 경우에는 그 問題는 合同委員會에 回附되며, 또한 合同委員會는 새로운 調整에 努力하고저 그가 指定하는 特別委員會에 그 問題를 回附할 수 있다.

(3) 그 爭議가 前記의 節次에 의하여 解決되지 아니한 경우에는 合同委員會는 迅速한 節次가 뒤따를 것이라는 確證下에 그 爭議를 解決한다. 合同委員會의 決定은 拘束力을 가진다.

(4) 어느 承認된 雇傭員 團體 또는 雇傭員이 어느 爭議에 대한 合同委員會의 決定에 不服하거나, 또는 解決節次의 進行중 正常的인 業務要件을 妨害하는 行動에 從事함은 前記 團體의 承認撤回 및 그 雇傭員의 解雇에 대한 正當한 事由로 看做된다.

(5) 雇傭員團體나 雇傭員은 爭議가 前記 (2)에 規定된 合同委員會에 回附된 後 적어도 70日의 期間이 經過되지 아니하는 限 正常的인 業務要件을 妨害하는 어떠한 行動에도 從事하여서는 아니된다.

(나) 雇傭員 또는 雇傭員團體는 勞動爭議가 前記 節次에 의하여 解決되지 아니하는 경우에는 繼續 團體行動權을 가진다. 다만, 合同委員會가 이러한 行動이 大韓民國의 共同防衛를 위한 合衆國 軍隊의 軍事作戰을 甚히 妨害한다고 決定하는 경우에는 除外한다. 合同委員會에서 이 문제에 관하여 合意에 도달할 수 없을 경우에는 그 문제는 大韓民國 政府의 關係官과 아메리카合衆國 外交使節間의 討議를 통한 再檢討의 대상이 될 수 있다.

(다) 本條의 適用은 戰爭, 敵對行爲 또는 戰爭이나 敵對行爲가 切迫한 狀態와 같은 國家 非常時에는 合衆國 軍 當局과의 協議下에 大韓民國 政府가 取하는 非常措置에 따라 制限된다.

5. (가) 大韓民國이 勞動力을 配定할 경우에는 合衆國 軍隊는 大韓民國 國軍이 가지는 것보다 不利하지 아니한 配定 特權이 賦與되어야 한다.

(나) 戰爭, 敵對行爲 또는 戰爭이나 敵對行爲가 切迫한 狀態와 같은 國家 非常時에는 合衆國 軍隊의 任務에 緊要한 技術을 習得한 雇傭員은 合衆國 軍隊의 要請에 따라 相互 協議를 통하여 大韓民國의 兵役이나 또는 기타 强制服務가 延期되어야 한다. 合衆國 軍隊는 緊要하다고 認定되는 雇傭員의 名單을 大韓民國에 事前에 提供하여야 한다.

6. 軍屬은 그들의 任用과 雇傭條件에 관하여 大韓民國의 諸 法令에 따르지 아니한다.

第18條【外換管理】

1. 合衆國 軍隊의 構成員, 軍屬 및 그들의 家族은 大韓民國 政府의 外換管理에 따라야 한다.

2. 前項의 規定은 合衆國 "弗" 또는 "弗"證券으로서, 合衆國의 供給인 것 또는 合衆國 軍隊의 構成員 및 軍屬이 本 協定과 關聯하여 勤務하거나 雇傭된 結果로서 取得한 것 또는 이러한 者와 그들의 家族이 大韓民國밖의 源泉으로부터 取得한 것의 大韓民國으로의 또는 大韓民國으로부터의 移轉을 막는 것으로 解釋되지 아니한다.

3. 合衆國 當局은 前項에 規定된 特權의 濫用 또는 大韓民國의 外換管理의 回避를 防止하기 위한 必要한 措置를 取하여야 한다.

第19條【軍票】

1. (가) "弗"로 表示된 合衆國 軍票는 合衆國에 의하여 認可받은 者가 그들 相互間의 去來를 위하여 使用할 수 있다. 合衆國 政府는 合衆國의 規則이 許容하는 경우를 除外하고는 認可받은 者가 軍票를 使用하는 去來에 從事하는 것을 禁止하도록 保障하기 위한 適當한 措置를 取한다. 大韓民國 政府는 認可받지 아니한 者가 軍票를 使用하는 去來에 從事하는 것을 禁止하기 위한 必要한 措置를 取하며 또한 合衆國 當局의 援助를 얻어 軍票의 僞造 또는 僞造軍票의 使用에 關與하는 者로서 大韓民國 當局의 裁判權에 따르는 者를 逮捕하고 處罰할 것을 約束한다.

(나) 合衆國 當局은 合衆國의 法律이 許容하는 限度까지 認可받지 아니한 者에 대하여 軍票를 行使하는 合衆國 軍隊의 構成員, 軍屬 및 그들의 家族을 逮捕하고 處罰할 것에 合意하며, 또한 大韓民國안에서 許容되지 아니하는 使用의 結果로서 合衆國이나 그 機關이 이러한 認可를 받지 아니한 者 또는 大韓民國 政府나 그 機關에 대하여 어떠한 義務도 負擔시키지 아니할 것에 合意한다.

2. 合衆國은 軍票를 管理하기 위하여 合衆國의 監督下에 合衆國에 의하여 軍票使用을 認可받은 者의 使用을 위한 施設을 維持하고 運營하는 一定한 아메리카의 金融機關을 指定할 수 있다. 軍用銀行施設의 維持를 認可받은 金融機關은 이러한 施設을 當該 機關의 大韓民國의 商業金融業體로부터 場所的으로 分離하여 設置하고 維持할 것이며, 이러한 施設을 維持하고 運營하는 것을 唯一의 任務로 하는 職員을 둔다. 이러한 施設은 合衆國 通貨에 의한 銀行計定을 維持하고 또한 이러한 計定과 關聯된 모든 金融去來(本 協定 第18條第2項에 規定된 範圍內에서의 資金의 領受 및 送金을 包含한다)를 行하는 것이 許容된다.

第20條【軍事郵遞局】 合衆國은 大韓民國에 있는 合衆國 軍事郵遞局間 및 이러한 軍事郵遞局과 기타 合衆國 郵遞局間에 있어서의 郵便物의 送達을 위하여 合衆國 軍隊가 使用하고 있는 施設 및 區域안에 合衆國 軍隊의 構成員, 軍屬 및 그들의 家族이 利用하는 合衆國 軍事郵遞局을 設置하고 運營할 수 있다.

第21條【會計節次】 大韓民國 政府와 合衆國 政府는 本 協定으로부터 發生하는 金融去來에 適用할 수 있도록 會計節次를 위한 約定을 締結할 것에 合意한다.

第22條【刑事裁判權】

1. 本條의 規定에 따를 것을 條件으로,

(가) 合衆國 軍 當局은 合衆國 軍隊의 構成員, 軍屬 및 그들의 家族에 대하여 合衆國 法令이 賦與한 모든 刑事裁判權 및 懲戒權을 大韓民國안에서 行使할 權利를 가진다.

(나) 大韓民國 當局은 合衆國 軍隊의 構成員, 軍屬 및 그들의 家族에 대하여 大韓民國의 領域안에서 犯한 犯罪로서 大韓民國 法令에 의하여 處罰할 수 있는 犯罪에 관하여 裁判權을 가진다.

2. (가) 合衆國 軍 當局은 合衆國 軍隊의 構成員이나 軍屬 및 그들의 家族에 대하여 合衆國 法令에 의하여서는 處罰할 수 있으나 大韓民國 法令에 의하여서는 處罰할 수 없는 犯罪(合衆國의 安全에 관한 犯罪를 包含한다)에 관하여 專屬的 裁判權을 行使할 權利를 가진다.

(나) 大韓民國 當局은 合衆國 軍隊의 構成員이나 軍屬 및 그들의 家族에 대하여, 大韓民國 法令에 의하여서는 處罰할 수 있으나 合衆國 法令에 의하여서는 處罰할 수 없는 犯罪(大韓民國의 安全에 관한 犯罪를 包含한다)에 관하여 專屬的 裁判權을 行使할 權利를 가진다.

(다) 本條第2項 및 第3項의 適用上, 國家의 安全에 관한 犯罪라 함은 다음의 것을 包含한다.

(1) 當該國에 대한 反逆

(2) 妨害 行爲(「사보타아지」), 間諜行爲 또는 當該國의 公務上 또는 國防上의 秘密에 관한 法令의 違反

3. 裁判權을 行使할 權利가 競合하는 경우에는 다음의 規定이 適用된다.

(가) 合衆國 軍 當局은 다음의 犯罪에 관하여는 合衆國 軍隊의 構成員이나 軍屬 및 그들의 家族에 대하여 裁判權을 行使할 第一次的 權利를 가진다.

(1) 오로지 合衆國의 財産이나 安全에 대한 犯罪, 또는 오로지 合衆國 軍隊의 他 構成員이나 軍屬 또는 그들의 家族의 身體나 財産에 대한 犯罪

(2) 公務執行중의 作爲 또는 不作爲에 의한 犯罪

(나) 기타의 犯罪에 관하여는 大韓民國 當局이 裁判權을 行使할 第一次的 權利를 가진다.

(다) 第一次的 權利를 가지는 國家가 裁判權을 行使하지 아니하기로 決定한 때에는 可能한 한 迅速히 他方 國家當局에 그 뜻을 通告하여야 한다. 第一次的 權利를 가지는 國家의 當局은 他方國家가 이러한 權利抛棄를 特히 重要하다고 認定하는 경우에 있어서 그 他方國家의 當局으로부터 그 權利抛棄의 要請이 있으면 그 要請에 대하여 好意的 考慮를 하여야 한다.

4. 本條의 前記 諸 規定은 合衆國 軍 當局이 大韓民國의 國民인 者 또는 大韓民國에 通常的으로 居住하고 있는 者에 대하여 裁判權을 行使할 權利를 가진다는 것을 뜻하지 아니한다. 다만, 그들이 合衆國 軍隊의 構成員인 경우에는 그러하지 아니하다.

5. (가) 大韓民國 當局과 合衆國 軍 當局은 大韓民國 領域안에서 合衆國 軍隊의 構成員, 軍屬 또는 그들의 家族을 逮捕함에 있어서 그리고 다음의 規定에 따라 그들을 拘禁할 當局에 引渡함에 있어서 相互 助力하여야 한다.

(나) 大韓民國 當局은 合衆國 軍 當局에 合衆國 軍隊의 構成員, 軍屬 또는 그들의 家族의 逮捕를 卽時 通告하여야 한다. 合衆國 軍 當局은 大韓民國이 裁判權을 行使할 第一次的 權利를 가지는 경우에 있어서 合衆國 軍隊의 構成員, 軍屬 또는 그들의 家族의 逮捕를 大韓民國 當局에 卽時 通告하여야 한다.

(다) 대한민국이 재판권을 행사할 합중국 군대의 구성원·군속 또는 그들의 가족인 피의자의 구금은 그 피의자가 대한민국에 의하여 기소될 때까지 합중국 군당국이 계속 이를 행한다. (2001.3.29 개정)

(라) 第2項 (다)에 規定된 오로지 大韓民國의 安全에 대한 犯罪에 관한 被疑者는 大韓民國 當局의 拘禁下에 두어야 한다.

6. (가) 大韓民國 當局과 合衆國 軍 當局은 犯罪에 대한 모든 必要한 搜査의 實施 및 證據의 蒐集과 提出(犯罪에 관련된 物件의 押收 및 相當한 경우에는 그의 引渡를 包含한다)에 있어서 相互 助力하여야 한다. 그러나, 이러한 物件은 引渡를 하는 當局이 정하는 期間內에 還付할 것을 條件으로 引渡할 수 있다.

(나) 大韓民國 當局과 合衆國 軍 當局은 裁判權을 行使할 權利가 競合하는 모든 事件의 處理를 相互 通告하여야 한다.

7. (가) 死刑의 判決은 大韓民國의 法令이 같은 경우에 死刑을 規定하고 있지 아니한 때에는 合衆國 軍 當局이 大韓民國안에서 이를 執行하여서는 아니된다.

(나) 大韓民國 當局은 合衆國 軍 當局이 本條의 規定에 따라 宣告한 自由刑을 大韓民國 領域안에서 執行함에 있어서 合衆國 軍 當局으로부터 助力을 要請하면 이 要請에 대하여 好意的 考慮를 하여야 한다. 大韓民國 當局은 또한 大韓民國 法院이 宣告한 拘禁刑에 服役하고 있는 合衆國 軍隊의 構成員, 軍屬 또는 그들의 家族의 拘禁引渡를 合衆國 當局이 要請하면 이 要請에 대하여 好意的 考慮를 하여야 한다. 이와 같이 拘禁이 合衆國 軍當局에 引渡된 경우에는 合衆國은 拘禁刑의 服役이 終了되거나 또는 이러한 拘禁으로부터의 釋放이 大韓民國 關係當局의 承認을 받을 때까지 合衆國의 適當한 拘禁施設안에서 그 個人의 拘禁을 繼續할 義務를 진다.

이러한 경우에 合衆國 當局은 大韓民國 當局에 關係 情報를 定規的으로 提供하여야 하며, 또한 大韓民國 政府의 代表는 大韓民國 法院이 宣告한 刑을 合衆國의 拘禁施設안에서 服役하고 있는 合衆國 軍隊의 構成員, 軍屬 또는 家族과 接見할 權利를 가진다.

8. 被告人이 本條의 規定에 따라 大韓民國 當局이나 合衆國 軍當局중의 어느 一方當局에 의하여 裁判을 받은 경우에 있어서, 無罪判決을 받았을 때 또는 有罪判決을 받고 服役중에 있거나 服役을 終了하였을 때 또는 그의 刑이 減刑되었거나 執行停止되었을 때 또는 赦免되었을 때에는 그 被告人은 他方國家 當局에 의하여 大韓民國의 領域안에서 同一한 犯罪에 대하여 二重으로 裁判받지 아니한다. 그러나, 本項의 어떠한 規定도 合衆國 軍 當局이 合衆國 軍隊의 構成員을, 그 者가 大韓民國 當局에 의하여 裁判을 받은 犯罪를 構成한 行爲나 不作爲에 의한 軍紀違反에 대하여 裁判하는 것을 막는 것은 아니다.

9. 合衆國 軍隊의 構成員, 軍屬 또는 그들의 家族은 大韓民國의 裁判權에 의하여 公訴가 提起되는 때에는 언제든지 다음의 權利를 가진다.

(가) 遲滯없이 迅速한 裁判을 받을 權利

(나) 公判前에 自身에 대한 具體的인 公訴事實의 通知를 받을 權利

(다) 自身에 不利한 證人과 對面하고 그를 訊問할 權利

(라) 證人이 大韓民國의 管轄內에 있는 때에는 自身을 위하여 强制的 節次에 의하여 證人을 구할 權利

(마) 自身의 辯護를 위하여 自己가 選擇하는 辯護人을 가질 權利 또는 大韓民國에서 그 當時에 通常的으로 行하여지는 條件에 따라 費用을 要하지 아니하거나 또는 費用의 補助를 받는 辯護人을 가질 權利

(바) 被告人이 必要하다고 認定하는 때에는 有能한 通譯人의 助力을 받을 權利

(사) 合衆國의 政府代表와 接見 交通할 權利 및 自身의 裁判에 그 代表를 立會시킬 權利

10. (가) 合衆國 軍隊의 正規 編成部隊 또 編成隊는 本 協定 第2條에 따라 使用하는 施設이나 區域에서 警察權을 行使할 權利를 가진다. 合衆國 軍隊의 軍事警察은 同 施設 및 區域안에서 秩序 및 安全의 維持를 保障하기 위하여 모든 適切한 措置를 取할 수 있다.

(나) 이러한 施設 및 區域밖에서는 前記의 軍事警察은 반드시 大韓民國 當局과의 約定에 따를 것을 條件으로 하고 또한 大韓民國 當局과의 連絡下에 行使되어야 하며, 그 行使는 合衆國 軍隊의 構成員間의 規律과 秩序의 維持 및 그들의 安全保障을 위하여 必要한 範圍內에 局限된다.

11. 相互防衛條約 第2條가 適用되는 敵對行爲가 發生한 경우에는 刑事裁判權에 관한 本 協定의 規定은 즉시 그 適用이 停止되고 合衆國 軍 當局은 合衆國 軍隊의 構成員, 軍屬 및 그들의 家族에 대한 專屬的 裁判權을 行使할 權利를 가진다.

12. 本條의 規定은 本 協定의 效力發生前에 犯한 어떠한 犯罪에도 適用되지 아니한다. 이러한 事件에 대하여는 1950年 7月 12日字 大田에서 覺書 交換으로 效力이 發生된 大韓民國과合衆國間의協定의 規定을 適用한다.

판례 계엄령선포와 재판권 : 대한민국이 미합중국 군대 구성원에 대하여 재판권을 행사 심리중 대한민국내에 계엄령이 선포되면 이 협정의 합의의사록 제22조제1항(나)호에 의하여 대한민국의 재판권은 즉시 정지되나 그 정지기간은 계엄이 해제될 때까지로서 계엄기간중 미합중국 군당국이 동 합의의사록에 기한 전속적 재판권을 행사하지 않는 한, 계엄이 해제된 후부터는 대한민국법원이 계속 재판권을 행사하여야 한다. (대판 1973.8.31, 73도1440)

第23條【請求權】

1. 各 當事國은 自國이 所有하고 自國의 軍隊가 使用하는 財産에 대한 損害에 관하여 다음의 경우에는 他方當事國에 대한 모든 請求權을 抛棄한다.

(가) 損害가 他方當事國 軍隊의 構成員 또는 雇傭員에 의하여 그의 公務執行중에 일어난 경우, 또는

(나) 損害가 他方當事國이 所有하고 同國의 軍隊가 使用하는 車輛, 船舶 또는 航空機의 使用으로부터 일어난 경우. 다만, 損害를 일으킨 車輛, 船舶 또는 航空機가 公用을 위하여 使用되고 있었을 때, 또는 損害가 公用을 위하여 使用되고 있는 財産에 일어났을 때에만 限한다.

海難 救助에 관한 一方當事國의 他方當事國에 대한 請求權은 이를 抛棄한다. 다만, 救助된 船舶이나 船荷가 他方當事國이 所有하고 同國의 軍隊가 公用을 위하여 使用중이던 경우에 限한다.

2. (가) 第1項에 規定된 損害가 어느 一方當事國이 所有하는 기타 財産에 일어난 경우에는 兩 政府가 달리 合意하지 아니하는 限 本項 (나)의 規定에 따라 選定되는 一人의 仲裁人이 他方當事國의 責任問題를 決定하고 또한 損害額을 査定한다. 이 仲裁人은 또한 同一 事件으로부터 發生하는 어떠한 反對의 請求도 裁定한다.

(나) 前記 (가)에 規定된 仲裁人은 兩 政府間의 合意에 의하여, 司法關係의 上級 地位에 있거나 또는 있었던 大韓民國 國民중에서 이를 選定한다.

(다) 仲裁人이 行한 裁定은 兩 當事國에 대하여 拘束力이 있는 最終的인 것이다.

(라) 仲裁人이 裁定한 모든 賠償金은 本條第5項(마)의 (1), (2) 및 (3)의 規定에 따라 이를 分擔한다.

(마) 仲裁人의 報酬는 兩 政府間의 合意에 의하여 정하여지며, 兩 政府가 仲裁人의 任務遂行에 따르는 必要한 費用과 함께 均等한 比率로 分擔하여 이를 支給한다.

(바) 各 當事國은 이러한 어떠한 경우에도 壹千四百 合衆國 弗($1,400) 또는 大韓民國 通貨로 이에 該當되는 額數(請求가 提起된 때에 第18條의 合意議事錄에 規定된 換率에 의한다)以下의 金額에 대하여는 各己 請求權을 抛棄한다.

3. 本條第1項 및 第2項의 適用上, 船舶에 관하여 "當事國이 所有…"라 함은 그 當事國이 裸傭船契約에 의하여 賃借한 船舶, 裸船條件으로 徵發한 船舶 또는 拿捕한 船舶을 包含한다(다만, 損失의 危險 또는 責任이 當該 當事國 以外의 者에 의하여 負擔되는 限에 있어서는 그러하지 아니하다).

4. 各 當事國은 自國 軍隊의 構成員이 그의 公務 執行에 從事하고 있었을 때에 입은 負傷이나 死亡에 관한 他方當事國에 대한 모든 請求權을 抛棄한다.

5. 公務執行중의 合衆國 軍隊의 構成員이나 雇傭員(大韓民國 國民이거나 大韓民國에 通常的으로 居住하는 雇傭員을 包含한다)의 作爲 또는 不作爲 또는 合衆國 軍隊가 法律上 責任을 지는 기타의 作爲, 不作爲 또는 事故로서, 大韓民國안에서 大韓民國 政府 以外의 第三者에 損害를 加한 것으로부터 發生하는 請求權(契約에 의한 請求權 및 本條第6項이나 第7項의 適用을 받는 請求權은 除外된다)은, 大韓民國이 다음의 規定에 따라 이를 處理한다.

(가) 請求는 大韓民國 軍隊의 行動으로부터 發生하는 請求權에 관한 大韓民國의 法令에 따라 提起하고 審査하며 解決하거나 또는 裁判한다.

(나) 大韓民國은 前記한 어떠한 請求도 解決할 수 있으며, 또한 合意되거나 裁判에 의하여 決定된 金額의 支給은 大韓民國이 "원"貨로써 이를 行한다.

(다) 이러한 支給(合意에 의한 解決에 따라 行하여지거나 또는 大韓民國의 管轄法院에 의한 判決에 따라 行하여지거나를 不問한다)이나 또는 支給을 認定하지 아니한다는 前記 法院에 의한 最終的 判決은 兩 當事國에 대하여 拘束力이 있는 最終的인 것이다.

(라) 大韓民國이 支給한 各 請求는 그 明細 및 下記 (마)의 (1) 및 (2)의 規定에 의한 分擔案과 함께 合衆國의 關係當局에 通知한다. 2個月以內에 回答이 없는 경우에는 그 分擔案은 受諾된 것으로 看做한다.

(마) 前記 (가) 내지 (라)의 規定 및 第2項의 規定에 따라 請求를 充足시키는 데 所要된 費用은 兩 當事國이 다음과 같이 이를 分擔한다.

(1) 合衆國만이 責任이 있는 경우에는 裁定되어 合意되거나 또는 裁判에 의하여 決定된 金額은 大韓民國이 그의 25「퍼센트」를, 合衆國이 그의 75「퍼센트」를 負擔하는 比率로 이를 分擔한다.

(2) 大韓民國과 合衆國이 損害에 대하여 責任이 있는 경우에는 裁定되어 合意되거나 또는 裁判에 의하여 決定된 金額은 兩 當事國이 均等히 이를 分擔한다. 損害가 大韓民國 軍隊나 合衆國 軍隊에 의하여 일어나고 그 損害를 이들 軍隊의 어느 一方 또는 雙方의 責任으로 特定할 수 없는 경우에는 裁定되어 合意되거나 또는 裁判에 의하여 決定된 金額은 大韓民國과 合衆國이 均等히 이를 分擔한다.

(3) 損害賠償責任, 賠償金額 및 比率에 의한 分擔案에 대하여 兩國 政府가 承認한 각 事件에 관하여 大韓民國이 6個月 期間에 支給할 金額의 明細書는 辨償要求書와 함께 每 6個月마다 合衆國 關係當局에 이를 送付한다. 이러한 辨償은 可能한 最短時日內에 "원"貨로써 하여야 한다. 本項에 規定된 兩國 政府의 承認은 第2項(다) 및 第5項(다)에 各各 規定되어 있는 仲裁人에 의한 어떠한 決定이나 또는 大韓民國의 管轄法院에 의한 判決을 侵害하여서는 아니된다.

(바) 合衆國 軍隊 構成員이나 雇傭員(大韓民國의 國籍을 가지거나 大韓民國에 通常的으로 居住하는 雇傭員을 包含한다)은 그들의 公務執行으로부터 일어난 事項에 있어서는 大韓民國안에서 그들에 대하여 行하여진 判決의 執行節次에 따르지 아니한다.

(사) 本項의 規定은 前記 (마)의 規定이 本條第2項에 規定된 請求權에 適用되는 範圍를 除外하고는 船舶의 航海나 運用 또는 貨物의 船積, 運送이나 揚陸에서 發生하거나 또는 이와 關聯하여 發生하는 請求權에 대하여는 適用되지 아니한다. 다만, 本條第4項이 適用되지 아니하는 死亡이나 負傷에 대한 請求權에 관하여는 그러하지 아니하다.

6. 大韓民國안에서 不法한 作爲 또는 不作爲로서 公務執行중에 行하여진 것이 아닌 것으로부터 發生한 合衆國 軍隊의 構成員 또는 雇傭員(大韓民國의 國民인 雇傭員 또는 大韓民國에 通常的으로 居住하는 雇傭員을 除外한다)에 대한 請求權은, 다음의 方法으로 이를 處理한다.

(가) 大韓民國 當局은 被害者의 行動을 包含한 當該 事件에 관한 모든 事情을 考慮하여, 公平하고 公正한 方法으로 請求를 審査하고 請求人에 대한 賠償金을 査定하며, 그 事件에 관한 報告書를 作成한다.

(나) 그 報告書는 合衆國 關係當局에 送付되며, 合衆國 當局은 遲滯없이 補償金 支給의 提議 與否를 決定하고, 또한 提議를 하는 경우에는 그 金額을 決定한다.

(다) 補償金 支給의 提議가 行하여진 경우 請求人이 그 請求를 完全히 充足하는 것으로서 이를 受諾하는 때에는 合衆國 當局은 直接 支給하여야 하며 또한 그 決定 및 支給한 金額을 大韓民國 當局에 通告한다.

(라) 本項의 規定은 請求를 完全히 充足시키는 支給이 行하여지지 아니하는 限, 合衆國 軍隊의 構成員 또는 雇傭員에 대한 訴訟을 受理할 大韓民國 法院의 裁判權에 影響을 미치는 것은 아니다.

7. 合衆國 軍隊 車輛의 許可 받지 아니한 使用으로부터 發生하는 請求權은 合衆國 軍隊가 法律上 責任을 지는 경우를 除外하고는 本條第6項에 따라 이를 處理한다.

8. 合衆國 軍隊의 構成員 또는 雇傭員의 不法的인 作爲나 不作爲가 公務執行중에 行하여진 것인지의 與否 또는 合衆國 軍隊의 車輛使用이 許可받지 아니한 것인지의 與否에 관하여 紛爭이 發生한 경우에는 그 問題는 本條第2項(나)의 規定에 따라 選任된 仲裁人에게 回附하며, 이 點에 관한 同 仲裁人의 裁定은 最終的이며 確定的이다.

9. (가) 合衆國은 大韓民國 法院의 民事裁判權에 관하여 合衆國 軍隊의 構成員 또는 雇傭員의 公務執行으로부터 發生하는 問題에 있어서 大韓民國 안에서 그들에 대하여 行하여진 判決의 執行節次에 관한 경우 또는 請求를 完全히 充足시키는 支給을 한 後의 경우를 除外하고는 合衆國 軍隊의 構成員 또는 雇傭員에 대한 大韓民國 法院의 裁判權으로부터의 免除를 主張하여서는 아니된다.

(나) 合衆國 軍隊가 使用하고 있는 施設과 區域안에 大韓民國 法律에 依據한 强制執行에 따를 私有動産(合衆國 軍隊가 使用하고 있는 動産을 除外한다)이 있을 때에는 合衆國 當局은 大韓

民國 法院의 要請에 따라 이러한 財産이 大韓民國 當局에 引渡되도록 그의 權限內의 모든 援助를 提供한다.

(다) 大韓民國 當局과 合衆國 當局은 本條의 規定에 의거한 請求의 公平한 處理를 위한 證據의 蒐集에 있어서 協力하여야 한다.

10. 合衆國 軍隊에 의한 또는 同 軍隊를 위한 資材, 需用品, 備品 및 用役의 調達에 관한 契約으로부터 發生하는 紛爭으로서, 그 契約當事者에 의하여 解決되지 아니하는 것은 調停을 위하여 合同委員會에 回附할 수 있다. 다만, 本項의 規定은 契約當事者가 가질 수 있는 民事訴訟을 提起할 權利를 侵害하지 아니한다.

11. 本條第2項 및 第5項의 規定은 非戰鬪行爲에 附隨하여 發生한 請求에 대하여서만 適用한다.

12. 合衆國 軍隊에 派遣勤務하는 大韓民國 增員軍隊(「카추샤」)의 構成員은 本條의 適用上 合衆國 軍隊의 構成員으로 看做한다.

13. 本條의 規定은 本 協定의 效力發生 前에 發生한 請求權에는 適用하지 아니한다. 이러한 請求權은 合衆國 當局이 이를 處理하고 解決한다.

판례 국가배상법 제9조 소정의 전심절차와 그 하자의 치유 : 미합중국 군대의 구성원으로 간주되는 카추샤의 운전사고로 인한 손해배상을 구하려면 법무부에 설치된 본부심의회나 또는 본부심의회 소속 지구심의회에 그 지급신청을 해야 하는데 특별심의회에 배상신청을 한 후 소를 제기하였다 하더라도 기후 지구배상심의회에 배상신청을 하였다면 국가배상법 제9조 소정의 적법한 전심 절차를 경유하지 아니한 하자는 치유되었다고 할 것이다.(대판 1975.11.25, 75다647)

판례 대한민국의 배상책임 : 반드시 미군대의 구성원이나 그 고용원의 불법행위로 인한 손해배상만이 이에 해당한다고 할 것인바, 주한미군과 수송하청계약을 맺은 초청계약자인 회사의 고용원은 동조 소정의 고용원인 신분이 없다 할 것이므로, 동인의 불법행위로 인한 손해배상을 국가에 과할 수 없다.(대판 1973.6.26, 72다729)

판례 한국정부와 미국정부간의 합의가 법원을 기속하는지 여부 : 한국정부와 미합중국정부간에 이 사건사고가 공무집행중의 차량사고가 아니였다고 합의되었다하여 민사재판에 있어서, 위의 합의에 기속되어야 할 일종의 법적증거력이 부여되어 있는 것이라고 해석할 근거는 찾아볼 수 없다.(대판 1972.5.23, 72다1127)

판례 분쟁유무와 중재인의 재정 : ① 합중국 군대의 구성원 또는 고용원의 불법행위가 공무집행중의 것인지의 여부에 관하여 분쟁이 발생한 경우에는 반드시 위 협정 제23조제2항(나)의 규정에 의하여 선임된 중재인의 재정을 거쳐야 하고, 우리나라 법원이 독립적으로 이를 인정할 수 있는 것은 아니다.(대판 1971.6.30, 71다643)

② 분쟁이 없을 때에는 동규정에 의한 재정이 없다 하여도 이를 공무집행중으로 보아 책임을 인정한 원판결 판단을 위법이라 할 수 없다.(대판 1971.6.30, 71다1051)

③ 미합중국 군대의 공무집행중의 불법행위로 대한민국 국민이 손해를 입은 경우, 가해자와 피해자간의 과실분담문제는 중재인에게 회부하도록 되어 있는 것이 아니다.(대판 1973.6.26, 71다1191)

第24條【車輛과 運轉免許】

1. 大韓民國은 合衆國이나 그 下部 行政機關이 合衆國 軍隊의 構成員, 軍屬 및 그들의 家族에 대하여 發給한 運轉許可證이나 運轉免許證 또는 軍의 運轉許可證을 運轉試驗 또는 手數料를 課하지 아니하고 有效한 것으로 承認한다.

2. 合衆國 軍隊 및 軍屬의 公用車輛은 明確한 番號標 또는 이를 容易하게 識別할 수 있는 個別的인 記號를 붙여야 한다.

3. 大韓民國 政府는 合衆國 軍隊의 構成員, 軍屬 또는 그들의 家族의 私用車輛을 免許하고 登錄한다. 이러한 車輛所有者의 姓名 및 同 車輛의 免許와 登錄을 施行함에 있어서 大韓民國 法令의 要求하는 기타 關係資料는 合衆國 政府 職員이 合同委員會를 통하여 大韓民國 政府에 이를 提供한다. 免許鑑札 發給의 實費를 除外하고는 合衆國 軍隊의 構成員, 軍屬 및 그들의 家族은 大韓民國에서 車輛의 免許, 登錄 또는 運行에 關聯된 모든 手數料 및 課徵金의 納付가 免除되며, 또한 第14條의 規定에 따라 이에 關聯된 모든 租稅의 納付가 免除된다.

第25條【保安措置】 大韓民國과 合衆國은 合衆國 軍隊, 그 構成員, 軍屬, 第15條에 따라 大韓民國에 滯留하는 者, 그들의 家族 및 그들의 財産의 安全을 保障하는 데 隨時로 必要한 措置를 取함에 있어서 協力한다. 大韓民國 政府는 大韓民國 領域안에서 合衆國의 設備, 備品, 財産, 記錄 및 公務上의 情報의 適宜한 安全과 保護를 保障하기에 必要한 立法措置와 기타 措置를 取하며, 또한 第22條에 따라 大韓民國 關係法律에 의거하여 犯法者의 處罰을 保障하기로 同意한다.

第26條【保健과 衛生】 合衆國 軍隊, 軍屬 및 그들의 家族을 위한 醫療支援을 提供하는 合衆國의 權利와 竝行하여, 疾病의 管理와 豫防 및 기타 公衆保健, 醫療, 衛生과 獸醫業務의 調整에 관한 共同關心事는 第28條에 따라 設置된 合同委員會에서 兩國政府의 關係當局이 이를 解決한다.

第27條【豫備役의 訓練】 合衆國은 大韓民國에 滯留하는 適格의 合衆國 市民을 大韓民國에서 豫備役 軍隊로 編入시키고 訓練시킬 수 있다.

第28條【合同委員會】

1. 달리 規定한 경우를 除外하고는 本 協定의 施行에 관한 相互協議를 必要로 하는 모든 事項에 관한 大韓民國 政府와 合衆國 政府間의 協議機關으로서 合同委員會를 設置한다. 특히 合同委員會는 本 協定의 目的을 遂行하기 위하여 合衆國의 使用에 所要되는 大韓民國안의 施設과 區域을 決定하는 協議機關으로서 役割한다.

2. 合同委員會는 大韓民國 政府代表 1名과 合衆國 政府代表 1名으로 構成하고, 各 代表는 1名 또는 그 以上의 代理人과 職員團을 둔다. 合同委員會는 그 自體의 節次規則을 정하고, 또한 必要한 補助機關과 事務機關을 設置한다. 合同委員會는 大韓民國政府 또는 合衆國 政府중의 어느 一方 政府代表의 要請이 있을 때에는 어느 때라도 卽時 會合할 수 있도록 組織되어야 한다.

3. 合同委員會가 어떠한 問題를 解決할 수 없을 때에는 同 委員會는 이 問題를 適切한 經路를 통하여 그 以上의 檢討를 講究하기 위하여 各己 政府에 回附하여야 한다.

第29條【協定의 效力發生】

1. 本 協定은 大韓民國 政府가 合衆國 政府에 대하여 同 協定이 大韓民國의 國內法上의 節次에 따라 承認되었다는 書面通告를 한 날로부터 3個月만에 效力을 발생한다.

2. 大韓民國 政府는 本 協定의 規定을 施行하는 데 필요한 모든 立法上 및 豫算上의 措置를 立法機關에 구할 것을 約束한다.

3. 第22條第12項에 따를 것을 條件으로 本 協定은 同 協定의 效力發生과 同時에 1950年 7月 12日字 大田에서 覺書交換으로 效力이 發生된 裁判管轄權에 관한 大韓民國政府와 合衆國政府間의協定을 廢棄하고 이에 代置한다.

4. 1952年 5月 24日字 大韓民國과 統合司令部間의經濟調整에 관한 協定 第3條第13項은 本 協定의 範圍內에서 合衆國 軍隊의 構成員, 軍屬, 招請契約者 또는 그들의 家族에게는 適用되지 아니한다.

第30條【協定의 改正】 어느 一方 政府든지 本 協定의 어느 條項에 대한 改正을 어느 때든지 要請할 수 있으며, 이 경우에 兩國 政府는 適切한 經路를 통한 交涉을 開始하여야 한다.

第31條【協定의 有效期間】 本 協定 및 本 協定의 合意된 改正은 兩 政府間의 合意에 따라 그 以前에 終結되지 아니하는 한 大韓民國과合衆國間의相互防衛條約이 有效한 동안 效力을 가진다.

以上의 證據로서 下記 署名者는 그들 各自의 政府로부터 正當한 權限을 委任받아 本 協定에 署名하였다.

韓國語와 英語로 本書 2通을 作成하였다. 兩本은 同等히 正文이나 解釋에 相違가 있을 경우에는 英語本에 따른다.

1966年 7月 9日 서울에서 作成하였다.

大韓民國을 위하여	아메리카合衆國을 위하여
署名 李 東 元	署名 딘·러스크
閔 復 基	윈드롭·지·브라운

이 협정은 대한민국 정부가 아메리카합중국 정부에 대하여 동 협정이 대한민국의 국내법상의 절차에 따라 승인되었다는 서면통고를 한 날부터 1월 후에 그 효력을 발생한다.

이상의 증거로, 아래 서명자는, 그들 각자의 정부로부터 정당한 권한을 위임받아 이 협정에 서명하였다.

2001년 1월 18일 서울에서 동등하게 정본인 한국어와 영어로 각 2부씩 작성되었으며, 서로 차이가 있을 경우에는 영어본이 우선한다.

대한민국을 대표하여	아메리카합중국을 대표하여

同協定의 合意議事錄

大韓民國 全權委員과 아메리카合衆國 全權委員은 오늘 署名된 大韓民國과 아메리카合衆國間의 相互防衛條約 第4條에 의한 施設과 區域 및 大韓民國에서의 合衆國軍隊의 地位에 관한 協定의 交涉에 있어서 이루어진 다음의 諒解事項을 記錄한다.

第1條 (나)項에 관하여 大韓民國이나 合衆國에서 供給할 수 없는 特定한 技術을 가지고 있는 者로서 第三國의 國民인 者는 合衆國에 의한 雇傭만을 위하여 合衆國 軍隊에 의하여 大韓民國에 들어올 수 있음을 諒解한다. 이러한 者와 第三國의 國民으로서 本 協定이 效力發生時에 大韓民國에 있는 合衆國 軍隊에 雇傭되거나 同 軍隊에 勤務하거나 또는 同 軍隊에 同伴하는 者는 軍屬으로 看做한다.

第3條

1. 非常時의 경우에 合衆國 軍隊는 施設과 區域의 周邊에서 同 軍隊의 警護와 管理를 하는 데 必要한 措置를 取할 權限을 가지고 있음을 合意한다.
2. 대한민국 정부와 합중국 정부는 1953년 상호방위조약에 의한 대한민국에서의 방위활동과 관련하여 환경보호의 중요성을 인식하고 인정한다. 합중국 정부는 자연환경 및 인간건강의 보호에 부합되는 방식으로 이 협정을 이행할 것을 공약하고, 대한민국 정부의 관련 환경법령 및 기준을 존중하는 정책을 확인한다. 대한민국 정부는 합중국 인원의 건강 및 안전을 적절히 고려하여 환경법령과 기준을 이행하는 정책을 확인한다.

(2001.3.29 신설)

第4條

1. 合衆國에 의하여 또는 合衆國을 위하여 合衆國의 經費로 建立되었거나 建築된 모든 移動 可能한 施設 및 施設과 區域의 建築, 擴張, 運營, 維持, 警護 및 管理와 關聯하여, 合衆國에 의하여 또는 合衆國을 위하여 大韓民國으로 導入되었거나 또는 大韓民國에서 調達된 모든 備品, 資材 및 需用品은 繼續 合衆國의 財産으로 되며 또한 大韓民國으로부터 搬出시킬 수 있다.
2. 本 協定에 따라 大韓民國에 의하여 提供되고 또한 本條에 規定된 施設과 區域안에 있는 移動 可能한 모든 施設, 備品 및 資材 또는 그 一部는 그들이 本 協定의 目的을 위하여 더 이상 必要없게 되는 때에는 언제든지 大韓民國에 返還되어야 한다.

第6條

1. 合衆國 軍隊에 適用할 수 있는 優先權, 條件 및 使用料나 料金에 있어서 大韓民國 當局이 決定한 變更은 그 效力 發生日 前에 合同委員會의 協議對象이 될 것임을 諒解한다.
2. 本條는 1958年 12月 18日字 公益物에관한請求權請算을위한協定을 어느 意味로나 廢止하는 것으로 解釋하지 아니하며 同協定은 兩 政府가 달리 合意하지 아니하는 限 繼續 有效하다.
3. 非常時에는 大韓民國은 合衆國 軍隊의 需要를 充足시키는데 必要한 公益事業과 用役의 提供을 保障하기 위하여 適切한 措置를 取할 것에 合意한다.

第8條

1. 第3項(가)에 관하여 合衆國 軍隊의 法令執行 機關員(예컨대, 陸軍 憲兵, 海軍 憲兵, 空軍 憲兵, 特別搜査隊, 犯罪搜査隊 및 防諜隊)으로서 大韓民國에서 軍事 警察活動에 從事하는 者는 所持者의 姓名, 地位 및 그가 法令 執行機關의 一員이라는 事實을 兩 國語로 記載된 身分證明書를 所持한다. 同 身分證明書는 그 所持者의 公務執行중 關係當事者의 要請이 있는 때에는 이를 提示하여야 한다.
2. 合衆國 軍隊는 要請이 있는 때에는 合衆國 軍隊의 構成員, 軍屬 및 그들의 家族의 身分證明書의 樣式과 大韓民國에 있는 合衆國 軍隊의 各種 制服의 模樣을 大韓民國 當局에 提供한다.
3. 第3項의 終段은 合衆國 軍隊의 構成員의 要請이 있는 때에는 그 者의 身分證明書를 提示하되 이를 大韓民國 當局에 引渡할 必要가 없음을 말한다.
4. 第5項에 依據한 身分上의 變更으로 인하여 合衆國 當局이 지는 第6項에 의한 責任은 第5項에 依據한 通告가 大韓民國 當局에 傳達된 後 相當한 期間內에 追放命令이 發하여진 경우에만 發生한다.

第9條

1. 合衆國 軍隊의 非歲出資金機關이 第13條와 同條의 合意議事錄에 의하여 認定받은 者의 使用을 위하여 第2項에 따라 輸入한 物品의 量은 이러한 使用을 위하여 合理的으로 所要되는 限度에 限定되어야 한다.
2. 第3項(가)는, 貨物의 船積과 所有者의 施行이 同時에 行하여져야 할 것을 要하거나 또는 積荷나 船積이 1回이어야 할 것을 要하는 것은 아니다. 이와 關聯하여 合衆國 軍隊의 構成員이나 軍屬 및 그들의 家族은 그들이 最初로 到着한 날로부터 6個月동안에는 合理的인 量의 家具, 個人用品과 家庭用品을 關稅의 賦課없이 輸入할 수 있다.
3. 第5項(다)에 規定된 "軍事貨物"이라 함은 武器 및 備品에만 限定되는 것이 아니며, 合衆國 軍隊(同 軍隊의 公認 調達機關과 第13條에 規定된 非歲出資金機關을 包含한다)에 託送된 모든 貨物을 말한다. 非歲出資金機關에 託送된 貨物에 관한 適切한 情報는 定規的으로 大韓民國 當局에 提供된다. 適切한 情報의 範圍는 合同委員會가 이를 決定한다.
4. 合衆國 軍隊는 大韓民國에의 搬入이 大韓民國의 關稅에 관한 法令에 違反되는 物品을 合衆國 軍隊의 構成員, 軍屬 또는 그들의 家族에 의하여 또는 이러한 者를 위하여 大韓民國으로 搬入되지 아니하도록 確保하기 위하여 實行 可能한 모든 措置를 取한다. 合衆國 軍隊는 이러한 物品의 搬入이 發見된 때에는 언제든지 迅速히 그 뜻을 大韓民國 稅關當局에 通知한다.
5. 大韓民國 稅關當局은 第9條의 規定에 依據한 物品의 반입에 關聯되는 濫用 또는 違反이 있다고 認定하는 때에는 合衆國 軍隊當局에 대하여 그 問題를 提起할 수 있다.
6. 第9項(나) 및 (다)에 規定된 "合衆國 軍隊는 그의 權限內의 모든 援助를 提供하여야 한다"라 함은, 合衆國 軍隊에 의한 合理的이며 實行 可能한 措置를 말한다.
7. 本條第2項에 規定된 免稅 待遇는 合衆國 軍隊가 公布할 規則에 따라 販賣所와 非歲出資金 機關이 第13條 및 同條의 合意議事錄에 規定된 個人과 機關에 販賣하기 위하여 輸入한 資材, 需用品 및 備品에 適用하기로 諒解한다.

第10條

1. "合衆國에 의하여, 合衆國을 위하여 또는 合衆國의 管理下에서 公用을 위하여 運航되는 合衆國 및 外國의 船舶…"이라 함은 公用船舶과 傭船(裸傭船 契約, 運送 契約 및 時間 契約)을 말한다. 一部 傭船契約은 包含되지 아니한다. 商用貨物과 私人인 旅客은 例外的인 경우에만 前記 船舶에 의하여 運送된다.
2. 本條에 規定된 大韓民國의 港口라 함은 通常 "開港"을 말한다.
3. 第3項에 規定된 "適切한 通告"의 免除는 이러한 通告가 合衆國 軍隊의 安全을 위하거나 또는 이에 類似한 理由 때문에 要求되는 非正常的인 경우에만 適用된다.
4. 本條에서 特別히 別途로 規定하는 경우를 除外하고는 大韓民國 法令이 適用된다.

第12條 合衆國 軍隊가 船舶과 航空機의 恒久的인 運航 補助施設을 同 軍隊가 使用하고 있는 施設과 區域밖에 設置할 때에는 第3條第1項에 依據하여 設定된 節次에 따라 施行한다.

第13條 合衆國 軍隊는 다음 各號의 者에게 第13條第1項에 規定된 諸 機關의 使用을 許容할 수 있다.

(가) 通常的으로 이와 같은 特權이 賦與되는 合衆國 政府의 기타 公務員 및 職員

(나) 合衆國 軍隊로부터 軍需支援을 받는 統合司令部 傘下 駐韓外國軍隊 및 그 構成員

(다) 大韓民國 國民이 아닌 者로서 그의 大韓民國에서의 滯留目的이 合衆國政府에 의하여 財政的 支援을 받는 契約 用役의 履行만을 위한 者

(라) 美赤十字社, 「유 · 에스 · 오」와 같은 主로 合衆國 軍隊의 利益이나 用役을 위하여 大韓民國에 滯留하는 機關 및 大韓民國 國民이 아닌 職員

(마) 前 各號에 規定된 者의 家族 및

(바) 大韓民國 政府의 明示的인 同意를 얻은 기타 個人과 機關

第15條

1. 第15條第1項에 明示된 것에 附加하여 合衆國과의 契約의 履行은 第15條에 規定된 者를 本條의 適用으로부터 除外시키는 것은 아니다.
2. 契約者의 雇傭員으로서 本 協定의 效力發生日에 大韓民國에 滯留하고 있고 또한 그들이 合衆國에 通常的으로 居住하고 있지 아니한다는 事實이 없다면 第15條에 包含된 特權을 享有할 者는 그들의 滯留目的이 第15條第1項에 規定된 바에 符合하는 동안에 限하여 이러한 特權을 가진다.

第16條
1. 合衆國 軍隊는 同 軍隊의 大韓民國에서의 調達計劃에 있어서 豫想되는 重要한 變化에 관하여 實行 可能한 限 事前에 適切한 情報를 大韓民國 當局에 提供하여야 한다.
2. 大韓民國과 合衆國間의 經濟關係 法令과 商慣行의 差異에서 생기는 調達契約에 관한 困難한 點을 滿足하게 解決하는 問題는 合同委員會 또는 기타 適當한 代表들이 이를 硏究한다.
3. 合衆國 軍隊가 最終的으로 使用하려는 物品의 購入에 대하여, 課稅의 免除를 받는 節次는 다음과 같다.
(가) 合衆國 軍隊앞으로 託送되거나 送付된 資材, 需用品 및 備品이 合衆國 軍隊의 監督下에 第5條에 規定된 施設과 區域의 構築, 維持 또는 運營을 위한 契約 또는 이러한 施設과 區域안에 있는 軍隊의 支援을 위한 契約을 履行하기 위하여 全的으로 使用되거나, 그 全部 또는 一部가 消費될 것으로 되어 있거나, 또는 當該 軍隊가 使用하는 物品 또는 施設에 最終的으로 統合될 것이라는 適切한 證明을 合衆國 軍隊가 한 경우에는 合衆國 軍隊의 權限있는 代表가 生産者로부터 直接 當該 資材, 需用品, 備品의 引渡를 받는다. 이러한 경우에는 第16條第3項에 規定된 租稅徵收는 停止된다.
(나) 合衆國 軍隊의 公認된 代表는 大韓民國 當局에 대하여 施設과 區域안에서 이러한 資材, 需用品 및 備品을 受領하였다는 事實을 確認한다.
(다) 이러한 資材, 需用品 및 備品에 대한 租稅의 徵收는 다음의 時期까지 停止된다.
(1) 合衆國 軍隊가 前記의 資材, 需用品 및 備品을 消費한 量과 程度를 確認하고 證明하는 때, 또는
(2) 合衆國 軍隊가 前記의 資材, 需用品 및 備品으로서 同 軍隊가 使用하는 物品이나 施設에 統合한 量을 確認하고 證明하는 때
(라) (다)項의 (1) 또는 (2)에 따라 證明된 資材, 需用品 및 備品은 그 價格이 合衆國 政府의 歲出 豫算 또는 合衆國의 支給을 위하여 大韓民國 政府의 寄與金에서 支給되는 限 第16條第3項에 規定된 租稅가 免除된다.
4. 第3項에 관하여 "公用을 위하여 調達하는 資材, 需用品, 備品 및 用役"이라 함은 合衆國 軍隊 또는 그 公認 調達機關이 大韓民國 供給者로부터 直接 調達함을 말하는 것으로 諒解한다. "最終 消費使用을 위하여 調達하는 資材, 需用品, 備品 및 用役"이라 함은 合衆國 軍隊의 契約者가 統合될 品目이거나 또는 合衆國 軍隊와의 契約에 의하여 最終 生産品의 生産을 위하여 必要한 品目을 大韓民國 供給者로부터 調達함을 말한다.

第17條
1. 大韓民國 政府는 第2項에 따라 要請받은 援助를 提供함에 있어서 所要된 直接 經費에 대하여 辨償을 받아야 하는 것으로 諒解한다.
2. 합중국 정부가 대한민국 노동관계법령을 따른다는 약속은 합중국 정부가 국제법상 동 정부의 면제를 포기하는 것을 의미하지 아니한다. 합중국 정부는 정당한 이유가 없거나 혹은 그러한 고용이 합중국 군대의 군사상 필요에 배치되지 아니하는 경우에는 고용을 종료하여서는 아니 된다. 군사상 필요로 인하여 감원을 요하는 경우에는, 합중국 정부는 가능한 범위까지 고용의 종료를 최소화하기 위하여 노력하여야 한다.(2001.3.29 개정)
3. 雇傭主는 大韓民國 所得稅 法令이 정하는 源泉課稅額을 그의 雇傭員의 給料로부터 控除하여 大韓民國 政府에 納付한다.
4. 雇傭主가 合衆國 軍隊의 軍事上 必要 때문에 本條에 따라 適用되는 大韓民國 勞動法令을 따를 수 없을 경우에는 그 問題는 事前에 檢討와 適當한 措置를 위하여 合同委員會에 回附되어야 한다. 合同委員會에서 適當한 措置에 관하여 相互合意가 이루어질 수 없을 경우에는 그 問題는 大韓民國 政府의 關係官과 아메리카合衆國의 外交使節間의 討議를 통한 再檢討의 對象이 될 수 있다.
5. 組合 또는 기타 雇傭員 團體는 그의 目的이 大韓民國과 合衆國의 共同利益에 背馳되지 아니하는 限 雇傭主에 의하여 承認되어야 한다. 이러한 團體에의 加入 또는 不加入은 雇傭이나 또는 雇傭員에게 影響을 미치는 기타 措置의 要因이 되어서는 아니된다.

第18條 第13條에 規定된 諸 機關을 包含하여 合衆國 軍隊가 大韓民國안에서 合衆國 軍隊의 構成員, 軍屬, 그들의 家族 및 第15條에 規定된 者 以外의 者에 대하여 행하는 支給은 大韓民國의 外換管理法 및 關係規程에 따라야 한다. 이러한 去來에 使用되는 資金은 換算되는 當時에 大韓民國안에서 違法이 아닌 合衆國 "弗" 對 大韓民國 "원"으로 表示되는 最高換率에 의하여 大韓民國 通貨로 換算되어야 한다.

第20條 通常的으로 海外에서 이러한 特權을 賦與받고 있는 合衆國政府의 기타 公務員, 職員 및 그들의 家族은 合衆國 軍事郵遞局을 利用할 수 있다.

第22條 本條의 規定은 合衆國 軍隊以外의 大韓民國에 있는 國際聯合 軍隊의 人員에 대한 裁判權의 行使에 관한 現行의 協定, 約定 또는 慣行에는 影響을 미치지 아니한다.

第1項(가)에 關하여
合衆國 法律의 現 狀態下에서 合衆國 軍 當局은 平和時에는 軍屬 및 家族에 대하여 有效한 刑事裁判權을 가지지 아니한다. 追後의 立法, 憲法改正 또는 合衆國 關係當局에 의한 決定의 結果로서 合衆國 軍事裁判權의 範圍가 變更된다면, 合衆國 政府는 外交經路를 통하여 大韓民國 政府에 通告하여야 한다.

第1項(나)에 關하여
1. 大韓民國이 戒嚴令을 宣布한 경우에는 本條의 規定은 戒嚴令下에 있는 大韓民國의 地域에 있어서는 그 適用이 즉시 停止되며, 合衆國 軍 當局은 戒嚴令이 解除될 때까지 이러한 地域에서 合衆國 軍隊의 構成員, 軍屬 및 그들의 家族에 대하여 專屬的 裁判權을 行使할 權利를 가진다.
2. 合衆國 軍隊의 構成員, 軍屬 및 그들의 家族에 대한 大韓民國 當局의 裁判權은 大韓民國 領域밖에서 犯한 어떠한 犯罪에도 미치지 아니한다.

第2項에 關하여
大韓民國은 合衆國 當局이 適當한 경우에 合衆國 軍隊의 構成員, 軍屬 및 그들의 家族에 대하여 課할 수 있는 行政的 및 懲戒的 制裁의 有效性을 認定하여, 合衆國 軍 當局의 要請에 의하여 第2項에 따라 裁判權을 行使할 權利를 抛棄할 수 있다.

第2項(다)에 關하여
各 政府는 本 細項에 規定된 安全에 관한 모든 犯罪의 明細와 自國法令上의 이러한 犯罪에 관한 規定을 通告하여야 한다.

第3項(가)에 關하여
1. 合衆國 軍隊의 構成員 또는 軍屬이 어느 犯罪로 立件된 경우에 있어서 그 犯罪가 그 者에 의하여 犯하여진 것이라면, 그 犯罪가 公務執行중의 行爲나 不作爲에 의한 것이라는 뜻을 記載한 證明書로서 合衆國의 主務軍當局이 發行한 것은 第1次的 裁判權을 決定하기 위한 事實의 充分한 證據가 된다. 本條 및 本 合意議事錄에서 使用된 "公務"라 함은 合衆國 軍隊의 構成員 및 軍屬이 公務執行 期間중에 行한 모든 行爲를 包含하는 것을 말하는 것이 아니고 그 者가 執行하고 있는 公務의 機能으로서 行하여질 것이 要求되는 行爲에만 適用되는 것을 말한다.
2. 大韓民國의 檢察總長이 公務執行證明書에 대한 反證이 있다고 認定하는 例外的인 경우에 있어서는 그 反證은 大韓民國 關係官과 駐韓合衆國 外交使節間의 討議를 통한 再檢討의 對象이 되어야 한다.

第3項(나)에 關하여
1. 大韓民國 當局은 合衆國 軍法에 服하는 者에 관하여 秩序와 規律을 維持함이 合衆國 軍 當局의 主된 責任임을 認定하여, 第3項(다)에 의한 合衆國 軍 當局의 要請이 있으면 大韓民國 當局이 裁判權을 行使함이 특히 重要하다고 決定하는 경우를 除外하고, 第3項(나)에 의한 裁判權을 行使할 그의 第1次的 權利를 抛棄한다.
2. 合衆國 軍 當局은 大韓民國 關係當局의 同意를 얻어 搜査, 審理 및 裁判을 위하여 合衆國이 裁判權을 가지는 特定 刑事事件을 大韓民國의 法院이나 當局에 移送할 수 있다.
大韓民國 關係當局은 合衆國 軍 當局의 同意를 얻어 搜査, 審理 및 裁判을 위하여 大韓民國이 裁判權을 가지는 特定 刑事事件을 合衆國 軍 當局에 移送할 수 있다.
3. (가) 合衆國 軍隊의 構成員, 軍屬 또는 家族이 大韓民國안에서 大韓民國의 利益에 反하여 犯한 犯罪때문에 合衆國 法院에 訴追되었을 경우에는 그 裁判은 大韓民國안에서 行하여야만 한다.
(1) 다만, 合衆國의 法律이 달리 要求하는 경우, 또는
(2) 軍事上 緊急事態의 경우 또는 司法上의 利益을 위한 경우에 合衆國 軍 當局이 大韓民國 領域밖에서 裁判을 行할 意圖가 있는 경우에는 除外된다. 이러한 경우 合衆國 軍 當局은 大韓民國 當局에 이러한 意圖에 대한 意見을 陳述할 수 있는 機會를 適時에 附與하여야 하며 大韓民國 當局이 陳述하는 意見에 대하여 充分한 考慮를 하여야 한다.
(나) 裁判이 大韓民國 領域밖에서 行하여질 경우에는 合衆國 軍

當局은 大韓民國 當局에 裁判의 場所와 日字를 通告하여야 한다. 大韓民國 代表는 그 裁判에 立會할 權利를 가진다. 合衆國 當局은 裁判과 訴訟의 最終結果를 大韓民國 當局에 通告하여야 한다.

4. 本條의 規定의 施行과 犯罪의 迅速한 處理를 위하여, 大韓民國 關係當局과 合衆國 軍 當局은 約定을 締結할 수 있다.

第5項(다)에 關하여

1. 대한민국 당국이 일차적 재판권을 행사할 사건과 관련하여 합중국 군대의 구성원·군속 또는 그들의 가족인 피의자를 체포한 경우, 대한민국 당국은, 대한민국 당국에 의한 수사와 재판이 가능할 것을 전제로, 요청에 따라 그 피의자를 합중국 군당국에 인도한다.

2. 대한민국 당국이 합중국 군대의 구성원·군속 또는 그들의 가족인 피의자를 범행현장에서, 또는 동 현장에서의 도주직후나 합중국 통제구역으로의 복귀 전에 체포한 경우, 그가 살인과 같은 흉악범죄 또는 죄질이 나쁜 강간죄를 범하였다고 믿을 상당한 이유가 있고, 증거인멸·도주 또는 피해자나 잠재적 증인의 생명·신체 또는 재산에 대한 가해 가능성을 이유로 구속하여야 할 필요가 있는 때에는, 합중국 군당국은 그 피의자의 구금인도를 요청하지 아니하면 공정한 재판을 받을 피의자의 권리가 침해될 우려가 있다고 믿을 적법한 사유가 없는 한 구금인도를 요청하지 아니하기로 합의한다.

3. 대한민국이 일차적 재판권을 가지고 기소시 또는 그 이후 구금인도를 요청한 범죄가 구금을 필요로 하기에 충분한 중대성을 지니는 아래 유형의 범죄에 해당하고, 그같은 구금의 상당한 이유와 필요가 있는 경우, 합중국 군당국은 대한민국 당국에 구금을 인도한다.

(가) 살인

(나) 강간(준강간 및 13세 미만의 미성년자에 대한 간음을 포함한다)

(다) 석방대가금 취득목적의 약취·유인

(라) 불법 마약거래

(마) 유통목적의 불법 마약제조

(바) 방화

(사) 흉기 강도

(아) 위의 범죄의 미수

(자) 폭행치사 및 상해치사

(차) 음주운전으로 인한 교통사고로 사망 초래

(카) 교통사고로 사망 초래 후 도주

(타) 위의 범죄의 하나 이상을 포함하는 보다 중한 범죄

4. 피의자가 혐의범죄를 범하였다는 "상당한 이유"라 함은 피의자가 그 죄를 범하였다고 믿을 합리적인 근거가 있다는 사법적 결정을 말한다. 이러한 사법적 결정은 대한민국의 법령에 따라 이루어진다.

5. 재판 전 구금의 "필요"라 함은, 피의자가 증거를 인멸하였거나 또는 인멸할 가능성이 있거나, 도주할 가능성이 있거나, 또는 피해자, 잠재적 증인, 또는 그들의 가족의 생명·신체 또는 재산에 해를 가할 우려가 있다고 의심할 합리적인 근거를 이유로 피의자의 구금이 요구된다는 사법적 결정을 말한다. 이러한 사법적 결정은 대한민국의 법령에 따라 이루어진다.

6. 대한민국의 법령상 허용되는 모든 경우, 피의자의 체포·구금 또는 체포·구금을 위한 청구의 적법성을 심사할 구속전피의자심문은 피의자에 의하여 그리고 피의자를 위하여 자동적으로 신청되고 개최된다. 피의자와 그의 변호인은 동 심문에 출석하며, 참여가 허용된다. 합중국 정부대표 또한 동 심문에 출석한다.

7. 보석 신청권과 법관에 의한 보석심사를 받을 권리는 모든 재판절차가 종결되기 전까지 피의자 또는 피고인, 그의 변호인 또는 그의 가족이 언제든지 주장할 수 있는 지속적인 권리이다.

8. 피의자 또는 피고인이 질병·부상 또는 임신중인 특별한 경우, 합중국 군당국이 재판전 구금의 포기 또는 연기를 요청하면 대한민국 당국은 호의적 고려를 하여야 한다.

9. 피의자 또는 피고인이 합중국 군당국의 구금하에 있는 경우, 합중국 군당국은, 요청이 있으면 즉시 대한민국 당국으로 하여금 이러한 피의자 또는 피고인에 대한 수사와 재판을 할 수 있게 하여야 하며, 또한 이러한 목적을 위하여 그리고, 사법절차의 진행에 대한 장애를 방지하기 위하여 모든 적절한 조치를 취하여야 한다.

10. 피의자 또는 피고인이 합중국 군당국의 구금하에 있는 경우 합중국 군당국은 어느 때든지 대한민국 당국에 구금을 인도할 수 있다. 합중국 군당국에 의하여 피의자 또는 피고인의 구금이 대한민국 당국으로 인도된 이후, 대한민국 당국은 어느 때든지 합중국 군당국에 구금을 인도할 수 있다.

11. 합중국 군당국은 특정한 사건에 있어서 대한민국 당국이 구금 인도를 요청하는 어떠한 경우에도 호의적인 고려를 하여야 한다.

(2001.3.29 신설)

第6項에 關하여

1. 大韓民國 當局과 合衆國 軍 當局은 大韓民國안에서 이러한 當局이 行하는 訴訟節次에 必要한 證人을 出席하도록 相互 助力하여야 한다.

大韓民國에 있는 合衆國 軍隊의 構成員이 證人이나 被告人으로서 大韓民國의 法廷에 出席하도록 召喚을 받는 때에는 合衆國 軍 當局은 軍事上의 緊急事態로 인하여 달리 要求되지 아니하는 限 이러한 出席이 大韓民國 法律上 强制的인 것을 條件으로 그를 出席하도록 하여야 한다. 軍事上의 緊急事態로 인하여 그가 出席할 수 없을 때에는 合衆國 軍 當局은 出席不能의 豫定期間을 記載한 證明書를 提出하여야 한다.

證人이나 被告人인 合衆國 軍隊의 構成員, 軍屬 또는 家族에 대하여 發付되는 訴訟書類는 英語로 作成하여 直接 送達되어야 한다. 訴訟書類의 送達이 軍事 施設이나 區域안에 있는 者에 대하여 大韓民國 送達人에 의하여 執行될 경우에는 合衆國 軍 當局은 大韓民國 送達人이 이러한 送達을 執行하도록 하는 데 必要한 모든 措置를 取하여야 한다.

이에 附加하여, 大韓民國 當局은 合衆國 軍隊의 構成員, 軍屬 또는 家族이 關聯된 大韓民國 刑事訴訟의 모든 段階에 있어서 卽時 모든 刑事上의 令狀(拘束 令狀, 召喚狀, 公訴狀 및 强制召喚狀을 包含한다)의 寫本을 前記 令狀을 領收할 合衆國 軍 當局이 指定한 代理人에게 送達하여야 한다.

大韓民國의 法院과 當局은 合衆國 軍 當局이 大韓民國의 國民이나 居住者를 證人이나 鑑定人으로서 必要로 할 때에는, 大韓民國 法令에 따라 이러한 者를 出席하도록 하여야 한다. 이러한 경우에는 合衆國 軍 當局은 大韓民國 法務部長官 또는 大韓民國 當局이 指定하는 기타機關을 통하여 行한다.

證人에 대한 費用과 報酬는 第28條에 의하여 設置된 合同委員會에서 이를 決定한다.

2. 證人의 特權과 免除는 그가 出席하는 法院, 裁判部 또는 기타 當局의 法律의 정하는 바에 따른다. 어떠한 경우에도 自己負罪의 憂慮가 있는 證言을 하도록 要求되지 아니한다.

3. 大韓民國이나 合衆國 當局의 刑事訴訟의 進行중에 어느 一方國家의 公務上의 秘密의 陳述 또는 어느 一方國家의 安全을 侵害할 憂慮가 있는 情報의 陳述이 訴訟節次의 正當한 處理上 必要한 경우에는 關係當局은 이러한 陳述에 대한 書面上의 承諾을 關係國家의 當局으로부터 얻어야 한다.

第7項(나)에 關하여

대한민국 당국은 특정한 사건에 있어서 형 집행에 관하여 합중국 군당국이 특별히 표명한 견해에 대하여 충분한 고려를 한다.

(2001.3.29 신설)

第9項(가)에 關하여

大韓民國 法院에 의한 遲滯없이 迅速한 裁判을 받을 權利는 修習期間을 마친 法官으로써 全的으로 構成된 公正한 裁判部에 의한 公開裁判을 包含한다. 合衆國 軍隊의 構成員, 軍屬 또는 家族은 大韓民國의 軍法會議에 의한 裁判을 받지 아니한다.

第9項(나)에 關하여

合衆國 軍隊의 構成員, 軍屬 또는 家族은 正當한 事由가 없는 限 大韓民國 當局에 의하여 逮捕 또는 拘禁되지 아니하며, 또한 그는 自身과 그의 辯護人이 參與한 公開法廷에서 그러한 事由가 밝혀져야 하는 遲滯없는 審理를 받을 權利가 있다. 正當한 事由가 밝혀지지 않을 때에는 卽時 釋放을 命하여야 한다. 그는 逮捕되거나 拘禁되었을 때에는 卽時 그가 理解하는 言語로서 그에 대한 被疑事實을 通知받아야 한다. 그는 裁判에 앞서 相當한 期間前에 그에게 不利하게 利用될 證據의 內容을 通知받아야 한다. 當該 被疑者 또는 被告人의 辯護人은 그가 請求하면 當該 事件의 裁判을 擔當할 大韓民國 法院에 送付된 書類중 大韓民國 當局이 蒐集한 證人의 陳述書를 公判前에 調査하고 錄取할 機會가 賦與되어야 한다.

第9項(다) 및 (라)에 關하여

大韓民國 當局에 의하여 訴追된 合衆國 軍隊의 構成員, 軍屬 또

는 家族은 모든 訴訟上의 調査, 裁判前의 審理, 裁判 自體 및 裁判後의 節次에 있어서 모든 證人이 有利하거나 不利한 證言을 하는 모든 過程에 參與할 權利를 가지며, 또한 證人을 訊問할 수 있는 充分한 機會를 賦與받아야 한다.

第9項(마)에 關하여

변호인의 조력을 받을 권리는 체포 또는 구금되는 때부터 존재하며, 피의자 또는 피고인이 참여하는 모든 예비수사, 조사, 재판전의 심리, 재판 자체 및 재판후의 절차에 변호인을 참여하게 하는 권리와 이러한 변호인과 비밀리에 상의할 권리를 포함한다. 변호인의 조력을 받을 권리는 모든 수사 및 재판절차에서 이 협정과 대한민국 국내법중 보다 유리한 범위내에서 존중된다.
(2001.3.29 개정)

第9項(바)에 關하여

有能한 通譯人의 助力을 받는 權利는 逮捕 또는 拘禁되는 때로부터 存在한다.

第9項(사)에 關하여

합중국의 정부대표와 접견・교통하는 권리는 체포 또는 구금되는 때부터 존재하며, 또한 동 대표가 참여하지 아니한 때에 피의자 또는 피고인이 한 진술은 피의자 또는 피고인에 대한 유죄의 증거로서 채택되지 아니한다. 동 대표는 피의자 또는 피고인이 출석하는 모든 예비수사, 조사, 재판전의 심리, 재판 자체 및 재판후의 절차에 참여할 수 있는 권리를 가진다. 합중국 당국은 요청이 있을 때에는 예비수사 또는 어떠한 후속절차에도 불필요한 지연을 초래하지 아니하도록 합중국 정부대표의 신속한 출석을 보장한다.(2001.3.29 개정)

第9項에 關하여

大韓民國 當局에 의하여 裁判을 받는 合衆國 軍隊의 構成員, 軍屬 또는 家族은 大韓民國 國民에게 法律上 賦與한 모든 節次上 및 實體上의 權利가 保障되어야 한다. 大韓民國 國民에게 法律上 賦與한 어떠한 節次上 또는 實體上 權利가 當該 被疑者 또는 被告人에게 拒否되었거나 拒否될 憂慮가 있는 것으로 認定되는 경우에는 兩 政府의 代表는 그러한 權利의 拒否를 防止하거나 是正하기 위하여 必要한 措置에 관하여 合同委員會에서 協議한다.
本條本項(가) 내지 (사)에 列擧된 權利에 附加하여 大韓民國 當局에 의하여 訴追된 合衆國 軍隊의 構成員, 軍屬 또는 家族은 다음의 權利를 가진다.

(가) 有罪判決 또는 刑의 宣告에 대하여 上訴할 權利
(나) 大韓民國이나 合衆國의 拘禁 施設에서의 判決 宣告前의 拘禁期間을 拘禁刑에 算入받을 權利
(다) 行爲時 大韓民國 法律에 의하여 犯罪를 構成하지 아니하는 行爲 또는 不作爲로 인하여 有罪로 宣告받지 아니하는 權利
(라) 嫌疑 받는 犯罪의 犯行時 또는 第1審 法院의 原判決 宣告時에 適用되는 刑보다도 重한 刑을 받지 아니하는 權利
(마) 犯罪의 犯行後 被告人에게 不利하게 變更된 證據法則이나 證明要件에 의하여 有罪로 宣告받지 아니하는 權利
(바) 自己에게 不利한 證言을 强制當하거나 또는 달리 自己 負罪를 强制當하지 아니하는 權利
(사) 慘酷하거나 非正常的인 處罰을 받지 아니하는 權利
(아) 立法行爲나 行政行爲에 의하여 訴追를 받거나 處罰을 받지 아니하는 權利
(자) 同一犯罪에 대하여 二重으로 訴追를 받거나 處罰을 받지 아니하는 權利
(차) 審判에 出席하거나 自身의 辯護에 있어서 肉體的으로나 精神的으로 不適當한 때에는 審判에 出席하도록 要請받지 아니하는 權利
(카) 適切한 軍服이나 民間服으로 手匣을 채우지 아니할 것을 包含하여 合衆國 軍隊의 威信과 合當하는 條件이 아니면 審判을 받지 아니하는 權利

拷問, 暴行, 脅迫이나 欺罔에 의하거나 身體拘束의 長期化에 의하여 蒐集되거나 또는 任意로 行하여지지 아니한 自白, 自認 또는 기타 陳述 및 拷問, 暴行, 脅迫이나 欺罔에 의하거나 令狀없이 不合理하게 행한 搜索 및 押收의 結果로서 蒐集된 物的證據는 大韓民國 法院에 의하여 本條下에서 被告人의 有罪의 證據로 認定되지 아니한다.
本條에 의하여 大韓民國 當局이 訴追하는 어떠한 경우에도 檢察側에서 有罪가 아니거나 無罪釋放의 判決에 대하여 上訴하지 못하며, 被告人이 上訴하지 아니한 判決에 대하여 上訴하지 못한다. 다만, 法令의 錯誤를 理由로 하는 경우에는 그러하지 아니하다.
대한민국 당국은 합중국 군당국의 요청이 있을 경우, 그들로 하여금 합중국 군대의 구성원・군속 또는 가족이 구금되었거나 그러한 개인이 구금될 대한민국 구금시설의 구역을 방문 및 관찰하도록 허가하여야 한다.
(2001.3.29 개정)
敵對行爲의 경우에는 大韓民國은 裁判以前이거나 大韓民國 法院이 宣告한 刑의 服役중이거나를 不問하고 大韓民國 拘禁施設에 拘禁되어 있는 合衆國 軍隊의 構成員, 軍屬 및 家族을 保護하기 위한 모든 가능한 措置를 取한다. 大韓民國은 이러한 者를 責任있는 合衆國 軍 當局의 拘禁下에 둘 것을 合衆國 軍 當局이 要請하면 이 要請에 대하여 好意的 考慮를 하여야 한다. 施行에 必要한 規定은 合同委員會를 통하여 兩 政府가 이를 合意한다.
合衆國 軍隊의 構成員, 軍屬 및 家族에 대한 死刑의 執行 또는 拘禁, 禁錮나 懲役刑의 執行期間중 또는 留置를 위하여 利用되는 施設은 合同委員會에서 合意된 最少限度의 水準을 充足시켜야 한다. 合衆國 軍 當局은 要請하면 大韓民國 軍 當局에 의하여 拘禁되거나 留置된 合衆國 軍隊의 構成員, 軍屬 또는 그들의 家族과 언제든지 接見할 權利를 가진다. 合衆國 軍 當局은 大韓民國의 拘禁施設에 留置되고 있는 被拘禁者와 接見하는 동안 衣類, 飮食, 寢具, 醫療 및 齒牙 治療등 補助的인 保護와 物件을 供與할 수 있다.

第5項(다) 및 第9項에 關하여

1. 대한민국 당국 또는 합중국 군당국이 이 협정에 대한 위반이 발생하였다고 판단하는 경우 해당 지방검찰청・지청 또는 이에 상당하는 기관의 검사와 법무참모 또는 적절한 법무장교는 이러한 위반사실이 일방에 의하여 타방에 통보된 날부터 10일 이내에 해결되도록 노력한다. 이러한 문제가 동 10일 이내에 만족스럽게 해결되지 아니할 경우, 어느 측이든지 합동위원회에 당해 상황과 위반사실의 근거를 서면으로 통보할 수 있다.
2. 합동위원회가 서면통보를 접수한 날부터 21일 이내에 동 문제가 합동위원회에 의하여, 또는 양측에 의하여 해결되지 아니하는 경우, 합동위원회의 양측 대표는 제28조제3항에 따라 적절한 경로로 동 문제를 해결하기 위하여 이를 각자의 정부에 회부할 수 있다.
(2001.3.29 신설)

第10項(가) 및 第10項(나)에 關하여

1. 合衆國 軍 當局은 合衆國 軍隊가 使用하는 施設과 區域안에서 通常 모든 逮捕를 行한다. 이 規定은 合衆國 軍隊의 關係當局이 同意한 경우 또는 重大한 犯罪를 犯한 現行犯을 追跡하는 경우에 大韓民國 當局이 施設과 區域안에서 逮捕를 行하는 것을 막는 것은 아니다.
大韓民國 當局이 逮捕하고자 하는 者로서 合衆國 軍隊의 構成員, 軍屬 또는 家族이 아닌 者가 合衆國 軍隊가 使用하는 施設과 區域안에 있는 경우에는 合衆國 軍 當局은 大韓民國 當局의 要請에 따라 그 者를 逮捕할 것을 約束한다. 合衆國 軍 當局에 의하여 逮捕된 者로서 合衆國 軍隊의 構成員, 軍屬 또는 家族이 아닌 者는 卽時 大韓民國 當局에 引渡되어야 한다.
合衆國 軍 當局은 施設이나 區域의 周邊에서 同 施設이나 區域의 安全에 대한 犯罪의 旣遂 또는 未遂의 現行犯을 逮捕 또는 留置할 수 있다. 合衆國 軍隊의 構成員, 軍屬 또는 家族이 아닌 者는 卽時 大韓民國 當局에 引渡되어야 한다.
2. 大韓民國 當局은 合衆國 軍隊가 使用하는 施設과 區域안에서 사람이나 財産에 관하여 또는 所在 如何를 不問하고 合衆國의 財産에 관하여 搜索, 押收 또는 檢證할 權利를 通常 行使하지 아니한다. 다만, 合衆國의 關係 軍 當局이 大韓民國 當局의 이러한 사람이나 財産에 대한 搜索, 押收 또는 檢證에 同意한 때에는 그러하지 아니하다.
大韓民國 當局이 合衆國 軍隊가 使用하는 施設과 區域안에 있는 사람이나 財産 또는 大韓民國안에 있는 合衆國의 財産에 관하여 搜索, 押收 또는 檢證을 하고자 할 때에는 合衆國 軍 當局은 大韓民國 軍 當局의 要請에 따라 搜索, 押收 또는 檢證을 行할 것을 約束한다. 前記 財産에 관하여 裁判을 하는 경우에는 合衆國 政府나 그 附屬機關이 所有하거나 使用하는 財産을 除外하고는 合衆國은 合衆國 法律의 정하는 바에 따라 大韓民國 當局에 裁判에 의한 處理를 위하여 그 財産을 引渡한다.

第23條

1. 달리 規定하는 경우를 除外하고는 本條의 第5項, 第6項, 第7項 및 第8項의 規定은 서울特別市의 地域에서 일어난 事件으로부터 發生한 請求權에 관하여는 本 協定의 效力發生日 後 6個月만에, 그리고 大韓民國안 다른 곳에서 發生한 請求權에 관하여

는 本 協定의 效力發生日 後 1年만에, 效力이 發生하게 된다.

2. 第5項, 第6項, 第7項 및 第8項의 規定이 一定地域에서 效力이 發生하게 될 時期까지,

(가) 合衆國은 同 軍隊의 構成員이나 雇傭員의 公務執行중의 行爲나 不作爲, 또는 同 國軍隊가 法律上 責任을 지는 기타의 行爲, 不作爲 또는 事故로서, 大韓民國안에서 兩國政府 이외의 第三者에 損害를 加한 것으로부터 發生하는 請求權(契約에 의한 請求權은 除外한다)을 處理하고 解決한다.

(나) 合衆國은 同 軍隊의 構成員이나 雇傭員에 대한 契約에 의하지 아니한 기타의 請求權을 受理하여야 하며, 또한 合衆國의 關係當局이 決定하는 그러한 事件과 金額으로 補償金의 支給을 提議할 수 있다. 그리고

(다) 各 當事國은 自國 軍隊의 構成員이나 雇傭員이 公務執行에 從事하였던 것인지의 與否 및 自國軍隊가 公用을 위하여 自國이 所有하는 財産을 使用하였던 것인지의 與否를 決定하는 權利를 가진다.

3. 第5項(마)의 規定은 第2項(라)의 適用上 本 協定의 效力發生日에 大韓民國 全域에 걸쳐 效力을 發生한다.

第25條

제25조의 규정은 합중국의 설비 · 비품 · 재산 · 기록 및 공무상의 정보에 적용되는 것과 같은 방식으로, 기술된 대상자와 그의 재산을 보호하기 위하여 적용된다.(2001.3.29 신설)

第28條

第1項第1段에서 規定하고 있는 例外는 第3條第2項(나) 및 (다)에만 關聯된다.

서울에서,	1966年 7月 9日
이니시알	이니시알
李 東 元	윈드롭 · 지 · 브라운

이 개정합의의사록은 대한민국 정부가 아메리카합중국 정부에 대하여 동 개정합의의사록이 대한민국의 국내법상의 절차에 따라 승인되었다는 서면통고를 하는 날부터 1월 후에 효력을 발생한다.

이상의 증거로, 아래 서명자는, 그들 각자의 정부로부터 정당한 권한을 위임받아 이 협정에 서명하였다.

2001년 1월 18일 서울에서 동등하게 정본인 한국어와 영어로 각 2부씩 작성되었으며, 서로 차이가 있을 경우에는 영어본이 우선한다.

대한민국을 대표하여 　　　　　아메리카합중국을 대표하여

대한민국과 아메리카합중국간의 상호방위조약 제4조에 의한 시설과 구역 및 대한민국에서의 합중국군대의 지위에 관한 협정과 관련 합의의사록에 관한 양해사항

대한민국과 아메리카합중국은 다음 양해사항에 합의하였다.

제2조

제1항(나)

대한민국은 재사용권 유보하에 반환된 시설과 구역에 대하여 유보된 재사용권 포기를 합동위원회 또는 시설구역분과위원회를 통하여 합중국 군대에 요청할 수 있고, 합중국 군대는 그러한 시설과 구역이 가까운 장래에 재사용될 것으로 예견되지 아니하면 이러한 제의를 호의적으로 고려한다.

제3항

1. 대한민국과 합중국은 공여 당시 최초의 취득문서에 명시된 용도상 또는 장래의 사용계획상 더 이상 필요하지 아니한 시설 및 구역을 반환하기 위한 목적으로 주한미군지위협정 제2조에 따라 공여된 모든 시설 및 구역을 매해 1회 이상 검토한다. 이는 대한민국이 어느 때든지 합동위원회 또는 시설구역분과위원회를 통하여 합중국 군대에게 특정한 시설과 구역의 반환을 요청하는 것을 배제하지 아니한다.
2. 합중국은 공여를 기록하는 취득문서에 당초 등재된 용도가 변경된 시설 및 구역이 있을 때마다 대한민국에 이를 통보하고 협의한다.

(가) 합중국이 공여 구역 및 시설을 계속 사용할 필요성을 표명하는 경우, 시설구역분과위원회는 그 공여 구역의 실사를 실시한다. 공여 구역의 실사결과 및 새로운 용도는 취득문서에 적절하게 기록된다.

(나) 공여 구역 및 시설이 주요 군사건설 또는 부대 재배치와 같은 목적을 위하여 합중국에 의한 사용이 계획된 경우, 시설구역분과위원회는 공여 구역의 실사를 실시한다. 사용계획은 3년을 초과하지 아니하는 기간내에서 예상되는 계획 착수일과 함께 취득문서에 적절하게 기록된다. 내부적인 법적 제약으로 인하여 사용계획이 3년을 초과할 것으로 예상되는 경우, 합동위원회는 이를 통보받고 계획 착수일의 연장을 허가할 것인지 여부를 결정한다.

(다) 시설구역분과위원회가 구역 또는 시설에 대하여 현재 사용되지 아니하거나 사용계획이 없다고 결정하는 경우, 시설구역분과위원회는 그 구역이 반환되어야 한다는 건의와 함께 검토결과를 합동위원회에 보고한다. 합동위원회는 건의를 검토하고 그 구역 또는 시설의 반환을 지시한다. 합중국은 합동위원회가 승인한 조건에 따라 그 구역 또는 시설을 반환한다.

3. 이 양해사항 제1항에서 상정된 바와 같이 공여 시설 및 구역에 대한 정확한 연례적인 검토를 지원하기 위하여, 합동위원회는 기존의 시설 및 구역을 합동으로 실사하기 위한 절차를 개발한다. 합동실사 절차는 공여 구역의 경계 및 규모(면적), 공여 구역상의 건물 및 구조물의 수, 그러한 건물 및 구조물의 규모와 면적을 확정하고, 개개의 공여 시설 및 구역의 일반적인 범주의 용도를 확인하는 결과를 가져와야 한다. 합동실사의 결과는 적절하게 작성된 취득문서가 존재하는지, 양 당사국의 부동산담당 대표 및 기록사무소가 적절하게 편철하고 있는지를 확인하고 시설 또는 구역을 반환할 필요성이 있는지 여부를 결정하기 위하여 사용된다.
4. 공여 구역 또는 시설의 사용이 침해와 같은 제약으로 인하여 손상되는 사례가 합동위원회에 보고되는 경우, 시설구역분과위원회는 그러한 제약을 합동위원회에 보고하고 이를 제거할 목적으로 즉시 협의에 착수한다. 대한민국은 양측이 수용 가능한 행정적 조치를 취하는 것을 포함하여 제약을 제거하기 위한 조치에 신속히 착수한다. 합중국 군대도 합중국이 모든 사용권을 가지는 공여 구역 및 시설을 적절히 관리하고 가능한 범위까지 침해를 방지하기 위하여 필요한 조치를 취하며, 대한민국은 합중국 군대의 요청이 있으면 행정적 지원을 제공한다.

제3조

제1항

공여 시설 및 구역 안에서 "설정 · 운영 · 경호 및 관리에 관한 필요한 모든 조치"를 취하는 합중국의 권리에 부합하여, 합중국은 계획된 (1) 당초 건물의 개조 또는 철거(이전) 및 (2) 관련 공익사업과 용역을 제공하는 지역 한국업체 또는 지역사회의 능력에 영향을 미칠 수 있거나 지역사회의 건강 및 공공안전에 영향을 미칠 수 있는, 합동위원회에 의하여 범위가 정하여진, 신축 또는 개축을 대한민국 정부에 대하여 적시에 통보하고 협의한다. 합중국은 대한민국 정부가 지방정부와의 조정하에 건축계획을 검토할 수 있도록 충분한 시간을 두고 대한민국 정부에 대하여 통보하고 협의하며, 이러한 통보 및 협의에는 최초계획서의 제공이 포함될 수 있다. 합동위원회는 "최초계획서"의 형식을 개발한다. 대한민국 정부는 지방정부와의 어떤 조정 결과에 관하여도 합중국 군대와 협의한다. 합중국은 대한민국이 표명한 견해에 대하여 적절히 고려한다. 이러한 절차는 합중국 군대가 계획목적을 위하여 지방정부와 직접 조정하는 것을 배제하지 아니한다.

제9조

제5항

1. 합중국 군사우체국 경로를 통하여 배달되는 우편물에 대한 대한민국 세관 검사관의 검사에 관한 세부절차는 별도의 시행합의서에 규정된다.
2. 대한민국 세관당국은 이사 물품이나 개인선적화물이 군대 구성원 개인 · 군속 또는 그들의 가족에게 우송될 때 그들의 숙소에서, 그들의 입회하에서 합중국 당국의 검사에 참석할 수 있다. 이러한 대한민국 세관당국은 합중국 당국의 어떠한 예정된 검사도 입회할 수 있다. 특정한 화물에 금수품 또는 합리적인 범위를 벗어난 양의 물품이 포함된 것이 심각하게 의심된다는 대한민국 세관당국의 적절한 사전통보가 있으면 합중국 당국은 예정되지 아니한 검사를 준비한다. 대한민국 세관당국은 숙소에서 그리고 구성원 개인 · 군속 또는 허가된 요원의 입회하

에서 그러한 예정되지 아니한 검사에 참관할 기회가 부여된다.
3. 대한민국 세관당국은 주한미군의 공인된 조달기관과 제13조에 규정된 비세출자금기관을 포함한 주한미군에 탁송된 군사화물에 대한 세관검사를 하지 아니한다. 비세출자금기관에 탁송된 화물에 대하여는 합중국 당국이 대한민국 당국에 정기적으로 화물목록과 선적서류를 포함한 관련 정보를 제공한다. 기타 관련 정보는 요청에 따라 합동위원회 또는 면세물품불법거래임시분과위원회를 통하여 제공된다.

제6항

합중국 당국은 대한민국 정부에 만족스럽고 대한민국 정부의 모든 관련 관세법령에 합치되는 시행절차에 관하여 대한민국 당국과 협의한다. 합중국 당국은 언제라도 그 군대의 구성원·군속, 초청계약자의 고용원과 이들의 가족에 대하여 대한민국이 요구하는 것보다 더욱 엄격한 제한을 가할 수 있으나, 덜 엄격한 제한을 가할 수는 없다.

합의의사록 제4

대한민국의 적절한 관계자는 명령에 따라 대한민국에 입국하는 합중국 군대 구성원에 대한 합중국 관계자의 검사에 입회자로 참석할 수 있다.

제13조

합중국 당국은 비자격자의 주한미군 비세출자금기관 이용을 통제하기 위하여 합리적이고 실제적인 노력을 한다. 주한미군지위협정의 관련규정을 준수하기 위하여 합중국 당국은 주한미군 비세출자금기관의 모든 한국 민간인 회원자격과 그 보고절차를 연 2회 검토한다.

제15조

제1항

1. 주한미군이 하나 또는 그 이상의 제3국 법인을 주한미군의 초청계약자로 사용함이 대한민국과 합중국간의 상호 방위를 위하여 중대한 이익이 될 것이라고 결정하는 경우, 대한민국 정부 당국은 이러한 비합중국 법인에게 이 협정의 혜택을 확대하기 위한 합중국의 요청을 호의적으로 고려한다.
2. 주한미군은 대한민국 노동력으로부터 획득할 수 없는 특수기술을 보유하고 있는 제3국 계약자의 고용원을 특권없이 대한민국으로 데리고 올 수 있다.

제16조

1. 주한미군의 계약활동은 현지 계약회사의 등록에 관한 대한민국 정부의 행정적 요구사항을 존중한다. 주한미군과의 영업계약자에 대하여서만 특별히 요구사항이 부과되지 아니한다. 주한미군과 계약이 허용된 계약자는 군납협회나 유사기구에 가입할 것이 요구되지 아니한다.
2. "현지 계약회사 등록에 관한 행정적 요구사항"은 현지 회사의 등록과 면허에 관한 대한민국 정부의 법적기준과 절차를 의미한다.

제17조

제3항과 합의의사록 제2와 제4

1. 제3항에 사용된 "주한미군"은 제15조제1항에 규정된 인원을 포함하는 것으로 이해한다.
2. 제3항에 사용된 "따라야 한다"는 고용조건·보상·노사관계가 이 조항 또는 합의의사록 제4에 규정된 절차에 따라 합동위원회에 의하여 별도로 합의되지 아니하는 한 대한민국의 노동법에 의하여 정하여지는 조건과 실질적으로 일치하여야 함을 의미한다. 고용조건·보상·노사관계가 실질적으로 일치하는지 여부에 관한 문제가 있는 경우에는, 양국 정부의 일방은 합의의사록 제4에 규정된 절차에 따라 합동위원회에 동 문제를 회부할 수 있다.
3. 제3항과 합의의사록 제2 및 제4에 사용된 "군사상 필요"는 합중국 군대의 군사목적 수행을 위하여 해결조치가 긴급히 요구되는 경우를 지칭하는 것으로 이해한다. 이 용어는 전쟁, 전쟁에 준하는 비상사태, 그리고 미국 법률에 의하여 부과되는 군의 임무변경이나 자원제약과 같은 상황에 대처하기 위한 합중국 군대의 준비태세 유지능력에 영향을 미치는 상황을 말한다.
4. 합의의사록 제4에 규정된 대한민국 노동법령으로부터의 이탈은 이의 합동위원회 회부가 비상사태시 군사작전을 심각히 저해할 경우 반드시 회부되지 아니하여도 된다.

제4항(가)

1. 대한민국과 주한미군은 이 항하에서 발생하는 노동쟁의의 정당하고 공정한 해결을 촉진시키기 위하여 최대의 노력을 한다.
2. 주한미군은 주한미군 노동조합의 간부에 대하여 불리한 조치를 취하기 전에 대한민국 노동부의 적절한 관계자에게 이를 통보한다.

제4항(가)(1)

제17조제4항(가)(1)에 규정된 노사쟁의 해결절차와 노동청의 역할이 변경됨에 따라, 관계 당사자는 대한민국 노동위원회에 조정을 신청하여야 하며, 노동위원회는 쟁의조정을 관할한다. 그 절차는 다음과 같다.

1. 노동위원회는 각각의 쟁의를 조정하기 위한 위원회를 구성한다.
2. 조정위원회는 3인의 위원으로 구성된다.
3. 쟁의 당사자는 중앙노동위원회의 공익조정위원 명단에서 교대로 이름을 배제하는 방식으로 3인의 위원을 선정한다.
4. 조정은 노동위원회에 조정신청을 접수한 날부터 15일 이내에 완료되어야 한다.
5. 관계 당사자는 노동위원회의 조정기간을 추가로 15일간 연장하는 데 합의할 수 있다.
6. 조정절차의 세부사항은 합동위원회에서 합의되는 바에 의한다.
7. 노동위원회 조정위원회의 조정은 권고적이며 당사자를 구속하는 것은 아니다.
8. 조정위원회가 합의에 도달하지 못하는 경우, 그 문제는 합동위원회에 회부된다.

제4항(가)(2)

1. 조정노력을 원활히 하기 위하여 특별위원회는 문제된 쟁의를 조사함에 있어서 고용주 대표를 포함하여 당해 쟁의를 알고 있는 인원과 관련 정보에 접할 수 있다.
2. (가) 이 항하에서 특별위원회에 회부되는 쟁의는 주로 단체행동 사안에 관련된 것으로 이해한다. 그러나 대한민국 노동부는 개인사안도 고용원이 그 사안에 대한 고용주의 최종결정을 접수한 후 60일 이내에 추가검토를 소청하고, 이에 따라 합중국 군대의 관련 서류를 검토한 결과 아래와 같은 사실을 발견하면 합동위원회 또는 노무분과위원회를 통하여 이 특별위원회에 이를 회부할 수 있다.

(1) 고용주의 최종결정이 통상적인 청원절차를 마친 후에 내려졌고,
(2) 당해 고용원이 소청에 동의하고 특별위원회의 결정을 최종적인 것으로 받아들일 것임을 서면으로 합의하였으며, 그리고,
(3) 현저히 불공정한 결정이나 적정한 행정절차를 거치지 아니하였다고 믿을 만한 이유가 있는 경우, 합중국 군대는 노동부의 회부 요청에 대하여 적시에 응한다.

(나) 이러한 절차에 있어 고용원은 자신이 선택한 변호인 또는 개인대표에 의하여 대표될 수 있다. 회부되는 개인사안에 대한 특별위원회의 결정의 구속력을 감안하여, 특별위원회는 최종결정에 이르러야 하며, 이러한 사안은 제4항(가)(3)에 규정된 바와 같이 추가 검토를 위하여 합동위원회에 상정되지 아니한다. 특별위원회의 개인사안에 대한 검토는 사안에 대한 행정기록과 고용원 또는 고용주에 의하여 제출된 서면기록이나 구두논의에 한정된다. 특별위원회는 복직과 보수의 소급지급까지를 포함하여 적절한 구제조치를 명령할 전권을 가진다.

(다) 특별위원회는 대한민국 정부와 주한미군에서 각각 동수로 대표되는 6인 이하의 위원으로 구성된다. 모든 위원은 공정하고 공평한 결정을 내릴 수 있어야 하며, 따라서 검토중인 사안에 참여하지 아니한 자이어야 한다. 모든 결정은 다수결에 의한다.

제4항(가)(5)

제17조제4항(가)(5)와 관련하여 그리고 변화된 노동관행을 고려하여, 고용원 단체나 고용원은 노동위원회에 조정신청이 접수된 날부터 최소한 45일간은 정상적인 업무요건을 방해하는 어떠한 행위에도 종사할 수 없으며, 그 기간이 끝날 때 주한미군지위협정에 부합하여, 그 문제는 합동위원회에 회부되는 것으로 이해한다.

제22조

제1항(가)에 관한 합의의사록

1. 대한민국 정부는 제1항(가)에 관한 합의의사록의 후단에 의한 통보가 있으면 합중국 군당국이 형사재판권 조항의 규정에 의하여 그러한 자에 대하여 재판권을 행사할 수 있음에 합의한다.

2. 대한민국의 계엄령으로 인하여 어느 국가도 평시 대한민국의 민간법원에서 처벌할 수 있는 합중국 군속과 가족의 범죄에 대하여 관할권을 행사할 수 없는 경우를 방지하고 동시에 이들에게 공정한 재판의 권리를 보장하기 위하여 주한미군은 대한민국이 이들을 주한미군지위협정의 일반적인 안전기준에 따라 정상적으로 구성된 민간법원에서 재판할 것을 보장하면 합중국 군속 및 가족에 대한 대한민국의 재판권 행사요청을 호의적으로 고려한다.

제1항(나)

대한민국 민간당국은 합중국 군대의 구성원·군속 또는 가족의 체포·수사 및 재판에 대한 완전한 통할권을 보유한다.

제2항에 관한 합의의사록

합중국 당국은 전속적 재판권의 포기를 요청함에 있어서 최대한으로 자제할 것을 양해한다.

제3항(가)에 관한 합의의사록

1. 어떤 자가 특정한 임무수행을 요구하는 행위로부터 실질적으로 이탈한 경우, 이는 통상 그 자의 "공무" 밖의 행위를 뜻한다.
2. 공무증명서는 법무참모의 조언에 따라서만 발급되어야 하며, 장성급 장교만이 공무증명서를 발급할 권한이 있다.
3. (가) 수정이 합의되지 아니하는 한, 증명서는 결정적이다. 그러나 대한민국 당국은 합중국 군대의 어떠한 공무증명서에 대하여도 토의·질문 또는 거부할 수 있다. 합중국 당국은 이와 관련하여 대한민국 당국이 제기하는 여하한 의견에 대하여도 정당한 고려를 하여야 한다.
(나) 대한민국의 하위 당국이 합중국 군대의 어떠한 공무증명서에 대하여, 토의·질문 또는 거부할 수 있는 권한과 관련하여, 해당 지방검찰청·지청 또는 이에 상당하는 기관의 검사는 어떠한 의문시되는 공무증명서에 대하여도 이를 접수한 날부터 10일 이내에 법무참모 또는 적절한 법무장교와 토의할 수 있다. 만일 검사의 동 증명서 접수일부터 10일 이내에 만족할 만한 해결에 도달하지 못하였을 경우에는 법무부의 해당 당국자는 어떠한 남아 있는 미합의 사항도 주한미군 법무감 또는 그가 지정하는 대리인과 토의할 수 있다. 만일 공무증명서가 지역의 검사에게 최초로 제출된 후 20일 이내에 합의에 도달하지 못하면, 남아 있는 미합의 사항은 합동위원회 또는 형사재판권 분과위원회에 회부될 수 있다. 만일 합동위원회 또는 형사재판권분과위원회가 합당한 기간내에 남아 있는 미합의 사항을 해결할 수 없는 경우에는 외교경로를 통하여 해결하도록 회부될 수 있다. 피고인이 지체없이 신속한 재판을 받을 권리가 공무증명서의 검토지연으로 박탈되지 아니하도록 하기 위하여 공무증명서가 최초로 제출된 후 30일 이내에 상호 합의에 도달하지 못할 경우에는 동 협의의 계속과는 관계없이 합중국 군당국은 피의사실에 대하여 군법회의에 의한 재판, 비사법적 징벌부과 또는 기타의 적절한 조치를 취할 수 있다.

제3항(나)에 관한 합의의사록 제3(나)

이 조항에서 대한민국 대표가 대한민국 영역 밖에서 행하여지는 군대 구성원·군속 또는 이들의 가족을 대상으로 한 재판에 참여할 수 있도록 명기한 것은, 이러한 재판이 대한민국 영역내에서 행하여질 때 이에 참관할 권리가 배제되는 것으로 해석되지 아니한다.

제3항(다)

1. 일방 당사국이 타방 당사국의 일차적 관할권 포기를 요청하고자 할 경우, 해당 범죄의 발생을 통보받거나 달리 알게 된 후 21일을 넘지 아니하도록 가능한 한 빠른 시일 내에 이를 서면으로 요청하여야 한다.
2. 일차적 관할권을 가지는 당사국은 서면 요청을 접수한 후 28일 이내에 동 요청에 대한 결정을 하고, 이를 타방 당사국에게 알려 주어야 한다.
3. 특별한 이유가 있을 때, 일차적 관할권을 가지는 당사국은 본래의 28일의 기간이 종료되기 전에 당해 사안을 확인하면서 통상 14일을 넘지 아니하는 특정 기간의 연장을 요구할 수 있다.
4. 일차적 관할권을 가지는 당사국이 관할권을 행사하지 아니하기로 결정하거나 연장 기간을 포함하여 정하여진 기간 이내에 그 결정을 타방 당사국에 통보하지 아니할 때에는 요청 당사국이 경합적 관할권을 행사할 수 있다.

제5항(다)

1. 대한민국 당국은 적절히 임명된 합중국 대표의 입회하에 합중국 군대 구성원·군속 또는 가족을 신문할 수 있으며 체포후 신병을 합중국 군당국에 인도하기 전에 사건에 대하여 예비수사를 할 수 있다. 법적대표의 권리는 체포 또는 구금의 순간부터 존재하며 동 권리는 변호인을 출석시킬 권리, 피의자가 출석하는 모든 예비적 수사, 조사, 재판전 신문, 재판절차 자체 그리고 후속절차에서 그러한 변호인과 비밀리에 상의할 권리들을 포함한다. 합중국 대표는 불편부당한 입회자이어야 하며 합중국 대표와 변호인은 어떠한 신문에도 개입할 수 없다.
2. 대한민국이 일차적 재판권을 갖는 사건에 관하여 기소시 또는 기소후 합중국 군대의 구성원·군속 또는 그들의 가족에 대하여 이루어지는 "재판전 구금"("최종판결 전의 구금"을 의미한다)의 인도요청은 이러한 구금의 상당한 이유와 필요가 있는 경우, 제22조제5항(다)에 관한 합의의사록에 규정되어 있거나 추후 합동위원회에서 합의되는 유형의 범죄에 대하여 이루어질 수 있다.
3. 대한민국이 일차적 재판권을 갖는 사건에 관하여 합중국 군대의 구성원·군속 또는 그들의 가족인 피의자 또는 피고인의 구금은, 제22조제5항(다)에 관한 합의의사록의 제2항·제3항·제10항 또는 제11항에 따라 대한민국 당국에 인도되거나 대한민국 당국에 의하여 구금되지 아니하고 합중국 군당국의 수중에 있는 경우, 모든 재판절차가 종결되고 대한민국 당국이 구금을 요청할 때까지 합중국 군당국이 이를 계속 행한다.
4. 합중국 군당국은, 대한민국 당국이 일차적 재판권을 갖는 중대 범죄에 관하여 대한민국 당국으로부터 피의자 또는 피고인의 "재판전 구속"("최종판결 전의 구속"을 의미한다)을 요청받는 경우 이에 대하여 충분히 고려한다.
5. 대한민국 당국은 합중국 군당국으로부터 그 군대 구성원·군속 또는 그들의 가족인 피의자 또는 피고인의 구금 계속에 관한 협조 요청을 받는 경우 이에 대하여 호의적 고려를 한다. 이는 합중국 군대의 구성원·군속 또는 가족인 피의자 또는 피고인의 구금 계속을 위하여 대한민국 당국이 합중국 군당국에게 협조를 제공할 의무를 부과하는 것이 아니다. 오히려, 이 규정은 합중국 군당국이 수사와 재판을 위한 대한민국 당국의 요청이 있을 때 피의자 또는 피고인을 출석시킬 수가 없다고 생각할 경우 구금을 인도하기 위한 절차를 제공하기 위한 것이다.
6. 대한민국 당국은 기소 후 그 구금하의 피고인을 상대로, 기소된 범죄사실 또는 그와 동일한 사실관계에 근거하여 기소될 수 있었던 범죄사실의 기초를 이루는 사실·상황 또는 사건에 관하여 신문하지 아니한다. 대한민국 당국은 기소된 범죄와는 별개의 범죄사실의 기초를 이루거나 이룰 수 있는 전혀 관련이 없는 사실·상황 또는 사건에 관하여서는 동 피고인을 신문할 수 있다. 이러한 경우 대한민국 당국은 주한미군 법무감에게 통보하여야 한다. 기소 전에 이루어진 변호인 참여 요청은 어떠한 신문에도 적용된다.
7. 제22조제5항(다)에 관한 합의의사록 제2항에 따라 대한민국 당국이 피의자를 계속 구금하고 있는 경우, 피의자가 변호인 참여를 원하면 대한민국 당국은 변호인이 선임되어 합중국 대표와 함께 예비조사에 참여할 때까지 피의자의 신분과 신원을 확인하기 위하여 필요한 것 이상의 신문을 하지 아니한다. 이러한 경우, 대한민국의 법상 체포 후 48시간내에 구속영장을 청구하여야 한다는 요건은 변호인 참여가 가능할 때까지 정지된다.
8. 대한민국 당국의 구금 하에 있는 동안 피의자는 그의 권리에 관하여 고지를 받은 후 포기서면에 서명하지 아니하는 한 어떠한 조사나 신문에의 변호인 참여도 포기되지 아니한다. 합중국 대표는 또한 피의자가 그의 권리에 관하여 고지를 받은 후 이를 알고 자발적으로 포기서면에 서명하였다는 사실을 인증하기 위하여, 동 포기 서면에 서명한다. 이러한 경우, 대한민국 당국은 이 항에 따라 변호인의 참여가 적절히 포기되지 아니하는 한, 변호인의 참여 없이 취득된 진술과 이러한 진술로부터 나온 증거는 어떠한 후속 절차에서도 채택되지 아니한다는 것을 보증한다.
9. 피의자 또는 피고인의 프라이버시와 무죄 추정은 수사 및 재판절차를 통하여, 특히 현장검증시에 존중된다. 이러한 모든 절차는 피의자 또는 피고인의 공정한 재판을 받을 권리가 침해되지 아니하는 방향으로 이루어져야 한다. 이 항은 대한민국 수사당국에 의한 어떠한 신문도 제한하는 근거가 되지 아니한다.
10. 대한민국 당국은 재판전 구금 또는 구속의 시설이 합동위원회에 의하여 설정된 기준에 합치하거나 그 이상일 것과, 합동위원회에 의하여 사전 승인된 것을 보장한다. 피의자 또는 피고인은 합중국의 적절한 대표·변호인 및 가족과의 통상적인 연락 및 접견이 허용되고, 형확정자와 혼재수감되지 아니하며,

최종형의 선고 전에 징역 또는 노역에 처하여지지 아니한다. 대한민국은 가족접견의 횟수와 시간에 관한 특별 요청에 대하여 호의적 고려를 하여야 한다. 변호인은 정상근무시간중 언제든지 피의자 또는 피고인과 접견하여, 그들이 필요하다고 생각하는 시간동안 비밀리에 상의할 권리를 가진다.

11. 제22조제9항(가)의 요건에 따라

(가) 피의자는 대한민국 당국에 의하여 최초로 재판전 구금에 처하여진 날부터 30일 이내에 또는 대한민국 법령이 정하는 보다 짧은 기간내에 기소되거나 석방되어야 한다.

(나) 1심 재판이 완료되기 전 피고인의 구금은 6월 또는 대한민국 법령이 정하는 보다 짧은 기간을 초과하여서는 아니된다. 그러하지 아니하면 피고인은 대한민국 당국에 의한 구금으로부터 석방되어야 한다.

(다) 항소심 재판중의 피고인의 구금은 1심 법원의 결정에 따른 구금 만료일부터 4월 또는 대한민국 법령이 정하는 보다 짧은 기간을 초과하여서는 아니된다. 그러하지 아니하면 피고인은 대한민국 당국에 의한 구금으로부터 석방되어야 한다. 그리고,

(라) 상고심 재판중의 피고인의 구금은 항소심 법원의 결정에 따른 구금 만료일부터 4월 또는 대한민국 법령이 정하는 보다 짧은 기간을 초과하여서는 아니된다. 그러하지 아니하면 피고인은 대한민국 당국에 의한 구금으로부터 석방되어야 한다.

12. 아래의 사유로 재판절차가 정지된 기간은 전항 (나), (다), (라)에 규정된 기간에 포함되지 아니한다.

(가) 피고인이 판사에 대하여 기피신청을 한 경우

(나) 공소사실 또는 적용법조의 추가·철회 또는 변경시 피고인의 방어준비를 위한 경우, 또는

(다) 피고인이 정신적 또는 육체적으로 무능력한 경우

제5항(라)

안전에 관한 범죄와 관련하여 대한민국 당국의 수중에 있는 피의자의 구금에 관하여는 그러한 구금을 하기에 적절한 경우에 대한 대한민국과 합중국간의 상호 합의가 있어야 한다.

제9항에 관한 합의의사록의 번호없는 2번째 문단(가)

대한민국 법원의 항소절차에 의하여, 피고인은 항소법원에 의한 새로운 사실의 발견을 위한 근거로서 새로운 증거와 증인을 포함한 증거의 재조사를 요청할 수 있다.

제23조

제5항 및 제6항

1. 합동위원회는 대한민국 법원에 의한 민사재판권의 행사를 위한 절차를 제정하여야 한다.
2. 청구절차를 담당하는 합중국과 대한민국 당국은, 적절한 경우 치료비 사전 지급의 고려를 포함하여, 교통사고로 인한 피해배상청구의 판정과 지급이 신속히 이루어지도록 상호 노력한다.

제26조

1. 미군 당국은 주한미군지위협정에 따라 허가된 모든 입국항에서 격리대상 질병이 발견되지 아니하였다는 확인서를 분기별로 대한민국 보건복지부에 제출한다. 그러나, 그러한 질병이 발견되면 주한미군은 적절한 격리조치를 취하고 대한민국 관계 보건당국에 즉시 통보할 것을 양해한다.
2. 동물·식물의 해충 및 질병이 한국으로 유입되는 것을 방지하기 위하여, 그리고 합중국 군대 구성원·군속 및 그들의 가족을 위한 식료품이 부적절한 중단 없이 공급되도록 보장하기 위하여, 양국 정부당국은 합동위원회에 의하여 설정되는 절차에 따라 합동검역을 실시하는 것에 합의한다.
3. 미군 당국은 후천성면역결핍증 환자 또는 인체 면역결핍바이러스 감염자로 판명된 주한미군 요원의 한국인 접촉선에 관한 적절한 정보를 즉시 대한민국 관계 보건당국에 제공한다. 나아가, 미군 당국은 전염병 관계정보를 주기적으로 그리고 질병 발생시 수시로 제18의무단 방역부대 참모 또는 적절한 후속 부대와 직접 접촉하여 대한민국 정부에 제공한다.

대한민국과 합중국은 장래에 주한미군지위협정에 관한 새로운 문제가 제기될 때, 이의 해결을 위하여 합동위원회 또는 분과위원회에 계속 회부할 것을 합의한다.

이 양해사항은 대한민국 정부가 아메리카합중국 정부에 대하여 동 양해사항이 대한민국 국내법상의 절차에 따라 승인되었다는 서면통고를 한 날부터 1월 후에 효력을 발생한다.

이상의 증거로, 아래 서명자는, 그들 각자의 정부로부터 정당한 권한을 위임받아 이 양해사항에 서명하였다.

2001년 1월 18일, 서울에서 동등하게 정본인 한국어와 영어로 각 2부씩 작성되었으며, 서로 차이가 있을 경우에는 영어본이 우선한다.

대한민국을 대표하여　　　　아메리카합중국을 대표하여

환경보호에 관한 특별양해각서

한·미 주한미군지위협정 제3조의 합의의사록 제2항에 부합하여,

1953년의 상호방위조약, 대한민국과 합중국간의 주한 미군지위협정(SOFA)에 따라 주한미군에게 공여된 시설 및 구역, 그리고 그러한 시설 및 구역에 인접한 지역사회에서의 오염의 방지를 포함하여 환경보호의 중요성을 인식하면서,

대한민국 정부와 합중국 정부는 그들의 정책에 부합하게 환경관리기준, 정보공유 및 출입, 환경이행실적 및 환경협의에 관하여 아래 양해사항에 합의하였다.

【환경관리기준】

대한민국 정부와 합중국 정부는 환경관리기준(EGS)의 주기적인 검토 및 갱신에 협조함으로써 환경을 보호하기 위한 노력을 계속한다. 이러한 기준은 관련 합중국의 기준 및 정책과 주한미군을 해함이 없이 대한민국 안에서 일반적으로 집행되고 적용되는 대한민국의 법령중에서 보다 보호적인 기준을 참조하여 계속 개발되며, 이는 새로운 규칙 및 기준을 수용할 목적으로 환경관리기준을 2년마다 검토함으로써 이루어진다. 합중국 정부는 새로운 규칙 및 기준을 수용할 목적으로 환경관리기준의 주기적 검토를 수행하는 정책을 확인한다. 검토사이에 보다 보호적인 규칙 및 기준이 발효되는 경우, 대한민국 정부와 합중국 정부는 환경관리기준의 갱신을 신속히 논의한다.

【정보공유 및 출입】

대한민국 정부와 합중국 정부는 주한미군지위협정 제28조에 의하여 설치된 합동위원회의 체제를 통하여 대한민국 국민과 합중국 군인·군속 및 그들의 가족의 건강 및 환경에 영향을 미칠 수 있는 문제에 관한 적절한 정보를 교환하기 위하여 공동으로 작업한다. 시설 및 구역에 대한 적절한 출입은 합동위원회에서 수립되는 절차에 따라 이루어진다. 대한민국 정부와 합중국 정부는 합동위원회의 환경분과위원회를 통하여 1953년 상호방위조약하에 대한민국에서의 방위활동과 관련된 환경문제를 정기적으로 계속 논의한다. 환경분과위원회는 정보교환을 위한 분야, 시설 및 구역에 대한 한국 공무원의 적절한 출입, 그리고 합동실사·모니터링 및 사고후속조치의 평가를 검토하기 위하여 정기적으로 회합한다.

【환경이행실적】

대한민국 정부와 합중국 정부는 주한미군 시설 및 구역 또는 그러한 시설 및 구역에 인접한 지역사회에서 환경오염에 의하여 제기되는 어떠한 위험에 대하여서도 논의한다. 합중국 정부는 주한미군 활동의 환경적 측면을 조사하고 확인하며 평가하는 주기적 환경이행실적 평가를 수행하는 정책을 확인하며, 이는 환경에의 악영향을 최소화하고, 계획·프로그램을 마련하여 이에 따라 소요되는 예산을 확보하며, 주한미군에 의하여 야기되는 인간건강에 대한 공지의 급박하고 실질적인 위험을 초래하는 오염의 치유를 신속하게 수행하며, 그리고 인간건강을 보호하기 위하여 필요한 추가적 치유조치를 검토하기 위한 것이다. 대한민국 정부는 주한미군의 시설 및 구역 외부의 원인에 의하여 야기되어 인간 건강에 대한 공지의 급박하고 실질적인 위험을 초래하는 오염에 대응하기 위하여 관계법령에 따라 적절한 조치를 취하는 정책을 확인한다.

【환경협의】

합동위원회의 환경분과위원회와 다른 관련 분과위원회는 주한미군의 시설 및 구역과 관련된 환경문제와 그와 같은 시설 및 구역에 인접한 지역사회와 관련되는 환경문제를 논의하기 위하여 정기적으로 회합한다.

대한민국 정부와 합중국 정부는 합동위원회를 통하여 환경보호에 관한 위의 양해사항을 실행하기 위한 적절한 절차를 마련한다.

2001년 1월 18일, 대한민국 서울에서 서명되었다.

한국인 고용원의 우선고용 및 가족구성원의 취업에 관한 양해각서

대한민국과 아메리카합중국은 다음에 합의한다.

1. 주한미군은 이 양해각서 발효일 현재 주한미군에 의하여 대한민국 국민으로 충원되는 것으로 지정되어 있는 민간인 직위에 대하여는 대한민국 국민의 독점적인 고용을 보장한다. 이러한 직위는 합중국 군대 가족 및 군속 가족에게 개방될 수 있으나, 이들 가족은 가용한 그리고 자격을 갖춘 대한민국 국민 후보자가 없는 경우에 한하여 공석인 동 직위에 고려될 수 있다. 대한민국 국민으로 충원되도록 지정된 직위는 국가 안보상 이유가 있는 경우에 한하여 다른 사람으로 충원하는 직위로 변경할 수 있다.
2. 대한민국은 합중국 군대 가족 및 군속의 가족이 A-3사증을 소지하고 대한민국에 입국하여 동 사증상의 지위를 유지하면서 체류하는 동안 이들 가족에 대하여 취업허가를 하여 주는 것을 긍정적으로 검토한다. 합중국 군대 가족 및 군속 가족의 취업대상은 대한민국 출입국관리법에 의하여 규정된 자격요건을 갖춘 경우에 한하여 8개 체류자격분야(E1-E8)에 해당될 수 있다. 대한민국과 합중국간의 주한미군지위협정(SOFA) 제14조제2항에 의하여 면세되지 아니하는 모든 소득에 대하여는 대한민국의 세법과 관련규정을 적용한다.

이 양해각서는 대한민국 정부가 아메리카합중국 정부에 대하여 이 양해각서가 대한민국의 국내법상의 절차에 따라 승인되었다는 서면통고를 한 날부터 1월 후에 그 효력이 발생한다.

2001년 1월 18일, 서울에서 한국어와 영어로 각 2부씩 서명되었다.

조약법에 관한 비엔나협약

(1980년 1월 22일
조 약 제697호)

1969. 5.23(비엔나에서 작성)
1980. 1.27(대한민국에 대하여 발효)

이 협약의 당사국은, 국제관계의 역사에 있어서 조약의 근본적 역할을 고려하고, 제국가의 헌법상 및 사회적 제도에 관계없이 국제법의 법원으로서 또한 제국가간의 평화적 협력을 발전시키는 수단으로서의 조약의 점증하는 중요성을 인정하며, 자유로운 동의와 신의성실의 원칙 및 「약속은 준수하여야 한다」는 규칙이 보편적으로 인정되고 있음에 유의하며, 다른 국제분쟁과 같이 조약에 관한 분쟁은 평화적 수단에 의하여 또한 정의와 국제법의 원칙에 의거하여 해결되어야 함을 확인하며, 정의가 유지되며 또한 조약으로부터 발생하는 의무에 대한 존중이 유지될 수 있는 조건을 확립하고자 하는 국제연합의 제국민의 결의를 상기하며, 제국민의 평등권과 자결, 모든 국가의 주권평등과 독립, 제국가의 국내문제에 대한 불간섭, 힘의 위협 또는 사용의 금지 및 모든 자의 인권과 기본적 자유에 대한 보편적 존중과 그 준수의 제원칙등 국제연합 헌장에 구현된 국제법의 제원칙에 유념하며, 이 협약속에 성취된 조약법의 법전화와 점진적 발전은 국제연합헌장에 규정된 국제연합의 제목적 즉 국제평화와 안전의 유지, 국가간의 우호관계의 발전 및 협력의 달성을 촉진할 것임을 확신하며, 관습국제법의 제규칙은 이 협약의 제규정에 의하여 규제되지 아니하는 제문제를 계속 규율할 것임을 확인하여 다음과 같이 합의하였다.

제1부 총 강

제1조【협약의 범위】 이 협약은 국가간의 조약에 적용된다.
제2조【용어의 사용】 1. 이 협약의 목적상,
(a) "조약"이라 함은 단일의 문서에 또는 2 또는 그 이상의 관련문서에 구현되고 있는가에 관계없이 또한 그 특정의 명칭에 관계없이, 서면형식으로 국가간에 체결되며 또한 국제법에 의하여 규율되는 국제적 합의를 의미한다.
(b) "비준" "수락" "승인" 및 "가입"이라 함은, 국가가 국제적 측면에서 조약에 대한 국가의 기속적 동의를 확정하는 경우에, 각 경우마다 그렇게 불리는 국제적 행위를 의미한다.
(c) "전권위임장"이라 함은, 조약문을 교섭 · 채택 또는 정본인증하기 위한 목적으로 또는 조약에 대한 국가의 기속적 동의를 표시하기 위한 목적으로 또는 조약에 관한 기타의 행위를 달성하기 위한 목적으로, 국가를 대표하기 위하여 국가의 권한있는 당국이 1 또는 수명을 지정하는 문서를 의미한다.
(d) "유보"라 함은, 자구 또는 명칭에 관계없이 조약의 서명 · 비준 · 수락 · 승인 또는 가입시에, 국가가 그 조약의 일부 규정을 자국에 적용함에 있어서 그 조약의 일부 규정의 법적효과를 배제하거나 또는 변경시키고자 의도하는 경우에, 그 국가가 행하는 일방적 성명을 의미한다.
(e) "교섭국"이라 함은 조약문의 작성 및 채택에 참가한 국가를 의미한다.
(f) "체약국"이라 함은, 조약이 효력을 발생하였는지의 여부에 관계없이, 그 조약에 대한 기속적 동의를 부여한 국가를 의미한다.
(g) "당사국"이라 함은 조약에 대한 기속적동의를 부여하였으며 또한 그에 대하여 그 조약이 발효하고 있는 국가를 의미한다.
(h) "제3국"이라 함은 조약의 당사국이 아닌 국가를 의미한다.
(i) "국제기구"라 함은 정부간 기구를 의미한다.
2. 이 협약에 있어서 용어의 사용에 관한 상기 1항의 규정은 어느 국가의 국내법상 그러한 용어의 사용 또는 그러한 용어에 부여될 수 있는 의미를 침해하지 아니한다.
제3조【이 협약의 범위에 속하지 아니하는 국제적 합의】 국가와 국제법의 다른 주체간 또는 국제법의 그러한 다른 주체간에 체결되는 국제적 합의, 또는 서면형식에 의하지 아니한 국제적 합의에 대하여, 이 협약이 적용되지 아니한다는 사실은 다음의 것에 영향을 주지 아니한다.
(a) 그러한 합의의 법적 효력

(b) 이 협약과는 별도로 국제법에 따라 그러한 합의가 복종해야 하는 이 협약상의 규칙을 그러한 합의에 적용하는 것.
(c) 다른 국제법 주체도 당사자인 국제적 합의에 따라 그러한 국가간에서 그들의 관계에 이 협약을 적용하는 것.
제4조【협약의 불소급】 이 협약과는 별도로 국제법에 따라 조약이 복종해야 하는 이 협약상의 규칙의 적용을 침해함이 없이, 이 협약은 그 발효후에 국가에 의하여 체결되는 조약에 대해서만 그 국가에 대하여 적용된다.
제5조【국제기구를 성립시키는 조약 및 국제기구내에서 채택되는 조약】 이 협약은, 국제기구의 관계규칙을 침해함이 없이, 국제기구의 성립 문서가 되는 조약과 국제기구내에서 채택되는 조약에 적용된다.

제2부 조약의 체결 및 발효

제1절 조약의 체결

제6조【국가의 조약체결능력】 모든 국가는 조약을 체결하는 능력을 가진다.
제7조【전권위임장】 1. 누구나, 다음의 경우에는, 조약문의 채택 또는 정본인증을 위한 목적으로 또는 조약에 대한 국가의 기속적 동의를 표시하기 위한 목적으로 국가를 대표하는 것으로 간주된다.
(a) 적절한 전권위임장을 제시하는 경우, 또는
(b) 관계 국가의 관행 또는 기타의 사정으로 보아, 상기의 목적을 위하여 그 자가 그 국가를 대표하는 것으로 간주되었으며 또한 전권위임장을 필요로 하지 아니하였던 것이 관계 국가의 의사에서 나타나는 경우
2. 다음의 자는, 그의 직무상 또한 전권 위임장을 제시하지 않아도, 자국을 대표하는 것으로 간주된다.
(a) 조약의 체결에 관련된 모든 행위를 수행할 목적으로서는 국가원수 · 정부수반 및 외무부장관
(b) 파견국과 접수국간의 조약문을 채택할 목적으로서는 외교공관장
(c) 국제회의 · 국제기구 또는 그 국제기구의 어느 한 기관내에서 조약문을 채택할 목적으로서는, 국가에 의하여 그 국제회의 그 국제기구 또는 그 기구의 그 기관에 파견된 대표
제8조【권한없이 행한 행위의 추인】 제7조에 따라 조약체결의 목적으로 국가를 대표하기 위하여 권한을 부여받은 것으로 간주될 수 없는 자가 행한 조약체결에 관한 행위는, 그 국가에 의하여 추후 확인되지 아니하는 한, 법적효과를 가지지 아니한다.
제9조【조약문의 채택】 1. 조약문의 채택은, 하기 2항에 규정된 경우를 제외하고, 그 작성에 참가한 모든 국가의 동의에 의하여 이루어진다.
2. 국제회의에서의 조약문의 채택은, 출석하여 투표하는 국가의 3분의 2의 찬성에 의하여 그 국가들이 다른 규칙을 적용하기로 결정하지 아니하는 한, 3분의 2의 다수결에 의하여 이루어진다.
제10조【조약문의 정본인증】 조약문은 다음의 것에 의하여 정본으로 또한 최종적으로 확정된다.
(a) 조약문에 규정되어 있거나 또는 조약문의 작성에 참가한 국가가 합의하는 절차, 또는
(b) 그러한 절차가 없는 경우에는, 조약문의 작성에 참가한 국가의 대표에 의한 조약문 또는 조약문을 포함하는 회의의 최종의정서에의 서명 · 「조건부서명」 또는 가서명
제11조【조약에 대한 기속적 동의의 표시방법】 조약에 대한 국가의 기속적 동의는 서명, 조약을 구성하는 문서의 교환, 비준 · 수락 · 승인 또는 가입에 의하여 또는, 기타의 방법에 관하여 합의하는 경우에, 그러한 기타의 방법으로 표시된다.
제12조【서명에 의하여 표시되는 조약에 대한 기속적 동의】 1. 조약에 대한 국가의 기속적 동의는, 다음의 경우에, 국가 대표에 의한 서명에 의하여 표시된다.
(a) 서명이 그러한 효과를 가지는 것으로 그 조약이 규정하고 있는 경우
(b) 서명이 그러한 효과를 가져야 하는 것으로 교섭국간에 합의되었음이 달리 확정되는 경우, 또는
(c) 서명에 그러한 효과를 부여하고자 하는 국가의 의사가 그 대표의 전권위임장으로부터 나타나는 경우 또는 교섭중에 표시된 경우
2. 상기 1항의 목적상
(a) 조약문의 가서명이 그 조약의 서명을 구성하는 것으로 교섭국간에 합의되었음이 확정되는 경우에 그 가서명은 그 조약문의 서명을 구성한다.
(b) 대표에 의한 조약의 「조건부서명」은 대표의 본국에 의하여 확인되는 경우에 그 조약의 완전한 서명을 구성한다.
제13조【조약을 구성하는 문서의 교환에 의하여 표시되는 조약에 대한 기속적 동의】 국가간에 교환된 문서에 의하여 구성되는 조약에 대한 국가의 기속적 동의는, 다음의 경우에 그 교환에 의하여 표시된다.
(a) 그 교환이 그러한 효과를 가지는 것으로 그 문서가 규정하고 있는 경우 또는
(b) 문서의 그러한 교환이 그러한 효과를 가져야 하는 것으로 관계국간에 합의되었음이 달리 확정되는 경우
제14조【비준 · 수락 또는 승인에 의하여 표시되는 조약에 대한 기속적 동의】 1. 조약에 대한 국가의 기속적 동의는 다음의 경우에 비준에 의하여 표시된다.
(a) 그러한 동의가 비준에 의하여 표시될 것을 그 조약이 규정하고 있는 경우
(b) 비준이 필요한 것으로 교섭국간에 합의되었음이 달리 확정되는 경우
(c) 그 국가의 대표가 비준되어야 할 것으로 하여, 그 조약에 서명한 경우, 또는
(d) 비준되어야 할 것으로 하여 그 조약에 서명하고자 하는 그 국가의 의사가 그 대표의 전권위임장으로부터 나타나거나 또는 교섭중에 표시된 경우
2. 조약에 대한 국가의 기속적 동의는 비준에 적용되는 것과 유사한 조건으로 수락 또는 승인에 의하여 표시된다.
제15조【가입에 의하여 표시되는 조약에 대한 기속적 동의】 조약에 대한 국가의 기속적 동의는 다음의 경우에 가입에 의하여 표시된다.
(a) 그러한 동의가 가입의 방법으로 그 국가에 의하여 표시될 수 있음을 그 조약이 규정하고 있는 경우
(b) 그러한 동의가 가입의 방법으로 그 국가에 의하여 표시될 수 있음을 교섭국간에 합의하였음이 달리 확정되는 경우
(c) 그러한 동의가 가입의 방법으로 그 국가에 의하여 표시될 수 있음을 모든 당사국이 추후 동의한 경우
제16조【비준서 · 수락서 · 승인서 또는 가입서의 교환 또는 기탁】 조약이 달리 규정하지 아니하는 한, 비준서 · 수락서 · 승인서 또는 가입서는, 다음의 경우에, 조약에 대한 국가의 기속적 동의를 확정한다.
(a) 체약국간의 그 교환
(b) 수탁자에의 그 기탁, 또는
(c) 합의되는 경우 체약국 또는 수탁자에의 그 통고
제17조【조약의 일부에 대한 기속적 동의 및 상이한 제 규정의 선택】 1. 제19조 내지 제23조를 침해함이 없이, 조약의 일부에 대한 국가의 기속적 동의는 그 조약이 이를 인정하거나 또는 다른 체약국이 이에 동의하는 경우에만 유효하다.
2. 상이한 제 규정의 선택을 허용하는 조약에 대한 국가의 기속적 동의는 그 동의가 어느 규정에 관련되는 것인가에 관하여 명백해지는 경우에만 유효하다.
제18조【조약의 발효 전에 그 조약의 대상과 목적을 저해하지 아니한 의무】 국가는 다음의 경우에, 조약의 대상과 목적을 저해하게 되는 행위를 삼가해야 하는 의무를 진다.
(a) 비준 · 수락 또는 승인되어야 하는 조약에 서명하였거나 또는 그 조약을 구성하는 문서를 교환한 경우에는, 그 조약의 당사국이 되지 아니하고자 하는 의사를 명백히 표시할 때까지, 또는
(b) 그 조약에 대한 그 국가의 기속적 동의를 표시한 경우에는, 그 조약의 발효시까지 그리고 그 발효가 부당하게 지연되지 아니할 것을 조건으로 함.

제2절 유 보

제19조【유보의 형성】 국가는, 다음의 경우에 해당하지 아니하는 한, 조약에 서명 · 비준 · 수락승인 또는 가입할 때에 유보를 형성할 수 있다.
(a) 그 조약에 의하여 유보가 금지된 경우
(b) 문제의 유보를 포함하지 아니하는 특정의 유보만을 행할 수

있음을 그 조약이 규정하는 경우, 또는
(c) 상기 세항 (a) 및 (b)에 해당되지 아니하는 경우에는 그 유보가 그 조약의 대상 및 목적과 양립하지 아니하는 경우

제20조【유보의 수락 및 유보에 대한 이의】 1. 조약에 의하여 명시적으로 인정된 유보는, 다른 체약국에 의한 추후의 수락이 필요한 것으로 그 조약이 규정하지 아니하는 한, 그러한 추후의 수락을 필요로 하지 아니한다.

2. 교섭국의 한정된 수와 또한 조약의 대상과 목적으로 보아, 그 조약의 전체를 모든 당사국간에 적용하는 것이 조약에 대한 각 당사국의 기속적 동의의 필수적 조건으로 보이는 경우에, 유보는 모든 당사국에 의한 수락을 필요로 한다.

3. 조약이 국제기구의 성립문서인 경우로서 그 조약이 달리 규정하지 아니하는 한, 유보는 그 기구의 권한있는 기관에 의한 수락을 필요로 한다.

4. 상기 제 조항에 해당되지 아니하는 경우로서 조약이 달리 규정하지 아니하는 한, 다음의 규칙이 적용된다.
(a) 다른 체약국에 의한 유보의 수락은, 그 조약이 유보국과 다른 유보 수락국에 대하여 유효한 경우에 또한 유효한 기간 동안, 유보국이 그 다른 유보 수락국과의 관계에 있어서 조약의 당사국이 되도록 한다.
(b) 유보에 다른 체약국의 이의는 이의 제기국이 확정적으로 반대의사를 표시하지 아니하는 한, 이의제기국과 유보국간에 있어서의 조약의 발효를 배제하지 아니한다.
(c) 조약에 대한 국가의 기속적 동의를 표시하며 또한 유보를 포함하는 행위는 적어도 하나의 다른 체약국이 그 유보를 수락한 경우에 유효하다.

5. 상기 2항 및 4항의 목적상 또는 조약이 달리 규정하지 아니하는 한, 국가가 유보의 통고를 받은 후 12개월의 기간이 끝날 때까지나 또는 그 조약에 대한 그 국가의 기속적 동의를 표시한 일자까지 중 어느 것이든 나중의 시기까지 그 유보에 대하여 이의를 제기하지 아니한 경우에는, 유보가 그 국가에 의하여 수락된 것으로 간주된다.

제21조【유보 및 유보에 대한 이의의 법적 효과】 1. 제19조, 제20조 및 제23조에 따라 다른 당사국에 대하여 성립된 유보는 다음의 법적효과를 가진다.
(a) 유보국과 그 다른 당사국과의 관계에 있어서, 유보국에 대해서는, 그 유보에 관련되는 조약규정을 그 유보의 범위내에서 변경한다.
(b) 다른 당사국과 유보국과의 관계에 있어서, 그 다른 당사국에 대해서는, 그러한 조약규정을 동일한 범위내에서 변경한다.

2. 유보는「일정 국가간의」조약에 대한 다른 당사국에 대하여 그 조약규정을 수정하지 아니한다.

3. 유보에 대하여 이의를 제기하는 국가가 동 이의제기국과 유보국간의 조약의 발효에 반대하지 아니하는 경우에, 유보에 관련되는 규정은 그 유보의 범위내에서 양국간에 적용되지 아니한다.

제22조【유보 및 유보에 대한 이의의 철회】 1. 조약이 달리 규정하지 아니하는 한, 유보는 언제든지 철회될 수 있으며 또한 그 철회를 위해서는 동 유보를 수락한 국가의 동의가 필요하지 아니하다.

2. 조약이 달리 규정하지 아니하는 한, 유보에 대한 이의는 언제든지 철회될 수 있다.

3. 조약이 달리 규정하지 아니하는 한 또는 달리 합의되지 아니하는 한, 다음의 규칙이 적용된다.
(a) 유보의 철회는 다른 체약국이 그 통고를 접수한 때에만 그 체약국에 관하여 시행된다.
(b) 유보에 대한 이의의 철회는 동 유보를 형성한 국가가 그 통고를 접수한 때에만 시행된다.

제23조【유보에 관한 절차】 1. 유보, 유보의 명시적 수락 및 유보에 대한 이의는 서면으로 형성되어야 하며 또한 체약국 및 조약의 당사국이 될 수 있는 권리를 가진 국가에 통고되어야 한다.

2. 유보가, 비준·수락 또는 승인에 따를 것으로 하여 조약에 서명한 때에 형성된 경우에는, 유보국이 그 조약에 대한 기속적 동의를 표시하는 때에 유보국에 의하여 정식으로 확인되어야 한다. 그러한 경우에 유보는 그 확인일자에 형성된 것으로 간주된다.

3. 유보의 확인 이전에 형성된 유보의 명시적 수락 또는 유보에 대한 이의는 그 자체 확인을 필요로 하지 아니한다.

4. 유보 또는 유보에 대한 이의의 철회는 서면으로 형성되어야 한다.

제3절 조약의 발효 및 잠정적 적용

제24조【발효】 1. 조약은 그 조약이 규정하거나 또는 교섭국이 협의하는 방법으로 또한 그 일자에 발효한다.

2. 그러한 규정 또는 합의가 없는 경우에는, 조약에 대한 기속적 동의가 모든 교섭국에 대하여 확정되는 대로 그 조약이 발효한다.

3. 조약에 대한 국가의 기속적 동의가 그 조약이 발효한 후의 일자에 확정되는 경우에는, 그 조약이 달리 규정하지 아니하는 한, 그 동의가 확정되는 일자에 그 조약은 그 국가에 대하여 발효한다.

4. 조약문의 정본인증, 조약에 대한 국가의 기속적 동의의 확정, 조약의 발효방법 또는 일자, 유보, 수탁자의 기능 및 조약의 발효 전에 필연적으로 발생하는 기타의 사항을 규율하는 조약규정은 조약문의 채택시로부터 적용된다.

제25조【잠정적 적용】 1. 다음의 경우에 조약 또는 조약의 일부는 그 발효시까지 잠정적으로 적용된다.
(a) 조약자체가 그렇게 규정하는 경우, 또는
(b) 교섭국이 다른 방법으로 그렇게 합의한 경우

2. 조약이 달리 규정하지 아니하거나 또는 교섭국이 달리 합의하지 아니한 경우에는, 어느 국가가 조약이 잠정적으로 적용되고 있는 다른 국가에 대하여, 그 조약의 당사국이 되지 아니하고자 하는 의사를 통고한 경우에 그 국가에 대한 그 조약 또는 그 조약의 일부의 잠정적 적용이 종료된다.

제3부 조약의 준수·적용 및 해석

제1절 조약의 준수

제26조【약속은 준수하여야 한다】 유효한 모든 조약은 그 당사국을 구속하며 또한 당사국에 의하여 성실하게 이행되어야 한다.

제27조【국내법과 조약의 준수】 어느 당사국도 조약의 불이행에 대한 정당화의 방법으로 그 국내법규정을 원용해서는 아니된다. 이 규칙은 제46조를 침해하지 아니한다.

제2절 조약의 적용

제28조【조약의 불소급】 별도의 의사가 조약으로부터 나타나지 아니하거나 또는 달리 확정되지 아니하는 한, 그 조약 규정은 그 발효이전에 당사국에 관련하여 발생한 행위나 사실 또는 없어진 사태에 관하여 그 당사국을 구속하지 아니한다.

제29조【조약의 영토적 범위】 별도의 의사가 조약으로부터 나타나지 아니하거나 또는 달리 확정되지 아니하는 한, 조약은 각 당사국의 전체 영역에 관하여 각 당사국을 구속한다.

제30조【동일한 주제에 관한 계승적 조약의 적용】 1. 국제연합헌장 제103조에 따를 것으로 하여 동일한 주제에 관한 계승적 조약의 당사국의 권리와 의무는 아래의 조항에 의거하여 결정된다.

2. 조약이 전조약 또는 후조약에 따를 것을 명시하고 있거나, 또는 전조약 또는 후조약과 양립하지 아니하는 것으로 간주되지 아니함을 명시하고 있는 경우에는 그 다른 조약의 규정이 우선한다.

3. 전조약의 모든 당사국이 동시에 후조약의 당사국이나, 전조약이 제59조에 따라 종료되지 아니하거나 또는 시행정지되지 아니하는 경우에, 전조약은 그 규정이 후조약의 규정과 양립하는 범위내에서만 적용된다.

4. 후조약의 당사국이 전조약의 모든 당사국을 포함하지 아니하는 경우에는, 다음의 규칙이 적용된다.
(a) 양 조약의 당사국간에는 상기 3항과 같은 동일한 규칙이 적용된다.
(b) 양 조약의 당사국과 어느 한 조약의 당사국간에는, 그 양국이 다 같이 당사국인 조약이 그들 상호간의 권리와 의무를 규율한다.

5. 상기 4항은 제41조에 대하여, 또는 제60조의 규정에 따른 조약의 종료 또는 시행정지에 관한 문제에 대하여, 또는 다른 조약에 따른 다른 국가에 대한 어느 국가의 의무와 조약규정이 양립하지 아니하는 조약의 체결 또는 적용으로부터 그 어느 국가에 대하여 야기될 수 있는 책임문제를 침해하지 아니한다.

제3절 조약의 해석

제31조【해석의 일반규칙】 1. 조약은 조약문의 문맥 및 조약의 대상과 목적으로 보아, 그 조약의 문면에 부여되는 통상적 의미에 따라 성실하게 해석되어야 한다.
2. 조약의 해석 목적상 문맥은 조약문에 추가하여 조약의 전문 및 부속서와 함께 다음의 것을 포함한다.
(a) 조약의 체결에 관련하여 모든 당사국간에 이루어진 그 조약에 관한 합의
(b) 조약의 체결에 관련하여, 1 또는 그 이상의 당사국이 작성하고 또한 다른 당사국이 그 조약에 관련되는 문서로서 수락한 문서
3. 문맥과 함께 다음의 것이 참작되어야 한다.
(a) 조약의 해석 또는 그 조약규정의 적용에 관한 당사국간의 추후의 합의
(b) 조약의 해석에 관한 당사국의 합의를 확정하는 그 조약 적용에 있어서의 추후의 관행
(c) 당사국간의 관계에 적용될 수 있는 국제법의 관계규칙
4. 당사국의 특별한 의미를 특정용어에 부여하기로 의도하였음이 확정되는 경우에는 그러한 의미가 부여된다.

제32조【해석의 보충적 수단】 제31조의 적용으로부터 나오는 의미를 확인하기 위하여, 또는 제31조에 따라 해석하면 다음과 같이 되는 경우에 그 의미를 결정하기 위하여, 조약의 교섭 기록 및 그 체결시의 사정을 포함한 해석의 보충적 수단에 의존할 수 있다.
(a) 의미가 모호해지거나 또는 애매하게 되는 경우, 또는
(b) 명백히 불투명하거나 또는 불합리한 결과를 초래하는 경우

제33조【2 또는 그 이상의 언어가 정본인 조약의 해석】 1. 조약이 2 또는 그 이상의 언어에 의하여 정본으로 확정된 때에는, 상위가 있을 경우에 특정의 조약문이 우선함을 그 조약이 규정하지 아니하거나 또는 당사국이 합의하지 아니하는 한, 각 언어로 작성된 조약문은 동등히 유효하다.
2. 조약의 정본으로 사용된 언어중의 어느 하나 이외의 다른 언어로 작성된 조약의 번역문은 이를 정본으로 간주함을 조약이 규정하거나 또는 당사국이 이에 합의하는 경우에만 정본으로 간주된다.
3. 조약의 용어는 각 정본상 동일한 의미를 가지는 것으로 추정된다.
4. 상기 1항에 의거하여 특정의 조약문이 우선하는 경우를 제외하고, 제31조 및 제32조의 적용으로 제거되지 아니하는 의미의 차이가 정본의 비교에서 노정되는 경우에는, 조약의 대상과 목적을 고려하여 최선으로 조약문과 조화되는 의미를 채택한다.

제4절 조약과 제3국

제34조【제3국에 관한 일반 규칙】 조약은 제3국에 대하여 그 동의 없이는 의무 또는 권리를 창설하지 아니한다.

제35조【제3국에 대하여 의무를 규정하는 조약】 조약의 당사국이, 조약규정을 제3국에 대하여 의무를 설정하는 수단으로 의도하며 또한 그 제3국이 서면으로 그 의무를 명시적으로 수락하는 경우에는, 그 조약의 규정으로부터 그 제3국에 대하여 의무가 발생한다.

제36조【제3국에 대하여 권리를 규정하는 조약】 1. 조약의 당사국이 제3국 또는 제3국이 속하는 국가의 그룹 또는 모든 국가에 대하여 권리를 부여하는 조약규정을 의도하며 또한 그 제3국이 이에 동의하는 경우에는, 그 조약의 규정으로부터 그 제3국에 대하여 권리가 발생한다. 조약이 달리 규정하지 아니하는 한 제3국의 동의는 반대의 표시가 없는 동안 있은 것으로 추정된다.
2. 상기 1항에 의거하여 권리를 행사하는 국가는 조약에 규정되어 있거나 또는 조약에 의거하여 확정되는 그 권리행사의 조건에 따라야 한다.

제37조【제3국의 의무 또는 권리의 취소 또는 변경】 1. 제35조에 따라 제3국에 대하여 의무가 발생한 때에는 조약의 당사국과 제3국이 달리 합의하였음이 확정되지 아니하는 한, 그 의무는 조약의 당사국과 제3국의 동의를 얻는 경우에만 취소 또는 변경될 수 있다.
2. 제36조에 따라 제3국에 대하여 권리가 발생한 때에는, 그 권리가 제3국의 동의없이 취소 또는 변경되어서는 아니되는 것으로 의도되었음이 확정되는 경우에 그 권리는 당사국에 의하여 취소 또는 변경될 수 없다.

제38조【국제 관습을 통하여 제3국을 구속하게 되는 조약상의 규칙】 제34조 내지 제37조의 어느 규정도 조약에 규정된 규칙이 관습 국제법의 규칙으로 인정된 그러한 규칙으로서 제3국을 구속하게 되는 것을 배제하지 아니한다.

제4부 조약의 개정 및 변경

제39조【조약의 개정에 관한 일반규칙】 조약은 당사국간의 합의에 의하여 개정될 수 있다. 제2부에 규정된 규칙은 조약이 달리 규정하는 경우를 제외하고 그러한 합의에 적용된다.

제40조【다자조약의 개정】 1. 조약이 달리 규정하지 아니하는 한, 다자조약의 개정은 아래의 조항에 의하여 규율된다.
2. 모든 당사국간에서 다자조약을 개정하기 위한 제의는 모든 체약국에 통고되어야 하며, 각 체약국은 다음의 것에 참여할 권리를 가진다.
(a) 그러한 제의에 관하여 취하여질 조치에 관한 결정
(b) 그 조약의 개정을 위한 합의의 교섭 및 성립
3. 조약의 당사국이 될 수 있는 권리를 가진 모든 국가는 개정되는 조약의 당사국이 될 수 있는 권리를 또한 가진다.
4. 개정하는 합의는 개정하는 합의의 당사국이 되지 아니하는 조약의 기존 당사국인 어느 국가도 구속하지 아니한다. 그러한 국가에 관해서는 제30조4항(b)가 적용된다.
5. 개정하는 합의의 발효 후에 조약의 당사국이 되는 국가는 그 국가에 의한 별도 의사의 표시가 없는 경우에 다음과 같이 간주된다.
(a) 개정되는 조약의 당사국으로 간주된다.
(b) 개정하는 합의에 의하여 구속되지 아니하는 조약의 당사국과의 관계에 있어서는 개정되지 아니한 조약의 당사국으로 간주된다.

제41조【일부 당사국에서만 다자조약을 변경하는 합의】 1. 다자조약의 2 또는 그 이상의 당사국은 다음의 경우에 그 당사국간에서만 조약을 변경하는 합의를 성립시킬 수 있다.
(a) 그러한 변경의 가능성이 그 조약에 의하여 규정된 경우 또는
(b) 문제의 변경이 그 조약에 의하여 금지되지 아니하고 또한
(i) 다른 당사국이 그 조약에 따라 권리를 향유하며 또는 의무를 이행하는 것에 영향을 주지 아니하며
(ii) 전체로서의 그 조약의 대상과 목적의 효과적 수행과 일부 변경이 양립하지 아니하는 규정에 관련되지 아니하는 경우
2. 상기 1항(a)에 해당하는 경우에 조약이 달리 규정하지 아니하는 한 문제의 당사국은 그 합의를 성립시키고자 하는 의사와 그 합의가 규정하는 그 조약의 변경을 타방 당사국에 통고하여야 한다.

제5부 조약의 부적법·종료 또는 시행정지

제1절 일반규정

제42조【조약의 적법성 및 효력의 계속】 1. 조약의 적법성 또는 조약에 대한 국가의 기속적 동의의 적법성은 이 협약의 적용을 통해서만 부정될 수 있다.
2. 조약의 종료, 그 폐기 또는 당사국의 탈퇴는 그 조약의 규정 또는 이 협약의 적용의 결과로서만 행하여질 수 있다. 동일한 규칙이 조약의 시행정지에 적용된다.

제43조【조약과는 별도로 국제법에 의하여 부과되는 의무】 이 협약 또는 조약규정의 적용의 결과로서, 조약의 부적법·종료 또는 폐기, 조약으로부터의 당사국의 탈퇴 또는 그 시행정지는 그 조약과는 별도로 국제법에 따라 복종해야 하는 의무로서 그 조약에 구현된 것을 이행해야 하는 국가의 책무를 어떠한 방법으로도 경감시키지 아니한다.

제44조【조약 규정의 가분성】 1. 조약에 규정되어 있거나 또는 제56조에 따라 발생하는 조약의 폐기·탈퇴 또는 시행 정지시킬 수 있는 당사국의 권리는, 조약이 달리 규정하지 아니하거나 또는 당사국이 달리 합의하지 아니하는 한, 조약 전체에 관해서만 행사될 수 있다.
2. 이 협약에서 인정되는 조약의 부적법화·종료·탈퇴 또는 시행정지의 사유는, 아래의 제 조항 또는 제60조에 규정되어 있

는 것을 제외하고, 조약 전체에 관해서만 원용될 수 있다.

3. 그 사유가 특정의 조항에만 관련되는 경우에는, 다음의 경우에, 그러한 조항에 관해서만 원용될 수 있다.

(a) 당해 조항이 그 적용에 관련하여 그 조약의 잔여 부분으로부터 분리될 수 있으며

(b) 당해 조항의 수락이 전체로서의 조약에 대한 1 또는 그 이상의 다른 당사국의 기속적 동의의 필수적 기초가 아니었던 것이 그 조약으로부터 나타나거나 또는 달리 확정되며, 또한

(c) 그 조약의 잔여부분의 계속적 이행이 부당하지 아니한 경우

4. 제49조 및 제50조에 해당하는 경우에 기만 또는 부정을 원용하는 권리를 가진 국가는, 조약 전체에 관하여 또는 상기 3항에 따를 것으로 하여, 특정의 조항에 관해서만 그렇게 원용할 수 있다.

5. 제50조, 제52조 및 제53조에 해당하는 경우에는 조약규정의 분리가 허용되지 아니한다.

제45조【조약의 부적법화·종료·탈퇴 또는 그 시행정지의 사유를 원용하는 권리의 상실】 국가는, 다음의 경우에, 사실을 알게 된 후에는, 제46조 내지 제50조 또는 제60조 및 제62조에 따라 조약의 부적법화·종료·탈퇴 또는 시행정지의 사유를 원용할 수 없다.

(a) 경우에 따라, 그 조약이 적법하다는 것 또는 계속 유효하다는 것 또는 계속 시행된다는 것에 그 국가가 명시적으로 동의한 경우, 또는

(b) 그 국가의 행동으로 보아 조약의 적법성 또는 그 효력이나 시행의 존속을 묵인한 것으로 간주되어야 하는 경우

제2절　조약의 부적법

제46조【조약 체결권에 관한 국내법 규정】 1. 조약 체결권에 관한 국내법 규정의 위반이 명백하며 또한 근본적으로 중요한 국내법 규칙에 관련되지 아니하는 한, 국가는 조약에 대한 그 기속적 동의를 부적법화하기 위한 것으로 그 동의가 그 국내법 규정에 위반하여 표시되었다는 사실을 원용할 수 없다.

2. 통상의 관행에 의거하고 또한 성실하게 행동하는 어느 국가에 대해서도 위반이 객관적으로 분명한 경우에는 그 위반은 명백한 것이 된다.

제47조【국가의 동의 표시 권한에 대한 특정의 제한】 어느 조약에 대한 국가의 기속적 동의를 표시하는 대표의 권한이 특정의 제한에 따를 것으로 하여 부여된 경우에, 그 대표가 그 제한을 준수하지 아니한 것은, 그러한 동의를 표시하기 전에 그 제한을 다른 교섭국에 통고하지 아니한 한, 그 대표가 표시한 동의를 부적법화하는 것으로 원용될 수 없다.

제48조【착오】 1. 조약상의 착오는, 그 조약이 체결된 당시에 존재한 것으로 국가가 추정한 사실 또는 사태로서, 그 조약에 대한 국가의 기속적 동의의 본질적 기초를 구성한 것에 관한 경우에, 국가는 그 조약에 대한 그 기속적 동의를 부적법화하는 것으로 그 착오를 원용할 수 있다.

2. 문제의 국가가 자신의 행동에 의하여 착오를 유발하였거나 또는 그 국가가 있을 수 있는 착오를 감지할 수 있는 등의 사정하에 있는 경우에는 상기 1항이 적용되지 아니한다.

3. 조약문의 자구에만 관련되는 착오는 조약의 적법성에 영향을 주지 아니한다. 그 경우에는 제79조가 적용된다.

제49조【기만】 국가가 다른 교섭국의 기만적 행위에 의하여 조약을 체결하도록 유인된 경우에 그 국가는 조약에 대한 자신의 기속적 동의를 부적법화하는 것으로 그 기만을 원용할 수 있다.

제50조【국가 대표의 부정】 조약에 대한 국가의 기속적 동의의 표시가 직접적으로 또는 간접적으로 다른 교섭국에 의한 그 대표의 부정을 통하여 감행된 경우에, 그 국가는 조약에 대한 자신의 기속적 동의를 부적법화하는 것으로 그 부정을 원용할 수 있다.

제51조【국가 대표의 강제】 국가 대표에게 정면으로 향한 행동 또는 위협을 통하여 그 대표에 대한 강제에 의하여 감행된 조약에 대한 국가의 기속적 동의 표시는 법적 효력을 가지지 아니한다.

제52조【힘의 위협 또는 사용에 의한 국가의 강제】 국제연합 헌장에 구현된 국제법의 제 원칙을 위반하여 힘의 위협 또는 사용에 의하여 조약의 체결이 감행된 경우에 그 조약은 무효이다.

제53조【일반국제법의 절대규범(강행규범)과 충돌하는 조약】 조약은 그 체결당시에 일반국제법의 절대규범과 충돌하는 경우에 무효이다. 이 협약의 목적상 일반 국제법의 절대규범은, 그 이탈이 허용되지 아니하며 또한 동일한 성질을 가진 일반 국제법의 추후의 규범에 의해서만 변경될 수 있는 규범으로, 전체로서의 국제 공동사회가 수락하며 또한 인정하는 규범이다.

제3절　조약의 종료 및 시행정지

제54조【조약규정 또는 당사국의 동의에 따른 조약의 종료 또는 조약으로부터의 탈퇴】 조약의 종료 또는 당사국의 탈퇴는 다음의 경우에 행하여질 수 있다.

(a) 그 조약의 규정에 의거하는 경우, 또는

(b) 다른 체약국과 협의한 후에 언제든지 모든 당사국의 동의를 얻는 경우

제55조【다자조약의 발효에 필요한 수 이하로의 그 당사국수의 감소】 조약이 달리 규정하지 아니하는 한, 다자조약은 그 당사국수가 발효에 필요한 수 이하로 감소하는 사실만을 이유로 종료하지 아니한다.

제56조【종료·폐기 또는 탈퇴에 관한 규정을 포함하지 아니하는 조약의 폐기 또는 탈퇴】 1. 종료에 관한 규정을 포함하지 아니하며 또한 폐기 또는 탈퇴를 규정하고 있지 아니하는 조약은, 다음의 경우에 해당되지 아니하는 한, 폐기 또는 탈퇴가 인정되지 아니한다.

(a) 당사국이 폐기 또는 탈퇴의 가능성을 인정하고자 하였음이 확정되는 경우, 또는

(b) 폐기 또는 탈퇴의 권리가 조약의 성질상 묵시되는 경우

2. 당사국은 상기 1항에 따라 조약의 폐기 또는 탈퇴 의사를 적어도 12개월전에 통고하여야 한다.

제57조【조약 규정 또는 당사국의 동의에 의한 조약의 시행정지】 모든 당사국 또는 특정의 당사국에 대하여 조약의 시행이 다음의 경우에 정지될 수 있다.

(a) 그 조약의 규정에 의거하는 경우, 또는

(b) 다른 체약국과 협의한 후에 언제든지 모든 당사국의 동의를 얻는 경우

제58조【일부 당사국간만의 합의에 의한 다자조약의 시행정지】 1. 다자조약의 2 또는 그 이상의 당사국은, 다음의 경우에, 일시적으로 또한 그 당사국간에서만 조약규정의 시행을 정지시키기 위한 합의를 성립시킬 수 있다.

(a) 그러한 정지의 가능성이 그 조약에 의하여 규정되어 있는 경우, 또는

(b) 문제의 정지가 조약에 의하여 금지되지 아니하고 또한,

(ⅰ) 다른 당사국에 의한 조약상의 권리 향유 또는 의무의 이행에 영향을 주지 아니하며,

(ⅱ) 그 조약의 대상 및 목적과 양립할 수 없는 것이 아닌 경우

2. 상기 1항(a)에 해당하는 경우에 조약이 달리 규정하지 아니하는 한 문제의 당사국은 합의를 성립시키고자 하는 그 의사 및 시행을 정지시키고자 하는 조약규정을 타방 당사국에 통고하여야 한다.

제59조【후조약의 체결에 의하여 묵시되는 조약의 종료 또는 시행정지】 1. 조약의 모든 당사국이 동일한 사항에 관한 후조약을 체결하고, 또한 아래의 것에 해당하는 경우에, 그 조약은 종료한 것으로 간주된다.

(a) 후조약에 의하여 그 사항이 규율되어야 함을 당사국이 의도하였음이 그 후조약으로부터 나타나거나 또는 달리 확정되는 경우, 또는

(b) 후조약의 규정이 전조약의 규정과 근본적으로 양립하지 아니하여 양 조약이 동시에 적용될 수 없는 경우

2. 전조약을 시행 정지시킨 것만이 당사국의 의사이었음이 후조약으로부터 나타나거나 또는 달리 확정되는 경우에, 전조약은 그 시행이 정지된 것만으로 간주된다.

제60조【조약 위반의 결과로서의 조약의 종료 또는 시행정지】 1. 양자조약의 일방당사국에 의한 실질적 위반은 그 조약의 종료 또는 시행의 전부 또는 일부의 정지를 위한 사유로서 그 위반을 원용하는 권리를 타방당사국에 부여한다.

2. 다자조약의 어느 당사국에 의한 실질적 위반은 관계 당사국이 다음의 조치를 취할 수 있는 권리를 부여한다.

(a) 다른 당사국이 전원일치의 협의에 의하여,

(ⅰ) 그 다른 당사국과 위반국간의 관계에서, 또는

(ⅱ) 모든 당사국간에서, 그 조약의 전부 또는 일부를 시행정지시키거나 또는 그 조약을 종료시키는 권리

(b) 위반에 의하여 특별히 영향을 받는 당사국이, 그 자신과 위반국간의 관계에 있어서 그 조약의 전부 또는 일부의 시행을 정지시키기 위한 사유로서 그 위반을 원용하는 권리
(c) 어느 당사국에 의한 조약규정의 실질적 위반으로 그 조약상의 의무의 추후의 이행에 관한 모든 당사국의 입장을 근본적으로 변경시키는 성질의 조약인 경우에, 위반국 이외의 다른 당사국에 관하여 그 조약의 전부 또는 일부의 시행정지를 위한 사유로서 그 다른 당사국에 그 위반을 원용하는 권리

3. 본 조의 목적상, 조약의 실질적 위반은 다음의 경우에 해당한다.
(a) 이 협약에 의하여 용인되지 아니하는 조약의 이행 거부 또는
(b) 조약의 대상과 목적의 달성에 필수적인 규정의 위반

4. 상기의 제 규정은 위반의 경우에 적용할 수 있는 조약상의 규정을 침해하지 아니한다.

5. 상기 1항 내지 3항은 인도적 성질의 조약에 포함된 인신의 보호에 관한 규정 특히 그러한 조약에 의하여 보호를 받는 자에 대한 여하한 형태의 복구를 금지하는 규정에 적용되지 아니한다.

제61조【후발적 이행불능】 1. 조약의 이행불능이 그 조약의 시행에 불가결한 대상의 영구적 소멸 또는 파괴로 인한 경우에, 당사국은 그 조약을 종료시키거나 또는 탈퇴하기 위한 사유로서 그 이행불능을 원용할 수 있다. 그 이행불능이 일시적인 경우에는 조약의 시행정지를 위한 사유로서만 원용될 수 있다.

2. 이행불능이 이를 원용하는 당사국에 의한 조약상의 의무나 또는 그 조약의 다른 당사국에 대하여 지고 있는 기타의 국제적 의무의 위반의 결과인 경우에 그 이행 불능은 그 조약을 종료시키거나 또는 탈퇴하거나 또는 그 시행을 정지시키기 위한 사유로서 그 당사국에 의하여 원용될 수 없다.

제62조【사정의 근본적 변경】 1. 조약의 체결 당시에 존재한 사정에 관하여 발생하였으며 또한 당사국에 의하여 예견되지 아니한 사정의 근본적 변경은, 다음 경우에 해당되지 아니하는 한, 조약을 종료시키거나 또는 탈퇴하기 위한 사유로서 원용될 수 없다.
(a) 그러한 사정의 존재가 그 조약에 대한 당사국의 기속적 동의의 본질적 기초를 구성하였으며, 또한
(b) 그 조약에 따라 계속 이행되어야 할 의무의 범위를 그 변경의 효과가 급격하게 변환시키는 경우

2. 사정의 근본적 변경은, 다음의 경우에는, 조약을 종료시키거나 또는 탈퇴하는 사유로서 원용될 수 없다.
(a) 그 조약이 경계선을 확정하는 경우, 또는
(b) 근본적 변경이 이를 원용하는 당사국에 의한 조약상의 의무나 또는 그 조약의 다른 당사국에 대하여 지고 있는 기타의 국제적 의무의 위반의 결과인 경우

3. 상기의 제 조항에 따라 당사국이 조약을 종료시키거나 또는 탈퇴하기 위한 사유로서 사정의 근본적 변경을 원용할 수 있는 경우에, 그 당사국은 그 조약의 시행을 정지시키기 위한 사유로서 그 변경을 또한 원용할 수 있다.

제63조【외교 또는 영사 관계의 단절】 조약 당사국간의 외교 또는 영사 관계의 단절은, 외교 또는 영사 관계의 존재가 그 조약의 적용에 불가결한 경우를 제외하고, 그 조약에 의하여 그 당사국간에 확립된 법적 관계에 영향을 주지 아니한다.

제64조【일반 국제법의 새 절대규범(강행규범)의 출현】 일반국제법의 새 절대 규범이 출현하는 경우에, 그 규범과 충돌하는 현행 조약은 무효로 되어 종료한다.

제4절 절 차

제65조【조약의 부적법·종료·탈퇴 또는 시행정지에 관하여 취해지는 절차】 1. 이 협약의 규정에 따라, 조약에 대한 국가의 기속적 동의상의 하자를 원용하거나 또는 조약의 적법성을 부정하거나 조약을 종료시키거나 조약으로부터 탈퇴하거나 또는 그 시행을 정지시키기 위한 사유를 원용하는 당사국은, 다른 당사국에 대하여 그 주장을 통고하여야 한다. 그 통고에는 그 조약에 관하여 취하고자 제의하는 조치 및 그 이유를 표시하여야 한다.

2. 특별히 긴급한 경우를 제외하고, 그 통고의 접수 후 3개월 이상의 기간이 경과한 후에 어느 당사국도 이의를 제기하지 아니한 경우에는, 그 통고를 행한 당사국은 제67조에 규정된 방법으로 그 당사국이 제의한 조치를 실행할 수 있다.

3. 다만, 다른 당사국에 의하여 이의가 제기된 경우에, 당사국은 국제연합헌장 제33조에 열거되어 있는 수단을 통한 해결을 도모하여야 한다.

4. 상기 제 조항의 어느 규정도 분쟁의 해결에 관하여 당사국을 구속하는 유효한 규정에 따른 당사국의 권리 또는 의무에 영향을 주지 아니한다.

5. 제45조를 침해함이 없이, 어느 국가가 상기 1항에 규정된 통고를 사전에 행하지 아니한 사실은, 조약의 이행을 요구하거나 또는 조약의 위반을 주장하는 다른 당사국에 대한 회답으로서 그 국가가 그러한 통고를 행하는 것을 막지 아니한다.

제66조【사법적 해결·중재 재판 및 조정을 위한 절차】 이의가 제기된 일자로부터 12개월의 기간 내에 제65조3항에 따라 해결에 도달하지 못한 경우에는, 다음의 절차를 진행하여야 한다.
(a) 제53조 또는 제64조의 적용 또는 해석에 관한 분쟁의 어느 한 당사국은, 제 당사국이 공동의 동의에 의하여 분쟁을 중재 재판에 부탁하기로 합의하지 아니하는 한, 분쟁을 국제사법재판소에, 결정을 위하여, 서면 신청으로써 부탁할 수 있다.
(b) 이 협약 제5부의 다른 제조항의 적용 또는 해석에 관한 분쟁의 어느 한 당사국은 협약의 부속서에 명시된 절차의 취지로 요구서를 국제연합 사무총장에게 제출함으로써 그러한 절차를 개시할 수 있다.

제67조【조약의 부적법선언·종료·탈퇴 또는 시행정지를 위한 문서】 1. 제65조1항에 따라 규정된 통고는 서면으로 행하여져야 한다.

2. 조약의 규정 또는 제65조2항 또는 3항의 규정에 따른 그 조약의 부적법선언·종료·탈퇴 또는 시행정지에 관한 행위는 다른 당사국에 전달되는 문서를 통하여 이행하여야 한다. 동 문서가 국가원수·정부수반 또는 외무부장관에 의하여 서명되지 아니한 경우에는 이를 전달하는 국가의 대표에게 전권위임장을 제시하도록 요구할 수 있다.

제68조【제65조 및 제67조에 규정된 통고와 문서의 철회】 제65조 또는 제67조에 규정된 통고 또는 문서는 그 효력을 발생하기 전에 언제든지 철회될 수 있다.

제5절 조약의 부적법·종료 또는 시행정지의 효과

제69조【조약의 부적법의 효과】 1. 이 협약에 의거하여 그 부적법이 확정되는 조약은 무효이다. 무효인 조약의 규정은 법적 효력을 가지지 아니한다.

2. 다만, 그러한 조약에 의존하여 행위가 실행된 경우에는 다음의 규칙이 적용된다.
(a) 각 당사국은, 그 행위가 실행되지 아니하였더라면 존재하였을 상태를, 당사국의 상호관계에 있어서, 가능한 한 확립하도록 다른 당사국에 요구할 수 있다.
(b) 부적법이 원용되기 전에 성실히 실행된 행위는 그 조약의 부적법만을 이유로 불법화되지 아니한다.

3. 제49조, 제50조, 제51조 또는 제52조에 해당하는 경우에는 기만·부정행위 또는 강제의 책임이 귀속되는 당사국에 관하여 상기 2항이 적용되지 아니한다.

4. 다자조약에 대한 특정 국가의 기속적 동의의 부적법의 경우에 상기의 제 규칙은 그 국가와 그 조약의 당사국간의 관계에 있어서 적용된다.

제70조【조약의 종료 효과】 1. 조약이 달리 규정하지 아니하거나 또는 당사국이 달리 합의하지 아니하는 한, 조약의 규정에 따르거나 또는 이 협약에 의거한 그 조약의 종료는 다음의 효과를 가져온다.
(a) 당사국에 대하여 추후 그 조약을 이행할 의무를 해제한다.
(b) 조약의 종료전에 그 조약의 시행을 통하여 생긴 당사국의 권리·의무 또는 법적 상태에 영향을 주지 아니한다.

2. 국가가 다자조약을 폐기하거나 또는 탈퇴하는 경우에는 그 폐기 또는 탈퇴가 효력을 발생하는 일자로부터 그 국가와 그 조약의 다른 각 당사국간의 관계에 있어서 상기 1항이 적용된다.

제71조【일반국제법의 절대규범과 충돌하는 조약의 부적법의 효과】 1. 제53조에 따라 무효인 조약의 경우에 당사국은 다음의 조치를 취한다.
(a) 일반 국제법의 절대규범과 충돌하는 규정에 의존하여 행하여진 행위의 결과를 가능한 한 제거하며, 또한
(b) 당사국의 상호관계를 일반국제법의 절대규범과 일치시키도록 한다.

2. 제64조에 따라 무효로 되어 종료하는 조약의 경우에 그 조약의 종료는 다음의 효과를 가져온다.

(a) 당사국에 대하여 추후 그 조약을 이행할 의무를 해제한다.
(b) 조약의 종료전에 그 조약의 시행을 통하여 생긴 당사국의 권리·의무 또는 법적 상태에 영향을 주지 아니한다. 다만, 그러한 권리·의무 또는 상태는 그 유지 자체가 일반국제법의 새 절대 규범과 충돌하지 아니하는 범위내에서만 그 이후 유지될 수 있을 것을 조건으로 한다.
제72조 【조약의 시행정지 효과】 1. 조약이 달리 규정하지 아니하거나 또는 당사국이 달리 합의하지 아니하는 한, 조약의 규정에 따르거나 또는 이 협약에 의거한 그 조약의 시행정지는 다음의 효과를 가져온다.
(a) 조약의 시행이 정지되어 있는 당사국에 대해서는 동 정지기간동안 그 상호관계에 있어서 그 조약을 이행할 의무를 해제한다.
(b) 그 조약에 의하여 확립된 당사국간의 법적 관계에 달리 영향을 주지 아니한다.
2. 시행정지 기간동안 당사국은 그 조약의 시행 재개를 방해하게 되는 행위를 삼가하여야 한다.

제6부 잡 칙

제73조 【국가의 계승·국가 책임 및 적대행위 발발의 경우】 이 협약의 규정은 국가의 계승·국가의 국제 책임 또는 국가간의 적대 행위의 발발로부터 조약에 관하여 발생될 수 있는 문제를 예단하지 아니한다.
제74조 【외교 및 영사관계와 조약의 체결】 2 또는 그 이상의 국가간의 외교 또는 영사관계의 단절 또는 부재는 그러한 국가간의 조약체결을 막지 아니한다. 조약의 체결은 그 자체 외교 또는 영사관계에 관련된 상태에 영향을 주지 아니한다.
제75조 【침략국의 경우】 이 협약의 규정은 국제연합헌장에 의거하여 침략국의 침략에 관하여 취해진 조치의 결과로서 그 침략국에 대하여 발생될 수 있는 조약상의 의무를 침해하지 아니한다.

제7부 수탁자·통고·정정 및 등록

제76조 【조약의 수탁자】 1. 조약의 수탁자는 조약 그 자체 속에 또는 기타의 방법으로 교섭국에 의하여 지정될 수 있다. 수탁자는 1 또는 그 이상의 국가·국제기구 또는 국제기구의 수석 행정관이 될 수 있다.
2. 조약의 수탁자의 기능은 성질상 국제적이며 또한 수탁자는 그 기능을 수행함에 있어서 공평하게 행동할 의무를 진다. 특히, 조약이 일부 당사국간에 발효하지 아니하였거나 또는 수탁자의 기능의 수행에 관하여 국가와 수탁자간에 의견의 차이가 발생한 사실은 그러한 의무에 영향을 주지 아니한다.
제77조 【수탁자의 기능】 1. 달리 조약에 규정되어 있지 아니하거나 또는 체약국이 합의하지 아니하는 한, 수탁자의 기능은 특히 다음의 것을 포함한다.
(a) 수탁자에 송달된 조약 및 전권위임장의 원본 보관
(b) 원본의 인증등본 작성, 조약에 의하여 요구될 수 있는 추가의 언어에 의한 조약문 작성 및 조약의 당사국과 당사국이 될 수 있는 권리를 가진 국가에의 그 전달
(c) 조약에 대한 서명의 접수 및 조약에 관련된 문서·통고 및 통첩의 접수와 보관
(d) 서명 또는 조약에 관련된 문서·통고 또는 통첩이 정당하고 또한 적절한 형식으로 된 것인가의 검토 및 필요한 경우에 문제점에 대하여 당해 국가의 주의 환기
(e) 조약의 당사국 및 당사국이 될 수 있는 권리를 가진 국가에 대한 그 조약에 관련된 행위의 통고 및 통첩의 통보
(f) 조약의 발효에 필요한 수의 서명, 또는 비준서·수락서·승인서 또는 가입서가 접수되거나 또는 기탁되는 경우에 조약의 당사국이 될 수 있는 권리를 가진 국가에의 통보
(g) 국제연합 사무국에의 조약의 등록
(h) 이 협약의 다른 규정에 명시된 기능의 수행
2. 수탁자의 기능의 수행에 관하여 국가와 수탁자간에 발생하는 의견의 차이의 경우에, 수탁자는 그 문제에 대하여 서명국과 체약국 또는, 적절한 경우에는 관계 국제기구의 권한있는 기관의 주의를 환기시킨다.
제78조 【통고 및 통첩】 조약 또는 이 협약이 달리 규정하는 경우를 제외하고, 이 협약에 따라 국가가 행하는 통고 또는 통첩은 다음과 같이 취급된다.
(a) 수탁자가 없는 경우에는 통고 또는 통첩은 받을 국가에 직접 전달되며 수탁자가 있는 경우에는 수탁자에게 전달된다.
(b) 전달 대상 국가가 통고 또는 통첩을 접수한 때에만 또는 경우에 따라 수탁자가 접수한 때에만 문제의 국가가 그 통고 또는 통첩을 행한 것으로 간주된다.
(c) 수탁자에게 전달된 경우에는, 전달 대상 국가가 제77조1항 (e)에 의거하여 수탁자로부터 통보받은 경우에만 그 국가가 접수한 것으로 간주된다.
제79조 【조약문 또는 인증등본상의 착오 정정】 1. 조약문의 정본인증후 그 속에 착오가 있다는 것에 서명국 및 체약국이 합의하는 경우에는, 그들이 다른 정정방법에 관하여 결정하지 아니하는 한, 그 착오는 다음과 같이 정정된다.
(a) 착오문에 적당한 정정을 가하고, 정당히 권한을 위임받은 대표가 그 정정에 가서명하는 것
(b) 합의된 정정을 기재한 1 또는 그 이상의 문서에 효력을 부여하거나 또는 이를 교환하는 것
(c) 원본의 경우와 동일한 절차에 의하여 조약 전체의 정정본을 작성하는 것
2. 수탁자가 있는 조약의 경우에, 수탁자는 서명국 및 체약국에 대하여 착오와 그 정정 제안을 통보하며 또한 제안된 정정에 대하여 이의를 제기할 수 있는 적절한 기한을 명시한다. 그 기한이 만료되면 다음의 조치가 취하여진다.
(a) 이의가 제기되지 아니한 경우에, 수탁자는 착오문에 정정을 가하고 이에 가서명하며 또한 착오문의 정정 「경위서」를 작성하여 그 사본을 조약의 당사국 및 조약의 당사국이 될 수 있는 권리를 가진 국가에 송부한다.
(b) 이의가 제기된 경우에 수탁자는 그 이의를 서명국 및 체약국에 송부한다.
3. 조약문이 2 또는 그 이상의 언어로 정본인증되고 또한 서명국 및 체약국간의 합의로써 정정되어야 할 합치의 결여가 있다고 보이는 경우에는 상기 1항 및 2항의 규칙이 또한 적용된다.
4. 정정본은 서명국 및 체약국이 달리 결정하지 아니하는 한, 「처음부터」 흠결본을 대치한다.
5. 등록된 조약문의 정정은 국제연합 사무국에 통고된다.
6. 조약의 인증등본에서 착오가 발견되는 경우에, 수탁자는 정정을 명시하는 「경위서」를 작성하며 또한 그 사본을 서명국 및 체약국에 송부한다.
제80조 【조약의 등록 및 발간】 1. 조약은 그 발효 후에, 경우에 따라, 등록 또는 편철과 기록을 위하여 또한 발간을 위하여 국제연합사무국에 송부된다.
2. 수탁자의 지정은 상기 전항에 명시된 행위를 수탁자가 수행할 수 있는 권한을 부여하게 된다.

제8부 최종조항

제81조 【서명】 이 협약은 국제연합 또는 전문기구 중의 어느 하나 또는 국제원자력기구의 모든 회원국 또는 국제사법재판소 규정의 당사국 및 국제연합총회에 의하여 이 협약의 당사국이 되도록 초청된 기타의 국가에 의한 서명을 위하여 다음과 같이 개방된다. 즉 1969년 11월 30일까지는 오스트리아 공화국의 연방외무부에서 개방되며 또한 그 이후 1970년 4월 30일까지는 뉴욕의 국제연합 본부에서 개방된다.
제82조 【비준】 이 협약은 비준되어야 한다. 비준서는 국제연합 사무총장에게 기탁된다.
제83조 【가입】 이 협약은 제81조에 언급된 카테고리의 어느 하나에 속하는 국가에 의한 가입을 위하여 계속 개방된다. 가입서는 국제연합 사무총장에게 기탁된다.
제84조 【발효】 1. 이 협약은 35번째의 비준서 또는 가입서가 기탁된 날로부터 30일후에 발효한다.
2. 35번째의 비준서 또는 가입서가 기탁된 후 이 협약에 비준하거나 또는 가입하는 각 국가에 대하여, 이 협약은 그 국가에 의한 비준서 또는 가입서의 기탁으로부터 30일 후에 발효한다.
제85조 【정본】 중국어·영어·불어·노어 및 서반아어본이 동등히 정본인 이 협약의 원본은 국제연합 사무총장에게 기탁된다.

이상의 증거로, 하기 전권대표는 각자의 정부에 의하여 정당히 권한을 위임받아 이 협약에 서명하였다.
일천구백육십구년 오월 이십삼일 비엔나에서 작성되었다.

부 속 서

1. 국제연합 사무총장은 자격있는 법률가로 구성되는 조정관의 명부를 작성하여 유지한다. 이러한 목적으로 국제연합의 회원국 또는 이 협약의 당사국인 모든 국가는 2명의 조정관을 지명하도록 요청되며 또한 이렇게 지명된 자의 명단은 상기명부에 포함된다. 불시의 공석을 보충하기 위하여 지명된 조정관의 임기를 포함하여, 조정관의 임기는 5년이며 또한 연임될 수 있다. 임기가 만료되는 조정관은 하기 2항에 따라 그가 선임된 목적상의 직무를 계속 수행하여야 한다.

2. 제66조에 따라 국제연합 사무총장에게 요청이 제기된 경우에, 사무총장은 다음과 같이 구성되는 조정위원회에 분쟁을 부탁한다.

분쟁당사국의 일방을 구성하는 1 또는 그 이상의 국가는 다음과 같이 조정관을 임명한다.

(a) 상기 1항에 언급된 명부 또는 동 명부외에서 선임될 수 있는 자로서 당해국의 또는 당해 2이상의 국가중 어느 하나의 국가의 국적을 가진 1명의 조정관을 임명하며, 또한

(b) 상기 명부에서 선임되는 자로서 당해국 또는 당해 2이상의 국가중 어느 하나의 국가의 국적을 가지지 아니한 1명의 조정관을 임명한다.

분쟁 당사국의 타방을 구성하는 1 또는 그 이상의 국가는 동일한 방법으로 2명의 조정관을 임명한다. 분쟁당사국에 의하여 선임되는 4명의 조정관은 사무총장이 요청을 받는 날로부터 60일이내에 임명되어야 한다. 4명의 조정관은 그들 중 최후에 임명을 받는 자의 임명일자로부터 60일이내에, 상기명부로부터 선임되는 자로서 조정위원장이 될 제5조의 조정관을 임명한다.

위원장 또는 다른 조정관의 임명을 위하여 상기에 지정한 기간내에 그러한 임명이 행하여지지 아니한 경우에는 동 기간이 만료한 후 60일이내에 사무총장이 임명을 행한다. 위원장의 임명은 명부 중에서 또는 국제법위원회의 위원중에서 사무총장이 행할 수 있다. 임명이 행하여져야 하는 기간은 분쟁당사국의 합의에 의하여 연장될 수 있다. 공석은 처음의 임명에 관하여 지정된 방법으로 보충된다.

3. 조정위원회는 자체의 절차를 결정한다. 위원회는, 분쟁당사국의 동의를 얻어, 조약의 어느 당사국에 대하여 그 견해를 구두 또는 서면으로 동 위원회에 제출하도록 요청할 수 있다. 위원회의 결정 및 권고는 5명의 구성원의 다수결에 의한다.

4. 위원회는 우호적 해결을 촉진할 수 있는 조치에 대하여 분쟁당사국의 주의를 환기할 수 있다.

5. 위원회는 분쟁당사국의 의견을 청취하고, 청구와 이의를 심사하며 또한 분쟁의 우호적 해결에 도달할 목적으로 당사국에 대한 제안을 작성한다.

6. 위원회는 그 구성 후 12개월이내에 보고하여야 한다. 그 보고서는 사무총장에게 기탁되며 또한 분쟁당사국에 송부된다. 사실 또는 법적문제에 관하여 위원회의 보고서에 기술된 결론을 포함한 위원회의 보고서는 분쟁당사국을 구속하지 아니하며, 또한 분쟁의 우호적 해결을 촉진하기 위하여, 분쟁당사국에 의한 고려의 목적으로 제출된 권고 이외의 다른 성질을 가지지 아니한다.

7. 사무총장은 위원회가 필요로 하는 협조와 편의를 위원회에 제공한다. 위원회의 경비는 국제연합이 부담한다.

외교관계에 관한 비엔나협약

(1971년 1월 21일
조 약 제365호)

1961. 4.18(비엔나에서 작성)
1971. 1.27(대한민국에 대하여 발효)

본 협약 당사국은, 고대로부터 모든 국가의 국민이 외교관의 신분을 인정하였음을 상기하고, 국가의 주권평등, 국제평화와 안전의 유지 및 국가간의 우호관계의 증진에 관한 국제연합헌장의 목적과 원칙을 명심하고, 외교교섭, 특권 및 면제에 관한 국제협약의 여러 국가의 상이한 헌법체계와 사회제도에도 불구하고, 국가간의 우호관계의 발전에 기여할 것임을 확신하고, 이러한 특권과 면제의 목적이 개인의 이익을 위함이 아니라 국가를 대표하는 외교공관직무의 효율적 수행을 보장하기 위한 것임을 인식하고, 본 협약의 규정에 명시적으로 규제되지 아니한 문제에는 국제관습법의 규칙이 계속 지배하여야 함을 확인하며, 다음과 같이 합의하였다.

제1조 본 협약의 적용상, 하기 표현은 다음에서 정한 의미를 가진다.
(a) "공관장"이라 함은 파견국이 그러한 자격으로 행동할 임무를 부여한 자를 말한다.
(b) "공관원"이라 함은 공관장과 공관직원을 말한다.
(c) "공관직원"이라 함은 공관의 외교직원, 행정 및 기능직원 그리고 노무직원을 말한다.
(d) "외교직원"은 외교관의 직급을 가진 공관직원을 말한다.
(e) "외교관"이라 함은 공관장이나 공관의 외교직원을 말한다.
(f) "행정 및 기능직원"이라 함은 공관의 행정 및 기능업무에 고용된 공관직원을 말한다.
(g) "노무직원"이라 함은 공관의 관내역무에 종사하는 공관직원을 말한다.
(h) "개인 사용인"이라 함은 공관직원의 가사에 종사하며 파견국의 피고용인이 아닌 자를 말한다.
(i) "공관지역"이라 함은 소유자 여하를 불문하고, 공관장의 주거를 포함하여 공관의 목적으로 사용되는 건물과 건물의 부분 및 부속토지를 말한다.

제2조 국가간의 외교관계의 수립 및 상설 외교공관의 설치는 상호합의에 의하여 이루어진다.

제3조 1. 외교공관의 직무는 특히 아래와 같은 것을 포함한다.
(a) 접수국에서의 파견국의 대표
(b) 접수국에 있어서, 국제법이 허용하는 한도내에서, 파견국과 파견국 국민의 이익 보호,
(c) 접수국 정부와의 교섭
(d) 모든 합법적인 방법에 의한 접수국의 사정과 발전의 확인 및 파견국 정부에 대한 상기 사항의 보고
(e) 접수국과 파견국간의 우호관계 증진 및 양국간의 경제, 문화 및 과학관계의 발전

2. 본 협약의 어떠한 규정도 외교공관에 의한 영사업무의 수행을 방해하는 것으로 해석되지 아니한다.

제4조 1. 파견국은 공관장으로 파견하고자 제의한 자에 대하여 접수국의 "아그레망(agrément)"이 부여되었음을 확인하여야 한다.

2. 접수국은 "아그레망"을 거절한 이유를 파견국에 제시할 의무를 지지 아니한다.

제5조 1. 파견국은 관계 접수국들에 적절한 통고를 행한 후 접수국중 어느 국가의 명백한 반대가 없는 한 사정에 따라서 1개국 이상의 국가에 1인의 공관장을 파견하거나 외교직원을 임명할 수 있다.

2. 파견국이 1개국 또는 그 이상의 국가에 1인의 공관장을 파견하는 경우, 파견국은 공관장이 상주하지 아니하는 각국에 대사대리를 장으로 하는 외교공관을 설치할 수 있다.

3. 공관장이나 공관의 외교직원은 어떠한 국제기구에 대하여서도 파견국의 대표로서 행동할 수 있다.

제6조 2개국 또는 그 이상의 국가는, 접수국의 반대가 없는 한, 동일한 자를 공관장으로 타국에 파견할 수 있다.

제7조 제5조, 제8조, 제9조 및 제11조의 규정에 따를 것을 조건으로, 파견국은 자유로이 공관직원을 임명할 수 있다. 육, 해, 공군의 무관인 경우에는 접수국은 그의 승인을 위하여 사전에 그들의 명단 제출을 요구할 수 있다.

제8조 1. 공관의 외교직원은 원칙적으로 파견국의 국적을 가진 자이어야 한다.

2. 공관의 외교직원은 언제라도 철회할 수 있는 접수국측의 동의가 있는 경우를 제외하고는 접수국의 국적을 가진 자중에서 임명하여서는 아니된다.

3. 접수국은 파견국의 국민이 아닌 제3국의 국민에 관하여서도 동일한 권리를 유보할 수 있다.

제9조 1. 접수국은 언제든지 그리고 그 결정을 설명할 필요 없이 공관장이나 또는 기타 공관의 외교직원이 "불만한 인물"(PERSONA NON GRATA)이며, 또는 기타의 공관직원을 "받아들일 수 없는 인물"이라고 파견국에 통고할 수 있다. 이와 같은 경우에, 파견국은 적절히 관계자를 소환하거나 또는 그의 공관직무를 종료시켜야 한다. 접수국은 누구라도 접수국의 영역에 도착하기 전에 "불만한 인물" 또는 "받아들일 수 없는 인물"로 선언할 수 있다.

2. 파견국이 본조 제1항에 의한 의무의 이행을 거절하거나 또는 상당한 기일내에 이행하지 못하는 경우에는 접수국은 관계자를 공관원으로 인정함을 거부할 수 있다.

제10조 1. 접수국의 외무부 또는 합의되는 기타 부처는 다음과 같은 통고를 받는다.

(a) 공관원의 임명, 그들의 도착과 최종출발 또는 그들의 공관직무의 종료

(b) 공관원의 가족에 속하는 자의 도착 및 최종출발, 그리고 적당한 경우, 어떤 사람이 공관원의 가족의 일원이 되거나, 또는 되지 않게 되는 사실

(c) 본항(a)에 언급된 자에게 고용된 개인 사용인의 도착과 최종출발 그리고 적당한 경우, 그들의 고용인과 해약을 하게 되는 사실

(d) 특권 및 면제를 받을 권리를 가진 공관원이나 개인 사용인으로서 접수국에 거주하는 자의 고용 및 해고

2. 가능하면 도착과 최종 출발의 사전 통고도 하여야 한다.

제11조 1. 공관의 규모에 관한 특별한 합의가 없는 경우에는, 접수국은 자국의 사정과 조건 및 당해 공관의 필요성을 감안하여 합리적이며 정상적이라고 인정되는 범위내에서 공관의 규모를 유지할 것을 요구할 수 있다.

2. 접수국은 또한 유사한 범위내에서 그리고 무차별의 기초위에서 특정 범주에 속하는 직원의 접수를 거부할 수 있다.

제12조 파견국은 접수국의 명시적인 사전 동의가 없이는, 공관이 설립된 이외의 다른 장소에 공관의 일부를 구성하는 사무소를 설치할 수 없다.

제13조 1. 공관장은 일률적으로 적용되는 접수국의 일반적 관행에 따라 자기의 신임장을 제정하였을 때 또는 그의 도착을 통고하고 신임장의 진정등본을 접수국의 외무부 또는 합의된 기타 부처에 제출하였을 때에 접수국에서 그의 직무를 개시한 것으로 간주된다.

2. 신임장이나 또는 신임장의 진정등본 제출순서는 공관장의 도착일자와 시간에 의하여 결정한다.

제14조 1. 공관장은 다음의 3가지 계급으로 구분된다.

(a) 국가원수에게 파견된 대사 또는 교황청대사, 그리고 동등한 계급을 가진 기타의 공관장

(b) 국가원수에게 파견된 공사 또는 교황청 공사

(c) 외무부장관에게 파견된 대리공사

2. 서열 및 의례에 관계되는 것을 제외하고는 그들의 계급으로 인한 공관장간의 차별이 있어서는 아니된다.

제15조 공관장에게 부여되는 계급은 국가간의 합의로 정한다.

제16조 1. 공관장은 제13조의 규정에 의거하여 그 직무를 개시한 일자와 시간의 순서로 각자의 해당계급내의 서열이 정하여진다.

2. 계급의 변동에 관련되지 아니한 공관장의 신임장 변경은 그의 서열에 영향을 미치지 아니한다.

3. 본조는 교황청 대표의 서열에 관하여 접수국에 의하여 승인된 어떠한 관행도 침해하지 아니한다.

제17조 공관장은 공관의 외교직원의 서열을 외무부 또는 합의되는 기타 부처에 통고한다.

제18조 공관장의 접수를 위하여 각국에서 준수되는 절차는 각 계급에 관하여 일률적이어야 한다.

제19조 1. 공관장이 공석이거나 또는 공관장이 그의 직무를 수행할 수 없을 경우에는 대사대리가 잠정적으로 공관장으로서 행동한다. 대사대리의 성명은 공관장이나 또는 공관장이 할 수 없는 경우에는, 파견국의 외무부가 접수국의 외무부 또는 합의된 기타 부처에 통고한다.

2. 접수국에 공관의 외교직원이 없는 경우에는, 파견국은 접수국의 동의를 얻어 행정 및 기능직원을 공관의 일상관리 사무를 담당하도록 지명할 수 있다.

제20조 공관과 공관장은 공관장의 주거를 포함한 공관지역 및 공관장의 수송수단에 파견국의 국기 및 문장을 사용할 권리를 가진다.

제21조 1. 접수국은 그 법률에 따라 파견국이 공관을 위하여 필요로 하는 공관지역을 접수국의 영토에서 취득함을 용이하게 하거나 또는 기타 방법으로 파견국이 시설을 획득하는 데 있어서 이를 원조하여야 한다.

2. 접수국은 또한 필요한 경우, 공관이 그들의 관원을 위하여 적당한 시설을 획득하는 데 있어서 이를 원조하여야 한다.

제22조 1. 공관지역은 불가침이다. 접수국의 관헌은 공관장의 동의없이는 공관지역에 들어가지 못한다.

2. 접수국은 어떠한 침입이나 손해에 대하여도 공관지역을 보호하며, 공관의 안녕을 교란시키거나 품위의 손상을 방지하기 위하여 모든 적절한 조치를 취할 특별한 의무를 가진다.

3. 공관지역과 동 지역내에 있는 비품류 및 기타 재산과 공관의 수송수단은 수색, 징발, 차압 또는 강제집행으로부터 면제된다.

제23조 1. 파견국 및 공관장은 특정 용역의 제공에 대한 지불의 성격을 가진 것을 제외하고는, 소유 또는 임차여하를 불문하고 공관지역에 대한 국가, 지방 또는 지방자치단체의 모든 조세와 부과금으로부터 면제된다.

2. 본조에 규정된 조세의 면제는, 파견국 또는 공관장과 계약을 체결하는 자가 접수국의 법률에 따라 납부하여야 하는 조세나 부과금에는 적용되지 아니한다.

제24조 공관의 문서 및 서류는 어느 때나 그리고 어느 곳에서나 불가침이다.

제25조 접수국은 공관의 직무수행을 위하여 충분한 편의를 제공하여야 한다.

제26조 접수국은, 국가 안전을 이유로 출입이 금지되어 있거나 또는 규제된 지역에 관한 법령에 따를 것을 조건으로 하여 모든 공관원에게 대하여 접수국 영토내에서의 이동과 여행의 자유를 보장하여야 한다.

제27조 1. 접수국은 공용을 위한 공관의 자유로운 통신을 허용하며 보호하여야 한다. 공관은 자국정부 및 소재여하를 불문한 기타의 자국 공관이나 영사관과 통신을 함에 있어서, 외교신서사 및 암호 또는 부호로 된 통신문을 포함한 모든 적절한 방법을 사용할 수 있다. 다만, 공관은 접수국의 동의를 얻어야만 무선송신기를 설치하고 사용할 수 있다.

2. 공관의 공용 통신문은 불가침이다. 공용 통신문이라 함은 공관 및 그 직무에 관련된 모든 통신문을 의미한다.

3. 외교행낭은 개봉되거나 유치되지 아니한다.

4. 외교행낭을 구성하는 포장물은 그 특성을 외부에서 식별할 수 있는 표지를 달아야 하며 공용을 목적으로 한 외교문서나 물품만을 넣을 수 있다.

5. 외교신서사는 그의 신분 및 외교 행낭을 구성하는 포장물의 수를 표시하는 공문서를 소지하여야 하며, 그의 직무를 수행함에 있어서 접수국의 보호를 받는다. 외교신서사는 신체의 불가침을 향유하며 어떠한 형태의 체포나 구금도 당하지 아니한다.

6. 파견국 또는 공관은 임시 외교신서사를 지정할 수 있다. 이러한 경우에는 본조 제5항의 규정이 또한 적용된다. 다만, 동신서사가 자신의 책임하에 있는 외교행낭을 수취인에게 인도하였을 때에는 제5항에 규정된 면제가 적용되지 아니한다.

7. 외교행낭은 공인된 입국항에 착륙하게 되어 있는 상업용 항공기의 기장에게 위탁할 수 있다. 동 기장은 행낭을 구성하는 포장물의 수를 표시하는 공문서를 소지하여야 하나 외교신서사로 간주되지는 아니한다. 공관은 항공기 기장으로부터 직접으로 또는 자유롭게 외교 행낭을 수령하기 위하여 공관직원을 파견할 수 있다.

제28조 공관이 자신의 공무를 수행함에 있어서 부과한 수수료와 요금은 모든 부과금과 조세로부터 면제된다.

제29조 외교관의 신체는 불가침이다. 외교관은 어떠한 형태의 체포 또는 구금도 당하지 아니한다. 접수국은 상당한 경의로서 외교관을 대우하여야 하며 또한 그의 신체, 자유 또는 품위에 대한 여하한 침해에 대하여도 이를 방지하기 위하여 모든 적절한 조치를 취하여야 한다.

제30조 1. 외교관의 개인주거는 공관지역과 동일한 불가침과 보호를 향유한다.

2. 외교관의 서류, 통신문 그리고 제31조제3항에 규정된 경우를 제외한 그의 재산도 동일하게 불가침권을 향유한다.

제31조 1. 외교관은 접수국의 형사재판 관할권으로부터의 면제를 향유한다. 외교관은 또한, 다음 경우를 제외하고는, 접수국의 민사 및 행정재판 관할권으로부터의 면제를 향유한다.

(a) 접수국의 영역내에 있는 개인부동산에 관한 부동산 소송. 단, 외교관이 공관의 목적을 위하여 파견국을 대신하여 소유하는 경우는 예외이다.

(b) 외교관이 파견국을 대신하지 아니하고 개인으로서 유언집행인, 유산관리인, 상속인 또는 유산수취인으로서 관련된 상속에 관한 소송

(c) 접수국에서 외교관이 그의 공적직무 이외로 행한 직업적 또는 상업적 활동에 관한 소송

2. 외교관은 증인으로서 증언을 행할 의무를 지지 아니한다.

3. 본조 제1항(a), (b) 및 (c)에 해당되는 경우를 제외하고는, 외교관에 대하여 여하한 강제 집행조치도 취할 수 없다. 전기의 강제 집행조치는 외교관의 신체나 주거의 불가침을 침해하지 않는 경우에 취할 수 있다.

4. 접수국의 재판관할권으로부터 외교관을 면제하는 것은 파견국의 재판관할권으로부터 외교관을 면제하는 것은 아니다.

제32조 1. 파견국은 외교관 및 제37조에 따라 면제를 향유하는 자에 대한 재판관할권의 면제를 포기할 수 있다.

2. 포기는 언제나 명시적이어야 한다.

3. 외교관과 제37조에 따라 재판관할권의 면제를 향유하는 자가 소송을 제기한 경우에는 본소에 직접 관련된 반소에 관하여 재판관할권의 면제를 원용할 수 없다.

4. 민사 또는 행정소송에 관한 재판관할권으로부터의 면제의 포기는 동 판결의 집행에 관한 면제의 포기를 의미하는 것으로 간주되지 아니한다. 판결의 집행으로부터의 면제를 포기하기 위하여서는 별도의 포기를 필요로 한다.

제33조 1. 본조 제3항의 규정에 따를 것을 조건으로 외교관은 파견국을 위하여 제공된 역무에 관하여 접수국에서 시행되는 사회보장의 제 규정으로부터 면제된다.

2. 본조 제1항에 규정된 면제는, 아래의 조건으로 외교관에게 전적으로 고용된 개인사용인에게도 적용된다.

(a) 개인사용인이 접수국의 국민이거나 또는 영주자가 아닐 것

(b) 개인사용인이 파견국이나 또는 제3국에서 시행되는 사회보장규정의 적용을 받고 있을 것

3. 본조 제2항에 규정된 면제가 적용되지 아니하는 자를 고용하는 외교관은 접수국의 사회보장 규정이 고용주에게 부과하는 제 의무를 준수하여야 한다.

4. 본조 제1항 및 제2항에 규정된 면제는, 접수국의 승인을 받는다는 조건으로, 접수국의 사회보장제도에 자발적으로 참여함을 방해하지 아니한다.

5. 본조의 규정은 사회보장에 관하여 이미 체결된 양자 또는 다자협정에 영향을 주지 아니하며 또한 장차의 이러한 협정의 체결도 방해하지 아니한다.

제34조 외교관은, 다음의 경우를 제외하고는 국가, 지방 또는 지방자치단체의 모든 인적 또는 물적 부과금과 조세로부터 면제된다.

(a) 상품 또는 용역의 가격에 통상 포함되는 종류의 간접세

(b) 접수국의 영역내에 있는 사유 부동산에 대한 부과금 및 조세. 단, 공관의 목적을 위하여 파견국을 대신하여 소유하는 경우는 예외이다.

(c) 제39조제4항의 규정에 따를 것을 조건으로, 접수국이 부과하는 재산세, 상속세 또는 유산세

(d) 접수국에 원천을 둔 개인소득에 대한 부과금과 조세 및 접수국에서 상업상의 사업에 행한 투자에 대한 자본세

(e) 특별한 용역의 제공에 부과된 요금

(f) 제23조의 규정에 따를 것을 조건으로, 부동산에 관하여 부과되는 등기세, 법원의 수수료 또는 기록 수수료, 담보세 및 인지세

제35조 접수국은 외교관에 대하여 모든 인적역무와 종류 여하를 불문한 일체의 공공역무 및 징발, 군사상의 기부 그리고 숙사제공 명령에 관련된 군사상의 의무로부터 면제하여야 한다.

제36조 1. 접수국은 동국이 제정하는 법령에 따라서, 하기 물품의 반입을 허용하며 모든 관세 및 조세와 기타 관련되는 과징금을 면제한다. 단, 보관, 운반 및 이와 유사한 역무에 대한 과징금은 그러하지 아니하다.

(a) 공관의 공용을 위한 물품

(b) 외교관의 거주용 물품을 포함하여 외교관이나 또는 그의 세대를 구성하는 가족의 개인사용을 위한 물품

2. 외교관의 개인수하물은 검열에서 면제된다. 단, 본조제1항에서 언급한 면제에 포함되지 아니하는 물품이 있거나, 또는 접수국의 법률로서 수출입이 금지되어 있거나 접수국의 검역규정에 의하여 통제된 물품을 포함하고 있다고 추정할 만한 중대한 이유가 있는 경우에는 그러하지 아니하다. 전기의 검열은 외교관이나 또는 그가 권한을 위임한 대리인의 입회하에서만 행하여야 한다.

제37조 1. 외교관의 세대를 구성하는 그의 가족은, 접수국의 국민이 아닌 경우, 제29조에서 제36조까지 명시된 특권과 면제를 향유한다.

2. 공관의 행정 및 기능직원은 그들의 각 세대를 구성하는 가족과 더불어, 접수국의 국민이나 영주자가 아닌 경우, 제29조에서 제35조까지 명시된 특권과 면제를 향유한다. 단, 제31조제1항에 명시된 접수국의 민사 및 행정재판 관할권으로부터의 면제는 그들의 직무 이외에 행한 행위에는 적용되지 아니한다. 그들은 또한 처음 부임할 때에 수입한 물품에 관하여 제36조제1항에 명시된 특권을 향유한다.

3. 접수국의 국민이나 영주자가 아닌 공관의 노무직원은, 그들의 직무중에 행한 행위에 관하여 면제를 향유하며 그들이 취업으로 인하여 받는 보수에 대한 부과금이나 조세로부터 면제되고, 제33조에 포함된 면제를 향유한다.

4. 공관원의 개인사용인은, 접수국의 국민이나 영주자가 아닌 경우, 그들이 취업으로 인하여 받는 보수에 대한 부과금이나 조세로부터 면제된다. 그 이외의 점에 대하여, 그들은 접수국이 인정하는 범위에서만 특권과 면제를 향유할 수 있다. 단, 접수국은 공관의 직무수행을 부당하게 간섭하지 않는 방법으로 이러한 자에 대한 관할권을 행사하여야 한다.

제38조 1. 접수국이 추가로 특권과 면제를 부여하는 경우를 제외하고는, 접수국의 국민이나 영주자인 외교관은 그의 직무수행중에 행한 공적행위에 대하여서만 재판관할권면제 및 불가침권을 향유한다.

2. 접수국의 국민이나 영주자인 기타의 공관직원과 개인사용인은 접수국이 인정하는 범위에서만 특권과 면제를 향유한다. 단, 접수국은 공관의 직무수행을 부당하게 간섭하지 않는 방법으로 이러한 자에 대한 관할권을 행사하여야 한다.

제39조 1. 특권 및 면제를 받을 권리가 있는 자는, 그가 부임차 접수국의 영역에 들어간 순간부터, 또는 이미 접수국의 영역내에 있을 경우에는, 그의 임명을 외무부나 또는 합의되는 기타 부처에 통고한 순간부터 특권과 면제를 향유한다.

2. 특권과 면제를 향유하는 자의 직무가 종료하게 되면, 여사한 특권과 면제는 통상 그가 접수국에서 퇴거하거나 또는 퇴거에 요하는 상당한 기간이 만료하였을 때에 소멸하나, 무력분쟁의 경우일지라도 그 시기까지는 존속한다. 단, 공관원으로서의 직무 수행중에 그가 행한 행위에 관하여는 재판관할권으로부터의 면제가 계속 존속한다.

3. 공관원이 사망하는 경우에, 그의 가족은 접수국을 퇴거하는데 요하는 상당한 기간이 만료할 때까지 그들의 권리인 특권과 면제를 계속 향유한다.

4. 접수국의 국민이나 영주자가 아닌 공관원이나 또는 그의 세대를 구성하는 가족이 사망하는 경우에, 접수국은 자국에서 취득한 재산으로서 그 수출이 그의 사망시에 금지된 재산을 제외하고는 사망인의 동산의 반출을 허용하여야 한다. 사망자가 공

관원 또는 공관원의 가족으로서 접수국에 체재하였음에 전적으로 연유하여 동국에 존재하는 동산에는 재산세, 상속세 및 유산세는 부과되지 아니한다.

제40조 1. 외교관이 부임, 귀임 또는 본국으로 귀국하는 도중 여권사증이 필요한 경우, 그에게 여권사증을 부여한 제3국을 통과하거나 또는 제3국의 영역내에 있을 경우에, 제3국은 그에게 불가침권과 그의 통과나 귀국을 보장함에 필요한 기타 면제를 부여하여야 한다. 동 규정은, 특권이나 면제를 향유하는 외교관의 가족이 동 외교관을 동반하거나 그와 합류하거나 자국에 귀국하기 위하여 별도로 여행하는 경우에도 적용된다.

2. 본조 제1항에 명시된 것과 유사한 사정하에서 제3국은, 공관의 행정 및 기능직원 또는 노무직원과 그들 가족이 그 영토를 통과함을 방해하여서는 아니된다.

3. 제3국은 암호 또는 부호로 된 통신문을 포함하여 통과중인 공문서와 기타 공용통신에 대하여 접수국이 허여하는 동일한 자유와 보호를 부여하여야 한다. 제3국은, 사증이 필요한 경우 여권사증이 부여된 외교신서사와 통과중인 외교행낭에 대하여 접수국이 부여하여야 하는 동일한 불가침권과 보호를 부여하여야 한다.

4. 본조 제1항, 제2항, 및 제3항에 따른 제3국의 의무는, 전기 각항에서 언급한 자와 공용통신 및 외교행낭이 불가항력으로 제3국의 영역내에 들어간 경우에도 적용된다.

제41조 1. 그들의 특권과 면제를 침해하지 아니하는 한, 접수국의 법령을 존중하는 것은 이와 같은 특권과 면제를 향유하는 모든 자의 의무이다. 그들은 또한 접수국의 내정에 개입하여서는 아니될 의무를 진다.

2. 파견국이 공관에 위임한 접수국과의 모든 공적 사무는 접수국의 외무부 또는 합의되는 기타 부처를 통해서 행하여진다.

3. 공관지역은 본 협약, 일반국제법상의 기타 규칙 또는 파견국과 접수국간에 유효한 특별 협정에 규정된 공관의 직무와 양립할 수 없는 여하한 방법으로도 사용되어서는 아니된다.

제42조 외교관은 접수국에서 개인적 영리를 위한 어떠한 직업적 또는 상업적 활동도 하여서는 아니된다.

제43조 외교관의 직무는 특히 다음의 경우에 종료한다.

(a) 파견국이 당해 외교관의 직무가 종료되었음을 접수국에 통고한 때

(b) 접수국이 제9조제2항에 따라 당해 외교관을 공관원으로서 인정하기를 거부함을 파견국에 통고한 때

제44조 접수국은 무력충돌의 경우에라도, 접수국의 국민이 아닌 자로서 특권과 면제를 향유하는 자와 국적에 관계없이 이러한 자의 가족이 가능한 한 조속히 퇴거할 수 있도록 편의를 제공하여야 한다. 특히 필요한 경우에는, 그들 자신과 그들의 재산을 위하여 필요한 수송수단을 수의로 사용할 수 있도록 제공하여야 한다.

제45조 2개국간의 외교관계가 단절되거나, 또는 공관이 영구적으로 또는 잠정적으로 소환되는 경우에,

(a) 접수국은 무력충돌의 경우에라도, 공관의 재산 및 문서와 더불어 공관지역을 존중하고 보호하여야 한다.

(b) 파견국은 공관의 재산 및 문서와 더불어 공관지역의 보관을 접수국이 수락할 수 있는 제3국에 위탁할 수 있다.

(c) 파견국은 자국 및 자국민의 이익보호를, 접수국이 수락할 수 있는 제3국에 위탁할 수 있다.

제46조 파견국은, 접수국의 사전 동의를 얻고 또한 그 접수국에 공관을 가지지 아니한 제3국의 요청에 따라 제3국과 그 국민의 이익을 잠정적으로 보호할 수 있다.

제47조 1. 접수국은, 본 협약의 조항을 적용함에 있어서 국가간에 차별을 두어서는 아니된다.

2. 다만, 다음의 경우에는 차별을 두는 것으로 간주되지 아니한다.

(a) 파견국이 본 협약의 어느 조항을 파견국내에 있는 접수국의 공관에 제한적으로 적용한다는 것을 이유로, 접수국이 동 조항을 제한적으로 적용하는 경우

(b) 관습이나 합의에 의하여 각 국이 본 협약의 조항이 요구하는 것보다 더욱 유리한 대우를 상호부여하는 경우

제48조 본 협약은, 모든 국제연합 회원국 또는 국제연합 전문기구의 회원국과 국제사법재판소 규정의 당사국, 그리고 국제연합 총회가 본 협약의 당사국이 되도록 초청한 기타 국가에 의한 서명을 위하여 다음과 같이 즉, 1961년 10월 31일까지는 "오스트리아"외무성에서 그리고 그후 1962년 3월 31일까지는 "뉴욕"에 있는 국제연합본부에서 개방된다.

제49조 본 협약은 비준되어야 한다. 비준서는 국제연합 사무총장에게 기탁된다.

제50조 본 협약은 제48조에 언급된 4개의 범주중 어느 하나에 속하는 국가의 가입을 위하여 개방된다. 가입서는 국제연합 사무총장에게 기탁된다.

제51조 1. 본 협약은 22번째 국가의 비준서 또는 가입서가 국제연합 사무총장에게 기탁한 일자로부터 30일이 되는 날에 발효한다.

2. 22번째 국가의 비준서 또는 가입서가 기탁된 후에 본 협약을 비준하거나 이에 가입하는 각 국가에 대하여는, 본 협약은 이러한 국가가 비준서나 가입서를 기탁한 일자로부터 30일이 되는 날에 발효한다.

제52조 국제연합 사무총장은 제48조에 언급된 4개의 범주 중 어느 하나에 속하는 모든 국가에 대하여 다음 사항을 통고하여야 한다.

(a) 제48조, 제49조 및 제50조에 따른 본 협약에 대한 서명과 비준서 또는 가입서의 기탁

(b) 제51조에 따른 본 협약의 발효 일자

제53조 중국어, 영어, "프랑스"어, "러시아어", "스페인"어본이 동등히 정본인 본 협약의 원본은 국제연합 사무총장에게 기탁되어야 하며, 국제연합 사무총장은 본 협약의 인증등본을 제48조에 언급된 4개의 범주중 어느 하나에 속하는 모든 국가에 송부하여야 한다.

이상의 증거로서 각기 자국정부에 의하여 정당한 권한을 위임받은 하기 전권위원은 본 협약에 서명하였다.

1961년 4월 18일 "비엔나"에서 작성하였다.

국제물품매매계약에 관한 국제연합 협약

(2005년 2월 28일
조 약 제1711호)

1980. 4.11(비엔나에서 채택)
2005. 3. 1(대한민국에 대하여 발효)

이 협약의 당사국은, 신국제경제질서의 수립에 관하여 국제연합총회의 제6차 특별회의에서 채택된 결의의 광범한 목적에 유념하고, 평등과 상호이익을 기초로 한 국제거래의 발전이 국가간의 우호관계를 증진하는 중요한 요소임을 고려하며, 국제물품매매계약을 규율하고 상이한 사회적·경제적 및 법적 제도를 고려한 통일규칙을 채택하는 것이 국제거래상의 법적 장애를 제거하는 데 기여하고 국제거래의 발전을 증진하는 것이라는 견해하에, 다음과 같이 합의하였다.

제1편 적용범위와 총칙

제1장 적용범위

제1조 (1) 이 협약은 다음의 경우에, 영업소가 서로 다른 국가에 있는 당사자간의 물품매매계약에 적용된다.
(가) 해당 국가가 모두 체약국인 경우, 또는
(나) 국제사법 규칙에 의하여 체약국법이 적용되는 경우
(2) 당사자가 서로 다른 국가에 영업소를 가지고 있다는 사실은, 계약으로부터 또는 계약체결 전이나 그 체결시에 당사자간의 거래나 당사자에 의하여 밝혀진 정보로부터 드러나지 아니하는 경우에는 고려되지 아니한다.
(3) 당사자의 국적 또는 당사자나 계약의 민사적·상사적 성격은 이 협약의 적용 여부를 결정하는 데에 고려되지 아니한다.
제2조 이 협약은 다음의 매매에는 적용되지 아니한다.
(가) 개인용·가족용 또는 가정용으로 구입된 물품의 매매. 다만, 매도인이 계약체결 전이나 그 체결시에 물품이 그와 같은 용도로 구입된 사실을 알지 못하였고, 알았어야 했던 것도 아닌 경우에는 그러하지 아니하다.
(나) 경매에 의한 매매
(다) 강제집행 그 밖의 법령에 의한 매매
(라) 주식, 지분, 투자증권, 유통증권 또는 통화의 매매
(마) 선박, 소선(小船), 부선(浮船), 또는 항공기의 매매
(바) 전기의 매매
제3조 (1) 물품을 제조 또는 생산하여 공급하는 계약은 이를 매매로 본다. 다만, 물품을 주문한 당사자가 그 제조 또는 생산에 필요한 재료의 중요한 부분을 공급하는 경우에는 그러하지 아니하다.
(2) 이 협약은 물품을 공급하는 당사자의 의무의 주된 부분이 노무 그 밖의 서비스의 공급에 있는 계약에는 적용되지 아니한다.
제4조 이 협약은 매매계약의 성립 및 그 계약으로부터 발생하는 매도인과 매수인의 권리의무만을 규율한다. 이 협약에 별도의 명시규정이 있는 경우를 제외하고, 이 협약은 특히 다음과 관련이 없다.
(가) 계약이나 그 조항 또는 관행의 유효성
(나) 매매된 물품의 소유권에 관하여 계약이 미치는 효력
제5조 이 협약은 물품으로 인하여 발생한 사람의 사망 또는 상해에 대한 매도인의 책임에는 적용되지 아니한다.
제6조 당사자는 이 협약의 적용을 배제할 수 있고, 제12조에 따를 것을 조건으로 하여 이 협약의 어떠한 규정에 대하여도 그 적용을 배제하거나 효과를 변경할 수 있다.

제2장 총 칙

제7조 (1) 이 협약의 해석에는 그 국제적 성격 및 적용상의 통일과 국제거래상의 신의 준수를 증진할 필요성을 고려하여야 한다.
(2) 이 협약에 의하여 규율되는 사항으로서 협약에서 명시적으로 해결되지 아니하는 문제는, 이 협약이 기초하고 있는 일반원칙, 그 원칙이 없는 경우에는 국제사법 규칙에 의하여 적용되는 법에 따라 해결되어야 한다.
제8조 (1) 이 협약의 적용상, 당사자의 진술 그 밖의 행위는 상대방이 그 당사자의 의도를 알았거나 모를 수 없었던 경우에는 그 의도에 따라 해석되어야 한다.
(2) 제1항이 적용되지 아니하는 경우에 당사자의 진술 그 밖의 행위는, 상대방과 동일한 부류의 합리적인 사람이 동일한 상황에서 이해하였을 바에 따라 해석되어야 한다.
(3) 당사자의 의도 또는 합리적인 사람이 이해하였을 바를 결정함에 있어서는 교섭, 당사자간에 확립된 관례, 관행 및 당사자의 후속 행위를 포함하여 관련된 모든 사항을 적절히 고려하여야 한다.
제9조 (1) 당사자는 합의한 관행과 당사자간에 확립된 관례에 구속된다.
(2) 별도의 합의가 없는 한, 당사자가 알았거나 알 수 있었던 관행으로서 국제거래에서 당해 거래와 동종의 계약을 하는 사람에게 널리 알려져 있고 통상적으로 준수되고 있는 관행은 당사자의 계약 또는 그 성립에 묵시적으로 적용되는 것으로 본다.
제10조 이 협약의 적용상,
(가) 당사자 일방이 둘 이상의 영업소를 가지고 있는 경우에는, 계약체결 전이나 그 체결시에 당사자 쌍방에 알려지거나 예기된 상황을 고려하여 계약 및 그 이행과 가장 밀접한 관련이 있는 곳이 영업소로 된다.
(나) 당사자 일방이 영업소를 가지고 있지 아니한 경우에는 그의 상거소를 영업소로 본다.
제11조 매매계약은 서면에 의하여 체결되거나 입증될 필요가 없고, 방식에 관한 그 밖의 어떠한 요건도 요구되지 아니한다. 매매계약은 증인을 포함하여 어떠한 방법에 의하여도 입증될 수 있다.
제12조 매매계약, 합의에 의한 매매계약의 변경이나 종료, 청약·승낙 그 밖의 의사표시를 서면 이외의 방법으로 할 수 있도록 허용하는 이 협약 제11조, 제29조 또는 제2편은 당사자가 이 협약 제96조에 따라 유보선언을 한 체약국에 영업소를 가지고 있는 경우에는 적용되지 아니한다. 당사자는 이 조를 배제하거나 그 효과를 변경할 수 없다.
제13조 이 협약의 적용상 「서면」에는 전보와 텔렉스가 포함된다.

제2편 계약의 성립

제14조 (1) 1인 또는 그 이상의 특정인에 대한 계약체결의 제안은 충분히 확정적이고, 승낙시 그에 구속된다는 청약자의 의사가 표시되어 있는 경우에 청약이 된다. 제안이 물품을 표시하고, 명시적 또는 묵시적으로 수량과 대금을 지정하거나 그 결정을 위한 조항을 두고 있는 경우에, 그 제안은 충분히 확정적인 것으로 한다.
(2) 불특정 다수인에 대한 제안은 제안자가 반대 의사를 명확히 표시하지 아니하는 한, 단지 청약의 유인으로 본다.
제15조 (1) 청약은 상대방에게 도달한 때에 효력이 발생한다.
(2) 청약은 철회될 수 없는 것이더라도, 회수의 의사표시가 청약의 도달 전 또는 그와 동시에 상대방에게 도달하는 경우에는 회수될 수 있다.
제16조 (1) 청약은 계약이 체결되기까지는 철회될 수 있다. 다만, 상대방이 승낙의 통지를 발송하기 전에 철회의 의사표시가 상대방에게 도달되어야 한다.
(2) 그러나 다음의 경우에는 청약은 철회될 수 없다.
(가) 승낙기간의 지정 그 밖의 방법으로 청약이 철회될 수 없음이 청약에 표시되어 있는 경우, 또는
(나) 상대방이 청약이 철회될 수 없음을 신뢰하는 것이 합리적이고, 상대방이 그 청약을 신뢰하여 행동한 경우
제17조 청약은 철회될 수 없는 것이더라도, 거절의 의사표시가 청약자에게 도달한 때에는 효력을 상실한다.
제18조 (1) 청약에 대한 동의를 표시하는 상대방의 진술 그 밖의 행위는 승낙이 된다. 침묵 또는 부작위는 그 자체만으로 승낙이 되지 아니한다.

(2) 청약에 대한 승낙은 동의의 의사표시가 청약자에게 도달하는 시점에 효력이 발생한다. 동의의 의사표시가 청약자가 지정한 기간 내에, 기간의 지정이 없는 경우에는 청약자가 사용한 통신수단의 신속성 등 거래의 상황을 적절히 고려하여 합리적인 기간 내에 도달하지 아니하는 때에는, 승낙은 효력이 발생하지 아니한다. 구두의 청약은 특별한 사정이 없는 한 즉시 승낙되어야 한다.

(3) 청약에 의하여 또는 당사자간에 확립된 관례나 관행의 결과로 상대방이 청약자에 대한 통지없이, 물품의 발송이나 대금지급과 같은 행위를 함으로써 동의를 표시할 수 있는 경우에는, 승낙은 그 행위가 이루어진 시점에 효력이 발생한다. 다만, 그 행위는 제2항에서 정한 기간 내에 이루어져야 한다.

제19조 (1) 승낙을 의도하고 있으나, 부가, 제한 그 밖의 변경을 포함하는 청약에 대한 응답은 청약에 대한 거절이면서 또한 새로운 청약이 된다.

(2) 승낙을 의도하고 있고, 청약의 조건을 실질적으로 변경하지 아니하는 부가적 조건 또는 상이한 조건을 포함하는 청약에 대한 응답은 승낙이 된다. 다만, 청약자가 부당한 지체없이 그 상위(相違)에 구두로 이의를 제기하거나 그러한 취지의 통지를 발송하는 경우에는 그러하지 아니하다. 청약자가 이의를 제기하지 아니하는 경우에는 승낙에 포함된 변경이 가하여진 청약 조건이 계약 조건이 된다.

(3) 특히 대금, 대금지급, 물품의 품질과 수량, 인도의 장소와 시기, 당사자 일방의 상대방에 대한 책임범위 또는 분쟁해결에 관한 부가적 조건 또는 상이한 조건은 청약 조건을 실질적으로 변경하는 것으로 본다.

제20조 (1) 청약자가 전보 또는 서신에서 지정한 승낙기간은 전보가 발송을 위하여 교부된 시점 또는 서신에 표시되어 있는 일자, 서신에 일자가 표시되지 아니한 경우에는 봉투에 표시된 일자로부터 기산한다. 청약자가 전화, 텔렉스 그 밖의 同時的 통신수단에 의하여 지정한 승낙기간은 청약이 상대방에게 도달한 시점으로부터 기산한다.

(2) 승낙기간중의 공휴일 또는 비영업일은 기간의 계산에 산입한다. 다만, 기간의 말일이 청약자의 영업소 소재지의 공휴일 또는 비영업일에 해당하여 승낙의 통지가 기간의 말일에 청약자에게 도달될 수 없는 경우에는, 기간은 그 다음의 최초 영업일까지 연장된다.

제21조 (1) 연착된 승낙은 청약자가 상대방에게 지체 없이 승낙으로서 효력을 가진다는 취지를 구두로 통고하거나 그러한 취지의 통지를 발송하는 경우에는 승낙으로서의 효력이 있다.

(2) 연착된 승낙이 포함된 서신 그 밖의 서면에 의하여, 전달이 정상적이었다면 기간 내에 청약자에게 도달되었을 상황에서 승낙이 발송되었다고 인정되는 경우에는, 그 연착된 승낙은 승낙으로서의 효력이 있다. 다만, 청약자가 상대방에게 지체 없이 청약이 실효되었다는 취지를 구두로 통고하거나 그러한 취지의 통지를 발송하는 경우에는 그러하지 아니하다.

제22조 승낙은 그 효력이 발생하기 전 또는 그와 동시에 회수의 의사표시가 청약자에게 도달하는 경우에는 회수될 수 있다.

제23조 계약은 청약에 대한 승낙이 이 협약에 따라 효력을 발생하는 시점에 성립된다.

제24조 이 협약 제2편의 적용상, 청약, 승낙 그 밖의 의사표시는 상대방에게 구두로 통고된 때 또는 그 밖의 방법으로 상대방 본인, 상대방의 영업소나 우편주소에 전달된 때, 상대방이 영업소나 우편주소를 가지지 아니한 경우에는 그의 상거소에 전달된 때에 상대방에게 "도달"된다.

제3편 물품의 매매

제1장 총 칙

제25조 당사자 일방의 계약위반은, 그 계약에서 상대방이 기대할 수 있는 바를 실질적으로 박탈할 정도의 손실을 상대방에게 주는 경우에 본질적인 것으로 한다. 다만, 위반 당사자가 그러한 결과를 예견하지 못하였고, 동일한 부류의 합리적인 사람도 동일한 상황에서 그러한 결과를 예견하지 못하였을 경우에는 그러하지 아니하다.

제26조 계약해제의 의사표시는 상대방에 대한 통지로 행하여진 경우에만 효력이 있다.

제27조 이 협약 제3편에 별도의 명시규정이 있는 경우를 제외하고, 당사자가 이 협약 제3편에 따라 상황에 맞는 적절한 방법으로 통지, 청구 그 밖의 통신을 한 경우에, 당사자는 통신의 전달 중에 지연이나 오류가 있거나 또는 통신이 도달되지 아니하더라도 그 통신을 주장할 권리를 상실하지 아니한다.

제28조 당사자 일방이 이 협약에 따라 상대방의 의무이행을 요구할 수 있는 경우에도, 법원은 이 협약이 적용되지 아니하는 유사한 매매계약에 관하여 자국법에 따라 특정이행을 명하는 판결을 하여야 하는 경우가 아닌 한, 특정이행을 명하는 판결을 할 의무가 없다.

제29조 (1) 계약은 당사자의 합의만으로 변경 또는 종료될 수 있다.

(2) 서면에 의한 계약에 합의에 의한 변경 또는 종료는 서면에 의하여야 한다는 규정이 있는 경우에, 다른 방법으로 합의 변경 또는 합의 종료될 수 없다. 다만, 당사자는 상대방이 자신의 행동을 신뢰한 한도까지는 그러한 규정을 원용할 수 없다.

제2장 매도인의 의무

제30조 매도인은 계약과 이 협약에 따라 물품을 인도하고, 관련 서류를 교부하며 물품의 소유권을 이전하여야 한다.

제1절 물품의 인도와 서류의 교부

제31조 매도인이 물품을 다른 특정한 장소에서 인도할 의무가 없는 경우에, 매도인의 인도의무는 다음과 같다.

(가) 매매계약에 물품의 운송이 포함된 경우에는, 매수인에게 전달하기 위하여 물품을 제1운송인에게 교부하는 것.

(나) (가)호에 해당되지 아니하는 경우로서 계약이 특정물에 관련되거나 또는 특정한 재고품에서 인출되는 불특정물이나 제조 또는 생산되는 불특정물에 관련되어 있고, 당사자 쌍방이 계약 체결시에 그 물품이 특정한 장소에 있거나 그 장소에서 제조 또는 생산되는 것을 알고 있었던 경우에는, 그 장소에서 물품을 매수인의 처분 하에 두는 것.

(다) 그 밖의 경우에는, 계약 체결시에 매도인이 영업소를 가지고 있던 장소에서 물품을 매수인의 처분 하에 두는 것.

제32조 (1) 매도인이 계약 또는 이 협약에 따라 물품을 운송인에게 교부한 경우에, 물품이 하인(荷印), 선적서류 그 밖의 방법에 의하여 그 계약의 목적물로서 명확히 특정되어 있지 아니한 때에는, 매도인은 매수인에게 물품을 특정하는 탁송통지를 하여야 한다.

(2) 매도인이 물품의 운송을 주선하여야 하는 경우에, 매도인은 상황에 맞는 적절한 운송수단 및 그 운송에서의 통상의 조건으로, 지정된 장소까지 운송하는 데 필요한 계약을 체결하여야 한다.

(3) 매도인이 물품의 운송에 관하여 부보(附保)할 의무가 없는 경우에도, 매도인은 매수인의 요구가 있으면 매수인이 부보하는 데 필요한 모든 가능한 정보를 매수인에게 제공하여야 한다.

제33조 매도인은 다음의 시기에 물품을 인도하여야 한다.

(가) 인도기일이 계약에 의하여 지정되어 있거나 확정될 수 있는 경우에는 그 기일

(나) 인도기간이 계약에 의하여 지정되어 있거나 확정될 수 있는 경우에는 그 기간 내의 어느 시기. 다만, 매수인이 기일을 선택하여야 할 사정이 있는 경우에는 그러하지 아니하다.

(다) 그 밖의 경우에는 계약 체결후 합리적인 기간 내.

제34조 매도인이 물품에 관한 서류를 교부하여야 하는 경우에, 매도인은 계약에서 정한 시기, 장소 및 방식에 따라 이를 교부하여야 한다. 매도인이 교부하여야 할 시기 전에 서류를 교부한 경우에는, 매도인은 매수인에게 불합리한 불편 또는 비용을 초래하지 아니하는 한, 계약에서 정한 시기까지 서류상의 부적합을 치유할 수 있다. 다만, 매수인은 이 협약에서 정한 손해배상을 청구할 권리를 보유한다.

제2절 물품의 적합성과 제3자의 권리주장

제35조 (1) 매도인은 계약에서 정한 수량, 품질 및 종류에 적합하고, 계약에서 정한 방법으로 용기에 담겨지거나 포장된 물품을 인도하여야 한다.
(2) 당사자가 달리 합의한 경우를 제외하고, 물품은 다음의 경우에 계약에 적합하지 아니한 것으로 한다.
(가) 동종 물품의 통상 사용목적에 맞지 아니한 경우,
(나) 계약 체결시 매도인에게 명시적 또는 묵시적으로 알려진 특별한 목적에 맞지 아니한 경우. 다만, 그 상황에서 매수인이 매도인의 기술과 판단을 신뢰하지 아니하였거나 또는 신뢰하는 것이 불합리하였다고 인정되는 경우에는 그러하지 아니하다.
(다) 매도인이 견본 또는 모형으로 매수인에게 제시한 물품의 품질을 가지고 있지 아니한 경우.
(라) 그러한 물품에 대하여 통상의 방법으로, 통상의 방법이 없는 경우에는 그 물품을 보존하고 보호하는 데 적절한 방법으로 용기에 담겨지거나 포장되어 있지 아니한 경우.
(3) 매수인이 계약 체결시에 물품의 부적합을 알았거나 또는 모를 수 없었던 경우에는, 매도인은 그 부적합에 대하여 제2항의 (가)호 내지 (라)호에 따른 책임을 지지 아니한다.
제36조 (1) 매도인은 위험이 매수인에게 이전하는 때에 존재하는 물품의 부적합에 대하여, 그 부적합이 위험 이전 후에 판명된 경우라도, 계약과 이 협약에 따라 책임을 진다.
(2) 매도인은 제1항에서 정한 때보다 후에 발생한 부적합이라도 매도인의 의무위반에 기인하는 경우에는 그 부적합에 대하여 책임을 진다. 이 의무위반에는 물품이 일정기간 통상의 목적이나 특별한 목적에 맞는 상태를 유지한다는 보증 또는 특정한 품질이나 특성을 유지한다는 보증에 위반한 경우도 포함된다.
제37조 매도인이 인도기일 전에 물품을 인도한 경우에는, 매수인에게 불합리한 불편 또는 비용을 초래하지 아니하는 한, 매도인은 그 기일까지 누락분을 인도하거나 부족한 수량을 보충하거나 부적합한 물품에 갈음하여 물품을 인도하거나 또는 물품의 부적합을 치유할 수 있다. 다만, 매수인은 이 협약에서 정한 손해배상을 청구할 권리를 보유한다.
제38조 (1) 매수인은 그 상황에서 실행가능한 단기간 내에 물품을 검사하거나 검사하게 하여야 한다.
(2) 계약에 물품의 운송이 포함되는 경우에는, 검사는 물품이 목적지에 도착한 후까지 연기될 수 있다.
(3) 매수인이 검사할 합리적인 기회를 가지지 못한 채 운송중에 물품의 목적지를 변경하거나 물품을 전송(轉送)하고, 매도인이 계약 체결시에 그 변경 또는 전송의 가능성을 알았거나 알 수 있었던 경우에는, 검사는 물품이 새로운 목적지에 도착한 후까지 연기될 수 있다.
제39조 (1) 매수인이 물품의 부적합을 발견하였거나 발견할 수 있었던 때로부터 합리적인 기간 내에 매도인에게 그 부적합한 성질을 특정하여 통지하지 아니한 경우에는, 매수인은 물품의 부적합을 주장할 권리를 상실한다.
(2) 매수인은 물품이 매수인에게 현실로 교부된 날부터 늦어도 2년 내에 매도인에게 제1항의 통지를 하지 아니한 경우에는, 물품의 부적합을 주장할 권리를 상실한다. 다만, 이 기간제한이 계약상의 보증기간과 양립하지 아니하는 경우에는 그러하지 아니하다.
제40조 물품의 부적합이 매도인이 알았거나 모를 수 없었던 사실에 관한 것이고, 매도인이 매수인에게 이를 밝히지 아니한 경우에는, 매도인은 제38조와 제39조를 원용할 수 없다.
제41조 매수인이 제3자의 권리나 권리주장의 대상이 된 물품을 수령하는 데 동의한 경우를 제외하고, 매도인은 제3자의 권리나 권리주장의 대상이 아닌 물품을 인도하여야 한다. 다만, 그러한 제3자의 권리나 권리주장이 공업소유권 그 밖의 지적재산권에 기초하는 경우에는, 매도인의 의무는 제42조에 의하여 규율된다.
제42조 (1) 매도인은, 계약 체결시에 자신이 알았거나 모를 수 없었던 공업소유권 그 밖의 지적재산권에 기초한 제3자의 권리나 권리주장의 대상이 아닌 물품을 인도하여야 한다. 다만, 제3자의 권리나 권리주장이 다음 국가의 법에 의한 공업소유권 그 밖의 지적재산권에 기초한 경우에 한한다.
(가) 당사자 쌍방이 계약 체결시에 물품이 어느 국가에서 전매되거나 그 밖의 방법으로 사용될 것을 예상하였던 경우에는, 물품이 전매되거나 그 밖의 방법으로 사용될 국가의 법
(나) 그 밖의 경우에는 매수인이 영업소를 가지는 국가의 법
(2) 제1항의 매도인의 의무는 다음의 경우에는 적용되지 아니한다.
(가) 매수인이 계약 체결시에 그 권리나 권리주장을 알았거나 모를 수 없었던 경우
(나) 그 권리나 권리주장이 매수인에 의하여 제공된 기술설계, 디자인, 방식 그 밖의 지정에 매도인이 따른 결과로 발생한 경우
제43조 (1) 매수인이 제3자의 권리나 권리주장을 알았거나 알았어야 했던 때로부터 합리적인 기간 내에 매도인에게 제3자의 권리나 권리주장의 성질을 특정하여 통지하지 아니한 경우에는, 매수인은 제41조 또는 제42조를 원용할 권리를 상실한다.
(2) 매도인이 제3자의 권리나 권리주장 및 그 성질을 알고 있었던 경우에는 제1항을 원용할 수 없다.
제44조 제39조 제1항과 제43조 제1항에도 불구하고, 매수인은 정하여진 통지를 하지 못한 데에 합리적인 이유가 있는 경우에는 제50조에 따라 대금을 감액하거나 이익의 상실을 제외한 손해배상을 청구할 수 있다.

제3절 매도인의 계약위반에 대한 구제

제45조 (1) 매도인이 계약 또는 이 협약상의 의무를 이행하지 아니하는 경우에 매수인은 다음을 할 수 있다.
(가) 제46조 내지 제52조에서 정한 권리의 행사
(나) 제74조 내지 제77조에서 정한 손해배상의 청구
(2) 매수인이 손해배상을 청구하는 권리는 다른 구제를 구하는 권리를 행사함으로써 상실되지 아니한다.
(3) 매수인이 계약위반에 대한 구제를 구하는 경우에, 법원 또는 중재판정부는 매도인에게 유예기간을 부여할 수 없다.
제46조 (1) 매수인은 매도인에게 의무의 이행을 청구할 수 있다. 다만, 매수인이 그 청구와 양립하지 아니하는 구제를 구한 경우에는 그러하지 아니하다.
(2) 물품이 계약에 부적합한 경우에, 매수인은 대체물의 인도를 청구할 수 있다. 다만, 그 부적합이 본질적 계약위반을 구성하고, 그 청구가 제39조의 통지와 동시에 또는 그 후 합리적인 기간 내에 행하여진 경우에 한한다.
(3) 물품이 계약에 부적합한 경우에, 매수인은 모든 상황을 고려하여 불합리한 경우를 제외하고, 매도인에게 수리에 의한 부적합의 치유를 청구할 수 있다. 수리 청구는 제39조의 통지와 동시에 또는 그 후 합리적인 기간 내에 행하여져야 한다.
제47조 (1) 매수인은 매도인의 의무이행을 위하여 합리적인 부가기간을 정할 수 있다.
(2) 매도인으로부터 그 부가기간 내에 이행을 하지 아니하겠다는 통지를 수령한 경우를 제외하고, 매수인은 그 기간중 계약위반에 대한 구제를 구할 수 없다. 다만, 매수인은 이행지체에 대한 손해배상을 청구할 권리를 상실하지 아니한다.
제48조 (1) 제49조를 따를 것을 조건으로, 매도인은 인도기일 후에도 불합리하게 지체하지 아니하고 매수인에게 불합리한 불편 또는 매수인의 선급 비용을 매도인으로부터 상환받는 데 대한 불안을 초래하지 아니하는 경우에는, 자신의 비용으로 의무의 불이행을 치유할 수 있다. 다만, 매수인은 이 협약에서 정한 손해배상을 청구할 권리를 보유한다.
(2) 매도인이 매수인에게 이행의 수령 여부를 알려 달라고 요구하였으나 매수인이 합리적인 기간 내에 그 요구에 응하지 아니한 경우에는, 매도인은 그 요구에서 정한 기간 내에 이행을 할 수 있다. 매수인은 그 기간중에는 매도인의 이행과 양립하지 아니하는 구제를 구할 수 없다.
(3) 특정한 기간 내에 이행을 하겠다는 매도인의 통지는 매수인이 그 결정을 알려야 한다는 제2항의 요구를 포함하는 것으로 추정한다.

(4) 이 조 제2항 또는 제3항의 매도인의 요구 또는 통지는 매수인에 의하여 수령되지 아니하는 한 그 효력이 발생하지 아니한다.

제49조 (1) 매수인은 다음의 경우에 계약을 해제할 수 있다.
(가) 계약 또는 이 협약상 매도인의 의무 불이행이 본질적 계약위반으로 되는 경우
(나) 인도 불이행의 경우에는, 매도인이 제47조 제1항에 따라 매수인이 정한 부가기간 내에 물품을 인도하지 아니하거나 그 기간 내에 인도하지 아니하겠다고 선언한 경우
(2) 그러나 매도인이 물품을 인도한 경우에는, 매수인은 다음의 기간 내에 계약을 해제하지 아니하는 한 계약해제권을 상실한다.
(가) 인도지체의 경우, 매수인이 인도가 이루어진 것을 안 후 합리적인 기간 내
(나) 인도지체 이외의 위반의 경우, 다음의 시기로부터 합리적인 기간 내
(1) 매수인이 그 위반을 알았거나 또는 알 수 있었던 때
(2) 매수인이 제47조 제1항에 따라 정한 부가기간이 경과한 때 또는 매도인이 그 부가기간 내에 의무를 이행하지 아니하겠다고 선언한 때
(3) 매도인이 제48조 제2항에 따라 정한 부가기간이 경과한 때 또는 매수인이 이행을 수령하지 아니하겠다고 선언한 때

제50조 물품이 계약에 부적합한 경우에, 대금의 지급 여부에 관계없이 매수인은 현실로 인도된 물품이 인도시에 가지고 있던 가액이 계약에 적합한 물품이 그때에 가지고 있었을 가액에 대하여 가지는 비율에 따라 대금을 감액할 수 있다. 다만, 매도인이 제37조나 제48조에 따라 의무의 불이행을 치유하거나 매수인이 동 조항에 따라 매도인의 이행 수령을 거절한 경우에는 대금을 감액할 수 없다.

제51조 (1) 매도인이 물품의 일부만을 인도하거나 인도된 물품의 일부만이 계약에 적합한 경우에, 제46조 내지 제50조는 부족 또는 부적합한 부분에 적용된다.
(2) 매수인은 인도가 완전하게 또는 계약에 적합하게 이루어지지 아니한 것이 본질적 계약위반으로 되는 경우에 한하여 계약 전체를 해제할 수 있다.

제52조 (1) 매도인이 이행기 전에 물품을 인도한 경우에, 매수인은 이를 수령하거나 거절할 수 있다.
(2) 매도인이 계약에서 정한 것보다 다량의 물품을 인도한 경우에, 매수인은 초과분을 수령하거나 이를 거절할 수 있다. 매수인이 초과분의 전부 또는 일부를 수령한 경우에는 계약대금의 비율에 따라 그 대금을 지급하여야 한다.

제3장 매수인의 의무

제53조 매수인은 계약과 이 협약에 따라, 물품의 대금을 지급하고 물품의 인도를 수령하여야 한다.

제1절 대금의 지급

제54조 매수인의 대금지급의무에는 그 지급을 위하여 계약 또는 법령에서 정한 조치를 취하고 절차를 따르는 것이 포함된다.

제55조 계약이 유효하게 성립되었으나 그 대금을 명시적 또는 묵시적으로 정하고 있지 아니하거나 이를 정하기 위한 조항을 두지 아니한 경우에는, 당사자는 반대의 표시가 없는 한, 계약 체결시에 당해 거래와 유사한 상황에서 매도되는 그러한 종류의 물품에 대하여 일반적으로 청구되는 대금을 묵시적으로 정한 것으로 본다.

제56조 대금이 물품의 중량에 따라 정하여지는 경우에, 의심이 있는 때에는 순중량에 의하여 대금을 결정하는 것으로 한다.

제57조 (1) 매수인이 다른 특정한 장소에서 대금을 지급할 의무가 없는 경우에는, 다음의 장소에서 매도인에게 이를 지급하여야 한다.
(가) 매도인의 영업소, 또는
(나) 대금이 물품 또는 서류의 교부와 상환하여 지급되어야 하는 경우에는 그 교부가 이루어지는 장소
(2) 매도인은 계약 체결후에 자신의 영업소를 변경함으로써 발생하는 대금지급에 대한 부수비용의 증가액을 부담하여야 한다.

제58조 (1) 매수인이 다른 특정한 시기에 대금을 지급할 의무가 없는 경우에는, 매수인은 매도인이 계약과 이 협약에 따라 물품 또는 그 처분을 지배하는 서류를 매수인의 처분하에 두는 때에 대금을 지급하여야 한다. 매도인은 그 지급을 물품 또는 서류의 교부를 위한 조건으로 할 수 있다.
(2) 계약에 물품의 운송이 포함되는 경우에는, 매도인은 대금의 지급과 상환하여서만 물품 또는 그 처분을 지배하는 서류를 매수인에게 교부한다는 조건으로 물품을 발송할 수 있다.
(3) 매수인은 물품을 검사할 기회를 가질 때까지는 대금을 지급할 의무가 없다. 다만, 당사자간에 합의된 인도 또는 지급절차가 매수인이 검사 기회를 가지는 것과 양립하지 아니하는 경우에는 그러하지 아니하다.

제59조 매수인은 계약 또는 이 협약에서 지정되거나 확정될 수 있는 기일에 대금을 지급하여야 하며, 이 경우 매도인의 입장에서는 어떠한 요구를 하거나 절차를 따를 필요가 없다.

제2절 인도의 수령

제60조 매수인의 수령의무는 다음과 같다.
(가) 매도인의 인도를 가능하게 하기 위하여 매수인에게 합리적으로 기대될 수 있는 모든 행위를 하는 것, 및
(나) 물품을 수령하는 것

제3절 매수인의 계약위반에 대한 구제

제61조 (1) 매수인이 계약 또는 이 협약상의 의무를 이행하지 아니하는 경우에 매도인은 다음을 할 수 있다.
(가) 제62조 내지 제65조에서 정한 권리의 행사
(나) 제74조 내지 제77조에서 정한 손해배상의 청구
(2) 매도인이 손해배상을 청구하는 권리는 다른 구제를 구하는 권리를 행사함으로써 상실되지 아니한다.
(3) 매도인이 계약위반에 대한 구제를 구하는 경우에, 법원 또는 중재판정부는 매수인에게 유예기간을 부여할 수 없다.

제62조 매도인은 매수인에게 대금의 지급, 인도의 수령 또는 그 밖의 의무의 이행을 청구할 수 있다. 다만, 매도인이 그 청구와 양립하지 아니하는 구제를 구한 경우에는 그러하지 아니하다.

제63조 (1) 매도인은 매수인의 의무이행을 위하여 합리적인 부가기간을 정할 수 있다.
(2) 매수인으로부터 그 부가기간 내에 이행을 하지 아니하겠다는 통지를 수령한 경우를 제외하고, 매도인은 그 기간중 계약위반에 대한 구제를 구할 수 없다. 다만, 매도인은 이행지체에 대한 손해배상을 청구할 권리를 상실하지 아니한다.

제64조 (1) 매도인은 다음의 경우에 계약을 해제할 수 있다.
(가) 계약 또는 이 협약상 매수인의 의무 불이행이 본질적 계약위반으로 되는 경우
(나) 매수인이 제63조 제1항에 따라 매도인이 정한 부가기간 내에 대금지급 또는 물품수령 의무를 이행하지 아니하거나 그 기간 내에 그러한 의무를 이행하지 아니하겠다고 선언한 경우.
(2) 그러나 매수인이 대금을 지급한 경우에는, 매도인은 다음의 기간 내에 계약을 해제하지 아니하는 한 계약해제권을 상실한다.
(가) 매수인의 이행지체의 경우, 매도인이 이행이 이루어진 것을 알기 전
(나) 매수인의 이행지체 이외의 위반의 경우, 다음의 시기로부터 합리적인 기간 내
(1) 매도인이 그 위반을 알았거나 또는 알 수 있었던 때
(2) 매도인이 제63조 제1항에 따라 정한 부가기간이 경과한 때 또는 매수인이 그 부가기간 내에 의무를 이행하지 아니하겠다고 선언한 때.

제65조 (1) 계약상 매수인이 물품의 형태, 규격 그 밖의 특징을 지정하여야 하는 경우에, 매수인이 합의된 기일 또는 매도인으로부터 요구를 수령한 후 합리적인 기간 내에 그 지정을 하지 아니한 경우에는, 매도인은 자신이 보유하는 다른 권리를 해함이 없이, 자신이 알고 있는 매수인의 필요에 따라 스스로 지정할 수 있다.

(2) 매도인은 스스로 지정하는 경우에 매수인에게 그 상세한 사정을 통고하고, 매수인이 그와 다른 지정을 할 수 있도록 합리적인 기간을 정하여야 한다. 매수인이 그 통지를 수령한 후 정하여진 기간 내에 다른 지정을 하지 아니하는 경우에는, 매도인의 지정이 구속력을 가진다.

제4장 위험의 이전

제66조 위험이 매수인에게 이전된 후에 물품이 멸실 또는 훼손되더라도 매수인은 대금지급의무를 면하지 못한다. 다만, 그 멸실 또는 훼손이 매도인의 작위 또는 부작위로 인한 경우에는 그러하지 아니하다.

제67조 (1) 매매계약에 물품의 운송이 포함되어 있고, 매도인이 특정한 장소에서 이를 교부할 의무가 없는 경우에, 위험은 매매계약에 따라 매수인에게 전달하기 위하여 물품이 제1운송인에게 교부된 때에 매수인에게 이전한다. 매도인이 특정한 장소에서 물품을 운송인에게 교부하여야 하는 경우에는, 위험은 그 장소에서 물품이 운송인에게 교부될 때까지 매수인에게 이전하지 아니한다. 매도인이 물품의 처분을 지배하는 서류를 보유할 권한이 있다는 사실은 위험의 이전에 영향을 미치지 아니한다.
(2) 제1항에도 불구하고 위험은 물품이 하인(荷印), 선적서류, 매수인에 대한 통지 그 밖의 방법에 의하여 계약상 명확히 특정될 때까지 매수인에게 이전하지 아니한다.

제68조 운송중에 매도된 물품에 관한 위험은 계약 체결시에 매수인에게 이전한다. 다만, 특별한 사정이 있는 경우에는, 위험은 운송계약을 표창하는 서류를 발행한 운송인에게 물품이 교부된 때부터 매수인이 부담한다. 그럼에도 불구하고, 매도인이 매매계약의 체결시에 물품이 멸실 또는 훼손된 것을 알았거나 알았어야 했고, 매수인에게 이를 밝히지 아니한 경우에는, 그 멸실 또는 훼손은 매도인의 위험으로 한다.

제69조 (1) 제67조와 제68조가 적용되지 아니하는 경우에, 위험은 매수인이 물품을 수령한 때, 매수인이 적시에 이를 수령하지 아니한 경우에는 물품이 매수인의 처분 하에 놓여지고 매수인이 이를 수령하지 아니하여 계약을 위반하는 때에 매수인에게 이전한다.
(2) 매수인이 매도인의 영업소 이외의 장소에서 물품을 수령하여야 하는 경우에는, 위험은 인도기일이 도래하고 물품이 그 장소에서 매수인의 처분 하에 놓여진 것을 매수인이 안 때에 이전한다.
(3) 불특정물에 관한 계약의 경우에, 물품은 계약상 명확히 특정될 때까지 매수인의 처분하에 놓여지지 아니한 것으로 본다.

제70조 매도인이 본질적 계약위반을 한 경우에는, 제67조, 제68조 및 제69조는 매수인이 그 위반을 이유로 구할 수 있는 구제를 방해하지 아니한다.

제5장 매도인과 매수인의 의무에 공통되는 규정

제1절 이행이전의 계약위반과 분할인도계약

제71조 (1) 당사자는 계약체결 후 다음의 사유로 상대방이 의무의 실질적 부분을 이행하지 아니할 것이 판명된 경우에는, 자신의 의무 이행을 정지할 수 있다.
(가) 상대방의 이행능력 또는 신용도의 중대한 결함
(나) 계약의 이행 준비 또는 이행에 관한 상대방의 행위
(2) 제1항의 사유가 명백하게 되기 전에 매도인이 물품을 발송한 경우에는, 매수인이 물품을 취득할 수 있는 증권을 소지하고 있더라도 매도인은 물품이 매수인에게 교부되는 것을 저지할 수 있다. 이 항은 매도인과 매수인간의 물품에 관한 권리에 대하여만 적용된다.
(3) 이행을 정지한 당사자는 물품의 발송 전후에 관계없이 즉시 상대방에게 그 정지를 통지하여야 하고, 상대방이 그 이행에 관하여 적절한 보장을 제공한 경우에는 이행을 계속하여야 한다.

제72조 (1) 계약의 이행기일 전에 당사자 일방이 본질적 계약위반을 할 것이 명백한 경우에는, 상대방은 계약을 해제할 수 있다.
(2) 시간이 허용하는 경우에는, 계약을 해제하려고 하는 당사자는 상대방이 이행에 관하여 적절한 보장을 제공할 수 있도록 상대방에게 합리적인 통지를 하여야 한다.
(3) 제2항의 요건은 상대방이 그 의무를 이행하지 아니하겠다고 선언한 경우에는 적용되지 아니한다.

제73조 (1) 물품을 분할하여 인도하는 계약에서 어느 분할부분에 관한 당사자 일방의 의무 불이행이 그 분할부분에 관하여 본질적 계약위반이 되는 경우에는, 상대방은 그 분할부분에 관하여 계약을 해제할 수 있다.
(2) 어느 분할부분에 관한 당사자 일방의 의무 불이행이 장래의 분할부분에 대한 본질적 계약위반의 발생을 추단하는 데에 충분한 근거가 되는 경우에는, 상대방은 장래에 향하여 계약을 해제할 수 있다. 다만, 그 해제는 합리적인 기간 내에 이루어져야 한다.
(3) 어느 인도에 대하여 계약을 해제하는 매수인은, 이미 행하여진 인도 또는 장래의 인도가 그 인도와의 상호 의존관계로 인하여 계약 체결시에 당사자 쌍방이 예상했던 목적으로 사용될 수 없는 경우에는, 이미 행하여진 인도 또는 장래의 인도에 대하여도 동시에 계약을 해제할 수 있다.

제2절 손해배상액

제74조 당사자 일방의 계약위반으로 인한 손해배상액은 이익의 상실을 포함하여 그 위반의 결과 상대방이 입은 손실과 동등한 금액으로 한다. 그 손해배상액은 위반 당사자가 계약 체결시에 알았거나 알 수 있었던 사실과 사정에 비추어, 계약위반의 가능한 결과로서 발생할 것을 예견하였거나 예견할 수 있었던 손실을 초과할 수 없다.

제75조 계약이 해제되고 계약해제 후 합리적인 방법으로, 합리적인 기간 내에 매수인이 대체물을 매수하거나 매도인이 물품을 재매각한 경우에, 손해배상을 청구하는 당사자는 계약대금과 대체거래대금과의 차액 및 그 외에 제74조에 따른 손해액을 배상받을 수 있다.

제76조 (1) 계약이 해제되고 물품에 시가가 있는 경우에, 손해배상을 청구하는 당사자는 제75조에 따라 구입 또는 재매각하지 아니하였다면 계약대금과 계약해제시의 시가와의 차액 및 그 외에 제74조에 따른 손해액을 배상받을 수 있다. 다만, 손해배상을 청구하는 당사자가 물품을 수령한 후에 계약을 해제한 경우에는, 해제시의 시가에 갈음하여 물품 수령시의 시가를 적용한다.
(2) 제1항의 적용상, 시가는 물품이 인도되었어야 했던 장소에서의 지배적인 가격, 그 장소에 시가가 없는 경우에는 물품 운송비용의 차액을 적절히 고려하여 합리적으로 대체할 수 있는 다른 장소에서의 가격을 말한다.

제77조 계약위반을 주장하는 당사자는 이익의 상실을 포함하여 그 위반으로 인한 손실을 경감하기 위하여 그 상황에서 합리적인 조치를 취하여야 한다. 계약위반을 주장하는 당사자가 그 조치를 취하지 아니한 경우에는, 위반 당사자는 경감되었어야 했던 손실액만큼 손해배상액의 감액을 청구할 수 있다.

제3절 이 자

제78조 당사자가 대금 그 밖의 연체된 금액을 지급하지 아니하는 경우에, 상대방은 제74조에 따른 손해배상청구권을 해함이 없이, 그 금액에 대한 이자를 청구할 수 있다.

제4절 면 책

제79조 (1) 당사자는 그 의무의 불이행이 자신이 통제할 수 없는 장애에 기인하였다는 것과 계약 체결시에 그 장애를 고려하거나 또는 그 장애나 그로 인한 결과를 회피하거나 극복하는 것이 합리적으로 기대될 수 없었다는 것을 증명하는 경우에는, 그 의무불이행에 대하여 책임이 없다.
(2) 당사자의 불이행이 계약의 전부 또는 일부의 이행을 위하여 사용한 제3자의 불이행으로 인한 경우에는, 그 당사자는 다음의 경우에 한하여 그 책임을 면한다.

(가) 당사자가 제1항의 규정에 의하여 면책되고, 또한
(나) 당사자가 사용한 제3자도 그에게 제1항이 적용된다면 면책되는 경우

(3) 이 조에 규정된 면책은 장애가 존재하는 기간 동안에 효력을 가진다.

(4) 불이행 당사자는 장애가 존재한다는 것과 그 장애가 자신의 이행능력에 미치는 영향을 상대방에게 통지하여야 한다. 불이행 당사자가 장애를 알았거나 알았어야 했던 때로부터 합리적인 기간 내에 상대방이 그 통지를 수령하지 못한 경우에는, 불이행 당사자는 불수령으로 인한 손해에 대하여 책임이 있다.

(5) 이 조는 어느 당사자가 이 협약에 따라 손해배상 청구권 이외의 권리를 행사하는 것을 방해하지 아니한다.

제80조 당사자는 상대방의 불이행이 자신의 작위 또는 부작위에 기인하는 한, 상대방의 불이행을 주장할 수 없다.

제5절 해제의 효력

제81조 (1) 계약의 해제는 손해배상의무를 제외하고 당사자 쌍방을 계약상의 의무로부터 면하게 한다. 해제는 계약상의 분쟁해결조항 또는 해제의 결과 발생하는 당사자의 권리의무를 규율하는 그 밖의 계약조항에 영향을 미치지 아니한다.

(2) 계약의 전부 또는 일부를 이행한 당사자는 상대방에게 자신이 계약상 공급 또는 지급한 것의 반환을 청구할 수 있다. 당사자 쌍방이 반환하여야 하는 경우에는 동시에 반환하여야 한다.

제82조 (1) 매수인이 물품을 수령한 상태와 실질적으로 동일한 상태로 그 물품을 반환할 수 없는 경우에는, 매수인은 계약을 해제하거나 매도인에게 대체물을 청구할 권리를 상실한다.

(2) 제1항은 다음의 경우에는 적용되지 아니한다.
(가) 물품을 반환할 수 없거나 수령한 상태와 실질적으로 동일한 상태로 반환할 수 없는 것이 매수인의 작위 또는 부작위에 기인하지 아니한 경우
(나) 물품의 전부 또는 일부가 제38조에 따른 검사의 결과로 멸실 또는 훼손된 경우
(다) 매수인이 부적합을 발견하였거나 발견하였어야 했던 시점 전에, 물품의 전부 또는 일부가 정상적인 거래과정에서 매각되거나 통상의 용법에 따라 소비 또는 변형된 경우

제83조 매수인은, 제82조에 따라 계약해제권 또는 대체물인도청구권을 상실한 경우에도, 계약과 이 협약에 따른 그 밖의 모든 구제권을 보유한다.

제84조 (1) 매도인은 대금을 반환하여야 하는 경우에, 대금이 지급된 날부터 그에 대한 이자도 지급하여야 한다.

(2) 매수인은 다음의 경우에는 물품의 전부 또는 일부로부터 발생된 모든 이익을 매도인에게 지급하여야 한다.
(가) 매수인이 물품의 전부 또는 일부를 반환하여야 하는 경우
(나) 물품의 전부 또는 일부를 반환할 수 없거나 수령한 상태와 실질적으로 동일한 상태로 전부 또는 일부를 반환할 수 없음에도 불구하고, 매수인이 계약을 해제하거나 매도인에게 대체물의 인도를 청구한 경우

제6절 물품의 보관

제85조 매수인이 물품 인도의 수령을 지체하거나 또는 대금지급과 물품 인도가 동시에 이루어져야 함에도 매수인이 대금을 지급하지 아니한 경우로서, 매도인이 물품을 점유하거나 그 밖의 방법으로 그 처분을 지배할 수 있는 경우에는, 매도인은 물품을 보관하기 위하여 그 상황에서 합리적인 조치를 취하여야 한다. 매도인은 매수인으로부터 합리적인 비용을 상환 받을 때까지 그 물품을 보유할 수 있다.

제86조 (1) 매수인이 물품을 수령한 후 그 물품을 거절하기 위하여 계약 또는 이 협약에 따른 권리를 행사하려고 하는 경우에는, 매수인은 물품을 보관하기 위하여 그 상황에서 합리적인 조치를 취하여야 한다. 매수인은 매도인으로부터 합리적인 비용을 상환받을 때까지 그 물품을 보유할 수 있다.

(2) 매수인에게 발송된 물품이 목적지에서 매수인의 처분하에 놓여지고, 매수인이 그 물품을 거절하는 권리를 행사하는 경우에, 매수인은 매도인을 위하여 그 물품을 점유하여야 한다. 다만, 대금 지급 및 불합리한 불편이나 경비소요없이 점유할 수 있는 경우에 한한다. 이 항은 매도인이나 그를 위하여 물품을 관리하는 자가 목적지에 있는 경우에는 적용되지 아니한다. 매수인이 이 항에 따라 물품을 점유하는 경우에는, 매수인의 권리와 의무에 대하여는 제1항이 적용된다.

제87조 물품을 보관하기 위한 조치를 취하여야 하는 당사자는 그 비용이 불합리하지 아니하는 한, 상대방의 비용으로 물품을 제3자의 창고에 임치할 수 있다.

제88조 (1) 제85조 또는 제86조에 따라 물품을 보관하여야 하는 당사자는 상대방이 물품을 점유하거나 반환받거나 또는 대금이나 보관비용을 지급하는 데 불합리하게 지체하는 경우에는, 상대방에게 매각의사를 합리적으로 통지하는 한, 적절한 방법으로 물품을 매각할 수 있다.

(2) 물품이 급속히 훼손되기 쉽거나 그 보관에 불합리한 경비를 요하는 경우에는, 제85조 또는 제86조에 따라 물품을 보관하여야 하는 당사자는 물품을 매각하기 위하여 합리적인 조치를 취하여야 한다. 이 경우에 가능한 한도에서 상대방에게 매각의사가 통지되어야 한다.

(3) 물품을 매각한 당사자는 매각대금에서 물품을 보관하고 매각하는 데 소요된 합리적인 비용과 동일한 금액을 보유할 권리가 있다. 그 차액은 상대방에게 반환되어야 한다.

제4편 최종규정

제89조 국제연합 사무총장은 이 협약의 수탁자가 된다.

제90조 이미 발효하였거나 또는 앞으로 발효하게 될 국제협정이 이 협약이 규율하는 사항에 관하여 규정을 두고 있는 경우에, 이 협약은 그러한 국제협정에 우선하지 아니한다. 다만, 당사자가 그 협정의 당사국에 영업소를 가지고 있는 경우에 한한다.

제91조 (1) 이 협약은 국제물품매매계약에 관한 국제연합회의의 최종일에 서명을 위하여 개방되고, 뉴욕의 국제연합 본부에서 1981년 9월 30일까지 모든 국가에 의한 서명을 위하여 개방된다.

(2) 이 협약은 서명국에 의하여 비준, 수락 또는 승인되어야 한다.

(3) 이 협약은 서명을 위하여 개방된 날부터 서명하지 아니한 모든 국가의 가입을 위하여 개방된다.

(4) 비준서, 수락서, 승인서 또는 가입서는 국제연합 사무총장에게 기탁되어야 한다.

제92조 (1) 체약국은 서명, 비준, 수락, 승인 또는 가입시에 이 협약 제2편 또는 제3편에 구속되지 아니한다는 취지의 선언을 할 수 있다.

(2) 제1항에 따라 이 협약 제2편 또는 제3편에 관하여 유보선언을 한 체약국은, 그 선언이 적용되는 편에 의하여 규율되는 사항에 관하여는 이 협약 제1조 제1항에서 말하는 체약국으로 보지 아니한다.

제93조 (1) 체약국이 그 헌법상 이 협약이 다루고 있는 사항에 관하여 각 영역마다 다른 법체계가 적용되는 2개 이상의 영역을 가지고 있는 경우에, 그 국가는 서명, 비준, 수락, 승인 또는 가입시에 이 협약을 전체 영역 또는 일부영역에만 적용한다는 취지의 선언을 할 수 있으며, 언제든지 새로운 선언을 함으로써 전의 선언을 수정할 수 있다.

(2) 제1항의 선언은 수탁자에게 통고하여야 하며, 이 협약이 적용되는 영역을 명시하여야 한다.

(3) 이 조의 선언에 의하여 이 협약이 체약국의 전체영역에 적용되지 아니하고 하나 또는 둘 이상의 영역에만 적용되며 또한 당사자의 영업소가 그 국가에 있는 경우에는, 그 영업소는 이 협약의 적용상 체약국에 있지 아니한 것으로 본다. 다만, 그 영업소가 이 협약이 적용되는 영역에 있는 경우에는 그러하지 아니하다.

(4) 체약국이 제1항의 선언을 하지 아니한 경우에 이 협약은 그 국가의 전체영역에 적용된다.

제94조 (1) 이 협약이 규율하는 사항에 관하여 동일하거나 또는 밀접하게 관련된 법규를 가지는 둘 이상의 체약국은, 양당사자의 영업소가 그러한 국가에 있는 경우에 이 협약을 매매계약과 그 성립에 관하여 적용하지 아니한다는 취지의 선언을 언제든지 행할 수 있다. 그러한 선언은 공동으로 또는 상호간에 단독으로 할 수 있다.

(2) 이 협약이 규율하는 사항에 관하여 하나 또는 둘 이상의 비체약국과 동일하거나 또는 밀접하게 관련된 법규를 가지는 체약국은 양 당사자의 영업소가 그러한 국가에 있는 경우에 이 협약을 매매계약과 그 성립에 대하여 적용하지 아니한다는 취지의 선언을 언제든지 행할 수 있다.

(3) 제2항에 의한 선언의 대상이 된 국가가 그 후 체약국이 된 경우에, 그 선언은 이 협약이 새로운 체약국에 대하여 효력이 발생하는 날부터 제1항의 선언으로서 효력을 가진다. 다만, 새로운 체약국이 그 선언에 가담하거나 또는 상호간에 단독으로 선언하는 경우에 한한다.

제95조 어떤 국가든지 비준서, 수락서, 승인서 또는 가입서를 기탁할 때, 이 협약 제1조제1항(나)호에 구속되지 아니한다는 취지의 선언을 행할 수 있다.

제96조 그 국가의 법률상 매매계약의 체결 또는 입증에 서면을 요구하는 체약국은 제12조에 따라 매매계약, 합의에 의한 매매계약의 변경이나 종료, 청약, 승낙 기타의 의사표시를 서면 이외의 방법으로 하는 것을 허용하는 이 협약 제11조, 제29조 또는 제2편의 어떠한 규정도 당사자 일방이 그 국가에 영업소를 가지고 있는 경우에는 적용하지 아니한다는 취지의 선언을 언제든지 행할 수 있다.

제97조 (1) 서명시에 이 협약에 따라 행한 선언은 비준, 수락 또는 승인시 다시 확인되어야 한다.

(2) 선언 및 선언의 확인은 서면으로 하여야 하고, 또한 정식으로 수탁자에게 통고하여야 한다.

(3) 선언은 이를 행한 국가에 대하여 이 협약이 발효함과 동시에 효력이 생긴다. 다만, 협약의 발효 후 수탁자가 정식으로 통고를 수령한 선언은 수탁자가 이를 수령한 날부터 6월이 경과된 다음달의 1일에 효력이 발생한다. 제94조에 따른 상호간의 단독선언은 수탁자가 최후의 선언을 수령한 후 6월이 경과한 다음달의 1일에 효력이 발생한다.

(4) 이 협약에 따라 선언을 행한 국가는 수탁자에게 서면에 의한 정식의 통고를 함으로써 언제든지 그 선언을 철회할 수 있다. 그러한 철회는 수탁자가 통고를 수령한 날부터 6월이 경과된 다음달의 1일에 효력이 발생한다.

(5) 제94조에 따라 선언이 철회된 경우에는 그 철회의 효력이 발생하는 날부터 제94조에 따라 다른 국가가 행한 상호간의 선언의 효력이 상실된다.

제98조 이 협약에 의하여 명시적으로 인정된 경우를 제외하고는 어떠한 유보도 허용되지 아니한다.

제99조 (1) 이 협약은 제6항의 규정에 따를 것을 조건으로, 제92조의 선언을 포함하고 있는 문서를 포함하여 10번째의 비준서, 수락서, 승인서 또는 가입서가 기탁된 날부터 12월이 경과된 다음달의 1일에 효력이 발생한다.

(2) 10번째의 비준서, 수락서, 승인서 또는 가입서가 기탁된 후에 어느 국가가 이 협약을 비준, 수락, 승인 또는 가입하는 경우에, 이 협약은 적용이 배제된 편을 제외하고 제6항에 따를 것을 조건으로 하여 그 국가의 비준서, 수락서, 승인서 또는 가입서가 기탁된 날부터 12월이 경과된 다음달의 1일에 그 국가에 대하여 효력이 발생한다.

(3) 1964년 7월 1일 헤이그에서 작성된 「국제물품매매계약의 성립에 관한 통일법」(1964년 헤이그성립협약)과 「국제물품매매계약에 관한 통일법」(1964년 헤이그매매협약)중의 하나 또는 모두의 당사국이 이 협약을 비준, 수락, 승인 또는 이에 가입하는 경우에는 네덜란드 정부에 통고함으로써 1964년 헤이그매매협약 및/또는 1964년 헤이그성립협약을 동시에 폐기하여야 한다.

(4) 1964년 헤이그매매협약의 당사국으로서 이 협약을 비준, 수락, 승인 또는 가입하는 국가가 제92조에 따라 이 협약 제2편에 구속되지 아니한다는 뜻을 선언하거나 또는 선언한 경우에, 그 국가는 이 협약의 비준, 수락, 승인 또는 가입시에 네덜란드 정부에 통고함으로써 1964년 헤이그매매협약을 폐기하여야 한다.

(5) 1964년 헤이그성립협약의 당사국으로서 이 협약을 비준, 수락, 승인 또는 가입하는 국가가 제92조에 따라 이 협약 제3편에 구속되지 아니한다는 뜻을 선언하거나 또는 선언한 경우에, 그 국가는 이 협약의 비준, 수락, 승인 또는 가입시 네덜란드정부에 통고함으로서 1964년 헤이그성립협약을 폐기하여야 한다.

(6) 이 조의 적용상, 1964년 헤이그성립협약 또는 1964년 헤이그매매협약의 당사국에 의한 이 협약의 비준, 수락, 승인 또는 가입은 이들 두 협약에 관하여 당사국에게 요구되는 폐기의 통고가 효력을 발생하기까지 그 효력이 발생하지 아니한다. 이 협약의 수탁자는 이에 관한 필요한 상호조정을 확실히 하기 위하여 1964년 협약들의 수탁자인 네덜란드 정부와 협의하여야 한다.

제100조 (1) 이 협약은 제1조제1항(가)호 또는 (나)호의 체약국에게 협약의 효력이 발생한 날 이후에 계약체결을 위한 제안이 이루어진 경우에 한하여 계약의 성립에 대하여 적용된다.

(2) 이 협약은 제1조제1항(가)호 또는 (나)호의 체약국에게 협약의 효력이 발생한 날 이후에 체결된 계약에 대하여만 적용된다.

제101조 (1) 체약국은 수탁자에게 서면에 의한 정식의 통고를 함으로써 이 협약 또는 이 협약 제2편 또는 제3편을 폐기할 수 있다.

(2) 폐기는 수탁자가 통고를 수령한 후 12월이 경과한 다음달의 1일에 효력이 발생한다. 통고에 폐기의 발효에 대하여 보다 장기간이 명시된 경우에 폐기는 수탁자가 통고를 수령한 후 그 기간이 경과되어야 효력이 발생한다.

1980년 4월 11일에 비엔나에서 동등하게 정본인 아랍어, 중국어, 영어, 프랑스어, 러시아어 및 스페인어로 각 1부가 작성되었다.

그 증거로서 각국의 전권대표들은 각국의 정부로부터 정당하게 위임을 받아 이 협약에 서명하였다.

附 錄 編

라이프니쯔식수치표
연금적이익의 현재가격을~수치표
형법공소시효일람표
법령개폐(변경)목록
보유

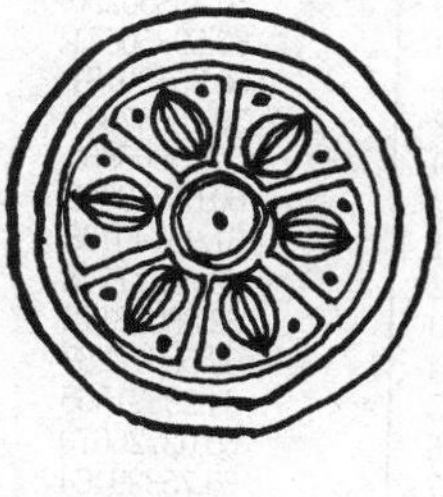

高句麗 通溝地方出土 숫막새(紋樣)

라이프니쯔式數値表

(月單位 · 年單位)

(1) 本數値는 라이프니쯔式의 年金的收益의 現價率 $\frac{1-(1+i)^{-n}}{i}$ 에 $i=\frac{5}{12}\%$ n=月을 代入하여 소수점 이하 9자리까지 計算하여 마지막 자리를 4捨 5入한 것이다.

(2) 따라서 本數値는 每月末 一定한 額(等額)이 順次 發生하고 每月末 이를 支給받는 것을 前提로 한 것이다.

(3) 本數値는 政府 電子計算所 및 韓國科學技術硏究所에서 컴퓨터로 計算한 것이다.(자료제공 : 法務部)

1. 月單位數値

n \ i	$\frac{5}{12}\%$
1	0.99585062
2	1.98756908
3	2.97517253
4	3.95867804
5	4.93810261
6	5.91346318
7	6.88477661
8	7.85205970
9	8.81532916
10	9.77460165
11	10.72989376
12	11.68122200
13	12.62860283
14	13.57205261
15	14.51158766
16	15.44722422
17	16.37897848
18	17.30686654
19	18.23090443
20	19.15110815
21	20.06749359
22	20.98007661
23	21.88887297
24	22.79389839
25	23.69516853
26	24.59269895
27	25.48650517
28	26.37660266
29	27.26300680
30	28.14573291
31	29.02479626
32	29.90021205
33	30.77199540
34	31.64016139
35	32.50472504
36	33.36570128
37	34.22310501
38	35.07695105
39	35.92725416
40	36.77402904
41	37.61729033
42	38.45705261
43	39.29333040
44	40.12613816
45	40.95549028
46	41.78140111
47	42.60388492
48	43.42295594
49	44.23862832
50	45.05091617
51	45.85983353
52	46.66539439
53	47.46761267

n \ i	$\frac{5}{12}\%$
54	48.26650224
55	49.06207692
56	49.85435046
57	50.64333656
58	51.42904885
59	52.21150093
60	52.99070632
61	53.76667850
62	54.53943087
63	55.30897680
64	56.07532959
65	56.83850250
66	57.59850871
67	58.35536137
68	59.10907357
69	59.85965832
70	60.60712862
71	61.35149738
72	62.09277748
73	62.83098172
74	63.56612287
75	64.29821365
76	65.02726670
77	65.75329464
78	66.47631002
79	67.19632533
80	67.91335303
81	68.62740550
82	69.33849511
83	70.04663413
84	70.75183482
85	71.45410936
86	72.15346991
87	72.84992854
88	73.54349730
89	74.23418818
90	74.92201313
91	75.60698403
92	76.28911272
93	76.96841101
94	77.64489063
95	78.31856329
96	78.98944062
97	79.65753422
98	80.32285566
99	80.98541642
100	81.64522797
101	82.30230172
102	82.95664901
103	83.60828117
104	84.25720947
105	84.90344511
106	85.54699928

n \ i	$\frac{5}{12}\%$
107	86.18788310
108	86.82610765
109	87.46168397
110	88.09462304
111	88.72493581
112	89.35263317
113	89.97772598
114	90.60022504
115	91.22014112
116	91.83748493
117	92.45226715
118	93.06449841
119	93.67418929
120	94.28135033
121	94.88599203
122	95.48812484
123	96.08775918
124	96.68490541
125	97.27957385
126	97.87177479
127	98.46151846
128	99.04881506
129	99.63367475
130	100.21610764
131	100.79612379
132	101.37373323
133	101.94894596
134	102.52177191
135	103.09222099
136	103.66030306
137	104.22602794
138	104.78940542
139	105.35044523
140	105.90915708
141	106.46555061
142	107.01963547
143	107.57142121
144	108.12091739
145	108.66813350
146	109.21307900
147	109.75576332
148	110.29619584
149	110.83438590
150	111.37034280
151	111.90407582
152	112.43559418
153	112.96490707
154	113.49202364
155	114.01695300
156	114.53970423
157	115.06028637
158	115.57870842
159	116.09497934
160	116.60910805
161	117.12110346
162	117.63097440
163	118.13872969
164	118.64437811
165	119.14792841
166	119.64938929
167	120.14876942
168	120.64607743
169	121.14132192
170	121.63451146
171	122.12565456
172	122.61475973
173	123.10183542
174	123.58689004

n \ i	$\frac{5}{12}$ %
175	124.06993199
176	124.55096962
177	125.03001124
178	125.50706513
179	125.98213955
180	126.45524271
181	126.92638278
182	127.39556791
183	127.86280622
184	128.32810578
185	128.79147463
186	129.25292080
187	129.71245225
188	130.17007693
189	130.62580275
190	131.07963759
191	131.53158930
192	131.98166570
193	132.42987455
194	132.87622362
195	133.32072062
196	133.76337323
197	134.20418911
198	134.64317587
199	135.08034112
200	135.51569240
201	135.94923725
202	136.38098315
203	136.81093758
204	137.23910796
205	137.66550170
206	138.09012618
207	138.51298872
208	138.93409665
209	139.35345725
210	139.77107776
211	140.18696540
212	140.60112737
213	141.01357083
214	141.42430290
215	141.83333069
216	142.24066127
217	142.64630167
218	143.05025893
219	143.45254001
220	143.85315188
221	144.25210146
222	144.64939564
223	145.04504130
224	145.43904528
225	145.83141439
226	146.22215541
227	146.61127509
228	146.99878018
229	147.38467735
230	147.76897330
231	148.15167465
232	148.53278804
233	148.91232004
234	149.29027722
235	149.66666611
236	150.04149322
237	150.41476503
238	150.78648800
239	151.15666855
240	151.52531307
241	151.89242796
242	152.25801954
243	152.62209415

n \ i	$\frac{5}{12}$ %
244	152.98465808
245	153.34571759
246	153.70527892
247	154.06334831
248	154.41993192
249	154.77503594
250	155.12866650
251	155.48082971
252	155.83153166
253	156.18077841
254	156.52857601
255	156.87493047
256	157.21984777
257	157.56333388
258	157.90539473
259	158.24603625
260	158.58526432
261	158.92308480
262	159.25950353
263	159.59452634
264	159.92815901
265	160.26040731
266	160.59127699
267	160.92077377
268	161.24890334
269	161.57567137
270	161.90108352
271	162.22514542
272	162.54786266
273	162.86924082
274	163.18928546
275	163.50800212
276	163.82539630
277	164.14147350
278	164.45623917
279	164.76969876
280	165.08185768
281	165.39272134
282	165.70229511
283	166.01058435
284	166.31759437
285	166.62333049
286	166.92779800
287	167.23100216
288	167.53294821
289	167.83364137
290	168.13308684
291	168.43128980
292	168.72825540
293	169.02398878
294	169.31849505
295	169.61177931
296	169.90384661
297	170.19470202
298	170.48435056
299	170.77279724
300	171.06004704
301	171.34610494
302	171.63097587
303	171.91466477
304	172.19717653
305	172.47851605
306	172.75868818
307	173.03769777
308	173.31554965
309	173.59224861
310	173.86779945
311	174.14220692
312	174.41547577

n \ i	$\frac{5}{12}$ %
313	174.68761073
314	174.95861649
315	175.22849775
316	175.49725917
317	175.76490540
318	176.03144106
319	176.29687077
320	176.56119910
321	176.82443064
322	177.08656993
323	177.34762151
324	177.60758989
325	177.86647956
326	178.12429499
327	178.38104066
328	178.63672099
329	178.89134040
330	179.14490330
331	179.39741408
332	179.64887709
333	179.89929669
334	180.14867720
335	180.39702294
336	180.64433819
337	180.89062725
338	181.13589435
339	181.38014376
340	181.62337967
341	181.86560631
342	182.10682786
343	182.34704850
344	182.58627236
345	182.82450360
346	183.06174632
347	183.29800463
348	183.53328262
349	183.76758435
350	184.00091388
351	184.23327523
352	184.46467243
353	184.69510948
354	184.92459035
355	185.15311902
356	185.38069944
357	185.60733554
358	185.83303124
359	186.05779045
360	186.28161705
361	186.50451490
362	186.72648787
363	186.94753979
364	187.16767448
365	187.38689574
366	187.60520738
367	187.82261316
368	188.03911684
369	188.25472216
370	188.46943286
371	188.68325264
372	188.89618520
373	189.10823422
374	189.31940338
375	189.52969631
376	189.73911666
377	189.94766804
378	190.15535406
379	190.36217832
380	190.56814439
381	190.77325582

n \ i	$\frac{5}{12}$%
382	190.97751617
383	191.18092897
384	191.38349772
385	191.58522595
386	191.78611713
387	191.98617473
388	192.18540222
389	192.38380305
390	192.58138063
391	192.77813838
392	192.97407972
393	193.16920802
394	193.36352666
395	193.55703899
396	193.74974838
397	193.94165813
398	194.13277159
399	194.32309203
400	194.51262277
401	194.70136708
402	194.88932821
403	195.07650942
404	195.26291395
405	195.44854501
406	195.63340582
407	195.81749957
408	196.00082945
409	196.18339862
410	196.36521024
411	196.54626746
412	196.72657341
413	196.90613119
414	197.08494393
415	197.26301470
416	197.44034659
417	197.61694266
418	197.79280597
419	197.96793955
420	198.14234644
421	198.31602965
422	198.48899219
423	198.66123703
424	198.83276717
425	199.00358556
426	199.17369517
427	199.34309892
428	199.51179975
429	199.67980058
430	199.84710432
431	200.01371384
432	200.17963204
433	200.34486178
434	200.50940593
435	200.67326731
436	200.83644878
437	200.99895314
438	201.16078321
439	201.32194178
440	201.48243165
441	201.64225559
442	201.80141635
443	201.95991670
444	202.11775937
445	202.27494709
446	202.43148258
447	202.58736854
448	202.74260768
449	202.89720267
450	203.05115618

n \ i	$\frac{5}{12}$%
451	203.20447089
452	203.35714943
453	203.50919445
454	203.66060859
455	203.81139444
456	203.96155463
457	204.11109175
458	204.26000838
459	204.40830710
460	204.55599047
461	204.70306105
462	204.84952138
463	204.99537399
464	205.14062140
465	205.28526612
466	205.42931066
467	205.57275751
468	205.71560914
469	205.85786802
470	205.99953662
471	206.14061738
472	206.28111274
473	206.42102514
474	206.56035698
475	206.69911069
476	206.83728865
477	206.97489326
478	207.11192690
479	207.24839193
480	207.38429072
481	207.51962562
482	207.65439895
483	207.78861307
484	207.92227027
485	208.05537289
486	208.18792321
487	208.31992352
488	208.45137612
489	208.58228328
490	208.71264725
491	208.84247029
492	208.97175464
493	209.10050255
494	209.22871623
495	209.35639791
496	209.48354978
497	209.61017406
498	209.73627292
499	209.86184855
500	209.98690312
501	210.11143879
502	210.23545772
503	210.35896204
504	210.48195390
505	210.60443542
506	210.72640872
507	210.84787590
508	210.96883907
509	211.08930032
510	211.20926173
511	211.32872538
512	211.44769332
513	211.56616762
514	211.68415033
515	211.80164348
516	211.91864911
517	212.03516924
518	212.15120588
519	212.26676104

n \ i	$\frac{5}{12}$%
520	212.38183672
521	212.49643491
522	212.61055759
523	212.72420673
524	212.83738429
525	212.95009224
526	213.06233252
527	213.17410708
528	213.28541783
529	213.39626672
530	213.50665566
531	213.61658655
532	213.72606129
533	213.83508178
534	213.94364991
535	214.05176754
536	214.15943656
537	214.26665881
538	214.37343616
539	214.47977045
540	214.58566352
541	214.69111720
542	214.79613331
543	214.90071367
544	215.00486009
545	215.10857436
546	215.21185828
547	215.31471364
548	215.41714222
549	215.51914578
550	215.62072609
551	215.72188490
552	215.82262397
553	215.92294503
554	216.02284982
555	216.12234007
556	216.22141750
557	216.32008381
558	216.41834073
559	216.51618994
560	216.61363313
561	216.71067200
562	216.80730821
563	216.90354345
564	216.99937937
565	217.09481763
566	217.18985988
567	217.28450776
568	217.37876292
569	217.47262697
570	217.56610155
571	217.65918827
572	217.75188873
573	217.84420454
574	217.93613730
575	218.02768860
576	218.11886002
577	218.20965313
578	218.30006951
579	218.39011071
580	218.47977830
581	218.56907383
582	218.65799883
583	218.74655486
584	218.83474342
585	218.92256607
586	219.01002430
587	219.09711963
588	219.18385358

부록

n \ i	$\frac{5}{12}$%
589	219.27022763
590	219.35624328
591	219.44190202
592	219.52720533
593	219.61215469
594	219.69675156
595	219.78099740
596	219.86489368
597	219.94844184
598	220.03164332
599	220.11449958
600	220.19701202
601	220.27918210
602	220.36101122
603	220.44250080
604	220.52365225
605	220.60446697
606	220.68494636
607	220.76509181
608	220.84490471
609	220.92438643
610	221.00353835
611	221.08236185
612	221.16085827
613	221.23902898
614	221.31687534
615	221.39439867
616	221.47160034
617	221.54848167
618	221.62504398
619	221.70128861
620	221.77721688
621	221.85283008
622	221.92812954
623	222.00311656
624	222.07779242
625	222.15215843
626	222.22621586
627	222.29996601
628	222.37341013
629	222.44654951
630	222.51938540
631	222.59191907
632	222.66415177
633	222.73608475
634	222.80771926
635	222.87905652
636	222.95009778
637	223.02084426
638	223.09129719
639	223.16145778
640	223.23132725
641	223.30090681
642	223.37019765
643	223.43920098
644	223.50791799
645	223.57634986
646	223.64449779
647	223.71236294
648	223.77994650
649	223.84724963
650	223.91427349
651	223.98101924
652	224.04748804
653	224.11368104
654	224.17959937
655	224.24524419
656	224.31061662
657	224.37571780

n \ i	$\frac{5}{12}$%
658	224.44054884
659	224.50511088
660	224.56940503
661	224.63343239
662	224.69719408
663	224.76069120
664	224.82392485
665	224.88689611
666	224.94960609
667	225.01205586
668	225.07424650
669	225.13617908
670	225.19785469
671	225.25927438
672	225.32043922
673	225.38135026
674	225.44200855
675	225.50241516
676	225.56257111
677	225.62247745
678	225.68213522
679	225.74154545
680	225.80070916
681	225.85962738
682	225.91830113
683	225.97673141
684	226.03491925
685	226.09286564
686	226.15057160
687	226.20803810
688	226.26526616
689	226.32225676
690	226.37901088
691	226.43552951
692	226.49181362
693	226.54786418
694	226.60368217
695	226.65926855
696	226.71462429
697	226.76975033
698	226.82464763
699	226.87931714
700	226.93375981
701	226.98797657
702	227.04196837
703	227.09573614
704	227.14928080
705	227.20260329
706	227.25570452
707	227.30858541
708	227.36124688
709	227.41368984
710	227.46591519
711	227.51792385
712	227.56971669
713	227.62129463
714	227.67265855
715	227.72380935
716	227.77474790
717	227.82547509
718	227.87599179
719	227.92629888
720	227.97639722

2. 年單位數値表

가. $\frac{1-(1+i)^{-n}}{i}$

n \ i	5%
1	0.95238095
2	1.85941043
3	2.72324803
4	3.54595050
5	4.32947667
6	5.07569207
7	5.78637340
8	6.46321276
9	7.10782168
10	7.72173493
11	8.30641422
12	8.86325164
13	9.39357299
14	9.89864094
15	10.37965804
16	10.83776956
17	11.27406625
18	11.68958690
19	12.08532086
20	12.46221034
21	12.82115271
22	13.16300258
23	13.48857388
24	13.79864179
25	14.09394457
26	14.37518530
27	14.64303362
28	14.89812726
29	15.14107358
30	15.37245103
31	15.59281050
32	15.80267667
33	16.00254921
34	16.19290401
35	16.37419429
36	16.54685171
37	16.71128734
38	16.86789271
39	17.01704067
40	17.15908635
41	17.29436796
42	17.42320758
43	17.54591198
44	17.66277331
45	17.77406982
46	17.88006650
47	17.98101571
48	18.07715782
49	18.16872173
50	18.25592546
51	18.33897663
52	18.41807298
53	18.49340284
54	18.56514556
55	18.63347196
56	18.69854473
57	18.76051879
58	18.81954170
59	18.87575400
60	18.92928953
61	18.98027574
62	19.02883404
63	19.07508003
64	19.11912384
65	19.16107033

66	19.20101936
67	19.23906606
68	19.27530101
69	19.30981048
70	19.34267665
71	19.37397776
72	19.40378834
73	19.43217937
74	19.45921845
75	19.48496995
76	19.50949519
77	19.53285257
78	19.55509768
79	19.57628351
80	19.59646048
81	19.61567665
82	19.63397776
83	19.65140739
84	19.66800704
85	19.68381623
86	19.69887260
87	19.71321200
88	19.72686857
89	19.73987483
90	19.75226174
91	19.76405880
92	19.77529410
93	19.78599438
94	19.79618512
95	19.80589059
96	19.81513390
97	19.82393705
98	19.83232100
99	19.84030571
100	19.84791020

나. $\frac{1}{(1+i)^n}$

n \ i	5%
1	0.95238095
2	0.90702948
3	0.86383760
4	0.82270247
5	0.78352617
6	0.74621540
7	0.71068133
8	0.67683936
9	0.64460892
10	0.61391325
11	0.58467929
12	0.55683742
13	0.53032135
14	0.50506795
15	0.48101710
16	0.45811152
17	0.43629669
18	0.41552065
19	0.39573396
20	0.37688948
21	0.35894236
22	0.34184987
23	0.32557131
24	0.31006791
25	0.29530277
26	0.28124073
27	0.26784832
28	0.25509364
29	0.24294632
30	0.23137745
31	0.22035947
32	0.20986617
33	0.19987254
34	0.19035480
35	0.18129029
36	0.17265741
37	0.16443563
38	0.15660536
39	0.14914797
40	0.14204568
41	0.13528160
42	0.12883962
43	0.12270440
44	0.11686133
45	0.11129651
46	0.10599668
47	0.10094921
48	0.09614211
49	0.09156391
50	0.08720373
51	0.08305117
52	0.07909635
53	0.07532986
54	0.07174272
55	0.06832640
56	0.06507276
57	0.06197406
58	0.05902291
59	0.05621230
60	0.05353552
61	0.05098621
62	0.04855830
63	0.04624600
64	0.04404381
65	0.04194648
66	0.03994903
67	0.03804670
68	0.03623495
69	0.03450948
70	0.03286617
71	0.03130111
72	0.02981058
73	0.02839103
74	0.02703908
75	0.02575150
76	0.02452524
77	0.02335737
78	0.02224512
79	0.02118582
80	0.02017698
81	0.01921617
82	0.01830111
83	0.01742963
84	0.01659965
85	0.01580919
86	0.01505637
87	0.01433940
88	0.01365657
89	0.01300626
90	0.01238691
91	0.01179706
92	0.01123530
93	0.01070028
94	0.01019074
95	0.00970547
96	0.00924331
97	0.00880315
98	0.00838395
99	0.00798471
100	0.00760449

年金的利益의現在價格을호프만(Hoffmann)法에의하여求하기위한數値表

1. 序 文

筆者는 앞서 商業數學上의 問題에 있어서, 年金的 支拂額의 現價 卽 現在價格을 眞割引法 卽 호프만法에 의하여 求하는 경우에 計算을 容易하게 하기 위하여 單利年金現價表를 作成하여 公表한 것이 있는 바(註1) 그 表를 利用하면 法律上의 諸問題에 있어서, 때때로 나타나는 將來 一定期間에 걸쳐서 一年마다 發生하는 年金的 利益의 現價를 호프만法에 의한 法定利率로써 中間利息을 빼내고 求하는 때의 計算은 至極히 容易하게 되는 것이다.

그러나, 將來 一定期間에 걸쳐서 一月마다 發生하는 年金的 利益의 現價를 求하는 때에는, 그 表를 利用하여도 아직 計算하는 데에는 얼마간의 품이 듦으로, 筆者는 이 경우에도 計算을 容易하게 만들기 위하여 다시 法定利率에 의한 單利年金現價表를 作成하여 公表한 것이다(註2).

그러므로 이 表들을 利用하면, 從來에는 相當히 힘들었든 將來의 서로 같은 年金的 利益의 現價를 호프만法에 의하여 구하는 計算이 극히 容易하게 될 뿐만 아니라, 將來의 年金的 利益이 어떠한 期間을 經過할 때마다 變化할 때에 그 現價를 구하는 計算도 또한 容易하게 행할 수 있다.

여기 이 表等의 數値中, 民法上의 計算問題를 解決하는데 通常 필요한 範圍의 것을 들어(註3), 法律關係 諸賢의 利用에 供與하는 同時에 이 表의 使用法을 解說하는 것을 本稿의 目的으로 한다.

2. 年金的 利益의 現價

現在부터 一定期間 後에 얻는 利益의 現價를 구하는 方法에는 商業數學上 4種의 方法이 있다. 卽 利率에 의한 單割引法(이것을 眞割引法이라고도 한다). 割引率에 의한 單割引法(이것을 銀行割引法이라고도 한다). 利率에 의한 複割引法, 割引率에 의한 複割引法 등이 이것이다(註4).

그리하여, 法律學上은 이 方法들 중에서 利率에 의한 單割引法을 호프만法, 割引率에 의한 單割引法을 카르프초쉬(Carpzowsche)法 利率에 의한 複割引法을 라이프니쯔(Leibniz)法이라고 일컫고 있는바, 日本國의 民法上의 計算問題로서는, 現價를 구할 때에는 最初의 호프만法을 쓰고 있는 경우가 극히 많다. 그러므로 이하는 將來의 利益의 現價를 호프만法에 의하여 구하는 경우만을 取扱코자 한다.

于先, 現在로부터 3年後에 얻을 利益 10萬원의 現價를 法定利率 年 5分의 호프만法에 의하여 中間利息을 빼내고 구하여 본다고 하면, 구하는 現價를 x로 表示할 때, 이것을 年 5分의 單利로써 3年間 불렸을 때의 利息은 x×0.05×3年이 되므로, 10萬원에서 빼낸 殘額이 x와 같게 되도록 x의 값을 정하면 된다. 그러므로

₩100,000−x(1+0.05×3)

를 풀면

$x = \frac{100,000}{1+0.05\times3}$ =86,957이 된다.

즉 이 경우의 現價는 ₩86,957(원未滿 4捨 5入)이다.

따라서, 中間利息은

₩100,000−₩86,957=₩13,043이 된다.

一般的으로, 現在부터 n期間 後에 얻을 利益 s의 現價를 p라고 하고, 이것을 1期間에 대한 利率 i의 호프만法에 의하여 中間 利息을 빼내고 구한다면, 前例와 같이 생각하여

(1) $P= \frac{S}{1+ni}$ 가 된다.

따라서 이 경우의 中間利息을 I라고 하면

$I=S-P= \frac{sni}{1+ni}$ =pni가 된다.

다음에, 現在부터 5年間, 每年末에 10萬원씩의 利益을 얻는다고 할 때에, 그 年金的 利益의 現價를 法定利率에 年 5分의 호프만法에 의한 中間利息을 빼내고 구하여 본다고 하면, (1)式에서 s=100,000, i=0.05, n=1,2,3,4,5 라고 할 때

1年後의 利益 10萬원의 現價

$\frac{₩100,000}{1+0.05}$ =₩95,238.1

2年後의 利益 10萬원의 現價

$\frac{₩100,000}{1+2\times0.05}$ =₩90,909.1

3年後의 利益 10萬원의 現價

$\frac{₩100,000}{1+3\times0.05}$ =₩86,956.5

4年後의 利益 10萬원의 現價

$\frac{₩100,000}{1+4\times0.05}$ =₩83,333.3

5年後의 利益 10萬원의 現價

$\frac{₩100,000}{1+5\times0.05}$ =₩80,000.0이 되므로

이 5개의 現價를 合算하면 ₩436,437이 된다. 따라서 이것이 위와 같은 年金的 利益의 現價이다.

지금, 一般的으로 現在부터 n期間, 每期末 R씩의 利益을 얻을 때에, 이 年金的 利益의 現價를 P라고 하고, 이것을 1期間에 대하여 利率 i의 호프만法에 의하여 中間利息을 빼내고 구한다면, 前例와 같이 생각하여

現在부터 1期間後의 利益R의 現價

$\frac{R}{1+i}$

現在부터 2期間後의 利益R의 現價

$\frac{R}{1+2i}$

現在부터 3期間後의 利益R의 現價

$\frac{R}{1+3i}$

現在부터 n期間後의 利益R의 現價

$\frac{R}{1+ni}$ 이 되므로

(2) $P=R(\frac{1}{1+i}+\frac{1}{1+2i}+\frac{1}{1+3i}+\cdots\cdots+\frac{1}{1+ni})$이 된다.

여기서 (2)式의 위 右邊의 括弧內의 式은 計算이 簡單하게 되도록 變形할 수 없는 것이다.

또한, (2)式을 解說하기 위하여 基準으로 한 1期間은 1個年의 경우 뿐만이 아니라, 1個月, 2個月……6個月등 어떤 때에도 물론 支障이 없는 것이다.

더욱 앞에서 揭示한 具體的인 計算例는 (2)式에서 R=100,000, i=5%, n=5의 경우에 相當하다는 것은 더 말할 나위도 없다.

3. 單利年金現價表

(2)式에 의하여 年金的 利益의 現價를 구할 때에는 그 右邊의 括弧內의 式의 數의 값을 計算하는 것이 필요하다.

여기서 그 式 卽

$\frac{1}{1+i}+\frac{1}{1+2i}+\frac{1}{1+3i}+\cdots\cdots+\frac{1}{1+ni}$ 를

商業數學上, 利率 i, 期數 n의 單利年金的現價率이라 한다.

따라서 單利年金 現價率에 의하여 (2)式을 表現한다면 다음과 같이 된다.

(3) 年金的 利益의 現價=每期末 利益×(利率 i, 期數 n의 單利年金現價率)

單利年金現價率의 값은, 期數 n의 값이 클때에 計算이 극히 많은 時間을 要하게 된다. 예를 들면 每月末 一定額씩의 利益이 30年間에 걸쳐서 얻을 때에 그 現價를 구하는 데는, n의 값이 360이 되므로, 計算에 있어서 莫大한 품이 들뿐만 아니라, 誤算의 危險도 늘 따르게 된다. 그러므로 筆者는, 위 計算을 容易하게 하기 위하여 利率 i, 期數 n의 單利年金現價率의 값을 i와 n의 여러 種類의 값에 대하여 計算한 結果의 表를 作成하였다. 이것이 **單利年金現價表**이고, 또 이것을 法律學上 用語로써 表現한다면, 年金的 利益의 現在價格을 호프만法에 의하여 求하기 위한 數値表에 다름이 없다.

本稿末尾에 揭示하는 **單利年金現價表**는 利率 i, 期數 n의 **單利年金現價率**의 값을, 利率 i가 法定利率 年 5分의 경우에는 期數 n는 1부터 100까지에 대하여 또 利率 i가 法定利率 月 5/12%의 경우에는 期數 n는 1부터 450까지에 대하여 각각 小數 第9位까지 正確하게 計算하여, 그 小數 第8位 미만을 4捨5入한 結果表이다.

이 表의 보는 方法은 다음과 같다.

例 $\frac{1}{1+5\%}+\frac{1}{1+2\times5\%}+\frac{1}{1+3\times5\%}+\cdots\cdots\frac{1}{1+60\times5\%}$의 값, 즉 利率 5% 期數 60의 單利年金現價率의 값은 뒤에 揭示하는 表의 i=5%의 欄內에서 n=60줄에 해당하는 數 즉 27,354,792.44이다.

또 $\frac{1}{1+\frac{5}{12}\%}+\frac{1}{1+2\times\frac{5}{12}\%}+\frac{1}{1+3\times\frac{5}{12}\%}+\cdots\cdots+\frac{1}{1+360\times\frac{5}{12}\%}$

의 값, 즉 利率 5/12% 期數 360의 單利年金現價率의 값은, 뒤에 揭示하는 表의 i=5/12%의 欄內에서 n=360줄에 해당하는 數 즉 219,610,067.32이다.

4. 表에 의한 計算例

다음의 表에 의한 計算例를 揭示한다.

『例 1』現在부터 28年間 每年末 60萬원씩의 收益이 있다고 豫想될 때, 이 年金的 收益의 現在價格을 法定利率 5分의 호프만法에 의하여 中間利息을 빼내고 求한다면, 얼마나 될까.

(3)式에서 1期를 1年으로 생각하고 每期末 利益을 60萬원으로 하고 또 i=5%, n=28이라 하면, 年金的收益의 現價=₩600,000×(利率 5%, 期數 28의 單利年金現價率)이 된다.

여기서 利率 5% 期數 28의 單利年金의 값은 뒤에 揭示하는 表에 의하여 구한다면 17.22115036이므로 年金的 收益의 現價=₩600,000 × 17.22115036=₩10,332,690(원未滿4捨5入)이 된다.

『例 2』滿 38歲의 男子로서 平均月收 5萬원의 者가 事故에 의하여 死亡한 때 收入에 대한 生活費의 比率을 6割로 하고, 將來 얻을 수 있었을 純利益의 現在價格을 法定利率 年 5分의 호프만法에 의하여 中間利息을 빼내고 구하라. 但 平均餘命은 31.11年이다(註5).

于先, 將來 얻을 수 있었을 純利益은 1個月에 ₩50,000×(1－0.6)＝₩20,000이다. 또 平均餘命 31.11年을 月 單位로 換算한다면 12月×31.11＝373.32月이 되므로 1個月未滿을 4捨5入하면 373月이 된다. 다시 法定利率 年 5分을 月利로 換算한다면, 5/12%이 된다.

그러므로, (3)式에서 1期를 1月로 생각하고, 每期末 利益을 2萬원으로, 또 i＝5/12%, n＝373으로 한다면 얻을 수 있었을 純利益의 現價＝₩20,000×(利率 5/12%, 期數 373의 單利年金現價率)이 된다. 여기서 利率 5/12% 期數 373의 單利金現價率의 값은 뒤에 揭示하는 表에서 구하면, 224.75029558이므로 얻을 수 있었을 純利益의 現價＝₩20,000×224.75029558＝₩4,495,006(원未滿4捨5入)이 된다.

또한 參考로서, 每月末 얻는 純利益, 2萬원의 12個月分 즉 24萬원이 每年末에 얻을 수 있는 것으로 假定하고, 얻을 수 있었을 純利益의 現價를 구하여 보자.

이 경우에, 平均餘命은 31.11年이므로 1年未滿은 4捨5入하여 31年으로 計算한다(註6).

따라서 (3)式에 있어서 1期를 1年으로 생각하고, 每期末 每益을 24萬원으로, 또 i＝5%, n＝31로 한다면,

얻을 수 있었을 純利益의 現價＝₩240,000×(利率 5%, 期數 31의 單利年金現價率)＝₩240,000×18.42147049＝₩4,421,153(원未滿4捨5入)이 된다.

따라서 앞의 경우와 比較하면, 이 경우의 것이 얻을 수 있었을 純利益의 現價는 ₩4,495,006－₩4,421,153＝₩73,853만큼 적다.

『例 3』現在부터 5年間은 純利益이 없고, 其後 25年間은 每年末 28萬원씩의 純益이 있다고 豫想되는 때, 이 年金的純益의 現在價格을 法定利益 年 5分의 호프만法에 의하여 中間利息을 빼고 구하라.

求하는 年金的 利益의 現價는, 每年末 28萬원씩 30年(5年＋25年＝30年)間 繼續하는 年金的 純益의 現價에서 每年末 28萬원씩 5年間 繼續하는 年金的 純益의 現價를 뺀 것과 같다.

于先, 每年末 28萬원씩 30年間 繼續하는 年金的 純益의 現價는 (3)式에서 1期를 1年으로 생각하고 每期末 利益을 28萬원으로 하고, 또 i＝5%, n＝30으로 하면,

₩280,000×(利率 5%, 期數 30)의 單利年金現價率이 된다.

다음, 每年末 28萬원씩 5年間 繼續하는 年金的 純益의 現價는 같이 (3)式에서

₩280,000×(利率 5%, 期數 5)의 單利年金現價率이 된다.

따라서 구하는 年金的 純益의 現價는

₩280,000×{(年率 5%, 期數 30의 單利年金現價率)－(利率 5%, 期數 5의 單利年金現價率)}＝₩280,000×(18.02931362－4.36437041)＝₩3,826,184가 된다.

『例 4』現在부터 12年間은 純益이 없고, 其後 20年間은 每月末 2萬5千원씩의 純益이 있다고 豫想될 때에, 그 年金的 純益의 現在價格을 法定利率 年 5分의 호프만法에 의하여 中間利息을 빼내고 구하라.

구하는 年金的 純益의 現價는, 每月末 2萬5千원씩 32年(12年＋20年＝32年)間 繼續하는 年金的 純益의 現價에서 每月末 2萬5千원씩 12年間 繼續하는 年金的 純益의 現價를 빼낸 것과 같다.

于先, 每月末 2萬5千원씩 32年間 繼續하는 年金的 現價는 (3)式에서 1期를 1月로 생각하고 每期末 利益을 2萬5千원으로 하고 또 i＝5/12%, n＝12×32＝384로 하면,

₩25,000.(利率 5/12%, 期數 384의 單利年金現價率)이 된다.

다음, 每月末 2萬5千원씩 12年間 繼續하는 年金的 純益의 現價는 (3)式에서(이 경우에는 n＝12×12＝144이다)

₩25,000×(利率 5/12%, 期數 144의 單利年金現價率)이 된다.

따라서, 구하는 年金的 純益의 現價는 ₩25,000×{(利率 5/12%, 期數 384의 單期年金現價率)－(利率 5/12%, 期數 144의 單利年金現價率)}＝₩25,000×(229.01535036－112.61358261)＝₩2,910,044가 된다.

『例 5』滿 37歲의 男子가 事故로 인하여 死亡하였으나, 그 사람의 平均餘命이 32年이고, 그 月收는 每月末 支給으로서 最初의 8年間은 7萬원, 다음 8年間은 10萬원, 그 다음의 8年間은 6萬원, 最後의 8年間은 5萬원의 豫定이라고 한다.

收入에 대한 生活費의 比率은 6割로 하고, 將來 얻을 수 있었을 純利益의 現在 價格을 法定利率 年 5分의 호프만法에 의하여 中間利息을 빼내고 구하라.

于先, 將來 얻을 수 있었을 純利益은 1個月에 대하여 最初의 8年間은 70,000×(1－0.6)＝₩28,000 다음의 8年間은 ₩100,000×(1－0.6)＝₩40,000 그 다음의 8年間은 ₩60,000×(1－0.6)＝₩24,000

最後의 8年間은 ₩50,000×(1－0.6)＝₩20,000이 된다.

다음에, 이것들의 純利益의 現價를 구한다고 하면, 最初의 8年間 每月末 2萬8千원씩 얻을 純利益의 現價는 (3)式에서 1期를 1月로 생각하고, 每期末 利益을 2萬8千원으로 하고, 또 i＝5/12%, n＝12×8＝96으로 하면,

₩28,000×(利率 5/12%, 期數 96의 單利年金現價率)＝₩28,000×80.61064971＝₩2,257,098.2가 된다.

다음의 8年間 每月末 4萬원씩 얻어지는 純利益의 現價는, 每月末 4萬원씩 16年(8年＋8年＝16年)間 繼續하는 年金的 純利益의 現價에서 每月末 4萬원씩 8年間 繼續하는 年金的 純利益의 現價를 뺀 것과 같다. 그러므로, 이것은 『例 4』의 경우와 같게 하여

₩40,000×{(利率 5/12%, 期數 192의 單利年金現價率)－(利率 5/12%, 期數 96의 單利年金現價率)}－40,000×(140.84681741－80.61064971)＝₩2,409,446.7이 된다.

다시 다음의 8年間 每月末 2萬4千원씩 얻어지는 純利益의 現價는, 每月末 2萬4千원씩 24年(8年＋8年＋8年＝24年)間 繼續하는 年金的 純利益의 現價에서 每月末 2萬4千원씩 16年(8年＋8年＝16年)間 繼續하는 年金的 純利益의 現價를 뺀 것과 같다.

그러므로, 이것은

₩24,000×{(利率 5/12%, 期數 288의 單利年金現價率)－(利率 5/12%, 期數 192의 單利年金現價率)}＝₩24,000×(188.95731470－140.84681741)＝₩1,154,651.9가 된다.

最後의 8年間 每月末 2萬원씩 얻어지는 純利益의 現價는, 每月末 2萬원씩 32年(8年＋8年＋8年＋8年＝32年)間 繼續하는 年金的 利益의 現價에서 每月末 2萬원씩 24年(8年＋8年＋8年＝24年)間 繼續하는 年金的 利益의 現價를 빼낸 것과 같다. 그러므로, 이것은

₩20,000×{(利率 5/12%, 期數 384의 單利年金現價率)－(利率 5/12%, 期數 288의 單利年金現價率)}＝₩20,000×(229.01535036－188.95731470)＝₩801,160.7이 된다.

以上 4個의 경우로 나누어서 計算한 各 現價의 總計가 구하는 結果이다. 즉 이것은

₩2,257,098.2＋₩2,409,446.7＋₩1,154,651.9＋₩801,160.7＝₩6,622.357.5가 되므로 원未滿은 4捨5入하여 ₩6,622,358이 된다.

또한, 本例에서는 月收가 平均餘命 동안 8年마다 變化하는 경우를 取扱하였으나, 이것이 서로 같지 않은 期間을 經過할 때마다 變化하는 경우 例를 들면, 順次, 2年間 6萬원, 3年間 7萬원, 5年間 9萬원, 8年間 10萬원, 14年間 5萬원등과 같이 變化하는 경우에도 꼭 같은 形式으로 計算할 수 있음은 말할 것도 없다.

5. 結 論

우리들은 이상에서, 年金的 利率의 現在 價格을 호프만法에 의하여 구하기 위한 數値表로서의 單利年金現價表를 紹介함과 同時에, 이 表의 使用法을 說明하고 또한 그 計算例도 揭示하였다.

이 計算例에서 明白한 것과 같이 이

表를 利用한다면, 一年마다 發生하는 年金的 利益의 現價는 물론이거니와 從來는 거의 計算되어 있지 않았던 一月마다 發生하는 年金的 利益의 現價 혹은 어떤 期間을 經過한 때마다 變化하는 年金的 利益의 現價로, 特別한 假定을 設定함이 없이 原形대로 극히 容易하게 구할 수 있는 것이다.

그러나, 이 年金的 利益의 現價計算에 있어서 于先 注意하여야 할 것은, 利益의 發生期와 그 金額, 現價, 評價時點등의 關係를 明確하게 把握하는 것이 무엇보다도 重要한 것으로서 이것이 不充分할 때에는 誤算할 危險性이 多分히 있다고 하겠다.

그러므로 항상 이 危險을 피하기 위하여 利益의 發生期, 各 發生期의 利益額, 現價 評價時點등을 明示한 圖表(이것을 "Time Diagram"이라고 한다)을 그려서 計算의 參考로 삼는다(註7).

또한 앞에 揭記한 計算例에서는, 될 수 있는 한 쉽게 說明하였으므로 解說이 길어지고 不必要한 計算을 한 點등이 있으나 實務上에는, 公式을 使用하고 公式에다 表의 數値를 代入하여 可及的이면, 簡單한 計算으로 所要의 結果를 얻고자 希望하고 있다. 그리하여 그와 같은 目的을 充足시키기 위하여 公式도 이미 考案되어 筆者의 手中에 있으므로 別途機會가 있을 때 紹介하고자 생각한다.

또한 앞에 揭記한『例 2』에서 指摘하여 있고 理論上 自明한 것이나, 一般的으로 將次 얻을 수 있었을 純利益의 現在價格을 구하는 경우 純利益이 一年마다 發生하는 것으로 計算하는 경우보다 1月마다 發生하는 것으로서 計算하는 경우가 항상 現在價格이 커지는 것은 注意하여야 한다.

日本橫濱國立大學
教授 佐藤信吉 著

(註 1) 拙稿「單利年金現價表의 擴張」雜誌「會計」第69卷 第1號-第4號 所載參照, 혹은 拙著「會計數理와 利潤計算」(森山書店 發行) 附錄 會計數理用諸表 16面-19面 參照.

(註 2) 拙稿「法定利率에 의한 單利年金現價表」雜誌「會計」第69卷 第5號 所載 參照.

(註 3) 商法上의 計算問題를 解決하기 위한 必要한 數値表에 관하여, 前揭拙稿 또는 拙著를 參照.

(註 4) 利率 또는 割引率의 값이 같다고 하여도, 이것들의 4種의 方法에 의한 現價는 一般으로는 各各 다른 값을 取하는 것이다. 이 4種의 方法의 性質과 이로 말미암은 現價의 大小關係에 관하여는, 拙著「商業數學」現代商學全集 第2卷, 春秋社發行 38面-55面 또는 拙著「會計數理와 利潤計算」58面-72面을 參照.

(註 5) 厚生省 第9回 生命表(1955年 1月) 參照.

(註 6) 平均餘命의 1月未滿 혹은 1年未滿을 4捨5入하지 않고 그대로 使用하여 精密한 計算을 할 수 있으나 여기서는 簡單히 하기 위하여 4捨5入하여 計算하기로 하였다.

(註 7) 타임 다이어그람(Time Diagram)의 例에 관하여는 前揭拙著「會計數理와 利潤計算」75面-98面 參照.

『付記』法定利率을 使用한 호프만法에 의하여 年金的 利益의 現價를 구하는 때, 어느 程度 이상의 期數의 現價를 計算하면 이것이 法定利率에 의한 每期의 利益額에 相當한 利息을 生하는 것과 같은 元本額보다도 커지는 것이다. 그리하여 이러한 경우에는 이 元本額을 가지고 이 年金的 利益의 現價로 하고 있는 모양이다.

위와 같은 限度期數에 관하여는 前揭 拙稿「法定利率에 의한 單利年金現價表」雜誌「會計」第69卷 第5號 61面을 參照.

또한 위와 같은 措置의 例로서 獨逸破産法 第70條, 日本破産法의 削除前의 第19條 但書를 參照.

法定利率에 의한 單利年金現價表(1)

$$\frac{1}{1+i}+\frac{1}{1+2i}+\frac{1}{1+3i}+\cdots\cdots+\frac{1}{1+ni}$$

n \ i	5%
1	0. 9523 8095
2	1. 8614 7186
3	2. 7310 3708
4	3. 5643 7041
5	4. 3643 7041
6	5. 1336 0118
7	5. 8743 4192
8	6. 5886 2764
9	7. 2782 8281
10	7. 9449 4948
11	8. 5901 1077
12	9. 2151 1077
13	9. 8211 7137
14	10. 4094 0667
15	10. 9808 3524
16	11. 5363 9079
17	12. 0769 3133
18	12. 6032 4712
19	13. 1160 6764
20	13. 6160 6764
21	14. 1038 7251
22	14. 5800 6299
23	15. 0451 7927
24	15. 4997 2472
25	15. 9441 6917
26	16. 3789 5178
27	16. 8044 8369
28	17. 2211 5036
29	17. 6293 1362
30	18. 0293 1362
31	18. 4214 7049
32	18. 8060 8587
33	19. 1834 4436
34	19. 5538 1473
35	19. 9174 5110
36	20. 2745 9395
37	20. 6254 7115
38	20. 9702 9873
39	21. 3092 8178
40	21. 6426 1512
41	21. 9704 8397
42	22. 2930 6461
43	22. 6105 2493
44	22. 9230 2493
45	23. 2307 1724
46	23. 5337 4754
47	23. 8322 5500
48	24. 1263 7265
49	24. 4162 2772
50	24. 7017 4201
51	24. 9836 3215
52	25. 2614 0993
53	25. 5353 8253
54	25. 8056 5280
55	26. 0723 1947
56	26. 3354 7736
57	26. 5952 1762
58	26. 8516 2788
59	27. 1047 9244
60	27. 3547 9244
61	27. 6017 0602
62	27. 8456 0846
63	28. 0865 7231
64	28. 3246 6755
65	28. 5599 6167
66	28. 7925 1981
67	29. 0224 0486
68	29. 2496 7759
69	29. 4743 9669
70	29. 6966 1891
71	29. 9163 9913
72	30. 1337 9044
73	30. 3488 4420
74	30. 5616 1016
75	30. 7721 3647
76	30. 9804 6981
77	31. 1866 5538
78	31. 5937 3701
79	31. 5927 5721
80	31. 7927 5721
81	31. 9907 7701
82	32. 1868 5544
83	32. 3810 3020
84	32. 5733 3789
85	32. 7638 1408
86	32. 9524 9333
87	33. 1394 0922
88	33. 3245 9440
89	33. 5080 8064
90	33. 6898 9882
91	33. 8700 7900
92	34. 0486 5043
93	34. 2256 4158
94	34. 4010 8018
95	34. 5749 9322
96	34. 7474 0701
97	34. 9183 4719
98	35. 0878 3871
99	35. 2559 0594
100	35. 4225 7260

法定利率에 의한 單利年金現價表(2)

$$\frac{1}{1+i}+\frac{1}{1+2i}+\frac{1}{1+3i}+\cdots\cdots+\frac{1}{1+ni}$$

n \ i	$\frac{5}{12}$ %
1	0. 9958 5062
2	1. 9875 8616
3	2. 9752 4048
4	3. 9588 4704
5	4. 9384 3887
6	5. 9140 4863
7	6. 8857 0855
8	7. 8534 5049
9	8. 8173 0591
10	9. 7773 0591
11	10. 7334 8121
12	11. 6858 6216
13	12. 6344 7876
14	13. 5793 6066
15	14. 5205 3712
16	15. 4580 3712
17	16. 3918 8926
18	17. 3221 2182
19	18. 2487 6274
20	19. 1718 3967
21	20. 0913 7990
22	21. 0074 1043
23	21. 9199 5796
24	22. 8290 4887
25	23. 7347 0925
26	24. 6369 6489
27	25. 5358 4129
28	26. 4313 6368
29	27. 3235 5699
30	28. 2124 4588
31	29. 0980 5473
32	29. 9804 0767
33	30. 8595 2855
34	31. 7354 4096
35	32. 6081 6823
36	33. 4777 3345
37	34. 3441 5944
38	35. 2074 6880
39	36. 0676 8385
40	36. 9248 2671
41	37. 7789 1923
42	38. 6299 8306
43	39. 4780 3960
44	40. 3231 1002
45	41. 1652 1529
46	42. 0043 7613
47	42. 8406 1306
48	43. 6739 4639
49	44. 5043 9622
50	45. 3319 8243
51	46. 1567 2469
52	46. 9786 4250
53	47. 7977 5513
54	48. 6140 8166
55	49. 4276 4098
56	50. 2384 5179
57	51. 0465 3260
58	51. 8519 0173
59	52. 6545 7732
60	53. 4545 7732
61	54. 2519 1951
62	55. 0466 2149
63	55. 8387 0070
64	56. 6281 7439
65	57. 4150 5963
66	58. 1993 7336
67	58. 9811 3232
68	59. 7603 5309
69	60. 5370 5212
70	61. 3112 4567
71	62. 0829 4985
72	62. 8521 8062
73	63. 6189 5378
74	64. 3832 8499
75	65. 1451 8976
76	65. 9046 8343
77	66. 6617 8122
78	67. 4164 9820
79	68. 1688 4930
80	68. 9188 4930
81	69. 6665 1285
82	70. 4118 5446
83	71. 1548 8852
84	71. 8956 2926
85	72. 6340 9080
86	73. 3702 8712
87	74. 1042 3207
88	74. 8359 3939
89	75. 5654 2267
90	76. 2926 9540
91	77. 0177 7093
92	77. 7406 6249
93	78. 4613 8321
94	79. 1799 4609
95	79. 8963 6400
96	80. 6106 4971
97	81. 3228 1589
98	82. 0328 7506
99	82. 7408 3966
100	83. 4467 2201
101	84. 1505 3433
102	84. 8522 8871
103	85. 5519 9717
104	86. 2496 7159
105	86. 9453 2376
106	87. 6389 6538
107	88. 3306 0803
108	89. 0202 6320
109	89. 7079 4229
110	90. 3936 5657
111	91. 0774 1726
112	91. 7592 3544
113	92. 4391 2212
114	93. 1170 8823
115	93. 7931 4456
116	94. 4673 0187
117	95. 1395 7078
118	95. 8099 6184
119	96. 4784 8551
120	97. 1451 5218
121	97. 8099 7212
122	98. 4729 5555
123	99. 1341 1257
124	99. 7934 5323
125	100. 4509 8748
126	101. 1067 2519
127	101. 7606 7614
128	102. 4128 5005
129	103. 0632 5656
130	103. 7119 0521
131	104. 3588 0547
132	105. 0039 6676
133	105. 6473 9840
134	106. 2891 0963
135	106. 9291 0963
136	107. 5674 0750
137	108. 2040 1228
138	108. 8389 3291
139	109. 4721 7829
140	110. 1037 5724
141	110. 7336 7850
142	111. 3619 5075
143	111. 9885 8261
144	112. 6135 8261
145	113. 2369 5923
146	113. 8587 2089
147	114. 4788 7593
148	115. 0974 3263
149	115. 7143 9921
150	116. 3297 8382
151	116. 9435 9457
152	117. 5558 3946
153	118. 1665 2649
154	118. 7756 6354
155	119. 3832 5848
156	119. 9893 1909
157	120. 5938 5309
158	121. 1968 6817
159	121. 7983 7193
160	122. 3983 7193
161	122. 9968 7567
162	123. 5938 9059
163	124. 1894 2409
164	124. 7834 8350
165	125. 3760 7609
166	125. 9672 0909
167	126. 5568 8968
168	127. 1451 2498
169	127. 7319 2204
170	128. 3172 8790
171	128. 9012 2950
172	129. 4837 5377
173	130. 0648 6758
174	130. 6445 7772
175	131. 2228 9097
176	131. 7998 1405
177	132. 3753 5362
178	132. 9495 1630
179	133. 5223 0866
180	134. 0937 3723
181	134. 6638 0849
182	135. 2325 2887
183	135. 7999 0476
184	136. 3659 4249
185	136. 9306 4838
186	137. 4940 2866
187	138. 0560 8955
188	138. 6168 3721
189	139. 1762 7777
190	139. 7344 1731
191	140. 2912 6185
192	140. 8468 1741
193	141. 4010 8993
194	141. 9540 8532
195	142. 5058 0946
196	143. 0562 6817
197	143. 6054 6726
198	144. 1534 1246
199	144. 7001 0950
200	145. 2455 6405
201	145. 7897 8173

n \ i	$\frac{5}{12}$ %
202	146. 3327 6816
203	146. 8745 2888
204	147. 4150 6942
205	147. 9543 9526
206	148. 4925 1186
207	149. 0294 2461
208	149. 5651 3889
209	150. 0996 6005
210	150. 6329 9338
211	151. 1651 4416
212	151. 6961 1761
213	152. 2259 1894
214	152. 7545 5330
215	153. 2820 2582
216	153. 8083 4161
217	154. 3335 0573
218	154. 8575 2320
219	155. 3803 9901
220	155. 9021 3814
221	156. 4227 4552
222	156. 9422 2604
223	157. 4605 8457
224	157. 9778 2595
225	158. 4939 5498
226	159. 0089 7644
227	159. 5228 9507
228	160. 0357 1558
229	160. 5474 4266
230	161. 0580 8096
231	161. 5676 3510
232	162. 0761 0968
233	162. 5835 0925
234	163. 0898 3837
235	163. 5951 0152
236	164. 0993 0320
237	164. 6024 4786
238	165. 1045 3991
239	165. 6055 8375
240	166. 1055 8375
241	166. 6045 4425
242	167. 1024 6956
243	167. 5993 6397
244	168. 0952 3174
245	168. 5900 7710
246	169. 0839 0426
247	169. 5767 1740
248	170. 0685 2068
249	170. 5593 1823
250	171. 0491 1415
251	171. 5379 1252
252	172. 0257 1739
253	172. 5125 3281
254	172. 9983 6277
255	173. 4832 1125
256	173. 9670 8222
257	174. 4499 7961
258	174. 9319 0732
259	175. 4128 6924
260	175. 8928 6924
261	176. 3719 1116
262	176. 8499 9881
263	177. 3271 3598
264	177. 8033 2646
265	178. 2785 7398
266	178. 7528 8228
267	179. 2262 5507
268	179. 6986 9601
269	180. 1702 0878
270	180. 6407 9702

n \ i	$\frac{5}{12}$ %
271	181. 1104 6434
272	181. 5792 1434
273	182. 0470 5059
274	182. 5139 7666
275	182. 9799 9608
276	183. 4451 1236
277	183. 9093 2899
278	184. 3726 4946
279	184. 8350 7720
280	185. 2966 1566
281	185. 7572 6826
282	186. 2170 3837
283	186. 6759 2938
284	187. 1339 4465
285	187. 5910 8751
286	188. 0473 6127
287	188. 5027 6924
288	188. 9573 1470
289	189. 4110 0090
290	189. 8638 3109
291	190. 3158 0849
292	190. 7669 3631
293	191. 2172 1773
294	191. 6666 5593
295	192. 1152 5406
296	192. 5630 1526
297	193. 0099 4263
298	193. 4560 3929
299	193. 9013 0830
300	194. 3457 5275
301	194. 7893 7567
302	195. 2321 8010
303	195. 6741 6905
304	196. 1153 4552
305	196. 5557 1249
306	196. 9952 7293
307	197. 4340 2979
308	197. 8719 8599
309	198. 3091 4446
310	198. 7455 0810
311	199. 1810 7978
312	199. 6158 6239
313	200. 0498 5878
314	200. 4830 7177
315	200. 9155 0421
316	201. 3471 5888
317	201. 7780 3859
318	202. 2081 4612
319	202. 6374 8422
320	203. 0660 5565
321	203. 4938 6314
322	203. 9209 0940
323	204. 3471 9715
324	204. 7727 2906
325	205. 1975 0782
326	205. 6215 3609
327	206. 0448 1652
328	206. 4673 5173
329	206. 8891 4435
330	207. 3101 9698
331	207. 7305 1221
332	208. 1500 9263
333	208. 5689 4080
334	208. 9870 5927
335	209. 4044 5057
336	209. 8211 1724
337	210. 2370 6178
338	210. 6522 8669
339	211. 0667 9446

n \ i	$\frac{5}{12}$ %
340	211. 4805 8757
341	211. 8936 6846
342	212. 3060 3960
343	212. 7177 0340
344	213. 1286 6231
345	213. 5389 1872
346	213. 9484 7503
347	214. 3573 3364
348	214. 7654 9690
349	215. 1729 6719
350	215. 5797 4685
351	215. 9858 3822
352	216. 3912 4363
353	216. 7959 6538
354	217. 2000 0579
355	217. 6033 6713
356	218. 0060 5169
357	218. 4080 6174
358	218. 8093 9954
359	219. 2100 6732
360	219. 6100 6732
361	220. 0094 0176
362	220. 4080 7285
363	220. 8060 8281
364	221. 2034 3380
365	221. 6001 2801
366	221. 9961 6762
367	222. 3915 5477
368	222. 7862 9161
369	223. 1803 8028
370	223. 5738 2290
371	223. 9666 2159
372	224. 3587 7846
373	224. 7502 9558
374	225. 1411 7506
375	225. 5314 1897
376	225. 9210 2936
377	226. 3100 0829
378	226. 6983 5780
379	227. 0860 7993
380	227. 4731 7671
381	227. 8596 5014
382	228. 2455 0223
383	228. 6307 3497
384	229. 0153 5036
385	229. 3993 5036
386	229. 7827 3694
387	230. 1655 1206
388	230. 5476 7766
389	230. 9292 3569
390	231. 3101 8807
391	231. 6905 3672
392	232. 0702 8356
393	232. 4494 3048
394	232. 8279 7938
395	233. 2059 3213
396	233. 5832 9062
397	233. 9600 5671
398	234. 3362 3226
399	234. 7118 1912
400	235. 0868 1912
401	235. 4612 3409
402	235. 8350 6587
403	236. 2083 1626
404	236. 5809 8706
405	236. 9530 8009
406	237. 3245 9712
407	237. 6955 3993
408	238. 0659 1030

부록

n \ i	$\frac{5}{12}$%
409	238. 4357 0999
410	238. 8049 4076
411	239. 1736 0435
412	239. 5417 0251
413	239. 9092 3697
414	240. 2762 0945
415	240. 6426 2166
416	241. 0084 7532
417	241. 3737 7212
418	241. 7385 1377
419	242. 1027 0193
420	242. 4663 3829
421	242. 8294 2453
422	243. 1919 6229
423	243. 5539 5324
424	243. 9153 9902
425	244. 2763 0128
426	244. 6366 6164
427	244. 9964 8173
428	245. 3557 6317
429	245. 7145 0756
430	246. 0727 1652
431	246. 4303 9163
432	246. 7875 3449
433	247. 1441 4667
434	247. 5002 2976
435	247. 8557 8531
436	248. 2108 1490
437	248. 5653 2007
438	248. 9193 0237
439	249. 2727 6334
440	249. 6257 0452
441	249. 9781 2742
442	250. 3300 3358
443	250. 6814 2450
444	251. 0323 0170
445	251. 3826 6666
446	251. 7325 2089
447	252. 0818 6587
448	252. 4307 0308
449	252. 7790 3399
450	253. 1268 6008
451	253. 4741 8280
452	253. 8210 0361
453	254. 1673 2395
454	254. 5131 4528
455	254. 8584 6902
456	255. 2032 9661
457	255. 5476 2946
458	255. 8914 6900
459	256. 2348 1664
460	256. 5776 7379
461	256. 9200 4183
462	257. 2619 2217
463	257. 6033 1620
464	257. 9442 2529
465	258. 2846 5082
466	258. 6245 9416
467	258. 9640 5668
468	259. 3030 3973
469	259. 6415 4467
470	259. 9795 7284
471	260. 3171 2558
472	260. 6542 0423
473	260. 9908 1012
474	261. 3269 4458
475	261. 6626 0891
476	261. 9978 0444
477	262. 3325 3248

n \ i	$\frac{5}{12}$%
478	262. 6667 9431
479	263. 0005 9126
480	263. 3339 2459
481	263. 6667 9560
482	263. 9992 0557
483	264. 3311 5578
484	264. 6626 4749
485	264. 9936 8198
486	265. 3242 6049
487	265. 6543 8428
488	265. 9840 5461
489	266. 3132 7272
490	266. 6420 3984
491	266. 9703 5722
492	267. 2982 2607
493	267. 6256 4763
494	267. 9526 2310
495	268. 2791 5372
496	268. 6052 4067
497	268. 9308 8518
498	269. 2560 8843
499	269. 5808 5162
500	269. 9051 7595
501	270. 2290 6259
502	270. 5525 1272
503	270. 8755 2753
504	271. 1981 0817
505	271. 5202 5582
506	271. 8419 7164
507	272. 1632 5678
508	272. 4841 1239
509	272. 8045 3963
510	273. 1245 3963
511	273. 4441 1353
512	273. 7632 6247
513	274. 0819 8757
514	274. 4002 8996
515	274. 7181 7075
516	275. 0356 3107
517	275. 3526 7202
518	275. 6692 9471
519	275. 9855 0024
520	276. 3012 8972

〈參考判例〉

상고이유를 판단한다.

1. 호프만식계산법에 의하여 중간이자를 공제하여 장래의 일실이익의 현가를 산정하는 것은 위법한 것이 아니라는 것이 당원의 판례이다.(대법원 1966년 11월 29일 선고 66다1871판결, 1981년 9월 22일 선고 81다588판결 참조). 원심이 그 판시 358개월동안의 일실이익의 현가를 산정함에 있어서 호프만식계산법에 의하여 중간이자를 공제하였다하여 이를 위법한 것이라고 할 수 없을 것이고 반대의 입장에서 원심판결을 공격하는 논지는 채용할 수 없다.
2. 원심판결 이유에 의하면 원고는 이사건 사고발생 당시부터 그의 여명까지 5백개월동안 성인여자 1명의 개호가 필요하여 그 개호비로서 이 사건 사고발생 당시부터 28개월동안은 매월 금 11만8천6백25원, 1984년 9월 27일부터 472개월동안은 매월금 13만3천8백33원씩을 지출하게 되어 동액 상당의 손해를 입게 된 사실을 확정하고 손해액의 현가를 호프만식계산법의 단리연금현가율을 그대로 적용하여 산정하고 있다. 그러나 호프만식계산법에 의하여 중간이자를 공제하는 경우에 단리연금현가율이 2백40을 넘는 중간이자 공제기간 414개월(연별 호프만식계산에 있어서는 그 율이 20을 넘는 36년)이후에 있어서는 그 단리연금현가율을 그대로 적용하여 그 현가를 산정하게 되면 현가로 받게 되는 금액의 이자가 매월 입게되는 손해액보다 많게 되는 것은 수리상 명백한 바 이와 같이 그 원금의 이자만으로 손해에 충당하고도 남게 되는 금원을 그대로 손해배상액으로 한다는 것은 피해자가 입은 손해액보다 더 많은 금원을 배상하게 되는 불합리한 결과를 가져오게 될 것이고 이는 피해자의 현실적 손해의 전보를 목적으로 하는 손해배상제도의 근본취지에 어긋나는 것으로서 위법한 것이라 할 것이다. 그러므로 호프만식계산법상의 단리연금현가율이 2백 40을 넘는 중간이자 공제기간의 현가를 산정함에 있어서는 그 수치표상의 단리연금현가율이 얼마인지를 불문하고 모두 2백 40을 적용 계산함으로서 현가의 원본으로부터 생기는 이자가 그 손해액을 초과하지 않도록 하여 피해자가 과잉배상을 받는 일이 없도록 하여야 할 것이다. 원심이 그 판시 개호비지출로 인한 손해의 현가를 산정함에 있어서 240이 넘는 호프만식계산법상의 단리연금 현가율을 적용한 것은 손해배상액산정에 관한 법리를 오해하여 판결에 영향을 미쳤다 할 것이므로 이점을 지적하는 논지는 이유있다.
3. 그러므로 원심판결의 피고 패소부분 중 재산상 손해에 관한 부분을 파기하고 이 부분 사건을 서울고등법원으로 환송하고, 피고의 나머지 상고는 이유없으므로 이를 기각하며, 상고기각부분에 관한 상고비용은 피고의 부담으로 하기로 하여 관여법관의 일치된 의견으로 주문과 같이 판결한다.

(대판 1985.10.22, 85다카319)

형법 죄명별 공소시효표

(1) 형사소송법 제249조 참조.

(2) 형법 죄명에 따른 공소시효이며, 특별법이 적용되는 사항에 따라서는 다소 차이가 있을 수 있습니다.

적용법조	죄 명	공소시효
	내란의 죄	
제87조1호	내란수괴죄	25년
제87조2호	내란(모의참여, 중요임무종사, 실행)	25년
제87조3호	내란 부화수행죄	7년
제88조	내란목적의 살인죄	영구
제89조	내란죄의 미수범	제87조, 제88조 적용
제90조	내란죄의 예비, 음모, 선동, 선전죄	10년
	외환의 죄	
제92조	외환유치죄	25년
제93조	여적죄	25년
제94조1항	모병이적죄	25년
제94조2항	모병이적에 응한 죄	15년
제95조	시설제공이적죄	25년
제96조	시설파괴이적죄	25년
제97조	물건제공이적죄	15년
제98조	간첩죄	25년
제99조	일반이적죄	15년
제100조	외환죄의 미수범	제92조 내지 제99조 적용
제101조	외환죄의 예비, 음모, 선동, 선전죄	10년
제103조	전시군수계약불이행죄	10년
	국기에 관한 죄	
제105조	국기, 국장의 모독죄	7년
제106조	국기, 국장의 비방죄	5년
	국교에 관한 죄	
제107조	외국원수에 대한 폭행등 죄	7년
제108조1항	외국사절에 대한 폭행·협박죄	7년
제108조2항	외국사절에 대한 모욕·명예훼손죄	5년
제109조	외국의 국기, 국장의 모독죄	5년
제111조 1항, 2항	외국에 대한 사전죄	10년
제111조3항	외국에 대한 사전예비음모죄	5년
제112조	중립명령위반죄	5년
제113조	외교상기밀의 누설죄	7년
	공안을 해하는 죄	
제114조	범죄단체등의 조직죄	목적한 죄의 공소시효 적용
제115조	소요죄	10년
제116조	다중불해산죄	5년
제117조	전시공수계약불이행죄	5년
제118조	공무원자격의 사칭죄	5년
	폭발물에 관한 죄	
제119조	폭발물사용죄	25년
제120조	폭발물사용죄의 예비, 음모, 선동죄	10년
제121조	전시폭발물제조등 죄	10년
	공무원의 직무에 관한 죄	
제122조	직무유기죄	5년
제123조	직권남용죄	7년
제124조	불법체포, 불법감금죄	7년
제125조	특수공무원의 폭행, 가혹행위죄	7년
제126조	피의사실공표죄	5년
제127조	공무상비밀의 누설죄	5년
제128조	선거방해죄	10년
제129조1항	단순수뢰죄	7년
제129조2항	사전수뢰죄	5년
제130조	제삼자뇌물제공죄	7년
제131조 1항, 2항	수뢰후부정처사, 사후수뢰죄	10년
제131조3항	사후수뢰죄(공무원 또는 중재인이었던 자)	7년
제132조	알선수뢰죄	5년
제133조	뇌물공여 등 죄	7년
	공무방해에 관한 죄	
제136조	공무집행방해죄	7년

제137조	위계에 의한 공무집행방해죄	7년
제138조	법정 또는 국회회의장모욕죄	5년
제139조	인권옹호직무방해죄	7년
제140조	공무상비밀표시무효죄	7년
제140조의2	부동산강제집행효용침해죄	7년
제141조1항	공용서류등의 무효죄	7년
제141조2항	공용물의 파괴죄	10년
제142조	공무상보관물의 무효죄	7년
제144조2항 전단	특수공무방해치상죄	10년
제144조2항 후단	특수공무방해치사죄	15년

도주와 범인은닉의 죄

제145조	도주, 집합명령위반죄	5년
제146조	특수도주죄	7년
제147조	도주원조죄	10년
제148조	간수자의 도주원조죄	10년
제150조	도주원조죄의 예비, 음모죄	5년
제151조1항	범인은닉죄	5년

위증과 증거인멸의 죄

제152조1항	위증죄	7년
제152조2항	모해위증죄	10년
제154조	허위의 감정·통역·번역위증죄	7년
제154조	모해허위의 감정·통역·번역위증죄	10년
제155조1항	협의의 증거인멸죄	7년
제155조2항	증인은닉죄	7년
제155조3항	모해증거인멸죄	10년

무고의 죄

제156조	무고죄	10년

신앙에 관한 죄

제158조	장례식등의 방해죄	5년
제159조	시체등의 오욕죄	5년
제160조	분묘의 발굴죄	7년
제161조1항	시체등의 유기등 죄	7년
제161조2항	분묘발굴 시체등의 유기등 죄	10년
제163조	변사체 검시방해죄	5년

방화와 실화의 죄

제164조1항	현주건조물등 방화죄	15년
제164조2항 전단	현주건조물방화치상죄	15년
제164조2항 후단	현주건조물방화치사죄	영구
제165조	공용건조물등 방화죄	15년
제166조1항	일반건조물등 방화죄	10년
제166조2항	자기 소유 일반건조물등 방화죄	7년
제167조1항	일반물건 방화죄	10년
제167조2항	자기 소유 일반물건 방화죄	5년
제168조1항	연소죄	10년
제168조2항	연소죄	7년
제169조	진화방해죄	10년
제170조	실화죄	5년
제171조	업무상실화, 중실화죄	5년
제172조1항	폭발성물건파열죄	10년
제172조2항	폭발성물건파열치사상죄	15년
제172조의2 1항	가스·전기등 방류죄	10년
제172조의2 2항	가스·전기등 방류치사상죄	15년
제173조 1항, 2항	가스·전기등 공급방해죄	10년
제173조3항 전단	가스·전기등 공급방해치상죄	10년
제173조3항 후단	가스·전기등 공급방해치사죄	15년
제173조의2	과실폭발성물건파열등 죄	7년
제175조	방화죄등의 예비, 음모죄	7년

일수와 수리에 관한 죄

제177조1항	현주건주물등에의 일수죄	15년
제177조2항	현주건조물등에의 일수치사상죄	15년
제178조	공용건조물등에의 일수죄	15년
제179조1항	일반건조물등에의 일수죄	10년
제179조2항	자기 소유 일반건조물등에의 일수죄	5년
제180조	방수방해죄	10년

제181조	과실일수죄	5년
제183조	일수죄의 예비, 음모죄	5년
제184조	수리방해죄	7년
교통방해의 죄		
제185조	일반교통방해죄	10년
제186조	기차, 선박등의 교통방해죄	10년
제187조	기차등의 전복등 죄	15년
제188조	교통방해치사상죄	15년
제189조	과실, 업무상과실, 중과실에 의한 교통방해죄	5년
제191조	교통방해죄의 예비, 음모죄	5년
먹는 물에 관한 죄		
제192조1항	먹는 물의 사용방해죄	5년
제192조2항	독물등 혼입에 의한 먹는 물 사용방해죄	10년
제193조	수돗물의 사용방해죄	10년
제194조	먹는 물 혼독치사상죄	15년
제195조	수도불통죄	10년
제197조	먹는 물에 관한 죄의 예비, 음모죄	5년
아편에 관한 죄		
제198조	아편등의 제조등 죄	10년
제199조	아편흡식기의 제조등 죄	7년
제200조	세관공무원의 아편등의 수입죄	10년
제201조	아편흡식등, 동장소제공죄	7년
제205조	아편등의 소지죄	5년
통화에 관한 죄		
제207조 1항, 4항	내국통화위조등 및 동행사, 수입등 죄	15년
제207조 2항, 3항, 4항	외국통화위조등 및 동행사, 수입등 죄	10년
제208조	위조통화의 취득죄	7년
제210조	위조통화 취득 후의 지정행사죄	5년

제211조	통화유사물의 제조등 죄	5년
제213조	통화에 관한 죄의 예비, 음모죄	7년
유가증권, 우표와 인지에 관한 죄		
제214조	유가증권의 위조등 죄	10년
제215조	자격모용에 의한 유가증권의 작성죄	10년
제216조	허위유가증권의 작성등 죄	7년
제217조	위조유가증권등의 행사등 죄	10년
제218조	인지·우표의 위조등 죄	10년
제219조	위조인지·우표등의 취득죄	5년
제221조	소인말소죄	5년
제222조	인지·우표유사물의 제조등 죄	5년
제224조	유가증권, 우표와 인지에 관한 죄의 예비, 음모죄	5년
문서에 관한 죄		
제225조, 제229조	공문서등의 위조·변조 및 동행사죄	10년
제226조, 제229조	자격모용에 의한 공문서등의 작성 및 동행사죄	10년
제227조, 제229조	허위공문서등의 작성 및 동행사죄	7년
제227조의2, 제229조	공전자기록위작·변작 및 동행사죄	10년
제228조1항, 제229조	공정증서원본등의 부실기재 및 동행사죄	7년
제228조2항, 제229조	공정증서원본등의 부실기재 및 동행사죄	5년
제230조	공문서등의 부정행사죄	5년
제231조, 제234조	사문서등의 위조·변조 및 동행사죄	7년
제232조, 제234조	자격모용에 의한 사문서의 작성 및 동행사죄	7년
제232조의2, 제234조	사전자기록위작·변작 및 동행사죄	7년
제233조, 제234조	허위진단서등의 작성 및 동행사죄	5년
제236조	사문서의 부정행사죄	5년

인장에 관한 죄		
제238조	공인등의 위조, 부정사용 및 동행사죄	7년
제239조	사인등의 위조, 부정사용 및 동행사죄	5년

성풍속에 관한 죄		
제242조	음행매개죄	5년
제243조	음화반포등 죄	5년
제244조	음화제조등 죄	5년
제245조	공연음란죄	5년

도박과 복표에 관한 죄		
제246조	도박, 상습도박죄	5년
제247조	도박장소등 개설죄	7년
제248조1항	복표의 발매죄	7년
제248조 2항, 3항	복표의 발매중개, 복표의 취득죄	5년

살인의 죄		
제250조	살인, 존속살해죄	영구
제252조	촉탁, 승낙에 의한 살인 등 죄	10년
제253조	위계등에 의한 촉탁살인 등 죄	영구
제255조	살인죄의 예비, 음모죄	10년

상해와 폭행의 죄		
제257조1항	상해죄	7년
제257조2항	존속상해죄	10년
제258조	중상해, 존속중상해죄	10년
제258조의2	특수상해죄	10년
제259조1항	상해치사죄	10년
제259조2항	존속상해치사죄	15년
제260조1항	폭행죄	5년
제260조2항	존속폭행죄	7년
제261조	특수폭행죄	7년
제262조	폭행치상죄	7년
제262조	존속폭행치상죄, 폭행중상해, 존속폭행중상해죄	10년
제262조	폭행치사죄	10년
제262조	존속폭행치사죄	15년

과실치사상의 죄		
제266조	과실치상죄	5년
제267조	과실치사죄	5년
제268조	업무상과실·중과실 치사상죄	7년

낙태의 죄		
제269조 1항, 2항	낙태죄	5년
제269조3항 전단	촉탁·승낙낙태치상죄	5년
제269조3항 후단	촉탁·승낙낙태치사죄	7년
제270조 1항, 2항	의사등의 낙태, 부동의낙태죄	5년
제270조3항 전단	의사등의 낙태, 부동의낙태치상죄	7년
제270조3항 후단	의사등의 낙태, 부동의낙태치사죄	10년

유기와 학대의 죄		
제271조1항	유기죄	5년
제271조 2항, 4항	존속유기죄 및 존속유기로 인한 생명에 위험을 초래한 죄	10년
제271조3항	단순유기로 인한 생명에 위험을 초래한 죄	7년
제273조1항	학대죄	5년
제273조2항	존속학대죄	7년
제274조	아동혹사죄	7년
제275조1항 전단	(제271조 또는 제273조) 유기등 치상죄	7년
제275조1항 후단	(제271조 또는 제273조) 유기등 치사죄	10년
제275조2항 전단	존속(제271조 또는 제273조) 유기등 치상죄	10년
제275조2항 후단	존속(제271조 또는 제273조) 유기등 치사죄	15년

체포와 감금의 죄		
제276조1항	체포감금죄	7년
제276조2항	존속체포감금죄	10년

부록

제277조1항	중체포, 중감금죄	7년
제277조2항	존속중체포, 존속중감금죄	10년
제278조	특수체포, 특수감금죄	7년
제278조	존속특수체포·감금죄	10년
제278조	특수중체포·감금죄	10년
제278조	존속특수중체포·감금죄	10년
제281조1항	체포감금치상죄	10년
제281조1항	체포감금치사죄	10년
제281조2항	존속체포감금치상죄	10년
제281조2항	존속체포감금치사죄	15년
	협박의 죄	
제283조1항	협박죄	5년
제283조2항	존속협박죄	7년
제284조	특수협박죄	7년
	약취, 유인 및 인신매매의 죄	
제287조	미성년자의 약취, 유인죄	10년
제288조1항	추행, 간음, 결혼 또는 영리목적의 약취·유인죄	10년
제288조2항	노동력 착취, 성매매와 성적 착취, 장기적출 목적의 약취·유인죄	10년
제288조3항	국외이송을 위한 약취·유인, 약취·유인된 사람을 국외이송한 죄	10년
제289조1항	인신매매죄	7년
제289조2항	추행, 간음, 결혼 또는 영리목적의 인신매매죄	10년
제289조3항	노동력 착취, 성매매와 성적 착취, 장기적출 목적의 인신매매죄	10년
제289조4항	국외이송을 위한 인신매매, 매매된 사람을 국외이송한 죄	10년
제290조1항	(제287조부터 제289조까지) 약취, 유인, 매매, 이송 등 상해죄	10년
제290조2항	(제287조부터 제289조까지) 약취, 유인, 매매, 이송 등 치상죄	10년
제291조1항	(제287조부터 제289조까지) 약취, 유인, 매매, 이송 등 살인죄	영구
제291조2항	(제287조부터 제289조까지) 약취, 유인, 매매, 이송 등 치사죄	15년
제292조	(제287조부터 제289조까지) 약취, 유인, 매매, 이송된 사람의 수수 또는 은닉죄	7년
	강간과 추행의 죄	
제297조	강간죄	10년
제297조의2	유사강간죄	10년
제298조	강제추행죄	10년
제299조	준강간, 준강제추행죄	10년
제301조	강간 등 상해·치상죄	15년
제301조의2 전단	강간등 살인죄	영구
제301조의2 후단	강간등 치사죄	15년
제302조	미성년자등에 대한 간음죄	7년
제303조	업무상위력등에 의한 간음죄	7년
제305조, 제297조	미성년자(13세미만, 13세 이상 16세미만)에 대한 간음, 추행죄	10년
제305조, 제301조	미성년자(13세미만, 13세 이상 16세미만)에 대한 간음, 추행, 상해·치상죄	15년
제305조의3	예비, 음모	5년
	명예에 관한 죄	
제307조1항	명예훼손죄	5년
제307조2항	허위사실적시명예훼손죄	7년
제308조	사자의 명예훼손죄	5년
제309조1항	출판물등에 의한 명예훼손죄	5년
제309조2항	허위사실적시출판물등에 의한 명예훼손죄	7년
제311조	모욕죄	5년
	신용, 업무와 경매에 관한 죄	
제313조	신용훼손죄	7년
제314조	업무방해죄	7년
제315조	경매, 입찰의 방해죄	5년
	비밀침해의 죄	
제316조	비밀침해죄	5년
제317조	업무상비밀누설죄	5년

부록

주거침입의 죄		
제319조	주거침입, 퇴거불응죄	5년
제320조	특수주거침입죄	7년
제321조	주거·신체수색죄	5년
권리행사를 방해하는 죄		
제323조	권리행사방해죄	7년
제324조1항	강요죄	7년
제324조2항	특수강요죄	10년
제324조의2	인질강요죄	10년
제324조의3	인질상해·치상죄	15년
제324조의4 전단	인질살해죄	영구
제324조의4 후단	인질치사죄	15년
제325조	점유강취, 준점유강취죄	7년
제326조	중권리행사방해죄	10년
제327조	강제집행면탈죄	5년
절도와 강도의 죄		
제329조	절도죄	7년
제330조	야간주거침입절도죄	10년
제331조	특수절도죄	10년
제331조의2	자동차등 불법사용죄	5년
제333조	강도죄	10년
제334조	특수강도죄	15년
제335조	준강도죄	10년
제335조	준특수강도죄	15년
제336조	인질강도죄	10년
제337조	강도상해, 치상죄	15년
제338조 전단	강도살인죄	영구
제338조 후단	강도치사죄	15년
제339조	강도강간죄	15년
제340조 1항, 2항	해상강도, 해상강도상해치상죄	15년
제340조3항	해상강도살인죄	영구
제340조3항	해상강도치사, 강간죄	25년
제341조	상습강도, 상습특수강도, 상습인질강도, 상습해상강도등 죄	15년
제343조	강도죄의 예비음모죄	7년
사기와 공갈의 죄		
제347조	사기죄	10년
제347조의2	컴퓨터등 사용사기죄	10년
제348조	준사기죄	10년
제348조의2	편의시설부정이용죄	5년
제349조	부당이득죄	5년
제350조	공갈죄	10년
제350조의2	특수공갈죄	10년
횡령과 배임의 죄		
제355조	횡령, 배임죄	7년
제356조	업무상의 횡령과 배임죄	10년
제357조1항	배임수뢰죄	7년
제357조2항	배임증뢰죄	5년
제360조	점유이탈물횡령죄	5년
장물에 관한 죄		
제362조	장물의 취득, 알선등 죄	7년
제363조	상습장물의 취득, 알선등 죄	10년
제364조	업무상과실, 중과실로 인한 장물취득등 죄	5년
손괴의 죄		
제366조	재물손괴등 죄	5년
제367조	공익건조물파괴죄	10년
제368조1항	중손괴죄	10년
제368조2항 전단	재물손괴등 치상죄	10년
제368조2항 후단	재물손괴등 치사죄	10년
제369조1항	특수재물손괴등 죄	7년
제369조2항	특수공익건조물파괴죄	10년
제370조	경계침범죄	5년

2025년

쉽게 읽는 헌법·민법·형법 한글 기본 법전

현암사

대한민국헌법

(1987년 10월 29일 전문 개정 공포)

전 문

유구한 역사와 전통에 빛나는 우리 대한국민은 3·1운동으로 건립된 대한민국임시정부의 법통과 불의에 항거한 4·19민주이념을 계승하고, 조국의 민주개혁과 평화적 통일의 사명에 입각하여 정의·인도와 동포애로써 민족의 단결을 공고히 하고, 모든 사회적 폐습과 불의를 타파하며, 자율과 조화를 바탕으로 자유민주적 기본질서를 더욱 확고히 하여 정치·경제·사회·문화의 모든 영역에 있어서 각인의 기회를 균등히 하고, 능력을 최고도로 발휘하게 하며, 자유와 권리에 따르는 책임과 의무를 완수하게 하여, 안으로는 국민생활의 균등한 향상을 기하고 밖으로는 항구적인 세계평화와 인류공영에 이바지함으로써 우리들과 우리들의 자손의 안전과 자유와 행복을 영원히 확보할 것을 다짐하면서 1948년 7월 12일에 제정되고 8차에 걸쳐 개정된 헌법을 이제 국회의 의결을 거쳐 국민투표에 의하여 개정한다.

제1장 총 강

제1조 ① 대한민국은 민주공화국이다.
② 대한민국의 주권은 국민에게 있고, 모든 권력은 국민으로부터 나온다.

제2조 ① 대한민국의 국민이 되는 요건은 법률로 정한다.
② 국가는 법률이 정하는 바에 의하여 재외국민을 보호할 의무를 진다.

제3조 대한민국의 영토는 한반도와 그 부속도서(附屬島嶼)로 한다.

제4조 대한민국은 통일을 지향하며, 자유민주적 기본질서에 입각한 평화적 통일 정책을 수립하고 이를 추진한다.

제5조 ① 대한민국은 국제평화의 유지에 노력하고 침략적 전쟁을 부인한다.
② 국군은 국가의 안전보장과 국토방위의 신성한 의무를 수행함을 사명으로 하며, 그 정치적 중립성은 준수된다.

제6조 ① 헌법에 의하여 체결·공포*된 조약과 일반적으로 승인된 국제법규는 국내법과 같은 효력을 가진다.
② 외국인은 국제법과 조약이 정하는 바에 의하여 그 지위가 보장된다.

* 공포(公布) : 새로 제정된 법령이나 조약 등을 국민에게 두루 알리는 절차

제7조 ① 공무원은 국민전체에 대한 봉사자이며, 국민에 대하여 책임을 진다.
② 공무원의 신분과 정치적 중립성은 법률이 정하는 바에 의하여 보장된다.

제8조 ① 정당의 설립은 자유이며, 복수정당제*는 보장된다.
② 정당은 그 목적·조직과 활동이 민주적이어야 하며, 국민의 정치적 의사형성에 참여하는데 필요한 조직을 가져야 한다.
③ 정당은 법률이 정하는 바에 의하여 국가의 보호를 받으며, 국가는 법률이 정하는 바에 의하여 정당운영에 필요한 자금을 보조할 수 있다.
④ 정당의 목적이나 활동이 민주적 기본질서에 위배될 때에는 정부는 헌법재판소에 그 해산을 제소할 수 있고, 정당은 헌법재판소의 심판에 의하여 해산된다.

* 복수정당제(複數政黨制) : 민주주의 국가에서 정치적 기본질서의 하나에 속하는 '정당설립의 자유'를 실현하기 위해 2개 이상의 정당을 헌법이 보장하는 제도 비교 양당제

제9조 국가는 전통문화의 계승·발전과 민족문화의 창달에 노력하여야 한다.

제2장 국민의 권리와 의무

제10조 모든 국민은 인간으로서의 존엄과 가치를 가지며, 행복을 추구할 권리를 가진다. 국가는 개인이 가지는 불가침의 기본적 인권을 확인하고 이를 보장할 의무를 진다.

제11조 ① 모든 국민은 법 앞에 평등하다. 누구든지 성별·종교 또는 사회적 신분에 의하여 정치적·경제적·사회적·문화적 생활의 모든 영역에 있어서 차별을 받지 아니한다.
② 사회적 특수계급의 제도는 인정되지 아니하며, 어떠한 형태로도 이를 창설할 수 없다.
③ 훈장등의 영전*은 이를 받은 자에게만 효력이 있고, 어떠한 특권도 이에 따르지 아니한다.

* 영전(榮典) : 공적(公的)으로 인정된 명예를 표창(表彰)하기 위한 지위나 그 명칭

제12조 ① 모든 국민은 신체의 자유를 가진다. 누구든지 법률에 의하지 아니하고는 체포*·구속*·압수·수색* 또는 심문*을 받지 아니하며, 법률과 적법한 절차에 의하지 아니하고는 처벌·보안처분* 또는 강제노역을 받지 아니한다.
② 모든 국민은 고문을 받지 아니하며, 형사상 자기에게 불리한 진술을 강요당하지 아니한다.
③ 체포·구속·압수 또는 수색을 할 때에는 적법한 절차에 따라 검사의 신청에 의하여 법관이 발부한 영장을 제시하여야 한다. 다만, 현행범인인 경우와 장기 3년 이상의 형에 해당하는 죄를 범하고 도피 또는 증거인멸의 염려가 있을 때에는 사후에 영장을 청구할 수 있다.
④ 누구든지 체포 또는 구속을 당한 때에는 즉시 변호인의 조력을 받을 권리를 가진다. 다만, 형사피고인이 스스로 변호인을 구할 수 없을 때에는 법률이 정하는 바에 의하여 국가가 변호인을 붙인다.
⑤ 누구든지 체포 또는 구속의 이유와 변호인의 조력을 받을 권리가 있음을 고지받지 아니하고는 체포 또는 구속을 당하지 아니한다. 체포 또는 구속을 당한 자의 가족등 법률이 정하는 자에게는 그 이유와 일시·장소가 지체없이 통지되어야 한다.
⑥ 누구든지 체포 또는 구속을 당한 때에는 적부(適否)의 심사를 법원에 청구할 권리를 가진다.
⑦ 피고인*의 자백이 고문·폭행·협박·구속의 부당한 장기화 또는 기망* 기타의 방법에 의하여 자의로 진술된 것이 아니라고 인정될 때 또는 정식재판에 있어서 피고인의 자백이 그에게 불리한 유일한 증거일 때에는 이를 유죄의 증거로 삼거나 이를 이유로 처벌할 수 없다.

* 체포(逮捕) : 피의자의 신체를 구속하는 강제처분으로 행동의 자유를 박탈하는 행위
* 구속(拘束) : 피의자나 피고인을 구금 또는 구인하는 강제처분
* 수색(搜索) : 압수하여야 할 물건이나, 체포 또는 구인해야 할 사람을 찾아내기 위하여 사람의 신체나 가택 따위를 뒤지는 강제처분
* 심문(審問) : 수사나 재판과정에서 당사자 기타 이해관계인에게 개별적으로 서면 또는 구술로 진술할 기회를 주는 것
* 보안처분(保安處分) : 범인이 다시 범행할 위험을 막기 위하여 하는 개선 교육이나 보호 등의 처분
* 피고인(被告人) : 형사사건에서 범죄의 혐의를 받아 검사로부터 기소되었으나 아직 형(刑)이 확정되지 않은 사람 비교 피의자(被疑者)
* 기망(欺罔) : 사람을 착오에 빠지게 하는 행위(일상 생활에서는 흔히 '기만(欺瞞)'이라고 함) 비교 사술(詐術)

제13조 ① 모든 국민은 행위시의 법률에 의하여 범죄를 구성하지 아니하는 행위로 소추*되지 아니하며, 동일한 범죄에 대하여 거듭 처벌받지 아니한다.
② 모든 국민은 소급입법*에 의하여 참정권*의 제한을 받거나 재산권을 박탈당하지 아니한다.
③ 모든 국민은 자기의 행위가 아닌 친족의 행위로 인하여 불이익한 처우를 받지 아니한다.

* 소추(訴追) : 특정 형사사건의 재판을 요구하거나 탄핵(彈劾)을 발의(發議)하는 것
* 소급입법(遡及立法) : 법률의 효력이 발생하기 전에 일어난 일에 대해 적용되는 법을 만드는 것
* 참정권(參政權) : 국민이 직·간접으로 국정에 참여할 수 있는 권리 예시 선거권, 피선거권, 국민투표권, 공무담임권

제14조 모든 국민은 거주·이전의 자유를 가진다.
제15조 모든 국민은 직업선택의 자유를 가진다.
제16조 모든 국민은 주거의 자유를 침해받지 아니한다. 주거에 대한 압수나 수색을 할 때에는 검사의 신청에 의하여 법관이 발부한 영장을 제시하여야 한다.
제17조 모든 국민은 사생활의 비밀과 자유를 침해받지 아니한다.
제18조 모든 국민은 통신의 비밀을 침해받지 아니한다.
제19조 모든 국민은 양심의 자유를 가진다.
제20조 ① 모든 국민은 종교의 자유를 가진다.
② 국교는 인정되지 아니하며, 종교와 정치는 분리된다.
제21조 ① 모든 국민은 언론·출판의 자유와 집회·결사의 자유를 가진다.
② 언론·출판에 대한 허가나 검열과 집회·결사에 대한 허가는 인정되지 아니한다.
③ 통신·방송의 시설기준과 신문의 기능을 보장하기 위하여 필요한 사항은 법률로 정한다.
④ 언론·출판은 타인의 명예나 권리 또는 공중도덕이나 사회윤리를 침해하여서는 아니된다. 언론·출판이 타인의 명예나 권리를 침해한 때에는 피해자는 이에 대한 피해의 배상*을 청구할 수 있다.

* 배상(賠償) : 어떤 사실로 남에게 끼친 손해를 메워 손해가 발생하지 않았을 때와 같은 상태로 되돌리는 것 비교 보상(補償)

제22조 ① 모든 국민은 학문과 예술의 자유를 가진다.
② 저작자·발명가·과학기술자와 예술가의 권리는 법률로써 보호한다.
제23조 ① 모든 국민의 재산권은 보장된다. 그 내용과 한계는 법률로 정한다.

② 재산권의 행사는 공공복리에 적합하도록 하여야 한다.
③ 공공필요에 의한 재산권의 수용* · 사용 또는 제한 및 그에 대한 보상*은 법률로써 하되, 정당한 보상을 지급하여야 한다.

* 수용(收用) : 거두어들여 사용한다는 의미로, 여기서는 공익을 위해 국가의 명령으로 개인의 재산권을 강제 징수하여 국가나 제3자의 소유로 옮긴다는 뜻인 '공공수용'의 의미로 해석됨

* 보상(補償) : 국가 또는 공공단체가 국민이 입은 재산상의 손해를 갚아주는 것 예시 손실보상, 형사보상

제24조 모든 국민은 법률이 정하는 바에 의하여 선거권을 가진다.
제25조 모든 국민은 법률이 정하는 바에 의하여 공무담임권*을 가진다.

* 공무담임권(公務擔任權) : 국민이 국가나 지방자치단체 기관의 구성원이 되어 공적인 일을 담당할 수 있는 권리

제26조 ① 모든 국민은 법률이 정하는 바에 의하여 국가기관에 문서로 청원*할 권리를 가진다.
② 국가는 청원에 대하여 심사할 의무를 진다.

* 청원(請願) : 국가기관이나 지방자치단체에 대하여 국민이 문서로서 희망사항을 진술함

제27조 ① 모든 국민은 헌법과 법률이 정한 법관에 의하여 법률에 의한 재판을 받을 권리를 가진다.
② 군인 또는 군무원이 아닌 국민은 대한민국의 영역 안에서는 중대한 군사상 기밀 · 초병(哨兵) · 초소(哨所) · 유독음식물공급 · 포로 · 군용물에 관한 죄중 법률이 정한 경우와 비상계엄이 선포된 경우를 제외하고는 군사법원의 재판을 받지 아니한다.
③ 모든 국민은 신속한 재판을 받을 권리를 가진다. 형사피고인은 상당한 이유가 없는 한 지체없이 공개재판을 받을 권리를 가진다.
④ 형사피고인은 유죄의 판결이 확정될 때까지는 무죄로 추정된다.
⑤ 형사피해자는 법률이 정하는 바에 의하여 당해 사건의 재판절차에서 진술할 수 있다.
제28조 형사피의자* 또는 형사피고인으로서 구금되었던 자가 법률이 정하는 불기소처분*을 받거나 무죄판결을 받은 때에는 법률이 정하는 바에 의하여 국가에 정당한 보상을 청구할 수 있다.

* 피의자(被疑者) : 수사기관으로부터 범죄의 혐의는 받고 있으나 아직 기소되지 않은 사람

* 불기소처분(不起訴處分) : 수사과정에서 검사가 하는 종국처리(終局處理)의 하나로서, 기소를 하지 아니하고 사건을 종결함

제29조 ① 공무원의 직무상 불법행위로 손해를 받은 국민은 법률이 정하는 바에 의하여 국가 또는 공공단체에 정당한 배상을 청구할 수 있다. 이 경우 공무원 자신의 책임은 면제되지 아니한다.
② 군인 · 군무원 · 경찰공무원 기타 법률이 정하는 자가 전투 · 훈련등 직무집행과 관련하여 받은 손해에 대하여는 법률이 정하는 보상 외에 국가 또는 공공단체에 공무원의 직무상 불법행위로 인한 배상은 청구할 수 없다.
제30조 타인의 범죄행위로 인하여 생명 · 신체에 대한 피해를 받은 국민은 법률이 정하는 바에 의하여 국가로부터 구조를 받을 수 있다.
제31조 ① 모든 국민은 능력에 따라 균등하게 교육을 받을 권리를 가진다.
② 모든 국민은 그 보호하는 자녀에게 적어도 초등교육과 법률이 정하는 교육을 받게 할 의무를 진다.
③ 의무교육은 무상으로 한다.
④ 교육의 자주성 · 전문성 · 정치적 중립성 및 대학의 자율성은 법률이 정하는 바에 의하여 보장된다.
⑤ 국가는 평생교육을 진흥하여야 한다.
⑥ 학교교육 및 평생교육을 포함한 교육제도와 그 운영, 교육재정 및 교원의 지위에 관한 기본적인 사항은 법률로 정한다.
제32조 ① 모든 국민은 근로의 권리를 가진다. 국가는 사회적 · 경제적 방법으로 근로자의 고용의 증진과 적정임금의 보장에 노력하여야 하며, 법률이 정하는 바에 의하여 최저임금제*를 시행하여야 한다.
② 모든 국민은 근로의 의무를 진다. 국가는 근로의 의무의 내용과 조건을 민주주의원칙에 따라 법률로 정한다.
③ 근로조건의 기준은 인간의 존엄성을 보장하도록 법률로 정한다.
④ 여자의 근로는 특별한 보호를 받으며, 고용 · 임금 및 근로조건에 있어서 부당한 차별을 받지 아니한다.
⑤ 연소자의 근로는 특별한 보호를 받는다.
⑥ 국가유공자 · 상이군경* 및 전몰군경*의 유가족은 법률이 정하는 바에 의하여 우선적으로 근로의 기회를 부여받는다.

* 최저임금제(最低賃金制) : 국가가 노 · 사간의 임금결정과정에 개입하여 임금의 최저수준을 정하고, 사용자에게 그 이상의 임금을 지급하도록 법으로 강제함으로써 저임금 근로자를 보호하고 생활을 보장하는 제도

* 상이군경(傷痍軍警) : 복무 중에 부상당한 군인과 경찰

* 전몰군경(戰歿軍警) : 전장에서 적과 싸우다 죽은 군인과 경찰

제33조 ① 근로자는 근로조건의 향상을 위하여 자주적인 단결권* · 단체교섭권* 및 단체행동권*을 가진다.
② 공무원인 근로자는 법률이 정하는 자에 한하여 단결권 · 단체교섭권 및 단체행동권을 가진다.
③ 법률이 정하는 주요방위산업체에 종사하는 근로자의 단체행동권은 법률이 정하는 바에 의하여 이를 제한하거나 인정하지 아니할 수 있다.

* 단결권(團結權) : 노동3권의 하나로 근로자가 사용자 또는 그 단체와 대등한 위치에서 근로조건의 유지 · 개선 등을 교섭하기 위하여 노동조합을 조직하고 단결할 수 있는 권리

* 단체교섭권(團體交涉權) : 노동3권의 하나로 노동조합 또는 그 밖의 근로자단체가 사용자 또는 사용자단체와 근로조건의 유지 · 개선 등에 관하여 직접 교섭할 수 있는 권리

* 단체행동권(團體行動權) : 노동3권의 하나로 근로자가 사용자에 대하여 근로조건 등에 관한 주장을 관철하기 위하여 쟁의행위를 할 수 있는 권리

제34조 ① 모든 국민은 인간다운 생활을 할 권리를 가진다.

② 국가는 사회보장* · 사회복지*의 증진에 노력할 의무를 진다.

③ 국가는 여자의 복지와 권익의 향상을 위하여 노력하여야 한다.

④ 국가는 노인과 청소년의 복지향상을 위한 정책을 실시할 의무를 진다.

⑤ 신체장애자 및 질병 · 노령 기타의 사유로 생활능력이 없는 국민은 법률이 정하는 바에 의하여 국가의 보호를 받는다.

⑥ 국가는 재해를 예방하고 그 위험으로부터 국민을 보호하기 위하여 노력하여야 한다.

* 사회보장(社會保障) : 질병이나 실업 · 노쇠 등으로 생기는 국민의 생활상의 문제를 국가가 제도적으로 보장하는 것

* 사회복지(社會福祉) : 국민의 생활 안정 및 교육 · 직업 · 의료 등의 보장을 포함하는 복지를 추구하기 위한 사회적 노력. 즉 넓은 의미의 사회적 시책을 말함

제35조 ① 모든 국민은 건강하고 쾌적한 환경에서 생활할 권리를 가지며, 국가와 국민은 환경보전을 위하여 노력하여야 한다.

② 환경권의 내용과 행사에 관하여는 법률로 정한다.

③ 국가는 주택개발정책등을 통하여 모든 국민이 쾌적한 주거생활을 할 수 있도록 노력하여야 한다.

제36조 ① 혼인과 가족생활은 개인의 존엄과 양성의 평등을 기초로 성립되고 유지되어야 하며, 국가는 이를 보장한다.

② 국가는 모성의 보호를 위하여 노력하여야 한다.

③ 모든 국민은 보건에 관하여 국가의 보호를 받는다.

제37조 ① 국민의 자유와 권리는 헌법에 열거되지 아니한 이유로 경시되지 아니한다.

② 국민의 모든 자유와 권리는 국가안전보장 · 질서유지 또는 공공복리를 위하여 필요한 경우에 한하여 법률로써 제한할 수 있으며, 제한하는 경우에도 자유와 권리의 본질적인 내용을 침해할 수 없다.

제38조 모든 국민은 법률이 정하는 바에 의하여 납세의 의무를 진다.

제39조 ① 모든 국민은 법률이 정하는 바에 의하여 국방의 의무를 진다.

② 누구든지 병역의무의 이행으로 인하여 불이익한 처우를 받지 아니한다.

제3장 국 회

제40조 입법권은 국회에 속한다.

제41조 ① 국회는 국민의 보통 · 평등 · 직접 · 비밀선거에 의하여 선출된 국회의원으로 구성한다.

② 국회의원의 수는 법률로 정하되, 200인 이상으로 한다.

③ 국회의원의 선거구와 비례대표제* 기타 선거에 관한 사항은 법률로 정한다.

* 비례대표제(比例代表制) : 정당의 총 득표수의 비례에 따라 당선자 수를 결정하는 선거제도

제42조 국회의원의 임기는 4년으로 한다.

제43조 국회의원은 법률이 정하는 직을 겸할 수 없다.

제44조 ① 국회의원은 현행범인인 경우를 제외하고는 회기*중 국회의 동의없이 체포 또는 구금되지 아니한다.

② 국회의원이 회기전에 체포 또는 구금된 때에는 현행범인이 아닌 한 국회의 요구가 있으면 회기중 석방된다.

* 회기(會期) : 국회나 지방의회 등의 개회부터 폐회까지의 기간 [예시] 정기회, 임시회 [비교] 입법기(立法期)

제45조 국회의원은 국회에서 직무상 행한 발언과 표결에 관하여 국회 외에서 책임을 지지 아니한다.

제46조 ① 국회의원은 청렴의 의무가 있다.

② 국회의원은 국가이익을 우선하여 양심에 따라 직무를 행한다.

③ 국회의원은 그 지위를 남용하여 국가 · 공공단체 또는 기업체와의 계약이나 그 처분에 의하여 재산상의 권리 · 이익 또는 직위를 취득하거나 타인을 위하여 그 취득을 알선할 수 없다.

제47조 ① 국회의 정기회*는 법률이 정하는 바에 의하여 매년 1회 집회되며, 국회의 임시회*는 대통령 또는 국회재적의원 4분의 1이상의 요구에 의하여 집회된다.

② 정기회의 회기는 100일을, 임시회의 회기는 30일을 초과할 수 없다.

③ 대통령이 임시회의 집회를 요구할 때에는 기간과 집회요구의 이유를 명시하여야 한다.

* 정기회(定期會) : 국회가 법률안과 예산안 등을 심의하기 위하여 매년 9월 1일 정기적으로 여는 회의

* 임시회(臨時會) : 국회가 대통령 또는 국회재적의원 4분의 1의 요구로 필요에 따라 여는 회의

제48조 국회는 의장 1인과 부의장 2인을 선출한다.

제49조 국회는 헌법 또는 법률에 특별한 규정이 없는 한 재적의원 과반수의 출석과 출석의원 과반수의 찬성으로 의결한다. 가부동수*인 때에는 부결된 것으로 본다.

* 가부동수(可否同數) : 표결에서 찬성(가결)과 반대(부결)의 수가 같은 경우

제50조 ① 국회의 회의는 공개한다. 다만, 출석의원 과반수의 찬성이 있거나 의장이 국가의 안전보장을 위하여 필요하다고 인정할 때에는 공개하지 아니할 수 있다.
② 공개하지 아니한 회의내용의 공표에 관하여는 법률이 정하는 바에 의한다.
제51조 국회에 제출된 법률안 기타의 의안은 회기 중에 의결되지 못한 이유로 폐기되지 아니한다. 다만, 국회의원의 임기가 만료된 때에는 그러하지 아니하다.
제52조 국회의원과 정부는 법률안을 제출할 수 있다.
제53조 ① 국회에서 의결된 법률안은 정부에 이송되어 15일 이내에 대통령이 공포한다.
② 법률안에 이의가 있을 때에는 대통령은 제1항의 기간 내에 이의서를 붙여 국회로 환부*하고, 그 재의*를 요구할 수 있다. 국회의 폐회 중에도 또한 같다.
③ 대통령은 법률안의 일부에 대하여 또는 법률안을 수정하여 재의를 요구할 수 없다.
④ 재의의 요구가 있을 때에는 국회는 재의에 붙이고, 재적의원 과반수의 출석과 출석의원 3분의 2 이상의 찬성으로 전과 같은 의결을 하면 그 법률안은 법률로서 확정된다.
⑤ 대통령이 제1항의 기간 내에 공포나 재의의 요구를 하지 아니한 때에도 그 법률안은 법률로서 확정된다.
⑥ 대통령은 제4항과 제5항의 규정에 의하여 확정된 법률을 지체없이 공포하여야 한다. 제5항에 의하여 법률이 확정된 후 또는 제4항에 의한 확정법률이 정부에 이송된 후 5일 이내에 대통령이 공포하지 아니할 때에는 국회의장이 이를 공포한다.
⑦ 법률은 특별한 규정이 없는 한 공포한 날로부터 20일을 경과함으로써 효력을 발생한다.

* 환부(還付) : 다시 돌려 보낸다는 의미로, 여기서는 국회가 통과시킨 법률안에 이의가 있는 경우 대통령이 이의를 제기하는 '법률안거부권' 행사를 뜻함
* 재의(再議) : 이미 의결된 사항에 대하여 같은 기관이 다시 심의하거나 의결하는 절차

제54조 ① 국회는 국가의 예산안*을 심의 · 확정한다.
② 정부는 회계연도*마다 예산안을 편성하여 회계연도 개시 90일전까지 국회에 제출하고, 국회는 회계연도 개시 30일전까지 이를 의결하여야 한다.
③ 새로운 회계연도가 개시될 때까지 예산안이 의결되지 못한 때에는 정부는 국회에서 예산안이 의결될 때까지 다음의 목적을 위한 경비는 전년도 예산에 준하여 집행할 수 있다.
1. 헌법이나 법률에 의하여 설치된 기관 또는 시설의 유지 · 운영
2. 법률상 지출의무의 이행
3. 이미 예산으로 승인된 사업의 계속

* 예산안(豫算案) : 정부가 1회계연도에 걸친 국가의 세입과 세출에 관한 계획을 세워 국회의 심의를 받기 위해 제출한 원안
* 회계연도(會計年度) : 세입과 세출의 기본이 되는 기간. 국가의 1회계연도는 매년 1월 1일부터 12월 31일임

제55조 ① 한 회계연도를 넘어 계속하여 지출할 필요가 있을 때에는 정부는 연한을 정하여 계속비*로서 국회의 의결을 얻어야 한다.
② 예비비*는 총액으로 국회의 의결을 얻어야 한다. 예비비의 지출은 차기국회의 승인을 얻어야 한다.

* 계속비(繼續費) : 여러 해에 걸친 사업의 경비를 미리 일괄하여 국회의 의결을 얻고, 이를 변경할 경우 외에는 다시 의결을 얻을 필요가 없는 경비
* 예비비(豫備費) : 예측할 수 없는 예산지출로 인한 부족을 충당하기 위하여 세입 · 세출 예산에 편성된 비용

제56조 정부는 예산에 변경을 가할 필요가 있을 때에는 추가경정예산안*을 편성하여 국회에 제출할 수 있다.

* 추가경정예산(追加更正豫算) : 예산이 성립한 후에 생긴 부득이한 사유로 경비가 부족한 경우, 이에 추가하여 작성된 예산

제57조 국회는 정부의 동의 없이 정부가 제출한 지출예산 각항의 금액을 증가하거나 새 비목(費目)을 설치할 수 없다.
제58조 국채*를 모집하거나 예산 외에 국가의 부담이 될 계약을 체결하려 할 때에는 정부는 미리 국회의 의결을 얻어야 한다.

* 국채(國債) : 세입(歲入)의 부족을 메우기 위하여 국가가 지는 금전상의 채무(債務), 또는 그것을 나타내는 채권(債券)

제59조 조세*의 종목과 세율은 법률로 정한다.

* 조세(租稅) : 국가나 지방자치단체가 필요한 경비를 마련하기 위하여 국민으로부터 강제로 거두어들이는 금전이나 재물

제60조 ① 국회는 상호원조 또는 안전보장에 관한 조약*, 중요한 국제조직에 관한 조약, 우호통상항해조약*, 주권의 제약에 관한 조약, 강화조약*, 국가나 국민에게 중대한 재정적 부담을 지우는 조약 또는 입법사항에 관한 조약의 체결 · 비준*에 대한 동의권을 가진다.
② 국회는 선전포고*, 국군의 외국에의 파견 또는 외국군대의 대한민국 영역 안에서의 주류(駐留)에 대한 동의권을 가진다.

* 조약(條約) : 국제법 주체인 국가간에 국제법률 관계를 설정하기 위한 문서에 의한 합의
* 통상항해조약(通商航海條約) : 국가간의 경제 · 통상관계에 대하여 법적인 규제를 하기 위하여 체결하는 조약
* 강화조약(講和條約) : 교전당사국이 합의하여 전쟁을 끝내기 위하여 체결하는 조약 [비교] 평화조약
* 비준(批准) : 조약의 체결에 대하여 국가가 최종적으로 확인하고 동의하는 절차

* 선전포고(宣戰布告) : 상대국에 대하여 전쟁 개시 의사를 선언하는 것

제61조 ① 국회는 국정을 감사하거나 특정한 국정사안에 대하여 조사할 수 있으며, 이에 필요한 서류의 제출 또는 증인의 출석과 증언이나 의견의 진술을 요구할 수 있다.
② 국정감사 및 조사*에 관한 절차 기타 필요한 사항은 법률로 정한다.

* 국정감사 및 조사(國政監査 및 調査) : 국회가 행정부의 국정 운영을 감독하고 검사하는 것. '국정감사'가 매년 정기적으로 국정 전반을 감사하는 것임에 반해 '국정조사'는 국정의 특정 사항을 일시적으로 조사하는 것임

제62조 ① 국무총리 · 국무위원* 또는 정부위원*은 국회나 그 위원회에 출석하여 국정처리상황을 보고하거나 의견을 진술하고 질문에 응답할 수 있다.
② 국회나 그 위원회의 요구가 있을 때에는 국무총리 · 국무위원 또는 정부위원은 출석 · 답변하여야 하며, 국무총리 또는 국무위원이 출석요구를 받은 때에는 국무위원 또는 정부위원으로 하여금 출석 · 답변하게 할 수 있다.

* 국무위원(國務委員) : 국정에 관하여 대통령을 보좌하고 행정부의 권한에 속하는 중요 정책을 심의하는 국무회의의 구성원 [예시] 행정 각부의 장관과 정무장관

* 정부위원(政府委員) : 국회의 본회의 또는 그 위원회에 출석하여 국정처리상황을 보고하거나 의견을 진술하고 질문에 답할 수 있는 정부소속의 공무원 [예시] 국무조정실장, 부 · 처 · 청의 처장 · 차관 · 청장 · 차장 · 실장 · 국장 · 부장 · 차관보, 외교부 · 행정안전부의 본부장

제63조 ① 국회는 국무총리 또는 국무위원의 해임을 대통령에게 건의할 수 있다.
② 제1항의 해임건의는 국회재적의원 3분의 1 이상의 발의에 의하여 국회재적의원 과반수의 찬성이 있어야 한다.

제64조 ① 국회는 법률에 저촉되지 아니하는 범위 안에서 의사와 내부규율에 관한 규칙을 제정할 수 있다.
② 국회는 의원의 자격을 심사하며, 의원을 징계할 수 있다.
③ 의원을 제명하려면 국회재적의원 3분의 2 이상의 찬성이 있어야 한다.
④ 제2항과 제3항의 처분에 대하여는 법원에 제소할 수 없다.

제65조 ① 대통령 · 국무총리 · 국무위원 · 행정각부의 장 · 헌법재판소 재판관 · 법관 · 중앙선거관리위원회 위원 · 감사원장 · 감사위원 기타 법률이 정한 공무원이 그 직무집행에 있어서 헌법이나 법률을 위배한 때에는 국회는 탄핵의 소추를 의결할 수 있다.
② 제1항의 탄핵소추*는 국회재적의원 3분의 1 이상의 발의*가 있어야 하며, 그 의결은 국회재적의원 과반수의 찬성이 있어야 한다. 다만, 대통령에 대한 탄핵소추는 국회재적의원 과반수의 발의와 국회재적의원 3분의 2 이상의 찬성이 있어야 한다.
③ 탄핵소추의 의결을 받은 자는 탄핵심판이 있을 때까지 그 권한행사가 정지된다.
④ 탄핵결정은 공직으로부터 파면함에 그친다. 그러나, 이에 의하여 민사상이나 형사상의 책임이 면제되지는 아니한다.

* 탄핵소추(彈劾訴追) : 대통령을 비롯한 고위공직자의 부정이나 비리를 헌법이 정하는 특별한 소추절차에 따라 추궁하여 법적인 책임을 묻는 제도

* 발의(發議) : 국회에서 국회의원이 법안 등의 의안(議案)을 제출하는 일 [비교] 발안(發案)

제4장 정 부

제1절 대통령

제66조 ① 대통령은 국가의 원수이며, 외국에 대하여 국가를 대표한다.
② 대통령은 국가의 독립 · 영토의 보전 · 국가의 계속성과 헌법을 수호할 책무를 진다.
③ 대통령은 조국의 평화적 통일을 위한 성실한 의무를 진다.
④ 행정권은 대통령을 수반(首班)으로 하는 정부에 속한다.

제67조 ① 대통령은 국민의 보통 · 평등 · 직접 · 비밀선거에 의하여 선출한다.
② 제1항의 선거에 있어서 최고득표자가 2인 이상인 때에는 국회의 재적의원 과반수가 출석한 공개회의에서 다수표를 얻은 자를 당선자로 한다.
③ 대통령후보자가 1인일 때에는 그 득표수가 선거권자 총수의 3분의 1 이상이 아니면 대통령으로 당선될 수 없다.
④ 대통령으로 선거될 수 있는 자는 국회의원의 피선거권*이 있고 선거일 현재 40세에 달하여야 한다.
⑤ 대통령의 선거에 관한 사항은 법률로 정한다.

* 피선거권(被選擧權) : 선거를 통해 정부관료 등으로 선출될 수 있는 국민의 기본권 [비교] 선거권

제68조 ① 대통령의 임기가 만료되는 때에는 임기만료 70일 내지 40일 전에 후임자를 선거한다.
② 대통령이 궐위*된 때 또는 대통령 당선자가 사망하거나 판결 기타의 사유로 그 자격을 상실한 때에는 60일 이내에 후임자를 선거*한다.

* 궐위(闕位) : 관직 등의 자리가 비어 있거나 결원으로 되어 있는 자리

* 보궐선거(補闕選擧) : 여기서 규정한 선거를 보궐선거라 하는 데, 선거에 의해 선출된 대통령이나 국회의원이 임기 중에 사망하거나 기타의 사유로 그 자격을 상실한 때 실시하는 선거를 뜻함 [비교] 재선거

제69조 대통령은 취임에 즈음하여 다음의 선서를 한다.
"나는 헌법을 준수하고 국가를 보위하며 조국의

평화적 통일과 국민의 자유와 복리의 증진 및 민족문화의 창달에 노력하여 대통령으로서의 직책을 성실히 수행할 것을 국민 앞에 엄숙히 선서합니다."

제70조 대통령의 임기는 5년으로 하며, 중임(重任)할 수 없다.

제71조 대통령이 궐위되거나 사고로 인하여 직무를 수행할 수 없을 때에는 국무총리, 법률이 정한 국무위원의 순서로 그 권한을 대행한다.

제72조 대통령은 필요하다고 인정할 때에는 외교·국방·통일 기타 국가안위에 관한 중요정책을 국민투표에 붙일 수 있다.

제73조 대통령은 조약을 체결·비준하고, 외교사절을 신임·접수 또는 파견하며, 선전포고와 강화를 한다.

제74조 ① 대통령은 헌법과 법률이 정하는 바에 의하여 국군을 통수*한다.

② 국군의 조직과 편성은 법률로 정한다.

* 통수(統帥) : 군대를 통솔하고, 지휘·운용하는 것

제75조 대통령은 법률에서 구체적으로 범위를 정하여 위임받은 사항과 법률을 집행하기 위하여 필요한 사항에 관하여 대통령령*을 발할 수 있다.

* 대통령령(大統領令) : 법률에서 구체적으로 범위를 정하여 위임받은 사항(위임명령)과 법률을 집행하기 위하여 필요한 사항(집행명령)을 국무회의의 심의를 거쳐 대통령이 발하는 행정입법 [예시] 시행령(건축법시행령, 특허법시행령 등)

제76조 ① 대통령은 내우·외환·천재·지변 또는 중대한 재정·경제상의 위기에 있어서 국가의 안전보장 또는 공공의 안녕질서를 유지하기 위하여 긴급한 조치가 필요하고 국회의 집회를 기다릴 여유가 없을 때에 한하여 최소한으로 필요한 재정·경제상의 처분을 하거나 이에 관하여 법률의 효력을 가지는 명령을 발할 수 있다.

② 대통령은 국가의 안위에 관계되는 중대한 교전상태에 있어서 국가를 보위하기 위하여 긴급한 조치가 필요하고 국회의 집회가 불가능한 때에 한하여 법률의 효력을 가지는 명령을 발할 수 있다.

③ 대통령은 제1항과 제2항의 처분 또는 명령을 한 때에는 지체없이 국회에 보고하여 그 승인을 얻어야 한다.

④ 제3항의 승인을 얻지 못한 때에는 그 처분 또는 명령은 그때부터 효력을 상실한다. 이 경우 그 명령에 의하여 개정 또는 폐지되었던 법률은 그 명령이 승인을 얻지 못한 때부터 당연히 효력을 회복한다.

⑤ 대통령은 제3항과 제4항의 사유를 지체없이 공포하여야 한다.

제77조 ① 대통령은 전시·사변 또는 이에 준하는 국가비상사태에 있어서 병력으로써 군사상의 필요에 응하거나 공공의 안녕질서를 유지할 필요가 있을 때에는 법률이 정하는 바에 의하여 계엄*을 선포할 수 있다.

② 계엄은 비상계엄*과 경비계엄*으로 한다.

③ 비상계엄이 선포된 때에는 법률이 정하는 바에 의하여 영장제도, 언론·출판·집회·결사의 자유, 정부나 법원의 권한에 관하여 특별한 조치를 할 수 있다.

④ 계엄을 선포한 때에는 대통령은 지체없이 국회에 통고하여야 한다.

⑤ 국회가 재적의원 과반수의 찬성으로 계엄의 해제를 요구한 때에는 대통령은 이를 해제하여야 한다.

* 계엄(戒嚴) : 국가비상사태 때 국가안전보장과 질서유지를 위해 병력으로 국민의 기본권 일부를 제한할 수 있는 제도
* 비상계엄(非常戒嚴) : 전쟁 또는 전쟁에 준하는 사태로 적과 교란중이거나 사회질서가 극도로 혼란하여 행정 및 사법기능의 수행이 현저히 곤란한 경우에 선포하는 계엄
* 경비계엄(警備戒嚴) : 전쟁 또는 전쟁에 준하는 사태로 사회질서가 교란되어 일반행정기관만으로는 치안을 확보할 수 없는 경우에 선포하는 계엄

제78조 대통령은 헌법과 법률이 정하는 바에 의하여 공무원을 임면한다.

제79조 ① 대통령은 법률이 정하는 바에 의하여 사면*·감형* 또는 복권*을 명할 수 있다.

② 일반사면을 명하려면 국회의 동의를 얻어야 한다.

③ 사면·감형 및 복권에 관한 사항은 법률로 정한다.

* 사면(赦免) : 국가원수가 형의 선고의 효과의 전부 또는 일부를 소멸시키거나, 형의 선고를 받지 않은 자에 대하여 공소권을 소멸시키는 것 [비교] 감형(減刑), 복권(復權)
* 감형(減刑) : 법원에서 형을 선고받은 자에 대하여 국가원수가 형을 변경하거나 형의 집행을 감경(減輕)해 주는 것
* 복권(復權) : 국가원수가 유죄나 파산선고 등으로 상실되었거나 정지되었던 권리나 자격을 회복시켜 주는 것

제80조 대통령은 법률이 정하는 바에 의하여 훈장 기타의 영전을 수여한다.

제81조 대통령은 국회에 출석하여 발언하거나 서한(書翰)으로 의견을 표시할 수 있다.

제82조 대통령의 국법상 행위는 문서로써 하며, 이 문서에는 국무총리와 관계 국무위원이 부서* 한다. 군사에 관한 것도 또한 같다.

* 부서(副署) : 법령이나 조약 등을 새로 제정할 때, 그 문서에 대통령이 서명한 뒤에 이어서 국무총리와 각 국무위원이 서명하는 것

제83조 대통령은 국무총리·국무위원·행정각부의 장 기타 법률이 정하는 공사의 직을 겸할 수 없다.

제84조 대통령은 내란 또는 외환의 죄를 범한 경우를 제외하고는 재직 중 형사상의 소추를 받지 아니한다.

제85조 전직대통령의 신분과 예우에 관하여는 법률로 정한다.

제2절 행정부

제1관 국무총리와 국무위원

제86조 ① 국무총리는 국회의 동의를 얻어 대통령이 임명한다.
② 국무총리는 대통령을 보좌하며, 행정에 관하여 대통령의 명을 받아 행정각부를 통할한다.
③ 군인은 현역을 면한 후가 아니면 국무총리로 임명될 수 없다.
제87조 ① 국무위원은 국무총리의 제청*으로 대통령이 임명한다.
② 국무위원은 국정에 관하여 대통령을 보좌하며, 국무회의의 구성원으로서 국정을 심의한다.
③ 국무총리는 국무위원의 해임을 대통령에게 건의할 수 있다.
④ 군인은 현역을 면한 후가 아니면 국무위원으로 임명될 수 없다.
* 제청(提請) : 마땅한 사람을 추천하여 임명해 줄 것을 요청하는 것

제2관 국무회의

제88조 ① 국무회의는 정부의 권한에 속하는 중요한 정책을 심의한다.
② 국무회의는 대통령·국무총리와 15인 이상 30인 이하의 국무위원으로 구성한다.
③ 대통령은 국무회의의 의장이 되고, 국무총리는 부의장이 된다.
제89조 다음 사항은 국무회의의 심의를 거쳐야 한다.
1. 국정의 기본계획과 정부의 일반정책
2. 선전·강화 기타 중요한 대외정책
3. 헌법개정안·국민투표안·조약안·법률안 및 대통령령안
4. 예산안·결산·국유재산처분의 기본계획·국가의 부담이 될 계약 기타 재정에 관한 중요사항
5. 대통령의 긴급명령·긴급재정경제처분 및 명령 또는 계엄과 그 해제
6. 군사에 관한 중요사항
7. 국회의 임시회 집회의 요구
8. 영전수여
9. 사면·감형과 복권
10. 행정각부간의 권한의 획정
11. 정부 안의 권한의 위임 또는 배정에 관한 기본계획
12. 국정처리상황의 평가·분석
13. 행정각부의 중요한 정책의 수립과 조정
14. 정당해산의 제소
15. 정부에 제출 또는 회부된 정부의 정책에 관계되는 청원의 심사
16. 검찰총장·합동참모의장·각군참모총장·국립대학교총장·대사 기타 법률이 정한 공무원과 국영기업체관리자의 임명
17. 기타 대통령·국무총리 또는 국무위원이 제출한 사항

제90조 ① 국정의 중요한 사항에 관한 대통령의 자문에 응하기 위하여 국가원로로 구성되는 국가원로자문회의를 둘 수 있다.
② 국가원로자문회의의 의장은 직전대통령이 된다. 다만, 직전대통령이 없을 때에는 대통령이 지명한다.
③ 국가원로자문회의의 조직·직무범위 기타 필요한 사항은 법률로 정한다.
제91조 ① 국가안전보장에 관련되는 대외정책·군사정책과 국내정책의 수립에 관하여 국무회의의 심의에 앞서 대통령의 자문에 응하기 위하여 국가안전보장회의를 둔다.
② 국가안전보장회의는 대통령이 주재한다.
③ 국가안전보장회의의 조직·직무범위 기타 필요한 사항은 법률로 정한다.
제92조 ① 평화통일정책의 수립에 관한 대통령의 자문에 응하기 위하여 민주평화통일자문회의를 둘 수 있다.
② 민주평화통일자문회의의 조직·직무범위 기타 필요한 사항은 법률로 정한다.
제93조 ① 국민경제의 발전을 위한 중요정책의 수립에 관하여 대통령의 자문에 응하기 위하여 국민경제자문회의를 둘 수 있다.
② 국민경제자문회의의 조직·직무범위 기타 필요한 사항은 법률로 정한다.

제3관 행정각부

제94조 행정각부의 장은 국무위원 중에서 국무총리의 제청으로 대통령이 임명한다.
제95조 국무총리 또는 행정각부의 장은 소관사무에 관하여 법률이나 대통령령의 위임 또는 직권으로 총리령* 또는 부령*을 발할 수 있다.
* 총리령(總理令) : 국무총리가 소관사무에 관하여 법률이나 대통령령의 위임 또는 직권으로 발하는 명령 예시 국무총리령
* 부령(部令) : 행정 각부 장관이 소관 사무에 관하여 발하는 명령 예시 법무부령, 행정자치부령 등

제96조 행정각부의 설치·조직과 직무범위는 법률로 정한다.

제4관 감사원

제97조 국가의 세입·세출의 결산, 국가 및 법률이 정한 단체의 회계검사와 행정기관 및 공무원의 직무에 관한 감찰을 하기 위하여 대통령 소속하에 감사원을 둔다.

제98조 ① 감사원은 원장을 포함한 5인 이상 11인 이하의 감사위원으로 구성한다.
② 원장은 국회의 동의를 얻어 대통령이 임명하고, 그 임기는 4년으로 하며, 1차에 한하여 중임할 수 있다.
③ 감사위원은 원장의 제청으로 대통령이 임명하고, 그 임기는 4년으로 하며, 1차에 한하여 중임할 수 있다.
제99조 감사원은 세입·세출의 결산을 매년 검사하여 대통령과 차년도국회에 그 결과를 보고하여야 한다.
제100조 감사원의 조직·직무범위·감사위원의 자격·감사대상공무원의 범위 기타 필요한 사항은 법률로 정한다.

제5장 법 원

제101조 ① 사법권은 법관으로 구성된 법원에 속한다.
② 법원은 최고법원인 대법원과 각급법원으로 조직된다.
③ 법관의 자격은 법률로 정한다.
제102조 ① 대법원에 부를 둘 수 있다.
② 대법원에 대법관을 둔다. 다만, 법률이 정하는 바에 의하여 대법관이 아닌 법관을 둘 수 있다.
③ 대법원과 각급법원의 조직은 법률로 정한다.
제103조 법관은 헌법과 법률에 의하여 그 양심에 따라 독립하여 심판한다.
제104조 ① 대법원장은 국회의 동의를 얻어 대통령이 임명한다.
② 대법관은 대법원장의 제청으로 국회의 동의를 얻어 대통령이 임명한다.
③ 대법원장과 대법관이 아닌 법관은 대법관회의의 동의를 얻어 대법원장이 임명한다.
제105조 ① 대법원장의 임기는 6년으로 하며, 중임할 수 없다.
② 대법관의 임기는 6년으로 하며, 법률이 정하는 바에 의하여 연임(連任)할 수 있다.
③ 대법원장과 대법관이 아닌 법관의 임기는 10년으로 하며, 법률이 정하는 바에 의하여 연임할 수 있다.
④ 법관의 정년은 법률로 정한다.
제106조 ① 법관은 탄핵 또는 금고 이상의 형의 선고에 의하지 아니하고는 파면되지 아니하며, 징계처분에 의하지 아니하고는 정직·감봉 기타 불리한 처분을 받지 아니한다.
② 법관이 중대한 심신상의 장해로 직무를 수행할 수 없을 때에는 법률이 정하는 바에 의하여 퇴직하게 할 수 있다.
제107조 ① 법률이 헌법에 위반되는 여부가 재판의 전제가 된 경우에는 법원은 헌법재판소에 제청하여 그 심판에 의하여 재판한다.
② 명령·규칙 또는 처분이 헌법이나 법률에 위반되는 여부가 재판의 전제가 된 경우에는 대법원은 이를 최종적으로 심사할 권한을 가진다.
③ 재판의 전심절차로서 행정심판*을 할 수 있다. 행정심판의 절차는 법률로 정하되, 사법절차가 준용되어야 한다.

* 행정심판(行政審判) : 위법 또는 부당한 처분 기타 공권력의 행사·불행사 등으로 권리나 이익을 침해당한 자가 행정기관에 대하여 그 시정을 구하는 절차

제108조 대법원은 법률에 저촉되지 아니하는 범위 안에서 소송에 관한 절차, 법원의 내부규율과 사무처리에 관한 규칙을 제정할 수 있다.
제109조 재판의 심리와 판결은 공개한다. 다만, 심리는 국가의 안전보장 또는 안녕질서를 방해하거나 선량한 풍속을 해할 염려가 있을 때에는 법원의 결정으로 공개하지 아니할 수 있다.
제110조 ① 군사재판을 관할하기 위하여 특별법원으로서 군사법원을 둘 수 있다.
② 군사법원의 상고심*은 대법원에서 관할한다.
③ 군사법원의 조직·권한 및 재판관의 자격은 법률로 정한다.
④ 비상계엄하의 군사재판은 군인·군무원의 범죄나 군사에 관한 간첩죄의 경우와 초병·초소·유독음식물공급·포로에 관한 죄 중 법률이 정한 경우에 한하여 단심으로 할 수 있다. 다만, 사형을 선고한 경우에는 그러하지 아니하다.

* 상고심(上告審) : 상고한 사건에 대한 재판 비교 항소심

제6장 헌법재판소

제111조 ① 헌법재판소는 다음 사항을 관장한다.
1. 법원의 제청에 의한 법률의 위헌여부 심판
2. 탄핵의 심판
3. 정당의 해산 심판
4. 국가기관 상호간, 국가기관과 지방자치단체간 및 지방자치단체 상호간의 권한쟁의*에 관한 심판
5. 법률이 정하는 헌법소원*에 관한 심판

② 헌법재판소는 법관의 자격을 가진 9인의 재판관으로 구성하며, 재판관은 대통령이 임명한다.
③ 제2항의 재판관 중 3인은 국회에서 선출하는 자를, 3인은 대법원장이 지명하는 자를 임명한다.
④ 헌법재판소의 장은 국회의 동의를 얻어 재판관 중에서 대통령이 임명한다.

* 권한쟁의(權限爭議) : 국가기관 상호간에 발생하는 권한의 존부나 범위에 관한 다툼
* 헌법소원(憲法訴願) : 공권력의 발동으로 헌법에 보장된 기본권의 침해를 받은 국민이 직접 그 권리를 구제받기 위하여 헌법재판소에 청구하는 것

제112조 ① 헌법재판소 재판관의 임기는 6년으로 하며, 법률이 정하는 바에 의하여 연임할 수 있다.

② 헌법재판소 재판관은 정당에 가입하거나 정치에 관여할 수 없다.
③ 헌법재판소 재판관은 탄핵 또는 금고 이상의 형의 선고에 의하지 아니하고는 파면되지 아니한다.

제113조 ① 헌법재판소에서 법률의 위헌결정, 탄핵의 결정, 정당해산의 결정 또는 헌법소원에 관한 인용결정*을 할 때에는 재판관 6인 이상의 찬성이 있어야 한다.
② 헌법재판소는 법률에 저촉되지 아니하는 범위 안에서 심판에 관한 절차, 내부규율과 사무처리에 관한 규칙을 제정할 수 있다.
③ 헌법재판소의 조직과 운영 기타 필요한 사항은 법률로 정한다.

* 인용결정(認容決定) : 헌법재판에서 본안심리의 결과 청구인의 청구가 이유있다고 판단하여 청구 취지를 받아들이는 내용의 결정

제7장 선거관리

제114조 ① 선거와 국민투표의 공정한 관리 및 정당에 관한 사무를 처리하기 위하여 선거관리위원회를 둔다.
② 중앙선거관리위원회는 대통령이 임명하는 3인, 국회에서 선출하는 3인과 대법원장이 지명하는 3인의 위원으로 구성한다. 위원장은 위원 중에서 호선*한다.
③ 위원의 임기는 6년으로 한다.
④ 위원은 정당에 가입하거나 정치에 관여할 수 없다.
⑤ 위원은 탄핵 또는 금고 이상의 형의 선고에 의하지 아니하고는 파면되지 아니한다.
⑥ 중앙선거관리위원회는 법령의 범위 안에서 선거관리·국민투표관리 또는 정당사무에 관한 규칙을 제정할 수 있으며, 법률에 저촉되지 아니하는 범위 안에서 내부규율에 관한 규칙을 제정할 수 있다.
⑦ 각급 선거관리위원회의 조직·직무범위 기타 필요한 사항은 법률로 정한다.

* 호선(互選) : 특정한 사람들이 모여 그 가운데서 서로 선출하거나 뽑는 선거

제115조 ① 각급 선거관리위원회는 선거인명부의 작성 등 선거사무와 국민투표사무에 관하여 관계 행정기관에 필요한 지시를 할 수 있다.
② 제1항의 지시를 받은 당해 행정기관은 이에 응하여야 한다.

제116조 ① 선거운동은 각급 선거관리위원회의 관리하에 법률이 정하는 범위 안에서 하되, 균등한 기회가 보장되어야 한다.
② 선거에 관한 경비는 법률이 정하는 경우를 제외하고는 정당 또는 후보자에게 부담시킬 수 없다.

제8장 지방자치

제117조 ① 지방자치단체는 주민의 복리에 관한 사무를 처리하고 재산을 관리하며, 법령의 범위 안에서 자치에 관한 규정을 제정할 수 있다.
② 지방자치단체의 종류는 법률로 정한다.

제118조 ① 지방자치단체에 의회를 둔다.
② 지방의회의 조직·권한·의원선거와 지방자치단체의 장의 선임방법 기타 지방자치단체의 조직과 운영에 관한 사항은 법률로 정한다.

제9장 경 제

제119조 ① 대한민국의 경제질서는 개인과 기업의 경제상의 자유와 창의를 존중함을 기본으로 한다.
② 국가는 균형있는 국민경제의 성장 및 안정과 적정한 소득의 분배를 유지하고, 시장의 지배와 경제력의 남용을 방지하며, 경제주체간의 조화를 통한 경제의 민주화를 위하여 경제에 관한 규제와 조정을 할 수 있다.

제120조 ① 광물 기타 중요한 지하자원·수산자원·수력과 경제상 이용할 수 있는 자연력은 법률이 정하는 바에 의하여 일정한 기간 그 채취·개발 또는 이용을 특허할 수 있다.
② 국토와 자원은 국가의 보호를 받으며, 국가는 그 균형있는 개발과 이용을 위하여 필요한 계획을 수립한다.

제121조 ① 국가는 농지에 관하여 경자유전*의 원칙이 달성될 수 있도록 노력하여야 하며, 농지의 소작제도는 금지된다.
② 농업생산성의 제고와 농지의 합리적인 이용을 위하거나 불가피한 사정으로 발생하는 농지의 임대차와 위탁경영은 법률이 정하는 바에 의하여 인정된다.

* 경자유전(耕者有田) : 농사를 짓는 사람이 밭을 소유한다는 의미로, 농지가 투기의 목적으로 이용되어서는 안된다는 것을 의미

제122조 국가는 국민 모두의 생산 및 생활의 기반이 되는 국토의 효율적이고 균형있는 이용·개발과 보전을 위하여 법률이 정하는 바에 의하여 그에 관한 필요한 제한과 의무를 과할 수 있다.

제123조 ① 국가는 농업 및 어업을 보호·육성하기 위하여 농·어촌종합개발과 그 지원등 필요한 계획을 수립·시행하여야 한다.
② 국가는 지역간의 균형있는 발전을 위하여 지역경제를 육성할 의무를 진다.
③ 국가는 중소기업을 보호·육성하여야 한다.
④ 국가는 농수산물의 수급균형과 유통구조의 개선에 노력하여 가격안정을 도모함으로써 농·어민의 이익을 보호한다.

⑤ 국가는 농·어민과 중소기업의 자조조직을 육성하여야 하며, 그 자율적 활동과 발전을 보장한다.

제124조 국가는 건전한 소비행위를 계도*하고 생산품의 품질향상을 촉구하기 위한 소비자보호운동을 법률이 정하는 바에 의하여 보장한다.

* 계도(啓導) : 깨우치어 이끌어 줌

제125조 국가는 대외무역을 육성하며, 이를 규제·조정할 수 있다.

제126조 국방상 또는 국민경제상 긴절한 필요로 인하여 법률이 정하는 경우를 제외하고는, 사영기업을 국유 또는 공유로 이전하거나 그 경영을 통제 또는 관리할 수 없다.

제127조 ① 국가는 과학기술의 혁신과 정보 및 인력의 개발을 통하여 국민경제의 발전에 노력하여야 한다.

② 국가는 국가표준제도*를 확립한다.

③ 대통령은 제1항의 목적을 달성하기 위하여 필요한 자문기구를 둘 수 있다.

* 국가표준제도(國家標準制度) : 국가가 도량형·시간 등 각종 계측의 표준을 명확히 설정하고 이를 범국민적으로 준수토록 하여, 과학의 진흥과 기술의 혁신, 공정거래의 확립, 국제무역의 확대 등을 꾀하려는 제도 예시 KS표준제도

제10장 헌법개정

제128조 ① 헌법개정은 국회재적의원 과반수 또는 대통령의 발의로 제안된다.

② 대통령의 임기연장 또는 중임변경을 위한 헌법개정은 그 헌법개정 제안 당시의 대통령에 대하여는 효력이 없다.

제129조 제안된 헌법개정안은 대통령이 20일 이상의 기간 이를 공고하여야 한다.

제130조 ① 국회는 헌법개정안이 공고된 날로부터 60일 이내에 의결하여야 하며, 국회의 의결은 재적의원 3분의 2 이상의 찬성을 얻어야 한다.

② 헌법개정안은 국회가 의결한 후 30일 이내에 국민투표에 붙여 국회의원선거권자 과반수의 투표와 투표자 과반수의 찬성을 얻어야 한다.

③ 헌법개정안이 제2항의 찬성을 얻은 때에는 헌법개정은 확정되며, 대통령은 즉시 이를 공포하여야 한다.

부 칙

제1조 이 헌법은 1988년 2월 25일부터 시행한다. 다만, 이 헌법을 시행하기 위하여 필요한 법률의 제정·개정과 이 헌법에 의한 대통령 및 국회의원의 선거 기타 이 헌법시행에 관한 준비는 이 헌법시행 전에 할 수 있다.

제2조 ① 이 헌법에 의한 최초의 대통령선거는 이 헌법시행일 40일 전까지 실시한다.

② 이 헌법에 의한 최초의 대통령의 임기는 이 헌법시행일로부터 개시한다.

제3조 ① 이 헌법에 의한 최초의 국회의원선거는 이 헌법공포일로부터 6월 이내에 실시하며, 이 헌법에 의하여 선출된 최초의 국회의원의 임기는 국회의원선거후 이 헌법에 의한 국회의 최초의 집회일로부터 개시한다.

② 이 헌법공포 당시의 국회의원의 임기는 제1항에 의한 국회의 최초의 집회일 전일까지로 한다.

제4조 ① 이 헌법시행 당시의 공무원과 정부가 임명한 기업체의 임원은 이 헌법에 의하여 임명된 것으로 본다. 다만, 이 헌법에 의하여 선임방법이나 임명권자가 변경된 공무원과 대법원장 및 감사원장은 이 헌법에 의하여 후임자가 선임될 때까지 그 직무를 행하며, 이 경우 전임자인 공무원의 임기는 후임자가 선임되는 전일까지로 한다.

② 이 헌법시행 당시의 대법원장과 대법원판사가 아닌 법관은 제1항 단서의 규정에 불구하고 이 헌법에 의하여 임명된 것으로 본다.

③ 이 헌법 중 공무원의 임기 또는 중임제한에 관한 규정은 이 헌법에 의하여 그 공무원이 최초로 선출 또는 임명된 때로부터 적용한다.

제5조 이 헌법시행 당시의 법령과 조약은 이 헌법에 위배되지 아니하는 한 그 효력을 지속한다.

제6조 이 헌법시행 당시에 이 헌법에 의하여 새로 설치될 기관의 권한에 속하는 직무를 행하고 있는 기관은 이 헌법에 의하여 새로운 기관이 설치될 때까지 존속하며 그 직무를 행한다.

민 법

(1958년 2월 22일
법 률 제471호)

개정
1962.12.29법 1237호 1962.12.31법 1250호
1964.12.31법 1668호 1970. 6.18법 2200호
1977.12.31법 3051호 1984. 4.10법 3723호
1990. 1.13법 4199호
1997.12.13법 5431호(국적법)
1997.12.13법 5454호(정부부처명)
2001.12.29법 6544호 2002. 1.14법 6591호
2005. 3.31법 7427호
2005. 3.31법 7428호(채무자회생파산)
2005.12.29법 7765호
2007. 5.17법 8435호(가족관계등록)
2007.12.21법 8720호 2009. 5. 8법 9650호
2011. 3. 7법10429호 2011. 5.19법10645호
2012. 2.10법11300호 2013. 4. 5법11728호
2014.10.15법12777호 2014.12.30법12881호
2015. 2. 3법13124호(가족관계등록)
2015. 2. 3법13125호 2016. 1. 6법13710호
2016.12. 2법14278호 2016.12.20법14409호
2017.10.31법14965호 2020.10.20법17503호
2021. 1.26법17905호 2022.12.13법19069호
2022.12.27법19098호
2023. 5.16법19409호(국가유산기본법)
2024. 9.20법20432호→2025년 1월 31일 및 2026년 1월 1일 시행

제1편 총 칙

제1장 통 칙

제1조 【법원】 민사에 관하여 법률에 규정이 없으면 관습법에 의하고 관습법이 없으면 조리*에 의한다.

* 조리(條理) : 사물의 도리. 사회통념상의 원리와 일반상식

제2조 【신의성실】 ① 권리의 행사와 의무의 이행은 신의에 좇아 성실히 하여야 한다.
② 권리는 남용하지 못한다.

제2장 인(人)

제1절 능 력

제3조 【권리능력*의 존속기간】 사람은 생존한 동안 권리와 의무의 주체가 된다.

* 권리능력(權利能力) : 인간(자연인)이라면 누구나 갖고 있는 사법상의 권리 · 의무의 주체가 될 수 있는 지위, 자격

제4조 【성년】 사람은 19세로 성년에 이르게 된다.(2011.3.7 본조개정)

제5조 【미성년자의 능력】 ① 미성년자가 법률행위를 함에는 법정대리인의 동의를 얻어야 한다. 그러나 권리만을 얻거나 의무만을 면하는 행위는 그러하지 아니하다.
② 전항의 규정에 위반한 행위는 취소할 수 있다.

제6조 【처분을 허락한 재산】 법정대리인이 범위를 정하여 처분을 허락한 재산은 미성년자가 임의로 처분할 수 있다.

제7조 【동의와 허락의 취소】 법정대리인은 미성년자가 아직 법률행위를 하기 전에는 전2조의 동의와 허락을 취소할 수 있다.

제8조 【영업의 허락】 ① 미성년자가 법정대리인으로부터 허락을 얻은 특정한 영업에 관하여는 성년자와 동일한 행위능력이 있다.
② 법정대리인은 전항의 허락을 취소 또는 제한할 수 있다. 그러나 선의*의 제3자에게 대항하지 못한다.

* 선의(善意) · 악의(惡意) : 어떤 특정 사실을 알고 있지 못하는가(선의), 알고 있는가(악의)의 여부. 도덕적 평가와는 무관하게 단지 해당 사실을 알고 있는지 그렇지 않은지를 기준으로 한 구별

제9조 【성년후견*개시의 심판】 ① 가정법원은 질병, 장애, 노령, 그 밖의 사유로 인한 정신적 제약으로 사무를 처리할 능력이 지속적으로 결여된 사람에 대하여 본인, 배우자, 4촌 이내의 친족, 미성년후견인, 미성년후견감독인, 한정후견인, 한정후견감독인, 특정후견인, 특정후견감독인, 검사 또는 지방자치단체의 장의 청구에 의하여 성년후견개시의 심판을 한다.

② 가정법원은 성년후견개시의 심판을 할 때 본인의 의사를 고려하여야 한다.
(2011.3.7 본조개정)

* 성년후견제도(成年後見制度) : 질병 등의 사유로 인한 정신적 제약으로 사무를 처리할 능력이 지속적으로 결여된 사람에 대하여 본인, 배우자 등 청구권자의 청구에 의해 가정법원이 심판하여 법률행위와 재산관리 등의 후견임무를 수행할 후견인을 선임하고 후견감독인을 두는 등 종전의 금치산제도를 대체한 제도

제10조 【피성년후견인*의 행위와 취소】 ① 피성년후견인의 법률행위는 취소할 수 있다.
② 제1항에도 불구하고 가정법원은 취소할 수 없는 피성년후견인의 법률행위의 범위를 정할 수 있다.
③ 가정법원은 본인, 배우자, 4촌 이내의 친족, 성년후견인, 성년후견감독인, 검사 또는 지방자치단체의 장의 청구에 의하여 제2항의 범위를 변경할 수 있다.
④ 제1항에도 불구하고 일용품의 구입 등 일상생활에 필요하고 그 대가가 과도하지 아니한 법률행위는 성년후견인이 취소할 수 없다.
(2011.3.7 본조개정)

* 피성년후견인(被成年後見人) : 질병 등의 사유로 인한 정신적 제약으로 사무 처리 능력이 지속적으로 결여되어 본인 등 청구권자의 청구에 의하여 가정법원으로부터 성년후견개시의 심판을 받은 사람

제11조 【성년후견종료의 심판】 성년후견개시의 원인이 소멸된 경우에는 가정법원은 본인, 배우자, 4촌 이내의 친족, 성년후견인, 성년후견감독인, 검사 또는 지방자치단체의 장의 청구에 의하여 성년후견종료의 심판을 한다.
(2011.3.7 본조개정)

제12조 【한정후견*개시의 심판】 ① 가정법원은 질병, 장애, 노령, 그 밖의 사유로 인한 정신적 제약으로 사무를 처리할 능력이 부족한 사람에 대하여 본인, 배우자, 4촌 이내의 친족, 미성년후견인, 미성년후견감독인, 성년후견인, 성년후견감독인, 특정후견인, 특정후견감독인, 검사 또는 지방자치단체의 장의 청구에 의하여 한정후견개시의 심판을 한다.
② 한정후견개시의 경우에 제9조제2항을 준용한다.
(2011.3.7 본조개정)

* 한정후견 : 질병 등의 사유로 인한 정신적 제약으로 사무를 처리할 능력이 부족한 사람에 대하여 본인 등 청구권자의 청구에 의해 가정법원이 심판하여 후견인을 선임하는 등 종전의 한정치산제도를 대체한 제도

제13조 【피한정후견인*의 행위와 동의】 ① 가정법원은 피한정후견인이 한정후견인의 동의를 받아야 하는 행위의 범위를 정할 수 있다.
② 가정법원은 본인, 배우자, 4촌 이내의 친족, 한정후견인, 한정후견감독인, 검사 또는 지방자치단체의 장의 청구에 의하여 제1항에 따른 한정후견인의 동의를 받아야만 할 수 있는 행위의 범위를 변경할 수 있다.
③ 한정후견인의 동의를 필요로 하는 행위에 대하여 한정후견인이 피한정후견인의 이익이 침해될 염려가 있음에도 그 동의를 하지 아니하는 때에는 가정법원은 피한정후견인의 청구에 의하여 한정후견인의 동의를 갈음하는 허가를 할 수 있다.
④ 한정후견인의 동의가 필요한 법률행위를 피한정후견인이 한정후견인의 동의 없이 하였을 때에는 그 법률행위를 취소할 수 있다. 다만, 일용품의 구입 등 일상생활에 필요하고 그 대가가 과도하지 아니한 법률행위에 대하여는 그러하지 아니하다.
(2011.3.7 본조개정)

* 피한정후견인(被限定後見人) : 질병 등의 사유로 인한 정신적 제약으로 사무를 처리할 능력이 부족하여 본인 등 청구권자의 청구에 의하여 가정법원으로부터 한정후견개시의 심판을 받은 사람

제14조 【한정후견종료의 심판】 한정후견개시의 원인이 소멸된 경우에는 가정법원은 본인, 배우자, 4촌 이내의 친족, 한정후견인, 한정후견감독인, 검사 또는 지방자치단체의 장의 청구에 의하여 한정후견종료의 심판을 한다.
(2011.3.7 본조개정)

제14조의2 【특정후견*의 심판】 ① 가정법원은 질병, 장애, 노령, 그 밖의 사유로 인한 정신적 제약으로 일시적 후원 또는 특정한 사무에 관한 후원이 필요한 사람에 대하여 본인, 배우자, 4촌 이내의 친족, 미성년후견인, 미성년후견감독인, 검사 또는 지방자치단체의 장의 청구에 의하여 특정후견의 심판을 한다.

* 특정후견(特定後見) : 질병 등의 사유로 인한 정신적 제약으로 일시적 후원 또는 특정한 사무에 관한 후원이 필요한 사람에 대하여 본인 등 청구권자의 청구에 의해 가정법원의 심판하에 후견인을 선임하여 후견하게 한 제도

② 특정후견은 본인의 의사에 반하여 할 수 없다.
③ 특정후견의 심판을 하는 경우에는 특정후견의 기간 또는 사무의 범위를 정하여야 한다.
(2011.3.7 본조신설)

제14조의3 【심판 사이의 관계】 ① 가정법원이 피한정후견인 또는 피특정후견인에 대하여 성년후견개시의 심판을 할 때에는 종전의 한정후견 또는 특정후견의 종료 심판을 한다.
② 가정법원이 피성년후견인 또는 피특정후견인에 대하여 한정후견개시의 심판을 할 때에는 종전의 성년후견 또는 특정후견의 종료 심판을 한다.
(2011.3.7 본조신설)

제15조 【제한능력자*의 상대방의 확답을 촉구할 권리】 ① 제한능력자의 상대방은 제한능력자가 능력자가 된 후에 그에게 1개월 이상의 기간을 정하여 그 취소할 수 있는 행위를 추인*할 것인지 여부의 확답을 촉구할 수 있다. 능력자로 된 사람이 그 기간 내에 확답을 발송하지 아니하면 그 행위를 추인한 것으로 본다.

② 제한능력자가 아직 능력자가 되지 못한 경우에는 그의 법정대리인에게 제1항의 촉구를 할 수 있고, 법정대리인이 그 정하여진 기간 내에 확답을 발송하지 아니한 경우에는 그 행위를 추인한 것으로 본다.
③ 특별한 절차가 필요한 행위는 그 정하여진 기간 내에 그 절차를 밟은 확답을 발송하지 아니하면 취소한 것으로 본다.
(2011.3.7 본조개정)

* 제한능력자(制限能力者) : 권리나 의무를 가지기 위한 행위를 혼자서 완전히 할 수 있는 능력(행위능력)을 가질 수 없는 사람으로, 미성년자 · 피성년후견인 · 피한정후견인 · 피특정후견인 · 피임의후견인 등

* 추인(追認) : 일반적으로 불완전한 법률행위가 있은 뒤에 권한 있는 자가 이를 보충하여 확정적으로 유효하게 하는 것 비교 법정추인(法定追認)

제16조【제한능력자의 상대방의 철회권과 거절권】 ① 제한능력자가 맺은 계약은 추인이 있을 때까지 상대방이 그 의사표시를 철회*할 수 있다. 다만, 상대방이 계약 당시에 제한능력자임을 알았을 경우에는 그러하지 아니하다.
② 제한능력자의 단독행위는 추인이 있을 때까지 상대방이 거절할 수 있다.
③ 제1항의 철회나 제2항의 거절의 의사표시는 제한능력자에게도 할 수 있다.
(2011.3.7 본조개정)

* 철회(撤回) : 아직 완전하게 효과가 생기지 않은 법률행위 등의 효과가 장래에까지 미치는 것을 막기 위해 해당 법률행위 등을 도로 거두어들이는 것

제17조【제한능력자의 속임수】 ① 제한능력자가 속임수로써 자기를 능력자로 믿게 한 경우에는 그 행위를 취소할 수 없다.
② 미성년자나 피한정후견인이 속임수로써 법정대리인의 동의가 있는 것으로 믿게 한 경우에도 제1항과 같다.
(2011.3.7 본조개정)

제2절 주 소

제18조【주소】 ① 생활의 근거되는 곳을 주소로 한다.
② 주소는 동시에 두 곳 이상 있을 수 있다.

제19조【거소*】 주소를 알 수 없으면 거소를 주소로 본다.

* 거소(居所) : 주소(住所)처럼 밀접한 관계를 가진 곳은 아니지만 얼마 동안 계속하여 임시로 거주하는 장소 비교 현재지(現在地)

제20조【거소】 국내에 주소없는 자에 대하여는 국내에 있는 거소를 주소로 본다.

제21조【가주소*】 어느 행위에 있어서 가주소를 정한 때에는 그 행위에 관하여는 이를 주소로 본다.

* 가주소(假住所) : 어떤 거래에 관하여 일정한 장소를 선정하여 그 거래관계에 주소로서의 법률적 기능을 부여한 장소 비교 거소(居所)

제3절 부재와 실종

제22조【부재자(不在者)의 재산의 관리】 ① 종래의 주소나 거소를 떠난 자가 재산관리인을 정하지 아니한 때에는 법원은 이해관계인이나 검사의 청구에 의하여 재산관리에 관하여 필요한 처분을 명하여야 한다. 본인의 부재 중 재산관리인의 권한이 소멸한 때에도 같다.
② 본인이 그 후에 재산관리인을 정한 때에는 법원은 본인, 재산관리인, 이해관계인 또는 검사의 청구에 의하여 전항의 명령을 취소하여야 한다.

제23조【관리인의 개임】 부재자가 재산관리인을 정한 경우에 부재자의 생사가 분명하지 아니한 때에는 법원은 재산관리인, 이해관계인 또는 검사의 청구에 의하여 재산관리인을 개임(改任)할 수 있다.

제24조【관리인의 직무】 ① 법원이 선임한 재산관리인은 관리할 재산목록을 작성하여야 한다.
② 법원은 그 선임한 재산관리인에 대하여 부재자의 재산을 보존하기 위하여 필요한 처분을 명할 수 있다.
③ 부재자의 생사가 분명하지 아니한 경우에 이해관계인이나 검사의 청구가 있는 때에는 법원은 부재자가 정한 재산관리인에게 전2항의 처분을 명할 수 있다.
④ 전3항의 경우에 그 비용은 부재자의 재산으로써 지급한다.

제25조【관리인의 권한】 법원이 선임한 재산관리인이 제118조에 규정한 권한을 넘는 행위를 함에는 법원의 허가를 얻어야 한다. 부재자의 생사가 분명하지 아니한 경우에 부재자가 정한 재산관리인이 권한을 넘는 행위를 할 때에도 같다.

제26조【관리인의 담보제공, 보수】 ① 법원은 그 선임한 재산관리인으로 하여금 재산의 관리 및 반환에 관하여 상당한 담보를 제공하게 할 수 있다.
② 법원은 그 선임한 재산관리인에 대하여 부재자의 재산으로 상당한 보수를 지급할 수 있다.
③ 전2항의 규정은 부재자의 생사가 분명하지 아니한 경우에 부재자가 정한 재산관리인에 준용한다.

제27조【실종의 선고】 ① 부재자의 생사가 5년간 분명하지 아니한 때에는 법원은 이해관계인이나 검사의 청구에 의하여 실종선고를 하여야 한다.
② 전지에 임한 자, 침몰한 선박 중에 있던 자, 추락한 항공기 중에 있던 자 기타 사망의 원인이 될 위난*을 당한 자의 생사가 전쟁종지후 또는

선박의 침몰, 항공기의 추락 기타 위난이 종료한 후 1년간 분명하지 아니한 때에도 제1항과 같다. (1984.4.10 본항개정)

* 위난(危難) : 매우 위급하고 어려운 경우

제28조 【실종선고의 효과】 실종선고를 받은 자는 전조의 기간이 만료한 때에 사망한 것으로 본다.

제29조 【실종선고의 취소】 ① 실종자의 생존한 사실 또는 전조의 규정과 상이(相異)한 때에 사망한 사실의 증명이 있으면 법원은 본인, 이해관계인 또는 검사의 청구에 의하여 실종선고를 취소하여야 한다. 그러나 실종선고후 그 취소전에 선의로 한 행위의 효력에 영향을 미치지 아니한다.

② 실종선고의 취소가 있을 때에 실종의 선고를 직접원인으로 하여 재산을 취득한 자가 선의인 경우에는 그 받은 이익이 현존하는 한도에서 반환할 의무가 있고 악의인 경우에는 그 받은 이익에 이자를 붙여서 반환하고 손해가 있으면 이를 배상하여야 한다.

제30조 【동시사망】 2인 이상이 동일한 위난으로 사망한 경우에는 동시에 사망한 것으로 추정* 한다.

* 추정(推定) : 일정한 법적 사실을 확실하게 증명하기 어려운 경우에 일반적으로 그러하리라고 판단을 내리는 것. 반대 증거에 의해 이러한 추정력이 상실 [비교] 간주(看做)

제3장 법 인

제1절 총 칙

제31조 【법인성립의 준칙】 법인은 법률의 규정에 의함이 아니면 성립하지 못한다.

제32조 【비영리법인의 설립과 허가】 학술, 종교, 자선, 기예(技藝), 사교 기타 영리아닌 사업을 목적으로 하는 사단 또는 재단은 주무관청의 허가를 얻어 이를 법인으로 할 수 있다.

제33조 【법인설립의 등기】 법인은 그 주된 사무소의 소재지에서 설립등기를 함으로써 성립한다.

제34조 【법인의 권리능력】 법인은 법률의 규정에 좇아 정관*으로 정한 목적의 범위내에서 권리와 의무의 주체가 된다.

* 정관(定款) : 단체나 법인의 조직 · 활동을 정하는 근본규칙을 기재한 서면

제35조 【법인의 불법행위능력】 ① 법인은 이사 기타 대표자가 그 직무에 관하여 타인에게 가한 손해를 배상할 책임이 있다. 이사 기타 대표자는 이로 인하여 자기의 손해배상책임을 면하지 못한다.

② 법인의 목적범위외의 행위로 인하여 타인에게 손해를 가한 때에는 그 사항의 의결에 찬성하거나 그 의결을 집행한 사원, 이사 및 기타 대표자가 연대*하여 배상하여야 한다.

* 연대(連帶) : 어떠한 법적 행위에 있어 두 사람 이상이 함께 무슨 일을 하거나 책임을 지는 것

제36조 【법인의 주소】 법인의 주소는 그 주된 사무소의 소재지에 있는 것으로 한다.

제37조 【법인의 사무의 검사, 감독】 법인의 사무는 주무관청이 검사, 감독한다.

제38조 【법인의 설립허가의 취소】 법인이 목적 이외의 사업을 하거나 설립허가의 조건에 위반하거나 기타 공익을 해하는 행위를 한 때에는 주무관청은 그 허가를 취소할 수 있다.

제39조 【영리법인】 ① 영리를 목적으로 하는 사단은 상사회사*설립의 조건에 좇아 이를 법인으로 할 수 있다.

② 전항의 사단법인에는 모두 상사회사에 관한 규정을 준용한다.

* 상사회사(商事會社) : 상행위를 목적으로 상법에 근거하여 설립된 사단법인 [비교] 민사회사(民事會社)

제2절 설 립

제40조 【사단법인*의 정관】 사단법인의 설립자는 다음 각호의 사항을 기재한 정관을 작성하여 기명날인하여야 한다.

1. 목적
2. 명칭
3. 사무소의 소재지
4. 자산에 관한 규정
5. 이사의 임면에 관한 규정
6. 사원자격의 득실에 관한 규정
7. 존립시기나 해산사유를 정하는 때에는 그 시기 또는 사유

* 사단법인(社團法人) : 일정한 목적을 위하여 결합한 사람들의 모임에 법인격을 부여한 것 [비교] 재단법인(財團法人)

제41조 【이사의 대표권에 대한 제한】 이사의 대표권에 대한 제한은 이를 정관에 기재하지 아니하면 그 효력이 없다.

제42조 【사단법인의 정관의 변경】 ① 사단법인의 정관은 총사원 3분의 2 이상의 동의가 있는 때에 한하여 이를 변경할 수 있다. 그러나 정수에 관하여 정관에 다른 규정이 있는 때에는 그 규정에 의한다.

② 정관의 변경은 주무관청의 허가를 얻지 아니하면 그 효력이 없다.

제43조 【재단법인의 정관】 재단법인*의 설립자는 일정한 재산을 출연*하고 제40조제1호 내지 제5호의 사항을 기재한 정관을 작성하여 기명날인하여야 한다.

* 재단법인(財團法人) : 일정한 목적을 위하여 출연된 재산에 법인격을 부여하는 것 [비교] 사단법인(社團法人)
* 출연(出捐) : 금품을 내어 원조하는 것. 일반적으로 재산을 재단 등에 기부하는 행위

제44조【재단법인의 정관의 보충】 재단법인의 설립자가 그 명칭, 사무소소재지 또는 이사임면의 방법을 정하지 아니하고 사망한 때에는 이해관계인 또는 검사의 청구에 의하여 법원이 이를 정한다.

제45조【재단법인의 정관변경】 ① 재단법인의 정관은 그 변경방법을 정관에 정한 때에 한하여 변경할 수 있다.

② 재단법인의 목적달성 또는 그 재산의 보전을 위하여 적당한 때에는 전항의 규정에 불구하고 명칭 또는 사무소의 소재지를 변경할 수 있다.

③ 제42조제2항의 규정은 전2항의 경우에 준용한다.

제46조【재단법인의 목적 기타의 변경】 재단법인의 목적을 달성할 수 없는 때에는 설립자나 이사는 주무관청의 허가를 얻어 설립의 취지를 참작하여 그 목적 기타 정관의 규정을 변경할 수 있다.

제47조【증여*, 유증*에 관한 규정의 준용】 ① 생전처분(生前處分)으로 재단법인을 설립하는 때에는 증여에 관한 규정을 준용한다.

② 유언으로 재단법인을 설립하는 때에는 유증에 관한 규정을 준용한다.

* 증여(贈與) : 당사자 일방이 무상으로 재산을 상대방에게 수여하는 의사표시를 하고, 상대방이 이를 승낙함으로써 성립하는 계약
* 유증(遺贈) : 유언자가 유언으로 자신의 재산을 대가없이 증여하는 행위

제48조【출연재산의 귀속*시기】 ① 생전처분으로 재단법인을 설립하는 때에는 출연재산은 법인이 성립된 때로부터 법인의 재산이 된다.

② 유언으로 재단법인을 설립하는 때에는 출연재산은 유언의 효력이 발생한 때로부터 법인에 귀속한 것으로 본다.

* 귀속(歸屬) : 재산이나 권리 등이 어떤 사람이나 단체·국가 등에 속하여 그의 소유가 되는 것

제49조【법인의 등기사항】 ① 법인설립의 허가가 있는 때에는 3주간내에 주된 사무소소재지에서 설립등기를 하여야 한다.

② 전항의 등기사항은 다음과 같다.

1. 목적
2. 명칭
3. 사무소
4. 설립허가의 연월일
5. 존립시기나 해산이유를 정한 때에는 그 시기 또는 사유
6. 자산의 총액
7. 출자의 방법을 정한 때에는 그 방법
8. 이사의 성명, 주소
9. 이사의 대표권을 제한한 때에는 그 제한

제50조【분사무소(分事務所) 설치의 등기】 법인이 분사무소를 설치한 경우에는 주사무소(主事務所)의 소재지에서 3주일 내에 분사무소 소재지와 설치 연월일을 등기하여야 한다.(2024.9.20 본조개정)

제51조【사무소 이전의 등기】 ① 법인이 주사무소를 이전한 경우에는 종전 소재지 또는 새 소재지에서 3주일 내에 새 소재지와 이전 연월일을 등기하여야 한다.

② 법인이 분사무소를 이전한 경우에는 주사무소 소재지에서 3주일 내에 새 소재지와 이전 연월일을 등기하여야 한다.

(2024.9.20 본조개정)

제52조【변경등기】 제49조제2항의 사항중에 변경이 있는 때에는 3주간내에 변경등기를 하여야 한다.

제52조의2【직무집행정지 등 가처분의 등기】 이사의 직무집행을 정지하거나 직무대행자를 선임하는 가처분을 하거나 그 가처분을 변경·취소하는 경우에는 주사무소가 있는 곳의 등기소에서 이를 등기하여야 한다.(2024.9.20 본조개정)

제53조【등기기간의 기산*】 전3조의 규정에 의하여 등기할 사항으로 관청의 허가를 요하는 것은 그 허가서가 도착한 날로부터 등기의 기간을 기산한다.

* 기산(起算) : 특정한 시점이나 위치에서부터 계산을 시작하는 것

제54조【설립등기 이외의 등기의 효력과 등기사항의 공고】 ① 설립등기 이외의 본절의 등기사항은 그 등기후가 아니면 제3자에게 대항하지 못한다.

② 등기한 사항은 법원이 지체없이 공고하여야 한다.

제55조【재산목록과 사원명부】 ① 법인은 성립한 때 및 매년 3월내에 재산목록을 작성하여 사무소에 비치하여야 한다. 사업연도를 정한 법인은 성립한 때 및 그 연도말에 이를 작성하여야 한다.

② 사단법인은 사원명부를 비치하고 사원의 변경이 있는 때에는 이를 기재하여야 한다.

제56조【사원권*의 양도, 상속금지】 사단법인의 사원의 지위는 양도 또는 상속할 수 없다.

* 사원권(社員權) : 사단법인의 구성원인 사원이 사원이라는 자격에 따라 그 법인에 대하여 가지는 권리와 의무 등 포괄적인 법적 지위

제3절 기 관

제57조【이사】 법인은 이사를 두어야 한다.

제58조【이사의 사무집행】 ① 이사는 법인의 사무를 집행한다.

② 이사가 수인(數人)인 경우에는 정관에 다른 규정이 없으면 법인의 사무집행은 이사의 과반수로써 결정한다.

제59조【이사의 대표권】 ① 이사는 법인의 사무에 관하여 각자 법인을 대표한다. 그러나 정관에 규정한 취지에 위반할 수 없고 특히 사단법인은 총회의 의결에 의하여야 한다.

② 법인의 대표에 관하여는 대리에 관한 규정을 준용한다.

제60조【이사의 대표권에 대한 제한의 대항요건】 이사의 대표권에 대한 제한은 등기하지 아니하면 제3자에게 대항하지 못한다.

제60조의2【직무대행자의 권한】 ① 제52조의2의 직무대행자는 가처분명령에 다른 정함이 있는 경우 외에는 법인의 통상사무에 속하지 아니한 행위를 하지 못한다. 다만, 법원의 허가를 얻은 경우에는 그러하지 아니하다.

② 직무대행자가 제1항의 규정에 위반한 행위를 한 경우에도 법인은 선의의 제3자에 대하여 책임을 진다.

(2001.12.29 본조신설)

제61조【이사의 주의의무】 이사는 선량한 관리자의 주의*로 그 직무를 행하여야 한다.

* 선량한 관리자의 주의의무-선관의무(善良한 管理者의 注意義務-善管義務) : 어떠한 거래 등에 있어 개인의 개별적인 능력과는 무관하게 그의 직업 및 사회적 지위에 비추어 객관적으로 요구되는 주의의무

제62조【이사의 대리인 선임】 이사는 정관 또는 총회의 결의로 금지하지 아니한 사항에 한하여 타인으로 하여금 특정한 행위를 대리하게 할 수 있다.

제63조【임시이사의 선임】 이사가 없거나 결원이 있는 경우에 이로 인하여 손해가 생길 염려 있는 때에는 법원은 이해관계인이나 검사의 청구에 의하여 임시이사를 선임하여야 한다.

제64조【특별대리인의 선임】 법인과 이사의 이익이 상반하는 사항에 관하여는 이사는 대표권이 없다. 이 경우에는 전조의 규정에 의하여 특별대리인을 선임하여야 한다.

제65조【이사의 임무해태】 이사가 그 임무를 해태*한 때에는 그 이사는 법인에 대하여 연대하여 손해배상의 책임이 있다.

* 해태(懈怠) : 게으름을 피움

제66조【감사(監事)】 법인은 정관 또는 총회의 결의로 감사를 둘 수 있다.

제67조【감사의 직무】 감사의 직무는 다음과 같다.

1. 법인의 재산상황을 감사하는 일
2. 이사의 업무집행의 상황을 감사하는 일
3. 재산상황 또는 업무집행에 관하여 부정, 불비(不備)한 것이 있음을 발견한 때에는 이를 총회 또는 주무관청에 보고하는 일
4. 전호(前號)의 보고를 하기 위하여 필요있는 때에는 총회를 소집하는 일

제68조【총회의 권한】 사단법인의 사무는 정관으로 이사 또는 기타 임원에게 위임한 사항외에는 총회의 결의에 의하여야 한다.

제69조【통상총회】 사단법인의 이사는 매년 1회 이상 통상총회를 소집하여야 한다.

제70조【임시총회】 ① 사단법인의 이사는 필요하다고 인정한 때에는 임시총회를 소집할 수 있다.

② 총사원의 5분의 1 이상으로부터 회의의 목적사항을 제시하여 청구한 때에는 이사는 임시총회를 소집하여야 한다. 이 정수(定數)는 정관으로 증감할 수 있다.

③ 전항의 청구있는 후 2주간내에 이사가 총회소집의 절차를 밟지 아니한 때에는 청구한 사원은 법원의 허가를 얻어 이를 소집할 수 있다.

제71조【총회의 소집】 총회의 소집은 1주간전에 그 회의의 목적사항을 기재한 통지를 발하고 기타 정관에 정한 방법에 의하여야 한다.

제72조【총회의 결의사항】 총회는 전조의 규정에 의하여 통지한 사항에 관하여서만 결의할 수 있다. 그러나 정관에 다른 규정이 있는 때에는 그 규정에 의한다.

제73조【사원의 결의권】 ① 각 사원의 결의권은 평등으로 한다.

② 사원은 서면이나 대리인으로 결의권을 행사할 수 있다.

③ 전2항의 규정은 정관에 다른 규정이 있는 때에는 적용하지 아니한다.

제74조【사원이 결의권없는 경우】 사단법인과 어느 사원과의 관계사항을 의결하는 경우에는 그 사원은 결의권이 없다.

제75조【총회의 결의방법】 ① 총회의 결의는 본법 또는 정관에 다른 규정이 없으면 사원 과반수의 출석과 출석사원의 결의권의 과반수로써 한다.

② 제73조제2항의 경우에는 당해사원은 출석한 것으로 한다.

제76조【총회의 의사록】 ① 총회의 의사에 관하여는 의사록을 작성하여야 한다.

② 의사록에는 의사의 경과, 요령 및 결과를 기재하고 의장 및 출석한 이사가 기명날인하여야 한다.

③ 이사는 의사록을 주된 사무소에 비치하여야 한다.

제4절 해 산

제77조【해산사유】 ① 법인은 존립기간의 만료, 법인의 목적의 달성 또는 달성의 불능 기타 정관

에 정한 해산사유의 발생, 파산 또는 설립허가의 취소로 해산한다.
② 사단법인은 사원이 없게 되거나 총회의 결의로도 해산한다.

제78조【사단법인의 해산결의】 사단법인은 총사원 4분의 3 이상의 동의가 없으면 해산을 결의하지 못한다. 그러나 정관에 다른 규정이 있는 때에는 그 규정에 의한다.

제79조【파산신청】 법인이 채무를 완제하지 못하게 된 때에는 이사는 지체없이 파산신청을 하여야 한다.

제80조【잔여재산의 귀속】 ① 해산한 법인의 재산은 정관으로 지정한 자에게 귀속한다.
② 정관으로 귀속권리자를 지정하지 아니하거나 이를 지정하는 방법을 정하지 아니한 때에는 이사 또는 청산인*은 주무관청의 허가를 얻어 그 법인의 목적에 유사한 목적을 위하여 그 재산을 처분할 수 있다. 그러나 사단법인에 있어서는 총회의 결의가 있어야 한다.
③ 전2항의 규정에 의하여 처분되지 아니한 재산은 국고에 귀속한다.

* 청산인(淸算人) : 회사 등의 법인·조합이 합병·파산 이외의 원인으로 해산한 경우에 채권자에 대해 채무를 갚고, 사원에 대해 잔여재산을 분배하는 등, 재산관계를 정리하고 각종의 법률관계를 처리하는 자(보통 이사가 청산인이 됨) 비교 청산법인(淸算法人)

제81조【청산법인】 해산한 법인은 청산의 목적범위내에서만 권리가 있고 의무를 부담한다.

제82조【청산인】 법인이 해산한 때에는 파산의 경우를 제하고는 이사가 청산인이 된다. 그러나 정관 또는 총회의 결의로 달리 정한 바가 있으면 그에 의한다.

제83조【법원에 의한 청산인의 선임】 전조의 규정에 의하여 청산인이 될 자가 없거나 청산인의 결원으로 인하여 손해가 생길 염려가 있는 때에는 법원은 직권 또는 이해관계인이나 검사의 청구에 의하여 청산인을 선임할 수 있다.

제84조【법원에 의한 청산인의 해임】 중요한 사유가 있는 때에는 법원은 직권 또는 이해관계인이나 검사의 청구에 의하여 청산인을 해임할 수 있다.

제85조【해산등기】 ① 청산인은 법인이 파산으로 해산한 경우가 아니면 취임 후 3주일 내에 다음 각 호의 사항을 주사무소 소재지에서 등기하여야 한다.
1. 해산 사유와 해산 연월일
2. 청산인의 성명과 주소
3. 청산인의 대표권을 제한한 경우에는 그 제한
② 제1항의 등기에 관하여는 제52조를 준용한다.
(2024.9.20 본조개정)

제86조【해산신고】 ① 청산인은 파산의 경우를 제하고는 그 취임후 3주간내에 전조제1항의 사항을 주무관청에 신고하여야 한다.
② 청산중에 취임한 청산인은 그 성명 및 주소를 신고하면 된다.

제87조【청산인의 직무】 ① 청산인의 직무는 다음과 같다.
1. 현존사무의 종결
2. 채권의 추심* 및 채무의 변제
3. 잔여재산의 인도
② 청산인은 전항의 직무를 행하기 위하여 필요한 모든 행위를 할 수 있다.

* 추심(推尋) : 채권자가 채무자의 주소나 영업소에 가서 채무 변제를 받는 것 비교 지참채무(持參債務)

제88조【채권신고의 공고】 ① 청산인은 취임한 날로부터 2월내에 3회 이상의 공고로 채권자에 대하여 일정한 기간내에 그 채권을 신고할 것을 최고*하여야 한다. 그 기간은 2월 이상이어야 한다.
② 전항의 공고에는 채권자가 기간내에 신고하지 아니하면 청산으로부터 제외될 것을 표시하여야 한다.
③ 제1항의 공고는 법원의 등기사항의 공고와 동일한 방법으로 하여야 한다.

* 최고(催告) : 일정한 행위를 하도록 상대방에게 요구(독촉)하는 의사의 통지

제89조【채권신고의 최고】 청산인은 알고 있는 채권자에게 대하여는 각각 그 채권신고를 최고하여야 한다. 알고 있는 채권자는 청산으로부터 제외하지 못한다.

제90조【채권신고기간내의 변제금지】 청산인은 제88조제1항의 채권신고기간내에는 채권자에 대하여 변제하지 못한다. 그러나 법인은 채권자에 대한 지연손해배상의 의무를 면하지 못한다.

제91조【채권변제의 특례】 ① 청산 중의 법인은 변제기에 이르지 아니한 채권에 대하여도 변제할 수 있다.
② 전항의 경우에는 조건있는 채권, 존속기간의 불확정한 채권 기타 가액의 불확정한 채권에 관하여는 법원이 선임한 감정인의 평가에 의하여 변제하여야 한다.

제92조【청산으로부터 제외된 채권】 청산으로부터 제외된 채권자는 법인의 채무를 완제한 후 귀속권리자에게 인도하지 아니한 재산에 대하여서만 변제를 청구할 수 있다.

제93조【청산중의 파산】 ① 청산중 법인의 재산이 그 채무를 완제하기에 부족한 것이 분명하게 된 때에는 청산인은 지체없이 파산선고를 신청하고 이를 공고하여야 한다.
② 청산인은 파산관재인*에게 그 사무를 인계함으로써 그 임무가 종료한다.
③ 제88조제3항의 규정은 제1항의 공고에 준용한다.

* 파산관재인(破産管財人) : 파산한 재단에 속하는 재산을 관리하는 공공기관

제94조 【청산종결의 등기와 신고】 청산이 종결한 때에는 청산인은 3주간내에 이를 등기하고 주무관청에 신고하여야 한다.

제95조 【해산, 청산의 검사, 감독】 법인의 해산 및 청산은 법원이 검사, 감독한다.

제96조 【준용규정】 제58조제2항, 제59조 내지 제62조, 제64조, 제65조 및 제70조의 규정은 청산인에 이를 준용한다.

제5절 벌 칙

제97조 【벌칙】 법인의 이사, 감사 또는 청산인은 다음 각호의 경우에는 500만원 이하의 과태료에 처한다.(2007.12.21 본문개정)

1. 본장에 규정한 등기를 해태한 때
2. 제55조의 규정에 위반하거나 재산목록 또는 사원명부에 부정기재를 한 때
3. 제37조, 제95조에 규정한 검사, 감독을 방해한 때
4. 주무관청 또는 총회에 대하여 사실아닌 신고를 하거나 사실을 은폐한 때
5. 제76조와 제90조의 규정에 위반한 때
6. 제79조, 제93조의 규정에 위반하여 파산선고의 신청을 해태한 때
7. 제88조, 제93조에 정한 공고를 해태하거나 부정한 공고를 한 때

제4장 물 건

제98조 【물건의 정의】 본법에서 물건이라 함은 유체물(有體物) 및 전기 기타 관리할 수 있는 자연력을 말한다.

제99조 【부동산, 동산】 ① 토지 및 그 정착물은 부동산이다.

② 부동산 이외의 물건은 동산이다.

제100조 【주물, 종물*】 ① 물건의 소유자가 그 물건의 상용(常用)에 공(供)하기 위하여 자기소유인 다른 물건을 이에 부속하게 한 때에는 그 부속물은 종물이다.

② 종물은 주물의 처분에 따른다.

* 주물·종물(主物·從物) : 물건의 소유자가 그 물건을 일반적으로 사용하는 데 있어서 독립적으로 경제적 가치를 가지는 물건을 주물이라 하고, 이에 부속해서 주물의 경제적 가치를 높이지만 그 자체만으로는 경제적 가치가 없는 물건을 종물이라 함 [예시] 배와 노, 손목시계와 시곗줄

제101조 【천연과실*, 법정과실*】 ① 물건의 용법에 의하여 수취하는 산출물은 천연과실이다.

② 물건의 사용대가로 받는 금전 기타의 물건은 법정과실로 한다.

* 천연과실(天然果實) : 논이나 밭에서 나는 농작물이나 젖소로부터 짜는 우유, 닭이 낳은 달걀과 같이 물건 그 자체의 경제적 용도에 의하여 얻는 산출물
* 법정과실(法定果實) : 임대료나 이자와 같이 물건의 사용대가로 받는 금전 기타의 물건

제102조 【과실의 취득】 ① 천연과실은 그 원물(元物)로부터 분리하는 때에 이를 수취할 권리자에게 속한다.

② 법정과실은 수취할 권리의 존속기간일수의 비율로 취득한다.

제5장 법률행위

제1절 총 칙

제103조 【반사회질서의 법률행위】 선량한 풍속 기타 사회질서에 위반한 사항을 내용으로 하는 법률행위는 무효로 한다.

제104조 【불공정한 법률행위】 당사자의 궁박*, 경솔 또는 무경험으로 인하여 현저하게 공정을 잃은 법률행위는 무효로 한다.

* 궁박(窮迫) : 살림이 매우 가난하거나 벗어날 도리가 없는 상황

제105조 【임의규정*】 법률행위의 당사자가 법령 중의 선량한 풍속 기타 사회질서에 관계없는 규정과 다른 의사를 표시한 때에는 그 의사에 의한다.

* 임의규정(任意規定) : 사회질서나 선량한 풍속과 관계가 없어 당사자의 의사로 법규의 적용을 배제할 수 있는 규정 [비교] 강행규정(强行規定)

제106조 【사실인 관습】 법령 중의 선량한 풍속 기타 사회질서에 관계없는 규정과 다른 관습이 있는 경우에 당사자의 의사가 명확하지 아니한 때에는 그 관습에 의한다.

제2절 의사표시

제107조 【진의(眞意) 아닌 의사표시】 ① 의사표시는 표의자가 진의아님을 알고 한 것이라도 그 효력이 있다. 그러나 상대방이 표의자의 진의아님을 알았거나 이를 알 수 있었을 경우에는 무효로 한다.

② 전항의 의사표시의 무효는 선의의 제3자에게 대항하지 못한다.

제108조 【통정*한 허위의 의사표시】 ① 상대방과 통정한 허위의 의사표시는 무효로 한다.

② 전항의 의사표시의 무효는 선의의 제3자에게 대항하지 못한다.

* 통정(通情) : (어떠한 행위를 함에 있어서) 상대방과 짜고서 하는 것

제109조 【착오로 인한 의사표시】 ① 의사표시는 법률행위의 내용의 중요부분에 착오가 있는 때에는 취소할 수 있다. 그러나 그 착오가 표의자의 중대한 과실로 인한 때에는 취소하지 못한다.

② 전항의 의사표시의 취소는 선의의 제3자에게 대항하지 못한다.

제110조【사기, 강박*에 의한 의사표시】 ① 사기나 강박에 의한 의사표시는 취소할 수 있다.
② 상대방있는 의사표시에 관하여 제3자가 사기나 강박을 행한 경우에는 상대방이 그 사실을 알았거나 알 수 있었을 경우에 한하여 그 의사표시를 취소할 수 있다.
③ 전2항의 의사표시의 취소는 선의의 제3자에게 대항하지 못한다.

* 강박(强拍) : 사람을 위협하여 공포심을 일으키는 행위

제111조【의사표시의 효력발생시기】 ① 상대방이 있는 의사표시는 상대방에게 도달한 때에 그 효력이 생긴다.
② 의사표시자가 그 통지를 발송한 후 사망하거나 제한능력자가 되어도 의사표시의 효력에 영향을 미치지 아니한다.
(2011.3.7 본조개정)

제112조【제한능력자에 대한 의사표시의 효력】 의사표시의 상대방이 의사표시를 받은 때에 제한능력자인 경우에는 의사표시자는 그 의사표시로써 대항할 수 없다. 다만, 그 상대방의 법정대리인이 의사표시가 도달한 사실을 안 후에는 그러하지 아니하다.(2011.3.7 본조개정)

제113조【의사표시의 공시송달*】 표의자가 과실없이 상대방을 알지 못하거나 상대방의 소재를 알지 못하는 경우에는 의사표시는 민사소송법 공시송달의 규정에 의하여 송달할 수 있다.

* 공시송달(公示送達) : 법원이 소송관계인에게 소송에 관한 서류를 교부할 때, 당사자의 송달장소가 분명하지 않아 법원이 송달할 서류를 보관해 두었다가 당사자가 나타나면 언제라도 교부할 뜻을 법원 게시장에 게시하는 송달방법

제3절 대 리

제114조【대리행위의 효력】 ① 대리인이 그 권한내에서 본인을 위한 것임을 표시한 의사표시는 직접 본인에게 대하여 효력이 생긴다.
② 전항의 규정은 대리인에게 대한 제3자의 의사표시에 준용한다.

제115조【본인을 위한 것임을 표시하지 아니한 행위】 대리인이 본인을 위한 것임을 표시하지 아니한 때에는 그 의사표시는 자기를 위한 것으로 본다. 그러나 상대방이 대리인으로서 한 것임을 알았거나 알 수 있었을 때에는 전조제1항의 규정을 준용한다.

제116조【대리행위의 하자】 ① 의사표시의 효력이 의사의 흠결, 사기, 강박 또는 어느 사정을 알았거나 과실로 알지 못한 것으로 인하여 영향을 받을 경우에 그 사실의 유무는 대리인을 표준하여 결정한다.
② 특정한 법률행위를 위임한 경우에 대리인이 본인의 지시에 좇아 그 행위를 한 때에는 본인은 자기가 안 사정 또는 과실로 인하여 알지 못한 사정에 관하여 대리인의 부지(不知)를 주장하지 못한다.

제117조【대리인의 행위능력】 대리인은 행위능력자임을 요하지 아니한다.

제118조【대리권의 범위】 권한을 정하지 아니한 대리인은 다음 각호의 행위만을 할 수 있다.
1. 보존행위
2. 대리의 목적인 물건이나 권리의 성질을 변하지 아니하는 범위에서 그 이용 또는 개량하는 행위

제119조【각자대리】 대리인이 수인인 때에는 각자가 본인을 대리한다. 그러나 법률 또는 수권행위에 다른 정한 바가 있는 때에는 그러하지 아니하다.

제120조【임의대리인의 복임권*】 대리권이 법률행위에 의하여 부여된 경우에는 대리인은 본인의 승낙이 있거나 부득이한 사유있는 때가 아니면 복대리인*을 선임하지 못한다.

* 복임권(復任權) : 대리인이 복대리인을 선임할 수 있는 권한
* 복대리(復代理) : 대리인이 자신의 대리권 범위 내에서 다시 다른 사람(복대리인)에게 대리하도록 하는 것

제121조【임의대리인의 복대리인선임의 책임】 ① 전조의 규정에 의하여 대리인이 복대리인을 선임한 때에는 본인에게 대하여 그 선임감독에 관한 책임이 있다.
② 대리인이 본인의 지명에 의하여 복대리인을 선임한 경우에는 그 부적임 또는 불성실함을 알고 본인에게 대한 통지나 그 해임을 태만한 때가 아니면 책임이 없다.

제122조【법정대리인의 복임권과 그 책임】 법정대리인은 그 책임으로 복대리인을 선임할 수 있다. 그러나 부득이한 사유로 인한 때에는 전조제1항에 정한 책임만이 있다.

제123조【복대리인의 권한】 ① 복대리인은 그 권한내에서 본인을 대리한다.
② 복대리인은 본인이나 제3자에 대하여 대리인과 동일한 권리의무가 있다.

제124조【자기계약*, 쌍방대리*】 대리인은 본인의 허락이 없으면 본인을 위하여 자기와 법률행위를 하거나 동일한 법률행위에 관하여 당사자쌍방을 대리하지 못한다. 그러나 채무의 이행은 할 수 있다.

* 자기계약(自己契約) : 대리인이 본인을 대리하면서 다른 한편으로 대리인 자신이 상대방이 되어 계약을 체결하는 것 예시 甲으로부터 자동차 매각에 대한 대리권을 수여받은 乙이 자신이 매수인이 되어 자동차매매계약을 체결하는 경우
* 쌍방대리(雙方代理) : 동일인이 동일한 법률행위에 있어서 당사자 쌍방을 대리하여 대리행위를 하는 것 예시 甲으로부터 자동차 매각에 대한 대리권을 수여받은 乙이 동시에 자동차를 매수하려는 丙으로부터도 자동차매수에 대한 대리권을 수여받고 자동차매매계약을 체결하는 경우

제125조【대리권수여의 표시에 의한 표현대리*】 제3자에 대하여 타인에게 대리권을 수여함을 표시한 자는 그 대리권의 범위내에서 행한 그 타인과 그 제3자간의 법률행위에 대하여 책임이 있다. 그러나 제3자가 대리권없음을 알았거나 알 수 있었을 때에는 그러하지 아니하다.

* 표현대리(表見代理) : 대리권 없는 자(무권대리인)를 본인을 대리하는 유권대리인으로 잘못 믿을만한 책임이 본인에게도 있을 경우, 민법이 본인에게 책임을 지워 상대방을 보호하고자 하는 것 비교 무권대리(無權代理)

제126조【권한을 넘은 표현대리】 대리인이 그 권한외의 법률행위를 한 경우에 제3자가 그 권한이 있다고 믿을 만한 정당한 이유가 있는 때에는 본인은 그 행위에 대하여 책임이 있다.

제127조【대리권의 소멸사유】 대리권은 다음 각호의 어느 하나에 해당하는 사유가 있으면 소멸된다.

1. 본인의 사망
2. 대리인의 사망, 성년후견의 개시 또는 파산

(2011.3.7 본조개정)

제128조【임의대리의 종료】 법률행위에 의하여 수여된 대리권은 전조의 경우외에 그 원인된 법률관계의 종료에 의하여 소멸한다. 법률관계의 종료전에 본인이 수권행위*를 철회한 경우에도 같다.

* 수권행위(授權行爲) : 권한을 수여하는 행위. 여기서는 본인이 대리권을 수여하는 행위를 의미

제129조【대리권소멸후의 표현대리】 대리권의 소멸은 선의의 제3자에게 대항하지 못한다. 그러나 제3자가 과실로 인하여 그 사실을 알지 못한 때에는 그러하지 아니하다.

제130조【무권대리*】 대리권없는 자가 타인의 대리인으로 한 계약은 본인이 이를 추인하지 아니하면 본인에 대하여 효력이 없다.

* 무권대리(無權代理) : 대리권이 없는 자가 대리인으로서 법률행위를 하는 것. 본인에게 그 법률효과가 미치지 않음 비교 표현대리(表見代理)

제131조【상대방의 최고권】 대리권없는 자가 타인의 대리인으로 계약을 한 경우에 상대방은 상당한 기간을 정하여 본인에게 그 추인여부의 확답을 최고할 수 있다. 본인이 그 기간내에 확답을 발하지 아니한 때에는 추인을 거절한 것으로 본다.

제132조【추인, 거절의 상대방】 추인 또는 거절의 의사표시는 상대방에 대하여 하지 아니하면 그 상대방에 대항하지 못한다. 그러나 상대방이 그 사실을 안 때에는 그러하지 아니하다.

제133조【추인의 효력】 추인은 다른 의사표시가 없는 때에는 계약시에 소급*하여 그 효력이 생긴다. 그러나 제3자의 권리를 해하지 못한다.

* 소급(遡及) : 법률효과가 과거로 거슬러 올라가 효력을 발생시키는 것

제134조【상대방의 철회권】 대리권없는 자가 한 계약은 본인의 추인이 있을 때까지 상대방은 본인이나 그 대리인에 대하여 이를 철회할 수 있다. 그러나 계약당시에 상대방이 대리권 없음을 안 때에는 그러하지 아니하다.

제135조【상대방에 대한 무권대리인의 책임】 ① 다른 자의 대리인으로서 계약을 맺은 자가 그 대리권을 증명하지 못하고 또 본인의 추인을 받지 못한 경우에는 그는 상대방의 선택에 따라 계약을 이행할 책임 또는 손해를 배상할 책임이 있다.

② 대리인으로서 계약을 맺은 자에게 대리권이 없다는 사실을 상대방이 알았거나 알 수 있었을 때 또는 대리인으로서 계약을 맺은 사람이 제한능력자일 때에는 제1항을 적용하지 아니한다.

(2011.3.7 본조개정)

제136조【단독행위와 무권대리】 단독행위에는 그 행위당시에 상대방이 대리인이라 칭하는 자의 대리권없는 행위에 동의하거나 그 대리권을 다투지 아니한 때에 한하여 전6조의 규정을 준용한다. 대리권 없는 자에 대하여 그 동의를 얻어 단독행위를 한 때에도 같다.

제4절 무효와 취소

제137조【법률행위의 일부무효】 법률행위의 일부분이 무효인 때에는 그 전부를 무효로 한다. 그러나 그 무효부분이 없더라도 법률행위를 하였을 것이라고 인정될 때에는 나머지 부분은 무효가 되지 아니한다.

제138조【무효행위의 전환】 무효인 법률행위가 다른 법률행위의 요건을 구비하고 당사자가 그 무효를 알았더라면 다른 법률행위를 하는 것을 의욕하였으리라고 인정될 때에는 다른 법률행위로서 효력을 가진다.

제139조【무효행위의 추인】 무효인 법률행위는 추인하여도 그 효력이 생기지 아니한다. 그러나 당사자가 그 무효임을 알고 추인한 때에는 새로운 법률행위로 본다.

제140조【법률행위의 취소권자】 취소할 수 있는 법률행위는 제한능력자, 착오로 인하거나 사기·강박에 의하여 의사표시를 한 자, 그의 대리인 또는 승계인*만이 취소할 수 있다.(2011.3.7 본조개정)

* 승계(承繼) : 타인의 권리나 의무, 법적 지위를 이어받는 것

제141조【취소의 효과】 취소된 법률행위는 처음부터 무효인 것으로 본다. 다만, 제한능력자는 그 행위로 인하여 받은 이익이 현존하는 한도에서 상환(償還)할 책임이 있다.(2011.3.7 본조개정)

제142조【취소의 상대방】 취소할 수 있는 법률행위의 상대방이 확정한 경우에는 그 취소는 그 상대방에 대한 의사표시로 하여야 한다.

제143조【추인의 방법, 효과】 ① 취소할 수 있는 법률행위는 제140조에 규정한 자가 추인할 수 있고 추인후에는 취소하지 못한다.
② 전조의 규정은 전항의 경우에 준용한다.
제144조【추인의 요건】 ① 추인은 취소의 원인이 소멸된 후에 하여야만 효력이 있다.
② 제1항은 법정대리인 또는 후견인이 추인하는 경우에는 적용하지 아니한다.
(2011.3.7 본조개정)
제145조【법정추인】 취소할 수 있는 법률행위에 관하여 전조의 규정에 의하여 추인할 수 있는 후에 다음 각호의 사유가 있으면 추인한 것으로 본다. 그러나 이의를 보류한 때에는 그러하지 아니하다.
1. 전부나 일부의 이행
2. 이행의 청구
3. 경개
4. 담보의 제공
5. 취소할 수 있는 행위로 취득한 권리의 전부나 일부의 양도
6. 강제집행

제146조【취소권의 소멸】 취소권은 추인할 수 있는 날로부터 3년내에 법률행위를 한 날로부터 10년내에 행사하여야 한다.

제5절 조건과 기한

제147조【조건성취의 효과】 ① 정지조건*있는 법률행위는 조건이 성취한 때로부터 그 효력이 생긴다.
② 해제조건*있는 법률행위는 조건이 성취한 때로부터 그 효력을 잃는다.
③ 당사자가 조건성취의 효력을 그 성취전에 소급하게 할 의사를 표시한 때에는 그 의사에 의한다.

* 정지조건(停止條件) : 법률행위의 효력이 장래에 조건이 성취될 때까지 정지하여 있다가 조건이 성취되면 비로소 발생하는 것 예시 취직을 하면(조건) 자동차를 사 주겠다(효력 발생)
* 해제조건(解除條件) : 현재 효력이 있는 법률행위가 어떠한 조건이 이루어지면 그 효력이 소멸되는 것 예시 이혼을 하면(조건) 주었던 자동차를 반환하라(효력 소멸)

제148조【조건부권리의 침해금지】 조건있는 법률행위의 당사자는 조건의 성부가 미정한 동안에 조건의 성취로 인하여 생길 상대방의 이익을 해하지 못한다.
제149조【조건부권리의 처분 등】 조건의 성취가 미정한 권리의무는 일반규정에 의하여 처분, 상속, 보존 또는 담보로 할 수 있다.
제150조【조건성취, 불성취에 대한 반신의행위】 ① 조건의 성취로 인하여 불이익을 받을 당사자가 신의성실에 반하여 조건의 성취를 방해한 때에는 상대방은 그 조건이 성취한 것으로 주장할 수 있다.
② 조건의 성취로 인하여 이익을 받을 당사자가 신의성실에 반하여 조건을 성취시킨 때에는 상대방은 그 조건이 성취하지 아니한 것으로 주장할 수 있다.
제151조【불법조건, 기성조건*】 ① 조건이 선량한 풍속 기타 사회질서에 위반한 것인 때에는 그 법률행위는 무효로 한다.
② 조건이 법률행위의 당시 이미 성취한 것인 경우에는 그 조건이 정지조건이면 조건없는 법률행위로 하고 해제조건이면 그 법률행위는 무효로 한다.
③ 조건이 법률행위의 당시에 이미 성취할 수 없는 것인 경우에는 그 조건이 해제조건이면 조건없는 법률행위로 하고 정지조건이면 그 법률행위는 무효로 한다.

* 기성조건(既成條件) : 조건은 장래에 객관적으로 그 성취여부가 불확실한 것이어야 하는데도 불구하고 조건이 법률행위 성립 당시 이미 성취하여 있는 것

제152조【기한*도래의 효과】 ① 시기(始期)있는 법률행위는 기한이 도래한 때로부터 그 효력이 생긴다.
② 종기(終期)있는 법률행위는 기한이 도래한 때로부터 그 효력을 잃는다.

* 기한(期限) : 법률행위 효력의 발생·소멸 및 채무의 이행을 장래의 확정적인 사실(날짜의 도래 등)에 좌우시키는 것 비교 기간(期間)

제153조【기한의 이익과 그 포기】 ① 기한은 채무자의 이익을 위한 것으로 추정한다.
② 기한의 이익은 이를 포기할 수 있다. 그러나 상대방의 이익을 해하지 못한다.
제154조【기한부권리와 준용규정】 제148조와 제149조의 규정은 기한있는 법률행위에 준용한다.

제6장 기 간

제155조【본장의 적용범위】 기간의 계산은 법령, 재판상의 처분 또는 법률행위에 다른 정한 바가 없으면 본장의 규정에 의한다.
제156조【기간의 기산점】 기간을 시, 분, 초로 정한 때에는 즉시로부터 기산한다.
제157조【기간의 기산점】 기간을 일, 주, 월 또는 연으로 정한 때에는 기간의 초일(初日)은 산입하지 아니한다. 그러나 그 기간이 오전 영시로부터 시작하는 때에는 그러하지 아니하다.
제158조【나이의 계산과 표시】 나이는 출생일을 산입하여 만(滿) 나이로 계산하고, 연수(年數)로 표시한다. 다만, 1세에 이르지 아니한 경우에는 월수(月數)로 표시할 수 있다.(2022.12.27 본조개정)
제159조【기간의 만료점】 기간을 일, 주, 월 또는 연으로 정한 때에는 기간말일의 종료로 기간이 만료한다.
제160조【역(曆)에 의한 계산】 ① 기간을 주, 월

또는 연으로 정한 때에는 역에 의하여 계산한다.
② 주, 월 또는 연의 처음으로부터 기간을 기산하지 아니하는 때에는 최후의 주, 월 또는 연에서 그 기산일에 해당한 날의 전일로 기간이 만료한다.
③ 월 또는 연으로 정한 경우에 최종의 월에 해당일이 없는 때에는 그 월의 말일로 기간이 만료한다.

제161조 【공휴일 등과 기간의 만료점】 기간의 말일이 토요일 또는 공휴일에 해당한 때에는 기간은 그 익일로 만료한다.(2007.12.21 본조개정)

제7장 소멸시효

제162조 【채권, 재산권의 소멸시효*】 ① 채권은 10년간 행사하지 아니하면 소멸시효가 완성한다.
② 채권 및 소유권 이외의 재산권은 20년간 행사하지 아니하면 소멸시효가 완성한다.

* 소멸시효(消滅時效) : 권리자가 권리를 행사할 수 있음에도 불구하고 일정기간동안 그 권리를 행사하지 않는 경우 그 권리를 소멸시키는 제도 비교 취득시효(取得時效)

제163조 【3년의 단기소멸시효】 다음 각호의 채권은 3년간 행사하지 아니하면 소멸시효가 완성한다.

1. 이자, 부양료, 급료, 사용료 기타 1년 이내의 기간으로 정한 금전 또는 물건의 지급을 목적으로 한 채권
2. 의사, 조산사, 간호사 및 약사의 치료, 근로 및 조제에 관한 채권(1997.12.13 본호개정)
3. 도급받은 자, 기사 기타 공사의 설계 또는 감독에 종사하는 자의 공사에 관한 채권
4. 변호사, 변리사, 공증인, 공인회계사 및 법무사에 대한 직무상 보관한 서류의 반환을 청구하는 채권(1997.12.13 본호개정)
5. 변호사, 변리사, 공증인, 공인회계사 및 법무사의 직무에 관한 채권(1997.12.13 본호개정)
6. 생산자 및 상인이 판매한 생산물 및 상품의 대가
7. 수공업자 및 제조자의 업무에 관한 채권

제164조 【1년의 단기소멸시효】 다음 각호의 채권은 1년간 행사하지 아니하면 소멸시효가 완성한다.

1. 여관, 음식점, 대석(貸席), 오락장의 숙박료, 음식료, 대석료, 입장료, 소비물의 대가 및 체당금* 의 채권
2. 의복, 침구(寢具), 장구(葬具) 기타 동산의 사용료의 채권
3. 노역인, 연예인의 임금 및 그에 공급한 물건의 대금채권
4. 학생 및 수업자의 교육, 의식 및 유숙(留宿)에 관한 교주(校主), 숙주(塾主), 교사의 채권

* 체당금(替當金) : 대신 지급하는 돈. 뒤에 돌려받기로 하고 타인을 위하여 채무변제로서 대신 지급하는 금전

제165조 【판결 등에 의하여 확정된 채권의 소멸시효】 ① 판결에 의하여 확정된 채권은 단기의 소멸시효에 해당한 것이라도 그 소멸시효는 10년으로 한다.
② 파산절차에 의하여 확정된 채권 및 재판상의 화해, 조정 기타 판결과 동일한 효력이 있는 것에 의하여 확정된 채권도 전항과 같다.
③ 전2항의 규정은 판결확정당시에 변제기가 도래하지 아니한 채권에 적용하지 아니한다.

제166조 【소멸시효의 기산점】 ① 소멸시효는 권리를 행사할 수 있는 때로부터 진행한다.
② 부작위(不作爲)를 목적으로 하는 채권의 소멸시효는 위반행위를 한 때로부터 진행한다.
<2018.8.30 헌법재판소 단순위헌결정으로 이 조 제1항 중 「진실 · 화해를 위한 과거사정리 기본법」 제2조제1항 제3호, 제4호에 규정된 사건에 적용되는 부분은 헌법에 위반>

제167조 【소멸시효의 소급효】 소멸시효는 그 기산일에 소급하여 효력이 생긴다.

제168조 【소멸시효의 중단사유】 소멸시효는 다음 각호의 사유로 인하여 중단된다.

1. 청구
2. 압류* 또는 가압류*, 가처분*
3. 승인

* 압류(押留) : 국가 권력이 강제로 다른 사람의 물건이나 권리에 대하여 사실상 또는 법률상의 처분이나 권리행사를 금하는 행위
* 가압류(假押留) : 금전지급을 목적으로 하는 채권이나 금전으로 환산할 수 있는 채권 등에 있어서 채무자가 자신의 재산을 은폐하거나 매각하여 없앨 우려가 있을 경우 채권자의 권리를 보전하기 위하여 그 재산을 임시로 압류하는 법원의 처분
* 가처분(假處分) : 금전이 아닌 특정한 물건에 대한 채권에 있어서 채권자의 권리를 보전하기 위하여, 또는 분쟁 중에 있는 권리관계에 있어서 임시로 그 물건에 대한 지위를 정하기 위하여 법원의 결정에 따라 그 물건을 상대방이 처분하지 못하도록 금지하는 처분

제169조 【시효중단의 효력】 시효의 중단은 당사자 및 그 승계인간에만 효력이 있다.

제170조 【재판상의 청구와 시효중단】 ① 재판상의 청구는 소송의 각하*, 기각* 또는 취하*의 경우에는 시효중단의 효력이 없다.
② 전항의 경우에 6월내에 재판상의 청구, 파산절차참가, 압류 또는 가압류, 가처분을 한 때에는 시효는 최초의 재판상 청구로 인하여 중단된 것으로 본다.

* 각하(却下) : 행정기관이 신청서 · 원서 · 신고서 · 심판청구서 등의 국가기관에 대한 행정상 또는 사법상의 신청을 받아들이지 않는 처분
* 기각(棄却) : 소송에 있어서 원고의 소에 의한 청구나 상소인의 상소에 의한 불복신청을 이유가 없다고 하여 받아들이지 않는 판결 또는 결정
* 취하(取下) : 스스로 신청하거나 제출하였던 것을 도로 거두어들이는 것. 소송에서 원고가 제기한 소송을 스스로 철회하는 것

제171조【파산절차참가와 시효중단】 파산절차참가는 채권자가 이를 취소하거나 그 청구가 각하된 때에는 시효중단의 효력이 없다.

제172조【지급명령*과 시효중단】 지급명령은 채권자가 법정기간내에 가집행신청을 하지 아니함으로 인하여 그 효력을 잃은 때에는 시효중단의 효력이 없다.

* 지급명령(支給命令) : 원고가 소로 청구한 대로 피고에게 이행할 것을 명하는 법원의 결정

제173조【화해를 위한 소환(召喚), 임의출석과 시효중단】 화해를 위한 소환은 상대방이 출석하지 아니 하거나 화해가 성립되지 아니한 때에는 1월내에 소를 제기하지 아니하면 시효중단의 효력이 없다. 임의출석의 경우에 화해가 성립되지 아니한 때에도 그러하다.

제174조【최고와 시효중단】 최고는 6월내에 재판상의 청구, 파산절차참가, 화해를 위한 소환, 임의출석, 압류 또는 가압류, 가처분을 하지 아니하면 시효중단의 효력이 없다.

제175조【압류, 가압류, 가처분과 시효중단】 압류, 가압류 및 가처분은 권리자의 청구에 의하여 또는 법률의 규정에 따르지 아니함으로 인하여 취소된 때에는 시효중단의 효력이 없다.

제176조【압류, 가압류, 가처분과 시효중단】 압류, 가압류 및 가처분은 시효의 이익을 받은 자에 대하여 하지 아니한 때에는 이를 그에게 통지한 후가 아니면 시효중단의 효력이 없다.

제177조【승인과 시효중단】 시효중단의 효력있는 승인에는 상대방의 권리에 관한 처분의 능력이나 권한있음을 요하지 아니한다.

제178조【중단후에 시효진행】 ① 시효가 중단된 때에는 중단까지에 경과한 시효기간은 이를 산입하지 아니하고 중단사유가 종료한 때로부터 새로이 진행한다.

② 재판상의 청구로 인하여 중단한 시효는 전항의 규정에 의하여 재판이 확정된 때로부터 새로이 진행한다.

제179조【제한능력자의 시효정지】 소멸시효의 기간만료 전 6개월 내에 제한능력자에게 법정대리인이 없는 경우에는 그가 능력자가 되거나 법정대리인이 취임한 때부터 6개월 내에는 시효가 완성되지 아니한다.(2011.3.7 본조개정)

제180조【재산관리자에 대한 제한능력자의 권리, 부부 사이의 권리와 시효정지】 ① 재산을 관리하는 아버지, 어머니 또는 후견인에 대한 제한능력자의 권리는 그가 능력자가 되거나 후임 법정대리인이 취임한 때부터 6개월 내에는 소멸시효가 완성되지 아니한다.

② 부부 중 한쪽이 다른 쪽에 대하여 가지는 권리는 혼인관계가 종료된 때부터 6개월 내에는 소멸시효가 완성되지 아니한다.

(2011.3.7 본조개정)

제181조【상속재산에 관한 권리와 시효정지】 상속재산에 속한 권리나 상속재산에 대한 권리는 상속인의 확정, 관리인의 선임 또는 파산선고가 있는 때로부터 6월내에는 소멸시효가 완성하지 아니한다.

제182조【천재 기타 사변과 시효정지】 천재 기타 사변으로 인하여 소멸시효를 중단할 수 없을 때에는 그 사유가 종료한 때로부터 1월내에는 시효가 완성하지 아니한다.

제183조【종속된 권리에 대한 소멸시효의 효력】 주된 권리의 소멸시효가 완성한 때에는 종속된 권리에 그 효력이 미친다.

제184조【시효의 이익의 포기 기타】 ① 소멸시효의 이익은 미리 포기하지 못한다.

② 소멸시효는 법률행위에 의하여 이를 배제, 연장 또는 가중할 수 없으나 이를 단축 또는 경감할 수 있다.

제2편 물 권

제1장 총 칙

제185조【물권*의 종류】 물권은 법률 또는 관습법에 의하는 외에는 임의로 창설하지 못한다.

* 물권(物權) : 특정한 물건을 직접 지배하여 이익을 얻는 배타적인 권리 비교 채권(債權)

제186조【부동산물권변동의 효력】 부동산에 관한 법률행위로 인한 물권의 득실변경은 등기하여야 그 효력이 생긴다.

제187조【등기를 요하지 아니하는 부동산물권 취득】 상속, 공용징수*, 판결, 경매 기타 법률의 규정에 의한 부동산에 관한 물권의 취득은 등기를 요하지 아니한다. 그러나 등기를 하지 아니하면 이를 처분하지 못한다.

* 공용징수(公用徵收) : 특정한 공익사업을 위하여 개인의 재산권을 법률에 의하여 강제적으로 취득하는 것 유사 공용수용(公用收用)

제188조【동산물권양도의 효력, 간이인도*】 ① 동산에 관한 물권의 양도는 그 동산을 인도하여야 효력이 생긴다.

② 양수인이 이미 그 동산을 점유*한 때에는 당사자의 의사표시만으로 그 효력이 생긴다.

* 간이인도(簡易引渡) : 양수인이 이미 물건을 직접 점유하고 있는 경우에 점유이전의 의사표시만으로 양도인으로부터 소유권을 취득하는 것 예시 甲으로부터 빌려 사용하고 있는 자전거의 소유권을 자전거를 이전한다는 의사표시만으로 취득하는 것
* 점유(占有) : 물건을 현실로 지배(소지)하는 것 비교 소유(所有)

제189조【점유개정*】 동산에 관한 물권을 양도하는 경우에 당사자의 계약으로 양도인이 그 동산의 점유를 계속하는 때에는 양수인이 인도받은 것으로 본다.

* 점유개정(占有改正) : 동산에 관한 물권을 인도하는 경우 당사자의 계약으로 양도인이 그 동산의 점유를 계속하면서도 양수인이 인도받은 것으로 하는 경우 예시 매도인이 자전거를 매수인에게 팔고도 매도인이 그것을 계속 사용하는 경우

제190조【목적물반환청구권의 양도】 제3자가 점유하고 있는 동산에 관한 물권을 양도하는 경우에는 양도인이 그 제3자에 대한 반환청구권을 양수인에게 양도함으로써 동산을 인도한 것으로 본다.

제191조【혼동*으로 인한 물권의 소멸】 ① 동일한 물건에 대한 소유권과 다른 물권이 동일한 사람에게 귀속한 때에는 다른 물권은 소멸한다. 그러나 그 물권이 제3자의 권리의 목적이 된 때에는 소멸하지 아니한다.
② 전항의 규정은 소유권이외의 물권과 그를 목적으로 하는 다른 권리가 동일한 사람에게 귀속한 경우에 준용한다.
③ 점유권에 관하여는 전2항의 규정을 적용하지 아니한다.

* 혼동(混同) : 서로 대립하는 2개의 법적 지위가 동일인에게 속하게 되는 것 예시 건물의 전세권자가 건물의 소유권을 취득하면 혼동으로 전세권이 소멸함

제2장 점유권

제192조【점유권의 취득과 소멸】 ① 물건을 사실상 지배하는 자는 점유권이 있다.
② 점유자가 물건에 대한 사실상의 지배를 상실한 때에는 점유권이 소멸한다. 그러나 제204조의 규정에 의하여 점유를 회수한 때에는 그러하지 아니하다.

제193조【상속으로 인한 점유권의 이전】 점유권은 상속인에 이전한다.

제194조【간접점유】 지상권, 전세권, 질권, 사용대차, 임대차, 임치 기타의 관계로 타인으로 하여금 물건을 점유하게 한 자는 간접으로 점유권이 있다.

제195조【점유보조자*】 가사(家事)상, 영업상 기타 유사한 관계에 의하여 타인의 지시를 받어 물건에 대한 사실상의 지배를 하는 때에는 그 타인만을 점유자로 한다.

* 점유보조자(占有補助者) : 어떠한 물건을 지배하고 있는 사람(점유자)의 지시에 따라 물건을 사실상 지배하는 자

제196조【점유권의 양도】 ① 점유권의 양도는 점유물의 인도로 그 효력이 생긴다.
② 전항의 점유권의 양도에는 제188조제2항, 제189조, 제190조의 규정을 준용한다.

제197조【점유의 태양(態樣)】 ① 점유자는 소유의 의사로 선의, 평온(平穩) 및 공연(公然)하게 점유한 것으로 추정한다.
② 선의의 점유자라도 본권*에 관한 소에 패소한 때에는 그 소가 제기된 때로부터 악의의 점유자로 본다.

* 본권(本權) : 점유를 법률적으로 정당화시키는 권리 예시 소유권, 임차권, 전세권 등

제198조【점유계속의 추정】 전후양시(前後兩時)에 점유한 사실이 있는 때에는 그 점유는 계속한 것으로 추정한다.

제199조【점유의 승계의 주장과 그 효과】 ① 점유자의 승계인은 자기의 점유만을 주장하거나 자기의 점유와 전점유자의 점유를 아울러 주장할 수 있다.
② 전점유자의 점유를 아울러 주장하는 경우에는 그 하자도 계승한다.

제200조【권리의 적법의 추정】 점유자가 점유물에 대하여 행사하는 권리는 적법하게 보유한 것으로 추정한다.

제201조【점유자와 과실】 ① 선의의 점유자는 점유물의 과실을 취득한다.
② 악의의 점유자는 수취한 과실을 반환하여야 하며 소비하였거나 과실로 인하여 훼손 또는 수취하지 못한 경우에는 그 과실의 대가를 보상하여야 한다.
③ 전항의 규정은 폭력 또는 은비에 의한 점유자에 준용한다.

제202조【점유자의 회복자에 대한 책임】 점유물이 점유자의 책임있는 사유로 인하여 멸실 또는 훼손한 때에는 악의의 점유자는 그 손해의 전부를 배상하여야 하며 선의의 점유자는 이익이 현존하는 한도에서 배상하여야 한다. 소유의 의사가 없는 점유자는 선의인 경우에도 손해의 전부를 배상하여야 한다.

제203조【점유자의 상환청구권】 ① 점유자가 점유물을 반환할 때에는 회복자에 대하여 점유물을 보존하기 위하여 지출한 금액 기타 필요비의 상환을 청구할 수 있다. 그러나 점유자가 과실을 취득한 경우에는 통상의 필요비*는 청구하지 못한다.
② 점유자가 점유물을 개량하기 위하여 지출한 금액 기타 유익비*에 관하여는 그 가액의 증가가 현존한 경우에 한하여 회복자의 선택에 좇아 그 지출금액이나 증가액의 상환을 청구할 수 있다.
③ 전항의 경우에 법원은 회복자의 청구에 의하여 상당한 상환기간을 허여할 수 있다.

* 필요비(必要費) : 물건을 유지하는 데 사용한 비용 예시 건물의 수선비, 부동산에 대한 조세 등
* 유익비(有益費) : 물건의 유지 · 보수에 반드시 필요한 비용은 아니지만 그 물건의 객관적 가치를 높이는 데 사용한 비용 예시 승용차에 액정TV를 설치하는 경우

제204조【점유의 회수】 ① 점유자가 점유의 침탈을 당한 때에는 그 물건의 반환 및 손해의 배상을 청구할 수 있다.
② 전항의 청구권은 침탈자의 특별승계인에 대하여는 행사하지 못한다. 그러나 승계인이 악의인 때에는 그러하지 아니하다.

③ 제1항의 청구권은 침탈을 당한 날로부터 1년 내에 행사하여야 한다.

제205조【점유의 보유】 ① 점유자가 점유의 방해를 받은 때에는 그 방해의 제거 및 손해의 배상을 청구할 수 있다.

② 전항의 청구권은 방해가 종료한 날로부터 1년 내에 행사하여야 한다.

③ 공사로 인하여 점유의 방해를 받은 경우에는 공사착수후 1년을 경과하거나 그 공사가 완성한 때에는 방해의 제거를 청구하지 못한다.

제206조【점유의 보전】 ① 점유자가 점유의 방해를 받을 염려가 있는 때에는 그 방해의 예방 또는 손해배상의 담보를 청구할 수 있다.

② 공사로 인하여 점유의 방해를 받을 염려가 있는 경우에는 전조제3항의 규정을 준용한다.

제207조【간접점유의 보호】 ① 전3조의 청구권은 제194조의 규정에 의한 간접점유자도 이를 행사할 수 있다.

② 점유자가 점유의 침탈을 당한 경우에 간접점유자는 그 물건을 점유자에게 반환할 것을 청구할 수 있고 점유자가 그 물건의 반환을 받을 수 없거나 이를 원하지 아니하는 때에는 자기에게 반환할 것을 청구할 수 있다.

제208조【점유의 소와 본권의 소와의 관계】 ① 점유권에 기인한 소와 본권에 기인한 소는 서로 영향을 미치지 아니한다.

② 점유권에 기인한 소는 본권에 관한 이유로 재판하지 못한다.

제209조【자력구제*】 ① 점유자는 그 점유를 부정히 침탈 또는 방해하는 행위에 대하여 자력으로써 이를 방위할 수 있다.

② 점유물이 침탈되었을 경우에 부동산일 때에는 점유자는 침탈후 직시 가해자를 배제하여 이를 탈환할 수 있고 동산일 때에는 점유자는 현장에서 또는 추적하여 가해자로부터 이를 탈환할 수 있다.

* 자력구제(自力救濟) : 자신의 권리를 보호하거나 실현하기 위하여 법률상의 절차나 국가의 힘을 빌리지 않고 자기의 힘으로 권리 내용을 실현하는 일

제210조【준점유*】 본장의 규정은 재산권을 사실상 행사하는 경우에 준용한다.

* 준점유(準占有) : 저당권·채권·특허권 등의 재산권을 사실상 행사하는 것

제3장 소유권

제1절 소유권의 한계

제211조【소유권의 내용】 소유자는 법률의 범위내에서 그 소유물을 사용, 수익, 처분할 권리가 있다.

제212조【토지소유권의 범위】 토지의 소유권은 정당한 이익있는 범위내에서 토지의 상하에 미친다.

제213조【소유물반환청구권】 소유자는 그 소유에 속한 물건을 점유한 자에 대하여 반환을 청구할 수 있다. 그러나 점유자가 그 물건을 점유할 권리가 있는 때에는 반환을 거부할 수 있다.

제214조【소유물방해제거, 방해예방청구권】 소유자는 소유권을 방해하는 자에 대하여 방해의 제거를 청구할 수 있고 소유권을 방해할 염려있는 행위를 하는 자에 대하여 그 예방이나 손해배상의 담보를 청구할 수 있다.

제215조【건물의 구분소유】 ① 수인이 한 채의 건물을 구분하여 각각 그 일부분을 소유한 때에는 건물과 그 부속물중 공용하는 부분은 그의 공유로 추정한다.

② 공용부분의 보존에 관한 비용 기타의 부담은 각자의 소유부분의 가액에 비례하여 분담한다.

제216조【인지(隣地)사용청구권】 ① 토지소유자는 경계나 그 근방에서 담 또는 건물을 축조하거나 수선하기 위하여 필요한 범위내에서 이웃토지의 사용을 청구할 수 있다. 그러나 이웃 사람의 승낙이 없으면 그 주거에 들어가지 못한다.

② 전항의 경우에 이웃 사람이 손해를 받은 때에는 보상을 청구할 수 있다.

제217조【매연 등에 의한 인지에 대한 방해금지】 ① 토지소유자는 매연, 열기체, 액체, 음향, 진동 기타 이에 유사한 것으로 이웃 토지의 사용을 방해하거나 이웃 거주자의 생활에 고통을 주지 아니하도록 적당한 조처를 할 의무가 있다.

② 이웃 거주자는 전항의 사태가 이웃 토지의 통상의 용도에 적당한 것인 때에는 이를 인용(忍容)할 의무가 있다.

제218조【수도 등 시설권】 ① 토지소유자는 타인의 토지를 통과하지 아니하면 필요한 수도, 소수관(疏水管), 까스관, 전선 등을 시설할 수 없거나 과다한 비용을 요하는 경우에는 타인의 토지를 통과하여 이를 시설할 수 있다. 그러나 이로 인한 손해가 가장 적은 장소와 방법을 선택하여 이를 시설할 것이며 타토지의 소유자의 요청에 의하여 손해를 보상하여야 한다.

② 전항에 의한 시설을 한 후 사정의 변경이 있는 때에는 타토지의 소유자는 그 시설의 변경을 청구할 수 있다. 시설변경의 비용은 토지소유자가 부담한다.

제219조【주위토지통행권】 ① 어느 토지와 공로(公路)사이에 그 토지의 용도에 필요한 통로가 없는 경우에 그 토지소유자는 주위의 토지를 통행 또는 통로로 하지 아니하면 공로에 출입할 수 없거나 과다한 비용을 요하는 때에는 그 주위의 토지를 통행할 수 있고 필요한 경우에는 통로를 개설할 수 있다. 그러나 이로 인한 손해가 가장 적은 장소와 방법을 선택하여야 한다.

② 전항의 통행권자는 통행지소유자의 손해를 보상하여야 한다.

제220조【분할, 일부양도와 주위통행권】 ① 분할로 인하여 공로에 통하지 못하는 토지가 있는 때에는 그 토지소유자는 공로에 출입하기 위하여 다른 분할자의 토지를 통행할 수 있다. 이 경우에는 보상의 의무가 없다.
② 전항의 규정은 토지소유자가 그 토지의 일부를 양도한 경우에 준용한다.

제221조【자연유수(流水)의 승수(承水)의무와 권리】 ① 토지소유자는 이웃 토지로부터 자연히 흘러오는 물을 막지 못한다.
② 고지소유자는 이웃 저지에 자연히 흘러 내리는 이웃 저지에서 필요한 물을 자기의 정당한 사용범위를 넘어서 이를 막지 못한다.

제222조【소통공사권】 흐르는 물이 저지에서 폐색(閉塞)된 때에는 고지소유자는 자비로 소통에 필요한 공사를 할 수 있다.

제223조【저수(貯水), 배수(排水), 인수(引水)를 위한 공작물에 대한 공사청구권】 토지소유자가 저수, 배수 또는 인수하기 위하여 공작물을 설치한 경우에 공작물의 파손 또는 폐색으로 타인의 토지에 손해를 가하거나 가할 염려가 있는 때에는 타인은 그 공작물의 보수, 폐색의 소통 또는 예방에 필요한 청구를 할 수 있다.

제224조【관습에 의한 비용부담】 전2조의 경우에 비용부담에 관한 관습이 있으면 그 관습에 의한다.

제225조【처마물에 대한 시설의무】 토지소유자는 처마물이 이웃에 직접 낙하하지 아니하도록 적당한 시설을 하여야 한다.

제226조【여수(餘水)소통권】 ① 고지소유자는 침수지를 건조하기 위하여 또는 가용이나 농, 공업용의 여수를 소통하기 위하여 공로, 공류 또는 하수도에 달하기까지 저지에 물을 통과하게 할 수 있다.
② 전항의 경우에는 저지의 손해가 가장 적은 장소와 방법을 선택하여야 하며 손해를 보상하여야 한다.

제227조【유수용공작물의 사용권】 ① 토지소유자는 그 소유지의 물을 소통하기 위하여 이웃 토지소유자의 시설한 공작물을 사용할 수 있다.
② 전항의 공작물을 사용하는 자는 그 이익을 받는 비율로 공작물의 설치와 보존의 비용을 분담하여야 한다.

제228조【여수급여청구권】 토지소유자는 과다한 비용이나 노력을 요하지 아니하고는 가용이나 토지이용에 필요한 물을 얻기 곤란한 때에는 이웃 토지소유자에게 보상하고 여수의 급여를 청구할 수 있다.

제229조【수류의 변경】 ① 구거* 기타 수류지(水流地)의 소유자는 대안*의 토지가 타인의 소유인 때에는 그 수로나 수류의 폭을 변경하지 못한다.
② 양안*의 토지가 수류지소유자의 소유인 때에는 소유자는 수로와 수류의 폭을 변경할 수 있다. 그러나 하류는 자연의 수로와 일치하도록 하여야 한다.
③ 전2항의 규정은 다른 관습이 있으면 그 관습에 의한다.

* 구거(溝渠) : 도랑
* 대안(對岸) : 건너편 기슭이나 언덕
* 양안(兩岸) : 하천의 양쪽 기슭

제230조【언*의 설치, 이용권】 ① 수류지의 소유자가 언을 설치할 필요가 있는 때에는 그 언을 대안에 접촉하게 할 수 있다. 그러나 이로 인한 손해를 보상하여야 한다.
② 대안의 소유자는 수류지의 일부가 자기소유인 때에는 그 언을 사용할 수 있다. 그러나 그 이익을 받는 비율로 언의 설치, 보존의 비용을 분담하여야 한다.

* 언(堰) : 둑, 방죽

제231조【공유하천용수권】 ① 공유하천의 연안(沿岸)에서 농, 공업을 경영하는 자는 이에 이용하기 위하여 타인의 용수를 방해하지 아니하는 범위내에서 필요한 인수를 할 수 있다.
② 전항의 인수를 하기 위하여 필요한 공작물을 설치할 수 있다.

제232조【하류 연안의 용수권(用水權)보호】 전조의 인수나 공작물로 인하여 하류연안의 용수권을 방해하는 때에는 그 용수권자는 방해의 제거 및 손해의 배상을 청구할 수 있다.

제233조【용수권의 승계】 농, 공업의 경영에 이용하는 수로 기타 공작물의 소유자나 몽리자(蒙利者)의 특별승계인은 그 용수에 관한 전소유자나 몽리자의 권리의무를 승계한다.

제234조【용수권에 관한 다른 관습】 전3조의 규정은 다른 관습이 있으면 그 관습에 의한다.

제235조【공용수의 용수권】 상린자*는 그 공용에 속하는 원천이나 수도를 각 수요의 정도에 응하여 타인의 용수를 방해하지 아니하는 범위내에서 각각 용수할 권리가 있다.

* 상린자(相隣者) : 인접한 부동산의 소유자나 이용자

제236조【용수장해의 공사와 손해배상, 원상회복】 ① 필요한 용도나 수익이 있는 원천이나 수도가 타인의 건축 기타 공사로 인하여 단수(斷水), 감수(減水) 기타 용도에 장해가 생긴 때에는 용수권자는 손해배상을 청구할 수 있다.
② 전항의 공사로 인하여 음료수 기타 생활상 필요한 용수에 장해가 있을 때에는 원상회복을 청구할 수 있다.

제237조【경계표, 담의 설치권】 ① 인접하여 토지를 소유한 자는 공동비용으로 통상의 경계표나 담을 설치할 수 있다.
② 전항의 비용은 쌍방이 절반하여 부담한다. 그러나 측량비용은 토지의 면적에 비례하여 부담한다.
③ 전2항의 규정은 다른 관습이 있으면 그 관습에 의한다.

제238조【담의 특수시설권】 인지소유자는 자기의 비용으로 담의 재료를 통상보다 양호한 것으로 할 수 있으며 그 높이를 통상보다 높게 할 수 있고 또는 방화벽 기타 특수시설을 할 수 있다.

제239조【경계표 등의 공유추정】 경계에 설치된 경계표, 담, 구거 등은 상린자의 공유로 추정한다. 그러나 경계표, 담, 구거 등이 상린자일방의 단독비용으로 설치되었거나 담이 건물의 일부인 경우에는 그러하지 아니하다.

제240조【수지(樹支), 목근(木根)의 제거권】 ① 인접지의 수목가지가 경계를 넘은 때에는 그 소유자에 대하여 가지의 제거를 청구할 수 있다.
② 전항의 청구에 응하지 아니한 때에는 청구자가 그 가지를 제거할 수 있다.
③ 인접지의 수목뿌리가 경계를 넘은 때에는 임의로 제거할 수 있다.

제241조【토지의 심굴(深掘)금지】 토지소유자는 인접지의 지반이 붕괴할 정도로 자기의 토지를 심굴하지 못한다. 그러나 충분한 방어공사를 한 때에는 그러하지 아니하다.

제242조【경계선부근의 건축】 ① 건물을 축조함에는 특별한 관습이 없으면 경계로부터 반미터 이상의 거리를 두어야 한다.
② 인접지소유자는 전항의 규정에 위반한 자에 대하여 건물의 변경이나 철거를 청구할 수 있다. 그러나 건축에 착수한 후 1년을 경과하거나 건물이 완성된 후에는 손해배상만을 청구할 수 있다.

제243조【차면시설의무】 경계로부터 2미터 이내의 거리에서 이웃 주택의 내부를 관망할 수 있는 창이나 마루를 설치하는 경우에는 적당한 차면시설*을 하여야 한다.

* 차면시설(遮面施設) : 바깥에서 집안이 보이지 않도록 담장 등을 설치

제244조【지하시설 등에 대한 제한】 ① 우물을 파거나 용수, 하수 또는 오물 등을 저치(貯置)할 지하시설을 하는 때에는 경계로부터 2미터 이상의 거리를 두어야 하며 저수지, 구거 또는 지하실공사에는 경계로부터 그 깊이의 반 이상의 거리를 두어야 한다.
② 전항의 공사를 함에는 토사가 붕괴하거나 하수 또는 오액(汚液)이 이웃에 흐르지 아니하도록 적당한 조처를 하여야 한다.

제2절 소유권의 취득

제245조【점유로 인한 부동산소유권의 취득기간】 ① 20년간 소유의 의사로 평온, 공연하게 부동산을 점유하는 자는 등기함으로써 그 소유권을 취득한다.
② 부동산의 소유자로 등기한 자가 10년간 소유의 의사로 평온, 공연하게 선의이며 과실없이 그 부동산을 점유한 때에는 소유권을 취득한다.

제246조【점유로 인한 동산소유권의 취득기간】 ① 10년간 소유의 의사로 평온, 공연하게 동산을 점유한 자는 그 소유권을 취득한다.
② 전항의 점유가 선의이며 과실없이 개시된 경우에는 5년을 경과함으로써 그 소유권을 취득한다.

제247조【소유권취득의 소급효, 중단사유】 ① 전2조의 규정에 의한 소유권취득의 효력은 점유를 개시한 때에 소급한다.
② 소멸시효의 중단에 관한 규정은 전2조의 소유권취득기간에 준용한다.

제248조【소유권 이외의 재산권의 취득시효*】 전3조의 규정은 소유권 이외의 재산권의 취득에 준용한다.

* 취득시효(取得時效) : 일정한 사실상태가 일정기간 계속됨으로써 권리를 취득하게 되는 법률요건 비교 소멸시효(消滅時效)

제249조【선의취득】 평온, 공연하게 동산을 양수한 자가 선의이며 과실없이 그 동산을 점유한 경우에는 양도인이 정당한 소유자가 아닌 때에도 즉시 그 동산의 소유권을 취득한다.

제250조【도품(盜品), 유실물*에 대한 특례】 전조의 경우에 그 동산이 도품이나 유실물인 때에는 피해자 또는 유실자는 도난 또는 유실한 날로부터 2년내에 그 물건의 반환을 청구할 수 있다. 그러나 도품이나 유실물이 금전인 때에는 그러하지 아니하다.

* 유실물(遺失物) : 어떤 물건에 대해 실질적으로 지배하고 있는 자의 뜻과는 상관없이 점유를 이탈한 물건 중 도난당한 것이 아닌 물건(점유자가 잃어버린 물건) 비교 무주물(無主物)

제251조【도품, 유실물에 대한 특례】 양수인이 도품 또는 유실물을 경매나 공개시장에서 또는 동종류의 물건을 판매하는 상인에게서 선의로 매수한 때에는 피해자 또는 유실자는 양수인이 지급한 대가를 변상하고 그 물건의 반환을 청구할 수 있다.

제252조【무주물*의 귀속】 ① 무주의 동산을 소유의 의사로 점유한 자는 그 소유권을 취득한다.
② 무주의 부동산은 국유로 한다.
③ 야생하는 동물은 무주물로 하고 사양(飼養)하는 야생동물도 다시 야생상태로 돌아가면 무주물로 한다.

* 무주물(無主物) : 주인이 없는 물건으로 원래부터 사람의 소유에 속하지 않았던 야생의 동물과 같은 물건과 일단 사람의 소유에 속하였다가 그 소유권이 포기된 물건 등

제253조【유실물의 소유권취득】 유실물은 법률에 정한 바에 의하여 공고한 후 6개월 내에 그 소유자가 권리를 주장하지 아니하면 습득자가 그 소유권을 취득한다.(2013.4.5 본조개정)

제254조【매장물의 소유권취득】 매장물은 법률에 정한 바에 의하여 공고한 후 1년내에 그 소유자가 권리를 주장하지 아니하면 발견자가 그 소유권을 취득한다. 그러나 타인의 토지 기타 물건으로부터 발견한 매장물은 그 토지 기타 물건

의 소유자와 발견자가 절반하여 취득한다.

제255조【「국가유산기본법」 제3조에 따른 국가유산의 국유】 ① 학술, 기예 또는 고고의 중요한 재료가 되는 물건에 대하여는 제252조제1항 및 전2조의 규정에 의하지 아니하고 국유로 한다.
② 전항의 경우에 습득자, 발견자 및 매장물이 발견된 토지 기타 물건의 소유자는 국가에 대하여 적당한 보상을 청구할 수 있다.
(2023.5.16 본조제목개정)

제256조【부동산에의 부합*】 부동산의 소유자는 그 부동산에 부합한 물건의 소유권을 취득한다. 그러나 타인의 권원에 의하여 부속된 것은 그러하지 아니하다.

* 부합(附合) : 소유자를 달리하는 여러 개의 물건이 결합하여 1개의 물건이 되는 것 [예시] 토지 매매시에 지상에 있는 유실수

제257조【동산간의 부합】 동산과 동산이 부합하여 훼손하지 아니하면 분리할 수 없거나 그 분리에 과다한 비용을 요할 경우에는 그 합성물의 소유권은 주된 동산의 소유자에게 속한다. 부합한 동산의 주종을 구별할 수 없는 때에는 동산의 소유자는 부합당시의 가액의 비율로 합성물을 공유한다.

제258조【혼화*】 전조의 규정은 동산과 동산이 혼화하여 식별할 수 없는 경우에 준용한다.

* 혼화(混和) : 소유자를 달리하는 여러 개의 물건이 같은 종류의 다른 물건과 섞여서 원래의 물건을 구분해 낼 수 없게 되는 것 [예시] 각각 주인이 다른 두 종류의 술이 섞임

제259조【가공*】 ① 타인의 동산에 가공한 때에는 그 물건의 소유권은 원재료의 소유자에게 속한다. 그러나 가공으로 인한 가액의 증가가 원재료의 가액보다 현저히 다액인 때에는 가공자의 소유로 한다.
② 가공자가 재료의 일부를 제공하였을 때에는 그 가액은 전항의 증가액에 가산한다.

* 가공(加工) : 타인의 동산에 노력을 가하여 새로운 물건을 만들어 내는 것 [예시] 타인의 소가죽을 자기 것으로 알고 이것으로 구두를 만드는 경우

제260조【첨부*의 효과】 ① 전4조의 규정에 의하여 동산의 소유권이 소멸한 때에는 그 동산을 목적으로 한 다른 권리도 소멸한다.
② 동산의 소유자가 합성물, 혼화물 또는 가공물의 단독소유자가 된 때에는 전항의 권리는 합성물, 혼화물 또는 가공물에 존속하고 그 공유자가 된 때에는 그 지분에 존속한다.

* 첨부(添附) : 어떤 물건에 다른 물건을 결합시키거나 노력을 가하여 새로운 물건을 만든 경우, 이를 원상태로 되돌리면 과다한 비용이 드는 경우에 두 개의 물건 소유자 또는 물건 소유자와 노력을 가한 자 중 어느 한쪽의 소유권만을 인정하는 제도. 부합, 혼화, 가공을 총칭하는 개념

제261조【첨부로 인한 구상권*】 전5조의 경우에 손해를 받은 자는 부당이득에 관한 규정에 의하여 보상을 청구할 수 있다.

* 구상권(求償權) : 타인을 위하여 채무의 변제를 한 사람이 그 타인에 대하여 가지는 반환청구의 권리

제3절 공동소유

제262조【물건의 공유*】 ① 물건이 지분에 의하여 수인의 소유로 된 때에는 공유로 한다.
② 공유자의 지분은 균등한 것으로 추정한다.

* 공유(共有) : 하나의 물건에 존재하는 하나의 소유권이 지분에 의하여 여러 명의 소유로 된 관계. 공유관계에 있는 사람은 언제든지 자신의 지분을 타인에게 판매하거나 양도할 수 있음

제263조【공유지분의 처분과 공유물의 사용, 수익】 공유자는 그 지분을 처분할 수 있고 공유물 전부를 지분의 비율로 사용, 수익할 수 있다.

제264조【공유물의 처분, 변경】 공유자는 다른 공유자의 동의없이 공유물을 처분하거나 변경하지 못한다.

제265조【공유물의 관리, 보존】 공유물의 관리에 관한 사항은 공유자의 지분의 과반수로써 결정한다. 그러나 보존행위는 각자가 할 수 있다.

제266조【공유물의 부담】 ① 공유자는 그 지분의 비율로 공유물의 관리비용 기타 의무를 부담한다.
② 공유자가 1년 이상 전항의 의무이행을 지체한 때에는 다른 공유자는 상당한 가액으로 지분을 매수할 수 있다.

제267조【지분포기 등의 경우의 귀속】 공유자가 그 지분을 포기하거나 상속인없이 사망한 때에는 그 지분은 다른 공유자에게 각 지분의 비율로 귀속한다.

제268조【공유물의 분할청구】 ① 공유자는 공유물의 분할을 청구할 수 있다. 그러나 5년내의 기간으로 분할하지 아니할 것을 약정할 수 있다.
② 전항의 계약을 갱신한 때에는 그 기간은 갱신한 날로부터 5년을 넘지 못한다.
③ 전2항의 규정은 제215조, 제239조의 공유물에는 적용하지 아니한다.

제269조【분할의 방법】 ① 분할의 방법에 관하여 협의가 성립되지 아니한 때에는 공유자는 법원에 그 분할을 청구할 수 있다.
② 현물(現物)로 분할할 수 없거나 분할로 인하여 현저히 그 가액이 감손될 염려가 있는 때에는 법원은 물건의 경매를 명할 수 있다.

제270조【분할로 인한 담보책임】 공유자는 다른 공유자가 분할로 인하여 취득한 물건에 대하여 그 지분의 비율로 매도인과 동일한 담보책임이 있다.

제271조【물건의 합유*】 ① 법률의 규정 또는 계약에 의하여 수인이 조합체로서 물건을 소유하는 때에는 합유로 한다. 합유자의 권리는 합유물 전부에 미친다.
② 합유에 관하여는 전항의 규정 또는 계약에 의하는 외에 다음 3조의 규정에 의한다.

* 합유(合有) : 여러 명이 조합의 형식을 띄고 공동으로 하나의 물건을 소유한 관계. 공유와 같이 합유자 역시 지분을 가지나, 이를 자유로이 처분할 수 없음

제272조【합유물의 처분, 변경과 보존】 합유물을 처분 또는 변경함에는 합유자 전원의 동의가 있어야 한다. 그러나 보존행위는 각자가 할 수 있다.

제273조【합유지분의 처분과 합유물의 분할금지】 ① 합유자는 전원의 동의없이 합유물에 대한 지분을 처분하지 못한다.
② 합유자는 합유물의 분할을 청구하지 못한다.

제274조【합유의 종료】 ① 합유는 조합체의 해산 또는 합유물의 양도로 인하여 종료한다.
② 전항의 경우에 합유물의 분할에 관하여는 공유물의 분할에 관한 규정을 준용한다.

제275조【물건의 총유*】 ① 법인이 아닌 사단의 사원이 집합체로서 물건을 소유할 때에는 총유로 한다.
② 총유에 관하여는 사단의 정관 기타 계약에 의하는 외에 다음 2조의 규정에 의한다.

* 총유(總有) : 다수인이 하나의 단체를 이루고, 그 단체가 하나의 물건을 소유한 관계. 물건의 관리와 처분은 단체의 권한으로, 구성원들은 일정한 범위 내에서 각각 사용과 수익의 권한만을 행사함

제276조【총유물의 관리, 처분과 사용, 수익】 ① 총유물의 관리 및 처분은 사원총회의 결의에 의한다.
② 각 사원은 정관 기타의 규약에 좇아 총유물을 사용, 수익할 수 있다.

제277조【총유물에 관한 권리의무의 득상(得喪)】 총유물에 관한 사원의 권리의무는 사원의 지위를 취득상실함으로써 취득상실된다.

제278조【준공동소유*】 본절의 규정은 소유권 이외의 재산권에 준용한다. 그러나 다른 법률에 특별한 규정이 있으면 그에 의한다.

* 준공동소유(準共同所有) : 소유권 이외의 권리, 즉 채권, 저당권, 저작권 등을 여러 사람이 공동으로 소유하는 것

제4장 지상권

제279조【지상권*의 내용】 지상권자는 타인의 토지에 건물 기타 공작물(工作物)이나 수목(樹木)을 소유하기 위하여 그 토지를 사용하는 권리가 있다.

* 지상권(地上權) : 타인의 토지에 건물이나 공작물, 수목을 소유하기 위하여 그 토지를 사용하고자 하는 권리. 토지의 소유자를 지상권설정자, 토지를 사용하는 자를 지상권자라 함

제280조【존속기간을 약정한 지상권】 ① 계약으로 지상권의 존속기간을 정하는 경우에는 그 기간은 다음 연한보다 단축하지 못한다.
1. 석조(石造), 석회조(石灰造), 연와조* 또는 이와 유사한 견고한 건물이나 수목의 소유를 목적으로 하는 때에는 30년
2. 전호이외의 건물의 소유를 목적으로 하는 때에는 15년
3. 건물이외의 공작물의 소유를 목적으로 하는 때에는 5년

② 전항의 기간보다 단축한 기간을 정한 때에는 전항의 기간까지 연장한다.

* 연와조(煉瓦造) : 벽돌로 지은 구조물

제281조【존속기간을 약정하지 아니한 지상권】 ① 계약으로 지상권의 존속기간을 정하지 아니한 때에는 그 기간은 전조의 최단존속기간으로 한다.
② 지상권설정당시에 공작물의 종류와 구조를 정하지 아니한 때에는 지상권은 전조제2호의 건물의 소유를 목적으로 한 것으로 본다.

제282조【지상권의 양도, 임대】 지상권자는 타인에게 그 권리를 양도하거나 그 권리의 존속기간내에서 그 토지를 임대할 수 있다.

제283조【지상권자의 갱신청구권, 매수청구권】 ① 지상권이 소멸한 경우에 건물 기타 공작물이나 수목이 현존한 때에는 지상권자는 계약의 갱신을 청구할 수 있다.
② 지상권설정자가 계약의 갱신을 원하지 아니하는 때에는 지상권자는 상당한 가액으로 전항의 공작물이나 수목의 매수를 청구할 수 있다.

제284조【갱신과 존속기간】 당사자가 계약을 갱신하는 경우에는 지상권의 존속기간은 갱신한 날로부터 제280조의 최단존속기간보다 단축하지 못한다. 그러나 당사자는 이보다 장기의 기간을 정할 수 있다.

제285조【수거의무, 매수청구권】 ① 지상권이 소멸한 때에는 지상권자는 건물 기타 공작물이나 수목을 수거하여 토지를 원상에 회복하여야 한다.
② 전항의 경우에 지상권설정자가 상당한 가액을 제공하여 그 공작물이나 수목의 매수를 청구한 때에는 지상권자는 정당한 이유없이 이를 거절하지 못한다.

제286조【지료증감청구권】 지료가 토지에 관한 조세 기타 부담의 증감이나 지가의 변동으로 인하여 상당하지 아니하게 된 때에는 당사자는 그 증감을 청구할 수 있다.

제287조【지상권소멸청구권】 지상권자가 2년 이상의 지료를 지급하지 아니한 때에는 지상권설정자는 지상권의 소멸을 청구할 수 있다.

제288조【지상권소멸청구와 저당권자에 대한 통지】 지상권이 저당권의 목적인 때 또는 그 토지에 있는 건물, 수목이 저당권의 목적이 된 때에는 전조의 청구는 저당권자에게 통지한 후 상당한 기간이 경과함으로써 그 효력이 생긴다.

제289조【강행규정】 제280조 내지 제287조의 규정에 위반되는 계약으로 지상권자에게 불리한 것은 그 효력이 없다.

제289조의2【구분지상권*】 ① 지하 또는 지상의 공간은 상하의 범위를 정하여 건물 기타 공작물을 소유하기 위한 지상권의 목적으로 할 수 있다. 이 경우 설정행위로써 지상권의 행사를 위하여 토지의 사용을 제한할 수 있다.
② 제1항의 규정에 의한 구분지상권은 제3자가 토지를 사용·수익할 권리를 가진 때에도 그 권리자 및 그 권리를 목적으로 하는 권리를 가진 자 전원의 승낙이 있으면 이를 설정할 수 있다. 이 경우 토지를 사용·수익할 권리를 가진 제3자는 그 지상권의 행사를 방해하여서는 아니된다.(1984.4.10 본조신설)

* 구분지상권(區分地上權) : 건물 기타 공작물을 소유하기 위해 타인 토지의 지상이나 지하의 공간에 범위를 정하여 사용하는 지상권의 일종

제290조【준용규정】 ① 제213조, 제214조, 제216조 내지 제244조의 규정은 지상권자간 또는 지상권자와 인지소유자간에 이를 준용한다.
② 제280조 내지 제289조 및 제1항의 규정은 제289조의2의 규정에 의한 구분지상권에 관하여 이를 준용한다.(1984.4.10 본항신설)

제5장 지역권

제291조【지역권*의 내용】 지역권자는 일정한 목적을 위하여 타인의 토지를 자기토지의 편익에 이용하는 권리가 있다.

* 지역권(地役權) : 일정한 목적을 위하여 타인의 토지를 자기의 토지에 이용하는 것

제292조【부종성*】 ① 지역권은 요역지소유권에 부종하여 이전하며 또는 요역지*에 대한 소유권이외의 권리의 목적이 된다. 그러나 다른 약정이 있는 때에는 그 약정에 의한다.
② 지역권은 요역지와 분리하여 양도하거나 다른 권리의 목적으로 하지 못한다.

* 부종성(附從性) : 어떤 권리(의무)가 주된 권리의 경제적 목적을 달성하는 수단으로 존재하는 경우, 주된 권리의 성립·존속·소멸 등에 따르는 성질. 즉, 주된 권리와 운명을 같이 하는 성질 예시 요역지소유권에 따르는 지역권의 운명, 피담보채권에 따르는 담보물권의 운명, 주채무에 따르는 보증채무의 운명 등
* 요역지·승역지(要役地·承役地) : 지역권의 설정에 있어 다른 토지의 편익에 제공되는 토지(승역지)와 다른 토지로부터 편익을 얻는 토지(요역지)

제293조【공유관계, 일부양도와 불가분성】 ① 토지공유자의 1인은 지분에 관하여 그 토지를 위한 지역권 또는 그 토지가 부담한 지역권을 소멸하게 하지 못한다.
② 토지의 분할이나 토지의 일부양도의 경우에는 지역권은 요역지의 각 부분을 위하여 또는 그 승역지의 각 부분에 존속한다. 그러나 지역권이 토지의 일부분에만 관한 것인 때에는 다른 부분에 대하여는 그러하지 아니하다.

제294조【지역권취득기간】 지역권은 계속되고 표현된 것에 한하여 제245조의 규정을 준용한다.

제295조【취득과 불가분성】 ① 공유자의 1인이 지역권을 취득한 때에는 다른 공유자도 이를 취득한다.
② 점유로 인한 지역권취득기간의 중단은 지역권을 행사하는 모든 공유자에 대한 사유가 아니면 그 효력이 없다.

제296조【소멸시효의 중단, 정지와 불가분성】 요역지가 수인의 공유인 경우에 그 1인에 의한 지역권소멸시효의 중단 또는 정지는 다른 공유자를 위하여 효력이 있다.

제297조【용수지역권】 ① 용수승역지의 수량이 요역지 및 승역지*의 수요에 부족한 때에는 그 수요정도에 의하여 먼저 가용에 공급하고 다른 용도에 공급하여야 한다. 그러나 설정행위에 다른 약정이 있는 때에는 그 약정에 의한다.
② 승역지에 수개의 용수지역권이 설정된 때에는 후순위의 지역권자는 선순위의 지역권자의 용수를 방해하지 못한다.

* 승역지(承役地) : 제292조 참조

제298조【승역지소유자의 의무와 승계】 계약에 의하여 승역지소유자가 자기의 비용으로 지역권의 행사를 위하여 공작물의 설치 또는 수선의 의무를 부담한 때에는 승역지소유자의 특별승계인도 그 의무를 부담한다.

제299조【위기*에 의한 부담면제】 승역지의 소유자는 지역권에 필요한 부분의 토지소유권을 지역권자에게 위기하여 전조의 부담을 면할 수 있다.

* 위기(委棄) : 버리고 다시 돌보지 않음. 여기서는 승역지소유자가 지역권에 필요한 부분의 토지소유권을 지역권자에게 양도하여, 지역권 행사를 위하여 져야 하는 공작물의 설치나 수선의무의 부담을 덜어낸다는 의미

제300조【공작물의 공동사용】 ① 승역지의 소유자는 지역권의 행사를 방해하지 아니하는 범위내에서 지역권자가 지역권의 행사를 위하여 승역지에 설치한 공작물을 사용할 수 있다.
② 전항의 경우에 승역지의 소유자는 수익정도의 비율로 공작물의 설치, 보존의 비용을 분담하여야 한다.

제301조【준용규정】 제214조의 규정은 지역권에 준용한다.

제302조【특수지역권】 어느 지역의 주민이 집합체의 관계로 각자가 타인의 토지에서 초목(草木), 야생물 및 토사(土砂)의 채취, 방목 기타의 수익을 하는 권리가 있는 경우에는 관습에 의하는 외에 본장의 규정을 준용한다.

제6장 전세권

제303조【전세권*의 내용】 ① 전세권자는 전세

금을 지급하고 타인의 부동산을 점유하여 그 부동산의 용도에 좇아 사용·수익하며, 그 부동산 전부에 대하여 후순위권리자 기타 채권자보다 전세금의 우선변제*를 받을 권리가 있다.
(1984.4.10 본항개정)
② 농경지는 전세권의 목적으로 하지 못한다.

* 전세권(傳貰權) : 전세권자가 전세금을 지급하고 타인의 부동산을 점유하여 그 부동산의 용도에 따라 사용·수익하고, 그 부동산을 반환할 때 전세금의 반환을 받는 권리 비교 부동산임차권(不動産賃借權)
* 우선변제(優先辨濟) : 채무자의 전재산 또는 특정재산에 있어 여러 명의 채권자 중에서 우선하여 채권의 변제를 받는 것

제304조【건물의 전세권, 지상권, 임차권에 대한 효력】 ① 타인의 토지에 있는 건물에 전세권을 설정한 때에는 전세권의 효력은 그 건물의 소유를 목적으로 한 지상권 또는 임차권에 미친다.
② 전항의 경우에 전세권설정자는 전세권자의 동의없이 지상권 또는 임차권을 소멸하게 하는 행위를 하지 못한다.

제305조【건물의 전세권과 법정지상권*】 ① 대지와 건물이 동일한 소유자에 속한 경우에 건물에 전세권을 설정한 때에는 그 대지소유권의 특별승계인은 전세권설정자에 대하여 지상권을 설정한 것으로 본다. 그러나 지료는 당사자의 청구에 의하여 법원이 이를 정한다.
② 전항의 경우에 대지소유자는 타인에게 그 대지를 임대하거나 이를 목적으로 한 지상권 또는 전세권을 설정하지 못한다.

* 법정지상권(法定地上權) : 동일 소유자에게 속하고 있는 토지와 건물 중 하나에 제한물권(지상권 또는 저당권)이 설정되어 있다가 토지와 건물이 서로 소유자를 달리 하게 된 경우에, 건물 소유자를 위하여 법률상 지상권이 설정된 것으로 보는 제도

제306조【전세권의 양도, 임대 등】 전세권자는 전세권을 타인에게 양도 또는 담보로 제공할 수 있고 그 존속기간내에서 그 목적물을 타인에게 전전세* 또는 임대할 수 있다. 그러나 설정행위로 이를 금지한 때에는 그러하지 아니하다.

* 전전세(轉傳貰) : 전세권자가 자기에게 전세권이 있는 부동산을 다시 타인에게 전세금을 받고 사용할 수 있도록 전세권을 설정하는 것

제307조【전세권양도의 효력】 전세권양수인은 전세권설정자에 대하여 전세권양도인과 동일한 권리의무가 있다.

제308조【전전세 등의 경우의 책임】 전세권의 목적물을 전전세 또는 임대한 경우에는 전세권자는 전전세 또는 임대하지 아니하였으면 면할 수 있는 불가항력으로 인한 손해에 대하여 그 책임을 부담한다.

제309조【전세권자의 유지, 수선의무】 전세권자는 목적물의 현상을 유지하고 그 통상의 관리에 속한 수선을 하여야 한다.

제310조【전세권자의 상환청구권】 ① 전세권자가 목적물을 개량하기 위하여 지출한 금액 기타 유익비에 관하여는 그 가액의 증가가 현존한 경우에 한하여 소유자의 선택에 좇아 그 지출액이나 증가액의 상환을 청구할 수 있다.
② 전항의 경우에 법원은 소유자의 청구에 의하여 상당한 상환기간을 허여할 수 있다.

제311조【전세권의 소멸청구】 ① 전세권자가 전세권설정계약 또는 그 목적물의 성질에 의하여 정하여진 용법으로 이를 사용, 수익하지 아니한 경우에는 전세권설정자는 전세권의 소멸을 청구할 수 있다.
② 전항의 경우에는 전세권설정자는 전세권자에 대하여 원상회복 또는 손해배상을 청구할 수 있다.

제312조【전세권의 존속기간】 ① 전세권의 존속기간은 10년을 넘지 못한다. 당사자의 약정기간이 10년을 넘는 때에는 이를 10년으로 단축한다.
② 건물에 대한 전세권의 존속기간을 1년 미만으로 정한 때에는 이를 1년으로 한다.(1984.4.10 본항신설)
③ 전세권의 설정은 이를 갱신할 수 있다. 그 기간은 갱신한 날로부터 10년을 넘지 못한다.
④ 건물의 전세권설정자가 전세권의 존속기간 만료전 6월부터 1월까지 사이에 전세권자에 대하여 갱신거절의 통지 또는 조건을 변경하지 아니하면 갱신하지 아니한다는 뜻의 통지를 하지 아니한 경우에는 그 기간이 만료된 때에 전전세권과 동일한 조건으로 다시 전세권을 설정한 것으로 본다. 이 경우 전세권의 존속기간은 그 정함이 없는 것으로 본다.(1984.4.10 본항신설)

제312조의2【전세금 증감청구권】 전세금이 목적 부동산에 관한 조세·공과금 기타 부담의 증감이나 경제사정의 변동으로 인하여 상당하지 아니하게 된 때에는 당사자는 장래에 대하여 그 증감을 청구할 수 있다. 그러나 증액의 경우에는 대통령령이 정하는 기준에 따른 비율을 초과하지 못한다.(1984.4.10 본조신설)

제313조【전세권의 소멸통고】 전세권의 존속기간을 약정하지 아니한 때에는 각 당사자는 언제든지 상대방에 대하여 전세권의 소멸을 통고할 수 있고 상대방이 이 통고를 받은 날로부터 6월이 경과하면 전세권은 소멸한다.

제314조【불가항력으로 인한 멸실】 ① 전세권의 목적물의 전부 또는 일부가 불가항력으로 인하여 멸실된 때에는 그 멸실된 부분의 전세권은 소멸한다.
② 전항의 일부멸실의 경우에 전세권자가 그 잔존부분으로 전세권의 목적을 달성할 수 없는 때에는 전세권설정자에 대하여 전세권 전부의 소멸을 통고하고 전세금의 반환을 청구할 수 있다.

제315조【전세권자의 손해배상책임】 ① 전세권의 목적물의 전부 또는 일부가 전세권자에 책임있는 사유로 인하여 멸실된 때에는 전세권자는 손해를 배상할 책임이 있다.
② 전항의 경우에 전세권설정자는 전세권이 소멸된 후 전세금으로써 손해의 배상에 충당하고 잉여가 있으면 반환하여야 하며 부족이 있으면 다시 청구할 수 있다.
제316조【원상회복의무, 매수청구권】 ① 전세권이 그 존속기간의 만료로 인하여 소멸한 때에는 전세권자는 그 목적물을 원상에 회복하여야 하며 그 목적물에 부속시킨 물건은 수거할 수 있다. 그러나 전세권설정자가 그 부속물건의 매수를 청구한 때에는 전세권자는 정당한 이유없이 거절하지 못한다.
② 전항의 경우에 그 부속물건이 전세권설정자의 동의를 얻어 부속시킨 것인 때에는 전세권자는 전세권설정자에 대하여 그 부속물건의 매수를 청구할 수 있다. 그 부속물건이 전세권설정자로부터 매수한 것인 때에도 같다.
제317조【전세권의 소멸과 동시이행】 전세권이 소멸한 때에는 전세권설정자는 전세권자로부터 그 목적물의 인도 및 전세권설정등기의 말소등기에 필요한 서류의 교부를 받는 동시에 전세금을 반환하여야 한다.
제318조【전세권자의 경매청구권】 전세권설정자가 전세금의 반환을 지체한 때에는 전세권자는 민사집행법의 정한 바에 의하여 전세권의 목적물의 경매를 청구할 수 있다.
(2001.12.29 본조개정)
제319조【준용규정】 제213조, 제214조, 제216조 내지 제244조의 규정은 전세권자간 또는 전세권자와 인지소유자 및 지상권자간에 이를 준용한다.

제7장 유치권

제320조【유치권*의 내용】 ① 타인의 물건 또는 유가증권을 점유한 자는 그 물건이나 유가증권에 관하여 생긴 채권이 변제기에 있는 경우에는 변제를 받을 때까지 그 물건 또는 유가증권을 유치할 권리가 있다.
② 전항의 규정은 그 점유가 불법행위로 인한 경우에 적용하지 아니한다.

* 유치권(留置權) : 타인의 물건이나 유가증권을 점유하고 있는 자가 그 물건에 관하여 생긴 채무의 변제를 받을 때까지 그 물건이나 유가증권을 가지고 있을 수 있는 권리 [예시] 세탁소에서 세탁비를 받을 때까지 세탁한 의류를 가지고 있는 것

제321조【유치권의 불가분성】 유치권자는 채권전부의 변제를 받을 때까지 유치물전부에 대하여 그 권리를 행사할 수 있다.
제322조【경매, 간이변제충당*】 ① 유치권자는 채권의 변제를 받기 위하여 유치물을 경매할 수 있다.
② 정당한 이유있는 때에는 유치권자는 감정인의 평가에 의하여 유치물로 직접 변제에 충당할 것을 법원에 청구할 수 있다. 이 경우에는 유치권자는 미리 채무자에게 통지하여야 한다.

* 간이변제충당(簡易辨濟充當) : 유치권자나 동산질권자가 일정한 경우에 법원에 청구하여 경매절차를 거치지 않고 감정인의 평가에 따라 유치물이나 질물로부터 직접 변제를 받는 것

제323조【과실수취권】 ① 유치권자는 유치물의 과실을 수취하여 다른 채권보다 먼저 그 채권의 변제에 충당할 수 있다. 그러나 과실이 금전이 아닌 때에는 경매하여야 한다.
② 과실은 먼저 채권의 이자에 충당하고 그 잉여가 있으면 원본에 충당한다.
제324조【유치권자의 선관의무】 ① 유치권자는 선량한 관리자의 주의로 유치물을 점유하여야 한다.
② 유치권자는 채무자의 승낙없이 유치물의 사용, 대여 또는 담보제공을 하지 못한다. 그러나 유치물의 보존에 필요한 사용은 그러하지 아니하다.
③ 유치권자가 전2항의 규정에 위반한 때에는 채무자는 유치권의 소멸을 청구할 수 있다.
제325조【유치권자의 상환청구권】 ① 유치권자가 유치물에 관하여 필요비를 지출한 때에는 소유자에게 그 상환을 청구할 수 있다.
② 유치권자가 유치물에 관하여 유익비를 지출한 때에는 그 가액의 증가가 현존한 경우에 한하여 소유자의 선택에 좇아 그 지출한 금액이나 증가액의 상환을 청구할 수 있다. 그러나 법원은 소유자의 청구에 의하여 상당한 상환기간을 허여할 수 있다.
제326조【피담보채권*의 소멸시효】 유치권의 행사는 채권의 소멸시효의 진행에 영향을 미치지 아니한다.

* 피담보채권(被擔保債權) : 채권자의 권리를 확실히 보장받기 위하여 담보를 제공하여 채무의 이행을 확보하였을 때, 이 담보를 설정한 근거가 되는 채권 [비교] 담보물권(擔保物權)

제327조【타담보제공과 유치권소멸】 채무자는 상당한 담보를 제공하고 유치권의 소멸을 청구할 수 있다.
제328조【점유상실과 유치권소멸】 유치권은 점유의 상실로 인하여 소멸한다.

제8장 질 권

제1절 동산질권

제329조【동산질권의 내용】 동산질권자는 채권의 담보로 채무자 또는 제3자가 제공한 동산을 점유하고 그 동산에 대하여 다른 채권자보다 자기채권의 우선변제를 받을 권리가 있다.

제330조【설정계약의 요물성*】 질권*의 설정은 질권자에게 목적물을 인도함으로써 그 효력이 생긴다.

* 요물성(要物性) : 당사자의 의사의 합치말고도 물건의 인도가 있어야 계약이 성립하는 성질

* 질권(質權) : 채권자가 채권의 담보로서 채무자의 물건(동산, 권리)을 채무자가 변제할 때까지 수중에 두고 변제하지 않은 때에는 그 물건에서 우선하여 변제를 받을 수 있는 담보물권

제331조【질권의 목적물】 질권은 양도할 수 없는 물건을 목적으로 하지 못한다.

제332조【설정자에 의한 대리점유의 금지】 질권자는 설정자로 하여금 질물의 점유를 하게 하지 못한다.

제333조【동산질권의 순위】 수개의 채권을 담보하기 위하여 동일한 동산에 수개의 질권을 설정한 때에는 그 순위는 설정의 선후에 의한다.

제334조【피담보채권의 범위】 질권은 원본, 이자, 위약금, 질권실행의 비용, 질물보존의 비용 및 채무불이행 또는 질물의 하자로 인한 손해배상의 채권을 담보한다. 그러나 다른 약정이 있는 때에는 그 약정에 의한다.

제335조【유치적효력】 질권자는 전조의 채권의 변제를 받을 때까지 질물을 유치할 수 있다. 그러나 자기보다 우선권이 있는 채권자에게 대항하지 못한다.

제336조【전질권】 질권자는 그 권리의 범위내에서 자기의 책임으로 질물을 전질*할 수 있다. 이 경우에는 전질을 하지 아니하였으면 면할 수 있는 불가항력으로 인한 손해에 대하여도 책임을 부담한다.

* 전질(轉質) : 질권자가 다시 한 번 질권을 설정하는 것. 즉, 질권자가 질물(질권을 설정한 물건)을 가지고 다른 채권의 담보로 제공하는 것 예시 책임전질, 승낙전질

제337조【전질의 대항요건】 ① 전조의 경우에 질권자가 채무자에게 전질의 사실을 통지하거나 채무자가 이를 승낙함이 아니면 전질로써 채무자, 보증인, 질권설정자 및 그 승계인에게 대항하지 못한다.

② 채무자가 전항의 통지를 받거나 승낙을 한 때에는 전질권자의 동의없이 질권자에게 채무를 변제하여도 이로써 전질권자에게 대항하지 못한다.

제338조【경매, 간이변제충당】 ① 질권자는 채권의 변제를 받기 위하여 질물을 경매할 수 있다.

② 정당한 이유있는 때에는 질권자는 감정인의 평가에 의하여 질물로 직접변제에 충당할 것을 법원에 청구할 수 있다. 이 경우에는 질권자는 미리 채무자 및 질권설정자에게 통지하여야 한다.

제339조【유질*계약의 금지】 질권설정자는 채무변제기전의 계약으로 질권자에게 변제에 갈음하여 질물의 소유권을 취득하게 하거나 법률에 정한 방법에 의하지 아니하고 질물을 처분할 것을 약정하지 못한다.(2014.12.30 본조개정)

* 유질(流質) : 채무자가 채무를 변제해야 할 시기에 이를 이행하지 않으면 채권자가 질권이 설정된 물건(질물)의 소유권을 취득하든가 혹은 이를 팔아서 그 매매대금을 우선하여 채권변제에 충당하는 것

제340조【질물 이외의 재산으로부터의 변제】 ① 질권자는 질물에 의하여 변제를 받지 못한 부분의 채권에 한하여 채무자의 다른 재산으로부터 변제를 받을 수 있다.

② 전항의 규정은 질물보다 먼저 다른 재산에 관한 배당을 실시하는 경우에는 적용하지 아니한다. 그러나 다른 채권자는 질권자에게 그 배당금액의 공탁을 청구할 수 있다.

제341조【물상보증인*의 구상권】 타인의 채무를 담보하기 위한 질권설정자가 그 채무를 변제하거나 질권의 실행으로 인하여 질물의 소유권을 잃은 때에는 보증채무에 관한 규정에 의하여 채무자에 대한 구상권이 있다.

* 물상보증인(物上保證人) : 타인의 채무를 위하여 자기 재산을 담보로 제공한 사람

제342조【물상대위*】 질권은 질물의 멸실, 훼손 또는 공용징수로 인하여 질권설정자가 받을 금전 기타 물건에 대하여도 이를 행사할 수 있다. 이 경우에는 그 지급 또는 인도전에 압류하여야 한다.

* 물상대위(物上代位) : 담보의 목적물이 매각 · 임대 · 멸실 · 훼손 등으로 인하여 소유자가 매각대금, 임대료, 손해배상, 보험금 등의 청구권을 취득하는 경우에 담보권자가 이에 대하여 우선변제권을 행사하는 것 예시 담보권이 설정된 건물이 화재로 멸실된 경우, 이 건물에 대한 화재보험금에 대하여 담보권자는 우선변제권을 행사할 수 있음

제343조【준용규정】 제249조 내지 제251조, 제321조 내지 제325조의 규정은 동산질권에 준용한다.

제344조【타법률에 의한 질권】 본절의 규정은 다른 법률의 규정에 의하여 설정된 질권에 준용한다.

제2절 권리질권

제345조【권리질권*의 목적】 질권은 재산권을 그 목적으로 할 수 있다. 그러나 부동산의 사용, 수익을 목적으로 하는 권리는 그러하지 아니하다.

* 권리질권(權利質權) : 채무자가 채권담보의 목적으로 채권이나 주주권, 지적재산권과 같은 권리에 질권을 설정하고, 채권자는 이행기까지 채무변제가 없으면 이 권리에서 우선하여 변제를 받는 것

제346조【권리질권의 설정방법】 권리질권의 설정은 법률에 다른 규정이 없으면 그 권리의 양도에 관한 방법에 의하여야 한다.

제347조【설정계약의 요물성】 채권을 질권의 목적으로 하는 경우에 채권증서가 있는 때에는 질권의 설정은 그 증서를 질권자에게 교부함으로써 그 효력이 생긴다.

제348조【저당채권에 대한 질권과 부기등기】 저당권으로 담보한 채권을 질권의 목적으로 한

때에는 그 저당권등기에 질권의 부기등기를 하여야 그 효력이 저당권에 미친다.

제349조【지명채권*에 대한 질권의 대항요건】 ① 지명채권을 목적으로 한 질권의 설정은 설정자가 제450조의 규정에 의하여 제3채무자에게 질권설정의 사실을 통지하거나 제3채무자가 이를 승낙함이 아니면 이로써 제3채무자 기타 제3자에게 대항하지 못한다.

② 제451조의 규정은 전항의 경우에 준용한다.

* 지명채권(指名債權) : 채권자가 특별히 정해져 있는 보통채권

제350조【지시채권*에 대한 질권의 설정방법】 지시채권을 질권의 목적으로 한 질권의 설정은 증서에 배서*하여 질권자에게 교부함으로써 그 효력이 생긴다.

* 지시채권(指示債權) : 특정인 또는 그가 지시한 자에게 변제하여야 하는 증권적 채권 예시 어음, 수표, 화물상환증, 기명주식 등

* 배서(背書) : 어음·수표의 액면 뒤에 수취인이 성명 등 일정한 사항을 기재하고 기명날인하여 그 어음을 타인에게 교부하는 어음행위

제351조【무기명채권*에 대한 질권의 설정방법】 무기명채권을 목적으로 한 질권의 설정은 증서를 질권자에게 교부함으로써 그 효력이 생긴다.

* 무기명채권(無記名債權) : 증권에 의하여 표시되는 채권으로, 채권자를 특정하지 않고 증권의 정당한 소지인에게 지급되는 채권 예시 상품권, 승차권, 입장권 등

제352조【질권설정자의 권리처분제한】 질권설정자는 질권자의 동의없이 질권의 목적된 권리를 소멸하게 하거나 질권자의 이익을 해하는 변경을 할 수 없다.

제353조【질권의 목적이 된 채권의 실행방법】 ① 질권자는 질권의 목적이 된 채권을 직접 청구할 수 있다.

② 채권의 목적물이 금전인 때에는 질권자는 자기채권의 한도에서 직접 청구할 수 있다.

③ 전항의 채권의 변제기가 질권자의 채권의 변제기보다 먼저 도래한 때에는 질권자는 제삼채무자에 대하여 그 변제금액의 공탁을 청구할 수 있다. 이 경우에 질권은 그 공탁금에 존재한다.

④ 채권의 목적물이 금전 이외의 물건인 때에는 질권자는 그 변제를 받은 물건에 대하여 질권을 행사할 수 있다.

제354조【동전(同前)】 질권자는 전조의 규정에 의하는 외에 민사집행법에 정한 집행방법에 의하여 질권을 실행할 수 있다.(2001.12.29 본조개정)

제355조【준용규정】 권리질권에는 본절의 규정외에 동산질권에 관한 규정을 준용한다.

제9장 저당권

제356조【저당권*의 내용】 저당권자는 채무자 또는 제3자가 점유를 이전하지 아니하고 채무의 담보로 제공한 부동산에 대하여 다른 채권자보다 자기채권의 우선변제를 받을 권리가 있다.

* 저당권(抵當權) : 채무자 또는 제3자가 채권담보로 제공한 부동산 기타의 목적물을 채권자가 인도받지 않고 채무의 변제가 없는 경우에 그 채권의 담보로 제공된 목적물로부터 우선 변제를 받는 권리

제357조【근저당*】 ① 저당권은 그 담보할 채무의 최고액만을 정하고 채무의 확정을 장래에 보류하여 이를 설정할 수 있다. 이 경우에는 그 확정될 때까지의 채무의 소멸 또는 이전은 저당권에 영향을 미치지 아니한다.

② 전항의 경우에는 채무의 이자는 최고액중에 산입한 것으로 본다.

* 근저당(根抵當) : 계속적인 거래에서 발생하고 소멸하는 불특정다수의 채권을 결산기에 계산하여 남아 있는 채무를 일정한도액의 범위 내에서 담보하는 저당권 비교 포괄근저당(包括根抵當)

제358조【저당권의 효력의 범위】 저당권의 효력은 저당부동산에 부합된 물건과 종물에 미친다. 그러나 법률에 특별한 규정 또는 설정행위에 다른 약정이 있으면 그러하지 아니하다.

제359조【과실에 대한 효력】 저당권의 효력은 저당부동산에 대한 압류가 있은 후에 저당권설정자가 그 부동산으로부터 수취한 과실 또는 수취할 수 있는 과실에 미친다. 그러나 저당권자가 그 부동산에 대한 소유권, 지상권 또는 전세권을 취득한 제3자에 대하여는 압류한 사실을 통지한 후가 아니면 이로써 대항하지 못한다.

제360조【피담보채권의 범위】 저당권은 원본, 이자, 위약금, 채무불이행으로 인한 손해배상 및 저당권의 실행비용을 담보한다. 그러나 지연배상에 대하여는 원본의 이행기일을 경과한 후의 1년분에 한하여 저당권을 행사할 수 있다.

제361조【저당권의 처분제한】 저당권은 그 담보한 채권과 분리하여 타인에게 양도하거나 다른 채권의 담보로 하지 못한다.

제362조【저당물의 보충】 저당권설정자의 책임있는 사유로 인하여 저당물의 가액이 현저히 감소된 때에는 저당권자는 저당권설정자에 대하여 그 원상회복 또는 상당한 담보제공을 청구할 수 있다.

제363조【저당권자의 경매청구권, 경매인】 ① 저당권자는 그 채권의 변제를 받기 위하여 저당물의 경매를 청구할 수 있다.

② 저당물의 소유권을 취득한 제3자도 경매인이 될 수 있다.

제364조【제삼취득자의 변제】 저당부동산에 대하여 소유권, 지상권 또는 전세권을 취득한 제3자는 저당권자에게 그 부동산으로 담보된 채권을 변제하고 저당권의 소멸을 청구할 수 있다.

제365조【저당지상의 건물에 대한 경매청구권】 토지를 목적으로 저당권을 설정한 후 그 설정자가 그 토지에 건물을 축조한 때에는 저당권자는

토지와 함께 그 건물에 대하여도 경매를 청구할 수 있다. 그러나 그 건물의 경매대가에 대하여는 우선변제를 받을 권리가 없다.

제366조【법정지상권】 저당물의 경매로 인하여 토지와 그 지상건물이 다른 소유자에 속한 경우에는 토지소유자는 건물소유자에 대하여 지상권을 설정한 것으로 본다. 그러나 지료는 당사자의 청구에 의하여 법원이 이를 정한다.

제367조【제삼취득자의 비용상환청구권】 저당물의 제삼취득자가 그 부동산의 보존, 개량을 위하여 필요비 또는 유익비를 지출한 때에는 제203조제1항, 제2항의 규정에 의하여 저당물의 경매대가에서 우선상환을 받을 수 있다.

제368조【공동저당*과 대가의 배당, 차순위자의 대위】 ① 동일한 채권의 담보로 수개의 부동산에 저당권을 설정한 경우에 그 부동산의 경매대가를 동시에 배당하는 때에는 각부동산의 경매대가에 비례하여 그 채권의 분담을 정한다.

② 전항의 저당부동산중 일부의 경매대가를 먼저 배당하는 경우에는 그 대가에서 그 채권전부의 변제를 받을 수 있다. 이 경우에 그 경매한 부동산의 차순위저당권자는 선순위저당권자가 전항의 규정에 의하여 다른 부동산의 경매대가에서 변제를 받을 수 있는 금액의 한도에서 선순위자를 대위하여 저당권을 행사할 수 있다.

* 공동저당(共同抵當) : 동일한 채권을 담보하기 위해 수 개의 부동산 위에 저당권을 설정하는 것 [유사] 총괄저당

제369조【부종성】 저당권으로 담보한 채권이 시효의 완성 기타 사유로 인하여 소멸한 때에는 저당권도 소멸한다.

제370조【준용규정】 제214조, 제321조, 제333조, 제340조, 제341조 및 제342조의 규정은 저당권에 준용한다.

제371조【지상권, 전세권을 목적으로 하는 저당권】 ① 본장의 규정은 지상권 또는 전세권을 저당권의 목적으로 한 경우에 준용한다.

② 지상권 또는 전세권을 목적으로 저당권을 설정한 자는 저당권자의 동의없이 지상권 또는 전세권을 소멸하게 하는 행위를 하지 못한다.

제372조【타법률에 의한 저당권】 본장의 규정은 다른 법률에 의하여 설정된 저당권에 준용한다.

제3편 채 권

제1장 총 칙

제1절 채권의 목적

제373조【채권*의 목적】 금전으로 가액을 산정할 수 없는 것이라도 채권의 목적으로 할 수 있다.

* 채권(債權) : 상대방(채무자)의 이행을 청구하는 권리 [비교] 물권(物權)

제374조【특정물인도채무자의 선관의무】 특정물의 인도가 채권의 목적인 때에는 채무자는 그 물건을 인도하기까지 선량한 관리자의 주의로 보존하여야 한다.

제375조【종류채권*】 ① 채권의 목적을 종류로만 지정한 경우에 법률행위의 성질이나 당사자의 의사에 의하여 품질을 정할 수 없는 때에는 채무자는 중등품질의 물건으로 이행하여야 한다.

② 전항의 경우에 채무자가 이행에 필요한 행위를 완료하거나 채권자의 동의를 얻어 이행할 물건을 지정한 때에는 그때로부터 그 물건을 채권의 목적물로 한다.

* 종류채권(種類債權) : 일정한 종류에 속하는 물건의 일정량의 인도를 목적으로 하는 채권 [예시] 쌀 한 가마니, 연필 한 다스

제376조【금전채권*】 채권의 목적이 어느 종류의 통화로 지급할 것인 경우에 그 통화가 변제기에 강제통용력을 잃은 때에는 채무자는 다른 통화로 변제하여야 한다.

* 금전채권(金錢債權) : 일정액의 금전을 지급할 것을 목적으로 하는 가장 일반적인 채권

제377조【외화채권】 ① 채권의 목적이 다른 나라 통화로 지급할 것인 경우에는 채무자는 자기가 선택한 그 나라의 각 종류의 통화로 변제할 수 있다.

② 채권의 목적이 어느 종류의 다른 나라 통화로 지급할 것인 경우에 그 통화가 변제기에 강제통용력을 잃은 때에는 그 나라의 다른 통화로 변제하여야 한다.

제378조【동전(同前)】 채권액이 다른 나라 통화로 지정된 때에는 채무자는 지급할 때에 있어서의 이행지의 환금시가에 의하여 우리나라 통화로 변제할 수 있다.

제379조【법정이율】 이자있는 채권의 이율은 다른 법률의 규정이나 당사자의 약정이 없으면 연 5푼(分)으로 한다.

제380조【선택채권*】 채권의 목적이 수개의 행위 중에서 선택에 좇아 확정될 경우에 다른 법률의 규정이나 당사자의 약정이 없으면 선택권은 채무자에게 있다.

* 선택채권(選擇債權) : 채권의 목적이 여러 개의 급부 중에서 선택에 의하여 정해지는 채권 [예시] 요트나 자동차, 두 가지 중에서 채권자가 좋아하는 것을 선택할 수 있는 채권

제381조【선택권의 이전】 ① 선택권행사의 기간이 있는 경우에 선택권자가 그 기간내에 선택권을 행사하지 아니하는 때에는 상대방은 상당한 기간을 정하여 그 선택을 최고할 수 있고 선택권자가 그 기간내에 선택하지 아니하면 선택권은 상대방에게 있다.

② 선택권행사의 기간이 없는 경우에 채권의 기한이 도래한 후 상대방이 상당한 기간을 정하여

그 선택을 최고하여도 선택권자가 그 기간내에 선택하지 아니할 때에도 전항과 같다.

제382조【당사자의 선택권의 행사】 ① 채권자나 채무자가 선택하는 경우에는 그 선택은 상대방에 대한 의사표시로 한다.
② 전항의 의사표시는 상대방의 동의가 없으면 철회하지 못한다.

제383조【제3자의 선택권의 행사】 ① 제3자가 선택하는 경우에는 그 선택은 채무자 및 채권자에 대한 의사표시로 한다.
② 전항의 의사표시는 채권자 및 채무자의 동의가 없으면 철회하지 못한다.

제384조【제3자의 선택권의 이전】 ① 선택할 제3자가 선택할 수 없는 경우에는 선택권은 채무자에게 있다.
② 제3자가 선택하지 아니하는 경우에는 채권자나 채무자는 상당한 기간을 정하여 그 선택을 최고할 수 있고 제3자가 그 기간내에 선택하지 아니하면 선택권은 채무자에게 있다.

제385조【불능으로 인한 선택채권의 특정】 ① 채권의 목적으로 선택할 수개의 행위 중에 처음부터 불능한 것이나 또는 후에 이행불능*하게 된 것이 있으면 채권의 목적은 잔존한 것에 존재한다.
② 선택권없는 당사자의 과실로 인하여 이행불능이 된 때에는 전항의 규정을 적용하지 아니한다.

* 이행불능(履行不能) : 계약이 성립할 당시에는 이행이 가능하였으나, 후에 채무자의 고의나 과실로 이행이 불가능하게 된 채무 [예시] 주택명도계약이 성립한 이후 주택이 화재로 소실된 경우

제386조【선택의 소급효】 선택의 효력은 그 채권이 발생한 때에 소급한다. 그러나 제3자의 권리를 해하지 못한다.

제2절 채권의 효력

제387조【이행기*와 이행지체*】 ① 채무이행의 확정한 기한이 있는 경우에는 채무자는 기한이 도래한 때로부터 지체책임이 있다. 채무이행의 불확정한 기한이 있는 경우에는 채무자는 기한이 도래함을 안 때로부터 지체책임이 있다.
② 채무이행의 기한이 없는 경우에는 채무자는 이행청구를 받은 때로부터 지체책임이 있다.

* 이행기(履行期) : 채무를 이행하여야 할 시기 [유사] 변제기(辨濟期)
* 이행지체(履行遲滯) : 채무불이행의 한 유형. 채무가 이행기에 있고, 그 이행이 가능함에도 불구하고 채무자가 채무자 자신의 책임 있는 이유로 채무를 이행하지 않는 것

제388조【기한의 이익의 상실】 채무자는 다음 각호의 경우에는 기한의 이익을 주장하지 못한다.
1. 채무자가 담보를 손상, 감소 또는 멸실하게 한 때
2. 채무자가 담보제공의 의무를 이행하지 아니한 때

제389조【강제이행】 ① 채무자가 임의로 채무를 이행하지 아니한 때에는 채권자는 그 강제이행을 법원에 청구할 수 있다. 그러나 채무의 성질이 강제이행을 하지 못할 것인 때에는 그러하지 아니하다.
② 전항의 채무가 법률행위를 목적으로 한 때에는 채무자의 의사표시에 갈음할 재판을 청구할 수 있고 채무자의 일신에 전속하지 아니한 작위를 목적으로 한 때에는 채무자의 비용으로 제3자에게 이를 하게 할 것을 법원에 청구할 수 있다. (2014.12.30 본항개정)
③ 그 채무가 부작위를 목적으로 한 경우에 채무자가 이에 위반한 때에는 채무자의 비용으로써 그 위반한 것을 제각하고 장래에 대한 적당한 처분을 법원에 청구할 수 있다.
④ 전3항의 규정은 손해배상의 청구에 영향을 미치지 아니한다.

제390조【채무불이행과 손해배상】 채무자가 채무의 내용에 좇은 이행을 하지 아니한 때에는 채권자는 손해배상을 청구할 수 있다. 그러나 채무자의 고의나 과실없이 이행할 수 없게 된 때에는 그러하지 아니하다.

제391조【이행보조자*의 고의, 과실】 채무자의 법정대리인이 채무자를 위하여 이행하거나 채무자가 타인을 사용하여 이행하는 경우에는 법정대리인 또는 피용자의 고의나 과실은 채무자의 고의나 과실로 본다.

* 이행보조자(履行補助者) : 채무자가 채무의 이행을 위하여 수족(手足)처럼 부리는 자 [예시] 운송인이 운반에 사용하는 인부

제392조【이행지체 중의 손해배상】 채무자는 자기에게 과실이 없는 경우에도 그 이행지체 중에 생긴 손해를 배상하여야 한다. 그러나 채무자가 이행기에 이행하여도 손해를 면할 수 없는 경우에는 그러하지 아니하다.

제393조【손해배상의 범위】 ① 채무불이행으로 인한 손해배상은 통상의 손해를 그 한도로 한다.
② 특별한 사정으로 인한 손해는 채무자가 그 사정을 알았거나 알 수 있었을 때에 한하여 배상의 책임이 있다.

제394조【손해배상의 방법】 다른 의사표시가 없으면 손해는 금전으로 배상한다.

제395조【이행지체와 전보배상*】 채무자가 채무의 이행을 지체한 경우에 채권자가 상당한 기간을 정하여 이행을 최고하여도 그 기간내에 이행하지 아니하거나 지체후의 이행이 채권자에게 이익이 없는 때에는 채권자는 수령을 거절하고 이행에 갈음한 손해배상을 청구할 수 있다. (2014.12.30 본조개정)

* 전보배상(塡補賠償) : 본래의 채무이행에 대신하는 손해배상. 채무자의 과실로 채무이행이 불가능하게 되거나 이

행이 지체되어 본래의 급부를 받는다고 해도 이미 채권자에게 이익이 없는 때에 채권자가 수령을 거절하고 이행 대신 청구하는 손해배상

제396조【과실상계*】 채무불이행에 관하여 채권자에게 과실이 있는 때에는 법원은 손해배상의 책임 및 그 금액을 정함에 이를 참작하여야 한다.

* 과실상계(過失相計) : 채무불이행이나 불법행위에 관하여 채권자나 피해자에게 과실이 있는 때에 손해배상의 책임과 그 금액을 정함에 있어 이를 참작하는 것

제397조【금전채무불이행에 대한 특칙】 ① 금전채무불이행의 손해배상액은 법정이율에 의한다. 그러나 법령의 제한에 위반하지 아니한 약정이율이 있으면 그 이율에 의한다.

② 전항의 손해배상에 관하여는 채권자는 손해의 증명을 요하지 아니하고 채무자는 과실없음을 항변하지 못한다.

제398조【배상액의 예정】 ① 당사자는 채무불이행에 관한 손해배상액을 예정할 수 있다.

② 손해배상의 예정액이 부당히 과다한 경우에는 법원은 적당히 감액할 수 있다.

③ 손해배상액의 예정은 이행의 청구나 계약의 해제에 영향을 미치지 아니한다.

④ 위약금의 약정은 손해배상액의 예정으로 추정한다.

⑤ 당사자가 금전이 아닌 것으로써 손해의 배상에 충당할 것을 예정한 경우에도 전4항의 규정을 준용한다.

제399조【손해배상자의 대위】 채권자가 그 채권의 목적인 물건 또는 권리의 가액전부를 손해배상으로 받은 때에는 채무자는 그 물건 또는 권리에 관하여 당연히 채권자를 대위한다.

제400조【채권자지체*】 채권자가 이행을 받을 수 없거나 받지 아니한 때에는 이행의 제공있는 때로부터 지체책임이 있다.

* 채권자지체(債權者遲滯) : 채무자가 변제에 필요한 모든 행위를 다했음에도 불구하고 채권자가 그 수령을 받을 수 없거나 수령을 거절하는 것 [유사] 수령지체(受領遲滯)

제401조【채권자지체와 채무자의 책임】 채권자지체 중에는 채무자는 고의 또는 중대한 과실이 없으면 불이행으로 인한 모든 책임이 없다.

제402조【동전(同前)】 채권자지체 중에는 이자있는 채권이라도 채무자는 이자를 지급할 의무가 없다.

제403조【채권자지체와 채권자의 책임】 채권자지체로 인하여 그 목적물의 보관 또는 변제의 비용이 증가된 때에는 그 증가액은 채권자의 부담으로 한다.

제404조【채권자대위권*】 ① 채권자는 자기의 채권을 보전하기 위하여 채무자의 권리를 행사할 수 있다. 그러나 일신(一身)에 전속한 권리는 그러하지 아니하다.

② 채권자는 그 채권의 기한이 도래하기 전에는 법원의 허가없이 전항의 권리를 행사하지 못한다. 그러나 보전행위는 그러하지 아니하다.

* 채권자대위권(債權者代位權) : 채권자가 자기의 채권을 보전하기 위해서 그의 채무자에 속하는 권리를 행사할 수 있는 것

제405조【채권자대위권행사의 통지】 ① 채권자가 전조제1항의 규정에 의하여 보전행위 이외의 권리를 행사한 때에는 채무자에게 통지하여야 한다.

② 채무자가 전항의 통지를 받은 후에는 그 권리를 처분하여도 이로써 채권자에게 대항하지 못한다.

제406조【채권자취소권*】 ① 채무자가 채권자를 해함을 알고 재산권을 목적으로 한 법률행위를 한 때에는 채권자는 그 취소 및 원상회복을 법원에 청구할 수 있다. 그러나 그 행위로 인하여 이익을 받은 자나 전득(轉得)한 자가 그 행위 또는 전득당시에 채권자를 해함을 알지 못한 경우에는 그러하지 아니하다.

② 전항의 소는 채권자가 취소원인을 안 날로부터 1년, 법률행위있은 날로부터 5년내에 제기하여야 한다.

* 채권자취소권(債權者取消權) : 채권자가 자기의 채권을 보전하기 위해서 채무자의 부당한 재산처분행위를 취소하고, 그 재산을 채무자의 일반재산으로 원상회복시키는 것

제407조【채권자취소의 효력】 전조의 규정에 의한 취소와 원상회복은 모든 채권자의 이익을 위하여 그 효력이 있다.

제3절 수인의 채권자 및 채무자

제1관 총 칙

제408조【분할채권관계】 채권자나 채무자가 수인인 경우에 특별한 의사표시가 없으면 각 채권자 또는 각 채무자는 균등한 비율로 권리가 있고 의무를 부담한다.

제2관 불가분채권과 불가분채무

제409조【불가분채권*】 채권의 목적이 그 성질 또는 당사자의 의사표시에 의하여 불가분인 경우에 채권자가 수인인 때에는 각 채권자는 모든 채권자를 위하여 이행을 청구할 수 있고 채무자는 모든 채권자를 위하여 각 채권자에게 이행할 수 있다.

* 불가분채권(不可分債權) : 동일한 채권에 2인 이상의 채권자나 채무자가 있는 경우 분할할 수 없는 채권

제410조【1인의 채권자에 생긴 사항의 효력】 ① 전조의 규정에 의하여 모든 채권자에게 효력이 있는 사항을 제외하고는 불가분채권자중 1인의 행위나 1인에 관한 사항은 다른 채권자에게 효력이 없다.

② 불가분채권자중의 1인과 채무자간에 경개(更改)나 면제있는 경우에 채무전부의 이행을 받은 다른 채권자는 그 1인이 권리를 잃지 아니하였으면 그에게 분급(分給)할 이익을 채무자에게 상환하여야 한다.

제411조【불가분채무와 준용규정】 수인이 불가분채무를 부담한 경우에는 제413조 내지 제415조, 제422조, 제424조 내지 제427조 및 전조의 규정을 준용한다.

제412조【가분채권, 가분채무에의 변경】 불가분채권이나 불가분채무가 가분채권 또는 가분채무로 변경된 때에는 각 채권자는 자기부분만의 이행을 청구할 권리가 있고 각 채무자는 자기부담부분만을 이행할 의무가 있다.

제3관 연대채무

제413조【연대채무*의 내용】 수인의 채무자가 채무전부를 각자 이행할 의무가 있고 채무자 1인의 이행으로 다른 채무자도 그 의무를 면하게 되는 때에는 그 채무는 연대채무로 한다.

* 연대채무(連帶債務) : 여러 명의 채무자가 각자 채무 전부를 이행할 의무가 있고 그중 1인의 채무자가 이를 전부 이행하면 다른 채무자의 채무가 소멸하는 채권관계

비교 채무연대, 부진정연대채무(不眞正連帶債務)

제414조【각 연대채무자에 대한 이행청구】 채권자는 어느 연대채무자에 대하여 또는 동시나 순차로 모든 연대채무자에 대하여 채무의 전부나 일부의 이행을 청구할 수 있다.

제415조【채무자에 생긴 무효, 취소】 어느 연대채무자에 대한 법률행위의 무효나 취소의 원인은 다른 연대채무자의 채무에 영향을 미치지 아니한다.

제416조【이행청구의 절대적 효력】 어느 연대채무자에 대한 이행청구는 다른 연대채무자에게도 효력이 있다.

제417조【경개의 절대적 효력】 어느 연대채무자와 채권자간에 채무의 경개가 있는 때에는 채권은 모든 연대채무자의 이익을 위하여 소멸한다.

제418조【상계(相計)의 절대적 효력】 ① 어느 연대채무자가 채권자에 대하여 채권이 있는 경우에 그 채무자가 상계한 때에는 채권은 모든 연대채무자의 이익을 위하여 소멸한다.
② 상계할 채권이 있는 연대채무자가 상계하지 아니한 때에는 그 채무자의 부담부분에 한하여 다른 연대채무자가 상계할 수 있다.

제419조【면제의 절대적 효력】 어느 연대채무자에 대한 채무면제는 그 채무자의 부담부분에 한하여 다른 연대채무자의 이익을 위하여 효력이 있다.

제420조【혼동의 절대적 효력】 어느 연대채무자와 채권자간에 혼동이 있는 때에는 그 채무자의 부담부분에 한하여 다른 연대채무자도 의무를 면한다.

제421조【소멸시효의 절대적 효력】 어느 연대채무자에 대하여 소멸시효가 완성한 때에는 그 부담부분에 한하여 다른 연대채무자도 의무를 면한다.

제422조【채권자지체의 절대적 효력】 어느 연대채무자에 대한 채권자의 지체는 다른 연대채무자에게도 효력이 있다.

제423조【효력의 상대성의 원칙】 전7조의 사항외에는 어느 연대채무자에 관한 사항은 다른 연대채무자에게 효력이 없다.

제424조【부담부분의 균등】 연대채무자의 부담부분은 균등한 것으로 추정한다.

제425조【출재채무자의 구상권】 ① 어느 연대채무자가 변제 기타 자기의 출재(出財)로 공동면책이 된 때에는 다른 연대채무자의 부담부분에 대하여 구상권을 행사할 수 있다.
② 전항의 구상권은 면책된 날 이후의 법정이자 및 피할 수 없는 비용 기타 손해배상을 포함한다.

제426조【구상요건으로서의 통지】 ① 어느 연대채무자가 다른 연대채무자에게 통지하지 아니하고 변제 기타 자기의 출재로 공동면책이 된 경우에 다른 연대채무자가 채권자에게 대항할 수 있는 사유가 있었을 때에는 그 부담부분에 한하여 이 사유로 면책행위를 한 연대채무자에게 대항할 수 있고 그 대항사유가 상계인 때에는 상계로 소멸할 채권은 그 연대채무자에게 이전된다.
② 어느 연대채무자가 변제 기타 자기의 출재로 공동면책되었음을 다른 연대채무자에게 통지하지 아니한 경우에 다른 연대채무자가 선의로 채권자에게 변제 기타 유상의 면책행위를 한 때에는 그 연대채무자는 자기의 면책행위의 유효를 주장할 수 있다.

제427조【상환무자력자의 부담부분】 ① 연대채무자 중에 상환할 자력이 없는 자가 있는 때에는 그 채무자의 부담부분은 구상권자 및 다른 자력이 있는 채무자가 그 부담부분에 비례하여 분담한다. 그러나 구상권자에게 과실이 있는 때에는 다른 연대채무자에 대하여 분담을 청구하지 못한다.
② 전항의 경우에 상환할 자력이 없는 채무자의 부담부분을 분담할 다른 채무자가 채권자로부터 연대의 면제를 받은 때에는 그 채무자의 분담할 부분은 채권자의 부담으로 한다.

제4관 보증채무

제428조【보증채무*의 내용】 ① 보증인은 주채무자가 이행하지 아니하는 채무를 이행할 의무가 있다.
② 보증은 장래의 채무에 대하여도 할 수 있다.

* 보증채무(保證債務) : 주 채무자가 그의 채무를 이행하지 않을 경우 그 이행의 책임을 지는 제3자(보증인)의 채무 비교 연대보증(連帶保證)

제428조의2【보증의 방식】 ① 보증은 그 의사가 보증인의 기명날인 또는 서명이 있는 서면으로 표시되어야 효력이 발생한다. 다만, 보증의 의사가 전자적 형태로 표시된 경우에는 효력이 없다.
② 보증채무를 보증인에게 불리하게 변경하는 경우에도 제1항과 같다.
③ 보증인이 보증채무를 이행한 경우에는 그 한도에서 제1항과 제2항에 따른 방식의 하자를 이유로 보증의 무효를 주장할 수 없다.
(2015.2.3 본조신설)

제428조의3【근보증】 ① 보증은 불확정한 다수의 채무에 대해서도 할 수 있다. 이 경우 보증하는 채무의 최고액을 서면으로 특정하여야 한다.
② 제1항의 경우 채무의 최고액을 제428조의2제1항에 따른 서면으로 특정하지 아니한 보증계약은 효력이 없다.
(2015.2.3 본조신설)

제429조【보증채무의 범위】 ① 보증채무는 주채무의 이자, 위약금, 손해배상 기타 주채무에 종속한 채무를 포함한다.
② 보증인은 그 보증채무에 관한 위약금 기타 손해배상액을 예정할 수 있다.

제430조【목적, 형태상의 부종성】 보증인의 부담이 주채무의 목적이나 형태보다 중한 때에는 주채무의 한도로 감축한다.

제431조【보증인의 조건】 ① 채무자가 보증인을 세울 의무가 있는 경우에는 그 보증인은 행위능력 및 변제자력이 있는 자로 하여야 한다.
② 보증인이 변제자력이 없게 된 때에는 채권자는 보증인의 변경을 청구할 수 있다.
③ 채권자가 보증인을 지명한 경우에는 전2항의 규정을 적용하지 아니한다.

제432조【타담보의 제공】 채무자는 다른 상당한 담보를 제공함으로써 보증인을 세울 의무를 면할 수 있다.

제433조【보증인과 주채무자항변권】 ① 보증인은 주채무자의 항변으로 채권자에게 대항할 수 있다.
② 주채무자의 항변포기는 보증인에게 효력이 없다.

제434조【보증인과 주채무자상계권】 보증인은 주채무자의 채권에 의한 상계로 채권자에게 대항할 수 있다.

제435조【보증인과 주채무자의 취소권 등】 주채무자가 채권자에 대하여 취소권 또는 해제권이나 해지권이 있는 동안은 보증인은 채권자에 대하여 채무의 이행을 거절할 수 있다.

제436조 (2015.2.3 삭제)

제436조의2【채권자의 정보제공의무와 통지의무 등】 ① 채권자는 보증계약을 체결할 때 보증계약의 체결 여부 또는 그 내용에 영향을 미칠 수 있는 주채무자의 채무 관련 신용정보를 보유하고 있거나 알고 있는 경우에는 보증인에게 그 정보를 알려야 한다. 보증계약을 갱신할 때에도 또한 같다.
② 채권자는 보증계약을 체결한 후에 다음 각 호의 어느 하나에 해당하는 사유가 있는 경우에는 지체 없이 보증인에게 그 사실을 알려야 한다.
1. 주채무자가 원본, 이자, 위약금, 손해배상 또는 그 밖에 주채무에 종속한 채무를 3개월 이상 이행하지 아니하는 경우
2. 주채무자가 이행기에 이행할 수 없음을 미리 안 경우
3. 주채무자의 채무 관련 신용정보에 중대한 변화가 생겼음을 알게 된 경우

③ 채권자는 보증인의 청구가 있으면 주채무의 내용 및 그 이행 여부를 알려야 한다.
④ 채권자가 제1항부터 제3항까지의 규정에 따른 의무를 위반하여 보증인에게 손해를 입힌 경우에는 법원은 그 내용과 정도 등을 고려하여 보증채무를 감경하거나 면제할 수 있다.
(2015.2.3 본조신설)

제437조【보증인의 최고, 검색의 항변】 채권자가 보증인에게 채무의 이행을 청구한 때에는 보증인은 주채무자의 변제자력이 있는 사실 및 그 집행이 용이할 것을 증명하여 먼저 주채무자에게 청구할 것과 그 재산에 대하여 집행할 것을 항변할 수 있다. 그러나 보증인이 주채무자와 연대하여 채무를 부담한 때에는 그러하지 아니하다.

제438조【최고, 검색의 해태의 효과】 전조의 규정에 의한 보증인의 항변에 불구하고 채권자의 해태로 인하여 채무자로부터 전부나 일부의 변제를 받지 못한 경우에는 채권자가 해태하지 아니하였으면 변제받았을 한도에서 보증인은 그 의무를 면한다.

제439조【공동보증*의 분별의 이익】 수인의 보증인이 각자의 행위로 보증채무를 부담한 경우에도 제408조의 규정을 적용한다.

* 공동보증(共同保證) : 여러 명이 공동으로 보증채무를 부담하는 것

제440조【시효중단의 보증인에 대한 효력】 주채무자에 대한 시효의 중단은 보증인에 대하여 그 효력이 있다.

제441조【수탁보증인*의 구상권】 ① 주채무자의 부탁으로 보증인이 된 자가 과실없이 변제 기타의 출재로 주채무를 소멸하게 한 때에는 주채무자에 대하여 구상권이 있다.
② 제425조제2항의 규정은 전항의 경우에 준용한다.

* 수탁보증인(受託保證人) : 주채무자의 부탁을 받아 보증인이 된 사람

제442조 【수탁보증인의 사전(事前)구상권】 ① 주채무자의 부탁으로 보증인이 된 자는 다음 각 호의 경우에 주채무자에 대하여 미리 구상권을 행사할 수 있다.

1. 보증인이 과실없이 채권자에게 변제할 재판을 받은 때
2. 주채무자가 파산선고를 받은 경우에 채권자가 파산재단에 가입하지 아니한 때
3. 채무의 이행기가 확정되지 아니하고 그 최장기도 확정할 수 없는 경우에 보증계약후 5년을 경과한 때
4. 채무의 이행기가 도래한 때

② 전항제4호의 경우에는 보증계약후에 채권자가 주채무자에게 허여한 기한으로 보증인에게 대항하지 못한다.

제443조 【주채무자의 면책청구】 전조의 규정에 의하여 주채무자가 보증인에게 배상하는 경우에 주채무자는 자기를 면책하게 하거나 자기에게 담보를 제공할 것을 보증인에게 청구할 수 있고 또는 배상할 금액을 공탁하거나 담보를 제공하거나 보증인을 면책하게 함으로써 그 배상의무를 면할 수 있다.

제444조 【부탁없는 보증인의 구상권】 ① 주채무자의 부탁없이 보증인이 된 자가 변제 기타 자기의 출재로 주채무를 소멸하게 한 때에는 주채무자는 그 당시에 이익을 받은 한도에서 배상하여야 한다.

② 주채무자의 의사에 반하여 보증인이 된 자가 변제 기타 자기의 출재(出財)로 주채무를 소멸하게 한 때에는 주채무자는 현존이익의 한도에서 배상하여야 한다.

③ 전항의 경우에 주채무자가 구상한 날 이전에 상계원인이 있음을 주장한 때에는 그 상계로 소멸할 채권은 보증인에게 이전된다.

제445조 【구상요건으로서의 통지】 ① 보증인이 주채무자에게 통지하지 아니하고 변제 기타 자기의 출재로 주채무를 소멸하게 한 경우에 주채무자가 채권자에게 대항할 수 있는 사유가 있었을 때에는 이 사유로 보증인에게 대항할 수 있고 그 대항사유가 상계인 때에는 상계로 소멸할 채권은 보증인에게 이전된다.

② 보증인이 변제 기타 자기의 출재로 면책되었음을 주채무자에게 통지하지 아니한 경우에 주채무자가 선의로 채권자에게 변제 기타 유상의 면책행위를 한 때에는 주채무자는 자기의 면책행위의 유효를 주장할 수 있다.

제446조 【주채무자의 보증인에 대한 면책통지의무】 주채무자가 자기의 행위로 면책하였음을 그 부탁으로 보증인이 된 자에게 통지하지 아니한 경우에 보증인이 선의로 채권자에게 변제 기타 유상의 면책행위를 한 때에는 보증인은 자기의 면책행위의 유효를 주장할 수 있다.

제447조 【연대, 불가분채무의 보증인의 구상권】 어느 연대채무자나 어느 불가분채무자를 위하여 보증인이 된 자는 다른 연대채무자나 다른 불가분채무자에 대하여 그 부담부분에 한하여 구상권이 있다.

제448조 【공동보증인간의 구상권】 ① 수인의 보증인이 있는 경우에 어느 보증인이 자기의 부담부분을 넘은 변제를 한 때에는 제444조의 규정을 준용한다.

② 주채무가 불가분이거나 각 보증인이 상호연대로 또는 주채무자와 연대로 채무를 부담한 경우에 어느 보증인이 자기의 부담부분을 넘은 변제를 한 때에는 제425조 내지 제427조의 규정을 준용한다.

제4절 채권의 양도

제449조 【채권의 양도성*】 ① 채권은 양도할 수 있다. 그러나 채권의 성질이 양도를 허용하지 아니하는 때에는 그러하지 아니하다.

② 채권은 당사자가 반대의 의사를 표시한 경우에는 양도하지 못한다. 그러나 그 의사표시로써 선의의 제3자에게 대항하지 못한다.

* 채권양도(債權讓渡) : 채권의 채무자와 채무의 목적, 담보, 보증 등 채무의 동일성은 그대로 유지한 채 이를 다른 사람(새로운 채권자)에게 이전하는 행위 비교 채무인수(債務引受)

제450조 【지명채권양도의 대항요건】 ① 지명채권의 양도는 양도인이 채무자에게 통지하거나 채무자가 승낙하지 아니하면 채무자 기타 제3자에게 대항하지 못한다.

② 전항의 통지나 승낙은 확정일자있는 증서*에 의하지 아니하면 채무자 이외의 제3자에게 대항하지 못한다.

* 확정일자 있는 증서(確定日字 있는 證書) : 작성일자에 대한 법적 증거력이 인정되는 증서

제451조 【승낙, 통지의 효과】 ① 채무자가 이의를 보류하지 아니하고 전조의 승낙을 한 때에는 양도인에게 대항할 수 있는 사유로써 양수인에게 대항하지 못한다. 그러나 채무자가 채무를 소멸하게 하기 위하여 양도인에게 급여한 것이 있으면 이를 회수할 수 있고 양도인에 대하여 부담한 채무가 있으면 그 성립되지 아니함을 주장할 수 있다.

② 양도인이 양도통지만을 한 때에는 채무자는 그 통지를 받은 때까지 양도인에 대하여 생긴 사유로써 양수인에게 대항할 수 있다.

제452조 【양도통지와 금반언*】 ① 양도인이 채무자에게 채권양도를 통지한 때에는 아직 양도하지 아니하였거나 그 양도가 무효인 경우에도

선의인 채무자는 양수인에게 대항할 수 있는 사유로 양도인에게 대항할 수 있다.
② 전항의 통지는 양수인의 동의가 없으면 철회하지 못한다.

* 금반언(禁反言) : 자신이 상대방에게 한 의사표시를 부정하는 주장이나 상반되는 언동을 해서는 안 된다는 원칙

제5절 채무의 인수

제453조【채권자와의 계약에 의한 채무인수*】 ① 제3자는 채권자와의 계약으로 채무를 인수하여 채무자의 채무를 면하게 할 수 있다. 그러나 채무의 성질이 인수를 허용하지 아니하는 때에는 그러하지 아니하다.
② 이해관계없는 제3자는 채무자의 의사에 반하여 채무를 인수하지 못한다.

* 채무인수(債務引受) : 채무자, 채무의 목적, 담보, 보증 등 채무의 동일성을 유지하면서 그 채무를 새로운 채무자(인수인)에게 이전하는 행위 비교 채권양도(債權讓渡)

제454조【채무자와의 계약에 의한 채무인수】 ① 제3자가 채무자와의 계약으로 채무를 인수한 경우에는 채권자의 승낙에 의하여 그 효력이 생긴다.
② 채권자의 승낙 또는 거절의 상대방은 채무자나 제3자이다.

제455조【승낙여부의 최고】 ① 전조의 경우에 제3자나 채무자는 상당한 기간을 정하여 승낙여부의 확답을 채권자에게 최고할 수 있다.
② 채권자가 그 기간내에 확답을 발송하지 아니한 때에는 거절한 것으로 본다.

제456조【채무인수의 철회, 변경】 제3자와 채무자간의 계약에 의한 채무인수는 채권자의 승낙이 있을 때까지 당사자는 이를 철회하거나 변경할 수 있다.

제457조【채무인수의 소급효】 채권자의 채무인수에 대한 승낙은 다른 의사표시가 없으면 채무를 인수한 때에 소급하여 그 효력이 생긴다. 그러나 제3자의 권리를 침해하지 못한다.

제458조【전채무자의 항변사유】 인수인은 전채무자의 항변할 수 있는 사유로 채권자에게 대항할 수 있다.

제459조【채무인수와 보증, 담보의 소멸】 전채무자의 채무에 대한 보증이나 제3자가 제공한 담보는 채무인수로 인하여 소멸한다. 그러나 보증인이나 제3자가 채무인수에 동의한 경우에는 그러하지 아니하다.

제6절 채권의 소멸

제1관 변 제

제460조【변제제공*의 방법】 변제는 채무내용에 좇은 현실제공으로 이를 하여야 한다. 그러나 채권자가 미리 변제받기를 거절하거나 채무의 이행에 채권자의 행위를 요하는 경우에는 변제준비의 완료를 통지하고 그 수령을 최고하면 된다.

* 변제제공(辨濟提供) : 채무자가 채권자의 협력을 기다리지 않고 먼저 스스로 변제에 필요한 모든 행위를 하는 것 예시 현실제공(現實提供), 구두제공(口頭提供)

제461조【변제제공의 효과】 변제의 제공은 그 때로부터 채무불이행의 책임을 면하게 한다.

제462조【특정물의 현상인도】 특정물의 인도가 채권의 목적인 때에는 채무자는 이행기의 현상대로 그 물건을 인도하여야 한다.

제463조【변제로서의 타인의 물건의 인도】 채무의 변제로 타인의 물건을 인도한 채무자는 다시 유효한 변제를 하지 아니하면 그 물건의 반환을 청구하지 못한다.

제464조【양도능력없는 소유자의 물건인도】 양도할 능력없는 소유자가 채무의 변제로 물건을 인도한 경우에는 그 변제가 취소된 때에도 다시 유효한 변제를 하지 아니하면 그 물건의 반환을 청구하지 못한다.

제465조【채권자의 선의소비, 양도와 구상권】 ① 전2조의 경우에 채권자가 변제로 받은 물건을 선의로 소비하거나 타인에게 양도한 때에는 그 변제는 효력이 있다.
② 전항의 경우에 채권자가 제3자로부터 배상의 청구를 받은 때에는 채무자에 대하여 구상권을 행사할 수 있다.

제466조【대물변제*】 채무자가 채권자의 승낙을 얻어 본래의 채무이행에 갈음하여 다른 급여를 한 때에는 변제와 같은 효력이 있다.
(2014.12.30 본조개정)

* 대물변제(代物辨濟) : 계약에 따라 채무자가 본래 부담하고 있던 채무이행 대신에 다른 급부를 하여 채권을 소멸시키는 것 예시 1억원의 금전채무 대신에 토지소유권을 양도하는 것

제467조【변제의 장소】 ① 채무의 성질 또는 당사자의 의사표시로 변제장소를 정하지 아니한 때에는 특정물의 인도는 채권성립당시에 그 물건이 있던 장소에서 하여야 한다.
② 전항의 경우에 특정물인도 이외의 채무변제는 채권자의 현주소에서 하여야 한다. 그러나 영업에 관한 채무의 변제는 채권자의 현영업소에서 하여야 한다.

제468조【변제기전의 변제】 당사자의 특별한 의사표시가 없으면 변제기전이라도 채무자는 변제할 수 있다. 그러나 상대방의 손해는 배상하여야 한다.

제469조【제3자의 변제】 ① 채무의 변제는 제3자도 할 수 있다. 그러나 채무의 성질 또는 당사자의 의사표시로 제3자의 변제를 허용하지 아니하는 때에는 그러하지 아니하다.

② 이해관계없는 제3자는 채무자의 의사에 반하여 변제하지 못한다.

제470조【채권의 준점유자에 대한 변제】 채권의 준점유자에 대한 변제는 변제자가 선의이며 과실없는 때에 한하여 효력이 있다.

제471조【영수증소지자에 대한 변제】 영수증을 소지한 자에 대한 변제는 그 소지자가 변제를 받을 권한이 없는 경우에도 효력이 있다. 그러나 변제자가 그 권한없음을 알았거나 알 수 있었을 경우에는 그러하지 아니하다.

제472조【권한없는 자에 대한 변제】 전2조의 경우외에 변제받을 권한없는 자에 대한 변제는 채권자가 이익을 받은 한도에서 효력이 있다.

제473조【변제비용의 부담】 변제비용은 다른 의사표시가 없으면 채무자의 부담으로 한다. 그러나 채권자의 주소이전 기타의 행위로 인하여 변제비용이 증가된 때에는 그 증가액은 채권자의 부담으로 한다.

제474조【영수증청구권】 변제자는 변제를 받는 자에게 영수증을 청구할 수 있다.

제475조【채권증서반환청구권】 채권증서가 있는 경우에 변제자가 채무전부를 변제한 때에는 채권증서의 반환을 청구할 수 있다. 채권이 변제 이외의 사유로 전부 소멸한 때에도 같다.

제476조【지정변제충당*】 ① 채무자가 동일한 채권자에 대하여 같은 종류를 목적으로 한 수개의 채무를 부담한 경우에 변제의 제공이 그 채무전부를 소멸하게 하지 못하는 때에는 변제자는 그 당시 어느 채무를 지정하여 그 변제에 충당할 수 있다.

② 변제자가 전항의 지정을 하지 아니할 때에는 변제받는 자는 그 당시 어느 채무를 지정하여 변제에 충당할 수 있다. 그러나 변제자가 그 충당에 대하여 즉시 이의를 한 때에는 그러하지 아니하다.

③ 전2항의 변제충당은 상대방에 대한 의사표시로써 한다.

* 지정변제충당(指定辨濟充當) : 채무자가 동일한 채권자에 대해 같은 종류, 여러 개의 채무가 있을 때, 채무자가 제공한 변제가 채무 전부를 소멸시키지 못하는 경우, 채무자가 먼저 소멸할 채무를 임의로 지정하는 것 예시 채무자 A가 채권자 B에게 3만원, 5만원, 10만원의 금전채무를 부담하고 있는 경우에 10만원을 변제로 제공하며, 세 개의 금전채무 중 10만원의 채무에 대한 변제라고 지정

제477조【법정변제충당*】 당사자가 변제에 충당할 채무를 지정하지 아니한 때에는 다음 각호의 규정에 의한다.

1. 채무중에 이행기가 도래한 것과 도래하지 아니한 것이 있으면 이행기가 도래한 채무의 변제에 충당한다.
2. 채무전부의 이행기가 도래하였거나 도래하지 아니한 때에는 채무자에게 변제이익이 많은 채무의 변제에 충당한다.
3. 채무자에게 변제이익이 같으면 이행기가 먼저 도래한 채무나 먼저 도래할 채무의 변제에 충당한다.
4. 전2호의 사항이 같은 때에는 그 채무액에 비례하여 각 채무의 변제에 충당한다.

* 법정변제충당(法定辨濟充當) : 채무자가 동일한 채권자에 대해 같은 종류, 여러 개의 채무가 있을 때, 채무자가 제공한 변제가 채무 전부를 소멸시키지 못함에도 불구하고 채무자와 채권자 누구도 모두 변제에 충당할 채무를 지정하지 아니하면 법률의 규정으로 변제충당을 결정하는 것

제478조【부족변제의 충당*】 1개의 채무에 수개의 급여를 요할 경우에 변제자가 그 채무전부를 소멸하게 하지 못한 급여를 한 때에는 전2조의 규정을 준용한다.

* 부족변제충당(不足辨濟充當) : 1개의 채무에 수 개의 급부를 요하는 경우, 채무자가 그 채무 전부를 소멸하지 못한 급부를 한 때에는 변제충당의 대상을 채무자가 임의로 지정하거나 법률의 규정에 따라 결정하는 것

제479조【비용, 이자, 원본에 대한 변제충당의 순서】 ① 채무자가 1개 또는 수개의 채무의 비용 및 이자를 지급할 경우에 변제자가 그 전부를 소멸하게 하지 못한 급여를 한 때에는 비용, 이자, 원본의 순서로 변제에 충당하여야 한다.

② 전항의 경우에 제477조의 규정을 준용한다.

제480조【변제자의 임의대위*】 ① 채무자를 위하여 변제한 자는 변제와 동시에 채권자의 승낙을 얻어 채권자를 대위할 수 있다.

② 전항의 경우에 제450조 내지 제452조의 규정을 준용한다.

* 임의대위(任意代位) : 채무자와 법률적인 이해관계가 없는 사람이 채권자 대신 변제하고 해당 채권을 이전받는 것

제481조【변제자의 법정대위*】 변제할 정당한 이익이 있는 자는 변제로 당연히 채권자를 대위한다.

* 법정대위(法定代位) : 물상보증인, 연대채무자 등 채무자와 법률적인 이해관계가 있는 사람이 채무자 대신 변제하고 해당 채권을 이전받는 것

제482조【변제자대위의 효과, 대위자간의 관계】 ① 전2조의 규정에 의하여 채권자를 대위한 자는 자기의 권리에 의하여 구상할 수 있는 범위에서 채권 및 그 담보에 관한 권리를 행사할 수 있다.

② 전항의 권리행사는 다음 각호의 규정에 의하여야 한다.

1. 보증인은 미리 전세권이나 저당권의 등기에 그 대위를 부기하지 아니하면 전세물이나 저당물에 권리를 취득한 제3자에 대하여 채권자를 대위하지 못한다.
2. 제삼취득자는 보증인에 대하여 채권자를 대위하지 못한다.
3. 제삼취득자 중의 1인은 각 부동산의 가액에 비례하여 다른 제삼취득자에 대하여 채권자를 대위한다.

4. 자기의 재산을 타인의 채무의 담보로 제공한 자가 수인인 경우에는 전호의 규정을 준용한다.
5. 자기의 재산을 타인의 채무의 담보로 제공한 자와 보증인간에는 그 인원수에 비례하여 채권자를 대위한다. 그러나 자기의 재산을 타인의 채무의 담보로 제공한 자가 수인인 때에는 보증인의 부담부분을 제외하고 그 잔액에 대하여 각 재산의 가액에 비례하여 대위한다. 이 경우에 그 재산이 부동산인 때에는 제1호의 규정을 준용한다.

제483조【일부의 대위】 ① 채권의 일부에 대하여 대위변제가 있는 때에는 대위자는 그 변제한 가액에 비례하여 채권자와 함께 그 권리를 행사한다.
② 전항의 경우에 채무불이행을 원인으로 하는 계약의 해지 또는 해제는 채권자만이 할 수 있고 채권자는 대위자에게 그 변제한 가액과 이자를 상환하여야 한다.

제484조【대위변제와 채권증서, 담보물】 ① 채권전부의 대위변제를 받은 채권자는 그 채권에 관한 증서 및 점유한 담보물을 대위자에게 교부하여야 한다.
② 채권의 일부에 대한 대위변제가 있는 때에는 채권자는 채권증서에 그 대위를 기입하고 자기가 점유한 담보물의 보존에 관하여 대위자의 감독을 받아야 한다.

제485조【채권자의 담보상실, 감소행위와 법정대위자의 면책】 제481조의 규정에 의하여 대위할 자가 있는 경우에 채권자의 고의나 과실로 담보가 상실되거나 감소된 때에는 대위할 자는 그 상실 또는 감소로 인하여 상환을 받을 수 없는 한도에서 그 책임을 면한다.

제486조【변제 이외의 방법에 의한 채무소멸과 대위】 제3자가 공탁* 기타 자기의 출재로 채무자의 채무를 면하게 한 경우에도 전6조의 규정을 준용한다.

* 공탁(供託) : 금전 · 유가증권 기타의 물품을 공탁소에 맡기는 것

제2관 공 탁

제487조【변제공탁*의 요건, 효과】 채권자가 변제를 받지 아니하거나 받을 수 없는 때에는 변제자는 채권자를 위하여 변제의 목적물을 공탁하여 그 채무를 면할 수 있다. 변제자가 과실없이 채권자를 알 수 없는 경우에도 같다.

* 변제공탁(辨濟供託) : 채무자가 채권자의 협력 없이 채무를 면하기 위해 변제의 목적물을 공탁소에 임치하는 것

제488조【공탁의 방법】 ① 공탁은 채무이행지의 공탁소에 하여야 한다.
② 공탁소에 관하여 법률에 특별한 규정이 없으면 법원은 변제자의 청구에 의하여 공탁소를 지정하고 공탁물보관자를 선임하여야 한다.
③ 공탁자는 지체없이 채권자에게 공탁통지를 하여야 한다.

제489조【공탁물의 회수】 ① 채권자가 공탁을 승인하거나 공탁소에 대하여 공탁물을 받기를 통고하거나 공탁유효의 판결이 확정되기까지는 변제자는 공탁물을 회수할 수 있다. 이 경우에는 공탁하지 아니한 것으로 본다.
② 전항의 규정은 질권 또는 저당권이 공탁으로 인하여 소멸한 때에는 적용하지 아니한다.

제490조【자조매각금(自助賣却金)의 공탁】 변제의 목적물이 공탁에 적당하지 아니하거나 멸실 또는 훼손될 염려가 있거나 공탁에 과다한 비용을 요하는 경우에는 변제자는 법원의 허가를 얻어 그 물건을 경매하거나 시가로 방매하여 대금을 공탁할 수 있다.

제491조【공탁물수령과 상대의무이행】 채무자가 채권자의 상대의무이행과 동시에 변제할 경우에는 채권자는 그 의무이행을 하지 아니하면 공탁물을 수령하지 못한다.

제3관 상 계

제492조【상계*의 요건】 ① 쌍방이 서로 같은 종류를 목적으로 한 채무를 부담한 경우에 그 쌍방의 채무의 이행기가 도래한 때에는 각 채무자는 대등액에 관하여 상계할 수 있다. 그러나 채무의 성질이 상계를 허용하지 아니할 때에는 그러하지 아니하다.
② 전항의 규정은 당사자가 다른 의사를 표시한 경우에는 적용하지 아니한다. 그러나 그 의사표시로써 선의의 제3자에게 대항하지 못한다.

* 상계(相計) : 채권자와 채무자가 서로 같은 종류의 채권과 채무를 가지는 경우에 그 채권과 채무를 서로 같은 액수로 소멸시키는 것

제493조【상계의 방법, 효과】 ① 상계는 상대방에 대한 의사표시로 한다. 이 의사표시에는 조건 또는 기한을 붙이지 못한다.
② 상계의 의사표시는 각 채무가 상계할 수 있는 때에 대등액에 관하여 소멸한 것으로 본다.

제494조【이행지를 달리하는 채무의 상계】 각 채무의 이행지가 다른 경우에도 상계할 수 있다. 그러나 상계하는 당사자는 상대방에게 상계로 인한 손해를 배상하여야 한다.

제495조【소멸시효완성된 채권에 의한 상계】 소멸시효가 완성된 채권이 그 완성전에 상계할 수 있었던 것이면 그 채권자는 상계할 수 있다.

제496조【불법행위채권을 수동채권으로 하는 상계의 금지】 채무가 고의의 불법행위로 인한 것

인 때에는 그 채무자는 상계로 채권자에게 대항하지 못한다.

제497조 【압류금지채권을 수동채권으로 하는 상계의 금지】 채권이 압류하지 못할 것인 때에는 그 채무자는 상계로 채권자에게 대항하지 못한다.

제498조 【지급금지채권을 수동채권으로 하는 상계의 금지】 지급을 금지하는 명령을 받은 제삼채무자는 그 후에 취득한 채권에 의한 상계로 그 명령을 신청한 채권자에게 대항하지 못한다.

제499조 【준용규정】 제476조 내지 제479조의 규정은 상계에 준용한다.

제4관 경 개

제500조 【경개*의 요건, 효과】 당사자가 채무의 중요한 부분을 변경하는 계약을 한 때에는 구채무는 경개로 인하여 소멸한다.

* 경개(更改) : 채무의 요소를 변경함으로써 새로운 채무를 성립시키고 동시에 기존의 채무를 소멸시키는 계약

제501조 【채무자변경으로 인한 경개】 채무자의 변경으로 인한 경개는 채권자와 신채무자간의 계약으로 이를 할 수 있다. 그러나 구채무자의 의사에 반하여 이를 하지 못한다.

제502조 【채권자변경으로 인한 경개】 채권자의 변경으로 인한 경개는 확정일자있는 증서로 하지 아니하면 이로써 제3자에게 대항하지 못한다.

제503조 【채권자변경의 경개와 채무자승낙의 효과】 제451조제1항의 규정은 채권자의 변경으로 인한 경개에 준용한다.

제504조 【구채무불소멸의 경우】 경개로 인한 신채무가 원인의 불법 또는 당사자가 알지 못한 사유로 인하여 성립되지 아니하거나 취소된 때에는 구채무는 소멸되지 아니한다.

제505조 【신채무에의 담보이전】 경개의 당사자는 구채무의 담보를 그 목적의 한도에서 신채무의 담보로 할 수 있다. 그러나 제3자가 제공한 담보는 그 승낙을 얻어야 한다.

제5관 면 제

제506조 【면제의 요건, 효과】 채권자가 채무자에게 채무를 면제하는 의사를 표시한 때에는 채권은 소멸한다. 그러나 면제로써 정당한 이익을 가진 제3자에게 대항하지 못한다.

제6관 혼 동

제507조 【혼동의 요건, 효과】 채권과 채무가 동일한 주체에 귀속한 때에는 채권은 소멸한다. 그러나 그 채권이 제3자의 권리의 목적인 때에는 그러하지 아니하다.

제7절 지시채권

제508조 【지시채권의 양도방식】 지시채권은 그 증서에 배서하여 양수인에게 교부하는 방식으로 양도할 수 있다.

제509조 【환배서*】 ① 지시채권은 그 채무자에 대하여도 배서하여 양도할 수 있다.
② 배서로 지시채권을 양수한 채무자는 다시 배서하여 이를 양도할 수 있다.

* 환배서(還背書) : 이미 어음에 기명날인 또는 서명하고 있는 채무자나 지급인에 대하여 배서하는 것

제510조 【배서의 방식】 ① 배서는 증서 또는 그 보충지에 그 뜻을 기재하고 배서인이 서명 또는 기명날인함으로써 이를 한다.
② 배서는 피배서인을 지정하지 아니하고 할 수 있으며 또 배서인의 서명 또는 기명날인만으로 할 수 있다.

제511조 【약식배서*의 처리방식】 배서가 전조제2항의 약식에 의한 때에는 소지인은 다음 각호의 방식으로 처리할 수 있다.
1. 자기나 타인의 명칭을 피배서인으로 기재할 수 있다.
2. 약식으로 또는 타인을 피배서인으로 표시하여 다시 증서에 배서할 수 있다.
3. 피배서인을 기재하지 아니하고 배서없이 증서를 제3자에게 교부하여 양도할 수 있다.

* 약식배서(略式背書) : 백지식배서. 어음을 교부받을 피배서인을 기재하지 않은 배서

제512조 【소지인출급배서*의 효력】 소지인출급의 배서는 약식배서와 같은 효력이 있다.

* 소지인출급배서(所持人出給背書) : 증서의 소지인에게 지급할 뜻을 기재한 배서

제513조 【배서의 자격수여력】 ① 증서의 점유자가 배서의 연속으로 그 권리를 증명하는 때에는 적법한 소지인으로 본다. 최후의 배서가 약식인 경우에도 같다.
② 약식배서 다음에 다른 배서가 있으면 그 배서인은 약식배서로 증서를 취득한 것으로 본다.
③ 말소된 배서는 배서의 연속에 관하여 그 기재가 없는 것으로 본다.

제514조 【동전(同前)-선의취득】 누구든지 증서의 적법한 소지인에 대하여 그 반환을 청구하지 못한다. 그러나 소지인이 취득한 때에 양도인이 권리없음을 알았거나 중대한 과실로 알지 못한 때에는 그러하지 아니하다.

제515조 【이전배서와 인적항변*】 지시채권의 채무자는 소지인의 전자에 대한 인적관계의 항변으로 소지인에게 대항하지 못한다. 그러나 소지인이 그 채무자를 해함을 알고 지시채권을 취득한 때에는 그러하지 아니하다.

* 인적항변(人的抗辯) : 어음채무자가 특정한 청구권자에 대해서만 대항할 수 있는 항변 [비교] 물적항변(物的抗辯)

제516조【변제의 장소】 증서에 변제장소를 정하지 아니한 때에는 채무자의 현영업소를 변제장소로 한다. 영업소가 없는 때에는 현주소를 변제장소로 한다.

제517조【증서의 제시와 이행지체】 증서에 변제기한이 있는 경우에도 그 기한이 도래한 후에 소지인이 증서를 제시하여 이행을 청구한 때로부터 채무자는 지체책임이 있다.

제518조【채무자의 조사권리의무】 채무자는 배서의 연속여부를 조사할 의무가 있으며 배서인의 서명 또는 날인의 진위나 소지인의 진위를 조사할 권리는 있으나 의무는 없다. 그러나 채무자가 변제하는 때에 소지인이 권리자 아님을 알았거나 중대한 과실로 알지 못한 때에는 그 변제는 무효로 한다.

제519조【변제와 증서교부】 채무자는 증서와 교환하여서만 변제할 의무가 있다.

제520조【영수(領收)의 기입청구권】 ① 채무자는 변제하는 때에 소지인에 대하여 증서에 영수를 증명하는 기재를 할 것을 청구할 수 있다.
② 일부변제의 경우에 채무자의 청구가 있으면 채권자는 증서에 그 뜻을 기재하여야 한다.

제521조【공시최고절차에 의한 증서의 실효】 멸실한 증서나 소지인의 점유를 이탈한 증서는 공시최고*의 절차에 의하여 무효로 할 수 있다.

* 공시최고(公示催告) : 법원이 일정한 사항을 신고할 것을 공고하고 그 신고가 없으면 그 사항에 대하여 무효를 선고하는 절차

제522조【공시최고절차에 의한 공탁, 변제】 공시최고의 신청이 있는 때에는 채무자로 하여금 채무의 목적물을 공탁하게 할 수 있고 소지인이 상당한 담보를 제공하면 변제하게 할 수 있다.

제8절 무기명채권

제523조【무기명채권의 양도방식】 무기명채권은 양수인에게 그 증서를 교부함으로써 양도의 효력이 있다.

제524조【준용규정】 제514조 내지 제522조의 규정은 무기명채권에 준용한다.

제525조【지명소지인출급채권】 채권자를 지정하고 소지인에게도 변제할 것을 부기한 증서는 무기명채권과 같은 효력이 있다.

제526조【면책증서*】 제516조, 제517조 및 제520조의 규정은 채무자가 증서소지인에게 변제하여 그 책임을 면할 목적으로 발행한 증서에 준용한다.

* 면책증서(免責證書) : 채무자가 악의 또는 중대한 과실 없이 증권의 소지인에게 채무를 이행하면 그 소지인이 정당한 권리자가 아닌 경우에도 책임을 면하게 되는 증서 또는 증권

제2장 계 약

제1절 총 칙

제1관 계약의 성립

제527조【계약의 청약의 구속력】 계약의 청약은 이를 철회하지 못한다.

제528조【승낙기간을 정한 계약의 청약】 ① 승낙의 기간을 정한 계약의 청약은 청약자가 그 기간내에 승낙의 통지를 받지 못한 때에는 그 효력을 잃는다.
② 승낙의 통지가 전항의 기간후에 도달한 경우에 보통 그 기간내에 도달할 수 있는 발송인 때에는 청약자는 지체없이 상대방에게 그 연착의 통지를 하여야 한다. 그러나 그 도달전에 지연의 통지를 발송한 때에는 그러하지 아니하다.
③ 청약자가 전항의 통지를 하지 아니한 때에는 승낙의 통지는 연착되지 아니한 것으로 본다.

제529조【승낙기간을 정하지 아니한 계약의 청약】 승낙의 기간을 정하지 아니한 계약의 청약은 청약자가 상당한 기간내에 승낙의 통지를 받지 못한 때에는 그 효력을 잃는다.

제530조【연착된 승낙의 효력】 전2조의 경우에 연착된 승낙은 청약자가 이를 새 청약으로 볼 수 있다.

제531조【격지자*간의 계약성립시기】 격지자간의 계약은 승낙의 통지를 발송한 때에 성립한다.

* 격지자(隔地者) : 의사표시를 한 후 이를 알 수 있는 상태가 될 때까지 상당한 시간적 경과를 필요로 하는 관계에 있는 사람 [비교] 대화자

제532조【의사실현에 의한 계약성립】 청약자의 의사표시나 관습에 의하여 승낙의 통지가 필요하지 아니한 경우에는 계약은 승낙의 의사표시로 인정되는 사실이 있는 때에 성립한다.

제533조【교차청약*】 당사자간에 동일한 내용의 청약이 상호교차된 경우에는 양청약이 상대방에게 도달한 때에 계약이 성립한다.

* 교차청약(交叉請約) : 당사자 쌍방이 우연히 서로에게 내용이 완전하게 일치하는 계약을 청약하는 의사표시를 해 온 경우

제534조【변경을 가한 승낙】 승낙자가 청약에 대하여 조건을 붙이거나 변경을 가하여 승낙한 때에는 그 청약의 거절과 동시에 새로 청약한 것으로 본다.

제535조【계약체결상의 과실】 ① 목적이 불능한 계약을 체결할 때에 그 불능을 알았거나 알 수 있었을 자는 상대방이 그 계약의 유효를 믿었음으로 인하여 받은 손해를 배상하여야 한다. 그러나 그 배상액은 계약이 유효함으로 인하여 생

길 이익액을 넘지 못한다.
② 전항의 규정은 상대방이 그 불능을 알았거나 알 수 있었을 경우에는 적용하지 아니한다.

제2관 계약의 효력

제536조【동시이행의 항변권*】 ① 쌍무계약*의 당사자 일방은 상대방이 그 채무이행을 제공할 때까지 자기의 채무이행을 거절할 수 있다. 그러나 상대방의 채무가 변제기에 있지 아니하는 때에는 그러하지 아니하다.
② 당사자 일방이 상대방에게 먼저 이행하여야 할 경우에 상대방의 이행이 곤란할 현저한 사유가 있는 때에는 전항 본문과 같다.

* 동시이행항변권(同時履行抗辯權) : 서로 채무를 지는 계약 당사자가 그 채무이행을 제공할 때까지 자기의 채무이행을 거절할 수 있는 권리
* 쌍무계약(雙務契約) : 당사자 양쪽이 서로 채무를 지는 계약

제537조【채무자위험부담주의】 쌍무계약의 당사자 일방의 채무가 당사자쌍방의 책임없는 사유로 이행할 수 없게 된 때에는 채무자는 상대방의 이행을 청구하지 못한다.

제538조【채권자귀책사유로 인한 이행불능】 ① 쌍무계약의 당사자 일방의 채무가 채권자의 책임있는 사유로 이행할 수 없게 된 때에는 채무자는 상대방의 이행을 청구할 수 있다. 채권자의 수령지체 중에 당사자 쌍방의 책임없는 사유로 이행할 수 없게 된 때에도 같다.
② 전항의 경우에 채무자는 자기의 채무를 면함으로써 이익을 얻은 때에는 이를 채권자에게 상환하여야 한다.

제539조【제3자를 위한 계약】 ① 계약에 의하여 당사자 일방이 제3자에게 이행할 것을 약정한 때에는 그 제3자는 채무자에게 직접 그 이행을 청구할 수 있다.
② 전항의 경우에 제3자의 권리는 그 제3자가 채무자에 대하여 계약의 이익을 받을 의사를 표시한 때에 생긴다.

제540조【채무자의 제3자에 대한 최고권】 전조의 경우에 채무자는 상당한 기간을 정하여 계약의 이익의 향수여부의 확답을 제3자에게 최고할 수 있다. 채무자가 그 기간내에 확답을 받지 못한 때에는 제3자가 계약의 이익을 받을 것을 거절한 것으로 본다.

제541조【제3자의 권리의 확정】 제539조의 규정에 의하여 제3자의 권리가 생긴 후에는 당사자는 이를 변경 또는 소멸시키지 못한다.

제542조【채무자의 항변권】 채무자는 제539조의 계약에 기한 항변으로 그 계약의 이익을 받을 제3자에게 대항할 수 있다.

제3관 계약의 해지, 해제

제543조【해지, 해제권】 ① 계약 또는 법률의 규정에 의하여 당사자의 일방이나 쌍방이 해지* 또는 해제*의 권리가 있는 때에는 그 해지 또는 해제는 상대방에 대한 의사표시로 한다.
② 전항의 의사표시는 철회하지 못한다.

* 해지(解止) : 계속적인 계약을 장래에 향하여 소멸시키는 것
* 해제(解除) : 계약관계를 당사자 일방의 의사표시에 의하여 처음부터 계약이 존재하지 않았던 것과 같은 상태로 만드는 것

제544조【이행지체와 해제】 당사자 일방이 그 채무를 이행하지 아니하는 때에는 상대방은 상당한 기간을 정하여 그 이행을 최고하고 그 기간내에 이행하지 아니한 때에는 계약을 해제할 수 있다. 그러나 채무자가 미리 이행하지 아니할 의사를 표시한 경우에는 최고를 요하지 아니한다.

제545조【정기행위*와 해제】 계약의 성질 또는 당사자의 의사표시에 의하여 일정한 시일 또는 일정한 기간내에 이행하지 아니하면 계약의 목적을 달성할 수 없을 경우에 당사자 일방이 그 시기에 이행하지 아니한 때에는 상대방은 전조의 최고를 하지 아니하고 계약을 해제할 수 있다.

* 정기행위(定期行爲) : 일정한 시일 또는 일정한 기간 내에 이행하지 않으면 채권자가 계약의 목적을 달성할 수 없는 것 예시 여름철의 선풍기 매매, 결혼식 당일에 쓰는 예복의 대여 등

제546조【이행불능과 해제】 채무자의 책임있는 사유로 이행이 불능하게 된 때에는 채권자는 계약을 해제할 수 있다.

제547조【해지, 해제권의 불가분성】 ① 당사자의 일방 또는 쌍방이 수인인 경우에는 계약의 해지나 해제는 그 전원으로부터 또는 전원에 대하여 하여야 한다.
② 전항의 경우에 해지나 해제의 권리가 당사자 1인에 대하여 소멸한 때에는 다른 당사자에 대하여도 소멸한다.

제548조【해제의 효과, 원상회복의무】 ① 당사자 일방이 계약을 해제한 때에는 각 당사자는 그 상대방에 대하여 원상회복의 의무가 있다. 그러나 제3자의 권리를 해하지 못한다.
② 전항의 경우에 반환할 금전에는 그 받은 날로부터 이자를 가하여야 한다.

제549조【원상회복의무와 동시이행】 제536조의 규정은 전조의 경우에 준용한다.

제550조【해지의 효과】 당사자 일방이 계약을 해지한 때에는 계약은 장래에 대하여 그 효력을 잃는다.

제551조【해지, 해제와 손해배상】 계약의 해지 또는 해제는 손해배상의 청구에 영향을 미치지 아니한다.

제552조【해제권행사여부의 최고권】① 해제권의 행사의 기간을 정하지 아니한 때에는 상대방은 상당한 기간을 정하여 해제권행사여부의 확답을 해제권자에게 최고할 수 있다.
② 전항의 기간내에 해제의 통지를 받지 못한 때에는 해제권은 소멸한다.
제553조【훼손 등으로 인한 해제권의 소멸】해제권자의 고의나 과실로 인하여 계약의 목적물이 현저히 훼손되거나 이를 반환할 수 없게 된 때 또는 가공이나 개조로 인하여 다른 종류의 물건으로 변경된 때에는 해제권은 소멸한다.

제2절 증 여

제554조【증여의 의의】증여는 당사자 일방이 무상으로 재산을 상대방에 수여하는 의사를 표시하고 상대방이 이를 승낙함으로써 그 효력이 생긴다.
제555조【서면에 의하지 아니한 증여와 해제】증여의 의사가 서면으로 표시되지 아니한 경우에는 각 당사자는 이를 해제할 수 있다.
제556조【수증자의 행위와 증여의 해제】① 수증자가 증여자에 대하여 다음 각호의 사유가 있는 때에는 증여자는 그 증여를 해제할 수 있다.
1. 증여자 또는 그 배우자나 직계혈족에 대한 범죄행위가 있는 때
2. 증여자에 대하여 부양의무있는 경우에 이를 이행하지 아니하는 때

② 전항의 해제권은 해제원인있음을 안 날로부터 6월을 경과하거나 증여자가 수증자에 대하여 용서의 의사를 표시한 때에는 소멸한다.
제557조【증여자의 재산상태변경과 증여의 해제】증여계약후에 증여자의 재산상태가 현저히 변경되고 그 이행으로 인하여 생계에 중대한 영향을 미칠 경우에는 증여자는 증여를 해제할 수 있다.
제558조【해제와 이행완료부분】전3조의 규정에 의한 계약의 해제는 이미 이행한 부분에 대하여는 영향을 미치지 아니한다.
제559조【증여자의 담보책임】① 증여자는 증여의 목적인 물건 또는 권리의 하자나 흠결에 대하여 책임을 지지 아니한다. 그러나 증여자가 그 하자나 흠결을 알고 수증자에게 고지하지 아니한 때에는 그러하지 아니하다.
② 상대부담있는 증여에 대하여는 증여자는 그 부담의 한도에서 매도인과 같은 담보의 책임이 있다.
제560조【정기증여와 사망으로 인한 실효】정기의 급여를 목적으로 한 증여는 증여자 또는 수증자의 사망으로 인하여 그 효력을 잃는다.
제561조【부담부증여*】상대부담있는 증여에 대하여는 본절의 규정외에 쌍무계약에 관한 규정을 적용한다.

* 부담부증여(負擔附贈與) : 증여를 받는 사람(수증자)이 증여를 받는 동시에 일정한 부담, 즉 일정한 급부를 하여야 할 채무를 부담하는 것을 조건으로 하는 증여계약

제562조【사인증여*】증여자의 사망으로 인하여 효력이 생길 증여에는 유증에 관한 규정을 준용한다.

* 사인증여(死因贈與) : 생전에 증여계약을 체결해 두고 그 효력이 증여자의 사망 시부터 발생하도록 정한 증여

제3절 매 매

제1관 총 칙

제563조【매매의 의의】매매는 당사자 일방이 재산권을 상대방에게 이전할 것을 약정하고 상대방이 그 대금을 지급할 것을 약정함으로써 그 효력이 생긴다.
제564조【매매의 일방예약】① 매매의 일방예약은 상대방이 매매를 완결할 의사를 표시하는 때에 매매의 효력이 생긴다.
② 전항의 의사표시의 기간을 정하지 아니한 때에는 예약자는 상당한 기간을 정하여 매매완결여부의 확답을 상대방에게 최고할 수 있다.
③ 예약자가 전항의 기간내에 확답을 받지 못한 때에는 예약은 그 효력을 잃는다.
제565조【해약금*】① 매매의 당사자 일방이 계약당시에 금전 기타 물건을 계약금, 보증금등의 명목으로 상대방에게 교부한 때에는 당사자간에 다른 약정이 없는 한 당사자의 일방이 이행에 착수할 때까지 교부자는 이를 포기하고 수령자는 그 배액을 상환하여 매매계약을 해제할 수 있다.
② 제551조의 규정은 전항의 경우에 이를 적용하지 아니한다.

* 해약금(解約金) : 계약을 체결할 때 당사자 일방이 상대방에게 지급하는 계약금

제566조【매매계약의 비용의 부담】매매계약에 관한 비용은 당사자 쌍방이 균분하여 부담한다.
제567조【유상계약*에의 준용】본절의 규정은 매매 이외의 유상계약에 준용한다. 그러나 그 계약의 성질이 이를 허용하지 아니하는 때에는 그러하지 아니하다.

* 유상계약(有償契約) : 계약의 양 당사자가 서로 대가적 의미를 가지는 출연(出捐) 또는 출재(出財)를 하는 계약
  비교 무상계약(無償契約) 예시 매매, 교환, 임대차, 고용

제2관 매매의 효력

제568조【매매의 효력】① 매도인은 매수인에 대하여 매매의 목적이 된 권리를 이전하여야 하

며 매수인은 매도인에게 그 대금을 지급하여야 한다.
② 전항의 쌍방의무는 특별한 약정이나 관습이 없으면 동시에 이행하여야 한다.

제569조 【타인의 권리의 매매】 매매의 목적이 된 권리가 타인에게 속한 경우에는 매도인은 그 권리를 취득하여 매수인에게 이전하여야 한다.

제570조 【동전(同前)-매도인의 담보책임】 전조의 경우에 매도인이 그 권리를 취득하여 매수인에게 이전할 수 없는 때에는 매수인은 계약을 해제할 수 있다. 그러나 매수인이 계약당시 그 권리가 매도인에게 속하지 아니함을 안 때에는 손해배상을 청구하지 못한다.

제571조 【동전(同前)-선의의 매도인의 담보책임】 ① 매도인이 계약당시에 매매의 목적이 된 권리가 자기에게 속하지 아니함을 알지 못한 경우에 그 권리를 취득하여 매수인에게 이전할 수 없는 때에는 매도인은 손해를 배상하고 계약을 해제할 수 있다.
② 전항의 경우에 매수인이 계약당시 그 권리가 매도인에게 속하지 아니함을 안 때에는 매도인은 매수인에 대하여 그 권리를 이전할 수 없음을 통지하고 계약을 해제할 수 있다.

제572조 【권리의 일부가 타인에게 속한 경우와 매도인의 담보책임】 ① 매매의 목적이 된 권리의 일부가 타인에게 속함으로 인하여 매도인이 그 권리를 취득하여 매수인에게 이전할 수 없는 때에는 매수인은 그 부분의 비율로 대금의 감액을 청구할 수 있다.
② 전항의 경우에 잔존한 부분만이면 매수인이 이를 매수하지 아니하였을 때에는 선의의 매수인은 계약전부를 해제할 수 있다.
③ 선의의 매수인은 감액청구 또는 계약해제외에 손해배상을 청구할 수 있다.

제573조 【전조의 권리행사의 기간】 전조의 권리는 매수인이 선의인 경우에는 사실을 안 날로부터, 악의인 경우에는 계약한 날로부터 1년내에 행사하여야 한다.

제574조 【수량부족, 일부멸실의 경우와 매도인의 담보책임】 전2조의 규정은 수량을 지정한 매매의 목적물이 부족되는 경우와 매매목적물의 일부가 계약당시에 이미 멸실된 경우에 매수인이 그 부족 또는 멸실을 알지 못한 때에 준용한다.

제575조 【제한물권있는 경우와 매도인의 담보책임】 ① 매매의 목적물이 지상권, 지역권, 전세권, 질권 또는 유치권의 목적이 된 경우에 매수인이 이를 알지 못한 때에는 이로 인하여 계약의 목적을 달성할 수 없는 경우에 한하여 매수인은 계약을 해제할 수 있다. 기타의 경우에는 손해배상만을 청구할 수 있다.
② 전항의 규정은 매매의 목적이 된 부동산을 위하여 존재할 지역권이 없거나 그 부동산에 등기된 임대차계약이 있는 경우에 준용한다.
③ 전2항의 권리는 매수인이 그 사실을 안 날로부터 1년내에 행사하여야 한다.

제576조 【저당권, 전세권의 행사와 매도인의 담보책임】 ① 매매의 목적이 된 부동산에 설정된 저당권 또는 전세권의 행사로 인하여 매수인이 그 소유권을 취득할 수 없거나 취득한 소유권을 잃은 때에는 매수인은 계약을 해제할 수 있다.
② 전항의 경우에 매수인의 출재로 그 소유권을 보존한 때에는 매도인에 대하여 그 상환을 청구할 수 있다.
③ 전2항의 경우에 매수인이 손해를 받은 때에는 그 배상을 청구할 수 있다.

제577조 【저당권의 목적이 된 지상권, 전세권의 매매와 매도인의 담보책임】 전조의 규정은 저당권의 목적이 된 지상권 또는 전세권이 매매의 목적이 된 경우에 준용한다.

제578조 【경매와 매도인의 담보책임】 ① 경매의 경우에는 경락인(競落人)은 전8조의 규정에 의하여 채무자에게 계약의 해제 또는 대금감액의 청구를 할 수 있다.
② 전항의 경우에 채무자가 자력이 없는 때에는 경락인은 대금의 배당을 받은 채권자에 대하여 그 대금전부나 일부의 반환을 청구할 수 있다.
③ 전2항의 경우에 채무자가 물건 또는 권리의 흠결을 알고 고지하지 아니하거나 채권자가 이를 알고 경매를 청구한 때에는 경락인은 그 흠결을 안 채무자나 채권자에 대하여 손해배상을 청구할 수 있다.

제579조 【채권매매와 매도인의 담보책임】 ① 채권의 매도인이 채무자의 자력을 담보한 때에는 매매계약당시의 자력을 담보한 것으로 추정한다.
② 변제기에 도달하지 아니한 채권의 매도인이 채무자의 자력을 담보한 때에는 변제기의 자력을 담보한 것으로 추정한다.

제580조 【매도인의 하자담보책임*】 ① 매매의 목적물에 하자가 있는 때에는 제575조제1항의 규정을 준용한다. 그러나 매수인이 하자있는 것을 알았거나 과실로 인하여 이를 알지 못한 때에는 그러하지 아니하다.
② 전항의 규정은 경매의 경우에 적용하지 아니한다.

* 하자담보책임(瑕疵擔保責任) : 매매한 물건에 흠이 있는 사실을 매수인이 과실없이 알지 못한 경우에 물건을 판 매도인이 매수인에게 부담하는 책임

제581조 【종류매매와 매도인의 담보책임】 ① 매매의 목적물을 종류로 지정한 경우에도 그 후 특정된 목적물에 하자가 있는 때에는 전조의 규정을 준용한다.
② 전항의 경우에 매수인은 계약의 해제 또는 손

해배상의 청구를 하지 아니하고 하자없는 물건을 청구할 수 있다.

제582조【전2조의 권리행사기간】 전2조에 의한 권리는 매수인이 그 사실을 안 날로부터 6월내에 행사하여야 한다.

제583조【담보책임과 동시이행】 제536조의 규정은 제572조 내지 제575조, 제580조 및 제581조의 경우에 준용한다.

제584조【담보책임면제의 특약】 매도인은 전15조에 의한 담보책임을 면하는 특약을 한 경우에도 매도인이 알고 고지하지 아니한 사실 및 제3자에게 권리를 설정 또는 양도한 행위에 대하여는 책임을 면하지 못한다.

제585조【동일기한의 추정】 매매의 당사자 일방에 대한 의무이행의 기한이 있는 때에는 상대방의 의무이행에 대하여도 동일한 기한이 있는 것으로 추정한다.

제586조【대금지급장소】 매매의 목적물의 인도와 동시에 대금을 지급할 경우에는 그 인도장소에서 이를 지급하여야 한다.

제587조【과실의 귀속, 대금의 이자】 매매계약있은 후에도 인도하지 아니한 목적물로부터 생긴 과실은 매도인에게 속한다. 매수인은 목적물의 인도를 받은 날로부터 대금의 이자를 지급하여야 한다. 그러나 대금의 지급에 대하여 기한이 있는 때에는 그러하지 아니하다.

제588조【권리주장자가 있는 경우와 대금지급거절권】 매매의 목적물에 대하여 권리를 주장하는 자가 있는 경우에 매수인이 매수한 권리의 전부나 일부를 잃을 염려가 있는 때에는 매수인은 그 위험의 한도에서 대금의 전부나 일부의 지급을 거절할 수 있다. 그러나 매도인이 상당한 담보를 제공한 때에는 그러하지 아니하다.

제589조【대금공탁청구권】 전조의 경우에 매도인은 매수인에 대하여 대금의 공탁을 청구할 수 있다.

제3관 환 매

제590조【환매*의 의의】 ① 매도인이 매매계약과 동시에 환매할 권리를 보류한 때에는 그 영수한 대금 및 매수인이 부담한 매매비용을 반환하고 그 목적물을 환매할 수 있다.

② 전항의 환매대금에 관하여 특별한 약정이 있으면 그 약정에 의한다.

③ 전2항의 경우에 목적물의 과실과 대금의 이자는 특별한 약정이 없으면 이를 상계한 것으로 본다.

* 환매(還賣) : 매도인이 한번 판매한 물건을 대가를 지급하고 다시 매수할 것을 약정하는 계약

제591조【환매기간】 ① 환매기간은 부동산은 5년, 동산은 3년을 넘지 못한다. 약정기간이 이를 넘는 때에는 부동산은 5년, 동산은 3년으로 단축한다.

② 환매기간을 정한 때에는 다시 이를 연장하지 못한다.

③ 환매기간을 정하지 아니한 때에는 그 기간은 부동산은 5년, 동산은 3년으로 한다.

제592조【환매등기】 매매의 목적물이 부동산인 경우에 매매등기와 동시에 환매권의 보류를 등기한 때에는 제3자에 대하여 그 효력이 있다.

제593조【환매권의 대위행사와 매수인의 권리】 매도인의 채권자가 매도인을 대위하여 환매하고자 하는 때에는 매수인은 법원이 선정한 감정인의 평가액에서 매도인이 반환할 금액을 공제한 잔액으로 매도인의 채무를 변제하고 잉여액이 있으면 이를 매도인에게 지급하여 환매권을 소멸시킬 수 있다.

제594조【환매의 실행】 ① 매도인은 기간내에 대금과 매매비용을 매수인에게 제공하지 아니하면 환매할 권리를 잃는다.

② 매수인이나 전득자(轉得者)가 목적물에 대하여 비용을 지출한 때에는 매도인은 제203조의 규정에 의하여 이를 상환하여야 한다. 그러나 유익비에 대하여는 법원은 매도인의 청구에 의하여 상당한 상환기간을 허여할 수 있다.

제595조【공유지분의 환매】 공유자의 1인이 환매할 권리를 보류하고 그 지분을 매도한 후 그 목적물의 분할이나 경매가 있는 때에는 매도인은 매수인이 받은 또는 받을 부분이나 대금에 대하여 환매권을 행사할 수 있다. 그러나 매도인에게 통지하지 아니한 매수인은 그 분할이나 경매로써 매도인에게 대항하지 못한다.

제4절 교 환

제596조【교환의 의의】 교환은 당사자 쌍방이 금전 이외의 재산권을 상호이전할 것을 약정함으로써 그 효력이 생긴다.

제597조【금전의 보충지급의 경우】 당사자 일방이 전조의 재산권이전과 금전의 보충지급을 약정한 때에는 그 금전에 대하여는 매매대금에 관한 규정을 준용한다.

제5절 소비대차

제598조【소비대차*의 의의】 소비대차는 당사자 일방이 금전 기타 대체물의 소유권을 상대방에게 이전할 것을 약정하고 상대방은 그와 같은 종류, 품질 및 수량으로 반환할 것을 약정함으로써 그 효력이 생긴다.

* 소비대차(消費貸借) : 당사자 일방이 금전 기타 대체물(쌀·보리 등)의 소유권을 상대방에게 이전할 것을 약정하고, 상대방은 그와 같은 종류·품질 및 수량으로 반환할 것을 약정함으로써 성립하는 계약 예시 돈을 빌려주는 차용계약(금전소비대차)

제599조【파산과 소비대차의 실효】 대주*가 목적물을 차주*에게 인도하기 전에 당사자 일방이 파산선고를 받은 때에는 소비대차는 그 효력을 잃는다.

* 대주(貸主) : 대차계약(목적물을 빌려 사용하고 다시 반환해야 하는 계약)에 있어 목적물을 빌려준 자
* 차주(借主) : 대차계약(목적물을 빌려 사용하고 다시 반환해야 하는 계약)에 있어 목적물을 빌린 자

제600조【이자계산의 시기】 이자있는 소비대차는 차주가 목적물의 인도를 받은 때로부터 이자를 계산하여야 하며 차주가 그 책임있는 사유로 수령을 지체할 때에는 대주가 이행을 제공한 때로부터 이자를 계산하여야 한다.

제601조【무이자소비대차와 해제권】 이자없는 소비대차의 당사자는 목적물의 인도전에는 언제든지 계약을 해제할 수 있다. 그러나 상대방에게 생긴 손해가 있는 때에는 이를 배상하여야 한다.

제602조【대주의 담보책임】 ① 이자 있는 소비대차의 목적물에 하자가 있는 경우에는 제580조 내지 제582조의 규정을 준용한다.

② 이자없는 소비대차의 경우에는 차주는 하자있는 물건의 가액으로 반환할 수 있다. 그러나 대주가 그 하자를 알고 차주에게 고지하지 아니한 때에는 전항과 같다.

제603조【반환시기】 ① 차주는 약정시기에 차용물과 같은 종류, 품질 및 수량의 물건을 반환하여야 한다.

② 반환시기의 약정이 없는 때에는 대주는 상당한 기간을 정하여 반환을 최고하여야 한다. 그러나 차주는 언제든지 반환할 수 있다.

제604조【반환불능으로 인한 시가상환】 차주가 차용물과 같은 종류, 품질 및 수량의 물건을 반환할 수 없는 때에는 그때의 시가로 상환하여야 한다. 그러나 제376조 및 제377조제2항의 경우에는 그러하지 아니하다.

제605조【준소비대차】 당사자 쌍방이 소비대차에 의하지 아니하고 금전 기타의 대체물을 지급할 의무가 있는 경우에 당사자가 그 목적물을 소비대차의 목적으로 할 것을 약정한 때에는 소비대차의 효력이 생긴다.

제606조【대물대차*】 금전대차의 경우에 차주가 금전에 갈음하여 유가증권 기타 물건의 인도를 받은 때에는 그 인도시의 가액으로써 차용액으로 한다.(2014.12.30 본조개정)

* 대물대차(代物貸借) : 금전을 빌리고 이와 동일하게 금전으로 갚기로 한 계약에 있어서, 이를 빌려주는 자(대주)가 현금 대신에 약속어음 · 국채 · 예금통장과 인장 등의 유가증권 기타의 물건을 인도하는 것

제607조【대물반환의 예약】 차용물의 반환에 관하여 차주가 차용물에 갈음하여 다른 재산권을 이전할 것을 예약한 경우에는 그 재산의 예약당시의 가액이 차용액 및 이에 붙인 이자의 합산액을 넘지 못한다.(2014.12.30 본조개정)

제608조【차주에 불이익한 약정의 금지】 전2조의 규정에 위반한 당사자의 약정으로서 차주에 불리한 것은 환매 기타 여하한 명목이라도 그 효력이 없다.

제6절 사용대차

제609조【사용대차*의 의의】 사용대차는 당사자 일방이 상대방에게 무상으로 사용, 수익하게 하기 위하여 목적물을 인도할 것을 약정하고 상대방은 이를 사용, 수익한 후 그 물건을 반환할 것을 약정함으로써 그 효력이 생긴다.

* 사용대차(使用貸借) : 당사자 일방이 상대방에게 목적물을 무상으로 사용 · 수익하게 하기 위하여 이를 인도할 것을 약정하고 상대방은 이를 사용 · 수익한 후 그 물건을 반환할 것을 약정함으로써 성립하는 계약

제610조【차주의 사용, 수익권】 ① 차주는 계약 또는 그 목적물의 성질에 의하여 정하여진 용법으로 이를 사용, 수익하여야 한다.

② 차주는 대주의 승낙이 없으면 제3자에게 차용물을 사용, 수익하게 하지 못한다.

③ 차주가 전2항의 규정에 위반한 때에는 대주는 계약을 해지할 수 있다.

제611조【비용의 부담】 ① 차주는 차용물의 통상의 필요비를 부담한다.

② 기타의 비용에 대하여는 제594조제2항의 규정을 준용한다.

제612조【준용규정】 제559조, 제601조의 규정은 사용대차에 준용한다.

제613조【차용물의 반환시기】 ① 차주는 약정시기에 차용물을 반환하여야 한다.

② 시기의 약정이 없는 경우에는 차주는 계약 또는 목적물의 성질에 의한 사용, 수익이 종료한 때에 반환하여야 한다. 그러나 사용, 수익에 족한 기간이 경과한 때에는 대주는 언제든지 계약을 해지할 수 있다.

제614조【차주의 사망, 파산과 해지】 차주가 사망하거나 파산선고를 받은 때에는 대주는 계약을 해지할 수 있다.

제615조【차주의 원상회복의무와 철거권】 차주가 차용물을 반환하는 때에는 이를 원상에 회복하여야 한다. 이에 부속시킨 물건은 철거할 수 있다.

제616조【공동차주의 연대의무】 수인이 공동하여 물건을 차용한 때에는 연대하여 그 의무를 부담한다.

제617조【손해배상, 비용상환청구의 기간】 계약 또는 목적물의 성질에 위반한 사용, 수익으로 인하여 생긴 손해배상의 청구와 차주가 지출한 비용의 상환청구는 대주가 물건의 반환을 받은 날로부터 6월내에 하여야 한다.

제7절 임대차

제618조【임대차*의 의의】 임대차는 당사자 일방이 상대방에게 목적물을 사용, 수익하게 할 것을 약정하고 상대방이 이에 대하여 차임을 지급할 것을 약정함으로써 그 효력이 생긴다.

* 임대차(賃貸借) : 당사자 일방(임대인)이 상대방(임차인)에게 목적물(임차물)을 사용 · 수익하게 할 것을 약정하고, 상대방이 이에 대하여 대가를 지급하기로 함으로써 성립하는 계약

제619조【처분능력, 권한없는 자의 할 수 있는 단기임대차】 처분의 능력 또는 권한없는 자가 임대차를 하는 경우에는 그 임대차는 다음 각호의 기간을 넘지 못한다.

1. 식목(植木), 채염(採鹽) 또는 석조, 석회조, 연와조 및 이와 유사한 건축을 목적으로 한 토지의 임대차는 10년
2. 기타 토지의 임대차는 5년
3. 건물 기타 공작물의 임대차는 3년
4. 동산의 임대차는 6월

제620조【단기임대차의 갱신】 전조의 기간은 갱신할 수 있다. 그러나 그 기간만료전 토지에 대하여는 1년, 건물 기타 공작물에 대하여는 3월, 동산에 대하여는 1월내에 갱신하여야 한다.

제621조【임대차의 등기】 ① 부동산임차인은 당사자간에 반대약정이 없으면 임대인에 대하여 그 임대차등기절차에 협력할 것을 청구할 수 있다.
② 부동산임대차를 등기한 때에는 그때부터 제3자에 대하여 효력이 생긴다.

제622조【건물등기있는 차지권(借地權)의 대항력】 ① 건물의 소유를 목적으로 한 토지임대차는 이를 등기하지 아니한 경우에도 임차인이 그 지상건물을 등기한 때에는 제3자에 대하여 임대차의 효력이 생긴다.
② 건물이 임대차기간 만료전에 멸실 또는 후폐한 때에는 전항의 효력을 잃는다.

제623조【임대인의 의무】 임대인은 목적물을 임차인에게 인도하고 계약존속중 그 사용, 수익에 필요한 상태를 유지하게 할 의무를 부담한다.

제624조【임대인의 보존행위, 인용의무】 임대인이 임대물의 보존에 필요한 행위를 하는 때에는 임차인은 이를 거절하지 못한다.

제625조【임차인의 의사에 반하는 보존행위와 해지권】 임대인이 임차인의 의사에 반하여 보존행위를 하는 경우에 임차인이 이로 인하여 임차의 목적을 달성할 수 없는 때에는 계약을 해지할 수 있다.

제626조【임차인의 상환청구권】 ① 임차인이 임차물의 보존에 관한 필요비를 지출한 때에는 임대인에 대하여 그 상환을 청구할 수 있다.
② 임차인이 유익비를 지출한 경우에는 임대인은 임대차종료시에 그 가액의 증가가 현존한 때에 한하여 임차인의 지출한 금액이나 그 증가액을 상환하여야 한다. 이 경우에 법원은 임대인의 청구에 의하여 상당한 상환기간을 허여할 수 있다.

제627조【일부멸실 등과 감액청구, 해지권】 ① 임차물의 일부가 임차인의 과실없이 멸실 기타 사유로 인하여 사용, 수익할 수 없는 때에는 임차인은 그 부분의 비율에 의한 차임의 감액을 청구할 수 있다.
② 전항의 경우에 그 잔존부분으로 임차의 목적을 달성할 수 없는 때에는 임차인은 계약을 해지할 수 있다.

제628조【차임증감청구권】 임대물에 대한 공과부담의 증감 기타 경제사정의 변동으로 인하여 약정한 차임이 상당하지 아니하게 된 때에는 당사자는 장래에 대한 차임의 증감을 청구할 수 있다.

제629조【임차권의 양도, 전대*의 제한】 ① 임차인은 임대인의 동의없이 그 권리를 양도하거나 임차물을 전대하지 못한다.
② 임차인이 전항의 규정에 위반한 때에는 임대인은 계약을 해지할 수 있다.

* 전대(轉貸) : 임대한 물건을 다시 제3자에게 임대하는 것

제630조【전대의 효과】 ① 임차인이 임대인의 동의를 얻어 임차물을 전대한 때에는 전차인은 직접 임대인에 대하여 의무를 부담한다. 이 경우에 전차인은 전대인에 대한 차임의 지급으로써 임대인에게 대항하지 못한다.
② 전항의 규정은 임대인의 임차인에 대한 권리행사에 영향을 미치지 아니한다.

제631조【전차인의 권리의 확정】 임차인이 임대인의 동의를 얻어 임차물을 전대한 경우에는 임대인과 임차인의 합의로 계약을 종료한 때에도 전차인의 권리는 소멸하지 아니한다.

제632조【임차건물의 소(小)부분을 타인에게 사용케 하는 경우】 전3조의 규정은 건물의 임차인이 그 건물의 소부분을 타인에게 사용하게 하는 경우에 적용하지 아니한다.

제633조【차임지급의 시기】 차임은 동산, 건물이나 대지에 대하여는 매월말에, 기타 토지에 대하여는 매년말에 지급하여야 한다. 그러나 수확기 있는 것에 대하여는 그 수확후 지체없이 지급하여야 한다.

제634조【임차인의 통지의무】 임차물의 수리를 요하거나 임차물에 대하여 권리를 주장하는 자가 있는 때에는 임차인은 지체없이 임대인에게 이를 통지하여야 한다. 그러나 임대인이 이미 이를 안 때에는 그러하지 아니하다.

제635조【기간의 약정없는 임대차의 해지통고】 ① 임대차기간의 약정이 없는 때에는 당사자는 언제든지 계약해지의 통고를 할 수 있다.

② 상대방이 전항의 통고를 받은 날로부터 다음 각호의 기간이 경과하면 해지의 효력이 생긴다.
1. 토지, 건물 기타 공작물에 대하여는 임대인이 해지를 통고한 경우에는 6월, 임차인이 해지를 통고한 경우에는 1월
2. 동산에 대하여는 5일

제636조【기간의 약정있는 임대차의 해지통고】 임대차기간의 약정이 있는 경우에도 당사자 일방 또는 쌍방이 그 기간내에 해지할 권리를 보류한 때에는 전조의 규정을 준용한다.

제637조【임차인의 파산과 해지통고】 ① 임차인이 파산선고를 받은 경우에는 임대차기간의 약정이 있는 때에도 임대인 또는 파산관재인은 제635조의 규정에 의하여 계약해지의 통고를 할 수 있다.
② 전항의 경우에 각 당사자는 상대방에 대하여 계약해지로 인하여 생긴 손해의 배상을 청구하지 못한다.

제638조【해지통고의 전차인(轉借人)에 대한 통지】 ① 임대차계약이 해지의 통고로 인하여 종료된 경우에 그 임대물이 적법하게 전대되었을 때에는 임대인은 전차인에 대하여 그 사유를 통지하지 아니하면 해지로써 전차인에게 대항하지 못한다.
② 전차인이 전항의 통지를 받은 때에는 제635조 제2항의 규정을 준용한다.

제639조【묵시(默示)의 갱신】 ① 임대차기간이 만료한 후 임차인이 임차물의 사용, 수익을 계속하는 경우에 임대인이 상당한 기간내에 이의를 하지 아니한 때에는 전임대차와 동일한 조건으로 다시 임대차한 것으로 본다. 그러나 당사자는 제635조의 규정에 의하여 해지의 통고를 할 수 있다.
② 전항의 경우에 전임대차에 대하여 제3자가 제공한 담보는 기간의 만료로 인하여 소멸한다.

제640조【차임연체(借賃延滯)와 해지】 건물 기타 공작물의 임대차에는 임차인의 차임연체액이 2기의 차임액에 달하는 때에는 임대인은 계약을 해지할 수 있다.

제641조【동전(同前)】 건물 기타 공작물의 소유 또는 식목, 채염, 목축을 목적으로 한 토지임대차의 경우에도 전조의 규정을 준용한다.

제642조【토지임대차의 해지와 지상건물등에 대한 담보물권자에의 통지】 전조의 경우에 그 지상에 있는 건물 기타 공작물이 담보물권의 목적이 된 때에는 제288조의 규정을 준용한다.

제643조【임차인의 갱신청구권, 매수청구권】 건물 기타 공작물의 소유 또는 식목, 채염, 목축을 목적으로 한 토지임대차의 기간이 만료한 경우에 건물, 수목 기타 지상시설이 현존한 때에는 제283조의 규정을 준용한다.

제644조【전차인의 임대청구권, 매수청구권】 ① 건물 기타 공작물의 소유 또는 식목, 채염, 목축을 목적으로 한 토지임차인이 적법하게 그 토지를 전대한 경우에 임대차 및 전대차의 기간이 동시에 만료되고 건물, 수목 기타 지상시설이 현존한 때에는 전차인은 임대인에 대하여 전전대차(前轉貸借)와 동일한 조건으로 임대할 것을 청구할 수 있다.
② 전항의 경우에 임대인이 임대할 것을 원하지 아니하는 때에는 제283조제2항의 규정을 준용한다.

제645조【지상권목적토지의 임차인의 임대청구권, 매수청구권】 전조의 규정은 지상권자가 그 토지를 임대한 경우에 준용한다.

제646조【임차인의 부속물매수청구권】 ① 건물 기타 공작물의 임차인이 그 사용의 편익을 위하여 임대인의 동의를 얻어 이에 부속한 물건이 있는 때에는 임대차의 종료시에 임대인에 대하여 그 부속물의 매수를 청구할 수 있다.
② 임대인으로부터 매수한 부속물에 대하여도 전항과 같다.

제647조【전차인의 부속물매수청구권】 ① 건물 기타 공작물의 임차인이 적법하게 전대한 경우에 전차인이 그 사용의 편익을 위하여 임대인의 동의를 얻어 이에 부속한 물건이 있는 때에는 전대차의 종료시에 임대인에 대하여 그 부속물의 매수를 청구할 수 있다.
② 임대인으로부터 매수하였거나 그 동의를 얻어 임차인으로부터 매수한 부속물에 대하여도 전항과 같다.

제648조【임차지의 부속물, 과실 등에 대한 법정질권】 토지임대인이 임대차에 관한 채권에 의하여 임차지에 부속 또는 그 사용의 편익에 공용한 임차인의 소유동산 및 그 토지의 과실을 압류한 때에는 질권과 동일한 효력이 있다.

제649조【임차지상의 건물에 대한 법정저당권】 토지임대인이 변제기를 경과한 최후 2년의 차임채권에 의하여 그 지상에 있는 임차인소유의 건물을 압류한 때에는 저당권과 동일한 효력이 있다.

제650조【임차건물등의 부속물에 대한 법정질권】 건물 기타 공작물의 임대인이 임대차에 관한 채권에 의하여 그 건물 기타 공작물에 부속한 임차인소유의 동산을 압류한 때에는 질권과 동일한 효력이 있다.

제651조 (2016.1.6 삭제)

제652조【강행규정】 제627조, 제628조, 제631조, 제635조, 제638조, 제640조, 제641조, 제643조 내지 제647조의 규정에 위반하는 약정으로 임차인이나 전차인에게 불리한 것은 그 효력이 없다.

제653조【일시사용을 위한 임대차의 특례】 제628조, 제638조, 제640조, 제646조 내지 제648조, 제650조 및 전조의 규정은 일시사용하기 위한 임

대차 또는 전대차인 것이 명백한 경우에는 적용하지 아니한다.

제654조【준용규정】 제610조제1항, 제615조 내지 제617조의 규정은 임대차에 이를 준용한다.

제8절 고 용

제655조【고용의 의의】 고용은 당사자 일방이 상대방에 대하여 노무를 제공할 것을 약정하고 상대방이 이에 대하여 보수를 지급할 것을 약정함으로써 그 효력이 생긴다.

제656조【보수액과 그 지급시기】 ① 보수 또는 보수액의 약정이 없는 때에는 관습에 의하여 지급하여야 한다.

② 보수는 약정한 시기에 지급하여야 하며 시기의 약정이 없으면 관습에 의하고 관습이 없으면 약정한 노무를 종료한 후 지체없이 지급하여야 한다.

제657조【권리의무의 전속성*】 ① 사용자는 노무자의 동의없이 그 권리를 제3자에게 양도하지 못한다.

② 노무자는 사용자의 동의없이 제3자로 하여금 자기에 갈음하여 노무를 제공하게 하지 못한다. (2014.12.30 본항개정)

③ 당사자 일방이 전2항의 규정에 위반한 때에는 상대방은 계약을 해지할 수 있다.

* 전속성(專屬性) : 권리나 의무가 특정한 사람이나 기관에만 속하는 성질

제658조【노무의 내용과 해지권】 ① 사용자가 노무자에 대하여 약정하지 아니한 노무의 제공을 요구한 때에는 노무자는 계약을 해지할 수 있다.

② 약정한 노무가 특수한 기능을 요하는 경우에 노무자가 그 기능이 없는 때에는 사용자는 계약을 해지할 수 있다.

제659조【3년 이상의 경과와 해지통고권】 ① 고용의 약정기간이 3년을 넘거나 당사자의 일방 또는 제3자의 종신까지로 된 때에는 각 당사자는 3년을 경과한 후 언제든지 계약해지의 통고를 할 수 있다.

② 전항의 경우에는 상대방이 해지의 통고를 받은 날로부터 3월이 경과하면 해지의 효력이 생긴다.

제660조【기간의 약정이 없는 고용의 해지통고】 ① 고용기간의 약정이 없는 때에는 당사자는 언제든지 계약해지의 통고를 할 수 있다.

② 전항의 경우에는 상대방이 해지의 통고를 받은 날로부터 1월이 경과하면 해지의 효력이 생긴다.

③ 기간으로 보수를 정한 때에는 상대방이 해지의 통고를 받은 당기후의 일기를 경과함으로써 해지의 효력이 생긴다.

제661조【부득이한 사유와 해지권】 고용기간의 약정이 있는 경우에도 부득이한 사유있는 때에는 각 당사자는 계약을 해지할 수 있다. 그러나 그 사유가 당사자 일방의 과실로 인하여 생긴 때에는 상대방에 대하여 손해를 배상하여야 한다.

제662조【묵시의 갱신】 ① 고용기간이 만료한 후 노무자가 계속하여 그 노무를 제공하는 경우에 사용자가 상당한 기간내에 이의를 하지 아니한 때에는 전고용과 동일한 조건으로 다시 고용한 것으로 본다. 그러나 당사자는 제660조의 규정에 의하여 해지의 통고를 할 수 있다.

② 전항의 경우에는 전고용에 대하여 제3자가 제공한 담보는 기간의 만료로 인하여 소멸한다.

제663조【사용자파산과 해지통고】 ① 사용자가 파산선고를 받은 경우에는 고용기간의 약정이 있는 때에도 노무자 또는 파산관재인은 계약을 해지할 수 있다.

② 전항의 경우에는 각 당사자는 계약해지로 인한 손해의 배상을 청구하지 못한다.

제9절 도 급

제664조【도급의 의의】 도급은 당사자 일방이 어느 일을 완성할 것을 약정하고 상대방이 그 일의 결과에 대하여 보수를 지급할 것을 약정함으로써 그 효력이 생긴다.

제665조【보수의 지급시기】 ① 보수는 그 완성된 목적물의 인도와 동시에 지급하여야 한다. 그러나 목적물의 인도를 요하지 아니하는 경우에는 그 일을 완성한 후 지체없이 지급하여야 한다.

② 전항의 보수에 관하여는 제656조제2항의 규정을 준용한다.

제666조【수급인의 목적부동산에 대한 저당권 설정청구권】 부동산공사의 수급인은 전조의 보수에 관한 채권을 담보하기 위하여 그 부동산을 목적으로 한 저당권의 설정을 청구할 수 있다.

제667조【수급인의 담보책임】 ① 완성된 목적물 또는 완성전의 성취된 부분에 하자가 있는 때에는 도급인은 수급인에 대하여 상당한 기간을 정하여 그 하자의 보수를 청구할 수 있다. 그러나 하자가 중요하지 아니한 경우에 그 보수에 과다한 비용을 요할 때에는 그러하지 아니하다.

② 도급인은 하자의 보수에 갈음하여 또는 보수와 함께 손해배상을 청구할 수 있다. (2014.12.30 본항개정)

③ 전항의 경우에는 제536조의 규정을 준용한다.

제668조【동전(同前)-도급인의 해제권】 도급인이 완성된 목적물의 하자로 인하여 계약의 목적을 달성할 수 없는 때에는 계약을 해제할 수 있다. 그러나 건물 기타 토지의 공작물에 대하여는 그러하지 아니하다.

제669조【동전(同前)-하자가 도급인의 제공한 재료 또는 지시에 기인한 경우의 면책】 전2조의 규정은 목적물의 하자가 도급인이 제공한 재료

의 성질 또는 도급인의 지시에 기인한 때에는 적용하지 아니한다. 그러나 수급인이 그 재료 또는 지시의 부적당함을 알고 도급인에게 고지하지 아니한 때에는 그러하지 아니하다.

제670조【담보책임의 존속기간】 ① 전3조의 규정에 의한 하자의 보수, 손해배상의 청구 및 계약의 해제는 목적물의 인도를 받은 날로부터 1년내에 하여야 한다.

② 목적물의 인도를 요하지 아니하는 경우에는 전항의 기간은 일의 종료한 날로부터 기산한다.

제671조【수급인의 담보책임-토지, 건물 등에 대한 특칙】 ① 토지, 건물 기타 공작물의 수급인은 목적물 또는 지반공사의 하자에 대하여 인도 후 5년간 담보의 책임이 있다. 그러나 목적물이 석조, 석회조, 연와조, 금속 기타 이와 유사한 재료로 조성된 것인 때에는 그 기간을 10년으로 한다.

② 전항의 하자로 인하여 목적물이 멸실 또는 훼손된 때에는 도급인은 그 멸실 또는 훼손된 날로부터 1년내에 제667조의 권리를 행사하여야 한다.

제672조【담보책임면제의 특약】 수급인은 제667조, 제668조의 담보책임이 없음을 약정한 경우에도 알고 고지하지 아니한 사실에 대하여는 그 책임을 면하지 못한다.

제673조【완성전의 도급인의 해제권】 수급인이 일을 완성하기 전에는 도급인은 손해를 배상하고 계약을 해제할 수 있다.

제674조【도급인의 파산과 해제권】 ① 도급인이 파산선고를 받은 때에는 수급인 또는 파산관재인은 계약을 해제할 수 있다. 이 경우에는 수급인은 일의 완성된 부분에 대한 보수 및 보수에 포함되지 아니한 비용에 대하여 파산재단의 배당에 가입할 수 있다.

② 전항의 경우에는 각 당사자는 상대방에 대하여 계약해제로 인한 손해의 배상을 청구하지 못한다.

제9절의2 여행계약

(2015.2.3 본절신설)

제674조의2【여행계약의 의의】 여행계약은 당사자 한쪽이 상대방에게 운송, 숙박, 관광 또는 그 밖의 여행 관련 용역을 결합하여 제공하기로 약정하고 상대방이 그 대금을 지급하기로 약정함으로써 효력이 생긴다.

제674조의3【여행 개시 전의 계약 해제】 여행자는 여행을 시작하기 전에는 언제든지 계약을 해제할 수 있다. 다만, 여행자는 상대방에게 발생한 손해를 배상하여야 한다.

제674조의4【부득이한 사유로 인한 계약 해지】 ① 부득이한 사유가 있는 경우에는 각 당사자는 계약을 해지할 수 있다. 다만, 그 사유가 당사자 한쪽의 과실로 인하여 생긴 경우에는 상대방에게 손해를 배상하여야 한다.

② 제1항에 따라 계약이 해지된 경우에도 계약상 귀환운송(歸還運送) 의무가 있는 여행주최자는 여행자를 귀환운송할 의무가 있다.

③ 제1항의 해지로 인하여 발생하는 추가 비용은 그 해지 사유가 어느 당사자의 사정에 속하는 경우에는 그 당사자가 부담하고, 누구의 사정에도 속하지 아니하는 경우에는 각 당사자가 절반씩 부담한다.

제674조의5【대금의 지급시기】 여행자는 약정한 시기에 대금을 지급하여야 하며, 그 시기의 약정이 없으면 관습에 따르고, 관습이 없으면 여행의 종료 후 지체 없이 지급하여야 한다.

제674조의6【여행주최자의 담보책임】 ① 여행에 하자가 있는 경우에는 여행자는 여행주최자에게 하자의 시정 또는 대금의 감액을 청구할 수 있다. 다만, 그 시정에 지나치게 많은 비용이 들거나 그 밖에 시정을 합리적으로 기대할 수 없는 경우에는 시정을 청구할 수 없다.

② 제1항의 시정 청구는 상당한 기간을 정하여 하여야 한다. 다만, 즉시 시정할 필요가 있는 경우에는 그러하지 아니하다.

③ 여행자는 시정 청구, 감액 청구를 갈음하여 손해배상을 청구하거나 시정 청구, 감액 청구와 함께 손해배상을 청구할 수 있다.

제674조의7【여행주최자의 담보책임과 여행자의 해지권】 ① 여행자는 여행에 중대한 하자가 있는 경우에 그 시정이 이루어지지 아니하거나 계약의 내용에 따른 이행을 기대할 수 없는 경우에는 계약을 해지할 수 있다.

② 계약이 해지된 경우에는 여행주최자는 대금청구권을 상실한다. 다만, 여행자가 실행된 여행으로 이익을 얻은 경우에는 그 이익을 여행주최자에게 상환하여야 한다.

③ 여행주최자는 계약의 해지로 인하여 필요하게 된 조치를 할 의무를 지며, 계약상 귀환운송 의무가 있으면 여행자를 귀환운송하여야 한다. 이 경우 상당한 이유가 있는 때에는 여행주최자는 여행자에게 그 비용의 일부를 청구할 수 있다.

제674조의8【담보책임의 존속기간】 제674조의6과 제674조의7에 따른 권리는 여행 기간 중에도 행사할 수 있으며, 계약에서 정한 여행 종료일부터 6개월 내에 행사하여야 한다.

제674조의9【강행규정】 제674조의3, 제674조의4 또는 제674조의6부터 제674조의8까지의 규정을 위반하는 약정으로서 여행자에게 불리한 것은 효력이 없다.

제10절 현상광고

제675조【현상광고*의 의의】 현상광고는 광고

자가 어느 행위를 한 자에게 일정한 보수를 지급할 의사를 표시하고 이에 응한 자가 그 광고에 정한 행위를 완료함으로써 그 효력이 생긴다.

* 현상광고(懸賞廣告) : 광고자가 어느 행위를 완료한 자에게 일정보수를 지급할 의사를 공표하고, 이에 응한 자가 그 광고에 정한 행위를 완료함으로써 효력이 생기는 계약 예시 행방불명이 된 아이를 찾아준 자에게 100만원의 사례금을 지급하겠다고 광고한 경우

제676조【보수수령권자】 ① 광고에 정한 행위를 완료한 자가 수인인 경우에는 먼저 그 행위를 완료한 자가 보수를 받을 권리가 있다.

② 수인이 동시에 완료한 경우에는 각각 균등한 비율로 보수를 받을 권리가 있다. 그러나 보수가 그 성질상 분할할 수 없거나 광고에 1인만이 보수를 받을 것으로 정한 때에는 추첨에 의하여 결정한다.

제677조【광고부지(不知)의 행위】 전조의 규정은 광고있음을 알지 못하고 광고에 정한 행위를 완료한 경우에 준용한다.

제678조【우수현상광고】 ① 광고에 정한 행위를 완료한 자가 수인인 경우에 그 우수한 자에 한하여 보수를 지급할 것을 정하는 때에는 그 광고에 응모기간을 정한 때에 한하여 그 효력이 생긴다.

② 전항의 경우에 우수의 판정은 광고 중에 정한 자가 한다. 광고 중에 판정자를 정하지 아니한 때에는 광고자가 판정한다.

③ 우수한 자 없다는 판정은 이를 할 수 없다. 그러나 광고 중에 다른 의사표시가 있거나 광고의 성질상 판정의 표준이 정하여져 있는 때에는 그러하지 아니하다.

④ 응모자는 전2항의 판정에 대하여 이의를 하지 못한다.

⑤ 수인의 행위가 동등으로 판정된 때에는 제676조제2항의 규정을 준용한다.

제679조【현상광고의 철회】 ① 광고에 그 지정한 행위의 완료기간을 정한 때에는 그 기간만료 전에 광고를 철회하지 못한다.

② 광고에 행위의 완료기간을 정하지 아니한 때에는 그 행위를 완료한 자 있기 전에는 그 광고와 동일한 방법으로 광고를 철회할 수 있다.

③ 전광고와 동일한 방법으로 철회할 수 없는 때에는 그와 유사한 방법으로 철회할 수 있다. 이 철회는 철회한 것을 안 자에 대하여만 그 효력이 있다.

제11절 위 임

제680조【위임*의 의의】 위임은 당사자 일방이 상대방에 대하여 사무의 처리를 위탁하고 상대방이 이를 승낙함으로써 그 효력이 생긴다.

* 위임(委任) : 당사자 일방이 상대방에 대하여 사무의 처리를 의뢰하고 상대방이 이를 승낙함으로써 성립하는 계약

제681조【수임인*의 선관의무】 수임인은 위임의 본지에 따라 선량한 관리자의 주의로써 위임사무를 처리하여야 한다.

* 수임인(受任人) : 계약에 따라 법률행위나 사실행위의 수행을 의뢰받는 자 비교 위임인

제682조【복임권의 제한】 ① 수임인은 위임인의 승낙이나 부득이한 사유없이 제3자로 하여금 자기에 갈음하여 위임사무를 처리하게 하지 못한다.(2014.12.30 본항개정)

② 수임인이 전항의 규정에 의하여 제3자에게 위임사무를 처리하게 한 경우에는 제121조, 제123조의 규정을 준용한다.

제683조【수임인의 보고의무】 수임인은 위임인의 청구가 있는 때에는 위임사무의 처리상황을 보고하고 위임이 종료한 때에는 지체없이 그 전말(顚末)을 보고하여야 한다.

제684조【수임인의 취득물 등의 인도, 이전의무】 ① 수임인은 위임사무의 처리로 인하여 받은 금전 기타의 물건 및 그 수취한 과실을 위임인에게 인도하여야 한다.

② 수임인이 위임인을 위하여 자기의 명의로 취득한 권리는 위임인에게 이전하여야 한다.

제685조【수임인의 금전소비의 책임】 수임인이 위임인에게 인도할 금전 또는 위임인의 이익을 위하여 사용할 금전을 자기를 위하여 소비한 때에는 소비한 날 이후의 이자를 지급하여야 하며 그 외의 손해가 있으면 배상하여야 한다.

제686조【수임인의 보수청구권】 ① 수임인은 특별한 약정이 없으면 위임인에 대하여 보수를 청구하지 못한다.

② 수임인이 보수를 받을 경우에는 위임사무를 완료한 후가 아니면 이를 청구하지 못한다. 그러나 기간으로 보수를 정한 때에는 그 기간이 경과한 후에 이를 청구할 수 있다.

③ 수임인이 위임사무를 처리하는 중에 수임인의 책임없는 사유로 인하여 위임이 종료된 때에는 수임인은 이미 처리한 사무의 비율에 따른 보수를 청구할 수 있다.

제687조【수임인의 비용선급청구권】 위임사무의 처리에 비용을 요하는 때에는 위임인은 수임인의 청구에 의하여 이를 선급(先給)하여야 한다.

제688조【수임인의 비용상환청구권 등】 ① 수임인이 위임사무의 처리에 관하여 필요비를 지출한 때에는 위임인에 대하여 지출한 날 이후의 이자를 청구할 수 있다.

② 수임인이 위임사무의 처리에 필요한 채무를 부담한 때에는 위임인에게 자기에 갈음하여 이를 변제하게 할 수 있고 그 채무가 변제기에 있지 아니한 때에는 상당한 담보를 제공하게 할 수 있다.(2014.12.30 본항개정)

③ 수임인이 위임사무의 처리를 위하여 과실없

이 손해를 받은 때에는 위임인에 대하여 그 배상을 청구할 수 있다.

제689조【위임의 상호해지의 자유】 ① 위임계약은 각 당사자가 언제든지 해지할 수 있다.

② 당사자 일방이 부득이한 사유없이 상대방의 불리한 시기에 계약을 해지한 때에는 그 손해를 배상하여야 한다.

제690조【사망 · 파산 등과 위임의 종료】 위임은 당사자 한쪽의 사망이나 파산으로 종료된다. 수임인이 성년후견개시의 심판을 받은 경우에도 이와 같다.(2011.3.7 본조개정)

제691조【위임종료시의 긴급처리】 위임종료의 경우에 급박한 사정이 있는 때에는 수임인, 그 상속인이나 법정대리인은 위임인, 그 상속인이나 법정대리인이 위임사무를 처리할 수 있을 때까지 그 사무의 처리를 계속하여야 한다. 이 경우에는 위임의 존속과 동일한 효력이 있다.

제692조【위임종료의 대항요건】 위임종료의 사유는 이를 상대방에게 통지하거나 상대방이 이를 안 때가 아니면 이로써 상대방에게 대항하지 못한다.

제12절 임 치

제693조【임치*의 의의】 임치는 당사자 일방이 상대방에 대하여 금전이나 유가증권 기타 물건의 보관을 위탁하고 상대방이 이를 승낙함으로써 효력이 생긴다.

* 임치(任置) : 당사자 일방(수치인)이 상대방(임치인)을 위하여 금전이나 유가증권 기타 물건을 보관하는 계약

비교 수치(受置)

제694조【수치인의 임치물사용금지】 수치인은 임치인의 동의없이 임치물을 사용하지 못한다.

제695조【무상수치인의 주의의무】 보수없이 임치를 받은 자는 임치물을 자기재산과 동일한 주의로 보관하여야 한다.

제696조【수치인의 통지의무】 임치물에 대한 권리를 주장하는 제3자가 수치인에 대하여 소를 제기하거나 압류한 때에는 수치인은 지체없이 임치인에게 이를 통지하여야 한다.

제697조【임치물의 성질, 하자로 인한 임치인의 손해배상의무】 임치인은 임치물의 성질 또는 하자로 인하여 생긴 손해를 수치인에게 배상하여야 한다. 그러나 수치인이 그 성질 또는 하자를 안 때에는 그러하지 아니하다.

제698조【기간의 약정있는 임치의 해지】 임치기간의 약정이 있는 때에는 수치인은 부득이한 사유없이 그 기간 만료전에 계약을 해지하지 못한다. 그러나 임치인은 언제든지 계약을 해지할 수 있다.

제699조【기간의 약정없는 임치의 해지】 임치기간의 약정이 없는 때에는 각 당사자는 언제든지 계약을 해지할 수 있다.

제700조【임치물의 반환장소】 임치물은 그 보관한 장소에서 반환하여야 한다. 그러나 수치인이 정당한 사유로 인하여 그 물건을 전치한 때에는 현존하는 장소에서 반환할 수 있다.

제701조【준용규정】 제682조, 제684조 내지 제687조 및 제688조제1항, 제2항의 규정은 임치에 준용한다.

제702조【소비임치*】 수치인이 계약에 의하여 임치물을 소비할 수 있는 경우에는 소비대차에 관한 규정을 준용한다. 그러나 반환시기의 약정이 없는 때에는 임치인은 언제든지 그 반환을 청구할 수 있다.

* 소비임치(消費任置) : 당사자 일방이 상대방에 대하여 금전이나 유가증권 기타 물건의 보관을 위탁하고 상대방이 이를 승낙함으로써 성립하는 임치계약에서, 이 물건의 보관자(수치인)가 이 물건을 사용하고 이것과 동종 · 동질 · 동량의 물건을 반환하는 계약

제13절 조 합

제703조【조합의 의의】 ① 조합은 2인 이상이 상호출자하여 공동사업을 경영할 것을 약정함으로써 그 효력이 생긴다.

② 전항의 출자는 금전 기타 재산 또는 노무로 할 수 있다.

제704조【조합재산의 합유】 조합원의 출자 기타 조합재산은 조합원의 합유로 한다.

제705조【금전출자지체의 책임】 금전을 출자의 목적으로 한 조합원이 출자시기를 지체한 때에는 연체이자를 지급하는 외에 손해를 배상하여야 한다.

제706조【사무집행의 방법】 ① 조합계약으로 업무집행자를 정하지 아니한 경우에는 조합원의 3분의 2 이상의 찬성으로써 이를 선임한다.

② 조합의 업무집행은 조합원의 과반수로써 결정한다. 업무집행자 수인인 때에는 그 과반수로써 결정한다.

③ 조합의 통상사무는 전항의 규정에 불구하고 각 조합원 또는 각 업무집행자가 전행(專行)할 수 있다. 그러나 그 사무의 완료전에 다른 조합원 또는 다른 업무집행자의 이의가 있는 때에는 즉시 중지하여야 한다.

제707조【준용규정】 조합업무를 집행하는 조합원에는 제681조 내지 제688조의 규정을 준용한다.

제708조【업무집행자의 사임, 해임】 업무집행자인 조합원은 정당한 사유없이 사임하지 못하며 다른 조합원의 일치가 아니면 해임하지 못한다.

제709조【업무집행자의 대리권추정】 조합의 업무를 집행하는 조합원은 그 업무집행의 대리권있는 것으로 추정한다.

제710조【조합원의 업무, 재산상태검사권】 각 조합원은 언제든지 조합의 업무 및 재산상태를 검사할 수 있다.

제711조【손익분배의 비율】 ① 당사자가 손익분배의 비율을 정하지 아니한 때에는 각 조합원의 출자가액에 비례하여 이를 정한다.
② 이익 또는 손실에 대하여 분배의 비율을 정한 때에는 그 비율은 이익과 손실에 공통된 것으로 추정한다.
제712조【조합원에 대한 채권자의 권리행사】 조합채권자는 그 채권발생 당시에 조합원의 손실부담의 비율을 알지 못한 때에는 각 조합원에게 균분하여 그 권리를 행사할 수 있다.
제713조【무자력조합원의 채무와 타조합원의 변제책임】 조합원 중에 변제할 자력없는 자가 있는 때에는 그 변제할 수 없는 부분은 다른 조합원이 균분하여 변제할 책임이 있다.
제714조【지분에 대한 압류의 효력】 조합원의 지분에 대한 압류는 그 조합원의 장래의 이익배당 및 지분의 반환을 받을 권리에 대하여 효력이 있다.
제715조【조합채무자의 상계의 금지】 조합의 채무자는 그 채무와 조합원에 대한 채권으로 상계하지 못한다.
제716조【임의탈퇴】 ① 조합계약으로 조합의 존속기간을 정하지 아니하거나 조합원의 종신까지 존속할 것을 정한 때에는 각 조합원은 언제든지 탈퇴할 수 있다. 그러나 부득이한 사유없이 조합의 불리한 시기에 탈퇴하지 못한다.
② 조합의 존속기간을 정한 때에도 조합원은 부득이한 사유가 있으면 탈퇴할 수 있다.
제717조【비임의 탈퇴】 제716조의 경우 외에 조합원은 다음 각 호의 어느 하나에 해당하는 사유가 있으면 탈퇴된다.
1. 사망
2. 파산
3. 성년후견의 개시
4. 제명(除名)
(2011.3.7 본조개정)
제718조【제명】 ① 조합원의 제명은 정당한 사유있는 때에 한하여 다른 조합원의 일치로써 이를 결정한다.
② 전항의 제명결정은 제명된 조합원에게 통지하지 아니하면 그 조합원에게 대항하지 못한다.
제719조【탈퇴조합원의 지분의 계산】 ① 탈퇴한 조합원과 다른 조합원간의 계산은 탈퇴당시의 조합재산상태에 의하여 한다.
② 탈퇴한 조합원의 지분은 그 출자의 종류여하에 불구하고 금전으로 반환할 수 있다.
③ 탈퇴당시에 완결되지 아니한 사항에 대하여는 완결후에 계산할 수 있다.
제720조【부득이한 사유로 인한 해산청구】 부득이한 사유가 있는 때에는 각 조합원은 조합의 해산을 청구할 수 있다.
제721조【청산인】 ① 조합이 해산한 때에는 청산은 총조합원 공동으로 또는 그들이 선임한 자가 그 사무를 집행한다.
② 전항의 청산인의 선임은 조합원의 과반수로써 결정한다.
제722조【청산인의 업무집행방법】 청산인이 수인인 때에는 제706조제2항 후단의 규정을 준용한다.
제723조【조합원인 청산인의 사임, 해임】 조합원 중에서 청산인을 정한 때에는 제708조의 규정을 준용한다.
제724조【청산인의 직무, 권한과 잔여재산의 분배】 ① 청산인의 직무 및 권한에 관하여는 제87조의 규정을 준용한다.
② 잔여재산은 각 조합원의 출자가액에 비례하여 이를 분배한다.

제14절 종신정기금

제725조【종신정기금(終身定期金)계약의 의의】 종신정기금계약은 당사자 일방이 자기, 상대방 또는 제3자의 종신까지 정기로 금전 기타의 물건을 상대방 또는 제3자에게 지급할 것을 약정함으로써 그 효력이 생긴다.
제726조【종신정기금의 계산】 종신정기금은 일수로 계산한다.
제727조【종신정기금계약의 해제】 ① 정기금채무자가 정기금채무의 원본을 받은 경우에 그 정기금채무의 지급을 해태하거나 기타 의무를 이행하지 아니한 때에는 정기금채권자는 원본의 반환을 청구할 수 있다. 그러나 이미 지급을 받은 채무액에서 그 원본의 이자를 공제한 잔액을 정기금채무자에게 반환하여야 한다.
② 전항의 규정은 손해배상의 청구에 영향을 미치지 아니한다.
제728조【해제와 동시이행】 제536조의 규정은 전조의 경우에 준용한다.
제729조【채무자귀책사유로 인한 사망과 채권존속선고】 ① 사망이 정기금채무자의 책임있는 사유로 인한 때에는 법원은 정기금채권자 또는 그 상속인의 청구에 의하여 상당한 기간 채권의 존속을 선고할 수 있다.
② 전항의 경우에도 제727조의 권리를 행사할 수 있다.
제730조【유증에 의한 종신정기금】 본절의 규정은 유증에 의한 종신정기금채권에 준용한다.

제15절 화 해

제731조【화해의 의의】 화해는 당사자가 상호양보하여 당사자간의 분쟁을 종지할 것을 약정함으로써 그 효력이 생긴다.

第732條【화해의 창설적효력】 화해계약은 당사자 일방이 양보한 권리가 소멸되고 상대방이 화해로 인하여 그 권리를 취득하는 효력이 있다.
第733條【화해의 효력과 착오】 화해계약은 착오를 이유로 하여 취소하지 못한다. 그러나 화해당사자의 자격 또는 화해의 목적인 분쟁 이외의 사항에 착오가 있는 때에는 그러하지 아니하다.

第3장 사무관리

第734條【사무관리*의 내용】 ① 의무없이 타인을 위하여 사무를 관리하는 자는 그 사무의 성질에 좇아 가장 본인에게 이익되는 방법으로 이를 관리하여야 한다.
② 관리자가 본인의 의사를 알거나 알 수 있는 때에는 그 의사에 적합하도록 관리하여야 한다.
③ 관리자가 전2항의 규정에 위반하여 사무를 관리한 경우에는 과실없는 때에도 이로 인한 손해를 배상할 책임이 있다. 그러나 그 관리행위가 공공의 이익에 적합한 때에는 중대한 과실이 없으면 배상할 책임이 없다.
* 사무관리(事務管理) : 관리자가 법률상 또는 계약상 의무없이 타인을 위하여 그 사무를 관리·처리하는 행위
第735條【긴급사무관리】 관리자가 타인의 생명, 신체, 명예 또는 재산에 대한 급박한 위해를 면하게 하기 위하여 그 사무를 관리한 때에는 고의나 중대한 과실이 없으면 이로 인한 손해를 배상할 책임이 없다.
第736條【관리자의 통지의무】 관리자가 관리를 개시한 때에는 지체없이 본인에게 통지하여야 한다. 그러나 본인이 이미 이를 안 때에는 그러하지 아니하다.
第737條【관리자의 관리계속의무】 관리자는 본인, 그 상속인이나 법정대리인이 그 사무를 관리하는 때까지 관리를 계속하여야 한다. 그러나 관리의 계속이 본인의 의사에 반하거나 본인에게 불리함이 명백한 때에는 그러하지 아니하다.
第738條【준용규정】 제683조 내지 제685조의 규정은 사무관리에 준용한다.
第739條【관리자의 비용상환청구권】 ① 관리자가 본인을 위하여 필요비 또는 유익비를 지출한 때에는 본인에 대하여 그 상환을 청구할 수 있다.
② 관리자가 본인을 위하여 필요 또는 유익한 채무를 부담한 때에는 제688조제2항의 규정을 준용한다.
③ 관리자가 본인의 의사에 반하여 관리한 때에는 본인의 현존이익의 한도에서 전2항의 규정을 준용한다.
第740條【관리자의 무과실손해보상청구권】 관리자가 사무관리를 함에 있어서 과실없이 손해를 받은 때에는 본인의 현존이익의 한도에서 그 손해의 보상을 청구할 수 있다.

第4장 부당이득

第741條【부당이득의 내용】 법률상 원인없이 타인의 재산 또는 노무로 인하여 이익을 얻고 이로 인하여 타인에게 손해를 가한 자는 그 이익을 반환하여야 한다.
第742條【비채변제(非債辨濟)】 채무없음을 알고 이를 변제한 때에는 그 반환을 청구하지 못한다.
第743條【기한전의 변제】 변제기에 있지 아니한 채무를 변제한 때에는 그 반환을 청구하지 못한다. 그러나 채무자가 착오로 인하여 변제한 때에는 채권자는 이로 인하여 얻은 이익을 반환하여야 한다.
第744條【도의관념(道義觀念)에 적합한 비채변제】 채무없는 자가 착오로 인하여 변제한 경우에 그 변제가 도의관념에 적합한 때에는 그 반환을 청구하지 못한다.
第745條【타인의 채무의 변제】 ① 채무자아닌 자가 착오로 인하여 타인의 채무를 변제한 경우에 채권자가 선의로 증서를 훼멸(毁滅)하거나 담보를 포기하거나 시효로 인하여 그 채권을 잃은 때에는 변제자는 그 반환을 청구하지 못한다.
② 전항의 경우에 변제자는 채무자에 대하여 구상권을 행사할 수 있다.
第746條【불법원인급여(不法原因給與)】 불법의 원인으로 인하여 재산을 급여하거나 노무를 제공한 때에는 그 이익의 반환을 청구하지 못한다. 그러나 그 불법원인이 수익자에게만 있는 때에는 그러하지 아니하다.
第747條【원물반환불능한 경우와 가액반환, 전득자의 책임】 ① 수익자가 그 받은 목적물을 반환할 수 없는 때에는 그 가액을 반환하여야 한다.
② 수익자가 그 이익을 반환할 수 없는 경우에는 수익자로부터 무상으로 그 이익의 목적물을 양수한 악의의 제3자는 전항의 규정에 의하여 반환할 책임이 있다.
第748條【수익자의 반환범위】 ① 선의의 수익자는 그 받은 이익이 현존한 한도에서 전조의 책임이 있다.
② 악의의 수익자는 그 받은 이익에 이자를 붙여 반환하고 손해가 있으면 이를 배상하여야 한다.
第749條【수익자의 악의인정】 ① 수익자가 이익을 받은 후 법률상 원인없음을 안 때에는 그때부터 악의의 수익자로서 이익반환의 책임이 있다.
② 선의의 수익자가 패소한 때에는 그 소를 제기한 때부터 악의의 수익자로 본다.

第5장 불법행위

第750條【불법행위의 내용】 고의 또는 과실로 인한 위법행위로 타인에게 손해를 가한 자는 그 손해를 배상할 책임이 있다.

제751조【재산 이외의 손해의 배상】 ① 타인의 신체, 자유 또는 명예를 해하거나 기타 정신상고통을 가한 자는 재산 이외의 손해에 대하여도 배상할 책임이 있다.
② 법원은 전항의 손해배상을 정기금채무로 지급할 것을 명할 수 있고 그 이행을 확보하기 위하여 상당한 담보의 제공을 명할 수 있다.
제752조【생명침해로 인한 위자료*】 타인의 생명을 해한 자는 피해자의 직계존속, 직계비속 및 배우자에 대하여는 재산상의 손해없는 경우에도 손해배상의 책임이 있다.
* 위자료(慰藉料) : 불법행위로 인한 정신적 고통에 대한 손해배상액
제753조【미성년자의 책임능력】 미성년자가 타인에게 손해를 가한 경우에 그 행위의 책임을 변식(辨識)할 지능이 없는 때에는 배상의 책임이 없다.
제754조【심신상실자의 책임능력】 심신상실 중에 타인에게 손해를 가한 자는 배상의 책임이 없다. 그러나 고의 또는 과실로 인하여 심신상실을 초래한 때에는 그러하지 아니하다.
제755조【감독자의 책임】 ① 다른 자에게 손해를 가한 사람이 제753조 또는 제754조에 따라 책임이 없는 경우에는 그를 감독할 법정의무가 있는 자가 그의 손해를 배상할 책임이 있다. 다만, 감독의무를 게을리하지 아니한 경우에는 그러하지 아니하다.
② 감독의무자를 갈음하여 제753조 또는 제754조에 따라 책임이 없는 사람을 감독하는 자도 제1항의 책임이 있다.
(2011.3.7 본조개정)
제756조【사용자의 배상책임】 ① 타인을 사용하여 어느 사무에 종사하게 한 자는 피용자가 그 사무집행에 관하여 제3자에게 가한 손해를 배상할 책임이 있다. 그러나 사용자가 피용자의 선임 및 그 사무감독에 상당한 주의를 한 때 또는 상당한 주의를 하여도 손해가 있을 경우에는 그러하지 아니하다.
② 사용자에 갈음하여 그 사무를 감독하는 자도 전항의 책임이 있다.(2014.12.30 본항개정)
③ 전2항의 경우에 사용자 또는 감독자는 피용자에 대하여 구상권을 행사할 수 있다.
제757조【도급인의 책임】 도급인은 수급인이 그 일에 관하여 제3자에게 가한 손해를 배상할 책임이 없다. 그러나 도급 또는 지시에 관하여 도급인에게 중대한 과실이 있는 때에는 그러하지 아니하다.
제758조【공작물등의 점유자, 소유자의 책임】
① 공작물의 설치 또는 보존의 하자로 인하여 타인에게 손해를 가한 때에는 공작물점유자가 손해를 배상할 책임이 있다. 그러나 점유자가 손해의 방지에 필요한 주의를 해태하지 아니한 때에는 그 소유자가 손해를 배상할 책임이 있다.
② 전항의 규정은 수목의 재식(栽植) 또는 보존에 하자있는 경우에 준용한다.
③ 전2항의 경우 점유자 또는 소유자는 그 손해의 원인에 대한 책임있는 자에 대하여 구상권을 행사할 수 있다.(2022.12.13 본항개정)
제759조【동물의 점유자의 책임】 ① 동물의 점유자는 그 동물이 타인에게 가한 손해를 배상할 책임이 있다. 그러나 동물의 종류와 성질에 따라 그 보관에 상당한 주의를 해태하지 아니한 때에는 그러하지 아니하다.
② 점유자에 갈음하여 동물을 보관한 자도 전항의 책임이 있다.(2014.12.30 본항개정)
제760조【공동불법행위자의 책임】 ① 수인이 공동의 불법행위로 타인에게 손해를 가한 때에는 연대하여 그 손해를 배상할 책임이 있다.
② 공동 아닌 수인의 행위중 어느 자의 행위가 그 손해를 가한 것인지를 알 수 없는 때에도 전항과 같다.
③ 교사자(教唆者)나 방조자(幇助者)는 공동행위자로 본다.
제761조【정당방위, 긴급피난】 ① 타인의 불법행위에 대하여 자기 또는 제3자의 이익을 방위하기 위하여 부득이 타인에게 손해를 가한 자는 배상할 책임이 없다. 그러나 피해자는 불법행위에 대하여 손해의 배상을 청구할 수 있다.
② 전항의 규정은 급박한 위난을 피하기 위하여 부득이 타인에게 손해를 가한 경우에 준용한다.
제762조【손해배상청구권에 있어서의 태아의 지위】 태아는 손해배상의 청구권에 관하여는 이미 출생한 것으로 본다.
제763조【준용규정】 제393조, 제394조, 제396조, 제399조의 규정은 불법행위로 인한 손해배상에 준용한다.
제764조【명예훼손의 경우의 특칙】 타인의 명예를 훼손한 자에 대하여는 법원은 피해자의 청구에 의하여 손해배상에 갈음하거나 손해배상과 함께 명예회복에 적당한 처분을 명할 수 있다.
(2014.12.30 본조개정)
<1991.4.1 헌법재판소 한정위헌결정으로 이 조의 "명예회복에 적당한 처분"에 사죄광고를 포함시키는 것은 헌법에 위반>
제765조【배상액의 경감청구】 ① 본장의 규정에 의한 배상의무자는 그 손해가 고의 또는 중대한 과실에 의한 것이 아니고 그 배상으로 인하여 배상자의 생계에 중대한 영향을 미치게 될 경우에는 법원에 그 배상액의 경감을 청구할 수 있다.
② 법원은 전항의 청구가 있는 때에는 채권자 및 채무자의 경제상태와 손해의 원인 등을 참작하여 배상액을 경감할 수 있다.
제766조【손해배상청구권의 소멸시효】 ① 불법행위로 인한 손해배상의 청구권은 피해자나

그 법정대리인이 그 손해 및 가해자를 안 날로부터 3년간 이를 행사하지 아니하면 시효로 인하여 소멸한다.
② 불법행위를 한 날로부터 10년을 경과한 때에도 전항과 같다.
③ 미성년자가 성폭력, 성추행, 성희롱, 그 밖의 성적(性的) 침해를 당한 경우에 이로 인한 손해배상청구권의 소멸시효는 그가 성년이 될 때까지는 진행되지 아니한다.(2020.10.20 본항신설)
<2018.8.30 헌법재판소 단순위헌결정으로 이 조 제2항 중「진실·화해를 위한 과거사정리 기본법」제2조제1항제3호, 제4호에 규정된 사건에 적용되는 부분은 헌법에 위반>

제4편 친 족

제1장 총 칙

제767조【친족의 정의】 배우자, 혈족* 및 인척*을 친족으로 한다.
* 혈족(血族) : 사실상 자연혈연관계가 있거나 법적으로 혈통이 이어져 있는 것으로 설정되어 이를 통해 기타의 친족관계를 형성하는 자
* 인척(姻戚) : 자기 혈족의 배우자, 배우자의 혈족, 배우자 혈족의 배우자 등

제768조【혈족의 정의】 자기의 직계존속*과 직계비속*을 직계혈족(直系血族)이라 하고 자기의 형제자매와 형제자매의 직계비속, 직계존속의 형제자매 및 그 형제자매의 직계비속을 방계혈족(傍系血族)이라 한다.(1990.1.13 본조개정)
* 직계존속(直系尊屬) : 부모, 조부모, 증조부모 등 조상으로부터 자기에 이르기까지 이어 내려온 혈족
* 직계비속(直系卑屬) : 자녀, 손자, 증손자 등 자기로부터 아래로 이어 내려가는 혈족

제769조【인척의 계원(系源)】 혈족의 배우자, 배우자의 혈족, 배우자의 혈족의 배우자를 인척으로 한다.(1990.1.13 본조개정)

제770조【혈족의 촌수의 계산】 ① 직계혈족은 자기로부터 직계존속에 이르고 자기로부터 직계비속에 이르러 그 세수(世數)를 정한다.
② 방계혈족은 자기로부터 동원(同源)의 직계존속에 이르는 세수와 그 동원의 직계존속으로부터 그 직계비속에 이르는 세수를 통산하여 그 촌수를 정한다.

제771조【인척의 촌수의 계산】 인척은 배우자의 혈족에 대하여는 배우자의 그 혈족에 대한 촌수에 따르고, 혈족의 배우자에 대하여는 그 혈족에 대한 촌수에 따른다.(1990.1.13 본조개정)

제772조【양자와의 친계와 촌수】 ① 양자와 양부모 및 그 혈족, 인척사이의 친계와 촌수는 입양한 때로부터 혼인 중의 출생자와 동일한 것으로 본다.
② 양자의 배우자, 직계비속과 그 배우자는 전항의 양자의 친계를 기준으로 하여 촌수를 정한다.

제773조~제774조 (1990.1.13 삭제)

제775조【인척관계 등의 소멸】 ① 인척관계는 혼인의 취소 또는 이혼으로 인하여 종료한다.
② 부부의 일방이 사망한 경우 생존 배우자가 재혼한 때에도 제1항과 같다.
(1990.1.13 본조개정)

제776조【입양으로 인한 친족관계의 소멸】 입양으로 인한 친족관계는 입양의 취소 또는 파양으로 인하여 종료한다.

제777조【친족의 범위】 친족관계로 인한 법률상 효력은 이 법 또는 다른 법률에 특별한 규정이 없는 한 다음 각호에 해당하는 자에 미친다.
1. 8촌 이내의 혈족
2. 4촌 이내의 인척
3. 배우자
(1990.1.13 본조개정)

제2장 가족의 범위와 자의 성과 본
(2005.3.31 본장제목개정)

제778조 (2005.3.31 삭제)

제779조【가족의 범위】 ① 다음의 자는 가족으로 한다.
1. 배우자, 직계혈족 및 형제자매
2. 직계혈족의 배우자, 배우자의 직계혈족 및 배우자의 형제자매
② 제1항제2호의 경우에는 생계를 같이 하는 경우에 한한다.
(2005.3.31 본조개정)

제780조 (2005.3.31 삭제)

제781조【자의 성과 본】 ① 자는 부의 성과 본을 따른다. 다만, 부모가 혼인신고시 모의 성과 본을 따르기로 협의한 경우에는 모의 성과 본을 따른다.
② 부가 외국인인 경우에는 자는 모의 성과 본을 따를 수 있다.
③ 부를 알 수 없는 자는 모의 성과 본을 따른다.
④ 부모를 알 수 없는 자는 법원의 허가를 받아 성과 본을 창설한다. 다만, 성과 본을 창설한 후 부 또는 모를 알게 된 때에는 부 또는 모의 성과 본을 따를 수 있다.
⑤ 혼인외의 출생자가 인지된 경우 자는 부모의 협의에 따라 종전의 성과 본을 계속 사용할 수 있다. 다만, 부모가 협의할 수 없거나 협의가 이루어지지 아니한 경우에는 자는 법원의 허가를 받아 종전의 성과 본을 계속 사용할 수 있다.
⑥ 자의 복리를 위하여 자의 성과 본을 변경할 필요가 있을 때에는 부, 모 또는 자의 청구에 의하여 법원의 허가를 받아 이를 변경할 수 있다. 다만, 자가 미성년자이고 법정대리인이 청구할

수 없는 경우에는 제777조의 규정에 따른 친족 또는 검사가 청구할 수 있다.
(2005.3.31 본조개정)

제782조~제789조 (2005.3.31 삭제)

제790조 (1990.1.13 삭제)

제791조 (2005.3.31 삭제)

제792조 (1990.1.13 삭제)

제793조~제796조 (2005.3.31 삭제)

제797조~제799조 (1990.1.13 삭제)

제3장 혼 인

제1절 약 혼

제800조【약혼의 자유】 성년에 달한 자는 자유로 약혼할 수 있다.

제801조【약혼 나이】 18세가 된 사람은 부모나 미성년후견인의 동의를 받아 약혼할 수 있다. 이 경우 제808조를 준용한다.
(2022.12.27 본조제목개정)
(2011.3.7 본조개정)

제802조【성년후견과 약혼】 피성년후견인은 부모나 성년후견인의 동의를 받아 약혼할 수 있다. 이 경우 제808조를 준용한다.(2011.3.7 본조개정)

제803조【약혼의 강제이행금지】 약혼은 강제이행을 청구하지 못한다.

제804조【약혼해제의 사유】 당사자 한쪽에 다음 각 호의 어느 하나에 해당하는 사유가 있는 경우에는 상대방은 약혼을 해제할 수 있다.
1. 약혼 후 자격정지 이상의 형을 선고받은 경우
2. 약혼 후 성년후견개시나 한정후견개시의 심판을 받은 경우
3. 성병, 불치의 정신병, 그 밖의 불치의 병질(病疾)이 있는 경우
4. 약혼 후 다른 사람과 약혼이나 혼인을 한 경우
5. 약혼 후 다른 사람과 간음(姦淫)한 경우
6. 약혼 후 1년 이상 생사(生死)가 불명한 경우
7. 정당한 이유 없이 혼인을 거절하거나 그 시기를 늦추는 경우
8. 그 밖에 중대한 사유가 있는 경우
(2011.3.7 본조개정)

제805조【약혼해제의 방법】 약혼의 해제는 상대방에 대한 의사표시로 한다. 그러나 상대방에 대하여 의사표시를 할 수 없는 때에는 그 해제의 원인있음을 안 때에 해제된 것으로 본다.

제806조【약혼해제와 손해배상청구권】 ① 약혼을 해제한 때에는 당사자 일방은 과실있는 상대방에 대하여 이로 인한 손해의 배상을 청구할 수 있다.
② 전항의 경우에는 재산상 손해외에 정신상 고통에 대하여도 손해배상의 책임이 있다.
③ 정신상 고통에 대한 배상청구권은 양도 또는 승계하지 못한다. 그러나 당사자간에 이미 그 배상에 관한 계약이 성립되거나 소를 제기한 후에는 그러하지 아니하다.

제2절 혼인의 성립

제807조【혼인적령】 18세가 된 사람은 혼인할 수 있다.(2022.12.27 본조개정)

제808조【동의가 필요한 혼인】 ① 미성년자가 혼인을 하는 경우에는 부모의 동의를 받아야 하며, 부모 중 한쪽이 동의권을 행사할 수 없을 때에는 다른 한쪽의 동의를 받아야 하고, 부모가 모두 동의권을 행사할 수 없을 때에는 미성년후견인의 동의를 받아야 한다.
② 피성년후견인은 부모나 성년후견인의 동의를 받아 혼인할 수 있다.
(2011.3.7 본조개정)

제809조【근친혼 등의 금지】 ① 8촌 이내의 혈족(친양자의 입양 전의 혈족을 포함한다) 사이에서는 혼인하지 못한다.
② 6촌 이내의 혈족의 배우자, 배우자의 6촌 이내의 혈족, 배우자의 4촌 이내의 혈족의 배우자인 인척이거나 이러한 인척이었던 자 사이에서는 혼인하지 못한다.
③ 6촌 이내의 양부모계(養父母系)의 혈족이었던 자와 4촌 이내의 양부모계의 인척이었던 자 사이에서는 혼인하지 못한다.
(2005.3.31 본조개정)

제810조【중혼(重婚)의 금지】 배우자 있는 자는 다시 혼인하지 못한다.

제811조 (2005.3.31 삭제)

제812조【혼인의 성립】 ① 혼인은 「가족관계의 등록 등에 관한 법률」에 정한 바에 의하여 신고함으로써 그 효력이 생긴다.(2007.5.17 본항개정)
② 전항의 신고는 당사자 쌍방과 성년자인 증인 2인의 연서(連書)한 서면으로 하여야 한다.

제813조【혼인신고의 심사】 혼인의 신고는 그 혼인이 제807조 내지 제810조 및 제812조제2항의 규정 기타 법령에 위반함이 없는 때에는 이를 수리하여야 한다.(2005.3.31 본조개정)

제814조【외국에서의 혼인신고】 ① 외국에 있는 본국민사이의 혼인은 그 외국에 주재하는 대사, 공사 또는 영사에게 신고할 수 있다.
② 제1항의 신고를 수리한 대사, 공사 또는 영사는 지체없이 그 신고서류를 본국의 재외국민 가족관계등록사무소에 송부하여야 한다.
(2015.2.3 본항개정)

제3절 혼인의 무효와 취소

제815조【혼인의 무효】 혼인은 다음 각 호의 어느 하나의 경우에는 무효로 한다.(2005.3.31 본문개정)

1. 당사자간에 혼인의 합의가 없는 때
2. 혼인이 제809조제1항의 규정을 위반한 때 (2005.3.31 본호개정)
3. 당사자간에 직계인척관계(直系姻戚關係)가 있거나 있었던 때(2005.3.31 본호개정)
4. 당사자간에 양부모계의 직계혈족관계가 있었던 때(2005.3.31 본호신설)

<2022.10.27 헌법재판소 헌법불합치결정으로 이 조 제2호는 2024.12.31을 시한으로 입법자가 개정할 때까지 계속 적용>

제816조【혼인취소의 사유】 혼인은 다음 각 호의 어느 하나의 경우에는 법원에 그 취소를 청구할 수 있다.(2005.3.31 본문개정)
1. 혼인이 제807조 내지 제809조(제815조의 규정에 의하여 혼인의 무효사유에 해당하는 경우를 제외한다. 이하 제817조 및 제820조에서 같다) 또는 제810조의 규정에 위반한 때 (2005.3.31 본호개정)
2. 혼인당시 당사자 일방에 부부생활을 계속할 수 없는 악질 기타 중대사유있음을 알지 못한 때
3. 사기 또는 강박으로 인하여 혼인의 의사표시를 한 때

제817조【나이위반 혼인 등의 취소청구권자】 혼인이 제807조, 제808조의 규정에 위반한 때에는 당사자 또는 그 법정대리인이 그 취소를 청구할 수 있고 제809조의 규정에 위반한 때에는 당사자, 그 직계존속 또는 4촌 이내의 방계혈족이 그 취소를 청구할 수 있다.
(2022.12.27 본조제목개정)
(2005.3.31 본조개정)

제818조【중혼의 취소청구권자】 당사자 및 그 배우자, 직계혈족, 4촌 이내의 방계혈족 또는 검사는 제810조를 위반한 혼인의 취소를 청구할 수 있다.(2012.2.10 본조개정)

제819조【동의 없는 혼인의 취소청구권의 소멸】 제808조를 위반한 혼인은 그 당사자가 19세가 된 후 또는 성년후견종료의 심판이 있은 후 3개월이 지나거나 혼인 중에 임신한 경우에는 그 취소를 청구하지 못한다.(2011.3.7 본조개정)

제820조【근친혼등의 취소청구권의 소멸】 제809조의 규정에 위반한 혼인은 그 당사자간에 혼인중 포태(胞胎)한 때에는 그 취소를 청구하지 못한다.(2005.3.31 본조개정)

제821조 (2005.3.31 삭제)

제822조【악질 등 사유에 의한 혼인취소청구권의 소멸】 제816조제2호의 규정에 해당하는 사유있는 혼인은 상대방이 그 사유 있음을 안 날로부터 6월을 경과한 때에는 그 취소를 청구하지 못한다.

제823조【사기, 강박으로 인한 혼인취소청구권의 소멸】 사기 또는 강박으로 인한 혼인은 사기를 안 날 또는 강박을 면한 날로부터 3월을 경과한 때에는 그 취소를 청구하지 못한다.

제824조【혼인취소의 효력】 혼인의 취소의 효력은 기왕에 소급하지 아니한다.

제824조의2【혼인의 취소와 자의 양육 등】 제837조 및 제837조의2의 규정은 혼인의 취소의 경우에 자의 양육책임과 면접교섭권에 관하여 이를 준용한다.(2005.3.31 본조신설)

제825조【혼인취소와 손해배상청구권】 제806조의 규정은 혼인의 무효 또는 취소의 경우에 준용한다.

제4절 혼인의 효력

제1관 일반적 효력

제826조【부부간의 의무】 ① 부부는 동거하며 서로 부양하고 협조하여야 한다. 그러나 정당한 이유로 일시적으로 동거하지 아니하는 경우에는 서로 인용하여야 한다.
② 부부의 동거장소는 부부의 협의에 따라 정한다. 그러나 협의가 이루어지지 아니하는 경우에는 당사자의 청구에 의하여 가정법원이 이를 정한다.(1990.1.13 본항개정)
③~④ (2005.3.31 삭제)

제826조의2【성년의제】 미성년자가 혼인을 한 때에는 성년자로 본다.(1977.12.31 본조신설)

제827조【부부간의 가사대리권】 ① 부부는 일상의 가사에 관하여 서로 대리권이 있다.
② 전항의 대리권에 가한 제한은 선의의 제3자에게 대항하지 못한다.

제828조 (2012.2.10 삭제)

제2관 재산상 효력

제829조【부부재산의 약정과 그 변경】 ① 부부가 혼인성립전에 그 재산에 관하여 따로 약정을 하지 아니한 때에는 그 재산관계는 본관중 다음 각조에 정하는 바에 의한다.
② 부부가 혼인성립전에 그 재산에 관하여 약정한 때에는 혼인중 이를 변경하지 못한다. 그러나 정당한 사유가 있는 때에는 법원에 허가를 얻어 변경할 수 있다.
③ 전항의 약정에 의하여 부부의 일방이 다른 일방의 재산을 관리하는 경우에 부적당한 관리로 인하여 그 재산을 위태하게 한 때에는 다른 일방은 자기가 관리할 것을 법원에 청구할 수 있고 그 재산이 부부의 공유인 때에는 그 분할을 청구할 수 있다.
④ 부부가 그 재산에 관하여 따로 약정을 한 때에는 혼인성립까지에 그 등기를 하지 아니하면 이로써 부부의 승계인 또는 제3자에게 대항하지 못한다.
⑤ 제2항, 제3항의 규정이나 약정에 의하여 관리자를 변경하거나 공유재산을 분할하였을 때에는

그 등기를 하지 아니하면 이로써 부부의 승계인 또는 제3자에게 대항하지 못한다.

제830조【특유재산과 귀속불명재산】 ① 부부의 일방이 혼인전부터 가진 고유재산과 혼인중 자기의 명의로 취득한 재산은 그 특유재산으로 한다.
② 부부의 누구에게 속한 것인지 분명하지 아니한 재산은 부부의 공유로 추정한다.(1977.12.31 본항개정)

제831조【특유재산의 관리 등】 부부는 그 특유재산을 각자 관리, 사용, 수익한다.

제832조【가사로 인한 채무의 연대책임】 부부의 일방이 일상의 가사에 관하여 제3자와 법률행위를 한 때에는 다른 일방은 이로 인한 채무에 대하여 연대책임이 있다. 그러나 이미 제3자에 대하여 다른 일방의 책임없음을 명시한 때에는 그러하지 아니하다.

제833조【생활비용】 부부의 공동생활에 필요한 비용은 당사자간에 특별한 약정이 없으면 부부가 공동으로 부담한다.(1990.1.13 본조개정)

제5절 이 혼

제1관 협의상 이혼

제834조【협의상 이혼】 부부는 협의에 의하여 이혼할 수 있다.

제835조【성년후견과 협의상 이혼】 피성년후견인의 협의상 이혼에 관하여는 제808조제2항을 준용한다.(2011.3.7 본조개정)

제836조【이혼의 성립과 신고방식】 ① 협의상 이혼은 가정법원의 확인을 받아 「가족관계의 등록 등에 관한 법률」의 정한 바에 의하여 신고함으로써 그 효력이 생긴다.(2007.5.17 본항개정)
② 전항의 신고는 당사자 쌍방과 성년자인 증인 2인의 연서한 서면으로 하여야 한다.

제836조의2【이혼의 절차】 ① 협의상 이혼을 하려는 자는 가정법원이 제공하는 이혼에 관한 안내를 받아야 하고, 가정법원은 필요한 경우 당사자에게 상담에 관하여 전문적인 지식과 경험을 갖춘 전문상담인의 상담을 받을 것을 권고할 수 있다.
② 가정법원에 이혼의사의 확인을 신청한 당사자는 제1항의 안내를 받은 날부터 다음 각 호의 기간이 지난 후에 이혼의사의 확인을 받을 수 있다.
1. 양육하여야 할 자(포태 중인 자를 포함한다. 이하 이 조에서 같다)가 있는 경우에는 3개월
2. 제1호에 해당하지 아니하는 경우에는 1개월
③ 가정법원은 폭력으로 인하여 당사자 일방에게 참을 수 없는 고통이 예상되는 등 이혼을 하여야 할 급박한 사정이 있는 경우에는 제2항의 기간을 단축 또는 면제할 수 있다.
④ 양육하여야 할 자가 있는 경우 당사자는 제837조에 따른 자(子)의 양육과 제909조제4항에 따른 자(子)의 친권자결정에 관한 협의서 또는 제837조 및 제909조제4항에 따른 가정법원의 심판정본을 제출하여야 한다.
⑤ 가정법원은 당사자가 협의한 양육비부담에 관한 내용을 확인하는 양육비부담조서를 작성하여야 한다. 이 경우 양육비부담조서의 효력에 대하여는 「가사소송법」 제41조를 준용한다.
(2009.5.8 본항신설)
(2007.12.21 본조신설)

제837조【이혼과 자의 양육책임】 ① 당사자는 그 자의 양육에 관한 사항을 협의에 의하여 정한다.
② 제1항의 협의는 다음의 사항을 포함하여야 한다.
1. 양육자의 결정
2. 양육비용의 부담
3. 면접교섭권의 행사 여부 및 그 방법
(2007.12.21 본항개정)
③ 제1항에 따른 협의가 자(子)의 복리에 반하는 경우에는 가정법원은 보정을 명하거나 직권으로 그 자(子)의 의사(意思)·나이와 부모의 재산상황, 그 밖의 사정을 참작하여 양육에 필요한 사항을 정한다.(2022.12.27 본항개정)
④ 양육에 관한 사항의 협의가 이루어지지 아니하거나 협의할 수 없는 때에는 가정법원은 직권으로 또는 당사자의 청구에 따라 이에 관하여 결정한다. 이 경우 가정법원은 제3항의 사정을 참작하여야 한다.(2007.12.21 본항신설)
⑤ 가정법원은 자(子)의 복리를 위하여 필요하다고 인정하는 경우에는 부·모·자(子) 및 검사의 청구 또는 직권으로 자(子)의 양육에 관한 사항을 변경하거나 다른 적당한 처분을 할 수 있다.
(2007.12.21 본항신설)
⑥ 제3항부터 제5항까지의 규정은 양육에 관한 사항 외에는 부모의 권리의무에 변경을 가져오지 아니한다.(2007.12.21 본항신설)
(1990.1.13 본조개정)

제837조의2【면접교섭권*】 ① 자(子)를 직접 양육하지 아니하는 부모의 일방과 자(子)는 상호 면접교섭할 수 있는 권리를 가진다.
(2007.12.21 본항개정)
② 자(子)를 직접 양육하지 아니하는 부모 일방의 직계존속은 그 부모 일방이 사망하였거나 질병, 외국거주, 그 밖에 불가피한 사정으로 자(子)를 면접교섭할 수 없는 경우 가정법원에 자(子)와의 면접교섭을 청구할 수 있다. 이 경우 가정법원은 자(子)의 의사(意思), 면접교섭을 청구한 사람과 자(子)의 관계, 청구의 동기, 그 밖의 사정을 참작하여야 한다.(2016.12.2 본항신설)
③ 가정법원은 자의 복리를 위하여 필요한 때에는 당사자의 청구 또는 직권에 의하여 면접교섭을 제한·배제·변경할 수 있다.(2016.12.2 본항개정)

* 면접교섭권(面接交涉權) : 이혼한 부부 중 양육권을 갖지 않은 일방이 양육권을 가지고 있는 다른 일방에게 맡겨진 자녀를 만나고 교류하는 권리

제838조【사기, 강박으로 인한 이혼의 취소청구권】 사기 또는 강박으로 인하여 이혼의 의사표시를 한 자는 그 취소를 가정법원에 청구할 수 있다.(1990.1.13 본조개정)

제839조【준용규정】 제823조의 규정은 협의상 이혼에 준용한다.

제839조의2【재산분할청구권】 ① 협의상 이혼한 자의 일방은 다른 일방에 대하여 재산분할을 청구할 수 있다.

② 제1항의 재산분할에 관하여 협의가 되지 아니하거나 협의할 수 없는 때에는 가정법원은 당사자의 청구에 의하여 당사자 쌍방의 협력으로 이룩한 재산의 액수 기타 사정을 참작하여 분할의 액수와 방법을 정한다.

③ 제1항의 재산분할청구권은 이혼한 날부터 2년을 경과한 때에는 소멸한다.

(1990.1.13 본조신설)

제839조의3【재산분할청구권 보전을 위한 사해행위취소권】 ① 부부의 일방이 다른 일방의 재산분할청구권 행사를 해함을 알면서도 재산권을 목적으로 하는 법률행위를 한 때에는 다른 일방은 제406조제1항을 준용하여 그 취소 및 원상회복을 가정법원에 청구할 수 있다.

② 제1항의 소는 제406조제2항의 기간 내에 제기하여야 한다.

(2007.12.21 본조신설)

제2관 재판상 이혼

제840조【재판상 이혼원인】 부부의 일방은 다음 각호의 사유가 있는 경우에는 가정법원에 이혼을 청구할 수 있다.(1990.1.13 본문개정)

1. 배우자에 부정한 행위가 있었을 때
2. 배우자가 악의로 다른 일방을 유기한 때
3. 배우자 또는 그 직계존속으로부터 심히 부당한 대우를 받았을 때
4. 자기의 직계존속이 배우자로부터 심히 부당한 대우를 받았을 때
5. 배우자의 생사가 3년이상 분명하지 아니한 때
6. 기타 혼인을 계속하기 어려운 중대한 사유가 있을 때

제841조【부정으로 인한 이혼청구권의 소멸】 전조제1호의 사유는 다른 일방이 사전동의나 사후용서를 한 때 또는 이를 안 날로부터 6월, 그 사유있은 날로부터 2년을 경과한 때에는 이혼을 청구하지 못한다.

제842조【기타 원인으로 인한 이혼청구권의 소멸】 제840조제6호의 사유는 다른 일방이 이를 안 날로부터 6월, 그 사유있은 날로부터 2년을 경과하면 이혼을 청구하지 못한다.

제843조【준용규정】 재판상 이혼에 따른 손해배상책임에 관하여는 제806조를 준용하고, 재판상 이혼에 따른 자녀의 양육책임 등에 관하여는 제837조를 준용하며, 재판상 이혼에 따른 면접교섭권에 관하여는 제837조의2를 준용하고, 재판상 이혼에 따른 재산분할청구권에 관하여는 제839조의2를 준용하며, 재판상 이혼에 따른 재산분할청구권 보전을 위한 사해행위취소권에 관하여는 제839조의3을 준용한다.(2012.2.10 본조개정)

제4장 부모와 자

제1절 친생자

제844조【남편의 친생자*의 추정】 ① 아내가 혼인 중에 임신한 자녀는 남편의 자녀로 추정한다.

② 혼인이 성립한 날부터 200일 후에 출생한 자녀는 혼인 중에 임신한 것으로 추정한다.

③ 혼인관계가 종료된 날부터 300일 이내에 출생한 자녀는 혼인 중에 임신한 것으로 추정한다.

(2017.10.31 본조개정)

* 친생자(親生子) : 부모와 혈연관계가 있는 자녀

제845조【법원에 의한 부의 결정】 재혼한 여자가 해산한 경우에 제844조의 규정에 의하여 그 자의 부를 정할 수 없는 때에는 법원이 당사자의 청구에 의하여 이를 정한다.(2005.3.31 본조개정)

제846조【자의 친생부인*】 부부의 일방은 제844조의 경우에 그 자가 친생자임을 부인하는 소를 제기할 수 있다.(2005.3.31 본조개정)

* 친생부인(親生否認) : 혼인 중 태어난 자녀는 자동적으로 부(父)의 친생자로 추정받지만, 이를 번복하여 친자식이 아니라고 부정하는 것

제847조【친생부인의 소】 ① 친생부인(親生否認)의 소(訴)는 부(夫) 또는 처(妻)가 다른 일방 또는 자(子)를 상대로 하여 그 사유가 있음을 안 날부터 2년내에 이를 제기하여야 한다.

② 제1항의 경우에 상대방이 될 자가 모두 사망한 때에는 그 사망을 안 날부터 2년내에 검사를 상대로 하여 친생부인의 소를 제기할 수 있다.

(2005.3.31 본조개정)

제848조【성년후견과 친생부인의 소】 ① 남편이나 아내가 피성년후견인인 경우에는 그의 성년후견인이 성년후견감독인의 동의를 받아 친생부인의 소를 제기할 수 있다. 성년후견감독인이 없거나 동의할 수 없을 때에는 가정법원에 그 동의를 갈음하는 허가를 청구할 수 있다.

② 제1항의 경우 성년후견인이 친생부인의 소를 제기하지 아니하는 경우에는 피성년후견인은 성년후견종료의 심판이 있은 날부터 2년 내에 친생부인의 소를 제기할 수 있다.

(2011.3.7 본조개정)

제849조【자사망후의 친생부인】 자가 사망한 후에도 그 직계비속이 있는 때에는 그 모를 상대로, 모가 없으면 검사를 상대로 하여 부인의 소를 제기할 수 있다.

제850조【유언에 의한 친생부인】 부(夫) 또는 처(妻)가 유언으로 부인의 의사를 표시한 때에는 유언집행자는 친생부인의 소를 제기하여야 한다. (2005.3.31 본조개정)

제851조【부의 자 출생 전 사망 등과 친생부인】 부(夫)가 자(子)의 출생 전에 사망하거나 부(夫) 또는 처(妻)가 제847조제1항의 기간내에 사망한 때에는 부(夫) 또는 처(妻)의 직계존속이나 직계비속에 한하여 그 사망을 안 날부터 2년내에 친생부인의 소를 제기할 수 있다.(2005.3.31 본조개정)

제852조【친생부인권의 소멸】 자의 출생 후에 친생자(親生子)임을 승인한 자는 다시 친생부인의 소를 제기하지 못한다.(2005.3.31 본조개정)

제853조 (2005.3.31 삭제)

제854조【사기, 강박으로 인한 승인의 취소】 제852조의 승인이 사기 또는 강박으로 인한 때에는 이를 취소할 수 있다.(2005.3.31 본조개정)

제854조의2【친생부인의 허가 청구】 ① 어머니 또는 어머니의 전(前) 남편은 제844조제3항의 경우에 가정법원에 친생부인의 허가를 청구할 수 있다. 다만, 혼인 중의 자녀로 출생신고가 된 경우에는 그러하지 아니하다.

② 제1항의 청구가 있는 경우에 가정법원은 혈액채취에 의한 혈액형 검사, 유전인자의 검사 등 과학적 방법에 따른 검사결과 또는 장기간의 별거 등 그 밖의 사정을 고려하여 허가 여부를 정한다.

③ 제1항 및 제2항에 따른 허가를 받은 경우에는 제844조제1항 및 제3항의 추정이 미치지 아니한다.

(2017.10.31 본조신설)

제855조【인지*】 ① 혼인외의 출생자는 그 생부나 생모가 이를 인지할 수 있다. 부모의 혼인이 무효인 때에는 출생자는 혼인외의 출생자로 본다.

② 혼인외의 출생자는 그 부모가 혼인한 때에는 그때로부터 혼인 중의 출생자로 본다.

* 인지(認知) : 혼인 외의 관계에서 태어난 자를 자기의 자녀로 인정하는 의사표시

제855조의2【인지의 허가 청구】 ① 생부(生父)는 제844조제3항의 경우에 가정법원에 인지의 허가를 청구할 수 있다. 다만, 혼인 중의 자녀로 출생신고가 된 경우에는 그러하지 아니하다.

② 제1항의 청구가 있는 경우에 가정법원은 혈액채취에 의한 혈액형 검사, 유전인자의 검사 등 과학적 방법에 따른 검사결과 또는 장기간의 별거 등 그 밖의 사정을 고려하여 허가 여부를 정한다.

③ 제1항 및 제2항에 따라 허가를 받은 생부가 「가족관계의 등록 등에 관한 법률」 제57조제1항에 따른 신고를 하는 경우에는 제844조제1항 및 제3항의 추정이 미치지 아니한다.

(2017.10.31 본조신설)

제856조【피성년후견인의 인지】 아버지가 피성년후견인인 경우에는 성년후견인의 동의를 받아 인지할 수 있다.(2011.3.7 본조개정)

제857조【사망자의 인지】 자가 사망한 후에도 그 직계비속이 있는 때에는 이를 인지할 수 있다.

제858조【포태중인 자의 인지】 부는 포태 중에 있는 자에 대하여도 이를 인지할 수 있다.

제859조【인지의 효력발생】 ① 인지는 「가족관계의 등록 등에 관한 법률」의 정하는 바에 의하여 신고함으로써 그 효력이 생긴다.(2007.5.17 본항개정)

② 인지는 유언으로도 이를 할 수 있다. 이 경우에는 유언집행자가 이를 신고하여야 한다.

제860조【인지의 소급효】 인지는 그 자의 출생시에 소급하여 효력이 생긴다. 그러나 제3자의 취득한 권리를 해하지 못한다.

제861조【인지의 취소】 사기, 강박 또는 중대한 착오로 인하여 인지를 한 때에는 사기나 착오를 안 날 또는 강박을 면한 날로부터 6월내에 가정법원에 그 취소를 청구할 수 있다.(2005.3.31 본조개정)

제862조【인지에 대한 이의의 소】 자 기타 이해관계인은 인지의 신고있음을 안 날로부터 1년내에 인지에 대한 이의의 소를 제기할 수 있다.

제863조【인지청구의 소】 자와 그 직계비속 또는 그 법정대리인은 부 또는 모를 상대로 하여 인지청구의 소를 제기할 수 있다.

제864조【부모의 사망과 인지청구의 소】 제862조 및 제863조의 경우에 부 또는 모가 사망한 때에는 그 사망을 안 날로부터 2년내에 검사를 상대로 하여 인지에 대한 이의 또는 인지청구의 소를 제기할 수 있다.(2005.3.31 본조개정)

제864조의2【인지와 자의 양육책임 등】 제837조 및 제837조의2의 규정은 자가 인지된 경우에 자의 양육책임과 면접교섭권에 관하여 이를 준용한다.(2005.3.31 본조신설)

제865조【다른 사유를 원인으로 하는 친생관계존부확인의 소】 ① 제845조, 제846조, 제848조, 제850조, 제851조, 제862조와 제863조의 규정에 의하여 소를 제기할 수 있는 자는 다른 사유를 원인으로 하여 친생자관계존부의 확인의 소를 제기할 수 있다.

② 제1항의 경우에 당사자 일방이 사망한 때에는 그 사망을 안 날로부터 2년내에 검사를 상대로 하여 소를 제기할 수 있다.(2005.3.31 본항개정)

제2절 양자(養子)
(2012.2.10 본절제목개정)

제1관 입양의 요건과 효력
(2012.2.10 본관제목개정)

제866조【입양을 할 능력】 성년이 된 사람은 입양(入養)을 할 수 있다.(2012.2.10 본조개정)

제867조【미성년자의 입양에 대한 가정법원의 허가】 ① 미성년자를 입양하려는 사람은 가정법원의 허가를 받아야 한다.

② 가정법원은 양자가 될 미성년자의 복리를 위하여 그 양육 상황, 입양의 동기, 양부모(養父母)

의 양육능력, 그 밖의 사정을 고려하여 제1항에 따른 입양의 허가를 하지 아니할 수 있다.
(2012.2.10 본조신설)

제868조 (1990.1.13 삭제)

제869조 【입양의 의사표시】 ① 양자가 될 사람이 13세 이상의 미성년자인 경우에는 법정대리인의 동의를 받아 입양을 승낙한다.
② 양자가 될 사람이 13세 미만인 경우에는 법정대리인이 그를 갈음하여 입양을 승낙한다.
③ 가정법원은 다음 각 호의 어느 하나에 해당하는 경우에는 제1항에 따른 동의 또는 제2항에 따른 승낙이 없더라도 제867조제1항에 따른 입양의 허가를 할 수 있다.
1. 법정대리인이 정당한 이유 없이 동의 또는 승낙을 거부하는 경우. 다만, 법정대리인이 친권자인 경우에는 제870조제2항의 사유가 있어야 한다.
2. 법정대리인의 소재를 알 수 없는 등의 사유로 동의 또는 승낙을 받을 수 없는 경우
④ 제3항제1호의 경우 가정법원은 법정대리인을 심문하여야 한다.
⑤ 제1항에 따른 동의 또는 제2항에 따른 승낙은 제867조제1항에 따른 입양의 허가가 있기 전까지 철회할 수 있다.
(2012.2.10 본조개정)

제870조 【미성년자 입양에 대한 부모의 동의】
① 양자가 될 미성년자는 부모의 동의를 받아야 한다. 다만, 다음 각 호의 어느 하나에 해당하는 경우에는 그러하지 아니하다.
1. 부모가 제869조제1항에 따른 동의를 하거나 같은 조 제2항에 따른 승낙을 한 경우
2. 부모가 친권상실의 선고를 받은 경우
3. 부모의 소재를 알 수 없는 등의 사유로 동의를 받을 수 없는 경우
② 가정법원은 다음 각 호의 어느 하나에 해당하는 사유가 있는 경우에는 부모가 동의를 거부하더라도 제867조제1항에 따른 입양의 허가를 할 수 있다. 이 경우 가정법원은 부모를 심문하여야 한다.
1. 부모가 3년 이상 자녀에 대한 부양의무를 이행하지 아니한 경우
2. 부모가 자녀를 학대 또는 유기(遺棄)하거나 그 밖에 자녀의 복리를 현저히 해친 경우
③ 제1항에 따른 동의는 제867조제1항에 따른 입양의 허가가 있기 전까지 철회할 수 있다.
(2012.2.10 본조개정)

제871조 【성년자 입양에 대한 부모의 동의】 ① 양자가 될 사람이 성년인 경우에는 부모의 동의를 받아야 한다. 다만, 부모의 소재를 알 수 없는 등의 사유로 동의를 받을 수 없는 경우에는 그러하지 아니하다.
② 가정법원은 부모가 정당한 이유 없이 동의를 거부하는 경우에 양부모가 될 사람이나 양자가 될 사람의 청구에 따라 부모의 동의를 갈음하는 심판을 할 수 있다. 이 경우 가정법원은 부모를 심문하여야 한다.
(2012.2.10 본조개정)

제872조 (2012.2.10 삭제)

제873조 【피성년후견인의 입양】 ① 피성년후견인은 성년후견인의 동의를 받아 입양을 할 수 있고 양자가 될 수 있다.
② 피성년후견인이 입양을 하거나 양자가 되는 경우에는 제867조를 준용한다.
③ 가정법원은 성년후견인이 정당한 이유 없이 제1항에 따른 동의를 거부하거나 피성년후견인의 부모가 정당한 이유 없이 제871조제1항에 따른 동의를 거부하는 경우에 그 동의가 없어도 입양을 허가할 수 있다. 이 경우 가정법원은 성년후견인 또는 부모를 심문하여야 한다.
(2012.2.10 본조개정)

제874조 【부부의 공동 입양 등】 ① 배우자가 있는 사람은 배우자와 공동으로 입양하여야 한다.
② 배우자가 있는 사람은 그 배우자의 동의를 받아야만 양자가 될 수 있다.
(2012.2.10 본조개정)

제875조 (1990.1.13 삭제)

제876조 (1990.1.13 삭제)

제877조 【입양의 금지】 존속이나 연장자를 입양할 수 없다.(2012.2.10 본조개정)

제878조 【입양의 성립】 입양은 「가족관계의 등록 등에 관한 법률」에서 정한 바에 따라 신고함으로써 그 효력이 생긴다.(2012.2.10 본조개정)

제879조 (1990.1.13 삭제)

제880조 (1990.1.13 삭제)

제881조 【입양 신고의 심사】 제866조, 제867조, 제869조부터 제871조까지, 제873조, 제874조, 제877조, 그 밖의 법령을 위반하지 아니한 입양 신고는 수리하여야 한다.(2012.2.10 본조개정)

제882조 【외국에서의 입양 신고】 외국에서 입양 신고를 하는 경우에는 제814조를 준용한다.
(2012.2.10 본조개정)

제882조의2 【입양의 효력】 ① 양자는 입양된 때부터 양부모의 친생자와 같은 지위를 가진다.
② 양자의 입양 전의 친족관계는 존속한다.
(2012.2.10 본조신설)

제2관 입양의 무효와 취소
(2012.2.10 본관제목개정)

제883조 【입양 무효의 원인】 다음 각 호의 어느 하나에 해당하는 입양은 무효이다.
1. 당사자 사이에 입양의 합의가 없는 경우
2. 제867조제1항(제873조제2항에 따라 준용되는 경우를 포함한다), 제869조제2항, 제877조를 위반한 경우
(2012.2.10 본조개정)

제884조【입양 취소의 원인】 ① 입양이 다음 각 호의 어느 하나에 해당하는 경우에는 가정법원에 그 취소를 청구할 수 있다.

1. 제866조, 제869조제1항, 같은 조 제3항제2호, 제870조제1항, 제871조제1항, 제873조제1항, 제874조를 위반한 경우
2. 입양 당시 양부모와 양자 중 어느 한쪽에게 악질(惡疾)이나 그 밖에 중대한 사유가 있음을 알지 못한 경우
3. 사기 또는 강박으로 인하여 입양의 의사표시를 한 경우

② 입양 취소에 관하여는 제867조제2항을 준용한다.
(2012.2.10 본조개정)

제885조【입양 취소 청구권자】 양부모, 양자와 그 법정대리인 또는 직계혈족은 제866조를 위반한 입양의 취소를 청구할 수 있다.
(2012.2.10 본조개정)

제886조【입양 취소 청구권자】 양자나 동의권자는 제869조제1항, 같은 조 제3항제2호, 제870조제1항을 위반한 입양의 취소를 청구할 수 있고, 동의권자는 제871조제1항을 위반한 입양의 취소를 청구할 수 있다.(2012.2.10 본조개정)

제887조【입양 취소 청구권자】 피성년후견인이나 성년후견인은 제873조제1항을 위반한 입양의 취소를 청구할 수 있다.(2012.2.10 본조개정)

제888조【입양 취소 청구권자】 배우자는 제874조를 위반한 입양의 취소를 청구할 수 있다.
(2012.2.10 본조개정)

제889조【입양 취소 청구권의 소멸】 양부모가 성년이 되면 제866조를 위반한 입양의 취소를 청구하지 못한다.(2012.2.10 본조개정)

제890조 (1990.1.13 삭제)

제891조【입양 취소 청구권의 소멸】 ① 양자가 성년이 된 후 3개월이 지나거나 사망하면 제869조제1항, 같은 조 제3항제2호, 제870조제1항을 위반한 입양의 취소를 청구하지 못한다.
② 양자가 사망하면 제871조제1항을 위반한 입양의 취소를 청구하지 못한다.
(2012.2.10 본조개정)

제892조 (2012.2.10 삭제)

제893조【입양 취소 청구권의 소멸】 성년후견개시의 심판이 취소된 후 3개월이 지나면 제873조제1항을 위반한 입양의 취소를 청구하지 못한다.(2012.2.10 본조개정)

제894조【입양 취소 청구권의 소멸】 제869조제1항, 같은 조 제3항제2호, 제870조제1항, 제871조제1항, 제873조제1항, 제874조를 위반한 입양은 그 사유가 있음을 안 날부터 6개월, 그 사유가 있었던 날부터 1년이 지나면 그 취소를 청구하지 못한다.(2012.2.10 본조개정)

제895조 (1990.1.13 삭제)

제896조【입양 취소 청구권의 소멸】 제884조제1항제2호에 해당하는 사유가 있는 입양은 양부모와 양자 중 어느 한 쪽이 그 사유가 있음을 안 날부터 6개월이 지나면 그 취소를 청구하지 못한다.(2012.2.10 본조개정)

제897조【준용규정】 입양의 무효 또는 취소에 따른 손해배상책임에 관하여는 제806조를 준용하고, 사기 또는 강박으로 인한 입양 취소 청구권의 소멸에 관하여는 제823조를 준용하며, 입양 취소의 효력에 관하여는 제824조를 준용한다.
(2012.2.10 본조개정)

제3관 파양(罷養)
(2012.2.10 본관제목개정)

제1항 협의상 파양
(2012.2.10 본항제목개정)

제898조【협의상 파양*】 양부모와 양자는 협의하여 파양(罷養)할 수 있다. 다만, 양자가 미성년자 또는 피성년후견인인 경우에는 그러하지 아니하다.(2012.2.10 본조개정)

* 파양(罷揚) : 입양관계를 해소, 소멸시키는 것

제899조 (2012.2.10 삭제)

제900조 (2012.2.10 삭제)

제901조 (2012.2.10 삭제)

제902조【피성년후견인의 협의상 파양】 피성년후견인인 양부모는 성년후견인의 동의를 받아 파양을 협의할 수 있다.(2012.2.10 본조개정)

제903조【파양 신고의 심사】 제898조, 제902조, 그 밖의 법령을 위반하지 아니한 파양 신고는 수리하여야 한다.(2012.2.10 본조개정)

제904조【준용규정】 사기 또는 강박으로 인한 파양 취소 청구권의 소멸에 관하여는 제823조를 준용하고, 협의상 파양의 성립에 관하여는 제878조를 준용한다.(2012.2.10 본조개정)

제2항 재판상 파양
(2012.2.10 본항제목개정)

제905조【재판상 파양의 원인】 양부모, 양자 또는 제906조에 따른 청구권자는 다음 각 호의 어느 하나에 해당하는 경우에는 가정법원에 파양을 청구할 수 있다.

1. 양부모가 양자를 학대 또는 유기하거나 그 밖에 양자의 복리를 현저히 해친 경우
2. 양부모가 양자로부터 심히 부당한 대우를 받은 경우
3. 양부모나 양자의 생사가 3년 이상 분명하지 아니한 경우
4. 그 밖에 양친자관계를 계속하기 어려운 중대한 사유가 있는 경우

(2012.2.10 본조개정)

제906조【파양 청구권자】 ① 양자가 13세 미만인 경우에는 제869조제2항에 따른 승낙을 한 사람이 양자를 갈음하여 파양을 청구할 수 있다. 다만, 파양을 청구할 수 있는 사람이 없는 경우에는 제777조에 따른 양자의 친족이나 이해관계인이 가정법원의 허가를 받아 파양을 청구할 수 있다.
② 양자가 13세 이상의 미성년자인 경우에는 제870조제1항에 따른 동의를 한 부모의 동의를 받아 파양을 청구할 수 있다. 다만, 부모가 사망하거나 그 밖의 사유로 동의할 수 없는 경우에는 동의 없이 파양을 청구할 수 있다.
③ 양부모나 양자가 피성년후견인인 경우에는 성년후견인의 동의를 받아 파양을 청구할 수 있다.
④ 검사는 미성년자나 피성년후견인인 양자를 위하여 파양을 청구할 수 있다.
(2012.2.10 본조개정)

제907조【파양 청구권의 소멸】 파양 청구권자는 제905조제1호·제2호·제4호의 사유가 있음을 안 날부터 6개월, 그 사유가 있었던 날부터 3년이 지나면 파양을 청구할 수 없다.(2012.2.10 본조개정)

제908조【준용규정】 재판상 파양에 따른 손해배상책임에 관하여는 제806조를 준용한다.
(2012.2.10 본조개정)

제4관 친양자
(2005.3.31 본관신설)

제908조의2【친양자 입양의 요건 등】 ① 친양자(親養子)를 입양하려는 사람은 다음 각 호의 요건을 갖추어 가정법원에 친양자 입양을 청구하여야 한다.
1. 3년 이상 혼인 중인 부부로서 공동으로 입양할 것. 다만, 1년 이상 혼인 중인 부부의 한쪽이 그 배우자의 친생자를 친양자로 하는 경우에는 그러하지 아니하다.
2. 친양자가 될 사람이 미성년자일 것
3. 친양자가 될 사람의 친생부모가 친양자 입양에 동의할 것. 다만, 부모가 친권상실의 선고를 받거나 소재를 알 수 없거나 그 밖의 사유로 동의할 수 없는 경우에는 그러하지 아니하다.
4. 친양자가 될 사람이 13세 이상인 경우에는 법정대리인의 동의를 받아 입양을 승낙할 것
5. 친양자가 될 사람이 13세 미만인 경우에는 법정대리인이 그를 갈음하여 입양을 승낙할 것

② 가정법원은 다음 각 호의 어느 하나에 해당하는 경우에는 제1항제3호·제4호에 따른 동의 또는 같은 항 제5호에 따른 승낙이 없어도 제1항의 청구를 인용할 수 있다. 이 경우 가정법원은 동의권자 또는 승낙권자를 심문하여야 한다.
1. 법정대리인이 정당한 이유 없이 동의 또는 승낙을 거부하는 경우. 다만, 법정대리인이 친권자인 경우에는 제2호 또는 제3호의 사유가 있어야 한다.
2. 친생부모가 자신에게 책임이 있는 사유로 3년 이상 자녀에 대한 부양의무를 이행하지 아니하고 면접교섭을 하지 아니한 경우
3. 친생부모가 자녀를 학대 또는 유기하거나 그 밖에 자녀의 복리를 현저히 해친 경우

③ 가정법원은 친양자가 될 사람의 복리를 위하여 그 양육상황, 친양자 입양의 동기, 양부모의 양육능력, 그 밖의 사정을 고려하여 친양자 입양이 적당하지 아니하다고 인정하는 경우에는 제1항의 청구를 기각할 수 있다.
(2012.2.10 본조개정)

제908조의3【친양자 입양의 효력】 ① 친양자는 부부의 혼인중 출생자로 본다.
② 친양자의 입양 전의 친족관계는 제908조의2제1항의 청구에 의한 친양자 입양이 확정된 때에 종료한다. 다만, 부부의 일방이 그 배우자의 친생자를 단독으로 입양한 경우에 있어서의 배우자 및 그 친족과 친생자간의 친족관계는 그러하지 아니하다.

제908조의4【친양자 입양의 취소 등】 ① 친양자로 될 사람의 친생(親生)의 아버지 또는 어머니는 자신에게 책임이 없는 사유로 인하여 제908조의2제1항제3호 단서에 따른 동의를 할 수 없었던 경우에 친양자 입양의 사실을 안 날부터 6개월 안에 가정법원에 친양자 입양의 취소를 청구할 수 있다.
② 친양자 입양에 관하여는 제883조, 제884조를 적용하지 아니한다.
(2012.2.10 본조개정)

제908조의5【친양자의 파양】 ① 양친, 친양자, 친생의 부 또는 모나 검사는 다음 각 호의 어느 하나의 사유가 있는 경우에는 가정법원에 친양자의 파양(罷養)을 청구할 수 있다.
1. 양친이 친양자를 학대 또는 유기(遺棄)하거나 그 밖에 친양자의 복리를 현저히 해하는 때
2. 친양자의 양친에 대한 패륜(悖倫)행위로 인하여 친양자관계를 유지시킬 수 없게 된 때

② 제898조 및 제905조의 규정은 친양자의 파양에 관하여 이를 적용하지 아니한다.

제908조의6【준용규정】 제908조의2제3항은 친양자 입양의 취소 또는 제908조의5제1항제2호에 따른 파양의 청구에 관하여 이를 준용한다.
(2012.2.10 본조개정)

제908조의7【친양자 입양의 취소·파양의 효력】 ① 친양자 입양이 취소되거나 파양된 때에는 친양자관계는 소멸하고 입양 전의 친족관계는 부활한다.
② 제1항의 경우에 친양자 입양의 취소의 효력은 소급하지 아니한다.

제908조의8【준용규정】 친양자에 관하여 이 관에 특별한 규정이 있는 경우를 제외하고는 그 성질에 반하지 아니하는 범위 안에서 양자에 관한 규정을 준용한다.

제3절 친 권

제1관 총 칙

제909조【친권자】 ① 부모는 미성년자인 자의 친권자가 된다. 양자의 경우에는 양부모(養父母)가 친권자가 된다.(2005.3.31 본항개정)
② 친권은 부모가 혼인 중인 때에는 부모가 공동으로 이를 행사한다. 그러나 부모의 의견이 일치하지 아니하는 경우에는 당사자의 청구에 의하여 가정법원이 이를 정한다.
③ 부모의 일방이 친권을 행사할 수 없을 때에는 다른 일방이 이를 행사한다.
④ 혼인외의 자가 인지된 경우와 부모가 이혼하는 경우에는 부모의 협의로 친권자를 정하여야 하고, 협의할 수 없거나 협의가 이루어지지 아니하는 경우에는 가정법원은 직권으로 또는 당사자의 청구에 따라 친권자를 지정하여야 한다. 다만, 부모의 협의가 자(子)의 복리에 반하는 경우에는 가정법원은 보정을 명하거나 직권으로 친권자를 정한다.(2007.12.21 본항개정)
⑤ 가정법원은 혼인의 취소, 재판상 이혼 또는 인지청구의 소의 경우에는 직권으로 친권자를 정한다.(2005.3.31 본항개정)
⑥ 가정법원은 자의 복리를 위하여 필요하다고 인정되는 경우에는 자의 4촌 이내의 친족의 청구에 의하여 정하여진 친권자를 다른 일방으로 변경할 수 있다.(2005.3.31 본항신설)
(1990.1.13 본조개정)

제909조의2【친권자의 지정 등】 ① 제909조제4항부터 제6항까지의 규정에 따라 단독 친권자로 정하여진 부모의 일방이 사망한 경우 생존하는 부 또는 모, 미성년자, 미성년자의 친족은 그 사실을 안 날부터 1개월, 사망한 날부터 6개월 내에 가정법원에 생존하는 부 또는 모를 친권자로 지정할 것을 청구할 수 있다.
② 입양이 취소되거나 파양된 경우 또는 양부모가 모두 사망한 경우 친생부모 일방 또는 쌍방, 미성년자, 미성년자의 친족은 그 사실을 안 날부터 1개월, 입양이 취소되거나 파양된 날 또는 양부모가 모두 사망한 날부터 6개월 내에 가정법원에 친생부모 일방 또는 쌍방을 친권자로 지정할 것을 청구할 수 있다. 다만, 친양자의 양부모가 사망한 경우에는 그러하지 아니하다.
③ 제1항 또는 제2항의 기간 내에 친권자 지정의 청구가 없을 때에는 가정법원은 직권으로 또는 미성년자, 미성년자의 친족, 이해관계인, 검사, 지방자치단체의 장의 청구에 의하여 미성년후견인을 선임할 수 있다. 이 경우 생존하는 부 또는 모, 친생부모 일방 또는 쌍방의 소재를 모르거나 그가 정당한 사유 없이 소환에 응하지 아니하는 경우를 제외하고 그에게 의견을 진술할 기회를 주어야 한다.
④ 가정법원은 제1항 또는 제2항에 따른 친권자 지정 청구나 제3항에 따른 후견인 선임 청구가 생존하는 부 또는 모, 친생부모 일방 또는 쌍방의 양육의사 및 양육능력, 청구 동기, 미성년자의 의사, 그 밖의 사정을 고려하여 미성년자의 복리를 위하여 적절하지 아니하다고 인정하면 청구를 기각할 수 있다. 이 경우 가정법원은 직권으로 미성년후견인을 선임하거나 생존하는 부 또는 모, 친생부모 일방 또는 쌍방을 친권자로 지정하여야 한다.
⑤ 가정법원은 다음 각 호의 어느 하나에 해당하는 경우에 직권으로 또는 미성년자, 미성년자의 친족, 이해관계인, 검사, 지방자치단체의 장의 청구에 의하여 제1항부터 제4항까지의 규정에 따라 친권자가 지정되거나 미성년후견인이 선임될 때까지 그 임무를 대행할 사람을 선임할 수 있다. 이 경우 그 임무를 대행할 사람에 대하여는 제25조 및 제954조를 준용한다.
1. 단독 친권자가 사망한 경우
2. 입양이 취소되거나 파양된 경우
3. 양부모가 모두 사망한 경우
⑥ 가정법원은 제3항 또는 제4항에 따라 미성년후견인이 선임된 경우라도 미성년후견인 선임 후 양육상황이나 양육능력의 변동, 미성년자의 의사, 그 밖의 사정을 고려하여 미성년자의 복리를 위하여 필요하면 생존하는 부 또는 모, 친생부모 일방 또는 쌍방, 미성년자의 청구에 의하여 후견을 종료하고 생존하는 부 또는 모, 친생부모 일방 또는 쌍방을 친권자로 지정할 수 있다.
(2011.5.19 본조신설)

제910조【자의 친권의 대행】 친권자는 그 친권에 따르는 자에 갈음하여 그 자에 대한 친권을 행사한다.(2005.3.31 본조개정)

제911조【미성년자인 자의 법정대리인】 친권을 행사하는 부 또는 모는 미성년자인 자의 법정대리인이 된다.

제912조【친권 행사와 친권자 지정의 기준】 ① 친권을 행사함에 있어서는 자의 복리를 우선적으로 고려하여야 한다.
② 가정법원이 친권자를 지정함에 있어서는 자(子)의 복리를 우선적으로 고려하여야 한다. 이를 위하여 가정법원은 관련 분야의 전문가나 사회복지기관으로부터 자문을 받을 수 있다.
(2011.5.19 본항신설)
(2011.5.19 본조제목개정)
(2005.3.31 본조신설)

제2관 친권의 효력

제913조【보호, 교양의 권리의무】 친권자는 자를 보호하고 교양할 권리의무가 있다.

제914조 【거소지정권】 자는 친권자의 지정한 장소에 거주하여야 한다.

제915조 (2021.1.26 삭제)

제916조 【자의 특유재산과 그 관리】 자가 자기의 명의로 취득한 재산은 그 특유재산으로 하고 법정대리인인 친권자가 이를 관리한다.

제917조 (1990.1.13 삭제)

제918조 【제3자가 무상으로 자에게 수여한 재산의 관리】 ① 무상으로 자에게 재산을 수여한 제3자가 친권자의 관리에 반대하는 의사를 표시한 때에는 친권자는 그 재산을 관리하지 못한다.
② 전항의 경우에 제3자가 그 재산관리인을 지정하지 아니한 때에는 법원은 재산의 수여를 받은 자 또는 제777조의 규정에 의한 친족의 청구에 의하여 관리인을 선임한다.
③ 제3자의 지정한 관리인의 권한이 소멸하거나 관리인을 개임할 필요있는 경우에 제3자가 다시 관리인을 지정하지 아니한 때에도 전항과 같다.
④ 제24조제1항, 제2항, 제4항, 제25조 전단 및 제26조제1항, 제2항의 규정은 전2항의 경우에 준용한다.

제919조 【위임에 관한 규정의 준용】 제691조, 제692조의 규정은 전3조의 재산관리에 준용한다.

제920조 【자의 재산에 관한 친권자의 대리권】 법정대리인인 친권자는 자의 재산에 관한 법률행위에 대하여 그 자를 대리한다. 그러나 그 자의 행위를 목적으로 하는 채무를 부담할 경우에는 본인의 동의를 얻어야 한다.

제920조의2 【공동친권자의 일방이 공동명의로 한 행위의 효력】 부모가 공동으로 친권을 행사하는 경우 부모의 일방이 공동명의로 자를 대리하거나 자의 법률행위에 동의한 때에는 다른 일방의 의사에 반하는 때에도 그 효력이 있다. 그러나 상대방이 악의인 때에는 그러하지 아니한다.
(1990.1.13 본조신설)

제921조 【친권자와 그 자(子)간 또는 수인의 자간의 이해상반행위】 ① 법정대리인인 친권자와 그 자 사이에 이해상반되는 행위를 함에는 친권자는 법원에 그 자의 특별대리인의 선임을 청구하여야 한다.
② 법정대리인인 친권자가 그 친권에 따르는 수인의 자 사이에 이해상반되는 행위를 함에는 법원에 그 자 일방의 특별대리인의 선임을 청구하여야 한다.(2005.3.31 본항개정)

제922조 【친권자의 주의의무】 친권자가 그 자에 대한 법률행위의 대리권 또는 재산관리권을 행사함에는 자기의 재산에 관한 행위와 동일한 주의를 하여야 한다.

제922조의2 【친권자의 동의를 갈음하는 재판】 가정법원은 친권자의 동의가 필요한 행위에 대하여 친권자가 정당한 이유 없이 동의하지 아니함으로써 자녀의 생명, 신체 또는 재산에 중대한 손해가 발생할 위험이 있는 경우에는 자녀, 자녀의 친족, 검사 또는 지방자치단체의 장의 청구에 의하여 친권자의 동의를 갈음하는 재판을 할 수 있다.(2014.10.15 본조신설)

제923조 【재산관리의 계산】 ① 법정대리인인 친권자의 권한이 소멸한 때에는 그 자의 재산에 대한 관리의 계산을 하여야 한다.
② 전항의 경우에 그 자의 재산으로부터 수취한 과실은 그 자의 양육, 재산관리의 비용과 상계한 것으로 본다. 그러나 무상으로 자에게 재산을 수여한 제3자가 반대의 의사를 표시한 때에는 그 재산에 관하여는 그러하지 아니하다.

제3관 친권의 상실, 일시 정지 및 일부 제한

(2014.10.15 본관제목개정)

제924조 【친권의 상실 또는 일시 정지의 선고】 ① 가정법원은 부 또는 모가 친권을 남용하여 자녀의 복리를 현저히 해치거나 해칠 우려가 있는 경우에는 자녀, 자녀의 친족, 검사 또는 지방자치단체의 장의 청구에 의하여 그 친권의 상실 또는 일시 정지를 선고할 수 있다.
② 가정법원은 친권의 일시 정지를 선고할 때에는 자녀의 상태, 양육상황, 그 밖의 사정을 고려하여 그 기간을 정하여야 한다. 이 경우 그 기간은 2년을 넘을 수 없다.
③ 가정법원은 자녀의 복리를 위하여 친권의 일시 정지 기간의 연장이 필요하다고 인정하는 경우에는 자녀, 자녀의 친족, 검사, 지방자치단체의 장, 미성년후견인 또는 미성년후견감독인의 청구에 의하여 2년의 범위에서 그 기간을 한 차례만 연장할 수 있다.
(2014.10.15 본조개정)

제924조의2 【친권의 일부 제한의 선고】 가정법원은 거소의 지정이나 그 밖의 신상에 관한 결정 등 특정한 사항에 관하여 친권자가 친권을 행사하는 것이 곤란하거나 부적당한 사유가 있어 자녀의 복리를 해치거나 해칠 우려가 있는 경우에는 자녀, 자녀의 친족, 검사 또는 지방자치단체의 장의 청구에 의하여 구체적인 범위를 정하여 친권의 일부 제한을 선고할 수 있다.(2021.1.26 본조개정)

제925조 【대리권, 재산관리권 상실의 선고】 가정법원은 법정대리인인 친권자가 부적당한 관리로 인하여 자녀의 재산을 위태롭게 한 경우에는 자녀의 친족, 검사 또는 지방자치단체의 장의 청구에 의하여 그 법률행위의 대리권과 재산관리권의 상실을 선고할 수 있다.(2014.10.15 본조개정)

제925조의2 【친권 상실 선고 등의 판단 기준】 ① 제924조에 따른 친권 상실의 선고는 같은 조에 따른 친권의 일시 정지, 제924조의2에 따른 친

권의 일부 제한, 제925조에 따른 대리권·재산관리권의 상실 선고 또는 그 밖의 다른 조치에 의해서는 자녀의 복리를 충분히 보호할 수 없는 경우에만 할 수 있다.
② 제924조에 따른 친권의 일시 정지, 제924조의2에 따른 친권의 일부 제한 또는 제925조에 따른 대리권·재산관리권의 상실 선고는 제922조의2에 따른 동의를 갈음하는 재판 또는 그 밖의 다른 조치에 의해서는 자녀의 복리를 충분히 보호할 수 없는 경우에만 할 수 있다.
(2014.10.15 본조신설)

제925조의3【부모의 권리와 의무】 제924조와 제924조의2, 제925조에 따라 친권의 상실, 일시 정지, 일부 제한 또는 대리권과 재산관리권의 상실이 선고된 경우에도 부모의 자녀에 대한 그 밖의 권리와 의무는 변경되지 아니한다.
(2014.10.15 본조신설)

제926조【실권 회복의 선고】 가정법원은 제924조, 제924조의2 또는 제925조에 따른 선고의 원인이 소멸된 경우에는 본인, 자녀, 자녀의 친족, 검사 또는 지방자치단체의 장의 청구에 의하여 실권(失權)의 회복을 선고할 수 있다.
(2014.10.15 본조개정)

제927조【대리권, 관리권의 사퇴와 회복】 ① 법정대리인인 친권자는 정당한 사유가 있는 때에는 법원의 허가를 얻어 그 법률행위의 대리권과 재산관리권을 사퇴할 수 있다.
② 전항의 사유가 소멸한 때에는 그 친권자는 법원의 허가를 얻어 사퇴한 권리를 회복할 수 있다.

제927조의2【친권의 상실, 일시 정지 또는 일부 제한과 친권자의 지정 등】 ① 제909조제4항부터 제6항까지의 규정에 따라 단독 친권자가 된 부 또는 모, 양부모(친양자의 양부모를 제외한다) 쌍방에게 다음 각 호의 어느 하나에 해당하는 사유가 있는 경우에는 제909조의2제1항 및 제3항부터 제5항까지의 규정을 준용한다. 다만, 제1호의3·제2호 및 제3호의 경우 새로 정하여진 친권자 또는 미성년후견인의 임무는 제한된 친권의 범위에 속하는 행위에 한정된다.(2014.10.15 단서개정)
1. 제924조에 따른 친권상실의 선고가 있는 경우
1의2. 제924조에 따른 친권 일시 정지의 선고가 있는 경우(2014.10.15 본호신설)
1의3. 제924조의2에 따른 친권 일부 제한의 선고가 있는 경우(2014.10.15 본호신설)
2. 제925조에 따른 대리권과 재산관리권 상실의 선고가 있는 경우
3. 제927조제1항에 따라 대리권과 재산관리권을 사퇴한 경우
4. 소재불명 등 친권을 행사할 수 없는 중대한 사유가 있는 경우
② 가정법원은 제1항에 따라 친권자가 지정되거나 미성년후견인이 선임된 후 단독 친권자이었던 부 또는 모, 양부모 일방 또는 쌍방에게 다음 각 호의 어느 하나에 해당하는 사유가 있는 경우에는 그 부모 일방 또는 쌍방, 미성년자, 미성년자의 친족의 청구에 의하여 친권자를 새로 지정할 수 있다.
1. 제926조에 따라 실권의 회복이 선고된 경우
2. 제927조제2항에 따라 사퇴한 권리를 회복한 경우
3. 소재불명이던 부 또는 모가 발견되는 등 친권을 행사할 수 있게 된 경우
(2014.10.15 본조제목개정)
(2011.5.19 본조신설)

제5장 후 견

제1절 미성년후견과 성년후견
(2011.3.7 본장제목개정)

제1관 후견인
(2011.3.7 본관제목삽입)

제928조【미성년자에 대한 후견의 개시】 미성년자에게 친권자가 없거나 친권자가 제924조, 제924조의2, 제925조 또는 제927조제1항에 따라 친권의 전부 또는 일부를 행사할 수 없는 경우에는 미성년후견인을 두어야 한다.
(2014.10.15 본조개정)

제929조【성년후견심판에 의한 후견의 개시】 가정법원의 성년후견개시심판이 있는 경우에는 그 심판을 받은 사람의 성년후견인을 두어야 한다.
(2011.3.7 본조개정)

제930조【후견인의 수와 자격】 ① 미성년후견인의 수(數)는 한 명으로 한다.
② 성년후견인은 피성년후견인의 신상과 재산에 관한 모든 사정을 고려하여 여러 명을 둘 수 있다.
③ 법인도 성년후견인이 될 수 있다.
(2011.3.7 본조개정)

제931조【유언에 의한 미성년후견인의 지정 등】
① 미성년자에게 친권을 행사하는 부모는 유언으로 미성년후견인을 지정할 수 있다. 다만, 법률행위의 대리권과 재산관리권이 없는 친권자는 그러하지 아니하다.
② 가정법원은 제1항에 따라 미성년후견인이 지정된 경우라도 미성년자의 복리를 위하여 필요하면 생존하는 부 또는 모, 미성년자의 청구에 의하여 후견을 종료하고 생존하는 부 또는 모를 친권자로 지정할 수 있다.
(2011.5.19 본조개정)

제932조【미성년후견인의 선임】 ① 가정법원은 제931조에 따라 지정된 미성년후견인이 없는 경우에는 직권으로 또는 미성년자, 친족, 이해관계인, 검사, 지방자치단체의 장의 청구에 의하여 미

성년후견인을 선임한다. 미성년후견인이 없게 된 경우에도 또한 같다.
② 가정법원은 제924조, 제924조의2 및 제925조에 따른 친권의 상실, 일시 정지, 일부 제한의 선고 또는 법률행위의 대리권이나 재산관리권 상실의 선고에 따라 미성년후견인을 선임할 필요가 있는 경우에는 직권으로 미성년후견인을 선임한다.(2014.10.15 본항개정)
③ 친권자가 대리권 및 재산관리권을 사퇴한 경우에는 지체 없이 가정법원에 미성년후견인의 선임을 청구하여야 한다.
(2011.3.7 본조개정)
제933조 (2011.3.7 삭제)
제934조 (2011.3.7 삭제)
제935조 (2011.3.7 삭제)
제936조【성년후견인의 선임】 ① 제929조에 따른 성년후견인은 가정법원이 직권으로 선임한다.
② 가정법원은 성년후견인이 사망, 결격, 그 밖의 사유로 없게 된 경우에도 직권으로 또는 피성년후견인, 친족, 이해관계인, 검사, 지방자치단체의 장의 청구에 의하여 성년후견인을 선임한다.
③ 가정법원은 성년후견인이 선임된 경우에도 필요하다고 인정하면 직권으로 또는 제2항의 청구권자나 성년후견인의 청구에 의하여 추가로 성년후견인을 선임할 수 있다.
④ 가정법원이 성년후견인을 선임할 때에는 피성년후견인의 의사를 존중하여야 하며, 그 밖에 피성년후견인의 건강, 생활관계, 재산상황, 성년후견인이 될 사람의 직업과 경험, 피성년후견인과의 이해관계의 유무(법인이 성년후견인이 될 때에는 사업의 종류와 내용, 법인이나 그 대표자와 피성년후견인 사이의 이해관계의 유무를 말한다) 등의 사정도 고려하여야 한다.
(2011.3.7 본조개정)
제937조【후견인의 결격사유】 다음 각 호의 어느 하나에 해당하는 자는 후견인이 되지 못한다.
1. 미성년자
2. 피성년후견인, 피한정후견인, 피특정후견인, 피임의후견인
3. 회생절차개시결정 또는 파산선고를 받은 자
4. 자격정지 이상의 형의 선고를 받고 그 형기(刑期) 중에 있는 사람
5. 법원에서 해임된 법정대리인
6. 법원에서 해임된 성년후견인, 한정후견인, 특정후견인, 임의후견인과 그 감독인
7. 행방이 불분명한 사람
8. 피후견인을 상대로 소송을 하였거나 하고 있는 사람(2016.12.20 본호개정)
9. 제8호에서 정한 사람의 배우자와 직계혈족. 다만, 피후견인의 직계비속은 제외한다.
(2016.12.20 본호신설)
(2011.3.7 본조개정)
제938조【후견인의 대리권 등】 ① 후견인은 피후견인의 법정대리인이 된다.
② 가정법원은 성년후견인이 제1항에 따라 가지는 법정대리권의 범위를 정할 수 있다.
③ 가정법원은 성년후견인이 피성년후견인의 신상에 관하여 결정할 수 있는 권한의 범위를 정할 수 있다.
④ 제2항 및 제3항에 따른 법정대리인의 권한의 범위가 적절하지 아니하게 된 경우에 가정법원은 본인, 배우자, 4촌 이내의 친족, 성년후견인, 성년후견감독인, 검사 또는 지방자치단체의 장의 청구에 의하여 그 범위를 변경할 수 있다.
(2011.3.7 본조개정)
제939조【후견인의 사임】 후견인은 정당한 사유가 있는 경우에는 가정법원의 허가를 받아 사임할 수 있다. 이 경우 그 후견인은 사임청구와 동시에 가정법원에 새로운 후견인의 선임을 청구하여야 한다.(2011.3.7 본조개정)
제940조【후견인의 변경】 가정법원은 피후견인의 복리를 위하여 후견인을 변경할 필요가 있다고 인정하면 직권으로 또는 피후견인, 친족, 후견감독인, 검사, 지방자치단체의 장의 청구에 의하여 후견인을 변경할 수 있다.(2011.3.7 본조개정)

제2관 후견감독인
(2011.3.7 본관신설)

제940조의2【미성년후견감독인의 지정】 미성년후견인을 지정할 수 있는 사람은 유언으로 미성년후견감독인을 지정할 수 있다.
제940조의3【미성년후견감독인의 선임】 ① 가정법원은 제940조의2에 따라 지정된 미성년후견감독인이 없는 경우에 필요하다고 인정하면 직권으로 또는 미성년자, 친족, 미성년후견인, 검사, 지방자치단체의 장의 청구에 의하여 미성년후견감독인을 선임할 수 있다.
② 가정법원은 미성년후견감독인이 사망, 결격, 그 밖의 사유로 없게 된 경우에는 직권으로 또는 미성년자, 친족, 미성년후견인, 검사, 지방자치단체의 장의 청구에 의하여 미성년후견감독인을 선임한다.
제940조의4【성년후견감독인의 선임】 ① 가정법원은 필요하다고 인정하면 직권으로 또는 피성년후견인, 친족, 성년후견인, 검사, 지방자치단체의 장의 청구에 의하여 성년후견감독인을 선임할 수 있다.
② 가정법원은 성년후견감독인이 사망, 결격, 그 밖의 사유로 없게 된 경우에는 직권으로 또는 피성년후견인, 친족, 성년후견인, 검사, 지방자치단체의 장의 청구에 의하여 성년후견감독인을 선임한다.

제940조의5【후견감독인의 결격사유】 제779조에 따른 후견인의 가족은 후견감독인이 될 수 없다.

제940조의6【후견감독인의 직무】 ① 후견감독인은 후견인의 사무를 감독하며, 후견인이 없는 경우 지체 없이 가정법원에 후견인의 선임을 청구하여야 한다.

② 후견감독인은 피후견인의 신상이나 재산에 대하여 급박한 사정이 있는 경우 그의 보호를 위하여 필요한 행위 또는 처분을 할 수 있다.

③ 후견인과 피후견인 사이에 이해가 상반되는 행위에 관하여는 후견감독인이 피후견인을 대리한다.

제940조의7【위임 및 후견인 규정의 준용】 후견감독인에 대하여는 제681조, 제691조, 제692조, 제930조제2항 · 제3항, 제936조제3항 · 제4항, 제937조, 제939조, 제940조, 제947조의2제3항부터 제5항까지, 제949조의2, 제955조 및 제955조의2를 준용한다.

제3관 후견인의 임무
(2011.3.7 본관제목삽입)

제941조【재산조사와 목록작성】 ① 후견인은 지체 없이 피후견인의 재산을 조사하여 2개월 내에 그 목록을 작성하여야 한다. 다만, 정당한 사유가 있는 경우에는 법원의 허가를 받아 그 기간을 연장할 수 있다.

② 후견감독인이 있는 경우 제1항에 따른 재산조사와 목록작성은 후견감독인의 참여가 없으면 효력이 없다.

(2011.3.7 본조개정)

제942조【후견인의 채권 · 채무의 제시】 ① 후견인과 피후견인 사이에 채권 · 채무의 관계가 있고 후견감독인이 있는 경우에는 후견인은 재산목록의 작성을 완료하기 전에 그 내용을 후견감독인에게 제시하여야 한다.

② 후견인이 피후견인에 대한 채권이 있음을 알고도 제1항에 따른 제시를 게을리한 경우에는 그 채권을 포기한 것으로 본다.

(2011.3.7 본조개정)

제943조【목록작성전의 권한】 후견인은 재산조사와 목록작성을 완료하기까지는 긴급 필요한 경우가 아니면 그 재산에 관한 권한을 행사하지 못한다. 그러나 이로써 선의의 제3자에게 대항하지 못한다.

제944조【피후견인이 취득한 포괄적 재산의 조사 등】 전3조의 규정은 후견인의 취임후에 피후견인이 포괄적 재산을 취득한 경우에 준용한다.

제945조【미성년자의 신분에 관한 후견인의 권리 · 의무】 미성년후견인은 제913조 및 제914조에서 규정한 사항에 관하여는 친권자와 동일한 권리와 의무가 있다. 다만, 다음 각 호의 어느 하나에 해당하는 경우에는 미성년후견감독인이 있으면 그의 동의를 받아야 한다.(2021.1.26 본문개정)

1. 친권자가 정한 교육방법, 양육방법 또는 거소를 변경하는 경우
2. (2021.1.26 삭제)
3. 친권자가 허락한 영업을 취소하거나 제한하는 경우

(2011.3.7 본조개정)

제946조【친권 중 일부에 한정된 후견】 미성년자의 친권자가 제924조의2, 제925조 또는 제927조제1항에 따라 친권 중 일부에 한정하여 행사할 수 없는 경우에 미성년후견인의 임무는 제한된 친권의 범위에 속하는 행위에 한정된다.

(2014.10.15 본조개정)

제947조【피성년후견인의 복리와 의사존중】 성년후견인은 피성년후견인의 재산관리와 신상보호를 할 때 여러 사정을 고려하여 그의 복리에 부합하는 방법으로 사무를 처리하여야 한다. 이 경우 성년후견인은 피성년후견인의 복리에 반하지 아니하면 피성년후견인의 의사를 존중하여야 한다.(2011.3.7 본조개정)

제947조의2【피성년후견인의 신상결정 등】

① 피성년후견인은 자신의 신상에 관하여 그의 상태가 허락하는 범위에서 단독으로 결정한다.

② 성년후견인이 피성년후견인을 치료 등의 목적으로 정신병원이나 그 밖의 다른 장소에 격리하려는 경우에는 가정법원의 허가를 받아야 한다.

③ 피성년후견인의 신체를 침해하는 의료행위에 대하여 피성년후견인이 동의할 수 없는 경우에는 성년후견인이 그를 대신하여 동의할 수 있다.

④ 제3항의 경우 피성년후견인이 의료행위의 직접적인 결과로 사망하거나 상당한 장애를 입을 위험이 있을 때에는 가정법원의 허가를 받아야 한다. 다만, 허가절차로 의료행위가 지체되어 피성년후견인의 생명에 위험을 초래하거나 심신상의 중대한 장애를 초래할 때에는 사후에 허가를 청구할 수 있다.

⑤ 성년후견인이 피성년후견인을 대리하여 피성년후견인이 거주하고 있는 건물 또는 그 대지에 대하여 매도, 임대, 전세권 설정, 저당권 설정, 임대차의 해지, 전세권의 소멸, 그 밖에 이에 준하는 행위를 하는 경우에는 가정법원의 허가를 받아야 한다.

(2011.3.7 본조신설)

제948조【미성년자의 친권의 대행】 ① 미성년후견인은 미성년자를 갈음하여 미성년자의 자녀에 대한 친권을 행사한다.

② 제1항의 친권행사에는 미성년후견인의 임무에 관한 규정을 준용한다.

(2011.3.7 본조개정)

제949조【재산관리권과 대리권】 ① 후견인은 피후견인의 재산을 관리하고 그 재산에 관한 법률행위에 대하여 피후견인을 대리한다.
② 제920조 단서의 규정은 전항의 법률행위에 준용한다.
제949조의2【성년후견인이 여러 명인 경우 권한의 행사 등】 ① 가정법원은 직권으로 여러 명의 성년후견인이 공동으로 또는 사무를 분장하여 그 권한을 행사하도록 정할 수 있다.
② 가정법원은 직권으로 제1항에 따른 결정을 변경하거나 취소할 수 있다.
③ 여러 명의 성년후견인이 공동으로 권한을 행사하여야 하는 경우에 어느 성년후견인이 피성년후견인의 이익이 침해될 우려가 있음에도 법률행위의 대리 등 필요한 권한행사에 협력하지 아니할 때에는 가정법원은 피성년후견인, 성년후견인, 후견감독인 또는 이해관계인의 청구에 의하여 그 성년후견인의 의사표시를 갈음하는 재판을 할 수 있다.
(2011.3.7 본조신설)
제949조의3【이해상반행위】 후견인에 대하여는 제921조를 준용한다. 다만, 후견감독인이 있는 경우에는 그러하지 아니하다.(2011.3.7 본조신설)
제950조【후견감독인의 동의를 필요로 하는 행위】 ① 후견인이 피후견인을 대리하여 다음 각 호의 어느 하나에 해당하는 행위를 하거나 미성년자의 다음 각 호의 어느 하나에 해당하는 행위에 동의를 할 때는 후견감독인이 있으면 그의 동의를 받아야 한다.
1. 영업에 관한 행위
2. 금전을 빌리는 행위
3. 의무만을 부담하는 행위
4. 부동산 또는 중요한 재산에 관한 권리의 득실변경을 목적으로 하는 행위
5. 소송행위
6. 상속의 승인, 한정승인 또는 포기 및 상속재산의 분할에 관한 협의
② 후견감독인의 동의가 필요한 행위에 대하여 후견감독인이 피후견인의 이익이 침해될 우려가 있음에도 동의를 하지 아니하는 경우에는 가정법원은 후견인의 청구에 의하여 후견감독인의 동의를 갈음하는 허가를 할 수 있다.
③ 후견감독인의 동의가 필요한 법률행위를 후견인이 후견감독인의 동의 없이 하였을 때에는 피후견인 또는 후견감독인이 그 행위를 취소할 수 있다.
(2011.3.7 본조개정)
제951조【피후견인의 재산 등의 양수에 대한 취소】 ① 후견인이 피후견인에 대한 제3자의 권리를 양수(讓受)하는 경우에는 피후견인은 이를 취소할 수 있다.
② 제1항에 따른 권리의 양수의 경우 후견감독인이 있으면 후견인은 후견감독인의 동의를 받아야 하고, 후견감독인의 동의가 없는 경우에는 피후견인 또는 후견감독인이 이를 취소할 수 있다.
(2011.3.7 본조개정)
제952조【상대방의 추인 여부 최고】 제950조 및 제951조의 경우에는 제15조를 준용한다.
(2011.3.7 본조개정)
제953조【후견감독인의 후견사무의 감독】 후견감독인은 언제든지 후견인에게 그의 임무 수행에 관한 보고와 재산목록의 제출을 요구할 수 있고 피후견인의 재산상황을 조사할 수 있다.
(2011.3.7 본조개정)
제954조【가정법원의 후견사무에 관한 처분】 가정법원은 직권으로 또는 피후견인, 후견감독인, 제777조에 따른 친족, 그 밖의 이해관계인, 검사, 지방자치단체의 장의 청구에 의하여 피후견인의 재산상황을 조사하고, 후견인에게 재산관리 등 후견임무 수행에 관하여 필요한 처분을 명할 수 있다.(2011.3.7 본조개정)
제955조【후견인에 대한 보수】 법원은 후견인의 청구에 의하여 피후견인의 재산상태 기타 사정을 참작하여 피후견인의 재산 중에서 상당한 보수를 후견인에게 수여할 수 있다.
제955조의2【지출금액의 예정과 사무비용】 후견인이 후견사무를 수행하는 데 필요한 비용은 피후견인의 재산 중에서 지출한다.
(2011.3.7 본조신설)
제956조【위임과 친권의 규정의 준용】 제681조 및 제918조의 규정은 후견인에게 이를 준용한다.

제4관 후견의 종료
(2011.3.7 본관제목삽입)

제957조【후견사무의 종료와 관리의 계산】 ① 후견인의 임무가 종료된 때에는 후견인 또는 그 상속인은 1개월 내에 피후견인의 재산에 관한 계산을 하여야 한다. 다만, 정당한 사유가 있는 경우에는 법원의 허가를 받아 그 기간을 연장할 수 있다.
② 제1항의 계산은 후견감독인이 있는 경우에는 그가 참여하지 아니하면 효력이 없다.
(2011.3.7 본조개정)
제958조【이자의 부가와 금전소비에 대한 책임】 ① 후견인이 피후견인에게 지급할 금액이나 피후견인이 후견인에게 지급할 금액에는 계산종료의 날로부터 이자를 부가하여야 한다.
② 후견인이 자기를 위하여 피후견인의 금전을 소비한 때에는 그 소비한 날로부터 이자를 부가하고 피후견인에게 손해가 있으면 이를 배상하여야 한다.
제959조【위임규정의 준용】 제691조, 제692조의 규정은 후견의 종료에 이를 준용한다.

제2절 한정후견과 특정후견
(2011.3.7 본절신설)

제959조의2【한정후견의 개시】 가정법원의 한정후견개시의 심판이 있는 경우에는 그 심판을 받은 사람의 한정후견인을 두어야 한다.

제959조의3【한정후견인의 선임 등】 ① 제959조의2에 따른 한정후견인은 가정법원이 직권으로 선임한다.
② 한정후견인에 대하여는 제930조제2항·제3항, 제936조제2항부터 제4항까지, 제937조, 제939조, 제940조 및 제949조의3을 준용한다.

제959조의4【한정후견인의 대리권 등】 ① 가정법원은 한정후견인에게 대리권을 수여하는 심판을 할 수 있다.
② 한정후견인의 대리권 등에 관하여는 제938조제3항 및 제4항을 준용한다.

제959조의5【한정후견감독인】 ① 가정법원은 필요하다고 인정하면 직권으로 또는 피한정후견인, 친족, 한정후견인, 검사, 지방자치단체의 장의 청구에 의하여 한정후견감독인을 선임할 수 있다.
② 한정후견감독인에 대하여는 제681조, 제691조, 제692조, 제930조제2항·제3항, 제936조제3항·제4항, 제937조, 제939조, 제940조, 제940조의3제2항, 제940조의5, 제940조의6, 제947조의2제3항부터 제5항까지, 제949조의2, 제955조 및 제955조의2를 준용한다. 이 경우 제940조의6제3항 중 "피후견인을 대리한다"는 "피한정후견인을 대리하거나 피한정후견인이 그 행위를 하는데 동의한다"로 본다.

제959조의6【한정후견사무】 한정후견의 사무에 관하여는 제681조, 제920조 단서, 제947조, 제947조의2, 제949조, 제949조의2, 제949조의3, 제950조부터 제955조까지 및 제955조의2를 준용한다.

제959조의7【한정후견인의 임무의 종료 등】 한정후견인의 임무가 종료한 경우에 관하여는 제691조, 제692조, 제957조 및 제958조를 준용한다.

제959조의8【특정후견에 따른 보호조치】 가정법원은 피특정후견인의 후원을 위하여 필요한 처분을 명할 수 있다.

제959조의9【특정후견인의 선임 등】 ① 가정법원은 제959조의8에 따른 처분으로 피특정후견인을 후원하거나 대리하기 위한 특정후견인을 선임할 수 있다.
② 특정후견인에 대하여는 제930조제2항·제3항, 제936조제2항부터 제4항까지, 제937조, 제939조 및 제940조를 준용한다.

제959조의10【특정후견감독인】 ① 가정법원은 필요하다고 인정하면 직권으로 또는 피특정후견인, 친족, 특정후견인, 검사, 지방자치단체의 장의 청구에 의하여 특정후견감독인을 선임할 수 있다.
② 특정후견감독인에 대하여는 제681조, 제691조, 제692조, 제930조제2항·제3항, 제936조제3항·제4항, 제937조, 제939조, 제940조, 제940조의5, 제940조의6, 제949조의2, 제955조 및 제955조의2를 준용한다.

제959조의11【특정후견인의 대리권】 ① 피특정후견인의 후원을 위하여 필요하다고 인정하면 가정법원은 기간이나 범위를 정하여 특정후견인에게 대리권을 수여하는 심판을 할 수 있다.
② 제1항의 경우 가정법원은 특정후견인의 대리권 행사에 가정법원이나 특정후견감독인의 동의를 받도록 명할 수 있다.

제959조의12【특정후견사무】 특정후견의 사무에 관하여는 제681조, 제920조 단서, 제947조, 제949조의2, 제953조부터 제955조까지 및 제955조의2를 준용한다.

제959조의13【특정후견인의 임무의 종료 등】 특정후견인의 임무가 종료한 경우에 관하여는 제691조, 제692조, 제957조 및 제958조를 준용한다.

제3절 후견계약
(2011.3.7 본절신설)

제959조의14【후견계약의 의의와 체결방법 등】
① 후견계약은 질병, 장애, 노령, 그 밖의 사유로 인한 정신적 제약으로 사무를 처리할 능력이 부족한 상황에 있거나 부족하게 될 상황에 대비하여 자신의 재산관리 및 신상보호에 관한 사무의 전부 또는 일부를 다른 자에게 위탁하고 그 위탁사무에 관하여 대리권을 수여하는 것을 내용으로 한다.
② 후견계약은 공정증서로 체결하여야 한다.
③ 후견계약은 가정법원이 임의후견감독인을 선임한 때부터 효력이 발생한다.
④ 가정법원, 임의후견인, 임의후견감독인 등은 후견계약을 이행·운영할 때 본인의 의사를 최대한 존중하여야 한다.

제959조의15【임의후견감독인의 선임】 ① 가정법원은 후견계약이 등기되어 있고, 본인이 사무를 처리할 능력이 부족한 상황에 있다고 인정할 때에는 본인, 배우자, 4촌 이내의 친족, 임의후견인, 검사 또는 지방자치단체의 장의 청구에 의하여 임의후견감독인을 선임한다.
② 제1항의 경우 본인이 아닌 자의 청구에 의하여 가정법원이 임의후견감독인을 선임할 때에는 미리 본인의 동의를 받아야 한다. 다만, 본인이 의사를 표시할 수 없는 때에는 그러하지 아니하다.
③ 가정법원은 임의후견감독인이 없게 된 경우에는 직권으로 또는 본인, 친족, 임의후견인, 검사 또는 지방자치단체의 장의 청구에 의하여 임의후견감독인을 선임한다.
④ 가정법원은 임의후견감독인이 선임된 경우에도 필요하다고 인정하면 직권으로 또는 제3항의 청구권자의 청구에 의하여 임의후견감독인을 추가로 선임할 수 있다.

⑤ 임의후견감독인에 대하여는 제940조의5를 준용한다.

제959조의16【임의후견감독인의 직무 등】 ① 임의후견감독인은 임의후견인의 사무를 감독하며 그 사무에 관하여 가정법원에 정기적으로 보고하여야 한다.
② 가정법원은 필요하다고 인정하면 임의후견감독인에게 감독사무에 관한 보고를 요구할 수 있고 임의후견인의 사무 또는 본인의 재산상황에 대한 조사를 명하거나 그 밖에 임의후견감독인의 직무에 관하여 필요한 처분을 명할 수 있다.
③ 임의후견감독인에 대하여는 제940조의6제2항·제3항, 제940조의7 및 제953조를 준용한다.

제959조의17【임의후견개시의 제한 등】 ① 임의후견인이 제937조 각 호에 해당하는 자 또는 그 밖에 현저한 비행을 하거나 후견계약에서 정한 임무에 적합하지 아니한 사유가 있는 자인 경우에는 가정법원은 임의후견감독인을 선임하지 아니한다.
② 임의후견감독인을 선임한 이후 임의후견인이 현저한 비행을 하거나 그 밖에 그 임무에 적합하지 아니한 사유가 있게 된 경우에는 가정법원은 임의후견감독인, 본인, 친족, 검사 또는 지방자치단체의 장의 청구에 의하여 임의후견인을 해임할 수 있다.

제959조의18【후견계약의 종료】 ① 임의후견감독인의 선임 전에는 본인 또는 임의후견인은 언제든지 공증인의 인증을 받은 서면으로 후견계약의 의사표시를 철회할 수 있다.
② 임의후견감독인의 선임 이후에는 본인 또는 임의후견인은 정당한 사유가 있는 때에만 가정법원의 허가를 받아 후견계약을 종료할 수 있다.

제959조의19【임의후견인의 대리권 소멸과 제3자와의 관계】 임의후견인의 대리권 소멸은 등기하지 아니하면 선의의 제3자에게 대항할 수 없다.

제959조의20【후견계약과 성년후견·한정후견·특정후견의 관계】 ① 후견계약이 등기되어 있는 경우에는 가정법원은 본인의 이익을 위하여 특별히 필요할 때에만 임의후견인 또는 임의후견감독인의 청구에 의하여 성년후견, 한정후견 또는 특정후견의 심판을 할 수 있다. 이 경우 후견계약은 본인이 성년후견 또는 한정후견 개시의 심판을 받은 때 종료된다.
② 본인이 피성년후견인, 피한정후견인 또는 피특정후견인인 경우에 가정법원은 임의후견감독인을 선임함에 있어서 종전의 성년후견, 한정후견 또는 특정후견의 종료 심판을 하여야 한다. 다만, 성년후견 또는 한정후견 조치의 계속이 본인의 이익을 위하여 특별히 필요하다고 인정하면 가정법원은 임의후견감독인을 선임하지 아니한다.

제6장 친족회

제960조~제973조 (2011.3.7 삭제)

제7장 부 양

제974조【부양의무】 다음 각호의 친족은 서로 부양의 의무가 있다.
1. 직계혈족 및 그 배우자간
2. (1990.1.13 삭제)
3. 기타 친족간(생계를 같이 하는 경우에 한한다)

제975조【부양의무와 생활능력】 부양의 의무는 부양을 받을 자가 자기의 자력 또는 근로에 의하여 생활을 유지할 수 없는 경우에 한하여 이를 이행할 책임이 있다.

제976조【부양의 순위】 ① 부양의 의무있는 자가 수인인 경우에 부양을 할 자의 순위에 관하여 당사자간에 협정이 없는 때에는 법원은 당사자의 청구에 의하여 이를 정한다. 부양을 받을 권리자가 수인인 경우에 부양의무자의 자력이 그 전원을 부양할 수 없는 때에도 같다.
② 전항의 경우에 법원은 수인의 부양의무자 또는 권리자를 선정할 수 있다.

제977조【부양의 정도, 방법】 부양의 정도 또는 방법에 관하여 당사자간에 협정이 없는 때에는 법원은 당사자의 청구에 의하여 부양을 받을 자의 생활정도와 부양의무자의 자력 기타 제반사정을 참작하여 이를 정한다.

제978조【부양관계의 변경 또는 취소】 부양을 할 자 또는 부양을 받을 자의 순위, 부양의 정도 또는 방법에 관한 당사자의 협정이나 법원의 판결이 있은 후 이에 관한 사정변경이 있는 때에는 법원은 당사자의 청구에 의하여 그 협정이나 판결을 취소 또는 변경할 수 있다.

제979조【부양청구권처분의 금지】 부양을 받을 권리는 이를 처분하지 못한다.

제8장 호주승계
(2005.3.31 삭제)

제1절 총 칙

제980조~제982조 (2005.3.31 삭제)
제983조 (1990.1.13 삭제)

제2절 호주승계인

제984조~제987조 (2005.3.31 삭제)
제988조 (1990.1.13 삭제)
제989조 (2005.3.31 삭제)
제990조 (1990.1.13 삭제)
제991조~제994조 (2005.3.31 삭제)

제3절 호주승계의 효력

제995조 (2005.3.31 삭제)
제996조 (1990.1.13 삭제)

제5편 상 속

제1장 상 속

제1절 총 칙

제997조【상속개시의 원인】 상속은 사망으로 인하여 개시된다.(1990.1.13 본조개정)

제998조【상속개시의 장소】 상속은 피상속인의 주소지에서 개시한다.(1990.1.13 본조개정)

제998조의2【상속비용】 상속에 관한 비용은 상속재산 중에서 지급한다.(1990.1.13 본조신설)

제999조【상속회복청구권】 ① 상속권이 참칭상속권자*로 인하여 침해된 때에는 상속권자 또는 그 법정대리인은 상속회복의 소를 제기할 수 있다.
② 제1항의 상속회복청구권은 그 침해를 안 날부터 3년, 상속권의 침해행위가 있은 날부터 10년을 경과하면 소멸된다.(2002.1.14 본항개정)
(1990.1.13 본조개정)
<2024.6.27 헌법재판소 단순위헌결정으로 이 조 제2항의 '상속권의 침해행위가 있은 날부터 10년' 중 민법 제1014조에 관한 부분은 헌법에 위반>

* 참칭상속권자(僭稱相續權者) : 법률상 상속권이 없는데도 불구하고 사실상 상속인으로서의 지위를 보유하는 자

제2절 상속인

제1000조【상속의 순위】 ① 상속에 있어서는 다음 순위로 상속인이 된다.
1. 피상속인의 직계비속
2. 피상속인의 직계존속
3. 피상속인의 형제자매
4. 피상속인의 4촌 이내의 방계혈족(1990.1.13 본호개정)

② 전항의 경우에 동순위의 상속인이 수인인 때에는 최근친을 선순위로 하고 동친등의 상속인이 수인인 때에는 공동상속인이 된다.
③ 태아는 상속순위에 관하여는 이미 출생한 것으로 본다.(1990.1.13 본항개정)
(1990.1.13 본조제목개정)

제1001조【대습상속(代襲相續)】 전조제1항제1호와 제3호의 규정에 의하여 상속인이 될 직계비속 또는 형제자매가 상속개시전에 사망하거나 결격자가 된 경우에 그 직계비속이 있는 때에는 그 직계비속이 사망하거나 결격된 자의 순위에 갈음하여 상속인이 된다.(2014.12.30 본조개정)

제1002조 (1990.1.13 삭제)

제1003조【배우자의 상속순위】 ① 피상속인의 배우자는 제1000조제1항제1호와 제2호의 규정에 의한 상속인이 있는 경우에는 그 상속인과 동순위로 공동상속인이 되고 그 상속인이 없는 때에는 단독상속인이 된다.
② 제1001조의 경우에 상속개시전에 사망 또는 결격된 자의 배우자는 동조의 규정에 의한 상속인과 동순위로 공동상속인이 되고 그 상속인이 없는 때에는 단독상속인이 된다.
(1990.1.13 본조개정)

제1004조【상속인의 결격사유】 다음 각 호의 어느 하나에 해당한 자는 상속인이 되지 못한다.(2005.3.31 본문개정)
1. 고의로 직계존속, 피상속인, 그 배우자 또는 상속의 선순위나 동순위에 있는 자를 살해하거나 살해하려 한 자
2. 고의로 직계존속, 피상속인과 그 배우자에게 상해를 가하여 사망에 이르게 한 자
3. 사기 또는 강박으로 피상속인의 상속에 관한 유언 또는 유언의 철회를 방해한 자(2005.3.31 본호개정)
4. 사기 또는 강박으로 피상속인의 상속에 관한 유언을 하게 한 자(2005.3.31 본호개정)
5. 피상속인의 상속에 관한 유언서를 위조·변조·파기 또는 은닉한 자(2005.3.31 본호개정)

(1990.1.13 본조개정)

제1004조의2【상속권 상실 선고】 ① 피상속인은 상속인이 될 사람이 피상속인의 직계존속으로서 다음 각 호의 어느 하나에 해당하는 경우에는 제1068조에 따른 공정증서에 의한 유언으로 상속권 상실의 의사를 표시할 수 있다. 이 경우 유언집행자는 가정법원에 그 사람의 상속권 상실을 청구하여야 한다.
1. 피상속인에 대한 부양의무(미성년자에 대한 부양의무로 한정한다)를 중대하게 위반한 경우
2. 피상속인 또는 그 배우자나 피상속인의 직계비속에게 중대한 범죄행위(제1004조의 경우는 제외한다)를 하거나 그 밖에 심히 부당한 대우를 한 경우

② 제1항의 유언에 따라 상속권 상실의 대상이 될 사람은 유언집행자가 되지 못한다.
③ 제1항에 따른 유언이 없었던 경우 공동상속인은 피상속인의 직계존속으로서 다음 각 호의 사유가 있는 사람이 상속인이 되었음을 안 날부터 6개월 이내에 가정법원에 그 사람의 상속권 상실을 청구할 수 있다.
1. 피상속인에 대한 부양의무(미성년자에 대한 부양의무로 한정한다)를 중대하게 위반한 경우
2. 피상속인에게 중대한 범죄행위(제1004조의 경우는 제외한다)를 하거나 그 밖에 심히 부당한 대우를 한 경우

④ 제3항의 청구를 할 수 있는 공동상속인이 없거나 모든 공동상속인에게 제3항 각 호의 사유가 있는 경우에는 상속권 상실 선고의 확정에 의하여 상속인이 될 사람이 이를 청구할 수 있다.
⑤ 가정법원은 상속권 상실을 청구하는 원인이 된 사유의 경위와 정도, 상속인과 피상속인의 관계, 상속재산의 규모와 형성 과정 및 그 밖의 사정을 종합적으로 고려하여 제1항, 제3항 또는 제4항에 따른 청구를 인용하거나 기각할 수 있다.
⑥ 상속개시 후에 상속권 상실의 선고가 확정된 경우 그 선고를 받은 사람은 상속이 개시된 때

에 소급하여 상속권을 상실한다. 다만, 이로써 해당 선고가 확정되기 전에 취득한 제3자의 권리를 해치지 못한다.
⑦ 가정법원은 제1항, 제3항 또는 제4항에 따른 상속권 상실의 청구를 받은 경우 이해관계인 또는 검사의 청구에 따라 상속재산관리인을 선임하거나 그 밖에 상속재산의 보존 및 관리에 필요한 처분을 명할 수 있다.
⑧ 가정법원이 제7항에 따라 상속재산관리인을 선임한 경우 상속재산관리인의 직무, 권한, 담보제공 및 보수 등에 관하여는 제24조부터 제26조까지를 준용한다.
(2024.9.20 본조신설 : 2026.1.1 시행)

제3절 상속의 효력
(1990.1.13 본절제목개정)

제1관 일반적 효력

제1005조【상속과 포괄적 권리의무의 승계】 상속인은 상속개시된 때로부터 피상속인의 재산에 관한 포괄적 권리의무를 승계한다. 그러나 피상속인의 일신에 전속한 것은 그러하지 아니하다.(1990.1.13 본조개정)
제1006조【공동상속과 재산의 공유】 상속인이 수인인 때에는 상속재산은 그 공유로 한다.
(1990.1.13 본조개정)
제1007조【공동상속인의 권리의무 승계】 공동상속인은 각자의 상속분에 응하여 피상속인의 권리의무를 승계한다.
제1008조【특별수익자의 상속분】 공동상속인 중에 피상속인으로부터 재산의 증여 또는 유증을 받은 자가 있는 경우에 그 수증재산이 자기의 상속분에 달하지 못한 때에는 그 부족한 부분의 한도에서 상속분이 있다.(1977.12.31 단서삭제)
제1008조의2【기여분(寄與分)】 ① 공동상속인 중에 상당한 기간 동거·간호 그 밖의 방법으로 피상속인을 특별히 부양하거나 피상속인의 재산의 유지 또는 증가에 특별히 기여한 자가 있을 때에는 상속개시 당시의 피상속인의 재산가액에서 공동상속인의 협의로 정한 그 자의 기여분을 공제한 것을 상속재산으로 보고 제1009조 및 제1010조에 의하여 산정한 상속분에 기여분을 가산한 액으로써 그 자의 상속분으로 한다.
(2005.3.31 본항개정)
② 제1항의 협의가 되지 아니하거나 협의할 수 없는 때에는 가정법원은 제1항에 규정된 기여자의 청구에 의하여 기여의 시기·방법 및 정도와 상속재산의 액 기타의 사정을 참작하여 기여분을 정한다.
③ 기여분은 상속이 개시된 때의 피상속인의 재산가액에서 유증의 가액을 공제한 액을 넘지 못한다.
④ 제2항의 규정에 의한 청구는 제1013조제2항의 규정에 의한 청구가 있을 경우 또는 제1014조에 규정하는 경우에 할 수 있다.
(1990.1.13 본조신설)
제1008조의3【분묘(墳墓) 등의 승계】 분묘에 속한 1정보(町步) 이내의 금양임야(禁養林野)와 600평 이내의 묘토(墓土)인 농지, 족보와 제구(祭具)의 소유권은 제사를 주재하는 자가 이를 승계한다.(1990.1.13 본조신설)

제2관 상속분

제1009조【법정상속분】 ① 동순위의 상속인이 수인인 때에는 그 상속분은 균분으로 한다.
② 피상속인의 배우자의 상속분은 직계비속과 공동으로 상속하는 때에는 직계비속의 상속분의 5할을 가산하고, 직계존속과 공동으로 상속하는 때에는 직계존속의 상속분의 5할을 가산한다.
③ (1990.1.13 삭제)
(1990.1.13 본조개정)
제1010조【대습상속분】 ① 제1001조의 규정에 의하여 사망 또는 결격된 자에 갈음하여 상속인이 된 자의 상속분은 사망 또는 결격된 자의 상속분에 의한다.(2014.12.30 본항개정)
② 전항의 경우에 사망 또는 결격된 자의 직계비속이 수인인 때에는 그 상속분은 사망 또는 결격된 자의 상속분의 한도에서 제1009조의 규정에 의하여 이를 정한다. 제1003조제2항의 경우에도 또한 같다.
제1011조【공동상속분의 양수】 ① 공동상속인 중에 그 상속분을 제3자에게 양도한 자가 있는 때에는 다른 공동상속인은 그 가액과 양도비용을 상환하고 그 상속분을 양수할 수 있다.
② 전항의 권리는 그 사유를 안 날로부터 3월, 그 사유있은 날로부터 1년내에 행사하여야 한다.

제3관 상속재산의 분할

제1012조【유언에 의한 분할방법의 지정, 분할금지】 피상속인은 유언으로 상속재산의 분할방법을 정하거나 이를 정할 것을 제3자에게 위탁할 수 있고 상속개시의 날로부터 5년을 초과하지 아니하는 기간내의 그 분할을 금지할 수 있다.
제1013조【협의에 의한 분할】 ① 전조의 경우외에는 공동상속인은 언제든지 그 협의에 의하여 상속재산을 분할할 수 있다.
② 제269조의 규정은 전항의 상속재산의 분할에 준용한다.
제1014조【분할후의 피인지자 등의 청구권】 상속개시후의 인지 또는 재판의 확정에 의하여 공동상속인이 된 자가 상속재산의 분할을 청구할 경우에 다른 공동상속인이 이미 분할 기타 처분을 한 때에는 그 상속분에 상당한 가액의 지급을 청구할 권리가 있다.
제1015조【분할의 소급효】 상속재산의 분할은 상속개시된 때에 소급하여 그 효력이 있다. 그러나 제3자의 권리를 해하지 못한다.

제1016조【공동상속인의 담보책임】 공동상속인은 다른 공동상속인이 분할로 인하여 취득한 재산에 대하여 그 상속분에 응하여 매도인과 같은 담보책임이 있다.

제1017조【상속채무자의 자력에 대한 담보책임】 ① 공동상속인은 다른 상속인이 분할로 인하여 취득한 채권에 대하여 분할당시의 채무자의 자력을 담보한다.

② 변제기에 달하지 아니한 채권이나 정지조건있는 채권에 대하여는 변제를 청구할 수 있는 때의 채무자의 자력을 담보한다.

제1018조【무자력공동상속인의 담보책임의 분담】 담보책임있는 공동상속인 중에 상환의 자력이 없는 자가 있는 때에는 그 부담부분은 구상권자와 자력있는 다른 공동상속인이 그 상속분에 응하여 분담한다. 그러나 구상권자의 과실로 인하여 상환을 받지 못한 때에는 다른 공동상속인에게 분담을 청구하지 못한다.

제4절 상속의 승인 및 포기

제1관 총 칙

제1019조【승인, 포기의 기간】 ① 상속인은 상속개시있음을 안 날로부터 3월내에 단순승인*이나 한정승인* 또는 포기를 할 수 있다. 그러나 그 기간은 이해관계인 또는 검사의 청구에 의하여 가정법원이 이를 연장할 수 있다.(1990.1.13 본항개정)

② 상속인은 제1항의 승인 또는 포기를 하기 전에 상속재산을 조사할 수 있다.(2002.1.14 본항개정)

③ 제1항에도 불구하고 상속인은 상속채무가 상속재산을 초과하는 사실(이하 이 조에서 "상속채무 초과사실"이라 한다)을 중대한 과실 없이 제1항의 기간 내에 알지 못하고 단순승인(제1026조 제1호 및 제2호에 따라 단순승인한 것으로 보는 경우를 포함한다. 이하 이 조에서 같다)을 한 경우에는 그 사실을 안 날부터 3개월 내에 한정승인을 할 수 있다.(2022.12.13 본항개정)

④ 제1항에도 불구하고 미성년자인 상속인이 상속채무가 상속재산을 초과하는 상속을 성년이 되기 전에 단순승인한 경우에는 성년이 된 후 그 상속의 상속채무 초과사실을 안 날부터 3개월 내에 한정승인을 할 수 있다. 미성년자인 상속인이 제3항에 따른 한정승인을 하지 아니하였거나 할 수 없었던 경우에도 또한 같다.(2022.12.13 본항신설)

* 단순승인(單純承認) : 상속받을 때 피상속인의 권리의무를 무제한으로 승계할 것을 승인하는 상속인의 의사표시
* 한정승인(限定承認) : 상속받은 재산의 한도 내에서 피상속인의 채무를 변제할 것을 조건으로 하는 상속인의 의사표시

제1020조【제한능력자의 승인·포기의 기간】 상속인이 제한능력자인 경우에는 제1019조제1항의 기간은 그의 친권자 또는 후견인이 상속이 개시된 것을 안 날부터 기산(起算)한다.(2011.3.7 본조개정)

제1021조【승인, 포기기간의 계산에 관한 특칙】 상속인이 승인이나 포기를 하지 아니하고 제1019조제1항의 기간내에 사망한 때에는 그의 상속인이 그 자기의 상속개시있음을 안 날로부터 제1019조제1항의 기간을 기산한다.

제1022조【상속재산의 관리】 상속인은 그 고유재산에 대하는 것과 동일한 주의로 상속재산을 관리하여야 한다. 그러나 단순승인 또는 포기한 때에는 그러하지 아니하다.

제1023조【상속재산보존에 필요한 처분】 ① 법원은 이해관계인 또는 검사의 청구에 의하여 상속재산의 보존에 필요한 처분을 명할 수 있다.

② 법원이 재산관리인을 선임한 경우에는 제24조 내지 제26조의 규정을 준용한다.

제1024조【승인, 포기의 취소금지】 ① 상속의 승인이나 포기는 제1019조제1항의 기간내에도 이를 취소하지 못한다.(1990.1.13 본항개정)

② 전항의 규정은 총칙편의 규정에 의한 취소에 영향을 미치지 아니한다. 그러나 그 취소권은 추인할 수 있는 날로부터 3월, 승인 또는 포기한 날로부터 1년내에 행사하지 아니하면 시효로 인하여 소멸된다.

제2관 단순승인

제1025조【단순승인의 효과】 상속인이 단순승인을 한 때에는 제한없이 피상속인의 권리의무를 승계한다.(1990.1.13 본조개정)

제1026조【법정단순승인】 다음 각호의 사유가 있는 경우에는 상속인이 단순승인을 한 것으로 본다.

1. 상속인이 상속재산에 대한 처분행위를 한 때
2. 상속인이 제1019조제1항의 기간내에 한정승인 또는 포기를 하지 아니한 때(2002.1.14 본호신설)
3. 상속인이 한정승인 또는 포기를 한 후에 상속재산을 은닉하거나 부정소비하거나 고의로 재산목록에 기입하지 아니한 때

제1027조【법정단순승인의 예외】 상속인이 상속을 포기함으로 인하여 차순위 상속인이 상속을 승인한 때에는 전조제3호의 사유는 상속의 승인으로 보지 아니한다.

제3관 한정승인

제1028조【한정승인의 효과】 상속인은 상속으로 인하여 취득할 재산의 한도에서 피상속인의 채무와 유증을 변제할 것을 조건으로 상속을 승인할 수 있다.(1990.1.13 본조개정)

제1029조【공동상속인의 한정승인】 상속인이 수인인 때에는 각 상속인은 그 상속분에 응하여 취득할 재산의 한도에서 그 상속분에 의한 피상속인의 채무와 유증을 변제할 것을 조건으로 상속을 승인할 수 있다.

제1030조【한정승인의 방식】 ① 상속인이 한정승인을 할 때에는 제1019조제1항·제3항 또는 제4항의 기간내에 상속재산의 목록을 첨부하여

법원에 한정승인의 신고를 하여야 한다.
② 제1019조제3항 또는 제4항에 따라 한정승인을 한 경우 상속재산 중 이미 처분한 재산이 있는 때에는 그 목록과 가액을 함께 제출하여야 한다. (2022.12.13 본조개정)

제1031조【한정승인과 재산상 권리의무의 불소멸】 상속인이 한정승인을 한 때에는 피상속인에 대한 상속인의 재산상 권리의무는 소멸하지 아니한다.

제1032조【채권자에 대한 공고, 최고】 ① 한정승인자는 한정승인을 한 날로부터 5일내에 일반상속채권자와 유증받은 자에 대하여 한정승인의 사실과 일정한 기간내에 그 채권 또는 수증을 신고할 것을 공고하여야 한다. 그 기간은 2월 이상이어야 한다.
② 제88조제2항, 제3항과 제89조의 규정은 전항의 경우에 준용한다.

제1033조【최고기간 중의 변제거절】 한정승인자는 전조제1항의 기간만료전에는 상속채권의 변제를 거절할 수 있다.

제1034조【배당변제】 ① 한정승인자는 제1032조제1항의 기간만료후에 상속재산으로서 그 기간내에 신고한 채권자와 한정승인자가 알고 있는 채권자에 대하여 각 채권액의 비율로 변제하여야 한다. 그러나 우선권있는 채권자의 권리를 해하지 못한다.
② 제1019조제3항 또는 제4항에 따라 한정승인을 한 경우에는 그 상속인은 상속재산 중에서 남아있는 상속재산과 함께 이미 처분한 재산의 가액을 합하여 제1항의 변제를 하여야 한다. 다만, 한정승인을 하기 전에 상속채권자나 유증받은 자에 대하여 변제한 가액은 이미 처분한 재산의 가액에서 제외한다.(2022.12.13 본문개정)

제1035조【변제기전의 채무 등의 변제】 ① 한정승인자는 변제기에 이르지 아니한 채권에 대하여도 전조의 규정에 의하여 변제하여야 한다.
② 조건있는 채권이나 존속기간의 불확정한 채권은 법원의 선임한 감정인의 평가에 의하여 변제하여야 한다.

제1036조【수증자에의 변제】 한정승인자는 전2조의 규정에 의하여 상속채권자에 대한 변제를 완료한 후가 아니면 유증받은 자에게 변제하지 못한다.

제1037조【상속재산의 경매】 전3조의 규정에 의한 변제를 하기 위하여 상속재산의 전부나 일부를 매각할 필요가 있는 때에는 민사집행법에 의하여 경매하여야 한다.(2001.12.29 본조개정)

제1038조【부당변제 등으로 인한 책임】 ① 한정승인자가 제1032조의 규정에 의한 공고나 최고를 해태하거나 제1033조 내지 제1036조의 규정에 위반하여 어느 상속채권자나 유증받은 자에게 변제함으로 인하여 다른 상속채권자나 유증받은 자에 대하여 변제할 수 없게 된 때에는 한정승인자는 그 손해를 배상하여야 한다. 제1019조제3항의 규정에 의하여 한정승인을 한 경우 그 이전에 상속채무가 상속재산을 초과함을 알지 못한 데 과실이 있는 상속인이 상속채권자나 유증받은 자에게 변제한 때에도 또한 같다.
② 제1항 전단의 경우에 변제를 받지 못한 상속채권자나 유증받은 자는 그 사정을 알고 변제를 받은 상속채권자나 유증받은 자에 대하여 구상권을 행사할 수 있다. 제1019조제3항 또는 제4항에 따라 한정승인을 한 경우 그 이전에 상속채무가 상속재산을 초과함을 알고 변제받은 상속채권자나 유증받은 자가 있는 때에도 또한 같다. (2022.12.13 후단개정)
③ 제766조의 규정은 제1항 및 제2항의 경우에 준용한다.
(2005.3.31 본조개정)

제1039조【신고하지 않은 채권자 등】 제1032조제1항의 기간내에 신고하지 아니한 상속채권자 및 유증받은 자로서 한정승인자가 알지 못한 자는 상속재산의 잔여가 있는 경우에 한하여 그 변제를 받을 수 있다. 그러나 상속재산에 대하여 특별담보권있는 때에는 그러하지 아니하다.

제1040조【공동상속재산과 그 관리인의 선임】 ① 상속인이 수인인 경우에는 법원은 각 상속인 기타 이해관계인의 청구에 의하여 공동상속인 중에서 상속재산관리인을 선임할 수 있다.
② 법원이 선임한 관리인은 공동상속인을 대표하여 상속재산의 관리와 채무의 변제에 관한 모든 행위를 할 권리의무가 있다.
③ 제1022조, 제1032조 내지 전조의 규정은 전항의 관리인에 준용한다. 그러나 제1032조의 규정에 의하여 공고할 5일의 기간은 관리인이 그 선임을 안 날로부터 기산한다.

제4관 포 기

제1041조【포기의 방식】 상속인이 상속을 포기할 때에는 제1019조제1항의 기간내에 가정법원에 포기의 신고를 하여야 한다.(1990.1.13 본조개정)

제1042조【포기의 소급효】 상속의 포기는 상속개시된 때에 소급하여 그 효력이 있다.

제1043조【포기한 상속재산의 귀속】 상속인이 수인인 경우에 어느 상속인이 상속을 포기한 때에는 그 상속분은 다른 상속인의 상속분의 비율로 그 상속인에게 귀속된다.

제1044조【포기한 상속재산의 관리계속의무】 ① 상속을 포기한 자는 그 포기로 인하여 상속인이 된 자가 상속재산을 관리할 수 있을 때까지 그 재산의 관리를 계속하여야 한다.
② 제1022조와 제1023조의 규정은 전항의 재산관리에 준용한다.

제5절 재산의 분리

제1045조【상속재산의 분리청구권】 ① 상속채권자나 유증받은 자 또는 상속인의 채권자는 상속개시된 날로부터 3월내에 상속재산과 상속인의 고유재산의 분리를 법원에 청구할 수 있다.
② 상속인이 상속의 승인이나 포기를 하지 아니한 동안은 전항의 기간경과후에도 재산의 분리를 청구할 수 있다.(1990.1.13 본항개정)
제1046조【분리명령과 채권자 등에 대한 공고, 최고】 ① 법원이 전조의 청구에 의하여 재산의 분리를 명한 때에는 그 청구자는 5일내에 일반상속채권자와 유증받은 자에 대하여 재산분리의 명령있은 사실과 일정한 기간내에 그 채권 또는 수증을 신고할 것을 공고하여야 한다. 그 기간은 2월 이상이어야 한다.
② 제88조제2항, 제3항과 제89조의 규정은 전항의 경우에 준용한다.
제1047조【분리후의 상속재산의 관리】 ① 법원이 재산의 분리를 명한 때에는 상속재산의 관리에 관하여 필요한 처분을 명할 수 있다.
② 법원이 재산관리인을 선임한 경우에는 제24조 내지 제26조의 규정을 준용한다.
제1048조【분리후의 상속인의 관리의무】 ① 상속인이 단순승인을 한 후에도 재산분리의 명령이 있는 때에는 상속재산에 대하여 자기의 고유재산과 동일한 주의로 관리하여야 한다.
② 제683조 내지 제685조 및 제688조제1항, 제2항의 규정은 전항의 재산관리에 준용한다.
제1049조【재산분리의 대항요건】 재산의 분리는 상속재산인 부동산에 관하여는 이를 등기하지 아니하면 제3자에게 대항하지 못한다.
제1050조【재산분리와 권리의무의 불소멸】 재산분리의 명령이 있는 때에는 피상속인에 대한 상속인의 재산상 권리의무는 소멸하지 아니한다.
제1051조【변제의 거절과 배당변제】 ① 상속인은 제1045조 및 제1046조의 기간만료전에는 상속채권자와 유증받은 자에 대하여 변제를 거절할 수 있다.
② 전항의 기간만료후에 상속인은 상속재산으로써 재산분리의 청구 또는 그 기간내에 신고한 상속채권자, 유증받은 자와 상속인이 알고 있는 상속채권자, 유증받은 자에 대하여 각 채권액 또는 수증액의 비율로 변제하여야 한다. 그러나 우선권 있는 채권자의 권리를 해하지 못한다.
③ 제1035조 내지 제1038조의 규정은 전항의 경우에 준용한다.
제1052조【고유재산으로부터의 변제】 ① 전조의 규정에 의한 상속채권자와 유증받은 자는 상속재산으로써 전액의 변제를 받을 수 없는 경우에 한하여 상속인의 고유재산으로부터 그 변제를 받을 수 있다.
② 전항의 경우에 상속인의 채권자는 상속인의 고유재산으로부터 우선변제를 받을 권리가 있다.

제6절 상속인의 부존재
(1990.1.13 본절제목개정)

제1053조【상속인없는 재산의 관리인】 ① 상속인의 존부가 분명하지 아니한 때에는 법원은 제777조의 규정에 의한 피상속인의 친족 기타 이해관계인 또는 검사의 청구에 의하여 상속재산관리인을 선임하고 지체없이 이를 공고하여야 한다.(1990.1.13 본항개정)
② 제24조 내지 제26조의 규정은 전항의 재산관리인에 준용한다.
제1054조【재산목록제시와 상황보고】 관리인은 상속채권자나 유증받은 자의 청구가 있는 때에는 언제든지 상속재산의 목록을 제시하고 그 상황을 보고하여야 한다.
제1055조【상속인의 존재가 분명하여진 경우】 ① 관리인의 임무는 그 상속인이 상속의 승인을 한 때에 종료한다.
② 전항의 경우에는 관리인은 지체없이 그 상속인에 대하여 관리의 계산을 하여야 한다.
제1056조【상속인없는 재산의 청산】 ① 제1053조제1항의 공고있은 날로부터 3월내에 상속인의 존부를 알 수 없는 때에는 관리인은 지체없이 일반상속채권자와 유증받은 자에 대하여 일정한 기간내에 그 채권 또는 수증을 신고할 것을 공고하여야 한다. 그 기간은 2월 이상이어야 한다.
② 제88조제2항, 제3항, 제89조, 제1033조 내지 제1039조의 규정은 전항의 경우에 준용한다.
제1057조【상속인수색의 공고】 제1056조제1항의 기간이 경과하여도 상속인의 존부를 알 수 없는 때에는 법원은 관리인의 청구에 의하여 상속인이 있으면 일정한 기간내에 그 권리를 주장할 것을 공고하여야 한다. 그 기간은 1년 이상이어야 한다.(2005.3.31 본조개정)
제1057조의2【특별연고자에 대한 분여】 ① 제1057조의 기간내에 상속권을 주장하는 자가 없는 때에는 가정법원은 피상속인과 생계를 같이 하고 있던 자, 피상속인의 요양간호를 한 자 기타 피상속인과 특별한 연고가 있던 자의 청구에 의하여 상속재산의 전부 또는 일부를 분여할 수 있다.
② 제1항의 청구는 제1057조의 기간의 만료후 2월 이내에 하여야 한다.
(2005.3.31 본조개정)
제1058조【상속재산의 국가귀속】 ① 제1057조의2의 규정에 의하여 분여(分與)되지 아니한 때에는 상속재산은 국가에 귀속한다.

② 제1055조제2항의 규정은 제1항의 경우에 준용한다.
(2005.3.31 본조개정)

제1059조 【국가귀속재산에 대한 변제청구의 금지】 전조제1항의 경우에는 상속재산으로 변제를 받지 못한 상속채권자나 유증을 받은 자가 있는 때에도 국가에 대하여 그 변제를 청구하지 못한다.

제2장 유 언

제1절 총 칙

제1060조 【유언의 요식성(要式性)】 유언은 본법의 정한 방식에 의하지 아니하면 효력이 생하지 아니한다.

제1061조 【유언적령】 17세에 달하지 못한 자는 유언을 하지 못한다.(2022.12.27 본조개정)

제1062조 【제한능력자의 유언】 유언에 관하여는 제5조, 제10조 및 제13조를 적용하지 아니한다.
(2011.3.7 본조개정)

제1063조 【피성년후견인의 유언능력】 ① 피성년후견인은 의사능력이 회복된 때에만 유언을 할 수 있다.
② 제1항의 경우에는 의사가 심신회복의 상태를 유언서에 부기(附記)하고 서명날인하여야 한다.
(2011.3.7 본조개정)

제1064조 【유언과 태아, 상속결격자】 제1000조제3항, 제1004조의 규정은 수증자에 준용한다.
(1990.1.13 본조개정)

제2절 유언의 방식

제1065조 【유언의 보통방식】 유언의 방식은 자필증서, 녹음, 공정증서, 비밀증서와 구수증서(口授證書)의 5종으로 한다.

제1066조 【자필증서에 의한 유언】 ① 자필증서에 의한 유언은 유언자가 그 전문(全文)과 연월일, 주소, 성명을 자서(自書)하고 날인하여야 한다.
② 전항의 증서에 문자의 삽입, 삭제 또는 변경을 함에는 유언자가 이를 자서하고 날인하여야 한다.

제1067조 【녹음에 의한 유언】 녹음에 의한 유언은 유언자가 유언의 취지, 그 성명과 연월일을 구술하고 이에 참여한 증인이 유언의 정확함과 그 성명을 구술하여야 한다.

제1068조 【공정증서에 의한 유언】 공정증서에 의한 유언은 유언자가 증인 2인이 참여한 공증인의 면전에서 유언의 취지를 구수*하고 공증인이 이를 필기낭독하여 유언자와 증인이 그 정확함을 승인한 후 각자 서명 또는 기명날인하여야 한다.

* 구수(口授) : 유언의 취지 등을 말로써 전함

제1069조 【비밀증서에 의한 유언】 ① 비밀증서에 의한 유언은 유언자가 필자의 성명을 기입한 증서를 엄봉날인(嚴封捺印)하고 이를 2인이상의 증인의 면전에 제출하여 자기의 유언서임을 표시한 후 그 봉서표면에 제출연월일을 기재하고 유언자와 증인이 각자 서명 또는 기명날인하여야 한다.
② 전항의 방식에 의한 유언봉서는 그 표면에 기재된 날로부터 5일내에 공증인 또는 법원서기에게 제출하여 그 봉인상에 확정일자인을 받아야 한다.

제1070조 【구수증서에 의한 유언】 ① 구수증서에 의한 유언은 질병 기타 급박한 사유로 인하여 전4조의 방식에 의할 수 없는 경우에 유언자가 2인 이상의 증인의 참여로 그 1인에게 유언의 취지를 구수하고 그 구수를 받은 자가 이를 필기낭독하여 유언자의 증인이 그 정확함을 승인한 후 각자 서명 또는 기명날인하여야 한다.
② 전항의 방식에 의한 유언은 그 증인 또는 이해관계인이 급박한 사유의 종료한 날로부터 7일내에 법원에 그 검인을 신청하여야 한다.
③ 제1063조제2항의 규정은 구수증서에 의한 유언에 적용하지 아니한다.

제1071조 【비밀증서에 의한 유언의 전환】 비밀증서에 의한 유언이 그 방식에 흠결이 있는 경우에 그 증서가 자필증서의 방식에 적합한 때에는 자필증서에 의한 유언으로 본다.

제1072조 【증인의 결격사유】 ① 다음 각 호의 어느 하나에 해당하는 사람은 유언에 참여하는 증인이 되지 못한다.
1. 미성년자
2. 피성년후견인과 피한정후견인
3. 유언으로 이익을 받을 사람, 그의 배우자와 직계혈족

② 공정증서에 의한 유언에는 「공증인법」에 따른 결격자는 증인이 되지 못한다.
(2011.3.7 본조개정)

제3절 유언의 효력

제1073조 【유언의 효력발생시기】 ① 유언은 유언자가 사망한 때로부터 그 효력이 생긴다.
② 유언에 정지조건이 있는 경우에 그 조건이 유언자의 사망후에 성취한 때에는 그 조건성취한 때로부터 유언의 효력이 생긴다.

제1074조 【유증의 승인, 포기】 ① 유증을 받을 자는 유언자의 사망후에 언제든지 유증을 승인 또는 포기할 수 있다.
② 전항의 승인이나 포기는 유언자의 사망한 때에 소급하여 그 효력이 있다.

제1075조 【유증의 승인, 포기의 취소금지】 ① 유증의 승인이나 포기는 취소하지 못한다.

② 제1024조제2항의 규정은 유증의 승인과 포기에 준용한다.

제1076조【수증자의 상속인의 승인, 포기】 수증자가 승인이나 포기를 하지 아니하고 사망한 때에는 그 상속인은 상속분의 한도에서 승인 또는 포기할 수 있다. 그러나 유언자가 유언으로 다른 의사를 표시한 때에는 그 의사에 의한다.

제1077조【유증의무자의 최고권】 ① 유증의무자나 이해관계인은 상당한 기간을 정하여 그 기간내에 승인 또는 포기를 확답할 것을 수증자 또는 그 상속인에게 최고할 수 있다.

② 전항의 기간내에 수증자 또는 상속인이 유증의무자에 대하여 최고에 대한 확답을 하지 아니한 때에는 유증을 승인한 것으로 본다.

제1078조【포괄적 수증자의 권리의무】 포괄적 유증을 받은 자는 상속인과 동일한 권리의무가 있다.(1990.1.13 본조개정)

제1079조【수증자의 과실취득권】 수증자는 유증의 이행을 청구할 수 있는 때로부터 그 목적물의 과실을 취득한다. 그러나 유언자가 유언으로 다른 의사를 표시한 때에는 그 의사에 의한다.

제1080조【과실수취비용의 상환청구권】 유증의무자가 유언자의 사망후에 그 목적물의 과실을 수취하기 위하여 필요비를 지출한 때에는 그 과실의 가액의 한도에서 과실을 취득한 수증자에게 상환을 청구할 수 있다.

제1081조【유증의무자의 비용상환청구권】 유증의무자가 유증자의 사망후에 그 목적물에 대하여 비용을 지출한 때에는 제325조의 규정을 준용한다.

제1082조【불특정물유증의무자의 담보책임】

① 불특정물을 유증의 목적으로 한 경우에는 유증의무자는 그 목적물에 대하여 매도인과 같은 담보책임이 있다.

② 전항의 경우에 목적물에 하자가 있는 때에는 유증의무자는 하자없는 물건으로 인도하여야 한다.

제1083조【유증의 물상대위성】 유증자가 유증목적물의 멸실, 훼손 또는 점유의 침해로 인하여 제3자에게 손해배상을 청구할 권리가 있는 때에는 그 권리를 유증의 목적으로 한 것으로 본다.

제1084조【채권의 유증의 물상대위성】 ① 채권을 유증의 목적으로 한 경우에 유언자가 그 변제를 받은 물건이 상속재산 중에 있는 때에는 그 물건을 유증의 목적으로 한 것으로 본다.

② 전항의 채권이 금전을 목적으로 한 경우에는 그 변제받은 채권액에 상당한 금전이 상속재산 중에 없는 때에도 그 금액을 유증의 목적으로 한 것으로 본다.

제1085조【제3자의 권리의 목적인 물건 또는 권리의 유증】 유증의 목적인 물건이나 권리가 유언자의 사망당시에 제3자의 권리의 목적인 경우에는 수증자는 유증의무자에 대하여 그 제3자의 권리를 소멸시킬 것을 청구하지 못한다.

제1086조【유언자가 다른 의사표시를 한 경우】 전3조의 경우에 유언자가 유언으로 다른 의사를 표시한 때에는 그 의사에 의한다.

제1087조【상속재산에 속하지 아니한 권리의 유증】 ① 유언의 목적이 된 권리가 유언자의 사망당시에 상속재산에 속하지 아니한 때에는 유언은 그 효력이 없다. 그러나 유언자가 자기의 사망당시에 그 목적물이 상속재산에 속하지 아니한 경우에도 유언의 효력이 있게 할 의사인 때에는 유증의무자는 그 권리를 취득하여 수증자에게 이전할 의무가 있다.

② 전항 단서의 경우에 그 권리를 취득할 수 없거나 그 취득에 과다한 비용을 요할 때에는 그 가액으로 변상할 수 있다.

제1088조【부담있는 유증과 수증자의 책임】

① 부담있는 유증을 받은 자는 유증의 목적의 가액을 초과하지 아니한 한도에서 부담한 의무를 이행할 책임이 있다.

② 유증의 목적의 가액이 한정승인 또는 재산분리로 인하여 감소된 때에는 수증자는 그 감소된 한도에서 부담할 의무를 면한다.

제1089조【유증효력발생전의 수증자의 사망】

① 유증은 유언자의 사망전에 수증자가 사망한 때에는 그 효력이 생기지 아니한다.

② 정지조건있는 유증은 수증자가 그 조건 성취전에 사망한 때에는 그 효력이 생기지 아니한다.

제1090조【유증의 무효, 실효의 경우와 목적재산의 귀속】 유증이 그 효력이 생기지 아니하거나 수증자가 이를 포기한 때에는 유증의 목적인 재산은 상속인에게 귀속한다. 그러나 유언자가 유언으로 다른 의사를 표시한 때에는 그 의사에 의한다.

제4절 유언의 집행

제1091조【유언증서, 녹음의 검인】 ① 유언의 증서나 녹음을 보관한 자 또는 이를 발견한 자는 유언자의 사망후 지체없이 법원에 제출하여 그 검인을 청구하여야 한다.

② 전항의 규정은 공정증서나 구수증서에 의한 유언에 적용하지 아니한다.

제1092조【유언증서의 개봉】 법원이 봉인된 유언증서를 개봉할 때에는 유언자의 상속인, 그 대리인 기타 이해관계인의 참여가 있어야 한다.

제1093조【유언집행자의 지정】 유언자는 유언으로 유언집행자를 지정할 수 있고 그 지정을 제3자에게 위탁할 수 있다.

제1094조【위탁에 의한 유언집행자의 지정】 ① 전조의 위탁을 받은 제3자는 그 위탁있음을 안 후 지체없이 유언집행자를 지정하여 상속인에게 통지하여야 하며 그 위탁을 사퇴할 때에는 이를 상속인에게 통지하여야 한다.

② 상속인 기타 이해관계인은 상당한 기간을 정하여 그 기간내에 유언집행자를 지정할 것을 위탁받은 자에게 최고할 수 있다. 그 기간내에 지정의 통지를 받지 못한 때에는 그 지정의 위탁을 사퇴한 것으로 본다.

제1095조【지정유언집행자가 없는 경우】 전2조의 규정에 의하여 지정된 유언집행자가 없는 때에는 상속인이 유언집행자가 된다.

제1096조【법원에 의한 유언집행자의 선임】
① 유언집행자가 없거나 사망, 결격 기타 사유로 인하여 없게 된 때에는 법원은 이해관계인의 청구에 의하여 유언집행자를 선임하여야 한다.
② 법원이 유언집행자를 선임한 경우에는 그 임무에 관하여 필요한 처분을 명할 수 있다.

제1097조【유언집행자의 승낙, 사퇴】 ① 지정에 의한 유언집행자는 유언자의 사망후 지체없이 이를 승낙하거나 사퇴할 것을 상속인에게 통지하여야 한다.
② 선임에 의한 유언집행자는 선임의 통지를 받은 후 지체없이 이를 승낙하거나 사퇴할 것을 법원에 통지하여야 한다.
③ 상속인 기타 이해관계인은 상당한 기간을 정하여 그 기간내에 승낙여부를 확답할 것을 지정 또는 선임에 의한 유언집행자에게 최고할 수 있다. 그 기간내에 최고에 대한 확답을 받지 못한 때에는 유언집행자가 그 취임을 승낙한 것으로 본다.

제1098조【유언집행자의 결격사유】 제한능력자와 파산선고를 받은 자는 유언집행자가 되지 못한다.(2011.3.7 본조개정)

제1099조【유언집행자의 임무착수】 유언집행자가 그 취임을 승낙한 때에는 지체없이 그 임무를 이행하여야 한다.

제1100조【재산목록작성】 ① 유언이 재산에 관한 것인 때에는 지정 또는 선임에 의한 유언집행자는 지체없이 그 재산목록을 작성하여 상속인에게 교부하여야 한다.
② 상속인의 청구가 있는 때에는 전항의 재산목록작성에 상속인을 참여하게 하여야 한다.

제1101조【유언집행자의 권리의무】 유언집행자는 유증의 목적인 재산의관리 기타 유언의 집행에 필요한 행위를 할 권리의무가 있다.

제1102조【공동유언집행】 유언집행자가 수인인 경우에는 임무의 집행은 그 과반수의 찬성으로써 결정한다. 그러나 보존행위는 각자가 이를 할 수 있다.

제1103조【유언집행자의 지위】 ① 지정 또는 선임에 의한 유언집행자는 상속인의 대리인으로 본다.
② 제681조 내지 제685조, 제687조, 제691조와 제692조의 규정은 유언집행자에 준용한다.

제1104조【유언집행자의 보수】 ① 유언자가 유언으로 그 집행자의 보수를 정하지 아니한 경우에는 법원은 상속재산의 상황 기타 사정을 참작하여 지정 또는 선임에 의한 유언집행자의 보수를 정할 수 있다.
② 유언집행자가 보수를 받는 경우에는 제686조 제2항, 제3항의 규정을 준용한다.

제1105조【유언집행자의 사퇴】 지정 또는 선임에 의한 유언집행자는 정당한 사유있는 때에는 법원의 허가를 얻어 그 임무를 사퇴할 수 있다.

제1106조【유언집행자의 해임】 지정 또는 선임에 의한 유언집행자에 그 임무를 해태하거나 적당하지 아니한 사유가 있는 때에는 법원은 상속인 기타 이해관계인의 청구에 의하여 유언집행자를 해임할 수 있다.

제1107조【유언집행의 비용】 유언의 집행에 관한 비용은 상속재산 중에서 이를 지급한다.

제5절 유언의 철회

제1108조【유언의 철회】 ① 유언자는 언제든지 유언 또는 생전행위로써 유언의 전부나 일부를 철회할 수 있다.
② 유언자는 그 유언을 철회할 권리를 포기하지 못한다.

제1109조【유언의 저촉】 전후의 유언이 저촉되거나 유언후의 생전행위가 유언과 저촉되는 경우에는 그 저촉된 부분의 전(前)유언은 이를 철회한 것으로 본다.

제1110조【파훼(破毁)로 인한 유언의 철회】 유언자가 고의로 유언증서 또는 유증의 목적물을 파훼한 때에는 그 파훼한 부분에 관한 유언은 이를 철회한 것으로 본다.

제1111조【부담있는 유언의 취소】 부담있는 유증을 받은 자가 그 부담의무를 이행하지 아니한 때에는 상속인 또는 유언집행자는 상당한 기간을 정하여 이행할 것을 최고하고 그 기간내에 이행하지 아니한 때에는 법원에 유언의 취소를 청구할 수 있다. 그러나 제3자의 이익을 해하지 못한다.

제3장 유류분
(1977.12.31 본장신설)

제1112조【유류분*의 권리자와 유류분】 상속인의 유류분은 다음 각 호에 의한다.(2024.9.20 본문개정)
1. 피상속인의 직계비속은 그 법정상속분의 2분의 1
2. 피상속인의 배우자는 그 법정상속분의 2분의 1
3. 피상속인의 직계존속은 그 법정상속분의 3분의 1
4. (2024.9.20 삭제)

(2024.9.20 본조제목개정)
<2024.4.25 헌법재판소 헌법불합치결정으로 이 조 제1호부터 제3호는 2025.12.31을 시한으로 입법자가 개정할 때까지 계속 적용>

* 유류분(遺留分) : 피상속인의 유언에 의한 재산처분의 자유를 제한함으로써 상속인에게 상속이 보장된 상속재산의 일정부분

제1113조【유류분의 산정】 ① 유류분은 피상속인의 상속개시시에 있어서 가진 재산의 가액에 증여재산의 가액을 가산하고 채무의 전액을 공제하여 이를 산정한다.
② 조건부의 권리 또는 존속기간이 불확정한 권리는 가정법원이 선임한 감정인의 평가에 의하여 그 가격을 정한다.

제1114조【산입될 증여】 증여는 상속개시전의 1년간에 행한 것에 한하여 제1113조의 규정에 의하여 그 가액을 산정한다. 당사자쌍방이 유류분권리자에 손해를 가할 것을 알고 증여를 한 때에는 1년전에 한 것도 같다.

제1115조【유류분의 보전】 ① 유류분권리자가 피상속인의 제1114조에 규정된 증여 및 유증으로 인하여 그 유류분에 부족이 생긴 때에는 부족한 한도에서 그 재산의 반환을 청구할 수 있다.
② 제1항의 경우에 증여 및 유증을 받은 자가 수인인 때에는 각자가 얻은 유증가액의 비례로 반환하여야 한다.

제1116조【반환의 순서】 증여에 대하여는 유증을 반환받은 후가 아니면 이것을 청구할 수 없다.

제1117조【소멸시효】 반환의 청구권은 유류분권리자가 상속의 개시와 반환하여야 할 증여 또는 유증을 한 사실을 안 때로부터 1년내에 하지 아니하면 시효에 의하여 소멸한다. 상속이 개시한 때로부터 10년을 경과한 때도 같다.

제1118조【준용규정】 제1001조, 제1008조, 제1010조의 규정은 유류분에 이를 준용한다.
<2024.4.25 헌법재판소 헌법불합치결정으로 이 조는 2025.12.31을 시한으로 입법자가 개정할 때까지 계속 적용>

부　칙

제1조【구법(舊法)의 정의】 부칙에서 구법이라 함은 본법에 의하여 폐지되는 법령 또는 법령 중의 조항을 말한다.

제2조【본법의 소급효】 본법은 특별한 규정 있는 경우외에는 본법 시행일전의 사항에 대하여도 이를 적용한다. 그러나 이미 구법에 의하여 생긴 효력에 영향을 미치지 아니한다.

제3조【공증력있는 문서와 그 작성】 ① 공증인 또는 법원서기의 확정일자인있는 사문서는 그 작성일자에 대한 공증력이 있다.
② 일자확정의 청구를 받은 공증인 또는 법원서기는 확정일자부에 청구자의 주소, 성명 및 문서명목을 기재하고 그 문서에 기부번호를 기입한 후 일자인을 찍고 장부와 문서에 계인(契印)을 하여야 한다.
③ 일자확정은 공증인에게 청구하는 자는 법무부령이, 법원서기에게 청구하는 자는 대법원규칙이 각각 정하는 바에 의하여 수수료를 납부하여야 한다.(1970.6.18 본항개정)
④ 공정증서에 기입한 일자 또는 공무소에서 사문서에 어느 사항을 증명하고 기입한 일자는 확정일자로 한다.

제4조【구법에 의한 한정치산자】 ① 구법에 의하여 심신모약자(心神耗弱者) 또는 낭비자로 준금치산선고를 받은 자는 본법 시행일로부터 본법의 규정에 의한 한정치산자로 본다.
② 구법에 의하여 농자(聾者), 아자(啞者) 또는 맹자(盲者)로 준금치산선고를 받은 자는 본법 시행일로부터 능력을 회복한다.

제5조【부의 취소권에 관한 경과규정】 구법에 의하여 처가 부의 허가를 요할 사항에 관하여 허가없이 그 행위를 한 경우에도 본법 시행일후에는 이를 취소하지 못한다.

제6조【법인의 등기기간】 법인의 등기사항에 관한 등기기간은 본법 시행일전의 사항에 대하여도 본법의 규정에 의한다.

제7조【벌칙에 관한 불소급】 ① 구법에 의하여 과료에 처할 행위로 본법 시행당시 재판을 받지 아니한 자에 대하여는 본법에 의하여 과태료에 처할 경우에 한하여 이를 재판한다.
② 전항의 과태료는 구법의 과료액을 초과하지 못한다.

제8조【시효에 관한 경과규정】 ① 본법 시행당시에 구법의 규정에 의한 시효기간을 경과한 권리는 본법의 규정에 의하여 취득 또는 소멸한 것으로 본다.
② 본법 시행당시에 구법에 의한 소멸시효의 기간을 경과하지 아니한 권리에는 본법의 시효에 관한 규정을 적용한다.
③ 본법 시행당시에 구법에 의한 취득시효의 기간을 경과하지 아니한 권리에는 본법의 소유권취득에 관한 규정을 적용한다.
④ 제1항과 제2항의 규정은 시효기간이 아닌 법정기간에 이를 준용한다.

제9조【효력을 상실할 물권】 구법에 의하여 규정된 물권이라도 본법에 규정한 물권이 아니면 본법 시행일로부터 물권의 효력을 잃는다. 그러나 본법 또는 다른 법률에 특별한 규정이 있는 경우에는 그러하지 아니하다.

제10조【소유권이전에 관한 경과규정】 ① 본법 시행일전의 법률행위로 인한 부동산에 관한 물권의 득실변경은 이 법 시행일로부터 6년내에 등기하지 아니하면 그 효력을 잃는다.
(1964.12.31 본항개정)
② 본법 시행일전의 동산에 관한 물권의 양도는 본법 시행일로부터 1년내에 인도를 받지 못하면 그 효력을 잃는다.
③ 본법 시행일전의 시효완성으로 인하여 물권을 취득한 경우에도 제1항과 같다.

제11조【구관(舊慣)에 의한 전세권의 등기】 본법 시행일전에 관습에 의하여 취득한 전세권은 본법 시행일로부터 1년내에 등기함으로써 물권의 효력을 갖는다.

제12조【판결에 의한 소유권이전의 경우】 소송으로 부칙 제10조의 규정에 의한 등기 또는 인도를 청구한 경우에는 그 판결확정의 날로부터 6월내에 등기를 하지 아니하거나 3월내에 인도를 받지 못하거나 강제집행의 절차를 취하지 아니한 때에는 물권변동의 효력을 잃는다.

제13조【지상권존속기간에 관한 경과규정】 본법 시행일전에 지상권설정행위로 정한 존속기간이 본법 시행당시에 만료하지 아니한 경우에는 그 존속기간에는 본법의 규정을 적용한다. 설정행위로 지상권의 존속기간을 정하지 아니한 경우에도 같다.

제14조【존속되는 물권】 본법 시행일전에 설정한 영소작권* 또는 부동산질권에 관하여는 구법의 규정을 적용한다. 그러나 본법 시행일후에는 이를 갱신하지 못한다.

* 영소작권(永小作權) : 20년 이상 50년 이하로 되어 있던 장기간의 소작제도

제15조【임대차기간에 관한 경과규정】 본법 시행일전의 임대차계약에 약정기간이 있는 경우에도 그 기간이 본법 시행당시에 만료하지 아니한 때에는 그 존속기간에는 본법의 규정을 적용한다.

제16조【선취특권*의 실효】 본법 시행일전에 구법에 의하여 취득한 선취특권은 본법 시행일로부터 그 효력을 잃는다.

* 선취특권(先取特權) : 구 민법이 인정하였던 법정담보물권의 일종으로, 법률이 정한 특수한 채권을 가지는 자가 채무자의 총재산이나 동산 또는 부동산에 대하여 일반채권자에 우선하여 채권변제를 받을 수 있는 담보물권

제17조【처의 재산에 대한 부의 권리】 본법 시행일전의 혼인으로 인하여 부가 처의 재산을 관리, 사용 또는 수익하는 경우에도 본법 시행일로부터 부는 그 권리를 잃는다.

제18조【혼인, 입양의 무효, 취소에 관한 경과규정】 ① 본법 시행일전의 혼인 또는 입양에 본법에 의하여 무효의 원인이 되는 사유가 있는 때에는 이를 무효로 하고 취소의 원인이 되는 사유가 있는 때에는 본법의 규정에 의하여 이를 취소할 수 있다. 이 경우에 취소기간이 있는 때에는 그 기간은 본법 시행일로부터 기산한다.
② 본법 시행일전의 혼인 또는 입양에 구법에 의한 취소의 원인이 되는 사유가 있는 경우에도 본법의 규정에 의하여 취소의 원인이 되지 아니할 때에는 본법 시행일후에는 이를 취소하지 못한다.

제19조【이혼, 파양에 관한 경과규정】 ① 본법 시행일전의 혼인 또는 입양에 본법에 의하여 이혼 또는 파양의 원인이 되는 사유가 있는 때에는 본법의 규정에 의하여 재판상의 이혼 또는 파양의 청구를 할 수 있다. 이 경우에 그 청구기간이 있는 때에는 그 기간은 본법 시행일로부터 기산한다.
② 본법 시행일전의 혼인 또는 입양에 구법에 의하여 이혼 또는 파양의 원인이 되는 사유가 있는 경우에도 본법의 규정에 의하여 이혼 또는 파양의 원인이 되지 아니하는 때에는 본법 시행일후에는 재판상의 이혼 또는 파양의 청구를 하지 못한다.

제20조【친권】 성년에 달한 자는 본법 시행일로부터 친권에 복종하지 아니한다.

제21조【모의 친권행사에 관한 제한의 폐지】 구법에 의하여 친권자인 모가 친족회의 동의를 요할 사항에 관하여 그 동의없이 미성년자를 대리한 행위나 미성년자의 행위에 대한 동의를 한 경우에도 본법 시행일후에는 이를 취소하지 못한다.

제22조【후견인에 관한 경과규정】 ① 구법에 의하여 미성년자 또는 금치산자에 대한 후견이 개시된 경우에도 그 후견인의 순위, 선임, 임무 및 결격에 관한 사항에는 본법 시행일로부터 본법의 규정을 적용한다.
② 구법에 의하여 준금치산선고를 받은 자에 대하여도 그 후견에 관한 사항은 전항과 같다.

제23조【보좌인등에 관한 경과규정】 구법에 의한 보좌인, 후견감독인 및 친족회원은 본법 시행일로부터 그 지위를 잃는다. 그러나 본법 시행일전에 구법의 규정에 의한 보좌인, 후견감독인 또는 친족회가 행한 동의는 그 효력을 잃지 아니한다.

제24조【부양의무에 관한 본법적용】 구법에 의하여 부양의무가 개시된 경우에도 그 순위, 선임 및 방법에 관한 사항에는 본법 시행일로부터 본법의 규정을 적용한다.

제25조【상속에 관한 경과규정】 ① 본법 시행일전에 개시된 상속에 관하여는 본법 시행일후에도 구법의 규정을 적용한다.
② 실종선고로 인하여 호주 또는 재산상속이 개시되는 경우에 그 실종기간이 구법 시행기간 중에 만료하는 때에도 그 실종이 본법 시행일후에 선고된 때에는 그 상속순위, 상속분 기타 상속에 관하여는 본법의 규정을 적용한다.

제26조【유언에 관한 경과규정】 본법 시행일전의 관습에 의한 유언이 본법에 규정한 방식에 적합하지 아니한 경우에라도 유언자가 본법 시행일로부터 유언의 효력발생일까지 그 의사표시를 할 수 없는 상태에 있는 때에는 그 효력을 잃지 아니한다.

제27조【폐지법령】 다음 각호의 법령은 이를 폐지한다.

1. 조선민사령 제1조의 규정에 의하여 의용된 민법, 민법시행법, 연령계산에관한법률
2. 조선민사령과 동령 제1조에 의하여 의용된 법령중 본법의 규정과 저촉되는 법조
3. 군정법령중 본법의 규정과 저촉되는 법조

제28조【시행일】 본법은 단기 4293년 1월 1일부터 시행한다.

부 칙 (1962.12.29)

본법은 1963년 3월 1일부터 시행한다.

부 칙 (1962.12.31)

본법은 1963년 1월 1일부터 시행한다.

부　칙 (1964.12.31)

이 법은 1965년 1월 1일부터 시행한다.

부　칙 (1970.6.18)

이 법은 공포한 날로부터 시행한다.

부　칙 (1977.12.31)

① 이 법은 공포후 1년이 경과한 날로부터 시행한다.
② 이 법은 종전의 법률에 의하여 생긴 효력에 대하여 영향을 미치지 아니한다.
③ 이 법 시행일전에 혼인한 자가 20세에 달한 때에는 그 혼인이 종전의 법 제808조제1항의 규정에 위반한 때에도 그 취소를 청구할 수 없다.
④ 이 법 시행일전에 혼인한 자가 미성년자인 때에는 이 법 시행일로부터 성년자로 한다.
⑤ 이 법 시행일전에 개시된 상속에 관하여는 이 법 시행일후에도 종전의 규정을 적용한다.
⑥ 실종선고로 인하여 상속이 개시되는 경우에 그 실종기간이 이 법 시행일후에 만료된 때에는 그 상속에 관하여 이 법의 규정을 적용한다.

부　칙 (1984.4.10)

① **【시행일】** 이 법은 1984년 9월 1일부터 시행한다.
② **【경과조치의 원칙】** 이 법은 특별한 규정이 있는 경우를 제외하고는 이 법 시행전에 생긴 사항에 대하여도 이를 적용한다. 그러나 종전의 규정에 의하여 생긴 효력에는 영향을 미치지 아니한다.
③ **【실종선고에 관한 경과조치】** 제27조제2항의 개정규정은 이 법 시행전에 사망의 원인이 될 위난이 발생한 경우에도 이를 적용한다.
④ **【전세권에 관한 경과조치】** 제303조제1항, 제312조제2항·제4항 및 제312조의2의 개정규정은 이 법 시행전에 성립한 전세권으로서 이 법 시행당시 존속기간이 3월이상 남아 있는 전세권과 존속기간을 정하지 아니한 전세권에도 이를 적용한다. 그러나 이 법 시행전에 전세금의 증액청구가 있은 경우에는 제312조의2 단서의 개정규정은 이를 적용하지 아니한다.

부　칙 (1990.1.13)

제1조 【시행일】 이 법은 1991년 1월 1일부터 시행한다.
제2조 【이 법의 효력의 불소급】 이 법에 특별한 규정이 있는 경우를 제외하고는 이미 구법(민법중 이 법에 의하여 개정 또는 폐지되는 종전의 조항을 말한다. 이하 같다)에 의하여 생긴 효력에 영향을 미치지 아니한다.
제3조 【친족에 관한 경과조치】 구법에 의하여 친족이었던 자가 이 법에 의하여 친족이 아닌 경우에는 이 법 시행일부터 친족으로서의 지위를 잃는다.
제4조 【모와 자기의 출생아닌 자에 관한 경과조치】 이 법 시행일전에 발생한 전처의 출생자와 계모 및 그 혈족·인척사이의 친족관계와 혼인외의 출생자와 부의 배우자 및 그 혈족·인척사이의 친족관계는 이 법 시행일부터 소멸한다.
제5조 【약혼의 해제에 관한 경과조치】 ① 이 법 시행일전의 약혼에 이 법에 의하여 해제의 원인이 되는 사유가 있는 때에는 이 법의 규정에 의하여 이를 해제할 수 있다.
② 이 법 시행일전의 약혼에 구법에 의하여 해제의 원인이 되는 사유가 있는 경우에도 이 법의 규정에 의하여 해제의 원인이 되지 아니할 때에는 이 법 시행일후에는 해제를 하지 못한다.
제6조 【부부간의 재산관계에 관한 이 법의 적용】 이 법 시행일전의 혼인으로 인하여 인정되었던 부부간의 재산관계에 관하여는 이 법 시행일부터 이 법의 규정을 적용한다.
제7조 【입양의 취소에 관한 경과조치】 이 법 시행일전의 입양에 구법에 의하여 취소의 원인이 되는 사유가 있는 경우에도 이 법의 규정에 의하여 취소의 원인이 되지 아니할 때에는 이 법 시행일후에는 취소를 청구하지 못한다.
제8조 【파양에 관한 경과조치】 ① 이 법 시행일전의 입양에 이 법에 의하여 파양의 원인이 되는 사유가 있는 때에는 이 법의 규정에 의하여 재판상 파양의 청구를 할 수 있다.
② 이 법 시행일전의 입양에 구법에 의하여 파양의 원인이 되는 사유가 있는 경우에도 이 법의 규정에 의하여 파양의 원인이 되지 아니할 때에는 이 법 시행일후에는 재판상 파양의 청구를 하지 못한다.
제9조 【친권에 관한 이 법의 적용】 구법에 의하여 개시된 친권에 관하여도 이 법 시행일부터 이 법의 규정을 적용한다.
제10조 【후견인에 관한 이 법의 적용】 구법에 의하여 미성년자나 한정치산자 또는 금치산자에 대한 후견이 개시된 경우에도 그 후견인의 순위 및 선임에 관한 사항에는 이 법 시행일부터 이 법의 규정을 적용한다.
제11조 【부양의무에 관한 이 법의 적용】 구법에 의하여 부양의무가 개시된 경우에도 이 법 시행일부터 이 법의 규정을 적용한다.
제12조 【상속에 관한 경과조치】 ① 이 법 시행일전에 개시된 상속에 관하여는 이 법 시행일후에도 구법의 규정을 적용한다.
② 실종선고로 인하여 상속이 개시되는 경우에 그 실종기간이 구법시행기간중에 만료되는 때에도 그 실종이 이 법 시행일후에 선고된 때에는 상속에 관하여는 이 법의 규정을 적용한다.
제13조 【다른 법령과의 관계】 이 법 시행당시 다른 법령에서 호주상속 또는 호주상속인을 인용한 경우에는 호주승계 또는 호주승계인을, 재

산상속 또는 재산상속인을 인용한 경우에는 상속 또는 상속인을 각 인용한 것으로 본다.

부 칙 (1997.12.13 법5431호)

제1조【시행일】 이 법은 공포후 6월이 경과한 날부터 시행한다.(이하 생략)

부 칙 (1997.12.13 법5454호)

이 법은 1998년 1월 1일부터 시행한다.(이하 생략)

부 칙 (2001.12.29)

이 법은 2002년 7월 1일부터 시행한다.

부 칙 (2002.1.14)

① **【시행일】** 이 법은 공포한 날부터 시행한다.
② **【이 법의 효력의 불소급】** 이 법은 종전의 규정에 의하여 생긴 효력에 영향을 미치지 아니한다.
③ **【한정승인에 관한 경과조치】** 1998년 5월 27일부터 이 법 시행전까지 상속개시가 있음을 안 자중 상속채무가 상속재산을 초과하는 사실을 중대한 과실없이 제1019조제1항의 기간내에 알지 못하다가 이 법 시행전에 그 사실을 알고도 한정승인 신고를 하지 아니한 자는 이 법 시행일부터 3월내에 제1019조제3항의 개정규정에 의한 한정승인을 할 수 있다. 다만, 당해 기간내에 한정승인을 하지 아니한 경우에는 단순승인을 한 것으로 본다.
④ **【한정승인에 관한 특례】** 1998년 5월 27일 전에 상속 개시가 있음을 알았으나 상속채무가 상속재산을 초과하는 사실(이하 "상속채무 초과사실"이라 한다)을 중대한 과실 없이 제1019조제1항의 기간 이내에 알지 못하다가 1998년 5월 27일 이후 상속채무 초과사실을 안 자는 다음 각 호의 구분에 따라 제1019조제3항의 규정에 의한 한정승인을 할 수 있다. 다만, 각 호의 기간 이내에 한정승인을 하지 아니한 경우에는 단순승인을 한 것으로 본다.
1. 법률 제7765호 민법 일부개정법률(이하 "개정법률"이라 한다) 시행 전에 상속채무 초과사실을 알고도 한정승인을 하지 아니한 자는 개정법률 시행일부터 3월 이내
2. 개정법률 시행 이후 상속채무 초과사실을 알게 된 자는 그 사실을 안 날부터 3월 이내

(2005.12.29 본항신설)

부 칙 (2005.3.31 법7427호)

제1조【시행일】 이 법은 공포한 날부터 시행한다. 다만, 제4편제2장(제778조 내지 제789조, 제791조 및 제793조 내지 제796조), 제826조제3항 및 제4항, 제908조의2 내지 제908조의8, 제963조, 제966조, 제968조, 제4편제8장(제980조 내지 제982조, 제984조 내지 제987조, 제989조 및 제991조 내지 제995조)의 개정규정과 부칙 제7조(제2항 및 제29항을 제외한다)의 규정은 2008년 1월 1일부터 시행한다.
제2조【이 법의 효력의 불소급】 이 법은 종전의 규정에 의하여 생긴 효력에 영향을 미치지 아니한다.
제3조【친생부인의 소에 관한 경과조치】 ① 제847조제1항의 개정규정에 의한 기간이 이 법 시행일부터 30일 이내에 만료되는 경우에는 이 법 시행일부터 30일 이내에 친생부인의 소를 제기할 수 있다.
② 제847조제1항의 개정규정이 정한 기간을 계산함에 있어서는 1997년 3월 27일부터 이 법 시행일 전일까지의 기간은 이를 산입하지 아니한다.
제4조【혼인의 무효·취소에 관한 경과조치】 이 법 시행 전의 혼인에 종전의 규정에 의하여 혼인의 무효 또는 취소의 원인이 되는 사유가 있는 경우에도 이 법의 규정에 의하여 혼인의 무효 또는 취소의 원인이 되지 아니하는 경우에는 이 법 시행 후에는 혼인의 무효를 주장하거나 취소를 청구하지 못한다.
제5조【친양자에 관한 경과조치】 종전의 규정에 의하여 입양된 자를 친양자로 하려는 자는 제908조의2제1항제1호 내지 제4호의 요건을 갖춘 경우에는 가정법원에 친양자 입양을 청구할 수 있다.
제6조【기간에 관한 경과조치】 이 법에 의하여 기간이 변경된 경우에 이 법 시행당시 종전의 규정에 의한 기간이 경과되지 아니한 때에는 이 법의 개정규정과 종전의 규정 중 그 기간이 장기인 규정을 적용한다.
제7조【다른 법률의 개정】 ①~㉙ ※(해당 법령에 가제정리 하였음)

부 칙 (2005.3.31 법7428호)

제1조【시행일】 이 법은 공포 후 1년이 경과한 날부터 시행한다.(이하 생략)

부 칙 (2005.12.29)

① **【시행일】** 이 법은 공포한 날부터 시행한다.
② **【한정승인에 관한 경과조치】** 이 법의 한정승인에 관한 특례대상에 해당하는 자가 이 법 시행 전에 한정승인 신고를 하여 법원에 계속 중이거나 수리된 경우 그 신고 또는 법원의 수리결정은 효력이 있다.

부 칙 (2007.5.17)

제1조【시행일】 이 법은 2008년 1월 1일부터 시행한다.(이하 생략)

부 칙 (2007.12.21)

제1조【시행일】 이 법은 공포한 날부터 시행한다. 다만, 제97조 및 제161조의 개정규정은 공포 후

3개월이 경과한 날부터 시행하고, 제836조의2, 제837조제2항부터 제6항까지 및 제909조제4항의 개정규정은 공포 후 6개월이 경과한 날부터 시행한다.
제2조【효력의 불소급】 이 법은 종전의 규정에 따라 생긴 효력에 영향을 미치지 아니한다.
제3조【경과조치】 ① 이 법 시행 당시 법원에 계속 중인 사건에 관하여는 이 법(제837조의 개정규정을 제외한다)을 적용하지 아니한다.
② 이 법 시행 전의 행위에 대한 과태료의 적용에 있어서는 종전의 규정에 따른다.
③ 이 법 시행 당시 만 16세가 된 여자는 제801조 및 제807조의 개정규정에도 불구하고 약혼 또는 혼인할 수 있다.

부 칙 (2009.5.8)

① **【시행일】** 이 법은 공포 후 3개월이 경과한 날부터 시행한다.
② **【양육비부담조서 작성의 적용례】** 제836조의2 제5항의 개정규정은 이 법 시행 당시 계속 중인 협의이혼사건에도 적용한다.

부 칙 (2011.3.7)

제1조【시행일】 이 법은 2013년 7월 1일부터 시행한다.
제2조【금치산자 등에 관한 경과조치】 ① 이 법 시행 당시 이미 금치산 또는 한정치산의 선고를 받은 사람에 대하여는 종전의 규정을 적용한다.
② 제1항의 금치산자 또는 한정치산자에 대하여 이 법에 따라 성년후견, 한정후견, 특정후견이 개시되거나 임의후견감독인이 선임된 경우 또는 이 법 시행일부터 5년이 경과한 때에는 그 금치산 또는 한정치산의 선고는 장래를 향하여 그 효력을 잃는다.
제3조【다른 법령과의 관계】 이 법 시행 당시 다른 법령에서 "금치산" 또는 "한정치산"을 인용한 경우에는 성년후견 또는 한정후견을 받는 사람에 대하여 부칙 제2조제2항에 따른 5년의 기간에 한정하여 "성년후견" 또는 "한정후견"을 인용한 것으로 본다.

부 칙 (2011.5.19)

이 법은 2013년 7월 1일부터 시행한다.

부 칙 (2012.2.10)

제1조【시행일】 이 법은 2013년 7월 1일부터 시행한다. 다만, 제818조, 제828조, 제843조 및 제925조의 개정규정은 공포한 날부터 시행한다.
제2조【이 법의 효력의 불소급】 이 법은 종전의 규정에 따라 생긴 효력에 영향을 미치지 아니한다.
제3조【종전의 규정에 따른 입양 및 파양에 관한 경과조치】 이 법 시행 전에 제878조 또는 제904조에 따라 입양 또는 파양의 신고가 접수된 입양 또는 파양에 관하여는 종전의 규정에 따른다.
제4조【재판상 파양 원인에 관한 경과조치】 제905조의 개정규정에도 불구하고 이 법 시행 전에 종전의 규정에 따라 가정법원에 파양을 청구한 경우에 재판상 파양 원인에 관하여는 종전의 규정에 따른다.
제5조【친양자 입양의 요건에 관한 경과조치】 제908조의2제1항 및 제2항의 개정규정에도 불구하고 이 법 시행 전에 종전의 규정에 따라 가정법원에 친양자 입양을 청구한 경우에 친양자 입양의 요건에 관하여는 종전의 규정에 따른다.

부 칙 (2013.4.5)

이 법은 2013년 7월 1일부터 시행한다.

부 칙 (2014.10.15)

제1조【시행일】 이 법은 공포 후 1년이 경과한 날부터 시행한다.
제2조【친권 상실의 선고 및 친권의 상실 선고 등의 판단 기준에 관한 경과조치】 이 법 시행 당시 가정법원에 진행 중인 친권의 상실 선고 청구 사건에 대해서는 제924조 및 제925조의2의 개정규정에도 불구하고 종전의 규정에 따른다.

부 칙 (2014.12.30)

이 법은 공포한 날부터 시행한다.

부 칙 (2015.2.3 법13124호)

제1조【시행일】 이 법은 2015년 7월 1일부터 시행한다.(이하 생략)

부 칙 (2015.2.3 법13125호)

제1조【시행일】 이 법은 공포 후 1년이 경과한 날부터 시행한다.
제2조【효력의 불소급】 이 법은 종전의 규정에 따라 생긴 효력에 영향을 미치지 아니한다.
제3조【보증의 방식 등에 관한 적용례】 제428조의2, 제428조의3 및 제436조의2의 개정규정은 이 법 시행 후 체결하거나 기간을 갱신하는 보증계약부터 적용한다.
제4조【여행계약의 효력 · 해제 등에 관한 적용례】 제3편제2장제9절의2(제674조의2부터 제674조의9까지)의 개정규정은 이 법 시행 후 체결하는 여행계약부터 적용한다.
제5조【다른 법률의 개정】 ※(해당 법령에 가제정리 하였음)
제6조【「보증인 보호를 위한 특별법」의 개정에 따른 경과조치】 부칙 제5조에 따라 개정되는 「보증인 보호를 위한 특별법」의 개정규정에도

불구하고 이 법 시행 전에 체결되거나 기간이 갱신된 「보증인 보호를 위한 특별법」의 적용 대상인 보증계약에 대해서는 종전의 「보증인 보호를 위한 특별법」 제3조에 따른다.

부 칙 (2016.1.6)

이 법은 공포한 날부터 시행한다.

부 칙 (2016.12.2)

제1조 【시행일】 이 법은 공포 후 6개월이 경과한 날부터 시행한다.
제2조 【다른 법률의 개정】 ※(해당 법령에 가제정리 하였음)

부 칙 (2016.12.20)

제1조 【시행일】 이 법은 공포한 날부터 시행한다.
제2조 【적용례】 제937조제9호의 개정규정은 이 법 시행 당시 법원에 계속 중인 사건에도 적용한다.

부 칙 (2017.10.31)

제1조 【시행일】 이 법은 공포 후 3개월이 경과한 날부터 시행한다.
제2조 【남편의 친생자의 추정에 관한 적용례】 제854조의2 및 제855조의2의 개정규정은 이 법 시행 전에 발생한 부모와 자녀의 관계에 대해서도 적용한다. 다만, 이 법 시행 전에 판결에 따라 생긴 효력에는 영향을 미치지 아니한다.

부 칙 (2020.10.20)

제1조 【시행일】 이 법은 공포한 날부터 시행한다.
제2조 【성적 침해를 당한 미성년자의 손해배상청구권의 소멸시효에 관한 적용례】 제766조제3항의 개정규정은 이 법 시행 전에 행하여진 성적 침해로 발생하여 이 법 시행 당시 소멸시효가 완성되지 아니한 손해배상청구권에도 적용한다.

부 칙 (2021.1.26)

제1조 【시행일】 이 법은 공포한 날부터 시행한다.
제2조 【감화 또는 교정기관 위탁에 관한 경과조치】 이 법 시행 전에 법원의 허가를 받아 이 법 시행 당시 감화 또는 교정기관에 위탁 중인 경우와 이 법 시행 전에 감화 또는 교정기관 위탁에 대한 허가를 신청하여 이 법 시행 당시 법원에 사건이 계속 중인 경우에는 제915조 및 제945조의 개정규정에도 불구하고 종전의 규정에 따른다.
제3조 【다른 법률의 개정】 ※(해당 법령에 가제정리 하였음)
제4조 【「가사소송법」의 개정에 관한 경과조치】 이 법 시행 전에 법원에 감화 또는 교정기관 위탁에 대한 허가를 신청하여 이 법 시행 당시 법원에 계속 중인 사건에 관하여는 부칙 제3조에 따라 개정되는 「가사소송법」 제2조제1항제2호가목14)의 개정규정에도 불구하고 종전의 규정에 따른다.

부 칙 (2022.12.13)

제1조 【시행일】 이 법은 공포한 날부터 시행한다.
제2조 【미성년자인 상속인의 한정승인에 관한 적용례 및 특례】 ① 제1019조제4항의 개정규정은 이 법 시행 이후 상속이 개시된 경우부터 적용한다.
② 제1항에도 불구하고 이 법 시행 전에 상속이 개시된 경우로서 다음 각 호의 어느 하나에 해당하는 경우에는 제1019조제4항의 개정규정에 따른 한정승인을 할 수 있다.
1. 미성년자인 상속인으로서 이 법 시행 당시 미성년자인 경우
2. 미성년자인 상속인으로서 이 법 시행 당시 성년자이나 성년이 되기 전에 제1019조제1항에 따른 단순승인(제1026조제1호 및 제2호에 따라 단순승인을 한 것으로 보는 경우를 포함한다)을 하고, 이 법 시행 이후에 상속채무가 상속재산을 초과하는 사실을 알게 된 경우에는 그 사실을 안 날부터 3개월 내

부 칙 (2022.12.27)

이 법은 공포 후 6개월이 경과한 날부터 시행한다.

부 칙 (2023.5.16)

제1조 【시행일】 이 법은 공포 후 1년이 경과한 날부터 시행한다.(이하 생략)

부 칙 (2024.9.20)

제1조 【시행일】 이 법은 2025년 1월 31일부터 시행한다. 다만, 제1004조의2의 개정규정 및 부칙 제4조는 2026년 1월 1일부터 시행한다.
제2조 【상속권 상실 선고에 관한 적용례】 제1004조의2의 개정규정은 2024년 4월 25일 이후 상속이 개시되는 경우로서 같은 개정규정 시행 전에 같은 조 제1항 또는 제3항 각 호에 해당하는 행위가 있었던 경우에 대해서도 적용한다.
제3조 【상속권 상실 선고에 관한 특례】 2024년 4월 25일 이후 제1004조의2의 개정규정의 시행일인 2026년 1월 1일 전에 상속이 개시된 경우로서 제1004조의2제3항 각 호의 사유가 있는 사람이 상속인이 되었음을 같은 개정규정 시행 전에 안 공동상속인은 같은 조 제3항 각 호 외의 부분에도 불구하고 같은 개정규정 시행일부터 6개월 이내에 상속권 상실 청구를 할 수 있다. 같은 조 제4항에 따라 상속인이 될 사람 또한 같다.
제4조 【다른 법률의 개정】 ※(해당 법령에 가제정리 하였음)

형 법

(1953년 9월 18일
법 률 제293호)

개정
1975. 3.25법 2745호 1988.12.31법 4040호
1995.12.29법 5057호
1997.12.13법 5454호(정부부처명)
2001.12.29법 6543호 2004. 1.20법 7077호
2005. 3.31법 7427호(민법)
2005. 7.29법 7623호 2010. 4.15법10259호
2012.12.18법11574호 2013. 4. 5법11731호
2014. 5.14법12575호 2014.12.30법12898호
2016. 1. 6법13719호 2016. 5.29법14178호
2016.12.20법14415호 2017.12.12법15163호
2018.10.16법15793호 2018.12.18법15982호
2020. 5.19법17265호 2020.10.20법17511호
2020.12. 8법17571호 2023. 8. 8법19582호

제1편 총 칙

제1장 형법의 적용범위

제1조【범죄의 성립과 처벌】 ① 범죄의 성립과 처벌은 행위 시의 법률에 따른다.
② 범죄 후 법률이 변경되어 그 행위가 범죄를 구성하지 아니하게 되거나 형이 구법(舊法)보다 가벼워진 경우에는 신법(新法)에 따른다.
③ 재판이 확정된 후 법률이 변경되어 그 행위가 범죄를 구성하지 아니하게 된 경우에는 형의 집행을 면제한다.
(2020.12.8 본조개정)
제2조【국내범】 본법은 대한민국영역내에서 죄를 범한 내국인과 외국인에게 적용한다.
제3조【내국인의 국외범】 본법은 대한민국영역외에서 죄를 범한 내국인에게 적용한다.
제4조【국외에 있는 내국선박 등에서 외국인이 범한 죄】 본법은 대한민국영역외에 있는 대한민국의 선박 또는 항공기내에서 죄를 범한 외국인에게 적용한다.
제5조【외국인의 국외범】 본법은 대한민국영역외에서 다음에 기재한 죄를 범한 외국인에게 적용한다.
1. 내란의 죄
2. 외환의 죄
3. 국기(國旗)에 관한 죄
4. 통화에 관한 죄
5. 유가증권, 우표와 인지(印紙)에 관한 죄
6. 문서에 관한 죄중 제225조 내지 제230조
7. 인장에 관한 죄중 제238조

제6조【대한민국과 대한민국국민에 대한 국외범】 본법은 대한민국영역외에서 대한민국 또는 대한민국국민에 대하여 전조에 기재한 이외의 죄를 범한 외국인에게 적용한다. 단 행위지의 법률에 의하여 범죄를 구성하지 아니하거나 소추 또는 형의 집행을 면제할 경우에는 예외로 한다.

제7조【외국에서 집행된 형의 산입】 죄를 지어 외국에서 형의 전부 또는 일부가 집행된 사람에 대해서는 그 집행된 형의 전부 또는 일부를 선고하는 형에 산입한다.(2016.12.20 본조개정)

제8조【총칙의 적용】 본법 총칙은 타법령에 정한 죄에 적용한다. 단, 그 법령에 특별한 규정이 있는 때에는 예외로 한다.

제2장 죄

제1절 죄의 성립과 형의 감면

제9조【형사미성년자】 14세되지 아니한 자의 행위는 벌하지 아니한다.

제10조【심신장애인*】 ① 심신장애로 인하여 사물을 변별(辨別)할 능력이 없거나 의사를 결정할 능력이 없는 자의 행위는 벌하지 아니한다.
② 심신장애로 인하여 전항의 능력이 미약한 자의 행위는 형을 감경할 수 있다.(2018.12.18 본항개정)
③ 위험의 발생을 예견하고 자의로 심신장애를 야기한 자의 행위에는 전2항의 규정을 적용하지 아니한다.
(2014.12.30 본조제목개정)

* 심신장애인(心神障碍人) : 심신(정신)의 장애로 사물을 변별(辨別)할 능력이나 의사(意思)를 결정할 능력이 없거나 그 능력이 미약한 사람으로, 심신상실자(心神喪失者)와 심신박약자(心神薄弱者)로 나뉨

제11조【청각 및 언어 장애인】 듣거나 말하는 데 모두 장애가 있는 사람의 행위에 대해서는 형을 감경한다.(2020.12.8 본조개정)

제12조【강요된 행위】 저항할 수 없는 폭력이나 자기 또는 친족의 생명 신체에 대한 위해를 방어할 방법이 없는 협박에 의하여 강요된 행위는 벌하지 아니한다.

제13조【고의】 죄의 성립요소인 사실을 인식하지 못한 행위는 벌하지 아니한다. 다만, 법률에 특별한 규정이 있는 경우에는 예외로 한다.
(2020.12.8 본조개정)

제14조【과실】 정상적으로 기울여야 할 주의(注意)를 게을리하여 죄의 성립요소인 사실을 인식하지 못한 행위는 법률에 특별한 규정이 있는 경우에만 처벌한다.(2020.12.8 본조개정)

제15조【사실의 착오*】 ① 특별히 무거운 죄가 되는 사실을 인식하지 못한 행위는 무거운 죄로 벌하지 아니한다.
② 결과 때문에 형이 무거워지는 죄의 경우에 그 결과의 발생을 예견할 수 없었을 때에는 무거운 죄로 벌하지 않는다.
(2020.12.8 본조개정)

* 사실의 착오(事實의 錯誤) : 행위자가 인식하고 있던 사실과 실제로 발생한 사실이 다른 경우 예시 개라고 생각하고 돌을 던졌는데 사람이 맞아 죽은 경우

제16조【법률의 착오*】 자기의 행위가 법령에 의하여 죄가 되지 아니하는 것으로 오인한 행위는 그 오인에 정당한 이유가 있는 때에 한하여 벌하지 아니한다.

* 법률의 착오(法律의 錯誤) : 일반적으로 범죄가 되는 행위이지만 자기의 특수한 경우에는 법령에 의하여 허용된 행위로서 죄가 되지 않는다고 잘못 인식한 경우 유사 금지의 착오 예시 경찰이 아닌 일반인이 현행범을 잡는 과정에서 남의 집에 들어간 경우, 이러한 경우에는 주거침입이 허용된다고 오인하는 것

제17조【인과관계*】 어떤 행위라도 죄의 요소되는 위험발생에 연결되지 아니한 때에는 그 결과로 인하여 벌하지 아니한다.

* 인과관계(因果關係) : 발생된 결과를 행위자의 행위에 의한 것으로 귀속시키는 데 필요한, 행위와 결과 사이의 연관성 예시 甲이 운전 부주의로 걸어가는 乙을 차로 치어 사망하게 한 경우, 甲의 운전 부주의 행위와 乙의 사망 사이의 연관성

제18조【부작위범*】 위험의 발생을 방지할 의무가 있거나 자기의 행위로 인하여 위험발생의 원인을 야기한 자가 그 위험발생을 방지하지 아니한 때에는 그 발생된 결과에 의하여 처벌한다.

* 부작위범(不作爲犯) : 소극적으로 아무런 행위를 하지 않고 실현하는 범죄 예시 남의 집에 함부로 들어간 사람이 집 주인으로부터 나가라는 말을 듣고도 나가지 않은 경우(퇴거불응죄. 형법 제319조 제2항)

제19조【독립행위의 경합(競合)】 동시 또는 이시(異時)의 독립행위가 경합한 경우에 그 결과발생의 원인된 행위가 판명되지 아니한 때에는 각 행위를 미수범으로 처벌한다.

제20조【정당행위*】 법령에 의한 행위 또는 업무로 인한 행위 기타 사회상규*에 위배되지 아니하는 행위는 벌하지 아니한다.

* 정당행위(正當行爲) : 사회상규에 위배되지 아니하여 국가적 · 사회적으로 정당시되는 행위 예시 ① 법령에 의한 행위 : 민사집행법에 의한 강제집행, ② 업무로 인한 행위 : 성직자가 고해성사로 신도의 범죄행위를 고발하지 않은 경우
* 사회상규(社會常規) : 일반인이 건전한 사회생활을 하면서 옳다고 믿는 정상적인 행위규칙 비교 사회적 상당성

제21조【정당방위*】 ① 현재의 부당한 침해로부터 자기 또는 타인의 법익(法益)을 방위하기 위하여 한 행위는 상당한 이유가 있는 경우에는 벌하지 아니한다.
② 방위행위가 그 정도를 초과한 경우에는 정황(情況)에 따라 그 형을 감경하거나 면제할 수 있다.

③ 제2항의 경우에 야간이나 그 밖의 불안한 상태에서 공포를 느끼거나 경악(驚愕)하거나 흥분하거나 당황하였기 때문에 그 행위를 하였을 때에는 벌하지 아니한다.
(2020.12.8 본조개정)

* 정당방위(正當防衛) : 자기 또는 타인의 법익에 대한 현재의 부당한 침해를 방위하기 위해 상당한 이유가 있는 행위 예시 '격투'에서는 서로 싸우는 자가 모두 위법하므로 정당방위가 성립하지 않음

제22조【긴급피난*】 ① 자기 또는 타인의 법익에 대한 현재의 위난(危難)을 피하기 위한 행위는 상당한 이유가 있는 때에는 벌하지 아니한다.
② 위난을 피하지 못할 책임이 있는 자에 대하여는 전항의 규정을 적용하지 아니한다.
③ 전조제2항과 제3항의 규정은 본조에 준용한다.

* 긴급피난(緊急避難) : 자기 또는 타인의 생명, 신체, 자유, 재산에 대한 현재의 위난을 피하기 위하여 부득이 행한 행위로, 그 행위에서 생긴 피해가 피하려는 피해의 정도를 넘지 않은 경우 예시 마을의 침수를 막기 위해 제방을 파손하는 행위

제23조【자구행위*】 ① 법률에서 정한 절차에 따라서는 청구권을 보전(保全)할 수 없는 경우에 그 청구권의 실행이 불가능해지거나 현저히 곤란해지는 상황을 피하기 위하여 한 행위는 상당한 이유가 있는 때에는 벌하지 아니한다.
② 제1항의 행위가 그 정도를 초과한 경우에는 정황에 따라 그 형을 감경하거나 면제할 수 있다.
(2020.12.8 본조개정)

* 자구행위(自救行爲) : 자기 또는 타인의 법익을 보호하는데 법적 절차에 따른 국가의 도움을 기다릴 여유가 없을 때 스스로 구제 방법을 행사하는 행위 예시 도주하는 소매치기를 발을 걸어 넘어뜨리는 경우

제24조【피해자의 승낙】 처분할 수 있는 자의 승낙에 의하여 그 법익을 훼손한 행위는 법률에 특별한 규정이 없는 한 벌하지 아니한다.

제2절 미수범

제25조【미수범*】 ① 범죄의 실행에 착수하여 행위를 종료하지 못하였거나 결과가 발생하지 아니한 때에는 미수범으로 처벌한다.
② 미수범의 형은 기수범보다 감경할 수 있다.

* 미수(未遂) : 범죄의 실행행위에 착수하여 실행행위를 중단하거나, 그 실행행위가 완료되었으나 그 결과가 발생하지 않은 경우 비교 기수(旣遂), 예비 · 음모(陰謀) 유사 장애미수(障碍未遂)

제26조【중지범*】 범인이 실행에 착수한 행위를 자의(自意)로 중지하거나 그 행위로 인한 결과의 발생을 자의로 방지한 경우에는 형을 감경하거나 면제한다.(2020.12.8 본조개정)

* 중지미수(中止未遂) : 범죄의 실행에 착수한 자가 범죄가 기수에 이르기 전에 스스로 범행을 중지하거나 범죄의 결과 발생을 막은 경우 예시 부녀자를 강간하는 중에 후회하여 강간행위를 중지한 경우 비교 실패한 미수

제27조【불능범*】 실행의 수단 또는 대상의 착오로 인하여 결과의 발생이 불가능하더라도 위험성이 있는 때에는 처벌한다. 단 형을 감경 또는 면제할 수 있다.

* 불능범(不能犯) : 행위자가 범죄의사로 실행하였으나 처음부터 범죄의 결과발생이 불가능할 뿐 아니라 그 행위에 위험성도 없는 경우 예시 독살의 의사로 소화제를 먹인 경우 비교 불능미수(不能未遂) : 범죄의 결과발생이 불가능한 것은 불능범과 같으나 그 행위에 위험성이 있는 경우 (독살의 의사로 치사량 미달의 독약을 먹인 경우)

제28조【음모, 예비*】 범죄의 음모 또는 예비행위가 실행의 착수에 이르지 아니한 때에는 법률에 특별한 규정이 없는 한 벌하지 아니한다.

* 음모, 예비(陰謀, 豫備) : 범죄를 저지를 목적으로 범죄 실행에 필요한 것을 계획하고 준비하는 과정으로, 범죄 실행의 착수 전단계 예시 살해를 목적으로 흉기를 구입

제29조【미수범의 처벌】 미수범을 처벌할 죄는 각칙의 해당 죄에서 정한다.(2020.12.8 본조개정)

제3절 공 범

제30조【공동정범】 2인 이상이 공동하여 죄를 범한 때에는 각자를 그 죄의 정범*으로 처벌한다.

* 정범(正犯) : 범죄의 실행행위를 한 자. 정범은 단독으로 범행을 한 '단독정범'과 여럿이 공동으로 범행을 한 '공동정범', 직접 스스로 범행을 한 '직접정범'과 처벌되지 않는 타인을 일방적으로 이용하여 범행을 한 '간접정범'으로 나뉨 비교 종범(從犯)

제31조【교사범*】 ① 타인을 교사하여 죄를 범하게 한 자는 죄를 실행한 자와 동일한 형으로 처벌한다.
② 교사를 받은 자가 범죄의 실행을 승낙하고 실행의 착수에 이르지 아니한 때에는 교사자와 피교사자를 음모 또는 예비에 준하여 처벌한다.
③ 교사를 받은 자가 범죄의 실행을 승낙하지 아니한 때에도 교사자에 대하여는 전항과 같다.

* 교사범(敎唆犯) : 범죄의 의사가 없는 타인에게 범죄 실행의 결의를 생기게 부추겨서 범죄를 실행하게 한 자 비교 간접정범(間接正犯)

제32조【종범】 ① 타인의 범죄를 방조*한 자는 종범으로 처벌한다.
② 종범의 형은 정범의 형보다 감경한다.

* 방조(幇助) : 정범을 도와서 그 실행행위를 용이하게 하는 일체의 행위 예시 자살방조, 간첩방조

제33조【공범과 신분】 신분이 있어야 성립되는 범죄에 신분 없는 사람이 가담한 경우에는 그 신분 없는 사람에게도 제30조부터 제32조까지의 규정을 적용한다. 다만, 신분 때문에 형의 경중이 달라지는 경우에 신분이 없는 사람은 무거운 형으로 벌하지 아니한다.(2020.12.8 본조개정)

제34조【간접정범*, 특수한 교사, 방조에 대한 형의 가중】 ① 어느 행위로 인하여 처벌되지 아니하는 자 또는 과실범으로 처벌되는 자를 교사 또는 방조하여 범죄행위의 결과를 발생하게 한 자는 교사 또는 방조의 예에 의하여 처벌한다.

② 자기의 지휘, 감독을 받는 자를 교사 또는 방조하여 전항의 결과를 발생하게 한 자는 교사인 때에는 정범에 정한 형의 장기 또는 다액에 그 2분의 1까지 가중하고 방조인 때에는 정범의 형으로 처벌한다.

* 간접정범(間接正犯) : 사람을 도구로 이용하여 범죄를 실행하는 자 예시 정신질환자를 이용하여 기물을 파손하는 자 비교 교사범(敎唆犯)

제4절 누 범

제35조【누범*】 ① 금고(禁錮) 이상의 형을 선고받아 그 집행이 종료되거나 면제된 후 3년 내에 금고 이상에 해당하는 죄를 지은 사람은 누범(累犯)으로 처벌한다.
② 누범의 형은 그 죄에 대하여 정한 형의 장기(長期)의 2배까지 가중한다.
(2020.12.8 본조개정)

* 누범(累犯) : 확정판결을 받은 범죄(前犯) 이후에 다시 범한 범죄(後犯) 중 위 조항에서 규정하고 있는 것 비교 상습범(常習犯), 경합범(競合犯)

제36조【판결선고후의 누범발각】 판결선고후 누범인 것이 발각된 때에는 그 선고한 형을 통산하여 다시 형을 정할 수 있다. 단 선고한 형의 집행을 종료하거나 그 집행이 면제된 후에는 예외로 한다.

제5절 경합범

제37조【경합범】 판결이 확정되지 아니한 수개의 죄 또는 금고 이상의 형에 처한 판결이 확정된 죄와 그 판결확정전에 범한 죄를 경합범으로 한다.(2004.1.20 본조개정)
제38조【경합범과 처벌례】 ① 경합범을 동시에 판결할 때에는 다음 각 호의 구분에 따라 처벌한다.
1. 가장 무거운 죄에 대하여 정한 형이 사형, 무기징역, 무기금고인 경우에는 가장 무거운 죄에 대하여 정한 형으로 처벌한다.
2. 각 죄에 대하여 정한 형이 사형, 무기징역, 무기금고 외의 같은 종류의 형인 경우에는 가장 무거운 죄에 대하여 정한 형의 장기 또는 다액(多額)에 그 2분의 1까지 가중하되 각 죄에 대하여 정한 형의 장기 또는 다액을 합산한 형기 또는 액수를 초과할 수 없다. 다만, 과료와 과료, 몰수와 몰수는 병과(併科)*할 수 있다.
3. 각 죄에 대하여 정한 형이 무기징역, 무기금고 외의 다른 종류의 형인 경우에는 병과한다.

② 제1항 각 호의 경우에 징역과 금고는 같은 종류의 형으로 보아 징역형으로 처벌한다.
(2020.12.8 본조개정)

* 병과(併科) : 두 가지 이상의 형벌을 함께 부과하는 것

제39조【판결을 받지 아니한 경합범, 수개의 판결과 경합범, 형의 집행과 경합범】 ① 경합범중 판결을 받지 아니한 죄가 있는 때에는 그 죄와 판결이 확정된 죄를 동시에 판결할 경우와 형평을 고려하여 그 죄에 대하여 형을 선고한다. 이 경우 그 형을 감경 또는 면제할 수 있다.
(2005.7.29 본항개정)
② (2005.7.29 삭제)
③ 경합범에 의한 판결의 선고를 받은 자가 경합범중의 어떤 죄에 대하여 사면 또는 형의 집행이 면제된 때에는 다른 죄에 대하여 다시 형을 정한다.
④ 전3항의 형의 집행에 있어서는 이미 집행한 형기를 통산한다.
제40조【상상적 경합*】 한 개의 행위가 여러 개의 죄에 해당하는 경우에는 가장 무거운 죄에 대하여 정한 형으로 처벌한다.(2020.12.8 본조개정)

* 상상적 경합(想像的 競合) : 하나의 행위가 여러 개의 죄에 해당하는 경우를 말하며, 이때에는 가장 무거운 죄에 정한 형으로 처벌함 예시 불을 질러 여러 명을 살해하고 건물을 소실시키는 경우 비교 법조경합, 실체적 경합

제3장 형

제1절 형의 종류와 경중

제41조【형의 종류】 형의 종류는 다음과 같다.
1. 사형
2. 징역
3. 금고
4. 자격상실
5. 자격정지
6. 벌금
7. 구류
8. 과료
9. 몰수

제42조【징역 또는 금고*의 기간】 징역 또는 금고는 무기 또는 유기로 하고 유기는 1개월 이상 30년 이하로 한다. 단, 유기징역 또는 유기금고에 대하여 형을 가중하는 때에는 50년까지로 한다.
(2010.4.15 본조개정)

* 금고(禁錮) : 교도소 내에서 노역에 의무적으로 복무하지 않게 하는 형벌 비교 징역(懲役)

제43조【형의 선고와 자격상실, 자격정지】 ① 사형, 무기징역 또는 무기금고의 판결을 받은 자는 다음에 기재한 자격을 상실한다.
1. 공무원이 되는 자격
2. 공법상의 선거권과 피선거권
3. 법률로 요건을 정한 공법상의 업무에 관한 자격
4. 법인의 이사, 감사 또는 지배인 기타 법인의

업무에 관한 검사역(檢査役)이나 재산관리인이 되는 자격
② 유기징역 또는 유기금고의 판결을 받은 자는 그 형의 집행이 종료하거나 면제될 때까지 전항 제1호 내지 제3호에 기재된 자격이 정지된다. 다만, 다른 법률에 특별한 규정이 있는 경우에는 그 법률에 따른다.(2016.1.6 단서신설)

제44조 【자격정지】 ① 전조에 기재한 자격의 전부 또는 일부에 대한 정지는 1년 이상 15년 이하로 한다.
② 유기징역 또는 유기금고에 자격정지를 병과한 때에는 징역 또는 금고의 집행을 종료하거나 면제된 날로부터 정지기간을 기산한다.

제45조 【벌금】 벌금은 5만원 이상으로 한다. 다만, 감경하는 경우에는 5만원 미만으로 할 수 있다.(1995.12.29 본조개정)

제46조 【구류*】 구류는 1일 이상 30일 미만으로 한다.

* 구류(拘留) : 구속(拘束)하여 유치(留置)하는 것. 즉, 일정한 기간 동안 유치장에 구금하는 것으로, 주로 경범죄에 과함

제47조 【과료(科料)】 과료는 2천원 이상 5만원 미만으로 한다.(1995.12.29 본조개정)

제48조 【몰수의 대상과 추징*】 ① 범인 외의 자의 소유에 속하지 아니하거나 범죄 후 범인 외의 자가 사정을 알면서 취득한 다음 각 호의 물건은 전부 또는 일부를 몰수할 수 있다.
1. 범죄행위에 제공하였거나 제공하려고 한 물건
2. 범죄행위로 인하여 생겼거나 취득한 물건
3. 제1호 또는 제2호의 대가로 취득한 물건

② 제1항 각 호의 물건을 몰수할 수 없을 때에는 그 가액(價額)을 추징한다.
③ 문서, 도화(圖畵), 전자기록(電磁記錄) 등 특수매체기록 또는 유가증권의 일부가 몰수의 대상이 된 경우에는 그 부분을 폐기한다.
(2020.12.8 본조개정)

* 추징(追徵) : 몰수할 수 있는 물건의 전부나 일부가 소비되었거나 분실 기타의 이유로 몰수할 수 없게 된 경우에 그 물건에 상당한 금액을 징수하는 것

제49조 【몰수의 부가성】 몰수는 타형에 부가하여 과한다. 단, 행위자에게 유죄의 재판을 아니할 때에도 몰수의 요건이 있는 때에는 몰수만을 선고할 수 있다.

제50조 【형의 경중】 ① 형의 경중은 제41조 각 호의 순서에 따른다. 다만, 무기금고와 유기징역은 무기금고를 무거운 것으로 하고 유기금고의 장기가 유기징역의 장기를 초과하는 때에는 유기금고를 무거운 것으로 한다.
② 같은 종류의 형은 장기가 긴 것과 다액이 많은 것을 무거운 것으로 하고 장기 또는 다액이 같은 경우에는 단기가 긴 것과 소액이 많은 것을 무거운 것으로 한다.
③ 제1항 및 제2항을 제외하고는 죄질과 범정(犯情)을 고려하여 경중을 정한다.
(2020.12.8 본조개정)

제2절 형의 양정

제51조 【양형*의 조건】 형을 정함에 있어서는 다음 사항을 참작하여야 한다.
1. 범인의 연령, 성행, 지능과 환경
2. 피해자에 대한 관계
3. 범행의 동기, 수단과 결과
4. 범행후의 정황

* 양형(量刑) : 법원이 법정형(法定刑)에 가능한 수정을 가하여 얻어진 처단형(處斷刑)의 범위 안에서 구체적으로 선고할 형의 양을 결정하는 것

제52조 【자수*, 자복*】 ① 죄를 지은 후 수사기관에 자수한 경우에는 형을 감경하거나 면제할 수 있다.
② 피해자의 의사에 반하여 처벌할 수 없는 범죄의 경우에는 피해자에게 죄를 자복(自服)하였을 때에도 형을 감경하거나 면제할 수 있다.
(2020.12.8 본조개정)

* 자수(自首) : 범인이 스스로 자신의 범죄 사실을 수사기관에 신고하여 소추를 구하는 것
* 자복(自服) : 피해자의 의사에 반하여 처벌할 수 없는 죄에 있어서 피해자에게 자기의 범죄사실을 고지하는 것 비교 자백(自白)

제53조 【정상참작감경】 범죄의 정상(情狀)에 참작할 만한 사유가 있는 경우에는 그 형을 감경할 수 있다.(2020.12.8 본조개정)

제54조 【선택형과 정상참작감경】 한 개의 죄에 정한 형이 여러 종류인 때에는 먼저 적용할 형을 정하고 그 형을 감경한다.(2020.12.8 본조개정)

제55조 【법률상의 감경】 ① 법률상의 감경은 다음과 같다.
1. 사형을 감경할 때에는 무기 또는 20년 이상 50년 이하의 징역 또는 금고로 한다.
(2010.4.15 본호개정)
2. 무기징역 또는 무기금고를 감경할 때에는 10년 이상 50년 이하의 징역 또는 금고로 한다.
(2010.4.15 본호개정)
3. 유기징역 또는 유기금고를 감경할 때에는 그 형기의 2분의 1로 한다.
4. 자격상실을 감경할 때에는 7년 이상의 자격정지로 한다.
5. 자격정지를 감경할 때에는 그 형기의 2분의 1로 한다.
6. 벌금을 감경할 때에는 그 다액의 2분의 1로 한다.
7. 구류를 감경할 때에는 그 장기의 2분의 1로 한다.

8. 과료를 감경할 때에는 그 다액의 2분의 1로 한다.
② 법률상 감경할 사유가 수개있는 때에는 거듭 감경할 수 있다.

제56조【가중·감경의 순서】 형을 가중·감경할 사유가 경합하는 경우에는 다음 각 호의 순서에 따른다.
1. 각칙 조문에 따른 가중
2. 제34조제2항에 따른 가중
3. 누범 가중
4. 법률상 감경
5. 경합범 가중
6. 정상참작감경
(2020.12.8 본조개정)

제57조【판결선고전 구금일수의 통산】 ① 판결선고전의 구금일수는 그 전부를 유기징역, 유기금고, 벌금이나 과료에 관한 유치 또는 구류에 산입한다.(2014.12.30 본항개정)
② 전항의 경우에는 구금일수의 1일은 징역, 금고, 벌금이나 과료에 관한 유치 또는 구류의 기간의 1일로 계산한다.

제58조【판결의 공시】 ① 피해자의 이익을 위하여 필요하다고 인정할 때에는 피해자의 청구가 있는 경우에 한하여 피고인의 부담으로 판결공시의 취지를 선고할 수 있다.
② 피고사건에 대하여 무죄의 판결을 선고하는 경우에는 무죄판결공시의 취지를 선고하여야 한다. 다만, 무죄판결을 받은 피고인이 무죄판결공시 취지의 선고에 동의하지 아니하거나 피고인의 동의를 받을 수 없는 경우에는 그러하지 아니하다.(2014.12.30 본항개정)
③ 피고사건에 대하여 면소의 판결을 선고하는 경우에는 면소판결공시의 취지를 선고할 수 있다.(2014.12.30 본항신설)

제3절 형의 선고유예

제59조【선고유예*의 요건】 ① 1년 이하의 징역이나 금고, 자격정지 또는 벌금의 형을 선고할 경우에 제51조의 사항을 고려하여 뉘우치는 정상이 뚜렷할 때에는 그 형의 선고를 유예할 수 있다. 다만, 자격정지 이상의 형을 받은 전과가 있는 사람에 대해서는 예외로 한다.
② 형을 병과할 경우에도 형의 전부 또는 일부에 대하여 선고를 유예할 수 있다.
(2020.12.8 본조개정)

* 선고유예(宣告猶豫) : 경미한 범죄에 대하여 일정한 기간 동안 형의 선고를 유예하고, 그 유예기간을 사고 없이 지내면 형의 선고를 면하게 하는 제도 [비교] 집행유예(執行猶豫)

제59조의2【보호관찰*】 ① 형의 선고를 유예하는 경우에 재범방지를 위하여 지도 및 원호*가 필요한 때에는 보호관찰을 받을 것을 명할 수 있다.
② 제1항의 규정에 의한 보호관찰의 기간은 1년으로 한다.
(1995.12.29 본조신설)

* 보호관찰(保護觀察) : 죄를 범한 자가 다시 죄를 범하지 않도록 지도하여 범죄를 예방하는 제도
* 원호(援護) : 범죄자가 다시 죄를 짓지 않도록 보살펴주고 도와주는 것

제60조【선고유예의 효과】 형의 선고유예를 받은 날로부터 2년을 경과한 때에는 면소된 것으로 간주한다.

제61조【선고유예의 실효】 ① 형의 선고유예를 받은 자가 유예기간중 자격정지 이상의 형에 처한 판결이 확정되거나 자격정지 이상의 형에 처한 전과가 발견된 때에는 유예한 형을 선고한다.
② 제59조의2의 규정에 의하여 보호관찰을 명한 선고유예를 받은 자가 보호관찰기간중에 준수사항을 위반하고 그 정도가 무거운 때에는 유예한 형을 선고할 수 있다.(1995.12.29 본항신설)

제4절 형의 집행유예

제62조【집행유예*의 요건】 ① 3년 이하의 징역이나 금고 또는 500만원 이하의 벌금의 형을 선고할 경우에 제51조의 사항을 참작하여 그 정상에 참작할 만한 사유가 있는 때에는 1년 이상 5년 이하의 기간 형의 집행을 유예할 수 있다. 다만, 금고 이상의 형을 선고한 판결이 확정된 때부터 그 집행을 종료하거나 면제된 후 3년까지의 기간에 범한 죄에 대하여 형을 선고하는 경우에는 그러하지 아니하다.(2016.1.6 본문개정)
② 형을 병과할 경우에는 그 형의 일부에 대하여 집행을 유예할 수 있다.

* 집행유예(執行猶豫) : 범죄자에 대하여 단기(短期)의 자유형(自由刑)을 선고하는 경우에 정상을 참작하여 일정 기간 형의 집행을 유예하는 제도 [비교] 선고유예(宣告猶豫)

제62조의2【보호관찰, 사회봉사·수강명령】 ① 형의 집행을 유예하는 경우에는 보호관찰을 받을 것을 명하거나 사회봉사 또는 수강(受講)을 명할 수 있다.
② 제1항의 규정에 의한 보호관찰의 기간은 집행을 유예한 기간으로 한다. 다만, 법원은 유예기간의 범위내에서 보호관찰기간을 정할 수 있다.
③ 사회봉사명령 또는 수강명령은 집행유예기간내에 이를 집행한다.
(1995.12.29 본조신설)

제63조【집행유예의 실효】 집행유예의 선고를 받은 자가 유예기간 중 고의로 범한 죄로 금고 이상의 실형을 선고받아 그 판결이 확정된 때에는 집행유예의 선고는 효력을 잃는다.(2005.7.29 본조개정)

제64조【집행유예의 취소】 ① 집행유예의 선고를 받은 후 제62조 단행(但行)의 사유가 발각된 때에는 집행유예의 선고를 취소한다.
② 제62조의2의 규정에 의하여 보호관찰이나 사회봉사 또는 수강을 명한 집행유예를 받은 자가 준수사항이나 명령을 위반하고 그 정도가 무거운 때에는 집행유예의 선고를 취소할 수 있다.
(1995.12.29 본항신설)

제65조【집행유예의 효과】 집행유예의 선고를 받은 후 그 선고의 실효 또는 취소됨이 없이 유예기간을 경과한 때에는 형의 선고는 효력을 잃는다.

제5절 형의 집행

제66조【사형】 사형은 교정시설 안에서 교수(絞首)하여 집행한다.(2020.12.8 본조개정)

제67조【징역】 징역은 교정시설에 수용하여 집행하며, 정해진 노역(勞役)에 복무하게 한다.
(2020.12.8 본조개정)

제68조【금고와 구류】 금고와 구류는 교정시설에 수용하여 집행한다.(2020.12.8 본조개정)

제69조【벌금과 과료】 ① 벌금과 과료는 판결확정일로부터 30일내에 납입하여야 한다. 단, 벌금을 선고할 때에는 동시에 그 금액을 완납할 때까지 노역장에 유치할 것을 명할 수 있다.
② 벌금을 납입하지 아니한 자는 1일 이상 3년 이하, 과료를 납입하지 아니한 자는 1일 이상 30일 미만의 기간 노역장에 유치하여 작업에 복무하게 한다.

제70조【노역장 유치】 ① 벌금이나 과료를 선고할 때에는 이를 납입하지 아니하는 경우의 노역장 유치기간을 정하여 동시에 선고하여야 한다.
② 선고하는 벌금이 1억원 이상 5억원 미만인 경우에는 300일 이상, 5억원 이상 50억원 미만인 경우에는 500일 이상, 50억원 이상인 경우에는 1천일 이상의 노역장 유치기간을 정하여야 한다.
(2020.12.8 본조개정)

제71조【유치일수의 공제】 벌금이나 과료의 선고를 받은 사람이 그 금액의 일부를 납입한 경우에는 벌금 또는 과료액과 노역장 유치기간의 일수(日數)에 비례하여 납입금액에 해당하는 일수를 뺀다.(2020.12.8 본조개정)

제6절 가석방

제72조【가석방의 요건】 ① 징역이나 금고의 집행 중에 있는 사람이 행상(行狀)이 양호하여 뉘우침이 뚜렷한 때에는 무기형은 20년, 유기형은 형기의 3분의 1이 지난 후 행정처분*으로 가석방을 할 수 있다.
② 제1항의 경우에 벌금이나 과료가 병과되어 있는 때에는 그 금액을 완납하여야 한다.
(2020.12.8 본조개정)

* 행정처분(行政處分) : 정부 등의 행정주체가 법률에 따라 구체적 사실에 대해 행사하는 공법행위 비교 조세 부과 등

제73조【판결선고 전 구금과 가석방】 ① 형기에 산입된 판결선고 전 구금일수는 가석방을 하는 경우 집행한 기간에 산입한다.
② 제72조제2항의 경우에 벌금이나 과료에 관한 노역장 유치기간에 산입된 판결선고 전 구금일수는 그에 해당하는 금액이 납입된 것으로 본다.
(2020.12.8 본조개정)

제73조의2【가석방의 기간 및 보호관찰】 ① 가석방의 기간은 무기형에 있어서는 10년으로 하고, 유기형에 있어서는 남은 형기로 하되, 그 기간은 10년을 초과할 수 없다.
② 가석방된 자는 가석방기간중 보호관찰을 받는다. 다만, 가석방을 허가한 행정관청이 필요가 없다고 인정한 때에는 그러하지 아니하다.
(1995.12.29 본조신설)

제74조【가석방의 실효】 가석방 기간 중 고의로 지은 죄로 금고 이상의 형을 선고받아 그 판결이 확정된 경우에 가석방 처분은 효력을 잃는다.
(2020.12.8 본조개정)

제75조【가석방의 취소】 가석방의 처분을 받은 자가 감시에 관한 규칙을 위배하거나, 보호관찰의 준수사항을 위반하고 그 정도가 무거운 때에는 가석방처분을 취소할 수 있다.
(1995.12.29 본조개정)

제76조【가석방의 효과】 ① 가석방의 처분을 받은 후 그 처분이 실효 또는 취소되지 아니하고 가석방기간을 경과한 때에는 형의 집행을 종료한 것으로 본다.(1995.12.29 본항개정)
② 전2조의 경우에는 가석방중의 일수는 형기에 산입하지 아니한다.

제7절 형의 시효*

* 형의 시효(刑의 時效) : 형이 확정된 후에 집행이 되지 않은 채로 일정 기간이 경과하여 형의 집행이 면제되는 것 비교 공소시효(公訴時效)

제77조【형의 시효의 효과】 형(사형은 제외한다)을 선고받은 자에 대해서는 시효가 완성되면 그 집행이 면제된다.(2023.8.8 본조개정)

제78조【형의 시효의 기간】 시효는 형을 선고하는 재판이 확정된 후 그 집행을 받지 아니하고 다음 각 호의 구분에 따른 기간이 지나면 완성된다.
1. (2023.8.8 삭제)
2. 무기의 징역 또는 금고 : 20년
3. 10년 이상의 징역 또는 금고 : 15년

4. 3년 이상의 징역이나 금고 또는 10년 이상의 자격정지 : 10년
5. 3년 미만의 징역이나 금고 또는 5년 이상의 자격정지 : 7년
6. 5년 미만의 자격정지, 벌금, 몰수 또는 추징 : 5년
7. 구류 또는 과료 : 1년

(2020.12.8 본조개정)

제79조【형의 시효의 정지】 ① 시효는 형의 집행의 유예나 정지 또는 가석방 기타 집행할 수 없는 기간은 진행되지 아니한다.

② 시효는 형이 확정된 후 그 형의 집행을 받지 아니한 사람이 형의 집행을 면할 목적으로 국외에 있는 기간 동안은 진행되지 아니한다.

(2023.8.8 본항개정)

(2023.8.8 본조제목개정)

제80조【형의 시효의 중단】 시효는 징역, 금고 및 구류의 경우에는 수형자를 체포한 때, 벌금, 과료, 몰수 및 추징의 경우에는 강제처분을 개시한 때에 중단된다.(2023.8.8 본조개정)

제8절 형의 소멸

제81조【형의 실효】 징역 또는 금고의 집행을 종료하거나 집행이 면제된 자가 피해자의 손해를 보상하고 자격정지 이상의 형을 받음이 없이 7년을 경과한 때에는 본인 또는 검사의 신청에 의하여 그 재판의 실효를 선고할 수 있다.

제82조【복권(復權)】 자격정지의 선고를 받은 자가 피해자의 손해를 보상하고 자격정지이상의 형을 받음이 없이 정지기간의 2분의 1을 경과한 때에는 본인 또는 검사의 신청에 의하여 자격의 회복을 선고할 수 있다.

제4장 기 간

제83조【기간의 계산】 연(年) 또는 월(月)로 정한 기간은 연 또는 월 단위로 계산한다.(2020.12.8 본조개정)

제84조【형기의 기산(起算)】 ① 형기는 판결이 확정된 날로부터 기산한다.

② 징역, 금고, 구류와 유치에 있어서는 구속되지 아니한 일수는 형기에 산입하지 아니한다.

제85조【형의 집행과 시효기간의 초일(初日)】 형의 집행과 시효기간의 초일은 시간을 계산함이 없이 1일로 산정한다.

제86조【석방일】 석방은 형기종료일에 하여야 한다.

제2편 각 칙

제1장 내란의 죄

제87조【내란】 대한민국 영토의 전부 또는 일부에서 국가권력을 배제하거나 국헌을 문란하게 할 목적으로 폭동을 일으킨 자는 다음 각 호의 구분에 따라 처벌한다.

1. 우두머리는 사형, 무기징역 또는 무기금고에 처한다.
2. 모의에 참여하거나 지휘하거나 그 밖의 중요한 임무에 종사한 자는 사형, 무기 또는 5년 이상의 징역이나 금고에 처한다. 살상, 파괴 또는 약탈 행위를 실행한 자도 같다.
3. 부화수행(附和隨行)*하거나 단순히 폭동에만 관여한 자는 5년 이하의 징역이나 금고에 처한다.

(2020.12.8 본조개정)

* 부화수행(附和遂行) : 자기 주관 없이 남의 의견에 따라 행동한다는 의미로, 여기서는 확고한 주관 없이 막연히 폭동에 참가하여 폭동의 세력을 증대시키는 행위를 뜻함

제88조【내란목적의 살인】 대한민국 영토의 전부 또는 일부에서 국가권력을 배제하거나 국헌을 문란하게 할 목적으로 사람을 살해한 자는 사형, 무기징역 또는 무기금고에 처한다.

(2020.12.8 본조개정)

제89조【미수범】 전2조의 미수범은 처벌한다.

제90조【예비, 음모, 선동, 선전】 ① 제87조 또는 제88조의 죄를 범할 목적으로 예비 또는 음모한 자는 3년 이상의 유기징역이나 유기금고에 처한다. 단, 그 목적한 죄의 실행에 이르기 전에 자수한 때에는 그 형을 감경 또는 면제한다.

② 제87조 또는 제88조의 죄를 범할 것을 선동 또는 선전한 자도 전항의 형과 같다.

제91조【국헌문란의 정의】 본장에서 국헌을 문란할 목적이라 함은 다음 각호의 1에 해당함을 말한다.

1. 헌법 또는 법률에 정한 절차에 의하지 아니하고 헌법 또는 법률의 기능을 소멸시키는 것
2. 헌법에 의하여 설치된 국가기관을 강압에 의하여 전복(顚覆) 또는 그 권능행사(權能行使)를 불가능하게 하는 것

제2장 외환의 죄

제92조【외환유치】 외국과 통모하여 대한민국에 대하여 전단*을 열게 하거나 외국인과 통모하여 대한민국에 항적*한 자는 사형 또는 무기징역에 처한다.

* 전단(戰端) : 전쟁의 실마리

* 항적(抗敵) : 적에게 대항한다는 의미로, 여기서는 적국을 위하여 적국의 군무에 종사하면서 대한민국에 대항하는 행위를 뜻함

제93조【여적(與敵)】 적국과 합세하여 대한민국에 항적한 자는 사형에 처한다.

제94조【모병이적(募兵利敵)】 ① 적국을 위하여 모병한 자는 사형 또는 무기징역에 처한다.
② 전항의 모병에 응한 자는 무기 또는 5년 이상의 징역에 처한다.

제95조【시설제공이적】 ① 군대, 요새, 진영 또는 군용에 공하는 선박이나 항공기 기타 장소, 설비 또는 건조물을 적국에 제공한 자는 사형 또는 무기징역에 처한다.
② 병기 또는 탄약 기타 군용에 공하는 물건을 적국에 제공한 자도 전항의 형과 같다.

제96조【시설파괴이적】 적국을 위하여 전조에 기재한 군용시설 기타 물건을 파괴하거나 사용할 수 없게 한 자는 사형 또는 무기징역에 처한다.

제97조【물건제공이적】 군용에 공(供)하지 아니하는 병기, 탄약 또는 전투용에 공할 수 있는 물건을 적국에 제공한 자는 무기 또는 5년 이상의 징역에 처한다.

제98조【간첩】 ① 적국을 위하여 간첩하거나 적국의 간첩을 방조한 자는 사형, 무기 또는 7년 이상의 징역에 처한다.
② 군사상의 기밀을 적국에 누설한 자도 전항의 형과 같다.

제99조【일반이적】 전7조에 기재한 이외에 대한민국의 군사상 이익을 해하거나 적국에 군사상 이익을 공여(供與)한 자는 무기 또는 3년 이상의 징역에 처한다.

제100조【미수범】 전8조의 미수범은 처벌한다.

제101조【예비, 음모, 선동, 선전】 ① 제92조 내지 제99조의 죄를 범할 목적으로 예비 또는 음모한 자는 2년 이상의 유기징역에 처한다. 단 그 목적한 죄의 실행에 이르기 전에 자수한 때에는 그 형을 감경 또는 면제한다.
② 제92조 내지 제99조의 죄를 선동 또는 선전한 자도 전항의 형과 같다.

제102조【준적국】 제93조 내지 전조의 죄에 있어서는 대한민국에 적대하는 외국 또는 외국인의 단체는 적국으로 간주한다.

제103조【전시군수계약불이행】 ① 전쟁 또는 사변에 있어서 정당한 이유없이 정부에 대한 군수품 또는 군용공작물에 관한 계약을 이행하지 아니한 자는 10년 이하의 징역에 처한다.
② 전항의 계약이행을 방해한 자도 전항의 형과 같다.

제104조【동맹국】 본장의 규정은 동맹국에 대한 행위에 적용한다.

제104조의2 (1988.12.31 삭제)

제3장 국기에 관한 죄

제105조【국기, 국장*의 모독】 대한민국을 모욕할 목적으로 국기 또는 국장을 손상, 제거 또는 오욕한 자는 5년 이하의 징역이나 금고, 10년 이하의 자격정지 또는 700만원 이하의 벌금에 처한다.(1995.12.29 본조개정)

* 국장(國章) : 국가를 상징하는 국기 이외의 휘장 예시 대통령훈장 등에 표시된 나라문장

제106조【국기, 국장의 비방】 전조의 목적으로 국기 또는 국장을 비방한 자는 1년 이하의 징역이나 금고, 5년 이하의 자격정지 또는 200만원 이하의 벌금에 처한다.(1995.12.29 본조개정)

제4장 국교(國交)에 관한 죄

제107조【외국원수에 대한 폭행 등】 ① 대한민국에 체재하는 외국의 원수에 대하여 폭행 또는 협박을 가한 자는 7년 이하의 징역이나 금고에 처한다.
② 전항의 외국원수에 대하여 모욕을 가하거나 명예를 훼손한 자는 5년 이하의 징역이나 금고에 처한다.

제108조【외국사절에 대한 폭행 등】 ① 대한민국에 파견된 외국사절에 대하여 폭행 또는 협박을 가한 자는 5년 이하의 징역이나 금고에 처한다.
② 전항의 외국사절에 대하여 모욕을 가하거나 명예를 훼손한 자는 3년 이하의 징역이나 금고에 처한다.

제109조【외국의 국기, 국장의 모독】 외국을 모욕할 목적으로 그 나라의 공용에 공하는 국기 또는 국장을 손상, 제거 또는 오욕한 자는 2년 이하의 징역이나 금고 또는 300만원 이하의 벌금에 처한다.(1995.12.29 본조개정)

제110조【피해자의 의사】 제107조 내지 제109조의 죄는 그 외국정부의 명시한 의사에 반하여 공소를 제기할 수 없다.(1995.12.29 본조개정)

제111조【외국에 대한 사전*】 ① 외국에 대하여 사전한 자는 1년 이상의 유기금고에 처한다.
② 전항의 미수범은 처벌한다.
③ 제1항의 죄를 범할 목적으로 예비 또는 음모한 자는 3년 이하의 금고 또는 500만원 이하의 벌금에 처한다. 단 그 목적한 죄의 실행에 이르기 전에 자수한 때에는 감경 또는 면제한다.
(1995.12.29 본항개정)

* 사전(私戰) : 국가의 의사와는 관계없이 개인이나 사적인 단체가 개인의 목적을 위해 함부로 외국에 대해 일으킨 전쟁

제112조【중립명령위반】 외국간의 교전에 있어서 중립에 관한 명령에 위반한 자는 3년 이하의 금고 또는 500만원 이하의 벌금에 처한다.
(1995.12.29 본조개정)

제113조【외교상기밀의 누설】 ① 외교상의 기밀을 누설한 자는 5년 이하의 징역 또는 1천만원 이하의 벌금에 처한다.(1995.12.29 본항개정)
② 누설할 목적으로 외교상의 기밀을 탐지 또는 수집한 자도 전항의 형과 같다.

제5장 공안(公安)을 해하는 죄
(2013.4.5 본장제목개정)

제114조【범죄단체 등의 조직】 사형, 무기 또는 장기 4년 이상의 징역에 해당하는 범죄를 목적으로 하는 단체 또는 집단을 조직하거나 이에 가입 또는 그 구성원으로 활동한 사람은 그 목적한 죄에 정한 형으로 처벌한다. 다만, 형을 감경할 수 있다.(2013.4.5 본조개정)
제115조【소요(騷擾)】 다중이 집합하여 폭행, 협박 또는 손괴의 행위를 한 자는 1년 이상 10년 이하의 징역이나 금고 또는 1천500만원 이하의 벌금에 처한다.(1995.12.29 본조개정)
제116조【다중불해산(多衆不解散)】 폭행, 협박 또는 손괴의 행위를 할 목적으로 다중이 집합하여 그를 단속할 권한이 있는 공무원으로부터 3회 이상의 해산명령을 받고 해산하지 아니한 자는 2년 이하의 징역이나 금고 또는 300만원 이하의 벌금에 처한다.(1995.12.29 본조개정)
제117조【전시공수(戰時公需)계약불이행】 ① 전쟁, 천재 기타 사변에 있어서 국가 또는 공공단체와 체결한 식량 기타 생활필수품의 공급계약을 정당한 이유없이 이행하지 아니한 자는 3년 이하의 징역 또는 500만원 이하의 벌금에 처한다.
(1995.12.29 본항개정)
② 전항의 계약이행을 방해한 자도 전항의 형과 같다.
③ 전2항의 경우에는 그 소정의 벌금을 병과할 수 있다.
제118조【공무원자격의 사칭】 공무원의 자격을 사칭하여 그 직권을 행사한 자는 3년 이하의 징역 또는 700만원 이하의 벌금에 처한다.
(1995.12.29 본조개정)

제6장 폭발물에 관한 죄

제119조【폭발물 사용】 ① 폭발물을 사용하여 사람의 생명, 신체 또는 재산을 해하거나 그 밖에 공공의 안전을 문란하게 한 자는 사형, 무기 또는 7년 이상의 징역에 처한다.
② 전쟁, 천재지변 그 밖의 사변에 있어서 제1항의 죄를 지은 자는 사형이나 무기징역에 처한다.
③ 제1항과 제2항의 미수범은 처벌한다.
(2020.12.8 본조개정)
제120조【예비, 음모, 선동】 ① 전조제1항, 제2항의 죄를 범할 목적으로 예비 또는 음모한 자는 2년 이상의 유기징역에 처한다. 단, 그 목적한 죄의 실행에 이르기 전에 자수한 때에는 그 형을 감경 또는 면제한다.
② 전조제1항, 제2항의 죄를 범할 것을 선동한 자도 전항의 형과 같다.
제121조【전시폭발물제조 등】 전쟁 또는 사변에 있어서 정당한 이유없이 폭발물을 제조, 수입, 수출, 수수(授受) 또는 소지한 자는 10년 이하의 징역에 처한다.

제7장 공무원의 직무에 관한 죄

제122조【직무유기】 공무원이 정당한 이유없이 그 직무수행을 거부하거나 그 직무를 유기한 때에는 1년 이하의 징역이나 금고 또는 3년 이하의 자격정지에 처한다.
제123조【직권남용】 공무원이 직권을 남용하여 사람으로 하여금 의무없는 일을 하게 하거나 사람의 권리행사를 방해한 때에는 5년 이하의 징역, 10년 이하의 자격정지 또는 1천만원 이하의 벌금에 처한다.(1995.12.29 본조개정)
제124조【불법체포, 불법감금】 ① 재판, 검찰, 경찰 기타 인신(人身)구속에 관한 직무를 행하는 자 또는 이를 보조하는 자가 그 직권을 남용하여 사람을 체포 또는 감금한 때에는 7년 이하의 징역과 10년 이하의 자격정지에 처한다.
② 전항의 미수범은 처벌한다.
제125조【폭행, 가혹행위】 재판, 검찰, 경찰 그 밖에 인신구속에 관한 직무를 수행하는 자 또는 이를 보조하는 자가 그 직무를 수행하면서 형사피의자나 그 밖의 사람에 대하여 폭행 또는 가혹행위를 한 경우에는 5년 이하의 징역과 10년 이하의 자격정지에 처한다.(2020.12.8 본조개정)
제126조【피의사실공표】 검찰, 경찰 그 밖에 범죄수사에 관한 직무를 수행하는 자 또는 이를 감독하거나 보조하는 자가 그 직무를 수행하면서 알게 된 피의사실*을 공소제기 전에 공표(公表)한 경우에는 3년 이하의 징역 또는 5년 이하의 자격정지에 처한다.(2020.12.8 본조개정)

* 피의사실(被疑事實) : 검사로부터 공소제기되지 않은 상태에서 범죄 혐의가 의심되는 정황

제127조【공무상 비밀의 누설】 공무원 또는 공무원이었던 자가 법령에 의한 직무상 비밀을 누설한 때에는 2년 이하의 징역이나 금고 또는 5년 이하의 자격정지에 처한다.
제128조【선거방해】 검찰, 경찰 또는 군의 직에 있는 공무원이 법령에 의한 선거에 관하여 선거인, 입후보자 또는 입후보자되려는 자에게 협박을 가하거나 기타 방법으로 선거의 자유를 방해한 때에는 10년 이하의 징역과 5년 이상의 자격정지에 처한다.

제129조【수뢰*, 사전수뢰】 ① 공무원 또는 중재인*이 그 직무에 관하여 뇌물을 수수, 요구 또는 약속한 때에는 5년 이하의 징역 또는 10년 이하의 자격정지에 처한다.
<2012.12.27 헌법재판소 한정위헌결정으로 이 항의 '공무원'에 구 「제주특별자치도 설치 및 국제자유도시 조성을 위한 특별법」(2007.7.27 법률 제8566호로 개정되기 전의 것) 제299조제2항의 제주특별자치도통합영향평가심의위원회 심의위원 중 위촉위원이 포함되는 것으로 해석하는 한 헌법에 위반>
② 공무원 또는 중재인이 될 자가 그 담당할 직무에 관하여 청탁을 받고 뇌물을 수수, 요구 또는 약속한 후 공무원 또는 중재인이 된 때에는 3년 이하의 징역 또는 7년 이하의 자격정지에 처한다.
* 수뢰(收賂) : 공무원 등이 그 직무에 관하여 뇌물을 받거나 요구 또는 약속하는 행위
* 중재인(仲裁人) : 법령에 의하여 중재의 직무를 담당하는 자로, 단순한 사적인 조정자는 여기에 포함되지 않음 예시 중재법에 의한 중재인

제130조【제3자뇌물제공】 공무원 또는 중재인이 그 직무에 관하여 부정한 청탁을 받고 제3자에게 뇌물을 공여하게 하거나 공여를 요구 또는 약속한 때에는 5년 이하의 징역 또는 10년 이하의 자격정지에 처한다.

제131조【수뢰후부정처사, 사후수뢰】 ① 공무원 또는 중재인이 전2조의 죄를 범하여 부정한 행위를 한 때에는 1년 이상의 유기징역에 처한다.
② 공무원 또는 중재인이 그 직무상 부정한 행위를 한 후 뇌물을 수수, 요구 또는 약속하거나 제3자에게 이를 공여하게 하거나 공여를 요구 또는 약속한 때에도 전항의 형과 같다.
③ 공무원 또는 중재인이었던 자가 그 재직 중에 청탁을 받고 직무상 부정한 행위를 한 후 뇌물을 수수, 요구 또는 약속한 때에는 5년 이하의 징역 또는 10년 이하의 자격정지에 처한다.
④ 전3항의 경우에는 10년 이하의 자격정지를 병과할 수 있다.

제132조【알선수뢰】 공무원이 그 지위를 이용하여 다른 공무원의 직무에 속한 사항의 알선에 관하여 뇌물을 수수, 요구 또는 약속한 때에는 3년 이하의 징역 또는 7년 이하의 자격정지에 처한다.

제133조【뇌물공여 등】 ① 제129조부터 제132조까지에 기재한 뇌물을 약속, 공여 또는 공여의 의사를 표시한 자는 5년 이하의 징역 또는 2천만원 이하의 벌금에 처한다.
② 제1항의 행위에 제공할 목적으로 제3자에게 금품을 교부한 자 또는 그 사정을 알면서 금품을 교부받은 제3자도 제1항의 형에 처한다.
(2020.12.8 본조개정)

제134조【몰수, 추징】 범인 또는 사정을 아는 제3자가 받은 뇌물 또는 뇌물로 제공하려고 한 금품은 몰수한다. 이를 몰수할 수 없을 경우에는 그 가액을 추징한다.(2020.12.8 본조개정)

제135조【공무원의 직무상 범죄에 대한 형의 가중】 공무원이 직권을 이용하여 본장 이외의 죄를 범한 때에는 그 죄에 정한 형의 2분의 1까지 가중한다. 단 공무원의 신분에 의하여 특별히 형이 규정된 때에는 예외로 한다.

제8장 공무방해에 관한 죄

제136조【공무집행방해】 ① 직무를 집행하는 공무원에 대하여 폭행 또는 협박한 자는 5년 이하의 징역 또는 1천만원 이하의 벌금에 처한다.
(1995.12.29 본항개정)
② 공무원에 대하여 그 직무상의 행위를 강요 또는 조지(阻止)하거나 그 직을 사퇴하게 할 목적으로 폭행 또는 협박한 자도 전항의 형과 같다.

제137조【위계*에 의한 공무집행방해】 위계로써 공무원의 직무집행을 방해한 자는 5년 이하의 징역 또는 1천만원 이하의 벌금에 처한다.
(1995.12.29 본조개정)
* 위계(僞計) : 거짓으로 꾸민 계획이나 계략으로, 타인의 부지(不知)나 착오를 이용하는 행위

제138조【법정 또는 국회회의장모욕】 법원의 재판 또는 국회의 심의를 방해 또는 위협할 목적으로 법정이나 국회회의장 또는 그 부근에서 모욕 또는 소동한 자는 3년 이하의 징역 또는 700만원 이하의 벌금에 처한다.(1995.12.29 본조개정)

제139조【인권옹호직무방해】 경찰의 직무를 행하는 자 또는 이를 보조하는 자가 인권옹호에 관한 검사의 직무집행을 방해하거나 그 명령을 준수하지 아니한 때에는 5년 이하의 징역 또는 10년 이하의 자격정지에 처한다.

제140조【공무상비밀표시무효】 ① 공무원이 그 직무에 관하여 실시한 봉인(封印) 또는 압류 기타 강제처분의 표시를 손상 또는 은닉하거나 기타 방법으로 그 효용을 해한 자는 5년 이하의 징역 또는 700만원 이하의 벌금에 처한다.
② 공무원이 그 직무에 관하여 봉함 기타 비밀장치한 문서 또는 도화(圖畵)를 개봉한 자도 제1항의 형과 같다.
③ 공무원이 그 직무에 관하여 봉함 기타 비밀장치한 문서, 도화 또는 전자기록등 특수매체기록을 기술적 수단을 이용하여 그 내용을 알아낸 자도 제1항의 형과 같다.(1995.12.29 본항신설)
(1995.12.29 본조개정)

제140조의2【부동산강제집행효용침해】 강제집행으로 명도 또는 인도된 부동산에 침입하거나 기타 방법으로 강제집행의 효용을 해한 자는 5년 이하의 징역 또는 700만원 이하의 벌금에 처한다.
(1995.12.29 본조신설)

제141조【공용서류 등의 무효, 공용물의 파괴】
① 공무소에서 사용하는 서류 기타 물건 또는 전자기록등 특수매체기록을 손상 또는 은닉하거나

기타 방법으로 그 효용을 해한 자는 7년 이하의 징역 또는 1천만원 이하의 벌금에 처한다.
(1995.12.29 본항개정)
② 공무소에서 사용하는 건조물, 선박, 기차 또는 항공기를 파괴한 자는 1년 이상 10년 이하의 징역에 처한다.

제142조【공무상 보관물의 무효】 공무소로부터 보관명령을 받거나 공무소의 명령으로 타인이 관리하는 자기의 물건을 손상 또는 은닉하거나 기타 방법으로 그 효용을 해한 자는 5년 이하의 징역 또는 700만원 이하의 벌금에 처한다.
(1995.12.29 본조개정)

제143조【미수범】 제140조 내지 전조의 미수범은 처벌한다.

제144조【특수공무방해】 ① 단체 또는 다중의 위력을 보이거나 위험한 물건을 휴대하여 제136조, 제138조와 제140조 내지 전조의 죄를 범한 때에는 각조에 정한 형의 2분의 1까지 가중한다.
② 제1항의 죄를 범하여 공무원을 상해에 이르게 한 때에는 3년 이상의 유기징역에 처한다. 사망에 이르게 한 때에는 무기 또는 5년 이상의 징역에 처한다.(1995.12.29 본항개정)

제9장 도주와 범인은닉의 죄

제145조【도주, 집합명령위반】 ① 법률에 따라 체포되거나 구금된 자가 도주한 경우에는 1년 이하의 징역에 처한다.
② 제1항의 구금된 자가 천재지변이나 사변 그 밖에 법령에 따라 잠시 석방된 상황에서 정당한 이유없이 집합명령에 위반한 경우에도 제1항의 형에 처한다.
(2020.12.8 본조개정)

제146조【특수도주】 수용설비 또는 기구를 손괴하거나 사람에게 폭행 또는 협박을 가하거나 2인 이상이 합동하여 전조제1항의 죄를 범한 자는 7년 이하의 징역에 처한다.

제147조【도주원조】 법률에 의하여 구금된 자를 탈취하거나 도주하게 한 자는 10년 이하의 징역에 처한다.

제148조【간수자의 도주원조】 법률에 의하여 구금된 자를 간수 또는 호송하는 자가 이를 도주하게 한 때에는 1년 이상 10년 이하의 징역에 처한다.

제149조【미수범】 전4조의 미수범은 처벌한다.

제150조【예비, 음모】 제147조와 제148조의 죄를 범할 목적으로 예비 또는 음모한 자는 3년 이하의 징역에 처한다.

제151조【범인은닉과 친족간의 특례】 ① 벌금 이상의 형에 해당하는 죄를 범한 자를 은닉 또는 도피하게 한 자는 3년 이하의 징역 또는 500만원 이하의 벌금에 처한다.(1995.12.29 본항개정)
② 친족 또는 동거의 가족이 본인을 위하여 전항의 죄를 범한 때에는 처벌하지 아니한다.
(2005.3.31 본항개정)

제10장 위증과 증거인멸의 죄

제152조【위증, 모해위증】 ① 법률에 의하여 선서한 증인이 허위의 진술을 한 때에는 5년 이하의 징역 또는 1천만원 이하의 벌금에 처한다.
(1995.12.29 본항개정)
② 형사사건 또는 징계사건에 관하여 피고인, 피의자 또는 징계혐의자를 모해(謀害)할 목적으로 전항의 죄를 범한 때에는 10년 이하의 징역에 처한다.

제153조【자백, 자수】 전조의 죄를 범한 자가 그 공술*한 사건의 재판 또는 징계처분이 확정되기 전에 자백 또는 자수한 때에는 그 형을 감경 또는 면제한다.

* 공술(供述) : 형사소송과정에서 사실을 사실대로 말하는 것으로, 현행 형사소송법 제289조에서는 '공술' 대신 '진술(陳述)'이라는 말을 쓰고 있음

제154조【허위의 감정, 통역, 번역】 법률에 의하여 선서한 감정인, 통역인 또는 번역인이 허위의 감정, 통역 또는 번역을 한 때에는 전2조의 예에 의한다.

제155조【증거인멸 등과 친족간의 특례】 ① 타인의 형사사건 또는 징계사건에 관한 증거를 인멸, 은닉, 위조 또는 변조하거나 위조 또는 변조한 증거를 사용한 자는 5년 이하의 징역 또는 700만원 이하의 벌금에 처한다.(1995.12.29 본항개정)
② 타인의 형사사건 또는 징계사건에 관한 증인을 은닉 또는 도피하게 한 자도 제1항의 형과 같다.
(1995.12.29 본항개정)
③ 피고인, 피의자 또는 징계혐의자를 모해할 목적으로 전2항의 죄를 범한 자는 10년 이하의 징역에 처한다.
④ 친족 또는 동거의 가족이 본인을 위하여 본조의 죄를 범한 때에는 처벌하지 아니한다.
(2005.3.31 본항개정)

제11장 무고의 죄

제156조【무고*】 타인으로 하여금 형사처분 또는 징계처분을 받게 할 목적으로 공무소 또는 공무원에 대하여 허위의 사실을 신고한 자는 10년 이하의 징역 또는 1천500만원 이하의 벌금에 처한다.(1995.12.29 본조개정)

* 무고(誣告) : 없는 사실을 거짓으로 꾸며 남을 고발하거나 고소함

제157조【자백·자수】 제153조는 전조에 준용한다.

제12장 신앙에 관한 죄

제158조【장례식등의 방해】 장례식, 제사, 예배 또는 설교를 방해한 자는 3년 이하의 징역 또는 500만원 이하의 벌금에 처한다.(1995.12.29 본조개정)

제159조【시체 등의 오욕】 시체, 유골 또는 유발(遺髮)을 오욕한 자는 2년 이하의 징역 또는 500만원 이하의 벌금에 처한다.(2020.12.8 본조개정)

제160조【분묘(墳墓)의 발굴】 분묘를 발굴한 자는 5년 이하의 징역에 처한다.

제161조【시체 등의 유기 등】 ① 시체, 유골, 유발 또는 관 속에 넣어 둔 물건을 손괴(損壞), 유기, 은닉 또는 영득(領得)*한 자는 7년 이하의 징역에 처한다.
② 분묘를 발굴하여 제1항의 죄를 지은 자는 10년 이하의 징역에 처한다.
(2020.12.8 본조개정)

* 영득(領得) : 자기나 제3자의 소유로 하기 위해 타인의 재물을 취득함

제162조【미수범】 전2조의 미수범은 처벌한다.

제163조【변사체 검시 방해】 변사자*의 시체 또는 변사(變死)로 의심되는 시체를 은닉하거나 변경하거나 그 밖의 방법으로 검시(檢視)를 방해한 자는 700만원 이하의 벌금에 처한다.
(2020.12.8 본조개정)

* 변사자(變死者) : 자연사 또는 통상의 병사(病死)가 아닌, 범죄로 인한 사망으로 의심되는 자

제13장 방화와 실화의 죄

제164조【현주건조물 등 방화*】 ① 불을 놓아 사람이 주거로 사용하거나 사람이 현존하는 건조물, 기차, 전차, 자동차, 선박, 항공기 또는 지하채굴시설을 불태운 자는 무기 또는 3년 이상의 징역에 처한다.
② 제1항의 죄를 지어 사람을 상해에 이르게 한 경우에는 무기 또는 5년 이상의 징역에 처한다. 사망에 이르게 한 경우에는 사형, 무기 또는 7년 이상의 징역에 처한다.
(2020.12.8 본조개정)

* 방화(放火) : 타인의 신체나 재산을 해할 목적으로 일부러 불을 지름

제165조【공용건조물 등 방화】 불을 놓아 공용(公用)으로 사용하거나 공익을 위해 사용하는 건조물, 기차, 전차, 자동차, 선박, 항공기 또는 지하채굴시설을 불태운 자는 무기 또는 3년 이상의 징역에 처한다.(2020.12.8 본조개정)

제166조【일반건조물 등 방화】 ① 불을 놓아 제164조와 제165조에 기재한 외의 건조물, 기차, 전차, 자동차, 선박, 항공기 또는 지하채굴시설을 불태운 자는 2년 이상의 유기징역에 처한다.
② 자기 소유인 제1항의 물건을 불태워 공공의 위험을 발생하게 한 자는 7년 이하의 징역 또는 1천만원 이하의 벌금에 처한다.
(2020.12.8 본조개정)

제167조【일반물건 방화】 ① 불을 놓아 제164조부터 제166조까지에 기재한 외의 물건을 불태워 공공의 위험을 발생하게 한 자는 1년 이상 10년 이하의 징역에 처한다.
② 제1항의 물건이 자기 소유인 경우에는 3년 이하의 징역 또는 700만원 이하의 벌금에 처한다.
(2020.12.8 본조개정)

제168조【연소*】 ① 제166조제2항 또는 전조제2항의 죄를 범하여 제164조, 제165조 또는 제166조제1항에 기재한 물건에 연소한 때에는 1년 이상 10년 이하의 징역에 처한다.
② 전조제2항의 죄를 범하여 전조제1항에 기재한 물건에 연소한 때에는 5년 이하의 징역에 처한다.

* 연소(燃燒) : 불길이 번져 다른 곳까지 타는 것으로, 불을 지른 자가 예견하지 못했던 물체에 불이 옮겨 붙는 경우

제169조【진화방해】 화재에 있어서 진화용의 시설 또는 물건을 은닉 또는 손괴하거나 기타 방법으로 진화를 방해한 자는 10년 이하의 징역에 처한다.

제170조【실화*】 ① 과실로 제164조 또는 제165조에 기재한 물건 또는 타인 소유인 제166조에 기재한 물건을 불태운 자는 1천500만원 이하의 벌금에 처한다.
② 과실로 자기 소유인 제166조의 물건 또는 제167조에 기재한 물건을 불태워 공공의 위험을 발생하게 한 자도 제1항의 형에 처한다.
(2020.12.8 본조개정)

* 실화(失火) : 실수로 불을 냄

제171조【업무상실화, 중실화】 업무상과실 또는 중대한 과실로 인하여 제170조의 죄를 범한 자는 3년 이하의 금고 또는 2천만원 이하의 벌금에 처한다.(1995.12.29 본조개정)

제172조【폭발성물건파열】 ① 보일러, 고압가스 기타 폭발성있는 물건을 파열시켜 사람의 생명, 신체 또는 재산에 대하여 위험을 발생시킨 자는 1년 이상의 유기징역에 처한다.
② 제1항의 죄를 범하여 사람을 상해에 이르게 한 때에는 무기 또는 3년 이상의 징역에 처한다. 사망에 이르게 한 때에는 무기 또는 5년 이상의 징역에 처한다.
(1995.12.29 본조개정)

제172조의2【가스 · 전기등 방류】 ① 가스, 전기, 증기 또는 방사선이나 방사성 물질을 방출, 유출 또는 살포시켜 사람의 생명, 신체 또는 재산에 대하여 위험을 발생시킨 자는 1년 이상 10년 이하의 징역에 처한다.

② 제1항의 죄를 범하여 사람을 상해에 이르게 한 때에는 무기 또는 3년 이상의 징역에 처한다. 사망에 이르게 한 때에는 무기 또는 5년 이상의 징역에 처한다.
(1995.12.29 본조신설)

제173조【가스 · 전기등 공급방해】 ① 가스, 전기 또는 증기의 공작물을 손괴 또는 제거하거나 기타 방법으로 가스, 전기 또는 증기의 공급이나 사용을 방해하여 공공의 위험을 발생하게 한 자는 1년 이상 10년 이하의 징역에 처한다.
② 공공용의 가스, 전기 또는 증기의 공작물을 손괴 또는 제거하거나 기타 방법으로 가스, 전기 또는 증기의 공급이나 사용을 방해한 자도 전항의 형과 같다.
③ 제1항 또는 제2항의 죄를 범하여 사람을 상해에 이르게 한 때에는 2년 이상의 유기징역에 처한다. 사망에 이르게 한 때에는 무기 또는 3년 이상의 징역에 처한다.
(1995.12.29 본조개정)

제173조의2【과실폭발성물건파열등】 ① 과실로 제172조제1항, 제172조의2제1항, 제173조제1항과 제2항의 죄를 범한 자는 5년 이하의 금고 또는 1천500만원 이하의 벌금에 처한다.
② 업무상과실 또는 중대한 과실로 제1항의 죄를 범한 자는 7년 이하의 금고 또는 2천만원 이하의 벌금에 처한다.
(1995.12.29 본조신설)

제174조【미수범】 제164조제1항, 제165조, 제166조제1항, 제172조제1항, 제172조의2제1항, 제173조제1항과 제2항의 미수범은 처벌한다.
(1995.12.29 본조개정)

제175조【예비, 음모】 제164조제1항, 제165조, 제166조제1항, 제172조제1항, 제172조의2제1항, 제173조제1항과 제2항의 죄를 범할 목적으로 예비 또는 음모한 자는 5년 이하의 징역에 처한다. 단 그 목적한 죄의 실행에 이르기 전에 자수한 때에는 형을 감경 또는 면제한다.(1995.12.29 본조개정)

제176조【타인의 권리대상이 된 자기의 물건】 자기의 소유에 속하는 물건이라도 압류 기타 강제처분을 받거나 타인의 권리 또는 보험의 목적물이 된 때에는 본장의 규정의 적용에 있어서 타인의 물건으로 간주한다.

제14장 일수와 수리에 관한 죄

제177조【현주건조물등에의 일수*】 ① 물을 넘겨 사람이 주거에 사용하거나 사람이 현존하는 건조물, 기차, 전차, 자동차, 선박, 항공기 또는 광갱을 침해한 자는 무기 또는 3년 이상의 징역에 처한다.
② 제1항의 죄를 범하여 사람을 상해에 이르게 한 때에는 무기 또는 5년 이상의 징역에 처한다. 사망에 이르게 한 때에는 무기 또는 7년 이상의 징역에 처한다.
(1995.12.29 본조개정)
* 일수(溢水) : 물을 넘치게 함

제178조【공용건조물 등에의 일수】 물을 넘겨 공용 또는 공익에 공하는 건조물, 기차, 전차, 자동차, 선박, 항공기 또는 광갱을 침해한 자는 무기 또는 2년 이상의 징역에 처한다.

제179조【일반건조물 등에의 일수】 ① 물을 넘겨 전2조에 기재한 이외의 건조물, 기차, 전차, 자동차, 선박, 항공기 또는 광갱 기타 타인의 재산을 침해한 자는 1년 이상 10년 이하의 징역에 처한다.
② 자기의 소유에 속하는 전항의 물건을 침해하여 공공의 위험을 발생하게 한 때에는 3년 이하의 징역 또는 700만원 이하의 벌금에 처한다.
(1995.12.29 본항개정)
③ 제176조의 규정은 본조의 경우에 준용한다.

제180조【방수방해】 수재(水災)에 있어서 방수용의 시설 또는 물건을 손괴 또는 은닉하거나 기타 방법으로 방수를 방해한 자는 10년 이하의 징역에 처한다.

제181조【과실일수】 과실로 인하여 제177조 또는 제178조에 기재한 물건을 침해한 자 또는 제179조에 기재한 물건을 침해하여 공공의 위험을 발생하게 한 자는 1천만원 이하의 벌금에 처한다.
(1995.12.29 본조개정)

제182조【미수범】 제177조 내지 제179조제1항의 미수범은 처벌한다.

제183조【예비, 음모】 제177조 내지 제179조제1항의 죄를 범할 목적으로 예비 또는 음모한 자는 3년 이하의 징역에 처한다.

제184조【수리방해】 둑을 무너뜨리거나 수문을 파괴하거나 그 밖의 방법으로 수리(水利)를 방해한 자는 5년 이하의 징역 또는 700만원 이하의 벌금에 처한다.(2020.12.8 본조개정)

제15장 교통방해의 죄

제185조【일반교통방해】 육로, 수로 또는 교량을 손괴 또는 불통하게 하거나 기타 방법으로 교통을 방해한 자는 10년 이하의 징역 또는 1천500만원 이하의 벌금에 처한다.(1995.12.29 본조개정)

제186조【기차, 선박 등의 교통방해】 궤도, 등대 또는 표지를 손괴하거나 기타 방법으로 기차, 전차, 자동차, 선박 또는 항공기의 교통을 방해한 자는 1년 이상의 유기징역에 처한다.

제187조【기차 등의 전복 등】 사람의 현존하는 기차, 전차, 자동차, 선박 또는 항공기를 전복, 매몰, 추락 또는 파괴한 자는 무기 또는 3년 이상의 징역에 처한다.

제188조【교통방해치사상】 제185조 내지 제187조의 죄를 범하여 사람을 상해에 이르게 한 때에는 무기 또는 3년 이상의 징역에 처한다. 사망에 이르게 한 때에는 무기 또는 5년 이상의 징역에 처한다.(1995.12.29 본조개정)

제189조【과실, 업무상과실*, 중과실*】 ① 과실로 인하여 제185조 내지 제187조의 죄를 범한 자는 1천만원 이하의 벌금에 처한다.

② 업무상과실 또는 중대한 과실로 인하여 제185조 내지 제187조의 죄를 범한 자는 3년 이하의 금고 또는 2천만원 이하의 벌금에 처한다.
(1995.12.29 본조개정)

* 업무상과실(業務上過失) : 업무상 필요한 주의를 태만히 한 것
* 중과실(重過失) : 조금만 주의를 하였더라면 충분히 피해의 발생을 막을 수 있었음에도 그 주의조차 태만히 한 높은 강도의 주의의무 위반

제190조【미수범】 제185조 내지 제187조의 미수범은 처벌한다.

제191조【예비, 음모】 제186조 또는 제187조의 죄를 범할 목적으로 예비 또는 음모한 자는 3년 이하의 징역에 처한다.

제16장 먹는 물에 관한 죄
(2020.12.8 본장제목개정)

제192조【먹는 물의 사용방해】 ① 일상생활에서 먹는 물로 사용되는 물에 오물을 넣어 먹는 물로 쓰지 못하게 한 자는 1년 이하의 징역 또는 500만원 이하의 벌금에 처한다.

② 제1항의 먹는 물에 독물(毒物)이나 그 밖에 건강을 해하는 물질을 넣은 사람은 10년 이하의 징역에 처한다.
(2020.12.8 본조개정)

제193조【수돗물의 사용방해】 ① 수도(水道)를 통해 공중이 먹는 물로 사용하는 물 또는 그 수원(水原)에 오물을 넣어 먹는 물로 쓰지 못하게 한 자는 1년 이상 10년 이하의 징역에 처한다.

② 제1항의 먹는 물 또는 수원에 독물 그 밖에 건강을 해하는 물질을 넣은 자는 2년 이상의 유기징역에 처한다.
(2020.12.8 본조개정)

제194조【먹는 물 혼독치사상】 제192조제2항 또는 제193조제2항의 죄를 지어 사람을 상해에 이르게 한 경우에는 무기 또는 3년 이상의 징역에 처한다. 사망에 이르게 한 경우에는 무기 또는 5년 이상의 징역에 처한다.(2020.12.8 본조개정)

제195조【수도불통】 공중이 먹는 물을 공급하는 수도 그 밖의 시설을 손괴하거나 그 밖의 방법으로 불통(不通)하게 한 자는 1년 이상 10년 이하의 징역에 처한다.(2020.12.8 본조개정)

제196조【미수범】 제192조제2항, 제193조제2항과 전조의 미수범은 처벌한다.

제197조【예비, 음모】 제192조제2항, 제193조제2항 또는 제195조의 죄를 범할 목적으로 예비 또는 음모한 자는 2년 이하의 징역에 처한다.

제17장 아편에 관한 죄

제198조【아편 등의 제조 등】 아편, 몰핀 또는 그 화합물을 제조, 수입 또는 판매하거나 판매할 목적으로 소지한 자는 10년 이하의 징역에 처한다.

제199조【아편흡식기의 제조 등】 아편을 흡식(吸食)하는 기구를 제조, 수입 또는 판매하거나 판매할 목적으로 소지한 자는 5년 이하의 징역에 처한다.

제200조【세관공무원의 아편 등의 수입】 세관의 공무원이 아편, 몰핀이나 그 화합물 또는 아편흡식기구를 수입하거나 그 수입을 허용한 때에는 1년 이상의 유기징역에 처한다.

제201조【아편흡식 등, 동장소제공】 ① 아편을 흡식하거나 몰핀을 주사한 자는 5년 이하의 징역에 처한다.

②아편흡식 또는 몰핀 주사의 장소를 제공하여 이익을 취한 자도 전항의 형과 같다.

제202조【미수범】 전4조의 미수범은 처벌한다.

제203조【상습범*】 상습으로 전5조의 죄를 범한 때에는 각조에 정한 형의 2분의 1까지 가중한다.

* 상습범(常習犯) : 일정한 범죄행위를 여러 번 반복하여 재범을 일으키는 것

제204조【자격정지 또는 벌금의 병과】 제198조 내지 제203조의 경우에는 10년 이하의 자격정지 또는 2천만원 이하의 벌금을 병과할 수 있다.
(1995.12.29 본조개정)

제205조【아편 등의 소지】 아편, 몰핀이나 그 화합물 또는 아편흡식기구를 소지한 자는 1년 이하의 징역 또는 500만원 이하의 벌금에 처한다.
(1995.12.29 본조개정)

제206조【몰수, 추징】 본장의 죄에 제공한 아편, 몰핀이나 그 화합물 또는 아편흡식기구는 몰수한다. 그를 몰수하기 불능한 때에는 그 가액을 추징한다.

제18장 통화에 관한 죄

제207조【통화의 위조 등】 ① 행사할 목적으로 통용하는 대한민국의 화폐, 지폐 또는 은행권을 위조* 또는 변조*한 자는 무기 또는 2년 이상의 징역에 처한다.

② 행사할 목적으로 내국에서 유통하는 외국의 화폐, 지폐 또는 은행권을 위조 또는 변조한 자는 1년 이상의 유기징역에 처한다.

③ 행사할 목적으로 외국에서 통용하는 외국의

화폐, 지폐 또는 은행권을 위조 또는 변조한 자는 10년 이하의 징역에 처한다.
④ 위조 또는 변조한 전3항 기재의 통화를 행사하거나 행사할 목적으로 수입 또는 수출한 자는 그 위조 또는 변조의 각 죄에 정한 형에 처한다.

* 위조(僞造) : 지폐나 문서 등을 가짜로 만드는 행위. 여기서 '통화 위조'라 함은 통화의 발행권자가 아닌 자가 외관상 진짜와 동일한 통화를 만드는 것을 뜻함
* 변조(變造) : 지폐나 문서 등의 형태나 내용을 다르게 고침. 여기서 '통화 변조'라 함은 진정한 통화를 가공하여 그 가치를 변경시키는 것을 뜻함 예시 천원권 지폐를 가공하여 만원권 지폐로 변경하는 것

제208조【위조통화의 취득】 행사할 목적으로 위조 또는 변조한 제207조 기재(記載)의 통화를 취득한 자는 5년 이하의 징역 또는 1천500만원 이하의 벌금에 처한다.(1995.12.29 본조개정)

제209조【자격정지 또는 벌금의 병과】 제207조 또는 제208조의 죄를 범하여 유기징역에 처할 경우에는 10년 이하의 자격정지 또는 2천만원 이하의 벌금을 병과할 수 있다.(1995.12.29 본조개정)

제210조【위조통화 취득 후의 지정행사】 제207조에 기재한 통화를 취득한 후 그 사정을 알고 행사한 자는 2년 이하의 징역 또는 500만원 이하의 벌금에 처한다.(2020.12.8 본조개정)

제211조【통화유사물의 제조 등】 ① 판매할 목적으로 내국 또는 외국에서 통용하거나 유통하는 화폐, 지폐 또는 은행권에 유사한 물건을 제조, 수입 또는 수출한 자는 3년 이하의 징역 또는 700만원 이하의 벌금에 처한다.(1995.12.29 본항개정)
② 전항의 물건을 판매한 자도 전항의 형과 같다.

제212조【미수범】 제207조, 제208조와 전조의 미수범은 처벌한다.

제213조【예비, 음모】 제207조제1항 내지 제3항의 죄를 범할 목적으로 예비 또는 음모한 자는 5년 이하의 징역에 처한다. 단 그 목적한 죄의 실행에 이르기 전에 자수한 때에는 그 형을 감경 또는 면제한다.

제19장 유가증권, 우표와 인지에 관한 죄

제214조【유가증권*의 위조 등】 ① 행사할 목적으로 대한민국 또는 외국의 공채증서* 기타 유가증권을 위조 또는 변조한 자는 10년 이하의 징역에 처한다.
② 행사할 목적으로 유가증권의 권리의무에 관한 기재를 위조 또는 변조한 자도 전항의 형과 같다.

* 유가증권(有價證券) : 어음, 수표, 상품권 등 재산권을 표시한 증권(물품구입증, 영수증과 같이 재산권이 표시되었다고 보기 어려운 '증거증권'은 여기서 말하는 유가증권에 해당하지 않는다)
* 공채증서(公債證書) : 국가나 지방자치단체가 재정자금을 마련하기 위해 임시로 지는 부채를 '공채'라 하고, 국가나 지방자치단체가 이러한 공채를 표시하는 증권을 채권자에게 발행해 주는 증서를 '공채증서'라 함 유사 공채증권(公債證券)

제215조【자격모용에 의한 유가증권의 작성】 행사할 목적으로 타인의 자격을 모용*하여 유가증권을 작성하거나 유가증권의 권리 또는 의무에 관한 사항을 기재한 자는 10년 이하의 징역에 처한다.

* 모용(冒用) : (자격이나 지위 등을) 거짓으로 꾸며 이용함. 여기서 '타인의 자격을 모용'한다 함은 대리권이나 대표권 없는 사람이 대리인 또는 대표자로서 타인을 대신하여 유가증권을 작성하는 것을 뜻함 예시 법원으로부터 직무집행정지가처분을 받은 대표이사가 회사를 대표하여 유가증권을 발행하는 것

제216조【허위유가증권의 작성 등】 행사할 목적으로 허위의 유가증권을 작성하거나 유가증권에 허위사항을 기재한 자는 7년 이하의 징역 또는 3천만원 이하의 벌금에 처한다.(1995.12.29 본조개정)

제217조【위조유가증권 등의 행사 등】 위조, 변조, 작성 또는 허위기재한 전3조 기재의 유가증권을 행사하거나 행사할 목적으로 수입 또는 수출한 자는 10년 이하의 징역에 처한다.

제218조【인지*·우표의 위조등】 ① 행사할 목적으로 대한민국 또는 외국의 인지, 우표 기타 우편요금을 표시하는 증표를 위조 또는 변조한 자는 10년 이하의 징역에 처한다.
② 위조 또는 변조된 대한민국 또는 외국의 인지, 우표 기타 우편요금을 표시하는 증표를 행사하거나 행사할 목적으로 수입 또는 수출한 자도 제1항의 형과 같다.
(1995.12.29 본조개정)

* 인지(印紙) : 국가가 세금이나 수수료 등을 거두어들일 때 그 증서 등에 붙이게 하는, 일정한 금액을 나타낸 증표

제219조【위조인지·우표등의 취득】 행사할 목적으로 위조 또는 변조한 대한민국 또는 외국의 인지, 우표 기타 우편요금을 표시하는 증표를 취득한 자는 3년 이하의 징역 또는 1천만원 이하의 벌금에 처한다.(1995.12.29 본조개정)

제220조【자격정지 또는 벌금의 병과】 제214조 내지 제219조의 죄를 범하여 징역에 처하는 경우에는 10년 이하의 자격정지 또는 2천만원 이하의 벌금을 병과할 수 있다.(1995.12.29 본조개정)

제221조【소인말소】 행사할 목적으로 대한민국 또는 외국의 인지, 우표 기타 우편요금을 표시하는 증표의 소인(消印) 기타 사용의 표지를 말소한 자는 1년 이하의 징역 또는 300만원 이하의 벌금에 처한다.(1995.12.29 본조개정)

제222조【인지·우표유사물의 제조등】 ① 판매할 목적으로 대한민국 또는 외국의 공채증서, 인지, 우표 기타 우편요금을 표시하는 증표와 유사한 물건을 제조, 수입 또는 수출한 자는 2년 이하의 징역 또는 500만원 이하의 벌금에 처한다.(1995.12.29 본항개정)

② 전항의 물건을 판매한 자도 전항의 형과 같다.
(1995.12.29 본조제목개정)
제223조【미수범】 제214조 내지 제219조와 전조의 미수범은 처벌한다.
제224조【예비, 음모】 제214조, 제215조와 제218조제1항의 죄를 범할 목적으로 예비 또는 음모한 자는 2년 이하의 징역에 처한다.

제20장 문서에 관한 죄

제225조【공문서등의 위조 · 변조】 행사할 목적으로 공무원 또는 공무소의 문서 또는 도화를 위조 또는 변조한 자는 10년 이하의 징역에 처한다.
(1995.12.29 본조개정)
제226조【자격모용에 의한 공문서 등의 작성】 행사할 목적으로 공무원 또는 공무소의 자격을 모용하여 문서 또는 도화를 작성한 자는 10년 이하의 징역에 처한다.(1995.12.29 본조개정)
제227조【허위공문서작성등】 공무원이 행사할 목적으로 그 직무에 관하여 문서 또는 도화를 허위로 작성하거나 변개(變改)한 때에는 7년 이하의 징역 또는 2천만원 이하의 벌금에 처한다.
(1995.12.29 본조개정)
제227조의2【공전자기록위작 · 변작】 사무처리를 그르치게 할 목적으로 공무원 또는 공무소의 전자기록등 특수매체기록을 위작(僞作) 또는 변작(變作)한 자는 10년 이하의 징역에 처한다.
(1995.12.29 본조신설)
제228조【공정증서원본* 등의 부실기재*】 ① 공무원에 대하여 허위신고를 하여 공정증서원본 또는 이와 동일한 전자기록등 특수매체기록에 부실의 사실을 기재 또는 기록하게 한 자는 5년 이하의 징역 또는 1천만원 이하의 벌금에 처한다.
② 공무원에 대하여 허위신고를 하여 면허증, 허가증, 등록증 또는 여권에 부실의 사실을 기재하게 한 자는 3년 이하의 징역 또는 700만원 이하의 벌금에 처한다.
(1995.12.29 본조개정)

* 공정증서원본(公正證書原本) : 권리의무에 관한 사실을 증명하는 공문서의 원본 예시 호적부, 부동산등기부, 상업등기부 등
* 부실기재(不實記載) : 사실과 다른 내용을 문서 등에 기재하는 것. 여기서는 공문서의 중요한 사항을 객관적 진실에 맞지 않게 기재하는 것을 뜻함 비교 권리의무와 관계 없는 '예고등기'를 말소하는 것은 부실기재에 해당하지 않음

제229조【위조등 공문서의 행사】 제225조 내지 제228조의 죄에 의하여 만들어진 문서, 도화, 전자기록등 특수매체기록, 공정증서원본, 면허증, 허가증, 등록증 또는 여권을 행사한 자는 그 각 죄에 정한 형에 처한다.(1995.12.29 본조개정)
제230조【공문서 등의 부정행사】 공무원 또는 공무소의 문서 또는 도화를 부정행사한 자는 2년 이하의 징역이나 금고 또는 500만원 이하의 벌금에 처한다.(1995.12.29 본조개정)
제231조【사문서등의 위조 · 변조】 행사할 목적으로 권리 · 의무 또는 사실증명에 관한 타인의 문서 또는 도화를 위조 또는 변조한 자는 5년 이하의 징역 또는 1천만원 이하의 벌금에 처한다.
(1995.12.29 본조개정)
제232조【자격모용에 의한 사문서의 작성】 행사할 목적으로 타인의 자격을 모용하여 권리 · 의무 또는 사실증명에 관한 문서 또는 도화를 작성한 자는 5년 이하의 징역 또는 1천만원 이하의 벌금에 처한다.(1995.12.29 본조개정)
제232조의2【사전자기록위작 · 변작】 사무처리를 그르치게 할 목적으로 권리 · 의무 또는 사실증명에 관한 타인의 전자기록등 특수매체기록을 위작 또는 변작한 자는 5년 이하의 징역 또는 1천만원 이하의 벌금에 처한다.(1995.12.29 본조신설)
제233조【허위진단서등의 작성】 의사, 한의사, 치과의사 또는 조산사가 진단서, 검안서 또는 생사에 관한 증명서를 허위로 작성한 때에는 3년 이하의 징역이나 금고, 7년 이하의 자격정지 또는 3천만원 이하의 벌금에 처한다.(1995.12.29 본조개정)
제234조【위조사문서등의 행사】 제231조 내지 제233조의 죄에 의하여 만들어진 문서, 도화 또는 전자기록등 특수매체기록을 행사한 자는 그 각 죄에 정한 형에 처한다.(1995.12.29 본조개정)
제235조【미수범】 제225조 내지 제234조의 미수범은 처벌한다.(1995.12.29 본조개정)
제236조【사문서의 부정행사】 권리 · 의무 또는 사실증명에 관한 타인의 문서 또는 도화를 부정행사한 자는 1년 이하의 징역이나 금고 또는 300만원 이하의 벌금에 처한다.(1995.12.29 본조개정)
제237조【자격정지의 병과】 제225조 내지 제227조의2 및 그 행사죄를 범하여 징역에 처할 경우에는 10년 이하의 자격정지를 병과할 수 있다.
(1995.12.29 본조개정)
제237조의2【복사문서등】 이 장의 죄에 있어서 전자복사기, 모사전송기* 기타 이와 유사한 기기를 사용하여 복사한 문서 또는 도화의 사본도 문서 또는 도화로 본다.(1995.12.29 본조신설)

* 모사전송기(模寫電送機) : 화면이나 문자 등을 전기적 신호로 바꾸어 전송하는 것 예시 팩시밀리

제21장 인장에 관한 죄

제238조【공인(公印) 등의 위조, 부정사용】 ① 행사할 목적으로 공무원 또는 공무소의 인장, 서명, 기명 또는 기호를 위조 또는 부정사용한 자는 5년 이하의 징역에 처한다.
② 위조 또는 부정사용한 공무원 또는 공무소의 인장, 서명, 기명 또는 기호를 행사한 자도 전항의 형과 같다.

③ 전2항의 경우에는 7년 이하의 자격정지를 병과할 수 있다.

제239조 【사인(私印)등의 위조, 부정사용】 ① 행사할 목적으로 타인의 인장, 서명, 기명 또는 기호를 위조 또는 부정사용한 자는 3년 이하의 징역에 처한다.

② 위조 또는 부정사용한 타인의 인장, 서명, 기명 또는 기호를 행사한 때에도 전항의 형과 같다.

제240조 【미수범】 본장의 미수범은 처벌한다.

제22장 성풍속에 관한 죄
(1995.12.29 본장제목개정)

제241조 (2016.1.6 삭제)

제242조 【음행매개(淫行媒介)】 영리의 목적으로 사람을 매개하여 간음하게 한 자는 3년 이하의 징역 또는 1천500만원 이하의 벌금에 처한다.
(2012.12.18 본조개정)

제243조 【음화(淫畵)반포등】 음란한 문서, 도화, 필름 기타 물건을 반포, 판매 또는 임대하거나 공연히 전시 또는 상영한 자는 1년 이하의 징역 또는 500만원 이하의 벌금에 처한다.
(1995.12.29 본조개정)

제244조 【음화제조등】 제243조의 행위에 공할 목적으로 음란한 물건을 제조, 소지, 수입 또는 수출한 자는 1년 이하의 징역 또는 500만원 이하의 벌금에 처한다.(1995.12.29 본조개정)

제245조 【공연음란】 공연*히 음란*한 행위를 한 자는 1년 이하의 징역, 500만원 이하의 벌금, 구류 또는 과료에 처한다.(1995.12.29 본조개정)

* 공연(公然) : 불특정다수인이 인식할 수 있는 상태
* 음란(淫亂) : 일반인의 성적 수치심을 해하고 선량한 성적 도의관념에 반하는 것

제23장 도박과 복표에 관한 죄
(2013.4.5 본장제목개정)

제246조 【도박, 상습도박】 ① 도박을 한 사람은 1천만원 이하의 벌금에 처한다. 다만, 일시오락 정도에 불과한 경우에는 예외로 한다.

② 상습으로 제1항의 죄를 범한 사람은 3년 이하의 징역 또는 2천만원 이하의 벌금에 처한다.
(2013.4.5 본조개정)

제247조 【도박장소 등 개설】 영리의 목적으로 도박을 하는 장소나 공간을 개설한 사람은 5년 이하의 징역 또는 3천만원 이하의 벌금에 처한다.
(2013.4.5 본조개정)

제248조 【복표*의 발매 등】 ① 법령에 의하지 아니한 복표를 발매한 사람은 5년 이하의 징역 또는 3천만원 이하의 벌금에 처한다.

② 제1항의 복표발매를 중개한 사람은 3년 이하의 징역 또는 2천만원 이하의 벌금에 처한다.

③ 제1항의 복표를 취득한 사람은 1천만원 이하의 벌금에 처한다.
(2013.4.5 본조개정)

* 복표(福票) : 특정한 표찰을 발매하여 다수인으로부터 금품을 모은 다음 추첨 등의 방법으로 당첨자에게는 재산상의 이익을 제공하고 다른 참가인에게는 손실을 가져오게 하는 것 [예시] 주택복권

제249조 【벌금의 병과】 제246조제2항, 제247조와 제248조제1항의 죄에 대하여는 1천만원 이하의 벌금을 병과할 수 있다.(2013.4.5 본조개정)

제24장 살인의 죄

제250조 【살인, 존속살해】 ① 사람을 살해한 자는 사형, 무기 또는 5년 이상의 징역에 처한다.

② 자기 또는 배우자의 직계존속을 살해한 자는 사형, 무기 또는 7년 이상의 징역에 처한다.
(1995.12.29 본항개정)

제251조 (2023.8.8 삭제)

제252조 【촉탁*, 승낙에 의한 살인 등】 ① 사람의 촉탁이나 승낙을 받아 그를 살해한 자는 1년 이상 10년 이하의 징역에 처한다.

② 사람을 교사하거나 방조하여 자살하게 한 자도 제1항의 형에 처한다.
(2020.12.8 본조개정)

* 촉탁(囑託) : 어떤 일을 부탁하거나 맡김. 여기서는 이미 죽음을 결심한 피해자가 자신을 죽여 달라고 부탁하는 것

제253조 【위계 등에 의한 촉탁살인 등】 전조의 경우에 위계 또는 위력으로써 촉탁 또는 승낙하게 하거나 자살을 결의하게 한 때에는 제250조의 예에 의한다.

제254조 【미수범】 제250조, 제252조 및 제253조의 미수범은 처벌한다.(2023.8.8 본조개정)

제255조 【예비, 음모】 제250조와 제253조의 죄를 범할 목적으로 예비 또는 음모한 자는 10년 이하의 징역에 처한다.

제256조 【자격정지의 병과】 제250조, 제252조 또는 제253조의 경우에 유기징역에 처할 때에는 10년 이하의 자격정지를 병과할 수 있다.

제25장 상해와 폭행의 죄

제257조 【상해, 존속상해】 ① 사람의 신체를 상해한 자는 7년 이하의 징역, 10년 이하의 자격정지 또는 1천만원 이하의 벌금에 처한다.
(1995.12.29 본항개정)

② 자기 또는 배우자의 직계존속에 대하여 제1항의 죄를 범한 때에는 10년 이하의 징역 또는

1천500만원 이하의 벌금에 처한다.(1995.12.29 본항개정)
③ 전2항의 미수범은 처벌한다.
제258조【중상해, 존속중상해】 ① 사람의 신체를 상해하여 생명에 대한 위험을 발생하게 한 자는 1년 이상 10년 이하의 징역에 처한다.
② 신체의 상해로 인하여 불구 또는 불치나 난치의 질병에 이르게 한 자도 전항의 형과 같다.
③ 자기 또는 배우자의 직계존속에 대하여 전2항의 죄를 범한 때에는 2년 이상 15년 이하의 징역에 처한다.(2016.1.6 본항개정)
제258조의2【특수상해】 ① 단체 또는 다중의 위력을 보이거나 위험한 물건을 휴대하여 제257조제1항 또는 제2항의 죄를 범한 때에는 1년 이상 10년 이하의 징역에 처한다.
② 단체 또는 다중의 위력을 보이거나 위험한 물건을 휴대하여 제258조의 죄를 범한 때에는 2년 이상 20년 이하의 징역에 처한다.
③ 제1항의 미수범은 처벌한다.
(2016.1.6 본조신설)
제259조【상해치사】 ① 사람의 신체를 상해하여 사망에 이르게 한 자는 3년 이상의 유기징역에 처한다.(1995.12.29 본항개정)
② 자기 또는 배우자의 직계존속에 대하여 전항의 죄를 범한 때에는 무기 또는 5년 이상의 징역에 처한다.
제260조【폭행, 존속폭행】 ① 사람의 신체에 대하여 폭행을 가한 자는 2년 이하의 징역, 500만원 이하의 벌금, 구류 또는 과료에 처한다.
② 자기 또는 배우자의 직계존속에 대하여 제1항의 죄를 범한 때에는 5년 이하의 징역 또는 700만원 이하의 벌금에 처한다.
③ 제1항 및 제2항의 죄는 피해자의 명시한 의사에 반하여 공소를 제기할 수 없다.
(1995.12.29 본조개정)
제261조【특수폭행】 단체 또는 다중의 위력을 보이거나 위험한 물건을 휴대하여 제260조제1항 또는 제2항의 죄를 범한 때에는 5년 이하의 징역 또는 1천만원 이하의 벌금에 처한다.
(1995.12.29 본조개정)
제262조【폭행치사상】 제260조와 제261조의 죄를 지어 사람을 사망이나 상해에 이르게 한 경우에는 제257조부터 제259조까지의 예에 따른다.
(2020.12.8 본조개정)
제263조【동시범*】 독립행위가 경합하여 상해의 결과를 발생하게 한 경우에 있어서 원인된 행위가 판명되지 아니한 때에는 공동정범의 예에 의한다.

* 동시범(同時犯) : 2인 이상의 자가 서로 공동의 범행결의 없이 동일한 객체에 대해서 각자 범죄를 실행하는 것
예시 甲이 乙의 머리를 각목으로 내리쳐 乙이 실신한 후 약 1시간 가량 지나 지나가던 丙이 쓰러진 乙의 머리를 주먹으로 여러 번 가격한 경우, 그로부터 3일 후에 乙이 뇌출혈을 일으켜 사망하였는데, 그 사망원인이 甲에 의한 것인지 丙에 의한 것인지 분명하지 않다면, 비록 甲과 丙 사이에 乙의 폭행에 대한 의사의 연락이 없었다 하더라도, 甲과 丙은 공동정범으로 처벌받는다.

제264조【상습범】 상습으로 제257조, 제258조, 제258조의2, 제260조 또는 제261조의 죄를 범한 때에는 그 죄에 정한 형의 2분의 1까지 가중한다.
(2016.1.6 본조개정)
제265조【자격정지의 병과】 제257조제2항, 제258조, 제258조의2, 제260조제2항, 제261조 또는 전조의 경우에는 10년 이하의 자격정지를 병과할 수 있다.(2016.1.6 본조개정)

제26장 과실치사상의 죄
(1995.12.29 본장제목개정)

제266조【과실치상】 ① 과실로 인하여 사람의 신체를 상해에 이르게 한 자는 500만원 이하의 벌금, 구류 또는 과료에 처한다.
② 제1항의 죄는 피해자의 명시한 의사에 반하여 공소를 제기할 수 없다.
(1995.12.29 본조개정)
제267조【과실치사】 과실로 인하여 사람을 사망에 이르게 한 자는 2년 이하의 금고 또는 700만원 이하의 벌금에 처한다.(1995.12.29 본조개정)
제268조【업무상과실·중과실 치사상】 업무상과실 또는 중대한 과실로 사람을 사망이나 상해에 이르게 한 자는 5년 이하의 금고 또는 2천만원 이하의 벌금에 처한다.(2020.12.8 본조개정)

제27장 낙태의 죄

제269조【낙태】 ① 부녀가 약물 기타 방법으로 낙태한 때에는 1년 이하의 징역 또는 200만원 이하의 벌금에 처한다.
<2019.4.11 헌법재판소 헌법불합치 결정으로 이 항 중 '의사'에 관한 부분은 2020.12.31을 시한으로 입법자가 개정할 때까지 계속 적용>
② 부녀의 촉탁 또는 승낙을 받어 낙태하게 한 자도 제1항의 형과 같다.
③ 제2항의 죄를 범하여 부녀를 상해에 이르게 한 때에는 3년 이하의 징역에 처한다. 사망에 이르게 한 때에는 7년 이하의 징역에 처한다.
(1995.12.29 본조개정)
제270조【의사 등의 낙태, 부동의낙태】 ① 의사, 한의사, 조산사, 약제사 또는 약종상이 부녀의 촉탁 또는 승낙을 받어 낙태하게 한 때에는 2년 이하의 징역에 처한다.(1995.12.29 본항개정)
<2019.4.11 헌법재판소 헌법불합치 결정으로 이 항 중 '의사'에 관한 부분은 2020.12.31을 시한으로 입법자가 개정할 때까지 계속 적용>

② 부녀의 촉탁 또는 승낙없이 낙태하게 한 자는 3년 이하의 징역에 처한다
③ 제1항 또는 제2항의 죄를 범하여 부녀를 상해에 이르게 한 때에는 5년 이하의 징역에 처한다. 사망에 이르게 한 때에는 10년 이하의 징역에 처한다.(1995.12.29 본항개정)
④ 전3항의 경우에는 7년 이하의 자격정지를 병과한다.

제28장 유기와 학대의 죄
(1995.12.29 본장제목개정)

제271조【유기*, 존속유기】 ① 나이가 많거나 어림, 질병 그 밖의 사정으로 도움이 필요한 사람을 법률상 또는 계약상 보호할 의무가 있는 자가 유기한 경우에는 3년 이하의 징역 또는 500만원 이하의 벌금에 처한다.
② 자기 또는 배우자의 직계존속에 대하여 제1항의 죄를 지은 경우에는 10년 이하의 징역 또는 1천500만원 이하의 벌금에 처한다.
③ 제1항의 죄를 지어 사람의 생명에 위험을 발생하게 한 경우에는 7년 이하의 징역에 처한다.
④ 제2항의 죄를 지어 사람의 생명에 위험을 발생하게 한 경우에는 2년 이상의 유기징역에 처한다.
(2020.12.8 본조개정)

* 유기(遺棄) : 내다버리고 돌아보지 않음. 여기서는 보호를 필요로 하는 자를 보호 없는 상태에 두어 그의 생명과 신체에 위험을 초래하게 하는 행위를 뜻함

제272조 (2023.8.8 삭제)
제273조【학대, 존속학대】 ① 자기의 보호 또는 감독을 받는 사람을 학대한 자는 2년 이하의 징역 또는 500만원 이하의 벌금에 처한다.
② 자기 또는 배우자의 직계존속에 대하여 전항의 죄를 범한 때에는 5년 이하의 징역 또는 700만원 이하의 벌금에 처한다.
(1995.12.29 본조개정)
제274조【아동혹사】 자기의 보호 또는 감독을 받는 16세 미만의 자를 그 생명 또는 신체에 위험한 업무에 사용할 영업자 또는 그 종업자에게 인도한 자는 5년 이하의 징역에 처한다. 그 인도를 받은 자도 같다.
제275조【유기등 치사상】 ① 제271조 또는 제273조의 죄를 범하여 사람을 상해에 이르게 한 때에는 7년 이하의 징역에 처한다. 사망에 이르게 한 때에는 3년 이상의 유기징역에 처한다.
(2023.8.8 본항개정)
② 자기 또는 배우자의 직계존속에 대하여 제271조 또는 제273조의 죄를 범하여 상해에 이르게 한 때에는 3년 이상의 유기징역에 처한다. 사망에 이르게 한 때에는 무기 또는 5년 이상의 징역에 처한다.
(2023.8.8 본조제목개정)
(1995.12.29 본조개정)

제29장 체포와 감금의 죄

제276조【체포, 감금, 존속체포, 존속감금】 ① 사람을 체포 또는 감금한 자는 5년 이하의 징역 또는 700만원 이하의 벌금에 처한다.
② 자기 또는 배우자의 직계존속에 대하여 제1항의 죄를 범한 때에는 10년 이하의 징역 또는 1천500만원 이하의 벌금에 처한다.
(1995.12.29 본조개정)
제277조【중체포, 중감금, 존속중체포, 존속중감금】 ① 사람을 체포 또는 감금하여 가혹한 행위를 가한 자는 7년 이하의 징역에 처한다.
② 자기 또는 배우자의 직계존속에 대하여 전항의 죄를 범한 때에는 2년 이상의 유기징역에 처한다.
제278조【특수체포, 특수감금】 단체 또는 다중의 위력을 보이거나 위험한 물건을 휴대하여 전2조의 죄를 범한 때에는 그 죄에 정한 형의 2분의 1까지 가중한다.
제279조【상습범】 상습으로 제276조 또는 제277조의 죄를 범한 때에는 전조의 예에 의한다.
제280조【미수범】 전4조의 미수범은 처벌한다.
제281조【체포 · 감금등의 치사상】 ① 제276조 내지 제280조의 죄를 범하여 사람을 상해에 이르게 한 때에는 1년 이상의 유기징역에 처한다. 사망에 이르게 한 때에는 3년 이상의 유기징역에 처한다.
② 자기 또는 배우자의 직계존속에 대하여 제276조 내지 제280조의 죄를 범하여 상해에 이르게 한 때에는 2년 이상의 유기징역에 처한다. 사망에 이르게 한 때에는 무기 또는 5년 이상의 징역에 처한다.
(1995.12.29 본조개정)
제282조【자격정지의 병과】 본장의 죄에는 10년 이하의 자격정지를 병과할 수 있다.

제30장 협박의 죄

제283조【협박, 존속협박】 ① 사람을 협박한 자는 3년 이하의 징역, 500만원 이하의 벌금, 구류 또는 과료에 처한다.
② 자기 또는 배우자의 직계존속에 대하여 제1항의 죄를 범한 때에는 5년 이하의 징역 또는 700만원 이하의 벌금에 처한다.
③ 제1항 및 제2항의 죄는 피해자의 명시한 의사에 반하여 공소를 제기할 수 없다.
(1995.12.29 본조개정)

제284조【특수협박】 단체 또는 다중의 위력을 보이거나 위험한 물건을 휴대하여 전조제1항, 제2항의 죄를 범한 때에는 7년 이하의 징역 또는 1천만원 이하의 벌금에 처한다.(1995.12.29 본조개정)

제285조【상습범】 상습으로 제283조제1항, 제2항 또는 전조의 죄를 범한 때에는 그 죄에 정한 형의 2분의 1까지 가중한다.

제286조【미수범】 전3조의 미수범은 처벌한다.

제31장 약취(略取), 유인(誘引) 및 인신매매의 죄
(2013.4.5 본장개정)

제287조【미성년자의 약취*, 유인*】 미성년자를 약취 또는 유인한 사람은 10년 이하의 징역에 처한다.

* 약취(略取) : 폭력 따위를 써서 빼앗음. 여기서는 폭행과 협박으로 미성년자를 자기의 지배하에 두는 것을 뜻함. '약취'는 피해자의 의사에 반하지만, '유인'은 피해자의 의사에 반하지 않음
* 유인(誘引) : 기망(欺罔)이나 유혹의 방법으로 남을 꾀어 냄. 여기서는 미성년자를 기망하거나 유혹하여 자기의 지배하에 두는 것을 뜻함 유사 약취와 유인 → 인치(引致)

제288조【추행 등 목적 약취, 유인 등】 ① 추행, 간음, 결혼 또는 영리의 목적으로 사람을 약취 또는 유인한 사람은 1년 이상 10년 이하의 징역에 처한다.
② 노동력 착취, 성매매와 성적 착취, 장기적출을 목적으로 사람을 약취 또는 유인한 사람은 2년 이상 15년 이하의 징역에 처한다.
③ 국외에 이송할 목적으로 사람을 약취 또는 유인하거나 약취 또는 유인된 사람을 국외에 이송한 사람도 제2항과 동일한 형으로 처벌한다.

제289조【인신매매】 ① 사람을 매매한 사람은 7년 이하의 징역에 처한다.
② 추행, 간음, 결혼 또는 영리의 목적으로 사람을 매매한 사람은 1년 이상 10년 이하의 징역에 처한다.
③ 노동력 착취, 성매매와 성적 착취, 장기적출을 목적으로 사람을 매매한 사람은 2년 이상 15년 이하의 징역에 처한다.
④ 국외에 이송할 목적으로 사람을 매매하거나 매매된 사람을 국외로 이송한 사람도 제3항과 동일한 형으로 처벌한다.

제290조【약취, 유인, 매매, 이송 등 상해·치상】
① 제287조부터 제289조까지의 죄를 범하여 약취, 유인, 매매 또는 이송된 사람을 상해한 때에는 3년 이상 25년 이하의 징역에 처한다.
② 제287조부터 제289조까지의 죄를 범하여 약취, 유인, 매매 또는 이송된 사람을 상해에 이르게 한 때에는 2년 이상 20년 이하의 징역에 처한다.

제291조【약취, 유인, 매매, 이송 등 살인·치사】
① 제287조부터 제289조까지의 죄를 범하여 약취, 유인, 매매 또는 이송된 사람을 살해한 때에는 사형, 무기 또는 7년 이상의 징역에 처한다.
② 제287조부터 제289조까지의 죄를 범하여 약취, 유인, 매매 또는 이송된 사람을 사망에 이르게 한 때에는 무기 또는 5년 이상의 징역에 처한다.

제292조【약취, 유인, 매매, 이송된 사람의 수수·은닉 등】 ① 제287조부터 제289조까지의 죄로 약취, 유인, 매매 또는 이송된 사람을 수수(授受) 또는 은닉한 사람은 7년 이하의 징역에 처한다.
② 제287조부터 제289조까지의 죄를 범할 목적으로 사람을 모집, 운송, 전달한 사람도 제1항과 동일한 형으로 처벌한다.

제293조 (2013.4.5. 삭제)

제294조【미수범】 제287조부터 제289조까지, 제290조제1항, 제291조제1항과 제292조제1항의 미수범은 처벌한다.

제295조【벌금의 병과】 제288조부터 제291조까지, 제292조제1항의 죄와 그 미수범에 대하여는 5천만원 이하의 벌금을 병과할 수 있다.

제295조의2【형의 감경】 제287조부터 제290조까지, 제292조와 제294조의 죄를 범한 사람이 약취, 유인, 매매 또는 이송된 사람을 안전한 장소로 풀어준 때에는 그 형을 감경할 수 있다.

제296조【예비, 음모】 제287조부터 제289조까지, 제290조제1항, 제291조제1항과 제292조제1항의 죄를 범할 목적으로 예비 또는 음모한 사람은 3년 이하의 징역에 처한다.(2013.4.5 본조신설)

제296조의2【세계주의】 제287조부터 제292조까지 및 제294조는 대한민국 영역 밖에서 죄를 범한 외국인에게도 적용한다.(2013.4.5 본조신설)

제32장 강간과 추행의 죄
(1995.12.29 본장제목개정)

제297조【강간】 폭행 또는 협박으로 사람을 강간한 자는 3년 이상의 유기징역에 처한다.
(2012.12.18 본조개정)

제297조의2【유사강간】 폭행 또는 협박으로 사람에 대하여 구강, 항문 등 신체(성기는 제외한다)의 내부에 성기를 넣거나 성기, 항문에 손가락 등 신체(성기는 제외한다)의 일부 또는 도구를 넣는 행위를 한 사람은 2년 이상의 유기징역에 처한다.(2012.12.18 본조신설)

제298조【강제추행】 폭행 또는 협박으로 사람에 대하여 추행을 한 자는 10년 이하의 징역 또는 1천500만원 이하의 벌금에 처한다.
(1995.12.29 본조개정)

제299조【준강간, 준강제추행】 사람의 심신상실 또는 항거불능의 상태를 이용하여 간음 또는 추행을 한 자는 제297조, 제297조의2 및 제298조의 예에 의한다.(2012.12.18 본조개정)

제300조【미수범】 제297조, 제297조의2, 제298조 및 제299조의 미수범은 처벌한다.
(2012.12.18 본조개정)

제301조【강간등 상해 · 치상】 제297조, 제297조의2 및 제298조부터 제300조까지의 죄를 범한 자가 사람을 상해하거나 상해에 이르게 한 때에는 무기 또는 5년 이상의 징역에 처한다.
(2012.12.18 본조개정)

제301조의2【강간등 살인 · 치사】 제297조, 제297조의2 및 제298조부터 제300조까지의 죄를 범한 자가 사람을 살해한 때에는 사형 또는 무기징역에 처한다. 사망에 이르게 한 때에는 무기 또는 10년 이상의 징역에 처한다.(2012.12.18 본조개정)

제302조【미성년자 등에 대한 간음】 미성년자 또는 심신미약자에 대하여 위계 또는 위력으로써 간음 또는 추행을 한 자는 5년 이하의 징역에 처한다.

제303조【업무상위력 등에 의한 간음】 ① 업무, 고용 기타 관계로 인하여 자기의 보호 또는 감독을 받는 사람에 대하여 위계 또는 위력으로써 간음한 자는 7년 이하의 징역 또는 3천만원 이하의 벌금에 처한다.
② 법률에 의하여 구금된 사람을 감호하는 자가 그 사람을 간음한 때에는 10년 이하의 징역에 처한다.
(2018.10.16 본조개정)

제304조 (2012.12.18 삭제)

제305조【미성년자에 대한 간음, 추행】 ① 13세 미만의 사람에 대하여 간음 또는 추행을 한 자는 제297조, 제297조의2, 제298조, 제301조 또는 제301조의2의 예에 의한다.
② 13세 이상 16세 미만의 사람에 대하여 간음 또는 추행을 한 19세 이상의 자는 제297조, 제297조의2, 제298조, 제301조 또는 제301조의2의 예에 의한다.(2020.5.19 본항신설)
(2012.12.18 본조개정)

제305조의2【상습범】 상습으로 제297조, 제297조의2, 제298조부터 제300조까지, 제302조, 제303조 또는 제305조의 죄를 범한 자는 그 죄에 정한 형의 2분의 1까지 가중한다.
(2012.12.18 본조개정)

제305조의3【예비, 음모】 제297조, 제297조의2, 제299조(준강간죄에 한정한다), 제301조(강간 등 상해죄에 한정한다) 및 제305조의 죄를 범할 목적으로 예비 또는 음모한 사람은 3년 이하의 징역에 처한다.(2020.5.19 본조신설)

제306조 (2012.12.18 삭제)

제33장 명예에 관한 죄

제307조【명예훼손】 ① 공연히 사실을 적시(摘示)하여 사람의 명예를 훼손한 자는 2년 이하의 징역이나 금고 또는 500만원 이하의 벌금에 처한다.
② 공연히 허위의 사실을 적시하여 사람의 명예를 훼손한 자는 5년 이하의 징역, 10년 이하의 자격정지 또는 1천만원 이하의 벌금에 처한다.
(1995.12.29 본조개정)

제308조【사자(死者)의 명예훼손】 공연히 허위의 사실을 적시하여 사자의 명예를 훼손한 자는 2년 이하의 징역이나 금고 또는 500만원 이하의 벌금에 처한다.(1995.12.29 본조개정)

제309조【출판물 등에 의한 명예훼손】 ① 사람을 비방할 목적으로 신문, 잡지 또는 라디오 기타 출판물에 의하여 제307조제1항의 죄를 범한 자는 3년 이하의 징역이나 금고 또는 700만원 이하의 벌금에 처한다.
② 제1항의 방법으로 제307조제2항의 죄를 범한 자는 7년 이하의 징역, 10년 이하의 자격정지 또는 1천500만원 이하의 벌금에 처한다.
(1995.12.29 본조개정)

제310조【위법성의 조각*】 제307조제1항의 행위가 진실한 사실로서 오로지 공공의 이익에 관한 때에는 처벌하지 아니한다.

* 조각(阻却) : 물리치거나 방해함 예시 위법성조각사유(違法性阻却事由) : 위법성의 성립을 '방해'하는 사유. 즉, 어떠한 행위가 위법하여 범죄로 되는 것을 제한하는 사유(정당방위, 정당행위, 긴급피난 등)

제311조【모욕】 공연히 사람을 모욕한 자는 1년 이하의 징역이나 금고 또는 200만원 이하의 벌금에 처한다.(1995.12.29 본조개정)

제312조【고소*와 피해자의 의사】 ① 제308조와 제311조의 죄는 고소가 있어야 공소*를 제기할 수 있다.
② 제307조와 제309조의 죄는 피해자의 명시한 의사에 반하여 공소를 제기할 수 없다.
(1995.12.29 본조개정)

* 고소(告訴) : 범죄의 피해자나 기타 고소권자가 수사기관에 범죄사실을 신고하여 범인의 소추를 구하는 의사표시 비교 고발(告發)
* 공소(公訴) : 검사가 형사사건에 대하여 법원에 형 또는 유죄의 판결을 구하는 소송행위 비교 고소(告訴)

제34장 신용, 업무와 경매에 관한 죄

제313조【신용훼손】 허위의 사실을 유포하거나 기타 위계로써 사람의 신용을 훼손한 자는 5년 이하의 징역 또는 1천500만원 이하의 벌금에 처한다.(1995.12.29 본조개정)

제314조【업무방해】 ① 제313조의 방법 또는 위력으로써 사람의 업무를 방해한 자는 5년 이하의 징역 또는 1천500만원 이하의 벌금에 처한다.
(1995.12.29 본항개정)
② 컴퓨터등 정보처리장치 또는 전자기록등 특수매체기록을 손괴하거나 정보처리장치에 허위

의 정보 또는 부정한 명령을 입력하거나 기타 방법으로 정보처리에 장애를 발생하게 하여 사람의 업무를 방해한 자도 제1항의 형과 같다.
(1995.12.29 본항신설)

제315조【경매, 입찰의 방해】 위계 또는 위력 기타 방법으로 경매 또는 입찰의 공정을 해한 자는 2년 이하의 징역 또는 700만원 이하의 벌금에 처한다.(1995.12.29 본조개정)

제35장 비밀침해의 죄

제316조【비밀침해】 ① 봉함(封緘) 기타 비밀장치한 사람의 편지, 문서 또는 도화를 개봉한 자는 3년 이하의 징역이나 금고 또는 500만원 이하의 벌금에 처한다.(1995.12.29 본항개정)
② 봉함 기타 비밀장치한 사람의 편지, 문서, 도화 또는 전자기록등 특수매체기록을 기술적 수단을 이용하여 그 내용을 알아낸 자도 제1항의 형과 같다.(1995.12.29 본항신설)

제317조【업무상비밀누설】 ① 의사, 한의사, 치과의사, 약제사, 약종상, 조산사, 변호사, 변리사, 공인회계사, 공증인, 대서업자나 그 직무상 보조자 또는 차등의 직에 있던 자가 그 직무처리중 지득한 타인의 비밀을 누설한 때에는 3년 이하의 징역이나 금고, 10년 이하의 자격정지 또는 700만원 이하의 벌금에 처한다.(1997.12.13 본항개정)
② 종교의 직에 있는 자 또는 있던 자가 그 직무상 지득한 사람의 비밀을 누설한 때에도 전항의 형과 같다.

제318조【고소】 본장의 죄는 고소가 있어야 공소를 제기할 수 있다.(1995.12.29 본조개정)

제36장 주거침입의 죄

제319조【주거침입, 퇴거불응】 ① 사람의 주거, 관리하는 건조물, 선박이나 항공기 또는 점유하는 방실(房室)에 침입한 자는 3년 이하의 징역 또는 500만원 이하의 벌금에 처한다.
(1995.12.29 본항개정)
② 전항의 장소에서 퇴거요구를 받고 응하지 아니한 자도 전항의 형과 같다.

제320조【특수주거침입】 단체 또는 다중의 위력을 보이거나 위험한 물건을 휴대하여 전조의 죄를 범한 때에는 5년 이하의 징역에 처한다.

제321조【주거·신체 수색】 사람의 신체, 주거, 관리하는 건조물, 자동차, 선박이나 항공기 또는 점유하는 방실을 수색한 자는 3년 이하의 징역에 처한다.(1995.12.29 본조개정)

제322조【미수범】 본장의 미수범은 처벌한다.

제37장 권리행사를 방해하는 죄

제323조【권리행사방해】 타인의 점유 또는 권리의 목적이 된 자기의 물건 또는 전자기록등 특수매체기록을 취거*, 은닉 또는 손괴하여 타인의 권리행사를 방해한 자는 5년 이하의 징역 또는 700만원 이하의 벌금에 처한다.(1995.12.29 본조개정)

* 취거(取去) : 점유자의 의사에 반하여 점유물을 자기 또는 제3자의 지배에 두는 행위

제324조【강요】 ① 폭행 또는 협박으로 사람의 권리행사를 방해하거나 의무없는 일을 하게 한 자는 5년 이하의 징역 또는 3천만원 이하의 벌금에 처한다.(2016.1.6 본항개정)
② 단체 또는 다중의 위력을 보이거나 위험한 물건을 휴대하여 제1항의 죄를 범한 자는 10년 이하의 징역 또는 5천만원 이하의 벌금에 처한다.
(2016.1.6 본항신설)

제324조의2【인질강요】 사람을 체포·감금·약취 또는 유인하여 이를 인질로 삼아 제3자에 대하여 권리행사를 방해하거나 의무없는 일을 하게 한 자는 3년 이상의 유기징역에 처한다.
(1995.12.29 본조신설)

제324조의3【인질상해·치상】 제324조의2의 죄를 범한 자가 인질을 상해하거나 상해에 이르게 한 때에는 무기 또는 5년 이상의 징역에 처한다.
(1995.12.29 본조신설)

제324조의4【인질살해·치사】 제324조의2의 죄를 범한 자가 인질을 살해한 때에는 사형 또는 무기징역에 처한다. 사망에 이르게 한 때에는 무기 또는 10년 이상의 징역에 처한다.
(1995.12.29 본조신설)

제324조의5【미수범】 제324조 내지 제324조의4의 미수범은 처벌한다.(1995.12.29 본조신설)

제324조의6【형의 감경】 제324조의2 또는 제324조의3의 죄를 범한 자 및 그 죄의 미수범이 인질을 안전한 장소로 풀어준 때에는 그 형을 감경할 수 있다.(1995.12.29 본조신설)

제325조【점유강취, 준점유강취】 ① 폭행 또는 협박으로 타인의 점유에 속하는 자기의 물건을 강취(强取)한 자는 7년 이하의 징역 또는 10년 이하의 자격정지에 처한다.
② 타인의 점유에 속하는 자기의 물건을 취거(取去)하는 과정에서 그 물건의 탈환에 항거하거나 체포를 면탈하거나 범죄의 흔적을 인멸할 목적으로 폭행 또는 협박한 때에도 제1항의 형에 처한다.
③ 제1항과 제2항의 미수범은 처벌한다.
(2020.12.8 본조개정)

제326조【중권리행사방해】 제324조 또는 제325조의 죄를 범하여 사람의 생명에 대한 위험을 발생하게 한 자는 10년 이하의 징역에 처한다.
(1995.12.29 본조개정)

제327조【강제집행면탈】 강제집행을 면할 목적으로 재산을 은닉, 손괴, 허위양도 또는 허위의 채무를 부담하여 채권자를 해한 자는 3년 이하의

징역 또는 1천만원 이하의 벌금에 처한다.(1995.12.29 본조개정)

제328조【친족간의 범행과 고소】 ① 직계혈족, 배우자, 동거친족, 동거가족 또는 그 배우자간의 제323조의 죄는 그 형을 면제한다.(2005.3.31 본항개정)

<2024.6.27 헌법재판소 헌법불합치결정으로 법원 기타 국가기관 및 지방자치단체는 2025.12.31을 시한으로 입법자가 개정할 때까지 이 항의 적용을 중지>

② 제1항이외의 친족간에 제323조의 죄를 범한 때에는 고소가 있어야 공소를 제기할 수 있다.(1995.12.29 본항개정)

③ 전2항의 신분관계가 없는 공범에 대하여는 전2항을 적용하지 아니한다.

제38장 절도와 강도의 죄

제329조【절도】 타인의 재물을 절취한 자는 6년 이하의 징역 또는 1천만원 이하의 벌금에 처한다.(1995.12.29 본조개정)

제330조【야간주거침입절도】 야간에 사람의 주거, 관리하는 건조물, 선박, 항공기 또는 점유하는 방실(房室)에 침입하여 타인의 재물을 절취(竊取)한 자는 10년 이하의 징역에 처한다.(2020.12.8 본조개정)

제331조【특수절도】 ① 야간에 문이나 담 그 밖의 건조물의 일부를 손괴하고 제330조의 장소에 침입하여 타인의 재물을 절취한 자는 1년 이상 10년 이하의 징역에 처한다.

② 흉기를 휴대하거나 2명 이상이 합동하여 타인의 재물을 절취한 자도 제1항의 형에 처한다.(2020.12.8 본조개정)

제331조의2【자동차등 불법사용】 권리자의 동의없이 타인의 자동차, 선박, 항공기 또는 원동기장치자전거를 일시 사용한 자는 3년 이하의 징역, 500만원 이하의 벌금, 구류 또는 과료에 처한다.(1995.12.29 본조신설)

제332조【상습범】 상습으로 제329조 내지 제331조의2의 죄를 범한 자는 그 죄에 정한 형의 2분의 1까지 가중한다.(1995.12.29 본조개정)

제333조【강도】 폭행 또는 협박으로 타인의 재물을 강취하거나 기타 재산상의 이익을 취득하거나 제3자로 하여금 이를 취득하게 한 자는 3년 이상의 유기징역에 처한다.

제334조【특수강도】 ① 야간에 사람의 주거, 관리하는 건조물, 선박이나 항공기 또는 점유하는 방실에 침입하여 제333조의 죄를 범한 자는 무기 또는 5년 이상의 징역에 처한다.(1995.12.29 본항개정)

② 흉기를 휴대하거나 2인 이상이 합동하여 전조의 죄를 범한 자도 전항의 형과 같다.

제335조【준강도】 절도가 재물의 탈환에 항거하거나 체포를 면탈하거나 범죄의 흔적을 인멸할 목적으로 폭행 또는 협박한 때에는 제333조 및 제334조의 예에 따른다.(2020.12.8 본조개정)

제336조【인질강도】 사람을 체포·감금·약취 또는 유인하여 이를 인질로 삼아 재물 또는 재산상의 이익을 취득하거나 제3자로 하여금 이를 취득하게 한 자는 3년 이상의 유기징역에 처한다.(1995.12.29 본조개정)

제337조【강도상해, 치상】 강도가 사람을 상해하거나 상해에 이르게 한 때에는 무기 또는 7년 이상의 징역에 처한다.(1995.12.29 본조개정)

제338조【강도살인·치사】 강도가 사람을 살해한 때에는 사형 또는 무기징역에 처한다. 사망에 이르게 한 때에는 무기 또는 10년 이상의 징역에 처한다.(1995.12.29 본조개정)

제339조【강도강간】 강도가 사람을 강간한 때에는 무기 또는 10년 이상의 징역에 처한다.(2012.12.18 본조개정)

제340조【해상강도】 ① 다중의 위력으로 해상에서 선박을 강취하거나 선박내에 침입하여 타인의 재물을 강취한 자는 무기 또는 7년 이상의 징역에 처한다.

② 제1항의 죄를 범한 자가 사람을 상해하거나 상해에 이르게 한 때에는 무기 또는 10년 이상의 징역에 처한다.(1995.12.29 본항개정)

③ 제1항의 죄를 범한 자가 사람을 살해 또는 사망에 이르게 하거나 강간한 때에는 사형 또는 무기징역에 처한다.(2012.12.18 본항개정)

제341조【상습범】 상습으로 제333조, 제334조, 제336조 또는 전조제1항의 죄를 범한 자는 무기 또는 10년 이상의 징역에 처한다.

제342조【미수범】 제329조 내지 제341조의 미수범은 처벌한다.(1995.12.29 본조개정)

제343조【예비, 음모】 강도할 목적으로 예비 또는 음모한 자는 7년 이하의 징역에 처한다.

제344조【친족간의 범행】 제328조의 규정은 제329조 내지 제332조의 죄 또는 미수범에 준용한다.

제345조【자격정지의 병과】 본장의 죄를 범하여 유기징역에 처할 경우에는 10년 이하의 자격정지를 병과할 수 있다.

제346조【동력(動力)】 본장의 죄에 있어서 관리할 수 있는 동력은 재물로 간주한다.

제39장 사기와 공갈의 죄

제347조【사기】 ① 사람을 기망하여 재물의 교부를 받거나 재산상의 이익을 취득한 자는 10년 이하의 징역 또는 2천만원 이하의 벌금에 처한다.(1995.12.29 본항개정)

② 전항의 방법으로 제3자로 하여금 재물의 교부를 받게 하거나 재산상의 이익을 취득하게 한 때에도 전항의 형과 같다.

제347조의2【컴퓨터등 사용사기】 컴퓨터등 정보처리장치에 허위의 정보 또는 부정한 명령을

입력하거나 권한 없이 정보를 입력·변경하여 정보처리를 하게 함으로써 재산상의 이익을 취득하거나 제3자로 하여금 취득하게 한 자는 10년 이하의 징역 또는 2천만원 이하의 벌금에 처한다.
(2001.12.29 본조개정)

제348조【준사기】 ① 미성년자의 사리분별력 부족 또는 사람의 심신장애를 이용하여 재물을 교부받거나 재산상 이익을 취득한 자는 10년 이하의 징역 또는 2천만원 이하의 벌금에 처한다.
② 제1항의 방법으로 제3자로 하여금 재물을 교부받게 하거나 재산상 이익을 취득하게 한 경우에도 제1항의 형에 처한다.
(2020.12.8 본조개정)

제348조의2【편의시설부정이용】 부정한 방법으로 대가를 지급하지 아니하고 자동판매기, 공중전화 기타 유료자동설비를 이용하여 재물 또는 재산상의 이익을 취득한 자는 3년 이하의 징역, 500만원 이하의 벌금, 구류 또는 과료에 처한다.
(1995.12.29 본조신설)

제349조【부당이득】 ① 사람의 곤궁하고 절박한 상태를 이용하여 현저하게 부당한 이익을 취득한 자는 3년 이하의 징역 또는 1천만원 이하의 벌금에 처한다.
② 제1항의 방법으로 제3자로 하여금 부당한 이익을 취득하게 한 경우에도 제1항의 형에 처한다.
(2020.12.8 본조개정)

제350조【공갈*】 ① 사람을 공갈하여 재물의 교부를 받거나 재산상의 이익을 취득한 자는 10년 이하의 징역 또는 2천만원 이하의 벌금에 처한다.(1995.12.29 본항개정)
② 전항의 방법으로 제3자로 하여금 재물의 교부를 받게 하거나 재산상의 이익을 취득하게 한 때에도 전항의 형과 같다.

* 공갈(恐喝) : 금품을 뜯어내기 위하여 남의 약점이나 비밀 따위를 이용하여 윽박지름

제350조의2【특수공갈】 단체 또는 다중의 위력을 보이거나 위험한 물건을 휴대하여 제350조의 죄를 범한 자는 1년 이상 15년 이하의 징역에 처한다.(2016.1.6 본조신설)

제351조【상습범】 상습으로 제347조 내지 전조의 죄를 범한 자는 그 죄에 정한 형의 2분의 1까지 가중한다.

제352조【미수범】 제347조 내지 제348조의2, 제350조, 제350조의2와 제351조의 미수범은 처벌한다.(2016.1.6 본조개정)

제353조【자격정지의 병과】 본장의 죄에는 10년 이하의 자격정지를 병과할 수 있다.

제354조【친족간의 범행, 동력】 제328조와 제346조의 규정은 본장의 죄에 준용한다.

제40장 횡령과 배임의 죄

제355조【횡령, 배임】 ① 타인의 재물을 보관하는 자가 그 재물을 횡령하거나 그 반환을 거부한 때에는 5년 이하의 징역 또는 1천500만원 이하의 벌금에 처한다.(1995.12.29 본항개정)
② 타인의 사무를 처리하는 자가 그 임무에 위배하는 행위로써 재산상의 이익을 취득하거나 제3자로 하여금 이를 취득하게 하여 본인에게 손해를 가한 때에도 전항의 형과 같다.

제356조【업무상의 횡령과 배임】 업무상의 임무에 위배하여 제355조의 죄를 범한 자는 10년 이하의 징역 또는 3천만원 이하의 벌금에 처한다.
(1995.12.29 본조개정)

제357조【배임수증재】 ① 타인의 사무를 처리하는 자가 그 임무에 관하여 부정한 청탁을 받고 재물 또는 재산상의 이익을 취득하거나 제3자로 하여금 이를 취득하게 한 때에는 5년 이하의 징역 또는 1천만원 이하의 벌금에 처한다.
(2016.5.29 본항개정)
② 제1항의 재물 또는 재산상 이익을 공여한 자는 2년 이하의 징역 또는 500만원 이하의 벌금에 처한다.(2020.12.8 본항개정)
③ 범인 또는 그 사정을 아는 제3자가 취득한 제1항의 재물은 몰수한다. 그 재물을 몰수하기 불가능하거나 재산상의 이익을 취득한 때에는 그 가액을 추징한다.(2020.12.8 전단개정)

제358조【자격정지의 병과】 전3조의 죄에는 10년 이하의 자격정지를 병과할 수 있다.

제359조【미수범】 제355조 내지 제357조의 미수범은 처벌한다.

제360조【점유이탈물횡령】 ① 유실물(遺失物), 표류물(漂流物) 또는 타인의 점유를 이탈한 재물을 횡령한 자는 1년 이하의 징역이나 300만원 이하의 벌금 또는 과료에 처한다.(1995.12.29 본항개정)
② 매장물을 횡령한 자도 전항의 형과 같다.

제361조【친족간의 범행, 동력】 제328조와 제346조의 규정은 본장의 죄에 준용한다.

제41장 장물에 관한 죄

제362조【장물*의 취득, 알선 등】 ① 장물을 취득, 양도, 운반 또는 보관한 자는 7년 이하의 징역 또는 1천500만원 이하의 벌금에 처한다.
(1995.12.29 본항개정)
② 전항의 행위를 알선한 자도 전항의 형과 같다.

* 장물(贓物) : 강도, 절도, 사기 등 범죄행위로 취득한 물건

제363조【상습범】 ① 상습으로 전조의 죄를 범한 자는 1년 이상 10년 이하의 징역에 처한다.

② 제1항의 경우에는 10년 이하의 자격정지 또는 1천500만원 이하의 벌금을 병과할 수 있다. (1995.12.29 본항개정)

제364조【업무상과실, 중과실】 업무상과실 또는 중대한 과실로 인하여 제362조의 죄를 범한 자는 1년 이하의 금고 또는 500만원 이하의 벌금에 처한다.(1995.12.29 본조개정)

제365조【친족간의 범행】 ① 전3조의 죄를 범한 자와 피해자간에 제328조제1항, 제2항의 신분관계가 있는 때에는 동조의 규정을 준용한다.

② 전3조의 죄를 범한 자와 본범간에 제328조제1항의 신분관계가 있는 때에는 그 형을 감경 또는 면제한다. 단, 신분관계가 없는 공범에 대하여는 예외로 한다.

제42장 손괴의 죄

제366조【재물손괴등】 타인의 재물, 문서 또는 전자기록등 특수매체기록을 손괴 또는 은닉 기타 방법으로 기 효용을 해한 자는 3년 이하의 징역 또는 700만원 이하의 벌금에 처한다. (1995.12.29 본조개정)

제367조【공익건조물파괴】 공익에 공하는 건조물을 파괴한 자는 10년 이하의 징역 또는 2천만원 이하의 벌금에 처한다.(1995.12.29 본조개정)

제368조【중손괴】 ① 전2조의 죄를 범하여 사람의 생명 또는 신체에 대하여 위험을 발생하게 한 때에는 1년 이상 10년 이하의 징역에 처한다.

② 제366조 또는 제367조의 죄를 범하여 사람을 상해에 이르게 한 때에는 1년 이상의 유기징역에 처한다. 사망에 이르게 한 때에는 3년 이상의 유기징역에 처한다.(1995.12.29 본항개정)

제369조【특수손괴】 ① 단체 또는 다중의 위력을 보이거나 위험한 물건을 휴대하여 제366조의 죄를 범한 때에는 5년 이하의 징역 또는 1천만원 이하의 벌금에 처한다.

② 제1항의 방법으로 제367조의 죄를 범한 때에는 1년 이상의 유기징역 또는 2천만원 이하의 벌금에 처한다. (1995.12.29 본조개정)

제370조【경계침범】 경계표를 손괴, 이동 또는 제거하거나 기타 방법으로 토지의 경계를 인식불능하게 한 자는 3년 이하의 징역 또는 500만원 이하의 벌금에 처한다.(1995.12.29 본조개정)

제371조【미수범】 제366조, 제367조와 제369조의 미수범은 처벌한다.

제372조【동력】 본장의 죄에는 제346조를 준용한다.

부 칙

제1조【구형법 기타 법령과 형의 경중】 본법 또는 본법 시행후에 시행된 다른 법률이나 명령(이하 다른 신법령이라고 칭한다)과 본법 시행직전의 형법(이하 구형법이라고 칭한다), 다른 법률, 명령, 포고(布告)나 법령(이하 다른 구법령라고 칭한다) 또는 본법 시행전후에 걸쳐서 시행중인 다른 법률, 명령, 포고나 법령(이하 다른 존속법령이라고 칭한다)에 정한 형의 경중은 제50조에 의한다.

제2조【형의 종류의 적용례】 ① 본법 시행전에 범한 죄에 대한 형의 경중의 비교는 가장 중한 형의 장기 또는 다액에 의한다.

② 가장 중한 형의 장기 또는 다액에 경중이 없는 때에는 그 단기 또는 소액에 의한다.

③ 전2항에 의하여 형의 경중을 정할 수 없는 때에는 병과할 다른 형이 있는 것을 중한 것으로 하고 선택할 다른 형이 있는 것을 경한 것으로 한다.

④ 전3항의 경우에 형을 가중감경할 때에는 구형법 또는 본법에 의하여 형의 가중 또는 감경한 뒤에 형의 비교를 한다.

제3조【범인에게 유리한 법의 적용】 본법 시행전에 범한 죄에 대하여는 형의 경중에 관한 것이 아니더라도 범인에게 유리한 법을 적용한다.

제4조【1개의 죄에 대한 신구법의 적용례】 ① 1개의 죄가 본법 시행전후에 걸쳐서 행하여진 때에는 본법 시행전에 범한 것으로 간주한다.

② 연속범* 또는 견련범*이 본법 시행전후에 걸쳤을 때에는 본법 시행전에 범한 것만을 1죄로 한다.

* 연속범(連續犯) : 연속하여 행하여진 수 개의 행위가 동종의 범죄에 해당하는 경우
* 견련범(牽聯犯) : 범죄의 수단이나 결과인 행위가 다른 죄명에 해당하는 경우 예시 주거에 침입하여 강도하는 경우

제5조【자격에 관한 형의 적용제한】 본법 시행전에 범한 죄에 대하여 본법 또는 다른 신법령을 적용할 때에도 본법 제43조는 적용하지 아니한다.

제6조【경합범에 대한 신법의 적용례】 본법 시행전에 범한 수죄 또는 그와 본법 시행후에 범한 죄가 경합범인 때에는 본법의 경합범의 규정에 의한다.

제7조【형의 효력】 구형법, 다른 구법령 또는 존속법령에 규정된 형은 본법에 의하여 규정된 것과 동일한 효력을 가진다.

제8조【총칙의 적용례】 ① 본법 시행전에 범한 죄에 대한 형의 양정, 집행, 선고유예, 집행유예, 면제, 시효 또는 소멸에 관하여는 본법을 적용한다. 누범 또는 가석방에 관하여도 같다.

② 본법 시행전에 선고된 형이나 그 집행유예 또는 처분된 가출옥의 효력은 이미 소멸되지 아니하는 한 본법의 해당규정에 의한다.

③ 전2항의 경우에는 본법 제49조단행, 제58조제1항, 제63조, 제69조제1항단행, 제74조와 몰수나

추징의 시효에 관한 규정을 적용하지 아니한다.

제9조 【구형법의 인용조문】 다른 존속법령에 인용된 구형법 조문은 본법중 그에 상당한 조문으로 변경된 것으로 한다.

제10조 【폐지되는 법률등】 본법 시행직전까지 시행되던 다음의 법률, 포고 또는 법령은 폐지한다.

1. 구형법
2. 구형법시행법
3. 폭발물취체*벌칙
4. 외국에서유통하는화폐, 은행권의위조, 변조와 모조에관한법률
5. 우편법 제48조, 제55조제1항중 제48조의 미수범, 동조제2항, 제55조의2와 3
6. 인지범죄처벌법
7. 통화와증권모조취체법
8. 결투죄에관한건
9. 폭력행위등처벌에관한법률
10. 도범등의방지와처벌에관한법률
11. 미군정법령 제70호(부녀자의매매또는그매매계약의금지)
12. 미군정법령 제120호(벌금의증액과특별심판원의관할권등)
13. 미군정법령 제172호(우량한수형자석방령)
14. 미군정법령 제208호(항명죄와해적죄기타범죄)

* 취체(取締) : 단속함

제11조 【시행일】 본법은 단기 4286년 10월 3일부터 시행한다.

부　칙 (1975.3.25)
(1988.12.31)

이 법은 공포한 날로부터 시행한다.

부　칙 (1995.12.29)

제1조 【시행일】 이 법은 1996년 7월 1일부터 시행한다. 다만, 제59조의2, 제61조제2항, 제62조의2, 제64조제2항, 제73조의2제2항의 개정규정과 제75조의 개정규정중 보호관찰에 관한 사항은 1997년 1월 1일부터 시행한다.

제2조 【일반적 적용례】 이 법은 이 법 시행전에 행하여진 종전의 형법규정위반의 죄에 대하여도 적용한다. 다만, 종전의 규정이 행위자에게 유리한 경우에는 그러하지 아니하다.

제3조 【1개의 행위에 대한 경과조치】 1개의 행위가 이 법 시행전후에 걸쳐 이루어진 경우에는 이 법 시행이후에 행한 것으로 본다.

제4조 【형에 관한 경과조치】 이 법 시행전에 종전의 형법규정에 의하여 형의 선고를 받은 자는 이 법에 의하여 형의 선고를 받은 것으로 본다. 집행유예 또는 선고유예를 받은 경우에도 이와 같다.

제5조 【다른 법령과의 관계】 이 법 시행당시 다른 법령에서 종전의 형법 규정(장의 제목을 포함한다)을 인용하고 있는 경우에 이 법중 그에 해당하는 규정이 있는 때에는 종전의 규정에 갈음하여 이 법의 해당 조항을 인용한 것으로 본다.

부　칙 (1997.12.13)

이 법은 1998년 1월 1일부터 시행한다.(단서 생략)

부　칙 (2001.12.29)

이 법은 공포후 6월이 경과한 날부터 시행한다.

부　칙 (2004.1.20)

이 법은 공포한 날부터 시행한다.

부　칙 (2005.3.31)

제1조 【시행일】 이 법은 2008년 1월 1일부터 시행한다.(이하 생략)

부　칙 (2005.7.29)

① **【시행일】** 이 법은 공포한 날부터 시행한다.
② **【적용례】** 이 법은 이 법 시행 전에 행하여진 죄에 대하여도 적용한다. 다만, 종전의 규정을 적용하는 것이 행위자에게 유리한 경우에는 그러하지 아니하다.

부　칙 (2010.4.15)

① **【시행일】** 이 법은 공포 후 6개월이 경과한 날부터 시행한다. 다만, 제305조의2의 개정규정은 공포한 날부터 시행한다.
② **【가석방의 요건에 관한 적용례】** 제72조제1항의 개정규정은 이 법 시행 당시 수용 중인 사람에 대하여도 적용한다.

부　칙 (2012.12.18)

제1조 【시행일】 이 법은 공포 후 6개월이 경과한 날부터 시행한다.

제2조 【친고죄 폐지에 관한 적용례】 제296조 및 제306조의 개정규정은 이 법 시행 후 최초로 저지른 범죄부터 적용한다.

제3조 【다른 법률의 개정】 ①~② ※(해당 법령에 가제정리 하였음)

부 칙 (2013.4.5)

제1조 【시행일】 이 법은 공포한 날부터 시행한다. 다만, 법률 제11574호 형법 일부개정법률 제296조의 개정규정 및 부칙 제2조제10항은 2013년 6월 19일부터 시행한다.
제2조 【다른 법률의 개정】 ①~⑰ ※(해당 법령에 가제정리 하였음)
제3조 【다른 법령과의 관계】 이 법 시행 당시 다른 법령에서 종전의 「형법」의 규정을 인용한 경우에 이 법 가운데 그에 해당하는 규정이 있는 때에는 종전의 규정을 갈음하여 이 법의 해당 규정을 인용한 것으로 본다.

부 칙 (2014.5.14)

제1조 【시행일】 이 법은 공포한 날부터 시행한다.
제2조 【적용례 및 경과조치】 ① 제70조제2항의 개정규정은 이 법 시행 후 최초로 저지른 범죄부터 적용한다.(2020.10.20 본항개정)
② 제79조제2항의 개정규정은 이 법 시행 당시 형의 시효가 완성되지 아니한 자에 대해서도 적용한다.

부 칙 (2014.12.30)

이 법은 공포한 날부터 시행한다.

부 칙 (2016.1.6)

제1조 【시행일】 이 법은 공포한 날부터 시행한다. 다만, 제62조의 개정규정은 공포 후 2년이 경과한 날부터 시행한다.
제2조 【다른 법률의 개정】 ①~⑧ ※(해당 법령에 가제정리 하였음)
제3조 【다른 법령과의 관계】 이 법 시행 당시 다른 법령에서 종전의 「형법」의 규정을 인용한 경우에 이 법 가운데 그에 해당하는 규정이 있는 때에는 종전의 규정을 갈음하여 이 법의 해당 규정을 인용한 것으로 본다.

부 칙 (2016.5.29)
(2016.12.20)

이 법은 공포한 날부터 시행한다.

부 칙 (2017.12.12)

제1조 【시행일】 이 법은 공포한 날부터 시행한다.
제2조 【시효의 기간에 관한 적용례】 제78조제5호 및 제6호의 개정규정은 이 법 시행 후 최초로 재판이 확정되는 경우부터 적용한다.

부 칙 (2018.10.16)
(2018.12.18)
(2020.5.19)
(2020.10.20)

이 법은 공포한 날부터 시행한다.

부 칙 (2020.12.8)

이 법은 공포 후 1년이 경과한 날부터 시행한다.

부 칙 (2023.8.8)

제1조 【시행일】 이 법은 공포한 날부터 시행한다. 다만, 제251조, 제254조, 제272조 및 제275조의 개정규정은 공포 후 6개월이 경과한 날부터 시행한다.
제2조 【사형의 시효 폐지에 관한 적용례】 제77조, 제78조제1호 및 제80조의 개정규정은 이 법 시행 전에 사형을 선고받은 경우에도 적용한다.

가나다순 단어찾기

가

나 · 다

마

바

사

아

자

차

타

파

하

농지	농지법
농협	농업협동조합법

다

담배	담배事業法
담보부사채	擔保附社債信託法
대규	大法院規則
대기환경	대기환경보전법
대외무역	대외무역법
도농복합	都農複合形態의市設置에따른行政特例등에관한法律
도로교통	도로교통법
도시공원녹지	도시공원및녹지등에관한법률
도시재개발	都市再開發法
독점	독점규제및공정거래에관한법률
디자인보호	디자인보호법

라

령(영)	大統領令

마

마약	마약류관리에관한법률
모자	모자보건법
문화예술진흥	문화예술진흥법
문화유산	문화유산의 보존 및 활용에 관한 법률
문화재	문화재보호법
물가안정	물가안정에관한법률
민	민법
민감정보고유식별정보	민감정보및고유식별정보처리근거마련(정비)을위한일부개정법령등
민소규	민사소송규칙
민방위	民防衛基本法
민부	民法附則
민사소송비용	민사소송비용법
민사조정	민사조정법
민소	민사소송법
민집	민사집행법
민집규	민사집행규칙

바

반도체	반도체집적회로의배치설계에관한법률
발명	발명진흥법
방문판매	방문판매등에관한법률
벌금	벌금등임시조치법
범죄피해자구조	犯罪被害者救助法
법	法律
법령	法務部令
법령등공포	법령등공포에관한법률
법령서식개선	법령서식개선등을위한일부개정법령등
법령용어정비	어려운법령용어정비를위한일부개정법령등
법률구조	법률구조법
법률용어정비	법률용어 정비를 위한 일부개정법령
법원공무원	법원공무원규칙
법원조직	법원조직법
법정공고방식확대	법정공고 방식 확대를 위한 일부개정법령
변리사	변리사법
변호사	변호사법
병역	병역법
보복령	保健福祉部令
보험	보험업법
보호관찰	보호관찰등에관한법률
본적삭제일부개정법령등	서식중본적란삭제를위한일부개정법령등
부	附則
부가세	부가가치세법
부동산가격공시감정평가	부동산가격공시및감정평가에관한법률
부동산중개	不動産仲介業法
부등	부동산등기법
부등규	부동산등기규칙
부정경쟁	부정경쟁방지및영업비밀보호에관한법률
부정수표	부정수표단속법
비상자원	비상대비자원관리법
비송	비송사건절차법

사

사립학교	사립학교법
사면	사면법
사법경찰관리	司法警察官吏의職務를行할者와그職務範圍에관한法律
사법경찰관리규	司法警察官吏執務規則
사회기반시설민간투자	사회기반시설에대한민간투자법
사회보장	사회보장기본법
산림	山林法
산림자원조성관리	산림자원의조성및관리에관한법률
산업안전	산업안전보건법
산업재해	산업재해보상보험법
산업활성공장설립	산업집적활성화및공장설립에관한법률
산자령	産業資源部令
상	상법
상건보	상가건물임대차보호법
상고심	상고심절차에관한특례법
상속세	상속세및증여세법
상표	상표법
상훈	상훈법
서식설계변경일부개정법령등	서식설계기준변경에따른일부개정법령등
석유대체연료사업	석유및석유대체연료사업법
선거관리위	선거관리위원회법
선관위	선거관리위원회
선원	선원법
소년	소년법
소득	소득세법
소비자	消費者保護法
소송촉진	소송촉진등에관한특례법
소액	少額事件審判法
소음	騷音·振動規制法
수산	수산업법
수질수생태계보전	수질및수생태계보전에관한법률
수표	수표법
수험생편의제공일부개정법령등	수험생편의제공및충분한수험준비기간부여등을위한일부개정법령등
수협	수산업협동조합법
수형자규	수형자등호송규칙
시	施行令
시규	施行規則
시설물	시설물의안전관리에관한특별법
식품위생	식품위생법
신탁	신탁법
실용신안	실용신안법
실화책임	실화책임에관한법률

아

아동	아동복지법
약사	약사법
양곡	양곡관리법
어음	어음법
엔지니어링	엔지니어링技術振興法
여권	여권법
여성부령	女性部令
영해	영해및접속수역법
영훈	大統領訓令
예산회계	豫算會計法
오수·분뇨	汚水·糞尿및畜産廢水의처리에관한法律
외국인서명날인	외국인의서명날인에관한법률
외국인토지	외국인토지법
외국인투자	외국인투자촉진법
외무공무원	외무공무원법
외통령	外交通商部令
원자력	원자력손해배상법
위원회공정성일부개정법령등	위원회운영의공정성제고를위한일부개정법령등
유실물	유실물법
유연한규제혁신	유연한분류체계규제혁신을위한일부개정법령등

記號・略語表

《本文記號表》

【 】法令固有의 標題

[ ] 編者가 붙인 標題

①②③ 法令固有의 項表示

(1)(2)(3) 編者가 붙인 項表示

改前	개정전 조문	판례	우리나라 판례
참조	참조조문	일판	일본 판례
독판	독일 판례	프판	프랑스 판례
영판	영국 판례	미판	미국 판례

《法令略語》

가

가등기담보	가등기담보등에관한법률
가소	가사소송법
가소규	가사소송규칙
가족관계등록	가족관계의등록등에관한법률
간이절차에의한민사	簡易節次에의한民事紛爭事件處理特例法
감규	監査院規則
감사	감사원법
감염병	감염병의예방및관리에관한법률
감정평가감정평가사	감정평가및감정평가사에관한법률
개인정보보호일부개정법령등	개인정보보호를위한일부개정법령등
거절증서	거절증서령
건설산업	건설산업기본법
건축	건축법
검찰	검찰청법
경범	경범죄처벌법
경제활성화친서민해소	경제활성화및친서민국민불편해소등을위한일부개정법령등
경찰공무원	경찰공무원법
경찰직무	경찰관직무집행법
계엄	계엄법
고등교육	고등교육법
고유정보처리	고유식별정보처리마련을위한일부개정법령등, 고유식별정보마련을위한일부개정법령등
공간정보구축관리	공간정보의구축및관리등에관한법률
공공보상	公共用地의取得및損失補償에관한特例法
공공차관	공공차관의도입및관리에관한법률
공무원범죄	공무원범죄에관한몰수특례법
공무원보수	공무원보수규정
공무원복무	국가공무원복무규정
공무원연금	공무원연금법
공무원임용	공무원임용령
공무원임용시	공무원임용시험령
공선	공직선거법
공수처법	고위공직자범죄수사처 설치 및 운영에 관한 법률
공익설립	공익법인의설립・운영에관한법률
공인중개사부동산거래신고	공인중개사의업무및부동산거래신고에관한법률
공장광업재단	공장및광업재단저당법
공증	공증인법
공증인수수료	공증인수수료규칙
공직선거규	공직선거관리규칙
공직윤리강화	공직윤리 강화를 위한 일부개정법령등
공직자범죄수사처	고위공직자범죄수사처 설치에 따른 일부개정법령등
공직자윤리	공직자윤리법
공탁	공탁법
공토법	공익사업을위한토지등의취득및보상에관한법률
과기령	科學技術部令
과태료금액정비	과태료금액정비를위한일부개정법령등
과태료부과일부개정법령등	과태료부과・징수절차정비를위한일부개정법령등
관세	관세법
광업	광업법
광업재단저당	鑛業財團抵當法
교령	教育部令
교육	教育法(舊)
교육공무원	교육공무원법
교육기본	교육기본법
국가계약	국가를당사자로하는계약에관한법률
국가공무원	국가공무원법
국가배상	국가배상법
국가보안	國家保安法
국가소송	국가를당사자로하는소송에관한법률
국가안보	국가안전보장회의법
국가유공자등예우	국가유공자등예우및지원에관한법률
국가자치경찰	국가경찰과 자치경찰의 운영에 관한 법률
국감	국정감사및조사에관한법률
국군조직	국군조직법
국민기초생활	국민기초생활보장법
국민보험	국민건강보험법
국방령	國防部令
국세	국세기본법
국세와지방세의조정	국세와지방세의조정에관한법률
국세징수	국세징수법
국유재산	국유재산법
국제연합	國際聯合憲章
국토이용	국토의계획및이용에관한법률
국회	국회법
국회에서의증언	국회에서의증언・감정등에관한법률
군무원	군무원인사법
군사기밀	군사기밀보호법
군사법원	군사법원법
군사법원의재판권	軍事法院의裁判權에관한법률
군용물등범죄	군용물등범죄에관한특별조치법
군인연금	군인연금법
군형	군형법
권한지방이양	중앙행정권한및사무등의지방일괄이양을위한일부개정법령등
귀속재산	歸屬財産處理法
규	規則
규제기한설정	규제재검토기한설정을위한일부개정법령등
규제기한정비	규제재검토기한설정등규제정비를위한일부개정법령등
규제기한해제	규제재검토기한설정해제등을위한일부개정법령등
규제일몰제적용	규제일몰제적용을위한일부개정법령등
근기	근로기준법
근로자참여	근로자참여및협력증진에관한법률
금감설치	金融監督機構의設置등에관한법률
금융감독	金融監督機構의設置등에관한法律制定등에따른公認會計士등의整備에관한法律
금융부실	금융회사부실자산등의효율적처리및한국자산관리공사의설립에관한법률
금융산업	금융산업의구조개선에관한법률
금융실명	금융실명거래및비밀보장에관한법률
기초연구진흥개발	기초연구진흥및기술개발지원에관한법률

나

내수면	內水面漁業法
노노	노동조합및노동관계조정법
노동위	노동위원회법
(구)노동쟁의	(구)勞動爭議調整法
(구)노사	(구)勞使協議會法
(구)노조	(구)勞動組合法
노령	勞動部令
노무사	공인노무사법
노인복지	노인복지법
농수산물유통	농수산물유통및가격안정에관한법률
농어촌등보건의료	농어촌등보건의료를위한특별조치법
농어촌정비	농어촌정비법